刑事办案指导一书通

◇ 第三版 ◇

上册

丁银舟　编著

法律出版社
LAW PRESS · CHINA
北京

图书在版编目(CIP)数据

刑事办案指导一书通 : 上下册 / 丁银舟编著. -- 3 版. -- 北京 : 法律出版社, 2022
ISBN 978-7-5197-7140-9

Ⅰ. ①刑… Ⅱ. ①丁… Ⅲ. ①刑法-汇编-中国 Ⅳ. ①D924.09

中国版本图书馆 CIP 数据核字(2022)第 179748 号

刑事办案指导一书通(第三版)(上下册)
XINGSHI BAN'AN ZHIDAO YISHUTONG
(DI-SAN BAN)(SHANGXIACE)

丁银舟 编著

策划编辑 周丽君 李沂蔚
责任编辑 李沂蔚
装帧设计 汪奇峰

出版发行 法律出版社
编辑统筹 法律应用出版分社
责任校对 朱海波
责任印制 刘晓伟
经　　销 新华书店

开本 787 毫米×1092 毫米 1/16
印张 209.75 **字数** 6055 千
版本 2022 年 11 月第 3 版
印次 2022 年 11 月第 1 次印刷
印刷 永清县金鑫印刷有限公司

地址:北京市丰台区莲花池西里 7 号(100073)
网址:www.lawpress.com.cn
投稿邮箱:info@lawpress.com.cn
举报盗版邮箱:jbwq@lawpress.com.cn

销售电话:010-83938349
客服电话:010-83938350
咨询电话:010-63939796

书号:ISBN 978-7-5197-7140-9
定价:598.00 元

凡购买本社图书,如有印装错误,我社负责退换。电话:010-83938349

丁银舟

男，1963年4月生，安徽省桐城市人。1983年7月至1995年8月在安徽省枞阳县任高中教师，1995年9月至1998年7月在中南政法学院（现中南财经政法大学）攻读中国刑法学研究生，获法学硕士学位。先后任安徽省人民检察院公诉处副处长，安徽省南湖人民检察院党组书记、检察长，安徽省九成坂人民检察院党组书记、检察长，安徽省侦查逻辑办案研究会副会长，安徽省人民检察院二级高级检察官等。负责编辑出版《刑事办案一书通》和《刑事办案一书通（修订版）》、编著出版《刑事办案指导一书通》和《刑事办案指导一书通（增补版）》，在《法商研究》《刑事法判解》《刑事司法指南》和《中国检察官》等刊物上公开发表论文10余篇。

前　言

在众多读者的千呼万唤中,《刑事办案指导一书通》(第三版)(上下册)终于面世了,2009年10月、2013年6月该书由法律出版社出版,书名分别为《刑事办案指导一书通》和《刑事办案指导一书通》(增补本),本书前几版都广受好评,因书封面为红色,被读者称为"红宝书",是一部深受法官、检察官、警官、律师和广大在校大学生和研究生钟爱的必备工具书,它是将前述两部书中的内容增补、更新、提炼后融合在一起形成的一部巨著,它的最大特点是将《最高人民法院公报》、最高人民法院刑事审判第一、二、三、四、五庭主办的《刑事审判参考》、最高人民法院刑事审判第一庭曾编的《刑事审判指导》和最高人民法院刑事审判第二庭曾编的《刑事办案指导》和最高人民法院刑事审判第一庭曾主办的《刑事审判要览》上刊载的刑事案例(含析疑断狱、法官释法、办案笔谈、审判释疑等)和最高人民法院、最高人民检察院发布的指导性案例和专题案例,编著者从原执笔人分析的基础上经过一定删节,提炼出每个案件的判决旨意,附在刑法、刑诉法相关条文之后,并注明该案例编号、刊载的刊名、期号、出版社名称和页码,以方便读者需了解全案时快速查阅参考。

该书与《刑事办案指导一书通》和《刑事办案指导一书通》(增补本)一样,是刑事法规、应用理论与司法实践结合的典范,是一部刑事法理论应用教科书,即通过从案例中提炼出判决旨意,来提升或帮助读者对相关刑事法律和司法解释条文的理解,从而达到统一正确地适用刑事法律的目的。司法实践中,刑事办案的依据主要有刑法、刑事诉讼法及其相关司法解释、规定和指导性刑事案例。而本书将《刑事办案指导一书通》(2009年版)和《刑事办案指导一书通》(增补本,2013年版)合二为一并进行了增补、更新和提炼,使其篇幅增加了二倍多,内容更新颖、更系统、更科学,更便捷查阅。

本书仍由安徽省侦查逻辑办案研究会副会长、安徽省人民检察院二级高级检察官、法学硕士丁银舟同志编著。编著者从多年司法实践经验和对刑事法律的感悟以及刑事办案实践的需要出发,对刑法和刑事诉讼法条文附文部分的内容进行了重新梳理,提炼出相关原则,将相应内容附在其后,极大地方便了读者查阅。这里特别需要说明的是,此次修订,北京大学法律硕士丁乙同学作出了积极贡献,在读研期间,她以全新的视野和深厚的法学理论功底,对全书内容进行了全面地梳理、修改、提炼,并及时甄别、删减过时的部分,整合了相同相近的内容,使本书体例更优化,文本更精练,排序更合理,使用更方便,在此深表感谢! 由衷地感谢安徽省人民检察院领导多年的关怀与厚爱以及同事们的帮助与激励,给予编著者极大的鞭策和鼓励,也十分全感谢全省及兄弟省份检察机关、法院、公安和司法行政系统同人们的钟爱与抬爱,使本书得以再次出版面世! 十分感谢法律出版社领导和相关编辑的鼎力相助,才使该书最终没有胎死腹中! 另外需要说明的是,本书中一些判决旨意摘录了案例分析中原裁判理由原文的一部分,鉴于本书的体例特殊,只标明了原文的执笔人或者撰稿人的姓名(仅有审编人的除外),没有注明其所在单位和原审编者姓名,在此诚表歉意。尽管编著者力求完美,但因能力和客观条件有限,出现差错仍可能难免,衷心祈盼读者批评指正。

编著者

2022年5月

编著说明

一、本书以1997年修订的《中华人民共和国刑法》及其十一个修正案和2018年新修改的《中华人民共和国刑事诉讼法》条文为主干，收录了中华人民共和国成立以来所有的至今仍未失效的法律、司法解释和相关规定，拆开后分别附在相关刑法、刑事诉讼法条文之后，并将最高人民法院编的《最高人民法院公报》、最高人民法院刑事审判第一、二、三、四、五庭主办的《刑事审判参考》、最高人民法院原刑事审判第一庭曾编的《刑事审判指导》和最高人民法院原刑事审判第二庭曾编的《刑事办案指导》及最高人民法院原刑事审判第一庭曾主办的《刑事审判要览》上刊载的刑事案例（含析疑断狱、法官释法、办案笔谈等）和最高人民法院、最高人民检察院发布的指导性案例和专题案例加工提炼出判决旨意分别附相关刑法、刑事诉讼法条文之后编辑而成。

二、刑法分则条文中方括号内的内容是最高人民法院、最高人民检察院正式确定的罪名或者是编著者概括了该条文含义作为目录索引，以便于查询。

三、因最高人民法院主办的《最高人民法院公报》中刑事方面的案例没有编号，本书也就不统一编号，为引用方便，将在案件裁判摘要之后标明期刊号；最高人民法院原刑事审判第一庭曾编的《刑事审判指导》上刊载的案例也没有编号，编者为统一和引用，从其总第一辑中的第一个案例为第1号，以此类推进行了编号。

四、《刑事审判参考》2001年第3辑（总第14辑）的案例（第88号）误编为（第85号）刊出，以此错误顺延至2001年第11辑（总第22辑）止才以正确顺序刊出。为便于查阅，编著者在案例编号中标明了错号（刊物上的编号）并放在括号中。如"第88(85)号案例"，表示第85号为刊物上案例编号，即为错号，正确编号应为第88号案例。另外《刑事审判参考》2013年第5集（总第94集）的案例遗漏编号890和891号，《刑事审判参考》2014年第5集（总第100集）的案例重复编号1019和1020号。为便于查阅，编著者在案例编号中将遗漏的案例编号补上，标明了重号（刊物上的编号）并放在括号中。如"第890(1019)号案例"和"第891(1020)号案例"。《刑事审判参考》总第88集（2012年第8集）全部内容是法律和相关司法解释和规定，故附文中没有此集序号。另外《刑事审判参考》编辑部从总第102集起，只标注总集序号，就不再标注某年第几集了，故本书附文参见部分也只标注总第几集。

五、附文每条前用"■"表示法律、法规、司法解释和部门规章等法律文件；用"▼"表示地方性法规和相关答复解释会谈纪要等；用"●"表示最高人民法院和最高人民检察院发布的指导性案例；用"□"表示《最高人民法院公报》上刊载的具有判例性质的案例裁判摘要；"▽"表示《刑事审判参考》《刑事审判要览》上刊载的案例的判决旨意；"○"表示最高人民法院刑一、二庭审判长会议纪要（《刑事审判参考》2001年第1辑至第4辑中设有"最高人民法院刑一、二庭审判长会议纪要"栏目，从第5辑起更名为"审判实务释疑"）和审判实务释疑。此外用该栏目内容被后来的相关立法或者司法解释明确的，本书就不再收录。

六、数个案例判决旨意相互矛盾，或该判决旨意已被新颁布的法律、立法解释、司法解释的相关内容所替代的，用括号注明编者认为此判决旨意不妥或已被新的规定替代，且依据法律或立法精神和刑事法相关理论，编著者标明倾向性意见，供读者参考。

七、对刑事诉讼法的解释是以最高人民检察院、最高人民法院、公安部和中央六部门出台解释或规定的时间先后顺序排列的。另外上述四个文件因涉及条文较多,拆分较细,故就不在目录中显示,但在本书法律文件索引中注明附在相关条款之后。

八、经过刑法修正案修正后的刑法原文都附在相应条款后面,几次修正的条款全都注明是哪一修正案修正后的刑法条、款原文,以便读者适用时,知晓行为时刑法的规定。

九、附文后注明执笔人、撰稿人是指该附文在《刑事审判参考》《刑事审判指导》《刑事办案指导》《刑事审判要览》中的原执笔人、撰稿人。

十、法律文件后面括号内的日期原则上为该文件的施行日期(极少数没有规定施行日期的才注明通过日期或者公布日期)。

十一、本书的特色是对法律文件进行拆分,放在相对应的刑法、刑事诉讼法条文之后。全书法律文件名,除在其后加"(全文)"字样的,其余均为节录文件。在拆分过程中,一个条文有几款,但几款内容不同,就将此条分为几款用括号注明第几款附在相关条文后面。

十二、对拆分后就会影响文件精神理解和适用的,或者需整体阅读才便于适用的,就将全文完整地放在本书附录中,但在相关刑法或刑诉法条文后注明参阅附录N,以便引导读者查阅。

十三、因在刑事诉讼法中无对应条款,故将"单位犯罪案件的审理""在法定刑以下判处刑罚和特殊假释的核准程序"分别放置在刑事诉讼法第二编第二章第二节自诉案件之后第三节简易程序之前和刑法第六十三条之后;"辨认程序"放入刑事诉讼法第一百四十七条鉴定之后。特别需要指出的是,在刑事诉讼法第二章侦查中第十一节人民检察院对直接受理的案件侦查之后,插入了"监察委员会对直接受理的职务犯罪案件的调查"标题,节录了《中华人民共和国监察法》相关内容。

十四、某一部分内容对整章或整节都适用的,则将该内容放在该章、节名后,即该章、节开始的第一条条文之前。如刑法第九章渎职罪,第三百九十七条前就放有该章各条和多条共同适用的立法、司法解释等;公安部有关对强制措施一般性规定放在刑事诉讼法第六章强制措施之后,第六十四条条文之前等;还有刑事诉讼法第五编第一章未成年人刑事案件诉讼程序第二百七十七条之前就放有该章各条和多条共同适用的相关规定,等等。

十五、最高人民检察院发布的《人民检察院刑事诉讼规则》、最高人民法院《关于适用〈中华人民共和国刑事诉讼法〉的解释》、公安部发布的《公安机关办理刑事案件程序规定》等规定中的"附则"和最高人民法院、最高人民检察院、公安部、国家安全部、司法部、全国人大常委会法制工作委员会关于实施刑事诉讼法若干问题的规定中的"其他"部分放在刑事诉讼法"附则"中第二百九十条之后。

十六、法律文件索引中的文件是按照文件施行、颁布日期先后顺序排列的,除1984年年底以前的文件外,其余文件都是以一年为一个单元编排的,以便于读者查阅。

十七、对刑事判决旨意中非1997年颁布的刑法和2018年修改的刑事诉讼法,都用括号注明其颁布年份,以示区别现行刑法和刑事诉讼法。

十八、本书根据最高人民法院2012年8月21日法释〔2012〕13号《关于废止1979年底以前发布的部分司法解释和司法解释性质文件(第八批)的决定》,2013年1月14日法释〔2013〕2号《关于废止1980年1月1日至1997年6月30日期间发布的部分司法解释和司法解释性质文件(第九批)的决定》、2013年2月26日法释〔2013〕7号《关于废止1997年7月1日至2011年12月31日期间发布的部分司法解释和司法解释性质文件(第十批)的决定》,2015年1月12日法释〔2015〕2号《关于废止部分司法解释和司法解释性质文件(第十一批)的决定》和最高人民法院、最高人民检察院2010年12月13日《关于废止部分司法解释和司法解释性质文件的决定》,最高人民法院、最高人民检察院2012年8月21日法释〔2012〕12号《关于废止1979年底以前制发的部分司法解释和司法解释性质文件的决定》,最高人民法院、最高人民检察院2013年1月4日法释〔2013〕1号《关于废止1980年1月1日至1997年6月30日期间制发的部分司法解释和司法解释性质文件的决定》及最高人民法院、最高人民检察院2013

年3月1日法释〔2013〕6号《关于废止1997年7月1日至2011年12月31日期间制发的部分司法解释和司法解释性质文件的决定》以及最高人民检察院2002年2月25日发布《关于废止部分司法解释和规范性文件的决定》,2015年6月3日发布《关于废止部分司法解释和司法解释规范性文件的决定》和2019年5月8日发布《最高人民检察院关于废止部分司法解释性质文件和规范性文件的决定》等决定,将已废止的司法解释和司法解释性质文件和规定都从书中删除,即便在司法案件评析中涉及相关文件,编著者一般都在该文件名后注明已被废止。

十九、附文中法律、法规、司法解释及其相关办案规定原则上按照该文件施行或颁布时间先后顺序排放。指导案件判决旨意原则上是按照该案件被选入该案例集出版的先后顺序排放(除刑法第67条自首、第68条立功等条文的附文内容较多且涉及多种类型进行了分门别类外)。

二十、引用法律、司法解释和司法解释性质文件截至2022年5月。案例摘止于《刑事审判参考》总第112集、《最高人民法院公报》2021年第10期、最高人民法院发布的指导性案件第30批、最高人民检察院发布的指导性案件第30批。

二十一、本书中"本附文",是仅指当前这一个附文,而"刑(刑诉)法本条附文",是指本刑法或者刑事诉讼法条文后所有附文。

二十二、有些文件拆分时,为防止共同适用部分重复,就在该共同部分第一次(或者后一条更适合处)附全文,以后出现在相关条文后时,只注明参见刑法或刑诉法所附条文中同名文件相应内容,以减少本书篇幅,给您带来不便,敬请谅解。

二十三、本书力求收集全国各省、自治区、直辖市公安司法等机关出台相关刑事法律文件,但由于都是从互联网和检察内网上收集,无法收全和确保是最新有效。本书收集的各省、自治区、直辖市办案规定方面文件基本上都是2011年以后颁布的,故请读者在第一次使用本省相关规定时务必查实后再用。另为减少篇幅尽量使用表格,力求将各地数据全面展现。

二十四、鉴于各省司法部门依据中央机关授权制定的相关规定特多且该书内容承载有限,故只是选择性编入部分常用罪名或文件内容,祈盼广大读者见谅!

编著者

2022年5月

使用方法说明

本书设计了多种快速查阅的方法:

一、刑法每一节都有数个条文,建议先将本节所有目录看完后,再查找所需要的条文,这样对整节所附内容有一个全部了解,特别是有些章节最后几条都是名词解释,内容尤为必要。

二、根据判决旨意查找。本书前面判决旨意索引是以刑法和刑事诉讼法的条文为单元,将相关判决旨意附在相关条文之后,注明页码,便于快速查阅判决旨意的内容。

三、根据目录查找。可根据要查找的内容在目录中查找相应内容,本书编著者对刑法总则部分和刑诉法条文进行了内容摘要,刑法分则部分条文是以最高人民法院、最高人民检察院正式确定的罪名为内容或者编著者拟定的条文含义,即从目录中可查找到所需内容的页码。

四、根据罪名、含义或法律相关规定查找。本书将法律、司法解释和规定以及判决旨意和判决摘要附在相关法律条文之后,根据法律相关规定或罪名即可找到您所需的相关内容。

五、根据案例的内容查找判决旨意。判决旨意索引是按判决旨意根据内容附在相关条文之后,根据案件判决旨意的内容可快速查到其在本书的页码。

六、根据案例内容或其本身编号查找该案例引用书刊号,页码。本书刑事法条文后附文中的判决旨意部分除了判决旨意标题、内容外,还注明引用刊名、刊号、出版社名称、页码,便于到本书所引用的刊物中进一步解读其案例判决的精髓。

七、根据页眉部分可找刑法编章数和条文序号。本书双页眉为刑法、刑事诉讼法编号及标题,单页眉为刑法、刑诉法章号、标题和条文序号。

八、根据法律文件索引查找。本书附录的法律文件索引是按该文件施行时间进行编排,注明了所在页码(有的文件拆分的几部分分别所在多页码同时附后),可根据该法律文件的施行日期查找该文件内容。

九、对于少数刑法、刑事诉讼法条文后附文内容较多且涉及多种类型(如刑法第 67 条自首、第 68 条立功等条文的附文内容较多),为便于读者查阅,进行了分类编排,这样为读者节约了不少时间,每次只需查阅为自己想要的内容,在每一类型中原则上还是按照选编入原刊物时间顺序编排。

十、本书刑法和刑事诉讼法每一条文后都附有大量信息,建议查找内容时先将该条后所附的所有判决旨意在本书目录部分看完,找到自己所要找的判决旨意,然后根据页码,去书中查找相应内容,这样可节省时间,提高查找效率。

本书图示说明:用"■"表示法律、法规、司法解释和部门规章等法律文件;用"▼"表示地方性法规和相关答复解释会谈纪要等;用"●"表示最高人民法院和最高人民检察院发布的指导性案例;用"□"表示《最高人民法院公报》上刊载的具有判例性质的案例裁判摘要;"▽"表示《刑事审判参考》《刑事审判要览》上刊载的案例的判决旨意;"○"表示最高人民法院刑一、二庭审判长会议纪要(《刑事审判参考》2001 年第 1 辑至第 4 辑中设有"最高人民法院刑一、二庭审判长会议纪要"栏目,从第 5 辑起更名为"审判实务释疑")和审判实务释疑。

上 册 目 录

中华人民共和国刑法

《中华人民共和国刑法》

1979 年 7 月 1 日第五届全国人民代表大会第二次会议通过,1997 年 3 月 14 日第八届全国人民代表大会第五次会议修订。

《全国人民代表大会常务委员会关于惩治骗购外汇、逃汇和非法买卖外汇犯罪的决定》

1998 年 12 月 29 日第九届全国人民代表大会常务委员会第六次会议通过。

《中华人民共和国刑法修正案》

1999 年 12 月 25 日第九届全国人民代表大会常务委员会第十三次会议通过。

《中华人民共和国刑法修正案(二)》

2001 年 8 月 31 日第九届全国人民代表大会常务委员会第二十三次会议通过。

《中华人民共和国刑法修正案(三)》

2001 年 12 月 29 日第九届全国人民代表大会常务委员会第二十五次会议通过。

《中华人民共和国刑法修正案(四)》

2002 年 12 月 28 日第九届全国人民代表大会常务委员会第三十一次会议通过。

《中华人民共和国刑法修正案(五)》

2005 年 2 月 28 日第十届全国人民代表大会常务委员会第十四次会议通过。

《中华人民共和国刑法修正案(六)》

2006 年 6 月 29 日第十届全国人民代表大会常务委员会第二十二次会议通过。

《中华人民共和国刑法修正案(七)》

2009 年 2 月 28 日第十一届全国人民代表大会常务委员会第七次会议通过。

《全国人民代表大会常务委员会关于修改部分法律的决定》

2009 年 8 月 27 日第十一届全国人民代表大会常务委员会第十次会议通过。

《中华人民共和国刑法修正案(八)》

2011 年 2 月 25 日第十一届全国人民代表大会常务委员会第十九次会议通过。

《中华人民共和国刑法修正案(九)》

2015 年 8 月 29 日第十二届全国人民代表大会常务委员会第十六次会议通过。

《中华人民共和国刑法修正案(十)》

2017 年 11 月 4 日第十二届全国人民代表大会常务委员会第三十次会议通过。

《中华人民共和国刑法修正案(十一)》

2020 年 12 月 26 日第十三届全国人民代表大会常务委员会第二十四次会议通过。

第一编　总　　则

第一章　刑法的任务、基本原则和适用范围

第一条　【立法目的及依据】为了惩罚犯罪,保护人民,根据宪法,结合我国同犯罪作斗争的具体经验及实际情况,制定本法。

第二条　【刑法的任务】中华人民共和国刑法的任务,是用刑罚同一切犯罪行为作斗争,以保卫国家安全,保卫人民民主专政的政权和社会主义制度,保护国有财产和劳动群众集体所有的财产,保护公民私人所有的财产,保护公民的人身权利、民主权利和其他权利,维护社会秩序、经济秩序,保障社会主义建设事业的顺利进行。

第三条　【罪刑法定原则】法律明文规定为犯罪行为的,依照法律定罪处刑;法律没有明文规定为犯罪行为的,不得定罪处刑。

第四条　【适用刑法平等原则】对任何人犯罪,在适用法律上一律平等。不允许任何人有超越法律的特权。

□功不抵刑,在法律适用上人人平等

被告人在担任玉溪卷烟厂领导期间,为"玉烟"发展作出了贡献,对此,党和政府给予了政治上、物质上的荣誉和待遇,但无论功劳多大,都不因此而享有超越法律的特权。在法律面前人人平等,任何公民犯罪都应依法受到刑事追究。我国刑法第六十一条规定,对于犯罪分子决定刑罚的时候,应当根据犯罪的事实、犯罪的性质、情节和对于社会的危害程度,依照本法的有关规定判处。被告人利用职务之便侵吞公款,数额特别巨大,属情节特别严重,这是被告人承担刑事责任的基础,确定刑罚必须与所犯的罪行相适应。至于被告人的历史表现反映出的主观方面的情节,可在量刑时酌情考虑。(参见褚时健等贪污、巨额财产来源不明案,载《最高人民法院公报》总第58期,1999年第2期,第59页。)

第五条　【罪责相适应原则】刑罚的轻重,应当与犯罪分子所犯罪行和承担的刑事责任相适应。

▽同一个行为,不能被两个犯罪构成重复评价(禁止重复评价原则)

刑法理论上的禁止重复评价原则,是指在定罪量刑时禁止对同一犯罪构成事实予以两次或两次以上的法律评价,据此,当然包括禁止对同一行为被两个或两个以上的犯罪构成同时评价。从功能上讲,该原则是对罪责刑相适应原则的一种贯彻,对于犯罪人的人权保障具有重要意义。基于禁止重复评价原则,即如果同一行为既为抢劫犯罪的预备行为,又为强奸犯罪的预备行为时,不能被抢劫、强奸的犯罪构成所同时评价,也就是说不能同时成立抢劫罪(犯罪预备)和强奸罪(犯罪预备)。[参见第467号案例,张正权等抢劫案,载《刑事审判参考》总第59集(2007年第6集),法律出版社,第30页。执笔:杜军燕　陈克娥]

第六条　【我国领域内犯罪】凡在中华人民共和国领域内犯罪的,除法律有特别规定的以外,都适用本法。

凡在中华人民共和国船舶或者航空器内犯罪的,也适用本法。

犯罪的行为或者结果有一项发生在中华人民共和国领域内的,就认为是在中华人民共和国领域内犯罪。

■最高人民法院关于审理拐卖妇女案件适用法律有关问题的解释(2000年1月25日)

第二条　外国人或者无国籍人拐卖外国妇女到我国境内被查获的,应当根据刑法第六条的规定,适用我国刑法定罪处罚。

▽境外公司在我国境内犯罪的,我国具有管辖权

我国刑法第六条第一款规定表明了我国刑法的属地管辖原则。由于我国刑法将单位与自然人作为犯罪的主体,因此不管行为人是我国自然人或单位还是外国自然人或单位,只要在我国领域内犯罪的,除法律有特别规定的以外,都适用我国刑法。我国对于在我国境内犯罪的境外公司具有管辖权,对此,2003年《最高人民法院研究室关于外国公司、企业、事业单位在我国领域内犯罪如何适用法律问题的答复》明确指出,"符合我国法人资格条件的外国公司、企业、事业单位,在我国领域内实施危害社会的行为,依照我国《刑法》构成犯罪的,应当依照我国《刑法》关于单位犯罪的规定追究刑事责任"。一般认为,成立单位犯罪要符合以单位名义实施犯罪,经单位决策机构作出决定或由负责人员决定,为本单位谋取非法利益三个特征。本案根据驻韩使馆及韩国警方提供的证据证实,韩国SIMPSON商社系在韩国依法成立的公司,沈某某作为该商社的营业董事,负责处理所有业务。沈某某代表韩国SIMPSON商社与上海菲西尔公司签订服装购销合同,在菲西尔公司发出全部货物后,沈某某代表韩国SIMPSON商社再将货物卖给了美国Pacifc Wale Textile Corporation,在收到美国Pacifc Whale Textile Corporation支付的全部货款后仅向菲西尔公司支付了2.5万美元后逃匿。可见,韩国SIMPSON商社的上述行为完全符合单位犯罪的特征,我国依法具有刑事管辖权。[参见第578号指导案例,沈某某合同诈骗案,载《刑事审判参考》总第70集(2009年第5集),第31页。撰稿:沈言]

▽跨国犯罪案件管辖权的确定

(一)刑事管辖权相关原则。刑事管辖权是国家主权的重要组成部分。世界各国在刑事管辖权问题上的规定归纳起来主要有属地原则、属人原则、保护原则、普遍管辖原则等几种。除受到国际法和国际条约的限制外,每一国家有权采用其认为最合适的原则来行使刑事管辖权。我国刑法采用的是以属地原则为基础,兼采属人原则、保护原则和普遍管辖原则。据此,我国对本案均有管辖权。1.根据属地原则,我国对本案有管辖权。属地原则是指凡是发生在一国领土内的一切犯罪活动,均适用该国刑法。我国刑法本条第三款中规定的"犯罪的行为"既可以是犯罪行为一部分,也可以是全部,而且犯罪行为并不以实行行为为限,可以包括犯罪的预备、教唆、帮助等行为。同理,"犯罪的结果"也不以犯罪的全部结果为限,有部分结果即可,而且犯罪结果也不限于犯罪行为实际造成的危害结果。本案被告人从我国境内购买制毒所用设备、化学配剂,还从我国召集工人参与制造毒品,由于这些犯罪行为发生在我国境内,我国当然对此案有管辖权。2.根据属人原则,我国对本案亦有管辖权。属人原则是指凡是具有一国国籍的公民在国外犯罪的,均适用该国刑法。我国刑法第七条第一款规定:"中华人民共和国公民在中华人民共和国领域外犯本法规定之罪的,适用本法,但是按照本法规定的最高刑为三年以下有期徒刑的,可以不予追究。"本案被告人是中国公民,其所实施制造毒品犯罪依法不属于"最高刑为三年以下有期徒刑,可以不予追究的"的情况,因此,本案应适用我国刑法。3.根据普遍管辖原则,我国对本案同样有管辖权。普遍管辖原则是指对于国际犯罪,无论是否发生在本国领域内,犯罪人是否是本国公民,也无论是否侵害本国或本国公民的利益,每个主权国家均可行使管辖权。所谓"国际犯罪",是指国际条约规定的危害国际社会共同利益的犯罪,主要包括战争罪、侵略罪、灭绝种族罪、海盗罪、劫持航空器罪以及毒品犯罪等。我国刑法第九条体现了普遍管辖原则,即"对于中华人民共和国缔结或者参加的国际条约所规定的罪行,中华人民共和国在所承担条约义务的范围内行使刑事管辖权的,适用本法"。我国加入的国际禁毒条约主要有《1961年麻醉品单一公约》《1971年精神药物公约》《联合国禁止非法贩运麻醉药品和精神药物公约》等。根据上述条约,对于毒品犯罪,犯罪发生地国、罪犯国籍国、犯罪目的所在地国等国家均有权行使管辖权。综上,我国作为毒品犯罪发生地国、罪犯国籍国对本案享有管辖权。

(二)刑事管辖权冲突的解决。虽然大多数国家对刑事管辖权大都采用属地、属人、保护、普遍管辖等原则,但由于各国规定不一,且具体犯罪涉及犯罪人、犯罪行为地、犯罪结果地、受害人等多个要素,因此,出现两个或者多个主权国依据本国法律或相关国际条约对同一跨国犯罪都享有管辖权的情况是不可避免的。我国享有本案管辖权,但由于制造毒品犯罪的部分行为发生在菲律宾境内,菲律宾对本案亦享有管辖权,这就产生了刑事管辖权冲突。由于跨国犯罪的复杂性,要完全消除刑事管辖权的冲突是极其困难的。广为国际刑法学者认同的管辖权排序方案是国际刑法学权威巴西奥尼在《国际刑法典草案》中提出的构想,即"对本法(分则)确认的任何国际犯罪的诉讼和惩罚管辖按下列顺序授予:1. 犯罪全部或局部发生在其领土内的缔约当事国;2. 被告为其国民的缔约当事国;3. 受害者为其国民的缔约当事国;4. 在其领土内发现被告的其他缔约当事国。"我国学者也主张,刑事管辖权应当按照下列顺序确定:(1)犯罪地国;(2)犯罪人国;(3)受害国;(4)在其领土内发现被指控的犯罪嫌疑人的其他国家。然而,依据此排序,部分犯罪行为或结果发生在一国境内、部分犯罪行为或结果发生在另一国境内的跨国犯罪,仍然会存在管辖权冲突的情况,因此,依靠这几项原则适用的先后顺序不能完全解决跨国犯罪的管辖权问题。妥善解决刑事管辖权冲突,是为了有效惩治、防范跨国犯罪,顺利进行司法协助避免造成国家间争端。在遵循属地、属人等相关原则的基础上,解决管辖权冲突还应当考虑方便诉讼原则,即以有利于证据的收集、犯罪的侦查以及惩治、改造犯罪分子为原则。同时,案件的优先受理、犯罪嫌疑人的实际控制等特定事实对确定管辖权也起到一定作用。同时,当两国或多国对同一案件都主张管辖权或放弃管辖权时,应当通过平等协商来解决,这应是国际公约确定的首选解决方式。具体到本案,虽然依据属地原则,我国与菲律宾都有管辖权,但考虑到以下几方面情况,本案应由我国管辖:第一,被告人是我国公民。第二,我国警方最先受理本案。2006 年 8 月 2 日我国警方对被告人涉嫌跨国制造毒品一案进行立案侦查,并在同年 12 月 18 日到达马尼拉,与菲律宾警方一起查获制毒工厂、缴获毒品及制毒设备等。我国公安人员除在我国境内收集被告人犯罪的证据外,还参与了在菲律宾的侦查工作,因而由我国管辖更有利于调查取证工作的实施。第三,被告人在我国境内被抓获,已被我国公安机关实际控制。[参见第 640 号指导案例,邵春天制造毒品案,载《刑事审判参考》总第 75 集(2010 年第 4 集),第 75 ~ 78 页。撰稿:王军强 冯姗]

第七条 【我国公民在我国领域外犯罪的】中华人民共和国公民在中华人民共和国领域外犯本法规定之罪的,适用本法,但是按本法规定的最高刑为三年以下有期徒刑的,可以不予追究。

中华人民共和国国家工作人员和军人在中华人民共和国领域外犯本法规定之罪的,适用本法。

■中华人民共和国国籍法(1980 年 9 月 10 日)

第一条 中华人民共和国国籍的取得、丧失和恢复,都适用本法。

第二条 中华人民共和国是统一的多民族的国家,各民族的人都具有中国国籍。

第三条 中华人民共和国不承认中国公民具有双重国籍。

第四条 父母双方或一方为中国公民,本人出生在中国,具有中国国籍。

第五条 父母双方或一方为中国公民,本人出生在外国,具有中国国籍;但父母双方或一方为中国公民并定居在外国,本人出生时即具有外国国籍的,不具有中国国籍。

第六条 父母无国籍或国籍不明,定居在中国,本人出生在中国,具有中国国籍。

第七条 外国人或无国籍人,愿意遵守中国宪法和法律,并具有下列条件之一的,可以经申请批准加入中国国籍:

一、中国人的近亲属;

二、定居在中国的;

三、有其它正当理由。

第八条 申请加入中国国籍获得批准的,即取得中国国籍;被批准加入中国国籍的,不得再保留外国国籍。

第九条 定居外国的中国公民,自愿加入或取得外国国籍的,即自动丧失中国国籍。

■全国人民代表大会常务委员会关于《中华人民共和国国籍法》在香港特别行政区实施的几个问题的解释(全文)(1996年5月15日)

一、凡具有中国血统的香港居民,本人出生在中国领土(含香港)者,以及其他符合《中华人民共和国国籍法》规定的具有中国国籍的条件者,都是中国公民。

二、所有香港中国同胞,不论其是否持有"英国属土公民护照"或者"英国国民(海外)护照",都是中国公民。自1997年7月1日起,上述中国公民可继续使用英国政府签发的有效旅行证件去其他国家或地区旅行,但在香港特别行政区和中华人民共和国其他地区不得因持有上述英国旅行证件而享有英国的领事保护的权利。

三、任何在香港的中国公民,因英国政府的"居英权计划"而获得的英国公民身份,根据《中华人民共和国国籍法》不予承认。这类人仍为中国公民,在香港特别行政区和中华人民共和国其他地区不得享有英国的领事保护的权利。

四、在外国有居留权的香港特别行政区的中国公民,可使用外国政府签发的有关证件去其他国家或地区旅行,但在香港特别行政区和中华人民共和国其他地区不得因持有上述证件而享有外国领事保护的权利。

■全国人民代表大会常务委员会关于《中华人民共和国国籍法》在澳门特别行政区实施的几个问题的解释(全文)(1998年12月29日)

一、凡具有中国血统的澳门居民,本人出生在中国领土(含澳门)者,以及其他符合《中华人民共和国国籍法》规定的具有中国国籍的条件者,不论其是否持有葡萄牙旅行证件或身份证件,都是中国公民。

凡具有中国血统但又具有葡萄牙血统的澳门特别行政区居民,可根据本人意愿,选择中华人民共和国国籍或葡萄牙共和国国籍。确定其中一种国籍,即不具有另一种国籍。上述澳门特别行政区居民,在选择国籍之前,享有澳门特别行政区基本法规定的权利,但受国籍限制的权利除外。

二、凡持有葡萄牙旅行证件的澳门中国公民,在澳门特别行政区成立后,可继续使用该证件去其他国家或地区旅行,但在澳门特别行政区和中华人民共和国其他地区不得因持有上述葡萄牙旅行证件而享有葡萄牙的领事保护的权利。

三、在外国有居留权的澳门特别行政区的中国公民,可使用外国政府签发的有关证件去其他国家或地区旅行,但在澳门特别行政区和中华人民共和国其他地区不得因持有上述证件而享有外国领事保护的权利。

▽具有中国国籍同时又持有外国护照的被告人国籍的认定

自然人的国籍是指一个人属于某一个国家的国民或公民的法律资格,它体现了自然人同某一特定国家之间的固定的法律关系。当一个人处于同时具有不止一个国籍或根本不具有任何国籍的法律状态时,通常称之为国籍的冲突。它包括两类情况:一类是国籍的积极冲突,即通常所说的双重或多重国籍;另一类是国籍的消极冲突,也就是通常所说的无国籍。国籍问题是涉及国家主权和国家利益的重要问题。现行国际法关于此问题的一个重要原则是:每个国家有权以自己的法律决定谁是它的国民。根据国际惯例,对于自然人国籍的积极冲突(包括双重国籍),原始国籍政府对国籍问题有优先管辖权。那种认为只要持外国护照,加入外国国籍,又经外国使馆承认的,就当然应认定其具有外国国籍的看法是错误的。自动丧失中国国籍的条件。根据《中华人民共和国国籍法》第九条的规定:"定居外国的中国公民,自愿加入或取得外国国籍的,即自动丧失中国国籍"。也就是说,自动丧失中国国籍必须同时具备两个条件:一是中国公民定居外国;二是自愿加入或取得外国国籍。根据我国《国籍法》第三条的规定,我国政府不承认中国公民具有双重国籍。《最高人民法院关于适用〈中华人民共和国刑事诉讼法〉的解释》(2013年1月1日施行后修订的解释。——编著者注)第三百九十四条规定:“外国人的国籍,根据其入境时的有效证件予以确认;国籍不明的,根据公安机关或者有关国家驻华使、领馆出具的证明予以确认。”对此规定应理解为,在确认被告人系外国人的前提下,对其外国国籍以其入境时的有效证件予以确认;国籍不明的,以公安机关会同外事部门查明的为准。《中华人民共和国国籍法》第十五条、第十六条规定:“受理国籍申请的机关,在国内为当地市、县公安局”,“加入、退出和恢复中国国籍的申请,由中华人民共和国公安部审批”。因此,人民法院在审查被告人身份时,对被告人是否具有或者是否丧失中国国籍,依法应以我公安部门确定的为准。[参见第69号案例,袁闵钢、包华敏骗取出境证件案,载《刑事审判参考》总第9辑(2000年第4辑),法律出版社,第35~38页。执笔:叶晓颖]

▽被告人在我国领域外犯最高法定刑为三年以下有期徒刑聚众扰乱社会秩序罪的,我国有刑事管辖权

“最高刑为三年以下有期徒刑”是指条文的最高法定刑,即《刑法》规定的该罪名的最高刑罚为三年以下有期徒刑,而不是指对被告人实际判处的刑罚。也就是说,如果我国公民在我国领域外犯有刑法规定最高法定刑为三年以下有期徒刑罪行的,我国法院可以不再追究其刑事责任;但是,如果其犯有刑法规定最高法定刑为三年以上有期徒刑罪行的,不论其可能被判处何种刑罚,刑期是多长,均须依照我国《刑法》追究被告人的刑事责任。我国法院在实际追究被告人刑事责任时,应依照《刑法》第六十一条的规定,根据被告人的犯罪事实、犯罪的性质、情节和对于社会的危害程度依法判处,不受必须判处被告人三年以上有期徒刑的限制。对被告人实际判处的刑罚,既可以高于三年有期徒刑,也可以低于三年有期徒刑。[参见第61号案例,陈先贵聚众扰乱社会秩序案,载《刑事审判参考》总第8辑(2000年第3辑),法律出版社,第33~34页。审编:黄尔梅]

第八条 【外国人在我国领域外的犯罪】外国人在中华人民共和国领域外对中华人民共和国国家或者公民犯罪,而按本法规定的最低刑为三年以上有期徒刑的,可以适用本法,但是按照犯罪地的法律不受处罚的除外。

▽在对外国籍被告人裁量刑罚时,应当兼顾被告人所属国的有关刑法规定

对外国籍被告人裁量刑罚时,既要考虑我国国家主权原则、国民待遇原则,同时也要在刑罚个别化原则下兼顾被告人所属国刑事法律的规定。首先,必须按照我国《刑法》规定,根据被告人犯罪的事实、犯罪的性质和对社会的危害程度,依法在我国《刑法》规定的法定刑幅度内确定被告人应当判处的刑罚,被告人没有减轻处罚情节,非经法定核准程序,不得在法定刑幅度以下判处刑罚。其次,如果被告人所属国法律的相关规定轻于我国,甚至不认为是犯罪的,一般情况下在对被告人量刑时应当酌情从轻。因为在通常情况下被告人受其所属国法律的影响较深,对外国法的禁止性规定往往因为潜意识而注意不够,由此反映出其违法性意图不强,表明其犯罪的主观恶性和人身危险性均较小,从刑罚个别化及罪刑相适应原则出发,可以对被告人酌情从轻判处。这样的判决也容易使被告人及其所属国接受,同时又可以降低司法成本。但是,如果被告人所属国法律的相关刑罚规定重于我国刑罚规定的,不得以此为由对被告人酌情从重处罚,这是由我国罪刑法定原则所决定的。[参见上海市高级人民法院刑二庭调研报告,《涉外刑事案件法律适用问题解答》,载《刑事审判参考》(经验交流)总第75集(2010年第4集),第164页。]

第九条 【普遍管辖原则】对于中华人民共和国缔结或者参加的国际条约所规定的罪行,中华人民共和国在所承担条约义务的范围内行使刑事管辖权的,适用本法。

■全国人民代表大会常务委员会关于对中华人民共和国缔结或者参加的国际条约所规定的罪行行使刑事管辖权的决定(1987年6月23日)

第六届全国人民代表大会常务委员会第二十一次会议决定:对于中华人民共和国缔结或者参加的

国际条约所规定的罪行,中华人民共和国在所承担条约义务的范围内,行使刑事管辖权。

附件:几个公约的有关条款

一、《关于防止和惩处侵害应受国际保护人员包括外交代表的罪行的公约》

第三条(第二款):“每一缔约国应同样采取必要措施,如嫌疑犯在本国领土内,而本国不依第八条规定将该犯引渡至本条第一款所指明的国家时,对这些罪行确定其管辖权。”

第七条:“缔约国于嫌疑犯在其领土内时,如不予以引渡,则应毫无例外,并不得不当稽延,将案件交付主管当局,以便依照本国法律规定的程序提起刑事诉讼。”

二、《海牙公约》

第四条(第二款):“当被指称的罪犯在缔约国领土内,而该国未按第八条的规定将此人引渡给本条第一款所指的任一国家时,该缔约国应同样采取必要措施,对这种罪行实施管辖权。”

第七条:“在其境内发现被指称的罪犯的缔约国,如不将此人引渡,则不论罪行是否在其境内发生,应无例外地将此案件提交其主管当局以便起诉。该当局按照本国法律以对待任何严重性质的普通罪行案件的同样方式作出决定。”

三、《蒙特利尔公约》

第五条(第二款):“当被指称的罪犯在缔约国领土内,而该国未按第八条的规定将此人引渡给本条第一款所指的任一国家时,该缔约国应同样采取必要措施,对第一条第一款(甲)、(乙)和(丙)项所指的罪行,以及对第一条第二款所列与这些款项有关的罪行实施管辖权。”

第七条与《海牙公约》第七条相同。

四、《核材料实体保护公约》

第八条(第二款):“每一缔约国应同样采取必要措施,以便在被控犯人在该国领土内未按第十一条规定将其引渡给第一款所述任何国家时,对这些罪行确立其管辖权。”

五、《反对劫持人质国际公约》

第五条(第二款):“每一缔约国于嫌疑犯在本国领土内,而不将该嫌疑犯引渡至本条第一款所指国家时,也应采取必要措施,对第一条所称的罪行确立其管辖权。”

第八条(第一款):“领土内发现嫌疑犯的缔约国,如不将该人引渡,应毫无例外地而且不论罪行是否在其领土内发生,通过该国法律规定的程序,将案件送交该国主管机关,以便提起公诉。此等机关应按该国法律处理任何普通严重罪行案件的方式作出判决。”

▽刑事普遍管辖权的适用

普遍管辖原则,世界上每个主权国家都有权对国际犯罪实行刑事管辖。而无论这种犯罪是否在本国领域内发生,无论是否由本国公民实施,也不论是否侵害本国国家或公民的利益,只要罪犯在其领域内被发现,就可以行使刑事管辖权。由此构成了国际社会完整有效的刑事管辖体系,堵塞了由于世界各国固守国家司法主权而形成的打击国际犯罪中出现的管辖漏洞,有利于更为有效地与犯罪作斗争。但是,普遍管辖原则的适用也有例外:首先,普遍管辖原则在适用主体上具有限制,即不适用于享有外交特权和刑事管辖豁免权的外交代表。其次,普遍管辖原则在适用对象上,仅限于世界各国普遍认同的国际犯罪,而不是适用于其他任何犯罪。所谓国际犯罪,根据有关国际条约的规定,一般包括五类:1.危害人类和平与安全的犯罪,包括侵略罪、战争罪、反人道罪、非法使用武器罪、灭绝种族罪等;2.侵犯基本人权的犯罪,包括种族隔离罪、种族歧视罪、劫持人质罪、贩卖和使用奴隶罪、国际贩卖人口罪、酷刑罪;3.破坏国际秩序的犯罪,包括侵害应受国际保护人员罪、劫持航空器罪、危害国际民用航空安全罪、妨害国际航空罪、海盗罪、危害海上航空安全罪、危害大陆架固定平台安全罪、破坏海底电缆、管道罪、非法使用邮件罪等;4.危害公众利益的犯罪,包括毒品犯罪、非法获取和使用核材料罪、破坏环境罪等;5.危害国家利益的犯罪,包括妨害国家货币罪、毁坏、盗窃、非法转移国家珍贵文物和文化财产罪等。最后,普遍管辖原则在适用范围上具有限制,具体表现为:一是普遍管辖原则只能在有关国际条约的缔约国之间适用,而不是可以在任何国家间适用,且根据缔约国缔结的条约不同,其适用普遍管辖的国际犯罪的的种类也不尽相同。二是缔约国只能在本国主权所及的范围内适用,即只能在本国主权所及的范围内对实施国际犯罪的罪犯予以刑事管辖,而不能在本国主权范围之外,无视别国主权去充当世界宪兵。可见,普遍管辖原则不赋予任何国家以凌驾于他国主权之上的权力。[参见第245号案例,阿丹·奈姆等抢劫案,载《刑事审判参考》总第32辑(2003年第3辑),法律出版社,第45~47页。执笔:张强 李爱民 彭文城]

第十条 【对外国刑事判决的消极承认】凡在中华人民共和国领域外犯罪,依照本法应当负刑事责任的,虽然经过外国审判,仍然可以依照本法追究,但是在外国已经受过刑罚处罚的,可以免除或者减轻处罚。

第十一条 【外交特权和豁免权】享有外交特权和豁免权的外国人的刑事责任,通过外交途径解决。

■中华人民共和国外交特权与豁免条例(1986年9月5日)

第十一条(第一款) 外交信使必须持有派遣国主管机关出具的信使证明书。外交信使人身不受侵犯,不受逮捕或者拘留。

第十二条 外交代表人身不受侵犯,不受逮捕或者拘留。中国有关机关应当采取适当措施,防止外交代表的人身自由和尊严受到侵犯。

第十四条(第一款) 外交代表享有刑事管辖豁免。

第十五条(第一款) 外交代表和第二十条规定享有豁免的人员的管辖豁免可以由派遣国政府明确表示放弃。

第二十条(第一款) 与外交代表共同生活的配偶及未成年子女,如果不是中国公民,享有第十二条至第十八条所规定的特权与豁免。

第二十条(第二款) 使馆行政技术人员和与其共同生活的配偶及未成年子女,如果不是中国公民并且不是在中国永久居留的,享有第十二条至第十七条所规定的特权与豁免,但民事管辖豁免和行政管辖豁免,仅限于执行公务的行为。使馆行政技术人员到任后半年内运进的安家物品享有第十八条第一款所规定的免税的特权。

第二十一条 外交代表如果是中国公民或者获得在中国永久居留资格的外国人,仅就其执行公务的行为,享有管辖豁免和不受侵犯。

第二十二条 下列人员享有在中国过境或者逗留期间所必需的豁免和不受侵犯:

(一)途经中国的外国驻第三国的外交代表和与其共同生活的配偶及未成年子女;

(二)持有中国外交签证或者持有外交护照(仅限互免签证的国家)来中国的外国官员;

(三)经中国政府同意给予本条所规定的特权与豁免的其他来中国访问的外国人士。

对途经中国的第三国外交信使及其所携带的外交邮袋,参照第十条、第十一条的规定办理。

第二十三条 来中国访问的外国国家元首、政府首脑、外交部长及其他具有同等身份的官员,享有本条例所规定的特权与豁免。

第二十四条 来中国参加联合国及其专门机构召开的国际会议的外国代表、临时来中国的联合国及其专门机构的官员和专家、联合国及其专门机构驻中国的代表机构和人员的待遇,按中国已加入的有关国际公约和中国与有关国际组织签订的协议办理。

第二十八条 本条例中下列用语的含义是:

(五)"外交代表"是指使馆馆长或者使馆外交人员;

(六)"使馆行政技术人员"是指从事行政和技术工作的使馆工作人员;

■中华人民共和国领事特权与豁免条例(1990年10月30日)

第十一条(第一款)　领事信使必须是具有派遣国国籍的人,并且不得是在中国永久居留的。

领事信使必须持有派遣国主管机关出具的信使证明书。领事信使人身不受侵犯,不受逮捕或者拘留。

第十二条　领事官员人身不受侵犯。中国有关机关应当采取适当措施,防止领事官员的人身自由和尊严受到侵犯。

领事官员不受逮捕或者拘留,但有严重犯罪情形,依照法定程序予以逮捕或者拘留的不在此限。

领事官员不受监禁,但为执行已经发生法律效力的判决的不在此限。

第二十二条　领事官员如果是中国公民或者在中国永久居留的外国人,仅就其执行职务的行为,享有本条例规定的特权与豁免。

领馆行政技术人员或者领馆服务人员如果是中国公民或者在中国永久居留的外国人,除没有义务就其执行职务所涉及事项作证外,不享有本条例规定的特权与豁免。

私人服务人员不享有本条例规定的特权与豁免。

第二十三条　下列人员在中国过境或者逗留期间享有所必需的豁免和不受侵犯:

(一)途经中国的外国驻第三国的领事官员和与其共同生活的配偶及未成年子女;

(二)持有中国外交签证或者持有与中国互免签证国家外交护照的外国领事官员。

第二十八条　本条例中下列用语的含义是:

(四)"领事官员"是指总领事、副总领事、领事、副领事、领事随员或者领事代理人;

(五)"领馆行政技术人员"是指从事领馆行政或者技术工作的人员;

(六)"领馆服务人员"是指从事领馆服务工作的人员。

第十二条　【刑法的溯及力】中华人民共和国成立以后本法施行以前的行为,如果当时的法律不认为是犯罪的,适用当时的法律;如果当时的法律认为是犯罪的,依照本法总则第四章第八节的规定应当追诉的,按照当时的法律追究刑事责任,但是如果本法不认为是犯罪或者处刑较轻的,适用本法。

本法施行以前,依照当时的法律已经作出的生效判决,继续有效。

■最高人民法院关于认真学习宣传贯彻修订的《中华人民共和国刑法》的通知(1997年3月25日)

三、修订的刑法实施后,各级人民法院必须坚决贯彻执行。对于修订的刑法实施前发生的行为,10月1日实施后尚未处理或者正在处理的案件,依照修订的刑法第十二条的规定办理;对于修订的刑法施行前,人民法院已审结的案件,实施后人民法院按照审判监督程序重新审理的,适用原审结时的有关法律规定。

四、修订的刑法实施前,人民法院审判刑事案件仍然应当依照现行刑法和人大常委会修改、补充刑法的有关决定、补充规定及最高人民法院的有关司法解释,并应遵守刑事诉讼法有关程序和期限的规定。

五、修订的刑法实施后,对已明令废止的全国人大常委会有关决定和补充规定,最高人民法院原作出的有关司法解释不再适用。但是如果修订的刑法有关条文实质内容没有变化的,人民法院在刑事审判工作中,在没有新的司法解释前,可参照执行。其他对于与修订的刑法规定相抵触的司法解释,不再适用。

■最高人民法院关于适用刑法时间效力规定若干问题的解释(全文)(1997年10月1日)

为正确适用刑法,现就人民法院1997年10月1日以后审理的刑事案件,具体适用修订前的刑法或者修订后的刑法的有关问题规定如下：

第一条 对于行为人1997年9月30日以前实施的犯罪行为，在人民检察院、公安机关、国家安全机关立案侦查或者在人民法院受理案件以后，行为人逃避侦查或者审判，超过追诉期限或者被害人在追诉期限内提出控告，人民法院、人民检察院、公安机关应当立案而不予立案，超过追诉期限的，是否追究行为人的刑事责任，适用修订前的刑法第七十七条的规定（1979年刑法第七十七条规定："在人民法院、人民检察院、公安机关采取强制措施以后，逃避侦查或者审判的，不受追究期限的限制。"——编著者注）。

第二条 犯罪分子1997年9月30日以前犯罪，不具有法定减轻处罚情节，但是根据案件的具体情况需要在法定刑以下判处刑罚的，适用修订前的刑法第五十九条第二款的规定（1979年刑法第五十九条第二款规定："犯罪分子虽然不具有本法规定的减轻处罚情节，如果根据案件的具体情况，判处法定刑的最低刑还是过重的，经人民法院审判委员会决定，也只可以在法定刑以下判处刑罚。"——编著者注）。

第三条 前罪判处的刑罚已经执行完毕或者赦免，在1997年9月30日以前又犯应当判处有期徒刑以上刑罚之罪，是否构成累犯，适用修订前的刑法第六十一条的规定；1997年10月1日以后又犯应当判处有期徒刑以上刑罚之罪的，是否构成累犯，适用刑法第六十五条的规定（1979年刑法第六十一条规定："被判处有期徒刑以上刑罚的犯罪分子，刑罚执行完毕或者赦免以后，在三年以内再犯应当判处有期徒刑以上刑罚之罪的，是累犯，应当从重处罚，但是过失犯罪除外。"——编著者注）。

第四条 1997年9月30日以前被采取强制措施的犯罪嫌疑人、被告人或者1997年9月30日以前犯罪，1997年10月1日以后仍在服刑的罪犯，如实供述司法机关还未掌握的本人其他罪行的，适用刑法第六十七条第二款的规定。

第五条 1997年9月30日以前犯罪的犯罪分子，有揭发他人犯罪行为，或者提供重要线索，从而得以侦破其他案件等立功表现的，适用刑法第六十八条的规定。

第六条 1997年9月30日以前犯罪被宣告缓刑的犯罪分子，在1997年10月1日以后的缓刑考验期间又犯新罪、被发现漏罪或者违反法律、行政法规或者国务院公安部门有关缓刑的监督管理规定，情节严重的，适用刑法第七十七条的规定，撤销缓刑。

第七条 1997年9月30日以前犯罪，1997年10月1日以后仍在服刑的犯罪分子，因特殊情况，需要不受执行刑期限制假释的，适用刑法第八十一条第一款的规定，报经最高人民法院核准。

第八条 1997年9月30日以前犯罪，1997年10月1日以后仍在服刑的累犯以及因杀人、爆炸、抢劫、强奸、绑架等暴力性犯罪被判处十年以上有期徒刑、无期徒刑的犯罪分子，适用修订前的刑法第七十三条的规定，可以假释。

第九条 1997年9月30日以前被假释的犯罪分子，在1997年10月1日以后的假释考验期内，又犯新罪、被发现漏罪或者违反法律、行政法规或者国务院公安部门有关假释的监督管理规定的，适用刑法第八十六条的规定，撤销假释。

第十条 按照审判监督程序重新审判的案件，适用行为时的法律。

■最高人民检察院关于检察工作中具体适用修订刑法第十二条若干问题的通知（全文）（1997年10月6日）

根据修订刑法第十二条的规定，现对发生在1997年9月30日以前，1997年10月1日后尚未处理或者正在处理的行为如何适用法律的若干问题通知如下：

一、如果当时的法律（包括1979年刑法，中华人民共和国惩治军人违反职责罪暂行条例，全国人大常委会关于刑事法律的决定、补充规定，民事、经济、行政法律中"依照"、"比照"刑法有关条款追究刑事责任的法律条文，下同）、司法解释认为是犯罪，修订刑法不认为是犯罪的，依法不再追究刑事责任。已经立案、侦查的，撤销案件；已批准逮捕的，撤销批准逮捕决定，并建议公安机关撤销案件；审查起诉的，作出不起诉决定；已经起诉的，建议人民法院退回案件，予以撤销；已经抗诉的，撤回抗诉。

二、如果当时的法律、司法解释认为是犯罪，修订刑法也认为是犯罪的，按从旧兼从轻的原则依法追究刑事责任：

1. 罪名、构成要件、情节以及法定刑没有变化的，适用当时的法律追究刑事责任。

2. 罪名、构成要件、情节以及法定刑已经变化的，根据从轻原则，确定适用当时的法律或者修订刑法追究刑事责任。

三、如果当时的法律不认为是犯罪，修订刑法认为是犯罪的，适用当时的法律；但行为连续或者继续到1997年10月1日以后的，对10月1日以后构成犯罪的行为适用修订刑法追究刑事责任。

■最高人民法院关于适用刑法第十二条几个问题的解释（全文）（1998年1月13日）

第一条　刑法第十二条规定的"处刑较轻"，是指刑法对某种犯罪规定的刑罚即法定刑比修订前刑法轻。法定刑较轻是指法定最高刑较轻；如果法定最高刑相同，则指法定最低刑较轻。

第二条　如果刑法规定的某一犯罪只有一个法定刑幅度，法定最高刑或者最低刑是指该法定刑幅度的最高刑或者最低刑；如果刑法规定的某一犯罪有两个以上的法定刑幅度，法定最高刑或者最低刑是指具体犯罪行为应当适用的法定刑幅度的最高刑或者最低刑。

第三条　一九九七年十月一日以后审理一九九七年九月三十日以前发生的刑事案件，如果刑法规定的定罪处刑标准、法定刑与修订前刑法相同的，应当适用修订前的刑法。

■最高人民法院、最高人民检察院关于适用刑事司法解释时间效力问题的规定（全文）（2001年12月17日）

一、司法解释是最高人民法院对审判工作中具体应用法律问题和最高人民检察院对检察工作中具体应用法律问题所作的具有法律效力的解释，自发布或者规定之日起施行，效力适用于法律的施行期间。

二、对于司法解释实施前发生的行为，行为时没有相关司法解释，司法解释施行后尚未处理或者正在处理的案件，依照司法解释的规定办理。

三、对于新的司法解释实施前发生的行为，行为时已有相关司法解释，依照行为时的司法解释办理，但适用新的司法解释对犯罪嫌疑人、被告人有利的，适用新的司法解释。

四、对于在司法解释施行前已办结的案件，按照当时的法律和司法解释，认定事实和适用法律没有错误的，不再变动。

■最高人民检察院关于认真贯彻执行《中华人民共和国刑法修正案（四）》和《全国人大常委会关于〈中华人民共和国刑法〉第九章渎职罪主体适用问题的解释》的通知（2003年1月14日）

三、要准确把握《刑法修正案（四）》和《全国人大常委会关于〈中华人民共和国刑法〉第九章渎职罪主体适用问题的解释》（本附文以下简称《解释》）的时间效力，正确适用法律。《刑法修正案（四）》是对《刑法》有关条文的修改和补充，实践中办理相关案件时，应当依照《刑法》第十二条规定的原则正确适用法律。对于1997年修订《刑法》施行以后、《刑法修正案（四）》施行以前发生的枉法执行判决、裁定犯罪行为，应当依照《刑法》第三百九十七条的规定追究刑事责任。根据《立法法》第四十七条的规定，法律解释的时间效力与它所解释的法律的时间效力相同。对于在1997年修订《刑法》施行以后、《解释》施行以前发生的行为，在《解释》施行以后尚未处理或者正在处理的案件，应当依照《解释》的规定办理。对于在《解释》施行前已经办结的案件，不再变动。

■最高人民法院关于九七刑法实施后发生的非法买卖枪支案件，审理时新的司法解释尚未作出，是否可以参照1995年9月20日最高人民法院《关于办理非法制造、买卖、运输非军用枪支、弹药刑事案件适用法律问题的解释》的规定审理案件请示的复函（全文）（2003年7月29日）

原审被告人侯磊非法买卖枪支的行为发生在修订后的《刑法》实施以后，而该案审理时《最高人民法院关于审理非法制造、买卖、运输枪支、弹药、爆炸物等刑事案件具体应用法律若干问题的解释》尚未颁布,因此,依照我院法发〔1997〕3号《关于认真学习宣传贯彻修订的〈中华人民共和国刑法〉的通知》的精神,该案应参照1995年9月20日最高人民法院法发〔1995〕20号《关于办理非法制造、买卖、运输非军用枪支、弹药刑事案件适用法律问题的解释》的规定办理。

■最高人民法院关于《中华人民共和国刑法修正案(八)时间效力问题的解释》(全文)(2011年5月1日)

为正确适用《中华人民共和国刑法修正案(八)》,根据刑法有关规定,现就人民法院2011年5月1日以后审理的刑事案件,具体适用刑法的有关问题规定如下:

第一条 对于2011年4月30日以前犯罪,依法应当判处管制或者宣告缓刑的,人民法院根据犯罪情况,认为确有必要同时禁止犯罪分子在管制期间或者缓刑考验期内从事特定活动,进入特定区域、场所,接触特定人的,适用修正后刑法第三十八条第二款或者第七十二条第二款的规定。

犯罪分子在管制期间或者缓刑考验期内,违反人民法院判决中的禁止令的,适用修正后刑法第三十八条第四款或者第七十七条第二款的规定。

第二条 2011年4月30日以前犯罪,判处死刑缓期执行的,适用修正前刑法第五十条的规定。

被告人具有累犯情节,或者所犯之罪是故意杀人、强奸、抢劫、绑架、放火、爆炸、投放危险物质或者有组织的暴力性犯罪,罪行极其严重,根据修正前刑法判处死刑缓期执行不能体现罪刑相适应原则,而根据修正后刑法判处死刑缓期执行同时决定限制减刑可以罚当其罪的,适用修正后刑法第五十条第二款的规定。

第三条 被判处有期徒刑以上刑罚,刑罚执行完毕或者赦免以后,在2011年4月30日以前再犯应当判处有期徒刑以上刑罚之罪的,是否构成累犯,适用修正前刑法第六十五条的规定;但是,前罪实施时不满十八周岁的,是否构成累犯,适用修正后刑法第六十五条的规定。

曾犯危害国家安全犯罪,刑罚执行完毕或者赦免以后,在2011年4月30日以前再犯危害国家安全犯罪的,是否构成累犯,适用修正前刑法第六十六条的规定。

曾被判处有期徒刑以上刑罚,或者曾犯危害国家安全犯罪、恐怖活动犯罪、黑社会性质的组织犯罪,在2011年5月1日以后再犯罪的,是否构成累犯,适用修正后刑法第六十五条、第六十六条的规定。

第四条 2011年4月30日以前犯罪,虽不具有自首情节,但是如实供述自己罪行的,适用修正后刑法第六十七条第三款的规定。

第五条 2011年4月30日以前犯罪,犯罪后自首又有重大立功表现的,适用修正前刑法第六十八条第二款的规定。

第六条 2011年4月30日以前一人犯数罪,应当数罪并罚的,适用修正前刑法第六十九条的规定;2011年4月30日前后一人犯数罪,其中一罪发生在2011年5月1日以后的,适用修正后刑法第六十九条的规定。

第七条 2011年4月30日以前犯罪,被判处无期徒刑的罪犯,减刑以后或者假释前实际执行的刑期,适用修正前刑法第七十八条第二款、第八十一条第一款的规定。

第八条 2011年4月30日以前犯罪,因具有累犯情节或者系故意杀人、强奸、抢劫、绑架、放火、爆炸、投放危险物质或者有组织的暴力性犯罪并被判处十年以上有期徒刑、无期徒刑的犯罪分子,2011年5月1日以后仍在服刑的,能否假释,适用修正前刑法第八十一条第二款的规定;2011年4月30日以前犯罪,因其他暴力性犯罪被判处十年以上有期徒刑、无期徒刑的犯罪分子,2011年5月1日以后仍在服刑的,能否假释,适用修正后刑法第八十一条第二款、第三款的规定。

■最高人民法院关于《中华人民共和国刑法修正案(九)》时间效力问题的解释(全文)(2015年11月1日)

为正确适用《中华人民共和国刑法修正案(九)》,根据《中华人民共和国刑法》第十二条规定,现就

人民法院2015年11月1日以后审理的刑事案件,具体适用修正前后刑法的有关问题规定如下:

第一条 对于2015年10月31日以前因利用职业便利实施犯罪,或者实施违背职业要求的特定义务的犯罪的,不适用修正后刑法第三十七条之一第一款的规定。其他法律、行政法规另有规定的,从其规定。

第二条 对于被判处死刑缓期执行的犯罪分子,在死刑缓期执行期间,且在2015年10月31日以前故意犯罪的,适用修正后刑法第五十条第一款的规定。

第三条 对于2015年10月31日以前一人犯数罪,数罪中有判处有期徒刑和拘役,有期徒刑和管制,或者拘役和管制,予以数罪并罚的,适用修正后刑法第六十九条第二款的规定。

第四条 对于2015年10月31日以前通过信息网络实施的刑法第二百四十六条第一款规定的侮辱、诽谤行为,被害人向人民法院告诉,但提供证据确有困难的,适用修正后刑法第二百四十六条第三款的规定。

第五条 对于2015年10月31日以前实施的刑法第二百六十条第一款规定的虐待行为,被害人没有能力告诉,或者因受到强制、威吓无法告诉的,适用修正后刑法第二百六十条第三款的规定。

第六条 对于2015年10月31日以前组织考试作弊,为他人组织考试作弊提供作弊器材或者其他帮助,以及非法向他人出售或者提供考试试题、答案,根据修正前刑法应当以非法获取国家秘密罪、非法生产、销售间谍专用器材罪或者故意泄露国家秘密罪等追究刑事责任的,适用修正前刑法的有关规定。但是,根据修正后刑法第二百八十四条之一的规定处刑较轻的,适用修正后刑法的有关规定。

第七条 对于2015年10月31日以前以捏造的事实提起民事诉讼,妨害司法秩序或者严重侵害他人合法权益,根据修正前刑法应当以伪造公司、企业、事业单位、人民团体印章罪或者妨害作证罪等追究刑事责任的,适用修正前刑法的有关规定。但是,根据修正后刑法第三百零七条之一的规定处刑较轻的,适用修正后刑法的有关规定。

实施第一款行为,非法占有他人财产或者逃避合法债务,根据修正前刑法应当以诈骗罪、职务侵占罪或者贪污罪等追究刑事责任的,适用修正前刑法的有关规定。

第八条 对于2015年10月31日以前实施贪污、受贿行为,罪行极其严重,根据修正前刑法判处死刑缓期执行不能体现罪刑相适应原则,而根据修正后刑法判处死刑缓期执行同时决定在其死刑缓期执行二年期满依法减为无期徒刑后,终身监禁,不得减刑、假释可以罚当其罪的,适用修正后刑法第三百八十三条第四款的规定。根据修正前刑法判处死刑缓期执行足以罚当其罪的,不适用修正后刑法第三百八十三条第四款的规定。

第九条 本解释自2015年11月1日起施行。

■最高人民法院、最高人民检察院、公安部办理骗汇、逃汇犯罪案件联席会议纪要(1999年6月7日)

二、全国人大常委会《关于惩治骗购外汇、逃汇和非法买卖外汇犯罪的决定》(本附文以下简称《决定》)公布施行后发生的犯罪行为,应当依照《决定》办理;对于《决定》公布施行前发生的公布后尚未处理或者正在处理的行为,依照修订后的刑法第十二条第一款规定的原则办理。

最高人民法院1998年8月28日发布的《关于审理骗购外汇、非法买卖外汇刑事案件具体应用法律若干问题的解释》(本附文以下简称《解释》),是对具体应用修订后的刑法有关问题的司法解释,适用于依照修订后的刑法判处的案件。各执法部门对于《解释》应当准确理解,严格执行。

▽新的司法解释,对原有司法解释的内容作出修正的,应该适用新的司法解释。但依据原司法解释作出的生效裁判,不再变动

最高人民法院1998年颁布了《关于审理挪用公款案件具体应用法律若干问题的解释》(本附文以下简称1998年《解释》),最高人民法院2001年颁布实施了《关于如何认定挪用公款归个人使用有关问题的解释》(本附文以下简称2001年《解释》)。挪用公款案件审理期间,刑法规定并未修改,最高人民法院颁布实施新的刑法司法解释,对原有司法解释的内容作出修正的,应该适用新的司法解释。刑法司法解释是对具体适用刑法规定所作的具有法律效力的解释,其法律效力从属于刑法规定。其一经公布施行,效力等同于其所解释的刑法规定本身,对人民法院正在审理和尚未审理的案件具有法律效力。因此,一般情况下,刑法司法解释对其所解释的刑法规定实施以后而自身发布实施以前发生的案件具有溯及力。但从维护法院生效判决既判力的角度考虑,对依据原司法解释作出的生效裁判,不宜再作变动。

应当特别注意的是,第九届全国人民代表大会常务委员会第二十七次会议于2002年4月28日通过了《全国人民代表大会常务委员会关于〈中华人民共和国刑法〉第三百八十四条第一款的解释》,对挪用公款归个人使用的含义问题进行了解释。因此,今后办理挪用公款案件时,对是否属于挪用公款归个人使用应严格依照上述立法解释的规定来认定。[参见第013号刑案判例,梁艺强贪污、挪用公款案,载《刑事办案指导》总第2辑(2005年第2辑),中国人民公安大学出版社,第38~42页。执笔:逢锦温]

▽引用法条应当具体援引到款

由于刑法第十二条规定了两方面的内容,其中第一款规定的是从旧兼从轻原则,第二款则是关于已经按原有法律作出的生效裁判如何处理的规定,强调生效裁判不因刑法的修改而影响其效力。因此,在适用从旧兼从轻原则处理案件援引法律条文时,应当具体援引到款,即"《中华人民共和国刑法》第十二条第一款",不应仅援引"《中华人民共和国刑法》第十二条",否则属于引用法条不准确。[参见第386号案例,张炯、李培骏妨害信用卡管理案,载《刑事审判参考》总第49集(2006年第2集),法律出版社,第3~4页。执笔:王洪青]

▽只需援引刑法条款,不要援引刑法修正案条款,或同时援引

依照刑法第十二条第一款规定的从旧兼从轻原则,适用刑法修正案(五)第一条处理案件时,不需要在裁判文书中同时援引刑法第一百七十七条和刑法修正案(五)第一条,只需援引刑法第一百七十七条之一。[参见第386号案例,张炯、李培骏妨害信用卡管理案,载《刑事审判参考》总第49集(2006年第2集),法律出版社,第3~5页。执笔:王洪青]

▽对于1997年刑法施行以后,1995年《解释》施行以前实施的非法买卖枪支犯罪行为,应当适用2001年《解释》

对于非法买卖枪支的刑事案件,最高人民法院先后公布了两部司法解释,即1995年9月20日发布的《最高人民法院关于办理非法制造、买卖、运输非军用枪支、弹药刑事案件适用法律问题的解释》(本附文以下简称1995年《解释》)和2001年5月15日发布的《最高人民法院关于审理非法制造、买卖、运输枪支、弹药、爆炸物等刑事案件具体应用法律若干问题的解释》(本附文以下简称2001年《解释》)。对于1997年刑法施行以后,《最高人民法院关于审理非法制造、买卖、运输枪支、弹药、爆炸物等刑事案件具体应用法律若干问题的解释》施行以前实施的非法买卖枪支犯罪行为,应当适用2001年《解释》。理由是:第一,《最高人民法院关于司法解释工作的若干规定》第十二条规定:"司法解释在颁布了新的法律,或在原法律修改、废止,或者制定了新的司法解释后,不再具有法律效力。"因此,1995年《解释》对1997年刑法施行以后发生的行为不具有法律效力。第二,根据《最高人民法院、最高人民检察院关于适用刑事司法解释时间效力问题的规定》第一条、第二条、第四条的规定,司法解释是最高司法机关对法律条文本身含义的进一步明确,其时间效力与其所解释的法律相同。最高人民法院明确施行日期,其主要目的在于维护判决的既判力,即只要该司法解释施行前已办结的案件在认定事实和适用法律方面没有错误,即使在定罪量刑标准上与2001年《解释》不一致,也不能根据2001年《解释》对已经生效的裁判提起审判监督程序进行再审。而对于2001年《解释》施行以后尚未处理或者正在处理的案件,只要应当适用其解释的法律,2001年《解释》就适用该案件。[参见第328号案例,朱香海、左正红等非法买卖枪支、贪污案,载《刑事审判参考》总第42集(2005年第1集),法律出版社,第9~13页。执笔:艾军]

▽司法解释的效力及于其解释的法律施行期间

司法解释是最高司法机关对法律条文本身含义的进一步阐明。从理论上讲,司法解释的效力应当适用于法律的整个施行期间,即始于其解释的法律生效之日,止于其解释的法律失效之日,司法解释本身不存在时间效力问题。最高人民法院颁布的司法解释均规定了实施时间并不表明司法解释不适用于其施行之日以前发生的行为,仅对人民法院尚未审理和正在审理的案件产生影响。但是,在特殊情况下,最高司法机关可能会根据不同时期社会治安状况和经济发展水平,对同一法律条文的含义作出不同的解释,因此,在这种情况下就涉及司法解释的时间效力问题。对此,《最高人民法院、最高人民检察院关于适用刑事司法解释时间效力问题的规定》规定一般情况下,司法解释的效力应当及于法律的施行日期,不但适用于司法解释实施以后的行为,对司法解释施行以前的行为也有溯及力,即对司法解释施行以前的行为没有处理或者正在办理的案件,应按照新的司法解释办理。只有在最高司法机关对同一法律条文先后作出了不同的解释时,才按照刑法第十二条第一款规定的从旧兼从轻原则处理。[参见第215号案例,严叶成、周建伟等非法收购、运输、出售珍贵、濒危野生动物、珍贵、濒危野生动物动物制品案,载《刑事审判参考》总第29辑(2002年第6辑),法律出版社,第41~42页。执笔:陆漫]

▽行为虽实施于司法解释施行之前,但因该案的审理活动发生于司法解释施行期间,故应适用司法解释对该案进行定罪处罚

司法解释是司法机关对于司法活动中具体应用法律问题所作的具有法律效力的解释,本质上属于司法行为,而非立法行为,因而不存在禁止溯及问题。司法解释的施行时间是针对司法活动而言的,不同于针对犯罪行为的法律施行时间,司法解释依附于法律,能否适用某司法解释,根本上取决于所解释的法律的适用时效,司法解释本身不具有独立的施行时效。这一点,最高人民法院、最高人民检察院于2001年发布的《关于适用刑事司法解释时间效力问题的规定》第一条、第二条作出了明确的规定:司法解释自发布或者规定之日起施行,效力适用于法律的施行期间;对于司法解释实施前发生的行为,行为时没有相关司法解释,司法解释施行后尚未处理或者正在处理的案件,依照司法解释的规定办理。[参见第268号案例,上海华源伊龙实业发展公司等走私普通货物案,载《刑事审判参考》总第35辑(2003年第6辑),法律出版社,第12~15页。执笔:张华]

▽犯罪行为发生在新刑法实施以前且超过1979年刑法规定的追诉时效的,不应追究刑事责任

首先,刑法第十二条规定的所谓"按当时的法律追究刑事责任",理解上当然既应包括适用当时法律的定罪量刑规定,也应包括适用当时法律关于追诉时效的规定,不能把当时法律关于追诉时效的规定排除在适用之外。其次,在有关追诉时效的规定方面,1979年刑法与新刑法虽基本相同,但在追诉时效延长的规定上有两点显著区别:一是1979年刑法规定不受追诉期限限制的起始时间为司法机关"采取强制措施后",而新刑法则对此修改为司法机关"立案侦查或人民法院受理案件后";二是新刑法增加了"被害人在追诉期限内提出控告,公、检、法机关应当立案而不予立案的,不受追诉期限限制"的规定。两相比较,新刑法有关追诉时效的规定较1979年刑法对被告人更严更重。关于追诉时效是否也适用从旧兼从轻原则,最高人民法院1997年9月25日通过的《关于适用刑法时间效力规定若干问题的解释》(本附文以下简称《解释》)第一条已有明确规定。该条规定"对于行为人1997年9月30日以前实施的犯罪行为,在人民检察院、公安机关、国家安全机关立案侦查或者在人民法院受理案件以后,行为人逃避侦查或者审判,超过追诉期限或者被害人在追诉期限内提出控告,人民法院、人民检察院、公安机关应当立案而不予立案,超过追诉期限的,是否追究行为人的刑事责任,适用修订前的刑法第七十七条的规定"。该条规定的精神,就是明确地确立关于追诉时效也应适用从旧兼从轻原则。[参见第

175 号案例,朱晓志交通肇事案,载《刑事审判参考》总第 26 辑(2002 年第 3 辑),法律出版社,第 3~6 页。执笔:刘德山 邢会峰 汪鸿滨]

▽行为涉及行为时法、行为后法和处理时法的法律适用

对于集体经济组织工作人员利用职务上的便利,挪用本单位资金的行为,我国刑法立法经历了一个从挪用公款罪到挪用资金罪的演变过程。1988 年 1 月 21 日全国人民代表大会常务委员会通过了《关于惩治贪污罪贿赂罪的补充规定》(本附文以下简称《补充规定》),首次设立了挪用公款罪。1995 年 2 月 28 日全国人民代表大会常务委员会又通过了《关于惩治违反公司法的犯罪的决定》(本附文以下简称《决定》),将公司、企业中的非国家工作人员从挪用公款罪的主体范围中剔除,单独设立了挪用资金罪,同时相应地调整了挪用资金罪的法定刑设置,除挪用本单位资金数额较大不退还的,以侵占罪论处外,挪用资金罪的法定最高刑为三年有期徒刑。1997 年刑法基本沿袭了挪用资金罪的法律规定,但删除了《决定》中关于挪用本单位资金数额较大不退还的,以侵占罪论处的规定,同时将挪用资金罪分为两个量刑档次,并将挪用资金罪的法定最高刑提高到十年有期徒刑。根据 1997 年刑法第十二条第一款的规定,原则上应选择行为人行为时至其被审判时对其最有利的法律决定是否和如何追究其刑事责任。本案行为有关系的法律规定,一是其行为时法——《补充规定》;二是其行为后法——《决定》;三是处理时法——1997 年刑法。三者相比,《决定》的处刑最轻。但由于本案的发生、司法机关的介入均与《决定》没有联系,被告人又没有在《决定》施行期间自首,被害人亦没有在《决定》施行期间报案,因此,《决定》不能成为本案选择适用的法律。本案只能在犯罪行为发生时施行的《补充规定》和司法机关对该行为进行处理时施行的 1997 年刑法之间,选择适用对被告人最为有利的法律。由于案发地的人民法院在最高人民法院相关司法解释公布实施前,适用 1997 年刑法处刑较轻,本案适用 1997 年刑法对被告人最为有利。[参见第 174 号案例,沈某挪用资金案,载《刑事审判参考》总第 25 辑(2002 年第 2 辑),法律出版社,第 60~63 页。执笔:张双庆]

▽司法解释规定的"施行时间"的含义

司法解释没有独立的时间效力,其时间效力与刑法的时间效力一致。最高人民法院在公布司法解释的公告中,对司法解释的生效时间都有规定。对"施行时间"的理解,首先必须对司法解释的性质有一个充分的认识。刑事司法解释是最高司法机关对如何具体应用刑事法律的问题所作的阐释。司法解释必须严格遵循刑事立法的基本原则和精神,在符合立法本意的前提下对刑事法律的规定加以具体化和明确化。因此,司法解释依附于被解释的刑事法律规范,它本身并无独立的时间效力,而是依从于刑事法律的时间效力。司法解释单独规定"施行时间",其作用在于明确该司法解释适用于其施行以后发生,以及虽在施行以前发生但施行以后尚未审理和正在审理的案件。对施行前发生的判决已经发生法律效力的案件,原则上不具有溯及力,即不再适用该司法解释改判。这有利于维护生效判决的稳定性和既判力。但这并不意味着司法解释对其施行后尚未审理和正在审理的案件也不适用。不能把司法解释的"施行时间"与刑法的时间效力等同起来。[参见第 161 号案例,王庆诈骗案,载《刑事审判参考》总第 24 辑(2002 年第 1 辑),法律出版社,第 77~78 页。执笔:洪冰 毛力]

▽在刑法修订前玩忽职守,危害结果发生在刑法修订实施以后,应适用结果发生时的法律

"无行为即无犯罪",适用犯罪行为时依法追究行为人的刑事责任,是刑法适用的基本原则。对于刑法修订前实施,危害结果发生在修订后的刑法实施以后的玩忽职守行为,应当适用修订前的刑法,还是适用修订后的刑法。其一,玩忽职守罪是不作为犯罪,适用结果发生时的法律追究行为人的刑事责任,符合适用行为时法的法律适用原则。玩忽职守罪是不作为犯,在客观上表现为国家机关工作人员不履行或者不正确履行其应尽的职责,在犯罪成立之前即危害结果发生之前,行为人的这种不作为的玩忽职守行为一直处于持续状态。因此,适用结果发生时的法律追究行为人的刑事责任与适用行为时法是一致的。其二,玩忽职守罪是过失犯罪,应当适用结果发生时即犯罪成立时的法律。从我国刑法的规定来看,有的犯罪,只要行为人实施了刑法分则规定的危害行为,犯罪就成立;而有的犯罪,不仅要求行为人实施了刑法分则规定的危害行为,而且必须有法定的危害结果,犯罪才能成立。后者在刑法理论上被称为结果犯。所有的过失犯罪都是结果犯,但这种结果犯不同于故意犯罪中的结果犯。故意犯罪中的结果犯是以危害结果的发生与否作为犯罪既遂与未遂的标志,而过失犯罪是以危害结果的发生与否作为犯罪是否成立的标志,没有法定危害结果的,不构成犯罪。因此,在适用法律问题上,对待结果犯,应注意区分故意犯罪与过失犯罪。对于故意犯罪中的结果犯,适用行为时法是没有疑义的,而对于过失犯罪,则并非完全如此。因为在有些情况下,行为人在实施行为时,犯罪还没有成立,也就不涉及法律适用问题。[参见第46号案例,林世元等受贿玩忽职守罪案,载《刑事审判参考》总第6辑(2000年第1辑),法律出版社,第43~45页。审编:高贵君]

▽犯罪行为时的法律、进入诉讼阶段的法律和审判时的法律,三者规定的法定刑不一样,应适用被告人行为时到宣判时所有几部法律中法定刑最轻的法律

犯罪行为发生在1993年6月至8月,同年9月案发而受刑事追诉,1995年6月被提起公诉,生效判决在1998年7月作出,从行为到审理、宣判时,本案涉及三部法律。根据犯罪行为时的法律即1979年刑法和1988年1月21日全国人大常委会《关于惩治贪污罪贿赂罪的补充规定》(本附文以下简称《补充规定》)的规定;判决时的法律即1997刑法;本案在法院审理过程中,1995年2月28日全国人大常委会通过并实施了《关于惩治违反公司法的犯罪的决定》(本附文以下简称《决定》),根据该《决定》第十条和最高人民法院《关于办理违反公司法受贿、侵占、挪用等刑事案件适用法律若干问题的解释》第四条第二款的规定,被告人虽是在国有公司工作,但不具有管理职权,也不具有国家工作人员身份,因此其不具有贪污罪主体身份,其行为只能构成侵占罪。从法定刑看,《决定》规定的法定刑均比《补充规定》和刑法轻。根据刑法第十二条第一款的规定,犯罪行为时的法律和审判时的法律哪一个法定刑更轻就适用哪一个法律,但是该条没明确规定在行为时和判决时的中间阶段有法定刑更轻的法律应如何处理。被告人被司法机关追诉后,出现了有利于被告人的法律即《决定》的实施,但由于司法机关未及时结案而出现了对被告人不利的法律即修订后刑法的实施。根据刑法第十二条第一款规定的从旧兼从轻即有利于被告人的原则,应适用被告人行为时到宣判时所有几部法律中法定刑最轻的法律,即《决定》第十条(侵占罪的规定),以及与《决定》同时并存的1979年刑法第六十三条(自首的规定)、第六十七条(缓刑的规定)、第三十二条(免予刑事处分的规定)。[参见第21号案例,罗辉、王凌云等侵占案,载《刑事审判参考》总第3辑(1999年第3辑),法律出版社,第32~34页。审编:王玉琦]

▽对于同一个具体应用法律问题,最高司法机关先后作出了两个司法解释的,应当适用从旧兼从轻原则对被告人最有利的司法解释

对于同一个具体应用法律问题先后有两个司法解释的,应当根据刑法第十二条第一款规定的从旧兼从轻原则,选择适用对被告人最有利的司法解释。[参见第417号案例,谭慧渊、蒋菊香侵犯著作权案,载《刑事审判参考》总第53辑(2006年第6辑),法律出版社,第26~27页。执笔:罗筱玲]

▽立法解释的效力应溯及刑法整个施行期间

2000年出台的《最高人民法院关于审理黑社会性质组织犯罪的案件具体应用法律若干问题的解释》(本附文以下简称《司法解释》)将"保护伞"规定为黑社会性质组织的四个特征之一,而2002年通过的《立法解释》取消了这一限定条件。立法解释的效力应及于法律的整个施行期间,不但适用于解释实施以后的行为,对解释实施前发生的行为而在解释施行后才审理的,也应按照立法解释办理。主要理由有两点:第一,立法解释是对法律条文含义的阐释,在法律规定本身未发生变化的情况下法律条文的含义自法律施行之日起即存在。立法解释公布后,除对时间效力有特别规定的以外,应及于被解释的法律的整个施行期间。因此,行为人在刑法施行以后、立法解释公布之前实施的犯罪凡在立法解释施行后才进行审理的,均应适用该立法解释。第二,立法解释的效力高于司法解释。被告人的行为跨越了2002年通过的《立法解释》的前后时期，而2000年公布的《司法解释》与2002年《立法解释》的内容有所不同，后者未将"保护伞"规定为黑社会性质组织的特征，认定黑社会性质组织的标准宽于前者。在这种情况下，应当根据《立法法》规定的原则处理。《立法法》明确规定，立法解释与法律具有同等效力，立法解释的效力高于司法解释；因此在二者产生冲突的情况下，应直接适用《立法解释》，不存在按照"从旧兼从轻"原则的问题。当然，如果后公布的也是司法解释而不是立法解释，则依据"两高"《关于适用刑事司法解释时间效力问题的规定》，可以按照"从旧兼从轻"的原则处理。由此可见，虽然被告人的行为跨越了2002年通过的《立法解释》的前后时期，但该案审判时立法解释已经公布施行，在此情况下应当按照该立法解释规定的四个特征来认定被告人的行为性质。[参见第629号指导案例，王江等组织、领导、参加黑社会性质组织案，载《刑事审判参考》总第74集(2010年第3集)，第134～135页。撰稿：李晓光 王飞 舒畅]

▽二审期间因刑法修改及司法解释出台，导致相关定罪量刑标准发生变化的，法律和司法解释的适用原则

我国刑法(1997年刑法)对于溯及力问题，从实际需要和罪刑法定的要求出发，采用了从旧兼从轻的原则，刑法修正案仍然应当贯彻刑法所规定的从旧兼从轻原则，区分以下不同情况进行处理：

1.1997年刑法不认为是犯罪，刑法修正案认为是犯罪的，只能适用刑法修正案生效以前的刑法，刑法修正案不具有溯及力。因此，不能以刑法修正案已经将该行为规定为犯罪、犯罪的主体范围已经扩大、犯罪构成的行为要件标准已经降低为由而追究行为人的刑事责任。

2.1997年刑法认为是犯罪，但刑法修正案不认为是犯罪的，只要这种行为未经审判或者判决尚未生效，应当适用刑法修正案的规定，即刑法修正案具有溯及力。

3.1997年刑法和刑法修正案都认为是犯罪，并且按照刑法第四章第八节的规定应当追诉的，原则上应按1997年刑法追究刑事责任。但是，如果1997年刑法处罚比刑法修正案重的，则适用刑法修正案。

4.根据1997年刑法已经作出了生效判决的，该判决继续有效。即使按刑法修正案的规定，其行为不构成犯罪或者处刑较1997年刑法要轻，也不例外。因为，对一种行为刑法是否溯及适用，只限于未经审理或者虽经审理但尚未作出生效判决的场合；已经生效的判决，不应根据刑法的规定加以改变，以维护人民法院生效判决的严肃性和稳定性。对此，1997年刑法第十二条第二款已作出了明确规定。

就本案来讲，一审判决日期为2015年10月19日，宣判后被告人提出上诉，刑法修正案(九)于2015年8月29日公布、同年11月1日起施行，此时本案正在二审审理之中。因此，本案能否适用刑法修正案(九)。关键在于比较1997年刑法和刑法修正案(九)对于贪污受贿犯罪的刑罚哪个更轻，如果刑法修正案(九)更轻，则应适用修正案。但是刑法修正案(九)只是将贪污贿赂犯罪的定罪量刑标准由以前规定的单纯的数额标准，修改为数额加情节的标准，并将数额划分为"数额较大""数额巨大""数额特别巨大"三个层次，而没有规定"数额较大""数额巨大""数额特别巨大"的具体标准，据此无法确定被告人受贿犯罪的具体情节和应适用的刑罚，也就无从比较新旧刑法规定的刑罚孰轻孰重。2016年4月18日，《最高人民法院、最高人民检察院关于办理贪污贿赂刑事案件适用法律若干问题的解释》(本附文以下简称《解释》)公布并自该日起施行，进一步将刑法修正案(九)规定的"数额较大""数额巨大""数额特别巨大"的标准明确化、具体化。

从刑法司法解释本身的性质来看，按照最高人民法院2007年3月23日颁布的《关于司法解释工作的规定》第6条的规定，司法解释只能对刑事司法实践活动中具体适用刑事法律问题进行解释，是立法原意内就如何具体应用刑事法律中所产生的问题加以明确化、具体化。所以，司法解释具有依附性特征，即必须严格地依附于所解释的刑法条文之规定，不能创制新的法律，不得对刑法修改、补充。因此，它的效力与其所解释的刑法效力同步，也即它的生效时间应与其所解释的刑法生效时间相同。从这个角度理解,《解释》应与刑法修正案(九)的效力同步,即《解释》虽于2016年4月18日公布,但其效力可以溯及至2015年11月1日刑法修正案(九)施行之日。此外,2001年12月7日,最高人民法院、最高人民检察院颁布的《关于适用刑事司法解释时间效力问题的规定》(本附文以下简称《规定》)明确的规定,具体到司法实践中,对于某一司法解释的适用应先看该解释出台前是否对同一问题有其他解释,如果没有其他解释,该解释是唯一司法解释,则适用该解释。如果在同一问题上先后出台两个解释且内容出现矛盾时,应选择有利于犯罪嫌疑人、被告人的司法解释作为定罪量刑之依据。

本案被告人共计受贿人民币75.7815万元,根据1997年刑法的规定,应处以"十年以上有期徒刑或者无期徒刑",故一审法院判处其有期徒刑十二年并无不当;在二审审理期间,根据修正后的刑法及司法解释的规定,受贿数额20万元以上不满300万元的属于"数额巨大",应处"三年以上十年以下有期徒刑"。被告人受贿75.7815万元,属于"数额巨大",应处"三年以上十年以下有期徒刑"。与旧法相比,修改后的刑法及相关司法解释的处罚明显较轻,这种情况下应遵循从旧兼从轻的刑法适用原则,适用处罚较轻的新标准对被告人定罪量刑,即刑法修正案(九)和《解释》对本案均有溯及力。因此,二审法院按照从旧兼从轻的原则将被告人的刑期改判为有期徒刑五年是符合法律规定的。[参见第1150号指导案例,耿三有受贿案,载《刑事审判参考》总第106集,第94～97页。撰稿:汪雷　李连武　李欣磊]

第二章　犯　　罪

第一节　犯罪和刑事责任

第十三条　【犯罪概念】一切危害国家主权、领土完整和安全,分裂国家、颠覆人民民主专政的政权和推翻社会主义制度,破坏社会秩序和经济秩序,侵犯国有财产或者劳动群众集体所有的财产,侵犯公民私人所有的财产,侵犯公民的人身权利、民主权利和其他权利,以及其他危害社会的行为,依照法律应当受刑罚处罚的,都是犯罪,但是情节显著轻微危害不大的,不认为是犯罪。

□行为人通过网络实施的虚拟行为如果对现实生活中刑法所保护的客体造成危害构成犯罪的,应当受刑罚惩罚

二、行为人通过网络实施的虚拟行为如果对现实生活中刑法所保护的客体造成危害构成犯罪的,应当受刑罚惩罚。(上海市黄浦区人民检察院诉孟动、何立康网络盗窃案,载《最高人民法院公报》总第121期,2006年第11期,第33页。)

▽犯罪构成的主要特征就是行为的主客观相统一和社会危害性及其程度

犯罪构成是指我国刑法规定的,决定某一行为的社会危害性及其程度而为该行为构成犯罪所必需的一切主观要件和客观要件的有机统一。由此看来,犯罪构成的主要特征就是行为的主、客观相统一和社会危害性及其程度。行为的主、客观相统一是犯罪构成的一大特征。任何犯罪都是在主观罪过支配下实施的行为,主观罪过产生于对客观世界的反映,而它产生后在客观上表现为特定行为对社会产生危害作用,而危害社会的行为等客观情况又成为检验主观方面的标准。因此,犯罪的主、客观要件是相互依存、互为前提、缺一不可的,形成了一个相互联系、相互作用又相互制约的有机统一体。此外,行为的社会危害性及其程度是犯罪构成的另一重要特征。犯罪的本质特征是行为具有严重社会危害性,因此,犯罪构成实质上是严重社会危害性的构成。凡是犯罪构成要件的事实特征理所当然地必须反映行为的社会危害性及其程度,这是衡量事实特征能否成为犯罪构成要件的客观标准。[参见第347号案例,乌斯曼江、吐尔逊故意伤害案,载《刑事审判参考》总第44集(2005年第3集),法律出版社,第57～58页。执笔:张明磊]

第十四条　【故意犯罪的概念】明知自己的行为会发生危害社会的结果,并且希望或者放任这种结果发生,因而构成犯罪的,是故意犯罪。

故意犯罪,应当负刑事责任。

▽行为人主观故意的认定

行为人的主观故意是行为人实施犯罪行为时的一种主观心理状态,它包括认识因素和意志因素两个层面。要准确认定行为人的主观故意,首先必须查明行为人的认识状态,即行为人是否对相应犯罪构成要件中的客观方面也就是事实有明确的认识,以此为基础,再考察行为人的意志态度,从而判断行为人是否存在犯罪故意以及何种故意(直接故意还是间接故意)。所以,行为人的认识是刑法归责的要素之一,也是判定行为人主观状态的基础。如果行为人存在已然性认识,即已经对事实有认识,仍决意实施相应行为,行为人属于明知故犯,具有犯罪的故意;行为人虽然没有认识到事实的存在或者发生,但行为人主观上使自己处于谨慎的注意状态就能够认识事实存在或发生的可能性的,而为之相应行为,则行为人属于不知误犯,具有犯罪的过失;如果行为人使自己处于充分的谨慎的注意状态仍然无法认识事实存在或发生的可能性的,就不能对行为人的主观进行非难。行为人的认识是否还包括违法性认识理论界有不同的意见。事实性认识的内容包括以下几个方面:(1)对行为客观方面的认识,即知道自己在干什么。(2)对法律所规定的危险或结果的认识,在危险犯或结果犯中,行为人应认识到其行为会产生法律所设定的危险或结果。(3)对行为对象的认识。当行为的对象成为犯罪的构成要件时,行为人对行为所指向的对象必须有明确的认识,否则,行为人就会因为对其行为指向的对象无认识而不知晓行为所影响的社会关系。比如运输毒品案件中行为人必须认识到其运输的是毒品而非一般药品。(4)对行为的时间、地点和方法、手段的认识。对于某些以一定的时间、地点和方法、手段作为特殊构成要件的个罪来说,行为人必须对行为的时间、地点和方法、手段有明确的认识。如非法捕捞水产品罪,规定了禁渔期、禁渔区、禁止使用的工具、方法等特殊要件,行为人必须对上述事实有明确的认识才能成立该罪的故意。[参见第344号案例,官其明故意杀人案,载《刑事审判参考》总第44集(2005年第3集),法律出版社,第36~38页。执笔:杨才清]

▽直接故意与间接故意的认定

犯罪故意是行为人对其所实施的危害社会的行为及其危害结果所持的一种主观心理态度,包括认识因素和意志因素两个方面的内容。犯罪故意的认识因素是指行为人明知自己的行为会发生危害社会的结果的心理态度,即行为人对自己的行为及结果具有社会危害性是有认识的。行为人的认识因素是认定行为人犯罪故意的前提和基本条件。犯罪故意的意志因素是认定犯罪故意的决定性因素。依意志因素形式的不同,犯罪故意分为直接故意和间接故意。直接故意是指行为人明知自己的行为会发生危害社会的结果,并且希望这种结果发生的心理态度。间接故意是指行为人明知自己的行为可能发生危害社会的结果,并且有意放任,以致发生这种结果的心理态度。间接故意的认识因素是指行为人认识到自己的行为可能发生危害社会的结果,而不包括认识到自己的行为必然发生危害社会的结果。如果行为人已认识到自己的行为必然发生危害结果而又决意实施的,则不存在放任的可能,当属直接故意。对于案件行为人的主观故意,应当从这两方面来分析,才能正确判断行为人主观上是否存在犯罪故意,以及是直接故意还是间接故意。[参见第432号案例,杨某某故意伤害案,载《刑事审判参考》总第55辑(2007年第2辑),法律出版社,第11页。执笔:刘京川]

▽过于自信的过失致人死亡与间接故意杀人两罪区别的认定

过于自信的过失致人死亡与间接故意杀人两罪的区别在于过于自信的过失致人死亡的行为人希望避免造成他人死亡结果,即死亡结果的发生是违背行为人意志的;而间接故意杀人的行为人对死亡结果的发生持放任态度,既不积极追求,也不采取措施设法避免,该危害结果的发生并不违背其主观意愿。前者的行为人在预见到他人死亡结果可能发生的情况下仍然实施其行为,是因为他认为凭借一定的主客观条件可以避免死亡结果的发生,而后者的行为人在明知死亡结果可能发生的情况下仍然实施其行为，是为了实现其他目的，行为人并没有考虑到能否凭借一定的主客观条件避免他人死亡结果的发生。因此，区分过于自信的过失致人死亡与间接故意杀人的关键仍然是查清行为人主观上对于造成他人死亡结果的心理态度，即希望避免还是持放任态度。对这类案件的认定，应着重从以下两方面审查：一是搞清双方关系，双方是否有明显矛盾，矛盾是否达到了行为人希望对方死亡的程度，这是确定行为人是否存在造成对方死亡结果的主观故意问题的关键；二是根据案发时的现场情况，结合行为人感知能力及当时状况，判断当时是否确实存在可能避免死亡结果发生的主客观条件，这种客观条件的存在是否明显，是判断行为人对避免死亡结果发生的主客观条件是否过于自信的重要依据。[参见第450号案例，蒋勇、李刚过失致人死亡案，载《刑事审判参考》总第57辑(2007年第4辑)，法律出版社，第29～30页。执笔：徐振华　朱杰焰]

▽间接故意犯罪与过失犯罪区别的认定

对危害结果心理状态的不同，是区别间接故意犯罪与过失犯罪的关键。本案认定被告人构成放火罪，其主观上是间接故意，间接故意与过失犯罪中的过于自信的过失不易区分，二者的共同点是对危害结果都有预见，且对危害结果也都不希望发生。但是二者还是有区别的，区别的关键点是对危害结果的心理状态不同。间接故意是放任危害结果发生；过于自信的过失则是轻信能够避免危害结果的发生。而疏忽大意的过失对危害结果由于疏忽大意而没有预见。[参见第239号案例，叶朝红等放火案，载《刑事审判参考》总第32集(2003年第3辑)，法律出版社，第9～10页。执笔：黄伟]

▽“故意”与“过失”的主观心态都是针对法定的“危害社会的结果”的

刑法第十四条和第十五条界定“故意”与“过失”的含义时都是针对法定的“危害社会的结果”而言的，该“结果”是经法律评价的结果，而不是一般意义的结果。[参见第197号案例，陆某某、张某某以危险方法危害公共安全、交通肇事案，载《刑事审判参考》总第28辑(2002年第5辑)，法律出版社，第1～9页。执笔：金泽刚　周翔]

▽因果关系错误中的事前故意不影响故意犯罪既遂的成立

所谓因果关系的错误，是指行为人侵害的对象没有错误，但造成损害的因果关系的实际进程与行为人所认识的发展过程不一致的情况。根据危害结果发生的实际情况，因果关系的错误主要有三种情况：(1)危害结果的发生不是按照行为人对因果关系的发展所预见的进程来实现的情况，如甲为了使乙溺死而将乙推人井中，但井中没有水，乙摔死在井中；(2)行为人误认为第一个行为已经造成危害结果，出于其他目的实施第二个行为，实际上是第二个行为才导致预期结果的情况，如甲以杀人故意对乙实施暴力，造成乙休克后，甲以为乙死亡，为了掩盖罪行将乙扔入河中，致使乙溺死；(3)行为人所预想的结果提前实现了，如甲准备将他人贵重物品拿到屋外损毁，但刚拿起该物品就从手中滑落而摔坏。行为人对因果关系发展的具体样态的认识错误，在犯罪构成的评价上并不重要。因为无论是哪一种因果关系错误，均属于在同一犯罪构成范围内的事实认识错误，故只要行为人认识到自己实施的行为会发生危害社会的结果足矣，而不要求对因果关系发展的具体样态有明确认识。因为行为人对因果关系的基本部分有认识，就充分表明行为人对刑法保护法益的背反态度，对因果关系发展的具体样态的认识如何，并不影响对行为人的刑法否定评价和归责可能性。易言之，对于行为故意的成立不发生影响。既然行为人具有实现同一犯罪构成结果的故意，如果现实所发生的结果与行为人所实施的行为也具有因果关系，行为人对其概括故意支配下现实产生的危害结果就必须承担该故意犯罪既遂的刑事责任。[参见第401号案例，魏建军抢劫、放火案，载《刑事审判参考》总第51辑(2006年第4辑)，法律出版社，第11～12页。执笔：闫宏波]

▽作为与不作为的概念及其犯罪的构成要件的认定

犯罪行为是指违反刑法规定，其社会危害性达到刑法规定的严重程度的危害行为。根据表现形式的不同，危害行为可以分为作为和不作为两种基本形式。作为是危害行为中最为基本和常见的一种形式,指实施刑法禁止实施的危害行为,即“不应为而为”。不作为是指行为人负有刑法要求必须履行的某种特定义务,能够履行而没有履行的行为,即“应为而不为”。不作为犯罪的构成要件:(一)不作为犯罪须以行为人负有某种特定义务为前提。这种特定义务通常来源于以下四个方面:法律明文规定的义务、职务上和业务要求的义务、法律行为引起的义务、行为人的先行行为引起的义务。(二)不作为犯罪须是行为人有能力履行特定义务,而没有履行。这种没有履行的方式既可以表现为逃避履行义务的行为,也可以表现为抗拒履行义务的行为。(三)不作为与危害后果间有因果关系。不作为犯罪与危害后果的因果联系在于不作为人的作为能否防止结果的发生。因此,要判断不作为与危害后果间是否有因果关系,只能从当危害后果即将发生时,如果行为人实施一定的“作为”,即可以防止危害后果发生;而其不实施“作为”来防止此后果的发生,那么该“不作为”就与危害后果的发生有了必然的因果联系。[参见第432号案例,杨某某故意伤害案,载《刑事审判参考》总第55辑(2007年第2辑),法律出版社,第9页。执笔:刘京川]

▽先行行为产生的义务,是指由于行为人先前实施的行为致使法律所保护的某种权利处于危险状态而产生的防止危害结果发生的义务

先行行为必须符合一定的条件才负有作为义务:1.先行行为必须是行为人本人所实施的行为。先行行为应是行为人亲自实施的行为,而不能是行为人以外的第三者。只有因自己行为导致发生(或引起)一定之危险者,始负有防止危险结果发生之义务。2.先行行为必须实际造成他人的危险状态存在。危险是指足以使合法权益遭受严重损害的一种事实状态。只有当该危险是由于行为人所实施的先行行为所直接造成时,行为人才负有防止危险结果发生的作为义务。危险具有以下特征:(1)危险是法律所禁止的,法律允许的危险不是先行行为所导致的危险。(2)危险是现实的,这种危险状态是客观、真实的存在,而不是假想和推测的。(3)危险是紧迫的,由于先行行为的发生,合法权益直接面临迫在眉睫的危险,因而有及时救助的必要。(4)危险与先行行为之间具有因果关系。[参见第475号案例,颜克于等故意杀人案,载《刑事审判参考》总第60集(2008年第1集),法律出版社,第37~38页。执笔:陈克娥]

▽明知其先行行为可能引发严重危害后果,能采取而不采取积极有效措施予以防止,其行为系不作为犯罪

根据不作为犯罪的构成要件和不作为犯罪行为人负有某种特定义务分析。先行行为引起的义务是指,由于行为人先前实施的行为,而使刑法所保护的某种法益处于危险状态时,行为人负有采取积极有效措施来排除危险或防止危害结果发生的特定义务。行为人如果不履行这种义务,情节严重或造成严重后果的,就是以“不作为”形式实施的犯罪行为。先行行为的义务是由行为人先前实施的行为派生出来的,至于先前实施的行为是否违法,并不要求。[参见第432号案例,杨某某故意伤害案,载《刑事审判参考》总第55辑(2007年第2辑),法律出版社,第9~11页。执笔:刘京川]

▽玩“危险游戏”致人死亡案件中行为人主观心态的认定

随着网络信息的高速发展,在一些不健康、不理性信息的暗示和刺激下,一些人为追求刺激,利用网络获得的信息尝试所谓“危险游戏”,如勒颈、上吊之类,试图让参与者通过窒息造成的死亡临界状态而体验某种快感。但此类“游戏”实际上已脱离了游戏本身娱乐、放松的属性,具有相当的危险性,对参与者的生命安全构成了现实威胁。更有甚者,利用参与者的游戏心态非法剥夺他人生命,看似游戏,实则暗藏“杀机”。因“危险游戏”当事人多为自愿参与,在危险后果发生后对被告人主观心态的认定存在一定困难。对于被告人张某主观心态的认定,应结合在案证据、游戏本身的危险程度、日常生活经验等综合分析判断。

其一,游戏进行前,被告人张某对其行为所面临的高度危险是明知的。张某和被害人相约进行勒颈游戏,虽出于追求刺激、快感的本意,但用绳索、衣带勒颈具有高度的危险性,可致人死亡,是人所共知的常识。张某作为一个正常的成年人,不存在对此种情况认识上的障碍,而理应对此有充分认识。从在案证据看,对绳勒脖颈会致人死亡这一常识的明知,亦有张某的供述予以印证。张某供述称"用裙带勒颈会把人勒死我是知道的",故在游戏进行前,张某对其所进行的勒颈游戏可能会造成他人死亡的后果是明知的。这是认定其对被害人死亡后果所持主观心态的基础。

其二,游戏进行时,张某对其行为的现实危险性是明知的。张某供述,在勒之前被害人与其约定,如果受不了的话就喊一下"救命",被害人如果喊"救命",张某就不再用力了。当游戏进行了一分钟左右,被害人就有反抗和挣扎行为,且被害人喊了张某的名字,还叫了一声"救命",双手也在乱抓张某。根据二人事先的约定,此时张某应当明知自己的勒颈行为已经给被害人带来了无法承受的痛苦和生命危险。况且,被害人当时的痛苦反应是异常激烈的,在隔壁居住的证人都听到了被害人的呼救声以及脚踢床板的声音,如此强烈的挣扎,如此大力度的反抗是完全可以为张某所感知的,也足以促使张某作出理性的判断。因此,在游戏进行中,张某对勒颈行为已现实威胁到被害人的生命安全应当是明知的。

其三,被告人张某放任了危害结果的发生。根据上述分析,张某无论是游戏前对勒颈行为可能面临的危险,还是游戏中对勒颈的现实危险性,都是明知的。在此情况下,张某是否放弃继续勒颈,表明了其对危害结果发生的主观心态。而在被害人已经出现挣扎、呼救等激烈的异常反应的情况下,张某以所谓使被害人体验快感的时间更久些为由,不但没有松手解开缠在被害人颈部的裙带,而且持续用力使被害人较长时间处于呼吸不畅的状态,最终导致被害人机械性窒息死亡。由此可见,张某在追求让被害人产生"快感"的同时,放任了被害人死亡结果的发生,其主观上更符合间接故意犯罪的特征。此外,当被告人张某发现被害人死亡后,确实存在恐惧、后悔、愧疚等复杂心理,并自杀未果,这种犯罪后的心理变化与行为表现,对于认定其作案时放任被害人死亡结果发生的主观心态和行为性质也有一定作用。

综上,本案被告人张某原本出于玩乐、追求刺激的心态与被害人相约进行具有一定人身危险性的游戏,但在游戏过程中不顾被害人激烈挣扎、呼救等异常反应,仍继续进行游戏,放任被害人死亡结果的发生,其行为构成(间接)故意杀人罪。鉴于本案的杀人情节与一般的严重暴力犯罪相比具有一定的特殊性,同时,被告人具有自首情节,并积极向被害人的亲属赔偿经济损失且获得谅解,法院依法对其减轻处罚是适当的。[参见第1045号指导案例,张静故意杀人案,载《刑事审判参考》总第101集(2014年第6集),第81~83页。撰稿:万仁赞 孔飞]

第十五条 【过失犯罪的概念】应当预见自己的行为可能发生危害社会的结果,因为疏忽大意而没有预见,或者已经预见而轻信能够避免,以致发生这种结果的,是过失犯罪。

过失犯罪,法律有规定的才负刑事责任。

▽疏忽大意过失和过于自信过失的认定

疏忽大意过失是指行为人应当预见自己的行为可能发生危害社会的结果,由于疏忽大意而没有预见的心理状态。构成疏忽大意的过失须具备三个要件:1. 行为人应当预见自己的行为可能发生危害社会的结果。所谓应当预见,一是指行为人有预见的义务,这种预见的义务或者来自法律和各种规章制度所规定的共同生活规则,或者来自社会多年积累形成的普遍认知;二是指行为人当时具有预见的能力(可能)。行为人是否应有预见的能力,应结合行为人本身的身心状况、知识经验、水平和能力等主观条件和行为时的各种客观条件全面考察。只有既具有预见义务又具备预见能力(可能)的,才能认定行为人应当预见。2. 行为人没有预见自己的行为可能发生危害社会的结果。3. 行为人对可能发生的危害结果缺乏认识,没能预见,是由于自己的疏忽大意造成的。过于自信过失是指行为人已经预见到自己的行为可能发行危害社会的结果,但轻信能够避免的主观心理状态。这也就是说,过于自信的过失必须以实际已经预见为前提,同时又自信依据一定的主客观条件能够避免危害结果的发生。[参见第

201号案例,穆志祥被控过失致人死亡案,载《刑事审判参考》总第28辑(2002年第5辑),法律出版社,第31~36页。执笔:汪勤云　张海峰　王永仑　林夫]

▽疏忽大意的过失和意外事件区别的认定

意外事件与疏忽大意的过失有相似之处,表现在行为人事实上都没有预见到自己行为的危害结果,客观上又都发生了危害结果。但是,在意外事件中,行为人是不应当预见、不能够预见危害结果的发生,而疏忽大意的过失的行为人是应当预见、能够预见危害结果的发生,只是由于疏忽大意才没有预见。因此,二者区分的关键是判断行为人是否应当预见、能够预见。疏忽大意的过失通常被称为无认识的过失,行为人没有预见到自己的行为可能发生危害社会的结果,没有预见并非行为人不能预见危害结果,而是在应当预见的前提下由于疏忽大意才没有预见,如果行为人小心谨慎、认真负责,那么就会预见到危害结果的发生。因此,有注意能力未尽注意义务是疏忽大意过失的行为人承担刑事责任的根据。在司法实践中,判断疏忽大意的过失,不是判断行为人是否疏忽大意,而是判断行为人是否应当预见、能够预见,如果应当预见、能够预见而没有预见就表明行为人疏忽大意了。疏忽大意过失中的注意义务是为一般人所设定的,不需要考虑具体情况。注意义务不仅来源于法律、法令、职务和业务方面的规章制度所确定的义务,而且包括日常生活准则所提出的义务,即"社会生活上必要的注意"。预见能力因人而异,有高低大小之分,需要进行具体的判断:(1)判断的基础,应当把行为人的智能水平、行为本身的危险性和行为时的客观环境结合起来。(2)判断的方法,要坚持从客观到主观,把对一般人的注意义务与具体行为人的智能水平结合起来。(3)判断的标准,应当在考察一般人的预见能力基础上充分考虑行为人的具体智能情况。详言之,首先,考察行为人所属的一般人能否预见结果的发生,其次,再考虑行为人的智能水平是高于一般人还是低于一般人。如果一般人能够预见,但行为人智能水平低,则不宜认定过失;如果行为人的智能水平不低于一般人,则可以认定过失;如果一般人不能预见,而行为人的智能水平明显高于一般人,则可以认定为过失。[参见第346号案例,朱家平过失致人死亡案,载《刑事审判参考》总第44集(2005年第3集),法律出版社,第49~52页。执笔:杨述]

▽过于自信的过失与间接故意区分的认定

过于自信的过失是指行为人对危害结果有一定的预见,但轻信可以避免,以致发生危害社会的结果的心理态度。行为人对危害结果有认识的情况下,仍坚持实施其行为,是因为其"轻信可以避免"发生危害社会的后果。但是,这种"轻信"绝不是毫无根据的主观臆想,而应是行为人依据一定的条件相信自己可以避免危害社会结果的发生。即过于自信过失的行为人主观上自信危害结果不会发生,其认识应有一定的现实依据,这样才能证明行为人有"自信"的合理性,才能对"轻信"产生的结果负过失责任。间接故意要求犯罪行为人明知自己的行为会发生危害社会的结果,即行为人主观上对危害结果有认识,但是行为人对危害结果的认识,只能是对危害结果可能会发生的认识,不包括对危害结果必然会发生的认识。间接故意的标志是放任意志,即当行为人明知自己的行为会发生危害社会的结果时,完全可以停止自己的行为,以避免危害结果的发生,但行为人不放弃自己的行为,放任危害结果的发生。[参见第24号案例,于光平爆炸案,载《刑事审判参考》总第4辑(1999年第4辑),法律出版社,第3~4页。审编:高贵君]

▽特殊环境下,被告人行为致人死亡,如何评价被告人的主观罪过,继而认定被告人的行为究竟是故意伤害还是过失致人死亡抑或意外事件

(一)被告人在主观上具有疏忽大意的过失。理论上,过于自信的过失与间接故意之间比较容易区分:前者为行为人已经预见到自己的行为后果,轻信能够避免;后者行为人也已经明知自己行为的结果,但放任该结果发生。两者同时都预见了危害后果,只不过行为人对于伴随结果的发生在意志上有所不同,在间接故意中是放任,在过于自信的过失中是轻信能够避免。根据刑法的规定,在对危害结果的认知因素上,间接故意行为人是认识到危害结果必然或可能发生,过于自信行为人则只是认识到危害结果可能发生。因此,二者在认知因素和意志因素上都有所区别,但关键还是行为人意志上的区别。这种理论上的区分,要落实到司法实践当中往往非常难,因为“无法从其他感性或知性的心理过程中探索出来,因而只能描述它,无法定义它”,需要结合每个案件的具体情况予以认定。在该案中,被告人主观上系疏忽大意的过失。作为一名油漆工,被告人应该明知香蕉水是易燃物品,极易挥发,泼洒后将会造成大量的油气挥发,一旦遇到高温或者火种,即可着火燃烧。根据证人证言,被告人事先已经知道该锅炉房为烧锅炉点火方便,用香蕉水引火,且被告人本人在案发前不久也曾给锅炉房提供过香蕉水。因此,足以认定被告人对该桶内盛有香蕉水是明知的。被告人在持桶殴打汪某某时,该桶盖密封,只是因其用力将桶扔向被害人才致桶内香蕉水溢出。被告人明知桶内有香蕉水,虽然见桶盖密封,但应当预见到用该桶殴打他人,可能导致桶内香蕉水溢出,而在锅炉房这一特定的高温环境下会发生燃烧的后果,因其没有预见,在主观上应属于疏忽大意的过失。

(二)被告人的行为不构成故意伤害(致人死亡)罪。故意伤害(致人死亡)罪与过失致人死亡罪最大的区别在于行为人是否存在伤害的故意。明知自己的行为会发生危害社会的结果,并且希望或放任这种结果发生的,是故意。故意包括认识因素上的明知与意志因素上的希望或者放任两个方面。所以,即使是间接故意的行为人,其主观上也必须对行为的危害结果存在明知程度的认知,如果不明知其行为会发生该危害结果,就不能构成故意犯罪。就意志因素方面来说,故意犯罪中,无论是直接故意还是间接故意,危害后果的发生都不违背行为人的意志。而疏忽大意的过失犯罪中不要求行为人明知后果的发生,且危害后果的发生与行为人的意志相违背。本案中,被害人最终由于香蕉水燃烧导致死亡,结合在案证据,对该结果不能认定为系被告人故意所为。香蕉水是一种化学混合性溶液,又称稀料,工业用途非常广,主要用作喷漆的溶剂或稀释,常温下为无色透明,具有较强的挥发性,易燃,带有浓烈的刺鼻气味,类似香蕉昧,故称香蕉水,主要由二甲苯、工业乙醇、醋酸乙酯、丙酮等配合而成,不溶于水。本案中,香蕉水从桶中溢出,系被告人用桶扔向被害人时发生的结果,而被告人在扔出该桶时,桶的盖子是密封的;被告人明知该桶内有香蕉水,也并没有将桶盖掀开,直接用香蕉水泼洒被害人,因此,对香蕉水烧伤被害人的后果应该没有持希望的态度。被告人对烧伤的后果也不能认定为放任。被告人虽明知桶内是香蕉水,但当时桶盖密封,扔出去未必就能导致桶内液体流出,被告人抄起该桶即向被害人扔去,认定其具有用该桶本身伤害被害人的故意更符合其主观心态。对此,根据主客观相统一的原则,也只能要求被告人对其用油漆桶攻击被害人所造成的直接后果承担责任。即如果油漆桶的撞击导致被害人构成轻伤以上结果,被告人对此承担故意责任,如果超出该范围,被告人不具有故意犯罪的主观罪过,否则将违背刑法罪责相适应的原则。

(三)该案不是意外事件。所谓意外事件,是指行为人不是出于故意或者过失,而是由于不能预见或者不能抗拒的原因,导致行为在客观上造成了危害社会的结果。意外事件具有以下三个特征:一是行为人的行为在客观上造成了损害结果;二是行为人对自己的行为所造成的损害结果,主观上既无故意也无过失;三是损害结果的发生是由于不能预见或者不能抗拒的原因所引起的。因此,在意外事件情况下,行为人主观上没有罪过,不负刑事责任,其行为不能认为是犯罪。意外事件与疏忽大意的过失之间比较容易混淆,关键在于行为人是否有应当预见危害结果发生的义务。疏忽大意过失的行为人对危害结果应当预见而没有预见,即行为人负有预见危害结果的义务,并且也能够预见。而意外事件的行为人则对行为后果不具有预见的义务。判断是否具有预见义务要坚持主客观相统一的原则,综合考虑案发时行为人的心态、年龄、心智、工作经验以及案发时的环境等多种因素。对被告人认知因素的考量,不能仅凭被告人一人的供述,既要考虑到被告人的个体因素,也要考虑社会一般人的认知因素。本案中的被告人,是职业装饰工程公司的油漆工,熟知香蕉水遇高温易燃的特性,至少可以推知其明知这一特性。被告人在锅炉房内持装有香蕉水的桶殴打他人,即负有防止香蕉水燃烧的义务,客观上对可能导致的危害后果也是能够预见的。所以,本案不属于意外事件。综上所述,被告人的行为属于疏忽大意的过失致人死亡的行为，判决裁定符合法理，定性准确。[参见第812号指导案例，季忠兵过失致人死亡案，载《刑事审判参考》总第89集(2012年第6集)，第30～33页。撰稿：姜琳炜]

第十六条　【不可抗力或者意外事件】行为在客观上虽然造成了损害结果，但是不是出于故意或者过失，而是由于不能抗拒或者不能预见的原因所引起的，不是犯罪。

▽刑法上因果关系的认定

因果关系是哲学上的一个重要范畴。一般认为，引起一定现象发生的现象是原因，被一定现象引起的现象是结果，这种现象与现象之间的引起与被引起的联系，就是因果关系。刑法上所关注的因果关系，是危害行为同危害结果的关系。其目的是确定危害社会的结果是由谁的行为所引起的，从而为追究刑事责任提供客观基础。这一特定目的就决定了刑法上的因果关系关注的是，在具体案件中，当一特定的危害结果发生时，行为人的行为对危害结果是否起了作用，起了多大作用，行为人应承担多大的责任。因此，在对具体案件中的危害行为与危害结果之间的因果关系进行判断时，主要从以下三个方面考察：(1)行为人的行为是否属于引起危害结果的原因，即是否存在事实上的因果关系。刑法因果关系成立的前提是行为与危害结果之间首先存在事实上的因果关系。所谓事实上的因果关系，就是先行为与后结果之间引起与被引起的关系。从逻辑上讲，也就是"必要条件关系"，这种必要条件是指"如果没有被告人的行为，就不会发生这一危害结果"。(2)行为对于危害结果产生所起作用的程度。事实因果关系除存在有与无之另外，还存在程度之别，即行为对结果产生所起作用的大小问题。这种程度直接影响到行为的责任认定。由于客观上引起危害结果产生的因素很多，从逻辑上说，这些众多因素都是该结果产生所不可缺少的必要条件。但事实上，对于危害结果的产生来说，有的行为可能起了决定性的作用，有的行为对于结果所起的客观作用相对较小，有的行为对于结果的产生只起了比较轻微的作用。同样，行为与危害结果的联系方式也是多种多样的。因此，在司法实践中，必须根据行为与结果联系的紧密程度、行为导致危害结果产生的力量大小、犯罪构成对行为与结果之间联系的要求程度等因素综合评判。在作具体分析时，必须全面弄清对结果产生起作用因素的分量，分析各种因素对结果起作用的程度，在对所有这些因素进行全面分析的基础上，确定具体的危害行为在其中起了什么作用；如果有多个危害行为同时存在，则还应分析多个行为之间的关系。(3)行为的社会危害程度。根据刑法规定，只有达到一定严重程度的行为才能构成犯罪。因此，在确定刑法因果关系时，应注重考察下述三点：一是客观上危害行为实际造成的危害结果的严重程度。危害结果越严重，客观责任也就越大，如果案件中涉及多人的危害行为，那么需要承担责任者的范围也就相应越大；反之亦然。二是危害行为本身所具有的造成特定危害结果产生的可能性程度，也就是行为中所包含的造成危害结果产生的具体危险性。一般来说，如果行为造成某一结果需要起配合作用的因素越多，这一行为造成结果产生的可能性也就越小；反之亦然。这种行为造成结果的概率，在一定程度上表明了行为当时具有的社会危险性大小以及行为人的受谴责程度。三是危害行为本身客观上违反社会规范的程度。对于明显严重违反国家法律的行为，其行为对社会正常秩序的威胁严重，归责的必要性就大，对这种危害行为与危害结果之间的因果关系联系程度就可能要求较弱；而对行为违规程度较轻的，对于行为与结果之间的因果联系要求一般也就可能较高。如果行为本身没有违反社会规范，在通常情况下，其行为与结果之间的因果关系就可能不认为具有刑法意义。[参见第434号案例，赵金明等故意伤害案，载《刑事审判参考》总第55辑(2007年第2辑)，法律出版社，第23～26页。执笔：李晓庆]

▽刑法上因果关系中责任的认定

刑法上的因果关系，是指行为人的危害行为与危害后果之间存在着引起与被引起的直接与必然的关系。危害行为是因，危害后果即果。行为人的危害行为与危害结果的因果关系是确定行为人是否应负刑事责任的客观基础，如果危害后果是行为人的危害行为所造成的，且行为人主观上具有罪过，则行为人应负刑事责任,反之,则不负刑事责任。原则上讲,只有当行为人的危害行为对危害结果的发生起直接的决定性作用时,危害行为与危害后果之间才具有刑法上的因果关系。行为人的行为受外部条件的影响而产生危害结果的,如果该外部条件起决定性作用(主要原因力),行为人一般不应对该外部条件引起的危害后果负刑事责任。如甲将乙打成轻伤,乙在医院抢救过程中因救治不当死亡的,甲只对乙轻伤的后果负刑事责任,而对死亡的后果不负刑事责任。[参见第201号案例,穆志祥被控过失致人死亡案,载《刑事审判参考》总第28辑(2002年第5辑),法律出版社,第31~36页]

▽刑法上因果关系的条件性和多样化及其刑事责任的认定

因果关系的条件性是指因果关系只能在一定条件下存在。原因不能离开其所处的具体条件而发生作用,只有在一定的具体条件下,才可能产生出某种结果。因此,可能存在这样的情形:同一行为在一般场合下实施,可能不会引起某种危害结果的发生,但在特殊条件下就会合乎规律地导致某种危害结果的发生。这种特殊条件,既可能是当时当地的具体环境,也可能存在于被害人自身之中,或者兼而有之。因此,在考察行为与危害结果的因果关系时,要进行具体分析。在一般情况下,未必会引起被害人死亡结果发生的一般伤害行为,放在特殊条件下,就可能合乎规律地导致被害人死亡,因而具有一定的因果条件关系。因果关系的多样性是指某种危害结果的发生由多种原因导致,即通常所说的多因一果案件。这类案件的发生有内部原因,也有外部原因;有主要原因,也有次要原因;有直接原因,也有间接原因等。对这类案件,应当审查行为人的行为是否系危害结果发生的真正原因之一,如果是,还要查明该行为是主要原因还是次要原因,以确定行为人的刑事责任大小。[参见第440号案例,韩宜过失致人死亡案,载《刑事审判参考》总第56辑(2007年第3辑),法律出版社,第10~14页。执笔:吴如玉 杜晓红 张婵]

▽刑法上的因果关系的认定

刑法上的因果关系是指危害行为与危害结果之间引起与被引起的合乎规律的联系。如何认定刑法上的因果关系,存在各种各样的学说。在大陆法系学说史上,先后主要历经了条件说、原因说、相当因果关系说与客观归责理论的历史变迁。而在英美法系中,刑法上认定因果关系的理论通说是"双层次原因学说",即把原因分为两个层次:第一个层次是事实原因;第二个层次是法律原因。我国刑法理论以前采取的是"必然因果关系说",即当危害行为中包含着危害结果产生的根据,并符合规律地产生了危害结果时,危害行为与危害结果之间就是必然因果关系;只有这种必然因果关系,才是刑法上的因果关系。由于这种学说导致因果关系的成立范围过窄,后来出现了"偶然因果关系说",该说的基本观点是,当危害行为本身并不包含产生危害结果的根据,但在其发展过程中,偶然介入其他因素,并由介入因素合乎规律地引起了危害结果时,危害行为与危害结果之间就是偶然因果关系;介入因素与危害结果之间是必然因果关系;必然因果关系与偶然因果关系都是刑法上的因果关系。

不管采取何种学说,在认定因果关系时应当注意以下几点:(1)因果关系研究的是行为与结果之间的引起与被引起的关系,而不是对行为与结果本身的研究。(2)因果关系是一种客观联系,并且是一种特定条件下的客观联系,不能离开客观条件认定因果关系。(3)一个危害结果完全可能由数个危害行为造成,在认定某种行为造成了某一危害结果时,不能轻易否认该危害结果可能同时由其他行为造成。(4)在行为人的行为介入其他因素时,要根据具体情况综合判断行为人的行为与结果之间的关系,具体应当考察四个方面的因素:一是行为人的行为导致结果发生的可能性的大小;二是介入因素的异常性大小;三是介入因素对结果发生作用的大小;四是介入因素是否属于行为人的管辖范围。当被告人实施行为后,介入了被害人行为,导致结果的发生时,应根据案件具体情况判断被害人实施的行为是否具有通常性。如果被告人实施的行为,导致被害人不得不或者在通常情况下会实施介入行为,则该介入行为对被告人的行为与结果之间的因果关系没有影响;如果被害人的介入行为属于通常情况下不会实施的行为,即异常行为,该行为对结果又起到决定性作用,则不能将结果归责于被告人的行为。

本案二被告人事先预谋，案发当晚杨某某在院墙外放风，杜某某携带汽油、稻草、爆竹、盆子、打火机等放火工具进入院内，先断了高某某家的电源开关，将汽油泼洒在东、西屋窗台及外屋门上后，又用木棍击碎东屋窗玻璃并向屋内泼洒汽油，二被告人实施这一系列行为后，被害人高某、卢某某被惊醒，使用警用手电照明后又开启电击功能击打出电火花引发大火将高某、卢某某烧伤，卢某某经抢救无效死亡，高某损伤经鉴定为重伤。被害人使用警用手电照明并使用电击功能击打出电火花这一介入因素放到犯罪构成中去考察，可以得出这一因果关系未曾切断，因而应当肯定二被告人的行为与本案危害结果之间存在刑法上的因果关系的结论。理由如下：

1. 被害人开启警用手电电击功能的行为虽系偶然介入因素，但却是由被告人先前切断电源行为引起的通常行为。公安部消防局天津火灾物证鉴定中心出具的鉴定意见证实：本案中的“警用手电”在开启电击功能时，手电的端部可以产生高压电弧放电。根据有关技术文件和实际案例，电击的高压电弧产生的火花能量极大，可能引燃汽油蒸气。可见，本案的起火原因不排除被害人自己使用“警用手电”电击功能引燃汽油。但是，如前所述，被告人杜某某携带汽油、稻草、爆竹、盆子、打火机等放火工具和助燃材料进入院内，切断电源，打碎窗户，在屋外屋内多处泼洒汽油，在这种情况下，被害人被惊醒后因无法开灯，不得不使用照明工具。虽然被害人使用“警用手电”这一情况具有一定的偶然性，但这种偶然性不足以否定被害人拿出手电照明以及使用电击功能作为阻吓入侵者行为的通常性，即二被告人实施了上述泼洒汽油、切断电源等一系列行为后，在通常情况下都会导致被害人使用照明工具这一介入行为。也就是说，被害人使用照明的行为系被告人先前切断电源行为所致。

2. 被害人打开警用手电电击功能的行为没有中断被告人泼洒汽油行为与着火结果之间的因果关系。应当说，从刑法的意义看，着火的结果仍是被告人泼洒汽油的行为造成的，只是由于被害人的举动，着火的结果比被告人预想的时间提前发生，但丝毫不改变被告人泼洒汽油的行为对着火结果的原因力。被害人使用手电电击功能的介入行为对二被告人的行为与结果之间的因果关系没有影响。如果被害人打开警用手电在被告人的犯罪设计之中，那么被告人放火的实行行为在泼洒完汽油后就全部完成了，着火的结果当然要全部归责于被告人。但是，本案被害人打开警用手电显然是出乎被告人的犯罪计划之外的一个事实因素，而被害人的行为本身不仅是毫无危险性的行为，而且是因为听到有人敲碎自家窗户，看见有棍子之类的东西伸进来，感受到了威胁所作出的自然反应，并最终合乎逻辑地引燃大火。只是被害人使用手电电击功能的行为让被告人省却了自己点火的这一步，从被告人一方来看，整个犯罪进程没有发生根本性的变化，本案的结果应全部归责于被告人。

3. 被告人的放火行为，假设排除被害人的照明行为，也会产生危害结果。即使没有被害人的照明行为，被告人已经着手实施的放火行为依然会继续，直到危害结果发生。被告人在被害人的照明行为之前，已经实施了一系列作为放火组成部分的行为，特别是携带打火机并泼洒汽油。之所以被告人未最终使用打火机点燃汽油，并非由于被告人主观上的原因，也不是意志以外的原因使其无法使用打火机，而是因为被害人照明行为的介入，偶然地成了被告人点燃汽油的替代行为，此时被告人点燃打火机已经变得没有必要。

4. 被害人照明行为致使危害结果的发生符合被告人犯罪意志的内容。被告人的犯罪目的就是通过放火的手段实施报复。本案所出现的危害后果与被告人的报复目的完全一致。

本案二被告人以杀害特定少数人为目的而实施放火行为，除了可能造成其意图杀害的特定少数人的伤亡结果外，还可能危害到其他人的生命、健康和重大财产安全，说明行为人主观上具有放任危害公共安全结果发生的心态，其行为构成放火罪。综上，原审法院认定被告人杨某某、杜某某的放火行为与被害人死伤结果的发生具有刑法上的因果关系，据此认定二被告人构成放火罪，同时鉴于本案是感情纠纷引发，起火原因不排除是被害人自己使用照明设施所致等具体情况，分别判处二被告人死刑，缓期二年执行是适当的。[参见第1117号指导案例,杨某某、杜某某放火案,载《刑事审判参考》总第105集,第10～14页。撰稿:谢炳忠 宋雪敏]

第十七条 【刑事责任年龄】已满十六周岁的人犯罪,应当负刑事责任。

已满十四周岁不满十六周岁的人,犯故意杀人、故意伤害致人重伤或者死亡、强奸、抢劫、贩卖毒品、放火、爆炸、投放危险物质罪的,应当负刑事责任。

已满十二周岁不满十四周岁的人,犯故意杀人、故意伤害罪,致人死亡或者以特别残忍手段致人重伤造成严重残疾,情节恶劣,经最高人民检察院核准追诉的,应当负刑事责任。

对依照前三款规定追究刑事责任的不满十八周岁的人,应当从轻或者减轻处罚。

因不满十六周岁不予刑事处罚的,责令其父母或者其他监护人加以管教;在必要的时候,依法进行专门矫治教育。(本条是据《中华人民共和国刑法修正案(十一)》之一修改的,2021年3月1日起施行。)

刑法本条原文:【刑事责任年龄】已满十六周岁的人犯罪,应当负刑事责任。

已满十四周岁不满十六周岁的人,犯故意杀人、故意伤害致人重伤或者死亡、强奸、抢劫、贩卖毒品、放火、爆炸、投毒罪的,应当负刑事责任。

已满十四周岁不满十八周岁的人犯罪,应当从轻或者减轻处罚。

因不满十六周岁不予刑事处罚的,责令他的家长或者监护人加以管教;在必要的时候,也可以由政府收容教养。

■全国人民代表大会常务委员会法制工作委员会关于已满十四周岁不满十六周岁的人承担刑事责任范围问题的答复意见(全文)(2002年7月24日)

刑法第十七条第二款规定的八种犯罪,是指具体犯罪行为而不是具体罪名。对于刑法第十七条中规定的"犯故意杀人、故意伤害致人重伤或者死亡",是指只要故意实施了杀人、伤害行为并且造成了致人重伤、死亡后果的,都应负刑事责任。而不是指只有犯故意杀人罪、故意伤害罪的,才负刑事责任,绑架撕票的,不负刑事责任。对司法实践中出现的已满十四周岁不满十六周岁的人绑架人质后杀害被绑架人、拐卖妇女、儿童而故意造成被拐卖妇女、儿童重伤或死亡的行为,依据刑法是应当追究其刑事责任的。

■最高人民法院对甘肃省高级人民法院〔2003〕甘行终字第98号请示的答复(2004年7月15日)

《刑法》第十七条第四款关于"因不满十六周岁不予刑事处罚的……在必要的时候,可以由政府收容教养"的规定,适用于因不满十四周岁不予刑事处罚的情形。

■最高人民法院关于审理未成年人刑事案件具体应用法律若干问题的解释(2006年1月23日)

第一条 本解释所称未成年人刑事案件,是指被告人实施被指控的犯罪时已满十四周岁不满十八周岁的案件。

第二条 刑法第十七条规定的"周岁",按照公历的年、月、日计算,从周岁生日的第二天起算。

第三条 审理未成年人刑事案件,应当查明被告人实施被指控的犯罪时的年龄。裁判文书中应当写明被告人出生的年、月、日。

第四条 对于没有充分证据证明被告人实施被指控的犯罪时已经达到法定刑事责任年龄且确实无法查明的,应当推定其没有达到相应法定刑事责任年龄。

相关证据足以证明被告人实施被指控的犯罪时已经达到法定刑事责任年龄,但是无法准确查明被告人具体出生日期的,应当认定其达到相应法定刑事责任年龄。

第五条 已满十四周岁不满十六周岁的人实施刑法第十七条第二款规定以外的行为,如果同时触犯了刑法第十七条第二款规定的,应当依照刑法第十七条第二款的规定确定罪名,定罪处罚。

第十二条 行为人在达到法定刑事责任年龄前后均实施了危害社会的行为,只能依法追究其达到法定刑事责任年龄后实施的危害社会行为的刑事责任。

行为人在年满十八周岁前后实施了不同种犯罪行为，对其年满十八周岁以前实施的犯罪应当依法从轻或者减轻处罚。行为人在年满十八周岁前后实施了同种犯罪行为，在量刑时应当考虑对年满十八周岁以前实施的犯罪，适当给予从轻或者减轻处罚。

第二十条 本解释自公布之日起施行。

《最高人民法院关于办理未成年人刑事案件适用法律的若干问题的解释》（法发〔1995〕9号）自本解释公布之日起不再执行。

■最高人民法院关于已满十四岁不满十六岁的人过失致人重伤是否应负刑事责任的批复（全文）（1990年6月4日）

刑法（1979年刑法——编著者注）第十四条第二款规定："已满十四岁不满十六岁的人，犯杀人、重伤、抢劫、放火、惯窃罪或者其他严重破坏社会秩序罪，应当负刑事责任。"这里说的"重伤"，是指故意伤害他人身体造成重伤，不包括过失致人重伤。十五岁的未成年人过失致人重伤的行为，不应当负刑事责任，但应责令他的家长或者监护人加以管教；在必要的时候，也可以由政府收容教养。涉及民事赔偿的问题，按有关民事法律规定处理。

▼最高人民检察院研究室关于相对刑事责任年龄的人承担刑事责任范围有关问题的答复（全文）（2003年4月18日）

一、相对刑事责任年龄的人实施了刑法第十七条第二款规定的行为，应当追究刑事责任的，其罪名应当根据所触犯的刑法分则具体条文认定。对于绑架后杀害被绑架人的，其罪名应认定为绑架罪。

二、相对刑事责任年龄的人实施了刑法第二百六十九条规定的行为的，应当依照刑法第二百六十三条的规定，以抢劫罪追究刑事责任。但对情节显著轻微，危害不大的，可根据刑法第十三条的规定，不予追究刑事责任。

□刑事案件被告人年龄认定尤其是临界年龄认定采用原则为户籍优先原则、书证优先原则、参考鉴定原则

刑事案件被告人年龄认定尤其是临界年龄认定发生争议，穷尽证据调查和证明手段仍无法查明，或者查实的证据有瑕疵、相互矛盾或者证明力较低的，一般采用以下原则处理：一是户籍优先原则。出生医学证明是户口登记机关登记出生的摘要依据，公安机关做出确认当事人身份关系包括年龄的具体行政行为具有法律效力。在调取户籍资料与其他书证如学籍资料记载的入学日期、与其他证人证言等存在相互矛盾时，以认定户籍登记资料为原则，对户籍资料不予采信为例外。二是书证优先原则。有关部门存档的书证，尤其是在案发前形成的书证客观性较强，其证明的内容与证人证言存在相互矛盾时，以书证认定优先于证人证言为原则，对书证不予采信为例外。三是参考鉴定原则。司法骨龄鉴定意见对判断被鉴定人年龄具有科学参考价值。如果骨龄鉴定意见不能准确确定被告人上述犯罪行为时的实际年龄，存在一定的跨龄幅度，该鉴定意见不能单独作为认定年龄的证据加以适用，应当结合其他证据且必须是有效证据谨慎判断才能做出综合认定。不能排除证据之间的矛盾，无充分证据证明被告人实施犯罪时已经年满十八周岁且确实无法查明的，应按有利于被告人的原则，推定其不满十八周岁。（上海市长宁区人民检察院诉韩某某盗窃案，载《最高人民法院公报》2018年第1期。）

▽对罪行极其严重的未成年被告人除另有从重情节外，一般可不判处无期徒刑

对于罪行极其严重的未成年犯罪人也并不是一律不能判处无期徒刑。首先，从立法角度看，刑法仅规定对未成年人不适用死刑，也就是说对未成年人所处的刑罚最高刑为无期徒刑。认为对未成年人既不能适用死刑，也不能适用无期徒刑，这显然并不合乎立法原意，否则立法径可以直接规定对未成年人不适用无期徒刑。其次，从司法实践来看，对于那些罪行极其严重，同时又具有一个或多个法定从重处罚情节的未成年犯罪人，仍可以根据案件的具体情况，酌情决定是否适用无期徒刑的刑罚。因为，在同时具有法定应当从重和法定应当从轻相反量刑情节的情况下，就有从轻情节与从重情节在量刑上的平衡问题。刑法在规定对未成年犯罪人不适用死刑的同时又规定对未成年犯罪人，应当从轻处罚，前者为死刑排除规则，实质上是宣布对未成年犯罪人取消死刑(包括死缓)，并将其法定最高刑限制在无期徒刑以内。后者则为具体量刑时应当把握的法定情节，旨在突出对未成年犯罪人与成年犯罪人区别对待的刑事政策，体现对未成年犯罪人从宽量刑的立法精神。[参见第 184 号案例，扎西达娃等抢劫案，载《刑事审判参考》总第 26 辑(2002 年第 3 辑)，法律出版社，第 60～63 页。执笔：周峰]

▽当户籍证明与其他证明材料相矛盾时，被告人年龄的认定

未成年人实施犯罪时的年龄关系到是否负刑事责任以及是否能够得到从宽处理等问题，因此，查清犯罪嫌疑人刑事责任年龄是办理刑事案件中要解决的首要问题。(一)证明被告人刑事责任年龄的证据应当首先使用被告人所在地公安机关出具的证明文件。户籍证明是由当事人原籍公安机关根据其户籍登记情况出具的证明材料，其信息包括姓名、性别、民族、出生日期、公民身份证号码、家庭住址以及家庭成员等内容。关于户籍证明的证明力问题，现行刑法和刑事诉讼法均没有单独规定，司法实践中通常是参照适用《最高人民法院关于贯彻执行〈中华人民共和国民法通则〉若干问题的意见(试行)》的规定，即“出生的时间以户籍为准；没有户籍证明的，以医院出具的出生证明为准；没有医院证明的，参照其他有关证明认定”。在认定出生时间问题上，户籍证明之所以具有高于其他证据的证明效力，原因在于其是有权机关依据法律授权按照法定程序或方式制作出具的，具有较强的规范性。为此，在司法实践中，户籍证明是认定被告人刑事责任年龄的首要依据。户籍证明应当由犯罪嫌疑人原籍派出所出具，对于公安机关从其内网上下载的户籍信息材料，必须经犯罪嫌疑人所在地公安机关核实，并加盖公章认可。(二)当户籍证明与被告人供述的年龄出现矛盾，且涉及被告人刑事责任年龄时，应当收集其他证据，以确定被告人的真实年龄。一般情况下，户籍证明能够反映被告人的真实年龄，但也不是绝对的。实践中，由于种种原因，户籍证明登记的时间有时并非犯罪嫌疑人的真实出生日期。尤其是部分农村地区，户籍登记制度未能严格执行，有的往往根据家长或亲属的口述随意填报年龄，有的出生若干年后才申报，有的填写的是农历的时间等。这些问题给认定被告人的真实年龄带来相当大的困难。为此，如果被告方对侦查机关收集的户籍证明提出异议，声称自己作案时实际年龄不满 14 周岁、不满 16 周岁或不满 18 周岁时，或者审判机关发现犯罪嫌疑人作案时年龄可能与证明不符，可能影响对被告人定罪量刑(特别是涉及死刑)时，就要注意收集其他能够证明其年龄的有效证明材料，而不能简单地以户籍证明来认定被告人的刑事责任年龄。这些证据材料包括：1. 书证。主要包括出生证明、医院分娩记录、计生办证明、学籍证明、家谱族谱等，这些材料反映出生情况的原始记录信息，往往能够有效证明被告人年龄。在使用上述书证时要注意：一方面，应坚持“原始书证规则”，调取、查阅其原始登记材料；另一方面，一般来说，这类书证形成时间越早，可信程度就越高，证明价值也就越大。2. 证人证言。是指被告人的父母、亲戚、朋友、邻居、接生员等证人就其出生、年龄等情况所作的证词。在具体判断证言的证明价值时需要考虑以下两个问题：一是证人是否为关系人；二是证人本身的感知、记忆和表达能力。3. 骨龄鉴定。尽管 2000 年 2 月 21 日最高人民检察院发布的《关于“骨龄鉴定”能否作为确定刑事责任年龄证据使用的批复》指出“犯罪嫌疑人不讲真实姓名、住址，年龄不明的，可以委托进行骨龄鉴定或其他科学鉴定，经审查，鉴定意见能够准确确定犯罪嫌疑人实施犯罪行为时的年龄的可以作为判断犯罪嫌疑人年龄的证据使用。”然而，需要注意的是，由于受个体生长等各种客观条件的影响，生物年龄与实际的生活年龄并不完全一致。为此，不能把骨龄鉴定作为认定年龄的唯一证据，尤其是对涉及刑事责任年龄 14 周岁、16 周岁、18 周岁“临界点”的案件，如果被告人到案时间与作案时间间隔较长根据到案后作的骨龄鉴定来推断其作案时的年龄，准确率不会很高。尤其是被告人辩解的出生日期与户籍证明载明的出生日期间隔极短，甚至只相差几天的情况下，骨龄鉴定结论就基本没有意义，难以解决被告人出生日期的认定问题。因此，在认定犯罪嫌疑人年龄时必须十分慎重，通常只将骨龄鉴定结论作为参考性证据。本案即是如此,尽管公安机关出具的户籍证明显示,黄某某出生于1990年8月1日,但是黄某某在供述中对此提出其出生于1990年9月23日。由于该日期涉及被告人犯罪时是否年满18周岁,司法机关一方面收集到《梧田区卫生院妇产科分娩登记表》复印件,并赶赴当地医院与原件进行了核对;另一方面,还收集到《黄氏宗谱》,并对其进行了字迹鉴定,证明是否系早年形成。当然,鉴于骨龄鉴定在这种年龄临界点上意义不大,司法机关没有对被告人进行骨龄鉴定。(三)如果其他证据材料能够相互印证,经审查能够证明被告人真实年龄的,可以排除户籍证明等法定证据,以其他证据来认定年龄。本案户籍证明等法定证据证明黄某某出生于1990年8月1日,但是黄某某辩称其出生于1990年9月23日。当户籍证明等法定证据与被告人供述的年龄出现矛盾时,应当考虑到我国户籍证明有可能在其原始生成阶段因为种种原因而造成错误,因此,出生证明、计生办证明、学籍证明等其他证据若能够相互印证,共同补强被告人的供述或辩解,并能达到使一般人确信的程度,那么就可以合理地排除户籍证明,采信能够相互印证、共同补强的证据。本案户籍证明虽然反映被告人黄某某出生时间为1990年8月1日,但是其他证据却证明黄某某关于其出生于1990年9月23日的口供更为真实可信:(1)黄某某的户口不是在其出生时申报的,而是在2003年即出生后13年补申报的。且作为申报依据的《出生医学证明》,并非由出生医院出具,而是由阪海区疾控中心出具的。上面所填写的出生时间是根据助产士姜仙传签字盖章的证明书来确定的。姜称当时并没有核对黄某某的出生时间,黄某某的母亲亦称当时没有注意出生时间的差错。可见,本案的户籍证明显然不能客观真实反映黄某某的出生时间。(2)《梧田区卫生院妇产科分娩登记表》证实被告人系1990年9月23日出生,梧田区卫生院系被告人黄某某出生时的医院,分娩登记表经鉴定系黄某某出生当年填写,最能反映出生时的真实情况。(3)《黄氏宗谱》系其父母早年所报,上面记载黄某某出生于1990年9月23日。对于该宗谱的真实性,经温州市人民检察院依法鉴定,不是近年制作,可排除伪造的可能性。综上,法院在认定黄某某年龄时排除了户籍证明,直接以其他证据作为依据,认定黄某某作案时未满18周岁是适当的。(四)当户籍证明与其他证据材料的矛盾无法得到排除时,应正确贯彻“有利于被告人”原则,准确认定被告人的年龄。司法实践中,应正确理解“有利于被告人”原则,不能一旦遇到不同于户籍证明的证据,就轻易否定户籍证明,盲目作出有利于被告人的认定。对被告人提出的出生时间与户籍证明载明的时间不一致时,应当根据具体情况来分析判断:1.当被告人的出生时间涉及是否追究其刑事责任时,户籍证明证实被告人作案时已经达到指控罪名的刑事责任年龄,但被告人提出相反意见时,其应当承担举证责任,向法庭提交有关证据。法庭对被告人提交的上述证据的合法性、真实性、关联性进行调查、审理、质证、认证后方可使用。只有这些证据足以证明控方提交的户籍证明等确实存在疑问时,才能根据“有利于被告人”的原则,认定被告人未达到相应刑事责任年龄。而不能认为,只要被告方提出相反证据,就应当作出“有利于被告人”的年龄推定。因为户籍证明是权威机关按照法定程序制作出具的,并且系早年形成,具有较强的证明效力,在被告方没有提供足够证据推翻的情况下,应当维护其证明价值,以此来认定被告人的出生时间。2.当被告人的出生时间涉及是否对其适用死刑时,对被告人的举证责任要求可相对宽松一些。死刑是对生命权的剥夺,死刑案件的证明标准比其他刑事案件更加严格。对可能被判处死刑的被告人,在认定其作案时年龄的问题上,也应当适用死刑案件的“排除一切合理怀疑”这一最高证明标准。如果被告人辩解其作案时不满18周岁并提出了一定证据,即使控方已经提出了户籍证明或其他相关证据,但只要其中某项证据存在疑问,或者在被告人及其辩护人提出的相反证据不能被完全否定的情况下,法庭应当尽最大努力仔细核查(包括请专家鉴定等),经核查后仍不能达到上述的证明标准时,应当不适用死刑立即执行。3.被告人的出生时间不影响对被告人的定罪、量刑时,一般情况下采用控方提交的户籍证明等书面法定证据。当被告方提出的否定证据足以推翻控方提交的证据时,经法庭质证,控方对这些证据的合法性、真实性、关联性不持异议时,可以采信被告方提供的证据。[参见第659号指导案例,伍某某、黄某某绑架案,载《刑事审判参考》总第77集(2010年第6集),

第53~58页。撰稿:聂昭伟]

▽户籍登记与其他证据之间存在矛盾,被告人年龄的准确认定

最高人民法院在审查被告人的年龄时,对户籍证明等书证、证人证言等证据进行了全面审查和综合判断,指出一审、二审法院认定被告人犯罪时已满18周岁的证据不足,不予核准死刑。其中所体现的对书证证明能力的审查判断方法和对被告人刑事责任年龄的推定规则,对于各级法院裁判类似案件具有较强指导意义。

(一)单独的书证不能确认案件事实,案件事实的认定必须贯彻证据相互印证规则。对于案件事实的认定,仅凭审查某一个证据是否具有真实性、可靠性,并不能达到确认案件事实的目的。司法实践表明,孤证不能定案。任何一个证据都无法借助自身来证明其真实、可靠性,只有与其他证据结合起来,加以综合分析、判断,才能确认其真伪。对单个证据而言,其证明力要放到整个证据体系,放到与其他证据的比较中去判断。在审查案件时,应当对全案证据进行综合分析,注重证据之间的相互比较和鉴别,审查证据相互之间的印证、补强及矛盾、差异关系,从而得出全案证据是否确实、充分的结论。刑事案件中的物证、书证等客观性证据,因受人为因素干扰较小,具有较强的可靠性和稳定性,在司法实践中通常比证人证言等主观性证据能更客观地证实案件的真实情况,更有说服力。作为查明案件事实的有效手段,物证、书证等客观性证据能够检验其他证据的真实性、可靠性,对事实认定有着重大甚至决定性作用。然而,客观性证据虽然有其特殊的优势,但其自身特点也决定了其本身的证明效果并不十分明确,仍需借助其他证据来认识和检验。因此,单独的物证、书证不能确定案件的主要事实,在审查认定证据和案件主要事实时,不能过分相信客观性证据而对其放弃必要的审查,不能在无其他证据印证的情况下,对孤立的证据简单加以采信并作为认定案件事实的根据,而必须持极为谨慎的态度,做到万无一失。对客观性证据的审查,不仅要审查收集、固定证据的程序是否合法,更重要的是要审查其证明内容与其他证据能否相互印证,有矛盾的能否合理排除。这就需要将客观性证据置于证据体系中进行综合审查,结合其他证据分析判断。如果关键的客观性证据存在瑕疵,经补充查证仍无法排除疑点,不能得出唯一结论,则依法不能采信。

(二)被告人犯罪时是否年满18周岁的证据存疑,应当按照"存疑有利于被告人"的原则掌握。由于死刑是剥夺人的生命权利的刑罚,因而办理死刑案件时必须更加严格遵循证据裁判原则,确保定罪准确,量刑适当。死刑案件必须严格坚持证据裁判的最高标准和最严要求。当影响定罪的关键证据存在疑问时,无疑不能判处死刑;当定罪证据确实、充分,但足以影响量刑的关键事实和证据有疑问、有欠缺,不能排除合理怀疑得出唯一结论的,量刑时也应当留有余地。这不仅符合我国"保留死刑,严格控制和慎重适用死刑"的政策,也是"存疑有利于被告人"的刑事诉讼价值取向的具体要求。被告人刑事责任年龄是影响定罪量刑的关键要素之一,直接关系到对其是否追究刑事责任和如何承担刑事责任。在刑事审判中,特别是在审理死刑案件时,必须把被告人犯罪时的实际年龄作为案件的重要事实予以查清。在一般情况下,认定被告人的实际年龄应当以户口登记为基本依据,结合人口普查登记和其他有关资料,并经过认真调查核实后加以确定。对被告人实际年龄有异议或者疑义时,更应当多方查证核实。如果有足够证据认定户口登记册上记载的年龄有误,就应以查明的实际年龄来认定。如果经反复调查,确实查不清的,应当按照从宽的原则予以掌握,以留有余地。由于我国各地区发展不均衡,自然情况差异很大,各地户籍管理水平也不相同。有些地方户籍管理规范,档案齐全,而有些地方户籍管理较为混乱,加上为了上学、当兵、规避计划生育等原因,个人申报户口的情况也千差万别,情况非常复杂。有的是出生时申报的户口,有的则是出生几年后才申报;有的是按公历申报的年龄,有的则是按照农历申报的年龄;有的是如实申报年龄,有的则随意报大或报小年龄;有的有医院的出生证明及相关出生资料,有的则没有任何原始资料。正是由于我国户籍管理业已存在的各种问题,所以遇到被告人犯罪时是否年满18周岁的证据存在矛盾时,往往很难查证清楚。鉴于该事实直接影响对被告人能否判处死刑,必须多方查证,注重全案证据的综合审查和分析判断,务必慎之又慎,做到定案证据确实可靠。2006年印发的《最高人民法院关于审理未成年人刑事案件具体应用法律若干问题的解释》第四条第一款规定:“对于没有充分证据证明被告人实施被指控的犯罪时已经达到法定刑事责任年龄且确实无法查明的,应当推定其没有达到相应法定刑事责任年龄。”2010年7月1日起施行的《最高人民法院、最高人民检察院、公安部、国家安全部、司法部关于办理死刑案件审查判断证据若干问题的规定》第四十条规定:“审查被告人实施犯罪时是否已满十八周岁,一般应当以户籍证明为依据;对户籍证明有异议,并有经查证属实的出生证明文件、无利害关系人的证言等证据证明被告人不满十八周岁的,应认定被告人不满十八周岁;没有户籍证明以及出生证明文件的,应当根据人口普查登记、无利害关系人的证言等证据综合进行判断,必要时,可以进行骨龄鉴定,并将结果作为判断被告人年龄的参考。”“未排除证据之间的矛盾,无充分证据证明被告人实施被指控的犯罪时已满十八周岁且确实无法查明的,不能认定其已满十八周岁。”上述规定对被告人年龄处于刑事责任“临界点”的案件提供了具体可行的解决方案,是刑法谦抑原则在司法实务中的运用。对于被告人因罪行极其严重而可能判处死刑的,其犯罪时实际年龄是否已满18周岁,直接关系到对其能否适用死刑。死刑案件的严格证明标准要求必须查证清楚被告人的年龄,并应精确到具体的年月日,包括是公历还是农历。经过反复调查仍无法查清的,则应推定其犯罪时未满18周岁,不能判处死刑。本案被告人犯绑架罪的事实清楚,证据确实、充分,但认定其犯罪时是否已满18周岁的证据存疑。被告人的户籍登记是证明其犯罪时已满18周岁的唯一证据,而在案大量证人证言所证明的内容与该书证恰好相反,所证细节真实可信,且证据之间能够相互印证,经调查未发现有伪证现象,故不能排除被告人犯罪时未满18周岁的可能性。最高人民法院依据死刑案件证据裁判的严格标准,在全面审查有关被告人年龄的证据的基础上,指出一审、二审认定被告人犯罪时年满18周岁的证据不足,依法裁定不予核准被告人死刑,发回一审法院重审,以确保案件质量,防止错案的发生。[参见第684号指导案例,郭永明等绑架案,载《刑事审判参考》总第79集(2011年第2集),第31~39页。撰稿:许建华　牛克乾]

▽被告人犯罪时的年龄认定应当把握的基本原则

被告人的刑事责任年龄既是重要的定罪依据,也是关键的量刑情节,必须依法查明。司法实践中,认定被告人刑事责任年龄的证据可能会有瑕疵或者与其他在案证据存在矛盾。在具体案件审判过程中,应当尽可能穷尽一切调查手段,并结合全部在案证据综合审查判断。对于没有充分证据证明被告人实施被指控的犯罪时已经达到法定刑事责任年龄且确实无法查明的,应当根据存疑有利于被告人的原则,推定其没有达到相应法定刑事责任年龄。

审查判断被告人年龄证据的一般原则。司法实践中,常见的年龄证据主要有三类:第一类是书证,包括出生证明、户口簿、身份证、公安机关出具的户籍证明、卫生防疫档案、学籍档案等;第二类是鉴定意见,主要是指对被告人所作的骨龄鉴定;第三类是言词证据,包括被告人供述、证人证言等。此外,还存在以物证、视听资料等形式出现的年龄证据,但极为少见,这里不作详述。上述证据中,又以公安机关的户籍登记信息(包括户口簿、户籍证明等)最为常见。由于我国各地经济社会发展不平衡,一些地方(尤其是偏远山区、农村)医疗条件有限,人口出生缺少相应的证明材料,加之当地户籍管理不规范,误报、漏报年龄的现象时常发生,从而给审判机关认定被告人的年龄带来困难。实践中,有关年龄认定的问题主要体现在以下四个方面:一是被告人以当地有以农历填报出生日期的习惯为由,主张户籍登记上的出生日期实际为农历;二是公安机关出具的证明材料与被告人的户籍登记信息存在冲突;三是当事人提供的有关书证、证人证言等证据材料证明的内容与户籍登记信息不一致;四是被告人身份信息不详,且骨龄鉴定对被告人犯罪时是否未成年存在正负差值的情况。对于上述问题,应当综合运用证据审查、逻辑判断、常识检验、科学鉴定等多种手段,去伪存真,依法对被告人的犯罪年龄进行认定。在具体案件中,一般坚持以下审查判断原则:

1. 穷尽原则。对被告人年龄证据的审查一般要穷尽一切司法调查取证手段,通过建议补充侦查、委托有关部门协查、实地走访调查、进行骨龄鉴定等多种形式,查找与被告人年龄有关的证据,最大限度查明被告人实施犯罪行为时的真实年龄。

2. 公文性书证优先原则。公文性书证一般指国家机关、企业事业单位、人民团体在法定权限范围内制作的文书,并以此文书作为证明案件有关情况的书证。与年龄有关的公文性书证,一般包括公安机关的户籍信息材料、医院的出生证明、学校的学籍信息等。这类书证与其他证据相比,具有较强的权威性、可信性,具有较强的证明力。如果案件中存在多份内容不一致的公文性书证,则应当视具体情况予以认定:(1)以认定户籍登记信息为原则,以不采信户籍登记信息为例外。(2)医院的出生证明与户籍登记信息不一致的,如能作出合理解释,则出生证明的效力高于户籍登记信息,因为出生证明是户籍登记的基础。(3)在没有出生证明的情况下,户籍登记信息与医院的分娩病例或者被告人案发前的学籍信息、疫苗注射登记等原始信息不一致的,应当结合被告人的供述及家属证言,在能够得到合理解释的前提下,作出有利于被告人的认定。(4)公安机关出具的证明材料与户籍登记信息不一致的,原则应当按照原始户籍登记信息来认定被告人的年龄,在公安机关能说明理由,并对被告人的户籍登记信息依法作出修改后,可以结合在案证据,依照变更后的年龄予以认定。(5)村(居)委会、乡(镇)人民政府出具的证明材料如果没有加盖公安机关的户籍专用章,其证明力要低于公安机关出具的证明材料及户籍登记信息,且一般要与其他证据结合起来判定其证明效力。

3. 原始书证优先原则。有关年龄认定的原始证据,一般形成于案发之前,且直接来源于客观事实,具有较强的证明力。但原始证据中的言词证据具有不稳定、不准确等特点,其效力要低于原始书证。如村(居)委会的原始户籍登记材料已经交给派出所或者因时间久远而丢失,村(居)委会的当事者根据记忆形成书面证明材料并加盖村(居)委会乃至(乡)镇人民政府的公章,由于原始书证已无法查找,故上述表面上属于书证的证明材料,实质上为证人证言,属于原始言词证据,其单独作为证据使用的证明力较低。

4. 言词证据与其他类型证据结合判断的原则。言词证据(被告人供述、证人证言等)具有易变、模糊等特征。如果与其他类型的证据(如书证、鉴定意见)存在不一致之处,原则上应当以其他类型的年龄证据为准。但考虑到我国部分地方受客观条件所限、户籍登记混乱等因素,即使户籍登记信息完全可采,仍有可能在其生成阶段发生错误。因此,如果结合其他类型证据,能够相互印证补强,对户籍登记信息形成合理质疑,那么就可以采纳补强的言词证据作为裁判依据。如当时当地确实存在按照农历填报出生日期的习惯,接生婆、邻居、同班同学出具的证言均证明被告人的出生日期系按农历计算,同时通过骨龄鉴定无法排除被告人犯罪时未成年可能性的,可以认定被告人犯罪时尚未成年。

5. 存疑有利于被告人的原则。根据《最高人民法院关于审理未成年人刑事案件具体应用法律若干问题的解释》第四条的规定,对于没有充分证据证明被告人实施被指控的犯罪时已经达到法定刑事责任年龄且确实无法查明的,应当推定其没有达到相应法定刑事责任年龄。相关证据足以证明被告人实施被指控的犯罪时已经达到法定刑事责任年龄,但是无法准确查明被告人具体出生日期的,应当认定其达到相应法定刑事责任年龄。但需要注意的是,只有在穷尽一切司法调查手段仍无法查清被告人的具体出生日期的情况下,才能适用上述推定原则。[参见第851号指导案例,乔某诈骗案,载《刑事审判参考》总第91集(2013年第2集),第69~71页。撰稿:唐季怡 刘立杰]

▽公安机关无正当理由变更原始户籍登记中的出生日期,且变更后的信息与在案证据存在冲突的,应从证据合法性和有利于被告人的角度,严格进行审查判断

依据存疑有利于被告人的原则,综合现有证据,虽不能确定乔某的具体出生日期,但足可推定其实施指控罪行时已满16周岁不满18周岁。根据上述认定原则,本案关于乔某年龄的言词证据(乔某的供述、乔母的证言)和书面材料(严格讲村委会出具的书面证明材料实质上是村委会工作人员出具的证人证言)尚不足以推翻公安机关的户籍登记信息,司法机关要进一步查明乔某的犯罪年龄,还应采取其他调查手段,调取更多的证据,将现有的言词证据与其他类型的证据结合起来考虑。据此,二审法院依法向乔某户籍地派出所调取了乔某的户籍信息变更情况,显示2005年派出所确实将乔小某的姓名变更为乔某,同时将乔小某的出生日期由原来的1989年12月11日变更为1989年9月19日,但未说明变更原因。后经承办人多次联系,当地派出所均无法对上述情况作出说明,亦无法提供乔某亲属当年提出变更年龄的申请材料和原始档案。鉴于此,二审法院又调取了乔某的小学和初中入学登记卡,结果显示小学入学登记卡上记载的姓名是乔某的原名乔小某,出生日期为1989年12月11日,而初中入学登记卡上的姓名,为现在使用的乔某,出生日期为1989年10月18日。如此,乔某的出生日期就存在三个可能的时间:一是乔某母亲所称的与乔某小学入学登记卡及公安机关户籍登记底档记载相一致的1989年12月11日;二是现在公安机关户籍登记信息记载的1989年9月19日;三是乔某初中入学登记卡上记载的1989年10月18日(农历九月十九)。按照被告人年龄认定的基本原则,在各类证据存在矛盾的情况下,原则应当以现在的户籍登记日期为准。但是,本案中的户籍登记却存在重大瑕疵。根据《户口登记条例》《公安部关于不得随意更改户口簿出生年月日的通知》(公信传〔1986〕594号)等有关规定,对更改出生日期的,要持慎重态度,原则上不予更改,特殊情况需要更正的,一般应当由本人或者其监护人提出书面申请,提供原始户口底页或者迁移证存根及申请人原始档案资料,填写相应的审批表格,由派出所调查原始出生报户档案和户口迁转档案,必要时还要与相关当事人形成谈话笔录,并形成调查报告,经派出所所长核查签注意见后,报县级公安机关户政部门、区公安机关审核后,在派出所办理相关更正手续。然而,乔某户籍地的公安机关无法提供对乔某年龄进行变更的合法依据及原始档案资料,亦不能进行合理说明,故上述变更后的户籍登记信息存在重大瑕疵。另外,因乔某2005年户籍登记变更前的原始户籍底档中记载的出生日期现已作废,司法机关亦不能直接根据原始户籍底档认定其出生日期,何况上述户籍底档记载的出生日期与乔某中学的入学登记卡存在冲突。同理,由于被告人小学和中学的入学登记卡上记载的出生日期不一致,且中学入学登记日期又与被告人的供述、乔母的证言存在冲突,故亦不能直接按照小学或者中学入学登记卡的日期认定被告人的出生日期。二审法院在穷尽各种调查手段后(乔某的接生婆已去世、没有可供查询的医疗防疫记录、村委会没有当年报登年龄的原始记录等),综合在案证据,无法准确判断乔某的出生日期。因此,二审法院根据存疑有利于被告人的原则,依据最高人民法院相关司法解释,依法认定乔某实施全部犯罪时已达到法定责任年龄但属于减轻刑事责任年龄阶段,并据此予以改判。[参见第851号指导案例,乔某诈骗案,载《刑事审判参考》总第91集(2013年第2集),第71~73页。撰稿:唐季怡 刘立杰]

第十七条之一 【老年人的刑事处罚原则】已满七十五周岁的人故意犯罪的,可以从轻或者减轻处罚;过失犯罪的,应当从轻或者减轻处罚。(本条是根据《中华人民共和国刑法修正案(八)》之一增加的,2011年5月1日起施行。)

第十八条 【特殊人员的刑事责任能力】精神病人在不能辨认或者不能控制自己行为的时候造成危害结果,经法定程序鉴定确认的,不负刑事责任,但是应当责令他的家属或者监护人严加看管和医疗;在必要的时候,由政府强制医疗。

间歇性的精神病人在精神正常的时候犯罪,应当负刑事责任。

尚未完全丧失辨认或者控制自己行为能力的精神病人犯罪的,应当负刑事责任,但是可以从轻或者减轻处罚。

醉酒的人犯罪,应当负刑事责任。

■最高人民法院、最高人民检察院、公安部、司法部、卫生部精神疾病司法鉴定暂行规定(1989年8月1日)(见本书附录二)

□因吸毒产生神志异常而犯罪的,依法应当承担刑事责任

行为人因吸毒后产生神志异常而实施危害社会的行为,构成犯罪的,依法应当承担刑事责任。(福州市人民检察院诉彭崧故意杀人案,载《最高人民法院公报》总第129期,2007年第7期,第34页。)

▽**刑事责任能力的认定**

刑事责任能力是指行为人辨认和控制自己的行为和对自己的行为负刑事责任的能力。所谓“辨认能力”,是指行为人认识、理解自己行为的性质、意义、作用和后果的能力,在刑法上就是指认识自己行为的社会危害性、刑事违法性的能力。所谓“控制能力”,是指行为人以自己的意志决定、支配、控制自己行为的能力。刑事责任能力是人的行为构成犯罪和承担刑事责任的前提和基础,是构成犯罪主体的必要条件。行为人只有在具备辨认和控制自己行为能力的情况下,有意识地实施危害社会的行为,才能构成犯罪并对自己的行为负刑事责任。通常情况下,行为人是否具备刑事责任能力以其是否达到法定刑事责任年龄为前提,但并非达到法定刑事责任年龄的人,就一定具备了刑事责任能力。因为这种能力还会受到个体精神、智力、健康等因素的影响,先天或后天丧失或减弱。在刑法理论和实践中,对完全不具有或丧失责任能力的称为无刑事责任能力,对部分丧失或减弱责任能力的,称之为限制刑事责任能力。确定行为人无刑事责任能力或限制刑事责任能力的法定情形之一,是《刑法》第十八条规定的精神病人。需要指出的是,从立法原意上看,对《刑法》第十八条规定的精神病人应作广义的理解,即应理解为司法精神病学中所说的精神障碍或精神疾患。它既包括医学上通常所说的精神病,如精神分裂症、躁狂抑郁性精神病、偏执型精神病这些明确诊断的精神疾病,还应包括精神发育迟滞、精神发育不全以及非精神病性精神障碍,如神经官能症(包括癔症、强迫症、焦虑症、神经衰弱等)、人格障碍(又名变态人格)、性心理障碍(又名性变态)等。司法实践中,判断行为人是否患有精神病,患有何种精神病及其轻重程度,有无刑事责任能力,要经过司法精神病学专家鉴定和司法人员审查才能确认。一般来说,司法精神病学专家的鉴定意见是在广泛收集行为人大量有关言行材料的基础上依据医学标准作出的,因此具有相当的可靠性。但也不排除有的鉴定人员由于不负责任或者专业水平欠缺以及不具有相应的法学专业知识等因素的影响而使做出的鉴定意见不准确甚至错误的情况。因此,司法人员应当依据刑事诉讼法的有关规定,对司法精神病学专家做出的鉴定意见进行认真的审查判断,以确定其真实性、正确性。只有经过司法人员审查确定的鉴定意见,才能够作为认定行为人是否应当负刑事责任,或者负何种程度的刑事责任的证据使用。由于精神病人精神障碍的类别和程度不同,从而影响到其是否承担刑事责任,或是承担部分还是全部刑事责任。1997年修订的刑法增设了尚未完全丧失辨认或者控制能力的精神病人犯罪的刑事责任的规定,采用了“三分法”,即将精神病人的刑事责任划分为无刑事责任、完全刑事责任和限制刑事责任。所谓“尚未完全丧失辨认或者控制能力”,是指精神病人在实施危害社会的行为时,由于精神障碍,致使其辨认能力减弱,控制能力下降。这种精神病人一般包括以下两类:一是处于早期或部分缓解期的精神病人;二是某些非精神病性精神障碍人。这类精神病人在实施危害社会的行为时,一方面,具有一定的辨认或者控制自己行为的能力,因此应当承担刑事责任;另一方面,其辨认能力或者控制能力又因精神疾病而受到明显削弱,所以在追究刑事责任时可以从轻或减轻处罚。值得注意的是,虽然该款规定的是“可以”而不是“应当”从轻或者减轻,但应当理解为在一般情况下都应该予以从轻或者减轻处罚。[参见第152号案例,阿古敦故意杀人案,载《刑事审判参考》总第24辑(2002年第1辑),法律出版社,第18~21页。执笔:任宪成]

▽**限定责任能力的精神病人犯罪的刑罚适用原则**

限制责任能力的精神病人,由于其主观上有一定的罪过,因此应承担刑事责任。但由于其认识能力和控制能力因疾病而削弱,其主观恶性有所减轻,因此其承担的刑事责任也应减轻。经过修订的现行刑法增加了限制责任能力人犯罪的处罚条款,即“尚未完全丧失辨认或者控制自己行为能力的精神病人犯罪的,应当负刑事责任,但是可以从轻或者减轻处罚”。根据案件的具体情况决定从轻还是减轻处罚,如果被告人犯罪情节特别恶劣,后果特别严重,民愤很大,可以依法从轻处罚;如果被告人所犯罪行不是特别严重,情节不是特别恶劣,也可以依法减轻处罚。[参见第49号案例,李典故意杀人案,载《刑事审判参考》总第7辑(2000年第2辑),法律出版社,第18~19页。审编:裴显鼎]

▽“原因自由行为”及其刑事责任的认定

具有辨认、控制能力的行为人,故意或者过失使自己一时陷入丧失或者尚未完全丧失辨认、控制能力的状态,并在该状态下实施了符合犯罪构成的行为,依法应当承担刑事责任,刑法理论称此为“原因自由行为”。使自己陷入丧失或者尚未完全丧失辨认、控制能力状态的行为,称为原因行为;在该状态下实施的犯罪行为,称为结果行为。由于行为人可以自由决定自己是否陷入上述状态,故称为“原因自由行为”。由上述定义,根据实施原因行为时的主观心态,原因自由行为可以分为故意陷入丧失或尚未完全丧失辨认、控制能力状态的情形与过失陷入丧失或尚未完全丧失辨认、控制能力状态的情形。

刑事责任的认定:(一)杀人行为归责为他吸食毒品的行为。(二)吸食毒品后犯罪应负刑事责任不违反罪刑法定原则。首先,从刑法总则的规定看,行为人实施了犯罪行为,除非法律明文规定不负刑事责任的,都要承担刑事责任。其次,根据举轻以明重的解释方法,吸毒的人犯罪,应当负刑事责任。我国刑法第十八条规定,醉酒的人犯罪,应当负刑事责任。吸食毒品在我国属于违法行为,吸食毒品后犯罪,比醉酒的人犯罪,性质更严重。(三)吸食毒品而致精神障碍的,不属刑法意义上的精神病人。被告人是一个心智正常的人,其实施杀人行为时虽在辨认、控制能力上与其没吸食毒品时有区别,但其当时出现精神障碍,并非精神病发作的原因,而显然是受吸食毒品的影响,故被告人并非刑法意义上的精神病人。(四)吸食毒品后犯罪的,不需要作司法精神病鉴定。鉴于被告人吸食毒品后实施犯罪行为,其犯罪行为归责于吸食毒品的行为,且吸食毒品后出现的精神障碍并不属于刑法意义上的精神病人。[参见第431号案例,彭崧故意杀人案,载《刑事审判参考》总第55辑(2007年第2辑),法律出版社,第3~5页。执笔:陈鸿翔]

▽对限定刑事责任能力的精神病被告人一般不宜适用死刑

刑事责任能力是具备刑事责任主体资格的基本要求,行为人必须在具有完备的辨认能力和控制能力下,才对自己的犯罪行为承担完全刑事责任。限定刑事责任能力的精神病人由于受精神疾病的影响,其辨认能力和控制能力受到一定的损害和削弱。对于这些人来说,不仅其主观认识活动能力受疾病影响而导致对其具体犯罪行为的认识程度和认识内容有别于精神正常者,更为重要的是,由于疾病的直接作用,使得其动员自己的意志力量抵抗种种不良因素侵袭的能力亦有所削弱。从表象上看,尽管这些人实施的杀人、重伤害、强奸等严重犯罪行为,客观危害性较大,但对其行为起支配作用的,实际是受紊乱的精神活动制约而有所缺损的意识力和意志力。所以,相对精神正常的人来说,限定刑事责任能力的精神病人的主观恶性较小。故法律规定对限定刑事责任能力的精神病犯罪人一般要从轻或减轻处罚。从刑种适用的角度看,司法实践中,对限定刑事责任能力的精神病犯罪人一般不宜适用死刑,尤其是死刑立即执行,这也是刑法人道主义的基本体现。[参见第240号案例,张怡懿、杨君故意杀人案,载《刑事审判参考》总第32辑(2003年第3辑),法律出版社,第17~18页。执笔:张华]

▽醉酒状态下实施犯罪,量刑时可酌情考虑导致行为人醉酒的原因,予以从轻处罚

被告人系受被害人的邀请而大量饮酒,导致醉酒,并在醉酒状态下实施杀人犯罪,量刑时可以对此情况予以考虑,酌情从轻处罚。理由是:(一)对于酒后犯罪,司法实践中应适当考虑醉酒犯罪的原因及状态。对于醉酒后犯罪,我国刑法仅作了笼统的规定,虽然对醉酒的人犯罪可以参照该条前三款关于精神病人犯罪的规定处罚,但除此之外,并没有对醉酒人犯罪的不同情况再加以细分。从立法本意分析,如此规定,应是基于此种情况下的醉酒行为人对其醉酒状态本身应具有一定的故意或过失,且其醉酒后一般也只是控制能力下降而并非完全丧失辨认控制能力,同时在现实中又难以对行为人是否为规避刑事责任而故意借酒犯罪,以及醉酒犯罪者自我控制能力下降到何种程度等问题进行准确认定,为防范犯罪分子借酒行凶以求宽免之企图及最大限度地保护无辜受害者的合法权益而作出的严格性规定。这对于预防事前有预谋的故意醉酒后犯罪,惩罚此类犯罪,维护社会秩序是具有重要意义的。但审判实践中如果在量刑时不加区别地将所有生理性醉酒(相对于病理性醉酒而言,尚未完全丧失辨认控制能力状态)下的犯罪行为一概而论,也必然会产生过于绝对的问题,容易产生量刑失衡。如对于因不可抗力或不能预见的原因醉酒,以及陷入所谓"共济失调期"或"昏睡期"(醉酒人的辨认或控制能力完全丧失)的醉酒状态下犯罪等情况,这些情况下行为人在犯罪的主观方面与未醉酒的正常人还是存在较大区别的,其主观可责性相对较低,在量刑时亦应予以适当考虑,这是贯彻罪责刑相适应原则的必然要求。(二)结合该案被告人犯罪时的精神状态,酌情考虑导致其在醉酒原因上的过错程度,对其可不判处死刑立即执行。醉酒的原因,有可能是行为人故意、过失所造成,也可能是某些不能预见、不可抗拒的因素。而根据主客观相一致原则,在造成同样后果的醉酒犯罪行为中,为实施犯罪而故意制造醉酒假象、借酒壮胆或明知自己会"酒后乱性"而饮酒等故意醉酒行为的主观恶性最为严重,过失醉酒者次之,因不能预见或不可抗拒的原因醉酒者最轻。因此,在醉酒人犯罪的案件中,应当适当考察其醉酒的原因,对确有特殊情况的应当在量刑时予以酌情考虑,以实现罪责刑的均衡。结合本案具体情况,被害人和被告人二人先后共喝下近三瓶白酒,均进入生理醉酒状态,出现易激动、言语增多、辨认能力低下等表现。在此状态下二人发生争执、厮打,被告人实施了杀人行为,其对于自己的醉酒存在主观过错,应当为其醉酒状态下的杀人行为承担刑事责任。但是,考虑到被告人在醉酒原因上的过错程度及其犯罪时的精神状态,对其可以酌情从轻处罚:首先,被告人与被害人二人素不相识,相互之间没有积怨,不存在被告人借酒对被害人进行报复,即在醉酒前存在犯罪预谋、故意醉酒后杀害被害人的可能。其次,被害人仅为找人陪饮而主动邀请并不相识的被告人饮酒,二人共同将被害人带的两瓶白酒喝完,之后被害人又主动将被告人带到自家继续饮酒,致使被告人严重醉酒。被害人的积极邀请饮酒行为对于促成被告人醉酒有一定责任,降低了被告人对于自己醉酒原因的过错程度。本案属于典型的酒后激情杀人,二人在事前没有任何矛盾的情况下突然发生争吵、厮打,而这一切如果在正常状态下可能是完全可以避免甚至根本不会发生的,因此,在一定程度上可以说被害人的行为引起的被告人醉酒是本案的主要诱因。最后,虽然不能确认被告人当时已醉到丧失意志的状态,但其作案后还穿着沾有大量血迹的衣服在街上乱转,可见其辨认、控制能力已经明显下降;这种情况下与被害人发生争执而杀人,与头脑清醒状态下的预谋杀人以及激情杀人行为相比,被告人的主观恶性、人身危险性和社会危害性均相对较小。此外,对于醉酒人的控制能力与一般人正常状态下具有不同,这一点有社会共识,酒后故意杀人与正常状态下预谋杀人、激情杀人所造成的社会负面影响具有差别,公众一般对正常状态下的故意杀人行为具有较为一致的评价倾向,而对不判处醉酒后杀人死刑存在一定的理解和接受心理。综上,最高人民法院从本案各方面的情节出发,作出不核准被告人的死刑裁定,无论从法律效果还是社会效果方面考察,均是适当的,符合我国慎重适用死刑的基本政策。[参见第554号指导案例,房国忠故意杀人案,载《刑事审判参考》总第68集(2009年第3集),第3~5页。撰稿:胡立新　张若瑶]

▽因吸毒长期处于精神障碍状态,在病情缓解期再次吸毒陷入精神障碍过程中驾驶机动车的,宜认定行为人具有限定责任能力

供临床、科研和鉴定使用的诊断标准《中国精神障碍分类与诊断标准第三版》(以下简称CCMD-3)将精神障碍(精神病)分为十大类,其中,第二类是精神活性物质或者非成瘾物质所致的精神障碍。常见的精神活性物质有酒类、阿片类、大麻、催眠药、抗焦虑药、麻醉药、兴奋剂、致幻剂和烟草等。反复使用精神活性物质,会引起以精神病性症状为主的精神障碍,如幻觉、妄想、严重的情感障碍,或者明显精神运动性兴奋或者抑制。从医学角度看,上述精神活性物质所致的精神障碍均属于精神病,但在司法精神病鉴定实践中,基于社会利益原则,将之作为特殊精神障碍者区别对待,适用不同的认定标准。因《刑法》第十八条第四款明确规定,醉酒的人犯罪应当负刑事责任,故实践中认定醉酒者刑事责任能力的标准比较统一。按照酒中毒种类,对普通(急性)醉酒者评定为完全刑事责任能力,对复杂性醉酒者、病理性醉酒者区分情形认定为限定刑事责任能力或者无刑事责任能力。但对于毒品所致精神障碍者的责任认定问题,因刑法未作特别规定,加之理论界对此存在较大争议,实践中评定意见并不统一,同一案件在不同的鉴定机构可能被评定为完全、限定及无责任能力三种等级。

司法部司法鉴定技术研究所于2008年起草的《精神障碍者刑事责任能力评定标准(草案)》(本附文以下简称《草案》)根据毒品摄入是否出于主观自愿对毒品所致精神障碍者的刑事责任能力状态进行了区分。《草案》规定:非自愿摄入者按一般精神障碍者评定其责任能力;对自愿摄入者,仅在实施危害行为时辨认和控制能力丧失者才评定为限定责任能力,其余情况下均评定为完全责任能力。为统一刑事责任能力鉴定标准,在《草案》基础上,司法部司法鉴定技术研究所起草了司法鉴定技术规范《精神障碍者刑事责任能力评定指南》(SF/ZJD 0104002—2011,本附文以下简称《评定指南》),并由司法部司法鉴定管理局于2011年3月17日发布。《评定指南》规定,对毒品所致精神障碍者,非自愿摄入者按照一般精神障碍者评定其刑事责任能力;对自愿摄入者,暂不宜评定其刑事责任能力,可进行医学诊断并说明其案发时精神状态。从上述文件对自愿摄入毒品者刑事责任能力评定的变化可以看出,对毒品所致精神障碍者刑事责任能力的评定比较复杂,难以划定一个简单的认定标准。特别是在《评定指南》建议对自愿摄入毒品者暂不宜评定其刑事责任能力,只进行医学诊断的情况下,对行为人刑事责任能力的评定更应当特别慎重。在评定毒品所致精神障碍者的刑事责任能力时,应当注意以下两个方面:一是毒品对人体生理和心理的危害性远远大于酒精,因吸毒导致的杀人、抢劫、强奸等恶性犯罪案件屡见不鲜,虽然刑法未明确规定吸毒的人应当负刑事责任,但基于社会利益原则,吸毒的人也应负刑事责任。二是尽管毒品所致精神障碍者属于特殊情形,对吸毒者刑事责任能力的评定也必须坚持医学标准(医学诊断)与法学标准(辨认能力和控制能力)两个要件缺一不可的原则。在这两个评定要件中,医学标准是评定责任能力的基础,不能因为吸毒行为是违法行为,吸毒行为引发的危害后果严重就脱离医学诊断,为求从严惩处而将吸毒者一律评定为完全刑事责任能力。综上,对自愿摄入毒品者进行刑事责任能力评定时,应当以社会利益原则为主要导向,参考相关精神病鉴定意见,在此基础上判断该精神障碍是否影响其实施危害行为时的辨认和控制能力以及影响程度,最终评定其责任能力等级。本案被告人从2004年开始吸食毒品,以"麻果"为主,2005年开始逐渐出现精神异常,时而胡言乱语,称家中有鬼,时而无目的地驾车出行,且脾气越发暴躁、冲动,曾两次在家中纵火,持刀在家中乱砍家具,无端怀疑家人并殴打其妻,还曾裸体外出。2007年至2008年间,被告人先后被强制戒毒3个月、6个月,2007年两次到武汉市精神病院治疗,2008年多次到湖北省人民医院治疗,均诊断为"精神活性物质所致精神障碍"。被告人每次出院时精神症状均有缓解,但因未坚持服药,且有复吸"麻果"行为,导致病情反复。2008年9月至2009年12月,被告人被第三次送往劳教所强制戒毒。2010年1月,被告人离开劳教所后,不愿在家住,经常住在宾馆,且将宾馆用品损坏,并两次出现随意抛撒巨额现金的异常行为。同年3月至7月,被告人家人将其送往蔡甸区柏林精神病院住院治疗,其出院后病情有所缓解,但又复吸"麻果",案发前十天及案发当日均有吸食"麻果"行为,只是剂量较小。在司法鉴定机构对被告人进行精神检查时,其对案发经过有部分回忆,对撞车细节记忆不全,存在幻听、幻视、被害妄想,称案发时有很多人开车追他,要害他,他一心想逃,便撞了几辆车。相关司法精神病鉴定意见认为,被告人的表现符合CCMD-3中"精神活性物质所致精神障碍"的诊断标准,作案时由于存在吸食"麻果"所致幻觉妄想影响,辨认能力受损,但是考虑吸毒属自陷行为,宜从严处理,故评定为完全责任能力。目前其仍处于疾病期,宜积极治疗。

上述鉴定意见的结论有待商榷。行为人因饮酒、吸毒等行为使自己一时陷入丧失或者尚未完全丧失责任能力的状态,并在该状态下实施了符合犯罪构成要件特征的行为的,根据刑法规定和原因自由行为理论,应当负刑事责任。然而,这一认定原则并未解决行为人实施自陷行为时已经处于辨认或者控制能力减弱甚至完全丧失情形下刑事责任的认定问题。本案的特殊之处在于被告人吸毒时恰恰属于此种情形。在案证据显示,被告人有长达5年的精神病史,经多次强制戒毒和治疗均无效,即便在病情缓解期,辨认和控制能力也较正常人有所削弱,其对毒品的依赖性也高于一般吸毒人员。质言之,其在最后一次吸食毒品之时,其辨认能力和控制能力就异于正常人,即处于限制能力状态。根据原因自由行为理论分析,即使对自陷行为人按照吸食毒品时的责任能力认定其刑事责任能力,被告人也应被认定为限制责任能力人。[参见第919号指导案例,叶丹以危险方法危害公共安全案,载《刑事审判参考》总第94集(2013年第5集),第142～146页。撰稿:曾琳　张晓洪]

▽对于自陷入精神障碍的行为人,应当根据其自陷时对危害结果的认识和意志状态认定其对结果所持的主观罪过

对行为人实施自陷行为时已经处于辨认或者控制能力减弱甚至完全丧失情形的,既然刑事责任能力应当从自陷行为时的状态进行评定,那么其对自陷后实施的犯罪行为后果所持的意志也应当从自陷行为时的状态进行分析评定,即根据行为人实施原因行为时对危害结果的意识和意志状态进行判断。如果行为人已经认识到一旦自己陷入精神障碍状态,可能会引起危害结果发生的紧迫危险,仍然希望或者放任自己陷入精神障碍状态的,其主观罪过为故意;如果行为人对自己陷入精神障碍状态后引发危害结果发生的危险没有预见,或者虽有预见但轻信可以避免的,那么其主观罪过为过失。当原因行为是吸毒行为时,判断行为人对危害结果是持希望、放任还是反对、否定态度,有必要对行为人是否存在吸毒史进行重点考察。吸毒史较长的人,其对吸毒后会出现兴奋、自控力下降、行为鲁莽、易激惹、幻觉(快乐情绪体验)等精神障碍症状(暂称一般症状)一般具有较深的认识,故行为人知道或者应当知道其自陷行为导致精神障碍状态的高度盖然性,在这种情形下实施自陷行为并实施符合构成要件特征行为的,一般宜认为行为人对危害结果持希望或者放任态度。吸毒史较短的人,对于吸毒后会出现病理性错觉或者被害妄想(恐怖情绪体验)、失去意识等精神障碍症状(暂称特别症状)的认识一般比较模糊或者较浅,虽然可能略有所闻但因未亲身经历而可能存在侥幸心理。因此,这类人员对其自陷行为导致精神障碍状态的可能性程度认识较低,在这种情形下实施自陷行为并实施符合构成要件特征行为的,一般宜认为行为人对危害结果持反对、否定态度。本案被告人多次接受精神病院治疗,其对自己吸食"麻果"后会陷入精神障碍的状态是有充分认识的,对自己在精神障碍状态下行为失控,可能实施放火、持刀乱砍、打人等危害行为亦有一定认识,但因毒瘾难以戒断而多次复吸,而全然不顾可能出现的危害结果。因此,被告人对其自愿吸食毒品,陷入精神障碍状态下实施的行为应当负故意责任。本案发生在市区繁华路段、交通高峰期,被告人吸毒后受被害妄想影响行为失控,在道路上高速驾车横冲直撞,连续冲撞12辆车,直至被警车逼停,其行为已具有与放火、决水、爆炸、投放危险物质等危险方法相当的危险性。但鉴于本案未造成人员伤亡的严重后果,仅致使公私财产损失3万余元,故一审法院按照刑法第一百一十四条的规定,对被告人以以危险方法危害公共安全罪定罪,并酌情从轻处罚,判处四年零六个月有期徒刑,是适当的。[参见第919号指导案例,叶丹以危险方法危害公共安全案,载《刑事审判参考》总第94集(2013年第5集),第146～147页。撰稿:曾琳　张晓洪]

▽在严重暴力犯罪案件中,对具有轻度精神障碍,认识和控制能力所受影响不大的被告人,可以不从轻处罚

被告人杜某某犯罪手段特别残忍,犯罪后果特别严重,社会危害性极大,在当地引起极大民愤。被告人仅具有轻度精神发育迟缓伴精神障碍,对其作案时的辨认和控制能力影响不大,不足以对其从轻处罚。被告人报复心极强,人身危险性极大,如果不对其判处死刑,可能继续危害被害人一家甚至延伸至其他社会人员,故应当对被告人判处死刑立即执行。

(一)从罪行严重程度分析,应当判处被告人死刑立即执行。我国刑法第四十八条第一款规定:"死刑只适用于罪行极其严重的犯罪分子"。"罪行极其严重"是适用死刑的前提,罪行未达到极其严重的程度,不能适用死刑。对于"罪行极其严重"的认定,应当从犯罪动机、犯罪手段、犯罪对象、犯罪后果、人身危险程度等多方面综合考量。具体到本案,被告人在案发十多年前试图与被害人的婆婆发生不正当性行为遭拒后,遂对被害人的婆婆和时年仅9岁的小叔子实施伤害行为,致一人重伤、一人轻伤，被告人因此被判刑五年。刑满释放后，被告人不思悔改，对被害人一家怀恨在心，扬言要对被害人一家灭门，并一直伺机行凶报复，经常滋事欺凌、拦截、殴打被害人一家人。案发当日，被告人尾随被害人至作案现场，不顾自己父母、多名群众的阻拦以及被害人的求饶，先后持木棍、铁錾对着二被害人的头部多次猛击，最终导致被害人和其一岁的婴儿死亡。纵观被告人的犯罪过程，可以清楚地看出其犯罪动机十分卑劣，杀人犯意十分坚决，杀人手段特别凶残，杀人后果特别严重，其又曾因暴力犯罪被判刑，平日横行乡里，还敲诈村民钱财，主观恶性和人身危险性极大，确属罪行极其严重的犯罪分子，论罪应当判处死刑。

（二）从审判效果分析，判处被告人死刑立即执行能够获得更好的法律效果和社会效果。对于那些严重侵犯公民人身权利、严重影响人民群众安全感的暴力犯罪分子，依法应当判处死刑的，必须坚决判处死刑。只有这样，才能维护社会公平正义，促进社会和谐稳定。本案被告人平日为害乡里，该案在当地引起了极大的民愤，造成恶劣的社会影响。在案件审理期间，被害人家属强烈要求判处被告人死刑。当地百余名群众还向法院递交联名信，强烈要求对被告人判处死刑，以免被告人出狱后继续危害社会和乡邻。因此，人民法院准确把握和正确适用从严政策要求，对被告人依法判处死刑立即执行，能够取得较好的法律效果和社会效果。

（三）根据刑法第十八条第三款的规定，如果所实施的犯罪受到辨认和控制能力减弱的影响，可以根据所受影响程度的大小决定是否从轻或者减轻处罚。刑法第十八条第三款规定："尚未完全丧失辨认或者控制自己行为能力的精神病人犯罪的，应当负刑事责任，但是可以从轻或者减轻处罚"。对于该条规定应当作如下理解：首先，精神病的种类很多，不可认为所有的精神病人都没有责任能力。虽然患有精神病，但如果尚未完全丧失辨认和控制能力，就表明行为人还具有一定的自由意志，在其行为成立犯罪的情况下，应当承担责任；其次，"尚未完全丧失辨认或者控制自己行为的能力"，表明行为人对自己实施的行为具有一定的辨认和控制能力，只是由于精神病而有所减弱而已。虽然患有精神病，但如果对其实施的行为具有与正常人相同的辨认和控制能力，或者完全不具有辨认控制能力，均不能适用刑法第十八条第三款的规定；最后，对责任能力减弱的精神病人犯罪的，只是"可以"从轻或者减轻处罚，而不是"应当"从轻或者减轻处罚。如果所实施的犯罪受到辨认和控制能力减弱的影响，可以根据受到影响程度的大小决定是否从轻或者减轻处罚。精神障碍对行为人行为能力的影响也有大小轻重之分，对于有较大影响的，对行为人应当减轻处罚或者在法定刑幅度内从轻判处刑罚；对于影响较小的，对行为人可以不从轻判处刑罚。刑法并没有规定对限制行为能力人一律从轻处罚，对罪行极其严重且辨认和控制自己行为能力轻微减弱的犯罪人不予从轻处罚，并不违背立法本意。

本案被告人的精神障碍对其辨认和控制自己行为的能力影响较小。根据卷内相关证据，被告人有性意识，平日能独立劳作，生活能够自理，喜欢赌博、爱贪小便宜，还有敲诈勒索村民钱财的行为。在本次作案过程中，被告人动机清晰，目的明确；作案对象、作案过程具有明显确定性、针对性；作案后逃离现场，有自我保护意识；归案后能回忆和如实供述犯罪经过；以上种种情节，足以表明其在实施故意杀人犯罪时具有与正常人基本相当的辨认能力和控制能力，其精神障碍对其辨认和控制自己行为的影响甚微。故对被告人这样犯罪动机卑劣，主观恶性和人身危险性极大，犯罪手段特别凶残，犯罪后果特别严重，确属罪行极其严重的重大暴力犯罪分子，依法判处死刑立即执行，充分体现了罪责刑相适应的刑法基本原则，也充分发挥了刑法惩治犯罪、保护人民、维护社会稳定的基本功能。[参见第927号指导案例，杜成军故意杀人案，载《刑事审判参考》总第95集(2013年第6集)，第55～58页。撰稿：广文革　王勇]

▽智力障碍者的刑事责任能力的审查认定

智力障碍与刑事责任能力的对应关系。根据司法精神病鉴定公认的行业标准，即《中国精神障碍分类与诊断标准(CCMD－3)》的规定，智商值69以下为精神发育迟滞，智商值70～86为边缘智力。

二者的主要特征是行为人的智力显著低于正常人(本文统称为智力障碍),均属精神障碍范畴。刑法没有详细规定精神病的具体范畴,精神医学界对"精神病"一词有狭义和广义的理解。狭义的精神病是指比较严重的精神疾病,如精种分裂症、偏执型精神病等;广义的精神病则既包含严重精神疾病,还包含神经症、人格障碍、应激障碍等通常认为的轻度精神异常,一般将广义的精神病称为"精神障碍"。《精神卫生法》亦采用精神障碍的概念。目前理论界和司法鉴定实践均认为,刑法所说的精神病是广义的,也就是指精神障碍。刑法对精神障碍者的刑事责任能力划分采取三分法,即实践中常见到的完全刑事责任能力、限制刑事责任能力和无刑事责任能力。智力障碍属于精神障碍的重要类型,如果不能正确认识智力障碍者刑事责任能力的有无和程度,就不能对他们的行为作出准确评价,无法做到罚当其罪。

智力障碍与犯罪的关系通常表现如下:(1)由于行为人辨认能力缺损,不能正确认识自己的行为或者行为的本质,不能预计或者准确预计行为的后果,可能放纵自己的行为,例如,仅仅因为好玩而多次纵火。(2)智力障碍者往往漠视社会规则、道德感缺失,易受本能、欲望的驱使,例如,智力障碍者实施的强奸犯罪。(3)智力障碍者容易接受不良的社会信息,轻信他人的教唆,可能被人利用而从事犯罪活动,例如,智力障碍者与他人结伙实施抢劫行为。在司法鉴定实践中,极重度和重度精神发育迟滞者(智商值34以下)一般被评定为无责任能力,中度(智商值35~49)多属限制责任能力,轻度(智商值50~69)及边缘智力(智商值70~86)多属完全责任能力,对部分初犯者可酌情评定力限制责任能力。

(二)智力障碍行为人的辨认、控制能力的审查。对智力障碍行为人的刑事责任能力的判断并非易事,在通过智商测试确定行为人有智力缺陷的基础上(医学标准),刑法还规定了辨认、控制能力标准(法学标准),辨认能力是指对行为的物理性质、社会危害性、必要性的认识,控制能力则体现了主观意志对客观行为的支配程度,其与辨认能力紧密相连,一般没有辨认能力就不会有控制能力,但存在辨认能力尚存,因情感、意志等方面的障碍,导致控制能力缺失的情况。辨认、控制能力是人的主观心理状态,很多时候主观心理和外在行为存在背离现象,探究智力障碍行为人主观心理的难度更大,但仍有迹可循,通常可以从以下方面审查智力障碍行为人的辨认、控制能力,以判断被告人的责任能力:

1. 行为人的犯罪动机是否有现实基础。犯罪动机是判断行为人主观方面是否具有故意或者过失最直接的依据,很多案件正是因为司法人员对行为人的作案动机产生疑惑而启动精神病鉴定程序。动机是指行为人满足某种需求的意愿和心理状态。一般而言,只有出于现实动机作案的智力障碍者才有刑事责任能力。智力障碍者的犯罪动机可分为4种情形:(1)动机不明。正常人实施犯罪行为总是存在一定的动机,例如谋财、满足性欲等。对智力障碍者来说,如果智力缺损严重到使行为人意识不到自己在做什么,或者不能意识到自己真正在做什么,即属于无作案动机,或者称为动机模糊、动机不明,多表现为行为人不能说明自己作案的原因,或者所说的原因十分奇特,与现实情况完全背离,行为人归案后可能对作案动机完全遗忘,还可能记不清自己的作案经过。(2)病理性动机。此种情况在单纯智力障碍者身上比较少见,但有些智力障碍者合并出现其他精神障碍,如智力障碍并发精神分裂症、偏执型精神病等,就可能出现幻觉、妄想等知觉、思维障碍,虽然此类行为人存在明确的动机,但他们的动机是出于虚幻的需要,正常人无法理解,正因为此种动机无法被人理解,比较容易识别。(3)现实动机。此种动机与精神正常者产生的动机区别不大,都是出于生理、社会、心理等需要,即便这种需求不是合理、合法的需求,也属于现实动机,对智力障碍者来说,他们有可能不能采取正确、恰当的方式满足自己的需求,或者难以控制自己的欲望从而实施犯罪行为。对基于现实动机作案的智力障碍行为人需要仔细甄别,与普通人的道德品质和法律意识低下区别开来,防止将严重智力障碍者视为普通人犯罪。有些智力障碍行为人由于思维能力差,推理判断往往不符合逻辑,虽然他们的动机是现实的,但多多少少显得荒谬可笑,对基于现实动机作案的智力障碍行为人的审查,不在于行为的动机方面,而在于行为的控制、行为方式上面,即行为人是否能支配自己的情绪、行为,是否能以正常方式满足自己的欲望。例如,有的智力障碍行为人不能对强奸行为作出合法与非法的判断,他们不能理解性欲的本质,不清楚法律、社会规范对性行为有何限制,因为不能通过正常、合法的方法解决性欲冲动而实施强奸行为,其中比较严重的智力障碍者甚至可能不加选择的侵犯亲人、邻居等,而对于辨认能力正常的人而言,他们一般会对犯罪对象有所选择。(4)混合动机。即病理性动机和现实动机的混杂,其中某种动机可能占据主导地位,审查时要特别注意行为人作案是否具有深层次病理性的原因,而不能仅仅根据直接的、现实的原因认定其作案动机。有的智力障碍行为人归案后所供犯罪动机看起来合乎情理,但深究下去可能发现该动机受到其他精神障碍的影响。具体到本案,被告人虽然智力偏低,但其实施盗窃犯罪的动机明确,其供述因为没有工作,也没人给他经济资助,没有钱花,就想偷别人的东西卖钱;其盗窃车内财物后,把赃物拿到礼品回收店换了钱,然后来到一家游戏厅买了数百元的游戏机币玩游戏,直到游戏币玩完了准备继续作案时,被巡逻的安保队员抓获。故其主观上就是为了非法占有他人财物以满足自己的物质需求。综合看来,本案未发现被告人有任何虚幻的、不明确的动机,可以认定其作案是出于现实动机。

2. 作案后的表现。作案后的表现是判明行为人对行为的辨认、控制能力一个重要的参考因素。对智力障碍行为人来说,犯罪前后智力障碍不会有明显的变化,可以通过归案后的表现确认其犯罪时的辨认、控制能力。犯罪行为人犯罪后的表现主要体现在两点:(1)自我保护行为。自我保护是指犯罪人为逃避惩罚和追究责任,有意识地向司法人员回避、虚构事实,或者负隅顽抗、毁灭证据。对自我保护能力欠缺的智力障碍者来说,他们由于智力受损,往往采取的手段比较幼稚,很难取得他人的信任,还可能暴露自己;有些严重的智力障碍者由于根本不知道自己做了什么,完全不存在自我保护能力。自我保护行为反映了行为人对自己行为性质和后果的认识,较好地体现了行为人辨认、控制能力的强弱。但也要看到,具备自我保护意识和行为不能说明被告人一定没有精神障碍,有自我保护意识和行为只是衡量行为人辨认、控制能力的重要依据之一,但还要结合其他依据综合判断。(2)对犯罪的认识。对犯罪的认识也体现出行为人对犯罪后果的认识和对自己行为合法性的认识。精神障碍者对犯罪行为的认识有多种情况,如坦然承认、无动于衷、固执己见、屡教不改等。智力障碍者较为常见的情形是认罪服法,他们对自己的行为后果可能缺乏深入的认识,对司法人员的讯问通常有问必答,有的轻度智力障碍者甚至会夸大自己的犯罪行为;较为严重的智力障碍者对自己的犯罪细节通常不能完整的回忆,有时对犯罪后果表现出冷漠、无动于衷的情绪。本案中,被告人懂得作案时避开行人,盗窃后迅速逃离现场,将窃得的赃物拿到礼品回收店卖钱时,店主询问赃物来源,被告人编造谎言说是朋友送的。在对被告人进行司法精神病鉴定时,其称自己计算了一下盗窃金额只有一千多元,最多判刑半年,自己被判过刑,最多再加半年,如果判重了会上诉。从上述表现看,被告人有自我保护意识,知道自己的行为是犯罪行为,会受到什么样的惩罚,对案件的性质和后果能够正确认识。

3. 社会适应能力。社会适应能力是对被鉴定人的职业工作、婚姻家庭、社会交往、个人生活能力、对外界的兴趣等多个方面的综合性评价。由于精神病鉴定对智力障碍者的智力水平评估通常是一次性测试,难免出现不准确的情况,社会适应能力的评估显得尤为重要,且社会适应能力的评定具有客观性,往往比智力测试更为可靠。特别是评定轻度精神发育迟滞和边缘智力行为人的责任能力时,智力水平不能完全反映出他们对犯罪行为的认识程度,而社会适应能力是更有价值的评定标准。评估行为人的社会适应能力,需要考察行为人的成长历程、学习经历、工作能力、人际交往情况、兴趣爱好等内容,其中大部分与案件没有直接关联,公安机关取证时往往不会全面进行调查,这需要审判人员根据案件材料全面掌握与被告人社会适应能力项目相关的证据,必要时可亲自进行调查取证,以正确评估被告人的社会适应能力。本案被告人虽然幼时生长发育迟缓,学龄期学习成绩差,初中一年级未读完即辍学,一直未从事稳定工作,但其盗窃汽车后备厢的犯罪手段具备相当的技术含量,知道把赃物拿去礼品回收店卖钱,能编造赃物来源欺骗店主,且其长期混迹于网吧、游戏厅,懂得操作电脑、游戏机。综上,可以判断其社会适应能力基本正常。

4. 犯罪性质。有精神医学学者指出,有智力障碍的人只是在一些高难度的问题上表现出与常人差异,但在基本的社会道德问题上他们应该有行为能力,所以他们应当对自己的行为后果负责。犯罪性质与智力障碍者刑事责任能力存在紧密关联,可以用自然犯和法定犯的区分来予以说明。自然犯和法定犯的概念由意大利法学家加罗法洛最早提出。自然犯是指侵害法益的同时明显违反伦理道德的犯罪,例如杀人、强奸、放火等传统犯罪;法定犯则是与自然犯相对应的概念,主要是违反行政、经济法规的犯罪。虽然二者之间没有绝对的界限,但在智力障碍者身上,该划分仍然具有相当重要的意义。一般而言,智力障碍者大多实施的是侵财犯罪、暴力犯罪、性犯罪等自然犯,一方面是由于他们的劳动能力和生活环境差,加之道德水平低下,通过实施以上类型的犯罪可以满足欲望;另一方面是因为他们参与社会活动有限,实施法定犯的能力和条件有所欠缺。当然,也有一些轻度智力障碍者由于认识能力上的缺陷,可能会以好玩、寻求刺激的心态实施扰乱社会秩序的行为,即便因此造成重大人员伤亡或者财产损失,更多还是因为他们对行政法规、经济法规的不理解所致,此类犯罪更符合法定犯的定义。

对实施了不同性质犯罪的智力障碍者的刑事责任能力需要区分对待。通常认为,只要智力障碍行为人具备了基本的认识能力,就能判断自己的行为是否违背社会道德,从而不会去实施杀人、放火、强奸等自然犯。例如,在司法鉴定中,对轻度智力障碍者实施拨打虚假恐怖信息报警电话,通常可以认定为无责任能力或者限制责任能力,而对他们实施的预谋杀人犯罪,一般认为具有完全责任能力。也就是说,智力障碍行为人的智力水平达到一定程度后,可以认为他们财基本的社会伦理道德有充分的认识,只是对更为复杂的社会规则认识程度可能不足。本案被告人所实施的盗窃犯罪是典型的自然犯,其智商达到了边缘智力水平,能充分认识到盗窃他人财物的行为是社会规范和法律不允许的,会受到严厉的惩罚。

5. 行为人的一贯品质和前科行为。有些智力障碍者由于是非观念薄弱,好逸恶劳,容易受到社会不良思想的影响,往往多次犯罪,甚至因犯罪受到惩罚,出狱后仍屡教不改,在判断刑事责任能力时应当将首次犯案者和屡屡作案者加以区别。我国刑法规定对累犯要从重处罚,该规定不仅针对正常人,对智力障碍者也同样适用。实践中智力障碍者屡次犯案并不罕见,他们通过犯罪既满足欲望,也锻炼了胆识,积累了犯罪经验,加上意志薄弱,道德情感低下,容易走上再犯道路。对此类智力障碍者而言,他们能认识到自己的行为违反社会规则,会造成严重危害后果。如果一犯再犯,说明其道德低下,存在容易放纵自己行为的主观倾向。本案被告人以前也曾因盗窃他人车内财物被判处有期徒刑二年,其明知盗窃他人财物的行为是犯罪行为,又再次实施,说明其道德水平极低,主观上完全放弃对自己行为的约束。因此,在判断其刑事责任能力时应当从严考虑。

审查智力障碍者的刑事责任能力是一个综合性的工作,在一些案件中需要考虑的因素可能不止以上几点,例如,有些案件中智力障碍行为人可能有器质性基础(如大脑器质性损伤),还可能有其他精神障碍(如智力障碍合并精神分裂症等)等,审查案件时需要具体分析、全面考虑,确保准确认定行为人的刑事责任能力,做到不枉不纵。本案对被告人的精神病鉴定意见指出,被告人的精神活动正常,其智力虽处于边缘水平,抽象思维能力较常人稍差,思维的广度、深度、灵敏性较差,社会适应能力较常人低。但根据其作案的动机、手段、过程、作案前后的表现等,被告人作案时辨认、控制能力均存在,对该盗窃案具有完全刑事责任能力。以上鉴定意见综合审查了被告人的智力水平、犯罪动机、对犯罪的认识、社会适应能力、前科表现等方面,对被告人的刑事责任能力作出了准确的认定,故人民法院予以采信。[参见第950号指导案例,被告人李鹏盗窃案,载《刑事审判参考》总第96集(2014年第1集),第81~87页。撰稿:严捷　彭军]

第十九条　【又聋又哑的人或盲人犯罪的处罚原则】又聋又哑的人或者盲人犯罪,可以从轻、减轻或者免除处罚。

▽"盲人"的认定标准

对于"盲人"的界定,并无专门规定。从生活意义上看,盲人即双目失明的人。但视力作为人的重要生理机能，并非仅有“有视力”或者“无视力”两种情形，而是从最好的视力到完全没有视力之间存在一个序列空间。医学上或者刑法上对“盲人”认定有一定的标准，而不会同生活意义上对“盲人”的理解完全一样。世界卫生组织1970年颁布了《盲和视力损伤的分类标准》，以0.05为分界点，规定双眼中视力较好眼的矫正视力低于0.05的为“盲”，优于或等于0.05但低于0.3的为“低视力”，该标准已经被大多数国家接受。我国现行的由最高人民法院、最高人民检察院、司法部、公安部1990年颁布的《人体重伤鉴定标准》中关于视力障碍的分类，也是参照该标准制定的。该《人体重伤鉴定标准》规定视力小于0.3的为视力障碍，视力障碍从优到差又分为五级：低视力一级（0.1≤最好眼的矫正视力<0.3）、低视力二级（0.05≤最好眼的矫正视力<0.1）、盲目一级（0.02≤最好眼的矫正视力<0.05）、盲目二级（光感≤最好眼的矫正视力<0.02）和盲目三级（双眼无光感）。据此，符合盲目一、二、三级情形的都应当属于盲人，而符合低视力一、二级的则不应认定为盲人。与《人体重伤鉴定标准》类似，中国残疾人联合会制定的《残疾人实用评定标准》将视力残疾从差至优分为四级。一级为：无光感≤最好眼的矫正视力<0.02；二级为：0.02≤最好眼的矫正视力<0.05；三级为：0.05≤最好眼的矫正视力<0.1；四级为：0.1≤最好眼的矫正视力<0.3。在颁发残疾人证书时，一、二级视力残疾称为“盲人”，三、四级视力残疾称为“低视力”。《残疾人实用评定标准》与《人体重伤标准》关于视力障碍或者残疾的分类虽不完全一致，但差异也不大，只是评定视角有所不同。二者均以0.05的视力值作为判断“盲”的基准点，当双眼中最好眼的矫正视力低于0.05时，就认定被测评人为“盲人”或者“盲目”。可见，医学上的盲人并不是通常所说的“双目失明”或者“失去视力”，而可能拥有极为微弱的视力。目前，对于如何理解刑法第十九条规定的“盲人”，尚无司法解释，司法实践中，可以参照上述医学标准来界定“盲人”的含义，即以最好眼的矫正视力低于0.05作为认定“盲人”的标准。［参见第469号案例，苏同强、王男敲诈勒索案，载《刑事审判参考》总第59集（2007年第6集），法律出版社，第40～42页。执笔：翟丽佳　张大巍］

▽对于“盲人”犯罪的，如何适用刑法对其从宽处罚

对“盲人”犯罪是否从宽处罚，须依据视力残疾与犯罪的关系而定。刑法之所以规定对盲人犯罪与聋、哑人犯罪，可以从轻、减轻或者免除处罚，主要是考虑视觉、听觉和说话是人类个体生存、发展的极为重要的功能，丧失这些功能会导致人的认知、学习、交流等很多方面的能力下降，不能正常融入社会生活，也造成这些残疾人心理上异常、性格上偏执。这样，他们辨认和控制自己行为的能力或多或少就有所下降，对某一行为是否具有社会危害性和违法性的判断能力也弱于常人，故追究其刑事责任时可以从宽处罚。不过，这是就整体上而言的，具体案件中的盲人是否一定具有明显减弱的辨认和控制能力，则因人而异。如先天性盲人自出生开始就丧失了目睹社会生活的机会，其辨认和控制能力一般会弱化，而生活了若干年后因疾病或者事故造成失明的人，因已经对社会有所了解，其辨认和控制能力则未必弱化，并且随着社会发展，对盲人等残疾人的教育越来越发达，他们的社会生活能力会越来越强，辨认和控制能力也会逐步提高。因此，刑法规定对盲人犯罪是“可以”而不是“应当”从轻、减轻或者免除处罚。司法实践中，对盲人犯罪要根据案件的具体情况来决定是否从宽处罚。具体而言，司法中适用刑法第十九条对盲人被告人从宽处罚，应当在全面分析犯罪性质、情节和危害程度的基础上，重点分析“盲人”身份对实施犯罪行为的具体影响。对于被告人实施犯罪行为与其“盲人”身份有直接联系的，应当依法从宽处罚。当被告人系过失犯罪时，如被告人因目盲而违反交通规则横穿马路，导致机动车为避让而发生交通事故，致人重伤或者死亡构成交通肇事犯罪的，就应比正常人过失犯罪加大从宽幅度。如果被告人系故意犯罪，一般也要根据具体案件情形从宽处罚。例如，被告人因目盲而丧失劳动能力，没有收入来源，生活困难，实施了盗窃、诈骗、侵占等财产性犯罪的，可以从轻或者减轻处罚，对于犯罪轻微的，可以免除处罚。再如，盲人因认知、交流能力下降，生活中可能受到冷遇或者歧视，其内心往往积蓄了较大的心理压力，甚至性格上较为偏执，比正常人的自尊心更强，一旦受到刺激，容易冲动伤害对方。对于因被害人言语不当而受到盲人被告人伤害的案件,即使不认定被害人有过错,也要考虑到盲人被告人的特别心理状况,予以从轻处罚。对于被害人明显有过错的,则从宽幅度要大于被告人为非盲人的案件,能减轻或者免除处罚的要尽量体现政策。同时,盲人被告人也可能实施与"盲人"身份无关或者无直接关系的犯罪。这主要是指被告人的视力状况对其实施犯罪没有明显、具体影响的情形。即使其视力没有残疾,他也可能甚至更有条件实施犯罪行为。在共同犯罪或者有组织犯罪中,这类被告人甚至可能成为犯罪的起意者、策划者和组织者。在此情况下,被告人虽具有"盲人"身份,但不能作为对其从宽处罚的理由。因此,对于被告人系盲人的案件,并不必然要适用刑法第十九条的从宽处罚规定;对于有必要适用的,也应当综合考虑全案情节,决定是从轻、减轻还是免除处罚。[参见第469号案例,苏同强、王男敲诈勒索案,载《刑事审判参考》总第59集(2007年第6集),法律出版社,第42～44页。执笔:翟丽佳　张大巍]

第二十条　【正当防卫】为了使国家、公共利益、本人或者他人的人身、财产和其他权利免受正在进行的不法侵害,而采取的制止不法侵害的行为,对不法侵害人造成损害的,属于正当防卫,不负刑事责任。

正当防卫明显超过必要限度造成重大损害的,应当负刑事责任,但是应当减轻或者免除处罚。

对正在进行行凶、杀人、抢劫、强奸、绑架以及其他严重危及人身安全的暴力犯罪,采取防卫行为,造成不法侵害人伤亡的,不属于防卫过当,不负刑事责任。

■最高人民法院、最高人民检察院、公安部关于依法适用正当防卫制度的指导意见(全文)(2020年8月28日)

一、总体要求

1. 把握立法精神,严格公正办案。正当防卫是法律赋予公民的权利。要准确理解和把握正当防卫的法律规定和立法精神,对于符合正当防卫成立条件的,坚决依法认定。要切实防止"谁能闹谁有理""谁死伤谁有理"的错误做法,坚决捍卫"法不能向不法让步"的法治精神。

2. 立足具体案情,依法准确认定。要立足防卫人防卫时的具体情境,综合考虑案件发生的整体经过,结合一般人在类似情境下的可能反应,依法准确把握防卫的时间、限度等条件。要充分考虑防卫人面临不法侵害时的紧迫状态和紧张心理,防止在事后以正常情况下冷静理性、客观精确的标准去评判防卫人。

3. 坚持法理情统一,维护公平正义。认定是否构成正当防卫、是否防卫过当以及对防卫过当裁量刑罚时,要注重查明前因后果,分清是非曲直,确保案件处理于法有据、于理应当、于情相容,符合人民群众的公平正义观念,实现法律效果与社会效果的有机统一。

4. 准确把握界限,防止不当认定。对于以防卫为名行不法侵害之实的违法犯罪行为,要坚决避免认定为正当防卫或者防卫过当。对于虽具有防卫性质,但防卫行为明显超过必要限度造成重大损害的,应当依法认定为防卫过当。

二、正当防卫的具体适用

5. 准确把握正当防卫的起因条件。正当防卫的前提是存在不法侵害。不法侵害既包括侵犯生命、健康权利的行为,也包括侵犯人身自由、公私财产等权利的行为;既包括犯罪行为,也包括违法行为。不应将不法侵害不当限缩为暴力侵害或者犯罪行为。对于非法限制他人人身自由、非法侵入他人住宅等不法侵害,可以实行防卫。不法侵害既包括针对本人的不法侵害,也包括危害国家、公共利益或者针对他人的不法侵害。对于正在进行的拉拽方向盘、殴打司机等妨害安全驾驶、危害公共安全的违法犯罪行为,可以实行防卫。成年人对于未成年人正在实施的针对其他未成年人的不法侵害,应当劝阻、制止;劝阻、制止无效的,可以实行防卫。

6. 准确把握正当防卫的时间条件。正当防卫必须是针对正在进行的不法侵害。对于不法侵害已经形成现实、紧迫危险的，应当认定为不法侵害已经开始；对于不法侵害虽然暂时中断或者被暂时制止，但不法侵害人仍有继续实施侵害的现实可能性的，应当认定为不法侵害仍在进行；在财产犯罪中，不法侵害人虽已取得财物，但通过追赶、阻击等措施能够追回财物的，可以视为不法侵害仍在进行；对于不法侵害人确已失去侵害能力或者确已放弃侵害的，应当认定为不法侵害已经结束。对于不法侵害是否已经开始或者结束，应当立足防卫人在防卫时所处情境，按照社会公众的一般认知，依法作出合乎情理的判断，不能苛求防卫人。对于防卫人因为恐慌、紧张等心理，对不法侵害是否已经开始或者结束产生错误认识的，应当根据主客观相统一原则，依法作出妥当处理。

7. 准确把握正当防卫的对象条件。正当防卫必须针对不法侵害人进行。对于多人共同实施不法侵害的，既可以针对直接实施不法侵害的人进行防卫，也可以针对在现场共同实施不法侵害的人进行防卫。明知侵害人是无刑事责任能力人或者限制刑事责任能力人的，应当尽量使用其他方式避免或者制止侵害；没有其他方式可以避免、制止不法侵害，或者不法侵害严重危及人身安全的，可以进行反击。

8. 准确把握正当防卫的意图条件。正当防卫必须是为了使国家、公共利益、本人或者他人的人身、财产和其他权利免受不法侵害。对于故意以语言、行为等挑动对方侵害自己再予以反击的防卫挑拨，不应认定为防卫行为。

9. 准确界分防卫行为与相互斗殴。防卫行为与相互斗殴具有外观上的相似性，准确区分两者要坚持主客观相统一原则，通过综合考量案发起因、对冲突升级是否有过错、是否使用或者准备使用凶器、是否采用明显不相当的暴力、是否纠集他人参与打斗等客观情节，准确判断行为人的主观意图和行为性质。

因琐事发生争执，双方均不能保持克制而引发打斗，对于有过错的一方先动手且手段明显过激，或者一方先动手，在对方努力避免冲突的情况下仍继续侵害的，还击一方的行为一般应当认定为防卫行为。

双方因琐事发生冲突，冲突结束后，一方又实施不法侵害，对方还击，包括使用工具还击的，一般应当认定为防卫行为。不能仅因行为人事先进行防卫准备，就影响对其防卫意图的认定。

10. 防止将滥用防卫权的行为认定为防卫行为。对于显著轻微的不法侵害，行为人在可以辨识的情况下，直接使用足以致人重伤或者死亡的方式进行制止的，不应认定为防卫行为。不法侵害系因行为人的重大过错引发，行为人在可以使用其他手段避免侵害的情况下，仍故意使用足以致人重伤或者死亡的方式还击的，不应认定为防卫行为。

三、防卫过当的具体适用

11. 准确把握防卫过当的认定条件。根据刑法第二十条第二款的规定，认定防卫过当应当同时具备"明显超过必要限度"和"造成重大损害"两个条件，缺一不可。

12. 准确认定"明显超过必要限度"。防卫是否"明显超过必要限度"，应当综合不法侵害的性质、手段、强度、危害程度和防卫的时机、手段、强度、损害后果等情节，考虑双方力量对比，立足防卫人防卫时所处情境，结合社会公众的一般认知作出判断。在判断不法侵害的危害程度时，不仅要考虑已经造成的损害，还要考虑造成进一步损害的紧迫危险性和现实可能性。不应当苛求防卫人必须采取与不法侵害基本相当的反击方式和强度。通过综合考量，对于防卫行为与不法侵害相差悬殊、明显过激的，应当认定防卫明显超过必要限度。

13. 准确认定"造成重大损害"。"造成重大损害"是指造成不法侵害人重伤、死亡。造成轻伤及以下损害的，不属于重大损害。防卫行为虽然明显超过必要限度但没有造成重大损害的，不应认定为防卫过当。

14. 准确把握防卫过当的刑罚裁量。防卫过当应当负刑事责任，但是应当减轻或者免除处罚。要综合考虑案件情况，特别是不法侵害人的过错程度、不法侵害的严重程度以及防卫人面对不法侵害的恐慌、紧张等心理，确保刑罚裁量适当、公正。对于因侵害人实施严重贬损他人人格尊严、严重违反伦理道德的不法侵害,或者多次、长期实施不法侵害所引发的防卫过当行为,在量刑时应当充分考虑,以确保案件处理既经得起法律检验,又符合社会公平正义观念。

四、特殊防卫的具体适用

15. 准确理解和把握“行凶”。根据刑法第二十条第三款的规定,下列行为应当认定为“行凶”:(1)使用致命性凶器,严重危及他人人身安全的;(2)未使用凶器或者未使用致命性凶器,但是根据不法侵害的人数、打击部位和力度等情况,确已严重危及他人人身安全的。虽然尚未造成实际损害,但已对人身安全造成严重、紧迫危险的,可以认定为“行凶”。

16. 准确理解和把握“杀人、抢劫、强奸、绑架”。刑法第二十条第三款规定的“杀人、抢劫、强奸、绑架”,是指具体犯罪行为而不是具体罪名。在实施不法侵害过程中存在杀人、抢劫、强奸、绑架等严重危及人身安全的暴力犯罪行为的,如以暴力手段抢劫枪支、弹药、爆炸物或者以绑架手段拐卖妇女、儿童的,可以实行特殊防卫。有关行为没有严重危及人身安全的,应当适用一般防卫的法律规定。

17. 准确理解和把握“其他严重危及人身安全的暴力犯罪”。刑法第二十条第三款规定的“其他严重危及人身安全的暴力犯罪”,应当是与杀人、抢劫、强奸、绑架行为相当,并具有致人重伤或者死亡的紧迫危险和现实可能的暴力犯罪。

18. 准确把握一般防卫与特殊防卫的关系。对于不符合特殊防卫起因条件的防卫行为,致不法侵害人伤亡的,如果没有明显超过必要限度,也应当认定为正当防卫,不负刑事责任。

五、工作要求

19. 做好侦查取证工作。公安机关在办理涉正当防卫案件时,要依法及时、全面收集与案件相关的各类证据,为案件的依法公正处理奠定事实根基。取证工作要及时,对冲突现场有视听资料、电子数据等证据材料的,应当第一时间调取;对冲突过程的目击证人,要第一时间询问。取证工作要全面,对证明案件事实有价值的各类证据都应当依法及时收集,特别是涉及判断是否属于防卫行为、是正当防卫还是防卫过当以及有关案件前因后果等的证据。

20. 依法公正处理案件。要全面审查事实证据,认真听取各方意见,高度重视犯罪嫌疑人、被告人及其辩护人提出的正当防卫或者防卫过当的辩解、辩护意见,并及时核查,以准确认定事实、正确适用法律。要及时披露办案进展等工作信息,回应社会关切。对于依法认定为正当防卫的案件,根据刑事诉讼法的规定,及时作出不予立案、撤销案件、不批准逮捕、不起诉的决定或者被告人无罪的判决。对于防卫过当案件,应当依法适用认罪认罚从宽制度;对于犯罪情节轻微,依法不需要判处刑罚或者免除刑罚的,人民检察院可以作出不起诉决定。对于不法侵害人涉嫌犯罪的,应当依法及时追诉。人民法院审理第一审的涉正当防卫案件,社会影响较大或者案情复杂的,由人民陪审员和法官组成合议庭进行审理;社会影响重大的,由人民陪审员和法官组成七人合议庭进行审理。

21. 强化释法析理工作。要围绕案件争议焦点和社会关切,以事实为根据、以法律为准绳,准确、细致地阐明案件处理的依据和理由,强化法律文书的释法析理,有效回应当事人和社会关切,使办案成为全民普法的法治公开课,达到办理一案、教育一片的效果。要尽最大可能做好矛盾化解工作,促进社会和谐稳定。

22. 做好法治宣传工作。要认真贯彻“谁执法,谁普法”的普法责任制,做好以案说法工作,使正当防卫案件的处理成为全民普法和宣扬社会主义核心价值观的过程。要加大涉正当防卫指导性案例、典型案例的发布力度,旗帜鲜明保护正当防卫者和见义勇为人的合法权益,弘扬社会正气,同时引导社会公众依法、理性、和平解决琐事纠纷,消除社会戾气,增进社会和谐。

■最高人民法院、最高人民检察院、公安部、国家安全部、司法部关于人民警察执行职务中实行正当防卫的具体规定(全文)(1983年9月14日)

一、遇有下列情形之一,人民警察必须采取正当防卫行为,使正在进行不法侵害行为的人丧失侵害能力或者中止侵害行为：

（一）暴力劫持或控制飞机、船舰、火车、电车、汽车等交通工具，危害公共安全时；

（二）驾驶交通工具蓄意危害公共安全时；

（三）正在实施纵火、爆炸、凶杀、抢劫以及其他严重危害公共安全、人身安全和财产安全的行为时；

（四）人民警察保卫的特定对象、目标受到暴力侵袭或者有受到暴力侵袭的紧迫危险时；

（五）执行收容、拘留、逮捕、审讯、押解人犯和追捕逃犯，遇有以暴力抗拒、抢夺武器、行凶等非常情况时；

（六）聚众劫狱或看守所、拘役所、拘留所、监狱和劳改、劳教场所的被监管人员暴动、行凶、抢夺武器时；

（七）人民警察遭到暴力侵袭，或佩带的枪枝、警械被抢夺时。

二、人民警察执行职务中实行正当防卫，可以按照1980年7月5日国务院批准的《人民警察使用武器和警械的规定》，使用警械直至开枪射击。

三、遇有下列情形之一时，应当停止防卫行为：

（一）不法侵害行为已经结束；

（二）不法侵害行为确已自动中止；

（三）不法侵害人已经被制服，或者已经丧失侵害能力。

四、人民警察在必须实行正当防卫行为的时候，放弃职守，致使公共财产、国家和人民利益遭受严重损失的，依法追究刑事责任；后果轻微的，由主管部门酌情给予行政处分。

五、人民警察采取的正当防卫行为，不负刑事责任。

防卫超过必要限度造成不应有的危害的，应当负刑事责任，但是应当酌情减轻或者免除处罚。

六、人民警察在使用武器或者其他警械实施防卫时，必须注意避免伤害其他人。

七、本规定也适用于国家审判机关、检察机关、公安机关、国家安全机关和司法行政机关其他依法执行职务的人员。

●对非法限制人身自由的行为，实施防卫并造成明显超过必要限度重大损害的，属防卫过当

1. 对正在进行的非法限制他人人身自由的行为，应当认定为刑法第二十条第一款规定的“不法侵害”，可以进行正当防卫。

2. 对非法限制他人人身自由并伴有侮辱、轻微殴打的行为，不应当认定为刑法第二十条第三款规定的“严重危及人身安全的暴力犯罪”。

3. 判断防卫是否过当，应当综合考虑不法侵害的性质、手段、强度、危害程度，以及防卫行为的性质、时机、手段、强度、所处环境和损害后果等情节。对非法限制他人人身自由并伴有侮辱、轻微殴打，且并不十分紧迫的不法侵害，进行防卫致人死亡重伤的，应当认定为刑法第二十条第二款规定的“明显超过必要限度造成重大损害”。

4. 防卫过当案件，如系因被害人实施严重贬损他人人格尊严或者亵渎人伦的不法侵害引发的，量刑时对此应予充分考虑，以确保司法裁判既经得起法律检验，也符合社会公平正义观念。（参见最高人民法院第18批指导案例93号，于欢故意伤害案，2018年6月20日发布。）

●实施防卫行为并未明显超过必要限度的，不属于防卫过当，不批准逮捕

在被人殴打、人身权利受到不法侵害的情况下，防卫行为虽然造成了重大损害的客观后果，但是防卫措施并未明显超过必要限度的，不属于防卫过当，依法不负刑事责任。（参见最高人民检察院第12批指导案例45号，陈某正当防卫案，2018年12月18日发布。）

●因民事矛盾引发的故意伤害，明显超过必要限度的，属防卫过当

在民间矛盾激化过程中，对正在进行的非法侵入住宅、轻微人身侵害行为，可以进行正当防卫，但防卫行为的强度不具有必要性并致不法侵害人重伤、死亡的,属于明显超过必要限度造成重大损害,应当负刑事责任,但是应当减轻或者免除处罚。[参见最高人民检察院第12批指导案例46号,朱凤山故意伤害(防卫过当)案,2018年12月18日发布。]

●对认定为"行凶"的,是正当防卫,应撤销案件

对于犯罪故意的具体内容虽不确定,但足以严重危及人身安全的暴力侵害行为,应当认定为刑法第二十条第三款规定的"行凶"。行凶已经造成严重危及人身安全的紧迫危险,即使没有发生严重的实害后果,也不影响正当防卫的成立。(参见最高人民检察院第12批指导案例47号,于海明正当防卫案,2018年12月18日发布。)

●单方聚众斗殴的,可进行正当防卫,依法不起诉

单方聚众斗殴的,属于不法侵害,没有斗殴故意的一方可以进行正当防卫。单方持械聚众斗殴,对他人的人身安全造成严重危险的,应当认定为刑法第二十条第三款规定的"其他严重危及人身安全的暴力犯罪"。(参见最高人民检察院第12批指导案例48号,侯雨秋正当防卫案,2018年12月18日发布。)

●对"行凶"可以适用特殊防卫有关规定,宣告无罪

1. 对于使用致命性凶器攻击他人要害部位,严重危及他人人身安全的行为,应当认定为刑法第二十条第三款规定的"行凶",可以适用特殊防卫的有关规定。

2. 对于多人共同实施不法侵害,部分不法侵害人已被制伏,但其他不法侵害人仍在继续实施侵害的,仍然可以进行防卫。(参见最高人民法院第26批指导案例144号,张那木拉正当防卫案,2020年12月29日发布。)

□公民对深夜非法闯入住地,暴力伤害其本人和他人者采取防卫行为,不承担刑事和民事责任

根据《刑法》第二十条第三款和《民法通则》(已失效)第一百二十八条的规定,公民对深夜非法闯入住地,暴力伤害其本人和他人者采取防卫行为,造成不法侵害人死亡的,不承担刑事责任和民事赔偿责任。(北京市海淀区人民检察院诉吴金艳故意伤害案,载《最高人民法院公报》总第97期,2004年第11期,第22页。)

□准确理解和把握"正在进行""行凶"等严重危及人身安全的暴力犯罪

根据最高人民法院、最高人民检察院、公安部《关于依法适用正当防卫制度的指导意见》的规定,使用致命性凶器,严重危及他人人身安全的行为,应当认定为刑法第二十条第三款规定的行凶。正当防卫必须是针对"正在进行"的不法侵害。对于不法侵害已经形成现实、紧迫危险的,应当认定为不法侵害已经开始;对于不法侵害虽然被暂时制止,但不法侵害人仍有可能继续实施侵害的,应当认定为不法侵害仍在进行;对于不法侵害人确已失去侵害能力或者确已放弃侵害的,应当认定为不法侵害已经结束。对于不法侵害是否已经开始或者结束,要立足防卫人在防卫时所处情景,按照社会公众的一般认知,依法作出合乎情理的判断,不能苛求防卫人。

对于因婚姻家庭矛盾引发的不法侵害,首先,要正确判断不法侵害是一般侵害还是严重暴力侵害;其次,要正确判断严重暴力侵害是否正在进行。据此来确定是否适用刑法关于特殊防卫的规定。[参见最高人民检察院关于印发正当防卫不捕不诉典型案例的通知(2020年11月20日)案例一,甘肃省泾川县王某民正当防卫不批捕案。]

□为保护住宅安宁、人身和财产安全实施防卫致人重伤的认定

最高人民法院、最高人民检察院、公安部《关于依法适用正当防卫制度的指导意见》规定:"正当防卫的前提是存在不法侵害。不法侵害既包括侵犯生命、健康权利的行为,也包括侵犯人身自由、公私财产等权利的行为;既包括犯罪行为,也包括违法行为。不应将不法侵害不当限缩为暴力侵害或者犯罪行为。对于非法限制他人人身自由、非法侵入他人住宅等不法侵害,可以实行防卫。"

面对非法暴力强拆,防卫人为保护自己和家人的人身安全和财产安全而阻止暴力拆迁的行为,符合正当防卫的前提条件，综合不法侵害行为和防卫行为的性质、手段、强度、力量对比、所处环境等因素全面分析，防卫行为没有明显超过必要限度的，应当认定为正当防卫，依法不负刑事责任。[参见最高人民检察院关于印发正当防卫不捕不诉典型案例的通知（2020 年 11 月 20 日）案例二，河北省辛集市耿某华正当防卫不批捕案。]

□对“明显超过必要限度”的认定

根据《刑法》第二十条第二款的规定，认定防卫过当应当同时具备明显超过必要限度和造成重大损害两个条件，缺一不可。造成重大损害是指造成不法侵害人重伤、死亡，对此不难判断。实践中较难把握的是相关防卫行为是否明显超过必要限度，不少案件处理中存在认识分歧。最高人民法院、最高人民检察院、公安部《关于依法适用正当防卫制度的指导意见》规定，防卫是否“明显超过必要限度”，应当综合考虑不法侵害的性质、手段、强度、危害程度和防卫的时机、手段、强度、损害后果等情节，考虑双方力量对比，立足防卫人防卫时所处情境，结合社会公众的一般认知作出判断。在判断不法侵害的危害程度时，不仅要考虑已经造成的损害，还要考虑造成进一步损害的急迫危险性和现实可能性。

防卫人被骗入传销组织，在人身自由、健康、安全遭受传销人员不法侵害时，面对多人围殴，尽管不法侵害人没有持器械，防卫人持刀反击，造成伤亡结果的，应当从防卫人的角度设身处地考虑防卫行为是否明显超过必要限度。[参见最高人民检察院关于印发正当防卫不捕不诉典型案例的通知（2020 年 11 月 20 日）案例三，江西省宜春市高某波正当防卫不起诉案]

□准确界分相互斗殴与正当防卫

准确界分相互斗殴与正当防卫的界限，关键看行为人在主观意图上是为了防卫合法利益还是故意不法侵害他人。根据最高人民法院、最高人民检察院、公安部《关于依法适用正当防卫制度的指导意见》的规定，判断行为人是否具有防卫意图，应当坚持主客观相统一原则，通过综合考量案发起因、对冲突升级是否有过错、是否使用或者准备使用凶器、是否采用明显不相当的暴力、是否纠集他人参与打斗等客观情节，准确判断行为人的主观意图和行为性质。因琐事发生争执，双方均不能保持克制而引发打斗，对于有过错的一方先动手且手段明显过激的，还击一方的行为一般应当认定为防卫行为。

在道路行车纠纷中，一方正常行驶，另一方违章驾驶，主动挑衅，引发打斗的，在判断行为人是互殴还是防卫时，要从谁引发矛盾，谁造成矛盾升级，以及行为手段和后果等方面进行综合分析评判。要结合社会公众的一般认知依法准确认定，司法结论应彰显公平公正、邪不压正的价值理念。[参见最高人民检察院关于印发正当防卫不捕不诉典型案例的通知（2020 年 11 月 20 日）案例四，湖北省京山市余某正当防卫不起诉案]

□对强奸行为实施特殊防卫的认定

我国《刑法》第二十条第三款规定，对正在进行行凶、杀人、抢劫、强奸、绑架以及其他严重危及人身安全的暴力犯罪，采取防卫行为，造成不法侵害人伤亡的，不属于防卫过当，不负刑事责任。强奸与行凶、杀人、抢劫、绑架是并列规定的。根据最高人民法院、最高人民检察院、公安部《关于依法适用正当防卫制度的指导意见》的规定，杀人、抢劫、强奸、绑架，是指具体犯罪行为而不是具体罪名。在实施不法侵害过程中存在杀人、抢劫、强奸、绑架等严重危及人身安全的暴力犯罪行为的，可以实行特殊防卫。

在强奸犯罪中，严重危及人身安全的表现形式，就是强行与女性发生性关系，而不是要求危及生命安全。对强奸行为实行特殊防卫不要求侵害行为已经达到严重危及生命安全的程度，防卫人才可以实行特殊防卫。实践中，强奸案件具有证据相对薄弱的特点，在涉强奸的正当防卫案件办理中，在证据采信上要采取口供补强原则，在认定不法侵害人的侵害意图、侵害能力、侵害强度和不法侵害是否处于持续状态时，应体现有利于防卫人的原则。要充分考虑防卫人面临不法侵害时的紧迫状态和紧张心理，防止在事后以正常情况下冷静理性、客观精确的标准去评判防卫人。[参见最高人民检察院关于印发正当防卫不捕不诉典型案例的通知（2020 年 11 月 20 日）案例五，安徽省枞阳县周某某正当防卫不起诉案]

□对共同侵害人实施防卫的认定

最高人民法院、最高人民检察院、公安部《关于依法适用正当防卫制度的指导意见》规定:"正当防卫必须针对不法侵害人进行。对于多人共同实施不法侵害的,既可以针对直接实施不法侵害的人进行防卫,也可以针对在现场共同实施不法侵害的人进行防卫。"对于正在进行的共同不法侵害行为,防卫人反击,造成暴力程度较低的不法侵害人死亡的,不影响防卫强度的整体判断。[参见最高人民检察院关于印发正当防卫不捕不诉典型案例的通知(2020年11月20日)案例六,湖南省宁乡市文某丰正当防卫不起诉案]

▽正当防卫中"必要限度"和"重大损害"的认定

所谓"必要限度"一般要求防卫行为的性质、手段、强度与不法侵害的性质、手段、强度基本相当。在"必要限度"前再加上"明显超过"的限定语,表明立法强调只有防卫行为的性质、手段、强度与不法侵害的性质、手段、强度过于悬殊,防卫行为非常显著地超出了制止不法侵害的需要,才有成立防卫过当的可能。防卫行为虽然稍超过必要限度,但并非过于悬殊,即使造成不法侵害人重大损害的,也不能认定为防卫过当。所谓"重大损害",一般应理解为是指防卫行为造成不法侵害人重伤、死亡或财产的重大损失。防卫行为即使明显超过必要限度,但防卫后果客观上并未造成不法侵害人重大损害的,亦不能认定为构成防卫过当。[参见第261号案例,李小龙等被控故意伤害案,载《刑事审判参考》总第34集(2003年第5集),法律出版社,第16~19页。供稿:孙鲁,执笔:洪冰]

▽特殊防卫条件的认定

刑法规定,对正在进行行凶、杀人、抢劫、强奸、绑架以及其他严重危及人身安全的暴力犯罪的行为人,防卫人无论采取何种防卫手段、强度,也无论给不法侵害人造成何种损害,即便是造成不法侵害人死亡,均不属于防卫过当,不负刑事责任。所以特殊防卫,又常被称作"无限防卫"(强调防卫性质、手段、强度法律无限制)或"无过当防卫"(强调防卫后果法律无限制)。由于刑法第二十条第二款、第三款之间系一般法条和特殊法条的关系,因此,在处理这类案件中,从适用法条上看,一般应先考虑防卫人是否符合特殊防卫的条件,在排除特殊防卫可适用的前提下,再考虑是否属于一般防卫中的防卫过当。特殊防卫不同于一般防卫就在于其防卫起因上的特殊性。一般防卫所针对的是正在进行的不法侵害行为,而特殊防卫所针对的却是对正在进行的行凶、杀人、抢劫、强奸、绑架以及其他严重危及人身安全的暴力犯罪,这也正是成立特殊防卫的必要条件。正确理解特殊防卫的条件,应当着重把握以下要点:1. 必须是正在进行的暴力犯罪行为。暴力犯罪,简言之,就是以暴力为手段实施的犯罪行为。对非以暴力为手段实施的其他严重犯罪行为,不能实施特殊防卫。对以非暴力手段实施的抢劫、绑架等条文明确列举的犯罪行为,一般也不宜实施特殊防卫。正在进行的暴力犯罪,是指暴力犯罪行为已经着手实施,尚未实行完毕。在暴力侵害行为尚未着手的情况下,显然是不能进行特殊防卫的。也就是不能以严重的暴力犯罪正在预备,马上就要付诸实施为借口,实施特殊防卫。值得注意的是刑法规定特殊防卫的条件是暴力犯罪,是否构成犯罪,严格地说应由司法机关依照法定程序判定。对防卫人而言,由于特殊防卫都是在现实的、紧迫的危急状态下实施的,无法要求防卫人判定正在实施的暴力侵害行为已然构成犯罪,才可以实施特殊防卫。法律之所以使用暴力犯罪这一表述,意仅在强调正在进行的暴力侵害行为,其对他人的人身危险性已足以达到相当严重的程度。2. 足以严重危及人身安全。人身安全主要包括他人的生命安全、健康安全,妇女的性的不可侵犯的权利。所谓严重危及人身安全,主要是强调暴力侵害行为对他人人身安全危害的现实性、急迫性和严重性。如暴力侵害程度足以危及他人的生命安全,足以对他人的健康造成严重损害后果的,无疑都是可以实施特殊防卫的。但需要说明的是,暴力侵害也有程度之分,对轻微的暴力伤害,就不能实施特殊防卫。对正在进行的暴力侵害行为,能否实施特殊防卫,关键要看该行为是否足以严重危及他人的重大的人身安全。特殊防卫是以可以杀死不法侵害人为代价的,因此,特殊防卫所要保护的也必须是相等的公民的重大法益。只有他人的生命安全、重大的健康安全、妇女性的不可侵犯的权利，才可以视为相等的重大的法益。[参见第261号案例，李小龙等被控故意伤害案，载《刑事审判参考》总第34集(2003年第5集)，法律出版社，第16～19页。供稿：孙鲁，执笔：洪冰]

▽对特殊防卫的“行凶”的认定

对“行凶”的认定应当遵循上述关于特殊防卫条件的基本认识，即首先“行凶”必须是一种已着手的暴力侵害行为，其次，“行凶”必须足以严重危及他人的重大人身安全。故“行凶”不应该是一般的拳脚相加之类的暴力侵害，持械殴打也不一定都是可以实施特殊防卫的“行凶”。只有持那种足以严重危及他人的重大人身安全的凶器、器械伤人的行为，才可以认定为“行凶”。[参见第261号案例，李小龙等被控故意伤害案，载《刑事审判参考》总第34集(2003年第5集)，法律出版社，第18～19页。供稿：孙鲁，执笔：洪冰]

▽“正当防卫不能明显超过必要限度造成重大损害”的认定

认定这一要件实质上包含了两个并列的判断标准：一是防卫措施不能明显超过必要限度。一般而言，防卫人所采取的防卫措施应当与不法侵害行为基本相当。当然值得注意的是，刑法规定的标准是不能明显超过。“明显超过”，表明立法强调对防卫人所采取的防卫措施不必苛求。二是防卫结果不能造成重大损害。重大损害，应当把握在没有造成不法侵害人人身重大损害，包括重伤以上这一限度内。以上两个标准必须同时具备，才能不被认定为防卫过当。具体说，行为人的防卫措施虽然明显超过必要限度但防卫结果客观上并未造成重大损害，或者防卫结果客观上虽造成重大损害但防卫措施并不明显超过必要限度，均不能认定为防卫过当。[参见第13号案例，赵泉华被控故意伤害案，载《刑事审判指导》总第2辑(2004年第2辑)，人民法院出版社，第17～18页。撰稿：黄国民]

▽对“无限防卫权”的理解与适用

“特殊防卫”，有人称其为“无限防卫”。它具有以下特点：特殊防卫的前提必须是严重危及公民人身安全的暴力犯罪。首先，不法侵害行为是针对人身安全的，即危害公民的生命权、健康权、自由权和性权利，而不是人身之外的财产权利、民主权利等其他合法权益，对其他合法权益的不法侵害行为采取防卫行为的，适用一般防卫的规定。这是特殊防卫区别于一般防卫的一个重要特征。其次，针对人身安全的不法侵害行为具有暴力性，属于犯罪行为。这与一般防卫的只属“不法”性侵害有明显不同。如行凶、杀人、抢劫、强奸、绑架行为，均属严重犯罪行为。应当指出的是，对杀人、抢劫、强奸、绑架应作广义的理解，它不仅仅指这四种犯罪行为，也包括以此种暴力性行为为手段，而触犯其他罪名的犯罪行为，如以抢劫为手段的抢劫枪支、弹药、爆炸物行为，以绑架为手段的拐卖妇女、儿童行为。此外，针对人的生命、健康采取放火、爆炸、决水等其他暴力方法实施侵害，也是具有暴力性的侵害行为。最后，这种不法侵害行为应当达到一定的严重程度。必须是严重危及人身安全，即这种危害有可能造成人身严重伤害，甚至危及生命。因此，对“行凶”行为要注意区分危害的严重性程度。刑法规定的“行凶”行为仅指严重危及人身安全的非法伤害行为，如使用凶器暴力行凶，有可能致人重伤的伤害行为。根据该款规定，只要符合以上条件，则防卫人采取的防卫手段、造成的结果法律没有限制，即使造成不法侵害人伤亡的，依法也不属防卫过当，不负刑事责任。这是特殊防卫区别于一般防卫在防卫后果上的本质特征。这一规定，是针对这类严重危及人身安全的暴力犯罪具有侵害性质严重、手段凶残的特点作出的。对此类犯罪行为，防卫人往往处于被动、孤立、极为危险的境地，在这种情况下，如对防卫人限制过苛，则难以取得制止犯罪，保护公民人身权利不受侵害的效果，亦不利于鼓励人民群众同犯罪行为作斗争。[参见第40号案例，叶永朝故意杀人案，载《刑事审判参考》总第6辑(2000年第1辑)，法律出版社，第8～9页。审编：张军]

▽不能因为为预防不法侵害而携带管制刀具是违法的，就否定其行为的防卫性质

在与他人发生摩擦后，为防对方报复，返回住所携带刀具防身，这是一种预防措施，是行为人为了防范自己的合法权益遭受不法侵害,在侵害发生之前作防范的准备,预先采取必要的防范措施,其目的也是防卫。但这种预防措施并不是针对"正在进行的不法侵害",而是"可能发生的不法侵害"。与刑法所规定的正当防卫的产生条件并不完全一致。被告人只是意识到不法侵害有可能发生,为预防不法侵害的发生,携带防范性工具——管制刀具。如果没有不法侵害的发生,被告人的刀也不会派上用场,更不会杀死被害人。而在不法侵害发生时,被告人使用它反击不法侵害,其行为及结果均表明他携带刀具的目的是抵御不法侵害,而不是针对和伤害某一特定人。因此,不能因为其携带管制刀具是违法的,就否定其行为的防卫性质。所以,为预防不法侵害的发生携带防范性刀具,不能阻却其在遭遇不法侵害时运用该刀具实施的防卫行为成立正当防卫。只要其行为对不法侵害者所造成的损害与其保护的合法权益的价值之间不明显失衡,且防卫的效果又是针对正在进行的不法侵害,就应当认定为正当防卫。当然,也只有在预防措施的效果是针对不法侵害的发生而进行时,方成立正当防卫。在预先采取防范措施的场合,防范的对象一般是不特定的,在有的情况下,其行为是针对不法侵害人发生作用,而在有的情况下,则会损害无辜者的合法权益。因此,如果该行为不是对不法侵害发生了效果,而是造成其他无辜人员的伤亡或者财产损失,也不能成立正当防卫,应依具体情况对该危害行为追究相应的刑事责任。[参见第433号案例,李明故意伤害案,载《刑事审判参考》总第55辑(2007年第2辑),法律出版社,第16~17页。执笔:于同志]

▽互殴与正当防卫的界限

区分正当防卫和互殴的关键在于有无防卫意图。所谓防卫意图,是指防卫人在实施防卫行为时对其防卫行为以及行为的结果所应具有的心理态度。防卫意图包括防卫认识和防卫目的两方面内容,其中,防卫认识是产生防卫意图的前提,防卫目的是防卫意图的核心。所谓防卫认识,是指行为人在面临不法侵害时,对与防卫有关的诸多事实因素的认识。一般而言,防卫认识包括以下基本内容:其一,认识侵害合法权益的不法侵害的存在。行为人只有认识到存在不法侵害,才能产生防卫意图,如果行为人认识到不存在不法侵害而实施所谓的反击行为的,不属于正当防卫,而属于加害行为。至于不法侵害的性质,不要求行为人认识,因为在紧迫的情况下,不法侵害是犯罪行为还是一般违法行为,行为人没有时间也没有义务加以判断。至于不法侵害所侵害的合法权益的性质,行为人也无须确认。因为,根据刑法的规定,无论是国家利益、集体利益,还是本人利益、他人利益,只要是合法权益,任何人都有权加以保护。其二,认识到某种合法权益受到正在进行的不法侵害的危害,并确定不法侵害人。如果行为人明知不法侵害尚未发生或者已经结束,而对侵害者实施加害行为的,表明行为的意图是不正当的,不成立正当防卫。所谓防卫目的,是指行为人在防卫认识的基础上,在防卫动机的促使下,实施防卫行为所希望达到的结果。正当防卫要求必须以保护合法权益、制止不法侵害为目的,这是由正当防卫的法律属性决定的。刑法设立正当防卫的宗旨在于及时有效地制止不法侵害,保护合法权益,并不是以加害不法侵害人为目的。防卫目的是确定防卫意图的关键,它决定着防卫意图的正当性,如果行为人以加害他人为目的,那么,其主观意图也就是非法的,当然不能成立正当防卫。互殴行为之所以不能构成正当防卫,正是因为斗殴双方缺乏防卫意图。在互相斗殴中,斗殴双方都具有殴击、伤害对方的故意,双方都以侵害对方为目的,并在此意图支配下积极实施侵害对方的行为,根本不存在正当防卫所要求的防卫意图,因此斗殴双方的任何一方均不得主张正当防卫的权利。在互殴场合下,可能是一方先动手,另一方后动手,但是这并不能改变互殴的法律性质,只要双方都有着互相侵害对方的犯罪意图而故意互相侵害,就不能成立正当防卫。当然,如果一方本无侵害对方的故意,完全是由于对方的不法侵害而被迫还手,则不能认定为互殴。此外,如果一方已经退出互殴现场,而另一方仍穷追不舍,并加大了侵害力度,在此情况下,对于退出一方来说,对方的攻击行为就变成一种正在进行的不法侵害,退出一方则有权实行正当防卫。由于互殴行为和正当防卫行为在其主观构成上有着显著的区别,因此,在司法实践中,判断某一行为属于互殴还是正当防卫,可以从行为人主观上的认识因素和意志因素两方面来进行。从认识因素来说,互殴行为一般多具有预谋性,行为人对互殴的时间、地点、相对人比较明确,有相对具体的计划,往往为之作出充分准备,并很可能携带互殴所需凶器等。而正当防卫行为一般多具有突发性,侵害事件突然发生,行为人对该侵害事件发生的时间、地点以及相对人事先往往并不明知,为了保护自己的合法权益,被迫采取措施进行抵御或者反击。从意志因素看,互殴行为具有主动性和不法侵害性,互殴行为人主观上都有侵害对方的故意,在此侵害对方的故意意图支配下,其行为往往表现出明显的主动性,斗殴双方一般会主动地采取促使其侵害意图达成的多种措施以使对方遭受侵害,并积极追求或放任对方伤害结果的发生。正当防卫行为则具有被动性和防卫性,在突遭他人不法侵害的情况下,防卫人往往没有选择的余地,只能被动地采取措施,加入事件中。其可能被动地防御,也可能主动地反击,但不管以何种方式,行为人的主观目的在于制止不法侵害,保护合法权益,行为往往表现出防卫性和一定的节制性。[参见第433号案例,李明故意伤害案,载《刑事审判参考》总第55辑(2007年第2辑),法律出版社,第17~19页。执笔:于同志]

▽对非法侵入住宅的行为,住宅主人有权自行采取相应措施,包括依法对非法侵入者实施必要的正当防卫

根据我国《刑法》规定,成立正当防卫必须具备五个条件:(1)必须是为了保卫国家利益、公共利益、本人或者他人的人身、财产和其他合法权利,才能实行正当防卫。此即为防卫目的的正义性,是成立正当防卫的首要条件,也是刑法规定正当防卫不负刑事责任的主要根据,防卫目的应当以制止不法侵害,维护合法权益为目标。(2)必须是对不法侵害的行为,才能实行正当防卫。不法侵害行为既包括犯罪行为,也包括其他违法的侵害行为。也就是说,对不法侵害行为并非一定要达到犯罪的程度,才能实行正当防卫。(3)必须是对正在进行的不法侵害行为,才能实行正当防卫。(4)必须针对实施不法侵害行为的人实施正当防卫。(5)正当防卫不能明显超过必要限度造成重大损害。在住宅主人拒绝、阻止数人进入其住宅的情况下,踢门将门锁损坏,强行闯入其住宅,表明行为人的不法侵害行为已经开始并正在进行,住宅主人具备了实施正当防卫的法定条件。实施正当防卫就有可能或者必然对不法侵害人造成一定的伤害后果,但只要防卫行为没有明显超过必要限度造成重大损害,依法就不负刑事责任。[参见第13号案例,赵泉华被控故意伤害案,载《刑事审判指导》总第2辑(2004年第2辑),人民法院出版社,第17页。撰稿人:黄国民;第297号案例,赵泉华被控故意伤害案,载《刑事审判参考》总第38集(2004年第3集),法律出版社,第103~105页。执笔:黄国民]

▽基于斗殴故意实施的反击行为不能认定为正当防卫

正当防卫是合法行为,防卫人在实行防卫行为时主观上必须具有正当防卫的目的,即必须是为了国家、公共利益、本人或者他人的人身、财产和其他权利免受正在进行的不法侵害而实施。防卫目的的正当性是确保防卫行为合法性的要件之一。理论上,根据行为人是否具有正当防卫的目的,一般都将防卫挑拨、互相斗殴等情形排除在正当防卫行为之外。所谓互相斗殴,是指双方都有非法侵犯对方的意图而发生的相互侵害行为。由于互相斗殴的双方主观上都有加害对方的故意,都是不法侵害,所以不存在侵害者和防卫者之分。同时,由于双方都不具有正当防卫的目的,因而无论谁先谁后动手,都不能认定为防卫行为。[参见第221号案例,姜方平非法持有枪支、故意伤害案,载《刑事审判参考》总第30辑(2003年第1辑),法律出版社,第15页。执笔:陆建红]

▽当人身安全受到威胁后便准备防卫工具并在受到侵害时使用,不影响防卫性质的认定

公力救济手段毕竟有限,被告人所受到的威胁并非确定且重大,时间、地点又不确定,此种情形公安机关通常多为事后救济。正因如此,为了更加有效地保护公民的生命和财产安全,我国刑法才规定了正当防卫制度。公民既然有正当防卫权,因此,当其人身安全面临威胁时,就应当允许其作必要的防卫准备。那种认为,当一个人的人身安全面临威胁时,只能报告单位领导或公安机关,不报告而事先准备工具,就被认为其主观上有斗殴故意,而不能作防卫准备,出门时只能徒手空拳,受到不法侵害时,只能呼救或逃跑,只有在呼救或逃跑无效时才能就地取材或夺取对方工具进行防卫,这一观点显然不合情理,不利于公民合法权利的保护,也与正当防卫的立法精神相悖。因此,在人身安全受到威胁后遭到危害前准备防卫工具,并无不当,也不为法律所当然禁止。应当指出的是,当公民受到人身威胁时,要尽可能向单位领导或公安机关报告,通过组织手段解决矛盾,防范危害。确有必要作防卫准备时,选择的防卫工具、防卫准备方式要适当,要注意防卫准备行为本身不能触犯法律的禁止性规定,如不能非法持有枪支防身,不能采用私设电网等足以危害公共安全的行为来防范盗窃、非法入侵等等。但是否有报告,是否事先准备防卫工具以及准备什么样的防卫工具,均属于另一个问题,不影响防卫性质的认定。[参见第224号案例,胡咏平故意伤害案,载《刑事审判参考》总第30辑(2003年第1辑),法律出版社,第36～37页。执笔:黄应生]

▽"正在进行的不法侵害"不是必须达到相当的严重性时,才能实施防卫

"不法侵害",是指不合法地危害他人人身、财产以及其他合法权益的行为。据此,对为制止不法侵害的正当防卫行为而言,不必以不法侵害达到相当的严重性为前提,更无须其已经达到犯罪程度时才能实施。防卫人所遭受的正在进行的不法侵害的强度,不是能否进行正当防卫的前提条件,而仅是正当防卫的限度条件。正当防卫的前提条件是指存在"正在进行的不法侵害",只要遭受到正在进行的不法侵害,不管程度轻重如何,都可以立即实施为制止不法侵害的相应的防卫行为。"事先防卫"中所谓的"事先",只是指不法侵害尚未着手、开始而已。对已然开始且正在进行的不法侵害,即便其程度相当轻微,防卫人也有权采取相应的制止措施即防卫行为,此种情形不属于所谓的"事先防卫"。受拳掌殴打脸部时选择进行防卫,是适时的,不属于事前防卫,不能认为受拳掌殴打脸部的行为还不属于不法侵害,只有持凶器殴打或将人打成轻伤以上的行为才属于不法侵害,这显然混淆了正当防卫的前提条件和限度条件的区别。正当防卫的限度条件是指基于制止不法侵害的目的,防卫不得明显超过必要限度并造成重大损害。也就是说,只有在判断正当防卫是否明显超过必要限度时,分析不法侵害的程度才有意义,不法侵害的程度只是判断防卫是否适度的一个指标,但绝非能否进行防卫的前提条件。[参见第224号案例,胡咏平故意伤害案,载《刑事审判参考》总第30辑(2003年第1辑),法律出版社,第37～38页。执笔:黄应生]

▽互殴与正当防卫界限区分的认定

互殴,是指双方均具有侵害故意时实施的相互侵害行为。在主观上,互殴双方均具有侵害他人的故意;在客观上,互殴双方均实施了加害行为。所以,互殴双方的行为均属于不法侵害。但是,互殴停止后又加害对方的,性质就可能发生变化。这可以分为两种情况:一是双方停止斗殴后,一方受他人鼓动或出于报复侵害的目的又突然袭击对方的;二是一方自动放弃斗殴或主动退出斗殴现场,另一方继续殴打对方的。上述两种情况,均是因情况发生变化,互殴转变为一方殴打另一方。被殴打方已从互殴时的侵害者转变为被侵害者。根据我国刑法第二十条的规定,被侵害人为维护合法权益不受侵害而实施的制止不法侵害的行为属于正当防卫。据此,互殴停止后,一方突然袭击或继续实施侵害行为,另一方依法享有正当防卫的权利。被侵害人出于防卫目的而依法实施的制止不法侵害的行为,依法具有正当防卫的性质。需要指出的是,由双方互殴转变为一方自动放弃斗殴或主动退出斗殴现场,应该具有彻底性,并表现出明显的阶段性,而不包括互殴双方打斗中的此消彼长、强弱转换等情形变化。[参见第138号案例,张建国故意伤害案,载《刑事审判参考》总第22辑(2001年第11辑),法律出版社,第8～9页。执笔:蔡金芳　马英]

▽防卫过当是以正当防卫为前提条件,互殴则是不法侵害行为

防卫过当以正当防卫为前提条件,即要求行为人的行为具有防卫性和目的的正当性。在客观上,要求有不法侵害的发生;主观上,行为人的动机是为了使国家、公共利益、本人或者他人的人身、财产和其他权利免受正在进行的不法侵害,即主观上不具有危害社会的意图,是无犯罪目的的。只是由于行为人在实施防卫过程中针对不法侵害所采取的防卫行为明显超过必要限度,才造成重大的损害。防卫过当的行为,虽然具有一定的社会危害性,但行为人的动机是出于正当防卫,其主观上恶性较小,社会危害性也小于其他故意犯罪行为。而在打架斗殴中,一般情况下,双方都是出于主动的,双方都有侵害对方的故意,双方的行为都是不法侵害行为,因此,双方的行为都不属于正当防卫的范畴。[参见第133(130)号案例,苏良才故意伤害案,载《刑事审判参考》总第21辑(2001年第10辑),法律出版社,第20~21页。执笔:方汉阳]

▽假想防卫的认定与处理

"假想防卫"是指不法侵害并不真实存在,只是行为人主观上想象或推测认为发生了某种不法侵害,进而对误认的"侵害人"实行了"防卫"行为。假想防卫不是正当防卫,且多发生在以下二种场合:一是发生在根本不存在不法侵害的场合,如夜间误认为来访的客人为强盗而实行的"防卫";二是在对不法侵害实行正当防卫的过程中,对在场的与不法侵害无关的人实行"防卫"。由此,假想防卫有四个基本特征:一是行为人主观上存在正当防卫意图,以为自己是对不法侵害人实施的正当防卫;二是防卫对象的"不法侵害"在实际上并不存在;三是防卫行为人的"防卫"行为在客观上侵害了未实施不法侵害人的人身或其他权利,具有社会危害性;四是行为人的防卫错误,产生了危害社会的结果。需要指出的是,假想防卫对并不存在的"不法侵害"或"不法侵害人",是基于行为人主观想象或推测,但这种主观想象或推测,绝不是脱离实际情形的任意想象,而是需要一定的客观前提。假想防卫是过失犯罪,不能以故意犯罪论处。首先,应该对"故意犯罪"有个正确的理解,不能把刑法理论上讲的故意与心理学理论上所讲的故意等同、混淆起来。根据《刑法》第十四条的规定,故意犯罪是指行为人明知自己的行为会发生危害社会的结果,并且希望或放任这种结果发生,而假想防卫则是建立在行为人对其行为性质即其行为不具有社会危害性的错误认识的基础上发生的。假想防卫虽然是故意的行为,但这种故意是建立在对客观事实错误认识基础上的,自以为是在对不法侵害实行正当防卫。行为人不仅没有认识到其行为会发生危害社会的后果,而且认为自己的行为是合法正当的,而犯罪故意则是以行为人明知自己的行为会发生危害社会的后果为前提的。因此,假想防卫的故意只有心理学上的意义,而不是刑法上的犯罪故意。这也就是说,假想防卫的行为人,在主观上是为了保护自己的合法权益免遭侵害,其行为在客观上造成的危害是由于认识错误所致,其主观上没有犯罪故意,因此,假想防卫中是不可能存在故意犯罪的。正是在这种错误认识的基础上,自以为是为了保护本人人身或财产的合法权益而实施的所谓的正当防卫,因此,他主观上根本不存在明知其行为会造成危害社会结果的问题,行为人主观上既不存在直接故意,也不存在间接故意。而仅成立"应当预见自己的行为可能发生危害社会的后果,因为疏忽大意而没有预见,以致发生这种结果的"过失致人死亡罪。[参见第127(124)号案例,王长友过失致人死亡案,载《刑事审判参考》总第20辑(2001年第9辑),法律出版社,第11~13页。执笔:于奎金 包树海]

▽成立正当防卫应具有五个要件

成立正当防卫应具有五个要件:(1)存在现实的不法侵害行为;(2)不法侵害正在进行;(3)具备防卫意识;(4)针对不法侵害人本人进行防卫;(5)防卫没有明显超过必要限度造成重大损害。上述正当防卫的五要件,可以分为三个层次理解:第一层次,是对正当防卫行为的描述,即以防卫的主观意识支配实施的防卫行为;第二层次,是实施正当防卫行为的时空条件,只有当存在现实的不法侵害且不法侵害正在进行时,针对不法侵害人本人进行防卫,方能成立正当防卫;第三层次,从结果方面对正当防卫的成立设定了限制条件,即除特殊防卫外,正当防卫不能明显超过必要限度。[参见第569号指导案例,韩霖故意伤害案,载《刑事审判参考》总第69集(2009年第4集),第43页。撰稿:马殿振]

▽"不法侵害"和"不法侵害正在进行"的认定

"不法侵害",应包括犯罪行为但并不止于犯罪的一切违法、危害社会行为,这些行为给社会秩序和公民权益带来现实危害,均属于不法侵害的范围。本案中被害人王某仅因嫉妒,即纠集多人,先在网吧滋事,再行殴打韩某,韩某的人身安全权利因此遭受到现实的不法侵害。所谓“不法侵害正在进行”,其起止时间应以不法侵害人着手实行侵害行为时始,至不法侵害停止或已不可能继续侵害或威胁合法权益时止。把握不法侵害是否正在进行,其实质是考量合法权益是否处于紧迫、现实的侵害和威胁之下,以使防卫行为成为保护法益的必要手段。本案被害人一方纠集多人,进网吧拖拽、在门口守候和殴打被告人,其先期行为已经严重威胁并已侵犯韩某的人身安全,应认定其不法行为已经实施;面对被害人一方明显的不法侵害意图和已经实施的殴打等不法侵害行为,韩某为免遭不法侵害的继续而逃脱,被害人等仍然群起追赶,可见被害人一方的不法侵害对韩某的人身安全所造成的威胁并没有消除或停止,并可能进一步加重,对韩某的不法侵害行为处于持续状态。因此,韩某实施反击时,正值不法侵害行为正在进行的紧迫期间,其实施防卫行为是适时的。认为只有当韩某在遭受被害人殴打的瞬间予以反击,方能满足正当防卫成立的时间条件,否则属于事后防卫的观点是不准确的。韩某实施反击行为,还满足遭受不法侵害的当场、针对不法侵害人实施的场合及对象条件。本案的案发原因是被害人王某因嫉妒而欲殴打韩某,王某在其中起了纠集他人、唆使他人进入网吧寻衅以及积极主动地单独、亲自实施进入网吧滋事、殴打及追赶韩某的行为,是组织、指挥、实施寻衅滋事的主要不法侵害人;韩某是在被害人王某追上其且有其他同伙尾随被害人正在追击的时候,针对被害人本人,当场实施反击,抵制其所实行的不法侵害行为,以使其停止侵害或丧失侵害能力,符合防卫的目的。综上所述,韩某以防卫的意识而实施防卫的行为,是在满足刑法所规定的正当防卫时空条件情形之下实施的,认定韩某对不法侵害人实施防卫行为是适时的、必要的意见是正确的。[参见第569号指导案例,韩霖故意伤害案,载《刑事审判参考》总第69集(2009年第4集),第44~45页。撰稿:马殿振]

▽认定防卫过当的标准在于防卫行为是否超过“必要限度”

根据刑法的规定,认定防卫过当的标准在于防卫行为是否超过“必要限度”。从积极行使的方面说,防卫行为须是必要的,是制止不法侵害、保护法益的合理需要。从这方面看,是否“必需”,要分析不法侵害行为的危险程度、侵害者的主观心态以及侵害手段、强度、人员多少与强弱、现场所处客观环境与形势等。从消极限制的方面说,防卫行为必须是有限度的,因而所造成的危害是应有的、必需的,是制止不法侵害所需要的。从这方面看,表现在防卫行为所保护的合法权益与防卫行为所造成的损害后果之间不能差距过大,不能为了保护微小权利而造成不法侵害人重伤或者死亡。当然,并非凡是超过必要限度的防卫行为都是过当,只有“明显”超过其必要性并造成重大损害的,才是防卫过当。具体分析本案情况,被害人王某一方所实施的不法侵害行为,从目的和意志上看,案发前并没有明确预谋,在案发过程中,意图已明朗并限于拳脚殴打的范围之内;从手段上看,被害人一方赤手空拳,没有持械,仅实施了拖拉、撕扯、脚踢、围堵、追赶等行为,采取的手段及暴力强度尚未达到对被告人韩某人身安全造成严重危害的程度。在这种情况下,从必要性方面看韩某所实施的行为,韩某作为一名在校大学生,能够认知其采取持刀捅刺不法侵害人的防卫手段、强度,已经远远超过足以制止不法侵害人所实施的侵害行为的手段和强度。从限制性方面看,韩某实施的行为所造成的致不法侵害人死亡的严重后果,实际上也已经超出不法侵害人对其殴打行为通常可能造成的人身安全损害后果,两者存在过于巨大的悬殊和明显的失衡,造成了不该有的重大人身伤亡的严重后果。综上,足以认定韩某的防卫行为符合明显超过必要限度造成重大损害,属于防卫过当。刑法第二十条第三款所规定的特殊正当防卫制度,是对防卫正在进行行凶、杀人、抢劫、强奸、绑架以及其他严重危及人身安全的暴力犯罪的行为规定的无过当防卫条款,刑法之所以作出这样的规定,是因为此类暴力犯罪侵害强度极大,对人身安全的危害极严重,而且具有高度紧迫性和危险性,防卫人往往必须采取可能导致不法侵害人重大伤亡后果的极端手段,才足以达到制止不法侵害。而综观本案,仅能说明被害人意图殴打被告人,尚无充足证据表明被害人欲对被告人行凶甚至杀害。因此,被害人一方实施的不法侵害行为不属于该款法条列举的侵害行为情况,韩某采取的防卫措施只能适用一般正当防卫的规定。认定韩某的行为系防卫过当,且构成故意伤害罪是正确的。最后,韩某所实施防卫过当行为,应当负刑事责任,但是依法应当减轻或免除处罚。我国刑法规定,正当防卫不负刑事责任,表明了国家对于和犯罪行为作斗争,以保护公共利益、公民人身和其他权利的防卫行为所持肯定的法律评价态度。相应地,刑法规定对于防卫过当行为,应当减轻或者免除处罚,这是因为此类行为,从主观上考察防卫人的心理状态,行为人具备制止不法侵害、保护合法权益的意图,其主观恶性小;从客观行为上看,其在遭受不法侵害的迫切情势下进行反击,社会危害性比传统意义上的一般犯罪形式小;从处理案件的法律效果和社会效果上看,对于防卫过当行为予以从宽处罚,有利于保护和鼓励公民同犯罪作斗争的积极性,以及保护公民进行正当防卫的合法权益。本案中被告人韩某在遭受不法侵害时,在具备正当防卫的法定时空条件下,以防卫的意识实施的防卫行为,具有一定正当性,但其防卫行为超出必要限度并造成了被害人死亡的结果。依法认定被告人韩某的行为属于防卫过当,构成故意伤害罪;并考虑韩某有自首情节,以及取得被害人家属谅解的情况,改判其有期徒刑七年,符合刑法的规定,体现了宽严相济的刑事政策精神。[参见第569号指导案例,韩霖故意伤害案,载《刑事审判参考》总第69集(2009年第4集),第45~47页。撰稿:马殿振]

▽不法侵害人持刀闯进院内并躲进玉米地后,被告人搜寻不法侵害人时发生打斗,造成不法侵害人死亡的,构成无过当防卫

根据刑法第二十条第三款的规定,在刑法理论上一般将这种情形称为无过当防卫或特殊防卫。构成无过当防卫,除了在防卫目的、防卫起因、防卫客体、防卫时间等方面要符合正当防卫的一般要求外,还要具备两个条件:一是行为人面临行凶、杀人、抢劫、强奸、绑架以及与前述行为危害程度相当的严重暴力犯罪,行为人的人身安全受到严重威胁,甚至是侵害;二是行为人实施防卫不受防卫限度条件的限制,即使造成不法侵害人伤亡,也不属于防卫过当。结合本案的具体情况,被告人的行为构成无过当防卫。

(一)被害人躲进玉米地后其实施的不法侵害并未结束。被害人凌晨持刺刀砍击被告人家大门,后翻墙进入被告人家院内划割厨房纱窗,其行为严重威胁被告人及家人的人身安全,属正在进行的不法侵害。被害人划割纱窗被被告人妻子发现后躲入院内的玉米地,虽未继续行凶,但其躲避的目的是准备逃离现场还是伺机行凶,根据现有证据无法查明。同时,在案证据证实被害人患有精神病,案发时处于精神异常状态,攻击他人的可能性较大。由于该玉米地与被告人家住房均用围墙围在一个大院落内,且玉米地与住房距离较近,被害人躲在玉米地内对被告人家人仍有现实威胁,也可认为是侵害状态的延续,故认为被害人躲入玉米地后不法侵害仍然存在的意见有一定道理。

(二)被告人在多名村民前来帮助的情况下持械进入玉米地寻找被害人的行为具有正当性、合理性,不应认定其具有加害故意。面对躲在自家院内玉米地里的持刀男子,由于不能确定其是否再次实施侵害,被告人有权利保护自身及家人的安全,其进玉米地搜寻持刀人的目的是排除现实危险,携带铁管防身也是人之常情,即使其认识到可能与对方发生打斗,对对方造成伤害,也不影响其目的的正当性。刑事诉讼法第八十二条规定,对正在实行犯罪或者在犯罪后即时被发觉的人,任何公民都可以立即扭送公安机关、人民检察院或者人民法院处理。如将在自家院内搜捕潜在侵害人的行为认定为意图加害他人的行为,则是对公民自行抓捕、扭送犯罪嫌疑人权利的不当限制,与刑法鼓励、提倡同犯罪分子作斗争的立法目的不符。选择等待警察到场处置虽然也是一种处理方式,但在自家院内搜捕潜在侵害人是公民应有的权利,况且案发时为凌晨,光线较暗,被害人躲过在场人员的监控潜入室内行凶的可能性是客观存在的。因此,被告人在警察到来之前自行搜捕不法侵害人,既是合法的,也是合理的。

(三)被告人在玉米地中与被害人发生打斗,并将被害人打倒的行为属于无过当防卫。根据被告人的供述,二人相遇后被害人首先持刀攻击,被告人在还击中将被害人打倒。被告人供述的二人在玉米地里发生打斗的情节无其他人目击,但当时在院内的多名证人均证实被告人进入玉米地后听到铁器撞击声,一定程度上印证了被告人所供打斗情节。结合被告人打倒被害人后立即呼叫他人,其家人积极协助救治的情节看,其在打斗中无明显的杀伤意图,打击手段亦有节制,对其供述应予采信。因此,被告人在遭到被害人持刀攻击的情况下持铁管还击并将被害人打倒的行为,符合刑法第二十条第三款规定的无过当防卫的构成要件,系正当防卫,依法不负刑事责任。一审、二审法院认定被告人无罪是正确的。[参见第1126号指导案例,李英俊故意伤害案,载《刑事审判参考》总第105集,第70～72页。撰稿:欧阳宁疆 张利晨]

第二十一条 【紧急避险】为了使国家、公共利益、本人或者他人的人身、财产和其他权利免受正在发生的危险,不得已采取的紧急避险行为,造成损害的,不负刑事责任。

紧急避险超过必要限度造成不应有的损害的,应当负刑事责任,但是应当减轻或者免除处罚。

第一款中关于避免本人危险的规定,不适用于职务上、业务上负有特定责任的人。

第二节 犯罪的预备、未遂和中止

第二十二条 【犯罪预备】为了犯罪,准备工具、制造条件的,是犯罪预备。

对于预备犯,可以比照既遂犯从轻、减轻处罚或者免除处罚。

▽犯罪预备、犯意表示及其与犯罪未遂、犯罪中止区别的认定

犯罪预备具有以下两个基本特征:(1)行为人主观上是为了犯罪,即行为人实施准备工具、制造条件的行为,是为了顺利地实行犯罪,具有犯罪的目的性。这是预备犯主观犯意的体现,也是预备犯在一定条件下要承担刑事责任的主观根据。司法实践中,有的预备行为本身就可以明显地反映出行为人所具有的犯罪目的,但也有的预备行为本身并不能明确或排他地反映出行为人的犯罪目的,如某人买了把刀,究竟是为了犯罪还是用于其他正当目的,就无法定论。这时,就需要查明并运用其他证据在充分证明行为人买刀确是为了犯罪后,才能认定是犯罪预备。(2)行为人客观上实施了准备工具或制造条件的行为。准备工具、制造条件的方式是多种多样的,但必须有具体的行为,这是区别犯罪预备与犯意表示的根本所在。犯意表示仅是行为人犯罪意图的单纯言词流露,如扬言杀人,如无进一步的行为,就不可能有什么实际的危害,因而,不具有刑法意义上的社会危害性,属不可罚的行为。而犯罪预备则不然,其已超越了犯意表示,实行了预备行为,具有刑法意义上的社会危害性,因而,也就有了可罚性的客观基础。需要指出的是,刑法第二十二条第一款,只是犯罪预备行为的概念,却非预备犯的完整内涵。完整的预备犯概念,还需揭示出犯罪预备与犯罪未遂以及犯罪预备过程中的犯罪中止的区别。结合《刑法》第二十三条第一款、第二十四条第一款有关犯罪未遂和犯罪中止的规定,除上述两个特征外,预备犯还应具有以下两个基本特征:一是尚未着手实行犯罪。是否已经着手实行犯罪,是犯罪预备和犯罪未遂的本质区别。倘若行为人已经着手实行犯罪,那就不可能再有犯罪预备的问题了。司法实践中,判断是否"着手",还是应根据具体案件的具体情况,结合刑法条文的有关规定,具体分析、认定。具体到抢劫案件而言,由于抢劫罪的成立,必须以行为人已实施了暴力、威胁等法定的犯罪方法为要件,因此,只有行为人已开始了实施上述特定的方法行为,才能视为犯罪着手。二是未着手实行犯罪是由于行为人意志以外的原因。这是犯罪预备与预备阶段中的犯罪中止的根本区别。预备阶段中的犯罪中止是指在犯罪预备过程中,行为人自动放弃犯罪预备行为或是在可以着手实行犯罪的情况下,自动放弃着手犯罪。无论何种情形,行为人均必须是主观上自愿主动放弃,而不是因外部原因被迫放弃。[参见第139号案例,黄斌等抢劫(预备)案,载《刑事审判参考》总第22辑(2001年第11辑),法律出版社,第12～13页。执笔:汪鸿滨]

▽犯罪预备与犯意表示的认定

犯罪预备具有四个特征,即行为人主观上是为了实行犯罪,客观上实施了犯罪预备行为,事实上未能着手实行犯罪,未能着手实行犯罪是由于行为人意志以外的原因。犯罪预备作为故意犯罪的初期形态,虽然还没有着手实行犯罪,但客观上造成了对法益的现实威胁或者侵害的现实可能性,依照刑法应当追究刑事责任。犯意表示是指行为人通过一定的方式,将内心的犯罪意图表现于外部的行为。其特征是:(1)犯意表示是一种单纯将犯罪意图表现于外部的行为;(2)它需要借助语言、文字或者具体的行为举动等一定的方式能够被他人所感知;(3)它是一种犯罪意图的单纯流露,对以后可能实施的犯罪是否易于实行、便于完成尚不能起到制造条件的作用。犯意表示与犯罪预备的本质区别在于,犯罪预备是对实行犯罪起促进作用的行为,即准备犯罪工具、制造条件,也就是有实现其犯罪故意的行为;而犯意表示行为只是单纯流露犯意,不是实现犯意的具体行为,没有对法益构成现实威胁,因此,犯意表示并不是我国刑法所规定的可以构成犯罪的"危害社会的行为",只有建立在为了该犯意表示而"准备工具、制造条件"的基础之上的具体行为,才能评价为"危害社会的行为"从而可能成立犯罪预备。从成立犯罪预备的核心要求看,仅有犯意表示而没有具体准备工具、制造条件行为的,不能认定为犯罪预备。根据刑法规定,犯罪预备要求的行为包括两类:1. 准备工具,即准备实行犯罪的工具,如购买犯罪工具、制造犯罪工具、改装物品使之适应犯罪需要以及盗窃他人物品作为犯罪工具等。2. 制造条件,即除准备工具以外的一切为实行犯罪制造条件的预备行为,可以表现为:(1)制造实行犯罪的客观条件,如调查犯罪场所和被害人行踪、出发前往犯罪场所或者守候被害人的到来、诱骗被害人前往犯罪场所等;(2)创造实行犯罪的主体条件,如勾结纠集犯罪同伙、寻找共犯人等;(3)制造实行犯罪的现实作案条件,如商议犯罪的实行计划、进行分工等。[参见第467号案例,张正权等抢劫案,载《刑事审判参考》总第59集(2007年第6集),法律出版社,第28~29页。执笔:杜军燕　陈克娥]

▽预备犯的处理

从刑法规定看,我国刑法似乎对预备犯是采均须定罪处罚的原则,至多是定罪免予处罚。其实不然,由于我国刑法第十三条在规定犯罪概念时,又同时规定"但情节显著轻微危害不大的,不认为是犯罪。"因此,司法实践中,对那些情节显著轻微危害不大的预备犯,如一些轻罪的预备犯,不予追究,不仅有依据,而且也是必要的。对预备犯是否定罪,如何量刑,是否从轻,是从轻、减轻还是免除处罚,总的来说,要看其预备行为的社会危害性程度。而衡量犯罪预备行为的社会危害性程度,又无外乎要借助以下因素加以分析,这包括预备实行的犯罪的性质、所准备的工具的类型、制造条件的充分程度等。显然,行为人欲实行犯罪的性质越严重,所准备工具的凶险性、杀伤力越大,制造的条件越充分,犯罪对象面临的危险性越大,预备行为的社会危害性程度也就越大,反之亦然。[参见第139号案例,黄斌等抢劫(预备)案,载《刑事审判参考》总第22辑(2001年第11辑),法律出版社,第14~15页。执笔:汪鸿滨]

▽是否"着手"实行犯罪是区分犯罪预备与犯罪未遂的标准

正确区分犯罪预备和犯罪未遂,关键在于犯罪停止的阶段,即是停止在犯罪实行前阶段还是犯罪实行阶段。根据刑法规定,是否着手实施犯罪,是区分犯罪实行前阶段和实行阶段的标准。尚未着手实施犯罪,只是为了犯罪而准备工具、制造条件,由于意志以外的原因而停止的,属于犯罪预备;已经着手实施犯罪,由于意志以外的原因而停止的,属于犯罪未遂。一般认为,已经着手实行犯罪,是指被告人已经开始实施刑法分则规定的具体犯罪构成要件中的犯罪行为,这种行为已经不再是为犯罪的实行创造便利条件的性质,已经使刑法所保护的具体法益初步受到危害或者面临实际的威胁。据此,准确认定犯罪行为的着手,必须结合具体个罪,根据刑法分则条文的规定,考察其犯罪构成要件的客观方面。凡是实施了分则规定的某一犯罪客观构成要件方面的行为的,属于已经着手;凡是尚未实施上述行为,只是为上述行为的实行和犯罪的完成创造便利条件的,属于未着手,符合条件的,可以认定为犯罪预备。犯罪预备有两种情形:一是准备犯罪工具;二是为实施犯罪创造便利条件。其中,制造条件形式多样,往往容易与实行行为相混淆,尤其是接近犯罪对象的行为。这种行为是很多犯罪的共性行为,不属于某一具体犯罪的客观要件,对犯罪对象的威胁并不迫切,不应属于实行行为,而应属于预备行为。就本案而言,正确认定二被告人是否着手实施绑架行为,必须正确界定绑架罪的客观行为。根据《刑法》第二百三十八条的规定,绑架罪是指被告人以勒索财物为目的绑架他人,或者绑架他人作为人质的行为。据此,只要实施了劫持人质行为,就属于犯罪已经着手。劫持的方式,一般表现为使用暴力、胁迫以及其他剥夺人身自由的手段。凡是为以暴力、胁迫等手段剥夺被害人人身自由服务、创造条件的行为,均属于绑架罪犯罪预备行为,而不应认定为实行行为。如行为人采用欺骗手段将被害人骗至或者骗离某一地点再进行挟持的,这种骗离行为尚不属于劫持行为,因为这种行为尚未真正侵害到被害人的人身自由,只有对被害人进行扣押或者关押,限制或剥夺其人身自由,才属于劫持行为。从劫持的时间角度看,只有被告人实施了暴力、胁迫等剥夺被害人人身自由的行为,才能认定为开始实施劫持行为。在此之前的行为,无论复杂简单、时间长短、内容多少、危害大小,均属于劫持开始前为劫持目的服务的行为,不应认定为劫持行为本身,也就不能认定为着手实施绑架犯罪。相应地,可以认定为绑架罪预备阶段的行为,按照犯罪预备处理。这是因为,我国《刑法》对绑架罪设置了严厉的刑罚,法定最低刑为有期徒刑十年(209年2月28日,全国人大常委会通过的《刑法修正案(七)》对绑架罪进行了修订,将绑架罪的法定刑起点降为五年有期徒刑,而本案审理时仍适用1997年刑法的有关规定)。纵观我国刑法分则的规定,"十年以上有期徒刑或者无期徒刑"这一法定刑幅度所对应的都是严重的罪行,如故意伤害致人死亡、抢劫致人重伤或者死亡等犯罪。因此我们在解释、认定绑架罪的构成要件时,应考虑到其法定刑的严重程度作出相应合理的解释,以实现罪刑均衡。在确定绑架罪的"着手"时,一方面要符合"着手"的一般理论,另一方面要顾及绑架罪的特殊性。鉴于绑架罪的法定刑起点较高,确定其"着手"的时间就不宜过早,避免对较轻的行为科以过重的刑罚,从而做到罪刑相适应。具体地说,绑架罪的"着手"应该解释为实施了直接侵犯人质人身权利的行为,即劫持人质的行为。因为只有这种劫持行为才直接侵犯法益,才能与"十年以上有期徒刑或者无期徒刑"相匹配。相应地,在劫持人质之前的行为,只具有抽象的危险性,尚未对人质造成现实的危害,不足以解释为绑架的实行行为,否则会造成罪刑的不均衡。本案二被告人经过预谋,准备绑架陈某某勒索财物。为了达到这一犯罪目的,进行了周密的计划与部署,包括准备犯罪工具,设骗局接近陈某某。其中准备用于扣押被害人的车辆和用于胁迫被害人的爆炸装置,均属于准备犯罪工具的范畴,系犯罪预备行为。被告人设骗局与被害人电话联系意图让被害人"自动地"来到其车辆上,这是否属于绑架的着手。从社会生活领域或者从被告人的主观意思中,可能会认为,经过了数月的筹划,准备了所需要的全部工具,到了案发当天,时机成熟了,可以"着手"实施了,便打了电话与被害人联系,以至于认为这一行为属于绑架罪的着手。但是,根据上述有关绑架罪着手的认定标准,被告人只有实施了扣押被害人剥夺其人身自由的行为才能属于绑架的实行行为,才可以认定为绑架的着手。因此,被告人诱骗被害人的行为,是为实施扣押行为提供便利,创造条件,使绑架行为得以实施,应当属于犯罪预备。[参见第570号指导案例,白宇良、肖益军绑架案,载《刑事审判参考》总第69集(2009年第4集),第50~53页。撰稿:臧德胜]

▽是否具有停止犯罪的"主动性"是区分犯罪预备与犯罪中止的标准

我国刑法规定,犯罪中止的成立,必须满足以下几个条件:第一,时间条件,即只能存在于犯罪过程中,犯罪中止不仅存在于犯罪实行阶段,也存在于犯罪预备阶段。第二,原因条件,即基于主观自动的原因,具有主动性。在犯罪中止的情况下,之所以没有完成犯罪,是由于行为人自动放弃犯罪或者防止犯罪结果的发生,被告人自认为在当时的情况下可以继续实施、完成犯罪,基于本人的意志而停止了犯罪,属于犯罪中止。反过来说,虽然在客观上不存在犯罪的障碍,但是被告人误认为存在犯罪的障碍,认为犯罪不可能继续进行的,这种情况下停止犯罪的,不具有停止犯罪的主动性。第三,效果条件,即被告人必须是彻底地放弃了犯罪,且没有发生犯罪结果。在绑架犯罪的预备阶段,区分犯罪预备和犯罪中止,关键在于正确认定被告人停止犯罪是自愿的还是被迫的,没有着手实施绑架犯罪行为是否违背其主观意志。区分犯罪预备和犯罪中止,就需要考察被告人放弃继续实施预备行为及实施犯罪行为是否因为遇到了不利于着手的因素,该因素不利程度如何,是否足以阻止被告人着手实施犯罪。如果回答是肯定的,则可能成立犯罪预备;否则可能成立犯罪中止。就本案而言,二被告人经过周密策划,犯罪意志坚定,试图将绑架犯罪进行到底,甚至准备好了犯罪后潜逃使用的犯罪工具。在进行犯罪预备活动即编造谎言联系被害人的过程中,误以为被被害人发现了真相,事情败露,遂停止了犯罪。被告人试图通过编造谎言的手段接近被害人,因为认识错误而认为存在继续进行犯罪的障碍,不但不能骗出被害人还有被当场抓获的现实危险。这种认识错误本身就是一个客观存在的障碍,且这种障碍是重大的,足以打破二被告人的犯罪计划,使犯罪无法继续。这正是"意志以外的原因"迫使被告人停止了犯罪,属于犯罪预备。而事实上,被害人恰恰被二被告人的行为欺骗了,信以为真,决定乘坐二被告人的车辆,并到门口等待车辆的到来,如果被告人没有发生认识上的错误,犯罪行为是可以继续进行下去的,但是这些并不影响被告人行为的定性。二被告人放弃犯罪,并非自己主动放弃实施犯罪,如果二被告人当时没有发生认识错误,势必会按部就班地实施自己的犯罪计划。缺乏主动性的停止犯罪,故不能成立犯罪中止。[参见第570号指导案例,白宇良、肖益军绑架案,载《刑事审判参考》总第69集(2009年第4集),第53~54页。撰稿:臧德胜]

第二十三条　【犯罪未遂】已经着手实行犯罪,由于犯罪分子意志以外的原因而未得逞的,是犯罪未遂。

对于未遂犯,可以比照既遂犯从轻或者减轻处罚。

●在数额犯中,犯罪既遂部分与未遂部分分别对应不同法定刑幅度的处刑方法

在数额犯中,犯罪既遂部分与未遂部分分别对应不同法定刑幅度的,应当先决定对未遂部分是否减轻处罚,确定未遂部分对应的法定刑幅度,再与既遂部分对应的法定刑幅度进行比较,选择适用处罚较重的法定刑幅度,并酌情从重处罚;二者在同一量刑幅度的,以犯罪既遂酌情从重处罚。(参见最高人民法院第13批指导案例62号,王新明合同诈骗案,2016年6月30日发布。)

□在网络中盗窃他人的虚拟财产,只要盗窃行为已实现了非法占有该虚拟财产在现实生活中所对应的被害人财产,理当认定犯罪既遂

四、盗窃罪的犯罪对象是种类繁多的公私财物,盗窃公私财物的种类不同,认定盗窃既遂、未遂的方法就会不同。审判实践中,不存在唯一的具体案件盗窃未遂认定标准,应当根据刑法第二十三条规定的"着手实行犯罪""犯罪未得逞""犯罪未得逞是由于犯罪分子意志以外的原因"三个条件,结合盗窃财物种类等具体情况,认定盗窃犯罪行为是否未遂。行为人在网络中盗窃他人的虚拟财产,只要盗窃行为已实现了非法占有该虚拟财产在现实生活中所对应的被害人财产,理当认定犯罪既遂。至于行为人是否对赃物作出最终处理,以及被害人事后是否追回该虚拟财产,均与行为人已完成的犯罪形态无关。(上海市黄浦区人民检察院诉孟动、何立康网络盗窃案,载《最高人民法院公报》总第121期,2006年第11期,第33页。)

▽能犯未遂和不能犯未遂的认定

刑法理论上以犯罪行为实际上能否达到既遂状态为标准,将犯罪未遂分为能犯的未遂和不能犯的未遂两种情形。能犯的未遂,是指犯罪分子有实际可能实现犯罪,达到既遂,但由于犯罪分子意志以外的因素未能得逞。不能犯的未遂,是指犯罪分子因事实认识错误而不可能完成其犯罪达到既遂,而实现其预期的犯罪目的。无论是能犯的未遂,还是不能犯的未遂,由于犯罪行为人既具备了主观的犯罪和罪过,又着手实施了相应的客观行为,因而都具有一定的社会危害性,根据我国刑法的规定都应承担相应的刑事责任,只不过是在具体量刑上,“可以比照既遂犯从轻或减轻处罚”。[参见第208号案例,苏永清贩卖毒品案,载《刑事审判参考》总第28辑(2002年第5辑),法律出版社,第70~73页。案例提供人:潘希,执笔:汪鸿滨]

▽行为人在共同犯罪中的犯罪形态不是必然的一致,所应承担的刑事责任依法亦应有所不同

构成共同犯罪,各行为人在主观方面必须具有共同的犯罪故意,在客观方面实施了共同的犯罪行为。但这并不等于说各行为人在共同犯罪中的犯罪形态就必然是一致的。正如共同犯罪中各行为人的地位、作用会有所不同一样,共同犯罪中各行为人对犯罪后果的心态也可能有所不同。这种差异既可能发生在犯意形成的初始阶段,也可能发生在犯罪实施过程中。刑法第二十二条规定:“对于预备犯,可以比照既遂犯从轻或者减轻处罚”;刑法第二十四条规定:“对于中止犯,没有造成损害的,应当免除处罚;造成损害的,应当减轻处罚。”法律对未遂犯和中止犯分别规定了不同的处罚原则,对前者是“得减原则”,对后者则是“必减原则”。所谓“必减原则”,就是无论何种情由,都必须依法给予从宽处罚,不允许有例外。所谓“得减原则”,不是说任意地可以从宽,也可以不从宽。根据立法精神、刑事政策和司法实践,应当是指除个别特殊情形外,原则上应予以从宽处罚。与“必减原则”相比较,司法实践中,较难把握的是“得减原则”,尤其是何为可以不予从宽处罚的个别“特殊情形”。由于犯罪情形的多样性和复杂性,要给出一个普遍适用的标准显然不大可能,只能就个罪或个犯的具体情况而论。就故意杀人这样的结果犯而言,判断的标准除主观恶性程度外,犯罪所造成的实际后果大小,与法定后果的程度差异以及原因等,也是必须要予以考虑的。如虽杀人未遂,但手段残忍致人重伤或者严重残疾的,就可以成为不予从宽处罚的理由。总之,对法律规定可以从轻或减轻处罚而决定不予从轻或减轻处罚的,一定要审慎把握,应当贯彻罪责刑相适应原则。[参见第242号案例,王元帅、邵文喜抢劫、故意杀人案,载《刑事审判参考》总第32辑(2003年第3辑),法律出版社,第27~28页。供稿:北京高院刑一庭,审编:南英]

▽间接故意犯罪不存在未遂形态

犯罪未遂具备以下三个特征:第一,行为人已经着手实施犯罪。即行为人开始实施刑法分则规定的犯罪构成要件中具体的犯罪行为。至于行为是否实行完毕,不影响犯罪未遂的成立。第二,没有发生犯罪分子所追求的危害结果。这是区别犯罪未遂与既遂的主要标志。第三,没有发生危害结果是犯罪分子意志以外的原因所致。这一特征将犯罪未遂与犯罪中止区别开来。正因为在间接故意中,行为人对危害结果的发生与否是持一种放任态度,当法律上的危害结果发生时,则已成立犯罪既遂,如造成被害人死亡的,应以故意杀人罪定罪处罚;造成被害人受伤(轻伤以上)的,应以故意伤害罪定罪处罚;而没有造成人员伤亡,也是行为人这种放任心理所包含的,而不是什么意志以外的原因所致,无所谓“得逞”与否,犯罪未遂也就无从谈起了。[参见第132(129)号案例,曹成金故意杀人案,载《刑事审判参考》总第21辑(2001年第10辑),法律出版社,第15~16页。执笔:王正山]

▽绝对不能犯与相对不能犯的法律适用

刑法理论上行为人对事实认识错误的一种,因此不能实现其犯罪目的,属对象不能犯。对于不能犯能否予以治罪,应当区分绝对不能犯与相对不能犯两种情形作出处理。所谓绝对不能犯,是指行为人出于极端迷信、愚昧无知而采取没有任何客观根据,在任何情况下都不可能产生实际危害结果的手段、方法,企图实现其犯罪意图的情况,如使用“烧香念咒”“画符烧纸”“香灰投毒”等方法杀人等。所谓相对不能犯,是指行为人在对自己行为的性质及实现行为目的的方法、手段的性质没有发生错误认识的前提下,由于疏忽大意等心理状态造成了对实施犯罪的工具或手段的误认,以致选择了实际上不可能实现其犯罪意图的工具或手段的情况,如误把白糖当砒霜用来毒人等。绝对不能犯与相对不能犯的主要区别在于:前者意欲实施的行为与其实际实施的行为是一致的,但因使用的手段与目的之间的因果关系是建立在反科学、超自然的基础上,故该种手段行为在任何情况下都不可能引起危害结果发生,不具有实质的社会危害性;后者所认识到的手段与目的之间的因果联系是真实的、有科学根据的,只是因为行为人一时疏忽致使意欲实施的行为与其实际实施的行为形似而质异,才未能造成犯罪结果。否则,其所使用的手段或工具就能合乎规律地引起危害结果发生,实现其犯罪目的。因此,刑法理论上一般认为,绝对不能犯不构成犯罪,而相对不能犯则构成犯罪未遂。[参见第 37 号案例,胡斌、张筠筠等故意杀人、运输毒品(未遂)案,载《刑事审判参考》总第 5 辑(1999 年第 5 辑),法律出版社,第 37 页。审编:高憬宏]

▽因对象不能犯形成的犯罪未遂可以从轻处罚

不能犯未遂并非对社会没有危害,在决定对其是否从轻处罚时,应当区分不同情况处理:其一,对于行为的客观危害性相对较小的,如误把头痛粉当"白粉"(海洛因)予以出售,因头痛粉对人体健康的危害不大,一般应依法予以从轻或者减轻处罚;其二,对于行为的客观危害性虽比欲犯之罪较小,但也具有较为严重社会危害性的;其三,对于行为的客观危害性大于欲犯之罪的,如误把海洛因当作麝香进行走私,因走私毒品罪重于欲犯的走私珍贵动物制品罪,即欲犯较轻之罪而实犯较重之罪,虽然应依法认定犯罪未遂,但一般不能予以从轻处罚。在司法实践中,应当根据具体案情区分不同情况,决定对不能犯之未遂具体如何处罚。[参见第 37 号案例,胡斌、张筠筠等故意杀人、运输毒品(未遂)案,载《刑事审判参考》总第 5 辑(1999 年第 5 辑),法律出版社,第 38 页。审编:高憬宏]

▽在被害人谎称报案的情况下,犯罪的未完成形态的认定

在已着手实施强奸犯罪的情况下,因意志以外的因素未能得逞,应认定为犯罪未遂。犯罪未遂与犯罪中止均是犯罪的未完成形态,我国刑法理论界通说以行为人是否自动停止犯罪行为的实施为前提,并基于以下标准对两者作出区分"能达目的而不欲"为犯罪中止,"欲达目的而不能"为犯罪未遂。在司法实践中,可以从犯罪停止原因及行为人心理状态两个方面区分犯罪未遂与犯罪中止。具体言之,犯罪未遂是指行为人由于意志以外的原因而没有得逞。一方面,这种意志以外的原因违背行为人的犯罪本意,行为人当时在主观上并非主动停止犯罪行为,而是在该原因的影响下被动地停止犯罪行为;另一方面,这种意志以外的原因足以阻止行为人的犯罪意志,作为一种客观障碍导致行为人无法继续实施犯罪行为,进而避免行为人所追求的犯罪结果出现。相比之下,犯罪中止是指行为人认识到客观上可能继续实施犯罪或者可能既遂,但基于自己的意志决定自愿放弃原来的犯罪意图,不再希望犯罪结果的发生。本案被告人刘某某已经着手实行强奸犯罪,但由于意志以外的原因而没有得逞,故应认定为犯罪未遂。理由如下:首先,刘某某已经着手实施强奸犯罪。刘某某伙同他人将刘某乙带至松坡公园后,强行抱住刘某乙并欲与其发生性关系,遭到刘某乙反抗后仍欲与其发生性关系,可以认定刘某某已经着手实施强奸犯罪。其次,刘某某停止强奸犯罪系其意志以外的原因所致。刘某某两次强行抱住刘某乙欲对其实施奸淫,均因意志以外的原因未能得逞。第一次系在公园门口台阶处,因有人打着手电筒往刘某某处走来,这一客观障碍导致刘某某不便亦不敢实施强奸行为,遂被迫停止犯罪。第二次系在公园附近一小山旁,刘某某强行抱住刘某乙欲与其发生性关系,遭到刘某乙反抗并被刘某乙咬了一口,正在此时刘某某接到刘某波的电话同时刘某乙也接到电话,并在接听后对刘某某、刘某明谎称其已经让学校的班主任老师报警。被害人接听电话并称已报警这一原因导致刘某某不敢继续实施强奸犯罪。可见,刘某某两次均因自己意志以外的原因而停止犯罪,且上述原因均违背其犯罪本意。最后,上述原因作为客观障碍足以阻止刘某某的犯罪意志。刘某某第一次系在他人经过的情况下停止强奸犯罪,因经过的路人极有可能发现刘某某及被害人,导致其犯罪风险增加,故这一客观障碍足以阻止刘某某的犯罪意志。刘某某第二次系在被害人接听电话后称已经通知他人报案的情况下停止强奸犯罪。结合本案情况,以行为人的认识状态为标准进行判断,尽管被害人系谎称报案,但刘某某并未听清被害人的通话内容,故对被害人报案的说法信以为真。在刘某某当时的认识状态下,如果继续实施强奸犯罪,极有可能被警方逮捕,这一客观障碍亦足以阻止刘某某的犯罪意志,该情况不但得到刘某某供述的证实,而且得到刘某某行为的证实,刘某某在被害人声称报案后随即停止犯罪行为,并将被害人送到安全地点。综上,刘某某的行为不属犯罪中止,应认定为犯罪未遂。[参见第658号指导案例,刘某波、刘某某强奸案,载《刑事审判参考》总第77集(2010年第6集),第45~48页。撰稿:陈建军 刘静坤]

▽刑法分则未对未遂犯单独设置相应的法定刑幅度,在既遂、未遂并存且均单独构成犯罪的情况下,首先应当根据刑法第二十三条第二款的规定就未遂部分比照既遂犯确定对应的法定刑幅度;刑法第二十三条第二款具有量刑情节及确定未遂部分法定刑幅度的双重功能,是对以既遂形态设置的法定刑幅度的补充

《刑法》分则关于法定刑幅度的设置,是以犯罪既遂形态为前提的。对于未遂犯,根据刑法总则的规定,应当予以处罚。但刑法分则并未单独就未遂犯另行设置法定刑幅度,以与既遂犯的法定刑幅度区别开来。为此,根据《刑法》本条第二款的规定,以往在全案只有未遂或者既未遂并存但既遂部分不够入罪标准,或者既未遂并存且均单独构成犯罪的情况下,比较普遍的做法是先按照犯罪(总)数额确定法定刑幅度,然后认定全案未遂,将未遂作为量刑情节,比照既遂犯确定从宽的幅度,决定从轻或者减轻处罚。在这一过程中,刑法本条第二款的规定,基本上是作为量刑情节对待,是在法定刑幅度、量刑起点以及基准刑确定之后对未遂情节的评价。但最高人民法院、最高人民检察院于2011年3月联合出台的《关于办理诈骗刑事案件具体应用法律若干问题的解释》(刑法本条附文中简称《诈骗案件解释》)第六条规定:“诈骗既有既遂,又有未遂,分别达到不同量刑幅度的,依照处罚较重的规定处罚;达到同一量刑幅度的,以诈骗罪既遂处罚。”根据该规定,对于诈骗既遂、未遂并存且均单独构罪的,在确定全案适用的法定刑幅度之前,应当就既遂部分与未遂部分分别对应的法定刑幅度进行比较,也就是说,首先需要确定既遂部分与未遂部分分别对应的法定刑幅度。鉴于刑法分则中的法定刑幅度是针对既遂犯设置的,未遂部分并无直接对应的法定刑幅度,这就给如何确定未遂部分的法定刑幅度带来了问题。要准确理解与贯彻执行《诈骗案件解释》的上述规定,在既未遂并存且均单独构罪的情况下,确定未遂都分对应的法定刑幅度,应当依照刑法本条第二款的规定,与未遂部分对应的既遂形态(既遂犯)进行比较,决定是否对单独构罪的未遂部分减轻处罚,进而确定未遂部分对应的法定刑幅度,与既遂部分对应的法定刑幅度进行比较。在这一过程中,刑法本条第二款,发挥的并非量刑情节功能,即并非在确定法定刑幅度、量刑起点、基准刑后对全案适用,而是在量刑起点确定之前针对未遂部分法定刑幅度确定过程中适用。也就是说,对于刑法本条第二款,不能仅仅理解为对全案适用的未遂量刑情节,在既未遂并存且单独构罪的情况下,还有必要理解为确定未遂部分对应的法定刑幅度的原则,进而作为我国刑法分则以犯罪既遂形态设置法定刑幅度这一原则的补充。唯其如此,才能将刑法本条第二款的规定在具体案件中全面贯彻到位。据此,刑法本条第二款具有双重功能:在全案认定未遂的情况下,该规定的具体适用体现为未遂情节对基准刑的调节功能;在全案认定既遂但未遂部分单独构罪的情况下,该规定的具体适用体现为在确定未遂部分法定刑幅度过程中对对应既遂犯法定刑幅度的调节功能。[参见第891(1020)号指导案例,王新明合同诈骗案,载《刑事审判参考》总第100集(2014年第5集),第10~12页。撰稿:罗鹏飞]

▽既遂、未遂并存且分别构成犯罪的应当贯彻择一重处的原则,不能以犯罪总数额或者一概以既遂数额确定法定刑幅度

在《诈骗案件解释》出台之前,对于数额犯,实践中一直以既未遂的总数额作为犯罪数额,进而确定全案的法定刑幅度,将未遂部分作为未遂情节对全案适用。根据犯罪形态的一般理论,在既未遂并存且既遂部分构成犯罪的情况下,由于部分行为已经既遂且构成犯罪,整个犯罪就已经既遂,就不存在未遂的问题。为了解决实践中存在的部分行为已经既遂且既遂部分已经达到定罪数额标准,仅因存在未遂部分又认定整个犯罪属于未遂的理论困境,同时避免因对全案运用部分行为未遂的未遂情节减轻处罚导致量刑畸轻的问题,《诈骗案件解释》第六条确定了不以既未遂累计的犯罪总数额确定法定刑幅度,而以既遂部分和未遂部分分别对应的法定刑幅度择一重处的处理原则。上述择一重处的处理原则,在最高人民法院、最高人民检察院出台的有关办理知识产权刑事案件,非法生产、销售烟草专卖品刑事案件,盗窃刑事案件等司法解释中均有规定。据此,尽管司法解释没有明确办理合同诈骗案件是否贯彻这一原则,但按照在没有特殊规定的情况下,对于同类问题应当同样处理的惯例,处理其他既未遂并存的案件时,在既遂数额、未遂数额均达到定罪标准的情况下,也应当贯彻这一处理原则。即比较既遂数额、未遂数额所对应的法定刑幅度,在较重法定刑幅度内量刑。

对于数额犯的法定刑幅度的选择,根据《诈骗案件解释》出台之前的一贯思路,以既遂、未遂累计的总数额即全案的犯罪数额确定法定刑幅度,因此确定法定刑幅度的数额与全案犯罪(总)数额是一致的。但在《诈骗案件解释》出台之后,确定法定刑幅度的数额与犯罪(总)数额必须区别开来。在只有既遂或者只有未遂的情况下,确定法定刑幅度的数额与犯罪数额是一致的,但是在既未遂并存的情况下,确定法定刑幅度的数额不再是既未遂累计的犯罪(总)数额,而是既遂部分的犯罪数额或者未遂部分的犯罪数额。具体而言,有以下几类情形:1. 全案只有既遂或者只有未遂的。这种情况下,不存在既未遂并存,所以确定法定刑幅度的数额与全案犯罪(总)数额是一致的。2. 既遂、未遂并存但只有一者符合定罪条件的。这种情况下,不单独构罪的既遂部分或者未遂部分并不存在确定法定刑幅度的问题。确定法定刑幅度的数额为单独构罪的既遂数额或者未遂数额,与既未遂累计的全案犯罪(总)数额不一致。3. 既遂、未遂并存二者均单独符合定罪条件的。这种情况下,既遂部分与未遂部分均对应相应的法定刑幅度。根据《诈骗案件解释》的规定,全案的法定刑幅度根据二者对应的法定刑幅度中较重的确定;在二者对应的法定刑幅度一致的情况下,"以既遂处罚",即根据既遂部分对应的法定刑幅度确定全案的法定刑幅度。此时,决定全案适用的法定刑幅度的数额并非全案犯罪(总)数额,分别是既遂部分数额或者未遂部分数额。4. 既遂、未遂并存,均未单独构罪但总数额符合定罪条件的。对于这种情况能否作为犯罪处理,目前只有最高人民法院、最高人民检察院于2010年3月公布的《关于办理非法生产、销售烟草专卖品等刑事案件具体应用法律若干问题的解释》予以了明确。该解释第二条规定:"伪劣卷烟、雪茄烟等烟草专卖品尚未销售,货值金额达到刑法第一百四十条规定的销售金额定罪起点数额标准的三倍以上的,或者销售金额未达到五万元,但与未销售货值金额合计达到十五万元以上的,以生产、销售伪劣产品罪(未遂)定罪处罚。"对于这种情况,根据既遂、未遂累计的犯罪(总)数额确定全案适用的法定刑幅度,并认定全案具有未遂情节,犯罪(总)数额与确定法定刑幅度的数额是一致的。这里需要注意的是,该种处理方式仅仅适用于解决既遂、未遂均不够定罪条件但总数额已够定罪条件的入罪问题,只涉及第一刑档。如果未遂部分已经达到第二量刑档次,则依据上文的第二种处理原则处理。为了表述方便,决定全案法定刑幅度的数额,也就是选择刑罚档次的数额,这里称为"刑档数额",以便与"犯罪数额"相区别。《诈骗案件解释》出台后,在既遂、未遂并存的情况下,刑档数额与犯罪(总)数额并不完全一致,也不能等同于既遂数额或者未遂数额。在具体案件中,应当根据上述不同情形分别确定刑档数额。[参见第891(1020)号指导案例,王新明合同诈骗案,载《刑事审判参考》总第100集(2014年第5集),第12～15页。撰稿:罗鹏飞]

▽对于未遂部分,先进行是否减轻处罚的评价,确定未遂部分对应的法定刑幅度,再与既遂部分比较确定全案适用的法定刑幅度,将未做评价的既遂数额或者未遂数额在量刑时予以考虑

在既遂、未遂并存且未遂部分对应的法定刑幅度重于既遂部分对应的法定刑幅度的情况下,比较难处理的是如何确定未遂部分对应的法定刑幅度。尽管《诈骗案件解释》第六条规定了既未遂并存时,以分别对应的法定刑幅度择一重的处理原则,但并没有明确如何确定未遂部分对应的法定刑幅度,以及能否对未遂部分减轻处罚、如何减轻处罚等具体问题。未遂部分的未遂情节应当仅适用于未遂部分,不能适用于整个犯罪。应当根据未遂情节决定对未遂部分是否减轻处罚后,即先确定未遂部分对应的法定刑幅度,再与既遂部分进行比较。

1.未遂部分对应的法定刑幅度重于既遂部分对应的法定刑幅度的,应当允许减轻处罚,否则在既遂部分与未遂部分分别对应的法定刑幅度差别较大的情况下,将导致量刑畸重。所以在既未遂并存且单独构罪的情况下,不应认定全案未遂进而对全案进行减轻处罚,但是应当允许在确定与既遂部分比较的未遂部分对应的法定刑幅度时,先行在未遂部分范围内考虑是否需要减轻处罚。

2.在与既遂部分对应法定刑幅度比较时先行就未遂部分考虑是否减轻处罚,有利于发挥既遂部分对未遂部分从宽幅度过大的限制功能,避免量刑畸轻的现象。在既未遂并存且未遂部分直接对应的法定刑幅度重于既遂部分对应的法定刑幅度的情况下,如上文分析,如果直接以未遂数额作为刑档数额确定全案适用的法定刑幅度后,再对全案进行是否减轻处罚的评价,可能导致部分案件的量刑畸轻。但将未遂部分的未遂情节先行作出是否减轻处罚的评价,则可以避免量刑畸轻的现象。

3.避免了在未遂问题上的自相矛盾。对未遂部分在确定与既遂部分进行比较的法定刑幅度过程中进行是否减轻处罚的评价,而不是在与既遂部分对应的法定刑幅度进行轻重比较后进行是否减轻处罚的评价,将对未遂部分是否减轻处罚的评价限定于未遂部分,而非扩展到包括既遂部分在内的全案犯罪事实,从而避免了既认定全案既遂又将未遂部分的未遂情节作为全案未遂情节的情况。

最高人民法院负责起草《诈骗案件解释》的同志在其撰写的相关理解与适用文章中,针对《诈骗案件解释》第六条进行了进一步阐释:"对于此类案件(即诈骗既未遂并存且均单独构成犯罪的案件——编者注),首先要分别根据行为人的既遂数额和未遂数额判定其各自所对应的法定刑幅度,未遂部分还需同时考虑可以从轻或者减轻处罚;之后根据比较结果,如果既遂部分所对应的量刑幅度较重,或者既未遂所对应的量刑幅度相同的,以既遂部分所对应的量刑幅度为基础酌情从重处罚;反之,如未遂部分对应的量刑幅度较重的,则以该量刑幅度为基础,酌情从重处罚。"可见,上述意见与《诈骗案件解释》第六条的精神以及上述负责起草该解释的同志的理解是相符的。[参见第891(1020)号指导案例,王新明合同诈骗案,载《刑事审判参考》总第100集(2014年第5集),第15~18页。撰稿:罗鹏飞]

▽未遂部分的未遂情节在量刑中的具体体现

在量刑规范化工作开展之前,按照"估堆"量刑的方法,似无就未遂部分的未遂情节在量刑中如何体现另行进行探讨的必要。但根据《最高人民法院关于常见犯罪的量刑指导意见》中关于量刑步骤的相关规定,量刑过程分为三个不同阶段:"(1)根据基本犯罪构成事实在相应的法定刑幅度内确定量刑起点;(2)根据其他影响犯罪构成的犯罪数额、犯罪次数、犯罪后果等犯罪事实,在量刑起点的基础上增加刑罚量确定基准刑;(3)根据量刑情节调节基准刑,并综合考虑全案情况,依法确定宣告刑。"这里需要探讨的是在既未遂并存且均构成犯罪的情况下如何体现未遂部分的未遂情节。根据《诈骗案件解释》第六条的规定和前述意见,在既未遂并存且均构成犯罪的情况下,不能全案认定为未遂,未遂部分的未遂情节不再作为全案量刑情节在量刑的第三阶段即根据量刑情节调节基准刑的过程中进行评价,而是在前两个阶段进行评价,并且由于决定全案适用的法定刑幅度的刑档数额可能是既遂数额也可能是未遂数额,未遂部分的未遂情节的适用在不同案件中就会出现不同的适用情况,从而需要进行具体探讨。

1.根据既遂数额确定法定刑幅度。在确定量刑起点阶段,首先要根据基本犯罪构成事实确定全案适用的法定刑幅度。对于既未遂并存且均构成犯罪的,由于决定全案适用的法定刑幅度的刑档数额可能是既遂数额也可能是未遂数额,所以确定量刑起点的基本犯罪构成事实既可能是既遂部分犯罪事实,也可能是未遂部分犯罪事实。对于以既遂部分犯罪事实作为基本犯罪构成事实确定量刑起点的,未遂部分犯罪事实作为"其他影响犯罪构成的犯罪数额、犯罪次数、犯罪后果等犯罪事实",在根据既遂部分犯罪事实确定的量刑起点的基础上增加刑罚量进而确定基准刑,也就是说,在此过程中,未遂部分犯罪事实连同该部分的未遂情节是作为增加刑罚量的因素即量刑中的从重因素得以体现的,这与将未遂情节作为全案适用的量刑情节进行从宽处罚是截然不同的。

2. 根据未遂数额确定法定刑幅度。对于以未遂部分犯罪事实作为基本犯罪构成事实确定量刑起点的，未遂部分的未遂情节是在量刑的第一阶段即确定量刑起点阶段进行评价的，由于这里不涉及既遂部分犯罪事实，对未遂部分未遂情节的评价仅仅局限于未遂部分犯罪事实范围内。在该阶段对未遂部分未遂情节的评价类似于全案未遂中对未遂情节的评价。因此，无论是否根据未遂部分的未遂情节对确定全案适用的法定刑幅度进行减轻处理，未遂部分的未遂情节在该阶段体现的都是对未遂部分犯罪事实的从宽处罚。这与以既遂部分犯罪事实作为基本犯罪构成事实确定量刑起点后对未遂部分未遂情节的评价是不同的。

在根据未遂数额确定全案适用的法定刑幅度过程中，根据《诈骗案件解释》第六条的规定以及前述意见，在与既遂部分对应的法定刑幅度进行轻重比较前，需要就未遂部分的未遂情节对未遂数额直接对应的法定刑是否减轻进行评价。这里需要区分两种情形：第一种情形是不予减轻选择法定刑幅度。在这种情形中，未遂部分的未遂情节并未在法定刑幅度确定过程中得到实际体现，仅仅作为基本犯罪构成事实的一部分在确定量刑起点过程中予以评价。第二种情形是予以减轻选择法定刑幅度。在这种情形中，未遂部分的未遂情节在法定刑幅度确定过程中得到了实际体现，但由于这种体现限于法定刑的减轻选择，未遂情节究竟从宽到何种程度并未完全体现，因此，要就未遂情节进行完全评价，在选择减轻法定刑之外，还需要在之后确定量刑起点的过程中，将其作为基本犯罪构成事实的一部分进行评价。在这一过程中，对未遂部分的未遂情节进行了两次评价，但并不属于重复评价，只有将两次评价结合起来，才能对未遂部分的未遂情节评价充分。本案被告人王某某合同诈骗未遂部分 70 万元，对应法定刑幅度为十年有期徒刑以上刑罚，结合本案的具体情况，应当对该未遂部分减轻处罚，所以确定的未遂部分法定刑幅度应当为三年以上十年以下有期徒刑，与合同诈骗既遂部分 30 万元所对应的法定刑幅度一致。依照《诈骗案件解释》第五条的规定，以合同诈骗罪既遂 30 万元的犯罪事实作为基本犯罪构成事实，确定全案适用的法定刑幅度，并确定量刑起点。将未遂部分 70 万元作为“其他影响犯罪构成的犯罪数额、犯罪次数、犯罪后果等犯罪事实”，确定适当的刑罚增加量，进而在量刑起点的基础上确定基准刑，未遂部分的未遂情节作为未遂部分犯罪事实的一部分，作为量刑过程中的从重因素得以体现。一审判决根据诈骗既遂的 30 万元确定法定刑幅度后，并未将未遂部分的 70 万元在量刑过程中进行评价，因此有失妥当。二审对未遂部分评价后，认为尽管一审法院未评价未遂部分确属不当，但量刑总体上适当，故裁定维持原判，准许上诉人撤回上诉。[参见第 891(1020)号指导案例，王新明合同诈骗案，载《刑事审判参考》总第 100 集(2014 年第 5 集)，第 18～20 页。撰稿：罗鹏飞]

第二十四条 【犯罪中止】在犯罪过程中，自动放弃犯罪或者自动有效地防止犯罪结果发生的，是犯罪中止。

对于中止犯，没有造成损害的，应当免除处罚；造成损害的，应当减轻处罚。

▽犯罪中止及共同犯罪中犯罪中止的认定

犯罪中止的构成要件是：一是中止的及时性，即犯罪中止必须发生在犯罪过程中，如果预定的犯罪已经完成，则不存在犯罪中止的问题。如犯罪既遂后自动返还原物、赔偿损害等行为，就不是犯罪中止，而只能作为对行为人从宽的一个量刑情节考虑。二是中止的自动性，即行为人在犯罪过程中放弃犯罪或有效防止犯罪结果的发生，必须是出于本人主观上的自由、自愿，如果是因为行为人意志以外的原因被迫放弃犯罪或因为行为人意志以外的原因阻却犯罪结果的发生，则是犯罪未遂。三是中止的彻底性，即行为人主观上必须是彻底放弃原来的某种犯罪意图，如果行为人仅是基于某种外在的原因客观上暂时放弃实施具体的犯罪行为，而主观上仍保留该犯罪意图，只是等待时机适当时再实行犯罪，那么，其实质是行为人实行犯罪的时机选择问题，不是犯罪中止。四是中止的有效性，即在犯罪行为实行终了而犯罪结果尚未发生的情况下，要成立犯罪中止，仅消极地停止犯罪行为还不够，行为人还必须采取积极措施有效地防止犯罪结果的发生,倘未能有效地防止犯罪结果发生,则行为人仍不能成立犯罪中止。总之,犯罪中止必须是主客观的统一,主观上行为人必须自动彻底地放弃了犯罪意图,客观上行为人必须放弃了犯罪行为或有效地防止了结果的发生。共同犯罪不同于单独犯罪,由于共同犯罪的各个行为之间相互联结,相互补充、利用,形成有机整体,与犯罪结果之间存在整体上的因果关系,因此,各犯罪人不仅要对本人行为负责,还要对其他共同犯罪人的行为负责。故一般情况下,共同犯罪的中止要求在放弃本人的犯罪行为时,还必须有效地制止其他共同犯罪人的犯罪行为,防止犯罪结果的发生。易言之,在共同犯罪的场合,犯罪一经着手,单个的共同犯罪人,仅是消极地自动放弃个人的实行行为,但没有积极阻止其他共同犯罪人的犯罪行为,并有效地防止共同犯罪结果的发生,对共同犯罪结果并不断绝因果关系,就不能构成中止犯,也不能免除其对共同犯罪结果的责任。[参见第128(125)号案例,张烨等强奸、强制猥亵妇女案,载《刑事审判参考》总第20辑(2001年第9辑),法律出版社,第19～21页。执笔:金泽刚][参见第601号指导案例,朱高伟强奸、故意杀人案,载《刑事审判参考》总第72集(2010年第1集),第34～35页。撰稿:杜军燕　吴政　宋兴林]

▽犯罪中止与犯罪未遂区别的认定

犯罪中止是一种比较特殊的犯罪形态,有两种类型,即自动放弃犯罪的犯罪中止和自动有效地防止犯罪结果发生的犯罪中止。犯罪未遂和犯罪中止都是没有完成犯罪的行为状态,二者存在的差异是:(1)发生的时间不同。犯罪未遂发生在已经着手实施犯罪以后,犯罪预备阶段不存在犯罪未遂。犯罪中止则要求必须在犯罪过程中放弃犯罪,即在实施犯罪预备或者在着手实施犯罪以后,达到即遂以前放弃犯罪,均能构成犯罪中止。(2)未能完成犯罪的原因不同。在犯罪未遂中,犯罪未能得逞是由于行为人意志以外的原因,犯罪的实际结果违背行为人的本意,即欲为而不能为。在犯罪中止中,行为人出于自己的意志而主动放弃当时可以继续实施和完成的犯罪,即能为而不为。这是犯罪中止与犯罪未遂的根本区别。(3)行为结果不同。犯罪未遂的结果是犯罪未逞,是指行为人没有完成某一犯罪的全部构成要件,并不等于不发生任何损害结果。犯罪中止要求行为人必须彻底地放弃犯罪。自动有效地防止犯罪结果发生的犯罪中止还要求行为人必须有效地防止他已经实施的犯罪行为之法定犯罪结果的发生。(4)刑事责任不同。根据我国刑法的规定,对于未遂犯,可以比照既遂犯从轻或者减轻处罚;对于中止犯,没有造成损害的,应当免除处罚,造成损害的,应当减轻处罚。对中止犯的处罚轻于未遂犯,其目的是鼓励犯罪分子不要把犯罪行为进行下去,从而有效地保护国家和人民的利益免遭犯罪的侵害。[参见第242号案例,王元帅、邵文喜抢劫、故意杀人案,载《刑事审判参考》总第32辑(2003年第3辑),法律出版社,第26页。供稿:北京市高院刑一庭,审编:南英]

▽共同犯罪中犯罪中止的认定

在共同犯罪的过程中,当某个实行犯已经着手实行犯罪时,其他实行犯或者帮助犯只有在不仅自己放弃犯罪,而且及时制止实行犯的犯罪行为,并有效地防止犯罪结果发生的情况下,才能成立犯罪中止。放弃犯罪者如果未能有效地防止犯罪结果的发生,就不能按犯罪中止处理,但其为防止犯罪结果发生所作的努力,可以作为酌定的从轻情节在量刑时予以考虑。[参见第156号案例,章浩等绑架案,载《刑事审判参考》总第24辑(2002年第1辑),法律出版社,第47～48页。执笔:宋川　洪冰]

▽在单位犯罪中,案发前离职的不属于犯罪中止

自动放弃犯罪或者自动有效地防止犯罪结果发生,是犯罪中止成立的实质要件。对于可连续多次实施的犯罪来说,如果行为人已经实施了一次以上的犯罪行为,其犯罪中止只能表现为有效防止犯罪结果的发生。单位犯罪案件是单位直接负责的主管人员和其他直接责任人员共同研究、策划犯罪方案并付诸实施,从而成为一个互相联结、有机结合的整体,每一共同犯罪人均应对所参与的共同犯罪结果负刑事责任。行为人无论作为的主犯还是从犯,都已不再具备犯罪中止的条件,其辞职离开单位的行为,只是在客观上停止了其继续参与单位以后的犯罪行为,而不属自动有效地防止犯罪结果发生,与刑法规定的犯罪中止有根本区别。[参见第72号案例,河南省三星公司集资诈骗案,载《刑事审判参考》总第10辑(2000年第5辑),法律出版社,第23~24页。执笔:田立文　夏汉清]

▽中止犯罪中的"损害"认定

确定中止犯首先要构成犯罪,必须满足《刑法》第十三条关于犯罪概念的规定,即中止犯应当是具有严重社会危害性的行为,是能够为刑法所评价的行为,对于那些情节显著轻微、危害不大的行为,不能认定为犯罪,自然也就谈不上成立中止犯的可能。这是确立中止犯惩罚标准"损害"的基本点。因此,中止犯造成的"损害"是建立在犯罪成立评价前提下的,不能等同于一般意义上的损伤。作为刑法规定的中止犯中的"损害"概念:从质的方面来说,损害是指犯罪行为对犯罪对象造成的破坏,根据犯罪对象不同可以分为物质性损害和非物质性损害。物质性损害,如人体机能损伤、物体毁损等,是由以物质为对象的犯罪行为造成的;非物质性损害,如名誉的毁损、人格的损害等,是由以非物质为对象的犯罪行为造成的。从量的方面来说,损害是为刑法所评价的达到一定严重社会危害程度的后果,而不是一般意义上的损伤,否则就存在刑法对中止犯的评价比既遂犯还要严苛的可能,违背刑法设置中止犯的初衷。例如,在不考虑行为人主观方面的情况下,如果一个行为造成被害人轻微伤,如果考虑定故意伤害罪,因该损伤尚未达到刑法评价的严重程度,不能以犯罪追究;但如果认定为故意杀人罪中止犯的损害,则根据刑法规定,应当在三年至十年有期徒刑之间量刑。如此认定中止犯的"损害",中止犯反而成为法律从严惩处的情节,有违立法初衷。本案被告人在对被害人实施强奸后为掩盖罪行,意图杀人灭口而实施掐脖、勒颈等行为显然已构成故意杀人罪。被告人在用于掐、用毛巾勒被害人颈部意图杀人过程中,因发现被害人的脸涨得通红,头不停地摇,面部恐怖,感到害怕,不忍心下手遂解开被害人手脚上的绳子而放弃犯罪,对此被害人陈某也陈述,因其向被告人求饶,被告人将其松开,让其回家,可见,被告人在能够继续实施杀人行为的情况下主动放弃了犯罪,符合刑法规定的犯罪中止成立条件,应当构成故意杀人罪的中止犯。被告人的杀人行为从给被害人造成的危害,从物质性损害角度看造成了被害人颈部勒痕等轻微伤,从非物质性损害角度看对被害人的精神造成了极大恐慌,那么这些是否属于刑法意义上的故意杀人犯罪中止造成的损害呢?首先,故意杀人罪的行为人实施故意杀人行为追求的犯罪目的是造成他人的死亡,故意杀人罪作为一种重刑处罚的犯罪,刑法评价其社会危害性主要是从给被害人造成的物质性损害而言的,即对于被害人的身体造成的伤害,而并非从精神损害上进行评价,因而故意杀人罪犯罪中止所造成损害应指的是对被害人的身体伤害,对于本案中因被告人的故意杀人行为给被害人造成的精神上极大恐慌,不能成为认定故意杀人罪犯罪中止所造成损害的根据。其次,虽然被告人的故意杀人行为客观上给被害人造成颈部勒痕等轻微伤结果,但刑法对于侵犯公民人身权利犯罪追究刑事责任的损害结果要求至少达到轻伤标准,典型的如故意伤害罪,举轻以明重,故意杀人罪作为比故意伤害罪更重的犯罪,亦应对故意杀人犯罪中止的损害进行相应的要求,否则就会出现中止犯反而成为法律从严惩处情节的结果,有违罪刑均衡,也不符合刑法设置中止犯的初衷。因此,对于本案中的轻微伤结果,不能认定为故意杀人罪犯罪中止所造成损害。综上,由于本案被告人的故意杀人行为仅给被害人造成轻微伤,其危害尚未达到刑法惩处的严重程度,故不能认定其犯罪中止造成了损害,依照法律规定,对于被告人的故意杀人行为应当免除处罚,据此,二审法院对被告人所犯故意杀人罪免予刑事处罚是正确的。[参见第601号指导案例,朱高伟强奸、故意杀人案,载《刑事审判参考》总第72集(2010年第1集),第35~37页。撰稿:杜军燕　吴政　宋兴林]

▽对既具有自动性又具有被迫性的放弃重复侵害行为,具体分析能否认定为犯罪中止

犯罪中止和犯罪未遂,一般比较容易区分。犯罪中止是指在犯罪过程中,行为人自动放弃犯罪或者有效地防止犯罪结果的发生,属于未完成犯罪中的一种犯罪停止形态。犯罪未遂是指行为人已经着手实行犯罪,由于意志以外的原因而未得逞的一种犯罪停止形态。区分犯罪中止和犯罪未遂的界限关键要看阻止犯罪达成既遂状态的是"犯罪分子意志以内的原因"还是"犯罪分子意志以外的原因",也就是犯罪分子未完成犯罪是具有“自动性”还是“被迫性”。犯罪中止体现为“自动性”,是行为人能为而不愿为,即理论界所谓的“能而不欲”;犯罪未遂体现为“被迫性”,是行为人愿为而不能为,即理论界所谓的“欲而不能”。但是,在疑难案件中,究竟是“能而不欲”还是“欲而不能”,不是那么容易区分。本案就可以算是一个疑难案件,主要体现如下:一是侵害行为的重复性。被告人非法控制被害人时间长达10余个小时,其中抢劫完成后开始着手实施杀人灭口行为直至最终放弃杀人行为并将被害人送入医院,时间就长达8小时。其间,被告人多次实施了以直接追求被害人死亡为目的的侵害行为,并先后两次致被害人昏迷,被告人也曾误以为被害人已经死亡,但被害人均在封闭的汽车后备厢中苏醒并幸运地存活下来。二是主观故意的反复性。被告人为了杀人灭口,先后用了绳索勒颈、石块砸头、剪刀刺喉等手段,但最终均未导致被害人死亡。之所以如此,除了可能有工具不当、条件所限、被害人身体强健等客观因素外,也应当还有被告人面对熟人不够心狠手辣或者胆小、经验不足、有所顾虑等因素。而且,被害人两次下车逃跑并向路人求救,被告人都予以追回并向被害人承诺将其送到医院救治,但在被害人上车后,被告人不是迅速送医,而是威胁甚至继续殴打被害人。由此不难看出,被告人内心是在作斗争的,杀人犯意并不是始终都那么坚决,而是出现过动摇和反复。三是放弃原因的复杂性。客观地说,被告人最终放弃杀人的原因,既有被迫性,也有自动性。被迫性体现在:当时已是早晨,路上人多,被害人已经呼救并请求路人报警,且过路男子拿出了手机,看了车牌,被告人担心路人已经报警,若不放弃,罪行将会败露;被害人还具有一定的反抗能力,并随时可能下车呼救,客观上不容易继续杀死她,特别是在条件更有利时几次动手均无法杀死她的情况下,被告人更加没有信心了。综上,被告人在一定程度上是被迫放弃犯罪的。自动性体现在:被害人上车后,车上仍然只是一对一,被告人如果一意孤行,就可以设法阻止被害人下车呼救,不计后果地强行开车,冲出闹市区,到偏僻地点后与被害人搏斗,并极有可能最终杀死被害人。但被告人知难而退,以求自保,在一定程度上也是自动放弃犯罪。至于是自动性多一点,还是被迫性多一点,可谓是仁者见仁、智者见智。正是由于案件本身的疑难,特别是被告人主观故意的反复性和放弃原因的复杂性,才导致两种观点针锋相对:犯罪未遂观点侧重于被迫性方面,得出被告人被迫放弃犯罪的结论;而犯罪中止观点侧重于自动性方面,得出被告人自动放弃犯罪的结论。法官面对现实中千差万别的刑事案件,要解决的根本问题其实只有两个——依法和适当的定罪、量刑。但很多疑难案件往往不是对错分明,难以立辨是非,即使是基于同一事实和证据,从不同的角度和切入点进行分析,也有可能得出完全不同却又都有充分法律依据和理论依据的结论,对这些结论,往往无法直接作出非此即彼的抉择。因此,处理疑难案件不能过于拘泥于以往的经验和现有的理论,不能过于死板地“一刀切”,在面对两难选择时,在不违背法律本意的前提下,以最大限度地在各个方面均达到更好的裁判效果为目的,用更加开阔的思路,更加充分地发挥法官的自由裁量权,把原则性与灵活性、法律效果与社会效果更好地结合起来,依法作出适当的定罪、量刑。就本案而言,原审法院侧重考虑被告人放弃犯罪的不完全自动性,以及已实施侵害行为的严重社会危害,认定被告人的故意杀人行为构成犯罪未遂,是适当的。具体分析如下:(一)放弃重复侵害行为并不必然属于犯罪中止。“放弃重复实施的侵害行为”的特征主要有主客观两方面的条件:一是客观上,已经实施的侵害行为未能发生预期的危害结果,而且,同时存在继续实施犯罪行为的可能性;二是主观上,认识到可以重复继续实施自己的犯罪行为而放弃重复实施,并且行为人预期的法定结果始终没有发生。一般而言,自动放弃重复侵害行为可以认定为犯罪中止。因为行为人在客观上具备可以继续实施犯罪的条件,主观上对继续实施犯罪的可能性亦有清醒的认识,放弃本来可以继续实施的犯罪行为,表现出放弃犯罪的自觉性。然而,现实情况非常复杂,必须具体情况具体分析。如果停止犯罪完全是出于被告人的本意,放弃本来可以继续实施的犯罪行为,自然应当认定为犯罪中止。但是,如果不是完全自动地放弃重复侵害行为,而是既有自动性,也有被迫性,就应当实事求是,客观分析判断究竟是自动性为主,还是被迫性为主,如果有足够依据判定行为人停止犯罪是以被迫性为主,则可以认定犯罪停止形态为未遂。

(二)被告人放弃犯罪及救治被害人的被迫性大于自动性。虽然被告人最后放弃犯罪并送被害人到医院治疗,但认真分析原因,不难发现被告人的被迫性大于自动性。(1)放弃杀人犯罪的被迫性大于自动性。被害人从汽车后备厢逃出到公路上向路人求救后,被告人驾车追赶被害人,并持水果刀捅刺被害人的腹部,因刀柄折断而未得逞后,被告人才提出送被害人到医院治疗。而被告人在将被害人劝说上车后,又殴打被害人,当车行驶到上杭县紫金公园门口时,被告人不是往上杭医院方向行驶,而是往老公路方向行驶,被害人见状后在加油站旁从车上跳下,再次向路人求救。此时已是早晨,路上人多,被害人具有一定的反抗能力,被告人在客观上无法继续实施杀人灭口行为,只好再次劝说被害人上车并送她到医院。且在被害人上车后,被告人又以不能报警,如果报警会弄死被害人相威胁。可见,被告人主要是基于在当时的时间、地点等客观环境下无法继续实施杀人行为的考虑才被迫无奈停止了犯罪,相比较而言,被告人主观上自动放弃的特征不明显。(2)救治被害人的被迫性大于自动性。被告人将被害人送医救治虽然有一定的自动性,但更多的是被迫性。被告人供称,被害人从后备厢跑到公路上呼救时,已经是白天了,路上也有很多人,当时有三四辆摩托车及一辆中巴车经过,被害人每辆车都拦,其怕有人报警,这时没有办法了,所以送被害人去医院,然后和她协商私了此事,叫她不要报警。到医院后,被告人也是在被害人朋友林文胜的要求和监督下筹集并支付医疗费的。可见,被害人是智斗歹徒;先承诺私了,待其朋友到达确保其人身安全后再报警将被告人抓获归案。被告人之所以将被害人送医救治,不仅客观上不得已,主观上也存在误解,被迫性大于自动性。(三)本案以犯罪未遂处理能够取得较好的社会效果本案的公检法三机关考虑到被告人已实施侵害行为的严重社会危害,以及放弃犯罪的不完全自动性,均认定被告人的故意杀人行为构成犯罪未遂,原审法院据此对被告人以故意杀人罪(未遂)判处有期徒刑十年。被告人及其辩护人虽然辩称是犯罪中止,但被告人在宣判后却没有上诉,说明其也是服判的。被害人对判决结果也是满意的。可以说,本案认定犯罪未遂,符合罪刑相当原则的要求,取得了较好的社会效果,实现了法律效果和社会效果的有机统一。[参见第611号指导案例,李官容抢劫、故意杀人案,载《刑事审判参考》总第73集(2010年第2集),第20~24页。撰稿:黄应生、郭盛元、林新英]

▽在犯罪预备阶段单独停止犯罪,未积极阻止同案犯继续实施犯罪,也未有效防止共同犯罪结果发生的,不能成立犯罪中止

(一)在犯罪预备阶段为共同犯罪准备工具、制造条件,即使未参与实行的,也应当承担共同犯罪刑事责任。根据刑法第二十五条第一款的规定,共同犯罪行为可以是作为也可以是不作为,在共同犯罪中也可能存在分工,并非人人直接实施实行行为。有的犯罪可能历经犯意提起、犯罪条件的准备、实行行为的着手和完成。在分工复杂的共同犯罪中,各共同犯罪人实施犯罪行为的过程并非都是自始至终,可以在不同犯罪阶段介入,也可以仅介入部分犯罪的实行过程。但不管何时介入,只要与其他共同犯罪人的行为结合成一个统一体,就应当承担共同犯罪的刑事责任。但考虑到各共同犯罪人在共同犯罪中的分工不同和参与实施犯罪的程度不同,其各自在共同犯罪中所起的作用也不同,从而其所承担的刑事责任也应当予以区分。共同犯罪人未参与实行行为,但对实行结果承担刑事责任的情形通常有两类:一类是参与了预谋但未参与预备、实行行为;另一类是参与了预谋、预备但未参与实行行为。前者即是理论界提出的"共谋共同正犯",即二人以上共谋实行犯罪行为,而由谋议者中一人或者部分人直接实行犯罪,参与共谋的他人,即便未参与实行,也作为共同犯罪人负刑事责任。实践中这样的情况时有发生,犯罪预备阶段的共同谋议行为已不仅是停留于主观内心的犯罪意图,亦不仅是个体的意思表示,是相互间的意思联络;参与共谋者即便未参与实行,但通过参与如何实施共同犯罪的商量,为实行者提供有利条件,进而对共同犯罪行为施加影响,当以共同犯罪者论,应当根据其在共同犯罪中所起的作用处罚。对共谋共同正犯追究刑事责任,是理论界的通说,也是司法实务部门的共识。举轻以明重,共谋共同正犯尚需承担共同犯罪责任,在犯罪预备阶段为共同犯罪准备工具、创造条件的行为更应承担共同犯罪责任。本案刘某、薛某某预谋抢劫杀人,二被告人为此一同寻找埋尸的地点并购买了作案工具刀子,后薛某某单独完成杀人抢劫,二被告人的行为构成共同犯罪。刘某虽未直接实施抢劫行为,但在对共同抢劫行为存在主观罪过的心理支配下,与实行犯薛某某一同寻找埋尸地点、准备犯罪工具。可见,刘某、薛某某基于共同的合意,进行犯罪准备。刘某在预备阶段所做的努力,为薛某某的实行行为创造了条件,也通过薛某某的实行行为与危害结果建立因果关系。刘某、薛某某的行为不是相互独立的,主观上相互知晓,客观上相互支撑,作为一个有机统一的整体存在。因此,刘某与薛某某属于共同犯罪,刘某系共同犯罪中的帮助犯。根据部分行为全部责任的原则,刘某即便未参与犯罪全过程,也应当对共同犯罪行为所致的全部结果承担责任。

(二)共同犯罪人单纯放弃个人继续犯罪,未阻止他人实行行为或者有效防止危害结果发生的,不能成立犯罪中止。共同犯罪从形式上可区分为简单共同犯罪和复杂共同犯罪,二者评判犯罪中止的成立存在不同。简单共同犯罪中,二人以上共同故意实行犯罪,若部分共同实行犯在犯罪过程中自动放弃犯罪,又成功阻止其他共同实行犯放弃犯罪,犯罪过程不再延续的,各共同实行犯均成立犯罪中止;该放弃犯罪者虽未能说服他人的,但通过自身努力有效避免危害结果发生的,其依然构成犯罪中止,而相对其他未放弃者而言,危害结果的未发生是意志以外因素所致,则构成犯罪未遂;该放弃犯罪者若未能有效劝服其他实行犯,或者未能采取合理、有效措施,避免危害结果发生,致使犯罪既遂的,各实行犯均应对危害结果承担刑事责任。复杂共同犯罪中,虽然内部存在分工,各共犯对犯罪过程参与程度不同,但对是否成立犯罪中止的判断,基本原则等同于简单共同犯罪,主要把握放弃犯罪者终止自身行为、对其他共犯是否成功施加影响或有效避免危害结果的发生等几方面内容。对其他非主动放弃犯罪的共犯的犯罪形态把握,就要看危害结果未发生的状态与其主观心态是否背离,是否因其主动放弃犯罪心态下付出的努力,或者成立犯罪中止,或者成立犯罪未遂。若未能有效避免犯罪结果发生的,均构成犯罪既遂。本案中,刘某系复杂共同犯罪中的帮助犯,其虽然放弃继续实施犯罪,但未有效阻止实行犯薛某某放弃继续实施犯罪,也未有效防止犯罪结果的发生,薛某某继续实行并完成抢劫行为,故刘某的行为不构成犯罪中止,应当认定为抢劫既遂。

虽然根据犯罪中止理论的通说,共同犯罪人单纯放弃继续犯罪,未能阻止他人实行行为或有效防止危害结果发生的行为,不成立犯罪中止,其仍具备承担犯罪既遂责任的主客观条件,但毕竟其主观上存在放弃继续犯罪的愿望,客观上未再继续扩大其在共同犯罪中的影响,也未再对危害结果的产生施加作用力,相较未放弃的共同犯罪人而言,其行为的社会危害性较小,个体的主观恶性、人身危险性也较低,所应背负的刑事责任理应有所区别。刑法第六十一条规定:"对于犯罪分子决定刑罚的时候,应当根据犯罪的事实、犯罪的性质、情节和对于社会的危害程度,依照本法有关规定判处。"共同犯罪人所应承担刑事责任的大小,除需考虑整体犯罪的性质、手段、后果等相关情节外,更应注重考虑共犯参与程度、地位、作用以及对其他共犯产生的影响,而对于意欲放弃犯罪却不足成立中止犯的共同犯罪人来说,自动放弃行为或防止犯罪结果发生的努力也是一个方面的考虑因素。尤其是共同犯罪人若仅参与犯罪预备,未及实行阶段便萌生放弃之意,客观上更未进一步参与,其行为在共同犯罪中所起的作用相对较小,与共同犯罪后果间的因果联系也相对疏离,只是因共同犯罪整体性及共同犯罪人相互牵连的特性使其应背负相较个人犯罪更高的注意义务,由其仍需承担共同犯罪既遂责任已是体现,但若不在具体刑事责任负担上区分考虑则是对共同犯罪人过于苛责,也有悖于罪责刑相适应的原则,另一方面也不利于鼓励共同犯罪人放弃犯罪。由此可见,共同犯罪人即便放弃犯罪的行为不足以成立犯罪中止的,也应根据其在共同犯罪中的实际作用、危害大小并适当考虑其放弃犯罪的意愿及所做努力施以相应刑罚。本案中,刘某仅参与犯罪预备阶段的准备工作,没有参与同案被告人后期实施的犯罪行为,对后期危害结果的发生也持消极态度,客观上其未进一步扩大其个体行为所致恶害,参与共同犯罪程度较浅,在共同犯罪中所起作用相对较小,系从犯。故法院对刘某依法予以减轻处罚,体现了罪责刑相适应的原则。[参见第949号指导案例,刘星抢劫案,载《刑事审判参考》总第96集(2014年第1集),第75~79页。撰稿:钟彦君　贾东升]

第三节　共同犯罪

第二十五条　【共同犯罪概念】共同犯罪是指二人以上共同故意犯罪。

二人以上共同过失犯罪,不以共同犯罪论处;应当负刑事责任的,按照他们所犯的罪分别处罚。

▼全国部分法院审理毒品犯罪案件工作座谈会纪要(2008年12月1日)

九、毒品案件的共同犯罪问题

毒品犯罪中,部分共同犯罪人未到案,如现有证据能够认定已到案被告人为共同犯罪,或者能够认定为主犯或者从犯的,应当依法认定。没有实施毒品犯罪的共同故意,仅在客观上为相互关联的毒品犯罪上下家,不构成共同犯罪,但为了诉讼便利可并案审理。审理毒品共同犯罪案件应当注意以下几个方面的问题:

一是要正确区分主犯和从犯。区分主犯和从犯,应当以各共同犯罪人在毒品共同犯罪中的地位和作用为根据。要从犯意提起、具体行为分工、出资和实际分得毒赃多少以及共犯之间相互关系等方面,比较各个共同犯罪人在共同犯罪中的地位和作用。在毒品共同犯罪中,为主出资者、毒品所有者或者起意、策划、纠集、组织、雇佣、指使他人参与犯罪以及其他起主要作用的是主犯;起次要或者辅助作用的是从犯。受雇佣、受指使实施毒品犯罪的,应根据其在犯罪中实际发挥的作用具体认定为主犯或者从犯。对于确有证据证明在共同犯罪中起次要或者辅助作用的,不能因为其他共同犯罪人未到案而不认定为从犯,甚至将其认定为主犯或者按主犯处罚。只要认定为从犯,无论主犯是否到案,均应依照刑法关于从犯的规定从轻、减轻或者免除处罚。

二是要正确认定共同犯罪案件中主犯和从犯的毒品犯罪数量。对于毒品犯罪集团的首要分子,应按集团毒品犯罪的总数量处罚;对一般共同犯罪的主犯,应按其所参与的或者组织、指挥的毒品犯罪数量处罚;对于从犯,应当按照其所参与的毒品犯罪的数量处罚。

三是要根据行为人在共同犯罪中的作用和罪责大小确定刑罚。不同案件不能简单类比,一个案件的从犯参与犯罪的毒品数量可能比另一案件的主犯参与犯罪的毒品数量大,但对这一案件从犯的处罚不是必然重于另一案件的主犯。共同犯罪中能分清主从犯的,不能因为涉案的毒品数量特别巨大,就不分主从犯而一律将被告人认定为主犯或者实际上都按主犯处罚,一律判处重刑甚至死刑。对于共同犯罪中有多个主犯或者共同犯罪人的,处罚上也应做到区别对待。应当全面考察各主犯或者共同犯罪人在共同犯罪中实际发挥作用的差别,主观恶性和人身危险性方面的差异,对罪责或者人身危险性更大的主犯或者共同犯罪人依法判处更重的刑罚。

□共同犯罪的故意的司法认定

共同犯罪是指二人以上共同故意犯罪,各共同犯罪人必须具有共同犯罪的故意。所谓共同犯罪的故意,是指各共同犯罪人通过意思联络,知道自己是和他人配合共同实施犯罪,认识到共同犯罪行为的性质以及该行为所导致的危害社会的结果,并且希望或者放任这种结果的发生。如果行为人并不了解他人真正的犯罪意图,不清楚他人所实施的犯罪行为的性质,而是被他人蒙骗或者出于自己的错误认识,在错误理解犯罪性质的情况下参与他人实施的犯罪,则不能认定该行为人与他人实施了共同犯罪,而应当依据该行为人的犯罪实际情况,按照主客观一致的原则正确定罪处罚。(天津市人民检察院第一分院诉李彬、袁南京、胡海珍、东辉、燕王峰、刘钮、刘少荣、刘超绑架案,载《中华人民共和国最高人民法院公报》2008年第8期,第35页。)

▽共同犯罪主客观要件的认定

主观方面各犯罪人必须具有共同的犯罪故意,各犯罪人之间的犯意互相沟通,彼此协调和默契;各共同犯罪人都应当知道自己不是在孤立地实施某一犯罪,而是在同其他犯罪人一起互相配合,共同实施某一犯罪;各犯罪人都明知自己的行为的性质和将引起危害社会的结果,而且对这种结果均持希望或放任的故意态度,这种共同的故意把每个共同犯罪人的个人认识和意志连接成他们共同的犯罪意识。客观方面各犯罪人的行为相互配合,共同实施目标一致的共同犯罪活动。[参见第3号案例,宋东亮、陈二永强迫交易、故意伤害案,载《刑事审判指导》总第1辑(2004年第1辑),人民法院出版社,第16~17页。执笔:黄国民]

▽共同犯罪故意的认定

共同犯罪故意,是指共同犯罪人通过意思联络,认识到他们共同的犯罪行为会发生危害社会的结果,并决意共同实施犯罪,希望或者放任该结果发生的心理态度。"共同"不仅有"相同"的含义,而且有"合意"的含义。它包括两方面内容:一是各共同犯罪人都有相同的犯罪故意,要求各共犯人都明知共同犯罪行为的性质、危害社会的结果,并且希望或者放任危害结果的发生。各共犯人均对同一犯罪持有故意,而不要求故意的形式和具体内容完全相同。就故意形式而言,双方均为直接故意、间接故意以及一方直接故意一方间接故意,只要是同一犯罪的故意,都可成立共同犯罪。就故意的具体内容来说,只要求各共犯人具有法定的认识因素(明知自己的行为会发生危害社会的结果的主观心理状态)和意志因素(希望或者放任危害结果发生的主观心理态度),即使故意的具体内容不完全相同,如实行犯与帮助犯的故意,也可成立共同犯罪。二是各共犯人之间具有意思联络,都认识到自己不是在孤立地实施犯罪,而是在和他人一起共同犯罪。[参见第388号案例,于爱银、戴永阳故意杀人案,载《刑事审判参考》总第49集(2006年第2集),法律出版社,第20~21页。执笔:吴光侠]

▽共同犯罪行为的认定

共同犯罪行为,不仅指各共犯人都实施了同一犯罪构成的行为,而且各共犯人的行为在共同故意支配下相互配合、相互协调、相互补充,形成一个整体。"共同行为"意味着各共犯人的行为都是共同犯罪行为这一整体的组成部分;在发生危害结果的情况下,各共犯人的行为作为一个整体与危害结果之间具有因果关系。共同犯罪行为的分工情况可能表现为四种情况:实行行为、组织行为、教唆行为或者帮助行为。也就是说,共同犯罪行为可以分为实行行为和非实行行为,非实行行为包括组织行为、教唆行为或者帮助行为。共同行为有两种表现形式:一是简单共同行为,所有行为主体的行为都符合具体的作为犯罪构成要件行为的基本特征,而组合成共同行为;二是复杂共同行为,行为具有明确的分工,每一行为主体的单独行为并不完全具备完整的行为结构,甚至并不属于犯罪构成要件的行为,但经过组合后,整体的行为不仅能够全面满足具体的行为要件,并且成为危害结果的合一原因的共同行为。[参见第388号案例,于爱银、戴永阳故意杀人案,载《刑事审判参考》总第49集(2006年第2集),法律出版社,第21~22页。执笔:吴光侠]

▽事前通谋的共同犯罪的认定

根据共同犯罪故意形成的时间,将共同犯罪分为事前通谋的共同犯罪和事前无通谋的共同犯罪(事中通谋的共同犯罪)。所谓"事前",就是在着手实行犯罪以前;所谓"通谋",是指为犯罪而同谋共议。具体而言,是指各共犯在着手实行犯罪以前,相互之间就准备实施的犯罪予以沟通、谋划和准备,如邀约同伙,决定犯罪的时间、地点、对象、方式,对参与犯罪的人员进行分工,谋划犯罪后逃避处罚的对策等。在事前通谋的共同犯罪中,共同的犯罪故意是各共犯在着手实行犯罪之前的通谋之中形成的,因此,各共犯之间的意思联络即表现为通谋。通谋之后,各共犯基于在通谋中所形成的共同犯罪故意而实施的一切行为都是共同的犯罪行为。故对于为他人犯罪提供帮助的行为,无论是事前提供帮助还是事后提供帮助,也无论是为实行犯罪提供帮助,还是为犯罪分子逃避处罚提供帮助,只要帮助人与犯罪实行人之间事前有通谋,那么,该帮助行为都是共同犯罪中的组成部分,是在共同犯罪故意的支配下实施的共同犯罪行为,应以共同犯罪论处。刑法第三百一十条第二款规定,窝藏、包庇犯罪的人,事前通谋的,以共同犯罪论处,其理由就在于此。值得注意的是,这里所说的"事前",应当理解为被窝藏、包庇的犯罪人实行犯罪之前,而不是实施窝藏、包庇行为之前。如果将其理解为实施窝藏、包庇行为之前,不仅不符合共同犯罪的原理,而且也使该条规定没有必要。至于事中通谋的共同犯罪,一般而言,共同的犯罪故意是在着手实施犯罪之时或在实行犯罪之中,通过共同参与犯罪或为他人实施犯罪提供帮助而形成的,故共犯之间的意思联络主要表现为犯罪行为之间的相互配合。如果共同犯罪故意是在实行犯罪过程中形成的,而帮助犯的行为是在实行犯的行为完成后才实施,仍然应以共犯论处。在共同犯罪中,无论是事前有无通谋,共犯之间的意思联络是必不可少的,否则,就无法形成共同的犯罪故意。必须强调的是,这种意思联络是相互的和双向的,即在认识因素上,各行为人不仅认识到自己在犯罪,而且认识到其他共犯也在与其一起实施犯罪,同时,还都认识到他们共同的犯罪行为会引起的某种危害结果的发生。在意志因素上,都决意参与共同犯罪,并希望或放任共同的犯罪行为引起某种犯罪后果。如果行为人仅仅认识到自己在实施犯罪,而没有认识到其他犯罪人在配合其实施该犯罪,或者行为人虽然认识到他人在实施犯罪,但自己却未以其行为或语言向其他犯罪人表明自己决意参与该犯罪,那么,二者之间就因缺乏意思联络而未形成共同的犯罪故意,因而不构成共同犯罪。[参见第254号案例,冉国成、冉儒超、冉鸿雁故意杀人、包庇案,载《刑事审判指导》总第33集(2003年第4集),法律出版社,第29~30页。执笔:于天敏 王飞]

▽为犯罪提供便利条件,二人共谋实施一个非犯罪行为,非犯罪行为人构成共犯

为犯罪提供便利条件,二人共谋实施一个非犯罪行为,非犯罪行为人实施行为后,被告人实施了犯罪行为,且该犯罪行为在二人事前共同预谋范围内,非犯罪行为人构成共犯。[参见第395号案例,滕开林、董洪元强奸案,载《刑事审判参考》总第50集(2006年第3集),法律出版社,第16~17页。执笔:贺同新]

▽共同犯罪中过限行为(实行过限)及其刑事责任的认定

共同犯罪中的过限行为,又称实行过限,是指在共同犯罪过程中,部分共同犯罪人实施的超出共同犯罪故意的行为。根据我国刑法关于共同犯罪的规定和罪责自负原则,在实行过限的情况下,对于过限行为,只能由其实行者以及其他参与者(如组织、帮助、教唆实行者实施该过限行为的人)承担相应刑事责任,而对于其他未参与实施该过限行为的共同犯罪人,则不能要求其对该过限行为承担刑事责任。[参见第4号案例,薛文勋等人故意杀人、爆炸案,载《刑事审判指导》总第1辑(2004年第1辑),人民法院出版社,第21页。执笔:李燕明]

▽实行犯中的实行过限认定

在共同实行犯罪的情形下,判定实行行为过限的基本原则是看其他实行犯对个别实行犯所谓的"过限行为"是否知情。如果共同实行犯罪人中有人实施了原来共同预谋以外的犯罪,其他共同实行犯根本不知情,则判定预谋外的犯罪行为系实行过限行为,由实行者本人对其过限行为和后果承担责任;如果其他实行犯知情,除非其有明确、有效的制止行为,则一般认为实行犯之间在实施犯罪当场临时达成了犯意沟通,其他人对实行者的行为予以了默认或支持,个别犯罪人的行为不属于实行过限,其行为造成的危害结果由各实行犯共同承担责任。[参见第409号案例,王兴佰、韩涛、王永央故意伤害案,载《刑事审判参考》总第52辑(2006年第5辑),法律出版社,第9~10页。执笔:牛传勇]

▽虽事先明知他人意欲抢劫后杀人灭口,但其始终没有与他人形成共同杀人的故意,其不构成故意杀人罪的共犯

共同犯罪故意是二人以上在对于共同犯罪行为具有同一认识的基础上,对其共同行为会造成的危害社会的结果所持的希望或者放任的心理状态。共同犯罪故意是成立共同犯罪的首要前提,没有共同犯罪故意就不成立共同犯罪。共同犯罪故意作为犯罪故意的特殊形态,较之单一个体的犯罪故意具有更为复杂的内容,不仅要求共同犯罪人对所要共同实施的犯罪行为和结果具有相同的认识因素和意志因素,更为重要的是,要求共同犯罪人之间经意思联络达成合意。但各共同犯罪人在通过意思联络达成合意的过程中,往往可能并不是完全明示各自的主观内容,或者在谋议之时各自均只具有概括的故意。在这种情况下,各共同犯罪人对所要共同实施的犯罪行为很难有绝对同一的认识,尤其是对于行为的手段、方式、程度等,甚至在某些场合,也可能各共同犯罪人对于行为的后果抱有不同的意志因素,当然只能是希望和放任的区别。因此,在判断共同犯罪故意的界限时,不能过于拘泥和教条,通常来说,只要故意指向的行为性质没有发生质的改变,就可以认为行为没有超出共同犯罪故意的范围。共同犯罪人在共同犯罪故意的范围内成立共同犯罪,超出合意范围的行为即构成所谓的实行过限。实行过限的本质特征是实行犯实施了超出共同犯罪故意的行为。构成过限行为必须以存在共同犯罪的基本行为为前提,也即实行过限依附于共同犯罪,但因部分共同犯罪人超出共同故意而行为,使得共同犯罪或者完全转化为单个人犯罪,或者在共同犯罪之外成立新的单个人犯罪。前者如甲乙二人共谋伤害丙,实施过程中,甲临时决意并实施了杀死丙的行为,因故意杀人的故意内容涵盖了故意伤害的故意内容,如认定甲乙在故意伤害范围内成立共犯,甲又单独构成故意杀人,则甲所实施的犯罪行为在认定故意杀人和故意伤害时作了重复评价,故应直接认定甲乙二人分别构成故意杀人罪和故意伤害罪;后者如甲乙二人共谋盗窃,盗窃中甲又临时起意强奸了被害人,则甲乙在认定共同盗窃之外,甲又单独构成强奸罪。实行过限虽然与共同犯罪密不可分,但已不属于共同犯罪形态,其在构成事实及承担责任方面均具有不同于共同犯罪的独立性。实行过限构成事实的独立性在于,实行过限者所实施的行为已超出共同故意的行为内容,导致了不同于共同犯罪内容的结果。实行过限承担责任的独立性则是指由超出犯意的行为人独立承担过限行为的责任。部分共同犯罪人主观上的犯意超出,与共同犯罪的犯意转化不同,后者是指所有共同犯罪人在新的犯意基础上达成合意,改变原来谋议的内容。共同犯罪的犯意转化不影响共同犯罪的成立,各共同犯罪人在新的犯意基础上成立共同犯罪。[参见第566号指导案例,卜玉华、郭臣故意杀人、抢劫案,载《刑事审判参考》总第69集(2009年第4集),第21～23页。撰稿:魏磊]

▽同时犯与共犯的认定

同时犯,是指数个行为人没有共同实行犯罪的意思联络,同时或在近乎同时的前后,对同一目标实施同一犯罪,或在同一场所实施同一性质的犯罪。同时犯的数个行为人主观上只有自身的故意,相互间没有意思联络,客观上没有相互配合,因此,即使同时犯的行为人相互知道对方也在实施同一性质的犯罪行为,由于没有共同的犯意和行为,所以只成立单独的犯罪。[参见第374号案例,吕卫军、曾鹏龙运输毒品案,载《刑事审判参考》总第47集(2005年第6集),法律出版社,第49～51页。执笔:杨才清]

▽同时犯的认定

共同犯罪故意是构成共同犯罪的主观要件,缺乏共同犯罪故意的数人同时对同一对象实施同种犯罪,也只是同时犯,而非共同犯罪。同理,二人以上同时对同一对象实施相互支持、帮助的犯罪行为,因双方的犯罪故意内容不同,没有形成共同的犯罪故意,亦不构成共同犯罪。[参见第156号案例,章浩等绑架案,载《刑事审判参考》总第24辑(2002年第1辑),法律出版社,第44～46页。执笔:宋川 洪冰]

▽帮助犯帮助故意所要求的"明知",不需要确切知道他人实施的是何种犯罪,只要明知他人正在或将会实施犯罪即可

共同犯罪的成立,不仅要求具有共同的犯罪行为,而且还要求参与共同犯罪的行为人具有共同的犯罪故意。犯罪人主观上的共同故意和客观上共同行为的有机统一,既是正确认定共同犯罪的主要根据，也是确定各共同犯罪人刑事责任的前提和基础。根据分工不同，共同犯罪行为客观表现为四种情况：一是实行行为，即直接导致危害结果发生的行为，其对共同犯罪故意内容的实现起着直接决定作用；二是组织行为，即组织、策划、指挥行为，其对共同犯罪的性质、规模等有着决定性影响；三是教唆行为，即故意引起他人犯罪意图的行为，其对他人犯意的形成起促成作用；四是帮助行为，即为共同犯罪创造条件、提供便利的行为，其对共同犯罪的顺利实施、完成起积极辅助作用。帮助犯是对实行犯实行犯罪提供帮助的人。成立帮助犯，要求有客观上的帮助行为和主观上的帮助故意。帮助行为是实行行为以外的、使实行行为更为容易的行为，既可以是有形的（物质上的帮助），也可以是无形的（精神上的帮助）；可以是作为，也可以是不作为。帮助故意是指帮助犯明知所帮助的人正在或将要实施某种犯罪，仍然为之提供帮助，便利其犯罪，对因而造成的危害结果持希望或放任的态度。需要指出的是，对于构成帮助犯帮助故意所要求的这种“明知”，不需要确切知道他人实施的是何种犯罪，只要明知他人正在或将会实施犯罪即可。司法实践中，对明知的认定，既要避免单纯根据结果客观归罪，也不能仅凭被告人自己的供述，一般应综合案情采用主客观相一致的方法进行判定。［参见第 337 号案例，邓冬蓉非法出售增值税专用发票案，载《刑事审判参考》总第 43 集（2005 年第 2 集），法律出版社，第 23 ~ 25 页。执笔：康瑛］

▽在共同犯罪中，共同犯罪人无论是否直接参与实行行为，都应对危害结果共同承担责任

在共同犯罪中，共同犯罪人无论是否直接参与实行行为，都应对危害结果共同承担责任，原因在于其本人参与实施的组织、教唆、帮助或者实行行为对于整体犯罪结果的发生客观上具有一定程度的原因力，并具备一定的主观罪过。但是，如果实行犯实施了某种超出共同犯罪人共同谋议之罪范围或程度要求的行为，其他犯罪人对其实行过限的行为，既无共同行为，也无共同故意，因此，应由实行过限行为人独立承担实行过限的责任。［参见第 322 号案例，朱永友抢劫案，载《刑事审判参考》总第 41 集（2004 年第 6 集），法律出版社，第 14 ~ 19 页。执笔：叶巍　高军］

▽共同犯罪的性质应结合主犯的犯罪性质来加以具体确定

单位与单位，单位与自然人之间可以构成共同犯罪，目前理论上和司法实务中均无疑问。从犯罪人的角度，本案应认定为贷款诈骗罪，从犯罪单位的角度，则应以合同诈骗罪定罪处罚。所以，这里确实存在一个罪名的具体适用问题。对此，可以参照《最高人民法院关于审理贪污、职务侵占案件如何认定共同犯罪几个问题的解释》的有关精神，根据全面评价的法律适用原则，结合主犯的犯罪性质来加以具体确定。［参见第 305 号案例，马汝方等贷款诈骗、违法发放贷款、挪用资金案，载《刑事审判参考》总第 39 集（2004 年第 4 集），法律出版社，第 9 ~ 10 页。执笔：邓钢　康瑛］

▽牵连犯中手段行为虽属共同犯罪，但不足以认定部分被告人具有目的行为中的共同故意，在具体确定罪名时应区别对待

牵连犯中手段行为虽属共同犯罪，但不足以认定部分被告人具有目的行为中的共同故意，在具体确定罪名时应区别对待，在刑法业已将一种行为进行单独评价，规定了独立罪名的情况下，不宜也不必依附于所帮助的行为来定性。［参见第 213 号案例，董佳、岑炯等伪造有价票证、职务侵占案，载《刑事审判参考》总第 29 辑（2002 年第 6 辑），法律出版社，第 22 ~ 24 页。执笔：黄国民　张本勇］

▽犯罪故意内容不一致，不影响共同犯罪的构成

作为共同犯罪主观要件的共同犯罪故意，指的是各共同犯罪人通过犯意联络，明知自己与他人配合共同实施犯罪会造成某种危害结果，并且希望或者放任这种危害结果发生的心理态度。可见，各共同犯罪人之间的犯意联络及对行为危害结果的预见是构成共同犯罪故意的实质性内容，而对危害结果的态度却可以有希望或者放任两种不同形式。也就是说，在共同犯罪故意的认定中，并不要求各共同犯罪人的犯罪故意内容完全一致，也并不要求各共同犯罪人分别独自具备某具体犯罪的主观要件的全部内容，如特定目的等，而只以各共同犯罪人的犯意相互连接，共同形成某一具体犯罪的主观要件整体为满足。实际上,各个共同犯罪人由于其地位、角色的不同,他们的犯罪故意内容往往是有所不同的,比如,组织犯的组织故意、实行犯的实行故意、教唆犯的教唆故意、帮助犯的帮助故意,均有其各自不同的特点。对于帮助故意的认定,只要求证明帮助犯明知他人将要实行犯罪,并积极提供帮助、创造便利条件即可,至于有无特定的犯罪目的、犯罪结果是否其所积极追求的,均不影响帮助故意的认定。如妇女帮助男子实施强奸行为,该妇女虽并不具有强奸目的,但仍能成立强奸罪共犯。这一点在我国的立法例及司法解释上也得到了充分的体现,比如刑法第一百五十六条关于走私罪共犯的规定、《关于办理生产、销售伪劣商品刑事案件具体应用法律若干问题的解释》第九条关于生产、销售伪劣商品犯罪的共犯的规定等。[参见第168号案例,刘岗、王小军、庄志德金融凭证诈骗案,载《刑事审判参考》总第25辑(2002年第2辑),法律出版社,第29～31页。执笔:刘芸;第143号案例,韩俊杰、付安生、韩军生产伪劣产品案,载《刑事审判参考》总第23辑(2001年第12辑),法律出版社,第7～8页。执笔:刘为波]

▽承继的共同犯罪的认定

所谓承继的共同犯罪,系指在他人实施一部分犯罪之后,行为人才开始参与他人犯罪的情况。承继的共同犯罪人对于共同犯罪意思发生以前的原先的共同犯罪人的行为,如有加以利用而继续共同实行犯罪的意思,即应对原先的共同犯罪人的行为负共同的责任,因为这种行为也包括在其共同意思之内。负何种罪责与具体量刑并不是一回事。负同种罪责的各个共同犯罪人由于在共同犯罪中所起的作用不同,其处刑轻重仍然应当有所区别。绑架罪与故意杀人罪等犯罪行为实施完毕以后,犯罪即告结束的即成犯不同,它是继续犯。勒索型绑架罪是以勒索财物为目的,为实现犯罪目的,行为人的绑架行为从绑架实施终了到实现其勒索目的止,一直处于继续状态。在绑架行为持续过程中,任何事前无通谋的人明知绑架行为存在,仍加入帮助绑架行为人实施勒索行为的,构成绑架罪的共犯。[参见第156号案例,章浩等绑架案,载《刑事审判参考》总第24辑(2002年第1辑),法律出版社,第46～47页。执笔:宋川　洪冰]

▽身份犯与非身份犯勾结共同犯罪的定性原则

以主犯犯罪性质确定全案性质的做法,已被现行刑法所否定。共同犯罪案件性质的确定取决于共同故意与共同行为是否符合法定某一具体犯罪的构成要件。共同行为可从以下两个方面来考察:一是各共同犯罪人实施犯罪都利用了职务上的便利,对于不具备特定身份的其他共犯则必须利用了有特定身份的犯罪人的职务之便。二是各共同犯罪人实施了共同的贪污行为。在共同犯罪中,虽然存在不同的分工和不同共犯参与犯罪的程度不同,以及各自发挥的作用不同的情况,但是所有行为都必须围绕着一个犯罪目的而彼此配合、互相衔接。综上,只有同时具备共同贪污的故意和共同利用职务便利的贪污行为,全案才能以共同贪污犯罪定性。因全案并不是完全以行为人的职务行为完成的,未完全利用他人的职务便利实施全部犯罪,全案就不能仅以行为人利用职务便利为实施犯罪作了必要准备这一部分行为定性。[参见第52号案例,高金有盗窃案,载《刑事审判参考》总第7辑(2000年第2辑),法律出版社,第33～36页。审编:张军]

▽在共同犯罪中,对于具有两种不同特定身份的人定罪处罚原则

在对共同犯罪人判处刑罚的时候,必须分清各共同犯罪人在共同犯罪中的地位、作用,做到罪刑相适应。(1)共同犯罪性质主要是以行为特征来确定的,各共犯人的共同故意与共同行为符合何种罪的构成要件,就应定何种犯罪。而共犯人是主犯还是从犯,不是对共犯人定罪的根据。共同犯罪只能解决在同一犯罪活动中各被告人的作用、地位问题,并不能反映全案犯罪的基本特征。一个共同犯罪中可能有几个主犯,如果主犯的身份不同,以哪个主犯身份定罪也产生问题。因此共同犯罪应以有特定身份犯的行为性质作为定案的依据,无身份者应当按照有特定身份者的犯罪性质来定罪。(2)身份犯是刑法对具有特定身份的人构成犯罪所作出的特殊规定。由于身份的不同,直接影响犯罪行为社会危害性的大小。既然法律对不同的身份所构成的犯罪都已经明确作出规定,就应当严格依照刑法的规定来处罚。贪污罪、受贿罪和职务侵占罪、商业受贿罪是刑法规定的两种不同的身份犯，前者只能由经管公共财物的国家工作人员构成，后者只能由公司、企业或其他单位负责管理单位财物的人员构成。两罪的刑罚，前者重，后者轻。这反映了立法的基本精神，即对国家工作人员要从严惩处，对非国家工作人员的职务性犯罪，则相对从轻处罚。因此，在共同犯罪中将这两种不同身份的人分别定罪是符合立法精神的。当然共同犯罪在一般情况下，应当定一个统一罪名，但这不是绝对的，在承认共同犯罪的故意、共同犯罪的行为的同时，根据法律规定的主体身份的要求，分别确定不同的罪名，分别给予不同的处罚，既体现了共同犯罪人对自己所参与的犯罪行为负责的原则，也体现了罪刑相适应的要求。(3)须特别指出的是，共同犯罪中同案犯具有不同的特定身份，不是一律依其不同身份分别定罪，关键是看各被告人是否分别利用了本人的职务便利实施犯罪。是利用了本人的职务便利，应当依照前述原则分别定罪处罚；没有利用各人不同的职务便利，仅仅是具有不同的特定身份，则全案应当以有特定身份的人利用职务便利实施的犯罪定性。[参见第30号案例，苟兴良等贪污、受贿案，载《刑事审判参考》总第4辑(1999年第4辑)，法律出版社，第37~39页。审编：高憬宏]

▽事前通谋、事后帮助他人逃匿的行为应认定为共同犯罪

我国刑法中所规定的窝藏罪是指明知是犯罪的人而为其提供隐藏处所、财物，帮助其逃匿的行为。窝藏行为是在被窝藏的人犯罪后实施的，行为人的犯罪故意也是在他人犯罪后产生的，即行为人是在事前与犯罪人没有通谋的情况下实施窝藏行为的，才成立本罪。如果行为人虽然在他人犯罪后实施了帮助其逃匿的行为，但事前知道并参与了共同犯罪的预谋，则行为人与他人具有共同犯罪的故意，应作为共同犯罪来处理，而不能仅对其帮助逃匿的行为认定为窝藏罪。本案赵某仅在事后驾车载被告人逃离现场，不能据此认定赵某构成窝藏罪，而需进一步分析其与同案犯之间是否存在共同犯罪的故意。在案证据表明，赵某在与其他同案犯事先预谋时即明确，“如果碰到不给钱的，就几个人围住并胁迫对方交付。如对方还不给钱就凶点，打几下也没关系”。这就表明，赵某与其他同案犯不仅具有抢劫的共同故意，需要以抢劫罪认定，而且还具有伤害他人的概括故意，对抢劫致人死亡的结果亦需承担责任。从犯罪实施过程来看，其他人的行为均没有超出事先预谋的范围，不存在实行过限的问题。因此，赵某与其他同案犯应当认定为同一罪名即抢劫罪。至于犯罪过程中，赵某在远处望风并用车载其他同案犯逃离现场，该行为属于整个共同犯罪的一部分，不应单独认定为窝藏罪。[参见第581号指导案例，龚文彬等抢劫、贩卖毒品案，载《刑事审判参考》总第70集(2009年第5集)，第52页。撰稿：聂昭伟]

▽以欺骗手段诱使他人产生犯意，并创造犯罪条件的，构成共同犯罪

认定共同犯罪须具备主客观两方面的条件，即各行为人具有共同的犯罪故意和共同的犯罪行为。“共同故意”意味着各行为人都明知共同犯罪行为的性质、危害结果，并且希望或者放任危害结果的发生，也要求各行为人主观上有意思联络，都认识到自己不是在孤立地实施犯罪，而是同他人一起共同犯罪。这种意思联络能够起到相互促进、强化犯意、激励犯罪的作用，这是共同犯罪不同于单独犯罪的一个显著特征。至于各行为人的犯罪动机是否一致，不影响共同犯罪的成立。犯罪动机只是刺激、促使行为人实施犯罪行为的内心起因或思想活动，只反映行为人基于何种心理原因实施犯罪行为，对于认定犯罪是否成立基本没有实质意义。“共同行为”不仅指各行为人都实施了属于同一犯罪构成的行为，而且指各人的行为在共同故意支配下相互配合、相互协调、相互补充，形成一个整体。在发生了危害结果的情况下，各人的行为作为一个整体与危害结果之间具有因果关系，故也可以肯定各人的行为与危害结果之间具有因果关系，各人均应对危害结果承担责任。[参见第633号指导案例，焦某根、焦某林故意杀人案，载《刑事审判参考》总第75集(2010年第4集)，第19~21页。撰稿：闫宏波　翁维中]

▽间接正犯与片面共犯的认定

首先，被告人焦某林不属于间接正犯。焦某林借被告人焦某根之手杀死被害人唐某某，近似于刑法理论中的间接正犯。但间接正犯的本质是将他人作为工具来实现自己的犯罪意图，而被利用者通常缺乏刑事责任能力或者犯罪故意,故利用者与被利用者之间不构成共同犯罪。如果被利用者具有刑事责任能力,或者具有犯罪故意,即使被利用者系受到欺骗而实施犯罪行为,但因其具有自由意志,不完全属于犯罪工具,利用者和被利用者之间可以形成共犯关系,不能认定利用者属于间接正犯。本案被告人焦某根虽因缺乏理性判断而被焦某林利用,形式上成为焦某林实现自己试图侵占被害人唐某某房产的工具,但焦某根具有完全刑事责任能力,其杀人意图系自行产生,意志自由未受到焦某林的限制,杀人也是为了维护自家经营山场的利益,故并不完全属于焦某林犯罪的工具。并且,焦某林将被害人带上山场,为焦某根杀人创造条件,在现场目睹焦某根杀人却未真正阻止,并帮助焦某根藏匿尸体,客观上实施了帮助行为。因此,焦某林不属于间接正犯。其次,被告人焦某林也不属于片面共犯。焦某林利用被告人焦某根杀死被害人,但焦某根却不明知自己被焦某林利用,近似于刑法理论中的片面共犯。我国刑法理论认为,共同犯罪的各行为人之间主观上必须有意思联络,而片面共犯中一方没有认识到有他人和自己共同犯罪,故片面共犯不属于共同犯罪。本案被告人焦某根、焦某林兄弟二人对"谁来买山场就杀谁"之事有过多次意思联络,虽然焦某林没有明确表示赞同焦某根的杀人意图,但也没有反对,这种默示实际上也是二人达成犯意联络的一种表现形式。特别是当焦某根提出让焦某林把要买山的人带上山来后,焦某林把被害人唐某某骗上山,实际上是以具体行动配合焦某根的杀人意图,焦某根虽不明知自己系被利用,但很清楚焦某林将买山场的人带上山来,就是让其实施杀人行为,故二被告人之间存在共同犯罪故意,焦某林不属于片面共犯。综上,本案由被告人焦某林精心策划所致,其设下骗局利用自己的亲哥哥焦某根杀害唐某某,虽没有直接动手杀人,但积极为杀人创造条件,且杀人时始终在场,还参与埋尸,应认定为主犯。焦某根形式上是焦某林借刀杀人的工具,看似可悲,但他为了自己的利益,首先提议杀人,并在见到被害人后不问事情真相,立即动手杀人,足见其鲁莽性格和杀人决心,亦系主犯。尽管没有焦某林的精心策划就不会发生本案,但没有焦某根的鲁莽凶残亦不会发生本案,且焦某林的欺骗行为并没有限制焦某根的意志自由,焦某林对焦某根的杀人行为并不具有明显控制力,故仍应认定焦某根的罪责大于焦某林。据此,最高人民法院依法核准了焦某根死刑。[参见第633号指导案例,焦某根、焦某林故意杀人案,载《刑事审判参考》总第75集(2010年第4集),第21～23页。撰稿:闫宏波　翁维中]

▽邀约非法持有枪支者携枪帮忙,构成非法持有枪支罪的共同犯罪

(一)被告人邀约非法持枪者携枪帮忙的行为具有较大的社会危害性,应认定为犯罪。行为应否认定为犯罪,需要判断该行为是否具有社会危害性,以及这种社会危害性是否已经达到应受刑罚处罚的程度。本案叶某某因朋友与他人发生纠纷,邀约他人携枪帮忙,使原本放在其他地方、被他人所非法持有的枪支发生了空间的转移,被非法持有的枪支因空间和环境的改变而具有了新的潜在危险性。同时,叶某某的主观内容不仅限于简单地持有枪支本身,而且具有明确的使用枪支的意图。虽然叶某某所欲实施的其他犯罪行为尚未具体实施,甚至其本人在未到达现场前对可能发生的行为也没有明确的认识,使用枪支实施何种犯罪也因证据问题无法证实。但该情形下,不能因为最终未造成严重危害后果而否认叶某某邀约他人携枪帮忙行为的社会危害性。综上,叶某某的行为具有较大的社会危害性,应当作为犯罪处理。(二)被告人作为邀约者与受邀持枪帮忙者具有非法持有枪支的共同犯罪故意。共同犯罪的成立要件之一是各行为人主观上具有共同故意。非法持有枪支罪的共同犯罪,要求各行为人在主观上明知所持有的枪支为管制物品,明知自己缺乏持有枪支的合法条件和资格而持有,同时各行为人之间对持有枪支的行为具有意思联络。具体到本案中,被告人韩某某虽然在持有枪支前与叶某某并无通谋,但非法持有枪支属于继续犯,只要行为人非法持有着枪支,这种不法行为就一直处于持续状态,即一直处于犯罪过程中。叶某某明知枪支属于管制物品,其和韩某某均不具有合法的持枪资格,但却在韩某某非法持有枪支期间邀约韩某某携枪帮忙。叶某某主观上具有非法使用韩某某所持枪支的意图,韩某某对此表示同意,而使用枪支的必然前提就是对枪支的持有,因此,自韩某某同意携枪与叶某某一道前去帮忙之时起，二人已就非法持有枪支达成合意形成非法持有枪支的共同犯罪故意。对于韩某某携枪支、弹药上车时，叶某某要求韩某某将枪支交由自己保管，并让韩某某不要一起去，被韩某某拒绝并坚持自己携带枪支一同前往这一情节，不能就此认定韩某某实际上与叶某某直接持有枪支二人未能达成非法持有枪支的共同故意，叶某某的行为就只能认定为非法持有枪支罪的未遂。如前所述，在韩某某对叶某所提携枪帮忙的要求表示同意时，两人事实上就已经达成了非法持有枪支的共同故意，而后由谁直接持有枪支，只是具体行为方式不同，并不影响共同犯罪故意的形成，且韩某某拒绝的是叶某某对枪支单独、直接的持有。无论韩某某出于何种考虑，只要没有拒绝叶某某让其持有枪支前去帮忙的邀请，二人在非法持有枪支的行为上就达成了共同的犯罪故意。（三）被告人叶某某通过受邀者非法持有枪支达到对枪支的间接控制，属于非法持有枪支的方式之一。通常认为，“非法”是指行为人不符合合法持有的主体、程序及其他条件。“持有”是指一种事实上或法律上的支配，不管持有的具体形式如何，其根本特征都是行为人对物的支配，表现为行为人与物品之间存在一种支配与被支配的关系。“持有”需要具备两个要素：一是行为人在主观上对该物品具有支配意思；二是行为人在客观上对该物品具有支配力。二者紧密联系，构成了持有支配关系的完整内容。持有的具体方式，既可以是行为人本人随身携带，放在自己的住处或工作场所加以隐藏、保管，也可以表现为将物品委托他人保管或出租、出借给他人使用、保管等；既可以是公开持有，也可以是秘密持有；既可以是一人单独持有，也可以是两人以上共同持有；既可以是行为人直接持有，也可以是行为人通过实际持有人能够控制和使用枪支的间接持有。总之，持有从本质上说表现为行为人对特定物品的一种支配力、控制力，但无需特定物品必须处于行为人的物理力的控制之下。即使物品与行为人的人身或住所相分离，根据事实，只要物品实际上归行为人所支配、控制即可构成持有。在具体案件中判断行为人对管制物品是否存在事实上的控制、支配关系，应当根据行为时的时间、地点、场合、管制物品的具体性质、特点、数量、种类等各种客观因素综合予以判断。就本案而言，被告人叶某某明知被告人韩某某非法持有枪支，还让其携带枪支上自己的车前去帮忙，目的是要利用韩某某的枪支，韩某某也正是为了帮助叶某某而携带枪支，二人相互配合、协助，使叶某某通过韩某某实现了对枪支的间接控制。枪支究竟由谁具体持有的状态，并不影响共同犯罪的构成。因此，在共同犯意支配下对枪支的间接控制也应认定为对枪支的非法持有。综上，被告人叶某某因介入他人纠纷而邀约本已构成非法持有枪支罪的被告人韩某某携枪帮忙，其行为构成非法持有枪支罪的共同犯罪。［参见第644号指导案例，叶燕兵非法持有枪支案，载《刑事审判参考》总第76集（2010年第5集），第12～16页。撰稿：何春燕　刘东］

▽欠缺犯意联络和协同行为的同时犯罪，不能认定为共同犯罪

共同的犯罪故意主要是指各行为人之间必须存在关于共同实施特定犯罪行为的犯意联络。共同的犯罪行为主要是指各行为人在犯意联络的基础上共同实施相应的犯罪行为。实践中，对共同犯罪故意的认定需要关注以下两个方面的内容：一是共同犯罪故意的认识因素和意志因素；二是共同犯罪人之间的犯意联络。具体言之，共同犯罪故意的认识因素是指各行为人对本人和他人共同实施的犯罪行为所具有的社会危害性的认识。共同犯罪故意的意志因素即各行为人在认识到共同犯罪社会危害性的基础上决意共同实施犯罪行为，希望或者放任共同犯罪危害结果发生的心理态度。而共同犯罪的犯意联络则是指各行为人关于相互协同实施特定犯罪行为的意思沟通，这种意思沟通可以采用明示或者默示的方式进行，其实质上是指各行为人共同实施特定犯罪行为的“合意”。共同犯罪行为人必须对共同犯罪具有故意，但如果各行为人之间欠缺相互协同实施特定犯罪行为的意思沟通，则不构成共同犯罪，只不过是同时犯，作为单独犯只对自己所实施的犯罪行为承担责任。本案当栗某某称刘某乙与刘某甲是在社会上玩的女人时，黄登科即提出将刘某乙、刘某甲分别带出去发生性关系，刘正波、刘海平等人均表示同意并分别伙同他人将二被害人带出去意图发生性关系。此种情形下不能认定刘海平与刘正波具有共同的强奸犯罪故意，理由如下：首先，刘海平与刘正波事先并无明确的强奸犯罪故意。认识和意志因素是行为的指引,而行为是认识和意志二因素的客观反映和外在表现。本案中,刘海平与刘正波事先不具备共同强奸犯罪的认识和意志因素,并无确定的强奸犯罪故意。在粟某某称刘某乙与刘某甲是在社会上玩的女人时,刘正波与刘海平等人即认为在社会上玩的女人就可以随便与之发生性关系,正是基于这种想法,刘正波与刘海平对黄登科提出将被害人分别带出去发生性关系的建议表示同意。虽然刘海平与刘正波均有与二被害人发生性关系的意图,并就此达成合意,但并无证据证实二被告人存在强奸二被害人的故意,亦不能推定二被告人存在强奸二被害人的故意。其次,刘海平与刘正波没有就共同实施强奸犯罪进行犯意联络。刘正波与刘海平系在分别伙同他人将二被害人带出去后,在意图与被害人发生性关系时因遭被害人反抗而产生的强奸犯罪故意,可见,二被告人的强奸犯罪故意是分别形成的,也是在不同的时间形成的。同时,刘海平与刘正波系分别伙同他人将被害人带走,在不同的时间、空间针对不同的侵害对象采取不同的手段、行为方式,并无协同实施强奸犯罪的意思沟通和具体行为。如二被告人意图共同实施强奸犯罪,则选择相同的时间、地点更加便于犯罪行为的实施。其间,二被告人虽有电话联络,但仅是相互询问对方的进展情况,并非进行意思沟通,故不能认定双方存在共同实施强奸犯罪的合意。根据主客观相统一的原则,共同犯罪的成立除需具备共同的犯罪故意之外,还要求各行为人在客观上具有协同行为。各行为人基于犯意联络通过相互协作和配合实施特定的犯罪行为,共同实现预期的犯罪目的,才成立共同犯罪。各行为人的协同犯罪行为彼此联系、互相配合,作为一个有机统一的整体,与犯罪结果之间均存在刑法上的因果关系。这也是整体论哲学理念之下共犯的归责基础。本案中,黄登科提议将二被害人分别带出去发生性关系,后刘正波与黄登科将刘某甲带至"左岸贵宾楼",并采取暴力和威胁手段对刘某甲实施轮奸。刘海平与刘进明则将刘某乙带至松坡公园并着手对刘某乙实施强奸行为。此种情况下不能认定刘正波与刘海平具有共同强奸的行为,理由如下:首先,从犯罪事实的构成要素上看,刘正波与刘海平实施强奸犯罪的时间、地点及侵害对象不同,各自独立形成一个完整的强奸犯罪事实。其次,从共同犯罪必须具备的协同行为上看,刘正波与刘海平各自实施的强奸犯罪之间不存在相互联系和配合。刘正波与刘海平系分别伙同他人实施强奸行为,侵害的对象不同,各自的强奸行为彼此独立、分开进行,不存在互相利用、补充、分工和配合等关系。最后,刘正波与刘海平各自的强奸犯罪行为与对方的强奸危害后果之间不存在因果联系。刘正波伙同黄登科将刘某甲带至"左岸贵宾楼"并对其实施轮奸的行为与刘某甲被轮奸这一危害后果之间存在刑法上的因果联系,而刘海平的行为与该危害结果之间并不存在刑法上的因果关系。同理,刘正波的行为与刘海平实施的强奸行为所造成的危害结果之间也不存在刑法上的因果联系。综上,被告人刘海平与刘正波在主观上没有共同的强奸故意,客观上也没有共同的强奸行为,故不构成共同犯罪。作为同时犯罪,二被告人只对自己所实施的犯罪行为承担责任。[参见第658号指导案例,刘正波、刘海平强奸案,载《刑事审判参考》总第77集(2010年第6集),第45~48页。撰稿:陈建军　刘静坤]

▽单位共同犯罪及各被告人在共同犯罪中的地位和作用的认定

各被告单位和被告人以牟利为目的,按照协议和分工组织淫秽表演,依法应认定为共同犯罪;各被告人作为单位主管人员或直接责任人员,应当对单位犯罪承担相应的责任。与单独犯罪一样,共同犯罪的成立仍以符合特定的犯罪构成为前提。有学者就此指出,共同犯罪与单独犯罪的区别不在于犯罪构成,而在于符合犯罪构成的行为事实的差异。一方面,各行为人必须具有共同的犯罪故意,即"犯意联络";另一方面,各共同犯罪行为人必须在犯罪过程中必须存在配合和协作,即"协同行为"。共同犯罪中各行为人"犯意联络"的认定是司法实践中的难题,尤其是在复杂共犯的场合,各行为人需要按照相应的分工从事特定的行为,单个行为人的行为可能并不构成犯罪,但各行为人的行为结合起来则构成犯罪。因此,各行为人的犯意联络和协同行为具有内在的紧密联系,必须结合起来加以分析。实践中,共同犯罪行为人通常以主观上没有犯罪故意或者没有共同犯罪故意为由否认犯罪行为或者共同犯罪行为。由于犯罪活动总要外化为客观的行为并产生特定的结果,因此,可以通过分析行为人的犯罪行为及结果来推断其主观认识和各行为人之间的犯意联络。对于犯罪主观方面的证明,需要综合全案证据进行客观分析,不能仅凭被告人的口供。为客观、准确地认定犯罪主观方面,既要分析各行为人的犯罪行为及其结果,又要分析各行为人在犯罪之前的准备行为和犯罪之后的后续行为;既要认真分析各被告人的供述,又要全面调查其他证据材料。本案被告单位重庆市聚乐网络有限公司与其他被告单位签订合作协议后,负责相关视频聊天软件的开发以及持续维护更新,并且建立自有推广渠道,分享自行推广全部收入的65%,重庆市聚乐网络有限公司通过与另两个被告单位的协议合作获取收益显著高于市场收益。同时,重庆市聚乐网络有限公司在对视频聊天软件持续维护更新的过程中必然知晓该聊天软件的实际用途,结合被告人刘某某此前作出的供述,能够认定其明知其他被告单位从事组织淫秽表演的非法活动,故应依法认定为组织淫秽表演罪的共犯。被告单位重庆市聚乐网络有限公司的法定代表人刘某某作为直接负责的主管人员,应当对其单位的犯罪行为承担责任,并应认定为组织淫秽表演罪的共犯。被告人张某负责招募和管理专职女主播,其收入为固定工资加专职女主播的提成或专项提成;被告人何某作为被告单位重庆访问科技有限公司总裁助理,负责联系兼职女主播代理,均为组织淫秽表演罪的具体组织者,应当作为直接责任人员对其单位的犯罪行为承担责任,并均应认定为组织淫秽表演罪的共犯。上述被告单位和被告人在共同犯罪中按照协议和分工从事特定的行为,积极参与组织淫秽表演犯罪,在共同犯罪中均起主要作用,均应结合其他犯罪情节作出相应的处罚。[参见第673号指导案例,重庆访问科技有限公司等单位及郑立等人组织淫秽表演案,载《刑事审判参考》总第78集(2011年第1集),第87~88页。撰稿:刘静坤]

▽各共同犯罪人对犯罪事实的认识有程度、范围上的差异,但在重合的范围内成立共同犯罪

本案为三人共同犯罪,法院认定另案处理的被告人孙某某构成故意杀人罪,另案处理的被告人孙飞以及本案被告人李某构成故意伤害罪。这与常见的通常情况下对共同犯罪人判处相同罪名的模式有所不同。共同犯罪中的各行为人原则上应当构成同一犯罪,但在一定条件下也可有例外,本案就属于例外情况。根据共同犯罪理论,当各共同犯罪人对犯罪事实的认识存在程度、范围等方面的不同时,如所认识的基本事实为同质并且重合的,在重合的范围内各共同犯罪人仍可成立共同犯罪。本案李某、孙飞对注射药物行为性质、危害的认识明显不及孙某某全面、准确。孙某某不但明知该药是鹿用麻醉药,而且对药品的名称、包装、说明、功效等都比较了解,故其明知多次或者过量注射该药会导致被害人死亡,但为实现个人离婚目的,仍指使孙飞和李某注射药物,对危害结果的发生持放任态度,构成故意杀人罪。而李某和孙飞一样,仅知道该药是"管睡觉"的,对其二人的注射行为会导致被害人死亡结果的发生缺乏认知,故其二人只构成故意伤害罪,致人死亡只能作为加重情节。故意伤害罪和故意杀人罪都属于直接侵犯他人生命健康权利的犯罪,性质相同,并存在重合关系,故孙某某、孙飞、李某三人在故意伤害罪的范围内成立共同犯罪,其中,孙某某因有杀人犯意及杀人行为,应当认定为故意杀人罪。综上,北京市第二中级人民法院认定李某构成故意伤害(致人死亡)罪,鉴于李某犯罪时尚未成年,在共同犯罪中系从犯,积极赔偿被害人亲属经济损失且取得谅解,符合判处缓刑的条件,依法对其减轻处罚,并适用缓刑。[参见第832号指导案例,李某故意伤害案,载《刑事审判参考》总第90集(2013年第1集),第55~56页。撰稿:唐季怡　刘立杰]

▽在仅能由单位构成犯罪的情形下,依据共犯原理可以认定非适格主体与单位构成共犯

从定罪角度分析,非适格主体可以成为由适格主体实施犯罪的共犯。刑法所规定的特定犯罪必须具备特定的主体要素,其仅是针对单独犯而言的。对于教唆犯、帮助犯则不需要具备特定的主体要素。根据共同犯罪成立理论中的行为共同说(事实共同说),共同犯罪应当是指数人共同实施了构成要件的行为,而不是共同实施特定的犯罪。质言之,不要求行为人共同实施特定的犯罪,只要行为具有共同性就可以成立共同犯罪。至于共犯人的责任问题,则需要个别认定。因而,对于非适格主体参与实施私分国有资产行为,只要非适格主体与适格单位共同实施了私分国有资产的行为,就可以成立共同犯罪。

[参见第 939 指导案例,徐国桢等私分国有资产罪案,载《刑事审判参考》总第 95 集(2013 年第 6 集),第 126 页。撰稿:朱以珍　赵拥军]

▽在仅由适格主体实施的犯罪案件中,如果刑法规定对适格主体适用从重的刑罚,对不适格主体的共犯人,只能适用通常之刑罚

从量刑角度分析,对于共犯中非适格主体的量刑,一般按照普通主体适用刑罚或者以从犯身份适用刑罚。具体而言,在仅由适格主体实施的犯罪案件中,如果刑法规定对适格主体适用从重的刑罚,对不适格主体的共犯人,只能适用通常之刑罚。例如,刑法第二百三十八条第四款规定:“国家机关工作人员利用职权犯前三款罪的,依照前三款的规定从重处罚”。当非国家机关工作人员与国家机关工作人员共同非法拘禁他人的,则不可以对非国家机关工作人员适用从重处罚的规定。如果刑法未规定对适格主体适用从轻或者从重的刑罚,对不适格主体一般按照从犯地位适用刑罚。本案就属于这种情形。本案中,由于私分国有资产罪仅能由国家机关、国有公司、企业、事业单位、人民团体等单位主体构成,监测站系适格单位主体,应当认定监测站为实行犯,且系主犯,并据此判处被告人徐某某的刑罚;自然人陈某某系非适格自然人主体,其为监测站顺利私分国有资产提供了重要帮助,起到了次要作用,故与监测站构成私分国有资产罪的共同犯罪,但系从犯,应当从轻或者减轻处罚。据此,对陈某某应当以单位直接负责的主管人员徐某某的处罚标准为基点,同种情况下,原则上其所承担的刑事责任不能重于徐某某的刑事责任。[参见第 939 指导案例,徐国桢等私分国有资产罪案,载《刑事审判参考》总第 95 集(2013 年第 6 集),第 126 ~ 127 页。撰稿:朱以珍　赵拥军]

第二十六条　【主犯、犯罪集团及处罚原则】 组织、领导犯罪集团进行犯罪活动的或者在共同犯罪中起主要作用的,是主犯。

三人以上为共同实施犯罪而组成的较为固定的犯罪组织,是犯罪集团。

对组织、领导犯罪集团的首要分子,按照集团所犯的全部罪行处罚。

对于第三款规定以外的主犯,应当按照其所参与的或者组织、指挥的全部犯罪处罚。

■最高人民法院、最高人民检察院、公安部关于办理电信网络诈骗等刑事案件适用法律若干问题的意见(2016 年 12 月 20 日)

四、准确认定共同犯罪与主观故意

(一)三人以上为实施电信网络诈骗犯罪而组成的较为固定的犯罪组织,应依法认定为诈骗犯罪集团。对组织、领导犯罪集团的首要分子,按照集团所犯的全部罪行处罚。对犯罪集团中组织、指挥、策划者和骨干分子依法从严惩处。

对犯罪集团中起次要、辅助作用的从犯,特别是在规定期限内投案自首、积极协助抓获主犯、积极协助追赃的,依法从轻或减轻处罚。

对犯罪集团首要分子以外的主犯,应当按照其所参与的或者组织、指挥的全部犯罪处罚。全部犯罪包括能够查明具体诈骗数额的事实和能够查明发送诈骗信息条数、拨打诈骗电话人次数、诈骗信息网页浏览次数的事实。

(二)多人共同实施电信网络诈骗,犯罪嫌疑人、被告人应对其参与期间该诈骗团伙实施的全部诈骗行为承担责任。在其所参与的犯罪环节中起主要作用的,可以认定为主犯;起次要作用的,可以认定为从犯。

上述规定的“参与期间”,从犯罪嫌疑人、被告人着手实施诈骗行为开始起算。

(三)明知他人实施电信网络诈骗犯罪,具有下列情形之一的,以共同犯罪论处,但法律和司法解释另有规定的除外:

1. 提供信用卡、资金支付结算账户、手机卡、通讯工具的;

2. 非法获取、出售、提供公民个人信息的；

3. 制作、销售、提供"木马"程序和"钓鱼软件"等恶意程序的；

4. 提供"伪基站"设备或相关服务的；

5. 提供互联网接入、服务器托管、网络存储、通讯传输等技术支持，或者提供支付结算等帮助的；

6. 在提供改号软件、通话线路等技术服务时，发现主叫号码被修改为国内党政机关、司法机关、公共服务部门号码，或者境外用户改为境内号码，仍提供服务的；

7. 提供资金、场所、交通、生活保障等帮助的；

8. 帮助转移诈骗犯罪所得及其产生的收益，套现、取现的。

上述规定的"明知他人实施电信网络诈骗犯罪"，应当结合被告人的认知能力，既往经历，行为次数和手段，与他人关系，获利情况，是否曾因电信网络诈骗受过处罚，是否故意规避调查等主客观因素进行综合分析认定。

（四）负责招募他人实施电信网络诈骗犯罪活动，或者制作、提供诈骗方案、术语清单、语音包、信息等的，以诈骗共同犯罪论处。

（五）部分犯罪嫌疑人在逃，但不影响对已到案共同犯罪嫌疑人、被告人的犯罪事实认定的，可以依法先行追究已到案共同犯罪嫌疑人、被告人的刑事责任。

■最高人民检察院关于在检察工作中贯彻宽严相济刑事司法政策的若干意见（2007 年 1 月 15 日）

14. 正确处理群体性事件中的犯罪案件。处理群体性事件中的犯罪案件，应当坚持惩治少数，争取、团结、教育大多数的原则。对极少数插手群体性事件，策划、组织、指挥闹事的严重犯罪分子以及进行打砸抢等犯罪活动的首要分子或者骨干分子，要依法严厉打击。对一般参与者，要慎重适用强制措施和提起公诉；确需提起公诉的，可以依法向人民法院提出从宽处理的意见。

■最高人民法院、最高人民检察院、公安部办理骗汇、逃汇犯罪案件联席会议纪要（1999 年 6 月 7 日）

五、坚持"惩办与宽大相结合"的政策。对骗购外汇共同犯罪的主犯，或者参与伪造、变造购汇凭证的骗汇人员，以及与骗购外汇的犯罪分子相勾结的国家工作人员，要从严惩处。对具有自首、立功或者其他法定从轻、减轻情节的，依法从轻、减轻处理。

■最高人民法院、最高人民检察院、公安部关于当前办理集团犯罪案件中具体应用法律的若干问题的解答（1984 年 6 月 15 日）

一、怎样办理团伙犯罪的案件？

办理团伙犯罪的重大案件，应当在党的方针政策指导下，依照刑法和《全国人民代表大会常务委员会关于严惩严重危害社会治安的犯罪分子的决定》的有关规定执行。鉴于在刑法和全国人大常委会的有关决定中，只有共同犯罪和犯罪集团的规定，在法律文书中，应当统一使用法律规定的提法。即：

办理团伙犯罪案件，凡其中符合刑事犯罪集团基本特征的，应按犯罪集团处理；不符合犯罪集团基本特征的，就按一般共同犯罪处理，并根据其共同犯罪的事实和情节，该重判的重判，该轻判的轻判。

对犯罪团伙既要坚决打击，又必须打准。不要把三人以上共同犯罪，但罪行较轻、危害较小的案件当作犯罪团伙，进而当作"犯罪集团"来严厉打击。

二、在办案实践中怎样认定刑事犯罪集团？

刑事犯罪集团一般应具备下列基本特征：(1)人数较多（三人以上），重要成员固定或基本固定。(2)经常纠集一起进行一种或数种严重的刑事犯罪活动。(3)有明显的首要分子。有的首要分子是在纠集过程中形成的，有的首要分子在纠集开始时就是组织者和领导者。(4)有预谋地实施犯罪活动。(5)不论作案次数多少，对社会造成的危害或其具有的危险性都很严重。

刑事犯罪集团的首要分子,是指在该集团中起组织、策划、指挥作用的犯罪分子[见刑法(1979年刑法。——编著者注)第二十三条、第八十六条]。首要分子可以是一名,也可以不只一名。首要分子应对该集团经过预谋、有共同故意的全部罪行负责。集团的其他成员,应按其地位和作用,分别对其参与实施的具体罪行负责。如果某个成员实施了该集团共同故意犯罪范围以外的其他犯罪,则应由他个人负责。

对单一的犯罪集团,应按其所犯的罪定性;对一个犯罪集团犯多种罪的,应按其主罪定性;犯罪集团成员或一般共同犯罪的共犯,犯数罪的,分别按数罪并罚的原则处罚。

三、为什么对共同犯罪的案件必须坚持全案审判?

办理共同犯罪案件特别是集团犯罪案件,除对其中已逃跑的成员可以另案处理外,一定要把全案的事实查清,然后对应当追究刑事责任的同案人,全案起诉,全案判处。切不要全案事实还没有查清,就急于杀掉首要分子或主犯,或者把案件拆散,分开处理。这样做,不仅可能造成定罪不准,量刑失当,而且会造成死无对证,很容易漏掉同案成员的罪行,甚至漏掉罪犯,难以做到依法"从重从快,一网打尽"。

四、办理犯罪集团和一般共同犯罪中的重大案件,怎样执行党的政策,做到区别对待?

办理上述两类案件,应根据犯罪分子在犯罪活动中的地位、作用及危害大小,依照党的政策和刑法、全国人大常委会有关决定的规定,实行区别对待。

对犯罪集团的首要分子和其他主犯,一般共同犯罪中的重大案件的主犯,应依法从重严惩,其中罪行特别严重、不杀不足以平民愤的,应依法判处死刑。

上述两类案件的从犯,应根据其不同的犯罪情节,比照主犯依法从轻、减轻或者免除刑罚。对于胁从犯,应比照从犯依法减轻处罚或免除处罚。犯罪情节轻微,不需要追究刑事责任的,可以免予起诉或由公安部门作其他处理。

对于同犯罪集团成员有一般来往,而无犯罪行为的人,不要株连。

五、有些犯罪分子参加几起共同犯罪活动,应如何办理这些案件?

对这类案件,应分案判处,不能凑合成一案处理。某罪犯主要参加那个案件的共同犯罪活动,就列入那个案件去处理(在该犯参加的其他案件中可注明该犯已另案处理)。

▽主犯的认定

主犯与从犯区别的根据是在共同犯罪中所起的作用是主要作用还是次要或者辅助作用。这应综合考虑其在共同犯罪中所处的地位、参与程度、犯罪情节以及对造成危害结果产生作用的大小等各方面的因素来确定。从司法实践来看,主犯一般在事前提出犯意,担当导演角色,纠集、邀约他人,出谋划策;实施犯罪时积极参加,担当主角,往往还指挥、组织、协调他人的行动,所犯罪行较重,或者直接造成严重的危害后果;有的事后还有策划掩盖罪行、毁灭罪证、逃避处罚的行为。[参见第388号案例,于爱银、戴永阳故意杀人案,载《刑事审判参考》总第49集(2006年第2集),法律出版社,第22～23页。执笔:吴光侠]

▽犯罪集团的特征

犯罪集团,是指3人以上为实施犯罪而组成的、较为固定的犯罪组织。犯罪集团一般具有以下5个特征:(1)人数较多(3人以上),重要成员固定或基本固定。(2)经常纠集在一起进行一种或数种严重的刑事犯罪活动。(3)有明显的首要分子。有的首要分子是在纠集过程中形成的,有的首要分子在纠集开始时就是组织者和领导者。(4)有预谋地实施犯罪活动。(5)不论作案次数多少,对社会造成的危害或其具有的危险性都很严重。[参见第116(113)号案例,张君等抢劫、杀人犯罪集团案,载《刑事审判参考》总第18辑(2001年第7辑),法律出版社,第34～35页。执笔:任宪成]

▽犯罪集团的认定

犯罪集团的成立必须具备以下条件:(1)参加人数必须是三人以上;(2)具有较为明确的犯罪目的性,即犯罪集团是其成员以反复多次实施一种或几种犯罪为目的而组织起来的;(3)具有相当的稳固性，即犯罪集团的成员是为了在较长时期内多次进行犯罪活动而组织起来的，而不是临时或者偶尔纠合在一起的，有明显的首要分子，主要成员固定，一般在实施一次犯罪后，犯罪人之间的相互联系和组织形式仍然存在；(4)具有较强的组织性，即犯罪集团具有较严密的组织，表现在组织制度上，往往通过一定的成文或不成文的律规维系在一起，有较严格的组织纪律，明确的组织宗旨；在组织结构上，成员较为固定，并且内部之间有较明确、固定的组织分工和等级划分，存在领导与被领导的明显层级关系，可分为首要分子、骨干分子、一般成员分子等。当然，不同的犯罪集团在组织严密程度上各有不同，有的组织性很强，甚至有成文"纪律""帮规"来维系和约束集团成员的活动，而有的组织性则相对弱一些。但总体来说犯罪集团内部都具有较强的组织性和一定的稳定性，这是犯罪集团成立的必要条件，也是区别一般共同犯罪的主要特征。虽然有些行为人人之间多次共同犯罪，分工均比较稳定，但没有一个人对整个犯罪活动起着指挥、组织、策划等主导作用，即尚未达到犯罪集团所要求的程度，各被告人之间不存在领导与被领导的服从关系，也缺乏犯罪集团所应有的组织约束，其他被告人不愿实施犯罪行为是可以自愿退出的，像这种没有人显示突出的控制和领导作用，内部约束并不严格，该团伙的组织程度较低，就不能认定为犯罪集团。[参见第413号案例，练永伟等贩卖毒品案，载《刑事审判参考》总第52辑(2006年第5辑)，法律出版社，第37～40页。执笔：陆建红　王培中]

▽区分主犯之间罪责大小的一般规则

共同抢劫杀人致一人死亡的案件，主犯之间的地位、作用看似相当，但根据各人犯罪的具体情节，实际上存在进一步区分罪责大小的必要性和余地。这既是贯彻宽严相济刑事政策的具体要求，也是罪责刑相适应原则的具体体现。不能以分不清主次为由，简单地一律判处死刑。从实践情况看，应综合考虑各被告人在共同犯罪中的具体作用及主观恶性、人身危险性等因素，来准确确定罪责大小。首先，可以从各被告人在犯罪中的具体行为来分析其地位、作用。在犯罪预备阶段，通常包括提起犯意、选择犯罪对象、准备犯罪工具等环节。区分各被告人在这一阶段的具体作用，原则上以确定提起犯意者为主。通常预谋过程中提起犯意的被告人往往也会积极实施犯罪，且常常对共同犯罪行为有一定的控制力，故作用相对突出。对于起意后积极准备工具，直接参与实施抢劫和杀人行为的，即使其在实行阶段的作用与其他被告人相同甚至略小，也可以认定其整体罪责较大。但是，如果二人均有犯意，仅是其中一人先说出，另一人一拍即合，并积极参与预谋，起意者在实行阶段作用不突出的，则不宜认定起意者罪责最大。实践中，证实有关犯罪预备事实，尤其是犯意提起这一事实的证据往往只有各被告人供述，如果被告人供述一致，自然容易认定。但常有各被告人供述不一致、相互推诿的情形，这就要结合各被告人自身情况、与被害人的关系等因素，综合分析认定。在实行阶段，关键看谁的行为对造成被害人死亡的结果所起作用相对较大。大体上，实施抢劫和伤人行为越主动的，罪责越大，而使用暴力手段有所节制者，罪责相对较小。例如，各被告人均积极动手杀人，但有的连续捅刺多刀，有的仅捅刺一两刀，则捅刺刀数多的罪责较大；再如，一人击打或者捅刺的是被害人的胸腹部等要害部位，另一人捅刺的是腿部、臀部等次要部位，则捅刺要害部位的罪责较大；又如，两被告人一先一后用同样凶器伤及被害人的同样部位，伤害程度也基本相当的，则先实施伤害行为的罪责相对大。在犯罪后续阶段，通常有毁灭罪证、分赃等环节。分析各被告人在这一阶段的具体行为，对于区分他们在共同犯罪中的作用具有补充作用，特别是在无法准确区分各被告人在前两个阶段的作用时，区分各被告人在此阶段的作用大小，有利于准确适用死刑。在一般情况下，可通过下列环节比较所起作用的大小：抛尸、分尸或实施其他毁灭罪证行为的被告人比没有参与这些行为的被告人作用大；主持分赃的被告人比其他被告人作用大；分赃多的被告人比分赃少的被告人作用大；负责销赃的被告人比其他被告人作用大。其次，区分各被告人在主观恶性、人身危险性等方面的差异，是确定各被告人罪责的重要依据。如果通过比较犯罪中的具体作用无法准确区分被告人罪责大小的，还应当考察各被告人自身情况、犯罪前后表现等因素，来确定各被告人的罪责。例如，一般情况下，成年人和未成年人共同犯罪的，成年人罪责较大；父子或者兄弟共同犯罪的,父亲或者兄长的罪责较大;有累犯、再犯情节或者违法记录的被告人,比素行良好的初犯的罪责更大。从犯罪后的表现看,作案后自首、立功、认罪悔罪、积极赔偿、取得被害人谅解的比不具备这些情节的被告人的罪责要小。当然,对被告人最终罪责的认定,均是综合分析判断的结果。对于犯罪情节十分恶劣、犯罪后果极其严重的案件,如果被告人在预谋、实施、分赃方面作用明显较大,即使其犯罪后有自首或者立功表现,但该情节不足以从轻处罚的,也可以依法判处死刑。[参见第634号指导案例,龙世成、吴正跃故意杀人、抢劫案,载《刑事审判参考》总第75集(2010年第4集),第27~29页。撰稿:徐琛]

▽诈骗集团成员分工协作,共享犯罪利益,均应对集团全部诈骗数额承担刑事责任

被告人范某某等人组建起比较稳固的犯罪集团实施诈骗,该诈骗集团采取公司化运作模式,各被告人参与流水线诈骗作业,诈骗所得按公司制定的分配比例分给扮演不同角色的成员。范某某系奇盛公司负责人,陈俊达、简铭助分别负责财务、文件收发等工作,三被告人的犯罪行为在诈骗集团中具有总体性、组织性,故该三人应当对全案犯罪数额负责。公司化运作的犯罪集团实施的诈骗行为具有整体性,本案其余40名被告人亦应对全案诈骗数额承担刑事责任。主要理由包括:第一,奇盛公司既是组织严密、结构完接、较为固定的犯罪集团,又是完全按照公司管理模式运作的实体。范某某等人以公司名义租用场地,统一编配诈骗台词,安装用于诈骗的电信设备,统一向成员分发台湾地区居民信息资料。公司实行分组只是为了便于管理,各组皆受公司领导,分组并不影响对公司犯罪行为整体性的认定。第二,扮演不同角色的各被告人在主观上受共同诈骗故意支配,客观上相互配合实施了共同诈骗行为。在实施诈骗过程中,奇盛公司各组成员间并无严格的界限,存在穿插配合实施诈骗的情况,体现了公司行动的整体性和目标的一致性。第三,最为关键的是,诈骗成员根据公司制定的分配制度,共享诈骗利益。具体表现在:(1)该诈骗集团在一周内的诈骗总金额达到200万元新台币时,全部台湾地区行为人每人会分得1000元人民币的奖金;(2)扮演护士的女被告人不论诈骗是否成功,每月基本工资为人民币2500元,全勤奖为人民币500元;(3)公司统一负责所有被告人的食宿。由此可见,各被告人实施的诈骗行为均系奇盛公司诈骗犯罪的组成部分,行为性质相同,目标一致,故不论"工作业绩"如何,均应对奇盛公司的全部犯罪数额承担刑事责任。[参见第951号指导案例,范裕榔等诈骗案,载《刑事审判参考》总第96集(2014年第1集),第91页。撰稿:蒋小美]

▽应当综合考虑"职务"等因素认定公司化运作的犯罪集团中的主从犯

公司化运作的犯罪集团中所有被告人均应当对全案高达人民币768万余元的诈骗犯罪数额承担责任,只有准确认定各被告人在共同犯罪中的地位、作用,合理运用相关量刑情节,才能实现对每一被告人量刑适当。范某某是奇盛公司的实际管理者,陈俊达、简铭助是公司的行政管理人员,三被告人对维持公司运转起着重要作用,认定其三人为主犯,自不待言。其余40名分角色实施诈骗的被告人参与实施诈骗行为,均属实行犯,但在共同犯罪中所起的作用有主次之分。奇盛公司实施犯罪的基本模式是分角色与被害人接触,各角色环环相扣,直至被害人受骗上当。因此,在认定这些行为人在共同犯罪中的地位、作用时,所扮演的角色是一个重要的考量因素。越接近诈骗链条末端的角色对诈骗技巧要求越高,对被害人施加的影响越大,其单次诈骗成功率也越高。同时,能够扮演高端的角色也一定程度上说明行为人的诈骗技巧、内部影响力都是比较突出的。此外,还要综合考虑各被告人的入职时间、在公司中的地位及获利情况进行综合判断。本案中,陈裕仁等9名被告人入职较早,在诈骗中扮演警察队长、检察官等高端角色,施骗技巧复杂,以被害人会被收押、银行账户会被司法机关冻结等事由,要求被害人配合调查工作,进而转移资金,系骗取被害人财产的关键角色,在诈骗中起主导作用,且获利校多,应当认定为主犯。王锡元等19名被告人扮演警员角色,吕文英等12名被告人扮演医院工作人员角色,该31名被告人仅参与诈骗的试探和引导活动,参与程度较低,骗取被害人信任的成功率也较低,且获利较少,在共同犯罪中起次要作用,故均应认定为从犯。其中,黄剑梅等6名被告人扮演医院工作人员，作案时间短、实施诈骗行为次数少、分赃少，犯罪情节较轻，适用缓刑确实不致再危害社会，故依法可对黄剑梅等6人宣告缓刑。[参见第951指导案例，范裕榔等诈骗案，载《刑事审判参考》总第96集(2014年第1集)，第91～92页。撰稿：蒋小美]

▽对于同是共同犯罪中的主犯，也应当区分罪责大小

根据刑法第二十六条第一款的规定，组织、领导犯罪集团进行犯罪活动的或者在共同犯罪中起主要作用的，是主犯。根据刑法第二十七条第一款的规定，在共同犯罪中起次要或辅助作用的，是从犯。本案被告人祝某峰、祝某强共同预谋抢劫，对抢劫的对象、抢劫的手段及其分工也作了安排。在分工中，二人预谋由祝某峰持刀架在人脖子上，由祝某强负责抢劫财物。每次制造抢劫条件、跟踪被害人时，二人都一同进行。据此，原审法院认定二人在共同犯罪中均属主犯，是正确的。但是，即使同是主犯，也仍然应该区分罪责的大小，而不是不加区别地认定各主犯的罪责同等。那么，如何区分？《最高人民法院关于审理抢劫刑事案件适用法律若干问题的指导意见》第五条从提供方法论的角度作了规定，"一案中有两名以上主犯的，要从犯罪提意、预谋、准备、行为实施、赃物处理等方面区分出罪责最大者和较大者"。就本案而言，二被告人的罪责其实也是可以区分出相对大小的，特别是从预谋阶段的分工上，应该能作些区分。根据本案的情况，被告人祝某峰的作用相对要大于被告祝某强。理由如下：第一，在分工上，祝某峰负责持刀并将刀架在被害人脖子上，祝某强负责劫取财物。从社会危害性来说，持刀的危害性比取财的危害性更大一些。特别是如果在被害人反抗的情况下，持刀者施暴与取财者施暴相比，前者的危害更大一些，甚至可能造成他人重伤、死亡的结果。第二，在具体作案准备上，祝某峰甚至起到了指挥的作用。祝某峰特别有意让祝某强不要携带手机，目的很明确，就是为了防止被查。而携带手机作案，则可能在案发后被公安机关运用科技手段追查出作案者。这也反映了祝某峰的反侦查意识比较强及主观恶性比较深。第三，从日常生活常识来看，作案时祝某峰已满十八周岁，而祝某强则是不满十八周岁，从一般生活经验来看，年龄小的听从年龄大的可能性更大一些。从本案祝某峰让祝某强不要携带手机这一点看，也说明祝某强听从祝某峰的事实是存在的。虽然这一事实还不足以动摇二人同是主犯的认定，但对于二人在同是主犯的前提下，更细地区分二人的罪责是有参考意义的。综上，原审法院认定被告人祝某峰、祝某强的行为构成抢劫罪(预备)，并认定二人均属主犯，同时根据二人认罪态度较好，祝某强犯罪时未满十八周岁的情况，对祝某峰作了减轻处罚，而对祝某强作了免予刑事处罚的判决是正确的。[参见第1226号指导案例，祝某峰、祝某强抢劫案，载《刑事审判参考》总第112集，第51～52页。撰稿：裴宇　徐升]

第二十七条　【从犯及处罚原则】在共同犯罪中起次要或者辅助作用的，是从犯。

对于从犯，应当从轻、减轻处罚或者免除处罚。

▽从犯的认定

从犯与主犯区别的根据是在共同犯罪中所起的作用是主要作用还是次要或者辅助作用。这应综合考虑其在共同犯罪中所处的地位、参与程度、犯罪情节以及对造成危害结果产生作用的大小等各方面的因素来确定。从司法实践来看，从犯一般在客观上担当配角，不直接实施具体犯罪构成客观要件的行为，帮助准备、实施犯罪，为共同犯罪创造有利条件和环境，或者虽然直接参与实施了犯罪行为，但罪行较轻，没有直接造成危害后果或者危害后果并不严重；在主观上，犯罪时与其他共同犯罪人具有共同的犯罪故意，但听从主犯的安排、授意和指挥，主观恶性较小。[参见第388号案例，于爱银、戴永阳故意杀人案，载《刑事审判参考》总第49集(2006年第2集)，法律出版社，第23页。执笔：吴光侠]

▽参与抢劫预谋，指认被害人住址并多次蹲守，此后主动退出，未参与实施抢劫的，不是犯罪中止，但其在共同犯罪中具有辅助性，应认定为从犯

被告人参与了对被害人张某的抢劫预谋，带领同案犯指认张某的住处，并多次参与蹲守，但后来因故没有参与抢劫张某的实行行为,其行为不是犯罪中止。关于共同犯罪的中止,我国刑法没有作出明确规定,需要根据刑法有关犯罪中止和共同犯罪的规定,区分共同实行犯、教唆犯、帮助犯三种共同犯罪形态,运用刑法理论进行分析认定。对于共同实行犯,各共犯人之间按照分工,相互利用,相互配合,共同完成犯罪,其责任原理是"部分实行全部责任",故只有当共同犯罪人均中止犯罪,没有发生犯罪结果时,构成整个共同犯罪的中止。对于部分人主动放弃犯罪的,则要根据具体情形认定犯罪停止形态。主要有以下三种情形:第一,如果共同犯罪中的部分人主动放弃犯罪,并有效阻止其他人继续犯罪,或者阻止犯罪结果发生的,主动放弃者属于犯罪中止。此种情形下的其他共犯人,如果系经劝说后自动停止犯罪的,也属于犯罪中止。如果系因客观原因而未能完成犯罪的,则属于犯罪未遂。第二,如果共同犯罪中的部分人主动退出,但没有采取任何措施阻止其他共犯继续犯罪的,对主动退出者仍应当认定为犯罪既遂,如因其提前退出而导致在共同犯罪中所起的作用较小,可依法对退出者从轻处罚。第三,如果部分人在实行过程中主动停止犯罪,且积极采取措施阻止其他人继续犯罪,但最终未能有效阻止犯罪结果发生的,对主动退出者目前实践中比较普遍的做法是对主动退出者仍认定为犯罪既遂,但量刑时应当考虑其主动退出并阻止其他共犯人继续完成犯罪的情节,如主动退出者符合从犯特征的,依法认定为从犯,应当从轻处罚。

教唆犯是促使本来没有犯意的人实施犯罪。教唆者在被教唆者产生犯意之后实施犯罪之前撤回自己的教唆,并劝说被教唆者放弃犯罪,但最终未能阻止被教唆者继续实行犯罪的,教唆犯的停止形态应认定为既遂。如果教唆者撤销教唆后,被教唆者接受教唆犯的劝说,最终放弃或者有效防止犯罪结果发生的,则教唆犯和实行犯均构成犯罪中止。如果教唆者撤回教唆后,原有的教唆无法对被教唆者提供心理上的支持,被教唆者的犯罪行为是在新的动机作用下实施的,此种情况下教唆犯仍构成犯罪中止。

帮助犯,是指故意帮助他人实行犯罪。这种帮助可以分为物理(有形)帮助和心理(无形)帮助。物理帮助,是指帮助者在他人实行犯罪之前或者实行犯罪过程中给予行为上的帮助,使他人易于实行犯罪或者易于完成犯罪行为。如提供资金、作案工具,传授使用作案工具的方法,提供被害人的住址、电话、作息规律等重要个人信息等。心理帮助,是指帮助者实施的使本有犯意的人强化其犯意的言语激励等行为。帮助犯在提供帮助后,如果主动停止帮助,及时阻止实行犯实施犯罪或者有效防止犯罪结果发生的,可以构成犯罪中止。如果帮助犯在实行犯着手前主动退出犯罪,且已消除其帮助行为与犯罪结果之间的因果关系的,则属于预备阶段的中止。如果帮助犯仅是自行退出,而没有消除已提供的帮助与犯罪结果之间的因果关系的,则属于犯罪既遂。如果帮助犯为消除已提供的帮助付出了诚挚的努力,但仍未能阻止实行犯实施犯罪或者有效防止犯罪结果发生的,虽构成犯罪既遂,但在量刑时对帮助犯为积极阻止犯罪付出的努力应作适当考虑,可以从轻处罚。[参见第750号指导案例,韩江维等抢劫、强奸案,载《刑事审判参考》总第84集(2012年第1集),第41~43页。撰稿:方文军]

▽主从犯认定的一般原则

刑法本条的规定,从犯包括两种类型:一种是在共同犯罪中起次要作用的犯罪分子;另一种是在共同犯罪中起辅助作用的犯罪分子。司法实践中,对于起第二种辅助作用的犯罪分子的认定比较容易把握,但对第一种起次要作用从犯的认定,理论界没有明晰的界定,实践中也难以归纳、提炼出统一的认定标准。对从犯的认定,应当根据犯意的形成、犯罪的共谋、是否参与了全部犯罪活动、是否实施了实行行为、实行行为在整个犯罪构成要件中的关键程度和所起的作用、危害后果的发生与其实行行为的关联程度、分赃情况等因素综合审查:

1. 区分主从犯的一般原则。在共同犯罪中,对各行为人区分主从犯的最终目的是解决量刑问题,使各行为人受到的刑罚轻重与其所犯罪行、承担的刑事责任相适应。因此,在审查共同犯罪案件时,对主从犯的区分应当遵循"尽量分、不强分"的原则。对于各行为人特别是实行犯的情况不相上下、作用相当、难分主从的,可以不区分主犯和从犯,均以主犯论处。对能够区分主从犯的,可以根据行为人各自的犯罪事实、情况和社会危害程度以及个人情况,尽可能区分主犯与从犯。在认定顺序上,一般宜先确定主犯,再确定从犯。

2. 区分主从犯的例外原则。实践中,对犯罪集团中的首要分子和一般共同犯罪中组织、策划、指挥他人实施犯罪的人,即使没有直接实施实行行为,一般也应认定为主犯。例如,绑架杀人案件中的组织犯,其提供资金招募实行犯,为实行犯提供车辆、电话等作案工具,并通过电话遥控指挥他人实施绑架的,即使其未亲自实施绑架或者杀人行为,其亦应认定为主犯,对全案负刑事责任。又如,黑社会性质犯罪集团的头目,即使其从未直接参与具体的犯罪活动,也应认定为主犯,对全案负刑事责任。

3. 其他同案犯都是实行犯情形下主、从犯的认定。在同案犯都是实行犯的案件中,对主、从犯的认定应当综合考虑以下因素:首先,应当审查行为人是不是犯意提起者,即考察行为人是否是造意犯。如果是,具体又分以下三种情况处理:(1)行为人提出犯意并参加了具体犯罪实行行为的,一般不认定为从犯。(2)行为人提出犯意,但并未参加具体犯罪的实施,具体犯罪是由其他具有完全刑事责任能力的人独立实施完成的,应当根据其提出的犯意对实施犯罪者的影响大小来处理。如果实施者之前并无犯罪意图,经行为人提出犯意后才萌生犯意的,则行为人的犯意发起在共同犯罪中起主要作用,一般不应认定为从犯。(3)如果实施者原本就有犯罪意图,行为人提出的犯意对实施者实施犯罪的决意影响不大,且之后行为人未参加具体犯罪的,可以认定为从犯,但集团犯罪的首要分子或者有组织犯罪中的组织犯除外。其次,考察各实行犯在案件中的具体分工、地位、作用。对各实行犯具体分工的考察,指的主要是考察具体行为与犯罪构成客观方面的关联程度。关联越紧密的,认定从犯的可能性就越小。例如,故意杀人犯罪中,杀人行为是该罪构成要件中最主要的客观要素,如果甲的分工是实施杀人行为,乙是为甲递送犯罪工具或者望风,则因甲实施的杀人行为与罪名构成的客观方面的关联十分紧密,认定甲为从犯的可能性就小;而乙的行为与罪名构成的客观方面关联程度相对疏远,则认定乙为从犯的可能性较大。对各实行犯地位的考察,指的主要是考察行为人在共同犯罪中是指挥还是听命于其他同案犯。如果其行为系受其他同案犯指挥,则认定其为从犯的概率较大;相反,如果其是指挥他人作案,原则上不应认定为从犯;如果行为人之间没有指挥与被指挥的关系,则一般按其在犯罪中的分工及其行为造成的后果认定主、从犯。对各实行犯作用的考察,指的主要是考察行为人的具体行为与犯罪后果之间的因果关系。行为人的分工一般与犯罪后果有关联。比如,行为人不直接实施犯罪构成行为的,其行为与犯罪后果的关联程度一般要小于直接实施犯罪构成行为的行为人。因此,具体行为与犯罪后果之间的因果关系往往是认定主、从犯的重要因素。如故意杀人犯罪中,甲乙二人均实施直接杀人行为,但甲刺杀数刀,且其中几刀系致命伤;乙只刺一刀,且系非致命伤。按照一般的认定原则,甲的行为与被害人死亡有直接因果关系,应当认定为主犯;乙的行为与被害人死亡因果关系程度小于甲,应当认定为从犯。再次,考察各实行犯在案件中的活跃程度。行为人在案件中的积极活跃程度也是认定主从犯的因素之一。有的行为人虽然不是造意犯,但在犯罪过程中表现十分积极,也不宜认定为从犯。如甲乙共同持刀刺杀被害人,因被害人反抗躲闪等因素,乙反复刺杀被害人多刀(都是非致命伤),甲刺杀被害人一刀却导致被害人死亡。在此类情况下,虽然被害人死亡后果是由甲直接造成,但乙在案件中的积极活跃程度远远高于甲,因此不宜认定乙为从犯。最后,考察各实行犯参与犯罪过程的时间长短。行为人参与案件过程的长短也可作为认定主、从犯的因素。在同一案件中,甲参与了共谋、踩点、准备作案工具、实施具体犯罪、销毁赃物等全过程,乙只参与了该案的某一阶段,在甲乙分工,地位、作用相当的情况下,如果该案确实需要区分主从犯,则参与案件过程较短的乙一般可以认定为从犯。[参见第790号指导案例,张四、张乙强奸案,载《刑事审判参考》总第87集(2012年第4集),第17~19页。撰稿:冉容　涂俊峰　黄超荣]

第二十八条 【**胁从犯及处罚原则**】对于被胁迫参加犯罪的,应当按照他的犯罪情节减轻处罚或者免除处罚。

第二十九条 【**教唆犯及处罚原则**】教唆他人犯罪的,应当按照他在共同犯罪中所起的作用处罚。教唆不满十八周岁的人犯罪的,应当从重处罚。

如果被教唆的人没有犯被教唆的罪,对于教唆犯,可以从轻或者减轻处罚。

○教唆未满14周岁未成年人犯罪的应从重处罚

教唆未满14周岁的未成年人犯罪的,应当依照刑法本条第一款的规定从重处罚,具体理由如下:刑法之所以对教唆未成年人犯罪的行为规定为法定从重处罚情节,主要是出于对未成年人的特殊保护。未成年人思想不够成熟,社会经验不足,辨别是非能力弱,容易被其他人利用。未成年人年龄越小,其辨别和控制能力越差,越容易被其他人教唆利用。因此,教唆人往往利用未成年人的辨认、控制能力较差的弱点,唆使其犯罪。教唆年龄越小的未成年人犯罪,其社会危害性就越大。同时,对这里的"犯罪",应当主要从实施的犯罪行为角度去理解,并非指被教唆者的行为一定要符合犯罪构成要件从而构成犯罪。刑法条文中多处用到"犯罪"一词,但并非全部相应的是构成犯罪的理解。这一点,相关解释也有指明。2002年7月24日全国人大常委会法制工作委员会在《关于已满十四周岁不满十六周岁的人承担刑事责任范围的答复意见》中指出:刑法第十七条第二款规定的八种犯罪,是指具体犯罪行为而不是具体罪名。基于这种理解,虽然教唆不满14周岁的未成年人实施犯罪的,教唆人成立间接正犯,但并不影响在教唆人与被教唆人非成立共同犯罪的间接正犯情况下,对教唆人依法进行从重处罚,因此,以教唆人是间接正犯而否定对其适用从重处罚规定的观点,既违背刑法规定原意,也没有理论依据。综上,刑法本条第一款中"教唆不满十八周岁的人实施犯罪"应当理解为教唆不满18周岁的人实施犯罪行为,既包括被教唆者达到刑事责任年龄的情形,也包括被教唆者未达到刑事责任年龄的情形;既包括教唆人与被教唆者构成共同犯罪的情形,也包括教唆人与被教唆者不构成共同犯罪的情形。只要被教唆者不满18周岁,无论教唆人与被教唆的未成年人是否构成共同犯罪,对于教唆人都应当适用刑法本条第一款的规定从重处罚。[参见《刑事审判参考》总第54集(2007年第1集),法律出版社,第142~143页。]

○实行过限行为的司法认定及刑事责任的承担

所谓实行过限,是指在共同犯罪中,由实行犯实施的某种超出共同犯罪人共同谋议之罪范围的犯罪行为,其具有以下特征:(1)实行过限行为首先必须是一种犯罪行为;(2)实行过限行为发生在共同谋议之罪的实施过程当中;(3)这种行为是由实行犯基于本人的故意或过失单独实施的;(4)这种行为超出了共同犯罪人共同谋议之罪的范围。由于实行过限行为,是实行犯在实施共同犯罪过程中单独实施的超出共同犯罪人共同谋议的犯罪行为,其他共犯对这种行为在主观上没有罪过,因此,过限行为的刑事责任只能由该实行犯独自承担,其他共犯对此不承担刑事责任,而仅承担共同谋议之罪的刑事责任。认定是不是实行过限,关键是看实行犯的实行行为是否超出了共同犯罪人共同谋议之罪的范围。由于共同犯罪的复杂性,共同谋议之罪的范围往往存在模糊性、不确定性。司法实践中,认定是不是实行过限,需要运用有关证据审慎加以判定。就教唆人和被教唆人共同犯罪而言,主要是要认真研究教唆人的教唆内容。实践中,教唆人的教唆内容不外乎有两种情形:一种是教唆内容明确,另一种是教唆内容概括、不明确。具体地说,在教唆人的教唆内容明确、特定的情况下,被教唆人实施了超出教唆内容范围以外的行为,即属于实行过限,对教唆人和被教唆人就应当按照实行过限的刑事责任承担原则,分别追究不同的刑事责任;在教唆人的教唆内容不明确或不太明确的情况下,只要是由于教唆人的教唆行为使被教唆人产生了犯意并实施的,就应当视为没有超出教唆内容范围,不属于实行过限,教唆人和被教唆人应共同对其承担刑事责任。如教唆人以某种犯罪为教唆内容进行教唆,而被教唆人却实施了另种罪行,以及教唆人以某种犯罪为教唆内容,且对犯罪目标、程度等均有明确指示时,而被教唆人却在超出目标、程度外予以实施，这都是实行过限的适例；反之，教唆人以实行此罪或彼罪为内容而教唆，或者仅以实施某种犯罪为内容予以教唆，但对犯罪的目标或程度等却没有明确的指示，则被教唆人无论是实行了此罪或彼罪，或二者都实施了，或者无论是在多大范围或程度上实施了该罪，都不属于实行过限，教唆人和被教唆人都必须对被教唆人的实行行为承担共同犯罪的刑事责任。[参见《刑事审判参考》总第22辑(2001年第11辑)，法律出版社，第76～77页。]

▽**教唆犯的成立要件、表现形式及其处罚的认定**

从刑法规定上看，教唆犯的成立只需具备两个要件：一是主观方面须具有教唆他人实行犯罪的故意；二是客观方面须具有引起他人实行犯罪意图的教唆行为。教唆犯的成立，不以被教唆人实际产生犯罪意图或者实行被教唆之罪为必要，而只要教唆人基于教唆的故意实施了教唆行为即可。如果被教唆者接受了教唆，实施了被教唆之罪，则教唆者与被教唆者之间，成立共同犯罪关系。反之，二者之间不存在共犯关系，对教唆犯应以单独犯罪论处。为此，刑法本条第二款规定："如果被教唆的人没有犯被教唆的罪，对于教唆犯，可以从轻或者减轻处罚"，此即是关于教唆未遂的处罚规定。根据此项规定，对教唆未遂的教唆犯一般都需要定罪处罚(因为刑法未规定可以免除处罚)，尤其是对那些教唆他人犯某一重罪或者教唆未成年人犯罪的行为人而言，更应如此，除非根据刑法第十三条认为系"情节显著轻微，不认为是犯罪的"或者根据刑法第三十七条认为系"犯罪情节轻微不需要判处刑罚，可以免予刑事处罚"的。实践中，教唆未遂的情形，既可表现为被教唆人没有实施被教唆之罪，也可以表现为被教唆人虽实施了被教唆的犯罪行为，但由于某种原因未能达到法定的后果而未达到犯罪程度等。此外，如教唆人教唆A罪，而被教唆人却实施了B罪，也都可以视为"没有犯被教唆之罪"。实践中还有一种常会出现的情况是：教唆人教唆A罪的加重形态，而被教唆人却仅实施了A罪的基本形态，或者教唆人教唆A罪的基本形态，而被教唆人却实施了A罪的加重形态。前种情况，由于被教唆人的实行行为没有达到教唆、雇佣(雇佣犯罪的本质无异于教唆他人实施犯罪，可以说是教唆犯罪的一种特殊形式)的要求，教唆、雇佣人仅对已发生的实际后果负责，不按加重形态论处。后种情况被教唆人虽然超出了教唆授意的程度，但被教唆人所犯之罪又确系按教唆人授意所为，故教唆人仍应对被教唆人实际实行的犯罪后果承担相应的刑事责任。需要指出的是，"教唆犯"不是罪名，不能定教唆罪，对于教唆犯，应当按照其所教唆的实际内容确定罪名。[参见第200号案例，吴学友故意伤害案，载《刑事审判参考》总第28辑(2002年第5辑)，法律出版社，第27～29页。执笔：张岚]

▽**概然性教唆、明确性教唆和选择性教唆的概念及其认定**

为解决教唆犯罪案件中实行过限(实行过限的概念及其刑事责任参见刑法第25条后面附文)的分辨问题，根据教唆犯教唆内容的明确性程度，刑法理论提出了明确性教唆、概然性教唆和选择性教唆分类，并相应界定了不同过限行为的判断标准：

明确性教唆，是指教唆犯明确教唆他人实施特定的犯罪，且通常对犯罪的具体目标、方法、程度等都有比较明确的意思表示。在这种教唆犯罪中，如果被教唆者所实施的行为与教唆犯的教唆内容不一致，则可认为被教唆者所实施的行为属于实行过限。

概然性教唆，是与明确性教唆和选择性教唆相对称的一个概念，它是指教唆犯教唆他人犯罪的内容较为概括，不够明确，甚至极不明确。在共同犯罪案件中，如果教唆犯的教唆属于概然性教唆，则无论被教唆者接受教唆后实施了何种犯罪，只要没有明确超出教唆范围的，都不应视为实行过限。

选择性教唆，是指教唆犯的教唆具有让被教唆者在几种犯罪之间进行选择的空间。在选择性教唆的情况下，被教唆者只要在被选择的范围内实施犯罪行为，就不发生实行过限问题；反之，如果被教唆者所实施的犯罪并不在教唆犯所教唆的几种可供选择的犯罪之中，则属于实行过限。

概然性教唆与选择性教唆的区分：在教唆他人犯罪过程中，如果教唆犯已经明确或者根据其教唆内容能够相对明确被教唆者可以选择实施的罪行种类的，则为选择性教唆；反之，如果教唆犯并未明确、同时根据教唆内容也难以相对明确其被教唆者可以选择实施的罪行种类的,则为概然性教唆。司法实践中需要特别注意的是,在某些情况下,即便教唆犯在教唆过程中并未直接明确被教唆者可以选择实施的罪行种类,但根据其教唆内容,能够推知、判断一定的范围,则其教唆仍属于选择性教唆,而不能认为是概然性教唆。[参见第4号案例,薛文勋等人故意杀人、爆炸案,载《刑事审判指导》总第1辑(2004年第1辑),人民法院出版社,第21~23页。执笔:李燕明]

▽教唆犯中的实行过限认定

在教唆犯罪的情形下,判定实行行为过限的基本原则是看被教唆人的行为是否超出了教唆的范围。在教唆内容较为确定的情况下,认定被教唆人的行为是否属于实行过限较为容易,但如果教唆犯的教唆内容较为概括,由于教唆内容不太明确,确定被教唆人的行为是否实行过限就较为困难。尤其是在一些教唆伤害的案件中,教唆者出于教唆伤害他人的故意往往使用诸如"收拾一顿""整他一顿""弄他""摆平他""教训"等内涵外延较为模糊的言语,在不同的语言环境中,不同阅历背景的人理解的含义往往是有分歧的。对于这种盖然性教唆,实际的危害结果取决于实行行为的具体实施状况,轻伤、重伤甚至死亡的危害结果都可能发生,但无论哪一种结果的出现都是由教唆犯的授意所引起,均可涵盖在教唆犯的犯意中。因此,在这种情况下,由于教唆犯的盖然性教唆而使被教唆人产生了犯意,实施了教唆故意涵括内的犯罪行为,只要没有明显超出教唆范围的,都不应视为实行过限。司法实践中,对于教唆故意范围的认定,主要看教唆者的教唆内容是否明确,即教唆犯对被教唆人的实行行为有无明确要求:或正面明确要求用什么犯罪手段达到什么犯罪后果,如明确要求用棍棒打断被害人的一条腿;或从反面明确禁止实行犯采用什么手段,不能实施到什么程度、不得达到什么犯罪结果等,如在伤害中不得使用刀具、不得击打被害人头部,不得将被害人打死等。如果教唆内容明确,则以教唆内容为标准判断实行者行为是否过限。如果教唆内容不明确,则属于一种盖然的内容,一般情况下不应认定实行行为过限,除非实行行为显而易见地超出教唆内容。[参见第409号案例,王兴佰、韩涛、王永央故意伤害案,载《刑事审判参考》总第52辑(2006年第5辑),法律出版社,第8~9页。执笔:牛传勇]

▽教唆故意伤害或者故意杀害被害人,被教唆者采取爆炸方法属于实行过限

教唆犯罪的具体目标明确,即"卸掉被害人两件子(打断胳膊和腿),如果失手死了也行"。在整个案件处理过程中,一直未能发现有能够证明被告人指使被教唆人采用爆炸方式"报复"被害人的相关证据材料。该案教唆犯罪的具体目标明确,应属于选择性教唆,但实施爆炸行为,造成3死2伤的后果并不在被告人教唆的可供选择的几种犯罪方法之列,该行为属于实行过限。至于被告人在爆炸发生后向被教唆人支付3万元钱的行为不能理解是向被教唆人支付爆炸杀人的酬金,因为被告人自始至终对爆炸行为并不认可。也不能据被告人付款行为推定是对被教唆人实施爆炸行为的"事后追认",因为事后追认,必须要有"认可"的意思表示,而本案无任何证据证明这一点。[参见第4号案例,薛文勋等人故意杀人、爆炸案,载《刑事审判指导》总第1辑(2004年第1辑),人民法院出版社,第23~24页。执笔:李燕明]

▽教唆故意杀人或者故意伤害的具体目标未实现,被教唆人实行过限造成3死2伤后果,教唆犯应定故意杀人罪(未遂)

被教唆人在接受教唆犯的教唆后,以杀人为目的,实施了危害公共安全的爆炸行为。被教唆人的这一行为属于故意杀人罪和爆炸罪、故意毁坏财物罪的想象竞合犯。由此应当认定,被教唆人仍然接受了教唆犯的教唆;在教唆犯所教唆的故意杀人罪或者故意伤害罪两罪中,被教唆人实际选择实施了(与爆炸罪竞合的)故意杀人罪,根据教唆犯的从属原理,应当以故意杀人罪而不是故意伤害罪追究教唆犯的刑事责任。又由于教唆故意伤害或杀害的特定被害人并未杀死,因此,教唆犯的行为应仅属故意杀人罪未遂。虽然本案中出现3人死亡的后果,但并不能据此认定教唆犯的行为已构成故意杀人罪既遂,因为该3人的死亡完全系被教唆人所实施的过限行为所致,已明显超出教唆犯的教唆范围,故根据主客观相统一原则，不能要求教唆犯对该3人的死亡承担刑事责任，不能以该3人被炸死为由认定教唆犯构成故意杀人罪既遂。[参见第4号案例，薛文勋等人故意杀人、爆炸案，载《刑事审判指导》总第1辑(2004年第1辑)，人民法院出版社，第24～25页。执笔：李燕明]

▽虽然"教训"的具体含义有多种，但在没有证据证实有要求杀害他人主观故意的情况下，不能认定包括杀人

从案件的起因来看，被告人余某某仅要求被告人陈某某前去"教训"与其有纠纷的王某某，而不是被害人胡某某。虽然"教训"的具体含义有多种，但在没有证据证实被告人余某某有要求被告人陈某某杀害他人的主观故意的情况下，不能认定该"教训"中包括杀人。[参见第408号案例，陈某某、余某某故意杀人案，载《刑事审判参考》总第52辑(2006年第5辑)，法律出版社，第3～4页。执笔：干金耀]

▽教唆犯的犯罪中止的认定

由于共同犯罪是由各共犯基于主观上的共同犯罪故意而实施的共同犯罪行为，并形成一个相互联系、相互作用、相互制约的整体，成为犯罪结果发生的共同原因，这就决定了共同犯罪中止有区别于单独犯罪中止的复杂性。如教唆犯在实施完其教唆行为后，在其他被教唆人为犯罪进行预备活动时，仅是其个人表示放弃犯罪意图，或仅仅通知其中一个或几个被教唆人，停止实施其教唆的犯罪行为，也不能认为该教唆犯是"自动放弃犯罪"，从而成立犯罪中止。又如教唆犯在实施完其教唆行为后，在其他被教唆人已经着手实施犯罪以后，虽其个人意图中止犯罪，但未能积极参与有效阻止犯罪结果发生，也不能认为该教唆犯成立犯罪中止。对自己不亲自去实行犯罪，而是以金钱作交换雇佣、利诱、唆使他人去组织实施伤害他人的犯罪，以实现自己的犯罪目的，是共同犯罪中的教唆犯。教唆犯一般具有本人不亲自实行犯罪，而是通过把犯罪意图灌输给他人，使他人决意为自己实行某种犯罪的特点，因此，教唆犯要成立犯罪中止，单其本人主观上消极地放弃犯罪意图，客观上消极地不参与实行犯罪或不予提供事前所承诺的帮助、佣金等还不够，其必须还要对被教唆人实施积极的补救行为，如在被教唆人尚未实行犯罪或者在犯罪结果发生之前，及时有效地通知、说服、制止被教唆人停止犯罪预备或实施犯罪行为，彻底放弃犯罪意图，使之没有发生犯罪结果，方能成立犯罪中止。但实践中，也不排除极端的例外，如被教唆人拒不放弃或阳奉阴违，仍然继续实施了该种犯罪。对此，应视为被教唆人已是单独决意犯罪，教唆人得成立犯罪中止。综上，教唆犯要构成犯罪中止，其在教唆的预备阶段，只要放弃教唆意图即可；而在其已将犯意灌输给他人以后，则需要对被教唆人采取积极的补救措施从而有效地防止犯罪或犯罪结果的发生。具体地说，在被教唆人实施犯罪预备以前，教唆犯只有在劝说被教唆的人放弃犯罪意图的情况下，才能成立中止；在被教唆的人实施犯罪预备时，教唆犯只有在制止被教唆人的犯罪预备的情况下，才能成立中止；在被教唆的人实行犯罪后而犯罪结果尚未发生时，教唆犯只有在制止被教唆的人继续实行犯罪并有效防止犯罪结果发生时，才能成立中止。上述只是认定教唆犯犯罪中止的一个总的指导原则，司法实践中，在具体认定教唆犯的犯罪中止时，还要根据具体案情具体对待。在单层次的雇佣、教唆关系中，如A雇佣、教唆了B实施犯罪，A要成立犯罪中止，只需对B实施积极的补救措施即可，如通知B取消犯罪意图或计划，停止犯罪预备行为，制止B的犯罪实行行为等。在两个以上的多层次的雇佣、教唆关系中，如A雇佣、教唆了B，B为实施被雇佣、教唆的犯罪又雇佣、教唆了C，这时认定第一雇佣、教唆人的A需要对谁采取积极的补救措施才能成立犯罪中止，就更复杂些。在这种情况下，还要考虑A对其"下家"B的再雇佣、教唆情况是否明知。如果A对其"下家"B的再雇佣、教唆情况明知，A要成立犯罪中止，按照犯罪中止彻底性的要求，A对被B雇佣、教唆的C，同样必须积极采取相应补救措施，至少其要确保B能及时有效地通知、说服、制止C停止犯罪预备或制止C实施犯罪并产生犯罪结果。否则，因此而导致犯罪行为和结果实际发生的，A对其应承担相应的刑事责任，不能成立犯罪中止。只有这样才能体现此类犯罪的特点，并与犯罪中止的立法意旨相吻合。[参见第199号案例，黄土保等故意伤害案，载《刑事审判参考》总第28辑(2002年第5辑)，法律出版社，第20～

23页。执笔:杨振庆 洪冰]

▽雇佣犯罪的特点、雇佣犯罪结果的基本形式及其处罚原则的认定

雇佣犯罪现象目前比较突出,常见的有:雇凶杀人、伤害,雇佣走私、运输、贩卖毒品等。雇佣犯罪的特点是:本人不亲自实行某种犯罪,而是以金钱收买或者以其他利益作为交换手段,让他人按自己的雇佣意图或要求实行某种犯罪行为,以达到自己的犯罪目的。也就是说,雇佣犯罪的意图、程度、对象、类型等都是由雇佣人提起和决定的,被雇佣人要去实施何种犯罪完全取决于雇佣人的雇佣要求。因此,在刑法意义上,雇佣犯罪的本质无异于教唆他人实施犯罪,可以说是教唆犯罪的一种特殊形式。从司法实践来看,雇佣犯罪的结果无外乎有以下几种基本情形:一是被雇佣人按雇佣意图或要求完成了某种犯罪行为;二是被雇佣人未按雇佣意图和要求去实施犯罪或者实施的行为没有达到雇佣人所要求的程度,如雇佣人要求重伤他人而被雇佣人仅轻伤或轻微伤他人等;三是被雇佣人超出了雇佣意图或雇佣人所要求的范围或程度,又实施了另一种犯罪或者实施的犯罪行为超出了雇佣要求的程度,如雇佣人要求伤害而被雇佣人却实施了强奸,或雇佣人要求重伤他人而被雇佣人却杀死他人等。雇佣犯罪的本质无异于教唆犯罪,是教唆犯罪的一种特别形式。因此,对雇佣犯罪处理,应遵循刑法有关教唆犯罪的一般规定。对雇佣犯罪中的雇佣者而言,只要其具备了雇佣犯罪的意图,而且实施了雇佣犯罪的行为,不论被雇佣的人有无按其雇佣要求实行了雇佣犯罪行为,或实行到何种程度,一般都应按其所雇佣的犯罪罪名,来对其追究其雇佣犯罪未遂的刑事责任。除非其雇佣犯罪情节显著轻微,可不认为是犯罪,或者是雇佣犯罪情节轻微可不需要判处刑罚。[参见第200号案例,吴学友故意伤害案,载《刑事审判参考》总第28辑(2002年第5辑),法律出版社,第27~29页。执笔:张岚]

▽对被雇佣人超出雇佣范围实施的他种罪行,雇佣人不承担刑事责任

在雇佣犯罪关系中,如果被雇佣人没有实施被雇佣的犯罪行为,则雇佣人和被雇佣人之间不存在共同犯罪关系,对雇佣人一般应按其所雇佣的犯罪罪名来单独追究其雇佣犯罪未遂的刑事责任。相反,在被雇佣者实行了所雇佣的犯罪的情况下,除要求雇佣行为与被雇佣者的实行行为之间具有因果关系外,还要求雇佣人所授意之罪与被雇佣人实行之罪具有同一性。只有在这种情况下,雇佣人和被雇佣人才能就所雇佣之罪的罪名构成共同犯罪。如果被雇佣人在实施雇佣犯罪的过程中又另行实施了雇佣之罪以外的他种犯罪,对此,雇佣人和被雇佣人之间就该"过限的行为"不存在共同犯罪关系。因为,就该"过限的行为"而言,双方没有共同故意,被雇佣人单方的"过限行为"超出了雇佣人的雇佣意图和要求之外。对此,雇佣人只按其所雇佣的犯罪负刑事责任,而"过限行为"则应由被雇佣人个人负责。[参见第200号案例,吴学友故意伤害案,载《刑事审判参考》总第28辑(2002年第5辑),法律出版社,第29~30页。执笔:张岚]

▽如何确定雇凶者与受雇者的罪责

雇凶犯罪是共同犯罪的一种形式,也是教唆犯罪的一种特殊形式。根据雇凶者与受雇者在共同犯罪中的地位和作用,确定雇凶者与受雇者的罪责的大小,是正确量刑的前提。对于雇凶者与受雇者的罪责区分,雇凶者与受雇者在个案中的罪责大小不能简单地一概而论,应当结合案情具体分析。确定雇凶者和受雇者罪责大小的根据是各自在共同犯罪中的地位和作用,这是一条基本原则。雇凶者和受雇者所处的地位和所起的作用,应当根据雇凶者雇用他人实施犯罪的目的和意图、希望达到的结果、是否直接实施犯罪行为以及参与实施犯罪的程度,受雇者实施犯罪行为的手段、情节以及犯罪实际造成的危害后果等综合考虑决定,不能片面判断。从审判实际看,雇凶犯罪不外乎有两种形式:一是"只动口不动手"的情形,二是"既动口又动手"的情形。一般而言,对于"只动口不动手"的雇凶者,虽然从直接造成危害结果角度考虑,其作用一般比实施犯罪行为的受雇者要小,但作为这一罪行的始作俑者,是引发整个犯罪的根源和幕后主使,从这一角度看,其主观恶性要比实行犯更大,地位作用也比受雇者更重要,因此,并不能因为"只动口不动手"而简单减轻雇凶者的罪责;对于"既动口又动手"的雇凶者,其既是犯意提起者,又是行为实施者,一般而言,其罪责显然要比受雇者重。就本案而言,可以说有两层雇用关系:一是被告人胡某雇用了被告人胡某某,胡某没有直接参与犯罪实施,属于"只动口不动手"的雇凶者;二是胡某某雇用了被告人童某某,胡某某属于"既动口又动手"的雇凶者。胡某只出资雇用胡某某伤害被害人李某某,并没有直接参与实施伤害李某某的犯罪行为,但其是全案犯意的提起者,应对全案负责;胡某某与童某某相较而言,其接受胡某的雇用后,又雇请了童某某参与作案,并且共同积极实施了致人死亡的犯罪行为,其罪责显然要比其雇请的童某某重。[参见第555号指导案例,胡某、胡学飞、童峰峰故意杀人案,载《刑事审判参考》总第68集(2009年第3集),第8~9页。撰稿:陈学勇]

▽如何判定受雇者的行为是否过限以及对实行过限行为造成的后果如何确定刑事责任

首先,判定实行行为是否过限,对于"只动口不动手"的雇凶犯罪和"既动口又动手"的雇凶犯罪标准不完全一样。就前者而言,关键看受雇者的实行行为是否明显超出了雇凶者的授意范围,其中授意范围既包括犯意,就是实行何种性质的犯罪,也包括结果,就是雇凶者希望达到的结果。如果受雇者的实行行为明显超出了雇凶者的犯意或者希望达到的结果,那么其行为就属于实行过限行为,否则,就不属于实行过限行为。而就后者而言,要看雇凶者在当场发现(明知)受雇者将要或正在实施超出其犯意的实行行为时,是否有制止的意思表示和行为。如果有,那么受雇者实行的超出原犯意或希望达到的结果的行为就是实行过限行为,否则,雇凶者就是对受雇者实行行为的默认,受雇者的实行行为就不属于过限行为。对于实行行为没有过限的,由雇凶者与受雇者共同对危害结果承担责任;对于实行行为过限的,雇凶者只对其授意范围(教唆故意)内的危害结果承担刑事责任,实行过限行为造成的危害结果由受雇者承担责任。其次,对于授意非常明确的雇凶犯罪,判定受雇者的实行行为是否过限较为容易。但对于授意范围(教唆内容)不明确、比较含糊的雇凶犯罪,尤其是雇凶伤害案件中,对于"搞定""教训一顿""摆平""整他一顿"等模糊授意语言,在不同的场合、不同的语言环境下,可以有不同的理解,容易产生分歧,要准确判定受雇者的实行行为是否过限存在一定难度。对于这种概括性的授意,实际的危害后果完全取决于实行行为的具体实施状况,致人轻伤、重伤甚至死亡的结果都可能发生,都是因为雇凶者的授意所引起的,均可涵盖在雇凶者的授意范围之内。因此,在这种情况下,除非受雇者的实行行为明显超出雇凶者的授意范围或希望达到的结果的,才能认定为实行行为过限,如雇凶者在授意时明确要求"不能使用器械,不能打被害人要害部位,不能打死人",而受雇者持械不计后果,打击被害人要害部位致人死亡的,可以认定为实行行为过限,否则,一般不宜认定实行行为过限。当然,对于认定雇凶者明显出于某种犯意有困难或有重大分歧的,应当按照有利于被告的原则予以认定。就本案而言,胡某雇用并授意胡某某教训被害人一顿,其雇凶伤害他人的犯意是明确的。胡某某接受胡某的雇用后,又雇请童某某一起持刀作案,并且在被害人挣脱后,一而再、再而三地追刺被害人,朝被害人背、胸等部位捅刺,最终致被害人死亡,从其实行行为看,明显是故意杀人行为。因此,胡某某的实行行为相对于胡某的授意而言属过限行为,胡某某、童某某应对其故意杀人行为的后果承担责任,胡某只对其雇凶伤害行为负责。问题是胡某要不要对被害人死亡的结果承担责任,这直接关系到对胡某处刑的轻重。根据前述分析,由于胡某雇凶伤害的授意是一种盖然性的犯意,虽然胡某在指使胡某某教训被害人时明确提出了教训的程度为"住院",但应该说这一程度在实施实际伤害行为时是很难把握的,不仅包括致人轻伤、重伤的可能,同时也存在致人死亡的可能。胡某教唆他人实施故意伤害犯罪,作为教唆犯其就对致人死亡的加重结果发生有一定的预见和防止义务,如果实行犯故意造成了他人死亡的加重结果发生,那么,其作为教唆犯对加重结果就存在过失,尽管被害人死亡是由于胡某某实行过限的故意杀人行为所造成,但胡某仍然应当对故意伤害致人死亡的加重结果承担刑事责任,当然具体处刑要与直接实施故意伤害致人死亡行为的情形有所区分。而胡某某受胡某指使后又纠集了童某某共同作案,其最初的犯意虽然是对被害人实施伤害,但在犯罪过程中,当被害人被刺挣脱逃跑时,但二人仍继续追上被害人连续捅刺达数十刀,所刺部位多为致命部位,其中有六刀进入胸腔,从捅刺的力度、刀数上来看,其作案时不计后果,放任被害人死亡结果的发生,其犯意已经转化为故意杀人,其杀人行为已超过了和胡某预谋的故意伤害,属于实行过限。综合本案情况,胡某雇凶伤害他人,教唆胡某某伤害他人致"住院",对于被害人的死亡结果主观上具有过失,成立故意伤害致人死亡的结果加重犯。根据实行过限的罪责承担原则,应承担故意伤害致人死亡的刑事责任;而胡某某和童某某则构成故意杀人罪,承担故意杀人的刑事责任。据此,一审、二审法院根据各被告人在共同犯罪中的地位和作用,以及有关量刑情节,分别判处胡某某死刑立即执行,判处胡某、童某某死缓是适当的。[参见第555号指导案例,胡某、胡学飞、童峰峰故意杀人案,载《刑事审判参考》总第68集(2009年第3集),第10~12页。撰稿:陈学勇]

第四节 单位犯罪

第三十条 【单位负刑事责任的范围】公司、企业、事业单位、机关、团体实施的危害社会的行为,法律规定为单位犯罪的,应当负刑事责任。

■全国人民代表大会常务委员会关于《中华人民共和国刑法》第三十条的解释(全文)(2014年4月24日)

公司、企业、事业单位、机关、团体等单位实施刑法规定的危害社会的行为,刑法分则和其他法律未规定追究单位的刑事责任的,对组织、策划、实施该危害社会行为的人依法追究刑事责任。

■最高人民法院关于审理单位犯罪案件具体应用法律有关问题的解释(全文)(1999年7月3日)

第一条 刑法第三十条规定的"公司、企业、事业单位",既包括国有、集体所有的公司、企业、事业单位,也包括依法设立的合资经营、合作经营企业和具有法人资格的独资、私营等公司、企业、事业单位。

第二条 个人为进行违法犯罪活动而设立的公司、企业、事业单位实施犯罪的,或者公司、企业、事业单位设立后,以实施犯罪为主要活动的,不以单位犯罪论处。

第三条 盗用单位名义实施犯罪,违法所得由实施犯罪的个人私分的,依照刑法有关自然人犯罪的规定定罪处罚。

▼最高人民法院研究室关于外国公司、企业、事业单位在我国领域内犯罪如何适用法律问题的答复(全文)(2003年10月15日)

符合我国法人资格条件的外国公司、企业、事业单位,在我国领域内实施危害社会的行为,依照我国《刑法》构成犯罪的,应当依照我国《刑法》关于单位犯罪的规定追究刑事责任。

个人为在我国领域内进行违法犯罪活动而设立的外国公司、企业、事业单位实施犯罪的,或者外国公司、企业、事业单位设立后在我国领域内以实施违法犯罪为主要活动的,不以单位犯罪论处。

▼安徽省高级人民法院、安徽省人民检察院关于办理非法集资刑事案件若干问题的意见(2015年9月16日)

一、切实贯彻宽严相济刑事政策

办理非法集资刑事案件应当认真贯彻宽严相济刑事政策,当宽则宽,当严则严,宽严相济。对于主观恶性大,造成严重社会危害,累犯或者受过行政处罚再犯的犯罪分子,应从严打击;对于主观恶性不大,未造成严重社会危害,认罪悔罪,积极退赃的,应从宽处罚。

二、单位犯罪的认定问题

区分单位犯罪和自然人犯罪的关键在于集资行为所体现的是单位自身的意思,还是作为单位成员的自然人意思。凡是由单位意思决定,以单位名义实施,集资款项主要用于单位的,以单位犯罪论处,但相关法律或司法解释另有规定的除外。对于集资者原先已注册成立单位并实际经营,之后为解决资金困难、扩大经营规模等，经单位集体研究决定，以单位名义募集资金的，或者单位主要负责人未经集体研究决定，以个人或者单位名义募集资金，但主要用于单位经营、使用的，一般以单位犯罪处理。对于实际上的一人公司，如果公司财物与股东财物独立，彼此间并无资金往来，或虽有往，但财务记账规范，非法集资构成犯罪的，应视为单位犯罪。但对于那些个人资产与公司资产混同，财务制度不规范，即使非法集资行为以单位名义实施，一般视为自然人犯罪。以单位名义实施的非法集资刑事案件往往涉及人员众多，应严格控制追究刑事责任的人员范围。对于明知单位非法集资，在主管人员授意下，积极参与非法集资活动的，一般认定为“其他直接责任人员”，依法追究刑事责任；对于没有参与预谋，只是受主管人员指派，参与实施某些与自身工作岗位相关的具体行为的，一般不认定为“其他直接责任人员”。

□犯罪是以个人名义实施的，事后将赃款归还单位欠银行贷款的行为，与单位犯罪无关，只是个人对犯罪所得赃款的使用

被告人虽然是潍坊市海州实业有限公司的经理，但是其金融凭证诈骗犯罪行为都是以个人名义实施的，与海州实业有限公司无关。至于被告人将诈骗所得的一部分赃款用于归还海州实业有限公司欠银行的贷款，只是个人对犯罪所得赃款的使用，也与单位犯罪无关。[曹娅莎、刘锦祥金融凭证诈骗案，载《最高人民法院公报》总第59期，1999年第3期，第97页。]

▽单位犯罪的概念

单位犯罪一般是指公司、企业、事业单位直接负责的主管人员和其他直接责任人员，为了本单位的利益，以本单位的名义实施犯罪活动，或者组织、安排本单位的人员实施犯罪活动，获取的非法经济利益归单位所有的行为。[参见第34号案例，王建军等非法经营案，载《刑事审判参考》总第5辑(1999年第5辑)，法律出版社，第20页。审编：高憬宏]

▽单位犯罪中公司、企业范围的认定

根据刑法的立法精神以及社会主义市场经济的客观要求，“公司、企业”既指国有、集体性质的公司、企业，也包括非国有、集体性质的公司、企业。第一，依照《中华人民共和国公司法》的规定，在中国境内设立为有限责任公司、股份有限公司的非国有、集体性质的企业，如国内私营企业、外商独资企业，或者其他非国有、集体性质的有限责任公司、股份有限公司，进行走私等活动，构成犯罪的，应当按照刑法关于单位犯罪的规定追究刑事责任。但是，对于专门为进行走私等犯罪活动而成立的公司，或者没有进行过正常、合法经营活动的公司，进行走私等活动，构成犯罪的，应当按个人走私犯罪处理。此外，单位进行走私等犯罪活动，但非法所得归个人所有，或者以单位名义进行走私等犯罪活动，有关个人共同分取非法所得的，也应当按个人犯罪处理。第二，没有设立为有限责任公司的私营独资企业、合伙企业，进行走私等活动，构成犯罪的，依法按个人犯罪追究刑事责任。因为这样的企业进行犯罪活动的违法所得，实际只能归企业主个人所有。[参见第3号案例，朱奕骥投机倒把案，载《刑事审判参考》总第1辑(1999年第1辑)，法律出版社，第24~25页。审编：张辛陶]

▽单位行为的认定

根据《最高人民法院关于审理单位犯罪案件具体应用法律有关问题的解释》第一条、第二条规定，单位存在的真实与否及单位行为的认定，与单位的所有权性质、经营形式无关，同时不得以出资未到位而将之简单地认定为违法设立的单位。作为法定实体的真实存在与否，司法认定当中应当将关注点放在单位设立的意图、有无具体经营行为及主要经营行为合法与否的判别上。单位行为的认定应从决定实施行为的主体、行为实施的名义、所代表的意志及利益归属等方面进行分析。[参见第271号案例，黄志奋合同诈骗案，载《刑事审判参考》总第35集(2003年第6集)，法律出版社，第39~40页。执笔：刘一守]

▽单位犯罪特征的认定

以单位名义实施犯罪，违法所得归单位所有的，是单位犯罪。相对于自然人犯罪，单位犯罪的特征在于:1.犯罪主体是公司、企业、事业单位、机关、团体,包括国有、集体所有公司、企业、事业单位,也包括依法设立的合资经营、合作经营企业和具有法人资格的独资、私营等公司、企业、事业单位,以及国家机关、人民团体、社会团体等;2.必须是为单位谋取国家法律、行政法规、地方法规所禁止的利益即不正当利益;3.必须是以单位名义实施的行为,一般是指由单位集体决定或由负责人员依职权决定实施的行为;4.法律明文规定为单位犯罪的,单位才可成为犯罪主体。[参见第102(99)号案例,周云华虚报注册资本案,载《刑事审判参考》总第16集(2001年第5集),法律出版社,第8页。执笔:梁子安]

▽单位犯罪与自然人犯罪区别的认定

单位犯罪必须同时具备两个要件:一是犯罪是以单位名义实施的;二是违法所得归单位所有,此特征是区别单位犯罪与自然人犯罪的关键所在。[参见第89(86)号案例,张贞练虚开增值税专用发票案,载《刑事审判参考》总第14辑(2001年第3辑),法律出版社,第15页。执笔:杜伟夫]

▽单位犯罪的认定

认定是否属于单位犯罪,必须结合单位犯罪的犯罪构成具体认定。根据刑法规定和《最高人民法院关于审理单位犯罪案件具体应用法律有关问题的解释》,一般应从以下几个方面考虑:(1)主体方面,要看犯罪主体是否为合法单位。有两重含义:一是看究竟是单位还是个人,是否真正的单位。只有依法设立,有必要的财产或经费,有自己的组织机构和场所,能独立承担民事责任的组织才能认定为单位。对“皮包公司”“三无公司”(一无经营场地、二无资金、三无经营人员)等公司实施的犯罪,因为此类“公司”,只有招牌图章,名义上是公司,实质上是假公司、真个人,应按自然人犯罪处理。另外,个人盗用单位名义实施犯罪,违法所得由实施犯罪的个人私分的,依照刑法有关自然人犯罪的规定定罪处罚。二是看究竟是合法单位还是非法单位。单位不但必须是依法设立,而且设立的目的也必须是合法经营。单位虽依法定程序设立,也符合设立的实质要件,但为了进行违法犯罪活动而设立的公司、企业、事业单位实施犯罪的,或者公司、企业、事业单位设立后,以实施犯罪为主要活动的,不以单位犯罪论处,而应按个人犯罪论处。(2)主观方面,要看犯意是否属于单位的意志。单位意志是指单位法定代表人、主要负责人、主管人员或其他直接责任人员的个人意志,由决策机关经过一定的决策程序所形成的单位实施犯罪行为时所持的主观心态。决策机关就是形成单位意志的机关。决策程序亦即形成单位意志的具体形式。不同的单位针对不同的具体事项,决策机关和决策程序各不相同。或由单位的法定代表人或者主要负责人决定,或由领导层(董事会、理事会、厂委会)讨论决定、或由单位全体成员(股东大会、职工代表大会等)讨论决定,经过这些程序后单位成员的意志转化而形成了单位意志。经过这些程序形成的单位意志已是一种整体意志,完全不同于单位成员的个人意志。单位成员根据单位决策机关的策划、授意、批准、指挥或默许实施的犯罪也绝不同于单位成员自己决定或擅自实施的犯罪。(3)客观方面,要看实施者是否以单位的名义实施,是否执行单位意志而实施,是否执行单位职务而实施,非法利益是否为单位所有。单位成员以个人名义实施的犯罪不能归责于单位,只能按自然人犯罪论处。单位成员假借单位名义、非履行单位职责实施为个人谋利的犯罪行为,也不能按单位犯罪论处。单位成员实施犯罪如完全是为个人谋取非法利益,即使以单位名义实施,也应认定为个人犯罪。[参见第232号案例,普宁市流沙经济发展公司等单位虚开增值税专用发票案,载《刑事审判参考》总第31辑(2003年第2辑),法律出版社,第28~29页。执笔:牛克乾]

▽单位犯罪和自然人共同犯罪区分的认定

单位犯罪首先是单位整体犯罪,同时,单位犯罪又必须通过作为其组成人员的自然人来实施。作为单位组成人员的自然人,一方面具备单位人员身份,受制于单位意志;另一方面又是具有独立思想的个体,可以实施独立于单位之外的个人行为。作为单位组成人员的自然人的这种双重身份决定了他在社会生活中的行为既可能是单位行为,也可能是个人行为。因此,如何判断单位成员所实施的行为(尤其是数个单位成员共同实施的行为)是单位行为还是个人行为,就成为实践中认定犯罪行为是否属于单位犯罪的关键。根据刑法和有关司法解释的规定，单位行为与个人行为的区分，在实践中可以结合以下几个方面来加以具体判断：(1)单位是否真实、依法成立。单位是依照有关法律设立，具备财产、名称、场所、组织机构等承担法律责任所需条件的组织。对于为了进行违法犯罪活动而设立的公司、企业、事业单位实施犯罪的，或者公司、企业、事业单位设立后，以实施犯罪为主要活动的，由于不符合单位设立的宗旨，且通常具有借此规避法律制裁的非法目的，故应按自然人犯罪处理。(2)是否属于单位整体意志支配下的行为。单位犯罪是在单位意志支配下实施的，行为人的行为是单位意志的体现；而个人犯罪则完全是在其个人意志支配下实施的，体现的是其个人意志。单位意志一般由单位决策机构或者有权决策人员通过一定的决策程序来加以体现。未经单位集体研究决定或者单位负责人决定、同意的行为，一般不能认定为单位意志行为。(3)是否为单位谋取利益。在故意犯罪尤其是牟利型犯罪中，只有在为本单位谋利益的情况下，才能认定为单位行为。如为单位谋取非法利益而进行走私，违法所得全部归单位所有的，即属单位行为(4)是否以单位名义。一般情况下，单位犯罪要求以单位名义实施。对于这里的"以单位名义"应作实质性理解。对于打着单位旗号，利用单位名义为个人谋利益而非为单位谋利益的不法行为，不能认定为单位犯罪。根据最高人民法院在《关于审理单位犯罪案件具体应用法律有关问题的解释》中的规定，盗用单位名义实施犯罪，违法所得由实施犯罪的个人取得的，不是单位犯罪，应当依照刑法有关自然人犯罪的规定定罪处罚。[参见第305号案例，马汝方等贷款诈骗、违法发放贷款、挪用资金案，载《刑事审判参考》总第39集(2004年第4集)，法律出版社，第8~9页。执笔：邓钢 康瑛]

▽单位负责人个人决定，以单位名义实施，没有证据证实犯罪所得归实施犯罪的个人占有的，应当认定为单位犯罪

单位负责人个人决定，以单位名义实施，没有证据证实犯罪所得归实施犯罪的个人占有的，应当认定为单位犯罪，被告人属于单独犯罪中直接负责的主管人员，由于检察机关未起诉犯罪单位，参照2001年1月21日《全国法院审理金融犯罪案件工作座谈会纪要》的规定，人民法院不能直接追究单位的责任，只能根据庭审查明的事实，适用刑法分则关于单位犯罪追究直接负责的主管人员刑事责任的有关条款，依法追究被告人的刑事责任。[参见第328号案例，朱香海、左正红等非法买卖枪支、贪污案，载《刑事审判参考》总第42集(2005年第1集)，法律出版社，第9~10页。执笔：艾军]

▽单位与自然人可以成为共同犯罪主体

构成共同犯罪，各犯罪人必须具有共同犯罪的故意和共同犯罪行为。共同犯罪故意，指的是各共同犯罪人通过犯意联络，明知自己与他人配合共同实施犯罪行为会造成某种危害结果，并且希望或者放任这种危害结果发生的心理态度。这里各共同犯罪人之间的犯意联络及对危害结果的预见是构成共同犯罪的实质性内容，而对危害结果的态度却可以有希望或放任两种不同的形式。各个共同犯罪人由于地位、角色的不同，对危害结果的心理态度会有所不同，但都意识到自己的行为与他人行为结合会发生危害社会的结果，共同形成某一犯罪主观要件的整体。行为人通过"四自三不见"业务(自带客户、自带货源、自带汇票、自行报关和不见进口产品、不见供货货主、不见外商。——编者注)，伙同其他不法分子向外贸公司提供虚假退税单证，所追求的就是骗得国家出口退税款，进而非法占有。而外贸公司与行为人从事"四自三不见"业务，带有完成单位出口创汇任务的目的，但在业务过程中，外贸公司明知行为人意欲骗取出口退税后仍继续合作，并将出口退税款划至行为人的账户上，造成国家税款的重大损失。对国家出口退税款重大损失这个危害结果，双方所持的心理态度虽然不同，但主观上是具有共同的故意的，客观上又实施了共同行为，因此构成共同犯罪。[参见第329号案例，杨康林、曹培强等骗取出口退税案，载《刑事审判参考》总第42集(2005年第1集)，法律出版社，第24~25页。执笔：白宗钊 胡华]

▽以单位名义实施犯罪，违法所得由实施犯罪的个人所得的，不属于单位犯罪

单位犯罪应当同时具备以下两个特征：一是犯罪系以单位的名义所实施，即经单位集体研究或者经单位负责人决定实施,能够体现单位的意志;二是犯罪所得归单位所有。《最高人民法院关于审理单位犯罪案件具体应用法律有关问题的解释》规定,个人为进行违法犯罪活动而设立的公司、企业、事业单位实施犯罪的,或者公司、企业、事业单位设立后,以实施犯罪为主要活动的,以及盗用单位名义实施犯罪,违法所得由实施犯罪的个人私分的,依照刑法有关自然人犯罪的规定定罪处罚。[参见第211号案例,程庆合同诈骗案,载《刑事审判参考》总第29辑(2002年第6辑),法律出版社,第8~9页。执笔:于天敏 袁胜强]

▽"为进行违法犯罪活动而设立单位"或"设立后以实施犯罪为主要活动"是区分自然人犯罪和单位犯罪的标准

犯罪主体分为两类,即自然人犯罪主体和单位犯罪主体。由于刑法中对自然人犯罪和单位犯罪判处的刑罚不同,一般而言,对单位犯罪中直接负责的主管人员和其他直接责任人员判处的刑罚较自然人犯罪判处的刑罚要轻。因此,有些犯罪分子为规避法律的严厉制裁,在实施犯罪行为以前,采用欺骗等手段设立公司、企业,而后以该公司、企业的名义实施犯罪活动。同时,司法实践中还有一种情形,也是基于规避法律严厉制裁的心理而实施的以公司、企业的正当经营活动作掩护的犯罪行为,如有的公司、企业成立后,虽然按照核定的经营范围开展了一些合法业务活动,但还是以实施违法犯罪活动为主要活动。为打击这类规避法律制裁的犯罪活动,《最高人民法院关于审理单位犯罪案件具体应用法律有关问题的解释》第二条明确规定:个人为进行违法犯罪活动而设立的公司、企业、事业单位实施犯罪的,或者公司、企业、事业单位设立后,以实施犯罪为主要活动的,不以单位犯罪论处。据此,在司法实践中对于形式上以单位作为犯罪主体出现的犯罪,应当注意根据案件的具体情形认定涉案单位是否属于"为进行违法犯罪活动而设立单位"或"设立后以实施犯罪为主要活动",以准确区分单位犯罪和自然人犯罪。本案中宜昌市融汇经济信息咨询有限公司于1999年3月注册成立,本不具有经营期货的资格,而被告人于1999年6月至2000年8月间,一直利用融汇公司的名义,非法经营香港恒生指数期货业务和国内商品期货业务,并获取高额利润。从融汇公司的经营情况来看,其主要的经营行为就是实施非法经营期货的行为,符合上述司法解释规定的"公司设立后以实施犯罪为主要活动"的情形,因此,应当对被告人的行为不以单位犯罪论处,而以自然人犯罪定罪处罚。[参见第564号指导案例,周新桥等非法经营案,载《刑事审判参考》总第69集(2009年第4集),第7~8页。撰稿:王卫 董超]

▽专门的"售假公司"不能成为单位犯罪的主体

单位行为是否构成单位犯罪,必须以刑法明文规定为前提。只有法律规定单位应负刑事责任的行为才可能构成单位犯罪,同时,也只有合法成立的公司、企业、事业单位、机关、团体才能成为单位犯罪的主体。在司法实践中,存在以单位意志决定而实施犯罪,而刑法未明文规定单位可成为此类犯罪主体的情形,如单位实施贷款诈骗罪、盗窃罪等,这类犯罪自然不能以单位犯罪论处。根据我国刑法的规定,暴力犯罪、传统的自然犯罪、货币犯罪、部分金融诈骗罪均不存在单位犯罪一说。《刑法》第二百二十条明文规定了单位犯第二百一十三条至第二百一十九条规定之罪的处罚措施,因此,侵犯知识产权的犯罪均可由单位构成。然而,对于公司实施的违法犯罪行为,应区别对待,并非绝对认定为或不认定为单位犯罪。为了维护社会秩序和经济秩序,保护人民的财产权,避免股东利用公司作为实施违法犯罪活动的幌子,拿公司作"挡箭牌",以下几种情形通常不被认定为单位犯罪:(1)无法人资格的独资、合伙企业犯罪的;(2)个人以实施犯罪活动为主要目的而设立公司、企业、事业单位实施犯罪的;(3)单位设立后,以实施犯罪为主要活动的;(4)盗用单位名义实施犯罪,违法所得由个人私分的。对于此类犯罪一般不实行"双罚制",而是依法追究直接负责的主管人员和其他直接责任人员的刑事责任。在司法实践中,有些单位有正规的主营业务,但是在部分业务往来中没有按正常途径操作,或者是偶尔实施了不法行为,对于此类公司行为可以按单位犯罪来认定。但对于以实施犯罪为主要目的而设立单位或者单位设立后以实施犯罪为主要活动,即使是偶尔经营部分正当业务的,一般也不认定为单位犯罪。

具体到本案,被告人邱进特、邱进生以上海易才数码技术有限公司、广州特亿网络科技有限公司的名义招聘网络技术人员和网络销售业务员、在互联网上设立LV、GUCCI商品销售网站、通过互联网向外国客户销售假冒注册商标的LV、GUCCI商品,这些行为均是以公司合法形式掩盖非法目的的行为,是典型的公司设立后以实施犯罪为主要活动的行为,此类公司被俗称为"售假公司"。即使公司是合法成立,以公司的名义对外营业,且实施了部分合法的经营活动,也由于公司是以实施犯罪活动为主要业务,不能以单位犯罪论处。[参见第676号指导案例,邱进特等销售假冒注册商标的商品案,载《刑事审判参考》总第78集(2011年第1集),第108~109页。撰稿:杨毅]

▽依法成立的一人公司可以成为单位犯罪的主体

2005年10月修订的公司法明确规定了一人公司的法人地位。随着一人公司民事主体地位的依法确立,一人公司大量出现在我国已成为一种客观经济现象,一人公司在经济领域犯罪的现象日益普遍。由于刑法在1997年修订时一人公司的法律地位还没有得到承认,当时对单位犯罪的立法是在否认一人公司的法人地位背景下出台的,因此,在公司法修订之前,理论界和实务界均否认一人公司单位犯罪的主体资格。一人公司在依法成立的情况下,可以成为单位犯罪的主体,主要理由如下:

1. 一人公司作为单位犯罪主体具有法律依据。修订后的公司法明确赋予了一人公司法人地位。《刑法》本条和《最高人民法院关于审理单位犯罪案件具体应用法律有关问题的解释》的规定,具有法人资格的独资、私营公司、企业可以成为单位犯罪的主体。虽然刑法修订和最高人民法院关于单位犯罪的司法解释出台的时间均在公司法承认一人公司的法人地位之前,但刑法和司法解释并没有排除一人公司单位犯罪的主体资格。从解释学的角度分析,法律文本一经颁布,即与制定法律文本的机关相对脱离而独立存在,即使立法者在立法时根本没有考虑到后来出现的某些情况,或者虽然考虑到了,但基于当时的实际情况排除对某一情形适用某一法条,但随着形势的变化,有必要对法律条文作扩大解释,只要法律条文没有明确的禁止性的规定,且这种对法律文本的解释能够被涵括在法律文本的文义范围之内,这种解释就是合法的。以盗窃罪为例,我国1979年制定刑法、1997年修改刑法时,基于当时社会经济发展状况,立法者根本没有考虑到虚拟财产问题。但随着网络产业、游戏产业成为一门新兴产业,虚拟财产成为一种新型财产,窃取虚拟财产的现象不断出现,业界要求刑法介入虚拟财产保护的呼声越来越高,虚拟财产能否成为盗窃罪的犯罪对象成为刑法理论界和实务界研究的重点课题。反观刑法关于盗窃罪的条文,刑法将盗窃罪的犯罪对象规定为"财物",虚拟财产能否解释为"财物"决定其能否成为盗窃罪的犯罪对象。目前,理论界和实务界主流观点均认为,虚拟财产具有财物的特征,将其解释为盗窃罪中的"财物"没有超出盗窃罪条文的文义解释范围,因此,虚拟财产能够成为盗窃罪的犯罪对象。就单位犯罪而言,虽然1997年修订刑法时,从立法本意看,一人公司不能成为单位犯罪的主体,一人公司犯罪在司法实务中都是作为自然人犯罪处理,但从刑法及相关司法解释关于单位犯罪的具体规定看,其字面含义均能够将一人公司涵括进单位犯罪的主体范围之内。基于这一考虑,随着公司法的修改,一人公司法人地位的确立,就完全有必要承认一人公司的单位犯罪主体资格。

2. 承认一人公司单位犯罪主体资格符合经济社会发展大潮流。从经济学的角度分析,一人公司的出现及其得到越来越普遍的承认有其必然性和合理性,是经济发展对投资主体多元化、灵活性的必然选择,是鼓励投资、创新的必然要求。刑法作为部门法的保障及最后制裁手段,应当和部门法的立法宗旨及法律精神保持一致,否则就不能发挥刑法应有的功能和作用。既然公司法已经明确赋予了一人公司的法人地位,刑法应当与之相衔接。同时,承认一人公司单位犯罪的主体资格,也是我国刑法平等保护的要求。既然一人公司依法成立,并作为经济活动主体和其他公司、企业一样从事经营活动,就理应受到刑法的平等对待。否则,无法维持一个公平竞争的环境,不利于一人公司的经营发展,不利于鼓励投资和创新。

3. 一人公司成为单位犯罪主体符合刑法设立单位犯罪的目的要求。刑法设立单位犯罪的目的主要有以下几点:第一,贯彻罪责自负原则,对单位本身的犯罪行为进行否定性评价和制裁。单位基于自身的意志和利益实施的犯罪行为,应当由单位自己承担,如果单位实施了犯罪行为而不承担刑事责任,仅仅由自然人承担刑事责任显然有违罪责自负的原则。单位中直接负责的主管人员和直接责任人员之所以同时要承担刑事责任:一是因为这些自然人基于自己的自由意志作为单位的代表实施了犯罪行为,必须对自己的行为负责;二是自然人是作为单位整体的一部分承担责任,自然人承担刑事责任也是单位承担刑事责任的一种方式和体现。第二,通过对单位犯罪行为的否定性评价和制裁促使单位在业务活动中履行应有的注意义务,避免业务中的过失犯罪。同时,也告诫单位不得为了自身利益故意实施犯罪行为。第三,为了贯彻罪责刑相适应原则。单位犯罪一般发生在经济领域,单位经济活动的规模和自然人相比远为庞大,其犯罪数额一般也较自然人高。但单位犯罪的利益归属于单位,如果单位实施的犯罪行为完全按自然人犯罪定罪量刑,则处罚会过于严厉,不能达到罪责刑相适应。因此,刑法一般规定单位犯罪较自然人犯罪处罚要轻,或者入罪门槛要高。第四,为了平衡惩治犯罪与促进经济社会发展这一对矛盾统一体。刑法之所以对单位犯罪设置比自然人犯罪较轻的法定刑或者较高的入罪门槛,还有一个重要考量因素是单位的社会正向功能,即不管是国家机关、企业,还是事业单位、社会团体,从其成立的主观目的和客观效果看,主要是行使一定的社会管理和服务职能,承担一定的社会责任,促进社会的发展与进步。如公司、企业进行生产、经营,可以促进经济发展。同时,公司、企业雇用一定数量的员工,可以解决一部分社会人员的就业。此外,公司、企业依法纳税,可以增加国家税收。刑法对单位犯罪的处罚,正是考虑到单位从事合法经营管理活动的常态性、从事犯罪活动的偶然性这一特征,如果对单位犯罪处罚过于苛严,给单位增添难以承受的负担,则会导致其社会正向功能的极大削弱甚至丧失。据此,刑法对单位犯罪的罪刑设置,需要在惩罚犯罪和促进经济社会发展二者之间取得一个比较合理的平衡。最高人民法院关于单位犯罪的司法解释把为了从事犯罪活动而成立的单位和成立以后主要从事犯罪活动的单位排除在单位犯罪之外,按自然人犯罪处理,也是基于上述考虑。即上述两类单位的社会正向功能极少或者根本不存在,而主要体现为社会负向功能(对社会的破坏功能),因此,对其犯罪行为进行罪刑设置时无须或者只须较少考虑实施刑事制裁所造成的经济或者管理上的负面影响。从以上单位犯罪设立的四个目的看,一人公司同样应当具有单位犯罪的主体资格:第一,一人公司实施的犯罪如果不认定为单位犯罪,有违罪责自负原则。第二,不利于促使一人公司履行自己的注意义务,减少犯罪行为的发生。第三,虽然一人公司只有一个股东,但并不意味着一人公司的规模就小于股东为二人以上的有限责任公司。相反,按照公司法的规定,一人公司的注册资本最低为10万元,而且必须一次性缴足;而二人以上的有限责任公司注册资金最低可为三万元,而且不必一次性缴足。如果将一人公司实施的犯罪行为全部按自然人犯罪处理,则不能做到罪责刑相适应。第四,一人公司也和其他公司、企业一样,履行社会管理和服务功能。对一人公司犯罪如果处罚过于苛严,不利于一人公司的经营与发展。

4. 对单位犯罪的解释应当符合时代发展的要求。1997年刑法施行及最高人民法院关于单位犯罪的司法解释出台时,我国公司法还没有规定一人公司,没有承认一人公司的法人地位。随着公司法的修改,一人公司法律地位的确立,公司法理论的发展与完善,单位犯罪理论也有必要与时俱进,不断完善与发展。第一,单位犯罪判断标准的理论基础——公司社团性理论的调整和发展决定了单位犯罪理论的发展与深化。我国单位犯罪理论尤其是单位犯罪的判断标准的理论,是以犯罪意志的整体性和利益归属的团体性作为单位犯罪的判断标准,是以公司社团性理论为基础的。但是公司社团性理论不是一成不变的,随着经济的发展,公司组织结构的变化,组成公司各要素的重要性的重新分配与排序,公司社团性理论及观念也有必要进行调整,这种调整必然深刻影响单位犯罪的认定。按照传统公司法理论,公司是人合与资合的组织体,社团性是公司的本质特征。公司的社团性决定公司的股东必须为复数。但是,随着公司法立法及理论发展、研究的深入,人们发现,股东的复数性并非公司的社团性。如有学者认为,如果社团性以股东的复数性为基础,那么,基于公司股份自由流转性的特征,公司股份既可以集中于一个人之手,也可以随时流转到数个股东手中,所以一人公司具有潜在社团性特征。相反,复数股东的公司股份既有流转到多数股东之手的可能,也有集中到少数股东甚至一个股东之手的可能。可见,就股份的拥有者角度而言,股东为复数的公司在本质上也有成为一人公司的潜在属性,即这些公司也有丧失社团性属性的可能性。在不少公司法学者看来,公司的本质是其不同于其股东的独立的人格,即公司人格独立。而公司独立人格的实质是财产独立和意志独立。公司的社团性不绝对等于股东的复数性。一人公司只要严格依照公司法成立并依法经营,就能做到财产独立和意志独立,也即具有独立人格。因此,应当对公司的社团性作更深入的理解,尤其在刑法领域,更是如此。按照公司法的规定,股东的注册资金投入公司以后,股东即丧失其财产所有权,只具有资产收益、参与重大决策和选择管理者等权利,而公司取得对注册资金的法人财产权。公司的经营管理由公司董事会、经理层甚至公司职工等负责。所以,有学者认为,如果说传统公司社团性有一定合理性的话,那也是一种历史的合理性。它是一种植根于中世纪晚期商业公司与近代公司历史发展状态和水平－土壤之中的理论。随着社会经济的不断发展,现代公司已呈现出与古典公司判若云泥的差别。在组成公司的诸要素中,物质性资本的重要性已大大降低,已失去了在古典公司中所具有的唯其独尊的地位。随着有限责任的确立,两权分离的公司发展实践以及社会经济由工业经济过渡到知识经济时代,公司经理人员、职工的劳动付出在公司财富创造过程中的作用大大加强,甚至在许多方面超过公司物质资本的作用,公司已由一个物质要素独重的集合体发展成一个各生产要素并重并协调发展的人的集合体。资本只限于物质资本的传统观念已不能适应新的形势的需要。许多学者均认为,资本应当包括人力资本和物质资本,因而应当明确人力资本所有者的公司"所有人"地位。基于此,公司团体意思必须包括职工的意思,公司治理结构中必须体现职工的意志与利益。所以,如果仅把社团性理解为"人的集合"的话,说公司是一个社团并没问题,只不过该社团并不仅仅是由公司股东组成的社团,而是由组成公司各要素的提供者,即公司股东、管理者、职工组成的社团,他们在公司中都是不可或缺的。公司是人的集合并不是指他们中某一类人的集合,而是他们共同组成成员的集合。在此背景下,应当将公司的社团性拓展至股东、管理者和职工之间。第二,从公司的运作机制看,投资者与经营者相分离的运作模式决定公司的股东身份在公司犯罪中不起决定作用,从而决定公司股东的多少对单位犯罪的认定没有决定性作用。如前所述,按照公司法的规定,公司的经营管理主要由公司董事会、经理层甚至公司职工等负责,公司股东并不直接从事经营管理,公司犯罪实施的主体主要不是体现在公司的股东层面,而是在公司的管理者层面,如公司的董事、经理。即使公司的股东身份和管理者的身份产生竞合,如股东同时是公司的董事或者经理,作为公司犯罪行为的决策和实施的身份主体一般是公司的董事或者经理身份而不是股东身份,因为其实施犯罪的职务基础是体现其管理者身份的董事或者经理。所以,即使按照传统公司法理论对公司社团性的理解,这种社团性特征对公司犯罪主体的认定而言也不是必要条件。原来认定单位犯罪的一些标准,如犯罪意志的整体性和利益归属的团体性,应当符合时代发展的要求。不管是犯罪意志的整体性也好,还是利益归属的团体性也好,均不以公司股东的复数性为基础,公司股东的单复数对此不起决定性作用。从公司股东的人数与管理者人数的对应关系看,二者之间也并不必然成正比例对应关系,一人公司的管理人员完全有可能超过二人以上股东公司的管理人员。从公司的规模而言,一人公司的规模也完全有可能超过二人以上股东的公司。事实上,公司法为了保证一人公司的财产独立和责任独立,对一人公司的规模作了比其他有限责任公司要严格的限制。所以,以公司股东人数的单复数为标准来认定公司犯罪意志的整体性进而认定是否构成单位犯罪,并不具有科学性。公司犯罪意志的整体性不一定要体现管理者和作出决策者人数的复数性,并不是只有经过管理层集体研究作出的决策才能视为单位的整体意志,一人作出的决策就不是公司的整体意志。如公司的总经理或者董事长一个人在其职权范围内为了公司的利益而作出实施犯罪的决策,犯罪的利益亦归属于公司。在这种情况下,决策者一人的意志也应当视为公司的整体意志,犯罪行为应当视为公司行为而不是自然人个人行为。所以,就本质上而言,单位犯罪意志的整体性与其说体现为决策人员的复数性,还不如说是体现为决策权限的法定性、程序性和决策者身份的独立性。如果这种决策是在法律及公司章程等文件规定的职权范围内依照一定程序作出的,且作出这种决策是为了公司的利益,则这种决策就应当视为独立于决策者自然人身份的公司管理者的决策,即应视为公司的决策而不是自然人个人的决策。从利益归属的团体性分析,团体性也并不一定体现为股东的复数性。一方面,即使是一人公司,其管理者、职工一般不止一人。事实上,随着一人公司的发展壮大,并不排除职工几百人、上千人甚至上万人的一人公司的可能性。公司的利益与公司所有这些成员的利益息息相关。按照公司法的规定,公司的税后利润应当提取一部分作为公司法定公积金,在提取法定公积金之前还应当先弥补公司亏损,在提取法定公积金之后还可以提取任意公积金。另外,公司经营效益决定公司成员包括一般职工的工资、奖金等物质待遇,所以,公司犯罪的收益与公司所有成员的利益均密切相关。从这个意义上说,一人公司实施犯罪,也具有利益归属的团体性。另一方面,利益归属的团体性的本质不在于享受利益主体的复数性,而在于利益归属主体的独立性,即利益直接而完整地归公司所有的,这种利益就是公司的而不是自然人个人的利益,也就是公司作为一个由自然人组成的团体的利益。这种利益归属的直接性和完整性主要体现在公司作为一个整体首先概括地、全部地承受犯罪带来的利益,如犯罪所得的收益直接进入公司的账号,作为公司的收入予以记载,或者直接抵偿公司债务,用于公司的开支。至于公司承受这些利益后将利益进行再分配,甚至唯一的股东分得其中的绝大多数,这是公司对自己财产的处分,不影响利益初始归属的属性。所以一人公司实施犯罪只要犯罪所得是由公司支配而不是其中的自然人包括股东支配的,不影响公司利益归属的团体性特征。第三,从最根本上来说,公司是否能够成为单位犯罪的主体,要从公司是否具有公司所应当具有的最本质的特征——公司人格独立来判断。具有独立人格的公司,就可以成为单位犯罪的主体;不具有独立人格的公司,就不能成为单位犯罪的主体,公司相关人员实施的犯罪只能按自然人犯罪处理。依法成立并严格按照公司法的规定从事经营活动的一人公司,具有独立的财产,能够独立承担责任,具有独立的意志,因而具有独立于股东自然人人格的公司人格,能够成为单位犯罪的主体。不是所有的一人公司都可以成为单位犯罪的主体,从刑法的实质合理性标准来考察,只有依法成立,取得法人地位,具有独立人格的一人公司才有可能成为单位犯罪的主体。1. 一人公司必须严格依法成立。首先,一人公司必须依法成立,经过工商登记注册,取得法人地位。没有经过工商登记注册取得法人地位的一人公司不能成为单位犯罪的主体,构成犯罪的,按照自然人犯罪处理。其次,一人公司必须按照公司法而不是按照个人独资企业法注册登记。按照个人独资企业法成立的独资企业不能取得法人资格,投资者必须以其个人财产对企业债务承担无限责任,这种独资企业不能成为单位犯罪的主体。2. 一人公司必须具有独立的人格。公司的独立人格主要体现在财产的独立和意志独立上。就一人公司而言:首先,一人公司必须达到公司法规定的最低注册资本数。按照公司法的规定,一人公司的注册资本最低必须达到10万元,而且必须一次性缴足。如果一人公司实施犯罪行为时注册资本没有到位,因而影响到责任的承担,则在这种情况下不能成为单位犯罪的主体。如果一人公司成立时虽然没有一次性缴足注册资本,但实施犯罪行为时注册资本已经缴足,则这种行为虽然违反了公司法,但只是一种行政违法行为,依照相关规定予以行政处罚就可以了,不影响公司单位犯罪的主体资格。其次,公司的财产必须和股东的财产能够分离,如果股东的财产和公司的财产混合,公司成为股东的另外一个自我,甚至成为股东实施不法行为乃至犯罪行为的一个工具。公司没有自己独立的人格,既没有自己的独立意志,也不能独立承担责任,故不可能成为单位犯罪的主体。按照公司法的规定,一人公司必须在每一会计年度终了时编制财务会计报告,并经会计师事务所审计。一人公司股东不能证明公司财产独立于股东自己财产的,应当对公司债务承担连带责任。在这种情况下,公司不能成为单位犯罪的主体,以公司名义实施的犯罪应当按照自然人犯罪处理。应当明确的是,公司的财产是否与股东的个人财产相分离,股东应当承担证明责任;如果股东不愿或者不能承担证明责任的,就要承担导致公司人格被否定的法律后果。3. 一人公司必须具有公司法所要求的法人治理结构。比如,一人公司应当有自己的章程,股东行使公司法所规定的职权时必须以书面形式作出,并置于公司备案。鉴于一人公司只有一个股东,公司行为与股东个人行为容易发生竞合,故公司的经营行为应当以公司的名义进行。凡是以股东个人的名义进行的行为,均应当视为股东的个人行为,构成犯罪的,追究股东的自然人责任,而不能以单位犯罪处理。4. 一人公司成立的目的必须是依法从事经营活动,且客观上确实从事了一定的合法经营活动。如果一人公司是以从事非法甚至犯罪活动为目的而成立,或者成立后主要是从事非法或犯罪活动的,不能成为单位犯罪的主体。从本案来看,被告单位新客派公司系按照我国公司法关于一人公司的规定依法注册登记成立,具有独立的人格和法人治理结构,客观上也确实从事了一定的合法经营活动,故其实施的犯罪应当按照单位犯罪而不是个人犯罪处理。[参见第 725 号指导案例,上海新客派信息技术有限公司、王志强虚开增值税专用发票案,载《刑事审判参考》总第 82 集(2011 年第 5 集),第 2~14 页。撰稿:肖晚祥]

▽一人公司单位犯罪主体的认定

区分单位犯罪与个人犯罪在刑罚适用上具有重要意义:第一,单位犯罪以采用双罚制为原则,以单罚制为例外;而个人犯罪只处罚个人。第二,一般情况下单位犯罪对个人的处罚比自然人犯罪处罚要轻。单位犯罪定罪数额起点较高,一般为自然人犯罪数额的 2~5 倍。在个人和单位都可以成为犯罪主体的罪名中,单位犯罪的直接责任人员的法定刑通常也轻于自然人犯罪的法定刑。正因如此,被告人在刑事审判中也往往主张自己的行为系单位犯罪中的行为。因此,在单位经集体研究决定或者由负责人员决定为单位利益而实施犯罪的场合下,判断是否构成单位犯罪往往是司法审判中的焦点问题。2005 年,修订后的公司法明确承认了一人公司的法人地位,公司法第五十八条第二款规定“本法所称一人有限责任公司,是指只有一个自然人股东或者一个法人股东的有限责任公司。”单从刑法条文来看,只要公司实施了法律规定为单位犯罪的行为,即可构成单位犯罪,并未限定公司的性质、规模、权属或者股东人数。不过,1997 年修订刑法之时,公司法尚未承认一人公司之存在,因此,能否将一人公司理解为单位犯罪中所说的“公司”,何种情况下一人公司的行为可以被作为单位犯罪处理,需要结合刑法规定单位犯罪的目的和一人公司的人格独立性进行法理上的判断。刑法设置单位犯罪,根本上是因为单位具有独立的人格,具有独立于管理人或者所有人的意志。单位经集体决定或者负责人决定,为了单位利益而实施危害社会的行为,其本质是单位自己的行为而不仅仅是直接责任人的行为,应当由单位自己负责。单位犯罪必须是为了单位的利益而实施,因此,如果不处罚单位而只处罚直接责任人,则无异于认可单位可以从犯罪行为中获益,从而与法律的精神相违背。在现代社会,尤其在现代企业制度中,企业所有人与管理人分离是一种正常现象,企业相对于所有人具有完全独立的人格。具有独立人格的企业经过章程规定的决策程序实施单位犯罪的,就应当独立承担刑事责任,这是罪责自负原则的体现,也是法律对单位自我负责能力的认可。相反,如果公司实施了单位犯罪而无须独立承担责任,就不但意味着公司及其所有人可以从犯罪中受益,而且也意味着公司自我负责的独立人格的丧失。从这里可以清楚地看到,单位犯罪中的企业所有人或者股东是谁,完全是与刑事责任毫无关联的事实。有无独立人格是单位行为能否被作为单位犯罪处理的决定因素。如果单位实质上没有独立人格,则即使具备了单位犯罪的形式特征,也不能构成单位犯罪。根据我国相关司法解释,个人为进行违法犯罪活动而设立的公司、企业、事业单位实施犯罪的,或者公司、企业、事业单位设立后,以实施犯罪为主要活动的,或者盗用单位名义实施犯罪,违法所得由实施犯罪的个人私分的,依照刑法有关自然人犯罪的规定定罪处罚。在前两种情况下,公司、企业、事业单位完全不符合单位章程的规定,实质上只是个人的犯罪工具,不具备独立人格。在后一种情况下,单位只是被他人盗用名义进行犯罪,并不是单位意志的体现,也不能构成单位犯罪。因此,以行为时有无独立人格作为判断单位犯罪成立与否的标准与司法解释的精神是完全契合的。与其他单位一样,一人公司的行为能否构成单位犯罪的标准同样在于其是否具有独立人格。一人公司不是只有一个人的公司,而是指股东仅为一人(自然人或法人)并由该股东持有公司全部出资的有限责任公司。一人公司完全有可能具有独立的法人人格,其与传统有限责任公司唯一的区别仅仅是股东的个数不同。正如前文所述,股东的个数及身份与单位犯罪的成立毫无关系,一人公司完全有可能构成单位犯罪。一人公司的特殊性仅仅在于其只有一名股东,该股东持有公司的全部出资。由于只有一位出资人,出资人与公司之间容易产生关联交易而导致人格混同,一人公司的人格因为其股东的单一性而具有不稳定性。因此,判断具体犯罪行为中的一人公司是否具有独立人格,应当根据以下几项标准:第一,是否具有独立的财产利益。公司的财产和出资人的财产必须能够分离,公司的财产状况必须是独立的。一人公司虽然只有一个出资人,但是一旦出资人依照法律程序办理手续成为股东,地位就发生了变化,其个人出资的财产也不再是其个人财产,而是公司财产,成为公司开展正常经营活动的重要保证,具有相对独立性。如果股东的财产和公司的财产混合,公司成为股东随意支配的对象,甚至成为股东实施违法犯罪行为的工具,那么公司就没有自己独立的人格。既然公司连独立的财产都没有,独立的意志和独立的人格就无从谈起。没有独立的意志和人格,就不能独立承担责任,也就不能成为单位犯罪的主体。独立的财产是公司具有独立人格的基本前提,因此,修订后的公司法规定"一人有限责任公司的股东不能证明公司财产独立于股东自己的财产的,应当对公司债务承担连带责任。"公司法人的本质特征在于股东的有限责任,如果法律要求一人公司的股东对外承担连带责任,就意味着否定了公司的独立人格。也就是说,如果公司财产不能持续地独立于股东财产,二者之间发生混同,公司就将丧失独立人格,公司财产成为股东的个人财产,以公司名义进行的犯罪行为也只能是股东的个人行为,而不是单位犯罪。公司的财产独立性的证明责任应当由股东自己来承担,如果其无法承担证明责任的,原则上就应当否定公司的独立人格。第二,是否具有独立的意志。一人公司的意志是否独立是判断其是否具备单位犯罪主体适格性的实质要件。在一人公司的股东与管理人分离的情况下,公司的独立意志是比较明显的。在股东与管理者系一人的情况下,一人公司的意志虽然来源于唯一股东,却与其自然人意志不可混为一谈。公司的意志体现为决策权限的法定性和程序性,如果股东为了公司利益在法律及公司章程规定的职权范围内依照法定程序实施特定行为,则这种行为就应当视为公司的决策而不是股东的个人意志。判断一人公司是否有独立的意志,还要看公司形式是否被滥用,公司的人格只有在法律和公司章程规定的程序中才存在。如果滥用公司形式,违背公司的根本利益或者超出法定权限、程序,则股东的行为意志就与公司的意志相背离,公司就失去了独立的意志,而与股东、管理人员混同,这种情形下显然只需要处罚自然人。第三,是否具有公司法所要求的法人治理结构。依照法律规定,具有独立人格的公司必须要有一定的场所、人员和组织机构,股东行使公司法所规定的职权时必须以书面形式作出并置于公司备案。一人公司只有一个股东,公司行为与股东个人行为容易发生竞合,故公司的经营行为应当以公司的名义进行,一人公司必须拥有独立的名义。只有行为是以公司名义实施,且其目的是追求公司利益或履行公司职责,才能视为单位行为。如果行为是以公司名义实施,甚至在形式上已经过集体决议,但实质上并非追求公司利益或履行公司职责,则不能视为单位行为,不能作为单位犯罪处理。如果行为是以股东个人名义进行的,原则上应当视为股东的个人行为,构成犯罪的,也不能作为单位犯罪处理。第四,是否依照章程规定的宗旨运转。具有独立人格的一人公司应当有自己的章程和特定宗旨,公司的章程、宗旨等还要符合法律规定,因为这些是公司人格的具体体现之一。一人公司的设立及存在均有其特定的目的和宗旨,并在法律允许的范围内追求其利益。其收益首先应对公司所负债务负责,而不是直接转为股东的个人私利。一人公司成立的目的必须是依法从事经营活动,且客观上确实从事了一定的合法经营活动。当单一股东或其他成员实施的行为与公司目标完全相反时,就超出了公司的意志范围。因此,如果个人为进行违法犯罪活动而设立的一人公司,或者一人公司设立后以实施犯罪为主要活动的,不能构成单位犯罪,而只能视为股东的个人犯罪。第五,是否依照法定的条件和程序成立。一人公司的设立以及存续均应当具有合法性。合法性要求实体合法与程序合法,在实体或程序方面不合法的一人公司属于应当予以取消的对象,不具备法律承认的独立人格,不能成为单位行为的主体。首先,一人公司必须依法成立,经过工商行政管理部门登记注册,依法取得法人地位。没有经过工商登记注册的一人公司不能成为单位犯罪的主体,构成犯罪的,按照个人犯罪处理。其次,一人公司要符合公司法规定的最低注册资本数,而且必须一次性缴足。在因设立瑕疵造成一人公司人格否定、公司成立自始无效的情况下,该一人公司不符合独立法人的形式标准,因此,不具备构成刑法上的单位主体的基本前提。本案众超公司、一丰铺公司经合法注册成立,被告人是该公司唯一股东和法定代表人。公司依照法律规定的条件和程序登记注册成立,成立之后依照章程规定的营利宗旨进行运转,公司在经营中具有相对独立的名义,具备公司法要求的治理结构,被告人作为法定代表人为了公司利益实施合同诈骗行为,应当被视为公司的独立意志。同时,根据法院查明的情况,被告人依照法律程序办理手续实际出资,众超公司、一丰铺公司具有独立的财务状况,可以与被告人的个人财产明确区分,虽然进行了合同诈骗行为,但是现有证据不足以证明被告人在收取货款后系用于其个人开支。因此,公司具备独立的法人人格,具有承担刑事责任的能力。被告人作为公司法定代表人为了公司利益而进行合同诈骗活动,应当被视为公司的行为,构成单位犯罪。因此,上海市奉贤区人民法院认定被告人应依法追究其作为"单位直接负责经营管理的人员"的刑事责任。[参见第726号指导案例,周敏合同诈骗案,载《刑事审判参考》总第82集(2011年第5集),第16~22页。撰稿:张果]

第三十一条　【单位犯罪的处罚原则】单位犯罪的,对单位判处罚金,并对其直接负责的主管人员和其他直接责任人员判处刑罚。本法分则和其他法律另有规定的,依照规定。

■最高人民法院关于审理单位犯罪案件对其直接负责的主管人员和其他直接责任人员是否区分主犯、从犯问题的批复(全文)(2000年10月10日)

在审理单位故意犯罪案件时,对其直接负责的主管人员和其他直接责任人员,可不区分主犯、从犯,按照其在单位犯罪中所起的作用判处刑罚。

■最高人民法院关于在审理经济纠纷案件中涉及经济犯罪嫌疑若干问题的规定(2020年12月29日修正)

第一条　同一自然人、法人或非法人组织因不同的法律事实,分别涉及经济纠纷和经济犯罪嫌疑的,经济纠纷案件和经济犯罪嫌疑案件应当分开审理。

第二条　单位直接负责的主管人员和其他直接责任人员,以为单位骗取财物为目的,采取欺骗手段对外签订经济合同,骗取的财物被该单位占有、使用或处分构成犯罪的,除依法追究有关人员的刑事责任,责令该单位返还骗取的财物外,如给被害人造成经济损失的,单位应当承担赔偿责任。

第三条　单位直接负责的主管人员和其他直接责任人员,以该单位的名义对外签订经济合同,将取得的财物部分或全部占为己有构成犯罪的,除依法追究行为人的刑事责任外,该单位对行为人因签订、履行该经济合同造成的后果,依法应当承担民事责任。

第四条　个人借用单位的业务介绍信、合同专用章或者盖有公章的空白合同书,以出借单位名义签订经济合同,骗取财物归个人占有、使用、处分或者进行其他犯罪活动,给对方造成经济损失构成犯罪的,除依法追究借用人的刑事责任外,出借业务介绍信、合同专用章或者盖有公章的空白合同书的单位,依法应当承担赔偿责任。但是,有证据证明被害人明知签订合同对方当事人是借用行为,仍与之签订合同的除外。

第五条　行为人盗窃、盗用单位的公章、业务介绍信、盖有公章的空白合同书,或者私刻单位的公章签订经济合同,骗取财物归个人占有、使用、处分或者进行其他犯罪活动构成犯罪的,单位对行为人该犯罪行为所造成的经济损失不承担民事责任。

行为人私刻单位公章或者擅自使用单位公章、业务介绍信、盖有公章的空白合同书以签订经济合同的方法进行的犯罪行为，单位有明显过错，且该过错行为与被害人的经济损失之间具有因果关系的，单位对该犯罪行为所造成的经济损失，依法应当承担赔偿责任。

第六条　企业承包、租赁经营合同期满后，企业按规定办理了企业法定代表人的变更登记，而企业法人未采取有效措施收回其公章、业务介绍信、盖有公章的空白合同书，或者没有及时采取措施通知相对人，致原企业承包人、租赁人得以用原承包、租赁企业的名义签订经济合同，骗取财物占为己有构成犯罪的，该企业对被害人的经济损失，依法应当承担赔偿责任。但是，原承包人、承租人利用擅自保留的公章、业务介绍信、盖有公章的空白合同书以原承包、租赁企业的名义签订经济合同，骗取财物占为己有构成犯罪的，企业一般不承担民事责任。

单位聘用的人员被解聘后，或者受单位委托保管公章的人员被解除委托后，单位未及时收回其公章，行为人擅自利用保留的原单位公章签订经济合同，骗取财物占为己有构成犯罪，如给被害人造成经济损失的，单位应当承担赔偿责任。

第七条　单位直接负责的主管人员和其他直接责任人员，将单位进行走私或其他犯罪活动所得财物以签订经济合同的方法予以销售，买方明知或者应当知道的，如因此造成经济损失，其损失由买方自负。但是，如果买方不知该经济合同的标的物是犯罪行为所得财物而购买的，卖方对买方所造成的经济损失应当承担民事责任。

■最高人民检察院关于涉嫌犯罪单位被撤销、注销、吊销营业执照或者宣告破产的应如何进行追诉问题的批复（全文）（2002年7月15日）

涉嫌犯罪的单位被撤销、注销、吊销营业执照或者宣告破产的，应当根据刑法关于单位犯罪的相关规定，对实施犯罪行为的该单位直接负责的主管人员和其他直接责任人员追究刑事责任，对该单位不再追诉。

▼全国法院审理金融犯罪案件工作座谈会纪要（2001年1月21日）

（一）关于单位犯罪问题

根据刑法和《最高人民法院关于审理单位犯罪案件具体应用法律有关问题的解释》的规定，以单位名义实施犯罪，违法所得归单位所有的，是单位犯罪。

1. 单位的分支机构或者内设机构、部门实施犯罪行为的处理。以单位的分支机构或者内设机构、部门的名义实施犯罪，违法所得亦归分支机构或者内设机构、部门所有的，应认定为单位犯罪。不能因为单位的分支机构或者内设机构、部门没有可供执行罚金的财产，就不将其认定为单位犯罪，而按照个人犯罪处理。

2. 单位犯罪直接负责的主管人员和其他直接责任人员的认定：直接负责的主管人员，是在单位实施的犯罪中起决定、批准、授意、纵容、指挥等作用的人员，一般是单位的主管负责人，包括法定代表人。其他直接责任人员，是在单位犯罪中具体实施犯罪并起较大作用的人员，既可以是单位的经营管理人员，也可以是单位的职工，包括聘任、雇佣的人员。应当注意的是，在单位犯罪中，对于受单位领导指派或奉命而参与实施了一定犯罪行为的人员，一般不宜作为直接责任人员追究刑事责任。对单位犯罪中的直接负责的主管人员和其他直接责任人员，应根据其在单位犯罪中的地位、作用和犯罪情节，分别处以相应的刑罚，主管人员与直接责任人员，在个案中，不是当然的主、从犯关系，有的案件，主管人员与直接责任人员在实施犯罪行为的主从关系不明显的，可不分主、从犯。但具体案件可以分清主、从犯，且不分清主、从犯，在同一法定刑档次、幅度内量刑无法做到罪刑相适应的，应当分清主、从犯，依法处罚。

3. 对未作为单位犯罪起诉的单位犯罪案件的处理。对于应当认定为单位犯罪的案件，检察机关只作为自然人犯罪案件起诉的，人民法院应及时与检察机关协商，建议检察机关对犯罪单位补充起诉。如检察机关不补充起诉的，人民法院仍应依法审理，对被起诉的自然人根据指控的犯罪事实、证据及庭审查明的事实，依法按单位犯罪中的直接负责的主管人员或者其他直接责任人员追究刑事责任，并应引用刑罚分则关于单位犯罪追究直接负责的主管人员和其他直接责任人员刑事责任的有关条款。

4. 单位共同犯罪的处理。两个以上单位以共同故意实施的犯罪，应根据各单位在共同犯罪中的地位、作用大小，确定犯罪单位。

▼最高人民法院研究室关于企业犯罪后被合并应当如何追究刑事责任问题的答复（全文）（1998年11月18日）

人民检察院起诉时该犯罪企业已被合并到一个新企业的，仍应依法追究原犯罪企业及其直接负责的主管人员和其他直接人员的刑事责任。人民法院审判时，对被告单位应列原犯罪企业名称，但注明已被并入新的企业，对被告单位所判处的罚金数额以其并入新的企业的财产及收益为限。

▼最高人民法院研究室关于如何理解“直接负责的主管人员”和“直接责任人员”问题的复函（全文）（1994年1月27日）

所谓“直接负责的主管人员”，是指在企业事业单位、机关、团体中，对本单位实施走私犯罪起决定作用的、负有组织、决策、指挥责任的领导人员。单位的领导人如果没有参与单位走私的组织、决策、指挥，或者仅是一般参与，并不是起决定作用的，则不应对单位的走私犯罪负刑事责任。

所谓“直接责任人员”，是指直接实施本单位走私犯罪行为或者虽对本单位走私犯罪负有部分组织责任，但对本单位走私犯罪行为不起决定作用，只是具体执行、积极参与的该单位的部门负责人或者一般工作人员。

▼广东省高级人民法院关于办理破坏社会主义市场经济秩序犯罪案件若干具体问题的指导意见（2006年4月11日）

四、关于单位犯罪案件

23. 对于人民检察院指控单位犯罪的案件，人民法院在立案审查阶段应当审查检察机关有否指定被告单位的诉讼代表人。如果没有指定，应当要求其指定。检察机关坚持以单位犯罪起诉又拒绝指定诉讼代表人的，人民法院不予受理。

案件审理期间，被告单位的诉讼代表人经通知不到庭参加诉讼的，可以裁定对被告单位中止审理，对其直接负责的主管人员及其他直接责任人员继续审理。

24. 犯罪单位在起诉时已被注销的，如果检察机关坚持以单位犯罪起诉，人民法院不予受理。案件审理期间被告单位被注销的，裁定对被告单位终止审理，对其直接负责的主管人员及其他直接责任人员继续审理。

25. 单位犯罪后犯罪单位发生分立、合并等变更的，在审判中仍以原犯罪单位作为被告单位。对被告单位所判处的罚金刑，由承受其权利义务的单位作为被执行人。罚金高于变更后的单位承受的财产的，可在执行中予以减除。

26. 单位与单位共同犯罪或者单位与个人共同犯罪的，应当根据其各自在共同犯罪中的地位、作用，按照《刑法》关于主、从犯的规定分别处罚。对与单位共同犯罪的个人应按照其所实施的犯罪行为及地位、作用，依《刑法》关于个人犯罪的规定处罚，不能比照单位犯罪的责任人员量刑。

27. 单位犯罪直接负责的主管人员和其他直接责任人员，如果在单位犯罪中的地位、作用明显不同，可以区分主、从犯。但这种区分与责任人员之间原来的职务没有必然的联系，直接负责的主管人员不是当然的主犯。对其中的从犯，可以按照《刑法》对单位犯罪责任人员规定的法定刑从轻或者减轻处罚。

对单位犯罪直接负责的主管人员和其他直接责任人员无法区分主、从犯的，应当按照其各自在单位犯罪中所起的作用处罚。

28. 犯罪单位集体决定自首,或者主要负责人代表单位投案自首,或者参与单位犯罪的直接负责的主管人员投案自首的,应当视为犯罪单位自首,依法可对该单位从轻处罚。

29. 犯罪单位构成自首,其直接负责的主管人员及其他直接责任人员是否构成自首,应按照《刑法》和最高人民法院有关解释的规定审查确定。如实交代主要犯罪事实、接受审判的,可以依照《刑法》第67条第1款规定从轻、减轻或者免除处罚;拒不交代主要犯罪事实或者逃避追究的,不以自首论。

●违规披露、不披露重要信息犯罪的处罚方法

刑法规定违规披露、不披露重要信息罪只处罚单位直接负责的主管人员和其他直接责任人员,不处罚单位。公安机关以本罪将单位移送起诉的,检察机关应当对单位直接负责的主管人员及其他直接责任人员提起公诉,对单位依法作出不起诉决定。对单位需要给予行政处罚的,检察机关应当提出检察意见,移送证券监督管理部门依法处理。(参见最高人民检察院发布第17批指导性案例,检例第66号,博元投资股份有限公司、余蒂妮等人违规披露、不披露重要信息案,2020年2月5日发布。)

●单位认罪认罚的,可依法不起诉,应当督促其合规经营

民营企业违规经营触犯刑法情节较轻,认罪认罚的,对单位和直接责任人员依法能不捕的不捕,能不诉的不诉。检察机关应当督促认罪认罚的民营企业合法规范经营。拟对企业作出不起诉处理的,可以通过公开听证听取意见。对被不起诉人(单位)需要给予行政处罚、处分或者需要没收其违法所得的,应当依法提出检察意见,移送有关主管机关处理。(参见最高人民检察院第22批指导案例81号,无锡F警用器材公司虚开增值税专用发票案,2020年11月24日发布。)

●对涉民企创新争议案件,可通过听证方式开展审查

检察机关办理涉企案件,应当注意保护企业创新发展。对涉及创新的争议案件,可以通过听证方式开展审查。对专业性问题,应当加强与行业主管部门沟通,充分听取行业意见和专家意见,促进完善相关行业领域标准。[参见最高人民检察院第23批指导案例85号,刘远鹏涉嫌生产、销售"伪劣产品"(不起诉)案,2020年12月3日发布。]

○关于单位犯罪后,犯罪单位发生分立、合并或者其他资产重组等情况的,以及犯罪单位被依法撤销、宣告破产等情况下,如何追究刑事责任及裁判文书中应如何表述问题的意见

关于单位犯罪后,犯罪单位发生分立、合并或者其他资产重组等情况的,以及犯罪单位被依法撤销、宣告破产等情况下,如何追究刑事责任及裁判文书中应如何表述的问题,最高人民法院刑二庭审判长会议进行了研究,一致意见如下:一、根据法律规定,单位实施危害社会的行为,刑法规定为单位犯罪的,应追究单位的刑事责任。单位犯罪后,犯罪单位发生被撤销、宣告破产等情况的,因该单位已经消灭,不具备刑事责任能力,无法承担刑事责任,故对其不再追究刑事责任。单位犯罪后,该单位发生分立、合并或者其他资产重组等情况的,该单位虽主体发生变更,因其实质上并未消灭,其权利义务由变更后的单位承受,故对其实施的犯罪仍具备刑事责任能力,仍应追究该单位的刑事责任。二、根据刑法的规定,对于单位犯罪,无论是实行双罚制还是单罚制,都应追究单位犯罪中直接负责的主管人员或者其他直接责任人员的刑事责任。单位犯罪后,单位发生被撤销、宣告破产等情况的,虽不再追究原单位的刑事责任,但原犯罪单位直接负责的主管人员和其他直接责任人员应当负刑事责任的,仍应予追究。制作裁判文书时,不再列单位被告,对直接负责的主管人员和其他直接责任人员定罪处刑应引用刑罚分则关于单位犯罪追究直接负责的主管人员和其他直接责任人员刑事责任的有关条款。三、根据我国刑法犯罪主体和刑罚主体相统一的原则,犯罪单位发生分立、合并或者其他资产重组情况的,应当追究原犯罪单位的刑事责任,而不能追究承受原犯罪单位权利义务的新单位的刑事责任。制作裁判文书时,仍应以原单位(名称)作为被告单位,原单位名称发生更改的,在原单位名称后用括号注明"何时已变更为×××单位"字样;承受原单位权利义务的新单位法定代表人或者负责人为诉讼代表人。四、人民法院对发生了分立、合并或者其他资产重组的原犯罪单位追究刑事责任判处罚金时,应当将承受原单位权利义务的新单位作为被执行人;罚金超出新单位所承受的财产的,可依法在执行中予以减除。在判决书主文部分,可表述为:××单位犯××罪,判处罚金××元;鉴于该单位已于××时被合并到(或分立为等)××单位,故该罚金向××单位(新)执行。[参见《刑事审判参考》总第31辑(2003年第2辑),法律出版社,第206~207页。]

▽单位犯罪中"直接负责的主管人员"的认定

对"直接负责的主管人员"的认定,应把握两方面:一是直接负责的主管人员是在单位中实际行使管理职权的负责人员;二是对单位具体犯罪行为负有主管责任。该两个条件缺一不可,如非单位的管理人员,就谈不上主管人员;如与单位犯罪无直接关系,就不能说对单位犯罪负有直接责任。司法实践中,主管人员主要包括单位法定代表人、单位的主要负责人、单位的部门负责人等。但以上单位的管理人员并非在任何情况下都要对单位犯罪承担刑事责任,只有当其在单位犯罪中起着组织、指挥、决策作用,所实施的行为与单位犯罪行为融为一体,成为单位犯罪行为组成部分之时,上述人员才能成为单位犯罪的处罚主体,对单位犯罪承担刑事责任。需强调指出的是,单位的法定代表人,作为单位的最主要的领导成员,在单位里对重要问题的决定会起着至为重要的作用,在单位实施犯罪的情况下,是否均需对单位犯罪负责,不能一概而论,应否承担刑事责任,仍需视其是否具体介入了单位犯罪行为,在单位犯罪过程中是否起到了组织、指挥、决策作用而定。如主持单位领导层集体研究、决定或者依职权个人决定实施单位犯罪的情况下,当属"直接负责的主管人员";反之,在由单位其他领导决定、指挥、组织实施单位犯罪、不在其本人职权分工范围之内、本人并不知情的情况下,则不应以单位犯罪直接负责的主管人员追究其刑事责任。当然,单位的法定代表人因失职行为,依法构成其他犯罪的,另当别论。[参见第251号案例,北京匡达制药厂偷税案,载《刑事审判指导》总第33集(2003年第4集),法律出版社,第4~6页。执笔:康瑛 周万毅]

▽单位故意犯罪直接负责的主管人员以外的"其他直接责任人员"的认定

关于单位故意犯罪直接负责的主管人员以外的"其他直接责任人员"的认定,一般认为必须具备以下四个条件:1. 必须是单位内部的工作人员。如果实施单位犯罪的自然人不是单位内部的人员,而是单位外部人员,则属于单位和自然人共同犯罪,对自然人不能认定为单位犯罪的直接责任人员。2. 必须参与实施了单位犯罪行为。没有实施犯罪的单位内部人员,不能成为单位犯罪的直接责任人员。3. 必须对所实施的单位故意犯罪是明知的,即明知自己实施的是法律禁止实施的犯罪行为。如果自然人不知道单位实施犯罪的真实情况和自己行为是单位犯罪的重要环节,就不应按照直接责任人员定罪处罚。4. 必须是单位犯罪实行过程中起重要作用的人员,即对单位犯罪的实行和完成,起重要作用的骨干分子和积极分子。司法实践中,对单位犯罪中直接责任人员的认定,应当持慎重态度,既不能网开一面甚至放纵,也不能打击面过宽。最高人民法院2001年1月印发的《全国法院审理金融犯罪案件工作座谈会纪要》指出:"其他直接责任人员,是在单位犯罪中具体实施犯罪并起较大作用的人员,既可以是单位的经营管理人员,也可以是单位的职工,包括聘任、雇佣的人员。应当注意的是,在单位犯罪中,对于受单位领导指派或奉命而参与实施了一定犯罪行为的人员,一般不宜作为直接责任人员追究刑事责任。"但受单位领导指派,积极实施犯罪行为的人,应认定为单位犯罪的直接责任人员。[参见第231号案例,吴彩森、郭家春等虚开增值税专用发票案,载《刑事审判指导》总第31辑(2003年第2辑),法律出版社,第16~17页。执笔:牛克乾]

▽单位和个人共同犯罪,检察机关未起诉犯罪单位的,应当分别适用刑法分则有关条款定罪处罚

由于检察机关未起诉犯罪单位,亦没有补充起诉,根据不告不理的审判原则,人民法院不能直接将单位列为被告,更不能对其定罪处罚。但应当根据罪刑相适应原则,将两被告人分别认定为犯罪单位中有关直接负责的主管人员和其他直接责任人员,并分别承担单位犯罪中有关直接负责的主管人员和其他直接责任人员的刑事责任。[参见第253号案例,孟祥国、李桂英、金利杰侵犯著作权案,载《刑事审判指导》总第33集(2003年第4集),法律出版社,第25页。执笔:清国]

▽犯罪单位发生分立、合并或者其他资产重组等情形下,其权利义务被变更后的单位承担的,理应追究承受犯罪单位权利义务的单位的刑事责任

在犯罪单位发生分立、合并或者其他资产重组等情形下,其权利义务被变更后的单位承担,从某种意义上讲,犯罪单位并不是完全的消灭或者说"死亡"。从"有罪必罚"和"罪责自负"的角度出发,只要承受犯罪单位权利义务的单位存在,应当追究单位犯罪的刑事责任。2002年8月最高人民法院、最高人民检察院、海关总署联合下发的《办理走私刑事案件适用法律若干问题的意见》第十九条规定:"单位走私犯罪后,单位发生分立、合并或者其他资产重组等情况的,只要承受该单位权利义务的单位存在,应当追究单位走私犯罪的刑事责任。走私单位发生分立、合并或者其他资产重组后,原单位名称发生更改的,仍以原单位(名称)作为被告单位。承受原单位权利义务的单位法定代表人或者负责人作为诉讼代表人。单位走私犯罪后,发生分立、合并或者其他资产重组情形,以及被依法注销、宣告破产等情况的,无论承受该单位权利义务的单位是否存在,均应追究原单位直接负责的主管人员和其他直接责任人员的刑事责任。人民法院对原走私单位判处罚金的,应当将承受原单位权利义务的单位作为被执行人。罚金超出新单位所承受的财产的,可在执行中予以减除。"该规定可以作为我们办理单位犯罪包括单位税收犯罪案件中,遇到单位犯罪后发生分立、合并或者其他资产重组情形以及被依法注销、宣告破产等情况下,如何追究刑事责任的参照。[参见第232号案例,普宁市流沙经济发展公司等单位虚开增值税专用发票案,载《刑事审判参考》总第31辑(2003年第2辑),法律出版社,第31~32页。执笔:牛克乾]

▽各被告单位之间可以区分主从犯,其中直接责任人员的地位相对于单位犯罪具有一定的独立性,根据案情可以认定亦构成共同犯罪,区分主从犯

我国刑法第三十条规定单位可以作为犯罪的主体。根据刑法第二十五条关于共同犯罪的规定及刑法理论,单位也可以成为共同犯罪的主体,一个单位和其他单位,以及单位和自然人之间在共同故意的基础上可以实施共同的犯罪行为,从而构成共同犯罪。而且在单位之间、单位和自然人之间共同犯罪的情况下,根据具体案情,有的可以或者应当区分主从犯,以追究单位和自然人不尽相同的刑事责任。最高人民法院2000年10月实行的《关于审理单位犯罪案件对其直接负责的主管人员和其他直接责任人员是否区分主犯、从犯问题的批复》(本附文以下简称《批复》)规定:"在审理单位故意犯罪案件时,对其直接负责的主管人员和其他直接责任人员,可不区分主犯、从犯,按照其在单位犯罪中所起的作用判处刑罚。"据此,在司法实践中,对单位犯罪中的主管人员和其他直接责任人员,按照其在单位犯罪中所起的作用,根据罪、责、刑相适应的原则,能够正确地确定刑事责任,就没必要再区分主犯、从犯;但从某种意义上讲,单位犯罪中,有关责任人员具有共同的实施单位犯罪的故意和共同的实施单位犯罪的行为,可以成立共同犯罪,在根据具体案情,如果不区分主从犯,对被告人量刑很难做到罪、责、刑相适应的情况下,也可以而且应当区分主犯、从犯。值得注意的是,上述《批复》是针对单位犯罪的单数形态而言的,司法实践中,在两个以上单位的共同犯罪案件中,一般情况下,各单位直接责任人员的犯罪地位应与本单位的犯罪地位一致,但如果这样判定其应负的刑事责任不能做到罪刑相适应的,也可以对其中的直接责任人员按照共同犯罪的规定,区分主从犯。[参见第232号案例,普宁市流沙经济发展公司等单位虚开增值税专用发票案,载《刑事审判参考》总第31辑(2003年第2辑),法律出版社,第32~34页。执笔:牛克乾]

▽因执行领导或机关集体错误决定的"公务"行为不是不负刑事责任的理由

根据我国刑法规定,不负刑事责任的行为仅限于以下几种情形:一是正当防卫行为,二是紧急避险行为,三是不满14周岁的人和完全不能辨认或者控制自己行为的精神病人实施的行为,四是意外事件,五是情节显著轻微危害不大的行为。可见,因执行领导或机关集体错误决定的所谓“公务”行为不是不负刑事责任的理由。行为人为逼人还贷非法关押他人,虽然是在该镇党委、政府的清收欠贷的压力下实施,为的也是公共利益,且事先得到该镇党委书记、副书记等人的同意,关押地就设在镇政府大院,但上述行为绝不是所谓的什么“政府行为”或“单位行为”,而是彻头彻尾的个人职务犯罪行为。值得注意的是,行为人在量刑上虽有上述可酌情从轻的一面,但同样也具有国家机关工作人员利用职权犯非法拘禁罪应当依法从重的一面。(本案事实完全符合单位犯罪的构成要件,只不过法律没有规定此类行为为单位犯罪,故只对其主管人员和其他直接责任人员追究刑事责任。——编著者注)[参见第181号案例,辜正平非法拘禁案,载《刑事审判参考》总第26辑(2002年第3辑),法律出版社,第40～44页。执笔:梁清　邵新　洪冰]

▽在对单位不能追究刑事责任的情况下,可对其中直接负责的主管人员或者其他直接责任人员定罪处刑

根据“从旧兼从轻”原则,刑法修订后审理的实施于刑法修订前的单位贷款诈骗行为,单位不能构成犯罪,对于其中的有关自然人,可按照刑法规定,以单位合同诈骗罪的直接负责的主管人员或者其他直接责任人员追究刑事责任。也就是说,在刑法规定为双罚制的单位犯罪中,单位与其直接负责的主管人员和其他直接责任人员的刑事责任能否分离。单位作为犯罪主体,在双罚制的情况下,存在犯罪单位和直接负责的主管人员或者其他直接责任人员两个责任主体,其刑事责任可以分离,因此在不追究单位刑事责任的情况下,仍然可以实事求是地追究直接负责的主管人员或者其他直接责任人员的刑事责任。我国刑法对单位犯罪的规定,除了实行双罚制外,还规定有只处罚单位主管人员和其他直接责任人员的单罚制,这也说明在单位犯罪的前提下,单位与有关自然人的刑事责任并非截然不可分离。同时,对于未作为单位犯罪起诉以及单位被依法注销的单位犯罪案件,人民法院也可以在不追究单位刑事责任的情况下,依法实事求是地以单位犯罪追究单位中直接负责的主管人员或者其他直接责任人员的刑事责任。对于刑法修订后审理的实施于刑法修订前的单位贷款诈骗犯罪案件,由于新旧法律对单位是否构成犯罪的评价不同,因此应全面考察单位及其直接负责的主管人员和其他直接责任人员的刑事责任,然后根据“从旧兼从轻”原则来选择适用的法律。对于单位,由于1979年刑法不认为是犯罪,而根据1997年刑法可以构成合同诈骗罪,故对单位不能以犯罪论处。对于单位中的有关自然人,根据1979年刑法应构成普通诈骗罪,而按照1997年刑法可以构成单位合同诈骗罪。在单位行为符合刑法第二百二十四条合同诈骗罪的构成要件的情况下,新旧法律有关自然人犯本罪的法定刑相比,显然是1997年刑法的有关规定更轻。因为虽然两者所规定的法定最高刑主刑相同,但后者规定的附加刑轻,前者规定的法定最低刑主刑为管制,后者为单处罚金。因此,对构成犯罪的自然人可依照1997年刑法的规定,以单位合同诈骗罪的直接负责的主管人员和其他直接责任人员论处。[参见第169号案例,俞辉合同诈骗案,载《刑事审判参考》总第25辑(2002年第2辑),法律出版社,第38～40页。执笔:牛克乾]

▽检察机关以自然人犯罪起诉的单位犯罪案件如何处理

对检察院以自然人犯罪起诉的单位犯罪案件,法院不能直接对检察院未指控的单位进行处罚;对被起诉的自然人,应根据庭审查明的事实,依法按单位犯罪中的直接负责的主管人员或者其他直接责任人员追究刑事责任。“不告不理”是基本的诉讼原则。其基本含义是,没有起诉,就不能审判。该原则的实质是以诉制审从而防止滥用审判权,保障公民合法权益,保障司法公正。正是基于这一考虑,2001年1月21日《全国法院审理金融犯罪案件工作座谈会纪要》(本附文以下简称《纪要》)明确规定:“对应当认定为单位犯罪的案件,检察机关只作为自然人犯罪案件起诉的,人民法院应及时与检察机关协商,建议检察机关对犯罪单位补充起诉。如检察机关不补充起诉的,人民法院仍应依法审理,对被起诉的自然人……追究刑事责任……”也就是说,对检察机关以自然人起诉的单位犯罪案件,如处于一审阶段,人民法院应与检察机关协商,建议检察机关补充起诉。检察机关不予补充起诉的,人民法院只能依法追究被起诉的自然人的责任,而不能直接追究单位的责任。当单位未被起诉时,对起诉的自然人的定罪处刑,可根据《纪要》规定:"……对负责的主管人员或者其他直接责任人员追究刑事责任,并应引用刑法分则关于单位犯罪追究直接负责的主管人员和其他直接责任人员刑事责任的有关条款。"也就是说,对于被起诉的自然人,应根据庭审查明的事实,依法确定其是否属于单位犯罪中的直接负责的主管人员或其他直接责任人员。只要被起诉的自然人具备其中一种身份,就应依法按单位犯罪中的直接负责的主管人员或其他直接责任人员追究刑事责任,并应引用刑法分则关于单位犯罪追究直接负责的主管人员和其他直接责任人员刑事责任的有关条款。[参见第102(99)号案例,周云华虚报注册资本案,载《刑事审判参考》总第16集(2001年第5集),法律出版社,第9～11页。执笔:梁子安]

▽对单位已判处罚金,应当依法对直接负责的主管人员和其他直接责任人员并处罚金

刑法第二百二十条明确规定:"单位犯本节第二百一十三条至第二百一十九条规定之罪的,对单位判处罚金,并对直接负责的主管人员和其他直接责任人员,依照本节各该条的规定处罚"。依照本节各该条的规定处罚,即完全按照各该条的规定处罚,自然包括依法适用罚金等财产刑。单位实施了同时具有自由刑和财产刑的犯罪,如果刑法规定对单位犯罪判处罚金,对直接负责的主管人员和其他直接责任人员只判处主刑即自由刑的,那么,只能对直接负责的主管人员和其他直接责任人员判处主刑;如果刑法规定对单位判处罚金,对直接负责的主管人员和其他直接责任人员"依照前款规定处罚"或者"依照各该条的规定处罚",那么,对直接负责的主管人员和其他直接责任人员既要判处主刑,又需根据刑法规定确定是否适用财产刑。但是,对直接负责的主管人员和其他直接责任人员判处罚金的数额应与判处单位罚金的数额有所不同,一般应低于对单位判处的罚金数额。[参见第67号案例,昌达公司侵犯商业秘密案,载《刑事审判参考》总第9辑(2000年第4辑),法律出版社,第36～38页。执笔:贺小电]

▽对于应当认定为单位犯罪的案件,检察机关只起诉单位中责任人员案件的处理方法

对于境外公司在我国境内犯罪的,只要其符合我国刑法规定的单位犯罪特征,就应认定为单位犯罪,并适用刑法分则关于相关罪名的单位犯罪处罚条款对境外单位及其责任人员追究刑事责任。如上分析,韩国SIMPSON商社的行为完全符合单位合同诈骗罪的构成要件,故依据我国刑法第二百三十一条之规定,应对韩国SIMPSON商社判处罚金,对直接负责的主管人员沈某某判处相应的刑罚。但是由于检察机关未起诉韩国SIMPSON商社,只将本案作为沈某某自然人犯罪案件起诉,法院如何处理,《全国法院审理金融犯罪案件工作座谈会纪要》中对此种情况进行了明确规定,即"对于应当认定为单位犯罪的案件,检察机关只作为自然人犯罪案件起诉的,人民法院应及时与检察机关协商,建议检察机关对犯罪单位补充起诉。如检察机关不补充起诉的,人民法院仍应依法审理,对被起诉的自然人根据指控的犯罪事实、证据及庭审查明的事实,依法按单位犯罪中的直接负责的主管人员或者其他直接责任人员追究刑事责任,并应引用刑法分则关于单位犯罪追究直接负责的主管人员和其他直接责任人员刑事责任的有关条款"。这样处理的理由在于:第一,根据刑事诉讼法的规定,对于"起诉书中有明确的指控犯罪事实并且附有证据目录、证人名单和主要证据复印件或者照片的,法院应当决定开庭审判",据此,法院对于检察院提起公诉的案件,不能主动将案件退回检察院补充侦查;同时,此类案件也不符合中止审理的条件。第二,根据"不告不理"的诉讼原则,检察院没有起诉单位,法院不能将其直接列为被告单位追究其刑事责任。第三,单位犯罪与自然人犯罪的刑事责任不同,对于单位犯罪案件中有关责任人员按照自然人犯罪追究刑事责任违反了"以事实为依据,以法律为准绳"的定罪原则,也不符合罪刑相适应原则。第四,对于单位犯罪案件,检察院作为自然人起诉的,法院应当继续审理,但是,法院对被起诉的自然人应根据具体情况按单位犯罪中的直接负责的主管人员或直接责任人员处罚。需要注意的是,由于此类案件没有将单位列为被告,法院在追究有关责任人员刑事责任,制作裁判文书时,不能将单位列为被告,但应引用刑法分则关于单位犯罪追究直接责任人员刑事责任的有关条款。本案审理中,一审法院及时与检察机关进行了协商,建议检察机关对犯罪单位补充起诉。在检察机关未补充起诉的情况下,一审法院仍对本案进行了审理,对被起诉的被告人沈某某根据其实施的犯罪行为,依法按单位犯罪中的直接负责的主管人员追究刑事责任,并引用了《刑法》第二百三十一条关于单位犯罪追究直接负责的主管人员的条款是完全正确的。[参见第578号指导案例,沈容焕合同诈骗案,载《刑事审判参考》总第70集(2009年第5集),第32~33页。撰稿:沈言]

▽在未追诉犯罪单位的情况下能否对相关责任人进行刑事处罚

本案应当将熊猫乳业公司作为被告一并处理,并对单位判处罚金。本案并没有将犯罪单位列为被告并进行处罚,原因是该公司在追诉前受到工商局的行政处罚被吊销营业执照,根据2002年7月《最高人民检察院关于涉嫌犯罪单位被撤销、注销、吊销营业执照或者宣告破产的应如何进行追诉问题的批复》的规定,"涉嫌犯罪的单位被撤销、注销、吊销营业执照或者宣告破产的,应当根据刑法关于单位犯罪的相关规定,对实施犯罪行为的该单位直接负责的主管人员和其他直接责任人员追究刑事责任,对该单位不再追诉"。另外,依据2001年1月《全国法院审理金融犯罪案件工作座谈会纪要》的规定,对被起诉的自然人可以依法按单位犯罪中的直接负责的主管人员或者其他直接责任人员追究刑事责任。"直接负责的主管人员"主要包括两种情况:一是决策者,是单位犯罪意图、犯罪计划、犯罪阴谋的创制者;二是对单位所作所为负有不可推卸的责任的领导或决策人员。根据现有证据可以证实,王某某作为公司法定代表人及常务副总经理,决定同意收回福建晋江公司退回的熊猫牌全脂甜炼乳,在明知退回的产品中部分批次三聚氰胺含量超标的情况下,仍在公司会议上提出将回收的炼乳按比例添加回炉生产炼奶酱,并在形成决议后实施生产,因此,上诉人王某某应当承担单位犯罪直接负责的主管人员的刑事责任。需要提出的是,我国刑法对于单位犯罪采用了双罚制。对单位判处罚金是其承担刑事责任的形式之一,对相关责任人员判处刑罚是单位承担刑事责任的形式之二。单位本身并不具有意识和意志,单位犯罪是由具体的自然人组成的单位决策机构按照单位决策程序共同决定,或者由单位的主要负责人以单位的名义作出决定。相关责任人受到刑罚并非基于自然人犯罪或自然人与单位共同犯罪,而是自然人作为单位犯罪意志过错责任的承担者,代单位接受其本身无法承担之具有人身性质的刑事责任。因此,在目前的立法框架下,对于被吊销营业执照等的单位犯罪,可以追究直接负责的主管人员和其他直接责任人员的刑事责任。[参见第715号指导案例,王岳超等生产、销售有毒、有害食品案,载《刑事审判参考》总第81集(2011年第4集),第6~7页。撰稿:钱东君 褚玉兰 李晓杰]

第三章 刑 罚

第一节 刑罚的种类

第三十二条 【主刑和附加刑】刑罚分为主刑和附加刑。

第三十三条 【主刑种类】主刑的种类如下:

(一)管制;

(二)拘役;

(三)有期徒刑;

(四)无期徒刑;

(五)死刑。

第三十四条 【附加刑种类】附加刑的种类如下:

(一)罚金;

(二)剥夺政治权利;

(三)没收财产。

附加刑也可以独立适用。

第三十五条 【驱逐出境】对于犯罪的外国人,可以独立适用或者附加适用驱逐出境。

■最高人民法院、最高人民检察院、公安部、司法部关于依法惩治性侵害未成年人犯罪的意见(2013年10月23日)

四、其他事项

29. 外国人在我国领域内实施强奸、猥亵未成年人等犯罪的,应当依法判处,在判处刑罚时,可以独立适用或者附加适用驱逐出境。对于尚不构成犯罪但构成违反治安管理行为的,或者因实施性侵害未成年人犯罪不适宜在中国境内继续停留居留的,公安机关可以依法适用限期出境或者驱逐出境。

▼浙江省高级人民法院关于印发《全省法院刑事审判疑难问题研讨会纪要》的通知(2012年2月24日)

一、关于驱逐出境的适用

根据刑法规定,对于犯罪的外国人,可以独立适用或者附加适用驱逐出境。但对判处无期徒刑、死缓刑的被告人不宜并处驱逐出境。

第三十六条　【赔偿经济损失与民事优先原则】由于犯罪行为而使被害人遭受经济损失的,对犯罪分子除依法给予刑事处罚外,并应根据情况判处赔偿经济损失。

承担民事赔偿责任的犯罪分子,同时被判处罚金,其财产不足以全部支付的,或者被判处没收财产的,应当先承担对被害人的民事赔偿责任。

▼全国法院维护农村稳定刑事审判工作座谈会纪要(1999年10月27日)

三(五)关于刑事附带民事诉讼问题。

人民法院审理附带民事诉讼案件的受案范围,应只限于被害人因人身权利受到犯罪行为侵犯和财物被犯罪行为损毁而遭受的物质损失,不包括因犯罪分子非法占有、处置被害人财产而使其遭受的物质损失。对因犯罪分子非法占有、处置被害人财产而使其遭受的物质损失,应当根据刑法第六十四条的规定处理,即应通过追缴赃款赃物、责令退赔的途径解决。如赃款赃物尚在的,应一律追缴;已被用掉、毁坏或挥霍的,应责令退赔。无法退赃的,在决定刑罚时,应作为酌定从重处罚的情节予以考虑。

关于附带民事诉讼的赔偿范围,在没有司法解释规定之前,应注意把握以下原则:一是要充分运用现有法律规定,在法律许可的范围内最大限度地补偿被害人因被告人的犯罪行为而遭受的物质损失。物质损失应包括已造成的损失,也包括将来必然遭受的损失。二是赔偿只限于犯罪行为直接造成的物质损失,不包括精神损失和间接造成的物质损失。三是要适当考虑被告人的赔偿能力。被告人的赔偿能力包括现在的赔偿能力和将来的赔偿能力,对未成年被告人还应考虑到其监护人的赔偿能力,以避免数额过大的空判引起的负面效应,被告人的民事赔偿情况可作为量刑的酌定情节。四是要切实维护被害人的合法权益。附带民事原告人提出起诉的,对于没有构成犯罪的共同致害人,也要追究其民事赔偿责任。未成年致害人由其法定代表人或者监护人承担赔偿责任。但是,在逃的同案犯不应列为附带民事诉讼的被告人。关于赔偿责任的分担:共同致害人应当承担连带赔偿责任;在学校等单位内部发生犯罪造成受害人损失,在管理上有过错责任的学校等单位有赔偿责任,但不承担连带赔偿责任;交通肇事犯罪的车辆所有人(单位)在犯罪分子无赔偿能力的情况下,承担代为赔偿或者垫付的责任。

第三十七条　【免予刑事处罚及非刑罚性处置措施】对于犯罪情节轻微不需要判处刑罚的,可以免予刑事处罚,但是可以根据案件的不同情况,予以训诫或者责令具结悔过、赔礼道歉、赔偿损失,或者由主管部门予以行政处罚或者行政处分。

■最高人民法院、最高人民检察院关于办理职务犯罪案件严格适用缓刑、免予刑事处罚若干问题的意见(全文)(2012年8月8日)

一、严格掌握职务犯罪案件缓刑、免予刑事处罚的适用。职务犯罪案件的刑罚适用直接关系反腐败工作的实际效果。人民法院、人民检察院要深刻认识职务犯罪的严重社会危害性,正确贯彻宽严相济刑事政策,充分发挥刑罚的惩治和预防功能。要在全面把握犯罪事实和量刑情节的基础上严格依照刑法规定的条件适用缓刑、免予刑事处罚,既要考虑从宽情节,又要考虑从严情节;既要做到刑罚与犯罪相当,又要做到刑罚执行方式与犯罪相当,切实避免缓刑、免予刑事处罚不当适用造成的消极影响。

二、具有下列情形之一的职务犯罪分子,一般不适用缓刑或者免予刑事处罚:

(一)不如实供述罪行的;

(二)不予退缴赃款赃物或者将赃款赃物用于非法活动的;

(三)属于共同犯罪中情节严重的主犯的;

(四)犯有数个职务犯罪依法实行并罚或者以一罪处理的;

(五)曾因职务违纪违法行为受过行政处分的;

(六)犯罪涉及的财物属于救灾、抢险、防汛、优抚、扶贫、移民、救济、防疫等特定款物的;

(七)受贿犯罪中具有索贿情节的;

(八)渎职犯罪中徇私舞弊情节或者滥用职权情节恶劣的;

(九)其他不应适用缓刑、免予刑事处罚的情形。

三、不具有本意见第二条规定的情形,全部退缴赃款赃物,依法判处三年有期徒刑以下刑罚,符合刑法规定的缓刑适用条件的贪污、受贿犯罪分子,可以适用缓刑;符合刑法第三百八十三条第一款第三项的规定,依法不需要判处刑罚的,可以免予刑事处罚。

不具有本意见第二条所列情形,挪用公款进行营利活动或者超过三个月未还构成犯罪,一审宣判前已将公款归还,依法判处三年有期徒刑以下刑罚,符合刑法规定的缓刑适用条件的,可以适用缓刑;在案发前已归还,情节轻微,不需要判处刑罚的,可以免予刑事处罚。

四、人民法院审理职务犯罪案件时应当注意听取检察机关、被告人、辩护人提出的量刑意见,分析影响性案件案发前后的社会反映,必要时可以征求案件查办等机关的意见。对于情节恶劣、社会反映强烈的职务犯罪案件,不得适用缓刑、免予刑事处罚。

五、对于具有本意见第二条规定的情形之一,但根据全案事实和量刑情节,检察机关认为确有必要适用缓刑或者免予刑事处罚并据此提出量刑建议的,应经检察委员会讨论决定;审理法院认为确有必要适用缓刑或者免予刑事处罚的,应经审判委员会讨论决定。

■最高人民法院关于审理未成年人刑事案件具体应用法律若干问题的解释(2006年1月23日)

第十七条　未成年罪犯根据其所犯罪行,可能被判处拘役、三年以下有期徒刑,如果悔罪表现好,并具有下列情形之一的,应当依照刑法第三十七条的规定免予刑事处罚:

(一)系又聋又哑的人或者盲人;

(二)防卫过当或者避险过当;

(三)犯罪预备、中止或者未遂;

(四)共同犯罪中从犯、胁从犯;

(五)犯罪后自首或者有立功表现;

(六)其他犯罪情节轻微不需要判处刑罚的。

第二十条　本解释自公布之日起施行。

《最高人民法院关于办理未成年人刑事案件适用法律的若干问题的解释》(法发〔1995〕9号)自本解释公布之日起不再执行。

□盗窃数额是判断犯罪情节及社会危害性的重要依据,但不是唯一依据,还应综合考虑案件其他情节及被告人的主观恶性和人身危险性等因素

《中华人民共和国刑法》第三十七条规定,对于犯罪情节轻微不需要判处刑罚的,可以免予刑事处罚。在审理盗窃案件中,盗窃数额是判断犯罪情节及社会危害性的重要依据,但不是唯一依据,还应综合考虑案件其他情节及被告人的主观恶性和人身危险性等因素。如果盗窃犯罪的案情特殊,综合判断犯罪情节确属轻微的,即使犯罪数额巨大,也可以免予刑事处罚。

判断某一盗窃犯罪行为是否属于刑法第三十七条的"情节轻微",要根据刑法及相关司法解释的规定,综合考虑犯罪手段、犯罪对象、退赃情况及社会反应等情况,客观评价刑罚处罚的必要性。在案件具有特殊的事实、情节等情况下,要切实贯彻落实宽严相济的刑事政策,真正做到正确裁量、罪刑相当。[陕西省府谷县人民检察院诉郝卫东盗窃案,载《最高人民法院公报》总第175期,2011年第5期,第43页。]

▽未成年人犯罪,法定刑为有期徒刑三年以上的,也可以适用免予刑事处罚

2006年《最高人民法院关于审理未成年人刑事案件具体应用法律若干问题的解释》(本附文以下简称《解释》)第十七条的规定并未涵括所有免予刑事处罚的情形,也未禁止对犯法定刑为三年以上有期徒刑之罪的未成年被告人免予刑事处罚。首先,《解释》第十七条是对刑法本条规定的免予刑事处罚条件的一种具体化,但并未涵括所有可能免予刑事处罚的情形。刑法本条规定,对犯罪情节轻微不需要判处刑罚的,可以免予刑事处罚。这是对于免予刑事处罚的原则性规定,与之对应的是刑法总则和分则中一些关于免予刑事处罚的具体规定,如又聋又哑的人或者盲人犯罪,防卫过当,避险过当,犯罪预备或者中止,共同犯罪中的从犯或者胁从犯,自首或者重大立功,非法种植毒品原植物但在收获前自动铲除,行贿人在被追诉前主动交代行贿行为的,均可能免予刑事处罚。但不论基于哪种理由免予刑事处罚,都应当符合刑法本条的一般规定,即属于"犯罪情节轻微不需要判处刑罚的"。《解释》第十七条是就未成年人犯罪问题对刑法本条免予刑事处罚条件的具体化,之所以采取列举式方法作出了如此具体的规定,并要求对符合这些条件的未成年被告人"应当"免予刑事处罚。正因为规定的是"应当"免予刑事处罚的条件,所以起草时结合司法经验使用了较为严密的文字表述,以确保"应当"免予刑事处罚的都是"犯罪情节轻微"的未成年被告人。这样,该条文也就不可能把所有可能免予刑事处罚的情形都涵括进来,因此《解释》第十七条第六项还规定了兜底条款,以涵括对于司法实践中出现的其他可免予刑事处罚的情形。其次,"可能被判处拘役、三年以下有期徒刑"是指宣告刑而非法定刑,也就是说法定刑为三年徒刑以上时,也存在免予刑事处罚的余地。《解释》第十七条规定的刑罚条件是指宣告刑而不是法定刑,即审判机关根据被告人犯罪的事实、性质、情节及对社会的危害程度,依法对被告人可能判处的刑罚。被告人的犯罪情节是否轻微,虽然主要但并不完全是由法定刑的高低来决定的,对于犯法定刑为三年以上有期徒刑的犯罪,根据具体案情也完全可能属于犯罪情节轻微。同时,刑法本条并没有以法定刑作为适用免予刑事处罚的条件,因此《解释》第十七条也不可能僭越立法权来不当缩小免予刑事处罚的适用范围。所以,行为人所犯抢劫罪的法定刑虽为有期徒刑三年以上,也可以根据具体案情决定是否适用免予刑事处罚。[参见第480号案例,李春伟、史熠东抢劫案,载《刑事审判参考》总第61集(2008年第2集),法律出版社,第10~14页。执笔:刘鑫]

▽在对于未成年人决定是否免予刑事处罚时,要全面、有序地衡量各种从宽处罚情节,避免重复评价

根据2006年《最高人民法院关于审理未成年人刑事案件具体应用法律若干问题的解释》(本附文以下简称《解释》)第十七条,对未成年人犯罪"应当"免予刑事处罚的,要同时符合三项条件:(1)可能被判处三年以下有期徒刑或者拘役;(2)悔罪表现好;(3)具有六项从宽处罚情节之一。据此,在判断对被告人能否适用免予刑事处罚时,裁量过程具有很强的顺序性和逻辑性,不能笼统地同时运用各种情节"估堆"出结论,否则就会出现对某一情节重复评价的现象。对于未成年人免予刑事处罚的适用,可以分为以下三个步骤来权衡决定。第一,以所犯罪行本身为基础判断对被告人可能适用的刑罚,也就是按照刑法第六十一条规定的量刑基准(犯罪的事实、犯罪的性质、情节和对于社会的危害程度)来量定刑罚。第二,衡量悔罪表现的作用。一般认为,悔罪表现属于酌定从轻处罚情节,但对于适用缓刑而言,则是法定的必备条件。免予刑事处罚是比适用缓刑更宽大的处理方法,故自然要求被告人有更好的悔罪表现。对于"悔罪表现好"的具体含义,《解释》没有作出规定,通常认为是指到案后如实交代所犯罪行,向被害人真诚表达歉意,积极退赃,积极赔偿被害人的经济损失等。悔罪表现的有无与好坏直接反映被告人人身危险性的大小,对法官决定刑罚量及其执行方式具有重要影响,故应当认真审查,严格把关。对于仅在庭审时简单地口头表示悔意,但有条件退赔而不退赔的,不能认定为悔罪表现好。第三,对于具有《解释》第十七条所列六项从宽处罚情节之一的被告人,应适用免予刑事处罚。对于符合适用缓刑条件的被告人是否进一步适用免予刑事处罚,关键看其是否具有《解释》第十七条所列六项从宽处罚情节之一。在这六项从宽情节中,前五项属于刑法明确规定可能免予刑事处罚的情节,而第六项则属于兜底规定,以涵括前五项之外的其他可能免予刑事处罚的情节。《解释》第十七条第(五)项规定,被告人在符合其他条件的情况下,并具有自首或者立功表现之一的,均"应当"适用免予刑事处罚。举重以明轻,行为人同时具有自首和立功表现,当然比具有自首或者立功表现之一更能证明应当对其适用免予刑事处罚。[参见第480号案例,李春伟、史熠东抢劫案,载《刑事审判参考》总第61集(2008年第2集),法律出版社,第10~14页。执笔:刘鑫]

第三十七条之一 【禁止从事相关职业及违反者的后果】因利用职业便利实施犯罪,或者实施违背职业要求的特定义务的犯罪被判处刑罚的,人民法院可以根据犯罪情况和预防再犯罪的需要,禁止其自刑罚执行完毕之日或者假释之日起从事相关职业,期限为三年至五年。

被禁止从事相关职业的人违反人民法院依照前款规定作出的决定的,由公安机关依法给予处罚;情节严重的,依照本法第三百一十三条的规定定罪处罚。

其他法律、行政法规对其从事相关职业另有禁止或者限制性规定的,从其规定。(本条是根据《中华人民共和国刑法修正案(九)》之一增加的,2015年11月1日起施行。)

第二节 管 制

第三十八条 【管制的期限与执行机关】管制的期限,为三个月以上二年以下。

判处管制,可以根据犯罪情况,同时禁止犯罪分子在执行期间从事特定活动,进入特定区域、场所,接触特定的人。

对判处管制的犯罪分子,依法实行社区矫正。

违反第二款规定的禁止令的,由公安机关依照《中华人民共和国治安管理处罚法》的规定处罚。(本条第二、四款和第三款分别是根据《中华人民共和国刑法修正案(八)》之二增加和修改的,自2011年5月1日起施行。)

刑法本条原文:【管制的期限与执行机关】管制的期限,为三个月以上二年以下。

被判处管制的犯罪分子,由公安机关执行。

■最高人民法院、最高人民检察院、公安部、司法部关于对判处管制、宣告缓刑的犯罪分子适用禁止令有关问题的规定(试行)(全文)(2011年5月1日)

第一条 对判处管制、宣告缓刑的犯罪分子,人民法院根据犯罪情况,认为从促进犯罪分子教育矫正、有效维护社会秩序的需要出发,确有必要禁止其在管制执行期间、缓刑考验期限内从事特定活动,进入特定区域、场所,接触特定人的,可以根据刑法第三十八条第二款、第七十二条第二款的规定,同时宣告禁止令。

第二条 人民法院宣告禁止令,应当根据犯罪分子的犯罪原因、犯罪性质、犯罪手段、犯罪后的悔罪表现、个人一贯表现等情况,充分考虑与犯罪分子所犯罪行的关联程度,有针对性地决定禁止其在管制执行期间、缓刑考验期限内"从事特定活动,进入特定区域、场所,接触特定的人"的一项或者几项内容。

第三条　人民法院可以根据犯罪情况,禁止判处管制、宣告缓刑的犯罪分子在管制执行期间、缓刑考验期限内从事以下一项或者几项活动:

(一)个人为进行违法犯罪活动而设立公司、企业、事业单位或者在设立公司、企业、事业单位后以实施犯罪为主要活动的,禁止设立公司、企业、事业单位;

(二)实施证券犯罪、贷款犯罪、票据犯罪、信用卡犯罪等金融犯罪的,禁止从事证券交易、申领贷款、使用票据或者申领、使用信用卡等金融活动;

(三)利用从事特定生产经营活动实施犯罪的,禁止从事相关生产经营活动;

(四)附带民事赔偿义务未履行完毕,违法所得未追缴、退赔到位,或者罚金尚未足额缴纳的,禁止从事高消费活动;

(五)其他确有必要禁止从事的活动。

第四条　人民法院可以根据犯罪情况,禁止判处管制、宣告缓刑的犯罪分子在管制执行期间、缓刑考验期限内进入以下一类或者几类区域、场所:

(一)禁止进入夜总会、酒吧、迪厅、网吧等娱乐场所;

(二)未经执行机关批准,禁止进入举办大型群众性活动的场所;

(三)禁止进入中小学校区、幼儿园园区及周边地区,确因本人就学、居住等原因,经执行机关批准的除外;

(四)其他确有必要禁止进入的区域、场所。

第五条　人民法院可以根据犯罪情况,禁止判处管制、宣告缓刑的犯罪分子在管制执行期间、缓刑考验期限内接触以下一类或者几类人员:

(一)未经对方同意,禁止接触被害人及其法定代理人、近亲属;

(二)未经对方同意,禁止接触证人及其法定代理人、近亲属;

(三)未经对方同意,禁止接触控告人、批评人、举报人及其法定代理人、近亲属;

(四)禁止接触同案犯;

(五)禁止接触其他可能遭受其侵害、滋扰的人或者可能诱发其再次危害社会的人。

第六条　禁止令的期限,既可以与管制执行、缓刑考验的期限相同,也可以短于管制执行、缓刑考验的期限,但判处管制的,禁止令的期限不得少于三个月,宣告缓刑的,禁止令的期限不得少于二个月。

判处管制的犯罪分子在判决执行以前先行羁押以致管制执行的期限少于三个月的,禁止令的期限不受前款规定的最短期限的限制。

禁止令的执行期限,从管制、缓刑执行之日起计算。

第七条　人民检察院在提起公诉时,对可能判处管制、宣告缓刑的被告人可以提出宣告禁止令的建议。当事人、辩护人、诉讼代理人可以就应否对被告人宣告禁止令提出意见,并说明理由。

公安机关在移送审查起诉时,可以根据犯罪嫌疑人涉嫌犯罪的情况,就应否宣告禁止令及宣告何种禁止令,向人民检察院提出意见。

第八条　人民法院对判处管制、宣告缓刑的被告人宣告禁止令的,应当在裁判文书主文部分单独作为一项予以宣告。

第九条　禁止令由司法行政机关指导管理的社区矫正机构负责执行。

第十条　人民检察院对社区矫正机构执行禁止令的活动实行监督。发现有违反法律规定的情况,应当通知社区矫正机构纠正。

第十一条　判处管制的犯罪分子违反禁止令,或者被宣告缓刑的犯罪分子违反禁止令尚不属情节严重的,由负责执行禁止令的社区矫正机构所在地的公安机关依照《中华人民共和国治安管理处罚法》第六十条的规定处罚。

第十二条　被宣告缓刑的犯罪分子违反禁止令，情节严重的，应当撤销缓刑，执行原判刑罚。原作出缓刑裁判的人民法院应当自收到当地社区矫正机构提出的撤销缓刑建议书之日起一个月内依法作出裁定。人民法院撤销缓刑的裁定一经作出，立即生效。

违反禁止令，具有下列情形之一的，应当认定为"情节严重"：

（一）三次以上违反禁止令的；

（二）因违反禁止令被治安管理处罚后，再次违反禁止令的；

（三）违反禁止令，发生较为严重危害后果的；

（四）其他情节严重的情形。

第十三条　被宣告禁止令的犯罪分子被依法减刑时，禁止令的期限可以相应缩短，由人民法院在减刑裁定中确定新的禁止令期限。

▽对外国籍被告人可适用管制或者缓刑

《全国法院审理涉外、涉侨、涉港澳台刑事案件工作座谈会纪要》指出，对外国籍被告人是否适用管制刑，要看是否有条件执行。对在我国没有相对稳定的住所及单位的外国籍被告人，不宜判处管制。对有条件执行管制刑的，可以依法适用管制刑。同理，对外国籍被告人是否适用缓刑，也要看是否有执行缓刑的条件。如果没有执行缓刑的条件，不能适用缓刑。如果有执行缓刑条件的，可以依法适用缓刑。对外国籍被告人是否适用管制或缓刑，应当综合考虑各种因素，如被告人在我国是否有固定的住所、家庭、工作单位，在我国是否能够独立或者依靠家庭成员生活。对外国被告人拟判处管制、缓刑，其合法居留权尚未解决的，应当事先同公安机关协调解决被告人合法居留权的问题。［参见上海市高级人民法院刑二庭调研报告，《涉外刑事案件法律适用问题解答》，载《刑事审判参考》（经验交流）总第75集（2010年第4集），第164～165页。］

第三十九条　【被管制人的义务与权利】被判处管制的犯罪分子，在执行期间，应当遵守下列规定：

（一）遵守法律、行政法规，服从监督；

（二）未经执行机关批准，不得行使言论、出版、集会、结社、游行、示威自由的权利；

（三）按照执行机关规定报告自己的活动情况；

（四）遵守执行机关关于会客的规定；

（五）离开所居住的市、县或者迁居，应当报经执行机关批准。

对于被判处管制的犯罪分子，在劳动中应当同工同酬。

■最高人民法院、最高人民检察院、公安部、劳动人事部关于被判处管制剥夺政治权利和宣告缓刑假释的犯罪分子能否外出经商等问题的通知（全文）（1986年11月8日）

一、对被判处管制、剥夺政治权利和宣告缓刑、假释的犯罪分子，公安机关和有关单位要依法对其实行经常性的监督改造或考察。被管制、假释的犯罪分子，不能外出经商；被剥夺政治权利和宣告缓刑的犯罪分子，按现行规定，属于允许经商范围之内的，如外出经商，需事先经公安机关允许。

二、犯罪分子在被管制、剥夺政治权利、缓刑、假释期间，若原所在单位确有特殊情况不能安排工作的，在不影响对其实行监督考察的情况下，经工商管理部门批准，可以在常住户口所在地自谋生计；家在农村的，亦可就地从事或承包一些农副业生产。

三、犯罪分子在被管制、剥夺政治权利、缓刑、假释期间，不能担任国营或集体企事业单位的领导职务。

■最高人民检察院关于被判处管制、剥夺政治权利和宣告缓刑、假释的犯罪分子能否担任中外合资合作经营企业领导职务问题的答复（全文）（1991年9月25日）

最高人民法院、最高人民检察院、公安部、劳动人事部〔86〕高检会（三）字第2号《关于被判处管制、剥夺政治权利和宣告缓刑、假释的犯罪分子能否外出经商等问题的通知》第三条所规定的不能担任领导职务的原则,可适用于中外合资、中外合作企业(包括我方与港、澳、台客商合资、合作企业)。

第四十条 【管制期满解除】被判处管制的犯罪分子,管制期满,执行机关应即向本人和其所在单位或者居住地的群众宣布解除管制。

第四十一条 【管制刑期的计算和折抵】管制的刑期,从判决执行之日起计算;判决执行以前先行羁押的,羁押一日折抵刑期二日。

▼上海市高级人民法院关于刑期起止日期及计算问题的意见(2001年6月13日)

三、对于判处管制刑的案件,一般讲都是在宣告判决的同时就将被告人交付执行,故判决宣告之日就是其刑期的起算之时;在此以前被先行羁押的时间应依法予以折抵,然后确定其刑期的终止日期。

第三节 拘 役

第四十二条 【拘役的期限】拘役的期限,为一个月以上六个月以下。

第四十三条 【拘役的执行】被判处拘役的犯罪分子,由公安机关就近执行。

在执行期间,被判处拘役的犯罪分子每月可以回家一天至两天;参加劳动的,可以酌量发给报酬。

■公安部关于对被判处拘役的罪犯在执行期间回家问题的批复(全文)(2001年1月31日)

《刑法》第四十三条第二款规定,"在执行期间,被判处拘役的犯罪分子每月可以回家一至两天"。根据上述规定,是否准许被判处拘役的罪犯回家,应当根据其在服刑期间表现以及准许其回家是否会影响剩余刑期的继续执行等情况综合考虑,由负责执行的拘役所、看守所提出建议,报其所属的县级以上公安机关决定。被判处拘役的外国籍罪犯提出回家申请的,由地方级以上公安机关决定,并由决定机关将有关情况报上级公安机关备案。对于准许回家的,应当发给国家证明,告知其应当按时返回监管场所和不按时返回将要承担的法律责任,并将准许回家的决定送同级人民检察院。被判处拘役的罪犯在决定机关辖区内有固定住处的,可允许其回固定住处,没有固定住处的,可在决定机关为其指定的居所每月与其家人团聚一天至两天。拘役所、看守所根据被判处拘役的罪犯在服刑及回家期间表现,认为不宜继续准许其回家的,应当提出建议,报原决定机关决定。对于被判处拘役的罪犯在回家期间逃跑的,应当按照《刑法》第三百一十六条的规定以脱逃罪追究其刑事责任。

第四十四条 【拘役刑期的计算和折抵】拘役的刑期,从判决执行之日起计算;判决执行以前先行羁押的,羁押一日折抵刑期一日。

■中华人民共和国行政处罚法(2021年7月15日)

第三十五条(第一款) 违法行为构成犯罪,人民法院判处拘役或者有期徒刑时,行政机关已经给予当事人行政拘留的,应当依法折抵相应刑期。

▼上海市高级人民法院关于刑期起止日期及计算问题的意见(2001年6月13日)

一、对于判处有期徒刑、拘役的案件,其刑期的起止时间,应当区分以下三种情况分别表述:

1. 对于判决执行之日前已经被先行羁押,且羁押时间没有间断的,应以被告人实际被羁押之日作为其刑期的起算日,然后根据所判刑期确定其刑期的终止日期。

2. 对于判决执行之日前没有被先行羁押的,应以判决宣判之日作为其刑期的起算日,然后根据所判刑期确定其刑期的终止日期。理由在于:被判处有期徒刑或者拘役的被告人,如果没有被先行羁押的,判决宣判时必须对被告人予以收押,故该日就是被告人在刑期执行之日前被先行羁押的日期。

3. 对于判决执行之日前,被告人已被先行羁押、但羁押期间有间断(俗称抓了放、放了又抓)的,或者被先行羁押后又取保候审的,应以最后一次被羁押之日(取保候审的,即为宣判之日)作为其刑期的起算日。在此之前先行被实际羁押的时间应依法予以折抵，然后确定其刑期的终止日期。

五、对于被判处刑罚的犯罪分子在被拘留或逮捕以前，因同一犯罪行为被有关组织行政拘留、扣留、留置盘问、收容待遣，或者劳动教养的，应将其被实际剥夺人身自由的时间依法折抵刑期。在本意见下发以前，被判处有期徒刑、拘役和管制的罪犯，其因同一犯罪行为被留置盘问的日期等没有折抵刑期，现仍在服刑的，可补行折抵；已服刑期满的，则不必再作变动。

第四节　有期徒刑、无期徒刑

第四十五条　【有期徒刑的期限】有期徒刑的期限，除本法第五十条、第六十九条规定外，为六个月以上十五年以下。

■最高人民法院关于审理未成年人刑事案件具体应用法律若干问题的解释（2006年1月23日）

第十三条　未成年人犯罪只有罪行极其严重的，才可以适用无期徒刑。对已满十四周岁不满十六周岁的人犯罪一般不判处无期徒刑。

第二十条　本解释自公布之日起施行。

《最高人民法院关于办理未成年人刑事案件适用法律的若干问题的解释》（法发〔1995〕9号）自本解释公布之日起不再执行。

第四十六条　【有期徒刑与无期徒刑的执行】被判处有期徒刑、无期徒刑的犯罪分子，在监狱或者其他执行场所执行；凡有劳动能力的，都应当参加劳动，接受教育和改造。

▼上海市高级人民法院关于刑期起止日期及计算问题的意见（2001年6月13日）

四、对于被判处无期徒刑的罪犯，法律明文规定其被减刑后实际执行的刑期不能少于十年，其起始时间应当自无期徒刑判决的确定之日起计算。所谓判决确定之日，就是判决发生法律效力之日。具体包括两种情况人一审判决后被告人不上诉的，法定十日上诉期满后的第一日就是判决确定之日；一审判决后被告人提起上诉的，二审法院作出终审判决或裁定之日，就是判决确定之日。

五、对于被判处刑罚的犯罪分子在被拘留或逮捕以前，因同一犯罪行为被有关组织行政拘留、扣留、留置盘问、收容待遣，或者劳动教养的，应将其被实际剥夺人身自由的时间依法折抵刑期。在本意见下发以前，被判处有期徒刑、拘役和管制的罪犯，其因同一犯罪行为被留置盘问的日期等没有折抵刑期，现仍在服刑的，可补行折抵；已服刑期满的，则不必再作变动。

第四十七条　【有期徒刑刑期的计算与折抵】有期徒刑的刑期，从判决执行之日起计算；判决执行以前先行羁押的，羁押一日折抵刑期一日。

■中华人民共和国行政处罚法（2021年7月15日）

第三十五条（第一款）　违法行为构成犯罪，人民法院判处拘役或者有期徒刑时，行政机关已经给予当事人行政拘留的，应当依法折抵相应刑期。

▼上海市高级人民法院关于刑期起止日期及计算问题的意见（2001年6月13日）

一、对于判处有期徒刑、拘役的案件，其刑期的起止时间，应当区分以下三种情况分别表述：

1. 对于判决执行之日前已经被先行羁押，且羁押时间没有间断的，应以被告人实际被羁押之日作为其刑期的起算日，然后根据所判刑期确定其刑期的终止日期。

2. 对于判决执行之日前没有被先行羁押的，应以判决宣判之日作为其刑期的起算日，然后根据所判刑期确定其刑期的终止日期。理由在于：被判处有期徒刑或者拘役的被告人，如果没有被先行羁押的，判决宣判时必须对被告人予以收押，故该日就是被告人在刑期执行之日前被先行羁押的日期。

3.对于判决执行之日前,被告人已被先行羁押、但羁押期间有间断(俗称抓了放、放了又抓)的、或者被先行羁押后又取保候审的,应以最后一次被羁押之日(取保候审的,即为宣判之日)作为其刑期的起算日。在此之前先行被实际羁押的时间应依法予以折抵,然后确定其刑期的终止日期。

五、对于被判处刑罚的犯罪分子在被拘留或逮捕以前,因同一犯罪行为被有关组织行政拘留、扣留、留置盘问、收容待遣,或者劳动教养的,应将其被实际剥夺人身自由的时间依法折抵刑期。在本意见下发以前,被判处有期徒刑、拘役和管制的罪犯,其因同一犯罪行为被留置盘问的日期等没有折抵刑期,现仍在服刑的,可补行折抵;已服刑期满的,则不必再作变动。

第五节　死　　刑

第四十八条　【死刑、死缓的适用对象及核准程序】死刑只适用于罪行极其严重的犯罪分子。对于应当判处死刑的犯罪分子,如果不是必须立即执行的,可以判处死刑同时宣告缓期二年执行。

死刑除依法由最高人民法院判决的以外,都应当报请最高人民法院核准。死刑缓期执行的,可以由高级人民法院判决或者核准。

■最高人民法院关于发布第一批指导性案例的通知(全文)(2011年12月20日)

王志才故意杀人案旨在为判处死缓并限制减刑案件的法律适用问题提供指导:刑法修正案(八)规定的对判处死缓的累犯和8种严重暴力性犯罪的死缓犯限制减刑制度,可以适用于2011年4月30日之前发生的犯罪行为;对于罪行极其严重,应当判处死刑立即执行,被害方反应强烈,但被告人具有法定或酌定从轻处罚情节,判处死刑缓期执行同时决定限制减刑能够实现罪刑相适应的,依法可以判处死缓并限制减刑。这有利于切实贯彻宽严相济刑事政策,既依法严惩严重刑事犯罪,又进一步严格限制死刑,最大限度地增加和谐因素,最大限度地减少不和谐因素,促进和谐社会建设。

■最高人民法院关于贯彻宽严相济刑事政策的若干意见(2010年2月8日)(见本书附录十七)

▼全国法院维护农村稳定刑事审判工作座谈会纪要(1999年10月27日)

三(一)关于正确处理干群关系矛盾引发的刑事案件问题。

开庭审理此类案件,一般要深入发案地,认真查清事实,了解案件发生真实原因,分清双方责任,合情、合理、合法地予以处理。对利用手中掌握的权力欺压百姓、胡作非为,严重损害群众和集体利益,构成犯罪的,要依法严惩;对只是因工作方法简单粗暴构成犯罪的,要做好工作,取得群众谅解后,酌情予以处理。对抗拒基层组织正常管理,纯属打击报复农村干部的犯罪分子,一定要依法严惩;对事出有因而构成犯罪的农民被告人,则要体现从宽政策。群体事件中,处罚的应只是构成犯罪的极少数为首者和组织者;对于其他一般参与的群众,要以教育为主,不作犯罪处理。要充分依靠当地党委和政府,充分征求有关部门对此类案件判决的意见。对当地政府强烈要求判处死刑的案件,要了解有关背景。对于依法应当判处死刑的,不能因为担心被告方人多势众会闹事而不判处死刑;相反,对不应当判处死刑的,也不能因为被害方闹事就判处死刑。要依靠党政部门努力做好法制宣传教育工作,在未做好群众思想工作的情况下,不要急于下判。

●婚恋纠纷引发的案件,且有坦白悔罪情节,适用死刑缓期执行并限制减刑

因恋爱、婚姻矛盾激化引发的故意杀人案件,被告人犯罪手段残忍,论罪应当判处死刑,但被告人具有坦白悔罪、积极赔偿等从轻处罚情节,同时被害人亲属要求严惩的,人民法院根据案件性质、犯罪情节、危害后果和被告人的主观恶性及人身危险性,可以依法判处被告人死刑,缓期二年执行,同时决定限制减刑,以有效化解社会矛盾,促进社会和谐。(参见最高人民法院第1批指导案例4号,王志才故意杀人案,2011年12月20日发布。)

●民间矛盾引发的案件，且有亲属协助抓捕、累犯情节，适用死刑缓期执行并限制减刑

对于因民间矛盾引发的故意杀人案件，被告人犯罪手段残忍，且系累犯，论罪应当判处死刑，但被告人亲属主动协助公安机关将其抓捕归案，并积极赔偿的，人民法院根据案件具体情节，从尽量化解社会矛盾角度考虑，可以依法判处被告人死刑，缓期二年执行，同时决定限制减刑。（参见最高人民法院第3批指导案例12号，李飞故意杀人案，2012年9月18日发布。）

●对精心预谋犯罪、主观恶性极深，犯罪后果极其严重、社会危害性极大的被告人，判其死刑缓期二年执行不被被害人家属和当地群众接受应依法抗诉改判死刑立即执行

对于死刑案件的抗诉，要正确把握适用死刑的条件，严格证明标准，依法履行刑事审判法律监督职责。（参见最高人民检察院第1批指导案例2号，忻某绑架案，2010年12月31日发布。）

●第二审程序刑事抗诉，故意杀人且罪行极其严重的被告人可判处死刑立即执行

死刑依法只适用于罪行极其严重的犯罪分子。对故意杀人、故意伤害、绑架、爆炸等涉黑、涉恐、涉暴刑事案件中罪行极其严重，严重危害国家安全和公共安全、严重危害公民生命权，或者严重危害社会秩序的被告人，依法应当判处死刑，人民法院未判处死刑的，人民检察院应当依法提出抗诉。（参见最高人民检察院第5批指导案例18号，郭明先参加黑社会性质组织、故意杀人、故意伤害案，2014年9月15日发布。）

□受贿数额特别巨大且多次索贿，并具有索贿用于企图阻止有关部门对其查处情节，属罪行极其严重

被告人受贿数额特别巨大，并具有多次索贿的法定从重处罚情节，且为逃避法律制裁，在有关部门查处其涉嫌经济犯罪期间，仍继续向他人索贿，将索取的巨额贿赂用于企图阻止有关部门对其经济犯罪问题的查处，受贿犯罪情节特别恶劣，社会危害性极大，罪行极其严重。（参见济南市人民检察院诉王怀忠受贿、巨额财产来源不明案，载《最高人民法院公报》总第89期，2004年第3期，第20页。）

□实施受雇佣，未直接实施伤害行为，认罪态度好，判处死亡可不立即执行

被告人受雇佣，召集并带领其他人去伤害被害人，已构成故意伤害罪，依法应予惩处。但鉴于被告人没有直接实施伤害被害人的行为，他人实施的致被害人死亡的行为超出被告人的犯意，且被告人归案后认罪态度好，对其判处死刑可不立即执行。（参见邢台市人民检察院诉陈文兵故意案，载《最高人民法院公报》总第105期，2005年第7期，第12页。）

□在共同犯罪中虽为主犯，但系帮助他人实施犯罪，且认罪态度较好，对其判处死刑，可不立即执行

被告人伙同他人使用伪造的银行信汇凭证，骗取储户存款，其行为构成金融凭证诈骗罪，诈骗数额特别巨大，给国家利益造成特别重大损失。在共同犯罪中，被告人参与预谋、比对假印章、伪造银行信汇凭证，并指使他人划款，参与分赃，起主要作用，系主犯。但鉴于被告人系帮助他人实施金融凭证诈骗，骗得的赃款绝大多数为他人或其他单位占有，被告人所得赃款数额不大，且认罪态度较好，在共同犯罪中的作用相对小于其他被告人，对其判处死刑，可不立即执行。（参见北京市人民检察院分院诉张奇犯金融凭证诈骗罪案，载《最高人民法院公报》总第69期，2001年第1期，第27页。）

□对贩卖、运输毒品数量大，且系累犯，但构成重大立功的，依法应当从轻处罚

被告人杨某某贩卖、运输海洛因共计945克，本案在复核期间，被告人杨某某揭发夏创新非法制造、销售枪支。经公安机关查证，杨某某的揭发属实，夏创新已被逮捕，现已缴获其非法制造、销售的枪支11支。被告人杨某某非法贩卖、运输海洛因的行为，已构成贩卖、运输毒品罪，且贩卖、运输毒品数量大，依法应予惩处。杨某某在刑罚执行完毕后五年内重新犯罪，系累犯，依法应从重处罚。鉴于杨某某在最高人民法院复核期间，揭发他人非法制造、销售枪支，经查证属实，构成重大立功，依法应予以从轻处罚。即判处无期徒刑，剥夺政治权利终身，并处没收个人全部财产。（参见湖南省岳阳市人民检察院诉杨某某贩卖、运输毒品罪案，载《最高人民法院公报》总第75期，2002年第1期，第29页。）

▽"罪行极其严重"的含义

"罪行极其严重"是指犯罪性质极其严重、犯罪手段、后果等情节极其严重,被告人的主观恶性和人身危险性极大。其内容为:一是被告人的行为触犯了刑法规定的可以判处死刑的罪名,且行为性质极其恶劣;二是被告人所犯罪行的情节特别严重,且造成了特别严重的社会危害后果;三是被告人的主观恶性和人身危险性极大。判断被告人的犯罪行为是否极其严重,应当根据刑法和司法解释的有关规定,并综合考虑上述主客观因素,严格认定。[参见第393号案例,闫新华故意杀人、盗窃案,载《刑事审判参考》总第50集(2006年第3集),法律出版社,第5页。执笔:谭京生 于同志]

▽因同案犯在逃而致被告人在共同犯罪中地位、作用不明的应慎用死刑

在运输毒品行为中,因雇主在逃,其他被告人的地位、作用如何难以认定,可根据本案的具体情节,对被告人判处死刑,可不立即执行。[参见第405号案例,宋光军运输毒品案,载《刑事审判参考》总第51辑(2006年第4辑),法律出版社,第37页。执笔:陆建红]

▽对于经鉴定毒品含量极少,或者因某种原因不能鉴定,存疑无法排除的,对被告人不应适用死刑立即执行

刑法规定,"毒品的数量以查证属实的走私、贩卖、运输、制造、非法持有毒品的数量计算,不以纯度折算"。司法实践中,新型毒品的种类、成分、形式非常复杂,如果不作含量鉴定,很难确定其危害社会的程度。尤其是对于可能判处死刑的案件,有证据表明毒品可能大量掺假,或者是多种成分的混合型毒品的案件,应该作毒品的成分和含量鉴定,以确保定案证据的确实充分和死刑适用的准确。对于经鉴定毒品含量极少,或者因某种原因不能鉴定,存疑无法排除的,对被告人不应适用死刑立即执行。[参见第430号案例,王某贩卖毒品案,载《刑事审判参考》总第54辑(2007年第1辑),法律出版社,第62页。执笔:宋楚潇 姜永义]

▽对既具有法定从轻又具有法定从重处罚情节的被告人应当慎用死刑立即执行

被告人的行为虽属罪行极其严重,但鉴于其具有重大余罪自首情节及酌定从轻处罚情节,虽然也同时具有法定从重处罚情节,从贯彻和坚持"少杀慎杀""宽严相济"的刑事政策出发,应属"不是必须立即执行的",适用死刑缓期二年执行更为合适。[参见第393号案例,闫新华故意杀人、盗窃案,载《刑事审判参考》总第50集(2006年第3集),法律出版社,第8页。执笔:谭京生 于同志]

▽在有多个主犯的共同犯罪中,只对起最主要作用的主犯判处死刑立即执行,符合我国少杀、慎杀的死刑政策

对共同犯罪中罪行极其严重的犯罪分子是否判处死刑立即执行,应当考虑以下因素:多个主犯中罪行最严重的主犯已经判处死刑立即执行,其他地位、作用相对次要的主犯;共同犯罪人作用、地位相当,责任相对分散的;共同犯罪人责任不清的;同案人在逃,有证据证明被告人起次要作用的;对在案的被告人适用死刑立即执行可能影响对在逃的同案人定罪量刑的等。对具有上列因素的,一般不适用死刑立即执行。这样也符合少杀慎杀、宽严相济、罪刑相当、区别对待的政策精神和司法理念。[参见第380号案例,王建辉、王小强等故意杀人、抢劫案,载《刑事审判参考》总第48集(2006年第1集),法律出版社,第21页。执笔:简建设]

▽适用死缓不以具有法定从轻、减轻情节为条件,但具有法定从轻、减轻情节的,一般不应适用死刑立即执行

死缓不是一个独立的刑种,而是适用死刑的一种具体制度。根据刑法规定,适用死缓的条件一是应当判处死刑,二是不是必须立即执行。不废除死刑,但严格控制死刑的适用,可杀可不杀的一律不杀,是我国在死刑问题上一贯的刑事政策。死缓制度就是贯彻这一刑事政策的重要措施。因此,从制度设置的目的来看,死缓实质上就是从少杀、慎杀的原则出发,对于罪行极其严重,依法应当判处死刑的犯罪分子,除必须判处死刑且必须立即执行的以外,再给其留一线生机,促其改恶从善,成为新人。

因此,适用死缓不以具有法定从轻、减轻情节为条件。只要根据案件的具体情况,认为判处死刑但还不是必须立即执行的,就可以适用死缓。例如,对于由于婚姻、家庭、民间纠纷以及被害人一方严重过错引发的伤害致死致残案件,适用死刑就应当从严把握,即使犯罪分子不具有法定从轻、减轻情节,一般也不判处死刑立即执行。司法实践中,对于具有法定可以从轻、减轻情节的犯罪分子,如果认为罪行极其严重,对其可不予从轻、减轻处罚,仍然应当依法判处其死刑的,在决定是否必须立即执行死刑的时候,应当充分考虑这些法定从轻、减轻处罚情节。因为,自首、立功特别是重大立功表现,在一定程度上表明了犯罪分子有悔罪之意,愿意接受国家法律的制裁,或者以实际行动补偿自己对社会的侵害,其人身危险性也有所减小,通过刑罚改造后复归社会的可能性增大。在对其不予从轻、减轻处罚的情况下,如果仍然判处死刑立即执行,不仅会降低惩办与宽大相结合政策的社会感召力,而且也不能取得犯罪分子亲属和社会公众的同情。因此,对于具有法定从轻特别是减轻处罚情节的犯罪分子,一般不应适用死刑立即执行。[参见第 289 号案例,刘群、李国才抢劫、诈骗案,载《刑事审判参考》总第 37 集(2004 年第 2 集),法律出版社,第 45 ~ 46 页。执笔:李祥民]

▽因民间矛盾激化引发且被害人有一定过错的杀人案件应判处死刑,缓期二年执行

纯属因生产生活、邻里纠纷等民间矛盾激化且被害人一方在案件起因及矛盾激化发展上有一定过错引发的故意杀人刑事犯罪案件与发生在社会上的严重危害社会治安的其他故意杀人犯罪案件有所区别,无论从被告人的主观恶性程度上看,还是从其对社会公众安全的危害程度上看,都是不同的。对此类案件可对被告人判处死刑,缓刑二年执行,剥夺政治权利终身。[参见第 43 号案例,刘加奎故意杀人案,载《刑事审判参考》总第 6 辑(2000 年第 1 辑),法律出版社,第 12 ~ 13 页。审编:王玉琦]

▽被害人有严重过错,被告人又有投案自首情节,虽应判处死刑,但可不立即执行死刑

处理案件,即使是死刑案件,也要考虑被害人有无过错等酌定从轻情节,不能视之为可有可无。当然,在适用刑罚时,要根据案件具体情况,结合被害人过错的大小、被告人行为的危害后果等情节综合考虑。对于被害人对引发犯罪有严重过错的,即使必须判处死刑,也可不判处立即执行。被告人作案后逃往外地,后在其亲属劝说下,在亲属的陪同下投案,并如实供述了自己的犯罪事实,按照有关司法解释规定,属于投案自首,对其应予从轻处罚。本案被害人有严重过错,被告人又有投案自首情节,虽应判处死刑,但可不立即执行死刑。[参见第 19 号案例,王勇故意杀人案,载《刑事审判参考》总第 3 辑(1999 年第 3 辑),法律出版社,第 20 ~ 22 页。审编:高憬宏]

▽家庭成员参与共同犯罪,依法均可判处死刑的,一般不宜对所有参与犯罪的家庭成员适用死刑立即执行

对于一个家庭中有数名成员参与犯罪的死刑适用,已不单纯是法律问题,还涉及政策问题。虽然刑法及司法解释中没有对数名家庭成员共同犯罪,且罪行均极其严重的,对各被告人不宜均判处极刑作出相应的规定,但从法律效果和社会效果的有机统一出发,判处死刑不能不考虑我国社会的传统人情伦理观念,基于人道主义,在司法实践中,对于家庭成员共同犯罪的,可以根据各成员的地位、作用及对社会的危害程度,尽量有所区别一般情况下不宜全部适用死刑立即执行。[参见第 413 号案例,练永伟等贩卖毒品案,载《刑事审判参考》总第 52 辑(2006 年第 5 辑),法律出版社,第 40 ~ 41 页。执笔:陆建红 王培中]

▽虽然被告人所犯罪行极其严重,论罪应对其判处死刑立即执行,但其如实供认公安机关没有掌握的致人死亡的关键情节,且其家属积极赔偿了附带民事诉讼原告人的经济损失,可以改判其死刑缓期二年执行

死缓制度的设立,是对死刑在实际执行上的特殊规定,从而使一部分罪该处死,但不是必须立即执行的犯罪分子有一个改过自新的机会,同时减少了死刑立即执行的实际适用,是我国严格限制死刑适用政策的具体体现。从司法实践看所谓"不是必须立即执行"死刑的,在大部分情况下是因为犯罪的社会危害性同必须立即执行死刑的社会危害性有程度上的差别,在少数情况属于存在一定的特殊量刑情节应当在量刑时予以考虑,这是贯彻宽严相济刑事政策的基本要求。行为人在与他人共同实施故意伤害行为过程中造成了被害人死亡的严重后果,且系累犯,人身危险性较高,依法应予从重处罚,行为人归案后即供认,被害人大腿上的一刀系其用尖刀所捅刺,一审庭审及二审提审时均作稳定供述。综上,被告人的供认,对认定致命伤是谁形成的这一关键事实有重要作用,其归案后如实供述自己犯罪事实的行为,应属于认罪态度好,在一定程度上反映了其悔罪心理及人身危险性的降低;况且,在二审期间,被告人的亲属积极代为承担了全部附带民事诉讼的赔偿责任,附带民事诉讼原告人表示愿意接受这笔赔偿,并对被告人表示了一定的谅解。参照《最高人民法院关于附带民事诉讼范围问题的规定》第四条的规定,对此可作为酌定量刑情节予以考虑。因此,虽然被告人所犯罪行极其严重,论罪应对其判处死刑立即执行,但其如实供认公安机关没有掌握的致人死亡的关键情节,且其家属积极赔偿了附带民事诉讼原告人的经济损失,可以酌情从轻处罚,二审法院综合考虑全案情节,改判其死刑缓期二年执行,给予被告人改过自新的机会是适当的,正确贯彻了我国宽严相济的刑事政策,体现了法律效果与社会效果的统一。[参见第459号案例,杜益忠故意伤害致人死亡案,载《刑事审判参考》总第58辑(2007年第5辑),法律出版社,第37~39页。执笔:丁卫强,审编:沈亮]

▽“民间矛盾”含义的正确认定,慎重把握适用死刑的标准

民间矛盾,是指公民个人之间在日常生产、生活中,对生活琐事、债权债务、相邻关系等民事关系或民事交往中发生的纠纷,因处理不当而引发的矛盾,具有以下三个特点:一是矛盾主体相对固定,一般仅限于具有特定民事关系或民事交往的双方之间,如婚姻家庭纠纷一般只发生在有婚姻家庭关系的成员之间;邻里纠纷一般只发生在土地、房屋有相邻关系的公民之间;债务纠纷一般只发生在有债权债务关系的主体之间;其他民事纠纷也是基于在有民事关系或民事交往的主体之间,因此,因民间矛盾引发的故意杀人案件中,被告人与被害人之间,一般都相互认识。二是矛盾的引发原因复杂琐碎,有的是矛盾主体在共同生活中因生活习惯、情感表达方式、为人处世方式等有差异而起;有的是因矛盾主体之间互有成见,相互攀比、诋毁等;有的是因债权、债务纠纷处理不明;有的是因田间地角纠纷或相邻关系处理不当等。总之,日常生产、生活中的诸多琐碎事情均可能成为引发民间矛盾的原因之一。三是从矛盾产生到激化有较长时间的积累演变过程。民间矛盾在生产、生活中比比皆是,但大多数矛盾,都会随着时间的推移、空间的转移或矛盾主体之间的相互协商、谅解,从而使矛盾淡化或根除,只有极少部分的民间矛盾,因矛盾主体之间互不妥协让步,经长时间积累演变,矛盾越发激烈、突出,最终激化,导致矛盾主体一方甚至双方采用暴力手段予以解决,从而引发故意杀人等刑事犯罪案件。由于民间矛盾引发的刑事犯罪案件具有上述特点,一旦解决不好,往往涉及当事人双方家庭关系的稳定与否,甚至引发新的刑事犯罪案件的发生,因此,最高人民法院在《全国法院维护农村稳定刑事审判工作座谈会纪要》特别强调,对于这类案件,要特别注意把握好死刑的适用标准,以维护社会基本秩序的稳定。然而,社会生活现象繁杂多样,法律规定不可能包罗万象,上述纪要不能将所有的民间矛盾一一列举,故采取不完全列举方式,将实践中比较常见的因“婚姻家庭、邻里纠纷”矛盾引发的故意杀人犯罪案件予以特别列举,如此规定,并不意味对于其他“民间矛盾”引发的故意杀人案件,在适用死刑时就可以放宽标准,对应因“民间矛盾”引发的故意杀人案件,都应当将其与发生在社会上的严重危害社会治安的其他恶性故意杀人犯罪案件予以区别,适用死刑一定要十分慎重。[参见第474号案例,吴某故意杀人案,载《刑事审判参考》总第60集(2008年第1集),法律出版社,第27~29页。执笔:冉容 曾琳 黄胜齐]

▽对因恋爱矛盾激化引发的故意杀人案件,可以参照因婚姻家庭矛盾激化引发的故意杀人案件予以处理

所谓恋爱矛盾,是指恋人之间因情感、经济等问题在恋爱过程中引发的矛盾。恋爱关系可以看作婚姻家庭关系的延伸。当前,随着我国婚姻家庭观念的改变,恋人之间未领取结婚证而同居的现象比较普遍，当事人双方除了未到民政部门办理结婚手续外，在其他诸如情感、经济、社会交往等问题上与婚姻家庭成员间的类似问题并无本质区别。对于这种类型的恋爱关系，可以视作准婚姻家庭关系。据此，从矛盾的性质而言，恋爱引发的矛盾本质接近于婚姻家庭矛盾，对因此而激化引发的故意杀人案件，可参照因婚姻家庭矛盾引发的故意杀人案件来处理。结合最高人民法院在《全国法院维护农村稳定刑事审判工作座谈会纪要》的相关规定和司法经验，对于因恋爱矛盾引发的故意杀人案件适用死刑标准的考量因素，主要有以下两个方面：一是产生矛盾的原因是否可以归责于被害人，即被害人一方是否有明显过错或对矛盾激化负有直接责任。二是行为人是否具有法定或酌定从轻处罚的情节。因恋爱矛盾激化引发的故意杀人案件，其社会危害性与那些严重危害社会治安的其他故意杀人案件具有区别，因此，处理此类案件时，在死刑适用标准上要更加严格。对于行为人在案发后，确有法定或酌定从轻、减轻情节的，要尽可能地依法、全面、综合地考虑相关情节，少用、慎用死刑。除了法律规定的自首、立功等法定从轻、减轻情节外，以下情节，也是考量此类案件是否适用死刑的重要因素：一是行为人的一贯表现。行为人在平时是否遵纪守法，是否有过违法前科，在日常生活中的行为方式是否平和等，可以考量行为人主观恶性的大小。二是行为人行为时的主观故意内容。一般情况下，直接故意杀人的恶性要大于间接故意杀人，预谋杀人的恶性大于激情杀人，报复杀人的主观恶性通常大于殉情杀人。三是行为人的行为方式。杀人手段是否残忍，杀人后是否有毁尸、碎尸等令人发指的情节等。四是行为人的悔罪表现。在实施故意杀人行为后，行为人认罪，其本人或其亲属积极赔偿被害人损失，或者以其他方式弥补其罪行给被害人带来的损失、减轻被害方的痛苦，降低其犯罪行为造成的危害后果的，可以认定其有悔罪表现。若取得了被害方谅解的，可以对行为人从轻处罚。［参见第 474 号案例，吴某故意杀人案，载《刑事审判参考》总第 60 集（2008 年第 1 集），法律出版社，第 29～33 页。执笔：冉容　曾琳　黄胜齐］

▽“明显过错”的司法认定

“明显过错”，是指从法律规定、道德要求上综合考量，矛盾的产生系被害人一方有违法行为或违背社会伦理道德、善良风俗的行为。如被害人以维系恋爱关系为由长期索要行为人钱财；或在分手之后长期骚扰、纠缠行为人；对行为人隐瞒真相、同时与其他异性发生性关系等。不过，在被害人虽然与行为人确立恋爱关系，但仍然与其他异性有性关系或恋爱关系而引发矛盾后，是否可以归责于被害人的问题上，要注意与婚姻中“第三者”插足而引发矛盾的情况相区别。婚姻法规定，夫妻之间有相互忠诚的义务，不允许配偶一方在婚姻关系存续期间与他人通奸，故被害人有通奸行为而引发矛盾的，原因可归责于被害人，应当认定被害人对案件发生有明显过错；而恋爱关系中，当事人双方都有自由选择的权利，若被害人因爱上他人而向行为人提出分手的，一般不属于有明显过错。［参见第 474 号案例，吴某故意杀人案，载《刑事审判参考》总第 60 集（2008 年第 1 集），法律出版社，第 31 页。执笔：冉容　曾琳　黄胜齐］

▽“对矛盾激化负有直接责任”的司法认定

“对矛盾激化负有直接责任”，是指被害人一方在矛盾的产生之初并无明显过错，但是在处理矛盾的过程中，采取不恰当的方式方法，直接激化、加剧了矛盾，刺激了行为人的犯罪心理，如被害人在争执过程中图一时口舌之快，言语上辱骂、挑拨、刺激行为人；不是努力修复已产生的矛盾，而是借题发挥，故意夸大、渲染对方的不足之处，进一步加深感情裂痕，导致感情破裂而激发行为人的犯罪冲动等。通常，此类案件，无论是发生在婚姻家庭中还是恋爱关系中，很难查清引发矛盾的根本原因，其矛盾的产生常常是因生活琐事或言语不和、价值观念不同、为人处世态度不同等所致，双方当事人对案件起因都无明显过错或者都有一定过错，但在矛盾发生后，由于被害人对矛盾处理的方式不当而激怒行为人，从而引发故意杀人案件。此种情况，虽然不能认定被害人对案件发生有明显过错，但应当认定其对矛盾激化负有直接责任。［参见第 474 号案例，吴某故意杀人案，载《刑事审判参考》总第 60 集（2008 年第 1

集),法律出版社,第31页。执笔:冉容 曾琳 黄胜齐]

▽同事间纠纷引发的杀人案件应慎重适用死刑

《全国法院维护农村稳定刑事审判工作座谈会纪要》(本附文以下简称《纪要》)规定,对于因婚姻家庭、邻里纠纷等民间纠纷矛盾激化引发的故意杀人犯罪,适用死刑一定要十分慎重,应当与发生在社会上的严重危害社会治安的其他故意杀人犯罪案件有所区别。这里的民间纠纷,包括但不限于邻里纠纷,也包括那些因为工作、生活等矛盾引起的纠纷;也不限于农村的民间纠纷,城市中发生的民间纠纷也可以适用《纪要》规定的精神。行为人因为生活琐事一时冲动而实施的杀人行为,其与那些严重危害社会治安的行凶杀人案件的社会危害性不可等同,考虑到家属及时报案及积极赔偿被害方损失等因素,从慎用死刑的基本刑事政策出发,对其不宜判处死刑立即执行。[参见第511号案例,张俊杰故意杀人案,载《刑事审判参考》总第65集(2008年第6集),法律出版社,第4~6页。执笔:张思敏 何春燕]

▽对故意伤害尊亲属致其死亡的,应当判处被告人死刑立即执行

行为人长期虐待其父亲,此次又因琐事踢踹父亲并致其死亡,之后,被告人未采取任何救治手段,而是将其父拉上三轮车出村掩埋。由此看出其主观恶性极深;行为人将父亲连续踢踹致脾破裂而死,手段十分残忍;杀父案件严重违背我国传统伦理道德观念(我国自古便有"百善孝为先"的传统美德,殴打、谋杀尊亲属即"忤逆",在古代属于十恶不赦的重罪,即使在当今社会,杀害父母等直系血亲的行为仍然是广大群众难以接受的严重犯罪行为,背离社会主流伦理道德),伤害致死生父的行为不但与伦理道德不符,也与构建和谐社会的基本要求相违背。家庭是社会的基本组成部分,家庭和谐是社会和谐的前提。因此,严厉打击此类恶性案件,充分发挥刑法的教育、预防犯罪的作用,有利于正确引导公众行为,树立敬老尊贤的良好社会风气和伦理道德规范,维护社会的稳定、和谐。唯有严厉惩治才有利于遏制此类案件的再发。所以,应当判处行为人死刑立即执行。[参见第524号案例,索和平故意伤害案,载《刑事审判参考》总第66集(2009年第1集),法律出版社,第38~41页。撰稿:杨永波、李娜]

▽贩卖毒品的数量接近实际掌握的判处死刑数量标准,又系毒品再犯,应体现对其从重处罚原则

毒品数量对毒品犯罪的定罪量刑特别是量刑具有重要作用,是量刑的重要依据,但不是唯一标准。在对被告人量刑时,特别是在考虑是否适用死刑时,要综合考虑毒品数量、犯罪情节、危害后果和被告人的主观恶性、人身危险性等多种因素。对于毒品数量已经达到实际掌握的判处死刑的数量标准,但具有法定、酌定从宽处罚情节的被告人,可不判处死刑;反之,对于毒品数量接近实际掌握的判处死刑的数量标准,又具有法定或酌定从重处罚情节的被告人,如再犯、累犯、惯犯等,也可以判处死刑立即执行。[参见第543号案例,龙从斌贩卖毒品案,载《刑事审判参考》总第67集(2009年第2集),法律出版社,第97~98页。撰稿:余淼]

▽贩卖毒品数量刚达到死刑适用标准且系毒品惯犯的,应体现从重处罚原则

毒品数量是对毒品犯罪量刑的重要情节,但不是唯一情节。对被告人量刑时,特别在考虑是否适用死刑时,既不能只考虑毒品数量,不考虑犯罪的其他情节,也不能只考虑其他情节,忽视毒品数量,而应当综合考虑毒品数量、犯罪情节、危害后果、被告人的主观恶性、人身危险性以及当地禁毒形势等各种因素,做到区别对待。按照宽严相济刑事政策的要求,在审理毒品犯罪案件时,应当突出打击重点,依法严惩毒枭、职业毒犯、再犯、累犯、惯犯、主犯等主观恶性深、人身危险性大、危害严重的毒品犯罪分子,对其中罪行极其严重,依法应当判处死刑的,必须坚决依法判处死刑。[参见第544号案例,呷布金莫贩卖毒品案,载《刑事审判参考》总第67集(2009年第2集),法律出版社,第101~102页。撰稿:李睿懿]

▽对毒品共同犯罪中罪责相对较小但系毒品再犯的主犯,应当适用死刑

在有组织、有预谋的共同毒品犯罪案件中,对其中主犯、从犯的认定,要从犯意提起、行为分工、出资和实际分赃情况及共犯之间关系等方面,比较各被告人在共同犯罪中的地位和作用,进而作出具体

认定。大体上，为主出资者、毒品所有者或者起意、策划、纠集、组织、雇佣、指使他人参与犯罪以及其他起主要作用的是主犯，但主犯并不限于一人。最高人民法院2008年12月印发的《全国部分法院审理毒品犯罪案件工作座谈会纪要》提出，"对于共同犯罪中有多个主犯或者共同犯罪人的，处罚上也应做到区别对待。应当全面考察各主犯或者共同犯罪人在共同犯罪中实际发挥作用的差别，主观恶性和人身危险性方面的差异，对罪责或者人身危险性更大的主犯或者共同犯罪人依法判处更重的刑罚。"［参见第546号案例，王会陆、李明等贩卖、运输毒品案，载《刑事审判参考》总第67集（2009年第2集），法律出版社，第111～112页。撰稿：徐琛］

▽对同时为自己和他人运输毒品的被告人，根据其犯罪行为及其在本案中的地位、作用，可以对其判处死刑不立即执行

被告人贩卖、运输海洛因数量大，但其主要犯罪行为是运输毒品，且其运输的毒品是受毒品所有者、同案被告人的指使、雇佣，该运输毒品行为只是同案被告人贩卖毒品行为的辅助行为。同时，被告人贩卖、运输毒品的数量只有同案被告人贩卖、运输毒品数量的一半左右。其在本案中的地位、作用次于同案被告人。根据罪责刑相适应原则，对被告人的处刑应当与同案被告人有所区别，故最高人民法院复核后依法改判其死刑，缓期二年执行。［参见第547号案例，冯忠义、艾当生贩卖、运输毒品案，载《刑事审判参考》总第67集（2009年第2集），法律出版社，第116～117页。撰稿：余淼］

▽刑法意义上的被害人过错行为人认定

刑法意义上的被害人过错，是指被害人出于故意，实施违背社会伦理或违反法律的行为，侵犯了被告人的合法权利或者正当利益，引发被告人实施犯罪或者激化加害行为危害程度的情形。《全国法院维护农村稳定刑事审判工作座谈会纪要》（本附文以下简称《纪要》）规定，对故意杀人犯罪是否判处死刑，不仅要看是否造成了被害人死亡结果，还要综合考虑案件的全部情况。……对于被害人一方有明显过错或对矛盾激化负有直接责任，或者被告人有法定从轻处罚情节的，一般不应判处死刑立即执行。《纪要》第一次明确将被害人过错引入刑事量刑体系，这样规定主要是考虑对于故意杀人、故意伤害等互动性非常明显的刑事案件，被害人对案件引发或矛盾激化具有明显过错的，被告人的主观恶性相对较小，从而影响量刑，尤其是在可能适用死刑的案件中。被害人过错需要具备的条件主要有：1. 过错方系被害人，被告人的犯罪行为针对的必须是有过错行为的被害人。2. 被害人必须出于故意，由于被害人过错通常出现在互动性明显的故意杀人、故意伤害等犯罪中，单纯的过失行为或者不可归咎于被害人的其他行为，不能认定为被害人过错。3. 被害人须实施了较为严重的违背社会伦理或违反法律的行为。过错的字面含义就包含了否定评价的内容，被害人过错从性质上说就是违反法律或违背道德的行为，但是并非所有的过错都能为刑法所评价，只有达到一定的严重程度才有可能被纳入刑法评价体系，才可能成为酌定量刑情节。《纪要》明确规定被害人须有"明显过错"，至于是否明显，通常应以社会一般人的认识判断为标准。4. 被害人的过错行为须侵犯了被告人的合法权利或者正当利益。"合法权利"是法律明确规定予以保护的利益，"正当利益"一般是指法律虽未明文规定，但根据社会伦理为公众赞许或认可的利益。被害人的不法或不良行为如果侵犯了被告人的合法权利或正当利益，被告人因此对被害人实施犯罪行为的，被告人应受谴责的程度相对减轻。5. 被害人的过错行为须引起被告人实施了犯罪行为或者激化了加害行为的危害程度。被害人的过错行为既可能引发刑事犯罪发生，也可能在犯罪中激化矛盾，致使被告人提升加害程度。这里被害人的过错行为与被告人的犯罪行为必须具备引起与被引起的因果联系，而诸如被害人疏于防范、误入犯罪圈套等行为，不属于刑法意义上的被害人过错。

确认被害人过错时，不仅要分析是否具备以上五点，还应当全面考察案件的来龙去脉、发案背景，具体情况具体分析，不可简单套用。如果刑事犯罪的被害人故意侵犯被告人的生命权、健康权等权利，该行为引发了犯罪或加重犯罪侵害程度的，通常应当遵照《纪要》的规定将被害人过错作为酌定量刑情节,综合分析被告人的主观恶性和人身危险性进行量刑。但是,若被害人的上述行为由于被告人的先行侵犯行为所引起,其行为属于"以不法制不法"的,就不能简单认定为过错行为。如群殴事件中,双方均有不法行为,任何一方都存在成为加害人或被害人的可能,不能简单地以最终结果来认定被害人或加害人,也不能因此而认定被害人在案件起因上具有过错。当然,如果加害人的先行不法或不良行为已经中止,如群殴的一方已放弃继续斗殴,准备离开或被迫离开时,另一方仍无理纠缠,继续实施侵害行为的,离开者在无奈情况下实施了加害行为,此时可以考虑认定被害人存在过错。[参见第556号指导案例,胡宝利故意杀人案,载《刑事审判参考》总第68集(2009年第3集),第15~17页。撰稿:杜军燕]

▽被害人因盗窃分赃不均数次带人暴力威胁被告人索拿赃款的行为不能认定为被害人过错

被告人因受到被害人的数次纠缠,其人身安全受到威胁,财产权也多次被侵犯,被告人因此实施了杀害被害人的行为,表面看来已经满足被害人过错的五项条件,但是由于被害人的行为系被告人的先行违法行为所引发,故不能简单认定被害人存在过错。具体来说,本案的前因是被告人在数年之前纠集被害人参与盗窃,事后未给被害人分赃,后被害人多次带人纠缠被告人索要赃款。被告人和被害人均实施了盗窃行为,二人争执的内容是对盗窃赃款的占有不均,而对赃款的占有不是合法权益或正当利益,被害人的行为因缺乏侵犯利益的正当性而不能被认定为被害人过错。若将被害人的索要行为与被告人纠集被害人盗窃的行为相剥离,将被害人的威胁、强拿行为认定为过错,就等于承认被告人对窃取的财物拥有合法占有的权利,这显然与法律全面否定和惩罚盗窃行为的理念相悖。当然,这并不是说被害人的行为对案件的引发没有责任,但是该行为不能被认定为被害人过错从而减轻被告人应受谴责的程度。综上,本案因参与盗窃的共同犯罪人分赃不均引发,被害人的行为不能认定为刑法意义上的过错,而被告人无法定或酌定从轻情节,故意杀死一人,又系累犯,应当从重处罚,最高人民法院以故意杀人罪核准被告人死刑是正确的。[参见第556号指导案例,胡宝利故意杀人案,载《刑事审判参考》总第68集(2009年第3集),第17~18页。撰稿:杜军燕]

▽醉酒驾车肇事构成以危险方法危害公共安全罪中的"罪行极其严重"的认定

以危险方法危害公共安全,造成严重后果的,法定刑为十年以上有期徒刑、无期徒刑或者死刑。就醉酒驾车肇事构成以危险方法危害公共安全罪的案件而言,在决定对被告人适用刑罚特别是决定是否适用死刑时,要综合考虑犯罪的性质、犯罪情节、危害后果及被告人的主观恶性、人身危险性。具体要注意把握以下几个方面:第一,要注意把握行为人的主观恶性。一般情况下,醉酒驾车犯罪构成以危险方法危害公共安全罪的,行为人主观上并不希望也不追求危害结果的发生,属于间接故意犯罪。与以制造事端为目的而恶意驾车撞人并造成重大伤亡后果的直接故意犯罪相比,此类犯罪行为人的主观恶性相对较小。因此,在决定刑罚时不能将此类犯罪与直接故意犯罪完全等同。第二,要注意把握行为人的实际辨认和控制能力。虽然刑法规定,醉酒的人犯罪,应当负刑事责任,但客观地看,在醉酒状态下,行为人的辨认和控制能力实际上都有所减弱。行为人犯罪时的辨认和控制能力状况,足以反映行为人的主观恶性和人身危险性。而主观恶性和人身危险性正是量刑的重要依据,因此,一般情况下,考虑到醉酒驾车犯罪行为人的辨认和控制能力实际有所减弱,处理上要体现区别。第三,注意把握民事赔偿与量刑的关系。刑法规定,犯罪分子应当赔偿由于其犯罪行为而使被害人遭受的经济损失,故醉酒驾车行为人依法赔偿其犯罪行为给被害方造成的经济损失是其法定义务。行为人履行赔偿义务,并不影响对其刑事责任的追究。但行为人积极赔偿被害方的经济损失,取得被害方谅解的,不仅反映出行为人认罪、悔罪的诚意,也在一定程度上减轻了其犯罪行为所造成的社会危害,量刑时可酌情从轻处罚。这不是"花钱买刑"。所谓"花钱买刑",是指犯罪分子利用钱财,通过不正当手段逃避刑事追究或获得从轻处罚。"花钱买刑"的犯罪分子并非真诚认罪、悔罪,与上述情况存在本质区别。故司法实践中,在对醉酒驾车犯罪行为人量刑时,既要考察其是否真诚悔罪并积极赔偿了被害方的经济损失,又不能简单地把赔偿经济损失作为从轻处罚的理由。对于醉酒驾车构成以危险方法危害公共安全罪的犯罪分子,如果罪行极其严重的,即使其赔偿了被害方的经济损失,也不能从轻处罚。第四,要严格执行死刑政策,慎重适用死刑。刑法规定,死刑只适用于罪行极其严重的犯罪分子。犯罪分子是否属于“罪行极其严重”,应当从犯罪分子的主观恶性、人身危险性和犯罪行为的社会危害性三个方面进行综合分析认定,不能只看犯罪行为造成的危害后果。行为人醉酒驾车构成以危险方法危害公共安全罪的,虽然往往情节比较恶劣,后果严重,社会危害性大,但此类犯罪一般系间接故意犯罪,行为人主观上并不希望也不追求危害结果发生,与蓄意杀人和恶意驾车撞击车辆或行人的直接故意犯罪不同。相比之下,此类犯罪行为人的主观恶性不是很深,人身危险性不是很大。因此,醉酒驾车犯罪行为人一般不属于刑法规定的“罪行极其严重的犯罪分子”,因而不属于适用死刑的对象。从贯彻宽严相济的刑事政策,严格控制和慎重适用死刑的政策出发,一般不适用死刑。但这并不意味着此类犯罪行为均不适用死刑。对于醉酒驾车犯罪情节特别恶劣,造成的后果特别严重的,如醉酒驾车肇事后,不顾拦阻,或抗拒检查、抓捕,或为逃避处罚,继续驾车撞击车辆、行人,造成特别严重后果的,也有依法判处死刑的余地。本案被告人醉酒驾车,连续冲撞多辆轿车,造成4人死亡、1人重伤及数万元的财产损失,情节恶劣,后果严重,应依法严惩,但鉴于其系间接故意犯罪,与直接故意犯罪相比,主观恶性不是很深,人身危险性不是很大;系在严重醉酒状态下犯罪,驾驶车辆的控制能力实际有所减弱;归案后认罪、悔罪态度较好,积极赔偿被害方的经济损失,一定程度上获得了被害方的谅解。综合本案的犯罪性质、情节、危害后果及行为人的主观恶性、人身危险性,被告人尚不属于罪行极其严重的犯罪分子,因此,二审改判其无期徒刑是适当的。[参见第586号指导案例,孙伟铭以危险方法危害公共安全案,载《刑事审判参考》总第71集(2009年第6集),第6~8页。撰稿:韩维中　王飞]

▽醉酒状态下故意杀人犯罪的刑罚的适用

最高人民法院刑事审判专业委员会经讨论,认为被告人侯某某可酌情予以从轻处罚,不判处死刑立即执行,具体理由如下:(一)醉酒的人犯罪,应当承担刑事责任,但一般情况下应严格控制死刑的适用。虽然刑法明确规定醉酒的人犯罪应当负刑事责任,醉酒亦不属于法定从宽处罚情节,但醉酒犯罪与正常状态下犯罪毕竟有所区别,对于在醉酒状态下实施的故意杀人犯罪,在适用死刑时应特别慎重,除情节特别恶劣、后果特别严重、主观恶性及人身危险性极大的犯罪分子外,一般可不判处死刑立即执行。这是因为,刑法明文规定死刑只适用于罪行极其严重的犯罪分子,而犯罪分子的罪行是否极其严重,应从犯罪行为的社会危害性、犯罪分子的主观恶性和人身危险性等方面综合审查判断,不能偏重其中的一个方面,唯有如此,才能实现罪与刑的均衡,确保法律效果与社会效果的有机统一。具体到醉酒杀人犯罪:首先,社会危害性方面。社会危害性是由多种因素决定的,衡量社会危害性的大小,不能仅看客观的、物质的损害结果,还要考虑我国的国情、社情和民情,分析行为对人民群众安全感等社会心理造成的影响。我国酒文化历史悠久,酒文化已渗透到人们社会生活的各个方面,社会公众对醉酒人的辨控能力减弱存有共识,对酒后滋事伤人现象易于谅解,因此,醉酒杀人与正常状态下杀人所造成的社会负面影响不同,社会危害性也相应存在差别。其次,主观恶性方面。醉酒会导致人的辨认控制能力减弱,这一点已为医学和司法精神病学所认同,我国交通运输管理法律法规明确禁止酒后驾车便是一个很好的例证。在辨认控制能力受到削弱的情况下实施杀人犯罪,与正常状态下实施的杀人犯罪相比,行为人的主观恶性相应较小,道德非难程度也相应减小。最后,人身危险性方面。人身危险性的大小应从行为人有无前科及平时表现、犯罪后的悔罪情况等方面综合把握。人在醉酒状态下易出现情绪兴奋、行为失控等表现,醉酒杀人犯罪通常是在当事人之间事前没有任何矛盾的情况突然发生,行为人多系初犯,酒醒之后懊悔不已,因此,行为人的人身危险性也相对较需要特别说明的是,对于那些预谋犯罪而故意酒后杀人即借酒行凶的犯罪分子,由于主观恶性深,犯罪情节恶劣,不属于因醉酒而酌情考虑的范畴,仍应依法从严惩处。(二)综合衡量本案各量刑情节,并考虑被告人醉酒杀人的实际情况,对其可不判处死刑立即执行。本案被告人在案发当天多次与他人饮酒,晚上又主动邀请被害人到其家中饮酒,最终导致行为失控,致被害人死亡。被告人系自陷入醉酒状态,在醉酒原因上存在明显过错,应当为其醉酒状态下的杀人行为承担刑事责任。但是考虑到:第一,被告人与被害人平日关系较好,素无矛盾,没有杀害被害人的动机,也就是说其没有故意醉酒后实施杀人犯罪的预谋,这与那种为了实施犯罪而故意醉酒的情形在非难程度上具有显著不同。第二,被告人的醉酒与本案的发生之间并非一种必然联系,而只是一种偶然联系。在认识因素上,只能认定被告人明知其酒后容易滋事,且意志因素上没有希望或者积极追求这种结果尤其是杀人结果的发生,这一点从其酒醒后积极施救并认罪悔罪的行为可以看出,同时,由于醉酒严重影响了被告人的辨认控制能力,故不能简单地根据其使用菜刀反复砍击被害人要害部位的客观行为来评价其意志因素,进而认为其犯意坚决。就其犯罪故意的认识因素和意志因素而言,被告人的主观恶性尚不属极深。第三,虽然被告人在案发前有过多次酒后滋事伤人经历,可认为其具有一定人身危险性,但其此前酒后违法经历多系随意殴打、无故辱骂他人等没有严重后果发生的轻微违法犯罪行为,与那些多次或连续实施严重刑事犯罪、执意报复社会、危害社会治安和群众安全感的犯罪分子相比,其这种人身危险性尚不属极大不能作为适用死刑立即执行的人身危险性依据。而且,被告人的违法犯罪行为多与饮酒存在密切联系,只要剥夺其饮酒条件或使其戒除酗酒恶习,便可有效防止再犯,此亦说明其人身危险性并非极大。第四,被告人在案发次日清晨酒醒后主动将被害人送至当地诊所救治,其施救行为虽未能挽救被害人生命,但说明其有一定的悔罪表现。被告人归案后能够坦白交代,认罪态度较好,具有酌定从轻处罚情节。第五,被告人虽有前科,但所犯前罪较轻。综合考虑侯某某的罪责严重程度,并结合其醉酒状态下辨认控制能力较弱的实际,其尚不属于必须判处死刑立即执行的对象。综上,对醉酒状态下实施故意杀人行为的人一般情况下应严格控制死刑的适用,但单纯的醉酒状态不足以作为一个酌定从轻处罚情节,是否予以从轻处罚,应结合其他认罪、悔罪等情节予以综合认定。[参见第610号指导案例,侯卫春故意杀人案,载《刑事审判参考》总第73集(2010年第2集),第14~16页。撰稿:陈新军]

▽共同抢劫杀人致一人死亡案件,应准确区分主犯的罪责,准确适用死刑

在共同抢劫杀人案件中,如各被告人之间存在主从犯的区别,则认定罪责大小并不困难,主犯的罪责显然大于从犯。但是,如果各被告人均系主犯,且罪责相当的,如何进一步区分主犯之间的罪责,便成为棘手问题。不少案件,由于区分主犯之间罪责的困难,常有对两名被告人均判处死刑的做法。然而,这种做法是不妥当的,根据死刑政策精神应从多种角度进一步区分主犯之间的罪责大小,进而准确适用死刑。本案是一起二人共同抢劫杀人致一人死亡的案件。二被告人共同预谋,共同购买作案工具和踩点,均持刀威胁、捅刺并捆绑被害人,共同实施杀人行为造成一人死亡,在共同犯罪中均起主要作用,均系主犯。但经综合分析,二人在共同犯罪中的罪责仍可进一步区别。首先,在犯罪预备阶段,二人均供述一起购买了作案工具、进行了踩点,但对于谁是抢劫杀人犯意的提起者,二人相互推诿,据现有证据,难以区分二人在该阶段的具体作用。其次,在犯罪实行阶段,二被告人两次作案实施的具体行为不尽相同。在第一次作案中,二人均实施了暴力行为,抢劫后共同杀害了被害人,尸体检验鉴定未能区分系谁的行为直接致死被害人,但二被告人的供述均证实系龙某某首先持刀捅刺了被害人,龙某某首先实施的暴力行为不仅为抢劫罪的完成提供了条件,也为后来故意杀人罪的实施奠定了基础,其作用大于吴某某。在第二次作案中,二人按照事先分工,一起持刀胁迫被害人、捆绑被害人并将被害人弃于山洞内,二人作用大体相当。综合两次作案情况,可以认定龙某某在犯罪实行阶段的作用大于吴某某。最后,在犯罪后续阶段,据在案证据,龙某某丢弃、毁灭了大部分罪证,占有赃物也比吴某某多,也可以认定其在该阶段的作用大于吴某某。因此,综合本案共同犯罪的具体情节,可以认定龙某某的罪责大于吴某某。在本案只造成一人死亡,二被告人均无法定从重、从轻处罚情节的情况下,应只判处一人死刑。故最高人民法院复核后,依法核准龙某某死刑,对吴某某改判为死刑,缓期二年执行。[参见第634号指导案例，龙世成、吴正跃故意杀人、抢劫案，载《刑事审判参考》总第75集（2010年第4集），第29～30页。撰稿：徐琛]

▽二人共同犯罪致死一人的案件中，对地位和作用明显不同的被告人，在判处死刑时应区别对待

最高人民法院2010年印发的《关于贯彻宽严相济刑事政策的若干意见》第三十一条规定，“对于多名被告人共同致死一名被害人的案件，要进一步分清各被告人的作用，准确认定各被告人的罪责，以做到区别对待，不能以分不清主次为由简单地一律判处重刑。”本案被告人张红亮与徐小四共同抢劫致被害人常东山一人死亡，根据前述处理原则，是否应判处二被告人死刑，关键在于二被告人的地位和作用能否作出区分，而地位和作用的区分，必须结合犯意的提起、犯罪的准备、犯罪的实施以及事后表现等方面来具体分析。一审、二审法院和最高人民法院对张红亮系犯意的提起者、犯罪工具等方面事实的认定是一致的，徐小四在这方面的作用小于张红亮。当然，二被告人地位和作用的主次，关键取决于犯罪的具体实施情况。而恰恰在这一点上，一审、二审法院和最高人民法院的认定存在差异：一审、二审法院认定“常东山刚进屋，张红亮、徐小四先后持铁锤朝被害人常东山头部猛砸数下，将常东山当场砸死。”最高人民法院则认定“张红亮扶常东山进入饲养室屋内，持铁锤猛砸常东山头部，致常东山当场倒地后，继续用铁锤砸常东山头部，并让随后进屋的徐小四也用铁锤砸了常东山头部。常东山因颅脑严重损伤而死亡。”可见，在砸死被害人这一关键问题上一审、二审法院认定二被告人只是先后砸，作用难以区分，而最高人民法院则区分了主次，认定徐小四作用明显小于张红亮。[参见第637号指导案例，张红亮等抢劫、盗窃案，载《刑事审判参考》总第75集（2010年第4集），第50～51页。撰稿：牛克乾　郭彦东]

▽在死刑案件中，被告人亲属积极赔偿，取得被害方谅解，不能作为应当型从轻处罚情节

如何处理民事赔偿与量刑之间的关系，是刑事审判中一个重要而敏感的问题。《最高人民法院关于贯彻宽严相济刑事政策的若干意见》（本附文以下简称《意见》）第二十三条规定：“被告人案发后对被害人积极进行赔偿，并认罪、悔罪的，依法可以作为酌定量刑情节予以考虑。因婚姻家庭等民间纠纷激化引发的犯罪，被害人及其家属对被告人表示谅解的，应当作为酌定量刑情节予以考虑。”这一规定是当前人民法院处理这一关系的基本政策法律依据。被告人认罪、悔罪，并通过积极的物质赔偿，弥补犯罪对被害人家属的伤害，对被告人主观恶性的评价有一定影响。实践中，多数被告人不具备赔偿能力，加之关押在看守所，难以筹集赔偿款，由亲属代为赔偿的情况较为普遍，亲属代为赔偿，可视同于被告人赔偿。被害人的家属作为犯罪后果的直接承受者，对犯罪行为有着切肤之痛，其对被告人表示谅解，一定程度上反映了犯罪社会影响的减弱。通常情况下，这种谅解是以被告人积极赔偿，认罪、悔罪为前提的，所以，在一定程度上反映了被告人人身危险程度的变化。被告人积极赔偿，认罪、悔罪，或是被害方谅解，属于犯罪后的情节，在一定程度上影响了被告人主观恶性和人身危险性的评价，因此，在量刑时应当予以充分考虑。但是，量刑是一个综合衡量的过程，各种量刑情节，包括从重、从轻的情节，法定、酌定的情节都需要权衡。其中，犯罪性质和犯罪行为给社会造成的危害程度是决定被告人刑罚的最基本因素，片面夸大积极赔偿或谅解等罪后情节的作用，忽视犯罪性质和犯罪行为本身的社会危害都是不正确的。实践中，在决定被告人最终刑罚时，除考虑犯罪的性质、情节、后果及被告人的主观恶性、人身危险性等因素外，还要结合宽严相济刑事政策的要求进行综合评判。因民间纠纷激化引发的犯罪，因为发生在特定的当事人之间，其社会危害性与严重危害社会治安的犯罪有区别，在处理时，如果被害方对被告人表示谅解，原则上应从轻处罚，而且人民法院还应当加大对此类案件的民事调解工作力度，化解当事人双方的矛盾，促成被害方的谅解。只要赔偿得好，被害方又谅解的，就可以大胆地从轻，一般都不考虑判处死刑立即执行，这是贯彻宽严相济刑事政策的要求，不属于“以钱买命”。但是，对于那些严重危害社会治安、严重影响人民群众安全感的案件、犯罪情节特别恶劣、犯罪后果特别严重的案件以及犯罪分子的主观恶性极深、人身危险性极大的案件，即使被告人积极赔偿，获得被害方谅解,但论罪应当判处死刑的,还是应依法判处死刑;也就是说,要着重考虑犯罪行为的社会危害性以及由此造成的严重社会影响,对量刑社会效果的评价不能仅局限于赔偿和被害方的谅解。强奸致人死亡是严重危害社会治安的犯罪,与因婚恋、家庭、邻里矛盾等民间纠纷引发的故意杀人、伤害犯罪存在明显区别,这类犯罪针对的对象往往不特定,严重损害人民群众的安全感,属于宽严相济刑事政策中从严惩处的重点对象。本案被告人深夜尾随未成年被害人到住处,在居民楼的楼道上将被害人强奸致死,其犯罪性质特别严重,情节特别恶劣,犯罪后果特别严重,并在当地造成了恶劣的社会影响,属于罪行极其严重的犯罪分子,应当依法严惩。对于这类犯罪,不宜像对待民间纠纷引发的案件那样积极主动进行调解,对于私下达成协议的,要充分考虑被告人是否真诚认罪、悔罪,尤其要注意审查协议的过程和内容是否合法,被害方的谅解意愿是否真实,即使认定具有积极赔偿和被害方谅解的情节,考虑从轻时也应当从严把握。联系本案,被告人的家属私下找到被害人家属进行协商,达成书面谅解协议。根据协议,被告人家属赔偿45万元,被害人家属对被告人的行为表示谅解,并请求对其从轻处罚。从协议内容看,协议赔偿数额超出法院判决赔偿数额(判决赔偿20余万元)一倍多,而且大部分赔偿款(35万元)以不判处被告人死刑立即执行为前提。这种出于获取巨额赔偿款目的而表示的谅解,很难说得上是真诚的谅解。而且,本案被告人多次犯罪,不堪改造。被告人不满18岁就因犯盗窃罪被判刑六年,释放不久又犯盗窃罪被判刑两年零两个月,直到2002年10月18日才刑满释放。出狱只有7天就犯下本案,构成累犯。此后,被告人仍不思悔改,又继续作案。2006年因盗窃被劳动教养一年零三个月,2008年再次因犯盗窃罪被判刑一年。被告人先后四次判刑、一次劳教,每次都是时隔不久又再犯案,可谓屡教不改,主观恶性极深,人身危险性极大。对如此恶劣的犯罪分子,如果仅因被告人家庭有钱赔偿就可以从轻处罚,实质上意味着有钱可以买命,如此不但会严重破坏法律的平等和公正,而且会损害人民法院的司法权威。因此,本案核准被告人死刑,没有因被告人家属积极赔偿、被害方谅解而对被告人从轻处罚是正确的。[参见第636号指导案例,林明龙强奸案,载《刑事审判参考》总第75集(2010年第4集),第39~42页。撰稿:夏建勇]

▽未造成被害人死亡,被告人罪行极其严重,应当依法适用死刑

虽然本案未造成被害人死亡,且被告人归案后主动如实供述了公安机关尚未掌握的在泰康医院实施第一次爆炸及敲诈勒索李某某、曹某某的犯罪事实,有坦白情节,认罪态度较好,但仍不足以对其从轻处罚。理由是:《最高人民法院关于贯彻宽严相济刑事政策的若干意见》第六条规定:“宽严相济刑事政策中的从‘严’,主要是指对于罪行十分严重、社会危害性极大,依法应当判处重刑或死刑的,要坚决地判处重刑或死刑;对于社会危害大或者具有法定、酌定从重处罚情节,以及主观恶性深、人身危险性大的被告人,要依法从严惩处。”第七条规定:“贯彻宽严相济刑事政策,必须毫不动摇地坚持依法严惩严重刑事犯罪的方针。对于……故意危害公共安全犯罪等严重危害国家政权稳固和社会治安的犯罪……要作为严惩的重点,依法从重处罚。尤其对于极端仇视国家和社会,以不特定人为侵害对象,所犯罪行特别严重的犯罪分子,该重判的要坚决依法重判,该判处死刑的要坚决依法判处死刑。”根据上述政策要求,就本案而言:首先,从犯罪性质方面看,本案系故意危害公共安全犯罪,侵害不特定多数人的人身安全和重大公私财产安全,历来是刑法严惩的重点。其次,从主观恶性和人身危险性方面看,被告人为谋私利而选择在医院这一特殊公共场所实施爆炸犯罪,置医护人员和就医患者的死活于不顾,伤及无辜,动机卑劣,主观恶性极深;且在医院第一次爆炸后即到李某某经营的商店门口放置炸药,在敲诈未遂的情况下又到医院实施第二次爆炸,犯罪意志坚定,人身危险性极大。最后,从犯罪后果看,被告人两次爆炸造成一人重伤(被害人右手功能全部丧失,属五级伤残;右下肢膝关节功能达不到功能位,属六级伤残)、一人轻伤及多人轻微伤,并造成财产损失20余万元,对公众心理、群众安全感和社会稳定均造成了巨大危害,引起极大的恐慌,犯罪后果特别严重。因此,综合本案情节来看,被告人罪行极其严重,应当依法适用死刑。[参见第703号指导案例,蒋文正爆炸、敲诈勒索案,载《刑事审判参考》

总第80集(2011年第3集),第67～68页。撰稿:林红英 孟伟]

▽**对犯罪后为逃避法律制裁引发与醉驾引发的以危险方法危害公共安全案件量刑时应如何区别**

被告人田某某在无驾驶资质和运营资格的情况下,驾驶大型工程车辆严重超载运营,被交通运输管理机关依法查扣车辆后本应停止违法运营行为,但其伙同他人采用暴力威胁手段将被查扣的工程车强行开走,为逃避稽查又置公共安全于不顾,不仅驾车连续撞击警车,而且在车流、人流较为密集的城镇路段强行占道超车,与对向正常行驶的小客车相撞,致三死四伤,其行为构成妨害公务罪和以危险方法危害公共安全罪。田某某所犯以危险方法危害公共安全罪的后果特别严重,情节特别恶劣,且其主观恶性深、人身危险性大,依法应当判处死刑立即执行。与最高人民法院公布的黎景全醉驾案、孙伟铭醉驾案、张明宝醉驾案与本案的定罪不相同,尽管上述被告人均只被判处无期徒刑,且孙伟铭案、张明宝案造成的死伤后果更为严重(孙伟铭案致四死一伤,张明宝案致五死四伤)。若仅从案件定性和犯罪后果分析,本案与黎景全、孙伟铭、张明宝等人醉驾案确实有一定相似之处。然而,随着刑法理论与实践的发展,确定罪刑关系越发重视和强调客观危害与主观恶性的统一。根据罪责刑相适应原则以及刑罚个别化原则,法官在对被告人裁量刑罚时,既要充分考虑其所犯罪行的性质、后果的严重程度,又要充分考虑被告人的个人经历、犯罪原因以及其他具体情况,以准确认定被告人的主观恶性和人身危险性的大小,通过主客观两个方面的考察判处轻重相适应的刑罚。唯其如此,刑罚才能实现个别公正。认为判处田某某死刑立即执行量刑失衡的观点,症结在于比较不同案件的量刑时只关注犯罪的性质和后果的相似性,而忽视了案件中不同的量刑情节。量刑情节既包括刑法中规定的各类法定情节,也包括刑法未明确规定的犯罪动机、起因、手段、故意程度等酌定量刑情节。量刑情节的轻重与刑罚裁量的宽严呈正比关系,被告人所具有的量刑情节对于最终的宣告刑具有决定性影响。因此,综合分析、把握案中的各项量刑情节是准确裁量刑罚的关键所在。

虽然本案与前述醉驾引发的以危险方法危害公共安全案件均属于间接故意犯罪,且造成的实害后果相近,但犯罪情节、行为人的主观恶性和人身危险性与前述三起案件均有显著差异:首先,从案件起因看,前述三起案件是因醉酒驾车而引发,而本案的起因则是暴力抗法。被告人田某某在伙同他人实施妨害公务犯罪后,为逃避法律制裁继而又以危险方法危害公共安全,这一情节能够充分反映出田某某对于国家法律和公共安全利益的藐视,此中体现的主观恶性与前述醉驾案件存在明显区别。其次,田某某这种为抗法又实施犯罪的行为所造成的社会影响更为恶劣,对社会秩序和人民群众安全感的破坏明显大于前述醉酒驾车案件。最后,与前述醉驾案件中行为人因醉酒而控制力减弱的情形不同,田某某犯罪时神志清醒、控制力正常,其对自己行为的性质、后果均有清楚的认识。因此,虽然本案与前述醉驾案件均属于间接故意犯罪,但在行为人的认识因素和意志因素等方面存在明显差异。此外,田某某在公安人员已经表明身份并向其示意停车接受检查的情况下,无视对方安危,驾驶大型工程车辆连续撞击警车,此行为充分表明田某某的人身危险性大于前述醉驾案件中的行为人。

综上,被告人田某某所犯以危险方法危害公共安全罪的性质、情节和后果特别严重,罪行极其严重,本案一审、二审法院依法判处其死刑立即执行,定罪正确,量刑适当。[参见第856号指导案例,田某某等以危险方法危害公共安全、妨害公务案,载《刑事审判参考》总第92集(2013年第3集),第4～6页。撰稿:周川]

▽**共同致一人死亡的案件中,如何认定罪责最严重的被告人**

二被告人共同实施抢劫致人死亡的犯罪行为,二人均系主犯,但是从犯罪预谋、犯罪实行等环节可以看出,郭某伟在共同抢劫犯罪中的地位作用略大于李某,罪责相对更大。因此,应判处罪责最严重的郭某伟死刑立即执行,对李某可判处死缓并限制减刑。理由如下:

(一)共同致死一人的案件,一般不应判处两名以上被告人死刑。共同致一人死亡的案件,存在两名或两名以上的主犯的,在主犯之间进一步区分罪责大小,从而区别量刑,是刑法罪责刑相适应原则的体现,也是贯彻宽严相济刑事政策的需要。最高人民法院于2016年发布的《关于审理抢劫刑事案件适用法律若干问题的指导意见》明确指出,对于两名以上被告人共同抢劫致死一名被害人的案件,要注意分清各被告人作用,准确确定各被告人罪责。一案中有两名以上主犯的,要从犯罪提意、预谋、准备、行为实施、赃物处理等方面区分出罪责最大者和较大者。除犯罪手段特别残忍、情节及后果特别严重、社会影响特别恶劣、严重危害社会治安的外,一般不应同时判处两名以上被告人死刑。应当在认真分清罪责的基础上,详细分析各被告人的地位和作用,特别是对罪责大小要作出准确认定,一般只对作用最突出、罪行最为严重的主犯判处死刑立即执行。罪行最严重的主犯如系未成年人而不适用死刑,或者因具有自首、立功等法定从宽处罚情节而不判处死刑立即执行的,不能不加区别地对其他主犯判处死刑立即执行。本案系两名被告人共同抢劫致死一名被害人的案件,也应分清各被告人在共同犯罪中的地位、作用,准确确定罪责,不能轻易以不能分清主次为由,简单地一律判处死刑立即执行。

(二)司法实践中如何认定罪责最为严重的共同致死被告人。1. 认定罪责最严重的共同致死被告人可考量的因素。共同致死案件中如有多名主犯的,如何在主犯中区分出罪责最为严重者和较为严重者,是正确适用死刑的关键。如何认定地位作用最突出、罪责最严重的主犯,应当全面考察犯意形成、犯罪实施、犯罪后各阶段的行为及案外因素等,确定各被告人在共同犯罪中的具体地位、作用及主观恶性、人身危险性。区分被告人罪责时,可结合全案的犯罪事实,综合考虑下列因素:(1)从犯罪动机的角度,一般来说,动机卑劣的被告人主观恶性深,如具有奸夫淫妇谋害本夫、出于恶意竞争杀害竞争对手、预谋杀人或杀人决意明显、性情残暴动辄肆意杀人、抢劫杀害孤寡老人或少年儿童等动机、因素的被告人,罪责相对较大。(2)从犯意产生的角度,一般来说,提起犯意的被告人罪责相对较大。通常提起犯意的被告人往往会积极实施犯罪,且对共同犯罪行为有一定的控制力,故作用相对突出,罪责相对较大。但如果二人均有犯意,仅一人首先提出,另一人一拍即合并积极参与预谋,起意者在实行阶段作用并不突出的,也可不认定起意者罪责最大。此外,实践中常有各被告人供述不一、互相推诿的情形,这就需要结合各被告人前后供述、自身情况及与被害人的关系等因素,综合认定,确实无法确定起意者的,也可认定为共同起意。(3)从参与犯罪积极程度的角度,一般来说,主动参加、纠集他人参与犯罪、全程参与、积极实施、直接行凶的被告人罪责相对较大。(4)从犯罪准备的角度,一般来说,提出并积极准备犯罪工具、物色作案对象、策划犯罪路线、实施踩点等行为的被告人罪责相对较大。(5)从实施致死行为的角度,实施最核心和最重要致死行为的被告人罪责相对较大,即在能够分清各被告人的行为对死亡结果所起的具体作用的情况下,实施直接致死行为的被告人罪责较大。(6)从案后抛尸、毁灭罪证等的角度,一般来说,作案后提议破坏案发现场、毁灭尸体及作案工具等罪证,并积极实施的,其罪责相对较大。(7)从赃款赃物处理的角度,一般来说,对赃款赃物的分配具有决定权或者分得较多赃款赃物的被告人罪责相对较大。(8)从案外因素的角度,如被告人的性别、年龄及成长经历,是否有犯罪前科,是否更熟悉作案地点及周边情况,被告人之间的相互关系等,这些因素可以从侧面说明哪个被告人的犯意更坚决,犯罪经验更丰富,犯罪过程中的主导性更强,也可用于区分各被告人的地位作用、罪责轻重。(9)从犯罪后的表现来看,作案后有自首、立功、认罪悔罪、积极赔偿、主动施救、取得被害人谅解等情节的被告人,罪责要比没有这些情节的被告人相对较小。在审判实践中,判断被告人罪责的大小需要从不同角度同时展开,而不能局限于某一角度。对被告人最终罪责的认定,应是综合分析判断的结果。而对于在犯罪过程中地位、作用明显大于其他被告人,即使被告人犯罪后有自首或立功表现,但该情节依法不足以从轻处罚的,也可以对该被告人判处死刑立即执行。另外,在共同犯罪人罪责确实难以区分时,如果其中某个被告人系累犯,也可从主观恶性和人身危险性的角度予以区分。如果通过以上各个方面的仔细区分,仍然难以区分罪责大小的,也不宜一律判处两名以上被告人死刑立即执行。如果犯罪性质不是特别恶劣,情节、后果不是特别严重的,基于"严格控制、慎重适用"的死刑政策,也可以对各被告人均不判处死刑立即执行。2. 在雇凶杀人、伤害案中如何认定罪责最严重的主犯、在雇凶杀人、伤害致一人死亡的案件中，一般不宜同时判处雇凶者与受雇者死刑立即执行，应根据雇凶犯罪的不同情况，准确认定罪责最严重的主犯。一般而言，下列情形也可以认定雇凶者是罪责最严重的主犯：(1)雇凶者不仅雇用他人犯罪，而且与受雇者共同直接实施；(2)雇凶者虽没有直接实施犯罪，但参与了共同犯罪的策划，实施了具体组织、指挥行为的；(3)雇凶者雇用未成年人实施犯罪的；(4)多名受雇者地位作用相当，责任相对分散或者责任难以分清，雇凶者应对全案负责，应认定雇凶者为罪责最严重的主犯。下列情形可以认定受雇者是罪责最严重的主犯：(1)雇凶者只是笼统提出犯意，没有实施组织、指挥行为；而系受雇者积极主动实施杀人、伤害行为的；(2)受雇者明显超出雇凶者授意范围实施故意杀人、故意伤害犯罪，因行为过限造成更严重危害后果的。

(三)对本案二被告人罪责大小的具体分析。被告人郭某伟和李某均积极实施抢劫致人死亡的犯罪行为，均系主犯，但从犯罪预谋、准备工具、具体实施等阶段综合判断，郭某伟的地位作用要略大于李某，罪责最为严重。理由如下：1. 二被告人虽共同预谋抢劫，但郭某伟提议抢劫黑出租车并杀死被害人，李某表示同意。在预谋阶段，郭某伟的罪责略大于李某。2. 在二被告人准备实施抢劫前，郭某伟提议购买作案工具绳子和手套，李某随之共同购买。郭某伟在准备作案工具的环节，罪责大于李某。3. 在具体实施抢劫杀人过程中，郭某伟实施了持绳子勒死被害人的最主要行为，李某实施了将绳子套入被害人脖子并捂住被害人口鼻的行为。相对而言，在致死被害人上郭某伟的行为作用更为突出，罪责大于李某。4. 从其他因素来看，案发时郭某伟的年龄是32岁，李某是25岁，郭某伟的社会阅历和成长经历较李某丰富；郭某伟的户籍地是宜昌市下辖的枝江市，案发地在宜昌市猇亭区，郭某伟在此工作，而李某是荆门人，案发时从荆门来到猇亭，因此，郭某伟更熟悉猇亭的基本情况等。从常理推断，这些因素也会导致郭某伟在犯罪过程中的主导性更强，罪责相对更大。

综上，在本案只造成一人死亡的情况下，综合共同犯罪的具体情节，可以认定郭某伟的罪责要大于李某。[参见第1224号指导案例，郭某伟、李某抢劫案，载《刑事审判参考》总第112集，第32～36页。撰稿：裴宇　张剑]

第四十九条　【死刑适用对象的限制】犯罪的时候不满十八周岁的人和审判的时候怀孕的妇女，不适用死刑。

审判的时候已满七十五周岁的人，不适用死刑，但以特别残忍手段致人死亡的除外。(本款是根据《中华人民共和国刑法修正案(八)》之三增加的，2011年5月1日起施行。)

■最高人民法院关于对怀孕妇女在羁押期间自然流产审判时是否可以适用死刑问题的批复(全文)(1998年8月13日)

怀孕妇女因涉嫌犯罪在羁押期间自然流产后，又因同一事实被起诉、交付审判的，应当视为"审判的时候怀孕的妇女"，依法不适用死刑。

▼最高人民法院研究室关于如何理解"审判的时候怀孕的妇女不适用死刑"问题的电话答复(全文)(1991年3月18日)

在羁押期间已是孕妇的被告人，无论其怀孕是否属于违反国家计划生育政策，也不论其是否自然流产或者经人工流产以及流产后移送起诉或审判期间的长短，仍应执行我院(83)法研字第18号《关于人民法院审判严重刑事犯罪案件中具体应用法律的若干问题的答复》中对第三个问题的答复："对于这类案件，应当按照刑法第四十四条和刑事诉讼法(1979年刑诉法——编著者注)第一百五十四条的规定办理，即：人民法院对'审判的时候怀孕的妇女，不适用死刑'。如果人民法院在审判时发现，在羁押受审时已是孕妇的，仍应依照上述法律规定，不适用死刑。"

▽"审判时怀孕的妇女"的认定

"审判时怀孕的妇女"，是指从因涉嫌犯罪被羁押、到移送起诉、直至交付审判的整个诉讼过程，以及因怀孕而自然流产、人工流产的妇女。这里所谓的“审判时”及“怀孕的妇女”,根据以往和现有的司法解释精神,都应该作广义的理解。1983年9月20日《最高人民法院关于人民法院审判严重刑事犯罪案件中具体应用法律的若干问题的答复》(本附文以下简称《答复》)明确规定,无论是在关押期间,或者是在法院审判的时候,对怀孕的妇女,都不应为了要判处死刑,而进行人工流产;已经人工流产的,仍应视为怀孕的妇女,不适用死刑。最高人民法院1998年在《关于对怀孕的妇女在羁押期间自然流产审判时是否可以适用死刑问题的批复》中批复:怀孕妇女涉嫌犯罪在羁押期间自然流产后,又因同一事实被起诉,交付审判的,应当视为“审判的时候怀孕的妇女”,依法不适用死刑。所谓“审判时怀孕的妇女”,不仅包括审判时正在怀孕的妇女,而且也应包括因犯罪被羁押时已怀孕,但在审判前因某种原因自然或人工流产的妇女,即适用于刑事诉讼的整个过程。也就是说,只要刑事诉讼程序已经启动,尚未结束,对此期间怀孕的妇女,无论基于何种原因,均不适用死刑。怀孕妇女羁押期间做人工流产时脱逃,之后又交付审判的,仍应当视为审判时怀孕的妇女。脱逃行为导致的是原诉讼程序的中止,并非结束,在其被抓捕归案后,原诉讼程序继续进行,而不是开始一个新的诉讼。该行为并没有改变脱逃前已形成的事实,如果被告人在脱逃前羁押时已是怀孕妇女,那么无论自然流产、人工流产,仍都视为审判的时候怀孕的妇女,不适用死刑。需要指出的是怀孕妇女羁押期间流产后,只有因同一犯罪事实被起诉,交付审判的,才依法不适用死刑。该《答复》称“怀孕妇女涉嫌犯罪在羁押期间自然流产后,又因同一事实被起诉,交付审判的,应当视为‘审判的时候怀孕的妇女’,依法不适用死刑”。很明显,《答复》强调了“因同一事实被起诉”这一要件,即是指怀孕妇女在羁押期间流产前所实施的犯罪被起诉审判,对该怀孕妇女不适用死刑。言下之意,如果起诉及审判的是流产之后的犯罪,则不属于同一事实的范围,不受上述规定的限制。[参见第250号案例,韩雅利贩卖毒品、韩镇平窝藏毒品案,载《刑事审判参考》总第32辑(2003年第3辑),法律出版社,第77~78页。执笔:景万宗　尤青]

▽公安机关待犯罪嫌疑人分娩后再采取强制措施的,应视为审判时怀孕的妇女

从文义上看,所谓的“审判时”,似乎仅指从人民检察院提起公诉时起至人民法院作出判决生效时止。但这样的文义理解过于狭窄,并不符合立法原意。为此,最高人民法院在1983年作出的(83)法研字第18号《关于人民法院审判严重刑事犯罪案件中具体应用法律的若干问题的答复》规定:“人民法院对审判时怀孕的妇女,不适用死刑;如果在审判时发现,在羁押受审时已是孕妇的仍应不适用死刑,即使是被人工流产的,亦应视为‘审判时怀孕的妇女’”。最高人民法院在1998年在法释〔1998〕18号《关于对怀孕妇女在羁押期间自然流产审判时是否适用死刑问题的批复》中再次指出:对怀孕妇女因涉嫌犯罪在羁押期间自然流产后,又因同一事实被起诉、交付审判的,应视为“审判时怀孕的妇女”。该司法解释进一步明确将怀孕妇女从因涉嫌犯罪被羁押时起至人民检察院提起公诉时止的期间亦视为“审判时”,在原有的司法解释基础上又迈进了一步,其精神是为了确保胎儿的生命及婴儿的正常发育。胎儿、婴儿是无辜的,不能因孕妇有罪而诛及胎儿或婴儿。同时,也体现了司法对孕妇的人道关怀。可见,司法实践中,对“审判时”应作广义理解,即应是指从犯罪嫌疑人涉嫌犯罪而被羁押时起至人民法院依法作出判决生效时止的刑事诉讼全过程。[参见第240号案例,张怡懿、杨君故意杀人案,载《刑事审判参考》总第32辑(2003年第3辑),法律出版社,第15~16页。执笔:张华]

▽如何理解和认定“以特别残忍手段致人死亡”

2011年颁布的《刑法修正案(八)》第一条新增一条作为刑法第十七条之一,规定:“已满七十五周岁的人故意犯罪的,可以从轻或者减轻处罚;过失犯罪的,应当从轻或者减轻处罚。”第三条增加一款作为刑法第四十九条第二款,规定:“审判的时候已满七十五周岁的人,不适用死刑,但以特别残忍手段致人死亡的除外。”在我国,对年满七十五周岁的老年人犯罪并非一概不适用死刑,如果年满七十五周岁的老年人犯故意杀人罪且属于“以特别残忍手段致人死亡”的,可以判处死刑。从逻辑结构分析,“以特别残忍手段致人死亡”可以分解为“以特别残忍手段”与“致人死亡”两部分,且这两部分之间存在刑法上的因果关系。其中,“致人死亡”比较容易理解,实践中引发争议的往往是对“特别残忍手段”的理解和认定。

1. 如何理解和认定“特别残忍手段”。众所周知,任何一个犯罪目的的实现都必须借助一定的犯罪手段。犯罪手段不仅可以反映犯罪行为的客观损害程度,还可以反映行为主体的主观恶性和人身危险性大小。因此,犯罪手段在我国司法实践中往往是一个重要的酌定量刑情节。司法实践中,在死刑判决、裁定书中的“裁判理由”部分,“犯罪手段残忍”“犯罪手段特别残忍”“犯罪手段极其恶劣”等表述充分表明“犯罪手段残忍”或者“犯罪手段特别残忍”已经成为适用死刑立即执行的一个重要依据,特别是在年满七十五周岁的老年人故意杀人案件中,“特别残忍手段”更是适用死刑的唯一法定依据。由此可见,对“手段特别残忍”的理解足以影响死刑在实践中的具体适用。关于“特别残忍手段”的含义,当前立法、司法机关均未作出具体解释,司法实践中,往往只能由法官自由裁量。如此一来,在具体案件中适用不一以及量刑偏差自然是难以避免的问题。对于故意杀人罪中的“特别残忍手段”可以参照故意伤害罪中的“特别残忍手段”进行认定。关于刑法第二百三十四条第二款中“致人死亡或者以特别残忍手段致人重伤造成严重残疾”中“特别残忍手段”的理解,全国人大常委会法制工作委员会刑法室编著的《中华人民共和国刑法释义》一书认为,本条中的“特别残忍手段”,是指故意造成他人严重残疾而采用毁容、挖人眼睛、砍掉人双脚等特别残忍的手段伤害他人的行为。这一解释依然是粗线条式的,同时亦存在循环定义的逻辑问题,对于具体司法适用问题的解决难以起到实质效果。一般手段杀人与以特别残忍手段杀人,两者的相同之处在于侵害了被害人的生命权,两者的区别在于对善良风俗、伦理底线、人类恻隐心的侵犯程度不同。因此,对故意杀人罪中“特别残忍手段”的理解和认定,应当符合社会民众一般的观念。在具体案件中,对“特别残忍手段”可以综合从以下几个方面理解和认定:(1)杀人手段:使用焚烧、冷冻、油煎、毒蛇猛兽撕咬、分解肢体、剥皮等凶残狠毒方法杀死被害人的。(2)行为过程:犯罪行为持续时间长、次数频繁、折磨被害人的主观故意强。如用凶器数十次捅刺被害人的;长时间暴力折磨被害人,故意加重其痛苦程度的;在被害人失去反抗能力后求饶、逃跑、呼救的过程中,仍然执意追杀被害人的。(3)以其他让社会民众普遍难以接受的手段和方式杀害被害人的。本案被告人在作案手段上选择的是持刀杀人,而并非其他非常见的凶残狠毒方法;在行为次数上仅仅捅刺了一刀,并非连续捅刺;在被害人失去反抗能力之后也并没有再次捅刺。综上,被告人的犯罪手段一般,一审法院认定其作案以“特别残忍手殷”不当,二审法院认定其作案手段不属于“以特别残忍手段致人死亡”,依法不适用死刑是正确的。

2. 对“特别残忍手段”与“情节特别恶劣”应当区别认定。“以特别残忍手段致人死亡”仅仅是“情节特别恶劣”的情形之一,“情节特别恶劣”涵盖的范围更广。如果将“以特别残忍手段致人死亡”替换为“情节特别恶劣”,无疑扩大了已满七十五周岁的老年人适用死刑的限制范围,有违刑法第四十九条第二款的立法初衷。本案一审法院在认定“以特别残忍手段致人死亡”时,将被告人有预谋、事先准备凶器以及在公开场合行凶等事实情状作为认定“特别残忍手段”的依据,实际混淆了“特别残忍手段”与“情节特别恶劣”的认定,不当扩大了对老年人犯罪死刑适用的范围,与“有关老年人免除死刑”的立法精神相背离。二审法院认定被告人的故意杀人行为不属于“特别残忍手段”是正确的。[参见第830号指导案例,胡金亭故意杀人案,载《刑事审判参考》总第90集(2013年第1集),第41~44页。撰稿:聂昭伟]

▽对已满七十五周岁的老年人犯罪是否适用无期徒刑以及能否同时适用刑法第十七条之一的规定

从法律规定分析,是否同时适用刑法第十七条之一和第四十九条第二款的规定,要视具体情形而定:如果年满七十五周岁的老年人犯罪属于可以从轻或者减轻处罚但最终未适用从轻或者减轻处罚的,无须同时适用;如果年满七十五周岁的老年人犯罪属于可以从轻或者减轻处罚且最终适用从轻或者减轻处罚的,或者属于应当从轻或者减轻处罚的,应当同时适用。在认定不属于“以特别残忍手段致人死亡”的前提下:对于年满七十五周岁的老年人故意犯罪无须同时适用刑法第十七条之一和第四十九条第二款规定的情形,可以对年满七十五周岁的老年人判处无期徒刑;对于年满七十五周岁的老年人故意犯罪同时适用刑法第十七条之一和第四十九条第二款规定的情形,对年满七十五周岁的老年人不应判处无期徒刑。基于上述分析,对年满七十五周岁的老年人罪犯,是否可以判处无期徒刑,取决于对年满七十五周岁的老年人故意犯罪是否适用从轻或者减轻处罚,而是否适用从轻或者减轻处罚,应当根据具体犯罪事实和犯罪情节予以综合认定。本案二审法院在认定被告人犯罪手段不属于“以特别残忍手段致人死亡”的同时,综合本案具体犯罪事实和各种犯罪情节,认为被告人所犯罪行严重,对其不适用从轻或者减轻处罚,从而对其判处无期徒刑是正确的。由于刑法第十七条之一的规定可以延伸出适用从轻或者减轻处罚和不适用从轻或者减轻处罚的可能,故二审判决同时引用刑法第十七条之一和第四十九条第二款的规定,是规范、妥当的。[参见第830号指导案例,胡金亭故意杀人案,载《刑事审判参考》总第90集(2013年第1集),第44~45页。撰稿:聂昭伟]

▽审判的时候已满七十五周岁的人一般不判处死刑的法律规定的理解和适用

本案一审法院判处被告人尹某某死刑,二审法院裁定维持原判,最高人民法院复核后不予核准死刑,所涉及的问题主要就是如何理解刑法本条第二款的规定。以下从两个方面加以分析:

首先,死刑复核阶段属于刑法本条第二款规定的“审判的时候”。我国的刑事案件审判实行两审终审制,但死刑案件有特殊性,除一审、二审程序外,还有死刑复核程序,只有经过最高人民法院适用死刑复核程序审理并裁定核准后,死刑案件的判决才发生法律效力。尽管死刑复核程序不采取开庭审理方式,检察机关和辩护律师的介入方式也与一审、二审有所区别,但死刑复核程序无疑仍然属于“审判的时候”。被告人在侦查、起诉,以及一审、二审期间未满75周岁,但经过一段时间的诉讼期间后,在死刑复核程序中年龄达到75周岁的,仍然应当认定为在“审判的时候”年满75周岁。本案被告人尹某某作案时的年龄是73周岁,一审、二审时均未满75周岁,但在报请最高人民法院复核时已年满75周岁,故符合刑法本条第二款的规定,原则上不适用死刑。

其次,对“特别残忍手段”的认定不能泛化。究竟哪些情形可以称得上“特别残忍手段”,需要逐步统一认识、加强规范。全国人大常委会法制工作委员会刑法室编著的《中华人民共和国刑法释义》对“特别残忍手段”的释义是:采用毁容、挖人眼睛、砍掉双脚等特别残忍的行为。实践中,一般认为,出自冷酷坚决的犯意,给被害人的肉体和精神造成特别严重的痛苦、折磨、恐惧的,可视为特别残忍手段。例如,使用焚烧、冷冻、泼洒强酸强碱等强腐蚀物品致人死亡的;砍下被害人四肢或者挑断被害人筋脉的;以挖眼睛、割耳鼻等手段毁损被害人容颜的;砍击、刺扎被害人生殖部位的;用尖刀等利器捅刺被害人要害部位数十刀,或者用铁锤、砖块等钝器反复击打被害人头部致人死亡的;活埋被害人致人窒息死亡的;杀死被害人后肢解其尸体的;长时间暴力折磨被害人肉体的,等等。“特别残忍手段”都应当是给被害人肉体上带来极大痛苦、公众心理上难以接受的作案手段。因此,不能认为只要使用了暴力手段,就属于手段特别残忍。本案被告人尹某某从现场随手捡起柳树棒,先后击打两名被害人的头部,致二人死亡。从尹某某的作案工具、击打方式看,其作案手段尚不属于刑法规定的“特别残忍手段”,故不宜认定为刑法本条第二款规定的“以特别残忍手段致人死亡”。在这种情况下,综合考虑本案系农村邻里纠纷引发,尹某某具有自首情节,归案后认罪态度较好等多种因素,对尹某某不应判处死刑。值得注意的是,对审判时已满75周岁的人不适用死刑是一项原则性规定,实践中若出现被告人以特别残忍手段致人死亡,且主观恶性和人身危险性很大的,即使审判时已满75周岁,也仍可以判处死刑。[参见第1022号指导案例,尹某某故意杀人案,载《刑事审判参考》总第100集,第29~31页。撰稿:张怡嘉 赵英东]

第五十条 【死缓变更及限制减刑】判处死刑缓期执行的,在死刑缓期执行期间,如果没有故意犯罪,二年期满以后,减为无期徒刑;如果确有重大立功表现,二年期满以后,减为二十五年有期徒刑;如果故意犯罪,情节恶劣的,报请最高人民法院核准后执行死刑;对于故意犯罪未执行死刑的,死刑缓期执行的期间重新计算,并报最高人民法院备案。(本条第一款是根据《中华人民共和国刑法修正案(九)》之二修改的,自2015年11月1日起施行。)

对被判处死刑缓期执行的累犯以及因故意杀人、强奸、抢劫、绑架、放火、爆炸、投放危险物质或者有组织的暴力性犯罪被判处死刑缓期执行的犯罪分子,人民法院根据犯罪情节等情况可以同时决定对其限制减刑。(本条是根据《中华人民共和国刑法修正案(八)》之四修改的,2011年5月1日起施行。)

刑法本条原文:【死缓变更】判处死刑缓期执行的,在死刑缓期执行期间,如果没有故意犯罪,二年期满以后,减为无期徒刑;如果确有重大立功表现,二年期满以后,减为十五年以上二十年以下有期徒刑;如果故意犯罪,查证属实的,由最高人民法院核准,执行死刑。

刑法本条第一款原文:判处死刑缓期执行的,在死刑缓期执行期间,如果没有故意犯罪,二年期满以后,减为无期徒刑;如果确有重大立功表现,二年期满以后,减为二十五年有期徒刑;如果故意犯罪,查证属实的,由最高人民法院核准,执行死刑。

■最高人民法院关于死刑缓期执行限制减刑案件审理程序若干问题的规定(2011年5月1日)

第一条　根据刑法第五十条第二款的规定,对被判处死刑缓期执行的累犯以及因故意杀人、强奸、抢劫、绑架、放火、爆炸、投放危险物质或者有组织的暴力性犯罪被判处死刑缓期执行的犯罪分子,人民法院根据犯罪情节、人身危险性等情况,可以在作出裁判的同时决定对其限制减刑。

第二条　被告人对第一审人民法院作出的限制减刑判决不服的,可以提出上诉。被告人的辩护人和近亲属,经被告人同意,也可以提出上诉。

第三条　高级人民法院审理或者复核判处死刑缓期执行并限制减刑的案件,认为原判对被告人判处死刑缓期执行适当,但判决限制减刑不当的,应当改判,撤销限制减刑。

第四条　高级人民法院审理判处死刑缓期执行没有限制减刑的上诉案件,认为原判事实清楚、证据充分,但应当限制减刑的,不得直接改判,也不得发回重新审判。确有必要限制减刑的,应当在第二审判决、裁定生效后,按照审判监督程序重新审判。

高级人民法院复核判处死刑缓期执行没有限制减刑的案件,认为应当限制减刑的,不得以提高审级等方式对被告人限制减刑。

第五条　高级人民法院审理判处死刑的第二审案件,对被告人改判死刑缓期执行的,如果符合刑法第五十条第二款的规定,可以同时决定对其限制减刑。

高级人民法院复核判处死刑后没有上诉、抗诉的案件,认为应当改判死刑缓期执行并限制减刑的,可以提审或者发回重新审判。

第六条　最高人民法院复核死刑案件,认为对被告人可以判处死刑缓期执行并限制减刑的,应当裁定不予核准,并撤销原判,发回重新审判。

一案中两名以上被告人被判处死刑,最高人民法院复核后,对其中部分被告人改判死刑缓期执行的,如果符合刑法第五十条第二款的规定,可以同时决定对其限制减刑。

第七条　人民法院对被判处死刑缓期执行的被告人所作的限制减刑决定,应当在判决书主文部分单独作为一项予以宣告。

第八条　死刑缓期执行限制减刑案件审理程序的其他事项,依照刑事诉讼法和有关司法解释的规定执行。

■最高人民法院关于办理减刑、假释案件具体应用法律的规定(2017年1月1日)

第八条　被判处无期徒刑的罪犯在刑罚执行期间,符合减刑条件的,执行二年以上,可以减刑。减刑幅度为:确有悔改表现或者有立功表现的,可以减为二十二年有期徒刑;确有悔改表现并有立功表现的,可以减为二十一年以上二十二年以下有期徒刑;有重大立功表现的,可以减为二十年以上二十一年以下有期徒刑;确有悔改表现并有重大立功表现的,可以减为十九年以上二十年以下有期徒刑。无期徒刑罪犯减为有期徒刑后再减刑时,减刑幅度依照本规定第六条的规定执行。两次减刑间隔时间不得少于二年。

罪犯有重大立功表现的,可以不受上述减刑起始时间和间隔时间的限制。

第十条 被判处死刑缓期执行的罪犯减为无期徒刑后,符合减刑条件的,执行三年以上方可减刑。减刑幅度为:确有悔改表现或者有立功表现的,可以减为二十五年有期徒刑;确有悔改表现并有立功表现的,可以减为二十四年以上二十五年以下有期徒刑;有重大立功表现的,可以减为二十三年以上二十四年以下有期徒刑;确有悔改表现并有重大立功表现的,可以减为二十二年以上二十三年以下有期徒刑。

被判处死刑缓期执行的罪犯减为有期徒刑后再减刑时,比照本规定第八条的规定办理。

第十一条 对被判处死刑缓期执行的职务犯罪罪犯,破坏金融管理秩序和金融诈骗犯罪罪犯,组织、领导、参加、包庇、纵容黑社会性质组织犯罪罪犯,危害国家安全犯罪罪犯,恐怖活动犯罪罪犯,毒品犯罪集团的首要分子及毒品再犯,累犯以及因故意杀人、强奸、抢劫、绑架、放火、爆炸、投放危险物质或者有组织的暴力性犯罪的罪犯,确有履行能力而不履行或者不全部履行生效裁判中财产性判项的罪犯,数罪并罚被判处死刑缓期执行的罪犯,减为无期徒刑后,符合减刑条件的,执行三年以上方可减刑,一般减为二十五年有期徒刑,有立功表现或者重大立功表现的,可以比照本规定第十条减为二十三年以上二十五年以下有期徒刑;减为有期徒刑后再减刑时,减刑幅度比照本规定第六条从严掌握,一次不超过一年有期徒刑,两次减刑之间应当间隔二年以上。

第十二条 被判处死刑缓期执行的罪犯经过一次或者几次减刑后,其实际执行的刑期不得少于十五年,死刑缓期执行期间不包括在内。

死刑缓期执行罪犯在缓期执行期间不服从监管、抗拒改造,尚未构成犯罪的,在减为无期徒刑后再减刑时应当适当从严。

第十三条 被限制减刑的死刑缓期执行罪犯,减为无期徒刑后,符合减刑条件的,执行五年以上方可减刑。减刑间隔时间和减刑幅度依照本规定第十一条的规定执行。

第十四条 被限制减刑的死刑缓期执行罪犯,减为有期徒刑后再减刑时,一次减刑不超过六个月有期徒刑,两次减刑间隔时间不得少于二年。有重大立功表现的,间隔时间可以适当缩短,但一次减刑不超过一年有期徒刑。

第十五条 对被判处终身监禁的罪犯,在死刑缓期执行期满依法减为无期徒刑的裁定中,应当明确终身监禁,不得再减刑或者假释。

第三十八条 人民法院作出的刑事判决、裁定发生法律效力后,在依照刑事诉讼法第二百五十三条、第二百五十四条的规定将罪犯交付执行刑罚时,如果生效裁判中有财产性判项,人民法院应当将反映财产性判项执行、履行情况的有关材料一并随案移送刑罚执行机关。罪犯在服刑期间本人履行或者其亲属代为履行生效裁判中财产性判项的,应当及时向刑罚执行机关报告。刑罚执行机关报请减刑时应随案移送以上材料。

人民法院办理减刑、假释案件时,可以向原一审人民法院核实罪犯履行财产性判项的情况。原一审人民法院应当出具相关证明。

刑罚执行期间,负责办理减刑、假释案件的人民法院可以协助原一审人民法院执行生效裁判中的财产性判项。

第三十九条 本规定所称"老年罪犯",是指报请减刑、假释时年满六十五周岁的罪犯。

本规定所称"患严重疾病罪犯",是指因患有重病,久治不愈,而不能正常生活、学习、劳动的罪犯。

本规定所称"身体残疾罪犯",是指因身体有肢体或者器官残缺、功能不全或者丧失功能,而基本丧失生活、学习、劳动能力的罪犯，但是罪犯犯罪后自伤致残的除外。

对刑罚执行机关提供的证明罪犯患有严重疾病或者有身体残疾的证明文件，人民法院应当审查，必要时可以委托有关单位重新诊断、鉴定。

第四十条　本规定所称“判决执行之日”，是指罪犯实际送交刑罚执行机关之日。

本规定所称”减刑间隔时间”，是指前一次减刑裁定送达之日起至本次减刑报请之日止的期间。

第四十一条　本规定所称“财产性判项”是指判决罪犯承担的附带民事赔偿义务判项，以及追缴、责令退赔、罚金、没收财产等判项。

第四十二条　本规定自2017年1月1日起施行。以前发布的司法解释与本规定不一致的，以本规定为准。

○被判处死缓的罪犯减刑后实际执行的刑期如何计算

1997年《刑法》第五十条规定，“判处死刑缓期执行的，在死刑缓期执行期间，如果没有故意犯罪，二年期满以后，减为无期徒刑；如果确有重大立功表现，二年期满以后，减为十五年以上二十年以下有期徒刑……”新刑法更加严格了减为有期徒刑的标准，即只对具有重大立功表现的，才能减为有期徒刑。1997年《刑法》修改，最高人民法院根据1997年刑法、刑事诉讼法的有关规定，于2017年1月1日施行《关于办理减刑、假释案件具体应用法律若干问题的规定》(2012年作出的同名司法解释随之废止。——编著者注)。根据1997年刑法第五十一条的规定，“死刑缓期执行减为有期徒刑的刑期，从死刑缓期执行期满之日起计算”。与1979年刑法相比，需要注意的是，修订后的刑法关于死缓减为有期徒刑的刑期起始时间的规定有所变化，即对因罪犯有重大立功表现，从死缓直接减为有期徒刑的，无论该减刑裁定是何时作出的，其减为有期徒刑的刑期，都从死刑缓期执行期满之日起计算。这样规定体现了法律的科学性和严肃性，将死缓的缓刑考验期与服刑期作了严格区分。人民法院在新刑法实施后，办理死缓犯减刑的案件，应严格执行现行刑法和司法解释的规定。[参见《刑事审判参考》总第30辑(2003年第1辑)，法律出版社，第175～177页。]

▽对民间矛盾激化引发的故意杀人案件如何适用死缓限制减刑

死刑缓期执行限制减刑是《中华人民共和国刑法修正案(八)》(本附文以下简称《刑法修正案(八)》)增设的一项新的重要刑罚制度。为了规范此项制度的适用，最高人民法院制定了《关于死刑缓期执行限制减刑案件审理程序若干问题的规定》。由于该司法解释没有规定死刑缓期执行限制减刑的实体适用条件，故如何准确把握此项制度的实体适用条件，是今后刑事审判工作中必须解决的问题(2017年1月1日施行《最高人民法院关于办理减刑、假释案件具体应用法律若干问题的规定》中予以明确。——编著者注)。根据刑法本条第二款的规定，对于因犯故意杀人罪被判处死刑缓期执行的被告人，人民法院可以根据其犯罪情节等情况，同时决定限制减刑。从实践情况看，故意杀人罪在性质上至少包括两类：一类是严重危害社会治安的犯罪；另一类是因民间矛盾激化引发的犯罪。对于前一类故意杀人案件，考虑其犯罪造成的严重后果和恶劣性质，一般对被告人判处死刑立即执行。如果被告人因具有自首、重大立功等法定从宽处罚情节或者重大酌定从宽处罚情节而具备判处死刑缓期执行条件，同时，不限制减刑不足以罚当其罪的，可以限制减刑。对于后一类故意杀人案件，如何把握死刑缓期执行限制减刑的适用条件，应更为慎重。众所周知，在近年来的司法实践中，对于因民间矛盾激化引发的故意杀人案件，在死刑政策的把握上不同于其他严重危害社会治安的故意杀人、抢劫、绑架等暴力性犯罪案件。最高人民法院在一系列指导文件中均对此作了强调。例如，1999年印发的《全国法院维护农村稳定刑事审判工作座谈会纪要》明确指出：“对于因婚姻家庭、邻里纠纷等民间矛盾激化引发的故意杀人犯罪，适用死刑一定要十分慎重，应当与发生在社会上的严重危害社会治安的其他故意杀人犯罪案件有所区别。”2010年最高人民法院印发的《关于贯彻宽严相济刑事政策的若干意见》第二十二条也强调，对于因恋爱、婚姻、家庭、邻里纠纷等民间矛盾激化引发的犯罪，应酌情从宽处罚。最高人民法院自2007年统一行使死刑案件核准权以来,严把死刑案件政策关,积极开展民事调解工作,对一部分因民间矛盾激化引发的故意杀人等案件作出了不核准死刑的裁定,使严格控制和慎重适用死刑的政策得到很好的贯彻执行。但是部分案件虽然具有判处死刑缓期执行的条件,但被告人主观恶性较深,依据判处死刑缓期执行的实际执行刑期,尚不足以实现对被告人的改造需要,又由于"杀人偿命"的报应观念在我国人民群众中有长期的深刻影响,一部分案件的被害人亲属对司法机关严格执行死刑政策的做法不能完全理解和接受。一旦对被告人未判处死刑立即执行,被害人亲属则常常反应强烈。由此使司法机关对民间矛盾激化引发的故意杀人等案件在贯彻执行死刑政策过程中面临很大矛盾和压力。《刑法修正案(八)》施行后,对这类案件可以通过对被告人判处死刑缓期执行限制减刑的途径,满足对被告人惩罚和改造的需要,同时缓和被害人亲属的报应情绪,以减少此类案件的死刑适用,促进死刑政策的进一步严格执行。本案就是《刑法修正案(八)》施行后,最高人民法院裁定不核准死刑,由高级人民法院重审后改判死刑缓期执行并限制减刑的一个典型案件。之所以对被告人判处死刑缓期执行限制减刑,具体理由如下:首先,论罪对被告人可以判处死刑立即执行。被告人因怀疑其被单位停止工作与前女友徐某有关,不能冷静处理,半夜闯入徐某的卧室,持足以致人死亡的铁锤分别击打徐某和在场的王某头部,致徐某死亡、王某轻伤。其作案手段残忍,情节极为恶劣,所造成的后果极其严重,且被告人曾因犯盗窃罪被判刑,在刑满释放的当年又再次犯罪,系累犯,应当依法从重处罚。根据其犯罪所造成的后果,并考虑其累犯情节,对其本可判处死刑立即执行。其次,被告人具有多个从宽处罚情节,可认定为判处死刑可不立即执行情形。这些从宽处罚情节包括:(1)本案在起因和性质上属于民间矛盾激化引发的犯罪,根据前述相关指导意见的精神,对此类故意杀人案件的处理应与严重危害社会治安的故意杀人案件有所区别。(2)被告人的母亲积极协助公安机关将被告人抓获归案。根据《最高人民法院关于贯彻宽严相济刑事政策的若干意见》的相关规定,对于亲属以不同形式协助司法机关抓获被告人,虽不能认定为自首,但考虑被告人亲属支持司法机关工作,促使被告人到案、认罪、悔罪,故在决定对被告人具体处罚时,对其亲属的正义之举应当予以充分考虑。《最高人民法院关于处理自首和立功若干具体问题的意见》也提出相同精神的指导意见。被告人的母亲梁某在得知被告人的行踪后,及时到公安机关报告情况,并积极配合公安机关提前埋伏在被告人的姑母家中将其抓获归案。被告人在公安机关对其进行抓捕时没有任何反抗行为,并在归案后始终如实供述自己的犯罪事实,认罪态度较好。根据前述指导意见,对被告人可从宽处罚。(3)被告人的母亲积极代为赔偿被害方的经济损失。最高人民法院在复核期间,经给被告人母亲梁某做工作,梁某对被害人亲属表示同情和歉意,愿意代被告人赔偿经济损失,其在每月只有200多元低保、经济十分拮据的情况下,积极向亲友借钱,筹措了现金人民币4万元交到法院,用于赔偿被害人亲属。虽然未完全达到被害方的赔偿要求,但也体现了较大的悔罪诚意。综合这些从宽处罚情节,对被告人判处死刑,可不立即执行。最后,基于前两项理由,为了实现罪责刑相适应,同时兼顾被害人徐某近亲属的意愿,对被告人应当限制减刑。这样处理,既严格执行了死刑政策,又能较好地让被害方接受不核准死刑的裁判结果,有利于案件裁判取得良好的法律效果和社会效果。值得重视的是,对于因民间矛盾激化引发的故意杀人等案件,在决定适用限制减刑时要特别注意两个问题:一是对于该判处死刑立即执行的,要依法判处。即使系民间矛盾激化引发的故意杀人案件,如果犯罪后果极为严重,虽有一定从宽处罚情节,但不足以体现从宽的,仍应当判处死刑立即执行,而不能"降格"判处死刑缓期执行限制减刑。二是论罪本不应判处死刑立即执行,判处死刑缓期执行符合法律规定精神的,则不应适用限制减刑。否则,就会造成限制减刑的滥用,违背死缓限制减刑制度的立法本意。[参见第737号指导案例,李飞故意杀人案,载《刑事审判参考》总第83集(2011年第6集),第18~21页。撰稿:林玉环]

▽对判处死刑缓期执行的被告人决定限制减刑,应当遵循三项基本原则

《刑法修正案(八)》自2011年5月1日公布施行,其中,增加刑法本条第二款等规定,建立死刑缓期执行限制减刑制度,可以说是最重要的内容。为了规范此项制度的适用,最高人民法院制定了《关于死刑缓期执行限制减刑案件审理程序若干问题的规定》(本附文以下简称《规定》),与《刑法修正案(八)》同步施行。由于《规定》仅规定了死刑缓期执行限制减刑案件的审理程序,故如何把握此项制度的实体适用条件,是今后的重要司法问题(2017 年 1 月 1 日施行《最高人民法院关于办理减刑、假释案件具体应用法律若干问题的规定》中予以明确。——编著者注)。根据立法本意和司法实践,在适用刑法本条第二款,对判处死刑缓期执行的被告人决定是否限制减刑时,需要遵循以下三项基本原则:一是罪刑法定原则。罪刑法定原则是刑法的三大基本原则之一,也是刑事司法工作要遵循的最重要原则。对判处死刑缓期执行的被告人决定是否限制减刑,也应当遵循这一原则。根据刑法本条第二款的规定,对被判处死刑缓期执行的被告人,仅在三种情形下可以同时决定限制减刑:(1)累犯;(2)因实施故意杀人、强奸、抢劫、绑架、放火、爆炸、投放危险物质等 7 种具体犯罪而被判处死刑缓期执行;(3)因实施有组织的暴力性犯罪而被判处死刑缓期执行。对除此三种情形之外判处被告人死刑缓期执行的,一律不得限制减刑。二是罪刑相适应原则。罪刑相适应原则也是刑法的三大基本原则之一,对司法机关依法公正量刑十分重要。据此原则,限制减刑应当仅适用于判处死刑立即执行过重,但判处死刑缓期执行不限制减刑又偏轻的案件。从刑法本条第二款的规定看,尽管刑法已将死刑缓期执行限制减刑的范围限制于前述三种情形,但因刑法规定是否限制减刑要由人民法院根据"犯罪情节等情况"作出决定,存在一定弹性或者裁量余地,故在司法适用中十分有必要强调遵循罪刑相适应原则。具体而言,对判处死刑缓期执行的被告人决定是否限制减刑,要综合考虑犯罪的性质,犯罪的起因、动机、目的、手段等情节,犯罪的后果,被告人的主观恶性和人身危险性等因素,全面分析量刑情节,严格依法适用,确保实现法律效果与社会效果的有机统一。对于判处死刑缓期执行不需限制减刑,就能做到有效制裁犯罪的案件,绝不应当对被告人限制减刑。工作中遇到是否须限制减刑把握不准的案件,则更应注重评估裁判的效果,避免简单适用限制减刑。三是有利于严格执行死刑政策原则。这是在对判处死刑缓期执行的被告人决定是否限制减刑时要遵循的最重要的一条原则。从立法目的看,对判处死刑缓期执行的被告人限制减刑,并不是为了单纯加重死刑缓期执行刑的严厉性,而是为进一步严格执行死刑政策创造条件。即通过延长部分死刑缓期执行罪犯的实际执行期,改变以往"死刑过重、生刑过轻"的刑罚执行不平衡现象。由此,一部分以往因判处死刑缓期执行尚不足以罚当其罪而判处了死刑立即执行的案件,在《刑法修正案(八)》施行后,可以判处死刑缓期执行并限制减刑。也就是说,对判处死刑缓期执行的被告人适用限制减刑,针对的是以往应判处死刑立即执行的案件,而不是以往论罪应当判处死刑缓期执行的案件。这样把握,既有利于进一步严格执行死刑政策,也有利于实现对少数罪行极其严重的死刑缓期执行罪犯的严惩。如果认为刑法规定死刑缓期执行限制减刑制度只是单纯增强了死刑缓期执行刑的严厉性,而不从立法目的来把握限制减刑的适用条件,就会造成对限制减刑的不当适用甚至滥用,出现死刑未得到控制而生刑又加重了的违背立法目的的现象。因此,在审判工作中对判处死刑缓期执行的被告人限制减刑,必须以有利于严格执行死刑政策为前提。对每一个判处死刑缓期执行的被告人决定是否限制减刑,均应当围绕这一立法目的展开。[参见第 739 号指导案例,宋江平、平建卫抢劫、盗窃案,载《刑事审判参考》总第 83 集(2011 年第 6 集),第 37～39 页。撰稿:方文军　张建英]

▽对共同犯罪中判处死刑缓期执行的被告人,必要时可依法决定限制减刑

关于死刑缓期执行限制减刑的实体适用条件,需要探讨的具体情形很多。比如,对判处死刑缓期执行的累犯如何决定限制减刑,对具有自首、立功等法定从宽处罚情节的被告人如何决定限制减刑,对因民间矛盾激化引发的故意杀人案件如何决定限制减刑等。这里结合本案的情形分析共同犯罪案件中对判处死刑缓期执行的被告人如何决定限制减刑。众所周知,近年来为严格控制和慎重适用死刑,对于二人或者多人共同犯罪致一人死亡的案件,要进一步区分主犯之间的罪责大小,仅对其中罪责最大的主犯判处死刑立即执行。这种政策把握在2010年最高人民法院印发的《关于贯彻宽严相济刑事政策的若干意见》中有明确规定,即“对于多名被告人共同致死一名被害人的案件,要进一步分清各被告人的作用,准确确定各被告人的罪责,以做到区别对待;不能以分不清主次为由,简单地一律判处重刑”。这里的“重刑”主要是指死刑立即执行。在有些案件中,数名主犯之间罪责差别不大,罪责相对略小的主犯被判处了死刑缓期执行。对这类主犯是否限制减刑,关键看其主观恶性和人身危险性的大小。如果被判处死刑缓期执行的被告人犯罪手段残忍,犯罪性质和情节恶劣,或者是累犯或者有前科,表现出较大的主观恶性和人身危险性的,在符合刑法本条第二款规定的前提下,可以决定对其限制减刑。这样把握,既体现出严格执行死刑政策,又充分体现了对此类主犯的严惩,实现与判处死刑立即执行主犯之间的量刑平衡。反之,如果判处死刑缓期执行的被告人犯罪手段和情节一般,也没有前科,不能认定其主观恶性深、人身危险性大的,则判处死刑缓期执行就已经体现严惩,并能实现与判处死刑立即执行主犯之间的量刑平衡,自然也就不应当再对其限制减刑。本案被告人宋某某、平某某伙同他人实施了一起抢劫和两起盗窃犯罪。其中,抢劫是主要罪行,二被告人也因该罪被一审、二审法院判处死刑立即执行。最高人民法院复核后,对被告人宋某某核准了死刑。主要理由是:宋某某伙同平某某等人以故意杀人手段实施抢劫,捅刺被害人全身60多刀,手段特别残忍,罪行极其严重;宋某某虽未直接动手杀人,但其提议抢劫,纠集其他人参与作案,并负责组织、指挥,作用最为突出;同时,宋某某曾因犯抢劫罪被判刑7年,刑满释放后2年多又犯抢劫罪、盗窃罪,主观恶性深、人身危险性大,应当依法严惩,一审、二审对其判处死刑适当。但是,对于被告人平某某,最高人民法院复核后对其改判了死刑缓期执行并限制减刑。主要理由包括:第一,平某某在抢劫共同犯罪中行为积极主动,首先动手捅刺被害人,其供述自己一人捅刺了被害人多刀,且系从正面捅刺,是致死被害人的直接责任人之一,罪行极其严重,论罪可以判处死刑立即执行。第二,平某某虽罪行极其严重,但系被宋某某纠集参与作案,在作案过程中听从宋某某指挥,一定程度上处于受支配地位,且犯罪时刚满18周岁,归案后认罪、悔罪态度尚好,从严格执行死刑政策角度出发,尚不属于判处死刑必须立即执行。第三,抢劫罪是刑法本条第二款规定的可以限制减刑的7种具体犯罪之一,鉴于前两点理由,且为实现与第一主犯宋某某之间的量刑平衡,对平某某判处死刑缓期执行,应当同时决定对其限制减刑。当然,如果本起抢劫犯罪手段不是这么残忍,尚不能认定平某某主观恶性深、人身危险性大,则不应对其限制减刑。值得一提的是,本案的犯罪时间发生在2008年,而《刑法修正案(八)》自2011年5月1日起公布施行,似乎不能依据《刑法修正案(八)》对被告人平某某限制减刑。但如前所述,死刑缓期执行限制减刑制度是从严格执行死刑政策的角度来适用的,限制减刑的对象是按照修正前刑法应当判处死刑立即执行,但因形势变化、宽严相济刑事政策的进一步贯彻以及死缓制度的完善,依照修正后刑法可不判处死刑立即执行者。相对于判处死刑立即执行而言,对被告人判处死刑缓期执行并限制减刑属于较轻的刑罚。在此种条件下,适用修正后的刑法对被告人有利,也完全符合“从旧兼从轻”的刑法适用原则。正是基于这些理由,《最高人民法院关于〈中华人民共和国刑法修正案(八)〉时间效力问题的解释》第二条第二款规定:“被告人具有累犯情节,或者所犯之罪是故意杀人、强奸、抢劫、绑架、放火、爆炸、投放危险物质或者有组织的暴力性犯罪,罪行极其严重,根据修正前刑法判处死刑缓期执行不能体现罪刑相适应原则,而根据修正后刑法判处死刑缓期执行同时决定限制减刑可以罚当其罪的,适用修正后刑法第五十条第二款的规定。”今后,对于此类案件适用限制减刑的时间效力问题,均应当依照司法解释的该项规定办理。[参见第739号指导案例,宋某某、平某某抢劫、盗窃案,载《刑事审判参考》总第83集(2011年第6集),第39~41页。撰稿:方文军　张建英]

▽决定限制减刑应遵循的原则

一是罪刑法定原则。罪刑法定原则是刑事司法工作中必须遵循的最重要的基本原则,对判处死刑缓期执行的被告人是否限制减刑也应当遵循这一基本原则。根据刑法本条第二款的规定,只有对九种情形的案件,判处被告人死刑缓期执行的,才可以考虑限制减刑,其他情形一律不得作此限制。此方面较为突出的一个问题是,如何处理因故意伤害罪判处死刑缓期执行的案件。刑法列举的7种具体犯罪中,没有故意伤害罪,但该罪实际上也是实践中判处死刑较多的犯罪之一。根据刑法的规定,对于被告人犯故意伤害罪被判处死刑缓期执行的,如果系累犯,或者系"有组织的暴力性犯罪"的,可以决定限制减刑。对于不符合这两种情形的故意伤害罪,判处被告人死刑缓期执行的,则不应当限制减刑。二是罪刑相适应原则。罪刑相适应原则也是刑法的基本原则,对于司法机关依法公正判刑,尤为重要。刑法第五条规定:"刑罚的轻重,应当与犯罪分子所犯罪行和承担的刑事责任相适应。"基于这一规定的精神分析,限制减刑应当仅适用于判处死刑立即执行过重,但判处死刑缓期执行不限制减刑又偏轻的案件。从法律规定看,尽管刑法本条第二款已经限制了对死刑缓期执行罪犯适用限制减刑的范围,即仅适用于上述九种情形,但由于是否限制减刑要根据"犯罪情节等情况"作出决定,存在一定弹性,故适用范围仍可能较宽。在此情况下就十分有必要在司法适用中强调严格遵循罪刑相适应原则。即在对判处死刑缓期执行的被告人决定是否限制减刑时,要综合考虑犯罪的性质、起因、动机、目的、手段、后果以及犯罪分子的主观恶性和人身危险性等因素,全面分析量刑情节,严格依法适用,确保法律效果与社会效果的有机统一。对于判处死刑缓期执行不须限制减刑就能做到有效制裁犯罪的案件,自然不应当限制减刑。特别是由于对死刑缓期执行罪犯是否适用限制减刑因案而异,适用标准上有一定弹性,尤其要防止对限制减刑的不当适用。工作中遇到是否限制减刑把握不准的案件,宜采取保守的做法,不适用限制减刑。三是严格控制死刑政策的原则。实践中适用限制减刑制度必须遵循这一司法原则。从立法目的看对死刑缓期执行罪犯限制减刑并不是为了单纯地加重"生刑",而是为进一步严格控制死刑政策创造法律和制度条件。即通过延长部分死刑缓期执行罪犯的实际执行期,充分发挥死缓刑的严厉性,改变以往"死刑过重、生刑过轻"的刑罚执行失衡现象。由此,一部分以往因判处死刑缓期执行做不到罚当其罪而判处了死刑立即执行的案件,尤其是以往因被害方反映强烈等原因而"被迫"判处了死刑立即执行的案件,在《刑法修正案(八)》施行后,可以判处死刑缓期执行并限制减刑。如此便可以在确保依法严惩严重犯罪的前提下,进一步严格控制死刑。这种立法目的难以从刑法条文直接体现。实践中,有人可能会以刑法关于适用死刑立即执行和死刑缓期执行的条件没有变化为由,认为刑法只是单纯加重了"生刑",而不会从控制死刑的角度来理解和适用对死刑缓期执行罪犯限制减刑的规定,这就很可能造成对限制减刑的不当适用,出现死刑未得到控制而"生刑"又加重了的现象。有鉴于此,在司法适用中必须强调,对死刑缓期执行罪犯限制减刑应当以有利于严格控制死刑为前提。只有对原本可以判处死刑缓期执行,因死刑缓期执行的惩罚力度不够,进而不得已判处了死刑立即执行的案件,才可以考虑在判处死刑缓期执行的同时决定限制减刑。对死刑缓期执行罪犯适用限制减刑,必须围绕这一深层的立法目的展开。[参见方文军:《死刑缓期执行限制减刑制度的司法适用》,载《刑事审判参考》(实务探讨)总第79集(2011年第2集),第217～220页。]

▽判处死刑缓期执行累犯的限制减刑

根据刑法第六十五条的规定,累犯,一般是指因故意犯罪被判处有期徒刑以上刑罚的犯罪分子,在刑罚执行完毕或者赦免以后5年内,再次故意犯应当判处有期徒刑以上刑罚之罪的情形。累犯体现了较高的人身危险性,故刑法明确规定应当从重处罚。但是,累犯的前罪与后罪之间有多种关系模式,所体现的人身危险性并不完全相同。从罪行轻重角度划分,包括"轻罪+轻罪、轻罪+重罪、重罪+轻罪、重罪+重罪"等;从是否为暴力性犯罪角度划分,包括"非暴力性犯罪+非暴力性犯罪、非暴力性犯罪+暴力性犯罪、暴力性犯罪+非暴力性犯罪、暴力性犯罪+暴力性犯罪"等;从犯罪数量角度划分,包括"一起犯罪+一起犯罪、一起犯罪+多起犯罪、多起犯罪+一起犯罪、多起犯罪+多起犯罪"等。虽然这些模式均体现了被告人的人身危险性,但不同情形所体现的人身危险性的大小有所区别,因而从重处罚的程度应当也有所区别。例如,前罪和后罪均为暴力性重罪,或者前罪和后罪都是多起犯罪的情形,累犯所体现的人身危险性自然要大于其他情形,量刑时从重处罚的幅度应当更大。以往司法实践中对此问题不够关注。为在累犯的处罚上更好体现宽严相济刑事政策依法从严的要求,最高人民法院2010年印发的《关于贯彻宽严相济刑事政策的若干意见》第十一条规定:“要依法从严惩处累犯和毒品再犯。凡是依法构成累犯和毒品再犯的,即使犯罪情节较轻,也要体现从严惩处的精神。尤其是对于前罪为暴力犯罪或者被判处重刑的累犯,更要依法从严惩处。”刑法本条第二款对死刑缓期执行限制减刑的规定也体现了区别对待的精神。根据该条的立法本意和《关于贯彻宽严相济刑事政策的若干意见》第十一条的精神,对于判处死刑缓期执行的累犯是否限制减刑,可以区分不同情形进行把握:首先,对实施暴力性犯罪被判处死刑缓期执行的累犯,可以较多地适用限制减刑。这是因为,被告人因实施暴力性犯罪被判处死刑缓期执行,通常意味着其犯罪造成了他人死亡的严重后果,罪行特别严重,又系累犯,说明人身危险性很大,故可以更多地考虑限制减刑。具体而言:第一,当累犯的前罪亦为严重暴力性犯罪或者系数罪时,累犯情节所体现的人身危险性更大,因此一般应当限制减刑。第二,当累犯的前罪并非暴力性犯罪或者所判处的刑罚较轻,则累犯情节对于是否适用限制减刑的影响相对较小,在此情况下,要根据案件的具体情况,按照罪刑相适应原则的要求,决定是否限制减刑。第三,当被告人系因民间矛盾激化而实施故意杀人等暴力性犯罪,即便属于累犯,也要慎重决定是否限制减刑。如果犯罪情节不恶劣,尤其是当被害人有过错或者被告人具有其他从宽处罚情节时,一般不应适用限制减刑。如果累犯的前罪系严重暴力性犯罪,不限制减刑无法做到有效制裁犯罪或者案结事了的,作为例外,可以考虑限制减刑。其次,对实施非暴力性犯罪被判处死刑缓期执行的累犯,原则上不适用限制减刑。主要理由有两点:第一,因实施非暴力性犯罪(如破坏市场经济秩序犯罪、职务犯罪、毒品犯罪)被判处死刑缓期执行,虽然造成了严重后果,但该类犯罪对社会造成危害的方式与暴力性犯罪有所不同,通常不会严重危害社会治安,不会明显侵犯人民群众的安全感,故尽管是累犯,具有一定的人身危险性,但对其限制减刑的必要性不突出。第二,实践中判处死刑的犯罪集中于故意杀人、抢劫、绑架等严重暴力性犯罪,相当一部分非暴力性犯罪没有直接被害人,不会产生被害方与被告人之间的强烈对立。从这个角度看,对因非暴力性犯罪被判处死刑缓期执行的累犯,一般也不必限制减刑。当然,如果判处死刑缓期执行的非暴力性犯罪情节特别恶劣,对国家或者社会造成特别重大的危害(如危害国家安全犯罪,生产、销售有毒有害食品犯罪),且构成累犯的前罪也很严重的,可以决定限制减刑。这里,特别值得一提的是,对毒品累犯是否适用限制减刑的问题。毒品累犯,是指毒品再犯中符合累犯条件的情形。刑法规定,对于毒品再犯要从重处罚,对于其中的毒品累犯当然更应当从重处罚。毒品犯罪是一种典型的非暴力性犯罪,但因其对社会的整体危害严重,长期以来我国立法和司法实践中都采取了从严惩处的立场。前述《关于贯彻宽严相济刑事政策的若干意见》第十一条就明确提出要依法从严惩处毒品再犯,凡是依法构成毒品再犯的,即使犯罪情节较轻,也要体现从严惩处的精神。从近几年毒品案件审判情况来看,对于毒品犯罪数量刚达到实际掌握的判处死刑数量标准的毒品再犯,一般都判处了死刑,故实践中判处死刑缓期执行的毒品再犯很少。如果今后出现了判处死刑缓期执行的毒品累犯,犯罪情节十分恶劣,确有必要限制减刑的,也可以考虑限制减刑。最后,对于曾因犯罪被判刑但不构成累犯的被告人,本次又因实施刑法本条第二款规定的七种具体犯罪或者有组织的暴力性犯罪被判处死刑缓期执行的,可以根据案件具体情况决定是否限制减刑。这是因为,这种前科虽不构成累犯,但有前科比没有前科通常说明被告人具有更大的人身危险性,特别是当前罪是严重暴力性犯罪时,本次又因实施七种具体犯罪或者有组织的暴力性犯罪被判处死刑缓期执行,说明人身危险性很大,必要时可以限制减刑。不过,考虑这种前科毕竟不同于累犯,不属于法定从重处罚情节,故在适用限制减刑的条件上应当比累犯更为严格一些。这样把握,不至于使有前科的被告人被判处死刑缓期执行后适用限制减刑的范围过宽。[参见方文军:《死刑缓期执行限制减刑制度的司法适用》,载《刑事审判参考》(实务探讨)总第79集(2011年第2集),第220～223页。]

▽因七种具体犯罪被判处死刑缓期执行罪犯的限制减刑

刑法本条第二款规定，对实施故意杀人、强奸、抢劫、绑架、放火、爆炸、投放危险物质等七种具体犯罪被判处死刑缓期执行的罪犯，人民法院根据犯罪情节等情况可以决定限制减刑。这是该款中最重要的内容。由于刑法的规定较为原则，《刑法修正案（八）》施行后，对于犯这七种具体犯罪，在何种条件下可以判处死刑缓期执行并限制减刑，将会成为刑事审判工作中一个十分重要的问题。判处死刑缓期执行并限制减刑虽不是独立的刑种，实际上已成为死刑立即执行和单纯死刑缓期执行之间的过渡刑罚，针对的应当是判处死刑立即执行偏重，判处死刑缓期执行不限制减刑又偏轻或者不能确保裁判效果的案件。据此，对实施故意杀人等七种具体犯罪被判处死刑缓期执行的被告人是否限制减刑，关键看在判处死刑缓期执行之后，其犯罪情节和量刑情节是否还足以支撑宣告限制减刑。或者说，对被告人判处死刑缓期执行和决定限制减刑，在犯罪情节和量刑情节上绝大部分是重合的。在判处死刑缓期执行后，这些情节还有剩余，足以支撑再对其限制减刑的，才可以决定限制减刑。根据立法精神和司法实践，对于因七种具体犯罪被判处死刑缓期执行的被告人，具有以下情形的，可以限制减刑：第一，实施七种犯罪之一，严重危害社会治安，论罪应当判处死刑立即执行，但具有自首、立功、坦白主要罪行等法定从宽处罚情节，不宜判处死刑立即执行的。自首、立功是常见的法定从宽处罚情节，一般应依法体现政策，从宽处理。例如，《关于贯彻宽严相济刑事政策的若干意见》提出，对于自首的被告人，一般均应当依法从宽处罚；对于被告人检举揭发他人犯罪构成立功的，一般均应当依法从宽处罚；对于犯罪情节不是十分恶劣，犯罪后果不是十分严重的被告人立功的，从宽处罚的幅度应当更大。最高人民法院2010年12月22日印发的《关于处理自首和立功若干具体问题的意见》强调“具有自首或者立功情节的，一般应依法从轻、减轻处罚；犯罪情节较轻的可以免除处罚”。但是，对于具有自首和立功情节的被告人，并非一律要从宽处罚，关键看犯罪的严重程度与自首、立功之间的对比情况。《关于处理自首和立功若干具体问题的意见》明确规定，“虽然具有自首或者立功情节，但犯罪情节特别恶劣、犯罪后果特别严重、被告人主观恶性深、人身危险性大，或者在犯罪前即为规避法律、逃避处罚而准备自首、立功的，可以不从宽处罚。”特别是对于立功，因其所体现的被告人的认罪、悔罪态度不同于自首，更要注重衡量功是否足以抵罪，对功不足以抵罪的，则不应当从宽处罚。坦白原是一种常见的酌定从宽处罚情节，但《刑法修正案（八）》对坦白作了规定，使之成为法定从宽处罚情节。考虑被告人的坦白主要罪行对案件侦破具有重要价值，故也是影响对被告人量刑的重要情节。对于具有自首、重大立功、坦白主要罪行的被告人，虽然因所犯罪行极其严重被判处死刑缓期执行，但因这些法定从宽情节对量刑影响较大，也能较好地说明被告人有悔罪表现，一般可以考虑不限制减刑。但是，如果被告人犯罪手段十分残忍（如捅刺被害人几十刀，活埋被害人，杀人后肢解尸体等），情节十分恶劣（如追杀被害人，被害人求饶后仍杀人等），体现了较大的主观恶性和人身危险性，限制减刑更符合罪刑相适应原则的，可以限制减刑。因此，对于这类案件是否限制减刑，关键看犯罪情节本身体现的被告人的主观恶性和人身危险性，在司法把握上有必要将“主观恶性深、人身危险性大”作为对此类案件适用限制减刑的重要条件。第二，被告人一人犯数罪或者多次实施同种罪行被判处死刑缓期执行的。对于一人犯数罪，其中一罪系刑法本条第二款规定的七种犯罪之一，并被判处死刑缓期执行时，该数罪之间虽不构成累犯，但被告人多次犯罪，说明其主观恶性深、人身危险性大，必要时可以限制减刑。同时，有的案件中，被告人多次实施七种具体犯罪中的同一种犯罪，如多次强奸、抢劫、绑架，因有自首、重大立功或者坦白主要罪行等法定从宽处罚情节而判处死刑缓期执行的，虽不实行并罚，也不属于累犯，但考虑其人身危险性大，也可以限制减刑。第三，在共同犯罪中的地位、作用仅次于判处死刑立即执行的主犯，且主观恶性深、人身危险性大的。当前，为严格控制和慎重适用死刑，对于二人或者多人共同犯罪致一人死亡的案件，要进一步区分主犯之间的罪责大小，仅对其中罪责最大的主犯判处死刑立即执行。有的案件中，主犯之间罪责差别不大，罪责相对略小的主犯虽然被判处了死刑缓期执行，但其犯罪手段残忍，犯罪情节恶劣,甚至还是累犯或者有前科。对于这样的被告人,如果所犯罪行系刑法本条第二款所列七种具体犯罪或者有组织的暴力性犯罪的,在判处死刑缓期执行的同时,考虑其主观恶性深、人身危险性大,可以限制减刑,以更好地实现与判处死刑立即执行主犯之间的量刑平衡。第四,因民间矛盾激化引发的故意杀人等案件,犯罪情节恶劣,后果特别严重,限制减刑有利于化解矛盾。这是需要通过对死刑缓期执行罪犯限制减刑来确保案结事了的重要案件类型。在近年来的司法实践中,对于因民间矛盾激化引发的故意杀人等案件,在死刑政策的把握上不同于其他严重危害社会治安的故意杀人、抢劫、绑架等暴力性犯罪案件。最高人民法院在一系列指导文件中均对此作了强调。例如,1999年印发的《全国法院维护农村稳定刑事审判工作座谈会纪要》提出,"对于因婚姻家庭、邻里纠纷等民间矛盾激化引发的故意杀人犯罪,适用死刑一定要十分慎重,应当与发生在社会上的严重危害社会治安的其他故意杀人犯罪案件有所区别。"2010年印发的《关于贯彻宽严相济刑事政策的若干意见》第二十二条也强调:"对于因恋爱、婚姻、家庭、邻里纠纷等民间矛盾激化引发的犯罪,因劳动纠纷、管理失当等原因引发、犯罪动机不属恶劣的犯罪,因被害方过错或者基于义愤引发的或者具有防卫因素的突发性犯罪,应酌情从宽处罚。"最高人民法院自2007年统一行使死刑案件核准权以来,严把死刑案件政策关,积极开展民事调解工作,对相当一部分因民间矛盾激化引发的故意杀人等案件作出了不核准死刑的裁定,使严格控制和慎重适用死刑的政策得到更好地贯彻执行。但是,由于"杀人偿命"的报应观念在我国人民群众中有长期的深刻影响,一部分案件的被害人亲属对人民法院严格执行死刑政策的做法不能完全理解和接受。由此造成,另一部分本可不判处死刑立即执行的因民间矛盾激化引发的故意杀人等案件,因被害人亲属反应强烈,不断上访、闹访,甚至采取自残、自杀等过激行为,法院难以有效开展民事调解工作,不得已判处了死刑立即执行。即使最终判处死刑缓期执行的,也耗费了大量司法成本。《刑法修正案(八)》施行后,对于这类因民间矛盾激化引发的故意杀人案件,论罪可以判处死刑缓期执行的,如被害人亲属强烈要求判处死刑,民事调解工作难以有效开展,可以通过对被告人判处死刑缓期执行并限制减刑的方法,缓和被害人亲属的报应情绪,以减少此类案件的死刑适用,促进死刑政策的进一步严格执行。当然,对于民间矛盾激化引发的案件,在适用限制减刑方面,也要特别注意两个问题:一是对于该判处死刑立即执行的,要依法判处。即使系民间矛盾激化引发的故意杀人案件,如果犯罪后果过于严重的(如一人杀害三人以上或者制造灭门案),一般应当判处死刑立即执行,而不是判处死刑缓期执行并限制减刑。二是对于通过认真开展民事调解工作,判处死刑缓期执行能够做到案结事了的,不能简单地适用限制减刑,尤其不能造成滥用限制减刑的现象,否则,就违背了立法本意。除上述情形外,实践中还存在其他判处死刑缓期执行可以同时决定限制减刑的情形。例如,被告人不具有自首情节,但系亲属协助抓获归案的,考虑到被告人亲属支持司法机关工作,促使被告人到案、认罪、悔罪,量刑时对该情节应当充分考虑,尽量给予适当从宽处罚,对于判处死刑缓期执行并限制减刑能够做到案结事了的,则可不判处死刑立即执行。再如,有的案件中,被告人多次杀人、抢劫或者绑架,罪行极其严重,论罪应当判处死刑立即执行,但因客观原因或者取证不力,认定主要罪行的证据存在一定瑕疵,不得不留有余地,判处死刑缓期执行,但鉴于被告人的主观恶性深、人身危险性大,就有必要同时决定限制减刑。由于实践情况较为复杂,审判中遇到的案件往往并不只符合上述某一种情形,而很可能同时具有多种情节,甚至同时具有从重和从宽处罚情节,形成情节冲突的局面。例如,被告人因婚恋、邻里纠纷等民间矛盾故意杀人,致一人死亡、多人受伤,后果特别严重。但作案后投案自首,或者亲属积极协助公安机关将其抓获归案,到案后认罪态度较好,亲属也积极代为赔偿,但被害人亲属强烈要求严惩。有的案件中,被害人对案发有一定责任,但被告人又系累犯。对诸如此类的案件,如果判处死刑立即执行偏重,判处死刑缓期执行不限制减刑偏轻或者不能做到案结事了的,就可以考虑对被告人限制减刑。[参见方文军:《死刑缓期执行限制减刑制度的司法适用》,载《刑事审判参考》(实务探讨)总第79集(2011年第2集),第223~227页。]

▽因有组织的暴力性犯罪被判处死刑缓期执行罪犯的限制减刑

刑法本条第二款规定:"对于实施有组织的暴力性犯罪被判处死刑缓期执行的犯罪分子,人民法院根据犯罪情节等情况可以同时决定限制减刑。"准确理解和适用该规定,关键在于准确界定"有组织的暴力性犯罪"的范围。"有组织的暴力性犯罪"是《刑法修正案(八)》新创的一个术语,修订前的刑法没有规定。刑法原第八十一条第二款使用了"暴力性犯罪"的概念,即"对累犯以及因杀人、爆炸、抢劫、强奸、绑架等暴力性犯罪被判处十年以上有期徒刑、无期徒刑的犯罪分子,不得假释"。"暴力性犯罪"的含义相对明确,理解上争议不大。但对于如何理解"有组织的暴力性犯罪",则存在一定困难。理论上一般认为,犯罪学意义上的有组织犯罪,从组织化严密程度角度可划分为六种类型:简单共同犯罪、结伙犯罪、团伙犯罪、集团犯罪、黑社会性质组织犯罪、黑社会性质犯罪。对于应如何界定我国刑法中有组织犯罪的范围,理论上有最广义说、广义说和狭义说等诸种学说。国外对有组织犯罪的界定也很不一致,除学者的观点外,还有官方的和非官方的意见,界定的着眼点也不一致,有的注重有组织犯罪的行为特征,有的注重其功能特征,有的注重其结构特征。国际组织对有组织犯罪的界定一般较宽。鉴于《刑法修正案(八)》使用"有组织的暴力性犯罪"一词的立法目的,是在刑法本条第二款所列七种具体暴力性犯罪之外增加适用限制减刑的犯罪类型,同时又限定适用的范围,故在理解和适用该规定时,宜对"有组织的暴力性犯罪"作狭义的界定。从刑法分则和最高人民法院以往制发的有关文件看,典型的有组织犯罪仅包括三种类型:黑社会性质组织犯罪、恐怖活动犯罪和邪教组织犯罪。对于这三种组织成员实施故意杀人、伤害、绑架等暴力性犯罪的,应当依法认定为有组织的暴力性犯罪。考虑这三种有组织犯罪社会危害大,首要分子和积极参加者主观恶性深、人身危险性大,对于其中判处了死刑缓期执行的,除个别情形外,一般应当同时决定限制减刑。但是,对"有组织的暴力性犯罪"作上述狭义理解,在有的案件中可能会对司法工作造成被动。因为实践中还经常出现由其他犯罪集团尤其是恶势力团伙实施的故意伤害致人严重残疾或者死亡的暴力性犯罪,在一些聚众性暴力犯罪中,也可能有恶势力团伙介入。对此类被判处死刑缓期执行的被告人,似也有必要限制减刑。如果这些人实施了刑法本条第二款列举的故意杀人等七种具体暴力性犯罪,并因此被判处死刑缓期执行,则依法对其限制减刑不存在法律障碍。但是如果这些人因实施了故意杀人等七种暴力性犯罪之外的其他暴力性犯罪(如故意伤害罪)被判处死刑缓期执行的,则难以对其限制减刑。鉴于此,不妨适当对"有组织的暴力性犯罪"作扩大解释,将恶势力团伙实施的暴力性犯罪包括进来,认定为"有组织的暴力性犯罪"。这就可以较好地解决恶势力团伙成员实施故意伤害等暴力性犯罪判处死刑缓期执行时对其限制减刑的问题。[参见方文军:《死刑缓期执行限制减刑制度的司法适用》,载《刑事审判参考》(实务探讨)总第79集(2011年第2集),第227~229页。]

▽在死刑缓期执行期间因有漏罪而被起诉,在漏罪审理期间又故意犯新罪,属于在死刑缓期执行期间故意犯罪的情形

被告人的故意伤害行为客观上实施于前罪判决确定之后的死刑缓期执行期间,且被告人主观上明知自己先前所犯罪行已经被法院判处死刑缓期执行、自己正处于死刑缓期执行期间,因此,被告人实施故意伤害犯罪应当属于在死刑缓期执行期间故意犯罪的情形,应当依法核准执行死刑。具体理由如下:在死刑缓期执行期间因有漏罪而被起诉,在漏罪审理期间又故意犯新罪,认定属于在死刑缓期执行期间故意犯罪的情形,符合刑法总则关于死刑的相关规定和立法本意。首先,从刑法规定分析。刑法本条规定:"判处死刑缓期执行的,在死刑缓期执行期间,如果没有故意犯罪,二年期满以后,减为无期徒刑;如果确有重大立功表现,二年期满以后,减为二十五年有期徒刑;如果故意犯罪,查证属实的,由最高人民法院核准,执行死刑……"第五十一条规定:"死刑缓期执行的期间,从判决确定之日起计算。死刑缓期执行减为有期徒刑的刑期,从死刑缓期执行期满之日起计算。"关于死刑缓期执行判决的确定之日,《最高人民法院关于死刑缓期执行的期间如何确定问题的批复》明确规定,"死刑缓期执行的期间,从判决或者裁定核准死刑缓期二年执行的法律文书宣告或送达之日起计算”。本案中,浙江省高级人民法院对被告人所犯前罪的终审、核准死刑缓刑执行的判决书,于2007年2月2日已向被告人宣告送达,因此2007年2月2日至2009年2月1日二年期间,属于被告人死刑缓期执行的期间。在这二年执行期间,如果被告人故意实施犯罪,查证属实的,依照刑法第五十条、第五十一条之规定,应当报请最高人民法院核准执行死刑。其次,从刑事政策分析。刑法第七十条、第七十一条对漏罪与犯新罪分别确立了“先并后减”及“先减后并”的并罚原则。其原理在于漏罪仅是被告人在宣告判决以前未主动交代全部犯罪事实或者司法机关未全部查清犯罪事实,刑法、刑事诉讼法并不存在强制被告人坦白、认罪的规定,因此对漏罪确立“先并后减”的并罚原则,漏罪与未漏罪情形之间不存在处罚轻重的差异;而犯新罪是被告人在判决宣告以后的羁押期间或者服刑期间,又犯继续犯新罪,不但从中体现出被告人的主观恶性和人身危险性没有消除,而且体现出其对劳动改造的抵制态度,因此有必要区别犯新罪和未犯新罪的处罚轻重,确立“先减后并”的并罚原则具有内在合理性。本案被告人实施故意伤害的犯罪行为发生在其因犯强奸罪第一次被核准判处死刑缓期执行的二年考验期限内,且被告人已收到浙江省高级人民法院的判决书,其主观上明知自己实施故意伤害的犯罪行为尚处于死刑缓刑执行的二年考验期限内,还故意实施故意伤害犯罪行为,由此不但体现出被告人的主观恶性和人身危险性没有消除,而且体现出其对劳动改造和监狱制度的藐视和抵制态度,与未实施故意犯罪情形相比,应当对其从重处罚。[参见第775号指导案例,陈黎明故意伤害案,载《刑事审判参考》总第86集(2012年第3集),第21～22页。撰稿:朱敏明　胡荣]

第五十一条　【死缓期间及减为有期徒刑的刑期计算】死刑缓期执行的期间,从判决确定之日起计算。死刑缓期执行减为有期徒刑的刑期,从死刑缓期执行期满之日起计算。

▽死刑缓期执行期间因有漏罪而被起诉,在漏罪审理期间又故意犯新罪,并不改变罪犯因前罪被判处死刑缓期执行期间的起算日期

首先,从判决效力分析。2007年4月24日,被告人因犯有抢劫罪、敲诈勒索罪两项漏罪,被杭州市中级人民法院判处刑罚,并与前罪判处的死刑缓期执行并罚,再次判处被告人死刑缓期执行。虽然一审法院作出了新的判决,但就前罪判处被告人死刑缓期执行的终审判决已经生效,并没有因为一审法院对漏罪作出新的判决而失效。再者,前罪终审判决由浙江省高级人民法院作出,一审法院的判决在诉讼程序层面也不具备撤销上一级法院已作出的终审判决的效力。换言之,浙江省高级人民法院先前以强奸罪核准对被告人判处死刑缓期执行的终审裁定、复核判决书依然有效。基于这一分析,被告人所犯前罪的死刑缓期执行期间的起算日期,不应因为一审法院对漏罪作出的新判决而发生改变。其次,从刑事政策分析。刑法对在刑事诉讼过程中基于侥幸心理,有意隐瞒犯罪事实导致漏罪再次审判漏罪因而损耗司法资源的被告人,虽然未确立从重处罚的原则,但至少应当禁止该类事由的发生成为对被告人有利的一个情节。如果前罪的死刑缓期执行期间因漏罪被起诉而不认定为死刑缓期执行期间,则意味着对犯新罪的罪犯而言,在死刑缓期执行期间发现漏罪被起诉的结果更为有利。这种结果必然会大大激发行为人犯罪后隐瞒犯罪的心理,显然与刑事政策背道而驰。最高人民法院《关于罪犯在死刑缓期执行期间因有漏罪被判决后仍决定死刑缓期执行的是否需要重新核准死缓期间从何时起计算问题的电话答复》(本附文以下简称《答复》)针对罪犯在死刑缓期执行期间被发现漏罪的情形,规定其死刑缓期执行期间重新计算,其本意旨在强调死刑缓期执行期间届满之日必须依据新判决确定之日予以计算,即将罪犯的死缓考验期限延长至漏罪判决的死缓考验期限,而不是缩短或扣减前罪判决的死缓考验期限。这与2012年最高人民法院公布的《关于罪犯因漏罪、新罪数罪并罚时原减刑裁定应如何处理的意见》规定的罪犯服刑期间被发现漏罪,会导致其此前减刑裁定无效的结果(仅在此后减刑时,对决定减刑的频次、幅度酌予考虑)吻合。故依据《答复》的规定,不能推断出罪犯在原死刑缓期执行判决确定之日至新死刑缓期执行判决确定之日这段时间,不属于罪犯的死刑缓期执行期间。对《答复》的内容要紧密结合刑法总则的相关规定进行理解,不可片面就《答复》的字面文义推断出罪犯在原死刑缓期执行判决确定之日至新死刑缓期执行判决确定之日这段时间,不属于罪犯的死刑缓期执行期间。正是由于对死刑缓期执行期间因有漏罪而被起诉,在漏罪审理期间又故意犯新罪,是否属于死刑缓期执行期间故意犯罪情形的理解存在分歧,导致本案审理历经四年多之久,最终通过三级法院的不断沟通达成共识,并由最高人民法院核准对被告人执行死刑。[参见第775号指导案例,陈黎明故意伤害案,载《刑事审判参考》总第86集(2012年第3集),第22~24页。撰稿:朱敏明 胡荣]

第六节 罚 金

第五十二条 【罚金数额的裁量】判处罚金,应当根据犯罪情节决定罚金数额。

■最高人民法院关于审理未成年人刑事案件具体应用法律若干问题的解释(2006年1月23日)

第十五条 对未成年罪犯实施刑法规定的"并处"没收财产或者罚金的犯罪,应当依法判处相应的财产刑;对未成年罪犯实施刑法规定的"可以并处"没收财产或者罚金的犯罪,一般不判处财产刑。

对未成年罪犯判处罚金刑时,应当依法从轻或者减轻判处,并根据犯罪情节,综合考虑其缴纳罚金的能力,确定罚金数额。但罚金的最低数额不得少于五百元人民币。

对被判处罚金刑的未成年罪犯,其监护人或者其他人自愿代为垫付罚金的,人民法院应当允许。

第二十条 本解释自公布之日起施行。

《最高人民法院关于办理未成年人刑事案件适用法律的若干问题的解释》(法发〔1995〕9号)自本解释公布之日起不再执行。

■最高人民法院关于适用财产刑若干问题的规定(2000年12月19日)

第一条 刑法规定"并处"没收财产或者罚金的犯罪,人民法院在对犯罪分子判处主刑的同时,必须依法判处相应的财产刑;刑法规定"可以并处"没收财产或者罚金的犯罪,人民法院应当根据案件具体情况及犯罪分子的财产状况,决定是否适用财产刑。

第二条 人民法院应当根据犯罪情节,如违法所得数额、造成损失的大小等,并综合考虑犯罪分子缴纳罚金的能力,依法判处罚金。刑法没有明确规定罚金数额标准的,罚金的最低数额不能少于一千元。

对未成年人犯罪应当从轻或者减轻判处罚金,但罚金的最低数额不能少于五百元。

第三条 依法对犯罪分子所犯数罪分别判处罚金的,应当实行并罚,将所判处的罚金数额相加,执行总和数额。

一人犯数罪依法同时并处罚金和没收财产的,应当合并执行;但并处没收全部财产的,只执行没收财产刑。

第四条 犯罪情节较轻,适用单处罚金不致再危害社会并具有下列情形之一的,可以依法单处罚金:

(一)偶犯或者初犯;

(二)自首或者有立功表现的;

(三)犯罪时不满十八周岁的;

(四)犯罪预备、中止或者未遂的;

(五)被胁迫参加犯罪的;

(六)全部退赃并有悔罪表现的;

(七)其他可以依法单处罚金的情形。

第八条 罚金刑的数额应当以人民币为计算单位。

■中华人民共和国行政处罚法(2021 年 7 月 15 日)

第三十五条(第二款)　违法行为构成犯罪,人民法院判处罚金时,行政机关已经给予当事人罚款的,应当折抵相应罚金。

▼全国法院维护农村稳定刑事审判工作座谈会纪要(1999 年 10 月 27 日)

三(四)关于财产刑问题。

对于法律规定有罚金刑的犯罪,罚金的具体数额应根据犯罪的情节确定。刑法和司法解释有明确规定的,按规定判处;没有规定的,各地可依照法律规定的原则和具体情况,在总结审判经验的基础上统一规定参照执行的数额标准。

对自由刑与罚金刑均可选择适用的案件,如盗窃罪,在决定刑罚时,既要避免以罚金刑代替自由刑,又要克服机械执法只判处自由刑的倾向。对于可执行财产刑且罪行又不严重的初犯、偶犯、从犯等,可单处罚金刑。对于应当并处罚金刑的犯罪,如被告人能积极缴纳罚金,认罪态度较好,且判处的罚金数量较大,自由刑可适当从轻,或考虑宣告缓刑。这符合罪刑相适应原则,因为罚金刑也是刑罚。

被告人犯数罪的,应避免判处罚金刑的同时,判处没收部分财产。对于判处没收全部财产,同时判处罚金刑的,应决定执行没收全部财产,不再执行罚金刑。

▽罚金具体数额的确定原则

刑法规定了罚金刑,其目的在于通过罚金刑的适用,既能起到惩罚与教育的作用,又可以从经济上剥夺犯罪继续进行犯罪活动的物质条件,预防其再次犯罪。因此,对于刑法规定应当并处罚金的,人民法院应当适用,否则,就属于适用法律错误;刑法规定可以并处罚金的,人民法院应根据犯罪情节和犯罪分子的实际负担能力,决定是否适用。关于罚金的适用,刑法规定了两种情况:一是只规定"并处或者单处罚金",二是规定了罚金的具体幅度。凡刑法明确规定了罚金的具体幅度的,应当在该幅度内确定适用。如犯操纵证券交易价格罪的,《刑法》第一百八十二条规定,应当"并处或者单处违法所得一倍以上五倍以下罚金"。这里的"一倍"和"五倍"均包括本数,即违法所得乘以 1,为违法所得"一倍"数的罚金;违法所得乘以 5,为违法所得"五倍"数的罚金。[参见第 48 号案例,赵吉吉操纵证券交易价格案,载《刑事审判参考》总第 7 辑(2000 年第 2 辑),法律出版社,第 14 页。审编:张军]

▽公安机关依法追缴被告人的违法所得、没收供犯罪所用的本人财物,不属于行政处罚,也不影响人民法院对被告人依法判处财产刑

追缴被告人的违法所得、没收违禁品和供犯罪所用的本人财物是公安机关、安全机关、人民检察院或者人民法院依据刑事诉讼法授予的权力而实施的刑事司法行为,适用于所有的犯罪分子,涉及的是与犯罪有关的财物,因此,被追缴、没收财物的人不能因为不服而提起行政诉讼;行政处罚中的罚款和没收是有关行政机关依照法律、法规作出的具体行政行为,相对人不服的,可以提起行政诉讼;罚金和没收财产则是刑法中规定的具体刑罚,适用于刑法明确规定应当或者可以并处、单处财产刑的具体犯罪,执行的财产只能是与犯罪无关的财物。对于依照刑法规定应当并处或者单处财产刑的具体犯罪案件,如被告人有违法所得的,应先行依法追缴;有违禁品和供犯罪使用的本人财物的,也必须先行依法予以没收;然后,再以犯罪分子的合法财产执行人民法院并处或者单处的财产刑。[参见第 57 号案例,戴恩销售假冒注册商标的商品案,载《刑事审判参考》总第 8 辑(2000 年第 3 辑),法律出版社,第 11 ~12 页。审编:高憬宏]

第五十三条　【罚金的缴纳】罚金在判决指定的期限内一次或者分期缴纳。期满不缴纳的,强制缴纳。对于不能全部缴纳罚金的,人民法院在任何时候发现被执行人有可以执行的财产,应当随时追缴。

由于遭遇不能抗拒的灾祸等原因缴纳确实有困难的,经人民法院裁定,可以延期缴纳、酌情减少或者免除。(本条是根据《中华人民共和国刑法修正案(九)》之三修改的,2015 年 11 月 1 日起施行。)

刑法本条原文：罚金在判决指定的期限内一次或者分期缴纳。期满不缴纳的，强制缴纳。对于不能全部缴纳罚金的，人民法院在任何时候发现被执行人有可以执行的财产，应当随时追缴。如果由于遭遇不能抗拒的灾祸缴纳确实有困难的，可以酌情减少或者免除。

■最高人民法院关于适用财产刑若干问题的规定（2000年12月19日）

第五条　刑法第五十三条规定的"判决指定的期限"应当在判决书中予以确定；"判决指定的期限"应为从判决发生法律效力第二日起最长不超过三个月。

第六条　刑法第五十三条规定的"由于遭遇不能抗拒的灾祸缴纳确实有困难的"，主要是指因遭受火灾、水灾、地震等灾祸而丧失财产；罪犯因重病、伤残等而丧失劳动能力，或者需要罪犯抚养的近亲属患有重病，需支付巨额医药费等，确实没有财产可供执行的情形。

具有刑法第五十三条规定"可以酌情减少或者免除"事由的，由罪犯本人、亲属或者犯罪单位向负责执行的人民法院提出书面申请，并提供相应的证明材料。人民法院审查以后，根据实际情况，裁定减少或者免除应当缴纳的罚金数额。

第九条　人民法院认为依法应当判处被告人财产刑的，可以在案件审理过程中，决定扣押或者冻结被告人的财产。

第十一条　自判决指定的期限届满第二日起，人民法院对于没有法定减免事由不缴纳罚金的，应当强制其缴纳。

对于隐藏、转移、变卖、损毁已被扣押、冻结财产情节严重的，依照刑法第三百一十四条的规定追究刑事责任。

■行政执法机关移送涉嫌犯罪案件的规定（2020年8月7日）

第十一条　行政执法机关对应当向公安机关移送的涉嫌犯罪案件，不得以行政处罚代替移送。

行政执法机关向公安机关移送涉嫌犯罪案件前已经作出的警告，责令停产停业，暂扣或者吊销许可证、暂扣或者吊销执照的行政处罚决定，不停止执行。

依照行政处罚法的规定，行政执法机关向公安机关移送涉嫌犯罪案件前，已经依法给予当事人罚款的，人民法院判处罚金时，依法折抵相应罚金。

▽"遭遇不能抗拒的灾祸缴纳确实有困难的"的认定

根据《刑法》本条的规定，被执行人如果由于遭遇不能抗拒的灾祸缴纳罚金确实有困难的，可以酌情减少或者免除。同时，本法本条亦规定，如果由于遭遇不能抗拒的灾祸缴纳确实有困难的，人民法院可以裁定减少或者免除罚金。但在司法实践中，对"不能抗拒的灾祸"的具体内涵、减免程序的启动以及减免程序的执行主体法律并没有细致规定，需要依据法理并结合司法实际进行解析。在地震中受灾严重可以成为减免罚金的提起事由。最高人民法院《关于适用财产刑若干问题的规定》（法释〔2000〕45号，本附文以下简称《规定》）第六条第一款规定，刑法本条规定的"由于遭遇不能抗拒的灾祸缴纳确实有困难的"，主要是指因遭受火灾、水灾、地震等灾祸而丧失财产；罪犯因重病、伤残等而丧失劳动能力，或者需要罪犯抚养的近亲属患有重病，需支付巨额医药费等，确实没有财产可供执行的情形。《规定》对刑法所述的减免事由作了的具体解释，范围不仅包括天灾，也包括人祸、疾病等情况，符合我国司法实践情况。经查，本案中被执行人龙某的家庭在"5·12"汶川大地震中遭受巨大财产损失，确实已经失去履行罚金的经济能力和客观条件，属于法律规定的"遭遇不能抗拒的灾祸缴纳确实有困难的"情形，依法符合减免罚金的提起事由。［参见第596号指导案例，法院裁定终结执行被执行人龙某罚金案，载《刑事审判参考》总第72集（2010年第1集），第2～3页。撰稿：陆文德　马超杰　肖波］

▽罚金刑可以依据法定减轻情节而减轻适用

我国刑法分则规定的罚金数额确定方式主要有无限额罚金制、限额罚金制和倍比罚金制。最高人民法院2000年出台的《关于适用财产刑若干问题的规定》（本附文以下简称《规定》）第二条规定：

“……刑法没有明确规定罚金数额标准的,罚金的最低数额不能少于一千元。对未成年人犯罪应当从轻或者减轻判处罚金,但罚金的最低数额不能少于五百元。”可见,除刑法已对限额罚金和倍比罚金明文规定了法定量刑幅度外,司法解释还对无限额罚金制的罚金数额规定了成年人一千元的下限,即无限额罚金亦具有法定量刑幅度。《规定》第二条第二款明确了对未成年人犯罪的罚金刑可以从轻或者减轻处罚。基于这一规定,对具有法定从轻或者减轻处罚情节的,不管是未成年人罪犯还是成年人罪犯,人民法院都可以根据案件的具体情况,决定对罪犯的罚金刑从轻或者减轻适用。具体理由如下:第一,最高人民法院2010年印发的《人民法院量刑指导意见(试行)》规定:“量刑情节对基准刑的调节结果在法定最低刑以下,具有减轻处罚情节,且罪责刑相适应的,可以直接确定为宣告刑;只有从轻处罚情节的,可以确定法定最低刑为宣告刑。”由此规定可知,量刑情节对刑罚的调节同时包括对附加刑的调节,只要具有减轻处罚情节且罪责刑相适应的,就可以将调节在法定最低刑以下的罚金刑确定为宣告刑。第二,虽然绝大多数未成年人罪犯没有个人财产,在执行财产刑的问题上相对于成年人罪犯具有特殊性,但根据罪刑法定原则、罪责刑相适应原则,对未成年人罪犯原则上应当适用罚金刑。对未成年人犯罪罚金刑从轻或者减轻处罚,其原因并不是绝大多数未成年人没有个人财产,而是因为适用刑法第十七条对未成年人犯罪“应当从轻或者减轻处罚”的规定,据此,性质上属于法律规定的减轻处罚量刑情节,理应可以作为罚金刑减轻处罚的适用依据。综合上述两点,本案被告人具有从犯这一法定从轻、减轻处罚量刑情节,人民法院可以适用从犯情节,对被告人的罚金刑减轻处罚。[参见第829号指导案例,朱胜虎等非法经营案,载《刑事审判参考》总第90集(2013年第1集),第37～38页。撰稿:刘建国]

▽主刑从轻处罚时罚金刑可以减轻处罚

根据《人民法院量刑指导意见(试行)》的精神,虽然基准刑必然在法定量刑幅度范围内,但通过量刑情节调节后,并不能保证宣告刑仍在法定量刑幅度以内,宣告刑是否仍在法定量刑幅度内取决于犯罪情节的调节结果。通过犯罪情节调节后,不管主刑与附加刑是否仍在法定量刑幅度内,只要与犯罪分子所犯罪行和所应承担的刑事责任相适应,即应当确定为宣告刑。根据《刑法》第六十一条的规定,对被告人决定刑罚时,应当根据犯罪的事实,犯罪的性质、情节和对社会的危害程度,依照刑法的有关规定判处。最高人民法院2000年出台的《关于适用财产刑若干问题的规定》第二条亦进一步明确规定,判处被告人罚金刑,为避免出现空判或者使犯罪分子切身感受到财产刑的惩戒作用,不仅应当根据被告人的犯罪情节,还应当综合考虑犯罪分子缴纳罚金的能力等情况。由此可见,判处自由刑和罚金刑的依据并不完全相同,判处自由刑的依据因素不可能包括犯罪分子的经济状况,但判处罚金刑却要考虑这一因素。尽管法律并未明确规定罚金刑与自由刑必须同时从轻、减轻,但基于罚金刑与自由刑的判处依据因素不同,其各自调节的幅度也必然不同,调节的结果不能必然保证罚金刑和自由刑同时从轻或者减轻,但只要符合罪责刑相适应原则,实现预定的刑罚效果,即可确定为宣告刑。基于上述分析,在对主刑选择从轻的同时对罚金刑也可以适用减轻。一审法院对被告人非法经营罪的主刑在五年以下有期徒刑幅度内从轻处罚的同时,可以将对其判处的罚金刑从7万元至35万元幅度内减轻至4万元。一审判决认定被告人系从犯,对其从轻处罚,从轻判处其主刑,但未明确表述减轻对其判处罚金刑。关于这一表述是否妥当的问题,可以通过审判实践的惯行做法进行解释。刑法中有部分罪名的主刑法定幅度规定了下限,如抢劫罪第一量刑档规定处3年以上10年以下有期徒刑,并处罚金,在抢劫未遂的情形下,一般会依照犯罪未遂的规定对主刑减轻处罚,裁判文书中表述为“减轻处罚”,而对罚金刑一般不会减轻至1000元以下判处,裁判文书也不会对此进行相关表述。可见,审判实践中,刑事裁判文书表述的从轻、减轻处罚仅指对主刑从轻或者减轻适用。同理,本案一审判决表述对被告人“从轻处罚”,也是指对被告人的自由刑从轻处罚,而非指对罚金刑从轻处罚。然而,鉴于量刑情节的调节结果理应在裁判文书中明确表述,对罚金刑受量刑情节调节的结果也应当进行表述,特别是在自由刑与罚金刑不同时从轻、减轻处罚时更应当表述清楚，故今后实践中制作裁判文书时对此应当重视，以免引起不必要的争议。综上，温州市龙湾医人民法院依据从犯情节对被告人所处罚金刑进行调节，决定对其罚金刑减轻处罚是正确的。[参见第829号指导案例，朱胜虎等非法经营案，载《刑事审判参考》总第90集(2013年第1集)，第38～39页。撰稿：刘建国]

第七节 剥夺政治权利

第五十四条 【剥夺政治权利的内容】剥夺政治权利是剥夺下列权利：

(一)选举权和被选举权；

(二)言论、出版、集会、结社、游行、示威自由的权利；

(三)担任国家机关职务的权利；

(四)担任国有公司、企业、事业单位和人民团体领导职务的权利。

■最高人民法院关于审理未成年人刑事案件具体应用法律若干问题的解释(2006年1月23日)

第十四条 除刑法规定"应当"附加剥夺政治权利外，对未成年罪犯一般不判处附加剥夺政治权利。

如果对未成年罪犯判处附加剥夺政治权利的，应当依法从轻判处。

对实施被指控犯罪时未成年、审判时已成年的罪犯判处附加剥夺政治权利，适用前款的规定。

第二十条 本解释自公布之日起施行。

《最高人民法院关于办理未成年人刑事案件适用法律的若干问题的解释》(法发〔1995〕9号)自本解释公布之日起不再执行。

■最高人民检察院关于被判处管制、剥夺政治权利和宣告缓刑、假释的犯罪分子能否担任中外合资合作经营企业领导职务问题的答复(全文)(1991年9月25日)

最高人民法院、最高人民检察院、公安部、劳动人事部〔86〕高检会(三)字第2号《关于被判处管制、剥夺政治权利和宣告缓刑、假释的犯罪分子能否外出经商等问题的通知》第三条所规定的不能担任领导职务的原则，可适用于中外合资、中外合作企业(包括我方与港、澳、台客商合资、合作企业)。

■最高人民法院关于对故意伤害、盗窃等严重破坏社会秩序的犯罪分子能否附加剥夺政治权利问题的批复(全文)(1998年1月13日)

根据刑法第五十六条规定，对于故意杀人、强奸、放火、爆炸、投毒、抢劫等严重破坏社会秩序的犯罪分子，可以附加剥夺政治权利。对故意伤害、盗窃等其他严重破坏社会秩序的犯罪，犯罪分子主观恶性较深、犯罪情节恶劣、罪行严重的，也可以依法附加剥夺政治权利。

■全国人大常委会法制工作委员会、最高人民法院、最高人民检察院、公安部、司法部、民政部关于正在服刑的罪犯和被羁押的人的选举权问题的联合通知(全文)(1984年3月24日)

一、1983年3月全国人大常委会通过的《关于县级以下人民代表大会代表直接选举的若干规定》，对于已被判刑的罪犯和被羁押正在受侦查、起诉、审判的人的选举权问题已经作了规定。这一规定是根据宪法关于公民的选举权、被选举权的规定的原则确定的，是适当的，在这次县、乡直接选举工作中，仍应贯彻执行。

二、对这次严厉打击严重危害社会治安的刑事犯罪活动中因反革命案或者严重破坏社会秩序案被羁押正在侦查、起诉、审判的人，应当依照法律规定经人民检察院或者人民法院决定，在被羁押期间停止行使选举权利；其他未经人民检察院或者人民法院决定停止行使选举权利的，应准予行使选举权利。

三、对正在服刑的反革命罪犯和被判处死刑、无期徒刑的其他罪犯，凡是没有附加剥夺政治权利的，应当由人民法院依照审判监督程序，判处附加剥夺政治权利；被判处有期徒刑(包括原判死缓、无期徒刑后减为有期徒刑的)、现正在服刑的故意杀人、强奸、放火、爆炸、投毒、抢劫、流氓、盗窃(重大)等严重破坏社会秩序的罪犯,凡是需要剥夺选举权利的,也可由人民法院依照审判监督程序,判处附加剥夺政治权利。如果原来是第一审生效的案件,应当由上一级人民法院提审;如果原来是第二审生效的案件,应当由第二审人民法院再审。根据刑事诉讼法(1979 年刑诉法——编著者注)第一百五十条的规定,依照上述程序所做的判决、裁定,是终审的判决、裁定,不得上诉。

四、今后对于反革命罪犯和判处死刑、无期徒刑的其他罪犯,各级人民法院在审判时,应当依照刑法(1979 年刑法——编著者注)第五十二条、第五十三条的规定,一律同时判处附加剥夺政治权利;对于严重破坏社会秩序的罪犯,需要剥夺政治权利的,也应依照刑法第五十二条的规定,同时判处附加剥夺政治权利。

五、对准予行使选举权利的被羁押的人和正在服刑的罪犯,经选举委员会和执行羁押、监禁的机关共同决定,可以在原户口所在地参加选举,也可以在劳改场所参加选举;可以在流动票箱投票,也可以委托有选举权的亲属或者其他选民代为投票。

▼最高人民法院研究室关于剥夺政治权利期间是否可以获准出国定居的电话答复(全文)(1987 年 12 月 1 日)

依照《中华人民共和国公民出境入境管理法》第八条的规定,被判处刑罚正在服刑的,不批准出境。剥夺政治权利虽属附加刑,仍是我国刑法规定的一种刑罚。该人虽已服完主刑,现对他开始执行附加刑,即执行剥夺政治权利二年的刑罚。因此,该人仍在服刑。请你们依照上述法律规定办理。

第五十五条　【剥夺政治权利的期限】剥夺政治权利的期限,除本法第五十七条规定外,为一年以上五年以下。

判处管制附加剥夺政治权利的,剥夺政治权利的期限与管制的期限相等,同时执行。

■最高人民法院关于在执行附加刑剥夺政治权利期间犯新罪应如何处理的批复(2009 年 6 月 10 日)

三、对判处有期徒刑的罪犯,主刑已执行完毕,在执行附加刑剥夺政治权利期间又犯新罪,如果所犯新罪也剥夺政治权利的,依照刑法第五十五条、第五十七条、第七十一条的规定并罚。

第五十六条　【剥夺政治权利的适用】对于危害国家安全的犯罪分子应当附加剥夺政治权利;对于故意杀人、强奸、放火、爆炸、投毒、抢劫等严重破坏社会秩序的犯罪分子,可以附加剥夺政治权利。

独立适用剥夺政治权利的,依照本法分则的规定。

▽外国人不能附加剥夺政治权利

对犯罪的外国人能否判处剥夺政治权利,以往实践中做法不一。我国《刑法》第五十四条规定,剥夺的四种政治权利,这些权利是我国公民依法享有的参与国家管理和政治活动的权利,是宪法赋予我国公民的权利,外国籍被告人并不享有,也就不存在剥夺的问题。[参见第 101(98)号案例,方金青惠投毒案,载《刑事审判参考》总第 16 集(2001 年第 5 集),法律出版社,第 4 ~5 页。执笔:蔡金芳]

第五十七条　【对死刑、无期徒刑罪犯剥夺政治权利的适用】对于被判处死刑、无期徒刑的犯罪分子,应当剥夺政治权利终身。

在死刑缓期执行减为有期徒刑或者无期徒刑减为有期徒刑的时候,应当把附加剥夺政治权利的期限改为三年以上十年以下。

■最高人民法院关于在执行附加刑剥夺政治权利期间犯新罪应如何处理的批复(2009 年 6 月 10 日)

三、对判处有期徒刑的罪犯,主刑已执行完毕,在执行附加刑剥夺政治权利期间又犯新罪,如果所犯新罪也剥夺政治权利的,依照刑法第五十五条、第五十七条、第七十一条的规定并罚。

第五十八条　【剥夺政治权利的刑期计算、效力与监管】附加剥夺政治权利的刑期，从徒刑、拘役执行完毕之日或者从假释之日起计算；剥夺政治权利的效力当然施用于主刑执行期间。

被剥夺政治权利的犯罪分子，在执行期间，应当遵守法律、行政法规和国务院公安部门有关监督管理的规定，服从监督；不得行使本法第五十四条规定的各项权利。

■最高人民法院关于在执行附加刑剥夺政治权利期间犯新罪应如何处理的批复（2009年6月10日）

二、前罪尚未执行完毕的附加刑剥夺政治权利的刑期从新罪的主刑有期徒刑执行之日起停止计算，并依照刑法第五十八条规定从新罪的主刑有期徒刑执行完毕之日或者假释之日起继续计算；附加刑剥夺政治权利的效力施用于新罪的主刑执行期间。

第八节　没收财产

第五十九条　【没收财产的范围】没收财产是没收犯罪分子个人所有财产的一部或者全部。没收全部财产的，应当对犯罪分子个人及其扶养的家属保留必需的生活费用。

在判处没收财产的时候，不得没收属于犯罪分子家属所有或者应有的财产。

■最高人民法院关于审理未成年人刑事案件具体应用法律若干问题的解释（2006年1月23日）

第十五条　对未成年罪犯实施刑法规定的“并处”没收财产或者罚金的犯罪，应当依法判处相应的财产刑；对未成年罪犯实施刑法规定的“可以并处”没收财产或者罚金的犯罪，一般不判处财产刑。

对未成年罪犯判处罚金刑时，应当依法从轻或者减轻判处，并根据犯罪情节，综合考虑其缴纳罚金的能力，确定罚金数额。但罚金的最低数额不得少于五百元人民币。

对被判处罚金刑的未成年罪犯，其监护人或者其他人自愿代为垫付罚金的，人民法院应当允许。

第二十条　本解释自公布之日起施行。

《最高人民法院关于办理未成年人刑事案件适用法律的若干问题的解释》（法发〔1995〕9号）自本解释公布之日起不再执行。

▼全国法院维护农村稳定刑事审判工作座谈会纪要（1999年10月27日）

三（四）关于财产刑问题。

被告人犯数罪的，应避免判处罚金刑的同时，判处没收部分财产。对于判处没收全部财产，同时判处罚金刑的，应决定执行没收全部财产，不再执行罚金刑。

第九条　人民法院认为依法应当判处被告人财产刑的，可以在案件审理过程中，决定扣押或者冻结被告人的财产。

▼浙江省高级人民法院关于印发《全省法院刑事审判疑难问题研讨会纪要》的通知（2012年2月24日）

二、关于财产刑的适用

刑法规定并处没收财产或罚金的犯罪，人民法院在对犯罪分子根据犯罪情节和罪刑相适应的原则判处主刑的同时，应当根据犯罪情节和罪刑相适应的原则依法判处相应的财产刑。对判处死刑、无期徒刑的犯罪分子，应当并处没收个人全部财产，但对判处有期徒刑的犯罪分子不宜并处没收个人全部财产。

第六十条　【没收的财产先行偿还正当债务】没收财产以前犯罪分子所负的正当债务，需要以没收的财产偿还的，经债权人请求，应当偿还。

■最高人民法院关于适用财产刑若干问题的规定(2000年12月19日)

第一条　刑法规定"并处"没收财产或者罚金的犯罪,人民法院在对犯罪分子判处主刑的同时,必须依法判处相应的财产刑;刑法规定"可以并处"没收财产或者罚金的犯罪,人民法院应当根据案件具体情况及犯罪分子的财产状况,决定是否适用财产刑。

第三条(第二款)　一人犯数罪依法同时并处罚金和没收财产的,应当合并执行;但并处没收全部财产的,只执行没收财产刑。

第七条　刑法第六十条规定的"没收财产以前犯罪分子所负的正当债务",是指犯罪分子在判决生效前所负他人的合法债务。

第四章　刑罚的具体运用

第一节　量　　刑

第六十一条　【量刑的一般原则】对于犯罪分子决定刑罚的时候,应当根据犯罪的事实、犯罪的性质、情节和对于社会的危害程度,依照本法的有关规定判处。

■最高人民法院关于为构建社会主义和谐社会提供司法保障的若干意见(2007年1月15日)

五、坚持宽严相济,确保社会稳定

16. 依法严厉打击严重刑事犯罪,维护国家安全和社会稳定。依法严惩危害国家安全犯罪、恐怖犯罪和黑社会性质组织犯罪;依法严惩爆炸、杀人、抢劫、绑架等严重危害社会治安、严重影响群众安全的犯罪,抢夺、盗窃等多发性侵犯财产犯罪,毒品犯罪,拐卖妇女儿童犯罪,依法惩治生产活动中的重大责任犯罪,保障社会安定和人民群众安居乐业;依法打击制售假冒伪劣商品犯罪,保护人民群众生命健康;依法惩治走私、金融诈骗、洗钱、非法吸收公众存款、伪造货币、骗取进出口退税、虚开增值税专用发票、偷税抗税等犯罪,维护社会主义市场经济秩序;依法从严惩处贪污、贿赂、渎职等职务犯罪,依法惩治商业贿赂犯罪,促进反腐败斗争深入开展。

18. 当宽则宽,最大限度地减少社会对立面。重视依法适用非监禁刑罚,对轻微犯罪等,主观恶性、人身危险性不大,有悔改表现,被告人认罪悔罪取得被害人谅解的,尽可能地给他们改过自新的机会,依法从轻、减轻处罚,对具备条件的依法适用缓刑、管制、单处罚金等非监禁刑罚,并配合做好社区矫正工作;重视运用非刑罚处罚方式,对于犯罪情节轻微,不需要判处刑罚的,予以训诫或者具结悔过、赔礼道歉、赔偿损失,或者建议由主管部门予以行政处罚或行政处分。严格执行"保留死刑、严格控制死刑"的政策,对于具有法定从轻、减轻情节的,依法从轻或者减轻处罚,一般不判处死刑立即执行;对于因婚姻家庭、邻里纠纷等民间矛盾激化引发的案件,因被害方的过错行为引发的案件,案发后真诚悔罪并积极赔偿被害人损失的案件,应慎用死刑立即执行。

■最高人民法院关于审理未成年人刑事案件具体应用法律若干问题的解释(2006年1月23日)

第十一条　对未成年罪犯适用刑罚,应当充分考虑是否有利于未成年罪犯的教育和矫正。

对未成年罪犯量刑应当依照刑法第六十一条的规定,并充分考虑未成年人实施犯罪行为的动机和目的、犯罪时的年龄、是否初次犯罪、犯罪后的悔罪表现、个人成长经历和一贯表现等因素。对符合管制、缓刑、单处罚金或者免予刑事处罚适用条件的未成年罪犯,应当依法适用管制、缓刑、单处罚金或者免予刑事处罚。

第二十条　本解释自公布之日起施行。

《最高人民法院关于办理未成年人刑事案件适用法律的若干问题的解释》(法发〔1995〕9号)自本解释公布之日起不再执行。

□以侵犯财产为目的的共同故意犯罪中，没有分赃，不影响定罪，只能作为量刑时酌情考虑的一个情节

以侵犯财产为目的的共同故意犯罪中，不排除个别行为人不参与分赃的情形。认定此类犯罪是否构成的关键，不是看行为人通过是否得到赃物或者得到多少赃物，而是看刑法所保护的财产关系是否被侵犯以及被侵犯的程度。被告人张某某、刘某某、邵某某、张某在参与共同犯罪中没有分得赃款，这是事实。但这不能就此证明他们既没有犯罪的目的，也没有犯罪的动机，因而不构成犯罪。没有分赃，不影响定罪，只能作为量刑时酌情考虑的一个情节。（上海市人民检察院第一分院诉唐志华等五人贪污、职务侵占、企业人员受贿案，载《最高人民法院公报》总第76期，2002年第2期，第55页。）

▽"被害人过错"是酌定量刑情节

虽然刑法没有明文规定"被害人过错"可作为量刑情节，但1999年最高人民法院的《全国法院维护农村稳定刑事审判工作座谈会纪要》提出，在故意杀人、故意伤害案件中，"对于被害人有明显过错或对矛盾激化有直接责任，或者被告人有法定从轻处罚情节的，一般不应判处死刑立即执行"。表明了将"被害人过错"与法定从轻处罚情节一同视为量刑情节对待，并在司法实践中作为酌定量刑情节被广泛运用。决定量刑情节的要素主要有两点，一是被告人罪行的轻重，二是被告人的人身危险性。被害人过错大小与被告人的罪行的轻重、人身危险性程度成反比。因为被害人有过错，往往能够反证被告人罪行较轻、人身危险性较小。因此，无论被害人的过错以何种程度的形式出现，只要是能够反映被告人罪行的轻重及人身危险性的种种情况，都是量刑的裁量情节。[参见第363号案例，周文友故意杀人案，载《刑事审判参考》总第46集（2005年第5集），法律出版社，第38～39页。执笔：周峰]

▽"被害人过错"的认定

刑事案件中被害人的过错，即为被害人作出的，与被告人所实施的犯罪行为的发生有着直接或间接关系的应受非难的行为。它具有以下特征：（1）被害人过错首先是被害人的一种主观心理状态，包括故意和过失。被害人的过错及过错程度是由被害人的主观心理状态所决定，其心理状态不同，过错程度及其引起的被告人应受谴责的程度也各异。（2）被害人过错表现为被害人主观意志支配下的客观外在行为。被害人内在的想法如果没有外化为行为，就不可能对被告人产生影响，所以，被害人的意志只有转化为外在的行为时才具有法律上的意义。（3）被害人过错是法律和道德对被害人行为的否定评价。如果当被害人实施某种行为时侵犯了社会或其他个体的利益，违反了法定义务、公共行为准则或道德标准，被害人就具有过错。（4）被害人的过错与被告人实施相应的犯罪行为具有密切的联系。实践中一般表现为被害人的过错诱发被告人的犯罪意图，加剧被告人的侵害程度等，是被告人实施犯罪的原因。从过错的内容可将过错分为故意过错和过失过错。前者指被害人故意违反法律或公共道德的行为而导致被告人实施犯罪行为，后者则指被害人基于疏忽大意或过于自信的过失而引起被告人实施犯罪行为。对刑事被害人过错的判断，应采取主客观相一致的标准。具体来说，就是围绕被害人过错的四个基本特征来考察。第一，被害人主观上存在故意或过失。这包括两方面的含义：一方面被害人应具有意志能力和责任能力，有充分的意志自由，可以不受限制地作出任何行为。另一方面，故意还表现为被害人对自己行为的性质及后果有一定的认识，通常表现为明知自己的行为违反法律或社会道德，且实施该行为必将损害被告人的合法权益，或实施该行为必将或可能导致被告人实施相应的犯罪行为，仍积极实施该行为；过失则表现为被害人对自己行为的性质及后果应当有一定的认识而没有认识或发生错误认识。正是被害人主观上的故意或过失，为对其进行责难提供了依据。第二，被害人实施了相应的行为。这里的行为应作广义的理解，包括语言和动作。被害人内心世界的想法只有通过行为表现出来，才能对被告人产生影响，也才能为司法机关判断被害人是否存在过错提供判断的依据。从司法实践中的一些实例来看，通常表现为被害人用言语刺激被告人，使被告人产生犯罪意图；辱骂、殴打被告人，激化与被告人之间的矛盾；以非正当手段要挟被告人，达到某种非法目的等。第三，被告人实施的是一种违反法律或道德的行为。只有被害人实施的是违反法律或道德的行为,才能体现法律或道德对该行为的否定评价,故能称之为过错。然而,并非被害人实施的一切违反法律或道德的行为都构成被害人过错范畴内的过错行为,被害人过错范畴内的过错行为应是一种具有积极进攻性的,性质严重,程度激烈,危害较大,违反法律或道德的侵害行为,或以某种非正当手段要挟被告人,严重威胁被告人的人身、财产权利,以达到非法目的的行为。第四,被害人的过错是被告人实施相应犯罪的原因。凡被害人的过错行为,如果诱发被告人产生犯罪意图,或促使被告人加剧犯罪侵犯程度的,则被害人的行为与被告人的犯罪行为存在因果关系,是被告人实施相应犯罪的原因。当具备以上四个条件时,即可认定被害人存在过错。[参见第344号案例,官其明故意杀人案,载《刑事审判参考》总第44集(2005年第3集),法律出版社,第38~41页。执笔:杨才清]

▽同时具有多种法定从轻、减轻、免除处罚情节和其他酌定情节的量刑原则

在对犯罪分子决定刑罚的时候,应当根据犯罪的事实、犯罪的性质、情节和对于社会的危害程度,依照刑法的有关规定判处。其中,犯罪情节是指犯罪构成必要要件以外的其他能够影响社会危害程度的各种具体事实情况。同一性质的行为,由于情节不同,其社会危害性也有差异,因而是否构成犯罪、构成犯罪的如何判处刑罚也就有所不同。从犯罪情节对量刑的影响来说,有些犯罪情节也是量刑情节,法院对犯罪分子裁量刑罚时,对于决定刑罚轻重或者免除处罚的各种事实情况,都应当综合加以考虑。量刑情节分为法定情节和酌定情节两种。法定情节是指刑法明文规定的,在量刑时必须予以考虑的情况,既包括刑法总则规定的对各种犯罪共同适用的情节,也包括刑法分则规定的对特定犯罪适用的情节。刑法规定的法定情节包括从重、从轻、减轻和免除处罚情节;刑法分则规定的法定情节包括情节严重、情节特别严重、数额较大、巨大等诸多情节。酌定情节是指刑法虽然没有明文规定,但根据立法精神、司法解释规定和司法实践经验,在量刑时也应当考虑或者酌情考虑的情况。在司法实践中,对于被告人只具有一个量刑情节的,决定刑罚时,一般不会产生分歧,但对于被告人同时具备两个以上的量刑情节,如被告人同时具备一个法定可以从轻处罚情节、一个法定应当从轻处罚情节和一个法定应当减轻处罚情节,或者还有酌定从轻情节时,如何具体决定刑罚,比较难以准确裁量,没有也不可能有一个具体把握的原则,只能综合案件的具体情况,综合考虑案件的各种因素,慎重作出决定。[参见第58号案例,阎留普、黄芬故意杀人案,载《刑事审判参考》总第8辑(2000年第3辑),法律出版社,第15~17页。审编:黄尔梅]

▽刑事审判中民事纠纷的基础事实严重影响量刑的,有必要审查确认

犯罪动机是刺激、促使行为人实施犯罪行为的内心起因或者思想活动,很大程度上反映了行为人的主观恶性、人身危险性以及所实施的行为的社会危害性的大小,亦涉及被害人对本案发生是否存在过错的问题,是重要的量刑情节。在刑事审判中,有必要尽可能地查明行为人的犯罪动机,并在量刑时予以充分考虑。本案被告人关某某及其辩护人提出,关某某是因为苏某拖欠其垫付的业务款而私下取走误以为是苏某的财物,其主观恶性较低,犯罪情节较轻微。在此情况下,应当查明该辩解事实,以客观、准确地对被告人进行量刑。苏某是否拖欠被告人关某某的钱款,是查明关某某犯罪动机的基础事实。关某某与苏某之间有无债权债务关系,系民事争议,一般应当按照民事诉讼的相关规则进行审理。通常情况下,对于该种民事纠纷,应当由关某某提起民事起诉,以确认其与苏某之间存在债权债务关系,并判令苏某偿还其钱款,履行给付义务。但在双方对该债权债务关系存在争议且未提起民事诉讼的情况下,刑事法庭能否对该民事争议进行审查,并认定相关事实,是一个值得探讨的问题。根据当前法院内部业务庭之间的分工,刑事审判中对于附带民事诉讼之外的其他民事纠纷,一般不能作出处理。但是,当某一民事争议的基础事实严重影响到量刑时,则有必要尽可能查明。

需要说明的是,刑事审判中对上述民事争议基础事实的审查与认定,仅属于查明案情的需要。不同于刑事附带民事诉讼或者纯粹的民事诉讼,上述民事争议不属于本案诉讼标的,故刑事裁判文书中不能判决苏某偿还关某某的钱款。也就是说,对于关某某而言,其不能以刑事判决书认定的民事争议基础事实,要求苏某履行逐款义务或向执行部门申请强制执行。综上,通过传唤证人出庭作证,并结合在案其他证据对证言加以审查,法院查明了被告人关某某作案动机的相关事实。鉴于关某某具有自首情节,积极退赃,犯罪后认罪、悔罪态度良好,综合考虑其犯罪动机、情节及社会危害程度,对关某某判处缓刑,彰显了法律的公正性,取得了良好的法律效果和社会效果。[参见第1012号指导案例,关某某盗窃案,载《刑事审判参考》总第99集(2014年第4集),第78~79页。撰稿:林旭群 邹海媚]

第六十二条 【从重处罚与从轻处罚】犯罪分子具有本法规定的从重处罚、从轻处罚情节的,应当在法定刑的限度以内判处刑罚。

▽逆向情节并存时量刑把握的一般原则

具有多种量刑情节,而且具体形态较为复杂。混合的多种量刑情节既可能是同向的,如都是从宽情节,或都是从严情节.也可能是逆向的,如从严与从宽情节并存。进一步细分,同向或逆向量刑情节,有从轻、减轻和免除处罚情节,从重和加重处罚情节,法定和酌定情节,应当情节和可以情节,罪前、罪中与罪后情节等种种区别。本案既存在从严情节,又有从宽情节,量刑时如何把握从宽与从严的尺度。

1. 逆向情节并存时量刑的基本步骤。《最高人民法院关于常见犯罪的量刑指导意见》(本附文以下简称《量刑意见》)规定:“量刑时要充分考虑各种法定和酌定量刑情节,根据案件的全部犯罪事实以及量刑情节的不同情形,依法确定量刑情节的适用及其调节比例……具体确定各个量刑情节的调节比例时,应当综合平衡调节幅度与实际增减刑罚量的关系,确保罪责刑相适应。”虽然《量刑意见》主要是用于规范有期徒刑刑罚裁量时的标准,在拟适用死刑、无期徒刑刑种时无法体现各量刑情节的调节比例,但《量刑意见》所体现的罪责刑相适应等量刑基本原则和综合分析平衡的基本方法,对包括死刑案件在内的所有刑事案件,均具有参考和借鉴意义。根据上述精神,基于量刑情节的复杂性,就本案所涉及的逆向情节并存的情况而言,应当综合比较分析后予以判断。具体而言,包括三个步骤:一是考察案件各量刑情节对于量刑的影响程度。二是将这些情节对量刑的影响程度的大小进行分析比较,考察是否有一方情节占据较显著的优势。对于显著优势情节,一般应当在综合案情的前提下优先适用。三是如果逆向情节相互间并无优势而大致相当(主要是指只有从轻情节和从重情节并存的情形),则先考虑从重情节估量出刑种与刑度,然后考虑从轻情节,确定最终的刑罚。

2. 准确适用优势量刑情节应当把握以下原则。(1)罪中情节一般优于罪前、罪后情节。以犯罪情节与犯罪行为在时间上的先后关系为准,可分为罪前情节、罪中情节、罪后情节。罪前情节一般是指犯罪实施前的情节,如案发起因、一贯表现等;罪中情节一般是指犯罪过程中的各种情节,如犯罪手段、犯罪后果等;罪后情节一般是指犯罪后的态度,如案发后行为、悔罪态度等。罪中情节与犯罪构成紧密相关,是影响罪行的情节,反映了犯罪行为的事实要素,直接体现了犯罪行为社会危害性的大小。罪前、罪后情节主要是反映行为人主观恶性与人身危险性的情节,体现犯罪起因、动机、悔罪态度等。一般情况下,罪中情节对量刑的影响更为关键和重要。

(2)单一的应当型情节与可以型情节相比,单一的法定情节与酌定情节相比,前者一般为优势情节,应当型情节是对法定情节必须适用的绝对性规定。可以型情节则仍然有一定选择适用的余地;法定情节是刑法明文规定需要在量刑时考虑的情节,而酌定情节则是根据刑事政策和刑法精神,在量刑酌定考虑的情节。

(3)从重与减轻情节并存时,减轻情节一般为优势情节。因为从重只能在法定刑幅度内从重,而减轻则是在法定刑以下判处。无论犯罪的情节多么严重,在法定刑以内应当判处多重的刑罚,一旦适用减轻处罚,就应当依法在法定刑以下判处。此种情况下,即使有从重情节,也不应改变在法定刑以下判处刑罚的情况。因此,减轻情节对于从重处罚而言属于优势情节。具体操作时,应当在与罪行相应的法定刑最低刑的下一格量刑幅度内,估量出一定的刑罚,而后在该量刑幅度内,再从重处罚。

(4)从重与免刑情节并存时,免刑情节一般为优势情节。我国刑法没有规定免刑的单一功能情节,免刑情节多以"从轻、减轻或者免除处罚"的多功能情节出现,可见立法者对免刑情节的规定较为慎重。在同时存在免除处罚和从重情节的情况下,一般应当慎用免刑情节。一般情况下,在多功能情节中选择是否免除处罚时,应当首先估量免刑情节对量刑结果的影响,而后再考虑从重情节,并"尽可能缩小从重处罚的分量",以罪刑相适应原则为指引,谨慎决定是否免除处罚。另外,虽然从重情节与免刑情节并存时,是否免除刑罚应当慎重,但最终的量刑一般应当轻于从重与减轻情节并存的情形。

(5)优势情节可以由多个同向情节累积形成。如行为人实施诈骗行为刚达到当地数额巨大的标准,又系累犯,应当在三年以上有期徒刑从重处罚,但又存在自首和重大立功情节,且在共同诈骗中系从犯,则应当将以上从宽情节与从严情节各自累积后比较,相较之下从宽的情节占据优势,综合衡量后,对行为人可判处三年以下有期徒刑。

(6)应当型情节相对于可以型情节、法定情节相对于酌定情节的优势不是绝对的。优势情节是相对而言,优势一方必须要综合全案不同情节的地位作用加以分析判断,一般不存在只要单一出现就完全排除其他任何逆向情节适用的绝对优势情节。优势情节的确立及其适用,必须牢牢把握罪责刑相适应原则,依据法律规定,通过综合分析来比较各种量刑情节对量刑结果的影响,最终决定实际的刑罚。

3. 关于从重与从轻情节并存难以确定优势情节时的量刑适用。从重情节与从轻情节并存的情况比较常见,这种逆向情节并存的情况往往难以确定优势一方。此种情况下,一般应当先考虑所有的从重处罚的情节,在此基础上先拟定一个要判处的刑罚,之后在从重处罚的基础上再考虑所有的从轻处罚情节,将拟处的刑罚幅度向下适当降低,即"先从重再从轻"。先考虑从重情节,可在法定刑内确定上限,使裁判者明晓本案所能判处刑罚或者刑期的顶点;再从轻,可以使从轻情节得到充分体现。在此种方法下可以出现在法定刑下限判处的情况,有利于被告人。反之,如果采用先从轻后从重的方法,貌似优先考虑和趋向于从轻,但实际上则不利于从轻情节的体现:一是即使裁判者在先考虑从轻时已到了法定刑下限,再考虑从重则势必要在刑罚或者刑期上予以提升,难以出现在法定刑下限判处的情况;二是采取先轻后重往往在实际考虑从重情节时难以把握限度,有"上浮过限"的可能,导致从轻情节作用被弱化。综上,采取"先从重再从轻",相较之下对被告人更为有利,符合刑法的谦抑性。需要指出的是,从重、从轻的量刑适用顺序,不仅在操作上应当准确,而且在裁判文书中也应当清晰反映。否则,就可能造成量刑不当的误读。如某被告人参与抢劫,系共同犯罪中的从犯,但系累犯,一审判决表述为:被告人系从犯,应当从轻处罚,又系累犯,应当从重处罚,最终对其判处有期徒刑三年。检察机关认为,既然从犯应当从轻,从轻到了法定刑下限就是三年有期徒刑,那么之后表述的累犯这一从重情节根本没有体现,于是提起抗诉。此系文书表述中的"近因效应",如果先表述从重再表述从轻,则从逻辑上在法定刑下限判处也就能够成立,不至于造成逻辑上的混乱和理解上的偏差。[参见第994号指导案例,黄志坚故意杀人案,载《刑事审判参考》总第98集(2014年第3集),第98～101页。撰稿:渠帆]

▽在兼有从重和从轻处罚情节时应在分别评判的基础上综合考虑量刑幅度

被告人同时具有两种量刑情节:一是在收受孙某某等人的贿赂时,具有索贿的情节,依法应当从重处罚;二是在被羁押期间,检举、揭发他人行贿、受贿近100万元的事实,经查证属实,构成一般立功,依法可以从轻或者减轻处罚。兼有从重情节和从轻情节量刑时不能采取简单的抵销处理,而应根据不同情节的作用(包括正面和负面)大小和影响程度分别考量,然后再进行综合评价。因为,量刑情节是影响量刑的各种主客观事实情况,这些情况虽被归纳为几大类别,如自首、立功、犯罪预备、中止、未遂等,但具体分析,各种情节的价值或者说影响力并不是等量齐观的,即便是同一种量刑情节,其意义也不尽相同。以自首为例,一般自首和特别自首是不一样的,罪行还未被发现便已自首和被抓捕期间自首亦不相同。如果对各种量刑情节不加区分地相互抵销,就可能会犯以偏概全的错误。就本案来说,确定被告人的最终刑罚大致可分为几个步骤:首先,根据受贿的数额和基本情节确定基准刑,如被告人受贿70多万元,结合其认罪态度悔罪表现及实际退赃等情况,可确定其基准刑为四年半至五年;其次,针对被告人所具有的索贿情节,依法应予从重处罚,从重处罚的幅度,结合索贿的数额等情况,参照量刑规范化的一般要求,可掌握在基准刑的20%~30%上下;最后,考虑被告人检举、揭发他人贿赂犯罪的立功表现,依法予以从轻处罚,从轻处罚的幅度,根据《最高人民法院关于常见犯罪的量刑指导意见》(2014年1月1日实施)的规定,"一般立功的,可以减少基准刑的20%以下"。综合全案的量刑情节,二审法院判处耿三有有期徒刑五年是适当的。[参见第1150号指导案例,耿三有受贿案,载《刑事审判参考》总第106集,第97~98页。撰稿:汪雷 李连武 李欣磊]

第六十三条 【减轻处罚】犯罪分子具有本法规定的减轻处罚情节的,应当在法定刑以下判处刑罚;本法规定有数个量刑幅度的,应当在法定量刑幅度的下一个量刑幅度内判处刑罚。(本条第一款是根据《中华人民共和国刑法修正案(八)》之五修改的,2011年5月1日起施行。)

犯罪分子虽然不具有本法规定的减轻处罚情节,但是根据案件的特殊情况,经最高人民法院核准,也可以在法定刑以下判处刑罚。

刑法本条第一款原文 【减轻处罚】犯罪分子具有本法规定的减轻处罚情节的,应当在法定刑以下判处刑罚。

在法定刑以下判处刑罚和特殊假释的核准程序

■最高人民法院关于适用《中华人民共和国刑事诉讼法》的解释(2021年3月1日)

第四百一十四条 报请最高人民法院核准在法定刑以下判处刑罚的案件,应当按照下列情形分别处理:

(一)被告人未上诉、人民检察院未抗诉的,在上诉、抗诉期满后三日以内报请上一级人民法院复核。上级人民法院同意原判的,应当书面层报最高人民法院核准;不同意的,应当裁定发回重新审判,或者按照第二审程序提审;

(二)被告人上诉或者人民检察院抗诉的,上一级人民法院维持原判,或者改判后仍在法定刑以下判处刑罚的,应当依照前项规定层报最高人民法院核准。

第四百一十五条 对符合刑法第六十三条第二款规定的案件,第一审人民法院未在法定刑以下判处刑罚的,第二审人民法院可以在法定刑以下判处刑罚,并层报最高人民法院核准。

第四百一十六条 报请最高人民法院核准在法定刑以下判处刑罚的案件,应当报送判决书、报请核准的报告各五份,以及全部案卷、证据。

第四百一十七条 对在法定刑以下判处刑罚的案件,最高人民法院予以核准的,应当作出核准裁定书;不予核准的,应当作出不核准裁定书,并撤销原判决、裁定,发回原审人民法院重新审判或者指定其他下级人民法院重新审判。

第四百一十八条 依照本解释第四百一十四条、第四百一十七条规定发回第二审人民法院重新审判的案件,第二审人民法院可以直接改判;必须通过开庭查清事实、核实证据或者纠正原审程序违法的,应当开庭审理。

第四百一十九条 最高人民法院和上级人民法院复核在法定刑以下判处刑罚案件的审理期限,参照适用刑事诉讼法第二百四十三条的规定。

第四百二十条 报请最高人民法院核准因罪犯具有特殊情况,不受执行刑期限制的假释案件,应当按照下列情形分别处理:

(一)中级人民法院依法作出假释裁定后,应当报请高级人民法院复核。高级人民法院同意的,应当书面报请最高人民法院核准;不同意的,应当裁定撤销中级人民法院的假释裁定;

(二)高级人民法院依法作出假释裁定的,应当报请最高人民法院核准。

第四百二十一条　报请最高人民法院核准因罪犯具有特殊情况,不受执行刑期限制的假释案件,应当报送报请核准的报告、罪犯具有特殊情况的报告、假释裁定书各五份,以及全部案卷。

第四百二十二条　对因罪犯具有特殊情况,不受执行刑期限制的假释案件,最高人民法院予以核准的,应当作出核准裁定书;不予核准的,应当作出不核准裁定书,并撤销原裁定。

□确因生活所需非法买卖炸药未造成严重社会危害的,可以在法定刑以下量刑

被告人非法买卖炸药的行为,已构成非法买卖爆炸物罪,但鉴于其确因生活所需非法买卖炸药,没有造成严重社会危害,经教育确有悔改表现,可以在法定刑以下判处刑罚。(铜陵市狮子山区人民检察院诉查从余、黄保银非法买卖爆炸物案,载《最高人民法院公报》总第103期,2005年第5期,第20页。)

□行为人殴打行为不是被害人死亡的主要原因,仅是被害人死亡诱因的,可以在法定刑以下量刑

行为人殴打他人并致人死亡,已构成故意伤害罪,但被害人死亡的主要原因是其生前患有严重疾病,行为人的殴打行为不是被害人死亡的主要原因,仅是被害人死亡诱因的,行为人不应对被害人的死亡结果承担全部责任。在这种特殊情况下,如果行为人不具备法定减轻处罚情节,可以适用刑法第六十三条第二款的规定,在法定刑以下判处刑罚。(福建省龙海市人民检察院诉杨某章故意伤害案,载《最高人民法院公报》总第123期,2007年第1期,第21页。)

□没有法定减轻处罚情节,不得减轻被告人的刑罚

二审法院认定被害人一方在案件起因上有明显过错以及被告人于案发期间叫人报警缺乏事实依据,对被告人李某某等八人在法定刑以下减轻处罚量刑不当,应予纠正。(广东省中山市人民检察院诉李某某等八人故意伤害罪案,载《最高人民法院公报》总第70期,2001年第2期,第54页。)

□鉴于主观恶性较小,伤害手段一般,犯罪情节轻微,可以在法定刑以下判处刑罚

被告人的行为虽构成故意伤害罪,但鉴于其主观恶性较小,伤害手段一般,犯罪情节轻微,可以依照刑法第六十三条第二款的规定,在法定刑以下判处刑罚。(石家庄市人民检察院诉王海生故意伤害案,载《最高人民法院公报》总第106期,2005年第8期,第11页。)

▽对不具有法定减轻处罚情节的被告人适用减轻处罚的"特殊情况"的认定

《刑法》本条规定,"犯罪分子虽然不具有本法规定的减轻处罚情节,但是根据案件的特殊情况,经最高人民法院核准,也可以在法定刑以下判处刑罚"。这就是特殊情况减轻处罚的规定。根据最高人民法院1997年10月29日《关于办理减刑、假释案件具体应用法律若干问题的规定》对办理假释案件的"特殊情况"的解释,认为刑法第六十三条规定的"特殊情况",是指涉及国家利益的情况,如涉及政治、外交、国防、宗教、民族、统战等重大问题的情况。从刑法规定的精神上来理解,刑法本条规定的"特殊情况",当然应是指政治、外交等特殊情况。但也不应绝对化,理解得过宽不行,有违刑法从严控制特殊情况减轻处罚的立法目的;理解得过严又不利于更好地贯彻刑法确立的罪刑相适应的原则。1979年刑法第五十九条第二款规定:"犯罪分子虽然不具有本法规定的减轻处罚情节,如果根据案件的具体情况,判处法定刑的最低刑还是过重的,经人民法院审判委员会决定,也可以在法定刑以下判处刑罚。"之所以这样规定,是充分考虑到刑事案件的复杂性,对于有些案件,判处法定刑不能做到罪刑相适应,因此,刑法赋予人民法院一定的自由裁量权,经审判委员会决定,在法定刑以下判处刑罚。1997年刑法第六十三条第二款规定:"犯罪分子虽然不具有本法规定的减轻处罚情节,但根据案件的特殊情况,经最高人民法院核准也可以在法定刑以下判处刑罚。"修改的原因主要有两个,一是1997年刑法规定了罪刑法定原则,其基本要求就是对犯罪及其刑罚都必须由法律明文规定,法官在量刑上的自由裁量权应受到限制,因此应防止不适当扩大法定刑以下判处刑罚的适用范围甚至是滥用;二是在坚持罪刑法定原则的前提下,也要从实际出发,对于某些具备特殊情况的案件,在法定刑以上判处刑罚时可能会存在一些问题,比如案件具有某种特殊性,如涉及政治、外交等情况。但是从司法实践的实际情况来看,确有一些案件在法定刑以内判处明显过重,不能做到罪刑相适应。因此,作为极"特殊情况",对极个别在法定最低刑内判处确实明显地罪刑不相适应的案件,也可以适用刑法第六十三条的规定,但一定要从严掌握,绝不能滥用。[参见第182号案例,程乃伟绑架案,载《刑事审判参考》总第26辑(2002年第3辑),法律出版社,第48~49页。执笔:陈殿福]

▽"案件的特殊情况"的认定

对于"案件的特殊情况"的理解应当从严掌握,一般主要从犯罪性质和犯罪情节来考察,对于武装叛乱、放火、爆炸、投毒、抢劫等严重危害国家安全、公共安全、严重扰乱社会治安、严重侵犯公民人身权利等暴力型犯罪,由于其犯罪性质特别恶劣,社会危害性极大,一般不宜适用本规定。但对于有些犯罪,如果案件确实存在一些特殊情况,例如,被害人平时作恶多端,犯罪人忍无可忍;或者被告人因家庭生活极度贫困、亲属重病急需资金而盗窃等情况,法官综合考虑各方面因素后,确实认为对行为人依法判处法定刑的最低刑仍然过重,必须在法定最低刑以下判处刑罚才能做到罪刑相适应时,可以考虑适用本条规定。[参见第508号案例,范军盗窃案,载《刑事审判参考》总第64集(2008年第5集),法律出版社,第38~44页。执笔:曲晶晶]

▽被告人具有投案自首情节且被害人有重大过错,对其减轻处罚是适当的

被害人因家庭琐事殴打岳母,对于引发本案负有重大责任,后又带人前往被告人家寻找被告人,持砍刀与被告人对砍,并将被告人砍成重伤,其本身的行为亦具有明显过错。故在考虑到被害人的行为有重大过错以及被告人具有投案自首情节之后,决定对被告人作出减轻处罚是适当的。[参见第363号案例,周文友故意杀人案,载《刑事审判参考》总第46集(2005年第5集),法律出版社,第38~39页。执笔:周峰]

▽最高人民法院对报请核准的减刑处罚案件认为原判量刑仍然过重的,可以直接改判

《最高人民法院关于适用〈中华人民共和国刑事诉讼法〉的解释》(2013年1月1日施行)第三百三十八条规定:"对在法定刑以下判处刑罚的案件,最高人民法院予以核准的,应当作出核准裁定书;不予核准的,应当作出不核准裁定书,并撤销原判决、裁定,发回原审人民法院重新审判,或者指定其他下级人民法院重新审判。"这里所说的"不予核准",是指原判决、裁定不应当在法定刑以下判处刑罚,因此不予核准,并不包括同意在法定刑以下判处刑罚,只是认为原判量刑仍过重而不予核准原判决、裁定的情形。最高人民法院作为最高审判机关,对下级人民法院裁判,依法有权进行改判,包括在复核程序中的改判。比如在复核死刑案件时,最高人民法院认为不应当判处死刑的可以直接改判为其他刑罚。因此,无论从刑诉法的相关规定来看,还是从司法解释本身的逻辑性来看,最高人民法院都有权直接改判。[参见第182号案例,程乃伟绑架案,载《刑事审判参考》总第26辑(2002年第3辑),法律出版社,第49~50页。执笔:陈殿福]

▽将正在实施盗窃的犯罪分子追打致死行为的量刑情节考量

被告人是在被害人钟某某盗窃被发现后的逃跑途中,对其进行"追撵、堵截"时,持柴麦刀袭击钟某某右侧肋部,致使钟某某跌入水沟内,此后,又与同村村民持砖块砸击钟某某,致使其死于沟内。此时被害人已停止盗窃,如果因对其进行抓捕,为有效阻止其逃跑,而实施了适当、必要且有限的轻微伤害行为是法律允许的,但被告人不仅用刀将被害人打入水沟,还与他人共同用砖块将被害人砸死,其行为显然已不属于为使他人的财产权利"免受正在进行的不法侵害,而采取的制止不法侵害的行为",故不能适用刑法关于"防卫过当"的规定对其减轻或者免除处罚。《刑法》第六十一条规定,对于犯罪分子决定刑罚的时候,应当根据犯罪的事实、犯罪的性质、情节和对于社会的危害程度,进行判处。这是总的量刑原则,即对犯罪分子量刑时要充分考虑与犯罪有关的各种情节,从而正确确定刑罚。但对于没有法定减轻处罚情节的案件,要超出刑法规定的法定刑幅度进行减轻处罚,只能通过刑法规定的法定刑以下减轻处罚的特殊程序来处理。《刑法》第六十三条第二款规定,犯罪分子虽然不具有本法规定的减轻处罚情节,但是根据案件的特殊情况,经最高人民法院核准,也可以在法定刑以下判处刑罚。根据该款规定,减轻处罚的根据是"案件的特殊情况",对于"案件的特殊情况",一般是指涉及政治、外交、国防、宗教、民族、统战等国家利益的情况。但是,随着社会的发展,国家除在对涉及整体社会利益的领域进行维护外,也更多地开始关注公民个人各项权利的充分实现和保护。对于刑事案件,由于个案情况有别,实践中常常出现一些对犯罪分子判处最低刑罚仍显过重的情况,因此,《刑法》本条第二款中的"特殊情况",除了涉及国家利益的情况外,还应包括一些个案的情节特殊的情况,主要是反映被告人主观恶性、人身危害性、社会效果等方面的因素。根据《刑法》第二百三十四条第二款的规定,故意伤害他人致人重伤的,处三年以上十年以下有期徒刑;致人死亡或者以特别残忍手段致人重伤造成严重残疾的,处十年以上有期徒刑、无期徒刑或者死刑。本案在对被告人量刑时,除了考虑其故意伤害致一人死亡的基本事实外,还有以下情节需要考虑:(1)被害人有严重过错。根据查明的事实,被害人当天夜晚是与他人进入被告人所在村意图偷窃,并已经进入村民熊某某家中。(2)本案发生的社会背景及在当地影响。案发前,当地发生多起村民被盗事件,当地群众对偷盗行为极为愤恨。案发时该县正在开展平安建设,鼓励群众自觉参加巡逻打更,积极同违法犯罪行为作斗争。案发后,该村村民对被告人很是同情,多次上访请愿,要求对被告人从轻处罚。(3)被害人死亡是村民多人致伤、多种原造成的。被告人发现被害人后用柴麦刀的刀把朝其右侧肋部夯了一下,致使其倒在水沟里,随后赶来的二三十名群众都拿砖头、土块砸水沟里的钟某某。根据尸体检验报告显示,死者头面部、躯干部、四肢部有多处创伤,气管、支气管及食管内有大量污泥,经检验认为死者系重型颅脑损伤合并失血性休克、溺水窒息而死亡。由此可见,致使被害人死亡并非仅被告人一人所为。(4)被告人认罪态度较好,且系初犯、偶犯,其人身危险性较小。由上可见,被告人故意伤害致死一人,依法本应在十年以上量刑,但本案在当前的社会治安形势下具有一定普遍意义,对被告人如何量刑直接关系到公民与违法犯罪行为作斗争的积极性,关系到法律在群众心目中的形象,也直接关系到法律效果与社会效果能在多大程度上做到有机统一。综合全案各种情节,即使在法定刑幅度内对其判处十年有期徒刑的最低刑,仍显过重。在考虑本案案发前因、被告人的伤害手段、犯罪时的主观故意、危害结果的成因及社会效果等因素的基础上,一审法院对被告人在法定刑幅度下减轻判处有期徒刑五年,最高人民法院予以核准是正确的,很好地实现了法律效果与社会效果的有机统一。[参见第600号指导案例,闫子洲故意伤害案,载《刑事审判参考》总第72集(2010年第1集),第29~31页。撰稿:尚学文 王永贞]

▽一审法院根据案件特殊情况对被告人在法定刑以下判处刑罚,而未适用刑法第六十三条第二款规定的程序的,二审法院应当视是否影响公正审判而作出处理。对未影响公正审判的,可以依法纠正程序,逐级向最高人民法院报请核准

《刑法》第六十三条第二款规定:"犯罪分子虽然不具有本法规定的减轻处罚情节,但是根据案件的特殊情况,经最高人民法院核准,也可以在法定刑以下判处刑罚。"根据该规定,对于不具有刑法规定的法定减轻处罚情节的被告人,根据案件的特殊情况,如果有必要对被告人在法定刑以下判处刑罚的,必须适用《刑法》第六十三条第二款的规定报经最高人民法院核准。本案被告人走私珍贵动物制品的行为属于走私珍贵动物制品罪中的情节特别严重情形,根据《刑法》第一百五十一条第二款的规定,应当判处十年以上有期徒刑成者无期徒刑。在被告人没有法定减轻处罚情节的情况下,一审法院考虑到涉案象牙制品系被告人在尼日利亚合法购买,主要目的是个人收藏,而非牟利的特殊情况,决定对其在法定刑以下判处有期徒刑五年。然而,根据刑法第六十三条第二款的规定,上述判决必须报经最高人民法院核准,一审法院并未适用这一报核程序,应当认定程序违法。

根据1996年《刑事诉讼法》第一百九十一条的规定,对于一审程序违法可能影响公正审判的,二审法院应当裁定撤销原判,发回原审人民法院重新审判。如果二审法院虽然认定一审法院程序违法,但认为案件的公正审判并未受到影响的,也可不适用刑事诉讼法第一百九十一条第五项“其他违反法律规定的诉讼程序,可能影响公正审判的”规定,不撤销原判,不发回原审人民法院重新审判。在法定刑以下判处刑罚案件中,如果二审法院仅认定一审法院没有适用刑法第六十三条第二款规定的报核程序,且同意一审法院适用法定刑以下减轻处罚的规定,为了保证诉讼效率,依照1996年刑事诉讼法第一百八十九条第二项的规定,二审法院可以直接作出裁判,并报请最高人民法院核准。但如果二审法院认为一审法院的审判程序违法且影响了案件公正审判的除外。本案二审法院除了认为一审程序违法,还认为一审判决对被告人量刑过重,因而对被告人的量刑依法改判,同时还对一审程序违法之处予以纠正,并依法撮请最高人民法院核准。二审法院在对一审判决结果进行量刑改判的同时,依法履行了向最高人民法院报请核准的程序,在保证公正审判的前提下,弥补了一审的程序瑕疵,提高了诉讼效率;反之,如果二审法院以程序违法为由将案件发回重审,那么势必造成一审法院重新审理,无疑会造成司法资源的浪费,同时给被告人徒增诉累。[参见第772号指导案例,王宇走私珍贵动物制品案,载《刑事审判参考》总第86集(2012年第3集),第3~4页。撰稿:康瑛]

▽刑法修正案(八)实施之后,适用刑法第六十三条第二款对被告人在法定刑以下判处刑罚的,不受刑法第六十三条第一款规定的减轻幅度限制

刑法修正案(八)实施之前,刑法第六十三条第一款并没有对减轻处罚的幅度进行限制,故对犯罪分子减轻处罚时,无论是适用法定减轻处罚情节,还是适用刑法第六十三条第二款报核程序的,均不受法定量刑幅度的限制。刑法修正案(八)对刑法第六十三条第一款作了修改,增加了“本法规定有数个量刑幅度的,应当在法定量刑幅度的下一个量刑幅度内判处刑罚”的规定。刑法修正案(八)施行以前,最高人民法院曾核准过一些在法定量刑幅度的下两个量刑幅度内判处刑罚的案件。刑法修正案(八)第五条仅修改了刑法第六十三条第一款,对该条第二款未作修改,也并未明确第二款受第一款限制。司法实践中,出于政治、外交、国防等国家利益需要,以及为了实现特殊个案的罪刑均衡(例如,许霆案即为典型案例,如不能下两格处罚则明显量刑过重),必要时在法定量刑幅度的下两个量刑幅度判处刑罚有其必要性和合理性,但应当严格掌握,不宜扩大适用。[参见第772号指导案例,王宇走私珍贵动物制品案,载《刑事审判参考》总第86集(2012年第3集),第4~5页。撰稿:康瑛]

▽适用减轻处罚情节,原则上不应适用减轻处罚情节对被告人减至免予刑事处罚

刑法修正案(八)施行以前,全国各地法院对在法定刑以下判处刑罚的具体幅度、把握的标准不一。对于同时具有几个量刑幅度的案件,有的法院严格把握在具体对应的法定量刑幅度的下一个量刑幅度判处刑罚,有的法院可能跨越一个或者几个量刑幅度判处刑罚,还有的法院甚至在适用减轻处罚情节后判处免予刑事处罚。

(一)对具有法定减轻处罚情节而在法定刑以下判处刑罚的案件应当在法定量刑幅度的下一个量刑幅度内判处刑罚。减轻处罚是在一定条件下对刑期予以一定幅度的缩减,最终处罚结果仍必须判处一定的刑期,与免予刑事处罚在本质上是不同的。为了统一减轻处罚的量刑标准,准确量刑,刑法修正案(八)第五条将刑法第六十三条第一款修改为:“犯罪分子具有本法规定的减轻处罚情节的,应当在法定刑以下判处刑罚;本法规定有数个量刑幅度的,应当在法定量刑幅度的下一个量刑幅度内判处刑罚。”这一规定明确了刑法规定有数个量刑幅度的,应当在法定量刑幅度的下一个量刑幅度内判处刑罚,而不能跨越量刑幅度判处刑罚。因此,对具有法定减轻处罚情节而在法定刑以下判处刑罚的案件,应当在法定量刑幅度的下一个量刑幅度内判处刑罚,不能减至免予刑事处罚。

(二)对不具有法定减轻处罚情节而在法定刑以下判处刑罚的案件应当在法定量刑幅度的下一个量刑幅度内判处刑罚。抛开个案因素,就犯罪本身而言,具有法定减轻处罚情节的案件比不具有法定减轻处罚情节的案件更有理由在法定刑以下判处刑罚,正因如此,对不具有法定减轻处罚情节的案件要在法定刑以下判处刑罚必须逐级报请最高人民法院核准。既然对具有减轻处罚情节的案件在减轻处罚时不能跨越量刑幅度判处刑罚,那么对不具有法定减轻处罚情节的案件在减轻处罚时更应当遵循在法定量刑幅度的下一个量刑幅度内判处刑罚的原则。但是对极个别涉及政治、国防、外交等特殊情况的案件,应当根据具体情况,决定减轻刑罚的幅度,不受在法定量刑幅度的下一个量刑幅度内判处刑罚这一原则的限制。本案是在《刑法修正案(八)》施行前判决的案件。虽然《刑法修正案(八)》之前的法律及相关规范性文件没有明确限制减轻处罚的幅度,但是根据有关减轻处罚等刑罚具体运用的原理,对于《刑法修正案(八)》施行前发生以及判决的案件,在适用减轻处罚情节时,原则上应当限制在法定量刑幅度的下一个量刑幅度内判处刑罚,不应跨越量刑幅度减至免予刑事处罚。

(三)对法定量刑幅度已是最低量刑幅度的案件适用减轻处罚情节,可以直接判处免予刑事处罚。如果具体罪行所对应的法定量刑幅度已是最低量刑幅度,但该法定量刑幅度中最低的刑种尚不是最轻的,适用减轻处罚情节时,是否可以突破刑法的规定,以此该法定量刑幅度中最低的法定刑更轻的刑种判处刑罚?对此问题,最高人民法院研究室1994年2月5日下发的《关于适用刑法第五十九条第二款减轻处罚能否判处刑法分则条文没有规定的刑罚问题的答复》(本附文以下简称《答复》)作了如下明确答复,“在法定刑以下判处刑罚,包括判处刑法分则条文没有规定的不同种的刑罚”。《答复》中的刑法第五十九条第二款是指1979年刑法第五十九条第二款,虽然与1997年刑法第六十三条第二款的具体表述有所不同,但都是针对不具有法定减轻处罚情节的被告人减轻处罚作出的规定,内容一脉相传。因此,在没有规范性文件明确提出相反的意见之前,《答复》确立的原则至今依然可以适用。以单位行贿案件为例,单位行贿罪只有“五年以下有期徒刑或者拘役”一个量刑幅度,在适用减轻处罚情节时,可以对被告人判处管制;再以战时自伤案件为例,战时自伤罪有两个法定量刑幅度,如果与具体罪行对应的法定量刑幅度是“三年以下有期徒刑”,在适用减轻处罚情节时,可以对被告人判处拘役或者管制;如果与具体罪行对应的法定量刑幅度中最低的法定刑已是最低刑种,即没有再适用减轻处罚的空间的,则可以直接适用刑法第三十七条免予刑事处罚的规定,不必以适用减轻处罚情节的方式判处免予刑事处罚。例如,扰乱法庭秩序罪的法定刑是“三年以下有期徒刑、拘役、管制或者罚金”,对本罪已无适用减轻处罚情节的空间,如果犯罪情节轻微不需要判处刑罚的,完全可以直接通过适用刑法第三十七条的规定,对被告人判处免予刑事处罚。

总之,当案件没有法定免除处罚情节时,原则上不应适用减轻处罚情节对被告人减至免予刑事处罚。本案原审法院根据刑法第三百八十三条第一款第三项的规定,将“个人贪污数额在五千元以上不满一万元,犯罪后有悔改表现、积极退赃的,可以减轻处罚或者免予刑事处罚”作为“个人贪污数额在五千元以上不满五万元的,处一年以上七年以下有期徒刑”的下一个量刑幅度,对被告人刘某适用减轻处罚情节,直接作出免予刑事处罚的判决不妥。因此,最高人民法院未核准对被告人刘某在法定刑以下判处刑罚的判决。[参见第786号指导案例,刘某贪污案,载《刑事审判参考》总第86集(2012年第3集),第87~89页。撰稿:王坤]

▽上一级人民法院同意在法定刑以下判处刑罚的,可以不制作裁定文书,但应当制作书面报告层报最高人民法院核准

上一级人民法院同意原判的,不必作出裁定,但应当制作书面报告层报最高人民法院核准。主要理由如下:首先,根据刑法本条第二款的规定,只有最高人民法院有权核准在法定刑以下判处刑罚的判决,其他上一级人民法院没有实质意义上的核准权,只是在层报过程中起到“把关”作用,没有制作同意原判裁定的法理依据。其次,如上一级人民法院都可以作出同意原判的裁定,那么最高人民法院是核准原审判决还是其上一级人民法院的裁定,容易引起混乱。最后,2013年施行的《最高人民法院关于适用〈中华人民共和国刑事诉讼法〉的解释》(本附文以下简称《解释》)第三百三十六条规定,上一级人民法院复核下级法院未上(抗)诉法定刑以下判处刑罚的案件,同意原判的,应当书面层报最高人民法院核准;不同意的,应当裁定发回重新审判。该规定对上一级人民法院何种情况下适用裁定进行了明确的限定,同意原判的应当以书面报告形式层报最高人民法院核准。《解释》出台后,有必要依照《解释》的规定对此类问题进行统一和规范。[参见第1017号指导案例,周标受贿案,载《刑事审判参考》总第99集(2014年第4集),第116~117页。撰稿:尚骄阳]

第六十四条 【犯罪物品的处理】犯罪分子违法所得的一切财物,应当予以追缴或者责令退赔;对被害人的合法财产,应当及时返还;违禁品和供犯罪所用的本人财物,应当予以没收。没收的财物和罚金,一律上缴国库,不得挪用和自行处理。

■最高人民法院、最高人民检察院、公安部关于办理电信网络诈骗等刑事案件适用法律若干问题的意见(2016年12月20日)

七、涉案财物的处理

(一)公安机关侦办电信网络诈骗案件,应当随案移送涉案赃款赃物,并附清单。人民检察院提起公诉时,应一并移交受理案件的人民法院,同时就涉案赃款赃物的处理提出意见。

(二)涉案银行账户或者涉案第三方支付账户内的款项,对权属明确的被害人的合法财产,应当及时返还。确因客观原因无法查实全部被害人,但有证据证明该账户系用于电信网络诈骗犯罪,且被告人无法说明款项合法来源的,根据刑法第六十四条的规定,应认定为违法所得,予以追缴。

(三)被告人已将诈骗财物用于清偿债务或者转让给他人,具有下列情形之一的,应当依法追缴:

1. 对方明知是诈骗财物而收取的;
2. 对方无偿取得诈骗财物的;
3. 对方以明显低于市场的价格取得诈骗财物的;
4. 对方取得诈骗财物系源于非法债务或者违法犯罪活动的。

他人善意取得诈骗财物的,不予追缴。

■最高人民法院关于被告人亲属主动为被告人退缴赃款应如何处理的批复(全文)(1986年8月26日)

一、被告人是成年人,其违法所得都由自己挥霍,无法追缴的,应责令被告人退赔,其家属没有代为退赔的义务。

被告人在家庭共同财产中有其个人应有部分的,只能在其个人应有部分的范围内,责令被告人退赔。

二、如果被告人的违法所得有一部分用于家庭日常生活,对这部分违法所得,被告人和家属均有退赔的义务。

三、如果被告人对责令其本人退赔的违法所得已无实际上的退赔能力,但其亲属应被告人的请求,或者主动提出并征得被告人的同意,自愿代被告人退赔部分或者全部违法所得的,法院也可考虑具体情况,收下其亲属自愿代被告人退赔的款项,并视为被告人主动退赔的款项。

四、属于以上三种情况,已作了退赔的,均可视为被告人退赃较好,可以酌情从宽处罚。

五、如果被告人的罪行应当判处死刑,并必须执行,属于以上第一、二两种情况的,法院可以接收退赔的款项;属于以上第三种情况的,其亲属自愿代为退赔的款项,法院不应接收。

■最高人民法院关于滥伐自己所有权的林木其林木应如何处理的问题的批复(全文)(1993年7月24日)

属于个人所有的林木,也是国家森林资源的一部分。被告人滥伐属于自己所有权的林木,构成滥伐林木罪的,其行为已违反国家保护森林法规,破坏了国家的森林资源,所滥伐的林木即不再是个人的合法财产,而应当作为犯罪分子违法所得的财物,依照刑法(1979年刑法——编著者注)第六十条的规定予以追缴。

■最高人民法院、最高人民检察院、公安部、国家工商行政管理局关于依法查处盗窃、抢劫机动车案件的规定(1998年5月8日)

十一、对犯罪分子盗窃、抢劫所得的机动车辆及其变卖价款,应当依照《刑法》(1997年刑法——编著者注)第六十四条的规定予以追缴。

○"供犯罪所用的本人财物"的认定与没收

一、如何界定"供犯罪所用"。所谓"供犯罪所用",一般理解即是指行为人实施犯罪时所使用。但显然又不是一切用于犯罪的财物不加区分,都要予以没收。在认定"供犯罪所用"的财物时,应把握以下几个方面:1.在与犯罪的关系上,应是直接用于犯罪之物。没收的财物应与犯罪行为存在直接联系,对犯罪行为的实施具有决定性或促进性作用,如用于杀人之菜刀、赌博之赌具等。至于那些与犯罪相关联,但不是直接用于犯罪的财物则不应视为"供犯罪所用"。是否存在直接联系,应以是否组成犯罪行为为客观标准。我国以前的司法实践也是采取这一观点。如1989年9月16日公安部《关于为赌博提供的交通工具能否予以没收的批复中》明确指出:赌博时所用的赌具不论价值高低,均应没收。为赌博提供交通工具(小汽车)以及场所(房屋)条件的,是违反治安管理的行为,对行为人应给予治安处罚,但交通工具、场所不是赌具,不应没收。需要指出的是,这里的"犯罪"既包括已经着手实施的犯罪,也包括犯罪预备阶段;既包括已经供犯罪使用的财物,也包括意图或将要供犯罪所用而尚未实际使用的财物。2.在物品的用途上,应是专门或者主要用于实施犯罪之物。即该财物之取得或者存在的目的就是为了实施犯罪,该物品与犯罪行为间存在经常性的、密切的联系。对于那些主要用于日常生产生活、只是偶尔为犯罪所用的财物进行没收则有违设立没收制度之本意。如在伪造证件过程中使用的复印机,一般不应没收,但若该复印机的购买即是为了伪造证件或者购买后主要用于伪造证件,则应属没收之列。3.没收物系被用于故意犯罪。没收供犯罪使用的财物是以实施刑法上的违法行为为前提,并以有于将来再实施违法行为之虞为要件,这些都仅存在于故意犯罪中。而过失犯罪中,被告人在主观上不存在故意实施犯罪之内容,也就谈不上有专为实施犯罪所用之物,同时亦无法确定将来有再实施违法行为之虞,故不应适用该处分。需要指出的是,上述三个要件是认定"供犯罪所用"财物的充分要件,但并非在每个案件中都是必要要件。如上文所述杀人之菜刀系直接用于犯罪之物,但非专门用于实施犯罪;相反的例子则如曾在许多城市发生的飞车抢物案中,摩托车并非直接用于犯罪,但属于专门实施犯罪之物。上述两种财物显然均应予以没收。由此可见,在认定"供犯罪使用"的财物时,须对上述三个要件综合考量,慎重界定。

二、如何认定"本人"财物。"本人"财物意指犯罪人对财物享有所有权,似不应存在歧义。没收只属于犯罪人一人所有的财物自无争议。但在他人对该物也享有权利,如与犯罪人共有该物,或对该物享有他物权、债权等权利时,能否仍然认定为犯罪人的"本人"财物而予以没收。对刑法规定的"本人"财物,应当综合考量立法目的、价值平衡并结合我国的实际国情进行解释适用。从没收的设立目的来看,主要是通过强制剥夺犯罪人对其财产的所有权来惩罚犯罪,并消除其利用该财物继续进行违法犯罪活动之危险。如果对没收范围附加过多限制,则无法充分发挥该制度的功能,不能有效实现立法目的。从价值平衡角度来看,没收处分之价值在于惩罚、预防犯罪,维护社会公共秩序和利益,对没收财物所有权的限制则是出于保护第三人利益。在二者之间应保持合理平衡,不能失之偏颇。从我国的风俗习惯和现行婚姻家庭法律制度来看,在我国的家庭中,实行约定财产制的极少,而根据我国婚姻法的规定,我国的法定财产制是夫妻、家庭共同财产制,这也就意味着,我国公民的财产绝大多数是以夫妻或家庭共同财产的形式存在,很少有明确的个人财产。且基于夫妻和家庭成员之间的亲密关系,即使因财产约定而存在个人财产,一般也不为外人所知。因此,如将对犯罪财物的没收限制在纯粹犯罪人个人所有的范围内,则刑法此条规定将几乎沦为一纸空文而无法实施。只要犯罪人对财物享有所有权,即使与他人共有,亦可认定为"本人"财物而予以没收,其他共有人的合法权益可以通过民事程序向犯罪人主张。但是,如果被没收的犯罪财物系其他共有人必需的生活资料,或没收将严重影响其他共有人正常生活的,则一般不得没收。至于他人对没收物享有他物权、债权等情形的,因所有权完全属于犯罪人,当然属于刑法规定的"本人"财物。此外,根据刑法理论通说和司法实践惯例,如果第三人明知其财物将为犯罪行为所用而仍然提供,虽不属于犯罪人所有,也可予以没收。至于确定财物所有权归属的时间标准,应以犯罪人实施犯罪行为时为准。犯罪后,犯罪人以外的第三人知情而取得该物时,不论其是否支付对价,仍应没收,并不予补偿;如第三人不知情而有偿取得,则不应没时,但对犯罪人因此取得的对价予以没收;对于犯罪人将自己的上述财产无偿赠与他人的,对于无偿取得者可予以没收,并不予补偿。

三、没收供犯罪使用的财物应坚持罪刑相适应原则。罪刑相适应原则指的是刑罚的轻重要与犯罪人所犯罪行和应承担的刑事责任相适应,重罪重罚,轻罪轻罚,罚当其罪。就一般理解而言,该原则适用于刑罚的裁量,似与此种非刑罚性质的特殊没收无关,但我们认为没收仍然应坚持罪刑相适应原则。没收应坚持罪刑相适应原则,以犯罪的社会危害性为基础,全面、充分考虑犯罪的性质、情节、损害后果、财物在犯罪中所起的作用等因素,保持没收处分与犯罪的社会危害程度之间的相当关系,从而体现刑事司法的公正性与合理性。本案中,面包车系被告人沈某的家庭共同财产,可以认为是沈某"本人"的财物,但它并非专门用于实施犯罪,更重要的是,沈某与他人共同盗窃数额仅1200元,又已被判处罚金2000元,而该车价值2万余元,在此情况下没收该车显然有违罪刑相适应原则。因此二审改判不予没收该车更能体现刑法规定之本旨,其法律效果和社会效果也更好。[参见《刑事审判参考》总第45辑(2005年第4辑),法律出版社,第57~61页。作者:吴燕、赵祥东]

▽"违法所得的一切财物"、"违禁品"和"供犯罪所用的本人财物"的认定与处理

"违法所得的一切财物"司法实践中也称"赃款赃物",指犯罪分子实施犯罪行为所获得的全部财物,如通过抢劫、贪污等犯罪取得的公私财物。"违禁品"是指依照有关规定不得私自持有、使用的物品,如毒品、假币等。"供犯罪所用的本人财物"是指供犯罪分子进行犯罪活动而使用的属于犯罪分子本人所有的钱款和物品,如用于播放淫秽录像的犯罪分子本人的录像设备。在刑事诉讼中,追缴、没收以上财物是依据我国刑法规定对犯罪分子的违法所得或者与犯罪有关的财物必须采取的带有强制性的刑事司法行为。这种追缴和没收不是行政处罚,与刑罚中的没收财产、罚金也有本质的不同。因为追缴被告人的违法所得、没收违禁品和供犯罪所用的本人财物是公安机关、安全机关、人民检察院或者人民法院依据刑事诉讼法授予的权力而实施的刑事司法行为,适用于所有的犯罪分子,涉及的是与犯罪有关的财物,因此,被追缴、没收财物的人不能因为不服而提起行政诉讼;行政处罚中的罚款和没收是有关行政机关依照法律、法规作出的具体行政行为,相对人不服的,可以提起行政诉讼。[参见第57号案例,戴恩销售假冒注册商标的商品案,载《刑事审判参考》总第8辑(2000年第3辑),法律出版社,第11~12页。审编:高憬宏]

▽被告人提出上诉并在二审审理期间死亡的,其实施犯罪过程中的违法所得应予追缴

刑法规定:"犯罪分子违法所得的一切财物,应当予以追缴或者责令退赔"。刑法的这种规定是针对刑事诉讼活动中的犯罪嫌疑人、被告人的违法所得的处理而作出的,仅就适用追缴活动而言,在侦查、起诉、审判阶段中发现有违法所得,均应依法予以追缴。这里所说的犯罪分子并不是刑事诉讼程序意义上的罪犯,而是指实施了刑法规定为犯罪的行为,应当依法接受刑罚处罚的行为人。但是只有经过刑事诉讼活动确认、宣告其有罪并承担刑事责任,该行为人才能够成为刑事诉讼程序意义上的对其行为实际承担刑罚处罚的罪犯。违法所得是行为人通过实施违法犯罪行为,侵害国家、公共利益或其他公民的合法利益所获取的,这种违法所得不受国家法律保护,依照法律规定应当予以追缴。只要根据现有证据查明的事实能够确认该财物是违法所得,均应当依法予以追缴。应当明确,追缴违法所得与对被告人判处刑罚不同,刑法中"犯罪分子违法所得的一切财物,应当予以追缴或者责令退赔"的规定不以行为人构成犯罪、承担刑事责任为前提,违法所得不因行为人的死亡而消失,法律规定的对违法所得的剥夺也同样不因行为人的死亡而取消。[参见第44号案例,秦学荣抢劫、流氓、诈骗、侵占案,载《刑事审判参考》总第6辑(2000年第1辑),法律出版社,第28页。审编:裴显鼎]

▽被告人个人合法财产不应没收

刑法规定追缴被告人违法所得、退赔被害人损失及没收的对象有两种:一是犯罪分子违法所得的一切财物,对此应予以追缴或责令退赔;二是违禁品和用于犯罪的犯罪分子个人所有的财物,对此应予以没收。侦查机关移送的财物中有行为人个人合法财产,并未用于犯罪活动,故依法不能没收,也不能作为追缴的对象。[参见第31号案例,韩义昌徇私舞弊、挪用公款案,载《刑事审判参考》总第4辑(1999年第4辑),法律出版社,第45页。审编:高贵君]

▽刑事涉案财物处理的基本原则

1. 相当性原则。在追缴、没收违法所得与犯罪工具等涉案财物时,司法机关需受到一定的限制。该限制细化成原则后,又被称为相当性原则,即没收的结果应与犯罪情节的可责程度相当,如没收在轻微犯罪行为中作为交通工具的汽车,没收之结果与犯罪情节两者相形之下显然过当,即属违背相当性原则。相当性原则是罪刑相当原则在刑事涉案财物处理中的具体运用与体现。从实践来看,需要从涉案财物的利用方式、使用频度、与犯罪行为的关联程度上,也可以表现为涉案财物的价值大小、没收结果与犯罪后果的对比程度加以判断。也就是说,追缴没收应以犯罪的社会危害性为基础,全面、充分考虑犯罪的性质、情节、损害后果、财物在犯罪中所起的作用,以及财物处理后可能造成的影响,合理界定"供犯罪所用的本人财物"与"违法所得的一切财物"范围,兼顾、平衡犯罪人、国家、被害人与善意第三人等各方的利益。如犯罪人所获取的利益与没收犯罪工具的价值悬殊不宜太大;对一些社会危害性相对较小的轻微犯罪,如没收犯罪人大宗财物就可能有失公平、公正;对第三人所有的犯罪工具予以没收时,应以第三人因故意或重大过失将财物提供给犯罪分子作为犯罪工具为限,不应没收第三人因受蒙蔽或仅因一般过失而提供的财物。需要指出的是,在认定犯罪工具时,财物与犯罪者间应存在直接或密切的关系。所谓直接关系,是指财物对犯罪的完成起到了决定性和促进性的作用;对那些仅与犯罪相关联,但不是直接用于犯罪的财物一般不应视为"犯罪所用"。所谓密切关系,是指财物与犯罪存在经常性的联系,是专门或主要用于实施犯罪之物,而非仅偶尔用于犯罪。如伪造证件过程中使用的复印机,一般不应没收,但若该复印机的购买即是为了伪造证件或者购买后主要用于伪造证件,则应属没收之列。据此,被告人沈某驾驶价值2万余元的出租车,仅窃得财物价值1200余元,如将汽车认定为犯罪工具予以没收则显失公平。2. 经济原则。司法机关处理涉案财物要考虑可能支出的成本,确保被害人利益与国家利益保护的最大化。如陈某盗窃案中,按正常程序被害人实际上得不到任何补偿,并不符合经济原则与被害人利益保护的最大化原则。据此,可考虑由法官确立一个合理底价,无须经过评估等程序即对扣押电脑予以拍卖;在被害人同意时,亦可考虑以合理的价格直接将电脑发还被害人。同时,如果所得物价值很低,追缴没收反而可能花费更大的,根据经济原则,一般不再予以追缴。[参见郑勇、刘长进、刘长坤:《刑事涉案财物处理问题之探讨》,载《刑事审判参考》(实务探讨)总第79集(2011年第2集),第190～192页。]

▽刑事涉案财物处理的实体认定规则

1. 明确涉案财物的认定标准。一是被害人因不法目的遭受的损失,一般不能认定为被害人的合法财产予以发还。我国民法相关规定亦明确用于非法活动的财物应予收缴,《民法通则》第一百三十四条第三款规定,人民法院审理民事案件可以予以训诫、责令具结悔过、收缴进行非法活动的财物和非法所得等。而且,如果将钱款发还被害人,则有变相纵容此种行为之嫌。二是非法经营、非法吸收公众存款等案件同样存在被害人。虽然此类案件的受害者与以非法占有为目的的侵财型案件的被害人似有不同,因为这些案件的参与者往往明知其参与的行为并不完全为国家法律所许可,本身具有一定的过错,但对此类案件的一般参与者,仍宜赋予其被害人的地位。主要理由在于:第一,此类案件与诈骗类案件的主要区别在于能否认定犯罪人主观上的非法占有目的。实践中,即使司法机关对有些案件的被告人是否具有非法占有目的及案件定性也存有巨大争议,故要求此类案件的一般参与者对犯罪人的主观故意作一个精准的判断不切实际,也不合情理。第二,认定此类案件的受害者为被害人,并不违反我国刑事诉讼法的精神。根据刑事诉讼理论,被害人作为遭受犯罪行为侵害的人,与案件结局有着直接的利害关系,不仅具有获得经济赔偿与补偿的愿望,而且更有对其实施侵害的犯罪人受到法律上谴责、惩罚的要求。非法经营、非法吸收公众存款案件的一般参与者也符合该情形。第三,“两高”及证监会等联合发布的《关于整治非法证券活动有关问题的通知》对此亦持肯定意见,该通知明确规定:如果非法证券活动构成犯罪(一般认定非法经营犯罪),被害人应当通过公安、司法机关刑事追赃程序追偿。三是违法所得应当包含间接收益在内。利用违法所得经营或者投资所得之利益,均应认定为违法所得。主要理由是:第一,将一切犯罪收益作为违法所得追缴,是由收益来源的违法性所决定的,体现了“任何人不得因犯罪获利”这一重要的法律原则,更是预防犯罪的本质要求,能切实割断犯罪的“经济原动力”。第二,从我国相关司法解释来看,明确了对犯罪收益的追缴。《最高人民法院关于审理挪用公款案件具体应用法律若干问题的解释》第二条规定:“……挪用公款存入银行、用于集资、购买股票、国债等,属于挪用公款进行营利活动。所获取的利息、收益等违法所得,应当追缴,但不计入挪用公款的数额……”这里的收益,即是指犯罪收益,包括投资性收益在内。四是在违法所得的界定标准上,应根据案件类型分别适用毛利法与纯利法。毛利法中,违法所得包括犯罪成本在内,如1993年12月最高人民检察院在《关于假冒注册商标犯罪立案标准的规定》中,将“违法所得数额”解释为“销售收入”;而在纯利法中,违法所得应当扣除相应犯罪成本,系指“获利数额”,如1998年印发的《最高人民法院关于审理非法出版物刑事案件具体应用法律若干问题的解释》第十七条明确规定违法所得数额系指“获利数额”。产生违法所得的犯罪主要是财产性与经济性的犯罪,具体可区分为两大类:一是取得利益型(以非法占有为目的)犯罪,如盗窃罪、贪污罪、受贿罪等;二是经营利益型犯罪,如高利转贷罪、非法经营罪、侵犯著作权罪、销售侵权复制品罪等。由于这两类犯罪中违法所得产生的方式不同,因而在追缴时计算方式也应有所区别。对于前者,其所取得的非法财产本身即是违法所得,犯罪数额和违法所得数额具有一致性;而对于后者,一般以进行相应的扣除为宜,如在高利转贷罪中,即应以所谓的“利差”所得作为违法所得。整体而言,违法所得一般不应高于犯罪人所获利益,否则追缴、没收具有了“附加刑”的刑罚特征,这与我国刑法将追缴、没收排除在刑罚之外的安排并不相符。也就是说,对于经营利益型的犯罪,理应采取纯利原则,即扣除相应的经营成本;而对于取得利益型的犯罪,则无须扣除所谓的成本开支。2. 注重涉案财物处理中第三人财产利益的保护。一是赃物原则上适用善意取得原则。从我国立法来看,虽然《物权法》中明确规定了善意取得制度,但对于赃物能否适用善意取得没有明确规定。而相关刑事司法解释或规范性文件在不同时期所持立场亦不一致。赃物能否适用善意取得,关键取决于所有权保护与交易安全两者间的利益衡量与价值判断。当前我们可侧重于交易安全和效率价值,强调对善意第三人的保护,并兼顾财产所有权的“静的安全”。事实上,对交易安全的保护也是相关国际公约的要求,目前我国批准通过且规定有没收内容的国际刑事公约,均要求在追缴没收过程中,注重对善意第三人权利的保护。因此,应根据最高司法机关在新近司法解释中所采取的立场,即如果第三人是在善意情况下取得赃物的,被害人(原物主)不得再有请求回复的权利。同时,赃物适用善意取得至少应满足如下基本条件:第一,取得人不知道所获财物系犯罪所得。第二,取得之物须为法律所允许流通,且须在公开市场并经合理的交易方式取得赃物。公开市场,是指公共市场或贩卖同种类之物品的商业场所;合理的方式即正当交易、拍卖等不可能对财产的非法来源产生怀疑的方式。若非由此种方式进行的交易,可径行否定行为人的善意。第三,必须支付合理的对价。第四,物品已经交付给受让人,需要登记的,已经办理相关登记手续。需要强调的是,如由他人善意取得之后,再从善意取得者手中恶意取得此物的,也可以没收。需要指出的是,在坚持赃物一般适用善意取得制度的同时,还应注意以下几点:第一,金钱作为种类物,不同于一般财物,转移占有即转移所有权,故一般情形下,赃款一旦交付其性质就发生变化,不宜再一追到底。但是,行为人将赃款用于归还债务或相关经济活动的,必须是合法的正当债务以及正当经济活动,否则取得赃款的第三人不能认定为善意,不能适用赃物之善意取得原则。比如,赃款被用于归还赌债的,不能适用善意取得原则。第二,行为人将赃款用于购买保险等情形的,适用善意取得,但可通过退保等相关民事手段予以追偿。第三,典当物品受到有偿回复请求权的限制,不适用善意取得。具体说来,应区分以下情形:如果典当行切实履行了审核义务,没有过失,系善意收取赃当,原物主可持当物所有权证据办理认领手续,按典当行实付当金数额赎取当物,但可免交当金利息和其他费用;如果典当行违反典当管理制度,未尽审查注意义务予以收当,则应将典当物品无偿发还被害人;如果典当行尽到了一定的审查注意义务,但未完全按照典当管理法规进行操作的,鉴于典当行应该负有较高的审查被当物来源的义务,故仍不能认定为善意收取赃当,应对其疏忽造成的损失承担全部责任,应将典当物品无偿发还被害人。二是供犯罪所用的财物并不局限于犯罪人单独所有,但应注意对第三人权利的保护。一般情况下,供犯罪所用的财物应为犯罪人单独所有,但是,在拥有所有权的第三人存有恶意或者系犯罪人之家庭共有财产时,可以作扩大解释,考虑认定为"供犯罪所用的财物"。当然,如果对供犯罪所用之物的没收可能损害家庭共有人或第三人的利益时,则可以采取相应的补偿等措施加以弥补,并可赋予第三人通过民事程序向犯罪人或者其他责任人索赔的权利。如果被没收的财物系共有人或第三人所必需的生产、生活资料,或没收确有可能影响到其正常生活的,也可不予没收。[参见郑勇、刘长进、刘长坤:《刑事涉案财物处理问题之探讨》,载《刑事审判参考》(实务探讨)总第79集(2011年第2集),第190～197页。]

▽如何确定刑事判决书中关于尚未查封、扣押、冻结的涉案财物"继续追缴"的执行主体和程序问题

(一)刑事涉案财物的概念。2012年修改后的刑事诉讼法首次使用了"涉案财产"的术语,并在第五编特别程序中单设了第三章,对犯罪嫌疑人、被告人逃匿、死亡案件违法所得的没收程序进行了规定。其中,第二百八十条第一款规定:"对于贪污贿赂犯罪、恐怖活动犯罪等重大犯罪案件,犯罪嫌疑人、被告人逃匿,在通缉一年后不能到案,或者犯罪嫌疑人、被告人死亡,依照刑法规定应当追缴其违法所得及其他涉案财产的,人民检察院可以向人民法院提出没收违法所得的申请。"2012年年底出台的《最高人民法院关于适用〈中华人民共和国刑事诉讼法〉的解释》(本附文以下简称《解释》)第五百零九条规定:"实施犯罪行为所取得的财物及其孳息,以及被告人非法持有的违禁品、供犯罪所用的本人财物,应当认定为刑事诉讼法第二百八十条第一款规定的'违法所得及其他涉案财产'。"2013年1月1日施行的《人民检察院刑事诉讼规则(试行)》(本附文以下简称《规则》)则对"刑事涉案财产"进行了明确定义。《规则》第五百二十三条第三款规定:"犯罪嫌疑人实施犯罪行为所取得的财物及其孳息以及犯罪嫌疑人非法持有的违禁品、供犯罪所用的本人财物,应当认定为前两款规定的违法所得及其他涉案财产。"由上述规定可见,刑事涉案财物包括以下三种类型:一是刑事违法所得,它包括财物及其孳息,是基于犯罪行为所产生的、由犯罪行为人所占有和控制的、没有合法根据的利益,体现为违法性、价值性、占有性。需要明确的是,违法所得主要以经济利益为核心,专指通过犯罪行为所获得的经济性利益的增长。这种增长包括两个方面:一方面是指相对于犯罪行为之前经济性利益的增长,可以说,任何有违法所得的犯罪都存在这一方面的利益增长;另一方面还包括这些经济性利益在流通中实现的增值,即孳息,有些利益可能会贬值,因此,并非所有犯罪的违法所得均会产生孳息。二是供犯罪所用之物,它是指实施犯罪时所使用的财物,包括已经供犯罪所用或者将要供犯罪所用的物。如抢劫犯罪团伙使用的车辆、无行医执照的人为其非法行医所准备的医疗器械和药品。三是犯罪行为人所持有的违禁物品,如故意杀人所用的枪支,毒品犯罪中的毒品等。违禁品是法律禁止持有的物品,本来就不应属于犯罪行为人所有,需要实施强制没收。

(二)当前对刑事涉案财物的相关规定。目前,法律法规及相关解释对涉案财物的规定,散见于20多个不同效力层次的法律、法规、规定、办法、通知、批复中。刑法第六十四条及1996年刑事诉讼法第一百九十八条、2012年刑事诉讼法第二百三十四条均作出了概括性、原则性的规定。2012年刑事诉讼法第二百八十条至第二百八十三条还专门规定了犯罪嫌疑人、被告人逃匿、死亡案件违法所得的没收程序。此外,《解释》第三百五十九条至第三百七十条、第五百零七条至第五百二十二条,最高人民法院、最高人民检察院、公安部、国家安全部、司法部、全国人大常委会法制工作委员会2012年联合印发的《关于实施刑事诉讼法若干问题的规定》(本附文以下简称《六部委规定》)第三十六条至第三十九条,公安部印发的《公安机关办理刑事案件程序规定》(本附文以下简称《公安规定》)第二百二十条至第二百三十八条、第三百二十八条至第三百三十条,《规则》第二百三十一条至第二百四十六条、第五百二十三条至第五百三十八条,都对涉案财产作出了相应规定。1996年刑事诉讼法第一百九十八条规定:"公安机关、人民检察院和人民法院对于扣押、冻结犯罪嫌疑人、被告人的财物及其孳息,应当妥善保管,以供核查。任何单位和个人不得挪用或者自行处理。对被害人的合法财产,应当及时返还。对违禁品或不宜长期保存的物品,应当依照国家有关规定处理……人民法院作出的判决生效以后,对被扣押、冻结的赃款赃物及其孳息,除依法返还被害人的以外,一律没收,上缴国库……"2012年刑事诉讼法第二百三十四条在此基础上,增加了对查封、扣押、冻结的犯罪嫌疑人、被告人的财物及其孳息,应当制作清单,随案移送,人民法院作出的判决,应当对查封、扣押、冻结的财物及其孳息作出处理,以及人民法院作出的判决生效以后,有关机关应当根据判决对查封、扣押、冻结的财物及其孳息进行处理的规定。值得注意的是,如前所述,2012年刑事诉讼法第五编第三章对特殊案件中犯罪嫌疑人、被告人逃匿、死亡案件违法所得没收程序作了明确规定。该章修改的背景是贪污贿赂等犯罪涉案金额愈发巨大,携款外逃情况屡见不鲜,既给国家造成了巨额的财产损失,又给国家声誉造成了重大损害。鉴于这一情况,刑事诉讼法明确规定了违法所得没收程序适用的案件范围及条件,违法所得没收程序的管辖及审理方式等。虽然适用该程序必须以犯罪嫌疑人、被告人构成贪污贿赂或者恐怖活动等特定犯罪为前提,但对于包括本案在内的一般犯罪的处理亦具有借鉴意义。刑事诉讼法的这一最新规范,充分体现了对涉案财物查没应当由审判机关审查的国际化趋势,规定了由检察机关提供证据、提起投收违法所得的申请,由法院组成合议庭进行审理;受理后发出公告,利害关系人有权参加诉讼;法院在必要时可以查封、扣押、冻结申请没收的财产等。从上述法律的规定可知,关于刑事诉讼法及相关规范性文件对刑事涉案财物的规定在立法体系上体现了一定的进步性,主要体现在两个方面:一是刑事诉讼法对法院在判决书中对查封、扣押、冻结的财物及其孳息如何处理进行了明确规定,对于不管是哪个案件阶段、哪个办案机关扣押的涉案财产,均应当在判决中作出相关处理,有关机关应当按照判决执行;二是规定了犯罪嫌疑人、被告人逃匿、死亡案件违法所得没收的程序。

(三)本案宜采取多元化主体模式进行追缴。尽管刑事涉案财物的相关规定在立法体系上体现了一定的进步性,但还存在相当的不足。如由哪个机关以及依照何种程序来执行对涉案财物的追缴,目前尚未有明确规定,应当由公检法司各机关根据具体情况合作进行追缴。具体理由如下:1.由单一机关行使追缴职能不具有可行性。我国法律没有规定追缴的具体含义。刑法第六十四条规定:犯罪分子违法所得的一切财物,应当予以追缴或者责令退赔;对被害人的合法财产,应当及时返还;违禁品和供犯罪使用的本人财物,应当予以没收。由此可见,追缴是国家机关在刑事诉讼中对犯罪分子直接或者间接通过非法手段所获取的现金、物质及其他财产和经济利益依法予以追回,并返还被害人或者予以没收的司法行为。追缴的对象是刑事涉案财物,对不同的涉案财物应当采取不同的处置方式:对违法所得,依法没收或者退赔;对犯罪所用之物和违禁品,依法没收;对被害人的合法财产,依法返还。刑事追缴既不是主刑,也不是附加刑,且不属于刑法第三十七条规定的非刑罚处罚方法,但其又具有法定性、强制性和无偿性的特点。从字面上看,追缴包含着“追”和“缴”两层意思:一是侦查阶段、审查起诉阶段、审判阶段的涉案款物的“追索”措施;二是判决执行阶段的“返还被害人”或“上缴国库”的措施。据此可以看出,刑事追缴涉及刑事诉讼的各阶段、各部门,它既包括司法机关追回赃款赃物的过程行为,又包括司法机关对赃款赃物进行最后处理的结果行为。2. 多元化继续追缴的模式更能发挥机制优势。(1)追缴的主体。我国宪法和刑事诉讼法均规定,公检法各机关之间是“分工负责、互相配合、互相制约”的关系。因此,执行追缴权不能只由人民法院行使,而应当根据案件具体情况,分别按照诉讼经济原则来分工负责,相互配合来行使。实践中,很多刑事案件不可能在一个诉讼阶段完成,因此,最好按照案件终结时所处的程序阶段,由该阶段的职能部门主要负责追缴,其他部门予以配合为宜。如违法所得的确认可能分别出现在案件撤销、不起诉和判决生效三个阶段,因此,对违法所得的追缴也应当分阶段确定追缴主体:第一,因犯罪嫌疑人无违法犯罪事实而撤销案件的,扣押、冻结的款物应当由公安机关追缴或者返还有关当事人;第二,对于犯罪情节轻微,依照刑法规定不需要判处刑罚或者免除刑罚而不起诉的案件,由检察机关进行追缴;第三,进入审判程序确认被告人有违法所得的,也就是判决继续追缴的,由刑事判决执行部门主导追缴,其他司法机关和其他部门协助进行追缴。(2)追缴的程序和方式。上述追缴的第一种、第二种情形,因篇幅关系,本文不作分析,下文仅就上述追缴的第三种情形,即判决生效后继续追缴违法所得的程序和方式进行详细论述。对于判决生效后继续追缴违法所得,宜采取多元化模式追缴,即由人民法院执行部门主导,公安、检察、审判等机关配合,具体依照以下程序进行:第一,由人民法院为主导启动继续追缴程序。《最高人民法院关于附带民事诉讼范围问题的规定》第五条规定:“犯罪分子非法占有、处置被害人财产而使其遭受物质损失的,人民法院应当予以追缴或责令退赔……”可见,启动追缴是人民法院的一项法定职权,由人民法院主导追缴与法律对其的定位功能相契合。第二,由法院的审判部门确定继续追缴的具体内容。作出判决的审判部门应当将继续追缴的具体内容以书面材料形式交给执行部门,这符合刑事诉讼法关于涉案财产的处理应当由法院判决确定的规定。第三,由人民法院执行或者牵头继续追缴。实际执行过程中,对于人民法院能够独立完成继续追缴的,可以自行完成;对于难以自行完成的,可由人民法院牵头,负责组织、协调公安、检察机关的相关侦查部门,启用侦查设备、技术,核查继续追缴的财物的具体下落。第四,由检察机关的监督部门负责监督追缴过程中的各项行为的合法性。综上,在我国现行法律体制下,只有多部门共同合作,才能最大限度地发挥和实现继续追缴的职能。在启用多元化模式继续追缴的过程中需要注意以下问题:第一,要坚持比例原则。比例原则,又称必要性原则,是指公民所遭受的法律制裁必须与其违法行为的性质、情节、社会危害程度、主观过错相当,这是国家干预公民基本权利时所必须遵循的一项基本原则。在刑事涉案财物处理中引入比例原则,就是要求查封、扣押等措施要适当,对当事人造成的损害要尽量最小化。最高人民法院2004年11月公布的《关于人民法院民事执行中查封、扣押、冻结财产的规定》第二十一条第一款规定:“查封、扣押、冻结被执行人的财产,以其价额足以清偿法律文书确定的债权额及执行费用为限,不得明显超标的额查封、扣押、冻结。”公安部2005年12月公布的《公安机关办理经济犯罪案件的若干规定》(已废止——编著者注)第二十四条规定:“公安机关冻结涉案账户的款项,应当与涉案金额相当。”该条针对的是实践中存在的查明涉案金额很小,但全额冻结账户,影响企业生产经营的问题。以上规定均体现了比例原则的精神。第二,要建立妥善保管机制。对查封、扣押冻结物品的保管与保值要予以充分注意。如对于扣押、冻结的股票,权利人申请出售并且不损害国家利益、被害人利益的,经相关程序批准,可以依法出售,所得价款予以妥善保管。《解释》第三百六十一条、《六部委规定》第三十六条、《公安规定》第二百三十七条、《规则》第二百四十四条对此均作了详细规定。第三,要注意保障各方当事人、权利人的合法权益。在追缴过程中,应当保障与追缴财物涉及相关人员的各项合法权益,尤其是相关人员的知悉权和发表意见权。不要因不当的简单追缴而损害他人的利益,导致新的矛盾产生。总之,对于刑事诉讼中的继续追缴,应当本着合法、合理、经济的原则,根据案件所处的不同诉讼阶段,确定相应的执行主体。对于法院生效判决确定需要继续追缴的,如果人民法院能够独立完成,则独立完成;如果不能独立完成,则应当由其牵头,公安、检察、审判、金融等管理部门配合。采取多元化模式的追缴,既符合立法对人民法院的定位,又能使有限的司法资源得到合理整合。[参见第827号指导案例,许俊伟、张建英合同诈骗案,载《刑事审判参考》总第90集(2013年第1集),第21~27页。撰稿:渠帆　余旭东]

▽受贿犯罪中"供犯罪所用的本人财物"的认定

刑法本条规定:"供犯罪所用的本人财物,应当予以没收"。供犯罪所用的本人财物是指供犯罪分子进行犯罪活动而使用的属于其本人所有的钱款和物品,如用于走私的犯罪工具、赌博用的赌具等。一般认为,供犯罪所用的本人财物包括犯罪工具以及组成犯罪行为之物。实践中,对供犯罪所用的本人财物的理解应从"供犯罪所用"和"本人财物"两个方面着手进行。

"供犯罪所用"是指被告人有意识地将某物用于犯罪行为,被告人在使用时对财物为犯罪行为服务有着明确认识和追求。即一方面被告人对财物用于犯罪行为具有概括认识,另一方面又付诸实施。但在具体案件中,要注意分析该供犯罪所用财物与具体犯罪行为之间是否具有直接关联性,是否密切相关。2005年11月《最高人民法院、最高人民检察院关于办理赌博刑事案件具体应用法律若干问题的解释》第八条第二款明确规定:"赌资应当依法予以追缴;赌博用具、赌博违法所得以及赌博犯罪分子所有的专门用于赌博的资金、交通工具、通讯工具等,应当依法予以没收。"这里的"专门",实际上就是强调了上述财物应与赌博犯罪行为之间具有直接、密切的关联性。换言之,该司法解释事实上确认了应将"供犯罪所用财物"理解为与犯罪行为具有经常性联系或者密切相关的物品这一规则。

"本人财物"一般是指被告人对财物享有所有权。如果财物不是犯罪分子本人的,而是借用或者擅自使用的他人财物,财物所有人事前不知道是供犯罪使用的,应当予以返还。但是,一般认为,从有利于防止相关财物再次用于犯罪,有利于剥夺犯罪分子再犯的物质基础等出发,在充分考虑"比例对等""罪罚相当"原则及公正司法理念的基础上,对于恶意第三人或者有重大过失的第三人所有的以及共同所有的用于犯罪行为的财物,也可以予以没收。

近年来,出现了一些新型贿赂犯罪,如有个人投入的"交易型"受贿、"投资型"受贿、"委托理财型"受贿等,如何认定此类犯罪中的"供犯罪所用的本人财物",对行为人个人投入部分能否予以没收,是当前司法实践中的难题。要准确认定上述问题,首先必须厘清"交易"、"投资"及"委托理财"的性质并准确认定个人投入数额和受贿犯罪数额。2007年7月,最高人民法院、最高人民检察院《办理受贿意见》对此类犯罪的认定作了规定,据此应当明确:(1)在"交易型"受贿、"投资型"受贿、"委托理财型"受贿犯罪中,"交易""投资""委托理财"只是贿赂双方规避法律制裁的手段,受贿人虽然有个人财产支出,但目的是掩盖权钱交易。即使受贿人收受的贿赂包含一部分合法成本,但对价成本主要是权钱交易的结果,其行为符合受贿犯罪的本质特征。(2)受贿人象征性支付对价的,即使产生了增值利益,也不是受贿人的善意取得,不符合"善意取得不予追缴原则"。(3)整体剥夺受贿犯罪全部经济收益,符合当前从严惩治腐败的现实需要。所以,在"交易型"受贿、"投资型"受贿、"委托理财型"受贿犯罪中,对受贿数额的认定应将受贿人支付的对价扣除,认定的受贿数额应依照刑法第六十四条的规定予以没收;但受贿人支付的对价,应按照上述"供犯罪所用的本人财物"的认定标准,结合具体的个案实际审慎判断,属于"供犯罪所用的本人财物"的,亦应依法没收。

本案中,搭股协议、承诺书、湾田煤业公司收据、证人陈国虹、杨磊等的证言、被告人的供述等证据证实,被告人将自己的60万元转账至湾田煤业公司,目的是得到其向他人索要的400万元,后因被告人担心其索要的400万元不能得到,且连投入的60万元也无法收回,湾田煤业公司遂将该60万元以"入股"分红的形式退还给被告人,并出具承诺书。据此可以认定,被告人对该60万元系为索取400万元贿赂有着明确认识,其将该60万元付诸实施"入股"行为后又积极追求实现索取400万元的犯罪目的。被告人象征性"入股"的该60万元与其索要400万元的犯罪行为密切相关,并直接为该犯罪行为服务,该60万元系被告人用于索取贿赂的犯罪工具。故被告人支付给湾田煤业公司的60万元属于供其犯罪所用的本人财物,依照刑法第六十四条的规定,应当予以没收,上缴国库。[参见第1089号指导案例,杨德林滥用职权、受贿案,载《刑事审判参考》总第103集,第101～103页。撰稿:孔德伦]

第二节　累　　犯

第六十五条　【一般累犯】被判处有期徒刑以上刑罚的犯罪分子,刑罚执行完毕或者赦免以后,在五年以内再犯应当判处有期徒刑以上刑罚之罪的,是累犯,应当从重处罚,但是过失犯罪和不满十八周岁的人犯罪的除外。(本条第一款是根据《中华人民共和国刑法修正案(八)》之六修改的,2011年5月1日起施行。)

前款规定的期限,对于被假释的犯罪分子,从假释期满之日起计算。

刑法本条第一款原文　【一般累犯】被判处有期徒刑以上刑罚的犯罪分子,刑罚执行完毕或者赦免以后,在五年以内再犯应当判处有期徒刑以上刑罚之罪的,是累犯,应当从重处罚,但是过失犯罪除外。

■最高人民法院关于适用刑法时间效力规定若干问题的解释(1997年10月1日)

第三条　前罪判处的刑罚已经执行完毕或者赦免,在1997年9月30日以前又犯应当判处有期徒刑以上刑罚之罪,是否构成累犯,适用修订前的刑法第六十一条的规定;1997年10月1日以后又犯应当判处有期徒刑以上刑罚之罪的,是否构成累犯,适用刑法第六十五条的规定。(1979年刑法第六十一条规定:"被判处有期徒刑以上刑罚的犯罪分子,刑罚执行完毕或者赦免以后,在三年以内再犯应当判处有期徒刑以上刑罚之罪的,是累犯,应当从重处罚,但是过失犯罪除外。"——编著者注)

■最高人民检察院关于认定累犯如何确定刑罚执行完毕以后"五年以内"起始日期的批复(全文)(2018年12月30日)

刑法第六十五条第一款规定的"刑罚执行完毕",是指刑罚执行到期应予释放之日。认定累犯,确定刑罚执行完毕以后"五年以内"的起始日期,应当从刑满释放之日起计算。

■最高人民法院、最高人民检察院关于缓刑犯在考验期满后五年内再犯应当判处有期徒刑以上刑罚之罪应否认定为累犯问题的批复(全文)(2020年1月20日)

被判处有期徒刑宣告缓刑的犯罪分子,在缓刑考验期满后五年内再犯应当判处有期徒刑以上刑罚之罪的,因前罪判处的有期徒刑并未执行,不具备刑法第六十五条规定的"刑罚执行完毕"的要件,故不应认定为累犯,但可作为对新罪确定刑罚的酌定从重情节予以考虑。

▼浙江省高级人民法院关于印发《全省法院刑事审判疑难问题研讨会纪要》的通知(2012年2月24日)

三、关于累犯的认定

根据《刑法修正案(八)》第六条规定,不满十八周岁的人犯罪的,不构成累犯。但是,行为人的部分行为在十八周岁前实施,部分行为在十八周岁后实施,十八周岁后实施的行为达到犯罪标准,刑罚执行完毕后五年内再犯应当判处有期徒刑以上刑罚之罪的,应认定为累犯;两部分行为单独不够犯罪标准、累计才达到犯罪标准,或者十八周岁前实施的行为达到犯罪标准,十八周岁后实施的行为单独不够犯罪标准,刑满释放后五年内再犯罪的,不宜认定为累犯。

▽累犯构成要件中"再犯应当判处有期徒刑以上刑罚之罪"的认定

"再犯应当判处有期徒刑以上刑罚之罪",不仅仅是一个单纯的事实要件,而且还是兼及法律评价和刑事追究的复合要件。累犯是刑法基于再次犯罪行为及改造需要对犯罪人作出的更为严重的否定评价。它不同于犯罪学上的累犯,不仅仅是一个单纯的身份概念,而是犯罪人与犯罪行为的统一体,其中,犯罪行为更为刑法所关注。因为累犯作为一项量刑制度,是针对需要依法裁量决定刑罚的具体犯罪行为而言的,"再犯应当判处有期徒刑以上之罪",既是构成累犯的基本条件,也是累犯"应当从重处罚"的法律后果必要的载体。因此,刑法规定的"应当判处有期徒刑以上之罪"必须是依法应予追究刑事责任之罪,否则,累犯法律制度将无从适用,从重处罚的规定也将无从落实。刑满释放后所实施的盗窃行为,由于已经过了追诉时效,依法不应再追究其刑事责任,不能认定为"再犯应当判处有期徒刑以上之罪"。[参见第273号案例,南昌洙、南昌男盗窃案,载《刑事审判参考》总第35集(2003年第6集),法律出版社,第53~54页。执笔:金镒珠 金杰]

▽在假释考验期间直至期满后连续犯罪的,不能作为累犯处理

假释考验期满前后又犯新罪,乍一看,其连续犯罪中的一部分罪行是在假释考验期满后所犯,似乎可以构成累犯。但此连续犯罪中又有一部分罪行是在假释考验期内所犯,对此又应首先依法撤销假释。假释是附条件的提前释放,犯罪分子因犯新罪被撤销假释后,其前罪的余刑仍须执行,而不是前罪的"刑罚已经执行完毕"。因此,其整个的连续犯罪就缺乏构成累犯的前提条件。犯罪行为一直处于连续状态,作为连续犯,对其进行处罚时,从整体上考虑其社会危害性应较为妥当,也不宜分为假释期满前后两个阶段再按两个同种罪分别定罪量刑。同时,按照刑法第七十一条的规定,对其新犯之罪要按"先减后并"的方式进行并罚,这业已体现了从重处罚的精神,无须再按累犯对待。如果对其假释期满后的一部分罪行再认定为累犯,则不可避免地同刑法关于假释、数罪并罚等规定发生冲突,并给法律适用造成不必要的困难。[参见第202号案例,丁立军强奸、抢劫、盗窃案,载《刑事审判参考》总第28辑(2002年第5辑),法律出版社,第41~42页。执笔:谢萍]

▽累犯制度、数罪并罚制度中"刑罚执行完毕"的认定

一般累犯的构成除必须具备"刑罚执行完毕或者赦免以后,在五年以内再犯"这一时间条件和前后罪都是故意犯罪这一主观条件外,还必须具备前罪被判处的刑罚与后罪应当判处的刑罚都是"有期徒刑以上刑罚"这一刑种条件。没有这一条件或者具备这一条件而该刑罚没有执行完毕的,均不能构成累犯。因此,刑法本条中规定的"刑罚"应当理解为是指"有期徒刑以上刑罚",不能扩大理解为包括"主刑和附加刑"。因犯罪被人民法院判处有期徒刑,并处罚金的,在有期徒刑执行完毕以后、附加刑未执行以前,又犯应当判处有期徒刑以上刑罚的罪,符合刑法规定的累犯构成条件,应当认定为累犯。[参见第122(119)号案例,买买提盗窃案,载《刑事审判参考》总第19辑(2001年第8辑),法律出版社,第35~36页。执笔:刘宇红 王志勇]

▽构成一般累犯所要求的"刑罚执行完毕"的认定

如何理解和认定"刑罚执行完毕"。需要把握以下三点:首先,关于刑罚种类的界定。我国刑法规定的刑罚种类既有主刑,也包括附加刑,但构成累犯所要求的"刑罚执行完毕"仅限于指主刑执行完毕,被判处附加刑的,附加刑是否执行完毕不影响累犯的构成。主要是考虑到从刑法对累犯规定的用语表述来看,前罪、后罪均要求判处或应判处有期徒刑以上刑罚,强调的侧重点在主刑;后罪构成累犯,与前罪所判处的刑罚执行完毕有法定时间间隔限制,即5年内,意在突出被告人的人身危险性大。而附加刑的执行与主刑并不完全同步。例如,主刑是有期徒刑,附加剥夺政治权利的,自主刑执行完毕才计算剥夺政治权利的刑期,如将"刑罚执行完毕"理解为包括主刑和附加刑都执行完毕,则过分延长了前、后罪的时间间隔,有违累犯制度从重处罚的初衷。其次,关于"刑罚执行完毕"时间点的把握。刑事诉讼法第二百四十八条规定:"判决和裁定在发生法律效力后执行。下列判决和裁定是发生法律效力的判决和裁定:(一)已过法定期限没有上诉、抗诉的判决和裁定;(二)终审的判决和裁定;(三)最高人民法院核准的死刑的判决和高级人民法院核准的死刑缓期二年执行的判决。"由此可见,刑罚执行的内容是判决和裁定,执行的前提条件是裁判发生法律效力,刑罚执行的起点是裁判发生法律效力之时。刑罚执行完毕,既包括有期徒刑实际执行完毕,也包括假释考验期满;被判处缓刑的犯人,在缓刑考验期满后再犯罪的,不构成累犯,系因缓刑考验期满意味着所判处的主刑不再执行,本质上区别于刑罚执行完毕。最后,要准确区分刑罚执行完毕与羁押期限届满。刑罚是以限制或剥夺犯罪人权益为内容的最严厉的强制性法律制裁方法,羁押是司法机关对犯罪嫌疑人在判决生效前的暂时关押,羁押不是刑事诉讼法规定的强制措施,而是因适用拘留、逮捕等剥夺人身自由的强制措施而形成的附带性后果及状态,两者在性质、内容、适用主体与对象等方面各成体系。两者的关联主要体现在"刑期折抵":对先行羁押的被告人,如经审判被确认有罪,且判处刑罚为管制、拘役、有期徒刑的,则判决生效前羁押的时间相应折抵判决所确定的刑期;如经审判被确认无罪,则属于错误羁押,可依据国家赔偿法申请赔偿。如果被逮捕羁押的被告人所羁押的时间已届满第一审人民法院对其判处的刑期期限,因案件进入二审程序或复核程序,一审判决尚未生效的,则人民法院应当对其变更强制措施或者予以释放,但这并不属于刑罚执行完毕。[参见第1068号指导案例,周崇敏贩卖毒品案,载《刑事审判参考》总第102集(2015年第1集),第83～85页。撰稿:朱菊霞]

▽前罪因审判监督程序的启动和生效而被加重刑事处罚,不等于前罪刑罚执行完毕,后罪自然不应构成累犯

本案的特殊之处在于被告人在前罪审判过程中隐瞒了个人真实身份信息,导致原审判决未正确认定累犯情节,量刑不当。原审法院在审判后罪过程中发现了前罪判决的错误,根据刑事诉讼法及司法解释的有关规定,启动审判监督程序,撤销原审判决后加重了被告人的刑罚。因被告人自己隐瞒个人信息而导致法院对前罪再审并增加了刑罚量的情况下,增量刑罚尚未执行完毕的,不能认定为前罪刑罚执行完毕。再审裁判是法院通过刑事审判监督程序对已经发生法律效力的判决和裁定,因发现确有错误而重新进行审理后所作出的裁判。再审裁判一经作出,已经生效的原审裁判就不再有效。对被告人执行刑罚,也就应当以再审裁判为依据。本案被告人前罪的原审判决虽然已经实际执行完毕,但该"执行完毕"是建立在原审判决的基础上的。鉴于原"刑罚执行完毕"的基础——原审刑事判决已经被撤销,随之而来的是被告人必须执行再审判决确定的增量刑罚。在增量刑罚尚未执行完毕的情况下,不应认定为前罪"刑罚执行完毕"。因此,被告人的本次犯罪行为实施于前罪尚未执行完毕的期间内,不符合累犯构成的时间要件,不应认定为累犯。[参见第1082号指导案例,石加肆盗窃案,载《刑事审判参考》总第103集,第61～62页。撰稿:王星光　马小卫]

▽被告人前次犯罪跨越十八周岁且被判处有期徒刑,在前罪判处的刑罚执行完毕以后五年以内再犯应当判处有期徒刑以上刑罚之罪的,不构成累犯

2011年5月1日起施行的《中华人民共和国刑法修正案(八)》第六条对累犯的认定条件作了修改,与此前规定相比,不满十八周岁的人犯罪被排除在累犯之外。从刑法第六十五条第一款所体现的立法精神来看,是否构成累犯,一般需要符合罪质(前后罪均须为故意犯罪)、刑度(前后罪均应判处有期徒刑以上刑罚)、时间条件(刑罚执行完毕后五年以内)三个方面的要求。同时,为体现对未成年犯罪人的特殊保护,即使符合构成累犯所要求的罪质、刑度和时间条件。如果前罪系不满十八周岁时实施的,也不能认定为累犯。既不能因为前罪中有十八周岁前实施的犯罪,就一概认为不构成累犯,也不能完全不考虑十八周岁前后数罪的罪质及应判处的刑罚,只根据宣告刑或合并执行的刑罚是否是有期徒刑以上刑罚,来认定是否构成累犯。应当坚持刑法第六十五条第一款体现的对未成年人犯罪尽量从宽处罚的精神,兼顾便于司法实践操作,以十八周岁后实施的犯罪的罪质及应判处的刑罚为判断的侧重点,结合十八周岁前所犯之罪合并执行的刑罚执行完毕的期限,判断是否构成累犯。如果前罪即十八周岁前后实施的数罪为同种数罪或连续犯,即使最终判处的刑罚不体现每起犯罪独立的宣告刑,也可以根据其数罪情节分别对应的量刑幅度,确定十八周岁后实施的犯罪是否应当判处有期徒刑以上刑罚。如果应当判处有期徒刑的,在其他条件也符合的情况下,可以认定被告人系累犯。如果综合考虑被告人十八周岁前后所实施的全部罪行而对其判处有期徒刑,但单独考虑十八周岁后实施的部分犯罪行为的性质、情节，或者被告人具有自首、立功、从犯等从轻、减轻处罚情节，处于可判处有期徒刑与拘役或者管制、单处罚金等刑罚的临界点的，那么，从存疑有利于被告人及特殊保护未成年人的原则考虑，一般不宜认定为累犯。[参见第1173号指导案例，钟某抢劫案，载《刑事审判参考》总第108集，第60～62页。撰稿：彭锐　沈丽]

第六十六条　【特别累犯】危害国家安全犯罪、恐怖活动犯罪、黑社会性质的组织犯罪的犯罪分子，在刑罚执行完毕或者赦免以后，在任何时候再犯上述任一类罪的，都以累犯论处。（本条是根据《中华人民共和国刑法修正案（八）》之七修改的，2011年5月1日起施行。）

刑法本条原文　【特别累犯】危害国家安全的犯罪分子在刑罚执行完毕或者赦免以后，在任何时候再犯危害国家安全罪的，都以累犯论处。

第三节　自首和立功

第六十七条　【自首】犯罪以后自动投案，如实供述自己的罪行的，是自首。对于自首的犯罪分子，可以从轻或者减轻处罚。其中，犯罪较轻的，可以免除处罚。

被采取强制措施的犯罪嫌疑人、被告人和正在服刑的罪犯，如实供述司法机关还未掌握的本人其他罪行的，以自首论。

犯罪嫌疑人虽不具有前两款规定的自首情节，但是如实供述自己罪行的，可以从轻处罚；因其如实供述自己罪行，避免特别严重后果发生的，可以减轻处罚。（本条第三款是根据《中华人民共和国刑法修正案（八）》之八增加的，2011年5月1日起施行。）

■最高人民法院关于处理自首和立功具体应用法律若干问题的解释(1998年5月9日)

第一条　根据刑法第六十七条第一款的规定，犯罪以后自动投案，如实供述自己的罪行的，是自首。

（一）自动投案，是指犯罪事实或者犯罪嫌疑人未被司法机关发觉，或者虽被发觉，但犯罪嫌疑人尚未受到讯问、未被采取强制措施时，主动、直接向公安机关、人民检察院或者人民法院投案。

犯罪嫌疑人向其所在单位、城乡基层组织或者其他有关负责人员投案的；犯罪嫌疑人因病、伤或者为了减轻犯罪后果，委托他人先代为投案，或者先以信电投案的；罪行尚未被司法机关发觉，仅因形迹可疑，被有关组织或者司法机关盘问、教育后，主动交代自己的罪行的；犯罪后逃跑，在被通缉、追捕过程中，主动投案的；经查实确已准备去投案，或者正在投案途中，被公安机关捕获的，应当视为自动投案。

并非出于犯罪嫌疑人主动，而是经亲友规劝、陪同投案的；公安机关通知犯罪嫌疑人的亲友，或者亲友主动报案后，将犯罪嫌疑人送去投案的，也应当视为自动投案。

犯罪嫌疑人自动投案后又逃跑的，不能认定为自首。

（二）如实供述自己的罪行，是指犯罪嫌疑人自动投案后，如实交代自己的主要犯罪事实。

犯有数罪的犯罪嫌疑人仅如实供述所犯数罪中部分犯罪的，只对如实供述部分犯罪的行为，认定为自首。

共同犯罪案件中的犯罪嫌疑人，除如实供述自己的罪行，还应当供述所知的同案犯，主犯则应当供述所知其他同案犯的共同犯罪事实，才能认定为自首。

犯罪嫌疑人自动投案并如实供述自己的罪行后又翻供的，不能认定为自首；但在一审判决前又能如实供述的，应当认定为自首。

第二条　根据刑法第六十七条第二款的规定，被采取强制措施的犯罪嫌疑人、被告人和已宣判的罪犯，如实供述司法机关尚未掌握的罪行，与司法机关已掌握的或者判决确定的罪行属不同种罪行的，以自首论。

第三条 根据刑法第六十七条第一款的规定,对于自首的犯罪分子,可以从轻或者减轻处罚;对于犯罪较轻的,可以免除处罚。具体确定从轻、减轻还是免除处罚,应当根据犯罪轻重,并考虑自首的具体情节。

第四条 被采取强制措施的犯罪嫌疑人、被告人和已宣判的罪犯,如实供述司法机关尚未掌握的罪行,与司法机关已掌握的或者判决确定的罪行属同种罪行的,可以酌情从轻处罚;如实供述的同种罪行较重的,一般应当从轻处罚。

■最高人民法院关于处理自首和立功若干具体问题的意见(2010年12月22日)(以下附文简称《意见》)

为规范司法实践中对自首和立功制度的运用,更好地贯彻落实宽严相济刑事政策,根据刑法、刑事诉讼法和《最高人民法院关于处理自首和立功具体应用法律若干问题的解释》(以下简称《解释》)等规定,对自首和立功若干具体问题提出如下处理意见:

一、关于"自动投案"的具体认定

《解释》第一条第(一)项规定七种应当视为自动投案的情形,体现了犯罪嫌疑人投案的主动性和自愿性。根据《解释》第一条第(一)项的规定,犯罪嫌疑人具有以下情形之一的,也应当视为自动投案:(1)犯罪后主动报案,虽未表明自己是作案人,但没有逃离现场,在司法机关询问时交代自己罪行的;(2)明知他人报案而在现场等待,抓捕时无拒捕行为,供认犯罪事实的;(3)在司法机关未确定犯罪嫌疑人,尚在一般性排查询问时主动交代自己罪行的;(4)因特定违法行为被采取劳动教养、行政拘留、司法拘留、强制隔离戒毒等行政、司法强制措施期间,主动向执行机关交代尚未被掌握的犯罪行为的;(5)其他符合立法本意,应当视为自动投案的情形。

罪行未被有关部门、司法机关发觉,仅因形迹可疑被盘问、教育后,主动交代了犯罪事实的,应当视为自动投案,但有关部门、司法机关在其身上、随身携带的物品、驾乘的交通工具等处发现与犯罪有关的物品的,不能认定为自动投案。

交通肇事后保护现场、抢救伤者,并向公安机关报告的,应认定为自动投案,构成自首的,因上述行为同时系犯罪嫌疑人的法定义务,对其是否从宽、从宽幅度要适当从严掌握。交通肇事逃逸后自动投案,如实供述自己罪行的,应认定为自首,但应依法以较重法定刑为基准,视情决定对其是否从宽处罚以及从宽处罚的幅度。

犯罪嫌疑人被亲友采用捆绑等手段送到司法机关,或者在亲友带领侦查人员前来抓捕时无拒捕行为,并如实供认犯罪事实的,虽然不能认定为自动投案,但可以参照法律对自首的有关规定酌情从轻处罚。

二、关于"如实供述自己的罪行"的具体认定

《解释》第一条第(二)项规定如实供述自己的罪行,除供述自己的主要犯罪事实外,还应包括姓名、年龄、职业、住址、前科等情况。犯罪嫌疑人供述的身份等情况与真实情况虽有差别,但不影响定罪量刑的,应认定为如实供述自己的罪行。犯罪嫌疑人自动投案后隐瞒自己的真实身份等情况,影响对其定罪量刑的,不能认定为如实供述自己的罪行。

犯罪嫌疑人多次实施同种罪行的,应当综合考虑已交代的犯罪事实与未交代的犯罪事实的危害程度,决定是否认定为如实供述主要犯罪事实。虽然投案后没有交代全部犯罪事实,但如实交代的犯罪情节重于未交代的犯罪情节,或者如实交代的犯罪数额多于未交代的犯罪数额,一般应认定为如实供述自己的主要犯罪事实。无法区分已交代的与未交代的犯罪情节的严重程度,或者已交代的犯罪数额与未交代的犯罪数额相当,一般不认定为如实供述自己的主要犯罪事实。

犯罪嫌疑人自动投案时虽然没有交代自己的主要犯罪事实,但在司法机关掌握其主要犯罪事实之前主动交代的,应认定为如实供述自己的罪行。

三、关于“司法机关还未掌握的本人其他罪行”和“不同种罪行”的具体认定

犯罪嫌疑人、被告人在被采取强制措施期间，向司法机关主动如实供述本人的其他罪行，该罪行能否认定为司法机关已掌握，应根据不同情形区别对待。如果该罪行已被通缉，一般应以该司法机关是否在通缉令发布范围内作出判断，不在通缉令发布范围内的，应认定为还未掌握，在通缉令发布范围内的，应视为已掌握；如果该罪行已录入全国公安信息网络在逃人员信息数据库，应视为已掌握。如果该罪行未被通缉、也未录入全国公安信息网络在逃人员信息数据库，应以该司法机关是否已实际掌握该罪行为标准。

犯罪嫌疑人、被告人在被采取强制措施期间如实供述本人其他罪行，该罪行与司法机关已掌握的罪行属同种罪行还是不同种罪行，一般应以罪名区分。虽然如实供述的其他罪行的罪名与司法机关已掌握犯罪的罪名不同，但如实供述的其他犯罪与司法机关已掌握的犯罪属选择性罪名或者在法律、事实上密切关联，如因受贿被采取强制措施后，又交代因受贿为他人谋取利益行为，构成滥用职权罪的，应认定为同种罪行。

七、关于自首、立功证据材料的审查

人民法院审查的自首证据材料，应当包括被告人投案经过、有罪供述以及能够证明其投案情况的其他材料。投案经过的内容一般应包括被告人投案时间、地点、方式等。证据材料应加盖接受被告人投案的单位的印章，并有接受人员签名。

人民法院审查的立功证据材料，一般应包括被告人检举揭发材料及证明其来源的材料、司法机关的调查核实材料、被检举揭发人的供述等。被检举揭发案件已立案、侦破，被检举揭发人被采取强制措施、公诉或者审判的，还应审查相关的法律文书。证据材料应加盖接收被告人检举揭发材料的单位的印章，并有接收人员签名。

人民法院经审查认为证明被告人自首、立功的材料不规范、不全面的，应当由检察机关、侦查机关予以完善或者提供补充材料。

上述证据材料在被告人被指控的犯罪一、二审审理时已形成的，应当经庭审质证。

八、关于对自首、立功的被告人的处罚

对具有自首、立功情节的被告人是否从宽处罚、从宽处罚的幅度，应当考虑其犯罪事实、犯罪性质、犯罪情节、危害后果、社会影响、被告人的主观恶性和人身危险性等。自首的还应考虑投案的主动性、供述的及时性和稳定性等。立功的还应考虑检举揭发罪行的轻重、被检举揭发的人可能或者已经被判处的刑罚、提供的线索对侦破案件或者协助抓捕其他犯罪嫌疑人所起作用的大小等。

具有自首或者立功情节的，一般应依法从轻、减轻处罚；犯罪情节较轻的，可以免除处罚。类似情况下，对具有自首情节的被告人的从宽幅度要适当宽于具有立功情节的被告人。

虽然具有自首或者立功情节，但犯罪情节特别恶劣、犯罪后果特别严重、被告人主观恶性深、人身危险性大，或者在犯罪前即为规避法律、逃避处罚而准备自首、立功的，可以不从宽处罚。

对于被告人具有自首、立功情节，同时又有累犯、毒品再犯等法定从重处罚情节的，既要考虑自首、立功的具体情节，又要考虑被告人的主观恶性、人身危险性等因素，综合分析判断，确定从宽或者从严处罚。累犯的前罪为非暴力犯罪的，一般可以从宽处罚，前罪为暴力犯罪或者前、后罪为同类犯罪的，可以不从宽处罚。

在共同犯罪案件中，对具有自首、立功情节的被告人的处罚，应注意共同犯罪人以及首要分子、主犯、从犯之间的量刑平衡。犯罪集团的首要分子、共同犯罪的主犯检举揭发或者协助司法机关抓捕同案地位、作用较次的犯罪分子的，从宽处罚与否应当从严掌握，如果从轻处罚可能导致全案量刑失衡的，一般不从轻处罚；如果检举揭发或者协助司法机关抓捕的是其他案件中罪行同样严重的犯罪分子，一般应依法从宽处罚。对于犯罪集团的一般成员、共同犯罪的从犯立功的，特别是协助抓捕首要分子、

主犯的,应当充分体现政策,依法从宽处罚。

■最高人民法院、最高人民检察院关于办理职务犯罪案件认定自首、立功等量刑情节若干问题的意见(2009年3月12日)

一、关于自首的认定和处理

根据刑法第六十七条第一款的规定,成立自首需同时具备自动投案和如实供述自己的罪行两个要件。犯罪事实或者犯罪分子未被办案机关掌握,或者虽被掌握,但犯罪分子尚未受到调查谈话、讯问,或者未被宣布采取调查措施或者强制措施时,向办案机关投案的,是自动投案。在此期间如实交代自己的主要犯罪事实的,应当认定为自首。

犯罪分子向所在单位等办案机关以外的单位、组织或者有关负责人员投案的,应当视为自动投案。

没有自动投案,在办案机关调查谈话、讯问、采取调查措施或者强制措施期间,犯罪分子如实交代办案机关掌握的线索所针对的事实的,不能认定为自首。

没有自动投案,但具有以下情形之一的,以自首论:(1)犯罪分子如实交代办案机关未掌握的罪行,与办案机关已掌握的罪行属不同种罪行的;(2)办案机关所掌握线索针对的犯罪事实不成立,在此范围外犯罪分子交代同种罪行的。

单位犯罪案件中,单位集体决定或者单位负责人决定而自动投案,如实交代单位犯罪事实的,或者单位直接负责的主管人员自动投案,如实交代单位犯罪事实的,应当认定为单位自首。单位自首的,直接负责的主管人员和直接责任人员未自动投案,但如实交代自己知道的犯罪事实的,可以视为自首;拒不交代自己知道的犯罪事实或者逃避法律追究的,不应当认定为自首。单位没有自首,直接责任人员自动投案并如实交代自己知道的犯罪事实的,对该直接责任人员应当认定为自首。

对于具有自首情节的犯罪分子,办案机关移送案件时应当予以说明并移交相关证据材料。

对于具有自首情节的犯罪分子,应当根据犯罪的事实、性质、情节和对于社会的危害程度,结合自动投案的动机、阶段、客观环境,交代犯罪事实的完整性、稳定性以及悔罪表现等具体情节,依法决定是否从轻、减轻或者免除处罚以及从轻、减轻处罚的幅度。

三、关于如实交代犯罪事实的认定和处理

犯罪分子依法不成立自首,但如实交代犯罪事实,有下列情形之一的,可以酌情从轻处罚:(1)办案机关掌握部分犯罪事实,犯罪分子交代了同种其他犯罪事实的;(2)办案机关掌握的证据不充分,犯罪分子如实交代有助于收集定案证据的。

犯罪分子如实交代犯罪事实,有下列情形之一的,一般应当从轻处罚:(1)办案机关仅掌握小部分犯罪事实,犯罪分子交代了大部分未被掌握的同种犯罪事实的;(2)如实交代对于定案证据的收集有重要作用的。

四、关于赃款赃物追缴等情形的处理

贪污案件中赃款赃物全部或者大部分追缴的,一般应当考虑从轻处罚。

受贿案件中赃款赃物全部或者大部分追缴的,视具体情况可以酌定从轻处罚。

犯罪分子及其亲友主动退赃或者在办案机关追缴赃款赃物过程中积极配合的,在量刑时应当与办案机关查办案件过程中依职权追缴赃款赃物的有所区别。

职务犯罪案件立案后,犯罪分子及其亲友自行挽回的经济损失,司法机关或者犯罪分子所在单位及其上级主管部门挽回的经济损失,或者因客观原因减少的经济损失,不予扣减,但可以作为酌情从轻处罚的情节。

■最高人民法院关于被告人对行为性质的辩解是否影响自首成立问题的批复(全文)(2004年4月1日)

根据刑法第六十七条第一款和《最高人民法院关于处理自首和立功具体应用法律若干问题的解

释》第一条的规定，犯罪以后自动投案，如实供述自己的罪行的，是自首。被告人对行为性质的辩解不影响自首的成立。

■最高人民法院关于适用刑法时间效力规定若干问题的解释（1997年10月1日）

第四条　1997年9月30日以前被采取强制措施的犯罪嫌疑人、被告人或者1997年9月30日以前犯罪，1997年10月1日以后仍在服刑的罪犯，如实供述司法机关还未掌握的本人其他罪行的，适用刑法第六十七条第二款的规定。

■最高人民法院、最高人民检察院、公安部、司法部关于跨省异地执行刑罚的黑恶势力罪犯坦白检举构成自首立功若干问题的意见（2019年10月21日）

一、总体工作要求

1. 人民法院、人民检察院、公安机关、监狱要充分认识黑恶势力犯罪的严重社会危害，在办理案件中加强沟通协调，促使黑恶势力罪犯坦白交代本人犯罪和检举揭发他人犯罪，进一步巩固和扩大扫黑除恶专项斗争成果。

2. 人民法院、人民检察院、公安机关、监狱在办理跨省异地执行刑罚的黑恶势力罪犯坦白、检举构成自首、立功案件中，应当贯彻宽严相济刑事政策，充分发挥职能作用，坚持依法办案，快办快结，保持密切配合，形成合力，实现政治效果、法律效果和社会效果的统一。

二、排查和移送案件线索

3. 监狱应当依法从严管理跨省异地执行刑罚的黑恶势力罪犯，积极开展黑恶势力犯罪线索排查，加大政策宣讲力度，教育引导罪犯坦白交代司法机关还未掌握的本人其他犯罪行为，鼓励罪犯检举揭发他人犯罪行为。

4. 跨省异地执行刑罚的黑恶势力罪犯检举揭发他人犯罪行为、提供重要线索，或者协助司法机关抓捕其他犯罪嫌疑人的，各部门在办案中应当采取必要措施，保护罪犯及其近亲属人身和财产安全。

5. 跨省异地执行刑罚的黑恶势力罪犯坦白、检举的，监狱应当就基本犯罪事实、涉案人员和作案时间、地点等情况对罪犯进行询问，形成书面材料后报省级监狱管理机关。省级监狱管理机关根据案件性质移送原办案侦查机关所在地省级公安机关、人民检察院或者其他省级主管部门。

6. 原办案侦查机关所在地省级公安机关、人民检察院收到监狱管理机关移送的案件线索材料后，应当进行初步审查。经审查认为属于公安机关或者人民检察院管辖的，应当按照有关管辖的规定处理。经审查认为不属于公安机关或者人民检察院管辖的，应当及时退回移送的省级监狱管理机关，并书面说明理由。

三、办理案件程序

7. 办案侦查机关收到罪犯坦白、检举案件线索或者材料后，应当及时进行核实。依法不予立案的，应当说明理由，并将不予立案通知书送达罪犯服刑监狱。依法决定立案的，应当在立案后十日内，将立案情况书面告知罪犯服刑监狱。依法决定撤销案件的，应当将案件撤销情况书面告知罪犯服刑监狱。

8. 人民检察院审查起诉跨省异地执行刑罚的黑恶势力罪犯坦白、检举案件，依法决定不起诉的，应当在作出不起诉决定后十日内将有关情况书面告知罪犯服刑监狱。

9. 人民法院审理跨省异地执行刑罚的黑恶势力罪犯坦白案件，可以依法适用简易程序、速裁程序。有条件的地区，可以通过远程视频方式开庭审理。判决生效后十日内，人民法院应当向办案侦查机关和罪犯服刑监狱发出裁判文书。

10. 跨省异地执行刑罚的黑恶势力罪犯在服刑期间，检举揭发他人犯罪、提供重要线索，或者协助司法机关抓捕其他犯罪嫌疑人的，办案侦查机关应当在人民法院判决生效后十日内根据人民法院判决对罪犯是否构成立功或重大立功提出书面意见，与案件相关材料一并送交监狱。

11. 跨省异地执行刑罚的黑恶势力罪犯在原审判决生效前，检举揭发他人犯罪活动、提供重要线索,或者协助司法机关抓捕其他犯罪嫌疑人的,在原审判决生效后才被查证属实的,参照本意见第10条情形办理。

12.跨省异地执行刑罚的黑恶势力罪犯检举揭发他人犯罪,构成立功或者重大立功的,监狱依法向人民法院提请减刑。对于检举他人犯罪行为基本属实,但未构成立功或者重大立功的,监狱可以根据有关规定给予日常考核奖励或者物质奖励。

13.公安机关、人民检察院、人民法院认为需要提审跨省异地执行刑罚的黑恶势力罪犯的,提审人员应当持工作证等有效证件和县级以上公安机关、人民检察院、人民法院出具的介绍信等证明材料到罪犯服刑监狱进行提审。

14.公安机关、人民检察院、人民法院认为需要将异地执行刑罚的黑恶势力罪犯跨省解回侦查、起诉、审判的,办案地省级公安机关、人民检察院、人民法院应当先将解回公函及相关材料送监狱所在地省级公安机关、人民检察院、人民法院审核。经审核确认无误的,监狱所在地省级公安机关、人民检察院、人民法院应当出具确认公函,与解回公函及材料一并转送监狱所在地省级监狱管理机关审批。监狱所在地省级监狱管理机关应当在收到上述材料后三日内作出是否批准的书面决定。批准将罪犯解回侦查、起诉、审判的,办案地公安机关、人民检察院、人民法院应当派员到监狱办理罪犯离监手续。案件办理结束后,除将罪犯依法执行死刑外,应当将罪犯押解回原服刑监狱继续服刑。

15.本意见所称"办案侦查机关",是指依法对案件行使侦查权的公安机关、人民检察院。

▼上海市高级人民法院、上海市人民检察院、上海市公安局、上海市司法局关于对在押人员自首、检举立功适用法律的意见(试行)(2005年1月1日)

一、根据刑法第六十七条第二款规定,在押的犯罪嫌疑人、被告人、正在服刑的罪犯如实供述司法机关尚未掌握的本人其他罪行的,以自首论。但在共同犯罪案件中,在押人员除如实供述自己的罪行,还应当供述所知的同案犯,主犯则应当供述所知其他同案犯的共同犯罪事实,才能认定为自首。

对自首的犯罪嫌疑人、被告人、正在服刑的罪犯,可以依法从轻处理。如确有悔罪表现,其自首罪应处5年以下有期徒刑的,可以免除刑罚、减轻判处管制、拘役或适用缓刑;应处5年以上10年以下有期徒刑的,可以减轻判处5年以下有期徒刑;应处10年以上有期徒刑的,可以减轻判处5年以上10年以下有期徒刑;应处无期徒刑的,可以减轻判处10年以上有期徒刑;应处死刑的,可以减轻判处无期徒刑或有期徒刑15年。

五、犯罪嫌疑人、被告人有下列情节之一的,可以不受本意见关于"从轻、减轻或免除"裁量的限制:

(一)立功表现突出、社会效果明显的;

(二)有自首或立功表现并能主动退赃、赔偿被害人损失,取得被害人一方谅解的;

(三)有其他特殊情况的。

六、犯罪嫌疑人、被告人重大立功表现在其本人判决生效后查证属实,可结合其改造表现予以减刑、假释,其减刑幅度应适用上海市《关于办理减刑、假释案件实施细则(试行)》的上限。

罪犯因重大立功表现予以减刑的,可以不受减刑起始和间隔时间的限制。

七、已被批准或正在执行劳动教养的人员,如能供述司法机关尚未掌握的罪行或检举他人罪行等,依照上述意见执行。

已被批准或正在执行劳动教养的人员,供述司法机关尚未掌握的本人应处劳动教养的违法行为,可酌情不再延长或从轻确定其需延长劳动教养的期限。

已被批准或正在执行劳动教养的人员有立功表现的,可以酌情减1个月以上12个月以下劳动教养期。

已被批准或正在执行劳动教养的人员,有重大立功表现的,可以提前解除劳动教养。

八、其他人员有自首、立功表现的可以参照本意见执行。

九、本意见自2005年1月1日起试行。

自首认定裁判旨意的分类

一、自动投案型自首认定的裁判旨意

□因涉嫌犯罪被司法机关采取强制措施后,如实交代了本人犯罪事实的行为属于认罪态度好,并非自首

因涉嫌受贿被检察机关采取强制措施后,如实交代了本人的犯罪事实。这种行为属于认罪态度好,并非刑法规定的自首行为。(参见曹秀康受贿案,载《最高人民法院公报》总第60期,1999年第4期,第131页。)

○自动投案并如实供述自己的罪行后在一审期间翻供但二审期间又能如实供述的,不能认定为自首

1998年4月最高人民法院发布的《关于处理自首和立功具体应用法律若干问题的解释》(刑法本条全部附文以下称《解释》)规定,"犯罪嫌疑人自动投案并如实供述自己的罪行后又翻供的,不能认定为自首,但在一审判决前又能如实供述的,应当认定为自首"。《解释》之所以使用"一审判决前",而没有选择使用"生效或终审判决前"的字眼,这绝非疏忽,而是有其内在法理精神支持的。其意就是要把被告人表明"如实供述自己的罪行"这一决定自首认定与否的认罪态度的时限界定在一审判决前。这是因为,首先,如果没有这样的时限界定,被告人一审供,二审翻,复核审再翻,法院的判决岂不是要随着被告人认罪态度的反复而不停地反复?倘若仅依据被告人主观认罪态度的变化,判决或裁定就随之变来变去,不仅有损于判决或裁定的严肃性和权威性,也容易助长被告人能翻就翻,不能翻再供,肆意拖延诉讼,妄图规避法律的心态。其次,被告人认罪态度的变化,只是被告人主观方面的变化,绝非一审认定的事实、证据发生变化。在仅有被告人认罪态度变化而没有事实、证据变化的情况下,二审也没有变更一审正确判决的理由。最后,除自动投案外,被告人如实供述的认罪态度,也是成立自首的要件,它反映出被告人主观恶性的深浅,以及被告人正确对待自己罪行和应得惩处的心理动机。把如实供述的最后期限划定在一审判决前,对被告人来说,时间上已经十分充裕,能否成立自首,关键就看被告人自己如何表现了。因此,对于本案被告人在二审中又如实供述其所犯罪行的,只应视为悔罪表现,虽可酌情予以从轻处罚,但不能认定为自首。[参见《刑事审判参考》总第24辑(2002年第1辑),法律出版社,第208~209页。]

▽本人及代为投案人由于客观原因未能与司法机关联系上,后被抓获的应视为自动投案

自动投案一般应是犯罪嫌疑人本人直接向有关部门自动投案,对于因为客观原因不能亲自投案,委托他人先代为投案的,也应当视为自动投案。犯罪嫌疑人准备投案,但由于客观原因,本人及代为投案人未能与司法机关联系上,后被抓获的也可视为自动投案。因此,认定自动投案,投案的方式并非要求犯罪嫌疑人的投案行为必须将自己直接置于司法机关控制之下,只要有证据证明投案人具有投案的意思表示,并有投案的具体行为,均应认定为自动投案。[参见第191号案例,薛佩军等盗窃案,载《刑事审判参考》总第27辑(2002年第4辑),法律出版社,第31页。执笔:朱平]

▽仅有自首意思表示而无自动投案行为的不构成自首

行为人仅有投案的意思表示(明示或默示),而无实际的投案行为或者不能证明确已准备去投案,就不能认定为自首。行为人案发后逃至其舅家,将其犯罪的情况告诉了其舅,其舅劝说其投案自首,其表示同意。后其舅担心行为人反悔,背着行为人让其舅妈向公安机关报案,公安机关遂将行为人抓获归案。行为虽有投案自首的意思表示,但并未直接到公安机关投案,也未委托其亲属代为投案,其亲属报案后也未送其投案,故按照法律的规定,行为人的行为不能认定为自首。[参见第153号案例,计永欣故意杀人案,载《刑事审判参考》总第24集(2002年第1集),法律出版社,第22~27页。执笔:董朝阳]

▽明确告知到司法机关的目的是投案,是成立自动投案不言而喻的要件,犯罪后到公安机关了解案情不属于自动投案

虽然刑法和司法解释的规定均并未明确行为人必须告知其到司法机关的目的是投案,才能成立自动投案,但从刑法设立自动投案,即要求行为人犯罪后主动将自己置于司法机关管辖之下的本意来看,必须明确告知到司法机关的目的是投案,这是成立自动投案不言而喻的要件。当然,自动投案的成立,不要求行为人供述具体的犯罪事实、情节和性质,只要行为人对司法机关工作人员说:“我来投案!”“我来自首!”或者“我杀了人,来投案!”等,都应当认定为自动投案。若行为人是以投案为目的主动来司法机关的,无论司法机关是否已掌握了其犯罪事实、是否已决定对其采取强制措施,均应当认定为自动投案。行为人到公安机关的目的并不是投案,而是了解被害人是否死亡。公安局根据协查通报将行为人抓获后,虽然行为人如实供述了自己的主要犯罪事实,因其欠缺自动投案这一条件,故不能认定为自首。[参见第134(131)号案例,明安华抢劫案,载《刑事审判参考》总第21辑(2001年第10辑),法律出版社,第26～27页。执笔:田立文 夏汉清]

▽报警后又继续实施犯罪行为,虽然有别于典型的自动投案,但仍符合自动投案的本质特征,应认定为自动投案

对行为人的行为可分为前后两个阶段进行分析。在第一阶段,行为人持铁锤击、菜刀砍打被害人后,误以为已将被害人打死,便打电话报警称“这里打死了人”。此时,行为人无疑有自动投案的表现,如其不再继续实施犯罪行为,应当认定其自动投案。但其行为的特殊性在于接下来第二阶段出现的情况。行为人在向“110”报警后,看见被害人又提着菜刀再次进入客厅,并在被台阶绊倒时将行为人也拽倒在地,行为人便夺过菜刀继续砍剁被害人,导致被害人随后经医院抢救无效死亡。第二阶段行为是否可以认定为自动投案:首先,从案件的整体情况看,行为人的报警行为虽发生于犯罪行为实施过程中而不是犯罪行为实施完毕之后,但其在自己已报警,公安人员马上就会到来的情况下,有条件逃跑却未逃跑,而是留在现场等待公安机关的处理。这显然是主动将自己置于司法机关的有效控制之下,符合自动投案所要求的本质特征。其次,刑法本条虽然规定自动投案的时间条件是“犯罪以后”,但这种规定并不是从犯罪是否完成的角度作出的,而是一种立法技术上的提示性规定,其逻辑性要大于时间性。因为任何自动投案行为都只能发生于“犯罪以后”,而且,从刑法规定看,刑法本条规定的“犯罪以后”并未明确限制必须在犯罪既遂以后,也就是说,没有排除在犯罪过程中存在自动投案的可能。报警只是投案的一种意思表示,而不是投案行为的全部,更重要的投案表现是其作案后留在现场等候处理。这样看,其投案行为系发生于“犯罪以后”,与刑法的规定之间没有矛盾,应认定为自动投案。综上,行为人实施犯罪行为并打电话报警后,一直留在现场等候公安机关的处理,并在到案后如实供述了所犯罪行,其行为符合自动投案和如实供述两大条件,应当认定为自首。需要指出的是,以上分析及结论均仅针对本案具体情形而言。一般情况下,行为人实施完犯罪后报警,又继续实施犯罪行为的,是否成立自首要根据具体情况来作分析,不能一概而论。而且,对于这种情况,即使认定了自首,是否一概在量刑上予以从轻处罚,也要根据具体案情,结合被告人犯罪的性质、情节和对社会的危害程度来适当把握。[参见第519号案例,翁见武故意杀人案,载《刑事审判参考》总第66集(2009年第1集),法律出版社,第24～27页。撰稿:吴敏]

▽虽电话报警,但其在报警时并未向公安机关主动交代是自己实施的犯罪行为的,不是自动投案的行为

被害人由于被告人的故意伤害行为致死,被告人送被害人到医院抢救,在确认被害人死亡后,虽在公安机关未发现犯罪事实之前拨打“110”电话报警,但其在报警时并未向公安机关主动交代是他实施的犯罪行为,而只是称“在区医院急诊室有一女子死亡”,而且在公安机关到达后也未主动如实供述案件发生经过。被告人的这种行为属于报案而非投案,其行为实质只是向司法机关报告案件的发生,与普通公民发现案发后的报案无异。警方虽然通过报警电话了解到有人死亡的事实、可能发生了刑事案件,但并不能锁定犯罪嫌疑人是谁,故不符合自首所要求的主动向司法机关承认犯罪,自愿将自己置于司法机关控制之下并接受司法机关的审判和制裁的实质特征,不能仅以此来认定其有自动投案的行为。此外,被告人的行为亦不属于"因形迹可疑被盘问主动交代罪行的自首"情形。"形迹可疑"是指司法机关没有证据确定犯罪嫌疑人或者根据已掌握的现有证据不能合理地推定某人就是犯罪嫌疑人,这种怀疑更多的是凭借知觉性的推断,这种推测依据的往往是个人工作经验的积累,具有主观性,没有客观的证据加以证实或客观的证据尚不能证实。司法实践中,对于被告人在案发后以电话方式报警能否成立自首应当结合案情具体分析:在电话中明确表示投案意图,并在到案后能如实供述犯罪事实的,成立自首;在电话报警时虽然没有明确的投案意图,但在公安人员根据其报警提供的线索到达犯罪现场或抢救现场后,未通过调查将其列为犯罪嫌疑人或采取强制措施之前,其主动向公安人员供述犯罪事实的,或者属于因形迹可疑,经盘问主动如实供述罪行的,也成立自首。但是,犯罪人实施犯罪后,主动电话报警时并未明确供述其主要犯罪事实或在公安人员到达后仍未主动供述主要犯罪事实,在公安机关通过调查工作已将其列为犯罪嫌疑人后才如实供述罪行的,不能成立自首。需要指出的是,实施犯罪行为后出于减轻犯罪后果或者其他原因参与抢救被害人的行为并不是成立自首的条件,对于案发后没有逃跑,并积极抢救被害人的被告人在不构成自首的情况下,在量刑时应对该情节作为从轻情节予以考虑。[参见第525号案例,王秋明故意伤害案,载《刑事审判参考》总第66集(2009年第1集),法律出版社,第44~47页。撰稿:刘俊燕、李忠勇]

▽自动投案的认定

根据《解释》的规定,自动投案是指犯罪事实或犯罪嫌疑人未被司法机关发觉,或者虽被发觉,但犯罪嫌疑人未受到讯问、未被采取强制措施时,主动直接向公安机关、人民检察院或者人民法院投案。也就是说,自动投案的时间既可以是在犯罪被发现之前,也可以是在犯罪被发现之后。实践中自动投案一般包括以下几种情况:(1)在犯罪事实和犯罪人均未被发现的情况下主动投案;(2)在犯罪事实已被发现,但尚未查清犯罪人的情况下主动技案;(3)在犯罪事实已被发现,仅因形迹可疑,被有关组织盘问、教育后,主动交代自己的罪行的;(4)犯罪事实和犯罪人均已被发现,但在尚未被司法机关讯问或采取强制措施以前主动投案;(5)犯罪后逃跑,在被通缉、追捕过程中主动投案;(6)经查实确已准备去投案,或者正在投案途中,被公安机关抓获的,视为自动投案。[参见第565号指导案例,闫光富故意杀人案,载《刑事审判参考》总第69集(2009年第4集),第12页。撰稿:胡红军　李桂红]

▽行为人交通肇事后逃逸,后又自动投案、如实供述罪行的,构成自首,但应以"交通肇事后逃逸"的法定刑为基准,视情决定对其自首是否从轻处罚

被告人交通肇事后逃逸,十余小时后到交警部门接受调查,如实供述了其交通肇事的犯罪事实,构成自首。理由如下:1.刑法总则规定的自首制度应对刑法分则各罪符合自首成立要件的情形普遍适用。按照刑法总则指导分则的原理,无论行为人交通肇事后是否逃逸,只要符合刑法总则第六十七条规定的自首成立要件,即自动投案、如实供述自己罪行两个要件,均可成立自首情节。2."交通肇事后逃逸"和"投案自首"是在两种主观故意支配下实施的两个独立行为,应分别进行法律评价。逃逸是行为人为逃避法律追究而实施的逃跑行为,自首是行为人出于本人意愿自动投案、如实供述罪行的行为,两者相互独立,互不影响。不能因为行为人肇事后逃逸而否定其事后投案自首,也不能因为其事后自首而推翻对其先前逃逸行为的认定。3.对自动投案、如实供述罪行的交通肇事逃逸者适用自首,有利于鼓励肇事者主动投案,悔过自新;同时,有利于在最短时间内查清事实、分清责任,及时赔偿被害方,使案件得以及时侦破、审结,节约司法资源,符合刑法立法本意。基于此,2010年《意见》第一条第三款明确规定:"交通肇事逃逸后自动投案,如实供述自己罪行的,应认定为自首。但应依法以较重法定刑为基准,视情决定对其是否从宽处罚以及从宽处罚的幅度。"具体到本案,被告人交通肇事后逃逸,后又主动到交警部门接受调查处理,如实供述其交通肇事罪行,应认定为自首。需要指出的是,被告人否认肇事后逃逸,不影响成立自首。根据2004年《最高人民法院关于被告人对行为性质的辩解是否影响自首成立问题的批复》的规定,行为人对行为性质的辩解不影响自首的成立。被告人归案后对于自己交通肇事始终供认,只是对离开医院的目的、性质进行辩解,仍属如实供述罪行,不影响成立自首。具体到量刑,根据《意见》第一条第三款的规定,被告人具有"交通肇事后逃逸"的法定加重情节,对其量刑时,应依法以较重法定刑为基准在综合考察其犯罪情节、危害后果、主观恶性、人身危险性等因素的基础上,决定是否对其予以从宽处罚及从宽幅度。被告人既有自首的法定情节,又有积极赔偿、取得被害人亲属谅解的酌定情节。根据2010年《最高人民法院关于贯彻宽严相济刑事政策的若干意见》第十七条、第二十三条的规定,对于自首的被告人,除了罪行极其严重、主观恶性极深、人身危险性极大,或者恶意利用自首规避法律制裁者以外,一般均应依法从宽处罚;对于积极赔偿被害人且取得谅解的,亦应作为酌定量刑情节予以考虑。因此原审法院以较重法定刑为基准,决定对被告人从宽处罚,既符合《意见》的有关规定,也符合宽严相济刑事政策的精神。需要指出的是,被告人逃离抢救场所的行为,并未致使被害人得不到救助而死亡,不符合《解释》第五条规定的情形,不属"因逃逸致人死亡",应适用三年以上七年以下有期徒刑作为基准刑。原审法院在此基础上对其减轻处罚是适当的。[参见第697号指导案例,王友彬交通肇事案,载《刑事审判参考》总第80集(2011年第3集),第22～24页。撰稿:张显春　何东青]

▽虽未被正式采取"强制措施"或者讯问,但已被公安机关实际控制,应视为对犯罪嫌疑人实施了人身"强制措施"

(一)被告人的行为没有表现出自动投案的主动性和自愿性,不能认定为自动投案。一般认为,投案的主动性是自动投案的本质特征。主动性,是指在明知投案后果的前提下,犯罪人在其自由意志支配下对这种结果的一种积极自愿的选择,体现出犯罪人愿意认罪、悔罪,自觉接受法律制裁的主观意愿。衡量是否构成自动投案,重要标准就是看其是否具有投案的主动性、自愿性。无论是作为典型的自动投案的"亲投"形式,还是《解释》所列举的非典型投案(亦称准自动投案)的"代投"、"陪投"、"托投"、"送投"等七种情形,都体现出犯罪人投案的自愿性与主动性。是否具有投案的主动性和自愿性,需要根据犯罪人的客观行为与外在表现综合分析认定。主观意志支配客观行为,客观行为体现主观意志。通常情况下,客观行为与主观意愿是相统一的,犯罪人主动自愿认罪的主观意愿会促使其主动到案,同样,主动到案的客观行为也可以反映出犯罪人认罪、悔罪、自愿接受法律惩罚的主观意愿。当然,主观与客观并非总是一致、统一的,有时存在不一致甚至矛盾的情况。有些情况下,犯罪人客观上具有"主动归案"的外在表象,但"到案"后却否认或隐瞒与其相关的犯罪事实,企图蒙混过关逃避处罚;或者掩盖真相,避重就轻,试图减轻罪责,均没有投案的主动性和自愿性,不能认定为自动投案。与之相反,犯罪人客观上虽未使其自身处于公安机关的控制之下,但其他情况或证据表明犯罪人主观上有主动、自愿投案的意思,如符合自动投案的其他条件,则应视为自动投案处理。如因伤、病或行动不便,无法前往公安机关投案的,经查实具有主动投案意愿的,可予认定。本案被告人苏醒后与在场"看护人员"的谈话,与其他病人醒来后同看护人员谈话的性质一样,均属正常聊天行为,这种行为通常可以减轻病人的心理负担或生理疼痛。被告人在清醒后的谈话中始终没有表现出要委托"看护人员"投案的意思表示,故其行为不能视为委托他人代为投案;其所有供述中也没有提及自己当时是否知晓"看护人员"的真实身份,且也不知道自己已被公安机关控制,故其行为也不能视为其谈话是向司法机关、有关组织和人员投案。被告人自杀醒来后的行为没有体现出其有投案的主动性和自愿性,故不能认定其为自动投案。(二)被告人醒来时,公安机关对其采取的人身控制应视为已对其实施了"强制措施",其不具备自动投案的客观条件,即使其有投案意愿和行为,亦不能认定其系自动投案根据《解释》第一条第一款的规定,犯罪嫌疑人在自动投案前所处状态有两种情形:"一是犯罪嫌疑人或犯罪事实尚未被司法机关发觉;二是犯罪嫌疑人或犯罪事实虽已被司法机关发觉,但犯罪嫌疑人尚未受到讯问或被采取强制措施"。第一种情形下主动、自愿投案的,成立自动投案,无须赘言;关键是第二种情形中对"讯问"和"强制措施"如何理解。"讯问",是指侦查人员以言词方式向犯罪嫌疑人查问犯罪事实和其他与案件有关情况的一种侦查措施。如何区分讯问、盘问与询问,是以是否掌握了足以合理怀疑查问对象实施犯罪的证据为标准。掌握的证据足以合理怀疑被查问对象实施犯罪的,是讯问;否则,不是讯问,而是询问、盘问。理由在于:一方面,讯问是针对犯罪嫌疑人开展的调查工作,讯问须以掌握一定的犯罪证据为前提,但掌握的证据要达到合理怀疑被查问对象实施犯罪的程度。讯问的法律定位决定其性质不同于盘问、询问,侦查机关不能任意实施。讯问的这一标准既不会妨碍侦查机关开展讯问活动,又不会引发侦查机关滥用讯问措施。这一标准明确了在掌握合理怀疑查问对象实施犯罪的证据之前的交代(或投案)成立自动投案,而对之后的交代(或投案)不认定为自动投案。《解释》中此处规定的"强制措施"与刑事诉讼法所规定的"强制措施"并非同一概念。只要司法机关已对犯罪嫌疑人实施了实际的人身控制,即使不完全符合或未严格履行刑事诉讼法所规定的"强制措施"的条件和程序,也是对其采取了"强制措施";相反,犯罪嫌疑人在投案时,只要其还有行为自由决定能力,即使其已经被采取了法律规定的五种"强制措施",其投案仍应当视为自动投案。理由如下:刑事诉讼法规定"强制措施",目的在于明确司法机关对公民实施人身控制或限制的条件和程序,避免"强制措施"的滥用,造成对公民人身权利的侵犯,同时也为审查所谓"强制措施"的合法性提供判断标准。而《解释》中规定成立自动投案的投案行为必须是在被采取"强制措施"前实施,意在明确自动投案的前提和时间条件,合理划定自动投案的成立范围,防止不符合自首制度立法精神、无助于节约司法资源的投案行为被认定为自动投案。投案行为是否符合自首制度的立法精神、是否有利于节约司法资源,取决于犯罪嫌疑人的投案行为能否发生或是否发生了其将自身作为犯罪嫌疑人置于公安机关实际控制之下的效果。判断的标准就是犯罪嫌疑人实施投案行为之前,其人身活动是否处于自由、自主状态,司法机关是否将其作为犯罪嫌疑对象对其人身予以强制或控制。如果在实施投案行为时,司法机关尚未将其作为犯罪嫌疑对象对其人身予以强制或控制,其人身活动处于自由、自主状态,就能肯定上述效果的发生,即使其已被采取刑事诉讼法规定的五种"强制措施"之一种,也应当认为犯罪嫌疑人未被采取"强制措施"。反之,不能肯定存在上述效果,就应当认为已被采取"强制措施"。因此,在认定自动投案时,应当从司法机关是否将其作为犯罪嫌疑对象对其人身予以强制或控制来判断是否已被采取了"强制措施"。已被控制的,属于已被采取"强制措施";未被控制的,属于尚未被采取"强制措施"。由此,可以得出结论,此处的"强制措施"是指"司法机关将犯罪嫌疑人作为嫌疑对象对其人身实施的实际控制",包括刑事诉讼法规定的"强制措施"在内的实际控制。对此处的"强制措施"作上述理解,将其与刑事诉讼法规定的"强制措施"区分开,从司法实践的情况看也具有明显的合理性。鉴于目前刑事立案被作为一个独立阶段,且立案标准较高,程序较为复杂,同时出于侦查、抓捕时机或策略等诸多方面的原因,公安机关更愿意或不得已以协助调查的名义或口头传唤等方式将犯罪嫌疑人实际控制并带至公安机关,而不是就地讯问或者事前办好拘传、拘留等"强制措施"的法律手续再控制犯罪嫌疑人。若不认为此种情况下公安机关对犯罪嫌疑人的控制属于"强制措施",而认为犯罪嫌疑人只要没有被正式适用五种"强制措施"前的投案行为者成立自动投案的话,一则会导致自动投案的成立不取决于犯罪嫌疑人自主决定,而取决于公安机关完善法律手续与否;二则会助长犯罪人的投机心理,犯罪人更多会选择逃避处罚,只在无路可逃、迫不得已时才抓住时机"投案",不利于促使犯罪人及时归案。需要进一步说明的是,自动投案中的"强制措施"与刑事诉讼法规定的"强制措施"既有区别又有联系,两者存在某种程度的交叉。前者是指对犯罪嫌疑人人身实施的实际控制或管控,尽管其不要求履行刑事诉讼法规定的程序,但对犯罪嫌疑人的实际控制也可能发生在已经对其适用刑事诉讼法规定的"强制措施"后,且这种情形在司法实践中发生的概率更高;另外,即使犯罪嫌疑人已被采取了刑事诉讼法规定的"强制措施",其人身仍有可能并未被司法机关实际控制,如在犯罪嫌疑人被取保候审后脱保,监视居住后潜逃,或者羁押期间脱逃。这些情况下,司法机关对犯罪嫌疑人并未形成事实上的控制,犯罪嫌疑人对其行为和活动仍能作自由决定,只要其实施了投案行为,就应当认为其是在尚未被采取"强制措施"前的自动投案。就本案而言,虽然当时公安人员未对被告人采取讯问或办理拘留、逮捕等刑事诉讼法所规定的"强制措施"手续,但公安机关已将其作为犯罪嫌疑人,并派专人在病房看守、控制,已对其的人身实施了实际控制,被告人此时的状况应当视为已被采取"强制措施",即使被告人醒来后有自动投案的意思表示或行为,其也不具备自动投案的客观条件。因此,从客观条件看,也不能认定被告人的行为系自动投案。司法实践中,还有一些因客观条件限制类似本案被告人别无选择"逃无可逃"的案例,同样因为失去自动的客观前提,不能认定为自动投案。例如,自然环境与条件限制了犯罪人的行动自由,犯罪人作案后根本无条件和机会逃避抓捕,或者犯罪人在作案过程中遭遇生命、健康的重大危险,别无选择时报案求助于公安机关的,此类情况下,犯罪人处于"逃无可逃"、别无选择的情形,其投案并非主动、自愿所为,而是因客观条件使其别无选择,迫不得已而为之的,不能认定为自动投案。列举以下两个案例加以说明。案例一:犯罪人走私,船只航行在海上时,因突刮大风致船只有即刻倾覆的重大危险,为避免船只倾覆而向公安机关报告,表示愿意投案的,不能认定为自首。案例二:被害人或其亲属及在场群众对犯罪人的行动自由形成重大限制,或者犯罪人因犯罪行为致伤、在犯罪过程中突发疾病等,致其无法逃脱的,即使其表示愿意投案,也不能认定为自动投案。[参见第701号指导案例,周元军故意杀人案,载《刑事审判参考》总第80集(2011年第3集),第44~50页。撰稿:杨学成 谷国文 李伟华]

▽对职务犯罪案件中"自动投案"的认定,要注意此类案件的特殊性

被告人姚某先交代犯罪事实,被告人刘某后交代犯罪事实,法院认定刘某具有自首情节,却未认定姚某具有自首情节。法院之所以作出这一区别认定,是因为刘某具有"自动投案"情节,而姚某没有。在职务犯罪案件中,由于办案主体包括纪检监察部门和司法机关,办案过程通常包括接受举报、外围调查、谈话、双规、司法机关介入等诸多环节,故犯罪分子的归案过程常常具有一定特殊性,由此给自首的认定增加了一定的复杂性和难度。司法实践中,对职务犯罪分子是否认定自首首先要看犯罪分子是否具有归案的自动性。如果行为人明知办案机关掌握了其犯罪事实,由于幡然悔悟、迫于压力或者其他原因,自行主动到办案机关投案的,无论其基于何种动机,均属于自动投案。办案机关在掌握了犯罪事实或线索的情况下,直接找到涉案人员调查谈话,即使其如实交代犯罪事实,因缺乏自动投案这一要件,也不成立自首。由于职务犯罪案件往往是由纪检部门先调查,再由检察机关介入,故也需注意检察机关介入对认定自首的影响。一方面,行为人在纪检部门办案时主动投案,只要没有抗拒或翻供行为,不论如何被移送至检察机关,均不影响自首的成立。具体又包括两种情形:一是行为人自动到纪检部门投案后,纪检部门将其送至检察机关或者通知检察机关到纪检部门接人。这种情况下,检察机关的介入对自首的成立没有影响。但是,如果行为人知道检察机关介入后逃跑或者抗拒移送的,则其投案自动性不能成立。二是行为人自动到纪检部门投案后,纪检部门让其回家等候处理,后检察机关介入,无论是检察机关到其住所将其带走,还是通过打电话通知其到检察机关接受处理,均不影响自首的成立,但有逃跑或者抗拒行为的除外。另一方面,行为人在纪检部门办案时没有主动投案,而只是被动归案后如实供述的,在这一阶段不成立自首。但在检察机关介入阶段是否成立自首,要视具体情况而定。如果是纪检部门将其送至检察机关或者通知检察机关到纪检部门接人的,因其归案缺乏自动性,不成立自首。如果纪检部门调查、谈话后让其回去等候处理,检察机关介入后直接到其住所将其带走的,也不成立自首。本案被告人刘某在未接到办案机关任何调查、谈话通知的情况下,主动到集团公司纪委投案,属于自动投案,且投案后如实供述了犯罪事实,符合自首的两个条件。检察机关在介入后到刘某单位将刘某带走归案,刘某没有逃跑或者抗拒,所以应当认定具有自首情节。被告人姚某是在集团公司纪委已掌握一定线索的情况下找其调查谈话时如实交代了犯罪事实,根据《意见》的相关规定,在公司纪委调查谈话阶段不能成立自首。后纪检部门让其回去等候处理,检察机关介入后直接到其单位将其带至检察机关,因此,在检察机关介入阶段也不具有归案的主动性,故不能认定为自首。值得注意的是,姚某在纪检部门只掌握了一条线索的情况下,如实交代了三项事实,属于《意见》中"办案机关仅掌握小部分犯罪事实,犯罪分子交代了大部分未被掌握的同种犯罪事实""如实交代对于定案证据的收集有重要作用"和"一般应当从轻处罚"的情形,故对姚某量刑时应当从轻处罚。同时,法院综合考虑二被告人犯罪的具体情节,且姚某系从犯,故对二被告人均作了依法减轻处罚,并宣告缓刑的处理。[参见第755号指导案例,刘某、姚某挪用公款案,载《刑事审判参考》总第84集(2012年第1集),第67~68页。撰稿:臧德胜]

▽职务犯罪案件中,被告人须在纪律监察部门对其采取明确的调查措施前投案方能构成自动投案,在此前提下符合自首其他构成要件的,依法应认定为自首

自动投案和如实供述自己的罪行是构成自首的实质要件,职务犯罪中的自首认定同样应具备这两个实质要件。但是,由于职务犯罪的侦查具有不同于普通犯罪的特点,主要表现为一般具有纪律监察部门的前置性调查程序,因此,必须对这种前置性的调查程序予以实事求是的认定,以准确界定职务犯罪案件中自首的成立标准。由于纪律监察部门的办案活动所采取的调查谈话、调查措施与司法机关的侦查措施在内容、目的、效果方面具有相似性,立足于自首主要反映被告人认罪悔罪及有利于司法机关侦破案件的制度特征和价值取向,最高人民法院在《关于办理职务犯罪案件认定自首、立功等量刑情节若干问题的意见》(本附文以下简称《职务意见》)中规定:"没有自动投案,在办案机关调查谈话、讯问、采取调查措施或者强制措施期间,犯罪分子如实交代办案机关掌握的线索所针对的事实的,不能认定为自首。"同时,《职务意见》对职务犯罪中的自动投案也予以了明确规定:"犯罪事实或者犯罪分子未被办案机关掌握,或者虽被掌握,但犯罪分子尚未受到调查谈话、讯问,或者未被宣布采取调查措施或者强制措施时,向办案机关投案的,是自动投案。"这里的办案机关包括纪检机关及刑事侦查机关等法定职能部门,如果犯罪分子在其犯罪事实未被司法机关掌握之前,向所在单位等办案机关以外的单位、组织或者有关负责人员投案的,应当视为自动投案。由此可见,审判机关对职务犯罪中构成自首的认定采取了严格标准。本案报案材料、立案决定书、案件来源、抓获经过等相关书证显示,农业银行园区支行在业务检查中发现一笔外汇贴现业务手续资料不齐,被告人李某某在法定职能部门尚未介入的情况下承认自己挪用公款的行为,此时其并没有被采取调查措施以及强制措施,反映出李某某投案的主动性和自愿性,表明其自愿将自身置于国家控制之下,接受法律制裁,符合自动投案的要件特征。而李某某的供述则表明,其自动投案后,如实供述了自己制作虚假的外汇贴现业务资料用于掩盖吴某挪用120万美元公款的犯罪事实,并对自己的主体身份情况也作了如实供述。李某某到案后,又进一步交代了其参与挪用部分公款的犯罪事实,符合《解释》中规定的共同犯罪中主犯应当如实供述的犯罪事实范围。因此,被告人李某某具备自首情节,法院认定其构成自首是正确的。[参见第709号指导案例,吴某、李某某挪用公款案,载《刑事审判参考》总第80集(2011年第3集),第107~108页。撰稿:丁学君　田虎]

▽内幕交易犯罪案件中的"自动投案"

凡是证券监管部门移送的内幕交易犯罪案件,在将案件移送之前,证券稽查部门往往已启动了立案稽查程序。本案中,被告人杨某某获悉证券监管部门调查相关股票异动情况后,主动向证券监管部门反映自己购买股票的情况,并向证券监管部门提供了自己的联系方式及家庭住址,以便有关部门作进一步调查取证。证券监管部门经过数月的调查后,向公安机关移送案件材料,随后侦查人员到杨某某家中传唤其到案接受调查。杨某某主动找证券监管部门反映情况,且其在家中被公安机关传唤到案如实供述主要犯罪事实的行为是否属于自首,直接影响对杨某某的量刑。杨某某主动找所在单位领导或者有关部门反映自身情况后,能够随传随到,并在自己的住址等候司法机关处理,依法应当认定为自动投案。

1. 只要行为人主动向基层组织或者证券监管部门如实反映自身涉案情况,并自愿等候有关部门处理的,均可以认定为自动投案。根据最高人民法院《解释》第一条和《意见》第一条第一项的规定,在现场等候抓捕,即使非本人主动报案,亦可视为主动投案。在内幕交易案件中,由于系先由证券监管部门调查,故行为人一般均是先向证券监管部门投案,如果行为人预留联系方式,并在预留地址自愿等候有关部门处理的,比照"明知他人报案而在现场等待"的规定,应当认定行为人系主动投案。行为人在自愿等候有关部门处理过程中,被公安抓获到案不影响自动投案的认定。质言之,如果因行为人在等候处理过程中,因未能及时向公安机关投案而否认行为人自动投案,则可能导致内幕交易案件中的行为人自动投案不能。当然,如果行为人向证券监管部门主动投案并预留联系方式和家庭住址后逃跑的,则因其不具有等候处理的自愿性,依法不能认定为自动投案。

2. 行为人向证券监管部门主动投案已实现自首制度中主动投案的立法价值。从自首的立法价值分析,立法者设置自首制度的目的在于减少司法机关的追诉负担和司法成本、有效实现刑罚预防犯罪的功能。

从另一角度分析,内幕交易案件被移送公安机关后,由于行为人在预留的住址等候处理,公安机关即使上门采取拘留等强制措施,对司法资源的浪费也不明显,以此进行刑法负面评价的意义并不大。基于上述分析,本案被告人杨某某的行为符合自动投案的特征。[参见第890(1019)号指导案例,杨某某内幕交易案,载《刑事审判参考》总第100集(2014年第5集),第2~5页。撰稿:万志尧　邬小骋]

▽行政主管部门与公安机关联合执法案件中自动投案的认定

(一)行政执法移送案件的特点。根据国务院2001年出台的《行政执法机关移送涉嫌犯罪案件的规定》,行政执法机关在依法查处违法行为过程中,发现违法事实涉及的金额、违法事实的情节、违法事实造成的后果等,根据刑法等相关规定,涉嫌构成犯罪,依法需要追究刑事责任的,必须依照该规定向公安机关移送。涉嫌污染环境犯罪案件属于该规定中行政执法移送的案件类型之一。(1)行政执法机关是具有法定职能的办案机关。行政执法机关是指依照法律规定,对破坏社会主义市场经济秩序、妨害社会管理秩序以及其他违法行为具有行政处罚权的行政机关,以及法律、法规授权的具有管理公共事务职能、在法定授权范围内实施行政处罚的组织。可见,行政执法机关是具有法定职能的办案机关,涉及税务、工商、文化稽查、烟草专卖、盐业专卖等机关,同时也包括环保部门。(2)案件移送内容是涉嫌刑事犯罪的违法事实。行政执法机关根据发现违法事实涉及的金额、违法事实的情节、违法事实造成的后果等证据材料,向公安机关移送涉嫌犯罪的案件。可见,行政执法机关移送的内容是在日常的依法查处违法行为过程中,根据已掌握的线索通过调查、检验、鉴定,发现相关单位或个人涉嫌犯罪的事实。(3)移送的法律后果是依照刑事法律规定审查。公安机关在接受行政执法机关移送的涉嫌犯罪案件后,依照刑事法律的相关规定,对所移送的案件进行审查。认为有犯罪事实,需要追究刑事责任的,依法决定立案;反之,依法不予立案,并退回案卷材料。可见,公安机关对行政执法案件是否进行刑事立案主要基于刑事法律进行审查。从上述行政执法移送案件的特点来看,此类案件与职务犯罪移送案件具有一定的相似性。因此,在自首等问题上的法律适用,司法实践可以适度参照职务犯罪的相关规定。

(二)行政执法移送案件中自动受案的具体认定。结合实践中行政执法移送案件的特点,依照最高人民法院、最高人民检察院2009年联合出台的《职务意见》和最高人民法院2010年出台的《意见》等相关司法解释性文件的规定,行政执法移送案件的自动投案主要有三种情形:(1)在犯罪事实和犯罪嫌疑人未被发现或者犯罪事实已被发觉,犯罪嫌疑人尚未被发觉以前,向公安、检察、法院等司法机关投案,或者向相关行政执法部门投案,都可以认定为自动投案。(2)犯罪事实和犯罪嫌疑人均已被发觉,但犯罪嫌疑人尚未受到办案机关调查谈话或者被宣布调查措施以前,向公安、检察、法院等司法机关投案,或者向相关行政执法部门投案,也可以认定为自动投案。(3)犯罪事实和犯罪嫌疑人均已在检查过程中被发觉,并已受到行政执法部门的调查,再到公安等司法机关投案的,不能视为自动投案。

上述前两种情形的认定并无争议,对于第三种情形的认定,要准确把握以下两点理由:一是从立法目的来看,犯罪嫌疑人在行政执法检查过程中被发觉犯罪事实,并受到办案机关调查后再到司法机关投案,表明犯罪嫌疑人此时投案的主动性不够明显;同时,在办案机关掌握了相关犯罪事实,并向公安机关移送案件后,犯罪嫌疑人此时投案客观上也不能满足及时侦破案件的政策理由。二是根据《意见》的精神,办案机关在掌握相关线索进行行政执法检查后,犯罪嫌疑人主动交代自己的罪行,不能视为自动投案。同时,根据《职务意见》的精神,犯罪嫌疑人在办案机关调查之前未自动投案,后到司法机关投案的,即便如实交代办案机关掌握的线索所针对的事实的,也不能认定为自首。因此,行政执法机关发现违法行为并进行调查后,被告人再主动到公安机关投案的行为不属于自动投案。本案中,台州市环境保护局等单位根据相关线索,与公安机关等部门组成联合执法,在执法行动中发现被告单位、被告人周某某有污染环境的违法行为,其间展开对被告单位、被告人周某某的调查。在联合执法调查过程中,环保部门、公安机关均已掌握了被告单位、被告人涉嫌犯罪的事实和线索、材料。周某某在环保部门调查谈话期间,如实交代了相关犯罪事实。后环保部门根据行政执法移送制度,将案件移送至公安机关。周某某系在公安机关刑事立案之后,再主动到公安机关投案,属于上文分析的第三种情形,不属于自动投案,不应认定具有自首情节。[参见第1050号指导案例,台州市黄岩恒光金属加工有限公司、周某某污染环境案,载《刑事审判参考》总第101集(2014年第6集),第112~114页。撰稿:王永兴 钟兴华]

▽行为人在取保候审期间犯新罪而逃跑,被公安机关网上通缉后,又自动投案并如实供述罪行的,前罪不构成自首,后罪构成自首

(一)原审被告人吴某因涉嫌犯强奸罪被取保候审期间逃跑,后又主动投案的行为,不符合自首的成立要件,对其所犯强奸罪不应认定为自首。1.不符合自首的成立条件。根据刑法规定和成立自首应具备两个条件和最高人民法院《解释》第一条的规定,自动投案的时间节点是尚未受到讯问、未被采取强制措施之时。取保候审是对未被逮捕或逮捕后需要变更刑事强制措施的犯罪嫌疑人、被告人,责令其提出保证人或者缴纳保证金,并出具保证书,保证随传随到,对其不予羁押或暂时解除其羁押的一种刑事强制措施。本案原审被告人吴某于2013年4月13日因涉嫌犯强奸罪被公安机关抓获归案,当日被刑事拘留,同月20日被取保候审,属已被采取刑事强制措施。因此,吴某在取保候审期间逃跑,不符合刑法关于自动投案时间节点的规定,不具备自首的前提条件,对其所犯强奸罪不应认定为自首。2.将该行为认定为自首,有违立法本意。自首制度的宗旨是鼓励犯罪嫌疑人自动投案,一方面促使犯罪嫌疑人悔过自新;另一方面节约司法资源,使案件得以及时侦办处理。本案原审被告人吴某在取保候审期间逃跑,进而被公安机关网上追逃,已严重妨碍了刑事诉讼活动的正常进行,浪费了司法诉讼资源,其行为不符合自首的立法本意。3.将该行为认定为自首,逻辑上存在矛盾,易造成法律适用的混乱。取保候审期间逃跑本身就违反了法律关于取保候审的规定,如果取保候审期间逃跑后再进行所谓的"投案"行为被认定构成自首,则可能出现"人为自首"的情况。即犯罪嫌疑人在被抓获后取保候审,只要逃跑后再次"投案",就可以构成自首,从而可以得到从轻或减轻处罚,那么就等同于犯罪嫌疑人因其不法行为获得了法律上的额外利益,违背了"任何人不得从自己的错误行为中获益"的原则,况且这对同样被取保候审、遵守相关法律规定没有逃跑的犯罪嫌疑人而言,也是不公平的。

(二)被告人因涉嫌犯故意伤害罪,在未被讯问、采取强制措施之前逃跑,后又自动投案并如实供述自己犯罪事实的,可以对该新罪认定为自首。1.被告人吴某因故意伤害罪而逃跑,被网上追逃后又自动投案的行为符合自首的法定要件:一是吴某逃跑之时,其所犯故意伤害罪尚未被立案,他本人也没有因此受到讯问或被采取强制措施,就其所犯故意伤害罪而言,之后的投案行为符合自动投案的时间节点;二是吴某的逃跑行为虽然发生在取保候审期间,但其被取保候审是因为所犯强奸罪而非故意伤害罪。对此要有所区别,不应认为公安机关对其所犯的故意伤害罪也采取了强制措施。2.对故意伤害罪认定自首符合立法本意。被告人吴某因犯故意伤害罪被网上追逃后自动投案并如实供述犯罪事实,客观上节约了司法资源,同时也体现了吴某认罪、悔罪的态度,就故意伤害罪而言,其犯罪后的主动投案行为应当予以鼓励,对此认定为自首符合法律设立自首制度的本意。综上所述,对被告人吴某在犯强奸罪被取保候审期间,又犯故意伤害罪而逃跑,尔后自动投案并如实供述犯罪事实的行为,是否认定为自首,需区别对待:吴某逃跑时已因犯强奸罪被采取刑事强制措施,即使逃跑后再主动投案,对强奸罪也不应认定为自首,但其所犯故意伤害罪尚未受到讯问,也没有被采取强制措施,对故意伤害罪可以认定为自首。二审认定被告人吴某前罪不构成自首,认定后罪构成自首,对原审相关认定依法改判是正确的。[参见第1081号指导案例,吴某强奸、故意伤害案,载《刑事审判参考》总第103集,第55~58页。撰稿:张云　王禹]

▽非法持有毒品者主动向公安机关上交毒品的,构成自首

刑法理论通说认为,持有型犯罪在犯罪形态方面的特点是一经持有即达成既遂,即行为人实施持有行为、犯罪进入实行阶段后,持有状态即形成,持有犯罪便已达成既遂形态,不可能再向另外一种停止形态,即犯罪中止形态逆向转化,其持有行为是否发生实际的危害结果,不影响持有犯罪既遂的成立。在持有犯罪行为实施时,因不存在明显的行为终了与犯罪既遂之间的时间间隔,故不具备形成犯罪中止的时间条件;同理,持有行为实施后也不太可能再出现未遂等未完成形态。若对该问题作进一步探讨,持有型犯罪在预备阶段可能因行为人自动停止,不再着手实施犯罪,从而构成预备阶段的犯罪中止,如行为人为了实施非法持有毒品犯罪购买保险柜、包装袋、电子秤等物品后,在接取毒品前主动放弃犯罪,不再着手实施持有毒品行为。本案被告人主动上交所藏毒品时,其非法持有毒品已有一定的时间,非法持有毒品犯罪已构成既遂,不宜认定构成犯罪中止,应当以自首论处。[参见第1084号指导案例,周某非法持有毒品案,载《刑事审判参考》总第103集,第73页。撰稿:余剑　吴炯]

二、准备投案型自首认定的裁判旨意

▽行为人因抢救被害人未来得及自动投案即被抓获,到案后主动如实供述犯罪事实的,能否认定为自首,关键看行为人是否有投案的准备行为或是否具有准备投案的意思表示

行为人是在医院被公安人员抓获的,显然不属于自动投案。但行为人辩称其本有准备投案的意愿,只不过因忙于抢救被害人而没来得及投案即被公安人员在医院抓获。认定准备投案,应当具有可供查实的投案的准备行为,或者具有准备投案的意思表示。行为人在送被害人到医院抢救后,应该说是有时间和条件先行电话投案或委托他人投案的,但其没有实施任何投案的准备行为,也没有向任何人表示过准备投案。因此,仅凭其辩称有准备投案的内心意愿,尚不足以认定其准备投案,不能认定行为人有自首情节。由于行为人具有为减轻犯罪后果,积极抢救受害人以及到案后如实供述的行为,故在量刑时应当酌情予以考虑。[参见第243号案例,李满英过失致人死亡案,载《刑事审判参考》总第32辑(2003年第3辑),法律出版社,第31~32页。供稿:天津高院,审编:李武清]

▽"经查实确已准备去投案"自首的认定

"经查实确已准备去投案"的情形视为自动投案的,必须具备以下条件:第一,从主观上讲,犯罪嫌疑人要有真实的投案意愿,即不论出于何种投案动机,犯罪嫌疑人本人必须具有自动投案的意志。第二,从客观上讲,犯罪嫌疑人要有准备投案的客观表现,这是认定准备投案的关键,如在投案自首之前准备钱物,妥善安排后事,在紧急情况下保护现场、抢救被害人等待警方到场等,当确有证据充分证明其有为投案而作准备的行为表现,才可认定准备投案。第三,犯罪嫌疑人没有实施自动投案行为是因为被公安机关及时抓获,也就是说,如果没有公安机关的及时介入,犯罪嫌疑人将会实施向有关机关主动投案的行为。第四,主、客观相一致,且必须有证据证实,这是《解释》规定"经查实确已准备去投案"

的必然要求。尤其是对于尚未来得及向有关单位或有关负责人员表明投案意愿即被抓获的情况,对此,一般应从抓获时犯罪分子是否进行反抗、是否有准备外逃的迹象,其他证人关于犯罪嫌疑人被抓获前言行的证言、犯罪嫌疑人是否有准备投案的客观表现等方面进行综合审查判断。总体上讲,“准备投案”不能仅是犯罪嫌疑人的一种纯心理活动,必须有一定的言语或行为表现来进行佐证。至于是否必须要有行为表示,则要看当时的具体情况,如果仅有愿意投案的言语表示,而时间和条件又允许,却在没有正当理由的情况下一直无任何去投案的行为迹象,就难以认定属于准备投案。[参见第476号案例,赵春昌故意杀人案,载《刑事审判参考》总第60集(2008年第1集),法律出版社,第44~45页。执笔:王锋永]

▽“确已准备去投案”和“正在投案途中”的认定

“准备去投案”表明主动、直接的投案行为尚未开始,只是在为投案做准备工作,而“正在投案途中”则表明投案的行为已经开始,即已经启程前往特定机关投案,只是由于时间和空间的差距而尚未完成投案即被抓获。被告人在被公安机关抓获时并未准备去投案,也不是在投案途中,不构成自首。具体理由如下:

(一)被告人并未实施“准备去投案”的行为。“准备去投案”需要一定的行为予以体现。在该情形中,行为人虽然尚未实施直接的、实际的投案行为,但并不意味着行为人不实施任何行为。“准备去投案”不仅是一种心理活动,还必须为投案进行了“安排或筹划”。而“安排或筹划”必须通过行为人实施一定的行为得以体现,因为抽象的心理活动不仅没有法律意义,在客观上也无法查实。只有具体的、现实的行为才能够成为“准备去投案”的证据,如正在实施了解投案对象或者场所路线、为投案准备交通工具等行为时被抓获,这些情况一经查实,即可认定为“准备去投案”。“确已准备”与“确曾准备”有本质的区别。举例而言,犯罪嫌疑人确曾为投案实施了一定的准备行为,但是准备的时间与被抓获的时间间隔较长,行为人犹豫不决,迟迟不实施实质的投案行为,甚至在准备投案之后反悔,这种情况不能认定为“确已准备去投案”。因为最高人民法院《解释》将“确已准备去投案”规定为“自动投案”的一种情形,主要是考虑到可能存在犯罪嫌疑人确实已经实施了投案的准备行为,但尚未直接投案时就被抓获的情况,即只是因为准备投案的行为与抓捕行为之间存在巧合,导致犯罪嫌疑人未能按照自己的设想完成投案行为。在该情况下,归案并不违背犯罪嫌疑人的真实意愿。质言之,“确已准备去投案”具备自动投案内在要求的主动性。相反,如果犯罪嫌疑人在准备投案之后犹豫不决,迟迟不实施投案行为,表明其心理上尚未准备好自动投案,甚至在心理上发生变化,由最初的自愿投案变成不愿投案,从而失去了自动投案的主动性。因此,在司法实践中有必要严格区分“确曾准备”与“确已准备”。从时间进程分析,“确曾准备”阻断了投案的自动性,因而不能认定为自动投案。当然,如果犯罪嫌疑人确在积极准备投案,但准备行为因客观原因而未能完成,如因较长时间内未联系上投案机关或者交通工具不具备而没有及时前去投案,则不影响自动投案的认定。不能仅从被告人身上提取到的一份其被抓获前两日书写的“投案自首情况说明”,就认定其准备投案。本案从证人证言证人徐某某(被告人的朋友)的证言证实被告人没有自首的意愿。其次,公安局的侦查人员李某某和孙某某出具的情况说明证实,被告人没有主动投案的意愿。被告人一直供认,并在庭审中供称是为了拖延时间,因为还有转让财产之事没有处理完,不想让公安人员知道其行踪。上述证据证实,被告人在书写“投案自首情况说明”之后的两天时间,不但未实施任何准备投案的行为,相反,在公安人员多次敦促下,还隐瞒真相,并争取时间转移财产。由此,足以证明其被抓获时没有投案自首的意图。

(二)被告人不属于“在投案途中”被抓获。首先,公安机关出具的侦破经过证明,2009年12月3日18时许,公安人员在西安市一人行道上将从住处出来准备吃饭的被告人抓获。公安人员当时问被告人出门干什么,其回答准备出去吃饭,而此刻确实是吃晚饭的时间。其次,证人徐某某的证言证明,2009年12月2日其领着赵某某和公司股东见面后,因转让财产事宜尚未谈妥,所以让被告人暂住在其公司。而公安机关在次日敦促被告人自首时,被告人不仅隐瞒住处,关掉手机,还借故拖延时间,欲完成财产转让事宜。此外,没有证据证明被告人准备离开证人徐某某安排的住处,如收拾行李、办理退房手续、向徐某某告别等,也没有证据证实被告人具有联系交通工具、购买返回渭南的车票等准备启程投案的行为。由此,足以认定被告人不属于在投案途中被抓获。[参见第811号指导案例,赵某某故意杀人案,载《刑事审判参考》总第89集(2012年第6集),第26~28页。撰稿:郑鹏 曹吴清]

▽酒后作案,准备回家与亲属告别后再去投案,但回家后即醉倒,最终被公安人员抓获的,可认定为"确已准备去投案"

对"准备投案"的认定,应当强调的不仅仅是被告人的心理活动,更重要的是已经为投案实施了一定的准备活动,客观行为已经能够清楚地反映准备投案的主观心态。具体而言,可以从以下几个方面认定被告人是否"确已准备去投案":

(一)必须有准备投案的客观行为。正如仅有犯意表示不构成犯罪一样,准备投案不能仅仅是被告人的一种纯粹的心理活动或者单纯的意思表示。原因在于,主观意愿如果没有外化为客观行为,并不具有法律意义,不仅如此,由于缺乏客观行为,司法机关对于被告人的心理活动也无从查证。这就要求,被告人必须在投案意愿的支配下,为投案实施了一定的准备行为,并且有客观的事实、证据来加以证明。

(二)准备行为必须是与投案相关的必要行为。被告人作案后总会实施一系列活动,有的被告人归案后则辩称这些活动是为投案做准备。在这种情况下,就需要准确界定准备行为的范围。从司法实践来看,可以归入投案准备的行为主要有两类:一是为投案准备工具、创造条件的情形,如了解投案对象和场所路线,为投案准备交通工具、生活用具,请求父母、亲友陪同投案,正在书写供词准备带去投案,因受伤等原因正在寻找他人代为投案,等等;二是为投案解除后顾之忧、安排后事的情形,如投案前与亲友告别,交代债权债务,安排赡养老人、抚养子女事宜,等等。一般来说,以上情形都可以认定为是与投案相关的必要行为。反之,对那些与投案并无直接关系亦非必要的情形,则不能认定为准备投案。如被告人归案后辩称,归案前正在四处查找同案犯下落,准备找到之后带着立功线索投案的,即便该辩解有其他证据支持,但由于此情形并非投案的必要准备行为,在投案时间上也不可预期,故一般不能认定为准备投案。

(三)准备行为必须能够清楚地反映投案意愿。即便准备行为是与投案相关的必要行为,也要对是否能够清楚地反映出被告人的投案意愿进行审查。有的准备行为能够较为明显地反映出被告人的投案意愿,如请求亲友陪同投案,但也有一些准备行为具有双重性质,如准备交通工具、与家人告别,既可能是为投案创造条件或者解除后顾之忧,也可能是为潜逃做准备。对这种情形,如果仅有被告人供述,缺乏其他证据有力印证的,由于所谓的准备行为并不能清楚地反映出投案意愿,一般就不能认定为准备投案。

(四)投案意愿必须具有连续性。准备投案的情形之所以能认定为自动投案,是因为被告人确实在投案意愿的支配下实施了准备投案的行为,只是由于被公安机关及时抓获等意志以外的原因,才未能进一步实施投案行为。易言之,如果没有客观因素介入,被告人将会最终实际投案。这就要求,被告人的投案意愿必须具有连续性,产生投案意愿、准备投案之后又改变初衷的,或者犹豫不决的,一般不能认定为准备投案。例如,被告人在原籍地作案后外逃,在亲属的劝说下准备投案而返回原籍地,但返回后一个月一直未去投案,后被公安机关抓获,被告人辩称准备投案,其亲属也能证明说服被告人返回原籍地准备投案的过程。但是,所谓的"准备投案"竟然准备了一个月,这说明其投案意愿发生了变化。实际上,从客观行为看,被告人返回原籍地时确实是准备投案,但之后又放弃了投案意愿,所以不能认定为准备投案。又如,被告人确实是在准备投案途中被公安人员抓获,但在讯问时未能及时、如实供述犯罪事实,在多次讯问后才如实供述的,或者在抓捕时拒捕、逃跑的,都说明其投案意愿存在反复,一般也不能认定为准备投案。

（五）准备投案必须有相应的证据加以证明。对前述四个方面的审查认定，都离不开相应的证据。根据最高人民法院《解释》的规定，构成"准备投案"，必须要求"经查实确已准备去投案"，这里就存在一个证明标准的问题。对准备投案的证明标准当然不能要求过高，不能以"事实清楚，证据确实、充分"的定罪标准来衡量，但也不能动辄以有利于被告人为由，对其辩解在既无法查实也无法排除的情况下一概采信。因为《解释》强调，必须是"经查实确已准备去投案"，一方面要求"经查实"，另一方面要求被告人"确已"准备投案。对此，可以从被告人准备投案行为的客观表现、归案后供述的主动性和及时性、相关证人对被告人归案前言行的证言等方面进行综合审查判断。一般来说，被告人辩称准备投案，却提不出相应的证据线索，司法机关经查证也未发现确能证明其已为投案做准备的证据的，不能认定为准备投案。在有被告人供述及相关证人证言等证据证明被告人准备投案的情形下，必须认真审查言词证据的客观性、真实性、关联性，如分析供述与证言的印证关系、有无矛盾之处、供述与证言是否稳定、证言的制作时间、证人与被告人的亲疏利害关系，同时将言词证据与其他证据进行比对，审慎作出判断。

本案中，被告人徐某作案后回家途中，其姐夫及外甥媳妇均打电话劝徐某自首，徐某称先回家与妻子告别再去投案，关于此节相关证人证言及徐某的供述可相互印证；徐某回家后因酒性发作，未来得及安排善后即醉倒昏睡，此时徐俊报案并带领公安人员赶来；公安人员赶到徐某家时，发现徐某烂醉如泥，其妻称本想用三轮车送徐某去投案，但力气不够，公安人员遂将徐某带回派出所，徐某醒酒后即如实供述了犯罪事实。可见，徐某作案后准备回家与家人告别后再去投案，有准备投案的客观行为，而且此行为系为投案解除后顾之忧、安排后事，属于与投案相关的必要行为，徐某醒来后即如实供述了犯罪事实，其投案意愿是明确的、连续的，以上事实除徐某的供述外，还得到了其亲属和公安人员证言的印证。故一审、二审法院根据已查明的事实、证据认定徐某的行为属于"经查实确已准备去投案"，并结合其如实供述罪行，而依法认定为自首，是正确的。[参见第1078号指导案例，徐某故意杀人案，载《刑事审判参考》总第103集，第39～42页。撰稿：聂昭伟　孟伟]

三、传唤型自首认定的裁判旨意

▽犯罪嫌疑人被公安机关口头或电话传唤后直接到案的，应当认定为自动投案

根据最高人民法院《解释》第一条第一项的规定，自动投案，是指犯罪事实或者犯罪嫌疑人尚未被司法机关发觉，或者虽被发觉，但犯罪嫌疑人尚未受到讯问、未被采取强制措施时，主动、直接向司法机关投案。犯罪嫌疑人经公安机关口头传唤到案的情况，符合上述《解释》的规定，应视为自动投案。首先，传唤不属于强制措施。被传唤后归案符合《解释》第一条第一项规定的"在未受到讯问、未被采取强制措施之前"的时间范围。传唤和拘传不同，传唤是使用传票通知犯罪嫌疑人在指定的时间自行到指定的地点接受讯问的诉讼行为，它强调被传唤人到案的自觉性，且传唤不得使用械具。而拘传则是强制犯罪嫌疑人依法到案接受讯问的一种强制措施。其次，经传唤归案的犯罪嫌疑人具有归案的自动性和主动性。犯罪嫌疑人经传唤后，自主选择的余地还是很大的，其可以选择归案，也可拒不到案甚至逃离，而其能主动归案，就表明其有认罪悔改、接受惩罚的主观目的，即具有归案的自动性和主动性。《解释》中尚有"犯罪后逃跑，在被通缉、追捕过程中，主动投案的"以及"通知犯罪嫌疑人的亲友，将犯罪嫌疑人送去投案的"视为自动投案的规定，而仅仅受到传唤便直接归案的，反而不视为自动投案，于法于理都不通，也不符合立法本意。综上，犯罪嫌疑人被公安机关口头或电话传唤后直接到案，并如实供述自己的罪行的，应当认定为自首。[参见第354号案例，王春明盗窃案，载《刑事审判参考》总第45集(2005年第4集)，法律出版社，第16～17页。执笔：王学堂]

▽一经传唤即如实供认犯罪事实的不能认定为自首

没有自动投案，即便一经传唤就如实供述犯罪事实的，因不符合自首条件，不能认定为自首。[参

见第59号案例,庄保金抢劫案,载《刑事审判参考》总第8辑(2000年第3辑),法律出版社,第21页。审编:任卫华]

▽被告人接到吸毒人员定期尿检的通知后,自行前往公安机关,并主动如实供述其抢劫的犯罪事实,但在一审判决前翻供的,不能认定为自首

(一)被告人的行为不构成自动投案。自首构成的条件有两项:一是要自动投案;二是要如实供述犯罪事实。下文就本案被告人的行为是否具备上述两个条件予以分析。本案被告人的归案行为,可以分为两个阶段:第一阶段是其接到尿检通知后前往公安机关的行为,即到案行为;第二阶段是其到公安机关后主动如实交代犯罪事实的行为,即主动供述行为。自动投案分为两种类型:第一种是典型的自动投案,实践中又称"亲投";第二种是视为自动投案的情形,实践中常称为"代投""陪投""托投""送投"等十二种情形。

1.被告人不是主动、直接向公安机关投案,不构成第一种类型的自动投案,即不构成典型的自动投案。典型的自动投案,是指最高人民法院《解释》第一条第一项规定的"犯罪事实或者犯罪嫌疑人未被司法机关发觉,或者虽被发觉,但犯罪嫌疑人尚未受到讯问、未被采取强制措施时,主动、直接向公安机关、人民检察院或者人民法院投案"。典型的自动投案应当具备以下三个条件:一是时间上,行为人的归案时间必须符合法律规定;二是主观上,行为人的归案必须具有主动性、自愿性;三是客观上,行为人的归案必须是直接归案,而不是间接归案。以下围绕上述三个条件对被告人的行为进行分析:第一,从时间条件分析,被告人的行为符合典型自动投案的时间特征。本案发生后,被害人已报案,公安人员在犯罪现场调取到了被告人的唾液样品,从而将其确定为犯罪嫌疑人,因此,被告人到案时,显然不符合"亲投"中"犯罪未被发觉或者犯罪嫌疑人未被发觉"的前两种情形。但被告人到案时,并未受到讯问,也未被采取强制措施,在接到公安机关让其接受尿检的通知时,其完全可以拒绝前往或者选择潜逃,因此,被告人的行为符合典型自动投案的时间特征。第二,从主观条件分析,被告人的行为不具有典型自动投案的主动性和自愿性。主动性、自愿性是自动投案的本质特征。实践中,对犯罪嫌疑人是否具有投案的主动性和自愿性,需要根据其客观行为与外在表现综合分析认定。主观意志支配客观行为,客观行为体现主观意志。通常情况下,客观行为为与主观意愿是相统一的,犯罪嫌疑人主动自愿认罪的主观意愿会促使其主动到案;同样,主动到案的客观行为也可以反映出犯罪嫌疑人认罪悔罪自愿接受法律惩罚的主观意愿。本案被告人去之所以去公安机关,并非因其主观上有认罪、悔罪意愿,而是在公安机关掌握一定证据,将其确定为犯罪嫌疑人,并以吸毒人员需要定期尿检为名通知其到公安机关接受检测的。吸毒人员定期接受尿检,是公安机关管理吸毒人员的一项重要措施,具有一定的强制性。被告人吸毒的情况之前已被公安机关掌握,并已被公安机关列入统一管控对象。因此,被告人接到接受尿检通知后前往公安机关的行为,是履行吸毒人员的应尽义务。被告人接到通知后到达公安机关接受尿检前,并不知晓其犯罪事实已经暴露,其自行前往公安机关的目的是接受尿检,并非因犯罪后萌生了悔罪心理,也没有接受法律惩罚的意愿。因此,被告人前往公安机关的行为没有体现出其主观上有投案的主动性和自愿性。第三,从客观条件分析,被告人的行为不具备典型自动投案的直接性。投案的直接性分三层含义:一是指行为人到案的目的就是要向司法机关认罪,而非试图打探案情或者麻痹司法机关以消除怀疑等;二是指行为人前往到案的直接对象就是公安机关、人民检察院、人民法院这三个机关,以此区别于行为人向其所在单位、城乡基层组织或者其他有关负责人员投案的情况;三是指行为人前往到案的行为必须是亲自、直接所为,而非是委托他人或间接所为,以区别于"送投""代投"等多种"视为自动投案"的情形。本案被告人接到尿检通知后去公安机关,其目的都是接受尿检,而非向公安机关认罪,故其到案目的不其备直接性。

2.被告人的行为不属于"视为自动投案"的十二种情形。根据《解释》第一条第一项和最高人民法院《意见》第一条第一款的规定,视为自动投案的情形共有12种,其中7种出自《解释》,5种出自《意见》。被告人的行为显然不属于《解释》所涉7种情形中的任何一种情形，也不属于《意见》的第一、二种情形。以下仅就被告人的行为是否符合《意见》第三、四、五种情形进行分析。《意见》规定的第三种情形要求犯罪嫌疑人主动交代罪行的行为必须发生在“司法机关未确定犯罪嫌疑人”时，而被告人在其交代罪行前早已被公安机关锁定为犯罪嫌疑人，因此被告人的行为不符合《意见》规定的第三种情形。《意见》规定的第四种情形是因特定违法行为被采取劳动教养、行政拘留、司法拘留、强制隔离戒毒等行政、司法强制措施期间，主动向执行机关交代尚未被掌握的犯罪行为的。本案被害人苏醒后即报案，并向公安机关陈述了犯罪嫌疑人的外貌、年龄等，公安机关又从现场提取到留有被告人唾液的餐巾纸，现场除了被告人和被害人的痕迹，无第三人参与作案的痕迹，公安机关遂将被告人锁定为犯罪嫌疑人，并为了防止打草惊蛇而以吸毒人员需定期尿检为名将被告人通知到案。很显然，公安机关在给被告人发出通知时，已经掌握了其的基本犯罪事实。尽管其到案后即供述主要犯罪事实，但因这些犯罪事实之前已被公安机关所掌握，故不符合《意见》规定的第四种情形。《意见》规定的第五种情形是兜底情形。在实践中，对于兜底条款如何理解或把握，一直是一个难题。根据同类解释的规则，兜底条款作为在同一法律条文中的规定，其规定的行为的价值、特征与该条中其他条款规定的具体行为具有“相当性”，即具有“本质一致性、行为相似性、功效等同性”：一是兜底条款规定行为的本质特征应当与同条中其他条款明确列举行为的本质特征具有一致性；二是兜底条款规定行为的具体情节与同条中其他条款明确列举行为的具体情节具有相似性；三是兜底条款规定行为对社会产生的效应应当与同条中其他条款明确列举的行为的效应具有相当性。刑法设立自首制度的初衷有两个：一是鼓励犯罪人认罪悔罪，充分实现刑法对罪犯的惩罚与教育目的；二是节约司法资源，提高司法效率，尽可能地降低办案成本，从而实现刑法经济原则。基于这一立法原意，实践中要认定行为属于《意见》规定的第五种投案情形必须符合以下三个条件：一是行为必须具备自动投案的主动性和自愿性；二是行为与典型的自动投案，《解释》、《意见》明确列举的前11种视为自动投案的行为在具体情节上具有相似性；三是认定行为为自动投案与认定典型的自动投案或者将前11种情形视为自动投案对实现立法初衷的意义相当。本案中被告人并非出于投案的主动、自愿，其如实供述犯罪，也是在其人身自由被公安机关实际控制的前提下作出的，因此其行为在主动性和自愿性上与典型的自动投案和前11种视为自动投案的行为相比较，不具备“一致性”；其到案后如实供述的情节，与典型的自动投案和前11种视为自动投案的行为相比较，不具有“相似性”；其归案前，公安机关已经展开了一定深度的侦查，取得了犯罪嫌疑人留在现场的唾液样本，进行了DNA鉴定，并与吸毒人员DNA样本数据库进行了比对，确定了系犯罪嫌疑人，因此，被告人的如实供述并没有为司法机关降低成本，与典型的自动投案和前11种视为自动投案相比较，在对实现立法初衷的意义上不具有相当性。综合上述三点，被告人的归案行为，既不属于11种明确的视为投案情形，也不属于兜底条文中规定的“其他应当视为自动投案”的情形。

（二）被告人在一审庭审时，对主要事实翻供，不属于如实供述犯罪事实。本案被告人归案后，在侦查、起诉阶段一直如实供述主要犯罪事实，但在一审、二审庭审时，对是否在被害人食用的蛋挞中投放安眠药这一事实，作出与之前不同的供述，在二审最后陈述阶段，又恢复了如实供述，不能认定为自首。《解释》第一条第二项规定：“如实供述自己的罪行，是指犯罪嫌疑人自动投案后，如实交代自己的主要犯罪事实……犯罪嫌疑人自动投案并如实供述自己的罪行后又翻供的，不能认定为自首，但在一审判决前又能如实供述的，应当认定为自首。”综上，本案被告人既没有自动投案的行为，也没有在一审判决前如实供述自己的主要犯罪事实，尽管其在二审最后陈述阶段恢复了如实供述，仍不能认定其有自首。需要指出的是，二审法院考虑到被告人曾在侦查阶段如实供述，且退赔了全部赃款赃物，从而酌定对其从轻处罚，符合法律本意以及“宽严相济”的刑事政策。[参见第776号指导案例，徐某抢劫案，载《刑事审判参考》总第86集（2012年第3集），第27～31页。撰稿：冉容]

四、形迹可疑型自首认定的裁判旨意

▽“形迹可疑”的司法认定

“形迹可疑”有两种常见情形:一是司法机关或有关组织尚未掌握行为人犯罪的任何线索、证据,而是根据行为人当时不正常的衣着、举止、言语、神态等情况判断行为人可能存在违法犯罪行为。这种情形的特点是,“可疑”是非具体的、泛化的、无客观依据的,无法将行为人同某一具体犯罪案件联系起来,而只是有关人员根据经验和直觉来作出判断。在公路、铁路、水运、民航等部门的日常例行检查中,常能发现这种“形迹可疑”的人,不少案件也是通过这种检查、盘问而破获的。行为人若在接受这种检查时主动供述所犯罪行的,当然构成自首。二是某一犯罪案件发生后,司法机关或有关组织已经掌握了一定的证据或者线索,明确了侦查方向,圈定了排查范围,在排查或者调查过程中发现行为人的表现或者反应不正常,引人生疑,但尚不足以通过现有证据确定其为犯罪嫌疑人。这种情形的特点是,“可疑”具有一定的针对性,能够将行为人同具体案件联系起来,但这种联系仍不够明确和具有较为充分的把握,还不能达到将行为人锁定为犯罪嫌疑人进而采取强制措施的程度。这时,行为人主动供述所犯罪行的,仍应认定为自首。但是,如果有关侦查人员从行为人身边或者住处找到客观性证据,如赃物、作案工具、带血迹的衣物等,或者有目击证人直接指认行为人为作案人,从而在行为人与具体犯罪案件建立起直接、明确、紧密的联系时,由于当时已有一定的证据指向行为人,其具有较其他排查对象更高的作案嫌疑,则行为人就“升级”为犯罪嫌疑人,而不再仅仅是“形迹可疑”了,因为对于侦查机关来讲,案件侦查到这个程度,就可以对其采取一定强制措施或者进行传讯了。可见,判断行为人是否属于“形迹可疑”,关键就是看司法机关能否依凭现有证据特别是客观性证据在行为人与具体案件之间建立起直接、明确、紧密的联系,依据当时证据行为人作案的可能性已经大大提高,达到了被确定为“犯罪嫌疑人”的程度。能建立起这种联系的,行为人就属于犯罪嫌疑人;建立不起这种联系,而主要是凭经验、直觉认为行为人有作案可能的,行为人就属于“形迹可疑”。行为人在因“形迹可疑”受到盘问、教育时主动交代自己所犯罪行的,应当认定为自动投案,构成自首。需要说明的是,“形迹可疑”与“犯罪嫌疑”之间常常并没有明确的界限,判断某一具体案件的被告人是否构成“形迹可疑”情形下的自首,需要结合具体案情进行具体分析。对于有的案件中难以界分被告人是“形迹可疑”还是“犯罪嫌疑”的,应当通过正确理解法律规范的意义和准确把握个案事实来判断,既要保障人权又要防止犯罪人逃避应有的惩罚,而不能不分情形简单适用对被告人有利的原则。判断行为人是否具有“形迹可疑”情形下的自首情节,最终要以投案的自动性为出发点和落脚点,只有具备投案的自动性,才能认定为自首。[参见第465号案例,刘兵故意杀人案,载《刑事审判参考》总第59集(2007年第6集),法律出版社,第15~18页。执笔:赵剑 余淼]

▽形迹可疑与犯罪嫌疑区别的认定

形迹可疑,是指特定人的举动、神态不正常,使人产生疑问。这种疑问是臆测性的心理判断,它的产生没有也不需要凭借一定的事实依据,是一种仅凭常理、常情判断而产生的怀疑。犯罪嫌疑,是指侦查人员凭借一定的事实根据或者他人提供的线索,认为特定人有作案嫌疑。这种嫌疑是逻辑判断的结果,它的产生必须以一定的客观事实为根据,是一种有客观根据的怀疑。形迹可疑与犯罪嫌疑,在特征上有两点明显区别:第一,形迹可疑人的地位具有随机性,而犯罪嫌疑人与怀疑他的侦查人员的地位不具有随机性。有关组织或者司法机关工作人员认为某人形迹可疑,是偶然接触对方,因其举止神态不正常而产生怀疑,因而不会也不可能将可疑人与特定的案件相联系。在一般情况下,对形迹可疑人产生怀疑的有关组织或者司法机关工作人员即使是公安人员,也不是特定刑事案件的侦查人员。第二,对形迹可疑人或者犯罪嫌疑人盘问、讯问的性质不同。对形迹可疑人的盘问,如果被盘问人应答没有破绽,盘问就无法持续下去,原来产生的疑问就会被冲淡或打消;对犯罪嫌疑人的讯问,讯问人要弄清事实真相,如果犯罪嫌疑人否认犯罪但又不能用事实说明、解脱其与某项特定犯罪的联系,讯问就不会

停止，侦查工作就要深入。[参见第59号案例，庄保金抢劫案，载《刑事审判参考》总第8辑(2000年第3辑)，法律出版社，第36～38页。审编：任卫华]

▽仅因形迹可疑，被公安机关盘问即交代罪行，应认定为自首

行为人在机场接受的是例行安全检查，其携带毒品的罪行尚未被公安机关发觉，仅因形迹可疑受到盘问，即如实交代了体内藏毒的罪行，这种情形符合司法解释的相关规定，因而应当视为自动投案。又由于行为人所交代的罪行属如实供述，因而构成自首。[参见第82号案例，杨永保等走私毒品案，载《刑事审判参考》总第12辑(2001年第1辑)，法律出版社，第14～15页。执笔：程永生]

▽"形迹可疑"与"犯罪嫌疑"的认定

从司法实践看，区分"形迹可疑"与"犯罪嫌疑"的关键在于司法机关是否已掌握了一定的具体证据，根据已掌握的证据能够把行为人同发生的犯罪案件联系起来，也即根据现有证据能否认定行为人具有犯罪嫌疑。如果司法人员只是根据经验、直觉认为行为人可能是作案人，而没有切实、具体的证据作为判断基础，则不能认为行为人具有犯罪嫌疑，仅属于形迹可疑；如果司法人员掌握了指向行为人犯罪的具体证据，如在其身上或住处发现赃物、作案工具、被害人血迹等，则可以认为行为人具有犯罪嫌疑，而不仅仅再是形迹可疑。行为人在因形迹可疑受到盘问、教育时主动交代自己所犯罪行的，应当认定自首；相反，在被确定为犯罪嫌疑人的情况下经讯问而交代犯罪事实的，不属于自动投案，不构成自首。[参见第565号指导案例，闫光富故意杀人案，载《刑事审判参考》总第69集(2009年第4集)，第13页。撰稿：胡红军 李桂红]

▽犯罪嫌疑人在公安机关通知后到案，但在公安机关掌握部分证据后始供述的，不能认定为自首

被告人在供述犯罪事实前的行为可分为两个阶段，在到公安机关接受调查前，公安人员怀疑李某某可能被害，且闫某某有作案嫌疑，但这种怀疑主要来自经验和直觉，并没有切实、具体的证据来支持，故闫某某的行为更多地符合形迹可疑的特征。在闫某某到公安机关后，公安机关一边安排民警与其谈话，一边安排技术人员对其所驾驶轿车进行勘查。结果发现，闫某某的轿车后备厢被水冲洗过，并有浓烈的血腥气味，后备箱底部有暗红色斑迹，经提取作血迹预试验，确定系人血。在此情况下，公安人员遂开始对闫某某进行讯问，但闫某某仍试图隐瞒犯罪事实，后经思想教育，才供述了杀害李某某的犯罪事实。可见，在闫某某交代所犯罪行前，公安机关已经掌握了认定闫某某具有犯罪嫌疑的一定具体证据，虽然这时对从其轿车内检出的血迹尚未通过DNA鉴定确认系李某某的血迹，但结合李某某不正常失踪、闫某某欠其巨额债务、发案时间段内行为反常等情况，足以认定闫某某具有重大作案嫌疑，而不再是单纯的形迹可疑。闫某某此时交代所犯罪行，显然不属于因形迹可疑而自动投案，不能认定为自首。至于其带领公安人员找到被害人的尸体，此情节系其应当如实供述所犯罪行的一部分，属于判断认罪态度好坏的依据，但不能据此认定其有自首表现。综上，被告人不具有自首情节，虽然其到案后认罪态度较好，但鉴于其犯罪动机卑劣，手段凶残，后果和罪行极其严重，不足以从轻处罚，故最高人民法院依法对其核准了死刑立即执行。[参见第565号指导案例，闫某某故意杀人案，载《刑事审判参考》总第69集(2009年第4集)，第12～14页。撰稿：胡红军 李桂红]

▽"犯罪嫌疑"与"形迹可疑"区别的认定

根据1998年《解释》第一条第一项的规定，罪行未被司法机关发觉，仅因形迹可疑被有关组织或者司法机关盘问、教育后，主动交代自己的罪行的，应当视为自动投案。据此认定为自首的，我们称为"形迹可疑"型自首，其成立应具备以下条件：(1)行为人的罪行尚未被司法机关发觉，包括两种情况，一是犯罪事实尚未被司法机关发现；二是犯罪事实虽已被发现，但司法机关尚未将行为人确定为犯罪嫌疑人。(2)行为人仅因形迹可疑被盘问、教育，而非具有犯罪嫌疑。(3)行为人主动、如实交代了犯罪事实，其供述完全基于本人意愿，而非迫于证据压力被动交代。司法实践中认定"形迹可疑"型自首，难点在于区分行为人系"形迹可疑"还是有"犯罪嫌疑"。如果行为人交代犯罪时已被认定具有"犯罪嫌疑”,则不可能成立“形迹可疑”型自首。所谓“形迹可疑”,是指行为人的举动、神态不正常,使人产生疑问。这种疑问是臆断性的心理判断,它的产生没有也不需要凭借一定的事实根据,是一种仅凭常理、常情判断而产生的怀疑。而“犯罪嫌疑”,是指侦查人员凭借一定的事实根据或者他人提供的线索,认定特定人有作案嫌疑。这种嫌疑是逻辑判断的结果,它的产生必须以一定的客观事实为依据,是一种有事实根据的怀疑。这两种怀疑的根本区别在于,是否有事实根据以及这种根据是否足以将行为人确定为犯罪嫌疑人。区分“形迹可疑”与“犯罪嫌疑”的关键在于:一是司法机关是否掌握了行为人犯罪的一定证据或线索;二是行为人当时不如实交代能否自圆其说,能否作出合理解释。如果行为人不如实交代犯罪仍能自圆其说,足以消除司法机关对其产生的合理怀疑,那随后交代犯罪即具有主动性,可以视为自动投案。具体到本案,可分为两个阶段:第一阶段是公安人员设卡排查时发现被告人张某等三人深夜携带行李,其中一人头发潮湿,即拦截盘问;第二阶段是公安人员发现张某右手缠有纱布且正滴血,同行的李某身上有一部手机来路不明。张某等人在第一阶段属于“形迹可疑”,第二阶段则系有“犯罪嫌疑”,理由如下:第一阶段中,公安人员虽掌握犯罪嫌疑人为三人,与张某等人情况相符,但对其三人进行盘问的原因是深夜携带行李、一人头发潮湿、形迹可疑,这些只是举动和神态的异常,并非确实、具体的证据,尚不足以将此三人与刚发生的抢劫犯罪建立客观联系,令人产生合理怀疑。而且,三被告人若不如实交代,亦可能自圆其说,如深夜乘车抵达、携带行李匆忙赶路。因此,张某等人最初接受盘问时,属于“形迹可疑”。如果此时三人主动交代了,即应视为自动投案。但当时三人均未交代犯罪事实,故不能认定为自动投案。第二阶段中,公安人员发现张某右手缠有纱布且正在滴血,同行的李某身上有一部手机来路不明,其中手机系赃物,属于犯罪证据,足以令人怀疑其三人实施了与手机有关的犯罪,且三人均不能作出合理解释,无法消除公安人员对其产生的合理怀疑,已有“犯罪嫌疑”。而在此时,张某才交代犯罪事实,实属在证据面前被迫作出的无奈之举,因为公安人员完全能够对赃物手机进一步调查查清来源,属于被动交代,对是否确定其为犯罪嫌疑人已无实质意义,故不构成自首。[参见第702号指导案例,张某等抢劫、盗窃案,载《刑事审判参考》总第80集(2011年第3集),第57~59页。撰稿:何东青 杜开林 顾峰峰]

▽行为人因形迹可疑被盘问时,当场被搜出与犯罪有关的物品后,才交代犯罪事实的,不能视为自动投案

行为人因形迹可疑被盘问时,当场被搜出与犯罪有关的物品后,行为人已不属于“形迹可疑”,而是具有“犯罪嫌疑”的明显证据,其罪行已被司法机关发觉,故交代犯罪事实对确定犯罪嫌疑人无实质意义,不能认定为投案自首。正因如此,2010年《意见》第一条第三款明确规定“罪行未被有关部门、司法机关发觉,仅因形迹可疑被盘问、教育后,主动交代了犯罪事实的,应当视为自动投案,但有关部门、司法机关在其身上、随身携带的物品、驾乘的交通工具等处发现与犯罪有关的物品的,不能认定为自动投案。”该规定对“形迹可疑”型自首的成立条件作了更为严格的限定,行为人仅因形迹可疑被盘问、教育的,只要在其随身物品及和其人身紧密相关的场所搜出与犯罪有关的物品,无论其是否交代犯罪事实,也无论其是在被查获犯罪证据之前或之后交代犯罪事实,均不认定为自动投案,因为其交代罪行对确定犯罪嫌疑人不具有实质意义。也就是说,即使被告人张某等人在第一阶段交代了犯罪事实,只要此后被搜出与犯罪有关的物品,亦不视为自动投案。所谓“与犯罪有关的物品”,是指能够将行为人与某一或某种具体的犯罪联系在一起的物品,如来路不明的财物、毒品等违禁品,沾有血迹的物品等。需要指出的是,这种联系不需要具有明确的针对性,只要足以令人合理怀疑行为人实施了与该物品有关的犯罪即可,不需要明确指向某一具体、特定的犯罪事实。例如,边防武警例行检查时,发现行为人神色慌张、形迹可疑,遂对其进行盘问,发现其随身携带的尖刀上有疑似新鲜血迹,此人难以自圆其说,遂交代了其持刀抢劫致人死亡的犯罪事实。虽然边防武警并不掌握相关抢劫犯罪事实,带血尖刀不能将行为人与其实施的具体犯罪联系起来,但足以确定其涉嫌与杀人有关的犯罪,仍属于“与犯罪有关的物品”。再如,行为人杀人后穿走被害人的夹克,逃跑途中因神色慌张被巡警盘查,遂交代了犯罪事实。虽然其身上穿着被害人的夹克,但该夹克并无可疑之处,不能将行为人与其杀人犯罪联系在一起,故不属于“与犯罪有关的物品”。但如果行为人杀人后已有人报案,并将行为人穿走的被害人的夹克特征向公安人员作了具体详细的描述,如夹克的品牌、颜色、款式,或者袖口处有被害人的标记或者衣物上有血迹等,公安人员据此特征将行为人作为犯罪嫌疑人进行盘问的,应当认定该夹克是“与犯罪有关的物品”。此种情形下,即使行为人随即供述了犯罪事实,也不能视为自首。值得强调的是,对于“形迹可疑”型自首的认定,重点在于审查行为人主动交代犯罪事实对确定犯罪嫌疑人是否具有实质意义。如果其交代对确定犯罪嫌疑人不具有实质意义,一般不能认定为自动投案。依此标准,行为人仅因形迹可疑被盘问、教育后主动交代犯罪事实的,若有关部门在其交代前或交代后即在其身上、随身物品、交通工具等处发现足以确定其犯罪嫌疑的证据的,不能认定为“形迹可疑”型自首。这里所说的证据,除了《意见》第一条第三款规定的“与犯罪有关的物品”外,还包括其他足以将行为人与某一或某种具体犯罪关联的情形。例如,公安人员设卡盘查故意杀人逃犯时,已从目击证人处了解到凶手右手臂有刀伤,故行为人因形迹可疑接受盘查时被发现右手臂有刀伤的,无论其是否交代犯罪事实,均不认定为自动投案,因为此时公安人员已掌握其犯罪证据,其交代犯罪事实对确定犯罪嫌疑人不具有实质意义。[参见第702号指导案例,张某等抢劫、盗窃案,载《刑事审判参考》总第80集(2011年第3集),第59～61页。撰稿:何东青　杜开林　顾峰峰]

▽在形迹可疑人员身上发现疑似与犯罪有关物品的,其是属于“形迹可疑”还是“犯罪嫌疑”的认定

自首的成立必须同时具备自动投案和如实供述罪行两个要件,最高人民法院《解释》将“罪行未被司法机关发觉,仅因形迹可疑被有关组织或者司法机关盘问、教育后,主动交代自己的罪行”的情形规定为“应当视为自动投案”,最高人民法院《意见》又进一步明确规定“罪行未被有关部门、司法机关发觉,仅因形迹可疑被盘问、教育后,主动交代了犯罪事实的,应当视为自动投案,但有关部门、司法机关在其身上、随身携带的物品、驾乘的交通工具等处发现与犯罪有关的物品的,不能认定为自动投案。”可见,判断行为人是属于“形迹可疑”还是“犯罪嫌疑”,关键在于司法机关是否掌握客观并据此足以合理怀疑行为人实施某种犯罪的证据,能否在行为人与具体案件之间建立起直接、明确、紧密的联系。认定“形迹可疑”型自首,不仅要准确把握形迹可疑的性质和范围,还应当掌握形迹可疑和犯罪嫌疑的联系和区别。因为犯罪嫌疑一旦确立就意味着“形迹可疑”型自首中“罪行尚未被司法机关发觉”的前提不能成立。从审判实践看,“形迹可疑”有两种较为常见的情形。一种情形是司法机关尚未掌握行为人犯罪的任何线索、证据,而是根据行为人当时举动、神色异常而判断行为人可能存在违法犯罪行为。这种情形下的行为人情况又分为两种:第一种是行为人身上并没有任何犯罪工具或遗留下犯罪痕迹,仅因心理恐慌被盘问便向司法机关供述了自己的犯罪事实。对于此类情况,实践中对此无争议,一般都将其认定为自首。第二种是行为人因形迹可疑被司法人员盘问,行为人向司法机关供述了其犯罪事实,司法机关工作人员随即在其身上、交通工具上或盘问时的住所等处发现与犯罪有关的物品的,是否视为自首?此类情况在《意见》出台前争议较大。例如,公安机关设卡例行检查时发现某人神色慌张,形迹可疑,遂对其进行盘问,此人即交代了运输毒品的犯罪事实,公安人员随后在其随身携带的行李箱内查获毒品,对于这种情况,有的法院将其视为自首,有的法院不认定为自首。为了统一执法尺度,《意见》出台时,在第一条第二款明确规定了此类情况不再认定为自首。但需要注意的是,《〈最高人民法院关于处理自首和立功若干具体问题的意见〉的理解与适用》(本附文以下简称《理解与适用》)中特别指出:“如果与犯罪有关的物品是通过正常工作方法难以发现的,如某人运输毒品时发现前方500米处有检查站,即将毒品埋在路边,该人在检查站因神色慌张而被盘问,即交代了犯罪事实并带领公安人员找到了埋藏的毒品,此时的主动交代对确定犯罪嫌疑人就具有实质意义,可以认定为自动投案。”对于其他类似情形,均应当根据行为人当时的自首是否具有实质意义来具体把握。“形迹可疑”的另一种常见情形是,某一具体案件发生后,司法机关掌握一定的证据或者线索,明确了侦查方向,圈定了排查范围,在调查或者排查过程中发现行为人表现异常,但尚不足以通过现有证据确定其为犯罪嫌疑人。此种情形下的“形迹可疑”能够将行为人同具体案件联系起来,但这种联系还不能达到将行为人锁定为犯罪嫌疑人的程度,行为人主动供述罪行即成立自首。而犯罪嫌疑指的是司法机关掌握足以认定行为人实施某种犯罪的证据或者线索,通过逻辑判断认定行为人有作案的重大嫌疑,一旦确立犯罪嫌疑,“形迹可疑”型自首便无法成立。形迹可疑和犯罪嫌疑容易混淆。首先,形迹可疑者与犯罪嫌疑人都是盘问的对象,《人民警察法》规定,民警对形迹可疑、有违法犯罪嫌疑的人员,可以当场盘问、检查,这决定了两者的归案都具有一定程度的被动性;其次,形迹可疑与犯罪嫌疑都是司法机关对特定人具有违法犯罪可能性的怀疑和判断,具有主观性;最后,判断形迹可疑与犯罪嫌疑都凭借常识、常理、常情和工作经验,都有或者不排除一定的证据或者线索。形迹可疑和犯罪嫌疑虽然容易混淆,但也存在区别。首先,判断形迹可疑是基于行为人的某些可疑表象,主要依据的是常识、常理、常情和工作经验,有时甚至是直觉所形成的推测;犯罪嫌疑则是在对证据进行分析、判断后形成的推定,两者产生怀疑的依据不同。其次,形迹可疑可以不掌握任何证据和线索,或者仅掌握不足以合理怀疑行为人实施某种犯罪的证据或线索;犯罪嫌疑则强调需要以事实证据为依据,司法机关是否掌握足以合理怀疑行为人实施某种犯罪的证据或者线索。最后,形迹可疑仅是一般性怀疑,可以是行为人同某种犯罪无任何联系,或者同某种犯罪有联系的疑点,怀疑的内容一般是“此人可能做了什么坏事”;犯罪嫌疑则是针对性的怀疑必须将行为人与某种具体犯罪相联系,而且足以认定行为人有作案的重大嫌疑,怀疑的内容一般是“此物是否盗抢而来”等,两者对证据和线索的要求不同。在上述区别当中,行为人如实供述罪行之前司法机关是否已经掌握客观的、据此足以合理怀疑行为人实施某种犯罪的证据或者线索,从而在行为人与具体案件之间建立起直接、明确、紧密的联系,是形迹可疑与犯罪嫌疑的本质区别,是正确认定“形迹可疑型”自首的关键所在。如果侦查人员从行为人身上或住处查获赃物、作案工具等客观性的证据,或者现场目击证人直接指认行为人系作案人,由于已有一定证据指向行为人,其具有较其他排查对象更高的作案嫌疑,便成为犯罪嫌疑人,而不仅仅是形迹可疑。而对于侦查机关来说,案件的侦查程度已经可以对行为人采取强制措施。也就是说,能够在行为人与具体案件之间建立起直接、明确、紧密联系的,行为人就属于犯罪嫌疑人;建立不起这种联系,而主要凭经验、直觉认为行为人有作案可能的,行为人就属于形迹可疑。行为人在因形迹可疑受到盘问、教育时主动交代自己所犯罪行的,应当认定为自动投案,构成自首。具体到本案,由于被害人系卖淫女,其因惧怕暴露卖淫违法行为而在被被告人抢劫后不敢报警,其朋友马卫在追赶被告人过程中见巡逻民警将被告人截停亦未上前指认被告人实施了抢劫行为,而是直接返回住处。巡逻民警是因为被告人深夜被他人追赶,认为其形迹可疑而将其截停,当时被告人的抢劫罪行尚未被侦查机关掌握,而且在被害人不敢报案的情况下侦查机关也不可能掌握该宗抢劫案件的发生。虽然巡逻民警将被告人截停后从其身上查获了手电筒、手套、水果刀等工具,对其可能实施犯罪产生怀疑并将其带至派出所进行调查。但在没有被害人报案和证人马卫指认的情况下,这些物品也可以作为正常生活用品予以解释。水果刀是折叠水果刀,并非管制刀具,行为人可以辩解为自己随身携带用于削水果用,手电筒是晚上行路用于照明,手套是自己平时上班用的工具,后面有人追赶其完全可以称自己是被人追抢或追打,而追赶人马卫此时已离开现场,被害人也未报案,民警此时根本不知道已有犯罪发生。因此,仅凭借查获的这些物品难以将被告人与具体的抢劫案件之间建立起直接、明确、紧密的联系,从侦查机关对被告人采取的是留置盘问措施以及所作的是询问笔录而非讯问笔录也可看出,民警只是感觉被告人系形迹可疑,而非犯罪嫌疑。没有被告人本人主动如实供述抢劫罪行并带领侦查人员寻找被害人配合调查,此案是无法侦破的,故其归案具有自动性,应当认定为自首。此外,被告人是在被采取刑事拘留强制措施之前主动供述公安机关尚未掌握的抢劫罪行的,从这一角度来说其亦成立自首。[参见第704号指导案例,刘长华抢劫案,载《刑事审判参考》总第80集(2011年第3集),第71~75页。撰稿:谢志刚　姚文强]

▽"形迹可疑人"和"犯罪嫌疑人"区分的认定

根据最高人民法院《解释》第一条的规定,《解释》对经司法机关询问而交代罪行的行为人规定了"形迹可疑人"和"犯罪嫌疑人"两种情形。

司法实践中,"形迹可疑"主要表现有两种情形:一是司法机关尚未掌握行为人犯罪的任何线索、证据,而仅凭行为人当时的举动、神色等异常而判断其可能实施犯罪行为。这种情形的"形迹可疑"是一种纯粹的基于常理、常情或者特定的工作经验所形成的主观判断。二是司法机关已经掌握了据以推测行为人可能与某起案件有一定联系的线索、证据,但这些线索和证据尚不足以将行为人确定为该起案件的犯罪嫌疑人。这种情形的"形迹可疑"虽然不属于纯粹的主观判断,但仍主要是一种带有臆测性的心理判断。而"犯罪嫌疑"则是指司法机关凭借一定的线索或者事实依据,认定行为人有作案的嫌疑,这通常是办案人员根据一定线索和证据,以一定的客观事实为依据,通过逻辑判断,足以认定行为人与某起案件有关联及作案的可能。

"形迹可疑"和"犯罪嫌疑"之间的区别主要在于:一是产生怀疑的依据不同。对"形迹可疑"的判断主要是依据工作经验和常识、常情、常理,有时甚至是依据直觉所形成的猜测;"犯罪嫌疑"则是对所掌握的证据分析、判断后形成的推定,有被合理怀疑的事实根据。二是对证据和线索的要求程度不同。"形迹可疑"仅是针对特定行为人的衣着、举止、言谈或者表情而产生的一般性怀疑,司法人员无须掌握任何与特定案件相关联的证据或线索;而"犯罪嫌疑"则是有针对性的怀疑,强调司法人员必须以一定的线索、证据为依据,将行为人与某种具体犯罪相联系。简言之,行为人如实供述罪行之前司法机关是否已经掌握足以合理怀疑行为人实施某种犯罪的证据或者线索,从而在行为人与具体案件之间建立起直接、明确的联系,是区分"形迹可疑"与"犯罪嫌疑"的关键。需要强调的是,在认定"形迹可疑人"和"犯罪嫌疑人"时应当注意两个方面的问题:一方面,在司法机关将行为人与待侦案件相联系并将其列为侦查对象时,并不一定意味着司法机关已经掌握了足以合理怀疑行为人犯罪的线索和证据,即不能认为行为人一旦被司法机关认定为与待侦案件有一定的联系,此时其犯罪事实就属于被司法机关发觉,行为人就成了"犯罪嫌疑人";另一方面,也不能片面认为,在司法机关尚不知道是否有案件发生的情况下,凡是在例行盘查中发现的犯罪人都一概属于"形迹可疑人"。因为在某些场合,即便司法机关对行为人的盘查属于例行盘查,但若凭例行盘查出的某种线索或者证据已足以合理怀疑行为人实施某种犯罪时,即使此时尚不能确定行为人具体实施何种犯罪,也应当认定行为人是"犯罪嫌疑人",而非"形迹可疑人"。如公安人员在深夜巡逻过程中对一携带旅行箱的人员进行盘查时,在旅行箱搜出枪支弹药、毒品、大量假币等违禁物品,在此种情形下,不能仅因公安人员尚不知道是否有案件(盗窃、抢劫等)发生而认定被盘查人是"形迹可疑人",而不是"犯罪嫌疑人"。因此,对行为人因被传唤到案而交代罪行的行为是否构成"自动投案",要审查司法机关对行为人的怀疑是否属于"司法机关已经掌握足以合理怀疑行为人实施某种犯罪的证据或者线索,从而在行为人与具体案件之间建立起直接、明确的联系"的情形。当然,对"形迹可疑人"和"犯罪嫌疑人"的认定并非一个非此即彼的问题,司法实践中还可能存在模棱两可的情形。如司法机关根据已经掌握的线索、证据,虽然尚不足以认定行为人系待侦案件的犯罪嫌疑人,但这些线索、证据已经超出了通常认定"形迹可疑"所要求的线索、证据,即司法机关认定行为人系"犯罪嫌疑人"的内心确信比认定其系"形迹可疑人"更强。在这种难以确切判断行为人是"形迹可疑人"还是"犯罪嫌疑人"的情况下,应当本着有利于被告人原则的现代刑法理念和鼓励犯罪人自首的刑事政策精神,认定行为人属于"形迹可疑人"。

本案中,根据在案证据及被告人的具体归案情况,应当认定其是"仅因形迹可疑"被司法机关盘问、教育后,主动交代自己罪行,属于自动投案,构成自首。理由是:第一,被害人的亲属报案时并不知道被害人是否被害,公安机关传唤被告人时也不知道被害人已经被害,更没有掌握被告人杀害被害人的任何证据,仅是因为二人之间存在不正当男女关系、近期通话频繁而对其产生了怀疑,并根据主观经验对其进行一般性排查询问后,被告人即主动交代了罪行,并带领公安机关找到了被害人尸体、作案工具(缠绕于被害人颈部的摩托车皮带)等客观性证据,进而确定本案系被告人所为。上述情况足以表明被告人具有投案的自愿性、主动性,因此,被告人在公安机关尚未掌握相关证据的情况下,主动向公安机关交代杀害被害人的行为应当视为自动投案。第二,被告人在公安机关第一次询问时虽然没有供述杀人犯罪,但其如实供述了自身基本情况,并在当晚第二次询问时如实供述了整个作案经过、藏尸地点等主要犯罪事实,且带领公安人员找到了被害人的尸体。被告人是在公安机关掌握其犯罪证据之前即供述了主要犯罪事实,且之后供述一直稳定,根据最高人民法院《意见》第二条第三款的规定,"犯罪嫌疑人自动投案时虽然没有交代自己的主要犯罪事实,但在公安机关掌握其主要犯罪事实之前主动交代的,应认定为如实供述自己罪行",依法应当认定被告人具有自首情节。综上,贵州省高级人民法院复核认定被告人构成自首,并根据其犯罪情节及认罪态度,依法对其不限制减刑的判决是正确的。[参见第944指导案例,张芳元故意杀人案,载《刑事审判参考》总第96集(2014年第1集),第39~42页。撰稿:孔德伦 陈攀]

▽因形迹可疑被盘查时发现随身携带的挎包内藏有可疑物品,在被带至公安机关接受调查时,如实供述了非法持有毒品事实的,不成立自首,应当认定为坦白

(一)侦查人员已从被告人杨某某随身携带的挎包内查获可疑物品,此时杨某某交代非法持有毒品的事实,不应当视为自动投案。所谓自动投案,是指犯罪事实或者犯罪嫌疑人未被司法机关发觉,或者虽被发觉,但犯罪嫌疑人неред未受到讯问、未被采取强制措施时,主动、直接向公安机关、人民检察院或者人民法院投案。实践表明,自动投案有多种情形。最高人民法院《解释》第一条规定中使用的"形迹可疑"一词,是指对方的举动和神色让人起疑心。这种疑心,是司法工作人员基于经验、常理对怀疑对象所作的一种主观判断。从侦查人员的角度看,侦查人员在对被告人杨某某进行盘查而尚未发现其随身携带的挎包内藏有可疑物品时,杨某某只是个"形迹可疑"的人;但是当侦查人员对杨某某的车辆进行检查后发现其挎包内有4包白色可疑晶体,并决定将其带至公安机关接受调查时,杨某某不再是《解释》所称的"仅因形迹可疑"而被盘问、教育的人,而是一个犯罪嫌疑人,即侦查人员已经掌握了被怀疑者实施犯罪的证据或者线索。此时,侦查人员根据自己的工作经验,可以判断毒品犯罪事实——如贩卖、运输毒品或者非法持有毒品事实存在的较大可能性。这4包白色可疑晶体已经在一定程度上证明了杨某某具有非法持有毒品的犯罪嫌疑。发觉某种罪行的发生,不等于完全证实了该种罪行。在侦查阶段,不能以侦查人员掌握的证据达到"确实、充分"标准来认定发觉了犯罪嫌疑人实施的罪行。在毒品犯罪案件中,毒品已经被查获,处于公安机关控制之下的犯罪嫌疑人即失去了自动投案的机会。基于这种思路,最高人民法院《意见》明确规定:"有关部门、司法机关在其身上、随身携带的物品、驾乘的交通工具等处发现与犯罪有关的物品的,不能认定为自动投案。"

(二)被告人杨某某虽然不具有自首情节,但其到案后能够如实供述犯罪事实,依法可以从轻处罚。根据上述分析,虽然被告人杨某某在自己的挎包被侦查人员没收后才交代其非法持有毒品事实的行为不成立自首,但根据刑法本条第三款规定,犯罪嫌疑人虽然不具有自首情节,但是如实供述自己罪行的,可以从轻处罚。本案被告人杨某某认罪态度好,到案后能如实供述自己的犯罪事实,系坦白,可以从轻处罚。诉讼过程中有观点认为,杨某某携带的毒品数量已经超出了自吸的合理范围,认定杨某某的行为构成非法持有毒品罪,意味着涉案毒品的去向是不清楚的——可能自吸,但不排除贩卖等可能,因此不能认定杨某某"如实供述自己罪行"。如果认定杨某某关于购买冰毒用于自吸的供述是真实的,则不应当认定其行为构成犯罪,因为吸毒不构成犯罪,那么购买毒品用于自吸也不应当予以定罪。因此,反过来看,不能认定杨某某关于购买毒品用于自吸的供述是真实的。该观点虽有一定道理,但不能过于绝对。首先,根据刑法第三百四十八条的规定,非法持有毒品罪中持有的毒品数量并无上限,因此,认定杨某某是否"如实供述自己罪行"首先要看其所携带的毒品是否明显超出自吸的合理范围。如果所携带的毒品数量明显超出自吸范围,仅是因为没有其他证据证明贩卖或者运输目的而认定为持有的,一般不认定被告人具有"如实供述自己罪行"情节。本案杨某某携带毒品的数量为62.58克,尚未明显超出自吸的合理范围,故上述观点的前提不能成立。其次,刑法本条规定的"如实供述自己罪行",应当理解为如实交代自己的主要犯罪事实,而不是交代所有的事实。非法持有毒品罪是一种持有型犯罪,本罪的客观方面是持有毒品行为,因而在所携带毒品数量尚未明显超出自吸合理范围的前提下,只要行为人如实交代了其非法持有毒品状态的事实,即可认定其交代了主要犯罪事实。至于毒品的来源与去向,因不属于本罪的构成要件事实,可以排除于主要犯罪事实之外。最后,从刑事证明角度看,在所携带毒品并未明显超出自吸合理范围的前提下,虽无证据证明杨某某关于购买冰毒用于自吸的供述是真实的,但同样无证据证明其供述是虚假的。因此,从有利于被告的角度考虑,不能认定杨某某未如实供述自己的罪行,不能轻易排除坦白情节的认定。值得注意的是,上述关于杨某某未如实供述自己罪行的观点既无证据支持,也过分挤压了自首和坦白情节在持有型犯罪中的适用空间,不利于鼓励犯罪分子认罪悔罪,故难免失之偏颇。综上所述,鹤壁市山城区法院对被告人杨某某予以从轻处罚,即以非法持有毒品罪判处其有期徒刑七年,并处罚金人民币二万元的判决是正确的。[参见第1037号指导案例,杨某某非法持有毒品案,载《刑事审判参考》总第100集(2014年第5集),第112~115页。撰稿:崔艳丽]

五、翻供辩解型自首认定的裁判旨意

▽被告人的合法辩解和不如实供述的认定

《最高人民法院关于被告人对行为性质的辩解是否影响自首成立问题的批复》规定,犯罪分子对行为性质的辩解不影响自首的成立,而"如实供述自己的罪行"是成立自首的条件之一,因此,有必要区分合法辩解与不如实供述的界限,以正确认定自首,充分保障被告人的辩护权。如实供述,是指如实交代案件事实,此一事实是指客观事实,即案件的客观情况,有无预谋、预谋内容、犯罪参与人及实施犯罪的过程等,只要其交代的上述事实与最终认定的事实一致或基本一致,就应认定犯罪分子已作如实供述。至于其辩解称主观上没有实施此犯罪行为的故意或自认为其行为不构成犯罪,或强调实施该行为的各种主客观原因等,均属于对其行为的一种合法辩解,是其正常行使辩护权的一种表现,不应影响自首的成立。如实供述的核心内容在"客观事实"而非"主观心理"。故合法辩解和不如实供述的区别就在于,不承认或推翻有罪供述的内容是主观认识还是客观事实。如果行为人不否认或基本不否认犯罪行为的客观事实方面,能如实交代行为的客观方面,而仅否认主观内容方面,无论是否认其主观犯罪故意,还是否认其客观行为的犯罪性质,均属于辩解,不影响自首的成立。但需特别注意的是,在共同犯罪中,犯罪故意的串通,即共谋本身不仅是一种主观心理态度,而且是一种客观行为,属于应如实交代的"客观事实",辩解中对主观故意的否定不包含对共谋行为及内容的否定,如果犯罪分子不如实交代共谋的过程及内容,就不能认为是作了如实供述,也就不应认定为自首。[参见第381号案例,董保卫、李志林等盗窃、收购赃物案,载《刑事审判参考》总第48集(2006年第1集),法律出版社,第28~29页。执笔:方炯　谭劲松]

▽翻供与正当辩解区别的认定

翻供,是指就犯罪构成的主要事实先前作了承认而后进行否认的行为,对不影响犯罪构成的次要事实先后作不同的供述不能认定为翻供。在司法实践中,应正确对待行为人的正当辩解权的行使。首先,对行为性质的辩解,不能认定为翻供。在现代诉讼注重程序公正的前提下,赋予和保护被告人的辩解权,既是各国的普遍做法,也是我国刑事司法工作的重要内容之一且在现代诉讼文明中,如实供述与被告人行使辩解权并没有根本的冲突。《解释》第一条在解释何为"如实供述自己的罪行"时指出:"如实供述自己的罪行,是指犯罪嫌疑人自动投案后,如实交代自己的主要犯罪事实”。这里规定是主要犯罪事实而非行为性质,其原因在于对行为性质乃至对法律的认识是因人而异的,不同的人有不同的理解。无论被告人将其犯罪行为辩解为无罪(认识上的无罪而非事实上的无罪)或将此罪辩为彼罪,还是将其行为辩解为正当防卫、紧急避险等,都属于对行为性质的不同认识和理解,不能因此而轻易地认定其翻供。实际上,是否属于正当防卫,最终是司法裁定的问题。合议庭讨论时,也未必意见相当的统一,因此,要求被告人对自己的行为性质作出与判决结果一致的判断,确实是勉为其难。其次,被告人对司法机关作了前后不同的供述,也不能轻易地认定其翻供。这里涉及对客观事实的认识是否正确的问题。被告人对事实的认识,虽为自己所亲历,却未必完全客观正确。尽管可以根据相关证据确定被告人对一非主要事实的辩解系狡辩,但实际上也不能彻底排除其在记忆上的误差,毕竟,被告人砍击后,被害人的家人用菜刀砍伤了被告人,而这一切都是在瞬间发生的事情。不能以被告人对法律、对事实的认识有差异,就认定其翻供。最后,一般来说,投案自首、如实供述犯罪事实确实体现了被告人的悔罪心理,但是,悔罪表现与被告人行使辩解权是一个问题的两个方面。具有悔罪表现,表明被告人的人身危险性有所减小。在权利社会的结构状态下,应当认为,被告人表示悔罪,其实质也是行使权利的一种方式,是被告人意图通过实施“悔罪”而达到从轻处罚的目的,因而可以视为“请求从轻处罚权”的内容之一。而被告人行使辩解权,不仅仅是在行使刑事实体上的权利,更是在行使刑事诉讼上的权利。因此,被告人悔罪与行使辩解权同属行使刑事诉讼权利的范畴。两项权利之间并不互相排斥。如果以被告人行使了辩解权就认为其无悔罪表现,无疑是对被告人诉讼权利的变相剥夺。[参见第221号案例,姜方平非法持有枪支、故意伤害案,载《刑事审判参考》总第30集(2003年第1辑),法律出版社,第17~18页。执笔:陆建红]

▽被告人关于被害人先捅其两刀的后期供述,是对影响其定罪量刑重要情节的翻供,不能认定为如实供述主要犯罪事实

被告人自公安机关最后一次讯问开始,一直到最高人民法院复核审提讯,始终供称其不是趁被害人肖某不备而行凶,而是在肖某先用刀捅了其腹部两刀之后而杀害了肖某。关于此节事实,虽然一审、二审法院及最高人民法院均认为被告人的翻供不能成立,但一审、二审法院认定被告人虽然翻供但仍详细供述自己的作案动机及过程,可以认为是如实供述主要犯罪事实,成立自首。而最高人民法院否认了一审、二审法院的认定意见,认为被告人有关被害人先行实施严重伤害行为的翻供表明其并未如实供述自己的主要犯罪事实,因此,被告人行为不成立自首。由此可见,有关被害人先行实施严重伤害行为的供述是否属于主要犯罪事实内容,被告人对此翻供是否属于主要犯罪事实的翻供是审理本案的关键之所在。根据最高人民法院《解释》第一条第二项的规定,“如实供述自己的罪行,是指犯罪嫌疑人自动投案后,如实交代自己的主要犯罪事实”。“犯罪嫌疑人自动投案并如实供述自己的罪行后又翻供的,不能认定为自首,但在一审判决前又能如实供述的,应当认定为自首”。司法实践中,成立自首所要求如实供述的“主要犯罪事实”,一般是指对认定行为人的行为性质有决定意义以及对量刑有重大影响的事实、情节等。本案如果认可被告人关于被害人先捅其两刀的供述,则意味着被告人的行为性质由故意杀人转为带有防卫性质的行为,由有预谋的恶性杀人行为转为临时的应急行为,意味着刑法对被告人行为性质及主观恶性的评价将发生重大变化。而且,被告人的翻供如果成立,意味着必然认定本案被害人在案件发生过程中存在严重过错如此必然会对被告人刑事责任大小的评价产生重大影响。因此,被告人关于被害人先捅其两刀的供述,是对影响其定罪量刑的重要情节的翻供,应当认定为对案件主要犯罪事实的翻供。由于被告人在侦查阶段后期推翻了其之前已经供认的故意杀人行为的主要犯罪事实,且在一审判决前仍然坚持该翻供,故不能认定其如实交代了主要犯罪事实,从而不能认定其行为构成自首。[参见第705号指导案例,李吉林故意杀人案,载《刑事审判参考》总第80集(2011年第3集),第80~82页。撰稿:刘妙香 牛克乾 王玉琦]

▽对翻供的认定

翻供是指行为人就犯罪事实部分，推翻自己的先前供述，作出与先前内容不一致的供述。实践中，翻供有很多种情形，如利己翻供（推翻先前有罪、罪重的供述）、不利己翻供（推翻先前无罪、罪轻的供述）；部分翻供（推翻先前的部分供述）、全部翻供（推翻先前的全部供述）；真实翻供（用真实供述推翻先前虚假的供述），虚假翻供（用虚假供述推翻先前真实或虚假的供述）。无论何种翻供，均须是对犯罪客观事实或情节展开，如果行为人对犯罪事实或情节无异议，仅就自己的行为是否构成犯罪以及构成何种犯罪提出异议，那么其行为就不是翻供，而是辩解。

从《最高人民法院关于处理自首和立功若干具体问题的意见》第一条第二项的字面含义分析，本项所指的翻供，仅指用虚假的事实供述推翻先前真实的事实供述这一种情形（本文以下所讨论的翻供也仅针对此种情形展开）。构成该种情形翻供，须具备以下三个条件：(1)先前的供述为真。如果先前为虚假供述，那么后来的翻供无论真假，均不能构成自首。应注意的是，须以生效判决认定的事实来判断先前供述是否属实（如果再审改判的，则以再审后生效判决认定的事实为准）。(2)后面的供述为假。无论后面供述是无罪、罪轻的供述，还是有罪、罪重的供述，只要前面是真，后面为假，则均应认定为本情形的翻供。(3)翻供的内容须涉及主要犯罪事实，即指涉及定罪或重大量刑情节的事实等。概括起来为可表述为："先前为真，后面为假，内容为主要犯罪事实。"符合上述三个条件的翻供，即可成立本条规定的翻供，对这种行为人，即使其有自动投案，也不能认定为自首。就本案而言，是否预先在被害人食用的蛋挞中投放过安眠药是本案的定罪事实。被告人最初一直供述了上述事实，但在一审庭审时翻供，而二审法院结合本案的其他证据，认定了该事实的存在。据此，可以判定，被告人最初承认投放过安眠药的供述是真，一审庭审时否认投放过安眠药的供述是假，该部分的供述是主要定罪事实。综上，被告人在一审庭审时的供述属于对《解释》第一条第二项的翻供。[参见第776号指导案例，徐某抢劫案，载《刑事审判参考》总第86集(2012年第3集)，第32～33页。撰稿：冉容]

▽对翻供时间的界定

翻供发生在什么阶段才会影响自首的成立。根据《解释》第一条第二项的规定，法律对如实供述的时间作了两个节点规定：一是自动投案后作出过如实供述的时间节点，一般为第一次讯问时间。除非因时间所限，第一次讯问未能完成对所有犯罪事实的讯问。这就需要认真审查第一次讯问笔录记载的时间与行为人到案时间的间隔。只有这样，才能体现节约司法资源的宗旨和减小行为人人身危险性的目的，实现自首制度的价值。二是如实供述后又翻供的时间节点为一审判决前。此包含三层意思：第一层意思是，一审判决前的如实供述纳入是否如实供述的评价，一审判决后的供述不再纳入自首制度中如实供述的评价，但仍可以作为对其认罪态度的评价。第二层意思是，到案后即如实供述，一审判决前任何阶段翻供，只要在一审判决前又恢复如实供述的，仍可认定为自首制度中的如实供述。第三层意思是，一审判决前还未重新回到如实供述的，先前的如实供述以及此后的供述均不再认定为如实供述。

根据上述时间节点，可以看出，影响自首成立的翻供时间必须是在第一次如实供述后至一审判决前的阶段。如果行为人自动投案，但在第一次供述中没有如实供述，而是在侦查机关通过侦查后才促使行为人供述的，这样的供述既不能体现行为人主观上有认罪悔罪的主动性和自愿性，也没有达到节约司法资源的效果。因此，其最初如果没有如实供述，而是在侦查机关通过侦查后被促使的情况下才供述的，无论其后供述真假，均不能认定其自首；如果其最初供述属实，但在一审判决前的过程中有过虚假翻供，只要其在一审判决前恢复如实供述，不影响其自首的成立；如果其最初供述属实，一审判决前虚假翻供，在一审判决时还未恢复如实供述的，不论其之后的供述真假，均不能认定为自首。[参见第776号指导案例，徐凤抢劫案，载《刑事审判参考》总第86集(2012年第3集)，第33～34页。撰稿：冉容]

▽行为人对其主观心态的辩解影响自首的成立

被告人周某一直否认纠集被告人冯某某来现场摆平被害人，且否认指使冯某某驾车追赶被害人，周某的上述辩解已经否认了自己的客观犯罪事实,系未如实供述主要犯罪事实,二审依法认定周某不构成自首有充分的法律依据。而冯某某虽然一直如实供述其驾车撞死二被害人的客观犯罪事实,但始终否认其具有故意杀人的主观心态。由于一审、二审对行为人仅从主观心态进行辩解是否影响自首的成立认识不一,故对冯某某是否构成自首存在不同认定。

"如实供述自己的罪行(主要犯罪事实)"是指如实供述自己的"主要(基本)犯罪构成事实",犯罪构成事实不仅包括主体、客体和客观方面的事实,还包括主观方面的事实,是主客观方面的统一,因此,"如实供述自己的罪行(主要犯罪事实)"不仅要求行为人如实供述客观行为,还要求如实供述其犯罪时的主观心态,否则就不能认定为自首。如何理解"主观心态"与"主要犯罪事实"及"对主观心态的辩解"与"对行为性质的辩解"之间的关系。具体分析如下:

(一)主观心态属于"主要犯罪事实"。刑法理论将成立犯罪所必须具备的条件称为"犯罪构成要件"。犯罪构成要件是刑法规定的,决定某一行为的社会危害性及其程度,而为成立犯罪所必需的一切客观主观要件的有机统一。犯罪构成由犯罪客体、犯罪客观要件、犯罪主体和犯罪主观要件组成。犯罪事实是指客观存在的犯罪的一切实际情况的总和,包括犯罪的全部活动及其结果。犯罪事实包括犯罪构成事实和非犯罪构成事实。犯罪构成事实包括犯罪客体要件、犯罪客观要件、犯罪主体要件、犯罪客观要件的事实。犯罪构成事实是认定犯罪所必须具备的事实,因此,它属于主要犯罪事实。在犯罪构成事实中,尽管犯罪客观要件事实(危害行为、危害结果、行为的时间、地点、方法等)是定罪的基础,但犯罪主观要件事实(行为人对实施的危害行为及其危害结果所持的主观心理态度)对区分罪与非罪、一罪与数罪、轻罪与重罪具有重要意义。罪过的形式和内容,直接反映出行为人主观上对危害行为及危害结果的态度。既然犯罪构成事实是主要犯罪事实,那么,行为人主观心态作为犯罪主观要件事实,当然属于"主要犯罪事实"。因此,行为人自动投案后是否如实供述犯罪主观心态,必然影响自首的认定。

(二)"对行为性质的辩解"与"是否如实供述主观心态"本质上是两个层面的问题。首先,"对行为性质的辩解"与"对主观心态的辩解"存在质的区别。"对行为性质的辩解"是对犯罪行为的定性,即犯罪行为在法律上是否应当被认定为犯罪所作的辩解,而不是对主观心态内容(是故意还是过失、是直接故意还是间接故意等)的辩解。主张对主观心态进行辩解不影响自首成立的观点,最有力的理由是,根据最高人民法院2004年下发的《关于被告人对行为性质的辩解是否影响自首成立问题的批复》(本附文以下简称《批复》)的规定,对行为性质的辩解不影响自首的成立。然而,有必要强调的是,《批复》是最高人民法院对广西壮族自治区高级人民法院《关于被告人对事实性质的辩解是否影响投案自首的成立的请示》作出的有针对性的批复。《批复》所规定的对自己行为的性质进行辩解,必须是在行为人已经"如实供述自己的罪行"的前提下,即在本质上是对法律适用方面的辩解,而不是对犯罪事实本身是否存在的辩解。对行为性质的辩解与对主观心态的辩解是两个不同层次的问题。因为"对于自己的行为是否构成犯罪,是一个主观认识问题,法律只强调自首要求犯罪嫌疑人把自己的行为事实如实地交代,至于是否对自己的行为有正确的法律认识,在自首的认定中是不需要加以评价的"。举例而言,行为人在自动投案后如实交代了持刀取得被害人财物的犯罪事实,但辩解其行为不构成抢劫罪,而是抢夺罪,这其实是行为人对行为法律性质的一种主观认识,认识的对错不能否认其如实供述了犯罪事实。反之,如果行为人自动投案后虽然承认从被害人处取得财物,但辩称是被害人归还给他的欠款,否认具有非法占有被害人财物的主观心态,则属于未如实供述主要犯罪事实,不能认定为自首。其次,主观心态固然可以通过行为人的客观行为以及在案证据进行认定,但不能据此认为,认定自首可以不必要求行为人如实供述自己的主观心态。正如,行为人的客观行为虽然通常能够通过行为人口供之外的其他证据予以证实(如目击证人证言),但不能据此认为,认定自首行为人亦无须如实供述自己的客观行为。

(三)"如实供述"的认定。"如实供述",顾名思义,是指实事求是地、客观地供述犯罪事实。如实供述自己的罪行,要求行为人真实、完整地交代自己的主要犯罪事实。具体包括三层含义:其一,行为人供述的内容应当是犯罪事实。其二,行为人供述的内容应当是本人的犯罪事实。即是由行为人自己实施,并由其自己承担刑事责任的罪行(共同犯罪中还包括其知道的共同犯罪人的犯罪事实)。其三,行为人供述的内容应当是主要犯罪事实。如果行为人只交代自己次要的犯罪事实而回避主要犯罪事实,则不能认定为"如实供述"。司法实践中,"如实供述"的认定是一个非常复杂的问题。如对行为人将故意杀人辩解为过失致人死亡的情形,因为罪过的形式和内容有巨大反差(将故意辩解为过失),一般认定行为人没有如实供述主要犯罪事实没有争议。但在行为人承认其罪过形式是故意,辩称只是伤害故意,而没有杀人故意的情况下,对这种将重罪故意辩解为轻罪故意的情形,是否认定为如实供述主要犯罪事实存在一定分歧。

目前,刑法和相关司法解释均未对"如实"的判断标准作出规定。虽然最高人民法院2010年出台的《意见》以"真实情况"来解释"如实",但"真实情况"的表述仍然过于模糊。"如实供述"的认定虽然是刑事实体法要研究的问题,但犯罪事实的认定和定罪量刑必须依靠刑事诉讼法解决,脱离案件证据和程序规范,对"如实供述"的认定就会陷入纯理论探讨的泥沼。因此,"如实供述"的判断应当以根据在案证据查明的案件事实为认定标准。限于人的认识能力、认识水平以及客观实际,绝对的犯罪客观真实是无法复原的,但依照法定程序,通过在案证据"重现"的犯罪事实,就应当视为案件事实。

具体到对行为人主观心态的认定上,应当按照主客观相统一原则把握行为人是否"如实供述"犯罪主观心态,即以行为人对主观心态的辩解是否改变或者否定依照在案证据认定的案件事实为标准:如果行为人的辩解具有合理的根据能够成立,或者不能被在案证据排除的,就属于没有改变或者否定案件事实,不影响"如实供述"的成立;反之,则影响"如实供述"的成立。对于上述将重罪故意辩解为轻罪故意的情形,可以通过这个标准来分析行为人对主观心态的辩解是否影响"如实供述"的成立。根据行为人和被害人的关系(是否有矛盾,矛盾大小)、行为人作案时的行为表现(是否扬言杀人,是否追杀)、被害人的创口部位(要害部位还是非要害部位)、创口数量(多处创口还是一处创口)、行为人作案后的态度(是否有抢救被害人的行为)等在案证据证实的情节,若在案证据足以认定行为人实施的是重罪故意行为,则行为人的辩解不能成立,不能认定其构成自首;反之,若在案证据不能认定行为人实施了重罪故意行为,或者不能排除其有实施轻罪故意行为可能的,则应当认定行为人的辩解成立,认定其构成自首。

本案中,被告人冯某某自动投案后供述的犯罪事实有以下变化:其首次供述不承认驾车转弯是为了追赶被害人,在整个侦查阶段否认两次撞击被害人的摩托车,且至二审庭审均否认有撞击被害人摩托车的主观故意,辩称撞击前踩了刹车但没刹住,是不小心撞到了摩托车。但同案被告人周某的供述、多名目击证人的证言及监控录像均证实,冯某某在看到二被害人后即驾车追赶,两次撞击被害人驾乘的摩托车;交通事故勘查笔录亦证实,冯某某作案时所驾凯迪拉克轿车的制动痕迹开始于撞击点(说明撞击前没有刹车),而技术验证报告证实,该凯迪拉克轿车的制动性能正常,证明冯某某所提"撞击前踩了刹车但没刹住"的辩解不能成立。上述在案证据足以证明冯某某是故意撞击被害人的摩托车,其是精神和智力正常的成年人,对驾驶轿车高速撞击二轮摩托车可能造成被害人死亡这一结果是明知的,至少有放任被害人死亡的故意。因此,冯某某一直否认有故意杀人的主观心态,与庭审查明的案件事实不符,其对主观心态的辩解(将故意辩解为过失)已经达到了否定案件事实的程度,属于未如实供述自己的主要犯罪事实,二审认定其不能构成自首是正确的。[参见第943指导案例,冯某某、周某故意杀人案,载《刑事审判参考》总第96集(2014年第1集),第31~36页。撰稿:陈攀]

六、现场等待型自首认定的裁判旨意

○犯罪后明知他人已经报警而等候警方前来处理可视为自首

根据刑法关于自首构成要件的规定,自首必须具备自动投案和如实供述罪行两个要件。明知他人已经报警而等候警方前来处理,可以视为自动投案。理由如下:(一)具有自动投案的意思表示。判断是否成立自动投案,关键看投案行为是否出于犯罪分子本人的意志,最低要求也必须不违背本人的意志。(二)具有自动投案的实际行动对自动投案而言,投案是核心行为。因此,认定自动投案,除了要出于本人的意志外,还必须有投案的行为。判断是否自动投案,不能机械地看其是否径直到司法机关投案。从其作案后的一系列行为分析,可以认定其存在投案行为。其自动投案性不仅体现在被告人在作案后没有逃跑且坐等抓捕,而且体现在其数次主动表现了以实际行动将自己交由公安机关处理的意愿。特别是其随被害人到医院的行为,一方面可以表明其积极协助抢救,另一方面也可以表明其在医院等候警察的抓捕,愿意将自己交付警方处理的态度。虽然被告人的行为不是司法解释规定的典型的自动投案,但其对警察很快会赶到医院是明知的。被告人在明知到医院必定被抓获归案,仍然跟随他人到医院,可以视为其到案具有自动性。综上,被告人在作案后,有自动投案的意思表示,在他人忙于抢救被害人时有条件逃跑而未逃跑,却实施了可以视为自动投案的行为,在归案后又立即如实供述了犯罪事实,可以视为自首。[参见《刑事审判参考》总第61集(2008年第2集),法律出版社,第85~86页。]

▽实施犯罪行为后滞留犯罪现场等候警方处理的行为,应认定为自首

对案发过程中,无论行为人本人报警或由他人报警,也无论报警内容是否涉及行为人的犯罪行为,只要有证据证实行为人案发后滞留现场是出于等候警方处理之目的,即可认定行为人到案具有自动性,视为自动投案,即便在见到警察后没有立即供述自己的犯罪事实,而是警方通过一定的调查后,对其审查时才承认自己的犯罪事实,即只要在警方询问(或者讯问)过程中,如实供述了本人的主要犯罪事实的,应当认定"如实供述自己的罪行"。[参见第394号案例,陈国策故意伤害案,载《刑事审判参考》总第50集(2006年第3集),法律出版社,第12~13页。执笔:陈捷]

▽能主动交代主要犯罪事实,仅对行为性质的辩解,不影响自首的成立

被告人归案后,能够供述自己持刀杀死被害人的事实,且一直稳定,犯罪的性质和主要情节已经清楚,犯罪的动机也已经讲明,应当认为其对主要犯罪事实作了供述。至于被告人辩解自己的行为属正当防卫不构成犯罪,以及作案的具体细节与有关证据不尽一致,只是对犯罪性质的认识理解和记忆的问题,这与否认犯罪或避重就轻不同,实践中不能苛求被告人的供述与其他证据达到完全一致的程度,甚至不容许出现任何差别,造成自首认定条件过严,使犯罪分子自动投案却不能得到从轻或减轻处罚的结果,这与自首制度设立的宗旨也是背道而驰的。对于被告人对行为性质的辩解,属于被告人的主观认识问题,与自首成立的客观要件无关,不影响自首的成立。而且被告人的辩护权,是其依法享有的宪法权利和诉讼权利,根据刑事诉讼法的规定,在整个刑事诉讼过程中,被告人依法享有辩护权,即对自己的行为是否构成犯罪、构成何种犯罪以及应判处的刑罚轻重等问题提出意见,进行辩解。被告人对行为性质的辩解,正是其依法行使辩护权的体现。只要被告人不否认其供述的犯罪事实,就不影响自首的成立。因此《最高人民法院关于被告人对行为性质的辩解是否影响自首成立问题的批复》就明确规定,"被告人对行为性质的辩解不影响自首的成立"。[参见第363号案例,周文友故意杀人案,载《刑事审判参考》总第46集(2005年第5集),法律出版社,第36~38页。执笔:周峰]

▽交通肇事后报警并留在现场等候处理的,应认定为自动投案

在发生交通事故后,被告人没有逃逸,而是立即拨打了"120"急救电话及"122"交通事故报警电话,留在事故现场等候处理,后随交警到公安机关如实交代了犯罪事实,其行为符合自首的成立条件,应依法认定为自首。具体理由如下:对交通肇事罪的行为人适用自首规定,符合刑法的基本原则。1.对交通肇事罪的行为人适用自首规定,是罪刑法定原则的当然要求,是刑法第三条规定的应有之义。罪刑法定原则要求对行为人定罪处刑要以刑法的明确规定为依据,刑法没有明确规定的,不得定罪处刑。这里定罪处刑当然包括定罪和处刑两个方面。不仅罪与非罪、此罪与彼罪的区分须有明确的法律依据，认定自首、立功等法定量刑情节也必须以法律的明文规定作为依据。根据刑法第一百零一条的规定，刑法总则适用于刑法分则，除非刑法分则有特殊规定。刑法总则并没有对适用刑法第六十七条关于自首的条件作出任何限制性规定，刑法第一百三十三条关于交通肇事罪的规定，也没有排除自首制度的适用。因此，刑法总则关于自首的规定是完全适用于刑法分则第一百三十三条交通肇事罪的。虽然《道路交通安全法》明确规定，肇事后停车报警、抢救伤员和财产、保护现场是肇事者的法定义务，但这只是行政法规对肇事者规定的行政法定义务，并不能成为成立刑法上自首的阻却理由，更不能因为多数肇事者事后履行行政法定义务的行为就否认其成立自首。2. 对交通肇事罪的行为人适用自首规定，是刑法平等原则的必然要求。刑法的平等原则简单说就是在刑法面前人人平等，其重要内容之一就是平等地裁量刑罚。具体说就是，在犯罪性质、危害程度和行为人的人身危险性都相同的情况下，所处的刑罚也应当相同。就交通肇事者是否适用自首的规定，即是平等地裁量刑罚的问题。如果交通肇事者在肇事后积极救助伤者、及时报警、保护现场，并留在现场等候处理，到案后能如实供述，其行为符合了刑法关于自首成立的一般规定，就应当与构成自首条件的其他犯罪的行为人平等地被认定为自首。否则，对交通肇事者而言，就是不平等地适用法律违反了刑法的平等原则。3. 对交通肇事罪的行为人适用自首规定，体现了罪刑相适应原则。罪刑相适应是指刑罚的轻重应当与犯罪分子所犯罪行和承担的刑事责任相适应。该原则要求对犯罪人量刑要以犯罪的危害程度以及犯罪人的人身危险性为尺度，其中包括两个方面：其一，犯罪行为本身的危害程度；其二，犯罪人的主观恶性。就交通肇事者而言，对其量刑，其一，要考虑其交通肇事本身的危害程度；其二，要考虑肇事者是否履行行政法规定的行政法定义务，在接受处理时是否如实供述等肇事者的事后行为如果符合了自首的一般规定，说明其人身危险性有所减轻，就应对其予以正面积极的评价，认定其具有自首情节，量刑时也要予以考虑。只有将履行了行政法定义务的情况与不履行行政法定义务的情况区别对待，才能真正体现罪刑相适应原则。如此，还能确立良好的价值导向，鼓励肇事者事后积极施救，积极配合有关机关的处理，从而有效地防止危害后果的进一步扩大，节约司法成本。4. 对交通肇事罪的行为人适用自首规定，不违背禁止重复评价原则。重复评价，是指同一个量刑情节被重复利用了两次。首先，交通肇事后的法定义务是在《道路交通安全法》中规定的，在刑法中被规定为法定从轻情节，并不违反禁止重复评价原则。其次，履行行政法定义务与自首并非等同关系，最为明显的是，行为人虽然保护现场、抢救伤者并报警，但并不承认自己是肇事者即不如实供述自己罪行的，纵然履行了行政法定义务，也不符合自首条件，既然并非等同，就不存在重复评价的问题。换言之，不履行《道路交通安全法》规定的行政法定义务，所承担的是行政法的法律后果，履行此行政法定义务，虽然可以避免在行政法上承担更为严重的责任，但并没有成为行政处罚的从轻、减免情节。所以，在刑事审判过程中，依据刑法认定其自首，并不与行政法重复评价。2010 年 12 月 22 日《意见》也明确规定，交通肇事后保护现场、抢救伤者，并向公安机关报告的，应认定为自动投案，到案后如实供述自己的犯罪行为的，应当认定为自首，只是在量刑时应考虑到上述行为同时系犯罪嫌疑人的法定义务，对其是否从宽、从宽幅度要适当从严掌握。《意见》再次肯定了交通肇事犯罪案件中，如果肇事者在事故发生后没有逃逸，保护现场，抢救伤者和财产，主动向公案机关报案或自动投案，并如实供述自己的罪行的，应当依法认定为自首。该《意见》还明确规定，交通肇事逃逸后自动投案，如实供述自己罪行的，也应认定为自首，但在量刑时，应依法以较重法定刑为基准刑，视情况决定对其是否从宽处罚以及从宽处罚的幅度。司法实践中，以下几类交通肇事后报警，并在现场等候处理的行为，均应认定为自首：(1) 交通肇事后，立即报警，保护现场、抢救伤员和财产，归案后又如实供述自己罪行的；(2) 交通肇事后，委托他人代为报警，自己忙于保护现场、抢救伤员和财产，归案后又如实供述自己罪行的；(3) 交通肇事后，明知他人已经报警，自己在现场等候交警部门处理，归案后又如实供述自己罪行的。[参见第 696 号指导案例，谭继伟交通肇事案，载《刑事审判参考》总第 80 集(2011 年第 3 集)，第 10 ~ 14 页。撰稿：周军 张眉]

▽明知他人报案而在现场等待,抓捕时无拒捕行为,供认犯罪事实的行为构成自首

刑法本条第一款规定“犯罪以后自动投案,如实供述自己的罪行的,是自首……”自动投案,是指犯罪嫌疑人在犯罪之后,未被询问也未被采取强制措施之前,出于本人的意志而向有关机关或个人承认自己实施了犯罪,并自愿置于有关机关或个人的控制之下,等待进一步交代犯罪事实的行为。1998年施行的《解释》第一条第一项以列举的方式规定了七种可视为自动投案的特殊情形,但并没有涵盖犯罪后在现场等待抓捕这一情形。2010年12月,最高人民法院发布了《意见》,明确规定犯罪嫌疑人“明知他人报案而在现场等待,抓捕时无拒捕行为,供认犯罪事实的”应当视为自动投案,由此明确了作案后未逃跑而在现场等待抓捕的行为可否认定为自首的问题。但是,根据《意见》的规定,并非所有留在现场等待抓捕的行为都成立现场待捕型自首。根据刑法和有关司法解释关于自首的立法精神,考虑到犯罪嫌疑人投案的主动性和自愿性,认定现场待捕型自首还应该具备以下四个条件:1.现场待捕的非被动性。犯罪嫌疑人在作案后留在现场,尽管只是消极地等待公安人员的抓捕,没有积极主动的投案行为,但也必须是犯罪嫌疑人在没有强力控制、可以逃匿的前提下,出于其独立意愿主动留在案发现场,而不能是一种客观无奈的选择。如果犯罪嫌疑人作案后由于被害人阻拦、群众围堵等客观情况而难以离去,或因受伤、突发疾病等自身缘故无法离开现场,或留在现场是为了继续犯罪,或类似列举情形的,都不应该视为自首。当然,是否有强力控制、是否可以逃匿,应当采取主观说,即犯罪嫌疑人认为不存在外力强制或自认具备逃逸条件。在本案中,当另一名保安送被害人去医院抢救,现场仅有犯罪嫌疑人及其两名同事的情况下,犯罪嫌疑人始终没有试图离开的意思表示和行为,而是一直在现场等待公安人员的抓捕。被告人在行为上表现为消极地等待,却显示出将自身置于司法机关控制下的自愿性和候捕的自动性。2.对于他人报案的明知性。刑法中的明知有两层含义:知道、应当知道。因此,对犯罪嫌疑人犯罪后对于他人报案的明知性也应当分这两层含义理解:一是行为人听见、看见或者被明确告知已有人报案;二是依照一般常识判断,案发后现场应当有其他人报案,因此,只要行为人的精神、智力等同于常人,也可推断行为人应当知道有人已经报案。例如,案发现场有大量围观群众,即使行为人没有听到、看到有人报案,但可以推断其有人已报案或者会报案。当然,对他人是否报案的合理推断,应当根据案件当时的实际情况,如案发的时间是白天还是晚上,案发当时是否有目击者、目击者的数量、目击者的行为表现等进行综合判断。犯罪嫌疑人明知他人已经报案,仍然留在现场等待抓捕,可以视为犯罪嫌疑人对他人报案行为的一种追认。这起故意伤害案发生在13时许,现场共有5人,犯罪嫌疑人在捅伤被害人后,在场的另一名保安先去了一趟离案发现场最近的办公楼,再返回送受伤同事去医院急救。根据案件当时的情况,犯罪嫌疑人理应推断出此保安进办公楼应当是向有关机关报案。3.被抓捕时行为的服从性。在公安人员到场后主动承认犯罪行为,表现为基于本人意志,自愿置身于司法控制之下。犯罪嫌疑人对于公安人员到现场的抓捕在行为上应表现为顺从配合,这种顺从配合不仅要表现在被抓捕时,还应表现在此后的押解过程中。在本案中,犯罪嫌疑人面对最先来到现场的铁四院公安处民警时,就承认了自己的犯罪行为,并按其要求前往铁四院公安处的办公室,随后又被闻讯赶来的杨园街派出所民警押解回办案单位。在整个抓捕、押解过程中,犯罪嫌疑人不抗拒、不脱逃,按照公安人员的要求顺利到达羁押场所。4.供认犯罪事实的彻底性。犯罪嫌疑人应如实供述自身罪行,对犯罪事实供认不讳,这是自首“如实供述”条件的要求。值得注意的是,犯罪嫌疑人对自己行为性质的辩解不应被视为对如实供述自身罪行行为的否定。犯罪嫌疑人归案后如实供述了案件的发生经过,在法庭上对自己的犯罪事实也供认不讳。虽然他辩称不是有意要伤害被害人,其辩护人也发表了被告人系在本能防卫过程中失手伤害了被害人的辩护意见,但这些都应属于对具体犯罪事实性质的不同理解和认识,不影响对被告人是否如实供述自身主要犯罪事实的认定。综上,被告人理应知道他人已经报案而自愿在现场等待,配合公安机关的抓捕,如实供认自身罪行,符合刑法关于自首的立法本意,故认定被告人的现场待捕行为构成自首是适当的。[参见第698号指导案例,熊华君故意伤害案,载《刑事审

判参考》总第80集(2011年第3集),第26～28页。撰稿:许军]

▽明知他人报案而留在现场,抓捕时亦无拒捕行为,且如实供认犯罪事实的,要结合自首的本质特征进行认定

(一)"明知他人报案而在现场等待"成立自首必须是犯罪嫌疑人能逃而不逃。犯罪嫌疑人投案的主动性和自愿性是自动投案的本质特征。最高人民法院《解释》、《意见》列举的各种自动投案的情形均要求犯罪嫌疑人具有投案的主动性和自愿性。因某些客观原因所致,犯罪嫌疑人只能留在现场的情形,无法体现其主动性和自愿性,不能认定为自动投案。因此,要将"明知他人报案而在现场等待"的情形认定为自动投案,必须是犯罪嫌疑人积极主动在现场等待,是有机会逃走而未选择逃走,即犯罪嫌疑人属于"能逃而不逃"的情形。

(二)"能逃而不逃"的具体认定。犯罪嫌疑人是否属于"能逃而不逃"的情形,是依据犯罪嫌疑人的主观心态来认定,还是依据客观条件来认定。"能逃而不逃"应当依据客观条件进行认定。自首的成立本身受制于客观条件。因此,对客观上不具备逃走条件的犯罪嫌疑人,即使存在投案的主动性、自愿性,也不应认定为自首。如对实施盗窃后被人发现报警,无论是因害怕被追究刑事责任还是为了争取从轻处罚,只要留在现场等待的,都应当视为自动投案;而对实施盗窃后被人发现报警并包围,而留在现场被抓获的,就不应视为自动投案。因为后一种情形中,犯罪嫌疑人客观上逃不掉,故不属于"能逃而不逃"的情形。本案原审被告人在明知他人报警之后,一直留在现场等待民警。此时,被告人的犯罪行为已经败露,尽管其没有实施逃走的行为,也没有受到人身强制,但是饭店经理安排张某一直陪同其留在饭店的员工宿舍内等待民警,就是防止其逃走。因此,被告人只能待在现场,客观上不具备逃走的条件,不是"能逃而不逃",不应认定为自动投案。

(三)"明知他人报案而在现场等待"中的"现场"的理解。"明知他人报案而在现场等待"中的"现场"不限于作案现场。在作案现场以外的其他场合,如果犯罪嫌疑人明知他人报案,而自愿等待抓捕,且无拒捕行为,如实供述罪行的,同样体现了犯罪嫌疑人的主动性和自愿性,也应当认定为自首。因此,原审被告人不构成自首的理由不在于其等待民警的场所不是作案现场,而在于其客观上无法逃走。[参见第780号指导案例,尚娟盗窃案,载《刑事审判参考》总第86集(2012年第3集),第56～58页。撰稿:江伟]

▽"明知他人报案而在现场等待"构成自动投案的具体认定

(一)行为人根据现场情况,有合理依据判断有人及时报案的,属于"明知他人报案"。最高人民法院《意见》规定的"明知他人报案"包括两种情况:一种是行为人作案后在现场等待,现场有人报案,行为人看到或者听到他人报案,当然属于"明知他人报案";另一种是行为人虽然没有亲眼看到或者亲耳听到他人报案,但根据当时情况可以认定为"明知他人报案"的情形。判断后一种情形下的"明知他人报案",主要是结合案件的具体情况和行为人的自身情况,推断其主观上是否"明知"。本案中证人金岚首先拨打"120"急救电话,证人庞秀平来到现场后拨打"110"报案。本案被告人韩某某来到大厅,询问金岚是否报"120",得到答允后回到锅炉房休息室。韩某某供述"我从锅炉房回到大厅是想看看逯永君怎样了,别人是否报警"。证人金岚证实"在救护车没来之前,韩某某从锅炉房出来问报没报警,我说报警了,他就回锅炉房了""我分不清报'110'和'120'"。对于当时的被告人来说,犯罪事实已经昭然若揭,在场证人还打了电话,无论是拨打"110"还是"120",韩某某都有合理的依据相信警察会赶到现场,所以韩某某供述"我没报警,我寻思应该有人报警"的情况是真实可信的。

(二)行为人在案发后有足够的时间、条件能逃跑而未逃跑,自愿在现场等待被抓捕的,属于"在现场等待"。广义上讲,"在现场等待"包括三种情况:一是行为人作案后无法离开现场,不得不在现场等待;二是行为人作案后有条件逃走,但为了毁灭证据、继续作案、观察四周情况等而留在现场;三是行为人有条件逃走而未逃走,自愿在现场等待被抓捕。"明知他人报案而在现场等待,抓捕时无拒捕行为,供认犯罪事实"的情形之所以能认定为自动投案,在于其具备自动投案的本质特征:投案的主动性和自愿性。而投案的主动性和自愿性集中体现在"在现场等待"这一行为中。故此处的"在现场等待"只能是上述第三种情况,即行为人有机会逃走而未逃走,留在现场等待抓捕,主动、自愿地将自己交付法律制裁。具体来说,首先需要判断行为人在当时的情况下是否有条件逃走,如果行为人因为受伤、意识不清、被群众包围等客观因素而不得不留在现场,并非能够自由选择是否留在现场,则不能认定为自动投案。其次需要判断行为人不逃走的主观目的是什么,如果滞留现场是为了寻找作案机会、继续作案等而非等待抓捕,则不能认定为自动投案。本案被告人韩某某在刺伤被害人后,人身自由并未受到限制,其自行回到锅炉房的过程中没有任何人阻拦、包围,虽然经理庞秀平到达现场后派饭店两名员工到锅炉房看锅炉的运转情况及韩某某的动向,但韩某某在庞秀平及其他员工到来之前,仍有足够的时间逃走而未逃走,始终在锅炉房休息室待着直至被公安人员带走。根据现场客观情况,韩某某系在作案后完全有条件逃离现场而未逃离。此外,韩某某留在现场没有任何毁灭证据、试图再次作案的行为,在意识到他人已经知道自己的犯罪行为、会去报案的情况下,韩某某对公安机关会对自己采取人身控制措施有充分的认识,在这种情况下留在现场,被抓捕时没有拒捕行为,应认定其自愿在现场等待被抓捕。综上,被告人韩某某明知他人报案而自愿在现场等待被抓捕,被抓捕时没有拒捕行为,具有自动投案的主动性和自愿性,应认定为自动投案。

(三)对并未主动报案,在现场等待抓捕型的自首,从宽幅度不宜过大。从鼓励行为人主动投案、节约司法资源的角度考虑,对自首认定的条件可以做适度的放宽。但在准确认定是否成立自首的同时,对不同形式的自首在量刑时考虑的从宽幅度应当有所区别。自首制度的功能主要体现在节约司法资源和被告人本身人身危险性的降低两个方面,应该结合被告人到案的经过,到案后的表现,对犯罪行为的认识,认罪、悔罪的程度等多个方面综合判断其自首的价值。对于自己并未主动报案,现场等待抓捕型的自首,虽也具有投案的主动性和自愿性,但和主动到公安机关投案的典型自首相比,在考虑从轻时应当有所区别,以确实做到量刑均衡。综上,一审法院认定被告人韩某某构成自首,并依法从轻处罚是适当的。[参见第1059号指导案例,韩某某故意伤害案,载《刑事审判参考》总第102集(2015年第1集),第33～36页。撰稿:杨华　季昊]

七、如实供述型自首认定的裁判旨意

▽自首的认定条件及如实供述的同种罪行较重的,一般应当从轻处罚

自首是指犯罪嫌疑人犯罪以后,自动投案,如实供述自己罪行的行为。自首必须同时具备两个条件:一是犯罪嫌疑人必须自动投案;二是犯罪嫌疑人必须如实供述自己的罪行。1998年最高人民法院《解释》中,对认定自动投案和如实供述自己的罪行又作了明确的解释。首先,自动投案是指犯罪行为或者犯罪嫌疑人未被司法机关发觉,或者虽被发觉,但犯罪嫌疑人尚未受到讯问、未被采取强制措施时,主动、直接向司法机关投案。同时列出了犯罪嫌疑人的罪行尚未被司法机关发觉,仅因形迹可疑而被有关组织和司法机关盘问、教育后,主动交代自己罪行的;向所在单位、基层组织及其负责人投案的;因病、伤而委托他人或先以信电投案的;犯罪后逃跑,在通缉、追捕中主动投案的;准备去投案或正在投案途中被捕获的,都应当视为自动投案。其次,如实供述自己的罪行,是指犯罪嫌疑人自动投案后,如实交代自己主要的犯罪事实。如只供述部分犯罪事实,对如实供述部分的行为认定为自首。共同犯罪中的犯罪嫌疑人除供述自己所犯罪行外,还应当供述所知同案犯,主犯应当供述所知其他同案犯的共同罪行,才能认定为自首。犯罪嫌疑人自首后又翻供的,不能认定为自首,但在一审判决前又如实供述的,应当认定为自首。最后,根据刑法本条第二款以及《解释》的规定,对被采取强制措施的犯罪嫌疑人、被告人和已判决的罪犯,如实供述司法机关尚未掌握的罪行,与司法机关已掌握的或判决确定的罪行属不同种罪行的,以自首论;同种罪行的,不能以自首论,但可以酌情从轻处罚。如实供述的同种罪行较重的,一般应当从轻处罚。[参见第347号案例,乌斯曼江、吐尔逊故意伤害案,载《刑事审判参考》

总第44集(2005年第3集),法律出版社,第56~57页。执笔:张明磊]

▽承认故意伤害致人死亡的主要事实,虽没交代具体犯罪情节,但因醉酒而不记得,并非故意隐瞒,应认定为如实供述自己的罪行

如实供述自己的罪行,是指犯罪嫌疑人自动投案后,如实交代自己的主要犯罪事实,即犯罪嫌疑人投案后对自己所犯的罪行,不管司法机关是否掌握,都必须如实、全部、彻底地向司法机关供述,不能有任何隐瞒。至于有些细节或者情节记不清楚或者确实无法说清楚的,不能认为是隐瞒,只要对主要犯罪事实和主要情节说清楚,就应当认定为如实供述自己的罪行。如果犯罪嫌疑人避重就轻或者供述一部分,还保留一部分,企图蒙混过关,就不能认定为如实供述自己的罪行。投案后,一直供述因案发时喝醉了,犯罪过程中如何打的,用什么打的等情况记不起来了,但始终承认自己打死了被害人。鉴于作案时在醉酒状态,记不清犯罪具体细节是正常的,并非故意隐瞒,且如实交代了故意伤害致人死亡的主要事实,故应认定为如实供述自己的罪行。[参见第7号案例,龚春雷故意伤害案,载《刑事审判指导》总第1辑(2004年第1辑),人民法院出版社,第40~41页。执笔:叶建平 吴文举]

▽对持刀加害被害人这一事实予以否认,因持刀杀害被害人行为属本案主要犯罪事实,故不应认定为自首

虽如实供述杀人抢劫行为,对持刀加害被害人这一事实予以否认,因持刀杀害被害人行为属本案主要犯罪事实,故不应认定为自首。否认主要犯罪事实的,可认定翻供。对案情细节的否认以及合理辩解均不得视为翻供。在抢劫罪中,行为人实施持刀伤害被害人行为的这一事实应当认定为主要犯罪事实。因为,抢劫罪侵犯的是双重客体,持刀伤害致使被害人死亡是构成抢劫罪的一个不可或缺的暴力要件,对于定罪量刑均具有十分重要的意义,与犯罪事实的细节不可同日而语。[参见第189号案例,郭玉林等抢劫案,载《刑事审判参考》总第27辑(2002年第4辑),法律出版社,第18~19页。执笔:蒋征宇]

▽只要不是故意隐瞒或者编造事实为自己开脱罪责,就不应当认为是不如实供述自己的罪行

犯罪分子自动投案后,由于处于受刑事追诉的地位,在供述自己的犯罪事实的同时,还往往为自己的犯罪行为进行辩解,故在认定是否成立自首时,要对投案人的供述内容进行客观的分析。只要其交代自己主要犯罪事实的供述经查证是如实的,就应当认定为自首。不能因为在供述中有为自己的犯罪行为进行辩解的成分,就认为不是如实供述,不认定自首。为自己进行辩护,是法律赋予犯罪嫌疑人和被告人的诉讼权利。自动投案的犯罪嫌疑人或被告人在如实供述自己的主要犯罪事实前提下,在犯罪的动机、作用、罪责的大小和有无等问题上为自己所作的辩解,正是在行使依法享有的辩护权利,不影响对其自首的认定。但是,如果投案后采取隐瞒自己罪行、编造虚假事实或者如实供述自己的罪行后又翻供等方式,为自己开脱罪责,企图逃避惩罚的,不能认定为自首。[参见第66号案例,姚伟林、刘宗培、庄晓华非法制造注册商标标识案,载《刑事审判参考》总第9辑(2000年第4辑),法律出版社,第14~15页。执笔:杨万明]

▽行为人投案后未如实供述罪行,不认定自首,抢救被害人属酌定从轻情节

行为人对到达现场的公安人员承认被害人受伤是其所为,可视为投案,投案后未如实供述罪行,不认定自首,但行为人杀人后有抢救被害人的表现,具有酌定从轻处罚的情节。[参见第42号案例,张杰故意杀人案,载《刑事审判参考》总第6辑(2000年第1辑),法律出版社,第18~19页。审编:高憬宏]

▽对"如实供述司法机关尚未掌握的本人其他罪行"的认定

"尚未掌握",一般是指司法机关还未有一定的客观线索、证据合理怀疑被采取强制措施的犯罪嫌疑人、被告人和正在服刑的罪犯还犯有其他罪行。且这里的尚未掌握的"司法机关"也不能简单的理解是正在侦查、起诉、审判的司法机关,也包括其他的司法机关。具体而言,如果犯罪嫌疑人、被告人的所犯余罪尚未被查明、通缉,或者虽已被通缉,但通缉资料不全面,内容不明确,现行犯罪的侦查、起诉和审判的司法机关并不掌握或者很难、几乎不可能通过比对查证等方式在当时掌握该犯罪嫌疑人的所犯余罪的,则此时的"司法机关"仅指直接办案机关;如果在犯罪嫌疑人、被告人所犯前罪已被通缉,对现行犯罪的侦查、起诉和审判的司法机关可以通过通缉资料掌握该犯罪嫌疑人、被告人所犯前罪的情况下,此时的"司法机关"应当包括通缉令覆盖范围内的所有司法机关。如果犯罪嫌疑人或被告人先行实施的犯罪行为虽已被其他司法机关掌握,但因地处偏僻、路途遥远或通讯不便等原因,客观上使现行羁押犯罪嫌疑人、被告人的司法机关在对现行犯罪的侦查、起诉和审判过程中,难以了解到或发现该先行发生的犯罪事实的,可以将该先行实施的犯罪视为司法机关尚未掌握的罪行,这时的司法机关其实是指直接办案的司法机关。因此,这里"司法机关"的外延应当根据具体案情具体分析,不能简单化作一致界定。由于"余罪自首"缺乏构成一般自首要求的主动投案条件,故对于余罪自首中的"司法机关尚未掌握"这一要件须从严把握,防止有些负案在逃的犯罪分子因现行犯罪被抓获时故意隐瞒身份,在讯问过程中再交代真实身份,从而获取"自首"从宽处罚、规避法律的行为。[参见第411号案例,何荣华强奸、盗窃案,载《刑事审判参考》总第52辑(2006年第5辑),法律出版社,第19～20页。执笔:金朝文]

▽因运输毒品被抓获后又如实供述司法机关未掌握的贩卖毒品罪行的不构成自首

《刑法》第三百四十七条规定的走私、贩卖、运输、制造毒品罪是同种罪行;根据《解释》有关规定,对供述不同种罪行的,以自首论,对供述同种罪行的不能以自首论。因运输毒品被抓获后又如实供述司法机关未掌握的贩卖毒品罪行的不构成自首,理由如下:(一)根据我国刑法的规定,行为人分别实施走私、贩卖、运输不同宗毒品的行为,属于同种罪行。首先,犯罪的分类是由刑法规定的。我国刑法分则将犯罪分为十大类(十章),每个大类中又分成了若干小类。对某些犯罪在同一法律条款中也进行了分类,在每一类别中的各种犯罪均属该类的同类犯罪。但对某一条款中的数个罪行是否属于同种罪行,则应以刑法规定是否按一罪判处为标准,按一罪判处的就是同种罪行,按数罪判处的就是不同种罪行。我国《刑法》第三百四十七条将走私、贩卖、运输、制造毒品罪规定在同一法条中,并规定对多次走私、贩卖、运输、制造毒品,未经处理的,毒品的数量累计计算。最高人民法院2008年12月印发的《全国部分法院审理毒品犯罪案件工作座谈会纪要》进一步明确规定,"对不同宗毒品分别实施了不同种犯罪行为的,应对不同行为并列确定罪名,累计毒品数量,不实行数罪并罚"。根据以上规定,走私、贩卖、运输、制造毒品罪是选择性罪名,对行为人实施贩卖、运输毒品两种以上行为的,不论是否同一宗毒品,只定一个罪名,在量刑上只适用一个法定刑,不实行数罪并罚。刑法这一规定明确将这四个行为视为同种罪行,同时也表明这些行为的基本性质、社会危害性等是基本相同的。故对同一被告人,即使对不同宗的毒品分别实施了走私、贩卖或运输行为,也不再分别定罪量刑,而是将走私、贩卖、运输毒品的行为合并成一个选择性罪名,适用一个法定刑。其次,选择性罪名中包含的数个不同罪名属于刑法规定的同种罪行。我国《刑法》分则在许多同一个条款中都规定了数个犯罪构成及相对应的数个罪名,有的属于并列罪名,有的属于选择性罪名,二者的功能是不同的,不能混淆。如对于并列罪名(如第一百一十四条),行为人实施该条款中的两个以上犯罪行为,就构成数罪,应实行数罪并罚,而不能合并为一罪。而对于选择性罪名则不然,数个罪名既可分解单独定罪,也可以合并组合为一罪(复合性罪名),事实上是两个以上的罪行,根据刑法规定按一罪判处,而不定数罪。如行为人实施其中一个行为的,就定其中一个罪名,该行为符合二个单一的犯罪构成;实施两种以上行为的,根据刑法规定只定一个复合性罪名,行为符合一个复合性犯罪构成。这种情况实质上是数个犯罪构成合并为一个复合性犯罪构成而成为一罪,该罪名中的各罪行系同种罪行。选择性罪名与单独罪名、并列罪名不同,它既可以分解成几个小罪名,又可以由不同的罪名组合成一个复合性罪名。而刑法之所以赋予选择性罪名如此灵活的处理方式,是因为选择性罪名所规定的数个犯罪行为是有内在联系、互为条件的,实践中经常交错实施,且对社会的危害程度是相同的。实践中,行为人对于同一宗毒品既可能连续实施以上全部行为,也可能有选择性地参与实施其中一种行为,还可能有选择性地参与不同宗毒品犯罪的某一阶段或全部的行为。为使这些在行为、方式上具有选择性的犯罪受到相应的处罚,故刑法也简便、概括地规定了选择性罪名,同时也规定不论实施了几种犯罪行为,对行为人在法律上都按一罪处理,不存在数罪并罚的情况。这也符合刑法规定同一罪名中的数个罪行属于同种罪行的立法本意。综上,选择性罪名的犯罪构成是一种法定的特别犯罪构成。不能简单地以触犯了不同的具体罪名,来确定是否属于同种罪行还是不同种罪行。根据我国刑法及司法解释的上述规定,本案中被告人如实供述司法机关尚未掌握的贩卖不同宗毒品的罪行,与司法机关已经掌握的运输毒品的罪行属于同种罪行,故不能以自首论。(二)对如实供述司法机关尚未掌握的选择性罪名中的某一罪行以自首论,会导致量刑上的不均衡。运输毒品的行为人被抓获后供述司法机关尚未掌握的其他毒品犯罪,可能出现以下三种情况:(1)甲运输毒品被抓获,又供述了另一宗运输毒品的事实;(2)甲运输毒品被抓获,又供述了另一宗贩卖毒品的事实;(3)甲运输毒品被抓获,又供述了这宗毒品系其在甲地购买后准备运到乙地贩卖的事实,而后又供述了其他运输、贩卖毒品的事实。按照第一种意见,只有第(2)种情况对贩卖毒品应以自首论。但实际上这三种情况中被告人认罪、悔罪的态度是相当的,在三者并无本质区别的情况下,对于是否构成自首这一法定从轻、减轻情节作出不同判断,不仅逻辑上说不通,还会导致对这三种情况量刑的不均衡,有失刑事处罚的统一性。(三)对于被告人如实供述司法机关尚未掌握的选择性罪名中的某一罪行不以自首论,并不意味着不可以对被告人从宽处罚,从而违背鼓励被告人认罪悔罪的立法精神。虽然此种情况与自首有所区别,但在刑事法律和司法实践中仍应给予鼓励,依法适当从宽处罚。《解释》第四条就明确规定,"如实供述司法机关尚未掌握的罪行,与司法机关已掌握的或者判决确定的罪行属同种罪行的,可以酌情从轻处罚"。本案中被告人具有这一酌情从轻处罚的情节,本可酌情从轻处罚,但被告人运输甲基苯丙胺6000克、咖啡因37 000克,贩卖氯胺酮2800克,毒品犯罪数额特别巨大,社会危害极大,属于罪行极其严重。因此其如实供述贩卖氯胺酮2800克的情节不足以对其从轻处罚。综上,最高人民法院依法作出核准被告人死刑的裁定是适当的。[参见第593号指导案例,彭佳升贩卖、运输毒品案,载《刑事审判参考》总第71集(2009年第6集),第50~53页。撰稿:张滨生 段凰]

▽虽不是自动投案,不成立自首,但归案后如实供述犯罪,有悔罪情节,可予从宽处罚

被告人虽不能成立自动投案,不具有自首情节,但本案系家庭婚姻矛盾引发,被告人在自杀被救后,如实供述犯罪事实,有悔罪表现。根据最高人民法院《关于贯彻宽严相济刑事政策的若干意见》第三条第二十二款的规定,对于因恋爱、婚姻、家庭、邻里纠纷等民间矛盾激化引发的犯罪,应酌情从宽处理。最高人民法院和湖南省高级人民法院均认为,被告人虽不构成自首,但如实供述自己的罪行,有认罪、悔罪表现,故最终判处被告人死缓。这充分体现和准确把握了宽严相济、慎重适用死刑的刑事政策精神,充分考虑了案件的具体情况,取得了社会效果和法律效果的有机统一。值得指出的是,《刑法修正案(八)》第八条规定:"……犯罪嫌疑人如实供述自己罪行的,可以从轻处罚……"本案终审时,《刑法修正案(八)》虽未生效,但该案裁判理由和裁判结果体现了《刑法修正案(八)》的精神。[参见第701号指导案例,周元军故意杀人案,载《刑事审判参考》总第80集(2011年第3集),第50~51页。撰稿:杨学成 谷国文 李伟华]

▽主动供述的公安机关未掌握的两起敲诈勒索罪行,与公安机关已掌握的爆炸后敲诈勒索罪行属同种罪行,不构成自首

刑法本条第二款规定:"……被采取强制措施的犯罪嫌疑人、被告人和正在服刑的罪犯,如实供述司法机关尚未掌握的本人的其他罪行的,以自首论。"这在理论上一般被称为"余罪自首"或者"准自首"。1998年《解释》第二条进一步规定:"……被采取强制措施的犯罪嫌疑人、被告人和已宣判的罪犯,如实供述司法机关尚未掌握的罪行,与司法机关已掌握的或者判决确定的罪行属不同种罪行的,以自首论。"第四条规定:"被采取强制措施的犯罪嫌疑人、被告人和已宣判的罪犯,如实供述司法机关尚未掌握的罪行,与司法机关已掌握的或者判决确定的罪行属同种罪行的,可以酌情从轻处罚……”在上述规定中,有两点需要注意:首先,应当明确,对于如何判断“同种罪行”“不同种罪行”,在司法实践中一直坚持的标准是,原则上以罪名(或者犯罪构成)区分,罪名不同的,一般属不同种罪行。这种观点也得到了刑法学界的肯定,成为通说。但2010年最高人民法院《意见》对何为“同种罪行”作了进一步的明确。《意见》第三条第二款规定:“犯罪嫌疑人、被告人在被采取强制措施期间如实供述本人其他罪行,该罪行与司法机关已掌握的罪行属同种罪行还是不同种罪行,一般应以罪名区分。虽然如实供述的其他罪行的罪名与司法机关已掌握犯罪的罪名不同,但如实供述的其他犯罪与司法机关已掌握的犯罪属选择性罪名或者在法律、事实上密切关联……应认定为同种罪行。”其次,《解释》既然区分了“司法机关已掌握的罪行”和“判决确定的罪行”两种情形,说明这两者应该有所区别,否则就没有必要并列规定。前一种情形,则是指司法机关已了解到一定线索、证据,可以形成合理怀疑的罪行。后一种情形很明确,是指法院判决确认的罪行。司法机关已掌握的罪行与判决确定的罪行构成不同罪名的情况在司法实践中并非个例。例如,公安机关已掌握的罪行构成两个罪名,但检察机关对次要罪名未起诉,法院亦未认定,即为适例。综上,《解释》关于余罪自首的规定就可以被理解为,被采取强制措施的犯罪嫌疑人、被告人和已宣判的罪犯,如实供述司法机关尚未掌握的罪行,与司法机关已掌握的罪行或者判决确定的罪行均构成不同罪名的,成立自首(按《意见》规定,属选择性罪名或者存在法律、事实关联的除外);与司法机关已掌握的罪行或者判决确定的罪行构成相同罪名的,不成立自首。当然,如果司法机关已掌握的罪行经查不实,则应当以判决确定的罪名,来认定是否构成余罪自首。这里的“罪名”,不限于法院判决确定的罪名。认定罪名的法律标准是犯罪构成,数行为符合同一犯罪构成的,就是同一罪名;符合不同犯罪构成的,就是不同罪名。所以,《意见》规定的是“以罪名区分”,而不是以“判决确定的罪名区分”。本案中,被告人归案时,公安机关已经掌握了其为敲诈勒索而实施爆炸的罪行。从犯罪构成看,该行为构成爆炸罪、敲诈勒索罪两个罪名。但理论上和实践中一般都认为,这种情形属于牵连犯,即以实施某一犯罪为目的,其方法行为或者结果行为又触犯其他罪名的犯罪形态。牵连犯的特征之一就是实施两个行为,符合两个犯罪构成,触犯两个不同的罪名。所以说,牵连犯属实质的数罪,即行为本来构成两个罪,但按照刑法理论和司法惯例一般都择一重罪从重处罚,当然刑法有特殊规定的除外。既然在被告人归案时,公安机关已经掌握了其涉嫌爆炸并敲诈勒索的罪行,该罪行构成爆炸罪、敲诈勒索罪,所以,此时公安机关已经掌握了被告人涉嫌这两个罪名。被告人归案后主动如实供述的另两起敲诈勒索,与公安机关已掌握的部分罪行都构成敲诈勒索罪,属于同种罪行,故不能认定为自首。[参见第703号指导案例,蒋文正爆炸、敲诈勒索案,载《刑事审判参考》总第80集(2011年第3集),第65~67页。撰稿:林红英　孟伟]

▽如实供述的罪行与司法机关已经掌握的罪行在事实上存在密切关联的,不构成自首

被告人汪某因涉嫌犯敲诈勒索罪归案,主动供述其故意杀人罪行的行为,因汪某故意杀人犯罪与其敲诈勒索犯罪在事实上有紧密关联,不构成自首。理由如下:(一)关于如实供述的犯罪与司法机关已掌握的犯罪在法律、事实上密切关联的理解。1998年最高人民法院出台的《解释》第二条规定:“根据刑法第六十七条第二款的规定,被采取强制措施的犯罪嫌疑人、被告人和已宣判的罪犯,如实供述司法机关尚未掌握的罪行,与司法机关已掌握的或者判决确定的罪行属不同种罪行的,以自首论。”刑法理论界和实务界把《解释》规定的这种自首称为“准自首”或者“余罪自首”。2010年最高人民法院《意见》第三条进一步规定:“犯罪嫌疑人、被告人在被采取强制措施期间如实供述本人其他罪行,该罪行与司法机关已掌握的罪行属同种罪行还是不同种罪行,一般应以罪名区分。虽然如实供述的其他罪行的罪名与司法机关已掌握犯罪的罪名不同,但如实供述的其他犯罪与司法机关已掌握的犯罪属选择性罪名或者在法律、事实上密切关联……应认定为同种罪行。”正确理解和适用上述规定,需要注意以下几点:首先,罪行和罪名是两个既相互联系又相互区别的概念。罪行是指犯罪行为及其相应的罪恶、罪责。而罪名则是指刑法根据犯罪行为的性质和特征所规定的犯罪名称,是对犯罪本质特征或者主要特征的高度概括。一方面,不同的罪行可能触犯相同的罪名。例如,甲故意杀死一人,乙故意杀死两人,甲、乙的罪行显然不同,但均构成故意杀人罪。另一方面,同样的罪行可能触犯不同的罪名。例如,同样是收受他人贿赂,甲因是国家工作人员,构成受贿罪;乙不是国家工作人员,构成非国家工作人员受贿罪。其次,"在法律、事实上密切关联"的含义。在《现代汉语词典》中,"密切"是指关系很近,"关联"是指事物相互之间发生牵连和影响。"密切关联"是指事物相互之间的牵连和影响十分紧密,不可分割。在法律上密切关联的犯罪,是指不同犯罪的构成要件有交叉或者不同犯罪之间存在对合(对向)关系、因果关系、目的关系、条件关系等牵连关系。例如,行贿罪和受贿罪,收买被拐卖的妇女、儿童罪与拐卖妇女、儿童罪,洗钱罪与毒品犯罪、黑社会性质组织犯罪等上游犯罪,掩饰、隐瞒犯罪所得、犯罪所得收益罪与为获得赃物而实施的抢劫罪、盗窃罪等犯罪,窝藏、包庇罪与被窝藏、包庇的行为人之前所犯的罪等。在事实上密切关联的犯罪,是指不同犯罪之间在犯罪的时间、地点、方法(手段)、对象、结果等客观事实特征方面有密切联系。如某人用炸药报复杀人,其因故意杀人被捕后,主动供述了其购买了较大数量硝酸铵等原料制造炸药的行为,其行为又构成非法制造爆炸物罪,与司法机关此前掌握的故意杀人罪不是同一罪名,但因其在供述故意杀人犯罪事实时,必须如实供述作为犯罪工具的爆炸物的来源,因而,其所触犯的两个罪名在事实上有紧密关联,其主动供述制造炸药的行为不能认定为自首。在法律、事实上密切关联的犯罪,其犯罪的主体可能相同,也可能不同。但在自首认定中讨论的"在法律、事实上密切关联的"犯罪仅指同一主体实施的犯罪,因为不同主体实施的犯罪不涉及自首问题,而只涉及立功问题。本文论及的仅是前者。刑事诉讼法第九十三条规定,"犯罪嫌疑人对侦查人员的提问,应当如实回答。但是对与本案无关的问题,有拒绝回答的权利"。可见,侦查人员的提问,只要与其所实施的犯罪事实有关,如起因、动机、时间、地点、目的、方法(手段)、结果等均是犯罪自然发展过程中的要素,犯罪嫌疑人均有如实回答的义务。如果涉及其中任何一个要素的行为单独构成另一犯罪,就应当认定涉嫌的两个犯罪在法律、事实上有密切关联,作案人均有义务如实交代。质言之,这几个不同的犯罪实质是同一犯罪过程中连续实施、衔接紧密的不同部分,犯罪嫌疑人、被告人在供述司法机关已经掌握的部分时,有义务供述同一犯罪过程中密切关联的其他部分。因此,行为人因涉嫌某一犯罪被抓获后,供述与该涉嫌犯罪在法律、事实上密切关联的其他犯罪是履行如实供述的义务,不应当认定为自首。例如,被告人以伪造公司印章的手段进行合同诈骗,后因涉嫌合同诈骗罪被抓获后供述其使用伪造公司印章的犯罪事实,不应当认定为自首。从犯罪构成来看,被告人的行为分别构成伪造公司印章罪、合同诈骗罪,虽然合同诈骗罪与被告人归案时涉嫌的伪造公司印章罪罪名不同,且被告人归案时公安机关只掌握了其合同诈骗的罪行,但依照法律规定,被告人对其涉嫌的合同诈骗罪的全部犯罪事实都有如实供述的义务,包括其伪造公司印章的手段。又如,行为人持枪抢劫博物馆珍贵文物后销赃,公安机关根据现场遗留的指纹和被害人尸体上的弹孔确定是行为人持枪抢劫所为,便将其抓获并当场从其身上缴获作案所用枪支。行为人在交代枪支来源时交代非法购买枪支的行为不构成自首,因为枪支是其实施抢劫犯罪的作案工具,与抢劫犯罪密切相关,行为人有义务如实交代其来源,否则其持枪抢劫的犯罪事实就不完整。行为人在交代赃物去向时交代销售赃物的行为也不能构成自首。一方面,赃物是抢劫犯罪的犯罪对象和犯罪所得,行为人有义务如实交代其去向,行为人交代的销售赃物的罪行与公安机关已经掌握的抢劫罪行有密切关联;另一方面,销售赃物的罪行是其抢劫罪行的延续,销赃行为被抢劫行为所吸收,属于事后不可罚行为,故不再单独定罪。值得注意的是,行为人在交代赃物去向时交代他人购买赃物的行为,既不构成自首,也不构成立功。此中道理与共同犯罪案件中的犯罪分子到案后揭发司法机关尚未掌握的同案犯的共同犯罪事实不构成立功是相同的,因为所供述的同案犯的共同犯罪事实与司法机关已经掌握的犯罪事实之间有密不可分的关系,犯罪分子有如实供述的义务。(二)被告人汪某供述的故意杀人罪行,与司法机关已经掌握的敲诈勒索罪行在事实上存在密切关联。司法实践中,涉及人身、财产的犯罪,如在敲诈勒索、绑架、故意杀人、抢劫、故意伤害、交通肇事等案件中,被害人的人身,其随身携带财物的下落,作案工具的来源、去向等事实,均是与行为人实施的犯罪行为紧密关联的事实。在对供述司法机关已掌握的犯罪事实过程中,供述上述事实的,即使实施上述事实的行为单独构成另一犯罪,也不构成自首。本案被告人汪某供述的故意杀人罪行与公安机关已经掌握的敲诈勒索罪行,既不存在罪名交叉关系,也不存在对合(对向)、因果、目的、条件等密切的法律关系,因此,汪某的故意杀人罪与其所犯的敲诈勒索罪不具有法律上的关联。然而,汪某所犯的两个罪行在事实上存在密切关联。通常情况下,身份证往往与其本人人身紧密相随,汪某开立敲诈勒索账户的身份证如何得来、云某为何将自己的身份证交给汪某、云某本人身在何处等,这些事实都是汪某在交代敲诈勒索犯罪时必须交代的内容。如果其不交代在敲诈勒索前实施的故意杀人罪行,其后所实施的敲诈勒索事实就不完整、不清楚。因此,汪某在特定的时空范围内,连续实施的两个犯罪行为前后衔接、紧密联系,构成一个完整的犯罪过程,故不构成余罪自首。(三)关于坦白的量刑及法律适用。虽然犯罪嫌疑人、被告人主动供述与司法机关已掌握的犯罪在法律、事实上密切关联的其他犯罪不构成自首,也不属于余罪坦白,但其主动供述的行为,主观上体现了其认罪、悔罪的主动性,客观上节约了司法资源,产生的正面效应等同甚至大于《解释》第四条关于余罪坦白的效应。《解释》第四条规定:"被采取强制措施的犯罪嫌疑人、被告人和已宣判的罪犯,如实供述司法机关尚未掌握的罪行,与司法机关已掌握的或者判决确定的罪行属同种罪行的,可以酌情从轻处罚;如实供述的同种罪行较重的,一般应当从轻处罚。"对于主动供述部分的相关罪行,如果案件审理时间是在《刑法修正案(八)》生效前,可以比照《解释》第四条关于同种余罪坦白的规定,可以从轻处罚;如果案件审理时间是在2011年5月1日以后,根据从旧兼从轻原则,则无须参照《解释》第四条的规定,可直接适用《刑法修正案(八)》第八条关于"犯罪嫌疑人虽不具有前两款规定的自首情节,但是如实供述自己罪行的,可以从轻处罚"的规定,决定对其是否从轻。

综上,虽然本案被告人汪某犯罪情节恶劣,后果严重,但其主动如实供述的故意杀人罪行比公安机关之前掌握的敲诈勒索罪行更为严重,犯罪后认罪态度尚可,加之案件起因上不能完全排除汪某因为索要欠款不成而杀害被害人的可能性,一审和复核审法院参照《解释》第四条的规定,对汪某以故意杀人罪判处死刑,缓期二年执行,剥夺政治权利终身;以敲诈勒索罪判处有期徒刑三年;决定执行死刑,缓期二年执行,剥夺政治权利终身的处罚是适当的。[参见第747号指导案例,汪某故意杀人敲诈勒索案,载《刑事审判参考》总第84集(2012年第1集),第18~22页。撰稿:余淼　仲佳]

▽对"主要犯罪事实"的认定

主要犯罪事实是指对犯罪嫌疑人行为性质的认定有决定意义的事实、情节(定罪事实)以及对量刑有重大影响的事实、情节(重大量刑事实)。实践中,对是否如实交代定罪事实的争议不大,但对是否如实交代重大量刑事实却屡有争议。其中,重大量刑事实主要是指对犯罪嫌疑人应适用的法定刑档次是否升格或降格具有重大影响的事实、情节,以及在总体危害程度上比其他部分事实、情节更大的事实、情节,即应区分已如实供述与未如实供述部分的严重程度。重大量刑事实既包括对犯罪嫌疑人加重或从重处罚的事实、情节,如犯罪嫌疑人持枪抢劫了财物后主动投案,交代系采用威胁的方法从被害人手中劫取了财物,未交代持枪抢劫的情节,因法律规定持枪抢劫系决定抢劫罪法定刑档次升格的情节,故该种情况下不能认定犯罪嫌疑人交代了重大量刑事实;也包括对犯罪嫌疑人减轻或从轻处罚的事实、情节,如防卫挑拨的情况,犯罪嫌疑人预谋杀死被害人,故意挑逗被害人对自己实施侵害行为,借机将被害人杀死,事后称自己系防卫过当,该种情况下犯罪嫌疑人隐瞒了其故意杀人的犯罪事实,而虚假供述防卫过当这一从轻情节,也属未如实交代重大量刑事实。

需要注意的是,犯罪嫌疑人对从轻、减轻的事实、情节的虚假供述,与对行为性质的从轻、减轻辩解有实质不同。对行为性质的从轻、减轻辩解,主要是指行为人关于从轻、减轻情节的辩解在事实上是存在或成立的,行为人对该情节的性质以及从轻、减轻幅度提出自己的意见。而对从轻、减轻情节的虚假供述,是指行为人供述的情节不存在或者是无证据证明。具体而言,有以下几种情况:一是虚假供述的从轻、减轻情节已经被证据否定;二是虚假供述的从轻、减轻情节可能存在,但经查其系恶意制造,如前面举例的挑衅性犯意引诱的情况;三是虚假供述的从轻、减轻情节没有证据印证,也无相反证据予以否定。对于上述前两种虚假供述的从轻、减轻情节,可以认定为"未如实交代主要犯罪事实"。但对于第三种情况,因为无证据证实供述的从轻、减轻情节是否存在,故从有利于被告人的原则,不能认定其"未如实交代主要犯罪事实"。本案被告人给被害人食用的蛋挞中是否预先投放过安眠药,是认定其随后取财行为构成抢劫罪还是盗窃罪的关键定罪事实。因此,其是否如实交代该部分事实,涉及是否认定其"如实交代自己的主要犯罪事实"。[参见第776号指导案例,徐凤抢劫案,载《刑事审判参考》总第86集(2012年第3集),第31~32页。撰稿:冉容]

▽犯罪嫌疑人被司法机关控制后,经允许脱离控制,又按指令自行到案并如实供述犯罪事实的,不成立自首

(一)"侦查管控"的确定性、针对性。基于行文简洁角度考虑,下文将办案机关根据确切犯罪事实或者线索对犯罪嫌疑人实施强制性约束、讯问并告知犯罪嫌疑人必须接受调查的行为,称为"侦查管控"。"侦查管控"要求办案机关根据具体的案件线索,对犯罪嫌疑人及其所犯罪行为有比较具体的认识:一方面,办案机关控制犯罪嫌疑人,系确定犯罪嫌疑人的基本情况后对其进行控制,此时办案人员基本了解案件事实,知晓嫌疑人的自然情况,控制行为具有确定性、针对性;另一方面,办案机关对嫌疑人涉嫌的罪名、罪行的性质有比较具体的认识,并向犯罪嫌疑人明确告知因涉嫌何种罪名必须接受办案机关调查。只有深刻理解和把握"侦查管控"的确定性和针对性,才能将在"侦查管控"之后的投案与在一般性排查询问时或者仅因形迹可疑盘问时交代罪行的"视为自动投案"情形区分开来。

(二)"侦查管控"的强制性、义务性。首先,"侦查管控"系办案机关将嫌疑人置于实际约束、控制范围之内,进行调查、讯问、宣布采取调查措施或者强制措施,具有一定的强制性。其次,"侦查管控"包含但不限于刑事诉讼法规定的五种强制措施。只要办案机关采取合法手段对犯罪嫌疑人进行一定的约束,进行调查、讯问,并向犯罪嫌疑人告知涉嫌犯罪,即可认为犯罪嫌疑人被办案机关"侦查管控"。此外,犯罪嫌疑人被办案机关控制后,有义务如实回答办案人员的提问,配合办案人员调查案件情况并保障刑事诉讼程序的顺利进行。只有深刻理解和把握"侦查管控"的强制性和义务性,才能够将"侦查管控"与电话传唤、犯罪嫌疑人被发觉但没有接受讯问或者被采取强制措施等情况区分开来。区分的关键在于犯罪嫌疑人在被电话传唤或者仅被办案机关发觉时,尚处于自由状态。

(三)"自动投案"的时间应当限制在犯罪嫌疑人"被办案机关控制"之前。法律之所以规定自首,旨在鼓励犯罪分子认罪、悔罪,降低社会危险性,节约司法成本并提高司法效率。犯罪嫌疑人在被办案机关控制之前自动投案并如实供述自己的罪行,体现了其认罪、悔罪的态度,降低了社会危险性,同时,也减少了办案机关发现案件线索、进行侦查、实施抓捕的成本,提高了案件侦破的效率。犯罪嫌疑人被办案机关控制后,虽然也可以通过如实供述来表达自己的悔罪态度,但主动性与自动投案不可同日而语,办案机关侦破案件的司法成本已被消耗,不存在节约司法成本、提高司法效率的可能性。本案犯罪嫌疑人经公安机关允许脱离控制,而后又按公安机关指令自行到案的行为,对其被办案机关控制前的认罪悔罪态度和司法成本的节约无任何影响,犯罪嫌疑人脱离"侦查管控"后又自行到案的行为,系被办案机关控制后应当履行的义务,不属于自首范畴内的自动投案。

最高人民法院、最高人民检察院《职务意见》规定:"犯罪事实或者犯罪分子未被办案机关掌握,或者虽然被掌握,但犯罪分子尚未受到调查谈话、讯问,或者未被宣布采取调查措施或者强制措施时,向办案机关投案的,是自动投案。"根据这一规定,办案机关掌握犯罪事实、对嫌疑人调查谈话、讯问、宣布调查措施或者强制措施的行为,均系办案机关控制犯罪嫌疑人的行为,具有强制性、义务性、针对性、明确性的特征,而犯罪嫌疑人在上述情形下向办案机关投案的行为,均不属于自动投案。因此,犯罪嫌疑人自动投案只有发生在其被办案机关控制之前,才有可能构成自首。

(四)本案中被告人的行为不属于“自动投案”。第一,本案中,侦查机关接到明确的举报——北京百佳联合企业管理中心内有人进行电话诈骗,而后在该公司的楼内查获了所有正在实施诈骗的工作人员,被告人即为其中之一,且为公司的副总经理,办案机关的“侦查管控”行为具有确定性、针对性。第二,办案人员当面明确告知被告人涉嫌犯诈骗罪必须接受调查。此时,办案机关对被告人的控制行为具有强制性,被告人有义务如实回答办案人员的提问,配合办案人员调查案件情况并保障刑事诉讼程序的顺利进行。第三,被告人经办案人员同意,前往幼儿园接孩子回家后又回案发地点接受调查,虽然从表面上看具有自动投案的形式,但该行为发生在被被告人被办案机关控制之后,不符合自首中的“自动投案”时间特征。[参见第880号指导案例,杨金凤、赵琪等诈骗案,载《刑事审判参考》总第93集(2013年第4集),第57~60页。撰稿:宋振宇　王鹏]

▽因吸毒投案且自愿隔离戒毒,但未主动如实供述自己贩卖毒品行为的,不能构成自首

依照最高人民法院《解释》的规定,自动投案是指犯罪事实或者犯罪嫌疑人未被司法机关发觉,或者虽被发觉但未受到询问或者被采取强制措施前,主动向公安机关、检察院、法院投案。《解释》规定了七种自动投案情形,这七种情形均不同程度地体现了犯罪嫌疑人投案的主动性和自愿性。如实供述是指自动投案后如实供述自己的主要犯罪事实。如实供述自己的行为应该是真实且完整的,内容上必须符合犯罪嫌疑人主观认识的客观实际,且应当包括犯罪构成要件的内容,犯罪嫌疑人的供述必须体现其接受法律制裁的自愿性。自动投案和如实供述之间既相对独立又相互联系,缺乏任一要素都不能构成自首。

从实践情况看,自首中的如实供述应当齐备四个要素:一是犯罪分子主动交代,如果是被动交代则仅构成坦白;二是犯罪分子交代主要犯罪事实,也就是足以证明其行为构成犯罪的基本事实,如果交代的是违反道德或者一般违法行为的事实,则不属于如实供述;三是犯罪分子交代的必须是自己的犯罪事实,也就是自己所实施的且由自己承担刑事责任的事实,如果交代的是他人的犯罪事实则可能属于检举揭发;四是所交代的犯罪事实必须客观真实,符合主客观相统一的认知结果,但并不要求所有的细节均准确一致。值得强调的是,根据相关批复的规定,对行为性质的辩解不属于不如实供述罪行。本案康某某归案后仅交代其吸毒的一般违法事实,而未交代其贩卖毒品的犯罪事实,其贩卖毒品的事实是公安机关经过他人检举、揭发而掌握的。可见,康某某对其贩卖毒品的事实进行了隐瞒,属于故意不如实交代罪行,有保全自己、逃避惩罚的意图,没有将自己主动交付法律制裁的自愿性。因此,康某某到公安机关接受强制隔离戒毒并揭发他人违法事实,进而导致公安机关查获到其贩卖毒品事实的行为,不属于刑法意义上的如实供述,不能构成自首。[参见第936指导案例,康某某贩卖毒品案,载《刑事审判参考》总第95集(2013年第6集),第109~110页。撰稿:秦传熙　王亦灵　王碧祥]

▽因涉嫌强制猥亵妇女而被采取强制措施的犯罪嫌疑人,如实供述司法机关尚未掌握的猥亵儿童事实的,不以自首论,但可以酌情从轻处罚

根据最高人民法院2010年下发的《意见》规定,犯罪嫌疑人、被告人在被采取强制措施期间如实供述本人其他罪行,该罪行与司法机关已经掌握的罪行属于同种罪行还是不同种罪行,一般应当以罪名区分。虽然如实供述的其他罪行的罪名与司法机关已掌握犯罪的罪名不同,但如实供述的其他犯罪与司法机关已掌握的犯罪属选择性罪名或者在法律、事实上密切关联,如因受贿被采取强制措施后,又交代因受贿为他人谋取利益行为,构成滥用职权罪的,应当认定为同种罪行。根据《意见》的上述规定,“同种罪行”包括三种情况:罪名相同的罪行、属于同一选择性罪名的罪行以及法律或者事实上密切关联的罪行。

强制猥亵妇女罪与猥亵儿童罪罪名不同,也不属于选择性罪名,但是两种犯罪在法律上、事实上均具有密切关联，可以视为同种罪行。具体理由是：第一，强制猥亵妇女罪与猥亵儿童罪在法律上具有密切关联。认定数种罪行在法律上具有密切关联，一般应当以犯罪构成要件为依据，考察数种罪行在犯罪主体、客体、客观方面的行为、结果、对象要素等方面是否具有相近性、包容性。强制猥亵妇女罪与猥亵儿童罪在客观方面均包含违背被害人意志，采用抠摸、搂抱、手淫、鸡奸等淫秽下流手段进行猥亵等行为。构成猥亵儿童罪虽然不要求行为人采用暴力、胁迫手段，但实践中对陌生儿童进行猥亵时往往也会采取一定的暴力、胁迫手段。从主观方面看，两罪均有满足不正常性欲的动机，行为人受性欲驱动对女性被害人实施猥亵时，往往对被害人是否属于幼女不加以区分，只要能满足其性欲即可。第二，强制猥亵妇女罪与猥亵儿童罪在事实上具有密切关联。认定数种罪行在事实上具有密切关联，一般应当依托司法实践，结合日常生活经验，考察数种行为在发生的概率、逻辑以及关系上是否具有关联性。在某些猥亵犯罪中行为人基于满足特殊性需求，犯罪易于得逞等考虑，随机选择某一年龄段的陌生被害人作案，其对被害人的年龄只有大致的判断。对于行为人而言，先后对两名十几岁的年幼女性实施猥亵，其犯罪手段以及犯罪目的是没有差别的，即使因被害人不满或者超过14周岁而分别构成强制猥亵妇女罪、猥亵儿童罪，仍然是两起性质基本相同的事实。本案被告人杜某某在近5年的时间里，在同一地区多次采取路边拦截、跟随被害人进入其住处等方式，使用暴力、胁迫手段对3名妇女、儿童强行抚摸胸部、阴部等部位实施猥亵。杜某某选择的作案目标，基本都是年龄较小、反抗能力较弱的女性，至于被害人是否属于幼女，并不影响其实施犯罪计划。受到杜某某强制猥亵的3名被害人分别为14岁、17岁和12岁的女性。可见，杜某某所犯强制猥亵妇女罪和猥亵儿童罪在实施的时间、地点、对象及手段上具有连贯性和一致性，属于在法律、事实上有密切关联的同种罪行。故人民法院认定杜某某对猥亵儿童罪不构成自首是正确的。[参见第986指导案例，杜某某强奸、强制猥亵妇女、猥亵儿童案，载《刑事审判参考》总第98集(2014年第3集)，第50～52页。撰稿：袁益波]

▽内幕交易犯罪案件中的“主要罪行”

主要罪行系指主要犯罪事实，包括罪质事实和重大罪量事实。罪质事实，是指对犯罪嫌疑人行为性质认定具有重大影响的事实、情节；重大罪量事实，是指对量刑具有重大影响的事实、情节。其中，罪质事实主要是针对罪名的构成要件。对于故意犯罪，因系有意为之，行为人是否供述了主要犯罪事实，通常不难判断。值得注意的是，在具体案件中，因不同罪名的构成要件不同，如实供述罪行中的罪质事实也相应有所不同。如在盗窃案件中，行为人如实供述罪行时，供述的内容应当包括窃取的财物种类、数量等；而在故意杀人案中，行为人如实供述的内容应当主要包括作案工具、杀人手段等事实。在内幕交易犯罪案件中，根据刑法第一百八十条的规定，行为人的如实供述内容，应当包括：行为人的主体身份；所购买的相关股票名称、数量；行为人获悉内幕信息等相关情况。

1. 从犯罪行为性质分析。内幕交易犯罪是一种典型的行政犯，由于证券期货违法犯罪所涉专业性较强，人民法院通常是在参考证券监管部门出具的相关认定意见的基础上议定犯罪事实。然而，证券监管部门的认定意见本身不属于内幕交易犯罪本身的事实和情节，行为人对该认定意见进行辩解或者持不同看法，不影响对其如实供述罪行的认定，在其他行政犯罪案件中也存在类似的问题。如在重大责任事故犯罪案件中，在危害后果无须证实的情况下，对行为人罪责的认定关键在于对行为人是否违反特定规章制度所要求的注意义务的认定，而行为人是否严格遵守业务规章制度和认真履行特定监督管理职责，需要经过长时间、多渠道的调查才能确定。因此，在重大责任事故案件中，行为人应当对其依照行政规章的作为和不作为进行供述，但对其行为是否存在重大责任可以不作供述，即便作无责任辩解也不影响对其如实供述罪行的认定。在重大责任事故犯罪的场合，事故原因正在调查之中，刑事责任的范围及其具体责任人尚未确定，有关人员按时接受调查并如实陈述所知道的情况的，宜视为自动投案，依法应当认定为自首。经由上述分析，在内幕交易犯罪案件中，行为人只要如实供述了其获悉内幕信息、从事了相关股票交易的事实，就基本可以认定其如实供述了主要罪行。至于行为人对犯罪性质的辩解,具体而言,对相关信息是否为内幕信息、其从事相关证券交易时是否处于价格敏感期等内容的辩解,不影响对其如实供述主要罪行的认定。

2. 从辩解性质分析。在内幕交易案件中,行为人通常作出其主要是基于专业判断而买卖相关股票的辩解。对于该类辩解是否影响对行为人如实供述主要罪行的认定。该类辩解本质上属于性质辩解,不属于事实辩解。根据《最高人民法院关于被告人对行为性质的辩解是否影响自首的成立问题的批复》的规定,犯罪分子对行为性质的辩解不影响自首的成立,因此,在行为人如实供述犯罪事实的前提下,作出其是主要基于专业判断而买卖相关股票的辩解不影响对其如实供述罪行的认定。内幕交易犯罪相关司法解释明确规定了对获悉内幕信息和购买股票行为之间因果联系的认定规则,行为人对这种因果联系的辩解,在本质上属于一种性质辩解,而并非事实辩解。故即使行为人作出其购买股票主要是基于专业判断的辩解,只要其如实供述犯罪事实,也不影响对其如实供述罪行的认定。值得注意的是,如果行为人编造事实,否认自己购买股票,否认自己获悉相关信息的,则不应认定为自首。自动投案后,又编造事实为自己开脱罪责,不能认定为如实供述主要罪行。如行为人向证券稽查部门供述时称,购买股票全系自己妻子的行为,自己完全不知情也从未参与的,该辩解是一种事实辩解,不能认定为如实供述主要罪行。

综上,本案被告人杨某某主动找到证券监管部门反映自己涉案情况,预留了自己的联系方式和住所地址,并在上述地址等候有关部门处理,后经公安机关上门传唤到案,依法可以视为主动投案。杨某某在证券稽查阶段,说明自己系相关上市公司独立董事等身份,也交代了其知晓涉案上市公司资产重组的信息,并主动交代了其通过第三人账户购买涉案股票1499万余元的事实。后在公安机关侦查阶段,到案后亦如实供述了主要犯罪事实,故依法可以认定杨某某具有自首情节。杨某某关于其购买股票主要是基于自身专业知识判断的辩解,属于对其行为性质的辩解,不影响对自首情节的认定。[参见第890(1019)号指导案例,杨某某内幕交易案,载《刑事审判参考》总第100集(2014年第5集),第5~7页。撰稿:万志尧 邬小骋]

▽作案后逃往他处自杀被救起后,接受当地公安人员盘问时主动如实供述自己罪行的,依法可认定为自首

刑法本条的规定,成立自首需要具备"主动投案"和"如实供述自己的罪行"两个条件。关于何为"主动投案",2010年12月22日《最高人民法院关于处理自首和立功若干具体问题的意见》(本附文以下简称《自首和立功意见》)第一条以列举的方式对此作了细化,其中第三种主动投案情形是"在司法机关未确定犯罪嫌疑人,尚在一般性排查询问时主动交代自己罪行的"。《自首和立功意见》还进一步指出,"罪行未被有关部门、司法机关发觉,仅因形迹可疑被盘问、教育后,主动交代了犯罪事实的,应当视为主动投案"。根据该意见的细化释明,上述第三种情形成立自首应当满足以下条件。

(一)进行盘问的司法机关尚未掌握犯罪人的罪行。司法实务中,犯罪人实施罪行后,多会选择逃离案发现场,甚至逃到外地,或至隐蔽场所藏匿。公安机关接警后会开展相应的侦查工作,只有在查明犯罪事实、确定犯罪嫌疑人后,才会逐级上报发布不同级别的通缉令,相应区域的公安部门方能了解到犯罪人的信息,这在不同的公安部门之间会形成一个客观存在的获知犯罪人身份的时间差。一般来讲,犯罪行为地的公安机关最先获得案件线索,而后开展侦查工作,在犯罪事实明朗之前,除可能涉及协查配合等例外情况外,具体侦查部门以外的他处公安机关很难获知犯罪人的身份情况,即使他处公安人员遇到犯罪人,如果犯罪人不主动交代,公安人员也很难查获其罪行。因此,进行盘查的公安人员未掌握犯罪人的信息,是体现其投案主动性的必备条件。这里的主要问题是,何为"司法机关未掌握犯罪事实"。《自首和立功意见》对犯罪嫌疑人、被告人被采取强制措施期间如实供述司法机关还未掌握的本人其他罪行成立自首的情形进行了解释,认为"该罪行能否认定为司法机关已掌握,应根据不同情形区别对待。如果该罪行已被通缉,一般应以该司法机关是否在通缉令发布范围内作出判断,不在通缉令发布范围的,应认定为还未掌握,在通缉令发布范围内的,应视为已掌握;如果该罪行已录入全国公安信息网络在逃人员信息数据库,应视为已掌握。如果该罪行未被通缉、也未录入全国公安信息网络在逃人员信息数据库,应以该司法机关是否已实际掌握该罪行为标准”。参考此规定,司法机关未掌握犯罪事实应包括两种情形:(1)犯罪事实尚未被司法机关发现;(2)犯罪事实虽已被发现,但司法机关尚未通过相关法律程序将被盘问人确定为犯罪嫌疑人。这两种情形的共同点就是被盘问人与具体案件之间的客观联系尚未被司法机关明确。一般来说,下列情形应属于罪行已被司法机关掌握:(1)根据案件相关线索,司法机关已经将被盘问人与特定的犯罪事实相联系,将其确定为犯罪嫌疑人,如已发布通缉令,且接受投案的部门在通缉令发布的区域内,以及该罪行已录入全国公安信息网络在逃人员信息数据库;(2)属于现行犯可以被采取拘留等强制措施的;(3)采取传唤或者其他强制措施,要求行为人到案接受讯问、调查的,等等。

(二)犯罪人仅因形迹可疑接受一般性的盘问,而非有针对性的盘查。公安人员依职责常处理警情、例行检查等各种警务,在此过程中,会对涉及的相关人员进行一般性的盘问,被询问人因为神态异常或形迹可疑会接受询问。从实际来看,犯罪人涉罪后,心理会有敏感、多疑等变化,外表举止亦呈现出有别于常人的举动,如避开公安人员或公众场所,面对盘查神色慌张等。但这种接受询问只是回答一般性的查询,公安人员没有事实根据确定犯罪人实施了何种罪行,犯罪人就具有了可主动供述或不如实供述的选择,此种情形下的如实供述便具有了主动投案性质。如果公安人员接到通缉令或协查通报,对犯罪人的身份信息或相貌特征有了初步的了解,而有针对性地对相关人员进行排查,此种情形下犯罪人已丧失了投案的主动性,查获的结果也是犯罪人因被动接受盘查而形成的,故不能成立“自动投案”。

(三)犯罪人主动、如实供述犯罪事实。犯罪人犯罪后,其罪行虽被公安机关发现,但罪行和犯罪人之间的关联尚不明朗,或者存在前文中提到的获知犯罪人身份时间差的问题。此时,犯罪人面对公安人员的一般性盘查,如实供述犯罪事实,表明其自愿归于公安机关控制之下,这将会对案件的侦破起到实质的作用,亦是犯罪人主动投案欲实现认罪、悔罪目的的直接体现,故1998年4月17日《最高人民法院关于处理自首和立功具体应用法律若干问题的解释》(本附文以下简称《自首立功解释》)第一条规定了包括“形迹可疑自首”在内的七种情形,应当视为“自动投案”。鉴于前述分析,对于畏罪自杀被救起后向不知晓具体案情的公安人员主动供述犯罪事实的行为,应当按照形迹可疑型自首的上述构成要件,综合考虑犯罪人的自杀动机、行凶与自杀的时间空间距离、侦查人员与盘问人员的同一关系、案件事实的知晓范围与程度等予以客观认定,而不能将犯罪人放弃生命的行为简单等同于逃避法律制裁,从而一概地排除适用自首制度。被告人孟某宝投湖自杀被救起后,造化派出所的出警民警对其进行盘问的主要内容为投湖原因,属于因形迹可疑而盘问,孟某宝在投湖现场即主动交代了自己的杀人罪行,虽杀人的细节并不完整,但不能否认造化派出所民警知悉孟某宝杀害妻子事实的源头系孟某宝自述,应当视为自动投案。被带至造化派出所后,孟某宝如实供述了犯罪事实,其行为符合形迹可疑型自首的上述构成要件,依法成立自首。此外,被告人孟某宝作案后投湖自杀,表明其未能及时将自己置于国家法律有效管控之下,但不能简单认为其就是在逃避法律制裁,从而据此改变其后投案行为的性质。犯罪人作案后的行为是否成立自首,应当严格按照刑法及司法解释来认定。从实际来看,被告人自首的情况是多种多样的,该行为对司法机关侦破案件所起到的作用也会有所不同,有的效果明显,有的作用一般,所以,刑法规定“对自首的犯罪分子,可以从轻或者减轻处罚”,至于是从轻处罚还是减轻处罚,以及从轻、减轻处罚的具体幅度,由司法机关根据案件实际情况来判定。例如,本案被告人的自首情节对案件侦破的实际意义相对较弱,这一点可在量刑从轻处罚的具体幅度上去体现,但不能据此否定其行为构成自首。故法院判决认定被告人具有自首情节,是正确的。[参见第1212号指导案例,孟某宝故意杀人案,载《刑事审判参考》总第111集,第57~61页。撰稿:边锋　袁俊峰]

八、亲属送首型自首认定的裁判旨意

▽亲友将犯罪嫌疑人捆绑后及时报请公安机关将其抓获，可视为送子归案的一种形式，应认定为自动投案

创设自首制度的宗旨主要在于裨益案件的及时侦破和审理，降低司法成本，提高诉讼效率，并鼓励犯罪人悔过自新。根据最高人民法院《解释》的精神，视为自动投案的情形，包括犯罪后逃跑，在通缉、追捕过程中，主动投案等情况，也包括并非出于犯罪嫌疑人主动，而是经亲友规劝、陪同投案的，公安机关通知犯罪嫌疑人的亲友，或者亲友主动报案后，将犯罪嫌疑人送去投案的情形。对于后一种情形，是从自首的立法宗旨出发所作的解释。犯罪嫌疑人或者亲友等报案人既可以主动向公安机关、人民检察院或者人民法院投案或者报案，也可向司法解释中规定的犯罪嫌疑人所在单位、城乡基层组织或其他有关负责人员投案或者报案。现实生活中，因条件限制或法律知识欠缺，投案人或报案人因情急之中会选择向自己熟悉的单位或人投案或报案，故投案或报案对象的范围不局限于公安机关。司法解释将亲友送犯罪嫌疑人投案认定为自动投案，对此不能只作字面解释，并非只有将犯罪嫌疑人送公安机关才叫自动投案。因为无论是犯罪嫌疑人主动还是被动地被他人规劝去投案，最终的结果都是犯罪嫌疑人归案了。所以，即使没有直接将犯罪嫌疑人送去归案，但有效控制住犯罪嫌疑人，使公安机关将其抓获，可视为送子归案的一种形式，应认定为自动投案。[参见第7号案例，龚春雷故意伤害案，载《刑事审判指导》总第1辑(2004年第1辑)，人民法院出版社，第39～40页。执笔：叶建平　吴文举]

▽交通肇事后时隔一天，不能算“立即投案”，更不能否定“逃逸”情节，但这并不妨碍对其自首情节的认定

行为人在交通肇事后虽然实施了拨打电话报警，并将被害人扶至路边的救助行为，但其离开肇事现场后并未立即投案，属于交通肇事后“为逃避法律追究而逃跑”，应认定行为人交通肇事后逃逸。行为人最终选择了在亲属的劝说陪同下投案自首，其行为符合《解释》的有关规定，虽然因时隔一天，不能算“立即投案”，更不能否定“逃逸”情节，但这并不妨碍对其自首情节的认定。[参见第415号案例，张贤玉交通肇事案，载《刑事审判参考》总第53辑(2006年第6辑)，法律出版社，第6页。执笔：许任刚　黄应生]

▽亲属提供线索使公安机关抓获犯罪嫌疑人不能认定为自首，但在量刑时应当根据案件的具体情况酌情从轻处罚

对于由犯罪嫌疑人亲属提供线索，由侦查机关实施抓捕将犯罪嫌疑人抓获的情况。从犯罪嫌疑人的角度来讲，他虽然在被抓获时予以配合，归案后亦如实供述了自己的罪行，但其始终没有主动投案的意思表示或行为，既没有体现出对其所犯罪行的悔罪认识，也没有实施主动前往司法机关接受追究的行为，其人身危险性和主观恶性并没有发生变化。从侦查机关的角度来看，最终抓获犯罪嫌疑人，系通过其自身侦查工作的开展而自然取得的结果，虽然其亲属提供线索的行为从一定程度上降低了侦破的难度，但并不属于犯罪嫌疑人自动投案。故对犯罪嫌疑人亲属提供线索，由侦查机关将犯罪嫌疑人抓获的情况，不能认定为“自动投案”。但从本案的具体情节考虑，作为犯罪嫌疑人直系亲属，在侦查机关向其进行调查时，主动提供了犯罪嫌疑人可能所在的处所，侦查机关也正是基于其提供的线索，顺利找到并抓捕了犯罪嫌疑人。其亲属提供的线索经过核查属实并取得实效，客观上确实节约了侦查机关的时间和精力，对案件的侦破和田某某的到案起到了积极的作用。作为直系亲属向侦查机关提供抓捕犯罪嫌疑人的线索，从人伦情理角度考虑，其亲属都要承受巨大的压力，除了对司法工作的支持与配合之外，也存有为犯罪人减轻罪责希望对其从轻处罚的对价要求心理。因此，这种犯罪人亲属协助抓捕行为与一般的社会公众协助抓捕是有差别的，司法机关在量刑当中对此应当予以考虑，不仅对此种行为客观上会起到鼓励的社会效应，而且对于犯罪人及其亲属的情感也是很好的弥补，有助于社会的和谐。因此，犯罪嫌疑人亲属提供线索，由侦查机关实施抓捕将其抓获的情况，尽管不宜认定为自首，但是在量刑时应当根据案件的具体情况酌情从轻处罚。[参见第464号案例,田成志集资诈骗案,载《刑事审判参考》总第59集(2007年第6集),法律出版社,第11~12页。执笔:傅尧]

▽亲友带领公安人员抓获犯罪嫌疑人,对犯罪嫌疑人视作自首的条件

首先,亲友有积极协助侦查人员抓获犯罪嫌疑人的行为。积极协助,是指亲友得知犯罪嫌疑人藏匿地点或行踪后,主动向司法机关提供,并予以积极配合,指引路线、指认犯罪嫌疑人,协助擒获,也包括虽未亲自陪同抓获,但却提供了重要线索,对公安人员顺利抓获起了关键、决定作用的情况。如果开始亲友并不是出于主动,而是在公安人员做思想工作,进行劝说后,予以积极协助的,也应理解为积极协助。如果是公安人员已经得知犯罪嫌疑人藏匿处所或行踪,让其亲友同去,但其亲友未起到任何协助作用的,不能视为犯罪嫌疑人自首。同时,如果亲友虽有积极协助行为,但根据其提供的线索并未抓获犯罪嫌疑人,而是事后根据其他侦查线索予以抓获的,也不能视作犯罪嫌疑人自首。其次,犯罪嫌疑人在亲友带领公安人员抓获时,要予以配合。配合是指犯罪嫌疑人虽然不是自愿归案,但没有明显反抗的表现,在亲友带领公安人员抓获时,束手就擒,予以归案。如果是本人反抗拒捕,或者挣脱、逃跑、袭警,则不能视作自动归案,这种情况说明其没有主动性、自动性。[参见第369号案例,孙传龙故意杀人案,载《刑事审判参考》总第47集(2005年第6集),法律出版社,第5~11页。执笔:陈殿福　张云周]

▽只要犯罪嫌疑人的亲友能将犯罪嫌疑人置于司法机关的有效控制之下的,都应当看作"将犯罪嫌疑人送去投案"

犯罪嫌疑人的亲属主动报案,但在报案后,由于犯罪嫌疑人醉酒后服"安定药"而熟睡的客观原因,没有将其送去投案,而是予以看护,防止其外逃,并带领公安人员将其抓获。《解释》规定:"亲友主动报案后;将犯罪嫌疑人送去投案的,也应当视为自动投案。"即送首条件是:第一,亲友主动报案;第二,亲友将犯罪嫌疑人送去投案。在这里,"送去投案"的基本含义应当是"送去",即要有送的行为。但这并不等于全部含义,即不能仅以这句话表面意思对"送去"一词去作狭义的理解,限定为亲友将犯罪嫌疑人亲自"送到"司法机关的行为。而应当对这一规定从本质意义上做广义的理解。从亲友将犯罪嫌疑人送去投案这一行为的本身看,它的直接作用和效果就是使犯罪嫌疑人犯罪后不与司法机关对抗和逃匿,不至于隐匿于社会继续犯罪,有利于案件的及时侦破和审判。因而"将犯罪嫌疑人送去投案的"这一规定的本质含义是使行为人实施犯罪行为后能将其有效地置于司法机关的控制之下,并使其承担相应的法律后果。这也是刑法规定的构成自首两个必要法定条件之一的"自动投案"的本质属性。因此,只要犯罪嫌疑人的亲友能将犯罪嫌疑人置于司法机关的有效控制之下的,都应当看作"将犯罪嫌疑人送去投案"。[参见第241号案例,张义洋故意杀人案,载《刑事审判参考》总第32辑(2003年第3辑),法律出版社,第21~22页。执笔:江淮]

▽亲友强制送去投案应包括在"亲友送去投案"含义之中

亲友强制送去投案应包括在"亲友送去投案"含义之中。首先,"送去投案",其语义本身并不排除亲友强行将犯罪嫌疑人送去投案的情形。其次,从"亲友规劝、陪同投案"表述可以看出,"规劝"反映了行为人从不愿投案到愿意投案的意思表示。"亲友规劝、陪同投案"和"亲友送去投案"并列,说明二者是有别的。最后,如果犯罪嫌疑人本身完全自愿投案,则无论是其独自投案,还是在亲友陪同、送去投案,均属于典型的自动投案,没有解释为视为自动投案的必要。其亲属将其控制并引领公安人员将其抓获,并不属于强制送去投案。当然,如果犯罪嫌疑人明确拒绝并强烈反抗投案,且被强制到案后拒不如实供述犯罪事实,则是否构成自动投案乃至自首,就应当别论了。[参见第241号案例,张义洋故意杀人案,载《刑事审判参考》总第32辑(2003年第3辑),法律出版社,第22~23页。执笔:江淮]

▽逃跑途中给公安局的亲友打电话,亲友劝其自首没有拒绝,不能认定为自动投案

逃跑途中打电话给其亲属,在其亲友劝其自首时,被告人仅表示回来再说,虽没有拒绝,但回来再说并不能代表其有明确投案意思,至多只能证明其将来有自动投案的可能。但自动投案不是以不能确定的可能性为条件,且根据当时的客观条件,被告人可以选择到附近的公安机关自首,或者利用通讯手段先行投案。而事实是公安机关在抓获被告人时,其正与其他各被告人在一起,并无投案的意思,故被告人的行为也不能视为自动投案,不能认定为自首。[参见第 225 号案例,杨安等故意伤害案,载《刑事审判参考》总第 30 集(2003 年第 1 集),法律出版社,第 47 ~48 页。执笔:于前军]

▽犯罪后由亲属送至司法机关归案并在一审宣判前如实供述罪行的应认定为自首

行为人犯罪后,当地公安机关通知了他的亲友,请他们协助捉拿行为人归案。行为人刚到其兄家门口,即被其兄送至派出所归案,符合最高人民法院《解释》的规定。行为人归案后,仅仅一天的时间,从没有全部供认杀人犯罪事实到如实供认全部犯罪事实,且以后的口供始终稳定,故不存在翻供的问题。其行为符合《解释》中关于"……在一审判决前又能如实供述的,应当认定为自首"的规定,故应当认定行为人由亲属送其归案属投案自首。[参见第 41 号案例,张栓厚故意杀人案,载《刑事审判参考》总第 6 辑(2000 年第 1 辑),法律出版社,第 13 ~15 页。审编:王玉琦]

▽行为人家属虽报案,但并未送行为人归案,在警方到达现场后行为人未自愿将自己置于司法机关控制之下的,依法不能认定自首

自首必须具备自动投案和如实供述罪行两个要件。行为人归案后如实供述了犯罪事实,因此,认定其是否具有自首情节的关键在于其是否具有自动投案的行为。而是否自动投案,可以从两方面考察:一是考察是否具有自动投案的意思,即投案是否出于犯罪分子本人的意志,最低要求也必须不违背本人的意志;二是考察是否具有自动投案的实际行动。概言之,自动投案就是自愿将自己置于司法机关的控制之下。实践中,往往有行为人自己没有报案,而是他人报案或者亲友报案,但行为人对于他人报案并未表示反对,且报案后明知公安人员即将对其实施抓捕,但是出于等候警方处理,接受公安机关抓捕的目的而滞留现场等候,在公安机关到达后并无反抗的,此时,仍然可以认定其构成自首。行为人作案后发短信给保证人,保证人打电话向行为人确认此事,并表示要报案,行为人回答"随便",但在公安人员到达后,行为人却手持匕首顶住胸部,不让公安人员靠近,表明其拒绝将自己置于公安员控制之下,故不能认定自首情节。从亲友报案的角度看,行为人的妻子虽报案,但并未送行为人归案,行为人在公安人员到达后,拒绝接受公安机关的控制,不符合司法解释关于"将犯罪嫌疑人送去投案"这一要件的规定,因此不能认定自首。[参见第 511 号案例,张俊杰故意杀人案,载《刑事审判参考》总第 65 集(2008 年第 6 集),法律出版社,第 3 ~4 页。执笔:张思敏　何春燕]

▽具备自首要件,被告人亲属不配合抓捕的不影响被告人自首的成立

被告人归案时,自动投案的条件已经具备,当其家人不配合公安人员工作时,其虽没有任何劝阻言行,但不影响自动投案成立,其投案后能如实交代自己的犯罪事实,应当认定具有自首情节。具体理由如下:《刑法》本条规定,犯罪以后自动投案,如实供述自己的罪行的,是自首。据此,自首的成立需具备两个条件,即自动投案和如实供述所犯罪行。最高人民法院《解释》第一条规定,"犯罪后逃跑,在被通缉、追捕过程中,主动投案的;经查实确已准备去投案,或者正在投案途中,被公安机关抓获的,应当视为自动投案"。"犯罪嫌疑人自动投案后又逃跑的,不能认定为自首。"据此,认定本案被告人是否构成自首,主要应从两个方面分析:一方面是看被告人的行为是否具备"在被通缉、追捕过程中主动投案,或经查实确已准备去投案,以及正在投案途中,被公安机关抓获"等成立自首的基本要件;另一方面是看被告人是否有投案后又逃跑等否定其自首行为的反向情节。具体分析如下:一方面,从案件事实来看,被告人在杀死被害人后,先后到了朋友和亲戚家,将杀死被害人的事告诉了亲友,亲友们都劝他自首。被告人也有投案的意愿,但想回家看一下生病的母亲后再去自首。亲友们送其回家,在返回其家的胡同口时看到前来抓捕的公安人员,在公安人员尚未采取抓捕措施,甚至在尚未确认他就是被告人之前,主动说出"我是张东生,我要自首"。因此,被告人虽然没有直接去公安机关投案,且是在看到公安人员后才表示自首,但分析被告人的供述及其看到公安人员后的言行表现,结合其他证人的证言等现有证据,能够确认被告人的确是准备“回家看一下生病的母亲后再去自首”,具有自首的内心意愿;且被告人在看到公安人员后主动说出自己的身份,并明确说要自首,已经有了投案的具体言行表示。在这一阶段,被告人的行为已符合自动投案的情形,无论被告人是在回家探母的路上还是在直接去公安机关投案的路上被抓获,均可认定为“确已准备去投案,或者正在投案途中”,不影响其“应当视为自动投案”这一基本要件的成立。另外,在公安人员已将被告人带上警车后,闻讯赶来的被告人父母不配合工作,和亲属、邻居数十人对民警进行围困,并企图抢回被告人,阻挠正常执法。在此期间,被告人没有任何劝阻言行,但也没有参与阻挠、围困或直接逃跑,最终还是被公安机关带回。这种情况下是否仍能认定自首,要对被告人的主观意志进行深入分析。如果被告人此时逃跑,或被家人抢回(这种情形与“投案后又逃跑”的情况类似),后未再主动投案,说明其已放弃了自动投案的想法,根据《解释》规定,当然不能认定为自首。而本案被告人投案后在家人围困、阻挠抓捕的情况下,虽然没有主动劝阻家人,但毕竟没有脱逃,主观上并无逃跑或抗拒抓捕的意思表示,客观上也没有实施配合家人阻挠抓捕的行为,只是态度有些消极,说明被告人当时主观上处于一种较为复杂的内心矛盾斗争之中,就其当时所处情境而言,出现这种想法也是正常的。从被告人的客观表现分析,当时他身处如此混乱的场面之中,既没有鼓动亲友闹事,更没有趁机逃脱,说明他并没有放弃自动投案的想法,不能因为他没有劝阻言行而否定其已作出的投案表示和行为,因此,这一阶段被告人家属不配合抓捕的行为不影响其自动投案的成立。综上,在被告人自动归案后如实交代自己的犯罪事实的情况下,可以认定其有自首情节,依法可以从轻处罚。最高人民法院以此为由依法对其不核准死刑,发回重审是适当的。[参见第598号指导案例,张东生故意杀人案,载《刑事审判参考》总第72集(2010年第1集),第17～19页。撰稿:李卫星]

▽如何认定“送亲归案”情形下的自动投案

案件发生后,公安机关即展开侦查工作。2009年8月5日晚,被告人在接受公安机关的再次排查之后,见公安人员摆弄他吸过的烟头,感到事情要败露。被告人到其姐姐吕某某家后,讲述了公安人员提取烟头的情况,吕某某说是为做DNA鉴定。后被告人承认在徐某某被害当晚其曾和徐某某发生过性关系,并谎称此前已经发生过一次,这次是第二次,徐某某有点不愿意。其姐夫张某某是看守所工作人员,追问被告人是否杀人,被告人否认杀人、放火,称他和徐某某发生性关系后跳墙离开时,听见徐家院内似乎有动静。张某某即提出让被告人到公安机关说明其当晚虽曾在案发现场出现,但并未实施犯罪的情况。被告人同意后,张某某给公安局副局长苏某某打了电话。苏某某带人赶到张某某家将被告人带至公安机关,在口头讯问中,被告人仍否认实施杀人、放火行为。直至次日6时许,被告人供述了强奸、杀人、放火的犯罪事实。根据上述事实,一审、二审法院均认为被告人系在亲友劝说下主动投案,如实供述犯罪事实,具有自首情节。最高人民法院复核后认为,虽然被告人能够供述犯罪事实,但其犯罪后并未自动投案,故不能认定具有自首情节。具体分析如下:1.被告人没有接受司法机关处置的意愿。刑法本条第一款规定,犯罪以后自动投案,如实供述自己的罪行的,是自首。据此,自动投案是认定自首的前提,缺乏该前提条件,即使犯罪嫌疑人到案后始终供认不讳的,也不属于自首。对于自动投案,《解释》作了较为具体的解释。其中第一条第一项规定,自动投案,是指犯罪事实或者犯罪嫌疑人未被司法机关发觉,或者虽被发觉,但犯罪嫌疑人尚未受到讯问、未被采取强制措施时,主动、直接向公安机关、人民检察院或者人民法院投案。《解释》还同时列举了七种应当“视为自动投案”的情形,其中,第七种情形是:公安机关通知犯罪嫌疑人的亲友,或者亲友主动报案后,将犯罪嫌疑人送去投案的,也应当视为自动投案。最高人民法院2010年印发的《意见》中,又列举了五种应当“视为自动投案”的情形,并说明,犯罪嫌疑人被亲友采用捆绑等手段送到司法机关,或者在亲友带领侦查人员前来抓捕时无拒捕行为,并如实供认犯罪事实的,不能认定为自动投案。由此可见,《解释》和《意见》虽然对“自动投案”采取了相对较宽的认定标准,但始终要求“自动投案”应具有主动性和自愿性,即行为人是在意志自由的前提下主动地、自愿地将自己置于司法机关的管束、控制下,准备接受司法机关的处理。投案不论出于何种动机,只要行为人犯罪后主动将自己交由司法机关进行处置,都不影响投案的自动性,不影响自动投案的成立。但是,"自动投案"对于投案目的有特定要求,即行为人必须明确告知其到司法机关的目的是投案,接受司法机关的处理。如果行为人主动到司法机关的目的是为自己开脱罪责或者表明自己"清白"的,则不符合自动投案的本质要求,不能认定为自动投案。本案被告人在公安机关排查期间,因恐罪行败露而向亲属承认其和被害人发生过性关系,但否认系强奸被害人,亦不承认实施了杀人、放火行为,且编造听见被害人家院内有动静这一虚假情节。被告人经亲属劝说后,同意亲属联系公安人员,其目的并非要将自己主动交由司法机关处理,而是心存侥幸,试图通过虚构被害人曾自愿与其发生过性关系且当晚其再次与被害人发生性关系并非强奸来"合理"解释被害人体内为何留有其精斑,以掩盖犯罪事实,撇清自己的涉案嫌疑。被告人于当日20时许被带到公安机关,在口头讯问中仍否认实施犯罪行为,直至次日6时许才被迫供认犯罪。这表明被告人不具有将自己主动置于司法机关控制下接受审查处理的投案目的,即不具有投案的主动性和自愿性,不属于自动投案,且到案初期拒不供认犯罪事实,故不能认定为自首。2. 被告人的亲属主动联系公安机关,目的并非送其投案。犯罪嫌疑人的亲友通过各种形式"送亲归案",可以促使犯罪嫌疑人及时归案节约司法成本也有利于对罪犯日后的改造。鉴于此,《解释》出于对犯罪嫌疑人亲友的鼓励和支持,将并非明显体现犯罪嫌疑人本人自我归案意志的某些情形规定为应当"视为自动投案"。如并非出于犯罪嫌疑人主动,而是经亲友规劝、陪同投案的;公安机关通知犯罪嫌疑人的亲友,或者亲友主动报案后,将犯罪嫌疑人送去投案的,应当视为自动投案。在这些"送亲归案"的情形下,虽然犯罪嫌疑人并非自己主动要求投案,但并不违背其本人意志,故仍应视为犯罪嫌疑人本人自动投案。但是,将"送亲归案"认定为自动投案的重要前提条件是,犯罪嫌疑人的亲友已知道犯罪嫌疑人实施了一种或几种犯罪行为。即犯罪嫌疑人的亲友明知犯罪嫌疑人实施了犯罪行为,仍然主动联系有关机关或人员,亲自"陪首"或者"送首"目的是将犯罪嫌疑人有效地置于司法机关的控制之下,使犯罪嫌疑人承担相应的法律后果。如果亲友并不明知犯罪嫌疑人实施了犯罪行为,亲友主动与司法机关联系的目的并不是让犯罪嫌疑人接受司法机关的处理,而是为了撇清犯罪嫌疑,则不应认定为自动投案。本案被告人的亲属尽管对其关于曾与被害人有过性关系的解释将信将疑,但在其一再否认对被害人实施犯罪的情况下,并不知道其实施了强奸、杀人、放火等犯罪行为,即并非明知被害人系被其所杀害,也没有将其作为犯罪分子来看待,只是有所怀疑而已。被告人的亲属主动打电话联系公安人员,让公安人员前来将被告人带走,目的在于让其到公安机关说明情况,撇清涉案嫌疑,并不具有主动报案的性质。综上,被告人本人并未自动投案,其亲属的行为也不能视为"送亲归案",故最高人民法院未认定其具有自首情节。需要强调的是,按照《意见》的相关规定,被告人的行为虽不构成自首,但其亲属主动联系公安机关的行为对于案件的侦破确有一定的积极意义,可作为酌定量刑情节予以考虑。但是,被告人酒后强奸被害人,并为灭口而杀人,又在被害人家放火焚尸匿迹,危害公共安全,犯罪动机卑劣,情节恶劣,罪行极其严重,其虽有酌定从轻处罚情节,但仍不足以从轻处罚,故最高人民法院依法核准了死刑。[参见第699号指导案例,吕志明故意杀人、强奸、放火案,载《刑事审判参考》总第80集(2011年第3集),第31~35页。撰稿:李晓光 任能能]

▽对亲属报警并协助公安机关抓获被告人行为的认定

判断亲属报警协助抓获被告人是否构成自首,不能一概而论,需要根据有关法律、司法解释和刑事政策的规定,结合被告人犯罪后的主观心态、客观行为、亲属报警所产生的效果、到案后的供述情况等方面因素加以综合分析,才能得出正确的结论。就本案应当认定被告人构成自首。(一)对投案自动性要求的重新解读。我国刑法本条第一款规定"犯罪以后自动投案,如实供述自己的罪行的,是自首……"按照此规定,构成自首应当符合两个条件:一是投案的"自动性";二是供述的"彻底性"。具体而言,自首的构成要件可以从犯罪嫌疑人的主观心态、客观行为、实际效果三个方面来加以分析。犯罪嫌疑人的主观心态由通常所说的"自动"或者"自主"来反映；犯罪嫌疑人的客观行为表现为"投案"和"如实供述自己的罪行"；实际效果则要求犯罪嫌疑人被司法机关控制。在上述三个方面中认定犯罪嫌疑人的主观心态的较为传统的观点是强调犯罪嫌疑人在投案时主观上具有自觉主动性，强调犯罪分子作案后完全基于自己的自由意志选择向有关机关或个人投案，至于投案的动机是否出于真心悔过，在所不论。《解释》规定"并非出于犯罪嫌疑人主动，而是经亲友规劝、陪同投案的；公安机关通知犯罪嫌疑人的亲友，或者亲友主动报警后，将犯罪嫌疑人送去投案的，也应当视为自动投案。"不难看出，《解释》规定的自动投案包括了犯罪嫌疑人的亲友主动帮犯罪嫌疑人投案，而不是传统理解的犯罪嫌疑人本人自动或者主动投案。换言之，《解释》允许犯罪嫌疑人到案时持有相对消极的主观心态，甚至可以带有一定的被迫性，但是只要犯罪嫌疑人不反对其亲属的报警及公安机关的抓捕，客观上也没有实施逃避侦查的对抗性行为，就可以视为自动投案。显然，《解释》的规定更加强调犯罪嫌疑人到案的非对抗性而不是主动性，更加强调自首构成要件中的客观行为和实际效果，而不是执着于判断犯罪嫌疑人的主观心态是否积极，这在一定程度上既突破了传统上对投案自动性的习惯性认识，又保留了投案自动性的合理内涵，确立了可称为"非对抗性"的认定标准。从行为所产生的实际效果上看，亲属报警的举动的确是一种值得鼓励的行为，但毕竟不同于犯罪分子本人的行为，在评价时也不能完全脱离犯罪分子本人的行为和意愿。有明显对抗性表现的犯罪分子虽然已经归案，但仍具有较高的人身危险性和对社会的潜在危害性，将其认定为自动投案突破了非对抗性的底线，将这种不具备投案的自动性的行为认定为自首，将会直接损害法律的稳定性和严肃性，更有损于刑法公平价值的实现。审判实践中，要注意准确把握投案的非对抗性标准。例如，如果亲属事先已经对犯罪分子进行教育、劝导，但是，犯罪分子明确予以拒绝，或者在抓捕过程中拒捕，抗拒司法追究，表明其仍具有较强的对抗性，就不能认定其为自动投案。如果犯罪分子并不明知亲属已向公安机关报警或者公安机关正在前来抓捕，其主观方面的对抗性或非对抗性均无从体现，此种情形下即使犯罪分子没有拒捕行为，依照《意见》第一条的规定，也不能认定为自动投案，但可以参照法律对自首的有关规定酌情从轻处罚。（二）对于本案中被告人亲属报警并协助公安机关将被告人抓获行为的定性。在本案中被告人将被害人杀死后，通过电话将杀人及准备自杀的情况告诉了自己的亲属，被告人的亲属在得知该情况后迅速报警，并在电话中做被告人的思想工作，尽力稳定被告人的情绪。在得知被告人作案的详细地点后，其亲属在电话中告诉被告人，正和公安人员赶往案发现场，但被告人未予回应而自杀。被告人亲属的报警行为，为公安机关侦查破案提供了详细的线索，使公安人员能够在案发后及时赶到现场，将自杀的被告人送往医院并予以控制，被告人的被抓获与其亲属的代替投案行为之间有紧密联系，其亲属报警的行为客观上起到了降低追诉犯罪成本，节约司法资源的效果。被告人得知公安机关即将前来抓捕，并没有采取反抗和逃避抓捕的行为，被公安机关控制后能始终配合公安机关工作，如实供述自己的犯罪事实，认罪并悔罪。故综合本案情节，被告人符合自首的实际效果、客观行为、主观心态三个方面要件，其自首应当予以认定。需要指出的是，对于亲属向公安机关报警并协助公安机关将犯罪分子抓获的案件，如果犯罪分子在此后的讯问中，因未能如实供述而不认定为自首的，一般情况下，在量刑时也可以酌情考虑。原因在于，亲属向公安机关报警并协助公安机关将犯罪分子抓获的行为，避免了犯罪分子继续危害社会，有利于公安机关及时准确地查清案件事实，是一种值得鼓励的行为，应当给予积极的司法评价。故只要亲属的行为产生了将犯罪分子置于司法机关控制之下的实际效果，即使犯罪分子不符合自首的条件，法院在量刑时也可将亲属的行为作为酌情从轻处罚的情节予以考虑，以体现刑法的谦抑性。[参见第700号指导案例，袁翌琳故意杀人案，载《刑事审判参考》总第80集(2011年第3集)，第37～41页。撰稿：周军　李忠勇]

▽被告人亲属主动报案并带领公安人员抓获被告人的，不能认定被告人为自首，但对被告人可从轻处罚

（一）亲属主动报案并带领公安人员抓获被告人，被告人并非自动投案，不构成自首。首先，本案中被告人的行为不属于《自首立功解释》列举了七种应当视为自动投案的情形,其中第七种情形为"公安机关通知犯罪嫌疑人的亲友,或者亲友主动报案后,将犯罪嫌疑人送去投案"。被告人的母亲虽然主动向公安机关报案,但未送被告人投案,故不属于此种应当视为自动投案的情形。其次,《自首和立功意见》在《自首立功解释》的基础上,增加四种应当视为自动投案的情形,还设立了兜底条款。其中第二种情形为"明知他人报案而在现场等待,抓捕时无拒捕行为,供认犯罪事实"。本案被告人并不知道母亲报案,更不知道母亲带领公安人员对他进行抓捕,因此被告人也不符合此种应当视为自动投案的情形。最后,从《自首立功解释》和《自首和立功意见》中列举的应当视为自动投案的情形来看,《自首立功解释》和《自首和立功意见》虽然对自动投案采取了较为宽松的认定标准,但没有也不可能突破自动投案应具有的主动性和自愿性要求。正是根据此要求,《自首和立功意见》将犯罪嫌疑人没有投案主动性和自愿性的行为,认为是被动归案的情形,即被亲友采取捆绑等手段送到司法机关,或者在亲友带领侦查人员前来抓捕时无拒捕行为的,均不能认定为自动投案。被告人的母亲报案并带领公安人员抓获被告人,在整个过程中,被告人没有主动投案、自愿投案的意思表示和行为,而是被动归案,故被告人及其辩护人所提被告人具有自首情节不能成立。

(二)亲属主动报案并带领公安人员抓获被告人的,可据此对被告人从轻处罚。被告人杀人后分尸、埋尸,性质恶劣,手段残忍,后果严重,论罪本应判处被告人死刑,但鉴于被告人的母亲在犯罪事实未被发现,仅怀疑被告人杀人的情况下,即主动到公安机关举报,并带领公安人员抓获被告人,对被告人判处死刑,可不立即执行。理由如下:1. 被告人亲属举报被告人并带领公安人员抓获被告人的行为,属于"大义灭亲"。现代法治社会所说的大义灭亲,是狭义上的概念,指犯罪人亲属在法定程序范围内作出指证犯罪人的行为,包括检举揭发犯罪行为、将犯罪人送交司法机关、出庭指证犯罪事实等。犯罪人亲友带领公安人员抓获犯罪人,可以使犯罪人及时归案,避免犯罪人实施其他危害社会的行为,有助于提高司法机关办案效率,节约司法资源;同时,我国是一个非常重视亲情的国家,亲属能够舍弃亲情主动将犯罪人交付国家审判,表明其对党和国家政策法律高度信任,这是两权相衡下的一种正义选择,理应得到司法机关的认可和实际响应。2. 对具有"大义灭亲"情形的被告人予以从宽处罚,符合现行刑事政策精神。《最高人民法院关于贯彻宽严相济刑事政策的若干意见》中规定:"对于亲属以不同形式送被告人归案或协助司法机关抓获被告人而认定为自首的,原则上都应当依法从宽处罚;有的虽然不能认定为自首,但考虑到被告人亲属支持司法机关工作,促使被告人到案、认罪、悔罪,在决定对被告人具体处罚时,也应当予以充分考虑。"《自首和立功意见》更是明确规定:"犯罪嫌疑人被亲友采用捆绑等手段送到司法机关,或者在亲友带领侦查人员前来抓捕时无拒捕行为,并如实供认犯罪事实的,虽然不能认定为自动投案,但可以参照法律对自首的有关规定酌情从轻处罚。"从实际来看,"送子归案"虽不能认定被告人构成自首,但其价值通常高于一般自首,在量刑上应予以充分考虑,尤其在是否适用死刑立即执行的问题上,需要特别慎重。被告人的母亲报案时称:"我想了一天,决定来报案,如果被告人真的把何云圣杀了,我做母亲的也想给儿子争取一个宽大处理的机会。"这句话充分体现了被告人母亲的纠结、抉择和希望的心路历程。被告人系独生子,被告人的母亲向公安机关举报并带领公安人员抓获被告人的举动更为难得。从司法的社会价值取向和人文关怀考虑,不核准被告人死刑,社会效果和法律效果更好,更能充分体现政策导向。[参见第1223号指导案例,被告人故意杀人案,载《刑事审判参考》总第112集,第26～29页。撰稿:冯姗]

九、报案型自首认定的裁判旨意

▽在作案后打"110"向公安机关报案,并等候公安人员将其抓获归案的行为,属于自动投案,可以在量刑时酌情予以考虑

没有如实供述自己的犯罪事实,不能成立自首,因而不具备法定从轻处罚情节。但在作案后并没有隐匿或者逃跑,而是在公安机关并不掌握其犯罪事实的情况下,打电话报告公安机关,并等候公安人员将其抓获,这种行为符合《解释》第一条关于“自动投案”的规定,应当认定为自动投案。虽然自动投案不是法定的从轻处罚情节,但能从一定程度上反映出被告人的悔罪表现,也给公安机关侦破案件提供了便利,在量刑时可以酌情予以考虑。[参见第255号案例,杜祖斌、周起才抢劫案,载《刑事审判参考》总第33集(2003年第4集),法律出版社,第39~40页。执笔:杨金华]

▽报假案不是自动投案

自动投案,是指行为人犯罪之后,出于本人意志而向有关机关或个人承认自己实施了犯罪,并自愿置于有关机关或个人的控制之下,等待进一步交代犯罪事实,并最终接受国家的审查和裁判的行为。报假案,编造虚假情况,欺骗司法机关,则不属于自动投案。所谓如实供述自己的罪行,是指犯罪分子供述的必须是自己的犯罪行为和犯罪事实且应彻底供述自己所实施的全部犯罪事实或是如实供述主要犯罪事实。如果在供述过程中推诿罪责,避重就轻,掩盖真相,企图减轻罪责,则不能认为是如实供述。[参见第80号案例,王洪斌故意杀人案,载《刑事审判参考》总第12辑(2001年第1辑),法律出版社,第5~6页。执笔:闫燕]

▽犯罪嫌疑人主动报警表示投案,在等待抓捕期间又实施犯罪的,不能成立自首

被告人杀人后向派出所打电话报案称自己杀了人,具有自动投案的意思表示,但其之后发现有人进家时,却有预谋地躲在门后持刀猛砍来人头部,说明其在打电话表示投案后,主观上并未彻底放弃和终止继续犯罪的意图,缺乏自愿将自己置于司法机关的控制之下接受审查和裁判的主观意愿,不具备自首的本质特征,不属于自动投案,不构成自首。

(一)李某某的行为不符合自动投案的时间性要求。主动报警表示投案,等待抓捕期间又实施犯罪的,大致包括以下四种情形。前三种情形,理论界和实务界已达成共识,均认为不构成自首,关键是第四种情形是否构成自首,还存在一定的争议。第一种情形,后罪与所自首之罪属于同一罪行的不同阶段的,不能认定为自首。如犯罪嫌疑人实施杀人行为后去投案,在投案的过程中得知被害人未死,又返回现场继续加害被害人,被公安机关抓获的。这种情形,所自首之罪没有结束,其投案的行为或者意思表示充其量是其对先前罪行的事先通告,而不能认定是自动投案的表现,不能认定为自首。第二种情形,后罪与所自首之罪属于同种罪行的,不能认定为自首。如犯罪嫌疑人杀人后去投案,在投案的过程中又与他人发生矛盾,再次实施杀人行为,后被公安机关当场抓获的。根据最高人民法院《解释》的规定,被采取强制措施的犯罪嫌疑人、被告人和已宣判的罪犯,如实供述司法机关尚未掌握的罪行,与司法机关已掌握的或者判决确定的罪行属同种罪行的,可以酌情从轻处罚,但不以自首论。这一规定表明,同种数罪的自首异于异种数罪的自首。同理,在又犯新罪的情况下,犯罪嫌疑人被公安机关抓获可能与其之前的投案无关,那么其之前的投案并如实供述罪行只能看作是供述同种余罪。第三种情形,后罪与所自首之罪虽然属于不同罪名,但两罪之间存在密切关联的,不能认定为自首。根据最高人民法院《意见》第三条的规定,是否属于同种罪行,一般应以罪名区分,但如实供述的犯罪与司法机关已经掌握的犯罪属选择性罪名或者在法律、事实上密切关联,仍应认定为同种罪行。如犯罪嫌疑人实施强奸后报警,在等候抓捕过程中又杀死被害人的;或者犯罪嫌疑人在投案途中威胁证人,又构成妨害作证罪的,虽然前罪、后罪并非同种罪行,但两罪之间在事实、法律上密切关联,其投案行为也不能认定为自首。第四种情形,后罪与所自首之罪不属同种罪行,且两罪在事实上、法律上无密切关联。对于第四种情形能否认定成立自首,主要应当从时间条件上进行认定。自动投案的时间性要求意味着犯罪嫌疑人一旦实施了投案的行为,就不能继续实施犯罪。如果犯罪嫌疑人在其打电话表示投案后,还继续实施犯罪,表明其主观上并未彻底放弃和终止继续犯罪的意图,缺乏自愿将自己置于司法机关的控制之下接受审查和裁判的主观意愿,不属于自动投案,不具备自首的本质特征,不构成自首。

(二)被告人不具备自动投案的主动性、自愿性。一般认为,自首的本质是犯罪嫌疑人在犯罪后能够主动将自己交付国家追诉,具有主动性和自愿性。《解释》和《意见》对自动投案的规定也体现了这一要求。如《意见》规定,对犯罪嫌疑人被亲友采用捆绑等手段送到司法机关的不认定自首,就在于其投案不符合犯罪嫌疑人的意愿;而对于明知他人报案而在现场等待,抓捕时无拒捕行为的认定为自首,就在于其投案符合犯罪嫌疑人的意愿。因此,在实践中,认定犯罪嫌疑人是否属于自动投案,不仅要看其是否有投案的意思表示和行为,还要看其投案行为是否符合其真实意愿。对于投案符合犯罪嫌疑人真实意愿的,即使其没有明确的投案行为,但其行为符合《解释》《意见》的规定情形,也应当认定其属于自动投案,构成自首;相反,对于投案不符合犯罪嫌疑人真实意愿,即使其实施了投案的行为,也不能认定为自首。

需要注意的是,认定犯罪嫌疑人是否具有投案的主动性、自愿性,要结合其在等待抓捕期间的具体行为来判断和认定。犯罪嫌疑人报警后没有再实施其他犯罪或者违法行为,主动留在现场等待抓捕,当然构成自动投案;但犯罪嫌疑人在等待抓捕期间又实施阻断或者影响其投案主动性、自愿性的行为,则不能认定为自动投案。如故意杀人、盗窃后犯罪嫌疑人主动报警,在等待抓捕期间实施分尸抛尸、隐匿变卖赃物等行为,这些后续行为足以表明犯罪嫌疑人没有彻底放弃犯罪或者防止危害后果扩大的意愿,不符合自动投案主动性和自愿性的实质要求,不能认定为自动投案。本案被告人在打电话报警后躲在自家门后,实施了持刀砍民警的行为,尽管其主观上错误地将抓捕民警误以为是被害人的亲属,但即使来人是被害人的亲属,也存在两种可能:如果被害人的亲属是配合公安人员实施抓捕的,被告人的行为仍然属于抗拒抓捕,不构成自首;如果被害人的亲属前来是为了实施报复,被告人也只有在其权利遭受正在进行的不法侵害时才能实施防卫。而被告人却是在还没有看清来人是谁的情况下就实施了持刀砍击行为,表明其行为不具有防卫性质,主观上没有束手就擒的意愿,其电话报警后又实施与报警所涉之罪系同种罪行或者存在密切关联的罪行,表明其不具备自动投案的主动性和自愿性,不构成自首。综上,被告人的行为不属于自动投案,其因琐事持刀杀人,造成一死、二重伤、一轻伤的严重后果,且犯罪手段残忍,情节恶劣,罪行极其严重。一审、二审法院和最高人民法院依法以故意杀人罪判处并核准被告人死刑是正确的。[参见第831号指导案例,李某某故意杀人案,载《刑事审判参考》总第90集(2013年第1集),第48～51页。撰稿:司明灯　段凰]

▽打电话报警但未承认自己实施犯罪行为的不构成自首

1. 被告人缺少自动投案的要件。本案被害人龙利源、黄文及黄光本人食用有毒猫汤后均呈中毒状,送往医院抢救。在医院,黄光打电话报警称三人食物中毒,要求出警。但报警时并未称其投毒,且自始至终没有告知或者提示医生三人系因服用大茶药而中毒,致被害人龙利源因抢救无效而死亡。如果黄光告知或者提示医生三人系因服用大茶药而中毒,或许龙利源不致死亡。而且,公安机关出警后,仍不能明确谁是投毒行为实施人,黄光的报警,并不必然将自己置于犯罪嫌疑人的地位。案件事实也表明,从23日至30日的7天中,公安机关曾4次对黄光调查询问,但黄光均未如实交代其投毒杀人的事实。因此,黄光的报警与公安机关将黄光作为犯罪嫌疑人采取强制措施之间没有关联性,黄光缺乏自动投案的要件。

2. 黄光的到案不属于视为自动投案的情形。自动投案,是犯罪人基于自己的意志积极主动地投案。但实践中存在许多非典型地反映行为人积极主动投案,却符合自首的立法宗旨的行为,对于此类行为,可以视为自动投案。最高人民法院1998年出台的《解释》规定了七种视为自动投案的情形。经过长期的司法实践,最高人民法院于2010年12月22日下发的《意见》,对视为自动投案的情形作了进一步补充和完善。从上述解释性文件可知,视为自动投案的情形,必须体现行为人投案的主动性和自愿性。本案被告人黄光不具有主动性和自愿性的要件。公安机关对黄光刑事拘留时的案由是诈骗,并非故意杀人。黄光在刑事拘留后的第二天如实供述了投毒杀人的事实。表面看,似乎符合刑法本条第二款的规定构成自首。但根据本案的实际情况,公安机关虽然以诈骗罪立案并拘留黄光,但实际上已经掌握了相当证据证明黄光实施了投毒杀人的行为。为了防止黄光毁灭证据、逃跑,故先以诈骗罪立案侦查。综上,黄光在被以诈骗罪立案并刑事拘留后交代的投毒杀人犯罪,不属于交代公安机关尚未掌握的犯罪事实。[参见第1044号指导案例,黄光故意杀人、诈骗案,载《刑事审判参考》总第101集(2014年第6集),第75~76页。撰稿:陆建红]

十、纪委约谈型自首认定的裁判旨意

▽职务犯罪案件中"办案机关掌握的线索",不限于直接查证犯罪事实的线索,还包括与查证犯罪事实有关联的线索

根据2009年最高人民法院会同最高人民检察院制定的《职务意见》第一条的规定,没有自动投案,在办案机关调查谈话、讯问、采取调查措施或者强制措施期间,犯罪分子如实交代办案机关掌握的线索所针对的事实的,不能认定为自首。但办案机关所掌握的线索针对的犯罪事实不成立,在此范围外犯罪分子交代同种罪行的,以自首论。可见,在办案机关未掌握犯罪事实,但掌握相关线索的情况下,即使犯罪分子交代该线索所针对的犯罪事实,也不能认定为自首。《意见》对职务犯罪自首规定了较普通犯罪更为严格的条件,符合实践中打击职务犯罪的司法需要。既然办案机关掌握的线索是认定职务犯罪自首的重要标准,那么如何准确理解和把握"办案机关掌握的线索"范围,就成为职务犯罪自首认定最关键的问题之一。"线索"本身是一个中性概念,线索不等于犯罪事实本身,有时甚至不能起到直接查证犯罪事实的作用。在刑事案件中,"线索"大致可以分为两种类型:一种是能够直接查证犯罪事实的线索;另一种是不能直接查证犯罪事实,但与查证犯罪事实有关联的线索。如果办案机关掌握了第一类线索,就应视为掌握了一定的犯罪事实,犯罪分子在被据此调查谈话时交代犯罪事实的,不能认定为自首。例如,行贿人揭发受贿人受贿的事实,办案机关据此线索与受贿人谈话,受贿人交代受贿事实的,不能认定为自首。如果办案机关掌握了第二类线索,因该类线索不能直接查证犯罪事实,犯罪分子在被调查谈话期间交代犯罪事实的,是否构成自首存在争议。例如,办案人员发现国家工作人员某甲在单位报销的单据中有虚假发票,根据这一线索并不能得出甲实施了贪污犯罪,因为甲完全有可能是在不明知是假发票或者是出于其他目的的情况下使用了假发票。根据《意见》的精神,这种情形同样不能认定为自首。根据此类线索虽不能直接认定犯罪事实,但此类线索具有指向犯罪事实的作用。办案机关掌握此类线索后,能够研判行为人可能涉嫌的犯罪性质和类型。一般而言,办案机关找行为人调查谈话具有一定的针对性,行为人由此交代犯罪事实的,应当认定属于此线索针对的事实,不能认定为自首。本案被告人姚某所在的集团公司纪委掌握了"小金库"所涉个人存折曾经转账23万元用于购买国债的线索,并未掌握姚某挪用公款的事实。该转账行为在何种背景下发生、具体是为谁购买国债等问题均不清楚,完全有可能是单位集体决定以某个人名义购买国债以增加"小金库"收益。因此,转账23万元用于购买国债的线索并不必然反映犯罪事实,该线索仅属于与犯罪事实具有一定关联性的线索。姚某在被调查谈话期间交代了其受被告人刘某指使挪用公款为刘某个人购买国债的事实,该犯罪事实在办案机关掌握线索的范围内,故不能认定为自首。同时,办案机关只掌握了"小金库"所涉个人存折转账23万元的一条线索,虽然姚某交代了三次挪用公款购买国债的事实,但鉴于其交代的事实与办案机关掌握的线索所针对的事实属于同种罪行,根据《意见》的规定,仍不成立自首。[参见第755号指导案例,刘某、姚某挪用公款案,载《刑事审判参考》总第84集(2012年第1集),第66~67页。撰稿:臧德胜]

十一、向单位(被害人)承认型自首认定的裁判旨意

▽行为人在司法机关未发现其贪污、挪用公款的犯罪事实以前,在其所在单位对其盘问、教育后交代部分犯罪事实,不能成立自首

行为人犯罪后逃跑,在司法机关未发现其贪污、挪用公款的犯罪事实以前,又主动回到单位,但不能视为其自动投案。在此前,"公司经查账发现短款70万元",已掌握了其部分贪污、挪用公款的犯罪事实。在这种情况下,行为人在其所在单位对其盘问、教育后仅只交代贪污公款110余万元,在赌博中输掉。根据《解释》第一条第一款第一项第二目的规定,被告人的行为不属于自动投案。此外,行为人始终未交代贪污300余万元的事实,直到检察机关侦查终结,行为人在确凿的证据面前才不得不承认全部犯罪事实。同时,直到一审审结前,行为人仍未交代贪污犯罪的同案犯。因此,行为人的行为不符合刑法规定的自首的成立条件。[参见第79号案例,李平贪污、挪用公款案,载《刑事审判参考》总第11辑(2000年第6辑),法律出版社,第31~32页。执笔:清国]

▽仅仅向被害人承认作案,没有接受司法机关处理意愿的行为不能认定为自首

第一,接受国家的审查和裁判仍是自首的认定条件应有之义。接受国家的审查和裁判,当然寓含在自动投案、如实交代自己的罪行这两个条件之中。自动投案并如实交代自己的罪行,引致的法律后果就是国家审查和裁判。最高人民法院1998年《解释》中有明确的解答,《解释》第一条规定:"犯罪嫌疑人自动投案并如实供述自己的罪行后又翻供的,不能认定为自首,但在一审判决前又能如实供述的,应当认定为自首。"这一规定体现的就是构成自首需要犯罪行为人"接受审查和裁判"。综上,虽然现行刑法没有把接受国家的审查和裁判表述为自首的条件,但是接受国家的审查和裁判仍是构成自首的本质要求。因此,不能仅以向被害人承认作案为判断条件,还必须判断其主观上是否愿意接受国家的审查和裁判。第二,关于投案对象。投案的对象,《解释》规定除司法机关,也可以是"犯罪嫌疑人的所在单位、城乡基层组织或者其他有关负责人",因为向这些机关或个人投案最终必将会移送到司法机关处理。对于行为人向被害人投案的情形,刑法和《解释》未作规定。刑事诉讼中的被害人分为两种:一种是自诉案件的被害人,法律规定,自诉案件必须由被害人或者其法定代理人向司法机关提出控告,司法机关才能追究行为人刑事责任,亦即被害人有权决定是否将行为人交付司法机关"审查和裁判"。如果行为人向被害人投案并同意接受因被害人告诉而导致的司法处理的,这实际上属于刑法理论上的"首服"制度,对于"首服"我国古代就有规定,现在有些国家刑法中仍有规定。一般认为,构成"首服"有三个条件:一是犯罪人实施的是告诉才处理的犯罪;二是告知的对象是有告诉权的人;三是行为人须同意有告诉权的人将自己的罪行告知司法机关。"首服"从表现形式上虽然不同于我国刑法规定的自首,但在实质上具有与自首相同的效果。因此,虽然我国刑法没有规定"首服"制度,但对于首服者,应当在量刑时予以从宽处理。另一种是公诉案件的被害人,由于此类案件的追诉权只能由国家行使,被害人的相关行为只是对启动犯罪追诉程序产生条件作用。在公诉案件中,行为人向被害人承认作案的,可以有三种情况:第一种,行为人同时表示其愿接受法律制裁;第二种,行为人表示不希望被举报,但如果被害人举报,行为人仍然接受;第三种,行为人向被害人承认作案,但目的只是希望"私了",使被害人不报案。对于前两种情况,行为人对于经由被害人移送司法机关接受审查和裁判并不抵触或拒绝,与其直接到司法机关投案无异,虽然《解释》没有明确规定向被害人投案可构成自首,但结合此种情形的实质,符合自首条件的精神实质,可以视为自首。对于第三种情况,行为人虽然向被害人承认作案,但其主观上却并不愿意经由被害人移送司法机关从而接受审查和裁判,自然不能以自动投案论处,不能认定为自首。[参见第437号案例,周建龙盗窃案,载《刑事审判参考》总第55辑(2007年第2辑),法律出版社,第43~46页。执笔:张亚静]

十二、共同犯罪型自首认定的裁判旨意

○共犯的自首与立功的区别

一、如何区分共犯自首中的"供述所知的同案犯"与立功中的"检举、揭发他人犯罪行为"。一般认为,我国刑法上的立功有广义与狭义之分。狭义立功是指刑法第六十八条规定的立功,是与自首、累犯等相并列的一项独立的刑罚裁量情节。广义立功除包括狭义立功外,还包括作为刑罚执行制度中的立功,如第五十条规定的死缓犯的立功、第四百九十九条规定的犯罪军人戴罪立功。这里探讨的是共犯的自首与狭义立功的关系。所谓立功是指犯罪分子揭发他人犯罪行为,查证属实,或者提供重要线索,从而得以侦破其他案件等具有协助司法机关工作的属性,或者其他对国家和社会有利的行为。刑法第六十八条规定,犯罪分子有立功表现的,“可以从轻或者减轻处罚;有重大立功表现的,可以减轻或者免除处罚。”根据刑法第六十八条和《解释》,共犯的自首与立功一般不难区分,比较难以分清的是共犯自首中的“供述所知的同案犯”与共犯“检举、揭发他人犯罪”的立功。共犯自首中的“供述所知的同案犯”与立功中的“检举、揭发他人犯罪行为”如何区别,或者说揭发同案犯,仅是共犯人自首的成立条件,还是在成立自首的同时还构成立功?对于共同犯罪案件,不要求共同犯罪人必须交代出其他共犯人单独实施的其他罪行,但是对于自己参与实施的犯罪涉及其他共同犯罪人的犯罪事实的,则必须如实交代,才能按自首论处。当然,如果犯罪分子不仅如实交代自己的罪行,而且还主动揭发、检举出其他犯罪分子(包括共犯)单独实施的罪行并经查证属实的,则可以按立功对待。为了区分共同犯罪案件中的自首与立功,1998 年最高人民法院在《解释》中对这一问题进行了明确规定,其中第一条规定:“……共同犯罪案件中的犯罪嫌疑人,除如实供述自己的罪行,还应当供述所知的同案犯,主犯则应当供述所知其他同案犯的共同犯罪事实,才能认定为自首……”第五条规定:“……犯罪分子到案后有检举、揭发他人犯罪行为,包括共同犯罪案件中的犯罪分子揭发同案犯共同犯罪以外的其他犯罪,经查证属实……应当认定有立功表现。”第六条规定:“共同犯罪案件的犯罪分子到案后,揭发同案犯共同犯罪事实的,可以酌情予以从轻处罚。”据此,只有揭发同案犯除共同犯罪以外由其单独实施的犯罪行为,才能以立功论处。如果揭发的不是共同犯罪以外的其他罪行,不是立功,而是“如实供述自己罪行”,应属于构成自首的必要条件。此外,理解共犯的自首和立功时,还需要注意以下两点:一是《解释》第五条规定中的“同案犯共同犯罪以外的其他犯罪”,既包括同案犯另外单独实施的或者与其他人共同实施的其他犯罪,也包括该同案犯在与自首人进行共同犯罪过程中,超出共同故意所另外实施的其他犯罪。因为共同犯罪中的过限行为只能由过限行为人承担责任,没有实施过限行为的其他人就该过限行为不构成共同犯罪。二是需要注意《解释》第六条规定的共同犯罪人坦白的情况。共同犯罪人到案后揭发同案犯共同犯罪事实的,属于对其自己罪行的坦白,在量刑上亦应予以体现,一般应当酌情从轻处罚。

二、如何区分共犯自首中的“供述所知的同案犯”与立功中的“协助司法机关抓捕同案犯”。《解释》第五条规定“犯罪分子……协助司法机关抓捕其他犯罪嫌疑人(包括同案犯)……应当认定为有立功表现。”那么,如何区分共犯自首中的“供述所知的同案犯”与立功中的“协助司法机关抓捕同案犯”呢?对此,最高人民法院在《全国法院审理毒品犯罪案件工作座谈会纪要》中指出:“认定被告人是否构成该项立功,应当根据被告人在公安机关抓获同案犯中是否确实起了协助作用。如经被告人当场指认、辨认抓获了同案犯;带领公安人员抓获了同案犯;被告人提供了不为有关机关掌握或者有关机关按照正常工作程序无法掌握的同案犯藏匿的线索,抓获了同案犯等情况,均属于协助司法机关抓获同案犯,应认定为立功。”这一说明虽然是针对毒品犯罪而作,但是其基本精神对于理解何种情形属于“协助司法机关抓捕同案犯”同样具有重要指导意义。根据上述规定和有关说明,共同犯罪人如实供述同案犯个人基本情况,如姓名或者别名、日常住址、联系方式等,属于《解释》中的“应当供述所知的同案犯”的范围,根据该共同犯罪人的具体情况可以认定为自首或者坦白。但是,如果共同犯罪人提供了不为有关机关掌握或者有关机关按照正常工作程序无法掌握的同案犯藏匿线索、非正常联系方式,或者通过打电话、传口信等方式将向案犯引至抓捕现场,或者当场指认或者辨认同案犯,并因此使司法机关抓获同案犯的,可以认定为符合《解释》第五条“协助司法机关抓捕其他犯罪嫌疑人(包括同案犯)”的规定,从而认定为有立功表现。因为这些情况超出了“应当供述所知的同案犯”的范围,可以视为该共同犯罪人在司法机关抓捕同案犯中提供了信息资讯方面的协助。由于指认、辨认抓捕、引诱抓捕或者带领抓捕情形的立功便于把握,而交代同案犯情况的自首与提供藏匿线索立功情形容易混淆,有必要对提供同案犯藏匿线索的立功进行具体分析。认定提供同案犯藏匿线索构成立功时,应当把握以下几个方面:第一,被告人提供了真实、具体的同案犯藏匿的情报。被告人提供的藏匿线索包括同案犯的逃跑路线、活动规律、藏匿地点等情报,并且该情报是真实、具体的,而不是虚假或者漫无边际的。第二,该情报事先不为有关机关所掌握或者有关机关按照正常工作程序无法掌握。如果有关机关事先已经掌握或者按照正常工作程序能够掌握该情报,就难以说明被告人起到协助作用。第三,有抓获了同案犯的结果。如果被告人虽然提供了同案犯的藏匿线索,司法机关按照其线索未能将同案犯抓获的,不能认定为立功。但是,如果由于司法机关自身的原因或者失职行为,未能将同案犯抓获的,责任不在被告人,可以作为立功的例外情况。第四,被告人的情报在抓获同案犯中确实起了作用。被告人提供情报的行为与抓获同案犯的结果,存有因果关系。也就是说,正是有了被告人的情报,才使公安机关得以抓获同案犯。[参见《刑事审判参考》总第50辑(2006年第3辑),法律出版社,第166~170页。]

▽共同犯罪人自动投案后,没有供述与其共同实施犯罪行为的同案犯的,不属于"如实供述自己的罪行",不能认定为自首

最高人民法院《解释》第一条规定:"……如实供述自己的罪行,是指犯罪嫌疑人自动投案后,如实交代自己的主要犯罪事实。犯有数罪的犯罪嫌疑人仅如实供述所犯数罪中部分犯罪的,只对如实供述部分犯罪的行为,认定为自首。共同犯罪案件中的犯罪嫌疑人,除如实供述自己的罪行,还应当供述所知的同案犯,主犯则应当供述所知其他同案犯的共同犯罪事实,才能认定为自首。"即在共同犯罪案件中,行为人在共同犯罪中所处的地位、所起的作用和参与犯罪的程度不同,成立自首所要求的"如实供述自己的罪行"的范围也是不同的。如就实行犯而言,有单独实行犯和共同实行犯之分。其中,单独实行犯是指行为人一人实施刑法分则规定的某个行为。因此,其所知道的同案犯主要是教唆犯或者帮助犯,在其自动投案后,如实供述了自己直接实施的犯罪行为,并交代其所知道的教唆犯或者帮助犯的犯罪行为,就应当认定为自首。但对于共同实行刑法分则规定的某个犯罪行为的共同实行犯而言,在其自动投案后如实供述自己的罪行时,必然要涉及与其一起实施犯罪的同案犯的犯罪行为。因此,共同实行犯成立自首,不仅要求其在自动投案后,如实供述自己直接实施的犯罪行为,还应如实供述与其共同实施犯罪的其他实行犯。否则,这种供述就是不彻底的、不如实的,因而不构成自首。[参见第255号案例,杜祖斌、周起才抢劫案,载《刑事审判参考》总第33集(2003年第4集),法律出版社,第38~39页。执笔:杨金华]

▽为泄私愤向公安机关举报同案犯的共同犯罪事实,且查证属实,不属于有立功表现,但被告人在举报同案犯时如实供述自己参与共同犯罪的事实,应当认定有自首

行为人主动向公安机关举报同案犯,并在举报同案犯的同时,对自己参与共同犯罪的事实如实作了供述,并自愿将自己置于公安机关的控制之下,不仅使这起司法机关尚未掌握的非法制造注册商标标识共同犯罪案件得以破获,也使其他同案犯受到了刑事追诉。由于他是这起犯罪案件的共犯之一,其揭发同案犯的行为不能认定为立功。但他的行为符合自首"自动投案、如实供述自己的罪行"两个基本条件,因此应当认定为自首。[参见第66号案例,姚伟林、刘宗培、庄晓华非法制造注册商标标识案,载《刑事审判参考》总第9辑(2000年第4辑),法律出版社,第13~14页。执笔:杨万明]

▽在共同犯罪和一人犯数罪案件中如何认定自首

在共同犯罪案件中,如果同案犯已经归案且已被判决,侦查机关已经掌握了该案主要犯罪事实的,其他犯罪嫌疑人自动投案后,应当在第一次接受讯问时就主动交代自己的主要犯罪事实,才能认定为自首,否则不应认定为自首。实践中,犯罪嫌疑人自动投案后,在第一次接受讯问时,如果如实供述了自己的罪行的,可依法认定为自首;犯罪嫌疑人犯数罪,在第一次接受讯问时,如果因客观或者因其他特殊情况,如侦查机关第一次讯问的时间较短,或者仅围绕犯罪嫌疑人交代的犯罪事实而展开讯问,未再讯问犯罪嫌疑人是否还有其他犯罪事实,以致犯罪嫌疑人在第一次讯问时仅如实供述了部分犯罪事实,犯罪嫌疑人在此后的讯问中又如实供述了其余犯罪事实的,也可依法认定为自首。

犯罪嫌疑人犯数罪,在自动投案后第一次接受讯问时,仅如实供述所犯数罪中部分犯罪的,在此后接受讯问时未再如实供述其余犯罪事实或者故意隐瞒其余犯罪事实的,是否认定为自首,要具体分析:

犯罪嫌疑人犯不同种罪行的，只对其如实供述的犯罪事实，认定为自首。未如实供述的犯罪事实，不认定为自首；犯罪嫌疑人犯同种数罪的，应当根据其第一次接受讯问时是否如实供述了主要犯罪事实而作出判断。如果犯罪嫌疑人如实供述了主要犯罪事实的，应当认定其交代了"主要犯罪事实"，依法应当认定为自首。如犯罪嫌疑人实施两起盗窃犯罪，第一次接受讯问时交代了盗窃60 000元的犯罪事实，而未交代另一起盗窃3000元的犯罪事实，对犯罪嫌疑人的供述行为应当认定为自首；如果犯罪嫌疑人没有如实供述主要犯罪事实的，则不应认定为自首。[参见刑事审判参考编辑部:《在共同犯罪和一人犯数罪案件中如何认定自首》，载《刑事审判参考》总第89集(2012年第6集)(审判释疑)，第300~301页。]

▽在共同犯罪案件中如何从被告人供述的犯罪事实以及供述的时间节点对"如实供述主要犯罪事实"的认定

喻某系自动投案，认定其是否具有自首情节的关键在于其是否具备"如实供述主要犯罪事实"的要件。经查，喻某自动投案后供述，其持刀赶到现场后，刀即被被害人所夺，其转身逃跑，看到父亲喻春和被害人互殴之后转身帮助父亲，后又被被害人追到饭店的厨房内；其本人没有持刀砍到过被害人，也没有看到喻春持刀砍到过被害人。而余自兵自动投案后供述，其赶到现场后看到喻春和被害人对砍；喻春递给余某某一把刀，让其砍击被害人；在厨房内，喻某也持刀砍到过被害人，并且用双手抱住被害人的脖子让余某某砍。本案鉴定意见证实，被害人桑某身上有多处刀伤，非一把刀所能形成，即不可能系余某某一人砍击的后果。基于上述所供事实和相关证据，我们认为，喻某是否如实供述主要犯罪事实，可以从以下几个方面进行分析：

(一)从所交代事实对定罪量刑的影响认定被告人是否如实供述主要犯罪事实。犯罪事实既包括定罪事实，也包括量刑事实。对于犯罪事实是否属于主要犯罪事实的认定，除了要看该犯罪事实是否属于犯罪构成事实，还要看该犯罪事实是否对量刑产生重要影响。在涉自首认定的案件中，主要犯罪事实的认定事关犯罪嫌疑人、被告人是否具有自首的认定，因此有必要探讨。最高人民法院《意见》第二条规定："犯罪嫌疑人多次实施同种罪行的，应当综合考虑已交代的犯罪事实与未交代的犯罪事实的危害程度，决定是否认定为如实供述主要犯罪事实。虽然投案后没有交代全部犯罪事实，但如实交代的犯罪情节重于未交代的犯罪情节，或者如实交代的犯罪数额多于未交代的犯罪数额，一般应认定为如实供述自己的主要犯罪事实"。参考这一规定，一般应当根据犯罪嫌疑人、被告人所供述的犯罪事实对定罪量刑的影响程度，区分出主要犯罪事实和次要犯罪事实。如果无法区分犯罪嫌疑人、被告人已交代的犯罪事实与未交代的犯罪事实的主次，或者未交代的犯罪事实对定罪量刑的影响明显大于已交代的犯罪事实，则不应认定犯罪嫌疑人、被告人如实供述了主要犯罪事实。本案中，在确认被害人桑某的刀伤并非被告人余某某一人所砍的前提下，意味着被告人喻春、喻某必定有一人砍到过被害人。而砍到过被害人的犯罪事实对量刑的影响明显大于准备砍击或者实施砍击但未砍到的犯罪事实。因此，喻某仅交代其拽住被害人的脖子让余某某砍，虽持刀准备砍击但未砍到的行为，不能认定其如实供述了主要犯罪事实。

(二)从交代同案犯关联事实的程度分析被告人是否如实供述主要犯罪事实。认定共同犯罪人的自首，关键在于准确地把握共同犯罪人"自己的罪行"范围。最高人民法院《解释》第一条第二项规定："共同犯罪案件中的犯罪嫌疑人，除如实供述自己的罪行，还应当供述所知的同案犯，主犯则应当供述所知其他同案的共同犯罪事实，才能认定为自首。"即共同犯罪人自首时，除了交代自己所犯的罪行外，还需交代其所知的同案犯实施的共同犯罪事实。各种共同犯罪人自首时所供述的罪行范围，与其在共同犯罪中所起的作用和具体分工是相适应的，这是由共同犯罪的特性与自首的性质决定的。理论界有观点认为上述认定原则有悖于刑法的罪责自负原则，我们认为，共同犯罪案件中同案犯对共同犯罪行为所承担的罪责，系罪责自负的题中之意。故认定共同犯罪案件中的犯罪人构成自首除了要求其如实供述自己的犯罪事实，还必须如实供述其所知的同案犯实施的共同犯罪事实。这一认定原则与共同犯罪原理并不相冲突。

(三)从如实供述的时间节点分析被告人是否如实供述主要犯罪事实。根据刑法第六十七条及相关规范性指导文件的规定,“自动投案”是具有一定时间限制的,即犯罪嫌疑人必须在尚未受到讯问、未被采取强制措施时,主动、直接向司法机关投案。然而,上述相关规定并未明确“如实供述自己罪行”有无时间限制。刑法设立自首的初衷,在于鼓励犯罪嫌疑人或者被告人(限于准自首情形)认罪、悔罪,真正将自己主动交付于司法机关监管。从“如实供述自己罪行”的相关规定看,的确没有对如实供述的时间节点进行明确规定,然而,如实供述的时间节点能够体现出供述者是否具有将其主动交付于司法机关监管的意愿。换言之,如果犯罪嫌疑人如实供述的时间节点是在其他同案犯已作相关供述之后,其是被迫而作出如实供述的,那么其在实质上就不具有主动交付于司法机关监管的意愿,不符合自首制度设立的初衷,故不能认定构成自首。本案喻某一到案即供述了其和其父参与了与被害人桑某殴斗的犯罪事实,但是没有供述其纠集余某某参与殴斗的犯罪事实。直到余某某到案后交代了其受喻某纠集才参与殴斗的犯罪事实,喻某才供述了自己纠集余某某的行为。可见,喻某在纠集余某某的问题上避重就轻,且将造成被害人桑某死亡的砍击行为推卸给余某某,反映出其具有逃避法律追究的主观心态,不符合自首的设立精神,故对此情形下的如实供述,一般不能认定为如实供述了主要犯罪事实。综上,上海市第二中级人民法院认定被告人喻某不具有自首情节是正确的,对其判罚体现了罪责刑相适应原则。[参见第928指导案例,喻春等故意杀人案,载《刑事审判参考》总第95集(2013年第6集),第61～65页。撰稿:姜琳炜]

十三、单位自首认定的裁判旨意

▽单位可以成为自首的主体

自首是指犯罪以后自动投案,如实供述自己的罪行。自首的主体只能是指实施犯罪的主体。我国刑法规定,犯罪的主体既包括自然人,也包括法人等单位。犯罪单位既然可以成为犯罪主体,当然也应当能够成为自首的主体。只不过,如同单位犯罪是单位意志支配下由单位成员实施的一样,单位自首也必须体现单位的意志并由单位成员具体实施。因此,自首作为一项总则性的规定与制度,同样应当适用于犯罪单位。[参见第151号案例,陈德福走私普通货物案,载《刑事审判参考》总第24集(2002年第1集),法律出版社,第12页。执笔:刘树德]

▽单位自首的认定

认定犯罪单位的自首,关键是看该自首行为是否出于犯罪单位的意志以及投案人是否代表犯罪单位。即犯罪单位自首的成立的条件:(1)主动投案,即犯罪单位在犯罪之后、归案之前,主动向有关机关投案。由于犯罪单位本身无法投案,因此,犯罪单位主动投案只能由代表单位的自然人进行。(2)主动投案的行为必须出于犯罪单位的意志。所谓单位意志,既可以是经犯罪单位集体研究作出的决定,也可以是由能够代表单位意志的负责人作出的决定。(3)如实供述罪行。代表犯罪单位主动投案的被委派人或能够代表单位意志的负责人必须将单位所实施的全部罪行如实交代,而不是仅交代部分罪行或单位犯罪中具体实施犯罪的自然人自身的罪行。此外,如果犯罪单位尚未来得及形成一致意见,能够代表单位意志的负责人在接受有关机关的调查、询问,或者因他罪被采取强制措施后,如实交代司法机关尚未掌握的单位犯罪事实的,也应认定为单位自首。在认定犯罪单位自首以及参与单位犯罪的自然人自首时应具体案件具体分析:1.单位犯罪是经由集体研究决定实施的,犯罪单位又经由集体研究决定由能够代表单位意志的直接负责的主管人员自动投案并如实交代单位所实施的全部罪行的,或者单位经集体决定委派其他自然人去投案并如实交代单位所实施的全部罪行的,应认定单位的自首。在犯罪单位集体研究决定自首的情况下,所有参与单位犯罪的自然人,只要能认同单位自首意志,随时接受调查并如实交代个人参与单位犯罪事实的,均可同时认定为个人自首。2.单位犯罪事先未经集体研究决定,而是由能够代表单位意志的直接负责的主管人员自行以单位名义决定实施,犯罪所得归单位的,能够代表单位意志的直接负责的主管人员自行决定自动投案，如实供述单位犯罪以及其个人全部犯罪事实的，应认定为单位自首和其个人自首。由于该直接负责的主管人员的自行自首，虽可以代表单位意志以及其个人意志，但并不能代表所有参与单位犯罪的自然人的意志，所以其他参与单位犯罪的人如没有主动投案并如实交代自己罪行的人，则不能认定他们的个人自首。3. 单位犯罪是由单位直接负责的主管人员和其他直接责任人员共同实施的，其他直接责任人员中有人自行主动投案并如实交代单位犯罪及其个人参与单位犯罪事实的，单位直接负责的主管人员和其他的直接责任人员未自动投案的，由于投案人的投案行为不能代表单位意志，仅系个人意志，因此，只认定自动投案并如实交代自己罪行的直接责任人员的自首，不能认定单位自首和其他参与单位犯罪决策和实施人的个人自首。同样，不具有代表单位意志身份的或未参与单位犯罪的单位内部人举报单位犯罪的，也不能认定单位自首。[参见第151号案例，陈德福走私普通货物案，载《刑事审判参考》总第24集(2002年第1集)，法律出版社，第12~15页。执笔：刘树德]

▽单位自首的处罚原则

《刑法》对单位犯罪的刑罚，只设置了单一的不确定的罚金刑作为法定刑，而非像自然人犯罪的刑罚规定有不同的法定刑，因此，对构成自首的犯罪单位，在决定其应处的罚金刑时，不存在在法定刑以下如何减轻处罚的问题，一般可根据案件的具体情节判处较轻的罚金刑。[参见第151号案例，陈德福走私普通货物案，载《刑事审判参考》总第24集(2002年第1集)，法律出版社，第15页。执笔：刘树德]

十四、余罪型自首认定的裁判旨意

○余罪自首中“如实供述司法机关尚未掌握的本人其他罪行”的认定

《刑法》本条第二款规定：“被采取强制措施的犯罪嫌疑人、被告人和正在服刑的罪犯，如实供述司法机关还未掌握的本人其他罪行的，以自首论。”这一规定理论上通常称为“余罪自首”。最高人民法院《解释》第二条规定：“被采取强制措施的犯罪嫌疑人、被告人和已宣判的罪犯，如实供述司法机关尚未掌握的罪行，与司法机关已掌握的或者判决确定的罪行属不同种罪行的，以自首论。”这一解释，进一步确定了“余罪自首”中所谓的“余罪”只能是与已掌握罪行不同的异种罪行。余罪自首和一般自首的显著区别在于：(1)余罪自首的主体是因他罪已被采取强制措施的犯罪嫌疑人、被告人或正在服刑的罪犯，对其如实交代的余罪，不存在自动投案这一前提要件；(2)余罪自首主体所如实交代的余罪，必须是司法机关尚未掌握的，如已经为司法机关所掌握则不能成立余罪自首；(3)余罪自首主体所如实交代的余罪，必须与司法机关已掌握的罪行属不同种罪行，如属于同种罪行亦不能成立余罪自首。

对“司法机关尚不掌握”的理解应本着实事求是、不枉不纵、具体案情具体分析的态度来认真把握。具体地说：(1)在犯罪嫌疑人所犯前罪未被通缉，异地司法机关根本不可能掌握该犯罪嫌疑人所犯前罪的情况下，对该犯罪嫌疑人如实交代的前罪，应当认定为余罪自首。也就是说，在这种情况下，所谓“司法机关尚不掌握”，原则上应当是指抓获、讯问犯罪嫌疑人的司法机关不掌握。此时，如果理解成所有的司法机关都不掌握，显然，将不利于体现“坦白从宽”的政策、不利于鼓励犯罪分子主动交代罪行，也不利于缉捕逃犯及时结案，消除社会隐患。(2)在犯罪嫌疑人所犯前罪已被通缉(包括网上通缉)，异地司法机关可以通过通缉资料掌握该犯罪嫌疑人所犯前罪的情况下，则即使该犯罪嫌疑人能主动如实供述其以前所犯罪行，也不能认定为余罪自首。这种情况下，由于异地司法机关可以通过通缉资料了解该犯罪嫌疑人所犯前罪的情况，原则上应理解为异地司法机关同案发地司法机关一样已经掌握了该罪行。本案的特殊性在于，被告人杀人的犯罪事实虽然已被甲地的公安机关掌握并已上网通缉，但网上并未附照片，甲地公安机关亦未向有关部门发协查通报。被告人被抓获时使用的是假身份证、假名字，如果被告人不主动交代其真实姓名及杀人罪行，即便有网上通缉，乙地司法机关亦很难或几乎不可能通过比对查证掌握其真实身份及其在甲地的杀人罪行。对于在这种虽有网上通缉，但通缉资料不全面,内容不明确,异地司法机关根据被告人的假身份证、假姓名也难以比对查证的情况下,应视为类似于上述第一种情形,即异地司法机关不掌握被告人的前罪罪行,而不能等同于上述第二种情形,即不能理解为异地司法机关同案发地司法机关一样已经掌握了该罪行。被告人向乙地公安机关主动交代其在甲地杀人犯罪事实的行为应视为余罪自首。[参见《刑事审判参考》总第24辑(2002年第1辑),法律出版社,第204～206页。]

▽余罪自首,又称准自首的认定

所谓余罪自首,又称准自首,根据我国《刑法》本条第二款的规定,是指被采取强制措施的犯罪嫌疑人、被告人和正在服刑的罪犯,如实供述司法机关还未掌握的本人其他罪行的情形。1998年《解释》对余罪自首作了进一步解释:被采取强制措施的犯罪嫌疑人、被告人和已宣判的罪犯,如实供述司法机关尚未掌握的罪行,与司法机关已掌握的或者判决确定的罪行属不同种罪行的,以自首论。根据以上立法和司法解释的规定,成立"余罪自首"。[参见第411号案例,何荣华强奸、盗窃案,载《刑事审判参考》总第52辑(2006年第5辑),法律出版社,第19页。执笔:金朝文]

▽在没有法定从重情节的情况下,对如实坦白余罪的犯罪分子可酌情从轻处罚

对行为人不认定构成自首,不等于不能对其从轻处罚。认罪态度好一直是司法实践中的酌情从轻处罚情节。在没有法定从重情节的情况下,对这种如实坦白余罪的犯罪分子从轻处罚,有利于鼓励犯罪分子主动配合司法机关工作,及时破案,降低侦查成本,也有利于罪犯的真正悔过、改造。因此,没有认定行为人"余罪自首",但根据行为人能主动交代其犯罪事实的情况,对其所犯的罪可以酌情从轻处罚。[参见第411号案例,何荣华强奸、盗窃案,载《刑事审判参考》总第52辑(2006年第5辑),法律出版社,第21页。执笔:金朝文]

▽检察机关掌握的事实未被法院认定为犯罪,被告人主动交代其余犯罪事实的,构成自首

检察机关在掌握了被告人向巨赢公司董事长索贿3万元的事实后传唤被告人,被告人到案后,主动交代了其他受贿犯罪事实。经过法院审理后,认为检察机关掌握的被告人索赔3万元的行为依法不能认定为受贿犯罪。被告人交代了其余的受贿犯罪事实的行为应当认定为自首。根据刑法本条规定,自首是指犯罪以后自动投案,如实供述自己的罪行。自首包括两种情形,一是犯罪事实或者犯罪嫌疑人未被司法机关发觉,或者虽被发觉,但犯罪嫌疑人尚未受到讯问、未被采取强制措施时,主动、直接向公安机关、人民检察院或者人民法院投案,如实交代犯罪事实的。二是被采取强制措施的犯罪嫌疑人、被告人和正在服刑的罪犯,如实供述司法机关还未掌握的本人其他罪行的,以自首论。本案被告人是被动到案,不属于自动投案,显然不属于第一种情形,其虽因有受贿嫌疑到案,但被掌握的"受贿"事实并未被认定为犯罪,即应当属于司法机关并未掌握被告人罪行的情形,而被告人在此情况下主动交代了司法机关未掌握的其他犯罪事实,符合《解释》第二条规定的精神,应以自首论。对此,在2009年公布的"两高"《职务意见》中已明确肯定:没有自动投案,但具有以下情形之一的,以自首论:(1)犯罪分子如实交代办案机关未掌握的罪行,与办案机关已掌握的罪行属不同种罪行的;(2)办案机关所掌握线索针对的犯罪事实不成立,在此范围外犯罪分子交代同种罪行的。[参见第584号指导案例,周小华受贿案,载《刑事审判参考》总第70集(2009年第5集),第72～73页。撰稿:陈克娥　潘勤勤]

▽对已被采取强制措施的被告人的余罪自首证据材料的审查认定

人民法院审查被告人是否构成自首,不能仅凭侦查机关出具的情况说明,还应审查被告人相关罪行的立案调查、侦破经过、被告人的供述、相关证人的证明及其他能够证明其自首情况的材料。《意见》第七条规定,"人民法院审查自首证据材料,应当包括被告人投案经过、有罪供述以及能够证明其投案情况的其他材料……"该规定意在强调法院应当对被告人的自首情节作为判决事实的重要组成部分进行审查,而不能单纯依赖侦查机关出具的说明材料,对于被告人归案后交代的犯罪事实是否构成自首,也应当按照该规定的精神执行。在国家工作人员贪污、贿赂犯罪案件自首情节的审查中,还应注意的一个问题是,这些案件往往是先经过纪检监察机关的立案调查,再移送检察机关立案侦查,根据《职务意见》的规定,"犯罪事实未被办案机关掌握,或者虽被掌握,但犯罪分子尚未受到调查谈话,或者未被采取调查措施时,向办案机关投案的,是自动投案;没有自动投案,在办案机关调查谈话、采取调查措施期间,如实交代办案机关掌握的线索所针对的事实的,不能认定为自首"。因此,人民法院在审查被告人是否构成自首时,应当注意审查纪检监察机关在立案、调查过程中形成的相关证据,而不能仅以侦查机关出具的证明材料为准。一审认定本案被告人的贪污犯罪和受贿犯罪均构成自首,主要依据是侦查机关出具的"情况说明",该材料表明在调查期间,被告人主动如实供述了涉嫌贪污人民币63万元的犯罪事实,移交平顶山市检察院办理后,被告人又主动如实供述了涉嫌受贿30万元的事实,属于自首行为。一审法院在审理时,依据侦查机关出具的证明材料,对两罪均认定为自首。二审法院没有受限于一审法院的认定,针对被告人的自首问题,重新审查了相关证据材料。本案中关于被告人贪污犯罪事实发现经过的主要证据材料有:(1)证人李建民(时任运销科出纳)、崔振锋(时任超化煤矿运销科长)、陈贵亮(时任超化煤矿经营副矿长)等人的"纪委谈话记录复印件",反映在省纪委对本案的调查过程中,上述三人于2006年11月23日至30日,向省纪委证明了被告人按30%的比例多次提取运销科业务费约60万元及后来指使其三人将运销科账目销毁的事实;(2)纪检机关立案调查表等材料,证明12月5日省纪委决定初步核实此事,对被告人进行谈话;(3)纪检机关的谈话记录证明,12月7日被告人在谈话中承认从运销科提取了业务费,12月9日具体交代了分13次提取业务费共58万元的事实经过。根据上述证据材料,能够证明两个问题:一是被告人系被动接受纪检机关的立案调查,没有主动投案行为;二是纪检机关在对被告人进行调查谈话时,已经掌握其贪污公款的主要事实,这一点在纪检机关向检察机关出具的情况说明中也得到了印证。因此,被告人对其贪污58万元事实的交代不能认定为自首。被告人在被"双规"后又交代了纪检机关尚未掌握的5万元贪污事实,根据《职务意见》相关规定的精神,虽然不能认定为自首,但可根据《解释》第四条的规定"被采取强制措施的犯罪嫌疑人、被告人和已宣判的罪犯,如实供述司法机关尚未掌握的罪行,与司法机关已掌握的或者判决确定的罪行属同种罪行的,可以酌情从轻处罚;如实供述的同种罪行较重的,一般应当从轻处罚。"对该5万元部分的贪污罪行可酌情从轻处罚。[参见第695号指导案例,王志勤贪污、受贿案,载《刑事审判参考》总第80集(2011年第3集),第3~5页。撰稿:蔡智玉]

▽被告人归案后交代公安机关尚未掌握的案件起因构成其他犯罪的,应认定为自首

本案是一起盗窃犯之间因分赃不均而引发的带有"黑吃黑"性质的故意杀人案件。被告人张某某伙同被害人孙某某盗窃长岭农行150万元现金后,因无力支付剩余的40万元赃款,为灭口而将同伙孙某某杀害。张某某在公安机关确定其有故意杀人犯罪嫌疑被刑事拘留后,供认了杀害孙某某的犯罪事实,并交代了作案的起因,由此牵出2002年长岭农行金库被盗案。关于张某某对盗窃犯罪是否构成自首,两级检察机关看法不同,一审、二审法院亦意见不一。根据刑法本条第二款和最高人民法院《解释》第二条的规定,被采取强制措施的犯罪嫌疑人、被告人如实供述司法机关尚未掌握的罪行,与司法机关已掌握的罪行属不同种罪行的,以自首论。据此,认定余罪自首应当具备两个条件:一是该罪行司法机关尚未掌握;二是该罪行与司法机关已经掌握的属于不同种罪行。张某某主动交代盗窃犯罪事实符合余罪自首的成立条件,应当认定为自首。具体分析如下:(一)公安机关尚未掌握被告人张某某的盗窃犯罪事实。如何判断司法机关已经掌握犯罪嫌疑人、被告人的罪行,以往司法实践中存在一定争议,但一般认为应当以司法机关是否实际掌握为准。为更加有利于打击犯罪,避免不当认定余罪自首,最高人民法院2010年制定的《意见》就如何认定"司法机关还未掌握的本人其他罪行"作了规定,即如果余罪已被通缉,而采取强制措施的司法机关又在通缉令发布范围之内,或者余罪已录入全国公安信息网络在逃人员信息数据库的,应视为司法机关已掌握;如果未被通缉,也未录入全国公安信息网络在逃人员信息数据库的,应以该司法机关是否实际掌握该罪行为标准。本案被告人张某某因涉嫌故意杀人罪被刑事拘留后,交代了杀害孙某某的犯罪事实以及伙同孙某某盗窃长岭农行金库的犯罪事实。在张某某交代其杀人犯罪事实之前,公安机关根据对其故意杀人犯罪调查取证的情况,了解到张某某与孙某某之间有异常债务关系,但并未掌握张某某杀害孙某某的起因,特别是张某某伙同孙某某盗窃长岭农行金库的事实。而该农行金库被盗案案发后,公安机关即立案侦查,但未能获取有价值的线索,没有将张某某锁定为犯罪嫌疑人,也谈不上通缉和上网追逃问题,案件一直悬而未破。虽然公安机关凭职业经验、直觉认为张某某在杀人动机上有隐情,或曾怀疑张有盗窃银行金库的可能,但公安机关毕竟没有掌握任何与张某某盗窃长岭银行具有直接或间接联系的具体证据。故张某某主动交代的盗窃长岭银行金库的事实,属于司法机关尚未掌握的罪行,符合认定余罪自首的第一个条件。(二)被告人张某某主动交代的盗窃罪与故意杀人罪属不同种罪行。对于如何认定作为余罪自首第二个条件的"不同种罪行",也是长期以来实践中较为棘手的问题。《意见》对此也提出了指导意见,即一般应以罪名区分;同时,虽然如实供述的其他罪行的罪名与司法机关已掌握犯罪的罪名不同,但如实供述的其他犯罪与司法机关已掌握的犯罪属选择性罪名或者在法律、事实上密切关联,应认定为同种罪行。显然,张某某供述的盗窃罪与司法机关已掌握的故意杀人罪罪名不同且不属选择性罪名。认定的关键是这两个罪行在法律、事实上是否具有密切关联。法律上密切关联是指已掌握的犯罪的构成要件中包含着易于构成其他犯罪的情形。如因受贿被采取强制措施后,又交代因受贿为他人谋取利益的行为而构成的滥用职权罪。因受贿罪的构成要件之一是行为人"为他人谋取利益",所以交代"为他人谋取利益"的行为而另构成的滥用职权罪,应当认定为与受贿罪属同种罪行。事实上密切关联,是指已掌握的犯罪与未掌握的犯罪之间存在手段与目的等关系,且易结合发生的情形。如因持枪杀人被采取强制措施后,又交代其盗窃或私自制造枪支的行为。因为有枪才能实施持枪杀人行为,且枪支本身属于违禁品,故交代枪支来源而另行构成的涉枪犯罪,应当认定与故意杀人罪属同种罪行。本案中,被告人张某某实施的盗窃犯罪与故意杀人犯罪客观上具有一定关联,正是因盗窃后分赃不均引发的矛盾,导致张某某产生杀害孙某某的动机。盗窃罪是故意杀人罪的前因,两者之间具有一定的因果联系。但是,张某某实施的盗窃犯罪与故意杀人犯罪是相对独立的两个犯罪,盗窃犯罪并不必然导致故意杀人犯罪的发生,类似案件在司法实践中也并不多见。司法机关掌握其故意杀人犯罪并不必然能够推断或知晓其曾实施盗窃犯罪。两者不符合《意见》所规定的"在法律、事实上密切关联"的情形,应当认定为不同种罪行。张某某在可以隐瞒或编造杀害孙某某起因的情况下如实交代故意杀人罪的案发起因,使长岭农行被盗案在案发7年后才得以侦破。故对张某某所犯盗窃罪,应当认定为自首。需要说明的是,认定被告人是否构成自首与对其是否从宽处罚是两个不同层面的问题。对符合自首构成条件的,应当依法认定。不能为了严惩犯罪,对于本应认定为自首的不认定为自首。实际上,对于罪行极其严重、主观恶性极深、人身危险性极大的犯罪分子,即使认定自首,也不影响依法严惩。根据《意见》的规定,虽然具有自首情节,但犯罪情节特别恶劣、犯罪后果特别严重、被告人主观恶性深、人身危险性大,或者在犯罪前即为规避法律、逃避处罚而准备自首的,可以不从宽处罚。本案被告人张某某所犯盗窃罪虽系自首,对该罪可适当从宽处罚,但其所犯故意杀人罪情节特别恶劣,后果特别严重,还曾因犯偷税罪被判刑,应依法严惩。据此,最高人民法院依法核准被告人张某某死刑。[参见第718号指导案例,张某某故意杀人、盗窃案,载《刑事审判参考》总第81集(2011年第4集),第22~25页。撰稿:曾广东　姜远亮]

十五、被限制人身自由型自首认定的裁判旨意

○行政拘留期间交代公安机关尚未掌握的犯罪事实的行为,依法认定为自首

对于在行政拘留期间如实供述司法机关尚未掌握的抢劫犯罪事实的行为,应当适用刑法本条第一款,依法认定为自首。理由如下:(一)由于刑法本条第二款规定的"强制措施",是指刑事诉讼法总则第六章规定的拘传、取保候审、监视居住、拘留和逮捕,适用对象仅限于犯罪嫌疑人、被告人和正在服刑的罪犯。而行政拘留并不是刑事诉讼法意义上的强制措施,被行政拘留的人员是因为其实施了扰乱社会治安的一般违法行为,也不是犯罪嫌疑人、被告人或者正在服刑的罪犯。因此,被行政拘留人员在行政拘留或者劳动教养期间,如实供述自己的罪行的,不能适用刑法本条第二款。本案胡甲系因与人打架而被B市公安局行政拘留,C市公安局前往B市确认网上逃犯孟强的身份时亦未对胡甲采取刑事强制措施,胡甲在如实交代犯罪事实时人身虽然受到强制,但并非因犯他罪所致。既然不存在他罪,则无余罪可言,也即构成余罪自首的前提并不存在。因此与刑法本条第二款规定的余罪自首的主体特征不符。(二)《刑法》本条第二款规定,对于被采取强制措施的犯罪嫌疑人、被告人和正在服刑的罪犯,只要如实供述司法机关尚未掌握的本人其他罪行的,以自首论处。根据"举重以明轻"的原则,对于因实施一般违法行为而被行政拘留的人,主动如实供述司法机关尚未掌握的犯罪事实,也应当以自首论。如果因其未被采取强制措施而无法适用刑法本条第二款规定,不以自首论,显然有失公平,且与自首制度设立的初衷不符。(三)被行政拘留的人在行政拘留期间,向公安机关如实供述司法机关尚未掌握的犯罪事实的,实际上属于《解释》第一条规定的"罪行尚未被司法机关发觉,仅因形迹可疑被有关组织或者司法机关盘问、教育后,主动交代自己的罪行"的情形,应当视为自动投案,并因其如实供述自己的罪行,应当认定为自首。本案胡甲在因谎报身份被公安机关识破后,对其进行盘问,虽然胡甲如实交代抢劫犯罪事实的行为具有一定的被迫性,并非完全出于自愿,但胡甲谎报身份毕竟只能引起B市公安机关的怀疑,B市公安机关并没有任何证据证实胡甲在A市实施了抢劫犯罪行为,即使经C市公安机关核实胡甲不是其自报的孟强,B市公安机关仍没有掌握胡甲的抢劫犯罪事实。因此,胡甲交代其在A市实施的抢劫犯罪事实,仍具有一定的主动性,对于胡甲因谎报身份、"形迹可疑",被B市公安机关盘问后,如实供述在A市实施了抢劫犯罪的行为,应当认定为自首。[参见《刑事审判参考》总第33辑(2003年第4辑),法律出版社,第168~169页。]

▽行政拘留期间交代自己犯罪行为的不能认定为自首

虽然行为人在未被侦查机关采取刑事强制措施之前,主动递交了自首书,交代了自己的抢劫犯罪事实,表面看来似乎符合自首的要件,但从案件的整个侦破过程来看,其是在侦查机关以侦破案件为目的已对其进行人身控制的情况下才交代其犯罪事实的,不能认定为自首。具体理由如下:1. 从时间上看,行为人书写并递交自首书晚于侦查机关确定其为犯罪嫌疑人并对其进行讯问的时间,不具备《解释》第一条第一项规定的"自动投案"的时间条件。2. 从空间上看,侦查机关发现行为人有赌博违法行为将其行政拘留,其人身已经被控制,因而丧失了自动投案的空间条件。行政拘留虽然本质上不同于刑事强制措施,但也属于对人身自由的一种限制。3. 从进一步的侦查活动来看,行为人被行政拘留后,侦查机关即对其采取了进一步的侦查措施,其交代抢劫犯罪事实是出于被他人检举而被动供述,不具备自首"主动性"的条件。4. 从自首书的内容看,行为人交代的情况并不完全属实,有虚假成分,故不具备自首"如实供述"的条件。[参见第468号案例,张得潮等抢劫案,载《刑事审判参考》总第59集(2007年第6集),法律出版社,第35~37页。执笔:秦鹏]

▽犯罪后潜逃国外,因非法入境被外国警方扣押,在此期间主动供述其在国内所犯罪行的行为,应认定为自首

仅从刑法及有关司法解释的条文表述看,对向外国警方"自首"的行为,很难应以自首认定。按照《刑法》本条第二款和最高人民法院《解释》关于准自首的规定,准自首的犯罪人必须主动如实供述其司法机关尚未掌握的罪行。这里所称的司法机关,从维护国家司法主权的角度,犯罪嫌疑人必须向我国司法机关自首,才符合刑法的规定。但如从自首的本质特征以及自首制度的设立宗旨考虑,有必要对一些特殊案件中"准自首"涉及的"司法机关"作适当的扩大解释,即将其理解为亦包括外国司法机关在内,即应当肯定向外国警方"自首"的行为也符合自首的成立条件。自首的本质特征是犯罪人主动将自己的罪行交付国家追诉;立法创设自首制度的宗旨主要在于裨益案件的及时侦破和审理,降低司法成本,提高诉讼效率,并鼓励犯罪人悔过自新。而向外国警方"自首"行为,一方面,无疑也符合自首的本质特征。另一方面,对这类行为以自首认定,也符合设立自首制度的宗旨。被告人向外国警方"自首"的行为,对于案件及时处理,以及节约司法成本,提高诉讼效率,显然具有积极意义。被告人向外国警方"自首"所可能带来的后果即其以因此将被遣返或引渡回国受审,应当是知道的,而他仍向外国警方"自首",这足以说明他有与国内准自首犯相同的认罪悔过心态。鉴于此,对其认定自首,完全符合立法和政策精神,有利于感召有类似背景的犯罪人走上弃旧从新的道路。当然,对向外国警方投案、交代罪行的"自首"行为最终能否以自首认定,仍需依照《刑法》和《解释》规定的法定条件来认定。[参见第6号案例,谢源初故意伤害案,载《刑事审判指导》总第1辑(2004年第1辑),人民法院出版社,第35～36页。执笔:薛淑兰]

▽杀人潜逃后使用化名,后又因犯新罪被采取强制措施期间,向司法机关主动交代真实身份及所犯故意杀人罪的,对于前罪不构成自首,仅属于坦白

对于在被采取强制措施期间,如实供述司法机关尚未掌握的本人其他罪行的情况,理论界一般称为余罪自首。对于余罪自首的认定,应当从以下三个方面进行审查:

第一,必须是如实供述余罪。最高人民法院《意见》规定,如实供述自己的罪行,"除供述自己的主要犯罪事实外,还应包括姓名、年龄、职业、住址、前科等情况"。该规定要求行为人不仅要供述所犯余罪罪行,还要交代其真实身份。对于隐瞒自己的真实身份等情况,影响对其定罪量刑的,不能认定为如实供述自己的罪行。被告人孟某某因故意伤害被公安机关刑事拘留,在羁押期间向公安机关不仅主动交代了自己故意杀人的罪行,还如实供述了自己的真实身份,即之前是冒用其弟"孟某敏"的姓名等身份情况,其真实身份是孟某某。

第二,所供余罪必须是本人的其他罪行,与所犯新罪不属于选择性罪名或者不存在事实、法律上的关联。最高人民法院《解释》第二条的规定和《意见》对"不同种罪行"的认定又作了进一步规定:"犯罪嫌疑人、被告人在被采取强制措施期间如实供述本人其他罪行,该罪行与司法机关已掌握的罪行属同种罪行还是不同种罪行,一般应以罪名区分。虽然如实供述的其他罪行的罪名与司法机关已掌握犯罪的罪名不同,但如实供述的其他犯罪与司法机关已掌握的犯罪属选择性罪名或者在法律、事实上密切关联……应认定为同种罪行。"虽然孟某某如实供述的故意杀人犯罪与司法机关已掌握的故意伤害犯罪,犯罪事实均系孟某某因与被害人产生矛盾后,持菜刀砍击被害人,但两者分属不同罪名,且不存在法律或事实上的关联,属于不同种罪行。

第三,所供述余罪必须为司法机关不掌握。该条件是认定此类情形是否构成余罪自首的关键。对何为"司法机关还未掌握的本人其他罪行",《意见》规定:"犯罪嫌疑人、被告人在被采取强制措施期间,向司法机关主动如实供述本人的其他罪行,该罪行能否认定为司法机关已掌握,应根据不同情形区别对待。如果该罪行已被通缉,一般应以该司法机关是否在通缉令发布范围内作出判断,不在通缉令发布范围内的,应当认定为还未掌握,在通缉令发布范围内的,应视为已掌握;如果该罪行已录入全国公安信息网络在逃人员信息数据库,应视为已掌握。如果该罪行未被通缉、也未录入全国公安信息网络在逃人员信息数据库,应以该司法机关是否已实际掌握该罪行为标准。"需要指出的是,该条意见针对的是行为人身份信息明确的情形。如果行为人潜逃期间或者因新罪到案后为掩盖漏罪或者前科,长期使用化名或者自报虚假身份,即便该行为人被公安机关上网通缉,该余罪亦难以为司法机关所掌握。因此,不能简单以"是否在司法机关通缉令发布范围内"或"该罪行是否录入全国公安信息网络在逃人员信息数据库"作为司法机关是否掌握的标准,而应本着实事求是、具体情况具体分析的态度审查判断,不宜搞"一刀切"。认定司机机关是否掌握余罪罪行,既不能把握得过窄,影响行为人交代余罪的积极性,又不能放得过宽,导致行为人借助余罪自首减轻罪责。对于行为人采用化名的情形,司法审判中应当综合审查在案证据,结合公安机关侦查惯例等情况,具体分析司法机关有无掌握其余罪的条件与可能,对于行为人外逃后长期使用化名,司法机关对其真实身份的查证又无其他任何线索的,如果行为人因实施其他犯罪到案后如实交代真实身份信息及所犯余罪,可以认定构成余罪自首。如果司法机关有明确、清晰的查证身份线索,不宜认定行为人对余罪构成自首。

就本案而言,首先,根据公安机关出具的《在逃人员登记/撤销表》及《协查通报》,被告人孟某某因故意杀人逃跑后,公安机关于1997年10月7日向各地公安机关、看守所等发布了抓捕孟某某的协查通报;于2002年4月1日又在全国范围内对孟某某上网追逃。虽然孟某某因故意伤害在廊坊市公安局看守所羁押期间,如实供述了自己的杀人罪行,但公安机关具备了解和掌握其所犯余罪的客观条件和正规途径。其次,孟某某使用"孟某敏"的化名已有数年,并以"孟某敏"的身份信息伪造了身份证。公安机关在孟某某主动交代前,并不掌握其真实身份信息,但孟某某所持有的第一、二代身份证,均系伪造且被公安机关起获,其冒充他人身份信息的情况已露出破绽。同时,孟某某冒充的是其弟"孟某敏"的身份信息,根据公安机关侦查惯例,公安人员按照正常的工作程序,在调取"孟某敏"的户籍材料,查证行为人与"孟某敏"身份关系的活动中,亦能了解孟某某的真实身份及所犯余罪罪行。由此可见,孟某某使用"孟某敏"化名,对公安机关掌握其余罪罪行并不构成实质障碍。故孟某某在廊坊公安局看守所羁押期间,如实供述自己真实身份及杀人罪行的行为不符合"如实供述司法机关还未掌握的本人其他罪行"的规定,不应认定为自首。

需要说明的是,之所以对余罪自首采用比一般自首更为严格的认定标准,主要考虑到犯罪嫌疑人已被采取强制措施,属被动归案,司法机关有深挖余罪的职责,犯罪嫌疑人有如实回答的义务。当然,上述对"司法机关是否掌握"认定标准的界定,并不会造成变相鼓励犯罪嫌疑人、被告人编造和使用没有任何查证线索的化名的情况。就孟某某而言,其主动交代真实身份,如实供述其以前所犯罪行的行为,虽不能认定为余罪自首,但已构成坦白。2011年施行的《刑法修正案(八)》已将坦白上升为法定从宽处罚情节,审判机关可以根据其坦白价值大小、所犯罪行严重程度等情节,在量刑时决定对其是否予以从轻。孟某某故意杀人,致2人死亡、2人轻伤,在逃期间又犯故意伤害罪,主观恶性与人身危险性大,虽有坦白情节,不足以从宽处罚,故法院判处并核准死刑。[参见第965指导案例,孟某某故意杀人、故意伤害案,载《刑事审判参考》总第97集(2014年第2集),第54~56页。撰稿:王雪枫]

十六、投案动机目的类型自首认定的裁判旨意

▽犯罪分子的投案动机和目的不影响自首成立

《解释》第一条第一款第一项对自动投案成立的条件作了明确规定,对犯罪分子成立自动投案的投案动机并没有进行限制,即并没有要求犯罪分子的投案动机只能是去接受"审判"。犯罪分子只要有主动投案的意思即可,甚至可以不需要具体的投案行为,"经查实确已准备去投案,或者正在投案途中,被公安机关捕获的,应当视为自动投案"。或者犯罪分子只要客观上有主动到案的行为,主观上可以有不情愿的成分,并非出于犯罪嫌疑人主动,而是"经亲友规劝、陪同投案的;公安机关通知犯罪嫌疑人的亲友,或者亲友主动报案后,将犯罪嫌疑人送去投案的,也应当视为自动投案"。可见,投案动机不影响自动投案的成立。自首的立法精神主要是为瓦解分化犯罪分子,提高刑事案件的办案效率,节约司法成本。从犯罪分子投案及供述行为的客观结果考虑,只要有利于司法机关查清有关事实并顺利进行审判,就可认定为自动投案,因此,"投案后又逃跑的,不应当认定为自首"。至于犯罪分子出于何种动机,对于认定自动投案及自首并不起决定作用。因此,犯罪分子在被采取强制措施前,主动到有关单位反映案件事实,没有隐瞒自己在其中的作用,没有逃避可能的刑事处理,不论其反映案件事实的真实目的如何,均应认定为自动投案。[参见第381号案例,董保卫、李志林等盗窃、收购赃物案,载《刑事审判参考》总第48集(2006年第1集),法律出版社,第27~28页。执笔:方炯　谭劲松]

▽自动投案的动机,不影响自首的成立

行为人自动投案的动机多种多样,有的是真诚悔罪,有的是畏惧惩罚,有的是出于无奈,有的抱着其他想法,甚至有的还想钻法律的空子。投案的动机虽各有不同,但是都不影响自首的成立,只是司法机关在裁量决定对自首者是否从宽处罚以及从宽处罚幅度时考虑的因素,故即便是行为人为泄私愤的动机,并不影响自首的成立。[参见第66号案例,姚伟林、刘宗培、庄晓华非法制造注册商标标识案,载《刑事审判参考》总第9辑(2000年第4辑),法律出版社,第14页。执笔:杨万明]

▽与单纯为了接受审判或意图减轻犯罪后果的自动投案有区别的认定

根据最高人民法院《解释》第一条第一项的规定,"犯罪嫌疑人因病、伤或者为了减轻犯罪后果,委托他人代为投案,或者先以信电投案的",应当视为自动投案。也就是说,犯罪嫌疑人首先要有投案的动机,但因有病、有伤的身体原因不能前去投案,而委托他人或者以信、电投案,才能认定为自动投案。本案被告人是因为先后用刀剖腹、割腕、割喉等方法自杀未果,因疼痛难忍,才用手机拨打"110"报警。被告人供述以及对其供述的同步录音和电视台采访录像,均可证实被告人打电话报警的真实想法"杀了肖某后,想自杀,就用刀在自己的肚子上猛划了两刀,肠子都流出来了,还呕吐了,但没死;就又用刀朝左手腕划了几下,也没死,又用刀割自己的喉咙,然后割右手腕,最后还是没有死成。其间,还爬到窗台上想跳楼自杀。之后,因疼痛难忍,就用自己的手机拨打了'110'报警。民警来了后,就送到了医院。"由于被告人拨打"110"报警时其对被害人已经痛下杀手,其自动投案对于救治被害人已无任何意义。因此,被告人自动投案与单纯为了接受审判或意图减轻犯罪后果的自动投案有所区别。此外,被告人当时身受重伤,即使其不打"110"报警,亦难以逃跑只有等待死亡或者被发现并被抓获两种选择,其自动投案对于节约司法成本并无实际意义。综上,被告人故意杀人的犯罪手段极其残忍,犯罪后果和罪行极其严重。被告人虽有意图杀死女友后殉情的情节,但与那些因感情纠葛、女方有过错或者同女方相约自杀的案件存在一定区别。被告人对主要犯罪事实翻供,其行为不成立自首,且在审判阶段仍然坚持其翻供内容,认罪态度不好,无任何从轻处罚情节,加之本案民愤极大,依法应当判处其死刑立即执行。[参见第705号指导案例,李吉林故意杀人案,载《刑事审判参考》总第80集(2011年第3集),第82~83页。撰稿:刘妙香 牛克乾 王玉琦]

十七、其他类型自首认定的裁判旨意

▽协助抓获犯罪嫌疑人,或脱逃后再投案,应认定具有投案行为

不论是侦查人员让犯罪嫌疑人去协助抓获其他犯罪嫌疑人,还是该犯罪嫌疑人脱逃,只要其能够再到司法机关投案,就应认定其具有投案行为,如果能够如实供述所犯罪行,就应认定其具有投案自首情节。[参见第373号案例,梁国雄、周观杰等贩卖毒品案,载《刑事审判参考》总第47集(2005年第6集),法律出版社,第34~46页。执笔:薛淑兰 蔡金芳]

▽将体貌特征与犯罪嫌疑人一致的人带回讯问,并经教育才交代罪行的,不视为自首

公安机关根据证人关于被告人的体貌特征与犯罪嫌疑人的体貌特征一致的证言,特别是在找到被告人,发现其右面颊部有一条与证人陈述的犯罪嫌疑人相符的疤痕时,即确认被告人是重要的犯罪嫌疑人,并将其带回派出所,经过教育后,被告人才开始交代犯罪事实。因此,被告人是在公安机关将其作为犯罪嫌疑人进行讯问后,才交代罪行,并非是在公安机关完全不掌握其犯罪线索的情况下,主动交代罪行。其行为不符合最高人民法院《解释》的规定,不能作为自首对待。[参见第105(102)号案例,梁小红故意杀人案,载《刑事审判参考》总第16集(2001年第5集),法律出版社,第27页。执笔:王桂霄]

▽自诉案件中自首情节的认定

自诉案件并不排斥自首的存在。自诉案件是相对于公诉案件而言的,是我国刑事诉讼法根据提起诉讼的主体不同而作的程序上的分类。对实体问题的认定,无论是公诉案件,还是自诉案件,其认定依据只能是刑法的规定。关于自首,我国刑法本条仅规定了自首的成立条件及其处罚原则,并未对可以成立自首的案件性质作任何限制。也就是说,只要符合自首成立的法定条件,无论是公诉案件还是自诉案件,都应当认定为自首。[参见第172号案例,刘某诉江某故意伤害案,载《刑事审判参考》总第25

辑(2002年第2辑),法律出版社,第52~54页。执笔:魏传治]

▽在一人犯数罪且只对其中一罪有自首的情况下,自首从轻的效力仅及于自首之罪

根据《解释》第一条第一款第二项第一目“犯有数罪的犯罪嫌疑人仅如实供述所犯数罪中部分犯罪的,只对如实供述部分犯罪的行为,认定为自首”的规定,被告人所犯故意伤害罪是在其被抓获后、司法机关尚不掌握的情况下主动供述的,应以自首论,并可以从轻或者减轻处罚。但由于被告人所犯抢劫罪,罪行极其严重,依法必须判处死刑,在数罪并罚后,其所犯故意伤害罪被判处无期徒刑已被所犯抢劫罪被判处死刑所吸收,故在决定执行刑罚时,只能按照数罪并罚的原则决定执行死刑。[参见第86号案例,王国清等抢劫、故意伤害、盗窃案,载《刑事审判参考》总第13辑(2001年第2辑),法律出版社,第5~6页。执笔:刘树德 刘香]

▽行为人在交通肇事后自首的,且通过亲属积极赔偿被害方的经济损失,取得被害方谅解的,一般应予从宽处罚

《最高人民法院关于贯彻宽严相济刑事政策的若干意见》第一条规定,贯彻宽严相济刑事政策,要根据犯罪的具体情况,实行区别对待,做到该宽则宽,当严则严,宽严相济,罚当其罪。第十七条和第二十三条进一步规定,对于自首的被告人,除了罪行极其严重、主观恶性极深、人身危险性极大,或者恶意地利用自首规避法律制裁者除外,一般均应当依法从宽处罚;被告人案发后对被害人积极进行赔偿,并认罪、悔罪的,依法可以作为酌定量刑情节予以考虑,犯罪情节轻微,取得被害人谅解的,可以依法从宽处理。本案被告人在驾车行驶过程中,违反道路交通管理法规,造成致一人死亡的重大交通事故,且负事故主要责任,其行为已构成交通肇事罪,依法判处其有期徒刑一年零六个月。但没有认定被告人在交通肇事后,积极报警施救并接受交警处理的行为构成自首。二审法院经审理查明,认为该行为构成自首;同时,在二审审理过程中,被告人的亲属与被害人的亲属达成了和解协议,赔偿了被害人经济损失人民币20万元,取得了被害人亲属的谅解,被害人亲属也请求法院对被告人从轻处罚。综上,二审法院认为,被告人交通肇事后,有自首情节,可以对其从轻处罚;被告人在庭审中,认罪态度好,并真诚悔罪,通过其亲属积极赔偿被害人的经济损失,可以酌情对其从轻处理。二审法院撤销了一审法院的判决,以被告人犯交通肇事罪,判处有期徒刑一年,缓刑一年零六个月。综合本案的犯罪性质、情节、危害后果及行为人的主观恶性、人身危险性以及犯罪后的悔罪表现,根据宽严相济的刑事政策,对犯罪分子适用缓刑确实不致再危害社会的,可以宣告缓刑。[参见第696号指导案例,谭继伟交通肇事案,载《刑事审判参考》总第80集(2011年第3集),第14~15页。撰稿:周军 张眉]

▽被告人虽系毒品再犯,但结合具体案情可认定其真诚悔罪,犯罪行为无实质危害的,属于自首条款中的“犯罪较轻”,对其可免除处罚

在常见的毒品案件中,对非法持有甲基苯丙胺(冰毒)100多克的犯罪确实无法作出“犯罪较轻”的认定,但本案的具体情节确实较为特殊,需与一般案件区别对待。本案被告人在公安机关事先完全不掌握其犯罪线索的情况下主动上交其非法持有的毒品,这种做法在司法实践中比较罕见。第一,从客观上看,其上交毒品的行为使其非法持有毒品行为的社会危害性明显低于一般的同类犯罪,其犯罪行为对社会也没有造成任何实质危害,并且极大地节约了司法资源,对其行为多方面的积极意义应在量刑时予以充分考虑。第二,从主观上看,被告人投案的动机是与毒品决裂,痛改前非,尽心赡养老母。在公安机关未掌握其犯罪线索的情况下,其完全可以采取私下销毁毒品等方式,既实现自己的目的,又逃避法律制裁,但为表示真诚悔改的态度,其将毒品上交公安机关,愿意接受刑事处罚,说明其悔罪态度真诚、坚决,再次实施毒品犯罪的可能性很小。被告人虽系毒品再犯,但其人身危险性明显不同于一般的毒品犯罪分子。第三,对被告人给予最大程度的从宽处罚,对教育、感化毒品犯罪分子,鼓励涉毒人员主动远离毒品具有良好的示范效应。因此,综合上述三方面因素分析,对被告人的非法持有毒品行为认定为“犯罪较轻”,进而对其免除处罚,符合罪刑相适应原则。二审法院综合考量犯罪行为具体的社会危害性和犯罪人的人身危险程度,灵活适用量刑规范化规定,改判被告人犯非法持有毒品罪,免予刑事处罚,定罪准确,量刑适当,取得了良好的法律效果和社会效果。

值得注意的是,一审、二审在被告人是否构成累犯问题上作出了不同的处理,产生分歧的原因是一审、二审对被告人所犯非法持有毒品罪判处刑罚不同。一审认为,对被告人应以非法持有毒品罪判处有期徒刑,后罪符合刑法第六十五条规定的"应当判处有期徒刑以上刑罚"的刑度条件,故认定被告人构成累犯。二审认为,根据其所犯罪行,不必判处有期徒刑以上刑罚,故未认定被告人构成累犯。[参见第1084号指导案例,周某非法持有毒品案,载《刑事审判参考》总第103集,第73~74页。撰稿:余剑 吴炯]

十八、自首情节中一些概念的认定

▽亲首、代首、陪首、送首的认定

自动投案是成立自首必须具备的法定条件。如何理解和认定自动投案,《解释》第一条规定,"自动投案,是指在犯罪事实或者犯罪嫌疑人未被司法机关发觉,或者虽被发觉,但犯罪嫌疑人尚未受到讯问、未被采取强制措施时,主动、直接向公安机关、人民检察院或者人民法院投案"。可见,典型的、标准的自动投案,是指投案人具有自动性,即要求犯罪嫌疑人本人"主动、直接"向司法机关投案。自动投案的典型表现,是自己亲自投案(亲首),或者让别人代为投案(代首)。但是,司法实践中经常出现并非出于犯罪嫌疑人的主动,而是经其亲友规劝、陪同投案,或者由其亲友送去投案的情况。鉴于此,《解释》第一条还规定:"并非出于犯罪嫌疑人主动,而是经亲友规劝、陪同投案的;公安机关通知犯罪嫌疑人的亲友,或者亲友主动报案后,将犯罪嫌疑人送去投案的,也应当视为自动投案。"这就是通常所讲的陪首、送首。对陪首、送首的情况,也视为犯罪嫌疑人自动投案,实际上是把特殊情况下亲友的自动性视为了犯罪嫌疑人的自动性。在陪首、送首这些特殊的形态下,当时犯罪嫌疑人可能并不是很情愿,送首归案,还可能是带有一定的强制性。将这种情况也视为是"自动投案",主要是为了鼓励犯罪嫌疑人的亲友协助司法机关同犯罪作斗争,协助司法机关侦查破案。[参见第369号案例,孙传龙故意杀人案,载《刑事审判参考》总第47集(2005年第6集),法律出版社,第7~8页。执笔:陈殿福、张云周]

第六十八条 【立功】犯罪分子有揭发他人犯罪行为,查证属实的,或者提供重要线索,从而得以侦破其他案件等立功表现的,可以从轻或者减轻处罚;有重大立功表现的,可以减轻或者免除处罚。

刑法本条第二款原文:犯罪后自首又有重大立功表现的,应当减轻或者免除处罚。(本条第二款是根据《中华人民共和国刑法修正案(八)》之九删掉的,2011年5月1日起施行。)

■最高人民法院、最高人民检察院关于办理职务犯罪案件认定自首、立功等量刑情节若干问题的意见(2009年3月12日)(以下简称《职务意见》)

二、关于立功的认定和处理

立功必须是犯罪分子本人实施的行为。为使犯罪分子得到从轻处理,犯罪分子的亲友直接向有关机关揭发他人犯罪行为,提供侦破其他案件的重要线索,或者协助司法机关抓捕其他犯罪嫌疑人的,不应当认定为犯罪分子的立功表现。

据以立功的他人罪行材料应当指明具体犯罪事实;据以立功的线索或者协助行为对于侦破案件或者抓捕犯罪嫌疑人要有实际作用。犯罪分子揭发他人犯罪行为时没有指明具体犯罪事实的;揭发的犯罪事实与查实的犯罪事实不具有关联性的;提供的线索或者协助行为对于其他案件的侦破或者其他犯罪嫌疑人的抓捕不具有实际作用的,不能认定为立功表现。

犯罪分子揭发他人犯罪行为,提供侦破其他案件重要线索的,必须经查证属实,才能认定为立功。审查是否构成立功,不仅要审查办案机关的说明材料,还要审查有关事实和证据以及与案件定性处罚相关的法律文书,如立案决定书、逮捕决定书、侦查终结报告、起诉意见书、起诉书或者判决书等。

据以立功的线索、材料来源有下列情形之一的,不能认定为立功:(1)本人通过非法手段或者非法途径获取的;(2)本人因原担任的查禁犯罪等职务获取的;(3)他人违反监管规定向犯罪分子提供的;(4)负有查禁犯罪活动职责的国家机关工作人员或者其他国家工作人员利用职务便利提供的。

犯罪分子检举、揭发的他人犯罪,提供侦破其他案件的重要线索,阻止他人的犯罪活动,或者协助司法机关抓捕的其他犯罪嫌疑人,犯罪嫌疑人、被告人依法可能被判处无期徒刑以上刑罚的,应当认定为有重大立功表现。其中,可能被判处无期徒刑以上刑罚,是指根据犯罪行为的事实、情节可能判处无期徒刑以上刑罚。案件已经判决的,以实际判处的刑罚为准。但是,根据犯罪行为的事实、情节应当判处无期徒刑以上刑罚,因被判刑人有法定情节经依法从轻、减轻处罚后判处有期徒刑的,应当认定为重大立功。

对于具有立功情节的犯罪分子,应当根据犯罪的事实、性质、情节和对于社会的危害程度,结合立功表现所起作用的大小、所破获案件的罪行轻重、所抓获犯罪嫌疑人可能判处的法定刑以及立功的时机等具体情节,依法决定是否从轻、减轻或者免除处罚以及从轻、减轻处罚的幅度。

■最高人民法院关于处理自首和立功具体应用法律若干问题的解释(1998年5月9日)

第五条　根据刑法第六十八条第一款的规定,犯罪分子到案后有检举、揭发他人犯罪行为,包括共同犯罪案件中的犯罪分子揭发同案犯共同犯罪以外的其他犯罪,经查证属实;提供侦破其他案件的重要线索,经查证属实;阻止他人犯罪活动;协助司法机关抓捕其他犯罪嫌疑人(包括同案犯);具有其他有利于国家和社会的突出表现的,应当认定为有立功表现。

第六条　共同犯罪案件的犯罪分子到案后,揭发同案犯共同犯罪事实的,可以酌情予以从轻处罚。

第七条　根据刑法第六十八条第一款的规定,犯罪分子有检举、揭发他人重大犯罪行为,经查证属实;提供侦破其他重大案件的重要线索,经查证属实;阻止他人重大犯罪活动;协助司法机关抓捕其他重大犯罪嫌疑人(包括同案犯);对国家和社会有其他重大贡献等表现的,应当认定为有重大立功表现。

前款所称"重大犯罪"、"重大案件"、"重大犯罪嫌疑人"的标准,一般是指犯罪嫌疑人、被告人可能被判处无期徒刑以上刑罚或者案件在本省、自治区、直辖市或者全国范围内有较大影响等情形。

■最高人民法院关于处理自首和立功若干具体问题的意见(2010年12月22日)

四、关于立功线索来源的具体认定

犯罪分子通过贿买、暴力、胁迫等非法手段,或者被羁押后与律师、亲友会见过程中违反监管规定,获取他人犯罪线索并"检举揭发"的,不能认定为有立功表现。

犯罪分子将本人以往查办犯罪职务活动中掌握的,或者从负有查办犯罪、监管职责的国家工作人员处获取的他人犯罪线索予以检举揭发的,不能认定为有立功表现。

犯罪分子亲友为使犯罪分子"立功",向司法机关提供他人犯罪线索、协助抓捕犯罪嫌疑人的,不能认定为犯罪分子有立功表现。

五、关于"协助抓捕其他犯罪嫌疑人"的具体认定

犯罪分子具有下列行为之一,使司法机关抓获其他犯罪嫌疑人的,属于《解释》第五条规定的"协助司法机关抓捕其他犯罪嫌疑人":(1)按照司法机关的安排,以打电话、发信息等方式将其他犯罪嫌疑人(包括同案犯)约至指定地点的;(2)按照司法机关的安排,当场指认、辨认其他犯罪嫌疑人(包括同案犯)的;(3)带领侦查人员抓获其他犯罪嫌疑人(包括同案犯)的;(4)提供司法机关尚未掌握的其他案件犯罪嫌疑人的联络方式、藏匿地址的,等等。

犯罪分子提供同案犯姓名、住址、体貌特征等基本情况,或者提供犯罪前、犯罪中掌握、使用的同案犯联络方式、藏匿地址,司法机关据此抓捕同案犯的,不能认定为协助司法机关抓捕同案犯。

六、关于立功线索的查证程序和具体认定

被告人在一审、二审审理期间检举揭发他人犯罪行为或者提供侦破其他案件的重要线索，人民法院经审查认为该线索内容具体、指向明确的，应及时移交有关人民检察院或者公安机关依法处理。

侦查机关出具材料，表明在三个月内还不能查证并抓获被检举揭发的人，或者不能查实的，人民法院审理案件可不再等待查证结果。

被告人检举揭发他人犯罪行为或者提供侦破其他案件的重要线索经查证不属实，又重复提供同一线索，且没有提出新的证据材料的，可以不再查证。

根据被告人检举揭发破获的他人犯罪案件，如果已有审判结果，应当依据判决确认的事实认定是否查证属实；如果被检举揭发的他人犯罪案件尚未进入审判程序，可以依据侦查机关提供的书面查证情况认定是否查证属实。检举揭发的线索经查确有犯罪发生，或者确定了犯罪嫌疑人，可能构成重大立功，只是未能将犯罪嫌疑人抓获归案的，对可能判处死刑的被告人一般要留有余地，对其他被告人原则上应酌情从轻处罚。

被告人检举揭发或者协助抓获的人的行为构成犯罪，但因法定事由不追究刑事责任、不起诉、终止审理的，不影响对被告人立功表现的认定；被告人检举揭发或者协助抓获的人的行为应判处无期徒刑以上刑罚，但因具有法定、酌定从宽情节，宣告刑为有期徒刑或者更轻刑罚的，不影响对被告人重大立功表现的认定。

七、关于自首、立功证据材料的审查

人民法院审查的自首证据材料，应当包括被告人投案经过、有罪供述以及能够证明其投案情况的其他材料。投案经过的内容一般应包括被告人投案时间、地点、方式等。证据材料应加盖接受被告人投案的单位的印章，并有接受人员签名。

人民法院审查的立功证据材料，一般应包括被告人检举揭发材料及证明其来源的材料、司法机关的调查核实材料、被检举揭发人的供述等。被检举揭发案件已立案、侦破，被检举揭发人被采取强制措施、公诉或者审判的，还应审查相关的法律文书。证据材料应加盖接收被告人检举揭发材料的单位的印章，并有接收人员签名。

人民法院经审查认为证明被告人自首、立功的材料不规范、不全面的，应当由检察机关、侦查机关予以完善或者提供补充材料。

上述证据材料在被告人被指控的犯罪一审、二审审理时已形成的，应当经庭审质证。

八、关于对自首、立功的被告人的处罚

对具有自首、立功情节的被告人是否从宽处罚、从宽处罚的幅度，应当考虑其犯罪事实、犯罪性质、犯罪情节、危害后果、社会影响、被告人的主观恶性和人身危险性等。自首的还应考虑投案的主动性、供述的及时性和稳定性等。立功的还应考虑检举揭发罪行的轻重、被检举揭发的人可能或者已经被判处的刑罚、提供的线索对侦破案件或者协助抓捕其他犯罪嫌疑人所起作用的大小等。

具有自首或者立功情节的，一般应依法从轻、减轻处罚；犯罪情节较轻的，可以免除处罚。类似情况下，对具有自首情节的被告人的从宽幅度要适当宽于具有立功情节的被告人。

虽然具有自首或者立功情节，但犯罪情节特别恶劣、犯罪后果特别严重、被告人主观恶性深、人身危险性大，或者在犯罪前即为规避法律、逃避处罚而准备自首、立功的，可以不从宽处罚。

对于被告人具有自首、立功情节，同时又有累犯、毒品再犯等法定从重处罚情节的，既要考虑自首、立功的具体情节，又要考虑被告人的主观恶性、人身危险性等因素，综合分析判断，确定从宽或者从严处罚。累犯的前罪为非暴力犯罪的，一般可以从宽处罚，前罪为暴力犯罪或者前、后罪为同类犯罪的，可以不从宽处罚。

在共同犯罪案件中，对具有自首、立功情节的被告人的处罚，应注意共同犯罪人以及首要分子、主犯、从犯之间的量刑平衡。犯罪集团的首要分子、共同犯罪的主犯检举揭发或者协助司法机关抓捕同案地位、作用较次的犯罪分子的，从宽处罚与否应当从严掌握，如果从轻处罚可能导致全案量刑失衡的，一般不从轻处罚；如果检举揭发或者协助司法机关抓捕的是其他案件中罪行同样严重的犯罪分子，一般应依法从宽处罚。对于犯罪集团的一般成员、共同犯罪的从犯立功的，特别是协助抓捕首要分子、主犯的，应当充分体现政策，依法从宽处罚。

■最高人民法院关于适用刑法时间效力规定若干问题的解释（1997年10月1日）

第五条　1997年9月30日以前犯罪的犯罪分子，有揭发他人犯罪行为，或者提供重要线索，从而得以侦破其他案件等立功表现的，适用刑法第六十八条的规定。

■最高人民法院、最高人民检察院、公安部、司法部关于跨省异地执行刑罚的黑恶势力罪犯坦白检举构成自首立功若干问题的意见（2019年10月21日）

（见本书刑法第六十七条附文）

▼全国部分法院审理毒品犯罪案件工作座谈会纪要（2008年12月22日）

七、毒品案件的立功问题

共同犯罪中同案犯的基本情况，包括同案犯姓名、住址、体貌特征、联络方式等信息，属于被告人应当供述的范围。公安机关根据被告人供述抓获同案犯的，不应认定其有立功表现。被告人在公安机关抓获同案犯过程中确实起到协助作用的，例如，经被告人现场指认、辨认抓获了同案犯；被告人带领公安人员抓获了同案犯；被告人提供了不为有关机关掌握或者有关机关按照正常工作程序无法掌握的同案犯藏匿的线索，有关机关据此抓获了同案犯；被告人交代了与同案犯的联系方式，又按要求与对方联络，积极协助公安机关抓获了同案犯等，属于协助司法机关抓获同案犯，应认定为立功。

关于立功从宽处罚的把握，应以功是否足以抵罪为标准。在毒品共同犯罪案件中，毒枭、毒品犯罪集团首要分子、共同犯罪的主犯、职业毒犯、毒品惯犯等，由于掌握同案犯、从犯、马仔的犯罪情况和个人信息，被抓获后往往能协助抓捕同案犯，获得立功或者重大立功。对其是否从宽处罚以及从宽幅度的大小，应当主要看功是否足以抵罪，即应结合被告人罪行的严重程度、立功大小综合考虑。要充分注意毒品共同犯罪人以及上、下家之间的量刑平衡。对于毒枭等严重毒品犯罪分子立功的，从轻或者减轻处罚应当从严掌握。如果其罪行极其严重，只有一般立功表现，功不足以抵罪的，可不予从轻处罚；如果其检举、揭发的是其他犯罪案件中罪行同样严重的犯罪分子，或者协助抓获的是同案中的其他首要分子、主犯，功足以抵罪的，原则上可以从轻或者减轻处罚；如果协助抓获的只是同案中的从犯或者马仔，功不足以抵罪，或者从轻处罚后全案处刑明显失衡的，不予从轻处罚。相反，对于从犯、马仔立功，特别是协助抓获毒枭、首要分子、主犯的，应当从轻处罚，直至依法减轻或者免除处罚。

被告人亲属为了使被告人得到从轻处罚，检举、揭发他人犯罪或者协助司法机关抓捕其他犯罪人的，不能视为被告人立功。同监犯将本人或者他人尚未被司法机关掌握的犯罪事实告知被告人，由被告人检举揭发的，如经查证属实，虽可认定被告人立功，但是否从宽处罚、从宽幅度大小，应与通常的立功有所区别。通过非法手段或者非法途径获取他人犯罪信息，如从国家工作人员处贿买他人犯罪信息，通过律师、看守人员等非法途径获取他人犯罪信息，由被告人检举揭发的，不能认定为立功，也不能作为酌情从轻处罚情节。

▼安徽省高级人民法院、安徽省人民检察院、安徽省公安厅关于办理毒品犯罪案件具体适用法律若干问题的指导意见（2015年3月11日）

七、毒品案件的立功问题

31. 被告人在案件审理期间检举揭发他人犯罪行为或者提供侦破其他案件线索的，人民法院经审查认为线索内容具体、指向明确的，应当及时移交有关人民检察院或者公安机关依法处理。

32. 证明立功的证据材料，一般应当包括被告人检举揭发材料及证明其来源的材料、司法机关的调查核实材料、被检举揭发人的供述等。有证据证明被告人是从非法渠道获得立功线索的,不认定为立功。被检举揭发案件已立案、侦破,被检举揭发人被采取强制措施、公诉或者审判的,还应审查相关的法律文书。证据材料应加盖接收被告人检举揭发材料的单位的印章,并有接收人员签名。

33. 根据被告人检举揭发破获的他人犯罪案件,已经有审判结果的,应当依据判决确认的事实,认定是否查证属实;被检举揭发的他人犯罪案件尚未进入审判程序的,可依据侦查机关提供的书面查证情况认定是否查证属实。检举揭发的线索经查确有犯罪事实发生,或者公安机关根据被告人检举揭发的线索确定了犯罪嫌疑人,可能构成重大立功,只是未能将犯罪嫌疑人抓获归案的,对被告人一般也应从宽处罚。

34. 毒品犯罪的被告人如实供述同案犯的姓名、住址、体貌特征、联络方式等信息,属于被告人应当供述的范围。公安机关根据被告人供述抓获同案犯的,不应认定其有立功情节。被告人具有下列行为之一的,应当认定其有立功情节:

(1)经被告人现场指认、辨认抓获了同案犯;

(2)被告人引领公安人员抓获了同案犯;

(3)被告人交代了与同案犯的联系方式,又按要求与对方联络,积极协助公安机关抓获了同案犯。

被告人提供了不为公安机关掌握或者公安机关按照正常工作程序无法掌握的同案犯藏匿的线索,公安机关据此抓获了同案犯,构成立功;但被告人提供的同案犯藏匿的线索系其犯罪前、犯罪中掌握的除外。

35. 对于被告人具有立功情节,同时又有累犯、毒品再犯等法定从重处罚情节的,既要考虑立功的具体情节,又要考虑被告人的主观恶性、人身危险性等因素,综合分析判断,确定从宽或者从严处罚。

36. 关于立功从宽处罚的把握,应当以立功是否足以抵罪为标准。犯罪集团的首要分子、共同犯罪的主犯检举揭发或者协助司法机关抓捕同案地位、作用较次的犯罪分子的,从宽处罚与否应当从严掌握,从轻处罚可能导致全案量刑失衡的,一般不从轻处罚;被告人检举揭发或者协助司法机关抓获的是其他案件中罪行同样严重的犯罪分子,一般应依法从宽处罚。对于犯罪集团的一般成员、共同犯罪的从犯立功的,特别是协助抓获首要分子、主犯的,应当充分体现政策,依法从宽处罚。

▼安徽省高级人民法院、安徽省人民检察院、安徽省公安厅、安徽省司法厅关于认真做好犯罪嫌疑人、被告人检举揭发和犯罪时年龄的查证工作的通知(全文)(2003年12月2日)

犯罪嫌疑人、被告人检举揭发他人犯罪行为(包括共同犯罪案件中的犯罪分子揭发同案犯共同犯罪以外的其他犯罪),或者提供侦破其他案件的重要线索(以下统称检举揭发)是否属实,是关系到能否认定犯罪嫌疑人、被告人具有(重大)立功表现,进而决定是否对其予以从轻、减轻或者免除处罚的重要问题。犯罪嫌疑人、被告人犯罪时的年龄是刑事诉讼中需要证明的一项重要事实,是确定犯罪嫌疑人、被告人刑事责任能力的重要因素。为了严格执行法律,确保办案质量和效率,现就认真、及时做好犯罪嫌疑人、被告人检举揭发及犯罪时的年龄的查证工作通知如下:

一、犯罪嫌疑人、被告人检举揭发的情况是否属实,一般应由对该犯罪嫌疑人、被告人犯罪案件进行侦查的公安机关或检察机关(下称原侦查机关)负责查证,并对查证结果出具书面材料。但如犯罪嫌疑人、被告人检举揭发所提供的线索不属于原侦查机关立案管辖范围的,由原侦查机关自收到检举揭发材料之日起三日内,将检举揭发材料移送有管辖权的同级公安机关或检察机关负责查证。该线索涉及内容在异地的,原侦查机关可商异地有关司法机关查证。

犯罪嫌疑人、被告人检举揭发材料应当具备被检举人的姓名、住址、作案时间、地点及主要事实等基本情况。检举揭发情况失实,或无法查证的,应由侦查机关作出说明。

二、人民检察院在审查起诉阶段收到犯罪嫌疑人、被告人的检举揭发材料后,应复印存查,并及时出具公函将原件转给原侦查机关查证。

三、第一审人民法院收到公诉案件被告人的检举揭发材料后，应复印存查，及时出具公函将原件转给提起公诉的人民检察院。人民检察院认为需要补充侦查的，可以建议第一审人民法院延期审理。

第二审人民法院收到被告人的检举揭发材料后，应复印存查，将原件转给第一审人民法院按照前款规定办理。第一审人民法院应将查证结果及时函复第二审人民法院。

自诉案件的被告人有检举揭发他人犯罪行的，受案人民法院应复印存查，及时出具公函将原件转给同级公安机关或人民检察院查证。

四、原侦查机关一般应在收到人民检察院、人民法院转来的犯罪嫌疑人、被告人的检举揭发材料的第二日起十五日内将查证结果函复发函单位（附检举揭发材料原件），如发函单位是人民法院，还应将复函抄送同级人民检察院，特殊情况可延长到三十日。

人民检察院收到检举揭发查证结果材料后，应在三日内将审查意见函告发函的人民法院。本条所涉的时间，均应在法律规定的诉讼时限内。

五、犯罪嫌疑人、被告人有检举揭发他人犯罪行为，经查证属实的才可认定为有（重大）立功表现。“经查证属实”是指：被检举揭发的事实存在，符合刑事案件立案条件的情形。

六、被判处管制、拘役、有期徒刑、无期徒刑、死刑缓期二年执行的犯罪分子在判决或裁定发生法律效力前有检举揭发行为，执行期间被查证属实的，负责查证的机关应及时将查证结果函告执行机关，执行机关可视其为在执行期间有（重大）立功表现，对该犯罪分子建议减刑。

构成重大立功表现，犯罪分子又有自首情节，且作出生效判决或裁定的人民法院对自首情节未予从轻或减轻处罚的，执行机关应在收到查证结果函之日起三日内将查证结果函告（附原件）作出生效判决或裁定的人民法院。人民法院审查认为需要按照审判监督程序提起再审的，应当通知同级人民检察院派员出庭参加审理，并应及时通知执行机关。

未提起再审的，执行机关按照本条第一款规定办理。

七、第二审人民法院发现被告人在一审期间有检举揭发可能构成重大立功表现，而第一审人民法院未经查证的，可以将案件发回重审。原公诉机关认为需要的，可以将案件退回侦查机关补充侦查。

被核准死刑的犯罪分子在行刑前有新的检举揭发行为、可能构成重大立功表现的，由第一审人民法院按照本《通知》第一条第一款规定办理。

八、公诉案件被告人的年龄，由原侦查机关负责查证（将查证结果附卷）。人民检察院在审查起诉阶段、人民法院在审判阶段，对犯罪嫌疑人、被告人犯罪时的年龄有异议的，由原侦查机关负责说明。如异议年龄涉及刑事责任认定的，由人民检察院或与人民法院共同调查核实，必要时可要求原桢查机关派员参加。

对自诉案件被告人犯罪时的年龄有异议涉及刑事责任认定的，由人民法院负责调查核实，必要时可商请公安机关协助。

发函请外地公安机关协助调查的，应附有犯罪嫌疑人、被告人的照片，由其亲属或者当地基层组织对查证的年龄核对无误后签名或盖章确认，当地公安机关应同时出具证明材料。

九、对犯罪嫌疑人、被告人，特别是可能判处死刑的被告人犯罪时的年龄是否已满十八周岁不清楚的，必须查证无误；如确实查不清的，人民检察院作出说明。

十、原侦查机关对犯罪嫌疑人、被告人检举揭发及犯罪时年龄的查证结果的材料需有承办人签名，并加盖单位印章。

▼广东省高级人民法院关于处理立功具体应用法律若干问题的指导意见（全文）（2008年11月5日）

【被告人检举、揭发构成立功的一般情形】

第一条　被告人到案后向公安、检察机关或人民法院检举、揭发他人犯罪行为或提供其他案件的重要线索,经查证属实或得以侦破其他案件的,应当认定被告人构成立功。

第二条 非在押被告人到案后因伤病或其他特殊原因而委托其辩护人、亲友向公安、检察机关或人民法院检举、揭发他人犯罪行为或提供其他案件的重要线索的,视为被告人本人检举、揭发。

第三条 下列情形的被告人的检举、揭发不构成立功:

(一)检举、揭发线索系由被告人以暴力、威胁手段获取的;

(二)被告人的亲友或其他关系人将其掌握的案件线索经监管人员、律师等违反监管规定的途径传递给在押被告人,由被告人检举、揭发的;

(三)负有侦查、起诉、审判犯罪职责的司法机关工作人员将其利用工作便利获得的他人犯罪线索提供给被告人,由被告人检举、揭发的;

(四)被告人犯罪前系负有侦查、起诉、审判犯罪职责的司法机关工作人员,犯罪后检举、揭发其利用工作便利获得的他人犯罪线索的。

第四条 审查被告人检举、揭发他人的犯罪行为是否经查证属实,参照下列标准进行:

(一)被检举的犯罪行为尚在侦查阶段,有侦查机关出具的公函证明对所检举之罪已查实并附有主要证据材料的,视为查证属实;

(二)被检举的犯罪行为在公诉机关审查起诉阶段,有侦查机关出具的起诉意见书的视为查证属实,但公诉机关经审查后认为证据不足决定对被检举人不予起诉的除外;

(三)被检举的犯罪行为在法院审理阶段,尚未宣判的,提供公诉机关出具的起诉书;已经宣判的,提供人民法院的有罪判决书,均视为查证属实。

【被告人检举、揭发构成立功的特殊情形】

第五条 被告人检举、揭发他人尚未着手实行或尚未实行完毕的犯罪行为,具有下列情形之一的,构成立功:

(一)被告人检举、揭发他人正在为犯罪准备工具、制造条件,经查证属实,且该预备行为确已构成犯罪的;

(二)被告人检举、揭发他人即将着手实施或正在实施某种具体的犯罪,侦查机关据此而阻止犯罪、侦破案件或抓获正在进行犯罪的被检举人的。

第六条 被告人检举、揭发他人的犯罪行为,经查证属实,但因被检举人死亡、犯罪已过追诉时效期限或被检举人具有其他法定不承担刑事责任事由而撤销案件、不起诉或终止审理的,仍应认定被告人的检举、揭发构成立功。

第七条 被告人为了立功或其亲友为了帮助被告人立功,具有下列制造新的犯罪的行为,不认定被告人立功:

(一)被告人直接或通过亲友引诱他人进行犯罪,被告人再对引诱对象实施或准备实施的犯罪检举、揭发的;

(二)被告人的亲友自行实施犯罪或收买、指使他人实施犯罪,再告知被告人检举、揭发的。

【被告人协助抓获同案犯或其他犯罪嫌疑人构成立功的条件】

第八条 被告人协助司法机关抓捕同案犯或其他犯罪嫌疑人,具有下列情形之一的,构成立功:

(一)被告人提供同案犯或其他犯罪嫌疑人经常出没地点、逃匿隐藏地、作案后的通讯号码等侦查机关通常情况下无法掌握的线索,侦查机关据此抓获同案犯或其他犯罪嫌疑人的;

(二)被告人提供同案犯的通讯号码虽属同案犯作案前所使用,但该通讯号码不是为共同犯罪所准备、没有在共同犯罪过程中所使用,且不为侦查机关所掌握,侦查机关据此抓获同案犯的;

(三)侦查机关根据被告人提供的线索虽未能直接抓获同案犯或其他犯罪嫌疑人,但根据该线索又查到其他线索从而抓获同案犯或其他犯罪嫌疑人的;

(四)已归案的被告人通过信函、电话等方式劝说同案犯或其他犯罪嫌疑人投案,同案犯或其他犯罪嫌疑人因此而自动投案的。

第九条 被告人虽有协助司法机关抓捕同案犯或其他犯罪嫌疑人的行为,属于下列情形之一的,不构成立功,但可以酌情予以从轻处罚:

(一)被告人如实交待同案犯的姓名、案发前经常居住地、为共同犯罪所准备或在共同犯罪过程中所使用的通讯号码等同案犯基本信息,侦查机关据此抓获同案犯的;

(二)被告人提供的同案犯或其他犯罪嫌疑人的下落信息准确,实际协助到位,但因侦查机关措施不当或其他意外原因而未能抓获同案犯或其他犯罪嫌疑人的。

【重大立功的条件】

第十条 被告人检举、揭发他人的犯罪行为、协助抓获同案犯或其他犯罪嫌疑人,被检举人、同案犯或其他犯罪嫌疑人可能被判处无期徒刑以上刑罚或者案件在本省、自治区、直辖市或者全国范围内有较大影响的,应当认定被告人构成重大立功。

第十一条 被告人检举、揭发他人的犯罪行为、协助抓获同案犯或其他犯罪嫌疑人,被检举人、同案犯或其他犯罪嫌疑人本应被判处无期徒刑以上刑罚,但因其具有自首、立功情节而未被判处无期徒刑以上刑罚的,不影响被告人重大立功的成立。

【对立功和相关情形的处理】

第十二条 被告人在一审判决前已经掌握其他人犯罪的线索,有条件检举、揭发而不检举、揭发,迟至一审宣判后才检举、揭发,严重影响审判效率的,即便其构成立功或重大立功,也可以不从轻处罚。

第十三条 被告人协助抓获同案犯或其他犯罪嫌疑人被认定为立功的,量刑时要综合考虑被告人提供抓获线索的准确度、协助的方式及所起作用的大小,决定从轻处罚的幅度。

第十四条 被告人亲属为了使被告人得到从轻处罚而协助司法机关抓获被告人的同案犯的,可以酌情对被告人从轻处罚。

第十五条 被告人检举、揭发他人的犯罪行为经侦查机关移送审查起诉后,检察机关审查认为证据不足而决定不起诉的,或检察机关起诉后人民法院判决被检举人无罪的,对原已认定被告人的检举、揭发构成立功的判决,可以按照二审程序或审判监督程序予以纠正。

第十六条 被告人在法院审理期间检举、揭发他人犯罪行为的,人民法院应当进行审查,被告人检举、揭发他人的犯罪行为缺乏具体的时间、地点、被检举人的身份情况等要素,明显没有查证必要的,可以不委托侦查机关查证。

第十七条 为提高审判效率,被告人在法院审理期间检举、揭发他人犯罪行为的,区别下列情况处理:

(一)被告人在法院一审开庭时或开庭后宣判前才检举、揭发他人犯罪行为的,一审法院经审查认为有查证必要的,应当转给公诉机关委托相关侦查机关进行查证,对侦查机关出具的查证材料可不再开庭质证,但应当交给控辩双方阅读并征求双方意见;

(二)被告人在法院一审宣判后才检举、揭发他人犯罪行为并提出上诉的,一审法院经审查认为有查证必要的,应当转给公诉机关委托相关侦查机关进行查证,对侦查机关出具的查证材料随案移送给二审法院;

(三)被告人在法院二审期间才检举、揭发他人犯罪行为的,二审法院经审查认为有查证必要的,对于开庭审理的案件,转给同级人民检察院委托相关侦查机关进行查证,对侦查机关出具的查证材料应当在庭审中进行质证;对于不开庭审理的案件,转给相关侦查机关进行查证,对侦查机关出具的查证材料应当交给被告人及其辩护人阅读并征求意见。

第十八条　本意见自下发之日起供全省各级人民法院参考适用。今后法律、司法解释作出新规定而本意见内容与之相抵触的,依照法律、司法解释的规定执行。

立功认定裁判旨意的分类

一、检举揭发型立功认定的裁判旨意

○贿赂犯罪案件中被告人"检举揭发"他人贿赂犯罪线索的,只能认定其"坦白交代"

根据《最高人民法院关于处理自首和立功具体应用法律若干问题的解释》(本附文以下简称《解释》)第五条规定的精神,检举揭发他人的犯罪,不包括被告人自己参与的犯罪。在贿赂犯罪中,受贿与行贿、介绍贿赂行为之间存在内在的联系,受贿人、行贿人或者介绍贿赂人在交代自己的贿赂犯罪事实时,必须讲清楚其受贿来源、行贿对象或者介绍贿赂双方情况。这就不是被告人到案后可讲可不讲的他人犯罪事实。如其不讲,是拒不如实交代本人的全部犯罪事实;讲了,显然也就不是刑法意义上的"揭发他人犯罪行为",更不属于提供重要犯罪线索,充其量只是其犯罪后的坦白交代。因此,对于这种情况,只能作为被告人本人能够坦白交代犯罪的酌定量刑情节。(《刑法修正案(八)》已将坦白在刑法第六十七条第三款中规定为法定从宽情节。——编著者注)[参见《刑事审判参考》总第23辑(2001年第12辑),法律出版社,第77~78页。]

▽揭发型立功中"他人犯罪行为"的认定

揭发型立功,关键在于犯罪分子揭发的是否是"他人犯罪行为",这就需要对"他人犯罪行为"与本人犯罪行为加以准确的区分。根据与本人犯罪行为是否具有关联性,可将他人犯罪行为区分为无关联性的他人犯罪行为与有关联性的他人犯罪行为。对于揭发与本人犯罪行为没有任何关系的他人犯罪行为,经查证属实的应当认定为立功。但对于揭发与本人犯罪行为具有某种关联性的他人犯罪行为是否属于揭发型立功中的"他人犯罪行为",则存在认识上的分歧。从刑法规定来看,具有关联性质的他人犯罪行为主要包括以下几类:一是共同犯罪中的他人犯罪行为,二是具有对合关系的犯罪中的他人犯罪行为,三是连累犯与基本犯中的他人犯罪行为。下面具体分析。1.共同犯罪中的他人犯罪行为。最高人民法院《解释》第六条对此明确规定,揭发同案犯共同犯罪事实的不能认定为立功,但考虑到这种行为有利于司法机关对其他同案犯的查处,在量刑上可酌情从宽处理。2.具有对合关系的犯罪中的他人犯罪行为。所谓具有对合关系的犯罪,是指双方主体各自实施的犯罪行为之间存在对应关系,共同促进双方犯罪行为的完成,缺少一方的犯罪行为,另一方的犯罪行为就无法实施或者完成。对于存在对合关系的犯罪而言,一方犯罪的实施或者完成以另一方的对应行为为条件,如没有行贿,受贿就无法完成。具有对合关系的犯罪,其构成要件相互涵摄了对应方的犯罪行为,任何一方在如实供述本人犯罪事实时也必然涉及对应方的犯罪行为,揭发对应方的犯罪行为并未超出其如实供述的范围,因此也就不存在揭发他人犯罪的问题。如行贿人在交代犯罪事实时必然交代相对应的受贿人的受贿事实,其行为当然不构成立功。3.连累犯与基本犯中的他人犯罪行为。连累犯是指在犯罪构成上以基本犯的相关人或物为犯罪对象的一种事后帮助型犯罪。连累犯的存在与成立以他人犯有相关犯罪为必要条件,以基本犯的存在为前提,没有基本犯,也就没有连累犯。连累犯不同于共同犯罪,连累犯与基本犯既不存在共同的犯罪行为,也不存在共同的犯罪故意;连累犯也不同于存在对合关系的犯罪,连累犯事后帮助行为与基本犯的犯罪行为之间也不存在对应关系。如果连累犯与基本犯事前通谋,则超出了事后帮助的范围,应将连累犯以基本犯的共犯论处。那么,连累犯与基本犯相互揭发是否属于揭发"他人犯罪行为",对此不能一概而论,应当区别不同情况进行认定。(1)基本犯揭发连累犯的。连累犯与基本犯存在的关联性体现在连累犯对基本犯的事后帮助上,连累犯是通过对基本犯提供销赃、窝藏、包庇等事后帮助行为,帮助基本犯的犯罪分子或者逃避法律制裁,或者利用其犯罪所得、维持其不法状态。应当说,连累犯对基本犯的事后帮助是通过基本犯的接受帮助行为来实现的,如果基本犯不接受帮助,连累犯就无法实施或者完成。据此,应当将基本犯接受连累犯帮助的行为视为不可罚的事后行为，基本犯在如实供述其基本犯罪事实时应当一并如实供述其接受连累犯所提供的帮助的行为。所谓不可罚的事后行为，是指犯罪成立后，即使实施与该犯罪相关联的事后的一定违法行为，也不处罚的情况。对于基本犯而言，行为人在犯罪行为完成以后，为了利用或确保其犯罪行为的不法利益，往往会进行一系列的事后行为，如将赃物进行销售，寻求他人对其提供资助帮助其逃匿等。对于这些事后行为，由于基本犯的行为人是在一个犯罪故意的支配下实施的，这些事后行为未对基本犯罪行为侵害的法益予以加深，而且法律对基本犯罪行为的处罚，足以涵摄事后行为的不法内涵。也就是说，立法者在确立基本犯罪行为的法定刑时，就已将这些具有一定社会危害性的事后行为一并加以考虑，作为不可罚的事后行为对待，不再另行定罪处罚。从这个意义上讲，基本犯在如实供述其基本犯罪行为的同时，应当一并如实供述不可罚的事后行为。由于不可罚的事后行为与连累犯存在对应关系，故基本犯揭发连累犯的没有超出如实供述的范围，不属于揭发"他人犯罪事实"，不能认定为立功。(2)连累犯揭发基本犯。对于连累犯揭发基本犯的，应当根据连累犯的犯罪构成是否能够涵摄基本犯的犯罪行为来判断。连累犯属于故意犯罪，从刑法所规定的各种连累犯的犯罪构成来看，无论是窝藏、包庇罪、洗钱罪，还是掩饰、隐瞒犯罪所得、犯罪所得收益罪、包庇毒品犯罪分子罪等，主观上都要求行为人明知行为对象系"犯罪的人"、"犯罪分子"或者"犯罪所得及其产生的收益"。但从刑法规定的情况来看，这种作为主观要件的明知包括两种情况：一是确定性明知。这是指连累犯对基本犯的具体犯罪行为要有明确的认识。之所以对部分连累犯规定确定性明知，往往是为了体现对这种连累犯进行重点惩处的刑事政策。对于要求对基本犯确定性明知的连累犯而言，基本犯的具体犯罪行为就已经为连累犯的犯罪构成所涵摄，那么连累犯在如实供述其犯罪事实时就应当一并供述其所知的基本犯的具体犯罪事实，故其揭发基本犯的具体犯罪事实就属于如实供述的范围，而不属于揭发"他人犯罪行为"，不能认定为立功。二是概括性明知。这是指刑法规定连累犯主观上只需对行为对象具有概括性的认识，无须对基本犯的具体犯罪行为有明确的认识。对于窝藏、包庇罪等连累犯而言，只要求行为人主观上明知系"犯罪的人"、"犯罪分子"或"犯罪所得及其产生的收益"即可，即属于一种概括性的明知，不需要对基本犯的具体犯罪行为有明确的认识。掩饰、隐瞒犯罪所得、犯罪所得收益罪、帮助犯罪分子逃避处罚罪等属于此类连累犯。这类连累犯的犯罪构成并不能涵摄基本犯的具体犯罪行为，其并无如实供述基本犯的具体犯罪行为的义务。因此，对于这类连累犯而言，揭发基本犯的具体犯罪行为就超出了其如实供述的范围，属于揭发"他人犯罪行为"，应当认定为立功。在基本犯揭发连累犯的情况下，由于无论基本犯接受多少事后帮助均不会加重其刑事责任，如果认定为立功就会造成制造的连累犯越多从宽幅度反而可能越大的现象，与立功制度的本意并不相符。但将只要求概括性明知的连累犯揭发基本犯的认定为立功，并不会出现这种现象。事实上，如果认定这种连累犯构成立功，将更有利于及时查处更为严重的犯罪行为，符合立功制度的立法意旨。[参见第499号案例，吴灵玉等抢劫、盗窃、窝藏案，载《刑事审判参考》总第63集(2008年第4集)，法律出版社，第36～41页。执笔：罗鹏飞　许秀]

▽检举他人较轻的罪行，审查中又发现被检举人另有重大罪行的，被告人的检举行为不构成重大立功

被告人仅检举他人较轻犯罪，审查中又发现被检举人有重大罪行的情况，只能根据被告人的检举内容、查证情况及被检举犯罪可能被判处的刑罚来认定被告人的行为构成一般立功还是重大立功。如果被告人仅检举他人一罪，侦查机关据此深挖又发现其他重大犯罪，虽然发现的重大犯罪并非被告人检举而不能认定被告人有重大立功表现，但考虑到其毕竟对侦查机关发现其他重大犯罪有一定的作用，因此，也可考虑作为酌定情节在量刑时予以考虑。[参见第178号案例，谢茂强等强奸、奸淫幼女案，载《刑事审判参考》总第26辑(2002年第3辑)，法律出版社，第23～25页。执笔：朱伟德]

▽对于检举揭发他人犯罪行为是否构成重大立功表现的审查认定

认定被告人检举揭发他人犯罪行为是否构成重大立功表现，应当以其所检举、揭发的他人具体犯罪行为在实际上是否可能被判处无期徒刑以上刑罚为标准,而不是指所揭发犯罪事实的量刑幅度中有无期徒刑这一刑种,也不是指被揭发人的实际宣告刑。本案被告人在被纪检机关“双规”后,揭发了刘某某受贿40万元一案,并经查证属实,后刘某某因该受贿犯罪被判处有期徒刑十年。被告人及其辩护人认为所揭发刘某某受贿犯罪属可能被判处无期徒刑以上刑罚之罪,应认定为重大立功表现。“重大犯罪行为”的标准,一般是指犯罪嫌疑人、被告人可能被判处无期徒刑以上刑罚或者案件在本省、自治区、直辖市或者全国范围内有较大影响的案件。立法机关设置检举揭发型立功的主要目的在于帮助国家发现犯罪,提高打击犯罪的效率,因此,这种立功的主要价值也在于所检举揭发罪行的社会危害性大小。所揭发罪行的社会危害性越大,揭发行为对国家和社会所作的贡献也就越大,应当受到国家更多的奖赏。这一点在《职务意见》中有明确体现“可能被判处无期徒刑以上刑罚,是指根据犯罪行为的事实、情节可能被判处无期徒刑以上刑罚。案件已经判决的,以实际判处的刑罚为准”。另外,由于我国刑法规定的具体犯罪法定刑幅度都比较宽,几乎所有规定无期徒以上刑罚的犯罪的量刑幅度均为“十年以上有期徒刑、无期徒刑(或者死刑)”。在这种情况下,如果将《解释》第七条规定理解为所揭发罪行的法定量刑幅度内包括无期徒刑这一刑种,不但与立法本意不符,也会在司法实践中模糊一般立功与重大立功的界限,因此,这种理解是不正确的。根据上述分析,对被告人检举、揭发他人犯罪是否属于重大立功表现的判断,应当以所检举、揭发的他人具体犯罪行为在实际上是否可能被判处无期徒刑以上刑罚为标准,而不是指所揭发犯罪的量刑幅度中有无期徒刑这一刑种。在被告人所揭发他人犯罪行为未经终审判决的情况下,应根据所揭发具体犯罪行为的社会危害性大小,判断是否可能被判处无期徒刑以上刑罚,确定是否构成重大立功表现;在所揭发他人犯罪已经判决的情况下,当然应以实际判决情况确定其揭发情节是否构成重大立功,但应注意一点,这里的实际判决情况是指在不考虑被告人所具有的法定、酌定从宽情节下,被告人可能被判处的刑罚。根据《职务意见》第六条的规定,被告人检举揭发他人犯罪行为应判处无期徒刑以上刑罚,但因具有法定、酌定从宽情节,宣告刑为有期徒刑或者更轻刑罚的,不影响对被告人重大立功情节的认定。[参见第695号指导案例,王志勤贪污、受贿案,载《刑事审判参考》总第80集(2011年第3集),第6~7页。撰稿:蔡智玉]

▽如何理解把握构成立功所要求的“到案后”

刑法本条并未对构成立功时间条件进行限定,根据最高人民法院《解释》第五条的规定,“犯罪分子到案后有检举、揭发他人犯罪行为……应当认定为有立功表现”,由此可见,司法解释采取了限制解释的立场,只有“到案后”才可能构成立功。本案中,被告人李虎协助司法机关抓捕同案犯时,司法机关尚未掌握其涉案,李虎有完全的人身自由。故李虎协助司法机关抓捕同案犯的行为并非在“到案后”实施,其行为不符合构成立功的时间条件,具体理由如下:立功制度蕴含的功利主义价值取向更为突出,其基本出发点就在于,通过对立功的犯罪分子在量刑时从宽处罚,鼓励犯罪分子检举、揭发他人犯罪,协助司法机关侦破案件,抓获其他犯罪嫌疑人,或者做出其他对社会有贡献的行为。换言之,立功是一种“将功赎罪”的刑罚奖励制度。为了克服追求功利主义可能带来的负面影响,对可构成立功的领域范围(主要限于与查缉犯罪相关)及时间条件予以限制,以体现公正价值,确有必要性。特别是从司法实践来看,因《解释》将“其他有利于国家和社会的突出表现”也视为立功,如果不将立功限定为“到案后”,则立功的范围漫无边际、认定上流于随意,将给犯罪分子逃避法律制裁以可乘之机,有损法律的权威和公正。“到案后”一般情况下,意味着犯罪分子的人身自由已受到一定程度的控制,犯罪分子将功赎罪的主观愿望才明晰化,也能防止立功制度的滥用。因此,《解释》将立功的起始时间明确为“到案后”,是科学的。“到案后”一般应理解为犯罪分子在被有关机关或个人控制之下或者其自愿置于有关机关或个人的控制之下。当然,对“到案后”也不能机械地理解为司法机关为办案之目的而控制犯罪分子之后,还可以包括其他有关机关、单位等发现犯罪分子有违法犯罪嫌疑而接触、控制犯罪分子之后。实践中,犯罪分子主动到有关机关投案交代自己的罪行并揭发他人犯罪,只是由于种种原因公安司法机关对其犯罪行为未予及时立案的,也不影响对其立功情节的认定。《解释》所规定的"到案后"虽然主要是限定立功成立的时间要件,但从一定程度上,也可体现犯罪分子"将功赎罪"的主观意愿。对实践中存在的犯罪分子虽尚未置于有关机关控制之下(现实到案),但有证据证实其确已准备投案或者在投案途中,其实施协助抓捕同案犯、向司法机关提供侦破其他案件的线索等符合立功客观要件行为的,对其应当认定为立功。[参见第1125号指导案例,李虎、李善东故意伤害案,载《刑事审判参考》总第105集,第65~67页。撰稿:侯天柱]

二、协助侦查机关抓捕同案犯型立功认定的裁判旨意

○协助公安机关抓获未被检察机关起诉的犯罪嫌疑人的行为不应构成立功

最高人民法院《解释》对立功问题作出了具体的解释,这是我们认定立功的法律依据。《解释》第五条规定,协助公安机关抓获犯罪嫌疑人的,应当认定为有立功表现。该规定虽不以被抓获的人已经审判并被确认为有罪为条件,但必须以有权机关即侦查、公诉机关确认其涉嫌犯罪为前提,且确因被告人的作用,使该犯罪嫌疑人被司法机关抓获。法院认定被告人是否具有"协助公安机关抓获犯罪嫌疑人"的立功表现,必须以有权机关确认被抓获的人是否涉嫌犯罪为基础,如果被抓获的人不具有犯罪嫌疑,或者开始虽被列为犯罪嫌疑人,但法院在对被告人作出裁判前,被抓获的人的犯罪嫌疑被解除,则被告人不具有或开始虽具有但随后又丧失了构成立功的条件。这当然有可能出现以下两种情形:一是有权机关确认被抓获的人未涉嫌犯罪,但在法院对被告人作出不构成立功的判决后,被抓获的人又经法定程序被确认为有罪;二是有权机关确认被抓获的人涉嫌犯罪,但在法院对被告人作出立功的判决后,该犯罪嫌疑人又经法定程序被确认为无罪。无论属于上述何种情况,原判关于被告人是否属于立功的认定都将出错。但这种错误是程序运作本身所可能蕴含的,是无法绝对避免的,且错也不在原判法院。因为,第一,确认被告人协助公安机关抓获的人是否涉嫌犯罪的职权和职责在于公安或检察机关,法院无职权也无职责自行对被抓获的人是否涉嫌犯罪进行侦查,因而只能依据公安或检察机关的意见行事;第二,囿于法定审理期限的限制,法院通常不可能去等待被抓获的犯罪嫌疑人经法院审判被确认犯罪后再认定被告人是否构成立功。因此,司法解释从及时审判和有利于被告人的角度出发,只要求对被抓获的人经有权机关确认涉嫌犯罪即可。至于法院据此认定被告人构成立功或不构成立功后又发生的变化,只能依照法定程序再作相应的处理,如二审改判或提起再审。本案被告人供称李某曾向其购买过毒品,并在公安机关的授意、安排下,主动与李某联系并向其出售毒品,致使李某因涉嫌贩卖毒品被抓获。但检察机关经审查后认为,李某的行为不构成犯罪,决定不予起诉。既然李某已被确认不构成犯罪,被告人的上述行为也就不具有法律意义,认定立功也就失去了前提。即使检察机关对李某不起诉的决定可能有错误,法院也无权改变或否定检察机关的决定,况且由于检察机关不指控,法院未经审判,也不能认为李某构成犯罪。以检察机关对李某无罪不起诉的决定可能有错为由,从而认为李某构成立功的认识,不符合《解释》第五条上述规定的精神。因此对本案被告人的行为不予认定为立功是合适的。需要说明的是,司法实践中,确实存在侦查或公诉机关在确认被告人"协助抓获的人"是不是"犯罪嫌疑人"时发生错误的可能,从而直接影响到法院对被告人是否构成立功的认定,有时甚至影响到法院对被告人要不要判处死刑立即执行。在这种情形下,如法院确实不能排除被告人有可能构成立功时,应当在对被告人量刑时留有余地,以待将来纠正、弥补。[参见《刑事审判参考》总第26辑(2002年第3辑),法律出版社,第209~211页。]

▽"可能被判处的刑罚"的认定

根据最高人民法院《解释》的规定,协助司法机关抓捕其他重大犯罪嫌疑人的立功,必须是可能被判处无期徒刑以上刑罚的重大犯罪嫌疑人。所谓"可能"被判处的刑罚,应当是指根据被抓获的犯罪嫌疑人所犯罪行,可能判处的刑罚,而不是指对该犯罪嫌疑人的最后宣告刑。[参见第373号案例,梁国雄、周观杰等贩卖毒品案,载《刑事审判参考》总第47集(2005年第6集),法律出版社,第44~45页。

执笔:薛淑兰 蔡金芳]

▽虽然刑法条文没有明确对有重大立功表现的可以从轻处罚,但如果对有重大立功表现的不予减轻或者免除处罚,一般也要考虑予以从轻处罚

刑法条文规定不是很明确,这就需要进行论理解释,即按照立法精神,联系有关规定,进行逻辑论证,以作出符合立法本意的解释。刑法本条对有重大立功表现的处罚原则,是在对有一般立功表现的处罚原则基础上加以规定的,对于一般立功,规定可以从轻或者减轻处罚,对于重大立功,则规定可以减轻或者免除处罚。显然,重大立功应当比一般立功处罚更加从宽。虽然刑法条文没有明确对有重大立功表现的可以从轻处罚,但如果对有重大立功表现的不予减轻或者免除处罚,一般也要考虑予以从轻处罚,这样解释是符合立法解释和法律逻辑的。对于立功特别是重大立功予以刑法上的积极评价,并在对行为人裁量刑罚时作为从轻、减轻处罚的事由充分予以考虑,适当从宽处理,体现惩办与宽大相结合的刑事政策。[参见第289号案例,刘群、李国才抢劫、诈骗案,载《刑事审判参考》总第37集(2004年第2集),法律出版社,第42~45页。执笔:李祥民]

▽"协助司法机关抓捕同案犯"的认定

对"协助司法机关抓捕同案犯"的认定:最高人民法院在《全国法院审理毒品犯罪案件工作座谈会纪要》中对如何认定毒品犯罪的被告人协助公安机关抓获同案犯构成立功的问题时作出回答,即"认定被告人是否构成该项立功,应当根据被告人在公安机关抓获同案犯中是否确实起了协助作用。如经被告人当场指认、辨认抓获了同案犯;带领公安人员抓获了同案犯;被告人提供了不为有关机关掌握或者有关机关按照正常工作程序无法掌握的同案犯藏匿的线索,抓获了同案犯等情况,均属于协助司法机关抓获同案犯,应认定为立功。"其基本精神是,如果没有被告人的协助,公安机关难以抓获同案犯;正是由于有了被告人的协助,才使公安机关得以抓获同案犯。可以说,这个"说明"虽然是针对毒品犯罪而作,但其基本精神对于准确理解何种情形属于"协助司法机关抓捕同案犯"同样具有重要的指导意义。通常,公安机关只有在犯罪嫌疑人或被告人带领下才能抓获案犯的情况下,或者便于押解的情况下,才会决定由被告人带领公安人员抓获案犯。如公安机关认为犯罪嫌疑人或被告人提供的线索已足够清晰,即使没有其带领亦不影响抓捕工作,或者在不便于押解的情况下,就没有必要让犯罪嫌疑人或被告人带领前去抓捕。关键是根据该"线索"能否抓到,是否真正起到"协助"作用,而不是带领不带领。因此,不能简单地认为"未带领公安人员前去抓捕"就不属于协助司法机关抓获同案犯。[参见第249号案例,梁延兵等贩卖、运输毒品案,载《刑事审判参考》总第32辑(2003年第3辑),法律出版社,第71~73页。执笔:张思敏]

▽已归案的犯罪分子协助公安机关抓捕其他犯罪嫌疑人的构成立功,认定的标准在于是否有协助行为以及协助行为对抓捕其他犯罪嫌疑人是否起了作用,而不是协助行为所起作用的大小

对于已归案的犯罪分子协助公安机关抓捕其他犯罪嫌疑人,构成立功的条件有两个:一是客观上有无协助公安机关抓捕其他犯罪嫌疑人的行为;二是协助行为对抓捕其他犯罪嫌疑人是否起到了作用。至于协助行为对于抓捕其他犯罪嫌疑人所起作用的大小,司法解释并未规定。也就是说,对于已归案的犯罪分子协助抓获其他犯罪嫌疑人的,只要协助行为对抓捕其他犯罪嫌疑人确实起到了作用,无论所起作用的大小,都应认定为立功。关于协助行为所起作用大小的问题,只是在认定构成立功的前提下,对被告人量刑时应当予以考虑的问题,即在决定是否给予被告人从轻、减轻或免除处罚以及从轻、减轻处罚的幅度时,应当予以考虑的因素。刑法之所以规定对有立功表现的被告人可以从宽处罚,其目的在于通过鼓励已归案的犯罪嫌疑人检举、揭发他人犯罪,提供侦破其他案件的重要线索,或者协助司法机关抓获其他犯罪嫌疑人等形式,有效地协助司法机关及时破案,节约司法资源,同时,给予犯罪人悔过自新、改恶从善的机会。已归案的犯罪分子协助司法机关稳住其他犯罪嫌疑人,从而使该犯罪嫌疑人被公安机关顺利抓获的情形,完全符合立功制度的立法意旨,应当认定为立功。[参见第438

号案例，陈佳嵘等贩卖、运输毒品案，载《刑事审判参考》总第55辑(2007年第2辑)，法律出版社，第55~56页。执笔：王飞]

▽对具有重大立功表现但罪行极其严重的毒品犯罪分子，可不予从轻处罚

对有立功表现的犯罪分子是否从宽处罚，应结合犯罪分子所犯罪行及全案情节进行综合考虑。对于犯罪分子虽然有立功和重大立功表现，但罪行极其严重的，也可不予从轻处罚。为此，2008年12月最高人民法院印发的《全国部分法院审理毒品犯罪案件工作座谈会纪要》指出，关于立功从宽处罚的把握，应以功是否足以抵罪为标准。在毒品共同犯罪案件中，毒枭、毒品犯罪集团首要分子、共同犯罪的主犯、职业毒犯、毒品惯犯等，由于掌握同案犯、从犯、马仔的犯罪情况和个人信息，被抓获后往往能协助抓捕同案犯，获得立功或者重大立功。对其是否从宽处罚以及从宽幅度的大小，关键是看功是否足以抵罪，即应结合被告人罪行的严重程度、立功大小综合考虑。要充分注意毒品共同犯罪人以及上、下家之间的量刑平衡。对于毒枭等严重毒品犯罪分子立功的，从轻或者减轻处罚应当从严掌握。如果其罪行极其严重，只有一般立功表现，功不足以抵罪的，可不予从轻处罚；如果其检举、揭发的是其他犯罪案件中罪行同样极其严重的犯罪分子，或者协助抓获的是同案中的其他首要分子、主犯，功足以抵罪的，原则上可以从轻或者减轻处罚；如果协助抓获的只是同案中的从犯或者马仔，功不足以抵罪，或者从轻处罚后全案处刑明显失衡的，可不予从轻处罚。[参见第540号案例，张树林等走私、贩卖、运输毒品案，载《刑事审判参考》总第67集(2009年第2集)，法律出版社，第80~81页。撰稿：李睿懿]

▽罪行极其严重，虽有重大立功，但功不抵罪，不予从轻处罚

对于毒枭等严重毒品犯罪分子立功的，从轻或者减轻处罚应当从严掌握。首先，对位居贩毒网络上线的"毒枭"，且海洛因大部分出自其手，是毒品的主要源头，且其贩卖毒品数量大、纯度高，社会危害极大，罪行极其严重；其次，由于行为人在贩卖毒品环节中居于顶端，掌握着同案犯、从犯、马仔的犯罪情况和个人信息，被抓获后容易协助抓捕其他较小的毒犯，容易获得立功甚至重大立功，故最高人民法院最终核准了行为人的死刑判决。[参见第541号案例，吴乃亲贩卖毒品案，载《刑事审判参考》总第67集(2009年第2集)，法律出版社，第84~86页。撰稿：黄嵩]

▽只要其提供的线索对公安机关抓获犯罪嫌疑人起到实际帮助作用，依法应当认定为"协助司法机关抓获其他犯罪嫌疑人"

最高人民法院《解释》对立功的司法认定进行了细化，规定犯罪分子到案后协助司法机关抓获其他犯罪嫌疑人的(以下简称协助抓捕)，应当认定为有立功表现。司法实践中，协助抓捕行为，既包括为司法机关抓捕其他犯罪嫌疑人提供重要线索的行为，也包括直接带领司法人员去抓捕的行为。本案被告人的行为属于第一种情形，但其特殊之处在于，网上逃犯李某某被抓获前的藏匿地点是其户籍所在地，而公安机关对李某某户籍所在地这一信息已经掌握并曾实施过抓捕但未果。判断行为人提供的线索是否属于抓捕其他犯罪嫌疑人的重要线索，关键在于行为人提供线索的行为在公安机关的抓捕行动中是否起到实际帮助作用，并且应当以公安机关是否实际将有关犯罪嫌疑人抓捕归案作为确认依据，即行为人的检举行为和公安机关抓获其他犯罪嫌疑人之间是否具有直接的因果关系。在本案被告人检举的李某某的藏匿地点是其户籍所在地，虽然该地址已为公安机关掌握，但该信息系被作为犯罪嫌疑人的基本信息情况，而非作为李某某被抓获前的明确藏匿地为公安机关所掌握。实际情况是，公安机关曾实施抓捕未果后即失去了李某某藏匿地的线索，而正是被告人的检举行为明确了李某某被捉获前的藏匿地点为其户籍所在地，才使公安机关启动指向明确的追捕行动，并实际抓获了李某某。应当说，被告人的检举行为对公安机关成功抓获李某某起到了实际帮助作用，该检举行为与公安机关抓获李某某之间是有直接因果关系的。在被告人提供的线索指引下，公安机关及时抓获了犯罪嫌疑人，破获案件，节省了司法资源，符合立功制度设立的意旨，应当认定为协助司法机关抓获其他犯罪嫌疑人。[参见第607号指导案例，汪光斌受贿案，载《刑事审判参考》总第72集(2010年第1集)，第76~77页。撰

稿：邹小莉　付海平]

▽协助抓获盗窃同案犯,该同案犯因抢劫罪被判死缓,不能构成重大立功

最高人民法院《解释》《职务意见》没有从主观方面对立功、重大立功予以条件限制,但是司法实践中对立功、重大立功的把握仍应坚持主客观相统一原则,不应当只考虑客观结果,而忽视主观条件,且对犯罪嫌疑人的认定应当以立功时为准。(一)对"立功不问主观"的再认识——认定的主观要求。在司法实践中,司法人员对立功的认定主要是从客观结果方面把握,日久积淀了一条"立功不问主观"的经验法则。立功并非"不问主观",而是对主观方面的要求有一定的特殊性:首先,立功对行为人在主观上是否认罪、悔罪没有特定要求。立功是一种功利性的制度设计,对犯罪分子实施立功行为的主观心态没有很高的要求,不要求犯罪分子是基于认罪悔罪而立功。即使犯罪分子拒不认罪、悔罪,只要其实施了检举、揭发他人犯罪事实或者协助抓捕他人行为,并查证属实或者抓获他人归案,也应当认定为立功;其次,立功不要求犯罪分子对立功的结果有明确的认识,因为犯罪分子对于何谓重大犯罪、重大犯罪嫌疑人一般缺乏准确的判断,不能把犯罪分子准确地认识到自己行为的意义作为认定其行为是否构成立功或重大立功的条件。主客观相统一原则是贯穿我国刑事立法和司法总的基本原则,立功制度也必须坚持这一总的原则。首先,从意识因素分析:其一,立功必然有主观目的,虽然认罪、悔罪态度不在要求之列,但要求犯罪分子必须是有意识地为减轻罪责而实施的行为。犯罪分子无意间透露了他人的犯罪线索,或者在不能控制自己的意志时碰巧阻止了他人的犯罪行为,都不能认定为立功;其二,犯罪分子对立功的内容有一个概括的认识,尽管这一认识不要求十分精确。如犯罪分子是检举揭发他人犯罪行为,那么应当对他人犯罪事实有一定的了解。如犯罪分子是阻止他人犯罪活动,那么应当对他人犯罪活动有一定的觉察。如犯罪分子是协助抓捕其他重大犯罪嫌疑人,那么应当对其他犯罪嫌疑人所实施的重大犯罪事实有一定的掌握。其次,从意志因素分析,犯罪分子对立功内容必须不是持反对态度。犯罪分子对协助抓捕行为不但是持希望的态度,而且对司法机关能够查证认定立功所依据的犯罪事实持不反对的态度。本案被告人在自己因盗窃被抓获的情况下,既没有供述自己的抢劫事实,也没有揭发樊某某的抢劫事实,可见其主观上并不希望他们犯下的抢劫事实被司法机关发现,其对司法机关抓获樊某某之后所查证的犯罪事实结果在内心意志上是持反对之态。因此,认定立功的依据只能是司法机关所查证属实的盗窃事实,而不是抢劫事实。(二)对"重大犯罪嫌疑人"的再认识——认定的时间要求。一般而言,从协助抓捕犯罪嫌疑人到最终查实该犯罪嫌疑人的犯罪事实有一个时间段,而《解释》《职务意见》对认定重大犯罪嫌疑人的时间点均未予以明确规定。在协助抓捕型立功中,认定是否属于《解释》中的重大犯罪嫌疑人应当有一定的时间要求,即应当以实施协助抓捕行为时犯罪分子所揭发的犯罪事实或者侦查机关所掌握的犯罪事实为依据。犯罪分子协助抓捕其他犯罪嫌疑人时,根据犯罪分子揭发的犯罪事实或者侦查机关已经掌握的犯罪事实可能判处无期徒刑以上刑罚的,应认定该犯罪分子为重大犯罪嫌疑人;根据当时犯罪分子揭发的犯罪事实或者司法机关已经掌握的犯罪事实虽然尚不能明确能否判处无期徒刑以上刑罚,但根据已经掌握的犯罪线索,通过继续侦查所查证的犯罪事实,确定可能判处无期徒刑以上刑罚的,也可以认定为重大犯罪嫌疑人;但如果根据当时犯罪分子揭发的犯罪事实或者侦查机关已经掌握的犯罪事实不能确定为重大犯罪嫌疑人,而是根据抓捕之后查明的其他犯罪事实才确定其为重大犯罪嫌疑人的,不属于《解释》第七条中的"重大犯罪嫌疑人"。综上,对本案被告人的协助抓捕行为宜认定构成一般立功,而非重大立功。[参见第614号指导案例,张令、樊业勇抢劫、盗窃案,载《刑事审判参考》总第73集(2010年第2集),第39～43页。撰稿:夏伟　陈霞]

▽打电话约出同案犯,并为公安机关抓捕进行指认的,应认定为"协助司法机关抓捕其他犯罪嫌疑人"

最高人民法院发布《解释》后又于2010年12月22日发布了《最高人民法院关于处理自首和立功

若干具体问题的意见》(本条附文以下简称《意见》)。这两个规定逐步明确了立功的构成条件、对量刑的具体影响,将实际存在的各种立功情形具体化、规范化。《解释》第五条规定的"协助司法机关抓捕其他犯罪嫌疑人(包括同案犯)的",属于刑法本条第一款规定的"犯罪分子到案后有检举、揭发他人犯罪行为",应当认定为有立功表现。该条规定明确了犯罪分子协助抓捕同案犯的也构成立功。《意见》第五条第一款进一步明确了犯罪分子具有四种行为之一,使司法机关抓获其他犯罪嫌疑人的,属于《解释》第五条规定的"协助司法机关抓捕其他犯罪嫌疑人"。同时,《意见》第五条第二款又厘定了不属于"协助司法机关抓捕其他犯罪嫌疑人"的情形,即犯罪分子提供同案犯姓名、住址、体貌特征等基本情况,或者提供犯罪前、犯罪中掌握、使用的同案犯联络方式、藏匿地址,司法机关据此抓捕同案犯的。本案被告人刘某某归案后经过公安机关法制教育,交代了同案犯王某某的联系电话,表示愿意配合公安机关抓捕王某某,并按照公安机关的安排拨打电话联系上王某某,假意约定去百盛茶餐厅商量再次作案。之后,公安机关在刘某某的指认下抓获了赴约的王某某。被告人刘某某的上述行为同时符合《意见》第五条规定的第一种情形和第二种情形,应当认定为"协助司法机关抓捕其他犯罪嫌疑人"。需要注意的是,如果被告人只是提供了同案犯的姓名、住址、体貌特征等基本情况,或者提供了其与同案犯用于联系作案的电话号码、谋议地点,而没有当场辨认、指认同案犯,或者没有按照司法机关的安排将同案犯约至指定地点,或者没有带领侦查人员抓获同案犯的,按照《意见》第五条第二款的规定,是不能认定为"协助司法机关抓捕同案犯"的。例如,被告人杨某某、常某某共同实施抢劫后,逃离现场至外地躲藏。由于二人经济拮据,经商议决定由常某某先回家乡筹措钱款,再将钱寄给杨某某。常某某在回家途中被公安机关在火车上抓获,常某某向公安机关提供了杨某某的联系方式,由于杨某某本人没有手机,常某某所提供的是与杨某某共同躲藏时杨某某所使用的其女朋友的手机号码。后公安机关根据该手机号码,使用技术侦查手段抓获了仍在外地躲藏的杨某某。本案中常某某提供了同案犯的联络电话,公安机关也据此抓获了同案犯,常某某的行为能否认定为"协助司法机关抓捕其他犯罪嫌疑人"?根据《意见》第五条第二款的规定,常某某的行为不能认定为"协助司法机关抓捕其他犯罪嫌疑人"。因为常某某提供的联络电话是犯罪过程中所掌握、使用的同案犯联络方式,属于其应当如实供述的犯罪事实的内容。司法机关虽然根据该联络方式抓获了同案犯,但既不是通过常某某指认、带领抓获的,也不是在常某某与同案犯约好了见面地点后抓获的,而是通过技术手段抓获的。因此,常某某的行为不符合《意见》第五条所列举的"协助司法机关抓捕其他犯罪嫌疑人"的四种情形。当然,常某某如实供述其在犯罪过程中与同案犯杨某某的联系方式,对公安机关及时抓获杨某某所起的作用是不可否认的,可以根据"坦白从宽"的刑事政策,对常某某酌情从轻处罚。[参见第706号指导案例,王奕发、刘演平敲诈勒索案,载《刑事审判参考》总第80集(2011年第3集),第86~88页。撰稿:杨华　姜君伟]

▽对职务犯罪案件被告人"协助抓捕其他犯罪嫌疑人"的重大立功情节,需要根据司法解释规定的"协助抓捕"的本质特征,结合案件的具体情况实事求是地予以认定

如何确定立功与如实供述犯罪事实的界限成为准确认定该量刑情节的关键。在共同犯罪中,司法机关已经掌握了共同犯罪的事实,同时,《刑事诉讼法》(1996年修订的——编著者注)第九十三条要求犯罪嫌疑人履行如实回答侦查人员的提问的义务。在共同犯罪案件的侦查中,同案犯的基本情况,包括同案犯的姓名、住址、体貌特征、联络方式等是侦查人员的讯问内容之一,属于犯罪嫌疑人应如实回答的内容。犯罪嫌疑人提供同案犯的基本情况,仅仅是履行了应当承担的法律义务,而不是协助抓捕同案犯。因此,《意见》第五条规定,单纯向司法机关提供上述情况的,不能认定为协助司法机关抓捕同案犯,犯罪分子不构成立功。但是,如果犯罪分子根据司法机关的安排,采取各种有效方式将其他同案犯所处位置予以明确,从而使侦查机关抓获其同案犯的,该行为则超出了被告人应当供述的内容,应当认定为协助抓捕其他犯罪嫌疑人的立功表现。但基于犯罪行为的复杂性、多样性,法律规范不可能穷尽所有协助抓捕同案犯的行为类型,需要办案人员在司法实践中予以个案认定。本案被告人李某某不但如实供述了同案犯的基本情况,而且在被采取强制措施接受讯问的同时,通过电话指引侦查人员到吴某住处将其抓获,与其本人带领侦查人员抓获吴某的行为性质和效果无异。因此,尽管李某某本人未亲身到场,但其行为与“带领侦查人员抓获其他犯罪嫌疑人(包括同案犯)”具有实质上的等同性,符合立功制度的价值取向和刑法设立该制度的立法本意。因此,法院认定李某某的行为构成立功并不违反法律规对重大立功的认定,《解释》提出了明确的标准。根据规定,犯罪分子协助司法机关抓捕其他重大犯罪嫌疑人(包括同案犯)的,应当认定为有重大立功表现;而“重大犯罪嫌疑人”的标准,一般是指犯罪嫌疑人、被告人可能被判处无期徒刑以上刑罚或者案件在本省、自治区、直辖市或者全国范围内有较大影响等情形。本案李某某的上述立功表现使侦查机关抓获了同案犯吴某,而吴某在共同犯罪中起主要作用,系主犯,应按照其参与的全部犯罪予以处罚。现有证据证明,吴某挪用公款达970余万元,数额巨大且不退还,其法定刑为十年以上有期徒刑或者无期徒刑,属于可能被判处无期徒刑的犯罪分子,而吴某最终亦被判处无期徒刑,属于上述司法解释中的“重大犯罪嫌疑人”。因此,李某某的行为应被认定为重大立功表现。[参见第709号指导案例,吴某、李某某挪用公款案,载《刑事审判参考》总第80集(2011年第3集),第108~110页。撰稿:丁学君 田虎]

▽对职务犯罪案件中具有自首和重大立功情节的被告人,应当在全面考察其各项量刑情节和被告人的人身危险性的基础上,依法决定适当的宣告刑

基于自首且重大立功情节反映出被告人主观恶性较小、人身危险性显著降低的考虑,刑法典将自首且重大立功设置为必减型量刑情节,即应当减轻或者免除处罚,审判机关在量刑时必须在法定刑以下判处刑罚或者免除刑罚,没有自由裁量的余地。新近公布的《刑法修正案(八)》删除了该必减型情节,但由于刑法典对自首情节和重大立功情节已分别作出规定,取消该量刑情节并不意味着今后对具备自首和重大立功情节的被告人不再从宽处罚,而是法律赋予审判机关更大的自由裁量权,以实现具体刑事案件中的罪刑均衡。在刑事司法实践中,法院对具有自首且重大立功的被告人大多进行减轻处罚的处理方式,但法院在减轻处罚时对减轻幅度多采取较为严格的限制,一般均以减轻一个刑罚等级为基本限度。而针对职务犯罪案件,《最高人民法院关于贯彻宽严相济刑事政策的若干意见》第八条明确要求,要严格掌握职务犯罪法定减轻处罚情节的认定标准和减轻处罚的幅度,严格控制依法减轻处罚后判处三年以下有期徒刑适用缓刑的范围,切实规范职务犯罪缓刑、免予刑事处罚的适用。本案李某某挪用公款数额巨大,应在五年以上有期徒刑的法定量刑幅度内裁量宣告刑。由于具有自首且重大立功的情节,法院决定对其减轻处罚,通过减轻一个刑罚等级而将处断刑确定为三年以上五年以下有期徒刑。综合考虑李某某所具有的各项量刑情节,最终将宣告刑确定为三年有期徒刑,二审法院认为一审判决对其量刑适当,裁定予以维持。在本案裁判发生法律效力以后,最高人民法院全面推行量刑规范化改革,我们参照量刑规范化文件规定的幅度对李某某的量刑予以审查。根据《最高人民法院人民法院量刑指导意见(试行)》的规定,被告人具有自首情节的,可以减少基准刑的40%以下;具有重大立功情节的,可以减少基准刑的20%~50%;具有退赃、退赔情节的,可以减少基准刑的30%以下。由于刑法典将挪用公款数额巨大的法定量刑幅度确定为五年以上有期徒刑,可将五年有期徒刑作为李某某的量刑起点。李某某参与挪用公款123万余元,大大超过15万~20万元的“数额巨大”的起点,应在该量刑起点的基础上大幅增加刑罚量,将十五年有期徒刑确定为基准刑。李某某具有自首情节,依法减少基准刑的40%;具有重大立功情节,依法减少基准刑的50%;且在亲友的协助下主动退缴参与挪用的全部赃款,依法减少基准刑的30%,得到对基准刑的调节结果为3.15年。因此,合议庭可以在该基准刑调节结果的10%的范围内即有期徒刑二年十个月至有期徒刑三年五个月之间合理确定宣告刑。综合全案考虑,一审判决对李某某的量刑是适当的。虽然职务犯罪的缓刑适用标准要比其他犯罪更为严格,但并不是说对职务犯罪被告人一律不适用缓刑,而是对缓刑本着严格控制的要求进行适用。本案李某某在审判期间被确认为正在怀孕,法院认为从司法人性化出发,同时也注意充分保护妇女和儿童的合法权益，因此，在考察李某某的身体情况并确认对其适用缓刑不致再危害社会后，决定对李某某适用缓刑。《刑法修正案（八）》明确将怀孕的妇女作为重点适用缓刑的对象之一，本案虽然在《刑法修正案（八）》公布之前判决，但其对李某某适用缓刑符合最新的立法精神，体现了宽严相济的刑事政策要求。[参见第709号指导案例，吴某、李某某挪用公款案，载《刑事审判参考》总第80集（2011年第3集），第110~112页。撰稿：丁学君　田虎]

▽被羁押期间将他人串供纸条交给监管人员，对进一步查证他人犯罪起了一定的协助作用，虽不认定为立功，但可酌情从轻处罚

评价犯罪分子的行为是否属于立功，一方面，要从实效性角度，考察其行为是否对国家和社会有较大贡献；另一方面，还要从法定性角度，考察其行为是否符合法律关于立功的规定。（一）被告人向监管人员提供他人串供字条的行为，不属于《解释》第五条规定的第一、二种情形，即不属于“检举、揭发他人犯罪行为，经查证属实”、“提供侦破其他案件的重要线索，经查证属实”的情形。首先，《解释》第五条规定的“检举、揭发他人犯罪行为”“提供侦破其他案件的重要线索”均应发生在司法机关侦破被检举、揭发的案件之前，第一种情形强调在案件侦破前揭发犯罪嫌疑人，经查证属实；第二种情形强调在案件侦破前向司法机关提供重要线索，使案件最终得以侦破。《意见》第六条对关于立功线索的具体认定的规定，“根据被告人检举揭发破获的他人犯罪案件，如果已有审判结果，应当依据判决确认的事实认定是否查证属实……”这一规定进一步表明《解释》第五条的第一、二种检举揭发行为必须发生在案件侦破之前，才可能认定为立功。《公安机关办理刑事案件程序规定》第一百六十六条规定：“破案应当具备下列条件：（一）犯罪事实已有证据证明；（二）有证据证明犯罪事实是犯罪嫌疑人实施的；（三）犯罪嫌疑人或者主要犯罪嫌疑人已经归案。”在本案中，甲、乙二人在实施毒品犯罪时均已被公安机关当场抓获，携带的大量毒品亦被缴获，公安机关已经掌握了二人犯罪的重要证据，并对其采取了强制措施，符合案件侦破的标准，该案已经侦破。被告人在案件侦破以后才向监管人员提供乙的串供字条，客观上对公安机关进一步侦查甲、乙贩卖毒品案件得以顺利进行有所帮助，但公安机关并不是因此而侦破该起案件，因此，被告人不符合“检举、揭发他人犯罪行为，经查证属实”、“提供侦破其他案件的重要线索，经查证属实”的时机条件。其次，如果被告人向公安机关提供串供字条的行为发生在该起毒品犯罪案件侦破之前，那么其行为既可能属“检举、揭发他人犯罪”，也可能是“提供侦破其他案件的重要线索”，一经查证属实即可认定立功。这里所讲的犯罪“线索”，是指关于具体犯罪活动的相关信息，这些信息通常会给司法机关侦破案件提供具体犯罪人的信息。但是，一旦案件侦破后，再向司法机关提供该案相关犯罪活动信息的，由于该信息对案件的侦破并不具有实质意义，将不再属于“提供侦破其他案件的重要线索”。综上，被告人向监管人员提供他人串供字条的行为，不符合《解释》第五条规定的“检举、揭发他人犯罪行为”、“提供侦破其他案件的重要线索”的情形，不能据此认定为立功。需要注意的是，刑事诉讼过程中，案件的侦破与审判在证据标准上有一定区别。侦破案件证据标准强调的是“有证据证明”，而审判案件证据标准强调的是“确实、充分，形成完整的证据锁链，排除合理怀疑”，所以案件虽然侦破了，但并不当然导致被告人被定罪，这其间侦查机关还需收集、固定大量证据。司法实践中，案件侦破后因证据不足被判无罪的案件并不罕见，这其中的不确定性也就为犯罪嫌疑人、被告人预留了立功的空间。因为侦破案件的目的就是追诉和审判，使犯罪分子得到应有的惩罚，以实现刑罚的个别预防和一般预防的目的，如果案件最终因证据不足而无法认定，那么该案的侦破也就失去了意义。所以，在把握立功政策时，我们不能只重视案件是否因此而侦破，而忽视案件最终认定情况。对那些已经侦破或犯罪嫌疑人已被抓获的案件，如果行为人检举或提供的线索对司法机关进一步收集证据、对案件的追诉和审判起到至关重要的协助作用的，可以以“具有其他有利于国家和社会的突出表现”的情形来依法认定为立功。例如本案，如果侦查机关在抓获犯罪嫌疑人甲、乙的时候，没有查获到毒品，二人到案后对毒品去向拒不交代，致使案件因关键物证缺失而无法追诉并定罪量刑，之后根据被告人所提供的线索,将甲、乙二人藏匿的毒品查获,被告人提供的线索对案件的追诉及审判起到至关重要的作用,属于"有利于国家和社会的突出表现"的情形,依法可据此认定为立功。(二)被告人向监管人员提供他人串供字条的行为,是有利于国家和社会的行为,但未达到"突出表现"的程度,故不属于《解释》第五条规定的第五种情形,即不属于"具有其他有利于国家和社会的突出表现"的情形。对立功政策的把握应审慎客观,既不能过于功利主义,又不能过于严苛,应该按照实效性和法定性两个标准科学界定犯罪人的行为。本案中,被告人向监管人员提供线索行为的实际效果,尚未达到立功的标准。"其他有利于国家和社会的突出表现",应当与"检举、揭发他人犯罪行为,查证属实"或"提供侦破其他案件的重要线索,查证属实"等法律已经列举行为不同,但在有利于国家和社会的作用上有基本相当的表现,为此才可以认为是"突出表现",才能认定为立功,否则法律就没有必要强调"突出"表现。本案被告人向监管人员提供已经侦破案件的线索行为属于"锦上添花",虽然起到一定作用,但与提供重要线索使案件得以侦破的"雪中送炭"相比,还是有明显的区别。所以被告人提供线索行为对司法机关的协助作用,尚未达到法定的"突出表现"的立功标准,不宜据此认定为立功。(三)被告人向监管人员提供他人串供字条的行为虽不能认定立功,但鉴于其有利于社会,可以酌情从轻处罚。"量刑应当贯彻宽严相济的刑事政策,做到该宽则宽,当严则严,宽严相济,罚当其罪,确保裁判法律效果和社会效果的统一"。这是人民法院在量刑工作中的重要指导原则,也是人民法院量刑规范化的要求。刑事司法的根本目的不是惩罚犯罪,而是通过惩罚犯罪来达到预防犯罪的目的,这就要求我们的量刑工作一定要做到罪责刑相适应。宽严相济刑事政策的核心是区别对待,绝不能唯犯罪结果论,要注意区别不同的犯罪事实、犯罪情节,辨别不同犯罪目的、犯罪动机和犯罪手段,还要综合考虑犯罪嫌疑人、刑事被告人的主观恶性、悔改表现等多种因素,区别量刑,做到宽严有度。具体到本案,被告人的行为虽然不能认定为立功,但一方面考虑其协助行为对于该起毒品案件的后期证据搜集工作起到一定的积极作用,提高了侦查工作效率,节约了司法资源,对此应该给予适当奖励。另一方面,被告人将犯罪嫌疑人乙让其传递的字条交给公安机关,可能由此遭受乙的怀恨,其个人承担了一定的风险,基于公平原则对此亦应适当体现政策。所以,在对被告人的量刑上可以酌情从轻处罚,从而达到鼓励其他犯罪嫌疑人积极向司法机关提供线索、提高司法效率的目的。[参见第710号指导案例,石敬伟偷税、贪污案,载《刑事审判参考》总第80集(2011年第3集),第116～122页。撰稿:陈长东　张津隆]

▽带领公安人员抓捕同案犯,未指认同案犯及其住处的,不认定为立功

根据最高人民法院《解释》第五条、第七条的规定,犯罪分子到案后协助司法机关抓捕其他犯罪嫌疑人(包括同案犯)的构成立功,其中抓获重大犯罪嫌疑人构成重大立功。所谓重大犯罪嫌疑人,一般是指犯罪嫌疑人、被告人可能被判处无期徒刑以上刑罚或者在本省、自治区、直辖市或者全国范围内有较大影响等情形。司法实践中,对已到案的犯罪分子协助司法机关抓捕其他犯罪嫌疑人,构成立功的,要把握三个条件:一是确实有协助抓捕的必要;二是客观上有协助司法机关抓捕其他犯罪嫌疑人的具体行为;三是协助行为对抓捕其他犯罪嫌疑人确实起到了作用。犯罪分子到案后如实交代了同案犯姓名、住址、体貌特征(如面部疤痕、肢体残疾等)基本情况,或者犯罪前、犯罪过程中掌握的同案犯联系方式(如手机号、QQ号等)、藏匿地址,公安机关据此抓捕同案犯的,该情形属于如实交代基本犯罪事实的范畴,不能认定为立功。协助抓捕其他犯罪嫌疑人的具体行为,包括按照司法机关的安排诱捕其他犯罪嫌疑人,带领公安人员抓捕其他犯罪嫌疑人,并当场指认其他犯罪嫌疑人等。审查判断协助抓捕行为是否构成立功,关键是审查该协助行为对司法机关抓捕其他犯罪嫌疑人是否确实起到了作用,如通过诱捕,抓获其他犯罪嫌疑人,或者带领公安人员抓捕其他犯罪嫌疑人,并当场指认其他犯罪嫌疑人的,就属于起到了协助作用,应认定为立功。反之,被诱捕的同案犯没有上钩;带领公安人员抓捕其他犯罪嫌疑人,没有抓到,公安机关通过其他途径抓获的其他犯罪嫌疑人,则属于没有起到协助抓捕作用,不应认定为立功。本案谢某、刘某被抓获后分别交代了伙同姬某抢劫杀害董某某的犯罪事实,且谢某先于刘某交代,并交代出姬某案发前在廊坊火车站附近开小卖部,并在火车站附近铁锋旅馆租了一间房与其女友长期居住、生活,且姬某右手缺失。刘某、谢某交代同案犯姬某的基本情况包括姓名、住址、身体特征等属于坦白交代基本犯罪事实,仅表明其二人认罪态度好,不属于立功的范畴。公安人员考虑到刘某对当地相对较熟,为确保顺利抓获姬某,必要时可由刘某对姬某及姬某住处予以指认。为此,押解刘某到河北省廊坊市,但按照二人供述找到铁锋旅馆后,刘某却说不出姬某具体的房间号,公安人员找到当地站前派出所民警配合抓捕,并从旅馆负责人处得知,有一缺少右臂男子在旅馆9号房间与其对象一起租住,公安人员在该房间将姬某当场抓获,且在该房间内当场搜出被抢联想笔记本电脑,整个抓捕过程中刘某并未下车对姬某住处及其本人进行指认。以上事实可以看出,公安人员虽然押解刘某到了抓捕现场,但却是在当地警方和相关人员帮助下找到并抓获姬某,刘某对抓获姬某没有起到更实质性的作用,其行为不属于协助司法机关抓捕同案犯,天津市高级人民法院认定刘某的行为不构成重大立功是适当的。综上,审查已到案被告人协助司法机关抓捕其他犯罪嫌疑人(包括同案犯),不仅要凭公安机关出具的抓获经过等证明材料作出判断,而且还应结合全部在案证据,认真、仔细分析研究,如已到案全部被告人的供述,尤其是第一次供述是否如实交代了同案犯的姓名、住址、联系方式、身体特征等基本情况,协助抓捕的具体行为,重点审查协助行为对抓捕其他犯罪嫌疑人(包括同案犯)是否确实起到了帮助作用,对其行为是否构成立功作出全面的分析、客观公正的认定,从而对其作出罚当其罪的判决,真正做到不枉不纵。[参见第712号指导案例,刘伟等抢劫案,载《刑事审判参考》总第80集(2011年第3集),第134~136页。撰稿:李宏捷]

▽提供同案犯(可能判处无期徒刑)的藏匿地点,不构成重大立功

在共同犯罪案件中,先到案的犯罪分子协助公安机关抓捕在逃的同案犯,是获得立功的重要途径。最高人民法院《解释》和2008年印发的《全国部分法院审理毒品犯罪案件工作座谈会纪要》对该种情形也作了规定。后一意见虽然是针对毒品犯罪提出的,但其基本精神对于其他犯罪案件中认定是否属于"协助司法机关抓捕同案犯"具有参照意义。2009年最高人民法院、最高人民检察院出台的《职务意见》提出,协助行为对于抓捕犯罪嫌疑人要有实际作用,协助行为不具有实际作用的,不能认定为立功表现。最高人民法院于2010年印发的《意见》列举了四种可以认定立功的"协助司法机关抓捕其他犯罪嫌疑人"的情形。根据上述指导文件的规定,认定被告人提供同案犯的藏匿线索是否构成立功,可以从以下几个方面进行把握:第一,被告人提供的同案犯的藏匿信息应当真实、具体,而不是虚假或者漫无边际的。若提供的只是一个大概的藏匿方位,如藏在某一个城市或者某个街区,仅是为抓捕提供方向,公安机关是通过具体排查、技术侦查或者其他途径才抓获同案犯的,不能认定为立功。第二,被告人提供的线索对抓获同案犯起到了实质作用。被告人提供信息的行为与抓获同案犯的结果之间有因果关系,正是借助于被告人的信息,公安机关才得以及时抓获同案犯;如果没有被告人提供的信息,则难以抓获同案犯。第三,被告人提供的信息事先不为有关机关所掌握或者有关机关按照正常工作程序无法掌握。如果有关机关事先已经掌握或者按照正常工作程序能够掌握该信息,就说明被告人未真正起到协助作用。第四,有同案犯被抓获的实际结果。被告人虽然提供了同案犯的具体藏匿线索,但司法机关按照该线索未能将同案犯抓获的,不能认定为立功。只有同案犯已经被抓捕归案,才有立功成立与否的问题。这四个方面是一个有机统一的整体,必须同时满足才能认定被告人有立功表现。本案被告人王某某之所以提出其有协助抓获同案犯的重大立功表现,主要是基于:其被抓获后供述了王克明、张立胜在苏州市的大致藏匿位置,并提供了史新胜(王广涛在苏州联系的同乡)的手机号码。由于其在苏州的时间不长,不知道王克明、张立胜在苏州的哪个区,只知是在苏州汽车南站北边一条南北向大道的东边租的房子,有一个"汽车南站北"的公交站牌。其在公安人员的要求下第一次与苏州警方通电话,对方找不到其所说的地方,又先后打来三个电话,其接电话后告知他们先过高速大桥,之后到站牌,租房处离站牌二三百米,离公厕一百多米,门朝南,门牌号为25或750,其与苏州警方联系时间是

13时多,并称同案犯不会回去太早,让公安人员尽量穿便衣。但公安人员出具情况说明证实,并非主要依靠王广涛的信息抓获另外两名同案犯。公安机关称,王广涛归案后确实提供了同案被告人王克明、张立胜在苏州的大致藏匿位置,在押解王广涛返回途中,其也接了几个电话,说到高架桥、站牌等地点,但该地点并不明确,公安机关并未因此迅速抓获同案被告人。后在苏州抓获王克明、张立胜主要依靠的是技术手段。在韩传记供述之前,公安人员已经分赴苏州、商丘等地抓捕,之所以能在火车行经商丘车站时抓获王广涛,就是根据技侦手段获悉了王广涛的行踪,而且在抓获王广涛之前已经派人到苏州抓捕,并掌握了王克明、张立胜在苏州的大致藏匿方位,锁定了相关手机号码和排查区域,由此展开围堵、排查。王广涛归案后如实供述同案被告人藏匿地点的行为客观上缩小了排查范围,加快了抓捕进度,但依据现有的技侦技术,即使王广涛不供述也会抓住王克明和张立胜,只是时间早晚的问题。故王广涛提供的线索并不属于侦查机关按照正常工作程序无法掌握的线索,对于抓捕同案犯未起到必要的实质作用,不符合《解释》第七条规定的"协助司法机关抓捕其他重大犯罪嫌疑人(包括同案犯)"的情形,不构成重大立功。[参见第720号指导案例,韩传记等抢劫案,载《刑事审判参考》总第81集(2011年第4集),第37～40页。撰稿:李晓光　任能能]

▽到案后提供线索,协助公安机关查获大量案外毒品,但无法查明毒品持有人的,构成立功

被告人魏某某交代,该批毒品的藏匿地点是一杨姓男子告诉他并带他前往的,准备安排他运到保山,但他并未表示愿意运输该批毒品,在案的其他证据也无法证实魏某某准备运输该批毒品。魏某某提供线索协助公安机关缴获数量巨大的毒品,虽未能查获该批毒品的持有人,但毕竟使数量巨大的毒品及时被缴获,没有流入社会,因此魏某某的行为属于有利于国家和社会的行为。根据最高人民法院《解释》第五条的规定,应当认定为"具有其他有利于国家和社会的突出表现",构成重大立功。具体理由如下:(一)魏某某的行为符合立功的本质特征和成立条件。刑法本条规定和最高人民法院《解释》第五条规定,具有其他有利于国家和社会的突出表现的,应当认定为有立功表现。《解释》第五条不但将"阻止他人犯罪活动"列入"立功表现",而且将"其他有利于国家和社会的突出表现"增加为兜底项,大大拓宽了实践中立功表现的范围。立功的成立要件主要包括以下几个方面:一是立功的主体是实施了犯罪行为的犯罪人本人,其他任何人都不能取代;二是在时间上具有特定性,立功是犯罪人实施犯罪行为后的行为;三是立功的内容必须是真实有效的;四是立功必须具备实质要件,即对国家和社会的有益性,且该有益性应当是突出的,而不是任何有益于国家和社会的行为均能达到构成立功的程度。可见,立功主要表现为协助查获案件、抓获犯罪人、阻止他人犯罪,但并不限于查获案件、抓获犯罪嫌疑人和阻止他人犯罪,而是包括其他有利于国家和社会的突出表现。关于"有利于国家和社会的突出表现"的认定,需要从两个方面分析:一是从行为性质上看,是"有利于国家和社会的";二是从行为的程度上看,是"突出表现",而不是一般的表现。虽然行为不属于《解释》第五条规定的前四种立功情形,但只要是属于有利于国家和社会的突出表现,就可以认定为《解释》第五条规定的第五种立功情形。这类情形的立功行为既可以是与刑事案件有关的行为,也可以是与刑事案件无关的行为。前者如在羁押期间及时报告其他在押罪犯预谋脱逃的,后者如在生产中有发明创造、重大技术革新、并取得重大成果的。本案被告人魏某某实施了走私、运输毒品犯罪行为,在犯罪后提供线索并协助公安机关查获了9643克毒品。现有证据无法证实该批毒品的实际控制主体,也无法证实魏某某对该批毒品是否具有犯意,即如能够证实魏某某对该批毒品具有犯意,也无法证实其究竟是具有贩卖、走私、运输哪种犯意,因此,魏某某提供该批毒品线索的行为显然不属于供述自己的罪行。魏某某提供的线索,内容真实有效,而该行为虽然只协助查获毒品,并未抓获毒品的实际控制人,但魏某某的这一行为应该认定为有益于国家和社会的突出行为,体现在两个方面:一是有效防止了该批数量巨大的毒品流人社会、危害社会;二是从源头上阻止了该批毒品的实际控制人继续实施以该批毒品为对象的犯罪的可能性。因此,魏某某提供9643克毒品线索的行为完全符合立功的成立要件,应当构成立功。(二)魏某某的行为属于对国家和社会有其他重大贡献,构成重大立功。根据《解释》第七条的规定,构成重大立功,一般是实施了协助查获重大案件、抓获重大案件的犯罪嫌疑人或者阻止他人重大犯罪活动;而重大犯罪、重大案件、重大犯罪嫌疑人的标准,一般是指犯罪嫌疑人、被告人可能被判处无期徒刑以上的刑罚或者案件在本省、自治区、直辖市或在全国范围内有较大影响等情形。然而,对于对国家和社会有其他重大贡献等表现的情形,如何认定重大立功,目前尚无相关司法解释予以明确,实践中也未形成统一的认定标准,只能具体情况具体分析。就本案而言,魏某某协助查获的毒品达9643克,贩卖运输如此巨大数量的毒品完全可能被判处无期徒刑以上的刑罚,有效防止如此数量之大的毒品流入社会,从源头上阻止了该批毒品的实际控制人继续实施以该批毒品为对象的犯罪的可能性。魏某某的行为应当认定构成重大立功。[参见第753号指导案例,魏某某等走私运输毒品案,载《刑事审判参考》总第84集(2012年第1集),第55~58页。撰稿:丁友保]

▽公安机关根据被告人供述抓获共同犯罪同案犯的,不应认定被告人有立功表现

被告人胡某某在二审期间检举称,别人帮其"带来"4万多颗毒品和一支9毫米口径手枪、12发子弹,唐照某偷走手枪和子弹,带至重庆市,可能和重庆"3·19案"有关。"3·19案"是2009年3月19日重庆发生的某部队一名哨兵被枪杀、抢走自动步枪的恶性案件,案发后警方广泛悬赏征集线索,至今案件未破。重庆警方高度重视胡某某的检举,经认真核查,查明2008年胡某某带"马仔"唐某、唐照某从缅甸贩卖20万颗"麻古"和一支9毫米口径手枪到成都,"二唐"偷走4万颗"麻古"和该枪后,胡某某一直怀恨在心。重庆警方抓获"二唐"后,未发现"二唐"涉"3·19案",故以涉嫌非法持有枪支罪将"二唐"移送起诉。本案二审法院认为,胡某某的行为构成立功,但最高人民法院经审查认为,胡某某检举唐某、唐照某法持有枪支的行为不构成立功。胡某某供述"二唐""偷走"自己的枪支,前提是承认自己"带来"毒品和枪支。经重庆警方查证,又进一步查明该枪系胡某某伙同"二唐"走私入境的。根据最高人民法院《意见》第三条第二款的规定,被告人如实供述本人其他罪行是否与司法机关已掌握的罪行属同种罪行,一般应当以罪名区分。如实供述的其他犯罪与司法机关已掌握的犯罪属选择性罪名或者在法律、事实上密切关联,应当认定为同种罪行。虽然胡某某如实供述的这一罪行暂未被查清和指控,基于"不告不理"的诉讼原则,本案二审法院对该起犯罪事实未予审理查明。但很明显胡某某如实供述的罪行与司法机关已掌握的其先后实施的一系列走私、贩卖、运输毒品,走私武器、弹药犯罪在法律、事实上密切关联,应当认定为同种罪行。换言之,胡某某在供述其犯罪事实的过程中,理应如实供述同案犯及涉案毒品和枪支的去向。胡某某检举揭发"二唐"与重庆"3·19案"有关,经查不属实。胡某某并未揭发同案犯在共同犯罪以及关联犯罪之外的其他犯罪线索,故其揭发行为不构成立功。

在毒品犯罪中,走私、贩卖、运输、制造行为往往形成多人协同、上下家衔接作案的非法产业网络、链条,其成员经常还涉及其他犯罪行为。其中,犯罪团伙、犯罪集团的首要分子、共同犯罪的主犯、职业毒贩、毒品再犯等,往往掌握同案犯等涉案人员的个人信息和犯罪情况,其供述他人罪行的动机错综复杂,是否构成立功情节要特别慎重把握,审判实践中,应当注意以下几点:第一,审查被告人自身是否参与其供述的罪行,甄别其供述的是共同犯罪的事实还是他人犯罪行为,或者同案犯共同犯罪抑或关联犯罪以外的其他犯罪。第二,审查检举的罪行是否查证属实。根据《意见》第六条的规定,侦查机关出具材料,表明在三个月内还不能查证并抓获被检举的人,或者不能查实的,人民法院审理案件可不再等待查证结果。根据被告人检举破获的他人犯罪案件,如果已有审判结果,应当依据判决确认的事实认定是否查证属实;如果被检举的他人犯罪案件尚未进入审判程序,可以依据侦查机关提供的书面查证情况认定是否查证属实。第三,审查供述线索来源是否合法。根据《意见》第四条第一款的规定,犯罪分子通过贿买、暴力、胁迫等非法手段获取他人犯罪线索并检举揭发的,不能认定为有立功表现。刑法设立立功制度的本意是要求被告人检举时具有真诚悔悟、弃恶从善的积极心态,而非利用非法手段获取线索后和司法机关讨价还价,换取从宽处罚。从本案看,"二唐"所持有的枪支来源于胡某某和"二唐”的共同运输枪支犯罪行为,与胡某某所犯之罪紧密关联。胡某某在一审被判处死刑之后才交代“二唐”的犯罪线索,体现出其具有避重就轻的主观心态,且无真诚悔罪、弃恶从善的积极表现,认定其立功与立法本意不符。[参见第801号指导案例,胡某某走私、贩卖、运输毒品,走私武器、弹药案,载《刑事审判参考》总第87集(2012年第4集),第83~84页。撰稿:汪斌　杨军]

▽被告人如实供述并协助抓获上、下家,应当认定被告人有立功表现

被告人胡某某到案后,供述其欲将毒品运往湖北省武汉市贩卖。公安人员押解胡某某前往武汉市,由胡某某打电话联系下家约定交易,在武汉市临江饭店抓获前来接取毒品的胡环某。普洱市中级人民法院经审理认为,胡某某协助公安机关抓获胡环某的行为构成立功。在毒品犯罪案件中,司法机关根据被告人的供述和通过被告人的协助抓捕毒品犯罪上、下家,是打击毒品犯罪活动中特有而常见的侦破案件手段。被告人协助延伸侦查的行为,有助于司法机关打击毒品犯罪产业窝点、链条,反映出被告人具有真诚悔罪的心态,这种行为应当构成立功。在具体案件中,要特别注意区分被告人供述其本人实施的犯罪涉及的上、下家和供述上、下家实施其他犯罪两种情形。如果被告人供述的上、下家罪行,经审查,与被告人所犯之罪并无关联,则属于检举他人犯罪行为的立功表现。如果仅如实供述上、下家涉案人员个人信息和涉及本案的犯罪情况,而没有协助抓获的行为,不属于立功表现。毒品犯罪上、下家所处毒品产业链条地位、作用不同,相互之间没有实施同一毒品罪行的共同故意,具体实施的罪行也不尽相同,各自的罪名(如有的主体可能构成走私制毒物品罪、非法买卖制毒物品罪等)和法定刑都可能不同,不构成共同犯罪。被告人到案后供述上、下家的犯罪行为,从字面理解似乎属于“检举、揭发‘他人’犯罪行为”。但是,被告人及其上、下家所实施的罪行客观上相互关联,具有对合关系,即共同促进毒品犯罪行为的完成,缺少一方的犯罪行为,其他方的犯罪行为就无法实施或者完成。对任何一个环节的行为人而言,其罪行的实施或者完成,以其上、下家对应行为的实施和完成为必要条件,其所实施或者完成的罪行必然涉及上、下家的犯罪行为,检举上、下家的犯罪行为,也就不超出其如实供述的犯罪事实范围,因此,仅有供述行为并不构成立功情节。只有被告人协助司法机关抓获上、下家时,才能依法认定为立功。[参见第801号指导案例,胡某某走私、贩卖、运输毒品,走私武器、弹药案,载《刑事审判参考》总第87集(2012年第4集),第84~85页。撰稿:汪斌　杨军]

▽对被告人的立功行为是否从宽处罚,应当根据“功是否足以抵罪”的情况而定

刑法对立功情节作出从宽处理的原则性规定。然而,在毒品犯罪案件中,由于被告人处于毒品犯罪产业网络链条之中,和其他类型的犯罪分子比较,具备掌握其他涉案人员情况和罪行的天然优势,即可能通过举报一些从犯、“马仔”的犯罪事实获取立功机会,争取从宽处理的结果。这种举报行为并未体现出行为人真诚悔罪,也不意味行为人的人身危险性、主观恶性有所减小。对于毒品犯罪,犯罪行为人的立功行为是否足以从宽处罚,《全国部分法院审理毒品犯罪案件工作座谈会纪要》(本附文以下简称《毒品纪要》)规定了“功是否足以抵罪”的标准。根据《毒品纪要》的规定,如果行为人的罪行极其严重,但只有一般立功表现的,可不予从轻处罚;如果行为人检举、揭发的是其他犯罪案件中罪行同样严重的犯罪分子,或者协助抓获的是同案中的其他首要分子、主犯,原则上可以从轻或者减轻处罚;如果协助抓获的只是同案中的从犯或者“马仔”,功不足以抵罪,或者从轻处罚后全案处刑明显失衡的,不予从轻处罚;对于从犯、“马仔”立功,特别是协助抓获毒枭、首要分子、主犯的,应当从轻处罚。本案被告人胡某某属于“功不足以抵罪”情形。理由如下:1. 胡某某供述“二唐”非法持有枪支的行为不构成立功;其如实供述的罪行与公安机关已掌握的其先后实施的一系列走私、贩卖、运输毒品,走私武器、弹药犯罪在法律、事实上密切关联,应当认定为同种罪行,因此仅属有积极表现,不构成立功;其协助公安机关抓获胡环某的行为构成立功。2. 胡某某在被判处重刑暂予监外执行(保外就医)期间从事毒品犯罪,是共同犯罪的主犯和毒品惯犯;归案后长期拒不如实供述自己的罪行,除拨打电话联系下家派遣胡环某接取毒品外,拒不如实供述毒品的来源和下家主犯;其不但走私、贩卖、运输毒品2万余克而且走私枪支、弹药，罪行极其严重，协助抓获的只是下家的“马仔”，功不足以抵罪，如从轻处罚，将会造成全案处刑明显失衡。3. 从侦查经过分析，胡某某归案后在最初三次被讯问时均拒不供认罪行，认罪后亦不供述武汉市下家主犯的真实情况，通过打电话联系下家派人接取毒品抓获胡环某后又翻供，拒不认罪，称毒品是公安人员逼着让指认和承认的，胡环某是公安让帮忙抓的。胡某某在一审被判处死刑之后才交代“二唐”实施犯罪的线索，且在供述时避重就轻，体现出其借检举、揭发逃避罪责的主观心态。综上，本案在审理过程中，三级法院均对胡某某的三种行为表现是否构成立功情节进行了认真审查，并对其中构成立功的情节，在量刑时予以了充分考虑并在裁判文书中予以释明。全案处理合法、适当，说理充分、有力，有利于被告人认罪服法，取得了良好的社会效果和法律效果。[参见第 801 号指导案例，胡某某走私、贩卖、运输毒品，走私武器、弹药案，载《刑事审判参考》总第 87 集(2012 年第 4 集)，第 85 ~ 86 页。撰稿：汪斌　杨军]

▽立功等从轻处罚事实的认定可以采用自由证明，而非一律适用最严格证明，可以适用优势证明标准

根据最高人民法院《解释》和最高人民法院《意见》的相关规定及精神，犯罪分子提供犯罪后掌握的同案犯的藏匿地址，司法机关据此抓捕同案犯的，应当认定力协助司法机关抓捕同案犯，构成立功。本案上诉人李某某是否提供了原审被告人刘某的藏匿地址，以及司法机关是否是根据李某某提供的线索抓捕了刘某，李某某构成立功。李某某的上诉事实和证据得到刘某当庭供述的印证，而公安机关的材料前后不一，且尚有明显疑点无法排除，认定构成立功证据的证明力大于否定其的证明力。根据优势证据的证明标准，应当认定李某某构成立功。

(一)立功等从轻处罚事实的认定可以采用自由证明，而非一律适用最严格证明。犯罪事实包括定罪事实与量刑事实，后者又包括不利于被告人的从重量刑事实和有利于被告人的从宽量刑事实。立功属于有利于被告人的量刑事实。传统的刑事证据理念及相关规则主要是针对定罪问题而确立，以对法院定罪活动加以限制和约束为目标。基于此，诉讼活动中要求严格坚持无罪推定原则，赋予公诉方证明被告人有罪的责任，并为这种证明确立了最高的证明标准，即严格证明。但是，当讨论具体个案中的量刑事实时，默认前提是该被告人的行为已经构成犯罪，不宜再将严格证明应用于所有量刑事实，特别是从轻处罚事实。就量刑事实而言，囿于控辩双方向法庭提供的量刑信息的不全面、不客观，甚至各方基于本方的诉讼利益，可能向法庭提供虚假或者不可靠的量刑证据，法庭据此作出的量刑裁判往往会过分偏重或者偏轻，导致量刑裁决的不公正。为了最大限度降低潜在的量刑失衡风险，真正实现罪责刑相适应，在相应司法理念指导下，法庭对量刑事实的证明应当区别对待。具体而言，对于由控诉机关提供的从重量刑事实的证明，从限制国家司法权的理念出发，仍应坚持适用最严格的证明标准；而被告方提供的从轻、减轻等有利于被告人量刑事实的证明，本着有利于被告人的原则，对此类量刑事实应当允许进行自由证明；质言之，在证据种类、提出和调查方式上不应进行苛刻要求，对于用于证明有利于被告人量刑事实的证据的证明能力不应作严格的限制。如证据种类方面，不局限于法定证据种类，对于有关机关出具的“情况说明”、民意的反映材料等也可纳入考量范畴；提出和调查方式方面，不拘泥于证据来源的方式，如通过查阅卷宗或者电话询问的方式取得的材料也可作为对被告人量刑的依据。立功作为有利于被告人的重要量刑情节之一，其认定当然亦应采用自由证明的方式。《最高人民法院关于适用〈中华人民共和国刑事诉讼法〉的解释》第六十四条第二款规定：“认定被告人有罪和对被告人从重处罚，应当适用证据确实、充分的证明标准。”然而，该解释对被告人从轻、减轻等有利于被告人的量刑事实并未规定最严格的证明标准，从体系解释的逻辑脉络分析，可反向推论对此类事实可以不适用最严格证明标准。

(二)立功等从轻处罚事实的认定可以适用优势证明标准。自由证明与严格证明的区别除了上文提及的证据种类、提出和调查方式外，另一显著区别在于两者的证明标准不同，即严格证明适用“排除合理怀疑”的通常标准,而自由证明则适用优势证明标准。换言之,相对于严格证明适用的“排除合理怀疑”等证明标准而言,自由证明中判断证据指向的事实是否存在的标准是“盖然性”。之所以如此,是因为严格证明适用于定罪和从重量刑场合,这些场合中承担证明责任的主要是控诉机关,从无罪推定理念和控诉机关掌握大量司法权力的现实出发,如若不适用上述标准,可能导致国家权力的滥用,直接损害被告人的合法权益。而自由证明适用于有利于被告人的量刑场合,如果对有利于被告人的量刑情节一律要求严格证明,就会导致取证能力较弱的被告人及其辩护人所获证据被采信的可能性大大降低,不利于对被告人合法权益的保障。因此,无论是严格证明中的通常标准还是自由证明中的优势标准,蕴含的价值取向均是对被告人权益的保障,两者有异曲同工之妙。司法实践中,诸如立功等有利于被告人的量刑情节,通常由被告方提出。相应地,被告方通常会承担主要的证明责任。具体而言,被告方的这种证明责任需要达到优势证据的程度,并在达到这一程度之后,将证明责任再次转移给公诉方。公诉方此时要承担证明该项量刑情节不成立的责任,并需达到优势证据的程度。在被告方与公诉方的证明势均力敌的情况下,法庭通过对控辩双方量刑证据的权衡,最终裁断哪一方的证明达到了相对优势的程度。换言之,在存在两种相反的事实认定的可能下,只要其中一种事实存在的可能性具有证据上的相对优势,也就是相对另一种事实存在的可能性而言,该种事实成立的可能性更大一些,那么,法庭就该确信该种事实的成立,并将其作为裁判的依据。本案上诉人李某某为证明其有协助公安机关抓捕同案犯的行为,向法庭提供了抓捕前其与同案犯的通话记录,据此证实其通过电话确定了同案犯的具体藏匿地址,并将该地址及时告知了公安机关。此时的证明责任已经转移至公诉方。公诉方为了证明李某某不构成立功,向法庭提交了由公安机关出具的《案件的侦破、揭发经过》和《情况说明》。该三份材料虽然均否认李某某有提供同案犯具体藏匿地址的行为,始终坚持同案犯的落网是公安机关运用技术侦查手段所致,但具体细节描述前后不一,特别是关于通过同案犯QQ锁定其藏匿地址的证明无法得到相关证据的证实。相反,同案犯刘某的供述证实,其在与李某某通话过程中曾将自己所处详细位置告知李某某,后被公安机关抓获。法庭综合衡量后,认为李某某的上诉理由能够得到同案犯供述的印证,相对于公安机关出具的《案件的侦破、揭发经过》和《情况说明》,可信度更大。故二审法院根据优势证据裁判标准,认定李某某有协助抓获同案犯的行为,依法认定其构成立功是适当的。[参见第1035号指导案例,李某某、刘某卖毒品案,载《刑事审判参考》总第100集(2014年第5集),第99~102页。撰稿:韩锋 王星光]

▽被告人协助公安机关抓获同案犯,但同案犯未被作为犯罪处理的,应当认定被告人构成立功

最高人民法院《解释》第五条对立功的构成条件作出详细列举和明确规定。最高人民法院2010年12月印发的《意见》对协助抓捕其他犯罪嫌疑人型立功的具体认定、立功线索的查证程序、自首与立功证据材料的审查等问题作出了更为详细的规定。《意见》第五条第一款规定,犯罪分子具有四种行为之一,使司法机关抓获其他犯罪嫌疑人的,属于《解释》第五条规定的“协助司法机关抓捕其他犯罪嫌疑人”。根据上述规定,认定协助抓捕其他犯罪嫌疑人(包括同案犯)型立功属于刑法本条规定的“犯罪分子有揭发他人犯罪行为,查证属实的”,应当满足三个条件:一是行为条件。即行为人应当有协助抓捕其他犯罪嫌疑人(包括同案犯)的行为,具体包括《意见》第五条第一款规定的四种情形等。二是对象条件。即被协助抓获的犯罪嫌疑人确有犯罪行为。三是结果条件。即被协助抓获的犯罪嫌疑人的犯罪行为经查证属实。本案认定被告人朱某某的行为构成立功,主要有以下几点理由:(一)朱某某的行为符合“协助司法机关抓捕其他犯罪嫌疑人”型立功的行为条件。朱某某在被公安机关抓获后,主动交代其被查获的3克甲基苯丙胺系张某某明知其贩卖毒品而为其代购,提供了张某某的联系方式,按照公安机关的安排打电话将张某某约至指定地点,并当场指认了张某某,公安机关在朱某某的指认下抓获张某某。朱某某的行为既符合《意见》第五条第一款第一项和第二项的规定的情形,符合“协助司法机关抓捕其他犯罪嫌疑人”型立功的客观行为特征。(二)被告人朱某某的行为符合“协助司法机关抓捕其他犯罪嫌疑人”型立功的对象条件。认定朱某某是否构成立功的第二个要件，是其协助抓获的张某某是否有犯罪行为。张某某明知朱某某贩卖毒品而为其代购3克甲基苯丙胺的事实，有张某某、朱某某的一致供述及从朱某某处查获的3克甲基苯丙胺予以证实，足以认定张某某实施犯罪的事实。对于张某某的行为是否构成犯罪，公安机关、一审法院与二审法院的认识存在分歧，但分歧不在于认定该事实的证据是否充分，而在于不同机关对法律适用问题的理解。本案中的特情引诱情节不影响朱某某贩卖毒品犯罪的成立，更不影响对张某某为朱某某代购毒品的行为性质的认定。2008年印发的《毒品纪要》明确指出：“明知他人实施毒品犯罪而为其居间介绍、代购代卖的，无论是否牟利，都应以相关毒品犯罪的共犯论处。”张某某明知朱某某欲实施贩卖毒品犯罪而为其代购毒品，为朱某某贩卖毒品提供实际帮助，与朱某某构成共同犯罪，应当按照贩卖毒品罪的共犯论处。(三)被协助抓获者的犯罪行为是否“查证属实”应当由法院依据事实和法律作出认定。张某某的犯罪行为是否查证属实，是本案争议的焦点，也是实践中存在认识分歧的主要问题，并直接关系到对朱某某立功情节的认定。其中主要涉及两个问题：一是“查证属实”的认定主体问题；二是“查证属实”的认定依据问题。

1. 关于“查证属实”的认定主体。应当明确不同司法机关在此问题上的职责和权限，确立侦查机关的查证职责和审判机关的审查认定职责。首先，侦查机关有查证被协助抓获者是否构成犯罪的职责。根据刑事诉讼法第一百一十三条的规定：“公安机关对已经立案的刑事案件，应当进行侦查，收集、调取犯罪嫌疑人有罪或者无罪、罪轻或者罪重的证据材料。”根据法律规定，对犯罪嫌疑人立案之后，处理相应的立功线索以及认定犯罪嫌疑人是否具有立功情节的职责均归属于侦查机关。侦查机关应当对犯罪嫌疑人的犯罪行为与犯罪嫌疑人所检举揭发的他人的犯罪行为给予同样的重视，既要收集犯罪嫌疑人有罪和罪重的证据，也要收集犯罪嫌疑人无罪或者罪轻的证据，以保障犯罪嫌疑人的诉讼权利不受侵犯。具体到本案，被告人朱某某涉及构成协助抓获同案犯的立功，侦查机关在查证时应当明确朱某某是否具有协助抓获同案犯的客观行为，也应查明朱某某协助抓获的张某某是否存在相应的犯罪事实，并将证明上述情节的证据材料全面、客观地提供给人民法院。其次，人民法院有审查认定被协助抓获者的犯罪行为是否被“查证属实”的职责。《最高人民法院关于适用〈中华人民共和国刑事诉讼法〉的解释》第一百一十条规定了人民法院应当对被告人的立功材料进行形式和实质审查的内容。其中第一款规定：“证明被告人自首、坦白、立功的证据材料，没有加盖接受被告人投案、坦白、检举揭发等的单位的印章，或者接受人员没有签名的，不得作为定案的根据。”这表明人民法院对涉及立功的相关证据材料具有形式审查的职责，只有形式完备的证据材料才能作为定案的根据。该条第二款规定：“对被告人及其辩护人提出有自首、坦白、立功的事实和理由，有关机关未予认定，或者有关机关提出被告人有自首、坦白、立功表现，但证据材料不全的，人民法院应当要求有关机关提供证明材料，或者要求相关人员作证，并结合其他证据作出认定。”该款规定明确了人民法院对被告人的立功情节应当进行实质审查的职责。人民法院既可以根据被告人一方提出的请求和意见，对有关机关未予认定的立功情节进行审查；也可以根据职权，对有关机关认定被告人构成立功的结论进行实质审查。本案中，人民法院对公安机关出具的证实张某某不构成犯罪的《情况说明》，不应简单进行形式审查后直接采纳，而应根据案情和其他相关证据进行综合评判。

2. 关于“查证属实”的认定依据。《意见》第六条第四款对立功线索的查证及认定作出规定：“根据被告人检举揭发破获的他人犯罪案件，如果已有审判结果，应当依据判决确认的事实认定是否查证属实；如果被检举揭发的他人犯罪案件尚未进入审判程序，可以依据侦查机关提供的书面查证情况认定是否查证属实。”本案被告人朱某某协助抓获的张某某未被侦查机关作为犯罪处理，因此，主要涉及人民法院对侦查机关出具的证实张某某不构成犯罪的材料如何认定的问题。对此，首先应当从刑法设立立功制度的立法原意进行分析，对立功中的“查证属实”要件作有利于被告人的解释。立功制度兼具体现犯罪人的悔罪表现以及打击犯罪的双重功能：一方面，犯罪人通过立功行为体现其对犯罪行为的悔恨,展现较好的悔罪表现,从而获得从轻处罚;另一方面,犯罪人的立功行为有利于司法机关发现、侦破刑事犯罪,从而实现刑罚预防和惩治犯罪的作用。其中,犯罪人的悔罪表现往往是通过其立功行为本身体现出来的,而认定其是否构成立功的关键即在于该行为是否客观上对打击犯罪起到帮助和促进作用。本案被告人朱某某协助抓获的张某某确实涉嫌贩卖毒品犯罪,朱某某的协助抓获行为体现了其认罪、悔罪的良好态度,并有利于司法机关及时发现和有效惩治相关犯罪行为,因而具有立功价值。其次,对于被检举者的犯罪行为是否"查证属实"的认定,不宜一概要求依据相应的刑事判决。实践中,对检举者的判决与被检举者的判决之间常常会出现较长的时间间隔,若一味强调只有人民法院判决才能确定被检举者的犯罪行为是否"查证属实",无疑会错过对检举者在量刑阶段进行从宽处罚的时机,不利于保障犯罪人的正当权利。因此,从有利于被告人和便宜诉讼进程的角度考虑,可以由审理检举人的人民法院根据现有证据认定被检举人是否构成犯罪以及可能判处的刑罚,并据此认定检举人是否构成立功。综上,无锡市中级人民法院在审理被告人朱某某贩卖毒品一案的过程中,有权根据现有证据认定张某某明知他人实施毒品犯罪而为其代购毒品的相关犯罪事实,并据此认定朱某某协助抓获张某某的行为构成立功是正确的。[参见第1036号指导案例,朱某某贩卖毒品案,载《刑事审判参考》总第100集(2014年第5集),第105～110页。撰稿:蔡连德　黄辛　杨柳]

▽"协助司法机关抓捕其他犯罪嫌疑人"的认定

最高人民法院《解释》第五条将"协助司法机关抓捕其他犯罪嫌疑人(包括同案犯)"作为立功表现的一种类型加以规定,2010年出台的最高人民法院《意见》进一步明确协助抓捕其他犯罪嫌疑人主要包括四种情形。《解释》和《意见》的出台,为司法机关准确认定"协助司法机关抓捕其他犯罪嫌疑人"型立功起到了重要指导作用。鉴于立功情节作为法定从宽处罚情节的重要性,而实践中协助抓捕的情形又千差万别,因此,对《意见》所列部分协助行为,不能仅作形式上或类型性的把握,还要同时从实质上予以"量"的把握。换言之,虽然协助行为对司法机关抓捕其他犯罪嫌疑人的确起到了一定作用,但不具有决定作用,而是可有可无,那么,就不宜不加区分,简单援引《意见》的规定一律认定构成立功。例如,公安机关实际上已经控制犯罪嫌疑人,但为防止错误抓捕,遂安排行为人进行指认以进一步核实确定嫌疑人身份的,不能说行为人的指认不起任何作用,但不宜认定其构成立功。本案中,公安机关经侦查发现被告人李某某涉嫌犯罪,但不了解李某某的具体身份情况。公安机关根据李虎提供的李某某工作单位等信息,进一步调查发现该单位一名厨师的体貌特征与监控视频中的一名嫌疑人相似,于是秘密对该饭店进行布控。但是公安机关尚未确认该厨师就是李某某,也没有控制李某某。在这种情况下,李虎按照公安机关安排,到该饭店进行指认。经李虎指认,公安机关始确认李某某身份并将其抓获。应该说,李虎所实施的一系列协助行为,对公安机关顺利抓捕李某某具有一定实质作用,属于《意见》所列立功行为类型。[参见第1125号指导案例,李虎、李某某故意伤害案,载《刑事审判参考》总第105集,第64～65页。撰稿:侯天柱]

▽故意隐瞒自己参与共同犯罪的事实,按照司法机关安排以"证人"身份指认同案犯的行为不构成立功,更不构成重大立功

被告人李虎在第一次接受询问时,公安机关虽然有条件对李虎进行约束、控制,但因未发现其有犯罪嫌疑而在客观上没有对李虎采取强制措施,而是让其自行离开,李虎故意隐瞒涉案事实,也没有任何投案的意愿。因此,李虎在接受公安机关第一次询问时,不属于"到案"。李虎故意隐瞒自己指使李某某等人殴打被害人的犯罪事实,有逃避法律追究的意图;其后以"证人"身份协助司法机关对同案犯李某某进行指认,也未体现任何"将功赎罪"的意愿。因此,严格来讲,即使被告人李虎指认同案犯的行为对司法机关抓捕同案犯起到一定协助作用,也不能认定是发生在"到案后"。

被告人李虎的行为不构成立功,更不构成重大立功。理由是:从逻辑上分析,立功与重大立功的区别主要在于所起作用的大小不同,但在构成立功的最低条件要求上,二者不存在也不应有区别。从法律效果方面分析,构成重大立功对犯罪分子从宽处罚的力度更大,那么对重大立功的限制条件亦应当更加严格,才符合逻辑和常理。在《解释》第五条已经规定了犯罪分子"到案后"才能构成立功的情况下,举轻以明重,《解释》第七条的规定虽无"到案后"的表述,但只有理解为同样要求"到案后"方为符合体系解释原则的妥当结论。故法院对其协助抓捕行为不认定为立功,是正确的。[参见第1125号指导案例,李虎、李某某故意伤害案,载《刑事审判参考》总第105集,第67页。撰稿:侯天柱]

三、提供重要线索,侦查机关得以侦破其他案件型立功认定的裁判旨意

○对于提供的线索属实,但未能抓捕到犯罪嫌疑人的,不能认定为立功

根据刑法本条的规定,犯罪分子提供重要线索,从而得以侦破其他案件的行为,应认定为有立功或重大立功表现。根据最高人民法院《解释》第五条、第七条的规定,犯罪分子到案后协助司法机关抓捕其他犯罪嫌疑人(包括同案犯)的,应当认定为有立功表现或重大立功表现。从以上规定可以看出,犯罪分子提供线索,协助司法机关抓捕其他犯罪嫌疑人构成立功或重大立功,必须同时具备下列三个条件:第一,该行为必须发生在刑事诉讼过程当中,即犯罪分子归案以后,生效判决或裁定宣告之前。第二,该行为在客观上为司法机关抓捕其他犯罪嫌疑人起到了帮助作用。如果提供本已为司法机关掌握的线索或在抓捕过程中未起到实质作用的线索,虽提供的线索真实可靠,但也不能认定为立功。第三,该行为必须产生实际效果,即司法机关必须据此将犯罪嫌疑人抓捕归案,得以侦破案件。可见,刑法规定的立功要求有实效性结果,不但要求犯罪分子提供真实可靠的线索,同时还要求侦查机关据此实际抓获犯罪嫌疑人的,否则不构成立功。因此,对于虽提供了真实可靠的线索,但因种种原因侦查机关未能抓捕到犯罪嫌疑人,从而侦破案件,就不能认定为立功。而且特别强调的是未抓获犯罪嫌疑人不论是由于客观原因还是侦查机关的主观原因,均不能在认定立功,这是严守刑法规定的必然要求。坚持认定立功的这一条件,在司法实践中,可以促使犯罪分子提供更加真实有效的线索,督促司法机关有效地利用犯罪分子提供的线索,及时抓获犯罪嫌疑人、侦破案件,实现刑法设置立功制度的特定目的。其次,这种情形虽不构成立功,但可作为从轻处罚的酌定情节。犯罪分子主动提供线索是其个人能够决定和控制的行为,但其提供的线索能否起到实效,成立刑法上的立功,则取决于客观情况是否发生变化和侦查机关是否实施及时有效的抓捕。从实践中看,犯罪分子提供的线索虽然真实,但侦查机关未能据此抓获犯罪嫌疑人的情况并不少见,造成这些情况出现的原因非常复杂,既有客观原因,也有主观原因。有的由于情况发生变化,原线索对抓捕已失去利用价值,如抓捕时犯罪嫌疑人已经转移、被其他司法机关抓获或向其他司法机关自首等;有的由于侦查机关工作安排或采取措施不当,而错失了抓捕的时机;有的由于侦查人员的怠职行为,没有积极履行自己的职责,该及时移送的不移送,该及时查证的不查证,该及时抓捕的不抓捕,造成提供的线索不能有效实现其对及时侦破案件的价值等。尽管上述情形均不构成立功,但提供线索的犯罪分子在一定程度上已完成了自己的"协助行为",其行为的积极意义显而易见,毕竟反映了犯罪分子已具有一定的悔罪态度,也表明其人身危险性相对降低,所以在刑罚裁量中应该对此予以体现,表明国家对其这种积极行为的肯定和鼓励态度,这也是我国贯彻宽严相济刑事政策的基本要求。所以,司法实践中,在适用刑罚时一般应当将这种情况作为从轻处罚的酌定情节,结合提供线索的价值大小和未抓获犯罪嫌疑人的具体原因,在量刑时予以相应体现,真正做到罪责刑相适应,以体现法律的公正性。[参见《刑事审判参考》总第57集(2007年第4集),法律出版社,第118~120页。]

▽归案后及时提供了毒品买主的住处和活动情况,使公安机关从买主的住处查获大量毒品的行为,应认定为重大立功

行为人虽协助司法机关去抓捕毒品买主,但因毒品买主的狡猾而摆脱了公安人员的控制,未能将毒品买主抓获归案,因此,不能认定行为人具有协助司法机关抓捕其他犯罪嫌疑人的立功表现,同时,因毒品买主与其是同案犯,也不属于提供侦破其他案件重要线索的立功。但是,行为人及时提供毒品买主的住址和活动情况，使公安人员从毒品买主的住处查获已被毒品买主控制的2710克海洛因和4900克咖啡因，使已经卖出的毒品全部被追回，防止了这部分毒品流入社会后危害人类，行为人的行为符合最高人民法院《解释》第七条关于"犯罪分子对国家和社会有其他重大贡献等表现的，应当认定为有重大立功表现"的规定。[参见第373号案例，梁国雄、周观杰等贩卖毒品案，载《刑事审判参考》总第47集(2005年第6集)，法律出版社，第43~44页。执笔：薛淑兰 蔡金芳]

▽没有利用查禁犯罪职责获取的线索，可依法认定为立功

《职务意见》对职务犯罪分子立功的认定和处理进一步细化，明确了四种情形不能认定为立功：(1)本人通过非法手段或者非法途径获取的；(2)本人因原担任的查禁犯罪等职务获取的；(3)他人违反监管规定向犯罪分子提供的；(4)负有查禁犯罪活动职责的国家机关工作人员或者其他国家工作人员利用职务便利提供的。司法实践中对第(1)、(3)、(4)种情形一般没有疑义，但是对第(2)种情形中获取立功的线索来源是否需要利用"职务"没有明确规定，导致产生争议。被告人获取的线索来源没有利用其查禁犯罪的职务上的便利或者利用职务形成的便利条件，依法可认定为立功。理由如下：第一，从体系解释来看，在刑法、相关司法解释以及司法解释性文件中关于职务犯罪的提法涉及"职务"以及相关用语"职权或者地位形成的便利条件"、"职务上的便利"、"职务上的行为"等都有动词"利用"加以限定。虽然《职务意见》中没有使用"利用"一词，但不能由此认为，这里不需要利用职务上的便利。从法律对于职务犯罪的规定来看刑法惩治的是利用"职务"的渎职行为，《职务意见》亦是针对职务犯罪专门出台的。负有查禁犯罪职责的行为人在案发前有报告、移送或者处置违法犯罪案件的职责，但没有及时报告、移送或处置的，是一种不履行职责的渎职行为。犯罪后将犯罪线索检举揭发，实质上是其职责的怠于履行，只能视为对其渎职的补救。《职务意见》规定的四种不能认定为立功的第(1)、(3)、(4)种情形均系违法行为。任何人不应从其违法行为中获利，这是基本的司法准则。因此，对于职务犯罪行为人利用职务获取的立功线索、材料来源，依法不应当认定为立功。但对于没有利用职务获取的犯罪线索应依法认定为立功。因为《刑法》规定的身份犯都是相对的，任何职务犯罪行为人除了其刑法评价的法定身份以外还有作为一般犯罪主体的非法定身份，对于具有特定身份的人基于非法定身份实施的行为，其身份对其进行刑法评价时不产生影响。例如，国家工作人员没有利用职务便利实施一般盗窃行为时，国家工作人员的身份对其定罪量刑是没有法定影响的。如果职务犯罪行为人没有利用其职务实施犯罪行为，难以构成职务犯罪。同理，没有利用职务获取立功线索、材料来源，对职务犯罪中立功等量刑情节的评价是不产生影响的。本案被告人获取的立功线索并没有利用职务上的便利，而是基于与被检举犯罪嫌疑人的亲友关系在生活中获取，与《职务意见》规制的相关范围并不一致，因此认定被告人的行为成立立功符合对《刑法》的体系解释。第二，从《刑法》的规定来看，法律设立立功制度的目的在于鼓励犯罪分子检举揭发其他犯罪行为，协助司法机关及时侦破案件。成立立功的结果是犯罪分子可能得到从轻或者减轻处罚，其实质根据主要有两点：一方面，犯罪分子在犯罪后揭发他人犯罪行为或者提供重要线索从而得以侦破其他案件，将功抵过，体现了犯罪分子的一定悔罪态度；另一方面，犯罪分子在犯罪后揭发他人犯罪行为或者提供重要线索，有利于司法机关及时发现侦破其他犯罪案件，有利于节约司法资源，降低司法成本。可见，功利与公正并重是立功制度的本质特征。从制定《意见》的背景来看，主要是由于司法实践中职务犯罪案件轻刑适用比例偏高，立功等量刑情节的认定和运用不够规范，导致职务犯罪案件刑罚适用的统一性和严肃性大打折扣，致使部分职务犯罪案件在处理上失之于宽，需要严格加以规范。《职务意见》解决的是在立功线索来源上公正和功利两种价值诉求的内在平衡问题，即不能以牺牲公正为代价获取功利，行为人如果利用查禁犯罪的职务获取立功线索，不应当认定为立功。同理，没有利用职务获取的立功线索当然依法应认定为立功。本案被告人获取的立功线索并非利用职务便利获取，不属于《职务意见》规定的有关四种不认定立功的情形，其提供的线索实现了节省司法成本的效果，体现了其一定悔罪态度，认定立功符合《刑法》设立立功制度的目的。第三,从《人民警察法》的规定来看,被告人获取立功线索的行为不属于职务行为。《人民警察法》第十九条规定:人民警察在非工作时间,遇有其职责范围内的紧急情况,应当履行职责。《人民警察法》第六条对公安机关人民警察的职责分为十三类,公安机关的内设机构也是根据《人民警察法》的规定相应地分为交通警察、刑事侦查警察、治安警察、户籍及出入境管理警察等。每个公安民警的职责依其所在部门和职位而确定。例外的情况是,《人民警察法》第二十一条规定:人民警察遇到公民人身、财产安全受到侵犯或者处于其他危难情形,应当立即救助。由以上规定出发,公安人员除遇到公民人身、财产受到侵犯或者出于其他危难情形以外,是不能随便超越职权行使职责的。本案被告人的立功线索针对的是该犯罪嫌疑人已经实施犯罪行为,是已发生了的犯罪事实,并不属于《人民警察法》第二十一条规定的公安机关的人民警察应当立即予以处理的情形。对于犯罪事实的侦查和犯罪嫌疑人的追捕按照相关规定也应由相关侦查人员负责。被告人作为异地看守所副所长,并没有侦破此案件的法定职责,因而认定被告人的行为成立立功并不违反《人民警察法》的规定。[参见第607号指导案例,汪光斌受贿案,载《刑事审判参考》总第72集(2010年第1集),第77~80页。撰稿:邹小莉　付海平]

▽案发前,行为人自愿置于有关机关和个人控制之下,并提供线索检举、揭发他人违法线索,公安机关根据该线索查获系行为人自己实施犯罪行为的,不能构成立功

根据最高人民法院《解释》第五条的规定,是否构成立功,既要看时间点上是否符合"到案后",也要看据以立功的线索或者协助行为对于侦破案件或者抓捕犯罪嫌疑人是否起到实际作用。1. 关于立功的时间点问题。《解释》第五条将立功的时间明确为"到案后"。立功开始的时间点包括司法机关在内的所有国家机关、党群组织、所在工作单位等因主动或者被动发现违法犯罪线索而主动或者被动接触、约束犯罪嫌疑人,使之处于司法、行政机关的控制之下的时点,即包括犯罪嫌疑人进入或者可能即将进入刑事诉讼的时点。最高人民法院《意见》规定,因特定的违法行为被采取劳动教养、行政拘留、司法拘留、强制隔离戒毒等行政、司法强制措施期间,主动向执行机关交代尚未被掌握的犯罪行为应当视为自动投案。这说明相关司法解释将"因被采取强制隔离戒毒等行政强制措施"情形亦等同为"处于行政司法机关的控制之下"的情形。本案康某某在告发他人吸毒行为时,系其主动到龙海市公安局禁毒大队交代自己吸食毒品氯胺酮的违法行为,并自愿到漳州市强制隔离戒毒所戒毒,此时康某某已处于公安机关控制、约束之中。虽然康某某没有供述自己的贩毒犯罪事实,且在其告发他人吸毒之后公安机关才对康某某涉嫌贩卖毒品立案侦查,但不宜简单因这一时间差就否认是"到案后",其自觉将自己交付公安机关和强制隔离戒毒所约束的行为应当认定为"到案"行为。2. 关于立功的行为方式和效果问题。康某某在立功时间点上不存在问题,但其检举揭发他人违法线索,公安机关根据该线索进而查获为其本人实施犯罪行为的情形,不具有立功的实际作用,因此不构成立功。(1)康某某检举揭发的是他人的违法行为,不具有立功的前提要件。根据《解释》的规定,检举揭发的对象必须是依照刑法规定构成犯罪的事实。康某某举报"智辉"、康聪鑫、"永国"、"细尾"有吸食毒品的违法行为,并带领龙海市公安局禁毒大队人员到"智辉"家附近踩点,为公安人员抓获吸毒人员陈智辉起到积极作用,但陈智辉等人吸毒行为属于一般违法行为,尚未构成刑法意义上的犯罪行为,故康某某的检举、揭发不具有立功的前提要件。(2)提供他人违法线索导致公安机关进而查获为其本人实施犯罪行为的,不具有立功的实际作用。按照《解释》第五条的规定,犯罪分子到案后提供侦破其他案件的重要线索,经查证属实的应当认定有立功表现。《意见)规定,据以立功的线索或者协助行为对于侦破案件或者抓捕犯罪嫌疑人要有实际作用。这一规定强调了线索的实效性,即要真正有助于司法机关侦破案件,有利于节约司法资源。本案的特殊之处在于,康某某没有直接交代自己的贩毒行为,而是因为揭发他人的违法行为,进而促使司法机关获得侦破其贩毒案件的线索。表面上看,若没有康某某所提供的线索,公安机关就难以及时发现康某某本人的贩毒事实,由此而论康某某的检举行为在客观上具有一定的价值。然而,仔细分析之下,其检举、揭发行为并无实际作用。理由有二:一是康某某举报的人员中没有吸毒人员周琮淇,公安机关是根据其举报陈智辉后实施抓捕时,“意外”在陈智辉家中抓到周琮淇,周琮淇到案后供述其曾经向康某某购买毒品,公安人员据此掌握了康某某贩卖毒品的犯罪事实,举报线索与查获事实之间没有必然的联系。二是由于查获的犯罪事实是检举人“自己”的犯罪行为,不属于“他人”的犯罪行为,即没有为司法机关侦破其他案件提供实际作用,缺乏线索的实效性,故康某某的检举、揭发行为不完全齐备立功的构成要素。[参见第936指导案例,康某某贩卖毒品案,载《刑事审判参考》总第95集(2013年第6集),第110~112页。撰稿:秦传熙 王亦灵 王碧祥]

四、劝说同案犯投案自首型立功认定的裁判旨意

▽带领公安人员抓捕同案犯未果后,电话劝说同案犯自首的,应认定为有立功表现

最高人民法院《解释》第五条进一步明确,共同犯罪人协助司法机关抓捕同案犯的,属于有立功表现。这里的协助司法机关抓捕同案犯的行为,既指为司法机关抓捕同案犯提供重要线索的行为,也包括直接带着司法机关工作人员去抓捕同案犯的行为。但是否构成立功,应当以是否据此将同案犯抓捕归案为确认依据。对于向司法机关提供同案犯的藏匿地点、电话号码等线索的,一般需以进一步实施了带领司法人员抓获同案犯的行为为认定立功的条件;如果所提供的线索十分清楚没有必要“带捉”,且司法机关据此抓获了同案犯的,亦可以认定为具有立功表现。对于协助抓获同案犯的行为是否认定为立功表现,关键在于行为人在公安机关抓获同案犯的过程中是否确实起到了协助作用。这种协助作用包括经被告人当场指认、辨认同案犯而抓获的,带领公安人员前往抓获的,以及提供不为司法机关掌握或司法机关按正常工作程序无法掌握的同案犯的藏匿地点而抓获的,等等。只要行为人的行为对于司法机关抓获同案犯起到了协助作用,就应当认定行为人具有立功表现。行为人到案后带领公安人员至犯罪嫌疑人家抓捕,已经表明行为人向公安机关提供了犯罪嫌疑人的可能藏匿地点等基本情况,对公安机关抓获犯罪嫌疑人已经起到了一定的协助作用,同时,据犯罪嫌疑人归案后的供述,其系接到行为人劝说自首的电话后至公安机关自首的。因此,行为人劝说犯罪嫌疑人自首的行为与犯罪嫌疑人的自动投案之间,仍存在因果关系。这种劝说自首行为也成为协助司法机关抓捕同案犯的具体表现,在同案犯据此归案后,应当认定行为人在使同案人到案的问题上确实起到了协助作用。[参见第331号案例,陆骅、茅顺君、石国伟抢劫案,载《刑事审判参考》总第42集(2005年第1集),法律出版社,第34~36页。执笔:张华]

▽被告人提供的在逃犯藏匿地点与被告人亲属协助公安机关抓获该犯不一致的,不能认定为立功,但从政策上权衡,根据案件的具体情节,可考虑在量刑时对被告人酌情予以从轻处罚

《刑法》意义上的立功主体只能是犯罪嫌疑人、被告人及正在服刑的罪犯。同时对检举揭发、提供侦破线索、协助抓捕等立功行为还要求具有实效性,即客观上必须是使案件得以侦破或实际将犯罪嫌疑人抓捕到案才能构成立功。也就是说,即使犯罪嫌疑人、被告人主观上有立功的愿望,客观上也有提供线索或协助抓捕的行为,但如果没有产生实际效果的,也不能认定为立功。立功中协助抓捕的情形并不以被告人亲自带领抓捕为要件。实践中,为了使被告人有从轻、减轻处罚的机会,经常出现被告人亲属协助抓捕的情形。如果被告人将准确的线索转给亲属,由亲属根据该线索抓获犯罪嫌疑人,或者亲属协助公安机关根据该线索将犯罪嫌疑人抓获,可认定被告人立功。但是,如果被告人告知亲属的线索并不准确,亲属是根据其他线索将犯罪嫌疑人抓获并扭送公安机关,或被告人将不准确的线索提供给公安机关,公安机关是根据被告人亲属提供的其他线索抓获了犯罪嫌疑人,在这些情形下,虽然被告人也有提供线索的行为,但因该行为对抓获犯罪嫌疑人没有产生实际作用,故不能认定被告人构成立功。需要指出的是,由于亲属代为立功不是对被告人从轻处罚的法定情节,在实践中也可能产生一些负面弊端,故在处理具体案件时,是否因被告人亲属“代为立功”而对被告人从宽处罚,要具体情况具体分析,不能一概而论。[参见第539号案例,马良波、魏正芝贩卖毒品案,载《刑事审判参考》总第67集(2009年第2集),法律出版社,第74~75页。撰稿:高雨]

▽劝说、陪同同案犯自首的，可认定为立功

《解释》第五条规定了五种立功情形，前四种情形属于列举性规定，是实践中最为常见的几种立功情况，第五种情形属于兜底性规定，囊括除前四种情况之外其他可认定为立功的有利于社会、国家的行为。本案被告人劝说并陪同同案犯自首的行为未包括在前四种立功情形之中，但属于具有其他有利于国家和社会的突出表现的，可认定其属于刑法上的立功。具体理由如下：（一）认定劝说、陪同同案犯自首为立功表现符合立功的立法本意。刑法设立立功制度，并对有立功表现的行为人给予从轻甚至减轻的刑罚优遇，其实质根据有两点：一是从法律上说，行为人在犯罪后揭发他人犯罪行为，或者提供重要线索，从而得以侦破其他案件，表明行为人对犯罪行为价值的否定，因而其再犯可能性会有所减小，利用刑罚对其进行个别预防的需要减弱。二是从政策上说，对揭发他人犯罪行为，或者提供重要线索等行为，给予刑罚上的从轻，有利于鼓励行为人犯罪之后揭发他人犯罪、阻止他人犯罪、协助司法机关抓获其他犯罪嫌疑人等，有利于预防新的犯罪或司法机关及时发现、侦破已经发生的犯罪案件。本案被告人劝说与陪同同案犯自首的行为，体现了行为人对自己行为的认罪、悔罪态度，从其人身危险性而言是减小了；并且该行为又具有社会有益性，有利于司法机关及时发现、侦破犯罪案件，刑法规范的效力也得到了确证。（二）劝说、陪同同案犯自首相比"协助司法机关抓捕其他犯罪嫌疑人（包括同案犯）"更具有效性。司法解释中明确规定"协助司法机关抓捕其他犯罪嫌疑人（包括同案犯）"为立功表现，而劝说、陪同同案犯自首的行为与该行为相比，明显经济效果更好。因为就共同犯罪而言，行为人在协助司法机关抓捕同案犯后，可能会出现同案犯拒不认罪、抵赖、推脱等情形，从而加大查证的难度，增加办案的司法成本。而劝说、陪同同案犯自首，既省去了抓捕的环节，又可以较快地查明犯罪事实，这种情形显然比协助司法机关抓捕其他犯罪嫌疑人更节省司法资源，更提高办案效率，更符合立功的精神，因此，当然应认定为立功。（三）法律适用上应适用"具有其他有利于国家和社会的突出表现的"规定。《解释》第五条规定的第五种立功情形是"具有其他有利于国家和社会的突出表现的"，该规定具有一般性规定与兜底性规定的双重特征。其一般性规定在于其概括了立功的本质，说明立功是有利于国家和社会的突出表现；其兜底性规定在于其具有堵漏性的特点，意在将该司法解释没有穷尽的立功表现情形规定到该种情形中。当然，该种情形的把握应当是严格的，是具有一定条件的，即该行为必须是有利于国家和社会的"突出表现"。本案被告人劝说、陪同同案犯自首的行为是有利于国家和社会的，这是毋庸置疑的。关键是该行为是否为"突出表现"，通过比较劝说、陪同同案犯自首的行为与该司法解释其他立功表现情形，特别是协助司法机关抓捕其他犯罪嫌疑人（包括同案犯），劝说、陪同同案犯自首的情况，更加有利于司法机关对已经发生的犯罪的惩罚，也更有利于司法资源的节约，因此，理应认为是具有"突出表现的"。故而，对劝说、陪同同案犯自首的行为，认定其属于司法解释中"具有其他有利于国家和社会的突出表现的"情形，构成刑法上的立功表现。相反，主张劝说、陪同同案犯自首属于"协助司法机关抓捕其他犯罪嫌疑人（包括同案犯）"的见解，将会在被劝说、被陪同同案犯的处理上面临严重的逻辑矛盾。因为劝说、陪同同案犯自首不仅仅涉及劝说者与陪同者的量刑情节的认定，即劝说者、陪同者是否构成立功表现，还涉及被劝说者与被陪同者即同案犯的量刑情节的认定。因为同案犯在行为人劝说、陪同下到公安机关投案自首，依法应构成自首，如果对行为人适用了"协助司法机关抓捕其他犯罪嫌疑人（包括同案犯）"的规定，则一方面是行为人协助司法机关抓捕同案犯，而另一方面是同案犯到司法机关进行自首，这显然存在逻辑上的矛盾。综上，本案被告人劝说、陪同同案犯自首的行为应认定为立功且属于《解释》中的第五种立功情形，即"具有其他有利于国家、社会的突出表现"的情形。[参见第708号指导案例，霍海龙等虚开用于抵扣税款发票案，载《刑事审判参考》总第80集（2011年第3集），第100~102页。撰稿：王海涛　舒平锋]

▽被告人投案以后，委托亲属动员在逃的同案犯投案自首的行为不能认定为立功

被告人曹某深犯罪以后逃到越南，其兄曹某林找到其并讲明"跑得了一时，逃不了一世"，曹某深遂到公安机关投案自首。之后,曹某深让曹某林去找杨某旭、张某回来投案。经曹某林寻找,张、杨二人的亲属协助寻找并动员,张、杨二人先后投案。曹某深不属于《解释》第五条中的"协助司法机关抓捕其他犯罪嫌疑人"的情形,不能认定为立功。理由如下:

(一)立功的主体原则上应限定为犯罪嫌疑人、被告人本人。无论是刑法还是《解释》和《意见》,所规定的立功的主体都是"犯罪分子"。如果是在侦查、审查起诉阶段检举、揭发他人犯罪行为的,立功的主体就是犯罪嫌疑人;如果是在审判阶段提供重要线索从而得以侦破其他案件的,立功的主体就是被告人。因此,刑法上的立功的主体,原则上应限定为犯罪嫌疑人、被告人本人。这就是学理上讲的立功具有"亲为性"的特征。犯罪分子的亲属"协助立功"的,不符合立功的主体要件,因此,不能认定为犯罪分子具有立功表现。

(二)对《意见》所列举的"协助抓捕其他犯罪嫌疑人"的理解与适用,应当采取缩小解释。《意见》虽然在列举了四种常见"协助抓捕其他犯罪嫌疑人"的情形后,加上了"等等"二字,但对"等等"应当进行严格的限制解释,不能认为凡是对侦破案件起到一定的协助作用,节约了一定的司法资源就一律认定为立功。在具体情形的认定上,应当坚持两点:一看是否按照司法机关的安排而配合作出相应行为;二看将重要信息提供的对象是不是司法机关。前者的要点是,提供的协助行为是依照司法机关的安排所为,表明其有配合司法机关侦破案件的意愿和行为,如《意见》列举的第一、第二种协助方式,即"按照司法机关的安排,以打电话、发信息等方式将其他犯罪嫌疑人(包括同案犯)约至指定地点的"和"按照司法机关的安排,当场指认、辨认其他犯罪嫌疑人(包括同案犯)的",无不强调是按照司法机关的安排而为。后者的要点是将重要信息向司法机关提供,如《意见》列举的第三、第四种协助方式,即"带领侦查人员抓获其他犯罪嫌疑人(包括同案犯)的"和"提供司法机关尚未掌握的其他案件犯罪嫌疑人的联络方式、藏匿地址的",均要求是将重要信息向司法机关提供,之后由司法机关前往抓获。这体现出对立功持谨慎认定的态度,一方面,立法不鼓励"私力缉凶"这一冒险方式,以免发生新的悲剧;另一方面,也是为了防止饱受诟病的"串通买功"现象发生,人为制造不公正的量刑。本案被告人曹某深规劝同案犯投案,既非是在司法机关的安排下进行,也非是将杨某旭、张某二人的藏匿信息告知司法机关,由司法机关前往抓获。曹某深是将该想法告诉其兄长曹某林,由曹某林与张某、杨某旭的亲属共同寻找、动员,之后,张某、杨某旭才先后投案的。试想,假若将本案中曹某深的协助动员同案犯投案的意思表示认定为立功表现,则曹某深、杨某旭、张某三人均有自首情节,曹某深还另有立功表现,且是重大立功表现,三人均可从轻甚至减轻处罚。但如果曹某深将杨某旭、张某的准确藏匿地址提供给司法机关,由司法机关抓获杨、张,则杨、张二人不可能成立自首,仅有曹某深一人能得到减轻处罚。因此,不宜对曹某深提供信息的对象不加区分,认为只要是起到了一定的协助抓捕作用,就一律认定为立功。否则,将导致量刑失衡,也不符合宽严相济刑事政策的要求。

(三)曹某深的行为虽不认定立功,但可作为悔罪表现,酌情从轻处罚。如前所述,被告人曹某深的行为虽然不构成立功,但考虑到曹某深在投案以后,人身自由受限,确实不能亲自前往动员同案犯投案,其委托亲属代为动员的行为,表明了其将功赎罪的意愿,应认定为具有悔罪表现,可以酌情从轻处罚。综上,一审法院不认定曹某深委托亲属代为动员在逃同案犯投案的行为为立功是准确的,同时考虑到曹某深有自首情节,本案事出有因,案发后又积极赔偿了被害人亲属经济损失并取得谅解,对其从轻处罚,以故意伤害罪判处有期徒刑十五年,剥夺政治权利四年是适当的。[参见第1170号指导案例,曹某深、杨某旭、张某等故意伤害案,载《刑事审判参考》总第108集,第42～45页。撰稿:唐玉迪]

五、亲属"代为立功"型立功的裁判旨意

○犯罪分子请求其亲属协助司法机关将在逃同案犯抓捕的,不应认定为立功

请求协助行为不属最高人民法院《解释》第五条规定的"协助司法机关抓捕其他犯罪嫌疑人(包括同案犯)"行为,不应认定为立功,但应作为酌定从轻情节,在适用刑罚时予以充分考虑。理由如下:

(一)首先,主体方面,本案具体协助行为是由被告人王某的亲属作出的,而非王某本人。被告人王某对同案犯王甲逃跑之后的行踪并不知晓,亦无协助公安机关抓获同案犯王甲的实际能力。其次,客观方面,被告人王某写信要求其父母如发现同案犯王甲的行踪及时通知公安机关并提供协助的行为,不属具体协助行为,且与王某被抓获两者之间不存在客观上的因果关系。协助行为需有具体内容,须对抓捕其他犯罪嫌疑人具有实质性意义。被告人王某在写给其父母的信中并未涉及王甲的行踪情况,依据该通信内容无从抓捕其同案犯王甲,其通信行为本身不具有协助抓捕的作用。王甲之所以被抓捕,完全是其父母及亲属协助的结果。被告人王某的通信内容所表达出来的仅仅是一种请求协助的意愿,而非协助行为本身,与王甲被抓捕之间不具有客观关联性。如认可协助行为可由他人代劳,并因此作为其本人的立功表现,依法从宽处罚,不仅会使作为量刑制度之一的立功标准失之过宽,且有可能会损及刑罚适用的公正性和平等性,不利于对犯罪分子的教育改造。(二)请求协助行为反映了犯罪分子悔罪、赎罪的主观意思,应作为酌定从轻情节,在适用刑罚时予以充分考虑。第一,被告人王某的人身自由已被依法剥夺,不可能掌握在逃同案犯的行踪情况,即使有协助抓捕的意愿,也是力所不能及的。但被告人王某的协助请求行为的确反映出了其将功赎罪的主观意愿,说明其主观方面的人身危险性有所减弱。第二,将同案犯抓获归案虽非被告人王某本人协助之结果,但不能否认两者之间存在一定的联系,被告人王某的请求协助行为本身对国家司法活动的顺利进行是有所助益的。第三,被告人王某的行为不属立功表现,不作为法定从轻情节对待,不应成为认定酌定从轻情节的障碍,而且,通常情况下将之认定为酌定从轻情节是合适的,也是必要的。《解释》第四条、第六条分别将供述同种罪行及揭发同案犯共同犯罪事实的行为规定为酌定从轻处罚的情节。对被告人王某的请求协助行为,也应当体现同样的刑事政策精神,在适用刑罚时,作为酌定从轻处罚情节,予以充分考虑。[参见《刑事审判参考》总第 35 辑(2003 年第 6 辑),法律出版社,第 209~211 页。]

▽被告人亲属“代为立功”的,不构成刑法上的立功,但作为酌定从轻情节在量刑时予以适当考虑

在司法实践中经常有被告人亲友“代为立功”的现象,被告人的家属出于希望减轻被告人的罪责,司法机关能够对被告人从轻处理的动机,将自己掌握的犯罪事实向司法机关检举、揭发或者自告奋勇帮助司法机关抓捕罪犯。对这种被告人亲友的“代为立功”是不能认定为被告人立功的,因为刑法意义上的立功是有主体条件限定的即只有犯罪分子包括被采取强制措施的犯罪嫌疑人、被告人和正在服刑的罪犯才存在刑法意义上的立功。因此,对完全与犯罪分子无关、纯粹由犯罪分子亲友实施的“立功”行为,不能认定为犯罪分子的立功表现。当然,亲友“代为立功”作为一种对社会有益的行为,应当给予一定的鼓励和奖励,虽然不能认定为被告人有立功表现作为法定从轻情节,但将亲友“代为立功”作为酌定从轻情节在量刑时予以适当考虑,是符合我国刑事政策精神的。[参见第 414 号案例,田嫣、崔永林等贩卖毒品案,载《刑事审判参考》总第 52 辑(2006 年第 5 辑),法律出版社,第 47~48 页。执笔:肖勇]

▽被告人亲属为使被告人获得从轻或减轻处罚的机会,应司法机关的要求或主动向司法机关提出,协助司法机关抓获其他犯罪嫌疑人的,不能认定为被告人立功

最高人民法院于 2010 年 12 月在《意见》第四条第三款规定,“犯罪分子亲友为使犯罪分子‘立功’,向司法机关提供他人犯罪线索、协助抓捕犯罪嫌疑人的,不能认定为犯罪分子有立功表现。”明确了此类情形不能认定为被告人的立功。下面从法律解释方法的角度对这一问题进行阐述:(一)运用历史解释法,从立功制度的法律沿革中看,均不将被告人亲属代为立功的行为认定为被告人的立功。关于立功制度,我国 1979 年刑法第六十三条的规定,立功是与自首结合在一起,将功赎过要以自首为前提。可见,当时的法律和刑事政策对将功赎过限制严格。1984 年“两高一部”联合发布了《关于当前处理自首和有关问题具体应用法律的解答》(本附文以下简称《解答》),其中规定了什么情况可构成立功:“立功通常是指通过犯罪分子揭发检举其他犯罪分子的重大罪行得到证实的,或者提供重要线索、证据,从而得以侦破其他重大案件的,或者协助司法机关缉捕其他罪犯的。检举揭发其他犯罪分子较多的一般罪行,或者犯罪线索,经查证属实的,也应视为立功。”同时规定,没有自首只有立功的,可视情况从宽处理。《解答》对立功的规定较以前有了更强的可操作性,强调揭发检举的须是他人的重大犯罪才可构成立功,若为一般犯罪要具备“较多”这一数量条件。更重要的是明确了单独立功亦可从宽处罚。《解答》反映了当时为加大惩治犯罪力度,鼓励犯罪分子揭发检举的刑事政策,但对立功要求仍然较为严格。刑法第六十八条第一款正式确定了独立于自首的立功制度:“犯罪分子有揭发他人犯罪行为,查证属实的,或者提供重要线索,从而得以侦破其他案件等立功表现的,可以从轻或者减轻处罚;有重大立功表现的,可以减轻或者免除处罚。”1998年最高人民法院又出台了《解释》,具体规定了立功的几种情形,包括:揭发检举他人犯罪行为,经查证属实的;阻止他人犯罪活动;协助司法机关抓捕其他犯罪嫌疑人的;具有其他有利于国家和社会的突出表现的,应当认定为有立功表现。《解释》规定的立功情形更加具体、明确,不再要求揭发检举须是他人重大犯罪或较多一般犯罪,降低了立功的门槛,还将“具有其他有利于国家和社会的突出表现”规定在内,这些变化都表明了鼓励犯罪分子将功赎过,并以揭发检举犯罪等以外的多种形式争取立功,体现对立功形式多样化的认可。此后,因司法实践中存在多种多样的争取立功的形式,为统一标准,规范量刑情节,2009年最高人民法院、最高人民检察院联合出台的《职务意见》中明确规定了立功必须是犯罪分子本人实施的行为,亲友代为实施的,不应认定为犯罪分子的立功表现;同时,对立功线索来源作出限制性规定,明确以非法手段或途径获取的以及因职务获取的等均不能认定为立功。综观我国刑事立法、司法解释关于立功的规定,不难解读在宽严相济的刑事政策下,国家鼓励犯罪分子以多种有益于国家、社会的方式积极立功,争取宽大处理。同时,在结合司法实践经验的基础上,为避免或减少不正当立功形式的出现,实现立功制度的公正性,严格限制立功的成立要件,更加注重立功的正当性和亲力性。在此情况下,被告人亲属代为立功的,因被告人未亲自实施立功行为,不具备亲力性,认定其立功缺乏正当性依据,不能认定被告人立功成为应有之义。(二)从法律的当然解释和系统解释来分析,也不应认定为被告人的立功。所谓当然解释,是根据通常人按照公认的人类理性或某一学科的理论进行推论,对法律条款只能得出这样一个当然的理解。《解释》第五条规定:“……犯罪分子到案后有检举、揭发他人犯罪行为……提供侦破其他案件的重要线索……协助司法机关抓捕其他犯罪嫌疑人(包括同案犯)……的,应当认定有立功表现。”该条款文字很明确地表述了不论立功的形式如何,其主体就是犯罪分子,而非他人(包括被告人的亲属)。通过当然解释,不论是民众还是法官都不应对该问题再产生歧义。这样的结论也符合明示其一即排斥其他的规则。另外,按照系统解释,尽管现行刑法和《解释》中没有关于本案问题的规定,但是《职务意见》中明确了被告人亲属代为立功的,不能认定为被告人立功。尽管《职务意见》适用范围是职务犯罪案件,但根据刑事法律体系的贯通性和一致性,可借助《职务意见》的规定对普通刑事案件中存在的同样法律问题进行系统解释,自然可得出被告人亲属代为立功的行为不能认定为被告人立功这一结果。(三)从立功制度的立法目的看,也不应认定为被告人的立功。本案审理时,既然现行刑法和《解释》均没有规定亲属代为立功的情形,因此,我们不妨运用目的解释法来对该问题进行检验。首先我们要明确立功制度的立法目的,再将该问题放在立法目的之下进行衡量,根据问题是否与立法目的相符,来作出相应的判断。但法律通常不限于一个立法目的,这就要在多个立法目的之间寻求平衡,才能实现价值的最大化。立功制度的立法目的亦是多重的,其中最主要的是提高司法机关的办案效率、分化瓦解犯罪,以及通过立功减轻刑罚,促使犯罪分子悔罪并改过自新这两个目的。从提高司法机关的办案效率、瓦解犯罪这一立法目的出发,无论是被告人亲自揭发检举或协助抓捕的行为,还是被告人亲属的协助行为都应当受到鼓励和支持。但是如果将被告人亲属的行为认定为被告人立功,因被告人本人无须付出任何努力就可获得立功进而获得较轻的刑罚,长此以往,一定无法实现促使犯罪分子真心悔罪并改过自新这一立法目的。[参见第713号指导案例,冯绍龙等强奸案,载《刑事审判参考》总第80集(2011年第3

集),第139~143页。撰稿:张眉]

▽被告人亲属代为立功后,对被告人从轻处罚须具备的条件

被告人亲属代为立功的行为,虽然不能认定为被告人的行为,但在具备一定条件时,可酌情对被告人从轻处罚。不认定被告人立功,就避免违背促进犯罪分子真心悔罪这一立法目的;在具备一定条件时,可酌情对被告人从轻处罚,这样即使未认定被告人立功,但因其亲属代为立功的行为同样可为其带来从轻处罚的结果时,就会鼓励被告人亲属多立功,同样可实现提高司法机关的办案效率、分化瓦解犯罪的立法目的。需要注意的是,不是所有被告人亲属代为立功的都可以对被告人从轻处罚,需要具备以下条件:(1)被告人亲属的立功结果是基于被告人提供的线索或者相关信息,也就是说,被告人亲属之所以能够提供其他案件的重要线索或者能协助司法机关抓获其他犯罪嫌疑人,与被告人提供信息有关;(2)被告人及其亲属在获取线索来源及亲属在代为立功过程中,不能通过非法手段或有违法行为。如此,在亲属代为立功过程中,要求被告人必须在某种程度上亲自参与,这是对其从轻处罚的前提;代为立功的整个过程具备合法性是对被告人从轻处罚的法定条件。如果被告人亲属为使被告人获得从轻处罚,而单方面地代为立功,因被告人并未参与,不能体现出被告人主观上是否有悔罪表现,故不能对被告人从轻处罚;或者被告人及其亲属的立功线索或机会系采取非法手段获得的,根据《意见》第四条的规定,也不能认定被告人的行为系立功,不能据此对被告人从轻处罚。本案被告人的父亲根据于明提供的在逃犯的藏匿地点,经过多方打听和跟踪,最终确定了在逃犯的确切地点,从而协助公安机关将其抓获归案。因被告人只提供了在逃犯可能的藏匿地点,其提供的地点并不具体、明确,对公安机关直接抓捕在逃犯不具有实际意义,故其提供在逃犯的线索本身不能算是协助抓捕,无法构成立功。但其父亲根据该线索经过进一步努力,锁定了在逃犯的藏匿地点,并协助公安机关将在逃犯抓获,被告人及其父亲的行为客观上节省了司法资源,并且对国家、社会是有益的,故应该得到鼓励和支持。一审、二审法院基于上述考虑,作出了虽然未认定被告人立功,但可对其酌情从轻处罚的裁判结果。这一裁判结果与之后最高人民法院《意见》的规定是一致的。[参见第713号指导案例,冯绍龙等强奸案,载《刑事审判参考》总第80集(2011年第3集),第143~144页。撰稿:张眉]

六、阻止他人犯罪型立功的裁判旨意

▽阻止他人犯罪活动,他人因未达刑事责任年龄而未被追究刑事责任的,行为人的阻止行为仍成立立功

1998年最高人民法院颁布的《解释》第五条规定,阻止他人犯罪活动,应当认定为有立功表现。此处的"他人犯罪活动"不要求构成犯罪,因此,不应以司法机关处理结果为标准,只要他人的行为具有社会危害性并具备某种犯罪客观要件的外在表现形式,那么阻止该行为就可以认定为"阻止他人犯罪活动",因此,就应认定为立功。本案被告人在取保候审期间,制止窃取他人钱包的阿某的盗窃活动,之后因阿某未达到刑事责任年龄,公安机关未作为刑事案件处理。阿某虽不符合犯罪主体的成立要件,但其可以成为"阻止他人犯罪行为"立功中"犯罪行为"的主体;阿某盗窃他人钱包的行为,符合盗窃罪客观要件的外在表现形式,被盗钱包内有现金人民币9800元,已达到了盗窃罪的追诉标准,且数额巨大,是具备社会危害性且客观上侵害了刑法所保护利益的行为,属于"阻止他人犯罪活动"立功中"犯罪活动"的范畴。被告人对阿某的盗窃活动当场予以制止,使被害人的财产利益免受侵害,该行为认定为立功是正确的。[参见第707号指导案例,沈同贵受贿案,载《刑事审判参考》总第80集(2011年第3集),第91~92页。撰稿:渠帆 洪彦]

▽"阻止他人犯罪活动"立功,并未要求"他人犯罪活动"实际上构成犯罪

第一,从词源本义来看。根据《现代汉语词典》的解释,"活动"作为名词是指"为达到某种目的而采取的行动"。"阻止他人犯罪活动"中的"犯罪活动"是作为名词使用的,从词义上来说,应是指为达到犯罪目的而采取的行动,而并不等同于犯罪。第二,从立法用语来看。《解释》第五条对于"阻止他人犯罪活动”立功,明确表述为“他人犯罪活动”而非“他人犯罪”。虽然《解释》对什么是“犯罪活动”未作明确规定,但这种表述已经体现了立法的取向,即此处的“犯罪活动”并不等于实际的“犯罪”,此与该词语本身的含义也是一致的。第三,2010年最高人民法院《意见》,以列举的形式解释了检举、揭发或者协助抓获立功中如何认定他人“构成犯罪”。《意见》第六条第五款规定:“被告人检举、揭发或者协助抓获的人的行为构成犯罪,但因法定事由不追究刑事责任、不起诉、终止审理的,不影响对被告人立功表现的认定……”这里的“构成犯罪”应从形式上理解,是指行为具有社会危害性,具备了某种犯罪构成的客观要件。至于该行为因主体不具备刑事责任能力而不追究刑事责任,或因情节显著轻微、已过追诉时效、被赦免、被告人死亡等原因而不立案、撤销案件、不起诉、终止审理或宣告无罪的,不影响对立功的认定。可见,《意见》深入贯彻了宽严相济刑事政策的精神,认定立功的条件更为宽泛,对犯罪分子“将功折罪”、回归社会的努力进一步予以肯定。《意见》第六条虽只规定了检举、揭发或者协助抓获立功,但司法实践中可以参照其规定,对“阻止他人犯罪活动”立功进行认定,理由如下:其一,从立法意图上考虑,“阻止他人犯罪活动”与“检举揭发他人犯罪行为”、“协助司法机关抓捕其他犯罪嫌疑人”是《解释》中并列的应认定为立功的几种情形之一,且《意见》本身对“他人犯罪活动”的表述即体现了与《解释》相一致的立法取向。其二,从功利主义的角度考虑,比起事后检举揭发犯罪的行为,当场阻止他人犯罪可以更及时有效地维护被侵害的法益,具备更大的价值。既然事后检举揭发犯罪成立立功的条件已更宽泛,“阻止他人犯罪活动”也理应予以进一步鼓励和保护。其三,从刑罚目的上考虑,当场阻止犯罪在很多情形下要承担较大的风险,体现了行为人较积极的悔罪态度。参照《意见》对于检举、揭发及协助抓获立功的规定,在符合立法意图的前提下,更加积极地肯定此行为,有助于促进行为人改造思想、消除犯罪意志,更好实现刑罚的特殊预防。[参见第707号指导案例,沈同贵受贿案,载《刑事审判参考》总第80集(2011年第3集),第92~93页。撰稿:渠帆 洪彦]

▽“阻止他人犯罪活动”立功成立要件的认定

“阻止他人犯罪活动”,是指行为人以制止、规劝、告发等积极主动的行为,使他人的犯罪活动在客观上停止,使法益免遭侵害或得到有效保护。对此的理解,主要涉及以下几个方面:第一,对于“犯罪活动”的理解。需要注意的是,2010年实施的《意见》第六条规定的检举、揭发立功以及协助抓获立功中,被检举人、被抓获人的行为均已实行终了,认为其行为在形式上构成犯罪是一种事后的评价,而阻止他人犯罪更多地发生在他人犯罪活动进行中,因此,不能完全套用。出于上述考虑,“阻止他人犯罪活动”中的“犯罪活动”,是指具有社会危害性,具备某种犯罪构成客观要件的外在表现形式的行为。首先,此处的“活动”,应是外在表现符合某种犯罪客观要件的动静形态。这里的外在表现是否符合犯罪客观要件,应以社会一般人符合常理的判断为基础,如发现别人有争吵和轻微推搡即上前制止,在一般情况下争吵和轻微推搡行为不符合某种犯罪客观要件的外在表现,因此,也就称不上“犯罪活动”。此外,“犯罪活动”还要侵害刑法所保护的利益,具有社会危害性。其次,该“犯罪活动”不等同于“犯罪”,不要求该“犯罪活动”完全符合犯罪主客体和主客观构成要件,也不要求该行为的社会危害性必然达到刑事违法性和应受刑罚惩罚性的严重程度。如行为人在街上看见甲持刀追砍乙,其上前予以阻止,应认定符合“阻止他人犯罪活动”。至于甲主观上是否有杀人或伤害的故意,以及最终甲是否将乙砍死或砍成轻伤以上的伤害程度,均不影响甲的行为已经具备了故意杀人罪或故意伤害罪客观要件的外在表现形式。此时,根据甲的客观行为,并结合乙的人身正要遭受严重侵害的情境,可以判断出,甲正在实施故意杀人或故意伤害的犯罪活动。至于甲是否达到刑事责任年龄、是否为精神病人等其他构成要件能否全部符合,以及甲是否在之后因为情节显著轻微、已过追诉时效、被赦免、自首立功等原因而不追究刑事责任,均不影响认定甲的行为是“犯罪活动”。换言之,只要某人的行为具有社会危害性,且具备了某种犯罪的客观外在表现,即可认定其行为是“犯罪活动”。本案被告人发现了阿某正在盗窃他人钱包遂予以制止,虽然最终司法机关对阿某的行为未追究刑事责任,但该行为侵害了被害人的财产利益,具有社会危害性，且客观上符合盗窃罪客观要件的外在表现形式，应认定为“阻止他人犯罪活动”立功中的“犯罪活动”。第二，对“阻止”的理解。当场阻止犯罪活动一般情况下都要具备相应的风险，但“阻止”在行为方式上并不要求一定是有高度人身危险的激烈对抗，也可以是较为和缓的劝告、说服，或者是向司法机关告发等。此外，“阻止”不但要求有“阻”的行为，还要求有“止”的效果，即他人的犯罪活动停止，或者在特定时空内不再继续，或者法益受侵犯的状态或结果及时得到控制或消除。司法实践中，若行为人虽然积极拦阻他人犯罪活动，但因势单力孤或意外事件等原因而未产生使犯罪活动在客观上停止的实际效果，那么就不能认定为立功。当然，尽管此情形不构成立功，但行为人实施此行为反映了其悔罪态度，表明其人身危险性、再犯可能性相对降低，在实际量刑中可结合行为人在阻止犯罪活动中的介入程度、作用大小等具体情形，将其作为从轻处罚的酌定情节，以此体现国家和社会对这种积极行为的肯定及鼓励，从而更好地贯彻宽严相济刑事政策。第三，对“他人”的理解。这里的“他人”既包括自然人，也包括单位。对于其中的自然人，不受犯罪主体中刑事责任能力的限制，包括由于年龄、精神状态等原因而无刑事责任能力或限制刑事责任能力的人。本案中，被被告人抓获的进行盗窃活动的阿某，即包括在内。如果阻止的是与被阻止人共同犯罪之外的其他犯罪活动，应当视为立功；如果是在共同犯罪中阻止共犯犯罪理在我国刑法中这属于共同犯罪形态的问题，不属于立功适用的范畴。第四，“他人犯罪活动”必须与阻止行为之间具备因果关系，即必须是因为阻止行为的介入，犯罪活动才得以停止。第五，“阻止他人犯罪活动”必须是在当场，有特定的时间、空间的限制。这里的“当场”，可以理解为行为人进行犯罪预备的现场、实施犯罪活动的现场以及当即被追捕过程中的现场。对此的理解主要涉及两个方面：其一，犯罪活动被阻止大多发生在犯罪实行中，合法权益被侵害的紧迫性较高，但在紧迫性未必很高的犯罪预备时即予以制止，依然可以成立“阻止他人犯罪活动”；其二，若受侵害的事实已发生，但是实施犯罪活动的人尚未脱离特定时空，存在及时维护受侵害法益或使其免受进一步侵害的可能性，亦可成立“阻止他人犯罪活动”。如行为人发现甲偷了乙的手机并欲逃离，遂将甲当场抓获并归还了乙的手机，此处手机实际上已经离开了乙的控制，但甲尚未脱离特定时空即被抓获，不影响“阻止他人犯罪活动”的成立。若他人犯罪活动已经实行终了并已离开现场，行为人在之后进行检举、揭发或抓获嫌疑人的，则可能分别成立检举、揭发他人犯罪活动立功或协助司法机关抓捕其他犯罪嫌疑人立功。[参见第707号指导案例，沈同贵受贿案，载《刑事审判参考》总第80集(2011年第3集)，第93~96页。撰稿：渠帆 洪彦]

七、有利于国家和社会的突出表现或重大贡献型立功的裁判旨意

▽被告人在案件审理期间积极救助他人的行为，可以认定为立功

(一)符合立功制度的本质特征。刑法设置立功制度的实质目的有二：一是从法律意义上，行为人在犯罪后揭发他人犯罪等行为，表明其人身危险性的减小，从矫正刑角度出发，应对其予以积极评价，以利于行为人的改造。二是从政策意义上，揭发他人犯罪等行为，有助于司法机关发现犯罪，以实现刑法上的犯罪认定等有益于社会的目的。所以，立功认定中涉及的犯罪分子所实施的行为，本质上是体现出犯罪分子人身危险性的减小，且在制度上有益于社会的行为。在相关司法解释已经对立功行为的内涵予以扩大的情况下，没有理由认为立功仅应局限于检举、揭发等与打击犯罪有关的行为。犯罪分子在日常生产生活中做出的有益于国家和社会的突出表现，虽然与刑事案件无关，但能够体现出其人身危险性的减小，符合立功的本质特征，在一定的条件下应当认定为立功。当然，也不宜将第六十八条规定的立功扩大为任何客观上表现为有利于社会的行为，否则可能导致刑法适用的不平等，并可能造成具有经济优势的犯罪分子享有立功特权的不公正现象。

(二)符合文义解释的原则。从文义解释的角度来看，刑法第六十八条和第七十八条均规定了立功，理论界通常将前者称为量刑立功，将后者称为减刑立功。刑法第七十八条规定，对于判处管制、拘役、有期徒刑、无期徒刑的犯罪分子，在执行期间，有立功表现的，可以减刑；有重大立功表现的，应当减刑;其中有六种情形属于重大立功表现。第六十八条规定的立功概念应当是与第七十八条的规定相统一的,也即第七十八条第一款所列舍己救人等行为系"重大立功",那么除程度上的差异外,与第一款的普通"立功"概念内涵应该是统一的,而刑法第七十八条第一款又并未对普通"立功"行为进行明确界定,以区分于第六十八条的"立功"。那么,依据文义解释及刑法的内在统一,当然应当理解为刑法第七十八条第一款规定的"立功"与第六十八条"立功"概念内涵是一致的。关于量刑立功和减刑立功的分类,根本上仅是从功能角度区分,体现的仅是前者在审理阶段适用,后者在执行阶段适用的不同。就立功所要求的人身危险性降低和社会效用这两个要素而言,二者应该是没有根本区别的。同样一种行为,在审理阶段不能进行法定的从宽处理,而在执行阶段,就可以援引第七十八条进行减刑,该情况显然既违反刑法同一性,也不利于犯罪人权利保护。

(三)"非舍己"救助行为可以认定为立功。首先,第七十八条第一款规定"舍己救人"系重大立功,也就是说,"舍己"情节是"重大"这个量上的限制,而非对是否构成"立功"的质上的限定,因为,舍己救人的社会价值重点在"救人"而非"舍己"。其次,法不能强人所难,不能要求犯罪人在救助他人时,必须使自己身体受到伤害。最后,并非所有救助行为均可以认定为刑事意义上的立功,应当从被救助人的伤势及急迫程度、行为效用等方面进行考量,强调有利于国家和社会的"突出"表现,严格进行界定。因此,犯罪人在审理期间救助他人的行为可以认定为立功,但是因为此类行为不同于检举揭发、提供线索类的立功,具体适用缺乏相应的规范详细规定,在司法实践中,对此类行为的认定需要注意几个问题:1. 行为的真实性问题。需要明确查实救助行为确实发生,且非犯罪人与被救助人之间故意制造救助事实的情况。本案二审中通过提取衢州市看守所监控录像(当庭播放)以及被救助人黎炳雄,同监犯马小斌、田光荣的证言,确定了救助行为真实发生。2. 行为的效用性问题。效用性即救助行为与被救助结果的因果关系即作用力大小问题。救助行为之所以可以被认定为立功,并得到从宽处理,在于被救助人员的危险程度高和救助行为对降低该危险程度的直接积极作用。本案中,主治医师的《情况说明》等证实,被救助人送诊及时,且认可了刘哲骏的上述行为对及时救助起到了较大的帮助作用,确定了救助行为的实际效用。3. 行为比例性问题。司法实践中的部分救助行为系多人共同实施(不同于提供案件线索的立功情况,能够以时间先后认定立功),而相关机关在报送立功材料时又多为分别报送,导致一行为多立功的情况出现。对此,需要由报送机关对是否系共同救助,拟报送立功人数及相关人员实施的具体行为进行说明,这些事实的确定,对避免多人立功及对犯罪人从宽处理幅度的衡量均具有意义。本案中,有关部门出具了《情况说明》,表明该案共报请立功二人,分别为及时发现黎炳雄受伤的马小斌和实施具体救助行为并按铃报告的刘哲骏。审理认为,根据本案查明事实,报送机关的报送是合理的。结合二人具体行为,在适用从宽幅度上也应酌情考量救助行为的共同性,适当分担。总之,立功作为重要量刑情节之一,虽已有详细的规范进行界定,但司法实践中仍不断涌现一些新型行为,亟待司法机关准确认定。对此,我们要严格、全面地把握作为量刑事实的行为的真实性,又要把握立功概念的本质,对符合条件的行为予以认定,并综合社会效果、行为所起到的实际作用等,在处理时充分评价,合理确定从宽幅度。鉴于此,本案二审法院认定被告人刘哲骏构成立功,并对其立功情节进行综合考量,改判单处罚金是适当的。[参见第1216号指导案例,刘哲骏等诈骗案,载《刑事审判参考》总第111集,第87~91页。撰稿:殷一村 徐丽娟]

八、连累犯、对合犯和共同犯型立功的裁判旨意

○被告人归案后主动坦白其窝藏罪行并提供被窝藏犯藏匿地点的,应认定余罪自首及立功

被告人在自首其窝藏罪行的同时,因能提供重大犯罪嫌疑人的具体藏匿地点,使司法机关得以成功地抓获重大犯罪嫌疑人,又符合最高人民法院《解释》规定的"协助司法机关抓捕其他重大犯罪嫌疑人"的条件,应认定分别构成自首和重大立功。理由是:第一,根据刑法和《解释》的规定,成立余罪自首,仅要求行为人能够如实供述司法机关尚未掌握的本人的其他非同种罪行即可。所谓供述罪行,就窝藏罪而言,仅要求行为人能够向司法机关交代其明知是犯罪的人而实施过为其提供隐藏处所、财物,帮助其逃匿的行为即可。行为人没有进一步向司法机关提供被其窝藏的罪犯的具体藏匿地点,不论属于何种原因,都不影响行为人就其窝藏罪自首的成立。可见行为人就其窝藏犯罪行为要成立自首,并不必须要求其如实交代出被窝藏的罪犯的具体藏匿地点。也就是说行为人向司法机关提供被其窝藏的罪犯的具体窝藏地点,不是其成立窝藏罪自首的当然内容和必要条件。第二,关于认定被告人是否构成协助公安机关抓获其他重大犯罪嫌疑人的问题,根据《全国法院审理毒品犯罪案件工作座谈会纪要》中的规定精神,关键看被告人在公安机关抓获其他重大犯罪嫌疑人中是否确实起到了协助作用。这类协助作用包括经被告人当场指认、辨认其他重大犯罪嫌疑人而抓获的;带领公安机关前往抓获的,以及提供不为有关机关掌握或者有关机关按正常工作程序无法掌握的其他重大犯罪嫌疑人的藏匿地点而抓获的,等等。本案被告人因能提供公安机关不掌握的在逃的重大犯罪嫌疑人的具体藏匿地点,从而使司法机关得以成功地抓获重大犯罪嫌疑人,故应认定为"协助司法机关抓捕其他重大犯罪嫌疑人"。第三,如前所述,作为余罪的窝藏罪自首的成立,仅以行为人能够主动如实供述其实施了为犯罪的人提供隐藏处所、财物,帮助其逃匿的行为即可,故行为人在自首其窝藏罪行的同时,如能进一步提供有关机关不掌握的被窝藏的罪犯具体藏匿地点,从而助使公安机关得以成功抓获该罪犯的,就应视为另一个可以构成立功的独立的行为,而不应看作自首与立功的行为竞合,择一适用。因此,就本案被告人而言,既应依法认定其构成窝藏罪的自首,又应同时认定其构成重大立功。综上且考虑到作为同是法定从宽量刑情节的自首与立功,由于它们在作用范围上的不同,故被告人构成窝藏罪的自首,应依法对其窝藏罪考虑从轻处罚;被告人又同时构成重大立功,应依法对其故意杀人罪行考虑从宽处罚。由于刑法规定构成重大立功的,可以减轻或免除处罚,即使被告人的故意杀人罪行严重,不足以减轻处罚,但也应予从轻处罚。[参见《刑事审判参考》总第34辑(2003年第5辑),法律出版社,第196~198页。]

○被告人因交代毒品来源、去向而"检举"上、下家毒品犯罪行为的,不能认定为立功

被告人因贩毒归案后而"检举"他人曾向自己贩卖过毒品或者"检举"他人为贩毒曾从己处购买毒品的犯罪行为,实质是坦白自己的犯罪行为。根据刑事诉讼法第九十三条的规定,"犯罪嫌疑人对侦查人员的提问,应当如实回答",据此,被告人对司法人员就其毒品犯罪行为,包括毒品来源、去向的提问,必须如实回答。被告人在交代毒品来源、去向时,必然涉及其上、下家的毒品犯罪行为,其所谓的"检举"上、下家的毒品犯罪行为,是交代自身毒品犯罪行为中必然附带、应有的行为。也就是说,与自己犯罪行为有关的他人犯罪行为,由被告人在交代中揭发出来,是被告人自己交代中的应有组成部分,被告人对此部分内容如果不如实交代,则构成对自己的犯罪事实的隐瞒。因此,该"检举"不能认定为立功。但其坦白态度可在量刑时作为酌情从轻处罚的情节。根据最高人民法院《解释》第五条的规定,犯罪分子到案后,如果协助司法机关抓捕其他犯罪嫌疑人(包括同案犯)的,应当认定为立功。因此,犯罪分子在交代上、下家毒品犯罪的同时,公安机关经被告人当场指认、辨认抓获了上、下家毒品罪犯;带领公安人员抓获了上、下家毒品罪犯;被告人提供了不为有关机关掌握或者有关机关按照正常工作程序无法掌握的上、下家毒品罪犯藏匿的线索,抓获了该罪犯等情况,均属于协助司法机关抓获同案犯,可以认定为立功。但一般的交代被"检举"人的姓名、住址等情况,公安机关按照正常工作程序能够抓获该上、下家毒品罪犯的,不能认定为协助司法机关抓获其他犯罪嫌疑人(包括同案犯),因而也就不能认定为立功。需要指出的是,被告人在交代毒品上、下家毒品犯罪时,如果交代了与自己毒品犯罪无关的该上、下家的其他犯罪,包括毒品犯罪,则应认定为立功。[参见《刑事审判参考》总第55集(2007年第2集),法律出版社,第95~97页。]

○被告人主动供述司法机关尚未掌握的罪行及同案犯个人基本情况并据此将同案犯抓获的,能认定自首但不能认定为立功

(一)共同犯罪案件中的犯罪分子交代同案犯共同犯罪事实,不属于立功。根据我国共同犯罪的一般理论,共同犯罪属于一个整体行为,各共同犯罪人的行为是共同犯罪行为整体的组成部分,不应将共同犯罪案件中犯罪分子交代同案犯共同犯罪事实的行为,理解为刑法第六十八条规定的“揭发他人犯罪行为”。对此,最高人民法院《解释》第五条、第六条已予以明确。在共同犯罪案件中,犯罪分子揭发同案犯共同犯罪以外的其他犯罪,经查证属实的,构成立功;犯罪分子到案后揭发同案犯所参与共同犯罪事实的,不构成立功,仅仅属于酌定从轻情节,须根据具体案情决定是否予以从轻处罚及从轻处罚的幅度。(二)被告人所供述同案犯个人基本情况,在认定其构成自首中已经评价,根据禁止重复评价的刑法适用原则,不应再行据此认定被告人同时构成立功或者重大立功。首先,根据《解释》第一条第二项的规定,共同犯罪案件中的犯罪分子,除如实供述自己的罪行,还应当供述所知的同案犯,主犯则应当供述所知其他同案犯的共同犯罪事实,才能认定为自首。其次,被告人所供述同案犯姓名、住址、联系电话、体貌特征、工作地点等个人自然、社会情况,属同案犯的个人基本情况,完全在《解释》规定成立自首所要求的“供述所知的同案犯”具体内容之列,即使公安机关根据该供述抓获了同案犯,也不能视为协助抓捕行为。需要指出的是,共同犯罪案件中,认定犯罪分子自首所需“供述所知的同案犯”的具体内容,除了同案犯的共同犯罪事实外,主要是同案犯的个人基本情况。如果在被告人如实供述其所知的同案犯基本情况的情形下,公安机关仍不能抓获同案犯,被告人又积极提供其他线索、情况,协助公安机关抓获同案犯的,则应认定为立功或者重大立功。[参见《刑事审判参考》总第35辑(2003年第6辑),法律出版社,第213～214页。]

▽“对偶犯”“连累犯”的概念及“揭发他人犯罪行为”的认定

“揭发他人犯罪行为”,应该理解为与本人的违法犯罪行为无关的他人犯罪行为。应把握以下两个方面:一是犯罪分子本人实施的犯罪行为与其揭发的他人犯罪行为之间不得存在关联性,否则不属于揭发他人犯罪行为,这也就是说对偶犯(也称对合犯——编著者注)相互揭发相对方的犯罪行为不能认定为立功表现。对偶犯是指必须由犯罪行为人双方共同实施对应行为才能完成的某种犯罪,如重婚罪、受贿罪与行贿罪等。对偶犯中的任何一方在供述自己的犯罪行为时,必然要涉及相对一方的犯罪行为,否则就不能完整地叙述整个犯罪事实,故其性质属于如实供述的范畴,因而不能认定为立功。二是犯罪分子揭发的他人犯罪行为与本人实施的犯罪行为之间,不能存在因果关系,否则也不能认定为揭发他人犯罪行为,即揭发连累犯不能认定为立功。连累犯是指事先与他人无通谋,也未曾允诺事后会提供帮助,但在事后明知他人已经实施了犯罪,仍然向其提供帮助,帮助其逃避司法机关的刑事追诉的行为,如窝藏犯、包庇犯等。连累犯的犯罪行为总是基于被帮助的犯罪分子的先行犯罪行为而实施,没有先行的犯罪行为,也就不会发生为犯罪分子提供帮助的犯罪行为。接受帮助的犯罪分子在犯罪之后逃避司法机关追究其刑事责任的行为,客观上妨碍了司法机关对犯罪的刑事追诉和刑罚执行活动,并连动他人犯罪,该行为同样具有社会危害性。只是我国刑法未将这一行为规定为犯罪,因而对接受帮助的犯罪分子不认定为窝藏罪的共犯而已。尽管如此,但其确实是窝藏犯罪的制造者和参与者。所以,揭发连累犯犯罪行为的,不能认定为有立功表现。[参见第223号案例,蔡勇、李光等故意伤害、窝藏案,载《刑事审判参考》总第30集(2003年第1集),法律出版社,第30页。执笔:蒋征宇　沈燕]

▽被窝藏人主动供述他人窝藏犯罪的不能认定为立功

“揭发他人犯罪行为”,是指为与本人的违法犯罪行为无关的他人犯罪行为,而不能将“揭发他人犯罪行为”认为是指与本人共同犯罪以外的其他犯罪人的犯罪事实。如接受窝藏的犯罪分子制造窝藏犯罪后,再揭发该犯罪行为可被认定为立功,那就意味着犯罪分子逃避司法机关追诉的时间越长,制造的窝藏犯罪越多,其立功的机会也就越多,这显然与立功的立法本意完全相悖。被告人接受他人帮助的行为包含于窝藏犯罪行为之中,实际上被告人也是窝藏犯罪的参与者。被告人揭发的他人的窝藏犯罪行为,与其本人的犯罪行为及其逃匿行为具有必然关联性和因果关系,故对此不能认定为立功。[参见第223号案例,蔡勇、李光等故意伤害、窝藏案,载《刑事审判参考》总第30集(2003年第1集),法律

出版社,第31~32页。执笔:蒋征宇　沈燕]

▽自首后主动交代获悉的同案犯的关押场所并予以指认的,构成立功

如何理解和认定共同犯罪案件的被告人自首时所应当供述的同案犯信息的范围。或者说,共同犯罪案件的被告人自首时交代同案犯情况的,在何种条件下可以认定为立功。最高人民法院《解释》第一条第二项规定:"……共同犯罪案件中的犯罪嫌疑人,除如实供述自己的罪行,还应当供述所知的同案犯,主犯则应当供述所知其他同案犯的共同犯罪事实,才能认定为自首……"之所以这样规定,是由共同犯罪的整体性特征决定的。因为共同犯罪的被告人如果不交代同案犯的犯罪事实,就没有完整交代自己的罪行,自然谈不上如实供述,也就不能认定为自首。所谓"供述所知的同案犯",通常是指供述同案犯的姓名、住址、联系方式等身份情况和在共同犯罪中的具体表现、地位和作用。而这些内容往往会对司法机关抓捕同案犯起到协助作用,由此导致自首的成立与立功的认定会发生一定程度的竞合。《解释》第五条规定,犯罪分子到案后协助司法机关抓捕其他犯罪嫌疑人(包括同案犯)的,应当认定有立功表现。如果对"协助"的理解过于宽泛,会导致"协助"与"如实供述"发生较高程度的竞合,这时如认定被告人同时构成自首和立功,实际上是重复评价。因而,有必要稳妥、确切地界定"协助"的内涵,使"协助"超越"如实供述"的范围,以完整、准确评价被告人的表现。对此,司法实践中已经总结了一些经验。例如,2008年12月印发的《全国部分法院审理毒品犯罪案件工作座谈会纪要》提出:"共同犯罪中同案犯的基本情况,包括同案犯姓名、住址、体貌特征、联络方式等信息,属于被告人应当供述的范围。公安机关根据被告人供述抓获同案犯的,不应认定其有立功表现。被告人在公安机关抓获同案犯过程中确实起到协助作用的,例如,经被告人现场指认、辨认抓获了同案犯;被告人带领公安人员抓获了同案犯;被告人提供了不为有关机关掌握或者有关机关按照正常工作程序无法掌握的同案犯藏匿的线索,有关机关据此抓获了同案犯;被告人交代了与同案犯的联系方式,又按要求与对方联络,积极协助公安机关抓获了同案犯等,属于协助司法机关抓获同案犯,应认定为立功。"该指导意见虽然主要是针对毒品犯罪案件立功的认定问题提出的,但对其他案件中被告人立功的认定也具有指导意义。为进一步准确认定自首和立功,2010年12月22日,最高人民法院又印发了《意见》,其中第五条对"协助抓捕其他犯罪嫌疑人"的认定作了具体规定,即犯罪分子具有四种行为之一,使司法机关抓获其他犯罪嫌疑人的,属于《解释》第五条规定的"协助司法机关抓捕其他犯罪嫌疑人"。[参见第711号指导案例,胡国栋抢劫案,载《刑事审判参考》总第80集(2011年第3集),第125~127页。撰稿:竹莹莹　徐晓锋　吴伟民]

▽共同犯罪案件的被告人自首时交代同案犯情况的,在何种条件下可以认定为立功

对于司法机关根据被告人自首时交代的情况抓获同案犯的,能否同时认定其有立功表现,可以区分以下情形具体分析:第一,被告人自首时交代同案犯的姓名或绰号、性别、年龄、体貌特征、住址、籍贯、联系电话、QQ号等个人信息的,属于其应当供述的范围,是成立自首所必备的条件。如果被告人自首时不交代或不如实交代同案犯的这些基本信息,则不能认定为如实交代,不能认定为自首。公安机关根据自首被告人交代的同案犯基本信息抓获同案犯的,不能在认定自首之外再认定被告人有立功表现,否则就是评价过剩,属于适用法律不当。第二,被告人自首时交代了同案犯的姓名、性别、年龄、体貌特征、住址、联系电话等基本信息,又提供了同案犯的可能藏匿地等线索,而该线索是司法机关通过正常工作程序能够掌握的,则也不能认定被告人有立功表现,仅应认定其有自首情节。第三,被告人自首时交代了同案犯的罪行和基本信息,又提供了司法机关无法通过正常工作程序掌握的有关同案犯的线索,而司法机关正是通过该线索将同案犯抓获归案的,那么,不论被告人是否带领公安机关前往现场抓捕,都应当认定其行为对司法机关抓获同案犯起到了必要的协助作用,构成立功。本案被告人向公安机关自首其抢劫犯罪时,即供述了参与作案的还有一个不知真实姓名、绰号叫"平头"的同案犯,当其从他人处获悉"平头"也被关押在同一看守所后,便在接受讯问时予以揭发,并在公安机关的组织下对照片进行混合辨认,指认出同案犯"平头"。公安人员正是借此线索展开侦查,从而掌握了王某参与抢劫的事实。一审法院以抢劫罪判处王某有期徒刑四年,并处罚金人民币一千元。由于王某在被关押的三个多月间一直隐瞒其还参与抢劫的事实,同案犯蒋某亦未揭发王某,故被告人提供的线索是锁定王某抢劫犯罪的关键,而该线索是公安机关无法通过正常工作程序予以掌握的,至少在被告人揭发前没有掌握。因此,被告人的揭发行为属于上述第三种情形,应当认定为立功。第四,值得说明的是,判断被告人提供的同案犯信息是否属于司法机关通过正常工作程序能够掌握的范围,应当立足于已然事实。就本案而言,同案犯王某"隐藏"在看守所里,或许有一天会在看守所主动交代余罪,或许会被其他同监犯告发,或许会在其他五名在逃的同案犯归案时被揭发等。但这些均是假设,均没有在被告人揭发之前实际发生,故不能以司法机关可能通过其他途径掌握同案犯的线索为由,否认被告人的行为客观上所起的必要协助作用。也就是说,对共同犯罪的被告人自首时所交代的同案犯的罪行和基本信息超越了"如实供述"的范围,并对抓获同案犯确实起到必要的协助作用的,应根据《解释》第五条的规定,同时认定具有自首和立功表现,依法从宽处罚。准确把握这一原则,对于切实贯彻宽严相济的刑事政策,分化瓦解犯罪分子,感召犯罪人改过自新,均具有积极的现实意义。[参见第711号指导案例,胡国栋抢劫案,载《刑事审判参考》总第80集(2011年第3集),第127~129页。撰稿:竹莹莹 徐晓锋 吴伟民]

▽如实供述自己所参与的对合型犯罪中对方的犯罪行为,不构成立功

被告人唐某某在互联网上非法卖铊的行为与杨某某买铊的行为系对合型犯罪。杨某某买铊的行为属于故意杀人预备,其在如实供述故意杀人全部犯罪事实的过程中交代了唐某某的犯罪事实。该供述系杨某某的法定义务,属于必须交代的事实,因此,不能认定为立功。具体理由分析如下:(一)关于立功的法定情节。犯罪分子哪些行为构成立功,必须要有法律的明确规定。刑法本条第一款对立功的规定和最高人民法院《解释》第五条对刑法的上款规定作了合目的性的扩充解释的规定,司法实务中认定犯罪分子是否具有立功情节,应当以上述法律规定为具体依据。(二)杨某某如实供述自己所参与的对合型犯罪中对方的犯罪行为,不构成立功。本案被告人杨某某向司法机关如实交代了自己上互联网时看到唐某某出售重金属铊的信息,并通过银行汇款的方式买铊杀人的全部过程。司法机关根据杨某某的交代,找到其汇款的银行,提取到汇款凭条,并根据凭条上的收款人姓名和地址,抓获了涉嫌犯非法买卖危险物质罪的唐某某,唐某某被依法另案处理。杨某某交代的关于唐某某通过互联网出售重金属铊以及汇款银行、汇款凭条的内容,初看有可能符合立功的规定。但在本案中,被告人杨某某购买铊的行为和唐某某通过互联网出售铊的行为属于对合型犯罪,且杨某某购买铊的行为系其实施故意杀人的犯罪预备。杨某某如实供述了犯罪预备阶段自己所参与的对合型犯罪中对方的犯罪行为,属于其法定义务,因此,不构成立功。1.被告人杨某某购买铊和唐某某出售铊的行为属于对合型犯罪。对合型犯罪又称对合犯、对向犯,是指某一犯罪的实施或完成必须基于行为双方之间的对应行为,双方互为实现特定犯罪构成的必要条件。对合型犯罪分为三种情形:一是双方的罪名与法定刑相同,如重婚罪;二是双方的罪名与法定刑都不相同,如行贿罪和受贿罪、拐卖妇女罪与收买被拐卖的妇女罪;三是只处罚一方的行为(片面的对合犯),如贩卖淫秽物品牟利罪,只处罚贩卖者,不处罚购买者。对于该种情形,立法者一般是考虑到对应的两方行为具有定型性、通常性,其中一方的行为需要用刑罚惩罚,而另一方的行为不具有可罚性,因而只规定了一方的行为构成犯罪。另一方的行为虽然未规定为犯罪,但通常也不具有合法性。本案中,被告人杨某某购买铊和唐某某出售铊互为必要条件。唐某某通过互联网面向社会不特定公众出售铊,危害了公共安全,其行为触犯了非法买卖危险物质罪。杨某某买铊只是为了杀害其丈夫,没有危害公共安全,因而未触犯相同罪名。但在行为性质上,出售行为和购买行为仍相互依存,具有对合性。2.被告人杨某某如实供述自己所参与的对合型犯罪中对方的犯罪行为,系其法定义务。依照刑事诉讼法第一百一十八条(2012年修订的——编著者注)的规定,犯罪嫌疑人对侦查人员的提问,应当如实回答。但是对与本案无关的问题,有拒绝回答的权利。根据该条规定犯罪嫌疑人对与案件相关的问题都有如实回答的义务。这些相关问题涵盖了犯罪预备阶段和犯罪实行阶段,包括了所有可能对犯罪嫌疑人(被告人)定罪量刑产生影响的情节,如实施犯罪的时间、地点、同案人、犯罪动机、犯罪手段、犯罪后果等要素内容,都属于犯罪嫌疑人必须交代的问题,以利于司法机关准确认定犯罪事实,做到定罪准确,量刑适当。在对合型犯罪中,参与犯罪的一方如实供述自己的犯罪行为系其法定义务。由于对合型犯罪的特殊性,其供述必然包含了另一方的犯罪行为。反之,一方若不想供述另一方的犯罪行为,就至少必须隐瞒自身的部分犯罪事实,因而违反了如实供述的法定义务。本案关于重金属铊的来源、汇款对象和联络方式、汇款的银行、汇款凭条均属于被告人杨某某实施故意杀人犯罪预备过程中发生的事实,也是证明杨某某投毒杀死白某、白某某的关键证据,所涉及的问题均属于杨某某应当交代的内容。在公安机关讯问时,杨某某供述,她从互联网上看到有人出售铊并留有联系电话,便与出售人通过电话达成买卖交易。对方给她留下了农业银行的存款账户和账号。她通过三原县农业银行东环路分理处给对方存了买铊款,对方通过邮局寄来了钱。现在她已记不清对方的姓名和银行账号。虽然杨某某同时提供了其汇款购买硫酸铊的银行账号等线索,但属于杨某某如实供述自己犯罪事实必然涉及的内容,系杨某某的法定义务,而非与本案犯罪事实无关的提供立功线索的行为。
3. 被告人杨某某如实供述自己所参与的对合型犯罪中对方的犯罪行为,不属于立功情节。首先,被告人杨某某的如实供述不属于“检举、揭发他人犯罪行为”或“提供侦破其他案件的重要线索”。这两种立功情节均要求犯罪分子交代的内容独立于本人所实施的犯罪,所以法律规定着重强调是“他人犯罪行为”“其他案件”。在对合型犯罪中,参与者双方的行为均系对方行为成立的必要条件,一方交代自己的犯罪事实必然包含了对方的犯罪事实;同样,交代对方的犯罪事实也必然包含了自己的犯罪事实。这种互相包含的必然性决定了犯罪分子的供述必然属于与自己实施的犯罪相关的问题。换言之,也就是交代的对方的行为不属于“他人犯罪行为”或“其他案件的重要线索”。杨某某交代了购买铊的经过以及汇款的银行,并辨认了汇款凭条的内容,这些供述确实揭发了唐某某涉嫌犯非法买卖危险物质罪的事实和线索,但同时这些供述内容也属于杨某某自己实施故意杀人犯罪预备的一部分,并非单独的立功情节。其次,被告人杨某某的如实供述在线索来源上不具有正当性。最高人民法院《意见》第四条关于立功线索来源的具体认定,从立功制度的初衷(一方面反映出犯罪分子的人身危险性较低,另一方面客观上有利于案件侦破)出发,对立功线索的来源作了必要的限制,对于四种途径获取的他人犯罪线索,均不能认定为立功。根据该条规定的精神,犯罪分子检举、揭发自己所参与的对合型犯罪中对方的行为的,因为线索来源上不具有正当性,因此,也不能认定为立功。杨某某购买铊的行为在客观上对于唐某某出售铊的行为起到了帮助作用,即使不属于犯罪,也应当认定不具有正当性,对于杨某某通过该种行为而获知“唐某某的犯罪事实和线索”,不能认定为立功。最后,被告人杨某某的行为也不属于“协助抓获其他犯罪嫌疑人”。《意见》第五条关于“协助抓捕其他犯罪嫌疑人”的具体认定,规定了四种可认定为协助抓捕的情形。杨某某交代了汇款的银行并且辨认汇款凭条无误,但是,这些内容均属于杨某某所涉嫌案件犯罪事实的一部分,也是其应当供述的内容。公安机关并没有要求杨某某协助抓获唐某某,客观上杨某某也没有提供协助,因而杨某某不具有“协助抓获其他犯罪嫌疑人”的情节。综上,犯罪分子如实供述自己所参与的对合型犯罪中对方的犯罪行为,不构成立功。[参见第714号指导案例,杨某某故意杀人案,载《刑事审判参考》总第80集(2011年第3集),第147~152页。撰稿:唐俊杰 王磊]

▽因受贿案发后又主动交代用受贿款向他人行贿事实,使其他贿赂案件得以侦破的,其提供的他人收受其贿赂的线索,属于对行贿事实如实供述,不应再被重复评价为立功

(一)因涉嫌受贿到案后如实供述所收受财物的使用情况的,不属于其对受贿犯罪事实的如实供述范围,由此又涉嫌其他犯罪或者揭发他人犯罪的,可能构成自首、立功。行为人因涉嫌某种犯罪到案后,供述该罪事实时又供述了与该罪具有一定关联性的其他事实,甚至因此揭发他人犯罪的,如何判断行为人的供述是否超出了其对前罪如实供述的必要范围,后续供述能否构成自首或者立功,应当以齐备犯罪构成要件包含的全部构成要件要素为标准,来界定行为人对某一犯罪的供述是否完整、充分。行为人实施犯罪的某些情节又涉及本人或者他人的其他犯罪的,如这些情节没有超出该罪的犯罪构成,则仍然属于对该罪的如实供述,因行为人的供述又破获本人或者他人的其他犯罪的,不构成自首或者立功。由于此类情节本身属于该罪犯罪事实的组成部分,与该罪密不可分,如不如实供述此类情节,该罪的基本犯罪事实就不可能完全查清。在非法买卖假发票、假币、毒品等违禁品的犯罪中,这一点表现得尤为明显,参与非法交易的一方到案后,如实供述对方情况的,仍然属于对其本人实施的非法交易行为的供述范围。贿赂犯罪也具有这样的特点,供述受贿事实,必须交代行贿人的情况;供述行贿事实,同样必须交代受贿人的情况。除对贿赂的提供人、收受人必须交代外,如有利用职权谋利情节,行为人对谋利情节的供述亦属于对贿赂犯罪基本事实的供述。最高人民法院于2010年出台的《意见》规定:"虽然如实供述的其他罪行的罪名与司法机关已掌握犯罪的罪名不同,但如实供述的其他犯罪与司法机关已掌握的犯罪属选择性罪名或者在法律、事实上密切关联,如因受贿被采取强制措施后,又交代因受贿为他人谋取利益行为,构成滥用职权罪的,应认定为同种罪行。"根据上述规定,行为人供述的犯罪与司法机关已掌握的犯罪在"法律、事实上密切关联"的,所供犯罪不构成自首,对该规定的精神可以结合犯罪构成来理解、把握。但是,如果行为人因涉嫌犯罪到案后,供述该罪事实时又供述了超出该罪犯罪构成要件相关事实的,其后续供述构成自首或者立功。行为人在供述犯罪事实时,可能会对案发起因、赃物处理等不属于犯罪构成要件的情节一并供述,此时其供述如涉及本人其他犯罪或者他人犯罪情况,可能构成自首或者立功。在受贿犯罪中,行为人受贿后对贿赂款物的具体使用情况,并不属于受贿罪的构成要素,使用贿赂款物涉及其他犯罪的,对该情节的交代可能构成自首或者立功。本案被告人刘某因涉嫌受贿罪被捕后,交代自己使用部分受贿款向其上级领导张某行贿,刘某对行贿事实的供述,已超出其对受贿犯罪承担的如实供述范围。考虑到司法机关根据该线索已侦破张某受贿一案,刘某确已具备构成自首或者立功的可能条件。

(二)主动供述行贿事实并由此破获他人受贿案件的,其中揭发他人受贿犯罪的内容属于如实供述行贿事实的一部分,可构成行贿罪的自首,不构成立功。贿赂犯罪属于对合犯,实施贿赂行为的双方互为实现特定犯罪的必要条件。无论是行贿罪还是受贿罪,其客观方面的要件都必然包含财物转移的全过程,均涉及双方当事人。根据前面的分析,行为人供述行贿事实的,必然供述对方的受贿事实,否则其供述的行贿事实就不完整,达不到如实供述的要求。故其对他人受贿犯罪的揭发,并未超出其对行贿犯罪承担的如实供述范围,不能另外构成立功。本案被告人刘某因涉嫌受贿到案后供述了自己的受贿事实,同时主动交代了自己使用部分受贿款向他人行贿的事实。刘某主动供述行贿事实同时产生了两方面的积极作用:一方面,其主动交代了司法机关尚未掌握的行贿事实,司法机关据此查明该事实,节约了司法资源;另一方面,司法机关根据其供述侦破了他人受贿的案件,其供述具有揭发他人犯罪的效果。刘某主动供述行贿事实,可以认定其构成行贿罪的自首。虽然其自首行为客观上具有揭发他人犯罪的作用,但不能再认定其构成立功,否则就是对同一行为的重复评价。刘某除了具有行贿罪自首情节,同时,还符合刑法第三百九十条条第二款关于"行贿人在被追诉前主动交代行贿行为的,可以从轻处罚或者减轻处罚。……"(根据《刑法修正案(九)》修改——编著者注)的规定。公诉机关根据该款规定,已对其所犯行贿罪不予起诉,这是对其所犯行贿罪具有自首情节的充分肯定评价,人民法院在审判阶段自然不能再将该情节重复评价为立功。[参见第1020号指导案例,刘某受贿案,载《刑事审判参考》总第99集(2014年第4集),第133～135页。撰稿:邱学峰 庄彬]

▽行为人包庇黑社会性质组织,或者纵容黑社会性质组织进行违法犯罪活动,归案后如实供述相关黑社会性质组织的犯罪活动,不能认定立功

犯罪嫌疑人、被告人如实供述自己的罪行,是指犯罪嫌疑人、被告人到案后如实交代自己的主要犯罪事实,如果犯有数罪的,则应如实供述全部犯罪事实;如果犯罪嫌疑人、被告人仅如实供述所犯数罪中部分犯罪的,只对如实供述的部分认定如实供述,没有如实供述的部分则不能认定;在共同犯罪案件中,犯罪嫌疑人、被告人如实供述,既包括如实供述自己的罪行,还应当包括供述所知的同案犯,主犯则应当供述所知其他同案犯的共同犯罪事实。犯罪嫌疑人、被告人到案后如果检举、揭发了与其无关的他人的犯罪事实,或者共同犯罪案件中的犯罪分子揭发了同案犯共同犯罪以外的其他犯罪的,已经超出了如实供述的范畴,经查证属实的,属于立功。如果被告人如实供述自己犯罪事实中必然包含有他人的犯罪事实的。换言之,没有超出如实供述范畴的,依法不应当认定为立功。例如,受贿人如实供述受贿事实必然包含行贿人的犯罪事实。结合本案,2009 年年初,陈富伟等人被刘维授意、组织的人员当街杀害。被告人刘某伟明知刘维有重大作案嫌疑,却不依法履行职责,隐瞒不报。同年 5 月,刘某伟在公安机关找其调查时陈述了刘维等人商议杀害陈富伟的经过。刘某伟据此主张其有立功表现。一审、二审法院均未认定刘某伟的行为构成立功。首先,公安机关在 2009 年 2 月抓获涉案人员袁绍林、文香灼后,即已确定刘维等人是陈富伟被杀案的犯罪嫌疑人。同年 5 月,被告人刘某伟才向公安机关陈述刘维等人商议杀害陈富伟的事实。刘某伟揭发的是公安机关已经掌握的罪行,依据《解释》的规定,不符合"提供线索型立功"规定。其次,退一步来讲,即使被告人刘某伟揭发时公安机关尚未掌握刘维等人的犯罪事实,刘某伟也不构成立功。前文已经指出,对于"检举揭发型立功",要求行为人交代的是其本人未参与实施的犯罪。换言之,其检举揭发行为已经超出如实供述的范畴,才能成立"检举揭发型立功"。刘某伟在交代其包庇、纵容黑社会性质组织违法犯罪活动的过程中,必然涉及其放纵的黑社会性质组织的犯罪活动的具体细节。因此,刘某伟揭发相关黑社会性质组织的犯罪事实,仍属于如实供述其纵容黑社会性质组织犯罪事实的范畴,属于如实供述,依法不构成立功。[参见第 1163 号指导案例,刘学军、刘某伟、吕斌包庇、纵容黑社会性质组织案,载《刑事审判参考》总第 107 集,第 125 ~ 126 页。撰稿:邓海兵]

▽被告人张某文检举盗窃同伙超出犯意致人死亡的行为,属于与共同盗窃犯罪事实密切关联的行为,因而属于应当如实供述的内容。张某文的检举仅构成坦白,而不构成立功

(一)立功的内容仅限于法定内容。为规范司法实践中对自首和立功制度的运用,更好地贯彻落实宽严相济刑事政策,根据刑法、刑事诉讼法和《解释》等规定,最高人民法院又于 2010 年 12 月 22 日发布了《意见》,就"关于立功线索来源的具体认定和关于'协助抓捕其他犯罪嫌疑人'的具体认定""关于立功线索的查证程序和具体认定""关于立功证据材料的审查""关于对立功的被告人的处罚"等方面的内容作了更为详细、更具有可操作性的规定。为依法惩处贪污贿赂、渎职等职务犯罪,根据刑法和相关司法解释的规定,2009 年 3 月 12 日,最高人民法院、最高人民检察院还发布了《职务意见》,就办理职务犯罪案件有关立功等量刑情节的认定和处理问题,作了补充性的规范。上述法律规定和司法解释、司法文件关于立功的规定,构成了我国刑法立功制度的基本内容。从这些法律规定和司法解释来看,立功有五种类型:检举揭发型、提供线索型、协助抓捕型、阻止犯罪型、其他表现型。超出该解释范围以外的事项,都不宜认定为有立功表现。本案被告人张某文归案后,揭发本人与他人共同盗窃中他人超出犯意致人死亡的行为,应当纳入第一种类型来研究,即其行为是否应认定为检举揭发型立功。根据我国刑法和有关司法解释的规定,检举揭发型立功有两种情形:一是犯罪分子到案后揭发案外人犯罪行为,经查证属实的;二是犯罪分子到案后揭发同案犯共同犯罪以外的其他犯罪,经查证属实的。这里所谓的揭发"案外人犯罪行为"和"共同犯罪以外的其他犯罪",顾名思义,应当理解为揭发本人没有参加的案外人的犯罪行为,或者是完全独立于共同犯罪的他人犯罪行为。前者如本案中的被告人全某成因掩饰、隐瞒犯罪所得犯罪行为被逮捕后,揭发张某文另外还在 2010 年8 月 18 日实施了盗窃犯罪,经查证属实,因而全某成具有立功表现。对全某成而言,张某文实施的盗窃犯罪就是全某成揭发的案外人犯罪行为。因为全某成并未参与该起盗窃犯罪。后者如甲与乙因共同贩卖、运输毒品被逮捕后,甲揭发乙之前曾对一名妇女实施强奸,经查证属实,因而甲具有立功表现。这里,乙的强奸犯罪事实对甲而言,就是《解释》中所称的"共同犯罪案件中的犯罪分子揭发同案犯共同犯罪以外的其他犯罪"。由此可见,检举揭发型立功的特点是,犯罪分子揭发与自己及其犯罪行为无关联的他人的犯罪行为,经查证属实,才能认定为立功。

(二)"共同犯罪案件中的犯罪分子揭发同案犯共同犯罪以外的其他犯罪"的正确界定。共同犯罪案件中的犯罪分子如果检举揭发自己参与的共同犯罪,除检举揭发人有协助抓捕同案犯的行为外,一般不构成立功。因为检举揭发的事实必须是同案犯共同犯罪以外的其他犯罪。所谓共同犯罪以外的其他犯罪,指的是检举揭发人没有参与而由被检举人实施的独立于检举揭发人和被检举揭发人均参与的共同犯罪以外的犯罪。一般而言,对于"共同犯罪案件中的犯罪分子揭发同案犯共同犯罪以外的其他犯罪"的界定,只要坚持一点即可,即检举揭发人是否参与。凡检举揭发人参与的,即不属于这里所说的"共同犯罪以外的其他犯罪";反之,凡是检举揭发人没有参与的,即属于"共同犯罪以外的其他犯罪"。但是,司法实践中,会出现比较复杂的情况,如共同犯罪人超出共同犯罪的犯意限度,实施了其他犯罪行为,即实行过限行为,由于刑法理论和司法实践一般都认为,对于实行过限行为及其危害,其他共同犯罪人不承担罪责,因此,对于检举揭发同案犯在共同犯罪中实施的实行过限行为是否属于"检举揭发共同犯罪以外的其他犯罪"就有不同的观点。对于这个问题的正确理解,涉及被告人的供述义务和辩解权利、共同犯罪的事实内容和罪名规定、共同犯罪中实行过限行为与共同犯罪行为的因果联系等内容,而不能单纯地因为共同犯罪所触犯的罪名与实行过限行为所触犯的罪名不同,就简单地以检举揭发人对被检举揭发人的实行过限行为不承担罪责为由,认定实行过限行为属于"检举揭发共同犯罪以外的其他犯罪"。

1. 共同犯罪人交代罪行时应当如实供述所参与的共同犯罪事实。我国并没有实行被告人的"沉默权制度"。刑事诉讼法第一百一十八条第一款规定:"犯罪嫌疑人对侦查人员的提问,应当如实回答。但是对与本案无关的问题,有拒绝回答的权利。"在共同犯罪中,共同犯罪人所应如实供述的不仅是自己的犯罪事实,还应如实供述其他共同犯罪人相应的犯罪事实,包括其他共同犯罪人的基本信息、犯罪行为、犯罪后果等。如果对自己知道的共同犯罪人的基本犯罪事实不如实供述的,有时会影响到行为人的处罚。如《解释》第一条规定:"共同犯罪案件中的犯罪嫌疑人,除如实供述自己的罪行,还应当供述所知的同案犯,主犯则应当供述所知其他同案的共同犯罪事实,才能认定为自首。"

2. 共同犯罪事实不仅仅指共同犯罪人共同实施的犯罪行为,也包括共同犯罪人所实施的实行过限行为。实行过限行为,在罪责上由过限行为实施人自己承担。但这并不能就此认为过限行为是游离于共同犯罪行为之外的完全独立的行为。过限行为与共同犯罪行为之间在因果关系上存在紧密的事实关联关系。如果没有共同犯罪事实的存在,就不会发生过限行为,过限行为虽然由过限行为人单独实施,但却是在共同犯罪行为实施过程中或实施之后才发生的。本案李某军的致人死亡行为,是在张某文、李某军等人实施共同盗窃犯罪中产生的,没有他们的共同盗窃行为,就没有李某军的致人死亡这一实行过限行为。如果李某军是在共同犯罪之外,另行单独实施在犯意的产生、犯罪的预谋、犯罪的实行、犯罪的后果利益均由其一个承担和享受的犯罪,则不属于共同犯罪的实行过限行为,自然与共同犯罪无关。但李某军的致人死亡行为,恰恰就发生在共同盗窃犯罪的过程中,与共同盗窃犯罪密不可分。李某军的致人死亡行为是张文才供述自己共同盗窃行为时必须交代的同案犯的密切关联行为,如果要把共同盗窃的行为及后果交代清楚,就不可避免地会涉及李某军实行过限的致人死亡行为;反之,若张文才未交代李某军的致人死亡行为,则无法交代清楚其参与的共同盗窃事实。因此,要把"共同犯罪以外的其他犯罪"和"与共同犯罪密切联系的关联犯罪"区分开来。如何判断密切联系的关联犯罪?主要判断依据就是关联犯罪与共同犯罪存在密切联系,或者说关联犯罪是在共同犯罪基础上实施的犯罪。对此,《意见》第三条规定:被告人"如实供述的其他犯罪与司法机关已掌握的犯罪属选择性罪名或者在法律、事实上密切关联,如因受贿被采取强制措施后,又交代因受贿为他人谋取利益行为,构成滥用职权罪的,应认定为同种罪行"。《意见》将受贿罪和滥用职权罪这两个罪名不同,因具有法律、事实上的密切关联,而规定为属于"同种罪行",可以作为判断一个犯罪是"共同犯罪的关联犯罪"还是单独的"共同犯罪以外的其他犯罪"的参考。综上所述,张某文必须如实供述其参与的共同盗窃犯罪过程中由李某军单独实施的致人死亡的过限行为,司法机关才能认定张某文如实供述司法机关未掌握的其他罪行。其如实供述李某军的实行过限行为,属于其应当供述的与共同盗窃犯罪具有密切联系的关联行为,因而不属于"共同犯罪案件中的犯罪分子揭发同案犯共同犯罪以外的其他犯罪"的情形,不构成立功。[参见第1225号指导案例,张才文等抢劫、盗窃案,载《刑事审判参考》总第112集,第41~48页。撰稿:裴宇 白继明]

第四节 数罪并罚

第六十九条 【判决宣告前一人犯数罪的并罚】判决宣告以前一人犯数罪的,除判处死刑和无期徒刑的以外,应当在总和刑期以下、数刑中最高刑期以上,酌情决定执行的刑期,但是管制最高不能超过三年,拘役最高不能超过一年,有期徒刑总和刑期不满三十五年的,最高不能超过二十年,总和刑期在三十五年以上的,最高不能超过二十五年。

数罪中有判处有期徒刑和拘役的,执行有期徒刑。数罪中有判处有期徒刑和管制,或者拘役和管制的,有期徒刑、拘役执行完毕后,管制仍须执行。(本款是根据《中华人民共和国刑法修正案(九)》之四增加的,2015年11月1日起施行。)

数罪中有判处附加刑的,附加刑仍须执行,其中附加刑种类相同的,合并执行,种类不同的,分别执行。(本条是根据《中华人民共和国刑法修正案(八)》之十修改的,2011年5月1日起施行。)

刑法本条原文 【判决宣告前一人犯数罪的并罚】判决宣告以前一人犯数罪的,除判处死刑和无期徒刑的以外,应当在总和刑期以下、数刑中最高刑期以上,酌情决定执行的刑期,但是管制最高不能超过三年,拘役最高不能超过一年,有期徒刑最高不能超过二十年。

如果数罪中有判处附加刑的,附加刑仍须执行。

▼安徽省高级人民法院关于有期徒刑数罪并罚适用的指导意见(全文)(2005年11月1日)

第一条 一人犯数罪被分别判处有期徒刑,总和刑期不满十年的,减少的刑期一般不超过一年;总和刑期在十年以上的,减少的刑期一般不超过二年,减少后的刑期超过二十年的,决定执行有期徒刑二十年。

第二条 一人犯数罪被分别判处有期徒刑,在按本意见第一条适用数罪并罚时,减少的刑期一般应低于数刑中的最低刑期。

第三条 一人犯数罪被分别判处有期徒刑,适用数罪并罚减少的刑期在本意见第一条规定的范围内,并具有下列情形之一的,减少的刑期可以超过数刑中的最低刑期:

1. 犯罪时不满十八周岁的;
2. 具有法定可以从轻、减轻处罚情节,在对个罪量刑时未予从轻、减轻处罚的;
3. 最低刑期为六个月的。

第四条 本意见自2005年11月1日起施行。本意见与最高人民法院司法解释不一致的,按最高人民法院司法解释执行。

▽罪数的判断标准

罪数的判断标准,国外有多种理论学说,如行为标准说、法益标准说、目的标准说、因果关系标准说、法规标准说、混合标准说等。我国刑法采用的是普遍认可的主客观相统一的犯罪构成标准说。根据这一标准,确定罪数的单复,应该以犯罪构成的个数为依据,即行为人的犯罪事实具备一个犯罪构成的为一罪,具备数个犯罪构成的则为数罪。[参见第128(125)号案例,张烨等强奸、强制猥亵妇女案,载《刑事审判参考》总第20辑(2001年第9辑),法律出版社,第11～13页。执笔:金泽刚]

▽犯罪构成标准是我国罪数判断标准的通说标准

认定行为人的行为是构成一罪还是构成数罪,犯罪构成标准是我国刑法学界和司法实务界的通说标准。具体地说,行为人以一个或概括的犯罪故意或过失,实施一个行为或数个行为,符合一个犯罪构成的为一罪;以数个犯罪故意或过失,实施数个行为,符合数个犯罪构成的为数罪。[参见第455号案例,张俊等走私普通货物案,载《刑事审判参考》总第58辑(2007年第5辑),法律出版社,第8页。执笔:任宪成　董超　黄胜齐]

▽吸收犯的认定

吸收犯是指行为人实施数个犯罪行为,该数个犯罪行为之间因其所符合的犯罪构成之间具有一定的从属性或者阶段性关系,从而导致其中一个不具有独立性或者完整性的犯罪,被另一个具有独立性或者更为完整的犯罪所吸收,对行为人仅以吸收之罪论处,而对吸收之罪不再论罪的犯罪形态。吸收犯一般表现为下述两种情形:(1)高度行为吸收低度行为。如运输毒品以持有毒品为前提,定罪的时候,运输毒品罪自然吸收非法持有毒品罪,对非法持有毒品罪不再另行定罪。(2)实行行为吸收非实行行为。该种情形主要存在于同一罪名不同阶段的犯罪以及共同犯罪之中。如犯罪分子为杀人进行预备活动,由于意志以外原因被迫中断,但犯罪分子并不甘心,再次预备后完成其杀人行为。在此,杀人的实行行为就应吸收杀人的预备行为。可见,高度行为吸收低度行为的情形,主要存在于同时实施的不同种类犯罪;实行行为吸收非实行行为的情形,主要存在于前后实施的同种类犯罪。[参见第290号案例,向灵、刘永超挪用资金、职务侵占案,载《刑事审判参考》总第37集(2004年第2集),法律出版社,第52～53页。执笔:吴继生　傅沿]

▽吸收犯构成要件的认定

吸收犯有以下特征:(1)基于一个犯意,为了实现一个具体的犯罪目的而实施数个犯罪行为;(2)数个独立的犯罪行为均符合犯罪构成的要件;(3)数个犯罪行为必须侵犯同一或相同的直接客体,并且指向同一的具体犯罪对象,但触犯不同罪名;(4)数个犯罪行为之间具有吸收关系。一个犯罪行为之所以能够吸收其他犯罪行为,是因为这些犯罪行为通常属于实施某种犯罪的同一过程,彼此之间存在密切的联系:前一犯罪行为可能是后一犯罪行为发展的所经阶段,或者后一犯罪行为可能是前一犯罪行为发展的自然结果。虽然行为人为了实现某一个具体的犯罪目的而实施数个独立的符合犯罪构成的犯罪行为,但由于一个犯罪行为可以包容其他犯罪行为,使其他行为构成的犯罪失去了独立存在的意义,故只成立一个行为构成的犯罪,而不实行数罪并罚,即以重行为吸收轻行为,按吸收之罪定罪量刑。[参见第282号案例,王团结、潘友利、黄福忠抢劫、敲诈勒索案,载《刑事审判参考》总第36集(2004年第1集),法律出版社,第44～45页。作者:林必金]

▽牵连犯的认定

牵连犯罪,是指一种以实施某一犯罪为目的,但方法行为或者出现的结果行为又触犯了其他罪名的犯罪形态,也即是实施某种犯罪(本罪)时,犯罪的手段(方法)行为或者结果行为又触犯其他罪名的情况。其构成必须同时具备以下条件:其一,必须实施了两个以上的独立犯罪行为,即必须存在两个以上的危害行为,且每一行为都符合了某一犯罪的基本构成从而都已独立构成了犯罪。其二,实施的数行为之间在主观上必须是出于一个犯罪目的,即虽然存在两个以上的犯罪行为,但其目的则只有一个,即在为了实施某一犯罪的过程中,所采取的方法或者所出现的结果又触犯了其他罪名,构成了其他犯罪。其三,实施的数行为之间在客观上必须存在着牵连关系。数个行为之间是否存在牵连关系,应当坚持主观方面和客观方面的有机统一。只有在主观上是为了实施一个犯罪目的而实施的数个行为,在客观上存在不可分离的、内在必然的手段与目的、原因与结果的关系时,才可以认定其间存在牵连关系。如盗窃他人的皮箱后,发现其中有毒品而加以藏匿,非法持有毒品是结果行为,盗窃他人皮箱是原因行为,两类行为构成牵连关系,应认定为牵连犯。所谓牵连意图,是指行为人对实现一个犯罪目的的数个犯罪行为之间所具有的手段和目的,或者原因和结果关系的认识。这包括两层含义:一是行为人只追求一个犯罪目的,即行为人所实施的数行为都指向同一犯罪目的。换言之,如果行为人的数行为不是为着实现同一犯罪目的,那就不存在牵连意图。二是行为人在主观认识上,是把直接实施犯罪目的的本罪行为作为主行为,而把为实现这一犯罪目的而创造条件或加以辅助的犯罪行为作为从行为。其四,必须触犯不同的罪名,即数个行为分别具备数个不同性质犯罪的构成条件。以上四个条件,缺一即不可能构成牵连犯罪。[参见第336号案例,王红梅、王宏斌、陈一平走私普通货物、虚开增值税专用发票案,载《刑事审判参考》总第43集(2005年第2集),法律出版社,第17~18页。执笔:罗筱玲;参见第282号案例,王团结、潘友利、黄福忠抢劫、敲诈勒索案,载《刑事审判参考》总第36集(2004年第1集),法律出版社,第43~44页。作者:林必金]

▽牵连犯特征的认定及其处罚原则

牵连犯的特征为:其一,牵连犯是数个行为之间的牵连,即行为的复数性。其二,牵连犯是数个独立的犯罪行为的牵连,数个行为必须是分别具备了犯罪构成要件的行为,即行为的独立性。其三,牵连犯是不同性质的行为之间的牵连,因此,牵连犯的数行为各自具备不同性质的犯罪构成,触犯不同的罪名,即行为的异质性。其四,行为的牵连性。即数个行为之间具有目的行为与方法行为的关系,或者原因行为与结果行为的关系。在数个行为牵连关系的认定上,应该坚持主客观相统一的标准,即行为人对数个犯罪行为之间的手段与目的或原因与结果的关系具有认识,并在这种认识支配下,实施了具有手段与目的或原因与结果的关系的数个犯罪行为,就应当认定为具有牵连关系。如在客观上,数个行为之间具有手段与目的或原因与结果的联系,但行为人主观上没有这种认识,不能认为有牵连关系;反之,如果行为人在主观上认为数个行为之间有牵连关系,但客观上数个行为根本没有联系,也不能认为有牵连关系。对于牵连犯的处罚原则是,除刑法或者司法解释明确规定按数罪并罚的以外,应当择一重罪从重处罚。[参见第332号案例,夏鹏飞、汪宣峰抢劫、敲诈勒索、盗窃案,载《刑事审判参考》总第42集(2005年第1集),法律出版社,第42~44页。执笔:张华 吴春艳]

▽牵连犯作为处断的一罪的刑法理论分析

牵连犯作为处断的一罪,是两个具有牵连关系的犯罪行为分别符合不同的犯罪构成,因而属于实质的数罪,但只是基于刑事政策的考虑,在司法适用上才作为一罪处理。既然罪数的判断标准是犯罪构成,那么牵连犯作为处断的一罪也必须具有犯罪构成理论上的依据。这种依据自然就落到了牵连关系的确定上,也即牵连关系必须能够说明不同的犯罪行为具有一罪的内在本质。即牵连关系的内容应当包含某种犯罪构成的内容,使得当两个犯罪行为具有这种关系的时候,能够充足一个犯罪构成。这种关系才能够充分说明牵连犯的一罪性,也才能为牵连犯作为一罪处理找到充分的罪数根据。先后实施的两个行为若分别符合不同犯罪构成,其主观上必然具有不同的罪过,客观上必然具有不同的危害行为,因而可能发生重合的构成要件,只能够是客体要件。行为对法益的侵害,是一个渐进的过程,具有不同的行为阶段。刑法为了能够全面地保护法益,往往对侵犯法益的不同行为阶段设置不同的犯罪构成加以评价。因此,对同一法益的同一侵犯过程之中,往往可能存在不同的行为过程符合不同的犯罪构成之现象。如果先后发生的两个符合不同构成要件的犯罪行为,处于对同一法益的同一次侵犯过程中,这说明两个犯罪行为所侵犯的是同一法益,也就是当两个犯罪行为处于对同一法益的同一次侵犯过程中时,这两个犯罪行为能够充足一个犯罪构成,根据犯罪构成的罪数判断标准,可以成立一罪,因而可以适用从一重罪处断的原则,不实行数罪并罚。[参见第463号案例,庄木根、刘平平、郑斌非法买卖枪支、贩卖毒品案,载《刑事审判参考》总第59集(2007年第6集),法律出版社,第6~7页。执笔:朱铁军]

▽判断牵连犯罪中此罪与彼罪轻重的认定

牵连犯罪中此罪与彼罪轻重认定,可以从法定刑的轻重来区分此罪与彼罪的轻重,主要的依据是比较法定的最高刑和法定的最低刑以及附加刑;在法定刑幅度相同的情况下,则应根据各罪实际应判处的刑罚来确定此罪与彼罪的轻重。[参见第427号案例,张超群、张克银盗窃案,载《刑事审判参考》总第54辑(2007年第1辑),法律出版社,第38～41页。执笔:陈克娥]

▽结果加重犯与基本犯罪的因果关系的认定

判断加重结果与基本犯罪的因果关系,通行观点是"过失说",其包括三层含义:(1)客观上要求基本犯罪必须具有引起加重结果发生的内在危险性。(2)要求行为人对发生"结果加重"情况在主观上具有过失,即行为人违反了对发生加重结果的注意义务,对加重结果的发生具有过失。诚然,实施了某种基本犯罪行为,并不等于在任何情况下都会引起加重结果的发生。有时加重结果的发生并不是因基本犯罪引起,而是介入了某种偶然性的因素所引起,行为人对于偶然因素当然不应承担责任。只有行为人故意实施了某种基本犯罪,而该基本犯罪合乎逻辑地引起了法定的加重结果的发生,就可以认定行为人违反了客观注意义务,对加重结果的发生具有过失。(3)结果加重犯的过失有其特殊性。因为行为人实施的基本犯罪行为本身具有内在地引起加重后果发生的高度危险性,但行为人仍然故意实施。通常在人们的生活经验范围内,发生加重结果的危险性较大的情况下,行为人违反注意义务的程度要比一般的过失行为违反注意义务的程度更加严重,是一种严重的过失。[参见第421号案例,贺淑华非法行医案,载《刑事审判参考》总第53辑(2006年第6辑),法律出版社,第55页。执笔:冉容]

▽法条竞合及其法律适用原则

法条竞合,又有称法规竞合、法律竞合、规范竞合,是指一个犯罪行为,同时符合数个法条规定的数个犯罪构成,但从法条之间的逻辑关系看,只能适用其中一个法条,而当然排除适用其他法条的情形。法条竞合是一个客观存在的法律现象,其不只是刑法理论上的一个概念,而且有其刑事立法依据。例如,刑法第二百三十五条规定:"过失伤害他人致人重伤的,处三年以下有期徒刑或者拘役。本法另有规定的,依照规定。"该规定表明,如果某种行为虽然符合过失致人重伤罪的构成要件,但又符合其他法条规定的犯罪构成要件的,则应依其他法条论处,不再适用刑法第二百三十五条,这不仅肯定了法条竞合的存在,而且肯定了法条竞合时只能适用其中一个法条。对于法条竞合,既可以从静态方面加以研究,即分析哪些刑法分则条文之间存在竞合关系;也可以从动态方面研究,即在具体案件中实际分析行为人的行为是否属于同时触犯数个存在竞合关系的法条,并进而决定案件的法律适用(在此意义上,亦不妨将法条竞合称为"法条竞合犯")。从静态方面看,法条竞合的基本特征在于数个刑法分则条文的竞合性;从动态方面看,法条竞合具有如下主要特征:其一,行为人基于一个罪过实施了一个犯罪行为。其二,行为人的一个犯罪行为同时触犯了数个刑法分则条文。其三,行为人一行为同时触犯的数个刑法分则条文,所规定的必须是性质不同的犯罪构成(罪名相异)。同种犯罪的未完成形态与完成形态之间不存在所谓法条竞合关系,同种犯罪的实行犯与教唆犯、组织犯、帮助犯之间,结果加重犯与基本犯之间,实害犯与行为犯、危险犯之间,也无所谓法条竞合问题。其四,行为人一行为同时触犯的数个性质相异的刑法分则条文,在逻辑上存在竞合关系。具体何谓法条之间的"竞合"关系,或者说法条竞合表现的形态是:法条竞合中数法条之间的竞合关系,不仅可以表现为包容竞合(数法条所规定的犯罪构成要件在外延上存在包容与被包容的关系),也可表现为交叉竞合(数法条所规定的犯罪构成要件在外延上存在部分交叉、重叠关系)。

法条竞合的法律适用的一个总的原则是对行为人只能选择适用竞合数法条中的一个法条进行定罪量刑,而不能重复适用数法条,不能实行数罪并罚。在法条竞合情形下,应当按以下原则选择适用法律:首先,刑法已对竞合法条的法律适用已作明确规定的,应当按照刑法规定。其次,对刑法未明确规定法律适用原则的竞合法条,通常情况下应当按照特殊法优于普通法的原则选择适用法律,在例外情况下,如果按照特殊法优于普通法的原则适用法律将导致罪刑明显有失均衡,则应当按照重法优于轻法原则选择适用法律。需要明确的是:(1)在法条竞合的一般情况下,特别是在刑法已对法条竞合的法律适用作出明确规定的情况下,依照刑法规定选择适用特别法。但当刑法对竞合法条的法律适用未作明文规定时,主张无论何种情形,即便在适用特别法对行为人定罪量刑将导致罪刑明显有失均衡时,也必须一律坚持特别法优于普通法的原则,否则就"背离了立法原意",则未免过于绝对。因为刑法未对这部分竞合法条的法律适用作出明确规定,原因比较复杂,并非是立法者的疏忽,也不是因为立法者认为不需作出规定而只需按特别法优于普通法原则选择适用法律即可。这是立法者有意给司法者留予了裁量空间,即由司法者根据案件的具体事实和刑法基本原则决定法条选择适用的原则。其中,如按照特别法优于普通法原则选择适用特别法,并不存在罪刑明显失衡问题,则适用特别法,这样可以更为准确地反映案件的性质和行为人的行为特征;而如果适用特别法将导致罪刑明显失衡时,则按照重法优于轻法原则选择适用重法,从而避免最终的定罪量刑结论与罪责刑相适应之刑法基本原则相冲突。显然,在此种情形下,并不存在违背罪刑法定原则的问题。因为,第一,刑法并未明文规定必须适用特别法;第二,在法条竞合的情况下,行为人的行为同样符合普通法、重法规定之罪的构成;第三,这样处理也符合立法者的立法意旨。(2)需要特别指出的是,在数法条交叉竞合时,仍存在特别法与普通法之别,因此,对交叉竞合,原则上仍应首先考虑适用特别法优于普通法原则,只有在按该原则定罪量刑将明显有违罪责刑相适应原则时,才应考虑适用重法优于轻法原则。[参见第264号案例,梁其珍招摇撞骗案,载《刑事审判参考》总第34集(2003年第5集),法律出版社,第35～39页。供稿:杨柯　王金丽,执笔:周加海]

▽牵连犯相互牵连的两个罪名法定刑相同,应以目的行为定罪处罚

对于牵连犯,一般应择一重罪处罚。但如果牵连犯手段行为和目的行为所触犯罪名的法定刑相同,则应根据被告人的目的行为定罪量刑。[参见第179号案例,周彩萍等非法拘禁案,载《刑事审判参考》总第26辑(2002年第3辑),法律出版社,第29页。执笔:倪干强　洪冰]

▽牵连犯与想象竞合犯的界限的认定

牵连犯,是指为犯某罪而其方法行为或结果行为又触犯其他罪名的犯罪形态,即其犯罪的目的只是一个,但实施了两个以上可以独立成罪的行为,即方法行为与目的行为,或者原因行为与结果行为,这两个以上的犯罪行为之间具有牵连关系,并且触犯了不同的罪名。如果行为人只实施了一个犯罪行为,这个行为又同时触犯了两个以上不同的罪名,即一行为触犯数罪名,那就是想象竞合犯而非牵连犯。[参见第150号案例,王新生等放火案,载《刑事审判参考》总第24集(2002年第1集),法律出版社,第6～7页。供稿单位:河南省简县人民法院,执笔:洪冰]

▽牵连犯的处断原则

牵连犯及其处断原则,在刑法理论上和司法实践中还是得到普遍认可的。公认的牵连犯的处断原则是"从一重处断",即按数罪中的重罪论处,不实行数罪并罚,但这只是一般原则,并不排除刑法可能另有特别规定。这就是说,对某些牵连犯如刑法(或者司法解释——编著者注)明文规定要数罪并罚的,还是应当依法实行数罪并罚。因此,在司法实践中,对牵连犯的处理原则应是:法有明文规定的,从其规定;法无明文规定的,再适用择一重罪论处的原则。[参见第150号案例,王新生等放火案,载《刑事审判参考》总第24集(2002年第1集),法律出版社,第7～8页。供稿单位:河南省简县人民法院,执笔:洪冰]

▽对牵连犯,刑法分则有特别规定的,应当适用特别规定定罪处罚;刑法分则没有规定的,按照择一重罪从重处罚的原则处理

对牵连犯,刑法理论上一般应采取"择一重罪从重处罚"的原则,不实行数罪并罚,司法实务部门在处理具体案件时,一般也按照这一原则处理。但现行刑法总则中没有对于牵连犯定罪处罚的明确原则规定,刑法分则具体条文中有关的规定也并没有完全采纳刑法理论上"择一重罪从重处罚"的原则,而是作出一些特别规定。具体有三种情形:一是按手段行为定罪处罚,如伪造货币并出售的,根据刑法第一百七十一条第三款的规定,以伪造货币罪定罪从重处罚;二是以目的行为定罪处罚,如使用伪造、变造的委托收款凭证、汇款凭证、银行存单等其他银行结算凭证的,根据刑法第一百九十四条第二款的规定,以金融凭证诈骗罪定罪处刑;三是数罪并罚,如以暴力、威胁方法抗拒缉私的,根据刑法第一百五十七条的规定,以走私罪和妨害公务罪并罚。对于牵连犯,"择一重罪从重处罚"的原则是一种比较成熟的刑法理论,已被司法实务部门所普遍接受,司法实践中也一直按这一原则处理。但1997年刑法修订时,刑法分则对一些实际生活中经常发生的牵连犯罪在定罪处刑上作了明确具体的规定,对这些牵连犯的处罚,无疑应当依照刑法的特别规定定罪处刑。当然,对于刑法分则中没有特别规定的牵连犯,在立法没有作出明确规定以前,仍应坚持"择一重罪从重处罚"的原则,即选择被告人行为所触犯的法条中规定的法定刑较重的法条定罪从重处罚。实际上,刑法分则有些对牵连犯的具体规定已经体现了这一原则,如刑法第三百九十九条第三款规定,司法工作人员贪赃枉法,构成徇私枉法罪或者枉法裁判罪,同时又构成受贿罪的,依照处罚较重的规定定罪处罚。[参见第71号案例,王昌和变造金融票证案,载《刑事审判参考》总第10辑(2000年第5辑),法律出版社,第12～13页。执笔:清国]

▽被告人承担的单位犯罪罪名与其自然人犯罪罪名虽然相同,但不是同种犯罪,应当对其数罪并罚

数罪并罚是指对一人所犯的数罪分别定罪量刑以后,依照法定的原则决定应执行的刑罚。数罪并罚一般是针对异种数罪而言的,对于同种数罪实行并罚则是例外。也就是对于异种数罪,必须实行并罚;对于同种数罪,一般不并罚,特殊情况下也可能并罚,如《最高人民法院关于判决宣告后又发现被判刑的犯罪分子的同种漏罪是否实行数罪并罚问题的批复》中明确规定:"人民法院的判决宣告并已发生法律效力以后,刑罚还没有执行完毕以前,发现被判刑的犯罪分子在判决宣告以前还有其他罪没有判决的,不论新发现的罪与原判决的罪是否属于同种罪,都应当依照刑法第六十五条(这里指的是1979年刑法——编著者注)的规定实行数罪并罚。"在我国刑法中,对于单位和自然人,如果犯同种罪的,由于犯罪行为的主要特征与侵犯的直接客体相同,只是主体不同,立法并没有根据犯罪主体的不同而对此设定不同的罪名,因此,单位犯罪与其相应的自然人犯同种罪的罪名相同,但这并不等于单位实施与自然人实施罪名相同的犯罪二者就是同种犯罪,因为二者的犯罪构成显然不同:(1)主体不同。单位犯罪主体是单位这个法律"拟制人";而自然人犯罪主体就是自然人本身。(2)主观要件不同。单位犯罪要求犯罪行为体现的是单位意志,其犯罪目的一般是为实现单位利益;而自然人犯罪的主观方面则是体现自然人本人的意志,追求个人利益或其他目的的实现。(3)客观要件不同。单位犯罪带来的非法利益通常归单位所得(当然,各行为人可能因其在单位犯罪得到利益,但那只是在单位获得利益后再次分配问题);而自然人犯罪所得利益归个人所得。在一些具体罪名中,有的还因主体不同,刑法及有关司法解释对单位犯罪和个人犯罪的具体定罪标准要求以及量刑幅度都有不同要求。[参见第455号案例,张俊等走私普通货物案,载《刑事审判参考》总第58辑(2007年第5辑),法律出版社,第9～10页。执笔:任宪成　董超　黄胜齐]

▽在刑法规定的法定刑种及其幅度都相同的情况下,可以通过法定刑适用方式的不同来比较法定刑的轻重

刑法分则对牵连犯的几种特别规定,无论是按一罪定罪从重处罚,还是数罪并罚,都是根据我国刑法罪刑相适应的原则,对牵连犯的处刑体现了一个"重"字。刑法明确规定对牵连犯按其中一罪处罚的,这一罪的法定刑一般都比牵连触犯的其他罪的法定刑要重。伪造、变造金融票证罪和金融凭证诈骗罪,在刑法规定的法定刑种及其幅度上基本相同,但两罪第一档法定刑中在附加刑适用方式上有所不同,前者规定为"并处或者单处"罚金,后者则只规定"并处"罚金,显然,从法定刑来看,对后者的处罚要重于前者。因此,刑法第一百九十四条第二款关于使用伪造、变造的委托收款凭证、汇款凭证、银行存单等其他银行结算凭证的,以金融凭证诈骗罪定罪处刑的这一特别规定,通过附加刑适用方式的区别,体现了对有关牵连犯从重处罚的立法精神。在刑法规定的法定刑种及其幅度都相同的情况下,法定刑适用方式上的不同,也是比较法定刑的轻重的重要标准。比较法定刑的轻重方法,应根据最高人民法院《关于适用刑法第十二条几个问题的解释》中所确定的原则,"法定刑较轻是指法定最高刑较轻,如果法定最高刑相同,则指法定最低刑较轻","如果刑法规定的某一犯罪有两个以上的法定刑幅度,法定最高刑或法定最低刑是指具体犯罪行为应当适用的法定刑幅度的最高刑或者最低刑"。应当特别注意的是,这里所说的法定刑,不仅仅是指主刑,还包括附加刑。对于主刑的法定最高刑和最低刑都完全相同的情况下,法律规定了附加刑的比没有规定附加刑的重;法律规定应当并处附加刑的比"可以"并处附加刑的重;法律规定"并处"附加刑的比"并处或者单处"附加刑的重。[参见第71号案例,王昌和变造金融票证案,载《刑事审判参考》总第10辑(2000年第5辑),法律出版社,第13~14页。执笔:清国]

▽被告人犯数罪,其中一罪被判处刑罚,另外一罪或者数罪被判处免予刑事处罚,应当在对数罪分别进行宣告的基础上再决定执行的刑期

首先,从理论上来说,被告人如果犯有数罪,在对被告人进行判决时,就必然要求对每一个个罪作出一个宣告刑,然后再在宣告刑的基础上决定一个执行刑。对被告人执行刑罚的依据是执行刑而不是宣告刑,即使是一个有刑判决和一个免刑判决并罚时也不例外。如果对一个有刑判决和一个免刑判决不实行并罚,就会出现对被告人没有执行刑,而以宣告刑为依据对被告人执行刑罚的不规范现象,这显然是违背数罪并罚的基本原理的。其次,数罪并罚不仅仅是简单决定最后执行的刑罚的幅度,如刑期的长短,刑种的选择,还包括刑罚的执行方式。如果说一个有刑判决和一个免刑判决并罚对最后决定的刑罚的幅度没有实质性影响的话,那么在有些情况下,对于刑罚执行的方式,如对被告人最后是执行实刑还是宣告缓刑,却存在影响。即在被告人犯有数罪包括其中有一罪或者数罪被判处免刑的情况下,缓刑决定应当是在对被告人所犯的数罪作出综合的、全面的评价和考虑的基础上作出。在这种情况下,被判免刑的罪对于决定被告人最后的刑罚是有意义的。最后,从操作上来说,如果在决定对被告人作出一个有刑判决和一个免刑判决,而最后决定执行实刑而不是缓刑的情况下,对被告人不实行并罚还不存在操作上的问题的话,那么,如果对被告人最后决定宣告缓刑,不对被告人实行并罚,就存在操作上的问题。因为缓刑是一种刑罚执行方法而不是一个刑种,故缓刑只能在执行刑中表述,而不能在宣告刑中表述,如不能表述为:被告人××犯盗窃罪,判处有期徒刑×年,缓刑×年;犯诈骗罪,免予刑事处罚。而必须表述为:被告人××犯盗窃罪,判处有期徒刑×年;犯诈骗罪,免予刑事处罚;决定执行有期徒刑×年,缓刑×年。[参见上海市高级人民法院刑二庭调研报告:《数罪并罚法律适用问题解答》,载《刑事审判参考》(经验交流)总第75集(2010年第4集),第168~169页。]

▽犯罪人在原判决宣告之前还有漏罪没有判决,或者在原判决执行期间犯罪人再犯新罪,漏罪或者新罪的发现是在原判刑罚实际执行完毕以后,不需要将漏罪或者新罪和前罪进行数罪并罚

在这种情况下不需要数罪并罚。如果漏罪或者新罪是在原判刑罚实际执行完毕以后才发现,则犯罪人在前罪被羁押至刑满释放的这段时间均应当视为前罪的执行期间,而不能视为漏罪或者新罪的羁押期间。既然原判刑罚已经实际执行完毕,则不存在再进行数罪并罚的基础。[参见上海市高级人民法院刑二庭调研报告,《数罪并罚法律适用问题解答》,载《刑事审判参考》(经验交流)总第75集(2010年第4集),第170页。]

▽有期徒刑和拘役进行并罚,采用分别执行的做法

原审被告人因前罪被判处拘役六个月,缓刑六个月。撤销缓刑后,涉及有期徒刑和拘役如何并罚的问题。1988年3月24日,《最高人民法院研究室关于被判处拘役缓刑的罪犯在考验期内又犯新罪应如何执行的电话答复》提出,应当对新罪所判处的有期徒刑执行完毕后,再执行前罪判处的拘役。2006

年8月,最高人民法院研究室曾就上海市第二中级人民法院审理的被告人徐卫东盗窃抗诉一案答复:“刑法第六十九条对不同刑种如何数罪并罚没有明确规定,因此,对于被告人在拘役缓刑考验期内又犯新罪被判处有期徒刑应如何并罚问题,你院可根据案件的不同情况,个案处理。就本案而言,同意你院的倾向性意见,即可以只执行有期徒刑,拘役不再执行。”2011年5月,人民法院出版社出版的由最高人民法院原副院长张军主编的《〈刑法修正案(八)〉条文的理解与适用》提出的并罚原则是:“最高人民法院对被告人同时被判处有期徒刑、拘役或者管制的情形,采取分别执行的做法。由于尚无新的司法解释对此类情形的并罚作出新的不同规定,今后遇到对被告人所犯数罪分别被判处有期徒刑、拘役或者管制的案件,还是应参照指导文件确定的原则,先执行有期徒刑,再执行拘役和管制,三者之间不宜进行折抵。”

由于没有司法解释对有期徒刑和拘役如何并罚这一问题作出明确规定,个案处理仍需具体情况具体分析。被告人前次信用卡诈骗犯罪数额是2万余元人民币,后次同种罪行犯罪数额是5.3万余元人民币,合计7万余元人民币,如果同案处理的话,考虑自首、部分退赃等情节,判处的刑罚大致是有期徒刑二年。故本案采用分别执行的做法,在实体判罚方面更为妥当。[参见第921指导案例,房毅信用卡诈骗案,载《刑事审判参考》总第95集(2013年第6集),第18～19页。撰稿:陈姣莹]

▽判决宣告以前犯同种数罪的,一般应并案按照一罪处理,不实行并罚

同种数罪,是指行为人实施的数个独立的犯罪属于同一罪名的犯罪形态,通说采取单罚论的立场,认为除对判决宣告以后、刑罚执行完毕以前发现的同种漏罪和再犯的同种新罪应实行并罚之外,对同种数罪不并罚,而应作为一罪的从重情节或法定刑升格的情节处罚即可。最高人民法院1993年《关于判决宣告后又发现被判刑的犯罪分子的同种漏罪是否实行数罪并罚问题的批复》明确规定,人民法院的判决宣告并已发生法律效力以后,刑罚还没有执行完毕以前,发现被判刑的犯罪分子在判决宣告以前还有其他罪没有判决的,不论新发现的罪与原判决的罪是否属于同种罪,都应当依照规定实行数罪并罚。但如果在第一审人民法院的判决宣告以后,被告人提出上诉或者人民检察院提出抗诉,判决尚未发生法律效力的,第二审人民法院在审理期间,发现原审被告人在第一审判决宣告以前还有同种漏罪没有判决的,第二审人民法院应当按照刑事诉讼法的规定,裁定撤销原判,发回原审人民法院重新审判,第一审人民法院重新审判时,不适用刑法关于数罪并罚的规定。可见,对判决宣告以前一人犯同种数罪以一罪处理,也是我国刑事司法实务的一贯做法。本案被告人因犯非法进行节育手术罪被检察机关提起公诉,在法院审理过程中,再次实施非法进行节育手术犯罪并被立案侦查。其前后两次犯罪系同种数罪,均实施于判决宣告以前,也被发现于判决宣告以前,根据刑法理论和司法实践的一贯做法,一般应当并案一罪处理,不实行并罚。[参见第1191号指导案例,陈菊玲非法进行节育手术案,载《刑事审判参考》总第109集,第73～74页。撰稿:王东]

第七十条　【判决宣告后发现漏罪的并罚】判决宣告以后,刑罚执行完毕以前,发现被判刑的犯罪分子在判决宣告以前还有其他罪没有判决的,应当对新发现的罪作出判决,把前后两个判决所判处的刑罚,依照本法第六十九条的规定,决定执行的刑罚。已经执行的刑期,应当计算在新判决决定的刑期以内。

■最高人民法院关于办理减刑、假释案件具体应用法律的规定(2017年1月1日)

第三十四条　罪犯被裁定减刑后,刑罚执行期间因发现漏罪而数罪并罚的,原减刑裁定自动失效。如漏罪系罪犯主动交代的,对其原减去的刑期,由执行机关报请有管辖权的人民法院重新作出减刑裁定,予以确认;如漏罪系有关机关发现或者他人检举揭发的,由执行机关报请有管辖权的人民法院,在原减刑裁定减去的刑期总和之内,酌情重新裁定。

第三十五条　被判处死刑缓期执行的罪犯,在死刑缓期执行期内被发现漏罪,依据刑法第七十条规定数罪并罚,决定执行死刑缓期执行的,死刑缓期执行期间自新判决确定之日起计算,已经执行的死刑缓期执行期间计入新判决的死刑缓期执行期间内,但漏罪被判处死刑缓期执行的除外。

第三十六条　被判处死刑缓期执行的罪犯,在死刑缓期执行期满后被发现漏罪,依据刑法第七十条规定数罪并罚,决定执行死刑缓期执行的,交付执行时对罪犯实际执行无期徒刑,死缓考验期不再执行,但漏罪被判处死刑缓期执行的除外。

在无期徒刑减为有期徒刑时,前罪死刑缓期执行减为无期徒刑之日起至新判决生效之日止已经实际执行的刑期,应当计算在减刑裁定决定执行的刑期以内。

原减刑裁定减去的刑期依照本规定第三十四条处理。

第三十七条　被判处无期徒刑的罪犯在减为有期徒刑后因发现漏罪,依据刑法第七十条规定数罪并罚,决定执行无期徒刑的,前罪无期徒刑生效之日起至新判决生效之日止已经实际执行的刑期,应当在新判决的无期徒刑减为有期徒刑时,在减刑裁定决定执行的刑期内扣减。

无期徒刑罪犯减为有期徒刑后因发现漏罪判处三年有期徒刑以下刑罚,数罪并罚决定执行无期徒刑的,在新判决生效后执行一年以上,符合减刑条件的,可以减为有期徒刑,减刑幅度依照本规定第八条、第九条的规定执行。

原减刑裁定减去的刑期依照本规定第三十四条处理。

第四十二条　本规定自2017年1月1日起施行。以前发布的司法解释与本规定不一致的,以本规定为准。

■最高人民法院关于罪犯因漏罪、新罪数罪并罚时原减刑裁定应如何处理的意见(全文)(2012年1月18日)

罪犯被裁定减刑后,因被发现漏罪或者又犯新罪而依法进行数罪并罚时,经减刑裁定减去的刑期不计入已经执行的刑期。

在此后对因漏罪数罪并罚的罪犯依法减刑,决定减刑的频次、幅度时,应当对其原经减刑裁定减去的刑期酌予考虑。

■最高人民法院关于判决宣告后又发现被判刑的犯罪分子的同种漏罪是否实行数罪并罚问题的批复(全文)(1993年4月16日)

人民法院的判决宣告并已发生法律效力以后,刑罚还没有执行完毕以前,发现被判刑的犯罪分子在判决宣告以前还有其他罪没有判决的,不论新发现的罪与原判决的罪是否属于同种罪,都应当依照刑法第六十五条的规定实行数罪并罚。但如果在第一审人民法院的判决宣告以后,被告人提出上诉或者人民检察院提出抗诉,判决尚未发生法律效力的,第二审人民法院在审理期间,发现原审被告人在第一审判决宣告以前还有同种漏罪没有判决的,第二审人民法院应当依照刑事诉讼法(1979年刑诉法——编著者注)第一百三十六条第三项的规定,裁定撤销原判,发回原审人民法院重新审判,第一审人民法院重新审判时,不适用刑法关于数罪并罚的规定。

○对减刑后正在服刑的罪犯发现漏罪应如何进行数罪并罚

对于此种情形,应在维持原减刑裁定合法有效性的同时,直接适用刑法第七十条规定,在漏罪判决与原判决所判处的刑罚之间进行并罚。理由如下:第一,将减刑裁定视为原判决的一个组成部分,与立法本意不符。减刑裁定与原判决(包括原裁定)是基于不同事由,服从于不同目的需要,在不同的阶段上作出的,两者不可同日而语。第二,将减刑之后的刑期作为并罚基准,势必损及刑法第七十条规定的"先并后减"并罚原则。减刑裁定属事后裁定,因减刑裁定所缩短的刑期与因服刑期间实际执行而自然缩短的刑期均属行刑范畴问题,在性质上并无不同。将减刑之后的刑期作为并罚基准,究其实质,就是先减后并。第三,主张直接与原判决确定的刑罚并罚,与承认减刑裁定的合法有效性,两者并行不悖,不存在法律适用及法理上的障碍。首先,既然法律已有明确规定,已经执行的刑期应当计算在新判决决定的刑期以内，那么同样可以将裁定所减刑期计算在新判决决定的刑期以内，两者道理是相通的，只不过一个是基于客观事实，一个是基于法定事实而已。其次，“先并后减”更为有利于被告人。有利于被告人是罪刑法定框架下的一个基本的法律解释原则。虽然究竟是“先并后减”还是“先减后并”更为有利于被告人，不好一概而论，但可以肯定的是，多数情况下“先并后减”对被告人更为有利。第四，为避免执行上可能出现的不必要的误解及执行所依据文书上的多头性，可以考虑在新判决上，将原减刑裁定的内容吸收进来，这在技术处理上也不复杂，说明一下已经执行的刑期及××裁定所减刑期均需计算在新判决决定的刑期以内即可。[参见《刑事审判参考》总第35辑(2003年第6辑)，法律出版社，第216～217页。]

○刑罚执行期间发现漏罪、新罪判决作出时原判刑罚终止日期已过的，均应依法实行数罪并罚

一、判决宣告以后，刑罚执行完毕以前，发现漏罪或又犯新罪的，无论漏罪、新罪判决作出时是否已过原判决确定的刑罚终止日期，均应依法实行数罪并罚。1.如何理解立法本意。刑法第七十条、第七十一条的规定，在时间范围上仅明确要求“判决宣告以后，刑罚执行完毕以前”发现漏罪或又犯新罪的，除此之外没有其他任何适用时间上的限制。因此，不能因诉讼过程的长短、宣判时间的不同而产生任何变化。否则，就会使刑法规定的数罪并罚制度增加了新的适用条件限制，进而使数罪并罚原则的适用因漏罪、新罪诉讼进程长短的差异而处于无法确定的状态，使相同罪行可能因诉讼时间长短的不同而受到不同的处罚，这不仅不符合罪刑法定原则，而且还违背了法律面前人人平等、同罪同罚的精神。2.如何理解“刑罚执行完毕以前”。“刑罚执行完毕以前”应是指犯罪分子因发现漏罪或新罪时原判决尚未执行完毕，此后，其身份即转化为犯罪嫌疑人，并随着对其漏罪、新罪的立案侦查等诉讼程序的启动而进入诉讼阶段，其被羁押的期间自被视为对其作出新判决前的侦查、起诉、审判等诉讼活动期间。因此，不论其是否被解离执行机关(我国监狱法第六十条规定，对罪犯在监狱内犯罪的案件，由监狱进行侦查)，对其原判刑罚的执行均应自其被发现漏罪、新罪时即告中止。以“发现漏罪”或“犯新罪”这一中断点为界，中断点之前的刑罚为原判已经执行的刑期，中断点之后的刑罚为尚未执行的刑期，即残余刑。需要强调的是，此处的“发现漏罪”有其特定的法律内涵，专指漏罪被“司法机关”发现。如果某一漏罪司法机关尚未发现，仅被他人知晓，显然不会产生数罪并罚。当然，司法机关“发现漏罪”或犯罪分子“犯新罪”的标志，不取决于任何组织或个人的主观认识，而应当是合理的、明确的法律标准，即应当是刑事诉讼程序的启动——立案。在刑罚执行期间既发现漏罪又犯新罪的情况下，则应以在刑罚执行期间漏罪或新罪中最先立案的时间作为标志。但是，中止后的这段羁押期间应在新判决确定的刑罚期间中予以折抵，实际上，新判决确定的有期徒刑的起算时间为原判刑罚的中止时间。二、在既发现漏罪又犯有新罪的情况下，漏罪、新罪与前罪的并罚应按照分别并罚的顺序并罚的方法进行。应先将漏罪刑罚与原判刑罚并罚，决定应当执行的刑罚，然后再将新罪刑罚与前一判决决定执行的刑罚中未执行的刑罚并罚，决定应执行的刑罚。这是因为，在判决宣告以后、刑罚执行完毕以前，既发现漏罪又犯新罪的情况下所形成的罪数关系，不是典型的数罪关系，即不是仅适用刑法第七十条解决的前罪与漏罪的数罪关系，也不是仅适用刑法第七十一条解决的前罪与新罪的数罪关系，而是既适用“先并后减”方法又适用“先减后并”方法予以解决的、同时由前罪、漏罪、新罪构成的复杂数罪关系。对于这种必然兼采“先并后减”和“先减后并”方法并罚的数罪，如果为了简便易行，只采用一种方法对漏罪和新罪同时进行并罚，无论是只采用“先并后减”的方法并罚，抑或只采用“先减后并”的方法并罚，都会因无条件、无根据地扩大相应规则的适用范围而背离刑法规定。此外，即使是对新罪和漏罪分别适用“先减后并”方法和“先并后减”方法进行并罚，也会因新罪并罚在先、漏罪并罚在后的不合理顺序，导致并罚的最终结果违背刑事立法本意。因此，对于在刑罚执行期间发现漏罪又犯新罪的情况下，应当采取对数罪分别判决、顺序并罚的方法，即在对漏罪和新罪分别定罪量刑的基础上，对漏罪、新罪分别适用先并后减、先减后并的方法作出判决，并按照漏罪在先、新罪在后的顺序进行两次并罚，所得结果即为整个数罪并罚的结果。另有一点需要指出的是:如果罪犯的原判或漏罪所判刑罚是无期徒刑或死缓,按照吸收原则,则不论其执行刑期长短,只要是刑罚执行完毕以前发现漏罪的,都应并罚为无期徒刑或死缓,已经执行的刑期亦不能予以折抵。[参见《刑事审判参考》总第53辑(2006年第6辑),法律出版社,第106~111页。]

▽死刑缓期执行的期间应从新的死缓判决确定之日起计算,已经执行的死缓期间不应计算在新的死缓判决的执行期间之内

死缓执行期间的计算方法与有期徒刑的刑期计算方法明显不同。根据刑法第七十条的规定,基于发现在死缓执行期间有漏罪而作出刑事判决,死缓执行期间也自然要从发生法律效力的判决确定之日起计算。其次,只有有期徒刑才存在刑期问题,刑法第七十条关于"已经执行的刑期,应当计算在新判决决定的刑期以内"的规定,只是针对有期徒刑以下的刑种而言的,而死缓不是一个独立的刑种,只是死刑的一种执行方式,死刑缓期二年执行中的"二年"是死缓的执行期间,具有考验罪犯的意义,如果罪犯在二年之内没有故意犯罪,对罪犯就不再执行死刑,因此,死刑缓期二年执行中的"二年"不属"已经执行的刑期",不能予以折抵。据此,对死刑缓期执行的期间,应从新的死缓判决确定之日起计算,也就是从新的刑事裁定宣告或送达之日起计算,原死缓判决已经执行的期间不应计算在新的死缓执行期间之内。[参见第403号案例,范昌平抢劫、盗窃案,载《刑事审判参考》总第51辑(2006年第4辑),法律出版社,第18~19页。执笔:王新英]

▽前罪主刑执行完毕或假释后,在附加刑剥夺政治权利的执行期间,被告人重新犯罪的,在数罪并罚时前罪尚未执行完毕的剥夺政治权利的刑期的计算方法

剥夺政治权利的执行可以发生中止,在计算前罪尚未执行完毕的剥夺政治权利的刑期时应以被告人重新犯罪的被羁押时间作为中止时间。(一)被告人因重新犯罪被羁押后,前罪尚未执行完毕的剥夺政治权利的执行可以中止。首先,剥夺政治权利可以中止符合剥夺政治权利执行的特点。根据法律规定,剥夺政治权利的执行机关是被告人住所地的公安机关,对于服刑的罪犯,由于其住所地的变更,对其政治权利的剥夺则由其服刑地的看守所或者监狱执行。实践中,对于在押被告人需要剥夺政治权利的,由羁押场所担任执行机关。在法律没有规定剥夺政治权利的执行可以移转或代为执行的情况下,当被告人被强制性地改变其处所时,原来的执行机关即住所地的公安机关实际上无从对罪犯执行前罪附加刑剥夺政治权利,而其被羁押场所却没有对其剥夺政治权利的法律依据,如果不认为剥夺政治权利可以中止,将会放任因重新犯罪而被异地羁押的被告人在剥夺政治权利期间对其政治权利的行使。尽管实践中较少出现被告人主动要求行使其政治权利的现象,较为常见的也只是涉及选举权的行使问题,在后罪尚未宣判时,一般由法院或检察院根据案件的具体情况决定是否对在押被告人停权,但是,无须停权的在押被告人享有政治权利,实践中至少可以行使选举权,而且也曾出现过在押被告人主动要求行使出版权的情况,因此,对剥夺政治权利进行中止有其必要性。其次,剥夺政治权利可以中止也不违背相关法律的规定。在对后罪进行判决时,被告人被判处有期徒刑的,有期徒刑主刑刑期的计算从判决生效之日起计算,但被告人被实际羁押的时间折抵刑期,因此在计算刑期的起止日期时均是将被羁押之日作为刑期的起算日期,也就是说后罪主刑的起算日期实际上为重新犯罪的被羁押时间。在后罪被判处附加剥夺政治权利的情况下,根据刑法第五十八条第一款的规定,"剥夺政治权利的效力当然施用于主刑执行期间",那么后罪主刑即有期徒刑的执行期间被告人的政治权利同样被剥夺。至于剥夺政治权利执行中止于法无据的问题。司法解释虽尚未对此作出明确性的规定,但是,在司法中应当对此进行合乎目的性的解释,如服刑期间罪犯脱逃的,法律亦未明确规定执行中止,但中止执行是不言自明的。(二)应当以被告人因后罪被羁押之日作为前罪剥夺政治权利的中止时间。将羁押之日作为中止日期与剥夺政治权利的执行特点相适应。如前文所述,当被告人因重新犯罪被羁押后,被强制性地改变了处所,在后罪不需要附加剥夺政治权利的情况下,将此后的时间作为中止时间,在被羁押至中止执行这段时间内,前罪剥夺政治权利的执行机关无法继续执行。而如果将在羁押之前的日期如重新犯罪的时间作为中止时间,在被告人重新犯罪至被羁押的这段时间内,将会放任被告人在剥夺政治权利期间对其政治权利的行使。而且,实践中对大部分案件而言,执行机关也无法及时掌握被告人重新犯罪的时间,将重新犯罪的时间作为中止时间不具有可行性。同时,将羁押之日作为中止时间也符合主刑刑期的计算方式。如前文所述,除无期徒刑与死刑缓期执行的以外,主刑起算日期实际上为重新犯罪的被羁押时间,如果将此后的时间如拘留时间、逮捕时间、宣判时间或生效时间作为中止时间,在后罪附加判处剥夺政治权利的情况下,只要被羁押时前罪附加刑剥夺政治权利尚未执行完毕,就会存在前后罪剥夺政治权利期限重合的问题。而且,如果将宣判时间作为中止时间,就可能出现前文所述的一审与二审仅仅因为尚未执行完毕的剥夺政治权利的刑期的不同而出现不同的判决;如果将生效时间作为中止时间,很显然,一审判决时无从知道是否将经过二审程序或二审何时宣判,也就无从计算尚未执行完毕的剥夺政治权利的刑期。对于个别案例中被告人因后罪被羁押后变更强制措施为取保候审或监视居住的,由于取保候审及监视居住的时间不能折抵刑期,因此,这段时间内应当继续执行剥夺政治权利,由于取保候审与监视居住应在被告人住所地或居住地执行,因此,并不会出现剥夺政治权利的执行机关无法执行的情况。如果后又被逮捕或收监执行,剥夺政治权利的执行就应中止。[参见第442号案例,焦军盗窃案,载《刑事审判参考》总第56辑(2007年第3辑),法律出版社,第27～30页。执笔:王立新　罗鹏飞]

▽犯罪人在原判决宣告之前还有漏罪没有判决,或者在原判决执行期间再犯新罪,漏罪或者新罪的发现是在原判刑罚执行期间,但漏罪或者新罪一审判决时原判刑罚终止日期已过,应当将漏罪或者新罪和前罪进行数罪并罚

漏罪或者新罪的发现是在原判刑罚执行期间而不是执行完毕以后,因此,漏罪或者新罪发现后开始侦查、审查起诉及审判的期间应当视为对被告人的诉讼羁押期间,而不应当视为原判刑罚的执行期间,在这种情况下不存在原判刑罚执行完毕的问题。而且,如果因为漏罪或者新罪一审判决时原判刑罚终止日期已过而不实行数罪并罚,就会使数罪并罚原则的适用因漏罪或者新罪诉讼时间长短的差异而处于无法确定的状态。另外,实行数罪并罚比不实行数罪并罚对被告人有利,如果以漏罪或者新罪一审判决时原判刑罚终止日期已过而不实行数罪并罚,就会导致因被告人以外的原因而使被告人承担不利后果的不合理情况,使相同情况受到不同对待,有违法律面前人人平等原则。[参见上海市高级人民法院刑二庭调研报告,《数罪并罚法律适用问题解答》,载《刑事审判参考》(经验交流)总第75集(2010年第4集),第170页。]

▽犯罪分子原犯有数罪,数罪并罚后在执行中发现漏罪的并罚方法

根据刑法第七十条规定的精神,在这种情况下,应当将原判数罪的宣告刑而不是执行刑和漏罪进行并罚,然后再减去原判已经执行的刑期。[参见上海市高级人民法院刑二庭调研报告:《数罪并罚法律适用问题解答》,载《刑事审判参考》(经验交流)总第75集(2010年第4集),第171页。]

▽刑罚执行期间发现漏罪,判决作出时原判刑罚已经执行完毕,应当适用漏罪数罪并罚

(一)漏罪数罪并罚中发现漏罪的时间节点及理解。对刑法第七十条规定的理解,需要把握两个关键点:一是发现漏罪的时间节点要求,二是对发现漏罪的"发现"含义的理解。漏罪数罪并罚要求发现漏罪的时间节点必须是在前判"判决宣告以后,刑罚执行完毕以前",在此期间发现漏罪的应当适用数罪并罚,否则可能单独就漏罪进行追诉。

对于漏罪数罪并罚中"发现"是指侦查机关对犯罪事实立案侦查,并有相关证据证明服刑犯实施了犯罪事实,即将服刑犯明确为犯罪嫌疑人。对于本案被告人沈某某而言,公安机关在其前判服刑期间发现漏罪,但在漏罪判决前沈某某前判刑期已满,应当适用漏罪数罪并罚。

1."发现"的主体通常是侦查机关,自诉案件中也可以是人民法院。刑事诉讼法第一百零七条规定:“公安机关或者人民检察院发现犯罪事实或者犯罪嫌疑人,应当按照管辖范围,立案侦查。”第一百零八条规定:“任何单位和个人发现有犯罪事实或者犯罪嫌疑人,有权利也有义务向公安机关、人民检察院或者人民法院报案或者举报。被害人对侵犯其人身、财产权利的犯罪事实或者犯罪嫌疑人,有权向公安机关、人民检察院或者人民法院报案或者控告。公安机关、人民检察院或者人民法院对于报案、控告、举报,都应当接受。对于不属于自己管辖的,应当移送主管机关处理,并且通知报案人、控告人、举报人;对于不属于自己管辖而又必须采取紧急措施的,应当先采取紧急措施,然后移送主管机关。犯罪人向公安机关、人民检察院或者人民法院自首的,适用第三款规定。”根据上述条款的规定,侦查机关(包括公安机关与人民检察院)对于自己发现的犯罪事实,根据管辖立案侦查;对于其他单位、个人报案、举报、控告的犯罪事实,也根据管辖立案侦查。如果仅有相关单位或者个人发现犯罪事实,而不报案、举报、控告,则无法进入刑事追诉程序从而“发现”漏罪,并对漏罪的服刑犯进行处罚,因此“发现”的主体通常要求是侦查机关。当然,如果是自诉案件,由人民法院直接受理,“发现”的主体也可以是人民法院。

2.“发现”有相应的程序性要求,且需达到一定证明程度。公安、检察机关“发现”犯罪事实后进行立案侦查,但此时并不一定达到“发现”的证明程度要求,因为“发现”犯罪事实,仅是表明有人实施了犯罪行为需要追究刑事责任,故进行立案侦查,只有通过一定调查,掌握相关证据证明相关犯罪事实系服刑犯实施的,才达到“发现”漏罪的程度要求。对于自诉案件而言,人民法院受理自诉案件后,经过初步审查确实服刑犯实施了相关犯罪行为的,可以认为是“发现”漏罪。

3.“发现”不同于“定罪”。由于“发现”漏罪只是刑事追诉的初步阶段,尚需通过进一步调查,并经起诉、审判后,才能对前罪服刑犯、漏罪被告人进行定罪处罚。因此,“发现”仅仅意味着明确或者锁定了犯罪嫌疑人。

(二)刑罚执行期间发现漏罪,判决作出时原判刑罚已执行完毕的应当适用漏罪数罪并罚。本案存在一定特殊性,即被告人沈某某、王某的前罪与新发现的罪均系共同犯罪,但沈某某在本院判决时前判刑罚已经执行完毕,而王某尚在服刑中。对于尚在服刑中的王某应当适用漏罪数罪并罚不存在异议,但对于前判刑罚已经执行完毕的沈某某是否也适用漏罪数罪并罚,需要进一步分析。如前所述,要适用漏罪数罪并罚,一是符合发现漏罪的时间节点要求;二是符合发现漏罪的相应程序及证明程度要求。本案中存在四个时间节点:一是沈某某服刑期满时间。沈某某的刑期自2011年12月29日起至2012年7月28日止,王某的刑期自2011年12月29日起至2012年12月28日止。二是本案立案时间。2012年5月14日,被害人林国红向公安机关报案,公安机关对本案进行立案。三是将沈某某、王某押解回上海市金山区审查时间。公安机关在对本案立案后,通过技术侦查手段,确定沈某某、王某有重大作案嫌疑,遂于2012年6月4日将处于服刑中的沈某某、王某押解回上海市金山区进行审查。沈某某、王某均于当日如实供述了本案盗窃事实。四是本案审理时间。2012年9月5日,上海市金山区人民法院对本案进行了审理。

在上述四个时间节点中,根据上述对发现漏罪含义的理解,第三个时间节点比较符合发现漏罪的标准与要求,因为此时公安机关不仅已经立案,且已经有被害人陈述、被告人供述及相应技术侦查证据等相应证据,已基本可以认定被告人沈某某、王某实施了本案盗窃行为,即明确沈某某、王某为犯罪嫌疑人。同时,由于该时间节点在沈某某前判执行期间,故符合漏罪数罪并罚的时间节点要求,故对于沈某某也应当依法适用漏罪数罪并罚。

前述是从适用条件角度分析沈某某是否应当适用漏罪数罪并罚。另外,从法律公平公正和被告人权益保障角度分析,对于沈某某也应当适用漏罪数罪并罚。因为从横向比较,沈某某、王某共同实施了前罪、新发现的罪,对王某适用漏罪数罪并罚,王某享受了数罪并罚限制加重的量刑优惠,作为同案犯的沈某某也应享受数罪并罚限制加重的优惠,否则就显失公平。另外,从纵向分析,只要在前判执行期间发现漏罪,则无论漏罪的判决是在前判执行期间还是执行完毕之后,均应当对被告人适用漏罪数罪并罚,否则将会造成法律适用的不确定性。[参见第1027号指导案例,沈某某、王某盗窃案,载《刑事审判参考》总第100集(2014年第5集),第53～56页。撰稿:沈磊　舒平锋]

▽刑罚执行期间发现漏罪,判决作出时原判刑罚已执行完毕,应当将漏罪判处的刑罚和前罪原判的刑罚按照刑法第七十条和第六十九条的规定实行数罪并罚

在判决宣告以后、刑罚执行完毕以前,发现漏罪,无论漏罪判决作出时前罪原判刑罚是否已执行完毕,均应依法实行数罪并罚。主要基于以下两点理由:

(一)符合刑法第七十条规定的立法本意。1.关于"漏罪"的理解。从立法原意看,漏罪必须符合以下几个条件:其一,该漏罪在判决宣告之前就已实施,直至判决宣告以后、刑罚执行完毕以前才被发现。其二,该漏罪是在判决宣告以后,并已经发生法律效力后才被发现。因为只有当判决发生法律效力时,刑罚的执行才开始。其三,该漏罪必须是未超过刑法规定的追诉时效。已过追诉时效的,由于刑事责任的追诉期限已过,不能再进行数罪并罚。其四,该漏罪既可以是一罪,也可以是数罪;既可以是与前罪性质相同之罪,也可以是性质不同之罪。从本案具体情况看,后实施的盗窃行为发生在2013年5月22日、24日,实施的时间在前罪判决宣告2013年11月6日之前,且前罪判决发生了法律效力,后实施的盗窃罪亦未过追诉时效,与前罪属于同一性质,符合漏罪的构成特征。2.关于"发现"的理解。从立法原意看,此处的"发现"是指通过司法机关侦查、他人揭发或把罪分子自首等途径发现犯罪分子还有其他罪行。此处的"发现"有其特定的法律内涵:一方面,如何确定发现的时间标准。无论是通过司法机关侦查、他人揭发,还是犯罪分子自首等途径,漏罪最终都应被司法机关发现。如果漏罪尚未被司法机关发现,仅被他人知晓,显然不会产生数罪并罚。当然,司法机关发现漏罪的时间节点,不能取决于任何组织或者个人的主观认识,而应当根据合理、明确的法律标准确定。一般情形下应当以刑事立案时间为发现时间。公安机关进行刑事立案时,一般已初步掌握了犯罪嫌疑人的基本情况,但是有些案件因其复杂性和特殊性,缺少明确的犯罪嫌疑人。在这种情形下,应当以公安机关通过侦查等方式明确犯罪嫌疑人的时间为发现时间。另一方面,如何理解"发现"的法律意义。发现漏罪一是确立了实行数罪并罚法律规定的基本前提,二是确立了发现漏罪时间作为前罪原判刑罚执行的界点,即发现漏罪之前为前罪原判刑罚已执行的刑期,发现漏罪之后为前罪原判刑罚未执行的刑期。因此,发现漏罪之后所羁押的时间应在数罪并罚所确定的刑罚期间中予以折抵。本案被告人王某前罪刑期自2013年8月17日起至2014年2月16日止。王某于2014年2月16日刑满释放后被公安机关传唤到案。另外,2013年5月24日公安机关对本案进行刑事立案,2014年2月12日公安机关通过侦查明确王某为本案犯罪嫌疑人。因此,本案发现漏罪的时间应确定为2014年2月12日。

(二)符合法律规定的确定性。根据刑法第七十条的规定,发现漏罪的时间范围仅明确要求"判决宣告以后,刑罚执行完毕以前",除此之外并没有其他任何适用时间上的限制,也没有其他限制性规定。因此,不能因诉讼过程的长短、宣判时间的不同而产生不同的适用结果。否则,就会使刑法第七十条的适用处于不确定状态,使数罪并罚制度增加了新的适用条件限制,进而导致数罪并罚的适用因漏罪侦查进程、宣判时间的长短差异而产生错乱。有观点认为,不论漏罪的发现时间,只要前罪原判刑罚已执行完毕,就不再适用数罪并罚。这一观点值得商榷。如果采用这一观点,不仅量刑时于法无据,而且还会变相地加重被告人的刑罚。综上所述,在判决宣告以后、刑罚执行完毕以前,发现漏罪,无论漏罪判决作出时前罪原判刑罚是否已执行完毕,均应依法实行数罪并罚。[参见第1028号指导案例,王某盗窃案,载《刑事审判参考》总第100集(2014年第5集),第58～60页。撰稿:王永兴]

▽在审理过程中，法院发现被告人犯有同种数罪但被人为分案处理的，可以建议检察机关并案起诉；检察机关不予并案处理的，应仅就起诉的犯罪事实作出裁判，在审理后起诉的犯罪事实时，可以适用刑法第七十条关于漏罪并罚的规定

刑事诉讼中，对行为人犯有数罪的，司法机关通常会并案处理，通过一次诉讼活动一并解决，以便查明案情和节约司法资源。对此，司法解释亦作出了明确规定。最高人民检察院于2012年11月22日出台的《人民检察院刑事诉讼规则（试行）》第十二条第二款规定："对于一人犯数罪、共同犯罪、多个犯罪嫌疑人实施的犯罪相互关联，并案处理有利于查明案件事实和诉讼进行的，人民检察院可以对相关犯罪案件并案处理。"最高人民法院、最高人民检察院、公安部、国家安全部、司法部、全国人大常委会法制工作委员会联合发布的《关于实施刑事诉讼法若干问题的规定》（本附文以下简称《六部委规定》）第三条亦规定："具有下列情形之一的，人民法院、人民检察院、公安机关可以在其职责范围内并案处理：（一）一人犯数罪的；（二）共同犯罪的；（三）共同犯罪的犯罪嫌疑人、被告人还实施其他犯罪的；（四）多个犯罪嫌疑人、被告人实施的犯罪存在关联，并案处理有利于查清案件事实的。"上述规定对于规范刑事追诉活动具有重要指导意义，但是在用语上均使用了"可以"一词。可见，对同种数罪并案处理，并非一种强制性规定。实践中，存在办案机关出于业务考核等考虑，将被告人所犯同种数罪分开处理，先后追诉的情况。控审分离、不告不理，是现代刑事诉讼的基本原则。它要求未经起诉，法院不得实施任何形式的审理活动；法院的审判范围应当限于公诉机关指控的范围，不得审判任何未经起诉的行为。对于法院发现检察机关未指控的犯罪事实该如何处理，考虑到我国刑事诉讼法实行公检法机关分工负责，相互配合，相互制约原则，《六部委规定》第三十条规定，人民法院审理公诉案件，发现有新的事实，可能影响定罪的，可以建议人民检察院补充起诉或者变更起诉，人民检察院应当在7日以内回复意见。2012年《最高人民法院关于适用〈中华人民共和国刑事诉讼法〉的解释》（本附文以下简称《刑事诉讼法解释》）第二百四十三条作出了类似规定，并针对实践中常见的检察机关不同意补充起诉或者变更起诉，或者在7日以内未回复意见的情况，进一步明确规定人民法院应当就起诉指控的犯罪事实依照解释第二百四十一条的规定作出判决、裁定。因此，人民法院在审理过程中，发现被告人犯有同种数罪但被检察机关人为分案处理的，因分案处理的事实影响对被告人的定罪，可以建议检察机关并案起诉。二审法院发现被告人在第一审判决宣告以前还有同种漏罪没有判决的，也可以发回重审，并协调检察机关并案处理。检察机关不同意或者在7日内未回复意见的，法院应当仅就起诉指控的犯罪事实作出裁判。判决生效以后，检察机关另案起诉其他同种漏罪的，并案以一罪处理的前提条件已经消失，法院必须对漏罪依法予以审理，构成犯罪的，单独予以定罪判刑。鉴于此前判处的刑罚尚未执行完毕，亦不属于刑法第六十九条规定的判决宣告以前一人犯数罪及第七十一条规定的刑罚执行期间发现新罪的情形，故对漏罪进行审判时，适用刑法第七十条关于漏罪并罚的规定进行处理，是相对合理的选择。［参见第1191号指导案例，陈菊玲非法进行节育手术案，载《刑事审判参考》总第109集，第74～76页。撰稿：王东］

▽对人为分案处理的同种数罪实行并罚时，决定执行的刑罚应当与并案以一罪处理时所应判处的刑罚基本相当，不得加重被告人的处罚

我国《刑法》以"刑罚执行完毕以前"作为适用数罪并罚制度的时间条件。为了有区别地对待不同危害程度的数罪和危险程度各异的数罪实施者，贯彻罪刑相适应原则，刑法第六十九条、第七十条和第七十一条中明确规定对不同阶段实施或者被发现的数罪采取不同的并罚方法。刑法第七十条规定："判决宣告以后，刑罚执行完毕以前，发现被判刑的犯罪分子在判决宣告以前还有其他罪没有判决的，应当对新发现的罪作出判决，把前后两个判决所判处的刑罚，依照本法第六十九条的规定，决定执行的刑罚……"这是关于漏罪并罚的规定，因为漏罪事实所反映的社会危害性及其行为人的人身危险性，要比判决宣告以前发现的同等数罪相对严重。换言之，犯有数罪的犯罪分子，对社会危害严重，其到案后不但不积极悔罪,还故意隐瞒部分罪行,表明其有较大的人身危险性。对其漏罪实行并罚,既是罪刑相适应原则的要求,也有加重处罚的司法威慑效果。所以,根据立法本意,该条主要是针对犯罪分子归案后,在审判之前故意隐瞒自己的部分犯罪行为,直到对其审判之后刑罚执行完毕以前才发现还有遗漏罪行的情况。

因侦查机关、检察机关人为分案,导致法院在审判时未发现被告人的同种犯罪事实,或者已经发现但因未一并起诉而不能对被告人的同种犯罪事实并案审理,从而造成另案审判时对被告人所犯同种罪行只好适用漏罪并罚的规定处理,该种做法虽不是不可以,但可能会使被告人因分案处理而承担不利后果。因此,在因人为分案处理而对被告人的同种漏罪进行并罚时,决定执行的刑罚应与并案以一罪公诉所应判处的刑罚基本相当,否则有违刑法的罪刑相适应原则。

《刑法》第三百三十六条第二款规定,非法进行节育手术,情节严重的,处三年以下有期徒刑、拘役或者管制,并处或者单处罚金;严重损害就诊人身体健康的,处三年以上十年以下有期徒刑,并处罚金;造成就诊人死亡的,处十年以上有期徒刑,并处罚金。本案被告人两次非法进行节育手术犯罪均造成他人重伤,属于情节严重,尚不构成严重损害就诊人身体健康的情形,其法定刑范围应为三年以下有期徒刑、拘役或者管制,并处或者单处罚金。因此,如果并案以一罪处理,对被告人的宣告刑不应超过有期徒刑三年。昆山市人民法院在一审审理被告人的同种漏罪适用并罚时,决定执行有期徒刑二年三个月,并处罚金人民币二万元。在二审期间,因出现被告人赔偿获得谅解情节,二审依法改判被告人有期徒刑二年,并处罚金人民币一万九千元。一审、二审对被告人数罪并罚后决定执行的刑期,均没有超出并案以一罪处理时有期徒刑三年的法定最高刑,且与并案以一罪公诉所应判处的刑罚基本相当,不仅符合罪刑相适应原则,也保障了被告人的合法权益。[参见第 1191 号指导案例,陈菊玲非法进行节育手术案,载《刑事审判参考》总第 109 集,第 76 ~77 页。撰稿:王东]

▽刑罚执行完毕后,发现被告人在判决宣告以前还有其他犯罪没有判决的,应当就漏罪单独进行定罪处罚

被告人朱某英、郭某云因犯诈骗罪于 2013 年 5 月 24 日分别被判处刑罚,并分别于 2015 年 11 月 6 日、12 月 17 日刑满释放。在两人刑罚执行完毕后,司法机关对两人于 2012 年 8 月所犯漏罪即另外的诈骗犯罪事实进行侦查、起诉和审判。在审理时,对于二人所犯漏罪应当单独定罪量刑。理由:第一,对漏罪必须依法定罪处罚。刑法的目的是惩罚犯罪、保护人民。根据罪刑法定原则,法律明文规定为犯罪行为的,应依照法律定罪处罚。刑罚消灭的事由,必须有法律规定。对于刑罚执行完毕又发现漏罪的情形,行为人不具有法定的刑罚消灭事由,自然也不存在因为已受过刑罚就不再定罪量刑的理由,不能因为行为人受过刑罚就享有不再追诉的超越法律的特权。第二,服刑期满后发现漏罪的,将漏罪与前罪数罪并罚不符合法律规定。适用刑法第七十条进行数罪并罚的时间条件是发现漏罪在"判决宣告以后,刑罚执行完毕以前",不包括在刑罚执行完毕以后,才发现漏罪的情形。设立数罪并罚制度的目的是解决人民法院在量刑时如何处理宣告刑和正在执行的刑罚之间的并罚问题。数罪并罚的前提是数罪的刑罚均未执行或未执行完毕。对于刑罚执行完毕以后,才发现判决宣告之前还有其他罪没有判决而应当追诉的,应当依法另行定罪量刑。因此,将已经执行完毕的刑罚作为数罪并罚的适用对象不符合法律逻辑,数罪中只有一罪存在未执行的刑罚没有适用数罪并罚的必要性。第三,漏罪产生的原因与被告人供述不完整有很大的关系。如果被告人在其前罪的侦查、起诉、判决等阶段能够如实交代所有犯罪事实,自然可以享受数罪合并处罚带来的权益。相对于在刑罚执行完毕前又发现漏罪的犯罪行为人来说,刑罚执行完毕后才发现漏罪的犯罪行为人的主观恶性及人身危险性一般要更大,而且犯罪行为人在刑罚执行完毕,经过一定的改造后,仍然存在侥幸心理,没有如实交代所有犯罪事实以逃避刑罚,相当于放弃了如实供述所带来的数罪并罚的利益,不实行数罪并罚更符合刑法的立法精神,也有利于促进犯罪行为人主动供述,坦白其他罪行。第四,刑罚执行完毕后发现的漏罪与前罪实行并罚未必一律对被告人有利,在某些情况下,甚至对被告人更为不利。例如,《最高人民法院关于罪犯因漏罪、新罪数罪并罚时原减刑裁定应如何处理的意见》规定:"罪犯被裁定减刑后,因被发现漏罪或者又犯新罪而依法进行数罪并罚时,经减刑裁定减去的刑期不计入已经执行的刑期。"原判刑罚裁定减去的刑期,只能在此后依法减刑,"决定减刑的频次、幅度时,应当对其原经减刑裁定减去的刑期酌予考虑"。如被告人原判刑罚是死缓、无期徒刑,如果不管是否执行完毕,一律数罪并罚,那么数罪并罚后还应执行死缓、无期徒刑,显然对被告人更不利,也极不公平。在服刑中依法对罪犯减刑是一种常态,如果罪犯在服刑中有减刑,那么在刑罚执行完毕后发现的漏罪与前罪根据刑法第七十条规定的"先并后减"原则进行数罪并罚,对被告人就不一定有利,甚至可能更不利于被告人。所以,简单地从是否有利于被告人考虑,来确定是否实行数罪并罚,并不科学,应当严格依据刑法的有关规定进行。[参见第1217号指导案例,朱韩英、郭东云诈骗案,载《刑事审判参考》总第111集,第94~96页。撰稿:匡梓精]

第七十一条 【判决宣告后又犯新罪的并罚】判决宣告以后,刑罚执行完毕以前,被判刑的犯罪分子又犯罪的,应当对新犯的罪作出判决,把前罪没有执行的刑罚和后罪所判处的刑罚,依照本法第六十九条的规定,决定执行的刑罚。

■全国人民代表大会常务委员会法制工作委员会关于对被告人在罚金刑执行完毕前又犯新罪的罚金应否与未执行完毕的罚金适用数罪并罚问题的答复意见(全文)(2017年11月26日)

刑法第七十一条中的"刑罚执行完毕以前"应是指主刑执行完毕以前。如果被告人主刑已执行完毕,只是罚金尚未执行完毕的,根据刑法第五十三条的规定,人民法院在任何时候发现有可以执行的财产,应当随时追缴。因此,被告人前罪主刑已执行完毕,罚金尚未执行完毕的,应当由人民法院继续执行尚未执行完毕的罚金,不必与新罪判处的罚金数罪并罚。

■最高人民法院关于办理减刑、假释案件具体应用法律的规定(2017年1月1日)

第三十三条 罪犯被裁定减刑后,刑罚执行期间因故意犯罪而数罪并罚时,经减刑裁定减去的刑期不计入已经执行的刑期。原判死刑缓期执行减为无期徒刑、有期徒刑,或者无期徒刑减为有期徒刑的裁定继续有效。

第四十二条 本规定自2017年1月1日起施行。以前发布的司法解释与本规定不一致的,以本规定为准。

■最高人民法院关于罪犯因漏罪、新罪数罪并罚时原减刑裁定应如何处理的意见(全文)(2012年1月18日)

罪犯被裁定减刑后,因被发现漏罪或者又犯新罪而依法进行数罪并罚时,经减刑裁定减去的刑期不计入已经执行的刑期。

在此后对因漏罪数罪并罚的罪犯依法减刑,决定减刑的频次、幅度时,应当对其原经减刑裁定减去的刑期酌予考虑。

■最高人民法院关于在执行附加刑剥夺政治权利期间犯新罪应如何处理的批复(2009年6月10日)

一、对判处有期徒刑并处剥夺政治权利的罪犯,主刑已执行完毕,在执行附加刑剥夺政治权利期间又犯新罪,如果所犯新罪无须附加剥夺政治权利的,依照刑法第七十一条的规定数罪并罚。

三、对判处有期徒刑的罪犯,主刑已执行完毕,在执行附加刑剥夺政治权利期间又犯新罪,如果所犯新罪也剥夺政治权利的,依照刑法第五十五条、第五十七条、第七十一条的规定并罚。

▼最高人民法院研究室关于对再审改判前因犯新罪被加刑的罪犯再审时如何确定执行的刑罚问题的电话答复(全文)(1989年5月24日)

对于再审改判前因犯新罪被加刑的罪犯,在对其前罪再审时,应当将罪犯犯新罪时的判决中关于前罪与新罪并罚的内容撤销,并把经再审改判后的前罪没有执行完的刑罚和新罪已判处的刑罚,按照刑法(1979年刑法——编著者注)第六十六条的规定依法数罪并罚。关于原前罪与新罪并罚的判决由哪个法院撤销,应视具体情况确定:如果再审法院是对新罪作出判决的法院的上级法院,或者是对新罪作出判决的同一法院,可以由再审法院撤销;否则,应由对新罪作出判决的法院撤销。对于前罪经再审改判为无罪或者免予刑事处分的,其已执行的刑期可以折抵新罪的刑期。执行本答复中遇有新的情况或问题,请及时报告我们。

▽前罪未执行的附加刑在后罪判决时应当并罚

罚金是人民法院判处犯罪分子向国家缴纳一定数额金钱的刑罚方法,属于财产刑的一种。根据《最高人民法院关于适用财产刑若干问题的规定》第五条规定,罚金应在判决生效以后的三个月内执行完毕。但由于罚金的执行受到犯罪分子本人的经济情况、缴纳罚金的主观态度以及人民法院执行的力度等方面的影响,在司法解释规定的期限内,罚金刑未能执行的情况是客观存在的。只要罚金未执行,从数罪并罚、前罪刑罚执行情况的角度看,就不能视为"刑罚执行完毕"。因此,对于犯罪分子在主刑执行完毕以后,附加罚金刑未执行完毕以前又犯新罪的,应当根据刑法第七十一条的规定,将前罪没有执行的罚金刑与后罪所判处的刑罚并罚。如果后罪也判处了罚金刑,应根据《最高人民法院关于适用财产刑若干问题的规定》第三条规定"将所判处的罚金数额相加,执行总和数额"。同理,因不同种刑罚之间无可比性,附加刑与主刑之间,不同种附加刑之间也不能采用限制加重原则合并处罚。因此,刑法第六十九条第二款规定:"如果数罪中有判处附加刑的,附加刑仍须执行。"最后,参照1994年5月16日最高人民法院颁布的《关于在附加剥夺政治权利执行期间重新犯罪的被告人是否适用数罪并罚问题的批复》(该批复已被最高人民法院法释〔2013〕2号废止)的规定,对被判处有期徒刑的罪犯,主刑已执行完毕,在执行附加刑剥夺政治权利期间又重新犯罪,如果所犯新罪无须判处附加刑剥夺政治权利的,应当在对被告人所犯新罪作出判决时,将新罪所判处的刑罚和前罪没有执行完毕的附加刑剥夺政治权利,按照数罪并罚原则,决定执行的刑罚,即在新罪所判处的刑罚执行完毕以后,继续执行前罪没有执行完毕的附加刑剥夺政治权利。综上,数罪并罚制度中的"刑罚"包括主刑和附加刑,只要行为人所犯的后罪是在前罪被判处的刑罚,包括主刑和附加刑执行完毕之前的,在对后罪作出判决时,均应适用数罪并罚制度;只有行为人所犯的后罪是在前罪被判处的所有刑罚,包括主刑和附加刑都执行完毕之后,对后罪判决时才不适用数罪并罚制度。[参见第122(119)号案例,买买提盗窃案,载《刑事审判参考》总第19辑(2001年第8辑),法律出版社,第36~38页。执笔:刘宇红 王志勇]

▽保外就医期间重新犯罪的,如何计算前罪未执行的刑罚

保外就医期间犯新罪的如何确定"前罪没有执行的刑罚",尚无明确的法律规定。确定前罪未执行刑罚的基准日,应以犯罪之日为起算未执行刑期的时点,其理由:1.从罪犯的人身危险性而言,犯罪之日的界点更为科学。作为监外执行的方式之一,保外就医是以罪犯本身没有社会危险性为前提的,是对没有社会危险性的患严重疾病罪犯的一种特殊待遇。被批准保外就医的罪犯重新犯罪表明其具有严重的社会危害性和人身危险性,丧失了继续保外就医的法定资格条件,不应再享有监外执行的优待,根据有关法律规定,自犯罪之日起就应依法立即收监执行,以对其进行教育、改造和惩罚,故应以犯罪之日为基准计算前罪未执行刑罚时间。2.从刑罚执行的目的看,以犯罪之日为界点更为合理。一来前罪刑罚的执行因罪犯再次犯罪,刑罚执行的改造、预防目的均遭失败,从此刻始执行刑期自应停顿计算,追究行为人再犯的刑事责任确定,收监后才能继续计算刑期;二来被告人在前罪刑罚未执行完毕时再犯新罪,具有更大人身危险性和社会危害性,应当对其加大惩罚与改造的力度,对此刑法规定了"先减后并"的数罪并罚原则正是体现了这一严厉惩罚的精神。3.从相关法律规定的正确理解和把握而言,以犯罪之日作为基准是准确的。根据《罪犯保外就医执行办法》的规定,保外就医罪犯未经公安机关批准擅自外出期间不计入执行刑期。举轻以明重,当某个相对较轻的行为导致一定的法律评价时,一个相对严重的行为也至少导致这一法律后果的产生。监外再次犯罪远比擅自外出的性质更为严重，当然自犯罪之日后的期间也不应计入执行刑期。4. 从法律效果与社会效果看，以犯罪之日为界点是适当的。法律施行意在鼓励民众遵守法律，违法时自觉接受制裁，营造良好的社会秩序。由于保外就医是监外执行方式，罪犯实际上获得行动的自由，再犯罪后可能因逃避抓捕等原因，无法立即收监。有的甚至可能持续数年，流散社会威胁社会稳定和安全。以抓获之日、采取强制措施之日、新罪判决之日等为基准计算未执行的刑罚会导致负面导引——越晚案发、越晚被抓获、越晚被判决，所迟延的时间均被计入前罪执行的期间，从而引导或鼓励罪犯在再犯新罪时竭力逃脱国家机关的抓捕，加剧罪犯的抗拒心理，不利于社会稳定与和谐。而且，发现被告人犯罪或抓获、采取强制措施的时间，会随不同案件的情况而有差异，如以上述时点作为起算未执行刑期，会产生同类情况实际处理不同的结果，有悖于司法公正。而以犯罪之日起算未执行的刑期，相对较为客观，不会产生上述问题，也容易统一把握，有利于实现司法公正、法律面前人人平等。[参见第493号案例，吴孔成盗窃案，载《刑事审判参考》总第62集(2008年第3集)，法律出版社，第50~53页。执笔：范莉　华栋]

▽犯罪分子原犯有数罪，数罪并罚后在执行中又犯新罪的并罚方法

《刑法》第七十一条规定，在这种情况下应当把前罪没有执行的刑罚和后罪所判处的刑罚，依照刑法第六十九条的规定，决定执行的刑罚。所谓“前罪没有执行的刑罚”显然是指前罪中的余刑，在数罪并罚中只有执行刑有余刑，宣告刑不存在余刑问题，因此应当将执行刑中没有执行的余刑和新罪并罚。[参见上海市高级人民法院刑二庭调研报告，《数罪并罚法律适用问题解答》，载《刑事审判参考》(经验交流)总第75集(2010年第4集)，第171页。]

▽犯罪分子在刑罚执行中既发现漏罪，又犯新罪的并罚方法

对于这种情况，应当先将漏罪所判处的刑罚与原判刑罚进行并罚，决定应当执行的刑罚后，再从中减去原判已经执行的刑罚，最后将余刑与新罪所判处的刑罚进行并罚，即可确定被告人应当执行的刑罚。如某人犯甲罪被判处有期徒刑10年，已经执行3年，又发现漏掉乙罪，应判处有期徒刑5年，此外，还发现此人在执行期间又犯丙罪，应判处有期徒刑8年。具体并罚方法是：先将乙罪5年有期徒刑和甲罪10年有期徒刑并罚，在10~15年决定执行的刑期，如可以决定执行13年，然后再减去已经执行的3年，还剩10年，最后将这10年与丙罪的8年并罚，在10~18年决定最后的刑罚。[参见上海市高级人民法院刑二庭调研报告，《数罪并罚法律适用问题解答》，载《刑事审判参考》(经验交流)总第75集(2010年第4集)，第171页。]

▽暂予监外执行期间犯新罪，但新罪是在暂予监外执行期限届满后才被发现的，无须进行数罪并罚

(一)关于暂予监外执行性质的理解。暂予监外执行的性质，可以分以下两个层面来理解：第一，暂予监外执行是一种特殊的刑罚执行方式。一般认为，“监外执行是指对符合法定条件的罪犯因某种特殊情况而暂予变更刑罚执行场所、刑罚执行方式的一种行刑制度”。监外执行就是在监狱外对罪犯执行刑罚的一种特别执行方法。暂予监外执行制度是指由于某种特殊情况的出现，通过一定的程序，将人民法院所判处的监禁刑的实刑改变为非监禁的刑罚执行方法，而且罪犯的刑期不因执行场所、执行方式的变更而中断，依然连续计算。可见，暂予监外执行是监禁刑执行的一种变通方式，其实质仍然是对罪犯监禁刑的执行过程，这与缓刑考验期有本质的区别。第二，暂予监外执行不是对服刑人员的一项鼓励性措施，而是监狱机关对不适宜继续关押在监狱中的服刑人员采取的一项体现人道主义精神的刑罚变通执行方式。按照我国刑事诉讼法第二百五十四条的规定，被判处有期徒刑或者拘役的罪犯，如有严重疾病需要保外就医、怀孕或者正在哺乳自己婴儿的妇女，可以暂予监外执行；对被判处有期徒刑、拘役，生活不能自理，适用暂予监外执行不致危害社会的罪犯，也可以暂予监外执行。可见，暂予监外执行的条件与刑罚执行过程中的假释存在区别。(二)暂予监外执行期间犯新罪，暂予监外执行并不当然中止。缓刑、假释是基于罪犯人身危险性小或者改造良好而给予的一种鼓励性措施。与缓刑、假释不同,暂予监外执行并非对服刑人员的考验或者鼓励措施,而是基于某种特定的客观事由或者情况的出现,不得已而采取的一种变通的刑罚执行方式。因此,暂予监外执行的撤销条件与缓刑、假释是不同的。在缓刑、假释制度中,只要被判缓刑或者被假释的罪犯在缓刑或假释考验期限内犯新罪,则无论是在考验期内还是在考验期满后发现该新罪,都应当撤销缓刑或者假释,实行数罪并罚。因为缓刑、假释的制度设定与适用均是以服刑人员人身危险性的降低为基础的,被判缓刑、假择的罪犯在缓刑、假释考验期再犯新罪,说明其人身危险性并未降低到对社会无威胁的程度,这就从实质上消灭了对其适用缓刑、假释的条件,因而对其撤销缓刑、假释符合法理。而暂予监外执行的结束事由仅在于暂予监外执行适用的前提条件消失。关于这一点,我国刑事诉讼法、监狱法都有明确规定。1996年刑事诉讼法第二百一十六条规定:"暂予监外执行的情形消失后,罪犯刑期未满的,应当及时收监。罪犯在暂予监外执行期间死亡的,应当及时通知监狱。"监狱法第二十八条规定:"暂予监外执行的情形消失后,刑期未满的,负责执行的公安机关应当及时通知监狱收监;刑期届满的,由原关押监狱办理释放手续。罪犯在暂予监外执行期间死亡的,公安机关应当及时通知原关押监狱。"据此,罪犯在暂予监外执行期间犯新罪被发现犯新罪,才可能中止暂予监外执行。否则,罪犯仍应被视为暂予监外执行过程中。(三)本案前罪的刑罚已执行完毕。暂予监外执行虽然改变了服刑场所,但本质上仍是刑罚的一种执行方式。1990年3月30日,《最高人民法院关于监外执行的罪犯重新犯罪的时间是否计入服刑期问题的批复》(已失效,本附文以下简称《批复》)指出,"被准予监外执行之日起至新罪后新判决执行前这段时间,应视为所服前罪判决的刑期"。由《批复》可知,只要暂予监外执行没有终止,暂予监外执行期就应计入刑罚执行期,不管是否发现暂予监外执行期间罪犯是否犯新罪。就本案而言,2008年3月6日,被告人田某某犯聚众斗殴罪的暂予监外执行期届满,其刑罚执行完毕,也就是说,田某某已完全承担了其前罪而产生的刑事责任。(四)关于刑法第七十一条的理解。刑法第七十一条不仅要求罪犯又犯新罪,更重要的是要求罪犯又犯新罪的时间、发现罪犯又犯新罪的时间均在前罪的刑罚执行完毕之前。就本案而言,虽然田某某在刑罚执行完毕之前又犯新罪,但在新罪判决时,前罪已经执行完毕,没有可以并罚的余刑。因此,对本案被告人实行并罚并不符合刑法第七十一条的立法本意。(五)对新罪从重处罚的理由。本案中,被告人在服刑期间又犯新罪,表明其在社会改造期间,主观恶性依然很深,社会危害性依然很大,应予严惩,因此,在对被告人单独以敲诈勒索罪定罪量刑时,可将其在暂予监外执行期间再犯新罪作为酌定从重处罚情节,充分贯彻体现宽严相济的刑事政策。综上所述,对于罪犯在暂予监外执行期间犯新罪,但在暂予监外执行完毕后才发现的,无须数罪并罚,只需单独对所犯新罪定罪且在法定刑幅度内酌情从重处罚即可。[参见第797号指导案例,田某某敲诈勒索案,载《刑事审判参考》总第87集(2012年第4集),第56～59页。撰稿:罗莹]

▽罪犯在假释期间又犯新罪数罪并罚时原减刑裁定不计入已执行的刑期

一般而言,罪犯被人民法院判处刑罚交付执行后,根据其认罪、悔罪的态度和认罪服法、积极改造的表现,对于某些表现优良的罪犯,监狱管理部门一般都会向人民法院报送作为减刑、假释的候选人。人民法院经过审查,往往也会作出减刑或者假释的裁定。在这种情形下,罪犯被减刑、假释后又犯新罪或者判决宣告之前的漏罪被发现,先前的减刑、假释裁定如何处理,这是一个无法避免的实践问题。对此问题,最高人民法院2012年1月18日专门下发了《罪犯因漏罪、新罪数罪并罚时原减刑裁定应如何处理的意见》(本附文以下简称《减刑处理意见》),其中规定"罪犯被裁定减刑后,因被发现漏罪或者又犯新罪而依法进行数罪并罚时,经减刑裁定减去的刑期不计入已经执行的刑期"。从上述司法解释性文件中得知,罪犯只要是又犯新罪或者被发现还有漏罪尚未处理,需要进行数罪并罚时,先前裁定减去的刑期一律不计入已经执行的期限,也就是说先前的减刑裁定被"一笔勾销",不管先前罪犯被减刑几次、被减去的刑期有多长。

对于“罪犯被裁定减刑后,又犯新罪”的解释,应当包括以下两种情形:一种情形,是罪犯被裁定减刑后,在继续服刑的监狱内“又犯新罪”;另一种情形,是罪犯被裁定减刑后,又因其他原因,如假释、保外就医等在社会上“又犯新罪”。结合刑罚执行的相关理论,可以认为,不管是哪一种情形,都属于“在原判刑罚的执行期间又犯新罪”。假释是一种刑罚的执行方式,只有在假释期间遵守法定的义务,假释期限届满后,剩余的刑期才不予执行,假释在性质上是一种附条件的不执行。也就是说,只有假释期限届满,而且被假释的罪犯遵守相关规定,没有再犯新罪或者被发现尚存漏罪,那么原判刑罚就视为执行完毕。在原判刑罚视为执行完毕之后,“罪犯”(服刑完毕的罪犯应当视为普通的公民,“罪犯”的称谓应当限于人民法院宣判之后至服刑完毕之日)再犯新罪的,可能成立累犯,但是不可能再与已经执行完毕的犯罪进行数罪并罚的问题。在朱某某上诉一案中,上诉人朱某某尚在假释期间,假释期限尚未到期,因此假释期间的时间范围应该视为原判刑罚的执行期间。按照最高人民法院的规定,在刑罚的执行期间,又犯新罪的,应当数罪并罚,而且经减刑裁定减去的刑期不计入已经执行的刑期。[参见第1011号指导案例,朱某某等盗窃案,载《刑事审判参考》总第99集(2014年第4集),第71~72页。撰稿:庄绪龙]

▽后颁布施行的司法解释以及司法解释性文件对于先前发生的案件具有溯及力

在实体上,对于“罪犯在假释期间又犯新罪数罪并罚时原减刑裁定如何让处理”的问题,《减刑处理意见》作出了非常明确的规定。但是,在时间上,本案上诉人朱某某被依法减刑的时间发生在2010年4月9日,而《减刑处理意见》是在2012年1月18日颁布实施的。也就是说,后颁布的司法解释性文件能否适用于颁布之前的案件,涉及司法解释以及司法解释性文件的溯及力问题,也决定着包括朱某某案在内的所有发生在该司法解释性文件颁布之前的类似案件宣告刑刑期如何确定。对此问题,最高人民法院、最高人民检察院于2001年12月16日联合发布了《关于适用刑事司法解释时间放力问题的规定》(本附文以下简称《时间效力规定》),对司法解释、司法解释性文件的溯及力问题进行了较为明确的规定。《时间效力规定》第二条规定:“对于司法解释实施前发生的行为,行为时没有相关司法解释,司法解释施行后尚未处理或者正在处理的案件,按照司法解释的规定办理。”第三条规定:“对于新的司法解释实施前发生的行为,行为时已经相关司法解释,依照行为时的司法解释办理,但适用新的司法解释对犯罪嫌疑人、被告人有利的,适用新的司法解释。”对于本案所反映出来的问题——罪犯在假释期间又犯新罪数罪并罚时原减刑裁定如何处理,《减刑处理意见》发布之前并无相应的规定。因而,按照《时间效力规定》的规定,《减刑处理意见》在本案的运用中就具备溯及力,亦即上诉人朱某某先前被人民法院依法裁定减去的两年有期徒刑在数罪并罚时不应当计算在内。[参见第1011号指导案例,朱某某等盗窃案,载《刑事审判参考》总第99集(2014年第4集),第721~73页。撰稿:庄绪龙]

▽《减刑处理意见》区分“又犯新罪”与“发现漏罪”情形处理的理解

根据《减刑处理意见》的规定,“罪犯被裁定减刑后,因被发现漏罪或者又犯新罪而依法进行数罪并罚时,经减刑裁定减去的刑期不计入已经执行的刑期”。《减刑处理意见》在解决“罪犯因漏罪、新罪数罪并罚时原减刑裁定应如何处理”时,其实是将“又犯新罪”与“发现漏罪”进行了明确的区分。对于“发现漏罪”的情形,原减刑裁定原则上也是遵从“不计入已执行期限”的规定,但是《减刑处理意见》第二条规定:“在此后对因漏罪数罪并罚的罪犯依法减刑,决定减刑的频次、幅度时,应当对其原经减刑裁定减去的刑期酌予考虑。”也就是说,罪犯因为被发现漏罪而数罪并罚时,虽然已经被裁定减刑的刑期不计入已执行的刑期,但是在实践操作中可以在数罪并罚之后的服刑期间获得一定程度的“返还”或者说是“偿还”,亦即《减刑处理意见》第二条规定的“酌予考虑”。当然,这种“返还”或者说是“偿还”并非具有法定的确定性,还是需要结合罪犯的表现情况而酌情考虑。而对于“又犯新罪”的情形,罪犯被数罪并罚时原减刑裁定当然不计算在已执行的刑期内,而且也享受不到在数罪并罚之后的服刑期间获得“返还”或者说是“偿还”的政策待遇。

上述区分,体现了相对公正的理念和我国刑罚的基本理论。这是因为,在对罪犯因被"发现漏罪"的情形数罪并罚时一律撤销原先的减刑裁定,确实有违反公正理念之嫌,但《减刑处理意见》第二条的规定已然弥补了这个缺陷。而在对罪犯"又犯新罪"的情形数罪并罚时一律撤销原先的减刑裁定,则不失道义和公正的基本认同,同时这也是我国刑罚理论的基本蕴涵。这是因为,罪犯在被裁定减刑后又犯新罪,则表明罪犯的人身危险性和社会危害性尚存,先前服刑改造和减刑奖励并未取得预期效果,因而在数罪并罚时撤销先前的减刑裁定不管是在刑罚理论角度还是在具体的司法实践角度均无不妥。[参见第1011号指导案例,朱某某等盗窃案,载《刑事审判参考》总第99集(2014年第4集),第73～74页。撰稿:庄绪龙]

▽漏罪的发现和新罪的实施均是对被告人人身危险性可能弱化的否定,与减刑的初衷相悖,故前罪服刑期间经减刑裁定减去的刑期不应计入已经执行的刑期之中

减刑的深层动因在于人身危险性的良性变化。在本质上,减刑是对原判执行过程的改变,并非对原判判决的改变。刑罚执行虽以判决确定的刑罚为执行内容,但并不仅仅是裁判权的附庸,刑罚执行本身具有相对独立性:刑罚执行过程中可以根据犯罪人的悔改表现或者立功表现,对判决所确定的刑罚依法加以调整。进入刑罚执行阶段,犯罪已成客观事实,犯罪性质不再发生变化,犯罪行为本身不存在使刑罚变更的原因;而犯罪人是鲜活的个体,其个体情况和改造程度的变化差异构成刑罚变更的基础。犯罪人从服刑初始被动接受法律制裁到为了缩短承受刑罚痛苦的时间而积极改造直至逐渐降低犯罪意愿并使自身行为符合社会利益的过程,根本上是其人身危险性趋向减弱的动态变化。但漏罪的发现或新罪的实施恰恰否认了被告人人身危险性弱化的可能性,与减刑的初衷背道而驰。《减刑处理意见》也规定,罪犯被裁定减刑后,因被发现漏罪或者又犯新罪而依法进行数罪并罚时,经减刑裁定减去的刑期不计入已经执行的刑期。[参见第1082号指导案例,石加肆盗窃案,载《刑事审判参考》总第103集,第62～63页。撰稿:王星光　马小卫]

▽后罪实施于前罪刑罚执行过程中(因客观原因刑罚执行中断),属于刑罚执行过程中再犯新罪,应适用"先减后并"的原则数罪并罚

根据《刑法》第六十九条、第七十条、第七十一条的规定和相关理论,数罪并罚的执行根据新罪实施时间的不同采取不同的并罚原则,即刑罚执行完毕以前发现漏罪的实行"先并后减",刑罚执行完毕以前又犯新罪的实行"先减后并"。鉴于两种数罪并罚方式对被告人实际执行刑期的长短影响较大,故需在准确认定漏罪或新罪的基础上正确适用相关并罚原则。

刑罚执行完毕以前又犯新罪的数罪并罚的特点是:(1)犯罪人在原判决宣告以后,刑罚执行完毕以前又犯新罪;(2)不论新罪是否与原判决的罪性质相同;(3)将新罪定罪量刑;(4)将前罪没有执行的刑罚与新罪所判处的刑罚,依照刑法第六十九条的原则进行并罚;(5)已经执行的刑期不得计算在新判处所决定的刑期以内。如前所述,本案被告人的此次盗窃行为发生于前罪刑罚执行完毕以前,争议的焦点在于是否属于"原判决宣告以后"即此处的"原判决"是指案件中的原审判决,还是再审判决,抑或是其他。再审判决的生效虽然否定了原审判决的效力,但不能消灭原审判决所产生的所有影响,如刑罚执行的起刑日期(改判无罪的案件除外)的影响便不能改变。原审判决和再审判决在刑罚执行的起始止日期上应当保持一致,即原审判决的起刑日期就是正确判决的起刑之日,再审判决的止刑日期就是正确判决的止刑之日,当中的中止时日根据并罚原则予以排除便可。综上,本案前罪的起刑日期是2007年5月6日,止刑日期在2014年3月之后,后罪的实施是在2014年2月至3月。后罪在原判决宣告以后,刑罚执行完毕以前实施,应当适用先减后并的原则数罪并罚。原审法院判处被告人有期徒刑一年,与前罪尚未执行完毕的有期徒刑二年零十五天(五年减去二年十一个月十五天)并罚,决定执行有期徒刑二年三个月的量刑是正确的。(参见第1082号指导案例,石加肆盗窃案,载《刑事审判参考》总第103集,第63～64页。撰稿:王星光　马小卫)

▽被暂予监外执行的罪犯在监外执行期间犯新罪并被抓获，社区矫正机关未及时出具收监建议书，而后出具社区矫正期满的证明书，被告人前罪的剩余刑期应以被告人被抓获之日为界点计算

（一）被告人在监外执行期间因犯新罪而被采取强制措施的，新罪强制措施采取之日，即为前罪监外执行中止之时。根据刑事诉讼法（2012年——编著者注）第二百五十七条的规定，对于暂予监外执行的罪犯，有法律规定情形之一的，应当及时收监。由此可见，暂予监外执行制度具有明显的临时性特征，随时可能因法定情形的出现而中止。暂予监外执行期间犯新罪，暂予监外执行期满前发现的，根据最高人民法院、最高人民检察院、公安部、司法部联合制定的《社区矫正实施办法》第二十六条的规定，暂予监外执行的社区矫正人员违反有关法律、行政法规和监督管理规定，情节严重的，由居住地县级司法行政机关向批准、决定机关提出收监执行的建议书。举轻以明重，被告人的行为显然属于触犯刑法的行为，应依法收监执行。故被告人在暂予监外执行期间犯新罪并在暂予监外执行期满前被发现的，自有权机关依法定程序作出收监决定之日，前罪的暂予监外执行期间中止。

本案中，社区矫正机构即无锡市北塘区司法局应在被告人因犯新罪被抓获之日依法向北塘区人民法院提出对被告人进行收监执行的建议书，但北塘区司法局没有及时向北塘区人民法院提出收监建议。这种不利的后果应由被告人自己承担，也就是说，其在被公安机关抓获后继续履行的接受社区矫正的时间不计入其刑期。因为《社区矫正实施办法》第十一条规定："社区矫正人员应当定期向司法所报告遵纪守法、接受监督管理、参加教育学习、社区服务和社会活动的情况。"显然，本案被告人没有履行应尽的义务。另外，从社会导向的角度分析，规避法律责任往往是当事人趋利避害的反应，若对不履行社区矫正义务的暂予监外执行人认可其社区矫正期满，则可能诱导当事人采取各种方式规避法律责任，如此将不利于社区矫正机构依法进行社区矫正工作，也不利于维护司法的公正性。因此，只有将行为人没有履行社区矫正义务的行为导致的不利后果归于其本人承担，即认定其前罪的暂予监外执行期间自其被抓获之日起中止，同时认定其前罪的刑期也自被抓获之日起中止计算，方能有效避免当事人通过不履行义务的方式获得非法利益。在本案中，由于被告人没有切实履行其接受社区矫正的义务，在暂予监外执行期间没有向社区矫正机构如实报告其犯新罪的情况，导致社区矫正机构做出错误的矫正期满证明书，法院应不认可该社区矫正期满证明书，而是根据事实，依法认定被告人被抓获后其前罪的暂予监外执行期间中止，其在中止后继续接受社区矫正的期间不计入其前罪服刑期间。

（二）应以被告人被抓获之日作为计算前罪剩余刑期的界点。暂予监外执行期间的中止不等于刑期计算的中止，被告人在暂予监外执行期间因出现法定情形，如被保外就医的被告人疾病治愈，则有权机构应作出收监决定，被告人被收监后在监狱内继续服刑，即虽然暂予监外执行中止，但是刑期却是连续计算的。但是，如果被告人是因为犯新罪而被中止前罪的暂予监外执行期间，则涉及前罪的刑期的计算是否中断，以及以何日作为前罪刑期计算中断的界点，从而开始计算前罪的剩余刑期。我们认为，应以被告人犯新罪被抓获并被采取强制措施之日为界点，中断前罪刑期的计算。实践中，被告人在前罪暂予监外执行期间因犯新罪被抓获的同时一般也被采取了刑事强制措施。同时被告人在前罪暂予监外执行期间因犯新罪被抓获，有权机关应依法对被告人进行收监执行。那么这里作为限制或者剥夺被告人人身自由的刑事强制措施和同为剥夺被告人人身自由的收监执行就产生了冲突。此时应优先处理新罪。理由如下：

第一，新罪的处理比旧罪的服刑更加紧迫。被告人在前罪暂予监外执行期间犯新罪，侦查机关发现并抓获被告人后，立即进入紧张的侦查程序，刑事诉讼法对侦查工作的时间有着严格的要求，可以说时间紧迫。而且对新罪的侦查、起诉、审判工作决定着被告人是否犯罪。而被告人的前罪的剩余刑期是确定的，完全可以与新罪判决的刑罚一同执行，相比于侦查工作不具有时间上的紧迫性。故在这种情况下，应中止前罪的服刑，进入新罪的刑事诉讼程序上来。

第二，优先处理新罪符合立法的原意。刑法第七十一条规定，判决宣告以后，刑罚执行完毕以前，被判刑的犯罪分子又犯罪的,应当对新犯的罪作出判决,把前罪没有执行的刑罚和后罪所判处的刑罚,依照本法第六十九条的规定,决定执行的刑罚。根据该条规定,被告人在前罪的刑罚执行期间犯新罪的,应当首先对新罪作出判决,同时将因为处理新罪而耽搁的前罪服刑期间与新罪判处的刑罚进行数罪并罚。也就是说,被告人在前罪的刑罚执行期间犯新罪的,应中止前罪的服刑,并将中止后的前罪的剩余刑期与新罪进行数罪并罚。如果将被告人按照违反社区矫正监督管理规定收监,则属于继续前罪的刑罚的执行,收监后被告人仍然属于服前罪的刑期,与上述法条的立法精神不符。

结合到本案,被告人于2013年4月10日因涉嫌犯容留他人吸毒罪被抓获,次日被刑事拘留,当日因无锡市公安局监管支队不予收押,被取保候审。被告人自抓获之日起被采取了拘传、刑事拘留、取保候审等一系列刑事强制措施,这些刑事强制措施显然是为保障新罪的刑事诉讼顺利进行而采取的,属于新罪的刑事诉讼程序。故被告人自抓获之日起被限制人身自由属于新罪的刑事诉讼程序中的强制措施,被羁押的时间应在新罪的刑期中扣除,而不能计算在前罪的服刑期间。

综上,一审、二审法院没有依据社区矫正机构出具的社区矫正期满证明书认定被告人前罪已服刑期满,而是以被告人被抓获的时间作为前罪刑期中断的界点计算其前罪的剩余刑期,从而对被告人进行数罪并罚的裁判是正确的。(参见第1085号指导案例,沙学民容留他人吸毒案,载《刑事审判参考》总第103集,第76～80页。撰稿:赵越)

第五节 缓　　刑

第七十二条 【缓刑适用条件及附加刑的执行】对于被判处拘役、三年以下有期徒刑的犯罪分子,同时符合下列条件的,可以宣告缓刑,对其中不满十八周岁的人、怀孕的妇女和已满七十五周岁的人,应当宣告缓刑:

(一)犯罪情节较轻;

(二)有悔罪表现;

(三)没有再犯罪的危险;

(四)宣告缓刑对所居住社区没有重大不良影响。

宣告缓刑,可以根据犯罪情况,同时禁止犯罪分子在缓刑考验期限内从事特定活动,进入特定区域、场所,接触特定的人。

被宣告缓刑的犯罪分子,如果被判处附加刑,附加刑仍须执行。(本条是根据《中华人民共和国刑法修正案(八)》之十一修改的,2011年5月1日起施行。)

刑法本条原文:【缓刑适用条件】对于被判处拘役、三年以下有期徒刑的犯罪分子,根据犯罪分子的犯罪情节和悔罪表现,适用缓刑确实不致再危害社会的,可以宣告缓刑。

被宣告缓刑的犯罪分子,如果被判处附加刑,附加刑仍须执行。

■最高人民法院、最高人民检察院、公安部、司法部关于依法惩治性侵害未成年人犯罪的意见(2013年10月23日)

四、其他事项

28. 对于强奸未成年人的成年犯罪分子判处刑罚时,一般不适用缓刑。

对于性侵害未成年人的犯罪分子确定是否适用缓刑,人民法院、人民检察院可以委托犯罪分子居住地的社区矫正机构,就对其宣告缓刑对所居住社区是否有重大不良影响进行调查。受委托的社区矫正机构应当及时组织调查,在规定的期限内将调查评估意见提交委托机关。

对于判处刑罚同时宣告缓刑的,可以根据犯罪情况,同时宣告禁止令,禁止犯罪分子在缓刑考验期内从事与未成年人有关的工作、活动,禁止其进入中小学校区、幼儿园园区及其他未成年人集中的场所,确因本人就学、居住等原因,经执行机关批准的除外。

■最高人民法院、最高人民检察院、公安部、司法部关于对因犯罪在大陆受审的台湾居民依法适用缓刑实行社区矫正有关问题的意见(2017年1月1日)

第一条 对因犯罪被判处拘役、三年以下有期徒刑的台湾居民,如果其犯罪情节较轻、有悔罪表现、没有再犯罪的危险且宣告缓刑对所居住社区没有重大不良影响的,人民法院可以宣告缓刑,对其中不满十八周岁的人、怀孕的妇女和已满七十五周岁的人,应当宣告缓刑。

■最高人民法院、最高人民检察院、公安部、司法部关于对判处管制、宣告缓刑的犯罪分子适用禁止令有关问题的规定(试行)(2011年5月1日)

该文件全部内容见本书刑法第三十八条附文同名文件。

■最高人民法院、最高人民检察院关于办理职务犯罪案件严格适用缓刑、免予刑事处罚若干问题的意见(2012年8月8日)

该文件全部内容见本书刑法第三十七条附文同名文件。

■最高人民法院关于审理未成年人刑事案件具体应用法律若干问题的解释(2006年1月23日)

第十六条 对未成年罪犯符合刑法第七十二条第一款规定的,可以宣告缓刑。如果同时具有下列情形之一,对其适用缓刑确实不致再危害社会的,应当宣告缓刑:

(一)初次犯罪;

(二)积极退赃或赔偿被害人经济损失;

(三)具备监护、帮教条件。

第二十条 本解释自公布之日起施行。

《最高人民法院关于办理未成年人刑事案件适用法律的若干问题的解释》(法发〔1995〕9号)自本解释公布之日起不再执行。

▼全国法院维护农村稳定刑事审判工作座谈会纪要(1999年10月27日)

三(二)关于对农民被告人依法判处缓刑、管制、免予刑事处罚问题

对农民被告人适用刑罚,既要严格遵循罪刑相适应的原则,又要充分考虑到农民犯罪主体的特殊性。要依靠当地党委做好相关部门的工作,依法适当多适用非监禁刑罚。对于已经构成犯罪,但不需要判处刑罚的,或者法律规定有管制刑的,应当依法免予刑事处罚或判处管制刑。对于罪行较轻且认罪态度好,符合宣告缓刑条件的,应当依法适用缓刑。

要努力配合有关部门落实非监禁刑的监管措施。在监管措施落实问题上可以探索多种有效的方式,如在城市应加强与适用缓刑的犯罪人原籍的政府和基层组织联系落实帮教措施;在农村应通过基层组织和被告人亲属、家属、好友做好帮教工作等。

▼上海市高级人民法院关于刑期起止日期及计算问题的意见(2001年6月13日)

二、对于判处有期徒刑或者拘役宣告缓刑的案件,应当在判决书主文中写明缓刑考验期从何时起计算,即应当在判决的刑罚之后,用括号注明:"缓刑考验期限,从判决确定之日起计算。"所谓判决确定之日,就是判决发生法律效力之日。

五、对于被判处刑罚的犯罪分子在被拘留或逮捕以前,因同一犯罪行为被有关组织行政拘留、扣留、留置盘问、收容待遣,或者劳动教养的,应将其被实际剥夺人身自由的时间依法折抵刑期。在本意见下发以前,被判处有期徒刑、拘役和管制的罪犯,其因同一犯罪行为被留置盘问的日期等没有折抵刑期,现仍在服刑的,可补行折抵;已服刑期满的,则不必再作变动。

▼广东省高级人民法院关于正确适用缓刑的指导意见(全文)(2009年2月9日)

一、缓刑的适用有助于调动罪行较轻且有悔罪表现的犯罪分子自我约束、自我改造的主动性和积极性,避免了适用监禁刑带来的与社会隔绝、重返社会困难、罪犯间交叉感染等问题,同时还能缓解监押场所的压力,节约国家的司法资源和执法成本,对于缓解社会冲突、减少社会矛盾、维护社会和谐、稳

定有着重要的作用,应充分认识缓刑的重要意义,依法科学适用。

二、对于被判处拘役、三年以下有期徒刑的未成年人、老年人、残疾人、怀孕或哺乳期的妇女、精神障碍人,应根据其犯罪情节和悔罪表现优先考虑适用缓刑。

三、适用缓刑的"犯罪情节",应主要考虑:

(一)过失犯罪的;

(二)具有值得宽宥的犯罪动机或原因的;

(三)犯罪手段、方法不残忍、不恶劣,未造成严重后果的;

(四)犯罪中止、犯罪预备、犯罪未遂的;

(五)共同犯罪中的从犯、胁从犯;

(六)防卫过当、紧急避险过当的;

(七)经济犯罪、职务犯罪,未造成严重后果的;

(八)具有其他轻微犯罪情节的。

四、适用缓刑的"悔罪表现",是指被告人归案后能够如实交代犯罪事实,并具有下列情形之一的:

(一)犯罪以后主动投案的;

(二)有立功表现的;

(三)主动退赃的;

(四)主动采取措施挽救损害的;

(五)对犯罪造成的损失积极进行赔偿的;

(六)向被害人真诚赔礼道歉的;

(七)具有其他悔罪表现的。

五、对未成年罪犯符合刑法第七十三条第一款规定,并具有下列情形之一的,应当宣告缓刑:

(一)初次犯罪;

(二)积极退赃或赔偿被害人经济损失;

(三)具备监护、帮教条件。

六、被告人具有下列情形之一的,一般不应适用缓刑:

(一)拒不认罪的;

(二)故意再犯的;

(三)故意犯数罪的;

(四)惯犯;

(五)教唆犯;

(六)团伙犯罪中的首要分子;

(七)被劳动教养两次以上的;

(八)曾因违法犯罪被撤销缓刑的;

(九)社会影响极为恶劣的犯罪分子。

对于累犯,不适用缓刑。

七、对于户籍在审判地以外区域(包括境外)的被告人,如在审判地有固定住所能对其进行有效监管的,可以适用缓刑。

八、被告人判决前已被实际羁押的时间不应成为适用缓刑的考虑因素。

九、对于适用缓刑的案件,各地法院可以根据自身的实际情况设定审批程序,原则上应当在实现对案件有效监督的前提下适当简化案件的审批程序,以达到提高审判效率、正确适用缓刑的目的。

十、对于宣告缓刑的案件,作出判决(裁定)的法院应当在判决(裁定)生效后三日内将判决(裁定)

书、执行通知书、结案登记表寄送被告人居住地县级公安机关治安部门、人民检察院监所检察部门。

对于被宣告缓刑的被告人，应当书面告知其必须按时到居住地公安机关派出所报到，以及不遵守此规定应当承担的法律后果，并由被告人本人在告知书上签字。告知书一式两份，一份交给被告人，一份由告知机关存档。

对于寄出的法律文书，应在一个月内检查是否收到送达机关的回执，没有收到的应当查明原因或者督促相关机关寄送回执。

十一、本指导意见如与现行法律、立法解释、司法解释相抵触，以现行法律、立法解释、司法解释为准。

▼广东省高级人民法院、广东省人民检察院、广东省公安厅、广东省国家安全厅、广东省司法厅关于依法正确适用和执行非监禁刑的指导意见(试行)(全文)(2011年6月1日)

【指导思想】

一、非监禁刑的适用和执行是深入推进社会矛盾化解战略部署、全面贯彻宽严相济刑事政策的具体体现。能够避免罪犯间交叉感染，减少再犯可能性，有利于罪犯重新回归社会，缓解羁押场所的监禁压力，降低行刑成本，节省司法资源，避免罪犯的家庭稳定性遭受过大影响，减少社会对立面，最大限度地化消极因素为积极因素。促进社会和谐稳定。

二、人民法院、人民检察院、公安机关、国家安全机关、司法行政机关要各司其职，相互配合，准确把握社会治安形势。非监禁刑的适用和执行要坚持惩罚犯罪与化解矛盾并重、法律效果与社会效果并重的原则，以有利于社会和谐稳定为目的，结合不同时期、不同地区的实际情况区别对待。

【通用原则】

三、非监禁刑的适用，应坚持罪责刑相适应原则，以判断犯罪主体的再犯可能性即是否不致再危害社会为核心内容，除了根据犯罪的事实、性质、情节和对于社会的危害程度，还应当结合犯罪主体的年龄、性别、一贯表现、罪过形式、犯罪动机、手段，是否初犯、偶犯，有无悔罪表现以及社会效果等因素，进行综合考量后作出裁判。

【适用范围】

四、对于主观恶性不深、人身危险性较小、社会危害性不大的初次犯罪、偶然犯罪、过失犯罪等犯罪情节较轻、有悔罪表现、没有再犯罪的危险、不致对所居住社区造成重大不良影响的被告人，符合下列条件之一的，可以适用缓刑或者判处管制、单处罚金、剥夺政治权利或驱逐出境等非监禁刑：1. 所犯罪行的量刑幅度在三年以下有期徒刑、拘役、管制或单处罚金、剥夺政治权利、驱逐出境的；2. 所犯罪行的量刑幅度在三年有期徒刑以上刑罚，但具有从轻或减轻处罚情节，可以被判处三年以下有期徒刑、拘役、管制或单处罚金、剥夺政治权利、驱逐出境的。

【适用条件】

五、下列犯罪主体，属于适用非监禁刑的主要对象：1. 未成年人或在校青少年；2. 聋哑人、盲人等残疾人，精神病人；3. 老年人、怀孕或哺乳期妇女；4. 具备监管、帮教条件且愿意接受监管、帮教的。

六、被告人具有下列情形之一的，视为犯罪情节较轻：1. 犯罪中止、犯罪预备、犯罪未遂的；2. 防卫过当或避险过当的；3. 过失犯罪的；4. 具有可宽恕的犯罪动机或原因的；5. 犯罪手段、方法不残忍、不恶劣，未造成严重后果的；6. 告诉才处理的；7. 从犯、胁从犯；8. 初犯、偶犯；9. 具有其他从宽处罚情节的。

七、被告人具有下列情形之一的，视为有悔罪表现：1. 自首或立功的；2. 努力采取措施挽救损害或防止损害扩大的；3. 主动退赃的；4. 积极赔偿损失的；5. 向被害人真诚赔礼道歉的；6. 具有其他悔罪表现的。

八、被告人具有下列情形之一的，视为没有再犯罪的危险：1. 犯罪中止、防卫过当、避险过当和过失犯罪等主观上没有再犯故意或失去作案动机的；2. 失去作案能力、作案条件，客观上没有再犯可能性的;3.一贯表现良好或具备监护、帮教条件的未成年人、在校青少年。

九、被告人所居住社区的居民没有联名要求严惩被告人的,视为适用非监禁刑对所居住社区没有重大不良影响。

十、被告人具有下列情形之一的,视为具备监管(监护)、帮教条件:1.在我省有经常居住地的;2.未成年人或在校青少年犯罪,其父母、学校愿意承担监护、帮教义务的;3.犯罪地建有监管、帮教基地可以接收罪犯的;4.有社区、街道或者公司、企业等合法单位愿意接收和协助监管、帮教的;5.保证人自愿承担协助监管、帮教义务,同时提供保证金进行担保的。

十一、对本地户籍和外地户籍的被告人,应依照适用法律上一律平等的刑法原则决定刑罚。被告人的户籍地,不影响非监禁刑的适用。

十二、被告人在判决前的实际羁押时间,不影响对其适用非监禁刑。

【应当适用情形】

十三、对于未成年人或在校青少年犯罪,坚持"教育为主、惩罚为辅"的原则和"教育、感化、挽救"的方针进行处理。能不羁押的;尽量不羁押;能不起诉的,尽量不起诉;能不判处刑罚的,尽量不判处刑罚;能不适用监禁刑的,尽量适用非监禁刑。

对其中不符合《最高人民法院关于审理未成年人刑事案件具体应用法律若干问题的解释》第十七条规定免予刑事处罚情形,但符合本意见第四条之规定情形的未成年人,不存在刑法第七十四条规定情形的,应当适用非监禁刑。

对于十八周岁以上二十五周岁以下的在校青少年,符合本意见第四条之规定,具有下列情形之一,且不存在本意见禁止适用、限制适用情形的,应当适用非监禁刑:1.初次犯罪的;2.积极退赃或赔偿被害人经济损失的;3.具备监护、帮教条件的;4.过失犯罪的;5.具有其他从宽处罚情节的。

十四、对于怀孕的妇女和已满七十五周岁的人,符合本意见第四条之规定,且不存在刑法第七十四条规定情形的,应当适用非监禁刑。

对于聋哑人、盲人等残疾人,精神病人,不满七十五周岁的老年人;哺乳期妇女犯罪,符合本意见第四条之规定,具有下列情形之一;且不存在本意见禁止适用、限制适用情形的,应当适用非监禁刑:1.防卫过当、避险过当或过失犯罪的;2.犯罪中止、犯罪预备或犯罪未遂的;3.从犯、胁从犯;4.具有自首或立功表现的;5.具有其他法定从宽处罚情节的。

十五、对于本意见第十三、十四条规定以外的人员犯罪,符合本意见第四条之规定,具有下列情形之一,且不存在本意见禁止适用、限制适用或谨慎适用情形的,应当适用非监禁刑:1.犯罪中上的;2.防卫过当、避险过当或过失犯罪后,积极抢救伤者、挽回损失、努力防止损失进一步扩大或尽力补偿的;3.自首并且立功的;4.具有自首或立功表现的胁从犯;5.具有自首或立功表现,且获得被害方谅解的从犯。

【优先适用情形】

十六、符合本意见第四条之规定,具有下列情形之一,且不存在本意见禁止适用、限制适用情形的,应当优先适用非监禁刑:1.防卫过当、避险过当或犯罪中止的;2.过失犯罪的;3.标准自首的;4.具有重大立功表现的;5.胁从犯;6.十八周岁以上二十五周岁以下的在校青少年犯罪的;7.聋哑人、盲人等残疾人,精神病人,不满七十五周岁的老年人;哺乳期妇女犯罪,具有酌定从宽处罚情节的;8.如被判处监禁刑,家有十六周岁以下未成年子女或七十周岁以上老人无人照顾的;9.具有退赃、赔偿损失、赔礼道歉等悔罪表现,获得被害方谅解或国家、集体、社会利益损失得以弥补的;10.告诉才处理的犯罪,被告人积极弥补损失的;11.愿意接受监管、帮教,具备社区矫正监管、帮教条件,且不存在本意见谨慎适用情形的被告人。

【可以适用情形】

十七、符合本意见第四条之规定,具有下列情形之一,且不存在本意见禁止适用情形的,可以适用非监禁刑:1. 犯罪预备、犯罪未遂的;2. 以自首论的;3. 具有一般立功表现的;4. 从犯;5. 聋哑人、盲人等残疾人,精神病人,不满七十五周岁的老年人,哺乳期妇女犯罪的;6. 具有可宽恕的犯罪动机或原因的;7. 犯罪手段、方法不残忍、不恶劣,未造成严重后果的;8. 具有退赃、赔偿损失、赔礼道歉等悔罪表现的;9. 告诉才处理的;10. 初犯、偶犯;11. 经济犯罪、单位犯罪,未造成恶劣影响的。

【谨慎适用情形】

十八、具有下列情形之一的,应当从严控制、谨慎适用非监禁刑:1. 主犯;2. 教唆犯;3. 所犯罪行本应判处十年以上有期徒刑但被减轻处罚的;4. 国家工作人员职务犯罪被减轻处罚的;5. 因同类行为受过劳动教养等治安处罚两次以上的。

【限制通用情形】

十九、具有下列情形之一的,一般不宜适用非监禁刑:1. 拒不认罪的;2. 数罪并罚的;3. 再次故意犯罪的;4. 所犯罪行本应判处无期徒刑以上刑罚但被减轻处罚的;5. 危害国家安全的犯罪;6. 黑社会性质的组织犯罪;7. 爆炸、放火、恐怖活动、劫持公共交通工具等故意危害公共齐全的犯罪;8. 故意杀人、抢劫、强奸、绑架等严重侵犯公民人身权利的暴夕犯罪;9. 走私、贩卖、运输、制造毒品和危害食品、药品安全等毒害公民健康的犯罪;10. 与危害公共安全,危害食品、药品安全相关的职务犯罪;11. 拒不退赃、赔偿损失的财产型犯罪和破坏环境资源的犯罪;12. 被害人或其家属反应强烈、可能激化矛盾的;13. 社会影响恶劣的。

【禁止运用情形】

二十、具有下列情形之一的,不得适用非监禁刑:1. 累犯;2. 犯罪集团的首要分子;3. 在危害国家安全犯罪、恐怖活动犯罪、黑社会性质的组织犯罪中的主犯;4. 毒品再犯;5. 职务犯罪中所涉及财物属于国家救灾、抢险、防汛、优抚、救济款物且情节严重的罪犯。

【其他适用规定】

二十一、非监禁刑的正确适用,除了充分发挥缓刑、管制等刑罚功能外,还应充分发挥财产刑的功能。对于符合法律和本意见有关规定且具备执行条件的,可以依法单处罚金。对于法律规定并处罚金的,适用缓刑、管制时应当并处罚金。

【适用程序】

二十二、侦查机关、人民检察院在侦查、批捕、起诉阶段,对符合非监禁刑适用范围的犯罪嫌疑人、被告人,如果采取取保候审、监视居住等非羁押性强制措施足以防止发生社会危险性,且不影响刑事诉讼正常进行的,一般不应采取羁押措施,可以取保候审或监视居住。对符合非监禁刑适用范围的未成年人或在校青少年,原则上应予取保候审或监视居住。

人民法院在审判阶段,对在押被告人依法可能适用非监禁刑的,一般应变更强制措施,可以取保候审或监视居住。

二十三、侦查机关在侦查阶段应当收集反映犯罪嫌疑人的人身危险性大小的证据材料。当犯罪嫌疑人是未成年人时,侦查机关还应当通知司法行政机关开展社会调查。

二十四、人民检察院在审查起诉阶段应当认真审查反映犯罪嫌疑人的人身危险性大小的证据材料,发现缺少有关证据材料的,可以要求侦查机关提供,侦查机关应当提供。当犯罪嫌疑人是未成年人时,人民检察院应当要求侦查机关提供司法行政机关出具的社会调查报告。

人民检察院可以对被告人的人身危险性和再犯可能性进行评估,并提出是否适用非监禁刑的量刑建议。当被告人是未成年人时,人民检察院应当提出是否适用非监禁刑的量刑建议。

二十五、人民法院在审判阶段认为对被告人可能适用非监禁刑的,可以通知司法行政机关进行社会调查。当被告人是未成年人时,人民检察院移送起诉的证据材料中缺少社会调查报告的,人民法院可以要求人民检察院提供,人民检察院应当提供。

人民法院应当将司法行政机关出具的社会调查报告作为量刑参考。

二十六、司法行政机关收到侦查机关、人民检察院或人民法院的通知后,应当在十五天之内,对犯罪嫌疑人、被告人日常遵纪守法情况、家庭结构、社会关系和经济状况,以及被害方和社区群众对其回当地服刑接纳程度、社区矫正监管帮教条件等进行调查了解,完成社会调查工作并出具书面报告;无法进行社会调查或无法在规定期限内完成社会调查的,应当出具书面说明。

二十七、对自报身份的被告人,如户籍地公安机关复函证明该地无此人的,不得适用非监禁刑,但被告人能够证明其自报身份属实的除外。

二十八、自人民法院委托司法行政机关进行判前社会调查之日起,审理期限中止计算,社会调查的时间不计入审理期限。司法行政机关调查完毕提交书面评估意见给法院之后,继续计算审理期限。

二十九、对符合非监禁刑适用范围的被告人,人民法院可以听取控辩双方的量刑建议,通过法庭审理引入量刑辩论程序,引导控辩双方就是否适用非监禁刑进行举证、质证和辩论。对于没有证据证明被告人是累犯的,应推定不是累犯,可以对其适用非监禁刑。

三十、对可能适用非监禁刑的案件,人民法院要开展和解工作,适度引导双方以赔礼道歉、赔偿经济损失、履行特定义务等多种形式达成谅解,或者对无法及时获得赔偿、生活陷入困境的刑事被害人及其近亲属给予适当的救助;妥善化解社会矛盾。

三十一、人民法院对以下案件适用非监禁刑,应当提交审判委员会讨论决定或经主管院长审批同意:1. 所犯罪行本应判处十年有期徒刑以上刑罚但被减轻处罚的;2. 国家工作人员职务犯罪被减轻处罚的。

对于其他案件,适用普通程序的,合议庭意见一致时,有权决定适用非监禁刑;合议庭意见不一致时,应当报经主管庭长审批同意;主管庭长意见与合议庭多数意见不一致时,应当提交审判委员会讨论决定。适用简易程序的,独任审判员有权决定对被告人适用非监禁刑。

三十二、对于可能单处罚金的案件,人民法院要根据案情及被告人的经济情况,依法确定罚金数额,并在判决前要求被告人及其家属预缴一定数额的罚金或提供财产担保,以确保罚金刑的实际履行。

三十三、对于可能适用非监禁刑的案件,可以由被告人同时提出保证人和交纳保证金,保证被告人解除监禁后遵守有关规定、不致再危害社会。被告人、保证人应在判决前交纳保证金、签订保证书。人民法院在判决生效后应将保证书副本送达执行地公安机关,由执行地公安机关联系保证人落实具体担保义务。被保证人有违规行为或者保证人不履行保证义务的,没收保证金上缴国库,并对保证人处以罚款。

【执行程序】

三十四、对被判处独立适用驱逐出境刑罚的外国人,人民法院应当自该判决生效之日起十五日内,将对该犯的刑事判决书、执行通知书的副本交付所在地省级侦查机关,由省级侦查机关指定的侦查机关执行。负责具体执行的侦查机关、应当按照交付机关确定的期限立即执行。如有特殊情况,需要延期执行的,报省级侦查机关核准。

三十五、对被单处罚金的罪犯,在裁判生效后,由一审人民法院负责执行。

三十六、对被判处管制、宣告缓刑、单处剥夺政治权利的本省籍罪犯,由罪犯户籍地或居住地公安机关、司法行政机关依法实行社区矫正;对被判处管制、宣告缓刑、单处剥夺政治权利的非本省籍罪犯,由犯罪地公安机关、司法行政机关依法实行社区矫正。

对罪犯的监管可以采用限定活动区域、责令定期报到或通过电子设备监控行踪、随时监督考察的方法进行。

三十七、对被判处管制、宣告缓刑或单处剥夺政治权利的罪犯,人民法院应当告知其必须按时到执行地公安机关、司法行政机关报到以及不按时报到应承担的法律后果,由罪犯本人在《接受社区矫正告知书》上签字。告知书一式四份,一份交罪犯本人,一份送达执行地公安机关,一份送达执行地司法行政机关,一份由告知机关存档。

三十八、对被判处管制、宣告缓刑或单处剥夺政治权利的罪犯,人民法院应当将裁判文书、通知书和接受社区矫正告知书送达执行地公安机关、司法行政机关,并抄送检察机关。

执行地公安机关、司法行政机关应当在收到有关文书之日起三日内与罪犯见面并实施监管,对下落不明的,应当及时查找。

检察机关应当及时对非监禁刑的执行情况进行法律监督。

三十九、人民法院认为必要时,可以通知罪犯户籍地或犯罪地公安机关、司法行政机关参加当庭宣判,当场移交罪犯和办理相关手续。

四十、对被判处管制、宣告缓刑或单处剥夺政治权利的罪犯,司法行政机关应纳入社区矫正,加强监管教育,并定期向人民法院通报和反馈社区服刑人员的改造情况。

四十一、对未成年人或在校青少年犯罪的档案要严格保密,建立犯罪记录限制公开制度。

【撤销程序】

四十二、被判处管制、单处剥夺政治权利的罪犯,在社区服刑期间,犯新罪、有漏罪的,依法实行数罪并罚;违反有关规定的,由执行地司法行政机关提出建议,执行地公安机关给予警告、治安处罚。

四十三、被宣告缓刑的罪犯在缓刑考验期限内有下列情形之一的,由执行地公安派出所与司法所协商后,逐级报请与原裁判人民法院同级的公安机关提出撤销缓刑建议书和相关证据,人民法院作出裁定撤销缓刑:1. 人民法院已书面告知罪犯应当按时到执行地公安机关、司法行政机关报到,罪犯未在规定的时间内报到,脱离监管三个月以上的;2. 未经考察机关批准擅自离开所居住的市、县或者迁居,脱离监管三个月以上的;3. 擅自解除或破坏电子监控设备的;4. 未按照考察机关的规定报告自己的活动情况,经过三次教育仍然拒不改正的;5. 违反法律、行政法规或者国务院有关部门关于缓刑的监管规定,或者违反法院判决中的禁止令情节严重的;6. 被行政拘留或劳动教养的。

执行地司法所认为应当提议撤销缓刑但公安派出所没有提议的,应报请区县司法局与同级公安机关、人民检察院会商决定是否提议撤销缓刑。

公安机关撤销缓刑的建议书副本应当抄送同级人民检察院。

被宣告缓刑的罪犯在缓刑考验期内犯新罪、有漏罪的,由审判新罪的人民法院在审判新罪时,对原判决、裁定宣告的缓刑予以撤销,并通知原宣告缓刑的人民法院和执行机关。

四十四、人民法院不同意撤销缓刑的,将卷宗退回,书面通知提议的公安机关,并抄告同级人民检察院。

四十五、执行地公安机关收到撤销缓刑的裁定后,应及时将罪犯送交监狱或者看守所收押执行。人民法院撤销缓刑的裁定书副本应当抄送当地人民检察院监所检察部门。

【附则】

四十六、各有关单位要建立健全工作绩效考评机制,对正确适用和执行非监禁刑工作中表现突出的人员,要给予适当的表彰、奖励,以提高工作人员的积极性。

四十七、本意见中所提的"非监禁刑"包括缓刑、管制、单处罚金、剥夺政治权利或驱逐出境等刑罚种类和措施。

四十八、本意见中所提的"经常居住地",是指居住满一年以上的固定住所。

四十九、本意见中所提的"监管",是指在监狱、看守所等监禁场所以外,不采取羁押措施的监督管理行为。

五十、本意见中所提的"非本省籍被告人",包括外省籍被告人、外国籍被告人、无国籍被告人。

五十一、本意见中所提的"老年人",是指犯罪时年龄在六十周岁以上的人;"在校青少年",是指在校读书的、犯罪时年龄在二十五周岁以下的人。

五十二、本意见中所提的“日”,含节假日、休息日,“以上”、“以下”、“之内”、“不超过”,均包括本数。

五十三、执行本意见过程中,如遇本意见没有明确的其他情况或新情况、新问题,由相关机关结合本地实际情况协商办理;无法达成统一意见的,各自请示会签机关协调办理。

五十四、本意见自2011年6月1日起执行。

●未成年人犯罪禁止令的适用

对判处管制或者宣告缓刑的未成年被告人,可以根据其犯罪的具体情况以及禁止事项与所犯罪行的关联程度,对其适用“禁止令”。对于未成年人因上网诱发犯罪的,可以禁止其在一定期限内进入网吧等特定场所。(参见最高人民法院第4批指导案例14号,董某某、宋某某抢劫案,2013年1月31日发布。)

▽缓刑的立法精神

缓刑不是独立的刑种,是对判处一定刑罚的犯罪分子不予关押而放在社会上进行改造的一种刑罚执行制度。适用缓刑的优势在于:避免轻刑犯与重犯、累犯混杂关押,交叉传染,不利于改造罪犯;减轻监狱负担,促使罪犯在良好的社会环境中被感化教育。由于缓刑的适用能达到对犯罪分子不予关押而实现刑罚的目的,正确适用缓刑,不但不会放纵犯罪,而且有利于对罪犯的改造,并能节约有限的国家资源。[参见第65号案例,朱某、卢某假冒注册商标案,载《刑事审判参考》总第9辑(2000年第4辑),法律出版社,第4～5页。执笔:王季君]

▽“适用缓刑确实不致再危害社会”的认定

“适用缓刑确实不致再危害社会”是适用缓刑的实质条件。为了实现刑法设立缓刑制度的目的,应准确把握适用缓刑的实质条件。应当根据犯罪分子在犯罪前、实施犯罪过程中以及犯罪后的主观恶性大小和悔罪表现来判断。一般来讲,犯罪分子的犯罪动机、犯罪性质、犯罪手段、犯罪对象等都能在一定程度上反映出犯罪分子的主观恶性程度;而犯罪中止、犯罪后积极抢救被害人、积极退赃、投案自首、坦白交代自己所犯罪行以及认罪态度等,都直接反映了犯罪分子的悔罪程度。[参见第65号案例,朱某、卢某假冒注册商标案,载《刑事审判参考》总第9辑(2000年第4辑),法律出版社,第5～6页。执笔:王季君]

▽因长期遭受虐待和家庭暴力而杀夫已认定为刑法第二百三十二条规定的“情节较轻”,可以再适用缓刑

被告人的故意杀人犯罪已认定为“情节较轻”,在三年以上十年以下有期徒刑的幅度内量刑。如果对被告人判处三年有期徒刑,还能再对其适用缓刑。首先,从本案被告人犯罪的主观恶性分析,其故意杀人的原因是无法忍受被害人长期以来的虐待和家庭暴力,出于长期的积怨和对未来可能再次遭受虐待与暴力的恐惧,其主观恶性较一般的杀人行为要小得多,被害人的重大过错也很大程度上降低了被告人主观上的可谴责性。其次,被告人具有自首情节。自首本身是法定的从轻、减轻处罚情节,能够反映其有较好的认罪态度。本案受虐杀人的对象仅限于家庭暴力的施暴者,一旦施暴者不存在,对其他人和社会也就很难再构成威胁。由此而论,被告人的社会危害性和人身危险性较小,对其使用缓刑不致再危害社会。此外,被告人的行为已经得到社会原谅,并受到社会舆论的同情。当地的政府、妇联以及600多名群众纷纷要求对被告人从轻处罚,参与庭审旁听的人大代表和政协委员也纷纷表示可以对被告人适用缓刑。虽然民意不是法定从轻处罚的情节,但是在量刑时应考虑对被告人有利的民意并综合其他因素对被告人从轻或减轻处罚。最后,本案中还有一个对被告人适用缓刑的考虑因素,即被告人有一个未成年的女儿需要照料,且其女儿患有先天性甲状腺肿大,需要终身服药。综上,街江区人民法院以故意杀人罪对被告人判处三年有期徒刑并适用缓刑的判决,符合法律规定,符合罪责刑相一致的刑法原则,符合刑罚价值论上的人道性、公正性,有利于社会和谐。[参见第647号指导案例,姚国英故意杀人案,载《刑事审判参考》总第76集(2010年第5集),第35~36页。撰稿:金玉棠　汪琳]

▽认定缓刑适用条件中的"犯罪情节较轻"与作为情节加重犯的"情节严重",在评价目的、参照标准和评价内容等方面有所不同

1. 二者评价目的和参照标准不同。情节加重犯中的"情节严重"是与该罪的基本构成相比较而言的,即以某个犯罪的基本构成特征作为参照,来认定某个犯罪行为在具备该罪基本构成特征的基础上,是否还具有更加严重的情节,从而决定对被告人是否适用加重法定刑,本质上属于量刑层面的问题,一般情况下,与刑罚的执行方式(应判处实刑还是缓刑)关联不大。而作为缓刑适用条件的"犯罪情节较轻",是一种能够综合反映犯罪分子所犯罪行的社会危害程度和主观恶性大小,并影响刑罚执行方式的条件,是在确定行为人已构成犯罪并应判处刑罚和确定具体刑种、刑度基础上,对刑罚执行方式的评价,因此,有别于刑法分则规定的加重量刑情节。为了避免对犯罪情节重复评价,即在量刑时已经考量犯罪情节的轻重,在决定刑罚执行方式时又二次评价上述量刑情节是否符合缓刑适用条件的"犯罪情节较轻",宜将缓刑适用条件的"犯罪情节较轻"界定为立法的特别提示性规定。因为,"判处拘役、三年以下有期徒刑"是刑法总则第七十二条明确规定的缓刑适用的前置性要件,也可称为刑种、刑度要件,但符合这一要件的犯罪分子显然很多,并不是判处该刑罚的犯罪分子都可以适用缓刑,故第七十二条同时列举了四项条件以明确缓刑的适用范围,其中第一项条件即"犯罪情节较轻"。换言之,此处的"犯罪情节较轻"意在限制缓刑的适用,将一些虽然判处拘役、三年以下有期徒刑,但经整体评价社会危害性大、主观恶性深的罪犯排除在适用缓刑之外。

2. 二者评价内容不同。根据罪刑法定原则,作为情节加重犯的加重情节,应当由刑法或者司法解释明确规定,没有规定的,应当结合其他刑法渊源,根据案件具体情况,从贯彻罪责刑相适应的角度在个案中综合分析、慎重把握。从我国刑法分则来看,明确加重处罚情节的刑法条款大多采取逐项列举式规定。如刑法第二百三十六条对"二人以上轮奸"、"在公共场所当众强奸妇女"等加重情节的规定;又如刑法第二百六十三条对"入户抢劫"、"在公共交通工具上抢劫"、"持枪抢劫"等情节的规定。司法解释对加重处罚情节的明确也大多采取列举式规定。如《最高人民法院关于审理非法制造、买卖、运输枪支、弹药、爆炸物等刑事案件具体应用法律若干问题的解释》(本附文以下简称《枪支弹药解释》)第五条第二款对刑法第一百二十八条第一款规定的"情节严重"列举了五种情节,包括:(1)非法持有、私藏军用枪支2支以上的;(2)非法持有、私藏以火药为动力发射枪弹的非军用枪支2支以上或者以压缩气体等为动力的其他非军用枪支5支以上等其他恶劣情节的。上述条款侧重从枪支弹药性能、数量或者严重后果等犯罪客观方面,对非法持有枪支犯罪是否应当加重处罚逐一作出规定,这符合非法持有枪支罪主要是以非法持有状态体现其对公共安全潜在危害程度的本质特征。

评价犯罪分子是否符合缓刑适用条件的"犯罪情节较轻",要综合评价犯罪分子的主观和客观方面,既要考虑刑法分则或者司法解释规定的量刑情节,又要在评价犯罪行为本身情节轻重的基础上,考察个案中是否还存在支撑对其选择较为轻缓的刑罚执行方式的特殊事实依据和理由。具体要从犯罪构成的四个方面进行把握:

(1)关于犯罪主体方面,即犯罪人的身体、精神状况及职业情况,是否系未成年人,是否精神健全,是否具有特殊身份等。通常情况下,未成年犯、老年犯及患有间歇性精神病的犯罪人,在罪行本身并不严重的情况下,可以考虑认定为犯罪情节较轻。而某些犯罪如果由特殊身份的人实施就具有较大的社会危害性,如利用教师身份实施猥亵儿童犯罪,即使只判处了拘役,也不宜认定为犯罪情节较轻。

(2)关于犯罪主观方面,包括主观罪过(故意或过失)、犯罪动机等。过失犯罪的行为人主观恶性相对较小,相对于故意犯罪可优先考虑认定为犯罪情节较轻。对出于义愤、防卫或者因为紧急避险以及为满足基本生活需求、抚养小孩、赡养老人等动机实施的犯罪,可以考虑认定为犯罪情节较轻,而对于一些动机卑劣的犯罪则不宜认定为犯罪情节较轻。

(3)关于犯罪客观方面,包括危害行为、危害结果及犯罪对象等方面。对于未造成严重后果、被害人身心受伤害较小或者取得被害人谅解的犯罪可以考虑认定为犯罪情节较轻。而对于犯罪手段残忍、被害人身心受到严重伤害、对老人和儿童等弱势群体实施的犯罪,则不宜认定为犯罪情节较轻。若犯罪后果未发生,或者已发生但在事后得到完全或者大部分弥补的,也可以认定为犯罪情节较轻,如预备犯、中止犯等。

(4)关于犯罪客体方面,刑法所要保护的法益越重要,对认定是否属于犯罪情节较轻,越要从严把握。例如,抢劫本身属于严重犯罪,具有持枪抢劫、入户抢劫等加重处罚情节的,即使同时具备其他从轻、减轻情节,整体上通常也不宜评价为犯罪情节较轻。相反,如果基本犯侵犯的法益不那么严重,那么,即使具备加重情节,在综合考量其他从轻情节、因素的情况下,也有可能评价为犯罪情节较轻。

值得注意的是,在判断被告人是否具备缓刑适用条件中的"犯罪情节较轻"时,对上述几个方面的因素不能孤立来看,也不能脱离社会一般公众的标准进行评价,这一点有别于量刑时对情节轻重的判断。对量刑情节的判断,要严格限定在法律和个案事实的框架内,而是否选择缓刑的刑罚执行方式,还要考虑一般公众的认知和刑事政策。例如,就具体的贪污受贿犯罪而言,情形、情节千差万别,既存在情节特别严重的个案,也存在情节较轻的个案,在量刑时需要区别对待。但即使从量刑意义上属情节较轻的贪污受贿犯罪,从社会公众和刑事政策的角度考量,认定"犯罪情节较轻"也需要从严掌握。再如,对于成年人实施奸淫、猥亵幼女犯罪的,根据2013年最高人民法院、最高人民检察院、公安部、司法部《关于依法惩治性侵害未成年人犯罪的意见》的规定,一般不适用缓刑,这是刑事政策的特殊考量,并不是说所有此类犯罪从量刑意义上都很严重并都应当判处三年以上有期徒刑,但显然,一般不能将其界定为符合缓刑条件的"犯罪情节较轻"。

通过上述比较可以看出,认定缓刑适用条件的"犯罪情节较轻"所考虑的因素通常比认定情节加重犯所考虑的因素更为广泛,不能认为情节加重犯就必然是一种具有严重社会危害性的犯罪行为,就必然不符合缓刑适用条件。特别是在非法持有枪支犯罪中,认定非法持有枪支犯罪是否"情节严重",对照司法解释的列举式规定,标准十分清晰,对于应当判处实刑的案件来说,如何量刑不存在争议。但如果要判断对行为人应当判处实刑还是缓刑,只考虑司法解释列举的枪支性能和数量这些客观情节,显然会失之片面。行为人基于何种原因持有枪支,持有枪支时间长短,枪支流入社会或者被用于非法目的的可能性大小,以及是否具有未成年人、老年人、累犯等特殊身份等,均不同程度上影响对该非法持有枪支犯罪行为社会危害性的判断。因此,虽然通常来说,具备加重情节的非法持有枪支犯罪,相对于只符合基本构成要件的犯罪,对公共安全的潜在危害更加严重,在是否适用缓刑时要更加慎重把握,但不排除在一些特殊个案中,存在其他可以被考虑为"犯罪情节较轻"的因素。如果经综合权衡,对被告人宣告缓刑要比判处实刑更有利于实现刑罚的目的和取得更好的法律、社会效果,也可以认定被告人符合刑法第七十二条第一款规定的缓刑适用条件。这样处理,对一些确实存在特殊情况的个案,可以避免出现如果严格依照司法解释列举的加重处罚情节对被告人升格法定刑,可能导致刑罚过于严苛而偏离罪责程度的极端情形发生。

本案被告人非法持有以火药为动力发射枪弹的非军用枪支2支,依照《枪支弹药解释》的规定,无疑属于非法持有枪支"情节严重",依照刑法第一百二十八条第一款的规定,应当在三年以上七年以下加重法定刑幅度内量刑;同时,被告人又具有如下法定、酌定从宽处罚情节:(1)被告人在公安机关调查时主动上交枪支,后经公安机关通知主动到案,如实供述罪行,构成自首,依法可从轻、减轻处罚。(2)被告人是为了看护山场而先后从同村村民处借来2支土枪,保管时间已分别持续二十多年和十多年,枪支来源清楚、用途也很明确,其担心自己去敬老院生活后枪支放在家中不安全,将其转交给村民王建来保管,且其中一支"土枪"本来也属于王建来所有,由此反映出该枪支不会流入社会,客观危害相对较小。(3)从犯罪主体来看,被告人非法持有土枪主要是因为法制意识淡漠,且审判时年事已高,身患多种疾病,长年生活在敬老院中,没有再犯罪的危险,宣告缓刑对所居住社区没有重大不良影响。综合考虑本案加重处罚量刑情节、法定和酌定从宽处罚情节,二审法院对被告人减轻处罚,判处有期徒刑一年,同时根据本案特殊情况,认定被告人属于犯罪情节较轻;另鉴于被告人认罪、悔罪,没有再犯罪危险,所居住的敬老院及当地乡民政办均表示愿意对其进行监管和帮教,当地司法局建议对其进行社区矫正,符合缓刑适用条件,故对其依法改判并宣告缓刑是正确的。[参见第1003号指导案例,谭永良非法持有枪支案,载《刑事审判参考》总第99集(2014年第4集),第3~8页。撰稿:唐毅 张跃]

▽对奸淫幼女案件适用缓刑应当考虑哪些因素

2013年10月23日施行的最高人民法院、最高人民检察院、公安部、司法部《关于依法惩治性侵害未成年人犯罪的意见》第二十八条规定:"对于强奸未成年人的成年犯罪分子判处刑罚时,一般不适用缓刑。"因此,对于奸淫幼女案件是否适用缓刑,应当把握如下两点:

其一,成年犯罪分子强奸幼女,包括强行与幼女发生性关系和基于幼女自愿与幼女发生性关系,一般情况下不适用缓刑,特殊情形例外。如对于自动中止强奸行为,地位、作用明显较小的从犯等具有法定从轻、减轻处罚情节,判处拘役、三年以下有期徒刑,同时符合刑法规定的"犯罪情节较轻;有悔罪表现;没有再犯罪的危险;宣告缓刑对所居住的社区没有重大不良影响"等缓刑适用条件的,在总体从严把握的前提下,也可以适用缓刑,以体现罪责刑相适应。

其二,关于未成年犯罪分子奸淫幼女案件是否适用缓刑。《最高人民法院关于审理未成年人刑事案件具体应用法律若干问题的解释》、《最高人民法院关于贯彻宽严相济刑事政策的若干意见》等一系列文件均规定了对未成年犯罪要坚持"教育为主,惩罚为辅"的原则和"教育、感化、挽救"的方针。而奸淫幼女、猥亵儿童等性侵害儿童犯罪,属于刑法规定的法定从重处罚情形,甚至有的还需要加重处罚。因此,这里就存在从宽与从严情节并存时如何把握量刑尺度的问题。对未成年人奸淫幼女案件,鉴于未成年人身心发育不成熟、易冲动、好奇心强、易受外界不良影响,同时也相对易教育、改造等特点,从严的幅度要明显有别于成年被告人,能够从宽处罚的要依法从宽。因此,奸淫幼女情节较轻,符合缓刑适用条件的,可以依法适用缓刑。在判断是否属于情节较轻时,要综合考虑是否使用暴力、胁迫等强制手段或者利诱、欺骗等不正当手段,对幼女身心健康是否造成严重伤害,案发后是否取得被害人及其亲属真诚谅解等因素。对于未成年人与年龄相当的幼女在正常交往恋爱过程中,因懵懂无知,一时冲动,自愿发生性关系,没有对幼女身心造成严重伤害的,如果构成强奸罪,确属情节较轻,有悔罪表现,没有再犯罪危险,宣告缓刑对所居住社区没有重大不良影响的,一般可以宣告缓刑。本案被告人刘某与被害人赖某系同学,二人自2010年上半年即成为男女朋友,2011年2月至4月间多次自愿发生性关系,刘某时年刚满16周岁(2个月),赖某已满13周岁(差3个月满14周岁),二人均属懵懂少年。刘某所犯强奸罪情节较轻,且认罪态度好,有悔罪表现,没有再犯罪危险,宣告缓刑对所居住社区没有重大不良影响,故人民法院依法认定其构成强奸罪,同时宣告缓刑,较好把握了对未成年被告人和未成年被害人进行双向保护的刑事政策。[参见第981指导案例,刘某强奸案,载《刑事审判参考》总第98集(2014年第3集),第23~24页。撰稿:赵俊甫 高明黎]

▽人民法院量刑时,应当科学、客观地对待司法行政机关的"社区矫正调查评估"

被告人朱某英、郭某云在刑罚执行完毕之后被发现漏罪,既有两人自身的原因,又有公安机关未及时依法并案处理的原因。本案被告人系流窜作案,根据公安机关出具的"说明"证实,2012年各被告人在江西被抓时,某某县公安局已经知晓,并且锁定本案系二被告人所为,但某某县公安局并未将本案与江西的案件并案处理,而是将本案先挂起,再于2015年二被告人即将服刑完毕时上网追逃,因此,朱某英出狱仅10余天即被公安机关重新抓获,郭某云出狱4个多月被重新抓获。基于前述分析的理由,对二被告人的漏罪只能单独判处。依照《最高人民法院、最高人民检察院关于办理诈骗刑事案件具体应用法律若干问题的解释》(法释[2011)7号)及湖南省的相关规定,二被告人诈骗数额为65 800元,属于“数额巨大”,因而应依法在三年以上有期徒刑量刑。即便在法定刑幅度内判处最低刑即有期徒刑三年,仍然属于偏重的。因为已经执行完毕刑罚的诈骗数额与漏罪的诈骗数额之和为17万余元(在江西的犯罪数额为11万余元),如果在前罪判决时将漏罪事实一并定罪量刑,那么依法应判处有期徒刑五年左右的刑罚。而如果对漏罪判处有期徒刑三年,加上已经执行完毕的有期徒刑四年,则实际判处的刑罚将会达到有期徒刑七年。如此,就会带来量刑不均衡的问题。固然二被告人在江西司法机关处理时未能主动供述,需要承担相应的不利后果,但本案不予数罪并罚所导致对被告人量刑较重的问题也与有关部门未能依法办案有直接关系,从合理平衡利益、实现司法公正的角度,在对被告人漏罪进行量刑时应当考虑这一实际情况。而对二被告人的漏罪在法定刑以下量刑,又没有具体情节依据。特别是在本案中,当地司法行政机关又出具了“建议对被告人不适用社区矫正”的《调查评估意见书》。对被告人朱某英、郭某云可以依法适用缓刑。理由如下:第一,对被告人量刑应当综合考虑各种因素,切实做到罪责刑相一致。本案中,被告人在前罪的侦查、起诉、审判阶段未如实供述本案事实,体现了被告人的主观恶性和悔罪态度(侥幸心理),但公安机关未及时依法并案处理也是漏罪未得以及时处理的客观原因。这两种因素,在对漏罪量刑时均应依法予以考虑。不宜由二被告人对漏罪的产生承担全部的责任。根据《公安机关办理刑事案件程序规定》第一百八十一条的规定,经立案侦查,认为有犯罪事实需要追究刑事责任,但不属于自己管辖或者需要由其他公安机关并案侦查的案件,经县级以上公安机关负责人批准,制作移送案件通知书,移送有管辖权的机关或者并案侦查的公安机关,并在移送案件后3日以内书面通知犯罪嫌疑人家属。因此,某某县公安局在发现本案被告人已经在江西进入司法程序后,应当将本案移交江西司法机关并案处理,某某县公安局显然违反了该规定。在此种情况下,如果对被告人判处实刑则在一定程度上有违罪责刑相适应原则。如果再对被告人判处三年有期徒刑,对被告人有失公平。此外,二被告人归案后又各退赔了被害人的部分损失,被害人对二被告人的犯罪行为予以谅解。这些都是在量刑时应当考虑的因素。第二,人民法院在量刑时应当根据刑法规定和案件的实际情况,参考当地司法行政机关的《调查评估意见书》,决定是否适用缓刑。根据《社区矫正实施办法》第四条第一款的规定,人民法院、人民检察院、公安机关、监狱对拟适用社区矫正的被告人、罪犯,需要调查其对所居住社区影响的,可以委托县级司法行政机关进行调查评估。同时,根据我国刑法第七十二条的规定,“宣告缓刑对所居住社区没有重大不良影响”是适用缓刑的必备条件之一。因此,《社区矫正实施办法》对于规范缓刑的适用,防止法官滥用职权,防止过多、过滥地对被告人适用缓刑具有积极的意义。一般而言,人民法院对被告人适用缓刑应当充分考虑司法局的社区调查评估意见。但是,在对被告人判处刑罚的同时,决定适用缓刑,归根结底是人民法院审判权的内容之一,是宪法和刑事诉讼法赋予人民法院的一项重要权力,人民法院完全可以依法独立行使该项权力。法官对被告人决定是否适用缓刑,既不能完全置《调查评估意见书》于不顾,也不能在被告人确实符合适用缓刑条件时完全被《调查评估意见书》左右而不敢适用缓刑。同时,人民法院也可以自己认定对被告人适用缓刑是否对社区有重大不良影响,因为《社区矫正实施办法》第四条中规定的是“可以”,而并非应当。本案中,二被告人的此次行为系漏罪而非犯新罪,犯罪情节相对较轻,且已经退清了赃款,取得了被害人的谅解,有悔罪表现,社会矛盾得到了化解,法院经综合考量认为适用缓刑对社区也没有重大不良影响,故符合刑法第七十二条规定的缓刑适用条件可以对二被告人适用缓刑。[参见第1217号指导案例,朱某英、郭某云诈骗案,载《刑事审判参考》总第111集,第96~99页。撰稿:匡梓精]

第七十三条　【缓刑考验期限】拘役的缓刑考验期限为原判刑期以上一年以下,但是不能少于二个月。

有期徒刑的缓刑考验期限为原判刑期以上五年以下,但是不能少于一年。

缓刑考验期限,从判决确定之日起计算。

第七十四条　【累犯、首要分子不适用缓刑】对于累犯和犯罪集团的首要分子,不适用缓刑。

（本条是根据《中华人民共和国刑法修正案（八）》之十二修改的，2011 年 5 月 1 日起施行。）

刑法本条原文：对于累犯，不适用缓刑。

第七十五条　【缓刑犯应遵守的规定】被宣告缓刑的犯罪分子，应当遵守下列规定：

（一）遵守法律、行政法规，服从监督；

（二）按照考察机关的规定报告自己的活动情况；

（三）遵守考察机关关于会客的规定；

（四）离开所居住的市、县或者迁居，应当报经考察机关批准。

第七十六条　【缓刑的考验及其积极后果】对宣告缓刑的犯罪分子，在缓刑考验期限内，依法实行社区矫正，如果没有本法第七十七条规定的情形，缓刑考验期满，原判的刑罚就不再执行，并公开予以宣告。（本条是根据《中华人民共和国刑法修正案（八）》之十三修改的，2011 年 5 月 1 日起施行。）

刑法本条原文：刑法被宣告缓刑的犯罪分子，在缓刑考验期限内，由公安机关考察，所在单位或者基层组织予以配合，如果没有本法第七十七条规定的情形，缓刑考验期满，原判的刑罚就不再执行，并公开予以宣告。

第七十七条　【缓刑的撤销及其处理】被宣告缓刑的犯罪分子，在缓刑考验期限内犯新罪或者发现判决宣告以前还有其他罪没有判决的，应当撤销缓刑，对新犯的罪或者新发现的罪作出判决，把前罪和后罪所判处的刑罚，依照本法第六十九条的规定，决定执行的刑罚。

被宣告缓刑的犯罪分子，在缓刑考验期限内，违反法律、行政法规或者国务院有关部门关于缓刑的监督管理规定，或者违反人民法院判决中的禁止令，情节严重的，应当撤销缓刑，执行原判刑罚。（本条第二款是根据《中华人民共和国刑法修正案（八）》之十四修改的，2011 年 5 月 1 日起施行。）

刑法本条第二款原文：被宣告缓刑的犯罪分子，在缓刑考验期限内，违反法律、行政法规或者国务院公安部门有关缓刑的监督管理规定，情节严重的，应当撤销缓刑，执行原判刑罚。

■最高人民法院关于适用刑法时间效力规定若干问题的解释（1997 年 10 月 1 日）

第六条　1997 年 9 月 30 日以前犯罪被宣告缓刑的犯罪分子，在 1997 年 10 月 1 日以后的缓刑考验期间又犯新罪、被发现漏罪或者违反法律、行政法规或者国务院公安部门有关缓刑的监督管理规定，情节严重的，适用刑法第七十七条的规定，撤销缓刑。

▽“撤销缓刑”后的数罪并罚和先行羁押期间的折抵问题

《刑法》本条第二款规定，被宣告缓刑的犯罪分子在缓刑考验期内因违反法律、行政法规或者国务院公安部门有关缓刑监督管理规定，情节严重被依法撤销缓刑的，应当收监执行原判刑罚。由于原判是缓刑而非实刑，原判宣告之前被宣告缓刑的犯罪分子有可能已被先行羁押，同时被宣告缓刑的犯罪分子在缓刑考验期内因违反法律、行政法规或者国务院公安部门有关缓刑监督管理规定，情节严重在被依法撤销缓刑前也有可能被先行行政或刑事拘留，或者因涉嫌再犯新罪或者发现漏罪被先行羁押。上述两类先行羁押的期间从撤销缓刑后实际执行的刑期中折抵扣除办法应当是：1. 被宣告缓刑的犯罪分子在缓刑考验期内因再犯新罪或者发现漏罪依法被撤销缓刑的，首先应按照刑法第本条第一款的规定，对新罪作出判决，再依照《刑法》第六十九条确定应当实际执行的刑期。然后再将因前罪被先行羁押的时间和因新罪被先行羁押的时间一并从最后宣告的刑罚中予以折抵扣除。先行羁押时间不是刑罚的执行，不能把先行羁押时间的折抵问题和刑罚执行等同起来。“在缓刑考验期限内”再犯新罪或发现漏罪虽不属于“在判决宣告以前一人犯数罪”的情形，但也不属于“在判决宣告以后，刑罚执行完毕以前”再犯新罪或发现漏罪的情形，为此，刑法第本条第一款对其并罚问题作了特别规定。不能违背刑法的特别规定，更不能牵强地去适用刑法第七十条、第七十一条。正确的量刑方法应当是对新罪或漏罪作出判决，与前罪判决的刑期实行数罪并罚，决定执行的刑期。然后，再将因前罪被先行羁押的时间和因新罪被先行羁押的时间一并从决定执行的刑罚中折抵扣除。2. 被宣告缓刑的犯罪分子在缓刑考验期内因违反法律、行政法规或者国务院公安部门有关缓刑监督管理规定，情节严重被依法撤销缓刑的,一般只应将因前罪被先行羁押的时间从撤销缓刑执行原判刑期中予以折抵扣除,不能从撤销缓刑后实际执行的刑期中予以折抵。在缓刑考验期内因涉嫌犯罪而被依法羁押的时间,同样不能从撤销缓刑后原行为所要实际执行的刑期中予以折抵。首先,刑法所规定的折抵都是针对同一犯罪行为所判刑罚而言的,针对不同性质行为的羁押时间,显然是不能一并折抵的。其次,在没有新的犯罪和对新罪判处刑罚的情况下,无法折抵,并非不利于被告人。[参见第238号案例,王园被撤销缓刑案,载《刑事审判参考》总第32辑(2003年第3辑),法律出版社,第1~6页。执笔:汪鸿滨]

▽先前宣告的数个缓刑均符合撤销条件的,审判新罪的人民法院可以同时撤销缓刑

行为人在交通肇事罪的缓刑考验期内实施了新的犯罪;其又在前次盗窃罪判决宣告前隐瞒已犯交通肇事罪的前科,导致法院对其错误判处缓刑。因此,上述事实说明被告人不具备适用缓刑的条件,之前存在的两次缓刑宣告均符合法律规定的撤销条件,均应予撤销,撤销后应根据《刑法》第六十九条的规定实行数罪并罚。对于适用缓刑的被告人又犯新罪并发现漏罪的,可能错误的缓刑宣告不需通过审判监督程序纠正。缓刑是有条件地不执行所判刑罚的制度,《刑法》第七十二条规定了缓刑的适用条件,本条所规定的应当撤销缓刑的三种情形,则是不具备适用条件的表现。在行为人根本违背缓刑适用条件时,法律为司法机关预设了一条便捷的救济途径,即直接撤销缓刑,而无须启动审判监督程序。尤其是在判决宣告缓刑后,发现宣告前有漏罪的情况下,所作出的判决宣告本身是建立在未能全面掌握前科事实基础之上的。"发现漏罪撤销缓刑"的规定本身,就蕴含着不需通过审判监督程序来纠正已经作出的错误缓刑宣告判决的内涵。作为审判新罪的法院有权直接撤销缓刑,有利于实现公正前提下高效率的价值目标。《最高人民法院关于执行〈中华人民共和国刑事诉讼法〉若干问题的解释》(已失效)第三百五十六条规定:"被宣告缓刑、假释的犯罪分子,在缓刑、假释考验期限内再犯新罪或者被发现判决宣告以前还有其他罪没有判决,应当撤销缓刑、假释的,由审判新罪的人民法院在审判新罪时,对原判决、裁定宣告的缓刑、假释予以撤销。"据此,法院有权同时撤销先前的两个缓刑。理由是:一方面,缓刑是附条件的不执行原判刑罚,对之前的两个生效判决,撤销缓刑后不涉及"先减后并"还是"先并后减"的方式选择。最终的量刑结果不会因不同的程序选择而有实质性的差异。唯有区别在于,三罪并罚较前两罪先并再与后一罪并罚的刑期上限为高。但此细微差距可在三罪并罚决定执行的刑期时予以平衡,且考虑其隐瞒犯罪事实、数次再犯等恶劣情节,这点微小差异亦在罪责相当的容许范围之内。因此,直接撤销两次缓刑、进行三罪并罚的法律后果可保证实现实体处理结果的正当性。另一方面,在确保公正前提下尽可能地提高审判效率,也是刑事诉讼追求的价值目标。在最终裁判结果、当事人诉讼权利保障等实体因素相当时,选择一种法定许可的程序尽量缩短审理流程,不仅节约司法资源,且是对当事人权利的实质保障。直接撤销缓刑与通过再审纠正,实体效果相同,但在提高司法效率和节约司法成本等方面,前者无疑更有明显优势。[参见第515号案例,徐通等盗窃案,载《刑事审判参考》总第65集(2008年第6集),法律出版社,第34~37页。执笔:范莉　赵晓莉]

▽被告人在缓刑考验期间发现漏罪,漏罪被判处免予刑事处罚,且原来的缓刑亦不需要改判实刑,应当首先在对包括判处免刑的个罪在内的数罪进行全面考虑的基础上,再决定对被告人是应当执行实刑还是宣告缓刑

根据《刑法》第七十七条的规定,在被告人缓刑考验期间发现漏罪,对前罪判决的缓刑予以撤销,对新罪作出判决,然后再数罪并罚是硬性规定,即使在新罪是判处免刑的情况下,也不得违反。刑法第七十七条之所以这样规定,是因为原来的缓刑决定是在没有考虑被告人犯有数罪的情况下作出的,因而是不全面的。被告人既然犯有数罪,即使漏罪可以判处免刑,也应当首先在对包括判处免刑的个罪在内的数罪进行全面考虑的基础上,再决定对被告人是应当执行实刑还是宣告缓刑。如果不首先撤销原来的缓刑,而直接就后罪作出免刑判决,在判决书中就看不出法院在作出判决时究竟有没有考虑到被告人犯有数罪的情况,社会公众尤其是被害人可能怀疑法院在判决时对被告人犯有数罪的情况根本没有考虑。[参见上海市高级人民法院刑二庭调研报告,《数罪并罚法律适用问题解答》,载《刑事审判参考》(经验交流)总第75集(2010年第4集),第169~170页。]

▽犯罪分子在缓刑考验期间又犯新罪,且前罪在宣告缓刑前被羁押过一段时期,在撤销缓刑,数罪并罚时,对前罪羁押的时间应是适用"先并后抵"原则

在这种情况下,应当适用"先并后抵"原则。首先,《刑法》第七十七条规定,在缓刑考验期限内犯新罪的,应当根据《刑法》第六十九条规定数罪并罚,没有规定应当根据《刑法》第七十一条的规定"先减后并"。而《刑法》第八十六条对假释期间再犯新罪的,明确规定应当按照《刑法》第七十一条规定数罪并罚,因此,应当认为立法者的本意是在缓刑期间犯新罪的,对前罪的羁押期间应当适用"先并后抵"原则。其次,缓刑是在一定条件下对判处的刑罚不执行,缓刑考验期间不是刑罚的执行期间。从《刑法》第七十三条规定看,缓刑考验期限,从判决确定之日起计算,判决前的羁押时间不能从缓刑考验期中扣除,在缓刑判决前对被告人的羁押,也只是一种强制措施,而不是判决的执行,因此,在缓刑考验期间犯罪不符合《刑法》第七十一条规定的刑罚执行期间犯罪的规定,不能适用"先减后并"原则。此外,正因为羁押是一种强制措施,不是刑罚的执行,所以此处的"先并后减"不同于《刑法》第七十条确定的"先并后减",两者不可混同。[参见上海市高级人民法院刑二庭调研报告,《数罪并罚法律适用问题解答》,载《刑事审判参考》(经验交流)总第75集(2010年第4集),第171~172页。]

▽缓刑考验期内犯新罪的,如何数罪并罚

(一)一审法院适用刑法第七十一条规定的数罪并罚原则决定被告人的执行刑罚属适用法律错误。第一,刑法第七十七条第一款对被宣告缓刑的犯罪分子在缓刑考验期限内犯新罪或者发现漏罪如何实行数罪并罚,已经作出明确规定,即"被宣告缓刑的犯罪分子,在缓刑考验期限内犯新罪或者发现判决宣告以前还有其他罪没有判决的,应当撤销缓刑,对新犯的罪或者新发现的罪作出判决,把前罪和后罪所判处的刑罚,依照本法第六十九条的规定决定执行的刑罚"。缓刑考验不属于刑罚执行,缓刑考验期间不同于刑罚执行期间。"缓刑考验期限内"与刑法第七十一条规定的"刑罚执行完毕以前"属于两个不同层面的问题。"刑罚执行完毕以前"是相对于刑罚已经开始执行而言的,没有刑罚执行也就无所谓"刑罚执行完毕以前"。而缓刑是附条件的不执行,在缓刑考验期间原判刑罚是否执行尚处于不确定状态,故无从谈起刑罚是否已经执行完毕。此外,刑法第七十三条第三款规定"缓刑考验期限,从判决确定之日起计算",这一规定未曾涉及任何先行羁押的时间折抵缓刑考验期的问题。因此,在缓刑考验期限内犯新罪与在判决宣告以后刑罚执行完毕以前犯新罪属于不同情形,两者不可混为一谈。因此,在缓刑考验期限内犯新罪或者发现漏罪实行数罪并罚的,均不适用刑法第七十条或第七十一条有关数罪并罚的规定,而应适用刑法第七十七条的规定。第二,一审法院不仅错误地适用刑法第七十一条,而且还将被告人宣告缓刑前先行羁押的时间等同为前罪已经执行的刑期予以扣除,进而错误地认定了"前罪没有执行的刑罚"。毋庸讳言,如果刑法第七十七条没有对缓刑考验期限内犯新罪如何并罚作出规定,司法实践中依照刑法第七十一条的规定即可进行并罚,关键在于如何认定"前罪没有执行的刑罚"。缓刑的实质是暂缓刑罚的执行,如果犯罪分子在缓刑考验期内未发生撤销缓刑的法定情形,原判刑罚将不再执行,因此,在缓刑考验期间根本不存在刑罚执行问题。对宣告缓刑的罪犯来说,其"前罪没有执行的刑罚"就是其判决宣告的刑罚,而不应当将先行羁押的时间混同于已经执行的刑罚予以扣除。判前羁押与判后刑罚执行的性质不同,将先行羁押时间直接等同为已执行刑期,违背相关法律规定。判前羁押,是判决交付执行前,办案机关为确保刑事诉讼活动的顺利进行,针对犯罪嫌疑人、被告人而采取的人身强制措施。判前羁押与徒刑执行虽然都以剥夺人身自由为特征,但两者在诉讼阶段和性质上存在明显差别:前者发生在判决确定之前,后者发生在判决确定之后;前者属于程序措施,后者属于实体处分。正因如此,刑法对先行羁押时间的折抵与已执行刑罚的扣减作了不同规定:刑法第四十七条在表述羁押时间和执行刑期的关系时,使用的是羁押一日"折抵"刑期一日;而刑法第七十条在表述已执行刑期的扣减时,使用的是应当"计算"在新判决决定的刑期内。很明显,"折抵"是针对两个不同事物而言的。(二)对被告人前罪先行羁押的时间予以折抵,应当在数罪并罚执行的刑罚决定后进行。《最高人民法院关于撤销缓刑时罪犯在宣告缓刑前羁押的时间能否折抵刑期问题的批复》(本附文以下简称《批复》)规定:"根据刑法第七十七条的规定,对被宣告缓刑的犯罪分子撤销缓刑执行原判刑罚的,对其在宣告缓刑前羁押的时间应当折抵刑期。"虽然该《批复》针对的是"执行原判刑罚"的情形,但其司法精神对数罪并罚的情形仍可适用。判决执行以前先行羁押时间折抵刑期的目的是确保被告人的合法权益,同时也便于计算有期徒刑的刑期和起止时间,属于判决执行的范畴,与理论上对《刑法》第七十条、第七十一条概括的数罪并罚原则"先减后并"或"先并后诚"中的"减"根本不同,后者目的在于决定数罪执行的刑罚,至于实际执行的期限,则属于刑罚确定后执行有期徒刑的计算问题,包括先行羁押时间的折抵问题。缓刑犯在缓刑期间犯新罪,表明其主观恶性较大,在处理上应当体现从重处罚原则。但《刑法》第七十七条规定的是撤销缓刑,"把前罪和后罪所判处的刑罚,依照本法第六十九条的规定,决定执行的刑罚",可见,立法对缓刑犯又犯新罪的从重处罚,主要体现在对其缓刑的撤销,而不在于实际执行刑期方面。《刑法》第七十七条的规定符合数罪并罚的原理和司法实践的一贯做法。综上,二审法院对被告人所犯数罪实行并罚决定执行刑罚的判决是正确的。[参见第648号指导案例,代国业盗窃案,载《刑事审判参考》总第76集(2010年第5集),第39～42页。撰稿:丛媛　王春玲]

▽恶意透支行为发生在缓刑考验期前,但银行催收的截止期发生在缓刑考验期内的,其所犯罪行系新罪,应当撤销缓刑,予以并罚

被告人在前罪判决宣告前有漏罪,在缓刑考验期内犯新罪,同时缓刑考验期后又再犯罪。根据《刑法》第七十七条规定,应当撤销缓刑,将本案所犯之罪作出判罚,再与前判刑罚予以并罚。具体理由如下:

1. 从构成特征分析,"非法占有目的"和"经催收不还"是认定"恶意透支"必须同时具备的两个要件。刑法第一百九十六条第二款规定:"前款所称恶意透支,是指持卡人以非法占有为目的,超过规定限额或者规定期限透支,并且经发卡银行催收后仍不归还的行为。"《关于办理妨碍信用卡管理刑事案件具体应用法律若干问题的解释》第六条规定:"持卡人以非法占有为目的,超过规定限额或者规定期限透支,并且经发卡银行两次催收后超过3个月仍不归还的,应当认定为刑法第一百九十六条规定的'恶意透支'。有以下情形之一的,应当认定为刑法第一百九十六条第二款规定的'以非法占有为目的':(一)明知没有还款能力而大量透支,无法归还的;(二)肆意挥霍透支的资金,无法归还的;(三)透支后逃匿、改变联系方式,逃避银行催收的;(四)抽逃、转移资金,隐匿财产,逃避还款的;(五)使用透支的资金进行违法犯罪活动的;(六)其他非法占有资金,拒不归还的行为。"从上述法律规定的字面含义看,"非法占有为目的"和"经催收不还"之间用了一个连接词"并且",表明法律规定要求二者同时具备,持卡人才可构成"恶意透支",其中"经催收不还"是"恶意透支"的法定构成要件之一,不能缺少。

2. 从行为特征分析,仅有透支行为尚不符合信用卡诈骗的行为特征。透支行为发生时,行为人是否归还欠款尚属于不确定状态,只有同时具备"经催收不还"这一不作为行为,才符合恶意透支型信用卡的行为特征。如果按照原审法院认定的透支行为完成即成罪的观点来理解,那两次催收后3个月内归还欠款就属于退赃行为,这无疑与刑法及相关司法解释的规定相矛盾。至于被告人辩称,前判案件的侦查过程中其已交代了本案所涉犯罪事实。经查,当时相关信用卡的透支、催缴情况尚未达到信用卡诈骗罪的犯罪条件,是否构成犯罪处于不确定状态,故公安机关未予立案一并处理是正确的。但此后被告人仍然"经催收不还",以致在缓刑考验期内符合信用卡诈骗罪的要件特征而再次构成同种犯罪。

3. 因银行催收因素导致银行催收的截止期在缓刑考验期内的所引起的后果,亦是被告人"经催收不还"所应承担的法律责任。本案被告人的透支行为均发生于前罪判决前,但因银行催收方面的因素,使还款期满之日发生在缓刑考验期内,即认定"恶意透支行为"的时间要素是在缓刑考验期内,其属于犯新罪,应当撤销缓刑、数罪并罚的情形。[参见第921指导案例,房毅信用卡诈骗案,载《刑事审判参考》总第95集(2013年第6集),第16～18页。撰稿:陈姣莹]

▽缓刑上诉期内又犯新罪的法律适用原则

《刑法》第七十七条规定了撤销缓刑的条件,结合第七十三条第三款关于缓刑考验期限的规定,可以得出如下结论:从判决确定之日始至缓刑考验期满之日止,行为人在此期间内又犯新罪抑或违反相关规定并达到情节严重的程度,再或者被发现判决宣告前还有漏罪时,应当被撤销缓刑。对行为人在缓刑判决宣告后至生效前又犯新罪的情形应当撤销缓刑,并实行数罪并罚。理由如下:

(一)行为人在缓刑判决生效前又犯新罪,不再符合缓刑的实质条件,应撤销缓刑后数罪并罚。缓刑制度能否充分发挥其功能,实现其价值,在很大程度上取决于整个运作机制之成败,其中关键在于是否正确把握缓刑适用的实质条件。缓刑适用的实质条件是缓刑适用的标准,是指据以判断对行为人不实际执行刑罚也不至于再危害社会或再犯罪的条件。是否可以适用缓刑的关键是看行为人是否具有社会危害性。犯罪分子的悔罪表现是考量其行为社会危险性的主要因素之一,决定缓刑适用与否。司法实践中,悔罪表现的判断不仅要看行为人对于其所犯罪行有无痛心与追悔,更要看其有无改过自新的意愿与行动,如主动采取减少、弥补或者挽回其犯罪行为所造成的危害结果的措施,在内心深处深刻认识到所犯罪行的性质和危害,真诚的自我谴责、反省等。本案行为人在前案中故意伤害他人,造成两人轻伤,本应深刻反省犯罪行为,却在被判处缓刑后的第五天就醉酒驾驶,并在先撞击一辆小轿车尾部后继续行驶,又撞击另一辆小轿车前部,造成三车损坏的交通事故,足见行为人毫无悔过之意。

行为人没有再犯罪的危险是宣告缓刑所期待的重要目标宗旨。判定"没有再犯罪的危险"所解决的问题实质是再犯预测问题,即行为人没有再犯罪的动机或可能性。再犯预测不能主观臆断,应当依据客观事实进行综合论证,即应当综合案件的各种情况和行为人的主客观因素,作一个整体性的观察与评价。行为人在原审判决尚未生效时又犯危险驾驶罪,说明其并未从前罪的刑罚中汲取教训,对法律心存藐视,不符合适用缓刑的条件。缓刑作为一种刑罚执行方式,当然具有刑罚的威慑和教育功能。缓刑虽然是"附条件地不执行原判刑罚",但是行为人已经被实际追诉和被宣告了刑罚,被宣告的刑罚是否能够免除执行并不能当即最终确定。缓刑的适用如同给行为人戴上一个"紧箍",促使其自我约束和良好改造,避免收监执行成为现实。然而本案行为人在缓刑判决尚未生效时又犯新罪,足以说明初判缓刑已失去威慑和教育功能,应予以撤销以资补救。

(二)缓刑判决生效前又犯新罪时,不能启动刑事审判监督程序撤销缓刑判决。刑事审判监督程序是我国刑事诉讼法贯彻实事求是、有错必纠原则的一项重要程序,对于纠正生效裁判的错误,维护司法公正,保障当事人合法权益具有重要作用。换言之,刑事审判监督程序的目的在于纠正生效裁判的错误,在生效裁判没有错误或者裁判尚未发生效力但被告人又犯新罪的情况下,是不能适用审判监督程序而撤销的。

根据《刑事诉讼法》及2012年《最高人民法院关于适用〈中华人民共和国刑事诉讼法〉的解释》(本附文以下简称《解释》)的相关规定,刑事审判监督程序启动的情形有:(1)有新的证据证明原判决、裁定认定的事实确有错误,可能影响定罪量刑的;(2)据以定罪量刑的证据不确实、不充分、依法应当排除的;(3)证明案件事实的主要证据之间存在矛盾的;(4)主要事实依据被依法变更或者撤销的;(5)认定罪名错误的;(6)量刑明显不当的;(7)违反法律关于溯及力规定的;(8)违反法律规定的诉讼程序,可能影响公正裁判的;(9)审判人员在审理案件时有贪污受贿、徇私枉法、枉法裁判行为的。需要特别强调的是,《解释》第三百七十五条第三款规定,申诉不具有上述情形的,应当说服申诉人撤回申诉;对仍然坚持申诉的,应当书面通知驳回,即刑事审判监督程序的启动情形只有上述所列9项,没有扩大解释的空间。

综合分析上述刑事审判监督程序启动的各种情形,其适用要件必须是判决已经生效,且由于某些原因导致事实不清或者法律适用不当,才有必要启动审判监督程序。这与立法原意也是相契合的。全国人民代表大会常务委员会法制工作委员会编写的《中华人民共和国刑法释义》(2006年第3版)虽曾认为对行为人在上诉期内又犯罪的应当按照审判监督程序予以纠正,但再版时(2011年第5版)却删除了该段论述,其中含义不言自明。本案中,被告人包某某危险驾驶的行为发生于原审判决宣告后、生效前,因此不符合启动刑事审判监督程序的要件。

(三)缓刑判决生效前又犯新罪的,应参照适用《刑法》第七十七条。《刑法》第七十七条是撤销缓刑判决的唯一法律依据。该条规定了撤销缓刑的两个要件:一是时间要件,即缓刑考验期内或者判决宣告之前;二是事实要件,即新罪、漏罪或者有情节严重但尚不构成犯罪的违法行为。对于缓刑判决宣告后生效前又犯新罪的,适用哪条法律规定,在刑法上找不到直接依据。因为本案的情况虽然符合第七十七条规定的事实要件,但与时间要件并不吻合。应当参照第七十七条的规定作出撤销缓刑的判决。理由主要是:本案情形符合撤销缓刑的实质要件。事实要件和时间要件相比较,事实要件是实质要件,是撤销缓刑的根本理由。如果没有事实要件,那么,撤销缓刑就没有了事实根据。而时间要件的意义在于,它只是事实要件必要的补充要件,即事实要件必须发生在时间要件的范围内。立法者在精心设计法条时所考虑的是,在缓刑判决还没宣告时还有其他罪没有判决的,就不具备适用缓刑的实质条件;在缓刑考验期限内犯新罪的,则说明缓刑已经失去威慑和教育功能。因此,出现上述情况的,都应当撤销缓刑,但是,由于法律条文永远涵括不了现实,立法者所未能预料的是,在缓刑判决宣告后至确定前(本案所指的未生效缓刑判决上诉期内的情况),缓刑考验期限还未开始计算。这是第七十七条规定的时间要件上的一个漏洞,而现实中恰恰就有被告人在这个时间段内实施新的犯罪行为。既然如前所述不能通过再审程序撤销缓刑判决,而撤销缓刑判决却是符合第七十七条的本质精神的,那么,虽然第七十七条规定的时间要件没有明确包括本案的情况,缓刑判决仍然应当撤销。在这种情形下,只有参照适用第七十七条是比较科学的。需要明确的是,参照适用完全不同于传统刑法中的类推。类推指的是法条没有明文规定为犯罪,但行为具有社会危害性,因而比照最相类似的刑法条文确定行为构成犯罪。而参照适用第七十七条指的是,缓刑判决必须撤销,但又找不到撤销的直接条文依据。其前提是行为人的几个行为均构成犯罪且均需要判处刑罚。因此,适用第七十七条撤销缓刑,符合适用法律的正当性原则。综上,行为人在缓刑判决确定前又犯新罪,不再符合"有悔罪表现"和"没有再犯罪的危险"这两项条件,且初判缓刑已失去威慑和教育功能,故应予以撤销。由于缓刑判决撤销后,行为人的原判刑罚尚未实际执行,故应当与新罪所判处的刑罚实行数罪并罚,法院撤销对被告人包某某的缓刑判决,以危险驾驶罪判处其拘役四个月,并处罚金人民币4000元,与前罪并罚,决定执行拘役四个月并有期徒刑九个月,并处罚金人民币4000元是适当的。[参见第1073号指导案例,包武伟危险驾驶案,载《刑事审判参考》总第103集(2015年第2集),第7~11页。撰稿:王星光 韩锋]

第六节 减 刑

第七十八条 【减刑的适用条件与限度】被判处管制、拘役、有期徒刑、无期徒刑的犯罪分子,在执行期间,如果认真遵守监规,接受教育改造,确有悔改表现的,或者有立功表现的,可以减刑;有下列重大立功表现之一的,应当减刑:

(一)阻止他人重大犯罪活动的;

(二)检举监狱内外重大犯罪活动,经查证属实的;

(三)有发明创造或者重大技术革新的;

(四)在日常生产、生活中舍己救人的;

(五)在抗御自然灾害或者排除重大事故中,有突出表现的;

(六)对国家和社会有其他重大贡献的。

减刑以后实际执行的刑期不能少于下列

期限：

（一）判处管制、拘役、有期徒刑的，不能少于原判刑期的二分之一；

（二）判处无期徒刑的，不能少于十三年；

（三）人民法院依照本法第五十条第二款规定限制减刑的死刑缓期执行的犯罪分子，缓期执行期满后依法减为无期徒刑的，不能少于二十五年，缓期执行期满后依法减为二十五年有期徒刑的，不能少于二十年。（本条第二款是根据《中华人民共和国刑法修正案（八）》之十五修改的，2011 年 5 月 1 日起施行。）

刑法本条第二款原文：减刑以后实际执行的刑期，判处管制、拘役、有期徒刑的，不能少于原判刑期的二分之一；判处无期徒刑的，不能少于十年。

■最高人民法院关于办理减刑、假释案件具体应用法律的规定（2017 年 1 月 1 日）

第一条　减刑、假释是激励罪犯改造的刑罚制度，减刑、假释的适用应当贯彻宽严相济刑事政策，最大限度地发挥刑罚的功能，实现刑罚的目的。

第二条　对于罪犯符合刑法第七十八条第一款规定“可以减刑”条件的案件，在办理时应当综合考察罪犯犯罪的性质和具体情节、社会危害程度、原判刑罚及生效裁判中财产性判项的履行情况、交付执行后的一贯表现等因素。

第三条　“确有悔改表现”是指同时具备以下条件：

（一）认罪悔罪；

（二）遵守法律法规及监规，接受教育改造；

（三）积极参加思想、文化、职业技术教育；

（四）积极参加劳动，努力完成劳动任务。

对职务犯罪、破坏金融管理秩序和金融诈骗犯罪、组织（领导、参加、包庇、纵容）黑社会性质组织犯罪等罪犯，不积极退赃、协助追缴赃款赃物、赔偿损失，或者服刑期间利用个人影响力和社会关系等不正当手段意图获得减刑、假释的，不认定其“确有悔改表现”。

罪犯在刑罚执行期间的申诉权利应当依法保护，对其正当申诉不能不加分析地认为是不认罪悔罪。

第四条　具有下列情形之一的，可以认定为有“立功表现”：

（一）阻止他人实施犯罪活动的；

（二）检举、揭发监狱内外犯罪活动，或者提供重要的破案线索，经查证属实的；

（三）协助司法机关抓捕其他犯罪嫌疑人的；

（四）在生产、科研中进行技术革新，成绩突出的；

（五）在抗御自然灾害或者排除重大事故中，表现积极的；

（六）对国家和社会有其他较大贡献的。

第（四）项、第（六）项中的技术革新或者其他较大贡献应当由罪犯在刑罚执行期间独立或者为主完成，并经省级主管部门确认。

第五条　具有下列情形之一的，应当认定为有“重大立功表现”：

（一）阻止他人实施重大犯罪活动的；

（二）检举监狱内外重大犯罪活动，经查证属实的；

（三）协助司法机关抓捕其他重大犯罪嫌疑人的；

（四）有发明创造或者重大技术革新的；

（五）在日常生产、生活中舍己救人的；

（六）在抗御自然灾害或者排除重大事故中，有突出表现的；

（七）对国家和社会有其他重大贡献的。

第(四)项中的发明创造或者重大技术革新应当是罪犯在刑罚执行期间独立或者为主完成并经国家主管部门确认的发明专利,且不包括实用新型专利和外观设计专利;第(七)项中的其他重大贡献应当由罪犯在刑罚执行期间独立或者为主完成,并经国家主管部门确认。

第六条　被判处有期徒刑的罪犯减刑起始时间为:不满五年有期徒刑的,应当执行一年以上方可减刑;五年以上不满十年有期徒刑的,应当执行一年六个月以上方可减刑;十年以上有期徒刑的,应当执行二年以上方可减刑。有期徒刑减刑的起始时间自判决执行之日起计算。

确有悔改表现或者有立功表现的,一次减刑不超过九个月有期徒刑;确有悔改表现并有立功表现的,一次减刑不超过一年有期徒刑;有重大立功表现的,一次减刑不超过一年六个月有期徒刑;确有悔改表现并有重大立功表现的,一次减刑不超过二年有期徒刑。

被判处不满十年有期徒刑的罪犯,两次减刑间隔时间不得少于一年;被判处十年以上有期徒刑的罪犯,两次减刑间隔时间不得少于一年六个月。减刑间隔时间不得低于上次减刑减去的刑期。

罪犯有重大立功表现的,可以不受上述减刑起始时间和间隔时间的限制。

第七条　对符合减刑条件的职务犯罪罪犯,破坏金融管理秩序和金融诈骗犯罪罪犯,组织、领导、参加、包庇、纵容黑社会性质组织犯罪罪犯,危害国家安全犯罪罪犯,恐怖活动犯罪罪犯,毒品犯罪集团的首要分子及毒品再犯,累犯,确有履行能力而不履行或者不全部履行生效裁判中财产性判项的罪犯,被判处十年以下有期徒刑的,执行二年以上方可减刑,减刑幅度应当比照本规定第六条从严掌握,一次减刑不超过一年有期徒刑,两次减刑之间应当间隔一年以上。

对被判处十年以上有期徒刑的前款罪犯,以及因故意杀人、强奸、抢劫、绑架、放火、爆炸、投放危险物质或者有组织的暴力性犯罪被判处十年以上有期徒刑的罪犯,数罪并罚且其中两罪以上被判处十年以上有期徒刑的罪犯,执行二年以上方可减刑,减刑幅度应当比照本规定第六条从严掌握,一次减刑不超过一年有期徒刑,两次减刑之间应当间隔一年六个月以上。

罪犯有重大立功表现的,可以不受上述减刑起始时间和间隔时间的限制。

第八条　被判处无期徒刑的罪犯在刑罚执行期间,符合减刑条件的,执行二年以上,可以减刑。减刑幅度为:确有悔改表现或者有立功表现的,可以减为二十二年有期徒刑;确有悔改表现并有立功表现的,可以减为二十一年以上二十二年以下有期徒刑;有重大立功表现的,可以减为二十年以上二十一年以下有期徒刑;确有悔改表现并有重大立功表现的,可以减为十九年以上二十年以下有期徒刑。无期徒刑罪犯减为有期徒刑后再减刑时,减刑幅度依照本规定第六条的规定执行。两次减刑间隔时间不得少于二年。

罪犯有重大立功表现的,可以不受上述减刑起始时间和间隔时间的限制。

第九条　对被判处无期徒刑的职务犯罪罪犯,破坏金融管理秩序和金融诈骗犯罪罪犯,组织、领导、参加、包庇、纵容黑社会性质组织犯罪罪犯,危害国家安全犯罪罪犯,恐怖活动犯罪罪犯,毒品犯罪集团的首要分子及毒品再犯,累犯以及因故意杀人、强奸、抢劫、绑架、放火、爆炸、投放危险物质或者有组织的暴力性犯罪的罪犯,确有履行能力而不履行或者不全部履行生效裁判中财产性判项的罪犯,数罪并罚被判处无期徒刑的罪犯,符合减刑条件的,执行三年以上方可减刑,减刑幅度应当比照本规定第八条从严掌握,减刑后的刑期最低不得少于二十年有期徒刑;减为有期徒刑后再减刑时,减刑幅度比照本规定第六条从严掌握,一次不超过一年有期徒刑,两次减刑之间应当间隔二年以上。

罪犯有重大立功表现的,可以不受上述减刑起始时间和间隔时间的限制。

第十条　被判处死刑缓期执行的罪犯减为无期徒刑后,符合减刑条件的,执行三年以上方可减刑。减刑幅度为:确有悔改表现或者有立功表现的,可以减为二十五年有期徒刑;确有悔改表现并有立功表现的,可以减为二十四年以上二十五年以下有期徒刑;有重大立功表现的,可以减为二十三年以上二十四年以下有期徒刑;确有悔改表现并有重大立功表现的,可以减为二十二年以上二十三年以下有期徒刑。

被判处死刑缓期执行的罪犯减为有期徒刑后再减刑时，比照本规定第八条的规定办理。

第十一条　对被判处死刑缓期执行的职务犯罪罪犯，破坏金融管理秩序和金融诈骗犯罪罪犯，组织、领导、参加、包庇、纵容黑社会性质组织犯罪罪犯，危害国家安全犯罪罪犯，恐怖活动犯罪罪犯，毒品犯罪集团的首要分子及毒品再犯，累犯以及因故意杀人、强奸、抢劫、绑架、放火、爆炸、投放危险物质或者有组织的暴力性犯罪的罪犯，确有履行能力而不履行或者不全部履行生效裁判中财产性判项的罪犯，数罪并罚被判处死刑缓期执行的罪犯，减为无期徒刑后，符合减刑条件的，执行三年以上方可减刑，一般减为二十五年有期徒刑，有立功表现或者重大立功表现的，可以比照本规定第十条减为二十三年以上二十五年以下有期徒刑；减为有期徒刑后再减刑时，减刑幅度比照本规定第六条从严掌握，一次不超过一年有期徒刑，两次减刑之间应当间隔二年以上。

第十二条　被判处死刑缓期执行的罪犯经过一次或者几次减刑后，其实际执行的刑期不得少于十五年，死刑缓期执行期间不包括在内。

死刑缓期执行罪犯在缓期执行期间不服从监管、抗拒改造，尚未构成犯罪的，在减为无期徒刑后再减刑时应当适当从严。

第十三条　被限制减刑的死刑缓期执行罪犯，减为无期徒刑后，符合减刑条件的，执行五年以上方可减刑。减刑间隔时间和减刑幅度依照本规定第十一条的规定执行。

第十四条　被限制减刑的死刑缓期执行罪犯，减为有期徒刑后再减刑时，一次减刑不超过六个月有期徒刑，两次减刑间隔时间不得少于二年。有重大立功表现的，间隔时间可以适当缩短，但一次减刑不超过一年有期徒刑。

第十五条　对被判处终身监禁的罪犯，在死刑缓期执行期满依法减为无期徒刑的裁定中，应当明确终身监禁，不得再减刑或者假释。

第十六条　被判处管制、拘役的罪犯，以及判决生效后剩余刑期不满二年有期徒刑的罪犯，符合减刑条件的，可以酌情减刑，减刑起始时间可以适当缩短，但实际执行的刑期不得少于原判刑期的二分之一。

第十七条　被判处有期徒刑罪犯减刑时，对附加剥夺政治权利的期限可以酌减。酌减后剥夺政治权利的期限，不得少于一年。

被判处死刑缓期执行、无期徒刑的罪犯减为有期徒刑时，应当将附加剥夺政治权利的期限减为七年以上十年以下，经过一次或者几次减刑后，最终剥夺政治权利的期限不得少于三年。

第十八条　被判处拘役或者三年以下有期徒刑，并宣告缓刑的罪犯，一般不适用减刑。

前款规定的罪犯在缓刑考验期内有重大立功表现的，可以参照刑法第七十八条的规定予以减刑，同时应当依法缩减其缓刑考验期。缩减后，拘役的缓刑考验期限不得少于二个月，有期徒刑的缓刑考验期限不得少于一年。

第十九条　对在报请减刑前的服刑期间不满十八周岁，且所犯罪行不属于刑法第八十一条第二款规定情形的罪犯，认罪悔罪，遵守法律法规及监规，积极参加学习、劳动，应当视为确有悔改表现。

对上述罪犯减刑时，减刑幅度可以适当放宽，或者减刑起始时间、间隔时间可以适当缩短，但放宽的幅度和缩短的时间不得超过本规定中相应幅度、时间的三分之一。

第二十条　老年罪犯、患严重疾病罪犯或者身体残疾罪犯减刑时，应当主要考察其认罪悔罪的实际表现。

对基本丧失劳动能力，生活难以自理的上述罪犯减刑时，减刑幅度可以适当放宽，或者减刑起始时间、间隔时间可以适当缩短，但放宽的幅度和缩短的时间不得超过本规定中相应幅度、时间的三分之一。

第二十一条 被判处有期徒刑、无期徒刑的罪犯在刑罚执行期间又故意犯罪，新罪被判处有期徒刑的，自新罪判决确定之日起三年内不予减刑；新罪被判处无期徒刑的，自新罪判决确定之日起四年内不予减刑。

罪犯在死刑缓期执行期间又故意犯罪，未被执行死刑的，死刑缓期执行的期间重新计算，减为无期徒刑后，五年内不予减刑。

被判处死刑缓期执行罪犯减刑后，在刑罚执行期间又故意犯罪的，依照第一款规定处理。

第三十八条 人民法院作出的刑事判决、裁定发生法律效力后，在依照刑事诉讼法第二百五十三条、第二百五十四条的规定将罪犯交付执行刑罚时，如果生效裁判中有财产性判项，人民法院应当将反映财产性判项执行、履行情况的有关材料一并随案移送刑罚执行机关。罪犯在服刑期间本人履行或者其亲属代为履行生效裁判中财产性判项的，应当及时向刑罚执行机关报告。刑罚执行机关报请减刑时应随案移送以上材料。

人民法院办理减刑、假释案件时，可以向原一审人民法院核实罪犯履行财产性判项的情况。原一审人民法院应当出具相关证明。

刑罚执行期间，负责办理减刑、假释案件的人民法院可以协助原一审人民法院执行生效裁判中的财产性判项。

第三十九条 本规定所称“老年罪犯”，是指报请减刑、假释时年满六十五周岁的罪犯。

本规定所称“患严重疾病罪犯”，是指因患有重病，久治不愈，而不能正常生活、学习、劳动的罪犯。

本规定所称“身体残疾罪犯”，是指因身体有肢体或者器官残缺、功能不全或者丧失功能，而基本丧失生活、学习、劳动能力的罪犯，但是罪犯犯罪后自伤致残的除外。

对刑罚执行机关提供的证明罪犯患有严重疾病或者有身体残疾的证明文件，人民法院应当审查，必要时可以委托有关单位重新诊断、鉴定。

第四十条 本规定所称“判决执行之日”，是指罪犯实际送交刑罚执行机关之日。

本规定所称”减刑间隔时间”，是指前一次减刑裁定送达之日起至本次减刑报请之日止的期间。

第四十一条 本规定所称“财产性判项”是指判决罪犯承担的附带民事赔偿义务判项，以及追缴、责令退赔、罚金、没收财产等判项。

第四十二条 本规定自2017年1月1日起施行。以前发布的司法解释与本规定不一致的，以本规定为准。

■最高人民法院关于办理减刑、假释案件具体应用法律的补充规定(2019年6月1日)

第一条 对拒不认罪悔罪的，或者确有履行能力而不履行或者不全部履行生效裁判中财产性判项的，不予假释，一般不予减刑。

第二条 被判处十年以上有期徒刑，符合减刑条件的，执行三年以上方可减刑；被判处不满十年有期徒刑，符合减刑条件的，执行二年以上方可减刑。

确有悔改表现或者有立功表现的，一次减刑不超过六个月有期徒刑；确有悔改表现并有立功表现的，一次减刑不超过九个月有期徒刑；有重大立功表现的，一次减刑不超过一年有期徒刑。

被判处十年以上有期徒刑的，两次减刑之间应当间隔二年以上；被判处不满十年有期徒刑的，两次减刑之间应当间隔一年六个月以上。

第三条 被判处无期徒刑，符合减刑条件的，执行四年以上方可减刑。

确有悔改表现或者有立功表现的，可以减为二十三年有期徒刑；确有悔改表现并有立功表现的，可以减为二十二年以上二十三年以下有期徒刑；有重大立功表现的，可以减为二十一年以上二十二年以下有期徒刑。

无期徒刑减为有期徒刑后再减刑时，减刑幅度比照本规定第二条的规定执行。两次减刑之间应当间隔二年以上。

第四条　被判处死刑缓期执行的,减为无期徒刑后,符合减刑条件的,执行四年以上方可减刑。

确有悔改表现或者有立功表现的,可以减为二十五年有期徒刑;确有悔改表现并有立功表现的,可以减为二十四年六个月以上二十五年以下有期徒刑;有重大立功表现的,可以减为二十四年以上二十四年六个月以下有期徒刑。

减为有期徒刑后再减刑时,减刑幅度比照本规定第二条的规定执行。两次减刑之间应当间隔二年以上。

第五条　罪犯有重大立功表现的,减刑时可以不受上述起始时间和间隔时间的限制。

第六条　对本规定所指贪污贿赂罪犯适用假释时,应当从严掌握。

第七条　本规定自2019年6月1日起施行。此前发布的司法解释与本规定不一致的,以本规定为准。

▼最高人民法院研究室关于对无期徒刑犯减刑后原审法院发现原判决有错误予以改判,原减刑裁定应如何适用法律条款予以撤销问题的答复(全文)(1994年11月7日)

被判处无期徒刑的罪犯由服刑地的高级人民法院依法裁定减刑后,原审人民法院发一原判决确有错误并依照审判监督程序改判为有期徒刑的,应当依照我院法(研)复〔1989〕2号批复撤销原减刑裁定。鉴于原减刑裁定是在无期徒刑基础上的减刑,既然原判无期徒刑已被认定为错判,那么原减刑裁定在认定事实和适用法律上亦应视为确有错误。由此,由罪犯服刑地的高级人民法院根据刑事诉讼法(1979年刑诉法——编著者注)第一百四十九条第一款的规定,按照审判监督程序撤销原减刑裁定是适宜的。

▼安徽省高级人民法院关于执行《最高人民法院关于办理减刑假释案件具体应用法律若干问题的规定》实施细则(2012年6月25日)

第一条　具有下列情形之一的,应当减刑:

(一)死刑缓期二年执行的罪犯在死刑缓期执行期间,没有故意犯罪,二年期满的;

(二)罪犯在服刑期间有重大立功表现的。

第二条　被判处管制、拘役、有期徒刑、无期徒刑的犯罪分子,在执行期间,具有下列情形之一的,可以减刑:

(一)认真遵守监规,接受教育改造,确有悔改表现的;

(二)具有立功表现的。

第四条　“确有悔改表现”是指同时具备以下四个方面情形:

(一)认罪悔罪;

(二)认真遵守法律法规及监规,接受教育改造;

(三)积极参加思想、文化、职业技术教育;

(四)积极参加劳动,努力完成劳动任务。

对罪犯在刑罚执行期间提出申诉的,要依法保护其申诉权利,对罪犯申诉不应不加分析地认为是不认罪悔罪。罪犯积极执行财产刑和履行附带民事赔偿义务的,可视为有认罪悔罪表现,在减刑、假释时可以从宽掌握;确有执行、履行能力而不执行、不履行的,在减刑、假释时应当从严掌握。

第五条　具有下列情形之一的,应当认定为有“立功表现”:

(一)阻止他人实施犯罪活动的;

(二)检举、揭发监狱内外犯罪活动,或者提供重要的破案线索,经查证属实的;

(三)协助司法机关抓捕其他犯罪嫌疑人(包括同案犯)的;

(四)在生产、科研中进行技术革新,成绩突出的或已创造出二十万元以上经济价值,并经有关机构

确认的;

(五)在抢险救灾或者排除重大事故中表现突出的;

(六)被省监狱管理局评为省级服刑改造积极分子的;

(七)对国家和社会有其他贡献的。

第六条 具有下列情形之一的,应当认定为有“重大立功表现”:

(一)阻止他人实施重大犯罪活动的;

(二)检举监狱内外重大犯罪活动,经查证属实的;

(三)协助司法机关抓捕其他重大犯罪嫌疑人(包括同案犯)的;

(四)有发明创造或者重大技术革新,经省级以上有关机构确认,并颁发有关发明创造或重大技术革新证书的;

(五)在日常生产、生活中舍己救人的;

(六)在抗御自然灾害或者排除重大事故中,有特别突出表现的;

(七)对国家和社会有其他重大贡献的。

无期徒刑以上刑罚罪犯的重大立功表现,由省监狱管理局报送省高级法院审核;有期徒刑以下刑罚罪犯的重大立功表现,由罪犯服刑监狱所在地中级法院审核确认。

第七条 无期徒刑以下罪犯在服刑期间受到禁闭处罚的,一年之内不予减刑;受到记过、警告处罚的,六个月之内不予减刑。其减刑起始时间、间隔时间相应延长。

第八条 判处拘役或者三年以下有期徒刑并宣告缓刑的罪犯,一般不适用减刑。

前款规定的罪犯在缓刑考验期限内有重大立功表现的,或者符合社区矫正制度规定的减刑条件的,可以参照刑法第七十八条的规定,予以减刑,同时应依法缩减其缓刑考验期限。拘役的缓刑考验期限不能少于二个月,有期徒刑的缓刑考验期限不能少于一年。

第九条 被假释的罪犯,一般不予减刑,但是与国家、社会利益有重要关系的情况除外。

第十条 对有期徒刑罪犯的年度减刑、假释比例,一般应控制在监狱在押罪犯总数的百分之三十以下。

对未成年罪犯,基本丧失劳动能力,生活难以自理的老年、身体残疾(不含自伤自残)、患严重疾病罪犯的减刑、假释比例,可单独计算并控制在监狱上述四类在押罪犯总数的百分之四十以下。

第十一条 服刑罪犯减刑的起始时间为:

(一)原判处死刑缓期二年执行罪犯,自核准死刑缓期二年执行的法律文书宣告或送达之日起执行满二年的;

(二)原判处无期徒刑罪犯,自终审裁判文书宣告之日起执行二年以上的;死刑缓期二年执行减为无期徒刑的罪犯,自死缓考验期满之日起执行二年以上的;

(三)被判处五年以上有期徒刑的罪犯,自判决执行之日起一年零六个月以上的;

(四)被判处不满五年有期徒刑的罪犯,自判决执行之日起一年以上的;其中被判处三年以下有期徒刑罪犯的减刑起始时间可适当放宽,但罪犯服刑时间不满六个月的,不得减刑;

(五)对有重大立功表现的有期徒刑罪犯,自获得重大立功奖励之日起,即可减刑;

(六)被判处十年以上有期徒刑、无期徒刑的罪犯在刑罚执行期间又犯罪,被判处有期徒刑以下刑罚的,自新罪判决确定之日起二年内一般不予减刑;新罪被判处无期徒刑的,自新罪判决确定之日起三年内一般不予减刑。

第十二条 有期徒刑罪犯两次减刑的间隔时间为:

(一)五年以上有期徒刑罪犯,两次减刑之间应当间隔一年以上;

(二)不满五年有期徒刑罪犯,可以比照本条第一项规定,适当缩短间隔期限,但两次减刑间隔应不少于九个月。

确有重大立功表现的,可以不受上述减刑间隔时间的限制。

第十三条 未成年罪犯减刑的起始时间和间隔时间可以比照成年罪犯分别缩短三个月。

基本丧失劳动能力,生活难以自理的老年、身体残疾(不含自伤自残)、患严重疾病罪犯的减刑起始时间和间隔时间,可以在六个月幅度内相应缩短,并可不受第十五条奖励种类和次数的限制。

第十四条 服刑罪犯的减刑幅度,除考察其是否确有悔改表现外,应根据《安徽省监狱管理局罪犯计分考核奖惩办法》进行审查,将"办法"规定的罪犯获表扬、记功等行政奖励作为减刑幅度的基本依据。

第十五条 服刑罪犯的减刑幅度为:

(一)死刑缓期执行罪犯减为无期徒刑后,确有悔改表现,或者有立功表现的,可以减为二十五年有期徒刑;有重大立功表现的,可以减为二十三年有期徒刑。死刑缓期执行罪犯经过一次或几次减刑后,其实际执行的刑期不能少于十五年,死刑缓期执行期间不包括在内。死刑缓期执行罪犯在缓期执行期间抗拒改造,尚未构成犯罪的,此后减刑时可以适当从严。

(二)无期徒刑罪犯应至少获二次记功奖励才能减刑,减刑幅度为:获二次记功的,减为有期徒刑二十二年;获三次记功的,减为有期徒刑二十一年;获四次记功的减为有期徒刑二十年。有立功表现的,可减为二十年以上二十二年以下有期徒刑;有重大立功表现的,可减为十五年以上二十年以下有期徒刑。

(三)被判处不满五年有期徒刑的罪犯,应至少获一次表扬或有立功表现的才能减刑;被判处五年以上有期徒刑的罪犯,应至少获一次记功或有立功表现的才能减刑。一次减刑一般不超过一年有期徒刑;确有悔改表现并有立功表现,或者有重大立功表现的,一次减刑一般不超过二年有期徒刑。

对累犯、毒品再犯、犯有数罪以及因毒品犯罪、危害国家安全犯罪、恐怖犯罪、黑社会性质组织犯罪和故意杀人、强奸、抢劫、绑架、放火、爆炸、投放危险物质或者有组织的暴力性犯罪被判处十年以上有期徒刑罪犯的首次减刑,在其所获功奖所对应的可减刑期内,扣减三个月,被判处无期徒刑(含死缓减为无期徒刑)罪犯的首次减刑,在其所获功奖所对应的可减刑期内,扣减六个月。

对被判处财产刑或负有民事赔偿责任,确有执行、履行能力而未予履行罪犯的减刑,在其所获功奖所对应的可减刑期内,扣减三个月以下刑期。对积极执行财产刑和履行附带民事赔偿义务的罪犯,在法定最高可减刑期内,可放宽三个月以下刑期。

第十六条 被限制减刑的死刑缓期执行罪犯,缓期执行期满后依法被减为无期徒刑的,或者因有重大立功表现被减为二十五年有期徒刑的,应当比照未被限制减刑的死刑缓期执行罪犯在减刑的起始时间、间隔时间和减刑幅度上从严掌握。

减刑以后实际执行的刑期,缓期执行期满后依法减为无期徒刑的,不能少于二十五年,缓期执行期满后依法减为二十五年有期徒刑的,不能少于二十年。

第十七条 判处管制、拘役的罪犯,以及判决生效后剩余刑期不满一年有期徒刑的罪犯,符合减刑条件的,可以酌情减刑,其实际执行的刑期不能少于原判刑期的二分之一。

第十八条 有期徒刑罪犯减刑时,对附加剥夺政治权利的期限可以酌减。酌减后剥夺政治权利的期限,不能少于一年。

被宣告禁止令的罪犯被依法减刑时,禁止令的期限可以相应缩短,由人民法院在减刑裁定中确定新的禁止令期限。

第十九条 未成年罪犯能认罪悔罪,遵守法律法规及监规,积极参加学习、劳动的,应视为确有悔改表现,减刑的幅度可以比照成年犯放宽三个月。

第二十条 老年、身体残疾(不含自伤致残)、患严重疾病的罪犯的减刑,应当主要注重悔罪的实际表现。基本丧失劳动能力、生活难以自理的老年、身体残疾、患严重疾病的罪犯,能够认真遵守法律法规及监规,接受教育改造,应视为确有悔改表现,减刑的幅度可以放宽六个月。

五、附则

第四十条　本细则所称执行机关是指监狱和未成年犯管教所。

第四十一条　本细则所称未成年罪犯,是指减刑时不满十八周岁的罪犯。

第四十二条　本细则所称老年罪犯,是指减刑时男性年满六十五周岁,女性年满六十周岁的罪犯。

第四十三条　本细则所称"重大犯罪"是指可能判处无期徒刑以上刑罚的或者省内有较大影响的案件。

第四十四条　本细则所称"以上""以下"均包括本数。

第四十五条　看守所依法代为执行刑罚的有期徒刑罪犯以及拘役罪犯的减刑适用本细则。

第四十六条　本细则于2012年7月1日起施行。2011年4月30日以前犯罪,目前尚在服刑罪犯的减刑、假释,适用本院皖高法[2007]283号《安徽省高级人民法院关于执行〈最高人民法院关于办理减刑假释案件具体应用法律若干问题的规定〉实施细则》的规定,但适用本细则对服刑罪犯更为有利的,可适用本细则。

2011年4月30日以后犯罪,目前尚在服刑罪犯的减刑、假释,适用本细则的规定。

本细则如有与法律和新的司法解释不一致的,以法律和新的司法解释规定为准。

▽如何确定刑满之日

我国《刑法》规定的刑期以"月"为计算单位。由于不同月份、年份的实际天数不同,被判处相同刑期的罪犯,可能会因为实际执行月份、年份的不同,而使得其实际执行天数不完全相同。例如,同样被判处6个月有期徒刑的罪犯,若执行1月至6月,则实际执行天数为181天或182天(2月以28天计为181天,以29天计为182天);若执行7月至12月,则实际执行天数为184天。虽然以"月"为计量单位与以"天"为计量单位,在实际执行天数上有细微差别,但以"月"为计量单位,更便于操作,且这项计量原则对任何罪犯而言在适用概率上是平等的,整体上不会对刑法的公正、公平造成任何影响。关于罪犯在刑罚执行中获得减刑的情况,在确定罪犯的刑满之日时,以原判决为基础是正确的。确定刑满之日的方法,在以天数并不完全相同的"月"为计量单位计算时,就可能产生不同结果。在这种情况下,因为减刑根本上是对原判刑期的减少,罪犯减刑后的刑满之日需要重新计算来确定。司法实践中惯常以原判的刑满之日为据来确定罪犯减刑后的刑满之日的做法应当纠正。[参见《如何确定刑满之日》,载《刑事审判参考》总第86集(2012年第3集)(审判释疑),第203～204页。]

第七十九条　【减刑的程序】对于犯罪分子的减刑,由执行机关向中级以上人民法院提出减刑建议书。人民法院应当组成合议庭进行审理,对确有悔改或者立功事实的,裁定予以减刑。非经法定程序不得减刑。

■中华人民共和国监狱法(2013年1月1日)

第二十九条　被判处无期徒刑、有期徒刑的罪犯,在服刑期间确有悔改或者立功表现的,根据监狱考核的结果,可以减刑。有下列重大立功表现之一的,应当减刑:

(一)阻止他人重大犯罪活动的;

(二)检举监狱内外重大犯罪活动,经查证属实的;

(三)有发明创造或者重大技术革新的;

(四)在日常生产、生活中舍己救人的;

(五)在抗御自然灾害或者排除重大事故中,有突出表现的;

(六)对国家和社会有其他重大贡献的。

第三十条　减刑建议由监狱向人民法院提出,人民法院应当自收到减刑建议书之日起一个月内予以审核裁定;案情复杂或者情况特殊的,可以延长一个月。减刑裁定的副本应当抄送人民检察院。

第三十一条　被判处死刑缓期二年执行的罪犯,在死刑缓期执行期间,符合法律规定的减为无期徒刑、有期徒刑条件的,二年期满时,所在监狱应当及时提出减刑建议,报经省、自治区、直辖市监狱管理机关审核后,提请高级人民法院裁定。

第三十四条　对不符合法律规定的减刑、假释条件的罪犯,不得以任何理由将其减刑、假释。

人民检察院认为人民法院减刑、假释的裁定不当,应当依照刑事诉讼法规定的期间向人民法院提出书面纠正意见。对于人民检察院提出书面纠正意见的案件,人民法院应当重新审理。

第八十条　【无期徒刑减刑的刑期计算】无期徒刑减为有期徒刑的刑期,从裁定减刑之日起计算。

■最高人民法院关于刘文占减刑一案的答复(全文)(2007年8月11日)

罪犯刘文占犯盗窃罪被判处无期徒刑,减为有期徒刑十八年之后,发现其在判决宣告之前犯有强奸罪、抢劫罪。沧州市中级人民法院作出新的判决,对刘文占以强奸罪、抢劫罪分别定罪量刑,数罪并罚,决定对罪犯刘文占执行无期徒刑是正确的。

现监狱报请为罪犯刘占文减刑,你院在计算刑期时,应将罪犯刘占文第一次减为有期徒刑十八年之后至漏罪判决之间已经执行的刑期予以扣除。

▼安徽省高级人民法院关于无期徒刑案件交付执行的有关问题的通知(全文)(2004年9月29日)

最高人民法院《关于办理减刑、假释案件具体应用法律若干问题的规定》第六条对被判处无期徒刑罪犯减刑的起始时间,规定为"服刑二年以后可以减刑"。参照最高人民法院《关于死刑缓期执行的期间如何确定问题的批复》,我们制定的《安徽省高级人民法院关于执行〈最高人民法院关于办理减刑、假释案件具体应用法律若干问题的规定〉实施细则(试行)》第八条第二项规定,被判处无期徒刑罪犯减刑的起始时间为"自终审裁判文书宣告或者送达之日起执行二年以上"。因此,今后各有关中级人民法院将无期徒刑案件交付执行时,除依法将法律文书送达执行机关外,应在《执行通知书》上注明无期徒刑生效裁判文书的宣告或送达的日期,被告人签收法律文书的送达回证应一式两份,一份法院附卷留存,一份附送执行机关。

第七节　假　　释

第八十一条　【假释的条件】被判处有期徒刑的犯罪分子,执行原判刑期二分之一以上,被判处无期徒刑的犯罪分子,实际执行十三年以上,如果认真遵守监规,接受教育改造,确有悔改表现,没有再犯罪的危险的,可以假释。如果有特殊情况,经最高人民法院核准,可以不受上述执行刑期的限制。

对累犯以及因故意杀人、强奸、抢劫、绑架、放火、爆炸、投放危险物质或者有组织的暴力性犯罪被判处十年以上有期徒刑、无期徒刑的犯罪分子,不得假释。

对犯罪分子决定假释时,应当考虑其假释后对所居住社区的影响。(本条是根据《中华人民共和国刑法修正案(八)》之十六修改的,2011年5月1日起施行。)

刑法本条原文:被判处有期徒刑的犯罪分子,执行原判刑期二分之一以上,被判处无期徒刑的犯罪分子,实际执行十年以上,如果认真遵守监规,接受教育改造,确有悔改表现,假释后不致再危害社会的,可以假释。如果有特殊情况,经最高人民法院核准,可以不受上述执行刑期的限制。

对累犯以及因杀人、爆炸、抢劫、强奸、绑架等暴力性犯罪被判处十年以上有期徒刑、无期徒刑的犯罪分子,不得假释。

■最高人民法院关于办理减刑、假释案件具体应用法律的规定(2017年1月1日)

第二十二条　办理假释案件,认定“没有再犯罪的危险”,除符合刑法第八十一条规定的情形外,还应当根据犯罪的具体情节、原判刑罚情况,在刑罚执行中的一贯表现,罪犯的年龄、身体状况、性格特征,假释后生活来源以及监管条件等因素综合考虑。

第二十三条　被判处有期徒刑的罪犯假释时,执行原判刑期二分之一的时间,应当从判决执行之日起计算,判决执行以前先行羁押的,羁押一日折抵刑期一日。

被判处无期徒刑的罪犯假释时,刑法中关于实际执行刑期不得少于十三年的时间,应当从判决生效之日起计算。判决生效以前先行羁押的时间不予折抵。

被判处死刑缓期执行的罪犯减为无期徒刑或者有期徒刑后,实际执行十五年以上,方可假释,该实际执行时间应当从死刑缓期执行期满之日起计算。死刑缓期执行期间不包括在内,判决确定以前先行羁押的时间不予折抵。

第二十四条　刑法第八十一条第一款规定的“特殊情况”,是指有国家政治、国防、外交等方面特殊需要的情况。

第二十五条　对累犯以及因故意杀人、强奸、抢劫、绑架、放火、爆炸、投放危险物质或者有组织的暴力性犯罪被判处十年以上有期徒刑、无期徒刑的罪犯,不得假释。

因前款情形和犯罪被判处死刑缓期执行的罪犯,被减为无期徒刑、有期徒刑后,也不得假释。

第二十六条　对下列罪犯适用假释时可以依法从宽掌握:

(一)过失犯罪的罪犯、中止犯罪的罪犯、被胁迫参加犯罪的罪犯;

(二)因防卫过当或者紧急避险过当而被判处有期徒刑以上刑罚的罪犯;

(三)犯罪时未满十八周岁的罪犯;

(四)基本丧失劳动能力、生活难以自理,假释后生活确有着落的老年罪犯、患严重疾病罪犯或者身体残疾罪犯;

(五)服刑期间改造表现特别突出的罪犯;

(六)具有其他可以从宽假释情形的罪犯。

罪犯既符合法定减刑条件,又符合法定假释条件的,可以优先适用假释。

第二十七条　对于生效裁判中有财产性判项,罪犯确有履行能力而不履行或者不全部履行的,不予假释。

第二十八条　罪犯减刑后又假释的,间隔时间不得少于一年;对一次减去一年以上有期徒刑后,决定假释的,间隔时间不得少于一年六个月。

罪犯减刑后余刑不足二年,决定假释的,可以适当缩短间隔时间。

第三十八条　人民法院作出的刑事判决、裁定发生法律效力后,在依照刑事诉讼法第二百五十三条、第二百五十四条的规定将罪犯交付执行刑罚时,如果生效裁判中有财产性判项,人民法院应当将反映财产性判项执行、履行情况的有关材料一并随案移送刑罚执行机关。罪犯在服刑期间本人履行或者其亲属代为履行生效裁判中财产性判项的,应当及时向刑罚执行机关报告。刑罚执行机关报请减刑时应随案移送以上材料。

人民法院办理减刑、假释案件时,可以向原一审人民法院核实罪犯履行财产性判项的情况。原一审人民法院应当出具相关证明。

刑罚执行期间,负责办理减刑、假释案件的人民法院可以协助原一审人民法院执行生效裁判中的财产性判项。

第三十九条　本规定所称“老年罪犯”,是指报请减刑、假释时年满六十五周岁的罪犯。

本规定所称“患严重疾病罪犯”,是指因患有重病,久治不愈,而不能正常生活、学习、劳动的罪犯。

本规定所称“身体残疾罪犯”，是指因身体有肢体或者器官残缺、功能不全或者丧失功能，而基本丧失生活、学习、劳动能力的罪犯，但是罪犯犯罪后自伤致残的除外。

对刑罚执行机关提供的证明罪犯患有严重疾病或者有身体残疾的证明文件，人民法院应当审查，必要时可以委托有关单位重新诊断、鉴定。

第四十条 本规定所称“判决执行之日”，是指罪犯实际送交刑罚执行机关之日。

本规定所称“减刑间隔时间”，是指前一次减刑裁定送达之日起至本次减刑报请之日止的期间。

第四十一条 本规定所称“财产性判项”是指判决罪犯承担的附带民事赔偿义务判项，以及追缴、责令退赔、罚金、没收财产等判项。

第四十二条 本规定自2017年1月1日起施行。以前发布的司法解释与本规定不一致的，以本规定为准。

■最高人民法院关于办理减刑、假释案件具体应用法律的补充规定(2019年6月1日)

全部内容见本书刑法第七十八条后附文同名文件。

■最高人民法院关于审理未成年人刑事案件具体应用法律若干问题的解释(2006年1月23日)

第十八条 对未成年罪犯的减刑、假释，在掌握标准上可以比照成年罪犯依法适度放宽。

未成年罪犯能认罪服法，遵守监规，积极参加学习、劳动的，即可视为“确有悔改表现”予以减刑，其减刑的幅度可以适当放宽，间隔的时间可以相应缩短。符合刑法第八十一条第一款规定的，可以假释。

未成年罪犯在服刑期间已经成年的，对其减刑、假释可以适用上述规定。

第二十条 本解释自公布之日起施行。

《最高人民法院关于办理未成年人刑事案件适用法律若干问题的解释》(法发〔1995〕9号)自本解释公布之日起不再执行。

■最高人民法院关于适用刑法时间效力规定若干问题的解释(1997年9月25日)

第七条 1997年9月30日以前犯罪，1997年10月1日以后仍在服刑的犯罪分子，因特殊情况，需要不受执行刑期限制假释的，适用刑法第八十一条第一款的规定，报经最高人民法院核准。

第八条 1997年9月30日以前犯罪，1997年10月1日以后仍在服刑的累犯以及因杀人、爆炸、抢劫、强奸、绑架等暴力性犯罪被判处十年以上有期徒刑、无期徒刑的犯罪分子，适用修订前的刑法第七十三条的规定，可以假释。

第八十二条 【假释的程序】对于犯罪分子的假释，依照本法第七十九条规定的程序进行。非经法定程序不得假释。

■中华人民共和国监狱法(2013年1月1日)

第三十二条 被判处无期徒刑、有期徒刑的罪犯，符合法律规定的假释条件的，由监狱根据考核结果向人民法院提出假释建议，人民法院应当自收到假释建议书之日起一个月内予以审核裁定；案情复杂或者情况特殊的，可以延长一个月。假释裁定的副本应当抄送人民检察院。

第三十三条 人民法院裁定假释的，监狱应当按期假释并发给假释证明书。

对被假释的罪犯，依法实行社区矫正，由社区矫正机构负责执行。被假释的罪犯，在假释考验期限内有违反法律、行政法规或者国务院有关部门关于假释的监督管理规定的行为，尚未构成新的犯罪的，社区矫正机构应当向人民法院提出撤销假释的建议，人民法院应当自收到撤销假释建议书之日起一个月内予以审核裁定。人民法院裁定撤销假释的，由公安机关将罪犯送交监狱收监。

第三十四条 对不符合法律规定的减刑、假释条件的罪犯，不得以任何理由将其减刑、假释。

人民检察院认为人民法院减刑、假释的裁定不当，应当依照刑事诉讼法规定的期间向人民法院提出书面纠正意见。对于人民检察院提出书面纠正意见的案件，人民法院应当重新审理。

第八十三条　【假释的考验期限】有期徒刑的假释考验期限,为没有执行完毕的刑期;无期徒刑的假释考验期限为十年。

假释考验期限,从假释之日起计算。

第八十四条　【假释犯应遵守的规定】被宣告假释的犯罪分子,应当遵守下列规定:

(一)遵守法律、行政法规,服从监督;

(二)按照监督机关的规定报告自己的活动情况;

(三)遵守监督机关关于会客的规定;

(四)离开所居住的市、县或者迁居,应当报经监督机关批准。

第八十五条　【假释考验及其积极后果】对假释的犯罪分子,在假释考验期限内,依法实行社区矫正,如果没有本法第八十六条规定的情形,假释考验期满,就认为原判刑罚已经执行完毕,并公开予以宣告。(本条是根据《中华人民共和国刑法修正案(八)》之十七修改的,2011年5月1日起施行。)

刑法本条原文:被假释的犯罪分子,在假释考验期限内,由公安机关予以监督,如果没有本法第八十六条规定的情形,假释考验期满,就认为原判刑罚已经执行完毕,并公开予以宣告。

第八十六条　【假释的撤销及其处理】被假释的犯罪分子,在假释考验期限内犯新罪,应当撤销假释,依照本法第七十一条的规定实行数罪并罚。

在假释考验期限内,发现被假释的犯罪分子在判决宣告以前还有其他罪没有判决的,应当撤销假释,依照本法第七十条的规定实行数罪并罚。

被假释的犯罪分子,在假释考验期限内,有违反法律、行政法规或者国务院有关部门关于假释的监督管理规定的行为,尚未构成新的犯罪的,应当依照法定程序撤销假释,收监执行未执行完毕的刑罚。(本条第三款是根据《中华人民共和国刑法修正案(八)》之十八修改的,2011年5月1日起施行。)

刑法本条第三款原文:被假释的犯罪分子,在假释考验期限内,有违反法律、行政法规或者国务院公安部门有关假释的监督管理规定的行为,尚未构成新的犯罪的,应当依照法定程序撤销假释,收监执行未执行完毕的刑罚。

■最高人民法院关于办理减刑、假释案件具体应用法律的规定(2017年1月1日)

第二十九条　罪犯在假释考验期内违反法律、行政法规或者国务院有关部门关于假释的监督管理规定的,作出假释裁定的人民法院,应当在收到报请机关或者检察机关撤销假释建议书后及时审查,作出是否撤销假释的裁定,并送达报请机关,同时抄送人民检察院、公安机关和原刑罚执行机关。

罪犯在逃的,撤销假释裁定书可以作为对罪犯进行追捕的依据。

第三十条　依照刑法第八十六条规定被撤销假释的罪犯,一般不得再假释。但依照该条第二款被撤销假释的罪犯,如果罪犯对漏罪曾作如实供述但原判未予认定,或者漏罪系其自首,符合假释条件的,可以再假释。

被撤销假释的罪犯,收监后符合减刑条件的,可以减刑,但减刑起始时间自收监之日起计算。

第三十一条　年满八十周岁、身患疾病或者生活难以自理、没有再犯罪危险的罪犯,既符合减刑条件,又符合假释条件的,优先适用假释;不符合假释条件的,参照本规定第二十条有关的规定从宽处理。

第三十二条　人民法院按照审判监督程序重新审理的案件,裁定维持原判决、裁定的,原减刑、假释裁定继续有效。

再审裁判改变原判决、裁定的,原减刑、假释裁定自动失效,执行机关应当及时报请有管辖权的人民法院重新作出是否减刑、假释的裁定。重新作出减刑裁定时,不受本规定有关减刑起始时间、间隔时间和减刑幅度的限制。重新裁定时应综合考虑各方面因素,减刑幅度不得超过原裁定减去的刑期总和。

再审改判为死刑缓期执行或者无期徒刑的,在新判决减为有期徒刑之时,原判决已经实际执行的刑期一并扣减。

再审裁判宣告无罪的,原减刑、假释裁定自动失效。

第四十二条 本规定自2017年1月1日起施行。以前发布的司法解释与本规定不一致的,以本规定为准。

■最高人民法院关于适用刑法时间效力规定若干问题的解释(1997年9月25日)

第九条 1997年9月30日以前被假释的犯罪分子,在1997年10月1日以后的假释考验期内,又犯新罪、被发现漏罪或者违反法律、行政法规或者国务院公安部门有关假释的监督管理规定的,适用刑法第八十六条的规定,撤销假释。

○假释考验期满后发现犯罪分子在假释期间有违法犯罪行为的如何处理

根据《刑法》第八十六条的规定,被假释的犯罪分子,在假释考验期限内犯新罪,以及发现被假释的犯罪分子在判决前还有其他罪行没有判决的,或者有违反法律、行政法规或者国务院公安部门有关假释的监督管理规定的行为,尚未构成犯罪的,应当撤销假释。但在司法实践中,存在假释考验期满后才发现犯罪分子存在上述应当撤销假释的情形。由于假释考验期限届满,是否应当按照《刑法》第八十六条的规定,撤销假释,有不同认识,也存在不同做法。《刑法》第八十一条对假释制度规定了严格的适用条件,即罪犯认真遵守监规,接受教育改造,确有悔改表现,假释后不致再危害社会。刑法第八十六条规定的应当撤销假释的三种情形,实质上是不具备假释适用条件的具体表现。只要发现被假释的犯罪分子具备《刑法》第八十六条规定的应当撤销假释的三种情形之一的,就应当撤销假释。但在具体处理方式上应有区别:在假释考验期满后发现犯罪分子在假释考验期限内犯新罪,或者在判决宣告以前还有其他罪没有判决,如果新罪或者漏罪没有超过追诉期限,应当撤销假释,实行数罪并罚;如果新罪或者漏罪已过追诉期限,应当撤销假释,收监执行未执行完毕的刑罚。在假释考验期满后发现犯罪分子在假释考验期限内有违反法律、行政法规或者国务院公安部门有关假释的监督管理规定的行为,尚未构成犯罪的,应当撤销假释,收监执行未执行完毕的刑罚。[参见《刑事审判参考》总第41辑(2004年第6辑),法律出版社,第169~171页。]

▽在假释考验期间直至期满后连续犯罪的,应撤销假释,数罪并罚

假释是对服刑期间表现较好的罪犯附条件的提前释放。所谓"附条件"主要表现之一就是在裁定假释的同时,对被假释的罪犯依法设定假释考验期限。被假释的犯罪分子在假释考验期内必须严格遵守有关法律、行政法规以及公安部门有关假释的监督管理规定,服从公安机关的监督。如果被假释的犯罪分子在假释考验期内没有违反法律、行政法规以及公安部门有关假释的监督管理规定的行为,就认为原判刑罚已经执行完毕。反之,就应当对其撤销假释,收监执行原判未执行完毕的刑罚。其中,如果被假释的犯罪分子,在假释考验期内又重新犯罪的,则应当撤销假释,对其新犯的罪作出判决并与前罪的余刑实行并罚,这是假释考验制度的基本内涵和原则。司法实践中,假释监督有时不能真正到位,以致出现假释监督考察机关对假释考验期间内罪犯的违法违规的行为乃至犯罪活动和线索不能及时发现和掌握,甚至在假释考验期间又犯新罪的罪犯直至假释期满后才被抓获归案的情况。根据最高人民法院1985年的《审判严重刑事犯罪案件中具体应用法律的若干问题的答复(三)》(本附文以下简称《答复三》)第三十六条中规定,"对于被假释的犯罪分子,如果在假释考验期满后,才发现该罪犯在假释考验期内又犯新罪,对尚未超过追诉时效期限的,应当依照1979年刑法第七十五条的有关规定,撤销假释,把前罪没有执行的刑罚和后罪所判处的刑罚,按照1979年刑法第六十四条的规定,决定执行的刑罚。"可见,《答复三》中第三十六条仅是对期满后发现罪犯在假释考验期限内又犯新的个罪的情况作了规定,而对罪犯假释考验期间直至期满后连续实施新的犯罪行为的,是否撤销假释,并未进一步明确。刑法及《答复三》的本意是不论行为人的犯罪行为连续与否,也不论其犯罪行为是在何时被发现,只要有一项罪行是在假释考验期内实施且依法未超过追诉时效,就应当依法撤销其假释,实行并罚。[参见第202号案例,丁立军强奸、抢劫、盗窃案,载《刑事审判参考》总第28辑(2002年第5辑),法律出版社,第40~41页。执笔:谢萍]

第八节　时　　效

第八十七条　【追诉时效期限】犯罪经过下列期限不再追诉：

（一）法定最高刑为不满五年有期徒刑的，经过五年；

（二）法定最高刑为五年以上不满十年有期徒刑的，经过十年；

（三）法定最高刑为十年以上有期徒刑的，经过十五年；

（四）法定最高刑为无期徒刑、死刑的，经过二十年。如果二十年以后认为必须追诉的，须报请最高人民检察院核准。

■最高人民检察院关于办理核准追诉案件若干问题的规定(2012年8月21日)

第二条　办理核准追诉案件应当严格依法、从严控制。

第三条　法定最高刑为无期徒刑、死刑的犯罪，已过二十年追诉期限的，不再追诉。如果认为必须追诉的，须报请最高人民检察院核准。

第四条　须报请最高人民检察院核准追诉的案件在核准之前，侦查机关可以依法对犯罪嫌疑人采取强制措施。

侦查机关报请核准追诉并提请逮捕犯罪嫌疑人，人民检察院经审查认为必须追诉而且符合法定逮捕条件的，可以依法批准逮捕，同时要求侦查机关在报请核准追诉期间不停止对案件的侦查。

未经最高人民检察院核准，不得对案件提起公诉。

第五条　报请核准追诉的案件应当同时符合下列条件：

（一）有证据证明存在犯罪事实，且犯罪事实是犯罪嫌疑人实施的；

（二）涉嫌犯罪的行为应当适用的法定量刑幅度的最高刑为无期徒刑或者死刑的；

（三）涉嫌犯罪的性质、情节和后果特别严重，虽然已过二十年追诉期限，但社会危害性和影响依然存在，不追诉会严重影响社会稳定或者产生其他严重后果，而必须追诉的；

（四）犯罪嫌疑人能够及时到案接受追诉的。

第六条　侦查机关报请核准追诉的案件，由同级人民检察院受理并层报最高人民检察院审查决定。

第七条　人民检察院对侦查机关移送的报请核准追诉的案件，应当审查是否移送下列材料：

（一）报请核准追诉案件意见书；

（二）证明犯罪事实的证据材料；

（三）关于发案、立案、侦查、采取强制措施和犯罪嫌疑人是否重新犯罪等有关情况的书面说明及相关法律文书；

（四）被害方、案发地群众、基层组织等的意见和反映。

材料齐备的，应当受理案件；材料不齐备的，应当要求侦查机关补充移送。

第八条　地方各级人民检察院对侦查机关报请核准追诉的案件，应当及时进行审查并开展必要的调查，经检察委员会审议提出是否同意核准追诉的意见，在受理案件后十日之内制作《报请核准追诉案件报告书》，连同案件材料一并层报最高人民检察院。

第九条　最高人民检察院收到省级人民检察院报送的《报请核准追诉案件报告书》及案件材料后，应当及时审查，必要时派人到案发地了解案件有关情况。经检察长批准或者检察委员会审议，应当在受理案件后一个月之内作出是否核准追诉的决定，特殊情况下可以延长十五日，并制作《核准追诉决定书》或者《不予核准追诉决定书》，逐级下达最初受理案件的人民检察院，送达报请核准追诉的侦查机关。

第十条 对已经批准逮捕的案件,侦查羁押期限届满不能做出是否核准追诉决定的,应当依法对犯罪嫌疑人变更强制措施或者延长侦查羁押期限。

第十一条 最高人民检察院决定核准追诉的案件,最初受理案件的人民检察院应当监督侦查机关及时开展侦查取证。

最高人民检察院决定不予核准追诉,侦查机关未及时撤销案件的,同级人民检察院应当予以监督纠正。犯罪嫌疑人在押的,应当立即释放。

第十二条 人民检察院直接立案侦查的案件报请最高人民检察院核准追诉的,参照本规定办理。

第十三条 本规定自发布之日起施行。

■最高人民法院、最高人民检察院关于不再追诉去台人员在中华人民共和国成立前的犯罪行为的公告(全文)(1988年3月14日)

台湾同胞来祖国大陆探亲、旅游的日益增多。这对促进海峡两岸的"三通"和实现祖国和平统一大业将起到积极的作用。为此,对去台人员在中华人民共和国成立前在大陆犯有罪行的,根据《中华人民共和国刑法》(1979年刑法——编著者注)第七十六条关于对犯罪追诉时效的规定的精神,决定对其当时所犯罪行不再追诉。

■最高人民法院、最高人民检察院关于不再追诉去台人员在中华人民共和国成立后当地人民政权建立前的犯罪行为的公告(全文)(1989年9月7日)

一、对去台人员在中华人民共和国成立后、犯罪地地方人民政权建立前所犯历史罪行,不再追诉。

二、去台人员在中华人民共和国成立后、犯罪地地方人民政权建立前犯有罪行,并连续或继续到当地人民政权建立后的,追诉期限从犯罪行为终了之日起计算。凡符合《中华人民共和国刑法》(1979年刑法——编著者注)第七十六条规定的,不再追诉。其中法定最高刑为无期徒刑、死刑的,经过二十年,不再追诉。如果认为必须追诉的,由最高人民检察院核准。

三、对于去海外其他地方的人员在中华人民共和国成立前,或者在中华人民共和国成立后、犯罪地地方人民政权建立前所犯的罪行,分别按照最高人民法院、最高人民检察院《关于不再追诉去台人员在中华人民共和国成立前的犯罪行为的公告》精神和本公告第一条第二条的规定办理。

●对严重危害社会治安的犯罪,过了追诉期限,应当追诉的情形

故意杀人、抢劫、强奸、绑架、爆炸等严重危害社会治安的犯罪,经过二十年追诉期限,仍然严重影响人民群众安全感,被害方、案发地群众、基层组织等强烈要求追究犯罪嫌疑人刑事责任,不追诉可能影响社会稳定或者产生其他严重后果的,对犯罪嫌疑人应当追诉。[参见最高人民检察院第6批指导案例20号,马世龙(抢劫)核准追诉案,2015年7月3日发布。]

●犯罪情节恶劣、无悔罪表现,过了追诉期限,应当追诉的情形

涉嫌犯罪情节恶劣、后果严重,并且犯罪后积极逃避侦查,经过二十年追诉期限,犯罪嫌疑人没有明显悔罪表现,也未通过赔礼道歉、赔偿损失等获得被害方谅解,犯罪造成的社会影响没有消失,不追诉可能影响社会稳定或者产生其他严重后果的,对犯罪嫌疑人应当追诉。[参见最高人民检察院第6批指导案例21号,丁国山等(故意伤害)核准追诉案,2015年7月3日发布。]

●因民间矛盾激化引发犯罪且被害人谅解、过了追诉期限的,不予核准追诉

1. 因婚姻家庭等民间矛盾激化引发的犯罪,经过二十年追诉期限,犯罪嫌疑人没有再犯罪危险性,被害人及其家属对犯罪嫌疑人表示谅解,不追诉有利于化解社会矛盾、恢复正常社会秩序,同时不会影响社会稳定或者产生其他严重后果的,对犯罪嫌疑人可以不再追诉。

2. 须报请最高人民检察院核准追诉的案件,侦查机关在核准之前可以依法对犯罪嫌疑人采取强制措施。侦查机关报请核准追诉并提请逮捕犯罪嫌疑人,人民检察院经审查认为必须追诉而且符合法定逮捕条件的,可以依法批准逮捕。[参见最高人民检察院第6批指导案例22号,杨菊云(故意杀人)不核准追诉案,2015年7月3日发布。]

●**具有悔罪表现,且没有再犯罪危险性,过了追诉期限的,不予核准追诉**

1. 涉嫌犯罪已过二十年追诉期限,犯罪嫌疑人没有再犯罪危险性,并且通过赔礼道歉、赔偿损失等方式积极消除犯罪影响,被害方对犯罪嫌疑人表示谅解,犯罪破坏的社会秩序明显恢复,不追诉不会影响社会稳定或者产生其他严重后果的,对犯罪嫌疑人可以不再追诉。

2. 1997年9月30日以前实施的共同犯罪,已被司法机关采取强制措施的犯罪嫌疑人逃避侦查或者审判的,不受追诉期限限制。司法机关在追诉期限内未发现或者未采取强制措施的犯罪嫌疑人,应当受追诉期限限制;涉嫌犯罪应当适用的法定量刑幅度的最高刑为无期徒刑、死刑,犯罪行为发生二十年以后认为必须追诉的,须报请最高人民检察院核准。[参见最高人民检察院第6批指导案例23号,蔡金星、陈国辉等(抢劫)不核准追诉案,2015年7月3日发布。]

▽**从旧兼从轻原则应当体现在决定被告人刑事责任有无、罪行轻重的各个方面**

刑法第十二条第一款规定的从旧兼从轻原则,其实质是要求在对被告人追究刑事责任时应采取有利于被告人的原则。这绝不是仅体现在定罪量刑方面,而应体现在决定被告人刑事责任有无、罪行轻重的各个方面,如追诉时效、自首、立功、累犯、减刑、假释等。这一点在《最高人民法院关于适用刑法时间效力规定若干问题的解释》中作了明确规定。[参见第174号案例,沈某挪用资金案,载《刑事审判参考》总第25辑(2002年第2辑),法律出版社,第62页。执笔:张双庆]

▽**犯罪行为对应的法定最高刑及追诉期限的确定**

被告人故意伤害他人的行为是否已过追诉期限。根据1997年修订刑法、1979年刑法、《关于严惩严重危害社会治安的犯罪分子的决定》(本附文以下简称《决定》)、《最高人民法院关于人民法院审判严重刑事犯罪案件中具体应用法律的若干问题的答复(三)》(本附文以下简称《答复》,该答复已被最高人民法院法释〔2013〕2号废止。——编著者注)以及《最高人民法院关于适用刑法时间效力规定若干问题的解释》(本附文以下简称《解释》)的相关规定,按照从旧兼从轻原则,本案应按照1979年《刑法》及《决定》的相关规定处理,被告人的行为没有超过追诉时效期限。具体理由如下:(一)本案被告人的犯罪行为应当受到追诉期限的限制,具体期限应当根据对应的1979年《刑法》第一百三十四条第二款和《决定》第一条第二项规定的法定最高刑确定。本案发生于1992年,《决定》对致人死亡的故意伤害行为规定了七年以上有期徒刑、无期徒刑、死刑的法定刑,而1997年修订刑法对致人死亡的故意伤害行为规定了十年以上有期徒刑、无期徒刑、死刑的法定刑。两者规定的法定最高刑均为死刑;但从法定最低刑的比较来看,1997年修订刑法规定的法定最低刑为十年,1979年刑法与《决定》规定的法定最低刑为七年,后者轻于前者,按照从旧兼从轻原则,应适用1979年刑法与《决定》的相关规定。关于未逃避侦查的行为是否不受追诉期限限制的问题,应当结合1979年刑法第七十七条和《解释》第一条的规定进行综合分析。1979年刑法第七十七条规定:"在人民法院、人民检察院、公安机关采取强制措施以后,逃避侦查或者审判的,不受追诉期限的限制",《解释》第一条规定:"对于行为人1997年9月30日以前实施的犯罪行为,在人民检察院、公安机关、国家安全机关立案侦查或者在人民法院受理案件以后,行为人逃避侦查或者审判,超过追诉期限或者被害人在追诉期限内提出控告,人民法院、人民检察院、公安机关应当立案而不予立案,超过追诉期限的,是否追究行为人的刑事责任,适用修订前的刑法第七十七条的规定。"根据上述规定,对于1997年9月30日以前实施的犯罪行为,行为人没有逃避侦查或者审判,侦查机关没有立案侦查,人民法院也没有受理案件,超过追诉期限的,不再追究行为人的刑事责任;被害人即使在追诉期限内提出控告,侦查机关应当立案而不立案,超过追诉期限的,也不再追究行为人的刑事责任。联系本案,侦查机关在1992年案发后仅启动了追究主犯邓某某刑事责任的程序,被告人在本案中也接受了公安机关的调查,并没有逃避侦查的行为。公安机关在案发后直至2008年4月11日这段期间未对行为人进行立案处理,因此,对被告人追究刑事责任应当受到追诉期限的限制。具体应受多长时效期限的限制,应当根据被告人故意伤害行为对应的法定最高刑确定,即根据1979年《刑法》第一百三十四条第二款和《决定》第一条第二项规定的法定刑确定。(二)对1979年《刑法》第一百三十四条第二款与《决定》第一条第二项规定的三种法定刑应当理解为同一量刑幅度内的三个量刑档次,对犯罪行为对应的法定刑的确定不应计入从轻、减轻、免除处罚情节。本案一审法院两种意见的争议焦点在于,被告人的故意伤害行为对应的法定最高刑是十五年有期徒刑、无期徒刑,还是死刑。这一分歧涉及两个具体问题:一是1979年刑法第一百三十四条第二款与《决定》第一条第二项规定的三种法定刑是三个量刑幅度还是一个量刑幅度;二是对犯罪行为对应的法定刑的确定是否应当计入从轻、减轻、免除处罚情节。1. 1979年刑法第一百三十四条第二款与《决定》第一条第二项规定的三种法定刑是一个量刑幅度内的三个量刑档次。量刑幅度是与刑法规定的具体犯罪危害后果相对应的。例如,数额犯有数额较大、数额巨大以及数额特别巨大三种情形,刑法根据这三种危害后果一般均会规定三个对应的量刑幅度。而量刑档次则是同一量刑幅度内高低不同的刑期。如刑法第一百一十九条规定:"破坏交通工具、交通设施、电力设备、燃气设备、易燃易爆设备,造成严重后果的,处十年以上有期徒刑、无期徒刑或者死刑。"其中,十年以上有期徒刑,无期徒刑、死刑就是同一量刑幅度内的三个量刑档次,而非三个量刑幅度。《答复》第三十九条规定:"刑法第七十六条(1979年《刑法》第七十六条与1997年《刑法》第八十七条的规定相同——编著者注)按照罪与刑相适应的原则,将追诉期限分别规定为长短不同的四档,因此,根据所犯罪行的轻重,应当分别适用刑法规定的不同条款或相应的量刑幅度,按其法定最高刑来计算追诉期限。如果所犯罪行的刑罚,分别规定有几条或几款时,即按其罪行应当适用的条或款的法定最高刑计算;如果是同一条文中,有几个量刑幅度时,即按其罪行应当适用的量刑幅度的法定最高刑计算。"根据这一规定,致人死亡情形的故意伤害行为对应的七年以上有期徒刑、无期徒刑、死刑,是一个量刑幅度中的三个量刑档次,而非三个量刑幅度。2. 对犯罪行为对应的法定刑的确定不应计入从轻、减轻、免除处罚情节,即不应根据实际可能判处的刑期确定法定最高刑。本案被告人作为从犯,其实施的伤害行为并非导致被害人死亡的直接原因,且被害人身体有潜在的疾病,是否应当综合这些情节按实际可能判处的刑期确定判处被告人的法定最高刑,实践中存在不同观点。(1)在确定犯罪行为对应的法定最高刑时,不应计入从轻、减轻、免除处罚或从重处罚情节的考虑。这里有必要论及法定刑和宣告刑的区分。法定刑是根据犯罪性质、危害后果、情节等确定的刑罚。而宣告刑是行为人在接受审判后,人民法院根据其犯罪性质,综合各种从重或者从轻、减轻、免除处罚情节,以法定刑为基准而判定的刑罚。根据刑法的相关规定,追诉时效期限的长短是根据犯罪行为对应的法定最高刑确定的,而不是根据犯罪行为对应的宣告刑确定的。这是因为在对行为人追诉前,不可能确切知道对其应适用的宣告刑,故只能根据其行为的一般情形确定法定最高刑,再根据法定最高刑确定追诉时效。如果以可能对应的宣告刑作为追诉标准,则可能会出现漏诉的情况,最终不利于惩罚犯罪。所以,司法机关对犯罪行为是否追诉应根据犯罪性质、危害后果、情节对应的法定刑幅度进行判断,而不必考虑行为人是否存在从轻、减轻、免除处罚或者从重处罚情节。例如,行为人盗窃数额巨大的财物,在追诉时效期限内自首又有重大立功的,虽然其有减轻处罚情节,但仍应按照1997年修订刑法规定的三年以上十年以下有期徒刑幅度确定法定最高刑。即以法定最高刑确定追诉时效,追诉期限为十五年。不能因为行为人有应当减轻处罚的情节而按减轻处罚后实际可能判处的刑罚来确定追诉期限。(2)关于犯罪行为对应法定最高刑的确定,可以具体参照以下几条原则:第一,对于数额犯,应根据犯罪数额对应的刑法条款规定的刑罚幅度确定法定最高刑。例如,盗窃、诈骗、抢夺罪,1979年刑法对数额较大、数额巨大和情节特别严重三种情形分别规定了"五年以下有期徒刑、拘役或者管制;五年以上十年以下有期徒刑;十年以上有期徒刑或者无期徒刑"三个量刑幅度。在对具体盗窃、诈骗、抢夺行为确定法定最高刑时,先应根据具体涉案数额确定对应的量刑幅度,进而在该量刑幅度内确定法定最高刑。第二,对于情节犯,应根据犯罪情节对应的刑法条款规定的刑罚幅度确定法定最高刑。如1997年修订《刑法》对"交通肇事犯罪致人重伤、死亡或者使公私财产遭受重大损失的","交通运输肇事后逃逸或者有其他特别恶劣情节"和"因逃逸致人死亡"三种情形,规定了三年以下有期徒刑或者拘役、三年以上七年以下有期徒刑、七年以上有期徒刑三个量刑幅度。在对具体交通肇事行为确定法定最高刑时,先应根据具体犯罪情节确定对应的量刑幅度,进而在该量刑幅度内确定法定最高刑。第三,对于结果犯,应根据犯罪结果所对应的刑法条款规定的刑罚幅度确定法定最高刑。以故意伤害罪为例,1979年《刑法》对致人轻伤、重伤、死亡三种结果规定了三个量刑幅度,在对具体伤害行为确定法定最高刑时,先应根据轻伤、重伤、死亡的犯罪结果确定对应的量刑幅度,进而在该量刑幅度内确定法定最高刑。值得注意的是,《决定》对故意伤害犯罪判处死刑的情况附加了"情节恶劣"的限定。对此处"情节恶劣"的理解,直接影响到本案法定最高刑的确定。此处的"情节恶劣"是从属于"致人死亡"这一犯罪结果的,不是一个独立的法定情节。由于目前尚无相关规范性指导文件明确"情节恶劣"的认定标准,司法实践中对这一情节的认定只能综合具体案情把握,所以该类情节原则上只会影响到宣告刑的判定,而不涉及法定刑。基于这一分析,依照《决定》的相关规定,对致人死亡情形的故意伤害行为,均应按照最高刑死刑确定追诉期限。第四,对于集团犯罪,由于刑法对一般参与者与首要分子明确规定了不同的量刑幅度,所以应在甄别身份后确定法定最高刑。第五,对于共同犯罪,确定从犯追诉期限时所适用的法律条款与确定主犯追诉期限所适用的法律条款应当同一。不论从犯的参与程度,即使从犯有从轻、减轻情节,其追诉期限与主犯的追诉期限应当一致,这是共同犯罪追诉的一体性以及保证诉讼程序完整性的要求。具体到本案,被告人所实施的故意伤害行为,虽然其行为不是导致被害人死亡的直接原因,且情节较为轻微,但是作为共同犯罪的参与人,既然其参与行为造成了死亡结果,就应按照致人死亡情形的故意伤害行为确定追诉期限,即应按照《决定》所规定的法定最高刑——死刑确定二十年的追诉期限。本案在2008年立案时未过追诉期限,因此,应对被告人追究刑事责任。[参见第745号指导案例,杨伟故意伤害案,载《刑事审判参考》总第84集(2012年第1集),第6~10页。撰稿:李剑弢 江晓燕]

第八十八条 【追诉期限的延长】在人民检察院、公安机关、国家安全机关立案侦查或者在人民法院受理案件以后,逃避侦查或者审判的,不受追诉期限的限制。

被害人在追诉期限内提出控告,人民法院、人民检察院、公安机关应当立案而不予立案的,不受追诉期限的限制。

■最高人民法院关于适用刑法时间效力规定若干问题的解释(1997年10月1日)

为正确适用刑法,现就人民法院1997年10月1日以后审理的刑事案件,具体适用修订前的刑法或者修订后的刑法的有关问题规定如下:

第一条 对于行为人1997年9月30日以前实施的犯罪行为,在人民检察院、公安机关、国家安全机关立案侦查或者在人民法院受理案件以后,行为人逃避侦查或者审判,超过追诉期限或者被害人在追诉期限内提出控告,人民法院、人民检察院、公安机关应当立案而不予立案,超过追诉期限的,是否追究行为人的刑事责任,适用修订前的刑法第七十七条的规定。(1979年刑法第七十七条规定:"在人民法院、人民检察院、公安机关采取强制措施以后,逃避侦查或者审判的,不受追究期限的限制。"——编著者注)

■最高人民法院关于在审理经济纠纷案件中涉及经济犯罪嫌疑若干问题的规定(2020年12月29日修正)

第九条 被害人请求保护其民事权利的诉讼时效在公安机关、检察机关查处经济犯罪嫌疑期间中断。如果公安机关决定撤销涉嫌经济犯罪案件或者检察机关决定不起诉的,诉讼时效从撤销案件或决定不起诉之次日起重新计算。

▼最高人民法院研究室关于重婚案件的被告人长期外逃法院能否中止审理和是否受追诉时效限制问题的电话答复(全文)(1989年8月16日)

胡应亭诉焦有枝、赵炳信重婚一案,在人民法院对焦有枝采取取保候审的强制措施后,焦有枝潜逃并和赵炳信一直在外流窜,下落不明的情况下,可参照最高人民法院法(研)复[1988]29号《关于刑事案件取保候审的被告人在法院审理期间潜逃应宣告中止审理的批复》的规定,中止审理,俟被告人追捕归案后,再恢复审理。关于追诉时效问题,根据刑法(1979年刑法——编著者注)第七十七条的规定,对焦有枝追究刑事责任不受追诉期限的限制。对于赵炳信,只要他同焦有枝的非法婚姻关系不解除,他们的重婚犯罪行为就处于一种继续状态,根据刑法(1979年刑法——编著者注)第七十八条的规定,人民法院随时都可以对他追究刑事责任。此外,如果公安机关已对赵炳信发布了通缉令,也可以根据刑法(1979年刑法——编著者注)第七十七条的规定,对他追究刑事责任,不受追诉期限的限制。

▽案发时被害单位报案,公安机关未予立案的,应按行为时即修订前刑法第七十七条规定决定是否不受追诉期限的限制

对于行为人的挪用资金犯罪行为,被害单位某供销社曾于1995年1月10日,即在追诉期限内向公安机关报案,公安机关未予立案。根据1997年《刑法》第八十八条第二款规定:“被害人在追诉期限内提出控告,人民法院、人民检察院、公安机关应当立案而不予立案的,不受追诉期限的限制。”那么,行为人的行为是否适用1997年刑法的这一规定,根据《最高人民法院关于适用刑法时间效力规定若干问题的解释》第一条规定:“对于行为人1997年9月30日以前实施的犯罪行为,……被害人在追诉期限内提出控告,人民法院、人民检察院、公安机关应当立案而不予立案,超过追诉期限的,是否追究行为人的刑事责任,适用修订前的《刑法》第七十七条的规定。”这一规定明确排除了1997年刑法第八十八条第二款对本案的适用,而修订前的刑法第七十七条的规定是“在人民法院、人民检察院、公安机关采取强制措施以后,逃避侦查或者审判的,不受追诉期限的限制”。也就是说,在1979年刑法中,“不受追诉期限的限制”的情形仅限于“在人民法院、人民检察院、公安机关采取强制措施以后,逃避侦查或者审判”这一前提条件。本案由于公安机关没有立案,所以无从谈起采取强制措施,更谈不上沈某逃避侦查或者审判。因此,对于行为人在1997年9月30日前实施的挪用资金犯罪行为,被害人在追诉期限内提出控告,司法机关应当立案而没有立案的,仍然受到追诉期限的限制,但已超过追诉期限的,依法不得追究其刑事责任。综上,本案已超过追诉期限,人民法院应当依照《最高人民法院关于执行〈中华人民共和国刑事诉讼法〉若干问题的解释》第一百一十七条第五项的规定,决定不予受理。[参见第174号案例,沈某挪用资金案,载《刑事审判参考》总第25辑(2002年第2辑),法律出版社,第63页。执笔:张双庆]

▽被害人在追诉时效内提出控告,人民法院、人民检察院、公安机关应当立案而不予立案,不受追诉时效的限制

本案案发于1998年5月10日,公安机关在案发后虽有对本案展开初查,但一直没有对被害人黄某某的伤情进行鉴定,也没有立案。2012年8月29日,公安机关对黄某某的伤情进行了鉴定并确定为轻伤,同年9月10日,公安机关决定对本案进行立案。此时距案发已逾14年之久。本案属于刑法第八十八条第二款规定的“被害人在追诉期限内提出控告,公安机关应当立案而不予立案”的情形,不受追诉时效的限制,因此应当追究被告人林某某的刑事责任。

追诉时效是刑法规定的,对犯罪人进行刑事追诉的有效期限。超过法定追诉期限,司法机关或者有告诉权的人不再对犯罪人进行追诉,已经追诉的,应当撤销案件或者不起诉,或者终止审判。追诉时效完成,是刑罚请求权消灭的重要事由之一。根据刑法第八十八条、第八十九条的规定,追诉期限的计算有四种情况:(1)一般犯罪追诉期限的计算;(2)连续或继续犯罪追诉期限的计算;(3)追诉时效的延长;(4)追诉时效的中断。本案主要涉及追诉时效的延长。

关于追诉时效的延长,1979年刑法第七十七条只规定了一种情形,即“在人民法院、人民检察院、公安机关采取强制措施以后,逃避侦查或者审判的,不受追诉期限的限制”。1997年刑法修订时,第八十八条第一款对追诉时效延长制度进行了修改,并增加了一款,即第八十八条第二款。理论上一般认为,现行刑法在修订时之所以增加这一规定,从立法意图分析,主要是为了保证有罪必究,及时有效地保障被害人的合法权益。

刑法第八十八条第二款的适用,必须同时具备以下条件:

1. 被害人在追诉时效内提出控告。首先,这里的被害人不能狭义地理解为被害人本人,而应理解为包括被害人本人及其法定代理人、近亲属。因为现实中被害人可能会因本人身体原因或者受到强制、威吓而不能或者不敢提出控告,此时若不允许被害人的法定代理人或者近亲属代为控告,便与立法精神相悖,也不符合我国刑法增设该款保障被害人权益的目的。其次,被害人必须在追诉期限内提出控告,该追诉期限是指刑法第八十七条所规定的期限。如果被害人没有在追诉期限内提出控告,即使其合法权益受到犯罪人侵害,也不能对犯罪人适用追诉时效的无限延长。最后,刑事诉讼法第一百零八条第二款规定:“被害人对侵犯其人身、财产权利的犯罪事实或者犯罪嫌疑人,有权向公安机关、人民检察院或者人民法院报案或者控告。”“报案”指任何单位和个人(不限于被害人)发现犯罪事实后,向有关司法机关报告,请求审查处理的行为,通常报案人在报案时不知道犯罪嫌疑人是谁。“控告”则一般指被害人或者其法定代理人、近亲属为了维护被害人的权益,向有关司法机关指控具体的犯罪嫌疑人及其犯罪事实,请求追究犯罪嫌疑人的刑事责任的行为。被害人进行控告的前提是必须知道具体的犯罪嫌疑人,如果被害人不知道犯罪嫌疑人是谁,而只是报案反映自己被侵害的事实的,则不能适用刑法第八十八条第二款的规定。

2. 人民法院、人民检察院、公安机关应当立案而不予立案。立案是刑事诉讼开始的第一个独立的诉讼阶段,对刑事诉讼案件的进行具有决定性意义。除公安机关、人民检察院自行发现或获取的材料是立案的材料来源外,报案、控告、举报和自首是司法机关立案材料中的主要来源。刑事诉讼法第一百一十条规定:“人民法院、人民检察院或者公安机关对于报案、控告、举报和自首的材料,应当按照管辖范围,迅速进行审查,认为有犯罪事实需要追究刑事责任的时候,应当立案;认为没有犯罪事实,或者犯罪事实显著轻微,不需要追究刑事责任的时候,不予立案,并且将不立案的原因通知控告人。控告人如果不服,可以申请复议。”根据本条规定,刑事立案必须具备两个条件:一是有犯罪事实发生,二是需要追究刑事责任。所谓“应当立案”,是指符合上述规定的立案条件;所谓“应当立案而不立案”,是指对符合立案条件的,并不具有“没有犯罪事实,或者犯罪事实显著轻微,不需要追究刑事责任的”不予立案情况,人民法院、人民检察院、公安机关却未予立案的情形。司法实践中,对立案材料的审查,通常采用如下步骤和方法:首先,对材料所反映的事实进行审查。审查事实,首先要审查有无事件发生,然后审查已发生的事件是否属于犯罪案件。如果属于犯罪案件,还要审查是否需要追究行为人的法律责任,其中包括根据法律规定审查行为人有无不需要追究责任的法定情形。其次,对材料所反映的犯罪事实有无确凿的证据或证据线索进行审查或进行必要的调查。审查或调查证据,一般采用如下几种方法:一是向控告、检举的机关、团体或个人调阅与犯罪事实及犯罪人有关的材料;二是委托控告、检举单位对某些问题进行调查,对于重大、复杂的案件或线索,根据需要或可能,还可以商请其派员协助调查;三是派人到发案地进行个别访问或调查,对特殊案件在紧急情况下还可以采取必不可少的特殊调查措施。公、检、法对立案材料进行审查后,应当作出立案或者不立案两种决定。人民法院、人民检察院、公安机关对控告人的控告进行审查后,必须给控告人一个明确的结果,要么立案,要么不予立案。决定不立案的,应将不立案的原因及时通知控告人,控告人如果不服,可以申请复议,有关司法机关应予复议,并将复议结果通知控告人。《公安机关办理刑事案件程序规定》(2012年修订)和《人民检察院刑事诉讼规则(试行)》(2012年修订)都要求制作不立案通知书。如果既没有立案,又迟迟不出具不立案通知书,不仅侵犯了控告人申请复议权,也影响到控告人行使其他救济权,而且如果属于应当立案而不立案的案件,还会导致对犯罪人追诉时效的延长。

在实践中,为了保证正确认定"应当立案而不予立案"的情形,必须对接受案件且有管辖权的机关作出相关要求,否则,容易破坏追诉时效制度,不能充分保护另一方的合法权利。应当在程序上和法律文书上有所规定,一方面证明被害人在法定期限内提出控告的事实存在,另一方面证明受案机关不予立案的事实存在。比如受案机关应保存受案记录,包括口述笔录,控告书副本、收文登记、受案登记、不予立案的决定书、复函、通知书等,既可防止受案机关不答复被害人,不作任何决定、消极拖延,同时也可防止个别人无理缠讼。至于被害人是以口头或者书面形式提出控告不应受到限制。无论采取哪种形式,接受控告的机关都要有记录,为防止个别机关推卸责任,不做任何记载,控告人只要提供相关证据能够证明曾向某机关提出控告,控告行为就成立。因此,只要被害人在追诉期限内提出控告的,遇有该立案而不予立案的情况,对犯罪人的追诉就不受刑法第八十七条规定的追诉期限的限制。在这种情形下,不管司法机关出于何种原因没有立案,不论行为人是否逃避侦查或者审判,不论经过多长时间,任何时候都可以对其进行追诉。即使被害人在追诉期限内的控告不符合管辖规定,也不妨碍追诉时效的延长。但其后的犯罪行为仍然受追诉期限的限制。例如,行为人的甲罪被被害人控告,应当立案而未立案,其后又犯了乙罪,先前的甲罪虽然不受追诉期限的限制,但后来的乙罪仍然受追诉期限的限制。

本案属于《刑法》第八十八条第二款规定的"被害人在追诉期限内提出控告,公安机关应当立案而不立案"的情形,不受诉讼时效的限制,一审、二审法院认为本案没有超过追诉期限是正确的。具体理由如下:

(1)被害人及其亲属自1998年5月10日案发后即向公安机关报案,在追诉期限内多次向相关政法部门提出控告,并多次上访和信访,要求追究持刀伤人者林某某的刑事责任。

(2)被害人的伤情在1998年案发后已于1999年经医院诊断为:右小腿刀伤,在腓骨总神经完全离断,右腓骨小头骨折。公安机关本应对被害人的伤情进行鉴定并进行立案,但由于历史原因,而且原钱东派出所领导、干警人员多次调整、变动,致使当时未能及时对被害人的伤情进行鉴定。根据我国刑法规定,故意伤害罪必须经法医作出伤情鉴定并达到轻伤等级后,才能确定行为人的行为构成犯罪。由于对被害人的伤情进行鉴定系公安机关内部工作机制,是应不应当立案的一个必要环节,因此对于公安机关未及时进行伤情鉴定从而导致无法及时立案的后果,不能由被害人承担,并使被告人获利。本案中后来所做的伤情鉴定意见证实被害人的损伤程度属轻伤,被告人林某某的行为已涉嫌刑事犯罪。

(3)公安机关在案发后虽没有及时立案并制作立案决定书随案附卷,但在案证据证实公安机关在案发后已及时展开实质性的调查工作,并已确定林某某就是持刀伤害被害人的犯罪嫌疑人。如公安机关在案发后的1个月内就已经对被害人和8个证人进行了调查取证,并制作询问笔录附卷,查清了林某某持刀伤害被害人的事实;公安机关于1999年10月发出协查通报,要求饶平县公安局各单位一经发现故意伤害犯罪嫌疑人林某某即予(刑事)拘留;饶平县公安局信访股于1999年2月18日在答复有关部门的信件中称案发后钱东派出所对所有参与者都进行传讯,经调查取证,拟依法追究持刀伤害他人的犯罪嫌疑人林某某的刑事责任。

需要注意的是,由于本案案发当时有关规定尚不完善,缺乏有效的督促机制,导致因未及时进行伤情鉴定而迟迟不予立案。此后,随着相关规定的完善,伤害案件不立案问题得到了较好的解决。公安部于2005年颁布的《公安机关办理伤害案件规定》第十七条规定:"公安机关办理伤害案件,应当对人身损伤程度和用作证据的痕迹、物证、致伤工具等进行检验、鉴定。"第十八条规定:"公安机关受理伤害案件后,应当在24小时内开具伤情鉴定委托书,告知被害人到指定的鉴定机构进行伤情鉴定。"[参见第945指导案例,林某某故意伤害案,载《刑事审判参考》总第96集(2014年第1集),第44～49页。撰稿:江谨　高明黎]

▽刑法中追诉时效的规定具有溯及力

1997年《刑法》在1979年刑法基础上对追诉时效问题作了修改,此后我国接连出台了多个刑法修正案,但对于追诉时效未再作改动。《刑事诉讼法》于2012年修订时对立案部分(包括被害人控告方面)也没有进行任何修改。由于本案发生于1998年,追诉时效的适用问题相对容易把握,但对于发生在1997年9月30日之前、诉讼延续到1997年刑法生效以后的案件,如何确定新旧刑法的适用则较为复杂。

1997年《刑法》第十二条规定对定罪量刑适用的是有利于被告人的从旧兼从轻原则,但在旧法认为是犯罪的前提下,对追诉时效则适用的是从新原则,即在确定是否追诉时,应当适用1997年刑法总则第四章第八节的规定,而不适用1979年刑法的规定。关于适用刑法溯及力与追诉时效的先后顺序问题,如果1979年刑法没有认为行为无罪,那么应当先按照1997年刑法总则第四章第八节规定的追诉时效制度判断是否已过追诉时效,如果超过,则没有再进行判断的必要;如果仍在追诉时效内,再比较新旧刑法的轻重,适用从旧兼从轻的原则。

由于新旧刑法关于追诉时效存在不同规定,1997年9月25日,最高人民法院颁布的《关于适用刑法时间效力规定若干问题的解释》(1997年10月1日施行)第一条规定:"对于行为人1997年9月30日以前实施的犯罪行为,在人民检察院、公安机关、国家安全机关立案侦查或者在人民法院受理案件以后,行为人逃避侦查或者审判,超过追诉期限或者被害人在追诉期限内提出控告,人民法院、人民检察院、公安机关应当立案而不予立案,超过追诉期限的,是否追究行为人的刑事责任,适用修订前的刑法第七十七条的规定。"因该司法解释是从1997年刑法颁布之际的定位来论述的,对于其中"超过追诉时效的"这句话,应当理解为仅包括在1997年刑法颁布前已经超过追诉时效的情形。也就是说,对在此之前的行为超过追诉时效的,包括存在被害人控告而司法机关未予立案导致诉讼时效丧失,适用1979年刑法的规定;如果1997年刑法颁布之际尚未超过追诉时效则不适用该司法解释,即该法条未对此时尚未丧失追诉时效的情形进行规定的,应当适用1997年刑法的规定。[参见第945指导案例,林某某故意伤害案,载《刑事审判参考》总第96集(2014年第1集),第49～50页。撰稿:江谨　高明黎]

▽1979年刑法所规定的不受追诉期限限制情形中的"被采取强制措施以后,逃避侦查或者审判"的适用

被告人袁某祥、王某恩1993年实施共同故意杀人犯罪后,袁某祥曾被采取强制措施,后因证据不足一直未得到依法审判;王某恩负案潜逃20余年后被抓获归案。1979年和1997年颁布的刑法,对于犯罪追诉期限的规定基本相同,两者均规定被告人"逃避侦查或者审判"的,不受追诉期限限制。但对该例外情况的前提规定有所不同:1979年刑法规定为"采取强制措施以后";1997年《刑法》为"立案侦查或者人民法院受理案件以后",由此导致部分发生在1997年《刑法》颁布以前的案件,对犯罪是否超过追诉期限的问题出现不同认识。同时,对共同犯罪中部分被告人不受追诉期限限制的,是否引起其他被告人追诉期限的变化,刑法未明确规定,实践中认识不一。袁某祥、王某恩1993年3月4日实施犯罪,根据刑法从旧兼从轻的处罚原则及1997年《最高人民法院关于适用刑法时间效力规定若干问题的解释》(本附文以下简称《刑法时间效力解释》)第一条之规定,对二被告人犯罪追诉期限的判断,应适用1979年刑法。据此,袁某祥犯罪后虽被采取逮捕、取保候审等强制措施,但未逃避侦查和审判,受追诉时效期限限制,袁某祥被起诉时已过20年追诉期限。根据1979年《刑法》第七十六条之规定,检察机关追诉袁某祥,须报请最高人民检察院核准。故根据《最高人民法院关于适用〈中华人民共和国刑事诉讼法〉的解释》(已失效)第一百八十一条第一款第六项之规定,应裁定终止审理或者退回检察机关处理。王某恩犯罪后,检察机关对王某恩批准逮捕,因其潜逃未能执行,王某恩的行为符合1979年

《刑法》第七十七条规定的不受追诉期限限制的情形,对其应继续审理。具体理由如下:

(一)判断追诉期限问题适用的法律依据。《刑法时间效力解释》第一条规定:“对于行为人1997年9月30日以前实施的犯罪行为,在人民检察院、公安机关、国家安全机关立案侦查或者在人民法院受理案件以后,行为人逃避侦查或者审判,超过追诉期限……是否追究行为人的刑事责任,适用修订前的刑法第七十七条的规定。”故对本案中被告人袁某祥、王某恩的犯罪行为是否超过追诉期限,判断的法律依据应为1979年刑法第七十六条、第七十七条。

(二)袁某祥、王某恩犯罪行为是否超过追诉期限。本案袁某祥、王某恩殴打罗某平并致其死亡,涉及犯罪的法定最高刑为无期徒刑、死刑,根据1979年刑法第七十六条的规定,追诉时效期限为20年。本案从案发到二被告人被追诉,已经超过了20年。但同时根据1979年刑法第七十七条“在人民法院、人民检察院、公安机关采取强制措施以后,逃避侦查或者审判的,不受追诉期限的限制”的规定,袁明祥、王某恩的行为若符合第七十七条规定的情形,第二人不受追诉期限限制。判断犯罪行为是否不受追诉期限的限制,需考虑两个方面:一是被告人是否曾被采取强制措施;二是在被采取强制措施之后,是否逃避侦查或者审判。袁某祥犯罪后虽被采取逮捕、取保候审等强制措,但未逃避侦查和审判,不符合第七十七条规定的情形,应受追诉时效期限限制,袁某祥被起诉时已过20年追诉期限。案发后,检察机关决定对王某恩批准逮捕,但因王某恩作案后潜逃,未能执行逮捕,则对王某恩批准逮捕是否属于对王某恩采取强制措施,即成为确认王某恩的犯罪是否受追诉时效期限限制的关键。1992年4月9日《最高人民检察院关于刑法第七十七条有关采取强制措施的规定应如何适用的批复》(高检发研字〔1992〕4号,本附文以下简称《批复》,2002年2月25日该批复已被废止。——编著者注)明确规定,刑法第七十七条所规定的不受追诉期限限制的情形,既适用于已经执行强制措施后逃避侦查或者审判的,也适用于人民法院、人民检察院、公安机关决定(批准)采取强制措施后,由于犯罪分子逃避而无法执行,以及犯罪分子在逃,经决定(批准)逮捕并发布通缉令后拒不到案的。人民检察院对符合上述情况的犯罪分子,应当依法追诉。因此,根据本案的具体情况,王某恩所实施的故意杀人犯罪不受追诉时效限制,应当追诉。值得注意的是,废止《批复》的原因表述为“该批复中的相关内容已在刑法第八十八条、第八十九条中作出明确规定”;刑法第八十八条规定,不受追诉期限限制的前提条件是“立案侦查或者人民法院受理案件以后”,“立案侦查以后”涵盖的情形范围显然宽于“被批准逮捕以后”。因此,该《批复》被废止是因内容已涵盖在刑法第八十八条的规定中,而非与现行刑法相悖,对其所明确的批准逮捕属于采取强制措施,应视为有权机关为明确特定法律适用问题而作出的权威解释。在没有其他法律法规对该问题作出相反规定的情况下,《批复》的精神仍可参照适用。故王某恩在1993年犯罪后被批准逮捕,应视为被采取强制措施,王某恩的行为符合1979年刑法第七十七条不受追诉期限限制的情形。[参见第1200号指导案例,袁某祥、王某恩故意杀人案,载《刑事审判参考》总第110集,第46～49页。撰稿:饶星　杨雪梅]

▽对共同犯罪中部分被告人已过追诉期限的如何处理

对于共同犯罪中,部分被告人的追诉期限延长或中断,或者不受追诉期限限制,是否必然影响共同犯罪中其他被告人的追诉期限,法律没有明确规定。我们认为,应当对共同犯罪中各被告人的追诉时效分别评价判断,主要理由是:追诉时效是依照法律规定对犯罪分子追究刑事责任的有效期限,是解决某一犯罪行为经过一定的时限,是否还需要对犯罪分子起诉追究其刑事责任,设立时效制度的一项重要考虑是稳定既有的社会关系。追诉时效期限的长短,是根据犯罪分子所犯罪行对应的法定最高刑进行确定。是否受追诉期限限制,考察的是犯罪分子是否具有逃避侦查或者审判的情形,必然要求结合各被告人的具体情况进行个别化判断。本案袁某祥、王某恩系共同犯罪,二人作案后,袁某祥未逃避侦查,而王某恩在被批捕的情况下一直负案潜逃,故王某恩犯罪不受追诉期限限制,不必然引起袁某祥也不受追诉期限的限制。刑法对法定最高刑为有期徒刑的,规定了确定的追诉时效期限,超过了就不能再追诉;但对法定最高刑为无期徒刑、死刑的,除规定20年追诉时效期限外,还规定"如果二十年以后认为必须追诉的,须报请最高人民检察院核准"。本案袁某祥犯罪已经超过20年追诉时效期限,根据《最高人民法院关于适用〈中华人民共和国刑事诉讼法〉的解释》(已失效)第一百八十一条第一款第六项以及《中华人民共和国刑事诉讼法》第十五条之规定,应裁定终止审理,或者若认为必须追诉,则退回检察机关,报请最高人民检察院核准后再依法起诉。在本案审理过程中,袁某祥、王某恩就死亡赔偿问题与被害人亲属达成调解协议,取得一定程度的谅解;公诉机关亦未启动对袁某祥报请最高人民检察院核准追诉的程序,故法院依法裁定对袁某祥终止审理,对王某恩依法定罪判刑,是合适的。[参见第1200号指导案例,袁某祥、王某恩故意杀人案,载《刑事审判参考》总第110集,第49~50页。撰稿:饶星 杨雪梅]

第八十九条【追诉期限的计算与中断】追诉期限从犯罪之日起计算;犯罪行为有连续或者继续状态的,从犯罪行为终了之日起计算。

在追诉期限以内又犯罪的,前罪追诉的期限从犯后罪之日起计算。

■最高人民法院关于挪用公款犯罪如何计算追诉期限问题的批复(全文)(2003年10月10日)

根据刑法第八十九条、第三百八十四条的规定,挪用公款归个人使用,进行非法活动的,或者挪用公款数额较大、进行营利活动的,犯罪的追诉期限从挪用行为实施完毕之日起计算;挪用公款数额较大、超过三个月未还的,犯罪的追诉期限从挪用公款罪成立之日起计算。挪用公款行为有连续状态的,犯罪的追诉期限应当从最后一次挪用行为实施完毕之日或者犯罪成立之日起计算。

■最高人民检察院关于对跨越修订刑法施行日期的继续犯罪、连续犯罪以及其他同种数罪应如何具体适用刑法问题的批复(全文)(1998年12月2日)

对于开始于1997年9月30日以前,继续或者连续到1997年10月1日以后的行为,以及在1997年10月1日前后分别实施的同种类数罪,如果原刑法和修订刑法都认为是犯罪并且应当追诉,按照下列原则决定如何适用法律:

一、对于开始于1997年9月30日以前,继续到1997年10月1日以后终了的继续犯罪,应当适用修订刑法一并进行追诉。

二、对于开始于1997年9月30日以前,连续到1997年10月1日以后的连续犯罪,或者在1997年10月1日前后分别实施的同种类数罪,其中罪名、构成要件、情节以及法定刑均没有变化的,应当适用修订刑法,一并进行追诉;罪名、构成要件、情节以及法定刑已经变化的,也应当适用修订刑法,一并进行追诉,但是修订刑法比原刑法所规定的构成要件和情节较为严格,或者法定刑较重的,在提起公诉时应当提出酌情从轻处理意见。

■最高人民法院关于在审理经济纠纷案件中涉及经济犯罪嫌疑若干问题的规定(2020年12月29日)

第九条 被害人请求保护其民事权利的诉讼时效在公安机关、检察机关查处经济犯罪嫌疑期间中断。如果公安机关决定撤销涉嫌经济犯罪案件或者检察机关决定不起诉的,诉讼时效从撤销案件或决定不起诉之次日起重新计算。

■最高人民法院关于被告人林少钦受贿请示一案的答复(全文)(2017年2月13日)

追诉时效是依照法律规定对犯罪分子追究刑事责任的期限,在追诉时效期限内,司法机关应当依法追究犯罪分子刑事责任。对于法院正在审理的贪污贿赂案件,应当依据司法机关立案侦查时的法律规定认定追诉时效。依据立案侦查时的法律规定未过时效,且已经进入诉讼程序的案件,在新的法律规定生效后应当继续审理。

▽连续犯与同种数罪主要区别的认定

连续犯是指基于同一或者概括的犯罪故意,连续实施数个独立的犯罪行为,触犯同一罪名的情形。

连续犯必须具备以下四个条件:第一,数个犯罪行为必须出于同一或者概括的犯罪故意;第二,须存在数个独立的同一性质的犯罪行为;第三,数个犯罪行为之间,须具有连续性;第四,数个犯罪行为所触犯的系同一罪名。数个犯罪行为之间是否存在连续性,时间先后只是一个外在的判断因素,关键的因素在于行为人所实施的数个犯罪行为是否基于同一或者某一概括的犯罪故意,即行为人所实施的数个犯罪行为之间是否具有主观故意上的连续关系。在连续犯中,行为人在开始实施第一个犯罪行为时,即有连续实施数个犯罪行为的犯罪意图,或者是为完成一个预定的犯罪计划,或者是为实现一个总的目标,或者是预见到了总的犯罪结果。这是连续犯与同种数罪的主要区别所在。[参见第273号案例,南昌洙、南昌男盗窃案,载《刑事审判参考》总第35集(2003年第6集),法律出版社,第52页。执笔:金镒珠　金杰]

▽已婚的被告人与他人建立事实婚姻关系后,又单方终止事实婚姻关系的,重婚犯罪行为的追诉期限的计算

(一)重婚罪属继续犯,其追诉期限应当从犯罪行为终了之日起计算。继续犯,又称持续犯,是指行为从着手实行到由于某种原因终止以前,一直处于持续状态的犯罪。从客观上讲,继续犯的犯罪行为与不法状态必须同时持续,即犯罪行为的持续导致不法状态的持续。从时间上讲,继续犯必须是在一定时间内不间断的持续存在,即行为从开始到结束没有间断。就重婚罪而言,重婚不法行为和不法状态自始至终同时存在,持续侵害一夫一妻制的婚姻制度,完全符合继续犯的特征,属于继续犯。重婚登记或者事实婚姻关系的确立只意味着重婚行为的开始而不是终了,不应把后婚婚姻关系的确立与以后的以夫妻名义共同生活行为割裂开来,而应当将二者视为完整统一的重婚行为,前者是后者开始的标志。刑法第八十九条规定,"追诉期限……犯罪行为有连续或者继续状态的,从犯罪行为终了之日起计算"。因此,重婚罪的追诉期限应当从重婚行为终了之日起计算。

(二)后婚系事实婚姻的,重婚行为是否终了,应当以一方作出解除事实婚姻关系的意思表示,且婚姻关系因该意思表示实质上得以解除为判断标准。后婚系登记结婚的,重婚行为终了的时间节点比较容易判断,一般以婚姻关系经法定程序解除为准。但对于后婚系事实婚姻的,重婚行为终了的时间节点,则因个案案情复杂、多样,认定难度较大。认定该类重婚行为是否终了应当着重考虑两个因素:一是行为人是否作出解除事实婚姻的意思表示;二是该意思表示实质上是否起到解除婚姻关系的作用。事实重婚关系的解除一般要求行为人有相对明确的意思表示,包括以口头形式、书面形式通知对方解除婚姻关系,还包括以实际行动表明解除婚姻关系的意思。前者一般是指行为人通过口头或者书面直接向对方表示不再以夫妻名义共同生活等情形。后者一般是指行为人通过躲藏、更换联系方式、住址等方式拒绝与对方接触,对婚姻关系的继续持排斥态度的行为表现。后种意思表示方式较为隐晦,据此认定行为人表明解除婚姻关系意图须十分慎重。本案中,被告人田某某在未告知杨某的情况下,即离开二人在北京的共同居住地,前往外地工作,被杨某找到后其又再次不告而别,并将自己购买的用于二人共同生活的房屋出售。虽然从田某某离京以后的一系列行为可以推断出,其自离京起即打算解除与杨某的婚姻关系,此后也一直持此态度,但其离京时并未向杨某说明离京原因,当时其是否已决意解除事实婚姻关系没有有力证据证实。杨某到大连市找到田某某并要求办理结婚登记时,田某某表示不能与杨某结婚,并再次离开杨某,此时田某某不仅有了口头意思表示,且以实际行动表明了该意思。综合考虑本案具体情节,可认定2007年田某某在大连市拒绝与杨某办理结婚登记,并再次离开杨某时,向杨某表达了解除婚姻关系的意思。但是,无论是法律婚姻还是事实婚姻,婚姻关系毕竟由男女双方结成,一方作出解除婚姻关系的意思表示,并不必然导致婚姻关系自此解除,另一方是否愿意维持婚姻关系,双方是否解决财产分割、子女抚养等重大问题等因素,在认定婚姻关系是否解除时也要予以考虑。后婚系事实婚姻的,行为人单方作出解除婚姻关系的意思表示后,如另一方对此予以认可,二人不再以夫妻名义共同生活,此种情况下即可认定事实婚姻关系自此解除,如有遗留的财产分割、子女抚养问题,可在日后通过民事纠纷解决渠道解决;如另一方对此不予认可,则说明双方对是否继续保持事实婚姻关系存在争议,从保护弱势群体、维护社会公序良俗的角度出发,应综合考虑夫妻双方的态度,财产分割、子女抚养等问题的解决情况等因素判断婚姻关系是否解除。本案中,被告人田某某与杨某举行婚礼后同居二年,共同购买了住房并育有一子,双方形成了较为紧密的事实婚姻关系。杨某在大连市找到离京的田某某后要求登记结婚,说明杨某仍愿意与田某某保持婚姻关系,田某某再次离开杨某时并未妥善解决财产分割、子女抚养等问题,二人的婚姻关系何去何从具有一定的不确定性。在此情况下,不能轻易认定二人的事实婚姻关系自2007年田某某在大连市再次离开杨某起解除,否则既不利于保护婚姻关系中的弱者、打击犯罪,也不符合社会公众对婚姻关系的一般认知。田某某于2008年秘密将购买的二人共同居住的房屋出售,并回到其妻子董某某处生活,自此时起其与杨某的事实婚姻关系已不可能继续存在,故可认定二人的事实婚姻关系自此解除,田某某的重婚行为实施终了。因此,被告人所犯重婚罪的追诉期限应自2008年起计算,至杨某报案时尚在追诉时效之内,一审、二审法院对被告人以重婚罪定罪量刑是正确的。[参见第1062号指导案例,田某某重婚案,载《刑事审判参考》总第102集(2015年第1集),第52~54页。撰稿:李铁　张济坤]

▽滥用职权罪作为以危害结果为条件的渎职犯罪,追诉时效期限的起算点认定

在公安机关开展的"清网行动"中,不时发现一些被通缉人员通过公安机关有关人员的渎职行为,在户口登记过程中,违反规定办理身份证,从而"漂白"了身份,给通缉工作带来巨大困难。但是此类案件中,违规办理身份证的时间和"清网行动"中发现通缉犯的时间往往相距较长,如何把握渎职罪的追诉时效期限,成为疑难问题。根据刑法第八十九条第一款的规定,追诉期限从犯罪之日起计算;犯罪行为有连续或者继续状态的,从犯罪行为终了之日起计算。关于"犯罪之日"的含义,司法实践中存在"犯罪成立之日""犯罪行为实施之日""犯罪行为发生之日""犯罪行为完成之日""犯罪行为停止之日"等不同理解。"犯罪之日"应当理解为犯罪成立之日,即犯罪行为符合全部构成要件之日。沈某某滥用职权行为的犯罪后果,在张某青更改身份证号码后于2007年12月1日应征入伍时已全部产生,沈某某的行为在当时已经符合滥用职权罪的犯罪构成要件,故追诉期限应从2007年12月1日起算,本案已超过五年的追诉时效期限。

(一)本案追诉期限应从沈某某滥用职权全部犯罪后果产生之日起算。依照刑法第三百九十七条第一款的规定,滥用职权罪属于结果犯,即除了有犯罪行为外,还应该致使公共财产、国家和人民利益遭受重大损失这一后果发生才构成犯罪。根据《最高人民法院、最高人民检察院关于办理渎职刑事案件适用法律若干问题的解释(一)》第六条的规定,以危害结果为条件的渎职犯罪的追诉期限,从危害结果发生之日起计算;数个危害结果的,从最后一个危害结果发生之日起计算。

首先,本案中需要明确被告人沈某某犯罪行为发生的时间。2007年10月24日,沈某某签署同意张某青变更户籍信息申请;同年10月29日,同案人刘某某审批同意更改;同年11月2日,公安网上系统审批同意更改,张某青出生时间由1991年12月7日更改为1989年12月7日,后身份证号码也作了相应更改。2007年11月18日,沈某某在张某青《应征公民政治审查表》上"常住户口所在地公安派出所审查意见"栏上签署意见,此时其犯罪行为已实施完毕。

其次,本案中需要明确被告人沈某某犯罪行为的危害结果发生时间。检察机关认为,2011年9月张某青被抓获时,沈某某渎职行为的危害后果才发生,追诉期限应从此时起算;而一审、二审法院认为,县武装部出具张某青"政审合格"的意见,2007年12月1日张某青入伍之时,沈某某渎职行为的危害后果已经发生,追诉期限应从此时起算。我们同意后一种观点,司法实践当中,渎职犯罪的情况复杂,渎职行为造成损害后果的情形也较为复杂,有生命损害、健康损害、物质损害等,不同的损害后果,在认定发生时间上也不尽相同。就本案而言,沈某某滥用职权造成的后果有两个:一是因为张某青原来网上追逃的身份证号码在全国人口信息系统中无法找到,致使其抢劫的犯罪事实得不到及时的追究;二是张某青于2007年12月1日应征入伍，参加中国人民解放军部队。如果从“漂白”身份妨害司法机关及时追究张某青刑事责任的角度来看，沈某某渎职行为的危害后果从其违反规定为张某青更改户口登记，导致张某青身份证号码被更改时就已经开始产生，到张某青应征入伍时，沈某某渎职行为的危害后果已全部产生。因为从张某青入伍之日起，司法机关查处逃犯的难度大大增加，妨害了司法机关的追逃行动，从而危害社会的安全，此时的损害后果也可以理解为“其他致使公共财产、国家和人民利益遭受重大损失的情形”，因此，2007年12月1日张某青入伍时，沈某某渎职行为的危害后果已经产生，其滥用职权行为符合犯罪构成要件，构成滥用职权罪，追诉期限应从该日起算。

检察机关认为沈某某滥用职权行为的犯罪后果至2011年9月张某青被抓获时才发生，实际上是混淆了刑法理论中的继续犯和状态犯的概念。继续犯也称持续犯，是指作用于同一对象的一个犯罪行为从着手实行到行为终了，犯罪行为与不法状态在一定时间内同时处于不间断的持续状态的犯罪，如非法拘禁罪、窝藏罪等。继续犯有以下几个特征：第一，行为人出于一个故意，实施一个犯罪行为。第二，犯罪行为必须持续一定的时间。第三，犯罪行为与犯罪造成的不法状态同时继续，这是继续犯重要的特征。继续犯实施的犯罪行为往往一经实施，犯罪造成的不法状态即犯罪客体遭受侵害的状态就已经形成。犯罪行为的继续，也就意味着犯罪不法状态的继续。而状态犯，是指犯罪行为已经实施完毕，但犯罪行为所造成的不法状态仍在继续。状态犯的典型特征是属于构成要件的犯罪行为先行结束、不法状态单独继续着。继续犯与状态犯，虽然都有不法状态的继续，但两者的本质区别在于：继续犯的不法状态从犯罪实行时就已产生；而状态犯的不法状态产生于犯罪行为实行终了。继续犯是实行行为本身的持续，行为的持续导致不法状态也在持续，也即继续犯的行为对法益的侵犯在持续，行为的构成要件符合性在持续；而状态犯发生侵害结果后，行为的构成要件符合性没有持续，仅仅是犯罪的不法状态的继续。因此，刑法第八十九条规定，犯罪行为有连续或者继续状态的，追诉期限从犯罪行为终了之日起计算，这是刑法对连续犯和继续犯的追诉期限所做的特殊规定。

滥用职权罪属于状态犯，而非继续犯。滥用职权罪的犯罪行为实行终了后产生不法状态，即侵害结果，此后，侵害结果虽然一直存在，但滥用职权行为本身已经实行终了，没有持续，因此，追诉期限仍应从滥用职权行为造成的侵害结果发生之日起算，而不能以侵害结果终了之日起算。本案中，被告人沈某某违法行使审批权，致张某青的出生日期和身份信息被重新录入户政管理系统，使其抢劫的犯罪事实得不到及时的追究。后又在张某青的征兵政审工作中不负责任地出具张某青符合征兵政审条件和无违法违纪及不良行为的意见，致张某青于2007年12月1日应征入伍服兵役等危害后果发生后。在危害后果持续期间，沈某某再没有实施其他滥用职权的行为，追诉期限应从2007年12月1日起算，之后张某青继续服兵役至2011年9月才被抓获归案，这期间是不法状态的持续，而不是犯罪行为的持续。

（二）本案属于超过追诉时效期限，应裁定中止审理。根据检察机关指控的情节，“沈某某违反公安机关户政管理制度，滥用职权，擅自办理审批他人更正出生日期业务，致使他人逃避刑事处罚，造成恶劣社会影响”，依照刑法第三百九十七条第一款的规定，被告人应“处三年以下有期徒刑或者拘役”。依照刑法第八十七条第一项的规定：“犯罪经过下列期限不再追诉：（一）法定最高刑为不满五年有期徒刑的，经过五年……”被告人沈某某犯滥用职权罪，于2007年12月1日起算追诉期限，至2012年11月30日追诉期限届满。2012年12月26日检察机关对沈某某立案侦查时，已超过追诉时效期限，且本案不是必须追诉的情形；根据刑事诉讼法的相关规定应裁定终止审理。

综上，一审、二审法院从被告人沈某某滥用职权犯罪后果产生之日起算本案的追诉时效期限，据此认定本案已超过追诉时效期限，裁定终止审理是适当的。[参见第1134号指导案例，沈某某滥用职权案，载《刑事审判参考》总第105集，第117～120页。撰稿：林钟彪　林伟桐]

第五章　其他规定

第九十条　【民族自治地方刑法适用的变通】民族自治地方不能全部适用本法规定的,可以由自治区或者省的人民代表大会根据当地民族的政治、经济、文化的特点和本法规定的基本原则,制定变通或者补充的规定,报请全国人民代表大会常务委员会批准施行。

第九十一条　【公共财产的范围】本法所称公共财产,是指下列财产:

(一)国有财产;

(二)劳动群众集体所有的财产;

(三)用于扶贫和其他公益事业的社会捐助或者专项基金的财产。

在国家机关、国有公司、企业、集体企业和人民团体管理、使用或者运输中的私人财产,以公共财产论。

▽学校违规收取的"点招费"应视为公共财产

第一,财产犯罪的对象范围不以合法所有或者持有的财物为限,不能以"点招费"的收取违反了国家有关规定、不属于合法收入为由,将其排除在刑法保护之外。刑法所保护的财产权利,源于相关民事、行政法律法规的规定,同时又具有相对的独立性,这是由刑法承担着维护社会秩序基本机能所决定的。所以,刑法上的财产,更多强调的是财产的经济价值性,而非合法性。即便不受民法保护或者为相关行政法规所明文禁止持有的财物,如赌资、赃物、违禁品等,只要具有一定的经济价值,并且与刑法的基本保护精神不相违背,则同样可以成为财产犯罪的对象,并应当受到刑法的保护。《最高人民法院关于审理盗窃案件具体应用法律若干问题的解释》有关盗窃违禁品的规定,就很好地说明了这一点。第二,公共财产的认定,关键不在于某一财产在法律上的最终所有权属关系,而是行为当时该财产的占有、持有及与之相对应的责任关系。对此,不管基于合法还是非法事由,在行为当时处于国家机关、国有公司、企业、集体企业和人民团体等单位占有、持有状态下的私人财产,均应认定为公共财产,因为此时的责任主体是这些单位,如果期间财产遭受到了损失,这些单位将需承担赔偿责任。"点招费"的收取系经原商专校务会研究决定、并以原商专学校的名义作出的,且收取后的"点招费"实际处于原商专学校的占有、支配之下,如果学生家长依法提起诉讼,原商专学校负有依规定返还或者赔偿的对外责任,同时考虑到原商专属于国有事业单位,应当将之视为公共财产,符合刑法第九十一条第二款规定精神的。[参见第312号案例,尚荣多等贪污案,载《刑事审判参考》总第39集(2004年第4集),法律出版社,第58～59页。执笔:刘一守]

▽赌资或赌博所得赃款尚未被有权机关依法扣押、占有、保管、控制,不能视为国家财产

法律规定财产所有权的转让、取得必须通过合法的手段,赌博是违法行为,赌博不能改变财产所有权,通过赌博赢得的钱不受法律保护,被害人赢得的钱即便为被害人占有,也不表明其当然享有合法的所有权。因此,行为人未侵害被害人的财产所有权。赌博是违法行为,赌资是赃款,依法应当予以没收,上缴国库,归国家所有。但是,在赌博行为尚未被公安机关发觉、查处之前,赌资或赌博所得赃款尚未被有权机关依法扣押、占有、保管、控制,还不能视为国家财产。[参见第298号案例,赖忠、苏绍俊、李海等故意伤害案,载《刑事审判参考》总第38集(2004年第3集),法律出版社,第108页。执笔:李平]

▽吸收的资金没有进入国有商业银行的资金账户,不能转化为个人储蓄存款,即不属于公共财物

储户存入国有商业银行的资金,肯定属于在国有企业管理使用中的私人财产,当以公共财产论,行为人所吸收的资金,并非个人储蓄存款,因为行为人单位实际上并没有开展所谓的高额利率存款的业务,该项业务纯属行为人虚构。行为人吸收的资金也没有进入其单位的资金账户,而是落入行为人的口袋。故行为人亲朋好友交给行为人的现金是不可能转化为个人储蓄存款的,即不属于公共财物。

[参见第301号案例,田亚平诈骗案,载《刑事审判参考》总第38集(2004年第3集),法律出版社,第124页。供稿:平顶山市中级人民法院,执笔:宋楚潇]

▽国有公司、企业应限制为资产全部为国有的公司、企业

首先,公司作为依法设立、以营利为目的、股东投资行为为设立基础的独立企业法人,具有独立的法律人格,并对其资产享有管理、收益和处分的自主权。公司依法成立后,股东的出资即视为公司的财产,由公司统一独立地行使所有权。而股东按出资份额取得相应股权。因此,如果把国家控股的股份有限公司,国有资产占多数的有限责任公司认定为"国有公司",不但否定了公司的独立法律人格,同时也忽视了其他投资者的主体资格和股权利益;其次,国有资产是否控股,国有资产在公司中是否处于优势地位只表明国有资产在公司中的份额,诚然这一份额的股权由国家所有和行使,但其实质上只是一种国家参股的表现形式,而并不能由此把公司性质定为国有,所以,国有公司必须出资人(股东)全部为国有单位。[参见第187号案例,杨文康非法经营同类营业案,载《刑事审判参考》总第27辑(2002年第4辑),法律出版社,第5页。执笔:于天敏　胡红军]

第九十二条　【私人财产的范围】本法所称公民私人所有的财产,是指下列财产:

(一)公民的合法收入、储蓄、房屋和其他生活资料;

(二)依法归个人、家庭所有的生产资料;

(三)个体户和私营企业的合法财产;

(四)依法归个人所有的股份、股票、债券和其他财产。

▽虚拟财产可以成为刑法保护的对象

"网络虚拟财产"是指网民、游戏玩家在网络游戏中的账号积累的"装备""货币""宠物"等"财产",这些所谓的"装备"和"武器"以及如腾讯Q币、新浪U币等虚拟货币实际是特定形式表现出来的一组数据,这些数据一旦脱离特定的网络游戏环境,将失去其意义。但它是游戏玩家投入了一定时间、金钱、精力积累取得的,在某种程度上,应算是一种劳动所得。而对玩家来说具有使用价值,这种价值看似无形,但它可以转让,转让时具有一定的市场价格。因此,它还具有交换价值,能够体现为现实中的一定财产价值。所以虚拟财产已经具备了商品的一般属性,寻求法律保护是合理的。[参见第461号案例,王一辉、金珂、汤明职务侵占案,载《刑事审判参考》总第58辑(2007年第5辑),法律出版社,第56页。执笔:苏敏华　吴志梅]

第九十三条　【国家工作人员的概念】本法所称国家工作人员,是指国家机关中从事公务的人员。

国有公司、企业、事业单位、人民团体中从事公务的人员和国家机关、国有公司、企业、事业单位委派到非国有公司、企业、事业单位、社会团体从事公务的人员,以及其他依照法律从事公务的人员,以国家工作人员论。

■全国人民代表大会常务委员会关于《中华人民共和国刑法》第九十三条第二款的解释(全文)(2009年8月27日修正)

全国人民代表大会常务委员会讨论了村民委员会等村基层组织人员在从事哪些工作时属于刑法第九十三条第二款规定的"其他依照法律从事公务的人员",解释如下:

村民委员会等村基层组织人员协助人民政府从事下列行政管理工作,属于刑法第九十三条第二款规定的"其他依照法律从事公务的人员":

(一)救灾、抢险、防汛、优抚、扶贫、移民、救济款物的管理;

(二)社会捐助公益事业款物的管理;

(三)国有土地的经营和管理;

(四)土地征用补偿费用的管理;

(五)代征、代缴税款;

(六)有关计划生育、户籍、征兵工作;

(七)协助人民政府从事的其他行政管理工作。

村民委员会等村基层组织人员从事前款规定的公务,利用职务上的便利,非法占有公共财物、挪用公款、索取他人财物或者非法收受他人财物,构成犯罪的,适用刑法第三百八十二条和第三百八十三条贪污罪、第三百八十四条挪用公款罪、第三百八十五条和第三百八十六条受贿罪的规定。

■全国人民代表大会常务委员会关于修改部分法律的决定(2009年8月27日)

二、对下列法律和法律解释中关于"征用"的规定作出修改

(一)将下列法律和法律解释中的"征用"修改为"征收、征用"

13. 全国人民代表大会常务委员会关于《中华人民共和国刑法》第九十三条第二款的解释

■最高人民检察院关于《全国人民代表大会常务委员会关于〈中华人民共和国刑法〉第九十三条第二款的解释》的时间效力的批复(全文)(2000年6月29日)

《全国人民代表大会常务委员会关于〈中华人民共和国刑法〉第九十三条第二款的解释》是对刑法第九十三条第二款关于"其他依照法律从事公务的人员"规定的进一步明确,并不是对刑法的修改。因此,该《解释》的效力适用于修订刑法的施行日期,其溯及力适用修订刑法第12条的规定。

▼最高人民检察院法律政策研究室关于国家机关、国有公司、企业委派到非国有公司、企业从事公务但尚未依照规定程序获取该单位职务的人员是否适用刑法第九十三条第二款问题的答复(全文)(2004年11月3日)

对于国家机关、国有公司、企业委派到非国有公司、企业从事公务但尚未依照规定程序获取该单位职务的人员,涉嫌职务犯罪的,可以依照刑法第九十三条第款关于"国家机关、国有公司、企业委派到非国有公司、企业、事业单位、社会团体从事公务的人员","以国家工作人员论"的规定追究刑事责任。

▼全国法院审理经济犯罪案件工作座谈会纪要(2003年11月13日)

一、关于贪污贿赂犯罪和渎职犯罪的主体

(一)国家机关工作人员的认定

刑法中所称的国家机关工作人员,是指在国家机关中从事公务的人员,包括在各级国家权力机关、行政机关、司法机关和军事机关中从事公务的人员。

根据有关立法解释的规定,在依照法律、法规规定行使国家行政管理职权的组织中从事公务的人员,或者在受国家机关委托代表国家行使职权的组织中从事公务的人员、或者虽未列入国家机关人员编制但在国家机关中从事公务的人员,视为国家机关工作人员。在乡(镇)以上中国共产党机关、人民政协机关中从事公务的人员,司法实践中也应当视为国家机关工作人员。

(二)国家机关、国有公司、企业、事业单位委派到非国有公司、企业、事业单位、社会团体从事公务的人员的认定

所谓委派,即委任、派遣,其形式多种多样,如任命、指派、提名、批准等。不论被委派的人身份如何,只要是接受国家机关、国有公司、企业、事业单位委派,代表国家机关、国有公司、企业、事业单位在非国有公司、企业、事业单位、社会团体中从事组织、领导、监督、管理等工作,都可以认定为国家机关、国有公司、企业、事业单位委派到非国有公司、企业、事业单位、社会团体从事公务的人员。如国家机关、国有公司、企业、事业单位委派在国有控股或者参股的股份有限公司从事组织、领导、监督、管理等工作的人员,应当以国家工作人员论:国有公司、企业改制为股份有限公司后,原国有公司、企业的工作人员和股份有限公司新任命的人员中,除代表国有投资主体行使监督、管理职权的人外不以国家工作人员论。

(三)"其他依照法律从事公务的人员"的认定

刑法第九十三条第二款规定的"其他依照法律从事公务的人员"应当具有两个特征:一是在特定条

件下行使国家管理职能;二是依照法律规定从事公务。具体包括:(1)依法履行职责的各级人民代表大会代表;(2)依法履行审判职责的人民陪审员;(3)协助乡镇人民政府、街道办事处从事行政管理丁作的村民委员会、居民委员会等农村和城市基层组织人员;(4)其他由法律授权从事公务的人员。

(四)关于"从事公务"的理解

从事公务,是指代表国家机关、国有公司、企业事业单位、人民团体等履行组织、领导、监督、管理等职责。公务主要表现为与职权相联系的公共事务以及监督、管理国有财产的职务活动。如国家机关工作人员依法履行职责,国有公司的董事、经理、监事、会计、出纳人员等管理、监督国有财产等活动,属于从事公务。那些不具备职权内容的劳务活动、技术服务工作,如售货员、售票员等所从事的工作,一般不认为是公务。

▼最高人民检察院法律政策研究室关于佛教协会工作人员能否构成受贿罪或者公司、企业人员受贿罪主体问题的答复(2003年1月13日)

佛教协会属于社会团体,其工作人员除符合刑法第九十三条第二款的规定属于受委托从事公务的人员外,既不属于国家工作人员,也不属于公司、企业人员。根据刑法的规定,对非受委托从事公务的佛教协会的工作人员利用职务之便收受他人财物,为他人谋取利益的行为,不能按受贿罪或者公司、企业人员受贿罪追究刑事责任。

▼最高人民检察院法律政策研究室关于集体性质的乡镇卫生院院长利用职务之便收受他人财物的行为如何适用法律问题的答复(2003年4月2日)

经过乡镇政府或者主管行政机关任命的乡镇卫生院院长,在依法从事本区域卫生工作的管理与业务技术指导,承担医疗预防保健服务工作等公务活动时,属于刑法第九十三条第二款规定的其他依照法律从事公务的人员。对其利用职务上的便利,索取他人财物的,或者非法收受他人财物,为他人谋取利益的,应当依照刑法第三百八十五条、第三百八十六条的规定,以受贿罪追究刑事责任。

▼广东省高级人民法院、广东省人民检察院关于准确认定国家出资银行中国家工作人员身份的座谈会纪要(2012年8月21日)

一、国家出资银行中国家工作人员的认定经银监会、中国人民银行等国家资产监督管理机构,国有控股、参股银行的党委、党政联席会提名、推荐、批准、同意,或经企业内部程序产生并报上述机构或组织备案后,代表其在国家控股、参股银行及分支机构中从事公务的人员,应当认定为国家工作人员。

二、"从事公务"的理解国家出资银行中的公务活动,主要表现为与职权相联系的公共事务以及对国有资产的组织、领导、监督、经营、管理等职务活动。对于不具备职权内容的劳务活动、技术服务工作,一般不认定为公务活动。

三、银行改制后的身份认定问题银行改制后,银行高级管理人员及各分支机构管理人员代表国有投资主体继续从事组织、领导、监督、经营、管理等工作的,应为国家工作人员。

四、本纪要未尽事宜,执行刑法及相关司法解释的规定。

○如何准确认定受委派从事公务人员

对刑法第九十三条第二款规定的"国家机关、国有公司、企业、事业单位委派到非国有公司、企业、事业单位、社会团体从事公务的人员"中"委派"的具体理解和认定,《全国法院审理经济犯罪案件工作座谈会纪要》(本附文以下简称《纪要》)提出了解释性意见"所谓委派,即委任、派遣,其形式多种多样,如任命、批准等。不论被委派的人身份如何,只要是接受国家机关、国有公司、企业、事业单位委派,代表国家机关、国有公司、企业、事业单位在非国有公司、企业、事业单位、社会团体中从事组织、领导、监督、管理等工作,都可以认定为国家机关、国有公司、企业、事业单位委派到非国有公司、企业、事业单位、社会团体从事公务的人员。如国家机关、国有公司、企业、事业单位委派到国有控股或者参股的股份有限公司从事组织、领导、监督、管理等工作的人员,应当以国家工作人员论。国有公司、企业改制为股份有限公司后,原国有公司、企业的工作人员和股份有限公司新任命的人员中,除代表国有投资主体行使监督、管理职权的人外,不以国家工作人员论。"据此,对于委派的内涵及外延,可以从两个方面的特征来加以理解和把握:一是形式特征,委派在形式上可以不拘一格,如任命、指派、提名、推荐、认可、同意、批准等均无不可;二是实质特征,须代表国家机关、国有公司、企业、事业单位在非国有公司、企业、事业单位、社会团体中从事组织、领导、监督、管理等公务活动,亦即具有国有单位的直接代表性。对此,在司法实践中应当注意以下三点:第一,《纪要》根据刑法修订的精神,摒弃了过去长期沿用的身份论的观点,在国家工作人员包括受委派等准国家工作人员的认定具有决定性意义的是从事公务即代表国有单位行使组织、领导、监督、管理等职务活动,而不再是国家工作人员的身份。第二,《纪要》对代表国有单位从事公务更多的是将之作为一个事实来加以理解的,在具体认定是否具有国有单位代表性的问题上,应当更多关注实际情况,而不是只看有无委派手续。在诸如国有公司、企业改制为股份有限公司的特定情形中,即使原国有公司、企业的工作人员因各种原因未及获得任何形式的委派手续,但仍代表国有投资主体从事公务活动的,同样应以国家工作人员论。第三,代表国有单位从事公务活动具有直接性,通常人们所说的"二次委派"不得视为委派。一些特殊行业的非公有制经济单位中,其高层的管理决策层(比如董事会)往往是由党政主管部门委派的,而具体的执行人员(比如经理人员)又由该管理决策层自行任命。此种情形,只有前者属于委派,而对后者,即"二次委派",则不能认为是委派。在本案中,被告人王某从形式上看确实是经公司董事会选举担任副董事长,并被聘任为总经理的,但不能据此排除其受委派从事公务的主体资格。诚如前述所言,委派的形式可以多种多样,依照何种程序、形式取得非国有公司的管理职位,对于是否属于受国有单位委派的认定不具有决定性意义。随着国有企业改革的深化和人事制度的完善,股份制将成为国有资本的主要实现形式。除了国有独资公司的董事会成员由相关部门直接委派之外,其他公司的董事会成员和总经理均需由股东会选举或者董事会决定,而国有出资单位依法仅享有提名、推荐权。如依选举产生的非国有公司中负责国有资本的经营管理的人员一律不属于受委派人员的话,那将从根本上排除在刑事司法中认定受委派从事公务人员的可能性。那么,王某是否属于"二次委派"呢?答案是否定的。区分直接委派与"二次委派"的关键,不在于管理职位的直接来源,而是在于其管理职权与相关国有单位具有代表性的意志行为是否具有关联性和延续性。在本案中,这种代表性是显而易见的。被告人王某之所以能够在非国有公司的经营管理层谋取一席之位,与国有出资单位指派其担任公司董事是分不开的,而且因国有单位系公司的大股东,其在公司经营管理层担任要职也不足为奇,毕竟公司的发言权是掌握在大股东的手中的。当然,本案被告人王某的身份具有多重性,作为公司的副董事长和总经理,首先需要代表公司的利益;作为实际出资人之一,又需代表个人利益,但是不能据此否定其代表国有出资单位的特定身份:一方面,作为国有出资单位指派的董事,代表国有出资单位对公司进行监督管理,既是其享有的权利,也是其应尽的义务,这在法律上是毋庸置疑的;另一方面,国有出资单位的意志和利益与公司的意志和利益是息息相关的,国有出资单位的意志和利益是通过公司的意志和利益来体现并加以实现的,将国有出资单位的意志和利益与公司的意志和利益割裂开来的做法,其结果必将导致国有出资单位完全被架空,国有出资单位的意志亦将无从体现。因此,认为王某不代表国有投资主体行使管理监督职权的意见,于情于理于法都是说不过去的。[参见《刑事审判参考》总第37辑(2004年第2辑),法律出版社,第199～201页。]

▽对"委派"的认定,即由国有公司负责人口头提名、非国有公司聘任的管理人员可以国家工作人员论

委派,即委任、派遣,其形式多种多样,如任命、指派、提名、批准等。不论被委派的人身份如何,只要是接受国家机关、国有公司、企业、事业单位委派,代表国家机关、国有公司、企业、事业单位在非国有公司、企业、事业单位、社会团体中从事组织、领导、监督、管理等工作,都可以认定为国家机关、国有公司、企业、事业单位委派到非国有公司、企业、事业单位、社会团体从事公务的人员。如国家机关、国有公司、企业、事业单位委派在国有控股或者参股的股份有限公司从事组织、领导、监督、管理等工作的人员,应当以国家工作人员论(2003年《纪要》)。据此,这里的"委派"在形式上可以不拘一格,如任命、指派、提名、推荐、认可、同意、批准等均可,无论是书面委任文件还是口头提名,只要是有证据证明属上述委派形式之一即可。[参见第446号案例,顾荣忠挪用公款、贪污案,载《刑事审判参考》总第56辑(2007年第3辑),法律出版社,第53页。执笔:贺凌云 魏海欢]

▽国有公司中"从事公务"的认定

国有公司中从事公务的人员应当同时具备两个特征:一是行为人系国有公司的工作人员;二是从事公务。对于从事公务,2003年《纪要》中明确:"从事公务,是指代表国家机关、国有机关、企业、事业单位、人民团体等履行组织、领导、监督、管理等职责。公务主要表现为与职权相联系的公共事务以及监督、管理国有财产的职务活动。如国家机关工作人员依法履行职责,国有公司的董事、经理、监事、会计、出纳人员等管理、监督国有财产等活动,属于从事公务";《纪要》同时指出:"那些不具备职权内容的劳务活动、技术服务工作,如售货员、售票员等所从事的工作,一般不认为是公务"。据此可以看出,管理、经营国有财产应属于从事公务。[参见第406号案例,刘某挪用公款案,载《刑事审判参考》总第51辑(2006年第4辑),法律出版社,第35~36页。执笔:康瑛]

▽对"从事公务"的认定

从事公务是以国家工作人员论的实质特征,即必须代表国家机关、国有公司、企业、事业单位在非国有公司、企业、事业单位、社会团体中从事组织、领导、监督、管理等公务活动,亦即具有国有单位的直接代表性和从事工作内容的公务性。对于受委派从事公务的国家工作人员的认定上更强调的是从事公务,即代表国有单位行使组织、领导、监督、管理等职权活动,而不再是单纯关注国家工作人员的身份形式,只要真正地代表国有单位行使了相关职务活动就应以国家工作人员论。如在国有公司、企业改制为股份有限公司的情况中,即使原国有公司、企业的工作人员因各种原因未获得任何形式的委派手续,但仍代表国有投资主体行使监督、管理职权的,同样应以国家工作人员论。随着股份制将成为国有资本的主要实现形式,除了国有独资公司的董事会成员由相关部门直接委派外,股份公司的董事会成员和总经理均需由股东大会选举或者董事会决定,而国有出资单位依法仅享有提名、推荐权,当然,这种提名、推荐往往实际影响着董事会的决定。[参见第446号案例,顾荣忠挪用公款、贪污案,载《刑事审判参考》总第56辑(2007年第3辑),法律出版社,第54页。执笔:贺凌云 魏海欢]

▽只要在国有事业单位中从事公务,无论是否属于正式在编人员,均应认定为国家工作人员

国家对事业单位实行聘用合同制改革,并不改变受聘于国有事业单位并在其中担任一定管理职务的人员属于从事公务的性质,只要是在国有事业单位中实际处于从事公务的职位、行使和承担具有公务性质的权力和责任,无论其职务是依据何种人事政策或以何种程序确定,均应当以国家工作人员论。[参见第407号案例,方俊受贿案,载《刑事审判参考》总第51辑(2006年第4辑),法律出版社,第49页。执笔:陆漫]

▽"委派"的认定

委派的实质是任命,具有一定的行政性,被委派者在委派事项及是否接受委派方面,与委派方不是处于平等地位而是具有行政隶属性质,两者间的关系具有隶属性和服从性,有别于刑法第三百八十二条规定的"委托",委托是国有单位以平等主体身份就国有财产的管理、经营与被委托者达成的协议,本质上是民事委托关系。[参见第355号案例,朱洪岩贪污案,载《刑事审判参考》总第45集(2005年第4集),法律出版社,第21~22页。执笔:叶巍 刘怀]

▽国家机关设立的非常设性工作机构应属于刑法意义上的国家机关

地方人民政府设立的行使特定管理职能的非常设性机构,是地方人民政府的组成部分,亦属于国家行政机关。[参见第399号案例,钱政德受贿案,载《刑事审判参考》总第50集(2006年第3集),法

律出版社，第45页。执笔：周军　陈德日]

▽在国家机关中从事公务的非正式在编人员，应认定为国家工作人员

"在国家机关中从事公务的人员"，不要求行为人具有国家机关在编人员的身份，而是重点强调是否在国家机关中从事公务，从事公务是国家工作人员的本质特征。只要在国家机关中从事公务，即便是工人、农民身份，也应认定为国家工作人员。[参见第399号案例，钱政德受贿案，载《刑事审判参考》总第50集(2006年第3集)，法律出版社，第46页。执笔：周军　陈德日]

▽投资主体委派有限责任公司经理与股东选(推)举公司执行董事兼经理是两个不同的程序，不能因为有限责任公司经理须经过股东会的选举程序而否认其受国有单位委派从事公务的性质

根据《公司法》第五十条规定，有限责任公司，股东人数较少和规模较小的，可以设一名执行董事，不设立董事会；执行董事可以兼任公司经理。第三十七条规定，有限责任公司的董事由股东会选举。在兴隆有限公司改制为有限责任公司后，行为人被股东推举为执行董事兼经理。因此，行为人担任兴隆有限公司经理的职务源于股东的推举。但公司法第四十一条规定，股东会会议由股东按照出资比例行使表决权。由于兴隆有限公司实质上是南通农行出资设立的，南通农行对于聘任行为人担任兴隆有限公司经理具有决定性作用。这种聘任，正属于《刑法》第九十三条第二款规定的"委派"。需要说明的是，在国有公司、企业转制过程中，国有公司、企业委派人员到其控股或者参股的公司中行使监督、管理国有资产的情况比较复杂，既有事前、事中的提名、推荐、指派、任命，也有事后的认可、同意、批准、聘任等。委派的形式可以多种多样，依照何种程序、形式取得非国有公司的管理职位，对于是否属于受国有单位委派的认定不具有决定性意义。随着国有企业改革的深化和人事制度的完善，股份制将成为国有资本的主要实现形式。除了国有独资公司的董事会成员由相关部门直接委派之外，其他公司的董事会成员和总经理均需由股东会选举或者董事会决定，而国有出资单位依法仅享有提名、推荐等出资者的权利。如果将依照公司法由股东依选举产生或者董事会聘任的非国有公司中负责国有资本经营管理的人员一律不认定为受委派从事公务的人员，那么，将从根本上排除在刑事司法中认定受国有公司、企业委派从事公务人员的可能性。因此，只要经过了国有单位的委派程序，并在非国有单位中履行组织、领导、监督、管理等公务性的职责，就应当认定为受国有单位委派从事公务，不能因为被委派人员能否担任相应的职务还需要根据公司法的规定由股东会选举或者董事会聘任，而否认被委派人员是受国有公司、企业委派从事公务的性质。[参见第335号案例，曹军受贿案，载《刑事审判参考》总第42集(2005年第1集)，法律出版社，第69～70页。执笔：清国]

▽公司的管理人员特别是董事会组成由公司股东会、董事会直接选举、决议产生，不影响国家机关、国有公司委派人员的认定

"委派"，意即委任、派遣，其形式多种多样，如任命、批准等。不论被委派的人身份如何，只要是接受国家机关、国有公司、企业、事业单位委派，代表国家机关、国有公司、企业、事业单位在非国有公司、企业、事业单位、社会团体中从事组织、领导、监督、管理等工作，都可以认定为国家机关、国有单位委派人员。据此，委派的内涵及外延，可以从两个方面的特征来加以理解和把握：一是形式特征，委派在形式上可以不拘一格，如任命、指派、提名、推荐、认可、同意、批准等均无不可；二是实质特征，须代表国家机关、国有公司、企业、事业单位在非国有公司、企业、事业单位、社会团体中从事组织、领导、监督、管理等公务活动，亦即具有国有单位的直接代表性。司法实践中应当注意的是：第一，1997年刑法摒弃了过去长期沿用的身份论的观点，在国家工作人员包括受委派等准国家工作人员的认定上，具有决定性意义的是从事公务即代表国有单位行使组织、领导、监督、管理等职务活动，而不再是国家工作人员的身份。第二，是否代表国有单位从事公务的具体认定，应更多地关注于实际情况的考察，而不是只看有无委派手续。在诸如国有公司、企业改制为股份有限公司的特定情形中，即使原国有公司、企业的工作人员因各种原因未及获得任何形式的委派手续，但仍代表国有投资主体从事公务活动的，同样应以国家工作人员论。第三,代表国有单位从事公务活动具有直接性,通常所谓的"二次委派"不得视为委派。一些特殊行业的非公有制经济单位中,其高层的管理决策层(比如董事会)往往由党政主管部门委派、批准并进行统一管理,但具体的执行人员(比如经理人员)则由该管理决策层自行任命。此种情形,只有前者属于委派,而对后者,即"二次委派",则不能认为是委派。区分直接委派与二次委派的关键不在于行为人管理职位的直接来源,而是在于其管理职位与委派单位的意志行为是否具有关联性和延续性,是否具有委派单位意志和利益的代表性。[参见第311号案例,江仲生等贪污案,载《刑事审判参考》总第39集(2004年第4集),法律出版社,第44～53页。执笔:徐静　刘一守]

▽"二次委派"不能视为委派

一些特殊行业的非公有制经济单位中,其高层的管理决策层(比如董事会)往往由党政主管部门委派、批准并进行统一管理,但具体的执行人员(比如经理人员)则由该管理决策层自行任命。此种情形,只有前者属于委派,而对后者,即"二次委派",则不能认为是委派。区分直接委派与二次委派的关键不在于行为人管理职位的直接来源,而是在于其管理职位与委派单位的意志行为是否具有关联性和延续性,是否具有委派单位意志和利益的代表性。[参见第311号案例,江仲生等贪污案,载《刑事审判参考》总第39集(2004年第4集),法律出版社,第44～53页。执笔:徐静　刘一守]

▽村民委员会等村基层组织成员在协助人民政府从事行政管理工作时,属于刑法第九十三条第二款规定的"其他依照法律从事公务的人员"

由于村民委员会等村基层组织不是国家机关,但村民委员会等村基层组织人员在管理基层集体性自治事务的同时,还经常受乡、民族乡、镇人民政府委托协助乡、民族乡、镇人民政府开展工作,执行政府指令,组织村民完成国家行政任务,行使一定的行政管理职能。因此,《全国人民代表大会常务委员会关于〈中华人民共和国刑法〉第九十三条第二款的解释》(本附文以下简称《解释》)明确规定了村民委员会等基层组织成员在从事下列七种工作时,属于依照法律从事公务。他们利用职务便利非法占有公共财物、挪用公款、索取他人财物或者非法收受他人财物构成犯罪的,适用刑法关于国家工作人员犯罪的处罚规定。[参见第136(133)号案例,宾四春、郭利、戴自立贪污案,载《刑事审判参考》总第21辑(2001年第10辑),法律出版社,第37～38页。执笔:贺小电]

▽村党支部成员在协助人民政府履行《解释》规定的七类行政管理工作时,也属于"其他依照法律从事公务的人员"

《解释》虽然没有明确村党支部成员在协助人民政府从事行政管理工作时,是否属于"其他依照法律从事公务的人员",但从《解释》的规定和我国的实际情况来看,村党支部成员无疑也属于"其他依照法律从事公务的人员"。其理由是:第一,从立法解释的技术来看,《解释》用"村民委员会等村基层组织人员"这种列举加概括的方法,应当认为是涵盖了村党支部、村经联社、村经济合作社等各种依法设立或者经过批准设立的村基层组织;第二,认定村民委员会等村基层组织人员是否属于"其他依照法律从事公务的人员",关键在于其是否协助人民政府从事行政管理工作。在我国农村的各种公共管理活动中,村党支部实际上起着领导和决策的作用,乡级人民政府不仅通过村民委员会而且主要是通过村党支部落实国家的各种路线、方针、政策,组织实施与村民利益及社会发展相关的各种公共事务管理活动。因此,村党支部成员在协助人民政府开展工作时,利用职务上的便利非法占有公共财物、挪用公款、索取他人财物或者非法收受他人财物,构成犯罪的,当然也适用刑法关于国家工作人员犯罪的处罚规定。[参见第136(133)号案例,宾四春、郭利、戴自立贪污案,载《刑事审判参考》总第21辑(2001年第10辑),法律出版社,第38～39页。执笔:贺小电]

▽已办理退休手续,但仍然实际享有控制公款权力的工作人员,可以认定为国家工作人员

一律以退休时间为准来确定行为人的主体资格,就可能导致有的人虽已退休,但仍享有职权,对其渎职腐败行为不负相应的法律责任的现象。对处于离退休阶段的人员是否属于国家工作人员的认定,应从实际出发,从单纯以身份本身来判断主体性质的标准转变为以职权和职责为主,兼顾身份作为判断主体性质的标准,强调职权和职责对于主体性质的关键性。具体而言,应以行为人实际交接工作的时间为准,认定其是否具有国家工作人员相应的职权和应履行相应的职责,确定其行为是否属于"从事公务",这样才能准确地区分罪与非罪。2002年12月28日全国人大常委会《关于〈中华人民共和国刑法〉第九章渎职罪主体适用问题的解释》中"虽未列入国家机关人员编制但在国家机关中从事公务的人员,在代表国家机关行使职权时,有渎职行为,构成犯罪的,依照刑法关于渎职罪的规定追究刑事责任"的规定,即体现了摒弃身份论,以"从事公务"作为认定国家工作人员本质特征的基本精神。[参见第422号案例,王铮贪污、挪用公款案,载《刑事审判参考》总第53辑(2006年第6辑),法律出版社,第64～66页。执笔:陈苹]

▽村民委员会等村基层组织人员主体性质的认定

2000年第九届全国人大常委会第十五次会议通过的《解释》的规定是从村基层组织人员所从事的工作性质角度来确定其主体性质的,村基层组织人员的职务行为可区分为两种:一是依法从事公务行为,二是村内自治管理服务行为。依法从事公务行为,就是全国人大常委会立法解释列举规定的七项具体职责内容,其实质均是村基层组织人员协助人民政府从事行政管理工作,属于从事公务,具有从事特定公务的职务便利,因此村基层组织人员才能以国家工作人员论。村内自治管理服务行为,是指人大立法解释的七项事务之外的村内集体公益事业管理和集体公益服务等自治事项,如集体土地出租及租金管理,在农村村民居住区改水、改厕、修筑公用设施等纯粹属于村民自治范围内的与政府行政管理工作无关的集体公益性的服务活动,在这些村内自治管理服务行为过程中发生的利用职务之便实施的犯罪,不具有行使公权的性质,利用的是村基层组织的职务便利,因此村基层组织工作人员不能以国家工作人员论。[参见第454号案例,陈焕林等挪用资金、贪污案,载《刑事审判参考》总第57辑(2007年第4辑),法律出版社,第59～61页。执笔:江瑾]

▽农村村民小组组长及其工作人员,如果是在协助人民政府从事行政管理工作,应当属于"其他依照法律从事公务的人员"

对于村民委员会等村基层组织人员在从事哪些工作时属于刑法本条第二款规定的"其他依照法律从事公务的人员",根据《解释》的规定,村民委员会等村基层组织人员协助人民政府从事所列七项行政管理工作时,属于《刑法》本条第二款规定的"其他依照法律从事公务的人员",然而,对村基层组织人员的范围,《解释》并未明确。本案被告人系金堂县赵镇十里社区三组副组长,并非村委会的成员,其是否属于"村基层组织人员"是本案定性的焦点问题。村民小组是村民委员会下设的从事自治管理、生产经营的组织,属于村基层组织,事实上也会在一定情形下协助人民政府政府工作,且单纯根据《解释》的规定,不能得出村民小组组长及其工作人员不属于"村民委员会等村基层组织人员"的结论,理由在于:第一,从《解释》的规定看,用的是"村民委员会等村基层组织人员",由字面解释可以得出,这里的村基层组织并不限于村民委员会,因为《解释》规定中有"等"这种未尽兜底性表述用语。第二,从《解释》出台的背景看,针对的是当时司法机关反映比较突出、亟待解决的村党支部、村委会、村经联社、经济合作社等掌管村经济活动的组织人员发生问题的情况,因为这些组织中的人员在农村中掌握一定权力、可能从事协助政府从事行政管理工作,所以《解释》采取了"村民委员会等村基层组织人员"的表述。第三,《解释》之所以将此类人员在一定情况下认定为"其他依照法律从事公务的人员",其主要根据就在于其从事了协助政府从事行政管理工作,也即从事了一定公务,而不是其具有何种身份。从现实情况看,我国农村的基层组织比较多,除村党支部、村委会、村经联社、经济合作社、农工商联合企业外,还有团支部、民兵排、村民小组和各种协会等,上述各种组织均可能在一定情形下协助政府从事行政管理工作,而这种情形下与村党支部、村委会等组织人员协助政府从事行政管理工作在性质上并无本质不同,理应同等视为从事公务。第四,司法实践中,事实上已将农村村民小组组长及工作人员纳入了村基层组织人员范围。1996年《最高人民法院关于村民小组组长利用职务便利非法占有公共财物行为如何定性问题的批复》规定:"对村民小组组长利用职务上的便利,将村民小组集体财产非法占为已有,数额较大的行为,应当依照刑法第二百七十一条第一款的规定,以职务侵占罪定罪处罚。"依此批复的精神,显然已将村民小组视为一种法律上的实体,究其性质而言应属于村基层组织,而其组长、副组长及其工作人员,也就理应评价为村基层组织人员。进一步讲,判断村民小组组长及其工作人员是否属于"其他依照法律从事公务的人员",关键应从其是否"依照法律从事公务"这一国家工作人员的本质属性来考察,这是刑法本条第二款作此规定的根据,而不能简单地从外在身份来判断。只要其具有某个村基层组织工作人员的身份,而又协助政府从事了一定的行政管理工作,那么其就属于"其他依照法律从事公务的人员"。具体而言,《解释》对"村民委员会等村基层组织"在何种情形下属于"其他依照法律从事公务的人员"的规定,主要是基于国家工作人员的本质属性和我国农村工作的现实情况。国家的正常管理活动,是通过国家政治、经济、文化等各部门的国家工作人员依法履行职务,即依法从事公务来实现的。依法从事公务,是指国家工作人员,依照法律规定的职责和权能,按照法定程序,代表国家进行的具有国家管理性质的活动。根据我国宪法规定,村民委员会并非我国的政权组织,也不是基层政权的派出机构,而是一个基层群众自治组织,其基本职责是通过"民主选举、民主决策、民主管理、民主监督"方式来管理行政村的集体性事务。作为群众性的自治组织,村民委员会本身没有管理社会事务的职责与权能,其工作人员不具备从事公务人员的主体身份与资格。但是,法律赋予村民委员会的职能,并不只是办理本村的公共事务和公益事业,还有协助人民政府开展工作的职能。《中华人民共和国村民委员会组织法》第四条第二款规定,"村民委员会协助乡、民族乡、镇人民政府开展工作",虽然只是简单规定了村民委员会有协助乡级人民政府开展工作的职责,但从我国的立法来看,有几十部法律及规范性文件,对村民委员会的协助职责予以规定,协助的范围涉及计划生育、婚姻登记、代缴个人所得税、义务献血、土地征用、救灾救济等。村民委员会组成人员虽然在法律上不直接行使行政管理权力,但这些行政权的行使却离不开村民委员会的协助。当村民委员会从事协助乡级人民政府有关行政管理工作时,村民委员会被赋予了相应的职责与权能,其工作人员相应被赋予了从事相关公务的身份与权利资格,他们的活动就是依照法律从事公务的活动。村民小组是村民委员会下设的从事自治管理、生产经营的组织。在实际工作中,村民委员会除将自治管理职权交由下设的村民小组等组织行使外,还经常将协助人民政府的某些行政管理工作,如救灾救济款物的管理与发放、土地补偿费用的管理、计划生育工作等行政管理事务,直接交由村民小组等下设的组织来具体完成。村民小组等在具体承担这些工作时,实际上被赋予了相应的行政管理权能,村民小组组长等工作人员由此所进行的活动,就是在以人民政府的名义,依法执行职务的活动,这种情形下,村民小组工作人员理应是"其他依照法律从事公务的人员",这并不是对刑法的扩张解释。综上,对农村基层组织组成人员,不能简单地从外在身份来判断其是否为国家工作人员,而应当主要从其是否"依照法律从事公务"这一国家工作人员的本质属性来进行判断。如果其从事的仅是集体经济组织中的事务,由于村民自治范围内的村、组集体事务不属于公务的范畴,就不能以国家工作人员论;如果其从事的是行政管理事务,其工作则体现了政府对社会的组织、管理职能,就是在依法从事公务,就应当属于"其他依照法律从事公务的人员"的范围,以国家工作人员论。具体到本案,赵镇人民政府受上级人民政府的委托开展"干道2号"项目的征地拆迁安置工作,虽然征地拆迁安置工作不在《解释》列明的六项具体行政管理工作中,但根据《征用土地公告办法》第十一条有关征地补偿、安置方案经批准后,由有关市、县人民政府土地行政主管部门组织实施的规定,征地拆迁安置工作具有政府管理性质,应当属于《解释》第一款第七项所规定的"协助人民政府从事的其他行政管理工作"的范围。被告人基于村民小组副组长的特定身份,应赵镇人民政府的要求和村委会的指派,在征地拆迁行政管理工作中,具体从事的被拆迁户资料收集、统计上报,指认被拆迁房屋及附属物,带领拆迁工作人员丈量、核实被拆迁房屋及附属物等协助工作,均是协助人民政府从事的行政管理工作。因此,被告人在从事上述协助工作时,属于刑法本条第二款规定的“其他依照法律从事公务的人员”,应当以国家工作人员论。在从事上述公务活动过程中,被告人利用协助拆迁安置工作的便利,虚构被拆迁户及其房屋的情况,骗取拆迁安置补偿费18 840元非法据为己有;接受被拆迁人之请,为其谋取非法利益,收受其金钱12 000元,已分别构成了贪污罪、受贿罪。[参见第594号指导案例,廖常伦贪污、受贿案,载《刑事审判参考》总第71集(2009年第6集),第56～61页。撰稿:张顺强　王晓燕]

▽村民组组长等工作人员以政府的名义,依法从事公务,符合国家工作人员的本质特征

对于村民委员会、村民组等村基层组织人员在何种情形下可以构成刑法本条第二款规定的“其他依照法律从事公务的人员”,根据《解释》的规定,村民委员会等村基层组织人员协助人民政府从事所列七项行政管理工作时,属于刑法本条第二款规定的“其他依照法律从事公务的人员”。据此解释的规定,村民委员会、村民组等村基层组织人员只有在协助人民政府从事有关行政管理工作时才可以国家工作人员对待。《解释》之所以将此类村基层组织人员在一定情形下视为国家工作人员,主要是考虑到此类人员虽不具有正式国家工作人员身份,但在现实生活中其经常受政府依法委托协助政府从事一定管理工作,此时这些组织实际上被赋予了相应的行政管理权能,村民组组长等工作人员由此所进行的活动,就是在以政府的名义,依法从事公务,符合国家工作人员的本质特征,将其视为国家工作人员符合刑法相关规定的精神。[参见第595号指导案例,张留群受贿案,载《刑事审判参考》总第71集(2009年第6集),第65页。撰稿:刘文琳　康瑛]

▽代表村民组对外出租属村民组集体所有的房屋及收取租金的行为不属于依法从事公务

被告人2005年4月之前担任郑州市金水区丰产路街道办事处常若村村民委员会东韩若村村民组副组长,之后担任组长。在任期间,被告人负责代表村民组对外出租位于郑州市金水区黄河路的东韩若村村属门面房,并收取租金。郑州市国土资源局提供的国有土地使用证和土地登记申请书证实,东韩若村村民组使用的位于经二路北段,东至河南省工商银行、西至经二路、南至黄河路、北至河南省征集办公室的土地,权属性质属于国有。虽然被告人所在东韩若村民组对外出租的房屋所在的土地属于国有,但根据在案有关证据,东韩岩村对于该国有土地使用权的取得是合法的。《物权法》(已失效)第一百三十五条规定,建设用地使用权人依法对国家所有的土地享有占有、使用和收益的权利,有权利用该土地建造建筑物、构筑物及其附属设施。第一百四十二条规定,建设用地使用权人建造的建筑物、构筑物及其附属设施的所有权属于建设用地使用权人。根据上述规定,东韩若村有权在该块土地上修建房屋,所修房屋产权归土地使用者东韩若村委会集体所有。东韩辛辛村作为这些房屋的所有权人,当然有权对其进行使用、出租。我国对国有土地实行统一领导、分级管理,由各级政府代表国家行使国有土地的所有权,开发、利用土地并收取一定费用就是经营管理,若由各级政府进行经营管理则属政府的管理行为。虽然被告人代表村民组处理对外出租的房屋所占土地是国有土地,但其对外出租房屋并收取租金的经营管理活动针对的是房屋而非土地。东韩辛辛村委会对国有划拨土地具有使用权,在土地上建房、出租是行使其依法享有的国有土地使用权,而不是国有土地的所有权。行使国有土地使用权的行为同经营管理国有土地的行政行为是两种行为,不能把国有土地上发生的一切行为都和行政管理相联系。从实际操作看,被告人对外出租归村民组集体所有的房屋之行为也不是政府委托村民组对该房屋进行出租,这些房屋本属集体所有,系村民组集体财产,不涉及政府任何的行政管理活动,所得租金也不交由政府,而由村民组自行支配,故其行为不属协助人民政府从事行政管理工作。综上,本案被告人身为村民组组长,负责对村民组在国有土地上的房屋进行出租的行为属村民组的自治管理活动,并不是对国有土地的经营管理,不是受委托协助人民政府从事行政管理工作,因而其不属《解释》中规定的“其他依照法律从事公务的人员”。[参见第595号指导案例,张留群受贿案,载《刑事审判参考》总第71集(2009年第6集),第65～67页。撰稿:刘文琳　康瑛]

▽在认定村基层组织人员是否属于国家工作人员时，不能机械适用《解释》的规定，必须在实质上判断行为是否体现政府的管理意志

村民委员会等村基层组织人员利用职务便利非法占有土地征用补偿费用以贪污罪论处，必须符合以下条件：一是该人员系村基层组织人员；二是系在从事公务，即协助人民政府进行特定行政管理工作；三是利用职务便利侵吞了公共财产。本案五被告人均系曹公村村委会干部，其所侵吞的款项来源于土地征用补偿费用，因而对其能否以贪污罪定罪的关键在于其行为是否符合上述后两个要件，即是否从事公务和利用职务便利侵吞了公共财物。

（一）五被告人实施犯罪行为时不属于依法协助人民政府从事行政管理工作。实践中，村民委员会等村基层组织人员侵吞土地征用补偿费用的行为并非都认定为贪污行为。由于土地征用补偿费用在拨付和分配阶段性质不同，故准确认定协助人民政府进行土地征收补偿费用的管理阶段，是准确认定案件性质的前提。如果村干部是在协助人民政府进行土地征收补偿费用的管理阶段，侵吞了土地征收补偿费用，那么就符合《解释》的相关规定，构成犯罪的，应当以贪污罪论处；如果村干部并非在协助人民政府对土地征收补偿费用进行管理，此时，村干部并不具有从事协助政府进行行政管理的职权，并非从事公务，意味着其没有侵犯国家工作人员的职务廉洁性，在这个阶段，即使侵吞了土地征收补偿费用，也不能以贪污罪论处。土地管理法第十条规定："农民集体所有的土地依法属于村农民集体所有的，由村集体经济组织或者村民委员会经营、管理；已经分别属于村内两个以上农村集体经济组织的农民集体所有的，由村内各该农村集体经济组织或者村民小组经营、管理……"第四十七条规定："征收土地的，按照被征收土地的原用途给予补偿。征收耕地的补偿费用包括土地补偿费、安置补助费以及地上附着物和青苗的补偿费。"土地管理法实施条例第二十六条规定："土地补偿费归农村集体经济组织所有；地上附着物及青苗补偿费归地上附着物及青苗的所有者所有。"由以上规定可知，土地征用补偿费用本质上是土地所有权由集体所有转为国家所有的利益补偿，一旦被征用方的损失依法得到填补，所有权转移的法律效果便已实现，针对土地征用补偿费进行管理的国家公权力的行使即告终止。因此，《解释》第四项所列的协助人民政府从事"土地征收、征用补偿费用的管理"的公务，应当限于协助政府核准、测算以及向因土地征用受损方发放补偿费用的环节。一旦补偿到位，来源于政府的补偿费用就转变为因出让集体土地所有权和个人土地使用权而获得的集体财产和个人财产，之后对该款项的处理属于村自治事务和个人财产处置。此时，村干部的协助政府管理土地征用补偿费用的公务职责也就相应终结。对此，2000年《最高人民检察院关于贯彻执行〈全国人民代表大会常务委员会关于《中华人民共和国刑法》第九十三条第二款的解释〉的通知》明确规定："各级检察机关在依法查处村民委员会等村基层组织人员贪污、受贿、挪用公款犯罪案件过程中，要根据《解释》和其他有关法律的规定，严格把握界限，准确认定村民委员会等村基层组织人员的职务活动是否属于协助人民政府从事《解释》所规定的行政管理工作，并正确把握刑法第三百八十二条、第三百八十三条贪污罪、第三百八十四条挪用公款罪和第三百八十五条、第三百八十六条受贿罪的构成要件。对村民委员会等村基层组织人员从事属于村民自治范围的经营、管理活动不能适用《解释》的规定。"本案五被告人私分的197 500元款项均来自福银高速路征用曹公村土地期间，长武县国土局拨付给洪家镇政府，再由镇政府下拨给曹公村的土地补偿费用，此点无异议。在案证据证实，2005年洪家镇政府拨付给曹公村征地款1 026 607元和青苗补偿费19 592元，曹公村村委会在已经足额分配给村民相应征地补偿款和青苗补偿费之后，由于分配方式的原因，有19 592元结余下来，此时土地征用补偿费用已经按照曹公村人口发放完毕，也即所谓的协助政府的"管理"该款项的职权已经终止；而2007年第二次补偿给曹公村73 602元以及2007年6月账面余额104 426.60元均系该高速路占用曹公村生产路、公用地及便道的补偿款，该款的补偿受让方是曹公村，即意味着该款已补偿到位。至于该款入账后如何处理，是作为集体财产由村委会安排使用还是在全体村民中进行分配，则是属于曹公村自治管理的范畴，而非协助人民政府从事行政管理工作。

村民委员会组织法第八条规定,“村民委员会依照法律规定,管理本村属于村农民集体所有的土地和其他财产”。因此,五被告人所私分的款项虽然来源于政府拨付的土地补偿费用,但是鉴于相应费用均已依法发放和补偿到村集体账户,因而五被告人作为村干部在福银高速路征用曹公村土地期间协助政府管理土地征用补偿费用的公务已经履行完毕,不再具有刑法第九十三条第二款规定的准国家工作人员的身份,不符合《解释》规定的以国家工作人员论的从事公务的条件。

(二)五被告人私分的有关款项不具有公款的性质。贪污罪与职务侵占罪在构成要件上的一个主要区别就是侵犯的财产性法益不同。贪污罪侵害的财产性法益是公共财产所有权。根据刑法第九十一条的规定,在国家机关、国有公司、企业、集体企业和人民团体管理、使用或者运输中的私人财产,以公共财产论。这一规定扩大了贪污罪的对象,但同时也作了严格限定,不但强调利用职权,而且强调该财产在国家机关、国有公司、企业、集体企业和人民团体的监管之下。而职务侵占罪侵犯的只能是单位集体财产权。如果村干部在协助政府管理土地征用补偿费用过程中,采用虚报冒领的手段,套取超额土地补偿费用的,因这种情况实质上是利用公务便利侵吞了国家财产,故构成贪污罪;而如果村干部在土地征用补偿费用补偿到位后,没有利用公务便利,侵吞的只是属于村民集体所有的财产,由于侵犯的是集体财产权,故只能构成职务侵占罪。如前所述,本案五被告人所私分的三笔共计197 500元款项从证据分析,虽然源于政府拨付的土地补偿费用,但是鉴于相应费用均依法发放和补偿到位,其在归属上应当界定为曹公村的集体财产,其五人的行为侵犯的是集体财产权而非国有财产权,所以从该行为侵犯的财产性法益看,不符合贪污罪的对象特征。综上,在认定是否属于《解释》所规定的“协助人民政府从事土地征用补偿费用的管理”时,应当准确理解立法本意,注意把握“协助”的时间点,避免对“从事公务”的范围作过于宽泛的认定。具体到本案中,五被告人在实施犯罪行为时,其协助政府管理土地征用补偿费用的工作已经完成,不属于“其他依照法律从事公务的人员”,其实施犯罪利用的是村干部的职务便利,共同私分的是村集体财产,侵犯了村集体财产权,应当以职务侵占罪定罪处罚。[参见第872号指导案例,曹建亮等职务侵占案,载《刑事审判参考》总第92集(2013年第3集),第112~116页。撰稿:康瑛 马宇舟]

▽公司改制后国家工作人员身份的认定

(一)最高人民法院、最高人民检察院《关于办理国家出资企业中职务犯罪案件具体应用法律若干问题的意见》(本附文以下简称《意见》)应当同步适用,与相关司法解释不存在冲突,不存在从旧兼从轻的适用问题。2010年“两高”出台的《意见》系专门对国家出资企业中有关人员职务犯罪问题作出的解释,其内容并没有改变之前“两高”有关司法解释中认定国家工作人员身份标准的规定,只是对于近年来司法机关办理此类案件中经常遇到的一些新情况、新问题,规定了更为明确的认定标准,其与之前相关司法解释的内容没有冲突,对国家工作人员的认定范围没有改变,亦与刑法第九十三条的规定相一致,不存在所谓从旧兼从轻的适用问题。因此,在“两高”有明确规范性文件规定的情况下,本案当然应当适用该《意见》。

(二)卫某某属于受国有主体委派在国有控股企业中从事管理工作的人员。中国铁建股份有限公司于2007年11月成立,由中国铁道建筑总公司(国有公司)独家发起设立。中国铁建股份有限公司于2008年3月上市扩股,吸纳社会公众资金,上市后国家持股61.33%,国有法人全国社会保障基金理事会持股1.98%,社会公众持股36.69%,属于国家控股企业(国家出资企业)。中铁二十五局集团有限公司是中国铁建股份有限公司的全资子公司(二级公司),属于国家出资企业。卫某某担任中铁二十五局集团有限公司副总经理之前,其长期在中铁十二局集团公司工作,并于2003年起担任工程管理部部长,成为公司中层管理人员,后通过铁路系统内部招聘,调到中铁二十五局集团有限公司。从卫某某担任中铁二十五局集团有限公司副总经理的任命来看,其系由国有公司中国铁道建筑总公司决定并向中铁二十五局集团有限公司及其党委下达通知任命的,然后才由中铁二十五局集团有限公司履行聘任手续;2009年中铁二十五局集团有限公司又任命卫某某兼任湘桂铁路扩能改造工程Ⅶ标工程指挥部指挥长。从卫某某担任珠三角城际轨道交通有限公司副总经理的工作调动、职务任命过程看,其担任珠三角城际轨道交通有限公司筹备组副组长(副局级)系铁道部党组给广州铁路(集团)公司及其党委下发的任职通知,之后才由广东珠三角城际轨道交通有限公司聘任其为总经理。2004年中共中铁二十五局集团公司委员会文件《中铁二十五局集团有限公司党委工作若干规定》规定,公司党委隶属中国铁道建筑总公司党委领导,同时接受广东省委的领导;公司实行党管干部原则,党委会讨论决定集团公司所属单位领导班子成员的考核、任用和奖惩事项。卫某某的职务从2004年12月任命后直至2010年8月调任珠三角城际轨道有限公司,其职务没有发生变动。证据显示,中国铁建股份有限公司对下属二级公司董事会、经理层的领导任免,要经过中铁建党委组织的考察、征求党委常委及纪检部门意见,并经公司党委常委会讨论决定。卫某某没有重新任命,是中国铁律股份有限公司党委认可了原提名和任命手续。因此,卫某某担任中铁二十五局集团有限公司副总经理,受国有投资主体委派代表国有股东一方行使管理职权的性质在中国铁建股份有限公司上市后并未发生改变。卫某某的《干部任免审批表》显示,其担任湘桂铁路扩能改造工程Ⅶ标工程指挥部指挥长,是中铁二十五局党委组织干部部呈报二十五局集团公司同意任命的,后才以中铁二十五局集团公司的名义下发的任免通知。此外,中铁二十五局2009年度、2010年度卫某某的《干部任免审批表》证实,卫某某作为中铁二十五局集团有限公司副总经理,由中国共产党中铁二十五局集团组织干部部、中国共产党铁道部党组考核。从以上卫某某的任职、考核情况看,可以得出卫某某从2004年起,一直是由国家机关负责管理的副局级干部,属于党管干部,其任职源起要么来自国有公司,要么来自国家机关,其在有关公司中的任职应当属于受国有主体委派,符合《意见》第六条规定的经国家机关、国有公司提名、推荐、任命在国有控股企业中从事管理工作的人员,具有国家工作人员身份。

(三)卫某某在兼任湘桂铁路扩能改造工程Ⅶ标工程指挥部指挥长期间的工作属于从事公务。被告人卫某某所担任的职务,最初是经中国铁道建筑总公司提名的,属于受国有公司的委派在国有控股公司中从事管理工作。中国铁建股份有限公司是国有控股公司,其成立后卫某某的职务保持不变,属于职务延续,卫某某受国有投资主体委派代表国有股东一方行使管理职权的性质并未发生改变。另外,根据2011年中共中国铁建股份有限公司制发的《中国铁建股份有限公司企业领导人员管理暂行办法》的规定,该公司二级公司(中铁二十五局集团公司属于二级公司)担任领导职务的人员(包括总经理、副总经理)的选任,民主推荐结果应当向股份公司党委汇报,研究确定考察对象,之后由党委组织考察提出选用建议,再提交公司党委常委会讨论决定,逐步建立企业领导人员责任追究制度,企业领导人员有"因管理不善,造成国有资产严重流失的"等情形,视情况给予经济处罚、组织处理、党纪政纪处分,涉嫌违法犯罪的,依法移交司法机关。卫某某在担任中铁二十五局集团有限公司副总经理的职务期间,作为公司高层管理人员,当然负有监督、管理、经营国有资产的职责,属于国家工作人员。根据2009年10月26日《关于调整集团公司经理层领导工作分工的通知》,卫某某副总经理负责南宁铁路局范围内在建项目、对湘桂线(南局段)项目行使直接组织指挥权,协管施工管理部、安全管理部;同时,根据《关于成立"中铁二十五局湘桂铁路扩改工程Ⅶ标指挥部"及启用印章的通知》,卫某某作为湘桂铁路扩能改造工程Ⅶ标工程指挥长还兼任党工委书记。至于卫某某兼任的中铁二十五局集团有限公司湘桂铁路扩能改造工程Ⅶ标工程指挥部指挥长,虽然是临时性职务,但并不影响其是否从事公务的认定,其该职务是否属于从事公务,应当从其具体工作职责进行分析。《中铁二十五局湘桂铁路扩改工程Ⅶ标指挥部指挥长职责》第二条明确规定:"指挥长是工程项目管理的第一责任人,根据合同对项目实施过程行使全面管理职权。"据此,指挥长作为工程指挥部的"一把手",对工程项目的施工生产进度、工程质量监管、工程成本控制及价款结算等所有工作均具有领导职责,这其中必然包括对中铁二十五局所持国有股份对应的国有资产的经营、监管责任,购料款、工程款的拨付决定权作为其职权之一。而本案中行贿人送钱给卫某某的主要原因是为了能让卫某某及时拨付购料款和工程款。因此,卫某某作为湘桂铁路扩改工程Ⅶ标指挥部指挥长,系国有控股公司临时机构的“一把手”,同时其还兼任指挥部的党工委书记,主持党工委的全面工作,其从事的工作具有公务性质,符合《意见》第六条规定的经国家出资企业中负有管理、监督国有资产职责的组织研究决定,代表其在国有控股公司及其分支机构中从事组织、领导、监督、经营、管理工作的人员,应当认定为国家工作人员。

综上,被告人卫某某在国家出资企业中作为高层管理人员,所任职务系经国家出资企业中负有管理、监督国有资产职责的组织研究决定,从事组织、领导、监督、经营、管理的工作,应当认定为国家工作人员。本案一审、二审法院将其利用职务便利收受贿赂的行为定性为受贿罪是正确的。[参见第1018号指导案例,卫某某受贿案,载《刑事审判参考》总第99集(2014年第4集),第122～125页。撰稿:康瑛]

第九十四条 【司法工作人员的概念】本法所称司法工作人员,是指有侦查、检察、审判、监管职责的工作人员。

第九十五条 【重伤的概念】本法所称重伤,是指有下列情形之一的伤害:

(一)使人肢体残废或者毁人容貌的;

(二)使人丧失听觉、视觉或者其他器官机能的;

(三)其他对于人身健康有重大伤害的。

■最高人民法院、最高人民检察院、公安部、国家安全部、司法部人体损伤程度鉴定标准(2014年1月1日)(见本书附录三)

■劳动能力鉴定职工工伤与职业病致残等级(GB/T 16180—2014)(2014年9月3日)(见本书附录四)

■国家质量监督检验检疫总局道路交通事故受伤人员伤残评定(GB 18667—2002)(2002年12月1日)(见本书附录五)

■国家质量监督检验检疫总局、中国国家标准化管理委员会残疾人残疾分类和分级(GB/T 26341—2010)(2011年5月1日)(见本书附录六)

第九十六条 【违反国家规定的概念】本法所称违反国家规定,是指违反全国人民代表大会及其常务委员会制定的法律和决定,国务院制定的行政法规、规定的行政措施、发布的决定和命令。

■最高人民法院关于准确理解和适用刑法中“国家规定”的有关问题的通知(2011年4月8日)

日前,国务院法制办就国务院办公厅文件的有关规定是否可以认定为刑法中的“国家规定”予以统一、规范。为切实做好相关刑事案件审判工作,准确把握刑法有关条文规定的“违反国家规定”的认定标准,依法惩治犯罪,统一法律适用,现就有关问题通知如下:

一、根据刑法第九十六的规定,刑法中的“国家规定”是指,全国人民代表大会及其常务委员会制定的法律和决定,国务院制定的行政法规、规定的行政措施、发布的决定和命令。其中,“国务院规定的行政措施”应当由国务院决定,通常以行政法规或者国务院制发文件的形式加以规定。以国务院办公厅名义制发的文件,符合以下条件的,亦应视为刑法中的“国家规定”:(1)有明确的法律依据或者同相关行政法规不相抵触;(2)经国务院常务会议讨论通过或者经国务院批准;(3)在国务院公报上公开发布。

二、各级人民法院在刑事审判工作中,对有关案件所涉及的“违反国家规定”的认定,要依照相关法律、行政法规及司法解释的规定准确把握。对于规定不明确的,要按照本通知的要求审慎认定。对于违反地方性法规、部门规章的行为,不得认定为“违反国家规定”。对被告人的行为是否“违反国家规定”存在争议的,应当作为法律适用问题,逐级向最高人民法院请示。

第九十七条　【首要分子的概念】本法所称首要分子，是指在犯罪集团或者聚众犯罪中起组织、策划、指挥作用的犯罪分子。

第九十八条　【告诉才处理的概念】本法所称告诉才处理，是指被害人告诉才处理。如果被害人因受强制、威吓无法告诉的，人民检察院和被害人的近亲属也可以告诉。

第九十九条　【以上、以下、以内的界定】本法所称以上、以下、以内，包括本数。

第一百条　【刑罚前科报告制度】依法受过刑事处罚的人，在入伍、就业的时候，应当如实向有关单位报告自己曾受过刑事处罚，不得隐瞒。

犯罪的时候不满十八周岁被判处五年有期徒刑以下刑罚的人，免除前款规定的报告义务。（本条第二款是根据《中华人民共和国刑法修正案（八）》之十九增加的，2011年5月1日起施行。）

■最高人民法院、最高人民检察院、公安部、国家安全部、司法部印发《关于建立犯罪人员犯罪记录制度的意见》的通知（2012年5月10日）（见本书附录三十）

第一百零一条　【总则的效力】本法总则适用于其他有刑罚规定的法律，但是其他法律有特别规定的除外。

第二编　分　　则

第一章　危害国家安全罪

第一百零二条　【背叛国家罪】勾结外国，危害中华人民共和国的主权、领土完整和安全的，处无期徒刑或者十年以上有期徒刑。

与境外机构、组织、个人相勾结，犯前款罪的，依照前款的规定处罚。

第一百零三条　【分裂国家罪】组织、策划、实施分裂国家、破坏国家统一的，对首要分子或者罪行重大的，处无期徒刑或者十年以上有期徒刑；对积极参加的，处三年以上十年以下有期徒刑；对其他参加的，处三年以下有期徒刑、拘役、管制或者剥夺政治权利。

【煽动分裂国家罪】煽动分裂国家、破坏国家统一的，处五年以下有期徒刑、拘役、管制或者剥夺政治权利；首要分子或者罪行重大的，处五年以上有期徒刑。

■最高人民法院关于审理非法出版物刑事案件具体应用法律若干问题的解释（1998年12月23日）

第一条　明知出版物中载有煽动分裂国家、破坏国家统一或者煽动颠覆国家政权、推翻社会主义制度的内容，而予以出版、印刷、复制、发行、传播的，依照刑法第一百零三条第二款或者第一百零五条第二款的规定，以煽动分裂国家罪或者煽动颠覆国家政权罪定罪处罚。

■最高人民法院、最高人民检察院关于办理妨害预防、控制突发传染病疫情等灾害的刑事案件具体应用法律若干问题的解释（2003年5月15日）

第十条（第二款）　利用突发传染病疫情等灾害，制造、传播谣言，煽动分裂国家、破坏国家统一，或者煽动颠覆国家政权、推翻社会主义制度的，依照刑法第一百零三条第二款、第一百零五条第二款的规定，以煽动分裂国家罪或者煽动颠覆国家政权罪定罪处罚。

第十七条　人民法院、人民检察院办理有关妨害预防、控制突发传染病疫情等灾害的刑事案件，对于有自首、立功等悔罪表现的，依法从轻、减轻、免除处罚或者依法作出不起诉决定。

第十八条　本解释所称"突发传染病疫情等灾害"，是指突然发生，造成或者可能造成社会公众健康严重损害的重大传染病疫情、群体性不明原因疾病以及其他严重影响公众健康的灾害。

■最高人民法院、最高人民检察院、公安部、司法部关于依法惩治妨害新型冠状病毒感染肺炎疫情防控违法犯罪的意见（2020年2月6日）

二、准确适用法律，依法严惩妨害疫情防控的各类违法犯罪

（六）依法严惩造谣传谣犯罪……

利用新型冠状病毒感染肺炎疫情，制造、传播谣言，煽动分裂国家、破坏国家统一，或者煽动颠覆国家政权、推翻社会主义制度的，依照刑法第一百零三条第二款、第一百零五条第二款的规定，以煽动分裂国家罪或者煽动颠覆国家政权罪定罪处罚。

对虚假疫情信息案件，要依法、精准、恰当处置。对恶意编造虚假疫情信息，制造社会恐慌，挑动社会情绪，扰乱公共秩序，特别是恶意攻击党和政府，借机煽动颠覆国家政权、推翻社会主义制度的，要依法严惩。对于因轻信而传播虚假信息，危害不大的，不以犯罪论处。

（十）依法严惩妨害疫情防控的违法行为……

对于在疫情防控期间实施有关违法犯罪的，要作为从重情节予以考量，依法体现从严的政策要求，有力惩治震慑违法犯罪，维护法律权威，维护社会秩序，维护人民群众生命安全和身体健康。

第一百零四条　【武装叛乱、暴乱罪】组织、策划、实施武装叛乱或者武装暴乱的，对首要分子或者罪行重大的，处无期徒刑或者十年以上有期徒刑；对积极参加的，处三年以上十年以下有期徒刑；对其他参加的，处三年以下有期徒刑、拘役、管制或者剥夺政治权利。

策动、胁迫、勾引、收买国家机关工作人员、武装部队人员、人民警察、民兵进行武装叛乱或者武装暴乱的，依照前款的规定从重处罚。

第一百零五条　【颠覆国家政权罪】组织、策划、实施颠覆国家政权、推翻社会主义制度的，对首要分子或者罪行重大的，处无期徒刑或者十年以上有期徒刑；对积极参加的，处三年以上十年以下有期徒刑；对其他参加的，处三年以下有期徒刑、拘役、管制或者剥夺政治权利。

【煽动颠覆国家政权罪】以造谣、诽谤或者其他方式煽动颠覆国家政权、推翻社会主义制度的，处五年以下有期徒刑、拘役、管制或者剥夺政治权利；首要分子或者罪行重大的，处五年以上有期徒刑。

■最高人民法院关于审理非法出版物刑事案件具体应用法律若干问题的解释（1998年12月23日）

第一条　明知出版物中载有煽动分裂国家、破坏国家统一或者煽动颠覆国家政权、推翻社会主义制度的内容，而予以出版、印刷、复制、发行、传播的，依照刑法第一百零三条第二款或者第一百零五条第二款的规定，以煽动分裂国家罪或者煽动颠覆国家政权罪定罪处罚。

■最高人民法院、最高人民检察院关于办理妨害预防、控制突发传染病疫情等灾害的刑事案件具体应用法律若干问题的解释（2003年5月15日）

第十条（第二款）　利用突发传染病疫情等灾害，制造、传播谣言，煽动分裂国家、破坏国家统一，或者煽动颠覆国家政权、推翻社会主义制度的，依照刑法第一百零三条第二款、第一百零五条第二款的规定，以煽动分裂国家罪或者煽动颠覆国家政权罪定罪处罚。

第十七条　人民法院、人民检察院办理有关妨害预防、控制突发传染病疫情等灾害的刑事案件，对于有自首、立功等悔罪表现的，依法从轻、减轻、免除处罚或者依法作出不起诉决定。

第十八条　本解释所称"突发传染病疫情等灾害"，是指突然发生，造成或者可能造成社会公众健康严重损害的重大传染病疫情、群体性不明原因疾病以及其他严重影响公众健康的灾害。

■最高人民法院、最高人民检察院、公安部、司法部关于依法惩治妨害新型冠状病毒感染肺炎疫情防控违法犯罪的意见（2020年2月6日）

相关内容附在本书刑法第一百零一条之后附文同名文件中。

第一百零六条　【与境外勾结的处罚规定】与境外机构、组织、个人相勾结，实施本章第一百零三条、第一百零四条、第一百零五条规定之罪的，依照各该条的规定从重处罚。

第一百零七条　【资助危害国家安全犯罪活动罪】境内外机构、组织或者个人资助实施本章第一百零二条、第一百零三条、第一百零四条、第一百零五条规定之罪的，对直接责任人员，处五年以下有期徒刑、拘役、管制或者剥夺政治权利；情节严重的，处五年以上有期徒刑。（本条是根据《中华人民共和国刑法修正案（八）》之二十修改的，自2011年5月1日起施行。）

刑法本条原文：境内外机构、组织或者个人资助境内组织或者个人实施本章第一百零二条、第一百零三条、第一百零四条、第一百零五条规定之罪的，对直接责任人员，处五年以下有期徒刑、拘役、管制或者剥夺政治权利；情节严重的，处五年以上有期徒刑。

第一百零八条　【投敌叛变罪】投敌叛变的，处三年以上十年以下有期徒刑；情节严重或者带领武装部队人员、人民警察、民兵投敌叛变的，处十年以上有期徒刑或者无期徒刑。

第一百零九条　【叛逃罪】国家机关工作人员在履行公务期间，擅离岗位，叛逃境外或者在境外叛逃的，处五年以下有期徒刑、拘役、管制或者剥夺政治权利；情节严重的，处五年以上十年以下有期徒刑。

掌握国家秘密的国家工作人员叛逃境外或者在境外叛逃的,依照前款的规定从重处罚。(本条是根据《中华人民共和国刑法修正案(八)》之二十一修改的,2011年5月1日起施行。)

刑法本条原文:国家机关工作人员在履行公务期间,擅离岗位,叛逃境外或者在境外叛逃,危害中华人民共和国国家安全的,处五年以下有期徒刑、拘役、管制或者剥夺政治权利;情节严重的,处五年以上十年以下有期徒刑。

掌握国家秘密的国家工作人员犯前款罪的,依照前款的规定从重处罚。

第一百一十条　【间谍罪】有下列间谍行为之一,危害国家安全的,处十年以上有期徒刑或者无期徒刑;情节较轻的,处三年以上十年以下有期徒刑:

(一)参加间谍组织或者接受间谍组织及其代理人的任务的;

(二)为敌人指示轰击目标的。

第一百一十一条　【为境外窃取、刺探、收买、非法提供国家秘密、情报罪】为境外的机构、组织、人员窃取、刺探、收买、非法提供国家秘密或者情报的,处五年以上十年以下有期徒刑;情节特别严重的,处十年以上有期徒刑或者无期徒刑;情节较轻的,处五年以下有期徒刑、拘役、管制或者剥夺政治权利。

■最高人民法院关于审理为境外窃取、刺探、收买、非法提供国家秘密、情报案件具体应用法律若干问题的解释(全文)(2001年1月22日)

第一条　刑法第一百一十一条规定的“国家秘密”,是指《中华人民共和国保守国家秘密法》第二条、第八条以及《中华人民共和国保守国家秘密法实施办法》第四条确定的事项。

刑法第一百一十一条规定的“情报”,是指关系国家安全和利益、尚未公开或者依照有关规定不应公开的事项。

对为境外机构、组织、人员窃取、刺探、收买、非法提供国家秘密之外的情报的行为,以为境外窃取、刺探、收买、非法提供情报罪定罪处罚。

第二条　为境外窃取、刺探、收买、非法提供国家秘密或者情报,具有下列情形之一的,属于“情节特别严重”,处十年以上有期徒刑、无期徒刑,可以并处没收财产:

(一)为境外窃取、刺探、收买、非法提供绝密级国家秘密的;

(二)为境外窃取、刺探、收买、非法提供三项以上机密级国家秘密的;

(三)为境外窃取、刺探、收买、非法提供国家秘密或者情报,对国家安全和利益造成其他特别严重损害的。

实施前款行为,对国家和人民危害特别严重、情节特别恶劣的,可以判处死刑,并处没收财产。

第三条　为境外窃取、刺探、收买、非法提供国家秘密或者情报,具有下列情形之一的,处五年以上十年以下有期徒刑,可以并处没收财产:

(一)为境外窃取、刺探、收买、非法提供机密级国家秘密的;

(二)为境外窃取、刺探、收买、非法提供三项以上秘密级国家秘密的;

(三)为境外窃取、刺探、收买、非法提供国家秘密或者情报,对国家安全和利益造成其他严重损害的。

第四条　为境外窃取、刺探、收买、非法提供秘密级国家秘密或者情报,属于“情节较轻”,处五年以下有期徒刑、拘役、管制或者剥夺政治权利,可以并处没收财产。

第五条　行为人知道或者应当知道没有标明密级的事项关系国家安全和利益,而为境外窃取、刺探、收买、非法提供的,依照刑法第一百一十一条的规定以为境外窃取、刺探、收买、非法提供国家秘密罪定罪处罚。

第六条　通过互联网将国家秘密或者情报非法发送给境外的机构、组织、个人的,依照刑法第一百一十一条的规定定罪处罚;将国家秘密通过互联网予以发布,情节严重的,依照刑法第三百九十八条的规定定罪处罚。

第七条 审理为境外窃取、刺探、收买、非法提供国家秘密案件，需要对有关事项是否属于国家秘密以及属于何种密级进行鉴定的，由国家保密工作部门或者省、自治区、直辖市保密工作部门鉴定。

■最高人民法院、国家保密局关于执行《关于审理为境外窃取、刺探、收买、非法提供国家秘密、情报案件具体应用法律若干问题的解释》有关问题的通知(全文)(2001年8月22日)

为正确执行最高人民法院法释〔2001〕4号《关于审理为境外窃取、刺探、收买、非法提供国家秘密、情报案件具体应用法律若干问题的解释》，审理好涉及情报的刑事案件，现就有关情报的鉴定问题通知如下：

人民法院审理为境外窃取、刺探、收买、非法提供情报案件，需要对有关事项是否属于情报进行鉴定的，由国家保密工作部门或者省、自治区、直辖市保密工作部门鉴定。

■中华人民共和国保守国家秘密法(2010年10月1日)

第二条 国家秘密是关系国家安全和利益，依照法定程序确定，在一定时间内只限一定范围的人员知悉的事项。

第九条 下列涉及国家安全和利益的事项，泄露后可能损害国家在政治、经济、国防、外交等领域的安全和利益的，应当确定为国家秘密：

(一)国家事务重大决策中的秘密事项；

(二)国防建设和武装力量活动中的秘密事项；

(三)外交和外事活动中的秘密事项以及对外承担保密义务的秘密事项；

(四)国民经济和社会发展中的秘密事项；

(五)科学技术中的秘密事项；

(六)维护国家安全活动和追查刑事犯罪中的秘密事项；

(七)经国家保密行政管理部门确定的其他秘密事项。

政党的秘密事项中符合前款规定的，属于国家秘密。

第十条 国家秘密的密级分为绝密、机密、秘密三级。

绝密级国家秘密是最重要的国家秘密，泄露会使国家安全和利益遭受特别严重的损害；机密级国家秘密是重要的国家秘密，泄露会使国家安全和利益遭受严重的损害；秘密级国家秘密是一般的国家秘密，泄露会使国家安全和利益遭受损害。

第一百一十二条 【资敌罪】战时供给敌人武器装备、军用物资资敌的，处十年以上有期徒刑或者无期徒刑；情节较轻的，处三年以上十年以下有期徒刑。

第一百一十三条 【危害国家安全罪适用死刑、没收财产的规定】本章上述危害国家安全罪行中，除第一百零三条第二款、第一百零五条、第一百零七条、第一百零九条外，对国家和人民危害特别严重、情节特别恶劣的，可以判处死刑。

犯本章之罪的，可以并处没收财产。

第二章 危害公共安全罪

第一百一十四条 【放火罪】【决水罪】【爆炸罪】【投放危险物质罪】【以危险方法危害公共安全罪】放火、决水、爆炸以及投放毒害性、放射性、传染病病原体等物质或者以其他危险方法危害公共安全，尚未造成严重后果的，处三年以上十年以下有期徒刑。(本条根据《中华人民共和国刑法修正案(三)》之一修改，2001年12月29日起施行)

刑法本条原文：【放火罪】【决水罪】【爆炸罪】【投毒罪】【以危险方法危害公共安全罪】放火、决水、爆炸、投毒或者以其他危险方法破坏工厂、矿场、油田、港口、河流、水源、仓库、住宅、森林、农场、谷场、牧场、重要管道、公共建筑物或者其他公私财产，危害公共安全，尚未造成严重后果的，处三年以上十年以下有期徒刑。

■最高人民法院、最高人民检察院、公安部关于依法惩治妨害公共交通工具安全驾驶违法犯罪行为的指导意见(2019年1月8日)

一、准确认定行为性质,依法从严惩处妨害安全驾驶犯罪

(一)乘客在公共交通工具行驶过程中,抢夺方向盘、变速杆等操纵装置,殴打、拉拽驾驶人员,或者有其他妨害安全驾驶行为,危害公共安全,尚未造成严重后果的,依照刑法第一百一十四条的规定,以以危险方法危害公共安全罪定罪处罚;致人重伤、死亡或者使公私财产遭受重大损失的,依照刑法第一百一十五条第一款的规定,以以危险方法危害公共安全罪定罪处罚。

实施前款规定的行为,具有以下情形之一的,从重处罚:

1. 在夜间行驶或者恶劣天气条件下行驶的公共交通工具上实施的;

2. 在临水、临崖、急弯、陡坡、高速公路、高架道路、桥隧路段及其他易发生危险的路段实施的;

3. 在人员、车辆密集路段实施的;

4. 在实际载客10人以上或者时速60公里以上的公共交通工具上实施的;

5. 经他人劝告、阻拦后仍然继续实施的;

6. 持械袭击驾驶人员的;

7. 其他严重妨害安全驾驶的行为。

实施上述行为,即使尚未造成严重后果,一般也不得适用缓刑。

(二)乘客在公共交通工具行驶过程中,随意殴打其他乘客,追逐、辱骂他人,或者起哄闹事,妨害公共交通工具运营秩序,符合刑法第二百九十三条规定的,以寻衅滋事罪定罪处罚;妨害公共交通工具安全行驶,危害公共安全的,依照刑法第一百一十四条、第一百一十五条第一款的规定,以以危险方法危害公共安全罪定罪处罚。

(三)驾驶人员在公共交通工具行驶过程中,与乘客发生纷争后违规操作或者擅离职守,与乘客厮打、互殴,危害公共安全,尚未造成严重后果的,依照刑法第一百一十四条的规定,以以危险方法危害公共安全罪定罪处罚;致人重伤、死亡或者使公私财产遭受重大损失的,依照刑法第一百一十五条第一款的规定,以以危险方法危害公共安全罪定罪处罚。

(四)对正在进行的妨害安全驾驶的违法犯罪行为,乘客等人员有权采取措施予以制止。制止行为造成违法犯罪行为人损害,符合法定条件的,应当认定为正当防卫。

(五)正在驾驶公共交通工具的驾驶人员遭到妨害安全驾驶行为侵害时,为避免公共交通工具倾覆或者人员伤亡等危害后果发生,采取紧急制动或者躲避措施,造成公共交通工具、交通设施损坏或者人身损害,符合法定条件的,应当认定为紧急避险。

(六)以暴力、威胁方法阻碍国家机关工作人员依法处置妨害安全驾驶违法犯罪行为、维护公共交通秩序的,依照刑法第二百七十七条的规定,以妨害公务罪定罪处罚;暴力袭击正在依法执行职务的人民警察的,从重处罚。

(七)本意见所称公共交通工具,是指公共汽车、公路客运车,大、中型出租车等车辆。

二、加强协作配合,有效维护公共交通安全秩序

妨害公共交通工具安全驾驶行为具有高度危险性,极易诱发重大交通事故,造成重大人身伤亡、财产损失,严重威胁公共安全。各级人民法院、人民检察院和公安机关要高度重视妨害安全驾驶行为的现实危害,深刻认识维护公共交通秩序对于保障人民群众生命财产安全与社会和谐稳定的重大意义,准确认定行为性质,依法从严惩处,充分发挥刑罚的震慑、教育作用,预防、减少妨害安全驾驶不法行为发生。

公安机关接到妨害安全驾驶相关警情后要及时处警,采取果断措施予以处置;要妥善保护事发现场,全面收集、提取证据,特别是注意收集行车记录仪、道路监控等视听资料。人民检察院应当对公安

机关的立案、侦查活动进行监督；对于公安机关提请批准逮捕、移送审查起诉的案件，符合逮捕、起诉条件的，应当依法予以批捕、起诉。人民法院应当及时公开、公正审判。对于妨害安全驾驶行为构成犯罪的，严格依法追究刑事责任；尚不构成犯罪但构成违反治安管理行为的，依法给予治安管理处罚。

在办理案件过程中，人民法院、人民检察院和公安机关要综合考虑公共交通工具行驶速度、通行路段情况、载客情况、妨害安全驾驶行为的严重程度及对公共交通安全的危害大小、行为人认罪悔罪表现等因素，全面准确评判，充分彰显强化保障公共交通安全的价值导向。

■最高人民法院关于依法妥善审理高空抛物、坠物案件的意见（2019年10月21日）

二、依法惩处构成犯罪的高空抛物、坠物行为，切实维护人民群众生命财产安全

4. 充分认识高空抛物、坠物行为的社会危害性。高空抛物、坠物行为损害人民群众人身、财产安全，极易造成人身伤亡和财产损失，引发社会矛盾纠纷。人民法院要高度重视高空抛物、坠物行为的现实危害，深刻认识运用刑罚手段惩治情节和后果严重的高空抛物、坠物行为的必要性和重要性，依法惩治此类犯罪行为，有效防范、坚决遏制此类行为发生。

5. 准确认定高空抛物犯罪。对于高空抛物行为，应当根据行为人的动机、抛物场所、抛掷物的情况以及造成的后果等因素，全面考量行为的社会危害程度，准确判断行为性质，正确适用罪名，准确裁量刑罚。

故意从高空抛弃物品，尚未造成严重后果，但足以危害公共安全的，依照刑法第一百一十四条规定的以危险方法危害公共安全罪定罪处罚；致人重伤、死亡或者使公私财产遭受重大损失的，依照刑法第一百一十五条第一款的规定处罚。为伤害、杀害特定人员实施上述行为的，依照故意伤害罪、故意杀人罪定罪处罚。

6. 依法从重惩治高空抛物犯罪。具有下列情形之一的，应当从重处罚，一般不得适用缓刑：(1)多次实施的；(2)经劝阻仍继续实施的；(3)受过刑事处罚或者行政处罚后又实施的；(4)在人员密集场所实施的；(5)其他情节严重的情形。

（注意：《刑法修正案（十一）》改增加了高空抛物犯罪，涉及其他犯罪时可参考此意见。——编著者注）

■最高人民法院、最高人民检察院关于办理妨害预防、控制突发传染病疫情等灾害的刑事案件具体应用法律若干问题的解释（2003年5月15日）

第一条　故意传播突发传染病病原体，危害公共安全的，依照刑法第一百一十四条、第一百一十五条第一款的规定，按照以危险方法危害公共安全罪定罪处罚。

患有突发传染病或者疑似突发传染病而拒绝接受检疫、强制隔离或者治疗，过失造成传染病传播，情节严重，危害公共安全的，依照刑法第一百一十五条第二款的规定，按照过失以危险方法危害公共安全罪定罪处罚。

第十七条　人民法院、人民检察院办理有关妨害预防、控制突发传染病疫情等灾害的刑事案件，对于有自首、立功等悔罪表现的，依法从轻、减轻、免除处罚或者依法作出不起诉决定。

第十八条　本解释所称“突发传染病疫情等灾害”，是指突然发生，造成或者可能造成社会公众健康严重损害的重大传染病疫情、群体性不明原因疾病以及其他严重影响公众健康的灾害。

■最高人民法院、最高人民检察院、公安部、司法部关于依法惩治妨害新型冠状病毒感染肺炎疫情防控违法犯罪的意见（2020年2月6日）

二、准确适用法律，依法严惩妨害疫情防控的各类违法犯罪

（一）依法严惩抗拒疫情防控措施犯罪。故意传播新型冠状病毒感染肺炎病原体，具有下列情形之一，危害公共安全的，依照刑法第一百一十四条、第一百一十五条第一款的规定，以以危险方法危害公共安全罪定罪处罚：

1. 已经确诊的新型冠状病毒感染肺炎病人、病原携带者,拒绝隔离治疗或者隔离期未满擅自脱离隔离治疗,并进入公共场所或者公共交通工具的;

2. 新型冠状病毒感染肺炎疑似病人拒绝隔离治疗或者隔离期未满擅自脱离隔离治疗,并进入公共场所或者公共交通工具,造成新型冠状病毒传播的。

(十)依法严惩妨害疫情防控的违法行为……

对于在疫情防控期间实施有关违法犯罪的,要作为从重情节予以考量,依法体现从严的政策要求,有力惩治震慑违法犯罪,维护法律权威,维护社会秩序,维护人民群众生命安全和身体健康。

■最高人民法院、最高人民检察院、公安部关于办理涉窨井盖相关刑事案件的指导意见(2020 年 3 月 16 日)

二、盗窃、破坏人员密集往来的非机动车道、人行道以及车站、码头、公园、广场、学校、商业中心、厂区、社区、院落等生产生活、人员聚集场所的窨井盖,足以危害公共安全,尚未造成严重后果的,依照刑法第一百一十四条的规定,以以危险方法危害公共安全罪定罪处罚;致人重伤、死亡或者使公私财产遭受重大损失的,依照刑法第一百一十五条第一款的规定处罚。

十二、本意见所称的"窨井盖",包括城市、城乡结合部和乡村等地的窨井盖以及其他井盖。

▽危害公共安全的含义

危害公共安全是指既包括对公共安全造成现实危害,也包括尚未造成实际严重后果但已危及公共安全的情形。[参见第 1 号案例,陈美娟投放危险物质案,载《刑事审判指导》总第 1 辑(2004 年第 1 辑),人民法院出版社,第 6 页。执笔:臧建伟　郇习顶]

▽"毒害性""放射性""传染病病原体"物质的内涵

"毒害性"物质,是指能对人或动物产生毒害的有毒物质,包括化学性有毒物质、生物性有毒物质、微生物类有毒物质。化学性有毒物质,也称人工合成有毒物质,如砒霜、鼠药、氰化物等;生物性有毒物质又可分为植物性有毒物质如野蘑菇,以及动物性有毒物质如河豚鱼等;微生物类有毒物质如肉毒杆菌等。

"放射性"物质,主是指铀、镭、钴等能对人或动物产生严重辐射危害的物质,包括可以产生裂变反应堆或聚变反应的核材料。

"传染病病原体"物质,不属于毒性物质,而是通过在人体或动物体内适当的环境中繁殖从而给身体造成危害的传染病菌种、毒种,如霍乱弧菌、天花病毒、艾滋病毒、炭疽菌、肝炎病毒、结核杆菌等。[参见第 1 号案例,陈美娟投放危险物质案,载《刑事审判指导》总第 1 辑(2004 年第 1 辑),人民法院出版社,第 6 页。执笔:臧建伟　郇习顶]

▽寻衅滋事罪和以危险方法危害公共安全罪区别的认定

以危险方法危害公共安全罪而非寻衅滋事罪的区别主要在于:(1)侵犯的客体不同。前罪侵犯的客体是公共安全,即不特定或多数人的生命、健康和重大公私财产安全,侧重于对公共安全的维护。寻衅滋事罪从其客观行为表现来看也会侵犯他人的人身权利、公私财产权利,但侵犯的主要客体则是公共秩序,侧重于对公共秩序的维护。(2)客观方面不同。前罪的客观方面表现为以"其他危险方法"危害公共安全的行为。所谓"其他危险方法"是指使用了与放火、决水、爆炸、投放危险物质的危险性或危害性相当的危险方法。这类危险方法多种多样,难以一一列举。概言之,只要所使用的方法足以危害公共安全的,即可认为是刑法所要求的危险方法。寻衅滋事罪的客观方面,主要表现为实施了破坏社会秩序的行为。刑法第二百九十三条将寻衅滋事行为具体归纳为四种表现形式,即随意殴打他人,情节恶劣的;追逐、拦截、辱骂他人,情节恶劣的;强拿硬要或者任意损毁、占用公私财物,情节严重的;在公共场所起哄闹事,造成公共场所秩序严重混乱的。(3)主观方面不同。以危险方法危害公共安全罪的主观方面表现为故意,既可以是直接故意,也可以是间接故意,即行为人明知自己所实施的危险方法或行为可能足以危及公共安全,仍希望或放任该危险状态的发生。寻衅滋事罪的主观方面表现为直接故意,且行为人主观上具有漠视社会秩序、无事生非的鲜明特点。(4)以危险方法危害公共安全罪系危险犯,即行为人所实施的危险方法或行为足以导致对公共安全产生现实的危险,即便未造成致人重伤、死亡或公私财产重大损失等严重后果的,也构成该罪的既遂。而寻衅滋事行为只有达到情节恶劣或严重的程度,方可成立犯罪。[参见第319号案例,祝久平以危险方法危害公共安全案,载《刑事审判参考》总第40集(2004年第5集),法律出版社,第41~43页。供稿:尹晓涛、郇习顶,执笔:汪鸿滨]

▽认定放火罪而非破坏交通工具罪的关键是行为人的主观目的

以放火的方法破坏正在使用中的公共交通工具,并足以使该交通工具发生倾覆、毁坏危险的,是危害公共安全的行为。在这种情况下,行为人既具备放火罪的犯罪构成,又同时具备破坏交通工具罪的犯罪构成,形成两罪的竞合,即一行为触犯两罪名。对竞合犯的处断原则,目前我国刑法理论界和司法实务界均主张"从一重处断",即按照该行为所触犯的数罪名中法定刑最重的那个罪名论处。如行为人以盗窃为目的实施了放火的行为,而放火所危及的对象是正在使用中的货物列车,因此,行为人的行为同时触犯了放火罪和破坏交通工具罪两个罪名,构成二罪的竞合,这一竞合的特殊性在于二罪的法定刑完全相同。在这种情况下,分析行为人的主观目的,对于罪名的正确选择就显得特别重要。一般来说,用放火的手段破坏交通工具的行为,行为人主观上应当积极追求交通工具损坏的结果,应当具备特定的目的。犯罪目的虽不是犯罪构成要件,但它却是直接故意犯罪和间接故意犯罪的区分点。只有直接故意犯罪中才存在有犯罪目的,因为直接故意是希望犯罪结果发生,即积极追求这种结果的发生;而间接故意,由于其对危害结果的发生并非希望和积极追求,仅是持一种放任的态度,因此,间接故意犯罪中不存在犯罪目的。用放火的方式破坏交通工具其主观故意上应是直接故意,它所要追求的是交通工具损坏的结果。换言之,其犯罪目的直接指向交通工具本身。本案被告人实施放火行为的目的是盗窃,放火所直接指向的是货物列车上所装载的物而非列车本身。因为被告人能够预见到其行为足以危及公共安全的结果却仍放任这种结果的发生,故符合(间接故意)放火罪的犯罪构成。行为人所实施的放火行为,虽也存在造成交通工具毁坏的危险,且客观上也造成了交通工具一定程度的毁坏,但不符合破坏交通工具罪的直接故意特征,故定放火罪而非破坏交通工具罪更符合行为人的行为特点。[参见第239号案例,叶朝红等放火案,载《刑事审判参考》总第32辑(2003年第3辑),法律出版社,第11~12页。执笔:黄伟]

▽以诈骗保险金为目的放火烧毁投保汽车的行为,只构成放火罪,而不构成保险诈骗罪

是否危及公共安全,是危险犯形态的放火罪区别于以纵火方法实施的故意毁坏财物罪的关键。毁坏财物的方式是多种多样的,当然也包括纵火的方法。以放火等危险方法实施的危害公共安全罪,也往往会造成数额较大的公私财物的损失。但放火罪和故意毁坏财物罪毕竟是有别的。放火罪属于危害公共安全的犯罪,侵犯的客体是公共安全,而故意毁坏财物罪,属于侵犯财产的犯罪,其侵犯的客体是公私财产。放火罪和故意毁坏财物罪的区别之一,就在于行为人的放火行为客观上是否足以危及公共安全。也就是说,如果行为人实施的放火的方法,本身没有危害公共安全,也不可能危及公共安全,就只能属于故意毁坏财物行为;反之,如果已危害或足以危及公共安全,就只能是放火罪。判断行为人的放火行为,是否足以危及公共安全,就要结合放火的地点以及放火时周围的具体环境等因素来分析。行为人实行共同放火行为的地点是车站,放火时周围停有十多辆其他汽车,邻近是家属楼、加油站等,且两行为人对此是明知的。两行为人的共同放火行为,客观上足以危及公共安全,主观上明知自己共同的放火行为会危及公共安全,但为实现骗取保险金的目的,仍放任这种危险的发生,符合放火罪的主客观构成要件,已构成放火罪。保险诈骗罪是特殊主体,不具有特定身份的人虽能与具有特定身份的人构成保险诈骗共同犯罪,但不可能单独构成保险诈骗罪。保险诈骗罪的犯罪主体一般有三,即投保人、被保险人或受益人。或者保险事故的鉴定人、证明人、财产评估人故意提供虚假的证明文件,为他人诈骗提供条件的,以保险诈骗的共犯论处。上述行为人显然也不符合这款规定的主体身份,就不具备保险诈骗罪的主体资格,所以其放火行为只构成放火罪而不能同时构成保险诈骗罪。[参见第150号案例,王新生等放火案,载《刑事审判参考》总第24集(2002年第1集),法律出版社,第5～6页。供稿:河南省篙县人民法院,执笔:洪冰]

▽放火罪已造成严重后果的认定

放火罪的危险犯和实害犯的区别在于放火行为是否已造成严重的后果。根据《刑法》本条和第一百一十五条的规定,放火罪有两种不同形态,分别适用不同的法定刑幅度:一是尚未造成严重后果的,处三年以上十年以下有期徒刑;二是已致人重伤、死亡或者使公私财产遭受重大损失的,处十年以上有期徒刑、无期徒刑或者死刑。这就是刑法理论上通常讲的放火罪的危险犯与实害犯,二者的区别就在于放火行为有无造成严重的后果。未造成严重后果的是危险犯,已造成严重后果的是实害犯。这里所谓的严重后果,一般是指对公共安全即不特定多数人的人身安全或公私财产是否已造成实际的损害,且损害是否达到严重的程度。如放火烧毁自己的财产,虽经济损失巨大,但没有造成其他公私财产损失的,或者放火已将自己或同伙烧死,但没有造成其他公民死亡或重伤的,都不属于本罪所要求的严重后果。[参见第150号案例,王新生等放火案,载《刑事审判参考》总第24集(2002年第1集),法律出版社,第5页。供稿:河南省篙县人民法院,执笔:洪冰]

▽"其他危险方法"范围的界定,即综合考察"碰瓷"发生时的各种具体情况,准确判断行为是否危害公共安全

"碰瓷"的含义,原本是指一些不法商人在出售瓷器时暗做手脚,致使路过的人一碰瓷器就碎或者根本没碰也碎,然后借以实施敲诈行为。后来,借指一些不法分子通过驾驶机动车辆故意制造交通事故,继而敲诈勒索钱财。以非法占有为目的而"碰瓷"的行为,一般可分为两阶段:一是"碰瓷"阶段,即实施手段行为阶段;二是获取财物阶段,即实现目的阶段。司法实践中,要准确对"碰瓷"行为进行定性,既要准确把握"碰瓷"阶段的行为性质,是否危害公共安全,又要准确把握获取财物、阶段的行为性质,是否使用暴力。具体分述如下:

刑法第一百一十四条规定的以危险方法危害公共安全罪属于空白罪状,如何界定"其他危险方法"的范围一直是困扰司法实践的难题。现实中,危害公共安全的行为越来越多,但刑法第一百一十四条只列举了放火、爆炸、决水、投放危险物质四种典型行为,鉴于以危险方法危害公共安全罪是一种较为严重的犯罪,在具体案件中认定行为是否适用"以其他危险方法危害公共安全"的兜底规定时应当从严把握,以防止以危险方法危害公共安全罪被滥用。从立法原意和经验法则把握,作为同一条文中的犯罪行为,"其他危险方法"应当与放火、决水、爆炸、投放危险物质行为在客观危害程度方面具有相当性,具体应从手段的相当性与危险结果的相当性两个方面进行把握。所谓手段的相当性,是指作案手段在性质上与放火、决水、爆炸、投放危险物质具有可比性。放火、决水、爆炸、投放危险物质属于攻击性很强、危害性很大的行为,严重危及不特定多数人的人身、财产安全,一旦实施,即具有广泛的杀伤力和破坏性。如果一种行为虽然造成严重后果,但是客观上根本不具有严重危及不特定多数人的人身、财产安全的可能,就不具有与防火、决水、爆炸、投放危险物质的可比性,不能认定为"其他危险方法"。例如,偷盗路面井盖虽然可能会威胁不特定人的生命健康和财产安全,但一般情况下,危害后果的范围、程度有限,而且一旦发生一次损害,易于为其他人发现与防范,偷盗井盖带来的危险不具有扩散性和广泛的杀伤力、破坏性,与放火、投毒、爆炸、投放危险物质等能够造成不特定多数人重大伤亡和财产损失的本质特征存在明显差别。即使在个别情况下,偷盗井盖行为确实造成人员伤亡,也可考虑以破坏交通设施罪或(间接)故意伤害罪处理,而不应首先考虑适用以危险方法危害公共安全罪。所谓危险结果的相当性,是指行为的实施足以使不特定多数人的人身和财产遭受重大损害,即一般情况下,如果没有意外因素的阻止或极其偶然因素的干扰,就会导致不特定多数人的人身和财产损失。例如,行为人向人群中投掷一颗炸弹，该炸弹投出后意外落入下水道中（路面井盖被盗走），结果仅导致两人轻微伤。在该案中，投掷炸弹具有导致意外因素的阻止或极其偶然因素的干扰的高度危险，未造成实际严重损害结果系受到极其偶然因素的干扰，构成以危险方法危害公共安全罪。如果即使没有意外因素的阻止或极其偶然因素的干扰，行为一般也不会导致不特定多数人的人身和财产损失，则行为就不构成《刑法》第一百一十四条规定的"其他危险方法"。

对于"碰瓷"者而言，驾车冲撞他人车辆也是一种危险行为，行为人通常在选取作案路段、行驶速度、碰瓷方式等方面都会有一定节制。实践中，大量碰瓷者是利用道路混乱、机动车起步阶段以及违规变道行驶等条件，在车流量小、行人稀少或道路进出口等路段，行车速度慢，驾车与被害车辆发生碰撞，继而要求对方赔偿。与放火、爆炸等危险方法相比，上述"碰瓷"行为所造成的危险不具有扩散性和广泛的杀伤力、破坏性，不足以严重危及不特定多数人的人身财产安全，实际造成车毁人亡的严重损害后果的也不多见。对这类行为一般不能以以危险方法危害公共安全罪论处。当然，由于实践中驾驶机动车"碰瓷"的情形较为复杂，除了一般情况外，还必须充分考虑个案的特殊性，准确认定行为的性质。如果没有其他因素的干扰，行为人选择的作案时间、地点、方式必然给公共安全带来严重危险的，则应当认定为危害公共安全的行为。例如，行为人在高速路、城市主干道等人流、车流集中、车速快的路段驾车故意冲撞被害车辆，如果不及时采取有效措施，就有可能使受到撞击的车辆失去控制，进而造成与其他机动车碰撞、追尾等重大交通事故的发生，这样的"碰瓷"就属于危害公共安全的行为。关于是否足以严重危害公共安全的问题，属于对危险发生的一种可能性判断，应当以认识和判断力处于正常、平均水平的人来判断。在时间、路段、路况、车速、"碰瓷"方式等诸多因素中，具备哪几项或者达到什么程度，可以认定"碰瓷"具有足以造成严重后果的高度危险往往是见仁见智。例如，在高速公路上"碰瓷"，一般来说对公共安全有较高危险，但如果当时是夜间，通行车辆较少，碰撞发生后，行为人或被害人及时设置路障标识，或采取防范措施，那么；其"碰瓷"行为就不足以严重危害公共安全。因此，是否严重危害公共安全，必须综合考虑"碰瓷"发生时的各种情形谨慎判断。［参见第764号指导案例，刘飞抢劫案，载《刑事审判参考》总第85集（2012年第2集），第53～56页。撰稿：赵俊甫］

▽为逃避酒驾检查，冲撞依法执行公务的警察和他人车辆的行为，应当以以危险方法危害公共安全罪定罪处罚

（一）现有证据不能证实被告人对被害人死亡的结果具有直接故意。行为人的主观罪过是否符合故意杀人罪犯罪构成主观方面的特征，通常是根据行为人在实施行为时有无非法剥夺他人生命的意思表示，或者案发后供述其实施行为时有无非法剥夺他人生命的故意，或者根据行为人实施的行为与危害结果的因果关系，结合其他具体犯罪事实情节，综合认定。在被告人始终否认犯罪故意的案件中，对行为人主观罪过的认定非常复杂，往往重点依赖于实施行为与危害结果是否存在相当因果关系，特别是是否存在必然因果关系。对存在相当因果关系的，一般认定行为人应当承担刑事责任；对存在必然因果关系的，一般可以认定行为人具有直接故意。如行为人将被害人从高空推下；明知被害人不识水性，仍将被害人推入深水中；将氰化钾拌入被害人食物中；持利器猛刺被害人心脏、猛砍被害人颈动脉、股动脉等要害部位等。本案被告人在驾车冲撞时，并没有非法剥夺执勤警察生命的言语表示。被告人到案后供称，其看见有警察盘查就掉转车头，听到后面有人喊停下来，其猛踩油门拼命向前开，逆行并闯了好几个红灯。途中，其突然看见有个警察趴在引擎盖上，不知道警察怎么上去的，就一脚急刹车，警察被摔下车后，其没有下车，直接开车逃走了。根据被告人的上述供述，其在行驶过程中并无杀害被害人的直接故意。被告人虽然实施了用车辆撞击被害人的行为，且明知被害人趴在引擎盖上仍继续行驶1.9公里，途中车速曾高达108.63公里/小时，最后突然紧急刹车，将被害人甩至车道上，但这些行为尚不足以造成被害人必然死亡的结果。因此，现有证据难以证实被告人主观上具有杀人的直接故意。

（二）以危险方法危害公共安全罪可以完整评价被告人实施的全部行为。被告人在执勤交警被害人示意其停车接受检查时，将被害人撞击到引擎盖上，后不顾被害人要求停车的呼喊，高速行驶1.9公里，最后紧急刹车将被害人甩下车的行为，符合刑法关于妨害公务罪的规定，即“以暴力、威胁方法阻碍国家机关工作人员依法执行职务”。因被告人的行为致被害人轻伤，又符合刑法关于故意伤害罪的规定。妨害公务罪的法定刑为三年以下有期徒刑、拘役、管制或者罚金，故意伤害罪(轻伤)的法定刑为三年以下有期徒刑、拘役或者管制，后者最低刑的设置高于前者。参照《上海市高级人民法院、上海市人民检察院、上海市公安局、上海市司法局关于本市办理妨害人民警察依法执行职务违法犯罪案件的意见》第三条第二款的规定，此种情况下可以故意伤害罪定罪处罚。然而，本案无论认定被告人的行为构成故意伤害罪还是妨害公务罪，均不能涵盖其实施的全部犯罪事实。很显然，上述罪名仅是针对被告人伤害被害人的行为在法律上进行了评价，而未对被告人在此过程中驾车冲撞被害人李某某车辆、撞毁隔离栏以及超速行驶、逆向行驶、闯红灯、呈“S”形行驶、影响其他车辆正常行驶等一系列行为作出法律评价。基于这一考虑，应当认定被告人构成以危险方法危害公共安全罪。以危险方法危害公共安全罪的构成特征，可以完整评价被告人实施的全部行为。为避免重复评价，对妨害公务罪、故意伤害罪不宜另行认定。

1. 被告人实施的行为危及不特定多数人的人身、财产安全，而非特定对象的人身、财产安全。本案发生在上海市商业中心城区静安区的延安中路、延安西路等繁华路段。虽然案发时间为深夜23时，但现场监控录像显示，上述路段的车流量仍较大，道路上既有正在执法的数名交警，也有正在行驶或者等待红灯、等候交警检查的数辆汽车，还有在人行道上行走的数名群众。虽然从实际发生的危害结果看，被告人驾车冲撞的对象是具体的人和物，但这些对象的选择具有随机性，而非其刻意针对。当时在案发路段执行检查任务的除了被害人外，还有交警牟某、严某以及潘某等三名交通协管员，只不过被告人试图倒车逃避检查时，其车离被害人最近。如果其倒车时离其他交警或者协警更近，受到伤害的可能就是其他人。同样，无论是谁行驶在被告人车后，均可能在其倒车时被撞损车头。此外，被告人驾车闯红灯的行为致华山路南北向行驶的多辆汽车紧急刹车，严重威胁到这些车辆及车上驾驶员、乘客的安全。因此，被告人酒后驾车超速、逆向行驶等行为，对其途经路段的不特定对象，包括车辆、行人、交警和公财财产安全均构成了现实的威胁。

2. 被告人实施的行为具有与放火、决水、爆炸、投放危险物质等行为相当的危险性。汽车是危险性较大的交通工具，为降低这种危险性，驾驶者必须严格遵守交通运输管理法规的规定，做到谨慎驾驶，在道路上违章驾驶无疑会增加这种危险转化为现实危害结果的可能性。一般的违反道路交通安全法规的驾驶行为虽然对公共安全造成一定威胁，但其危险程度小于放火、决水、爆炸、投放危险物质等行为，因此不构成以危险方法危害公共安全罪。只有当驾驶行为具有与放火、决水、爆炸、投放危险物质相当的危险，且行为人明知其行为可能会导致该类危险的发生时，才构成以危险方法危害公共安全罪。本案被告人酒后驾车，驾驶能力受到酒精影响，本身就是高度危险的驾驶行为，不仅如此，其还实施了超速行驶、逆向行驶、闯红灯等多个严重违章行为，其行为的危险性已达到与放火、决水、爆炸、投放危险物质相当的程度。同时，被告人驾车冲撞交警、车辆、隔离栏，属于故意伤害、故意毁损公私财物行为，在性质上可作一次法律评价，涵括在以危险方法危害公共安全罪这一罪名之中。

3. 被告人实施的一系列行为所造成的后果未超出公共安全的范围。刑法规定的以危险方法危害公共安全罪的严重后果包括致人重伤、死亡或者公私财产遭受重大损失。本案被告人的违规驾驶行为致被害人健康受损，致被害人李某某的汽车及道路隔离栏受损，这些危害结果均在公共安全范围之内。同时，被告人违规驾驶行为导致多辆正常行驶的车辆紧急刹车，其行为已经危及这些车辆驾驶人员以及乘客的人身、财产，而这亦属于公共安全的范围，因此其应当对此承担相应的刑事责任。

4. 被告人对危害后果的发生持放任心态。行为人为了追求某种目的而实施一定行为时，明知该行为可能会发生某种危害后果，但为实现其意图而放任危害后果的发生，是一种典型的间接故意。本案被告人明确供述,其因驾驶前饮酒,在看到有交警检查过往车辆时,为逃避检查而掉转车头,倒车时感觉撞到什么东西,可能是别人车辆、路墩或者隔离栏,并听到后面有人在喊停车,但其只知道要逃跑,故猛踩油门拼命往前开,发现有警察趴在引擎盖上后,便急刹车将警察甩下,直接开车逃走。该供述反映出被告人明知其驾驶的车辆发生了碰撞,但为了逃避处罚,仍不管不顾继续违章行驶,并在明知趴在其汽车引擎盖上的警察面临高度危险的情况下,不顾该警察生命安全,急刹车将警察甩下车后逃逸。这些情节足以表明其对其驾驶行为所可能导致的危害后果在意志上持放任态度,属于间接故意罪过形式。

综上,被告人在道路上高度危险驾驶,对公共安全造成严重危害,致一人轻伤、公私财物受损,其行为构成以危险方法危害公共安全罪。[参见第 911 指导案例,任寒青以危险方法危害公共安全案,载《刑事审判参考》总第 94 集(2013 年第 5 集),第 92~95 页。撰稿:孙玮]

▽危害公共安全罪中的“不特定多数人”在案件中的具体认定

故意杀人罪所要保护的是普通公民个人的人身权利;而危害公共安全罪设立的目的在于将生命、健康等个人法益抽象为社会利益作为保护对象,故危害公共安全罪最突出的特点是其“社会性”。对于以危险方法危害公共安全罪的犯罪对象“不特定多数人”的含义,应当从其“社会性”的特点出发进行理解。以危险方法危害公共安全罪保护的是公众的生命、健康,而“公众”与“社会性”均要求重视量的“多数”。换言之,“多数”是“公共”概念的核心。“不特定”也意味着随时有向“多数”发展的现实可能性,会使社会多数成员遭受危害和侵害。司法实践中,一般有两种情况会认定为“不特定多数人”,从而构成危害公共安全犯罪:第一种情形是行为针对的对象是不特定的,且行为人事先也没有预料到具体的危害后果;第二种情形是行为人针对的对象是相对特定的,但实际造成的后果是行为人没有预料的,不能控制的。侵害“不特定多数人”,并不是说行为人没有特定的侵犯对象或目标,而是行为人主观上有一定的侵害对象,对损害的可能范围也有一定的预判,但对最终造成或者可能造成的危害后果难以控制,从而危害特定人之外的人身或者财产安全。本案被告人意图驾驶小汽车撞向拆迁人员,虽然现场的拆迁人员是相对特定的,但是一方面现场拆迁人员本身就人数众多;另一方面除了拆迁人员外,现场还有被告人的邻居和亲属,用小汽车撞人时是很难控制具体的侵害对象以及所造成的侵害后果的。事实证明,本案就因被告人的行为导致多名拆迁人员及被告人母亲受伤的后果,因此被告人的行为虽然针对的是相对特定的对象,但是对于最终侵害的对象及造成的后果均无法控制和预料,应当认定其侵犯的对象是“不特定多数人”。一审法院以本案是“在特定的拆违现场有针对性地冲撞特定的工作人员,不具有危害公共安全的特性”为由否定“不特定性”是不当的。此外,本案即使现场只有拆迁人员,也应当认定为以危险方法危害公共安全罪。如前所述,危害公共安全中侵害客体的“不特定多数人”核心在于“多数”和“社会性”,即使侵害对象相对特定是拆迁人员,但鉴于本案拆迁人员多达数十人,符合一般意义上的多数要求,且被告人的行为方式也无法控制最终的危害后果,故而其侵害的对象仍属于“不特定多数人”。[参见第 1072 号指导案例,郑小教以危险方法危害公共安全案,载《刑事审判参考》总第 103 集(2015 年第 2 集),第 3~5 页。撰稿:熊娟]

▽危害公共安全罪中的“公共安全”在案件中的具体认定,即“公共安全”不等同于“公共场所的安全”

首先,“公共安全”的词义应解释为多数人的生命、健康和公私财产的安全。公共安全包括信息安全、食品安全、公共卫生安全等,是一个抽象的概念。虽然在公共场所更容易发生侵犯公共安全的案件,但是公共安全不等同于公共场所的安全。其次,公共安全的核心在于“多数”,而不论是封闭的场所还是开放的公共场所,即使是在相对封闭的场所发生了多数人的损害后果,也有可能属于侵犯公共安全的行为。本案中,首先,案发现场道路并非被告人家庭所有或单独使用,而只是由于特殊的地理位置,被告人家庭使用的频率较高,但这并不能排斥他人行走或使用,故案发现场并不属于封闭的场所;

其次,即使案发现场属于封闭的场所,但由于被告人驾车冲撞的行为危害到“不特定多数人”的健康、生命安全,其行为就具有了危害公共安全的性质。

综上,本案中被告人为泄愤,驾驶车辆在公共场所连续冲撞他人致多人轻伤、轻微伤的行为,是以危险方法危害公共安全罪的典型犯罪手段。当然,我们在处理类似案件时,也应当综合考虑案件的起因、当事人的主观故意及相关的犯罪情节等,合理把握案件的定罪与量刑,做到罚当其罪。二审法院改判被告人犯以危险方法危害公共安全罪,判处有期徒刑七年是适当的。[参见第1072号指导案例,郑小教以危险方法危害公共安全案,载《刑事审判参考》总第103集(2015年第2集),第5页。撰稿:熊娟]

第一百一十五条 **【放火罪】【决水罪】【爆炸罪】【投放危险物质罪】【以危险方法危害公共安全罪】**放火、决水、爆炸以及投放毒害性、放射性、传染病病原体等物质或者以其他危险方法致人重伤、死亡或者使公私财产遭受重大损失的,处十年以上有期徒刑、无期徒刑或者死刑。

【失火罪】【过失决水罪】【过失爆炸罪】【过失投放危险物质罪】【过失以危险方法危害公共安全罪】过失犯前款罪的,处三年以上七年以下有期徒刑;情节较轻的,处三年以下有期徒刑或者拘役。(本条根据《中华人民共和国刑法修正案(三)》之二修改,2001年12月29日起施行)

刑法本条第一款原文:【放火罪】【决水罪】【爆炸罪】【投毒罪】【以危险方法危害公共安全罪】放火、决水、爆炸、投毒或者以其他危险方法致人重伤、死亡或者使公私财产遭受重大损失的,处十年以上有期徒刑、无期徒刑或者死刑。

■最高人民检察院、公安部关于公安机关管辖的刑事案件立案追诉标准的规定(一)(2008年6月25日)

第一条 [失火案(刑法第一百一十五条第二款)]过失引起火灾,涉嫌下列情形之一的,应予立案追诉:

(一)造成死亡一人以上,或者重伤三人以上的;

(二)造成公共财产或者他人财产直接经济损失五十万元以上的;

(三)造成十户以上家庭的房屋以及其他基本生活资料烧毁的;

(四)造成森林火灾,过火有林地面积二公顷以上,或者过火疏林地、灌木林地、未成林地、苗圃地面积四公顷以上的;

(五)其他造成严重后果的情形。

本条和本规定第十五条规定的“有林地”、“疏林地”、“灌木林地”、“未成林地”、“苗圃地”,按照国家林业主管部门的有关规定确定。

■最高人民法院、最高人民检察院、公安部关于依法惩治妨害公共交通工具安全驾驶违法犯罪行为的指导意见(2019年1月8日)

本意见全部内容附在本书刑法第一百一十四条附文相同文件名中。

■最高人民法院关于依法妥善审理高空抛物、坠物案件的意见(2019年10月21日)

本意见全部内容附在本书刑法第一百一十四条附文相同文件名中。(注意:《刑法修正案(十一)》改增高了高空抛物犯罪,涉及其他犯罪时可参考此意见。——编著者注)

■最高人民法院关于醉酒驾车犯罪法律适用问题的意见(2009年9月11日)

一、准确适用法律,依法严惩醉酒驾车犯罪

刑法规定,醉酒的人犯罪,应当负刑事责任。行为人明知酒后驾车违法、醉酒驾车会危害公共安全,却无视法律醉酒驾车,特别是在肇事后继续驾车冲撞,造成重大伤亡,说明行为人主观上对持续发生的危害结果持放任态度,具有危害公共安全的故意。对此类醉酒驾车造成重大伤亡的,应依法以以危险方法危害公共安全罪定罪。

二、贯彻宽严相济刑事政策，适当裁量刑罚

根据刑法第一百一十五条第一款的规定，醉酒驾车，放任危害结果发生，造成重大伤亡事故，构成以危险方法危害公共安全罪的，应处以十年以上有期徒刑、无期徒刑或者死刑。具体决定对被告人的刑罚时，要综合考虑此类犯罪的性质、被告人的犯罪情节、危害后果及其主观恶性、人身危险性。一般情况下，醉酒驾车构成本罪的，行为人在主观上并不希望、也不追求危害结果的发生，属于间接故意犯罪，行为的主观恶性与以制造事端为目的而恶意驾车撞人并造成重大伤亡后果的直接故意犯罪有所不同，因此，在决定刑罚时，也应当有所区别。此外，醉酒状态下驾车，行为人的辨认和控制能力实际有所减弱，量刑时也应酌情考虑。

三、统一法律适用，充分发挥司法审判职能作用

为依法严肃处理醉酒驾车犯罪案件，遏制酒后和醉酒驾车对公共安全造成的严重危害，警示、教育潜在违规驾驶人员，今后，对醉酒驾车，放任危害结果的发生，造成重大伤亡的，一律按照本意见规定，并参照附发的典型案例，依法以以危险方法危害公共安全罪定罪量刑。

为维护生效裁判的既判力，稳定社会关系，对于此前已经处理过的将特定情形的醉酒驾车认定为交通肇事罪的案件，应维持终审裁判，不再变动。

■最高人民法院、最高人民检察院关于办理妨害预防、控制突发传染病疫情等灾害的刑事案件具体应用法律若干问题的解释(2003年5月15日)

第一条　故意传播突发传染病病原体，危害公共安全的，依照刑法第一百一十四条、第一百一十五条第一款的规定，按照以危险方法危害公共安全罪定罪处罚。

患有突发传染病或者疑似突发传染病而拒绝接受检疫、强制隔离或者治疗，过失造成传染病传播，情节严重，危害公共安全的，依照刑法第一百一十五条第二款的规定，按照过失以危险方法危害公共安全罪定罪处罚。

第十七条　人民法院、人民检察院办理有关妨害预防、控制突发传染病疫情等灾害的刑事案件，对于有自首、立功等悔罪表现的，依法从轻、减轻、免除处罚或者依法作出不起诉决定。

第十八条　本解释所称“突发传染病疫情等灾害”，是指突然发生，造成或者可能造成社会公众健康严重损害的重大传染病疫情、群体性不明原因疾病以及其他严重影响公众健康的灾害。

■最高人民法院、最高人民检察院、公安部、司法部关于依法惩治妨害新型冠状病毒感染肺炎疫情防控违法犯罪的意见(2020年2月6日)

本意见全部内容附在本书刑法第一百一十四条附文相同文件名中。

■最高人民法院、最高人民检察院、公安部关于办理涉窨井盖相关刑事案件的指导意见(2020年3月16日)

二、盗窃、破坏人员密集往来的非机动车道、人行道以及车站、码头、公园、广场、学校、商业中心、厂区、社区、院落等生产生活、人员聚集场所的窨井盖，足以危害公共安全，尚未造成严重后果的，依照刑法第一百一十四条的规定，以以危险方法危害公共安全罪定罪处罚；致人重伤、死亡或者使公私财产遭受重大损失的，依照刑法第一百一十五条第一款的规定处罚。

过失致人重伤、死亡或者使公私财产遭受重大损失的，依照刑法第一百一十五条第二款的规定，以过失以危险方法危害公共安全罪定罪处罚。

十二、本意见所称的“窨井盖”，包括城市、城乡结合部和乡村等地的窨井盖以及其他井盖。

■国家林业局、公安部关于森林和陆生野生动物刑事案件管辖及立案标准(2001年5月9日)

二、(六)放火案

凡故意放火造成森林或者其他林木火灾的都应当立案；过火有林地面积2公顷以上为重大案件；

过火有林地面积10公顷以上,或者致人重伤、死亡的,为特别重大案件。

(七)失火案

失火造成森林火灾,过火有林地面积2公顷以上,或者致人重伤、死亡的应当立案;过火有林地面积为10公顷以上,或者致人死亡、重伤5人以上的为重大案件;过火有林地面积为50公顷以上,或者死亡2人以上的,为特别重大案件。

三、其他规定(见本书刑事诉讼法第十八条后附文)

▼最高人民法院、最高人民检察院、公安部、司法部、生态环境部关于办理环境污染刑事案件有关问题座谈会纪要(2019年2月20日)

相关内容见本书刑法第三百三十八条附文。

▼安徽省高级人民法院、安徽省人民检察院、安徽省公安厅关于办理失火罪和消防责任事故罪有关问题意见的通知(1999年8月18日)

由于行为人的过失引起火灾,致人重伤、死亡或者公私财产遭受重大损失,具有下列情形之一的,应予追究刑事责任:

1. 致人死亡;

2. 重伤3人以上(含本数,下同);

3. 直接经济损失城市20万元以上、农村10万元以上;

4. 烧毁10户以上或烧毁房屋30间以上。

▼江苏省高级人民法院、江苏省人民检察院、江苏省公安厅关于失火罪和消防责任事故罪追究刑事责任标准的意见(1999年12月1日)

一、实施刑法第115条第二款规定之行为,具有下列情形之一的,属情节较轻,应处三年以下有期徒刑或者拘役:

(一)导致死亡1人以上,或者重伤3人以上的;

(二)造成直接财产损失20万元以上的;

(三)受灾20户以上的;

(四)重伤1人以上不足3人、财产损失10万元以上不足20万元、受灾10户以上不足20户,但造成其他严重后果的。

具有下列情形之一的,应处三年以上七年以下有期徒刑:

(一)导致死亡3人以上的;

(二)导致重伤10人以上,或者死亡、重伤10人以上的;

(三)造成直接财产损失30万元以上的;

(四)受灾30户以上的。

三、人体重伤标准按最高人民法院、最高人民检察院、司法部、公安部《人体重伤鉴定标准》(1990年3月29日)执行。直接财产损失,以公安消防机构核定的数额为准。

四、本意见中"以上"、"以下"均包括本数。

本意见自下发之日起参照执行。参照执行后,最高人民法院、最高人民检察院、公安部有新规定的,按新规定执行。

□向药品生产企业销售假冒的药用辅料用于生产药品,药品投入市场后发生致人重伤、死亡的严重后果,其行为构成以危险方法危害公共安全罪

行为人明知会发生危害他人身体健康的后果,但基于非法牟利的目的,放任这种结果的发生,向药品生产企业销售假冒的药用辅料用于生产药品,致使药品投入市场后发生致人重伤、死亡的严重后果,其行为构成以危险方法危害公共安全罪。(参见江苏省泰州市人民检察院诉王桂平以危险方法危害公共安全、销售伪劣产品、虚报注册资本案，载《最高人民法院公报》总第147期（2009年第1期），第44页。）

□明知楼下人流密集，仍故意从高空连续抛物，应依法以以危险方法危害公共安全罪追责

行为人明知楼下系人流密集的学校操场，仍故意从高空连续抛物，其行为足以危及不特定多数人的生命健康和财产安全，并实际造成一人重伤的严重后果，应依法以以危险方法危害公共安全罪追究刑事责任。（参见重庆市沙坪坝区人民检察院诉李旭晨以危险方法危害公共安全案，载《最高人民法院公报》2020年第5期。）

▽向药品生产企业销售假冒的药品辅料的行为构成以危险方法危害公共安全罪

向药品生产企业销售假冒的药品辅料的行为构成以危险方法危害公共安全罪，理由如下：1. 认定行为人的行为构成销售假药罪的法律依据不足。假药，是指依照《中华人民共和国药品管理法》的规定属于假药和按假药处理的药品、非药品。根据上述规定，作为销售假药罪犯罪对象的假药的认定，应当以《中华人民共和国药品管理法》的规定为准，具体可以分为"假药"、"按假药处理的药品"以及"按假药处理的非药品"三类。根据2001年重新修订的《中华人民共和国药品管理法》第四十八条第一款的规定，"假药"包括两种情形：一是药品所含成分与国家药品标准规定的成分不符的；二是以非药品冒充药品或者以他种药品冒充此种药品的。同条第二款规定了按假药论处的药品，也就是《刑法》第一百四十一条第二款所称"按假药处理的药品"，主要包括六类："（一）国务院药品监督管理部门规定禁止使用的；（二）依照本法必须批准而未经批准生产、进口，或者依照本法必须检验而未经检验即销售的；（三）变质的；（四）被污染的；（五）使用依照本法必须取得批准文号而未取得批准文号的原料药生产的；（六）所标明的适应症或者功能主治超出规定范围的。"可见，《刑法》第一百四十一条第二款规定的第三种假药即"按假药处理的非药品"，在相关行政法规中并无对应的概念及其解释。由于药用丙二醇是药品辅料，根据药品管理法的规定，辅料是指生产药品和调配处方时所用的赋形剂和附加剂，与药品有别。因此行为人以二甘醇冒充药用丙二醇进行销售，属于以一种工业用产品冒充药品辅料进行销售，其行为既不属于销售"假药"，也不属于销售"按假药处理的药品"，故不宜按销售假药罪处理。2. 行为人的行为导致的后果极其严重，严重危害了公共安全，若视为销售伪劣产品，以销售金额评价其社会危害性，有违罪刑相适应的刑法基本原则。应该说，行为人以假充真，以二甘醇冒充药用丙二醇进行销售，其行为属于销售伪劣产品性质，但只看到了行为的表面性质，无形中割裂了行为人的行为与其产生的严重危害后果之间的因果联系，忽略了其危害公共安全的本质，对问题的认识缺乏应有的深度。作为医用产品，如果质量不合格不但会贻误使用该药品患者的及时诊治，而且可能会给患者的健康带来巨大危害，甚至造成死亡，因而国家对于药品质量的监管历来采取最为严格的标准，刑法也对生产、销售伪劣药品的犯罪行为配置了极高的刑罚，就是因为这种犯罪行为所具有的严重社会危害性。一旦这些伪劣药品流入市场被患者使用，这种危害因为往往会涉及不特定人的生命健康，因而就具有了危害公共安全的性质。3. 行为人的行为符合以危险方法危害公共安全罪的构成要件，应当以以危险方法危害公共安全罪定罪处罚。首先，从主观方面看，行为人具有以危险方法危害公共安全罪的故意。其次，从行为的性质看，行为人以二甘醇冒充药用丙二醇销售给制药企业用于生产药品的行为，与放火、决水、爆炸、投放危险物质等行为尽管手法不同，但在刑法上的性质相同，同样危害了公共安全，完全可以理解为《刑法》第一百一十四条、第一百一十五条规定的"其他危险方法"的范畴。最后，从危害后果看，本案危害后果的发生，不仅与齐齐哈尔第二制药有限公司（相关责任人员以重大责任事故罪另案处理）生产销售假药的行为直接相关，而且与行为人以二甘醇假冒药用丙二醇销售的行为具有刑法上的因果关系，属于多因一果，行为人应当依法对危害后果承担刑法上的责任。［参见第503号案例，王桂平以危险方法危害公共安全、销售伪劣产品、虚报注册资本案，载《刑事审判参考》总第64集（2008年第5集），法律出版社，第4～7页，执笔：叶巍］

▽往他人庭院外种植的丝瓜中注射农药,致人因中毒诱发他症死亡,投毒行为与死亡结果之间存在刑法上的因果关系

被告人使用一次性注射器向数条丝瓜中注射半筒农药,被害人因农药中毒诱发其自身患有的高血压和糖尿病,引起高渗性昏迷低钾综合症,加之医院诊断不准,贻误救治时机,致被害人死亡。投毒行为与死亡结果之间存在刑法上的因果关系。理由有:一是被害人患有糖尿病,并不能成为否认被告人投毒行为与被害人死亡结果之间存在刑法上的因果关系。这是因为因果关系具有条件性和具体性,一种行为能引起什么样的结果,取决于行为时的具体条件,即便在通常情况下,某一行为并不足以导致某种看似异常的结果,但若因行为时的具体条件特殊,最终造成该异常结果出现,不能以此否定行为与结果之间的因果关系,即被害人的特异体质不影响刑法意义上的因果关系成立。二是医院抢救被害人过程中所存在的诊断失误这一介入情况,并不足以切断被告人投毒行为与被害人死亡结果之间的因果关系。在因果关系发展过程中,如果介入了第三者的行为、被害人的行为或特殊自然事实等其他因素,则应当考察介入情况的异常性大小、对结果发生的作用大小、行为人的行为导致结果发生的可能性大小等情形来判断前行为与结果之间是否存在因果关系。如果介入情况并非异常、对结果发生的作用力较小、行为人的行为本身具有导致结果发生的较大可能性,则应当认定前行为与结果之间存在刑法上的因果关系。[参见第1号案例,陈美娟投放危险物质案,载《刑事审判指导》总第1辑(2004年第1辑),人民法院出版社,第3～5页。第276号案例,陈美娟投放危险物质案,载《刑事审判参考》总第36集(2004年第1集),法律出版社,第5～7页。执笔:臧建伟　郇习顶]

▽因被害人家属的缘故致使被害人未得到及时救治,并不能切断被告人的先行行为与被害人死亡结果之间的因果关系,但可作为酌减被告人刑事责任的量刑情节

被告人驾车过失撞伤了被害人,后将被害人及其丈夫弃置郊外一工厂门外,谎称到了医院,民警赶到后,被害人丈夫因回家取钱再次延误治疗时间,致被害人因创伤性失血性休克并颅脑损伤死亡。这种再次延误救治时间的取钱行为是导致被害人死亡结果发生的介入情况。但由于导致被害人死亡结果发生的最直接,也是最主要原因是被告人先前的驾车撞伤并遗弃被害人的行为,而该介入情况对被害人死亡结果的发生作用力很小,且该行为从属于被告人先前的驾车撞伤并遗弃被害人的行为,不是独立于被告人的先行行为的,故该介入情况不能切断被告人的先行行为与被害人死亡结果之间的因果关系。尽管该介入情况不能切断原有的因果关系链,但考虑到被害人的丈夫和民警没有及时将被害人送至医院救治,此介入情况对被害人死亡结果的发生产生了一定的影响。因而,此介入情况可以作为酌减被告人刑事责任的量刑情节。[参见第5号案例,宋良虎、殷海军故意杀人案,载《刑事审判指导》总第1辑(2004年第1辑),人民法院出版社,第32页。执笔:谭京生　孙晓芳]

▽投放危险物质罪与故意杀人罪构成想象竞合犯,应按投放危险物质罪论处

对一些以杀害特定人为目的而实施投放危险物质行为的案件定性,关键在于要对证据事实进行准确判断,即行为人所实施的投放危险物质行为,是否具有同时威胁或危害其他不特定人生命、健康或者财产安全,即危害公共安全的危险性质。即行为人所实施的投放危险物质的行为,除了可能造成其意图杀害的特定人死亡的结果外,还有可能威胁或危害到其他不特定人的生命、健康或者财产安全,且行为人对此有认识,则说明行为人在积极追求追求特定少数人死亡后果发生的同时,还存在放任危害公共安全结果发生的心态。此时,行为人的行为属于投放危险物质罪(间接故意)与故意杀人罪(直接故意)的想象竞合犯,依照想象竞合犯"从一重处断"的原则,应当对其以投放危险物质罪论处。投放危险物质罪与故意杀人罪的法定刑虽然完全相同,但是,由于危害公共安全罪在整体上重于侵犯公民人身权利、民主权利罪;故意杀人罪的减轻构成(属于结果犯)要比投放危险物质罪的基本构成(属于危险犯)相对更为严格;在观念上,一般都认为,投放危险物质罪要比故意杀人罪更为严重,因此,在杀人罪与投放危险物质罪发生竞合的情况下,按照"从一重处断"的原则,应当对行为人以投放危险物质罪论处。[参见第 1 号案例,陈美娟投放危险物质案,载《刑事审判指导》总第 1 辑(2004 年第 1 辑),人民法院出版社,第 6～7 页。第 276 号案例,陈美娟投放危险物质案,载《刑事审判参考》总第 36 集(2004 年第 1 集),法律出版社,第 8～9 页。执笔:臧建伟 郇习顶]

▽利用铱(放射性同位素)射线工业探伤机对人照射的行为,构成投放危险物质罪

192 铱源是铱元素的放射性同位素,属于中毒组放射性核素,在没有屏蔽的情况下,对人或动物会产生严重辐射危害。行为人因为某总医院激光医疗中心的内部管理和奖金等问题而与被害人产生矛盾,出于泄愤的动机,为了报复被害人,竟然罔顾广大医护人员和就诊病人的人身安危,有预谋地纠合他人,由其本人出巨资,伪造有关证明手续,购买了 192 铱(放射性同位素)工业探伤机,与他人将铱射线工业探伤机运回某总医院激光医疗中心,共同将该机的装源铅罐安装在被害人的办公室内天花板上,将连接主机的前端管道从天花板上拉到被害人的办公桌上方的天花板上,对被害人进行照射,在军区医院内投放放射性物质连续犯罪时间长达两个多月,致被害人重伤。从犯罪侵害的客体和客观方面看,行为人犯罪的对象是被害人,但其将工业探伤机放置在军区医院办公室内,当其开机照射被害人时,不可避免地将照射与被害人相邻办公室的工作人员及到医院就诊的病人,致多人轻伤或轻微伤,行为人的犯罪行为侵害了社会的公共安全,即不特定多数人的生命健康,正常的生活、生产、工作的安全和重大公私财产的安全,构成投放危险物质罪。[参见第 358 号案例,古计明、方振华投放危险物质案,载《刑事审判参考》总第 46 集(2005 年第 5 集),法律出版社,第 4～5 页。执笔:程永生]

▽核辐射损伤程度的认定

核辐射损伤确有远后效应和遗传效应两大显著特点。对被辐射的群体而言,远后效应和遗传效应必然在某些人身上出现。但对于被辐射的某个人而言,远后效应和遗传效应未必会出现。这既与被照射的剂量有关,也与个体身体差异有关。就现在的医疗水平而言,放射性损伤可以引起致畸、致癌、致突变等远后效应,尚无法对此进行确切评价。另外,《人体重伤鉴定标准》《人体轻微伤鉴定标准》没有将放射性造成的器官损伤列入其中,只有原则性规定,尚不能解决本案的重伤、轻伤标准问题。对被害人进行伤情的法医鉴定是专家们听取了办案机关的情况介绍,查看现场,会见大部分被害人,调阅了所有被害人的住院、门诊病历及鉴定有关材料,对部分被害人进行医学复检,根据放射病治疗、研究专家作出的诊断鉴定和解放军 307 医院、第一军医大学南方医院、广东省人民医院、广州军区总医院等有关医院的病历资料,参照中华人民共和国国家标准 GB 16388—1996《外照射亚急性放射病诊断标准及处理原则》并参照《人体重伤鉴定标准》、《人体轻伤鉴定标准(试行)》、《人体轻微伤的鉴定》联合作出的鉴定意见。对被害人之所以鉴定为重伤,专家组主要是根据放射性专家的鉴定意见及相关医院的病历,被害人染色体畸变数多,且变化大,其多系统受损:造血系统、凝血系统、微循环、免疫系统、生殖系统等,同时专家注明:该疾病远后效应潜在危险要比其他类型放射病严重,尤其是今后发生再生障碍性贫血、白血病或恶性肿瘤等可能性比较大,应该长期密切随访,故认定被害人为重伤。[参见第 358 号案例,古计明、方振华投放危险物质案,载《刑事审判参考》总第 46 集(2005 年第 5 集),法律出版社,第 5～7 页。执笔:程永生]

▽投放危险物质罪的刑罚适用方法

《刑法修正案(三)》第二条规定:"放火、决水、爆炸以及投放毒害性、放射性、传染病病原体等物质或者以其他危险方法致人重伤、死亡或者使公私财产遭受重大损失的,处十年以上有期徒刑、无期徒刑或者死刑。"根据该条款,行为人用工业探伤机对人照射,致 1 人重伤,13 人轻伤,61 人轻微伤,量刑应在十年以上有期徒刑、无期徒刑或者死刑。《刑法修正案(三)》第二条与刑法第二百三十二条刑期顺序不同,关于故意杀人罪的量刑是从重往轻,《刑法修正案(三)》第二条量刑是从轻往重。根据罪刑法定原则,不应首选死刑立即执行。鉴于目前尚无人死亡;放射性损伤可以引起致畸、致癌、致突变等远后效应,目前医学科学水平尚无法对此进行确切评价,量刑应留有余地,可适用死刑,缓期二年执行,剥夺政治权利终身。[参见第358号案例,古计明、方振华投放危险物质案,载《刑事审判参考》总第46集(2005年第5集),法律出版社,第7页。执笔:程永生]

▽以危险方法危害公共安全罪和交通肇事罪区别的认定

以危险方法危害公共安全罪和交通肇事罪,侵犯的都是不特定多数人的人身和财产安全,在犯罪客体上具有相同之处。但交通肇事罪的主观方面只能是过失,而以危险方法危害公共安全罪主观方面只能是故意,包括直接故意和间接故意。[参见第197号案例,陆某某、张某某以危险方法危害公共安全、交通肇事案,载《刑事审判参考》总第28辑(2002年第5辑),法律出版社,第4～5页。执笔:金泽刚　周翔]

▽公交车司机在车辆行驶中擅离职守足以危及公共安全的行为应按以危险方法危害公共安全罪定罪处罚

行为人因与乘客发生争执,遭到乘客的殴打,竟置正在行驶中的公交车于不顾,离开驾驶室与乘客互殴,这一行为本身就足以危及不特定多数人的人身和财产安全,且客观上也已导致公交车失控,酿成1人死亡、1辆出租车和围墙严重毁损的交通事故。行为人的行为符合以危险方法危害公共安全罪的构成要件。[参见第197号案例,陆某某、张某某以危险方法危害公共安全、交通肇事案,载《刑事审判参考》总第28辑(2002年第5辑),法律出版社,第4～5页。执笔:金泽刚　周翔]

▽乘客殴打正在驾驶车辆的司机引发交通事故的应根据情况分别定罪

乘客殴打正在驾驶车辆的司机从而引发交通事故的,大致有两种情形:一是殴打行为足以致驾驶人员失去对车辆的有效控制,从而直接引发交通事故的;二是殴打行为不足以致驾驶人员失去对车辆的有效控制,但引发驾驶人员擅离驾驶岗位进行互殴,导致车辆失去控制,进而间接引发交通事故的。第一种情形,车辆失去控制造成交通事故是由乘客殴打行为直接所致,因果关系明显。对此,行为人的行为如符合故意伤害罪、以危险方法危害公共安全罪的构成的,应当以此定罪量刑。第二种情形,车辆失去控制造成交通事故虽是由驾驶人员擅离职守直接所致,但乘客的殴打行为又是引发驾驶人员擅离职守与其对殴的唯一原因。从本案案情上看,尽管乘客殴打正在驾驶车辆的司机的行为,可以说是一种可能会危及到公共安全的危险行为,但乘客主观上并没有危害公共安全(对已实际发生的危害公共安全的结果而言)的直接或间接故意,而明显是一种过失的形态。交通肇事罪和过失以危险方法危害公共安全罪,在主观上都是出于过失,侵害的客体都是公共安全,即不特定人的人身安全和公私财产。以认定过失以危险方法危害公共安全罪为宜。理由如下:(1)乘客殴打正在驾驶车辆的司机的行为,本身就是一种可能会危及公共安全的高度危险行为,是一种典型的包含着可能危及公共安全的危险方法。而且,这种危险行为或方法,不能与一般的交通违规行为等量齐观。(2)虽然刑法所规定的交通肇事罪的主体是一般主体,理论上也不排除乘客等非直接从事交通运输业务或与保证交通运输安全有直接关系的人员,可以成为交通肇事罪的主体。但也应同时看到,交通肇事罪主体主要应当是指那些违反了交通规则并因此而导致交通责任事故的驾驶人员或是其他与交通运输管理相关的人员。一名公交车的乘客,其殴打正在驾驶车辆的司机的行为,并不属于通常意义上交通规则所要规范的对象和范围。[参见第197号案例,陆某某、张某某以危险方法危害公共安全、交通肇事案,载《刑事审判参考》总第28辑(2002年第5辑),法律出版社,第6～9页。执笔:金泽刚　周翔]

▽采用爆炸手段实施的故意杀人罪与爆炸罪区别的认定

采用爆炸手段实施的故意杀人罪与爆炸罪在犯罪方法和危害后果方面有相同之处,但两者存在明显区别:一是侵犯客体不同。爆炸罪侵犯的客体是公共安全,即不特定多数人的生命、健康或者重大公私财产安全,而故意杀人罪侵犯的客体则是特定公民的生命权。二是客观方面不同。爆炸罪的行为人故意引爆爆炸装置制造爆炸,造成或足以造成不特定多数人的伤亡或公私财产的重大损失,而故意杀人罪采取的手段较广泛,其中也包括采取爆炸的手段,但针对的只是特定的对象,不造成不特定多数人的伤亡和公私财产的重大损失。三是主观方面不同。爆炸罪的行为人主观方面具有危害公共安全的故意,而故意杀人罪的行为人主观方面仅有非法剥夺特定公民个人生命的故意。由此可见,区分两罪的关键之处在于是否危害公共安全。在实践中,如果行为人以爆炸为手段来杀害特定的人,而不危及公共安全的,其行为构成故意杀人罪;如果行为人以爆炸为手段来杀害特定的人,而结果却危及或足以危及公共安全的,且对其危害公共安全的后果持追求或放任的态度,其行为构成爆炸罪。[参见第137号案例,赖贵勇爆炸案,载《刑事审判参考》总第22辑(2001年第11辑),法律出版社,第3~4页。执笔:周峰]

▽醉酒驾车连续冲撞多辆轿车,造成严重后果,其行为构成以危险方法危害公共安全罪

第一,要严格按照主客观相统一的定罪原则来认定醉酒驾车肇事行为的性质。醉酒驾车肇事客观上表现为醉酒驾车,造成他人伤亡或者重大财产损失,危害了公共交通安全,这同时符合交通肇事罪和以危险方法危害公共安全罪的特征,故从客观方面很难进行区分。对此类行为的准确定罪,更为重要的是分析行为人肇事时的主观心态。如果是故意,则以危险方法危害公共安全罪定罪;如果是出于过失,则以交通肇事罪定罪。实践中,醉酒驾车犯罪行为人往往不希望也不积极追求伤亡结果的发生,其罪过形式系放任的间接故意还是过于自信的过失,较难把握。一般而言,应结合行为人是否具有驾驶能力、是否正常行驶、行驶速度快慢、所驾车辆的车况如何、路况和能见度如何、案发地点车辆及行人多少、肇事后的表现,以及行为人关于主观心态的供述等方面,进行综合分析认定。在不同的个案中,行为人对醉酒驾车造成的危害结果所持的心态不同,故不能认为醉酒驾车犯罪行为人主观上对危害结果的发生一概是故意或过失,进而一律认定为以危险方法危害公共安全罪或交通肇事罪。第二,要从立法目的角度正确理解交通肇事罪与以危险方法危害公共安全罪条文之间的关系。虽然《刑法》第一百三十三条规定的交通肇事罪和《刑法》第一百一十四条、第一百一十五条规定的以危险方法危害公共安全罪都属于刑法第二章规定的危害公共安全犯罪,但"以其他危险方法危害公共安全"行为是对"放火、决水、爆炸以及技放毒害性、放射性、传染病病原体等物质"等行为的兜底,而不是对整个刑法第二章所有条款的兜底。故从立法目的看,不能得出《刑法》第一百一十四条和第一百一十五条完全适用于醉酒驾车犯罪行为的结论。司法实践中,不能将这两个条款无限制地扩大适用于所有醉酒驾车犯罪。从刑法规定看,构成以危险方法危害公共安全罪的行为,是指那些与"放火、决水、爆炸以及投放毒害性、放射性、传染病病原体等物质"具有同等严重破坏性的危害公共安全的行为,而不是泛指所有危害公共安全的行为。一般情况下,醉酒驾车肇事和采用放火、决水、爆炸等危险方法危害公共安全的行为在危害公共安全性质上有差异,不能把醉酒驾车肇事简单地一律认定为以危险方法危害公共安全罪。醉酒驾车肇事行为在何种情况下与放火、决水、爆炸等危害公共安全行为在性质上相当,要在具体案件中根据行为的时间、地点、方式、环境等情况来具体分析判断,不能单纯以危害后果来判断醉酒驾车肇事行为是否构成以危险方法危害公共安全罪。第三,要重视把握量刑平衡与准确定罪的关系。由于刑法没有将醉酒驾车行为本身规定为犯罪(《刑法修正案(八)》颁布之前没有将醉酒驾车行为单独规定为犯罪。——编著者注),对于醉酒驾车造成人员伤亡的犯罪,如果一律按照以危险方法危害公共安全罪处罚,则会出现这样的现象:醉酒驾车未肇事,或者虽然肇事但未造成人员伤亡及重大财产损失的,不能定罪;而醉酒驾车造成人员伤亡的,哪怕只是造成一人重伤,按照刑法本条第一款的规定,至少都要判处十年有期徒刑。显然,对后一种情形的处罚明显过重,有违罪刑均衡原则。同时,行为人在醉酒驾车肇事后,继续驾车撞击车辆或行人,造成严重后果的,其主观上对危害结果的发生明显持放任态度,具有危害公共安全的故意,如果按照交通肇事罪处理,一般情况下,最多只能判处七年有期徒刑,处罚明显偏轻,不仅罪刑不相适应,而且也起不到有效的警示和预防作用,不足以遏制当前日趋严重的醉酒驾车犯罪现象。本案被告人未经合格的机动车驾驶培训并取得驾驶证,且在长期驾驶中多次违反交通法规,说明其并不具备正常驾驶能力。《车辆驾驶人员血液、呼气酒精含量阈值与检验》国家标准

(GB 19522—2004)规定,机动车驾驶人员血液中的酒精含量大于或等于 80 毫克/100 毫升的,属于醉酒驾车。被告人案发时血液中的酒精含量为 135.8 毫克/100 毫升,属于严重醉酒。被告人在不具备正常驾驶能力和严重醉酒的状态下,驾车行驶于车辆密集的城市道路上,一般人都能够认识到其行为很可能发生交通事故,危害公共交通安全,被告人作为心智健全的人,也能够认识到其行为的高度危险性。尤其是被告人驾车与其他车辆发生追尾事故后,其完全能够认识到自己醉酒驾车极可能再次撞击其他车辆或行人,但被告人不仅不及时停车,有效防止再次肇事,反而继续驾车以超过限速 2 倍以上的速度行驶,以致越过道路上禁止超越的黄色双实线,连续撞击对方车道上正常行驶的其他 4 辆轿车,造成数人伤亡的严重后果。综合被告人的驾驶能力、行驶速度、行驶状况、肇事地点的车辆状况及其肇事后的表现等情况,足以认定被告人对该危害结果的发生持放任心态,故其主观上具有危害公共安全的间接故意,其行为构成以危险方法危害公共安全罪。需要指出的是,在过于自信的过失中,行为人之所以自信,是因为客观上存在一定的其自以为可以避免危害结果发生的合理依据,只是过高地估计了这些因素对于防止危害结果发生所起的作用而已,因而未能防止危害结果发生。但在本案中,被告人既无合格的驾驶能力,也无丰富的驾驶经验,其在无驾驶能力的情况下,醉酒驾车高速行驶于车辆密集的城市道路上,危害结果的发生近乎必然,故客观上完全不存在使其自信可以避免危害结果发生的合理依据。其主观罪过形式不属于过于自信的过失,对其行为不能认定为交通肇事罪。[参见第 586 号指导案例,孙伟铭以危险方法危害公共安全案,载《刑事审判参考》总第 71 集(2009 年第 6 集),第 3 ~6 页。撰稿:韩维中　王飞]

▽采用驾车故意撞击他人车辆制造交通事故(俗称“碰瓷”)的手段勒索钱财的行为构成以危险方法危害公共安全罪

驾车在城市主干道及部分高速公路上故意撞击他人车辆,制造交通事故,并采用要挟甚至威胁的方法,向被害人索要钱财,符合敲诈勒索罪的构成特征;同时其行为也符合以危险方法危害公共安全罪的构成要件。具体分析如下:首先,从客观方面看,被告人在城市主干道及部分高速公路上驾车“碰瓷”足以危害到公共安全。以危险方法危害公共安全罪,侵害的对象往往具有不特定性或虽然对象特定但是危害后果具有不特定性。其危害后果或者可能造成的危险不是限定于特定的个人或财产,而是不特定人或重大公私财产的安全,而且绝大多数犯罪往往在行为前无法确定其侵害的对象的范围,也无法预料和控制可能造成的后果及程度,所造成的危害后果常常超出了行为人的预料和控制。据此,行为是否具有危及不特定人的生命、健康和重大公私财产安全的现实可能性,应是判定其能否成立危害公共安全罪的关键。需要指出的是,以危险方法危害公共安全罪的“不特定性”并不否认行为人在实施犯罪行为时有特定的对象,但其行为所造成或可能造成的危害后果则是行为人事先难以预料、难以控制的。因此,就这类犯罪的本质特征而言,不管行为人实施危害行为时主观上有无特定的侵犯对象,但只要其行为具有危害或足以危害公共安全的不特定性,即使行为人实施的犯罪对象是明确的,也应当认定此行为属于危害公共安全的犯罪。本案中,虽然被告人的犯罪行为针对的是特定的对象,即每起犯罪均是被告人在众多潜在的被害人中通过精心选择而确定的勒索对象,最终也没有造成危害公共安全的严重后果,但是分析其发生的具体环境和采用的手段,不难得出这种行为具有危及公共安全的属性。因为,在城市主干路及高速路上,车流量大且行车速度快,由于行为人所采取的突然变速冲撞正在正常行使的被害车辆的方法,很可能造成快速行驶的被害车辆因突然受到撞击或紧急避让而失去控制,进而造成不特定人的死伤或者公私财产遭受重大损失。换言之,此类行为已具有危及公共安全的现实可能性。因此,应认定其已经具有危害公共安全的属性。当然,发生在道路交通事故中的“碰瓷”案件情况多样,不能一概认定为危害公共安全犯罪。对于利用道路混乱、机动车停车起步阶段以及违规行驶等,用身体故意或假装与机动车发生碰撞而声称受伤,要求对方“赔偿”,以及在居民区、行人稀少的街道等场所,车流量少,行车速度慢,驾驶机动车制造“碰瓷”事故的,其发生危及不特定或多数人安全的结果之可能性很小,不具有危及公共安全的现实危险,故一般不能以以危险方法危害公共安全罪论处,应根据行为人的主观故意,以敲诈勒索罪、诈骗罪或者保险诈骗罪等来定罪处罚。其次,从主观方面看,被告人在驾驶机动车"碰瓷"案件中,故意撞击他人车辆的主观目的是制造交通事故,从而勒索钱财,而对其行为可能产生危害公共安全的结果则持一种"放任"的态度,属于间接故意。以危险方法危害公共安全罪的主观方面是故意,包括直接故意和间接故意。不论行为的目的、动机如何,只要行为人主观上出于故意,并付诸实际行动,且由于其行为对公共安全造成了危害或者使公共安全处于一种危险的状态,就可以认定行为人构成本罪。至于所造成的危害结果是否超出行为人的预料和控制,即被告人对其行为造成的后果的具体认识,一般不影响其犯罪成立与否,实际上危害公共安全罪的主观要件也未有类似要求。所以,那种以驾驶机动车"碰瓷"时,未能预见会发生危害公共安全的后果,或者说危害结果是超出其预料和控制的范围,因而不构成以危险方法危害公共安全罪的观点,是不正确的。此外,特定犯罪目的、动机的存在,可能会使罪名的认定出现竞合情况。对于"碰瓷"类犯罪而言,一般以非法获取他人钱财或者骗取保险偿付金为目的,故同时构成敲诈勒索罪或诈骗罪、保险诈骗罪等,属于刑法理论上的牵连犯,对此一般应从一重罪处罚。最后,此种作案手段属于与放火、决水、爆炸、投放危险物质的危险性相当的"其他危险方法"。从《刑法》第一百一十四条、第一百一十五条规定看,"其他危险方法"是与"放火、决水、爆炸"等并列的行为方式,同属一个法条,适用同档法定刑。因此,基于罪刑相适应原则的精神,对其应参照放火、爆炸等罪的可罚性来理解,即在危险性上应当与放火、爆炸等行为具有可罚的相当性。既然《刑法》本条已明确规定了第一百一十四条发展后的结果是"致人重伤、死亡或者公私财产遭受重大损失",那么,作为可以直接转化为犯罪结果的具体危险犯,第一百一十四条的"其他危险方法",在性质上就必须能够导致不特定多数人重伤、死亡或者公私财产遭受重大损失的结果,即实质上具有致不特定或者多数人重伤、死亡的现实可能性。具体而言,《刑法》第一百一十四条规定的所谓其他危险方法,一是指放火、决水、爆炸、投放危险物质以外的方法;二是指与放火、决水、爆炸、投放危险物质的危险性相当的、足以危害公共安全的方法。使用这些危险方法,同放火、决水、爆炸、投放危险物质一样,一经实施就可能危及不特定多数人的生命、健康或者重大公私财产的安全。本案中,由于城市主干路和高速路是国家及地区的重要交通干道,具有车流量大、行车速度快以及行人众多等特点,一旦在某路段出现突发性事件,极有可能在瞬间造成重大交通事故。特别是此类行为是采取突然变速冲撞正在正常行使的其他车辆的方法,从一般人的常识判断,很有可能使被害车辆因受到撞击或紧急避让而失去控制,从而酿成车毁人亡的严重后果。可见,这种作案手段与放火、决水、爆炸、投放危险物质的危险性相当,足以危害公共安全。因此,将其认定为以危险方法危害公共安全罪,是符合该罪的本质和立法精神的。综上所述,被告人在实施敲诈勒索的目的犯罪行为过程中,其驾车冲撞其他车辆制造交通事故的手段行为又触犯了以危险方法危害公共安全罪,按照牵连犯从一重罪处断的原则,应按照以危险方法危害公共安全罪定罪处罚。[参见第587号指导案例,李跃等以危险方法危害公共安全案,载《刑事审判参考》总第第71集(2009年第6集),第12~16页。撰稿:李加李晓]

▽以私设电网的方法猎捕野生动物,并致人重伤、死亡或者使公私财产遭受重大损失的,同时触犯了非法狩猎罪和过失以危险方法危害公共安全罪的,应当按照想象竞合犯的处理原则,择一重罪处理

私设电网非法狩猎时,造成了他人重伤、死亡或者公私财产遭受重大损失的严重后果,便会产生非法狩猎罪和过失以危险方法危害公共安全罪的想象竞合。刑法理论上的想象竞合犯,由于其行为的单数性,实质上属于一罪,因此想象竞合犯的处断原则是"择一重罪处罚",而不实行数罪并罚。相关司法解释对非法狩猎罪和过失以危险方法危害公共安全罪的竞合问题的处理作出了明确规定,即"使用爆炸、投毒、设置电网等危险方法破坏野生动物资源,构成非法猎捕、杀害珍贵、濒危野生动物罪或者非法狩猎罪,同时构成刑法第一百一十四条或者第一百一十五条规定之罪的,依照处罚较重的规定定罪处罚”。根据《刑法》第一百一十五条第二款和第三百四十一条第二款的规定,犯过失以危险方法危害公共安全罪,处三年以上七年以下有期徒刑;情节较轻的,处三年以下有期徒刑或者拘役。犯非法狩猎罪,处三年以下有期徒刑、拘役、管制或者罚金。比较两罪的法定刑,显然过失以危险方法危害公共安全罪要重于非法狩猎罪。因此,当行为人同时触犯过失以危险方法危害公共安全罪和非法狩猎罪两个罪名时,应以过失以危险方法危害公共安全罪追究其刑事责任,同时可将非法狩猎行为作为量刑情节予以考虑。[参见第603号指导案例,曾巩义、陈月容非法狩猎案,载《刑事审判参考》总第72集(2010年第1集),第51~52页。撰稿:肖凤]

▽在醉酒驾驶发生严重事故的案件中应当全面、客观认定主观意志,并据此准确区别认定交通肇事罪和以危险方法危害公共安全罪

对于醉酒驾车发生重大事故,行为人对危害结果持否定态度,同时符合过失以危险方法危害公共安全罪和交通肇事罪的构成要件的,因二者对应的法条具有一般条款与特别条款的关系性质,以交通肇事罪定罪更为妥当。醉酒驾驶造成人员伤亡的,不宜一概认定为交通肇事罪或者以危险方法危害公共安全罪,需要结合案情本身具体分析。一般情况下,行为人对其醉酒驾驶发生交通事故持过失的心态,但不排除有的行为人出于逃避法律追究的动机,不顾是否还会发生交通事故,继续驾车逃跑并再次发生冲撞,导致更为严重的事故发生。本案中,被告人在已经认识到其醉酒驾驶会发生交通事故的情况下,为逃离现场而加大油门驾车冲向人群,导致二人死亡,其主观方面已从最初的过于自信的过失转化为放任的间接故意,危害到不特定多数人的生命财产安全,以以危险方法危害公共安全罪定罪处罚更为妥当。

司法实践中,认定行为人的主观罪过是一个非常复杂的问题,对过于自信的过失和放任的间接故意作出区分尤为困难。醉酒驾驶肇事的犯罪行为人主观罪过形式到底是放任危害结果的间接故意还是过于自信的过失,具有一定的模糊性,难以准确认定。一般情况下,醉酒驾车肇事,大致具有以下三种情形:第一种情形是醉酒驾驶肇事后,立即停止行驶,即所谓一次碰撞;第二种情形是醉酒驾车肇事后,为避免造成其他危害后果采取紧急制动措施,但因惊慌失措,而发生二次碰撞;第三种情形是醉酒驾车肇事后,继续驾车行驶,以致再次肇事,造成更为严重的后果,即也发生二次碰撞。第一种情形下,对于行为人对危害结果的发生持希望或者放任态度的认定,在证据上要从严把握,除非有确实、充分的证据,一般情况下都是认定行为人对危害结果持过失态度,进而以交通肇事罪论处。第二种情形与第三种情形都发生二次碰撞,但行为人对危害结果的主观意志是迥然不同的。第二种情形下,行为人是为了避免发生危害结果而做出相应行为,对危害结果持绝对否定态度,但因为惊慌失措,导致没有控制危害结果的发生,其主观罪过为过失。第三种情形下,行为人醉酒驾车发生一次碰撞后,完全能够认识到其醉酒驾驶行为具有高度的危险性,极有可能再次发生安全事故,危及他人的生命安全,但对此全然不顾,仍然继续驾车行驶,以致再次冲撞车辆或行人,造成更为严重的后果。这种情形明显反映出行为人不计醉酒驾驶后果,对他人伤亡的危害结果持放任态度,主观上具有危害公共安全的间接故意,应当构成以危险方法危害公共安全罪。就本案而言,被告人的行为应当构成以危险方法危害公共安全罪。对被告人酒后驾车冲撞的行为进行分析,大致可以将其分为两个阶段:在第一个阶段,被告人驾车行驶过程中,先是蹭倒骑摩托车的梁某某,其随即下车查看,见未造成严重后果,便再次上车发动引擎,继续快速前行。后又从后面撞倒同向行驶以正常速度骑自行车的李某某、陈某某母子,致陈某某轻伤,被告人随即踩下刹车。从被告人撞上梁某某后下车查看,以及撞上李某某母子后立即采取制动措施的行为看,其在事故发生时虽然处于严重醉酒状态,但仍有一定的辨认和控制能力,其并不希望或者放任危害结果的发生,对碰撞持过失心态,且此时造成的后果均不严重,故其行为仅属于一般的交通肇事行为。在第二个阶段,被告人撞倒李某某母子后,多名群众见其已经刹车即上前劝阻、包围车辆,此时被告人所驾驶车辆的车窗是打开的,其并不是处于封闭的环境中,而是具备感知、认识周围环境和人员的条件。从事后勘查发现主要是右后车轮碾轧被害人的情况看,被告人撞人时正在掉头转弯,说明其对外界事物有认识,知道自己被众人围堵并急于离开现场,其对自己的行为仍具备一定的辨认和控制能力。被告人出于逃离现场的动机,不顾站在车旁群众的生命安危,锁闭车门、打转方向、加大油门继续行驶,导致未及躲避的李某某和在车旁劝阻其继续驾驶的梁某某被车撞倒死亡。此时被告人对可能发生致人死亡的结果持放任心态,其主观罪过已转化为间接故意。另有多名目击证人证实,如果不是上前劝阻的其他群众躲避及时,本案可能造成更加严重的后果。

需要说明的是,事故发生后,被告人在医院被约束至酒醒,其辩称对具体作案过程无记忆,只记得此前在酒楼喝酒,以及第一次撞倒梁某某曾下车查看,对此后的事情已经没有印象。被告人事后对部分经历毫无印象的情况,属于记忆缺损,与酒精作用抑制脑部记忆细胞功能的发挥有关,其对具体作案过程无记忆,并不妨碍对其作案时主观方面的认定。综上,被告人作案时对外界情况和事物具有认知能力,主观上具有放任危害结果发生的故意,客观上实施了危害公共安全的行为,其行为构成以危险方法危害公共安全罪。[参见第908号指导案例,黎景全以危险方法危害公共安全案,载《刑事审判参考》总第94集(2013年第5集),第76~79页。撰稿:曲晶晶]

▽对醉酒驾车肇事构成以危险方法危害公共安全罪的,应当结合行为人主观恶性和社会危害性等方面综合评定,不能只看造成后果的严重程度

犯罪分子是否属于罪行极其严重,应当从犯罪分子的主观恶性、人身危险性和犯罪行为的社会危害性等方面进行综合分析认定,不能只看犯罪行为所造成的危害后果。醉酒驾车肇事最终认定为以危险方法危害公共安全罪的案件,与直接故意以放火、决水、爆炸、投放危险物质等危险方法危害公共安全的案件,以及以制造事端为目的而恶意驾车撞人并造成重大伤亡后果的案件相比,行为性质、犯罪情节、危害后果以及行为人的主观恶性、人身危险性都存在一定的不同。一般情况下,醉酒驾驶构成该罪的,行为人在主观上并不希望,也不追求危害结果的发生,即一般属于间接故意犯罪。这一特质应当在决定对行为人的刑罚时有所体现。醉酒状态下驾车,行为人的辨认和控制能力实际有所减弱,量刑时可以酌情考虑。此外,行为人积极赔偿被害方的经济损失,取得被害方谅解的,也可以酌情从宽处罚。本案被告人撞倒素不相识的李某某母子和交情深厚的梁某某,并非出于直接故意,在处刑上应当与直接故意危害公共安全的行为有所区别。血液酒精含量鉴定意见证明,被告人当时处于高度醉酒状态,其对自己行为的辨认和控制能力有所下降,在冲动之下造成惨剧,且其归案后认罪、悔罪态度较好,有积极赔偿被害人亲属的意愿,可以酌情从宽处罚。故最高人民法院依法裁定不核准被告人死刑,发回广东省高级人民法院重新审判。

广东省高级人民法院重新审理期间,被告人的亲属倾其所有,筹集人民币15万元赔偿给被害方。广东省高级人民法院认为,被告人醉酒驾车冲撞人群,犯罪情节恶劣,后果严重,但鉴于被告人系间接故意犯罪,与蓄意危害公共安全的直接故意犯罪相比,主观恶性不是很深,人身危险性不是很大;犯罪时处于严重醉酒状态,辨认和控制能力有所减弱;归案后认罪、悔罪态度较好,且积极赔偿被害方的经济损失,依法可以从轻处罚。据此,广东省高级人民法院以被告人犯以危险方法危害公共安全罪,判处无期徒刑,剥夺政治权利终身。[参见第908号指导案例,黎景全以危险方法危害公共安全案,载《刑事审判参考》总第94集(2013年第5集),第79~80页。撰稿:曲晶晶]

▽危害公共安全犯罪中的"不特定多数人"的认定

危害公共安全犯罪中的"危害公共安全"是指故意或者过失危害"不特定多数人"的生命、健康或者重大公私财产安全。据此,危害公共安全不仅是指对多数人的生命、健康或者重大财产造成损害,而且要求这种损害所针对的对象是不特定的,这也是危害公共安全犯罪和侵犯公民人身权利犯罪、侵犯财产犯罪的主要区别之一。"不特定多数人"是指不特定并且多数的人,它排斥"特定的多数人""特定的少数人""不特定的少数人"等情形。"不特定"是一种客观的判断,它包含两个方面的内容:一是犯罪对象的不确定性,二是危害后果的不确定性。司法实践中,被认定为危害公共安全犯罪的通常有两种情形:一种情形是行为针对的对象是不特定的,并且行为人事先也没预料到危害后果,危害后果也是不特定的;另一种情形是行为针对的对象是特定的,但实际造成的后果却是行为人没有预料,也不能控制的。从危害公共安全犯罪的这两种情形分析,"不特定多数人"中的"不特定",是相对于其他犯罪对象的"特定"而言的,而"多数"则是相对于其他犯罪只能危害到个别少数对象而言的。侵害不特定多数人,并不是说行为人没有特定的侵犯对象或者目标。实施危害公共安全犯罪的行为人,有些在主观上有将要侵犯的特定对象,同时也会对损害的可能范围有一定预判,虽然其在某一特定阶段可能指向特定的目标,但行为最终造成或者可能造成的危害后果是行为人难以控制的,从而危害到之前特定人之外的人身或者财产安全。因此,不能将危害公共安全犯罪中的"不特定多数人"理解为没有特定的侵犯对象或者目标。不能仅以行为人的主观认识为标准,而应当采取客观主义的立场,即犯罪行为一经实施,不论行为人主观上是否针对特定的对象,只要在一定条件下造成了众多人员伤亡或者公私财产的广泛损失,或者形成对公众人身、财产安全的重大威胁,就应当认定其构成危害公共安全犯罪。本案被告人醉酒驾车追尾被害人的出租车后,为逃避处罚而驾车逃逸,在路口遇红灯停车后,被害人赶上并拦在被告人的汽车前与其理论,但被告人不顾被害人的人身安危,强行启动汽车,将被害人顶在引擎盖上高速行驶,此时,被害人对于被告人来说是特定的行为对象,被告人将特定对象顶在引擎盖上高速行驶,至少有放任被害人伤亡的故意,因此,此节行为符合故意伤害罪或者故意杀人罪的构成特征。但结合案发的时空环境,被告人系白天在车流人流密集的城市主干道醉酒驾车,将被害人顶在车辆引擎盖上高速行驶,其主观目的虽然是想摆脱被害人,但客观上对该路段不特定多数人的生命、健康及财产安全构成重大威胁,且其行为的后果不仅导致了被害人被撞身亡,还造成被撞车辆内多人死伤和重大财产损失。被告人虽然看似针对被害人这一特定的对象实施犯罪行为,但其在实施针对特定对象的犯罪过程中,无视不特定多数人的生命、健康和财产安全,并实际造成了不特定多数人的伤亡和重大财产损失。故其之前针对特定对象和之后造成不特定对象伤亡的行为应当从整体上评价为一个法律行为,以以危险方法危害公共安全罪一罪论处。[参见第912指导案例,黄世华以危险方法危害公共安全案,载《刑事审判参考》总第94集(2013年第5集),第98～100页。撰稿:陈攀]

▽醉驾案件中以危险方法危害公共安全罪的死刑适用标准

一般而言,行为人醉酒驾车构成以危险方法危害公共安全罪的,犯罪情节往往比较恶劣,犯罪后果严重,社会危害性大,但因此类犯罪一般系间接故意犯罪,行为人主观上不希望也不追求危害结果发生,与以制造事端为目的而恶意驾车撞人并造成重大伤亡后果的直接故意犯罪相比,行为人的主观恶性和人身危险性相对较小,因此,综合考察醉酒驾车犯罪行为人的主观恶性、人身危险性及犯罪行为的社会危害性,其一般不属于"罪行极其严重的犯罪分子",从严格控制和慎重适用死刑出发,一般不适用死刑。这也是2009年发布的《最高人民法院关于醉酒驾车犯罪法律适用问题的意见》(本附文以下简称《意见》)针对此类案件提出的量刑指导意见,对四川孙某某案、广东黎某某案的处理,都体现了这一原则。但是,这一原则的适用在实践中必须保留例外。在具体案件中,深入贯彻宽严相济刑事政策要求必须结合犯罪的具体情况,实行区别对待,做到罚当其罪,实现刑罚的个别化。对醉酒驾车构成以危险方法危害公共安全罪的案件,如果造成的后果特别严重,行为人的主观恶性很深,人身危险性极大的,也可以依法适用死刑。

本案被告人醉酒驾车造成三人死亡、三人受伤的严重后果,与《意见》公布的孙某某、黎某某案造成的后果严重程度大致相当,基于孙某某、黎某某最终被改判无期徒刑的结果,故有意见认为不宜判处被告人死刑。但综合比较,本案犯罪性质更为恶劣,社会危害性更大。被告人醉酒驾车追尾被害人驾驶的出租车后,为逃避处罚,不顾同车人的劝阻,在城市主干道驾车高速逃逸,且在明知被害人在其车前阻拦的情况下,将被害人顶在其车引擎盖上高速行驶约1公里并冲撞其他车辆,造成被害人被撞身亡,被撞车辆内的二人被烧死、三人受伤的严重结果。即便不考虑被告人醉酒驾车对公共安全造成的危害结果,其将被害人顶在车引擎盖上高速行驶,放任被害人死亡的行为本身也属于性质恶劣的故意杀人行为。而在孙某某、黎某某两案中,孙某某、黎某某在造成多人死伤后果之前追尾其他车辆或者撞倒他人属于交通肇事行为。本案与孙某某、黎某某两案的前行为在性质上明显不同,足以说明本案犯罪性质更为恶劣,社会危害性更大。而且,被告人有持枪杀人的暴力犯罪前科,其归案后对其犯罪事实避重就轻,认罪态度差,而孙某某、黎某某无前科劣迹,归案后认罪、悔罪,故被告人的主观恶性更深、人身危险性更大。被告人也没有赔偿被害方,不能取得被害方的谅解,未能通过积极赔偿来缓和其犯罪行为所带来的社会矛盾,不具有酌定从宽处罚情节。故对被告人的量刑不能机械参照孙某某、黎某某两案的判决结果。综合上述情节,本案以以危险方法危害公共安全罪判处被告人死刑是妥当的。值得注意的是,本案的裁判结果并不是对《意见》的突破,而恰恰是根据《意见》精神,结合本案具体情况作出的裁判。实践中,对于醉酒驾车构成以危险方法危害公共安全罪的案件判处死刑应当限制在极少数情形。[参见第912指导案例,黄世华以危险方法危害公共安全案,载《刑事审判参考》总第94集(2013年第5集),第100~102页。撰稿:陈攀]

▽对醉酒驾驶机动车构成以危险方法危害公共安全罪的处罚,如何贯彻宽严相济刑事政策

根据最高人民法院于2009年9月出台的《意见》的相关规定,行为人明知酒后驾车违法、醉酒驾车会危害公共安全,却无视法律醉酒驾车,特别是在肇事后继续驾车冲撞,造成重大伤亡,说明行为人主观上对持续发生的危害结果持放任态度,具有危害公共安全的故意。对此类醉酒驾车造成重大伤亡的,依法应当以以危险方法危害公共安全罪定罪。本案被告人无视国家交通安全法规和公共安全,在严重醉酒的状态下,驾车行驶于车辆密集的城市道路上,在与其他车辆发生追尾碰撞后,被告人不仅不及时停车,反而继续驾车行驶,并在长达数公里的行驶途中多次与同向车道正常行驶的机动车发生碰撞,最终造成人员伤亡和财产损失的严重后果,故其行为构成以危险方法危害公共安全罪。本案比较有探讨意义的是有关被告人的量刑问题。根据刑法第一百一十五条第一款的规定,以危险方法致人重伤、死亡或者使公私财产遭受重大损失的,处十年以上有期徒刑、无期徒刑或者死刑。可见,以危险方法危害公共安全罪的法定刑幅度非常大,涉及三个刑种,故在具体案件中容易造成同案不判罚的现象发生。根据《意见》的相关规定,在此类案件中,决定对被告人的刑罚时,要综合考虑此类犯罪的性质、被告人的犯罪情节、危害后果及其主观恶性、人身危险性等因素。具体可以着重考虑以下四个方面:

一是醉驾行为造成的危害后果。《意见》规定醉酒驾车放任危害结果的发生,造成重大伤亡的,以以危险方法危害公共安全罪定罪处罚,但未对重大伤亡的认定标准予以明确。但从《意见》配发的典型案例、交通肇事犯罪相关司法解释规定分析,可以对重大伤亡的认定标准形成一个大致的认识。在《意见》配发的两起典型案例中,黎某某醉酒驾车致二人死亡、一人轻伤,被判处无期徒刑;孙某某醉酒驾车致四人死亡、一人重伤,造成公私财产损失人民币5万余元,一审判处死刑,二审改判无期徒刑。《最高人民法院关于审理交通肇事刑事案件具体应用法律若干问题的解释》(本附文以下简称《解释》)第二条规定:死亡一人或者重伤三人以上,负事故全部或者主要责任的;死亡三人以上,负事故同等责任的,处三年以下有期徒刑或者拘役。《解释》第四条规定,死亡二人以上或者重伤五人以上,负事故全部或者主要责任的;死亡六人以上,负事故同等责任的,属于"有其他特别恶劣情节",处三年以上七年以下有期徒刑。参照上述案例判罚和上述规定,可以将以危险方法危害公共安全犯罪(醉驾)造成的重大伤亡大体分为以下三档:第一档是死亡一人或者重伤三人以上,负事故全部或者主要责任的,一般可以判处十年以上有期徒刑;第二档是死亡二人以上或者重伤五人以上,负事故全部或者主要责任的,一般可以判处十五年以上有期徒刑或者无期徒刑;第三档是死亡三人以上,负事故全部或者主要责任的,一般可以判处无期徒刑或者死刑。本案被告人醉酒驾车致一人死亡、一人轻伤,对其量刑大致在十年以上有期徒刑的幅度内。

二是行为人的主观恶性。一般情况下,行为人醉酒驾车构成以危险方法危害公共安全罪的,其主观上并不希望、追求危害结果的发生,属于间接故意犯罪,与以制造事端为目的恶意驾车撞人并造成重大伤亡的直接故意犯罪相比,此类行为人的主观恶性相对较小。故在适用刑罚时,应当与直接故意犯罪有所区别。同时,行为人犯罪时的辨认和控制能力状况,一定程度上可以体现行为人的主观恶性和人身危险程度,行为人在醉酒状态下驾车,辨认和控制能力实际上都有所减弱,正因如此,一方在醉酒后所实施的一些行为,更容易获取另一方的谅解。虽然刑法规定醉酒的人犯罪应当负刑事责任,但从其主观恶性的考虑,一般可以酌情从宽处罚。但如果行为人具有无证驾驶、超速驾驶,逃避、阻碍公安机关执法检查或者曾因酒驾被处罚等情形的,说明行为人对他人生命健康安全漠不关心,认罪、悔罪态度较差,可以对其酌情从重处罚。本案中,被告人血液酒精含量高达272.6毫克/100毫升,表明其驾车前大量饮酒,醉酒程度极高,在此种状态下驾车的风险极大,但其置这种高度危险性于不顾,执意酒后驾驶,且在第一次冲撞之后又连续发生4次冲撞,直至撞到路边墙面才被迫停住,体现出其主观恶性很深,故不宜对其在起点刑上判处刑罚。

三是要注意把握民事赔偿与量刑的关系。根据《刑法》第三十六条的规定,犯罪分子应当赔偿其犯罪行为致使被害人遭受的经济损失。由此规范层面分析,醉酒驾车犯罪行为人依法向被害方作出赔偿是其法定义务,行为人履行赔偿义务,不应影响对其刑事责任的追究。然而,在实践层面,即使法有明文规定,是否对被害方作出赔偿也在很大程度上依赖于行为人的意志抉择。因此,行为人积极赔偿被害方经济损失的,可以体现出行为人认罪、悔罪的诚意,缓和了社会矛盾,也在一定程度上减轻了其犯罪行为所造成的社会危害,量刑时可以酌情从轻处罚。《最高人民法院关于贯彻宽严相济刑事政策的若干意见》第二十三条规定:"被告人案发后对被害人积极进行赔偿,并认罪、悔罪的,依法可以作为酌定量刑情节予以考虑。"《最高人民法院关于常见犯罪的量刑指导意见》规定:"对于积极赔偿被害人经济损失并取得谅解的,综合考虑犯罪性质、赔偿数额、赔偿能力以及认罪、悔罪程度等情况,可以减少基准刑的40%以下;积极赔偿但没有取得谅解的,可以减少基准刑的30%以下;尽管没有赔偿,但取得谅解的,可以减少基准刑的20%以下;其中抢劫、强奸等严重危害社会治安犯罪的应从严掌握。"本案中,被告人的亲属对事故造成的经济损失已全部代为赔偿,被害人田某某、田某的亲属以及被害人陈某某、朱某某出具书面材料表示谅解,请求对被告人从宽处罚。据此,对被告人可在法定量刑幅度内从轻处罚。

四是要注意把握法律效果与社会效果的统一。醉酒驾车犯罪严重威胁公共安全,社会关注度高,要使裁判获得人民群众的认同,适度考虑民意是有必要的。由于民意具有多面性,司法裁判既要尊重民意,也要注意甄别个案反映出的民意的真实性,要注意对新媒体形势下个别媒体发声替代民意的甄别,要注重对舆论的引导,注意舆论的盲动性,避免被媒体牵着鼻子走。针对本案社会关注度较高的情况,一审法院在判决前以多种方式广泛了解民意。一是在公安机关的配合下,拟定调查提纲并释明法律规定,到案发地段附近的社区了解居民对本案的看法;二是到被告人的工作单位了解情况,听取单位对案件处理的意见;三是借助电视台对庭审进行全程录播,扬州政府网亦对该案进行网上同步直播;四是邀请部分人大代表旁听庭审。从上述渠道反馈的民意看,多数人要求对被告人从严惩处,但对其案发后的悔罪表现亦予以认可,建议给其重新做人的机会,部分人大代表明确表示十年至十一年的量刑建议较为合理。

综上,被告人明知酒后驾车违法、醉酒驾车会危害公共安全,无视法律规定,执意酒后驾车,发生交通事故,且在肇事后继续驾车冲撞,致一人死亡、一人轻伤,其行为构成以危险方法危害公共安全罪。一审法院在决定对被告人的具体刑罚时,贯彻宽严相济刑事政策,综合考虑本案造成的危害后果、被告人的主观恶性以及被告人全额赔偿被害方经济损失、取得被害方谅解等因素,最终决定对其判处有期徒刑十一年,剥夺政治权利一年。[参见第913指导案例,孙福成以危险方法危害公共安全案,载《刑事

审判参考》总第94集(2013年第5集),第104~108页。撰稿:尹晓涛]

▽食品销售人员对亚硝酸盐未尽妥善保管义务导致亚硝酸盐混入食品中出售,致人伤亡的行为构成过失以危险方法危害公共安全罪

(一)被告人的行为不属于意外事件。意外事件虽然在客观上造成了损害结果,但其损害结果是由于不能预见的原因引起的,行为人主观上既无犯罪故意,也无犯罪过失,因而缺乏构成犯罪和负刑事责任的主观依据,不认定为犯罪。本案中,被告人许某某所保管的亚硝酸盐属于剧毒物质,食入0.2~0.5克即可引起中毒甚至死亡,许某某作为一名长期从事预包装、散装食品销售的人员,特别是经常从事用亚硝酸盐调配硝卤水的工作,对亚硝酸盐的危害性应当是明知的。根据相关法律、法规的规定,妥善保管是许某某应尽的法定义务。同时,亚硝酸盐在外观上与食盐、白糖相似,容易造成混淆,而许某某销售的食品中恰恰有散装白糖,根据许某某的认知能力和经营情况,特别是基于其对危险物品的保管和监督店内人员所产生的义务,其应当预见到将亚硝酸盐放在食品销售区,可能造成亚硝酸盐与白糖混淆的危险后果,却没有预见到,最终导致亚硝酸盐被当作白糖对外销售,产生了危害后果。因此,许某某对自己行为的危害性是应当能够预见的,不属于意外事件。

(二)被告人的行为不构成过失投放危险物质罪、过失致人死亡罪。过失以危险方法危害公共安全罪、过失投放危险物质罪、过失致人死亡罪,罪过形式均是过失且都有可能发生了致人死亡的结果,但被告人许某某的行为不构成过失投放危险物质罪和过失致人死亡罪。过失投放危险物质罪,要求被告人有过失投放的行为,即行为人主动实施了一定的行为,导致危险物质混入食物中,他人进食后中毒,产生危害后果,如在日常生活中将农药与饮用水放在一起,做饭时误将农药当作水,造成多人中毒伤亡的后果等。本案被告人只是在调配硝卤水的过程中拿出亚硝酸盐后,没有及时将这种危险物质放回、保管好,客观上并没有实施投放的行为,是其他店员在不知情的情况下将亚硝酸盐混入白糖中出售的,投放的行为并非许某某所实施,故不能构成过失投放危险物质罪。过失致人死亡罪侵犯的客体是公民个人生命健康,危害的对象具有特定性,本案被告人的未妥善保管行为发生在食品销售流通领域,其食品向不特定的公众进行销售,一旦将危险物质混入食品中,会对社会公共安全造成威胁,这种威胁针对不特定多数人,而非特定的个人,故不能构成过失致人死亡罪。

(三)被告人的行为构成过失以危险方法危害公共安全罪。过失以危险方法危害公共安全罪,是指过失以放火、决水、爆炸、投放危险物质以外的其他危险方法,致人重伤、死亡或者使公私财产遭受重大损失的行为。本罪侵犯的客体是公共安全;客观方面表现为行为人过失以放火、决水、爆炸、投放危险物质以外的其他危险方法,致人重伤、死亡或者使公私财产遭受重大损失,主体为一般主体;主观方面为过失。本罪中的"其他危险方法"是指与放火、决水、爆炸、投放危险物质等方法危害性相当的方法,而不是泛指一切对公共安全具有危害性的方法,即该方法应当具有"大规模"和"杀伤性"。"大规模"是指该方法一经实施就可能危害到多数人或者不特定的人,"杀伤性"是指行为后果严重,该方法能够造成致人重伤、死亡或者使公私财产遭受重大损失的后果。本案被告人许某某对危害结果的发生在主观上具有过失,客观上实施了对亚硝酸盐未尽到妥善保管义务,将其遗留在食品销售区域的行为。许某某的未妥善保管行为发生在食品销售流通领域,对社会公共安全造成了潜在的和现实的威胁,该行为构成刑法上的"其他危险方法"。该行为危害到不特定多数人的生命健康,并最终导致一死一轻微伤的严重后果,符合过失以危险方法危害公共安全罪的构成要件。原审法院综合考虑许某某的自首情节、积极赔偿、认罪悔罪态度,对许某某以过失以危险方法危害公共安全罪判处有期徒刑二年,缓刑三年的判决是适当的。[参见第1041号指导案例,许某某过失以危险方法危害公共安全案,载《刑事审判参考》总第101集(2014年第6集),第58~61页。撰稿:袁震 郭奎]

▽在家中释放天然气用以自杀,但引发室内、室外数次爆炸行为的因果关系认定

故意释放天然气引发爆炸而实施犯罪,是从实施释放天然气的行为到他人人身财产遭受损害,一般要经历较为复杂的过程,包括长时间释放天然气、空气中天然气达到一定浓度、天然气被引燃、燃烧过程中引发爆炸、爆炸造成人身财产损失等一系列环节。同时,天然气系日常使用的易燃易爆气体,在发生爆炸的场所可能有多个用户在爆炸前使用天然气,确定引发爆炸的天然气来源于行为人故意释放的天然气,需要排除其他用户泄漏天然气引发爆炸的可能性,故认定过程有一定复杂性。本案被告人阎某为求自杀而在家中割断天然气软管,致使天然气大量泄漏的事实,有充分的证据证实。根据在案证据足以认定两次爆炸均由阎某家中泄漏的天然气引发,其持刀割断天然气软管释放天然气行为与两次爆炸有因果关系。具体分析如下。

(一)在案证据足以证实第一次爆炸由403室释放的天然气引发。从在案证据来看,发生在503室的第一次爆炸由被告人阎某居住的403室释放的天然气引发。理由包括:第一,阎某供称,当日9时许其在家中割断天然气软管,至11时20分许其楼上发生爆炸时天然气已大量泄漏。经鉴定机构鉴定,两层楼房的水管与楼板之间有较大的缝隙,403室释放的天然气可由缝隙扩散到503室。第二,503室居民张某某的证言证实家中天然气使用正常,爆炸发生时其正在做饭,点火两三分钟后发生爆炸,未发现异常情况。公安机关技术人员在现场勘查时对503室厨房进行了检查,天然气相关设备均正常。综合这两方面理由,可排除503室厨房发生天然气泄漏的可能性,弥漫在503室厨房并导致爆炸的天然气只能来自楼下403室。至于503室厨房灶具点火两三分钟后才发生爆炸的现象,也符合天然气燃烧、爆炸的特点。据相关专家介绍,点火后燃气灶周围天然气浓度不高,故未发生爆炸,随着楼下泄漏气体的渗入,火焰附近空气中的天然气浓度达到临界点后即会发生爆炸。

(二)在案证据足以证实第二次爆炸发生在403室,且由被告人阎某开灯引发。综合分析证据,可以认定第二次爆炸发生在403室,且由被告人阎某开灯点燃厨房泄漏的天然气引发。理由是:第一,现场勘验、检查笔录证实,403室厨房内的天然气软管被切断且断口新鲜,燃气公司出具的说明材料证实案发当月该户燃气使用量陡增,说明该户天然气软管被人为割断,导致天然气大量泄漏。上述情况与阎某所供为求自杀而用刀割断天然气软管的情节能够相互印证。第二,该室防盗门及门锁均由内向外弯曲,卧室的上下楼板均被炸穿,鉴定意见亦证实自该室提取的镜子碎片上检出天然气爆炸燃烧残留成分,说明该室发生过剧烈的天然气爆炸,爆炸形成强烈的冲击波向周围扩散。死亡被害人詹某某居住的401室防盗门由外向内弯曲,室内有多处气体冲击波造成的物品位移、破损痕迹,但无燃烧痕迹,说明该室受到来自室外的爆炸冲击波破坏,室内并未发生爆炸。第三,理化检验报告证实从阎某身上检出与厨房遗留的橙黄色附着物同类的物质,鉴定意见证实此次爆炸的引火源是厨房电灯开关火花,上述情节与阎某所供躺在厨房内吸天然气,后起身开灯时发生爆炸的情节相互印证。发生在403室的第二次爆炸比第一次更为剧烈,且直接造成被害人詹某某死亡,在通过在案证据认定被告人阎某开灯引发天然气爆炸事实的同时,从排除合理怀疑的角度出发,还应对以下两个问题进行合理解释:一是403室内空气中的天然气浓度在爆炸前是否达到爆炸临界点?是否有其他易燃易爆物质引发爆炸?二是为什么爆炸发生在403室厨房,但卧室受损更为严重,爆炸产生的冲击波还造成邻居詹某某死亡,而身处厨房的阎某本人仅受轻伤?1.关于第一个问题。据相关专家介绍,空气中天然气含量达到一定比例(一般为5%～15%)后会引发爆炸,但割断胶管后释放出的天然气总量无法准确计算,根据以往办案经验,天然气释放两三个小时后足以达到发生爆炸的浓度。403室建筑面积为$36m^2$(实际使用面积不详),按此类房屋通常层高2.7米计算,则室内总体积为$97.2m^3$,若按实际使用面积计算,总体积应不超过$90m^3$,考虑到室内设施、用品还占有一定体积,故实际可容纳气体的体积明显小于$90m^3$。该室燃气表显示每小时最大释放量为$4m^3$,按阎某所供至第二次爆炸时已放气约两小时,可释放天然气约$8m^3$,天然气如无外泄,则室内浓度为8.9%(室内总体积以$90m^3$计算)。即使有部分天然气泄漏至楼上,考虑到该室容纳气体的实际体积不足$90m^3$。厨房处天然气浓度可能相对较高等情况,认定该室发生爆炸时天然气浓度(至少是局部浓度)已达到爆炸临界点与科学常理并无明显矛盾。也就是说,在没有其他易燃易爆物质参与的情况下,该室内的天然气遇到电火花后足以发生燃烧、爆炸。上述测算虽然并不精确,但对解释爆炸发生的原因,增强内心确信有较大帮助。此外,现场勘查情况及相关技术鉴定显示,现场并未发现天然气以外的其他易燃易爆物质爆炸的痕迹。2.关于第二个问题。据相关专家介绍,天然气爆炸确有距离爆炸点较远的位置受损反而更严重的特点,引发爆炸的起火点处往往爆炸并不剧烈,冲击波经过传导可在较远处形成更剧烈的爆炸,大量的实际案例中存在这种现象,但形成此现象的具体原理尚待研究。本案第二次爆炸发生在厨房,但在卧室及室外造成更严重的损害,符合天然气爆炸的特点。

综上,根据在案证据及相关论证可认定先后发生的两次爆炸均由被告人阎某释放的天然气引发。因天然气泄漏引发爆炸的案件比较罕见,证实此类犯罪的证据体系,审理时既要全面审查、判断证实行为人实施故意释放天然气行为的相关证据是否确实、充分,也要综合运用在案证据排除由其他因素引发爆炸的可能性,同时还要对有关疑问作出科学、合理的解释,最终得出唯一的结论。[参见第1198号指导案例,阎某以危险方法危害公共安全案,载《刑事审判参考》总第110集,第36~38页。撰稿:张春喜]

第一百一十六条　【破坏交通工具罪】破坏火车、汽车、电车、船只、航空器,足以使火车、汽车、电车、船只、航空器发生倾覆、毁坏危险,尚未造成严重后果的,处三年以上十年以下有期徒刑。

■中华人民共和国民用航空法(2021年4月29日)

第一百九十五条　故意在使用中的民用航空器上放置危险品或者唆使他人放置危险品,足以毁坏该民用航空器,危及飞行安全的,依照刑法有关规定追究刑事责任。

第一百一十七条　【破坏交通设施罪】破坏轨道、桥梁、隧道、公路、机场、航道、灯塔、标志或者进行其他破坏活动,足以使火车、汽车、电车、船只、航空器发生倾覆、毁坏危险,尚未造成严重后果的,处三年以上十年以下有期徒刑。

■中华人民共和国民用航空法(2021年4月29日)

第一百九十七条　盗窃或者故意损毁、移动使用中的航行设施,危及飞行安全,足以使民用航空器发生坠落、毁坏危险的,依照刑法有关规定追究刑事责任。

■最高人民法院、最高人民检察院、公安部、司法部关于依法惩治妨害新型冠状病毒感染肺炎疫情防控违法犯罪的意见(2020年2月6日)

二、准确适用法律,依法严惩妨害疫情防控的各类违法犯罪

(八)依法严惩破坏交通设施犯罪。在疫情防控期间,破坏轨道、桥梁、隧道、公路、机场、航道、灯塔、标志或者进行其他破坏活动,足以使火车、汽车、电车、船只、航空器发生倾覆、毁坏危险的,依照刑法第一百一十七条、第一百一十九条第一款的规定,以破坏交通设施罪定罪处罚。

办理破坏交通设施案件,要区分具体情况,依法审慎处理。对于为了防止疫情蔓延,未经批准擅自封路阻碍交通,未造成严重后果的,一般不以犯罪论处,由主管部门予以纠正。

(十)依法严惩妨害疫情防控的违法行为……

对于在疫情防控期间实施有关违法犯罪的,要作为从重情节予以考量,依法体现从严的政策要求,有力惩治震慑违法犯罪,维护法律权威,维护社会秩序,维护人民群众生命安全和身体健康。

■最高人民法院、最高人民检察院、公安部关于办理涉窨井盖相关刑事案件的指导意见(2020年3月16日)

一、盗窃、破坏正在使用中的社会机动车通行道路上的窨井盖,足以使汽车、电车发生倾覆、毁坏危险,尚未造成严重后果的,依照刑法第一百一十七条的规定,以破坏交通设施罪定罪处罚;造成严重后果的,依照刑法第一百一十九条第一款的规定处罚。

十二、本意见所称的"窨井盖",包括城市、城乡结合部和乡村等地的窨井盖以及其他井盖。

▽不履行因紧急避险行为引起的作为义务可以构成不作为犯罪

刑法上的不作为,是指行为人应当履行某种特定的法律义务且有能力履行而不去履行。构成不作为犯必须以行为人负有履行特定的法律义务为前提,即负有作为义务。行为人的作为义务主要来自三个方面:一是法律明文规定的义务;二是职务上或者业务上所要求必须承担的义务;三是行为人先行行为引起的义务。所谓先行行为引起的义务,是指由于行为人先前实施的行为,使某种合法权益处于危险状态时,该行为人负有采取有效措施积极防止危害结果发生的义务。如行为人解开航标船钢缆绳的行为即是先行行为,该先行行为在消除其自身危险的同时又造成了对交通安全设施的破坏,从而使其他船舶航行处于危险状态,此时该先行行为就引起了行为人在其正当权益得以保全的情况下,负有采取积极救济措施消除危险状态的作为义务。行为人有条件、有能力履行这一义务,却采取放任的态度,听之任之,符合刑法不作为的特征。行为人在其渔船存在翻沉的现实危险下,不得已解开航标船的钢缆绳来保护其与他人人身及渔船财产的行为,虽系紧急避险,但在危险消除后,明知航标船漂离会造成船舶发生倾覆、毁坏危险,应负有采取相应积极救济措施消除危险状态的义务,行为人能够履行该义务而未履行,属于不作为,其行为构成了破坏交通设施罪,应负刑事责任。[参见第11号案例,王仁兴破坏交通设施案,载《刑事审判指导》总第2辑(2004年第2辑),人民法院出版社,第4～5页。第295号案例,王仁兴破坏交通设施案,载《刑事审判参考》总第38集(2004年第3集),法律出版社,第85～87页。撰稿人:卢君 洪涛]

第一百一十八条 【破坏电力设备罪】【破坏易燃易爆设备罪】破坏电力、燃气或者其他易燃易爆设备,危害公共安全,尚未造成严重后果的,处三年以上十年以下有期徒刑。

■最高人民法院、最高人民检察院关于办理盗窃油气、破坏油气设备等刑事案件具体应用法律若干问题的解释(2007年1月19日)

第一条 在实施盗窃油气等行为过程中,采用切割、打孔、撬砸、拆卸、开关等手段破坏正在使用的油气设备的,属于刑法第一百一十八条规定的"破坏燃气或者其他易燃易爆设备"的行为;危害公共安全,尚未造成严重后果的,依照刑法第一百一十八条的规定定罪处罚。

第八条 本解释所称的"油气",是指石油、天然气。其中,石油包括原油、成品油;天然气包括煤层气。

本解释所称"油气设备",是指用于石油、天然气生产、储存、运输等易燃易爆设备。

■最高人民法院、最高人民检察院、公安部关于办理盗窃油气、破坏油气设备等刑事案件适用法律若干问题的意见(2018年9月28日)

一、关于危害公共安全的认定

在实施盗窃油气等行为过程中,破坏正在使用的油气设备,具有下列情形之一的,应当认定为刑法第一百一十八条规定的"危害公共安全":

(一)采用切割、打孔、撬砸、拆卸手段的,但是明显未危害公共安全的除外;

(二)采用开、关等手段,足以引发火灾、爆炸等危险的。

▼安徽省高级人民法院、安徽省人民检察院、安徽省公安厅、安徽省发展和改革委员会关于依法严厉打击窃电和破坏电力设备违法犯罪活动的意见(2004年9月28日)

四、破坏电力设备,是指行为人故意对已投入使用的处于正常运行、检修、备用状态的电力设备,实施破坏手段,危害公共安全的行为。有下列情形之一的,属于破坏电力设备的行为:

(一)非法拆卸电力设备的;

(二)非法断割输电导线、电力电缆的;

(三)焚烧电力设备或者对电力设备实施爆炸的;

（四）故意撞击电力设备的；

（五）放置异物破坏电力设备或者堵塞电力设备主要部位的；

（六）采取其他方法破坏电力设备的。

电力设备的具体种类，依据国务院《电力设施保护条例》保护范围的规定确定。

六、破坏电力设备，危害公共安全，尚未造成严重后果的，依照《刑法》第一百一十八条的规定定罪处罚；故意破坏或者过失损坏电力设备，有下列情形之一的，依照《刑法》第一百一十九条的规定分别定罪处罚：

（一）造成死亡1人以上，或者重伤3人以上或者轻伤10人以上的；

（二）造成重大停电事故或者重大火灾事故的；

（三）造成直接经济损失城市20万元以上、农村10万元以上的；

（四）严重损害国家声誉，或者造成恶劣社会影响的；

（五）致使国家和人民利益遭受重大损失的其他情形。

七、盗窃使用中的电力设备，危害公共安全的，按照破坏电力设备罪定罪处罚；同时构成盗窃罪和破坏电力设备罪的，择一重罪处罚。

十五、本《意见》自印发之日起执行。法律、司法解释有新规定的，按新的规定执行。

▽盗割正在使用中的光铝线的行为构成破坏电力设备罪与盗窃罪的想象竞合，应以破坏电力设备罪追究刑事责任

行为人伙同他人盗剪正在使用中的光铝线，其行为同时触犯了破坏电力设备罪和盗窃罪，产生了破坏电力设备罪与盗窃罪的想象竞合问题。根据刑法理论，对想象竞合犯的处断原则是“择一重罪处罚”，即应当结合犯罪的具体情节来考虑应该在哪一个量刑幅度内对其量刑，进而确定哪一罪为“重罪”，从而选择哪一罪名定性。《最高人民法院关于审理破坏电力设备刑事案件具体应用法律若干问题的解释》于2007年8月21日起施行，该解释第三条对破坏电力设备罪和盗窃罪的竞合问题的处理作出了更明确的规定，即“盗窃电力设备，危害公共安全，但不构成盗窃罪的，以破坏电力设备罪定罪处罚；同时构成盗窃罪和破坏电力设备罪的，依照刑法处罚较重的规定定罪处罚。盗窃电力设备，没有危及公共安全，但应当追究刑事责任的，可以根据案件的不同情况，按照盗窃罪等犯罪处理”。值得注意的是，虽然这一司法解释规定比较详尽，但是当出现了法定刑在“三到十年有期徒刑”之间发生竞合的时候，究竟应当如何处断，仍没有明确规定。构成破坏电力设备罪不要求犯罪数额，只要实施了危害公共安全的破坏电力设备行为，即便没有造成严重后果，也应当依法追究刑事责任；并处以三年以上十年以下有期徒刑；造成严重后果的，处以十年以上有期徒刑、无期徒刑或者死刑。破坏电力设备罪属于危害公共安全的犯罪，其所侵犯的犯罪客体不仅包括财产权，而且涵盖不特定多数人的人身、财产权利，无疑其罪责更重，依照罪责刑相适应的原理，即便量刑相当也应该以破坏电力设备罪追究其刑事责任。而且，破坏电力设备罪是行为犯，不论犯罪数额多少、是否出现危害结果都依法追究其刑事责任。因此，刑法对于破坏电力设备行为的制裁一般比盗窃行为严厉。除非能够证明盗割电线的行为没有对公共安全造成危害，否则当破坏电力设备罪与盗窃罪发生竞合时，如果相对应的法定刑幅度相当，还是应当以破坏电力设备罪依法追究其刑事责任。因此，在其行为同时符合破坏电力设备罪与盗窃罪的犯罪构成，量刑幅度均为三到十年有期徒刑时，结合上述司法解释第三条的规定，从准确评价其行为的社会危害角度出发，依照破坏电力设备罪对其定罪处罚无疑是比较合适的。[参见第504号案例，冯留民破坏电力设备、盗窃案，载《刑事审判参考》总第64集（2008年第5集），法律出版社，第10～12页。执笔：张浩　张大巍]

▽“危害公共安全”的司法认定

盗割的是正在使用中的高压输电线路备用线，或者用于医疗、交通、抢险，生产、养殖等领域的正在使用中的电线路,往往会危害公共安全,而对于一般生活用电、景观照明等用电线路则要视其损害的范围及时间,以及是否造成了严重后果来定是否危害公共安全。因此,在没有相关证据直接证明其对公共安全造成实际损害的情况下,就只能通过其所偷窃的电力设备的地点和用途来判断其对于公共安全的危害程度。[参见第504号案例,冯留民破坏电力设备、盗窃案,载《刑事审判参考》总第64集(2008年第5集),法律出版社,第12～13页。执笔:张浩　张大巍]

▽盗割铁路电气化接触网回流线的行为构成破坏电力设备罪

交通设施主要是指轨道、桥梁、隧道、公路、机场、航道、灯塔、标志等。电力设施的保护范围包括发电设施、变电设施、电力线路设施及与上述设施有关的辅助设施(国务院《电力设施保护条例》第二章),上述行政法规为把握"电力设备"的范围提供了参考,但是也应注意到行政法规规定的电力设施毕竟不完全等同于刑法规定的电力设备。电力设备应当是指发电设备、供电设备、变电设备及输电线路。破坏上述设备,应构成破坏电力设备罪,但行为人如破坏的是与上述电力设备相关的辅助设施却不一定构成破坏电力设备罪。如破坏火力发电厂用于运输煤炭的铁路专用线等。火力发电厂用于运输煤炭的铁路专用线,虽然也是电力设备的相关辅助设施,但其本身仍具有独立的属性,应归属于刑法所讲的交通设施。故破坏火力发电厂用于运输煤炭的铁路专用线,应定破坏交通设施罪,而不是定破坏电力设备罪。铁路电气化接触网回流线是牵引电流的重要通道,其作用相当于普通照明电路中的零线,被剪断后将会造成牵引供电系统回流电路不畅通,电路参数发生变化,电能损耗加大,牵引变电所不能可靠动作,严重时电流中断。因此,铁路电气化接触网回流线与轨道、桥梁、隧道、公路、机场、航道、灯塔、标志等设施不同,它实质上起着保障电力输送畅通的作用,盗割回流线有可能造成电力供应中断,牵引机车失去动力而停车,但本身并不会足以使列车发生倾覆、毁坏的危险。综上所述,铁路电气化接触网回流线,虽然是交通设施的辅助设施,但其本身又具有独立的属性,故将铁路电气化接触网回流线认定为电力设备更符合司法实际。铁路电气化接触网回流线作为输电线路,属于广义交通设施中的附属电力设备,由于刑法已将电力设备作为有别于交通设施的犯罪对象单独予以规定,因此,对此以破坏电力设备罪定罪是恰当的。[参见第219号案例,彭定安破坏电力设备案,载《刑事审判参考》总第30集(2003年第1集),法律出版社,第3～4页。执笔:杨才清]

▽以破坏性手段盗窃正在使用中的变压器内铜芯的行为,应以破坏电力设备罪定罪处罚

正在使用中的变压器属于公共电力安全的设备。被告人以破坏性手段窃取变压器内的铜芯,既符合破坏电力设备罪的犯罪构成,又符合盗窃罪的犯罪构成。一个行为同时触犯两个罪名,系想象竞合犯,一般应择一重罪处罚。择一重罪中的"重罪"是指相应的法定刑还是可能的宣告刑呢?《最高人民法院关于审理破坏电力设备刑事案件具体应用法律若干问题的解释》(本附文以下简称《破坏电力设备罪解释》)第三条规定:"盗窃电力设备,危害公共安全……同时构成盗窃罪和破坏电力设备罪的,依照刑法处罚较重的规定定罪处罚。"根据该条规定,择一重罪应当根据具体量刑情节,考虑判处不同罪名可能的宣告刑,并选择较重的罪名判处。否则,有可能无法实现"择一重罪"处罚的本来目的。本案如果对被告人判处破坏电力设备罪,依照《破坏电力设备罪解释》第一条的规定,因被告人不具有破坏电力设备造成严重后果的情节,应当依照刑法第一百一十八条的规定,处三年以上十年以下有期徒刑。如果对被告人判处盗窃罪,则首先需要确定盗窃数额并选择相应的法定刑。本案涉及三个数额:变压器价值13 020元,变压器内铜芯价值7000元,销赃所得1400元。吉林省以1万元作为盗窃罪数额较大和数额巨大的界限。上述三个数额分别对应不同量刑档次的法定刑,具体应将哪个数额认定为盗窃数额。盗窃罪的主观方面必须具有非法占有的目的。被告人以破坏性手段拆盗变压器,目的是取得变压器内的铜芯,因此,以铜芯的价值作为盗窃数额较为合理。相关司法解释也采用了这种观点,《最高人民法院关于审理盗窃案件具体应用法律若干问题的解释》第十二条第五项规定:"……盗窃公私财物未构成盗窃罪,但因采用破坏性手段造成公私财物损毁数额较大的,以故意毁坏财物罪定罪处罚……"

说明被损毁财物的数额不应计入盗窃数额。第五条第十三项规定:“盗窃行为给失主造成的损失大于盗窃数额的,损失数额可作为量刑的情节。”说明不以被害人的损失作为盗窃数额。因此,本案盗窃数额应认定为7000元。该情节对应的法定刑为三年以下有期徒刑、拘役或者管制,并处或者单处罚金。显然,在相应的量刑档上,破坏电力设备罪的法定刑要高于盗窃罪的法定刑,故对被告人以破坏电力设备罪定罪处罚。[参见第643号指导案例,夏洪生抢劫、破坏电力设备案,载《刑事审判参考》总第76集(2010年第5集),第9~10页。撰稿:唐俊杰]

第一百一十九条　【破坏交通工具罪】【破坏交通设施罪】【破坏电力设备罪】【破坏易燃易爆设备罪】破坏交通工具、交通设施、电力设备、燃气设备、易燃易爆设备,造成严重后果的,处十年以上有期徒刑、无期徒刑或者死刑。

【过失破坏交通工具罪】【过失破坏交通设施罪】【过失破坏电力设备罪】【过失破坏易燃易爆设备罪】过失犯前款罪的,处三年以上七年以下有期徒刑;情节较轻的,处三年以下有期徒刑或者拘役。

■最高人民法院关于审理破坏电力设备刑事案件具体应用法律若干问题的解释(全文)(2007年8月21日)

第一条　破坏电力设备,具有下列情形之一的,属于刑法第一百一十九条第一款规定的“造成严重后果”,以破坏电力设备罪判处十年以上有期徒刑、无期徒刑或者死刑:

(一)造成一人以上死亡、三人以上重伤或者十人以上轻伤的;

(二)造成一万以上用户电力供应中断六小时以上,致使生产、生活受到严重影响的;

(三)造成直接经济损失一百万元以上的;

(四)造成其他危害公共安全严重后果的。

第二条　过失损坏电力设备,造成本解释第一条规定的严重后果的,依照刑法第一百一十九第二款的规定,以过失损坏电力设备罪判处三年以上七年以下有期徒刑;情节较轻的,处三年以下有期徒刑或者拘役。

第三条　盗窃电力设备,危害公共安全,但不构成盗窃罪的,以破坏电力设备罪定罪处罚;同时构成盗窃罪和破坏电力设备罪的,依照刑法处罚较重的规定定罪处罚。

盗窃电力设备,没有危及公共安全,但应当追究刑事责任的,可以根据案件的不同情况,按照盗窃罪等犯罪处理。

第四条　本解释所称电力设备,是指处于运行、应急等使用中的电力设备;已经通电使用,只是由于枯水季节或电力不足等原因暂停使用的电力设备;已经交付使用但尚未通电的电力设备。不包括尚未安装完毕,或者已经安装完毕但尚未交付使用的电力设备。

本解释中直接经济损失的计算范围,包括电量损失金额,被毁损设备材料的购置、更换、修复费用,以及因停电给用户造成的直接经济损失等。

■最高人民法院、最高人民检察院关于办理盗窃油气、破坏油气设备等刑事案件具体应用法律若干问题的解释(2007年1月19日)

第二条　实施本解释第一条规定的行为,具有下列情形之一的,属于刑法第一百一十九条第一款规定的“造成严重后果”,依照刑法第一百一十九条第一款的规定定罪处罚:

(一)造成一人以上死亡、三人以上重伤或者十人以上轻伤的;

(二)造成井喷或者重大环境污染事故的;

(三)造成直接经济损失数额在五十万元以上的;

(四)造成其他严重后果的。

■最高人民法院、最高人民检察院、公安部、司法部关于依法惩治妨害新型冠状病毒感染肺炎疫情防控违法犯罪的意见(2020年2月6日)

相关内容附在本书刑法第一百一十七条之后附文同名文件中。

■最高人民法院、最高人民检察院、公安部关于办理涉窨井盖相关刑事案件的指导意见(2020年3月16日)

一、盗窃、破坏正在使用中的社会机动车通行道路上的窨井盖,足以使汽车、电车发生倾覆、毁坏危险,尚未造成严重后果的,依照刑法第一百一十七条的规定,以破坏交通设施罪定罪处罚;造成严重后果的,依照刑法第一百一十九条第一款的规定处罚。

过失造成严重后果的,依照刑法第一百一十九条第二款的规定,以过失损坏交通设施罪定罪处罚。

十二、本意见所称的"窨井盖",包括城市、城乡结合部和乡村等地的窨井盖以及其他井盖。

▼安徽省高级人民法院、安徽省人民检察院、安徽省公安厅、安徽省发展和改革委员会关于依法严厉打击窃电和破坏电力设备违法犯罪活动的意见(2004年9月28日)

四、破坏电力设备,是指行为人故意对已投入使用的处于正常运行、检修、备用状态的电力设备,实施破坏手段,危害公共安全的行为。有下列情形之一的,属于破坏电力设备的行为:

(一)非法拆卸电力设备的;

(二)非法断割输电导线、电力电缆的;

(三)焚烧电力设备或者对电力设备实施爆炸的;

(四)故意撞击电力设备的;

(五)放置异物破坏电力设备或者堵塞电力设备主要部位的;

(六)采取其他方法破坏电力设备的。

电力设备的具体种类,依据国务院《电力设施保护条例》保护范围的规定确定。

六、破坏电力设备,危害公共安全,尚未造成严重后果的,依照《刑法》第一百一十八条的规定定罪处罚;故意破坏或者过失损坏电力设备,有下列情形之一的,依照《刑法》第一百一十九条的规定分别定罪处罚:

(一)造成死亡1人以上,或者重伤3人以上或者轻伤10人以上的;

(二)造成重大停电事故或者重大火灾事故的;

(三)造成直接经济损失城市20万元以上、农村10万元以上的;

(四)严重损害国家声誉,或者造成恶劣社会影响的;

(五)致使国家和人民利益遭受重大损失的其他情形。

七、盗窃使用中的电力设备,危害公共安全的,按照破坏电力设备罪定罪处罚;同时构成盗窃罪和破坏电力设备罪的,择一重罪处罚。

十五、本《意见》自印发之日起执行。法律、司法解释有新规定的,按新的规定执行。

第一百二十条　【组织、领导、参加恐怖组织罪】组织、领导恐怖活动组织的,处十年以上有期徒刑或者无期徒刑,并处没收财产;积极参加的,处三年以上十年以下有期徒刑,并处罚金;其他参加的,处三年以下有期徒刑、拘役、管制或者剥夺政治权利,可以并处罚金。

犯前款罪并实施杀人、爆炸、绑架等犯罪的,依照数罪并罚的规定处罚。(本条是根据《中华人民共和国刑法修正案(九)》之五修改的,2015年11月1日起施行。)

刑法本条第一款原文:【组织、领导、参加恐怖组织罪】组织、领导和积极参加恐怖活动组织的,处三年以上十年以下有期徒刑;其他参加的,处三年以下有期徒刑、拘役或者管制。

刑法本条原文:组织、领导恐怖活动组织的,处十年以上有期徒刑或者无期徒刑;积极参加的,处三年以上十年以下有期徒刑;其他参加的,处三年以下有期徒刑、拘役、管制或者剥夺政治权利。

（本款根据《中华人民共和国刑法修正案（三）》之三修改，自2001年12月29日起施行。）

犯前款罪并实施杀人、爆炸、绑架等犯罪的，依照数罪并罚的规定处罚。

■最高人民法院关于贯彻宽严相济刑事政策的若干意见（2010年2月8日）（见本书附录十七）

■最高人民法院关于充分发挥审判职能作用切实维护公共安全的若干意见（2015年9月16日）

二、依法严惩严重刑事犯罪，有效维护社会稳定

3. 依法严惩暴力恐怖犯罪活动。暴力恐怖犯罪严重危害广大人民群众的生命财产安全，严重危害社会和谐稳定。对暴力恐怖犯罪活动，要坚持严打方针不动摇，对首要分子、骨干成员、罪行重大者，该判处重刑乃至死刑的应当依法判处；要立足打早打小打苗头，对已经构成犯罪的一律依法追究刑事责任，对因被及时发现、采取预防措施而没有造成实际损害的暴恐分子，只要符合犯罪构成条件的，该依法重判的也要依法重判；要注意区别对待，对自动投案、检举揭发，特别是主动交代、协助抓捕幕后指使的，要体现政策依法从宽处理。要通过依法裁判，树立法治威严，坚决打掉暴恐分子的嚣张气焰，有效维护人民权益和社会安宁。

▽恐怖活动组织成员罪责的认定

刑法本条将恐怖活动组织成员划分为组织者、领导者，积极参加者和其他参加者三类，并分别规定了不同的法定刑。因此，正确认定和区分三类恐怖活动组织成员就成为准确定罪量刑的关键。一般认为，组织者、领导者，是指发起、创建恐怖活动组织的人员以及对组织的运转、活动起策划、指挥、决定作用的人员；积极参加者，是指在恐怖活动组织中行为积极并起重要作用的成员，如"自愿多次参加恐怖活动组织实施的恐怖活动，或者虽然是偶尔参加恐怖组织的活动，但在其参加的恐怖活动中起主要作用"的成员；其他参加者，是指除组织者、领导者、积极参加者之外的恐怖活动组织成员。正确认定和区分恐怖活动组织的三类成员以后，还需要根据法律规定确定各行为人应当承担的刑事责任。刑法第二十六条第三款、第四款规定："对组织、领导犯罪集团的首要分子，按照集团所犯的全部罪行处罚。对于第三款规定以外的主犯，应当按照其所参与的或者组织、指挥的全部犯罪处罚。"根据上述规定，作为犯罪集团的恐怖活动组织的组织者、领导者，应当按照组织所犯的全部罪行承担刑事责任；恐怖活动组织的积极参加者和其他参加者，应当按照其所参与的犯罪承担刑事责任。具体到本案，被告人依斯坎达尔·艾海提、吐尔洪·托合尼亚孜、玉山·买买提虽未参与实施昆明火车站恐怖杀人行为，但3人是恐怖活动组织的组织者、领导者，且系昆明火车站恐怖袭击活动的策划者，在此次暴恐事件发生前、因涉嫌其他犯罪被抓获后，隐瞒组织成员即将实施恐怖袭击活动的情况，造成极其严重的犯罪后果，故均应当按照组织所犯的全部罪行处罚，对昆明火车站恐怖袭击造成的严重后果承担刑事责任。被告人帕提古丽·托合提作为恐怖活动组织的积极参加者，应当按照其所参与的犯罪承担刑事责任，其为实施昆明火车站暴力恐怖活动制作暴恐旗帜，并直接参与实施恐怖杀人行为，在昆明火车站恐怖杀人犯罪活动中起主要作用，应当对昆明火车站恐怖袭击造成的严重后果承担刑事责任。值得注意的是，应当客观、正确对待恐怖活动组织成员地位与其应当承担的刑事责任的关系，不能为了判处重刑或者因为组织者、领导者已死亡或在逃而将积极参加者拔高认定为组织者、领导者；同时，即便只是积极参加者，如果在实施杀人、放火、爆炸等恐怖活动时行为积极、作用突出，而相关恐怖活动造成严重后果，仍可根据其实施的恐怖活动的行为性质以故意杀人罪、放火罪、爆炸罪等罪名依法判处重刑乃至死刑。[参见第1220号指导案例，依斯坎达尔·艾海提等组织、领导、参加恐怖组织，故意杀人案，载《刑事审判参考》总第112集，第4~5页。撰稿：陈新军]

▽恐怖活动犯罪死刑的适用

宽严相济刑事政策是我国的基本刑事政策，"保留死刑，严格控制和慎重适用死刑"是我国的重要死刑政策。审理恐怖活动犯罪案件，应当在准确理解把握宽严相济刑事政策和"保留死刑，严格控制和慎重适用死刑"政策基础上，依法准确适用死刑，确保案件裁判法律效果和社会效果的有机统一。最高人民法院2010年2月印发的《关于贯彻宽严相济刑事政策的若干意见》（本附文以下简称《宽严相济意

见》)明确提出,对于危害国家安全犯罪、恐怖组织犯罪、邪教组织犯罪、黑社会性质组织犯罪、恶势力犯罪、故意危害公共安全犯罪等严重危害国家政权稳固和社会治安的犯罪,要作为严惩的重点,依法从重处罚,尤其对于极端仇视国家和社会,以不特定人为侵害对象,所犯罪行特别严重的犯罪分子,该重判的要坚决依法重判,该判处死刑的要坚决依法判处死刑。最高人民法院2015年9月印发的《关于充分发挥审判职能作用切实维护公共安全的若干意见》再次强调,“对暴力恐怖犯罪活动,要坚持严打方针不动摇,对首要分子、骨干成员、罪行重大者,该判处重刑乃至死刑的应当依法判处”。因此,对罪行极其严重的暴恐犯罪分子依法判处死刑,是贯彻宽严相济刑事政策的重要方面,也是贯彻“保留死刑,严格控制和慎重适用死刑”政策的重要方面。在具体适用上,应当严格依照刑法第四十八条第一款关于“死刑只适用于罪行极其严重的犯罪分子”的规定,坚持罪刑法定、罪刑相适应等刑法基本原则,综合考虑犯罪情节、犯罪后果以及被告人的主观恶性和人身危险性等因素,依法准确裁量判断。同时,要注意突出打击重点,对于恐怖活动组织的组织者、领导者、骨干成员,应当作为严惩的重点,其中确属罪行极其严重依法应当判处死刑的,坚决依法判处死刑,但是,对于具有法定从宽处罚情节的,也要注意依法从宽处罚。结合本案来看,恐怖活动组织成员在昆明火车站采用持刀杀人的方式实施恐怖袭击,致31人死亡、141人受伤,被告人依斯坎达尔·艾海提、吐尔洪·托合尼亚孜、玉山·买买提作为恐怖活动组织的组织者、领导者,又系昆明火车站恐怖袭击活动的策划者,被抓获后隐瞒组织成员即将实施恐怖袭击的情况,造成极其严重的犯罪后果,充分说明了3被告人主观恶性深,社会危害性大,所犯罪行极其严重,最高人民法院依法核准3被告人死刑,体现了宽严相济刑事政策中依法严惩严重刑事犯罪的要求。《宽严相济意见》规定:“贯彻宽严相济刑事政策,必须严格依法进行,维护法律的统一和权威,确保良好的法律效果。”在严惩恐怖活动犯罪的同时,不能因为强调严厉打击而对罪行严重但依法不适用死刑的暴恐犯罪分子判处死刑。刑法第四十九条第一款规定:“犯罪的时候不满十八周岁的人和审判的时候怀孕的妇女,不适用死刑。”该款规定的“不适用死刑”,既包括不适用死刑立即执行,也包括不适用死刑缓期二年执行,因为死刑缓期二年执行不是独立的刑种,而是死刑的一种执行方式。同时,该款规定的不适用死刑是绝对不适用死刑,即对犯罪的时候不满十八周岁的人和审判的时候怀孕的妇女一律不适用死刑,不存在适用死刑的例外情况。1979年刑法施行期间,最高人民法院研究室于1991年3月在《关于如何理解“审判的时候怀孕的妇女不适用死刑”问题的电话答复》中提出,在羁押期间已是孕妇的被告人,无论其怀孕是否属于违反国家计划生育政策,也不论其是否自然流产或者经人工流产以及流产后移送起诉或审判期间的长短,均应依照法律规定,不适用死刑。1997年刑法施行以后,最高人民法院又于1998年8月在《关于对怀孕妇女在羁押期间自然流产审判时是否可以适用死刑问题的批复》中规定:“怀孕妇女因涉嫌犯罪在羁押期间自然流产后,又因同一事实被起诉、交付审判的,应当视为‘审判的时候怀孕的妇女’,依法不适用死刑。”根据上述规定,刑法第四十九条第一款规定的“审判的时候怀孕的妇女”应理解为在审判的时候被告人是怀孕的妇女,包括审判前在羁押时已经怀孕的妇女,也包括在羁押期间已怀孕但自然流产或人工流产的妇女。具体到本案,被告人帕提古丽·托合提属于恐怖活动组织的积极参加者和恐怖杀人行为的直接实施者,罪行极其严重,但鉴于其作案时系怀孕的妇女,依法不适用死刑(包括死刑缓期二年执行),人民法院最终判处其无期徒刑。需要说明的是,刑法修正案(九)对组织、领导、参加恐怖组织罪进行了修改,完善了刑罚配置,增设了财产刑,以更有效地剥夺犯罪分子再次犯罪的能力和条件,但因为本案发生在刑法修正案(九)施行之前,依照当时的刑法规定对4被告人不能附加判处财产刑。[参见第1220号指导案例,依斯坎达尔·艾海提等组织、领导、参加恐怖组织,故意杀人案,载《刑事审判参考》总第112集,第5～7页。撰稿:陈新军]

▽办理严重暴力恐怖、宗教极端犯罪案件,在坚持严打方针的同时如何贯彻证据裁判原则,准确把握证据标准

(一)坚决严厉打击严重暴力恐怖、宗教极端犯罪。恐怖主义是国际社会的公害、全人类的公敌,宗教极端主义是恐怖主义的重要思想基础。我国坚决反对一切形式的恐怖主义、宗教极端主义。近年来,不少国家或地区接连遭受暴力恐怖袭击,暴力恐怖事件带来的刺激效应在不断加剧。同时,"东突"等境外恐怖势力也在加紧向我国境内渗透,煽动所谓"圣战",恐怖活动境外指挥、网上勾联、境内行动的趋势更加明显。在国内外多种因素的影响和作用下,我国的一些地区已进入暴力恐怖活动的活跃期,恐怖主义犯罪多发、频发,破坏程度和影响范围空前扩大,已经成为严重危害当地经济社会稳定和人民群众生命财产安全的最严重犯罪。最高人民法院2015年9月印发的《关于充分发挥审判职能作用切实维护公共安全的若干意见》明确提出,"对暴力恐怖犯罪活动,要坚持严打方针不动摇,对首要分子、骨干成员、罪行重大者,该判处重刑乃至死刑的应当依法判处"。

(二)坚持证据裁判原则,严格执行法定证明标准。对某些犯罪坚持依法从严惩治,并不意味着办案证据标准的降低。两者不是一个层面的问题,前者属于刑事政策范畴,后者属于证据制度范畴,不能将两者混淆。那种认为从严惩治犯罪,就可以随意降低办案证据标准的认识和做法,是错误的。对暴力恐怖、宗教极端犯罪,既要通过依法裁判、从严惩处,树立法治威严,坚决打击暴恐分子的嚣张气焰,有效维护人民权益和社会安宁,也要牢固坚持证据裁判原则,严格执行法定证明标准,依法准确认定案件事实,确保案件的办案质量。根据刑法第四十九条的规定,犯罪的时候不满十八周岁的人,不适用死刑。犯罪时的年龄是判定对被告人能否适用死刑的关键之一,必须要有"确实、充分"的证据证明。根据刑事诉讼法第五十三条的规定,证据确实、充分,应当满足所认定事实"已排除合理怀疑"的要求。本案被告人喀尤木·艾则孜的年龄,墨玉县奎雅乡派出所出具的户籍证明、户籍登记卡和乡计生办出具的家庭成员基本情况登记表,均记载其出生于1992年3月14日,被告人犯罪时已满十八周岁;而乡成人教育办公室出具的家庭文化档案则显示喀尤木·艾则孜出生于1994年7月,其犯罪时未满十八周岁,两者不一致。经对有关证据进行审查,户籍证明、户籍登记卡及家庭成员基本情况登记表,虽然证明喀尤木·艾则孜出生于1992年3月14日,但户籍信息是依据被告人家人自报登记,家庭成员基本情况登记表的信息来源于户籍信息,且户籍登记本身存在兄弟姐妹中二人出生时间为同一年(非孪生)的情况,真实性存疑。家庭文化档案(2006~2007年、2012~2013年)记载喀尤木·艾则孜出生于1994年7月,依据也是被告人家人的自报。故户籍证明及家庭文化档案表均不具备证明力上的排他性。鉴于证明被告人喀尤木·艾则孜年龄的证据互有矛盾之处,本案复核期间补充了相关材料:证人吾布力哈斯木·艾合买提的证言,证明其子艾热艾力与喀尤木·艾则孜同为1995年出生;证人艾则孜·巴克尔(喀尤木·艾则孜之父)的证言,证明喀尤木·艾则孜犯罪时为十七岁。该两名证人均证明存在因担心不满结婚年龄不能办理结婚证,户籍登记年龄比实际年龄大的情况。喀尤木·艾则孜供述称其与同村的吐尔地买买提·肉孜同龄,但吐尔地买买提·肉孜之父肉孜·霍吉称:"吐尔地买买提·肉孜好像是十四五岁,不清楚喀尤木·艾则孜与其子哪个大。"上述证人证言虽不能证实被告人的确切年龄,但证明被告人的出生时间更倾向于1994年。《最高人民法院关于适用〈中华人民共和国刑事诉讼法〉的解释》第一百一十二条规定:"审查被告人实施被指控的犯罪时或者审判时是否达到相应法定责任年龄,应当根据户籍证明、出生证明文件、学籍卡、人口普查登记、无利害关系人的证言等证据综合判断。证明被告人已满十四周岁、十六周岁、十八周岁或者不满七十五周岁的证据不足的,应当认定被告人不满十四周岁、不满十六周岁、不满十八周岁或者已满七十五周岁。"根据该规定,综合被告人喀尤木·艾则孜年龄方面的证据,有关书证证明喀尤木·艾则孜的出生时间不尽一致(1992年3月14日、1994年7月),本人供述称出生于1994年3月14日,一名证人证明其子和被告人同龄,出生于1995年,喀尤木·艾则孜之父称喀尤木·艾则孜犯罪时十七岁等,案件中出现证明喀尤木·艾则孜年龄的多个证据,但认定其犯罪时已满十八周岁的证据,达不到"排除合理怀疑"的程度,这意味着证明被告人年龄的证据存疑,应本着有利于被告人的原则,参照被告人供述及家庭文化档案记载的年龄,就低认定喀尤木·艾则孜出生于1994年。故最高人民法院复核裁定认为,被告人喀尤木·艾则孜在故意杀人共同犯罪中系主犯，论罪应当严惩。但认定喀尤木·艾则孜犯罪时已满十八周岁的证据不足，应认定其犯罪时不满十八周岁，对其不适用死刑，遂以故意杀人罪、抢劫罪、故意毁坏财物罪并罚改判处其无期徒刑，剥夺政治权利终身，并处罚金人民币四千元。［参见第1221号指导案例，阿卜杜苏布尔·图尔迪巴柯等故意杀人、抢劫、故意伤害、故意毁坏财物案，载《刑事审判参考》总第112集，第13～15页。撰稿：王启全］

第一百二十条之一　【帮助恐怖活动罪】资助恐怖活动组织、实施恐怖活动的个人的，或者资助恐怖活动培训的，处五年以下有期徒刑、拘役、管制或者剥夺政治权利，并处罚金；情节严重的，处五年以上有期徒刑，并处罚金或者没收财产。

为恐怖活动组织、实施恐怖活动或者恐怖活动培训招募、运送人员的，依照前款的规定处罚。

单位犯前两款罪的，对单位判处罚金，并对其直接负责的主管人员和其他直接责任人员，依照第一款的规定处罚。（本条是根据《中华人民共和国刑法修正案（九）》之六修改的，自2015年11月1日起施行。）

刑法本条原文：【资助恐怖活动罪】资助恐怖活动组织或者实施恐怖活动的个人的，处五年以下有期徒刑、拘役、管制或者剥夺政治权利，并处罚金；情节严重的，处五年以上有期徒刑，并处罚金或者没收财产。

单位犯前款罪的，对单位判处罚金，并对其直接负责的主管人员和其他直接责任人员，依照前款的规定处罚。（本条是根据《中华人民共和国刑法修正案（三）》之四增加的，2001年12月29日起施行。）

■最高人民检察院、公安部关于公安机关管辖的刑事案件立案追诉标准的规定（二）（2022年5月15日）

第一条　〔帮助恐怖活动案（刑法第一百二十条之一第一款）〕资助恐怖活动组织、实施恐怖活动的个人的，或者资助恐怖活动培训的，应予立案追诉。

附　则

第七十九条　本规定中的“货币”是指在境内外正在流通的以下货币：

（一）人民币（含普通纪念币、贵金属纪念币）、港元、澳门元、新台币；

（二）其他国家及地区的法定货币。

贵金属纪念币的面额以中国人民银行授权中国金币总公司的初始发售价格为准。

第八十条　本规定中的“多次”，是指三次以上。

第八十一条　本规定中的“虽未达到上述数额标准”，是指接近上述数额标准且已达到该数额的百分之八十以上的。

第八十二条　对于预备犯、未遂犯、中止犯，需要追究刑事责任的，应予立案追诉。

第八十三条　本规定中的立案追诉标准，除法律、司法解释、本规定中另有规定的以外，适用于相应的单位犯罪。

第八十四条　本规定中的“以上”，包括本数。

第八十五条　本规定自2022年5月15日施行。《最高人民检察院、公安部关于公安机关管辖的刑事案件立案追诉标准的规定（二）》（公通字〔2010〕23号）和《最高人民检察院、公安部关于公安机关管辖的刑事案件立案追诉标准的规定（二）的补充规定》（公通字〔2011〕47号）同时废止。

■最高人民法院关于审理洗钱等刑事案件具体应用法律若干问题的解释（2009年11月11日）

第五条　刑法第一百二十条之一规定的“资助”，是指为恐怖活动组织或者实施恐怖活动的个人筹集、提供经费、物资或者提供场所以及其他物质便利的行为。

刑法第一百二十条之一规定的“实施恐怖活动的个人”，包括预谋实施、准备实施和实际实施恐怖活动的个人。

第一百二十条之二　【准备实施恐怖活动罪】有下列情形之一的，处五年以下有期徒刑、拘役、管制或者剥夺政治权利，并处罚金；情节严重的，处五年以上有期徒刑，并处罚金或者没收财产：

（一）为实施恐怖活动准备凶器、危险物品或者其他工具的；

（二）组织恐怖活动培训或者积极参加恐怖活动培训的；

（三）为实施恐怖活动与境外恐怖活动组织或者人员联络的；

（四）为实施恐怖活动进行策划或者其他准备的。有前款行为，同时构成其他犯罪的，依照处罚较重的规定定罪处罚。（本条是根据《中华人民共和国刑法修正案（九）》之七增加的，2015 年 11 月 1 日起施行。）

第一百二十条之三　【宣扬恐怖主义、极端主义、煽动实施恐怖活动罪】以制作、散发宣扬恐怖主义、极端主义的图书、音频视频资料或者其他物品，或者通过讲授、发布信息等方式宣扬恐怖主义、极端主义的，或者煽动实施恐怖活动的，处五年以下有期徒刑、拘役、管制或者剥夺政治权利，并处罚金；情节严重的，处五年以上有期徒刑，并处罚金或者没收财产。（本条是根据《中华人民共和国刑法修正案（九）》之七增加的，2015 年 11 月 1 日起施行。）

第一百二十条之四　【利用极端主义破坏法律实施罪】利用极端主义煽动、胁迫群众破坏国家法律确立的婚姻、司法、教育、社会管理等制度实施的，处三年以下有期徒刑、拘役或者管制，并处罚金；情节严重的，处三年以上七年以下有期徒刑，并处罚金；情节特别严重的，处七年以上有期徒刑，并处罚金或者没收财产。（本条是根据《中华人民共和国刑法修正案（九）》之七增加的，2015 年 11 月 1 日起施行。）

第一百二十条之五　【强制穿戴宣扬恐怖主义、极端主义服饰、标志罪】以暴力、胁迫等方式强制他人在公共场所穿着、佩戴宣扬恐怖主义、极端主义服饰、标志的，处三年以下有期徒刑、拘役或者管制，并处罚金。（本条是根据《中华人民共和国刑法修正案（九）》之七增加的，2015 年 11 月 1 日起施行。）

第一百二十条之六　【非法持有宣扬恐怖主义、极端主义物品罪】明知是宣扬恐怖主义、极端主义的图书、音频视频资料或者其他物品而非法持有，情节严重的，处三年以下有期徒刑、拘役或者管制，并处或者单处罚金。（本条是根据《中华人民共和国刑法修正案（九）》之七增加的，2015 年 11 月 1 日起施行。）

第一百二十一条　【劫持航空器罪】以暴力、胁迫或者其他方法劫持航空器的，处十年以上有期徒刑或者无期徒刑；致人重伤、死亡或者使航空器遭受严重破坏的，处死刑。

第一百二十二条　【劫持船只、汽车罪】以暴力、胁迫或者其他方法劫持船只、汽车的，处五年以上十年以下有期徒刑；造成严重后果的，处十年以上有期徒刑或者无期徒刑。

▽杀人后劫车逃跑的行为，因没有非法占有车辆的目的，不构成抢劫罪，应认定为劫持汽车罪

（一）被告人的行为不符合《最高人民法院关于审理抢劫、抢夺刑事案件适用法律若干问题的意见》（本条附文以下简称《意见》）第六条规定的情形。1. 关于《意见》第六条相关规定的理解与适用。《意见》第六条在“关于抢劫犯罪数额的计算”中规定：“为抢劫其他财物，劫取机动车辆当作犯罪工具或者逃跑工具使用的，被劫取机动车辆的价值计入抢劫数额；为实施抢劫以外的其他犯罪劫取机动车辆的，以抢劫罪和实施的其他犯罪实行数罪并罚。”即为实施抢劫犯罪或者其他犯罪而劫取机动车辆当作犯罪工具或者逃跑工具使用的，该劫车行为均构成抢劫罪。起草《意见》的人员在相关理解和适用文章中提到，《意见》第六条之所以将为实施抢劫或其他犯罪而劫车的行为定性为抢劫罪，主要是基于行为人以暴力或者胁迫的方法劫取机动车辆的行为并不是出于法律意义上的“使用”目的，而是将其作为实施犯罪的工具非法占有，一般用后即予废弃，基本上不存在返还的情形，本质上具有非法占有的目的，客观上侵犯了他人的人身、财产权利，符合抢劫罪的特征。《意见》第六条的规定还参照了盗窃罪司法解释的相关规定（为盗窃其他财物，偷开机动车辆作为犯罪工具使用后非法占有车辆，或者将车辆遗弃导致丢失的，被盗车辆的价值计入盗窃数额；为实施其他犯罪，偷开机动车辆作为犯罪工具使用后非法占有车辆,或者将车辆遗弃导致丢失的,依法应当将盗窃罪和其他犯罪并罚)。虽然《意见》第六条没有像盗窃罪司法解释那样明确表述"非法占有车辆,或者将车辆遗弃导致丢失"的前提条件,但《意见》是针对抢劫罪、抢夺罪所制定,"非法占有目的"是这两罪的主观构成要件内容,《意见》没有明确表述该主观构成要件,并不意味着该情形下构成抢劫罪无须具备"非法占有目的"这一主观构成要件。据此,《意见》将两种劫车情形均定性为抢劫罪的根本原因在于,在这两种情形下,行为人对所劫车辆在本质上具有非法占有的目的。如果行为人对所劫车辆没有非法占有的目的,则不能认定构成抢劫罪。2.被告人的劫车逃跑行为不符合《意见》规定的情形。首先,上述规定是针对劫取机动车辆当作犯罪工具或者逃跑工具使用的行为如何定性作出的专门规定,从时间顺序看,劫车行为在前,实施其他犯罪行为在后,劫车的目的是实施抢劫或者其他犯罪活动。而本案中,被告人是杀人犯罪在前,劫车行为在后,其劫车目的是逃跑,而不是实施其他犯罪活动;其次,非为实施犯罪而劫车逃跑的,一般仅是将所劫车辆作为逃跑工具使用,通常情况下,行为人是胁迫驾车人按照其指使的线路行驶,或者虽然是自己直接驾驶所劫车辆,但并不将原驾车人赶下车辆,在达到目的地后就弃车而去,往往不具有非法占有所劫车辆的主观目的。本案被告人在实施杀人行为后,持刀胁迫车主驾车带其逃离现场,既没有非法占有汽车的目的,也未实际占有该车辆,因此,其对汽车实施的行为属于劫持,而非劫取。《意见》中所规定的情形是为实施其他犯罪而劫取机动车辆,而非劫持机动车辆,因此被告人的行为不符合《意见》规定的情形,不构成抢劫罪。

(二)被告人的行为构成劫持汽车罪而不构成抢劫罪。在涉及劫车犯罪时,抢劫罪与劫持汽车罪比较容易混淆。两罪有相同之处:如行为人主观上都是出于故意,客观上都表现为暴力、胁迫或者其他方法控制车辆。同时,两罪也有明显的区别,主要体现在:第一,抢劫罪的行为人有非法占有所劫车辆的目的,即"劫取";而劫持汽车罪的行为人没有非法占有所劫车辆的目的,行为人一般只是为了临时控制汽车按自己意图行驶,即"劫持"。正确理解和把握"劫取"与"劫持"的区别是本案定性的关键。劫取,是指通过暴力、胁迫等手段取得,有非法占有的含义;劫持,是指通过暴力、胁迫等手段要挟、挟持,并无非法占有的含义。第二,抢劫罪作为刑法第五章侵犯财产罪中的犯罪,侵害的是公私财物的所有权和特定公民的人身健康权;而劫持汽车罪作为刑法第二章危害公共安全罪中的犯罪,危害的是公共安全,如交通运输安全和不特定人的人身、财产安全。具体到本案,被告人的劫车行为构成劫持汽车罪,而非抢劫罪:首先,被告人劫持的车辆符合劫持汽车罪的对象特征。劫持汽车罪的犯罪对象是汽车,但通常情况下应当限定为出租车以外的汽车。理由在于出租车本身具有开放性,任何人都有权利乘坐。无论行为人持何种主观态度(搭乘或者劫持),就乘坐这一行为而言,都是合法的,而且出租车原则应当按照乘客的要求行驶,他人要求出租车司机行驶到任何地点都不违法,因此一般情况下出租车不能成为劫持汽车罪的犯罪对象。但是,如果行为人使用暴力、胁迫等方法迫使出租车司机驾车在道路上横冲直撞,或者强行亲自驾驶出租车的,也可以构成劫持汽车罪,因为此种行为已经明显超出了搭乘出租车的行为模式,改变了出租车的合法用途,且危及公共安全,故应当认定属于劫持汽车的行为。本案被告人劫持的是私家车,符合劫持汽车罪的对象特征。其次,被告人采取暴力、胁迫方法劫持汽车的行为危及公共安全。劫持汽车罪要求行为人故意使用暴力、胁迫等行为劫持汽车,行为人在明知驾驶员不同意其搭乘的情况下,仍对驾驶员实施暴力、胁迫等行为,从而非法控制汽车。只要行为人实施了劫持汽车的行为,足以对公共安全造成威胁,即可构成本罪。如果行为人认为驾驶员同意其搭乘汽车,也未实施暴力、胁迫行为,且驾驶员未有反抗行为,则不应认定为劫持。如果行为人将驾驶员赶走,自行驾驶汽车离开,且非法占有汽车或者造成车辆失踪无法找到的,则可以认定行为人具有非法占有汽车的故意。因为在这种情况下驾驶员已失去对汽车的控制,行为人的主观意图已经不只是暂时的劫持,而是对汽车的非法占有,故应当认定为抢劫罪。本案中,被告人持刀闯入车内,胁迫车主开车送其离开现场,并在高速公路上违章行驶,已经危及公共安全,符合劫持汽车罪的客观特征。综上,法院认定被告人劫车逃跑的行为构成劫持汽车罪是正确的。[参见第866号指导案例,陈志故意杀人、劫持汽车案,载《刑事审判参考》总第92集(2013年第3集),第71~74页。撰稿:刘然]

第一百二十三条　【暴力危及飞行安全罪】对飞行中的航空器上的人员使用暴力,危及飞行安全,尚未造成严重后果的,处五年以下有期徒刑或者拘役;造成严重后果的,处五年以上有期徒刑。

第一百二十四条　【破坏广播电视设施、公用电信设施罪】破坏广播电视设施、公用电信设施,危害公共安全的,处三年以上七年以下有期徒刑;造成严重后果的,处七年以上有期徒刑。

【过失破坏广播电视设施、公用电信设施罪】过失犯前款罪的,处三年以上七年以下有期徒刑;情节较轻的,处三年以下有期徒刑或者拘役。

■最高人民法院关于审理破坏广播电视设施等刑事案件具体应用法律若干问题的解释(全文)(2011年6月13日)

第一条　采取拆卸、毁坏设备,剪割缆线,删除、修改、增加广播电视设备系统中存储、处理、传输的数据和应用程序,非法占用频率等手段,破坏正在使用的广播电视设施,具有下列情形之一的,依照刑法第一百二十四条第一款的规定,以破坏广播电视设施罪处三年以上七年以下有期徒刑:

(一)造成救灾、抢险、防汛和灾害预警等重大公共信息无法发布的;

(二)造成县级、地市(设区的市)级广播电视台中直接关系节目播出的设施无法使用,信号无法播出的;

(三)造成省级以上广播电视传输网内的设施无法使用,地市(设区的市)级广播电视传输网内的设施无法使用三小时以上,县级广播电视传输网内的设施无法使用十二小时以上,信号无法传输的;

(四)其他危害公共安全的情形。

第二条　实施本解释第一条规定的行为,具有下列情形之一的,应当认定为刑法第一百二十四条第一款规定的"造成严重后果",以破坏广播电视设施罪处七年以上有期徒刑:

(一)造成救灾、抢险、防汛和灾害预警等重大公共信息无法发布,因此贻误排除险情或者疏导群众,致使一人以上死亡、三人以上重伤或者财产损失五十万元以上,或者引起严重社会恐慌、社会秩序混乱的;

(二)造成省级以上广播电视台中直接关系节目播出的设施无法使用,信号无法播出的;

(三)造成省级以上广播电视传输网内的设施无法使用三小时以上,地市(设区的市)级广播电视传输网内的设施无法使用十二小时以上,县级广播电视传输网内的设施无法使用四十八小时以上,信号无法传输的;

(四)造成其他严重后果的。

第三条　过失损坏正在使用的广播电视设施,造成本解释第二条规定的严重后果的,依照刑法第一百二十四条第二款的规定,以过失损坏广播电视设施罪处三年以上七年以下有期徒刑;情节较轻的,处三年以下有期徒刑或者拘役。

过失损坏广播电视设施构成犯罪,但能主动向有关部门报告,积极赔偿损失或者修复被损坏设施的,可以酌情从宽处罚。

第四条　建设、施工单位的管理人员、施工人员,在建设、施工过程中,违反广播电视设施保护规定,故意或者过失损毁正在使用的广播电视设施,构成犯罪的,以破坏广播电视设施罪或者过失损坏广播电视设施罪定罪处罚。其定罪量刑标准适用本解释第一至三条的规定。

第五条　盗窃正在使用的广播电视设施,尚未构成盗窃罪,但具有本解释第一条、第二条规定情形的,以破坏广播电视设施罪定罪处罚;同时构成盗窃罪和破坏广播电视设施罪的,依照处罚较重的规定定罪处罚。

第六条 破坏正在使用的广播电视设施未危及公共安全,或者故意毁坏尚未投入使用的广播电视设施,造成财物损失数额较大或者有其他严重情节的,以故意毁坏财物罪定罪处罚。

第七条 实施破坏广播电视设施犯罪,并利用广播电视设施实施煽动分裂国家、煽动颠覆国家政权、煽动民族仇恨、民族歧视或者宣扬邪教等行为,同时构成其他犯罪的,依照处罚较重的规定定罪处罚。

第八条 本解释所称广播电视台中直接关系节目播出的设施、广播电视传输网内的设施,参照国家广播电视行政主管部门和其他相关部门的有关规定确定。

■最高人民法院关于审理破坏公用电信设施刑事案件具体应用法律若干问题的解释(2005 年 1 月 11 日)

第一条 采用截断通信线路、损毁通信设备或者删除、修改、增加电信网计算机信息系统中存储、处理或者传输的数据和应用程序等手段,故意破坏正在使用的公用电信设施,具有下列情形之一的,属于刑法第一百二十四条规定的“危害公共安全”,依照刑法第一百二十四条第一款规定,以破坏公用电信设施罪处三年以上七年以下有期徒刑:

(一)造成火警、匪警、医疗急救、交通事故报警、救灾、抢险、防汛等通信中断或者严重障碍,并因此贻误救助、救治、救灾、抢险等,致使人员死亡一人、重伤三人以上或者造成财产损失三十万元以上的;

(二)造成二千以上不满一万用户通信中断一小时以上,或者一万以上用户通信中断不满一小时的;

(三)在一个本地网范围内,网间通信全阻、关口局至某一局向全部中断或网间某一业务全部中断不满二小时或者直接影响范围不满五万(用户×小时)的;

(四)造成网间通信严重障碍,一日内累计二小时以上不满十二小时的;

(五)其他危害公共安全的情形。

第二条 实施本解释第一条规定的行为,具有下列情形之一的,属于刑法第一百二十四条第一款规定的“严重后果”,以破坏公用电信设施罪处七年以上有期徒刑:

(一)造成火警、匪警、医疗急救、交通事故报警、救灾、抢险、防汛等通信中断或者严重障碍,并因此贻误救助、救治、救灾、抢险等,致使人员死亡二人以上、重伤六人以上或者造成财产损失六十万元以上的;

(二)造成一万以上用户通信中断一小时以上的;

(三)在一个本地网范围内,网间通信全阻、关口局至某一局向全部中断或网间某一业务全部中断二小时以上或者直接影响范围五万(用户×小时)以上的;

(四)造成网间通信严重障碍,一日内累计十二小时以上的;

(五)造成其他严重后果的。

第三条(第二款) 盗窃公用电信设施价值数额不大,但是构成危害公共安全犯罪的,依照刑法第一百二十四条的规定定罪处罚;盗窃公用电信设施同时构成盗窃罪和破坏公用电信设施罪的,依照处罚较重的规定定罪处罚。

第四条 指使、组织、教唆他人实施本解释规定的故意犯罪行为的,按照共犯定罪处罚。

第五条 本解释中规定的公用电信设施的范围、用户数、通信中断和严重障碍的标准和时间长度,依据国家电信行业主管部门的有关规定确定。

▽对非法使用“伪基站”设备干扰公用电信网络信号的行为构成破坏公用电信设施罪

所谓“伪基站”,是指由发射器、电脑、天线、测频手机等组成的未取得电信进网许可和无线电发射设备型号核准的非法无线电通信设备。它能够搜取以其为中心一定半径范围内的手机卡信息,并任意冒用他人手机号码,甚至是冒用银行、通信运营商等官方号码强行向手机用户发送短信,使用过程中会非法占用公众移动通信频率，局部阻断公众移动通信网络信号，同时窃取公众手机号码及 IMSI 号码。近年来，各地非法生产、销售、使用“伪基站”设备实施违法犯罪活动较为猖獗。不法分子使用“伪基站”设备，非法获取手机用户信息，强行向不特定的手机用户发送垃圾短信，破坏正常的通讯秩序，影响公民日常生活，对公共安全造成了一定危害。为有效遏制此类犯罪蔓延，2014 年 3 月 14 日，最高人民法院、最高人民检察院、公安部、国家安全部联合出台了《关于依法办理非法生产销售使用“伪基站”设备案件的意见》（本条附文以下简称《意见》），加大了对“伪基站”违法犯罪的打击力度。

（一）非法使用“伪基站”设备干扰公用电信网络信号，危害公共安全的，构成破坏公用电信设施罪。首先，郝某某、黄某某对非法使用“伪基站”可能对周围手机用户造成的影响是明知的。郝某某供述：“发送短信的时候，是会对手机用户有影响的，正常的手机用户是使用移动公司的网络，我们发送短信时是占用了移动的频点，这样用户只能收到我们发出的短信。我们这样做是不合法的，无线电管理局还没收了我们的设施。但是我们抱有侥幸心理，其他就没多考虑。”黄某某供述：“我们使用发射器是占用了移动公司的频点，是会影响到其他手机用户的正常通信，具体影响到什么程度我不知道。”从二被告人的供述可以看出，二人明知使用“伪基站”发送促销短信是违法的，也明知该行为会破坏正常的通讯秩序，导致用户脱网，其对破坏公用电信设施持一种无所谓、不管不顾的放任心态，系间接故意。其次，郝某某、黄某某的行为造成了较为严重的危害后果，足以危及公共安全。根据《最高人民法院关于审理破坏公用电信设施刑事案件具体应用法律若干问题的解释》第一条的规定，采用截断通信线路、损毁通信设备或者删除、修改、增加电信网计算机信息系统中存储、处理或者传输的数据和应用程序等手段，故意破坏正在使用的公用电信设施，造成 1 万以上用户通信中断不满 1 小时的，属于刑法第一百二十四条规定的“危害公共安全”，以破坏公用电信设施罪定罪处罚。据统计，本案中仅两天时间内，二被告人使用“伪基站”发送促销短信就造成周边用户通讯中断达14 万人次，已达到司法解释规定的“危害公共安全”的认定标准。因此，郝某某、黄某某的行为完全符合破坏公用电信设施罪的构成要件。

从罪数形态上看，郝某某、黄某某为特卖会做广告宣传，向不特定的公众发布短信广告，不仅干扰了无线电通讯的正常秩序，还破坏了公用电信设施，危害公共安全，构成破坏公用电信设施罪与扰乱无线电通讯管理秩序罪的想象竞合犯。根据想象竞合犯重法优于轻法的处断原则，对郝某某、黄某某的行为应当以破坏公用电信设施罪定罪处罚。对此问题，《意见》作了明确规定：“非法使用‘伪基站’设备干扰公用电信网络信号，危害公共安全的，依照《刑法》第一百二十四条第一款的规定，以破坏公用电信设施罪追究刑事责任；同时构成……扰乱无线电通讯管理秩序罪的，依照处罚较重的规定追究刑事责任。”破坏公用电信设施罪的法定刑明显重于扰乱无线电通讯管理秩序罪，因此只要行为人非法使用“伪基站”的行为达到破坏公用电信设施罪的定罪标准，就应当依照破坏公用电信设施罪追究刑事责任。同时值得注意的是，破坏公用电信设施罪作为危害公共安全的犯罪，对危害结果有量的要求，如果受垃圾短信影响的人数、通话中断时间达不到司法解释规定的数量标准，则不构成破坏公用电信设施罪，符合扰乱无线电通讯管理秩序罪构成要件的，可以扰乱无线电通讯管理秩序罪追究刑事责任。

（二）对使用“伪基站”设备构成犯罪的，量刑时要综合考虑犯罪动机、作案手段、危害结果等各方面情节。非法使用“伪基站”设备干扰公用电信网络信号的行为属于新类型犯罪，涉及地域广、危害性大、危害国家通讯安全、影响人民群众日常生活。但对此类犯罪量刑时，要根据案件的具体情况，切实贯彻执行宽严相济刑事政策。如《意见》规定：“对犯罪嫌疑人、被告人的处理，应当结合其主观恶性大小、行为危害程度以及在案件中所起的作用等因素，切实做到区别对待。”本案系上海市首例判决的涉“伪基站”犯罪案件。被告人郝某某、黄某某为销售商品向公众发送促销短信，这与因蓄意报复社会毁损公用电信设施，利用短信宣传邪教等反动内容，或者为实施诈骗、间谍、恐怖犯罪群发短信的行为有明显区别，主观恶性相对较小。从客观上看，郝某某、黄某某实施的行为虽然波及面广，受影响的手机用户众多，但尚未造成人身伤亡、重大财产损失、引发突发事件等严重后果，在量刑时对此亦应予以考虑。一审法院综合考虑本案的具体情况,对郝某某从轻判处有期徒刑三年,认定黄某某系从犯,减轻处罚判处其有期徒刑一年六个月是适当的。[参见第957指导案例,郝某某、黄某某破坏公用电信设施案,载《刑事审判参考》总第97集(2014年第2集),第2～5页。撰稿:孙玮　林丽丽]

第一百二十五条　【非法制造、买卖、运输、邮寄、储存枪支、弹药、爆炸物罪】非法制造、买卖、运输、邮寄、储存枪支、弹药、爆炸物的,处三年以上十年以下有期徒刑;情节严重的,处十年以上有期徒刑、无期徒刑或者死刑。

【非法制造、买卖、运输、邮寄、储存危险物质罪】非法制造、买卖、运输、邮寄、储存毒害性、放射性、传染病病原体等物质,危害公共安全的,依照前款的规定处罚。(此款根据《中华人民共和国刑法修正案(三)》之五修改,2001年12月29日起施行。)

单位犯前两款罪的,对单位判处罚金,并对其直接负责的主管人员和其他直接责任人员,依照第一款的规定处罚。

第二款刑法原文:【非法买卖、运输核材料罪】非法买卖、运输核材料的,依照前款的规定处罚。

■最高人民检察院、公安部关于公安机关管辖的刑事案件立案追诉标准的规定(一)(2008年6月25日)

第二条　[非法制造、买卖、运输、储存危险物质案(刑法第一百二十五条第二款)]非法制造、买卖、运输、储存毒害性、放射性、传染病病原体等物质,危害公共安全,涉嫌下列情形之一的,应予立案追诉:

(一)造成人员重伤或者死亡的;

(二)造成直接经济损失十万元以上的;

(三)非法制造、买卖、运输、储存毒鼠强、氟乙酰胺、氟乙酸钠、毒鼠硅、甘氟原粉、原液、制剂五十克以上,或者饵料二千克以上的;

(四)造成急性中毒、放射性疾病或者造成传染病流行、暴发的;

(五)造成严重环境污染的;

(六)造成毒害性、放射性、传染病病原体等危险物质丢失、被盗、被抢或者被他人利用进行违法犯罪活动的;

(七)其他危害公共安全的情形。

■最高人民法院关于审理非法制造、买卖、运输枪支、弹药、爆炸物等刑事案件具体应用法律若干问题的解释(2010年1月1日修正)

第一条　个人或者单位非法制造、买卖、运输、邮寄、储存枪支、弹药、爆炸物,具有下列情形之一的,依照刑法第一百二十五条第一款的规定,以非法制造、买卖、运输、邮寄、储存枪支、弹药、爆炸物罪定罪处罚:

(一)非法制造、买卖、运输、邮寄、储存军用枪支一支以上的;

(二)非法制造、买卖、运输、邮寄、储存以火药为动力发射枪弹的非军用枪支一支以上或者以压缩气体等为动力的其他非军用枪支二支以上的;

(三)非法制造、买卖、运输、邮寄、储存军用子弹十发以上、气枪铅弹五百发以上或者其他非军用子弹一百发以上的;

(四)非法制造、买卖、运输、邮寄、储存手榴弹一枚以上的;

(五)非法制造、买卖、运输、邮寄、储存爆炸装置的;

(六)非法制造、买卖、运输、邮寄、储存炸药、发射药、黑火药一千克以上或者烟火药三千克以上、雷管三十枚以上或者导火索、导爆索三十米以上的;

(七)具有生产爆炸物品资格的单位不按照规定的品种制造,或者具有销售、使用爆炸物品资格的单位超过限额买卖炸药、发射药、黑火药十千克以上或者烟火药三十千克以上、雷管三百枚以上或者导火索、导爆索三百米以上的；

（八）多次非法制造、买卖、运输、邮寄、储存弹药、爆炸物的；

（九）虽未达到上述最低数量标准，但具有造成严重后果等其他恶劣情节的。

介绍买卖枪支、弹药、爆炸物的，以买卖枪支、弹药、爆炸物罪的共犯论处。

第二条　非法制造、买卖、运输、邮寄、储存枪支、弹药、爆炸物，具有下列情形之一的，属于刑法第一百二十五条第一款规定的“情节严重”：

（一）非法制造、买卖、运输、邮寄、储存枪支、弹药、爆炸物的数量达到本解释第一条第（一）、（二）、（三）、（六）、（七）项规定的最低数量标准五倍以上的；

（二）非法制造、买卖、运输、邮寄、储存手榴弹三枚以上的；

（三）非法制造、买卖、运输、邮寄、储存爆炸装置，危害严重的；

（四）达到本解释第一条规定的最低数量标准，并具有造成严重后果等其他恶劣情节的。

第七条　非法制造、买卖、运输、邮寄、储存、盗窃、抢夺、持有、私藏、携带成套枪支散件的，以相应数量的枪支计；非成套枪支散件以每三十件为一成套枪支散件计。

第八条（第一款）　刑法第一百二十五条第一款规定的“非法储存”，是指明知是他人非法制造、买卖、运输、邮寄的枪支、弹药而为其存放的行为，或者非法存放爆炸物的行为。

第九条　因筑路、建房、打井、整修宅基地和土地等正常生产、生活需要，以及因从事合法的生产经营活动而非法制造、买卖、运输、邮寄、储存爆炸物，数量达到本解释第一条规定标准，没有造成严重社会危害，并确有悔改表现的，可依法从轻处罚；情节轻微的，可以免除处罚。

具有前款情形，数量虽达到本解释第二条规定标准的，也可以不认定为刑法第一百二十五条第一款规定的“情节严重”。

在公共场所、居民区等人员集中区域非法制造、买卖、运输、邮寄、储存爆炸物，或者因非法制造、买卖、运输、邮寄、储存爆炸物三年内受到两次以上行政处罚又实施上述行为，数量达到本解释规定标准的，不适用前两款量刑的规定。

第十条　实施非法制造、买卖、运输、邮寄、储存、盗窃、抢夺、持有、私藏其他弹药、爆炸物品等行为，参照本解释有关条文规定的定罪量刑标准处罚。

■最高人民法院、最高人民检察院关于办理非法制造、买卖、运输、储存毒鼠强等禁用剧毒化学品刑事案件具体应用法律若干问题的解释（全文）（2003年10月1日）

第一条　非法制造、买卖、运输、储存毒鼠强等禁用剧毒化学品，危害公共安全，具有下列情形之一的，依照刑法第一百二十五条的规定，以非法制造、买卖、运输、储存危险物质罪，处三年以上十年以下有期徒刑：

（一）非法制造、买卖、运输、储存原粉、原液、制剂50克以上，或者饵料2千克以上的；

（二）在非法制造、买卖、运输、储存过程中致人重伤、死亡或者造成公私财产损失10万元以上的。

第二条　非法制造、买卖、运输、储存毒鼠强等禁用剧毒化学品，具有下列情形之一的，属于刑法第一百二十五条规定的“情节严重”，处十年以上有期徒刑、无期徒刑或者死刑：

（一）非法制造、买卖、运输、储存原粉、原液、制剂500克以上，或者饵料20千克以上的；

（二）在非法制造、买卖、运输、储存过程中致3人以上重伤、死亡，或者造成公私财产损失20万元以上的；

（三）非法制造、买卖、运输、储存原粉、原药、制剂50克以上不满500克，或者饵料2千克以上不满20千克，并具有其他严重情节的。

第三条　单位非法制造、买卖、运输、储存毒鼠强等禁用剧毒化学品的，依照本解释第一条、第二条规定的定罪量刑标准执行。

第四条 对非法制造、买卖、运输、储存毒鼠强等禁用剧毒化学品行为负有查处职责的国家机关工作人员,滥用职权或者玩忽职守,致使公共财产、国家和人民利益遭受重大损失的,依照刑法第三百九十七条的规定,以滥用职权罪或者玩忽职守罪追究刑事责任。

第五条 本解释施行以前,确因生产、生活需要而非法制造、买卖、运输、储存毒鼠强等禁用剧毒化学品饵料自用,没有造成严重社会危害的,可以依照刑法第十三条的规定,不作为犯罪处理。

本解释施行以后,确因生产、生活需要而非法制造、买卖、运输、储存毒鼠强等禁用剧毒化学品饵料自用,构成犯罪,但没有造成严重社会危害,经教育确有悔改表现的,可以依法从轻、减轻或者免除处罚。

第六条 本解释所称"毒鼠强等禁用剧毒化学品",是指国家明令禁止的毒鼠强、氟乙酰胺、氟乙酸钠、毒鼠硅、甘氟。

■最高人民法院、最高人民检察院、公安部、国家安全监管总局关于依法加强对涉嫌犯罪的非法生产经营烟花爆竹行为刑事责任追究的通知(2012年9月6日)

一、非法生产、经营烟花爆竹及相关行为涉及非法制造、买卖、运输、邮寄、储存黑火药、烟火药,构成非法制造、买卖、运输、邮寄、储存爆炸物罪的,应当依照刑法第一百二十五条的规定定罪处罚;非法生产、经营烟花爆竹及相关行为涉及生产、销售伪劣产品或不符合安全标准产品,构成生产、销售伪劣产品罪或生产、销售不符合安全标准产品罪的,应当依照刑法第一百四十条、第一百四十六条的规定定罪处罚;非法生产、经营烟花爆竹及相关行为构成非法经营罪的,应当依照刑法第二百二十五条的规定定罪处罚。上述非法生产经营烟花爆竹行为的定罪量刑和立案追诉标准,分别按照《最高人民法院关于审理非法制造、买卖、运输枪支、弹药、爆炸物等刑事案件具体应用法律若干问题的解释》(法释〔2009〕18号)、《最高人民法院、最高人民检察院关于办理生产、销售伪劣商品刑事案件具体应用法律若干问题的解释》(法释〔2001〕10号)、《最高人民检察院、公安部关于公安机关管辖的刑事案件立案追诉标准的规定(一)》(公通字〔2008〕36号)、《最高人民检察院、公安部关于公安机关管辖的刑事案件立案追诉标准的规定(二)》(公通字〔2010〕23号)等有关规定执行。

■最高人民法院、最高人民检察院关于涉以压缩气体为动力的枪支、气枪铅弹刑事案件定罪量刑问题的批复(全文)(2018年3月30日)

一、对于非法制造、买卖、运输、邮寄、储存、持有、私藏、走私以压缩气体为动力且枪口比动能较低的枪支的行为,在决定是否追究刑事责任以及如何裁量刑罚时,不仅应当考虑涉案枪支的数量,而且应当充分考虑涉案枪支的外观、材质、发射物、购买场所和渠道、价格、用途、致伤力大小、是否易于通过改制提升致伤力,以及行为人的主观认知、动机目的、一贯表现、违法所得、是否规避调查等情节,综合评估社会危害性,坚持主客观相统一,确保罪责刑相适应。

二、对于非法制造、买卖、运输、邮寄、储存、持有、私藏、走私气枪铅弹的行为,在决定是否追究刑事责任以及如何裁量刑罚时,应当综合考虑气枪铅弹的数量、用途以及行为人的动机目的、一贯表现、违法所得、是否规避调查等情节,综合评估社会危害性,确保罪责刑相适应。

▼最高人民检察院法律政策研究室关于非法制造、买卖、运输、储存以火药为动力发射弹药的大口径武器的行为如何适用法律问题的答复(全文)(2004年11月3日)

对于非法制造、买卖、运输、储存以火药为动力发射弹药的大口径武器的行为,应当依照刑法第一百二十五条第一款的规定,以非法制造、买卖、运输、储存枪支罪追究刑事责任。

▼公安部公安机关涉案枪支弹药性能鉴定工作规定(全文)(2010年12月7日)

为规范对涉案枪支、弹药的鉴定工作,确保鉴定合法、准确、公正,特制定本规定。

一、鉴定范围。公安机关在办理涉枪刑事案件中需要鉴定涉案枪支、弹药性能的,适用本规定。

本规定所称制式枪支、弹药,是指按照国家标准或公安部、军队下达的战术技术指标要求,经国家有关部门或军队批准定型,由合法企业生产的各类枪支、弹药,包括国外制造和历史遗留的各类旧杂式枪支、弹药。

本规定所称非制式枪支、弹药,是指未经有关部门批准定型或不符合国家标准的各类枪支、弹药,包括自制、改制的枪支、弹药和枪支弹药生产企业研制工作中的中间产品。

二、鉴定机关。涉案枪支、弹药的鉴定由地(市)级公安机关负责,当事人或者办案机关有异议的,由省级公安机关复检一次。各地可委托公安机关现有刑事技术鉴定部门开展枪支、弹药的鉴定工作。

三、鉴定标准。

(一)凡是制式枪支、弹药,无论是否能够完成击发动作,一律认定为枪支、弹药。

(二)凡是能发射制式弹药的非制式枪支(包括自制、改制枪支),一律认定为枪支。对能够装填制式弹药,但因缺少个别零件或锈蚀不能完成击发,经加装相关零件或除锈后能够发射制式弹药的非制式枪支,一律认定为枪支。

(三)对不能发射制式弹药的非制式枪支,按照《枪支致伤力的法庭科学鉴定判据》(GA/T 718—2007)的规定,当所发射弹丸的枪口比动能大于等于1.8焦耳/平方厘米时,一律认定为枪支。

(四)对制式枪支、弹药专用散件(零部件),能够由制造厂家提供相关零部件图样(复印件)和件号的,一律认定为枪支、弹药散件(零部件)。

(五)对非制式枪支、弹药散件(零部件),如具备与制式枪支、弹药专用散件(零部件)相同功能的,一律认定为枪支、弹药散件(零部件)。

四、鉴定程序。对枪支弹药的鉴定需经过鉴定、复核两个步骤,并应当由不同的人员分别进行。复核人应当按照鉴定操作流程的全过程进行复核,防止发生错误鉴定。鉴定完成后,应当制作《枪支、弹药鉴定书》。《枪支、弹药鉴定书》中的鉴定结论应当准确、简明,同时应当标明鉴定人、复核人身份并附有本人签名,加盖鉴定单位印章。《枪支、弹药鉴定书》应附检材、样本照片等附件。

五、鉴定时限。一般的鉴定和复检应当在十五日内完成。疑难复杂的,应当在三十日内完成。

●“毒害性”物质和“非法买卖”毒害性物质的认定

1. 国家严格监督管理的氰化钠等剧毒化学品,易致人中毒或者死亡,对人体、环境具有极大的毒害性和危险性,属于刑法第一百二十五条第二款规定的“毒害性”物质。

2.“非法买卖”毒害性物质,是指违反法律和国家主管部门规定,未经有关主管部门批准许可,擅自购买或者出售毒害性物质的行为,并不需要兼有买进和卖出的行为。(参见最高人民法院第4批指导案例13号,王召成等非法买卖、储存危险物质案,2013年1月31日发布。)

▽非法储存的认定

“非法储存”是指明知是他人非法制造、买卖、运输、邮寄的枪支、弹药、爆炸物而为其存放的行为(最高人民法院2001年5月15日《关于审理非法制造、买卖、运输枪支、弹药、爆炸物等刑事案件具体应用法律若干问题的解释》第八条)。可见,此司法解释无疑是对刑法第一百二十五条关于“非法储存”的认定作了限制性的解释,即行为人所储存的枪支、弹药、爆炸物是经他人非法制造、买卖、运输或邮寄的,并且是为他人存放的行为。[参见第368号案例,孔德明非法携带危险物品危及公共安全案,载《刑事审判参考》总第47集(2005年第6集),法律出版社,第1~4页。执笔:万军]

▽确因生产、生活所需非法买卖爆炸物的刑罚适用

行为人购买爆炸物确系为了用于开采山石的生产,未造成严重社会危害后果,且归案后能够如实供述自己的犯罪事实,确有悔罪表现,不致危害社会。根据《最高人民法院对执行〈关于审理非法制造、买卖、运输枪支、弹药、爆炸物等刑事案件具体应用法律若干问题的解释〉有关问题的通知》第二款“行为人确因生产、生活所需而非法制造、买卖、运输枪支、弹药、爆炸物,没有造成严重社会危害,经教育确有悔改表现的,可依法免除或者从轻处罚"的规定精神,考虑到本案具体情况,对行为人可以在法定刑以下判处刑罚,并适用缓刑。依照《中华人民共和国刑法》第六十三条第二款及相关司法解释的规定,最高人民法院依法核准了原审法院对行为人以非法买卖爆炸物罪判处有期徒刑三年、缓刑四年的判决。[参见第360号案例,徐钦朋非法买卖爆炸物案,载《刑事审判参考》总第46集(2005年第5集),法律出版社,第15～18页。执笔:张思敏]

▽非法制造、买卖大量炸药,炸药在买方存储中发生爆炸的刑罚适用

最高人民法院于2001年5月15日公布了《关于审理非法制造、买卖、运输枪支、弹药、爆炸物等刑事案件具体应用法律若干问题的解释》(本附文以下简称《解释》)生效后,发现有许多地区非法制造、买卖爆炸物,其原因是当地的生产、生活确实需要炸药,因此造成非法制造、买卖炸药的情况较多。如果仅以非法制造、买卖爆炸物的数量为追究刑事责任的标准,则可能打击面过宽,也不能达到罚当其罪的效果。鉴于这种情况,最高人民法院又于2001年9月17日公布了《对执行〈关于审理非法制造、买卖、运输枪支、弹药、爆炸物等刑事案件具体应用法律若干问题的解释〉有关问题的通知》(本附文以下简称《通知》)。《通知》规定,对于《解释》施行后发生的行为,行为人确因生产、生活所需而非法制造、买卖爆炸物,没有造成严重社会危害,经教育确有悔改表现的,可依法免除或者从轻处罚。即对于确因生产、生活所需而非法制造、买卖爆炸物的案件,在确定刑罚时,不以数量为标准,而且确立了对这种情况的免除和从轻处罚的精神。本案从轻处罚的另一个理由是,炸药的爆炸是在炸药卖出后的存储中发生,非法制造、买卖炸药的行为与爆炸的发生不是典型的直接的因果关系。刑法第一百二十五条规定的"情节严重",与非法制造、买卖、运输、邮寄、存储爆炸物之间应当是直接的因果关系。但炸药是在制造完毕,卖出以后,在购买人存储中发生爆炸的,这种情况不同于典型的刑法意义上的直接的因果关系,即非法制造炸药的行为与炸药发生爆炸这一后果之间的距离比典型的因果关系之间的距离远,相应地,行为人承担这一后果的刑事责任也应当轻。[参见第361号案例,吴传贵等非法制造、买卖爆炸物案,载《刑事审判参考》总第46集(2005年第5集),法律出版社,第19～25页。执笔:武文和]

▽非法制造、买卖枪支、弹药罪"情节严重"的认定

2001年5月15日发布、2009年11月16日修正的《解释》,对非法制造、买卖枪支、弹药罪的定罪标准和"情节严重"的认定均作了相对明确的规定。根据《解释》第一条第二项、第三项的规定,"非法制造、买卖、运输、邮寄、储存以火药为动力发射枪弹的非军用枪支一支以上"或者"非法制造、买卖、运输、邮寄、储存军用子弹十发以上、气枪铅弹五百发以上或者其他非军用子弹一百发以上",即可以非法制造、买卖、运输、邮寄、储存枪支、弹药、爆炸物罪定罪处罚。对何谓本罪情节严重,《解释》第二条第一项、第四项作了明确规定。《解释》第二条第一项规定,"达到上述规定的最低数量标准五倍以上的,属于刑法第一百二十五条第一款规定的'情节严重'。"第二条第四项规定,"达到第一条规定的最低数量标准,并具有造成严重后果等其他恶劣情节的,也属于'情节严重'。"从上述规定可以看出,认定非法制造、买卖枪支、弹药罪是否达到"情节严重"的程度,有单纯数量标准和数量加情节标准两种。单纯数量标准是枪支、弹药数量达到入罪最低数量标准的五倍以上即构成"情节严重";数量加情节标准是数量达到入罪标准而尚未达到五倍以上,但具有造成严重后果等其他恶劣情节的,也构成"情节严重"。单纯数量标准不难掌握,但对"造成严重后果等其他恶劣情节"的理解和适用容易出现分歧。在实践中,"其他恶劣情节"包括:枪支弹药流散到社会后是否造成人身伤亡的结果;是否针对妇女、儿童等特定对象犯罪;非法制造、买卖的枪支、弹药是否被他人用于犯罪活动;是否出于自己实施犯罪的目的或者意图为犯罪分子提供枪支、弹药而非法制造、买卖枪支、弹药等。本案被告人非法制造、买卖枪支50余支已达到最低数量标准五倍以上,且具有造成三人重伤、一人轻伤的严重后果,应当认定为"情节严重"情形。[参见第631号指导案例,吴芝桥非法制造、买卖枪支、弹药案,载《刑事审判参考》总第75集(2010年第4集),第4～5页。撰稿:杨华　丁成飞]

▽**非法制造、买卖枪支、弹药罪适用死刑必须达到情节特别严重**

非法制造、买卖枪支、弹药罪"情节严重"的,是判处十年以上有期徒刑至死刑的前提条件,而要判处死刑,除了数量达到"情节严重"的标准外,还要达到情节特别严重。把握情节特别严重,要根据非法制造、买卖枪支、弹药的数量,犯罪情节,危害后果,被告人的主观恶性,人身危险性,在共同犯罪中的地位,作用以及当地社会治安形势等因素综合考虑。只有对那些罪行极其严重、社会危害极大,依法应当判处死刑的,才能判处死刑。就本案而言,应当综合以下几个方面的因素考虑被告人的量刑问题:1. 非法制造、买卖枪支、弹药的数量在涉枪案件中,非法制造、买卖枪支、弹药的数量在一定程度上反映了犯罪行为对社会危害程度的大小。本案被告人非法制造、买卖猎枪、仿六四式手枪多达到50余支、枪弹约200发,为近年来全国涉枪案件所罕见,远高于"情节严重"的数量标准。需要强调的是,本案核准死刑的枪支数量是50余支,并不意味着该数量就是判处死刑的量刑标准,即并不是涉枪案件超出50支的就要判处死刑,或者低于50支的就不判处死刑。枪支、弹药数量是量刑的重要情节,但不是唯一情节,是否判处死刑,还要综合考虑数量以外的其他严重情节。2. 非法制造、买卖枪支、弹药的规模非法制造、买卖枪支、弹药的规模直接体现了该行为对社会的危害程度。一般而言,有组织地进行制、售"一条龙"式的非法制造、买卖枪支、弹药行为的危害要大于单个行为人实施的制造、买卖枪支、弹药的行为。本案被告人与同案被告人在制、售枪支、弹药的过程中,形成了相对固定的制、售枪支、弹药的犯罪团伙。被告人与周某某、许某某商议造枪并做出分工,购买了制造枪支的设备和工具,联系加工点,加工并组装枪支。制造出枪支后,被告人再联系吴某某、燕某某,吴、燕二人又分别伙同余某、杨某某将枪支非法出售他人,或通过周某等人介绍再次非法出售他人。本案被告人达20余人,涉案人数之多、规模之大在全国并不多见,因此,与一般制造、买卖枪支、弹药的案件相比,被告人的犯罪情节更恶劣。3. 造成危害后果的严重程度。非法制造、买卖枪支、弹药行为的危害后果主要体现在两方面:一是非法制造、买卖的枪支、弹药流入社会,对社会造成潜在的威胁。如果行为人非法制造枪支后尚未来得及出卖即被收缴,或虽卖出但案发后全部收缴,其危害后果相对较小;如果非法制造、买卖的枪支、弹药流入社会的数量较大,虽没有发现造成实际严重后果,但对社会造成较大的潜在危害,危害后果就相对严重。二是行为人非法制造、买卖的枪支、弹药被用于违法犯罪并已造成严重后果。非法制造、买卖枪支、弹药的犯罪行为具有特殊性,行为人制造、买卖的枪支、弹药可能成为实施暴力犯罪的工具,尽管持枪暴力犯罪的严重后果可能是本人也可能是他人造成的,但行为人在非法制造、买卖枪支、弹药时,对其行为可能造成枪支、弹药在社会上流散,从而可能引发其他严重后果在主观上应当明知,因此,这种相关联的严重后果也要纳入犯罪的危害后果予以评价。本案被告人共出售枪支37支、枪弹10余发,大部分枪支、弹药被社会闲散人员购买,除依法收缴的外,尚有10余支枪、30余发子弹流入社会,下落不明,对社会治安构成潜在的威胁。同时,还查明,他人携带被告人所制造的3支猎枪参与械斗并开枪射击,已经造成三人重伤、一人轻伤的严重后果,故被告人实施的犯罪行为危害后果特别严重。4. 其他严重情节。非法制造、买卖枪支、弹药的行为人是否具有其他主客观方面的严重情节,也应在量刑时予以考虑,包括犯罪动机、有无前科、是否构成累犯及平时表现、犯罪后的认罪情况等。在共同犯罪案件中,还应考虑行为人在共同犯罪中的地位、作用。本案被告人参与了非法制造、买卖枪支、弹药的全过程,既非法制造枪支,又非法买卖枪支、弹药。在2006年非法制造、买卖枪支、弹药的第一阶段,被告人与周某某相比,其作用并不最为突出。但自2007年开始即第二阶段,被告人表现出继续实施犯罪的积极态度和坚决犯意,许某某退出后又主动向周某某提出从周处购买子弹而不再给周分"利润",并雇用他人继续制造枪支,又积极联系买家,将所制造枪支直接卖给吴某某、燕某某,且涉案大部分枪支均系在此阶段制造、出售。综合全案看,被告人在共同犯罪中起主要作用,系主犯,且作用大于其他同案被告人。本案是最高人民法院2007年收回死刑核准权以来首例以非法制造、买卖枪支、弹药罪核准死刑的案件。准确把握此类案件的定罪量刑标准,对于依法严厉打击涉枪犯罪,维护社会稳定和人民群众生命财产安全以及正确贯彻宽严相济的刑事政策，确保裁判的法律效果和社会效果统一，都具有十分重要的意义。从本案看，被告人非法制造、买卖枪支、弹药，犯罪情节特别严重，社会危害极大，依法判处死刑是适当的。[参见第631号指导案例，吴某某非法制造、买卖枪支、弹药案，载《刑事审判参考》总第75集(2010年第4集)，第5～8页。撰稿：杨华　丁成飞]

▽氰化钠属于刑法第一百二十五条第二款规定的毒害性物质

氰化钠为白色结晶粉末，常用于冶炼金银等贵金属的溶剂，有剧毒，对环境污染严重。氰化钠属于刑法第一百二十五条第二款规定的毒害性物质。具体理由如下：1. 刑法规定的“毒害性物质”不限于《最高人民法院、最高人民检察院关于办理非法制造、买卖、运输、储存毒鼠强等禁用剧毒化学品刑事案件具体应用法律若干问题的解释》(本附文以下简称《解释》)规定的“毒鼠强、氟乙酢酰胺、氟乙酸钠、毒鼠硅、甘氟”五种物质。《解释》明确了毒鼠强等五种禁用剧毒化学品系“毒害性物质”，但这并不意味着刑法第一百二十五条第二款中的毒害性物质仅限于《解释》列举的五种禁用剧毒化学品。“毒害性物质”包括化学性毒害物质、生物性毒害物质、微生物类毒害物质。从司法背景分析，《解释》仅确认毒鼠强等五种剧毒化学品为毒害性物质，有其特定的司法背景。当时，以非法买卖毒鼠强为代表的五种犯罪较为猖獗和典型。为更加有针对性地打击这五种犯罪，《解释》将毒鼠强、氟乙酰胺、氟乙酸钠、毒鼠硅、甘氟五种物质明确为毒害性物质。但撇开这一司法背景，对毒害性物质的理解，不能完全等同于“国家明令禁止的物质”。有些物质，虽然国家没有明令禁止，但是，如果加以买卖，其毒害性足以危害公共安全，也应属于“毒害性物质”。在剧毒化学品目录中，还存在大量和“毒鼠强、氟乙酰胺、氟乙酸钠、甘氟”处于同一限制级别、高于该限制级别，且毒害性更大的剧毒化学品。如果将刑法第一百二十五条第二款规定的毒害性物质仅限定在《解释》列举的五种剧毒杀鼠剂，那么对买卖、运输在毒害性上、限制级别上高于或者等于五种杀鼠剂的剧毒化学品行为就难以通过刑法进行调整，这显然不符合立法原意。另外，我国禁止生产、流通、使用斯德哥尔摩公约要求禁止的21种有机污染物。如果从是否禁止生产、流通、使用的角度确定毒害性物质的范围，那么该国际公约要求禁止生产、流通、使用的21种有机污染物也当然属于毒害性物质。因此，从国家明令禁止这一角度认定涉案物品是否属于毒害性物质值得商榷。2. 无论是从文义解释角度还是从体系解释角度分析，氰化钠都应当认定为毒害性物质。从文义角度解释，毒害性物质是指有严重毒害的物质。氰化钠属于剧毒物质，人只要与之一接触，马上就会死亡，可见其毒性极高。氰化钠系国家严格监督管理的剧毒化学品，易致人中毒或者死亡，对人体、环境具有相当大的毒害性和极度危险性，极易对环境和人的生命健康造成重大威胁。从体系角度解释，同一部刑法中的同一固定名词应当作统一理解。刑法第一百二十五条、第一百四十四条、第一百一十五条、第一百二十五条、第一百二十七条、第二百九十一条之一都使用了“毒害性物质”的表述。司法实践中，除了对第一百二十五条中的“毒害性物质”的理解存在争议外，对于其他条文中的“毒害性物质”应当包括剧毒化学品目录中的化学品并无争议。因此，从体系角度解释，刑法第一百二十五条中的“毒害性物质”包括氰化钠等剧毒化学品目录中的化学品。3. 非法买卖、储存危险物质罪不以实际造成危害后果或严重事故为要件。本罪的客观方面要求必须“危害公共安全”，对“危害公共安全”的认定不以造成严重危害后果或者造成重大事故为要件，而只要具有足以造成公共安全的潜在危险即可。《解释》在规定非法买卖“毒鼠强”的入罪标准时并未要求必须造成严重危害后果。这一规定也正好说明非法买卖、储存危险物质罪不以实际造成危害后果或严重事故为要件。本案被告人购买、储存氰化钠虽用于电镀生产，未造成严重环境污染或者其他事故，但其在不具备购买、储存氰化钠的资格和条件下，逃避有关主管部门的安全监督管理，违反国家规定买卖、储存大量剧毒化学品，已对人民群众的生命、健康和财产安全产生严重威胁，足以危及公共安全，因此被告人的行为构成非法买卖、储存危险物质罪。[参见第759号指导案例，王召成等非法买卖、储存危险物质案，载《刑事审判参考》总第85集(2012年第2集)，第24～26页。撰稿：梁健　阮铁军]

▽买卖危险物质罪的成立,只要有买的行为或者卖的行为即可

买卖危险物质罪的成立,只要有买的行为或者卖的行为即可,无须兼有“买”和“卖”的行为。具体理由如下:第一,买卖毒害性等危险物质的社会危害,主要是体现在买进或者卖出危险物质对公共安全构成的危险。对该类行为是否定罪,关键在于行为是否足以危及公共安全,而不在于毒害性物质买进后行为人有否卖出意图或者卖出行为。第二,“买卖”既可以是名词,表示买进再卖出的商业经营活动,又可以是并列表示“买”和“卖”两个行为的词,表示单一的买进或者卖出行为,这一点与“毒害性物质”等固定名词的用法不同。因立法背景、立法技术等多方面的原因,“买卖”在具体罪名中的含义可能存在一定的区别,对其理解不能过于绝对化。如诱使投资者买卖证券、期货合约罪中的“买卖”,其含义包括投资者单一的买进行为或者卖出行为,而不要求必须是买进再卖出的经营活动。因此,对刑法中“买卖”一词的理解不应固于兼具买进和卖出的行为。第三,买进或者卖出氰化钠等危险物质的过程中,都可能发生严重的环境污染事件或者人身伤亡后果,如果水源受到污染,甚至会诱发大面积的人民群众中毒伤亡后果。特别是在缺乏相关资质、管理经验或者防范措施的情况下,如果遇到台风、暴雨等意外天气或者在运输途中发生交通事故,则这种危害公共安全的可能性会大大增加。因此,单一的买进或者卖出行为均可能危害公共安全,符合非法买卖危险物质罪的客体特征。[参见第759号指导案例,王召成等非法买卖、储存危险物质案,载《刑事审判参考》总第85集(2012年第2集),第26~27页。撰稿:梁健　阮铁军]

▽非法买卖、储存氰化钠的行为情节轻重的认定

案发后被告人均具有认罪、悔罪表现,对被告人可酌情从轻处罚。值得提出的是,被告人非法买卖、储存危险物质的数量特别巨大,单纯从数量角度评价,属于情节严重,应当处十年以上有期徒刑。然而,被告人购买氰化钠的目的系用于生产活动,在生产过程中也没有造成严重环境污染事故,综合各种情节,被告人非法买卖、储存氰化钠的行为宜在三年以上十年以下这一量刑幅度内量刑。[参见第759号指导案例,王召成等非法买卖、储存危险物质案,载《刑事审判参考》总第85集(2012年第2集),第27~28页。撰稿:梁健　阮铁军]

▽因个人爱好,出于收藏目的购买枪支、弹药的行为构成非法买卖枪支、弹药罪

(一)按照文义解释规则,对刑法第一百二十五条第一款规定的“买卖”,应理解为买进或者卖出。刑法分则在规定涉枪犯罪时使用“买卖”一词,而没有使用“贩卖”“倒卖”等用语,显然是刻意与后者作了区分,将“买卖”理解为买进或者卖出的行为,既是对立法本意的尊重,也符合从严打击涉枪犯罪的立法精神。近年来发布的相关司法解释和指导案例也是这样把握“买卖”的含义的。2009年修订的《最高人民法院关于审理非法制造、买卖、运输枪支、弹药、爆炸物等刑事案件具体应用法律若干问题的解释》第九条规定:“因……等正常生产、生活需要,以及因从事合法的生产经营活动而非法制造、买卖、运输、邮寄、储存爆炸物,数量达到本解释第一条规定标准,没有造成严重社会危害,并确有悔改表现的,可依法从轻处罚;情节轻微的,可以免除处罚。”根据该规定,因生产、生活需要非法买卖爆炸物的,仍应定非法买卖爆炸物罪,并不要求具有转卖牟利的目的。2009年最高人民法院、最高人民检察院、公安部制定的《关于办理制毒物品犯罪案件适用法律若干问题的意见》第一条规定:“违反国家规定,实施下列行为之一的,认定为刑法第三百五十条规定的非法买卖制毒物品行为:1.未经许可或者备案,擅自购买、销售易制毒化学品的……”根据该指导文件的规定,只要实施购买或销售易制毒化学品行为之一的,即可认定为非法买卖制毒物品行为,不要求兼具买进、卖出行为,是否具有牟利目的,亦不影响非法买卖制毒物品行为的认定。最高人民法院2013年颁布的第13号指导案例“王召成等非法买卖、储存危险物质案”中指出:“‘非法买卖’毒害性物质,是指违反法律和国家主管部门规定,未经有关主管部门批准许可,擅自购买或者出售毒害性物质的行为,并不需要兼有买进和卖出的行为。”综上,对刑法分则规定非法买卖违禁品犯罪时使用的“买卖”一词的含义,应作相对统一的理解和把握,实施非法购买或者出售枪支、弹药行为之一的,均属于非法买卖枪支、弹药行为。

(二)从实质解释的角度来看,行为人是否具有牟利目的,不影响对非法买卖枪支、弹药行为的定性。刑法及相关司法解释均未规定非法买卖枪支、弹药罪需具有牟利目的,上述有关枪支、弹药、爆炸物的司法解释只规定因生产、生活需要实施相应涉爆炸物行为的,对该主观因素在量刑时可予以考虑。认为牟利目的影响非法买卖枪支、弹药罪成立的观点,虽然也有一定道理,但法律依据不充分。涉枪犯罪属于严重危害公共安全的犯罪,不是经济犯罪,要求构成此类犯罪具有牟利目的也不具有犯罪构成上的正当性。实践中,对因个人爱好,出于收藏目的购买枪支、弹药行为的危害,存在一定的认识误区。我国历来严格控制枪支、弹药的流转,禁止个人买卖、持有。非法买卖的行为人对获取枪支、弹药具有较强的主动性,往往根据其需要通过非法渠道购买,这种非法交易既刺激了枪支、弹药的非法流转,也使其持有规模随意扩大,一旦枪支、弹药因被盗等原因流入社会,后果不堪设想,对公共安全具有极大的潜在风险,必须依法以非法买卖枪支、弹药罪予以惩处。本案被告人非法购买各类枪支8支,另非法持有各类枪支6支、弹药3万余发。如果不是非法购买,其不可能持有数量巨大、种类多样的枪支、弹药。刑法规定非法买卖枪支、弹药罪,是基于此类行为对公共安全造成的抽象危险,并不要求造成实际损害,因此不能因为未发生实际损害,不具有牟利目的,就转而认定为较轻罪名,对此类犯罪蕴藏的巨大潜在危害,必须给予充分的刑法评价。

同时也应注意,被告人薛某、刘某某、张某某、刘某等4人对枪支、弹药的喜好,不属于生产、生活需要,但考虑到薛某等人买枪的目的不是实施违法犯罪活动或转卖牟利,客观上枪弹也没有流入社会用于其他违法犯罪活动,其行为的危害性相对较小,量刑时可以比照司法解释的有关规定适当从宽。一审、二审法院在法定量刑幅度内对薛某等人从宽处罚,也体现了这一点。[参见第1075号指导案例,王挺等走私武器、弹药,非法买卖枪支、弹药,非法持有枪支、弹药案,载《刑事审判参考》总第103集,第22～24页。撰稿:张春喜 吴志梅]

▽对于发生在1997年10月1日以前的非法买卖枪支行为,应当适用1979年刑法和1995年《最高人民法院关于办理非法制造、买卖、运输非军用枪支、弹药刑事案件适用法律问题的解释》

本案可以认定被告人张某某、方某某非法买卖枪支的行为发生在1997年前后,但无法确认该行为发生于1997年10月1日之前还是之后。鉴于1997年刑法对非法买卖枪支罪设置的法定刑重于1979年刑法,根据刑法从旧兼从轻原则,应当适用1979年刑法和1995年《最高人民法院关于办理非法制造、买卖、运输非军用枪支、弹药刑事案件适用法律问题的解释》(本条附文以下简称《1995年解释》)。比较而言,1979年刑法和1997年刑法对非法买卖枪支罪犯罪构成要件的规定并无大的变化,但1997年刑法对该罪设定的法定刑更重;同时,2001年《最高人民法院关于审理非法制造、买卖、运输枪支、弹药、爆炸物等刑事案件具体应用法律若干问题的解释》(本条附文以下简称《2001年解释》)比《1995年解释》规定的定量因素减少,犯罪构成要件由"制造非军用枪支一支或者买卖、运输二支以上"变成"非法制造、买卖、运输、邮寄、储存以火药为动力发射枪弹的非军用枪支一支以上或者以压缩气体等为动力的其他非军用枪支二支以上",对买卖、运输以火药为动力发射枪弹的非军用枪支的行为规定的入罪门槛降低,刑罚整体上更加严厉。

我国《刑法》中的犯罪概念同时包含定性和定量因素,具体犯罪大致可以分为三类:第一类是某种行为的社会危害性特别严重,只要实施该类行为即可构成该罪,无须考虑量的因素;第二类是刑法虽未规定该罪的定量因素,但考虑该罪的行为性质及对应的法定刑,需达到一定严重程度才构成犯罪;第三类是刑法直接规定该罪的定量因素,如情节严重或者明确的数量标准。对后两类犯罪中所要求的定量因素,一般通过司法解释的规定予以具体化。非法买卖枪支罪属于上述第二种类型,虽然刑法并未明确规定该罪需要具备特定的定量因素,但鉴于该罪法定刑的严厉性,非法买卖枪支行为构成该罪,需要达到一定的严重程度,即具备一定的定量因素。司法解释对非法买卖枪支罪的定量因素作出了详细规定。依照1979年刑法及《1995年解释》,非法买卖非军用枪支的行为构成非法买卖枪支罪,客观上需要买卖非军用枪支2支以上,或虽未达到该最低数量标准,但同时"具有其他情形",这里所谓的"其他情形",通常是指买卖枪支行为造成了严重后果,即他人利用所买卖的枪支实施了犯罪行为。

本案虽然被告人张某某、方某某出售的枪支仅有1支,但购买该枪的范杰明利用该枪杀害5人并致3人重伤,无疑属于"其他情形"。在行为人仅出售1支枪支的情况下,不具有"其他情形"的不构成犯罪。"其他情形"无疑是犯罪成立条件,但是,出售枪支的行为人对作为"其他情形"的严重后果无须存在故意或过失,其出售枪支的行为与购买枪支者利用枪支实施犯罪行为所造成的严重后果之间也不要求存在刑法上的因果关系。关于该问题,可参考学者提出的"客观超过要素"理论。所谓客观超过要素,属于犯罪成立客观要件,但这一要素的发生与否与行为人的主观心理甚至客观行为的联系并不大。例如,非法买卖枪支罪中,购买枪支的人利用枪支去实施何种行为,并不由出售枪支的人所决定。又如,丢失枪支不报罪,丢失枪支不及时报告的行为是否构成犯罪,取决于得到该枪支的人是否利用该枪支实施犯罪行为,但并不表明丢失枪支的人可以决定得到该枪支的人将会实施何种行为。依照刑法规定,对于出售1支枪支的行为,如果购买枪支的人仅仅是收藏枪支,则出售枪支的行为不构成犯罪;但如果购买枪支的人利用该枪支实施杀人、抢劫或其他犯罪行为,则出售枪支的行为构成非法买卖枪支罪。泛泛而言,购买枪支的人无论利用该枪支实施何种行为,都不能说超出出售枪支的人主观上对后果的预料范围,但出售枪支的人主观上对可能发生的后果持何种心理态度,对非法买卖枪支罪的构成没有实际意义。同时,出售枪支行为与他人利用该枪支实施犯罪行为所造成的结果之间,也不存在刑法上的因果关系。

被告人张某某、方某某出售枪支的行为,与范杰明持该枪射杀、射伤多名无辜人员之间具有刑法上的因果关系且属于偶然(间接)因果关系的意见不能成立。理由是:认定刑法上的因果关系,目的在于确定行为人刑事责任的客观基础。换言之,并不是所有事实上的因果关系都具有刑法上的意义。进一步来讲,偶然因果关系(或者间接因果关系)属于事实认定,而刑法上的因果关系则属于规范评价,二者是既有联系又有区别的两个层面的问题。必然和偶然因果关系是从后果发生概率角度进行的区分,而直接和间接因果关系是从是否有介入因素进行的区分,达到一定概率的偶然因果关系也可以成为刑法上的因果关系,而存在介入因素的因果关系,则需要依据介入因素是从属于先前行为还是独立于先前行为来确定是否构成刑法上因果关系。可见,刑法上的因果关系存在与否,本质上不是事实问题,而是刑事政策评价问题。诚然,没有张某某、方某某的出售枪支行为,范杰明就不能使用该枪支实施犯罪行为,没有前者就没有后者,该出售枪支行为是范杰明实施后续犯罪行为的条件,但张某某、方某某的出售枪支行为与范杰明的后续犯罪行为后果之间并不存在刑法上的因果关系,因为两者之间存在一个独立的介入因素,即存在完全独立于出售枪支行为的范杰明本人的行为。仅从因果关系的层面上讲,出售枪支行为和购枪者利用枪支造成的犯罪后果之间的关系,与丢失枪支行为和捡拾枪支者持枪造成的犯罪后果之间的关系,并无二致。

综上,非法买卖枪支罪的犯罪构成要件可以表述如下:具有一般主体资格的行为人故意实施了买卖枪支行为,买卖枪支达2支以上,或者虽然仅买卖枪支1支,但具备其他情形,即造成严重后果。在第二种情况下,"严重后果"属于犯罪成立条件,但属于一种"客观超过要素",即行为人对这一严重后果主观上持何种心理态度并不具有刑法意义,也无须证明买卖枪支行为和该严重后果之间存在刑法上的因果关系。这一要素,是从行为的客观社会危害结果对发动刑罚权作出的限制。买卖枪支行为对社会安全造成潜在危险,但国家基于刑罚资源的有限性或其他考虑,并非对所有买卖枪支行为都予以刑事处罚,只在此种危险程度较高(买卖枪支达2支以上)或者此种危险已经具备现实危害结果(造成严重后果)的情形时才作为犯罪。

本案中,范杰明购买枪支后,时隔16年后使用该枪支实施严重犯罪,该后果仅仅是被告人张某某、方某某非法买卖枪支行为构成犯罪的要件中的客观超过要素，二被告人主观上对该后果无须具有故意或者过失，客观上与该后果也不存在刑法上的因果关系。简言之，范杰明使用该枪支实施的后续犯罪行为，仅仅是对二被告人发动刑罚权的一个客观条件。有意见认为，范杰明购买枪支后，时隔 16 年才使用该枪支实施后续犯罪，据此追究张某某、方某某出售枪支行为的刑事责任，可能有违社会公众对公正的认知观念，但该问题与犯罪成立与否无关，而是涉及追诉时效问题。[参见第 1116 号指导案例，张某某、方某某非法买卖枪支案，载《刑事审判参考》总第 105 集，第 2～5 页。撰稿：王亚凯　黄伯青]

▽非法买卖枪支罪的追诉时效应从犯罪行为完成之日起计算

尽管本案被告人张某某、方某某的行为已构成非法买卖枪支罪，但由于买卖枪支行为和范杰明利用该枪支实施后续犯罪之间间隔 16 年之久，对二被告人刑事责任的追究还牵涉到追诉时效问题。1979 年《刑法》和 1997 年《刑法》对追诉时效的规定并无变化，即“追诉期限从犯罪之日起计算；犯罪行为有连续或者继续状态的，从犯罪行为终了之日起计算”。追诉期限的起算时间，取决于对“犯罪之日”的理解，对此存在不同观点：有意见认为是指犯罪行为完成之日，也有意见认为是指犯罪成立之日。对于犯罪是以结果作为构成要件且行为与结果之间存在时间间隔的情形，上述两个标准存在实质性的差异。基于立法原意及设立追诉时效制度的设立目的考虑，追诉时效应从犯罪行为完成之日起计算。首先，从法律用语来看，虽然前文采用“犯罪之日”的措辞，但后文明确指向“犯罪行为终了”，犯罪行为有连续状态的，也不排除可能以某种结果作为构成要件，对此种情形，追诉期限应当自犯罪行为终了之日起计算。其次，追诉时效消灭是行为的法律后果，行为的性质并不会因为时间的流逝而发生变化，只是基于自然法的观念认为行为人实施犯罪行为后，经过长时间一直遵纪守法，对其进行处罚已无必要。所以，从各国立法例来看，追诉时效从来不是绝对的制度，某些特别严重的犯罪不存在追诉时效。最后，从犯罪行为完成之日起计算追诉时效，符合追诉时效制度设立的目的。追诉时效制度关注的是犯罪行为，考虑的是行为人在该次犯罪之后遵纪守法的表现，所以，对于追诉时效的计算而言，有意义的仅仅是行为人在犯罪后的表现，至于犯罪结果何时出现，并不影响诉讼时效的起算。

对非法买卖枪支罪而言，该罪的客观行为仅指行为人买卖枪支的交易行为，该交易行为宣告完成，则追诉时效开始计算。本案中，如前所述，司法解释有关非法买卖枪支罪所规定的“其他情形”仅仅属于客观超过要素，与行为人的主观心态无关，也非行为人可控状态，该要素虽然是犯罪成立条件之一，但与追诉时效的计算无关。

明确了追诉时效的起算时间节点后，接下来就需要计算行为的具体追诉时效期限，这是由行为应判处的法定刑所决定的。1979 年刑法对非法买卖枪支罪规定了两个法定刑幅度，即“七年以下有期徒刑”和“情节严重的，处七年以上有期徒刑或者无期徒刑”。依照刑法相关规定，在第一个法定刑幅度内量刑，追诉期限为十年；在第二个法定刑幅度内量刑，追诉期限为二十年。本案的关键问题在于，能否认定二被告人的行为属于“情节严重”？有观点认为，非法买卖枪支并造成 1 人伤亡后果的，就应当认定为《1995 年解释》第二条第五项中规定的“其他情形”，并据此定罪处罚。本案中，另案被告人范杰明持张某某、方某某出售的枪支共造成 5 人死亡、3 人重伤的后果，明显超过基本犯罪构成中的定量要素，超出的部分可以认定为《1995 年解释》第三条规定的“其他严重情节”，并作为加重处罚的依据，这并不属于对同一情节的重复评价。

《1995 年解释》对非法买卖枪支罪所规定的“其他情形”，在性质上属于犯罪构成的客观要素，因此，无论范杰明利用购买的枪支实施了多么严重的危害行为，其行为只能作为一个整体被评价为“其他情形”，即作为犯罪成立的条件，而不能在作为入罪条件后，再次作为量刑情节进行评价，否则即违背“禁止重复评价”原则。相应地，《1995 年解释》第三条规定的“具有其他严重情节”，应当是指已符合非法买卖枪支罪基本犯的构成条件，同时又具有其他情节。实际上，针对“其他情形”在定罪量刑中的地位，《2001 年解释》已经作出明确规定，依照该解释，未达到构成本罪的最低数量标准，但具有造成严重后果等其他恶劣情节的可构成本罪,这种情况下"其他恶劣情节"是犯罪成立条件;达到最低数量标准,即买卖枪支的行为已经满足基本犯罪构成的前提下,"其他恶劣情节"则成为法定刑升格的条件。本案中,被告人张某某、方某某出售枪支给范杰明后,范杰明使用该枪支造成5人死亡、3人重伤的后果,应当被认定为《1995年解释》第二条所规定的"其他情形",而不能再被认定为《1995年解释》第三条所规定的"其他严重情节",据此,对二被告人应在七年以下有期徒刑的法定刑幅度内量刑,相应的追诉时效期限应为10年。

综上,本案中,被告人张某某、方某某的行为已经构成非法买卖枪支罪,应在七年以下有期徒刑的法定刑幅度内量刑,从二被告人的犯罪行为完成之日起计算追诉时效,该案的追诉时效应为10年,因现已超出追诉时效期限,故不应追究二被告人的刑事责任。[参见第1116号指导案例,张某某、方某某非法买卖枪支案,载《刑事审判参考》总第105集,第5~7页。撰稿:王亚凯 黄伯青]

第一百二十六条 【违规制造、销售枪支罪】依法被指定、确定的枪支制造企业、销售企业,违反枪支管理规定,有下列行为之一的,对单位判处罚金,并对其直接负责的主管人员和其他直接责任人员,处五年以下有期徒刑;情节严重的,处五年以上十年以下有期徒刑;情节特别严重的,处十年以上有期徒刑或者无期徒刑:

(一)以非法销售为目的,超过限额或者不按照规定的品种制造、配售枪支的;

(二)以非法销售为目的,制造无号、重号、假号的枪支的;

(三)非法销售枪支或者在境内销售为出口制造的枪支的。

■最高人民检察院、公安部关于公安机关管辖的刑事案件立案追诉标准的规定(一)(2008年6月25日)

第三条 [违规制造、销售枪支案(刑法第一百二十六条)]依法被指定、确定的枪支制造企业、销售企业,违反枪支管理规定,以非法销售为目的,超过限额或者不按照规定的品种制造、配售枪支,或者以非法销售为目的,制造无号、重号、假号的枪支,或者非法销售枪支或者在境内销售为出口制造的枪支,涉嫌下列情形之一的,应予立案追诉:

(一)违规制造枪支五支以上的;

(二)违规销售枪支二支以上的;

(三)虽未达到上述数量标准,但具有造成严重后果等其他恶劣情节的。

本条和本规定第四条、第七条规定的"枪支",包括枪支散件。成套枪支散件,以相应数量的枪支计;非成套枪支散件,以每三十件为一成套枪支散件计。

■最高人民法院关于审理非法制造、买卖、运输枪支、弹药、爆炸物等刑事案件具体应用法律若干问题的解释(2010年1月1日修正)

第三条 依法被指定或者确定的枪支制造、销售企业,实施刑法第一百二十六条规定的行为,具有下列情形之一的,以违规制造、销售枪支罪定罪处罚:

(一)违规制造枪支五支以上的;

(二)违规销售枪支二支以上的;

(三)虽未达到上述最低数量标准,但具有造成严重后果等其他恶劣情节的。

具有下列情形之一的,属于刑法第一百二十六条规定的"情节严重":

(一)违规制造枪支二十支以上的;

(二)违规销售枪支十支以上的;

(三)达到本条第一款规定的最低数量标准,并具有造成严重后果等其他恶劣情节的。

具有下列情形之一的,属于刑法第一百二十六条规定的"情节特别严重":

(一)违规制造枪支五十支以上的;

(二)违规销售枪支三十支以上的;

(三)达到本条第二款规定的最低数量标准,并具有造成严重后果等其他恶劣情节的。

第七条　非法制造、买卖、运输、邮寄、储存、盗窃、抢夺、持有、私藏、携带成套枪支散件的,以相应数量的枪支计;非成套枪支散件以每三十件为一成套枪支散件计。

第十条　实施非法制造、买卖、运输、邮寄、储存、盗窃、抢夺、持有、私藏其他弹药、爆炸物品等行为,参照本解释有关条文规定的定罪量刑标准处罚。

第一百二十七条　【盗窃、抢夺枪支、弹药、爆炸物、危险物质罪】盗窃、抢夺枪支、弹药、爆炸物的,或者盗窃、抢夺毒害性、放射性、传染病病原体等物质,危害公共安全的,处三年以上十年以下有期徒刑;情节严重的,处十年以上有期徒刑、无期徒刑或者死刑。

【抢劫枪支、弹药、爆炸物、危险物质罪】【盗窃、抢夺枪支、弹药、爆炸物、危险物质罪】抢劫枪支、弹药、爆炸物的,或者抢劫毒害性、放射性、传染病病原体等物质,危害公共安全的,或者盗窃、抢夺国家机关、军警人员、民兵的枪支、弹药、爆炸物的,处十年以上有期徒刑、无期徒刑或者死刑。

(此条根据《中华人民共和国刑法修正案(三)》之六修改,2001年12月29日起施行。)

刑法本条原文:【盗窃、抢夺枪支、弹药、爆炸物罪】盗窃、抢夺枪支、弹药、爆炸物的,处三年以上十年以下有期徒刑;情节严重的,处十年以上有期徒刑、无期徒刑或者死刑。

【抢劫枪支、弹药、爆炸物罪】抢劫枪支、弹药、爆炸物或者盗窃、抢夺国家机关、军警人员、民兵的枪支、弹药、爆炸物的,处十年以上有期徒刑、无期徒刑或者死刑。

■最高人民法院关于审理非法制造、买卖、运输枪支、弹药、爆炸物等刑事案件具体应用法律若干问题的解释(2010年1月1日修正)

第四条　盗窃、抢夺枪支、弹药、爆炸物,具有下列情形之一的,依照刑法第一百二十七条第一款的规定,以盗窃、抢夺枪支、弹药、爆炸物罪定罪处罚:

(一)盗窃、抢夺以火药为动力的发射枪弹非军用枪支一支以上或者以压缩气体等为动力的其他非军用枪支二支以上的;

(二)盗窃、抢夺军用子弹十发以上、气枪铅弹五百发以上或者其他非军用子弹一百发以上的;

(三)盗窃、抢夺爆炸装置的;

(四)盗窃、抢夺炸药、发射药、黑火药一千克以上或者烟火药三千克以上、雷管三十枚以上或者导火索、导爆索三十米以上的;

(五)虽未达到上述最低数量标准,但具有造成严重后果等其他恶劣情节的。

具有下列情形之一的,属于刑法第一百二十七条第一款规定的"情节严重":

(一)盗窃、抢夺枪支、弹药、爆炸物的数量达到本条第一款规定的最低数量标准五倍以上的;

(二)盗窃、抢夺军用枪支的;

(三)盗窃、抢夺手榴弹的;

(四)盗窃、抢夺爆炸装置,危害严重的;

(五)达到本条第一款规定的最低数量标准,并具有造成严重后果等其他恶劣情节的。

第七条　非法制造、买卖、运输、邮寄、储存、盗窃、抢夺、持有、私藏、携带成套枪支散件的,以相应数量的枪支计;非成套枪支散件以每三十件为一成套枪支散件计。

第十条　实施非法制造、买卖、运输、邮寄、储存、盗窃、抢夺、持有、私藏其他弹药、爆炸物品等行为,参照本解释有关条文规定的定罪量刑标准处罚。

▽"监守自盗"弹药的行为应认定为盗窃弹药罪

行为人利用职务之便,将其保管的长江水运股份有限公司公安科的455发六四式手枪子弹提供给他人。认定行为人的行为构成盗窃弹药罪。理由是:非法买卖弹药罪,是指违反法律规定,私自购买或者出售弹药的行为。盗窃弹药罪,是指秘密窃取弹药的行为。两个罪侵犯的客体均是社会的公共安全,犯罪对象均是弹药,在主观方面均是故意。但二者在主体和客观方面均有区别。非法买卖弹药的主体,既包括个人,也包括单位;而盗窃弹药罪的主体为一般主体,单位不构成本罪。非法买卖弹药罪在客观方面,表现为"非法买卖",是指没有法律上的依据,也未经国家有关主管部门的许可,私自购买或者出售弹药的行为;而盗窃弹药罪在客观方面表现为实施了秘密窃取的行为。行为人利用保管本单位弹药的职务之便,将其保管的弹药据为己有的行为,即通常所说的"监守自盗"。其行为符合盗窃弹药罪的基本特征,应认定为盗窃弹药罪。至于他将盗窃后的弹药如何处分,是据为己有,还是送与他人或非法出售,并不影响本罪的构成,只是量刑时考虑的情节。[参见第116(113)号案例,张君等抢劫、杀人犯罪集团案,载《刑事审判参考》总第18辑(2001年第7辑),法律出版社,第38页。执笔:任宪成]

第一百二十八条　【非法持有、私藏枪支、弹药罪】违反枪支管理规定,非法持有、私藏枪支、弹药的,处三年以下有期徒刑、拘役或者管制;情节严重的,处三年以上七年以下有期徒刑。

【非法出租、出借枪支罪】依法配备公务用枪的人员,非法出租、出借枪支的,依照前款的规定处罚。

【非法出租、出借枪支罪】依法配置枪支的人员,非法出租、出借枪支,造成严重后果的,依照第一款的规定处罚。

单位犯第二款、第三款罪的,对单位判处罚金,并对其直接负责的主管人员和其他直接责任人员,依照第一款的规定处罚。

■最高人民检察院、公安部关于公安机关管辖的刑事案件立案追诉标准的规定(一)(2008年6月25日)

第四条　[非法持有、私藏枪支、弹药案(刑法第一百二十八条第一款)]违反枪支管理规定,非法持有、私藏枪支、弹药,涉嫌下列情形之一的,应予立案追诉:

(一)非法持有、私藏军用枪支一支以上的;

(二)非法持有、私藏以火药为动力发射枪弹的非军用枪支一支以上,或者以压缩气体等为动力的其他非军用枪支二支以上的;

(三)非法持有、私藏军用子弹二十发以上、气枪铅弹一千发以上或者其他非军用子弹二百发以上的;

(四)非法持有、私藏手榴弹、炸弹、地雷、手雷等具有杀伤性弹药一枚以上的;

(五)非法持有、私藏的弹药造成人员伤亡、财产损失的。

本条规定的"非法持有",是指不符合配备、配置枪支、弹药条件的人员,擅自持有枪支、弹药的行为;"私藏",是指依法配备、配置枪支、弹药的人员,在配备、配置枪支、弹药的条件消除后,私自藏匿所配备、配置的枪支、弹药且拒不交出的行为。

第五条　[非法出租、出借枪支案(刑法第一百二十八条第二、三、四款)]依法配备公务用枪的人员或者单位,非法将枪支出租、出借给未取得公务用枪配备资格的人员或者单位,或者将公务用枪用作借债质押物的,应予立案追诉。

依法配备公务用枪的人员或者单位,非法将枪支出租、出借给具有公务用枪配备资格的人员或者单位,以及依法配置民用枪支的人员或者单位,非法出租、出借民用枪支,涉嫌下列情形之一的,应予立案追诉:

(一)造成人员轻伤以上伤亡事故的;

(二)造成枪支丢失、被盗、被抢的;

(三)枪支被他人利用进行违法犯罪活动的;

(四)其他造成严重后果的情形。

■最高人民法院关于审理非法制造、买卖、运输枪支、弹药、爆炸物等刑事案件具体应用法律若干问题的解释(2010年1月1日修正)

第五条　具有下列情形之一的,依照刑法第一百二十八条第一款的规定,以非法持有、私藏枪支、弹药罪定罪处罚:

(一)非法持有、私藏军用枪支一支的;

(二)非法持有、私藏以火药为动力发射枪弹的非军用枪支一支或者以压缩气体等为动力的其他非军用枪支二支以上的;

(三)非法持有、私藏军用子弹二十发以上,气枪铅弹一千发以上或者其他非军用子弹二百发以上的;

(四)非法持有、私藏手榴弹一枚以上的;

(五)非法持有、私藏的弹药造成人员伤亡、财产损失的。

具有下列情形之一的,属于刑法第一百二十八条第一款规定的"情节严重":

(一)非法持有、私藏军用枪支二支以上的;

(二)非法持有、私藏以火药为动力发射枪弹的非军用枪支二支以上或者以压缩气体等为动力的其他非军用枪支五支以上的;

(三)非法持有、私藏军用子弹一百发以上,气枪铅弹五千发以上或者其他非军用子弹一千发以上的;

(四)非法持有、私藏手榴弹三枚以上的;

(五)达到本条第一款规定的最低数量标准,并具有造成严重后果等其他恶劣情节的。

第七条　非法制造、买卖、运输、邮寄、储存、盗窃、抢夺、持有、私藏、携带成套枪支散件的,以相应数量的枪支计;非成套枪支散件以每三十件为一成套枪支散件计。

第八条(第二款)　刑法第一百二十八条第一款规定的"非法持有",是指不符合配备、配置枪支、弹药条件的人员,违反枪支管理法律、法规的规定,擅自持有枪支、弹药的行为。

第八条(第三款)　刑法第一百二十八条第一款规定的"私藏",是指依法配备、配置枪支、弹药的人员,在配备、配置枪支、弹药的条件消除后,违反枪支管理法律、法规的规定,私自藏匿所配备、配置的枪支、弹药且拒不交出的行为。

第十条　实施非法制造、买卖、运输、邮寄、储存、盗窃、抢夺、持有、私藏其他弹药、爆炸物品等行为,参照本解释有关条文规定的定罪量刑标准处罚。

■最高人民检察院关于将公务用枪用作借债质押的行为如何适用法律问题的批复(全文)(1998年11月3日)

依法配备公务用枪的人员,违反法律规定,将公务用枪用作借债质押物,使枪支处于非依法持枪人的控制、使用之下,严重危害公共安全,是刑法第一百二十八条第二款所规定的非法出借枪支行为的一种形式,应以非法出借枪支罪追究刑事责任;对接受枪支质押的人员,构成犯罪的,根据刑法第一百二十八条第一款的规定,应以非法持有枪支罪追究其刑事责任。

▽对司法解释中的依法配备、配置枪支的条件消除的认定

根据《最高人民法院关于审理非法制造、买卖、运输枪支、弹药、爆炸物等刑事案件具体应用法律若干问题的解释》,私藏是指依法配备、配置枪支、弹药的人员在配备、配置枪支、弹药的条件消除后,违反枪支管理法律、法规的规定,私自藏匿所配备、配置的枪支、弹药,且拒不交出的行为。应当根据枪支管理法等法律、法规的规定来理解并认定行为人配备、配置枪支的条件是否消除。枪支管理法第二十六条规定:"配备公务用枪的人员不再符合持枪条件时,由所在单位收回枪支和持枪证件"。公安部《公安机关公务用枪管理使用规定》第十七条规定了佩带、使用枪支的人民警察应当具备的条件,第二十条、第二十一条规定了收回持枪证件和枪支的条件。根据上述规定,配备枪支条件的消除应当是指出现法律、法规规定的情形,经相关部门审查,取消其配枪资格,收回其持枪证件。因此,以执行完具体任务或工作调动时即为配备、配置枪支条件消除的理解是不可取的。枪支管理法第二十三条规定:"配备、配置枪支的单位和个人必须妥善保管枪支,确保枪支安全……对交由个人使用的枪支,必须建立严格的枪支登记、交接、检查、保养等管理制度,使用完毕,及时收回。"上述规定说明枪支使用完毕及时交回是在依法配备、配置枪支期间,对枪支使用的规定,不涉及配备、配置枪支条件消除的问题。将枪支使用过程中的管理规定理解为配备、配置枪支条件的消除不符合法律、法规的精神。《公安机关公务用枪管理使用规定》第二十条第一项规定,"因退休或工作调动等原因离开配备公务用枪岗位的"收回持枪证,个人保管的枪支由所在单位收回。但此项规定中并未涉及取消配备、配置枪支条件。[参见第359号案例,郭继东私藏枪支弹药宣告无罪案,载《刑事审判参考》总第46集(2005年第5集),法律出版社,第12~14页。执笔:王海波]

▽对司法解释中的藏匿行为的认定

藏匿是指主观上不欲为人知晓,客观上将弹药藏于他人不易找到的地方。行为人随身携带子弹的情况,其同事都是了解的,虽未必知道子弹的具体数量,但亦足以证明行为人没有藏匿的必要。行为人配备枪支的条件并未消除,案件中没有足够证据认定其属于私自藏匿拒不交出弹药,行为人的行为属于违反枪支使用管理规定,不构成私藏弹药罪。[参见第359号案例,郭继东私藏枪支弹药宣告无罪案,载《刑事审判参考》总第46集(2005年第5集),法律出版社,第14页。执笔:王海波]

▽私藏枪支罪与非法持有枪支罪区分的认定

非法持有枪支与私藏枪支是选择罪名,两种罪名既有相同点又有区别。相同之处是:(1)两者都是违反枪支管理法律、法规的行为;(2)行为人都是没有资格配备、配置枪支的人员;(3)行为人都持有枪支。但两者之间的区别也是明显的,主要是主体资格不同。根据《最高人民法院关于审理非法制造、买卖、运输枪支、弹药、爆炸物等刑事案件具体应用法律若干问题的解释》第八条第二、三款的规定,非法持有枪支指不符合配备、配置枪支条件的人员,违反枪支管理法律、法规的规定,擅自持有枪支的行为;私藏枪支指依法配备、配置枪支的人员,在配备、配置枪支的条件消除后,违反枪支管理法律、法规的规定,私自藏匿所配备、配置的枪支且拒不交出的行为。可见,私藏枪支罪的主体是特殊主体,即行为人先前具有配备、配置枪支的资格,而非法持有枪支罪的主体是一般主体。两者的区别还在于,私自藏匿枪支者如果事后能主动交出或经教育后即主动交出的,一般不定罪,而非法持有枪支者无论是否主动交出均构成犯罪。[参见第221号案例,姜方平非法持有枪支、故意伤害案,载《刑事审判参考》总第30辑(2003年第1辑),法律出版社,第14页。执笔:陆建红]

▽在公共场所非法开枪应认定为非法持有枪支、弹药"情节严重"

2001年5月15日最高人民法院发布《关于审理非法制造、买卖、运输枪支、弹药、爆炸物等刑事案件具体应用法律若干问题的解释》明确了认定非法持有枪支、弹药"情节严重"的五种具体情形,虽然该司法解释没有明确将"在公共场所非法开枪"作为认定非法持有枪支、弹药"情节严重"的标准之一,但上述解释第五条第二款第五项规定的"……等其他恶劣情节",表明除了这五种具体情形外,其他情形可由人民法院根据案件具体情况,依法认定为非法持有枪支、弹药"情节严重"。鉴于行为人是不符合配备、配置枪支、弹药条件的人员,其违反枪支管理规定,擅自持有枪支、弹药,其行为已构成非法持有枪支、弹药罪;且非法携带枪支、弹药进入公共场所,且不计后果,非法开枪,虽未造成他人死、伤的严重后果,也应认定为"情节严重"。[参见第132(129)号案例,曹成金故意杀人案,载《刑事审判参考》总第21辑(2001年第10辑),法律出版社,第16~17页。执笔:王正山]

第一百二十九条　【丢失枪支不报罪】依法配备公务用枪的人员,丢失枪支不及时报告,造成严重后果的,处三年以下有期徒刑或者拘役。

■最高人民检察院、公安部关于公安机关管辖的刑事案件立案追诉标准的规定(一)(2008年6月25日)

第六条　[丢失枪支不报案(刑法第一百二十九条)]依法配备公务用枪的人员,丢失枪支不及时报告,涉嫌下列情形之一的,应予立案追诉:

(一)丢失的枪支被他人使用造成人员轻伤以上伤亡事故的;

(二)丢失的枪支被他人利用进行违法犯罪活动的;

(三)其他造成严重后果的情形。

第一百三十条　【非法携带枪支、弹药、管制刀具、危险物品危及公共安全罪】非法携带枪支、弹药、管制刀具或者爆炸性、易燃性、放射性、毒害性、腐蚀性物品,进入公共场所或者公共交通工具,危及公共安全,情节严重的,处三年以下有期徒刑、拘役或者管制。

■最高人民检察院、公安部关于公安机关管辖的刑事案件立案追诉标准的规定(一)(2008年6月25日)

第七条　[非法携带枪支、弹药、管制刀具、危险物品危及公共安全案(刑法第一百三十条)]非法携带枪支、弹药、管制刀具或者爆炸性、易燃性、放射性、毒害性、腐蚀性物品,进入公共场所或者公共交通工具,危及公共安全,涉嫌下列情形之一的,应予立案追诉:

(一)携带枪支一支以上或者手榴弹、炸弹、地雷、手雷等具有杀伤性弹药一枚以上的;

(二)携带爆炸装置一套以上的;

(三)携带炸药、发射药、黑火药五百克以上或者烟火药一千克以上、雷管二十枚以上或者导火索、导爆索二十米以上,或者虽未达到上述数量标准,但拒不交出的;

(四)携带的弹药、爆炸物在公共场所或者公共交通工具上发生爆炸或者燃烧,尚未造成严重后果的;

(五)携带管制刀具二十把以上,或者虽未达到上述数量标准,但拒不交出,或者用来进行违法活动尚未构成其他犯罪的;

(六)携带的爆炸性、易燃性、放射性、毒害性、腐蚀性物品在公共场所或者公共交通工具上发生泄漏、遗洒,尚未造成严重后果的;

(七)其他情节严重的情形。

■最高人民法院关于审理非法制造、买卖、运输枪支、弹药、爆炸物等刑事案件具体应用法律若干问题的解释(2010年1月1日修正)

第六条　非法携带枪支、弹药、爆炸物进入公共场所或者公共交通工具,危及公共安全,具有下列情形之一的,属于刑法第一百三十条规定的"情节严重":

(一)携带枪支或者手榴弹的;

(二)携带爆炸装置的;

(三)携带炸药、发射药、黑火药五百克以上或者烟火药一千克以上、雷管二十枚以上或者导火索、导爆索二十米以上的;

(四)携带的弹药、爆炸物在公共场所或者公共交通工具上发生爆炸或者燃烧,尚未造成严重后果的;

(五)具有其他严重情节的。

行为人非法携带本条第一款第(三)项规定的爆炸物进入公共场所或者公共交通工具,虽未达到上述数量标准,但拒不交出的,依照刑法第一百三十条的规定定罪处罚;携带的数量达到最低数量标准,能够主动、全部交出的,可不以犯罪论处。

第七条 非法制造、买卖、运输、邮寄、储存、盗窃、抢夺、持有、私藏、携带成套枪支散件的,以相应数量的枪支计;非成套枪支散件以每三十件为一成套枪支散件计。

第十条 实施非法制造、买卖、运输、邮寄、储存、盗窃、抢夺、持有、私藏其他弹药、爆炸物品等行为,参照本解释有关条文规定的定罪量刑标准处罚。

■公安部对部分刀具实行管制的暂行规定(1983 年 3 月 12 日)

第二条 本规定所管制的刀具是:匕首、三棱刀(包括机械加工用的三棱刮刀)、带有自锁装置的弹簧刀(跳刀)以及其它相类似的单刃、双刃、三棱尖刀。

第三条 匕首,除中国人民解放军和人民警察作为武器、警械配备的外,专业狩猎人员和地质、勘探等野外作业人员必须持有的,须由县以上主管单位出具证明,经县以上公安机关批准,发给《匕首佩带证》,方准持有佩带。

佩带匕首人员如果不再从事原来的职业,应将匕首交还配发单位,《匕首佩带证》交回原发证公安机关。

第四条 机械加工使用的三棱刮刀,只限工作人员在工作场所使用,不得随意带出工作场所。

▽将私藏的炸药随船带至公共场所的行为,构成非法携带危险物品危及公共安全罪

最高人民法院 2001 年 5 月 15 日发布的《关于审理非法制造、买卖、运输枪支、弹药、爆炸物等刑事案件具体应用法律若干问题的解释》第八条规定:“刑法第一百二十五条第一款规定的‘非法储存’是指明知是他人非法制造、买卖、运输、邮寄的枪支、弹药、爆炸物而为其存放的行为。”可见,此司法解释无疑是对刑法第一百二十五条关于“非法储存”的认定作了限制性的解释,即行为人所储存的枪支、弹药、爆炸物是经他人非法制造、买卖、运输或邮寄的,并且是为他人存放的行为。行为人实施了将私藏的炸药随船携带至公共场所(客运码头),危及公共安全的行为,其所携带的炸药达 3850 克,且其在与他人发生纠纷时拿出炸药相威胁。依照《最高人民法院关于审理非法制造、买卖、运输枪支、弹药、爆炸物等刑事案件具体应用法律若干问题的解释》第六条第一款第三项、第五项的规定,这属于刑法第一百三十条规定的“情节严重”的情形,行为人的行为构成以非法携带危险物品危及公共安全罪。行为人是将炸药存放于船上,并通过水运将炸药从一个地方运到另一个地方的,其方式似乎是非法运输而非非法携带。但行为人一直是将炸药存放于船上,其驾船从衡南到岳阳的目的是装运货物,而非将炸药从一地运往另一地,如将行为人的此行为认定为运输炸药不符合主客观一致的原则。[参见第 368 号案例,孔德明非法携带危险物品危及公共安全案,载《刑事审判参考》总第 47 集(2005 年第 6 集),法律出版社,第 3~4 页。]

第一百三十一条 【重大飞行事故罪】航空人员违反规章制度,致使发生重大飞行事故,造成严重后果的,处三年以下有期徒刑或者拘役;造成飞机坠毁或者人员死亡的,处三年以上七年以下有期徒刑。

第一百三十二条 【铁路运营安全事故罪】铁路职工违反规章制度,致使发生铁路运营安全事故,造成严重后果的,处三年以下有期徒刑或者拘役;造成特别严重后果的,处三年以上七年以下有期徒刑。

■最高人民法院、最高人民检察院关于办理危害生产安全刑事案件适用法律若干问题的解释(2015 年 12 月 16 日)

第六条 实施刑法第一百三十二条、第一百三十四条第一款、第一百三十五条、第一百三十五条之一、第一百三十六条、第一百三十九条规定的行为,因而发生安全事故,具有下列情形之一的,应当认定为“造成严重后果”或者“发生重大伤亡事故或者造成其他严重后果”,对相关责任人员,处三年以下有

期徒刑或者拘役:

(一)造成死亡一人以上,或者重伤三人以上的;

(二)造成直接经济损失一百万元以上的;

(三)其他造成严重后果或者重大安全事故的情形。

实施刑法第一百三十四条第二款规定的行为,因而发生安全事故,具有本条第一款规定情形的,应当认定为“发生重大伤亡事故或者造成其他严重后果”,对相关责任人员,处五年以下有期徒刑或者拘役。

实施刑法第一百三十七条规定的行为,因而发生安全事故,具有本条第一款规定情形的,应当认定为“造成重大安全事故”,对直接责任人员,处五年以下有期徒刑或者拘役,并处罚金。

实施刑法第一百三十八条规定的行为,因而发生安全事故,具有本条第一款第一项规定情形的,应当认定为“发生重大伤亡事故”,对直接责任人员,处三年以下有期徒刑或者拘役。

第七条 实施刑法第一百三十二条、第一百三十四条第一款、第一百三十五条、第一百三十五条之一、第一百三十六条、第一百三十九条规定的行为,因而发生安全事故,具有下列情形之一的,对相关责任人员,处三年以上七年以下有期徒刑:

(一)造成死亡三人以上或者重伤十人以上,负事故主要责任的;

(二)造成直接经济损失五百万元以上,负事故主要责任的;

(三)其他造成特别严重后果、情节特别恶劣或者后果特别严重的情形。

实施刑法第一百三十四条第二款规定的行为,因而发生安全事故,具有本条第一款规定情形的,对相关责任人员,处五年以上有期徒刑。

实施刑法第一百三十七条规定的行为,因而发生安全事故,具有本条第一款规定情形的,对直接责任人员,处五年以上十年以下有期徒刑,并处罚金。

实施刑法第一百三十八条规定的行为,因而发生安全事故,具有下列情形之一的,对直接责任人员,处三年以上七年以下有期徒刑:

(一)造成死亡三人以上或者重伤十人以上,负事故主要责任的;

(二)具有本解释第六条第一款第一项规定情形,同时造成直接经济损失五百万元以上并负事故主要责任的,或者同时造成恶劣社会影响的。

第十二条 实施刑法第一百三十二条、第一百三十四条至第一百三十九条之一规定的犯罪行为,具有下列情形之一的,从重处罚:

(一)未依法取得安全许可证件或者安全许可证件过期、被暂扣、吊销、注销后从事生产经营活动的;

(二)关闭、破坏必要的安全监控和报警设备的;

(三)已经发现事故隐患,经有关部门或者个人提出后,仍不采取措施的;

(四)一年内曾因危害生产安全违法犯罪活动受过行政处罚或者刑事处罚的;

(五)采取弄虚作假、行贿等手段,故意逃避、阻挠负有安全监督管理职责的部门实施监督检查的;

(六)安全事故发生后转移财产意图逃避承担责任的;

(七)其他从重处罚的情形。

实施前款第五项规定的行为,同时构成刑法第三百八十九条规定的犯罪的,依照数罪并罚的规定处罚。

第十三条 实施刑法第一百三十二条、第一百三十四条至第一百三十九条之一规定的犯罪行为,在安全事故发生后积极组织、参与事故抢救,或者积极配合调查、主动赔偿损失的,可以酌情从轻处罚。

第十四条 国家工作人员违反规定投资入股生产经营,构成本解释规定的有关犯罪的,或者国家工作人员的贪污、受贿犯罪行为与安全事故发生存在关联性的，从重处罚；同时构成贪污、受贿犯罪和危害生产安全犯罪的，依照数罪并罚的规定处罚。

第十五条 国家机关工作人员在履行安全监督管理职责时滥用职权、玩忽职守，致使公共财产、国家和人民利益遭受重大损失的，或者徇私舞弊，对发现的刑事案件依法应当移交司法机关追究刑事责任而不移交，情节严重的，分别依照刑法第三百九十七条、第四百零二条的规定，以滥用职权罪、玩忽职守罪或者徇私舞弊不移交刑事案件罪定罪处罚。

公司、企业、事业单位的工作人员在依法或者受委托行使安全监督管理职责时滥用职权或者玩忽职守，构成犯罪的，应当依照《全国人民代表大会常务委员会关于〈中华人民共和国刑法〉第九章渎职罪主体适用问题的解释》的规定，适用渎职罪的规定追究刑事责任。

第十六条 对于实施危害生产安全犯罪适用缓刑的犯罪分子，可以根据犯罪情况，禁止其在缓刑考验期限内从事与安全生产相关联的特定活动；对于被判处刑罚的犯罪分子，可以根据犯罪情况和预防再犯罪的需要，禁止其自刑罚执行完毕之日或者假释之日起三年至五年内从事与安全生产相关的职业。

第十七条 本解释自2015年12月16日起施行。本解释施行后，《最高人民法院、最高人民检察院关于办理危害矿山生产安全刑事案件具体应用法律若干问题的解释》(法释〔2007〕5号)同时废止。最高人民法院、最高人民检察院此前发布的司法解释和规范性文件与本解释不一致的，以本解释为准。

第一百三十三条 【交通肇事罪】违反交通运输管理法规，因而发生重大事故，致人重伤、死亡或者使公私财产遭受重大损失的，处三年以下有期徒刑或者拘役；交通运输肇事后逃逸或者有其他特别恶劣情节的，处三年以上七年以下有期徒刑；因逃逸致人死亡的，处七年以上有期徒刑。

■最高人民法院关于审理交通肇事刑事案件具体应用法律若干问题的解释(全文)(2000年11月21日)

第一条 从事交通运输人员或者非交通运输人员，违反交通运输管理法规发生重大交通事故，在分清事故责任的基础上，对于构成犯罪的，依照刑法第一百三十三条的规定定罪处罚。

第二条 交通肇事具有下列情形之一的，处三年以下有期徒刑或者拘役：

(一)死亡一人或者重伤三人以上，负事故全部或者主要责任的；

(二)死亡三人以上，负事故同等责任的；

(三)造成公共财产或者他人财产直接损失，负事故全部或者主要责任，无能力赔偿数额在三十万元以上的。

交通肇事致一人以上重伤，负事故全部或者主要责任，并具有下列情形之一的，以交通肇事罪定罪处罚：

(一)酒后、吸食毒品后驾驶机动车辆的；

(二)无驾驶资格驾驶机动车辆的；

(三)明知是安全装置不全或者安全机件失灵的机动车辆而驾驶的；

(四)明知是无牌证或者已报废的机动车辆而驾驶的；

(五)严重超载驾驶的；

(六)为逃避法律追究逃离事故现场的。

第三条 “交通运输肇事后逃逸”，是指行为人具有本解释第二条第一款规定和第二款第(一)至(五)项规定的情形之一，在发生交通事故后，为逃避法律追究而逃跑的行为。

第四条 交通肇事具有下列情形之一的，属于“有其他特别恶劣情节”，处三年以上七年以下有期徒刑：

(一)死亡二人以上或者重伤五人以上，负事故全部或者主要责任的；

(二)死亡六人以上,负事故同等责任的;

(三)造成公共财产或者他人财产直接损失,负事故全部或者主要责任,无能力赔偿数额在六十万元以上的。

第五条　"因逃逸致人死亡",是指行为人在交通肇事后为逃避法律追究而逃跑,致使被害人因得不到救助而死亡的情形。

交通肇事后,单位主管人员、机动车辆所有人、承包人或者乘车人指使肇事人逃逸,致使被害人因得不到救助而死亡的,以交通肇事罪的共犯论处。

第六条　行为人在交通肇事后为逃避法律追究,将被害人带离事故现场后隐藏或者遗弃,致使被害人无法得到救助而死亡或者严重残疾的,应当分别依照刑法第二百三十二条、第二百三十四条第二款的规定,以故意杀人罪或者故意伤害罪定罪处罚。

第七条　单位主管人员、机动车辆所有人或者机动车辆承包人指使、强令他人违章驾驶造成重大交通事故,具有本解释第二条规定情形之一的,以交通肇事罪定罪处罚。

第八条　在实行公共交通管理的范围内发生重大交通事故的,依照刑法第一百三十三条和本解释的有关规定办理。

在公共交通管理的范围外,驾驶机动车辆或者使用其他交通工具致人伤亡或者致使公共财产或者他人财产遭受重大损失,构成犯罪的,分别依照刑法第一百三十四条、第一百三十五条、第二百三十三条等规定定罪处罚。

第九条　各省、自治区、直辖市高级人民法院可以根据本地实际情况,在三十万元至六十万元、六十万元至一百万元的幅度内,确定本地区执行本解释第二条第一款第(三)项、第四条第(三)项的起点数额标准,并报最高人民法院备案。

■道路交通事故受伤人员伤残评定(GB 18667—2002)(2002年12月1日)(见本书附录五)

■最高人民法院、最高人民检察院关于常见犯罪的量刑指导意见(试行)(2021年7月1日)(见本书附录十三)

▼安徽省高级人民法院、安徽省人民检察院关于二十三种常见犯罪量刑规范的实施细则(试行)(2022年1月16日)(见本书附录十四)

▼最高人民法院研究室关于遇害者下落不明的水上交通肇事案件应如何适用法律问题的电话答复(1992年10月30日)

在水上交通肇事案件中,如有遇害者下落不明的,不能推定其已经死亡,而应根据被告人的行为造成被害人下落不明的案件事实,依照刑法定罪处刑,民事诉讼应另行提起,并经过宣告失踪人死亡程序后,根据法律和事实处理赔偿等民事纠纷。

▼安徽省高级人民法院关于审理交通肇事刑事案件具体应用法律有关问题的规定(2002年3月6日)

一、交通肇事造成公共财产或者他人财产直接损失,负事故全部或者主要责任,无能力赔偿数额在四十五万元以上的,处三年以下有期徒刑或者拘役;

二、交通肇事造成公共财产或者他人财产直接损失,负事故全部或者主要责任,无能力赔偿数额在八十万元以上的,属于"有其他特别恶劣情节",处三年以上七年以下有期徒刑。

▼浙江省高级人民法院关于审理交通肇事刑事案件的若干意见(全文)(2009年8月21日)

一、关于缓刑的适用

要坚持宽严相济的刑事政策。对后果不是特别严重,赔偿积极,符合适用缓刑条件的被告人可以适用缓刑,同时又要避免出现适用缓刑过多过滥的情况。

下列情形,一律不适用缓刑:

(1)醉酒驾驶机动车致死亡一人或者重伤三人以上的；

(2)有出于追逐取乐、竞技、寻求刺激等动机，在道路上超速行驶50%以上情节的；

(3)致死亡一人或者重伤三人以上后逃逸的；

(4)斑马线上致行人死亡一人或者重伤三人以上的；

(5)具有《最高人民法院关于审理交通肇事刑事案件具体应用法律若干问题的解释》第四条规定的“其他特别恶劣情节”的；

(6)造成恶劣社会影响的。

下列情形，一般不适用缓刑：

(1)酒后、吸食毒品后驾驶机动车致死亡一人或者重伤三人以上的；

(2)无驾驶资格的人驾驶机动车致死亡一人或者重伤三人以上的；

(3)曾因违反交通安全法律法规被追究刑事责任或者受到过吊销机动车驾驶证、拘留行政处罚的；

(4)交通肇事后让人顶替的；

(5)明知是无牌证的机动车、已报废的机动车、安全设施、机件不符合技术标准等有安全隐患的机动车、非法改装的机动车而驾驶，或者严重超载等，致死亡一人或者重伤三人以上的。

二、关于自首的认定

交通肇事后报警并保护事故现场，是道路交通安全法规定的被告人交通肇事后必须履行的义务。人民法院依法不应将交通肇事后报警并在肇事现场等候处理的行为重复评价为自动投案，从而认定被告人自首。

交通肇事逃逸后向有关机关投案，并如实供述犯罪事实的，可以认定自首，依法在三年以上七年以下有期徒刑的幅度内从轻处罚，一般不予减轻处罚。对于有致死亡一人或者重伤三人以上情节的，不适用缓刑。

三、关于人身损害赔偿与量刑

交通肇事致人死亡或者重伤案件民事部分的及时足额赔偿，有利于安抚被害人或者被害人亲属。因此，对民事赔偿积极，取得被害人或者被害人亲属谅解的，一般应该在量刑时有所体现，酌情予以从轻处罚，以最大限度地化解矛盾，促进和谐。但要防止产生“以钱抵刑”的负面影响，对那些犯罪情节恶劣、影响极坏、造成后果特别严重的被告人，从轻幅度要小一些，甚至可以不予从轻处罚。

对于基本未赔偿的，或者隐匿财产逃避赔偿的，要酌情从重处罚。

人民法院应当加强交通肇事刑事附带民事赔偿案件的执行力度，并对符合司法救助条件的被害人或者被害人亲属给予司法救助。

四、关于无能力赔偿数额的确定

交通肇事造成公共财产或者他人财产直接损失，负事故全部或者主要责任，无能力赔偿数额在四十万元以上的，构成交通肇事罪，处三年以下有期徒刑或者拘役；造成公共财产或者他人财产直接损失，负事故全部或者主要责任，无能力赔偿数额在八十万元以上的，属交通肇事罪“有其他特别恶劣情节”，处三年以上七年以下有期徒刑。

五、关于意见的执行

本意见自下发之日起执行。本院以前有关规定与本意见相抵触的，以本意见为准。如果最高人民法院有新的相关规定，以最高人民法院的规定为准。执行中如有问题，请及时报告本院。

▼浙江省高级人民法院关于在审理交通肇事刑事案件中正确认定逃逸等问题的会议纪要(全文)(2011年3月4日)

一、关于交通肇事后逃逸的构成

刑法第一百三十三条规定的交通肇事后逃逸，是指发生重大交通事故后，肇事者为了逃避法律追究,驾驶肇事车辆或者遗弃肇事车辆后逃跑的行为。

刑法规定对逃逸加重处罚,根本目的有二:一是为了及时抢救伤者,防止事故损失的扩大;二是便于尽快查清事故责任,处理事故善后。道路交通安全法第七十条规定,肇事者发生交通事故后必须立即停车,保护现场;造成人身伤亡的,应当立即抢救受伤人员,并迅速报告执勤的交通警察或者公安机关交通管理部门。因此,保护事故现场,抢救伤员,报警并接受公安机关的处理,是肇事者必须履行的法定义务。交通肇事后逃逸行为的本质特征就是为了逃避法律追究不履行上述法定义务,正确认定逃逸也应当围绕肇事者在肇事后是否履行了法定义务去考察。审判实践中,应当把握好主观和客观两个方面的要件。

一是主观要件,即为了逃避法律追究。包括为了逃避行政责任、民事责任和刑事责任的追究。如果没有法定事由或者正当理由离开事故现场,应当推定为逃避法律追究。

二是客观要件,即在接受公安机关处理前,驾驶肇事车辆或者遗弃肇事车辆后逃跑。以逃离事故现场为一般情形。这里的事故现场,不仅包括交通事故发生现场,还包括与事故发生现场具有紧密联系的空间,如按警察指定等候处理的地点等。在认定是否属于逃离事故现场时,要特别注意逃逸行为与肇事行为在时空上的连贯性。履行了道路交通安全法上设定的肇事者必须履行的法定义务后逃跑,不宜认定为交通肇事后逃逸。

二、关于几种常见情形的认定和处理

肇事者被殴打或者面临被殴打的实际危险而逃离事故现场,然后立即报警并接受公安机关处理的,可以不认定为逃逸。此种情形需要有足够的事实依据和证据存在,才能采信被告人的辩解。逃离事故现场后具备报警条件不及时报警,具备投案条件而不及时投案的,应当认定为逃逸。如果是因为出了事故内心恐惧而逃离事故现场的,或者为了逃避酒精检测等而逃离事故现场的,均应认定为逃逸。

肇事者接受公安机关处理后,在侦查、起诉、审判阶段为躲避责任经传唤不到案,取保候审或者监视居住期间逃跑,实质是一种逃避侦查、起诉、审判的违反刑事诉讼程序的行为,均不宜认定为逃逸,但应当酌情从重处罚。

肇事者离开事故现场径直去公安机关投案,不影响事故责任的认定,且事故损失没有明显扩大的,可以不作为逃逸处理。肇事者逃逸后,途中害怕被加重追究刑事责任而到公安机关投案的,仍然应当认定为逃逸,其中如实交代罪行的,可以认定为自首。认定是否直接去公安机关投案,不能仅以被告人辩解为依据,应当根据离开现场后的行走线路、时间长短以及是否具备报案条件等因素综合判定。无法认定直接去公安机关投案的,以逃逸论。

肇事者肇事后虽然采用打电话等方式报警,然后逃离事故现场的,或者逃离事故现场后打电话报警的,仍然应当认定为逃逸。但因为有报警行为,可对其酌情从轻处罚。

造成人身伤亡的,肇事者应当立即抢救受伤人员。如果是为了抢救伤员而离开现场,不认定为逃离事故现场。但是如果肇事者将伤者送到医院后,没有报警并接受公安机关处理,而是为逃避法律追究逃离的,应当认定为逃逸,可以酌情从轻处罚。

肇事者具有《最高人民法院关于审理交通肇事刑事案件具体应用法律若干问题的解释》(以下简称《解释》)第二条第二款第(一)至(五)项情形之一,又有逃逸行为的,逃逸行为应作为法定加重情节,对肇事者在刑法第一百三十三条第二个量刑档次,即三年以上七年以下有期徒刑的幅度内量刑。但根据《解释》第二条第二款第(六)项规定因交通肇事后逃逸而构成犯罪的,由于逃逸已成为构成犯罪的要件,不能重复评价为加重情节,故对肇事者只能在刑法第一百三十三条第一个量刑档次,即三年以下有期徒刑或者拘役的幅度内量刑。

三、关于对交通肇事后让人顶替案件的处理

当前,交通肇事后肇事者让他人顶替,以逃避法律追究的情况多发,给交通事故责任的正确认定带来困难,容易使肇事者逃避法律的追究,也易使被害方的利益造成损害,且严重妨害司法机关的正常活动,应予从严惩治。

让人顶替的情形有多种。有的肇事者让同车人顶替或者打电话让人来现场顶替;有的肇事者逃离现场后叫顶替者到现场或者去公安机关投案等等,根本目的就是使自己逃避法律的追究。因此,肇事者让人顶替的行为从本质上说仍是一种交通肇事后的"逃跑"行为,而且还是一种指使他人向司法机关作伪证的行为,妨害了司法机关的正常诉讼活动,社会危害比一般逃逸更大,应认定为交通肇事逃逸并从重处罚。处理这类案件,还要区分肇事者是否逃离了事故现场。对肇事者让人顶替但自己没有逃离现场的,可酌情从轻处罚。对顶替者,构成犯罪的,以刑法第三百一十条包庇罪追究刑事责任。

四、关于因逃逸致人死亡的认定

刑法第一百三十三条中"因逃逸致人死亡",是指肇事者在交通肇事后为逃避法律追究而逃跑,致使被害人因得不到救助而死亡的情形。

因逃逸致人死亡,既包括被害人受重伤后得不到救助而死亡的情形,也包括被害人因伤无法离开现场而发生的其他车辆再次碾轧致死的情形。

因逃逸致人死亡,只适用于肇事者因逃逸过失致人死亡的情况,不包括故意致人死亡的情况。如果发生事故后,肇事者为逃避法律追究,故意将被害人隐藏、抛弃或者移动至危险地段等积极行为,使其得不到救助而死亡或者发生再次碾轧等事故死亡的,应按刑法第二百三十二条故意杀人罪定罪处罚。

肇事者将伤者送到医院接受救治后,没有报警也没有接受公安机关处理就逃跑而被认定为逃逸,但此后被害人经抢救无效死亡的,不宜再认定为"因逃逸致人死亡"。

是否因逃逸致使被害人得不到救助而死亡,须根据司法鉴定及在案其他证据综合判定。

五、关于交通事故认定书的性质和逃逸后的责任承担

交通肇事刑事案件中的交通事故认定书,是公安机关交通管理部门根据交通事故现场勘验、检查、调查情况和有关的检验、鉴定结果制作的一种法律文书,本质上具有证据性质。人民法院应当结合全案的其他证据综合分析,从而正确认定肇事者的责任,公正处理案件。

根据我国道路交通安全法及其实施条例第九十二条规定,对肇事者不履行法定义务而逃逸的,应当推定为承担事故的全部责任。但是,有证据证明对方当事人也有过错的,可以减轻肇事者的责任。人民法院审理此类案件时,也应按此原则处理。

六、关于本纪要的执行

本纪要从下发之日起执行。我院原有规定与本纪要不一致的,适用本纪要的规定。

▼浙江省高级人民法院关于交通肇事案件适用缓刑的通知(全文)(2014年3月14日)

我院于2009年8月21日下发了《关于审理交通肇事刑事案件的若干意见》(以下简称《意见》),强调对交通肇事刑事案件要坚持宽严相济的刑事政策,对后果不是特别严重,赔偿积极,符合适用缓刑条件的被告人可以适用缓刑;同时,又要防止适用缓刑过多过滥的情况发生,对醉酒驾驶机动车致死亡一人或重伤三人以上等六种情形规定为"一律不适用缓刑",对酒后、吸食毒品后驾驶机动车致死亡一人或者重伤三人以上的等五种情形规定"一般不适用缓刑"。此后,为了更好地贯彻《意见》,2010年1月14日我院又下发了《关于严格执行〈关于审理交通肇事刑事案件的若干意见〉的通知》(以下简称《通知》),规定对于符合《意见》第一条第二款"一律不适用缓刑"情形,但确有特殊情况,需要适用缓刑的个别案件,须报请上级法院审判委员会讨论决定,并报我院备案。对于符合意见第一条第三款"一般不适用缓刑"情形,但有特殊情况,需要适用缓刑的少数案件,须报请本院审判委员会讨论决定,并报上级法院备案。

几年来,全省法院认真执行以上规定,有力地配合了交通整治,为我省近年来交通事故及死亡、伤

残人数逐年下降做出了成绩,取得了较好的社会效果。为继续遏制交通肇事犯罪,保护人民群众生命财产安全,更加稳妥地执行好《意见》和《通知》精神,经我院审判委员会讨论,现通知如下:

一、对于交通肇事犯罪,仍要坚持贯彻宽严相济刑事政策。

对具有《意见》中规定的十一种控制适用缓刑的从严情节,应当从严惩治,特别是对具有醉酒(酒后)驾驶机动车致人死亡、交通肇事犯罪后逃逸等情节的,仍要严格控制适用缓刑。

对犯罪情节、后果不是特别严重,赔偿积极、当事人和解并符合适用缓刑条件的,可以依法适用缓刑。

二、对于符合《意见》第一条第二款"一律不适用缓刑"情形,需要适用缓刑的少数案件,由合议庭审理后报请审判委员会讨论决定,并报上级法院备案。

三、对于符合《意见》第一条第三款"一般不适用缓刑"情形,需要适用缓刑的案件,由审理该案件的法院讨论决定。

四、各中级人民法院应当加强对本辖区内交通肇事刑事案件的审判指导监督,掌握并定期分析本辖区适用刑罚的情况,力争交通肇事罪缓刑适用的基本平衡,以取得更好的社会效果。

□认定被告人主观罪过,必须从当时的具体情况进行具体分析

被告人实施从当时无人无车的逆行车道上冲关的行为是故意的,其故意的内容是为了逃避检查和扣车;被告人当时无法预料到被害人会突然出现在逆行车道上进行拦截,在他发现后,车速和距离已经决定了相撞是不可避免的,因此,无法认定被告人对发生将被害人撞死的严重后果事先在主观上持有明知或者放任的心理态度。(参见陈孙铭交通肇事抗诉案,载《最高人民法院公报》总第60期,1999年第4期,第133页。)

□入罪要件的逃逸行为,不能再作为对被告人加重处罚的量刑情节

交通肇事案件中,已作为入罪要件的逃逸行为,不能再作为对被告人加重处罚的量刑情节而予以重复评价。(参见安徽省颍上县人民检察院诉龚德田交通肇事案,载《最高人民法院公报》,2017年卷,人民法院出版社,第509～511页)

▽居民小区的自建路不在公共交通管理范围内,在居民小区内驾车致人伤亡的,不构成交通肇事罪

小区内道路属于小区管理,不属于其单位管理的城市道路范围。公路局路政大队出具证明证实,该小区内的道路属于小区自建道路,非其单位养护路线。据此,认定该小区内的道路不属于公路、城市道路;小区内用于居民通行的道路,也不属于供社会公众包括社会机动车辆通行的场所。行为人驾车在该小区内的道路上行驶时,因过失将被害人撞伤的行为,不属于违反交通运输管理法规的行为,不构成刑法所规定的交通肇事罪。[参见第5号案例,宋良虎、殷海军故意杀人案,载《刑事审判指导》总第1辑(2004年第1辑),人民法院出版社,第30页。执笔:谭京生　孙晓芳]

▽认定肇事人"逃逸"不能仅仅看肇事人是否离开现场,其关键在于肇事人是否同时具备"积极履行救助义务"和"立即投案"的行为特征

认定肇事人"逃逸"不能仅仅看肇事人是否离开现场,其关键在于肇事人是否同时具备"积极履行救助义务"和"立即投案"的行为特征。肇事人肇事后积极对被害人进行救助,如拦截车辆将被害人送往医院,并立即报案在医院守候等待公安机关的审查处理,虽然其离开了肇事现场,但系为了救助被害人所致,当然不属于交通肇事后"逃逸"。反之,肇事人积极履行救助义务后没有立即投案,如将被害人送往医院后而逃跑的;或者虽然肇事人立即投案但有能力履行却没有积极履行救助义务,均应认定肇事后为逃避法律追究的"逃逸"行为。[参见第415号案例,张贤玉交通肇事案,载《刑事审判参考》总第53辑(2006年第6辑),法律出版社,第3～6页。执笔:许任刚　黄应生]

▽交通肇事罪中的"因逃逸致人死亡"的认定

"因逃逸致人死亡",是指行为人在交通肇事后为逃避法律追究而逃跑,致使被害人因得不到救助而死亡的情形(最高人民法院2000年11月10日《关于审理交通肇事刑事案件具体应用法律若干问题的解释》第五条)。可见,被害人的死亡结果要与肇事人的逃逸行为而不是交通肇事行为存在刑法上的因果关系。司法解释中"被害人因得不到救助而死亡"的表述,强调的也是肇事人逃逸行为与被害人死亡结果之间的因果关系。应从以下几个方面对"因逃逸致人死亡"进行准确认定:一是行为人对交通肇事的明知性。即行为人在离开事故现场时,明知自己发生了交通事故,但为了逃避法律追究而逃离现场,这是认定"因逃逸致人死亡"的主观条件。二是逃逸行为与死亡结果之间具有刑法上的因果关系。即被害人的死亡结果必须发生在肇事人逃逸之后,且是因为肇事人逃逸而致使被害人未能得到及时的救助而死亡。如果肇事人在肇事后虽然逃逸,但被害人及时得到了救助,即使抢救无效而死亡,行为人也不属于"因逃逸致人死亡"。因为导致被害人死亡的原因只是先前的交通肇事行为,而不是逃逸行为。判断逃逸行为与死亡结果之间是否存在刑法上的因果关系,主要是根据肇事行为发生的时间、地点等具体情况,认真分析如果肇事者不逃逸而是立即给予救助,被害人是否会死亡。如果被害人在交通肇事中受到重伤,虽然经他人及时抢救,但在送往医院抢救的途中死亡,或者虽然送到医院但抢救无效死亡,这种情况不能认定"因逃逸致人死亡"。三是司法解释所规定的"救助"没有特定的指向,因此可以理解为既可以是肇事人的救助,也可以是其他人的救助。及时"救助"是确定逃逸行为与死亡结果之间是否存在刑法上的因果关系的一个中介。[参见第2号案例,王作春交通肇事案,载《刑事审判指导》总第1辑(2004年第1辑),人民法院出版社,第11~13页。执笔:沈晓发 王海波]

▽交通肇事案件中不仅存在自首,且自首的认定条件是同一的

《中华人民共和国公路交通规则》第五十三条规定:"驾驶人员驾驶车辆肇事时,必须立即停车设法抢救被伤害的人,并迅速报告当地交通管理机关或者地方人民政府听候处理。对肇事后畏罪潜逃的人,应当加重处罚。"刑法并没有明文规定交通肇事案件排除自首的适用,刑法总则中关于自首的规定当然适用于刑法分则的所有罪名包括交通肇事罪。交通肇事案件中不仅存在自首,且自首的认定条件是同一的。只不过根据现行刑法规定,交通肇事后自首、交通肇事逃逸后自首、交通逃逸致人死亡后自首,适用的法定刑幅度有所区别而已。至于在非公共交通管理范围内发生的车辆肇事案件,无论确定适用何种罪名,同样也存在自首问题。[参见第243号案例,李满英过失致人死亡案,载《刑事审判参考》总第32辑(2003年第3辑),法律出版社,第29~33页。供稿:天津市高级人民法院,审编:李武清]

▽"交通肇事后将被害人带离事故现场后遗弃,致使被害人无法得到救助而死亡"情形的认定

最高人民法院《解释》第六条规定:"行为人在交通肇事后为逃避法律追究,将被害人带离现场后隐藏或者遗弃,致使被害人无法得到救助而死亡或者严重残疾的,应当分别依照刑法第二百三十二条、第二百三十四条第二款的规定,以故意杀人罪或者故意伤害罪定罪处罚。"据此,以故意杀人罪或者故意伤害罪追究刑事责任的交通肇事案件应当同时符合以下条件:(1)行为人必须有在交通肇事后将被害人带离事故现场后予以隐藏或者遗弃的行为。这包括两个方面,一是将被害人带离事故现场,二是将被害人隐藏或者遗弃。"隐藏"是指将被害人置于隐蔽的、秘密的地点、场所或者进行掩盖、伪装,使人在正常情况下难以发现或者根本不能发现;"遗弃"是指将被害人转移到其他非隐蔽、非秘密的场所抛弃。(2)行为人实施上述行为的主观目的是逃避法律追究,即是逃避其依法应当承担的各种法律责任,至于该目的能否得逞不影响定罪。实践中,肇事人将被害人带离事故现场,可以是出于抢救被害人的紧急需要或者因为惧怕被害人亲属的非法报复等其他目的,但如果进而将被害人隐藏或者遗弃后自己再逃逸的,一般就足以认定肇事人主观上具有逃避法律追究的目的。(3)被害人最终死亡或者造成严重残疾,且该结果系因被隐藏或者遗弃而无法得到救助所致。这包括两层意思:一是如果被害人虽被隐藏或者遗弃,但因无力救助或其他原因而没有发生死亡或严重残疾的后果,或者发生的后果没有达到严重残疾的程度,对肇事人就不能以故意杀人罪或者故意伤害罪定罪处罚;二是被害人死亡或者严重残疾的后果在没被带离现场隐藏或遗弃之前发生,不是由于被隐藏或者遗弃而无法得到救助所致,如事故当场即亡或因伤势严重,被隐藏或者遗弃前后不可避免地要发生死亡的,也同样不能对肇事人以故意杀人罪或者故意伤害罪定罪处罚。[参见第220号案例,倪庆国交通肇事案,载《刑事审判参考》总第30辑(2003年第1辑),法律出版社,第8~9页。执笔:汪勤云　王永仑]

▽交通肇事后逃逸的认定

最高人民法院《解释》第三条规定:"交通运输肇事后逃逸",是指行为人具有本解释第二条第一款规定和第二条第二款第一至第五项规定的情形之一,在发生交通事故后,为逃避法律追究而逃跑的行为。据此,成立"交通肇事后逃逸"必须同时具备以下要件:(1)行为人的交通肇事行为具有《解释》第二条第一款规定和第二条第二款第一至第五项规定的情形之一,也即是行为人的交通肇事行为首先必须已构成交通肇事罪的基本犯。交通肇事后逃逸作为交通肇事罪的法定加重量刑情形之一,是相对于交通肇事的基本犯而言的,也就是认定肇事人属"交通肇事后逃逸"适用三至七年的法定刑幅度,其前提必须是肇事人的先前行为已然构成了交通肇事罪的基本犯。如果其事前的肇事行为因不具备交通肇事罪基本犯的某项构成条件而达不到犯罪的程度,则认定属"交通肇事后逃逸"并以此适用相应的法定刑,就无从谈起。《解释》第二条第一款规定和第二条第二款第一至第五项规定了应当成立交通肇事罪基本犯的8类情形,是认定交通肇事罪基本犯的法律依据。如果行为人的先前行为没有违反交通运输管理法规,或者虽有交通违规行为但该违规行为与结果没有因果关系,或者行为人在交通事故中仅负同等责任或次要责任,或者肇事行为所造成的结果尚未达到交通肇事罪基本犯的入罪标准的;或者在负事故全责或主责的情况下仅致1人重伤,但又不具备酒后驾车、无执照驾车、无牌照驾车等《解释》规定的情形之一的,即便行为人事后有逃逸行为,也不能认定并适用"交通肇事后逃逸"这一法定量刑情形。《解释》第二条第二款第六项规定,交通肇事致1人以上重伤,负事故全责或主责,并具有"为逃避法律追究逃离事故现场"情形的,以交通肇事罪定罪处罚,即此种情况,应当成立交通肇事罪的基本犯。但在第三条专门解释属于法定加重量刑情形之一的"交通肇事后逃逸"时,又明确排除《解释》第二条第二款第六项规定的情形。也就是说,"交通肇事后逃逸"这一个行为,不能同时既作为定罪的考虑的情节,又作为法定加重量刑的情形,否则将有违刑法禁止对一行为作重复评价的原理。(2)行为人必须是基于为逃避法律追究的目的而逃跑。所谓逃逸,客观上表现为逃离事故现场、畏罪潜逃的行为。从理论上讲,逃逸行为一经实施,即告成立。即便肇事人逃离事故现场不远或不久,即被交警追获或者被其他人拦截、扭送,均不影响"交通肇事后逃逸"的认定,因而不存在"逃逸未遂"的问题。不过,实践中,交通肇事人在肇事后离开现场的原因和目的是多种多样的,如有的是为了逃避法律追究,有的是因为害怕被害人亲属的殴打报复而临时躲避,有的可能是正在去投案或者抢救伤者的途中等。因此,在司法实践中,对肇事后已离开事故现场还没有来得及投案即被抓获或是扭送的肇事人,应当根据客观情形准确判断他们的主观目的,既不能把没有逃避法律追究目的的人认定为逃逸,也不能把确有逃避法律追究目的的人错误判断为不是逃逸。在基于临时躲避被害人亲属加害的情况下,如确无条件和可能及时报案即被抓获的,应认定为不具有逃避法律追究的目的,不属于肇事后逃逸;反之,临时躲避情形消失后,在有报案条件及可能的情况下,仍不予报案而继续逃避的,其性质又转化为肇事后逃逸,同样应当认定为具有逃避法律追究的目的。在有些交通肇事案件中,还应注意把握行为人对其肇事行为的认识情况以及逃逸后又自首的情形,如行为人在其所驾车辆肇事时,根据其专业司机的经验和已感知到车身一颠的情况判断,理应当知道可能撞着行人了,但尚不能作出行为人已明确知道其车辆已肇事的结论。此后,行为人没有停车,而是驾车离开事故地点,继续到工地拉渣土。此时,对行为人的行为能否认定为交通肇事后逃逸,这是本案的第一个问题。其二,当行为人拉土返回事故地点时,见有交警在现场勘查,即向单位领导报告自己可能撞了人了,并随后于当日向公安交通管理部门主动投案。这种情况下是认定为交通肇事逃逸后自首(先认定为交通肇事逃逸,再认定为自首,同时成立)还是作为"逃逸中止"不以交通肇事后逃逸论。就第一个问题,尽管从理论上说,逃逸行为一经实施,即告完成,不论行为人逃离多远或逃逸的时间有多久,也不论行为人逃逸后干了什么,均不影响对其逃逸行为性质的认定。但是,行为人在离开事故现场当时,并不确知其已肇事,也只是在发现警察勘查现场,才认为自己可能撞人了。就此,无法肯定或排他地推断出行为人离开事故现场的行为就一定是以逃避法律追究为目的。本着在存疑的情况下,应有利于行为人的一般规则,不宜认定行为人的行为属于"交通肇事后逃逸"。至于第二个问题,如果行为人确已构成交通肇事后逃逸,那么,即便行为人在逃逸过程中或是在逃逸状态持续过程中,能及时放弃其逃避法律追究的目的,主动投案,如实供述,听候处理,且也不论其中止逃逸是基于个人良心发现还是害怕罪责加重等何种缘故,该事后"中止逃逸"的行为均不得推翻对其先前逃逸行为的认定,而仅认定其事后的行为为自首,即分开认定,而不宜相互冲抵。在发生因肇事人逃逸而致受伤人由于得不到及时救助而死亡的情况下,所谓的"中止逃逸"行为不影响"逃逸致人死亡"的认定,同理,也不影响"交通肇事后逃逸"行为的认定。[参见第176号案例,周立杰交通肇事案,载《刑事审判参考》总第26辑(2002年第3辑),法律出版社,第8~12页。执笔:汪鸿滨]

▽交通肇事罪、以危险方法危害公共安全罪和过失以危险方法危害公共安全罪三罪名区别的认定

从犯罪构成看,以危险方法危害公共安全罪、过失以危险方法危害公共安全罪与交通肇事罪侵犯的客体都是公共安全,客观方面均表现为行为人实施了一定危害公共安全的行为,这三个罪名在犯罪客体与客观方面存在一定的相同之处,但这三个罪名之间的区别还是比较明显的。其中,以危险方法危害公共安全罪是故意犯罪,行为人的主观心态是故意,是希望或者放任危害公共安全危害结果的发生;而交通肇事罪与过失以危险方法危害公共安全罪的主观方面是过失,包括过于自信的过失和疏忽大意的过失,即应当预见到自己的行为可能发生危害社会公共安全的结果,因为疏忽大意而没有预见或已经预见而轻信能够避免。根据本案庭审查明的事实,被告人平时喜欢开快车,但其认为凭自己的驾驶技术能够避免事故的发生。案发当晚,虽然被告人属于在城市主要道路上严重超速驾驶,但在驾车过程中未违反交通信号灯指令,遇红灯时能够停车,只是因为没有注意观察前方路面情况而撞上在人行横道上行走的被害人,可见,其当晚驾车除了违反交通法规超速行驶外还是能够基本遵守交通规则的。当被告人发现撞人后,立即踩刹车并下车查看被害人的伤势情况,随即拨打了"120"急救电话以及"122"报警电话,并留在现场等候处理。这一系列行为反映了被告人肇事时主观上不希望交通事故的发生,也没有放任交通事故发生的表现,对被害人的死亡其内心是持否定和排斥态度的,应当属于过失的心态,因此,被告人行为的主观方面不符合以危险方法危害公共安全罪的主观要件,其行为不能构成以危险方法危害公共安全罪。过失以危险方法危害公共安全罪和交通肇事罪的主观心态都是过失,《刑法》第一百一十五条第二款规定的过失以危险方法危害公共安全罪,是针对行为人实施了刑法分则没有明确规定具体危险方法的过失危害公共安全的行为,对于这种刑法分则没有规定但行为的社会危害性具有危害公共安全的过失行为,就应该以过失以危险方法危害公共安全罪进行定罪量刑。而对于违反交通运输管理法规,发生重大事故,致人重伤、死亡或者使公私财产遭受重大损失的,刑法分则第二章危害公共安全罪中专门规定了交通肇事罪。据此,在交通运输过程中,如果行为人违反交通运输管理法规,过失造成重大事故发生法定危害结果的,应以交通肇事罪定罪处罚。因此,根据罪刑法定原则,本案被告人在城市主要道路上严重违章超速驾车撞死一人的行为不符合过失以危险方法危害公共安全罪的构成要件,应以交通肇事罪定罪。[参见第588号指导案例,胡斌交通肇事案,载《刑事审判参考》总第71集(2009年第6集),第18~20页。撰稿:梁健]

▽交通肇事罪"其他特别恶劣情节"的认定及如何量刑

刑法本条的规定,犯交通肇事罪如果没有逃逸或者其他特别恶劣情节的,应在第一档法定刑幅度内量刑,即在三年以下有期徒刑或者拘役内量刑。本案被告人违章驾车肇事致1人死亡的情况下,不能对其在三年以上七年以下有期徒刑幅度内量刑,只能适用第一档法定刑幅度。其次,根据本案的具体情况,可以顶格判处被告人有期徒刑三年。案发后,被告人亲属积极代为赔偿了被害人家属的经济损失,根据《最高人民法院关于刑事附带民事诉讼范围问题的规定》(此规定已被最高人民法院法释〔2015〕2 号废止。——编著者注)第四条关于"被告人已经赔偿被害人物质损失的,人民法院可以作为量刑情节予以考虑"的规定,对被告人可以酌情从轻处罚。但在本案中,被告人具有以下多项酌定从重情节:(1)被告人驾驶的是非法改装的车辆,车辆本身的安全条件就不符合有关规定,其对此明知而仍开车上路,主观受谴责性较高;(2)被告人无视限速规定,在城市主要道路上严重超速行驶,作为驾驶员明知违法而为之,主观恶性较大;(3)被告人在驾车过程中有与同伴相互追赶的情形,无视在住宅密集区域相互追赶对公共财产和行人安全可能造成的危险,行为恶劣;(4)撞死在人行道内的一名行人,危害后果严重,且在当地造成了恶劣的社会影响。综上,虽然被告人有积极赔偿被害方经济损失的酌定从轻情节,但其肇事行为恶劣,危害后果严重,尚不足以减轻其罪责。为了引导民众进一步尊重生命安全,警醒和督促司机在驾驶车辆过程中充分履行注意义务,减少交通违章肇事行为,法院综合全案情节,在法定刑幅度内顶格判处被告人有期徒刑三年是妥当的。[参见第 588 号指导案例,胡斌交通肇事案,载《刑事审判参考》总第 71 集(2009 年第 6 集),第 20～21 页。撰稿:梁健]

▽被告人以贿买方式指使他人冒名顶罪的行为不属于交通肇事罪中的"逃逸"行为

最高人民法院《解释》对交通肇事罪中的"逃逸"情节作了明文规定。表面看来,刑法意义上的"逃逸"表现为逃跑,即逃离现场。根据 2011 年修正的《道路交通安全法》(已于 2021 年修正)第七十条第一款的规定,发生交通事故后,肇事者必须立即停车,保护现场,抢救伤者和财产,报警,听候处理,这是肇事者的法定义务。肇事者在交通肇事后逃逸即意味着不履行上述法定义务,因而从本质上说,交通肇事后的逃逸行为是一种不作为,是行为人对应该履行而且能够履行的法定义务的不履行。这项义务的不履行会产生一系列严重甚至不可挽救的后果,正是这项义务的不履行使逃逸行为具备了刑法所要求的严重社会危害性。唯其如此,刑法本条将交通运输肇事后逃逸与特别恶劣情节并列。对交通运输肇事后的逃逸行为处三年以上七年以下有期徒刑,对因逃逸致人死亡的,处七年以上有期徒刑。本案被告人在事故发生后逃离现场,不积极保护现场,不抢救伤者,不及时报警,听候处理,故其具有刑法意义上的逃逸情节,应以该档法定刑予以量刑。而被告人以贿买方式指使他人冒名顶罪的行为是一种积极作为,且与抢救伤者和财产关联性不大,故不应将其性质等同于刑法意义上的"逃逸"行为。另外,对刑法条文、词义的解释不可以随意作扩大或缩小解释,本案中,被告人指使他人冒名顶罪的行为显然已超出刑法意义上"逃逸"的应有之义,因此不能将其认定为交通肇事罪的一个量刑情节。[参见第 681 号指导案例,俞耀交通肇事案,载《刑事审判参考》总第 79 集(2011 年第 2 集),第 4～5 页。撰稿:李美琴]

▽在交通事故发生后擅自离开就诊医院,属于逃离事故现场,已构成逃逸,无论逃逸多久、多远,也无论其事后有何举动,均不影响认定逃逸

有必要对"交通肇事后逃逸"的时间、地点进行界定,以明晰其成立要件。(一)对交通肇事后逃逸的时空界定。刑法本条规定将"交通肇事后逃逸""因逃逸致人死亡"作为交通肇事罪的法定加重情节,并设定了不同的法定刑幅度。根据最高人民法院《解释》第三条的规定,判断行为人是否构成"交通肇事后逃逸",应从以下几方面来进行分析:1. 考察行为人的交通肇事行为是否已构成交通肇事罪的基本犯。根据《解释》第二条第一款和第二款第一至五项的规定,行为人只有具备以下八种情形,才可能构成交通肇事罪基本犯。2. 考察行为人是否明知自己造成了交通事故。这里所说的"明知",是指行为人"知道"或者"应当知道"。如果行为人"应当知道"自己造成了交通事故而装作不知道,逃离事故现场的,仍应认定为"交通肇事后逃逸"。判断行为人是否明知,应坚持主客观相统一的原则,不仅要看行为人的供述,还应从肇事当时的时间、地点、路况、行为人具备的知识、经验等方面客观地评判其是否明知,从而确定其是否构成逃逸。3. 考察行为人是否具有逃避法律追究的主观目的。这里的"逃避法律追究”，既包括逃避刑事法律追究，也包括逃避民事法律追究、行政法律追究。具体而言，就是不履行相关法定义务，如保护现场、抢救伤者、迅速报案、听候处理等义务，逃避承担相应的法律责任，如民事赔偿、行政处罚、刑事定罪处刑等责任。行为人在发生交通事故后，只要逃避上述任何一种法律责任追究，即为“逃避法律追究”。4. 考察行为人客观上是否实施了逃离现场的行为。具体而言，是指行为人交通肇事后，在接受事故处理机关首次处理前，故意逃离事故现场或相关场所，使自身不受被害方、群众或事故处理人员控制的行为。这里就涉及对“交通肇事后逃逸”的时空界定问题，只有对“逃逸”的时间、地点予以明确，才能准确判断行为人是否实施了逃离现场的行为。首先，必须对行为人“逃逸”的时间予以界定。《解释》将“逃逸”的时间界定为“在发生交通事故后”。并非在事故发生后的任何时间逃跑，均可认定为逃逸。只有发生在交通事故发生后、行为人接受事故处理机关首次处理前这一段时间内的逃跑行为方能成立本规定中的“逃逸”。所谓首次处理，是指事故处理机关将行为人列为肇事嫌疑人采取的首次处理措施，如接受审讯、酒精含量检测、行政拘留、刑事拘留等。如行为人交通肇事后留在现场接受调查，但未如实供述，且让他人顶罪，事故处理机关对其询问时并未将其列为肇事嫌疑人，其事后逃跑的，也应认定为交通肇事后逃逸。但如果行为人接受首次处理后逃跑，由于被害人一般都已经得到救治，事故行为人也已确定，行为人的逃跑不会再扩大或加重对被害人的危害后果，实为脱离事故处理机关控制、监管的脱逃行为，故不应再将其认定为交通肇事后的逃逸行为，对此，依法追究其脱逃行为的责任即可。如果行为人在事故发生后已被公安机关采取刑事拘留或者取保候审等强制措施的，又实施逃离现场行为的，可依法追究其脱逃行为的责任，而不应再将其脱逃行为认定为交通肇事后的逃逸行为。需要注意的是，行为人为逃避法律追究，在事故发生后、被作为肇事嫌疑人接受事故处理机关首次处理前，实施逃离现场行为的，一经实施即告成立，不论其逃离现场多远或逃逸的时间有多久，也不论其逃逸后有何举动，均不影响对其逃逸行为性质的认定。因此，行为人为逃避法律追究，逃离事故现场，后基于个人良心发现而返回现场、接受处理，或者逃离现场不远即被拦截、抓获，均不影响“交通肇事后逃逸”情节的成立。其次，必须对行为人“逃逸”的空间予以界定。《解释》未对逃跑的场所作出限定，但从其条文意旨看，应不局限于事故发生“现场”。所谓现场，是指犯罪分子作案的地点和遗留与犯罪有关的痕迹、物品的一切场所。交通肇事逃逸的现场不仅包括事故发生现场，而且包括与事故发生现场具有紧密联系的场所，如抢救事故伤亡者的医院、调查事故责任的交警部门等。因为逃离事故发生现场固然会使事故责任认定等陷于困境，但逃离医院、交警部门等场所也会妨碍事故处理，逃避法律追究。例如，行为人交通肇事后未逃离事故现场，主动将伤者送往医院抢救，后恐承担医疗费用或者为了逃避刑事责任而擅自离开医院的，属逃离现场，应认定为逃逸。又如，行为人交通肇事后主动前往交警部门办公楼，欲投案自首，后畏罪潜逃，其离开事故发生现场时虽未产生逃避法律追究目的，但离开事故处理现场的目的是逃避法律追究，亦属逃离现场，应认定为逃逸。本案被告人在事故发生后擅自离开医院的行为符合“交通肇事后逃逸”的成立要件，理由如下：第一，被告人构成交通肇事罪，具备逃逸的前提条件。其交通肇事致一人死亡、一人轻伤，负事故主要责任，具有《解释》第二条第一款第一项规定的情形，已达到交通肇事罪的入罪标准。第二，被告人明知已发生交通事故，且为逃避法律追究而逃跑，具备逃逸的主观要件。被告人被送往医院后与他人有过多次通话联系，说明其神志清楚，已知发生交通事故，且其擅自离开医院后经交警部门多次通知未及时到案，相隔十余小时到案后亦未给出合理解释，可推定其基于逃避法律追究的目的而离开医院。第三，被告人客观上实施了逃离现场的行为，符合逃逸的时空条件。被告人在接受交警部门首次处理前，为逃避法律追究擅自离开与其肇事行为具有紧密联系的抢救医院，构成交通肇事后的逃逸行为，且一经实施即告成立。因此，尽管其逃离抢救场所后又主动到交警部门接受处理，仍不影响认定其成立“交通肇事后逃逸”。［参见第697号指导案例，王友彬交通肇事案，载《刑事审判参考》总第80集（2011年第3集），第17～22页。撰稿：张显春　何东青］

▽交通肇事后，行为人因受伤在医院治疗，公安机关向其询问案情时，拒不交代肇事经过，并虚构身份信息，后逃离医院的行为应当认定为“交通肇事后逃逸”

(一)“交通肇事后逃逸”的认定标准。“交通肇事后逃逸”的基本含义是指发生交通事故后，肇事者不履行保护现场、积极抢救、迅速报案等义务，而逃跑的行为。根据最高人民法院《解释》第三条的规定，要认定逃逸，行为人主观上必须具有“为了逃避法律追究”的目的，客观上实施了逃跑行为，且这里的逃跑不应限定为仅从事故现场逃跑。司法实践中，存在大量交通肇事后逃逸的情形。有的肇事者因在事故中受伤而没有现场逃跑的条件，却在治疗中见机逃离，如本案被告人；有的肇事者将伤者送到医院抢救后发现伤势严重或者死亡，则留下假名、假电话后失踪。这些情况同样体现出行为人的主观恶性加深，加大了案件的侦破难度，增加了被害人生命财产损失的风险。基于上述分析，只要是在交通肇事后为逃避法律追究而逃离的行为，都应当认定为“交通肇事后逃逸”。

(二)认定“交通肇事后逃逸”的时空界限。将逃逸行为仅限定在事故现场值得商榷。一是法律、法规及相关规范性文件均未对逃逸的时间和地点作限制规定。如果仅将逃逸行为限定在事故现场，那么性质同样恶劣的逃避法律追究的行为就得不到有效规制，如此势必会影响此类犯罪的惩处力度，也与相关立法精神不符。二是在司法实践中，肇事者往往在事故现场无法逃离，如肇事者自己受伤或者被卡在车内、遭被害人亲属围堵或者公安人员及时赶到现场等情形。但在调查取证或者医院治疗期间，肇事者往往借对其人身约束相对放松的机会而逃离。因此，对事后逃逸行为有必要与事故现场逃逸行为一样予以打击。将交通肇事逃逸场所限制理解为事故现场是机械套用公安部2008年8月发布的《道路交通事故处理程序规定》(已失效)，忽略了刑法第一百三十三条及《解释》所体现的立法和政策精神。当然，对于交通肇事后逃离行为，也不能一概认定为交通肇事逃逸。实践中，在交通事故发生后，肇事者在事故现场遭到被害人亲属等围攻，被害人亲属等由于悲愤情绪对肇事者实施殴打报复的情形并不少见。这种在事故现场肇事者因害怕被殴打报复而暂时躲避，或者在将被害人送到医院抢救后，因害怕被殴打报复而暂时躲避，事后又主动归案的，不应认定为交通肇事逃逸。对于在事故现场，肇事者因害怕遭到被害人亲属等的殴打而进离现场所涉及的主观认定，必须从严，必须是在被害人亲属等可能及时赶到事故现场的情形。在该情形下，肇事者逃离现场一般不会严重影响对被害人的抢救治疗，更何况肇事者事后又主动归案，表明其并未有逃避相关法律责任的主观心理和客观表现。如果肇事者明知被害人亲属等不可能及时赶到现场，则表明肇事者并非因害怕遭到殴打而逃离现场，其对被害人的生死具有置之不理的心理，因此对其逃离事故现场行为应当认定为交通肇事逃逸。对于肇事者将被害人送到医院抢救的情形，肇事者因害怕家属殴打报复，暂时躲避，事后又主动归案的，表明肇事者已履行了抢救义务，客观上又未逃避法律责任，亦不能认定为交通肇事逃逸。

(三)被告人交通肇事后逃逸具有逃避法律追究的故意。本案被告人的行为构成交通肇事罪毋庸置疑，但其选择在交通肇事后逃逸的行为能否体现出其在主观上具有逃避法律追究的故意，需要结合具体案情以及有关附随情状综合认定。基于以下几个方面的分析，本案被告人在交通肇事后主观上具有逃避法律追究的故意：(1)被告人不具备现场逃离的条件，其自己在事故中也受伤；(2)被告人离开时未受到任何束缚，并非因害怕殴打、报复一类的原因而暂时躲避；(3)被告人未承担任何救助、赔付义务，对被害人不闻不问即逃离；(4)被告人在医院时未向其询问情况的公安人员如实交代事故经过，即逃离前已经暴露有逃避法律追究的客观行为表现。

综上，台州市黄岩区人民法院认定本案被告人在医院逃离的行为为逃逸情节是正确的，及时建议检察机关补充起诉也是适当的。[参见第788号指导案例，刘本露交通肇事案，载《刑事审判参考》总第87集(2012年第4集)，第3~5页。撰稿：钟兴华]

▽如何认定“交通肇事后逃逸”

(一)“交通肇事后逃逸”情节认定的三个条件。根据最高人民法院《解释》的规定，“交通肇事后逃逸”,是指发生交通事故后,行为人具有该解释第二条第一款和第二款第一至五项规定的情形之一,为逃避法律追究而逃跑的行为。交通肇事后逃逸的行为往往造成被害人不能得到及时救治,经济损失无法得到赔偿,同时严重影响民警对案件的查处,因此具有很大的社会危害性。正因如此,1997年刑法在修改时增加了对交通肇事后逃逸行为加重处罚的规定。这一立法目的主要体现在两点:一是为了及时抢救伤者,防止事故损失的扩大;二是查清事故责任,便于事故处理及法律责任的承担。基于上述分析,构成“交通肇事后逃逸”应当同时具备以下三个条件:(1)行为必须齐备交通肇事罪的基本犯罪构成要件,这是认定“交通肇事后逃逸”情节的基础条件。(2)行为人主观上具有“逃避法律追究”的目的,这是认定“交通肇事后逃逸”的主观条件。进避法律追究,包括逃避刑事责任、民事责任、行政责任追究。实践中,行为人如果没有正当的理由离开事故现场(包括但不限定于事故现场),应当认定行为人具有逃逸法律追究之主观目的。(3)客观上有逃离的行为,且逃离行为可能影响对被害人的救助、导致事故损失的扩大、妨害民警对事故的查处。如果行为人的“逃离”没有影响其对道路交通安全法规定之法定义务的履行,则不应认定其“逃离”行为构成“交通肇事后逃逸”情节,从而不应承担交通肇事罪加重之刑罚。具体联系本案,被告人的行为不构成“交通肇事后逃逸”。道路交通安全法第七十条规定:发生交通事故后,驾驶人必须立即停车,保护现场;造成人身伤亡的,应当立即抢救受伤人员,并迅速报告执勤交通警察或者公安机关交通管理部门。结合本案查明的事实,被告人案发后留在现场,积极配合交通警察查处,且及时救助受伤人员,已经履行了道路交通安全法规定的肇事者必须履行的法定义务。被告人在被害人住院治疗期间离开佛山市顺德区去深圳市,是否构成“交通肇事后逃逸”情节,关键在于被告人主观上是否具有逃避法律追究的目的。被告人离开案发地的行为客观上没有影响到案发时对被害人的及时救助,没有导致事故损失的扩大。被告人离开案发她的时间是在交通警察已经对事故现场勘查后,被害人在医院治疗期间。这个期间,事故的危害结果处于待定状态,被告人的法律责任也处于待定状态,公安机关也未对其采取任何强制措施。更为主要的是,被告人在得知被害人医治无效死亡后,主动向公安机关投案,接受处罚,由此可见,被告人的行为并没有妨害民警对事故的查处。综上,被告人的行为不符合“交通肇事后逃逸”情节的认定条件,不能认定为“交通肇事后逃逸”。

(二)实践中几种常见关联行为的认定与处理:1.肇事者有正当理由逃离事故现场,之后立即报警并接受公安机关处理的,可以不认定为逃逸。该情形中的理由正当与否,应当视肇事者的行为是否影响对伤者的抢救、防止事故损失的扩大,是否影响对事故的查处等为标准。如肇事者被殴打、有人身危险时逃离事故现场,并及时报案,接受公安机关处理,即使客观上影响当时对被害人的救助、影响交通民警当场对事故的查处,因其不具有逃避追究的主观目的,故不能认定肇事者具有“交通肇事后逃逸”情节。2.肇事者在事故发生后,立即抢救受伤人员,且为了抢救受伤人员而离开事故现场的,这种情况下肇事者可能承担对其不利的责任后果,但不应认定其具有“交通肇事后逃逸”情节。如果肇事者在事故发生后,立即抢救受伤人员,之后不报警、不接受公安机关查处,为逃避法律追究而逃离的,应当认定为“交通肇事后逃逸”。3.肇事者在事故发生后,用电话报警,之后逃离事故现场,或者在逃离现场后报警,逃避法律责任的,应当认定为“交通肇事后逃逸”。综上,如果肇事者已经履行道路交通安全法规定的肇事者必须履行的法定义务,接受公安机关处理后,在侦查、起诉、审判阶段逃离,或者经传唤不到案,取保候审或者被监视居住期间逃跑,行为人只是违背刑事诉讼法规定的法定义务的,不能认定为“肇事后逃逸”。[参见第857号指导案例,龚某交通肇事案,载《刑事审判参考》总第92集(2013年第3集),第8~11页。撰稿:李冰]

▽对致人重伤交通肇事案件中的逃逸行为如何认定处罚

被告人无证驾驶机动车,交通肇事致一人重伤,负事故全部责任,构成交通肇事罪。其肇事后逃逸系加重处罚情节,对被告人应当在三年以上七年以下有期徒刑范围内量刑,且本案可以对被告人减轻

赴罚,并适用缓刑。具体分析如下:

(一)肇事后逃逸可视情评价为入罪条件或加重处罚情节,在本案中应认定为加重处罚情节。《道路交通安全法》第七十条规定了车辆驾驶人在肇事后负有保护现场、抢救伤员、等候处理的法定义务,这一义务源于其造成交通事故的先行行为。肇事后的逃逸行为违反了上述法定义务,是对他人生命与健康的漠视,使被害人得不到及时救助,生命健康受到威胁,经济损失无法弥补,同时还增加公安机关侦破案件的难度,增加司法资源的消耗,故法律对这种行为应当给予否定评价。具体分为两个层次:一是逃逸作为构成交通肇事罪的入罪条件。《解释》第二条第二款规定,交通肇事致一人以上重伤,负事故全部或者主要责任,并具有下列情形之一的,以交通肇事罪定罪处罚,其中第六项情形是"为逃避法律追究逃离事故现场"。显然,在交通肇事致人重伤的情形下,如果不具备《解释》第二条第二款前五项情形,则逃逸行为应当作为定罪情节使用。二是逃逸作为交通肇事罪的加重处罚情节。根据刑法第一百三十三条的规定,交通运输肇事后逃逸或者有其他特别恶劣情节的,处三年以上七年以下有期徒刑;因逃逸致人死亡的,处七年以上有期徒刑。该条为交通肇事罪设定了三个法定刑幅度,在已构成基本犯的前提下,如另有逃逸情节,则可依法升档量刑。逃逸情节作为入罪条件,又可分为两种情形:第一,逃逸作为事故责任认定的依据。交通肇事罪的认定以分清事故责任为基础,要求行为人承担同等以上(包括同等、主要或者全部)责任,如仅承担次要责任或者无责任,就不构成交通肇事罪。而逃逸行为与责任认定密切相关。根据道路交通安全法实施条例第九十二条,发生交通事故后当事人逃逸的,逃逸的当事人承担全部责任,但有证据证明对方当事人也有过错的,可以减轻责任。也就是说,在因行为人逃逸导致交通事故责任无法认定的情况下,逃逸行为就作为认定行为人承担主要或者全部责任的依据,继而作为交通肇事罪的入罪要件。根据《解释》第二条第一款的规定,因逃逸被认定承担同等以上责任,造成的人员伤亡情况或财产损失情况达到该款规定标准的,可能构成交通肇事罪。第二,逃逸行为与其他条件结合作为入罪条件。《解释》第二条第二款规定了交通肇事致人重伤构成犯罪的情形。在此情况下,逃逸与致一人以上重伤,负事故全部或者主要责任相结合作为入罪条件。值得注意的是,根据《解释》第二条第二款认定犯罪时,如在责任认定环节已经考虑了逃逸情节,则只能根据该款规定的前五种情节判断行为人是否构成犯罪,不能依据该款第六项"为逃避法律追究逃离事故现场"认定行为人构成交通肇事罪,否则就是对逃逸行为的重复评价。同理,根据禁止重复评价原则,在上述两种情形下,逃逸行为都不能再作为加重处罚情节使用。根据刑法第一百三十三条的规定,逃逸行为作为加重处罚情节的条件是,行为人逃逸之前的肇事行为从损害后果和应负的责任,已构成交通肇事罪的基本犯。在此基础上,行为人又有逃逸行为,该逃逸行为才可作为加重处罚情节。《解释》第三条对此种情形作了专门界定。就本案而言,被告人有多个违反交通运输管理法规的行为,如无证驾驶、违章停车、肇事后逃逸,但结合案情看,无证驾驶和逃逸本身并不直接导致交通事故的发生,责任认定的主要依据是被告人的车辆尾部挤占道路通行,致使被害人骑摩托车撞到该车辆右侧后部,造成被害人重伤。因此,在认定被告人是否负有事故责任时,主要考虑的是其违章停车行为,逃逸行为并未作为认定依据。被告人无证驾驶机动车,且违章停车,致一人重伤,负事故的全部责任,根据《解释》第二条第二款第二项,已构成交通肇事罪的基本犯。在此基础上,被告人又有逃逸情节,则应当将逃逸作为加重处罚情节对待,对被告人应当在三年以上七年以下有期徒刑范围内量刑。

(二)根据本案的具体情节,可以对被告人减轻处罚,并适用缓刑。本案一审对被告人判处拘役六个月,检察机关以量刑不当提出抗诉,二审法院未支持抗诉,最终改判适用缓刑。二审的处理是否妥当,关键在于被告人是否符合适用缓刑的条件。根据刑法第七十二条的规定,对于判处拘役、三年以下有期徒刑的犯罪分子,同时符合下列条件的,可以适用缓刑:(1)犯罪情节较轻;(2)有悔罪表现;(3)没有再犯罪的危险;(4)宣告缓刑对所居住社区没有重大不良影响。被告人交通肇事后有逃逸行为,依法应当在三年以上七年以下有期徒刑范围内量刑,但综合考虑本案的具体情节,特别是作案后自首、积极赔偿获得谅解等从宽处罚情节,可以减轻处罚,并适用缓刑。第一,本案的发生是因为被告人违章停车,被害人驾驶摩托车撞上被告人停放的车辆而受重伤。这与被告人驾车直接将被害人撞致重伤的情形有所区别,可以评价为犯罪情节较轻。第二,被告人肇事后虽然逃逸,但时隔一天后又自动投案,并如实供述自己的罪行,依法应当认定为自首。自首属于重要的法定从宽处罚情节,根据法律规定,通常应当从轻或者减轻处罚。第三,被告人犯罪后积极赔偿被害人损失,取得了被害人的谅解,其犯罪行为所破坏的社会关系得到较好修复。二审法院综合考虑上述情节,作出减轻处罚并适用缓刑的判决是正确的。[参见第858号指导案例,马国旺交通肇事案,载《刑事审判参考》总第92集(2013年第3集),第14~17页。撰稿:温小洁]

▽允许社会车辆通行的校园道路属于《中华人民共和国道路交通安全法》规定的"道路"

被告人交通肇事路段河北大学新校区生活区道路属于《中华人民共和国道路交通安全法》(本附文以下简称《道交法》)规定的"道路",其行为构成交通肇事罪。

一、从相关法律文件对"道路"规定的内容分析,"道路"的范围呈扩大趋势。1988年公布施行的《中华人民共和国道路交通管理条例》(以下简称《条例》)第二条规定:"本条例所称的道路,是指公路、城市街道和胡同(里巷),以及公共广场、公共停车场等供车辆、行人通行的地方。"据此,最高人民法院2000年制定的《解释》将"道路"明确为实行公共交通管理的范围,将机关、企事业单位、校园、厂矿等单位内部管辖的路段排除在"道路"的范围之外。但实践中,不少企事业单位、校园、厂矿的厂区、园区不断扩大,且系开放式管理,社会车辆、行人经常借道通行,在该路段发生人车相撞的事故越来越多,当事人常报警要求交通管理部门出警认定事故责任,以便于事故的后续处理。但受《条例》限制,对在这些路段驾驶交通工具发生的事故不能认定为交通事故,相关保险公司也不愿意承担赔付责任,致使肇事者和受害者的权益均难以得到有效保障。因此,《条例》关于"道路"的规定越来越不符合实践中不断出现的新情况。鉴于此,2004年公布施行的《道交法》修改了"道路"的含义,扩大了公共交通管理的范围,将"道路"的范围明确为"公路、城市道路和虽在单位管辖范围但允许社会机动车通行的地方,包括广场、公共停车场等用于公众通行的场所"。这样,就把单位管辖范围内允许社会车辆通行的路段纳入"道路"范围,以更好地维护这些路段的交通秩序,保护肇事者和受害者的合法权益。

二、本案肇事地点位于河北大学新校区生活区,属于典型的单位管辖范围。该生活区虽设有围墙、大门,相对封闭,但系开放式园区,具有比较完善的社会服务功能,社会车辆只需登记车号就可以进出生活区南门,门口也设有限速5公里的交通标志,说明河北大学对其新校区生活区的路段是按照"道路"进行管理的。公安机关收集的车辆监控录像和门卫的证言等证据显示,社会车辆实际上不经登记也可通行。故该生活区内的道路属于《道交法》规定的"虽在单位管辖范围但允许社会机动车通行的地方"。被告人违反交通运输管理法规,在校园道路醉驾并发生重大交通事故,致一人死亡、一人轻伤,负事故全部责任,其行为构成交通肇事罪。[参见第892号指导案例,李某某交通肇事案,载《刑事审判参考》总第94集(2013年第5集),第2~4页。撰稿:曾琳]

▽对于社会高度关注的案件,应当在舆论压力和理性判罚之间寻求最佳审判效果

随着网络科技迅速发展,当今社会已进入"自媒体"时代,微博、微信、博客、论坛都成为信息发布的平台,传播速度也以几何速度递增。相对于传统媒体,网络媒体传播速度更快、范围更广,但信息的真实性更加不确定,网络上不真实、不完整的信息随处可见。刑事犯罪是社会矛盾的集中反映和极端表现,容易触动公众情感,引发社会情绪。一些人或为吸引公众眼球,或为煽动不满情绪,或为干预审判结果,恶意夸大事实,捏造虚假信息,并在网络上扩散、传播。这种所谓的"舆情"通常是一种舆论假象,不代表真正的民意,更经不起法律、事实和时间的检验。在这种形势下,人民法院必须保持司法理性,慎重看待舆情,尤其是对网络舆情要保持清醒的认识,洞悉不实信息对舆论的不当影响和错误引导,防止被舆论左右。

被告人李某某交通肇事案发生后,相关案情在网络上被迅速传播,引起社会广泛关注,成为当年的热点敏感案件,舆论出现“一边倒”要求严惩的呼声。在此压力下,有观点提出应当以以危险方法危害公共安全罪判处被告人死刑。面对这种舆情,人民法院应当保持理性,充分考虑案件造成的社会影响的恶劣程度,在法定刑范围内慎重稳妥地作出裁判。根据相关证人证言和被告人的供述,其在他人善意提醒其慢速行驶时,过于相信自己的驾驶技术,轻信能够避免危害后果的发生;其在撞倒被害人后,未发生受阻拦而不停车以及继续驾车冲撞的情况,也未实施其他危害公共安全的行为,故应当认定其主观心态系过于自信的过失,不构成以危险方法危害公共安全罪。被告人在校园内醉酒驾车、超速行驶,且肇事后逃逸,犯罪情节恶劣,后果严重,应当依法从严惩处。但被告人亲属积极代为赔偿被害方经济损失,在一定程度上取得了被害方的谅解,且其当庭自愿认罪,悔罪态度较好,也应依法体现宽严相济刑事政策从宽处罚的精神。考虑到本案社会影响恶劣,如果对被告人从宽处罚的幅度较大,难以获得广大人民群众的理解和支持,故量刑时在把握从宽处罚整体方向的同时又有必要从严掌握对其从宽处罚的幅度。一审法院综合考虑本案的具体情节,以交通肇事罪判处被告人有期徒刑六年,量刑适当,体现了案件裁判法律效果和社会效果的有机统一。[参见第 892 号指导案例,李某某交通肇事案,载《刑事审判参考》总第 94 集(2013 年第 5 集),第 4～5 页。撰稿:曾琳]

▽对酒后驾驶造成重大伤亡的案件,如何区分交通肇事罪与以危险方法危害公共安全罪

被告人中午饮酒后并没有立即开车,而是休息到傍晚 17 时左右才开车,开车撞人后没有继续驾车冲撞,而是立即采取制动措施,表明其对可能发生的危害后果持轻信能够遗免的过失心态,其行为构成交通肇事罪:

(一)被告人杜某在主观上系过于自信的过失,而非间接故意。以危险方法危害公共安全罪和交通肇事罪在犯罪客体(公共安全)、部分犯罪客观方面(驾车行为引发事故)、犯罪主体(一般主体)这三个方面的特征基本相同,但在犯罪主观方面、部分犯罪客观方面又存在明显区别。首先,就主观方面而言,前者的罪过形式是故意,醉酒驾驶案件中多表现为间接故意,即放任的意志状态;而后者的罪过形式是过失,多为过于自信的过失。根据刑法理论界和实务界的通说观点,对此类犯罪的罪过形式,应当根据“主观支配客观,客观反映主观”的原理,结合案件具体情况进行认定。具体而言,应当结合行为人是否具有驾驶资质、是否正常行驶、行驶速度、车况路况、能见度、案发地点车辆及行人多少、肇事后的表现以及行为人关于主观心态的供述、相关证人的证言等情况,进行综合认定。本案认定被告人在主观上没有放任危害结果发生的间接故意,其对三死一伤的后果系过于自信的过失,主要是基于以下三点理由:(1)被告人为避免危害后果发生采取了一定的措施。被告人饮酒后并未立即开车,而是休息数小时后才开车,表明其已经认识到酒后开车对公共安全有较大的危险,并为避免发生这种危险而采取了一定的措施。虽然这项措施客观上没有完全消除醉酒状态,但反映出行为人主观上既不希望也不放任危害后果发生的心态。(2)当被告人意识到其驾驶的汽车撞人后立即采取了制动措施,并下车查看情况,发现确实撞到人后立即报警,表明其并非不顾危害结果的发生,而是对危害后果的发生持反对、否定的态度。(3)被告人的行车速度比较正常,从现场刹车印迹分析,肇事时车速为 68～71 公里/小时,不属于超速行驶,表明被告人不具有因醉酒后过于兴奋而超速驾车放任危害后果发生的故意。

(二)被告人在客观上仅实施了一次撞击的行为。2009 年下发的《最高人民法院关于醉酒驾车犯罪法律适用问题的意见》(本条附文以下简称《意见》)第一条规定:“行为人明知酒后驾车违法、醉酒驾车会危害公共安全,却无视法律醉酒驾车,特别是在肇事后继续驾车冲撞,造成重大伤亡,说明行为人主观上对持续发生的危害结果持放任态度,具有危害公共安全的故意。对此类醉酒驾车造成重大伤亡的,应依法以以危险方法危害公共安全罪定罪。”从《意见》规定的精神分析,行为人发生二次或者二次以上冲撞的,行为人对其行为造成的后果持放任态度的可能性大(在惊慌失措情形下为避免后果发生二次碰撞的除外),倾向认定为以危险方法危害公共安全罪。而行为人仅发生一次冲撞、造成严重后果的,行为人对其造成的后果持反对、否定的可能性大,故倾向认定为交通肇事罪。《意见》所配发的黎某某、孙某某醉酒驾车肇事案均是典型的醉酒驾车连续冲撞的案例。而本案被告人仅发生一次冲撞。现场勘验、检查笔录证实,肇事车辆的制动痕迹从路边斜向路中,有一连续的长26.3米的刹车痕迹,之后肇事车辆停驶,没有再发动。四名被害人被车撞倒的位置分布在制动痕迹起点前后,止于停车位置,其中三名被害人倒地的位置均在制动起点之后。这充分说明被告人驾车撞击被害人系一个连续不间断的过程,且其发现撞人后立即踩刹车制动,只实施了一次撞击行为,而非发现撞人之后停车再开再撞。多名目击证人亦证实这一情节,故对被告人宜以交通肇事罪论处。

需要说明的是,仅发生一次冲撞行为还是有二次或者二次以上冲撞行为,只是体现行为人对危害后果所持意志状态的一个方面,不能将此作为划分交通肇事罪与以危险方法危害公共安全罪的唯一标准。对于仅发生一次冲撞行为的情形,并非绝对排除构成以危险方法危害公共安全罪的可能。对于具有以下情形之一,确有证据证实行为人明知酒后驾车可能发生交通事故,仍执意驾车,导致一次冲撞发生重大伤亡的,仍然可能依法构成以危险方法危害公共安全罪:(1)行为人曾有酒后驾车交通肇事经历的;(2)在车辆密集的繁华地段故意实施超速50%以上驾驶、违反交通信号灯驾驶、逆向行驶等严重威胁道路交通安全的行为;(3)驾车前遭到他人竭力劝阻,仍执意醉驾的;等等。这些情节一定程度上反映出行为人对危害后果可能持放任心态。综上,淮安市楚州区人民法院认定被告人的行为构成交通肇事罪是正确的。虽然被告人认罪态度较好,且积极赔偿了被害方一定的经济损失,但其行为致三死一伤,后果特别严重,故淮安市楚州区人民法院对被告人在法定刑幅度内从重处罚是妥当的。[参见第909号指导案例,杜军交通肇事案,载《刑事审判参考》总第94集(2013年第5集),第82~84页。撰稿:杨华]

▽对于吸食毒品后驾驶机动车发生重大交通事故的行为,应当结合具体案情进行定性分析

交通肇事罪、过失以危险方法危害公共安全罪、以危险方法危害公共安全罪均被规定在刑法分则第二章,侵害的客体均是公共安全。一般违反交通法规的驾驶行为,如超速、闯红灯、逆向行驶等,虽具有一定的危险性,但与放火、决水、爆炸、投放危险物质等危险方法相比,在侵害对象的范围、危害后果的严重程度上存在明显区别,此类违规驾驶行为往往具有一定的可控性,故发生交通事故的一般构成交通肇事罪。但吸毒后驾驶机动车(以下简称毒驾)、醉酒驾驶机动车(以下简称醉驾)的驾驶员处于高度兴奋或者疲惫的不清醒状态,有的甚至出现严重意识障碍、行为失控,其对车辆的操控能力大大减弱,交通事故发生的可能性、危及范围、后果的严重程度均处于不可控的状态,故容易成为与放火、决水、爆炸、投放危险物质等程度相当的危险方法。毒驾、醉驾发生重大事故的案件,对行为人的定性往往需要在交通肇事罪、过失以危险方法危害公共安全罪、以危险方法危害公共安全罪三者中作出辨析。既要从客观上进行审查分析,也要从主观上进行审查分析。如果行为人在意志状态上系反对、否定危害结果发生的态度,即罪过形式系过失,则同时符合过失以危险方法危害公共安全罪和交通肇事罪的构成特征,因二者系一般条款与特别条款的关系,故以交通肇事罪定罪更为妥当;如果行为人在意志状态系放任态度,即罪过形式系间接故意,则构成以危险方法危害公共安全罪;如果行为人在意志状态上系希望态度,即罪过形式系直接故意,则需要判断行为对象是否特定以及是否危害公共安全,在故意杀人罪、故意伤害罪与以危险方法危害公共安全罪等罪中进行辨析。根据本案的事实和证据,并结合相关刑法理论和司法实践,被告人对交通事故的发生在意志状态上系反对、否定态度,即罪过形式为过失,其行为构成交通肇事罪。

第一,在认识因素方面,被告人仅认识到交通事故有发生的可能性而非高度盖然性。对危害结果发生可能性大小的认识程度,是区分间接故意与过于自信的过失的重要因素。间接故意是明知自己的行为会发生危害后果依然实施该行为,即已认识到危害后果发生的高度盖然性,该认识是现实的、具体的、确定的;过于自信的过失认识程度低于间接故意,仅是预见到发生危害后果的可能性,该认识是假定的、抽象的、不确定的,且轻信凭借一定的主客观条件,可以避免结果的发生。过于自信的过失有以下三种情况:一是过高估计自己的能力;二是不当地估计了现实存在的客观条件对避免危害结果的作用;三是误以为结果发生的可能性很小,因而可以避免发生。因个体对毒品的耐受力存在较大差异,分析毒驾者对发生交通事故可能性的认识程度时,既要考察一般人的认知和感受,又要具体考察行为人的认知和感受,即需要结合行为人的吸毒史、吸食毒品的种类、吸毒后的不良反应、驾驶经验以及当时的路况等因素进行综合判断。例如,长期吸食冰毒者通常知道吸毒兴奋之后会产生疲劳感,其仍驾驶车辆,与一般疲劳驾驶者的主观心态类似,轻信凭借自己的驾驶能力可以避免交通事故的发生,系过于自信的过失;但如果该吸毒者明知自己吸食冰毒后必然或者极有可能出现幻觉等意识障碍,仍在繁华路段驾驶车辆,则无论从一般人认知能力还是从行为人的认知能力考察,均应当认定行为人认识到交通事故发生的高度盖然性,其在主观罪过系故意而非过失。本案中,现有证据证实被告人只有两三次吸食氯胺酮的经历,其仅有一次供述称知道吸毒后会失去知觉和自我控制,其余供述均称"没想到会造成这么严重的后果",说明其对自己吸毒后的不良反应认识尚浅,只是模糊、隐约认识到吸毒后驾驶可能会有危险,但过于相信自己的驾驶技术,误以为发生这种危险的可能性较小,即便发生事故,充其量也只是车辆刮擦的小事故。且从常理分析,如果被告人明知其吸毒后会失去知觉,为何还会驾车去接怀孕的女友,将自己和女友陷入高度危险的境地,这种不符合情理的做法也反证其供述是可信的。因此,被告人对毒驾发生交通事故的认知程度符合过于自信的过失的认识情况。

第二,在意志因素方面,被告人对交通事故的发生持反对态度。间接故意与过于自信的过失对危害后果的发生在意志因素上存在质的差别。间接故意是放任危害后果的发生,即行为人虽不希望危害后果发生,但为了追求某种目的而容忍、听任结果发生;过于自信的过失排斥、否定危害结果的发生,但对行为危及的法益表现出消极、不重视的态度。就毒驾者而言,判断其对危害后果的发生持何种态度,需要综合分析其在何种状态下吸毒,吸毒距驾驶的间隔时间,是否采取避免措施,在驾驶途中是否具有超速、逆向行驶、闯红灯等其他违反道路交通安全法的驾驶行为,肇事后是积极救援还是逃匿等情节。例如,驾驶者明知其吸毒后会产生幻觉,严重威胁行车安全,但其毒瘾发作难以控制,为了吸毒而不管不顾这种危险转化为现实的高度盖然性,说明其对交通事故的发生持放任心态。又如,吸毒者在吸毒后彻夜未眠,其意识到吸毒产生的疲劳感会在一定程度上危及行车安全,但以为只要谨慎驾驶就可避免危险发生的,属于过于自信的过失。此外,最高人民法院《意见》提出的从客观行为入手分析醉驾者主观心态的认定方法对判断毒驾者的主观心态也有较强的参照意义。即毒驾者明知发生了第一次碰撞,仍继续驾车冲撞,造成重大伤亡的,说明毒驾者主观上对持续发生的危害结果持放任态度,具有危害公共安全的故意。本案被告人系毒品初吸者,对毒品的依赖性一般,并非处于毒瘾发作期为了吸毒而不管不顾肇事危险的情况。被告人较短的吸毒经历让其误以为发生交通事故的可能性很小,故其未采取避免措施,其在驾驶途中发生严重意识障碍导致行为失控在其意料之外;同时也无证据显示其还实施了其他违反道路交通安全法的驾驶行为。被告人驾车冲撞行人和车辆的碰撞点有4处,但这些碰撞是一次性连续冲撞形成的,并非其意识到第一次冲撞之后为逃离现场而不管不顾继续冲撞的结果。此外,被告人在事故发生后也未逃离。综上,可认定被告人对危害结果的发生持否定态度。

第三,从处理效果看,认定被告人构成交通肇事罪能更好地实现法律效果和社会效果的统一。从实践需要分析,毒驾对道路交通安全造成的威胁甚于酒驾,特别是吸毒者产生幻觉或者意识障碍时,往往造成多人死伤的重大交通事故,对毒驾犯罪应当从严打击。但从刑法的附属性分析,刑事司法应当保持理性、谨慎和谦抑的精神,不能仅因毒驾后果严重就客观归罪,不加区分地一律以以危险方法危害公共安全罪定罪。本案中,被告人毒驾致1人死亡、5人轻伤、7人轻微伤、4车受损,后果特别严重,影响恶劣,依法应当从严惩处。但如上分析,被告人对交通事故的发生在意志上持反对、否定态度,其罪过形式系过失,依照交通肇事罪定罪处罚更能体现罪责刑平衡。此外,从当地政府和一审法院开展工作的情况看,伤者在事故发生后均得到及时救治,大部分医疗费用已由医院垫付,死者亲属及伤者的情绪比较稳定。在前期安抚稳控工作开展较好的基础上,本案以交通肇事罪定性能够取得较好的效果。[参见第918号指导案例,张超泽交通肇事案,载《刑事审判参考》总第94集(2013年第5集),第135~138页。撰稿:曾琳　周祖文　黄超荣]

▽吸毒后驾驶机动车交通肇事造成特别严重后果的,属于刑法第一百三十三条规定的"其他特别恶劣情节"

刑法第一百三十三条对交通肇事罪规定了三个不同的量刑幅度,其中交通运输肇事后逃逸或者有其他特别恶劣情节的,处三年以上七年以下有期徒刑。最高人民法院《解释》第四条对"其他特别恶劣情节"列举了三种情形。本案被告人吸毒后在繁华路段驾车冲撞多车、多人,造成了1人死亡、5人轻伤、7人轻微伤的严重后果,社会影响恶劣,但并不在《解释》规定的上述三种情形之列。在此情况下,能否认定被告人的行为属于"其他特别恶劣情节"。对"其他特别恶劣情节"的把握,要采取原则性与灵活性相统一的原则。

第一,从《解释》第四条的规定看,并未绝对排除该条规定之外的其他情形属于"其他特别恶劣情节"。司法解释是对如何适用法律的进一步明确,既涉及对概念性术语的界定,又涉及对一些具体情节的细化,应当区分司法解释的对象,准确把握其内涵和精神。以《解释》第三条规定为例,该条对"交通运输肇事后逃逸"的解释,就属于概念界定,内容十分明确。而《解释》第四条规定"交通肇事具有下列情形之一的,属于'有其他特别恶劣情节'"。这种列举式的表述方式则相对灵活,对于符合《解释》列举的三种情形之一的,应当认定为"有其他特别恶劣情节",而对其他情形是否属于"其他特别恶劣情节",《解释》则未作出排除性或者禁止性规定。故判断其他情形是否属于"其他特别恶劣情节",可以依照刑法和《解释》规定的精神,结合具体案情作出判断。

第二,从《解释》第二条规定的精神看,应当将吸毒后驾驶致多人死伤的行为认定为"其他特别恶劣情节"。《解释》第二条第一款规定,致1人死亡或者3人以上重伤,负事故全部或者主要责任的,构成交通肇事罪。同时,该条第二款规定,交通肇事致1人以上重伤,负事故全部或者主要责任,并具有该款列举的六种情形之一的,亦构成交通肇事罪。其中,第一项即是"酒后、吸食毒品后驾驶机动车辆的",说明《解释》在交通肇事罪的入罪标准上,区分了一般情形和毒驾等特殊情形。根据这一规定精神,在量刑上也应区分不同情形确定从严处罚的尺度。一般情况下"死亡二人以上或者重伤五人以上,负事故全部或者主要责任的"属于"其他特别恶劣情节",那么,对于具有毒驾情节的,可比照该项规定适当降低致人伤亡的程度。如果毒驾肇事致一人以上死亡、多人受伤的,就可以考虑认定为"其他特别恶劣情节"。本案中,被告人交通肇事致1人死亡、5人轻伤、7人轻微伤,后果特别严重,结合其吸毒后驾车的情节,可以认定为"其他特别恶劣情节",在三年以上七年以下有期徒刑幅度内判处刑罚。鉴于本案社会影响恶劣,一审法院顶格判处被告人有期徒刑七年,准确贯彻体现了宽严相济刑事政策依法从严的精神。[参见第918指导案例,张超泽交通肇事案,载《刑事审判参考》总第94集(2013年第5集),第138~140页。撰稿:曾琳　周祖文　黄超荣]

▽"因逃逸致人死亡"的认定,不以逃逸前的交通肇事行为构成犯罪为前提

《刑法》第一百三十三条规定了构成交通肇事罪的一般情形以及"交通运输肇事后逃逸或者有其他特别恶劣情节"和"因逃逸致人死亡"两种特殊情形。无论是一般情形还是两种特殊情形,最高人民法院《解释》均作了相应的详细解释。《解释》第二条规定了本罪一般情形的构成要件,第三条、第四条分别对"交通运输肇事后逃逸"和"有其他特别恶劣情节"作了详细规定,第五条则对"因逃逸致人死亡"作了解释。根据该解释,"交通运输肇事后逃逸"是指行为人具有该解释第二条第一款规定和第二款第一项至第五项规定的情形之一(均为构成交通肇事罪的一般情形),在发生交通事故后,为逃避法律追究而逃跑的行为;"因逃逸致人死亡",是指行为人在交通肇事后为逃避法律追究而逃跑,致使被害人因得不到救助而死亡的情形。刑法规定的"因逃逸致人死亡"不以逃逸前的交通肇事行为构成交通肇事罪为必要条件,被告人的行为应认定为"因逃逸致人死亡"。

1. 符合刑法规定。《刑法》第一百三十三条先后列明了交通肇事罪的三种类型,且量刑逐步加重,但刑法并未明确规定三者系递进关系,认定后两者应以前者为前提。刑法理论认为,情节加重犯、结果加重犯均系对基本构成要件的修正,但情节加重犯系在基本构成要件基础上增加了加重情节,其构成要件完全覆盖了基本构成要件,从这个意义上,可以说是以基本构成要件为基础。例如,在公共交通工具上抢劫的,除"在公共交通工具上"这一加重情节外,其他要素完全符合基本构成要件。但结果加重犯却不同,其系对犯罪结果这一要素的变更或替代,就不能简单理解为以基本构成要件为基础了。例如,抢劫致人重伤,其构成要件中就没有"轻伤"这一要素的存在空间,刑法和相关司法解释也没有规定必须抢得财物才可成立。又如,非法拘禁致人死亡的,即使行为人的拘禁行为不构成基本犯(符合时间、方式等要求),但只要与死亡结果存在相当的因果关系,即可成立。而刑法所规定的"因逃逸致人死亡"类型中,逃逸为加重情节,"死亡"则为加重结果,因此,其同时存在对基本构成要件的变更和涵盖,就不能认为其应以交通肇事罪基本构成要件为基础了。从犯罪构成角度来看,一个犯罪行为只能有一种确定结果,因逃逸致人死亡的结果只能是逃逸行为导致的"死亡",怎么能同时出现可以构成一般交通肇事的重伤结果和加重处罚的死亡结果呢?

2. 符合司法解释的精神。《解释》对交通肇事中"逃离现场"这一客观行为,在三种场合有相应的不同表述,其含义和法律后果也是不一样的:(1)作为构罪要件。交通肇事致一人重伤,在一般情况下不构成犯罪,只有具备《解释》第二条第二款规定的六种情形,才以交通肇事罪定罪处罚。如根据《解释》第二条第二款第六项的规定,交通肇事致一人以上重伤,负事故全部或者主要责任,为逃避法律追究逃离事故现场的,应当以交通肇事罪定罪处罚。(2)作为法定加重情节。根据《解释》第三条的规定,逃逸前的交通肇事行为已经达到了犯罪的程度,但行为人在发生交通事故后,为逃避法律追究而逃跑的,以"交通运输肇事后逃逸"论处。(3)作为重罪构成要件。《解释》第五条规定,"因逃逸致人死亡"是指"行为人在交通肇事后为逃避法律追究而逃跑,致使被害人因得不到救助而死亡的情形"。通过对《解释》条文的比较研究不难发现,第三条规定的法定加重情节,其前提是逃逸前的交通肇事行为已经构成交通肇事罪的一般情形,即具有《解释》第二条第一款和第二款第一项至第五项规定的情形之一(均为构成交通肇事罪的一般情形),在发生交通事故后,为逃避法律追究而逃跑的行为。而第五条规定的重罪构成要件,不以逃逸前的交通肇事行为已经构成交通肇事罪的一般情形为前提条件。"因逃逸致人死亡"的构成要件有四个:一是行为人逃逸前的行为构成了交通肇事;二是肇事的结果不论是否有人死亡,但肯定有一名以上(含一名)被害人当时没有死亡;三是行为人为逃避法律追究而逃跑,这里的法律追究既包括刑事法律追究,亦包括行政法律追究,甚至包括承担民事赔偿责任,而不局限于刑事法律追究;四是被害人因行为人的逃逸得不到救助而死亡。四个要件中,《解释》重点强调的是"被害人因得不到救助而死亡"。从刑法和《解释》的意图来看,立足点在于鼓励行为人在发生交通事故后,采取积极措施对被害人进行抢救。如果没有逃逸,那么,被害人可能被救活,行为人甚至有不构成犯罪的可能性存在。而如果行为人在交通事故后逃逸,致被害人因得不到救助而死亡,则行为人构成交通肇事罪(特殊情形的重罪)。简言之,如果交通事故发生后,被害人已经死亡,行为人逃逸的,则只构成《解释》第三条规定的法定加重情节,对行为人应当在三年以上七年以下有期徒刑的法定刑范围内处罚;如果被害人没有死亡,但由于行为人的逃逸而致使被害人因得不到救助而死亡的,则行为人的行为构成交通肇事罪的重罪情形,对行为人应当在七年以上有期徒刑的法定刑范围内处罚。

3. 符合司法实践的要求。如果认定为"因逃逸致人死亡"的,只限于行为人逃逸前的交通肇事行为已经构成交通肇事罪的情形。致一人重伤并逃逸的情况,无论如何也不能构成"因逃逸致人死亡",因为其逃逸情节已为交通肇事罪的一般情形所考量,再予认定"因逃逸致人死亡",存在重复评价。这显然超出了一般公众的理解范畴。特别是在实践中,往往发生行为人逃逸后,被害人被后来车辆二次或二次以上碰撞导致死亡的情形。在这种情况下,能够准确确定第一次碰撞构成重伤的微乎其微,因此,也就无法认定第一次碰撞并逃逸的行为是否构成交通肇事罪的一般情形。如此,在第二次碰撞人不负主要或全部责任的情况下,即使被害人无责任,其生命代价也无法得到法律的公正评判。[参见第1118号指导案例,邵大平交通肇事案,载《刑事审判参考》总第105集,第17~20页。撰稿:殷一村　周永敏　毛曼谕]

▽"因逃逸致人死亡"的认定不以行为人在逃逸前的交通肇事行为中的责任大小为前提条件

认定"因逃逸致人死亡"的关键在于确定逃逸行为与死亡结果的因果关系。在一般情况下,行为人逃逸后,被害人仅仅因为没有得到救助而死亡,认定行为人构成"因逃逸致人死亡"不成问题。但在实践中,行为人逃逸后,被害人又被第三人的交通行为碰撞,在这种情况下,因第一次肇事者的逃逸行为与死亡结果间介入了其他因素,因果关系的认定就变得复杂了。

1. 行为人在逃逸前的交通事故中的责任大小不影响"因逃逸致人死亡"的认定。认定"因逃逸致人死亡"不以行为人逃逸前的交通肇事行为构成交通肇事罪为前提,故不需要考量肇事行为的责任认定。在二次碰撞事故中,对第一次的事故责任不加区分即认定存在因果关系,不影响行为人逃逸行为与被害人死亡结果之间是否具有因果关系的判断。因为"交通肇事后逃逸"和"因逃逸致人死亡"的加重处罚基础虽然均为未履行法定义务,但在实践层面,前者的基础侧重于未履行报警、保护现场等义务,以及对其后交通状况所造成的抽象危险等;而后者的救助义务更加突出,并非仅仅是抽象的危险,其作为要求要高于前者。如《道交法》第七十条在规定保护现场、抢救伤员和报警义务时,就没有提及事故责任大小,《解释》第五条亦未有对肇事者的责任要求,故在二次碰撞事故中,即使不考虑将逃逸推定为全责的情况,第一次肇事者的责任大小,也不能成为阻却"因逃逸致人死亡"认定的事由。

2. 介入因素一般不能阻断逃逸行为与被害人死亡的因果关系。二次碰撞交通事故的客观过程为:第一次碰撞—行为人逃逸—被害人无法离开或停留在现场—第二次碰撞—被害人死亡。因此,逃逸行为与死亡结果间介入了两个因素,就需要分析其因果关系是否存在被切断或影响(原因力大小变更)的可能。

(1)被害人行为介入对因果关系的影响。一般而言,被害人的介入因素存在几种情形:①被害人不得不或者几乎必然(通常)实施介入因素;②行为人导致被害人介入异常行为,但结合被害人的心理、精神因素,该介入可视为有通常性;③被害人的行为对结果作用轻微;④被害人的介入有异常性。理论上认为,只有第四种情形下被害人介入因素才阻断行为人的行为与结果间的因果关系。本案中,从被告人车辆左后视镜掉落、前挡风玻璃左下角破裂,左前门撞凹,现场遗留左后视镜等碰撞痕迹,可知第一次碰撞显非轻微碰撞,事发后,被害人在原地呼叫路人帮忙的行为,也不具有异常性,无法得出存在刻意停留的判断。另外,两次碰撞的间隔非常短,被害人的介入因素不能阻断被告人逃逸行为与被害人死亡结果间的因果关系。

(2)第二次碰撞行为介入对因果关系的影响。第二次碰撞行为属第三人介入的问题,其是否阻断第一次行为的因果关系需考量以下因素:①逃逸行为导致结果发生的危险性大小;②介入因素异常性大小;③介入因素对结果发生的作用大小;④介入因素是否为逃逸行为的可控范围。本案地点为车流量大的国道,案发时间为足以影响视线的夜间,被害人被被告人碰撞后仍停留在国道上,因此,被告人的逃逸行为对后续碰撞具有较大的危险和原因力。经认定,两次碰撞对死亡负同等责任,故不能认为后续碰撞具有异常性。如果被告人将被害人挪动到安全位置或采取安全措施,即有避免后续碰撞的可能,其却径行离开。综合考量,后续碰撞不能阻断或影响被告人逃逸行为与被害人死亡结果间的因果关系。[参见第1118号指导案例,邵大平交通肇事案,载《刑事审判参考》总第105集,第20~22页。撰稿:殷一村　周永敏　毛曼谕]

▽正确区分二次碰撞事故中的"因逃逸致人死亡"和不作为故意杀人

最高人民法院《解释》第六条规定,行为人在交通肇事后为逃避法律追究,将被害人带离事故现场后隐藏或者遗弃,致使被害人无法得到救助而死亡或者严重残疾的,应当分别以故意杀人罪或者故意伤害罪定罪处罚。而交通肇事"因逃逸致人死亡"具有一定的不作为属性,且逃逸行为确在主观上具有某种程度的故意,实践中亦有案例认定二次碰撞事故中,逃逸致人死亡构成不作为故意杀人。不作为故意杀人与因逃逸致人死亡之间存在一定的共性:(1)行为人主观目的都是逃避法律追究;(2)行为人都实施了逃跑的行为;(3)行为人逃逸前的交通肇事未必构成交通肇事罪;(4)被害人均未得到救助而死亡。但两者之间的区别也是明显的:(1)前者对被害人的死亡持放任态度,而后者主观上并不希望被害人死亡结果的发生;(2)前者对被害人实施了隐藏或者遗弃等主动作为行为,而后者仅仅是逃逸,未实施其他不利于被害人救助的行为;(3)前者以出现被害人死亡的后果为必要条件,而后者则以出现被害人死亡的后果为必要条件;(4)前者被害人死亡的直接原因是因为无法得到救助,而后者是被害人得不到及时救助。

在二次碰撞事故中,认定行为人的逃逸行为构成不作为的故意杀人罪应当慎重。其一,从法律规定的层面来看,刑法针对"因逃逸致人死亡"已作出明确规定,《解释》第六条也仅规定了"移置性逃逸"以故意杀人罪论处,如果一律认定"因逃逸致人死亡"为不作为故意杀人,则直接导致了"因逃逸致人死亡"规定的虚置。其二,"因逃逸致人死亡"的处理结果较故意杀人罪差距明显,从刑罚设置上看二者的基本模式应有不同。不作为行为与结果之间的关系,至少应达到相当的程度。如对溺水者负有救助义务的人不作为,其行为与死亡结果之间就具有相当因果关系,即被害人死亡的概率非常高,生还具有异常性。而二次碰撞事故中,介入了第三人的行为(第二次碰撞),此因素发生的可能性却远不及溺水案中被害人死亡的概率高。如不对第三人的行为进行评价,仅从形式上认定是否构成不作为犯罪是不恰当的。

在"移置性逃逸"中,移置致被害人死亡的风险升高,相当于拿走溺水者唯一求生的木板,等价于故意杀人。同理,在二次碰撞事故中,也应重点考量被害人因何种原因处于危险状态、危险度、被害人对逃逸者的依赖程度、逃逸者履行义务的难易程度、逃逸者不履行义务对结果的原因力、将结果仅归责于逃逸是否合适等因素,综合判断逃逸行为与故意杀人间是否具有等价性。一般而言,与作为等价的逃逸行为,第二次事故的发生应具有较大的必然性。实践中,事故责任认定具有一定的参考意义(当然,需分析认定理由)。如经认定,第二次碰撞肇事者不负责任,则第二次事故发生具有较大的必然性,逃逸行为对被害人死亡结果具有等价于作为的原因力;如第二次碰撞的第三人负有较大的过错,即其发生具有一定的偶然性,也很难将逃逸行为与再次碰撞致死被害人间的原因力同等考量,应认定为"因逃逸致人死亡"。本案中,经事故责任认定,第一、二次碰撞对被害人的死亡负同等责任,第二次碰撞存有较大过错,但也未达到阻断第一次行为与被害人死亡结果的因果关系的地步。因此,被告人的行为应属犯罪,并应被认定为交通肇事"因逃逸致人死亡"。

综上,一审、二审法院认定被告人系交通肇事逃逸致人死亡,构成交通肇事罪,二审法院综合被告人的自首、赔偿及征得被害人亲属谅解等情况,对其改判有期徒刑三年,缓刑四年,是适当的。[参见第1118号指导案例,邵大平交通肇事案,载《刑事审判参考》总第105集,第22~24页。撰稿:殷一村　周永敏　毛曼谕]

▽认定"交通运输肇事后逃逸",应当定位于为"逃避法律追究而逃跑",且"逃跑"并不限于"当即从现场逃跑"

"交通运输肇事后逃逸"是1997年《刑法》修订时增加规定的加重处罚情节。实践中,交通肇事后逃逸的行为具有较大的危害性,往往导致被害人无法得到救助、损失无法得到赔偿、案件查处难度增大等。刑法本条规定了构成交通肇事罪的一般情形、"交通运输肇事后逃逸或者有其他特别恶劣情节"和

"因逃逸致人死亡"两种特殊情形。根据《解释》第三条的规定,"交通运输肇事后逃逸",是指行为人具有该解释第二条第一款规定和第二款第一至五项规定的情形之一,在发生交通事故后,为逃避法律追究而逃跑的行为。据此,构成交通肇事后逃逸的条件包括以下几方面:一是有交通肇事行为的发生,且符合《解释》第二条第一款规定和第二款第一至五项规定的情形之一。二是为逃避法律追究而逃逸。这里的法律追究包括刑事追究、民事追究、行政追究。实践中,肇事人逃跑的目的大多是想逃避法律追究,但也有少数肇事人逃跑的目的是怕受害方或者其他围观群众因激愤而对其进行报复、殴打等。如果是后者,在逃离现场后,通常能够通过报告单位领导或者报警等方式,自愿接受法律处理。因此,不能推定所有逃离现场的行为都是为逃避法律追究。对逃跑行为作出上述必要的限制,是为了保证准确适用法律,不枉不纵。三是《解释》规定的"逃跑",并没有固定时间和场所的限定。有意见认为,交通肇事后逃逸,应当理解为"逃离事故现场"的行为,实践中大多也属于这种情况。但是,有的肇事人并未在肇事后立即逃离现场(有的是不可能逃跑),而是在将伤者送到医院后或者在等待交通管理部门处理的时候逃跑,类似的情形有很多。如果仅将逃逸界定为当即逃离现场,那么性质同样恶劣的逃避法律追究的行为就得不到相应的追责,可能会影响对这类犯罪行为的惩处。因此,只要是在肇事后为逃避法律追究而逃跑的行为,都应视为"交通肇事后逃逸"。

从《刑法》和《解释》的意图来看,立足点在于鼓励行为人在发生交通事故后,采取积极措施对被害人进行救助。如果没有逃逸,因被害人救治及时,行为人则存在不构成犯罪的可能性。但如果行为人在交通事故后逃逸,致被害人因得不到救助而死亡,则行为人构成交通肇事罪(特殊情形的重罪)。简言之,如果交通事故发生后,被害人已经死亡,行为人逃逸的,则只构成《解释》第三条规定的法定加重情节,对行为人应当在三年以上七年以下有期徒刑的法定刑范围内处罚;如果被害人没有死亡,但由于行为人的逃逸而致使被害人因得不到救助而死亡的,则行为人的行为构成交通肇事罪的重罪情形,应在七年以上有期徒刑的法定刑范围内处罚。本案被害人即使得到及时救治,被救活的可能性也很小,其死亡原因主要是交通肇事所致。特别是就被告人赵某齐而言,其逃逸行为在前期不具有主动性,而是被赵某江搭载离开现场。其在医院醒来后,即使报了警,也已经无法救活被害人。据此,对赵某齐而言,其逃逸行为与被害人的死亡结果之间没有因果关系,因而对赵某齐不能认定"因逃逸致人死亡",而只能就低认定为"交通运输肇事后逃逸"。也就是说,认定赵某齐构成"交通肇事逃逸"是因为其在醒来后有条件报警而不报警,但其醒来后的报警对已经死亡的被害人而言没有"救助"的意义,不属于"因逃逸致人死亡"的情形。[参见第1169号指导案例,赵某江故意杀人、赵某齐交通肇事案,载《刑事审判参考》总第108集,第34~36页。撰稿:陆建红　郭宏伟　詹勇]

第一百三十三条之一　【危险驾驶罪】在道路上驾驶机动车,有下列情形之一的,处拘役,并处罚金:

(一)追逐竞驶,情节恶劣的;

(二)醉酒驾驶机动车的;

(三)从事校车业务或者旅客运输,严重超过额定乘员载客,或者严重超过规定时速行驶的;

(四)违反危险化学品安全管理规定运输危险化学品,危及公共安全的。

机动车所有人、管理人对前款第三项、第四项行为负有直接责任的,依照前款的规定处罚。

有前两款行为,同时构成其他犯罪的,依照处罚较重的规定定罪处罚。(本条是根据《中华人民共和国刑法修正案(九)》之八修改的,2015年11月1日起施行。)

刑法本条原文:在道路上驾驶机动车追逐竞驶,情节恶劣的,或者在道路上醉酒驾驶机动车的,处拘役,并处罚金。

有前款行为,同时构成其他犯罪的,依照处罚较重的规定定罪处罚。(本条是根据《中华人民共和国刑法修正案(八)》之二十二增加的,2011年5月1日起施行。)

■最高人民法院、最高人民检察院、公安部关于办理醉酒驾驶机动车刑事案件适用法律若干问题的意见(全文)(2013年12月18日)

一、在道路上驾驶机动车,血液酒精含量达到80毫克/100毫升以上的,属于醉酒驾驶机动车,依照刑法第一百三十三条之一第一款的规定,以危险驾驶罪定罪处罚。

前款规定的"道路""机动车",适用道路交通安全法的有关规定。

二、醉酒驾驶机动车,具有下列情形之一的,依照刑法第一百三十三条之一第一款的规定,从重处罚:

(一)造成交通事故且负事故全部或者主要责任,或者造成交通事故后逃逸,尚未构成其他犯罪的;

(二)血液酒精含量达到200毫克/100毫升以上的;

(三)在高速公路、城市快速路上驾驶的;

(四)驾驶载有乘客的营运机动车的;

(五)有严重超员、超载或者超速驾驶,无驾驶资格驾驶机动车,使用伪造或者变造的机动车牌证等严重违反道路交通安全法的行为的;

(六)逃避公安机关依法检查,或者拒绝、阻碍公安机关依法检查尚未构成其他犯罪的;

(七)曾因酒后驾驶机动车受过行政处罚或者刑事追究的;

(八)其他可以从重处罚的情形。

三、醉酒驾驶机动车,以暴力、威胁方法阻碍公安机关依法检查,又构成妨害公务罪等其他犯罪的,依照数罪并罚的规定处罚。

四、对醉酒驾驶机动车的被告人判处罚金,应当根据被告人的醉酒程度、是否造成实际损害、认罪悔罪态度等情况,确定与主刑相适应的罚金数额。

五、公安机关在查处醉酒驾驶机动车的犯罪嫌疑人时,对查获经过、呼气酒精含量检验和抽取血样过程应当制作记录;有条件的,应当拍照、录音或者录像;有证人的,应当收集证人证言。

六、血液酒精含量检验鉴定意见是认定犯罪嫌疑人是否醉酒的依据。犯罪嫌疑人经呼气酒精含量检验达到本意见第一条规定的醉酒标准,在抽取血样之前脱逃的,可以以呼气酒精含量检验结果作为认定其醉酒的依据。

犯罪嫌疑人在公安机关依法检查时,为逃避法律追究,在呼气酒精含量检验或者抽取血样前又饮酒,经检验其血液酒精含量达到本意见第一条规定的醉酒标准的,应当认定为醉酒。

七、办理醉酒驾驶机动车刑事案件,应当严格执行刑事诉讼法的有关规定,切实保障犯罪嫌疑人、被告人的诉讼权利,在法定诉讼期限内及时侦查、起诉、审判。

对醉酒驾驶机动车的犯罪嫌疑人、被告人,根据案件情况,可以拘留或者取保候审。对符合取保候审条件,但犯罪嫌疑人、被告人不能提出保证人,也不交纳保证金的,可以监视居住。对违反取保候审、监视居住规定的犯罪嫌疑人、被告人,情节严重的,可以予以逮捕。

■公安部关于印发《严重超员、严重超速危险驾驶刑事案件立案标准(试行)》的通知(全文)(2015年11月20日)

第一条　在道路上驾驶机动车从事校车业务或者公路客运、旅游客运、包车客运,有下列严重超过额定乘员载客情形之一的,可以立案侦查:

(一)驾驶大型载客汽车,载客超过额定乘员50%以上或者超过额定成员15人以上的;

(二)驾驶中型载客汽车,载客超过额定乘员80%以上或者超过额定成员10人以上的;

(三)驾驶小型、微型载客汽车,载客超过额定乘员100%以上或者超过额定成员7人以上的。

第二条　在道路上驾驶机动车从事校车业务或者公路客运、旅游客运、包车客运,有下列严重超过规定时速行驶情形之一的,可以立案侦查:

(一)在高速公路、城市快速路上行驶,超过规定时速50%以上,且行驶时速达到90公里以上;

（二）在高速公路、城市快速路以外的道路上行驶，超过规定时速100%以上，且行驶时速达到60公里以上的；

（三）通过铁路道口、急弯路、窄路、窄桥或者在冰雪、泥泞的道路上行驶，或者掉头、转弯、下陡坡，以及遇雾、雨、雪、沙尘、冰雹等低能见度气象条件时，超过规定时速50%以上，且行驶时速达到30公里以上的；

（四）通过傍山险路、连续下坡、连续急弯等事故易发路段，超过规定时速50%以上，且行驶时速达到30公里以上的。

第三条　机动车所有人、管理人强迫、指使机动车驾驶人实施本标准第一条、第二条所列行为或者有其他负有直接责任情形的，可以立案侦查。

■公安部关于公安机关办理醉酒驾驶机动车犯罪案件的指导意见（2011年9月19日）（见本书附录三十四）

■车辆驾驶人员血液、呼气酒精含量阈值与检验（GB 19522—2010）（全文）（2017年2月28日）

1　范围

本标准规定了车辆驾驶人员饮酒后及醉酒后驾车时血液、呼气中的酒精含量值和检验方法。

本标准适用于驾车中的车辆驾驶人员。

2　规范性引用文件

下列文件对于本文件的应用是必不可少的。凡是注日期的引用文件，仅所注日期的版本适用于本文件。凡是不注日期的引用文件，其最新版本（包括所有的修改单）适用于本文件。

GB/T 21254　呼出气体酒精含量检测仪

GA/T 1073　生物样品血液、尿液中乙醇、甲醇、正丙醇、乙醛、丙酮、异丙醇和正丁醇的顶空－气相色谱检验方法

GA/T 842　血液酒精含量的检验方法

GA/T 843　唾液酒精检测试纸条

3　术语和定义

下列术语和定义适用于本标准。

3.1　车辆驾驶人员　vehicle drivers

机动车驾驶人员和非机动车驾驶人员。

3.2　酒精含量　alcohol concentration

车辆驾驶人员血液或呼气中的酒精浓度。

4　酒精含量值

4.1　酒精含量阈值

车辆驾驶人员饮酒后或者醉酒后驾车血液中的酒精含量阈值见表1。

表1　车辆驾驶人员血液酒精含量阈值

驾驶行为类别	阈值（mg/100ml）
饮酒后驾车	≥20，<80
醉酒后驾车	≥80

4.2　血液与呼气酒精含量换算

车辆驾驶人员呼气酒精含量按1∶2200的比例关系换算成血液酒精含量，即呼气酒精含量值乘以2200等于血液酒精含量值。

5　检验方法

5.1　一般规定

车辆驾驶人员饮酒后或者醉酒后驾车时的酒精含量检验应进行呼气酒精含量检验或者血液酒精含量检验。对不具备呼气或者血液酒精含量检验条件的,应进行唾液酒精定性检测或者人体平衡试验评价驾驶能力。

5.2　呼气酒精含量检验

5.2.1　呼气酒精含量采用呼出气体酒精含量检测仪进行检验。检验结果应记录并签字。

5.2.2　呼出气体酒精含量检测仪的技术指标和性能应符合GB/T 21254规定。

5.2.3　呼气酒精含量检验的具体操作步骤,按照呼出气体酒精含量检测仪的操作要求进行。

5.3　血液酒精含量检验

5.3.1　对需要检验血液中酒精含量的,应及时抽取血样。抽取血样应由专业人员按要求进行,不应采用醇类药品对皮肤进行消毒;抽出血样中应添加抗凝剂,防止血液凝固;装血样的容器应洁净、干燥,按检验规范封装,低温保存,及时送检。检验结果应当出具书面报告。

5.3.2　血液酒精含量检验方法按照GA/T 105或者GA/T 842规定。

5.4　唾液酒精检测

5.4.1　唾液酒精检测采用唾液酒精检测试纸条进行定性检测。检测结果应记录并签字。

5.4.2　唾液酒精检测试纸条的技术指标、性能应符合GA/T 843的规定。

5.4.3　唾液酒精检测的具体操作步骤按照唾液酒精检测试纸条的操作要求进行。

5.5　人体平衡试验

人体平衡试验采用步行回转试验或者单腿直立试验,评价驾驶能力。步行回转试验、单腿直立试验的具体方法、要求和评价标准,见附录A。

附录A

(规范性附录)人体平衡试验

A.1　平衡试验的要求

步行回转试验和单腿直立试验应在结实、干燥、不滑、照明良好的环境下进行。对年龄超过60岁、身体有缺陷影响自身平衡的人不进行此项试验。被试人员鞋后跟不应高于5cm。在试验时,试验人员与被试人员应保持1m以上距离。

A.2　步行回转试验

A.2.1　步行回转试验即被试人员沿着一条直线行走九步,边走边大声数步数(1,2,3,…,9),然后转身按原样返回。试验时,分讲解和行走两个阶段进行。讲解阶段,被试人员按照脚跟对脚尖的方式站立在直线的一端,两手在身体两侧自然下垂,听试验人员的试验过程讲解。行走阶段,被试人员在得到试验人员行走指令后,开始行走。

A.2.2　试验中,试验人员观察以下八个指标,符合二个以上的,视为暂时丧失驾驶能力。

1)在讲解过程中,被试人员失去平衡(失去原来的脚跟对脚尖的姿态);

2)讲解结束之前,开始行走;

3)为保持自身平衡,在行走时停下来;

4)行走时,脚跟与脚尖不能互相碰撞,至少间隔1.5cm;

5)行走时偏离直线;

6)用手臂进行平衡(手臂离开原位置15cm以上);

7)失去平衡或转弯不当;

8)走错步数。

A.3　单腿直立试验

A.3.1　单腿直立试验即被试人员一只脚站立，向前提起另一只脚距地面15cm以上，脚趾向前，脚底平行地面，并大声用千位数计数（1001，1002，1003，…），持续三十秒钟。试验时，分讲解、平衡与计数两个阶段。讲解阶段，被试人员双脚同时站立，两手在身体两侧自然下垂，听试验人员的试验过程讲解。平衡与计数阶段，被试人员一只脚站立并开始计数。

A.3.2　试验中，试验人员观察以下四个指标，符合二个以上的，视为暂时丧失驾驶能力。

1）在平衡时发生摇晃，前后、左右摇摆15 cm以上；

2）用手臂进行平衡，手臂离开原位置15cm以上；

3）为保持平衡单脚跳；

4）放下提起的脚。

■最高人民法院、最高人民检察院关于常见犯罪的量刑指导意见（试行）（2021年7月1日）（见本书附录十三）

▼安徽省高级人民法院、安徽省人民检察院关于二十三种常见犯罪量刑规范的实施细则（试行）（2022年1月16日）（见本书附录十四）

▼安徽省高级人民法院关于审理“醉驾”刑事案件量刑工作指引（2019年6月10日）

第一条　审理“醉驾”刑事案件，应当坚持罪责刑相适应原则，量刑时综合考虑被告人的醉酒程度、机动车类型、车辆行驶道路、行车速度、是否造成实际损害以及认罪悔罪等事实、情节，宽严相济，罚当其罪；对于事实、情节相似的案件所判处的刑罚应当基本均衡，确保裁判法律效果和社会效果的统一。

第二条　醉酒驾驶机动车，血液酒精含量达到80毫克/100毫升以上的，可以在一个月至二个月拘役幅度内确定量刑起点；血液酒精含量每增加60毫克/100毫升，增加一个月刑期。

第三条　醉酒驾驶机动车，且具有下列情形之一的，从重处罚：

（一）发生非单方交通事故且负事故全部或者主要责任，或者造成交通事故后逃逸，尚未构成其他犯罪的；

（二）具有追逐竞驶等其他危险驾驶行为的；

（三）在高速公路、城市快速路上驾驶的；

（四）驾驶校车、危险品运输车、中（重）型货车、工程运输车，或者载有乘客的营运机动车的；

（五）有严重超员、超载或者超速驾驶，无驾驶机动车资格驾驶，使用伪造或者变造的机动车牌证驾驶，明知是不符合安检标准或者已经报废的机动车而驾驶等严重违反道路交通安全法的行为的；

（六）逃避或者拒绝、阻碍公安机关依法检查尚未构成其他犯罪，或者在诉讼期间拒不到案的；

（七）曾因酒后驾驶机动车受过行政处罚或者刑事追究的；

（八）其他应予从重处罚的情形。

第四条　醉酒驾驶机动车，犯罪情节较轻，且具有自首、立功、认罪认罚及积极赔偿经济损失并取得谅解等从轻处罚情节的，在量刑时充分体现从宽处罚政策。

第五条　对醉酒驾驶机动车的被告人并处罚金，应当根据被告人的醉酒程度、是否造成实际损害、认罪悔罪态度等情况，确定与主刑相适应的罚金数额。判处拘役一个月的，可以并处罚金1000～3000元；拘役刑期递增的，可以按照此比例确定相应的罚金数额。

第六条　醉酒驾驶机动车，且具有下列情形之一的，一般不得适用缓刑：

（一）血液酒精含量达到200毫克/100毫升以上的；

（二）血液酒精含量虽然未达到200毫克/100毫升，但是具有本指引第三条规定的从重处罚情节的。

对于具有前款情形，又同时具有本指引第四条规定的从轻处罚情节的，应当综合分析各量刑情节对刑罚的影响;从轻处罚情节更加突出,符合缓刑条件的,对被告人可以适用缓刑。

醉酒驾驶机动车,血液酒精含量未达到200毫克/100毫升,且不具有本指引第三条规定的从重处罚情节,符合缓刑条件的,对被告人可以适用缓刑。

第七条 醉酒驾驶机动车,具有下列情形之一,且不具有本指引第三条规定的从重处罚情节的,可以依照刑法、刑事诉讼法的相关规定对被告人免予刑事处罚:

(一)血液酒精含量未达到130毫克/100毫升的;

(二)血液酒精含量达到130毫克/100毫升以上,尚未达到150毫克/100毫升,系短距离挪动车位、非因检查原因自动停止驾驶、隔夜醉驾等情形的。

对于具有紧急就医、见义勇为等特殊情形,或者有立功表现的,应当根据案件具体情况适当从宽把握,对于犯罪情节轻微不需要判处刑罚的,可以根据刑法、刑事诉讼法的相关规定对被告人免予刑事处罚。

第八条 本指引自下发之日起执行。本指引下发之前已经发生法律效力的案件,不按照本指引予以改动。

▼安徽省人民检察院关于醉酒驾驶机动车刑事案件适用相对不起诉指导意见(2019年10月17日)

一、根据《中华人民共和国刑事诉讼法》第一百七十七条第二款作出不起诉决定(以下简称为"相对不起诉")的,只适用于案件事实清楚、证据确实充分,且认罪态度好,具有悔罪表现的犯罪嫌疑人。

二、对于事实不清、证据不足,不符合起诉条件的案件,应根据《中华人民共和国刑事诉讼法》第一百七十五条第四款的规定,作出不起诉决定。

三、办理相对不起诉案件,除应着重审查犯罪嫌疑人的血液酒精含量、驾驶车辆时间、驾驶车辆种类、行驶道路种类、实际损害后果等重要情节外,还应审查犯罪嫌疑人是否曾经因酒后或者醉酒驾驶机动车被处罚,造成交通事故是否具有其他交通违法等情节。

四、办理相对不起诉案件,应严格遵循"对于一切公民,在适用法律上一律平等,在法律面前,不允许有任何特权"的原则。严格遵守案件办理程序规则。

五、醉酒驾驶机动车,具有下列从重情节的,不适用相对不起诉:

(一)血液酒精含量达到200毫克/100毫升以上的;

(二)造成交通事故且负事故全部或者主要责任,或者造成他人轻伤或造成重大经济损失的,或者造成交通事故后逃逸的;

(三)在高速公路、城市快速路上或在居民区、学校附近等人群密集的区域道路驾驶的;

(四)驾驶载人营运机动车以及B级以上驾照方能驾驶的机动车的;

(五)明知是安全装置不全或者安全机件失灵的机动车而驾驶,明知是无牌证或者已经报废的机动车而驾驶,有严重超员、超载或者超速驾驶、无驾驶资格驾驶机动车,使用伪造或者变造的机动车牌证等严重违反道路交通安全法的行为的;

(六)在公安机关依法检查时,有逃跑、拒绝、阻碍公安机关依法检查,让人顶替等行为的;

(七)曾因酒后驾驶机动车受过行政处罚或者追究刑事追究的;

(八)在诉讼期间有隐瞒身份、不如是供述、拒不到案、酒后驾驶机动车、逃跑,不愿具结悔过等情形的;

(九)造成恶劣影响,引发重大舆情等不宜作相对不起诉情形的;

(十)具有其他可以从重处罚情形的。

六、醉酒驾驶机动车,血液酒精含量在150毫克/100毫升以下,且没有本参考标准第五条规定的从重处罚情节的,可以适用相对不起诉。

七、醉酒驾驶机动车，血液酒精含量超过150毫克/100毫升但低于200毫克/100毫升，没有本参考标准第五条规定的从重处罚情节，具备以下情形的，可以适用相对不起诉：

（一）驾驶车辆的目的并非在道路上行驶，而是为了挪车位，且未发生严重损害后果的；

（二）因事发突然，情况紧急驾驶车辆，且未发生交通事故的；

（三）驾驶车辆行驶一段距离后主动放弃驾驶，且未发生交通事故的；

八、超出本参考标准的规定，因具有立功等从轻情节确需作出相对不起诉决定的，应按照相关规定报上一级人民检察院备案。

●“追逐竞驶”及危险驾驶罪中“情节恶劣”情形的认定

1. 机动车驾驶人员出于竞技、追求刺激、斗气或者其他动机，在道路上曲折穿行、快速追赶行驶的，属于《中华人民共和国刑法》第一百三十三条之一规定的“追逐竞驶”。

2. 追逐竞驶虽未造成人员伤亡或财产损失，但综合考虑超过限速、闯红灯、强行超车、抗拒交通执法等严重违反道路交通安全法的行为，足以威胁他人生命、财产安全的，属于危险驾驶罪中“情节恶劣”的情形。（参见最高人民法院第8批指导案例32号，张某某、金某危险驾驶案，2014年12月18日发布。）

□危险驾驶罪中“追逐竞驶”及“情节恶劣”的认定

根据《中华人民共和国刑法》第一百三十三条之一的规定，行为人在道路上驾驶机动车追逐竞驶，情节恶劣的，以危险驾驶罪定罪处罚。

“追逐竞驶”，一般指行为人出于竞技、追求刺激或者其他目的，二人及以上分别驾驶机动车在公共通行道路、城市道路或者其他道路上竞相行驶，严重影响公共秩序和道路交通安全的驾驶行为。

“情节恶劣”，一般需结合行为人是否有驾驶资格、是否改装大功率车辆及有无合法号牌、是否大幅度超速、是否在密集路段竞驶、是否多次多人竞驶、是否引发事故及恐慌、是否抗拒或躲避执法、是否有饮酒或吸毒等导致控制力下降行为等因素综合判断，其核心应当是该追逐竞驶行为是否导致公共交通安全处于危险状态之下。（上海市浦东新区人民检察院诉张纪伟、金鑫危险驾驶案，载《最高人民法院公报》，2013年卷，第483～485页。）

□醉酒驾驶机动车，情节显著轻微危害不大的，不认为是犯罪或者没有犯罪事实的不起诉案例

犯罪的本质在于行为的社会危害性。办理醉驾型危险驾驶案件，应结合醉酒程度、时空环境、驾驶距离等因素综合判定醉驾行为对公共安全可能造成的危险，对于不具有危险性或者危险性小的，可以依照《刑法》第十三条规定认定为情节显著轻微，危害不大，不认为是犯罪。办理醉驾案件应严格按照危险驾驶罪构成要件认定犯罪事实，对醉酒道路以及机动车等案件基本事实作出准确认定，如醉酒后在一些不具有公共性的场所驾驶机动车的，因不属于《中华人民共和国道路交通安全法》规定的道路，不构成危险驾驶罪。［参见最高人民检察院《关于印发“醉酒驾驶”不起诉典型案例的通知》（2020年12月18日）案例一、二］

□血液酒精含量相对较低，因挪车或交接车辆等原因临时短距离驾驶不起诉案例

醉酒后因挪车、交接车辆等原因在道路上短距离驾驶机动车，具有危害公共安全的危险，属于醉酒驾驶机动车。对此类犯罪是否起诉，需要根据案件具体情节综合判断。对于在允许社会车辆、公众通行的商场、酒店等场所的停车场、广场以及小区附近的道路，醉酒后因挪车、停车入位、交接车辆而短距离驾驶机动车的，对行为社会危害程度和情节轻重的判断，要结合醉酒程度、行车时空环境、是否有损害发生以及主观状态等因素综合考量。其中，醉酒程度较低，驾车时段周边车辆、人员较少，车速较慢，没有发生损害后果或者损害较小（如车辆刮蹭）的，属于犯罪情节轻微，依照刑法规定不需要判处刑罚或者免除刑罚的，可作出不起诉处理。对被不起诉人需要给予行政处罚的，检察机关应当提出检察意见，移送公安机关处理，由公安机关对被不起诉人作出吊销机动车驾驶证，且五年内不得重新取得机动车驾驶证等行政处罚。[最高人民检察院《关于印发“醉酒驾驶”不起诉典型案例的通知》(2020年12月18日)案例三、四、五]

□血液酒精含量相对较低,驾驶摩托车等小型机动车不起诉案例

相对四轮以上的机动车,二轮摩托车等小型机动车载客量小、对公共安全的危害程度相对较小。在办案中要结合具体案情,在法律允许的范围内充分考虑政策效果与法理情的融合,衡量起诉必要性。对于醉酒后驾驶二轮摩托车等小型机动车,血液酒精含量较低,行驶路段行人、车辆较少,不存在从重处罚情形的,可以认定为犯罪情节轻微,依照刑法不需要判处刑罚或者免除刑罚的,可作不起诉处理。[最高人民检察院《关于印发“醉酒驾驶”不起诉典型案例的通知》(2020年12月18日)案例六、七]

□血液酒精含量相对较低,酒后间隔较长时间后驾驶机动车不起诉案例

醉酒驾驶属于故意犯罪,行为人必须认识到自己是在醉酒状态下驾驶机动车,而衡量行为人是否属于“醉酒”,目前主要根据行为人实际的血液酒精含量来判断。饮酒后,由于个人体质不同,体内酒精消解和身体恢复的速度快慢也不同,如果行为人酒后经过较长时间休息,血液中酒精含量降至较低水平,行为人主观上又具有一定的酒后不开车的守法和风险防范意识,没有造成较为严重损害后果的,可以认定为犯罪情节轻微,依照刑法规定不需要判处刑罚或免除刑罚的,可作不起诉处理。[最高人民检察院《关于印发“醉酒驾驶”不起诉典型案例的通知》(2020年12月18日)案例八、九、十]

□血液酒精含量相对较低,因遇紧急情况等驾驶机动车不起诉案例

因特殊情况醉酒驾驶机动车,虽然构成危险驾驶罪,但要结合行为时的实际情况,从醉酒驾驶的紧迫性、不可替代性、是否能期待行为人在当时的情形下考虑更为安全的出行方案等角度,判断行为人是否应当承担刑事责任以及责任轻重。对于确有紧急情况驾车,且血液酒精含量相对较低,驾车时段车流量较少,未因行为人原因发生较为严重的交通事故等,加之有其他法定、酌定从宽情节的,可以认定为情节轻微,依照刑法规定不需要判处刑罚或免除刑罚,可作不起诉处理。[最高人民检察院《关于印发“醉酒驾驶”不起诉典型案例的通知》(2020年12月18日)案例十一、十二]

▽对危险驾驶罪中的“道路”的认定

在危险驾驶案件中,“道路”的认定成为一个很关键的客观要素。本案被告人的血液检材的酒精含量为144.7mg/100ml,达到了醉酒的标准,被告人的行为构成醉酒驾驶没有问题。本案的特殊之处在于,被告人的醉驾行为发生在农村的乡间小道(北京市顺义区仁和镇河南村西口处)上。“乡间小道”能否被认定为危险驾驶罪状中的“道路”。关于道路的范围,2011年修正的道路交通安全法第一百一十九条第一项作了明确界定:“‘道路’是指公路、城市道路和虽在单位管辖范围但允许社会机动车通行的地方,包括广场、公共停车场等用于公众通行的场所。”其中,“公路”“城市道路”的具体范围,根据1999年最高人民法院、公安部联合发布的《关于处理道路交通事故案件有关问题的通知》(已失效)第二条的规定,“公路是指《中华人民共和国公路管理条例》规定的,经公路主管部门验收认定的城间、城乡间、乡间能行驶汽车的公共道路(包括国道、省道、县道和乡道)”。随着“汽车社会”的到来,危险驾驶行为数量直线上升,这一现象带来的潜在危险和现实危害迫使立法者对危险驾驶行为的社会危害性重新作出评价。2011年《刑法修正案(八)》将危险驾驶行为纳入刑法调整范围。危险驾驶罪的直接法益是交通安全危害的是不特定的多数人的生命、健康或者重大公私财产的安全。危险驾驶以一定危险状态的产生作为构成犯罪的基本要件,危险驾驶罪是危险犯,无论是否实际发生了损害后果,都可以构成危险驾驶罪。唯其如此,立法将危险驾驶行为限定发生在“道路”这一特定的空间场域,其保护的不仅是特定事故的受损害方(在发生交通事故的情况下),而且包括不特定的多数人的生命、健康或者重大公私财产的安全。在明确这一立法意图的基础上,对危险驾驶罪中“道路”的理解应重点把握驾驶行为发生地是否具有“公共性”,只要具有“公共性”,就应当认定为“道路”。近年来,随着经济的发展,农村的一些道路出现了明显的公路化演变,行驶的机动车数量大量增多,机动车在农村道路上发生的交通事故也大幅增加。因此,将农村中具有一定规模和较强公共性的农村道路纳入"道路"范畴不仅符合立法的价值取向,而且也顺应了司法实践发展的需要。本案发生在北京市顺义区仁和镇河南村西口处,为了慎重起见,北京市公安局顺义分局交通支队在经过实地调查后,为此地的"公共性"出具了相关证明,"被告人危险驾驶案发地为空旷地,可以通行社会车辆,根据《道路交通安全法》第一百一十九条第一项的规定,符合道路范畴"。因此,将被告人在此地发生的醉驾行为定性为危险驾驶罪,是符合立法规定的。[参见第760号指导案例,谢忠德危险驾驶案,载《刑事审判参考》总第85集(2012年第2集),第30~31页。撰稿:温小洁]

▽在小区道路醉酒驾驶机动车,构成危险驾驶罪

危险驾驶罪属于行政犯,如果没有特别需要扩张或者限制解释的理由,对概念性法律术语的规定应当与其所依附的行政法保持一致。小区是居民聚居的生活场所,居住的人数众多,且随着社会的发展,小区的规模越来越大,小区内车辆通行的路段往往也是行人和非机动车通行的地方,在小区内醉驾对公共安全具有较大的危险性。如果在《中华人民共和国道路交通安全法》(本附文以下简称《道交法》)规定之外,另以"是否作为公共路段穿行"作为认定道路的标准,将不利于保障小区内生活的人民群众人身财产安全。故对小区道路的认定应当与《道交法》的规定精神保持一致,以是否"允许社会车辆通行"作为判断标准。常见的小区对社会车辆的管理方式有以下三种:第一种是开放式管理,即小区管理者在小区进出口未设置卡点,或者虽设置卡点,但从未拦截,社会车辆无须任何手续即可自由进出并在小区内停放;第二种是半开放半封闭式管理,即在小区进出口设卡拦截,社会车辆若要进出小区,需要受访业主的同意、登记车牌号或者交纳一定的停车、通行费用;第三种是封闭式管理,即在小区进出口设卡拦截,非业主车辆一律不允许通行,或者征得受访业主同意后,来访车辆停放在小区指定区域。对于第一种和第三种管理方式下的小区道路的定性争议不大,前者属于典型的"允许"社会车辆通行,后者则相反,不属于"道路"。对于如何界定第二种管理方式下的小区道路的性质,则存在较大争议。对道路的认定关键在于对道路"公共性"的理解。而何为"公共",其最本质的特征在于对象的不特定性。无论单位对其管辖范围内的路段、停车场采取的管理方式是收费还是免费、车辆进出是否需要登记,只要允许不特定的社会车辆自由通行,就属于道路;如果仅允许与管辖单位、人员有业务往来、亲友关系等特定事由的来访者的车辆通行,则不属于允许社会车辆通行。就小区而言,如果来访车辆经业主同意后可停放的,因其进出小区的条件建立在来访者与受访业主的亲友关系之上,故对象相对特定,范围相对较小,此种管理方式下的小区不具有公共性,不属于允许社会车辆通行的地方。若社会车辆只要登记车牌号或者交纳一定费用,即可进出小区、在小区内停放的,则其通行条件并无特定的人身依附关系,对象不特定,范围面向社会大众,在该管理模式下的小区道路、停车场与公共道路、停车场无异,属于允许社会车辆通行的地方。特别是有的地方公共停牢场车位有限,为充分利用社会资源,当地政府出台政策鼓励企事业单位、小区将内部停车场面向公众,实行错时收费停车,社会车辆在单位管辖区域内通行的情况将越来越普遍。如果不将这些停车场认定为道路,将不利于保障这些地方的交通安全。本案在案证据证实,案发地龙江半岛花园物业服务中心与开发商签订的合同约定的是非封闭式管理,实际执行的也是开放式管理,小区非住户车辆可以自由出入小区、在小区内停放,因此,该小区道路具有公共性,属于《道交法》规定的"道路"。被告人在该小区内醉酒驾驶机动车,属于在道路上醉酒驾驶,其行为构成危险驾驶罪。[参见第893号指导案例,廖开田危险驾驶案,载《刑事审判参考》总第94集(2013年第5集),第7~9页。撰稿:李振生]

▽不宜将超标电动自行车认定为"机动车",在道路上醉酒驾驶超标电动自行车的,不构成危险驾驶罪

(一)危险驾驶罪属于行政犯,对"机动车"等概念性法律术语的理解应当与其所对应的行政法规保持一致,不能随意扩大解释。2012年9月1日施行的《机动车运行安全技术条件》(强制性国家标准

GB 7258—2012,本附文以下简称《机动车国标》)将摩托车界定为由动力装置驱动,具有两个或者三个车轮的道路车辆,并将电驱动、最大设计车速不大于20公里/小时、具有人力骑行功能,且整车整备质量、外廓尺寸、电动机额定功率等指标符合国家标准规定的两轮车辆等四类车排除在外。对于超标电动自行车是否属于机动车,相关行政法规并未作出明确规定。虽然根据《机动车国标》对摩托车的规定,部分超标电动自行车符合摩托车的技术条件,似属机动车,但《机动车国标》并未明确规定超标电动自行车属于机动车,只是规定符合国家标准的残疾人机动轮椅车、电动自行车不属于摩托车。退而言之,即使《机动车国标》明确规定超标电动自行车属于机动车,其法律性质与效力也存在疑问。《中华人民共和国标准化法》规定,保障人体健康、人身、财产安全的标准和法律、行政法规规定强制执行的标准是强制标准,必须执行。据此,《机动车国标》属于强制性国家标准,但强制性国家标准是否属于行政法规、部门规章,法律并无明确规定。虽然从其设置的权利义务和效力等实质要件判断,强制性国家标准与部门规章并无实质差异,但从其制定与发布的程序、体系结构、名称内容等形式要件判断,其不属于部门规章,只是接近于行政规范性文件。因此,国家标准对人民法院审理案件有一定的参考价值,但不具有法律规范意义上的约束力。只有行政法规或者部门规章明确规定超标电动自行车属于机动车之后,人民法院才能据此认定超标电动自行车属于法律意义上的机动车。在此之前,不应片面地以超标电动自行车符合《机动车国标》的规定,或者以《道交法》未排除超标电动自行车属于机动车为由,认定醉酒驾驶超标电动自行车或者驾驶超标电动自行车追逐竞驶情节恶劣的行为构成危险驾驶罪。这种认定,属于不合理的扩大解释,违反了罪刑法定原则,在实践层面还会造成行政执法的困境。《道交法》规定,无证驾驶机动车应当受行政处罚,但公安机关交通管理部门从未颁发过超标电动自行车驾驶证,故无权对无证驾驶超标电动自行车的行为进行处罚,对醉驾超标电动自行车者吊销机动车驾驶证的行政处罚更是无从谈起。

(二)公众普遍认为超标电动自行车不属于机动车,此类醉酒驾驶或者追逐竞驶的行为人往往不具有相关违法性认识。与故意杀人、抢劫、强奸等自然犯不同,危险驾驶罪是行政犯,对行为人违法性认识的要求更高。不仅要求行为人认识到自己是在驾驶的事实,还要求行为人认识到驾驶的车辆属于法律意义上的机动车。从该罪防范社会危险的罪质特征考虑,判断行为人是否认识到其驾驶的车辆属于法律意义上的机动车,需要根据一般人的生活经验、认识水平和理解能力进行综合评价。如前所述,国家既未对超标电动自行车的法律属性作出明确规定,又未对其按照机动车进行管理,在此情况下要求普通公众认识到超标电动自行车属于机动车,既不现实,也不妥当,甚至有些强人所难。因此,目前醉酒驾驶超标电动自行车或者驾驶超标电动自行车追逐竞驶的行为人普遍不具有构成危险驾驶罪所需的违法性认识。如对这种行为追究刑事责任,则违背了主客观相统一的定罪原则。

(三)将醉驾超标车等行为以危险驾驶罪定罪处罚,打击面过大,社会效果不好。电动自行车因其方便快捷,已成为人们常用的重要交通工具之一。据统计,我国电动自行车保有量目前已超过1.6亿辆,且逐年快速递增。由于大部分电动自行车都存在超标现象,如果将醉酒驾驶超标电动自行车等行为一律作为犯罪处理,将会大大扩大刑法的打击面。这样的效果并不好,毕竟驾驶电动自行车的绝大多数行为人都是没有前科劣迹的普通公民,一旦被贴上"犯罪人"的标签,对其工作、生活和家庭影响较大,甚至会出现影响社会稳定的不和谐因素。从这个角度考虑,对醉酒驾驶超标电动自行车等行为也不宜作为犯罪处理。行为人驾驶超标电动自行车超速行驶的(超过15公里/小时),可以对其处以警告、罚款或者扣留车辆的行政处罚。如果发生轻微交通事故,可以通过民事赔偿予以补救。如果发生重大交通事故,符合交通肇事罪构成要件的,可以依法处理。当然,一些地方醉酒驾驶超标电动自行车的现象较为严重,发生多起交通事故,也确实需要高度重视超标电动自行车存在的安全隐患。综上考虑,类似本案情形,作无罪处理更为妥当。[参见第894号指导案例,林某危险驾驶案,载《刑事审判参考》总第94集(2013年第5集),第10～15页。撰稿:曾琳]

▽醉酒后在道路上挪动车位的行为构成危险驾驶罪,但属情节轻微,可以不起诉或者免予刑事处罚

(一)行为人只要在道路上醉酒驾驶机动车,即具有法律拟制的危险性,符合危险驾驶罪的客观要件。危险驾驶罪不以发生具体危害后果为构成要件,理论上属于抽象危险犯,即立法上根据一般人的社会生活经验,将在道路上醉酒驾驶机动车的行为类型化为具有发生危害结果的紧迫(高度)危险。该危险不需要司法上的具体判断,只要行为人实施了在道路上醉酒驾驶机动车的行为,就推定其具有该类型化的紧迫危险,符合危险驾驶罪的客观要件。除非根据一般人的社会生活经验,认为具体案件中的特别情况导致该醉驾行为根本不存在任何危险时,司法上才需要进行判断,但这种例外情形在生活中极其罕见。即便是未醉酒情形下的简单倒车行为,因控制不好车速、车距而与其他车辆发生碰撞,甚至将油门当作刹车猛踩,造成他人重伤、死亡的个案也非常普遍,更不用说醉酒状态下的倒车行为;故以驾驶距离较短、速度较慢为由主张醉酒驾驶没有危险,理由上难以成立。本案中,虽然被告人的驾驶目的是将车挪动到几米外的路对面停放,并慢速倒车,但从其行为最终发生与其他车辆碰撞的结果分析,其驾驶能力已受到酒精的严重影响,其醉酒后挪动车位的行为不仅具有发生危害结果的高度危险,而且已发生了实害结果,符合危险驾驶罪的客观要件。

(二)行为人明知自己饮酒仍在道路上驾驶机动车,具有危险驾驶罪的主观故意。危险驾驶罪属于抽象危险犯和行政犯,判断行为人是否具有醉酒驾驶机动车的主观故意,应当充分考虑其罪质特点。犯罪故意是认识因素和意志因素的统一。在认识因素方面,行为人应当对该罪的构成要件要素"道路""醉酒""驾驶""机动车"的社会意义有一定认识。该认识不要求达到确切的程度,行为人只要认识到其是在饮酒后驾驶机动车即可,至于其饮酒后血液酒精含量是否达到80毫克/100毫升、驾驶的路段是否属于法律意义上的道路等内容,均不属于认定行为人犯罪故意的主观要素范围。同时,行为人还应对在道路上醉酒驾驶机动车具有危险性有一定的认识,但该认识以一般人的社会生活经验为根据,而不是以行为人自己的判断为标准,更不要求行为人对危险性程度及是否会发生危害结果有确切具体的认识。在意志因素方面,要求行为人对其在道路上醉酒驾驶机动车可能发生的危险持放任态度。本案中,被告人饮酒后将车交给其女朋友驾驶,表明其已认识到在道路上醉酒驾驶机动车具有高度危险性,且明知这是一种违法行为,故采取了避免措施。但被告人在其女朋友驾车发生事故,民警要求挪动车位时,误认为其饮酒后的驾驶技术仍好于其女朋友而主动上车驾驶,反映出其虽然认识到醉驾行为具有危险性,但为挪动车位而置这种危险状态于不顾,故应当认定其具有危险驾驶的主观故意。

(三)对于为挪动车位而在道路上醉酒驾驶机动车,且行驶距离较短、速度较慢、未发生严重后果的,可以不作为犯罪处理。对于行为人出于符合情理的驾驶目的,在道路上醉酒驾驶机动车的,在定罪处罚时应当深入贯彻宽严相济刑事政策,该从宽的,一定要体现从宽政策。就为挪车而短距离醉驾的案件而言,如果没有发生实际危害结果或者仅发生轻微碰、擦后果的,可以根据具体情节,认定犯罪情节显著轻微,适用"但书"条款,不作为犯罪处理或者作免予刑事处罚处理。如果仅发生轻微的交通事故,致使车辆刮擦、致人轻微伤等,且行为人认罪、悔罪,积极赔偿被害人损失并取得谅解的,也可以不作为犯罪处理或者作免予刑事处罚处理。如果发生致人轻伤以上的交通事故,一般不宜认为犯罪情节显著轻微,但结合具体案情,行为人的认罪、悔罪表现和赔偿情况,为体现从宽处罚精神,可以对被告人适用缓刑。本案中,被告人一开始并无醉酒驾驶机动车的主观故意,而是在其女朋友驾车发生事故,妨碍其他车辆通行,民警要求挪车的特殊情况下,才产生醉驾犯意,故其主观恶性明显小于其他主动醉酒驾驶机动车的行为人。从被告人实施的行为看,其发动汽车后并未快速行驶,而是控制车速缓慢倒车,准备将车停放在几米外的道路对面,该行为的危险性明显小于醉酒驾驶机动车高速行驶、长距离行驶的情形。虽然被告人的醉驾行为发生了实际危害结果,但只是轻微的车辆碰撞,且其积极赔偿车主修车费用,具有认罪、悔罪表现。故综合考虑上述情节,对被告人的行为不作为犯罪处理或者作不起诉处理或者定罪免刑处理均符合法律规定。[参见第895号指导案例,唐浩彬危险驾驶案,载《刑事审判参考》总第94集(2013年第5集),第17～20页。撰稿:刘桂华]

▽醉驾型危险驾驶案件中的犯罪情节轻微的认定

被告人不仅具有多个法定或者酌定从轻处罚情节,且本案案发事由特殊,其系因未满周岁的女儿突发疾病,情急之下才醉酒驾车,应当认定其犯罪情节轻微,对其可以免予刑事处罚。

在醉驾型危险驾驶案件中,以行为和行为人为视角,可将量刑情节分为两类:在行为方面,主要有以下几种情节:(1)醉驾的时空环境,即时间、路段、距离等。包括:醉驾的时间是深夜车辆较少时还是白天车流高峰期,醉驾持续的时间有多长,饮酒与驾驶之间间隔的时间长短;醉驾的路段是繁华闹市还是人迹稀少的区域,是普通道路还是城市快速路、高速公路;被查获时醉驾的距离,离目的地的剩余距离。(2)醉驾的机动车车况。包括:是"铁包肉"的汽车还是"肉包铁"的普通摩托车;是私家车还是正在营运的客车;是符合安全技术条件的机动车还是改装车、报废车;是独自醉驾还是载有亲友醉驾。(3)是否还有其他违反道路交通安全法的行为。包括:无证驾驶或者准驾车型不符;严重超速、超载、超员;违反交通信号;吸毒后驾驶;伪造、变造、遮挡号牌等。(4)醉驾的后果,即是否发生交通事故以及造成后果的严重程度。在行为人方面,主要有以下几种情节:(1)醉酒程度,即行为人的血液酒精含量是刚超过认定醉酒驾驶的标准80毫克/100毫升,还是超出很高。(2)犯罪态度。包括:是否有主动停止醉驾、自首、坦白、立功或者积极赔偿等法定或者酌定从宽处罚情节;是否有拒不配合检查、弃车逃匿,甚至殴打、驾车冲撞执法人员、冲卡等恶劣行为。(3)犯罪动机或者对醉驾行为本身的认识。包括:是否有违法性认识,是否误以为休息数小时或者隔夜之后会醒酒而醉驾;是忽视醉驾对公共安全造成的危险而执意醉驾,还是出于救助他人而不得已醉驾;是否采取避免措施等。(4)行为人的一贯表现。如是否有醉驾、酒驾以及其他前科劣迹。上述情形,基本能够准确反映出醉驾行为的社会危害程度以及行为人的人身危险大小,这是决定对行为人从重或者从轻处罚的重要参考因素。就从宽处罚而言,由于危险驾驶罪是刑法分则中唯一一个主刑设置为拘役的罪名,其轻罪的罪质特点决定了对行为人从宽处罚时,往往需要在缓刑、免予刑事处罚、不作为犯罪处理三者中权衡,为此就有必要准确区分何种情形属于犯罪情节较轻、犯罪情节轻微、犯罪情节显著轻微。仅从上述列举的几类情形中,可以看出醉驾犯罪情况比较复杂,对何种情形属于情节较轻、轻微或者显著轻微,需要在司法实践中不断探索。这也是最高人民法院、最高人民检察院、公安部未在其联合制定的《关于办理醉酒驾驶机动车刑事案件适用法律若干问题的意见》中明确相关认定标准的一个重要原因。

审判实践中,可以尝试从醉驾行为的社会危害程度和行为人的人身危险性大小人手,以"定性+定量"的方式明确以下区分原则:一是对于没有发生交通事故,行为人认罪、悔罪,且无其他法定或者酌定从轻、从重处罚情节的,一般可以认定为醉驾情节较轻;对于虽然发生交通事故,但只造成轻微人身伤害或者财产损失,且被告人积极赔偿取得谅解,无其他从重处罚情节的,也可以认定为醉驾情节较轻;对于既有从轻处罚情节又有从重处罚情节的,是否整体上认定为醉驾情节较轻,应当从严掌握。根据刑法第七十二条的规定,对醉驾情节较轻的,依法可以适用缓刑。二是犯罪情节轻微可以免予刑事处罚的,除不低于缓刑的适用条件外,还应当同时具备以下条件:(1)被告人无从重处罚情节,原则上没有发生交通事故,即便发生交通事故,也仅造成轻微财产损失或者轻微人身伤害,且被告人积极赔偿,取得被害人谅解;(2)至少具备一项法定或者酌定从宽处罚情节,如自首、坦白、立功、自动停止醉驾等;(3)醉酒程度一般,血液酒精含量在160毫克/100毫升以下;(4)有符合情理的醉驾理由,如为救治病人而醉驾、在休息较长时间后误以为醒酒而醉驾、为挪动车位而短距离醉驾等。三是犯罪情节显著轻微可以不认为是犯罪的,除不低于免予刑事处罚的适用条件外,在"量"上应当更加严格把握,要求同时具备:(1)没有发生交通事故或者仅造成特别轻微财产损失或者人身伤害;(2)血液酒精含量在100毫克/100毫升以下;(3)醉驾的时间和距离极短,根据一般人的经验判断,几乎没有发生交通事故的可能性。本案被告人具备多个法定或者酌定从轻处罚的量刑情节:一是未发生实害后果,社会危害性较小。被告人血液酒精含量为89.4毫克/100毫升,刚达到醉驾标准,且其醉驾时间在凌晨1时许,行驶路线非城市主干道,路上车辆行人稀少,相比于醉酒程度高或者在交通繁忙时段和路段的醉驾行为,发生交通事故的风险较低,对道路公共安全造成的威胁很小。二是主观恶性较小。案发当晚,被告人由其司机驾车送至酒店参加同学聚会,说明其对酒后驾车的危险性已有一定认知,并作了相应防范。聚会结束后,被告人派司机去送同学回家,在此期间突然得知未满周岁的女儿发高烧,情急之下没有选择打车或者乘坐其他交通工具回家,而是选择自己醉驾,其救女心切可以得到社会公众广泛理解和宽容,亦是人之常情,故其主观恶性与其他持侥幸心理的醉驾行为人相比要小。三是行为人的人身危险性较小。被告人具有正当职业,以往表现较好,无犯罪前科,是初犯,且到案后如实供述罪行,庭审中具有认罪、悔罪表现。四是本案不存在从重处罚量刑情节。鉴于被告人并非主动停止醉驾,而系被查获而停止醉驾,被查获时已行驶约1.8公里,综合考虑,可以认定被告人的醉驾行为属于"犯罪情节轻微"而非"显著轻微"情形。故依照刑法第三十七条的规定,依法对被告人宣告有罪,但免予刑事处罚,既深入贯彻了宽严相济刑事政策依法从宽精神,也体现了罪责刑相适应原则。[参见第896号指导案例,吴晓明危险驾驶案,载《刑事审判参考》总第94集(2013年第5集),第22~25页。撰稿:施东辉]

▽在醉驾型危险驾驶案件中如何把握缓刑适用标准

危险驾驶罪的犯罪情节较轻,不以是否发生交通事故为划分标准。对于虽然发生交通事故,但事故后果并不严重,且被告人积极赔偿、认罪、悔罪的,综合考虑全案情节,仍可以认定为犯罪情节较轻,对被告人依法可以宣告缓刑。本案中虽然发生了交通事故,但被告人的汽车被公交车追尾时处于停止状态,且案发时间是在凌晨5时,路上车少人稀,事故双方均未受到较大财产损失和人身伤害,也未殃及他人,社会危害性较小。被告人在驾车之前已休息约4小时,属于"隔夜醉驾",尽管该情节不能成为其"出罪"的理由,但反映出其醉酒驾驶的意愿并不强烈,其之所以醉驾与其对自己体内酒精尚未完全代谢、仍处于醉酒状态的认识不够存在重大关系。同时,被告人在发现雾大能见度较低时,为防止发生交通事故而主动停车,体现出其具有防范交通事故危险的主观意愿;被告人案发后如实供述自己的罪行,积极赔偿另一肇事方经济损失并取得谅解。综合上述情节,被告人犯罪情节较轻,主观恶性较小,有悔罪表现,没有再犯危险,对其宣告缓刑对所居住社区没有重大不良影响,依法可以适用刑法第七十二条第一款的规定,对其宣告缓刑。

除上述理由外,对本案的量刑还可以考虑以下因素。醉驾入刑后,每年全国有数万人因醉酒驾驶机动车而成为犯罪分子。这些人绝大部分是遵纪守法、没有前科劣迹的普通公民,年龄主要集中在20岁至45岁,高中以下文化程度者居多,大部分有稳定工作,是家庭主要收入来源。对这部分人动用刑罚虽然能够获得一定的威慑效果,但同时也会对社会产生一定的负面影响。这部分人不仅在羁押服刑期间容易被"交叉感染",刑满释放后可能成为无业人员,增加家庭和社会负担,还有可能变成社会不稳定、不和谐因素,甚至走向社会的对立面。因此,在危险驾驶案件中,一定要贯彻落实好宽严相济刑事政策,不能把醉驾的社会危害过于放大而片面强调从严惩处。缓刑是我国从宽处理法律制度的关键组成部分,是贯彻宽严相济刑事政策的重要体现。缓刑的适用对象是被判处拘役、三年以下有期徒刑的犯罪分子,这表明被判处缓刑的犯罪分子所犯罪行并不十分严重,情节也不恶劣,故人民法院在考虑对犯罪分子是否适用缓刑时,要特别注重考虑其有无再犯罪的可能性,重点分析通过缓刑能否实现对其教育改造的刑罚目的。具体到醉驾型危险驾驶案件,只要被告人系初犯、偶犯,没有曾因酒后驾驶受过行政处罚或者刑事追究,且符合法律规定其他条件时,就有适用缓刑的余地。不过,为达到有效遏制、预防醉驾犯罪的目的,对缓刑的适用也不能失之过宽。对具有发生交通事故、肇事后逃逸、严重超速超载、无证驾驶、逃避或者阻碍公安机关依法检查等从重处罚情节的被告人,适用缓刑时应当从严掌握,一般不适用缓刑。[参见第897号指导案例,魏海涛危险驾驶案,载《刑事审判参考》总第94集(2013

年第5集),第27～29页。撰稿:王瑛　王冬霞]

▽如何把握醉驾型危险驾驶犯罪案件中的量刑情节

在道路上醉酒驾驶机动车的情况较为复杂,不同情形的醉驾,对公共安全的危险程度以及所反映出的行为人的主观恶性、人身危险性有较大差别。在处理醉驾型危险驾驶案件时,应当全面审查醉驾的具体情节,做到区别对待,宽严相济,罚当其罪。可着重考虑以下两个方面:

(一)考察醉酒驾驶的危险程度。从刑法关于危险驾驶罪的规定分析,只要行为符合醉酒驾驶的行为特征,即被认为具有危险性。这种危险是法律拟制的危险,而非现实的、具体的危险,理论上称之为抽象危险。醉酒驾驶对他人人身财产和公共安全造成的危险程度是本罪处罚的依据。考察危险程度的主要参考要素有:(1)行为人是否造成现实的危害,即是否发生交通事故及事故的严重程度,具体包括财产损失和人员受伤情况。(2)行为人案发时的驾驶能力如何,主要以血液酒精含量为判断标准。《车辆驾驶人员血液、呼气酒精含量阈值与检验》(强制性国家标准GB 19522—2010)根据一般人体质,规定驾驶人血液酒精含量大于或者等于80毫克/100毫升的,属于醉酒后驾驶。如果行为人血液酒精含量远远超过该标准,就应当认定其醉酒程度较高,驾驶能力受到较大影响,危险程度也较大,应当从重处罚。如果行为人血液酒精含量刚超过醉驾标准,且未发生交通事故,说明酒精对其驾驶能力的影响不大,现实危险性相对较小,可以酌情从轻处罚。判断驾驶能力的另一个参考因素是行为人有无驾驶资格,即是否属于无证驾驶或者与准驾车型不符。由于驾驶汽车具有高风险性,驾驶人员需要经过培训掌握驾驶技能和道路安全知识,通过考试并取得驾驶证后才有资格在道路上驾车。因此,如果行为人系无证驾驶,即认定其不具备驾驶能力,即使其实际掌握一定的驾驶技能,从严控风险的角度,原则上也应视为其不具备驾驶能力。特别是汽车、货车、客车等对驾驶技术要求较高的机动车,如系无证驾驶,一般可以考虑从重处罚。对于驾驶的车型系对驾驶技术要求相对较低的摩托车,没有发生交通事故的,可以根据案情适当考虑不予从重处罚。(3)行为人是否实施了严重违反道路交通安全法的其他行为。一般情况下,道路交通安全法禁止的行为都涉及安全驾驶,但有的行为如违章停车与安全驾驶关系不大,故判断是否严重违反道路交通安全法行为的标准,是看该违章行为是否对道路交通安全构成现实的严重威胁。如行为人超过规定时速50%以上驾驶,违反交通信号灯,逆向行驶或者违规超车;又如,行为人驾驶车辆的安全性能难以保证的,包括:明知是安全装置不全或者安全机件失灵的机动车而驾驶,明知是拼装、改装或者报废的机动车而驾驶,超载驾驶或者违法载人等。(4)醉驾行为严重威胁到不特定多数人的生命安全,一旦发生交通事故,后果会特别严重。如驾驶营运载客机动车,驾驶载有爆炸物品、易燃易爆化学物品以及剧毒、放射性等危险物品的机动车,在高速公路、城市快速路、闹市区、繁华路段醉驾等。

(二)考察行为人的主观恶性和人身危险大小。可以从行为人在以下三个阶段的表现来判断:(1)实施醉驾行为前的表现。如是否曾因酒后驾驶受过行政处罚或者刑事处罚,是否有多次严重违反道路交通安全法的行为,是否不顾他人劝阻坚持醉驾,是否故意遮挡、污损或者不按照规定安装号牌,或者明知是伪造、变造或者其他机动车号牌而使用的,等等。(2)被查获时的表现,是配合公安机关依法执行检查,还是实施了当场饮酒、锁车门不下车、抵制呼气酒精含量检测或者抗拒抽血检验等不配合检查,甚至冲卡逃避检查、暴力抗拒检查的行为;发生交通事故的,是否积极救援伤者,主动打电话报警,或者明知他人报警而在现场等候警方处理;等等。(3)归案后的认罪悔罪态度。如是否如实供述罪行,当庭表示认罪;是否积极赔偿被害人的经济损失,取得被害人的谅解;等等。本案被告人具有多项从重处罚情节。一是发生了实际的危害后果。被告人驾驶的汽车与被害人的电动车发生碰撞,致被害人倒地受轻微伤。二是醉酒程度较高。其血液酒精含量为193.2毫克/100毫升,远远超过80毫克/100毫升的醉驾标准。三是在肇事后试图逃避法律追究。交通事故发生后,被告人下车稍作查看,随即驾车逃逸,而未对被害人进行救助。四是案发后被告人试图让下属顶罪,在公安机关对其第一次讯问时拒不承认酒后驾车及肇事的事实，企图逃避处罚。五是本案社会影响恶劣。被告人身为警察知法犯法，醉酒驾驶警车，在市区繁华路段发生交通事故后驾车逃逸，现场多名群众围观，社会影响恶劣。同时，被告人也有可以酌情从轻处罚的情节。被告人在庭审中如实供述犯罪事实，悔罪态度较好，且在一审法院主持下与被害人达成民事赔偿调解协议，支付被害人赔偿款人民币3500元，取得被害人的谅解，对其可以酌情从轻处罚。综合考虑以上从重、从轻处罚情节，一审法院对被告人判处拘役五个月，并处罚金人民币五千元，量刑适当，体现了宽严相济刑事政策的精神。[参见第898号指导案例，罗代智危险驾驶案，载《刑事审判参考》总第94集(2013年第5集)，第31～33页。撰稿：江媛　陈军]

▽醉驾型危险驾驶犯罪案件中自首的认定

判断被告人是否具有自首情节，需要考察“自动投案”和“如实供述自己的罪行”两个因素。

1. 关于“自动投案”的认定。醉酒驾驶案件中自动投案的情形与其他刑事案件中的常见情形有一定区别。通常情况下，“自动投案”是被告人在其犯罪事实或者其本人未被司法机关发觉，或者虽被发觉但尚未受到讯问、未被采取强制措施时，主动、直接向司法机关或者所在单位等投案，或者经亲友规劝陪同投案、送其投案。由于醉驾案件一般在公安机关交通管理部门例行检查时案发，或者在发生交通事故后因当事人、群众报警而案发，故被告人主动、直接到司法机关投案自首的情形极少。对于公安机关例行检查的，即使犯罪嫌疑人在被公安人员询问、呼气酒精检查之前主动交代醉酒驾驶的，也不构成自首。因为在此种情形下，虽然犯罪嫌疑人交代具有一定的主动性，但其归案具有被动性，即使其不主动交代，公安人员通过检查也能发现其醉驾的犯罪事实，故应当认定为坦白。对于报警后案发的，具体区分为两种情况：一种情况是发生交通事故后，犯罪嫌疑人主动报警，这属于典型的自动投案。另一种情况是他人报警。对于他人报警的，犯罪嫌疑人在明知他人报警的情况下，仍自愿留在现场等候警方处理，即“能逃而不逃”，且无拒捕行为的，才能视为自动投案。如果犯罪嫌疑人根本不知道他人已经报警而留在现场，或者在得知他人报警后欲逃离现场，但因对方当事人控制或者群众围堵而被动留在现场的，则不能认定为自动投案。犯罪嫌疑人得知他人报警后逃离现场，事后迫于压力又主动到公安机关交代犯罪事实的，可以认定为自动投案。本案被告人在得知对方当事人报警后，在人身未受到控制情况下选择了未逃离现场，自愿留在现场等候警方处理，属于典型的“能逃而不逃”情形，应当认定为“自动投案”。

2. 关于“如实供述自己的罪行”的认定。《最高人民法院关于处理自首和立功具体应用法律若干问题的解释》第一条第二项规定，“如实供述自己的罪行，是指犯罪嫌疑人自动投案后，如实交代自己的主要犯罪事实”。所谓主要犯罪事实，是指对认定犯罪嫌疑人的行为性质有决定意义的事实、情节(基本犯罪构成事实)以及对量刑有重大影响的事实、情节(重大量刑事实)。对于基本犯罪构成事实，犯罪嫌疑人应当全部供述，而无“主”、“次”之分；对于重大量刑事实，则可区分已如实供述与未如实供述部分的严重程度，决定是否认定为“如实供述自己的主要犯罪事实”。如果如实交代的犯罪情节重于未交代的犯罪情节，一般应当认定为如实供述自己的主要犯罪事实；无法区分已交代的与未交代的犯罪情节的严重程度，一般不认定为如实供述自己的主要犯罪事实。对于醉驾型危险驾驶案件，基本构成要件事实包括：在驾车之前是否饮酒；是否驾车上路行驶；驾驶何种车型。其中，是否饮酒是最基本的构成事实，不管犯罪嫌疑人是在见到公安人员后主动交代饮酒事实，还是在公安人员根据其精神状态怀疑其饮酒并对其进行讯问时承认饮酒事实，均属于如实供述自己的罪行。如果犯罪嫌疑人虽然承认饮酒的事实，但不配合甚至采取暴力手段抗拒对其进行呼气酒精含量测试或者血样收集的，不能成立“如实供述自己的罪行”。还有的犯罪嫌疑人在交通肇事后逃逸，待血液中酒精含量极低或者检不出酒精含量后才投案，并否认醉酒驾驶，只承认自己是肇事者，亦不属于“如实供述自己的罪行”。影响犯罪嫌疑人量刑的重要犯罪事实可参考最高人民法院、最高人民检察院、公安部联合制定的《关于办理醉酒驾驶机动车刑事案件适用法律若干问题的意见》(本附文以下简称《意见》)第二条从重处罚情节的规定,包括:是否及如何发生交通事故,饮酒的量、品种、驾驶间隔的时间,是否在高速公路、城市快速路上驾驶,是否有超员、超载、超速驾驶、无证驾驶、使用伪造或者变造的机动车牌证等严重违反道路交通安全法的行为,等等。需要说明的是,《最高人民法院关于处理自首和立功若干具体问题的意见》对"如实供述主要犯罪事实"和"如实供述身份"的认定采用了不同的标准。如实供述的犯罪事实对量刑的影响大于所隐瞒的事实,可以认定为"如实供述主要犯罪事实";而对于隐瞒身份的行为作了"零容忍"规定,只要隐瞒的身份情况对量刑有影响,就不能认定为"如实供述自己的罪行"。因此,对于醉驾型危险驾驶案件,如犯罪嫌疑人隐瞒自己曾因酒后驾驶受过行政处罚或者刑事追究的,不能认定为"如实供述自己的罪行"。本案被告人在公安人员到来后,主动交代其在驾车前饮酒的事实,并配合公安人员对其进行呼气酒精含量测试和抽取血样,应当认定其如实供述自己的罪行。[参见第899号指导案例,黄建忠危险驾驶案,载《刑事审判参考》总第94集(2013年第5集),第35～37页。撰稿:刘福龙　李万勇]

▽醉驾型危险驾驶案件中,根据具体的自首情形决定对被告人的从宽处罚程度

醉驾型危险驾驶案件中,对具有自首情节的被告人是否从宽处罚以及从宽处罚的程度,应当区分不同情形区别对待。根据刑法第六十七条的规定,对于自首的犯罪分子,可以从轻或者减轻处罚。其中,犯罪较轻的,可以免除处罚。危险驾驶罪本身属于轻罪,故被告人具有自首情节的,一般可以从轻处罚。但如前所述,醉酒驾驶案件中被告人自动投案的情形有所不同,有主动报警的,也有他人报警的,故在从轻处罚的程度上应当有所区别。被告人主动报警的,一般应当从轻处罚,其中没有发生交通事故的,或者只造成轻微财产损失,没有人员伤亡的,可以不作为犯罪处理或者免除处罚。在他人报警的情况下,如果被告人未逃离现场是因为精神上受到一定程度的强制而不敢逃逸,则对其从轻处罚的幅度可以小于其主动报警的情况;如果造成较为严重的交通事故(尚不构成交通肇事罪),亦可以考虑不予从轻处罚。对于被告人交通肇事逃逸后自动投案,如实供述自己罪行,构成自首的,可视具体情形决定是否对其从轻处罚以及从轻处罚的幅度,一般不能免除处罚。本案被告人醉酒驾驶二轮摩托车,与被害人驾驶的电动自行车发生碰擦,致二车受损,本应适当从重处罚,在拘役三个月以上判处刑罚。但经查:被告人在他人报警后能够留在现场等候,积极配合警方处理事故,具有自首情节;被告人造成的交通事故不是很严重,仅造成轻微财产损害,且仅负事故的主要责任,而非全部责任;案发后被告人积极赔偿被害人的经济损失,并取得被害人的谅解。综合考虑上述情节,一审法院对被告人从轻判处拘役一个月,并处罚金人民币一千元,量刑适当,比较准确地把握了自首情节在危险驾驶案件中的具体运用。[参见第899号指导案例,黄建忠危险驾驶案,载《刑事审判参考》总第94集(2013年第5集),第37～38页。撰稿:刘福龙　李万勇]

▽醉酒驾驶机动车致使本人重伤的,不构成交通肇事罪,而构成危险驾驶罪

(一)犯罪一般是对他人法益的侵害,单纯的自损行为不构成犯罪。自损行为是指行为人侵害自己法益的行为,这种行为原则上没有违法性,因为在不危及国家、公共安全的前提下,自然人有权在不侵害他人权益的前提下处分自己的权益(对生命权的处分亦除外)。我国刑法及司法解释中以人的伤亡作为定罪量刑条件的,一般不包含对本人造成的伤亡。例如《刑法》第二百三十三条规定的"过失致人死亡的",此处的人显然不包括本人。再如故意伤害罪、过失致人重伤罪,刑法更是直接明确规定为"故意伤害他人身体""过失伤害他人致人重伤"。例外的情形是,如果这种自损行为同时侵害他人的权益,危及国家和公共安全,则应当依法定罪处罚。如军人战时自伤、在自己身上绑上炸弹并在公共场所实施爆炸等。

(二)对《最高人民法院关于审理交通肇事刑事案件具体应用法律若干问题的解释》(本条附文以下简称《解释》)中"致一人以上重伤"中的"人"应当作不包括本人的限缩解释。限缩解释,是指缩小法律条文之文义,使之局限于核心意义,以正确阐释法律条文真实合理含义的解释方法。《解释》中规定的致"人"死亡、致"人"重伤等,如果按照文字本身之义,"人"包括本人和他人,但如此理解就会带来逻辑上的混乱。例如,《解释》第二条第一款第一项规定交通肇事罪的定罪条件之一为"死亡一人或者重伤三人以上,负事故全部或者主要责任的"。很显然,此处的"死亡一人"不包括本人,因为如果本人已死亡,再规定其行为构成犯罪既无法律上的必要,也没有实际意义。从刑法的体系解释来看,同一法条或者关联法条中相同文字的内涵与外延应当是一致的。既然"死亡一人"的"人"不包括本人,那么"重伤三人"的"人"也不应包括本人。同理,该法条第二款中的酒后驾驶"致一人以上重伤"中的"人"也不应当包括本人。

(三)对过失致本人重伤的行为定罪量刑有违社会一般人的认识。犯罪的本质特征是达到应受刑罚处罚程度的社会危害性,即社会危害性达到一定严重程度的行为才构成犯罪,酒后驾车致本人重伤的人,由于其并未对他人造成实际损失,而本人又是事故的实际受害人,往往成为同情对象,如将此种行为定罪处罚,有违常识、常情、常理。从纵向比较,故意伤害自己的行为不构成犯罪,举重以明轻,过失致本人重伤的亦不应构成犯罪。从横向比较,过失致人重伤罪要求致他人重伤才构成犯罪,同为过失犯罪,若在交通肇事案件中过失致本人重伤就构成犯罪,则将破坏罪刑阶梯构建的平衡。

综上,本案被告人醉驾致本人重伤的结果,不应作为交通肇事罪的构成要件进行评价,但其在道路上醉酒驾驶机动车的行为本身已齐备危险驾驶罪的构成要件,依法应当予以惩处。根据最高人民法院、最高人民检察院、公安部2013年12月18日印发的《意见》第二条第一项的规定,对造成交通事故且负事故全部或者主要责任的醉驾行为,应从重处罚。被告人醉酒驾驶无牌照的二轮摩托车,搭载他人并发生交通事故致他人轻伤,本应适用从重处罚原则,但鉴于被告人刚刚成年不久,又因其醉驾行为受了重伤,给其家庭已添加重大负担,如果再施以严厉的刑罚,有违刑罚人道、谦抑之精神,故可对其酌情从宽处罚,判处缓刑更为妥当。[参见第900号指导案例,郑帮巧危险驾驶案,载《刑事审判参考》总第94集(2013年第5集),第40~42页。撰稿:夏伟 李鹏]

▽醉酒驾驶并抗拒执法检查的,应当以危险驾驶罪和妨害公务罪数罪并罚

(一)在道路上醉酒驾驶机动车的行为不适用危险驾驶罪从一重罪处罚的规定。刑法第一百三十三条之一第二款规定:"有前款行为,同时构成其他犯罪的,依照处罚较重的规定定罪处罚。"只有当被告人实施的危险驾驶行为符合危险驾驶罪构成要件的同时,又符合"其他犯罪"构成要件的,才属于第二款规定的"同时构成其他犯罪"的情形。例如,因危险驾驶发生重大事故,致人重伤、死亡或者使公私财产遭受重大损失的,既构成危险驾驶罪,同时也构成交通肇事罪或者以危险方法危害公共安全罪等其他犯罪,这种情况下应以处罚较重的罪名定罪处罚。又如,将危险驾驶行为作为故意杀人、故意伤害、故意毁坏公私财物等其他犯罪的手段,或者出于赌博、寻衅滋事等不法动机追逐竞驶的,该行为构成危险驾驶罪,同时也构成故意杀人罪、故意伤害罪、故意毁坏财物罪、寻衅滋事罪等其他犯罪,此种情形下应当以处罚较重的罪名定罪处罚。本案中,被告人在醉酒后仅出于驾驶机动车的目的在道路上驾驶汽车,没有发生重大事故,该行为仅符合危险驾驶罪的构成要件,不符合其他犯罪的构成要件,故不能适用刑法第一百三十三条之一第二款的规定。

(二)醉酒驾驶并抗拒检查的行为在刑法上应当评价为两个独立的行为,而非一个行为。行为人实施的行为是单一行为还是数个行为,是决定从一重处还是数罪并罚的根据。判断某行为是否属于单一行为,主要考察该行为的客观事实情状是否具有一致性特征,同时兼顾对行为动机的考察,而行为动机只能作为参考因素而非决定因素。符合构成要件的各个自然行为至少在其主要部分互相重合时才能认定是一个行为。本案被告人的行为不具有单一行为的一致性特征。如果被告人采取驾驶汽车冲撞的方式抗拒检查,则驾驶行为与抗拒检查行为互相重合,具有一致性特征。然而事实是,被告人的醉酒驾驶行为和抗拒检查行为相继发生,其下车后抗拒检查时醉酒驾驶行为已经终结,相互间不存在任何的重合。同时,被告人醉酒驾驶和抗拒检查的行为系出于不同的犯罪动机。被告人在道路上醉酒驾驶汽车只是为了实现其从甲地到乙地的交通运输目的;而其抗拒公安机关执法人员检查,则是因为害怕醉驾行为受到处罚，而采取积极对抗的方式逃避法律追究。两者的动机明显不同。可见，被告人醉酒驾驶行为和抗拒检查行为虽然有一定关联，但在性质上是相互独立的两个行为，并非单一行为。

（三）醉酒驾驶并抗拒检查，符合数罪构成要件的，应当数罪并罚。本案被告人明知在道路上醉酒驾驶机动车具有危险性，仍在醉酒状态下驾驶汽车在城市高速路上行驶，置公共安全于不顾，其行为构成危险驾驶罪。该行为造成的危险状态一直持续到被告人被执勤民警拦下为止。此时，被告人的危险驾驶行为已经构成犯罪既遂。此后被告人弃车逃跑，被民警抓获并带至检查站依法检查时，其推搡、拉扯民警，阻碍检查，并将民警打成轻微伤，这一系列举动已经超出危险驾驶罪的行为范畴，属于妨害公务罪中阻碍国家机关工作人员依法执行职务的行为，扰乱了国家管理秩序。综上，被告人在不同故意的支配下，先后实施了两个不同行为，分别符合危险驾驶罪和妨害公务罪的构成特征，应当按照数罪并罚的原则予以处罚。［参见第901号指导案例，于岗危险驾驶、妨害公务案，载《刑事审判参考》总第94集（2013年第5集），第44～45页。撰稿：范莉　王星光　杨柳］

▽行为人酒后在道路上驾驶机动车，因逃逸而无法及时检验其驾驶时的血液酒精含量，但根据其他间接证据能够认定其驾车时已处于醉酒状态的，可以认定其行为构成危险驾驶罪

由于人体内的酒精会因挥发、分解、消化、排泄而逐步减少直至消失，所以对于行为人逃逸以致未能及时进行血液酒精含量鉴定的情形如何处理，实践中做法不一。醉驾入刑后，酒后驾驶抗拒、逃避检查，交通肇事后逃逸的现象逐渐增多，网络上甚至出现了专门为醉酒驾驶行为支招逃避刑事追究的“醉驾肇事逃逸攻略”。这些所谓的“攻略”致使一些醉酒驾驶行为人心存侥幸，误以为只要及时逃脱，待酒精挥发、分解、消化、排泄后，血液酒精含量大幅度下降甚至消失，如此就能够逃避刑法处罚。因此，虽然在绝大多数情况下，应当要求公诉机关提供有关血液酒精含量的鉴定意见，但同时应当保留一定的例外。如果在任何情况下都要求将血液酒精含量鉴定意见作为认定醉酒的唯一依据，则不利于预防和遏制醉驾犯罪，甚至还会纵容醉驾肇事逃逸的行为。司法实践中，根据间接证据定案的情况不在少数，只要间接证据达到确实、充分的证明程度，能够排除合理怀疑的，仍可据此认定为醉酒驾驶。只是在这种情形下，对取证要求更高，要穷尽一切手段收集能够证明行为人在驾驶时处于醉酒状态的各类证据。具体包括以下几类：一是证实行为人在驾驶前曾经饮酒或者肇事时呈现醉态的证人证言、被害人陈述。如与行为人一同饮酒的人和饭店工作人员关于行为人喝酒的时间、品种、数量、度数以及驾车时的状态等情节的证言，目击证人或者被害人描述行为人肇事后步态、神态等状况的证言。二是证实行为人饮酒、驾车离开时的饭店监控录像、道路监控录像等视听资料。三是专业人员的鉴定意见。对于行为人逃逸不久即被抓获，体内还能检出血液酒精含量值，但低于80毫克/100毫升的，可以委托专业人员按照业内通行的10毫克/（100毫升·小时）的血液清除率推算行为人驾驶时的血液酒精含量。四是侦查实验。根据有关证人证言、监控录像等证据证实的行为人饮酒的时间、品种、数量、度数以及驾驶间隔的时间等情节进行侦查实验，“还原”行为人驾驶时的状态后，提取其血样送检。如果血液酒精含量达到80毫克/100毫升，结合上述证据，可以认定行为人驾驶时呈醉酒状态。需要强调的是，鉴于血液酒精含量检验鉴定意见的重要性以及缺失后的不可弥补性，根据间接证据定案，是迫不得已的做法，应当极为慎重。本案被告人孔某在发生交通事故后逃逸，待其归案时早已无法对其驾驶时的血液酒精含量进行检验。但综合分析下述证据，仍可认定其系醉酒驾驶：一是与孔某同桌吃饭的证人张某、田某、李某等人的证言均证实，孔某在吃饭时饮酒，随后驾车离开饭店。孔某亦始终承认自己是酒后驾驶，只是否认其处于醉酒状态。被害人匡某及现场证人证实，司机（孔某）身上有很大的酒味。二是现有证据可以推定孔某驾驶时的血液酒精含量超过80毫克/100毫升。与孔某同桌吃饭的多名证人证实，孔某等5人案发前共喝了2瓶500毫升装52度白酒和2瓶750毫升装13.5度红酒，孔某饮酒后即去驾车。其中，证人李某证实孔某喝得最多，可能喝了半斤白酒，还喝了些红酒；证人钟某证实白酒基本上是孔某等4人平分。根据该二人证言，孔某至少喝了200毫升白酒和数百毫升红酒。孔某供述其"喝了3两(150毫升)白酒和2小杯红酒",与上述证言不符。根据有关专家的检验和分析,一般情况下,饮150毫升低度白酒或者2瓶(约1200毫升)啤酒后血液酒精含量即可达到80毫克/100毫升。即便按孔某的供述就低认定其喝了150毫升高度白酒及数百毫升红酒,其驾驶时血液酒精含量也应超过80毫克/100毫升。经检验,一同喝酒的证人张某的血液酒精含量为128.7毫克/100毫升,在场证人证实,孔某的饮酒数量不低于张某。即便存在个体差异,孔某的血液酒精含量也不会明显低于张某。综上,虽然本案缺少对孔某的血液酒精含量鉴定意见这一关键性证据,但上述证据也可以形成完整的证据链,足以认定孔某危险驾驶的犯罪事实。当然,如果公安机关能够通过侦查实验"还原"孔某驾车肇事时的血液酒精含量,本案证据的充足度将会更高。[参见第904号指导案例,孔某危险驾驶案,载《刑事审判参考》总第94集(2013年第5集),第57~59页。撰稿:赖武　黄超荣　高明黎]

▽公诉机关仅指控危险驾驶罪而未指控妨害作证罪的事实,人民法院不宜径行改判为妨害作证罪

被告人孔某醉酒驾驶机动车发生交通事故后逃逸,为逃避法律追究,找人"顶包",并指使他人作伪证,导致公安机关无法及时进行血液酒精含量检验,妨碍了对其醉酒驾驶机动车追究法律责任的正常办案程序,也导致多名证人因提供虚假证言被行政处罚,侵害了司法机关正常的诉讼活动和公民依法作证的权利,其行为构成妨害作证罪,应当与其所犯危险驾驶罪数罪并罚。需要探讨的问题是,在本案公诉机关未指控被告人孔某妨害作证的犯罪事实的情况下,人民法院特别是二审法院能否根据审理查明的事实,认定孔某的行为构成妨害作证罪?《最高人民法院关于适用〈中华人民共和国刑事诉讼法〉的解释》(已失效)第二百四十一条第一款第二项规定:"起诉指控的事实清楚,证据确实、充分,指控的罪名与审理认定的罪名不一致的,应当按照审理认定的罪名作出有罪判决。"据此,人民法院判决认定的罪名可以不受起诉指控罪名的限制,人民法院有权改变起诉指控的罪名。但适用该条规定的前提在于公诉机关已经起诉指控了相关事实,只是公诉机关和人民法院对该事实的定性问题存在不同认识。而对未指控的事实,即使与已指控的事实有关联,人民法院也不能超出指控范围对被告人进行定罪处罚,否则便违背了刑事诉讼中诉审同一的原则,不利于维护被告人的合法权益。本案中,从应然角度看,被告人孔某找人"顶包"的行为构成妨害作证罪,但公诉机关仅指控其危险驾驶的犯罪事实及罪名,并未指控其实施的妨害作证犯罪事实,只是在相关证据中体现了其实施的妨害作证行为。在此情况下,正确的做法是,二审法院发回重审,由原审法院向公诉机关建议追加起诉被告人妨害作证的犯罪事实,再由人民法院对被告人妨害作证的犯罪事实作出判决,与危险驾驶罪实行并罚。[参见第904号指导案例,孔某危险驾驶案,载《刑事审判参考》总第94集(2013年第5集),第59~60页。撰稿:赖武　黄超荣　高明黎]

▽刑法第一百三十三条之一规定的追逐竞驶情节恶劣的认定

(一)对"追逐竞驶"的认定应当坚持主客观相统一原则。刑法第一百三十三条第一款将在道路上驾驶机动车追逐竞驶情节恶劣的行为与醉酒驾驶机动车的行为一并"入刑",规定此类行为构成危险驾驶罪。对于追逐竞驶型危险驾驶罪的认定,关键在于对"追逐竞驶"与"情节恶劣"的理解和把握。目前,尚无有关"追逐竞驶"的立法解释和司法解释,对其认定需要在司法实践中不断探索、总结经验。对"追逐竞驶"的认定,应当坚持主客观相统一原则,结合行为人的主观心态和客观行为综合判断。就主观方面而言,虽然刑法未将行为人的动机和目的作为该罪的构成要件,但"追逐竞驶"的行为特征决定了实践中行为人多出于竞技、寻求刺激、挑衅泄愤等动机,或者基于赌博牟利等目的,而在道路上驾驶机动车追逐竞驶,故对行为人动机和目的的考察有助于对其行为性质的判断。就客观行为而言,通常表现为以一辆或者多辆机动车为追逐目标,伴有超速行驶、连续违反交通信号灯、曲折变道超车等违章驾驶行为。本案被告人张某某、金某为寻求刺激,相约在城市道路上比拼车技,并实施了超速行驶、违反交通信号灯、曲折变道超车等行为,符合刑法第一百三十三条之一规定的"追逐竞驶"的主客观特征。具体理由如下:一是张某某、金某到案后,均交代其为寻求刺激而开快车比拼车技的作案动机。二被告人均供称,驾驶这种世界顶级摩托车心里感到舒服、刺激,通过穿插并线、超车,能够得到心理满足。由此反映出二被告人抱有比拼车技、以先到为荣的竞技心态。二是道路监控视频、测速鉴定意见等证据证实,张某某、金某均驾驶依法不具有上牌资格的大功率摩托车,在城市主干道严重超速行驶,且相互超越、反复并线、"逢车必超",并伴有多次闯红灯等违章行为,具有"你追我赶"、竞相行驶旳行为特征,符合"追逐竞驶"的客观要件。

(二)对本罪"情节恶劣"的认定应当重点考察追逐竞驶行为对道路交通安全造成的危险程度。既然危险驾驶罪保护的法益是道路交通安全,那么对追逐竞驶型危险驾驶行为"情节恶劣"的认定,就应当重点考察追逐竞驶行为对交通安全造成的危险程度。追逐竞驶的"情节恶劣"具体表现为以下情形:(1)追逐竞驶行为造成交通事故,尚不构成交通肇事罪等其他犯罪的。虽然追逐竞驶属于情节犯,不以发生人员伤亡、财产损失等具体后果为要件,但交通事故的发生说明该追逐竞驶行为已经从刑法拟制的抽象危险转化为现实危害结果,自然应当认定为情节恶劣。(2)伴有多项违反道路交通安全法的行为。追逐竞驶行为本身具有高度危险性,如果还实施了其他违反道路交通安全法的驾驶行为,会进一步提升该行为的危险程度。常见的情形包括:驾驶改装、拼装的机动车,违规超车,严重超速行驶,违反交通信号以及实施其他违反道路安全通行规定的行为。(3)追逐竞驶主观恶性较大的。如曾因追逐竞驶受过行政处罚或者刑事追究的,多人多次追逐竞驶的,酒后、吸食毒品后追逐竞驶的,无驾驶资格驾驶机动车的。(4)在特殊时段、路段追逐竞驶,或者驾驶特殊车型追逐竞驶的,如交通高峰期在城市繁华路段追逐竞驶,造成交通堵塞或者引起公共恐慌的。(5)驾驶载有乘客的营运机动车追逐竞驶的等。本案被告人张某某、金某在道路上驾驶机动车追逐竞驶,具有以下情节:一是驾驶的机动车系无牌、套牌的大功率改装摩托车;二是高速驾驶,在多处路段超速50%以上;三是具有多次闯红灯、曲折变道穿插前车的违章驾驶行为;四是驾驶路段为市区主干道,沿途有多处学校、公交地铁站点、居民小区等人员密集区域,且事发于周五晚上,车流、人流密集;五是在民警设卡拦截盘查时驾车高速逃离。综合上述情节,可以认定二被告人追逐竞驶行为对道路交通安全造成了紧迫的危险,属于刑法第一百三十三条之一规定的"情节恶劣"。

综上,上海浦东新区人民法院根据主客观相统一原则,以被告人张某某、金某在道路上驾驶机动车的行为属于追逐竞驶情节恶劣,认定二人均构成危险驾驶罪,同时,综合考虑二被告人的犯罪情节和认罪、悔罪表现,依法适用缓刑,定罪准确、量刑适当。[参见第906号指导案例,张某某、金某危险驾驶案,载《刑事审判参考》总第94集(2013年第5集),第67～69页。撰稿:曹克睿 丁晓青 张鹏飞]

▽追逐竞驶造成交通事故尚不构成交通肇事罪的,也未达到以危险方法危害公共安全罪危害程度,构成危险驾驶罪

被告人虽实施了危睑驾驶行为,并造成一定的财产损失,但该行为尚未达到与放火、决水、爆炸、投放危险物质等行为相当的危害程度,应当认定其行为构成危险驾驶罪。关于危险驾驶罪与以危险方法危害公共安全罪的辨析,主要注意把握以下两个方面:

(一)要看行为人对追逐竞驶造成的交通事故后果是持过于自信的过失意志还是持希望或者放任的意志。危险驾驶罪是抽象危险犯,只要行为人实施了刑法规定的危险驾驶行为,即认为其行为对交通安全造成了社会一般人均能认识到的危险。因此,行为人在实施危险驾驶行为时一般都明知存在潜在的危险(但不明知必然发生),正因如此,就危险驾驶行为本身而言,行为人都是持故意的意志。然而,值得注意的是,行为人对危险驾驶行为持希望或者放任的意志,并不意味着行为人对危险驾驶行为造成的危害结果也持希望或者放任的意志。汽车本身是一种危险性较大的交通工具,违反道路交通安全通行规定的驾驶行为,不仅会对他人生命财产安全造成危险,也会对驾驶人本人的生命财产安全造成危险。作为一个理性的人,通常不会拿自己的生命安全去冒险,除非有值得其去冒险的动机或者理由。故行为人虽然明知其追逐竞驶行为存在潜在的危险,但轻信自己的驾驶能力,认为该危险不会转化为现实危害。从这个意义上说，危险驾驶罪的行为人对发生交通事故的意志与交通肇事罪一样。而以危险方法危害公共安全罪要求行为人不但明知其实施的危险行为存在潜在的危险，而且希望或者放任这种潜在的危险向现实损害转化。实践中，以以危险方法危害公共安全罪定罪处罚的追逐竞驶行为人在多数情况下也不希望潜在的危险向现实危害转化，只不过为达到某种目的、出于某种动机而最终放任危害后果的发生。例如，行为人出于泄愤目的在道路上追逐竞驶特定车辆，即便在追逐过程中碰撞上其他正常行驶的车辆，但为实现追赶特定车辆的目的，不顾其对道路交通安全造成的现实危害而继续追逐竞驶，从而导致更为严重的交通事故发生。这种是典型的构成以危险方法危害公共安全罪的情形。反观本案，被告人在驾驶途中因与侯某某驾驶的宝来汽车发生别挡，出于争强好胜的斗气心理，临时起意追逐对方车辆，其碰撞上停放在路边的其他车辆后即停止驾驶行为，并下车持砖头砸坏宝来汽车的前挡风玻璃，由此体现出其主观上并不希望或者放任其危险驾驶行为对他人人身财产造成损害，因此，不符合以危险方法危害公共安全罪的主观构成特征。

（二）要看追逐竞驶的行为是否达到与放火、决水、爆炸、投放危险物质等行为相当的危险程度。追逐竞驶行为构成以危险方法危害公共安全罪的，要求该行为具有与放火、决水、爆炸、投放危险物质等行为相当的危险程度。所谓相当的危险程度，既可以体现在该行为对不特定多数人的人身财产安全所带来的潜在危险相当，也可以体现在所造成的现实危害后果相当。作为以危险方法危害公共安全罪构成要件的行为本身具有相当的不可控性，即一旦发生危险，侵害的对象、范围、严重程度具有不可控性。例如，在闹市区繁华路段严重超速追逐竞驶，连续多次撞击多车，致多人重伤、死亡或者使公私财产遭受重大损失的，或者虽然致人受伤程度、财产损失数额尚未达到严重的程度，但侵害对象多、涉及范围广，已对公共安全造成现实侵害的，均符合以危险方法危害公共安全罪的客观要件。而行为人实施追逐竞驶行为，仅发生轻微交通事故（尚未达到构成交通肇事罪的严重事故），侵害对象、范围有限的，说明该行为尚未达到严重危害公共安全的程度，行为人对其驾驶的车辆仍有一定的控制性，故认定为危险驾驶罪更为妥当。本案被告人在车流量相对不大的城镇道路上与他人追逐竞驶，导致双方车辆共同撞上路边停放的其他车辆，仅是一般的交通事故，其危险驾驶行为尚不具有与放火、决水、爆炸及投放危险物质相当的危险程度，因此不符合以危险方法危害公共安全罪的客观特征。

此外，交通肇事罪轻于以危险方法危害公共安全罪，如果对追逐竞驶造成交通事故的行为认定不构成交通肇事罪，但认定构成以危险方法危害公共支全罪，从举轻以明重的角度分析，在定罪逻辑上难以自圆其说。综上，密云县人民法院综合考察被告人实施追逐竞驶行为的主观意志和客观危险程度，认定其行为构成危险驾驶罪是正确的。［参见第907号指导案例，彭建伟危险驾驶案，载《刑事审判参考》总第94集（2013年第5集），第71～73页。撰稿：陈琼　肖江峰　张春喜］

▽危险驾驶仅致本人受伤的，不属于危险驾驶罪构成要件中必须具备的危害结果，是否酌情从宽处罚以及从宽处罚的幅度，需要结合具体案情作出判断

（一）危险驾驶罪不以发生危害结果为入罪要件，醉酒后驾驶机动车即可构成本罪。危险驾驶罪系抽象危险犯，刑法并未以发生实际危害后果作为该罪构成要件。对于抽象危险犯，只要实施了刑法所类型化的危险行为，即该行为只要具有发生危害结果的高度危险，就达到了纳入刑法评价的严重程度。故通常情况下，只要行为人在道路上醉酒驾驶机动车，就可认定其对道路交通安全和他人人身财产安全构成一种紧迫危险的状态，即符合醉驾型危险驾驶罪的构成特征。

（二）危险驾驶案件中发生的交通事故后果是否作为从重处罚情节，需要结合具体情形而定。一般情况下，危险驾驶发生交通事故，说明该行为具有了现实危险性，但是否作为从重处罚情节，仍需区分具体情形。在醉驾型危险驾驶案件中，交通事故这一后果往往只是作为衡量醉酒程度的指标之一。一般而言，发生交通事故比未发生交通事故体现的醉酒程度要更为严重，从而可以在法定刑幅度内从重处罚。当然，血液酒精含量高的，因个体差异也未必发生交通事故，故还应当结合具体案情对交通事故这一后果所带来的量刑影响进行综合评定。危险驾驶行为入刑主要因其侵害了公共安全,即侵害了不特定多数人的人身、财产安全。危险驾驶仅造成本人死亡的,失去了刑法评价的意义;危险驾驶仅造成本人伤害或者财产损失的,也宜将这一后果视为行为人为自己犯罪行为付出的代价,而不宜作为从重处罚情节。这样的理解,也符合相关司法解释的精神。《最高人民法院关于审理交通肇事刑事案件具体应用法律若干问题的解释》第二条关于交通肇事罪的入罪标准和第四条关于交通肇事罪“有其他特别恶劣情节”的规定,将交通肇事的财产损失范围限制在“造成公共财产或者他人财产直接损失”,将肇事者的个人财产损失排除在外。因此,对危险驾驶发生交通事故从重处罚的情形,一般不应包括导致本人伤亡或者财产损失的情况。

(三)对于危险驾驶仅致本人受伤且不具有从重处罚情节的,从刑罚的谦抑精神出发,可以酌情从宽处罚。实践中,因驾驶摩托车属于“肉包铁”,常发生行为人醉酒驾驶摩托车撞到树上、掉进沟里、跌倒在地等致本人伤残的后果。这种情况下,行为人的身体和精神已经因其犯罪行为付出了一定程度的代价,如果再对其施以严厉的刑罚,有违刑罚谦抑精神。特别是在有的案件中,行为人是家庭主要经济支柱,因本人遭受伤残而支出的医疗费用已是一笔沉重的负担,加上失去主要经济来源,容易转化为社会负担和不稳定因素。这种情形下,对仅导致自伤的醉酒驾驶行为人科以刑罚或者重罚,社会效果并不好。当然,在具体把握处罚幅度时,应当主要考虑行为人在道路上醉酒驾驶机动车有无法定从重处罚情节,是否属于犯罪情节较轻、情节轻微或者显著轻微,避免单纯将行为人本人受伤作为判断其醉驾情节轻微与否的主要因素。本案被告人杨某在城市道路上醉酒驾驶摩托车,其血液酒精含量已高达224.06毫克/100毫升,醉酒程度严重,其倒地自伤的结果也说明其驾驶能力受到酒精的严重影响,其驾驶行为具有高度的危险性。考虑到本案没有发生致他人受伤、公私财产损失的交通事故,犯罪情节较轻,故可以对其从轻处罚。这样处理,既以本案具体情节为基础,又适当考虑了被告人自伤的情况,对宽严相济程度的把握更为妥当。[参见第917号指导案例,杨某危险驾驶案,载《刑事审判参考》总第94集(2013年第5集),第130～132页。撰稿:蔡智玉]

▽血液酒精含量检验鉴定意见是认定行为人是否处于醉酒状态的关键依据

醉酒驾驶,是指在醉酒状态下在道路上驾驶机动车的行为。根据《车辆驾驶人员血液、呼吸酒精含量阈值与检验》的规定,车辆驾驶人员血液中的酒精含量大于或者等于80毫克/100毫升的,属于醉酒驾驶。最高人民法院、最高人民检察院、公安部于2013年12月18日联合出台的《意见》第一条沿用了这一数值标准。从刑法规定来看,醉酒驾驶是否构成犯罪不需要司法人员判断醉酒行为是否具有现实的公共危险,只要行为人处于醉酒状态即可构成犯罪。因此,在司法实务中,如何确定行为人的血液酒精含量系认定醉驾最关键的问题。本案被告人孙某某申请了多名事发当晚与其一同吃饭的人出庭作证,用以证明其当晚未曾饮酒。由于这些证人均系当晚与孙某某一同吃饭的人,部分证人与孙某某系朋友关系,部分证人当庭证言与侦查阶段证言存在矛盾,使证人证言的证明效力大打折扣。值得强调的是,认定行为是否构成危险驾驶罪无须证明行为人在何时、何地饮酒,以及具体每次饮酒的数量,而只要借助科学的检验、鉴定来证明行为人驾驶时血液中的酒精含量是否达到80毫克/100毫升,并以此认定行为人是否处于醉酒状态。实践中,交警部门采取的酒精检验主要包括两种方式:呼气酒精含量检验与血液酒精含量检验。在处理醉驾问题时,通常会对驾驶人员先进行呼气酒精含量检验,如果呼气检验结果达到或者接近醉酒标准,再对驾驶人员进行血液酒精含量检验。《意见》第六条第一款规定:“血液酒精含量检验鉴定意见是认定犯罪嫌疑人是否醉酒的依据。”该条规定包含三点含义:

1.认定行为人构成醉驾的基础为血液酒精含量检验鉴定意见。在通常情形下,未经血液酒精含量检验鉴定的,不能定罪。《意见》将血液酒精含量检验鉴定意见明确为行为人是否醉酒的依据,表明实践中只有经过该鉴定,并且鉴定的数值达到醉驾的标准,方可认定行为人构成犯罪,不能仅仅以呼气酒精含量检验结果作为定罪的依据。实践中,交警部门通常会对行为人抽取两管血样标本用作检材,当行为人对鉴定意见不服时,可以申请重新鉴定。本案孙某某即对第一次鉴定意见不服,提出了重新鉴定的申请。相关鉴定部门经重新鉴定,检出孙某某血液中含有乙醇成分,含量为1.57毫克/毫升,已经达到入罪标准。

2. 血液酒精含量检验鉴定的实体、程序均应合法有效。若因存在非法内容而被法院排除,不能定罪。实践中,鉴定意见被认定为非法的情形主要包括:(1)鉴定人资格或者条件的缺失。根据《全国人大常委会关于司法鉴定管理问题的决定》的要求,鉴定机构需要有明确的业务范围,所接收的鉴定业务不能超越该业务范围。鉴定人也必须具备与鉴定能力相适的相关资格和条件。(2)鉴定程序违法或者鉴定方法错误。司法鉴定具有较强的专业性和技术性,若违背了法律、法规和司法解释确定的程序,或者使用了错误的方法,则可能导致鉴定意见被视为非法证据。(3)送检材料真实性存疑。检材来源不明或者受到污染,会导致鉴定意见的非法。存在问题的血液酒精含量检验鉴定意见如被认定为非法证据而予以排除,则不能退而求其次,再以呼气酒精含量检验结果作为定罪依据,而应直接认定行为人无罪。

3. 呼气酒精含量检验结果与血液酒精含量检验鉴定意见存在冲突时,应当以后者为准。由于两种检验形式在方法上、时间上的差别,因此实践中会出现呼气酒精检验与血液酒精检验鉴定意见相冲突的情况。具体来看,主要包括以下三种情形:(1)两种检验结果均达到了醉驾的程度,但呼气酒精检验结果与血液酒精检验鉴定意见存在较大差异;(2)呼气酒精检验结果达到了醉酒的程度,但血液酒精检验鉴定意见没有达到醉酒的程度;(3)呼气酒精检验结果未达到醉酒的程度,但血液酒精检验鉴定意见达到了醉酒的程度。根据《意见》的规定,对以上三种情形,均应当以血液酒精含量检验鉴定意见为准。之所以确立这一原则,主要是因为血液酒精检验鉴定是直接检验驾驶人员血液中的酒精含量,而呼气酒精含量检验是检验驾驶人员呼气中的酒精含量,再按照1:2200的比例换算成血液酒精含量,且血液酒精检验鉴定的程序要求更严格,具有可复查性,故证据效力更高。相比而言,呼气酒精含量检验仅是一种侦查手段,测定的结果更多具有参考和辅助作用,通常无法仅凭其认定行为人构成犯罪。本案中,交警部门依法对孙某某先后进行了呼气酒精含量检验和血液酒精含量检验鉴定。血液酒精含量,也应孙某某的申请而进行了重新鉴定。因此,只要该鉴定意见合法,就应当将其作为定案的依据。[参见第958指导案例,孙某某危险驾驶案,载《刑事审判参考》总第97集(2014年第2集),第8~10页。撰稿:徐振华 朱荩 黄辛]

▽行为人拒绝配合执法,实施不利于自身的行为而产生的法律后果应当自行承担

醉驾入刑以来,执法、司法机关对醉驾行为"零容忍"的打击力度极大地增加了刑法的威慑力,即使是心存侥幸而酒后驾车之人对于被查的后果也往往心知肚明。因此,实践中为逃避处罚,常常会出现五花八门的拒绝配合甚至阻挠交警正常执法的行为。具体来看,主要包括以下几类:一是逃避酒精含量检测,如将自己锁在车内、弃车逃跑等;二是在进行呼气酒精含量检验时不配合,拒绝进行呼气酒精检验;三是在进行呼气酒精含量检验之后通过逃跑等方式逃避血液酒精含量检验;四是在进行相应酒精含量检测时通过故意饮酒等方式破坏检测结果。本案被告人孙某某也多次阻挠交警对其进行酒精含量检验。在交通事故现场不配合交警进行呼气酒精含量检验;当被带至交警中队之后,仍然采取多种手段拒绝进行呼气酒精含量检验,又在呼气酒精含量检验完毕之后逃离;在被抓获之后,当血液酒精含量检验鉴定意见明确其已经达到醉驾标准时,一方面要求重新鉴定,另一方面还辩称曾在逃离交警中队的途中喝酒御寒,提出该血液酒精含量检验鉴定不能作为证据使用。

对于行为人拒绝配合执法,实施不利于其自身的行为,从而产生的法律后果应当由行为人承担:(1)从证据认定的角度分析,当侦查机关掌握了证明行为人构成犯罪的初步证据后,行为人即具有配合侦查机关完成侦查取证的义务,若此时行为人故意通过使自己陷于更不利地位的方式来污染证据,则应当相应降低对控方的证明要求,从而将该不利后果归于行为人本人承担。(2)从社会导向的角度分析,规避法律责任往往是当事人趋利避害的反应,若对呼气酒精含量超标的行为人免除了配合侦查的义务,则可能诱导当事人采取各种方式规避法律责任,如此将不利于保障公共交通安全和人身安全,也不利于维护司法的公正性。因此,只有将行为人故意导致的不利后果归于其本人承担,方能有效避免其通过规避法律的方式获得非法利益。在本案中,呼气酒精含量检验结果证明孙某某具有醉酒驾驶的嫌疑,此时孙某某即具有配合交警完成相关侦查工作的义务,但其却私自逃跑,并辩称逃跑过程中又喝酒御寒,即使该辩解客观真实,再次饮酒后的不利后果也应由行为人本人承担,故随后进行的血液酒精含量检验仍然可以作为证据,用以证明行为人构成危险驾驶罪。

本案的处理虽然在《意见》公布实施之前,但处理方法和结果完全符合《意见》的规定。《意见》第六条第一款规定:"犯罪嫌疑人经呼气酒精含量检验达到本意见第一条规定的醉酒标准,在抽取血样之前脱逃的,可以以呼气酒精含量检验结果作为认定其醉酒的依据。"该条第二款规定:"犯罪嫌疑人在公安机关依法检查时,为逃避法律追究,在呼气酒精含量检验或者抽取血样前又饮酒,经检验其血液酒精含量达到本意见第一条规定的醉酒标准的.应当认定为醉酒。"可见,针对行为人存在的不配合情形,《意见》的规定与本案中无锡市两级法院的处理原则基本一致,将因行为人恶意阻碍酒精含量检验行为导致的不利后果归由其本人承担。与此同时,为补强相关证据,《意见》第五条还明确规定:"有条件的,应当拍照、录音或者录像;有证人的,应当收集证人证言。"该规定旨在提醒办案人员应当通过采集证人证言、拍照、录音或者录像等方式,有效固定现场证据。如此,既能保障被告人的人权,也能证明侦查人员办案过程的合法性。[参见第958指导案例,孙某某危险驾驶案,载《刑事审判参考》总第97集(2014年第2集),第10～12页。撰稿:徐振华　朱荩　黄辛]

第一百三十三条之二　【妨害安全驾驶罪】对行驶中的公共交通工具的驾驶人员使用暴力或者抢控驾驶操纵装置,干扰公共交通工具正常行驶,危及公共安全的,处一年以下有期徒刑、拘役或者管制,并处或者单处罚金。

前款规定的驾驶人员在行驶的公共交通工具上擅离职守,与他人互殴或者殴打他人,危及公共安全的,依照前款的规定处罚。

有前两款行为,同时构成其他犯罪的,依照处罚较重的规定定罪处罚。(本条是根据《中华人民共和国刑法修正案(十一)》之二增加的,2021年3月1日起施行。)

第一百三十四条　【重大责任事故罪】在生产、作业中违反有关安全管理的规定,因而发生重大伤亡事故或者造成其他严重后果的,处三年以下有期徒刑或者拘役;情节特别恶劣的,处三年以上七年以下有期徒刑。

【强令、组织他人违章冒险作业罪】强令他人违章冒险作业,或者明知存在重大事故隐患而不排除,仍冒险组织作业,因而发生重大伤亡事故或者造成其他严重后果的,处五年以下有期徒刑或者拘役;情节特别恶劣的,处五年以上有期徒刑。(本条第二款是根据《中华人民共和国刑法修正案(十一)》之三修改的,2021年3月1日起施行。)

刑法本条第二款原文:【强令违章冒险作业罪】强令他人违章冒险作业,因而发生重大伤亡事故或者造成其他严重后果的,处五年以下有期徒刑或者拘役;情节特别恶劣的,处五年以上有期徒刑。(此条根据《中华人民共和国刑法修正案(六)》之一修改,2006年6月29日起施行。)

刑法本条原文:【重大责任事故罪】工厂、矿山、林场、建筑企业或者其他企业、事业单位的职工,由于不服管理、违反规章制度,或者强令工人违章冒险作业,因而发生重大伤亡事故或者造成其他严重后果的,处三年以下有期徒刑或者拘役;情节特别恶劣的,处三年以上七年以下有期徒刑。

■最高人民法院、最高人民检察院关于办理危害生产安全刑事案件适用法律若干问题的解释
(2015年12月16日)

第一条　刑法第一百三十四条第一款规定的犯罪主体,包括对生产、作业负有组织、指挥或者管理职责的负责人、管理人员、实际控制人、投资人等人员,以及直接从事生产、作业的人员。

第二条 刑法第一百三十四条第二款规定的犯罪主体,包括对生产、作业负有组织、指挥或者管理职责的负责人、管理人员、实际控制人、投资人等人员。

第五条 明知存在事故隐患、继续作业存在危险,仍然违反有关安全管理的规定,实施下列行为之一的,应当认定为刑法第一百三十四条第二款规定的"强令他人违章冒险作业":

(一)利用组织、指挥、管理职权,强制他人违章作业的;

(二)采取威逼、胁迫、恐吓等手段,强制他人违章作业的;

(三)故意掩盖事故隐患,组织他人违章作业的;

(四)其他强令他人违章作业的行为。

第六条 实施刑法第一百三十二条、第一百三十四条第一款、第一百三十五条、第一百三十五条之一、第一百三十六条、第一百三十九条规定的行为,因而发生安全事故,具有下列情形之一的,应当认定为"造成严重后果"或者"发生重大伤亡事故或者造成其他严重后果",对相关责任人员,处三年以下有期徒刑或者拘役:

(一)造成死亡一人以上,或者重伤三人以上的;

(二)造成直接经济损失一百万元以上的;

(三)其他造成严重后果或者重大安全事故的情形。

实施刑法第一百三十四条第二款规定的行为,因而发生安全事故,具有本条第一款规定情形的,应当认定为"发生重大伤亡事故或者造成其他严重后果",对相关责任人员,处五年以下有期徒刑或者拘役。

实施刑法第一百三十七条规定的行为,因而发生安全事故,具有本条第一款规定情形的,应当认定为"造成重大安全事故",对直接责任人员,处五年以下有期徒刑或者拘役,并处罚金。

实施刑法第一百三十八条规定的行为,因而发生安全事故,具有本条第一款第一项规定情形的,应当认定为"发生重大伤亡事故",对直接责任人员,处三年以下有期徒刑或者拘役。

(第七条、第十二条至第十七条内容见本书刑法第一百三十二条后附文相关条款)

■最高人民法院关于进一步加强危害生产安全刑事案件审判工作的意见(2011年12月30日)

三、正确确定责任

6. 审理危害生产安全刑事案件,政府或相关职能部门依法对事故原因、损失大小、责任划分作出的调查认定,经庭审质证后,结合其他证据,可作为责任认定的依据。

7. 认定相关人员是否违反有关安全管理规定,应当根据相关法律、行政法规,参照地方性法规、规章及国家标准、行业标准,必要时可参考公认的惯例和生产经营单位制定的安全生产规章制度、操作规程。

8. 多个原因行为导致生产安全事故发生的,在区分直接原因与间接原因的同时,应当根据原因行为在引发事故中所具作用的大小,分清主要原因与次要原因,确认主要责任和次要责任,合理确定罪责。

一般情况下,对生产、作业负有组织、指挥或者管理职责的负责人、管理人员、实际控制人、投资人,违反有关安全生产管理规定,对重大生产安全事故的发生起决定性、关键性作用的,应当承担主要责任。

对于直接从事生产、作业的人员违反安全管理规定,发生重大生产安全事故的,要综合考虑行为人的从业资格、从业时间、接受安全生产教育培训情况、现场条件、是否受到他人强令作业、生产经营单位执行安全生产规章制度的情况等因素认定责任,不能将直接责任简单等同于主要责任。

对于负有安全生产管理、监督职责的工作人员,应根据其岗位职责、履职依据、履职时间等,综合考察工作职责、监管条件、履职能力、履职情况等,合理确定罪责。

四、准确适用法律

9. 严格把握危害生产安全犯罪与以其他危险方法危害公共安全罪的界限,不应将生产经营中违章违规的故意不加区别地视为对危害后果发生的故意。

10. 以行贿方式逃避安全生产监督管理,或者非法、违法生产、作业,导致发生重大生产安全事故,构成数罪的,依照数罪并罚的规定处罚。

违反安全生产管理规定,非法采矿、破坏性采矿或排放、倾倒、处置有害物质严重污染环境,造成重大伤亡事故或者其他严重后果,同时构成危害生产安全犯罪和破坏环境资源保护犯罪的,依照数罪并罚的规定处罚。

11. 安全事故发生后,负有报告职责的国家工作人员不报或者谎报事故情况,贻误事故抢救,情节严重,构成不报、谎报安全事故罪,同时构成职务犯罪或其他危害生产安全犯罪的,依照数罪并罚的规定处罚。

12. 非矿山生产安全事故中,认定"直接负责的主管人员和其他直接责任人员"、"负有报告职责的人员"的主体资格,认定构成"重大伤亡事故或者其他严重后果"、"情节特别恶劣",不报、谎报事故情况,贻误事故抢救,"情节严重"、"情节特别严重"等,可参照最高人民法院、最高人民检察院《关于办理危害矿山生产安全刑事案件具体应用法律若干问题的解释》(已废止——编者注)的相关规定。

五、准确把握宽严相济刑事政策

13. 审理危害生产安全刑事案件,应综合考虑生产安全事故所造成的伤亡人数、经济损失、环境污染、社会影响、事故原因与被告人职责的关联程度、被告人主观过错大小、事故发生后被告人的施救表现、履行赔偿责任情况等,正确适用刑罚,确保裁判法律效果和社会效果相统一。

14. 造成《关于办理危害矿山生产安全刑事案件具体应用法律若干问题的解释》(已废止——编者注)第四条规定的"重大伤亡事故或者其他严重后果",同时具有下列情形之一的,也可以认定为刑法第一百三十四条、第一百三十五条规定的"情节特别恶劣":

(一)非法、违法生产的;

(二)无基本劳动安全设施或未向生产、作业人员提供必要的劳动防护用品,生产、作业人员劳动安全无保障的;

(三)曾因安全生产设施或者安全生产条件不符合国家规定,被监督管理部门处罚或责令改正,一年内再次违规生产致使发生重大生产安全事故的;

(四)关闭、故意破坏必要安全警示设备的;

(五)已发现事故隐患,未采取有效措施,导致发生重大事故的;

(六)事故发生后不积极抢救人员,或者毁灭、伪造、隐藏影响事故调查的证据,或者转移财产逃避责任的;

(七)其他特别恶劣的情节。

15. 相关犯罪中,具有以下情形之一的,依法从重处罚:

(一)国家工作人员违反规定投资入股生产经营企业,构成危害生产安全犯罪的;

(二)贪污贿赂行为与事故发生存在关联性的;

(三)国家工作人员的职务犯罪与事故存在直接因果关系的;

(四)以行贿方式逃避安全生产监督管理,或者非法、违法生产、作业的;

(五)生产安全事故发生后,负有报告职责的国家工作人员不报或者谎报事故情况,贻误事故抢救,尚未构成不报、谎报安全事故罪的;

(六)事故发生后,采取转移、藏匿、毁灭遇难人员尸体,或者毁灭、伪造、隐藏影响事故调查的证据,或者转移财产,逃避责任的;

(七)曾因安全生产设施或者安全生产条件不符合国家规定,被监督管理部门处罚或责令改正,一年内再次违规生产致使发生重大生产安全事故的。

16. 对于事故发生后,积极施救,努力挽回事故损失,有效避免损失扩大;积极配合调查,赔偿受害人损失的,可依法从宽处罚。

六、依法正确适用缓刑和减刑、假释

17. 对于危害后果较轻,在责任事故中不负主要责任,符合法律有关缓刑适用条件的,可以依法适用缓刑,但应注意根据案件具体情况,区别对待,严格控制,避免适用不当造成的负面影响。

18. 对于具有下列情形的被告人,原则上不适用缓刑:

(一)具有本意见第14条、第15条所规定的情形的;

(二)数罪并罚的。

19. 宣告缓刑,可以根据犯罪情况,同时禁止犯罪分子在缓刑考验期限内从事与安全生产有关的特定活动。

20. 办理与危害生产安全犯罪相关的减刑、假释案件,要严格执行刑法、刑事诉讼法和有关司法解释规定。是否决定减刑、假释,既要看罪犯服刑期间的悔改表现,还要充分考虑原判认定的犯罪事实、性质、情节、社会危害程度等情况。

七、加强组织领导,注意协调配合

21. 对于重大、敏感案件,合议庭成员要充分做好庭审前期准备工作,全面、客观掌握案情,确保案件开庭审理稳妥顺利、依法公正。

22. 审理危害生产安全刑事案件,涉及专业技术问题的,应有相关权威部门出具的咨询意见或者司法鉴定意见;可以依法邀请具有相关专业知识的人民陪审员参加合议庭。

23. 对于审判工作中发现的安全生产事故背后的渎职、贪污贿赂等违法犯罪线索,应当依法移送有关部门处理。对于情节轻微,免予刑事处罚的被告人,人民法院可建议有关部门依法给予行政处罚或纪律处分。

24. 被告人具有国家工作人员身份的,案件审结后,人民法院应当及时将生效的裁判文书送达行政监察机关和其他相关部门。

25. 对于造成重大伤亡后果的案件,要充分运用财产保全等法定措施,切实维护被害人依法获得赔偿的权利。对于被告人没有赔偿能力的案件,应当依靠地方党委和政府做好善后安抚工作。

26. 积极参与安全生产综合治理工作。对于审判中发现的安全生产管理方面的突出问题,应当发出司法建议,促使有关部门强化安全生产意识和制度建设,完善事故预防机制,杜绝同类事故发生。

27. 重视做好宣传工作。对于社会关注的典型案件,要重视做好审判情况的宣传报道,规范裁判信息发布,及时回应社会的关切,充分发挥重大、典型案件的教育警示作用。

28. 各级人民法院要在依法履行审判职责的同时,及时总结审判经验,深入开展调查研究,推动审判工作水平不断提高。上级法院要以辖区内发生的重大生产安全责任事故案件为重点,加强对下级法院危害生产安全刑事案件审判工作的监督和指导,适时检查此类案件的审判情况,提出有针对性的指导意见。

■最高人民法院关于审理交通肇事刑事案件具体应用法律若干问题的解释(2000年11月21日)

第八条(第二款)　在公共交通管理的范围外,驾驶机动车辆或者使用其他交通工具致人伤亡或者致使公共财产或者他人财产遭受重大损失,构成犯罪的,分别依照刑法第一百三十四条、第一百三十五条、第二百三十三条等规定定罪处罚。

■最高人民法院关于依法妥善审理高空抛物、坠物案件的意见(2019年10月21日)

7. 准确认定高空坠物犯罪。过失导致物品从高空坠落,致人死亡、重伤,符合刑法第二百三十三条、第二百三十五条规定的,依照过失致人死亡罪、过失致人重伤罪定罪处罚。在生产、作业中违反有关安全管理规定,从高空坠落物品,发生重大伤亡事故或者造成其他严重后果的,依照刑法第一百三十四条第一款的规定,以重大责任事故罪定罪处罚。

■最高人民法院、最高人民检察院、公安部关于办理涉窨井盖相关刑事案件的指导意见(2020年3月16日)

五、在生产、作业中违反有关安全管理的规定,擅自移动窨井盖或者未做好安全防护措施等,发生重大伤亡事故或者造成其他严重后果的,依照刑法第一百三十四条第一款的规定,以重大责任事故罪定罪处罚。

十二、本意见所称的“窨井盖”,包括城市、城乡接合部和乡村等地的窨井盖以及其他井盖。

●重大责任事故罪与交通肇事罪的区别及刑事责任的认定

内河运输中发生的船舶交通事故,相关责任人员可能同时涉嫌交通肇事罪和重大责任事故罪,要根据运输活动是否具有营运性质以及相关人员的具体职责和行为,准确适用罪名。重大责任事故往往涉案人员较多,因果关系复杂,要准确认定涉案单位投资人、管理人员及相关国家工作人员等涉案人员的刑事责任。(参见最高人民检察院第25批指导案例97号,夏某某等人重大责任事故案,2021年1月20日发布)

▽重大劳动安全事故罪与重大责任事故罪出现竞合时的处理原则

司法实践中,当工厂、矿山、林场、建筑企业或者其他企业、事业单位发生重大伤亡事故或者造成其他严重后果,当重大责任事故罪与重大劳动安全事故罪的客观方面和主体都出现上述竞合时,应当按照下列原则处理:1. 在完全是由于安全生产设施或者安全生产条件不符合国家规定的情况下进行生产、作业,因而发生重大伤亡事故或者造成其他严重后果的情况下,应当以重大劳动安全事故罪定罪量刑。因为这是立法规定的典型重大劳动安全事故犯罪,即使这种行为本身也是一种违反有关安全管理规定的行为,从罪名评价的最相符合性考虑,一般不以重大责任事故罪认定。2. 在安全生产设施或者安全生产条件不符合国家规定的情况下,在生产、作业中又违反具体的安全管理规定,因而发生重大伤亡事故或者造成其他严重后果的,应区分不同情况选择较为妥当的罪名定罪量刑。(1)当二罪中某一罪的情节明显重于另一罪时,应按情节较重的罪名定罪量刑。(2)当二罪的情节基本相当的情况下,对于实际控制人、投资人,他们对安全生产设施或者安全生产条件是否符合国家规定负有直接责任,在无法查清对生产、作业是否负有组织、指挥或者管理职责时,以重大劳动安全事故罪定罪量刑。如果对生产、作业同时负有组织、指挥或者管理职责时,为了司法实践的统一,一般仍以重大劳动安全事故罪定罪为宜,而将“在生产、作业中违反有关安全管理的规定”的行为作为从重处罚的情节;对于负责人、管理人员,他们既对生产、作业负有组织、指挥或者管理职责,又对安全生产设施或者安全生产条件是否符合国家规定负有直接责任。出于同样的考虑,对他们一般也以重大劳动安全事故罪定罪为宜,而将“在生产、作业中违反有关安全管理的规定”的行为作为从重处罚的情节。对于“对安全生产设施或者安全生产条件负有管理、维护职责的电工、瓦斯检查工等人员”,亦参照上述原则处理。上述情况处理的考虑是,在构成重大劳动安全事故罪的前提下又构成重大责任事故罪,由于二罪的法定刑是相同的,“安全生产设施或者安全生产条件不符合国家规定”和“在生产、作业中违反有关安全管理的规定”的罪责也不好区分轻重,无法重罪吸收轻罪。再者,如果以重大责任事故罪定罪就无法全面评价“安全生产设施或者安全生产条件不符合国家规定”的罪责,因为重大责任事故罪并不以“安全生产设施或者安全生产条件不符合国家规定”为前提。以重大劳动安全事故罪定罪,将“在生产、作业中违反有关安全管理的规定”的行为作为从重处罚的情节,可以做到两种罪责兼顾评价。但是,当出现法律规定的“强令他人违章冒险作业”的情况时,由于法律有特别规定且法定刑较重,应以强令他人违章冒险作业罪定罪量刑。[参见第505号案例,尚知国等重大劳动安全事故案,载《刑事审判参考》总第64集(2008年

第5集)法律出版社,第20~23页。执笔:李卫星)

第一百三十四条之一 【危险作业罪】在生产、作业中违反有关安全管理的规定,有下列情形之一,具有发生重大伤亡事故或者其他严重后果的现实危险的,处一年以下有期徒刑、拘役或者管制:

(一)关闭、破坏直接关系生产安全的监控、报警、防护、救生设备、设施,或者篡改、隐瞒、销毁其相关数据、信息的;

(二)因存在重大事故隐患被依法责令停产停业、停止施工、停止使用有关设备、设施、场所或者立即采取排除危险的整改措施,而拒不执行的;

(三)涉及安全生产的事项未经依法批准或者许可,擅自从事矿山开采、金属冶炼、建筑施工,以及危险物品生产、经营、储存等高度危险的生产作业活动的。(本条是根据《中华人民共和国刑法修正案(十一)》之四增加的,2021年3月1日起施行。)

第一百三十五条 【重大劳动安全事故罪】安全生产设施或者安全生产条件不符合国家规定,因而发生重大伤亡事故或者造成其他严重后果的,对直接负责的主管人员和其他直接责任人员,处三年以下有期徒刑或者拘役;情节特别恶劣的,处三年以上七年以下有期徒刑。(此条根据《中华人民共和国刑法修正案(六)》之二修改,2006年6月29日起施行。)

刑法本条原文:【重大劳动安全事故罪】工厂、矿山、林场、建筑企业或者其他企业、事业单位的劳动安全设施不符合国家规定,经有关部门或者单位职工提出后,对事故隐患仍不采取措施,因而发生重大伤亡事故或者造成其他严重后果的,对直接责任人员,处三年以下有期徒刑或者拘役;情节特别恶劣的,处三年以上七年以下有期徒刑。

■最高人民法院、最高人民检察院关于办理危害生产安全刑事案件适用法律若干问题的解释(2015年12月16日)

第三条 刑法第一百三十五条规定的"直接负责的主管人员和其他直接责任人员",是指对安全生产设施或者安全生产条件不符合国家规定负有直接责任的生产经营单位负责人、管理人员、实际控制人、投资人,以及其他对安全生产设施或者安全生产条件负有管理、维护职责的人员。

第六条 实施刑法第一百三十二条、第一百三十四条第一款、第一百三十五条、第一百三十五条之一、第一百三十六条、第一百三十九条规定的行为,因而发生安全事故,具有下列情形之一的,应当认定为"造成严重后果"或者"发生重大伤亡事故或者造成其他严重后果",对相关责任人员,处三年以下有期徒刑或者拘役:

(一)造成死亡一人以上,或者重伤三人以上的;

(二)造成直接经济损失一百万元以上的;

(三)其他造成严重后果或者重大安全事故的情形。

实施刑法第一百三十四条第二款规定的行为,因而发生安全事故,具有本条第一款规定情形的,应当认定为"发生重大伤亡事故或者造成其他严重后果",对相关责任人员,处五年以下有期徒刑或者拘役。

实施刑法第一百三十七条规定的行为,因而发生安全事故,具有本条第一款规定情形的,应当认定为"造成重大安全事故",对直接责任人员,处五年以下有期徒刑或者拘役,并处罚金。

实施刑法第一百三十八条规定的行为,因而发生安全事故,具有本条第一款第一项规定情形的,应当认定为"发生重大伤亡事故",对直接责任人员,处三年以下有期徒刑或者拘役。

(第七条、第十二条至第十七条内容见本书刑法第一百三十二条后附文相关条款)

■最高人民法院关于审理交通肇事刑事案件具体应用法律若干问题的解释(2000年11月21日)

第八条(第二款) 在公共交通管理的范围外,驾驶机动车辆或者使用其他交通工具致人伤亡或者致使公共财产或者他人财产遭受重大损失,构成犯罪的,分别依照刑法第一百三十四条、第一百三十五条、第二百三十三条等规定定罪处罚。

●**重大劳动安全事故罪与重大责任事故罪及其关联案件办理**

办理危害生产安全刑事案件，要根据案发原因及涉案人员的职责和行为，准确适用重大责任事故罪和重大劳动安全事故罪。要全面审查案件事实证据，依法追诉漏罪漏犯，准确认定责任主体和相关人员责任，并及时移交职务违法犯罪线索。针对事故中暴露出的相关单位安全管理漏洞和监管问题，要及时制发检察建议，督促落实整改。（参见最高人民检察院第 25 批指导案例 94 号，余某某等人重大劳动安全事故重大责任事故案，2021 年 1 月 20 日发布）

第一百三十五条之一　【大型群众性活动重大安全事故罪】举办大型群众性活动违反安全管理规定，因而发生重大伤亡事故或者造成其他严重后果的，对直接负责的主管人员和其他直接责任人员，处三年以下有期徒刑或者拘役；情节特别恶劣的，处三年以上七年以下有期徒刑。（此条是根据《中华人民共和国刑法修正案（六）》之三增加的，2006 年 6 月 29 日起施行。）

■**最高人民法院、最高人民检察院关于办理危害生产安全刑事案件适用法律若干问题的解释（2015 年 12 月 16 日）**

第六条　实施刑法第一百三十二条、第一百三十四条第一款、第一百三十五条、第一百三十五条之一、第一百三十六条、第一百三十九条规定的行为，因而发生安全事故，具有下列情形之一的，应当认定为“造成严重后果”或者“发生重大伤亡事故或者造成其他严重后果”，对相关责任人员，处三年以下有期徒刑或者拘役：

（一）造成死亡一人以上，或者重伤三人以上的；

（二）造成直接经济损失一百万元以上的；

（三）其他造成严重后果或者重大安全事故的情形。

实施刑法第一百三十四条第二款规定的行为，因而发生安全事故，具有本条第一款规定情形的，应当认定为“发生重大伤亡事故或者造成其他严重后果”，对相关责任人员，处五年以下有期徒刑或者拘役。

实施刑法第一百三十七条规定的行为，因而发生安全事故，具有本条第一款规定情形的，应当认定为“造成重大安全事故”，对直接责任人员，处五年以下有期徒刑或者拘役，并处罚金。

实施刑法第一百三十八条规定的行为，因而发生安全事故，具有本条第一款第一项规定情形的，应当认定为“发生重大伤亡事故”，对直接责任人员，处三年以下有期徒刑或者拘役。

（第七条、第十二条至第十七条内容见本书刑法第一百三十二条后附文相关条款）

第一百三十六条　【危险物品肇事罪】违反爆炸性、易燃性、放射性、毒害性、腐蚀性物品的管理规定，在生产、储存、运输、使用中发生重大事故，造成严重后果的，处三年以下有期徒刑或者拘役；后果特别严重的，处三年以上七年以下有期徒刑。

■**最高人民法院、最高人民检察院关于办理危害生产安全刑事案件适用法律若干问题的解释（2015 年 12 月 16 日）**

第六条　实施刑法第一百三十二条、第一百三十四条第一款、第一百三十五条、第一百三十五条之一、第一百三十六条、第一百三十九条规定的行为，因而发生安全事故，具有下列情形之一的，应当认定为“造成严重后果”或者“发生重大伤亡事故或者造成其他严重后果”，对相关责任人员，处三年以下有期徒刑或者拘役：

（一）造成死亡一人以上，或者重伤三人以上的；

（二）造成直接经济损失一百万元以上的；

（三）其他造成严重后果或者重大安全事故的情形。

实施刑法第一百三十四条第二款规定的行为,因而发生安全事故,具有本条第一款规定情形的,应当认定为“发生重大伤亡事故或者造成其他严重后果”,对相关责任人员,处五年以下有期徒刑或者拘役。

实施刑法第一百三十七条规定的行为,因而发生安全事故,具有本条第一款规定情形的,应当认定为“造成重大安全事故”,对直接责任人员,处五年以下有期徒刑或者拘役,并处罚金。

实施刑法第一百三十八条规定的行为,因而发生安全事故,具有本条第一款第一项规定情形的,应当认定为“发生重大伤亡事故”,对直接责任人员,处三年以下有期徒刑或者拘役。

(第七条、第十二条至第十七条内容见本书刑法第一百三十二条后附文相关条款)

□从事剧毒化学品运输工作的专业人员,在明知使用具有安全隐患的机动车超载运输剧毒化学品,有可能引发危害公共安全的事故,却轻信能够避免,以致这种事故发生并造成严重后果的,构成危险物品肇事罪

一、有危险货物运输从业资格的人员,明知使用具有安全隐患的机动车超载运输剧毒化学品,有可能引发危害公共安全的事故,却轻信能够避免,以致这种事故发生并造成严重后果的,构成《刑法》第一百三十六条规定的危险物品肇事罪。

二、从事剧毒化学品运输工作的专业人员,在发生交通事故致使剧毒化学品泄漏后,有义务利用随车配备的应急处理器材和防护用品抢救对方车辆上的受伤人员,有义务在现场附近设置警戒区域,有义务及时报警并在报警时主动说明危险物品的特征、可能发生的危害,以及需要采取何种救助工具与救助方式才能防止、减轻以至消除危害,有义务在现场等待抢险人员的到来,利用自己对剧毒危险化学品的专业知识以及对运输车辆构造的了解,协助抢险人员处置突发事故。从事剧毒化学品运输工作的专业人员不履行这些义务,应当对由此造成的特别严重后果承担责任。(淮安市人民检察院诉康兆永、王刚危险物品肇事案,载《最高人民法院公报》总第118期,2006年第8期,第27页。)

第一百三十七条 【工程重大安全事故罪】建设单位、设计单位、施工单位、工程监理单位违反国家规定,降低工程质量标准,造成重大安全事故的,对直接责任人员,处五年以下有期徒刑或者拘役,并处罚金;后果特别严重的,处五年以上十年以下有期徒刑,并处罚金。

■最高人民法院、最高人民检察院关于办理危害生产安全刑事案件适用法律若干问题的解释(2015年12月16日)

第六条 实施刑法第一百三十二条、第一百三十四条第一款、第一百三十五条、第一百三十五条之一、第一百三十六条、第一百三十九条规定的行为,因而发生安全事故,具有下列情形之一的,应当认定为“造成严重后果”或者“发生重大伤亡事故或者造成其他严重后果”,对相关责任人员,处三年以下有期徒刑或者拘役:

(一)造成死亡一人以上,或者重伤三人以上的;

(二)造成直接经济损失一百万元以上的;

(三)其他造成严重后果或者重大安全事故的情形。

实施刑法第一百三十四条第二款规定的行为,因而发生安全事故,具有本条第一款规定情形的,应当认定为“发生重大伤亡事故或者造成其他严重后果”,对相关责任人员,处五年以下有期徒刑或者拘役。

实施刑法第一百三十七条规定的行为,因而发生安全事故,具有本条第一款规定情形的,应当认定为“造成重大安全事故”,对直接责任人员,处五年以下有期徒刑或者拘役,并处罚金。

实施刑法第一百三十八条规定的行为,因而发生安全事故,具有本条第一款第一项规定情形的,应当认定为“发生重大伤亡事故”,对直接责任人员,处三年以下有期徒刑或者拘役。

(第七条、第十二条至第十七条内容见本书刑法第一百三十二条后附文相关条款)

■最高人民法院、最高人民检察院、公安部关于办理涉窨井盖相关刑事案件的指导意见(2020年3月16日)

五、……

窨井盖建设、设计、施工、工程监理单位违反国家规定,降低工程质量标准,造成重大安全事故的,依照刑法第一百三十七条的规定,以工程重大安全事故罪定罪处罚。

十二、本意见所称的"窨井盖",包括城市、城乡结合部和乡村等地的窨井盖以及其他井盖。

■中华人民共和国建筑法(2019年4月23日修正)

第六十九条　工程监理单位与建设单位或者建筑施工企业串通,弄虚作假、降低工程质量的,责令改正,处以罚款,降低资质等级或者吊销资质证书;有违法所得的,予以没收;造成损失的,承担连带赔偿责任;构成犯罪的,依法追究刑事责任。

工程监理单位转让监理业务的,责令改正,没收违法所得,可以责令停业整顿,降低资质等级;情节严重的,吊销资质证书。

第七十一条　建筑施工企业违反本法规定,对建筑安全事故隐患不采取措施予以消除的,责令改正,可以处以罚款;情节严重的,责令停业整顿,降低资质等级或者吊销资质证书;构成犯罪的,依法追究刑事责任。

建筑施工企业的管理人员违章指挥、强令职工冒险作业,因而发生重大伤亡事故或者造成其他严重后果的,依法追究刑事责任。

第七十四条　建筑施工企业在施工中偷工减料的,使用不合格的建筑材料、建筑构配件和设备的,或者有其他不按照工程设计图纸或者施工技术标准施工的行为的,责令改正,处以罚款;情节严重的,责令停业整顿,降低资质等级或者吊销资质证书;造成建筑工程质量不符合规定的质量标准的,负责返工、修理,并赔偿因此造成的损失;构成犯罪的,依法追究刑事责任。

▽工程质量监督站属于工程重大安全事故罪主体,即工程监理单位

工程重大安全事故罪的主体"工程监理单位",是指依法对建筑工程进行监督管理,担任工程质量监督职责的单位。虽然工程质量监督站与监理公司在行政划分上有区别,质量监督站是事业单位,基于授权对工程实行质量监督;监理公司是企业单位,在订立合同的基础上对工程进行质量监督。但它们都共同具有工程质量监督的职责,都是工程质量监督单位。因此,从广义上讲,工程质量监督站亦属于"工程监理单位"。作为接受并履行工程质量监督职责的质监站,已实际承担了工程质量监督职责,为实际的工程监理单位。[参见第39号案例,赵祥忠工程重大安全事故案,载《刑事审判参考》总第6辑(2000年第1辑),法律出版社,第3～4页。审编:高贵君]

第一百三十八条　【教育设施重大安全事故罪】明知校舍或者教育教学设施有危险,而不采取措施或者不及时报告,致使发生重大伤亡事故的,对直接责任人员,处三年以下有期徒刑或者拘役;后果特别严重的,处三年以上七年以下有期徒刑。

■最高人民法院、最高人民检察院关于办理危害生产安全刑事案件适用法律若干问题的解释(2015年12月16日)

第六条　实施刑法第一百三十二条、第一百三十四条第一款、第一百三十五条、第一百三十五条之一、第一百三十六条、第一百三十九条规定的行为,因而发生安全事故,具有下列情形之一的,应当认定为"造成严重后果"或者"发生重大伤亡事故或者造成其他严重后果",对相关责任人员,处三年以下有期徒刑或者拘役:

(一)造成死亡一人以上,或者重伤三人以上的;

(二)造成直接经济损失一百万元以上的;

（三）其他造成严重后果或者重大安全事故的情形。

实施刑法第一百三十四条第二款规定的行为，因而发生安全事故，具有本条第一款规定情形的，应当认定为"发生重大伤亡事故或者造成其他严重后果"，对相关责任人员，处五年以下有期徒刑或者拘役。

实施刑法第一百三十七条规定的行为，因而发生安全事故，具有本条第一款规定情形的，应当认定为"造成重大安全事故"，对直接责任人员，处五年以下有期徒刑或者拘役，并处罚金。

实施刑法第一百三十八条规定的行为，因而发生安全事故，具有本条第一款第一项规定情形的，应当认定为"发生重大伤亡事故"，对直接责任人员，处三年以下有期徒刑或者拘役。

（第七条、第十二条至第十七条内容见本书刑法第一百三十二条后附文相关条款）

□接送幼儿专用车辆有安全隐患不检修而致人伤亡的行为，构成教育设施重大安全事故罪

幼儿教育单位的负责人明知本单位接送幼儿的专用车辆有安全隐患，不符合行车要求，而不采取必要的检修，仍让他人使用该车接送幼儿，以至在车辆发生故障后，驾驶人员违规操作引起车辆失火，使被接送的幼儿多人伤亡，该负责人的行为构成刑法第一百三十八条规定的教育设施重大安全事故罪。（郑州市中原区人民检察院诉高知先、乔永杰过失致人死亡案，载《最高人民法院公报》总第99期，2005年第1期。）

第一百三十九条　【消防责任事故罪】违反消防管理法规，经消防监督机构通知采取改正措施而拒绝执行，造成严重后果的，对直接责任人员，处三年以下有期徒刑或者拘役；后果特别严重的，处三年以上七年以下有期徒刑。

■最高人民法院、最高人民检察院关于办理危害生产安全刑事案件适用法律若干问题的解释（2015年12月16日）

第六条　实施刑法第一百三十二条、第一百三十四条第一款、第一百三十五条、第一百三十五条之一、第一百三十六条、第一百三十九条规定的行为，因而发生安全事故，具有下列情形之一的，应当认定为"造成严重后果"或者"发生重大伤亡事故或者造成其他严重后果"，对相关责任人员，处三年以下有期徒刑或者拘役：

（一）造成死亡一人以上，或者重伤三人以上的；

（二）造成直接经济损失一百万元以上的；

（三）其他造成严重后果或者重大安全事故的情形。

实施刑法第一百三十四条第二款规定的行为，因而发生安全事故，具有本条第一款规定情形的，应当认定为"发生重大伤亡事故或者造成其他严重后果"，对相关责任人员，处五年以下有期徒刑或者拘役。

实施刑法第一百三十七条规定的行为，因而发生安全事故，具有本条第一款规定情形的，应当认定为"造成重大安全事故"，对直接责任人员，处五年以下有期徒刑或者拘役，并处罚金。

实施刑法第一百三十八条规定的行为，因而发生安全事故，具有本条第一款第一项规定情形的，应当认定为"发生重大伤亡事故"，对直接责任人员，处三年以下有期徒刑或者拘役。

（第七条、第十二条至第十七条内容见本书刑法第一百三十二条后附文相关条款）

▼安徽省高级人民法院、安徽省人民检察院、安徽省公安厅关于办理失火罪和消防责任事故罪有关问题意见的通知（1999年8月18日）

由于行为人违反消防管理法规，经公安消防机构通知采取改正措施而拒绝执行，造成严重后果的，具有下列情形之一的，应予追究刑事责任：

1. 死亡2人以上（含本数，下同）；

2. 重伤5人以上，或者死亡、重伤5人以上；

3. 烧毁30户以上或烧毁房屋90间以上；

4. 直接经济损失30万元以上。

第一百三十九条之一　【不报、谎报安全事故罪】在安全事故发生后，负有报告职责的人员不报或者谎报事故情况，贻误事故抢救，情节严重的，处三年以下有期徒刑或者拘役；情节特别严重的，处三年以上七年以下有期徒刑。(此条根据《中华人民共和国刑法修正案(六)》之四增加，2006年6月29日起施行。)

■最高人民法院、最高人民检察院关于办理危害生产安全刑事案件适用法律若干问题的解释(2015年12月16日)

第四条　刑法第一百三十九条之一规定的"负有报告职责的人员"，是指负有组织、指挥或者管理职责的负责人、管理人员、实际控制人、投资人，以及其他负有报告职责的人员。

第八条　在安全事故发生后，负有报告职责的人员不报或者谎报事故情况，贻误事故抢救，具有下列情形之一的，应当认定为刑法第一百三十九条之一规定的"情节严重"：

(一)导致事故后果扩大，增加死亡一人以上，或者增加重伤三人以上，或者增加直接经济损失一百万元以上的；

(二)实施下列行为之一，致使不能及时有效开展事故抢救的：

1. 决定不报、迟报、谎报事故情况或者指使、串通有关人员不报、迟报、谎报事故情况的；

2. 在事故抢救期间擅离职守或者逃匿的；

3. 伪造、破坏事故现场，或者转移、藏匿、毁灭遇难人员尸体，或者转移、藏匿受伤人员的；

4. 毁灭、伪造、隐匿与事故有关的图纸、记录、计算机数据等资料以及其他证据的；

(三)其他情节严重的情形。

具有下列情形之一的，应当认定为刑法第一百三十九条之一规定的"情节特别严重"：

(一)导致事故后果扩大，增加死亡三人以上，或者增加重伤十人以上，或者增加直接经济损失五百万元以上的；

(二)采用暴力、胁迫、命令等方式阻止他人报告事故情况，导致事故后果扩大的；

(三)其他情节特别严重的情形。

第九条　在安全事故发生后，与负有报告职责的人员串通，不报或者谎报事故情况，贻误事故抢救，情节严重的，依照刑法第一百三十九条之一的规定，以共犯论处。

(第七条、第十二条至第十七条内容见本书刑法第一百三十二条后附文相关条款。)

●谎报安全事故罪及其引导侦查取证和案件后续处理

检察机关要充分运用行政执法和刑事司法衔接工作机制，通过积极履职，加强对线索移送和立案的法律监督。认定谎报安全事故罪，要重点审查谎报行为与贻误事故抢救结果之间的因果关系。对同时构成重大责任事故罪和谎报安全事故罪的，应当数罪并罚。应注重督促涉事单位或有关部门及时赔偿被害人损失，有效化解社会矛盾。安全生产事故涉及生态环境污染等公益损害的，刑事检察部门要和公益诉讼检察部门加强协作配合，督促协同行政监管部门，统筹运用法律、行政、经济等手段严格落实企业主体责任，修复受损公益，防控安全风险。(参见最高人民检察院第25批指导案例96号，黄某某等人重大责任事故、谎报安全事故案，2021年1月20日发布)

第三章 破坏社会主义市场经济秩序罪

第一节 生产、销售伪劣商品罪

第一百四十条 【生产、销售伪劣产品罪】生产者、销售者在产品中掺杂、掺假,以假充真,以次充好或者以不合格产品冒充合格产品,销售金额五万元以上不满二十万元的,处二年以下有期徒刑或者拘役,并处或者单处销售金额百分之五十以上二倍以下罚金;销售金额二十万元以上不满五十万元的,处二年以上七年以下有期徒刑,并处销售金额百分之五十以上二倍以下罚金;销售金额五十万元以上不满二百万元的,处七年以上有期徒刑,并处销售金额百分之五十以上二倍以下罚金;销售金额二百万元以上的,处十五年有期徒刑或者无期徒刑,并处销售金额百分之五十以上二倍以下罚金或者没收财产。

■最高人民检察院、公安部关于公安机关管辖的刑事案件立案追诉标准的规定(一)(2008年6月25日)

第十六条 [生产、销售伪劣产品案(刑法第一百四十条)]生产者、销售者在产品中掺杂、掺假,以假充真,以次充好或者以不合格产品冒充合格产品,涉嫌下列情形之一的,应予立案追诉:

(一)伪劣产品销售金额五万元以上的;

(二)伪劣产品尚未销售,货值金额十五万元以上的;

(三)伪劣产品销售金额不满五万元,但将已销售金额乘以三倍后,与尚未销售的伪劣产品货值金额合计十五万元以上的。

本条规定的"掺杂、掺假",是指在产品中掺入杂质或者异物,致使产品质量不符合国家法律、法规或者产品明示质量标准规定的质量要求,降低、失去应有使用性能的行为;"以假充真",是指以不具有某种使用性能的产品冒充具有该种使用性能的产品的行为;"以次充好",是指以低等级、低档次产品冒充高等级、高档次产品,或者以残次、废旧零配件组合、拼装后冒充正品或者新产品的行为;"不合格产品",是指不符合《中华人民共和国产品质量法》规定的质量要求的产品。

对本条规定的上述行为难以确定的,应当委托法律、行政法规规定的产品质量检验机构进行鉴定。本条规定的"销售金额",是指生产者、销售者出售伪劣产品后所得和应得的全部违法收入;"货值金额",以违法生产、销售的伪劣产品的标价计算;没有标价的,按照同类合格产品的市场中间价格计算。货值金额难以确定的,按照《扣押、追缴、没收物品估价管理办法》的规定,委托估价机构进行确定。

■最高人民法院关于依法惩处生产销售伪劣食品、药品等严重破坏市场经济秩序犯罪的通知(2004年6月21日)

二、突出重点,依法惩处严重破坏社会主义市场经济秩序的犯罪分子

……各地法院要根据实际确定打击重点,注重实效。要把犯罪数额巨大、情节恶劣、危害严重、群众反映强烈,给国家和人民利益造成重大损失的案件,特别是有国家工作人员参与或者包庇纵容的案件,作为大案要案,抓紧及时审理,依法从严判处。依法应当重判的,要坚决重判。在依法适用主刑的同时,必须充分适用财产刑。法律规定应当并处罚金或者没收财产的,要坚决判处罚金或者没收财产;法律规定可以并处罚金或者没收财产的,一般也要判处罚金或者没收财产。对犯罪分子违法所得的财物要依法追缴或者责令退赔;对其用于犯罪的本人财物要依法予以没收。

三、依法妥善处理涉及众多受害人的案件

……要重视刑事附带民事诉讼的审理。注意最大限度依法挽回受害人和受害单位的损失。被告人和被告单位积极、主动赔偿受害人和受害单位损失的,可以酌情、适当从轻处罚。

■最高人民法院、最高人民检察院关于办理生产、销售伪劣商品刑事案件具体应用法律若干问题的解释(2001年4月10日)

第一条　刑法第一百四十条规定的“在产品中掺杂、掺假”,是指在产品中掺入杂质或者异物,致使产品质量不符合国家法律、法规或者产品明示质量标准规定的质量要求,降低、失去应有使用性能的行为。

刑法第一百四十条规定的“以假充真”,是指以不具有某种使用性能的产品冒充具有该种使用性能的产品的行为。

刑法第一百四十条规定的“以次充好”,是指以低等级、低档次产品冒充高等级、高档次产品,或者以残次、废旧零配件组合、拼装后冒充正品或者新产品的行为。

刑法第一百四十条规定的“不合格产品”,是指不符合《中华人民共和国产品质量法》第二十六条第二款规定的质量要求的产品。

对本条规定的上述行为难以确定的,应当委托法律、行政法规规定的产品质量检验机构进行鉴定。

第二条　刑法第一百四十条、第一百四十九条规定的“销售金额”,是指生产者、销售者出售伪劣产品后所得和应得的全部违法收入。

伪劣产品尚未销售,货值金额达到刑法第一百四十条规定的销售金额三倍以上的,以生产、销售伪劣产品罪(未遂)定罪处罚。

货值金额以违法生产、销售的伪劣产品的标价计算;没有标价的,按照同类合格产品的市场中间价格计算。货值金额难以确定的,按照国家计划委员会、最高人民法院、最高人民检察院、公安部1997年4月22日联合发布的《扣押、追缴、没收物品估价管理办法》的规定,委托指定的估价机构确定。

多次实施生产、销售伪劣产品行为,未经处理的,伪劣产品的销售金额或者货值金额累计计算。

第九条　知道或者应当知道他人实施生产、销售伪劣商品犯罪,而为其提供贷款、资金、帐号、发票、证明、许可证件,或者提供生产、经营场所或者运输、仓储、保管、邮寄等便利条件,或者提供制假生产技术的,以生产、销售伪劣商品犯罪的共犯论处。

第十条　实施生产、销售伪劣商品犯罪,同时构成侵犯知识产权、非法经营等其他犯罪的,依照处罚较重的规定定罪处罚。

第十一条　实施刑法第一百四十条至第一百四十八条规定的犯罪,又以暴力、威胁方法抗拒查处,构成其他犯罪的,依照数罪并罚的规定处罚。

第十二条　国家机关工作人员参与生产、销售伪劣商品犯罪的,从重处罚。

■中华人民共和国产品质量法(2018年12月29日修正)

第二十六条　生产者应当对其生产的产品质量负责。

产品质量应当符合下列要求:

(一)不存在危及人身、财产安全的不合理的危险,有保障人体健康和人身、财产安全的国家标准、行业标准的,应当符合该标准;

(二)具备产品应当具备的使用性能,但是,对产品存在使用性能的瑕疵作出说明的除外;

(三)符合在产品或者其包装上注明采用的产品标准,符合以产品说明、实物样品等方式表明的质量状况。

■最高人民法院、最高人民检察院、公安部、国家安全监管总局关于依法加强对涉嫌犯罪的非法生产经营烟花爆竹行为刑事责任追究的通知(2012年9月6日)

一、非法生产、经营烟花爆竹及相关行为涉及非法制造、买卖、运输、邮寄、储存黑火药、烟火药,构成非法制造、买卖、运输、邮寄、储存爆炸物罪的,应当依照刑法第一百二十五条的规定定罪处罚;非法生产、经营烟花爆竹及相关行为涉及生产、销售伪劣产品或不符合安全标准产品，构成生产、销售伪劣产品罪或生产、销售不符合安全标准产品罪的，应当依照刑法第一百四十条、第一百四十六条的规定定罪处罚；非法生产、经营烟花爆竹及相关行为构成非法经营罪的，应当依照刑法第二百二十五条的规定定罪处罚。上述非法生产经营烟花爆竹行为的定罪量刑和立案追诉标准，分别按照《最高人民法院关于审理非法制造、买卖、运输枪支、弹药、爆炸物等刑事案件具体应用法律若干问题的解释》（法释〔2009〕18号）、《最高人民法院、最高人民检察院关于办理生产、销售伪劣商品刑事案件具体应用法律若干问题的解释》（法释〔2001〕10号）、《最高人民检察院、公安部关于公安机关管辖的刑事案件立案追诉标准的规定（一）》（公通字〔2008〕36号）、《最高人民检察院、公安部关于公安机关管辖的刑事案件立案追诉标准的规定（二）》（公通字〔2010〕23号）等有关规定执行。

■最高人民法院、最高人民检察院关于办理非法生产、销售烟草专卖品等刑事案件具体应用法律若干问题的解释（2010年3月26日）

第一条（第一款）　生产、销售伪劣卷烟、雪茄烟等烟草专卖品，销售金额在五万元以上的，依照刑法第一百四十条的规定，以生产、销售伪劣产品罪定罪处罚。

第二条　伪劣卷烟、雪茄烟等烟草专卖品尚未销售，货值金额达到刑法第一百四十条规定的销售金额定罪起点数额标准的三倍以上的，或者销售金额未达到五万元，但与未销售货值金额合计达到十五万元以上的，以生产、销售伪劣产品罪（未遂）定罪处罚。

销售金额和未销售货值金额分别达到不同的法定刑幅度或者均达到同一法定刑幅度的，在处罚较重的法定刑幅度内酌情从重处罚。

查获的未销售的伪劣卷烟、雪茄烟，能够查清销售价格的，按照实际销售价格计算。无法查清实际销售价格，有品牌的，按照该品牌卷烟、雪茄烟的查获地省级烟草专卖行政主管部门出具的零售价格计算；无品牌的，按照查获地省级烟草专卖行政主管部门出具的上年度卷烟平均零售价格计算。

第五条　行为人实施非法生产、销售烟草专卖品犯罪，同时构成生产、销售伪劣产品罪、侵犯知识产权犯罪、非法经营罪的，依照处罚较重的规定定罪处罚。

第六条　明知他人实施本解释第一条所列犯罪，而为其提供贷款、资金、账号、发票、证明、许可证件，或者提供生产、经营场所、设备、运输、仓储、保管、邮寄、代理进出口等便利条件，或者提供生产技术、卷烟配方的，应当按照共犯追究刑事责任。

第七条　办理非法生产、销售烟草专卖品等刑事案件，需要对伪劣烟草专卖品鉴定的，应当委托国务院产品质量监督管理部门和省、自治区、直辖市人民政府产品质量监督管理部门指定的烟草质量检测机构进行。

第八条　以暴力、威胁方法阻碍烟草专卖执法人员依法执行职务，构成犯罪的，以妨害公务罪追究刑事责任。

煽动群众暴力抗拒烟草专卖法律实施，构成犯罪的，以煽动暴力抗拒法律实施罪追究刑事责任。

第十条　以前发布的有关规定与本解释不一致的，以本解释为准。

■最高人民法院、最高人民检察院、公安部、国家烟草专卖局关于办理假冒伪劣烟草制品等刑事案件适用法律问题座谈会纪要（2003年12月23日）

一、关于生产、销售伪劣烟草制品行为适用法律问题

（一）关于生产伪劣烟草制品尚未销售或者尚未完全销售行为定罪量刑问题

根据刑法第一百四十条的规定，生产、销售伪劣烟草制品，销售金额在五万元以上的，构成生产、销售伪劣产品罪。

根据《最高人民法院、最高人民检察院关于办理生产、销售伪劣商品刑事案件具体应用法律若干问题的解释》的有关规定，销售金额是指生产者、销售者出售伪劣烟草制品后所得和应得的全部违法收

入。伪劣烟草制品尚未销售,货值金额达到刑法第一百四十条规定的销售金额三倍(十五万元)以上的,以生产、销售伪劣产品罪(未遂)定罪处罚。货值金额以违法生产、销售的伪劣产品的标价计算;没有标价的,按照同类合格产品的市场中间价格计算。货值金额难以确定的,按照国家计划委员会、最高人民法院、最高人民检察院、公安部1997年4月22日联合发布的《扣押、追缴、没收物品估价管理办法》的规定,委托指定的估价机构确定。

伪劣烟草制品尚未销售,货值金额分别达到十五万元以上不满二十万元、二十万元以上不满五十万元、五十万元以上不满二百万元、二百万元以上的,分别依照刑法第一百四十条规定的各量刑档次定罪处罚。

伪劣烟草制品的销售金额不满五万元,但与尚未销售的伪劣烟草制品的货值金额合计达到十五万元以上的,以生产、销售伪劣产品罪(未遂)定罪处罚。

生产伪劣烟草制品尚未销售,无法计算货值金额,有下列情形之一的,以生产、销售伪劣产品罪(未遂)定罪处罚:

1. 生产伪劣烟用烟丝数量在1000公斤以上的;

2. 生产伪劣烟用烟叶数量在1500公斤以上的。

(二)关于非法生产、拼装、销售烟草专用机械行为定罪处罚问题

非法生产、拼装、销售烟草专用机械行为,依照刑法第一百四十条的规定,以生产、销售伪劣产品罪追究刑事责任。

四、关于共犯问题

知道或者应当知道他人实施本《纪要》第一条至第三条规定的犯罪行为,仍实施下列行为之一的,应认定为共犯,依法追究刑事责任:

1. 直接参与生产、销售假冒伪劣烟草制品或者销售假冒烟用注册商标的烟草制品或者直接参与非法经营烟草制品并在其中起主要作用的;

2. 提供房屋、场地、设备、车辆、贷款、资金、账号、发票、证明、技术等设施和条件,用于帮助生产、销售、储存、运输假冒伪劣烟草制品、非法经营烟草制品的;

3. 运输假冒伪劣烟草制品的。

上述人员中有检举他人犯罪经查证属实,或者提供重要线索,有立功表现的,可以从轻或减轻处罚;有重大立功表现的,可以减轻或者免除处罚。

五、国家机关工作人员参与实施本《纪要》第一条至第三条规定的犯罪行为的处罚问题

根据《最高人民法院、最高人民检察院关于办理生产、销售伪劣商品刑事案件具体应用法律若干问题的解释》的规定,国家机关工作人员参与实施本《纪要》第一条至第三条规定的犯罪行为的,从重处罚。

六、关于一罪与数罪问题

行为人的犯罪行为同时构成生产、销售伪劣产品罪、销售假冒注册商标的商品罪、非法经营罪等罪的,依照处罚较重的规定定罪处罚。

十、关于鉴定问题

假冒伪劣烟草制品的鉴定工作,由国家烟草专卖行政主管部门授权的省级以上烟草产品质量监督检验机构,按照国家烟草专卖局制定的假冒伪劣卷烟鉴别检验管理办法和假冒伪劣卷烟鉴别检验规程等有关规定进行。

假冒伪劣烟草专用机械的鉴定由国家质量监督部门,或其委托的国家烟草质量监督检验中心,根据烟草行业的有关技术标准进行。

十一、关于烟草制品、卷烟的范围

本纪要所称烟草制品指卷烟、雪茄烟、烟丝、复烤烟叶、烟叶、卷烟纸、滤嘴棒、烟用丝束。

本纪要所称卷烟包括散支烟和成品烟。

■最高人民法院、最高人民检察院关于办理妨害预防、控制突发传染病疫情等灾害的刑事案件具体应用法律若干问题的解释(2003年5月15日)

第二条　在预防、控制突发传染病疫情等灾害期间,生产、销售伪劣的防治、防护产品、物资,或者生产、销售用于防治传染病的假药、劣药,构成犯罪的,分别依照刑法第一百四十条、第一百四十一条、第一百四十二条的规定,以生产、销售伪劣产品罪,生产、销售假药罪或者生产、销售劣药罪定罪,依法从重处罚。

第十七条　人民法院、人民检察院办理有关妨害预防、控制突发传染病疫情等灾害的刑事案件,对于有自首、立功等悔罪表现的,依法从轻、减轻、免除处罚或者依法作出不起诉决定。

第十八条　本解释所称"突发传染病疫情等灾害",是指突然发生,造成或者可能造成社会公众健康严重损害的重大传染病疫情、群体性不明原因疾病以及其他严重影响公众健康的灾害。

■最高人民法院、最高人民检察院、公安部、司法部关于依法惩治妨害新型冠状病毒感染肺炎疫情防控违法犯罪的意见(2020年2月6日)

二、准确适用法律,依法严惩妨害疫情防控的各类违法犯罪

(三)依法严惩制假售假犯罪。在疫情防控期间,生产、销售伪劣的防治、防护产品、物资,或者生产、销售用于防治新型冠状病毒感染肺炎的假药、劣药,符合刑法第一百四十条、第一百四十一条、第一百四十二条规定的,以生产、销售伪劣产品罪,生产、销售假药罪或者生产、销售劣药罪定罪处罚。

(十)依法严惩妨害疫情防控的违法行为……

对于在疫情防控期间实施有关违法犯罪的,要作为从重情节予以考量,依法体现从严的政策要求,有力惩治震慑违法犯罪,维护法律权威,维护社会秩序,维护人民群众生命安全和身体健康。

■最高人民检察院关于废止《最高人民检察院关于办理非法经营食盐刑事案件具体应用法律若干问题的解释》的决定(全文)(2020年4月1日)

为适应盐业体制改革,保证国家法律统一正确适用,根据《食盐专营办法》(国务院令696号)的规定,结合检察工作实际,最高人民检察院决定废止《最高人民检察院关于办理非法经营食盐刑事案件具体应用法律若干问题的解释》(高检发释字〔2002〕6号)。

该解释废止后,对以非碘盐充当碘盐或者以工业用盐等非食盐充当食盐等危害食盐安全的行为,人民检察院可以依据《最高人民法院、最高人民检察院关于办理生产、销售伪劣商品刑事案件具体应用法律若干问题的解释》(法释〔2001〕10号)、《最高人民法院、最高人民检察院关于办理危害食品安全刑事案件适用法律若干问题的解释》(法释〔2013〕12号)的规定,分别不同情况,以生产、销售伪劣产品罪,或者生产、销售不符合安全标准的食品罪,或者生产、销售有毒、有害食品罪追究刑事责任。

▼安徽省高级人民法院、安徽省人民检察院、安徽省公安厅、安徽省烟草专卖局关于办理违反烟草专卖管理刑事案件适用法律若干问题的意见(2004年7月26日)

二、关于生产、销售伪劣烟草制品行为适用法律问题

生产、销售伪劣烟草制品,销售金额在5万元以上的,应当依照刑法第一百四十条的规定定罪处罚。

伪劣烟草制品尚未销售,货值金额达到15万元以上的,以生产、销售伪劣产品罪(未遂)定罪处罚。其中货值金额分别达到15万元以上不满20万元、20万元以上不满50万元、50万元以上不满200万元、200万元以上的,分别依照刑法第一百四十条规定的各量刑档次定罪处罚。

伪劣烟草制品的销售金额不满5万元,但与尚未销售的伪劣烟草制品的货值金额合计达到15万元以上的,以生产、销售伪劣产品罪(未遂)定罪处罚。

生产伪劣烟草制品尚未销售,无法计算货值金额,有下列情形之一的,以生产、销售伪劣产品罪(未

遂)定罪处罚：

1. 生产伪劣烟用烟丝数量在1000公斤以上的；

2. 查获尚未用于生产伪劣烟草制品的烟丝数量在1000公斤以上的；

3. 生产伪劣烟用烟叶数量在1500公斤以上的；

4. 查获尚未用于生产伪劣烟草制品的烟叶数量在1500公斤以上的。

七、关于非法生产、拼装、销售、运输烟草专用机械犯罪行为适用法律问题

(一)非法生产、拼装、销售烟草专用机械行为，依照刑法第一百四十条的规定，以生产、销售伪劣产品罪定罪处罚。

(二)未经烟草专卖行政主管部门许可，无准运证而运输烟草专用机械(含非法拼装的烟草专用机械)，情节严重或者情节特别严重的，构成非法经营罪，按照本《意见》第六条规定的相关数额标准适用法律。

八、关于共犯问题

知道或者应当知道他人实施本《意见》第二条至第七条规定的犯罪行为，仍实施下列行为之一的，应认定为共犯，依法追究其刑事法律责任：

(1)直接参与生产、销售假冒伪劣烟草制品、非法制造的烟用注册商标标识；直接参与非法经营烟草制品、非法生产、拼装、销售烟草专用机械并在其中起主要作用的；

(2)提供房屋、场地、设备、车辆、贷款、资金、帐号、发票、证明、技术等设施和条件，用于帮助生产、销售、储存、运输假冒伪劣烟草制品、非法制造、销售非法制造的烟用注册商标标识、非法经营烟草制品和烟草专用机械以及非法拼装烟草专用机械的；

(3)运输假冒伪劣烟草制品。

上述人员中有检举他人犯罪经查证属实，或者提供重要线索，有立功表现的，可以从轻或者减轻处罚；有重大立功表现的，可以减轻或者免除处罚。

九、关于单位犯罪与个人犯罪问题

单位犯本《意见》第二条至第七条规定之罪，对单位判处罚金，对其直接负责的主管人员和其他直接责任人员，依照各条的规定定罪处罚。

有下列情形之一的，应认定为个人犯罪：

(1)个人为进行违法犯罪活动而设立的公司、企业、事业单位实施犯罪的；

(2)公司、企业、事业单位设立后，以实施犯罪为主要活动的；

(3)盗用单位名义实施犯罪，违法所得由实施犯罪的个人私分的；

(4)个人承包、租赁、挂靠经营的企业；

(5)国家、集体没有实际出资、没有参与经营、分配的企业；

(6)采用虚报注册资本等欺诈手段取得公司登记，或者虚假出资，或者抽逃出资的企业；

(7)被工商行政管理部门吊销《营业执照》后，仍在违法经营的企业。

十、关于国家机关工作人员参与实施本《意见》第二条至第七条规定的犯罪行为的处罚问题

国家机关工作人员参与实施本《意见》第二条至第七条规定的犯罪行为的，从重处罚。

十一、关于一罪与数罪问题

行为人的犯罪行为同时构成生产、销售伪劣产品罪、销售假冒注册商标的商品罪、非法经营罪等罪的，依照处罚较重的规定定罪处罚。

十五、关于销售金额、货值金额(经营数额)的计算问题

本《意见》所称销售金额是指生产者、销售者出售假冒伪劣烟草制品后所得和应得的全部违法收入。

本《意见》所称货值金额(经营数额)是指按照同一品名的合格烟草制品和烟草专用机械同期市场批发价格计算的价值。

上述金额(数额)的具体计算,由烟草专卖行政主管部门负责;难以确定的,委托估价机构确定。

十六、关于烟草制品、伪劣烟草制品、假冒烟草制品、卷烟的范围

本《意见》所称烟草制品是指卷烟、雪茄烟、烟丝、复烤烟叶、烟叶、卷烟纸、滤嘴棒、烟用丝束。

本《意见》所称伪劣烟草制品是指使用霉烂烟叶或者烟叶以外的替代物,以及使用残次的卷烟纸、滤嘴棒、烟用丝束及下脚料生产的烟草制品;使用低等次烟叶冒充高等次烟叶生产的烟草制品;霉坏、变质的烟草制品,以及其他不符合烟草行业有关技术标准的烟草制品。

本《意见》所称假冒烟草制品是指未经烟草制品注册商标所有人许可,擅自使用他人烟用注册商标标识生产的烟草制品。

本《意见》所称卷烟包括散支烟和成品烟。

十七、关于鉴定问题

烟草专卖行政主管部门负责对查获的假冒伪劣烟草制品和烟草专用机械进行清点,并按国家烟草专卖局有关规定进行质量鉴定。

工商管理部门和烟草专卖行政主管部门联合对假冒烟草制品的烟用注册商标标识进行清点并鉴定。

十八、关于劳动教养问题

对于参与本《意见》规定的违法活动,尚不够刑事处罚的人员,可按照有关规定予以劳动教养。

十九、其他问题

本《意见》所称"虽未达到上述金额或者数额标准"是指接近上述数额标准且已达到该数额的80%以上的。

本《意见》所称"以上"、"以下"均包括本数,"不满"不包括本数。

本《意见》所列案件,情况复杂或者有重大影响的,上级机关可以按规定直接办理或者指定管辖。

本《意见》自下发之日起执行。2001年6月18日安徽省高级人民法院、人民检察院、公安厅、烟草专卖局制定的《关于办理违反烟草专卖管理刑事案件适用法律若干问题的意见(试行)》(皖公办〔2001〕131号)同时废止。

▽上海市高级人民法院刑二庭涉烟草犯罪法律适用七问题解答

根据2010年3月26日《最高人民法院、最高人民检察院关于办理非法生产、销售烟草专卖品等刑事案件具体应用法律若干问题的解释》(以下简称《烟草解释》)、2011年1月10日《最高人民法院、最高人民检察院、公安部、司法部关于办理侵犯知识产权刑事案件适用法律若干问题的意见》(以下简称《知产意见》)以及2003年12月23日《最高人民法院、最高人民检察院、公安部、国家烟草专卖局关于办理假冒伪劣烟草制品等刑事案件适用法律问题座谈会纪要》(以下简称《烟草纪要》)(《烟草解释》第十条规定:以前发布的有关规定与本解释不一致的,以本解释为准。这意味着《烟草解释》没有规定但《烟草纪要》有规定的,仍然可以适用《烟草纪要》的规定。)等的规定,对烟草犯罪的法律适用进行了专题调研,对审判中的突出问题进行了解答,以期统一烟草犯罪的法律适用。

问题一:非法生产、销售假冒伪劣烟草专卖品犯罪未遂的,如何确定量刑档次?

在非法生产、销售假冒伪劣烟草专卖品犯罪构成生产、销售伪劣产品罪,销售假冒注册商标的商品罪或者销售非法制造的注册商标标识罪的情形下,存在未遂形态。根据《烟草解释》第二条的规定,伪劣卷烟、雪茄烟等烟草专卖品尚未销售,货值金额达到刑法第一百四十条规定的销售金额定罪起点数额标准的3倍以上的,以生产、销售伪劣产品罪(未遂)定罪处罚。根据《知产意见》第八条第一项的规定,销售明知是假冒注册商标的商品尚未销售,货值金额在15万元以上的,以销售假冒注册商标的商

品罪(未遂)定罪处罚。根据《知产意见》第九条第一、二项的规定,销售他人伪造、擅自制造的注册商标标识,尚未销售他人伪造、擅自制造的注册商标标识数量在6万件以上或者尚未销售他人伪造、擅自制造的两种以上注册商标标识数量在3万件以上的,以销售非法制造的注册商标标识罪(未遂)定罪处罚。

未销售数额是已销售数额3倍的标准仅适用于罪与非罪的认定,在确定其他量刑档次时应当适用与已销售数额相一致的标准。因为对于未遂犯,可以比照既遂犯从轻或者减轻处罚,没有必要在量刑档次上再次确定高于既遂的数额标准,否则难免会带来轻纵犯罪的负面效应。

问题二:非法生产、销售假冒伪劣烟草专卖品犯罪部分已销售部分未销售的,如何适用法律?

第一,当已销售部分与未销售部分均未达到各自的入罪数额标准,但已销售数额与未销售数额累计后达到未遂入罪数额标准的,累计已销售数额与未销售数额就轻认定,即以生产、销售伪劣产品罪(未遂),销售假冒注册商标的商品罪(未遂)或者销售非法制造的注册商标标识罪(未遂)定罪处罚。如《烟草解释》第二条第一款规定:“……销售金额未达到五万元,但与未销售货值金额合计达到十五万元以上的,以生产、销售伪劣产品罪(未遂)定罪处罚。”《知产意见》第八条第二项规定:“假冒注册商标的商品部分销售,已销售金额不满五万元,但与尚未销售的假冒注册商标的商品的货值金额合计在十五万元以上的”,以销售假冒注册商标的商品罪(未遂)定罪处罚;《知产意见》第九条第三、四项规定,“部分销售他人伪造、擅自制造的注册商标标识,已销售标识数量不满二万件,但与尚未销售标识数量合计在六万件以上的”;或者“部分销售他人伪造、擅自制造的两种以上注册商标标识,已销售标识数量不满一万件,但与尚未销售标识数量合计在三万件以上的”,以销售非法制造的注册商标标识罪(未遂)定罪处罚。

第二,当已销售部分和未销售部分均构成犯罪且分别达到不同的法定刑幅度或者均达到同一法定刑幅度的,在处罚较重的法定刑幅度内酌情从重处罚。如《烟草解释》第二条第二款规定,“销售金额和未销售货值金额分别达到不同的法定刑幅度或者均达到同一法定刑幅度的,在处罚较重的法定刑幅度内酌情从重处罚”;《知产意见》第八条第三款规定,“销售金额和未销售货值金额分别达到不同的法定刑幅度或者均达到同一法定刑幅度的,在处罚较重的法定刑或者同一法定刑幅度内酌情从重处罚”。

第三,如果已销售部分和未销售部分均构成犯罪且社会危害性相当,无法确定较重的处罚的,则一般根据既遂行为吸收未遂行为的处罚原则,将既遂部分所达到的法定刑幅度视为较重的处罚,而将未遂部分作为酌情从重处罚情节考虑。

问题三:非法生产、销售假冒伪劣烟草专卖品犯罪的,罪数如何确定?

根据《烟草解释》第五条的规定,行为人实施非法生产、销售烟草专卖品犯罪,同时构成生产、销售伪劣产品罪、侵犯知识产权犯罪、非法经营罪的,依照处罚较重的规定定罪处罚。关于非法生产、销售假冒伪劣烟草专卖品犯罪的罪数确定,具体包括以下几个方面:第一,非法生产、销售伪劣烟草专卖品,同时构成生产、销售伪劣产品罪和非法经营罪的,两罪之间系想象竞合犯,应当从一重处;第二,非法生产、销售假冒烟草专卖品,同时构成假冒注册商标罪和非法经营罪或者销售假冒注册商标的商品罪和非法经营罪的,假冒注册商标罪与非法经营罪之间系牵连犯,销售假冒注册商标的商品罪与非法经营罪之间系想象竞合犯,应当从一重处;第三,非法生产、销售假冒伪劣烟草专卖品,同时构成假冒注册商标罪、生产、销售伪劣产品罪和非法经营罪,或者销售伪劣产品罪、销售假冒注册商标的商品罪和非法经营罪的,假冒注册商标罪与生产、销售伪劣产品罪,假冒注册商标罪与非法经营罪之间系牵连犯,而生产、销售伪劣产品罪与非法经营罪之间系想象竞合犯,销售伪劣产品罪或者销售假冒注册商标的商品罪与非法经营罪之间以及销售伪劣产品罪与销售假冒注册商标的商品罪之间均系想象竞合犯,应当从一重处。

问题四:有证销售假冒伪劣烟草专卖品犯罪的罪数如何确定?

尽管具有烟草专卖许可证销售假冒伪劣烟草专卖品的行为不构成非法经营罪,但销售假冒伪劣烟草专卖品的犯罪行为可能构成销售伪劣产品罪或者侵犯商标权犯罪。具体为:销售伪劣烟草专卖品,销售金额5万元以上或者未销售货值金额15万元以上或者销售金额未满5万元但与未销售货值金额累计在15万元以上的,构成销售伪劣产品罪;销售明知是假冒他人烟草注册商标的烟草专卖品,销售金额数额较大的,构成销售假冒注册商标的商品罪。因此,具有烟草专卖许可证而销售假冒伪劣烟草专卖品的行为可能同时构成销售伪劣产品罪和销售假冒注册商标的商品罪。在同时构成销售伪劣产品罪和销售假冒注册商标的商品罪的场合成立想象竞合犯,应当从一重处。

问题五:非法生产、销售合格烟草专卖品和非法生产、销售假冒伪劣烟草专卖品并存时的罪数如何确定?

对非法生产、销售合格烟草专卖品和非法生产、销售假冒伪劣烟草专卖品并存时的案件,应当认定行为人实施了两个独立的行为。对这两个独立的行为是否构成犯罪、以一罪处理还是数罪并罚,需要具体分析。第一,非法生产、销售合格烟草专卖品数额未达到定罪标准而非法生产、销售假冒伪劣烟草专卖品构成犯罪的,如果非法生产、销售假冒伪劣烟草专卖品行为不以非法经营罪定罪的,将非法生产、销售合格烟草专卖品作为从重量刑情节考虑,如果以非法经营罪论处的,则应当累计两种行为的数额以非法经营罪定罪处罚;第二,非法生产、销售合格烟草专卖品构成非法经营罪,非法生产、销售假冒伪劣烟草专卖品数额未达到定罪标准的,累计两种行为的数额以非法经营罪定罪处罚;第三,非法生产、销售合格烟草专卖品构成非法经营罪,非法生产、销售假冒伪劣烟草专卖品也构成犯罪的,如果非法生产、销售假冒伪劣烟草专卖品行为也以非法经营罪定罪的,累计两种行为的数额以非法经营罪定罪处罚,否则,以非法经营罪与他罪并罚;第四,非法生产、销售合格烟草专卖品和非法生产、销售假冒伪劣烟草专卖品数额均未达到定罪标准均不构成犯罪,但累计两种行为的数额后构成非法经营罪的,以非法经营罪定罪处罚。

问题六:烟草犯罪的共犯如何认定与处罚?

根据《烟草解释》第六条的规定,明知他人实施本解释第一条所列犯罪而为其提供贷款、资金、账号、发票、证明、许可证件,或者提供生产、经营场所、设备、运输、仓储、保管、邮寄、代理进出口等便利条件,或者提供生产技术、卷烟配方的,应当按照共犯追究刑事责任。对于烟草犯罪的共犯认定,必须坚持主客观相统一原则。如果行为人主观上不明知,即使为烟草犯罪者提供了帮助或者便利条件,也不能以共犯追究刑事责任。一般认为,"明知",是指行为人知道或者应当知道的情形。

对于烟草犯罪共犯的处罚,一般首先应当根据各共同犯罪人在共同犯罪中的地位和作用区分主从犯。如果根据案件的实际情况,各共同犯罪人在共同犯罪中的地位、作用相当,难以区分主从犯的,不区分主从犯。在司法实践中,往往存在查获行为人为他人运输假冒伪劣卷烟而无法查明发货人、接货人等共犯情况的案件。对此类案件的处理,一是必须查明行为人在运输假冒伪劣卷烟之前或者之中是否明知所运输的货物为假冒伪劣卷烟,对于仅仅是为了获取合理运输费用而不明知货物为假冒伪劣卷烟的,不作为犯罪处理。二是无法查明发货人、接货人等共犯的情况,行为人明知是假冒伪劣卷烟而为他人提供运输,货值金额15万元以上的,构成销售伪劣产品罪和销售假冒注册商标的商品罪,属于想象竞合,应当依照处罚较重的规定定罪处罚。三是应当查明假冒伪劣卷烟运输者在共同犯罪中的地位和作用,从而判处刑罚。对于仅仅是为了获取与合理运输费用相差不大的费用而运输假冒伪劣卷烟的,一般属于从犯,应当综合案件情况从宽处理。如果行为人不仅提供了运输等帮助行为,而且还在整个烟草犯罪活动中积极策划、组织,或者在犯罪活动中起着主要作用的,就不能以从犯论处。

问题七:烟草犯罪的罚金刑如何适用?

根据刑法及相关司法解释的规定,在涉烟草犯罪的生产、销售伪劣产品罪,侵犯知识产权犯罪和非法经营罪中:一方面,除了部分需要判处没收财产外,其余都必须判处罚金;另一方面,生产、销售伪劣产品罪的罚金以销售金额为比例的基数、非法经营罪以违法所得为比例的基数,而涉烟草知识产权犯罪只规定并处罚金,至于如何决定罚金的数额,一般以2007年4月5日《最高人民法院、最高人民检察院关于办理侵犯知识产权刑事案件具体应用法律若干问题的解释(二)》第四条的规定为准,即对于侵犯知识产权犯罪的,人民法院应当综合考虑犯罪的违法所得、非法经营数额、给权利人造成的损失、社会危害性等情节,依法判处罚金。罚金数额一般在违法所得的一倍以上五倍以下,或者按照非法经营数额的50%以上一倍以下确定。

对生产、销售伪劣产品罪(未遂)和非法径营罪(没有违法所得、难以查清违法所得)的罚金适用应当注意以下问题:第一,没有销售金额或者没有违法所得的,所判处的罚金不得低于罚金刑最低限度。根据2002年11月15日印发的《最高人民法院关于适用财产刑若干问题的规定》第二条的规定,刑法没有明确规定罚金数额标准的,罚金的最低数额不能少于1000元。对未成年人犯罪应当从轻或者减轻判处罚金,但罚金的最低数额不能少于500元。第二,在具体决定罚金数额时,应当综合考虑犯罪分子的犯罪情节依法判处适当数额的罚金,如货值金额、非法经营数额的大小、预期可得的利润以及缴纳罚金的能力等。一般以判处1000元以上10万元以下的罚金较为合适。对于只领取工资的共同犯罪中的从犯,一般应当以个人的实际违法所得数额作为判处罚金的基数,并以1倍至5倍为限度。第三,在同等条件下,对没有销售金额或者没有违法所得的犯罪案件,社会危害性相对较小,在决定罚金数额时一般应当低于有销售金额、有违法所得的犯罪案件,以体现罪责刑相统一原则。对于一人犯数罪被分别判处罚金的,应当采用相加原则实行并罚,执行总和罚金数额;如果被分别判处罚金和没收财产的,应当分别执行;但并处没收全部财产的,只执行没收财产刑。

▽生产、销售伪劣产品罪的构成要件

生产、销售伪劣产品罪的罪状规定"销售金额五万元以上",这意味着,光有生产行为还不足以构成本罪。构成本罪,还必须在主观上具备销售伪劣产品的故意,或者客观上存在实施销售伪劣产品的行为。其中,销售行为可从"销售金额"的规定中直接推导出来,没有销售,就不会有销售金额;销售故意可从"销售金额"的规定及"产品"的内涵中得以反映:首先,根据《产品质量法》第二条的规定,"产品"指的是经过加工、制作、用于销售的产品(建筑工程除外);其次,根据主、客观相统一的原则,销售行为内在地蕴含着销售故意。至于牟利目的,从法律规定的表面上看,似乎并非本罪的必要要件,但既然将销售金额规定为一个客观要件,与此相对应的主观要件就是出于获得非法利润的目的。最高人民法院、最高人民检察院《关于办理生产、销售伪劣商品刑事案件具体应用法律若干问题的解释》(本条附文以下称《解释》)第二条在对"销售金额"的具体理解中也体现了这一精神,"'销售金额',是指生产者、销售者出售伪劣产品后所得和应得的全部违法收入。"并进一步指出,"伪劣产品尚未销售、货值金额达到刑法第一百四十条规定的销售金额三倍以上的,以生产、销售伪劣产品罪(未遂)定罪处罚"。应当说,《解释》的意见是忠实于立法精神的。[参见第143号案例,韩俊杰、付安生、韩军生产伪劣产品案,载《刑事审判参考》总第23辑(2001年第12辑),法律出版社,第5页。执笔:刘为波]

▽生产、销售伪劣产品罪罪名的适用

生产、销售伪劣产品罪属于选择性罪名。选择性罪名既可概括使用,也可分解拆开使用。因此,从理论上说,本罪的具体罪名应有3个,即生产伪劣产品罪、销售伪劣产品罪、生产、销售伪劣产品罪。如果行为人只生产伪劣产品的,构成生产伪劣产品罪;只销售伪劣产品的,构成销售伪劣产品罪;既生产、又销售伪劣产品的,构成生产、销售伪劣产品罪,不实行数罪并罚。但根据本罪的立法规定,单纯的生产伪劣产品罪是无从成立的。因为如果生产者只是生产了伪劣产品,而并没有推向市场,就谈不上销售金额较大,因而不符合本罪的客观要件。只有当生产者生产了伪劣产品,同时又推向市场时,才可能销售金额较大。最高人民法院、最高人民检察院《解释》规定生产伪劣产品尚未销售的,以生产、销售伪劣产品罪(未遂)定罪处罚。一般而言,生产伪劣产品与销售伪劣产品尽管在主观方面,常常表现为刑法理论上的竞合关系,即生产伪劣产品必须要有销售的故意及牟利的目的。但就行为本身而言,生产、销售是两个完全可以相互区分、明确界定并具有独立意义的行为,在法律上予以独立评价是合适的。[参见第143号案例,韩俊杰、付安生、韩军生产伪劣产品案,载《刑事审判参考》总第23辑(2001年第12辑),法律出版社,第7~8页。执笔:刘为波]

▽行为同时触犯生产、销售假药罪,生产、销售伪劣产品罪,非法经营罪和假冒注册商标罪,应以生产、销售伪劣产品罪定罪处罚

生产、销售假药罪属于危险犯,构成生产、销售假药罪的假药必须足以严重危害人体健康。行为人在生产、销售假药过程中侵犯了他人的注册商标专用权,触犯了假冒注册商标罪。同时,违反国家规定,未经批准、许可生产经营药品的行为,属于非法经营行为,还触犯了非法经营罪。生产、销售假药行为与生产、销售伪劣产品行为也存在竞合关系。究竟应以何种罪名对行为人定罪处罚?首先,足以严重危害人体健康,是生产、销售假药罪的法定构成要件。如何认定足以严重危害人体健康这一要件,最高人民法院、最高人民检察院《解释》第三条规定,即经省级以上药品监督管理部门设置或者确定的药品检验机构鉴定,生产、销售的假药具有下列情形之一的,应认定为"足以严重危害人体健康":一是含有超标准的有毒有害物质的;二是不含所标明的有效成分,可能贻误诊治的;三是所标明的适应症或者功能主治超出规定范围,可能造成贻误诊治的;四是缺乏所标明的急救必需的有效成分的。据此,在办理生产、销售假药案件时,应当依照省级以上药品监督管理部门设置或者确定的药品检验机构所出具的鉴定结论,作为认定事实的基本依据。根据相关的检验报告书,行为人的行为依法不能认定足以严重危害人体健康,不应以生产、销售假药罪定罪处罚。其次,行为人的行为同时触犯了生产、销售伪劣产品罪、假冒注册商标罪及非法经营罪。其中,生产、销售伪劣产品罪与假冒注册商标罪属于牵连关系,生产、销售伪劣产品罪与非法经营罪属于法条竞合关系,应当如何具体适用罪名?对此,《解释》第十条作出了专门规定:实施生产、销售伪劣商品犯罪,同时构成侵犯知识产权、非法经营等其他犯罪的,依照处罚较重的规定定罪处罚。根据本认定的事实,销售金额在20万元以上50万元以下,但不属于情节特别严重,在生产、销售伪劣产品罪、假冒注册商标罪、非法经营罪中具体量刑幅度内的法定最高刑分别为七年、三年、五年有期徒刑,故此行为应以生产、销售伪劣产品罪定罪处罚。此外,即便行为人所生产、销售的假药即使足以严重危害人体健康,在未造成严重危害人体健康的实际后果时,根据刑法第一百四十九条第二款的规定,也应以生产、销售伪劣产品罪定罪处罚。因为该种情况下生产、销售假药罪的法定最高刑仅为三年,明显轻于生产、销售伪劣产品罪的法定最高刑。[参见第165号案例,鞠春香、张志明等生产、销售伪劣产品案,载《刑事审判参考》总第25辑(2002年第2辑),法律出版社,第6~8页。执笔:严东　刘为波]

▽存在多个犯罪行为,多被告人是否构成共同犯罪,应当区分不同行为加以具体认定

行为人虽然未参与假药的生产行为,但其销售行为与另一行为人等生产人员具有明显的共同销售故意,与一般的购买后再予出售的行为有所不同。生产、销售伪劣产品罪属于一个选择性罪名,销售行为固然可以独立定罪,但本案行为人的销售行为与另一行为人等生产人员构成了共同行为,两者构成完整的生产、销售伪劣产品行为,故应对行为人的销售行为以生产、销售伪劣产品罪定罪处罚。无论是在单一罪名,还是选择性罪名中,并不要求每个被告人全部实施构成要件行为,构成犯罪的部分行为乃至帮助行为等,同样构成共同犯罪行为。[参见第165号案例,鞠春香、张志明等生产、销售伪劣产品案,载《刑事审判参考》总第25辑(2002年第2辑),法律出版社,第8~10页。执笔:严东　刘为波]

▽生产、销售伪劣产品罪中"销售金额"的认定

"销售金额"是指生产者、销售者出售伪劣产品后所得和应得的全部违法收入(最高人民法院、最高人民检察院《解释》中规定的)。生产未销售的,按生产、销售未遂处理,销售金额按货值金额计算。

据此,应将该笔假药的货值金额分别计入行为人的总销售金额中。应当注意的是,刑法理论上所谓的既遂吸收未遂,指的是犯罪行为的吸收,以既遂行为定罪处理。《解释》对此也予以了明确,“多次实施生产、销售伪劣产品行为,未经处理的,伪劣产品的销售金额或者货值金额累计计算”。[参见第165号案例,鞠春香、张志明等生产、销售伪劣产品案,载《刑事审判参考》总第25辑(2002年第2辑),法律出版社,第10页。执笔:严东　刘为波]

▽伪劣产品的认定

伪劣产品,是指产品质量没有达到国家产品质量标准的产品。1989年6月27日,国务院办公厅转发国家技术监督局《关于严厉惩处经销伪劣商品责任者意见的通知》明确规定,下列产品为伪劣产品:失效、变质的;危及安全和人身健康的;所标明的指标与实际不符的;冒用优质或认证标志和伪造许可证标志的;掺杂使假、以假充真或以旧充新的;国家有关法律、法规明令禁止生产、销售的;无检验合格证或无有关单位允许销售证明的;未用中文标明商品名称的产地(重要工业品未标明厂址)的;限时使用而未标明失效时间的;实施生产(制造)许可证管理而未标明许可证编号和有效期的;按有关规定应用中文标明规格、等级、主要技术指标或成分、含量等而未标明的;高档耐用消费品无中文使用说明的;属处理品(含次品、等外品)而未在商品或者包装的显著部位标明“处理品”字样的;剧毒、易燃、易爆等危险品而未标明有关标志和使用说明的。凡属上述情形之一的产品,都是伪劣产品。《中华人民共和国标准化法》规定了产品质量标准。该法将我国的产品质量标准分为国际标准、国家标准、行业标准、地方标准和企业标准。其中,国家标准、行业标准分为强制性标准和推荐性标准。保障人体健康,人身、财产安全的标准和法律、行政法规规定强制执行的标准是强制性标准,其他标准是推荐性标准。省、自治区、直辖市标准化行政主管部门制定的工业产品的安全、卫生要求的地方标准,在本行政区域内是强制性标准。强制性标准,必须执行。不符合强制性标准的产品,禁止生产、销售和进口。推荐性标准,国家鼓励企业自愿采用。国际标准,国家鼓励积极采用。如没有国际标准、国家标准、行业标准、地方标准的,“应当制定企业标准,作为组织生产的依据。”凡不符合上述质量标准要求的产品就是不合格产品。由于行为人生产、销售的是其开发的“新产品”,没有国际标准、国家标准、行业标准、地方标准可供执行,当然应执行企业标准。根据企业标准生产、销售的产品,应当具备其许诺的使用性能。否则,就是不合格产品。[参见第8号案例,王洪成生产、销售伪劣产品案,载《刑事审判参考》总第2辑(1999年第2辑),法律出版社,第4~5页。审编:高憬宏]

▽“以假充真”和“以假卖假”行为在定罪上应当区分

司法实践中,销售假冒注册商标的商品行为,根据行为人是否具有欺骗消费者的故意,可以分为两大情形:一是“以假充真”情形;二是“以假卖假”情形。根据所售产品是否合格,每一种大的情形又可细分为两种情形。具体如下:第一种情形是以假充真,销售伪且劣的商品。即行为人以真品价格对外销售假冒注册商标的商品,该商品不具有产品说明所示的使用性能,属于劣质产品。第二种情形是以假充真,销售伪而不劣的商品。即行为人以真品价格对外销售假冒注册商标的商品,但该商品具有产品说明所示的使用性能,不属于劣质产品。第三种情形是以假卖假,销售伪而不劣的商品。即行为人以远低于真品的价格对外销售假冒注册商标的商品,购买者知假买假,且该商品具有产品基本使用性能,不属于劣质产品。第四种情形是以假卖假,销售伪且劣的商品。即行为人以远低于真品的价格对外销售假冒注册商标的商品,购买者知假买假,但该商品不具有产品基本的使用性能,属于劣质产品。鉴于第一种情形的定性,理论界和实务界基本无争议,下文仅对第二、三、四种情形进行简略分析。

(一)“以假充真,伪而不劣”情形。伪劣产品有狭义和广义之分。狭义的伪劣产品仅指“伪且劣”的产品;而广义的伪劣产品,还包括假冒他人品牌但本身质量合格的产品,即所谓的“伪而不劣”的产品。根据最高人民法院、最高人民检察院《关于办理生产、销售伪劣商品刑事案件具体应用法律若干问题的解释》(本条附文以下简称《伪商解释》)第一条对“以假充真”“以次充好”“不合格产品”的解释,构成生产、销售伪劣产品罪,行为人必须要有以不具有某种使用性能的产品冒充具有该种使用性能的产品,或者以低等级、低档次产品冒充高等级、高档次产品的行为,二者之间应达到足够的差距,且低等级、低档次产品应近似于残次品。可见,刑法第一百四十条生产、销售伪劣产品罪中的"伪劣产品"指的是"伪且劣"产品,"伪而不劣"产品不在本罪对象之内。据此,"以假充真,伪而不劣"的情形,在定罪上仅构成销售假冒注册商标的商品罪,不能构成销售伪劣产品罪。

(二)"以假卖假、伪而不劣"情形。以假充真、以次充好或者以不合格产品冒充合格产品的行为,在主观上的共性,即是行为人必须有欺骗消费者的故意。行为人以远低于真品的价格对外销售假冒注册商标的商品,即在某个侧面表明行为人没有欺骗消费者的故意。消费者在购买时,完全知道其所要购买的是假冒他人注册商标的商品,是"知假买假"行为,根本不存在认识错误。因此,该类行为不符合销售伪劣产品罪的构成特征,在定罪上仅构成销售假冒注册商标的商品罪。

(三)"以假卖假、伪且劣"情形。此处的"假"是针对注册商标的商品而言,而"劣"则是相对于具有基本使用性能的合格产品而言,与第一种"以假充真伪且劣"情形中的"劣"不同,后者是相对于注册商标的商品使用性能而言的。在以假卖假案件中,行为人虽然没有冒充注册商标商品的故意,但将无基本使用性能的残次品或废品冒充具有基本使用性能的合格产品,本质上仍属于"以不合格产品冒充合格产品"的行为,应认定为销售伪劣产品的行为。因此,这种情形虽然是"以假卖假",但在定罪上仍既构成销售假冒注册商标的商品罪,又构成销售伪劣产品罪,并依照处罚较重的规定定罪处罚。值得强调的是,在该类案件中,产品质量检验机构在出具产品质量是否合格的鉴定结论时,应当同时提供出具鉴定结论的参数依据或理由。司法机关根据案件事实和鉴定结论的参数依据或理由进行综合审查。如"不合格产品"的鉴定结论是针对产品内在质量而言的,则可认定该"不合格产品"系劣质产品;如鉴定结论仅是针对产品外在包装而言的,则一般不能认为该"不合格产品",系劣质产品。[参见刘晓虎:《试论"以假充真"和"以假卖假"行为在定罪和销售金额认定上的区分》,载《刑事审判参考》(实务探讨)总第78集(2011年第1集),第204~209页。]

▽"以假充真"和"以假卖假"行为在"销售金额"认定上应当区分

目前,为"销售金额"的概念和认定提供法律依据的有两个司法解释:一是《伪商解释》;二是《最高人民法院、最高人民检察院关于办理知识产权刑事案件具体应用法律若干问题的解释》(本条附文以下简称《知产解释》)。在这两个司法解释出台之时,"以假卖假"现象还不够类型化,在司法实践中反映也不突出,所以两个解释文件并未区分"以假充真"和"以假卖假"两种情形,而是为销售金额的认定明确了一个比较统一的递进式标准。两个解释文件所明确的销售金额认定标准大同小异。在销售金额的认定问题上,两个解释文件大同小异,在总体上均区分了两类情形:一是有标价或者能够查清实际销售价格;二是无标价或者不能查清实际销售价格。1. 有标价或者能够查清实际销售价格。(1)完全销售的情形。《伪商解释》虽未对完全销售的情形明确认定标准,但借助其对"销售金额"的界定,即"出售伪劣产品后所得和应得的全部违法收入",完全可以推知,完全销售情形中伪劣产品的销售金额是按照产品实际销售的价格计算。而《知产解释》对完全销售情形中销售金额的认定明确了专门标准,即已销售的侵权产品的价值,按照实际销售的价格计算。可见,对于完全销售的情形,《伪商解释》和《知产解释》在销售金额的认定标准上是完全一致的。(2)部分销售的情形。《知产解释》对部分销售情形中如何认定销售金额,作了明确规定。根据规定,制造、储存、运输和未销售的侵权产品的价值,按照标价或者已经查清的侵权产品的实际销售平均价格计算。由该规定可知,对于未销售部分,既可以按照标价,也可以按照已经查清的侵权产品的实际销售平均价格计算非法经营数额。但是究竟在何种情况下按照标价,何种情况下按照已经查清的侵权产品的实际销售平均价格,《知产解释》并未明确。与《知产解释》不同,《伪商解释》仅明确了未销售情形中货值金额的认定标准,并未规定未销售部分的货值金额可以按照已经查清的销售产品的实际销售价格予以计算。因此,对于销售伪劣产品的犯罪行为,其未销售部分的货值金额,根据规定仅能按照违法生产、销售的伪劣产品的标价计算,不能按照已经查清的销售产品的实际销售价格予以认定。这是因为在生产、销售伪劣产品案件中,定罪量刑的倾向性思路是,销售金额和未销售货值金额分别达到不同的法定刑幅度或者均达到同一法定刑幅度的,在处罚较重的法定刑幅度内酌情从重处罚。这个思路后来在2009年出台的《最高人民法院、最高人民检察院关于办理非法生产、销售烟草专卖品等刑事案件具体应用法律若干问题的解释》中被正式确认。基于这一分析,在部分销售情形中,可以认为,对未销售部分的货值金额,按照标价计算;对已销售部分的销售金额,按照已经查清的销售产品的实际销售价格计算。(3)均未销售的情形。对于此类情形,《伪商解释》与《知产解释》的规定是基本一致的,即按照侵权产品、伪劣产品的标价认定销售金额。2. 无标价或者不能查清实际销售价格。根据《伪商解释》的规定,此类情形的货值金额是按照同类合格产品的市场中间价格计算。货值金额难以确定的,按照国家计划委员会、最高人民法院、最高人民检察院、公安部于1997年4月22日联合发布的《扣押、追缴、没收物品估价管理办法》的规定,委托指定的估价机构确定。而根据《知产解释》的规定,此类情形的非法经营数额是按照被侵权产品的市场中间价格计算。《伪商解释》和《知产解释》的不同之处,在于《伪商解释》补充规定了"货值金额难以确定"的认定办法。这是因为在销售伪劣商品案件中,存在无法按照同类合格产品的市场中间价格计算的情况;而在侵犯知识产权案件中,不存在无法按照被侵权产品的市场中间价格计算的情况,所以《知产解释》未像《伪商解释》那样对"货值金额难以确定"的情形作出规定。

"销售金额"是刑法第一百四十条、第二百一十四条采用的规范术语,《伪商解释》和《知产解释》对这一规范术语的概念作了进一步界定。《伪商解释》第二条规定,"销售金额"是指生产者、销售者出售伪劣产品后所得和应得的全部违法收入。《知产解释》第九条规定,"销售金额"是指销售假冒注册商标的商品后所得和应得的全部违法收入。可见,《伪商解释》和《知产解释》对"销售金额"的界定在"售后所得和应得的全部违法收入"这一点上是完全一致的。从严格意义上讲,"销售金额"仅存在于已销售的情形。然而,如若坚持这一严格解释,则必然导致许多生产、销售伪劣产品和销售假冒注册商标的商品的严重犯罪行为都得不到有效的认定。因此,为了弥补这一立法漏洞,《伪商解释》援引了《产品质量法》中"货值金额"的概念,而《知产解释》则借用了"非法经营数额"的概念,并将"非法经营数额"限定为实施侵犯知识产权行为过程中制造、储存、运输、销售侵权产品的价值。从系统解释的角度把握,不管两个解释文件援引何种概念表述未销售情形的产品、商品价值,最终适用刑法条文时都必须将所要表达的内容对接到"销售金额"的概念上来,即与"销售金额"概念所表达的内容在本质上是基本一致的,否则定罪处罚就成为"无源之水,无本之木"。在这一理念指导下,基于两个解释文件对"销售金额"的定义,具体案件中货值金额、非法经营数额的认定必须以大致接近产品销售后所得和应得的全部违法收入为要求。这一要求应成为货值金额、非法经营数额认定的一条基本原则。[参见刘晓虎:《试论"以假充真"和"以假卖假"行为在定罪和销售金额认定上的区分》,载《刑事审判参考》(实务探讨)总第78集(2011年第1集),第204～209页。]

▽有证生产、销售假冒伪劣烟草专卖品犯罪的罪数认定

根据刑法的规定,生产、销售假冒伪劣烟草专卖品犯罪既可能构成假冒注册商标罪,销售假冒注册商标的商品罪,生产、销售伪劣产品罪,也可能构成非法经营罪。对此,最高人民法院和最高人民检察院于2010年3月26日联合发布的《关于办理非法生产、销售烟草专卖品等刑事案件具体应用法律若干问题的解释》第五条明确规定"依照处罚较重的规定定罪处罚"。上述规定比较原则,具体个案复杂多样,需要结合具体案情对涉假冒伪劣烟草专卖品犯罪的罪数进行认定。有证即取得烟草专卖许可证生产、销售烟草专卖品的行为,不构成非法经营罪。有证生产假冒烟草专卖品,即在生产烟草专卖品过程中假冒他人烟草注册商标的,可能构成假冒注册商标罪。有证销售明知是假冒他人烟草注册商标的烟草专卖品的,可能构成销售假冒注册商标的商品罪。因此,对于有证生产、销售假冒烟草专卖品构成犯罪的情况，只要以假冒注册商标罪或者销售假冒注册商标的商品罪定罪处罚即可，无须加以特别探讨。而对于生产、销售的烟草专卖品系假冒伪劣产品的情况，由于该行为侵害了他人合法的注册商标专用权、国家商标管理秩序以及国家有关产品质量、工商行政的管理制度、消费者的合法权益，因此可能同时构成侵犯商标权犯罪和生产、销售伪劣产品罪。具体为：在生产烟草专卖品过程中，假冒他人烟草注册商标，情节严重的，构成假冒注册商标罪；销售明知是假冒他人烟草注册商标的烟草专卖品，销售金额数额较大的，构成销售假冒注册商标的商品罪；生产、销售伪劣烟草专卖品，销售金额人民币（以下币种均为人民币）5万元以上或者未销售货值金额15万元以上或者销售金额未满5万元但与未销售货值金额累计在15万元以上的，构成生产、销售伪劣产品罪。因此，有证生产、销售假冒伪劣烟草专卖品的行为可能同时构成假冒注册商标罪和生产、销售伪劣产品罪，也可能同时构成销售假冒注册商标的商品罪和销售伪劣产品罪。在同时构成假冒注册商标罪和生产、销售伪劣产品罪的场合，成立牵连犯。理由为：首先，行为人假冒注册商标是基于生产、销售假冒伪劣烟草专卖品这一犯罪目的。其次，存在生产、销售伪劣烟草专卖品和假冒烟用注册商标两个相对独立的犯罪行为。尽管假冒与伪劣常常相伴随，但假冒与伪劣是可以分离的，而且实践中也确实存在假冒不伪劣、伪劣不假冒的现象，因此对于行为人既生产了伪劣烟草专卖品又假冒他人烟用注册商标的，存在生产、销售伪劣产品和假冒注册商标两个不同的犯罪行为。最后，生产、销售伪劣烟草专卖品与假冒烟用注册商标这两个行为之间存在刑法上的牵连关系，即生产、销售伪劣烟草专卖品是目的行为，直接体现犯罪目的；而假冒烟用注册商标是手段行为，是为了使伪劣烟草专卖品的销售顺利或者牟取更大的非法利益而采取的手段，两者受一个共同的犯罪动机即牟取暴利的支配。对于牵连犯，应依照处罚较重的规定定罪处罚。所谓"较重的规定"，一般认为应该比较犯罪行为所对应的各罪名应判处的刑罚量，进而依照处罚较重的规定定罪处罚，而不是直接比较各罪的最高法定刑。在同时构成销售假冒注册商标的商品罪和销售伪劣产品罪的场合，成立想象竞合犯。即行为人实施一个非法销售假冒伪劣烟草专卖品犯罪行为，其犯罪结果不仅侵害了他人合法的注册商标专用权和国家商标管理秩序，而且还侵害了国家有关产品质量、工商行政的管理制度、消费者的合法权益，触犯了销售伪劣产品罪和销售假冒注册商标的商品罪两个罪名。对于想象竞合犯，也应依照处罚较重的规定定罪处罚。[参见贺平凡、罗开卷：《涉假冒伪劣烟草专卖品犯罪的罪数认定》，载《刑事审判参考》（实务探讨）总第79集（2011年第2集），第203~205页。]

▽非法生产、销售假冒伪劣烟草专卖品犯罪的罪数认定

非法生产、销售假冒伪劣烟草专卖品犯罪的罪数认定主要表现为：1. 非法生产、销售假冒烟草专卖品，同时构成假冒注册商标罪和非法经营罪或者销售假冒注册商标的商品罪和非法经营罪的，应从一重处。在没有取得烟草专卖许可证即非法生产烟草专卖品的过程中，假冒他人烟用注册商标，情节严重的，构成假冒注册商标罪。非法销售明知是假冒他人烟用注册商标的烟草专卖品，销售金额数额较大的，构成销售假冒注册商标的商品罪。同时，非法生产、销售烟草专卖品，情节严重的，又构成非法经营罪。行为人非法生产、销售假冒烟草专卖品犯罪的罪数形态具体包括两种：一是行为人非法生产烟草专卖品，并假冒他人烟用注册商标，甚至销售该假冒他人烟用注册商标的烟草专卖品的，由于销售行为系假冒行为的后续行为，仅构成假冒注册商标罪和非法经营罪；二是行为人非法销售假冒他人烟用注册商标的烟草专卖品的，构成销售假冒注册商标的商品罪和非法经营罪。关于假冒注册商标罪或者销售假冒注册商标的商品罪与非法经营罪之间的关系，假冒注册商标罪与非法经营罪成立牵连犯，销售假冒注册商标的商品罪与非法经营罪成立想象竞合犯。根据烟草专卖法的规定，卷烟、雪茄烟和有包装的烟丝必须申请商标注册，未经核准注册的，不得生产、销售。因此，行为人在非法生产烟草专卖品的过程中，为了能够顺利销售非法生产的烟草专卖品，实现自己利益的最大化，假冒他人烟用注册商标不仅成为非法生产烟草专卖品的必备条件之一，而且也成为非法生产烟草专卖品的重要手段之一。

因此,行为人假冒他人烟用注册商标与非法生产烟草专卖品之间具有手段与目的的关系,假冒他人烟用注册商标的手段行为构成假冒注册商标罪,非法生产烟草专卖品的目的行为又构成非法经营罪,成立牵连犯,应依照处罚较重的规定定罪处罚。比较两个罪名的轻重,以非法经营罪定罪,货值金额15万余元属情节严重,应处5年以下有期徒刑,并处或者单处罚金;以假冒注册商标罪定罪,非法经营额15万余元且假冒两种以上品牌香烟的注册商标,属情节特别严重,应处3年以上7年以下有期徒刑,并处罚金。显然,假冒注册商标罪属于处罚较重的规定。销售假冒注册商标的商品罪与非法经营罪之间系想象竞合犯,即行为人实施一个非法销售假冒注册商标的烟草专卖品犯罪行为,其犯罪结果不仅侵害了他人合法的注册商标专用权和国家商标管理秩序,而且还侵害了烟草专卖市场秩序和烟草专卖许可证制度,触犯销售假冒注册商标的商品罪和非法经营罪两个罪名,应依照处罚较重的规定定罪处罚。如行为人无证销售假冒注册商标的烟草专卖品,销售金额6万元,同时构成销售假冒注册商标的商品罪和非法经营罪。以销售假冒注册商标的商品罪定罪,应处3年以下有期徒刑或者拘役,并处或者单处罚金;以非法经营罪定罪,应处5年以下有期徒刑或者拘役,并处或者单处罚金。显然,非法经营罪属于处罚较重的规定。再如,行为人无证销售假冒注册商标的烟草专卖品,销售金额23万元,以销售假冒注册商标的商品罪定罪,应处3年以上7年以下有期徒刑,并处或者单处罚金;以非法经营罪定罪,应处5年以下有期徒刑或者拘役,并处或者单处罚金。此时,销售假冒注册商标的商品罪属于处罚较重的规定。需要注意的是,销售假冒注册商标的商品罪存在未遂形态。在非法销售假冒烟草专卖品同时构成销售假冒注册商标的商品罪和非法经营罪的场合,需要充分考虑未遂情况对销售假冒注册商标的商品罪定罪量刑的影响,进而依照处罚较重的规定定罪处罚。2. 非法生产、销售假冒伪劣烟草专卖品,同时构成假冒注册商标罪,生产、销售伪劣产品罪和非法经营罪,或者销售伪劣产品罪、销售假冒注册商标的商品罪和非法经营罪的,应从一重处。非法生产、销售假冒伪劣烟草专卖品,销售金额5万元以上或者未销售货值金额15万元以上或者销售金额未满5万元但与未销售货值金额累计在15万元以上的,构成生产、销售伪劣产品罪。在非法生产烟草专卖品的过程中,假冒他人烟草注册商标,情节严重的,构成假冒注册商标罪。非法销售明知是假冒他人烟草注册商标的烟草专卖品,销售金额数额较大的,构成销售假冒注册商标的商品罪。非法生产、销售烟草专卖品,情节严重的,构成非法经营罪。因此,非法生产、销售假冒伪劣烟草专卖品,既可能同时构成假冒注册商标罪,生产、销售伪劣产品罪和非法经营罪,也有可能同时构成销售伪劣产品罪、销售假冒注册商标的商品罪和非法经营罪。在非法生产、销售假冒伪劣烟草专卖品同时构成假冒注册商标罪,生产、销售伪劣产品罪和非法经营罪的场合,前文已述,假冒注册商标罪与生产、销售伪劣产品罪或者非法经营罪之间成立牵连犯,对于生产、销售伪劣产品罪与非法经营罪之间的关系,我们认为成立想象竞合犯。即行为人实施一个非法生产、销售伪劣烟草专卖品的犯罪行为,其犯罪结果一方面因为生产、销售的系伪劣产品,侵害了国家有关产品质量、工商行政的管理制度和消费者的合法权益;另一方面,因为生产、销售烟草专卖品的行为没有取得烟草专卖许可证,侵害了烟草专卖市场秩序和烟草专卖许可制度,最终触犯生产、销售伪劣产品罪和非法经营罪两个罪名。对于想象竞合犯,应依照处罚较重的规定定罪处罚。由于三罪之间具有牵连和想象竞合关系,故应依照处罚较重的规定定罪处罚。在非法生产、销售假冒伪劣烟草专卖品同时构成销售伪劣产品罪、销售假冒注册商标的商品罪和非法经营罪的场合,前文已述,无论是销售伪劣产品罪或者销售假冒注册商标的商品罪与非法经营罪之间,还是销售伪劣产品罪与销售假冒注册商标的商品罪之间均系想象竞合。即行为人实施一个非法销售假冒伪劣烟草专卖品的犯罪行为,其犯罪结果不仅侵害了国家有关产品质量、工商行政的管理制度、消费者的合法权益、他人合法的注册商标专用权和国家商标管理秩序,而且还侵害了烟草专卖市场秩序和烟草专卖许可制度,触犯了销售伪劣产品罪、销售假冒注册商标的商品罪和非法经营罪三个罪名,应从一重处。如行为人非法销售假冒伪劣卷烟,尚未销售,货值金额18万元。无证经营卷烟构成非法经营罪;无证经营的卷烟系假冒他人注册商标的商品,构成销售假冒注册商标的商品罪;无证经营的卷烟系伪劣产品,构成销售伪劣产品罪。无证经营假冒伪劣卷烟的行为同时构成非法经营罪、销售假冒注册商标的商品罪和销售伪劣产品罪,成立想象竞合犯,应当依照处罚较重的规定定罪处罚。根据刑法及相关司法解释的规定,非法经营烟草18万元,应处5年以下有期徒刑或者拘役,并处或者单处罚金;销售假冒他人注册商标的卷烟(尚未销售,成立未遂)18万元,应处3年以下有期徒刑或者拘役,并处或者单处罚金;销售伪劣卷烟(尚未销售,成立未遂)18万元,应处2年以下有期徒刑或者拘役,并处或者单处罚金。显然,对于无证经营假冒伪劣卷烟18万元(尚未销售)这一犯罪行为,应以非法经营罪这一处罚较重的规定定罪处罚。[参见贺平凡、罗开卷:《涉假冒伪劣烟草专卖品犯罪的罪数认定》,载《刑事审判参考(实务探讨)》总第79集(2011年第2集),第205~211页。]

▽非法生产、销售合格烟草专卖品、假冒伪劣烟草专卖品犯罪的罪数认定

根据刑法的规定,非法生产、销售合格烟草专卖品,情节严重的,构成非法经营罪。而非法生产、销售假冒伪劣烟草专卖品的,可能同时构成假冒注册商标罪,生产、销售伪劣产品罪和非法经营罪,或者销售伪劣产品罪、销售假冒注册商标的商品罪和非法经营罪,应从一重处。在司法实践中,非法生产、销售合格烟草专卖品,假冒伪劣烟草专卖品犯罪的罪数认定主要表现为:1.非法生产、销售合格烟草专卖品不构成犯罪但非法生产、销售假冒伪劣烟草专卖品构成犯罪的,将非法生产、销售合格烟草专卖品作为从重量刑情节考虑或者累计数额以非法经营罪定罪处罚。非法生产、销售合格烟草专卖品,没有达到情节严重程度的,不构成非法经营罪或者其他犯罪。而非法生产、销售假冒伪劣烟草专卖品可能同时构成假冒注册商标罪,生产、销售伪劣产品罪和非法经营罪,或者销售伪劣产品罪,销售假冒注册商标的商品罪和非法经营罪,均应从一重处。如果处罚较重的规定为生产、销售伪劣产品罪,假冒注册商标罪或者销售假冒注册商标的商品罪的,以该罪定罪处罚,同时将非法生产、销售合格烟草专卖品的行为作为从重量刑情节考虑。如果处罚较重的规定为非法经营罪的,由于非法生产、销售假冒伪劣烟草专卖品行为和非法生产、销售合格烟草专卖品行为均具有非法经营性,此时在非法经营这一层面上,非法生产、销售合格烟草专卖品的违法数额和非法生产、销售假冒伪劣烟草专卖品的犯罪数额属于同类数额,应累计以非法经营罪定罪量刑。否则,就可能出现罪刑不均衡的现象。2.非法生产、销售合格烟草专卖品构成非法经营罪而非法生产、销售假冒伪劣烟草专卖品不构成犯罪的,累计数额以非法经营罪定罪处罚。非法生产、销售合格烟草专卖品,情节严重的,构成非法经营罪。尽管非法生产、销售假冒伪劣烟草专卖品的情节没有达到严重程度,或者犯罪数额没有达到生产、销售伪劣产品罪,销售假冒注册商标的商品罪所要求的数额的,不构成犯罪,但该行为具有非法经营性。因此,在非法经营这一层面上,非法生产、销售合格烟草专卖品的犯罪数额和非法生产、销售假冒伪劣烟草专卖品的违法数额属于同类数额,应累计以非法经营罪定罪量刑。非法销售真品香烟构成非法经营罪,而非法销售假冒伪劣香烟数额小,情节轻,不构成犯罪,但具有非法经营性,应累计数额以非法经营罪定罪处罚。如果不累计两种行为的数额,就可能出现罪刑不均衡的现象。3.非法生产、销售合格烟草专卖品构成非法经营罪且非法生产、销售假冒伪劣烟草专卖品也构成犯罪的,累计数额以非法经营罪定罪处罚或者非法经营罪与他罪并罚。非法生产、销售合格烟草专卖品构成非法经营罪,如果非法生产、销售假冒伪劣烟草专卖品也构成非法经营罪的,毫无疑问,应累计数额,以非法经营罪定罪量刑。如果非法生产、销售合格烟草专卖品构成非法经营罪,而非法生产、销售假冒伪劣烟草专卖品构成其他犯罪的,此时由于评价的角度不一样,不能累计数额处罚,而应以非法经营罪与他罪并罚。4.非法生产、销售合格烟草专卖品和非法生产、销售假冒伪劣烟草专卖品均不构成犯罪,但累计数额后构成非法经营罪的,以非法经营罪定罪处罚。尽管非法生产、销售合格烟草专卖品行为和非法生产、销售假冒伪劣烟草专卖品行为均不构成犯罪,但两种行为均具有非法经营性,在非法经营这一层面上,应累计数额认定。如果累计后不构成非法经营罪的,进行行政处罚即可。如果累计后构成非法经营罪的,以非法经营罪定罪处罚。

[参见贺平凡、罗开卷:《涉假冒伪劣烟草专卖品犯罪的罪数认定》,载《刑事审判参考(实务探讨)》总第79集(2011年第2集),第211～216页。]

▽假冒燃油助力车名义销售的摩托车不属于刑法意义上的伪劣产品,被告人的行为不构成生产、销售伪劣产品罪

1.认定某一产品是否系伪劣产品的关键在于该产品的质量是否存在问题。根据《伪商解释》第一条第四款的规定,刑法第一百四十条规定的"不合格产品",是指不符合产品质量法第二十六条第二款规定的质量要求的产品。本案中的涉案车辆经鉴定符合国家关于摩托车技术规范和安全标准的规定,就其质量本身而言,并不属于"不合格产品"。本案中的涉案车辆之所以成为道路安全隐患,是因为被告人朱某林等人将其以燃油助力车的名义销售,导致车辆脱离了应有的监管。简言之,是朱某林等人规避管理的销售方式而非产品质量问题导致涉案车辆存在安全隐患。2.不能简单地以实际产品与标注不一致就认定存在质量问题。实践中,经常出现生产、销售产品的实际规格与标注不一致的情况,对此应根据实际情况分析认定,不能简单地一概认定为质量有问题,更不能以销售方式来决定产品质量,进而认定属于"以次充好"的产品。产品质量主要是由生产过程决定的,单纯的销售方式无法影响产品质量。本案中的涉案车辆虽然是以燃油助力车的名义对外销售,附随的合格证上标注的也是助力车,但是其各项技术指标是按照摩托车的标准进行配置,经鉴定在属性上为摩托车,符合国家关于摩托车技术规范和安全标准的规定,不属于"以次充好"的情形。此外,根据《伪商解释》第一条第二款规定,刑法第一百四十条规定的"以假充真",是指以不具有某种使用性能的产品冒充具有该种使用性能的产品的行为。涉案车辆具有正常的道路行驶功能和使用性能,也不属于"以假充真"的情形。3.本案中三被告人的行为也不符合生产、销售伪劣产品罪的一般行为特征。从司法实践来看,生产、销售伪劣产品罪的犯罪分子对消费者往往具有欺骗行为,侵害了消费者的知情权,但在本案中,被告人朱某林等人在销售时不仅对涉案车辆的排量等真实情况作了说明,而且还以"大排小标"这一特征作为吸引消费者的噱头加以宣传,消费者对车辆的真实属性有明确的认识,其知情权并未受到侵犯。综上,被告人朱某林等人的行为不构成生产,销售伪劣产品罪。[参见第1210号指导案例,朱某某、周某胜、谢某军非法经营案,载《刑事审判参考》总第111集,第43～45页。撰稿:郭慧　周颖佳]

第一百四十一条　【生产、销售、提供假药罪】生产、销售假药的,处三年以下有期徒刑或者拘役,并处罚金;对人体健康造成严重危害或者有其他严重情节的,处三年以上十年以下有期徒刑,并处罚金;致人死亡或者有其他特别严重情节的,处十年以上有期徒刑、无期徒刑或者死刑,并处罚金或者没收财产。

药品使用单位的人员明知是假药而提供给他人使用的,依照前款的规定处罚。(本条是根据《中华人民共和国刑法修正案(十一)》之五修改的,2021年3月1日起施行。)

刑法本条原文:【生产、销售假药罪】生产、销售假药的,处三年以下有期徒刑或者拘役,并处罚金;对人体健康造成严重危害或者有其他严重情节的,处三年以上十年以下有期徒刑,并处罚金;致人死亡或者有其他特别严重情节的,处十年以上有期徒刑、无期徒刑或者死刑,并处罚金或者没收财产。(本条第一款是根据《中华人民共和国刑法修正案(八)》之二十三修改的,2011年5月1日起施行。)

本条所称假药,是指依照《中华人民共和国药品管理法》的规定属于假药和按假药处理的药品、非药品。

刑法本条原文:【生产、销售假药罪】生产、销售假药,足以严重危害人体健康的,处三年以下有期徒刑或者拘役,并处或者单处销售金额百分之五十以上二倍以下罚金;对人体健康造成严重危害的,处三年以上十年以下有期徒刑,并处销售金额百分之五十以上二倍以下罚金;致人死亡或者对人体健康造成特别严重危害的,处十年以上有期徒刑、无期徒刑或者死刑,并处销售金额百分之五十以上二倍以下罚金或者没收财产。

■最高人民检察院、公安部关于公安机关管辖的刑事案件立案追诉标准的规定(一)的补充规定(2017年4月27日)

第十七条 [生产、销售假药案(刑法第一百四十一条)]生产、销售假药的,应予立案追诉。但销售少量根据民间传统配方私自加工的药品,或者销售少量未经批准进口的国外、境外药品,没有造成他人伤害后果或者延误诊治,情节显著轻微危害不大的除外。

以生产、销售假药为目的,具有下列情形之一的,属于本条规定的"生产":

1. 合成、精制、提取、储存、加工炮制药品原料的;

(二)将药品原料、辅料、包装材料制成成品过程中,进行配料、混合、制剂、储存、包装的;

(三)印制包装材料、标签、说明书的。

医疗机构、医疗机构工作人员明知是假药而有偿提供给他人使用,或者为出售而购买、储存的,属于本条规定的"销售"。

本条规定的"假药",是指依照《中华人民共和国药品管理法》的规定属于假药和按假药处理的药品、非药品。是否属于假药难以确定的,可以根据地市级以上药品监督管理部门出具的认定意见等相关材料进行认定。必要时,可以委托省级以上药品监督管理部门设置或者确定的药品检验机构进行检验。

■最高人民法院、最高人民检察院关于办理危害药品安全刑事案件适用法律若干问题的解释(2022年3月6日)

第一条 生产、销售、提供假药,具有下列情形之一的,应当酌情从重处罚:

(一)涉案药品以孕产妇、儿童或者危重病人为主要使用对象的;

(二)涉案药品属于麻醉药品、精神药品、医疗用毒性药品、放射性药品、生物制品,或者以药品类易制毒化学品冒充其他药品的;

(三)涉案药品属于注射剂药品、急救药品的;

(四)涉案药品系用于应对自然灾害、事故灾难、公共卫生事件、社会安全事件等突发事件的;

(五)药品使用单位及其工作人员生产、销售假药的;

(六)其他应当酌情从重处罚的情形。

第二条 生产、销售、提供假药,具有下列情形之一的,应当认定为刑法第一百四十一条规定的"对人体健康造成严重危害":

(一)造成轻伤或者重伤的;

(二)造成轻度残疾或者中度残疾的;

(三)造成器官组织损伤导致一般功能障碍或者严重功能障碍的;

(四)其他对人体健康造成严重危害的情形。

第三条 生产、销售、提供假药,具有下列情形之一的,应当认定为刑法第一百四十一条规定的"其他严重情节":

(一)引发较大突发公共卫生事件的;

(二)生产、销售、提供假药的金额二十万元以上不满五十万元的;

(三)生产、销售、提供假药的金额十万元以上不满二十万元,并具有本解释第一条规定情形之一的;

(四)根据生产、销售、提供的时间、数量、假药种类、对人体健康危害程度等,应当认定为情节严重的。

第四条 生产、销售、提供假药,具有下列情形之一的,应当认定为刑法第一百四十一条规定的"其他特别严重情节":

(一)致人重度残疾以上的;

(二)造成三人以上重伤、中度残疾或者器官组织损伤导致严重功能障碍的;

(三)造成五人以上轻度残疾或者器官组织损伤导致一般功能障碍的;

(四)造成十人以上轻伤的;

(五)引发重大、特别重大突发公共卫生事件的;

(六)生产、销售、提供假药的金额五十万元以上的;

(七)生产、销售、提供假药的金额二十万元以上不满五十万元,并具有本解释第一条规定情形之一的;

(八)根据生产、销售、提供的时间、数量、假药种类、对人体健康危害程度等,应当认定为情节特别严重的。

第六条　以生产、销售、提供假药、劣药为目的,合成、精制、提取、储存、加工炮制药品原料,或者在将药品原料、辅料、包装材料制成成品过程中,进行配料、混合、制剂、储存、包装的,应当认定为刑法第一百四十一条、第一百四十二条规定的"生产"。

药品使用单位及其工作人员明知是假药、劣药而有偿提供给他人使用的,应当认定为刑法第一百四十一条、第一百四十二条规定的"销售";无偿提供给他人使用的,应当认定为刑法第一百四十一条、第一百四十二条规定的"提供"。

第九条　明知他人实施危害药品安全犯罪,而有下列情形之一的,以共同犯罪论处:

(一)提供资金、贷款、账号、发票、证明、许可证件的;

(二)提供生产、经营场所、设备或者运输、储存、保管、邮寄、销售渠道等便利条件的;

(三)提供生产技术或者原料、辅料、包装材料、标签、说明书的;

(四)提供虚假药物非临床研究报告、药物临床试验报告及相关材料的;

(五)提供广告宣传的;

(六)提供其他帮助的。

第十条　办理生产、销售、提供假药、生产、销售、提供劣药、妨害药品管理等刑事案件,应当结合行为人的从业经历、认知能力、药品质量、进货渠道和价格、销售渠道和价格以及生产、销售方式等事实综合判断认定行为人的主观故意。具有下列情形之一的,可以认定行为人有实施相关犯罪的主观故意,但有证据证明确实不具有故意的除外:

(一)药品价格明显异于市场价格的;

(二)向不具有资质的生产者、销售者购买药品,且不能提供合法有效的来历证明的;

(三)逃避、抗拒监督检查的;

(四)转移、隐匿、销毁涉案药品、进销货记录的;

(五)曾因实施危害药品安全违法犯罪行为受过处罚,又实施同类行为的;

(六)其他足以认定行为人主观故意的情形。

第十一条　以提供给他人生产、销售、提供药品为目的,违反国家规定,生产、销售不符合药用要求的原料、辅料,符合刑法第一百四十条规定的,以生产、销售伪劣产品罪从重处罚;同时构成其他犯罪的,依照处罚较重的规定定罪处罚。

第十二条　广告主、广告经营者、广告发布者违反国家规定,利用广告对药品作虚假宣传,情节严重的,依照刑法第二百二十二条的规定,以虚假广告罪定罪处罚。

第十三条　明知系利用医保骗保购买的药品而非法收购、销售,金额五万元以上的,应当依照刑法第三百一十二条的规定,以掩饰、隐瞒犯罪所得罪定罪处罚;指使、教唆、授意他人利用医保骗保购买药品,进而非法收购、销售,符合刑法第二百六十六条规定的,以诈骗罪定罪处罚。

对于利用医保骗保购买药品的行为人是否追究刑事责任，应当综合骗取医保基金的数额、手段、认罪悔罪态度等案件具体情节，依法妥当决定。利用医保骗保购买药品的行为人是否被追究刑事责任，不影响对非法收购、销售有关药品的行为人定罪处罚。

对于第一款规定的主观明知，应当根据药品标志、收购渠道、价格、规模及药品追溯信息等综合认定。

第十四条　负有药品安全监督管理职责的国家机关工作人员，滥用职权或者玩忽职守，构成药品监管渎职罪，同时构成商检徇私舞弊罪、商检失职罪等其他渎职犯罪的，依照处罚较重的规定定罪处罚。

负有药品安全监督管理职责的国家机关工作人员滥用职权或者玩忽职守，不构成药品监管渎职罪，但构成前款规定的其他渎职犯罪的，依照该其他犯罪定罪处罚。

负有药品安全监督管理职责的国家机关工作人员与他人共谋，利用其职务便利帮助他人实施危害药品安全犯罪行为，同时构成渎职犯罪和危害药品安全犯罪共犯的，依照处罚较重的规定定罪从重处罚。

第十五条　对于犯生产、销售、提供假药罪、生产、销售、提供劣药罪、妨害药品管理罪的，应当结合被告人的犯罪数额、违法所得，综合考虑被告人缴纳罚金的能力，依法判处罚金。罚金一般应当在生产、销售、提供的药品金额二倍以上；共同犯罪的，对各共同犯罪人合计判处的罚金一般应当在生产、销售、提供的药品金额二倍以上。

第十六条　对于犯生产、销售、提供假药罪、生产、销售、提供劣药罪、妨害药品管理罪的，应当依照刑法规定的条件，严格缓刑、免予刑事处罚的适用。对于被判处刑罚的，可以根据犯罪情况和预防再犯罪的需要，依法宣告职业禁止或者禁止令。《中华人民共和国药品管理法》等法律、行政法规另有规定的，从其规定。

对于被不起诉或者免予刑事处罚的行为人，需要给予行政处罚、政务处分或者其他处分的，依法移送有关主管机关处理。

第十七条　单位犯生产、销售、提供假药罪、生产、销售、提供劣药罪、妨害药品管理罪的，对单位判处罚金，并对直接负责的主管人员和其他直接责任人员，依照本解释规定的自然人犯罪的定罪量刑标准处罚。

单位犯罪的，对被告单位及其直接负责的主管人员、其他直接责任人员合计判处的罚金一般应当在生产、销售、提供的药品金额二倍以上。

第十八条　根据民间传统配方私自加工药品或者销售上述药品，数量不大，且未造成他人伤害后果或者延误诊治的，或者不以营利为目的实施带有自救、互助性质的生产、进口、销售药品的行为，不应当认定为犯罪。

对于是否属于民间传统配方难以确定的，根据地市级以上药品监督管理部门或者有关部门出具的认定意见，结合其他证据作出认定。

第十九条　刑法第一百四十一条、第一百四十二条规定的“假药”“劣药”，依照《中华人民共和国药品管理法》的规定认定。

对于《中华人民共和国药品管理法》第九十八条第二款第二项、第四项及第三款第三项至第六项规定的假药、劣药，能够根据现场查获的原料、包装，结合犯罪嫌疑人、被告人供述等证据材料作出判断的，可以由地市级以上药品监督管理部门出具认定意见。对于依据《中华人民共和国药品管理法》第九十八条第二款、第三款的其他规定认定假药、劣药，或者是否属于第九十八条第二款第二项、第三款第六项规定的假药、劣药存在争议的，应当由省级以上药品监督管理部门设置或者确定的药品检验机构进行检验，出具质量检验结论。司法机关根据认定意见、检验结论，结合其他证据作出认定。

第二十条　对于生产、提供药品的金额，以药品的货值金额计算；销售药品的金额，以所得和可得的全部违法收入计算。

第二十一条 本解释自2022年3月6日起施行。本解释公布施行后,《最高人民法院、最高人民检察院关于办理危害药品安全刑事案件适用法律若干问题的解释》(法释〔2014〕14号)、《最高人民法院、最高人民检察院关于办理药品、医疗器械注册申请材料造假刑事案件适用法律若干问题的解释》(法释〔2017〕15号)同时废止。

■中华人民共和国药品管理法(2019年12月1日)

第九十八条 禁止生产(包括配制,下同)、销售使用假药、劣药。

有下列情形之一的,为假药:

(一)药品所含成份与国家药品标准规定的成份不符;

(二)以非药品冒充药品或者以他种药品冒充此种药品;

(三)药品所标明的适应症或者功能主治超出规定范围。

禁止未取得药品批准证明文件生产、进口药品;禁止使用未按照规定审评、审批的原材料药、包装材料和容器生产药品。

第二条第二款 本法所称药品药品,是指用于预防、治疗、诊断人的疾病,有目的地调节人的生理机能并规定有适应症或者功能主治、用法和用量的物质,包括中药、化学药和生物制等。

辅料,是指生产药品和调配处方时所用的赋形剂和附加剂。

药品生产企业,是指生产药品的专营企业或者兼营企业。

药品经营企业,是指经营药品的专营企业或者兼营企业。

■最高人民法院、最高人民检察院关于办理生产、销售伪劣商品刑事案件具体应用法律若干问题的解释(2001年4月10日)

第三条 经省级以上药品监督管理部门设置或者确定的药品检验机构鉴定,生产、销售的假药具有下列情形之一的,应认定为刑法第一百四十一条规定的“足以严重危害人体健康”:

(一)含有超标准的有毒有害物质的;

(二)不含所标明的有效成分,可能贻误诊治的;

(三)所标明的适应症或者功能主治超出规定范围,可能造成贻误诊治的;

(四)缺乏所标明的急救必需的有效成分的。

生产、销售的假药被使用后,造成轻伤、重伤或者其他严重后果的,应认定为“对人体健康造成严重危害”。

生产、销售的假药被使用后,致人严重残疾、三人以上重伤、十人以上轻伤或者造成其他特别严重后果的,应认定为“对人体健康造成特别严重危害”。

第九条 知道或者应当知道他人实施生产、销售伪劣商品犯罪,而为其提供贷款、资金、帐号、发票、证明、许可证件,或者提供生产、经营场所或者运输、仓储、保管、邮寄等便利条件,或者提供制假生产技术的,以生产、销售伪劣商品犯罪的共犯论处。

第十条 实施生产、销售伪劣商品犯罪,同时构成侵犯知识产权、非法经营等其他犯罪的,依照处罚较重的规定定罪处罚。

第十一条 实施刑法第一百四十条至第一百四十八条规定的犯罪,又以暴力、威胁方法抗拒查处,构成其他犯罪的,依照数罪并罚的规定处罚。

第十二条 国家机关工作人员参与生产、销售伪劣商品犯罪的,从重处罚。

■最高人民法院、最高人民检察院关于办理妨害预防、控制突发传染病疫情等灾害的刑事案件具体应用法律若干问题的解释(2003年5月15日)

第二条 在预防、控制突发传染病疫情等灾害期间,生产、销售伪劣的防治、防护产品、物资,或者生产、销售用于防治传染病的假药、劣药,构成犯罪的,分别依照刑法第一百四十条、第一百四十一条、第一百四十二条的规定,以生产、销售伪劣产品罪,生产、销售假药罪或者生产、销售劣药罪定罪,依法从重处罚。

第十七条 人民法院、人民检察院办理有关妨害预防、控制突发传染病疫情等灾害的刑事案件,对于有自首、立功等悔罪表现的,依法从轻、减轻、免除处罚或者依法作出不起诉决定。

第十八条 本解释所称"突发传染病疫情等灾害",是指突然发生,造成或者可能造成社会公众健康严重损害的重大传染病疫情、群体性不明原因疾病以及其他严重影响公众健康的灾害。

■最高人民法院、最高人民检察院、公安部、司法部关于依法惩治妨害新型冠状病毒感染肺炎疫情防控违法犯罪的意见(2020年2月6日)

相关内容附在本书刑法第一百四十条之后附文同名文件中。

▼最高人民检察院法律政策研究室对《关于具有药品经营资质的企业通过非法渠道从私人手中购进药品后销售的如何适用法律问题的请示》的答复(全文)(2015年10月26日)

司法机关应当根据《中华人民共和国药品管理法》的有关规定,对具有药品经营资质的企业通过非法渠道从私人手中购销的药品的性质进行认定,区分不同情况,分别定性处理:一是对于经认定属于假药、劣药,且达到"两高"《关于办理危害药品安全刑事案件适用法律若干问题的解释》(以下称《药品解释》)规定的销售假药罪、销售劣药罪的定罪量刑标准的,应当以销售假药罪、销售劣药罪依法追究刑事责任。二是对于经认定属于劣药,但尚未达到《药品解释》规定的销售劣药罪的定罪量刑标准的,可以依据刑法第一百四十九条、第一百四十条的规定,以销售伪劣产品罪追究刑事责任。三是对于无法认定假药、劣药的,可以由药品监督管理部门依照《中华人民共和国药品管理法》的规定给予行政处罚,不宜以非法经营罪追究刑事责任。

□对行为人主观故意判断,可以根据涉案药品交易的销售渠道是否正规、销售价格是否合理、药品包装是否完整、药品本身是否存在明显瑕疵,结合行为人的职业、文化程度等因素,进行全面分析

《中华人民共和国刑法》第一百四十一条规定了生产、销售假药罪。行为人主观上有无生产、销售假药的故意,是认定生产、销售假药罪成立与否的主观要件,在审理时,被告人供述是重要但不是唯一的依据。对于行为人主观故意的判断,可以根据涉案药品交易的销售渠道是否正规、销售价格是否合理、药品包装是否完整、药品本身是否存在明显瑕疵,结合行为人的职业、文化程度等因素,进行全面分析。[江苏省南通市人民检察院诉申东兰生产、销售假药,赵玉侠等销售假药案,载《最高人民法院公报》总第170期,2010年第12期,第35页。]

▽足以严重危害人体健康的认定

"足以严重危害人体健康",是指生产、销售的假药,具有严重危害人体健康的可能性,并不要求发生实际的严重危害后果,也不以实际上造成严重危害人体健康的结果为本罪既遂条件。假冒三金片是否"足以严重危害人体健康",根据最高人民法院、最高人民检察院《伪商解释》第三条第二款的规定:"不含所标明的有效成分,可能贻误诊治的"均认定为足以严重危害人体健康。虽然假冒三金片没有流入市场,但它具有造成严重危害人体健康的可能性;患者一旦服用了假三金片,就会耽误病情,并可能由此引发严重的后果。因此,即便穿心莲片本身对人体无害,对需要服用三金片来治疗的特定病人来说,也具有严重危害人体健康的可能性。[参见第115(112)号案例,熊漓斌等生产、销售假药案,载《刑事审判参考》总第18辑(2001年第7辑),法律出版社,第11~12页。执笔:李永松 邓正]

▽以诈骗方式进行的销售行为性质的认定

行为人为了营利而生产假药,将假三金片销售给受害人,骗取受害人的钱财,确有以假充真的诈骗行为存在。而这种以假充真的诈骗方式构成生产、销售假药罪的特征。除本罪外,有一些犯罪也可能使用欺骗性手段,甚至也追求某些非法的经济利益,但并不构成诈骗罪,像有些以介绍婚姻为名拐卖妇女的行为,就不应认定为诈骗罪。生产、销售假药罪是以是否足以严重危害人体健康作为本罪的标准,而诈骗罪则是以诈骗公私财物的数额较大为构成本罪的标准,也就是说,只要生产销售的假药足以严重危害人体健康,不管行为人是否实施了以假药骗取钱财的行为,就应当认定为生产、销售假药罪,而不应认定为诈骗罪。[参见第115(112)号案例,熊漓斌等生产、销售假药案,载《刑事审判参考》总第18辑(2001年第7辑),法律出版社,第12页。执笔:李永松 邓正]

▽具有执业资格的医生在诊疗过程中,出于医治病患的目的,根据民间验方、偏方制成药物用于诊疗的行为一般不构成生产、销售假药罪

(1)行为人给被害人所用的胶囊未经任何药监机构检验、批准或审定,其药方也不是指定医药机构所给予,更谈不上符合国家标准,因此,认定其所用药物为假药是没有问题。(2)行为人制造并出售给患者药物的目的是通过诊疗活动赚钱营利,该药只是在其诊疗过程中用于特定的患者,没有在市场上正式公开销售,更没有形成一定的生产、销售规模,其在诊疗过程中给病患开具了处方,再向患者出售了自制的药物,这与刑法中生产、销售假药罪中的生产、销售行为是有区别的。生产、销售假药罪被规定在刑法中破坏社会主义市场经济秩序罪一章,从立法意旨出发,该章中所涉的生产和销售都应属于市场行为,即这种行为应该是一种以市场流通为基础,以实现利润为目标。(3)依据民间验方、偏方制售药品的主观故意认定。行为人在未按有关规定获得批准的情况下生产、销售该药的,但其主观上并不认为其生产、销售的是假药,且始终坚信该药不会对被害人造成伤害。在处理此类应用民间药方、偏方治病致人伤亡的案件时,对于行为人的主观心态的认定,应当严格把握。[参见第429号案例,孟广超医疗事故案,载《刑事审判参考》总第54辑(2007年第1辑),法律出版社,第54~59页。执笔:赵宇明 左永娟 孙江]

▽联系制作假药销售网站的行为构成生产、销售假药罪的共犯

本案犯罪行为发生于2010~2012年,依据行为时的司法解释,即《最高人民法院、最高人民检察院关于办理生产、销售假药、劣药刑事案件具体应用法律若干问题的解释》(2009年5月13日发布,现已废止)第五条第四项的规定,知道或者应当知道他人生产、销售假药、劣药,仍提供广告等宣传的,以生产、销售假药罪或者生产、销售劣药罪等犯罪的共犯论处。2014年出台的《最高人民法院、最高人民检察院关于办理危害药品安全刑事案件若干问题的解释》(2014年11月3日发布)第八条第四项亦规定,明知他人生产、销售假药、劣药,仍提供广告宣传等帮助行为的,以其同犯罪论处。依据上述司法解释的规定,从"主观明知"和"行为表现"两个方面判断,被告人杨某某联系制作假药销售网站的行为,应当认定为销售假药罪的共同犯罪。具体分析如下:

(一)"主观明知"的认定。生产、销售假药罪中的"主观明知",既包括有证据证明行为人知道生产、销售的是假药,也包括有证据证明行为人应当知道生产、销售的是假药。司法实践中,生产、销售假药的行为人往往以不明知生产、销售的药品系假药为由,意图逃避法律惩处。因此,准确判断行为人是否具有主观明知,是审理该类案件的常见难题。特别是对于销售者主观认识的判断更加困难,因为单纯的销售者没有亲自参与商品生产的过程,确有可能不辨真伪或者被蒙骗。如果行为人辩称主观上不明知生产、销售的系假药,就需要结合行为人具体实施的行为以及涉案各环节其他行为人的供述、相关证人证言和鉴定意见等证据进行全面分析,综合认定。具体可从以下方面入手进行分析:(1)对药品生产、经营资格准入制度的认知;(2)自身对药品真假的鉴别能力和资质的认知;(3)行为人在制售假药过程中违法追逐暴利的思想和行为表现;(4)销售环节行为人对药品真实性的怀疑或者应当引起的怀疑;(5)行为人涉足药品行业的时间和对药品常识及假药危害的知晓;(6)违法制售假药过程中各行为人供述及相关证人证言对犯罪事实的相互印证;(7)行为人的年龄、文化程度、职业、阅历等方面综合情况。本案中法院重点调查核实了以下证据:(1)同案被告人关于被告人杨某某参与销售假药行为的供述。同案被告人杨占强、杨喜平、马耐烦的供述证实,杨某某负责假药的宣传联系工作,对非法添加西药成分的事情是知道的,并曾提出反对添加西药成分的主张。(2)销售网站的制作情况。宣传网页及相关证人证言证实,为实现宣传企业和产品展销的目的,杨某某联系他人制作了宣传网站,网站所需图片和药品批文是由杨某某提供给制作人,冈站宣传联系人署名为杨某某。(3)杨某某的知识背景和从业经历。杨某某系高中学历,在北京注册有北京御华康生科技有限责任公司。其父亲杨占强曾是渑池县城关医院医生,长期从事糖尿病的药品研究。杨某某对于药品常识、管制制度及假药危害是有一定认知的。(4)本案属于家庭成员共同犯罪的案件。杨某某的父亲杨占强指挥生产、销售假药,负责提供生产假药的配方;杨某某的姐姐杨喜平按照杨占强提供的假药配方配置原料进行生产;杨某某的母亲马耐烦帮助照看门市,协助销售假药;杨某某负责联系制作销售宣传网站。据此,法院依法认定杨某某对销售假药行为在主观上是明知的。

(二)"行为表现"的认定。一切有偿提供假药的行为,都是销售假药的行为。销售的方式既可能是公开的,也可能是秘密的,可以直接交付,也可以间接交付。《最高人民法院、最高人民检察院关于办理危害药品安全刑事案件若干问题的解释》第八条规定,明知他人生产、销售假药、劣药,而有下列情形之一的,以共同犯罪论处:(1)提供资金、贷款、账号、发票、证明、许可证件的;(2)提供生产、经营场所、设备或者运输、储存、保管、邮寄、网络销售渠道等便利条件的;提供生产技术或者提供原料、辅料、包装材料、标签、说明书的;提供广告宣传等帮助行为的。本案中,在杨占强等人的授意下,被告人杨某某明知杨占强等人制作假药,仍然联系制作企业宣传网站,应当认定为借助互联网为销售假药提供广告宣传的行为。主要理由如下:一是杨某某联系制作宣传网站的目的是宣传和展销立康公司所生产的假药;二是从网站的内容方面来看,该网站除提供了大量关于立康公司"药品"功效的文字说明和实物图片等宣传内容外,还提供了联系人、联系电话、QQ 号等多种联系方式;三是从营销结果方面来看,一些消费者正是通过该网站了解立康公司的"药品",并最终购买了该"药品"。

综上,被告人杨某某主观上明知立康公司生产的黄精苦瓜胶囊等产品系假药,仍负责联系制作销售宣传网站,帮助销售假药,与杨占强等人构成销售假药罪的共同犯罪。[参见第 1074 号指导案例,杨某某销售假药案,载《刑事审判参考》总第 103 集(2015 年第 2 集),第 14 ~ 16 页。撰稿:司明灯　芦山　王建锋]

第一百四十二条　【生产、销售、提供劣药罪】生产、销售劣药,对人体健康造成严重危害的,处三年以上十年以下有期徒刑,并处罚金;后果特别严重的,处十年以上有期徒刑或者无期徒刑,并处罚金或者没收财产。

药品使用单位的人员明知是劣药而提供给他人使用的,依照前款的规定处罚。(本条是根据《中华人民共和国刑法修正案(十一)》之六修改的,2021 年 3 月 1 日起施行。)

刑法本条原文:【生产、销售劣药罪】生产、销售劣药,对人体健康造成严重危害的,处三年以上十年以下有期徒刑,并处销售金额百分之五十以上二倍以下罚金;后果特别严重的,处十年以上有期徒刑或者无期徒刑,并处销售金额百分之五十以上二倍以下罚金或者没收财产。

本条所称劣药,是指依照《中华人民共和国药品管理法》的规定属于劣药的药品。

■最高人民检察院、公安部关于公安机关管辖的刑事案件立案追诉标准的规定(一)(2008 年 6 月 25 日)

第十八条　[生产、销售劣药案(刑法第一百四十二条)]生产(包括配制)、销售劣药,涉嫌下列情形之一的,应予立案追诉:

(一)造成人员轻伤、重伤或者死亡的;

(二)其他对人体健康造成严重危害的情形。

本条规定的"劣药",是指依照《中华人民共和国药品管理法》的规定,药品成份的含量不符合国家药品标准的药品和按劣药论处的药品。

■最高人民法院、最高人民检察院关于办理危害药品安全刑事案件适用法律若干问题的解释(2022年3月6日)

第五条 生产、销售、提供劣药,具有本解释第一条规定情形之一的,应当酌情从重处罚。

生产、销售、提供劣药,具有本解释第二条规定情形之一的,应当认定为刑法第一百四十二条规定的“对人体健康造成严重危害”。

生产、销售、提供劣药,致人死亡,或者具有本解释第四条第一项至第五项规定情形之一的,应当认定为刑法第一百四十二条规定的“后果特别严重”。

第六条 以生产、销售、提供假药、劣药为目的,合成、精制、提取、储存、加工炮制药品原料,或者在将药品原料、辅料、包装材料制成成品过程中,进行配料、混合、制剂、储存、包装的,应当认定为刑法第一百四十一条、第一百四十二条规定的“生产”。

药品使用单位及其工作人员明知是假药、劣药而有偿提供给他人使用的,应当认定为刑法第一百四十一条、第一百四十二条规定的“销售”;无偿提供给他人使用的,应当认定为刑法第一百四十一条、第一百四十二条规定的“提供”。

(第九条至第二十一条见刑法第一百四十一条之后附文本规定的相应内容。)

■最高人民法院、最高人民检察院关于办理妨害预防、控制突发传染病疫情等灾害的刑事案件具体应用法律若干问题的解释(2003年5月15日)

第二条 在预防、控制突发传染病疫情等灾害期间,生产、销售伪劣的防治、防护产品、物资,或者生产、销售用于防治传染病的假药、劣药,构成犯罪的,分别依照刑法第一百四十条、第一百四十一条、第一百四十二条的规定,以生产、销售伪劣产品罪,生产、销售假药罪或者生产、销售劣药罪定罪,依法从重处罚。

第十七条 人民法院、人民检察院办理有关妨害预防、控制突发传染病疫情等灾害的刑事案件,对于有自首、立功等悔罪表现的,依法从轻、减轻、免除处罚或者依法作出不起诉决定。

第十八条 本解释所称“突发传染病疫情等灾害”,是指突然发生,造成或者可能造成社会公众健康严重损害的重大传染病疫情、群体性不明原因疾病以及其他严重影响公众健康的灾害。

■最高人民法院、最高人民检察院、公安部、司法部关于依法惩治妨害新型冠状病毒感染肺炎疫情防控违法犯罪的意见(2020年2月6日)

相关内容附在本书刑法第一百四十条之后附文同名文件中。

第一百四十二条之一 【妨害药品管理罪】违反药品管理法规,有下列情形之一,足以严重危害人体健康的,处三年以下有期徒刑或者拘役,并处或者单处罚金;对人体健康造成严重危害或者有其他严重情节的,处三年以上七年以下有期徒刑,并处罚金:

(一)生产、销售国务院药品监督管理部门禁止使用的药品的;

(二)未取得药品相关批准证明文件生产、进口药品或者明知是上述药品而销售的;

(三)药品申请注册中提供虚假的证明、数据、资料、样品或者采取其他欺骗手段的;

(四)编造生产、检验记录的。

有前款行为,同时又构成本法第一百四十一条、第一百四十二条规定之罪或者其他犯罪的,依照处罚较重的规定定罪处罚。(本条是根据《中华人民共和国刑法修正案(十一)》之七增加的,2021年3月1日起施行。)

■最高人民法院、最高人民检察院关于办理危害药品安全刑事案件适用法律若干问题的解释(2022年3月6日)

第七条 实施妨害药品管理的行为,具有下列情形之一的,应当认定为刑法第一百四十二条之一规定的“足以严重危害人体健康”：

（一）生产、销售国务院药品监督管理部门禁止使用的药品，综合生产、销售的时间、数量、禁止使用原因等情节，认为具有严重危害人体健康的现实危险的；

（二）未取得药品相关批准证明文件生产药品或者明知是上述药品而销售，涉案药品属于本解释第一条第一项至第三项规定情形的；

（三）未取得药品相关批准证明文件生产药品或者明知是上述药品而销售，涉案药品的适应症、功能主治或者成分不明的；

（四）未取得药品相关批准证明文件生产药品或者明知是上述药品而销售，涉案药品没有国家药品标准，且无核准的药品质量标准，但检出化学药成分的；

（五）未取得药品相关批准证明文件进口药品或者明知是上述药品而销售，涉案药品在境外也未合法上市的；

（六）在药物非临床研究或者药物临床试验过程中故意使用虚假试验用药品，或者瞒报与药物临床试验用药品相关的严重不良事件的；

（七）故意损毁原始药物非临床研究数据或者药物临床试验数据，或者编造受试动物信息、受试者信息、主要试验过程记录、研究数据、检测数据等药物非临床研究数据或者药物临床试验数据，影响药品的安全性、有效性和质量可控性的；

（八）编造生产、检验记录，影响药品的安全性、有效性和质量可控性的；

（九）其他足以严重危害人体健康的情形。

对于涉案药品是否在境外合法上市，应当根据境外药品监督管理部门或者权利人的证明等证据，结合犯罪嫌疑人、被告人及其辩护人提供的证据材料综合审查，依法作出认定。

对于“足以严重危害人体健康”难以确定的，根据地市级以上药品监督管理部门出具的认定意见，结合其他证据作出认定。

第八条　实施妨害药品管理的行为，具有本解释第二条规定情形之一的，应当认定为刑法第一百四十二条之一规定的“对人体健康造成严重危害”。

实施妨害药品管理的行为，足以严重危害人体健康，并具有下列情形之一的，应当认定为刑法第一百四十二条之一规定的“有其他严重情节”：

（一）生产、销售国务院药品监督管理部门禁止使用的药品，生产、销售的金额五十万元以上的；

（二）未取得药品相关批准证明文件生产、进口药品或者明知是上述药品而销售，生产、销售的金额五十万元以上的；

（三）药品申请注册中提供虚假的证明、数据、资料、样品或者采取其他欺骗手段，造成严重后果的；

（四）编造生产、检验记录，造成严重后果的；

（五）造成恶劣社会影响或者具有其他严重情节的情形。

实施刑法第一百四十二条之一规定的行为，同时又构成生产、销售、提供假药罪、生产、销售、提供劣药罪或者其他犯罪的，依照处罚较重的规定定罪处罚。

（第九条至第二十一条见刑法第一百四十一条之后附文本规定的相应内容。）

第一百四十三条　【生产、销售不符合安全标准的食品罪】生产、销售不符合食品安全标准的食品，足以造成严重食物中毒事故或者其他严重食源性疾病的，处三年以下有期徒刑或者拘役，并处罚金；对人体健康造成严重危害或者有其他严重情节的，处三年以上七年以下有期徒刑，并处罚金；后果特别严重的，处七年以上有期徒刑或者无期徒刑，并处罚金或者没收财产。（本条是根据《中华人民共和国刑法修正案（八）》之二十四修改的，2011 年 5 月 1 日起施行。）

刑法本条原文：【生产、销售不符合卫生标准的食品罪】生产、销售不符合卫生标准的食品，足以造成严重食物中毒事故或者其他严重食源性疾患的,处三年以下有期徒刑或者拘役,并处或者单处销售金额百分之五十以上二倍以下罚金;对人体健康造成严重危害的,处三年以上七年以下有期徒刑,并处销售金额百分之五十以上二倍以下罚金;后果特别严重的,处七年以上有期徒刑或者无期徒刑,并处销售金额百分之五十以上二倍以下罚金或者没收财产。

■最高人民检察院、公安部关于公安机关管辖的刑事案件立案追诉标准的规定(一)的补充规定(2017年4月27日)

第十九条　[生产、销售不符合安全标准的食品案(刑法第一百四十三条)]生产、销售不符合食品安全标准的食品,涉嫌下列情形之一的,应予立案追诉:

(一)食品含有严重超出标准限量的致病性微生物、农药残留、兽药残留、重金属、污染物质以及其他危害人体健康的物质的;

(二)属于病死、死因不明或者检验检疫不合格的畜、禽、兽、水产动物及其肉类、肉类制品的;

(三)属于国家为防控疾病等特殊需要明令禁止生产、销售的食品的;

(四)婴幼儿食品中生长发育所需营养成分严重不符合食品安全标准的;

(五)其他足以造成严重食物中毒事故或者严重食源性疾病的情形。

在食品加工、销售、运输、贮存等过程中,违反食品安全标准,超限量或者超范围滥用食品添加剂,足以造成严重食物中毒事故或者其他严重食源性疾病的,应予立案追诉。

在食用农产品种植、养殖、销售、运输、贮存等过程中,违反食品安全标准,超限量或者超范围滥用添加剂、农药、兽药等,足以造成严重食物中毒事故或者其他严重食源性疾病的,应予立案追诉。

■最高人民法院、最高人民检察院关于办理生产、销售伪劣商品刑事案件具体应用法律若干问题的解释(2001年4月10日)

第四条　经省级以上卫生行政部门确定的机构鉴定,食品中含有可能导致严重食物中毒事故或者其他严重食源性疾患的超标准的有害细菌或者其他污染物的,应认定为刑法第一百四十三条规定的"足以造成严重食物中毒事故或者其他严重食源性疾患"。

生产、销售不符合卫生标准的食品被食用后,造成轻伤、重伤或者其他严重后果的,应认定为"对人体健康造成严重危害"。

生产、销售不符合卫生标准的食品被食用后,致人死亡、严重残疾、三人以上重伤、十人以上轻伤或者造成其他特别严重后果的,应认定为"后果特别严重"。

第九条　知道或者应当知道他人实施生产、销售伪劣商品犯罪,而为其提供贷款、资金、帐号、发票、证明、许可证件,或者提供生产、经营场所或者运输、仓储、保管、邮寄等便利条件,或者提供制假生产技术的,以生产、销售伪劣商品犯罪的共犯论处。

第十条　实施生产、销售伪劣商品犯罪,同时构成侵犯知识产权、非法经营等其他犯罪的,依照处罚较重的规定定罪处罚。

第十一条　实施刑法第一百四十条至第一百四十八条规定的犯罪,又以暴力、威胁方法抗拒查处,构成其他犯罪的,依照数罪并罚的规定处罚。

第十二条　国家机关工作人员参与生产、销售伪劣商品犯罪的,从重处罚。

■最高人民检察院关于废止《最高人民检察院关于办理非法经营食盐刑事案件具体应用法律若干问题的解释》的决定(2020年4月1日)

内容见本书刑法第一百四十条附文同名文件。

■最高人民法院关于审理走私、非法经营、非法使用兴奋剂刑事案件适用法律若干问题的解释(2020年1月1日)

第五条　生产、销售含有兴奋剂目录所列物质的食品,符合刑法第一百四十三条、第一百四十四条规定的，以生产、销售不符合安全标准的食品罪、生产、销售有毒、有害食品罪定罪处罚。

第七条 实施本解释规定的行为，涉案物质属于毒品、制毒物品等，构成有关犯罪的，依照相应犯罪定罪处罚。

第八条 对于是否属于本解释规定的“兴奋剂”“兴奋剂目录所列物质”“体育运动”“国内、国际重大体育竞赛”等专门性问题，应当依据《中华人民共和国体育法》《反兴奋剂条例》等法律法规，结合国务院体育主管部门出具的认定意见等证据材料作出认定。

▽生产、销售有毒、有害食品罪与生产、销售不符合卫生标准的食品罪区别的认定

生产、销售不符合卫生标准的食品罪，是指生产者、销售者明知生产、销售的食品不符合卫生标准而进行生产、销售，足以造成严重食物中毒或者严重食源性疾患的行为。该罪与生产、销售有毒、有害食品罪在犯罪客体要件、犯罪主体要件、犯罪主观要件都存在相同之处，但是两者也有明显的区别：(1)犯罪对象方面。前者是“不符合卫生标准的食品”。其中，“食品”，是指通过人体消化系统，可被人体消化、吸收，能满足人体生理需求和营养需要的一切物品，既包括一般食物，也包括食物添加剂、调味品、色素、保鲜剂，还包括油脂和饮料等。后者是“有毒、有害的非食品原料”和“含有有毒、有害的非食品原料的食品”。有毒、有害的非食品原料是指对人体具有生理危害性的，食用后会引起不良反应，损害肌体健康的不能食用的原料，例如，用工业酒精兑制白酒、用不能饮用的污水兑制酱油、用石灰水掺进牛奶中，等等。若掺入的是食品原料，只是因污染、腐败变质或者过量而具有了危害性，则不能构成本罪。(2)犯罪结果方面。前者是危险犯，即需有“足以造成严重食物中毒事故或者其他严重食源性疾患”的危险结果作为构成犯罪的条件。其中，“严重食物中毒”，是指细菌性、化学性、真菌性和有毒动植物等引起的严重暴发性中毒；“严重食源性疾患”，是指以食物为感染源而导致的严重疾病，如痢疾、肝炎等。后者不要求特定犯罪结果的发生。(3)犯罪主观方面。前者在主观上对生产、销售不符合卫生标准的食品的行为持直接故意，但是对该行为将造成的严重后果，则既可能持放任的态度，也可能是过失的心理。后者在主观上只是对掺入、生产、销售行为持直接故意，至于对行为结果的主观态度则没有限制。[参见第94(91)号案例，林烈群、何华平等销售有害食品案，载《刑事审判参考》总第15辑(2001年第4辑)，法律出版社，第10~11页。执笔：郭彦东]

▽在生产、销售的食品中超限量加入食品添加剂并造成严重后果的行为，构成生产、销售不符合安全标准的食品罪

(一)生产、销售有毒、有害食品罪与生产、销售不符合安全标准的食品罪两罪区分的关键在于行为人在食品中加入的添加剂是否属于禁止作为食品添加剂使用的有毒、有害物质。生产、销售有毒、有害食品罪，是指在生产、销售的食品中掺入有毒、有害的非食品原料，或者销售明知掺有有毒、有害的非食品原料的食品的行为。生产、销售不符合安全标准的食品罪，是指生产、销售不符合食品安全标准的食品，足以造成严重食物中毒事故或者其他严重食源性疾病的行为。两罪均系危害食品安全的犯罪，在司法实践中容易混淆。两罪在犯罪客体、主体方面有相同或者相似之处，但存在本质区别：(1)犯罪客观方面不同。生产、销售有毒、有害食品罪往食品中掺入的必须是有毒、有害的非食品原料；而生产、销售不符合安全标准的食品罪在食品中掺入的原料也可能有毒有害，但其本身是食品原料。两罪在客观方面属于包含关系，即后罪包含前罪，凡是有毒、有害的食品，必然属于不符合安全标准的食品，但是不符合安全标准的食品，不一定是有毒、有害的食品。(2)构成犯罪的条件不同。前罪是行为犯，行为人只要实施刑法第一百四十四条所规定的行为就构成犯罪；而后罪是危险犯，只有“足以造成严重食物中毒事故或者其他严重食源性疾病”的，才构成本罪。《最高人民法院、最高人民检察院关于办理危害食品安全刑事案件适用法律若干问题的解释》(本附文以下简称《解释》)第一条规定了5种情形属于“足以造成严重食物中毒事故或者其他严重食源性疾病”。因此，两罪区分的关键在于，行为人往食品中掺入的是否属于“有毒、有害的非食品原料”，只有行为人往食品中掺入的是有毒、有害的非食品原料，才可以构成生产、销售有毒、有害食品罪;否则,不能构成生产、销售有毒、有害食品罪,如果"足以造成严重食物中毒事故或者其他严重食源性疾病",可以构成生产、销售不符合安全标准的食品罪。

(二)被告人田某伟的行为不构成生产、销售有毒、有害食品罪。本案被告人田某伟在其售卖的鸡腿中加入了亚硝酸钠,从而造成食用者一人死亡、多人中毒的严重后果,田某伟的行为构成何罪,关键在于判断亚硝酸钠是否属于"有毒、有害的非食品原料"。根据《解释》第二十条的规定的物质应当认定为"有毒、有害的非食品原料"。亚硝酸钠不属于前述法律、法规禁止在食品生产经营活动中添加、使用的物质,也不是《食品中可能违法添加的非食用物质名单》上的物质,故亚硝酸钠不属于刑法第一百四十四条所规定的"有毒、有害的非食品原料"。虽然2012年5月28日下发的2012年第10号公告明令禁止餐饮服务单位采购、贮存、使用食品添加剂亚硝酸盐(亚硝酸钠、亚硝酸钾),但亚硝酸钠本身的属性仍属于食品添加剂,这在国家有关食品添加剂的标准中是明确的。根据《食品安全国家标准食品添加剂使用标准》(GB 2760—2014)的规定,亚硝酸钠属于国家允许使用的食品添加剂。根据食品安全法和《食品安全国家标准食品添加剂使用标准》(GB 2760—2014)的规定,食品添加剕是为改善食品品质和色、香、味,以及为防腐、保鲜和加工工艺的需要而加入食品中的人工合成或者天然物质。食品安全法明确规定,食品安全标准是强制执行的标准,食品、食品添加剂、食品相关产品中的致病性微生物,农药残留、兽药残留、生物毒素、重金属等污染物质以及其他危害人体健康物质的限量规定均属于食品安全标准的内容。《食品安全国家标准食品添加剂使用标准》(GB 2760—2014)规定了食品添加剂的使用原则、允许使用的食品添加剂品种、使用范围以及最大使用量或残留量。在生产、销售的食品中加入的食品添加剂超出该标准允许使用的品种,或者在生产、销售的食品中加入的食品添加剂超过了使用范围或使用限量,就应认定为不符合食品安全标准的食品。不在该标准所列食品添加剂品种范围之内的,属于禁止作为食品添加剂使用的物质,若在食品中添加的物质不在标准所列品种范围之内,又含有有毒、有害物质,则应认定为生产、销售有毒、有害食品。根据相关规定,田某伟在食品中添加的亚硝酸钠不属于"有毒、有害的非食品原料",故田某伟的行为不能构成生产、销售有毒、有害食品罪。

(三)被告人田某伟的行为构成生产、销售不符合安全标准的食品罪。在生产、销售的食品中加入国家允许使用的食品添加剂,但超出允许使用的范围或超过允许的最大使用量或残留量,有危害食品安全的现实风险或造成严重后果的,构成生产、销售不符合安全标准的食品罪。根据《食品安全国家标准食品添加剂使用标准》(GB 2760—2014),亚硝酸钠的确属于国家允许使用的食品添加剂,在用于熏、烧、烤肉类时,其最大使用量为0.15g/kg,残留量要求≤30mg/kg。被告人田某伟所销售的鸡腿中的亚硝酸钠含量达到了85.2mg/kg,属于显著超过限量使用食品添加剂,且造成一人死亡、多人中毒住院治疗的特别严重后果,其行为符合刑法第一百四十三条关于生产、销售不符合安全标准的食品罪的构成要件。根据《解释》第四条第一项的规定,田某伟的行为导致人员死亡,应认定为刑法第一百四十三条规定的"后果特别严重",处七年以上有期徒刑或者无期徒刑,并处罚金或者没收财产。被告人谭某琼长期经营食品调味品,对于亚硝酸钠的使用方法与限量较为清楚,其在明知田某伟生产、销售不符合安全标准的食品的情况下,向田某伟推荐和提供食品添加剂亚硝酸钠,根据《解释》第十四条第三项、第十八条之规定,谭某琼构成生产、销售不符合安全标准的食品罪的共犯。因谭某琼系自首,其亲属已对被害人亲属进行了赔偿,且被害人亲属也对其表示谅解,具有法定、酌定从轻处罚情节,依法可适用缓刑,但应同时判令禁止其在缓刑考验期内从事与食品相关的经营活动。[参见第1205号指导案例,田某伟、谭某琼生产、销售不符合安全标准的食品案,载《刑事审判参考》总第111集,第3~6页。撰稿:万亿]

第一百四十四条 【生产、销售有毒、有害食品罪】在生产、销售的食品中掺入有毒、有害的非食品原料的,或者销售明知掺有有毒、有害的非食品原料的食品的,处五年以下有期徒刑,并处罚金;对人体健康造成严重危害或者有其他严重情节的,处五年以上十年以下有期徒刑,并处罚金;

致人死亡或者有其他特别严重情节的,依照本法第一百四十一条的规定处罚。(本条是根据《中华人民共和国刑法修正案(八)》之二十五修改的,2011年5月1日起施行。)

刑法本条原文:【生产、销售有毒、有害食品罪】在生产、销售的食品中掺入有毒、有害的非食品原料的,或者销售明知掺有有毒、有害的非食品原料的食品的,处五年以下有期徒刑或者拘役,并处或者单处销售金额百分之五十以上二倍以下罚金;造成严重食物中毒事故或者其他严重食源性疾患,对人体健康造成严重危害的,处五年以上十年以下有期徒刑,并处销售金额百分之五十以上二倍以下罚金;致人死亡或者对人体健康造成特别严重危害的,依照本法第一百四十一条的规定处罚。

■最高人民检察院、公安部关于公安机关管辖的刑事案件立案追诉标准的规定(一)的补充规定(2017年4月27日)

第二十条 [生产、销售有毒、有害食品案(刑法第一百四十四条)]在生产、销售的食品中掺入有毒、有害的非食品原料的,或者销售明知掺有有毒、有害的非食品原料的食品的,应予立案追诉。

在食品加工、销售、运输、贮存等过程中,掺入有毒、有害的非食品原料,或者使用有毒、有害的非食品原料加工食品的,应予立案追诉。

在食用农产品种植、养殖、销售、运输、贮存等过程中,使用禁用农药、兽药等禁用物质或者其他有毒、有害物质的,应予立案追诉。

在保健食品或者其他食品中非法添加国家禁用药物等有毒、有害物质的,应予立案追诉。

下列物质应当认定为本条规定的"有毒、有害的非食品原料":

(一)法律、法规禁止在食品生产经营活动中添加、使用的物质;

(二)国务院有关部门公布的《食品中可能违法添加的非食用物质名单》《保健食品中可能非法添加的物质名单》中所列物质;

(三)国务院有关部门公告禁止使用的农药、兽药以及其他有毒、有害物质;

(四)其他危害人体健康的物质。

■最高人民法院、最高人民检察院关于办理危害食品安全刑事案件适用法律若干问题的解释(2022年1月1日)

第二条 生产、销售不符合食品安全标准的食品,具有下列情形之一的,应当认定为刑法第一百四十三条规定的"对人体健康造成严重危害":

(一)造成轻伤以上伤害的;

(二)造成轻度残疾或者中度残疾的;

(三)造成器官组织损伤导致一般功能障碍或者严重功能障碍的;

(四)造成十人以上严重食物中毒或者其他严重食源性疾病的;

(五)其他对人体健康造成严重危害的情形。

第六条 生产、销售有毒、有害食品,具有本解释第二条规定情形之一的,应当认定为刑法第一百四十四条规定的"对人体健康造成严重危害"。

第七条 生产、销售有毒、有害食品,具有下列情形之一的,应当认定为刑法第一百四十四条规定的"其他严重情节":

(一)生产、销售金额二十万元以上不满五十万元的;

(二)生产、销售金额十万元以上不满二十万元,有毒、有害食品的数量较大或者生产、销售持续时间六个月以上的;

(三)生产、销售金额十万元以上不满二十万元,属于特殊医学用途配方食品、专供婴幼儿的主辅食品的;

(四)生产、销售金额十万元以上不满二十万元,且在中小学校园、托幼机构、养老机构及周边面向未成年人、老年人销售的;

(五)生产、销售金额十万元以上不满二十万元,曾因危害食品安全犯罪受过刑事处罚或者二年内因危害食品安全违法行为受过行政处罚的;

(六)有毒、有害的非食品原料毒害性强或者含量高的;

(七)其他情节严重的情形。

第八条 生产、销售有毒、有害食品,生产、销售金额五十万元以上,或者具有本解释第四条第二项至第六项规定的情形之一的,应当认定为刑法第一百四十四条规定的“其他特别严重情节”。

第十一条 在食品加工、销售、运输、贮存等过程中,掺入有毒、有害的非食品原料,或者使用有毒、有害的非食品原料加工食品的,依照刑法第一百四十四条的规定以生产、销售有毒、有害食品罪定罪处罚。

在食用农产品种植、养殖、销售、运输、贮存等过程中,使用禁用农药、食品支物中禁止使用的药品及其他化合物等有毒、有害的非食品原料,适用前款的规定定罪处罚。

在保健食品或者其他食品中非法添加国家禁用药物等有毒、有害的非食品原料的,适用第一款的规定定罪处罚。

第十三条 生产、销售不符合食品安全标准的食品,有毒、有害食品,符合刑法第一百四十三条、第一百四十四条规定的,以生产、销售不符合安全标准的食品罪或者生产、销售有毒、有害食品罪定罪处罚。同时构成其他犯罪的,依照处罚较重的规定定罪处罚。

生产、销售不符合食品安全标准的食品,无证据证明足以造成严重食物中毒事故或者其他严重食源性疾病,不构成生产、销售不符合安全标准的食品罪,但构成生产、销售伪劣产品罪,妨害动植物防疫、检疫罪等其他犯罪的,依照该其他犯罪定罪处罚。

第十四条 明知他人生产、销售不符合食品安全标准的食品,有毒、有害食品,具有下列情形之一的,以生产、销售不符合安全标准的食品罪或者生产、销售有毒、有害食品罪的共犯论处:

(一)提供资金、贷款、账号、发票、证明、许可证件的;

(二)提供生产、经营场所或者运输、贮存、保管、邮寄、销售渠道等便利条件的;

(三)提供生产技术或者食品原料、食品添加剂、食品相关产品或者有毒、有害的非食品原料的;

(四)提供广告宣传的;

(五)提供其他帮助行为的。

第十五条 生产、销售不符合食品安全标准的食品添加剂,用于食品的包装材料、容器、洗涤剂、消毒剂,或者用于食品生产经营的工具、设备等,符合刑法第一百四十条规定的,以生产、销售伪劣产品罪定罪处罚。

生产、销售用超过保质期的食品原料、超过保质期的食品、回收食品作为原料的食品,或者以更改生产日期、保质期、改换包装等方式销售超过保质期的食品、回收食品,适用前款的规定定罪处罚。

实施前两款行为,同时构成生产、销售不符合安全标准的食品罪,生产、销售不符合安全标准的产品罪等其他犯罪的,依照处罚较重的规定定罪处罚。

第十六条 以提供给他人生产、销售食品为目的,违反国家规定,生产、销售国家禁止用于食品生产、销售的非食品原料,情节严重的,依照刑法第二百二十五条的规定以非法经营罪定罪处罚。

以提供给他人生产、销售食用农产品为目的,违反国家规定,生产、销售国家禁用农药、食品动物中禁止使用的药品及其他化合物等有毒、有害的非食品原料,或者生产、销售添加上述有毒、有害的非食品原料的农药、兽药、饲料、饲料添加剂、饲料原料,情节严重的,依照前款的规定定罪处罚。

第十七条 违反国家规定,私设生猪屠宰厂(场),从事生猪屠宰、销售等经营活动,情节严重的,依照刑法第二百二十五条的规定以非法经营罪定罪处罚。

在畜禽屠宰相关环节，对畜禽使用食品动物中禁止使用的药品及其他化合物等有毒、有害的非食品原料，依照刑法第一百四十四条的规定以生产、销售有毒、有害食品罪定罪处罚；对畜禽注水或者注入其他物质，足以造成严重食物中毒事故或者其他严重食源性疾病的，依照刑法第一百四十三条的规定以生产、销售不符合安全标准的食品罪定罪处罚；虽不足以造成严重食物中毒事故或者其他严重食源性疾病，但符合刑法第一百四十条规定的，以生产、销售伪劣产品罪定罪处罚。

第十八条　实施本解释规定的非法经营行为，非法经营数额在十万元以上，或者违法所得数额在五万元以上的，应当认定为刑法第二百二十五条规定的“情节严重”；非法经营数额在五十万元以上，或者违法所得数额在二十五万元以上的，应当认定为刑法第二百二十五条规定的“情节特别严重”。

实施本解释规定的非法经营行为，同时构成生产、销售伪劣产品罪，生产、销售不符合安全标准的食品罪，生产、销售有毒、有害食品罪，生产、销售伪劣农药、兽药罪等其他犯罪的，依照处罚较重的规定定罪处罚。

第十九条　违反国家规定，利用广告对保健食品或者其他食品作虚假宣传，符合刑法第二百二十二条规定的，以虚假广告罪定罪处罚；以非法占有为目的，利用销售保健食品或者其他食品诈骗财物，符合刑法第二百六十六条规定的，以诈骗罪定罪处罚。同时构成生产、销售伪劣产品罪等其他犯罪的，依照处罚较重的规定定罪处罚。

第二十条　负有食品安全监督管理职责的国家机关工作人员，滥用职权或者玩忽职守，构成食品监管渎职罪，同时构成徇私舞弊不移交刑事案件罪、商检徇私舞弊罪、动植物检疫徇私舞弊罪、放纵制售伪劣商品犯罪行为罪等其他渎职犯罪的，依照处罚较重的规定定罪处罚。

负有食品安全监督管理职责的国家机关工作人员滥用职权或者玩忽职守，不构成食品监管渎职罪，但构成前款规定的其他渎职犯罪的，依照该其他犯罪定罪处罚。

负有食品安全监督管理职责的国家机关工作人员与他人共谋，利用其职务行为帮助他人实施危害食品安全犯罪行为，同时构成渎职犯罪和危害食品安全犯罪共犯的，依照处罚较重的规定定罪从重处罚。

第二十一条　犯生产、销售不符合安全标准的食品罪，生产、销售有毒、有害食品罪，一般应当依法判处生产、销售金额二倍以上的罚金。

共同犯罪的，对各共同犯罪人合计判处的罚金一般应当在生产、销售金额的二倍以上。

第二十二条　对实施本解释规定之犯罪的犯罪分子，应当依照刑法规定的条件，严格适用缓刑、免予刑事处罚。对于依法适用缓刑的，可以根据犯罪情况，同时宣告禁止令。

对于被不起诉或者免予刑事处罚的行为人，需要给予行政处罚、政务处分或者其他处分的，依法移送有关主管机关处理。

第二十三条　单位实施本解释规定的犯罪的，对单位判处罚金，并对直接负责的主管人员和其他直接责任人员，依照本解释规定的定罪量刑标准处罚。

第二十四条　“足以造成严重食物中毒事故或者其他严重食源性疾病”“有毒、有害的非食品原料”等专门性问题难以确定的，司法机关可以依据鉴定意见、检验报告、地市级以上相关行政主管部门组织出具的书面意见，结合其他证据作出认定。必要时，专门性问题由省级以上相关行政主管部门组织出具书面意见。

第二十五条　本解释所称“二年内”，以第一次违法行为受到行政处罚的生效之日与又实施相应行为之日的时间间隔计算确定。

第二十六条　本解释自2022年1月1日起施行。本解释公布实施后，《最高人民法院、最高人民检察院关于办理危害食品安全刑事案件适用法律若干问题的解释》（法释〔2013〕12号）同时废止；之前发布的司法解释与本解释不一致的，以本解释为准。

■最高人民法院、最高人民检察院关于办理生产、销售伪劣商品刑事案件具体应用法律若干问题的解释(2001年4月10日)

第五条　生产、销售的有毒、有害食品被食用后,造成轻伤、重伤或者其他严重后果的,应认定为刑法第一百四十四条规定的"对人体健康造成严重危害"。

生产、销售的有毒、有害食品被食用后,致人严重残疾、三人以上重伤、十人以上轻伤或者造成其他特别严重后果的,应认定为"对人体健康造成特别严重危害"。

第九条　知道或者应当知道他人实施生产、销售伪劣商品犯罪,而为其提供贷款、资金、帐号、发票、证明、许可证件,或者提供生产、经营场所或者运输、仓储、保管、邮寄等便利条件,或者提供制假生产技术的,以生产、销售伪劣商品犯罪的共犯论处。

第十条　实施生产、销售伪劣商品犯罪,同时构成侵犯知识产权、非法经营等其他犯罪的,依照处罚较重的规定定罪处罚。

第十一条　实施刑法第一百四十条至第一百四十八条规定的犯罪,又以暴力、威胁方法抗拒查处,构成其他犯罪的,依照数罪并罚的规定处罚。

第十二条　国家机关工作人员参与生产、销售伪劣商品犯罪的,从重处罚。

■最高人民法院、最高人民检察院、公安部关于依法严惩地沟油犯罪活动的通知(全文)(2012年1月9日)

一、依法严惩"地沟油"犯罪,切实维护人民群众食品安全

"地沟油"犯罪,是指用餐厨垃圾、废弃油脂、各类肉及肉制品加工废弃物等非食品原料,生产、加工"食用油",以及明知是利用"地沟油"生产、加工的油脂而作为食用油销售的行为。

二、准确理解法律规定,严格区分犯罪界限

(一)对于利用"地沟油"生产"食用油"的,依照刑法第144条生产有毒、有害食品罪的规定追究刑事责任。

(二)明知是利用"地沟油"生产的"食用油"而予以销售的,依照刑法第144条销售有毒、有害食品罪的规定追究刑事责任。认定是否"明知",应当结合犯罪嫌疑人、被告人的认知能力,犯罪嫌疑人、被告人及其同案人的供述和辩解,证人证言,产品质量,进货渠道及进货价格、销售渠道及销售价格等主、客观因素予以综合判断。

(三)对于利用"地沟油"生产的"食用油",已经销售出去没有实物,但是有证据证明系已被查实生产、销售有毒、有害食品犯罪事实的上线提供的,依照刑法第144条销售有毒、有害食品罪的规定追究刑事责任。

(四)虽无法查明"食用油"是否系利用"地沟油"生产、加工,但犯罪嫌疑人、被告人明知该"食用油"来源可疑而予以销售的,应分别情形处理:经鉴定,检出有毒、有害成分的,依照刑法第144条销售有毒、有害食品罪的规定追究刑事责任;属于不符合安全标准的食品的,依照刑法第143条销售不符合安全标准的食品罪追究刑事责任;属于以假充真、以次充好、以不合格产品冒充合格产品或者假冒注册商标,构成犯罪的,依照刑法第140条销售伪劣产品罪或者第213条假冒注册商标罪、第214条销售假冒注册商标的商品罪追究刑事责任。

(五)知道或应当知道他人实施以上第(一)、(二)、(三)款犯罪行为,而为其掏捞、加工、贩运"地沟油",或者提供贷款、资金、账号、发票、证明、许可证件,或者提供技术、生产、经营场所、运输、仓储、保管等便利条件的,依照本条第(一)、(二)、(三)款犯罪的共犯论处。

(六)对违反有关规定,掏捞、加工、贩运"地沟油",没有证据证明用于生产"食用油"的,交由行政部门处理。

(七)对于国家工作人员在食用油安全监管和查处"地沟油"违法犯罪活动中滥用职权、玩忽职守、

徇私枉法,构成犯罪的,依照刑法有关规定追究刑事责任。

三、准确把握宽严相济刑事政策在食品安全领域的适用

在对"地沟油"犯罪定罪量刑时,要充分考虑犯罪数额、犯罪分子主观恶性及其犯罪手段、犯罪行为对人民群众生命安全和身体健康的危害、对市场经济秩序的破坏程度、恶劣影响等。对于具有累犯、前科、共同犯罪的主犯、集团犯罪的首要分子等情节,以及犯罪数额巨大、情节恶劣、危害严重,群众反映强烈,给国家和人民利益造成重大损失的犯罪分子,依法严惩,罪当判处死刑的,要坚决依法判处死刑。对在同一条生产销售链上的犯罪分子,要在法定刑幅度内体现严惩源头犯罪的精神,确保生产环节与销售环节量刑的整体平衡。对于明知是"地沟油"而非法销售的公司、企业,要依法从严追究有关单位和直接责任人员的责任。对于具有自首、立功、从犯等法定情节的犯罪分子,可以依法从宽处理。要严格把握适用缓刑、免予刑事处罚的条件。对依法必须适用缓刑的,一般同时宣告禁止令,禁止其在缓刑考验期内从事与食品生产、销售等有关的活动。

■最高人民法院、最高人民检察院关于办理非法生产、销售、使用禁止在饲料和动物饮用水中使用的药品等刑事案件具体应用法律若干问题的解释(2002年8月23日)

第三条　使用盐酸克仑特罗等禁止在饲料和动物饮用水中使用的药品或者含有该类药品的饲料养殖供人食用的动物,或者销售明知是使用该类药品或者含有该类药品的饲料养殖的供人食用的动物的,依照刑法第一百四十四条的规定,以生产、销售有毒、有害食品罪追究刑事责任。

第四条　明知是使用盐酸克仑特罗等禁止在饲料和动物饮用水中使用的药品或者含有该类药品的饲料养殖的供人食用的动物,而提供屠宰等加工服务,或者销售其制品的,依照刑法第一百四十四条的规定,以生产、销售有毒、有害食品罪追究刑事责任。

第五条　实施本解释规定的行为,同时触犯刑法规定的两种以上犯罪的,依照处罚较重的规定追究刑事责任。

第六条　禁止在饲料和动物饮用水中使用的药品,依照国家有关部门公告的禁止在饲料和动物饮用水中使用的药物品种目录确定。

[附:中华人民共和国农业部、中华人民共和国卫生部、国家药品监督管理局禁止在饲料和动物饮用水中使用的药物品种目录(2002年2月9日)参见本书附录二十二]

■最高人民检察院关于废止《最高人民检察院关于办理非法经营食盐刑事案件具体应用法律若干问题的解释》的决定(2020年4月1日)

内容见本书刑法第一百四十条附文同名文件。

■最高人民法院关于审理走私、非法经营、非法使用兴奋剂刑事案件适用法律若干问题的解释(2020年1月1日)

内容见本书刑法第一百四十三条附文同名文件。

▼湖南省高级人民法院、湖南省人民检察院、湖南省公安厅关于办理非法经营食盐犯罪案件有关问题的意见(2001年3月15日)

第七条　在生产、销售的食盐中掺入有毒、有害的非食品原料,或销售明知掺有有毒、有害的非食品原料的食盐的,按刑法第一百四十四条的规定定罪处罚,同时构成非法经营罪的,依照处罚较重的规定定罪处罚。

●生产、销售有毒、有害食品罪与生产、销售伪劣产品罪的认定

明知对方是食用油经销者,仍将用餐厨废弃油(俗称"地沟油")加工而成的劣质油脂销售给对方,导致劣质油脂流入食用油市场供人食用的,构成生产、销售有毒、有害食品罪;明知油脂经销者向饲料生产企业和药品生产企业等单位销售豆油等食用油,仍将用餐厨废弃油加工而成的劣质油脂销售给对方,导致劣质油脂流向饲料生产企业和药品生产企业等单位的,构成生产、销售伪劣产品罪。(参见最

高人民检察院第4批指导案例12号,柳立国等人生产、销售有毒、有害食品,生产、销售伪劣产品案,2014年2月20日发布)

●生产、销售有害食品罪的认定

在食品加工过程中,使用有毒、有害的非食品原料加工食品并出售的,应当认定为生产、销售有毒、有害食品罪;明知是他人使用有毒、有害的非食品原料加工出的食品仍然购买并出售的,应当认定为销售有毒、有害食品罪。(参见最高人民检察院第4批指导案例13号,徐孝伦等人生产、销售有害食品案,2014年2月20日发布)

●生产、销售有毒、有害食品罪及其共犯的认定

明知盐酸克伦特罗(俗称"瘦肉精")是国家禁止在饲料和动物饮用水中使用的药品,而用以养殖供人食用的动物并出售的,应当认定为生产、销售有毒、有害食品罪。明知盐酸克伦特罗是国家禁止在饲料和动物饮用水中使用的药品,而买卖和代买盐酸克伦特罗片,供他人用以养殖供人食用的动物的,应当认定为生产、销售有毒、有害食品罪的共犯。(参见最高人民检察院第4批指导案例14号,孙建亮等人生产、销售有毒、有害食品案,2014年2月20日发布。)

●生产、销售有毒、有害食品罪与生产、销售伪劣产品罪以及其中的职务犯罪的认定

实施生产、销售有毒、有害食品犯罪,为逃避查处向负有食品安全监管职责的国家工作人员行贿的,应当以生产、销售有毒、有害食品罪和行贿罪实行数罪并罚。

负有食品安全监督管理职责的国家机关工作人员,滥用职权,向生产、销售有毒、有害食品的犯罪分子通风报信,帮助逃避处罚的,应当认定为食品监管渎职罪;在渎职过程中受贿的,应当以食品监管渎职罪和受贿罪实行数罪并罚。(参见最高人民检察院第4批指导案例15号,胡林贵等人生产、销售有毒、有害食品,行贿;骆梅、刘康素销售伪劣产品;朱伟全、曾伟中生产、销售伪劣产品;黎达文等人受贿、食品监管渎职案,2014年2月20日发布。)

●生产、销售有毒、有害食品罪与有毒有害的非食品原料的认定

行为人在食品生产经营中添加的虽然不是国务院有关部门公布的《食品中可能违法添加的非食用物质名单》和《保健食品中可能非法添加的物质名单》中的物质,但如果该物质与上述名单中所列物质具有同等属性,并且根据检验报告和专家意见等相关材料能够确定该物质对人体具有同等危害的,应当认定为《中华人民共和国刑法》第一百四十四条规定的"有毒、有害的非食品原料"。(最高人民法院第15批指导案例70号,北京阳光一佰生物技术开发有限公司、习文有等生产、销售有毒、有害食品案,2016年12月28日发布;江苏省扬州市广陵区人民检察院诉北京阳光一佰生物技术开发有限公司、习文有等生产、销售有毒、有害食品案,载《最高人民法院公报》,2017年卷,人民法院出版社,第504~508页。)

○使用盐酸克伦特罗喂养生猪并予以销售,或者明知是含有盐酸克伦特罗的猪肉及其制品而出售的行为,应以生产、销售有毒食品罪定罪处罚

三、使用盐酸克伦特罗喂养生猪并予以销售,或者明知是含有盐酸克伦特罗的猪肉及其制品而出售的行为,应当按照《刑法》第一百四十四条的规定,以生产、销售有毒食品罪定罪处罚。由于盐酸克伦特罗是一种以治疗为目的的药品,不属于食品范畴,人食用了含有过量盐酸克伦特罗的肉制品后,会引起食物中毒,甚至导致死亡,因此,盐酸克伦特罗是一种有毒的非食品原料。使用盐酸克伦特罗喂养生猪并予以销售的,属于刑法第一百四十四条规定的"在生产、销售的食品中掺入有毒……的非食品原料",应当以生产、销售有毒食品罪定罪处罚;明知是含有盐酸克伦特罗的猪肉及其制品而出售的,属于刑法第一百四十四条规定的"销售明知掺有有毒……的非食品原料",应当以销售有毒食品罪定罪处罚。[参见《刑事审判参考》总第25辑(2002年第2辑),法律出版社,第151~152页。]

▽用"瘦肉精"饲养肉猪,销售后致多人中毒的行为构成生产、销售有毒食品罪

"瘦肉精"属于有毒的非食品原料。"瘦肉精"在医学上称盐酸克伦特罗,属于β-肾上腺素兴奋剂,是用于治疗支气管哮喘、慢性支气管炎和肺气肿等疾病的人用药品,不属于食品范畴,故属非食品原料。将"瘦肉精"当作饲料添加剂饲养肉猪后,会在肉猪组织中形成残留,残留盐酸克伦特罗的肉制品人食用后会导致人体中毒,其典型症状有:肌肉震颤、心悸、神经过敏、头痛、目眩、恶心、呕吐、发烧、战栗等,甚至会导致死亡。肉猪属于食品。没有人能否认鱼、虾、蔬菜和水果等养殖业和种植业的成果是食品。食品卫生法将养殖业和种植业排除于食品生产的概念之外,其立法本意在于表明养殖业和种植业是属于农业行政部门管理而不属于卫生行政部门管理的行业,而不是表明养殖业和种植业客观上不生产食品。《刑法》第一百四十四条规定的"食品"应当包括各种供人食用或者饮用的成品及其制品。使用"瘦肉精"喂养肉猪的实际结果就是导致猪肉中含有有毒物质,与在猪肉中直接掺入有毒物质并无二致,完全可以认定为生产有毒食品行为。综上,行为人明知"瘦肉精"是国家明令禁止使用的饲料添加剂,仍将"瘦肉精"掺入饲料喂养肉猪,从而导致众多消费者食用猪肉后中毒,其行为已构成生产、销售有毒食品罪。但应指出的是,生产、销售有毒、有害食品罪是选择性罪名,并且属于行为加对象性选择适用罪名。实践中,对这种选择性罪名的适用,不仅要考虑行为人所实施的具体行为,还要考虑行为人所实施行为的具体对象。对于行为人没有实施的行为或者对象,不应适用为罪名。行为人生产、销售含有"瘦肉精"的食品,属于有毒食品,相应地只能适用生产、销售有毒食品罪,而不应适用"生产、销售有毒、有害食品罪"的罪名。[参见第166号案例,俞亚春生产、销售有毒、有害食品案,载《刑事审判参考》总第25辑(2002年第2辑),法律出版社,第12~14页。执笔:李忠平　陈晓伟]

▽选择性罪名如何适用

刑法中规定的生产、销售有毒、有害食品罪是一个选择性罪名。司法实践中,应当根据案件具体情况选择适用具体的罪名,行为人购买已被毒死的耕牛肉出售,不存在生产的问题,故不能以生产、销售有毒、有害食品罪对行为人定罪。但是,有毒食品与有害食品还是有区别的,即以掺入的是有毒食品还是有害食品来区分。行为人销售的是用鼠药毒死的耕牛肉,只能是有毒食品,在具体罪名上,应以销售有毒食品罪定罪。[参见第17号案例,李某等投毒案,载《刑事审判参考》总第3辑(1999年第3辑),法律出版社,第7页。审编:高贵君]

▽以危险方法危害公共安全罪与生产、销售有毒、有害食品罪(《刑法修正案(八)》颁布前罪名)的辨析

以危险方法危害公共安全罪与生产、销售有毒、有害食品罪多有交叉,难以准确认定。在司法实践中,两者的关系通常被认为是一般与特殊的关系,在具体认定时一般是根据特别法优于普通法的原则,以生产、销售有毒、有害食品罪定罪。从二罪的罪状规定分析,二罪均对不特定多数人的生命、健康造成损害,即在客体上均危及公共安全,且二罪对这一客体的危害不需要附加任何条件、不受任何具体案情的影响,因而二罪属于法条竞合而非想象竞合关系,其本质区别在于具体行为方式不同。当一行为构成生产、销售有毒、有害食品罪时,一般亦可构成以危险方法危害公共安全罪,此时根据法条竞合时特别法优于普通法的原则,以生产、销售有毒有害食品罪论处。生产、销售有毒、有害食品罪的行为方式是在生产、销售的食品中掺入有毒、有害的非食品原料,要求犯罪对象必须是掺入有毒、有害的非食品原料的食品。如果有毒、有害的非食品原料掺入的对象不是食品,或者销售的是有毒、有害的非食品原料本身,则应认定为以危险方法危害公共安全罪。例如,"三鹿奶粉"案件的主犯明知三聚氰胺是化工产品,不能食用,一旦食用必然会危害人体健康和生命安全,仍以三聚氰胺和麦芽糊精为原料,研制出三聚氰胺的混合物("蛋白粉")。此行为的本质是直接生产、销售有毒、有害的非食品原料,不属于《食品安全法》所规定的食品或食品原料,且没有在食品中掺入、投放的过程,因而不能认定为生产、销售有毒、有害食品罪。由于该行为完全符合以危险方法危害公共安全罪,可以适用一般法条认定为以危险方法危害公共安全罪。由上分析可知,准确区别二罪必须把握两个方面的内容:一是添加的物质是食品或食品原料,还是有毒、有害的非食品原料;二是是否在生产、销售过程中存在掺入、添加行为。

[参见第715号指导案例,王岳超等生产、销售有毒、有害食品案,载《刑事审判参考》总第81集(2011年第4集),第4~5页。撰稿:钱东君 褚玉兰 李晓杰]

▽生产、销售有毒、有害食品罪与生产、销售不符合卫生标准的食品罪(《刑法修正案(八)》颁布前罪名)的辨析

生产有毒、有害食品罪与生产、销售不符合卫生标准的食品罪的区别主要有三点:一是犯罪手段不同。前者是在生产、销售的食品中掺入有毒、有害的非食品原料,后者是生产、销售的食品不符合卫生标准。如果掺入的物质有毒害性,但其本身是食品原料,其毒害性仅是由于该食品原料污染或腐败变质引起,应按照生产、销售不符合卫生标准的食品罪论处。二是对危害结果的要求不同。前者是行为犯,实施该犯罪行为即构成犯罪;后者是危险犯,只有存在足以造成严重食物中毒事故或者其他严重食源性疾病的才构成犯罪。三是犯罪对象不同。前者的犯罪对象仅限于有毒、有害食品;后者的犯罪对象范围较为广泛,包括食品卫生法禁止生产经营的一切不符合卫生标准的食品。实践中区分两罪的关键主要在于两点:一是毒源不同。前者的"毒害"来自食品中的非食品原料的毒性,而后者的"毒害"来源于食品原料本身。非食品原料或受到污染而有毒性,或本身含有毒性,由于毒害量大(超过国家有关标准)而对人体有害的食品原料的毒性主要是受到污染或变质腐败等造成。二是掺入的方式不同。前者的"毒害"是故意掺入,是行为人积极的作用;而后者的"毒害"是由生产、销售中受到污染或变质而引起,是行为人消极的不作为。如果没有故意掺入行为,尽管食品受到有毒、有害非食品原料的污染,也不能认定为生产、销售有毒、有害食品罪。2008年9月13日,国家食品质量监督检测中心明确,三聚氰胺属于化工原料,是不允许添加到食品中的。因此,本案应认定为生产、销售有毒、有害食品罪。[参见第715号指导案例,王岳超等生产、销售有毒、有害食品案,载《刑事审判参考》总第81集(2011年第4集),第5~6页。撰稿:钱东君 褚玉兰 李晓杰]

▽生产、销售有毒、有害食品犯罪案件中"明知"的认定

在认定生产、销售有毒、有害食品罪的主观要件时,必须把握"明知"的要件。刑法本条规定"在生产、销售的食品中掺入有毒、有害的非食品原料的,或者销售明知掺有有毒、有害的非食品原料的食品的,处五年以下有期徒刑,并处罚金……"刑法虽然只对销售行为规定了明知要件,但这不意味着生产行为不需要明知要件。本案一审认为刑法本条规定的"明知"和刑法第十四条规定的"明知"应当有所区别。总则中的"明知"是对犯罪故意成立的总的要求,或者说是所有故意犯罪的一般构成要素,其内容是"自己的行为会发生危害社会的结果"。而分则中的"明知",其内容则较为特定。现行刑法分则中约有27个刑法条文含有"明知"的规定,包括第一百三十八条、第三百七十条这样的过失犯罪条文。由此而论,分则中"明知"不能局限于犯罪故意的认定,还涉及定罪量刑标准等问题。因此,本案中"明知"的认定不应当仅仅指"是否明知召回的乳制品三聚氰胺是否超标",还包括是否明知召回乳制品在未经合理处理和严密检测的情况下就对外销售,将会导致危害他人生命健康等危害结果。实践中,在被告人拒不如实供述的情况下,"明知"的认定较为复杂。本案一审法院对行为人主观要素的认定,注重了从以下五个方面的把握:一是买卖双方的成交价格;二是货物来源渠道是否正当;三是行为人对食品的认识程度;四是是否在有关部门禁止或发出安全预警的情况下继续生产、销售;五是根据行为人的年龄、经历、学识、职业、职务、职责、素质等方面。上述五个方面应当综合考虑。本案上诉人及其辩护人曾辩称,"事先并不明知退回的熊猫乳品中三聚氰胺含量超标,指控证据不够充分"。经过庭审查明的事实和证据,在2008年9月发生的"三鹿奶粉"案件中,熊猫乳品公司因生产的婴幼儿配方奶粉三聚氰胺含量严重超标而被全国通报,因此被停产整顿,并成立了一个由王某某任组长、陈某某为副组长、洪某某为成员的清理领导小组,负责召回清理工作。身为公司高层管理人员的王某某、洪某某对当时福建晋江公司退回的熊猫牌全脂甜炼乳中三聚氰胺含量是否超标以及如何处理主持过集体商议和决策,且是在采取回炉鉴定、抽样调查之后再决定对外销售的,因此,应当认定王某某等人明知三聚氰胺含量超标的存在。王某某等人的辩解不仅有悖常理,而且与查明的事实不符,故不予采信。综上所述,认定本案构成生产、销售有毒、有害食品罪,定罪准确,量刑适当。[参见第715号指导案例,王岳超等生产、销售有毒、有害食品案,载《刑事审判参考》总第81集(2011年第4集),第7~8页。撰稿:钱东君 褚玉兰 李晓杰]

▽涉"瘦肉精"案件中的竞合犯罪问题

最高人民法院、最高人民检察院《关于办理非法生产、销售、使用禁止在饲料和动物饮用水中使用的药品等刑事案件具体应用法律若干问题的解释》(本附文以下简称《司法解释》)第5条规定,实施本解释规定的行为,同时触犯刑法规定的两种以上犯罪的,依照处罚较重的规定追究刑事责任。如果审判实践中出现养殖者喂养或出售含有"瘦肉精"生猪,屠宰者在明知的情况下加工屠宰并销售含有"瘦肉精"生猪,销售金额非常大,如达到20万元以上,但尚未出现严重后果的;或者行为人非法生产、销售"瘦肉精"等药品,饲料生产者、销售者在饲料中非法添加"瘦肉精"等违禁药品以及销售明知是含有"瘦肉精"等违禁药品的饲料,销售金额非常大,如达到30万元以上或个人违法所得10万元以上,但尚未出现严重后果的,根据刑法第一百四十四条以及《司法解释》第三条、第四条规定,虽然生猪养殖者、屠宰加工者可以构成生产、销售有毒食品罪,非法生产、销售"瘦肉精"等药品的行为人、饲料生产者、销售者根据前述共犯原理,也可以构成生产、销售有毒食品罪,但根据刑法第一百四十九条第二款、第一百四十条、第二百二十五条以及《司法解释》第一条、第二条、第五条规定,根据竞合犯罪处罚原则,对上述生猪养殖者、屠宰加工者应以生产、销售伪劣产品罪追究刑事责任,对上述行为人、饲料生产者、销售者应以非法经营罪追究刑事责任。[参见上海市高级人民法院刑二庭:《如何审理涉"瘦肉精"案件》,载《刑事审判要览》(析疑断狱)总第4集(2003年第4集),第97~98页。]

▽利用含有淋巴的花油、含有伤肉的膘肉碎、"肚下塌"等肉制品加工废弃物生产、加工的"食用油",应当视为"新型地沟油"

"废弃物",顾名思义,即失去原有使用价值而抛弃不用的东西,"废弃物"不是法律概念,其范畴亦不需要法律明确界定,凭日常生活常识分辨即可。同时,"废弃物"是一个相对的概念。如废纸相对于居民家庭来说属于废弃物,而相对于废品收购站而言则可变废为宝。从逆向思维考虑,含有大量淋巴的花油、含有伤肉的膘肉碎及"肚下塌"等相对于食品公司来说,在市场上销售无人购买,即已不具备应有的食用价值,属肉制品加工废弃物无疑,不能因被告人张某某可用其来炼制劣质猪油而否认其肉制品加工废弃物的性质。张某某利用含有淋巴的花油、含有伤肉的膘肉碎、"肚下塌"等猪肉加工废弃物生产、加工"食用油",根据最高人民法院、最高人民检察院、公安部联合下发的《关于依法严惩"地沟油"犯罪活动的通知》(公通字〔2012〕1号)的规定,应当作为"地沟油"犯罪追究其刑事责任。[参见第1004号指导案例,张联新、郑荷芹生产、销售有毒、有害食品,李阿明、何金友生产有毒、有害食品,王一超等销售有毒、有害食品案,载《刑事审判参考》总第99集(2014年第4集),第15页。撰稿:王丽萍 刘世界]

▽对"地沟油"的检测报告不应是司法机关认定"有毒、有害食品"的唯一依据

有观点认为,被告人张某某炼制"食用油"的原料虽然有问题,但检测报告显示"食用油"的各项理化指标均合格,没有检出有毒、有害成分,达到了食用标准,不宜认定为有毒、有害食品。刑法第一百四十四条规定的"掺入"的行为不仅限于指向产品本身,还可能针对产品的原料、半成品等,甚至还可以指向食品添加剂本身,即在食品添加剂内掺入有毒、有害物质。而所谓"有毒、有害的非食品原料",是指对人体具有生理毒性,食用后会引起不良反应,损害机体健康的不能食用的原料。淋巴结是猪屠宰后检疫的一个重要指标,相关资料表明,它是机体外周的免疫器官和防御结构,具有吞噬异物和各种微生物的功能,并产生免疫应答。当机体某组织或者器官受到病原微生物侵害时,很快被局部淋巴结阻截,并发生相应的变化,使淋巴结体积增大或缩小,色泽呈现出红、黑、青等。故淋巴结含有大量的病原微生物,如一些细菌、病毒等,甚至会有3,4-苯并芘等致癌物质,且本身没有什么营养。因此,完全摘除淋巴结的花油虽可食用,但其中含有的淋巴应当属于有毒、有害的非食品原料。张某某利用含有淋巴的花油、含有伤肉的膘肉碎、"肚下塌"等猪肉加工废弃物生产、加工食用油,应当认定为掺入有毒、有害非食品原料。

《食用动物油脂卫生标准》明确要求:"本标准适用于以经兽医卫生检验认可的生猪、牛、羊的板油、肉膘、网膜或附着于内脏器官的纯脂肪组织,单一或多种混合炼制成的食用猪油、羊油、牛油。"食用猪油国家标准明确要求:"健康猪经屠宰后,取其新鲜、洁净和完好的脂肪组织炼制而成的油脂。所用的脂肪组织不包含骨、碎皮、头皮、耳朵、尾巴、脏器、甲状腺、肾上腺、淋巴结、气管、粗血管、沉渣、压榨料及其他类似物,应尽可能不含肌肉组织和血管"。张某某利用含有明令禁止使用的有毒、有害非食品原料的猪肉加工废弃物生产、加工食用油,对涉案食用油无须由鉴定机构出具鉴定意见,即便检测报告有关理化指标合格,也可以生产、销售有毒、有害食品罪追究其刑事责任。

针对"地沟油"案件,直到当前也没有形成一种公认的、行之有效的鉴定方法,因此,惩治危害食品安全的犯罪,尚不能完全依赖于鉴定机构的鉴定,对"地沟油"的鉴定意见不应是司法机关认定"有毒、有害食品"的唯一依据。实践中,应当结合技术标准和法学标准对"有毒、有害食品"进行判定。对此,浙江省高级人民法院、浙江省人民检察院、浙江省公安厅联合发布的《关于办理危害食品、药品安全犯罪案件适用法律若干问题的会议纪要》明确了专门的认定原则,即"对于有确实、充分的证据证实行为人在食品中掺入国家行业主管机关明令禁止使用的非食用物质的,对涉案食品不需由鉴定机构出具鉴定意见"。[参见第1004号指导案例,张联新、郑荷芹生产、销售有毒、有害食品,李阿明、何金友生产有毒、有害食品,王一超等销售有毒、有害食品案,载《刑事审判参考》总第99集(2014年第4集),第15～17页。撰稿:王丽萍　刘世界]

▽明知他人生产、加工"猪油"供人食用仍向其提供肉制品加工废弃物作为原料,生猪屠宰行为的合法性不影响其共犯地位的认定

本案没有将浙江诚远食品有限公司列为被告单位并进行处罚,原因是被告人李某某的行为不成立单位犯罪。单位本身的意志是由具体的自然人组成的单位决策机构按照单位决策程序共同决定而产生的,或者由单位的主要负责人以单位的名义作出决定。浙江诚远食品有限公司的副产品销售业务由被告人李某某负责,但副产品的销售对象是随机的,并非由单位决策机构按照单位决策程序共同决定,也不是由单位的主要负责人以单位的名义作出决定。尤其需要指出的是,单位决策机构对张某某购买副产品的最终用途更是无从知晓。因此,李某某虽负有不可推卸的责任,但对浙江诚远食品有限公司不应作为犯罪单位处理。

摘除花油中的正常淋巴的确不是生猪屠宰企业的义务,李某某作为浙江诚远食品有限公司副产品销售负责人如将含有淋巴的花油、膘肉碎、"肚下塌"进行销毁、掩埋等无害化处理,即使不摘除花油中的正常淋巴,无人会否认生猪屠宰行为的合法性,其行为亦不构成犯罪。然而,其明知张某某生产猪油供人食用仍向张某某提供这些原料,其行为就发生了质的变化,即使正常淋巴结不属于生猪屠宰企业的摘除范围,也不影响李某某共犯地位的认定。对此,最高人民法院、最高人民检察院于2013年联合出台的《关于办理危害食品安全刑事案件适用法律若干问题的解释》(本附文以下简称《食品安全解释》)明确规定:明知他人生产、销售有毒、有害食品,提供生产技术或者食品原料、食品添加剂、食品相关产品的,以生产、销售有毒、有害食品罪的共犯论处。[参见第1004号指导案例,张联新、郑荷芹生产、销售有毒、有害食品,李阿明、何金友生产有毒、有害食品,王一超等销售有毒、有害食品案,载《刑事审判参考》总第99集(2014年第4集),第17页。撰稿:王丽萍　刘世界]

▽生产、加工"食用油"的行为虽然跨越《刑法修正案(八)》施行日期,但也应当适用《刑法修正案(八)》的规定

《刑法修正案(八)》将1997年刑法第一百四十四条原条文中"造成严重食物中毒事故或者其他严

重食源性疾患,对人体健康造成严重危害”修改为“对人体健康造成严重危害或者有其他严重情节”,将“对人体健康造成特别严重危害”修改为“有其他特别严重情节”,将“销售金额百分之五十以上二倍以下罚金”修改为无限额罚金,并取消了基本犯“单处罚金”的规定。其中,《刑法修正案(八)》关于生产、销售有毒、有害食品罪情节加重犯的规定对本案的量刑具有直接影响。而《食品安全解释》则对该情节加重犯的认定明确了标准。根据《食品安全解释》第七条的规定,生产、销售有毒、有害食品,生产、销售金额50万元以上,应当认定为刑法第一百四十四条规定的“致人死亡或者有其他特别严重情节”。

《刑法修正案(八)》于2011年5月1日施行,被告人张某某的行为跨越《刑法修正案(八)》施行日期。虽然张某某销售总金额50万元以上,但《刑法修正案(八)》施行后的销售金额仅20余万元,《刑法修正案(八)》对其施行前的行为有无溯及力直接关系到能否认定张某某“有其他特别严重情节”的认定,并最终决定是否应当对其适用“十年以上有期徒刑、无期徒刑或者死刑”这一法定刑幅度。

张某某的行为虽然跨越《刑法修正案(八)》施行日期,但其行为是一个不间断的行为过程,并一直持续至2012年3月,应当视为一个整体行为看待,不能割裂开来分析定性。最高人民检察院1998年12月2日下发的《关于对跨越修订刑法施行日期的继续犯罪、连续犯罪以及其他同种数罪应如何具体适用刑法问题的批复》明确规定:“对于开始于1997年9月30日以前,连续到1997年10月1日以后的连续犯罪,或者在1997年10月1日前后分别实施的同种类数罪,其中罪名、构成要件、情节以及法定刑均没有变化的,应当适用修订刑法,一并进行追诉;罪名、构成要件、情节以及法定刑已经变化的,也应当适用修订刑法,一并进行追诉。但是修订刑法比原刑法所规定的构成要件和情节较为严格,或者法定刑较重的,在提起公诉时应当提出酌情从轻处理意见。”参照这一规定精神,《刑法修正案(八)》对其施行前张某某的行为具有溯及力。而《食品安全解释》虽然发布时间较晚,但其作为对刑法的细化解释,其具体内容系刑法原文应有之义,参照最高人民法院、最高人民检察院2001年12月16日联合下发的《关于适用刑事司法解释时间效力问题的规定》,其效力适用于法律的施行期间,对于其实施前发生的行为尚未处理或者正在处理的案件,依照其规定办理。因此,对张某某的行为应当依照生产、销售有毒、有害食品罪“情节特别严重”的法定刑幅度追究刑事责任,同时,可以酌情从轻处罚。

综上,将被告人张某某、李某某的行为认定为“地沟油”犯罪有其内在的必然性和正当性,一审、二审法院将张某某、李某某的行为分别定性为生产、销售有毒、有害食品罪和生产有毒、有害食品罪,并对《刑法修正案(八)》施行前被告人张某某的行为适用《刑法修正案(八)》进行处罚是正确的。[参见第1004号指导案例,张某某、郑荷芹生产、销售有毒、有害食品,李某某、何某某生产有毒、有害食品,王某某等销售有毒、有害食品案,载《刑事审判参考》总第99集(2014年第4集),第18~19页。撰稿:王丽萍 刘世界]

第一百四十五条 【生产、销售不符合标准的医用器材罪】生产不符合保障人体健康的国家标准、行业标准的医疗器械、医用卫生材料,或者销售明知是不符合保障人体健康的国家标准、行业标准的医疗器械、医用卫生材料,足以严重危害人体健康的,处三年以下有期徒刑或者拘役,并处销售金额百分之五十以上二倍以下罚金;对人体健康造成严重危害的,处三年以上十年以下有期徒刑,并处销售金额百分之五十以上二倍以下罚金;后果特别严重的,处十年以上有期徒刑或者无期徒刑,并处销售金额百分之五十以上二倍以下罚金或者没收财产。(本条根据《中华人民共和国刑法修正案(四)》之一修改,2002年12月28日起施行。)

刑法本条原文:【生产、销售不符合标准的卫生器材罪】生产不符合保障人体健康的国家标准、行业标准的医疗器械、医用卫生材料,或者销售明知是不符合保障人体健康的国家标准、行业标准的医疗器械、医用卫生材料,对人体健康造成严重危害的,处五年以下有期徒刑,并处销售金额百分之五十以上二倍以下罚金;后果特别严重的,处五年以上十年以下有期徒刑,并处销售金额百分之五十以上二倍以下罚金,其中情节特别恶劣的,处十年以上有期徒刑或者无期徒刑,并处销售金额百分之五十以上二倍以下罚金或者没收财产。

■最高人民检察院、公安部关于公安机关管辖的刑事案件立案追诉标准的规定(一)(2008年6月25日)

第二十一条　[生产、销售不符合标准的医用器材案(刑法第一百四十五条)]生产不符合保障人体健康的国家标准、行业标准的医疗器械、医用卫生材料,或者销售明知是不符合保障人体健康的国家标准、行业标准的医疗器械、医用卫生材料,涉嫌下列情形之一的,应予立案追诉:

(一)进入人体的医疗器械的材料中含有超过标准的有毒有害物质的;

(二)进入人体的医疗器械的有效性指标不符合标准要求,导致治疗、替代、调节、补偿功能部分或者全部丧失,可能造成贻误诊治或者人体严重损伤的;

(三)用于诊断、监护、治疗的有源医疗器械的安全指标不符合强制性标准要求,可能对人体构成伤害或者潜在危害的;

(四)用于诊断、监护、治疗的有源医疗器械的主要性能指标不合格,可能造成贻误诊治或者人体严重损伤的;

(五)未经批准,擅自增加功能或者适用范围,可能造成贻误诊治或者人体严重损伤的;

(六)其他足以严重危害人体健康或者对人体健康造成严重危害的情形。

医疗机构或者个人知道或者应当知道是不符合保障人体健康的国家标准、行业标准的医疗器械、医用卫生材料而购买并有偿使用的,视为本条规定的"销售"。

■最高人民法院、最高人民检察院关于办理生产、销售伪劣商品刑事案件具体应用法律若干问题的解释(2001年4月10日)

第六条　生产、销售不符合标准的医疗器械、医用卫生材料,致人轻伤或者其他严重后果的,应认定为刑法第一百四十五条规定的"对人体健康造成严重危害"。

生产、销售不符合标准的医疗器械、医用卫生材料,造成感染病毒性肝炎等难以治愈的疾病、一人以上重伤、三人以上轻伤或者其他严重后果的,应认定为"后果特别严重"。

生产、销售不符合标准的医疗器械、医用卫生材料,致人死亡、严重残疾、感染艾滋病、三人以上重伤、十人以上轻伤或者造成其他特别严重后果的,应认定为"情节特别恶劣"。

医疗机构或者个人,知道或者应当知道是不符合保障人体健康的国家标准、行业标准的医疗器械、医用卫生材料而购买、使用,对人体健康造成严重危害的,以销售不符合标准的医用器材罪定罪处罚。

没有国家标准、行业标准的医疗器械,注册产品标准可视为"保障人体健康的行业标准"。

第九条　知道或者应当知道他人实施生产、销售伪劣商品犯罪,而为其提供贷款、资金、帐号、发票、证明、许可证件,或者提供生产、经营场所或者运输、仓储、保管、邮寄等便利条件,或者提供制假生产技术的,以生产、销售伪劣商品犯罪的共犯论处。

第十条　实施生产、销售伪劣商品犯罪,同时构成侵犯知识产权、非法经营等其他犯罪的,依照处罚较重的规定定罪处罚。

第十一条　实施刑法第一百四十条至第一百四十八条规定的犯罪,又以暴力、威胁方法抗拒查处,构成其他犯罪的,依照数罪并罚的规定处罚。

第十二条　国家机关工作人员参与生产、销售伪劣商品犯罪的,从重处罚。

■最高人民法院、最高人民检察院关于办理妨害预防、控制突发传染病疫情等灾害的刑事案件具体应用法律若干问题的解释(2003年5月15日)

第三条　在预防、控制突发传染病疫情等灾害期间,生产用于防治传染病的不符合保障人体健康的国家标准、行业标准的医疗器械、医用卫生材料,或者销售明知是用于防治传染病的不符合保障人体健康的国家标准、行业标准的医疗器械、医用卫生材料,不具有防护、救治功能,足以严重危害人体健康的,依照刑法第一百四十五条的规定,以生产、销售不符合标准的医用器材罪定罪,依法从重处罚。

医疗机构或者个人,知道或者应当知道系前款规定的不符合保障人体健康的国家标准、行业标准的医疗器械、医用卫生材料而购买并有偿使用的,以销售不符合标准的医用器材罪定罪,依法从重处罚。

第十七条 人民法院、人民检察院办理有关妨害预防、控制突发传染病疫情等灾害的刑事案件,对于有自首、立功等悔罪表现的,依法从轻、减轻、免除处罚或者依法作出不起诉决定。

第十八条 本解释所称"突发传染病疫情等灾害",是指突然发生,造成或者可能造成社会公众健康严重损害的重大传染病疫情、群体性不明原因疾病以及其他严重影响公众健康的灾害。

■最高人民法院、最高人民检察院、公安部、司法部关于依法惩治妨害新型冠状病毒感染肺炎疫情防控违法犯罪的意见(2020年2月6日)

二、准确适用法律,依法严惩妨害疫情防控的各类违法犯罪

(三)依法严惩制假售假犯罪……

在疫情防控期间,生产不符合保障人体健康的国家标准、行业标准的医用口罩、护目镜、防护服等医用器材,或者销售明知是不符合标准的医用器材,足以严重危害人体健康的,依照刑法第一百四十五条的规定,以生产、销售不符合标准的医用器材罪定罪处罚。

(十)依法严惩妨害疫情防控的违法行为……

对于在疫情防控期间实施有关违法犯罪的,要作为从重情节予以考量,依法体现从严的政策要求,有力惩治震慑违法犯罪,维护法律权威,维护社会秩序,维护人民群众生命安全和身体健康。

第一百四十六条 【生产、销售不符合安全标准的产品罪】生产不符合保障人身、财产安全的国家标准、行业标准的电器、压力容器、易燃易爆产品或者其他不符合保障人身、财产安全的国家标准、行业标准的产品,或者销售明知是以上不符合保障人身、财产安全的国家标准、行业标准的产品,造成严重后果的,处五年以下有期徒刑,并处销售金额百分之五十以上二倍以下罚金;后果特别严重的,处五年以上有期徒刑,并处销售金额百分之五十以上二倍以下罚金。

■最高人民检察院、公安部关于公安机关管辖的刑事案件立案追诉标准的规定(一)(2008年6月25日)

第二十二条 [生产、销售不符合安全标准的产品案(刑法第一百四十六条)]生产不符合保障人身、财产安全的国家标准、行业标准的电器、压力容器、易燃易爆产品或者其他不符合保障人身、财产安全的国家标准、行业标准的产品,或者销售明知是以上不符合保障人身、财产安全的国家标准、行业标准的产品,涉嫌下列情形之一的,应予立案追诉:

(一)造成人员重伤或者死亡的;

(二)造成直接经济损失十万元以上的;

(三)其他造成严重后果的情形。

■最高人民法院、最高人民检察院关于办理危害生产安全刑事案件适用法律若干问题的解释(2015年12月16日)

第十一条 生产不符合保障人身、财产安全的国家标准、行业标准的安全设备,或者明知安全设备不符合保障人身、财产安全的国家标准、行业标准而进行销售,致使发生安全事故,造成严重后果的,依照刑法第一百四十六条的规定,以生产、销售不符合安全标准的产品罪定罪处罚。

■最高人民法院、最高人民检察院、公安部、国家安全监管总局关于依法加强对涉嫌犯罪的非法生产经营烟花爆竹行为刑事责任追究的通知(2012年9月6日)

一、非法生产、经营烟花爆竹及相关行为涉及非法制造、买卖、运输、邮寄、储存黑火药、烟火药,构成非法制造、买卖、运输、邮寄、储存爆炸物罪的,应当依照刑法第一百二十五条的规定定罪处罚;非法生产、经营烟花爆竹及相关行为涉及生产、销售伪劣产品或不符合安全标准产品,构成生产、销售伪劣

产品罪或生产、销售不符合安全标准产品罪的,应当依照刑法第一百四十条、第一百四十六条的规定定罪处罚;非法生产、经营烟花爆竹及相关行为构成非法经营罪的,应当依照刑法第二百二十五条的规定定罪处罚。上述非法生产经营烟花爆竹行为的定罪量刑和立案追诉标准,分别按照《最高人民法院关于审理非法制造、买卖、运输枪支、弹药、爆炸物等刑事案件具体应用法律若干问题的解释》(法释〔2009〕18号)、《最高人民法院、最高人民检察院关于办理生产、销售伪劣商品刑事案件具体应用法律若干问题的解释》(法释〔2001〕10号)、《最高人民检察院、公安部关于公安机关管辖的刑事案件立案追诉标准的规定(一)》(公通字〔2008〕36号)、《最高人民检察院、公安部关于公安机关管辖的刑事案件立案追诉标准的规定(二)》(公通字〔2010〕23号)等有关规定执行。

■最高人民法院、最高人民检察院、公安部关于办理涉窨井盖相关刑事案件的指导意见(2020年3月16日)

六、生产不符合保障人身、财产安全的国家标准、行业标准的窨井盖,或者销售明知是不符合保障人身、财产安全的国家标准、行业标准的窨井盖,造成严重后果的,依照刑法第一百四十六条的规定,以生产、销售不符合安全标准的产品罪定罪处罚。

十二、本意见所称的"窨井盖",包括城市、城乡结合部和乡村等地的窨井盖以及其他井盖。

▽生产、销售不符合安全标准的产品罪与生产、销售伪劣产品罪区别的认定

生产、销售不符合安全标准的产品罪与生产、销售伪劣产品罪两罪在犯罪构成上的异同:(1)主观上均为故意,但故意的内容不同。在生产、销售不符合安全标准的产品罪中,要求行为人即生产者、销售者明知其所生产、销售的产品是保障人身、财产安全的产品,且没有达到国家标准、行业标准;在生产、销售伪劣产品罪中,只要求行为人明知所生产、销售的产品是不符合产品质量标准的产品。(2)犯罪对象虽然都是伪劣产品,但从刑法的意义上讲两者却有所不同,生产、销售不符合安全标准的产品罪的犯罪对象是不符合保障人身、财产安全的国家标准、行业标准的伪劣产品。生产、销售伪劣产品罪的犯罪对象则不涉及人身、财产安全。(3)客观上均实施了生产、销售伪劣产品的行为,但定罪的标准和依据不同:构成生产、销售不符合安全标准的产品罪,不仅要求行为人有生产、销售不符合保障人身、财产安全的国家标准、行业标准的产品的行为,而且还必须造成严重后果;而生产、销售伪劣产品罪则不要求造成严重后果,只要生产、销售伪劣产品的金额达到5万元以上,就可以构成犯罪;如果生产、销售不符合安全标准的产品,没有造成严重后果,但销售金额在5万元以上的,根据刑法第一百四十九条第一款的规定,应按生产、销售伪劣产品罪定罪处罚。[参见第47号案例,刘泽均、王远凯等生产、销售不符合安全标准的产品案,载《刑事审判参考》总第7辑(2000年第2辑),法律出版社,第6～7页。审编:高贵军]

第一百四十七条 【生产、销售伪劣农药、兽药、化肥、种子罪】生产假农药、假兽药、假化肥,销售明知是假的或者失去使用效能的农药、兽药、化肥、种子,或者生产者、销售者以不合格的农药、兽药、化肥、种子冒充合格的农药、兽药、化肥、种子,使生产遭受较大损失的,处三年以下有期徒刑或者拘役,并处或者单处销售金额百分之五十以上二倍以下罚金;使生产遭受重大损失的,处三年以上七年以下有期徒刑,并处销售金额百分之五十以上二倍以下罚金;使生产遭受特别重大损失的,处七年以上有期徒刑或者无期徒刑,并处销售金额百分之五十以上二倍以下罚金或者没收财产。

■最高人民检察院、公安部关于公安机关管辖的刑事案件立案追诉标准的规定(一)(2008年6月25日)

第二十三条 [生产、销售伪劣农药、兽药、化肥、种子案(刑法第一百四十七条)]生产假农药、假兽药、假化肥,销售明知是假的或者失去使用效能的农药、兽药、化肥、种子,或者生产者、销售者以不合格的农药、兽药、化肥、种子冒充合格的农药、兽药、化肥、种子,涉嫌下列情形之一的,应予立案追诉:

(一)使生产遭受损失二万元以上的;

(二)其他使生产遭受较大损失的情形。

■中华人民共和国农药管理条例(2022年5月1日)

第四十四条 有下列情形之一的,认定为假农药:

(一)以非农药冒充农药;

(二)以此种农药冒充他种农药;

(三)农药所含有效成分种类与农药的标签、说明书标注的有效成分不符。

禁用的农药,未依法取得农药登记证而生产、进口的农药,以及未附具标签的农药,按照假农药处理。

第四十五条 有下列情形之一的,认定为劣质农药:

(一)不符合农药产品质量标准;

(二)混有导致药害等有害成分。

超过农药质量保证期的农药,按照劣质农药处理。

■中华人民共和国兽药管理条例(2020年3月27日)

第四十七条 有下列情形之一的,为假兽药:

(一)以非兽药冒充兽药或者以他种兽药冒充此种兽药的;

(二)兽药所含成分的种类、名称与兽药国家标准不符合的。

有下列情形之一的,按照假兽药处理:

(一)国务院兽医行政管理部门规定禁止使用的;

(二)依照本条例规定应当经审查批准而未经审查批准即生产、进口的,或者依照本条例规定应当经抽查检验、审查核对而未经抽查检验、审查核对即销售、进口的;

(三)变质的;

(四)被污染的;

(五)所标明的适应症或者功能主治超出规定范围的。

第四十八条 有下列情形之一的,为劣兽药:

(一)成分含量不符合兽药国家标准或者不标明有效成分的;

(二)不标明或者更改有效期或者超过有效期的;

(三)不标明或者更改产品批号的;

(四)其他不符合兽药国家标准,但不属于假兽药的。

■中华人民共和国种子法(2022年3月1日)

第四十八条 禁止生产经营假、劣种子。农业农村、林业草原主管部门和有关部门依法打击生产经营假、劣种子的违法行为,保护农民合法权益,维护公平竞争的市场秩序。

下列种子为假种子:

(一)以非种子冒充种子或者以此种品种种子冒充其他品种种子的;

(二)种子种类、品种与标签标注的内容不符或者没有标签的。

■最高人民法院、最高人民检察院关于办理生产、销售伪劣商品刑事案件具体应用法律若干问题的解释(2001年4月10日)

第七条 刑法第一百四十七条规定的生产、销售伪劣农药、兽药、化肥、种子罪中"使生产遭受较大损失",一般以二万元为起点;"重大损失",一般以十万元为起点;"特别重大损失",一般以五十万元为起点。

第九条 知道或者应当知道他人实施生产、销售伪劣商品犯罪,而为其提供贷款、资金、帐号、发票、证明、许可证件,或者提供生产、经营场所或者运输、仓储、保管、邮寄等便利条件,或者提供制假生产技术的,以生产、销售伪劣商品犯罪的共犯论处。

第十条　实施生产、销售伪劣商品犯罪,同时构成侵犯知识产权、非法经营等其他犯罪的,依照处罚较重的规定定罪处罚。

第十一条　实施刑法第一百四十条至第一百四十八条规定的犯罪,又以暴力、威胁方法抗拒查处,构成其他犯罪的,依照数罪并罚的规定处罚。

第十二条　国家机关工作人员参与生产、销售伪劣商品犯罪的,从重处罚。

●生产、销售伪劣种子罪以及农业生产损失认定

以同一科属的此品种种子冒充彼品种种子,属于刑法上的"假种子"。行为人对假种子进行小包装分装销售,使农业生产遭受较大损失的,应当以生产、销售伪劣种子罪追究刑事责任。(参见最高人民检察院发布第 16 批指导案例,检例第 61 号,王敏生产、销售伪劣种子案,2019 年 12 月 20 日发布。)

●借证生产、销售伪劣农药罪的认定

1. 未取得农药登记证的企业或者个人,借用他人农药登记证、生产许可证、质量标准证等许可证明文件生产、销售农药,使生产遭受较大损失的,以生产、销售伪劣农药罪追究刑事责任。

2. 对于使用伪劣农药造成的农业生产损失,可采取田间试验的方法确定受损原因,并以农作物绝收折损面积、受害地区前三年该类农作物的平均亩产量和平均销售价格为基准,综合计算认定损失金额。(参见最高人民检察院发布第 16 批指导案例,检例第 62 号,南京百分百公司等生产、销售伪劣农药案,2019 年 12 月 20 日发布。)

▽假种子和劣种子的认定

以此种品种种子冒充他种品种种子属伪劣种子。种子是农作物和林木的种植材料或者繁殖材料,包括籽粒、果实和根、茎、苗、芽、叶等。生产、销售伪劣种子罪,是指生产者、销售者违反种子管理法规,生产、销售假种子、劣种子,使生产遭受较大损失的行为。本罪的犯罪对象是假种子和劣种子。[参见第 109(106)号案例,李云平销售伪劣种子案,载《刑事审判参考》总第 17 辑(2001 年第 6 辑),法律出版社,第 3 页。执笔:王季君]

▽生产、销售伪劣产品罪与生产、销售伪劣种子罪的适用及量刑原则

种子也是一种商品,生产、销售伪劣种子,销售金额在五万元以上的,当然也可构成生产、销售伪劣产品罪。根据刑法第一百四十九条规定,生产、销售伪劣种子,以生产、销售伪劣产品罪定罪处罚应具备特定的条件:即生产、销售伪劣种子,销售金额在五万元以上,但没有使生产遭受较大损失;或者生产、销售伪劣种子,虽使生产遭受较大损失,但由于销售金额大,依照刑法第一百四十条规定的生产、销售伪劣产品罪定罪处罚,处刑较重的。换言之,生产、销售伪劣种子,构成生产、销售伪劣种子罪,以"使生产遭受较大损失"为条件。没有使生产遭受较大损失的,不能以生产、销售伪劣种子罪定罪处罚,但生产、销售伪劣种子,销售金额在五万元以上的,可按照生产、销售伪劣产品罪定罪处罚;销售金额在五万元以上,并且使生产遭受较大损失的,既构成生产、销售伪劣产品罪,又构成生产、销售伪劣种子罪的,属于法条竞合,择一重罪定罪处罚,不实行数罪并罚。[参见第 109(106)号案例,李云平销售伪劣种子案,载《刑事审判参考》总第 17 辑(2001 年第 6 辑),法律出版社,第 4~5 页。执笔:王季君]

第一百四十八条　【生产、销售不符合卫生标准的化妆品罪】生产不符合卫生标准的化妆品,或者销售明知是不符合卫生标准的化妆品,造成严重后果的,处三年以下有期徒刑或者拘役,并处或者单处销售金额百分之五十以上二倍以下罚金。

■最高人民检察院、公安部关于公安机关管辖的刑事案件立案追诉标准的规定(一)(2008 年 6 月 25 日)

第二十四条　[生产、销售不符合卫生标准的化妆品案(刑法第一百四十八条)]生产不符合卫生

标准的化妆品,或者销售明知是不符合卫生标准的化妆品,涉嫌下列情形之一的,应予立案追诉:

(一)造成他人容貌毁损或者皮肤严重损伤的;

(二)造成他人器官组织损伤导致严重功能障碍的;

(三)致使他人精神失常或者自杀、自残造成重伤、死亡的;

(四)其他造成严重后果的情形。

第一百四十九条　【对生产、销售伪劣商品行为的法条适用原则】生产、销售本节第一百四十一条至第一百四十八条所列产品,不构成各该条规定的犯罪,但是销售金额在五万元以上的,依照本节第一百四十条的规定定罪处罚。

生产、销售本节第一百四十一条至第一百四十八条所列产品,构成各该条规定的犯罪,同时又构成本节第一百四十条规定之罪的,依照处罚较重的规定定罪处罚。

■最高人民法院、最高人民检察院关于办理生产、销售伪劣商品刑事案件具体应用法律若干问题的解释(2001年4月10日)

第二条　刑法第一百四十条、第一百四十九条规定的"销售金额",是指生产者、销售者出售伪劣产品后所得和应得的全部违法收入。

伪劣产品尚未销售,货值金额达到刑法第一百四十条规定的销售金额三倍以上的,以生产、销售伪劣产品罪(未遂)定罪处罚。

货值金额以违法生产、销售的伪劣产品的标价计算;没有标价的,按照同类合格产品的市场中间价格计算。货值金额难以确定的,按照国家计划委员会、最高人民法院、最高人民检察院、公安部1997年4月22日联合发布的《扣押、追缴、没收物品估价管理办法》的规定,委托指定的估价机构确定。

多次实施生产、销售伪劣产品行为,未经处理的,伪劣产品的销售金额或者货值金额累计计算。

第一百五十条　【单位犯本节规定之罪的处罚规定】单位犯本节第一百四十条至第一百四十八条规定之罪的,对单位判处罚金,并对其直接负责的主管人员和其他直接责任人员,依照各该条的规定处罚。

第二节　走　私　罪

第一百五十一条　【走私武器、弹药罪】【走私核材料罪】【走私假币罪】走私武器、弹药、核材料或者伪造的货币的,处七年以上有期徒刑,并处罚金或者没收财产;情节特别严重的,处无期徒刑,并处没收财产;情节较轻的,处三年以上七年以下有期徒刑,并处罚金。(本款是根据《中华人民共和国刑法修正案(九)》之九修改的,2015年11月1日起施行。)

【走私文物罪】【走私贵重金属罪】【走私珍贵动物罪】【走私珍贵动物制品罪】走私国家禁止出口的文物、黄金、白银和其他贵重金属或者国家禁止进出口的珍贵动物及其制品的,处五年以上十年以下有期徒刑,并处罚金;情节特别严重的,处十年以上有期徒刑或者无期徒刑,并处没收财产;情节较轻的,处五年以下有期徒刑,并处罚金。

【走私国家禁止进出口的货物、物品罪】走私珍稀植物及其制品等国家禁止进出口的其他货物、物品的,处五年以下有期徒刑或者拘役,并处或者单处罚金;情节严重的,处五年以上有期徒刑,并处罚金。

单位犯本条规定之罪的,对单位判处罚金,并对其直接负责的主管人员和其他直接责任人员,依照本条各款的规定处罚。(本条是根据《中华人民共和国刑法修正案(八)》之二十六修改的,2011年5月1日起施行。)

刑法本条原文:【走私武器、弹药罪】【走私核材料罪】【走私假币罪】走私武器、弹药、核材料或者伪造的货币的,处七年以上有期徒刑,并处罚金或者没收财产;情节较轻的,处三年以上七年以下有期徒刑,并处罚金。

【走私文物罪】【走私贵重金属罪】【走私珍贵动物罪】【走私珍贵动物制品罪】走私国家禁止出口的文物、黄金、白银和其他贵重金属或者国家禁止进出口的珍贵动物及其制品的,处五年以上有期徒刑,并处罚金;情节较轻的,处五年以下有期徒刑,并处罚金。

【走私珍稀植物、珍稀植物制品罪】走私珍稀植物及其制品等国家禁止进出口的其他货物、物品的,处五年以下有期徒刑或者拘役,并处或者单处罚金;情节严重的,处五年以上有期徒刑,并处罚金。(本款根据《中华人民共和国刑法修正案(七)》之一修改,2009年2月28日起施行。)

犯第一款、第二款罪,情节特别严重的,处无期徒刑或者死刑,并处没收财产。

单位犯本条规定之罪的,对单位判处罚金,并对其直接负责的主管人员和其他直接责任人员,依照本条各款的规定处罚。

刑法本条第三款原文:【走私珍稀植物、珍稀植物制品罪】走私国家禁止进出口的珍稀植物及其制品的,处五年以下有期徒刑,并处或者单处罚金;情节严重的,处五年以上有期徒刑,并处罚金。(本款是《刑法修正案(七)》修正前的原文)

刑法本条第一款原文:走私武器、弹药、核材料或者伪造的货币的,处七年以上有期徒刑,并处罚金或者没收财产;情节特别严重的,处无期徒刑或者死刑,并处没收财产;情节较轻的,处三年以上七年以下有期徒刑,并处罚金。(此款是《刑法修正案(九)》修正前的原文)

■最高人民法院、最高人民检察院关于办理走私刑事案件适用法律若干问题的解释(2014年9月10日)

第一条　走私武器、弹药,具有下列情形之一的,可以认定为刑法第一百五十一条第一款规定的"情节较轻":

(一)走私以压缩气体等非火药为动力发射枪弹的枪支二支以上不满五支的;

(二)走私气枪铅弹五百发以上不满二千五百发,或者其他子弹十发以上不满五十发的;

(三)未达到上述数量标准,但属于犯罪集团的首要分子,使用特种车辆从事走私活动,或者走私的武器、弹药被用于实施犯罪等情形的;

(四)走私各种口径在六十毫米以下常规炮弹、手榴弹或者枪榴弹等分别或者合计不满五枚的。

具有下列情形之一的,依照刑法第一百五十一条第一款的规定处七年以上有期徒刑,并处罚金或者没收财产:

(一)走私以火药为动力发射枪弹的枪支一支,或者以压缩气体等非火药为动力发射枪弹的枪支五支以上不满十支的;

(二)走私第一款第二项规定的弹药,数量在该项规定的最高数量以上不满最高数量五倍的;

(三)走私各种口径在六十毫米以下常规炮弹、手榴弹或者枪榴弹等分别或者合计达到五枚以上不满十枚,或者各种口径超过六十毫米以上常规炮弹合计不满五枚的;

(四)达到第一款第一、二、四项规定的数量标准,且属于犯罪集团的首要分子,使用特种车辆从事走私活动,或者走私的武器、弹药被用于实施犯罪等情形的。

具有下列情形之一的,应当认定为刑法第一百五十一条第一款规定的"情节特别严重":

(一)走私第二款第一项规定的枪支,数量超过该项规定的数量标准的;

(二)走私第一款第二项规定的弹药,数量在该项规定的最高数量标准五倍以上的;

(三)走私第二款第三项规定的弹药,数量超过该项规定的数量标准,或者走私具有巨大杀伤力的非常规炮弹一枚以上的;

(四)达到第二款第一项至第三项规定的数量标准,且属于犯罪集团的首要分子,使用特种车辆从事走私活动,或者走私的武器、弹药被用于实施犯罪等情形的。

走私其他武器、弹药,构成犯罪的,参照本条各款规定的标准处罚。

第二条　刑法第一百五十一条第一款规定的"武器、弹药"的种类，参照《中华人民共和国进口税则》及《中华人民共和国禁止进出境物品表》的有关规定确定。

第三条　走私枪支散件，构成犯罪的，依照刑法第一百五十一条第一款的规定，以走私武器罪定罪处罚。成套枪支散件以相应数量的枪支计，非成套枪支散件以每三十件为一套枪支散件计。

第四条　走私各种弹药的弹头、弹壳，构成犯罪的，依照刑法第一百五十一条第一款的规定，以走私弹药罪定罪处罚。具体的定罪量刑标准，按照本解释第一条规定的数量标准的五倍执行。

走私报废或者无法组装并使用的各种弹药的弹头、弹壳，构成犯罪的，依照刑法第一百五十三条的规定，以走私普通货物、物品罪定罪处罚；属于废物的，依照刑法第一百五十二条第二款的规定，以走私废物罪定罪处罚。

弹头、弹壳是否属于前款规定的"报废或者无法组装并使用"或者"废物"，由国家有关技术部门进行鉴定。

第五条　走私国家禁止或者限制进出口的仿真枪、管制刀具，构成犯罪的，依照刑法第一百五十一条第三款的规定，以走私国家禁止进出口的货物、物品罪定罪处罚。具体的定罪量刑标准，适用本解释第十一条第一款第六、七项和第二款的规定。

走私的仿真枪经鉴定为枪支，构成犯罪的，依照刑法第一百五十一条第一款的规定，以走私武器罪定罪处罚。不以牟利或者从事违法犯罪活动为目的，且无其他严重情节的，可以依法从轻处罚；情节轻微不需要判处刑罚的，可以免予刑事处罚。

第六条　走私伪造的货币，数额在二千元以上不满二万元，或者数量在二百张(枚)以上不满二千张(枚)的，可以认定为刑法第一百五十一条第一款规定的"情节较轻"。

具有下列情形之一的，依照刑法第一百五十一条第一款的规定处七年以上有期徒刑，并处罚金或者没收财产：

(一)走私数额在二万元以上不满二十万元，或者数量在二千张(枚)以上不满二万张(枚)的；

(二)走私数额或者数量达到第一款规定的标准，且具有走私的伪造货币流入市场等情节的。

具有下列情形之一的，应当认定为刑法第一百五十一条第一款规定的"情节特别严重"：

(一)走私数额在二十万元以上，或者数量在二万张(枚)以上的；

(二)走私数额或者数量达到第二款第一项规定的标准，且属于犯罪集团的首要分子，使用特种车辆从事走私活动，或者走私的伪造货币流入市场等情形的。

第七条　刑法第一百五十一条第一款规定的"货币"，包括正在流通的人民币和境外货币。伪造的境外货币数额，折合成人民币计算。

第八条　走私国家禁止出口的三级文物二件以下的，可以认定为刑法第一百五十一条第二款规定的"情节较轻"。

具有下列情形之一的，依照刑法第一百五十一条第二款的规定处五年以上十年以下有期徒刑，并处罚金：

(一)走私国家禁止出口的二级文物不满三件，或者三级文物三件以上不满九件的；

(二)走私国家禁止出口的三级文物不满三件，且具有造成文物严重毁损或者无法追回等情节的。

具有下列情形之一的，应当认定为刑法第一百五十一条第二款规定的"情节特别严重"：

(一)走私国家禁止出口的一级文物一件以上，或者二级文物三件以上，或者三级文物九件以上的；

(二)走私国家禁止出口的文物达到第二款第一项规定的数量标准，且属于犯罪集团的首要分子，使用特种车辆从事走私活动，或者造成文物严重毁损、无法追回等情形的。

第九条　走私国家一、二级保护动物未达到本解释附表中(一)规定的数量标准，或者走私珍贵动物制品数额不满二十万元的，可以认定为刑法第一百五十一条第二款规定的"情节较轻"。

具有下列情形之一的,依照刑法第一百五十一条第二款的规定处五年以上十年以下有期徒刑,并处罚金:

(一)走私国家一、二级保护动物达到本解释附表中(一)规定的数量标准的;

(二)走私珍贵动物制品数额在二十万元以上不满一百万元的;

(三)走私国家一、二级保护动物未达到本解释附表中(一)规定的数量标准,但具有造成该珍贵动物死亡或者无法追回等情节的。

具有下列情形之一的,应当认定为刑法第一百五十一条第二款规定的"情节特别严重":

(一)走私国家一、二级保护动物达到本解释附表中(二)规定的数量标准的;

(二)走私珍贵动物制品数额在一百万元以上的;

(三)走私国家一、二级保护动物达到本解释附表中(一)规定的数量标准,且属于犯罪集团的首要分子,使用特种车辆从事走私活动,或者造成该珍贵动物死亡、无法追回等情形的。

不以牟利为目的,为留作纪念而走私珍贵动物制品进境,数额不满十万元的,可以免予刑事处罚;情节显著轻微的,不作为犯罪处理。

第十条 刑法第一百五十一条第二款规定的"珍贵动物",包括列入《国家重点保护野生动物名录》中的国家一、二级保护野生动物,《濒危野生动植物种国际贸易公约》附录Ⅰ、附录Ⅱ中的野生动物,以及驯养繁殖的上述动物。

走私本解释附表中未规定的珍贵动物的,参照附表中规定的同属或者同科动物的数量标准执行。

走私本解释附表中未规定珍贵动物的制品的,按照《最高人民法院、最高人民检察院、国家林业局、公安部、海关总署关于破坏野生动物资源刑事案件中涉及的CITES附录Ⅰ和附录Ⅱ所列陆生野生动物制品价值核定问题的通知》(林濒发〔2012〕239号)的有关规定核定价值。

第十一条 走私国家禁止进出口的货物、物品,具有下列情形之一的,依照刑法第一百五十一条第三款的规定处五年以下有期徒刑或者拘役,并处或者单处罚金:

(一)走私国家一级保护野生植物五株以上不满二十五株,国家二级保护野生植物十株以上不满五十株,或者珍稀植物、珍稀植物制品数额在二十万元以上不满一百万元的;

(二)走私重点保护古生物化石或者未命名的古生物化石不满十件,或者一般保护古生物化石十件以上不满五十件的;

(三)走私禁止进出口的有毒物质一吨以上不满五吨,或者数额在二万元以上不满十万元的;

(四)走私来自境外疫区的动植物及其产品五吨以上不满二十五吨,或者数额在五万元以上不满二十五万元的;

(五)走私木炭、硅砂等妨害环境、资源保护的货物、物品十吨以上不满五十吨,或者数额在十万元以上不满五十万元的;

(六)走私旧机动车、切割车、旧机电产品或者其他禁止进出口的货物、物品二十吨以上不满一百吨,或者数额在二十万元以上不满一百万元的;

(七)数量或者数额未达到本款第一项至第六项规定的标准,但属于犯罪集团的首要分子,使用特种车辆从事走私活动,造成环境严重污染,或者引起甲类传染病传播、重大动植物疫情等情形的。

具有下列情形之一的,应当认定为刑法第一百五十一条第三款规定的"情节严重":

(一)走私数量或者数额超过前款第一项至第六项规定的标准的;

(二)达到前款第一项至第六项规定的标准,且属于犯罪集团的首要分子,使用特种车辆从事走私活动,造成环境严重污染,或者引起甲类传染病传播、重大动植物疫情等情形的。

第十二条 刑法第一百五十一条第三款规定的"珍稀植物",包括列入《国家重点保护野生植物名录》《国家重点保护野生药材物种名录》《国家珍贵树种名录》中的国家一、二级保护野生植物、国家重点保护的野生药材、珍贵树木,《濒危野生动植物种国际贸易公约》附录Ⅰ、附录Ⅱ中的野生植物,以及人工培育的上述植物。

本解释规定的“古生物化石”,按照《古生物化石保护条例》的规定予以认定。走私具有科学价值的古脊椎动物化石、古人类化石,构成犯罪的,依照刑法第一百五十一条第二款的规定,以走私文物罪定罪处罚。

第二十条　直接向走私人非法收购走私进口的货物、物品,在内海、领海、界河、界湖运输、收购、贩卖国家禁止进出口的物品,或者没有合法证明,在内海、领海、界河、界湖运输、收购、贩卖国家限制进出口的货物、物品,构成犯罪的,应当按照走私货物、物品的种类,分别依照刑法第一百五十一条、第一百五十二条、第一百五十三条、第三百四十七条、第三百五十条的规定定罪处罚。

刑法第一百五十五条第二项规定的“内海”,包括内河的入海口水域。

第二十一条　未经许可进出口国家限制进出口的货物、物品,构成犯罪的,应当依照刑法第一百五十一条、第一百五十二条的规定,以走私国家禁止进出口的货物、物品罪等罪名定罪处罚;偷逃应缴税额,同时又构成走私普通货物、物品罪的,依照处罚较重的规定定罪处罚。

取得许可,但超过许可数量进出口国家限制进出口的货物、物品,构成犯罪的,依照刑法第一百五十三条的规定,以走私普通货物、物品罪定罪处罚。

租用、借用或者使用购买的他人许可证,进出口国家限制进出口的货物、物品的,适用本条第一款的规定定罪处罚。

第二十二条　在走私的货物、物品中藏匿刑法第一百五十一条、第一百五十二条、第三百四十七条、第三百五十条规定的货物、物品,构成犯罪的,以实际走私的货物、物品定罪处罚;构成数罪的,实行数罪并罚。

第二十三条　实施走私犯罪,具有下列情形之一的,应当认定为犯罪既遂:

(一)在海关监管现场被查获的;

(二)以虚假申报方式走私,申报行为实施完毕的;

(三)以保税货物或者特定减税、免税进口的货物、物品为对象走私,在境内销售的,或者申请核销行为实施完毕的。

第二十四条　单位犯刑法第一百五十一条、第一百五十二条规定之罪,依照本解释规定的标准定罪处罚。

单位犯走私普通货物、物品罪,偷逃应缴税额在二十万元以上不满一百万元的,应当依照刑法第一百五十三条第二款的规定,对单位判处罚金,并对其直接负责的主管人员和其他直接责任人员,处三年以下有期徒刑或者拘役;偷逃应缴税额在一百万元以上不满五百万元的,应当认定为“情节严重”;偷逃应缴税额在五百万元以上的,应当认定为“情节特别严重”。

第二十五条　本解释发布实施后,《最高人民法院关于审理走私刑事案件具体应用法律若干问题的解释》(法释〔2000〕30号)、《最高人民法院关于审理走私刑事案件具体应用法律若干问题的解释(二)》(法释〔2006〕9号)同时废止。之前发布的司法解释与本解释不一致的,以本解释为准。

■全国人大常委会关于《中华人民共和国刑法》有关文物的规定适用于具有科学价值的古脊椎动物化石、古人类化石的解释(2005年12月29日)

刑法有关文物的规定,适用于具有科学价值的古脊椎动物化石、古人类化石。

■最高人民法院、最高人民检察院关于办理妨害文物管理等刑事案件适用法律若干问题的解释(2016年1月1日)

第一条　刑法第一百五十一条规定的“国家禁止出口的文物”,依照《中华人民共和国文物保护法》规定的“国家禁止出境的文物”的范围认定。

走私国家禁止出口的二级文物的,应当依照刑法第一百五十一条第二款的规定,以走私文物罪处五年以上十年以下有期徒刑,并处罚金;走私国家禁止出口的一级文物的,应当认定为刑法第一百五十一条第二款规定的"情节特别严重";走私国家禁止出口的三级文物的,应当认定为刑法第一百五十一条第二款规定的"情节较轻"。

走私国家禁止出口的文物,无法确定文物等级,或者按照文物等级定罪量刑明显过轻或者过重的,可以按照走私的文物价值定罪量刑。走私的文物价值在二十万元以上不满一百万元的,应当依照刑法第一百五十一条第二款的规定,以走私文物罪处五年以上十年以下有期徒刑,并处罚金;文物价值在一百万元以上的,应当认定为刑法第一百五十一条第二款规定的"情节特别严重";文物价值在五万元以上不满二十万元的,应当认定为刑法第一百五十一条第二款规定的"情节较轻"。

第十一条　单位实施走私文物、倒卖文物等行为,构成犯罪的,依照本解释规定的相应自然人犯罪的定罪量刑标准,对直接负责的主管人员和其他直接责任人员定罪处罚,并对单位判处罚金。

公司、企业、事业单位、机关、团体等单位实施盗窃文物,故意损毁文物、名胜古迹,过失损毁文物,盗掘古文化遗址、古墓葬等行为的,依照本解释规定的相应定罪量刑标准,追究组织者、策划者、实施者的刑事责任。

第十二条　针对不可移动文物整体实施走私、盗窃、倒卖等行为的,根据所属不可移动文物的等级,依照本解释第一条、第二条、第六条的规定定罪量刑:

(一)尚未被确定为文物保护单位的不可移动文物,适用一般文物的定罪量刑标准;

(二)市、县级文物保护单位,适用三级文物的定罪量刑标准;

(三)全国重点文物保护单位、省级文物保护单位,适用二级以上文物的定罪量刑标准。

针对不可移动文物中的建筑构件、壁画、雕塑、石刻等实施走私、盗窃、倒卖等行为的,根据建筑构件、壁画、雕塑、石刻等文物本身的等级或者价值,依照本解释第一条、第二条、第六条的规定定罪量刑。建筑构件、壁画、雕塑、石刻等所属不可移动文物的等级,应当作为量刑情节予以考虑。

第十三条　案件涉及不同等级的文物的,按照高级别文物的量刑幅度量刑;有多件同级文物的,五件同级文物视为一件高一级文物,但是价值明显不相当的除外。

第十四条　依照文物价值定罪量刑的,根据涉案文物的有效价格证明认定文物价值;无有效价格证明,或者根据价格证明认定明显不合理的,根据销赃数额认定,或者结合本解释第十五条规定的鉴定意见、报告认定。

第十五条　在行为人实施有关行为前,文物行政部门已对涉案文物及其等级作出认定的,可以直接对有关案件事实作出认定。

对案件涉及的有关文物鉴定、价值认定等专门性问题难以确定的,由司法鉴定机构出具鉴定意见,或者由国务院文物行政部门指定的机构出具报告。其中,对于文物价值,也可以由有关价格认证机构作出价格认证并出具报告。

第十六条　实施本解释第一条、第二条、第六条至第九条规定的行为,虽已达到应当追究刑事责任的标准,但行为人系初犯,积极退回或者协助追回文物,未造成文物损毁,并确有悔罪表现的,可以认定为犯罪情节轻微,不起诉或者免予刑事处罚。

实施本解释第三条至第五条规定的行为,虽已达到应当追究刑事责任的标准,但行为人系初犯,积极赔偿损失,并确有悔罪表现的,可以认定为犯罪情节轻微,不起诉或者免予刑事处罚。

第十七条　走私、盗窃、损毁、倒卖、盗掘或者非法转让具有科学价值的古脊椎动物化石、古人类化石的,依照刑法和本解释的有关规定定罪量刑。

第十八条　本解释自2016年1月1日起施行。本解释公布施行后,《最高人民法院、最高人民检察院关于办理盗窃、盗掘、非法经营和走私文物的案件具体应用法律的若干问题的解释》[法(研)发

〔1987〕32 号〕同时废止;之前发布的司法解释与本解释不一致的,以本解释为准。

■最高人民检察院、公安部关于公安机关管辖的刑事案件立案追诉标准的规定(二)(2022 年 5 月 15 日)

第二条 〔走私假币案(刑法第一百五十一条第一款)〕走私伪造的货币,涉嫌下列情形之一的,应予立案追诉:

(一)总面额在二千元以上或者币量在二百张(枚)以上的;

(二)总面额在一千元以上或者币量在一百张(枚)以上,二年内因走私假币受过行政处罚,又走私假币的;

(三)其他走私假币应予追究刑事责任的情形。

[附则(第七十九条至第八十五条)内容附在本书刑法第一百二十条之一附文同名文件中。]

■中华人民共和国文物保护法(2017 年 11 月 5 日修正)

第六十条 国有文物、非国有文物中的珍贵文物和国家规定禁止出境的其他文物,不得出境;但是依照本法规定出境展览或者因特殊需要经国务院批准出境的除外。

第六十一条 文物出境,应当经国务院文物行政部门指定的文物进出境审核机构审核。经审核允许出境的文物,由国务院文物行政部门发给文物出境许可证,从国务院文物行政部门指定的口岸出境。

任何单位或者个人运送、邮寄、携带文物出境,应当向海关申报;海关凭文物出境许可证放行。

第六十二条 文物出境展览,应当报国务院文物行政部门批准;一级文物超过国务院规定数量的,应当报国务院批准。

一级文物中的孤品和易损品,禁止出境展览。

出境展览的文物出境,由文物进出境审核机构审核、登记。海关凭国务院文物行政部门或者国务院的批准文件放行。出境展览的文物复进境,由原文物进出境审核机构审核查验。

第六十三条 文物临时进境,应当向海关申报,并报文物进出境审核机构审核、登记。

临时进境的文物复出境,必须经原审核、登记的文物进出境审核机构审核查验;经审核查验无误的,由国务院文物行政部门发给文物出境许可证,海关凭文物出境许可证放行。

■中华人民共和国金银管理条例(2011 年 1 月 8 日)

第二十五条 携带金银进入中华人民共和国国境,数量不受限制,但是必须向入境地中华人民共和国海关申报登记。

第二十六条 携带或者复带金银出境,中华人民共和国海关凭中国人民银行出具的证明或者原入境时的申报单登记的数量查验放行;不能提供证明的或者超过原入境时申报登记数量的,不许出境。

第二十七条 携带在中华人民共和国境内供应旅游者购买的金银饰品(包括镶嵌饰品、工艺品、器皿等)出境,中华人民共和国海关凭国内经营金银制品的单位开具的特种发货票查验放行。无凭据的,不许出境。

第二十八条 在中华人民共和国境内的中国人、外国侨民和无国籍人出境定居,每人携带金银的限额为:黄金饰品 1 市两(31.25 克),白银饰品 10 市两(312.50 克),银质器皿 20 市两(625 克)。经中华人民共和国海关查验符合规定限额的放行。

第二十九条 中华人民共和国境内的外资企业、中外合资企业,从国外进口金银作产品原料的,其数量不限;出口含金银量较高的产品,须经中国人民银行核准后放行。未经核准或者超过核准出口数量的,不许出境。

■最高人民法院、最高人民检察院、海关总署关于办理走私刑事案件适用法律若干问题的意见(2002 年 7 月 8 日)

七、关于走私珍贵动物制品行为的处罚问题

走私珍贵动物制品的,应当根据刑法第一百五十一条第二、四、五款和《最高人民法院关于审理走私刑事案件具体应用法律若干问题的解释》(以下简称《解释》)(此解释已于2014年9月10日废止——编著者注)第四条的有关规定予以处罚,但同时具有下列情形,情节较轻的,一般不以犯罪论处:

(一)珍贵动物制品购买地允许交易;

(二)入境人员为留作纪念或者作为礼品而携带珍贵动物制品进境,不具有牟利目的的。

同时具有上述两种情形,达到《解释》第四条第三款规定的量刑标准的,一般处五年以下有期徒刑,并处罚金;达到《解释》第四条第四款规定的量刑标准的,一般处五年以上有期徒刑,并处罚金。

■国家林业局、公安部关于森林和陆生野生动物刑事案件管辖及立案标准(2001年5月9日)

二、(五)走私珍稀植物、珍稀植物制品案

走私国家禁止进出口的珍稀植物、珍稀植物制品的应当立案;走私珍稀植物2株以上、珍稀植物制品价值在2万元以上的,为重大案件;走私珍稀植物10株以上、珍稀植物制品价值在10万元以上的,为特别重大案件。

(十一)走私珍贵动物、珍贵动物制品案

走私国家重点保护和《濒危野生动植物种国际贸易公约》附录一、附录二的陆生野生动物及其制品的应当立案;走私国家重点保护的陆生野生动物重大案件和特别重大案件按附表的标准执行。

走私国家重点保护和《濒危野生动植物种国际贸易公约》附录一、附录二的陆生野生动物制品价值10万元以上的,应当立为重大案件;走私国家重点保护和《濒危野生动植物种国际贸易公约》附录一、附录二的陆生野生动物制品价值20万元以上的,应当立为特别重大案件。

三、其他规定(参见本书刑事诉讼法第十八条后附文)

■最高人民法院、最高人民检察院关于办理破坏野生动物资源刑事案件适用法律若干问题的解释(2022年4月9日)

第一条　具有下列情形之一的,应当认定为刑法第一百五十一条第二款规定的走私国家禁止进出口的珍贵动物及其制品:

(一)未经批准擅自进出口列入经国家濒危物种进出口管理机构公布的《濒危野生动植物种国际贸易公约》附录一、附录二的野生动物及其制品;

(二)未经批准擅自出口列入《国家重点保护野生动物名录》的野生动物及其制品。

第二条　走私国家禁止进出口的珍贵动物及其制品,价值二十万元以上不满二百万元的,应当依照刑法第一百五十一条第二款的规定,以走私珍贵动物、珍贵动物制品罪处五年以上十年以下有期徒刑,并处罚金;价值二百万元以上的,应当认定为"情节特别严重",处十年以上有期徒刑或者无期徒刑,并处没收财产;价值二万元以上不满二十万元的,应当认定为"情节较轻",处五年以下有期徒刑,并处罚金。

实施前款规定的行为,具有下列情形之一的,从重处罚:

(一)属于犯罪集团的首要分子的;

(二)为逃避监管,使用特种交通工具实施的;

(三)二年内曾因破坏野生动物资源受过行政处罚的。

实施第一款规定的行为,不具有第二款规定的情形,且未造成动物死亡或者动物、动物制品无法追回,行为人全部退赃退赔,确有悔罪表现的,按照下列规定处理:

(一)珍贵动物及其制品价值二百万元以上的,可以处五年以上十年以下有期徒刑,并处罚金;

(二)珍贵动物及其制品价值二十万元以上不满二百万元的,可以认定为"情节较轻",处五年以下有期徒刑,并处罚金;

(三)珍贵动物及其制品价值二万元以上不满二十万元的,可以认定为犯罪情节轻微,不起诉或者免予刑事处罚;情节显著轻微危害不大的,不作为犯罪处理。

（第十二条至第二十条内容见本书刑法第三百四十一条附文同名文件。）

■公安部关于印发《仿真枪认定标准》的通知(全文)(2008年2月22日)

一、凡符合以下条件之一的，可以认定为仿真枪：

1. 符合《中华人民共和国枪支管理法》规定的枪支构成要件，所发射金属弹丸或其他物质的枪口比动能小于1.8焦耳/平方厘米(不含本数)、大于0.16焦耳/平方厘米(不含本数)的；

2. 具备枪支外形特征，并且具有与制式枪支材质和功能相似的枪管、枪机、机匣或者击发等机构之一的；

3. 外形、颜色与制式枪支相同或者近似，并且外形长度尺寸介于相应制式枪支全枪长度尺寸的二分之一与一倍之间的。

二、枪口比动能的计算，按照《枪支致伤力的法庭科学鉴定判据》规定的计算方法执行。

三、术语解释

1. 制式枪支：国内制造的制式枪支是指已完成定型试验，并且经军队或国家有关主管部门批准投入装备、使用(含外贸出口)的各类枪支。国外制造的制式枪支是指制造商已完成定型试验，并且装备、使用或投入市场销售的各类枪支。

2. 全枪长：是指从枪管口部至枪托或枪机框(适用于无枪托的枪支)底部的长度。

■最高人民法院、最高人民检察院、国家林业局、公安部、海关总署关于破坏野生动物资源刑事案件中涉及的CITES附录Ⅰ和附录Ⅱ所列陆生野生动物制品价值核定问题的通知(全文)(2012年9月17日)(见本书附录二十一)

■最高人民法院、最高人民检察院、国家文物局、公安部、海关总署涉案文物鉴定评估管理办法(全文)(2018年6月20日)(见本书附录四十九)

■最高人民法院关于审理走私、非法经营、非法使用兴奋剂刑事案件适用法律若干问题的解释(2020年1月1日)

第一条　运动员、运动员辅助人员走私兴奋剂目录所列物质，或者其他人员以在体育竞赛中非法使用为目的走私兴奋剂目录所列物质，涉案物质属于国家禁止进出口的货物、物品，具有下列情形之一的，应当依照刑法第一百五十一条第三款的规定，以走私国家禁止进出口的货物、物品罪定罪处罚：

（一）一年内曾因走私被给予二次以上行政处罚后又走私的；

（二）用于或者准备用于未成年人运动员、残疾人运动员的；

（三）用于或者准备用于国内、国际重大体育竞赛的；

（四）其他造成严重恶劣社会影响的情形。

实施前款规定的行为，涉案物质不属于国家禁止进出口的货物、物品，但偷逃应缴税额一万元以上或者一年内曾因走私被给予二次以上行政处罚后又走私的，应当依照刑法第一百五十三条的规定，以走私普通货物、物品罪定罪处罚。

对于本条第一款、第二款规定以外的走私兴奋剂目录所列物质行为，适用《最高人民法院、最高人民检察院关于办理走私刑事案件适用法律若干问题的解释》(法释〔2014〕10号)规定的定罪量刑标准。

第七条　实施本解释规定的行为，涉案物质属于毒品、制毒物品等，构成有关犯罪的，依照相应犯罪定罪处罚。

第八条　对于是否属于本解释规定的“兴奋剂”“兴奋剂目录所列物质”“体育运动”“国内、国际重大体育竞赛”等专门性问题，应当依据《中华人民共和国体育法》《反兴奋剂条例》等法律法规，结合国务院体育主管部门出具的认定意见等证据材料作出认定。

▼广东省高级人民法院关于办理破坏社会主义市场经济秩序犯罪案件若干具体问题的指导意见(2002年7月2日,2006年4月11日修正实施)

一、关于走私犯罪案件

1. 关于走私犯罪的主观故意。走私犯罪的主观故意是指行为人明知自己的行为违反海关法规,逃避海关监管,偷逃进出口货物、物品的应缴税款,或者逃避国家有关货物、物品进出口的禁止性规定而实施上述行为。

"明知"是指已经知道或者应当知道自己的行为违反了海关法规。对于行为人否认有走私故意的案件,应当根据通常的经验、行为人的具体行为等全面审查认定。

2. 有下列情形之一者,可认定行为人有走私的故意,但是有证据证明其确属被蒙骗的除外:

(1)运输、携带、邮寄国家禁止进出境,或者限制进出境、没有合法证明的货物、物品,逃避海关监管的;

(2)在车、船上使用带有夹层箱、"暗格"、水下拖箱等特制工具运输、携带货物、物品,逃避海关监管的;

(3)以明显低于正常进出口价格、税额进行"包税"或者通关交易的;

(4)从事外贸经营、报关、口岸运输、跨境运输的从业人员在货物进出口业务中故意实施违反海关监管行为的。

3. 关于走私特定物品的认定。走私特定货物的犯罪,行为人除了具有走私的故意以外,主观上还必须明知走私的对象是毒品、假币、淫秽物品、枪支弹药等特定物品。在处理这一类案件时,既要防止客观归罪,也应当认真审查分析行为人的辩解。足以认定行为人有走私故意,但确实不能认定其明知走私是特定物品的,一般可按走私普通货物罪处理。

……

10. 未经合法审批手续而偷运零关税货物入境的行为,没有偷逃应缴的税款,不构成走私罪。

11. 根据最高人民法院《关于审理走私刑事案件具体应用法律若干问题的解释》(此解释已于2014年9月10日废止——编著者注)规定,认定走私货物、物品所偷逃的应缴税额,应当以走私行为案发时所适用的税则、税率、汇率和海关审定的完税价格计算,并以海关出具的证明为准。人民法院在审理具体案件中对海关所出具的证明有疑问的,应当要求海关出具审定完税价格的依据。

▽在刑法中,走私武器、弹药罪中的"武器"的概念、种类和范围与我国海关确定商品归类所依据的标准中的"武器"是不同的两个范畴

在刑法中,走私武器、弹药罪中的"武器"的概念、种类和范围与我国海关确定商品归类所依据的标准中的"武器"是不同的两个范畴。走私武器、弹药罪中的武器、弹药主要是指军用武器、弹药、爆炸物,也包括一些足以致人死亡或者丧失知觉的民用枪支、公务枪支、射击运动枪支、弹药、爆炸物等;后者则依据的是我国海关确定商品归类所依据的标准《商品名称与编码协调制度》。《商品名称与编码协调制度》作为国际贸易商品分类的"标准语言",是为了适应国际贸易的需要对商品进行分类以及方便海关管理而制定。具体每个商品应归入的税号是根据商品的功能、结构、用途、原理、材料、成分等进行分类的。因此,《商品名称与编码协调制度》中所指的"武器"是对同一功能商品的大致分类。因此,《商品名称与编码协调制度》中对"武器"的界定与刑法对"武器"界定的法律依据和分类标准是不同的。虽然本案走私仿真枪偷逃税额的核定依据为《中华人民共和国海关进出口税则》93040000品目"其他武器",但不能因此而认为本案走私的仿真枪是走私武器弹药罪中的"武器"。[参见第423号案例,林永杰、卢志强走私普通货物案,载《刑事审判参考》总第54辑(2007年第1辑),法律出版社,第8页。执笔:张少凯]

▽走私古脊椎动物、古人类化石的行为应以走私文物罪定罪处罚,走私古脊椎动物、古人类化石以外的其他古生物化石的行为不能以走私文物罪定罪处罚

(1)古生物化石不是文物。文物是历史遗留下来的在人类文化发展史上有价值的东西,是人类通过自身活动所形成的、反映人类社会一定时期的历史文化风貌、对研究人类文明发展史具有研究价值的物品。物品只有经过了修饰、加工等人类活动才有可能成为文物。而古生物化石则是古代生物的遗体或遗迹埋藏在地层中,在自然力作用下,经过漫长的时间演化变成的化石,化石的形成与人类活动无关。从本质上看,古生物化石,同石油、煤炭等一样,是一种自然资源。古生物化石是人类史前地质历史时期赋存于地层中的生物遗体和活动遗迹,包括植物、无脊椎动物等化石及其遗迹化石。古生物化石是重要的地质遗迹,它有别于文物,是我国宝贵的、不可再生的自然遗产,具有极高的科学研究价值。

(2)古生物化石能否同文物一样受到保护应依据有关法律规定予以确认。2005年12月29日全国人大常委会通过的《关于〈中华人民共和国刑法〉有关文物的规定适用于具有科学价值的古脊椎动物化石、古人类化石的解释》指出,"刑法有关文物的规定,适用于具有科学价值的古脊椎动物化石、古人类化石"。必须明确的是,并不是所有古生物化石都适用刑法有关文物的规定。古生物化石包括植物化石、非脊椎动物化石、脊椎动物化石和古人类化石以及生物活动所形成的遗迹化石。虽然古生物化石都受国家保护,但不同的古生物化石受保护的程度不尽相同,根据文物保护法的规定,具有科学价值的古脊椎动物化石和古人类化石受到同文物一样程度的保护,至于其他的古生物化石,根据《关于加强古生物化石保护的通知》和《古生物化石管理办法》的有关规定,则比照矿产资源进行保护,因此,走私古生物化石的行为能否构成走私文物罪,关键要看古生物化石的种类。依据文物保护法的规定,只有走私古脊椎动物化石或古人类化石才能以走私文物罪定罪处罚,而走私其他古生物化石,即使这些古生物化石可能更为珍贵,科学研究价值可能更高,也不能以走私文物罪定罪处罚。[参见第416号案例,蓑口义则走私文物案,载《刑事审判参考》总第53辑(2006年第6辑),法律出版社,第10~14页。执笔:谭劲松]

▽对认定为走私文物罪的走私古脊椎动物、古人类化石的行为量刑

文物保护法规定,古脊椎动物、古人类化石与文物受国家同样保护,这就意味着,走私古脊椎动物、古人类化石不仅在定罪而且在量刑上均应与走私文物罪保持一致。虽然目前我国尚未制定有关古生物化石分级标准,但在鉴定中,通常是依据有关文物的分级标准(依据《文物藏品定级标准》的规定,划分文物等级的依据是文物的历史、艺术、科学价值大小),即依据古生物化石的科学价值大小来确定其等级,因此,如果古脊椎动物、古人类化石被确定为视同于国家一级文物的,在科学价值上应等同于一级文物,应受到同样的保护,在处罚时不应有所区别。[参见第416号案例,蓑口义则走私文物案,载《刑事审判参考》总第53辑(2006年第6辑),法律出版社,第14~15页。执笔:谭劲松]

▽根据客观行为及行为人本身的情况可推定其具有走私的主观故意

认定走私犯罪主观故意的方法有两种,一种是直接的证明方法,另一种是间接的推定方法。直接证明是指直接证明行为人具有走私的故意,如行为人承认自己有走私的主观故意,或者证人证明行为人曾向其提到要走私,或者有书证、录音录像资料等说明行为人的主观故意。间接的推定方法是指通过与主观故意相关的因素来证明主观故意的存在。2002年7月8日最高人民法院、最高人民检察院、海关总署联合发布的《关于办理走私刑事案件适用法律若干问题的意见》(本附文以下简称《意见》)第五条第一款对于走私主观故意的认定采纳了推定的方法。该条第一款规定:"行为人明知自己的行为违反国家法律法规,逃避海关监管,偷逃进出境货物、物品的应缴税额,或者逃避国家有关进出境的禁止性管理,并且希望或者放任危害后果发生的,应认定为具有走私的主观故意。"据此,如果行为人明知其行为违反了相关法律法规,明知其行为是逃避海关监管、偷逃税款或逃避禁止性管理的行为,而仍决意实施,并对由此造成的危害后果持希望或放任的态度,就推定其主观上具有走私的故意。《意见》第五条第二款规定,"走私主观故意中的'明知'是指行为人知道或者应当知道所从事的行为是走私行为",并以列举的方式规定了六种"明知"的情形。当然这六种情形不能穷尽司法实践中的复杂情况,在办案中还应当其体分析案情,从行为人本身的情况,如实践经验、业务技术水平、智力水平、专业知识、生活习惯等以及行为的时间、地点、环境、行为手段、行为对象等综合判断其是否“明知”。如果行为人曾因走私被行政处罚或者刑事处罚过,本次又因走私被抓,行为人说他不知道是走私的辩解就不能成立,又如行为人是一名报关员,却说自己不知道相关海关法规的辩解也是不能成立的。具体到本案,被告人岑张耀等人预谋、分工、实施了一系列不正常的订舱、报关、安检等行为,从这些行为完全可分析得出岑张耀、吴峥等人具有走私的故意。首先,岑张耀等人明知欲出口的系动物,却以“玻璃制高脚酒杯”等虚假品名向海关申报出口,违反了《海关法》第二十四条关于“进口货物的收货人、出口货物的发货人应当向海关如实申报,交验进出口许可证件和有关单证。国家限制进出口的货物,没有进出口许可证的,不予放行”的规定,由此可以得出岑张耀等人具有逃避海关监管的故意。其次,被告人岑张耀等明知欲出口的系动物,却没有依法向相关机关报检,违反了我国《进出境动植物检疫法》第二条关于进出境的动植物、动植物产品等,均须依法实施检疫的规定,也违反了相关监管部门关于进出境的动植物及其产品,进出口单位或其代理人在办理海关手续前必须向动植物检疫机关报检,由动植物检疫机关依法检疫并签发放行通知单,然后海关凭放行通知单予以验放的要求,由此可以得出岑张耀等人具有逃避国家有关进出境的禁止性管理的故意。再次,被告人吴峥等人身为机场货运安检员,与被告人岑张耀等人内外勾结,明知系伪报品名的动物,却利用当班安检之机违法放行,致使国家禁止出境的走私对象顺利出境,由此得出该几名被告人具有逃避国家有关进出境的禁止性管理的故意。综上,本案中被告人岑张耀、吴峥等人或身为熟知货物进出境业务的专业人员,或身为国际机场的货运安检人员,为获取高额报酬,伪报货物品名、逃避动植物检疫、利用机场货运当班安检之机违法放行,逃避海关监管,以及逃避国家有关进出境的禁止性管理,并且希望或者放任危害后果发生,应认定具有走私的主观故意。[参见第616号指导案例,岑张耀等走私珍贵动物、马忠明非法收购珍贵野生动物、赵应明等非法运输珍贵野生动物案,载《刑事审判参考》总第73集(2010年第2集),第58~60页。撰稿:万仁贵]

▽行为人具有走私的故意,但对走私的具体对象认识不明确,应以实际的走私对象定罪处罚,确有证据证明受蒙骗的除外

行为人对走私的具体对象认识不明确,是指行为人具有走私的主观故意,但没有证据证明其对所查获的走私货物、物品的性质达到“明知”的认识程度。对此情况可称为“概括的主观故意”,此种故意支配下的走私行为应当以实际走私对象来定罪。理由有二:一是行为人主观上具有走私的犯罪故意,虽然尚无证据证明其对走私的具体对象有明确的认识,但这种实际对象已经涵盖在行为人所能认识到的对象范围之内。也即行为人虽然不明确知道其走私的具体对象是什么,但是对走私对象可能是什么有一个模糊认识的范围,而实际的走私对象就在这个模糊认识范围之内,行为人对此范围之内所有的走私对象都是持容忍态度的,实施其中任何一类走私犯罪都不违背其意志。所以,根据实际走私的物品认定为相应的走私犯罪,符合主客观相一致的原则。二是根据实际走私对象定罪处罚,便于司法操作,有利于打击走私犯罪。如果有证据证明行为人对走私对象没有明确的认识就不按实际走私的对象定罪,那么在许多场合意味着“按照所误解的走私对象定罪”,通常认定为走私普通货物(物品)罪,而走私普通货物(物品)罪是以偷逃应缴税额的大小作为定辑量刑标准的,而实际的走私对象往往无法认定偷逃应缴税额,这就导致许多案件无法对被告人定罪处罚,实际等于放纵了犯罪。最高人民法院、最高人民检察院、海关总署联合发布的《意见》第六条的规定也体现了这种观点,“走私犯罪嫌疑人主观上具有走私犯罪故意,但对其走私的具体对象不明确的,不影响走私犯罪构成,应当根据实际的走私对象定罪处罚。但是,确有证据证明行为人因受蒙骗而对走私对象发生认识错误的,可以从轻处罚”。具体到本案中,相关证据足以认定被告人岑张耀、吴峥主观上具有走私的犯罪故意,又有鉴定报告证实他们走私的确系国家二级重点保护动物猎隼,就能够认定各被告人的行为构成走私珍贵动物罪。虽然有的被告人称他们不知道走私对象“鸟”就是国家明令禁止出口的二级重点保护动物猎隼,但因各被告人已认识到走私对象是“鸟”“信鸽”“鹰”等一类动物,因此他们对走私对象有一个模糊的认识范围,而实际走私对象猎隼并没有超出各被告人的这个认识范围,无论走私对象是不是猎隼都不会影响各被告人实施走私行为的意志,各被告人对走私猎隼在主观上持容忍态度,故对走私的具体对象认识不明确,并不影响对他们以走私珍贵动物罪定罪处罚。当然,其中被告人朱前卫经查确实在主观上存在部分受蒙骗而对走私对象发生错误认识的情节,依法对其可以从轻处罚。[参见第616号指导案例,岑张耀等走私珍贵动物、马忠明非法收购珍贵野生动物、赵应明等非法运输珍贵野生动物案,载《刑事审判参考》总第73集(2010年第2集),第60~62页。撰稿:万仁贵]

▽共同走私犯罪要求各行为人具有走私的故意和意思联络

成立走私共同犯罪要求行为人之间具有走私的共同故意,并相互配合、共同实施了走私行为,在司法实践中,共同的走私行为属于外在表现,往往容易判断,而是否具有走私的共同故意就成为认定走私共同犯罪的关键。走私的共同故意包括两方面的内容:第一,各行为人均明知系共同走私行为,明知走私行为具有危害社会的结果,并希望或者放任危害结果的发生;第二,各行为人主观上具有意思联络,都认识到自己不是在孤立地实施犯罪,而是在和他人一起共同犯罪。具体到本案,被告人岑张耀、吴峥、张浩、钱文斌、朱前卫等主观上具有走私的故意,岑张耀先与吴峥协商好运私的方法、分工,再由吴峥联系张浩负责猎隼的出口办理订舱、报关事宜,吴峥又联系钱文斌、朱前卫负责在机场当班安检时予以放行,上述五人事先分工明确,互相之间具有明显的意思联络,都认识到自己是与他人共同实施走私犯罪,故上述五人成立走私的共同犯罪。被告人俞仲权明知岑张耀要走私猎隼出境而积极予以协助,帮助岑张耀将猎隼在运到租房内进行喂养、重新包装,又帮助岑张耀租用车辆将猎隼在运至机场交给前来接应的吴峥,据此亦可认定与岑张耀等共同走私犯罪。而其余几名被告人马忠明、赵应明、丁学明等与岑张耀、吴峥等人没有走私的意思联络,他们只是为境外人员"阿亚子"收购、运输猎隼,他们把货交给岑张耀后,并不知道岑张耀、吴峥等人将如何处置这些猎隼以及是否走私出境,他们在主观上没有走私犯罪的故意,故认定被告人马忠明、赵应明、丁学明的行为构成非法收购、运输珍贵野生动物罪,而不以走私珍贵动物之共犯论处是恰当的。综上,本案是一起由境内外人员相互勾结,无视我国野生动物保护法,违反海关法规,逃避国家出入境监管,收购、运输、走私"一条龙"运送国家二级重点保护动物猎隼出境的重大恶性案件。岑张耀、吴峥等人的犯罪行为致使珍贵野生动物流失海外,国家动物资源遭到严重破坏,给国家、民族的利益造成严重的损害,属于我国刑法严厉打击的犯罪行为。根据我国刑法及相关司法解释的规定,走私隼科动物10只以上的,属于情节特别严重,处无期徒刑或者死刑,并处没收财产;非法收购、运输隼科动物10只以上的,属于情节特别严重,处十年以上有期徒刑,并处罚金或者没收财产。一审法院对岑张耀以外的其他各被告人依法作出严厉而公正的判决,二审法院考虑到被告人岑张耀归案后认罪态度尚好及岑张耀不属于走私团伙最核心人员等情节,对其改判死刑缓期两年执行,体现了我国当前慎重适用死刑的政策。[参见第616号指导案例,岑张耀等走私珍贵动物、马忠明非法收购珍贵野生动物、赵应明等非法运输珍贵野生动物案,载《刑事审判参考》总第73集(2010年第2集),第62~64页。撰稿:万仁贵]

▽走私白垩纪古脊椎鸟类化石的法律适用

首先,2005年全国人民代表大会常务委员会发布的《关于〈中华人民共和国刑法〉有关文物的规定适用于具有科学价值的古脊椎动物化石、古人类化石的解释》(本附文以下简称《解释》)规定:"刑法有关文物的规定,适用于具有科学价值的古脊椎动物化石、古人类化石。"这里对古脊椎动物化石没有具体分类。1982年施行的《文物保护法》(2015年修正)第二条第三款规定:"具有科学价值的古脊椎动物化石和古人类化石同文物一样受国家保护。"而《古人类化石和古脊椎动物化石保护管理办法》(本附文以下简称《管理办法》)第二条规定:"本办法所称古人类化石和古脊椎动物化石,是指古猿化石、古人类化石及其与人类活动有关的第四纪古脊椎动物化石。"可见,《管理办法》对"古脊椎动物化石"作了限制性解释,即其并非指所有古脊椎动物化石。《管理办法》根据文物的一般意义即"与人类活动密切相关"的基本属性进行解释,把作为"文物"保护的化石限定在与人类活动有关的第四纪古脊椎动物化石。《管理办法》是根据《文物保护法》专门针对古人类化石和古脊椎动物化石而出台的部门规章,因此,在行政违法前提的认定上应以《管理办法》的规定为准。确定了这一前提,《解释》中的古脊椎动物化石也应进行限制性解释,即仅指"与人类活动有关的第四纪古脊椎动物化石",对于时间久远而与人类活动无关的古脊椎动物化石,不适用国家有关文物管理保护的规定。与人类活动有关的第四纪约开始于248万年前,而本案所涉化石是距今6700万年至2.3亿年前的白垩纪鸟类化石,显然距离第四纪时期久远,与人类活动无关。所以,本案所涉化石不属于刑法规定的"文物",不能适用走私文物罪的相关条款定罪处罚。公诉机关就朱丽清犯走私文物罪的指控及其法律适用不当,应予纠正。其次,《刑法修正案(七)》将刑法第一百五十一条第三款修改为:"走私珍稀植物及其制品等国家禁止进出口的其他货物、物品的,处五年以下有期徒刑或者拘役,并处或者单处罚金;情节严重的,处五年以上有期徒刑,并处罚金。"在没有对走私化石行为规定独立罪名的情况下,本案所涉化石经鉴定为珍稀古生物化石,为国家禁止出口的物品,故应适用《刑法修正案(七)》该条款对朱丽清的行为定罪处罚。综上,被告人朱丽清走私白垩纪古脊椎鸟类化石的行为,应当定性为走私国家禁止出口的物品罪。[参见第744号指导案例,朱丽清走私国家禁止出口的物品案,载《刑事审判参考》总第84集(2012年第1集),第3~4页。撰稿:李晓琦]

▽气枪铅弹属于走私弹药罪中的"弹药"

最高人民法院于2000年出台的《关于审理走私刑事案件具体应用法律若干问题的解释》(本附文以下简称《走私解释(一)》)(2014年已废止——编著者注),将弹药分为军用子弹和非军用子弹两类。走私军用子弹100发以上、非军用子弹1 000发以上即可认定"情节特别严重"。但是《走私解释(一)》既没有对军用子弹和非军用子弹做出明确界定,也没有对常见的军用子弹和非军用子弹予以列举,仅在第一条第七款作了提示性规定。即"刑法第一百五十一条第一款规定的'武器、弹药'的种类,参照《中华人民共和国海关进口税则》及《中华人民共和国禁止进出境物品表》的有关规定确定"。《中华人民共和国海关进口税则》列举的弹药种类中没有气枪铅弹,《中华人民共和国禁止进出境物品表》仅在第一条"禁止进出境物品"中将"各种武器、仿真武器、弹药及爆炸物品"列为第一项,也没有明确弹药的种类。因此,难以根据现有法律规定直接判断气枪铅弹是否属于"弹药"。

按照《辞海》的定义,"弹药是指含有火药、炸药或其他装填物,爆炸后能对目标起毁伤作用或完成其他战术任务的军械用品,是武器系统中的核心部分,是借助武器(或其他运载工具)发射至目标区域,完成既定战斗任务的最终手段。它包括枪弹、炮弹、手榴弹、枪榴弹、航空炸弹、火箭弹、导弹、鱼雷、水雷、地雷、爆破筒、爆破药包等,以及用于非军事目的的礼炮弹、警用弹和狩猎、涉及运动的用弹"。虽然词典的定义不同于刑法学对于刑法概念的解释,但是对刑法概念进行解释,文义解释是最基础的方法。文义解释的基本原则有三个:一是在刑法用语的核心含义以内;二是不超过国民预测的可能性;三是具有处罚必要性。从前述《辞海》定义来看,弹药的核心含义有三个:第一,在功能上具有杀伤力;第二,在结构上包括弹头、弹壳、火药、炸药或者其他装填物;第三,可以借助武器或其他运载工具发射至目标区域。气枪铅弹无疑具有杀伤力,在结构上有弹头,尾部有部分弹壳,可以借助气枪等武器发射至目标区域,但是没有火药、炸药或者其他装填物,它与很多非军用子弹特别是一些运动用弹具有一定的类似性,将其认定为非军用子弹并不会超出国民预测的可能性;且我国海关对于各类枪支弹药的走私行为都是严厉禁止的,走私气枪铅弹的行为对我国的进出口贸易制度和弹药的监管秩序造成了侵害,从法益保护的角度,对此类行为予以刑事处罚具有必要性。此外,将气枪铅弹认定为走私弹药罪的犯罪对象,与最高人民法院出台的相关司法解释规定的含义相符。如最高人民法院于2009年出台的《关于审理非法制造、买卖、运输枪支、弹药、爆炸物等刑事案件具体应用法律若干问题的解释》(本附文以下简称《枪弹解释》)明确将气枪铅弹作为非军用子弹的一种作出了列举式规定。《走私解释(一)》尽管对走私弹药罪中的"弹药"没有作出类似的列举式规定,但从体系解释用语一致性的角度考虑,《枪弹解释》的规定无疑具有参考价值。最高人民法院、最高人民检察院于2014年8月出台的《关于办理走私刑事案件适用法律若干问题的解释》(以下简称《走私解释》)第一条取消了军用枪支和非军用枪支的区分,因此《走私解释》对弹药也未区分军用弹药和非军用弹药。从该规定看,气枪铅弹属于走私弹药罪中的"弹药"。[参见第940指导案例,戴永光走私弹药、非法持有枪支案,载《刑事审判参考》总第96集(2014年第1集),第2~4页。撰稿:孙红涛 郜志龙]

▽对走私气枪铅弹犯罪的量刑标准应当有别于一般的走私非军用子弹犯罪

气枪铅弹不同于一般的非军用子弹,如果机械适用最高人民法院于2000年出台的《走私解释(一)》对非军用子弹规定的量刑标准,则应当判处被告人无期徒刑或者死刑,这显然与一般正常人的认知相悖,也有违罪责刑相适应原则。综合来看,被告人出于个人兴趣爱好走私气枪铅弹,走私物品案值低,未造成严重后果,对被告人应当按照刑法第一百五十一条关于"情节较轻"的规定,在三年以上七年以下的法定刑幅度内量刑。具体理由如下:

首先,刑罚轻重必须与犯罪危害程度相适应,这是罪责刑相适应原则的基本内在要求。如前所述,气枪铅弹虽然借助气枪等武器可发射至目标区域,具有一定杀伤力,但没有火药、炸药等装填物,因此杀伤力有限。从立法精神分析,走私武器、弹药罪虽然侵犯的直接客体是国家的进出口贸易制度和国家对武器、弹药的监管秩序,但本质上是国家出于对公共安全的考虑以及履行国际公约的需要而禁止武器、弹药的流通。无论走私"气枪铅弹"还是"其他非军用子弹"都侵犯了法益,但是气枪铅弹危害程度显著小于一般的非军用子弹,那么,走私"气枪铅弹"对法益的侵害程度,自然也小于走私同样数量的一般非军用子弹。因此,将两者在量刑标准上区别对待,符合罪责刑相适应原则。

其次,将走私气枪铅弹的量刑标准有别于一般的走私非军用子弹,是保持刑法解释协调性的需要。我们以走私弹药罪与其他以弹药为犯罪对象的犯罪进行对比。根据刑法第一百二十五条的规定,犯非法制造、买卖、运输、邮寄、储存弹药罪,情节严重的,法定刑为十年以上有期徒刑、无期徒刑或者死刑;依照最高人民法院于2009年出台的《枪弹解释》的规定,非法制造、买卖、运输、邮寄、储存军用子弹50发、一般非军用子弹500发、气枪铅弹2500发,方能达到情节严重的标准。《枪弹解释》明确将气枪铅弹作为非军用子弹的一种予以列举,但是定罪量刑的数量要求是军用子弹的50倍、一般非军用子弹的5倍。盗窃、抢夺弹药罪量刑标准也体现了类似精神,均按照气枪铅弹是一般非军用子弹数量的5倍标准予以把握。走私弹药罪与非法制造、买卖、运输、邮寄、存储弹药罪以及盗窃、抢夺弹药罪等罪的犯罪对象性质相同,即均属"弹药",虽整体危害程度有别,但就各罪名本身来说,都存在因"弹药"种类不同而量刑时应有所区别的问题。《走私解释(一)》出台于2000年,《枪弹解释》出台于2009年,《枪弹解释》对"气枪铅弹"写其他非军用子弹进行差异化评价,相对于《走私解释(一)》更能体现罪责刑相适应原则。根据实质解释的立场,遵循体系解释的方法,《枪弹解释》确立的气枪铅弹在量刑的数量要求上5倍于一般非军用子弹的量刑标准,可以作为走私气枪铅弹类犯罪案件量刑的参考。

根据最高人民法院、最高人民检察院于2014年8月出台的《关于办理走私刑事案件适用法律若干问题的解释》(本附文以下简称《走私解释》)第一条第二项的规定,"走私气枪铅弹五百发以上不满二千五百发,或者其他子弹十发以上不满五十发的"可以认定为刑法第一百五十一条第一款规定的"情节较轻"。本案被告人走私1625发气枪铅弹,符合《走私解释》规定的"情节较轻"的量刑标准。此外,就走私弹药罪而言,"弹药"的种类和数量固然能够直接反映出走私行为的社会危害性程度,但它不是唯一的判断标准。司法实践中,除了"弹药"的种类和数量,还要综合考虑行为人作案动机、主观恶性、作案手段、走私物品案值大小、用途、是否流向社会及造成实际危害结果等诸多因素,量刑上做到区别对待。本案被告人出于个人兴趣动机而走私气枪铅弹,并非为了实施其他犯罪,其主观恶性和人身危险性相对较小;从走私物品案值来看,被告人走私的气枪铅弹案值不足千元,案值较小;虽然其中一部分气枪铅弹已经被消耗掉,但仅仅是练枪玩耍时所用,未造成任何其他严重后果。综合来看,法院依法认定被告人所犯走私弹药罪属“情节较轻”,对其判处有期徒刑四年,并处罚金人民币二万元,量刑是适当的。[参见第 940 指导案例,戴永光走私弹药、非法持有枪支案,载《刑事审判参考》总第 96 集(2014 年第 1 集),第 4 ~6 页。撰稿:孙红涛　郜志龙]

第一百五十二条　【走私淫秽物品罪】以牟利或者传播为目的,走私淫秽的影片、录像带、录音带、图片、书刊或者其他淫秽物品的,处三年以上十年以下有期徒刑,并处罚金;情节严重的,处十年以上有期徒刑或者无期徒刑,并处罚金或者没收财产;情节较轻的,处三年以下有期徒刑、拘役或者管制,并处罚金。

【走私废物罪】逃避海关监管将境外固体废物、液态废物和气态废物运输进境,情节严重的,处五年以下有期徒刑,并处或者单处罚金;情节特别严重的,处五年以上有期徒刑,并处罚金。(此款是根据《中华人民共和国刑法修正案(四)》之二增加的一款,2002 年 12 月 28 日起施行。)

单位犯前两款罪的,对单位判处罚金,并对其直接负责的主管人员和其他直接责任人员,依照前两款的规定处罚。(此款根据《中华人民共和国刑法修正案(四)》之二修改,原为第二款,2002 年 12 月 28 日起施行。)

第三款刑法原文:单位犯前款罪的,对单位判处罚金,并对其直接负责的主管人员和其他直接责任人员,依照前款的规定处罚。

■最高人民检察院、公安部关于公安机关管辖的刑事案件立案追诉标准的规定(一)(2008 年 6 月 25 日)

第二十五条　[走私淫秽物品案(刑法第一百五十二条第一款)]以牟利或者传播为目的,走私淫秽的影片、录像带、录音带、图片、书刊或者其他通过文字、声音、形象等形式表现淫秽内容的影碟、音碟、电子出版物等物品,涉嫌下列情形之一的,应予立案追诉:

(一)走私淫秽录像带、影碟五十盘(张)以上的;

(二)走私淫秽录音带、音碟一百盘(张)以上的;

(三)走私淫秽扑克、书刊、画册一百副(册)以上的;

(四)走私淫秽照片、图片五百张以上的;

(五)走私其他淫秽物品相当于上述数量的;

(六)走私淫秽物品数量虽未达到本条第(一)项至第(四)项规定标准,但分别达到其中两项以上标准的百分之五十以上的。

■最高人民法院、最高人民检察院关于办理走私刑事案件适用法律若干问题的解释(2014 年 9 月 10 日)

第十三条　以牟利或者传播为目的,走私淫秽物品,达到下列数量之一的,可以认定为刑法第一百五十二条第一款规定的“情节较轻”:

(一)走私淫秽录像带、影碟五十盘(张)以上不满一百盘(张)的;

(二)走私淫秽录音带、音碟一百盘(张)以上不满二百盘(张)的;

(三)走私淫秽扑克、书刊、画册一百副(册)以上不满二百副(册)的;

(四)走私淫秽照片、画片五百张以上不满一千张的;

(五)走私其他淫秽物品相当于上述数量的。

走私淫秽物品在前款规定的最高数量以上不满最高数量五倍的,依照刑法第一百五十二条第一款的规定处三年以上十年以下有期徒刑,并处罚金。

走私淫秽物品在第一款规定的最高数量五倍以上,或者在第一款规定的最高数量以上不满五倍,但属于犯罪集团的首要分子,使用特种车辆从事走私活动等情形的,应当认定为刑法第一百五十二条第一款规定的“情节严重”。

第十四条 走私国家禁止进口的废物或者国家限制进口的可用作原料的废物，具有下列情形之一的，应当认定为刑法第一百五十二条第二款规定的“情节严重”：

（一）走私国家禁止进口的危险性固体废物、液态废物分别或者合计达到一吨以上不满五吨的；

（二）走私国家禁止进口的非危险性固体废物、液态废物分别或者合计达到五吨以上不满二十五吨的；

（三）走私国家限制进口的可用作原料的固体废物、液态废物分别或者合计达到二十吨以上不满一百吨的；

（四）未达到上述数量标准，但属于犯罪集团的首要分子，使用特种车辆从事走私活动，或者造成环境严重污染等情形的。

具有下列情形之一的，应当认定为刑法第一百五十二条第二款规定的“情节特别严重”：

（一）走私数量超过前款规定的标准的；

（二）达到前款规定的标准，且属于犯罪集团的首要分子，使用特种车辆从事走私活动，或者造成环境严重污染等情形的；

（三）未达到前款规定的标准，但造成环境严重污染且后果特别严重的。

走私置于容器中的气态废物，构成犯罪的，参照前两款规定的标准处罚。

第十五条 国家限制进口的可用作原料的废物的具体种类，参照国家有关部门的规定确定。

第二十条 直接向走私人非法收购走私进口的货物、物品，在内海、领海、界河、界湖运输、收购、贩卖国家禁止进出口的物品，或者没有合法证明，在内海、领海、界河、界湖运输、收购、贩卖国家限制进出口的货物、物品，构成犯罪的，应当按照走私货物、物品的种类，分别依照刑法第一百五十一条、第一百五十二条、第一百五十三条、第三百四十七条、第三百五十条的规定定罪处罚。

刑法第一百五十五条第二项规定的“内海”，包括内河的入海口水域。

第二十一条 未经许可进出口国家限制进出口的货物、物品，构成犯罪的，应当依照刑法第一百五十一条、第一百五十二条的规定，以走私国家禁止进出口的货物、物品罪等罪名定罪处罚；偷逃应缴税额，同时又构成走私普通货物、物品罪的，依照处罚较重的规定定罪处罚。

取得许可，但超过许可数量进出口国家限制进出口的货物、物品，构成犯罪的，依照刑法第一百五十三条的规定，以走私普通货物、物品罪定罪处罚。

租用、借用或者使用购买的他人许可证，进出口国家限制进出口的货物、物品的，适用本条第一款的规定定罪处罚。

第二十二条 在走私的货物、物品中藏匿刑法第一百五十一条、第一百五十二条、第三百四十七条、第三百五十条规定的货物、物品，构成犯罪的，以实际走私的货物、物品定罪处罚；构成数罪的，实行数罪并罚。

第二十三条 实施走私犯罪，具有下列情形之一的，应当认定为犯罪既遂：

（一）在海关监管现场被查获的；

（二）以虚假申报方式走私，申报行为实施完毕的；

（三）以保税货物或者特定减税、免税进口的货物、物品为对象走私，在境内销售的，或者申请核销行为实施完毕的。

第二十四条 单位犯刑法第一百五十一条、第一百五十二条规定之罪，依照本解释规定的标准定罪处罚。

单位犯走私普通货物、物品罪，偷逃应缴税额在二十万元以上不满一百万元的，应当依照刑法第一百五十三条第二款的规定，对单位判处罚金，并对其直接负责的主管人员和其他直接责任人员，处三年以下有期徒刑或者拘役；偷逃应缴税额在一百万元以上不满五百万元的，应当认定为“情节严重”；偷逃应缴税额在五百万元以上的,应当认定为“情节特别严重”。

第二十五条 本解释发布实施后,《最高人民法院关于审理走私刑事案件具体应用法律若干问题的解释》(法释〔2000〕30号)、《最高人民法院关于审理走私刑事案件具体应用法律若干问题的解释(二)》(法释〔2006〕9号)同时废止。之前发布的司法解释与本解释不一致的,以本解释为准。

■海关总署关于严格查禁淫秽物品进出口的实施办法(1985年6月5日)

第二条 严格禁止任何单位和个人以任何方式进出口各种淫秽物品。

淫秽物品的范围是:具体描写性行为或露骨宣扬色情淫荡形象的音像制品(录像带、录音带、视盘、影片、电视片、幻灯片),印刷品(照片、图画、书籍、报刊、抄本),印有这类图照的玩具、用品,以及淫药、淫具。

夹杂淫秽内容的有艺术价值的文艺作品,表现人体美的美术作品,有关人体的生理、医学知识和其他自然科学作品,不属于淫秽物品的范围。

□对于走私物品中夹藏有其他不同种类走私物品确实不明知的,应以行为人主观认知的走私对象性质加以定罪处罚

在走私犯罪案件中,应当根据案情综合判断行为人对夹藏物品是否具有走私的故意。行为人不具有走私的概括故意,对于走私物品中还夹藏有其他不同种类走私物品确实不明知的,不能适用相关规范性文件中“根据实际的走私对象定罪处罚”的规定进行数罪并罚,而应当根据主客观相统一原则,以行为人主观认知的走私对象性质加以定罪处罚。对于客观上走私了夹藏的其他物品的,可作为行为人所构成特定走私犯罪的量刑情节予以评价,以体现罪责刑相适应原则。[上海市人民检察院第一分院诉应志敏、陆毅走私废物、走私普通货物案,载《最高人民法院公报》,2014年卷,第470页。]

▽行为人基于概括故意而实施走私犯罪的,应当根据实际查获的物品性质来定罪

概括故意是一种不确定的故意。在概括故意犯罪中,发生行为人预见或应当预见范围内的各种犯罪后果均不违背其意志,故可以根据实际发生的后果定罪处罚。如果行为人基于概括故意实施走私犯罪,虽不明知所走私物品的具体种类,但因走私这些物品均不违背其意志,故仍应当根据实际走私的物品性质定罪处罚。对此,最高人民法院、最高人民检察院、海关总署2002年印发的《关于办理走私刑事案件适用法律若干问题的意见》(本附文以下简称《意见》)第六条规定:“走私犯罪嫌疑人主观上具有走私犯罪故意,但对其走私的具体对象不明确的,不影响走私犯罪构成,应当根据实陈的走私对象定罪处罚。但是,确有证据证明行为人因受蒙骗而对走私对象发生认识错误的,可以从轻处罚。”这里的“受蒙骗”不影响犯罪成立,是因为行为人有走私犯罪的故意,且对走私的物品性质持概括故意。如果行为人对走私物品的性质有明确认识,并基于这种认识而实施走私犯罪的,则不适用本规定。[参见第773号指导案例,程瑞洁等走私废物案,载《刑事审判参考》总第86集(2012年第3集),第8～9页。撰稿:袁南利]

▽行为人在走私的普通货物、物品中藏匿刑法规定的特殊货物、物品的,以实际走私的货物、物品定罪处罚;构成数罪的,应予并罚

最高人民法院2006年出台的《关于审理走私刑事案件具体应用法律若干问题的解释(二)》(本附文以下简称《解释(二)》)(2014年已废止——编著者注)第五条规定:“对在走私的普通货物、物品或者废物中藏匿刑法第一百五十一条、第一百五十二条、第三百四十七条、第三百五十条规定的货物、物品,构成犯罪的,以实际走私的货物、物品定罪处罚;构成数罪的,实行数罪并罚。”根据上述规定,行为人在走私的普通货物、物品中藏匿武器、弹药、核材料、假币、文物、淫秽物品、毒品、制毒物品等刑法专门规定的货物、物品,由于行为人对特殊货物、物品的“藏匿”行为通常是明知的,故可以按照实际查获的货物、物品定罪处罚。如果走私普通货物、物品的行为本身也构成犯罪的,则予以数罪并罚。[参见第773号指导案例,程瑞洁等走私废物案,载《刑事审判参考》总第86集(2012年第3集),第9页。撰

稿:袁南利]

▽行为人受他人雇用实施走私犯罪,且知道走私货物、物品的性质,但因受蒙骗而不知走私的货物、物品中混有其他特殊货物、物品的,应当根据其主观上认知的走私货物、物品的性质来定罪处罚

一方面,行为人并非基于概括故意实施走私犯罪,而是知道所走私货物、物品的具体性质;另一方面,行为人并未直接在走私的货物、物品中藏匿某种特殊货物、物品,所查获的特殊货物、物品系他人藏匿,行为人并不知情。这种情况理论上称为抽象的事实认识错误,应当根据行为人主观认识的犯罪对象的性质定罪处罚。如果根据实际查获的货物、物品定罪处罚,则违背了主客观相统一的定罪原则,属于客观归罪。本案被告人的行为应当认定只构成走私废物罪一罪。主要理由在于,据现有证据可以认定被告人主观上仅具有走私废物罪的犯罪故意,而不是基于概括性故意实施走私犯罪。首先,11 名被告人到案后在侦查、审查起诉和审判阶段均辩称不知道废旧电器中混装有全新电器等普通货物。由于雇佣者郭某仍在逃,无法查证其事前是否向被告人说明废旧电器中混装有全新电器,考虑到在案的 11 名被告人均辩称不知废旧电器中混有全新电器,在没有相反证据的情况下,按照有利被告人原则,应当采信被告人的供述和辩解。其次,据被告人的供述,2007 年 9 月至 10 月,被告人已成功偷运 3 次废旧电器入境,均是同一批人、同一条船,每次都是偷运 12 个集装箱的废旧电器入境。没有证据显示以往曾发生废旧电器中混有全新电器的情况。最后,侦查机关在本案破获前获得的情报也是该船从越南国鸿基港装载 12 个集装箱的废旧电器入境,没有捉到其中混有全新电器的情节。综上,根据在案证据,应当认定 11 名被告人不知道走私的废旧电器中混有全新电器等普通货物,主观上没有走私普通货物的故意。因此,对本案不适用《意见》第六条和《解释(二)》第五条的规定。根据主客观相统一的定罪原则,被告人的行为只构成走私废物罪,而不构成走私普通货物罪。对于在走私的废旧电器中混有全新电器这一事实,量刑时可以作为一个量刑情节酌情予以从重处罚。[参见第 773 号指导案例,程瑞洁等走私废物案,载《刑事审判参考》总第 86 集(2012 年第 3 集),第 9~10 页。撰稿:袁南利]

▽在走私犯罪案件中,应当根据相关合同约定、夹藏物品归属主体及所占体积、行为人所收报酬等情况综合认定行为人对夹藏物品是否具有走私的故意

走私犯罪在主观特征上必须是行为人具有走私的故意,即行为人至少必须对所夹藏物品主观上明知。因此,对于应某某、陆某对夹藏物品是否明知,是认定其行为是否符合走私普通货物罪主观特征的关键。在走私犯罪案件中,行为人的主观故意内容,不能简单以走私过程中查获的物品种类进行认定,而应当根据相关合同约定、夹藏物品的归属主体及所占体积、行为人所收报酬等情况综合认定行为人对夹藏物品是否具有走私的故意。本案审理过程中,侦查机关和公诉机关未查获到有关被告人应某某、陆某为废旧电子产品代办通关手续的书面合同,但二被告人关于不明知夹藏物品的口供完全一致,且综合以下事实足以认定二被告人对夹藏物品不具有走私的故意:(1)从夹藏物品归属主体分析。应某某、陆某并非货源组织者,也非货主、收货人,仅为货主负责废旧电子产品的通关业务和运输,其对本案查获的进口胶带、轴承等物品不知情,并不违背常理。(2)从夹藏物品所占空间分析。二被告人共走私废旧电子产品 380 余吨。虽然本案查获的轴承、缝纫机等货物达 20 多吨,但该类货物密度大,单一物品所占体积较小,又分散在各集装箱,所占空间在整个集装箱比例相当小,不易让人发现,故二被告人在走私废物过程未发现夹藏物品亦符合常理。(3)从行为报酬标准分析。二被告人均是按照废旧电子产品进境的数量向货主收取报酬,而与走私夹藏物品所获利益不挂钩。这是认定二被告人对夹藏物品不具有走私故意最有说服力的证据。[参见第 840 号指导案例,应某某、陆某走私废物、走私普通货物案,载《刑事审判参考》总第 91 集(2013 年第 2 集),第 3~5 页。撰稿:胡洪春]

▽对走私对象中夹藏物品确实不明知的,不应按照实际走私的对象定罪处罚,即对夹藏物品不构成走私犯罪

1. 相关规范性文件关于"应当根据实际的走私对象定罪处罚"的规定仅适用于概括故意情形。对于走私犯罪嫌疑人主观认识与具体走私对象出现不同的情形应如何处理，最高人民法院、最高人民检察院、海关总署2002年联合印发的《意见》第六条规定："走私犯罪嫌疑人主观上具有走私犯罪故意，但对其走私的具体对象不明确的，不影响走私犯罪构成，应当根据实际的走私对象定罪处罚……"最高人民法院于2006年出台的《解释二》对此作了进一步明确，在第五条中规定："对在走私的普通货物、物品或者废物中藏匿刑法第一百五十一条、第一百五十二条、第三百四十七条、第三百五十条规定的货物、物品，构成犯罪的，以实际走私的货物、物品定罪处罚；构成数罪的，实行数罪并罚。"从字面上分析，《意见》和《解释二》似乎明确了这样一个原则，即在具体案件中如果出现走私犯罪嫌疑人的主观认识与具体走私对象不同的情形，一律"以实际走私的货物、物品定罪处罚；构成数罪的，实行数罪并罚"。《意见》公布后，特别是《解释二》出台后，不少法院在办理走私犯罪案件时基本上是按照这一原则处理的。然而，从定罪原理分析，对于主观认识与实际犯罪对象不同的情形，一律以实际犯罪对象定罪，违背了主客观相统一原则，也与刑法第十四条关于故意犯罪的规定不符。《意见》和《解释二》所确定的"以实际走私的货物、物品定罪处罚"仅适用于有走私的概括故意的犯罪情形：一是意识上，行为人没有走私具体对象的意思；二是意志上，行为人对实际走私对象不反对，有没有都无所谓。如果行为人对走私犯罪对象的认识非常明确，并在此基础上形成了确定的故意，并对其他走私对象明确反对，即如最终在走私货物中发现其他走私物品，也不能适用该规定。如果认真分析《解释二》第五条中"藏匿"这一用词，就不难发现，起草者有意通过"藏匿"这一表述将本条的行为进行限定。与"夹带"不同，"藏匿"必须是一种有意识地隐藏行为，行为人主观上必须在隐藏之时对所隐藏之物具有或者应当具有一定的认识，即对所隐藏之物主观上明知。如果对走私的普通货物、物品或者废物中查出的其他走私对象不明知，则不能适用《解释二》第五条的规定；同理，也不能适用《意见》第六条的规定。

2. 不具有走私的概括故意，对走私对象中夹带的其他货物确实不明知的，根据主客观相统一原则，就夹带的货物部分不应认定行为人走私犯罪。根据主客观相统一原则，认定行为人构成犯罪，除了要求行为人客观上实施了具有严重社会危害的行为，还要求行为人主观上对所实施的危害行为具有一定的罪过。走私犯罪是故意犯罪，走私行为人必须对走私对象具有故意的罪过，行为人主观上必须知道或者应当知道其跨境运输或者携带货物是逃避海关监管的行为。在概括的故意走私犯罪中，行为人虽然不确定具体的走私对象，但对所走私的整体对象有一个概括性的认识，即都属于逃避海关监管的对象范围，如果在其走私的对象中发现其他物品的，也不违背其意志；在非概括的故意犯罪中，行为人主观上必须知道或者应当知道其跨境运输或者携带具体物品是逃避海关监管的行为。如果在其走私的对象中发现其他物品的，则违背其意志。基于上述分析，在具体案件中，如果行为人具有走私的概括故意，对其以实际走私的物品定罪处罚并无不妥；但是，如果行为人不具有走私的概括故意，对其以实际走私的物品定罪处罚则违背了主客观相统一原则。本案在案证据证实，应某某、陆某主观上具有走私二手废旧电子产品入境的明确故意，亦即二被告人主观上明确知道其帮助走私的对象是废旧电子产品，二被告人自始至终都不知道也无法知道走私的货物中含有其他普通货物，即在案证据无法证实二被告人对走私对象中含有普通货物主观上具有放任态度，由此证实二被告人不具有走私的概括故意。在确定应某某、陆某缺乏走私普通货物主观故意的前提下，仅凭其走私的废旧电子产品中混有普通货物，认定应某某、陆某构成走私普通货物罪与走私废物罪两个罪名，显然属于客观归罪。

值得说明的是，作为本案所涉物品货主，其主观罪过不同于二被告人，其主观上明知废旧电子产品中夹藏有普通货物，客观上实施了将普通货物藏匿于废旧电子产品中的行为，按照主客观相统一原则，应当以走私废物罪与走私普通货物罪数罪并罚。而应某某、陆某并非货主，在案证据无法证实二被告人与货主具有共谋的故意，故二被告人不应对走私的废物中所夹带的普通货物承担相应的刑事责任。基于上述分析，虽然应某某、陆某主观上不明知废物中夹带有普通货物，其行为不再另行构成走私普通货物罪，但是二被告人实施走私的行为客观上使20余吨的普通货物顺利入境，这种关联后果虽然不影响罪质,但完全置之不予评价,与没有此种关联后果的情形不予区别,也不合理。据此,可以将本案夹带的普通货物作为走私废物罪的量刑情节,酌情从重处罚,以体现罪责刑相适应原则。综上,法院对被告人应某某、陆某以走私废物罪一罪论处,定罪准确,量刑适当。[参见第840号指导案例,应某某、陆某走私废物、走私普通货物案,载《刑事审判参考》总第91集(2013年第2集),第5~8页。撰稿:胡洪春]

第一百五十三条 【走私普通货物、物品罪】 走私本法第一百五十一条、第一百五十二条、第三百四十七条规定以外的货物、物品的,根据情节轻重,分别依照下列规定处罚:

(一)走私货物、物品偷逃应缴税额较大或者一年内曾因走私被给予二次行政处罚后又走私的,处三年以下有期徒刑或者拘役,并处偷逃应缴税额一倍以上五倍以下罚金。

(二)走私货物、物品偷逃应缴税额巨大或者有其他严重情节的,处三年以上十年以下有期徒刑,并处偷逃应缴税额一倍以上五倍以下罚金。

(三)走私货物、物品偷逃应缴税额特别巨大或者有其他特别严重情节的,处十年以上有期徒刑或者无期徒刑,并处偷逃应缴税额一倍以上五倍以下罚金或者没收财产。(本条第一款是根据《中华人民共和国刑法修正案(八)》之二十七修改的,2011年5月1日起施行。)

单位犯前款罪的,对单位判处罚金,并对其直接负责的主管人员和其他直接责任人员,处三年以下有期徒刑或者拘役;情节严重的,处三年以上十年以下有期徒刑;情节特别严重的,处十年以上有期徒刑。

对多次走私未经处理的,按照累计走私货物、物品的偷逃应缴税额处罚。

刑法本条第一款原文:【走私普通货物、物品罪】走私本法第一百五十一条、第一百五十二条、第三百四十七条规定以外的货物、物品的,根据情节轻重,分别依照下列规定处罚:

(一)走私货物、物品偷逃应缴税额在五十万元以上的,处十年以上有期徒刑或者无期徒刑,并处偷逃应缴税额一倍以上五倍以下罚金或者没收财产;情节特别严重的,依照本法第一百五十一条第四款的规定处罚。

(二)走私货物、物品偷逃应缴税额在十五万元以上不满五十万元的,处三年以上十年以下有期徒刑,并处偷逃应缴税额一倍以上五倍以下罚金;情节特别严重的,处十年以上有期徒刑或者无期徒刑,并处偷逃应缴税额一倍以上五倍以下罚金或者没收财产。

(三)走私货物、物品偷逃应缴税额在五万元以上不满十五万元的,处三年以下有期徒刑或者拘役,并处偷逃应缴税额一倍以上五倍以下罚金。

■最高人民法院、最高人民检察院关于办理走私刑事案件适用法律若干问题的解释(2014年9月10日)

第十六条 走私普通货物、物品,偷逃应缴税额在十万元以上不满五十万元的,应当认定为刑法第一百五十三条第一款规定的“偷逃应缴税额较大”;偷逃应缴税额在五十万元以上不满二百五十万元的,应当认定为“偷逃应缴税额巨大”;偷逃应缴税额在二百五十万元以上的,应当认定为“偷逃应缴税额特别巨大”。

走私普通货物、物品,具有下列情形之一,偷逃应缴税额在三十万元以上不满五十万元的,应当认定为刑法第一百五十三条第一款规定的“其他严重情节”;偷逃应缴税额在一百五十万元以上不满二百五十万元的,应当认定为“其他特别严重情节”:

(一)犯罪集团的首要分子;

(二)使用特种车辆从事走私活动的;

(三)为实施走私犯罪,向国家机关工作人员行贿的;

(四)教唆、利用未成年人、孕妇等特殊人群走私的;

(五)聚众阻挠缉私的。

第十七条 刑法第一百五十三条第一款规定的“一年内曾因走私被给予二次行政处罚后又走私”

中的“一年内”,以因走私第一次受到行政处罚的生效之日与“又走私”行为实施之日的时间间隔计算确定;“被给予二次行政处罚”的走私行为,包括走私普通货物、物品以及其他货物、物品;“又走私”行为仅指走私普通货物、物品。

第十八条　刑法第一百五十三条规定的“应缴税额”,包括进出口货物、物品应当缴纳的进出口关税和进口环节海关代征税的税额。应缴税额以走私行为实施时的税则、税率、汇率和完税价格计算;多次走私的,以每次走私行为实施时的税则、税率、汇率和完税价格逐票计算;走私行为实施时间不能确定的,以案发时的税则、税率、汇率和完税价格计算。

刑法第一百五十三条第三款规定的“多次走私未经处理”,包括未经行政处理和刑事处理。

第二十条　直接向走私人非法收购走私进口的货物、物品,在内海、领海、界河、界湖运输、收购、贩卖国家禁止进出口的物品,或者没有合法证明,在内海、领海、界河、界湖运输、收购、贩卖国家限制进出口的货物、物品,构成犯罪的,应当按照走私货物、物品的种类,分别依照刑法第一百五十一条、第一百五十二条、第一百五十三条、第三百四十七条、第三百五十条的规定定罪处罚。

刑法第一百五十五条第二项规定的“内海”,包括内河的入海口水域。

第二十一条　未经许可进出口国家限制进出口的货物、物品,构成犯罪的,应当依照刑法第一百五十一条、第一百五十二条的规定,以走私国家禁止进出口的货物、物品罪等罪名定罪处罚;偷逃应缴税额,同时又构成走私普通货物、物品罪的,依照处罚较重的规定定罪处罚。

取得许可,但超过许可数量进出口国家限制进出口的货物、物品,构成犯罪的,依照刑法第一百五十三条的规定,以走私普通货物、物品罪定罪处罚。

租用、借用或者使用购买的他人许可证,进出口国家限制进出口的货物、物品的,适用本条第一款的规定定罪处罚。

第二十二条　在走私的货物、物品中藏匿刑法第一百五十一条、第一百五十二条、第三百四十七条、第三百五十条规定的货物、物品,构成犯罪的,以实际走私的货物、物品定罪处罚;构成数罪的,实行数罪并罚。

第二十三条　实施走私犯罪,具有下列情形之一的,应当认定为犯罪既遂:

(一)在海关监管现场被查获的;

(二)以虚假申报方式走私,申报行为实施完毕的;

(三)以保税货物或者特定减税、免税进口的货物、物品为对象走私,在境内销售的,或者申请核销行为实施完毕的。

第二十四条　单位犯刑法第一百五十一条、第一百五十二条规定之罪,依照本解释规定的标准定罪处罚。

单位犯走私普通货物、物品罪,偷逃应缴税额在二十万元以上不满一百万元的,应当依照刑法第一百五十三条第二款的规定,对单位判处罚金,并对其直接负责的主管人员和其他直接责任人员,处三年以下有期徒刑或者拘役;偷逃应缴税额在一百万元以上不满五百万元的,应当认定为“情节严重”;偷逃应缴税额在五百万元以上的,应当认定为“情节特别严重”。

第二十五条　本解释发布实施后,《最高人民法院关于审理走私刑事案件具体应用法律若干问题的解释》(法释〔2000〕30 号)、《最高人民法院关于审理走私刑事案件具体应用法律若干问题的解释(二)》(法释〔2006〕9 号)同时废止。之前发布的司法解释与本解释不一致的,以本解释为准。

■最高人民法院关于严格执行有关走私案件涉案财物处理规定的通知(全文)(2006 年 4 月 30 日)

关于刑事案件赃款赃物的处理问题,相关法律、司法解释已经规定的很明确。《海关法》第九十二条规定,“海关依法扣留的货物、物品、运输工具,在人民法院判决或者海关处罚决定作出之前,不得处理”;“人民法院判决没收或者海关决定没收的走私货物、物品、违法所得、走私运输工具、特制设备,由海关依法统一处理,所得价款和海关决定处以的罚款,全部上缴中央国库。”《最高人民法院、最高人民检察院、海关总署关于办理走私刑事案件适用法律若干问题的意见》第二十三条规定,“人民法院在判决走私罪案件时,应当对随案清单、证明文件中载明的款、物审查确认并依法判决予以追缴、没收;海关根据人民法院的判决和海关法的有关规定予以处理,上缴中央国库。”

据此,地方各级人民法院在审理走私犯罪案件时,对涉案的款、物等,应当严格遵循并切实执行上述法律、司法解释的规定,依法作出追缴、没收的判决。对于在审理走私犯罪案件中遇到的新情况、新问题,要加强与海关等相关部门的联系和协调,对于遇到的适用法律的新问题,应当及时报告最高人民法院。

■最高人民法院关于审理走私犯罪案件适用法律有关问题的通知(全文)(2011年5月1日)

一、《刑法修正案(八)》取消了走私普通货物、物品罪定罪量刑的数额标准,《刑法修正案(八)》施行后,新的司法解释出台前,各地人民法院在审理走私普通货物、物品犯罪案件时,可参照适用修正前的刑法及《最高人民法院关于审理走私刑事案件具体应用法律若干问题的解释》(法释〔2000〕30号)(此解释已于2014年9月10日废止——编著者注)规定的数额标准。

二、对于一年内曾因走私被给予二次行政处罚后又走私需要追究刑事责任的,具体的定罪量刑标准可由各地人民法院结合案件具体情况和本地实际确定。各地人民法院要依法审慎稳妥把握好案件的法律适用和政策适用,争取社会效果和法律效果的统一。

三、各地人民法院在审理走私犯罪案件中遇到的新情况新问题,请及时层报最高人民法院。

■最高人民法院、最高人民检察院、海关总署关于办理走私刑事案件适用法律若干问题的意见(2002年7月8日)

三、关于办理走私普通货物、物品刑事案件偷逃应缴税额的核定问题

在办理走私普通货物、物品刑事案件中,对走私行为人涉嫌偷逃应缴税额的核定,应当由走私犯罪案件管辖地的海关出具《涉嫌走私的货物、物品偷逃税款海关核定证明书》(以下简称《核定证明书》)。海关出具的《核定证明书》,经走私犯罪侦查机关、人民检察院、人民法院审查确认,可以作为办案的依据和定罪量刑的证据。

走私犯罪侦查机关、人民检察院和人民法院对《核定证明书》提出异议或者因核定偷逃税额的事实发生变化,认为需要补充核定或者重新核定的,可以要求原出具《核定证明书》的海关补充核定或者重新核定。

走私犯罪嫌疑人、被告人或者辩护人对《核定证明书》有异议,向走私犯罪侦查机关、人民检察院或者人民法院提出重新核定申请的,经走私犯罪侦查机关、人民检察院或者人民法院同意,可以重新核定。重新核定应当另行指派专人进行。

五、关于走私犯罪嫌疑人、被告人主观故意的认定问题

行为人明知自己的行为违反国家法律法规,逃避海关监管,偷逃进出境货物、物品的应缴税额,或者逃避国家有关进出境的禁止性管理,并且希望或者放任危害结果发生的,应认定为具有走私的主观故意。

走私主观故意中的“明知”是指行为人知道或者应当知道所从事的行为是走私行为。具有下列情形之一的,可以认定为“明知”,但有证据证明确属被蒙骗的除外:

(一)逃避海关监管,运输、携带、邮寄国家禁止进出境的货物、物品的;

(二)用特制的设备或者运输工具走私货物、物品的;

(三)未经海关同意,在非设关的码头、海(河)岸、陆路边境等地点,运输(驳载)、收购或者贩卖非法进出境货物、物品的;

（四）提供虚假的合同、发票、证明等商业单证委托他人办理通关手续的；

（五）以明显低于货物正常进（出）口的应缴税额委托他人代理进（出）口业务的；

（六）曾因同一种走私行为受过刑事处罚或者行政处罚的；

（七）其他有证据证明的情形。

六、关于行为人对其走私的具体对象不明确的案件的处理问题

走私犯罪嫌疑人主观上具有走私犯罪故意，但对其走私的具体对象不明确的，不影响走私犯罪构成，应当根据实际的走私对象定罪处罚。但是，确有证据证明行为人因受蒙骗而对走私对象发生认识错误的，可以从轻处罚。

八、关于走私旧汽车、切割车等货物、物品的行为的定罪问题

走私刑法第一百五十一条、第一百五十二条、第三百四十七条、第三百五十条规定的货物、物品以外的，已被国家明令禁止进出口的货物、物品，例如旧汽车、切割车、侵犯知识产权的货物、来自疫区的动植物及其产品等，应当依照刑法第一百五十三条的规定，以走私普通货物、物品罪追究刑事责任。

九、关于利用购买的加工贸易登记手册、特定减免税批文等涉税单证进口货物行为的定性处理问题

加工贸易登记手册、特定减免税批文等涉税单证是海关根据国家法律法规以及有关政策性规定，给予特定企业用于保税货物经营管理和减免税优惠待遇的凭证。利用购买的加工贸易登记手册、特定减免税批文等涉税单证进口货物，实质是将一般贸易货物伪报为加工贸易保税货物或者特定减免税货物进口，以达到偷逃应缴税款的目的，应当适用刑法第一百五十三条以走私普通货物、物品罪定罪处罚。如果行为人与走私分子通谋出售上述涉税单证，或者在出卖批文后又以提供印章、向海关伪报保税货物、特定减免税货物等方式帮助买方办理进口通关手续的，对卖方依照刑法第一百五十六条以走私罪共犯定罪处罚。买卖上述涉税单证情节严重尚未进口货物的，依照刑法第二百八十条的规定定罪处罚。

十、关于在加工贸易活动中骗取海关核销行为的认定问题

在加工贸易经营活动中，以假出口、假结转或者利用虚假单证等方式骗取海关核销，致使保税货物、物品脱离海关监管，造成国家税款流失，情节严重的，依照刑法第一百五十三条的规定，以走私普通货物、物品罪追究刑事责任。但有证据证明因不可抗力原因导致保税货物脱离海关监管，经营人无法办理正常手续而骗取海关核销的，不认定为走私犯罪。

十一、关于伪报价格走私犯罪案件中实际成交价格的认定问题

走私犯罪案件中的伪报价格行为，是指犯罪嫌疑人、被告人在进出口货物、物品时，向海关申报进口或者出口的货物、物品的价格低于或者高于进出口货物的实际成交价格。

对实际成交价格的认定，在无法提取真、伪两套合同、发票等单证的情况下，可以根据犯罪嫌疑人、被告人的付汇渠道、资金流向、会计账册、境内外收发货人的真实交易方式，以及其他能够证明进出口货物实际成交价格的证据材料综合认定。

十二、关于出售走私货物已缴纳的增值税应否从走私偷逃应缴税额中扣除的问题

走私犯罪嫌疑人为出售走私货物而开具增值税专用发票并缴纳增值税，是其走私行为既遂后在流通领域获违法所得的一种手段，属于非法开具增值税专用发票。对走私犯罪嫌疑人因出售走私货物而实际缴纳走私货物增值税的，在核定走私货物偷逃应缴税额时，不应当将其已缴纳的增值税额从其走私偷逃应缴税额中扣除。

十七、关于单位走私犯罪案件诉讼代表人的确定及其相关问题

单位走私犯罪案件的诉讼代表人，应当是单位的法定代表人或者主要负责人。单位的法定代表人或者主要负责人被依法追究刑事责任或者因其他原因无法参与刑事诉讼的，人民检察院应当另行确定被告单位的其他负责人作为诉讼代表人参加诉讼。

接到出庭通知的被告单位的诉讼代表人应当出庭应诉。拒不出庭的,人民法院在必要的时候,可以拘传到庭。

对直接负责的主管人员和其他直接责任人员均无法归案的单位走私犯罪案件,只要单位走私犯罪的事实清楚、证据确实充分,且能够确定诉讼代表人代表单位参与刑事诉讼活动的,可以先行追究该单位的刑事责任。

被告单位没有合适人选作为诉讼代表人出庭的,因不具备追究该单位刑事责任的诉讼条件,可按照单位犯罪的条款先行追究单位犯罪中直接负责的主管人员或者其他直接责任人员的刑事责任。人民法院在对单位犯罪中直接负责的主管人员或者直接责任人员进行判决时,对于扣押、冻结的走私货物、物品、违法所得以及属于犯罪单位所有的走私犯罪工具,应当一并判决予以追缴、没收。

十八、关于单位走私犯罪及其直接负责的主管人员和直接责任人员的认定问题

具备下列特征的,可以认定为单位走私犯罪:(1)以单位的名义实施走私犯罪,即由单位集体研究决定,或者由单位的负责人或者被授权的其他人员决定、同意;(2)为单位谋取不正当利益或者违法所得大部分归单位所有。

依照《最高人民法院关于审理单位犯罪案件具体应用法律有关问题的解释》第二条的规定,个人为进行违法犯罪活动而设立的公司、企业、事业单位实施犯罪的,或者个人设立公司、企业、事业单位后,以实施犯罪为主要活动的,不以单位犯罪论处。单位是否以实施犯罪为主要活动,应根据单位实施走私行为的次数、频度、持续时间、单位进行合法经营的状况等因素综合考虑认定。

根据单位人员在单位走私犯罪活动中所发挥的不同作用,对其直接负责的主管人员和其他直接责任人员,可以确定为一人或者数人。对于受单位领导指派而积极参与实施走私犯罪行为的人员,如果其行为在走私犯罪的主要环节起重要作用的,可以认定为单位犯罪的直接责任人员。

十九、关于单位走私犯罪后发生分立、合并或者其他资产重组情形以及单位被依法注销、宣告破产等情况下,如何追究刑事责任的问题单位走私犯罪后,单位发生分立、合并或者其他资产重组等情况的,只要承受该单位权利义务的单位存在,应当追究单位走私犯罪的刑事责任。走私单位发生分立、合并或者其他资产重组后,原单位名称发生更改的,仍以原单位(名称)作为被告单位。承受原单位权利义务的单位法定代表人或者负责人为诉讼代表人。

单位走私犯罪后,发生分立、合并或者其他资产重组情形,以及被依法注销、宣告破产等情况的,无论承受该单位权利义务的单位是否存在,均应追究原单位直接负责的主管人员和其他直接责任人员的刑事责任。

人民法院对原走私单位判处罚金的,应当将承受原单位权利义务的单位作为被执行人。罚金超出新单位所承受的财产的,可在执行中予以减除。

二十、关于单位与个人共同走私普通货物、物品案件的处理问题

单位和个人(不包括单位直接负责的主管人员和其他直接责任人员)共同走私的,单位和个人均应对共同走私所偷逃应缴税额负责。

对单位和个人共同走私偷逃应缴税额为5万元以上不满25万元的,应当根据其在案件中所起的作用,区分不同情况做出处理。单位起主要作用的,对单位和个人均不追究刑事责任,由海关予以行政处理;个人起主要作用的,对个人依照刑法有关规定追究刑事责任,对单位由海关予以行政处理。无法认定单位或个人起主要作用的,对个人和单位分别按个人犯罪和单位犯罪的标准处理。

单位和个人共同走私偷逃应缴税额超过25万元且能区分主、从犯的,应当按照刑法关于主、从犯的有关规定,对从犯从轻、减轻处罚或者免除处罚。

二十一、关于单位走私犯罪案件自首的认定问题

在办理单位走私犯罪案件中,对单位集体决定自首的,或者单位直接负责的主管人员自首的,应当

认定单位自首。认定单位自首后,如实交代主要犯罪事实的单位负责的其他主管人员和其他直接责任人员,可视为自首,但对拒不交代主要犯罪事实或逃避法律追究的人员,不以自首论。

二十二、关于共同走私犯罪案件如何判处罚金刑问题审理共同走私犯罪案件时,对各共同犯罪人判处罚金的总额应掌握在共同走私行为偷逃应缴税额的一倍以上五倍以下。

二十三、关于走私货物、物品、走私违法所得以及走私犯罪工具的处理问题

在办理走私犯罪案件过程中,对发现的走私货物、物品、走私违法所得以及属于走私犯罪分子所有的犯罪工具,走私犯罪侦查机关应当及时追缴,依法予以查扣、冻结。在移送审查起诉时应当将扣押物品文件清单、冻结存款证明文件等材料随案移送,对于扣押的危险品或者鲜活、易腐、易失效、易贬值等不宜长期保存的货物、物品,已经依法先行变卖、拍卖的,应当随案移送变卖、拍卖物品清单以及原物的照片或者录像资料;人民检察院在提起公诉时应当将上述扣押物品文件清单、冻结存款证明和变卖、拍卖物品清单一并移送;人民法院在判决走私罪案件时,应当对随案清单、证明文件中载明的款、物审查确认并依法判决予以追缴、没收;海关根据人民法院的判决和海关法的有关规定予以处理,上缴中央国库。

二十四、关于走私货物、物品无法扣押或者不便扣押情况下走私违法所得的追缴问题

在办理走私普通货物、物品犯罪案件中,对于走私货物、物品因流入国内市场或者投入使用,致使走私货物、物品无法扣押或者不便扣押的,应当按照走私货物、物品的进出口完税价格认定违法所得予以追缴;走私货物、物品实际销售价格高于进出口完税价格的,应当按照实际销售价格认定违法所得予以追缴。

■最高人民检察院关于擅自销售进料加工保税货物的行为法律适用问题的解释(全文)(2000年10月16日)

保税货物是指经海关批准未办理纳税手续进境,在境内储存、加工、装配后复运出境的货物。经海关批准进口的进料加工的货物属于保税货物。未经海关许可并且未补缴应缴税额,擅自将批准进口的进料加工的原材料、零件、制成品、设备等保税货物,在境内销售牟利,偷逃应缴税额在五万元以上的,依照刑法第一百五十四条、第一百五十三条的规定,以走私普通货物、物品罪追究刑事责任。

□走私的物资系成批量的,且用于生产、销售领域的行为构成走私普通货物罪

违反海关法规,伙同他人进行走私,走私货物价值和偷逃税额均超过法定犯罪数额,走私的物资系成批量的、且用于生产、销售领域,而非小量生活用品,故其行为构成走私普通货物罪,指控其犯走私普通物品罪属定性不当。(参见高庆亭、刘贵良走私、放纵走私案,载《最高人民法院公报》总第57期,1999年第1期,第28页。)

▼安徽省常见经济犯罪数额标准一览表(2000—2014年)(见本书附录四十)

▽中国进出口商品检验公司是对走私普通货物案件涉案货物偷逃应缴税额作出鉴定结论国家授权的专业鉴定部门

中国进出口商品检验公司是国家授权的专业鉴定部门,其中有关司法鉴定也是该公司的鉴定职能之一,该公司根据执法或司法机构的委托或指定,对出入境货物及其品质、包装、数量、重量、品种、规格等进行检验鉴定,并签发鉴定证书作为结算、仲裁等有效凭证。根据2002年《中华人民共和国海关计核涉嫌走私的货物、物品偷逃税款暂行办法》第六条、第九条的规定,在走私普通货物案件中,海关计核程序首先是由海关送核部门将涉案货物取样及其附属资料送至中国进出口商品检验公司进行鉴定,然后由海关计核部门根据该鉴定,归类后予以核税。因此,中国进出口商品检验公司关于涉案货物的数量、重量、型号、产地等鉴定结论在司法实践中,作为走私普通货物案件涉案货物偷逃应缴税额认定的有效证据。[参见第423号案例,林永杰、卢志强走私普通货物案,载《刑事审判参考》总第54辑(2007年第1辑),法律出版社,第4页。执笔:张少凯]

▽仿真枪核税依据的认定

根据《中华人民共和国海关进出口税则》《海关进出口税则——统计目录商品及品目注释》对品目9304关于气步枪的描述，比照查获的走私仿真枪"商品随附资料"显示的"枪支"状况，依照归类规则，应归入税号93040000"其他武器"进行核税。[参见第423号案例，林永杰、卢志强走私普通货物案，载《刑事审判参考》总第54辑(2007年第1辑)，法律出版社，第3~9页。执笔：张少凯]

▽以单位名义实施走私犯罪，没有证据证实违法所得被实施犯罪的个人占有或者私分的，应当根据有利于被告人的原则，认定为单位走私犯罪

根据《最高人民法院关于审理单位犯罪案件具体应用法律有关问题的解释》的规定，对于以单位名义实施的犯罪，具有下列情形之一的，应当认定为个人犯罪：一是单位属于个人为进行违法犯罪活动而设立，二是单位设立后以实施犯罪为主要活动，三是违法所得由实施犯罪的个人私分。通华公司属于合法成立的具有法人资格的中外合资经营企业，其设立目的并非个人为了进行违法犯罪活动，其从事长达4年多的合法经营，亦没有以实施违法犯罪活动为其主要活动。因此，认定属于单位犯罪还是个人犯罪的关键在于走私犯罪所得是否为行为人占有或者私分：从走私犯罪所得的去向看，湖南移动局、重庆移动电信局等单位付给通华公司的款项都进入了通华公司的账户，行为人未直接经手有关单位所付的货款及其代理费。对于有关单位支付给通华公司的款项，除去由行为人决定支付卖方货款、以湖南移动局、重庆电信局等单位名义补交关税及运输、提货、通关、购买虚开的增值税专用发票以及公司运转、向有关人员行贿等各种成本费用外，所得有部分偿还了通华公司在走私犯罪之前就已形成的欠款，有部分缴纳了通华公司应缴的税款，剩下的走私所得没有任何证据证明行为人加以私分而占为已有，因此，根据刑事犯罪事实认定的基本规则，在没有确实、充分的证据证明通华公司走私移动电信设备等货物的违法所得为行为人个人私分的情况下，就应作出有利于被告人的事实认定，而应认定是为了通华公司的利益，因而应当认定该行为属于通华公司单位犯罪，故行为人只分别应承担单位犯罪中直接负责的主管人员和其他直接责任人员的刑事责任。[参见第336号案例，王红梅、王宏斌、陈一平走私普通货物、虚开增值税专用发票案，载《刑事审判参考》总第43集(2005年第2集)，法律出版社，第13~17页。执笔：罗筱玲]

▽走私犯罪行为完成后，行为人再以该走私货物让人虚开增值税专用发票以抵扣税款的行为，由于不具有同一犯罪目的，因而不构成牵连犯罪

走私移动电信设备等货物进口的行为，与该行为完成后再实施的虚开增值税专用发票的行为，两者虽然属于独立的犯罪行为，并且具备两个完全不同性质犯罪即走私普通货物罪与虚开增值税专用发票罪的构成条件，两者并不是为了一个犯罪目的，前者是为了将移动电信设备等货物逃避海关监管进口，从而偷逃应缴税款的走私目的，后者则是为了抵扣税款的目的，且虚开增值税专用发票的行为发生在走私移动电信设备等货物的行为完成后，后者既不是前者所必须采取的方法行为，两者之间从而并不存在手段与目的的关系，也不是前者所必然出现的结果行为，走私货物行为完成后根本不会由于为了走私货物这一犯罪目的而再出现虚开增值税专用发票行为这一结果行为，两者之间因而也不存在原因与结果的关系。故该走私移动电信设备等货物的行为与该行为完成之后再出于抵扣税款的目的实施的虚开增值税专用发票的行为之间，根本不存在牵连犯罪构成所必须具有的牵连关系，因此，对行为人应当以走私普通货物罪和虚开增值税专用发票罪并罚。[参见第336号案例，王红梅、王宏斌、陈一平走私普通货物、虚开增值税专用发票案，载《刑事审判参考》总第43集(2005年第2集)，法律出版社，第17~18页。执笔：罗筱玲]

▽基于将移动电信设备等货物走私入境的犯罪目的，而向海关人员行贿的行为，与该走私普通货物的行为，构成牵连犯罪，不实行数罪并罚

通华公司之所以向海关人员行贿是为了将移动电信设备等货物走私进口成功这一目的。根据行贿行为的具体实施者、受贿者等的供述以及受贿者实施的行为可以证实,通华公司向海关有关人员行贿的目的,或者是让受贿的海关人员在通华公司将移动电信设备等货物入境但不缴纳税款的情况下将走私入境的设备予以放行,或者是让受贿的海关人员制作并提供虚假的海关进口关税及海关代征增值专用税单等入境设备所必需的专用凭证,或者是让受贿的海关人员对将设备走私入境的行为不加查处。无论出于哪种情况,其目的则只有一个,即是将本案所涉的移动电信设备等货物走私进口成功,因此,通华公司实施的走私普通货物行为与向海关人员行贿的两个独立的犯罪行为之间,在主观上符合牵连犯罪构成所必要的主观条件,即数行为之间是为了同一个犯罪目的。其次,通华公司向海关有关人员行贿的行为与将移动电信设备等货物走私入境的行为之间,在客观上亦存在不可分割的手段与目的的牵连关系,前者即行贿行为构成了后者即走私普通货物行为的组成部分,从而与后者构成了方法上的牵连犯罪。通华公司向海关有关人员行贿的行为已因后者即将移动电信设备等货物走私入境行为的需要而与后者连成一体,从而成为后者不可分割的组成部分,属于后者这一走私普通货物犯罪行为中所必须采取的方法行为,与后者形成了手段与目的的牵连关系,因此,两行为之间在客观上亦符合牵连犯罪构成所必要的客观条件。总之,通华公司实施的向海关人员行贿的行为,与其将移动电信设备等货物走私入境的行为,属于两个独立的犯罪行为,触犯了两个性质完全不同的罪名即单位行贿罪与走私普通货物罪,并且都是出于将移动电信设备等货物走私进口成功这一犯罪目的,而且在客观上存在手段与目的的牵连关系,因此,对之应以牵连犯罪论处,择一重罪即走私普通货物罪定罪处罚,而不应实行数罪并罚。[参见第336号案例,王红梅、王宏斌、陈一平走私普通货物、虚开增值税专用发票案,载《刑事审判参考》总第43集(2005年第2集),法律出版社,第18～20页。执笔:罗筱玲]

▽在代理转口贸易中不如实报关的行为不构成走私普通货物罪

走私普通货物罪在客观上表现为逃避海关监管,偷逃税款,造成国家税收损失的行为。走私普通货物行为的社会危害性不仅表现在违反国家海关监管制度方面,更主要是表现在偷逃关税,给国家税收造成损失。因此,行为人为进行转口贸易,将普通货物暂时转运进境,其行为在表面上虽采用了不如实报关的手段逃避海关监管,由于在客观上没有偷逃税款,亦不会给国家造成关税损失,故不应以走私普通货物罪论处。《中华人民共和国海关法》第五十九条规定,经海关批准暂时进口或者暂时出口的货物,以及特准进口的保税货物,在货物收发货人向海关缴纳相当于税款的保证金或者提供担保后,准予暂时免纳关税。1992年3月18日国务院发布的《中华人民共和国进出口关税条例》第三十条规定,经海关核准暂时进境或暂时出境并在6个月内复运出境或者复运进境的货样、展览品、施工机械、工程车辆、工程船舶、供安装设备时使用的仪器和工具、电视或者电影摄制器械、盛装货物的容器以及剧团服装道具,在货物收发货人向海关缴纳相当于税款的保证金或者提供担保后,准予暂时免纳。可见,为转口而暂时进口仪器、工具等货物,可以申请海关免纳关税,货物收发货人对海关不承担税赋,亦不存在出口申请海关退税问题。根据1993年4月1日海关总署发布的《中华人民共和国海关法行政处罚实施细则》第三章关于违反海关监管规定的行为及处罚中第九条、第十一条的规定,逃避海关监管,运输、携带、邮寄货物、物品进出境,但有关货物、物品不属于国家禁止进出境的物品、国家限制进出口或者依法应当缴纳关税的货物、物品的;不按照规定期限将暂行进口货物复运出境或者复进境、擅自留在境内或者境外的,不按照规定期限将过境转运、通运货物运输出境,擅自自留在境内的行为,属于违反海关监管规定的行为,不属走私行为,应以货物、物品等值以下或者应缴税款两倍以下的罚款。可见,对于逃避海关监管,运输、携带、邮寄依法不应当缴纳关税的货物、物品、运输暂行进出口货物、过境、转运、通运货物进境的行为不属于走私行为。[参见第267号案例,宋世璋被控走私普通货物案,载《刑事审判参考》总第35集(2003年第6集),法律出版社,第5～6页。执笔:朱平]

▽走私共同犯罪中主、从犯的认定

本案走私犯罪的环节较多,涉及7个被告单位、18名被告人,各被告单位和被告人在共同犯罪中的地位、作用各异，准确界定共同走私犯罪中主、从犯，可以从两个层面对本案的主、从犯认定问题予以辨析：一是被告单位之间主、从犯的认定；二是单位内部责任人员主、从犯的认定。

1. 被告单位之间主、从犯的认定。主、从犯可以根据各个环节被告单位对走私犯罪所起的作用大小，结合各单位的分工特点，进行认定。具体把握以下几项原则：第一，对主动四处揽货、组织包税进口货物并压缩拼柜、藏匿货物、制作虚假报关单据、联系报关行采用伪报低报的手段走私货物的，一律认定为主犯，依法按照其参与的全部犯罪处罚。此类单位无论从提起犯意、组织策划还是非法获利等方面分析，都处于决定性的地位，既是组织犯又是实行犯，应当认定为主犯。第二，对那些为贪便宜、节省生意成本，在支付包税费后就放任其他单位采取任何形式通关、只关心本单位货物的参与走私的货主单位，按照其在共同犯罪中所起的作用和所处的地位，可以认定为从犯，结合其认罪态度和退赃情节，依法可以减轻处罚。此类被告单位一般都是为了节省开支而被专业揽货走私集团开出的较为低廉的“包税”费用所吸引，对走私行为的实施、完成的责任均从属于第一类揽货走私者。第三，对单纯揽货者，或者既是揽货者又是部分货主的，只要没有参与制作虚假报关单据、拆柜拼柜藏匿、伪报低报通关的，按照其在共同犯罪中的作用和地位，也可认定为从犯，并结合其认罪态度和退赃情节，依法减轻处罚。此类被告单位对走私行为没有话语权，地位、作用相对次要，可以认定为从犯。本案中，被告单位广州顺亨公司、深圳创竞达公司、深圳天芝柏公司在共同犯罪中起主要作用，是主犯，依法应当按照其所参与的全部犯罪处罚。被告单位广州瀚盛公司、广州鸿桂源公司、广州顺泰昌公司、广州宏璨公司，在共同犯罪中起次要作用，是从犯，依法减轻处罚。

2. 单位主要负责人、单位内部一般员工主、从犯的认定。第一，单位主要负责人主、从犯的认定。对于此类人员，原则比照所在单位在共同犯罪中的地位和作用追究相关责任。同时，虽然所在单位被认定为从犯，但个人在共同犯罪中地位较高或者所起实际作用较大的，也可以按照主犯追究刑事责任；同理，虽然所在单位被认定为主犯，但个人在共同犯罪中地位较低或者所起作用确实较小的，也可以按照从犯追究刑事责任。本案中，作为主犯单位被告单位广州顺亨公司、深圳创竞达公司的主要负责人李某某、陈某某依法应当追究主犯责任；张某某、黄某某虽然所在单位不是主犯，但其在共同犯罪中起主要作用，依法可以认定为主犯；苏某、施某某、许某某、许适某系从犯单位负责人，且在共同犯罪中所起作用不大，故依法可以认定为从犯。第二，单位内部一般员工主、从犯的认定。对协助犯罪单位进行走私犯罪活动的单位普通员工，对走私普通货物没有决策权，只领取固定工资，不参与非法利益分配的，按照宽严相济的刑事政策，均可以认定为从犯，且从宽量刑的幅度一般大于单位负责人被认定为从犯的情形。此类行为人作为单位员工虽然客观上参与了单位犯罪，但其只是按照在单位中的身份履行职责，对单位犯罪的决策、实施没有明显推动、促进作用，与单位犯罪的决策者、实施者的责任悬殊，应当加以区别对待。本案中，庄某某、黄某某、李某某、劳某某、陈某宜、陈某波、唐某某、周某某、王某系走私单位的普通员工，在共同犯罪中所处地位和作用次要，应当认定为从犯，故法院依法予以减轻处罚。［参见第873号指导案例，广州顺亨汽车配件贸易有限公司等走私普通货物案，载《刑事审判参考》总第93集(2013年第4集)，第9～11页。撰稿：崔小军　许媛媛］

▽远洋渔业企业在农业部(已撤销)审批的远洋渔业项目期满后，继续捕捞并将自捕水产品运回，冒用已获得农业部(现为农业农村部)远洋渔业项目确认的船舶名义申报免税入境，构成走私普通货物罪

被告单位明知“烟渔608”船的远洋渔业项目确认已过期，仍违反海关法规，冒用其他船舶的远洋自捕水产品免税资格，逃避海关监，走私进口货物，被告单位和被告人均构成走私普通货物罪。本案被告单位构成走私普通货物罪，被告人作为被告单位直接负责的主管人员，其行为亦构成走私普通货物罪。具体理由如下：

(一)无证捕捞的行政违法属性不对后续走私普通货物犯罪行为的定性产生影响。由于该自捕水产品实际来源于已不再具有农业部远洋渔业项目确认资格的“烟渔608”船后，则不再享有免税优惠，根据原产地规则,应对其按照普通货物征收进口关税和进口环节增值税。至于该自捕水产品实质上的应然归属,则不对海关的征税行为产生认定及合法性上的障碍。从司法实践来看,基于两个相互牵连的违法行为,有的按前行为处理,有的按后行为处理,有的对前后两个行为都作出处理,如何处理应通过立法或司法解释加以指引。但对本案如何适用法律确没有明的指引规定,这是造成本案在法律适用上困惑的直接原因。例如,远洋渔业企业利用其自捕水产品免税资格将从公海上收购的水产品报关免税入境的,以及将自捕水产品免税资格出卖给他人获取利益的行为,应明确作为走私犯罪行为打击,但本案的情形却并非如此。需要指出的是,被告单位的行致违法行为在未被行政机关发现并加以处罚的情况下,又冒名将非法捕捞的水产品用形式合法的手段报关入境,达到偷逃税款目的的行为,使后者独立构成走私普通货物罪,该非法自捕水产品仅是被告单位实施犯罪的物质载体,后者的构罪不受前者行政违法行为的影响。行政机关可对被告单位在公海上的违法捕捞行为另行处理。

(二)被告单位违反海关法规,冒用远洋自捕水产品免税资格,逃避海关监管,侵害了海关监管秩序。远洋渔业企业享受运回自捕水产品不征税政策的必要条件之一是捕捞水产品的渔船须经农业部远洋项目批准。对此,要求企业必须向企业所在地直属海关备案,且在办理自捕水产品不征税手续时,必须向海关提供农业部批准从事远洋捕捞生产的有效批件。不是批件审批确认的船舶,不能享受不征税政策。本案中,被告单位舟山某公司使用的"烟渔608"船经农业部2008年度第三批远洋渔业项目确认,有效期至2009年3月31日,案发时段已经过期,故其自捕水产品属于普通货物,入境不再享受不征税政策,应适用原产地规则照章征收进口关税和进口环节增值税。该公司办理报关手续时,没有按照相关规定如实填报生产渔船是"烟渔608"船,而是故意填报该公司已获得农业部2009年度第二批远洋渔业项目确认的"舟东远822"船、"新世纪五十三号"船,属于逃避海关监管的伪报行为,具有走私普通货物的主观目的。《中华人民共和国海关法》规定:"进口货物自进境起到办结海关手续止,出口货物自向海关申报起到出境止,过境、转运和通运货物自进境起到出境止,应当接受海关监管";"进口货物的收货人、出口货物的发货人应当向海关如实申报,交验进出口许可证件和有关单证"。所以,舟山某公司的伪报行为客观上侵害了海关监管秩序。

(三)被告单位偷逃应缴税额已达走私普通货物罪的定罪标准。目前,国家对远洋渔业企业自捕水产品实行免税政策,已取消了定额管理的制度,对自捕水产品如何缴纳关税没有明确规定。关于被告单位伪报偷逃的应缴税款数额的核定问题,根据《中华人民共和国海关计核涉嫌走私的货物、物品偷逃税款暂行办法》第十七条第四项的规定,以国内有资质的价格鉴证机构评估的涉嫌走私货物的国内市场批发价格减去进口关税和其他进口环节税以及进口后的利润和费用后的价格,其中进口后的各项费用和利润综合计算为计税价格的20%,来确定涉嫌走私的货物的计税价格。舟山海关缉私分局委托舟山市价格认定中心对秘鲁及附近海域冻鱿鱼的国内市场批发价格进行鉴定,舟山市价格认定中心依委托方提供的相关资料,进行市场调查核实,根据国家有关鉴定的规章和标准,按照涉案物品价格鉴定的程序和原则,确定本案涉案物品的价格,舟山海关据此核定被告单位偷逃进口关税及进口环节增值税共计858 328.8元。在没有相同或相似参考值的情况下,运用此方法核定关税损失,就本案来说也是可行和适当的,且程序合法,对鉴定结果应予采信。根据2014年最高人民法院、最高人民检察院联合制定的《关于办理走私刑事案件适用法律若干问题的解释》第二十四条第二款"单位犯走私普通货物、物品罪,偷逃应缴税额在二十万元以上不满一百万元的,应当依照刑法第一百五十三条第二款的规定,对单位判处罚金,并对其直接负责的主管人员和其他直接责任人员,处三年以下有期徒刑或者拘役"的规定,本案达到了单位犯走私普通货物罪的入罪标准,被告人李某某作为单位直接负责的主管人员,其行为亦构成走私普通货物罪。

最后,需要指出的是,海洋渔业资源是人类社会的宝贵财富,沿海地区捕捞业是传统产业,国家对发展远洋渔业捕捞,给予造船补贴、燃油补贴等优惠政策,既涉及渔民的基本生计,对促进经济社会发展、增加渔民就业和收入具有重要意义,又涉及远洋渔业产业的长远发展,有利于改善渔业产业结构、拓展渔业发展空间、提高产业综合实力和国际竞争力。因此,规范远洋渔业捕捞行为十分必要。国家为鼓励远洋渔业发展,出台远洋渔业企业运回自捕水产品不征税政策,与加强监管不存在矛盾。相关职能部门通过审批渔业企业、船舶、作业海域、捕捞水产品种类,控制不征税范围,保护和合理利用海洋渔业资源,促进远洋渔业的持续、健康发展,并对不符合规定条件的入境自捕水产品照章征税,进行总量控制,以实现满足国内需求与促进远洋渔业科学发展的平衡。本案被告单位和被告人的行为侵犯了海关监管秩序,亦对远洋渔业的长远发展不利,应依法惩处。浙江省舟山市中级人民法院的判决兼顾了司法公正和裁判的社会效果,在对违法犯罪者依法定罪的同时,也在量刑上考虑到了对远洋渔业企业发展的支持。[参见第1119号指导案例,舟山市某远洋渔业有限公司、李某走私普通货物案,载《刑事审判参考》总第105集,第26~31页。撰稿:董凯友 高光辉]

▽携带贵金属纪念币入境的行为,可构成走私普通货物、物品罪

在我国,贵金属纪念币是指具有特定主题的限量发行的国家法定货币,它由金、银、铂、钯等贵金属或其合成金制作而成。《中华人民共和国人民币管理条例》第十八条规定:"中国人民银行可以根据需要发行纪念币。纪念币是具有特定主题的限量发行的人民币,包括普通纪念币和贵金属纪念币。"因此,贵金属纪念币作为国家货币具有法定性。但是,贵金属纪念币又不同于流通人民币,可以买卖,1997年9月5日《中国人民银行、国家工商行政管理局关于贯彻落实〈国务院办公厅关于禁止非法买卖人民币的通知〉的通知》第三条规定,"贵金属纪念币自发行之日起即可上市经营"。因此,贵金属纪念币具有双重属性:既有货币属性,也有商品属性,具有价值和使用价值;其价值是设计、雕刻、铸造、发行等无差别的人类劳动,使用价值是满足人们收藏、纪念、投资等需求。作为人民币的一个特殊种类,贵金属纪念币还演变成了一种艺术品、收藏品和投资品,其面额只是象征法定货币的符号,不反映其真实价值,其实际价值远高于币面价值。故可以将贵金属纪念币区别于普通的人民币,作为走私普通货物、物品罪的对象。走私普通货物、物品罪是选择性罪名。根据《中华人民共和国海关法》的规定,进出口"货物"与进出境"物品"的区别包括两个方面:一是实质要件,即货物在进出境环节或进出境目的上属于贸易性质,物品在进出境环节或进出境目的上属于非贸性质;二是形式要件,即货物应当签有合同或协议,物品则不存在合同或协议。根据上述区别,本案所涉贵金属纪念币应属于物品。行为人如果逃避海关监管,携带纪念币入境,偷逃应缴税额较大的,其行为构成走私普通物品罪。[参见第1199号指导案例,吕丽玲走私普通物品案,载《刑事审判参考》总第110集,第40~41页。撰稿:吴南 廖丽红 郑思思 徐燕]

▽走私关税为零的普通货物、物品的行为可构成走私罪

将涉案纪念币作为普通物品对待,有两种属性:一是作为收藏品;二是作为贵金属制品,根据海关《进出口税则商品及品目注释》的规定,分别可归入"硬币""贵金属或包贵金属的其他制品""收藏品"这三种品目的税则来计算偷逃税款。但不论归入上述三种税则中的哪一种,根据相关的海关规定,进口贵金属纪念币需缴纳的关税均为零。根据我国一般的刑法理论,走私罪侵犯的客体是对外贸易管制,即通过对进出口货物的监督、管理与控制,防止偷逃关税及阻止或限制不该进出口的物资进出口,故走私罪是与关税的征收及许可证制度紧密联系在一起的,在关税为零的情况下,可将在进出口时偷逃其他税款的行为认定为走私罪。理由如下:1. 依照《最高人民法院、最高人民检察院关于办理走私刑事案件适用法律若干问题的解释》(本附文以下简称《解释》)第十八条的规定,"应缴税额"包括进出口货物、物品应当缴纳的进出口关税和进口环节海关代征税的税额。故海关征收关税以外的代征税款也属于海关的监管职责,走私对象包括有关税的货物、物品和无关税但在进口环节由海关代征税款的货物、物品。随着我国对外贸易的发展,现在有很多货物、物品的关税均已取消,如果对于走私关税为零的货物一概不作为犯罪处理,将会对海关的监管工作和我国正常的经济秩序带来严重的不利影响。2. 世界上许多国家均把在出入境环节偷逃普通税款的行为认定为走私行为,在我国的司法实践中,也已有很多将此类行为认定为走私罪的案例。3. 从世界对外贸易发展的趋势来看,国与国之间货物、物品进出口的关税会越来越低,很多货物的关税都有可能取消,一个国家往往会通过关税以外的方式(如在这个环节征收较高的流转税)来控制物品的进出口,在这种贸易发展的大背景下,将在进口环节偷逃税款(即使偷逃的税款中关税为零)的行为认定为走私,符合走私认定观念转变、发展的大方向。[参见第1199号指导案例,吕丽玲走私普通物品案,载《刑事审判参考》总第110集,第41～42页。撰稿:吴南　廖丽红　郑思思　徐燕]

▽被告人走私货物、物品偷逃税款额的计算

偷逃税款额的计算涉及两个变量:一是货物、物品的价格;二是货物、物品的税率,而税率又与货物、物品归入哪个税则有关,所以我们首先需要解决的是本案纪念币的税则问题。经分析后认为,本案纪念币应归入"硬币"税则,理由如下:1. 虽然本案纪念币具有收藏价值,但海关《进出口税则商品及品目注释》品目97.05明确了收藏品的定义。涉案银币作为近年发行的一种纪念币,如要归入收藏品品目,也只可能是"具有钱币学意义的收集品及珍藏品"这一类。而"具有钱币学意义的收集品及珍藏品"指的是"报验时为成套或零散的硬币、不再作为法定货币使用的钞票(品目49.07所列货品除外)及纪念币";"对于零散的硬币或纪念币,每批货物通常只有少量几个某种硬币或纪念币的样品。这些样品只有明显作为收集成套使用才能归入本品目"。本案被告人携带的纪念币为2012年中国壬辰(龙)年金银纪念币套币(共15款)中的同一款纪念币10枚,显然不是作为收集成套使用,不符合海关《进出口税则商品及品目注释》中收藏品的定义。2. 从海关《进出口税则商品及品目注释》规定的"硬币(包括贵金属硬币)"和"贵金属或包贵金属的其他制品"两个税则的条款内容来看,纪念币似可纳入其中任何一个税则,但考虑到"硬币"税则中明确提到了贵金属硬币,按照特别优于一般的理论,将纪念币归入"硬币"税则应是更为妥当的做法。故本案侦查机关对涉案纪念币引用"硬币"的税则号列并无不妥。涉案纪念币的关税为零,但海关代征的增值税税率为17%。关于涉案纪念币价格的确定问题。本案纪念币价格的确定,是按照纪念币的市场价格计算。这主要是考虑本案中的纪念币体现更多的是一种商品属性,那么就应该以纪念币的市场价格来作为计核偷逃税款的基础。市场价格更能反映纪念币的真实价值,行为人走私贵金属纪念币的目的在于追求纪念币的市场价值,而不在于追求其金属的价值或标注的面额价值,所以这样的认定罚当其罪,更能体现罪刑相适应原则。此外,《中华人民共和国海关计核涉嫌走私的货物、物品偷逃税款暂行办法》第十九条规定,涉嫌走私进口的黄金、白银和其他贵重金属及其制品、珠宝制品以及其他有价值的收藏品,应当按国家定价或者国家有关鉴定部门确定的价值核定其计税价格。本案中,涉案银币由深圳市价格认证中心作出认定,每枚单价人民币38 000元。深圳海关以价格认证中心出具的价值认定意见为基础确定涉案纪念币的计税价格为380 000元,按照增值税17%的税率计算出被告人偷逃税款为64 600元并无不妥。上述偷逃税款数额虽然已经达到了原司法解释中关于走私普通货物、物品罪的追诉标准,但在案件审理过程中,《解释》于2014年9月10日起施行,该新解释将走私偷逃应缴税额的人罪数额标准由原来的5万元提高到10万元。在司法解释相关规定发生变化的情况下,根据《最高人民法院、最高人民检察院关于适用刑事司法解释时间效力问题的规定》第三条"对于新的司法解释实施前发生的行为,行为时已有相关司法解释,依照行为时的司法解释办理,但适用新的司法解释对犯罪嫌疑人、被告人有利的,适用新的司法解释"的规定,故对本案被告人的走私行为应适用新的司法解释,其偷逃税额未达追诉标准,不构成犯罪。公诉机关以法律规定发生变化为由,决定撤回对被告人的起诉,符合法律规定,一审法院作出准许撤回起诉的刑事裁定是正确的。[参见第1199号指导案例,吕丽玲走私普通物品案,载《刑事审判参考》总第110集,第42～44页。撰稿:吴南　廖丽红　郑思思　徐燕]

第一百五十四条　【特殊形式的走私普通货物、物品罪】下列走私行为,根据本节规定构成犯罪的,依照本法第一百五十三条的规定定罪处罚:

(一)未经海关许可并且未补缴应缴税额,擅

自将批准进口的来料加工、来件装配、补偿贸易的原材料、零件、制成品、设备等保税货物,在境内销售牟利的;

(二)未经海关许可并且未补缴应缴税额,擅自将特定减税、免税进口的货物、物品,在境内销售牟利的。

■最高人民法院、最高人民检察院关于办理走私刑事案件适用法律若干问题的解释(2014年9月10日)

第十九条 刑法第一百五十四条规定的"保税货物",是指经海关批准,未办理纳税手续进境,在境内储存、加工、装配后应予复运出境的货物,包括通过加工贸易、补偿贸易等方式进口的货物,以及在保税仓库、保税工厂、保税区或者免税商店内等储存、加工、寄售的货物。

■最高人民法院、最高人民检察院、海关总署关于办理走私刑事案件适用法律若干问题的意见(2002年7月8日)

十三、关于刑法第一百五十四条规定的"销售牟利"的理解问题刑法第一百五十四条第(一)、(二)项规定的"销售牟利",是指行为人主观上为了牟取非法利益而擅自销售海关监管的保税货物、特定减免税货物。该种行为是否构成犯罪,应当根据偷逃的应缴税额是否达到刑法第一百五十三条及相关司法解释规定的数额标准予以认定。实际获利与否或者获利多少并不影响其定罪。

■最高人民检察院关于擅自销售进料加工保税货物的行为法律适用问题的解释(全文)(2000年10月16日)

保税货物是指经海关批准未办理纳税手续进境,在境内储存、加工、装配后复运出境的货物。经海关批准进口的进料加工的货物属于保税货物。未经海关许可并且未补缴应缴税额,擅自将批准进口的进料加工的原材料、零件、制成品、设备等保税货物,在境内销售牟利,偷逃应缴税额在五万元以上的,依照刑法第一百五十四条、第一百五十三条的规定,以走私普通货物、物品罪追究刑事责任。

▼广东省高级人民法院关于办理破坏社会主义市场经济秩序犯罪案件若干具体问题的指导意见(2002年7月2日,2006年4月11日修正实施)

8. 擅自销售保税货物或者特定的减免税货物、偷逃关税的,应当依照《刑法》第154条规定处罚;但是,未销售部分不计算入犯罪数额,不按犯罪处理。

9. 非法买卖进出口货物减免税批文的,依照《刑法》第225条第二项规定,按非法经营罪处理。如果在出售批文的同时,提供印章、向海关伪报特定减免税货物、帮助对方办理进口通关手续的,按照《刑法》第154条第二项规定,认定双方是共同走私行为。

▽刑法第一百五十四条第一项虽未对保税货物是否包括进料加工的保税货物作出明确规定,但根据擅自在境内销售进料加工的保税货物的行为性质、社会危害及相关司法解释,偷逃税款达到法定数额的,亦应以走私普通货物罪追究相关单位及责任人员的刑事责任

未经海关许可并且未补缴应缴税额,擅自将保税货物及特定减、免税货物、物品在境内销售牟利的行为,应以走私普通货物、物品罪定罪处罚,这在1997年修订后刑法及此前的《关于惩治走私罪的补充规定》中均予以了明确规定。唯刑法第一百五十四条第一项对保税货物在立法上作出了具体的列举式规定,即来料加工、来件装配、补偿贸易的原材料、零件、制成品、设备等保税货物。本案的特殊性在于,行为对象系进料加工的保税货物,而非来料加工的保税货物,应同样依据该条规定以走私普通货物罪追究其刑事责任。因为,擅自在境内销售进料加工的保税货物与销售来料加工的保税货物两者在行为性质及社会危害性等方面均无不同,具体理由说明如下:首先,根据海关法等规定,擅自在境内销售进料加工的保税货物同样属于走私行为。《海关法》第八十二条第二项明确规定,未经海关许可并且未缴纳应纳税款、交验有关许可证件,擅自将保税货物、特定减免税货物以及其他海关监管货物、物品、进境的境外运输工具,在境内销售的行为,属于走私行为的具体表现之一,并于第一百条对保税货物作出了专门解释,保税货物是指经海关批准未办理纳税手续进境,在境内储存、加工、装配后复运出境的货物。

结合原对外经济贸易合作部于1995年发布的《关于对加工贸易进口料件试行银行保证金台帐制度期间外经贸部门审批管理实施细则》第二条关于加工贸易是指在国内注册的各类企业的进料加工、来料加工的规定,作为加工贸易的形式之一的进料加工,将其保税货物在境内擅自销售的行为属于走私行为,应无疑问。其次,擅自在境内销售进料加工保税货物具有与销售来料加工保税货物同样的社会危害性。进料加工是指我国有关经营单位用外汇购买进口部分或全部原料、材料、辅料、元器件、零部件、配套件和包装物料,加工成品或半成品再销往国外的贸易方式;来料加工是由国外厂商提供原材料、辅助材料及包装材料等,委托我方企业加工成品,国外厂商负责销售,我方按合同收取加工费的贸易方式。可见,进料加工和来料加工是有区别的,不能简单地将进料加工等同为来料加工,其中,进料的所有权属于境内单位,而来料则属于境(国)外单位。同时,作为加工贸易的两种具体形式,应当注意到两者实质上的共同之处,"两头在外",实行保税;未经许可并补缴税额,不得将进料、来料加工的保税货物在境内销售。擅自在境内销售进料加工的保税货物,不仅侵害国家的海关监管制度,给国家关税造成损失,而且还将因为竞争的不公平,严重扰乱我国的市场经济秩序。最后,对擅自在境内销售进料加工保税货物的行为以走私普通货物、物品罪处理,具有司法解释依据。最高人民法院2000年发布的《走私解释》第七条关于保税货物解释中,采取了与《海关法》规定完全一致的意见:刑法第一百五十四条规定的"保税货物"是指经海关批准,未办理纳税手续进境,在境内储存、加工、装配后应予复运出境的货物。保税货物包括通过加工贸易、补偿贸易等方式进口的货物以及在保税仓库、保税工厂、保税区或者免税商店内等储存、加工、寄售的货物。最高人民检察院于同年发布的《关于擅自销售进料加工保税货物的行为法律适用问题的解释》,则规定得更为明确:经海关批准进口的进料加工的货物属于保税货物。未经海关许可并且未补缴应缴税额,擅自将批准进口的进料加工的原材料、零件、制成品、设备等保税货物,在境内销售牟利,偷逃应缴税额在5万元以上的,依照刑法第一百五十四条、第一百五十三条的规定,以走私普通货物、物品罪追究刑事责任。综上,刑法第一百五十四条第一项规定虽未明确保税货物是否包括进料加工的保税货物,但根据境内擅自销售进料加工的保税货物的行为性质、社会危害及相关司法解释,偷逃税款达到法定数额的,仍可以走私普通货物罪定罪处罚。[参见第268号案例,上海华源伊龙实业发展公司等走私普通货物案,载《刑事审判参考》总第35集(2003年第6集),法律出版社,第12~14页。执笔:张华]

第一百五十五条　【以走私罪论处的行为】下列行为,以走私罪论处,依照本节的有关规定处罚:

(一)直接向走私人非法收购国家禁止进口物品的,或者直接向走私人非法收购走私进口的其他货物、物品,数额较大的;

(二)在内海、领海、界河、界湖运输、收购、贩卖国家禁止进出口物品的,或者运输、收购、贩卖国家限制进出口货物、物品,数额较大,没有合法证明的。(此条根据《中华人民共和国刑法修正案(四)》之三修改,2002年12月28日起施行。)

刑法本条原文:下列行为,以走私罪论处,依照本节的有关规定处罚:

(一)直接向走私人非法收购国家禁止进口物品的,或者直接向走私人非法收购走私进口的其他货物、物品,数额较大的;

(二)在内海、领海运输、收购、贩卖国家禁止进出口物品的,或者运输、收购、贩卖国家限制进出口货物、物品,数额较大,没有合法证明的;

(三)【走私固体废物罪】逃避海关监管将境外固体废物运输进境的。(该项现已不存在,有关内容移至刑法第一百五十二条第二款。)

■最高人民法院、最高人民检察院关于办理走私刑事案件适用法律若干问题的解释(2014年9月10日)

……

刑法第一百五十五条第二项规定的"内海",包括内河的入海口水域。

■最高人民法院、最高人民检察院、海关总署关于办理走私刑事案件适用法律若干问题的意见(2002年7月8日)

十四、关于海上走私犯罪案件如何追究运输人的刑事责任问题

对刑法第一百五十五条第(二)项规定的实施海上走私犯罪行为的运输人、收购人或者贩卖人应当追究刑事责任。对运输人,一般追究运输工具的负责人或者主要责任人的刑事责任,但对于事先通谋的、集资走私的、或者使用特殊的走私运输工具从事走私犯罪活动的,可以追究其他参与人员的刑事责任。

十五、关于刑法第一百五十六条规定的"与走私罪犯通谋"的理解问题

通谋是指犯罪行为人之间事先或者事中形成的共同的走私故意。下列情形可以认定为通谋:

(一)对明知他人从事走私活动而同意为其提供贷款、资金、账号、发票、证明、海关单证,提供运输、保管、邮寄或者其他方便的;

(二)多次为同一走私犯罪分子的走私行为提供前项帮助的。

▼安徽省常见经济犯罪数额标准一览表(2000—2014年)(见本书附录四十)

第一百五十六条　【以走私共犯论处的行为】与走私罪犯通谋,为其提供贷款、资金、帐号、发票、证明,或者为其提供运输、保管、邮寄或者其他方便的,以走私罪的共犯论处。

▼广东省高级人民法院关于办理破坏社会主义市场经济秩序犯罪案件若干具体问题的指导意见(2002年7月2日,2006年4月11日修正实施)

一、关于走私犯罪案件

4.关于走私共犯的问题。《刑法》第156条规定的"与走私罪犯通谋"主要适用于没有直接实施犯罪活动而仅为走私犯罪提供方便的帮助犯。明知他人进行走私活动,而为其提供帐号、发票、证明、资金、贷款,或者为其运输、保管、邮寄、销售货物,可以视为"通谋";在进出口货物的委托、代理、居间活动中,明知受委托人无法通过合法途径代理进出口货物而仍然委托其代理进出口的,或者向受委托人提供不真实的合同、发票、证明材料的,亦可适用《刑法》第156条的规定处罚。

对于事先与走私分子密谋、策划、联络,有组织、有分工地实施走私行为的,无论其是否直接参与走私活动,均应按照《刑法》关于共同犯罪的规定,按照其触犯的罪名追究刑事责任。

5.关于走私犯罪既遂与未遂的问题。对于不同类型的走私案件,其既遂与未遂的界限有所不同,不能认为走私犯罪必须在行为人将私货销售获利方为既遂。在具体案件中,海上走私的,应以是否进入我国领海、内水为既遂与未遂的界限;通关走私的,应以行为人是否向海关作虚假申报为既遂与未遂的界限;绕关走私的,应以是否越过国(边)境为既遂与未遂的界限;《刑法》第154条规定的"后续走私"的情形,应以销售牟利是否成功来区分是否既遂。

6.关于走私犯罪的主、从犯问题。对于受雇用而实施走私行为的被告人,应当按照其在犯罪中的地位作用准确区分主、从犯。如果受雇用后积极负责招募人员、联系交货、指挥航向或运输路线,或者负责报关、联检等事项的,不能因为其不是货主,只是雇用人员就一概认定为从犯;一般的运输人员、船员、报关员等为了得到少量报酬或者只领取工资、不参与直接分赃,受雇主或他人指挥而实施、参与走私行为的,一般可认定为从犯,依法予以从轻、减轻处罚。

对走私犯罪的从犯减轻处罚时,既可对主刑减轻处罚,也可以对附加刑减轻处罚,在偷逃税额的1倍以下适用罚金刑。

10.未经合法审批手续而偷运零关税货物入境的行为,没有偷逃应缴的税款,不构成走私罪。

11.根据最高人民法院《关于审理走私刑事案件具体应用法律若干问题的解释》(此解释已于2014年9月10日废止——编著者注)规定,认定走私货物、物品所偷逃的应缴税额,应当以走私行为案发时

所适用的税则、税率、汇率和海关审定的完税价格计算,并以海关出具的证明为准。人民法院在审理具体案件中对海关所出具的证明有疑问的,应当要求海关出具审定完税价格的依据。

第一百五十七条 【对武装掩护走私、抗拒缉私的处罚】武装掩护走私的,依照本法第一百五十一条第一款的规定从重处罚。(本条第一款是根据《中华人民共和国刑法修正案(八)》之二十八修改,2011年5月1日起施行。)

以暴力、威胁方法抗拒缉私的,以走私罪和本法第二百七十七条规定的阻碍国家机关工作人员依法执行职务罪,依照数罪并罚的规定处罚。

刑法本条第一款原文:【武装掩护走私、抗拒缉私的处罚规定】武装掩护走私的,依照本法第一百五十一条第一款、第四款的规定从重处罚。

第三节 妨害对公司、企业的管理秩序罪

第一百五十八条 【虚报注册资本罪】申请公司登记使用虚假证明文件或者采取其他欺诈手段虚报注册资本,欺骗公司登记主管部门,取得公司登记,虚报注册资本数额巨大、后果严重或者有其他严重情节的,处三年以下有期徒刑或者拘役,并处或者单处虚报注册资本金额百分之一以上百分之五以下罚金。

单位犯前款罪的,对单位判处罚金,并对其直接负责的主管人员和其他直接责任人员,处三年以下有期徒刑或者拘役。

■全国人民代表大会常务委员会关于《中华人民共和国刑法》第一百五十八条、第一百五十九条的解释(全文)(2014年4月24日)

刑法第一百五十八条、第一百五十九条的规定,只适用于依法实行注册资本实缴登记制的公司。

■最高人民检察院、公安部关于公安机关管辖的刑事案件立案追诉标准的规定(二)(2022年5月15日)

第三条 〔虚报注册资本案(刑法第一百五十八条)〕申请公司登记使用虚假证明文件或者采取其他欺诈手段虚报注册资本,欺骗公司登记主管部门,取得公司登记,涉嫌下列情形之一的,应予立案追诉:

(一)法定注册资本最低限额在六百万元以下,虚报数额占其应缴出资数额百分之六十以上的;

(二)法定注册资本最低限额超过六百万元,虚报数额占其应缴出资数额百分之三十以上的;

(三)造成投资者或者其他债权人直接经济损失累计数额在五十万元以上的;

(四)虽未达到上述数额标准,但具有下列情形之一的:

1. 二年内因虚报注册资本受过二次以上行政处罚,又虚报注册资本的;

2. 向公司登记主管人员行贿的;

3. 为进行违法活动而注册的。

(五)其他后果严重或者有其他严重情节的情形。

本条只适用于依法实行注册资本实缴登记制的公司。

[附则(第七十九条至第八十五条)内容附在本书刑法第一百二十条之一附文同名文件中。]

□为登记成立有限公司虚报注册资本才能构成犯罪

我国的公司分有限公司和无限公司。有限公司是指公司股东以其出资额或者所持有的股份为限对公司债务承担责任的企业法人。如有限责任公司、股份有限公司都是有限公司。无限公司是指公司的股东对公司债务承担无限连带责任的企业法人。如合伙企业、个人独资企业等都是无限公司。虽然法律要求登记成立公司必须有实际的出资,并且在企业法人营业执照上注明其注册资本,但并非所有的虚报注册资本的行为,都构成虚报注册资本罪。由于无限公司的出资人要以其所有的全部财产对外

承担无限责任,其虚报注册资本行为的社会危害性相对要小一些,故法律不认为是犯罪,而由工商行政管理部门给予行政处罚。但对于有限责任公司,由于出资人是以其出资额或者持有的股份即注册资本,对外承担责任。刑法第一百五十八条规定的虚报注册资本罪,就是指在中国境内登记设立有限公司时,虚报注册资本的行为。这里的有限公司,是指依照《公司法》的规定,在中国境内登记设立的有限责任公司和股份有限公司,即其名称中含有"有限"或者"有限责任"字样的公司。[参见第70号案例,管桦虚报注册资本案,载《刑事审判参考》总第10辑(2000年第5辑),法律出版社,第5~6页。执笔:清国]

□"使用虚假证明文件或者采用其他欺诈手段"的认定

"使用虚假证明文件或者采用其他欺诈手段"是虚报注册资本的行为方式。虚报注册资本,即资本不实,表现为股东的实际出资与公司的注册资本不一致。人们通常所说的"皮包公司"、"空壳公司"就是虚报注册资本的结果。根据刑法的规定,只有"使用虚假证明文件或者采取其他欺诈手段"虚报注册资本的,才构成虚报注册资本罪。没有"使用虚假证明文件或者采取其他欺诈手段"虚报注册资本,或者"使用虚假证明文件或者采取其他欺诈手段"不是为了虚报注册资本的,都不构成虚报注册资本罪。这里的"证明文件",是指在申请公司登记时,申请人需向工商行政管理机关提交的证实注册资本真实性的文件。根据企业法人登记管理条例第十五条规定:"……(四)资金信用证明、验资证明或者资金担保……(六)住所和经营场所使用证明……"使用虚假"证明文件",是指其中的"资金信用证明、验资证明或者资金担保"、"住所和经营场所使用证明"等这些能证实注册资本真实性的文件。一般是指验资、验证、评估等有关的文书、文字材料,如公司法规定,股东全部缴纳出资后,或发行股份的股款缴足后,必须经法定验资机构验资并出具证明文件;以实物、工业产权、非专利技术、土地使用权出资的,须经资产评估机构评估并出具证明文件。所谓"采取其他欺诈手段",是指利用"使用虚假证明文件"以外的其他方法虚报注册资本。例如,隐瞒真相骗用其无支配权的资金进行虚报。使用这些欺诈手段必须是为了虚报注册资本,不是为了虚报注册资本而使用的欺诈手段,不构成本罪。[参见第70号案例,管桦虚报注册资本案,载《刑事审判参考》总第10辑(2000年第5辑),法律出版社,第6~7页。执笔:清国)

□虚报注册资本数额巨大、后果严重或者有其他严重情节,是虚报注册资本罪与非罪的界限

虚报注册资本罪是结果犯,即欺骗公司登记主管部门,已取得公司登记的,是虚报注册资本罪的必要条件。没有发生公司登记这一结果的,不构成虚报注册资本罪。取得公司登记的标志,便是工商管理部门核准并发给企业法人营业执照。在公司登记过程中使用虚假证明文件或者其他欺诈手段虚报注册资本,是为了欺骗公司登记主管部门,骗取公司登记。如果行为人使用虚假证明文件或者采用其他欺诈手段,虚报注册资本,但工商行政管理部门发觉而未受骗,工商行政管理部门没有批准公司登记,则不构成本罪。换言之,虚报注册资本罪不存在未遂这一犯罪形态。但是,虚报注册资本,欺骗公司登记主管部门,取得公司登记,并非就具备了构成虚报注册资本罪的全部要件。虚报注册资本罪是否成立,还需取决于是否同时具有虚报注册资本"数额巨大"、"后果严重"或者"其他严重情节"之一的情形。取得公司登记后,虚报注册资本数额巨大、后果严重或者有其他严重情节三种情形,只要行为人具备其中之一的,就构成犯罪。由于刑法和有关司法解释均未对虚报注册资本"数额巨大"、"后果严重"以及"其他严重情节"作出具体规定,只能由人民法院根据案件的具体情况来认定。既不能仅根据虚报的绝对数额,也不能单纯以虚报的比例大,作为虚报注册资本"数额巨大"的起点。在司法解释没有对此作出明确规定以前,一般可以按虚报注册资本数额达注册资本的一定比例(如20%、30%或者更高些、更低些)以上,同时,结合虚报注册资本的绝对数额(如50万元、100万元或者更高些、更低些),作为虚报注册资本"数额巨大"的起点是适当的。只有虚报注册资本数额达到注册资本的一定比例并且虚报注册资本的绝对数额巨大的,才能认定为虚报注册资本"数额巨大"。刑法对虚报注册资本行为,以"数额巨大",而不是以"数额较大",作为追究刑事责任的起点,也体现了对虚报注册资本数额不是巨大的违法行为不追究刑事责任的意图。虚报注册资本"数额巨大"只是认定虚报注册资本罪的条件之一,对于虚报注册资本数额没有达到上述标准,但后果严重或者有其他严重情节的,仍应以虚报注册资本罪追究其刑事责任。不追究刑事责任并非意味着行为人不负法律责任,根据公司法第二百零六条的规定,对于虚报注册资本,不构成犯罪的,由工商行政管理部门对其处以罚款或者撤销公司登记,已足以起到依法予以制裁以维护交易安全的作用。虚报注册资本"后果严重",一般是指虚报注册资本行为给国家、社会、其他股东或者债权人造成严重损失,或者造成恶劣影响等情形。虚报注册资本"有其他严重情节",一般是指行为人多次虚报注册资本,或者行为人虚报注册资本、骗取公司登记后,利用成立的公司进行违法犯罪活动等。[参见第70号案例,管桦虚报注册资本案,载《刑事审判参考》总第10辑(2000年第5辑),法律出版社,第7~10页。执笔:清国]

▽虚报注册资本罪是否成立,应以是否取得公司登记结果为标准

虚报注册资本罪是指申请公司登记使用虚假证明文件或者采取其他欺诈手段虚报注册资本,欺骗公司登记主管部门,取得公司登记,虚报注册资本数额巨大、后果严重或者有其他严重情节的行为。也就是说,只要行为人采用虚假证明文件或欺骗手段虚报资本,取得公司登记,具有虚报数额巨大、后果严重或有其他严重情节三种情形之一的,即构成本罪。行为人使用该虚假的银行进账单及虚假的"流动资金资信证明"等有关资料,欺骗公司登记主管部门,虚报注册资本数额巨大,达400万元,虚报比例为100%,骗取了公司登记和山东省工商行政管理局颁发的企业法人营业执照。其行为严重妨害了国家对公司的登记管理制度,已构成虚报注册资本罪,应依法惩处。[参见第130(127)号案例,薛玉泉虚报注册资本案,载《刑事审判参考》总第21辑(2001年第10辑),法律出版社,第5~6页。执笔:刘玉安]

▽采用代垫资手段骗取公司登记的,应当认定为虚报注册资本罪

被告人在公司设立登记过程中,未交付货币,采用他人垫资的欺诈方式骗取验资证明,进而取得公司登记,后又抽逃出资的行为,严重扰乱了社会经济秩序,应当依法予以惩处。被告人的行为构成虚报注册资本罪,不构成虚假出资罪和抽逃出资罪。具体分析如下:

1. 从虚报注册资本罪与虚假出资罪比较的角度分析。第一,从行为侵犯的客体分析,虚报注册资本罪和虚假出资罪同属于妨害公司、企业管理秩序类罪,两罪的共同特征是均违反依据我国公司法所确定的资本实额、充实原则;两罪的不同之处在于,虚报注册资本罪侵犯的客体是工商行政管理登记制度,虚假出资侵犯的客体是公司出资制度。两罪所侵害的法益也存在一定区别:虚报注册资本使潜在债权人的利益受到威胁,而虚假出资则不仅将潜在债权人的利益置于危险之中,同时还侵犯公司其他股东的实际利益。本案并不存在侵犯公司其他股东实际利益的情形,不符合虚假出资罪的客体要件。第二,从行为关系分析,虚报注册资本是公司整体行为,具有对外欺骗性,欺骗对象指向公司之外的登记管理部门;而虚假出资为公司发起人、股东的个人行为,具有对内欺骗性,即必须是部分发起人、股东对公司其他发起人、股东的欺骗。本案中,中介公司于2009年4月23日到银行开设晋兆燃公司验资账户,4月24日向晋兆燃公司验资账户注入500万元。取得验资报告后,4月27日中介公司通过晋兆燃公司基本账户、股东个人银行卡悉数将注入的500万元资金转出,4月28日晋兆燃公司顺利登记和取得营业执照。上述过程体现了卜某某等人行为的两个特征:一是行为的整体性。由他人代为垫资的计划由公司法定代表人卜某某决定,公司会计负责物色代办公司登记中介公司、提供相关资料等具体事务,而公司财务负责验资转账等具体事宜,整个行为分工明确,显得组织有系统性。二是对外欺骗性。卜某某等人委托他人垫资注入的500万元是为了取得表面真实有效的验资报告,目的在于骗取登记管理部门的核准登记,欺骗行为具有对外指向性。登记管理部门一旦信以为真,即公司一旦登记成功,虚假的注册资本立即被取出归还垫资人。第三,从行为目的及危害分析,虚报注册资本罪与虚假出资罪的区别也很明显。虚报注册资本行为的目的在于非法取得公司登记;虚假出资行为的目的则在于通过少出资或不出资的方式谋取利益。根据我国公司法的相关规定,注册资本是指有限责任公司和股份有限公司的股东在公司登记机关登记的股东实际缴纳的出资总额。注册资本作为公司运营资本的一部分,不仅对股东权益起保障作用,同时也是公司承担风险、偿还债务的基本保证,是他人了解公司资信状况的重要窗口,直接关系到交易安全性以及债权人的利益。夸大或者虚构公司的注册资本会造成潜在的交易风险,影响正常的市场经济秩序。可见,虚报注册资本的危害是对相对债权人剩益的一种潜在威胁;而虚假出资的危害则显得较为紧迫、现实,使其他出资股东的利益处于实际的危险状态。因此,刑法在两罪的法定刑设置上作了轻重区分:前者为三年以下有期徒刑或者拘役,并处或者单处虚报注册资本金额百分之一以上百分之五以下罚金;后者为五年以下有期徒刑或者拘役,并处或者单处虚假出资金额百分之二以上百分之十以下罚金。本案中,被告人卜某某为非法取得公司登记,采用垫资验资的方式虚报注册资本,由于公司出资股东只有卜某某,根本谈不上对其他出资股东的权益存在现实侵害,但仍存在侵害潜在债权人利益的可能性,所以其行为符合虚报注册资本罪的构成特征。

2. 从虚报注册资本罪与抽逃出资罪比较的角度分析。抽逃出资罪,是指公司发起人、股东违反公司法的规定,在公司成立后又抽逃其出资,数额巨大,后果严重或者有其他严重情节的行为。包括为达到设立公司的目的,通过向其他企业借款或者向银行贷款等手段取得资金作为出资,待公司登记成立后,又抽回这些资金的情形。本案被告人的行为不构成抽逃出资罪。第一,本案抽资行为发生在公司登记成立之前。虚报注册资本目的在于骗取公司登记,其行为发生在申请公司登记过程中,即公司登记成立之前;而抽逃出资的行为则必须发生在公司登记成立之后。本案中,中介公司于2009年4月24日将垫付的500万元资金注入晋兆燃公司验资账户,获得验资证明后即在4月27日将该笔资金转出用于为其他公司垫资验资,晋兆燃公司4月28日才取得工商行政管理部门核准的营业执照。因此,公司资金的抽离发生在公司验资之后、正式登记成立之前,不具备抽逃出资罪所要求的时间条件。第二,本案资金控制权由中介公司掌握。虚报注册资本案件中,行为人采取以无充有、以少充多的欺诈手段,使登记注册资本虚高于实际注入资本;而抽逃出资案件中,行为人抽逃的资金必须是公司登记成立之前行为人已经认缴的真实存在的资金,资金不管是自有的,还是借贷的,都必须是行为人享有控制权。被告人卜某某通过中介公司垫资取得真实有效的验资证明,从形式上看,确实有500万元资本投入公司注册登记设立的账户。而实质上,中介公司所提供的这500万元资金不同于侍统意义上的企业间拆借融资,中介公司完全替代了晋兆燃公司,介入到晋兆燃公司设立登记的整个操作流程中:中介公司沈某某、梅某、华某等人分工合作,共同完成开立验资账户、资金注入账户、按照股东出资比例转入资金、获得验资证明后转出资金等一系列行为。晋兆燃公司会计等人只是配合提供所需的相应材料。为了确保注入晋兆燃公司账户巨额资金的安全,以及提高注册登记的效率,中介公司完全掌控晋兆燃公司的账户以及整个资金流向的决定权。与资金拆借不同,中介公司垫付的500万元的注册资金仍属于中介公司财产,卜某某并没有占有、使用和处分权,因此根本谈不上有抽离的权利。本案抽出资金行为本质上是中介公司对其所有的财产的一种处分行为。第三,被告人卜某某自始就有欺骗公司登记主管部门取得公司登记的主观故意。卜某某在看到中介公司有代办公司注册一条龙服务的广告后,为了避免烦琐手续和资金筹集的困难,顺利取得晋兆燃公司营业执照,就找到中介公司。双方在启动公司注册登记代理事务之前就已经明确,由中介公司为晋兆燃公司代为处理公司注册登记中的一切事务,包括提供验资资金。双方对用于公司登记的资金属于中介公司及中介公司必然会抽回资金的事实有清晰的认识。在行为实施之初,双方就有为取得公司登记,通过代办方式骗取登记主管部门的合意,且这一主观故意贯穿整个行为过程。即便卜某某与中介公司以代理合同的合法方式掩盖其骗取公司注册登记的非法目的,其代理合同也显属无效。[参见第774号指导案例,卜某某虚报注册资本案,载《刑事审判参考》总第86集(2012年第3集),第13~17页。撰稿:范莉 杨温蕊]

第一百五十九条　【虚假出资、抽逃出资罪】公司发起人、股东违反公司法的规定未交付货币、实物或者未转移财产权，虚假出资，或者在公司成立后又抽逃其出资，数额巨大、后果严重或者有其他严重情节的，处五年以下有期徒刑或者拘役，并处或者单处虚假出资金额或者抽逃出资金额百分之二以上百分之十以下罚金。

单位犯前款罪的，对单位判处罚金，并对其直接负责的主管人员和其他直接责任人员，处五年以下有期徒刑或者拘役。

■全国人民代表大会常务委员会关于《中华人民共和国刑法》第一百五十八条、第一百五十九条的解释(全文)(2014年4月24日)

刑法第一百五十八条、第一百五十九条的规定，只适用于依法实行注册资本实缴登记制的公司。

■最高人民检察院、公安部关于公安机关管辖的刑事案件立案追诉标准的规定(二)(2022年5月15日)

第四条　〔虚假出资、抽逃出资案(刑法第一百五十九条)〕公司发起人、股东违反公司法的规定未交付货币、实物或者未转移财产权，虚假出资，或者在公司成立后又抽逃其出资，涉嫌下列情形之一的，应予立案追诉：

(一)法定注册资本最低限额在六百万元以下，虚假出资、抽逃出资数额占其应缴出资数额百分之六十以上的；

(二)法定注册资本最低限额超过六百万元，虚假出资、抽逃出资数额占其应缴出资数额百分之三十以上的；

(三)造成公司、股东、债权人的直接经济损失累计数额在五十万元以上的；

(四)虽未达到上述数额标准，但具有下列情形之一的：

1. 致使公司资不抵债或者无法正常经营的；

2. 公司发起人、股东合谋虚假出资、抽逃出资的；

3. 二年内因虚假出资、抽逃出资受过二次以上行政处罚，又虚假出资、抽逃出资的；

4. 利用虚假出资、抽逃出资所得资金进行违法活动的。

(五)其他后果严重或者有其他严重情节的情形。

本条只适用于依法实行注册资本实缴登记制的公司。

[附则(第七十九条至第八十五条)内容附在本书刑法第一百二十条之一附文同名文件中。]

▼安徽省人民检察院、安徽省公安厅关于我省四类经济犯罪案件追究标准(2001年10月10日)

一、虚假出资、抽逃出资案(刑法第159条)

公司发起人、股东违反公司法的规定未交付货币、实物或者转移财产权，虚假出资，或者在公司成立后又抽逃出资，给公司、股东、债权人造成直接经济损失累计在二十万元以上的，应予追诉。

▽虚报注册资本罪与虚假出资罪区分的认定

虚报注册资本罪与虚假出资罪不存在法条竞合关系，二者有着明确的界限。对虚假出资罪不应当仅仅从字面意思上进行理解，而应当结合规范的目的和法定刑的设置状况，从行为侵犯的具体客体着眼进行实质的理解。

(一)虚报注册资本罪与虚假出资罪所侵犯的实质法益(具体客体)差异。对虚假出资罪的处罚之所以比虚报注册资本罪更加严重，是因为二者侵害了不同的实质法益(具体客体)。前者主要侵害了公司其他股东的利益(也有可能侵害未来债权人的利益)，其侵害是现实的；而后者只是侵害了未来相对债权人的利益，其侵害只是可能的，而非现实的。尽管二者的同类客体是一致的，都侵害了公司、企业的管理秩序，但是必须看到"公司、企业的管理秩序"背后有其实质法益的存在，没有实质法益的管理秩序是不值得刑法保护的。虚报注册资本罪侵害的实质法益是未来债权人的合法利益。在市场交易中，交易的相对方往往要根据公司在工商行政管理机关登记的注册资本额来判断该公司的资信状况和偿债能力,而虚报注册资本行为使公司的实际偿债能力与注册资本不符,从而使未来债权人的利益处于不能清偿的危险之中,这就是虚报注册资本罪所侵害的"公司登记制度"背后的法益所在。但是,这样的侵害只是将相对债权人的利益置于危险之中,而非现实损害。理由是:第一,相对债权人在交往中还有机会通过其他途径识别该公司的实际清偿能力;第二,如果虚报注册资本的公司通过欺骗等非法手段来侵害债权人的利益,则还有诈骗罪、合同诈骗罪等其他罪名可以对其加以惩罚。因此,虚报注册资本罪对未来债权人的侵害只是一种可能的侵害,其不法程度相对较轻。需要强调的是,虚报注册资本罪并不是以造成债权人利益损害为既遂条件。根据刑法的规定,虚报注册资本数额巨大、后果严重或者有其他严重情节的,构成虚报注册资本罪。造成债权人利益损害只是一个客观的处罚条件,而不是既遂标准,也不是必要的客观要件,因为数额巨大或者有其他严重情节的,也可以构成虚报注册资本罪。这就是说,虚报注册资本只要对债权人的利益形成威胁就宣告成立,无须造成现实损害。虚假出资罪侵害的实质法益是公司、其他股东以及未来债权人的利益,其中主要是对公司和其他股东利益的现实侵害。首先,虚假出资是行为人欺骗其他股东的行为,实质是以欺骗手段制造出资假象来骗取公司股份,是一种不支付相应对价而取得公司股份的行为。因此,能够进行虚假出资的往往是公司的发起人或者实际操作公司成立的股东。其次,虚假出资还可能侵害未来债权人的利益,因为公司的实际出资状况也会影响到相对债权人对该公司资信状况和偿债能力的判断。其中,虚假出资罪对其他股东的利益侵害是现实的、迫近的、必然发生的,对未来债权人的利益侵害是可能的。由于虚假出资罪同时具备这双重危害,尤其是对公司、股东利益的现实危害,因此比虚报注册资本罪更为严重,应当受到更为严厉的处罚。

(二)虚报注册资本罪与虚假出资罪的客观要件差异虚报注册资本罪与虚假出资罪侵犯的实质法益不同,所以其客观构成具有明显的区别。虚报注册资本罪的客观方面表现为没有其他受损失的股东,行为人或者一人(如二人公司),或者数人合谋,通过伪造出资证书等手段虚报注册资本,欺骗公司登记机关,骗取登记;虚假出资罪的客观方面则必须存在其他受损失的股东,或者公司发起人一人欺骗其他股东,或者多名股东合谋欺骗其他出资人,无论何种形式,无论是否最终虚报了注册资本,最关键的是"欺骗其他出资人"这一特征。运用这一标准区分虚报注册资本罪和虚假出资罪,与相关规范性文件也不存在矛盾。如上文所述,根据《最高人民检察院、公安部关于公安机关管辖的刑事案件立案追诉标准的规定(二)》第三条的规定,虚假出资罪侵害的对象既可以包括公司、股东,也可以包括相对债权人;虚假出资罪可以由公司发起人、股东合谋进行。这一解释与本文采用的区分标准并不冲突:第一,前文已经论证,公司的实际出资状况也会影响到相对债权人对该公司资信状况和偿债能力的判断,因此虚假出资罪可以构成对相对债权人利益的侵害;第二,虚假出资的行为可以由公司发起人、股东合谋进行(欺骗其他股东),但是不可能是全体股东合谋进行。关于虚假出资罪与虚报注册资本罪客观要件的差异,除了上文提到的标准之外,司法实践中还有一种较为流行的观点,认为虚报注册资本罪是属于股东的整体行为,而虚假出资罪只能是个体行为。其理由是:(1)虚假出资可以借由公司发起人或者股东个体实施,而虚报注册资本罪则只能是公司的全体股东,具体办理申请公司登记的人是拟设立公司的发起人、股东全体的代表或者代理人。(2)《公司法》对虚报注册资本与虚假出资进行行政处罚的对象不同。其中,虚报注册资本的处罚对象是公司,而虚假出资的处罚对象是公司的发起人、股东。(3)虚报注册资本罪的法定刑规定明显低于虚假出资罪,实质一样的两个行为在法定刑的设定上轻重不同,其唯一的合理解释是虚报注册资本的行为属于拟设立公司的"单位"行为,规定单位犯罪中责任人员较自然人犯罪更轻的刑事责任,是我国通行的一个刑事立法例。

(三)既虚假出资又虚报注册资本的行为性质依照上文的论证,在全体股东都没有实际出资的情况下,只可能成立虚报注册资本罪,而不可能同时构成虚假出资罪。只有在部分股东虚假出资、欺骗其他股东的情况下,才有可能成立虚假出资罪,两个罪名之间不存在法条竞合的关系。一个行为(伪造自己的出资证明)同时触犯数个罪名,应当依照想象竞合犯的规定,从一重罪处断,即按照虚假出资罪论处。[参见肖晚祥、张果:《虚假出资罪与虚报注册资本罪的区分》,载《刑事审判参考》(实务探讨)总第76集(2010年第5集),第172～177页。]

第一百六十条 【欺诈发行证券罪】在招股说明书、认股书、公司、企业债券募集办法等发行文件中隐瞒重要事实或者编造重大虚假内容,发行股票或者公司、企业债券、存托凭证或者国务院依法认定的其他证券,数额巨大、后果严重或者有其他严重情节的,处五年以下有期徒刑或者拘役,并处或者单处罚金;数额特别巨大、后果特别严重或者有其他特别严重情节的,处五年以上有期徒刑,并处罚金。

控股股东、实际控制人组织、指使实施前款行为的,处五年以下有期徒刑或者拘役,并处或者单处非法募集资金金额百分之二十以上一倍以下罚金;数额特别巨大、后果特别严重或者有其他特别严重情节的,处五年以上有期徒刑,并处非法募集资金金额百分之二十以上一倍以下罚金。

单位犯前两款罪的,对单位判处非法募集资金金额百分之二十以上一倍以下罚金,并对其直接负责的主管人员和其他直接责任人员,依照第一款的规定处罚。(本条是根据《中华人民共和国刑法修正案(十一)》之八修改的,2021年3月1日起施行。)

刑法本条原文:【欺诈发行股票、债券罪】在招股说明书、认股书、公司、企业债券募集办法中隐瞒重要事实或者编造重大虚假内容,发行股票或者公司、企业债券,数额巨大、后果严重或者有其他严重情节的,处五年以下有期徒刑或者拘役,并处或者单处非法募集资金金额百分之一以上百分之五以下罚金。

单位犯前款罪的,对单位判处罚金,并对其直接负责的主管人员和其他直接责任人员,处五年以下有期徒刑或者拘役。

■最高人民检察院、公安部关于公安机关管辖的刑事案件立案追诉标准的规定(二)(2022年5月15日)

第五条 〔欺诈发行证券案(刑法第一百六十条)〕在招股说明书、认股书、公司、企业债券募集办法等发行文件中隐瞒重要事实或者编造重大虚假内容,发行股票或者公司、企业债券、存托凭证或者国务院依法认定的其他证券,涉嫌下列情形之一的,应予立案追诉:

(一)非法募集资金金额在一千万元以上的;

(二)虚增或者虚减资产达到当期资产总额百分之三十以上的;

(三)虚增或者虚减营业收入达到当期营业收入总额百分之三十以上的;

(四)虚增或者虚减利润达到当期利润总额百分之三十以上的;

(五)隐瞒或者编造的重大诉讼、仲裁、担保、关联交易或者其他重大事项所涉及的数额或者连续十二个月的累计数额达到最近一期披露的净资产百分之五十以上的;

(六)造成投资者直接经济损失数额累计在一百万元以上的;

(七)为欺诈发行证券而伪造、变造国家机关公文、有效证明文件或者相关凭证、单据的;

(八)为欺诈发行证券向负有金融监督管理职责的单位或者人员行贿的;

(九)募集的资金全部或者主要用于违法犯罪活动的;

(十)其他后果严重或者有其他严重情节的情形。

[附则(第七十九条至第八十五条)内容附在本书刑法第一百二十条之一附文同名文件中。]

▼安徽省常见经济犯罪数额标准一览表(2000—2014年)(见本书附录四十)

第一百六十一条 【违规披露、不披露重要信息罪】依法负有信息披露义务的公司、企业向股东和社会公众提供虚假的或者隐瞒重要事实的财务会计报告,或者对依法应当披露的其他重要信息不按照规定披露,严重损害股东或者其他人利益,或者有其他严重情节的,对其直接负责的主管人员和其他直接责任人员,处五年以下有期徒刑或者拘役,并处或者单处罚金;情节特别严重的,处五年以上十年以下有期徒刑,并处罚金。

前款规定的公司、企业的控股股东、实际控制人实施或者组织、指使实施前款行为的,或者隐瞒相关事项导致前款规定的情形发生的,依照前款的规定处罚。

犯前款罪的控股股东、实际控制人是单位的,对单位判处罚金,并对其直接负责的主管人员和其他直接责任人员,依照第一款的规定处罚。(本条是根据《中华人民共和国刑法修正案(十一)》之九修改的,2021年3月1日起施行。)

刑法本条原文:【违规披露、不披露重要信息罪】依法负有信息披露义务的公司、企业向股东和社会公众提供虚假的或者隐瞒重要事实的财务会计报告,或者对依法应当披露的其他重要信息不按照规定披露,严重损害股东或者其他人利益,或者有其他严重情节的,对其直接负责的主管人员和其他直接责任人员,处三年以下有期徒刑或者拘役,并处或者单处二万元以上二十万元以下罚金。(此条根据《中华人民共和国刑法修正案(六)》之五修改,2006年6月29日起施行。)

刑法原文:【提供虚假财会报告罪】公司向股东和社会公众提供虚假的或者隐瞒重要事实的财务会计报告,严重损害股东或者其他人利益的,对其直接负责的主管人员和其他直接责任人员,处三年以下有期徒刑或者拘役,并处或者单处二万元以上二十万元以下罚金。

■最高人民检察院、公安部关于公安机关管辖的刑事案件立案追诉标准的规定(二)(2022年5月15日)

第六条　〔违规披露、不披露重要信息案(刑法第一百六十一条)〕依法负有信息披露义务的公司、企业向股东和社会公众提供虚假的或者隐瞒重要事实的财务会计报告,或者对依法应当披露的其他重要信息不按照规定披露,涉嫌下列情形之一的,应予立案追诉:

(一)造成股东、债权人或者其他人直接经济损失数额累计在一百万元以上的;

(二)虚增或者虚减资产达到当期披露的资产总额百分之三十以上的;

(三)虚增或者虚减营业收入达到当期披露的营业收入总额百分之三十以上的;

(四)虚增或者虚减利润达到当期披露的利润总额百分之三十以上的;

(五)未按照规定披露的重大诉讼、仲裁、担保、关联交易或者其他重大事项所涉及的数额或者连续十二个月的累计数额达到最近一期披露的净资产百分之五十以上的;

(六)致使不符合发行条件的公司、企业骗取发行核准或者注册并且上市交易的;

(七)致使公司、企业发行的股票或者公司、企业债券、存托凭证或者国务院依法认定的其他证券被终止上市交易的;

(八)在公司财务会计报告中将亏损披露为盈利,或者将盈利披露为亏损的;

(九)多次提供虚假的或者隐瞒重要事实的财务会计报告,或者多次对依法应当披露的其他重要信息不按照规定披露的;

(十)其他严重损害股东、债权人或者其他人利益,或者有其他严重情节的情形。

[附则(第七十九条至第八十五条)内容附在本书刑法第一百二十条之一附文同名文件中。]

▽提供虚假财会报告罪处罚主体的认定

提供虚假财会报告的客观行为不仅仅是提供行为,同时还内含着一个弄虚作假,制作虚假财会报告的行为,这也是提供虚假财会报告行为的应有之义,没有制假行为,自然无从谈起提供虚假财会报告的问题。所以,在认定提供虚假财会报告罪处罚主体时,需将虚假财会报告的制作和提供两方面的行为主体同时纳入分析、评价的范畴。也就是需对提供虚假财会报告罪承担刑事责任的直接负责的主管人员和其他直接责任人员,既包括对公司财务会计报告的真实性、可靠性负有直接责任的公司董事长、董事、总经理、经理、监事,同时还包括直接参与虚假财务会计报告制作的工作人员。前者一般表现为签署、审核财务会计报告的人员和授意、指使编制虚假的或者隐瞒重要事实的财务会计报告的公司负责人,但对制假报假不知情的公司管理人员,工作过失致使虚假财会报告提供出去的,因无主观故意,不应视为直接负责的主管人员;后者一般表现为具体编制或者参与编制虚假的或者隐瞒重要事实的财务会计报告的公司财会人员,因为公司的财会报告通常是由财会人员制作完成的,但不以财会人员为限:首先,凡是参与制作虚假报告的以及为直接编制虚假报告人员提供虚假凭证资料的人员均应视为相关责任人员;其次,是否属于需要追究刑事责任的直接责任人员,取决于该人员在犯罪中的地位和作用,而非是否具有财会人员的身份。[参见第285号案例,董博等提供虚假财会报告案,载《刑事审判参考》总第37集(2004年第2集),法律出版社,第11页。执笔:刘一守]

▽依法负有披露义务的公司、企业对应当披露的重要信息不按规定披露的,对直接负责的主管人员以违规不披露重要信息罪论处

违规披露、不披露重要信息罪侵犯的客体是上市公司的信息披露制度和广大股东、投资人的利益。信息披露作为规制证券市场的一项重要法律制度,自产生以来,在保护投资者、保证证券市场高效运转、有效发挥证券市场的资源配置功能等方面起到了巨大的推动作用。由于现代公司制度下的上市公司所有权与经营权高度分离,广大投资者尤其是中小投资者与上市公司的董事、监事和高级管理人员之间存在严重的"信息不对称"现象,上市公司的董事、监事和高级管理人员可能利用实际控制公司的职权便利获取自身利益,而置公司利益于不顾,甚至损害公司及其股东利益。特别是近年来,随着我国证券市场规模的进一步发展,暴露的上市公司违规披露、不披露重要信息案件大量增多。这类案件往往涉案金额巨大,社会影响极大,给证券市场的信用基础带来极大的损害。在这一背景下,刑法修正案(六)对刑法原第一百六十一条作了重大修改。几处修改为:一是扩大了披露范围,从原来的财务会计报告扩大到所有依法应当披露的重要信息;二是增加了"其他严重情节"的表述,将本罪从结果犯修改为情节犯,扩大了打击范围,增强了实践可操作性;三是由提供虚假财会报告罪这一罪名修改为违规披露、不披露重要信息罪。违规披露、不披露重要信息罪要求行为人客观上必须实施"严重损害股东或者其他人利益"的行为或者有"其他严重情节"的行为。对于"严重损害""严重情节"的认定标准,目前尚无司法解释予以明确,实践中一般是参照适用最高人民检察院、公安部2010年5月7日联合制定的《关于公安机关管辖的刑事案件立案追诉标准的规定(二)》(本附文以下简称《标准二》)的规定。《标准二》对违规披露、不披露重要信息案规定了9项具体的立案追诉标准。由此可知,违规披露、不披露重要信息罪的成立,并不要求对股东和社会公众的经济利益造成实际损失,情节达到一定严重程度亦可构成本罪。本案被告人作为上市公司的法定代表人和董事长,对上市公司依法应当披露的担保信息未按规定披露,担保金额达1.6亿余元,担保金额已经超过公司净资产,其中连续12个月的担保累计金额占净资产的比例远远超过50%,而且连续3年对应当披露的重要信息不按照规定披露。虽然本案违规不披露重要信息的行为具体给股东和社会公众造成多大的经济损失不好认定,但根据上述情节,认定其构成违规不披露重要信息罪没有任何问题。值得注意的是,违规披露、不披露重要信息罪虽然是单位犯罪,但与一般的单位犯罪不同,本罪实行单罚制,仅对"直接负责的主管人员和其他直接责任人员"进行刑事处罚。立法上之所以采用单罚制,主要是基于本罪的犯罪主体公司、企业在部分案件中也是违规披露、不披露重要信息行为的被害人,在此情况下,如果再对公司、企业判处罚金,势必加重公司、企业的负担,更不利于保护股东或者其他投资者的合法权益。[参见第824号指导案例,于在青违规不披露重要信息案,载《刑事审判参考》总第90集(2013年第1集),第3～5页。撰稿:周庆琳　汤咏梅]

第一百六十二条　【妨害清算罪】公司、企业进行清算时,隐匿财产,对资产负债表或者财产清单作虚伪记载或者在未清偿债务前分配公司、企业财产,严重损害债权人或者其他人利益的,对其直接负责的主管人员和其他直接责任人员,处五年以下有期徒刑或者拘役,并处或者单处二万元以上二十万元以下罚金。

■最高人民检察院、公安部关于公安机关管辖的刑事案件立案追诉标准的规定(二)(2022 年 5 月 15 日)

第七条　〔妨害清算案(刑法第一百六十二条)〕公司、企业进行清算时,隐匿财产,对资产负债表或者财产清单作虚伪记载或者在未清偿债务前分配公司、企业财产,涉嫌下列情形之一的,应予立案追诉:

(一)隐匿财产价值在五十万元以上的;

(二)对资产负债表或者财产清单作虚伪记载涉及金额在五十万元以上的;

(三)在未清偿债务前分配公司、企业财产价值在五十万元以上的;

(四)造成债权人或者其他人直接经济损失数额累计在十万元以上的;

(五)虽未达到上述数额标准,但应清偿的职工的工资、社会保险费用和法定补偿金得不到及时清偿,造成恶劣社会影响的;

(六)其他严重损害债权人或者其他人利益的情形。

[附则(第七十九条至第八十五条)内容附在本书刑法第一百二十条之一附文同名文件中。]

▽以分公司的名义实施,且代表的是分公司的意志,故应认定为单位行为,符合妨害清算罪的主体要件

作为单位犯罪,妨害清算罪只能由单位实施。五金分公司是和城公司属下的不具有法人资格的分支机构,是单位犯罪的主体。单位犯罪中的单位,不以法人资格为要件,公司的分支机构,只要具有相对独立的经营权,可以单独对外发生民事法律关系,其行为同样应认定为单位行为,其所实施的犯罪同样应认定为单位犯罪。这一点,最高人民法院 2001 年发布的《全国法院审理金融犯罪案件工作座谈会纪要》中予以了明确,以单位的分支机构或者内设机构、部门的名义实施犯罪,违法所得亦归分支机构或者内设机构、部门所有的,应认定为单位犯罪。该纪要同时强调指出,不得以单位的分支机构或者内设机构、部门没有可供执行罚金的财产,就不将其认定为单位犯罪,而按照个人犯罪处理。[参见第 269 号案例,沈卫国等挪用资金、妨害清算案,载《刑事审判参考》总第 35 集(2003 年第 6 集),法律出版社,第 24 页。执笔:王季君　胡曾铮]

▽妨害清算的具体行为方式,即"隐匿财产""对资产负债表或者财产清单作虚伪记载""在未清偿债务前分配公司、企业财产"的认定

"隐匿财产",是指将公司、企业等单位的资金、工具、设备、产品、货物等各种财物予以转移、隐藏的行为;"对资产负债表或者财产清单作虚伪记载",是指在制作资产负债表或者财产清单时,故意采取隐瞒或者欺骗等方法,对资产负债表或财产清单进行虚报,以达到逃避公司、企业债务的目的,既包括采用少报、低报的手段,故意隐瞒或者缩小公司、企业的实际财产,也包括采取夸大的手段,多报公司、企业的实际资产,如对公司、企业的厂房、设备、产品的实际价值高估高报,用以抵销或偿还债务等;"在未清偿债务前分配公司、企业财产",是指违反法律规定,在依程序清偿债务之前,擅自分配公司、企业财产。[参见第 269 号案例,沈卫国等挪用资金、妨害清算案,载《刑事审判参考》总第 35 集(2003 年第 6 集),法律出版社,第 25 页。执笔:王季君　胡曾铮]

▽不属法定妨害清算行为,亦未造成严重损害债权人或者其他人利益之后果,故不构成妨害清算罪

首先,行为人以分公司的名义,擅自处理、转移分公司的库存及代销物资,且拒绝移交分公司账簿的行为,不属妨害清算行为。妨害清算的具体行为方式有三,即隐匿财产、对资产负债表或者财产清单作虚伪记载及在公司、企业清偿债务前分配公司、企业财产。行为人在清理小组进驻和城公司,对分公司进行限制经营及至作出关闭决定期间,擅自处置分公司财产,将分公司的库存物资以退货等形式转移至他公司,因属债权债务共同移转,公司财产并未因之受到损失,债权人及其他利害关系人的利益亦未因之受到损害,明显不属隐匿、分配公司财产行为;行为人故意隐匿分公司财会账册、拒不交出的行为,与在依据法律规定应由清算组编制的资产负债表或者财产清单上作虚伪记载毕竟不同,且经审理查明该隐匿财会账册行为、拒不交出行为并无隐瞒公司实际财产之故意,亦未对公司财产构成实质损害,故行为人的行为虽在一定程度上对公司的清算可能会造成妨碍,但不应认定为刑法规定的妨害清算行为。其次,清理小组与清算组并不完全相同,不得将中山公司接管、清理和城公司及其属下分公司的行为当然地认定为清算行为。清算是基于公司、企业的解散、破产事由,依照法律规定清理公司、企业财产,了结其债权、债务关系的活动。公司、企业是否进入清算阶段,应从清算事由、清算组织、清算内容及清算目的等方面加以具体判别。中山公司成立清理小组进驻和城公司,意在摸底整顿,而非终止,清理行为对内不对外,既无终止和城公司之主观意思,亦无终止之具体行为,故不应将之认定为法律意义上的清算。现有证据无从证明,行为人无视清理小组的监管及要求,擅自处理、转移分公司的库存及代销物资及拒绝移交财会账簿的行为,造成了严重损害债权人、中山公司、和城公司等利害关系人利益的后果。[参见第269号案例,沈卫国等挪用资金、妨害清算案,载《刑事审判参考》总第35集(2003年第6集),法律出版社,第25～26页。执笔:王季君　胡曾铮]

第一百六十二条之一　【隐匿、故意销毁会计凭证、会计账簿、财务会计报告罪】隐匿或者故意销毁依法应当保存的会计凭证、会计账簿、财务会计报告,情节严重的,处五年以下有期徒刑或者拘役,并处或者单处二万元以上二十万元以下罚金。

单位犯前款罪的,对单位判处罚金,并对其直接负责的主管人员和其他直接责任人员,依照前款的规定处罚。(此条是根据《中华人民共和国刑法修正案》之一增加的,1999年12月25日起施行。)

■最高人民检察院、公安部关于公安机关管辖的刑事案件立案追诉标准的规定(二)(2022年5月15日)

第八条　〔隐匿、故意销毁会计凭证、会计帐簿、财务会计报告案(刑法第一百六十二条之一)〕隐匿或者故意销毁依法应当保存的会计凭证、会计帐簿、财务会计报告,涉嫌下列情形之一的,应予立案追诉:

(一)隐匿、故意销毁的会计凭证、会计帐簿、财务会计报告涉及金额在五十万元以上的;

(二)依法应当向监察机关、司法机关、行政机关、有关主管部门等提供而隐匿、故意销毁或者拒不交出会计凭证、会计帐簿、财务会计报告的;

(三)其他情节严重的情形。

[附则(第七十九条至第八十五条)内容附在本书刑法第一百二十条之一附文同名文件中。]

■中华人民共和国公司法(2018年12月26日)

第一百七十条　公司应当向聘用的会计师事务所提供真实、完整的会计凭证、会计账簿、财务会计报告及其他会计资料,不得拒绝、隐匿、谎报。

第一百七十一条　公司除法定的会计账簿外,不得另立会计账簿。

对公司资产,不得以任何个人名义开立账户存储。

■全国人民代表大会常务委员会法制工作委员会关于对"隐匿、销毁会计凭证、会计账簿、财务会计报告构成犯罪的主体范围"问题的答复意见(全文)(2002年1月14日)

根据全国人大常委会1999年12月25日刑法修正案第一条的规定,任何单位和个人在办理会计事务时对依法应当保存的会计凭证、会计账簿、财务会计报告,进行隐匿、销毁,情节严重的,构成犯罪,应当依法追究其刑事责任。

□刑法将销毁会计资料的行为明确规定为犯罪后,烧毁会计资料的行为构成犯罪

江山造纸厂往年虽然烧毁过会计资料,但那些行为发生在刑法修正以前,根据罪刑法定和不溯及既往的原则,以往的这些行为不构成犯罪。在刑法将销毁会计资料的行为明确规定为犯罪后,江山造纸厂和其法定代表人杨某某仍不顾法律规定,为了本厂私利而以身试法,故不得不对其施以刑罚。(浙江省江山市人民检察院诉江山市造纸厂、杨某某销毁会计资料案,载《最高人民法院公报》总第78期,2002年第4期,第138页。)

□为私利,经决策机构集体研究同意后,烧毁依法应当保存的会计资料,其行为与法律的规定相悖,可视为情节严重

会计凭证、会计账簿是会计法规定依法应当保存的会计资料,任何单位与个人均不得隐匿或者故意销毁。被告单位江山造纸厂为本厂私利,经该厂决策机构集体研究同意后,用锅炉烧毁了依法应当保存的上述会计资料,其行为与法律的规定公开相悖,可视为情节严重。依照《刑法》第一百六十二条之一的规定,江山造纸厂的行为构成故意销毁会计凭证罪。(浙江省江山市人民检察院诉江山市造纸厂、杨某某销毁会计资料案,载《最高人民法院公报》总第78期,2002年第4期,第138页。)

▽未实施对抗监管部门监督检查的"隐匿"行为不构成隐匿会计凭证、会计账簿、财务会计报告罪

被告人客观上没有实施隐匿的行为,主观上没有隐匿的故意,实质上也未造成社会危害。案发时,兰州正林公司的法定代表人虽已变更为郭某鹏,但公司登记备案材料显示林某仍然是公司唯一的法定出资人,应有权决定公司的内部事务,有权委托金某等人转运账册,且涉案的会计材料从兰州正林公司整理封存装车到运往郑州正林公司,再从郑州正林公司运回兰州正林公司,转运全程并未实质脱离兰州正林公司相关人员的控制,亦不存在监管部门进行监督检查或要求提供会计账册的情况。本案林某、金某指使他人转运会计资料的行为,是因公司内部股东之间为争夺公司控制权而引发,是为郭某鹏接手公司制造障碍,保障自己在公司利益的一种自救措施,被告人主观上并非为了掩盖违法犯罪的事实,缺乏隐匿会计材料以对抗监管的故意。具体理由如下:

隐匿会计凭证、会计账簿、财务报告罪是1999年12月《中华人民共和国刑法修正案》增设的罪名,作为刑法第一百六十二条之一,关于本罪的追诉标准,《最高人民检察院、公安部关于公安机关管辖的刑事案件立案追诉标准的规定(二)》第八条予以明确规定。本案会计凭证等涉及的金额高达9000余万元,远远超过了隐匿会计凭证、会计账簿、财务会计报告罪50万元的立案追诉标准。认定本案的关键在于,二被告人是否具有实施"隐匿"会计凭证、会计账簿、财务会计报告的主观故意和客观行为。对"隐匿"的认定,从会计法规定的角度,可以窥见刑法设立该罪名的内涵。会计法第三十五条规定:"各单位必须依照有关法律、行政法规的规定,接受有关监督检查部门依法实施的监督检查,如实提供会计凭证、会计帐簿、财务会计报告和其他会计资料以及有关情况,不得拒绝、隐匿、谎报。"也就是说,为了逃避有关监督检查部门依法实施的监督检查而实施的隐匿,才可能构成会计法意义上的"隐匿"。由于隐匿会计凭证、会计账簿、财务报告罪属于行政犯而非自然犯,刑法规定的该罪中的"隐匿"宜参照有关行政法来理解。会计法规定的隐匿会计凭证、会计账簿、财务报告的目的,应当成为评价某一隐匿行为是否能够进入刑事处罚领域的依据。因而,评价某一行为是否构成隐匿会计凭证、会计账簿、财务报告罪,首先需要判断行为人所实施的隐匿行为是否为了逃避有关监督检查部门依法实施的监督检查。本案被告人林某之所以要求被告人金某安排公司人员将本公司的会计资料运往郑州关联公司,是因为公司内部股东之间正在争夺公司控制权,二被告人实施转运会计资料行为期间不存在司法机关、行政机关或有关主管部门进行监督、检查或要求提供会计账册的情况。实际上,涉案会计材料所运之地并非与兰州正林公司没有任何关系,而是与兰州正林公司有关联关系的郑州正林公司以及兰州正林公司的石家庄分公司等,恰恰也印证了其转运并非为了逃避主管部门的监督检查。换言之,本案二被告人不具有刑法意义上的隐匿会计凭证、会计账簿、财务报告所要求的主观故意。从客观方面来看,二被告人安排实施转运会计凭证等资料的行为之时,兰州市中级人民法院民事判决[(2007)兰法民三初字第97号]已生效并确认兰州正林公司的董事长为郭某鹏。根据兰州市中级人民法院的该民事判决,林某在安排转运涉案材料时已非兰州正林公司董事长、法定代表人。但相关主管部门的登记备案材料显示，林某始终是正林公司唯一的法定出资人。也就是说，至案发林某都是兰州正林公司唯一、合法的控制人，应认为其有权决定兰州正林公司的内部事务，包括委托金某等人转运账册等，且本案涉案的会计材料整个转运过程也未脱离兰州正林公司的实际控制，不存在隐匿的客观事实。故不能认定被告人林某、金某实施了隐匿会计凭证、会计账簿、财务会计报告的行为。综上，被告人林某、金某主观上没有为逃避有关主管部门的监督检查而隐匿会计凭证等资料的故意，客观上也没有实施隐匿的行为，故二被告人的行为不构成隐匿会计凭证、会计账簿、财务会计报告罪，原判的认定是正确的。［参见第1206号指导案例，林某、金某隐匿会计凭证、会计账簿、财务会计报告，非法持有枪支、弹药案，载《刑事审判参考》总第111集，第9～12页。撰稿：郭慧　初立秀　宫伟宸］

第一百六十二条之二　【虚假破产罪】公司、企业通过隐匿财产、承担虚构的债务或者以其他方法转移、处分财产，实施虚假破产，严重损害债权人或者其他人利益的，对其直接负责的主管人员和其他直接责任人员，处五年以下有期徒刑或者拘役，并处或者单处二万元以上二十万元以下罚金。（此条是根据《中华人民共和国刑法修正案（六）》之六增加的，2006年6月29日起施行。）

■最高人民检察院、公安部关于公安机关管辖的刑事案件立案追诉标准的规定(二)(2022年5月15日)

第九条　〔虚假破产案(刑法第一百六十二条之二)〕公司、企业通过隐匿财产、承担虚构的债务或者以其他方法转移、处分财产，实施虚假破产，涉嫌下列情形之一的，应予立案追诉：

(一)隐匿财产价值在五十万元以上的；

(二)承担虚构的债务涉及金额在五十万元以上的；

(三)以其他方法转移、处分财产价值在五十万元以上的；

(四)造成债权人或者其他人直接经济损失数额累计在十万元以上的；

(五)虽未达到上述数额标准，但应清偿的职工的工资、社会保险费用和法定补偿金得不到及时清偿，造成恶劣社会影响的；

(六)其他严重损害债权人或者其他人利益的情形。

［附则(第七十九条至第八十五条)内容附在本书刑法第一百二十条之一附文同名文件中。］

第一百六十三条　【非国家工作人员受贿罪】公司、企业或者其他单位的工作人员，利用职务上的便利，索取他人财物或者非法收受他人财物，为他人谋取利益，数额较大的，处三年以下有期徒刑或者拘役，并处罚金；数额巨大或者有其他严重情节的，处三年以上十年以下有期徒刑，并处罚金；数额特别巨大或者有其他特别严重情节的，处十年以上有期徒刑或者无期徒刑，并处罚金。（本条第一款是根据《中华人民共和国刑法修正案（十一）》之十修改的，2021年3月1日起施行。）

【非国家工作人员受贿罪】公司、企业或者其他单位的工作人员在经济往来中，利用职务上的便利，违反国家规定，收受各种名义的回扣、手续费，归个人所有的，依照前款的规定处罚。

【受贿罪】国有公司、企业或者其他国有单位中从事公务的人员和国有公司、企业或者其他国有单位委派到非国有公司、企业以及其他单位从事公务的人员有前两款行为的，依照本法第三百八十五条、第三百八十六条的规定定罪处罚。（本条是根据《中华人民共和国刑法修正案（六）》之七修改的，2006年6月29日起施行。）

刑法本条第一款原文：【非国家工作人员受贿罪】公司、企业或者其他单位的工作人员利用职务上的便利，索取他人财物或者非法收受他人财物，为他人谋取利益，数额较大的，处五年以下有期徒刑或者拘役；数额巨大的，处五年以上有期徒刑，可以并处没收财产。

刑法本条原文：【公司、企业人员受贿罪】公司、企业的工作人员利用职务上的便利，索取他人财物或者非法收受他人财物，为他人谋取利益，数额较大的,处五年以下有期徒刑或者拘役;数额巨大的,处五年以上有期徒刑,可以并处没收财产。

【公司、企业人员受贿罪】公司、企业的工作人员在经济往来中,违反国家规定,收受各种名义的回扣、手续费,归个人所有的,依照前款的规定处罚。

【受贿罪】国有公司、企业中从事公务的人员和国有公司、企业委派到非国有公司、企业从事公务的人员有前两款行为的,依照本法第三百八十五条、第三百八十六条的规定定罪处罚。

■最高人民检察院、公安部关于公安机关管辖的刑事案件立案追诉标准的规定(二)(2022年5月15日)

第十条　〔非国家工作人员受贿案(刑法第一百六十三条)〕公司、企业或者其他单位的工作人员利用职务上的便利,索取他人财物或者非法收受他人财物,为他人谋取利益,或者在经济往来中,利用职务上的便利,违反国家规定,收受各种名义的回扣、手续费,归个人所有,数额在三万元以上的,应予立案追诉。

[附则(第七十九条至第八十五条)内容附在本书刑法第一百二十条之一附文同名文件中。]

■最高人民法院、最高人民检察院关于办理贪污贿赂刑事案件适用法律若干问题的解释(2016年4月18日)

第十一条　刑法第一百六十三条规定的非国家工作人员受贿罪、第二百七十一条规定的职务侵占罪中的“数额较大”“数额巨大”的数额起点,按照本解释关于受贿罪、贪污罪相对应的数额标准规定的二倍、五倍执行。

刑法第二百七十二条规定的挪用资金罪中的“数额较大”“数额巨大”以及“进行非法活动”情形的数额起点,按照本解释关于挪用公款罪“数额较大”“情节严重”以及“进行非法活动”的数额标准规定的二倍执行。

刑法第一百六十四条第一款规定的对非国家工作人员行贿罪中的“数额较大”“数额巨大”的数额起点,按照本解释第七条、第八条第一款关于行贿罪的数额标准规定的二倍执行。

第十二条　贿赂犯罪中的“财物”,包括货币、物品和财产性利益。财产性利益包括可以折算为货币的物质利益如房屋装修、债务免除等,以及需要支付货币的其他利益如会员服务、旅游等。后者的犯罪数额,以实际支付或者应当支付的数额计算。

第十三条　具有下列情形之一的,应当认定为“为他人谋取利益”,构成犯罪的,应当依照刑法关于受贿犯罪的规定定罪处罚:

(一)实际或者承诺为他人谋取利益的;

(二)明知他人有具体请托事项的;

(三)履职时未被请托,但事后基于该履职事由收受他人财物的。

国家工作人员索取、收受具有上下级关系的下属或者具有行政管理关系的被管理人员的财物价值三万元以上,可能影响职权行使的,视为承诺为他人谋取利益。

第十五条　对多次受贿未经处理的,累计计算受贿数额。

国家工作人员利用职务上的便利为请托人谋取利益前后多次收受请托人财物,受请托之前收受的财物数额在一万元以上的,应当一并计入受贿数额。

第十六条　国家工作人员出于贪污、受贿的故意,非法占有公共财物、收受他人财物之后,将赃款赃物用于单位公务支出或者社会捐赠的,不影响贪污罪、受贿罪的认定,但量刑时可以酌情考虑。

特定关系人索取、收受他人财物,国家工作人员知道后未退还或者上交的,应当认定国家工作人员具有受贿故意。

第十七条　国家工作人员利用职务上的便利,收受他人财物,为他人谋取利益,同时构成受贿罪和刑法分则第三章第三节、第九章规定的渎职犯罪的,除刑法另有规定外,以受贿罪和渎职犯罪数罪并罚。

第十八条 贪污贿赂犯罪分子违法所得的一切财物,应当依照刑法第六十四条的规定予以追缴或者责令退赔,对被害人的合法财产应当及时返还。对尚未追缴到案或者尚未足额退赔的违法所得,应当继续追缴或者责令退赔。

第十九条 对贪污罪、受贿罪判处三年以下有期徒刑或者拘役的,应当并处十万元以上五十万元以下的罚金;判处三年以上十年以下有期徒刑的,应当并处二十万元以上犯罪数额二倍以下的罚金或者没收财产;判处十年以上有期徒刑或者无期徒刑的,应当并处五十万元以上犯罪数额二倍以下的罚金或者没收财产。

对刑法规定并处罚金的其他贪污贿赂犯罪,应当在十万元以上犯罪数额二倍以下判处罚金。

第二十条 本解释自2016年4月18日起施行。最高人民法院、最高人民检察院此前发布的司法解释与本解释不一致的,以本解释为准。

■最高人民法院、最高人民检察院关于办理商业贿赂刑事案件适用法律若干问题的意见(全文)(2008年11月20日)

一、商业贿赂犯罪涉及刑法规定的以下八种罪名:(1)非国家工作人员受贿罪(刑法第一百六十三条);(2)对非国家工作人员行贿罪(刑法第一百六十四条);(3)受贿罪(刑法第三百八十五条);(4)单位受贿罪(刑法第三百八十七条);(5)行贿罪(刑法第三百八十九条);(6)对单位行贿罪(刑法第三百九十一条);(7)介绍贿赂罪(刑法第三百九十二条);(8)单位行贿罪(刑法第三百九十三条)。

二、刑法第一百六十三条、第一百六十四条规定的“其他单位”,既包括事业单位、社会团体、村民委员会、居民委员会、村民小组等常设性的组织,也包括为组织体育赛事、文艺演出或者其他正当活动而成立的组委会、筹委会、工程承包队等非常设性的组织。

三、刑法第一百六十三条、第一百六十四条规定的“公司、企业或者其他单位的工作人员”,包括国有公司、企业以及其他国有单位中的非国家工作人员。

四、医疗机构中的国家工作人员,在药品、医疗器械、医用卫生材料等医药产品采购活动中,利用职务上的便利,索取销售方财物,或者非法收受销售方财物,为销售方谋取利益,构成犯罪的,依照刑法第三百八十五条的规定,以受贿罪定罪处罚。

医疗机构中的非国家工作人员,有前款行为,数额较大的,依照刑法第一百六十三条的规定,以非国家工作人员受贿罪定罪处罚。

医疗机构中的医务人员,利用开处方的职务便利,以各种名义非法收受药品、医疗器械、医用卫生材料等医药产品销售方财物,为医药产品销售方谋取利益,数额较大的,依照刑法第一百六十三条的规定,以非国家工作人员受贿罪定罪处罚。

五、学校及其他教育机构中的国家工作人员,在教材、教具、校服或者其他物品的采购等活动中,利用职务上的便利,索取销售方财物,或者非法收受销售方财物,为销售方谋取利益,构成犯罪的,依照刑法第三百八十五条的规定,以受贿罪定罪处罚。

学校及其他教育机构中的非国家工作人员,有前款行为,数额较大的,依照刑法第一百六十三条的规定,以非国家工作人员受贿罪定罪处罚。

学校及其他教育机构中的教师,利用教学活动的职务便利,以各种名义非法收受教材、教具、校服或者其他物品销售方财物,为教材、教具、校服或者其他物品销售方谋取利益,数额较大的,依照刑法第一百六十三条的规定,以非国家工作人员受贿罪定罪处罚。

六、依法组建的评标委员会、竞争性谈判采购中谈判小组、询价采购中询价小组的组成人员,在招标、政府采购等事项的评标或者采购活动中,索取他人财物或者非法收受他人财物,为他人谋取利益,数额较大的,依照刑法第一百六十三条的规定,以非国家工作人员受贿罪定罪处罚。

依法组建的评标委员会、竞争性谈判采购中谈判小组、询价采购中询价小组中国家机关或者其他国有单位的代表有前款行为的,依照刑法第三百八十五条的规定,以受贿罪定罪处罚。

七、商业贿赂中的财物,既包括金钱和实物,也包括可以用金钱计算数额的财产性利益,如提供房屋装修、含有金额的会员卡、代币卡(券)、旅游费用等。具体数额以实际支付的资费为准。

八、收受银行卡的,不论受贿人是否实际取出或者消费,卡内的存款数额一般应全额认定为受贿数额。使用银行卡透支的,如果由给予银行卡的一方承担还款责任,透支数额也应当认定为受贿数额。

九、在行贿犯罪中,"谋取不正当利益",是指行贿人谋取违反法律、法规、规章或者政策规定的利益,或者要求对方违反法律、法规、规章、政策、行业规范的规定提供帮助或者方便条件。

在招标投标、政府采购等商业活动中,违背公平原则,给予相关人员财物以谋取竞争优势的,属于"谋取不正当利益"。

十、办理商业贿赂犯罪案件,要注意区分贿赂与馈赠的界限。主要应当结合以下因素全面分析、综合判断:(1)发生财物往来的背景,如双方是否存在亲友关系及历史上交往的情形和程度;(2)往来财物的价值;(3)财物往来的缘由、时机和方式,提供财物方对于接受方有无职务上的请托;(4)接受方是否利用职务上的便利为提供方谋取利益。

十一、非国家工作人员与国家工作人员通谋,共同收受他人财物,构成共同犯罪的,根据双方利用职务便利的具体情形分别定罪追究刑事责任:

(1)利用国家工作人员的职务便利为他人谋取利益的,以受贿罪追究刑事责任。

(2)利用非国家工作人员的职务便利为他人谋取利益的,以非国家工作人员受贿罪追究刑事责任。

(3)分别利用各自的职务便利为他人谋取利益的,按照主犯的犯罪性质追究刑事责任,不能分清主从犯的,可以受贿罪追究刑事责任。

■最高人民法院关于如何认定国有控股、参股股份有限公司中的国有公司、企业人员的解释(全文)(2005年8月11日)

为准确认定刑法分则第三章第三节中的国有公司、企业人员,现对国有控股、参股的股份有限公司中的国有公司、企业人员解释如下:

国有公司、企业委派到国有控股、参股公司从事公务的人员,以国有公司、企业人员论。

■国家工商行政管理局关于禁止商业贿赂行为的暂行规定(1996年11月15日)

第二条 经营者不得违反《反不正当竞争法》第八条规定,采用商业贿赂手段销售或者购买商品。

本规定所称商业贿赂,是指经营者为销售或者购买商品而采用财物或者其他手段贿赂对方单位或者个人的行为。

前款所称财物,是指现金和实物,包括经营者为销售或者购买商品,假借促销费、宣传费、赞助费、科研费、劳务费、咨询费、佣金等名义,或者以报销各种费用等方式,给付对方单位或者个人的财物。第二款所称其他手段,是指提供国内外各种名义的旅游、考虑等给付财物以外的其他利益的手段。

第三条 经营者的职工采用商业贿赂手段为经营者销售或者购买商品的行为,应当认定为经营者的行为。

第四条 任何单位或者个人在销售或者购买商品时不得收受或者索取贿赂。

第五条 在帐外暗中给予对方单位或者个人回扣的,以行贿论处;对方单位或者个人在帐外暗中收受回扣的,以受贿论处。

本规定所称回扣,是指经营者销售商品时在帐外暗中以现金、实物或者其他方式退给对方单位或者个人的一定比例的商品价款。

本规定所称帐外暗中,是指未在依法设立的反映其生产经营活动或者行政事业经费收支的财务帐上按照财务会计制度规定明确如实记载,包括不记入财务帐、转入其他财务帐或者做假帐等。

第六条　经营者销售商品,可以以明示方式给予对方折扣。经营者给予对方折扣的,必须如实入帐;经营者或者其他单位接受折扣的,必须如实入帐。

本规定所称折扣,即商品购销中的让利,是指经营者在销售商品时,以明示并如实入帐的方式给予对方的价格优惠,包括支付价款时对价款总额按一定比例即时予以扣除和支付价款总额后再按一定比例予以退还两种形式。

本规定所称明示和入帐,是指根据合同约定的金额和支付方式,在依法设立的反映其生产经营活动或者行政事业经费收支的财务帐上按照财务会计制度规定明确如实记载。

第七条　经营者销售或者购买商品,可以以明示方式给中间人佣金。

经营者给中间人佣金的,必须如实入帐;中间人接受佣金的,必须如实入帐。

本规定所称佣金,是指经营者在市场交易中给予为其提供服务的具有合法经营资格的中间人的劳务报酬。

第八条　经营者在商品交易中不得向对方单位或者其个人附赠现金或者物品。但按照商业惯例赠送小额广告礼品的除外。

违反前款规定的,视为商业贿赂行为。

第九条　经营者违反本规定以行贿手段销售或者购买商品的,由工商行政管理机关依照《反不正当竞争法》第二十二条的规定,根据情节处以一万元以上二十万元以下的罚款,有违法所得的,应当予以没收;构成犯罪的,移交司法机关依法追究刑事责任。

有关单位或者个人购买或者销售商品时收受贿赂的,由工商行政管理机关按照前款的规定处罚;构成犯罪的,移交司法机关依法追究刑事责任。

▼安徽省常见经济犯罪数额标准一览表(2000—2014年)(见本书附录四十)

▼广东省高级人民法院关于办理破坏社会主义市场经济秩序犯罪案件座谈会纪要(2014年11月1日)

一、商业贿赂罪

1.关于非国家工作人员受贿犯罪的数额标准。一类地区(广州、深圳、珠海、佛山、中山、东莞)以不满40万元为“数额较大”,40万元以上为“数额巨大”。

二类地区(其他地区)以不满30万元为“数额较大”,30万元以上为“数额巨大”。

2.关于个人犯对非国家工作人员行贿罪的数额标准。一类地区以不满40万元为“数额较大”,40万元以上为“数额巨大”。

二类地区以不满30万元为“数额较大”,30万元以上为“数额巨大”。

3.关于单位犯对非国家工作人员行贿罪的数额标准。一类地区以不满150万元为“数额较大”,150万元以上为“数额巨大”。

二类地区以不满100万元为“数额较大”,100万元以上为“数额巨大”。

四、涉案财物处理

13.关于诈骗财物及其孳息的处理问题。案发后查封、扣押、冻结在案的诈骗财物及其孳息,权属明确的,应当发还相应被害人;权属不明确的,可以按被骗款物占查封、扣押、冻结在案的财物及其孳息总额的比例发还被害人,但是已获退赔的应予扣除。

14.关于涉案财产的追缴和处置问题。将诈骗所得的资金或者财物及转换所得的财物用于清偿债务或者转让给他人,有下列情形之一的,应当依法追缴:

(一)他人明知是上述资金或者财物而收取的;

(二)他人无偿取得上述资金或者财物的;

(三)他人以明显低于市场的价格取得上述资金或者财物的;

(四)他人取得上述资金或者财物系源于非法债务或者违法犯罪活动的；

(五)其他依法应当追缴的情形。

他人善意取得诈骗财物的，不予追缴。

五、其他

15. 铁路运输两级法院审理的犯罪案件，按照案发地的数额标准定罪量刑。

16. 对于案发地跨两类地区的，按照一类地区的数额标准定罪量刑；因指定管辖导致跨地区审判的，按照案发地的数额标准定罪量刑。

17. 本院以前发布的指导意见与本纪要不一致的，以本纪要规定为准。

▽筹建中的公司、企业工作人员应属于刑法意义上"公司、企业工作人员"

刑法第一百六十三条既没有限定企业的性质，也没有限定企业的存在状态，因此，只要是依法设立的企业(含正在筹建中的公司、企业)，其工作人员利用职务便利，收受他人财物，为请托人谋取利益的，就应当适用该条款。由于公司、企业的成立需要一个过程，故不能将依法设立理解为取得了营业执照。司法实践中，筹建中的公司、企业因管理不规范，更容易发生侵占、受贿、挪用等职务犯罪，如不将筹建中的公司、企业认定为刑法意义上的公司、企业，会放纵大量此类犯罪，不符合刑法立法精神。[参见第320号案例，杨志华企业人员受贿案，载《刑事审判参考》总第41集(2004年第6集)，法律出版社，第6~7页。执笔:清国]

▽筹建中的公司、企业工作人员利用职务上的便利，为请托人谋取利益，非法收受、索取请托人财物的，应当以非国家工作人员受贿罪处罚

刑法第一百六十三条既没有限定企业的性质，也没有限定企业的存在状态，显然乡村集体所有制企业(含正在筹建中的企业)工作人员应属于该罪中企业工作人员。(1)依照《中华人民共和国乡村集体所有制企业条例》第十四条的规定，经政府批准成立的村办企业，没有领取《企业法人营业执照》或者《营业执照》，不应影响其村办企业的性质。行为人作为村办企业筹建组负责人，实际履行了该村办企业的经营管理权，应当认定为企业工作人员。对于身兼多职的行为人[兼任村(居)民委员会党支部书记、村(居)民委员会主任、经济合作社社长、村办企业筹建组负责人等职务]，不能根据其对外表明的身份，而应依照其为他人谋取利益时所利用的具体职务内容，来认定其是否具有刑法对某一具体犯罪所特殊要求的主体身份。行为人是村办企业的筹建组负责人，虽然签订该村办企业的施工、转让协议大多不是以村办企业负责人的名义，而是以村(居)民委员会主任或者经济合作社社长的名义进行，但协议的内容均属于村办企业负责人的职责范畴。(2)行为人非法收受、索要他人财物，与其在村办企业的筹建、转让方面为他人谋取的利益，有直接的因果关系，故应对行为人以非国家工作人员受贿罪定罪处罚。[参见第320号案例，杨志华企业人员受贿案，载《刑事审判参考》总第41集(2004年第6集)，法律出版社，第6~7页。执笔:清国]

▽只要是国有单位的委派，依照公司法规定产生的公司负责人就能认定为国有单位委派从事公务的人员

只要经过了国有单位的委派程序，并在非国有单位中履行组织、领导、监督、管理等公务性的职责，就应当认定为受国有单位委派从事公务，不能因为被委派人员能否担任相应的职务还需要根据公司法的规定由股东会选举或者董事会聘任，而否认被委派人员是受国有公司、企业委派从事公务的性质。根据公司法第五十一条规定，有限责任公司，股东人数较少和规模较小的，可以设一名执行董事，不设立董事会。执行董事可以兼任公司经理。第三十八条规定，有限责任公司的董事由股东会选举。在兴隆公司改制为有限责任公司后，行为人被股东推举为执行董事兼经理。因此，行为人担任兴隆有限公司经理的职务源于股东的推举。但公司法第四十一条规定，股东会会议由股东按照出资比例行使表决权。由于兴隆有限公司实质上是南通农行出资设立的，南通农行聘任行为人担任兴隆有限公司总经理具有决定性作用。这种聘任,正属于刑法第九十三条第二款规定的“委派”。对此,《全国法院审理经济犯罪案件工作座谈会纪要》予以明确。需要说明的是,在国有公司、企业转制过程中,国有公司、企业委派人员到其控股或者参股的公司中行使监督、管理国有资产的情况比较复杂,既有事前、事中的提名、推荐、指派、任命,也有事后的认可、同意、批准、聘任等。委派的形式可以多种多样,依照何种程序、形式取得非国有公司的管理职位,对于是否属于受国有单位委派的认定不具有决定性意义。随着国有企业改革的深化和人事制度的完善,股份制将成为国有资本的主要实现形式。除了国有独资公司的董事会成员由相关部门直接委派之外,其他公司的董事会成员和总经理均需由股东会选举或者董事会决定,而国有出资单位依法仅享有提名、推荐等出资者的权利。如果将依照公司法由股东会选举产生或者董事会聘任的非国有公司中负责国有资本的经营管理人员一律不认定为受委派从事公务的人员,那么,将从根本上排除在刑事司法中认定受国有公司、企业委派从事公务人员的可能性。[参见第015号案例,曹军受贿案,载《刑事办案指导》(总第2辑)2005年第2辑,中国人民公安大学出版社,第62~64页。执笔:清国]

▽经单位领导研究决定收受、私分回扣款的行为,虽名为单位、实为单位领导个人谋取私利,应以个人共同受贿定罪处罚

确定是否属于单位行为、构成单位犯罪,应从两方面来把握:一是以单位名义实施犯罪,即由单位集体研究决定,或者由单位的负责人或者被授权的其他人员决定、同意;二是为单位谋取利益或者违法所得大部分归单位所有。由行为人在购进生猪业务中收取回扣款,虽系经单位领导研究决定的,但行为人在根据公司决定收取回扣款后,未如实向单位汇报,而是私自分给公司的中层以上领导人员,因此,该贿赂款并未归单位所有。综上分析,行为人收受回扣款虽经单位领导集体研究决定,但主观方面不是为了单位利益,而是名为单位、实为单位领导个人谋取私利,故不应认定为单位受贿,应对单位具体参与的人员以个人受贿罪定罪处罚。[参见第195号案例,左佳等受贿、贪污、挪用公款案,载《刑事审判参考》总第27辑(2002年第4辑),法律出版社,第62~63页。执笔:刘一守]

▽在1997年修订刑法实施之前收受、私分回扣款的行为,应适用全国人大常委会《关于惩治违反公司法的犯罪的决定》的相关规定,以商业受贿罪定罪处罚

首先,最高人民法院1995年发布的《关于办理违反公司法受贿、侵占、挪用公款等刑事案件适用法律若干问题的解释》(本附文以下简称《解释》)规定国家工作人员身份,正是为了方便司法认定,其含义是明确的,即构成国家工作人员需具有国家干部身份;作为司法解释,其适用当时行为的效力也是毋庸置疑的;其次,刑罚适用的效果首先体现为法律效果,公正首先表现为法律上的公正,故关于在同一判决书中仅仅因为法律规定的不同而出现两种不同身份的顾虑是不必要的;再次,刑法第十二条规定的从旧兼从轻这一法律适用原则,必须得到全面的贯彻。国家工作人员作为身份犯的一个特殊的主体构成要件,与主、客观方面共同构成了某一罪名的完整的要件体系,具有同等重要的意义,应当统一纳入法律的评价体系。必须注意到,国家工作人员是一个法律概念,不是法律评价的客体,而是法律评价的结果,故对行为人收受回扣款时的身份分别适用行为时和审理时的法律进行评价是可行的,也是必要的,否则从旧兼从轻的法律适用原则将无从实现。而评价结果可能出现的不同也是允许的,这与对一个具体行为事实的法律定性可能出现的不同是一样的道理。考虑到全国人大常委会《关于惩治违反公司法的犯罪的决定》关于商业受贿罪的法定刑规定与修订刑法中的公司、企业人员受贿罪是一致的,且明显低于(国家工作人员)受贿罪,故根据从旧兼从轻原则,尽管二被告人属于国有公司中从事公务的人员,也应适用《关于惩治违反公司法的犯罪的决定》以商业受贿罪(现为非国家工作人员受贿罪——编著者注)定罪处罚。最高人民法院在《解释》中将公司、企业人员受贿行为的罪名确定为商业受贿罪,而在《关于执行〈中华人民共和国刑法〉确定罪名的规定》中是公司、企业人员受贿罪(现为非国家工作人员受贿罪——编著者注),根据《最高人民法院、最高人民检察院关于适用刑事司法解释时间效力问题的规定》第三条规定,"对于新的司法解释实施前发生的行为,行为时已有相关司法解释,依照行为时的司法解释办理,但适用新的司法解释对犯罪嫌疑人、被告人有利的,适用新的司法解释。"[参见第195号案例,左佳等受贿、贪污、挪用公款案,载《刑事审判参考》总第27辑(2002年第4辑),法律出版社,第62~65页。执笔:刘一守]

▽利用负责代表村民组对外出租村民组集体所有房屋的职务便利,为他人谋取利益,非法收受和索取他人财物的行为符合非国家工作人员受贿罪的构成要件

2006年6月29日开始实施的刑法修正案(六)第七项对刑法本条公司、企业人员受贿罪进行了修订,将该罪的主体扩大为公司、企业或者其他单位工作人员,其罪名也相应修订为非国家工作人员受贿罪。该罪的犯罪主体是公司、企业或其他单位的工作人员,客观方面表现为公司、企业或其他单位工作人员利用职务上的便利,索取他人财物或者非法收受他人财物,为他人谋取利益,数额较大的行为。被告人身为村民组组长,可以认定为刑法本条规定的"其他单位人员",其利用负责代表村民组对外出租村民组集体所有房屋的职务便利,为他人谋取利益,非法收受和索取他人共计价值50 733元的财物,其行为符合非国家工作人员受贿罪的构成要件,应以非国家工作人员受贿罪追究其刑事责任。由于被告人所实施的数起受贿行为发生在2002年至2006年9月,故本案还涉及刑法修正案的溯及力问题。刑法修正案(六)于2006年6月29日生效,而根据修订前刑法的规定,其行为不构成犯罪,被告人收受的人民币20 000元发生在2006年6月29日刑法修正案(六)生效之前,按照从旧兼从轻的刑法适用原则,刑法修正案(六)对2006年6月29日之前收受的人民币20 000元应不具有溯及力,不应计算在犯罪数额之内,故法院只对发生在刑法修正案(六)之后的被告人收受价值人民币30 733元财物予以认定为犯罪是准确的。需要指出的是,被告人家属在一审审理期间退出赃款50 873元,应属犯罪所得,由于其犯的是非国家人员受贿罪,其犯罪所得系来源于他人的行贿行为,而刑法第一百六十四条并未如刑法第三百八十九条第三款那样对非国家工作人员索贿行为之相对人的行为性质作出特别规定,故该犯罪所得并非属于被侵害的他人财产,不能返还给行贿方,对此,应当依照刑法第六十四条之规定,予以追缴上缴国库,二审法院据此依法改判是正确的。[参见第595号指导案例,张留群受贿案,载《刑事审判参考》总第71集(2009年第6集),第67~68页。撰稿:刘文琳 康瑛]

▽省农村信用合作社联合社委派到市、县、乡、镇农村信用合作社联合社、农村信用合作联社的人员不属于"以国家工作人员论"的范围,其行为应当构成非国家工作人员受贿罪

我国的农村信用合作社兴起于20世纪50年代初期。农村信用合作社的发展离不开国家的支持和扶持,同时在发展过程也不可避免地接受一定的行政监管。但阳东农村信用合作社联合社、阳东农村信用合作联社不是国家出资企业,被告人的管理活动不具有公务性质,依法不属于国家工作人员,其行为应当构成非国家工作人员受贿罪。具体说明如下:

(一)阳东农村信用合作社联合社、阳东农村信用合作联社不是国家出资企业。由于地方政府及相关主管部门对农村信用合作社负有一定的管理职责,对承担服务"三农"职能产生的亏损给予补贴和支持,人们习惯将其作为国家出资的银行看待。然而,根据公司法及相关法理精神,企业的性质应当以公司章程、企业工商登记的情况进行认定,国家对企业的支持和扶持,不能改变企业的性质。阳东农村信用合作社联合社成立于1997年2月,性质为集体所有制,注册资本由社员缴纳的股本金构成,股金为基层信用社团体股和联社职工个人股两种,由中国人民银行阳江中心支行行使管理职责;2004年8月阳江市银监局成立后,改由阳江市银监局行使管理职能;2005年10月省联社成立后,改由省联社行使管理职能。2009年1月阳东农村信用合作社联合社改为阳东农村信用合作联社后,性质为其他企业(股份合作制),发起人为县联社与辖区内10家基层法人农村信用合作社,注册资本由自然人和法人股本构成,不接受各级财政资金入股。从公司章程、企业工商登记的情况看,阳东农村信用合作社联合社为集体企业,阳东农村信用合作联社为股东出资入股,并没有国有资产成分,是具有独立企业法人的地方性金融机构。因此,阳东农村信用合作社联合社、阳东农村信用合作联社均非国家出资企业,陈某某不属于在国有公司、企业、事业单位、人民团体中从事公务的人员。

(二)陈某某从事的管理工作不具有公务性质。最高人民法院2003年下发的《全国法院审理经济犯罪案件工作座谈会纪要》关于"从事公务"的理解作了如下明确规定:"从事公务,是指代表国家机关、国有公司、企业、事业单位、人民团体等履行组织、领导、监督、管理等职责。公务主要表现为与职权相联系的公共事务以及监督、管理国有财产的职务活动。"根据这一规定,在认定国家工作人员身份时,不仅要审查"受委派"这一形式要件,还要审查行为人所从事的工作性质是否属于"从事公务"这一实质要件。陈某某所从事的工作并非公务。首先,陈某某的管理职位不具有国家意志性。陈某某并非代表国家机关、国有企业行使职责,其管理行为与国家的意志行为不具有关联性。其次,阳东农村信用合作社联合社、阳东农村信用合作联社并非国家出资企业,没有国有资产入股,陈某某不存在监督国有资产的职能,也不具有行使国有资产保值增值的管理和服务职能。同时,阳东农村信用合作社联合社、阳东农村信用合作联社是独立自主经营的企业,自负盈亏,没有社会公共事务管理职能。因此,陈某某并非代表国家机关、国有公司、企业、事业单位、人民团体等履行组织、领导、监督、管理等职责,其所从事的工作不属于以国家管理事务以及国有财产监管事务为主要内容的公务活动。

综上,由于特定的历史原因,本案被告人陈某某虽然具有受国有单位委派的形式特征,但无"从事公务"这一认定国家工作人员的实质内容。一审、二审法院认定陈某某为非国家工作人员,构成非国家工作人员受贿罪是正确的。[参见第937指导案例,陈某某受贿案,载《刑事审判参考》总第95集(2013年第6集),第116~118页。撰稿:黄建屏 廖丽红]

▽国有控股企业中一般中层管理干部的国家工作人员身份认定

上港集团前身为全国有公司,后经改制为国有控股公司。被告人宋某利用在上港集团担任相应职务的便利,非法收受他人财物,为他人谋取利益,数额巨大,是构成受贿罪还是构成非国家工作人员受贿罪,关键在于其是否具有国家工作人员的身份。最高人民法院、最高人民检察院2010年12月联合出台的《关于办理国家出资企业中职务犯罪案件具体应用法律若干问题的意见》(本附文以下简称《意见》)除了对传统委派内容和形式进行了细化规定以及对双重身份人员进行解释之外,首次将"代表人员"纳入国家工作人员范畴。根据《意见》第六条第二款的规定,经国家出资企业中负有管理、监督国有资产职责的组织批准或者研究决定,代表其在国有控股、参股公司及其分支机构中从事组织、领导、监督、经营、管理工作的人员,应当认定为国家工作人员。据此,判断被告人宋某是否具有国家工作人员身份,可以从以下两个方面展开分析:

(一)形式要件:经国家出资企业中负有管理、监督国有资产职责的组织批准或者研究决定。根据《意见》第六条的规定,除受国家机关、国有公司、企业、事业单位委派外,在国有控股、参股公司等国家出资企业中,国家工作人员的认定,需具备负有管理、监督国有资产职责的组织批准或者研究决定的形式要件。国有控股、参股公司的股东会、董事会、监事会是整个公司的管理、决策和执行机构,代表了包括非国有资产在内的全公司的利益,而非单纯的管理、监督国有资产的组织。《意见》第六条已对刑法的规定有了突破,对其理解应当从严把握,否则将导致国家工作人员认定的宽泛化。对这里的"组织"如何理解,即"负有管理、监督国有资产职责的组织"一般是指上级或者本级国家出资企业领导部门和联席会议。根据有关组织原则,改制后的国家出资企业一般仍设有领导部门,并由本级或者上级领导部门决定人事任免。由其任命并代表其从事公务的人员,应当认定为国家工作人员。而国家出资公司的股东会、董事会、监事会,包括公司的人事组织部门,均不是适格的任命主体。上港集团中,集团总部部门领导的任命,由集团组织人事部根据相关规定,向集团领导部门提出任用人选,经集团领导部门联席会扩大会议讨论同意,然后发文任命。简言之,该集团中国家工作人员的任命具有人事组织部门提名、领导部门联席会讨论同意这一重要形式。而被告人宋某在上港集团生产业务部下设的生产调度室从主管到担任副经理、经理的变动，均由其上级部门领导提出聘任意见，由公司人事组织部审核后，由总裁最终批准和决定，而无须经过人事组织部提名、领导部门联席会扩大会议讨论决定的程序。前述股东会、董事会、监事会等都不是负有管理、监督国有资产职责的组织，总裁更不能认定为上述组织，其对宋某的任命是基于其代表股份公司行使的总裁职权，而非代表负有管理、监督国有资产职责的组织行使职权。因此，就宋某而言，其职务的任命并不具有"经国家出资企业中负有管理、监督国有资产职责的组织批准或者研究决定"的形式要件。

（二）实质要件：代表负有管理、监督国有资产职责的组织在国有控股、参股公司及其分支机构中从事组织、领导、监督、经营、管理工作。在对国有控股、参股公司中国家工作人员身份进行认定时，除了需要审查行为人的任命程序，还需要着重核实其所从事的工作性质，看其是否"代表负有管理、监督国有资产职责的组织"，从事"组织、领导、监督、经营、管理工作"。可见，就实质层面而言，将国家出资企业中的"代表人员"认定为国家工作人员，还要求其所从事的工作同时具备以下两大特征：(1)代表性。作为授权方的负有管理、监督国有资产职责的组织，与作为被授权方的国家工作人员，通过批准、研究决定等方式，产生一种委托法律关系。换言之，在国家出资企业中，国家工作人员系代表国有资产的监督、管理组织从事工作，这种代表性是认定国家工作人员身份的首要特征。(2)公务性。在实践认定中，要注意考察公务与职权的关联性。公务首先是管理性的事务，而不是一般的技术性、业务性的活动，与劳务相比其具有明显的管理属性。值得注意的是，在国家出资企业中，公务有公司性的公务和国家性的公务之分，前者是代表公司整体利益的行为，而后者仅是代表国有资产的监督、管理组织进行管理的行为。实践中，一般做法是，行为人的身份如果符合形式要件，即经国家出资企业中负有管理、监督国有资产职责的组织批准或者研究决定，即使从事的是公司性的公务，也应以国家工作人员从事公务论。因为在国家出资企业中，国家性的公务必然包含在公司性的公务中。比较难处理的是，如果行为人的身份不符合形式要件，但从事本质上届于国家性的公务，是否以国家工作人员从事公务论。这种情况较少，如果出现，原则上也应以国家工作人员从事公务论。刑事实体法，对犯罪概念的界定更强调实质原则。强调这一原则的主要考虑是为了防止行为人规避法律。如果行为人实质从事国有资产的监督、管理，仅因为缺少形式要件或者故意使形式要件不成就，就不以国家工作人员从事公务论，则必然助长国家出资企业中的犯罪之风，不利于国有资产的保护。本案宋某负责上港集团下属港区码头货物装卸、船舶到港、浮吊作业计划、分配、调度和管理，系经股份公司授权代表股价公司利益从事相关活动，具有一定管理属性的工作岗位，属于公司性的公务活动，但不属于专门从事国有资产监督、管理的活动，即不属于国家性的公务。

综上，本案被告人宋某其职权的变动并未经负有管理、监督国有资产职责的组织批准或者研究决定，其所从事的工作也并非代表上述组织在国家出资企业中从事公务，因此不能认定其为国家工作人员。宋某利用其负责上港集团下属港区码头货物装卸、船舶到港、浮吊作业计划、分配、调度和管理等职务之便，为他人谋取利益，收受他人贿赂的行为，应当以非国家工作人员受贿罪论处。[参见第959指导案例，宋某非国家工作人员受贿案，载《刑事审判参考》总第97集(2014年第2集)，第16～18页。撰稿：张金伟　葛立刚]

▽村民委员会主任在村自行修建道路中收受他人贿赂的，应当以非国家工作人员受贿罪追究刑事责任

（一）经村民代表会议决定，在村集体土地上自行修建道路，属于村民自治范围内的事务。"柑木"公路硬化工程所占土地的性质为农民集体所有土地，而非国有土地。根据《土地管理法》第十条的规定，"农民集体所有的土地依法属于村农民集体所有的，由村集体经济组织或者村民委员会经营、管理"。第八条第二款规定，"农村和城市郊区的土地，除由法律规定属于国家所有的以外，属于农民集体所有"。《确定土地所有权和使用权的若干规定》第二十二条规定："乡(镇)或村在集体所有的土地上修建并管理的道路、水利设施用地,分别属于乡(镇)或村农民集体所有。”据此,各级政府在农民集体土地上修建道路等公共设施,只有经法定程序,将农民集体土地转为建设用地,并按标准给予补偿后,才能把农民集体土地转为国有建设用地。本案中,綦江县建设乡村道路,并不是将农村集体土地转为国有建设用地后由有关政府部门组织建设,而是由政府补贴部分资金,在不改变土地性质的前提下,由各村自行修建并负责给予农户相应补偿。所以,綦江县、永新镇两级政府虽然给予了相应的资金补贴,并规定镇政府负责工程的组织实施,以及镇政府或者镇政府指导下的村民委员会为道路建设的责任主体,但均未改变“柑木”公路所占土地的性质为村集体土地。“柑木”公路硬化工程属于长田村村民自治范围内的事务,建设主体为长田村及村民委员会。关于村民委员会的主体性质、工作职能,《村民委员会组织法》作了十分明确的规定。《村民委员会组织法》第二条规定:“村民委员会是村民自我管理、自我教育、自我服务的基层群众性自治组织,实行民主选举、民主决策、民主管理、民主监督。村民委员会办理本村的公共事务和公益事业,调解民间纠纷,协助维护社会治安,向人民政府反映村民的意见、要求和提出建议。”第八条规定:“村民委员会依照法律规定,管理本村属于村农民集体所有的土地和其他财产. 引导村民合理利用自然资源,保护和改善生态环境。”本案中,“柑木”公路硬化工程,系在村农民集体土地上建设的公共项目,系村民自治范围内的事务,永新镇政府赋予镇公路建设领导小组对全镇公路建设项目的申报、规划、招投标和组织实施的权力,不及于“柑木”公路硬化工程。长田村村民代表会议依法有权决定硬化“柑木”公路,村民委员会具体执行村民代表会议的决定,是合法的修路主体。

(二)被告人高世银不属于“其他依照法律从事公务的人员,以国家工作人员论”的情形。从立法沿革和相关规范性文件的规定来看,村民委员会等村基层组织人员从事村民自治范围内的活动不属于“其他依照法律从事公务的人员”。(1)全国人大常委会法制工作委员会向全国人大常委会所作的《关于〈中华人民共和国刑法〉第九十三条第二款的解释(草案)》的说明中,建议全国人大常委会把《刑法》九十三条第二款解释为“农村村民委员会等基层组织依法……从事村公共事务的管理工作属于依法从事公务,应以国家工作人员论”。但全国人大常委会最终删除了“从事村公共事务的管理工作”,改为“协助人民政府从事下列行政管理工作”。(2)《最高人民检察院关于贯彻执行〈全国人民代表大会常务委员会关于《中华人民共和国刑法》第九十三条第二款的解释〉的通知》明确指出:“对村民委员会等村基层组织人员从事属于村民自治范围的经营、管理活动不能适用《解释》的规定。”根据上述法律及文件规定,被告人组织、实施“柑木”公路硬化工程建设,属于从事村民自治范围内的事务,不能“以国家工作人员论”。同时,依据綦江县、永新镇两级政府的相关规定,虽然被告人有协助政府从事指导工程建设及监管政府补贴资金等行政管理工作的责任,但是被告人未利用这种便利,而是利用其代表长田村村民委员会组织、实施“柑木”公路硬化工程建设具有的便利条件收受贿赂,被告人实施犯罪与协助政府工作无关。

综上,只有依法把村农民集体土地转为国有土地,在该土地上修建道路等公共设施才属于公务活动,系“政府工程”。反之,相关建设活动仍然属于村民自治范围内的事务,建设主体为村集体经济组织或者村民委员会。从事村民自治范围经营、管理活动的村民委员会人员,不属于其他依照法律从事公务的人员。如果该类人员利用上述便利条件,非法收受他人财物,为他人谋取利益构成犯罪的,应当以非国家工作人员受贿罪追究刑事责任。[参见第 960 指导案例,高世银非国家工作人员受贿案,载《刑事审判参考》总第 97 集(2014 年第 2 集),第 20 ~23 页。撰稿:林杰　李春梅　耿磊]

▽国家出资企业中工作人员的主体身份的认定

被告人的身份是否属于国家工作人员,应当综合以下两个问题进行分析认定:一是被告人所在单位是否属于刑法意义上的国有公司;二是如果其单位不属于国有公司,被告人是否属于《最高人民法院、最高人民检察院关于办理国家出资企业中职务犯罪具体应用法律若干问题的意见》(本附文以下简称《国家出资企业意见》)第六条第二款所规定的国家工作人员类型。二审法院在查明有关事实的基础上，遵循上述思路，认定被告人不具有国家工作人员主体身份，并据此改判。具体理由如下：

（一）被告人所属公司出资股东的性质决定了该公司的性质是非国有公司，由此被告人不是国有公司中从事公务的人员。刑法意义上的国有公司仅指国家出资的国有独资公司，不包含国有资本控股公司、国有资本参股公司等其他类型的国家出资企业。刑法条文中含有"国有公司""非国有公司"的表述，但刑法条文没有对"国有公司""非国有公司"的内涵和外延作出明确规定，对其界定只能依据最高司法机关出台的规范性指导文件。从最高人民法院2001年发布的《关于在国有资本控股、参股的股份有限公司中从事管理工作的人员利用职务便利非法占有本公司财物如何定罪问题的批复》、2003年发布的《全国法院审理经济犯罪案件工作座谈会纪要》、2005年出台的《关于如何认定国有控股、参股股份有限公司中的国有公司、企业人员的解释》等规定来看，刑法意义上的国有公司仅限于国有独资公司，这也是长期刑事司法实践中一贯掌握的标准。"两高"2010年联合出台的《国家出资企业意见》与上述规定一脉相承，在坚持国有公司、企业既定外延的基础上，仅对国家出资企业中"以国家工作人员论"的范围有所突破和扩大。本案一审之所以认定被告人所在的中建八局第一公司是国有公司，被告人的身份是国家工作人员，主要是基于该公司在诉讼阶段出具了一份证明：2010年前该公司的国有法人股占51%，社会法人股占10%，职工股占39%，2010年经上级同意改为国有企业，社会股和职工股资金全部退出。然而问题的关键是，能否仅凭该证明认定中建八局第一公司属于国有公司。对公司性质的认定，不能仅凭公司的工商注册登记或者公司自身所做的说明，而应当严格依照《国家出资企业意见》第七条的规定，遵循"谁投资，谁拥有产权"的原则，从公司的实际出资情况进行认定。具体联系本案，从相关文件来看，2011年3月，中建八局第一公司变更为中建八局公司的全资子公司，中建八局公司是中建八局第一公司的唯一股东，因此中建八局公司的国有性质决定了中建八局第一公司的国有性质。然而，从股东实际出资情况来看，中建八局公司后改制为国有控股公司，即非国有公司，从而决定了中建八局第一公司属于国家出资企业，而不属于国有公司。这一过程大致可以划分为两个阶段：(1)中建八局公司原是国有公司中建总公司的全资子公司，2007年12月，该公司的股东即出资人变更为中建股份公司，此时，中建股份公司仍是国有公司，故中建八局公司也是国有公司。(2)2009年7月，中建股份公司在上海证券交易所上市，转变为国有控股公司，由此，中建八局公司因其股东不再是国有独资公司，其在性质上也就不再属于国有公司，而是转变为国有控股公司。相应地，中建八局第一公司的性质也应变为国有控股公司。基于上述分析，可以认定被告人的身份不属于国有公司中从事公务的人员。

（二）从被告人的任职程序和实际履行的职责来看，被告人不属于《国家出资企业意见》规定的"国家工作人员"。《国家出资企业意见》第六条将非国有独资的国家出资企业中的国家工作人员分为两种类型：第一种类型与刑法第九十三条第二款对应，属于"委派型"国家工作人员。本案被告人所在公司及上级公司均为国有控股公司，故不属于国有公司委派到非国有公司任职的情形。第二种类型即"间接委派型"或者"代表型"国家工作人员。《国家出资企业意见》第六条第二款规定："经国家出资企业中负有管理、监督国有资产职责的组织批准或者研究决定，代表其在国有控股、参股公司及其分支机构中从事组织、领导、监督、经营、管理工作的人员，应当认定为国家工作人员。"根据该规定，对于国家出资企业中的工作人员是否属于"国家工作人员"，应当从以下两个方面进行认定：一是形式要件，即经国家出资企业中负有管理、监督国有资产职责的组织批准或者研究决定。这里的"组织"主要是指上级或者本级国家出资企业内部的党委、党政联席会。二是实质要件，即代表负有管理、监督国有资产职责的组织在国有控股、参股公司及其分支机构中从事组织、领导、监督、经营、管理工作，实质要件具有"代表性"和"公务性"两个特征。在判断层次上，对于形式要件、实质要件的判断分别属于形式判断和实质判断，首先要进行形式判断，形式判断是进行实质判断的重要前提和依据。本案被告人任职本公司西客站交通枢纽项目部商务经理是经本公司总经理办公会研究决定任命，并非经国家出资企业中负有管理、监督国有资产职责的组织批准或者研究决定任命。

综上,本案被告人不是国家工作人员,其利用职务之便,为他人谋取利益,收受他人贿赂的行为以及挪用本单位资金的行为,不构成受贿罪和挪用公款罪,应当以非国家工作人员受贿罪和挪用资金罪论处。[参见第1055号指导案例,王海洋非国家工作人员受贿、挪用资金案,载《刑事审判参考》总第102集(2015年第1集),第3~5页。撰稿:张威力　李洪川]

▽受国家机关委托行使行政管理职权的公司将相关职权再次委托给其他人员,在履行职务的过程中,收受他人贿赂,其行为构成非国家工作人员受贿罪且为非国家机关工作人员,其行为不构成滥用职权罪

(一)周某强、朱某华不属于国家机关工作人员,其行为不构成滥用职权罪。1.滥用职权罪的主体界定。关于滥用职权罪,刑法第三百九十七条规定犯罪主体为国家机关工作人员。根据2012年12月7日《最高人民法院、最高人民检察院关于办理渎职刑事案件适用法律若干问题的解释(一)》(本附文以下简称《渎职解释(一)》)的规定,依法或者受委托行使国家行政管理职权的公司、企业、事业单位的工作人员可以构成渎职犯罪,但从司法解释文义来看,主体身份的认定要回归到2002年《全国人民代表大会常务委员会关于〈中华人民共和国刑法〉第九章渎职罪主体适用问题的解释》,也就是说,公司、企业、事业单位的工作人员只有接受特定的委托主体(国家机关)的委托才有可能构成渎职罪。综上,对于公司、企业工作人员而言,构成滥用职权罪的前提应是依法或受国家机关委托代表国家机关行使行政管理职权,所从事的公务需与国家机关职权内容紧密联系。2.本案不符合滥用职权罪的主体要件要求。上海市市政工程管理处将房屋拆迁相关工作委托给前期公司,前期公司属于受国家机关委托代表国家机关行使职权的国有公司,市政工程管理处并未将相关职权直接委托给更强公司,更强公司系受前期公司转委托而行使管理职权。周某强、朱某华二人工作职能的依据系前期公司与更强公司之间的委托协议的规定及前期公司管理人员的口头委托,并非依法或受国家机关委托进行工作。故周某强、朱某华二人的职权资格并非直接来源于国家机关,不符合滥用职权罪主体身份的要求,其在履职中造成公共财产重大损失的行为,不构成滥用职权罪。

(二)周某强、朱某华不属于国家工作人员,其行为不构成受贿罪。1.国家工作人员的范围界定。2003年11月13日最高人民法院发布的《全国法院审理经济犯罪案件工作座谈会纪要》(本附文以下简称《纪要》)就贪污贿赂犯罪和渎职犯罪的主体中"其他依照法律从事公务的人员"的认定作了界定,认为刑法第九十三条第二款规定的"其他依照法律从事公务的人员"应当具有两个特征:一是在特定条件下行使国家管理职能;二是依照法律规定从事公务。具体包括:(1)依法履行职责的各级人民代表大会代表;(2)依法履行审判职责的人民陪审员;(3)协助乡镇人民政府、街道办事处从事行政管理工作的村民委员会、居民委员会等农村和城市基层组织人员;(4)其他由法律授权从事公务的人员。可以看出,尽管全国人大常委会对刑法第九十三条规定的"其他依照法律从事公务的人员"作出了立法解释,但也只是对村民委员会等村基层组织人员协助政府从事行政管理工作时,明确其属于"其他依照法律从事公务的人员"。2003年最高人民法院《纪要》也只列出了四种情形,而且表述上仍都使用了"其他"字样,表明其范围并没有穷尽。司法实践中应注意参照《纪要》的精神准确认定"其他依照法律从事公务的人员"。所谓从事公务,是指组织、领导、监督、管理社会公共事务和国家事务。根据我国现行刑法的规定,我国的公务活动包括以下几种:(1)各级国家权力、行政,司法机关以及军队中的事务,即单纯的国家事务;(2)国有事业单位、人民团体的事务,即国家参与管理的一部分社会性事务;(3)国有公司、企业等经营管理国有财产的事务。判断立法解释和《纪要》之外的主体是否属于国家工作人员时,最重要的是要看其是否是依照法律,在法律的授权下对包括国家事务、社会事务等在内的公共事务进行管理,如果管理的权限不是源于法律的规定而是来源于其他的行为(如委托),则行为人不能认定为国家工作人员。2.本案中周某强、朱某华二人不是国家工作人员。本案周某强、朱某华分别受前期公司委托,担任该标段动迁项目总经理和经理,没有直接接受国家机关的委托。因此,周某强、朱某华二人不是国家工作人员,不构成受贿罪。具体而言:(1)更强公司非国家机关,故二人不属于国家机关中从事公务的人员;(2)更强公司不具备国有性质,故二人不属于国有公司、企业中从事公务的人员;(3)周某强、朱某华二人也不是国有公司、企业委派到非国有公司、企业从事公务的人员。需要指出的是,委托并不等同于委派。根据《纪要》的规定,"所谓委派,即委任、派遣,其形式多种多样,如任命、指派、提名、批准等"。"委派"要具有刑法效力,必须同时具备有效性、法定性、隶属性和内容特定性四个条件。所谓有效性,就是做出委派意思表示的主体必须是国家机关、国有公司、企业、事业单位而非私人委派,且其意思表示必须明确。同时,被委派人也必须作出明确的接受委派的意思表示。所谓法定性,就是委派单位必须在其法定的权限范围内作出委派的意思表示,不能越权委派。所谓隶属性,是指被委派人必须接受委派单位的领导、管理和监督,被委派人与委派单位之间的关系属于行政隶属关系而非平等委托关系。所谓内容特定性,即被委派人到被委派单位从事的工作限于领导、管理、监督的公务行为,而非诸如生产、服务等一般的劳务活动。本案中,前期公司属国有公司,《委托实施拆迁劳务协议》等书证证实更强公司挂靠在前期公司拆迁管理部下,周某强、朱某华二人也只是接受了前期公司负责人的口头委托,这里的"挂靠""口头委托"并不等于"委派",故周某强、朱某华二人也非国有公司、企业委派到非国有公司、企业从事公务的人员;周某强、朱某华二人工作职能的依据系前期公司与更强公司之间的委托协议之规定及相关口头委托,并非依照法律从事公务。综上,周某强、朱某华二人不是刑法规定的国家工作人员。3.受贿罪的主体不包括受委托管理、经营国有财产的人员。刑法第三百八十二条规定属于法律拟制,只能在贪污罪中适用,将受贿罪的主体范围等同于贪污罪的主体范围是不正确的。法律拟制具有相当性,只有拟制情形与被拟制情形在社会危害程度上具有相当性且能够建立起等值关系时,才能进行法律拟制。受委托管理、经营国有财产的人员之所以能构成贪污罪,是因为此类人员的贪污行为侵犯的客体与国家工作人员的贪污行为侵犯的客体具有等值关系,二者的社会危害具有相当性。此外,从刑法条文的前后设置上看,此规定也只能属于法律拟制。如果此规定属于注意规定,受委托管理、经营国有财产的人员本来就属于刑法第九十三条第二款规定的应当以国家工作人员论的其他依照法律从事公务的人员,那么刑法第三百八十二条第一款中的"国家工作人员"自然就包含了这类主体,第二款关于这类主体利用职务上的便利非法占有国有财物以贪污论的专门规定就显得多此一举了。显然,刑法第三百八十二条第二款的规定表明,"受委托管理、经营国有财产的人员"并不包括在国家工作人员范围之内,这一款的规定自然也就不能类推适用于受贿罪的认定。

(三)周某强、朱某华不构成国有公司、企业人员滥用职权罪。我国刑法第三章第三节规定了妨害对公司、企业的管理秩序罪。根据刑法第一百六十八条第一款的规定,国有公司、企业的工作人员滥用职权,造成国有公司、企业破产或者严重损失,致使国家利益遭受重大损失的,构成国有公司、企业人员滥用职权罪。本罪的犯罪主体为特殊主体,即国有公司、企业工作人员。在本案中,周某强、朱某华分别受前期公司委托,担任动迁项目总经理和经理,更强公司是依照平等主体间签订的委托合同的规定,以前期公司名义从事拆迁工作。双方委托关系仅存续于拆迁项目的运作中,在从事拆迁工作期间,周某强、朱某华仍然系更强公司的人员,而非前期公司的人员,因此二人不是国有公司、企业的工作人员,不构成国有公司、企业人员滥用职权罪。

(四)周某强、朱某华构成非国家工作人员受贿罪。周某强、朱某华二人不符合滥用职权罪和受贿罪的主体要求,其行为均应以非国家工作人员受贿罪论处。刑法第一百六十三条第一款规定,公司、企业或者其他单位的工作人员利用职务上的便利,索取他人财物或者非法收受他人财物,为他人谋取利益,数额较大的,处五年以下有期徒刑或者拘役;数额巨大的,处五年以上有期徒刑,可以并处没收财产。本案中,周某强、朱某华二人作为更强公司的工作人员,利用职务上的便利,非法收受他人财物,为他人谋取利益,数额较大,符合非国家工作人员受贿罪的犯罪构成。至于是否与行贿人构成贪污罪的共同犯罪,根据在案证据,周某强、朱某华二人虽帮助行贿人违规取得拆迁款,但认定二人系贪污共犯的证据不足。故对周某强、朱某华二人,仅能以非国家工作人员受贿罪一罪论处。

综上,滥用职权罪的主体是国家机关工作人员,受贿罪的主体是国家工作人员,二者的范围都应当严格根据法律规定来界定,恪守罪刑法定的原则。《渎职解释(一)》规定的受委托情形,应当是根据法律规定的直接委托,而不包括转委托。本案中,受国有公司的委托管理相关事务的主体因为并非直接接受国家机关的委托而不属于国家机关工作人员和国家工作人员的范畴,不属于滥用职权罪和受贿罪的适格主体,故对被告人应以非国家工作人员受贿罪定罪处罚。[参见第1207号指导案例,周某强、朱某华非国家工作人员受贿案,载《刑事审判参考》总第111集,第16～23页。撰稿:陈姣莹　朱婷婷　宋文健]

▽对"国家机关、国有公司、企业、事业单位委派到非国有公司、企业、事业单位、社会团体从事公务"的人员的认定

(一)天门联社和省联社均不属国有企业或国家出资企业。对于天门联社不属国有企业或国家出资企业,因为天门联社注册资本中确实没有国有资产,联社股本由自然人股和法人股组成,其中自然人股本金人民币21 106万元,法人股人民币352万元,其决策、经营机构的产生方式是由社员代表大会选举理事,组成理事会,由理事会聘任主任。对于天门联社的上级机构省联社是否具有国有性质,二审法院则认为,湖北省联社注册资金全部由湖北省内的90家市县区农村信用社共同认购,共同以出资额为限对省联社承担责任,不具有任何国有性质。理由是:(1)从省联社现有股权结构看,其不是国有企业或国家出资企业,而是自主经营、自负盈亏的独立法人,以对全省农村信用社提供有偿服务的收入和按规定收取的管理费作为省联社的费用来源,自担风险,自我约束。(2)从省联社职能看,受计划经济影响,地方政府及相关主管部门对农村信用社负有一定管理职责,如同政府对商业银行的管理职责和信用担保一样,但不能由此改变企业所有制性质,故公诉机关和一审法院以所谓"国有资金随时可能介入"否定该企业非国有性质的观点,不能成立。

(二)省联社党委不具有"委派"主体资格。二审法院认为,根据刑法和有关司法解释规定,"委派"主体限于国有单位或者国家出资企业中特定组织,湖北省联社党委不符合这一要求,不具有"委派"的主体资格。理由是:(1)《国家出资企业意见》对于如何认定"国家机关、国有公司、企业、事业单位委派到非国有公司、企业、事业单位、社会团体从事公务"(本附文以下简称"受委派从事公务")规定:"经国家出资企业中负有管理、监督国有资产职责的组织批准或者研究决定,代表其在国有控股、参股公司及其分支机构中从事组织、领导、监督、经营、管理工作的人员,应当认定为国家工作人员。"据此,委派的主体应限于两类组织;一是刑法明确规定的"国家机关、国有公司、企业、事业单位";二是《国家出资企业意见》中规定的"国家出资企业中负有管理、监督国有资产职责的组织"。从形式上看,湖北省联社不属于刑法规定的上述单位中的任何一种;省联社党委也不属于国家出资企业中的组织,本案并不具备认定"委派"的前提条件。(2)根据国务院、湖北省改革方案和湖北省联社章程,省联社的主要职能是对成员社提供协调关系、资金调剂、信息支持、风险处置等方面的有偿服务。省联社管理职责限于规范经营和防范风险等宏观方面,并不对全省众多成员社的经营管理负责,这有别于总公司对分公司的管理职能,而类似于人民银行对商业银行和其他金融机构的监督、管理。因而,省联社的管理权不应包括对高级管理人员实质意义上的任免权。朱思亮任职之所以由省联社提名,一方面是基于银行业的特殊管理需要;另一方面是基于历史传统的习惯性延续。那种认为独立自主经营各市县区信用社的管理人员必须由政府主导任命的观点,也与国务院、湖北省人民政府的改革方案、省联社章程以及给企业经营自主权的改革方向相悖。因而,本案没有充分事实依据表明省联社对于朱思亮天门联社主任职务的任命具有主导权。(3)省联社是受国家机关委托对辖区内信用社进行管理的组织,由于省政府的委托授权,省联社代为行使了省政府的部分行政职权。然而,受国家机关委托代表国家行使职权的组织本身不能视为国家机关,也并不因为这种授权委托而改变其自身的法律性质。值得注意的是,省联社的工作人员如果在代为行使行政管理职权的过程中有职务犯罪行为,应当将其视为国家工作人员,但并不因此改变省联社作为企业法人的性质。正如村民委员会等基层组织人员在受政府委托协助政府从事救灾、抢险、防汛、优抚、扶贫、移民、救济款物的管理等工作时,以国家工作人员论,但并不因此改变村委会作为基层群众自治性组织的法律性质。

(三)被告人的行为不属于"从事公务"。理由是:(1)所谓"从事公务",是指代表国家机关、国有公司、企业、事业单位、人民团体等履行组织、领导、监督、管理等职责。公务主要表现为与职权相联系的公共事务以及监督、管理国有财产的职务活动。"从事公务"是认定国家工作人员的本质特征。公务具有国家代表性、职能性和管理性,三者缺一不可。对于受国家机关委派从事公务的,主要表现为管理公共事务或者经营管理国有资产;对于受国家出资企业委派的,主要是代表国有投资主体对国有资产行使监督管理权,使其保值增值,体现国有投资主体的意志。一般来说,委派主体属于国家机关或者以国有资本出资,是受委派者从事经营管理国有资产的前提,本案并不满足这一前提条件。(2)国家代表性是公务的本质特征,被告人朱思亮的管理职位不具有国家意志性,因为朱思亮并非代表国家机关、国有企业行使职权。农村信用社是独立经营、自负盈亏的以营利为宗旨的股份制企业,服务"三农"、防止金融风险等只是附带责任。任何企业在追求利润的同时都担负一定的社会责任,但不能将这种社会责任一律视为"与职权相联系的公共事务"。依照我国目前的金融管理体制,任何商业银行金融风险的防控和应急处置,最终均由人民银行、银保监会等政府部门负责,都是国家信誉担保,但显然不能基于这种国家信誉担保一概认定这些金融机构的管理人员都在从事公务。(3)从产权结构和历史背景看,省联社的资本构成是由作为发起人的90家市县区信用社共同出资认购的,不存在国有资本成分,而天门联社与湖北省其他市县区联社一样,都是由集体所有制改制而成的股份制金融企业,同样不存在国有资本成分,因此认定朱思亮代表国家担负经营、监督、管理国有资产,使其保值、增值的职责并无依据。从刑法第九十三条第二款的立法目的看,"受委派从事公务"人员作为国家工作人员认定主要是保护国有资产。受委派人员是否属于从事公务,与接受委派的公司是否包含国有资产具有直接关联。国有资产所在,即是受委派人员的公务所在。一般情况下,只有非国有公司中有国有资产,才存在委派;若无国有资产,既无委派必要,亦无委派可能。

综上,湖北省联社、天门联社均不属国有企业或国家出资企业;湖北省联社党委不构成法定的"委派"主体;被告人的职务不具有"从事公务"性质。因而被告人不属国家工作人员,也不属刑法规定的"国家机关、国有公司、企业、事业单位委派到非国有公司、企业、事业单位、社会团体从事公务的人员"。二审法院以非国家工作人员受贿罪对被告人定罪处罚并撤销一审判决认定的巨额财产来源不明罪符合法律和法理,是正确的。[参见第1233号指导案例,朱思亮非国家工作人员受贿案,载《刑事审判参考》总第112集,第104~108页。撰稿:黄明刚 沈维琼]

第一百六十四条 【对非国家工作人员行贿罪】为谋取不正当利益,给予公司、企业或者其他单位的工作人员以财物,数额较大的,处三年以下有期徒刑或者拘役,并处罚金;数额巨大的,处三年以上十年以下有期徒刑,并处罚金。(本款是根据《中华人民共和国刑法修正案(九)》之十修改的,2015年11月1日起施行。)

【对外国公职人员、国际公共组织官员行贿罪】为谋取不正当商业利益,给予外国公职人员或者国际公共组织官员以财物的,依照前款的规定处罚。

单位犯前两款罪的,对单位判处罚金,并对其直接负责的主管人员和其他直接责任人员,依照第一款的规定处罚。

行贿人在被追诉前主动交待行贿行为的,可以减轻处罚或者免除处罚。(本条是根据《中华人民共和国刑法修正案(八)》之二十九修改的,2011年5月1日起施行。)

刑法本条原文:【对非国家工作人员行贿罪】为谋取不正当利益,给予公司、企业或者其他单位的工作人员以财物,数额较大的,处三年以下有期徒刑或者拘役;数额巨大的,处三年以上十年以下有期徒刑,并处罚金。(此款是根据《中华人民共和国刑法修正案(六)》之八修改的,2006年6月29日起施行。)

单位犯前款罪的,对单位判处罚金,并对其直接负责的主管人员和其他直接责任人员,依照前款的规定处罚。

行贿人在被追诉前主动交待行贿行为的,可以减轻处罚或者免除处罚。

刑法本条第一款原文:【对公司、企业人员行贿罪】为谋取不正当利益,给予公司、企业的工作人员以财物,数额较大的,处三年以下有期徒刑或者拘役;数额巨大的,处三年以上十年以下有期徒刑,并处罚金。(本款系《刑法修正案(六)》前的原文)

刑法本条第一款原文:为谋取不正当利益,给予公司、企业或者其他单位的工作人员以财物,数额较大的,处三年以下有期徒刑或者拘役;数额巨大的,处三年以上十年以下有期徒刑,并处罚金。(本款系《刑法修正案(九)》前的原文)

■最高人民检察院、公安部关于公安机关管辖的刑事案件立案追诉标准的规定(二)(2022年5月15日)

第十一条　〔对非国家工作人员行贿案(刑法第一百六十四条第一款)〕为谋取不正当利益,给予公司、企业或者其他单位的工作人员以财物,个人行贿数额在三万元以上的,单位行贿数额在二十万元以上的,应予立案追诉。

第十二条　〔对外国公职人员、国际公共组织官员行贿案(刑法第一百六十四条第二款)〕为谋取不正当商业利益,给予外国公职人员或者国际公共组织官员以财物,个人行贿数额在三万元以上的,单位行贿数额在二十万元以上的,应予立案追诉。

[附则(第七十九条至第八十五条)内容附在本书刑法第一百二十条之一附文同名文件中。]

■最高人民法院、最高人民检察院关于办理贪污贿赂刑事案件适用法律若干问题的解释(2016年4月18日)

第十一条　刑法第一百六十三条规定的非国家工作人员受贿罪、第二百七十一条规定的职务侵占罪中的“数额较大”“数额巨大”的数额起点,按照本解释关于受贿罪、贪污罪相对应的数额标准规定的二倍、五倍执行。

刑法第二百七十二条规定的挪用资金罪中的“数额较大”“数额巨大”以及“进行非法活动”情形的数额起点,按照本解释关于挪用公款罪“数额较大”“情节严重”以及“进行非法活动”的数额标准规定的二倍执行。

刑法第一百六十四条第一款规定的对非国家工作人员行贿罪中的“数额较大”“数额巨大”的数额起点,按照本解释第七条、第八条第一款关于行贿罪的数额标准规定的二倍执行。

第十二条　贿赂犯罪中的“财物”,包括货币、物品和财产性利益。财产性利益包括可以折算为货币的物质利益如房屋装修、债务免除等,以及需要支付货币的其他利益如会员服务、旅游等。后者的犯罪数额,以实际支付或者应当支付的数额计算。

第十三条　具有下列情形之一的,应当认定为“为他人谋取利益”,构成犯罪的,应当依照刑法关于受贿犯罪的规定定罪处罚:

(一)实际或者承诺为他人谋取利益的;

(二)明知他人有具体请托事项的;

(三)履职时未被请托,但事后基于该履职事由收受他人财物的。

国家工作人员索取、收受具有上下级关系的下属或者具有行政管理关系的被管理人员的财物价值三万元以上,可能影响职权行使的,视为承诺为他人谋取利益。

第十五条　对多次受贿未经处理的,累计计算受贿数额。

国家工作人员利用职务上的便利为请托人谋取利益前后多次收受请托人财物,受请托之前收受的财物数额在一万元以上的，应当一并计入受贿数额。

第十六条　国家工作人员出于贪污、受贿的故意，非法占有公共财物、收受他人财物之后，将赃款赃物用于单位公务支出或者社会捐赠的，不影响贪污罪、受贿罪的认定，但量刑时可以酌情考虑。

特定关系人索取、收受他人财物，国家工作人员知道后未退还或者上交的，应当认定国家工作人员具有受贿故意。

第十七条　国家工作人员利用职务上的便利，收受他人财物，为他人谋取利益，同时构成受贿罪和刑法分则第三章第三节、第九章规定的渎职犯罪的，除刑法另有规定外，以受贿罪和渎职犯罪数罪并罚。

第十八条　贪污贿赂犯罪分子违法所得的一切财物，应当依照刑法第六十四条的规定予以追缴或者责令退赔，对被害人的合法财产应当及时返还。对尚未追缴到案或者尚未足额退赔的违法所得，应当继续追缴或者责令退赔。

第十九条　对贪污罪、受贿罪判处三年以下有期徒刑或者拘役的，应当并处十万元以上五十万元以下的罚金；判处三年以上十年以下有期徒刑的，应当并处二十万元以上犯罪数额二倍以下的罚金或者没收财产；判处十年以上有期徒刑或者无期徒刑的，应当并处五十万元以上犯罪数额二倍以下的罚金或者没收财产。

对刑法规定并处罚金的其他贪污贿赂犯罪，应当在十万元以上犯罪数额二倍以下判处罚金。

第二十条　本解释自2016年4月18日起施行。最高人民法院、最高人民检察院此前发布的司法解释与本解释不一致的，以本解释为准。

■最高人民法院、最高人民检察院关于办理商业贿赂刑事案件适用法律若干问题的意见(2008年11月20日)

一、商业贿赂犯罪涉及刑法规定的以下八种罪名：(1)非国家工作人员受贿罪(刑法第一百六十三条)；(2)对非国家工作人员行贿罪(刑法第一百六十四条)；(3)受贿罪(刑法第三百八十五条)；(4)单位受贿罪(刑法第三百八十七条)；(5)行贿罪(刑法第三百八十九条)；(6)对单位行贿罪(刑法第三百九十一条)；(7)介绍贿赂罪(刑法第三百九十二条)；(8)单位行贿罪(刑法第三百九十三条)。

二、刑法第一百六十三条、第一百六十四条规定的"其他单位"，既包括事业单位、社会团体、村民委员会、居民委员会、村民小组等常设性的组织，也包括为组织体育赛事、文艺演出或者其他正当活动而成立的组委会、筹委会、工程承包队等非常设性的组织。

三、刑法第一百六十三条、第一百六十四条规定的"公司、企业或者其他单位的工作人员"，包括国有公司、企业以及其他国有单位中的非国家工作人员。

九、在行贿犯罪中，"谋取不正当利益"，是指行贿人谋取违反法律、法规、规章或者政策规定的利益，或者要求对方违反法律、法规、规章、政策、行业规范的规定提供帮助或者方便条件。

在招标投标、政府采购等商业活动中，违背公平原则，给予相关人员财物以谋取竞争优势的，属于"谋取不正当利益"。

■最高人民法院关于如何认定国有控股、参股股份有限公司中的国有公司、企业人员的解释(全文)(2005年8月11日)

为准确认定刑法分则第三章第三节中的国有公司、企业人员，现对国有控股、参股的股份有限公司中的国有公司、企业人员解释如下：

国有公司、企业委派到国有控股、参股公司从事公务的人员，以国有公司、企业人员论。

▼安徽省常见经济犯罪数额标准一览表(2000—2014年)(见本书附录四十)

▽在国有建设用地使用权挂牌出让过程中，通过贿赂指使参与竞买的其他人放弃竞买、串通报价，最终使请托人竞买成功的，构成对非国家工作人员行贿罪

第一，挂牌竞买不能等同于招投标。招标与挂牌均系国有建设用地使用权出让的重要形式，国土资源部《招标拍卖挂牌出让国有建设用地使用权规定》(本附文以下简称《规定》)对此予以明确并加以区别,按照《规定》及《中华人民共和国招标投标法》的规定,招标的主要程序为:公开招标或邀请招标—投标(仅有一次竞买机会)—开标—评标—中标(发出中标通知书,招标人可否决所有投标)。招投标作为市场经济条件下一种常用的竞争方式,在我国建筑工程等领域普遍推行。《规定》第二条第四款规定,"挂牌出让国有建设用地使用权,是指出让人发布挂牌公告,按公告规定的期限将拟出让宗地的交易条件在指定的土地交易场所挂牌公布,接受竞买人的报价申请并更新挂牌价格,根据挂牌期限截止时的出价结果或者现场竞价结果确定国有建设用地使用权人的行为",其主要程序为:出让人挂牌公告—竞买人挂牌报价—更新挂牌价(竞买人可反复更新报价,有多次竞买机会)—确定竞得人(签订成交确认书,出让人无权否决最高挂牌人)。挂牌制度脱胎于拍卖制度,但又不同于拍卖制度,该制度有一个挂牌报价、更新报价的前置程序,而且不必然进入公开竞买程序(该程序类似于拍卖程序)。目前,挂牌出让仅发生于建设用地流通领域,在适用范围、操作程序、出让人否决权等方面与招投标程序有显著的区别。因此,挂牌竞买与招投标无论是在字面上还是实质程序上均存在差别,不能等同。

第二,法律没有明文规定为犯罪的,不能类推定罪。刑法第二百二十三条规定:"投标人相互串通投标报价,损害招标人或其他投标人利益,情节严重的,处三年以下有期徒刑或者拘役,并处或者单处罚金。投标人与招标人串通投标,损害国家、集体、公民的合法利益的,依照前款的规定处罚。"从文义解释的角度,挂牌竞买显然不能等同于招投标。

《刑法》第二百二十三条的规定显然将串通投标罪限定在招投标领域。罪刑法定原则是刑法的基本原则,刑法的扩张解释的适用在部分条款中虽不可避免,但应该遵循基本的文义解释规则。换言之,对法律概念进行扩张解释不能远远超出概念的核心含义,解释结论要在一般公民的预测可能性范围之内。否则,抛开概念的基本语义,完全从处罚必要性的角度进行扩张解释,容易滑向类推适用的境地。挂牌出让固然与招投标有相似之处,但二者无论是在概念文义,还是适用范围、操作程序、出让人否决权等方面都存在显著差异,二者的差异性远大于相似性。尽管从实质上看,挂牌出让中的串通竞买行为也具有社会危害性,但在刑法明确将串通投标罪的犯罪主体界定为投标人、招标人的情况下,客观上已不存在将挂牌出让解释为招投标从而予以定罪的空间。

第三,数个关联行为存在牵连关系,但只有其中某一行为构成犯罪的,可以该行为触犯的罪名对被告人定罪处罚。本案中,二被告人实施了一系列的关联行为,其中包括:接受杨某的请托向其他竞买人行贿;指使其他竞买人放弃竞买或串通报价;直接占有请托人给付的部分行贿款项等。二被告人实施的上述系列行为,存在手段行为与目的行为间的牵连关系。二被告人指使其他竞买人放弃竞买或串通报价是目的行为,向其他竞买人行贿是手段行为,但鉴于目的行为不构成犯罪,而实施的行贿行为显然触犯了刑法的规定,已构成对非国家工作人员行贿罪,依法予以认定是正确的。

关于本案中诈骗罪的指控。杨某作为串通竞买的主谋和主要受益者,系本案对非国家工作人员行贿罪的共犯,根据审理查明的事实,被告人张某某受杨某之托与竞买人交涉,协商支付款项等事宜,在这一过程中向杨某虚报了部分支出,但总体尚在杨某授权的事项范围内,且杨某对张某某可能从中非法占有部分款项持听之任之的默认态度。张某某所实施的行为确有一定背信性质,但认定其故意捏造事实、隐瞒真相以达到非法占有目的的证据并非特别充足。故一审、二审法院对公诉机关的指控未予支持。

关于被告人张某某在看守所羁押期间破坏监管秩序的行为,我们认为不构成破坏监管秩序罪,主要理由是:张某某不符合该罪的主体要件。刑法第三百一十五条明确规定破坏监管秩序罪的犯罪主体为罪犯,第三百一十六条脱逃罪的犯罪主体则规定为罪犯、被告人、犯罪嫌疑人。两相对比,显然可以得出罪犯即被生效法律文书确定为构成犯罪的人,而不包括犯罪嫌疑人、被告人。张某某在被羁押的看守所实施不服管教、绝食、指使他人自杀、袭警等行为时,尚未被确定为罪犯,属于未决犯,不属于依法被关押的罪犯。因此,张某某不符合破坏监管秩序罪的主体要件。[参见第1136号指导案例,张某某、刘某伟对非国家工作人员行贿案,载《刑事审判参考》总第106集,第3~7页。撰稿:张俊　黄浩]

第一百六十五条　【非法经营同类营业罪】国有公司、企业的董事、经理利用职务便利,自己经营或者为他人经营与其所任职公司、企业同类的营业,获取非法利益,数额巨大的,处三年以下有期徒刑或者拘役,并处或者单处罚金;数额特别巨大的,处三年以上七年以下有期徒刑,并处罚金。

▼安徽省常见经济犯罪数额标准一览表(2000—2014年)(见本书附录四十)

▽非法经营同类营业罪与为亲友非法牟利罪区别的认定

利用职务便利,将所在公司的业务交由以其亲属名义设立的公司进行经营,就其行为客观方面,应当认定为非法经营同类营业,而非为亲友非法牟利。根据刑法第一百六十五条、第一百六十六条规定,非法经营同类营业罪,是指国有公司、企业的董事、经理利用职务便利,自己经营或者为他人经营与其所任职公司、企业同类的营业,获取非法利益,数额巨大的行为;为亲友非法牟利罪,是指国有公司、企业、事业单位的工作人员,利用职务便利,将本单位的盈利业务交由自己的亲友进行经营,或者与亲友经营管理的单位发生明显有利于对方的购销活动,使国家利益遭受重大损失的行为。"为他人经营"与"将本单位的盈利业务交由自己的亲友进行经营"两者在司法认定及处理中存在一定的难度。对此,应当把握以下两点:其一,非法经营同类营业罪要求行为人具有具体的经营活动。具体的经营活动包含两层含义,一是不管是为自己,还是为他人,行为人的经营行为必须是自己积极的作为,并且其经营行为具有实质性的意义;二是具体的经营活动必须是利用职务之便,如利用本单位经营的信息为自己经营的企业营利。其二,非法经营同类营业罪要求行为人获取非法利益。获取非法利益同样包含两层含义:一是所获取的非法利益必须与其经营活动具有直接的对应关系,具体表现为经营利润或者经营报酬;二是获取非法利益须数额巨大。相比之下,为亲友非法牟利罪表现为行为人在本单位的经营管理活动中,利用职务便利经营或者参与亲友的经营行为,此其一;其二,将本单位的盈利业务交由自己的亲友进行经营,其目的在于为自己的亲友谋取非法利益,行为人虽然也可能从中得到一定的"报酬"或者"好处费",但是,该报酬并非直接源于行为人在本单位的具体经营行为,而是其利用职务便利行为所获,属于受贿性质。实践中,有的国有公司、企业的董事、经理利用职务便利,将本单位盈利业务交由其亲友的公司、企业,自己也参与经营、从中获取巨大的非法利益并给国家利益造成了重大损失,对此,应当根据具体情况择一罪定罪处罚。两罪构成要件不同,一为获利,一为造成损失。如只具一项,则以具备者定罪;如两项行为都具备,可以定非法经营同类营业罪。[参见第187号案例,杨文康非法经营同类营业案,载《刑事审判参考》总第27辑(2002年第4辑),法律出版社,第3~4页。执笔:于天敏　胡红军]

▽非法经营同类营业罪的主体的认定

非法经营同类营业罪的主体是特殊主体,即国有公司、企业的董事、经理。根据公司法的规定,董事是指公司、企业董事会的成员,包括董事长、副董事长、执行董事和一般董事。公司的董事由股东会议选举产生,或者由国家授权投资的机构、国家授权的部门按照董事会的任期委派或者更换。因成为董事必须履行一定的法律手续,实践中一般较易认定。经理是由董事会聘任,对董事会负责,负责公司的生产经营管理工作,组织实施董事会议决议、公司的年度计划和投资方案等的高级管理人员。实践中,一些国有公司、企业将其中层管理人员也称作经理,如部门经理、业务经理、项目经理等,有的还称为科长、处长、部长等,这类经理因系日常称谓,而非法律用语,且其负责的不是整个公司、企业的管理。作为法定犯,非法经营同类营业罪的主体要件应直接援引相关法律规定,而不宜作出扩大解释。国有公司、企业的部门经理等中层管理人员,一般不构成非法经营同类营业罪的主体。[参见第187号案例,杨文康非法经营同类营业案,载《刑事审判参考》总第27辑(2002年第4辑),法律出版社,第5~6页。执笔:于天敏　胡红军)

第一百六十六条　【为亲友非法牟利罪】国有公司、企业、事业单位的工作人员，利用职务便利，有下列情形之一，使国家利益遭受重大损失的，处三年以下有期徒刑或者拘役，并处或者单处罚金；致使国家利益遭受特别重大损失的，处三年以上七年以下有期徒刑，并处罚金：

(一)将本单位的盈利业务交由自己的亲友进行经营的；

(二)以明显高于市场的价格向自己的亲友经营管理的单位采购商品或者以明显低于市场的价格向自己的亲友经营管理的单位销售商品的；

(三)向自己的亲友经营管理的单位采购不合格商品的。

▼安徽省常见经济犯罪数额标准一览表(2000—2014年)(见本书附录四十)

第一百六十七条　【签订、履行合同失职被骗罪】国有公司、企业、事业单位直接负责的主管人员，在签订、履行合同过程中，因严重不负责任被诈骗，致使国家利益遭受重大损失的，处三年以下有期徒刑或者拘役；致使国家利益遭受特别重大损失的，处三年以上七年以下有期徒刑。

全国人大常委会关于惩治骗购外汇、逃汇和非法买卖外汇犯罪的决定(1998年12月29日)

七、金融机构、从事对外贸易经营活动的公司、企业的工作人员严重不负责任，造成大量外汇被骗购或者逃汇，致使国家利益遭受重大损失的，依照刑法第一百六十七条的规定定罪处罚。

八、犯本决定规定之罪，依法被追缴、没收的财物和罚金，一律上缴国库。

▼安徽省常见经济犯罪数额标准一览表(2000—2014年)(见本书附录四十)

□签订、履行合同失职被骗罪的主体是能够对签订与履行合同起领导、决策、指挥作用的主管人员

签订、履行合同失职被骗罪的主体是能够对签订与履行合同起领导、决策、指挥作用的主管人员，并非指受命从事签署、履行工作的人员。(参见上海市闵行区人民检察院诉赵晨签订合同失职被骗案，载《最高人民法院公报》总第71期(2001年第3期)，第93页。)

□在总公司法定代表人指挥下，其下属独立法人公司法定代表人代表总公司签订合同，只是从事签订合同的具体工作，不属于主管人员

在总公司法定代表人指挥下，其下属独立法人公司法定代表人代表总公司签订合同，只是从事签订合同的具体工作，不属于主管人员。因为该合同从名义上说是总公司盖章，与下属公司无关；从本质上说也是总公司法定代表人决定成交此笔业务，与下属公司无关；从事实上，下属公司法定代表人多次提出要了解对方真实情况，均未被总公司法定代表人接受。(参见上海市闵行区人民检察院诉赵晨签订合同失职被骗案，载《最高人民法院公报》总第71期(2001年第3期)，第93页。)

○最高人民法院刑二庭审判长会议关于签订、履行合同失职被骗犯罪应当以对方当事人涉嫌诈骗行为构成犯罪为前提

认定签订、履行合同失职被骗罪和国家机关工作人员签订、履行合同失职罪应当以对方当事人涉嫌诈骗，行为构成犯罪为前提。但司法机关在办理或者审判行为人被指控犯有上述两罪的案件过程中，不能以对方当事人已经被人民法院判决构成诈骗犯罪作为认定本案当事人构成签订、履行合同失职被骗罪或者国家机关工作人员签订、履行合同失职罪的前提。也就是说，司法机关在办理案件过程中，只要认定对方当事人的行为已经涉嫌构成诈骗犯罪，就可依法认定行为人构成签订、履行合同失职被骗罪或者国家机关工作人员签订、履行合同失职罪，而不需要搁置或者中止审理，直至对方当事人被人民法院审理并判决构成诈骗犯罪。[参见《刑事审判参考》总第15辑(2001年第4辑)，法律出版社，第77页。]

▽直接负责的主管人员的认定

“直接负责的主管人员”作为一个法定专用名词，源于单位犯罪处罚主体的规定，其内涵及外延明显窄于国家工作人员。理由：一是从相关的立法例来看，直接负责的主管人员应当有别于一般的国家工作人员，与国家机关工作人员对应的应为国有公司、企业、事业单位的工作人员，而且立法上将后者规定为犯罪主体的也不乏其例,比如为亲友非法牟利罪。二是从解释的法定性、一致性的角度,应当将作为犯罪主体的直接负责的主管人员与作为处罚主体的直接负责的主管人员作同一理解。一方面,作为单位犯罪中特有的法定称谓,沿用已久,不宜作突破解释;另一方面,刑法规定中先后出现的名词,宜作前后一致之连贯解释。由此,对签订、履行合同失职被骗罪中直接负责的主管人员的理解,应当把握以下两点:一是须有管理人员之身份,行使实际管理职权;二是对合同的签订、履行负有直接责任。其中,前者不限于单位的法定代表人,单位的分管副职领导、部门、分支机构的负责人等均属管理人员;后者的着眼点在于对合同的签订与履行有无法律及职务上的责任,不在于是否具体参与合同的签订与履行,尤其是不履行或者不正确履行职责的渎职等过失犯罪中,不要求具有决定、批准、授意等参与合同的签订、履行行为。行为人担任国企公司进出口五部经理,负责五部的全面工作,在系列被骗合同签订过程中代表五部签字、盖章,且合同的签订与履行本属合同行为不可分割的共同组成部分,其理应对合同被骗后果承担管理失职之责任。因为,保证合同的真实履行,是其职务上的既定责任,而合同履行过程中不履行职责而被骗,正是其失职所致。[参见第270号案例,高原、梁汉钊信用证诈骗,签订、履行合同失职被骗案,载《刑事审判参考》总第35集(2003年第6集),法律出版社,第32~33页。执笔:刘一守]

▽签订、履行合同失职被骗罪客观构成要件的认定

签订、履行合同失职被骗罪作为从玩忽职守罪中分离出来的一个罪名,其客观构成应符合以下三个方面的要件:一是本体要件,严重不负责任,在签订、履行合同过程中不履行职责,即通常所谓的失职行为;二是后果要件,失职行为给国家利益造成重大损失之现实后果;三是中介要件,或者说是附加要件,造成重大损失后果之直接原因系合同对方的诈骗行为。失职行为包括当为、能为、不为三个层面的蕴意,即具有法定或者职务上的避免国家利益遭受损失的义务,正常履行职务本可避免损失,仍不履行或者不正确履行义务;损失后果指的是现实的、具体的经济损失。可能的、间接的、潜在的或者非经济性的损失一般不能视为这里的损失后果。但不得将属由合同对方的诈骗行为直接造成的损失,或者直接的损失对象是第三方,但最终责任将落到该国有单位的损失理解为间接损失。诈骗行为需以构成犯罪为充足,不能将一般的民事欺诈行为理解为这里的诈骗行为,但无需以合同对方已经被人民法院判决构成诈骗犯罪作为认定本案当事人构成签订、履行合同失职被骗罪的前提,在程序上仅需认定对方当事人的行为已经涉嫌构成诈骗犯罪即可。[参见第270号案例,高原、梁汉钊信用证诈骗,签订、履行合同失职被骗案,载《刑事审判参考》总第35集(2003年第6集),法律出版社,第33~34页。执笔:刘一守]

第一百六十八条　【国有公司、企业、事业单位人员失职罪】【国有公司、企业、事业单位人员滥用职权罪】国有公司、企业的工作人员,由于严重不负责任或者滥用职权,造成国有公司、企业破产或者严重损失,致使国家利益遭受重大损失的,处三年以下有期徒刑或者拘役;致使国家利益遭受特别重大损失的,处三年以上七年以下有期徒刑。

国有事业单位的工作人员有前款行为,致使国家利益遭受重大损失的,依照前款的规定处罚。

国有公司、企业、事业单位的工作人员,徇私舞弊,犯前两款罪的,依照第一款的规定从重处罚。(本条根据《中华人民共和国刑法修正案》之二修改并增加了第二、三款,1999年12月25日起施行。)

刑法本条第一款原文:【徇私舞弊造成破产、亏损罪】国有公司、企业直接负责的主管人员,徇私舞弊,造成国有公司、企业破产或者严重亏损,致使国家利益遭受重大损失的,处三年以下有期徒刑或者拘役。

■最高人民法院、最高人民检察院关于办理国家出资企业中职务犯罪案件具体应用法律若干问题的意见(2010年11月26日)

一、……

在企业改制过程中未采取低估资产、隐瞒债权、虚设债务、虚构产权交易等方式故意隐匿公司、企业财产的,一般不应当认定为贪污;造成国有资产重大损失,依法构成刑法第一百六十八条或者第一百六十九条规定的犯罪的,依照该规定定罪处罚。

四、关于国家工作人员在企业改制过程中的渎职行为的处理

国家出资企业中的国家工作人员在公司、企业改制或者国有资产处置过程中严重不负责任或者滥用职权,致使国家利益遭受重大损失的,依照刑法第一百六十八条的规定,以国有公司、企业人员失职罪或者国有公司、企业人员滥用职权罪定罪处罚。

国家出资企业中的国家工作人员在公司、企业改制或者国有资产处置过程中徇私舞弊,将国有资产低价折股或者低价出售给其本人未持有股份的公司、企业或者其他个人,致使国家利益遭受重大损失的,依照刑法第一百六十九条的规定,以徇私舞弊低价折股、出售国有资产罪定罪处罚。

(五、六、七、八部分的内容见刑法第三百八十二条附文中本意见相关部分内容。)

■最高人民法院、最高人民检察院关于办理妨害预防、控制突发传染病疫情等灾害的刑事案件具体应用法律若干问题的解释(2003年5月15日)

第四条　国有公司、企业、事业单位的工作人员,在预防、控制突发传染病疫情等灾害的工作中,由于严重不负责任或者滥用职权,造成国有公司、企业破产或者严重损失,致使国家利益遭受重大损失的,依照刑法第一百六十八条的规定,以国有公司、企业、事业单位人员失职罪或者国有公司、企业、事业单位人员滥用职权罪定罪处罚。

第十七条　人民法院、人民检察院办理有关妨害预防、控制突发传染病疫情等灾害的刑事案件,对于有自首、立功等悔罪表现的,依法从轻、减轻、免除处罚或者依法作出不起诉决定。

第十八条　本解释所称"突发传染病疫情等灾害",是指突然发生,造成或者可能造成社会公众健康严重损害的重大传染病疫情、群体性不明原因疾病以及其他严重影响公众健康的灾害。

■最高人民法院关于审理扰乱电信市场管理秩序案件具体应用法律若干问题的解释(2000年5月24日)

第六条　国有电信企业的工作人员,由于严重不负责任或者滥用职权,造成国有电信企业破产或者严重损失,致使国家利益遭受重大损失的,依照刑法第一百六十八条的规定定罪处罚。

▼最高人民检察院研究室关于中国农业发展银行及其分支机构的工作人员法律适用问题的答复(全文)(2002年9月23日)

中国农业发展银行及其分支机构的工作人员严重不负责任或者滥用职权,构成犯罪的,应当依照刑法第一百六十八条的规定追究刑事责任。

▼安徽省常见经济犯罪数额标准一览表(2000—2014年)(见本书附录四十)

▽银行工作人员玩忽职守的行为,构成国有公司、企业、事业单位人员失职罪

构成徇私舞弊造成亏损罪(该罪状已被《中华人民共和国刑法修正案》修改,罪名也修改为国有公司、企业、事业单位人员失职罪——编著者注),主要有三个条件:一是只有国有公司、企业直接负责的主管人员才能构成本罪主体;二是行为人必须有徇私舞弊的行为,主要是为私情、私利、隐瞒真相,弄虚作假,而不履行或不正确履行自己的职责;三是已造成公司、企业严重亏损,致使国家利益遭受重大损失。尽管行为人的行为发生在修订的刑法施行以前,但按其行为时法律规定,已构成玩忽职守罪。本罪在修订后的刑法中分解为若干相应罪名。徇私舞弊造成亏损罪的法定最高刑为三年有期徒刑,而1979年刑法中玩忽职守罪法定最高刑为五年有期徒刑。根据刑法第十二条第一款规定,以徇私舞弊造成亏损罪对行为人定罪处罚是正确的。[参见第14号案例,翟鲁光受贿、玩忽职守案,载《刑事审判参考》总第2辑(1999年第2辑),法律出版社,第40~41页。审编:高贵君]

▽国有控股、参股公司、企业工作人员私分本公司、企业国有资产行为，应以国有公司人员滥用职权罪定罪处罚

1. 童某、温某、张某符合国有公司、企业人员滥用职权罪的主体特征。国家出资企业包括国有独资公司、企业和国有控股、参股公司、企业。根据最高人民法院、最高人民检察院于2010年11月26日联合出台的《关于办理国家出资企业中职务犯罪案件具体应用法律若干问题的意见》(本附文以下简称《2010年意见》)第四条第一款规定:“国家出资企业中的国家工作人员在公司、企业改制或者国有资产处置过程中严重不负责任或者滥用职权，致使国家利益遭受重大损失的，依照刑法第一百六十八条的规定，以国有公司、企业人员失职罪或者国有公司、企业人员滥用职权罪定罪处罚。”根据上述规定，国有控股、参股公司、企业的工作人员属于国有公司、企业人员滥用职权罪的适格主体。本案发生时，被告人童某任神木支行行长、温某任副行长，在神木支行从事组织、领导、监督、经营、管理工作；被告人张某任办公室主任，在该行从事财务管理工作，属于国有公司的工作人员，符合国有公司人员滥用职权罪的主体特征。2. 童某、温某、张某实施了滥用职权的行为。在案证据证实，神木支行行长童某、副行长温某违反财务制度，授意办公室主任张某向上级行工商银行榆林分行套取经费，并以春节过节费、季度奖励、专项奖励以及其他名义发给职工。根据工商银行相关财务制度和考核办法，神木支行职工的基本工资、绩效工资、福利费系由支行经考核后上报榆林分行，由分行审批后直接发放给职工。本案中，童某、温某、张某以套取的经费发放福利费、奖金属于重复发放、非正常发放，属于国有公司、企业的工作人员滥用职权的行为。3. 童某、温某、张某滥用职权的行为致使国家利益遭受重大损失。《2010年意见》第四条第一款将刑法第一百六十八条关于“造成国有公司、企业破产或者严重损失，致使国家利益遭受重大损失”的表述解释为“致使国家利益遭受重大损失”，故滥用职权造成国有控股、参股公司重大经济损失的行为符合国有公司、企业人员滥用职权罪的客观特征。本案中，被告人童某等人向上级行套取资金并发放给职工总计123.29万元的行为，对于神木支行而言，虽然没有遭受实质损失，但由于工行实行的是统收统支的财务管理制度，各分支机构系向上级报账，最终会体现为国家利益的损失。根据《最高人民检察院、公安部关于公安机关管辖的刑事案件立案追诉标准的规定(二)》第十六条的规定，造成国家直接经济损失数额在30万元以上的，即可认定为“致使国家利益遭受重大损失”，故应当认定本案被告人童某、温某、张某滥用职权的行为致使国家利益遭受重大损失。综上，被告人童某、温某、张某的行为构成国有公司人员滥用职权罪，某县人民法院判决将公诉机关指控的私分国有资产罪变更为国有公司人员滥用职权罪是正确的。[参见第1234号指导案例，工商银行神木支行、童某等国有公司人员滥用职权案，载《刑事审判参考》总第112集，第113～115页。撰稿：刘晓虎 许建华]

第一百六十九条 【徇私舞弊低价折股、出售国有资产罪】国有公司、企业或者其上级主管部门直接负责的主管人员，徇私舞弊，将国有资产低价折股或者低价出售，致使国家利益遭受重大损失的，处三年以下有期徒刑或者拘役；致使国家利益遭受特别重大损失的，处三年以上七年以下有期徒刑。

■最高人民法院、最高人民检察院关于办理国家出资企业中职务犯罪案件具体应用法律若干问题的意见(2010年12月2日)

一、……

在企业改制过程中未采取低估资产、隐瞒债权、虚设债务、虚构产权交易等方式故意隐匿公司、企业财产的，一般不应当认定为贪污；造成国有资产重大损失，依法构成刑法第一百六十八条或者第一百六十九条规定的犯罪的，依照该规定定罪处罚。

四、关于国家工作人员在企业改制过程中的渎职行为的处理

国家出资企业中的国家工作人员在公司、企业改制或者国有资产处置过程中严重不负责任或者滥

用职权,致使国家利益遭受重大损失的,依照刑法第一百六十八条的规定,以国有公司、企业人员失职罪或者国有公司、企业人员滥用职权罪定罪处罚。

国家出资企业中的国家工作人员在公司、企业改制或者国有资产处置过程中徇私舞弊,将国有资产低价折股或者低价出售给其本人未持有股份的公司、企业或者其他个人,致使国家利益遭受重大损失的,依照刑法第一百六十九条的规定,以徇私舞弊低价折股、出售国有资产罪定罪处罚。

(五、六、七、八部分的内容见刑法第三百八十二条附文中本意见相关部分内容。)

▼安徽省常见经济犯罪数额标准一览表(2000—2014年)(见本书附录四十)

第一百六十九条之一　【背信损害上市公司利益罪】上市公司的董事、监事、高级管理人员违背对公司的忠实义务,利用职务便利,操纵上市公司从事下列行为之一,致使上市公司利益遭受重大损失的,处三年以下有期徒刑或者拘役,并处或者单处罚金;致使上市公司利益遭受特别重大损失的,处三年以上七年以下有期徒刑,并处罚金:

(一)无偿向其他单位或者个人提供资金、商品、服务或者其他资产的;

(二)以明显不公平的条件,提供或者接受资金、商品、服务或者其他资产的;

(三)向明显不具有清偿能力的单位或者个人提供资金、商品、服务或者其他资产的;

(四)为明显不具有清偿能力的单位或者个人提供担保,或者无正当理由为其他单位或者个人提供担保的;

(五)无正当理由放弃债权、承担债务的;

(六)采用其他方式损害上市公司利益的。

上市公司的控股股东或者实际控制人,指使上市公司董事、监事、高级管理人员实施前款行为的,依照前款的规定处罚。

犯前款罪的上市公司的控股股东或者实际控制人是单位的,对单位判处罚金,并对其直接负责的主管人员和其他直接责任人员,依照第一款的规定处罚。(本条是根据《中华人民共和国刑法修正案(六)》之九增加的,2006年6月29日起施行。)

■最高人民检察院、公安部关于公安机关管辖的刑事案件立案追诉标准的规定(二)(2022年5月15日)

第十三条　〔背信损害上市公司利益案(刑法第一百六十九条之一)〕上市公司的董事、监事、高级管理人员违背对公司的忠实义务,利用职务便利,操纵上市公司从事损害上市公司利益的行为,以及上市公司的控股股东或者实际控制人,指使上市公司董事、监事、高级管理人员实施损害上市公司利益的行为,涉嫌下列情形之一的,应予立案追诉:

(一)无偿向其他单位或者个人提供资金、商品、服务或者其他资产,致使上市公司直接经济损失数额在一百五十万元以上的;

(二)以明显不公平的条件,提供或者接受资金、商品、服务或者其他资产,致使上市公司直接经济损失数额在一百五十万元以上的;

(三)向明显不具有清偿能力的单位或者个人提供资金、商品、服务或者其他资产,致使上市公司直接经济损失数额在一百五十万元以上的;

(四)为明显不具有清偿能力的单位或者个人提供担保,或者无正当理由为其他单位或者个人提供担保,致使上市公司直接经济损失数额在一百五十万元以上的;

(五)无正当理由放弃债权、承担债务,致使上市公司直接经济损失数额在一百五十万元以上的;

(六)致使公司、企业发行的股票或者公司、企业债券、存托凭证或者国务院依法认定的其他证券被终止上市交易的;

(七)其他致使上市公司利益遭受重大损失的情形。

[附则(第七十九条至第八十五条)内容附在本书刑法第一百二十条之一附文同名文件中。]

▼安徽省常见经济犯罪数额标准一览表(2000—2014年)(见本书附录四十)

▽上市公司直接负责的主管人员违规向不具有清偿能力的控股股东提供担保,未造成实际损失的,不构成背信损害上市公司利益罪

成立背信损害上市公司利益罪,必须是上市公司的董事、监事、高级管理人员违背对公司的忠实义务,客观上实施了利用职务便利,操纵上市公司,致使上市公司利益遭受重大损失的行为。1.从主体要件分析。构成本罪的主体必须是上市公司的董事、监事、高级管理人员、控股股东或者实际控制人。本案被告人是上市公司江苏琼花的法定代表人、董事长,其主体身份适格。2.从客体要件分析。本罪侵犯的客体是公司董事、监事、高级管理人员职务的廉洁性和上市公司的经济利益。其中,行为人违背对公司的忠实义务是构成本罪最基本的特征之一。对于公司的董事、监事、高级管理人员而言,这里的"忠实义务"具体体现在:对公司事务应当忠诚尽力、忠实于公司;当其自身利益与公司利益相冲突时,应当以公司利益为重,不得将自身利益置于公司剌益之上;必须为公司利益善意处理公司事务、处置其所掌握的公司资产,不得受关联企业支配"掏空"公司资产、损害公司利益。被告人未将公司利益始终放在第一位,且未为公司利益善意处置其所掌握的公司资产,应当认定其违背对公司的忠实义务。3.从客观要件分析。具体又包括行为要件特征和结果要件特征。(1)行为要件特征。根据《刑法》第一百六十九条之一的规定,成立背信损害上市公司利益罪要求行为人必须实施了操纵上市公司的行为。该条明文列举了五项具体行为,其中,第四项为"为明显不具有清偿能力的单位或者个人提供担保,或者无正当理由为其他单位或者个人提供担保"。本案被告人利用其担任江苏琼花法定代表人的职务便利,为明显不具有清偿能力的控股股东等关联企业提供担保,符合背信损害上市公司利益罪的行为要件特征。(2)结果要件特征。根据刑法规定,成立背信损害上市公司利益罪必须以"致使上市公司利益遭受重大损失"为要件。如果行为在客观上未给上市公司造成重大损失的,就不符合背信损害上市公司利益罪的客观要件特征。参照《标准二》第十八条的规定,"致使上市公司利益遭受重大损失"一般是指致使上市公司直接经济损失数额在150万元以上或者致使公司发行的股票、公司债券或者国务院认定的其他证券被终止上市交易或者多次被暂停上市交易。从本案情况看,被告人的背信行为,不存在致使公司发行的股票、公司债券或者国务院认定的其他证券被终止上市交易或者多次被暂停上市交易的情况。被告人虽然操纵上市公司向明显不具有清偿能力的关联企业提供担保,但是在公安机关立案前,琼花集团、被告人均通过以股抵债或者用减持股票款方式向债权人清偿了全部债务,积极解除了江苏琼花的担保责任,从而未给江苏琼花造成直接经济损失。因此,被告人的行为不符合背信损害上市公司利益罪的结果要件特征,不构成背信损害上市公司利益罪。综上,扬州市邗江区人民法院根据被告人的犯罪情节、认罪悔罪表现,并结合自首情节,对被告人以违规不披露重要信息罪定罪处罚,定罪准确,量刑适当。[参见第824号指导案例,于在青违规不披露重要信息案,载《刑事审判参考》总第90集(2013年第1集),第5~6页。撰稿:周庆琳　汤咏梅]

第四节　破坏金融管理秩序罪

第一百七十条　【伪造货币罪】伪造货币的,处三年以上十年以下有期徒刑,并处罚金;有下列情形之一的,处十年以上有期徒刑或者无期徒刑,并处罚金或者没收财产:

(一)伪造货币集团的首要分子;

(二)伪造货币数额特别巨大的;

(三)有其他特别严重情节的。(本条是根据《中华人民共和国刑法修正案(九)》之十一修改的,2015年11月1日起施行。)

刑法本条原文:伪造货币的,处三年以上十年以下有期徒刑,并处五万元以上五十万元以下罚金;有下列情形之一的,处十年以上有期徒刑、无期徒刑或者死刑,并处五万元以上五十万元以下罚金或者没收财产:

(一)伪造货币集团的首要分子;

(二)伪造货币数额特别巨大的;

(三)有其他特别严重情节的。

■最高人民检察院、公安部关于公安机关管辖的刑事案件立案追诉标准的规定(二)(2022年5月15日)

第十四条 〔伪造货币案(刑法第一百七十条)〕伪造货币,涉嫌下列情形之一的,应予立案追诉:

(一)总面额在二千元以上或者币量在二百张(枚)以上的;

(二)总面额在一千元以上或者币量在一百张(枚)以上,二年内因伪造货币受过行政处罚,又伪造货币的;

(三)制造货币版样或者为他人伪造货币提供版样的;

(四)其他伪造货币应予追究刑事责任的情形。

[附则(第七十九条至第八十五条)内容附在本书刑法第一百二十条之一附文同名文件中。]

■最高人民法院关于审理伪造货币等案件具体应用法律若干问题的解释(2000年9月14日,以下简称《解释》)

第一条 伪造货币的总面额在二千元以上不满三万元或者币量在二百张(枚)以上不足三千张(枚)的,依照刑法第一百七十条的规定,处三年以上十年以下有期徒刑,并处五万元以上五十万元以下罚金。

伪造货币的总面额在三万元以上的,属于"伪造货币数额特别巨大"。

行为人制造货币版样或者与他人事前通谋,为他人伪造货币提供版样的,依照刑法第一百七十条的规定定罪处罚。

第七条 本解释所称"货币"是指可在国内市场流通或者兑换的人民币和境外货币。

货币面额应当以人民币计算,其他币种以案发时国家外汇管理机关公布的外汇牌价折算成人民币。

■最高人民法院关于审理伪造货币等案件具体应用法律若干问题的解释(二)(2010年11月3日)

第一条 仿照真货币的图案、形状、色彩等特征非法制造假币,冒充真币的行为,应当认定为刑法第一百七十条规定的"伪造货币"。

对真货币采用剪贴、挖补、揭层、涂改、移位、重印等方法加工处理,改变真币形态、价值的行为,应当认定为刑法第一百七十三条规定的"变造货币"。

第二条 同时采用伪造和变造手段,制造真伪拼凑货币的行为,依照刑法第一百七十条的规定,以伪造货币罪定罪处罚。

第三条 以正在流通的境外货币为对象的假币犯罪,依照刑法第一百七十条至第一百七十三条的规定定罪处罚。

假境外货币犯罪的数额,按照案发当日中国外汇交易中心或者中国人民银行授权机构公布的人民币对该货币的中间价折合成人民币计算。中国外汇交易中心或者中国人民银行授权机构未公布汇率中间价的境外货币,按照案发当日境内银行人民币对该货币的中间价折算成人民币,或者该货币在境内银行、国际外汇市场对美元汇率,与人民币对美元汇率中间价进行套算。

第四条 以中国人民银行发行的普通纪念币和贵金属纪念币为对象的假币犯罪,依照刑法第一百七十条至第一百七十三条的规定定罪处罚。

假普通纪念币犯罪的数额,以面额计算;假贵金属纪念币犯罪的数额,以贵金属纪念币的初始发售价格计算。

第六条 此前发布的司法解释与本解释不一致的,以本解释为准。

▼全国法院审理金融犯罪案件工作座谈会纪要(2001年1月21日)

(二)关于破坏金融管理秩序罪

1.非金融机构非法从事金融活动案件的处理

1998年7月13日,国务院发布了《非法金融机构和非法金融业务活动取缔办法》。1998年8月11日,国务院办公厅转发了中国人民银行整顿乱集资、乱批设金融机构和乱办金融业务实施方案,对整顿金融"三乱"工作的政策措施等问题做出了规定。各地根据整顿金融"三乱"工作实施方案的规定,对于未经中国人民银行批准,但是根据地方政府或有关部门文件设立并从事或变相从事金融业务的各类基金会、互助会、储金会等机构和组织,由各地人民政府和各有关部门限期进行清理整顿。超过实施方案规定期限继续从事非法金融业务活动的,依法予以取缔;情节严重、构成犯罪的,依法追究刑事责任。因此,上述非法从事金融活动的机构和组织只要在实施方案规定期限之前停止非法金融业务活动的,对有关单位和责任人员,不应以擅自设立金融机构罪处理;对其以前从事的非法金融活动,一般也不作犯罪处理;这些机构和组织的人员利用职务实施的个人犯罪,如贪污罪、职务侵占罪、挪用公款罪、挪用资金罪等,应当根据具体案情分别依法定罪处罚。

2.关于假币犯罪

假币犯罪的认定。假币犯罪是一种严重破坏金融管理秩序的犯罪。只要有证据证明行为人实施了出售、购买、运输、使用假币行为,且数额较大,就构成犯罪。伪造货币的,只要实施了伪造行为,不论是否完成全部印制工序,即构成伪造货币罪;对于尚未制造出成品,无法计算伪造、销售假币面额的,或者制造、销售用于伪造货币的版样的,不认定犯罪数额,依据犯罪情节决定刑罚。明知是伪造的货币而持有,数额较大,根据现有证据不能认定行为人是为了进行其他假币犯罪的,以持有假币罪定罪处罚;如果有证据证明其持有的假币已构成其他假币犯罪的,应当以其他假币犯罪定罪处罚。

假币犯罪罪名的确定。假币犯罪案件中犯罪分子实施数个相关行为的,在确定罪名时应把握以下原则:

(1)对同一宗假币实施了法律规定为选择性罪名的行为,应根据行为人所实施的数个行为,按相关罪名刑法规定的排列顺序并列确定罪名,数额不累计计算,不实行数罪并罚;

(2)对不同宗假币实施法律规定为选择性罪名的行为,并列确定罪名,数额按全部假币面额累计计算,不实行数罪并罚。

(3)对同一宗假币实施了刑法没有规定为选择性罪名的数个犯罪行为,择一重罪从重处罚。如伪造货币或者购买假币后使用的,以伪造货币罪或购买假币罪定罪,从重处罚。

(4)对不同宗假币实施了刑法没有规定为选择性罪名的数个犯罪行为,分别定罪,数罪并罚。

出售假币被查获部分的处理。在出售假币时被抓获的,除现场查获的假币应认定为出售假币的犯罪数额外,现场之外在行为人住所或者其他藏匿地查获的假币,亦应认定为出售假币的犯罪数额。但有证据证实后者是行为人有实施其他假币犯罪的除外。

制造或者出售伪造的台币行为的处理。对于伪造台币的,应当以伪造货币罪定罪处罚;出售伪造的台币的,应当以出售假币罪定罪处罚。

▼安徽省常见经济犯罪数额标准一览表(2000—2014年)(见本书附录四十)

▼广东省高级人民法院关于办理破坏社会主义市场经济秩序犯罪案件若干具体问题的指导意见(2002年7月2日,2006年4月11日修正实施)

二、关于金融犯罪案件

12.关于非法设计、制造或者非法提供、贩卖、运输假币胶版行为的定性问题。根据最高人民法院《全国法院审理金融犯罪案件工作座谈会纪要》(以下简称《纪要》)精神,非法设计、制造假币胶版,或者非法提供、贩卖、运输假币胶版的行为,应当按照伪造货币罪追究刑事责任。处理时不认定犯罪数额,按犯罪情节决定刑罚。

○缅甸货币可以成为伪造货币罪的对象

对于在中缅边境伪造边境地区可兑换的缅币的行为,可以伪造货币罪定罪处罚。理由如下:第一,尽管1997年修订刑法未再对伪造货币罪中"货币"的范围予以说明,但根据相关立法,其范围明显不仅限于人民币,这一点,立法上的脉络应当说是很清晰的。我国刑事立法对于伪造货币罪犯罪对象的规定,经历了一个从人民币到外币的过程。1979年刑法中的伪造国家货币罪,其犯罪对象仅限于人民币。随着我国改革开放的不断深入,与世界上其他国家和地区经贸往来的频繁,涉及国际核算货币的种类也越来越多,美元、英镑、马克、港元等境外货币已经越来越多地进入人们的生活。与此同时,伪造外币的行为也时有发生。1995年全国人大常委会通过的《关于惩治破坏金融秩序犯罪的决定》(本附文以下称《决定》)对1979年刑法进行的修改,将伪造国家货币罪修改为伪造货币罪,并且在第二十三条明确规定,伪造货币罪中的"货币"包括"人民币和外币"。对于外币予以同等保护,禁止伪造。1997年刑法第一百七十条基本上吸收了《决定》第一条的内容。虽然1997年刑法没有明确规定伪造货币罪中的"货币"包括人民币和外币,但刑法并没有废止《决定》第二十三条这一非刑事责任条款,而是在第四百五十二条第二款明确规定予以保留。第二,从司法实践的情况来看,一些犯罪分子伪造在我国根本不能流通或者兑换的外币,甚至已经停止流通的外币,主要是为了冒充在我国可以兑换的外币骗取他人财物。这种行为不同于伪造货币的一般使用行为,此类行为在行为结构上具有一定的复合性,伪造货币更多地表现为实施诈骗的手段行为,其社会危害性也更多地体现为对他人财产权利的直接侵害,故对于此类行为可以诈骗罪追究刑事责任。在这一点上,《解释》将货币的范围限定为"可在国内市场流通或者兑换的人民币和境外货币",将伪造已停止流通货币及以低值货币冒充高值货币等部分诈骗使用行为排除在伪造货币罪之外,具有一定的积极意义。但是,对于现实生活中已经发生的伪造缅币等国货币,并通过对伪造的货币进行正常使用从中获得非法利益的行为,以及单纯实施了非法印制假缅币等国货币而没有进行诈骗财物活动的,如果不作为伪造货币行为对待,在刑法分则中将找不到相应的罪名。很明显,这种行为具有严重的社会危害性,必须予以刑事处罚。对这种行为按照伪造货币罪定罪处罚,没有法律上的障碍,与《解释》的规定也不冲突。相反,这样处理在对伪造货币犯罪刑事评价上更为全面。第三,一些境外货币我国边境地区已经在事实上形成了可兑换的局面,将缅甸货币视为边境地区可兑换外币具有相关法规依据。根据《中华人民共和国外汇管理条例》第五十四条、《中国人民银行关于调整外币现钞管理政策有关问题的通知》(银发〔2002〕283号)第三条、《国家外汇管理局关于印发〈边境贸易外汇管理办法〉的通知》(汇发〔2003〕113号)第四、十四、二十七、二十八条的规定,缅甸货币在我国云南省等边境地区可以作为边境贸易的结算货币,我国边贸企业可以保留并存入其毗邻国家货币的边境贸易账户,也可以根据意愿卖给外汇指定银行;云南省等边境地区的外汇指定银行,可以按规定加挂缅甸货币的汇价,办理其与人民币的兑换,并自行在规定的浮动范围内确定买卖差价。所以,缅甸货币可以与人民币实行有条件可兑换,只不过其范围仅限定在我国云南省等边境地区而已。第四,从国际上看,对不属我国可兑换外币予以保护,是履行国际条约义务的要求。根据《防止伪造货币的国际公约》的规定,各缔约国应通力合作惩治伪造货币(包括伪造外币)的犯罪行为。把不属本国可兑换外币同样作为保护对象,也是当前世界各国的通行做法。随着国际经济贸易的发展和全球经济一体化进程的加快,保护货币的信用已经成为世界各国的共同义务,要求各国在打击货币犯罪时不能只看到对本国金融秩序的危害,而忽略对国际社会金融秩序的危害,否则,将不利于保护货币的公共信用。同时,对不属我国可兑换外币予以保护,也是寻求人民币获得国际保护的先决条件。基于此,在《解释》框架内对"国内市场流通或者兑换"作实质性理解,将在边境地区已经形成事实上可兑换局面的外币,一并视为国内可兑换外币,不失其必要性。[参见《刑事审判参考》总第37辑(2004年第2辑),法律出版社,第203~205页。]

▽伪造美元的行为构成伪造货币罪

“伪造货币”,是指依照人民币或者外币的图案、形状、色彩等,使用印刷、复印、描绘、拓印等各种制作方法,制造假货币,冒充真货币的行为。本罪的对象是“货币”,不仅包括我国的国家货币即人民币,也包括外币在内。这里所说的“外币”是广义的,是指境外正在流通使用的货币。既包括可在中国兑换的外国货币如美元、英镑、马克等,也包括港、澳、台地区的货币,还包括不可在中国兑换的外国货币。[参见第23号案例,杨吉茂伪造货币案,载《刑事审判参考》总第3辑(1999年第3辑),法律出版社,第12~13页。审编:张军]

▽伪造货币的数额、情节与处刑标准

“伪造货币数额特别巨大”,法律没有具体规定。但是1994年9月8日最高人民法院《关于办理伪造国家货币、贩运伪造的国家货币、走私伪造的货币犯罪案件具体应用法律的若干问题的解释》规定了伪造国家货币情节特别严重的数额标准,即伪造货币总面值15 000元以上或者货币数量在1500张以上的,属伪造国家货币情节特别严重。根据最高人民法院《关于认真学习宣传贯彻修订后〈中华人民共和国刑法〉的通知》第五条规定的精神,这一司法解释规定可作为适用《决定》的参考。

“其他特别严重情节”,是指:(1)以暴力抗拒检查、拘留、逮捕,情节严重的;(2)以机械印刷的方法伪造货币的;(3)金融、财政人员利用工作之便伪造货币的;(4)因伪造货币受过刑罚处罚后,又实施伪造货币行为的;(5)伪造货币投放市场后,严重扰乱市场秩序的等。具备上述情节之一的,就可以依法判处较重的法定刑。即使伪造了货币所属国未发行过的面值100万元和1万元的美元,也不应视为犯罪,因为没有这样的真币,也就不存在这样的假币。只要伪造出假美元,不管是成品还是半成品,均应视为犯罪行为,但可根据案件具体情况,作为量刑情节予以考虑;100元面值美元在市场中流通,500元面值美元美国财政部早已收回,已退出流通领域,不在市场中流通。500元面值美元虽已不在市场中流通,但通过银行仍可兑换成流通面值美元,因行为人伪造500元面值美元的行为应以犯罪论处。[参见第23号案例,杨吉茂伪造货币案,载《刑事审判参考》总第3辑(1999年第3辑),法律出版社,第12~13页。审编:张军]

第一百七十一条 【出售、购买、运输假币罪】出售、购买伪造的货币或者明知是伪造的货币而运输,数额较大的,处三年以下有期徒刑或者拘役,并处二万元以上二十万元以下罚金;数额巨大的,处三年以上十年以下有期徒刑,并处五万元以上五十万元以下罚金;数额特别巨大的,处十年以上有期徒刑或者无期徒刑,并处五万元以上五十万元以下罚金或者没收财产。

【金融工作人员购买假币、以假币换取货币罪】银行或者其他金融机构的工作人员购买伪造的货币或者利用职务上的便利,以伪造的货币换取货币的,处三年以上十年以下有期徒刑,并处二万元以上二十万元以下罚金;数额巨大或者有其他严重情节的,处十年以上有期徒刑或者无期徒刑,并处二万元以上二十万元以下罚金或者没收财产;情节较轻的,处三年以下有期徒刑或者拘役,并处或者单处一万元以上十万元以下罚金。

【伪造货币罪】伪造货币并出售或者运输伪造的货币的,依照本法第一百七十条的规定定罪从重处罚。

■最高人民检察院、公安部关于公安机关管辖的刑事案件立案追诉标准的规定(二)(2022年5月15日)

第十五条 〔出售、购买、运输假币案(刑法第一百七十一条第一款)〕出售、购买伪造的货币或者明知是伪造的货币而运输,涉嫌下列情形之一的,应予立案追诉:

(一)总面额在四千元以上或者币量在四百张(枚)以上的;

(二)总面额在二千元以上或者币量在二百张(枚)以上,二年内因出售、购买、运输假币受过行政处罚,又出售、购买、运输假币的;

(三)其他出售、购买、运输假币应予追究刑事责任的情形。

在出售假币时被抓获的,除现场查获的假币应认定为出售假币的数额外,现场之外在行为人住所或者其他藏匿地查获的假币,也应认定为出售假币的数额。

第十六条　〔金融工作人员购买假币、以假币换取货币案(刑法第一百七十一条第二款)〕银行或者其他金融机构的工作人员购买伪造的货币或者利用职务上的便利,以伪造的货币换取货币,总面额在二千元以上或者币量在二百张(枚)以上的,应予立案追诉。

[附则(第七十九条至第八十五条)内容附在本书刑法第一百二十条之一附文同名文件中。]

■最高人民法院关于审理伪造货币等案件具体应用法律若干问题的解释(2000年9月14日)

第二条　行为人购买假币后使用,构成犯罪的,依照刑法第一百七十一条的规定,以购买假币罪定罪,从重处罚。

行为人出售、运输假币构成犯罪,同时有使用假币行为的,依照刑法第一百七十一条、第一百七十二条的规定,实行数罪并罚。

第三条　出售、购买假币或者明知是假币而运输,总面额在四千元以上不满五万元的,属于"数额较大";总面额在五万元以上不满二十万元的,属于"数额巨大";总面额在二十万元以上的,属于"数额特别巨大",依照刑法第一百七十一条第一款的规定定罪处罚。

第四条　银行或者其他金融机构的工作人员购买假币或者利用职务上的便利,以假币换取货币,总面额在四千元以上不满五万元或者币量在四百张(枚)以上不足五千张(枚)的,处三年以上十年以下有期徒刑,并处二万元以上二十万元以下罚金;总面额在五万元以上或者币量在五千张(枚)以上或者有其他严重情节的,处十年以上有期徒刑或者无期徒刑,并处二万元以上二十万元以下罚金或者没收财产;总面额不满人民币四千元或者币量不足四百张(枚)或者具有其他情节较轻情形的,处三年以下有期徒刑或者拘役,并处或者单处一万元以上十万元以下罚金。

第七条　本解释所称"货币"是指可在国内市场流通或者兑换的人民币和境外货币。

货币面额应当以人民币计算,其他币种以案发时国家外汇管理机关公布的外汇牌价折算成人民币。

■最高人民法院关于审理伪造货币等案件具体应用法律若干问题的解释(二)(2010年11月3日)

第一条　仿照真货币的图案、形状、色彩等特征非法制造假币,冒充真币的行为,应当认定为刑法第一百七十条规定的"伪造货币"。

对真货币采用剪贴、挖补、揭层、涂改、移位、重印等方法加工处理,改变真币形态、价值的行为,应当认定为刑法第一百七十三条规定的"变造货币"。

第二条　同时采用伪造和变造手段,制造真伪拼凑货币的行为,依照刑法第一百七十条的规定,以伪造货币罪定罪处罚。

第三条　以正在流通的境外货币为对象的假币犯罪,依照刑法第一百七十条至第一百七十三条的规定定罪处罚。

假境外货币犯罪的数额,按照案发当日中国外汇交易中心或者中国人民银行授权机构公布的人民币对该货币的中间价折合成人民币计算。中国外汇交易中心或者中国人民银行授权机构未公布汇率中间价的境外货币,按照案发当日境内银行人民币对该货币的中间价折算成人民币,或者该货币在境内银行、国际外汇市场对美元汇率,与人民币对美元汇率中间价进行套算。

第四条　以中国人民银行发行的普通纪念币和贵金属纪念币为对象的假币犯罪,依照刑法第一百七十条至第一百七十三条的规定定罪处罚。

假普通纪念币犯罪的数额,以面额计算;假贵金属纪念币犯罪的数额,以贵金属纪念币的初始发售价格计算。

第六条 此前发布的司法解释与本解释不一致的,以本解释为准。

■最高人民法院关于农村合作基金会从业人员犯罪如何定性问题的批复(全文)(2000年5月12日)

农村合作基金会从业人员,除具有金融机构现职工作人员身份的以外,不属于金融机构工作人员。对其实施的犯罪行为,应当依照刑法的有关规定定罪处罚。

▼安徽省常见经济犯罪数额标准一览表(2000—2014年)(见本书附录四十)

▽购买假币后持有、使用的行为应以购买假币罪定罪,从重处罚

虽然购买、持有、使用假币三种行为可以互为独立,我国刑法也分别规定了独立的罪名(其中,持有、使用假币属于选择性罪名),但是该三种行为在客观上存在内在的联系,构成牵连关系。牵连关系一般区分为两种:一是原因、结果关系;二是手段、目的关系。购买与使用构成了手段与目的的关系,而持有既是购买的结果,又是使用的手段,分别与购买构成原因、结果关系,与使用构成手段、目的关系。其中,使用是其最终目的,通过使用把假钱换成真钱。对于这种为实施某种犯罪而其手段行为或者结果行为又触犯其他罪名的犯罪形态,在刑法理论上被称为牵连犯。对于牵连犯的处理方法,在刑法没有特别规定的情况下,司法实践中采取从一重罪处断的原则,即按数罪中处罚较重的一个罪定罪,并在该罪的法定刑内从重处罚,不数罪并罚。我国刑法分则未对购买、持有、使用假币行为的处理作出专门规定,而从购买假币罪与持有、使用假币罪的法定刑来看,购买假币罪的处罚要重于持有、使用假币罪,故最高人民法院《关于审理伪造货币等案件具体应用法律若干问题的解释》规定,"以购买假币罪定罪,从重处罚"。[参见第188号案例,张顺发持有、使用假币案,载《刑事审判参考》总第27辑(2002年第4辑),法律出版社,第9页。执笔:邹晓瑜]

第一百七十二条 【持有、使用假币罪】明知是伪造的货币而持有、使用,数额较大的,处三年以下有期徒刑或者拘役,并处或者单处一万元以上十万元以下罚金;数额巨大的,处三年以上十年以下有期徒刑,并处二万元以上二十万元以下罚金;数额特别巨大的,处十年以上有期徒刑,并处五万元以上五十万元以下罚金或者没收财产。

■最高人民检察院、公安部关于公安机关管辖的刑事案件立案追诉标准的规定(二)(2022年5月15日)

第十七条 〔持有、使用假币案(刑法第一百七十二条)〕明知是伪造的货币而持有、使用,涉嫌下列情形之一的,应予立案追诉:

(一)总面额在四千元以上或者币量在四百张(枚)以上的;

(二)总面额在二千元以上或者币量在二百张(枚)以上,二年内因持有、使用假币受过行政处罚,又持有、使用假币的;

(三)其他持有、使用假币应予追究刑事责任的情形。

[附则(第七十九条至第八十五条)内容附在本书刑法第一百二十条之一附文同名文件中。]

■最高人民法院关于审理伪造货币等案件具体应用法律若干问题的解释(2000年9月14日)

第五条 明知是假币而持有、使用,总面额在四千元以上不满五万元的,属于"数额较大";总面额在五万元以上不满二十万元的,属于"数额巨大";总面额在二十万元以上的,属于"数额特别巨大",依照刑法第一百七十二条的规定定罪处罚。

第七条 本解释所称"货币"是指可在国内市场流通或者兑换的人民币和境外货币。

货币面额应当以人民币计算,其他币种以案发时国家外汇管理机关公布的外汇牌价折算成人民币。

■最高人民法院关于审理伪造货币等案件具体应用法律若干问题的解释(二)(2010年11月3日)

第一条　仿照真货币的图案、形状、色彩等特征非法制造假币,冒充真币的行为,应当认定为刑法第一百七十条规定的"伪造货币"。

对真货币采用剪贴、挖补、揭层、涂改、移位、重印等方法加工处理,改变真币形态、价值的行为,应当认定为刑法第一百七十三条规定的"变造货币"。

第二条　同时采用伪造和变造手段,制造真伪拼凑货币的行为,依照刑法第一百七十条的规定,以伪造货币罪定罪处罚。

第三条　以正在流通的境外货币为对象的假币犯罪,依照刑法第一百七十条至第一百七十三条的规定定罪处罚。

假境外货币犯罪的数额,按照案发当日中国外汇交易中心或者中国人民银行授权机构公布的人民币对该货币的中间价折合成人民币计算。中国外汇交易中心或者中国人民银行授权机构未公布汇率中间价的境外货币,按照案发当日境内银行人民币对该货币的中间价折算成人民币,或者该货币在境内银行、国际外汇市场对美元汇率,与人民币对美元汇率中间价进行套算。

第四条　以中国人民银行发行的普通纪念币和贵金属纪念币为对象的假币犯罪,依照刑法第一百七十条至第一百七十三条的规定定罪处罚。

假普通纪念币犯罪的数额,以面额计算;假贵金属纪念币犯罪的数额,以贵金属纪念币的初始发售价格计算。

第六条　此前发布的司法解释与本解释不一致的,以本解释为准。

▼安徽省常见经济犯罪数额标准一览表(2000—2014年)(见本书附录四十)

▽购买假币后使用的假币数额应当包括已经使用和准备使用的数额

如何理解最高人民法院《关于审理伪造货币等案件具体应用法律若干问题的解释》第二条规定,即行为人购买假币后使用,是使用假币数额要达到"数额较大",构成使用假币罪,才以购买假币罪定罪,从重处罚,还是购买假币数额达到"数额较大",只要有使用行为,就定购买假币罪,从重处罚。本条解释实质是体现的牵连犯的处理原则,牵连犯的一个前提条件就是要求存在两个以上独立的犯罪行为,所以,使用假币达到"数额较大"方能适用本条解释。但这里做这样的区分只具有理论上的意义,实践中并不能这样理解和处理这类案件。因为购买和持有、使用是一个连贯的行为,购买并已使用的假币如属于同一宗假币,就表明购买是为了使用。只要购买的数额构成了购买假币罪,那么通常也就同时构成使用假币罪,即应当适用《解释》第二条的规定定罪量刑。即购买假币后使用的,不能将使用的"数额"仅仅理解为业已使用的假币数额,还应包括准备使用但因各种原因未使用出去的假币数额。[参见第188号案例,张顺发持有、使用假币案,载《刑事审判参考》总第27辑(2002年第4辑),法律出版社,第10页。执笔:邹晓瑜]

第一百七十三条　【变造货币罪】变造货币,数额较大的,处三年以下有期徒刑或者拘役,并处或者单处一万元以上十万元以下罚金;数额巨大的,处三年以上十年以下有期徒刑,并处二万元以上二十万元以下罚金。

■最高人民检察院、公安部关于公安机关管辖的刑事案件立案追诉标准的规定(二)(2022年5月15日)

第十八条　〔变造货币案(刑法第一百七十三条)〕变造货币,涉嫌下列情形之一的,应予立案追诉:

(一)总面额在二千元以上或者币量在二百张(枚)以上的;

（二）总面额在一千元以上或者币量在一百张（枚）以上，二年内因变造货币受过行政处罚，又变造货币的；

（三）其他变造货币应予追究刑事责任的情形。

［附则（第七十九条至第八十五条）内容附在本书刑法第一百二十条之一附文同名文件中。］

■最高人民法院关于审理伪造货币等案件具体应用法律若干问题的解释（2000 年 9 月 14 日）

第六条　变造货币的总面额在二千元以上不满三万元的，属于“数额较大”；总面额在三万元以上的，属于“数额巨大”，依照刑法第一百七十三条的规定定罪处罚。

第七条　本解释所称“货币”是指可在国内市场流通或者兑换的人民币和境外货币。

货币面额应当以人民币计算，其他币种以案发时国家外汇管理机关公布的外汇牌价折算成人民币。

■最高人民法院关于审理伪造货币等案件具体应用法律若干问题的解释（二）（2010 年 11 月 3 日）

第一条　仿照真货币的图案、形状、色彩等特征非法制造假币，冒充真币的行为，应当认定为刑法第一百七十条规定的“伪造货币”。

对真货币采用剪贴、挖补、揭层、涂改、移位、重印等方法加工处理，改变真币形态、价值的行为，应当认定为刑法第一百七十三条规定的“变造货币”。

第二条　同时采用伪造和变造手段，制造真伪拼凑货币的行为，依照刑法第一百七十条的规定，以伪造货币罪定罪处罚。

第三条　以正在流通的境外货币为对象的假币犯罪，依照刑法第一百七十条至第一百七十三条的规定定罪处罚。

假境外货币犯罪的数额，按照案发当日中国外汇交易中心或者中国人民银行授权机构公布的人民币对该货币的中间价折合成人民币计算。中国外汇交易中心或者中国人民银行授权机构未公布汇率中间价的境外货币，按照案发当日境内银行人民币对该货币的中间价折算成人民币，或者该货币在境内银行、国际外汇市场对美元汇率，与人民币对美元汇率中间价进行套算。

第四条　以中国人民银行发行的普通纪念币和贵金属纪念币为对象的假币犯罪，依照刑法第一百七十条至第一百七十三条的规定定罪处罚。

假普通纪念币犯罪的数额，以面额计算；假贵金属纪念币犯罪的数额，以贵金属纪念币的初始发售价格计算。

第六条　此前发布的司法解释与本解释不一致的，以本解释为准。

▼安徽省常见经济犯罪数额标准一览表（2000—2014 年）（见本书附录四十）

第一百七十四条　【擅自设立金融机构罪】未经国家有关主管部门批准，擅自设立商业银行、证券交易所、期货交易所、证券公司、期货经纪公司、保险公司或者其他金融机构的，处三年以下有期徒刑或者拘役，并处或者单处二万元以上二十万元以下罚金；情节严重的，处三年以上十年以下有期徒刑，并处五万元以上五十万元以下罚金。

【伪造、变造、转让金融机构经营许可证、批准文件罪】伪造、变造、转让商业银行、证券交易所、期货交易所、证券公司、期货经纪公司、保险公司或者其他金融机构的经营许可证或者批准文件的，依照前款的规定处罚（本条第一、二款根据《中华人民共和国刑法修正案》之三修改，1999 年 12 月 25 日起施行）。

单位犯前两款罪的，对单位判处罚金，并对其直接负责的主管人员和其他直接责任人员，依照第一款的规定处罚。

刑法本条第一、二款原文：【擅自设立金融机构罪；伪造、变造、转让金融机构经营许可证罪】未经中国人民银行批准，擅自设立商业银行或者其他金融机构的，处三年以下有期徒刑或者拘役，并处或者单处二万元以上二十万元以下罚金；情节严重的,处三年以上十年以下有期徒刑,并处五万元以上五十万元以下罚金。

【伪造、变造、转让金融机构经营许可证、批准文件罪】伪造、变造、转让商业银行或者其他金融机构经营许可证的,依照前款的规定处罚。

■最高人民检察院、公安部关于公安机关管辖的刑事案件立案追诉标准的规定(二)(2022年5月15日)

第十九条　〔擅自设立金融机构案(刑法第一百七十四条第一款)〕未经国家有关主管部门批准,擅自设立金融机构,涉嫌下列情形之一的,应予立案追诉:

(一)擅自设立商业银行、证券交易所、期货交易所、证券公司、期货公司、保险公司或者其他金融机构的;

(二)擅自设立金融机构筹备组织的。

第二十条　〔伪造、变造、转让金融机构经营许可证、批准文件案(刑法第一百七十四条第二款)〕伪造、变造、转让商业银行、证券交易所、期货交易所、证券公司、期货公司、保险公司或者其他金融机构的经营许可证或者批准文件的,应予立案追诉。

［附则(第七十九条至第八十五条)内容附在本书刑法第一百二十条之一附文同名文件中。］

▽未经审批开展为他人提供押车贷款服务,牟取高额利息的行为,不构成擅自设立金融机构罪

根据刑法第一百七十四条的规定,擅自设立金融机构罪,是指未经国家有关主管部门批准,擅自设立金融机构的行为。该罪在客观方面的主要特征就是非法设立金融机构。实践中,行为人非法设立金融机构一般表现为两种情形:一是行为人没有向有权批准的中国人民银行等国家有关主管部门依法进行设立申请,这类情况多见于根本不具备设立金融机构条件的单位和个人;二是行为人虽然提交了申请材料,但有关主管部门经审查认为不符合条件而未予批准,没有颁发金融业务许可证的情况。需要强调的是,该罪是指没有取得经营金融业务主体资格的单位或者个人擅自设立金融机构的行为,对于已经取得经营金融业务主体资格的金融机构,如部分商业银行、期货经纪公司为了拓展业务,未向主管机关申报,擅自扩建业务网点、增设分支机构,或者虽向主管机关申报,但主管机关尚未批准就擅自设立分支机构进行营业活动,虽然表面上符合"未经国家有关主管机关批准"的要件,但由于已经取得了经营金融业务的主体资格,故与那些没有主体资格的单位或者个人擅自设立金融机构的社会危害有本质不同,一般不以该罪论处。本案二被告人成立的所谓"顺发借寄公司"不仅没有经过任何金融主管部门批准,而且连在工商行政管理机关注册登记的条件都不具备,显然属于非法设立,因而认定本罪的关键在于二被告人非法设立的所谓"顺发借寄公司"是否构成刑法第一百七十四条规定的"金融机构"。刑法第一百七十四条规定的金融机构,是指从事或者主要从事吸收存款、发放贷款、办理结算、票据贴现、资金拆借、信托投资、金融租赁、融资担保、外汇买卖等金融业务活动的机构,一般包括商业银行、证券交易所、期货交易所、证券公司、期货经纪公司、保险公司、融资租赁公司、担保公司、农村信用合作社等。从本案"顺发借寄公司"的实际经营业务看,其经营方式符合我国《典当管理办法》中关于典当行的特征,即"当户将其动产、财产权利作为当物质押或者将其房地产作为当物抵押给典当行,交付一定比例费用,取得当金,并在约定期限内支付当金利息、偿还当金、赎回当物的行为"。从典当行为的本质看,典当行应当属于金融机构。由此而论,二被告人违法成立实际从事典当活动的"顺发借寄公司",在形式上符合擅自设立金融机构罪的构成特征。然而,从实质上分析,刑法规定擅自设立金融机构罪的立法本意并非如此简单,对该罪的认定应当结合罪质进行判断。由于金融机构所从事的业务在社会经济中担负着特殊功能,其对国民经济的健康发展和金融秩序的稳定起着至关重要的作用,对社会稳定也有着直接的影响,如果放任这些未经批准、擅自设立的金融机构开展金融业务,势必扰乱国家金融秩序,给国家金融安全和社会经济造成危害。该罪不要求有金融业务的具体开展,处罚的只是单纯设立行为,但刑法之所以将此种单纯设立行为直接认定为犯罪,在于该类行为对金融安全具有一种潜在的严重危险。从这一罪质分析,构成擅自设立金融机构罪,本质上必须是对金融安全产生潜在严重危险的行为,如果行为不可能对金融产生严重危险,则不能构成该罪。根据刑法第一百七十四条的字面规定,似乎只要行为人实施了非法设立金融机构的行为,就可构成擅自设立金融机构罪,但在具体案件中,对符合该罪构成特征的行为要认定构成该罪,还必须在情节上认定行为是否可能对金融安全产生严重的危险。具体而言,构成擅自设立金融机构罪,首先在形式上,行为人非法设立的机构应当具备合法金融机构的一些必要形式特征,包括机构名称、组织部门、公司章程、营业地点等。因为在实践中,行为人设立的所谓金融机构之所以非法,仅仅是因为欠缺有关国家主管部门的批准要件,而其他要件往往是基本具备的,如此才可能使一般社会公众产生信任,否则也不会有人与其发生金融业务往来。其次在实质上,行为人非法设立的机构应当具备开展相应金融业务的实质能力,包括资金实力、专业人员等,如果不具备开展相应金融业务的实际能力,就没有可能面向社会开展有关金融业务,更谈不上有严重危害金融秩序和金融安全的危险。就本案而言,二被告人共同设立的所谓"顺发借寄公司",仅是二人自行在该市一冷库市场内租用的一间房屋挂牌营业,没有履行任何包括最基本的在工商部门注册登记的审批手续。从形式方面看,该"公司"既没有冠以典当或其他金融机构的名称,也没有公司章程和相应制度规范,甚至连办公印章都没有;从实质方面看,该"公司"没有足够的运营资金(所贷资金均为业务往来中临时借用),开展的业务极不规范(有关押车贷款协议均为手写),也没有足够的专业从业人员(仅有二被告人且二被告人不具有专业金融知识背景)。综上,"顺发借寄公司"并不具备刑法第一百七十四条规定的金融机构的形式要件和实质要件,尚未达到足以威胁金融安全、破坏金融秩序的危害程度,故不能以擅自设立金融机构罪论处。[参见第828号指导案例,张军、张小琴非法经营案,载《刑事审判参考》总第90集(2013年第1集),第29~31页。撰稿:康瑛]

第一百七十五条 【高利转贷罪】以转贷牟利为目的,套取金融机构信贷资金高利转贷他人,违法所得数额较大的,处三年以下有期徒刑或者拘役,并处违法所得一倍以上五倍以下罚金;数额巨大的,处三年以上七年以下有期徒刑,并处违法所得一倍以上五倍以下罚金。

单位犯前款罪的,对单位判处罚金,并对其直接负责的主管人员和其他直接责任人员,处三年以下有期徒刑或者拘役。

■最高人民检察院、公安部关于公安机关管辖的刑事案件立案追诉标准的规定(二)(2022年5月15日)

第二十一条 〔高利转贷案(刑法第一百七十五条)〕以转贷牟利为目的,套取金融机构信贷资金高利转贷他人,违法所得数额在五十万元以上的,应予立案追诉。

[附则(第七十九条至第八十五条)内容附在本书刑法第一百二十条之一附文同名文件中。]

▼安徽省常见经济犯罪数额标准一览表(2000—2014年)(见本书附录四十)

▽以转贷牟利为目的,编造虚假交易关系并出具虚假购销合同取得银行承兑汇票的,属于刑法规定的"套取金融机构信贷资金"的行为

高利转贷罪客观方面表现为套取金融机构信贷资金,高利转贷他人,违法所得数额较大的行为。其中,对于"套取金融机构信贷资金",根据中国人民银行发布的《贷款通则》有关"借款人不得套取贷款用于借贷牟取非法收入"的规定,可以认为,凡是将金融机构贷款用于借贷牟取非法收入的行为,均属于套取金融机构信贷资金。可见,这里的套取实际是一种骗取,即行为人以虚假的贷款理由或者贷款条件,隐瞒将贷款用于转贷牟利的真实用途,向金融机构申请贷款,然后将贷款并非用于从金融机构贷款时约定的用途,而是以高利非法转贷他人。本案涉及的一个问题是,被告人套取的是银行的承兑汇票,并不是直接从银行套取贷款。不能机械地理解刑法第一百七十五条的规定,而应把握高利转贷行为的本质并结合立法精神加以判定。虽然银行承兑汇票与银行贷款表现形式不同,借贷关系与票据关系在法律上也有不同之处,但银行承兑汇票是纳入信贷科目管理的,在银行内部的管理模式和性质上是相同的,银行承兑汇票贴现时使用的资金属于银行的信贷资金,票据贴现也是银行借出信贷资金的一种表现形式,因此套取银行承兑汇票然后转让他人进行贴现的实质上属于套取了银行的信贷资金。[参见第487号案例,姚凯高利转贷案,载《刑事审判参考》总第62集(2008年第3集),法律出版社,第3～4页。执笔:高洪江]

▽正确理解和确定高利转贷罪中的"高利"标准

行为人转贷给他人共计990万元的银行承兑汇票,按照银行当期利率计算,贷款利息应为38万元,行为人非法转贷获得的利息是75万元。从数字分析看,行为人转贷的利率尚不足银行正常利率的2倍,那么,行为人将银行信贷资金转贷他人时的利率是否属于高利,将直接影响到对被告人非法转贷行为的定性。依照最高人民法院于1991年发布的《关于人民法院审理借贷案件的若干意见》(本附文以下简称《意见》)第六条的规定,人民法院在审理民间借贷纠纷案件时,高于银行贷款利率4倍以上的利率,才属于高利。该问题涉及对高利转贷罪中的"高利"如何理解的问题,尽管在刑法和司法解释中均对"高利"未作规定,但鉴于该罪是以转贷牟利为目的,因此只要转贷的利率高于银行的利率就应当属于"高利",不必要求转贷利率必须达到一定的倍数。主要理由在于:首先,刑法没有对本罪中的"高利"进行诠释,《意见》中关于高于银行贷款利率4倍的规定对于"高利"的认定虽然有参照意义,但二者针对的对象不同,故不能简单以《意见》规定为准。该《意见》是就民间借贷而言,即行为人将自己所有的闲置资金直接借贷给他人使用的,如果只是略高于银行贷款利率而未超过4倍的,有利于社会资金的正常流转,并未侵害金融秩序,属于法律允许的资金融通行为。但是,就套取银行信贷资金而高利转贷他人的行为而言,鉴于其是一种扰乱金融秩序的行为,危害了金融安全,属于刑事违法行为,二者具有本质区别,因而刑法第一百七十五条中的"高利"不能简单依照《意见》的规定,以达到银行贷款利率的4倍为准。其次,根据刑法第一百七十五条的规定,只要"高利转贷他人"且违法所得数额较大,就构成高利转贷罪。根据最高人民检察院、公安部《关于经济犯罪案件追诉标准的规定》第二十三条规定,"个人高利转贷,违法所得数额在五万元以上的"、"单位高利转贷,违法所得在十万元以上的",应予追诉。可见,司法解释关于该罪追诉标准的规定只对违法所得数额进行了界定,对高利的具体认定未加以规定,这并不是司法解释的疏漏,而是表明了该罪中"高利"的认定标准并非必须达到银行贷款的利率一定倍数。这样解释是符合高利转贷罪的立法意图的。高利转贷行为涉及的利率倍数,仅仅是高利转贷行为社会危害性的表征之一,并不是反映该行为的真实社会危害性的唯一因素。如行为人以5倍银行贷款利率转贷他人,但如果其套取的银行贷款只有5000元,数额很小,尚不足以危害到金融秩序,故不应以犯罪论处;而如果行为人虽以2倍银行贷款利率转贷他人,但套取了2000万元的贷款,其违法所得巨大,其行为就危害了正常金融秩序,应以犯罪论处了。因此,对于高利转贷罪的定罪数额,刑法关注的是违法所得,这是能够真正反映其社会危害性的要件。对于利率标准的掌握不应过于苛严,只要高于银行贷款利率即可。认定高利转贷罪肘,应将重点放在违法所得上。也就是说,只要违法所得较大,且转贷利率高于银行贷款利率,就应认定为高利转贷罪。[参见第487号案例,姚凯高利转贷案,载《刑事审判参考》总第62集(2008年第3集),法律出版社,第4～6页。执笔:高洪江)

第一百七十五条之一　【骗取贷款、票据承兑、金融票证罪】以欺骗手段取得银行或者其他金融机构贷款、票据承兑、信用证、保函等,给银行或者其他金融机构造成重大损失的,处三年以下有期徒刑或者拘役,并处或者单处罚金;给银行或者其他金融机构造成特别重大损失或者有其他特别严重情节的,处三年以上七年以下有期徒刑,并处罚金。(本条第一款是根据《中华人民共和国刑法修正案(十一)》之十一修改的,2021年3月1日起施行。)

单位犯前款罪的,对单位判处罚金,并对其直接负责的主管人员和其他直接责任人员,依照前款的规定处罚。(本条是根据《中华人民共和国刑法修正案(六)》之十增加的,2006年6月29日起施行。)

刑法本条第一款原文:【骗取贷款、票据承兑、金融票证罪】以欺骗手段取得银行或者其他金融机构贷款、票据承兑、信用证、保函等,给银行或者其他金融机构造成重大损失或者有其他严重情节的,处三年以下有期徒刑或者拘役,并处或者单处罚金;给银行或者其他金融机构造成特别重大损失或者有其他特别严重情节的,处三年以上七年以下有期徒刑,并处罚金。

■最高人民检察院、公安部关于公安机关管辖的刑事案件立案追诉标准的规定(二)(2022年5月15日)

第二十二条 〔骗取贷款、票据承兑、金融票证案(刑法第一百七十五条之一)〕以欺骗手段取得银行或者其他金融机构贷款、票据承兑、信用证、保函等,给银行或者其他金融机构造成直接经济损失数额在五十万元以上的,应予立案追诉。

[附则(第七十九条至第八十五条)内容附在本书刑法第一百二十条之一附文同名文件中。]

▼安徽省常见经济犯罪数额标准一览表(2000—2014年)(见本书附录四十)

▽对不足以证实行为人具有非法占有目的的骗取小额贷款公司贷款的行为,构成犯罪的,应当以骗取贷款罪论处

骗取小额贷款公司贷款的定性,基于小额贷款公司属于金融机构这一前提,如果被告人具有非法占有目的,可能构成贷款诈骗罪;如果没有,则可能构成骗取贷款罪。具体分析如下:

(一)关于小额贷款公司的性质认定。1. 小额贷款公司是依法经营小额贷款金融业务的有限责任公司或者股份有限公司。第一,发放贷款的业务是金融业务。根据商业银行法第三条的规定,商业银行可以经营下列部分或者全部业务:(1)吸收公众存款;(2)发放短期、中期和长期贷款;(3)办理国内外结算;(4)办理票据承兑与贴现等。商业银行是典型的银行业金融机构,其主营业务包括吸收公众存款、发放贷款等。第二,小额贷款公司的主营业务是发放贷款。根据《关于小额贷款公司试点的指导意见》(本附文以下简称《指导意见》)第一条第一款的规定,小额贷款公司是由自然人、企业法人与其他社会组织投资设立,不吸收公众存款,经营小额贷款业务的有限责任公司或股份有限公司。所以,发放贷款是小额贷款公司的主营业务,甚至是小额贷款公司的唯一经营业务。第三,小额贷款公司经营小额贷款等金融业务是经法定部门依法批准的。根据商业银行法第三条第二款、第三款的规定,商业银行从事吸收公众存款、发放贷款等业务的经营范围由商业银行章程规定,报国务院银行业监督管理机构批准;商业银行经营结汇、售汇业务由中国人民银行批准。所以,经营发放贷款等金融业务的批准机关是国务院银行业监督管理机构和中国人民银行。小额贷款公司经营发放贷款的金融业务是经国务院银行业监督管理机关依法批准的。所以,小额贷款公司经营发放小额贷款的金融业务是经法定部门依法批准的。第四,小额贷款公司有限责任公司或者股份有限公司的性质不影响其金融机构性质。商业银行法第二条规定,商业银行是指依照该法和《中华人民共和国公司法》设立的吸收公众存款、发放贷款、办理结算等业务的企业法人。根据这一规定,商业银行的本质也是依据《中华人民共和国公司法》设立的企业法人。商业银行的企业法人性质并不影响其金融机构性质的认定。虽然根据《指导意见》的规定小额贷款公司是有限责任公司或者股份有限公司,但是这同样不影响其金融机构性质的认定。企业法人性质和金融机构性质是从不同侧面,根据不同标准所作的法律评价,二者不存在必然的排斥性。所以,小额贷款公司的企业法人性质不影响其金融机构性质的认定。

2. 小额贷款公司是经银行业监督管理机构授权的省级政府主管部门批准设立和主管的其他金融机构。第一,非银行金融机构的批准设立可以由中国银行业监督管理委员会(已撤销)负责。银行业监督管理法第二条第三款规定:"对在中华人民共和国境内设立的金融资产管理公司、信托投资公司、财务公司、金融租赁公司以及经国务院银行业监督管理机构批准设立的其他金融机构的监督管理,适用本法对银行业金融机构监督管理的规定。"根据这一规定,非银行金融机构的设立可以由中国银行业监督管理委员会批准。第二,小额贷款公司是经银行业监督管理机关授权的省级政府主管部门批准设立的。根据《指导意见》第二条第四款的规定,申请设立小额贷款公司,应当向省级政府主管部门提出正式申请,经批准后,到当地工商行政管理部门申请办理注册登记手续并领取营业执照。此外,还应当在5个工作日内向当地公安机关、中国银行业监督管理委员会派出机构和中国人民银行分支机构报送相关资料。《指导意见》是由中国银行业监督管理委员会、中国人民银行共同制定的,所以可以认为小额贷款公司是经银行业监督管理机关授权的省级政府主管部门批准设立的其他金融机构。第三,小额贷款公司的主管部门是经银行业监督管理机关授权的省级政府部门。根据《指导意见》第五条第一款的规定,凡是省级政府能明确一个主管部门(金融办或者相关机构)负责对小额贷款公司的监督管理,并愿意承担小额贷款公司风险处置责任的,方可在本省(区、市)的县域范围内开展组建小额贷款公司试点。由此可以认为,中国银行业监督管理委员会、中国人民银行作为金融机构的相关主管部门授权省级政府主管部门(金融办或者相关机构)对小额贷款公司的经营活动进行监督管理。

3. 中国人民银行的相关规定已经明确认可小额贷款公司为金融机构。第一,小额贷款公司依法从事金融业务,依法取得中国人民银行赋予的金融机构编码。《中国人民银行关于印发〈金融机构编码规范〉的通知》规定:"本规范规定了金融机构的编码对象、编码结构和表示形式,使每个编码对象获得一个唯一的代码,以适应金融机构信息系统建设和数据交换的需求。"同时,《金融机构编码规范》中规定,"Z－其他1－小额贷款公司"。本案中,中国人民银行上海分行的金融业机构信息年度验证合格通知书和中国人民银行上海总部金融服务二部的金融机构信息变更通知书均载明被害单位九星小贷公司的金融机构代码即为Z1××××××××0016。第二,小额贷款公司同样适用金融机构的金融统计制度。中国人民银行下发的《关于2010年中资金融机构金融统计制度有关事项的通知》明确规定:"境内其他金融机构:除上述机构之外的其他金融机构。包括小额贷款公司等金融机构"。同时,《关于2010年中资金融机构金融统计制度有关事项的通知》还明确要求小额贷款公司适用金融机构的金融统计制度。

4. 是否取得金融许可证并不影响小额贷款公司金融机构性质的认定。第一,辩护人所提的《金融机构管理规定》现已废止。《金融机构管理规定》已被2010年10月26日发布的《中国人民银行、中国银行业监督管理委员会公告(2010)第15号——废止131件规范性文件、宣布失效76件规范性文件的公告》所废止。所以,该《金融机构管理规定》的相关内容不能再作为认定金融机构的依据。第二,金融许可证制度不适用于小额贷款公司。《金融许可证管理办法》系中国银行业监督管理委员会于2007年修改发布的。《指导意见》系中国银行业监督管理委员会、中国人民银行于2008年发布的。该两项规定的发布部门均包括中国银行业监督管理委员会,根据新法优于旧法的原则,小额贷款公司作为创新金融的试点,《指导意见》未规定金融许可证制度适用于小额贷款公司,所以不能以小额贷款公司未取得金融许可证而否认小额贷款公司的金融机构性质。第三,如果金融许可证制度适用于小额贷款公司,那么小额贷款公司未取得金融机构许可证就不能经营贷款等金融业务,否则应当受到中国银行业监督管理委员会的处罚,而事实上中国银行业监督管理委员在《指导意见》中已经明确允许小额贷款公司经营小额贷款业务。

综上所述,小额贷款公司系依法设立的经营小额贷款金融业务的其他非银行金融机构。本案中,根据金融业机构信息年度验证合格通知书、金融机构信息变更书、上海市金融服务办公室批复等证据,足以证实九星小额贷款公司系依法设立的从事贷款金融业务的其他金融机构,符合骗取贷款罪的对象特征。

(二)对不足以证实行为人具有非法占有目的的骗取小额贷款公司贷款的行为,构成犯罪的,应当以骗取贷款罪论处。1. 骗取贷款罪、贷款诈骗罪、合同诈骗罪的区别。实践中,骗取贷款罪和贷款诈骗罪客观上都存在骗取贷款的行为,有时贷款诈骗的行为又被认定为合同诈骗罪。在认定骗取贷款罪时，应当首先对骗取贷款罪、贷款诈骗罪和合同诈骗罪的区别予以厘清。一方面，骗取贷款罪与贷款诈骗罪、合同诈骗罪的主要区别在于行为人是否具有非法占有目的。骗取贷款罪主观方面要求行为人不具有非法占有目的，而贷款诈骗罪和合同诈骗罪的主观方面都要求行为人具有非法占有目的。对于骗取小额贷款公司贷款的行为，只有行为人明确不具有非法占有目的或者证据不足以证实行为人具有非法占有目的时，才能依照骗取贷款罪定罪处罚。否则，应当以贷款诈骗罪或者合同诈骗罪论处。另一方面，贷款诈骗罪与合同诈骗罪的主体不同。贷款诈骗罪的主体只能是自然人，合同诈骗罪的主体可以是自然人也可以是单位。最高人民法院印发的《全国法院审理金融犯罪案件工作座谈会纪要》规定，"单位不能构成贷款诈骗罪。根据刑法第三十条和第一百九十三条的规定，单位不构成贷款诈骗罪。对于单位实施的贷款诈骗行为，不能以贷款诈骗罪定罪处罚，也不能以贷款诈骗罪追究直接负责的主管人员和其他直接责任人员的刑事责任。但是，在司法实践中，对于单位十分明显地以非法占有为目的，利用签订、履行借款合同诈骗银行或其他金融机构贷款，符合刑法第二百二十四条规定的合同诈骗罪构成要件的，应当以合同诈骗罪定罪处罚"。

2. 本案不足以证实被告人具有非法占有目的。首先，骗取贷款罪的客观表现为以欺骗手段取得银行或者其他金融机构贷款，给银行或者其他金融机构造成重大损失或者有其他严重情节的行为。本案被告人作为航旭公司法定代表人，以公司名义向九星小贷公司申请贷款时，使用与屹荣公司虚假签订的钢材供销合同、虚报公司财务状况等欺骗手段，取得贷款后用于归还航旭公司及其控股的其他公司的贷款及债务，给九星小贷公司造成特别重大损失，其行为符合骗取贷款罪的客观要件。其次，骗取贷款罪的主观方面表现为故意，但不包括非法占有的目的。被告人的多次供述均证实，航旭公司与屹荣公司签订的钢材供销合同系不真实的，申请贷款的财务报表与公司税务申报时的财务报表差别很大，其骗取贷款的主观故意明显。但因本案现有证据材料不足以证实被告人及航旭公司申请贷款时航旭公司已资不抵债或者缺乏偿还贷款的能力，也不能排除被告人及航旭公司因钢贸市场行情而改变贷款用途的可能性，故不能认定被告人和航旭公司具有非法占有目的。一方面，本案现有证据不足以证实被告人与航旭公司在骗取贷款时已经资不抵债或者缺乏偿还贷款的能力。本案曾经被检察院退回补充侦查，要求补充侦查被告人及航旭公司申请贷款时资金状况已经较差的相关证据，公安机关经补充侦查提供了福州市人民法院的协助执行通知书等证据材料。相关的证据材料协助执行通知书只有一份日期为2012年5月14日，其他的协助执行通知书日期均为2013年以后。但是，本案的贷款时间为2012年1月6日，故现有证据不足以证明被告人及航旭公司骗取贷款时已经不具有履约能力。另一方面，本案现有的证据不足以排除被告人及航旭公司未将贷款用于约定用途系出于市场行情的原因。被告人提出因为钢贸市场行情，为了避免亏损才将贷款用于归还之前的欠款的辩解。本案现有的证据不包括贷款合同履行时的钢贸市场行情相关材料，尚不足以排除被告人所提的市场风险的理由。

综上，本案现有证据不足以证实被告人和航旭公司骗取贷款时具有非法占有目的，不能认定被告人和航旭公司构成贷款诈骗罪或者合同诈骗罪。被告人和航旭公司客观上具有骗取金融机构贷款的行为、主观上具有骗取贷款的故意。从有利于被告的原则，应当依法认定被告人和航旭公司的行为构成骗取贷款罪。［参见第962指导案例，江树昌骗取贷款案，载《刑事审判参考》总第97集(2014年第2集)，第35～40页。撰稿：任素贤　秦现锋］

▽骗取贷款案件中行为人是否具有非法占有目的的认定

从刑法规定的罪状分析，骗取贷款罪与贷款诈骗罪最主要的区别在于主观要件，即行为人主观上是否以非法占有为目的。贷款诈骗罪的目的不仅是骗取贷款，而且是非法占有贷款。而骗取贷款罪采用欺骗手段的目的是在不符合贷款条件的情况下取得贷款，不以非法占有为目的。

非法占有目的，是指行为人实施犯罪行为的目的，在于使财物脱离其合法所有人或者持有人的控制而将其据为己有。质言之，是指行为人改变公私财产所有权的目的。非法占有目的，是行为人的一种主观心理状态,但主观最终必定见诸客观,不可能完全脱离客观外在活动而存在。对行为人非法占有目的的认定,可以通过行为人具体实施的客观行为加以判断。实践中,有的行为体现非法占有的目的非常直接明显,如使用虚假证明骗取贷款后携款逃跑;但也有的行为难以单独体现行为人主观上的非法占有目的。如刑法第一百九十三条规定的五项情形,只能证明行为人主观上具有非法占有目的的可能性,是否实际具有非法占有的目的,还必须借助相关的客观事实加以分析认定。

最高人民法院2001年1月21日印发的《全国法院审理金融犯罪案件工作座谈会纪要》(本附文以下简称《纪要》)强调,在司法实践中,认定是否具有非法占有为目的,应当坚持主客观相一致的原则,既要避免单纯根据损失结果客观归罪,也不能仅凭被告人自己的供述,而应当根据案件具体情况具体分析。结合司法实际,一般而言,对于行为人通过欺骗的方法非法获取资金,造成数额较大资金不能归还,并具有七种情形之一的,可以认定为具有非洼占有的目的。将上述一般性经验法则具体运用到骗取贷款案件中,认定行为人主观上具有占有贷款为目的,必须具备以下条件:(1)行为人是通过欺诈手段获取贷款,即行为人实施了刑法一百九十三条规定的五项情形之一;(2)行为人到期没有归还贷款;(3)行为人贷款时即明知不具有归还能力或者贷款后实施了某种特定行为,如实施了《纪要》规定的七种情形之一。如果行为人同时具备上述三个条件,就可以认定行为人主观上具有非法占有贷款的目的;如果行为人骗取贷款的行为欠缺上述三个条件之一,则一般不应认定其主观上具有非法占有贷款的目的,从而不能认定构成贷款诈骗罪。值得注意的是,骗取贷款罪与贷款诈骗罪可能相互转化,甚至导致案件性质从刑事转化为民事,民事转化为刑事。如行为人最初的动机是非法占有贷款,但在取得贷款以后将贷款用于正常的生产经营活动或者受到其他良好因素的影响,其当初的意图发生了变化,贷款期满即归还贷款。这种情形达到追究刑事责任数额标准或者情节标准的,构成骗取贷款罪,未达到刑事责任数额标准的,属于民事欺诈性质。反之,行为人取得贷款之前没有非法占有的意图,但在取得贷款后,客观行为表现出其主观上不愿归还贷款的情形,贷款期满后不予归还,达到数额较大的,则构成贷款诈骗罪。

基于上述分析,具体到本案中,被告人多次冒用他人名义贷款,冒用他人名义担保贷款,从查明的证据来看,被告人骗取贷款后,确有开发周党步行街房产、山店林场、山店乡水电站、自来水经营管理权等投资项目。案发前,被告人与经办的信贷员签订了转贷协议,并将其资产证件交付了信贷员,可以证明被告人确有还款的意愿。其对取得的贷款并没有非法占有的意图,但其以欺骗手段取得银行或者其他金融机构贷款,给银行或者其他金融机构造成重大损失的行为应认定为骗取贷款罪。[参见第963指导案例,陈恒国骗取贷款案,载《刑事审判参考》总第97集(2014年第2集),第44~46页。撰稿:孔晶晶]

▽使用虚假资料获取银行贷款的案件中行为人非法占有目的的认定

武某钢虽然使用虚假的证明文件骗取贷款,但其没有非法占有的目的,应构成骗取贷款罪。一般而言,使用虚假资料获取银行贷款,可能涉及两个罪名:骗取贷款罪和贷款诈骗罪。两罪在客观要件和量刑上的区别,归根结底在于,前罪并无非法占有之目的或者没有确实、充分的证据证实借款人有非法占有之目的,后罪则以明确的非法占有为主观故意,意欲侵占银行经营管理的财产。司法实践中,囿于借款人主观故意的隐蔽性和客观行为的相似性,对借款人的行为定性往往存在较大分歧。《刑法》第一百九十三条规定,使用虚假的经济合同、证明文件,或者使用虚假的产权证明作担保,或者超出抵押物价值重复担保等方法骗取贷款,且有非法占有目的,数额较大的,构成贷款诈骗罪。也就是说,刑法本身并不孤立看待申请贷款时的造假行为,只有行为人主观上具备非法占有之目的,才可能因客观上的造假行为以诈骗犯罪论处。换言之,审理此类案件的关键在于界定行为人是否有非法占有目的。本案被告人武某钢确有使用虚假财务报告、应收款明细表等资料的行为,亦有私刻武汉钢铁股份有限公司(物资采购)合同专用章,假冒金资公司合同员周长工的签名,与光大银行武汉分行签订《关于武汉钢浓粉末冶金有限公司(卖方)有关应收账款转让问题的三方协议》的行为,但上述行为并不能单独构成诈骗犯罪,除了被告人对其主观目的的供述外,还应结合被告人及被告单位申请贷款之前的经济状况、获取贷款之后的款项用途、款项到期后的还款意愿及还款效果等综合评价,不能仅凭行为人有使用虚假资料骗取贷款的客观行为和实际未能还款的客观结果,片面认定行为人的主观故意。具体来说,应当主要根据以下三方面情况来判断行为人的主观故意:1. 贷款之前的经济状况。通常情况下,借款人贷款之前的经济状况并不能直接反映借款人是否存有非法占有目的。但其经济状况和借款缘由可以在一定程度上反映借款人的后期还款能力和借款用途的真实性。如果借款人有正常经营的业务,经济能力较强,虽然使用了虚假资料获取贷款,但借款用途真实,后因正常经营风险无力还款,认定借款人有非法占有目的要慎重;如果借款人并无真实经营业务,资不抵债甚至长期负债,可以推定其主观上可能具有非法占有之目的,同时结合其申请贷款时的具体行为和实际造成的后果进一步界定其主观故意。2. 获取贷款后的款项用途。一般而言,非法占有具有很强的主观性,很难通过客观事实直接证明,但行为人获取贷款后的用款方式、有无擅自改变贷款用途的行为可以在一定程度上反映行为人的主观状态。对于严格遵照贷款协议约定的贷款用途,真实诚信地使用所借款项,确因正常经营风险无力偿还贷款的,即使在申请贷款时使用了虚假资料或有其他民事欺诈行为,亦应首先考虑为贷款纠纷,确实给银行等金融机构造成重大损失或者有其他严重情节的,可以结合案件事实以骗取贷款罪论处,不能简单采取客观归罪的方式直接以诈骗犯罪处理。对于擅自改变贷款用途,导致贷款资金脱离银行等金融机构所能预期的经营状况,后因正常经营风险无力偿还的,既要考虑实际用款项目的正常盈利可能,也要结合行为人贷款前的实际经济状况,申请贷款时有无欺诈行为等具体情节,结合证人证言、被告人供述等言词证据准确界定行为人是否具有非法占有之故意。对于获取贷款后,将资金用于偿还个人债务、赌博、挥霍,后又实际未能偿还贷款的,除有证据证明行为人确有可靠资金来源保证偿贷能力,后因不可抗力或者意外事件等难以预料的因素导致偿贷资金灭失的,一般可以推定其主观上具有非法占有目的。3. 款项到期后的还款意愿和实际还款效果。按照主观见之于客观的原则,借款人在款项到期后的还款意愿和实际还款效果,一方面反映借款人的客观行为所造成的实际后果,另一方面也能直接反映行为人对所借款项是否具有非法占有的主观故意。在民商事法律关系中,按期还款是借款人应当履行的义务,逾期还款承担相应的违约责任。但违约责任的成立并不必然导致刑事责任的承担。一般而言,款项到期后,行为人虽一时不具备还款能力,但能够积极筹措资金,实际归还了全部或者大部分贷款的;或者虽无还款资金,但能够提供相应的无权属争议的担保物保证还款的,后又实际归还了全部或者大部分贷款的;或者有其他类似的积极还款行为以及保证还款措施的,均不宜认定行为人有非法占有的主观恶意。对于抽逃、转移资金,隐匿财产,或者隐匿、销毁账目,或者以假破产、假倒闭等方式逃避还贷的,以及获取贷款后逃跑的,实际造成数额较大的资金不能偿还的,可以认定行为人有非法占有的目的。综上,被告人武某钢及被告单位钢浓公司是有明确主业的实体公司,虽有负债,但只是略有亏损,缺乏流动资金,确有引资必要,贷款借出时武某钢即与银行签订《最高额保证合同》,对保理资金承担连带保证责任,后亦无证据证实武某钢有将贷出的保理资金挪作个人使用或有挥霍保理资金等的行为,贷款逾期后武某钢书面承诺银行有权追索其名下房产,无充分证据证实武某钢有恶意逃债行为,不能排除银行资金损失与钢浓公司经营性亏损的关联性。换言之,虽然被告人武某钢及被告单位有使用虚假资料骗取贷款的欺诈行为,但无充分证据证实被告人武某钢及被告单位钢浓公司对骗取的资金具有非法占有目的。法院依法以骗取贷款罪追究被告人武某钢及被告单位钢浓公司的刑事责任,定性是准确的。[参见第1208号指导案例,钢浓公司、武某钢骗取贷款、诈骗案,载《刑事审判参考》总第111集,第27~31页。撰稿:郑娟 邓海兵]

第一百七十六条 【非法吸收公众存款罪】非法吸收公众存款或者变相吸收公众存款,扰乱金融秩序的,处三年以下有期徒刑或者拘役,并处或者单处罚金;数额巨大或者有其他严重情节的,处三年以上十年以下有期徒刑,并处罚金;数额特别巨大或者有其他特别严重情节的,处十年以上有期徒刑,并处罚金。

单位犯前款罪的,对单位判处罚金,并对其直接负责的主管人员和其他直接责任人员,依照前款的规定处罚。

有前两款行为,在提起公诉前积极退赃退赔,减少损害结果发生的,可以从轻或者减轻处罚。(本条是根据《中华人民共和国刑法修正案(十一)》之十二修改的,2021年3月1日起施行。)

刑法本条原文:【非法吸收公众存款罪】非法吸收公众存款或者变相吸收公众存款,扰乱金融秩序的,处三年以下有期徒刑或者拘役,并处或者单处二万元以上二十万元以下罚金;数额巨大或者有其他严重情节的,处三年以上十年以下有期徒刑,并处五万元以上五十万元以下罚金。

单位犯前款罪的,对单位判处罚金,并对其直接负责的主管人员和其他直接责任人员,依照前款的规定处罚。

■最高人民检察院、公安部关于公安机关管辖的刑事案件立案追诉标准的规定(二)(2022年5月15日)

第二十三条　〔非法吸收公众存款案(刑法第一百七十六条)〕非法吸收公众存款或者变相吸收公众存款,扰乱金融秩序,涉嫌下列情形之一的,应予立案追诉:

(一)非法吸收或者变相吸收公众存款数额在一百万元以上的;

(二)非法吸收或者变相吸收公众存款对象一百五十人以上的;

(三)非法吸收或者变相吸收公众存款,给集资参与人造成直接经济损失数额在五十万元以上的。

非法吸收或者变相吸收公众存款数额在五十万元以上或者给集资参与人造成直接经济损失数额在二十五万元以上,同时涉嫌下列情形之一的,应予立案追诉:

(一)因非法集资受过刑事追究的;

(二)二年内因非法集资受过行政处罚的;

(三)造成恶劣社会影响或者其他严重后果的。

[附则(第七十九条至第八十五条)内容附在本书刑法第一百二十条之一附文同名文件中。]

■最高人民法院关于审理非法集资刑事案件具体应用法律若干问题的解释(2022年3月1日)

第一条　违反国家金融管理法律规定,向社会公众(包括单位和个人)吸收资金的行为,同时具备下列四个条件的,除刑法另有规定的以外,应当认定为刑法第一百七十六条规定的"非法吸收公众存款或者变相吸收公众存款":

(一)未经有关部门依法许可或者借用合法经营的形式吸收资金;

(二)通过网络、媒体、推介会、传单、手机信息等途径向社会公开宣传;

(三)承诺在一定期限内以货币、实物、股权等方式还本付息或者给付回报;

(四)向社会公众即社会不特定对象吸收资金。

未向社会公开宣传,在亲友或者单位内部针对特定对象吸收资金的,不属于非法吸收或者变相吸收公众存款。

第二条　实施下列行为之一,符合本解释第一条第一款规定的条件的,应当依照刑法第一百七十六条的规定,以非法吸收公众存款罪定罪处罚:

(一)不具有房产销售的真实内容或者不以房产销售为主要目的,以返本销售、售后包租、约定回购、销售房产份额等方式非法吸收资金的;

(二)以转让林权并代为管护等方式非法吸收资金的;

(三)以代种植(养殖)、租种植(养殖)、联合种植(养殖)等方式非法吸收资金的;

(四)不具有销售商品、提供服务的真实内容或者不以销售商品、提供服务为主要目的,以商品回购、寄存代售等方式非法吸收资金的;

（五）不具有发行股票、债券的真实内容，以虚假转让股权、发售虚构债券等方式非法吸收资金的；

（六）不具有募集基金的真实内容，以假借境外基金、发售虚构基金等方式非法吸收资金的；

（七）不具有销售保险的真实内容，以假冒保险公司、伪造保险单据等方式非法吸收资金的；

（八）以网络借贷、投资入股、虚拟币交易等方式非法吸收资金的；

（九）以委托理财、融资租赁等方式非法吸收资金的；

（十）以提供“养老服务”、投资“养老项目”、销售“老年产品”等方式非法吸收资金的；

（十一）利用民间“会”“社”等组织非法吸收资金的；

（十二）其他非法吸收资金的行为。

第三条 非法吸收或者变相吸收公众存款，具有下列情形之一的，应当依法追究刑事责任：

（一）非法吸收或者变相吸收公众存款数额在100万元以上的；

（二）非法吸收或者变相吸收公众存款对象150人以上的；

（三）非法吸收或者变相吸收公众存款，给存款人造成直接经济损失数额在50万元以上的。

非法吸收或者变相吸收公众存款数额在50万元以上或者给存款人造成直接经济损失数额在25万元以上，同时具有下列情节之一的，应当依法追究刑事责任：

（一）曾因非法集资受过刑事追究的；

（二）二年内曾因非法集资受过行政处罚的；

（三）造成恶劣社会影响或者其他严重后果的。

第四条 非法吸收或者变相吸收公众存款，具有下列情形之一的，应当认定为刑法第一百七十六条规定的“数额巨大或者有其他严重情节”：

（一）非法吸收或者变相吸收公众存款数额在500万元以上的；

（二）非法吸收或者变相吸收公众存款对象500人以上的；

（三）非法吸收或者变相吸收公众存款，给存款人造成直接经济损失数额在250万元以上的。

非法吸收或者变相吸收公众存款数额在250万元以上或者给存款人造成直接经济损失数额在150万元以上，同时具有本解释第三条第二款第三项情节的，应当认定为“其他严重情节”。

第五条 非法吸收或者变相吸收公众存款，具有下列情形之一的，应当认定为刑法第一百七十六条规定的“数额特别巨大或者有其他特别严重情节”：

（一）非法吸收或者变相吸收公众存款数额在5000万元以上的；

（二）非法吸收或者变相吸收公众存款对象5000人以上的；

（三）非法吸收或者变相吸收公众存款，给存款人造成直接经济损失数额在2500万元以上的。

非法吸收或者变相吸收公众存款数额在2500万元以上或者给存款人造成直接经济损失数额在1500万元以上，同时具有本解释第三条第二款第三项情节的，应当认定为“其他特别严重情节”。

第六条 非法吸收或者变相吸收公众存款的数额，以行为人所吸收的资金全额计算。在提起公诉前积极退赃退赔，减少损害结果发生的，可以从轻或者减轻处罚；在提起公诉后退赃退赔的，可以作为量刑情节酌情考虑。

非法吸收或者变相吸收公众存款，主要用于正常的生产经营活动，能够在提起公诉前清退所吸收资金，可以免予刑事处罚；情节显著轻微危害不大的，不作为犯罪处理。

对依法不需要追究刑事责任或者免予刑事处罚的，应当依法将案件移送有关行政机关。

第九条（第一款） 犯非法吸收公众存款罪，判处三年以下有期徒刑或者拘役，并处或者单处罚金的，处五万元以上一百万元以下罚金；判处三年以上十年以下有期徒刑的，并处十万元以上五百万元以下罚金；判处十年以上有期徒刑的，并处五十万元以上罚金。

第十二条（第二款） 明知他人从事欺诈发行证券，非法吸收公众存款，擅自发行股票、公司、企业债券,集资诈骗或者组织、领导传销活动等集资犯罪活动,为其提供广告等宣传的,以相关犯罪的共犯论处。

第十三条　通过传销手段向社会公众非法吸收资金,构成非法吸收公众存款罪或者集资诈骗罪,同时又构成组织、领导传销活动罪的,依照处罚较重的规定定罪处罚。

第十四条　单位实施非法吸收公众存款、集资诈骗犯罪的,依照本解释规定的相应自然人犯罪的定罪量刑标准,对单位判处罚金,并对其直接负责的主管人员和其他直接责任人员定罪处罚。

第十五条　此前发布的司法解释与本解释不一致的,以本解释为准。

■最高人民法院、最高人民检察院、公安部关于办理非法集资刑事案件若干问题的意见(全文)(2019年1月30日)

一、关于非法集资的"非法性"认定依据问题

人民法院、人民检察院、公安机关认定非法集资的"非法性",应当以国家金融管理法律法规作为依据。对于国家金融管理法律法规仅作原则性规定的,可以根据法律规定的精神并参考中国人民银行、中国银行保险监督管理委员会、中国证券监督管理委员会等行政主管部门依照国家金融管理法律法规制定的部门规章或者国家有关金融管理的规定、办法、实施细则等规范性文件的规定予以认定。

二、关于单位犯罪的认定问题

单位实施非法集资犯罪活动,全部或者大部分违法所得归单位所有的,应当认定为单位犯罪。

个人为进行非法集资犯罪活动而设立的单位实施犯罪的,或者单位设立后,以实施非法集资犯罪活动为主要活动的,不以单位犯罪论处,对单位中组织、策划、实施非法集资犯罪活动的人员应当以自然人犯罪依法追究刑事责任。

判断单位是否以实施非法集资犯罪活动为主要活动,应当根据单位实施非法集资的次数、频度、持续时间、资金规模、资金流向、投入人力物力情况、单位进行正当经营的状况以及犯罪活动的影响、后果等因素综合考虑认定。

三、关于涉案下属单位的处理问题

办理非法集资刑事案件中,人民法院、人民检察院、公安机关应当全面查清涉案单位,包括上级单位(总公司、母公司)和下属单位(分公司、子公司)的主体资格、层级、关系、地位、作用、资金流向等,区分情况依法作出处理。

上级单位已被认定为单位犯罪,下属单位实施非法集资犯罪活动,且全部或者大部分违法所得归下属单位所有的,对该下属单位也应当认定为单位犯罪。上级单位和下属单位构成共同犯罪的,应当根据犯罪单位的地位、作用,确定犯罪单位的刑事责任。

上级单位已被认定为单位犯罪,下属单位实施非法集资犯罪活动,但全部或者大部分违法所得归上级单位所有的,对下属单位不单独认定为单位犯罪。下属单位中涉嫌犯罪的人员,可以作为上级单位的其他直接责任人员依法追究刑事责任。

上级单位未被认定为单位犯罪,下属单位被认定为单位犯罪的,对上级单位中组织、策划、实施非法集资犯罪的人员,一般可以与下属单位按照自然人与单位共同犯罪处理。

上级单位与下属单位均未被认定为单位犯罪的,一般以上级单位与下属单位中承担组织、领导、管理、协调职责的主管人员和发挥主要作用的人员作为主犯,以其他积极参加非法集资犯罪的人员作为从犯,按照自然人共同犯罪处理。

四、关于主观故意的认定问题

认定犯罪嫌疑人、被告人是否具有非法吸收公众存款的犯罪故意,应当依据犯罪嫌疑人、被告人的任职情况、职业经历、专业背景、培训经历、本人因同类行为受到行政处罚或者刑事追究情况以及吸收资金方式、宣传推广、合同资料、业务流程等证据,结合其供述,进行综合分析判断。

犯罪嫌疑人、被告人使用诈骗方法非法集资，符合《最高人民法院关于审理非法集资刑事案件具体应用法律若干问题的解释》第四条规定的，可以认定为集资诈骗罪中“以非法占有为目的”。

办案机关在办理非法集资刑事案件中，应当根据案件具体情况注意收集运用涉及犯罪嫌疑人、被告人的以下证据：是否使用虚假身份信息对外开展业务；是否虚假订立合同、协议；是否虚假宣传，明显超出经营范围或者夸大经营、投资、服务项目及盈利能力；是否吸收资金后隐匿、销毁合同、协议、账目；是否传授或者接受规避法律、逃避监管的方法，等等。

五、关于犯罪数额的认定问题

非法吸收或者变相吸收公众存款构成犯罪，具有下列情形之一的，向亲友或者单位内部人员吸收的资金应当与向不特定对象吸收的资金一并计入犯罪数额：

（一）在向亲友或者单位内部人员吸收资金的过程中，明知亲友或者单位内部人员向不特定对象吸收资金而予以放任的；

（二）以吸收资金为目的，将社会人员吸收为单位内部人员，并向其吸收资金的；

（三）向社会公开宣传，同时向不特定对象、亲友或者单位内部人员吸收资金的。

非法吸收或者变相吸收公众存款的数额，以行为人所吸收的资金全额计算。集资参与人收回本金或者获得回报后又重复投资的数额不予扣除，但可以作为量刑情节酌情考虑。

六、关于宽严相济刑事政策把握问题

办理非法集资刑事案件，应当贯彻宽严相济刑事政策，依法合理把握追究刑事责任的范围，综合运用刑事手段和行政手段处置和化解风险，做到惩处少数、教育挽救大多数。要根据行为人的客观行为、主观恶性、犯罪情节及其地位、作用、层级、职务等情况，综合判断行为人的责任轻重和刑事追究的必要性，按照区别对待原则分类处理涉案人员，做到罚当其罪、罪责刑相适应。

重点惩处非法集资犯罪活动的组织者、领导者和管理人员，包括单位犯罪中的上级单位（总公司、母公司）的核心层、管理层和骨干人员，下属单位（分公司、子公司）的管理层和骨干人员，以及其他发挥主要作用的人员。

对于涉案人员积极配合调查、主动退赃退赔、真诚认罪悔罪的，可以依法从轻处罚；其中情节轻微的，可以免除处罚；情节显著轻微、危害不大的，不作为犯罪处理。

七、关于管辖问题

跨区域非法集资刑事案件按照《国务院关于进一步做好防范和处置非法集资工作的意见》（国发〔2015〕59号）确定的工作原则办理。如果合并侦查、诉讼更为适宜的，可以合并办理。

办理跨区域非法集资刑事案件，如果多个公安机关都有权立案侦查的，一般由主要犯罪地公安机关作为案件主办地，对主要犯罪嫌疑人立案侦查和移送审查起诉；由其他犯罪地公安机关作为案件分办地根据案件具体情况，对本地区犯罪嫌疑人立案侦查和移送审查起诉。

管辖不明或者有争议的，按照有利于查清犯罪事实、有利于诉讼的原则，由其共同的上级公安机关协调确定或者指定有关公安机关作为案件主办地立案侦查。需要提请批准逮捕、移送审查起诉、提起公诉的，由分别立案侦查的公安机关所在地的人民检察院、人民法院受理。

对于重大、疑难、复杂的跨区域非法集资刑事案件，公安机关应当在协调确定或者指定案件主办地立案侦查的同时，通报同级人民检察院、人民法院。人民检察院、人民法院参照前款规定，确定主要犯罪地作为案件主办地，其他犯罪地作为案件分办地，由所在地的人民检察院、人民法院负责起诉、审判。

本条规定的“主要犯罪地”，包括非法集资活动的主要组织、策划、实施地，集资行为人的注册地、主要营业地、主要办事机构所在地，集资参与人的主要所在地等。

八、关于办案工作机制问题

案件主办地和其他涉案地办案机关应当密切沟通协调，协同推进侦查、起诉、审判、资产处置工作，配合有关部门最大限度追赃挽损。

案件主办地办案机关应当统一负责主要犯罪嫌疑人、被告人涉嫌非法集资全部犯罪事实的立案侦查、起诉、审判,防止遗漏犯罪事实;并应就全案处理政策、追诉主要犯罪嫌疑人、被告人的证据要求及诉讼时限、追赃挽损、资产处置等工作要求,向其他涉案地办案机关进行通报。其他涉案地办案机关应当对本地区犯罪嫌疑人、被告人涉嫌非法集资的犯罪事实及时立案侦查、起诉、审判,积极协助主办地处置涉案资产。

案件主办地和其他涉案地办案机关应当建立和完善证据交换共享机制。对涉及主要犯罪嫌疑人、被告人的证据,一般由案件主办地办案机关负责收集,其他涉案地提供协助。案件主办地办案机关应当及时通报接收涉及主要犯罪嫌疑人、被告人的证据材料的程序及要求。其他涉案地办案机关需要案件主办地提供证据材料的,应当向案件主办地办案机关提出证据需求,由案件主办地收集并依法移送。无法移送证据原件的,应当在移送复制件的同时,按照相关规定作出说明。

九、关于涉案财物追缴处置问题

办理跨区域非法集资刑事案件,案件主办地办案机关应当及时归集涉案财物,为统一资产处置做好基础性工作。其他涉案地办案机关应当及时查明涉案财物,明确其来源、去向、用途、流转情况,依法办理查封、扣押、冻结手续,并制作详细清单,对扣押款项应当设立明细账,在扣押后立即存入办案机关唯一合规账户,并将有关情况提供案件主办地办案机关。

人民法院、人民检察院、公安机关应当严格依照刑事诉讼法和相关司法解释的规定,依法移送、审查、处理查封、扣押、冻结的涉案财物。对审判时尚未追缴到案或者尚未足额退赔的违法所得,人民法院应当判决继续追缴或者责令退赔,并由人民法院负责执行,处置非法集资职能部门、人民检察院、公安机关等应当予以配合。

人民法院对涉案财物依法作出判决后,有关地方和部门应当在处置非法集资职能部门统筹协调下,切实履行协作义务,综合运用多种手段,做好涉案财物清运、财产变现、资金归集、资金清退等工作,确保最大限度减少实际损失。

根据有关规定,查封、扣押、冻结的涉案财物,一般应在诉讼终结后返还集资参与人。涉案财物不足全部返还的,按照集资参与人的集资额比例返还。退赔集资参与人的损失一般优先于其他民事债务以及罚金、没收财产的执行。

十、关于集资参与人权利保障问题

集资参与人,是指向非法集资活动投入资金的单位和个人,为非法集资活动提供帮助并获取经济利益的单位和个人除外。

人民法院、人民检察院、公安机关应当通过及时公布案件进展、涉案资产处置情况等方式,依法保障集资参与人的合法权利。集资参与人可以推选代表人向人民法院提出相关意见和建议;推选不出代表人的,人民法院可以指定代表人。人民法院可以视案件情况决定集资参与人代表人参加或者旁听庭审,对集资参与人提起附带民事诉讼等请求不予受理。

十一、关于行政执法与刑事司法衔接问题

处置非法集资职能部门或者有关行政主管部门,在调查非法集资行为或者行政执法过程中,认为案情重大、疑难、复杂的,可以商请公安机关就追诉标准、证据固定等问题提出咨询或者参考意见;发现非法集资行为涉嫌犯罪的,应当按照《行政执法机关移送涉嫌犯罪案件的规定》等规定,履行相关手续,在规定的期限内将案件移送公安机关。

人民法院、人民检察院、公安机关在办理非法集资刑事案件过程中,可商请处置非法集资职能部门或者有关行政主管部门指派专业人员配合开展工作,协助查阅、复制有关专业资料,就案件涉及的专业问题出具认定意见。涉及需要行政处理的事项,应当及时移交处置非法集资职能部门或者有关行政主管部门依法处理。

十二、关于国家工作人员相关法律责任问题

国家工作人员具有下列行为之一，构成犯罪的，应当依法追究刑事责任：

（一）明知单位和个人所申请机构或者业务涉嫌非法集资，仍为其办理行政许可或者注册手续的；

（二）明知所主管、监管的单位有涉嫌非法集资行为，未依法及时处理或者移送处置非法集资职能部门的；

（三）查处非法集资过程中滥用职权、玩忽职守、徇私舞弊的；

（四）徇私舞弊不向司法机关移交非法集资刑事案件的；

（五）其他通过职务行为或者利用职务影响，支持、帮助、纵容非法集资的。

■最高人民法院、最高人民检察院、公安部、中国证券监督管理委员会关于整治非法证券活动有关问题的通知（2008年1月2日）

二、（二）关于擅自发行证券的责任追究。未经依法核准，擅自发行证券，涉嫌犯罪的，依照《刑法》第一百七十九条之规定，以擅自发行股票、公司、企业债券罪追究刑事责任。未经依法核准，以发行证券为幌子，实施非法证券活动，涉嫌犯罪的，依照《刑法》第一百七十六条、第一百九十二条等规定，以非法吸收公众存款罪、集资诈骗罪等罪名追究刑事责任。未构成犯罪的，依照《证券法》和有关法律的规定给予行政处罚。

（四）关于非法证券活动性质的认定。非法证券活动是否涉嫌犯罪，由公安机关、司法机关认定。公安机关、司法机关认为需要有关行政主管机关进行性质认定的，行政主管机关应当出具认定意见。对因案情复杂、意见分歧，需要进行协调的，协调小组应当根据办案部门的要求，组织有关单位进行研究解决。

■最高人民法院关于依法严厉打击集资诈骗和非法吸收公众存款犯罪活动的通知（2004年11月15日）

二、坚决贯彻依法严惩集资诈骗和非法吸收公众存款犯罪的方针，加大对集资诈骗和非法吸收公众存款犯罪的打击力度。金融犯罪一直是我国整顿和规范市场经济秩序工作的打击重点，集资诈骗和非法吸收公众存款犯罪案件，是金融犯罪刑事审判工作的重中之重……一旦案件起诉后，即应尽快开庭，及时审结。对集资诈骗数额特别巨大并且给国家和人民利益造成特别重大损失，罪行极其严重的犯罪分子，依法应该判处死刑的，要坚决判处死刑，决不手软。在对犯罪分子判处主刑的同时，要依法适用财产刑，并加大赃款赃物的追缴力度，不让犯罪分子在经济上获取非法利益。对集资诈骗和非法吸收公众存款共同犯罪案件中的主犯，一定要依法从严惩处。

■最高人民法院、最高人民检察院关于常见犯罪的量刑指导意见（试行）（2021年7月1日）（见本书附录十三）

▼安徽省高级人民法院、安徽省人民检察院关于二十三种常见犯罪量刑规范的实施细则（试行）（2022年1月16日）（见本书附录十四）

▼全国法院审理金融犯罪案件工作座谈会纪要（2001年1月21日）

4. 破坏金融管理秩序相关犯罪数额和情节的认定

最高人民法院先后颁行了《关于审理伪造货币等案件具体应用法律若干问题的解释》、《关于审理走私刑事案件具体应用法律若干问题的解释》（此解释已于2014年9月10日废止——编著者注），对伪造货币，走私、出售、购买、运输假币等犯罪的定罪处刑标准以及相关适用法律问题作出了明确规定。为正确执行刑法，在其他有关的司法解释出台之前，对假币犯罪以外的破坏金融管理秩序犯罪的数额和情节，可参照以下标准掌握：

关于非法吸收公众存款罪。非法吸收或者变相吸收公众存款的，要从非法吸收公众存款的数额、范围以及给存款人造成的损失等方面来判定扰乱金融秩序造成危害的程度。根据司法实践，具有下列情形之一的,可以按非法吸收公众存款罪定罪处罚:(1)个人非法吸收或者变相吸收公众存款20万元以上的,单位非法吸收或者变相吸收公众存款100万元以上的;(2)个人非法吸收或者变相吸收公众存款30户以上的,单位非法吸收或者变相吸收公众存款150户以上的;(3)个人非法吸收或者变相吸收公众存款给存款人造成损失10万元以上的,单位非法吸收或者变相吸收公众存款给存款人造成损失50万元以上的,或者造成其他严重后果的:个人非法吸收或者变相吸收公众存款100万元以上,单位非法吸收或者变相吸收公众存款500万元以上的,可以认定为“数额巨大”。

▼最高人民检察院关于办理涉互联网金融犯罪案件有关问题座谈会纪要(2017年6月2日)(见本书附录四十八)

▼安徽省高级人民法院、安徽省人民检察院关于办理非法集资刑事案件若干问题的意见(2015年9月16日)

一、切实贯彻宽严相济刑事政策

办理非法集资刑事案件应当认真贯彻宽严相济刑事政策,当宽则宽,当严则严,宽严相济。对于主观恶性大,造成严重社会危害,累犯或者受过行政处罚再犯的犯罪分子,应从严打击;对于主观恶性不大,未造成严重社会危害,认罪悔罪,积极退赃的,应从宽处罚。

三、“口口相传”的认定问题

“口口相传”一般是指行为人通过亲朋好友或相关集资户,将集资信息传播给社会上不特定人员,以扩大集资范围。“口口相传”的认定应坚持主客观相一致原则,从该行为是否系集资者以明示或暗示的方式主动授意,获悉存在“口口相传”现象时是否进行控制或排斥,对闻讯而来的集资参与者是否加以甄别,是否设法加以阻止等主客观因素进行全面分析,查明行为人吸收资金的行为有无针对性,是否属于只问资金不问来源。对于那些以吸收资金为目的,明知存在“口口相传”现象仍持放任甚至鼓励态度,对参与集资者所提供资金均予吸收的,应认定为以“口口相传”的方式向社会公开宣传。

四、“社会公众”的界定问题

非法集资的社会性特征是指集资对象为社会公众,即社会不特定对象。非法集资刑事案件中的“亲友”,包括亲属和朋友。对亲属的认定,原则上限于夫、妻、父、母、子、女、同胞兄弟姐妹。对于其他亲属,应在确定亲属关系的基础上,进一步查明相互间关系如何,日常交往是否密切,借款的目的等因素进行综合判定。关于朋友,应作限制性理解,从认识方式、交往基础、持续时间以及借款目的等因素综合考虑。关于单位内部人员的认定,可参考“朋友”的认定规则。对于集资对象既有亲友、单位职工等内部人员,又有其他社会人员的情形,如果均为非法集资行为指向的对象,均应纳入社会公众的范围;最初未向社会公开宣传,仅向亲友、单位内部职工集资的,不计入非法集资范围。对于通过中间人居间介绍而直接出资的人,应纳入社会公众的范围;间接资金关系中的实际出资者一般不纳入社会公众范围,但集资者明知名义出资者向不特定对象吸收资金而予以放任的,实际出资者应纳入社会公众范围。

六、刑民交叉的处理问题根据《合同法》第52条规定,非法集资案件中的借款合同均属于无效合同。对于设定担保的借款合同,担保合同作为借款合同的从合同,其效力也应随主合同的无效而归于无效。该部分数额应当计入非法集资数额。对于集资参与者先行提起民事诉讼,且人民法院已作出生效民事判决的,该部分事实原则上不再作为刑事案件处理。无论是通过民事诉讼所确定的赔偿数额,还是刑事诉讼所确定的赃款返还数额,在统一执行、分配时,应遵循“相同事实,相同处理”的原则,即按照借款数额、已返还本金及支付利息的情况等统一处理。

七、非法集资数额的计算问题针对同一集资对象,短期内数次集资,边集边还的,原则上按此期间最高集资本金的数额认定集资总额,不累计计算。集资参与者将收取的集资收益作为本金再次投入的,该部分不计入非法集资数额。

▼安徽省高级人民法院、安徽省人民检察院、安徽省公安厅关于办理合同诈骗等犯罪案件工作座谈会纪要(2014年12月31日)

二、非法集资案件

(三)相关问题

对于具有存取款业务的金融机构故意抬高存款利息吸收存款且数额达到立案标准的,一般不以非法吸收公众存款罪定罪处罚。但金融机构及其工作人员以牟利为目的,利用工作便利,采取卡折分离、资金账外操作或其他手段,配合或伙同外部人员实施非法集资犯罪,应根据其主观动机和行为特征,依照刑法的相关规定定罪处罚。

"明显不成比例"需要在查明集资目的、所筹资金去向、未将集资款充分用于生产经营的行为与集资款不能归还后果之间的因果关系等基础上,根据经验法则,结合普通人的认知水平综合判断。

行为人收到集资人本金时,行为人预先支付利息或参与集资人员预先扣除利息的,该利息部分不计入犯罪总额;行为人按约定支付到期利息,本金继续使用的,不累计计入犯罪总额;同一集资参与人以获取的利息及原有本金叠加投入的,利息部分计入犯罪总额,本金部分不累计。

行为人既明确向单位内部、亲友等特定对象集资,又通过公开宣传的方式向社会不特定对象集资,向单位内部、亲友集资部分不计入犯罪总额。但行为人通过公开宣传的方式,不针对特定对象,概括吸收特定对象和不特定对象资金,吸收特定对象部分的资金计入犯罪总额。

非法集资刑事案件中,集资诈骗数额接近"数额特别巨大"的标准,且因集资款不能归还导致被害人死亡或精神失常的,或者严重影响了当地的经济秩序、社会稳定等其他严重情节的,可以认定为具有"其他特别严重情节"。

▼安徽省常见经济犯罪数额标准一览表(2000—2014年)(见本书附录四十)

●假借网络借贷构成非法吸收公众存款

单位或个人假借开展网络借贷信息中介业务之名,未经依法批准,归集不特定公众的资金设立资金池,控制、支配资金池中的资金,并承诺还本付息的,构成非法吸收公众存款罪。(参见最高人民检察院发布第17批指导案例,检例第64号,杨卫国等人非法吸收公众存款案,2020年2月5日发布。)

□无论采取何种非法吸收存款的手段、方式,均不影响非法吸收公众存款罪的成立

未经中国人民银行批准,不以吸收公众存款的名义,向社会不特定对象吸收资金,但承诺履行的义务与吸收公众存款性质相同,即承诺在一定期限内返本付息的,属于刑法第一百七十六规定的"变相吸收公众存款"。只要行为人实施了非法吸收公众存款的行为,无论采取何种非法吸收存款的手段、方式,均不影响非法吸收公众存款罪的成立。(参见陕西省渭南市人民检察院诉渭南市尤湖塔园有限责任公司、惠庆祥、陈创、冯振达非法吸收公众存款,惠庆祥挪用资金案,载《最高人民法院公报》2008年第6期,第36页。)

▽非法吸收公众存款罪与集资诈骗罪的区别

集资诈骗罪和非法吸收公众存款罪都以非法集资为外在的表现形式,但二者同时又存在根本的区别:第一,犯罪的目的不同。前者的犯罪目的是非法占有所募集的资金;而后者的目的则是企图通过吸收公众存款的方式,进行营利,在主观上并不具有非法占有公众存款的目的。这是两罪最本质的区别。第二,犯罪行为的客观表现虽有非法集资的共同外在表现形式,但具体实施方法也有根本不同。前者的行为人必须使用诈骗的方法;而后者则不以行为人是否使用了诈骗方法作为构成犯罪的要件之一,尤其是在吸收存款或募集资金的目的行为上并没有遮掩营利的意图。第三,侵犯的客体不同。前者侵犯的是复杂客体,不仅侵犯了国家的金融秩序,而且侵犯了出资人的财产所有权;后者侵犯的是单一客体,即国家的金融管理秩序,有时非法吸收公众存款的行为人由于经营不善造成亏损,无法兑现其在吸收公众存款时的承诺,甚至给投资人、存款人造成了重大经济损失,但这种损失与行为人目的就是侵犯公私财物的所有权是不同的。[参见第56号案例,高远非法吸收公众存款案,载《刑事审判参考》总第8辑(2000年第3辑),法律出版社,第4页。审编:高憬宏]

▽以“经济互助会”的形式非法集资的行为符合非法吸收公众存款罪的构成要件

行为人作为“经济互助会”会首,以高额“尾息”为诱饵,采取“会书”承诺的方法,利用“经济互助会”非法集资3404万余元,“放会”款3226万余元,“炸会”后,尚欠其他会民会款177万余元无法归还。其中,部分会款被行为人用于购买房屋、家具、电器等使用、挥霍。从表面上看,行为人实施了非法占有他人财物的行为,通过非法集资的方式非法占有了他人的钱款,但是,行为人行为的目的并非非法占有他人财物,侵犯其所有权,因此,其行为的实质是非法吸收公众存款,而非集资诈骗。理由是:首先,行为人的行为不是以非法占有为目的,而是以非法营利为目的。行为人在“炸会”后尚有177万余元集资款无法返还的主要原因是被告人利用“邀来”的会款去“上会”,其他会首尚欠其会款136万余元,形成了连环的非法债权债务关系,并非是其主观上有非法占有他人会款拒不返还的目的。从行为人收到“邀会”款后,将其中的绝大部分款项用于“放会”、“上会”这一事实来看,应当认定行为人“邀会”的目的在于通过用邀来的会款去上他人同类型的“邀会”营利。不能简单地以客观上不能归还来认定行为人主观上的“非法占有目的”,行为人“上会”的行为正说明其像其他会民一样希冀通过“经济互助会”这种形式取得高额尾息、获取利益,而非非法占有集资款。其次,行为人在非法集资的过程中没有使用诈骗的方法。虽然是否使用诈骗方法不是集资诈骗罪和非法吸收公众存款罪的根本区别,但未使用诈骗方法的非法吸收公众存款行为却可以肯定不是集资诈骗行为。再次,从定罪理论上讲,作为定罪的事实根据,只能是行为人是否构成犯罪和构成何罪的案件事实。行为人行为性质的认定,应从犯罪构成的具体要件出发,实事求是地予以认定,而不能唯结果论。决定被告人行为性质的是其主观上的非法营利目的和客观上非法集资并严重扰乱金融秩序的行为。最后,行为人的行为符合非法吸收公众存款罪的客观特征。非法吸收公众存款罪的客观方面表现为非法向社会公众公开吸收存款或者变相吸收公众存款的行为。“非法吸收公众存款”,是指完全仿照银行吸收存款的办法,以确定的存款期限、利率,面向社会公众吸收存款。“变相吸收公众存款”,是指行为人为回避以“存款”的形式吸收公众资金引起的麻烦,避免受到追究,在未经中国人民银行或者国务院批准的情况下,擅自开办所谓的“基金”或者“基金会”,如“职工互助基金会”、“个体劳动者基金会”、“老龄基金会”等,再以此名义“合法”地吸收公众资金以开展所谓活动。[参见第56号案例,高远非法吸收公众存款案,载《刑事审判参考》总第8辑(2000年第3辑),法律出版社,第4~7页。审编:高憬宏]

▽缓刑适用条件中的“犯罪情节较轻”与具体罪状中的“情节轻重”含义之厘清

刑法修正案(八)对缓刑适用条件作了修正,将原来的实质要件“根据犯罪情节和悔罪表现,确实不致再危害社会”细化为“犯罪情节较轻……‘有悔罪表现’“没有再犯罪的危险”以及“不会对所居住社区产生重大不良影响”。可见,“犯罪情节较轻”成了缓刑适用的首要要件,在司法实务中需要重点考虑。

“犯罪情节较轻”之“犯罪情节”,侧重于反映犯罪的整体社会危害性,是对犯罪主体、犯罪主观方面、犯罪客体和犯罪对象以及犯罪客观方面的全面考察和综合评价,其中不乏体现法官自由裁量权的酌定性。而刑法分则具体罪状中的犯罪情节,一般表述为情节一般、情节严重、情节特别严重三个层次,它们是决定刑罚档次的犯罪因素,刑法理论上又叫基本构成和加重构成。从刑法文本及司法解释规定来看,刑法分则具体罪状中的各类情节,主要体现为对犯罪客观方面的评价,一般不关涉犯罪主体、犯罪客体等其他犯罪构成要素,尤其是在数额犯中。为最大程度上限缩刑罚弹性,防范司法擅断,刑法分则中的犯罪情节一般都经由司法解释作出较为明确的规定,具有法定性和确定性,法官自由裁量的空间相对较小。

由上可见,缓刑适用要件中的“犯罪情节”与具体罪状中的“犯罪情节”两者旨趣不同,含义有别,在逻辑上不具有同一性和当然的对应性。司法实务中应避免望文生义,将两者混为一谈。易言之,不能认为凡具有刑法分则规定的"情节严重"者,即不属于刑法第七十二条规定"犯罪情节较轻",而当然地将其排除在缓刑适用范围之外。若此,则可能得出凡具有严重情节依法定刑得处三年有期徒刑者,一律不能适用缓刑的不当结论。[参见第1188号指导案例,毛肖东等非法吸收公款存款案,载《刑事审判参考》总第109集,第50~51页。撰稿:杨日洪　方金泉]

▽非法吸收公众存款罪中的"数额巨大"与"其他严重情节"之区分评价

刑法本条规定,非法吸收公众存款数额巨大或者有其他严重情节的,处三年以上十年以下有期徒刑,并处5万元以上50万元以下罚金。而所谓"数额巨大或者有其他严重情节",依照《最高人民法院关于审理非法集资刑事案件具体应用法律若干问题的解释》第三条第二款的规定,是指非法吸收或变相吸收公众存款具有下列情形之一的:(1)个人犯罪数额100万元(单位500万元)以上;(2)个人所涉存款对象100人以上(单位500人以上);(3)个人给存款人造成直接经济损失数额50万元(单位250万元)以上;(4)造成特别恶劣的社会影响或者其他特别严重后果。显然,前三种情形对应"数额巨大"的认定侧重于犯罪数额和犯罪对象的数量;第四种情形对应"其他严重情节",侧重于犯罪危害后果。所谓"特别恶劣的社会影响"或"其他特别严重后果",从司法实务来看,主要是指犯罪导致被害人自杀、造成群体性上访,严重影响社会稳定、民愤极大,强烈要求从严处置等情形。

刑法本条虽将"数额巨大"与"其他严重情节"两者并列,共同作为非法吸收公众存款罪提档处罚的情节,但该两者却具有一定区别:一是在社会危害性方面存在区别。"数额巨大"与基本犯之间,仅有量的区别而无质的差异;而"其他严重情节"与基本犯之间,其社会危害性完全不能相提并论,具有质的差别。二是在法益侵害方面具有单一与多元的区别。纯粹的"数额巨大"与基本犯之间,侵犯的法益仍仅为单一的国家金融秩序;而具有"其他严重情节"者,其实际侵犯的法益已扩展至公民的生命权、社会管理秩序等。三是在犯罪后果的可救济方面也存有明显区别。"数额巨大"的,仍可通过退赃等经济手段,在相当程度上修复其犯罪危害;而具有"其他严重情节",因人身伤亡等不具有可恢复性,纵然行为人悔罪心切,一般也难以起到实际弥补效果。

区分非法吸收公众存款罪中的"数额巨大"与"其他严重情节",意在说明两者在缓刑适用的可能性方面应予区别对待:对于纯粹因"数额巨大"而提档处罚的,可在符合条件时考虑缓刑适用;对于具有"其他严重情节"的,则基于对司法裁判的社会可接受性等社会效果的考虑,纵然在三年有期徒刑的起点刑量刑,一般也不宜对其适用缓刑。[参见第1188号指导案例,毛肖东等非法吸收公款存款案,载《刑事审判参考》总第109集,第51~52页。撰稿:杨日洪　方金泉]

▽非法吸收公众存款罪"数额巨大"从轻处罚的适用

三被告人非法吸收的资金达2亿余元,是"数额巨大"起点(100万元)的数百倍,非法吸收公众存款罪没有规定"数额特别巨大"情形,但本案相对一般案件而言应属"数额特别巨大"。就一般数额犯而言,犯罪数额本身是决定其犯罪情节轻重的主要因素,在犯罪总额远远大于法定起点刑数额且无法定从轻处罚情节的情况下,仍在起点刑量刑,确实难以体现罚当其罪,有违量刑规范化的基本要求。但就非法吸收公众存款罪而言,《最高人民法院关于审理非法集资刑事案件具体应用法律若干问题的解释》(本附文以下简称《解释》)第三条第四款(修改后为第六条第二款)明确规定,非法吸收或者变相吸收公众存款,主要用于生产经营活动,能够及时清退所吸收资金,可以免予刑事处罚;情节显著轻微的,不作为犯罪处理。在《〈关于审理非法集资刑事案件具体应用法律若干问题的解释〉的理解与适用》一文中,也有这样的表述:"起草过程中有意见认为,应对免予刑事处罚的情形加以数额限制,对于数额巨大的,不得免予刑事处罚。经研究,非法吸收公众存款刑事案件有其特殊性:一是犯罪数额往往很大,如设定数额限制,本款规定在实践中将可能毫无意义;二是非法吸存犯罪的危害性主要体现在不能归还所吸收资金及由此引发的社会稳定问题,故未采纳。"因此,可以明确,《解释》规定的免予刑事处罚和出罪规定,是包括犯罪数额巨大的情形的。

从司法实践来看,非法吸收公众存款罪的行为人与“受害人”之间,由于其发生关系的基础多是民间借贷等民事行为,如果案发后能解决经济问题,一般足以平息矛盾。因此,《解释》所规定的从轻处罚和出罪原则,符合我国金融体系的现状,有利于激励民间融资的正常进行,合理地平衡刑事处罚与经济发展的关系。《解释》的前述规定,为司法实务中审理该类案件提供了更为明晰的方向和更加宽阔的思路,即在刑罚裁量上,不能为刑法分则规定的形式要件所囿,而应侧重考量集资目的及清退资金两个关键要素,在量刑幅度上适当灵活把握。根据“举重以明轻”的原理,既然具备上述条件,司法解释规定可以免予刑事处罚或者作无罪处理,那么更可以对被告人予以从轻处罚。对照分析,本案并没有完全清退所吸收资金,故难以适用免予刑事处罚或作无罪处理,但本案实际上已基本具备“主要用于生产经营所需”和“积极清退所吸资金”两个关键条件,可以适用《解释》规定的从轻处罚原则:1. 从借款动因及款项用途视角考察,主要是用于生产经营所需。2. 从退赃角度考察,非法吸收的资金基本退清。3. 从社会效果角度考察,本案的裁判结果可为社会接受。本案并未出现人员伤亡等恶性事件,参与集资人在公司破产分配后情绪稳定,没有出现大规模的缠访闹访事件。本案不存在不宜适用缓刑的“其他严重情节”。综上所述,一审、二审法院认定三被告人均构成非法吸收公众存款罪并从轻处罚,分别判处缓刑,能够罚当其罪,也符合刑法谦抑精神,是适当的。[参见第 1188 号指导案例,毛肖东等非法吸收公款存款案,载《刑事审判参考》总第 109 集,第 52 ~54 页。撰稿:杨日洪　方金泉]

第一百七十七条　【伪造、变造金融票证罪】 有下列情形之一,伪造、变造金融票证的,处五年以下有期徒刑或者拘役,并处或者单处二万元以上二十万元以下罚金;情节严重的,处五年以上十年以下有期徒刑,并处五万元以上五十万元以下罚金;情节特别严重的,处十年以上有期徒刑或者无期徒刑,并处五万元以上五十万元以下罚金或者没收财产:

(一)伪造、变造汇票、本票、支票的;

(二)伪造、变造委托收款凭证、汇款凭证、银行存单等其他银行结算凭证的;

(三)伪造、变造信用证或者附随的单据、文件的;

(四)伪造信用卡的。

单位犯前款罪的,对单位判处罚金,并对其直接负责的主管人员和其他直接责任人员,依照前款的规定处罚。

■最高人民检察院、公安部关于公安机关管辖的刑事案件立案追诉标准的规定(二)(2022 年 5 月 15 日)

第二十四条　〔伪造、变造金融票证案(刑法第一百七十七条)〕伪造、变造金融票证,涉嫌下列情形之一的,应予立案追诉:

(一)伪造、变造汇票、本票、支票,或者伪造、变造委托收款凭证、汇款凭证、银行存单等其他银行结算凭证,或者伪造、变造信用证或者附随的单据、文件,总面额在一万元以上或者数量在十张以上的;

(二)伪造信用卡一张以上,或者伪造空白信用卡十张以上的。

[附则(第七十九条至第八十五条)内容附在本书刑法第一百二十条之一附文同名文件中。]

■最高人民法院、最高人民检察院关于修改《关于办理妨害信用卡管理刑事案件具体应用法律若干问题的解释》的决定(2018 年 12 月 1 日)

第一条　复制他人信用卡、将他人信用卡信息资料写入磁条介质、芯片或者以其他方法伪造信用卡一张以上的,应当认定为刑法第一百七十七条第一款第四项规定的“伪造信用卡”,以伪造金融票证罪定罪处罚。

伪造空白信用卡十张以上的,应当认定为刑法第一百七十七条第一款第四项规定的“伪造信用卡”,以伪造金融票证罪定罪处罚。

伪造信用卡,有下列情形之一的,应当认定为刑法第一百七十七条规定的"情节严重":

(一)伪造信用卡五张以上不满二十五张的;

(二)伪造的信用卡内存款余额、透支额度单独或者合计数额在二十万元以上不满一百万元的;

(三)伪造空白信用卡五十张以上不满二百五十张的;

(四)其他情节严重的情形。

伪造信用卡,有下列情形之一的,应当认定为刑法第一百七十七条规定的"情节特别严重":

(一)伪造信用卡二十五张以上的;

(二)伪造的信用卡内存款余额、透支额度单独或者合计数额在一百万元以上的;

(三)伪造空白信用卡二百五十张以上的;

(四)其他情节特别严重的情形。

本条所称"信用卡内存款余额、透支额度",以信用卡被伪造后发卡行记录的最高存款余额、可透支额度计算。

第十三条 单位实施本解释规定的行为,适用本解释规定的相应自然人犯罪的定罪量刑标准。

■中华人民共和国票据法(2004年8月28日)

第十九条 汇票是出票人签发的,委托付款人在见票时或者在指定日期无条件支付确定的金额给收款人或者持票人的票据。

汇票分为银行汇票和商业汇票。

第七十三条 本票是出票人签发的,承诺自己在见票时无条件支付确定的金额给收款人或者持票人的票据。

本法所称本票,是指银行本票。

第八十一条 支票是出票人签发的,委托办理支票存款业务的银行或者其他金融机构在见票时无条件支付确定的金额给收款人或者持票人的票据。

第一百零二条 有下列票据欺诈行为之一的,依法追究刑事责任:

(一)伪造、变造票据的;

(二)故意使用伪造、变造的票据的;

(三)签发空头支票或者故意签发与其预留的本名签名式样或者印鉴不符的支票,骗取财物的;

(四)签发无可靠资金来源的汇票、本票,骗取资金的;

(五)汇票、本票的出票人在出票时作虚假记载,骗取财物的;

(六)冒用他人的票据,或者故意使用过期或者作废的票据,骗取财物的;

(七)付款人同出票人、持票人恶意串通,实施前六项所列行为之一的。

○关于对居间贩卖假金融票证行为如何适用法律问题的意见

参照《最高人民法院、最高人民检察院关于办理伪造、贩卖伪造的高等院校学历、学位证明刑事案件如何适用法律问题的解释》关于"明知是伪造高等院校印章制作的学历、学位证明而贩卖的,以伪造事业单位印章罪的共犯论处"的规定,明知是伪造、变造的金融票证而贩卖,或者明知他人用于金融票证诈骗而向其出售伪造、变造的金融票证的,以伪造、变造金融票证罪或者票据诈骗罪(金融凭证诈骗罪)的共犯论处。[参见《刑事审判参考》总第27辑(2002年第4辑),法律出版社,第204页。]

第一百七十七条之一 【妨害信用卡管理罪】 有下列情形之一,妨害信用卡管理的,处三年以下有期徒刑或者拘役,并处或者单处一万元以上十万元以下罚金;数量巨大或者有其他严重情节的,处三年以上十年以下有期徒刑,并处二万元以上二十万元以下罚金:

(一)明知是伪造的信用卡而持有、运输的,或者明知是伪造的空白信用卡而持有、运输,数量较

大的;

(二)非法持有他人信用卡,数量较大的;

(三)使用虚假的身份证明骗领信用卡的;

(四)出售、购买、为他人提供伪造的信用卡或者以虚假的身份证明骗领的信用卡的。

【窃取、收买、非法提供信用卡信息罪】窃取、收买或者非法提供他人信用卡信息资料的,依照前款规定处罚。

银行或者其他金融机构的工作人员利用职务上的便利,犯第二款罪的,从重处罚。(本条是根据《中华人民共和国刑法修正案(五)》之一增加的,自2005年2月28日起施行。)

■最高人民检察院、公安部关于公安机关管辖的刑事案件立案追诉标准的规定(二)(2022年5月15日)

第二十五条　〔妨害信用卡管理案(刑法第一百七十七条之一第一款)〕妨害信用卡管理,涉嫌下列情形之一的,应予立案追诉:

(一)明知是伪造的信用卡而持有、运输的;

(二)明知是伪造的空白信用卡而持有、运输,数量累计在十张以上的;

(三)非法持有他人信用卡,数量累计在五张以上的;

(四)使用虚假的身份证明骗领信用卡的;

(五)出售、购买、为他人提供伪造的信用卡或者以虚假的身份证明骗领的信用卡的。

违背他人意愿,使用其居民身份证、军官证、士兵证、港澳居民往来内地通行证、台湾居民来往大陆通行证、护照等身份证明申领信用卡的,或者使用伪造、变造的身份证明申领信用卡的,应当认定为"使用虚假的身份证明骗领信用卡"。

第二十六条　〔窃取、收买、非法提供信用卡信息案(刑法第一百七十七条之一第二款)〕窃取、收买或者非法提供他人信用卡信息资料,足以伪造可进行交易的信用卡,或者足以使他人以信用卡持卡人名义进行交易,涉及信用卡一张以上的,应予立案追诉。

[附则(第七十九条至第八十五条)内容附在本书刑法第一百二十条之一附文同名文件中。]

■最高人民法院、最高人民检察院关于修改《关于办理妨害信用卡管理刑事案件具体应用法律若干问题的解释》的决定(2018年12月1日)

第二条　明知是伪造的空白信用卡而持有、运输十张以上不满一百张的,应当认定为刑法第一百七十七条之一第一款第一项规定的"数量较大";非法持有他人信用卡五张以上不满五十张的,应当认定为刑法第一百七十七条之一第一款第二项规定的"数量较大"。

有下列情形之一的,应当认定为刑法第一百七十七条之一第一款规定的"数量巨大":

(一)明知是伪造的信用卡而持有、运输十张以上的;

(二)明知是伪造的空白信用卡而持有、运输一百张以上的;

(三)非法持有他人信用卡五十张以上的;

(四)使用虚假的身份证明骗领信用卡十张以上的;

(五)出售、购买、为他人提供伪造的信用卡或者以虚假的身份证明骗领的信用卡十张以上的。

违背他人意愿,使用其居民身份证、军官证、士兵证、港澳居民往来内地通行证、台湾居民来往大陆通行证、护照等身份证明申领信用卡的,或者使用伪造、变造的身份证明申领信用卡的,应当认定为刑法第一百七十七条之一第一款第三项规定的"使用虚假的身份证明骗领信用卡"。

第三条　窃取、收买、非法提供他人信用卡信息资料,足以伪造可进行交易的信用卡,或者足以使他人以信用卡持卡人名义进行交易,涉及信用卡一张以上不满五张的,依照刑法第一百七十七条之一第二款的规定,以窃取、收买、非法提供信用卡信息罪定罪处罚;涉及信用卡五张以上的,应当认定为刑法第一百七十七条之一第一款规定的"数量巨大"。

第十三条　单位实施本解释规定的行为,适用本解释规定的相应自然人犯罪的定罪量刑标准。

■**最高人民法院、最高人民检察院、公安部关于办理电信网络诈骗等刑事案件适用法律若干问题的意见(二)(2021年6月17日)**

四、无正当理由持有他人的单位结算卡的,属于刑法第一百七十七条之一第一款第(二)项规定的"非法持有他人信用卡"。

[附则第十二条至第十七条内容附在本书刑法第二百六十六条附文《意见》(节录)中。]

▼**安徽省常见经济犯罪数额标准一览表(2000—2014年)(见本书附录四十)**

第一百七十八条　【伪造、变造国家有价证券罪】伪造、变造国库券或者国家发行的其他有价证券,数额较大的,处三年以下有期徒刑或者拘役,并处或者单处二万元以上二十万元以下罚金;数额巨大的,处三年以上十年以下有期徒刑,并处五万元以上五十万元以下罚金;数额特别巨大的,处十年以上有期徒刑或者无期徒刑,并处五万元以上五十万元以下罚金或者没收财产。

【伪造、变造股票、公司、企业债券罪】伪造、变造股票或者公司、企业债券,数额较大的,处三年以下有期徒刑或者拘役,并处或者单处一万元以上十万元以下罚金;数额巨大的,处三年以上十年以下有期徒刑,并处二万元以上二十万元以下罚金。

单位犯前两款罪的,对单位判处罚金,并对其直接负责的主管人员和其他直接责任人员,依照前两款的规定处罚。

■**最高人民检察院、公安部关于公安机关管辖的刑事案件立案追诉标准的规定(二)(2022年5月15日)**

第二十七条　〔伪造、变造国家有价证券案(刑法第一百七十八条第一款)〕伪造、变造国库券或者国家发行的其他有价证券,总面额在二千元以上的,应予立案追诉。

第二十八条　〔伪造、变造股票、公司、企业债券案(刑法第一百七十八条第二款)〕伪造、变造股票或者公司、企业债券,总面额在三万元以上的,应予立案追诉。

[附则(第七十九条至第八十五条)内容附在本书刑法第一百二十条之一附文同名文件中。]

▼**安徽省常见经济犯罪数额标准一览表(2000—2014年)(见本书附录四十)**

▽**盖有"付讫"章的国库券不再具有有价证券的特征**

有价证券,泛指表示一定面额财产的证券,如汇票、支票、股票、公债券、国库券、提单等。其特征为:(1)表示财产权,证券上记载是权利人或执票人财产权的内容;(2)证券券面所表示的权利与证券不可分离,权利的行使和转移,以背书或交付证券为条件。有价证券还可以分为记名有价证券和无记名有价证券。国库券属于一次性按期偿还本金付清利息的证券。其虽然不得作为货币流通,但可以用于抵押,在国家批准的交易场所,还可以转让。因此,国库券应属于一种不记名的有价证券。盖有"付讫"章的国库券已不再是有价证券,因为它已经失去了有价证券可以转让、兑付的基本特征。第一,虽然有价证券券面所表示的权利与证券不可分离,但是权利的行使与转移,是以背书或交付证券为条件的,即执票人一旦向银行交付国库券,银行据券兑付后,该国库券所表示的有价证券属性即行消灭,剩下的只不过是盖有"付讫"章的一张废券。因此"付讫"二字不仅表明有价证券所表现的权利已被执票人实现,而且也表明此券已丧失了它的原有有价属性,即可兑付性。第二,确定国库券在盖了"付讫"章后是否仍有有价属性,不应以是否造成损失为标准。就其基本含意而言,损失是指财产利益的减少或者灭失。已付讫的国库券丢失、被盗,国家、银行的财产实际没有丢失、被盗。银行的"损失"实际是一种内部核销凭证不存在而无法予以核销的"损失",充其量只是银行账面上的"损失",国家并未有实际财产的损失。[参见第45号案例,章杨盗窃案,载《刑事审判参考》总第6辑(2000年第1辑),法律出版社,第32~33页。审编:张军]

第一百七十九条　【擅自发行股票、公司、企业债券罪】未经国家有关主管部门批准,擅自发行股票或者公司、企业债券,数额巨大、后果严重或者有其他严重情节的,处五年以下有期徒刑或者拘役,并处或者单处非法募集资金金额百分之一以上百分之五以下罚金。

单位犯前款罪的,对单位判处罚金,并对其直接负责的主管人员和其他直接责任人员,处五年以下有期徒刑或者拘役。

■最高人民检察院、公安部关于公安机关管辖的刑事案件立案追诉标准的规定(二)(2022 年 5 月 15 日)

第二十九条　〔擅自发行股票、公司、企业债券案(刑法第一百七十九条)〕未经国家有关主管部门批准或者注册,擅自发行股票或者公司、企业债券,涉嫌下列情形之一的,应予立案追诉:

(一)非法募集资金金额在一百万元以上的;

(二)造成投资者直接经济损失数额累计在五十万元以上的;

(三)募集的资金全部或者主要用于违法犯罪活动的;

(四)其他后果严重或者有其他严重情节的情形。

本条规定的"擅自发行股票或者公司、企业债券",是指向社会不特定对象发行、以转让股权等方式变相发行股票或者公司、企业债券,或者向特定对象发行、变相发行股票或者公司、企业债券累计超过二百人的行为。

[附则(第七十九条至第八十五条)内容附在本书刑法第一百二十条之一附文同名文件中。]

■最高人民法院关于审理非法集资刑事案件具体应用法律若干问题的解释(2022 年 3 月 1 日)

第十条　未经国家有关主管部门批准,向社会不特定对象发行、以转让股权等方式变相发行股票或者公司、企业债券,或者向特定对象发行、变相发行股票或者公司、企业债券累计超过 200 人的,应当认定为刑法第一百七十九条规定的"擅自发行股票或者公司、企业债券"。构成犯罪的,以擅自发行股票、公司、企业债券罪定罪处罚。

第十二条(第二款)　明知他人从事欺诈发行证券,非法吸收公众存款,擅自发行股票、公司、企业债券,集资诈骗或者组织、领导传销活动等集资犯罪活动,为其提供广告等宣传的,以相关犯罪的共犯论处。

第十五条　此前发布的司法解释与本解释不一致的,以本解释为准。

■最高人民法院、最高人民检察院、公安部、中国证券监督管理委员会关于整治非法证券活动有关问题的通知(2008 年 1 月 2 日)

二、(二)关于擅自发行证券的责任追究。未经依法核准,擅自发行证券,涉嫌犯罪的,依照《刑法》第一百七十九条之规定,以擅自发行股票、公司、企业债券罪追究刑事责任。未经依法核准,以发行证券为幌子,实施非法证券活动,涉嫌犯罪的,依照《刑法》第一百七十六条、第一百九十二条等规定,以非法吸收公众存款罪、集资诈骗罪等罪名追究刑事责任。未构成犯罪的,依照《证券法》和有关法律的规定给予行政处罚。

(三)关于非法经营证券业务的责任追究。任何单位和个人经营证券业务,必须经证监会批准。未经批准的,属于非法经营证券业务,应予以取缔;涉嫌犯罪的,依照《刑法》第二百二十五条之规定,以非法经营罪追究刑事责任。对于中介机构非法代理买卖非上市公司股票,涉嫌犯罪的,应当依照《刑法》第二百二十五条之规定,以非法经营罪追究刑事责任;所代理的非上市公司涉嫌擅自发行股票,构成犯罪的,应当依照《刑法》第一百七十九条之规定,以擅自发行股票罪追究刑事责任。非上市公司和中介机构共谋擅自发行股票,构成犯罪的,以擅自发行股票罪的共犯论处。未构成犯罪的,依照《证券法》和有关法律的规定给予行政处罚。

(四)关于非法证券活动性质的认定。非法证券活动是否涉嫌犯罪,由公安机关、司法机关认定。公安机关、司法机关认为需要有关行政主管机关进行性质认定的,行政主管机关应当出具认定意见。对因案情复杂、意见分歧,需要进行协调的,协调小组应当根据办案部门的要求,组织有关单位进行研究解决。

▼**安徽省常见经济犯罪数额标准一览表(2000—2014年)(见本书附录四十)**

□**非上市股份有限公司为筹集经营资金,在未经证券监管部门批准的情况下,委托中介机构向不特定社会公众转让公司股东的股权行为构成擅自发行股票罪**

非上市股份有限公司为筹集经营资金,在未经证券监管部门批准的情况下,委托中介机构向不特定社会公众转让公司股东的股权,其行为属于未经批准擅自发行股票的行为,数额巨大、后果严重或者有其他严重情节的,应当以擅自发行股票罪定罪处罚。[上海市浦东新区人民检察院诉上海安基生物科技股份有限公司、郑戈擅自发行股票案,载《最高人民法院公报》总第167期,2010年第9期,第44页。]

第一百八十条　【内幕交易、泄露内幕信息罪】证券、期货交易内幕信息的知情人员或者非法获取证券、期货交易内幕信息的人员,在涉及证券的发行,证券、期货交易或者其他对证券、期货交易价格有重大影响的信息尚未公开前,买入或者卖出该证券,或者从事与该内幕信息有关的期货交易,或者泄露该信息,或者明示、暗示他人从事上述交易活动,情节严重的,处五年以下有期徒刑或者拘役,并处或者单处违法所得一倍以上五倍以下罚金;情节特别严重的,处五年以上十年以下有期徒刑,并处违法所得一倍以上五倍以下罚金。(本款是根据《中华人民共和国刑法修正案(七)》之二修改的,2009年2月28日起施行。)

单位犯前款罪的,对单位判处罚金,并对其直接负责的主管人员和其他直接责任人员,处五年以下有期徒刑或者拘役。

内幕信息、知情人员的范围,依照法律、行政法规的规定确定。(本条是根据《中华人民共和国刑法修正案》修改)

【利用未公开信息交易罪】证券交易所、期货交易所、证券公司、期货经纪公司、基金管理公司、商业银行、保险公司等金融机构的从业人员以及有关监管部门或者行业协会的工作人员,利用因职务便利获取的内幕信息以外的其他未公开的信息,违反规定,从事与该信息相关的证券、期货交易活动,或者明示、暗示他人从事相关交易活动,情节严重的,依照第一款的规定处罚。(本款是根据《中华人民共和国刑法修正案(七)》之二增加的,2009年2月28日起施行。)

刑法本条原文:【内幕交易、泄露内幕信息罪】证券交易内幕信息的知情人员或者非法获取证券交易内幕信息的人员,在涉及证券的发行、交易或者其他对证券的价格有重大影响的信息尚未公开前,买入或者卖出该证券,或者泄露该信息,情节严重的,处五年以下有期徒刑或者拘役,并处或者单处违法所得一倍以上五倍以下罚金;情节特别严重的,处五年以上十年以下有期徒刑,并处违法所得一倍以上五倍以下罚金。

单位犯前款罪的,对单位判处罚金,并对其直接负责的主管人员和其他直接责任人员,处五年以下有期徒刑或者拘役。

内幕信息的范围,依照法律、行政法规的规定确定。

知情人员的范围,依照法律、行政法规的规定确定。(本条以上部分是《刑法修正案》修改前原文)

【内幕交易、泄露内幕信息罪】证券、期货交易内幕信息的知情人员或者非法获取证券、期货交易内幕信息的人员,在涉及证券的发行,证券、期货交易或者其他对证券、期货交易价格有重大影响的信息尚未公开前,买入或者卖出该证券,或者从事与该内幕信息有关的期货交易,或者泄露该信息,情节严重的,处五年以下有期徒刑或者拘役,并处或者单处违法所得一倍以上五倍以下罚金;情节特别严重的,处五年以上十年以下有期徒刑,并处违法所得一倍以上五倍以下罚金。(本条以上部分是《刑法修正案》修改前原文)

■**最高人民检察院、公安部关于公安机关管辖的刑事案件立案追诉标准的规定(二)(2022年5月15日)**

第三十条　〔内幕交易、泄露内幕信息案(刑法第一百八十条第一款)〕证券、期货交易内幕信息的知情人员、单位或者非法获取证券、期货交易内幕信息的人员、单位,在涉及证券的发行,证券、期货交易或者其他对证券、期货交易价格有重大影响的信息尚未公开前,买入或者卖出该证券,或者从事与该内幕信息有关的期货交易,或者泄露该信息,或者明示、暗示他人从事上述交易活动,涉嫌下列情形之一的,应予立案追诉:

(一)获利或者避免损失数额在五十万元以上的;

(二)证券交易成交额在二百万元以上的;

(三)期货交易占用保证金数额在一百万元以上的;

(四)二年内三次以上实施内幕交易、泄露内幕信息行为的;

(五)明示、暗示三人以上从事与内幕信息相关的证券、期货交易活动的;

(六)具有其他严重情节的。

内幕交易获利或者避免损失数额在二十五万元以上,或者证券交易成交额在一百万元以上,或者期货交易占用保证金数额在五十万元以上,同时涉嫌下列情形之一的,应予立案追诉:

(一)证券法规定的证券交易内幕信息的知情人实施或者与他人共同实施内幕交易行为的;

(二)以出售或者变相出售内幕信息等方式,明示、暗示他人从事与该内幕信息相关的交易活动的;

(三)因证券、期货犯罪行为受过刑事追究的;

(四)二年内因证券、期货违法行为受过行政处罚的;

(五)造成其他严重后果的。

第三十一条　〔利用未公开信息交易案(刑法第一百八十条第四款)〕证券交易所、期货交易所、证券公司、期货公司、基金管理公司、商业银行、保险公司等金融机构的从业人员以及有关监管部门或者行业协会的工作人员,利用因职务便利获取的内幕信息以外的其他未公开的信息,违反规定,从事与该信息相关的证券、期货交易活动,或者明示、暗示他人从事相关交易活动,涉嫌下列情形之一的,应予立案追诉:

(一)获利或者避免损失数额在一百万元以上的;

(二)二年内三次以上利用未公开信息交易的;

(三)明示、暗示三人以上从事相关交易活动的;

(四)具有其他严重情节的。

利用未公开信息交易,获利或者避免损失数额在五十万元以上,或者证券交易成交额在五百万元以上,或者期货交易占用保证金数额在一百万元以上,同时涉嫌下列情形之一的,应予立案追诉:

(一)以出售或者变相出售未公开信息等方式,明示、暗示他人从事相关交易活动的;

(二)因证券、期货犯罪行为受过刑事追究的;

(三)二年内因证券、期货违法行为受过行政处罚的;

(四)造成其他严重后果的。

[附则(第七十九条至第八十五条)内容附在本书刑法第一百二十条之一附文同名文件中。]

■最高人民法院、最高人民检察院关于办理内幕交易、泄露内幕信息刑事案件具体应用法律若干问题的解释(全文)(2012年6月1日)

第一条　下列人员应当认定为刑法第一百八十条第一款规定的"证券、期货交易内幕信息的知情人员":

(一)证券法第七十四条规定的人员;

(二)期货交易管理条例第八十五条第十二项规定的人员。

第二条　具有下列行为的人员应当认定为刑法第一百八十条第一款规定的"非法获取证券、期货交易内幕信息的人员”：

（一）利用窃取、骗取、套取、窃听、利诱、刺探或者私下交易等手段获取内幕信息的；

（二）内幕信息知情人员的近亲属或者其他与内幕信息知情人员关系密切的人员，在内幕信息敏感期内，从事或者明示、暗示他人从事，或者泄露内幕信息导致他人从事与该内幕信息有关的证券、期货交易，相关交易行为明显异常，且无正当理由或者正当信息来源的；

（三）在内幕信息敏感期内，与内幕信息知情人员联络、接触，从事或者明示、暗示他人从事，或者泄露内幕信息导致他人从事与该内幕信息有关的证券、期货交易，相关交易行为明显异常，且无正当理由或者正当信息来源的。

第三条　本解释第二条第二项、第三项规定的“相关交易行为明显异常”，要综合以下情形，从时间吻合程度、交易背离程度和利益关联程度等方面予以认定：

（一）开户、销户、激活资金账户或者指定交易（托管）、撤销指定交易（转托管）的时间与该内幕信息形成、变化、公开时间基本一致的；

（二）资金变化与该内幕信息形成、变化、公开时间基本一致的；

（三）买入或者卖出与内幕信息有关的证券、期货合约时间与内幕信息的形成、变化和公开时间基本一致的；

（四）买入或者卖出与内幕信息有关的证券、期货合约时间与获悉内幕信息的时间基本一致的；

（五）买入或者卖出证券、期货合约行为明显与平时交易习惯不同的；

（六）买入或者卖出证券、期货合约行为，或者集中持有证券、期货合约行为与该证券、期货公开信息反映的基本面明显背离的；

（七）账户交易资金进出与该内幕信息知情人员或者非法获取人员有关联或者利害关系的；

（八）其他交易行为明显异常情形。

第四条　具有下列情形之一的，不属于刑法第一百八十条第一款规定的从事与内幕信息有关的证券、期货交易：

（一）持有或者通过协议、其他安排与他人共同持有上市公司百分之五以上股份的自然人、法人或者其他组织收购该上市公司股份的；

（二）按照事先订立的书面合同、指令、计划从事相关证券、期货交易的；

（三）依据已被他人披露的信息而交易的；

（四）交易具有其他正当理由或者正当信息来源的。

第五条　本解释所称“内幕信息敏感期”是指内幕信息自形成至公开的期间。

证券法第六十七条第二款所列“重大事件”的发生时间，第七十五条规定的“计划”“方案”以及期货交易管理条例第八十五条第十一项规定的“政策”“决定”等的形成时间，应当认定为内幕信息的形成之时。

影响内幕信息形成的动议、筹划、决策或者执行人员，其动议、筹划、决策或者执行初始时间，应当认定为内幕信息的形成之时。

内幕信息的公开，是指内幕信息在国务院证券、期货监督管理机构指定的报刊、网站等媒体披露。

第六条　在内幕信息敏感期内从事或者明示、暗示他人从事或者泄露内幕信息导致他人从事与该内幕信息有关的证券、期货交易，具有下列情形之一的，应当认定为刑法第一百八十条第一款规定的“情节严重”：

（一）证券交易成交额在五十万元以上的；

（二）期货交易占用保证金数额在三十万元以上的；

（三）获利或者避免损失数额在十五万元以上的；

(四)三次以上的;

(五)具有其他严重情节的。

第七条 在内幕信息敏感期内从事或者明示、暗示他人从事或者泄露内幕信息导致他人从事与该内幕信息有关的证券、期货交易,具有下列情形之一的,应当认定为刑法第一百八十条第一款规定的“情节特别严重”:

(一)证券交易成交额在二百五十万元以上的;

(二)期货交易占用保证金数额在一百五十万元以上的;

(三)获利或者避免损失数额在七十五万元以上的;

(四)具有其他特别严重情节的。

第八条 二次以上实施内幕交易或者泄露内幕信息行为,未经行政处理或者刑事处理的,应当对相关交易数额依法累计计算。

第九条 同一案件中,成交额、占用保证金额、获利或者避免损失额分别构成情节严重、情节特别严重的,按照处罚较重的数额定罪处罚。

构成共同犯罪的,按照共同犯罪行为人的成交总额、占用保证金总额、获利或者避免损失总额定罪处罚,但判处各被告人罚金的总额应掌握在获利或者避免损失总额的一倍以上五倍以下。

第十条 刑法第一百八十条第一款规定的“违法所得”,是指通过内幕交易行为所获利益或者避免的损失。

内幕信息的泄露人员或者内幕交易的明示、暗示人员未实际从事内幕交易的,其罚金数额按照因泄露而获悉内幕信息人员或者被明示、暗示人员从事内幕交易的违法所得计算。

第十一条 单位实施刑法第一百八十条第一款规定的行为,具有本解释第六条规定情形之一的,按照刑法第一百八十条第二款的规定定罪处罚。

■最高人民法院、最高人民检察院关于办理利用未公开信息交易刑事案件适用法律若干问题的解释(全文)(2019年7月1日)

第一条 刑法第一百八十条第四款规定的“内幕信息以外的其他未公开的信息”,包括下列信息:

(一)证券、期货的投资决策、交易执行信息;

(二)证券持仓数量及变化、资金数量及变化、交易动向信息;

(三)其他可能影响证券、期货交易活动的信息。

第二条 内幕信息以外的其他未公开的信息难以认定的,司法机关可以在有关行政主(监)管部门的认定意见的基础上,根据案件事实和法律规定作出认定。

第三条 刑法第一百八十条第四款规定的“违反规定”,是指违反法律、行政法规、部门规章、全国性行业规范有关证券、期货未公开信息保护的规定,以及行为人所在的金融机构有关信息保密、禁止交易、禁止利益输送等规定。

第四条 刑法第一百八十条第四款规定的行为人“明示、暗示他人从事相关交易活动”,应当综合以下方面进行认定:

(一)行为人具有获取未公开信息的职务便利;

(二)行为人获取未公开信息的初始时间与他人从事相关交易活动的初始时间具有关联性;

(三)行为人与他人之间具有亲友关系、利益关联、交易终端关联等关联关系;

(四)他人从事相关交易的证券、期货品种、交易时间与未公开信息所涉证券、期货品种、交易时间等方面基本一致;

(五)他人从事的相关交易活动明显不具有符合交易习惯、专业判断等正当理由;

(六)行为人对明示、暗示他人从事相关交易活动没有合理解释。

第五条　利用未公开信息交易,具有下列情形之一的,应当认定为刑法第一百八十条第四款规定的"情节严重":

(一)违法所得数额在一百万元以上的;

(二)二年内三次以上利用未公开信息交易的;

(三)明示、暗示三人以上从事相关交易活动的。

第六条　利用未公开信息交易,违法所得数额在五十万元以上,或者证券交易成交额在五百万元以上,或者期货交易占用保证金数额在一百万元以上,具有下列情形之一的,应当认定为刑法第一百八十条第四款规定的"情节严重":

(一)以出售或者变相出售未公开信息等方式,明示、暗示他人从事相关交易活动的;

(二)因证券、期货犯罪行为受过刑事追究的;

(三)二年内因证券、期货违法行为受过行政处罚的;

(四)造成恶劣社会影响或者其他严重后果的。

第七条　刑法第一百八十条第四款规定的"依照第一款的规定处罚",包括该条第一款关于"情节特别严重"的规定。

利用未公开信息交易,违法所得数额在一千万元以上的,应当认定为"情节特别严重"。

违法所得数额在五百万元以上,或者证券交易成交额在五千万元以上,或者期货交易占用保证金数额在一千万元以上,具有本解释第六条规定的四种情形之一的,应当认定为"情节特别严重"。

第八条　二次以上利用未公开信息交易,依法应予行政处理或者刑事处理而未经处理的,相关交易数额或者违法所得数额累计计算。

第九条　本解释所称"违法所得",是指行为人利用未公开信息从事与该信息相关的证券、期货交易活动所获利益或者避免的损失。

行为人明示、暗示他人利用未公开信息从事相关交易活动,被明示、暗示人员从事相关交易活动所获利益或者避免的损失,应当认定为"违法所得"。

第十条　行为人未实际从事与未公开信息相关的证券、期货交易活动的,其罚金数额按照被明示、暗示人员从事相关交易活动的违法所得计算。

第十一条　符合本解释第五条、第六条规定的标准,行为人如实供述犯罪事实,认罪悔罪,并积极配合调查,退缴违法所得的,可以从轻处罚;其中犯罪情节轻微的,可以依法不起诉或者免予刑事处罚。

符合刑事诉讼法规定的认罪认罚从宽适用范围和条件的,依照刑事诉讼法的规定处理。

第十二条　本解释自2019年7月1日起施行。

■中华人民共和国证券法(2020年3月1日)

第五十一条　证券交易内幕信息的知情人包括:

(一)发行人及其董事、监事、高级管理人员;

(二)持有公司百分之五以上股份的股东及其董事、监事、高级管理人员,公司的实际控制人及其董事、监事、高级管理人员;

(三)发行人控股或者实际控制的公司及其董事、监事、高级管理人员;

(四)由于所任公司职务或者因与公司业务往来可以获取公司有关内幕信息的人员;

(五)上市公司收购人或者重大资产交易方及其控股股东、实际控制人、董事、监事和高级管理人员;

(六)因职务、工作可以获取内幕信息的证券交易场所、证券公司、证券登记结算机构、证券服务机构的有关人员;

(七)因职责、工作可以获取内幕信息的证券监督管理机构工作人员;

(八)因法定职责对证券的发行、交易或者对上市公司及其收购、重大资产交易进行管理可以获取内幕信息的有关主管部门、监管机构的工作人员；

(九)国务院证券监督管理机构规定的可以获取内幕信息的其他人员。

第五十二条　证券交易活动中,涉及发行人的经营、财务或者对该发行人证券的市场价格有重大影响的尚未公开的信息,为内幕信息。

本法第八十条第二款、第八十一条第二款所列重大事件属于内幕信息。

第八十条　发生可能对上市公司、股票在国务院批准的其他全国性证券交易场所交易的公司的股票交易价格产生较大影响的重大事件,投资者尚未得知时,公司应当立即将有关该重大事件的情况向国务院证券监督管理机构和证券交易场所报送临时报告,并予公告,说明事件的起因、目前的状态和可能产生的法律后果。

前款所称重大事件包括：

(一)公司的经营方针和经营范围的重大变化；

(二)公司的重大投资行为,公司在一年内购买、出售重大资产超过公司资产总额百分之三十,或者公司营业用主要资产的抵押、质押、出售或者报废一次超过该资产的百分之三十；

(三)公司订立重要合同、提供重大担保或者从事关联交易,可能对公司的资产、负债、权益和经营成果产生重要影响；

(四)公司发生重大债务和未能清偿到期重大债务的违约情况；

(五)公司发生重大亏损或者重大损失；

(六)公司生产经营的外部条件发生的重大变化；

(七)公司的董事、三分之一以上监事或者经理发生变动,董事长或者经理无法履行职责；

(八)持有公司百分之五以上股份的股东或者实际控制人持有股份或者控制公司的情况发生较大变化,公司的实际控制人及其控制的其他企业从事与公司相同或者相似业务的情况发生较大变化；

(九)公司分配股利、增资的计划,公司股权结构的重要变化,公司减资、合并、分立、解散及申请破产的决定,或者依法进入破产程序、被责令关闭；

(十)涉及公司的重大诉讼、仲裁,股东大会、董事会决议被依法撤销或者宣告无效；

(十一)公司涉嫌犯罪被依法立案调查,公司的控股股东、实际控制人、董事、监事、高级管理人员涉嫌犯罪被依法采取强制措施；

(十二)国务院证券监督管理机构规定的其他事项。

公司的控股股东或者实际控制人对重大事件的发生、进展产生较大影响的,应当及时将其知悉的有关情况书面告知公司,并配合公司履行信息披露义务。

■国务院期货交易管理条例(2007年4月15日)

第八十五条　本条例下列用语的含义：

(一)期货合约,是指由期货交易所统一制定的、规定在将来某一特定的时间和地点交割一定数量标的物的标准化合约。根据合约标的物的不同,期货合约分为商品期货合约和金融期货合约。商品期货合约的标的物包括农产品、工业品、能源和其他商品及其相关指数产品；金融期货合约的标的物包括有价证券、利率、汇率等金融产品及其相关指数产品。

(二)期权合约,是指由期货交易所统一制定的、规定买方有权在将来某一时间以特定价格买入或者卖出约定标的物(包括期货合约)的标准化合约。

(五)交割,是指合约到期时,按照期货交易所的规则和程序,交易双方通过该合约所载标的物所有权的转移,或者按照规定结算价格进行现金差价结算,了结到期未平仓合约的过程。

(六)平仓,是指期货交易者买入或者卖出与其所持合约的品种、数量和交割月份相同但交易方向相反的合约,了结期货交易的行为。

（十一）内幕信息,是指可能对期货交易价格产生重大影响的尚未公开的信息,包括:国务院期货监督管理机构以及其他相关部门制定的对期货交易价格可能发生重大影响的政策,期货交易所做出的可能对期货交易价格发生重大影响的决定,期货交易所会员、客户的资金和交易动向以及国务院期货监督管理机构认定的对期货交易价格有显著影响的其他重要信息。

（十二）内幕信息的知情人员,是指由于其管理地位、监督地位或者职业地位,或者作为雇员、专业顾问履行职务,能够接触或者获得内幕信息的人员,包括:期货交易所的管理人员以及其他由于任职可获取内幕信息的从业人员,国务院期货监督管理机构和其他有关部门的工作人员以及国务院期货监督管理机构规定的其他人员。

●利用未公开信息交易罪的两种情形和两个量刑档次

刑法第一百八十条第四款规定的利用未公开信息交易罪援引法定刑的情形,应当是对第一款内幕交易、泄露内幕信息罪全部法定刑的引用,即利用未公开信息交易罪应有“情节严重”“情节特别严重”两种情形和两个量刑档次。（参见最高人民法院第13批指导案例61号,马乐利用未公开信息交易案,2016年6月30日发布。）

●利用未公开信息交易罪为援引法定刑的情形,应当是对第一款法定刑的全部援引

刑法第一百八十条第四款利用未公开信息交易罪为援引法定刑的情形,应当是对第一款法定刑的全部援引。其中,“情节严重”是入罪标准,在处罚上应当依照本条第一款内幕交易、泄露内幕信息罪的全部法定刑处罚,即区分不同情形分别依照第一款规定的“情节严重”和“情节特别严重”两个量刑档次处罚。（参见最高人民检察院发布第7批指导案例24号,马乐利用未公开信息交易案,2016年5月31日发布。）

□利用未公开信息交易罪的特征

行为人在担任基金经理期间,违反规定,利用掌握的未公开的信息,从事与该信息相关的证券交易活动,先于或同步多次买入、卖出相同个股,情节严重,应当按照《中华人民共和国刑法》第一百八十条第四款的规定,以利用未公开信息交易罪定罪处罚。[上海市静安区人民检察院诉许春茂利用未公开信息交易案,载《最高人民法院公报》总第192期,2012年第10期,第37页。]

□国家工作人员因履行工作职责而获取对证券交易价格具有重大影响的、尚未公开的信息的,属于内幕信息的知情人员

国家工作人员因履行工作职责而获取对证券交易价格具有重大影响的、尚未公开的信息的,属于内幕信息的知情人员。在内幕信息敏感期内,知情人员与关系密切人共同从事证券交易活动,情节严重的,应当以内幕交易罪定罪处罚。[江苏省南通市人民检察院诉刘宝春、陈巧玲内幕交易案,载《最高人民法院公报》2013年卷,第478页。]

▽内幕信息敏感期应自内幕信息形成之时起至内幕信息公开时止

内幕信息敏感期,是指自内幕信息开始形成之时起至内幕信息公开时止,该期间的确定直接关系内幕交易的认定。实践中,对于内幕信息的形成时间,法律法规没有明确的规定。内幕信息形成时间直接关系内幕交易性质的认定及内幕交易数额、获利数额的计算,因此,从哪个时间点上认定内幕信息已经形成,对于内幕交易罪的认定至关重要。正确认定内幕信息形成时间,关键是要准确理解和把握内幕信息的本质特征。根据证券法的相关规定,内幕信息主要有两大特征:一是重要性;二是秘密性。重要性是指该信息本身对一般投资人的投资判断具有重大影响,足以使特定公司的证券、期货交易价格发生变动。秘密性是指该信息尚未公开,尚未被证券期货市场的投资者所知悉。在司法实践中,一般是将证券法第七十五条规定的“重大事件”“计划”“方案”等正式形成的时间认定为内幕信息形成之时。然而,对于影响内幕信息形成的决策者、筹划者、推动者或执行者,其决意、筹划、推动或者执行行为往往影响内幕信息的形成,足以影响证券期货交易价格。因此,上述人员决意、决策、动议或执行之时应认定为内幕信息形成之时。就本案而言,谭某某于2007年6月11日向中山市委书记陈某某汇报了科技公司资产重组的方案,陈某某明确表示支持科技公司资产重组的方案,这表明科技公司资产重组的方案在6月11日已基本确定。事实上,科技公司股票从该信息形成后直至公告停牌前、复牌后,市场价格不断持续上涨,因此,2007年6月11日应当认定为内幕信息形成之时。2007年7月4日,科技公司发出公告,称公司近期讨论重大事项,该内幕信息公开。因此,2007年7月4日应当认定为内幕信息敏感期的公开时。[参见第735号指导案例,李启红等内幕交易、泄露内幕信息案,载《刑事审判参考》总第83集(2011年第6集),第6～7页。撰稿:黄建屏　梁美]

▽内幕信息知情人员建议他人买卖与内幕信息有关的证券,但没有获利的行为,构成内幕交易罪

《中华人民共和国刑法修正案(七)》在刑法第一百八十条中增设"明示、暗示他人从事上述交易活动"的规定,解决了实践中对建议他人买卖证券行为是否构成犯罪理解上的分歧。从该规定分析,内幕交易、泄露内幕信息的行为方式有买卖证券、泄露该信息和明示、暗示他人从事交易,是三种并列的行为方式,对建议他人买卖与内幕信息有关的证券行为是构成泄露内幕信息罪,还是构成内幕交易罪?内幕信息知情人员的建议行为不是泄露内幕信息的行为,而是内幕交易行为,应当认定构成内幕交易罪。理由如下:首先,泄露内幕信息的行为所指向的对象是内幕信息本身,即使是行为人在泄露时对内幕信息进行了加工、增加、缩减,其内容也必须与原信息基本一致,而建议他人买卖证券的行为,已不再是仅向他人提供内幕信息本身,因此不构成泄露内幕信息罪。其次,根据刑法关于共同犯罪的规定,内幕信息的知情人员建议他人买卖证券,极有可能是内幕交易实施者的犯意提起者、教唆者,建议者和交易者属于内幕交易的共同犯罪,均构成内幕交易罪。根据修正后的刑法第一百八十条,建议他人买卖证券行为的构成要件有:一是主体是内幕信息的知情人员或者非法获取内幕信息的人员;二是在他人交易前为他人提供交易建议,如提供交易时间、交易数额等;三是这些交易建议是基于知情内幕信息而作出的;因是他人根据交易建议实施了内幕交易。由此而论,无论建议人有否实际获利,或者建议人有否自己进行内幕交易,其建议行为均构成内幕交易罪。就本案而言,谭某某建议林某某购买涉案股票和交易具体数额、具体运作方法等,谭某某的行为符合刑法关于共同犯罪的规定,其与林某某构成内幕交易共同犯罪,即构成内幕交易罪。[参见第735号指导案例,李启红等内幕交易、泄露内幕信息案,载《刑事审判参考》总第83集(2011年第6集),第7～8页。撰稿:黄建屏　梁美]

▽因获取让壳重组信息而指使他人购买让壳公司股票,后借壳公司改变的,不影响内幕信息的认定

被告人获取的光大证券与中石化就借壳北京化二谈判的信息是真实的,且对北京化二股票的交易量和交易价格具有重大影响,该信息符合证券法第七十五条、刑法第一百八十条规定的内幕信息的构成特征。具体理由如下:1.内幕信息以真实性为构成特征,但对真实性的认定应当坚持二元标准。内幕信息必须是真实的,但对真实性的认定应当坚持二元标准。(1)对于最终公开的内幕信息,应当以相对真实为认定标准。所谓"相对真实",是指相对于国务院证券监管机构指定的报刊、媒体首次公开的信息是真实的,只要信息与指定报刊、媒体首次公开的信息基本一致,就应当认定信息具有真实性。至于指定报刊、媒体公开的信息是否准确或者是否失实在所不问。这是基于广大股民对指定报刊、媒体信赖的考虑,信息只要经指定报刊、媒体公开,往往会对相关证券、期货的市场交易价格、交易量带来重大影响。即使该种信息不准确,甚至失实,但在尚未公开前,也应当被禁止用来从事证券、期货交易,因为利用这种相对真实的信息所带来的社会危害未必小于客观真实的信息。当然,如果信息连相对真实性都不具有,则交易人员、泄露信息人员不能构成内幕交易、泄露内幕信息罪,故意泄露人员可能构成编造并传播证券、期货交易虚假信息罪或者操纵证券、期货市场罪。如果根据社会上正常的人的预判,信息根本不可能影响有关证券、期货的交易价格或者交易量,则不管信息是否具有相对真实性,都不能认定为内幕信息,因为《证券法》第七十五条(现为第五十二条)、《刑法》第一百八十条规定的“内幕信息”必须是对证券、期货交易价格或者交易量具有重大影响的信息。如果根据一般人的预判,信息对证券、期货的交易价格或者交易量具有重大影响,但实际并未产生影响的,不影响内幕信息的认定,这种情形下可能是因为偶然介入的因素导致一般人预判的影响未实现。(2)对于因谈判失败或者公司高管人员故意违规不予披露等因素而最终未在指定报刊、媒体公开的内幕信息,应当以客观真实为认定标准。在该情形下,无法通过指定的报刊、媒体是否公开这一标准认定信息是否真实,应当以信息内容是否真正发生为认定标准。如果信息内容真实发生,就应当认定信息是真实的。如本案光大证券与中石化就借壳北京化二上市的信息内容与客观事实相符,即使该信息未在指定报刊、媒体公开,也不影响该信息的真实性。2. 借壳公司的改变是否影响内幕信息真实性的认定。被告人通过职务行为获悉中石化启动下属公司让壳的计划,这一信息比较确定,而且最终转化为现实。被告人通过刺探获取光大证券正在与中石化谈判借壳重组事项的信息,并获取中石化所启动的下属公司为北京化二这一关键信息。该信息经庭审质证,与客观事实相符,因此被告人所获取的信息具有真实性。这一真实信息如果公开对北京化二股票的价格和交易量具有重大影响。根据证券法第七十五条对内幕信息的定义和《刑法》第一百八十条关于内幕交易、泄露内幕信息罪罪状的描述,被告人获取的信息符合内幕信息的构成特征,应当认定为内幕信息。利用该信息从事与该信息有关的股票交易,情节严重的,应当认定构成内幕交易罪。无论后来光大证券是否向北京化二借壳成功,也无论后来被告人的股票交易是利好还是利空,只要被告人获取光大证券与中石化谈判有关借壳北京化二上市的信息,并从事北京化二股票的交易就完全齐备内幕交易罪的构成要件。至于光大证券与北京化二重组失败,国元证券向北京化二借壳成功,则属于另一内幕信息。不可否认,国元证券成功借壳北京化二上市的消息公开后,北京化二股票的交易价格和交易量均大幅上涨,被告人获利 103 901 338.92 元与这一利好信息有关。因此,在该情形下,根据成交额量刑要比根据获利额量刑要更为准确。如果根据获利额确定被告人的量刑,则要适度考虑其他利好因素的介入对获利额的影响,对被告人在一定幅度内可酌情从轻处罚。[参见第 756 号指导案例,肖时庆受贿、内幕交易案,载《刑事审判参考》总第 85 集(2012 年第 2 集),第 3 ~6 页。撰稿:刘晓虎]

▽对是基于专业知识的研判还是基于对内幕信息的确信而从事有关证券、期货交易的认定,要准确分析促使行为人作出交易决定的关键因素

基于对内幕信息的确信而从事有关证券、期货交易的行为人往往会辩解其是基于专业知识的研判而作出交易决定的。对于这一辩解的真伪,要结合具体案情,准确分析促使行为人作出交易决定的因素中有无内幕信息的影响。本案被告人辩解,其系利用自己的知识、智慧,根据股权改制的整体趋势作出判断而购买北京化二股票的。经查,被告人通过刺探所获取的信息,足以表明北京化二让壳重组已势在必行,一般人获取这种信息也可判断出购买北京化二股票将会获得非常优厚的市场回报。被告人指使他人重仓、全仓持有北京化二股票,看似孤注一掷的博弈行为,但实质上,促使其作出交易决定的是其对北京化二让壳重组的确信,而这恰恰是内幕信息的主要内容。股改是全方位、整体推进的,被告人却将全部资金投入北京化二,这一资金流向与其平时交易习惯明显背离。被告人在 2004 年便得知中石化探索整体上市的思路,却集中在 2006 年 9 月底全仓持有北京化二股票,这一交易时间点与内幕信息的形成以及其获取内幕信息的时间点高度吻合。可见,被告人的上述行为足以表明其交易行为明显异常,也足以说明促使其作出交易决定的真正因素是其对获取的内幕信息的确信,而非其根据专业知识对股改政策作出的判断。此外,对于既利用了专业知识判断,又利用了获取的内幕信息而从事有关的证券、期货交易的行为,如何定性,实践中也存在一定的争议。鉴于近年来证券、期货市场犯罪的专业化、隐蔽化等特点,为从严打击证券、期货犯罪,对内幕信息的影响力不应作程度限制,不要求内幕信息对行为人交易决定的影响是唯一的,只要行为人获取的内幕信息对促使其交易决定有一定影响,即帮助其在一定程度上确信从事相关交易必定获得丰厚回报,就应当认定行为人是利用内幕信息从事内幕交易。具体把握的原则如下:1. 对于具有专业知识的人员,即使是利用专业知识掌握了内幕信息的内容,只要其进行专业知识判断时依据其利用职务或工作便利获取的信息,也应当认定为内幕信息的知情人员。2. 对于具有专业知识的人员,如果其通过非法手段获取了内幕信息,同时在此过程中也通过其专业知识加强了其判断,或者是先通过专业知识预判出重组对象,后通过获取内幕信息加强了对其预判的确信,原则上只要其从事与内幕信息有关的证券、期货交易,情节严重的,就应当追究内幕交易的刑事责任。[参见第756号指导案例,肖时庆受贿、内幕交易案,载《刑事审判参考》总第85集(2012年第2集),第6~7页。撰稿:刘晓虎]

▽获取拟收购、重组高淳陶瓷公司的信息属于内幕信息

根据证券法第八十条、第五十二条的规定,内幕信息是指证券交易活动中,涉及公司的经营、财务或者对该公司证券的市场价格有重大影响的尚未公开的信息,包括持有公司百分之五以上股份的股东或者实际控制人,其持有股份或者控制公司的情况发生较大变化;公司股权结构的重大变化等重大事件信息。2009年3月6日十四所草拟了《合作框架》,意味着十四所拟收购、重组高淳陶瓷公司借壳上市的工作基本确定。2009年4月20日高淳陶瓷公司发布《关于公司重大事项停牌公告》,宣布公司控股股东正筹划重大资产重组事项,意味着收购、重组信息的公开。2009年2月初至4月19日为该内幕信息的敏感期,被告人获取信息的时间是2009年3月23日,在内幕信息敏感期内。最后,自2009年3月6日双方形成《合作框架》初稿,到4月20日高淳陶瓷公司发布停牌公告、向社会公开披露重大资产重组事项前,十四所收购、重组高淳陶瓷公司的信息始终控制在很小的人员范围内,相关部门对该信息采取了相应地保密措施。此外,十四所收购、重组高淳陶瓷公司的信息对股价和交易量具有重大影响。高淳陶瓷公司发布重组公告后,高淳陶瓷股票价格在2009年5月22日复牌交易后连续10个交易日涨停,这一事实充分表明十四所收购、重组高淳陶瓷公司的信息对高淳陶瓷股票价格具有重大影响。综上所述,被告人获取的十四所拟收购、重组高淳陶瓷公司事项在公开披露前应当认定为内幕信息。[参见第757号指导案例,杜兰库、刘乃华内幕交易,刘乃华泄露内幕信息案,载《刑事审判参考》总第85集(2012年第2集),第12~13页。撰稿:孙炜　范莉　马小卫]

▽对于利用专业知识判断出重组对象的人员是否认定为内幕信息的知情人员,关键要看该类人员在利用专业知识判断时有否依据因职务行为获取的信息

对于具有专业知识的人员,不论其是否是利用专业知识掌握了内幕信息的内容,原则上只要其判断时依据了因其职务或工作获取的信息,就应当认定为内幕信息的知情人员。否则,就给证券、期货领域中具有证券、期货专业的人员开辟了一条绿色通道。这样的认定也符合当前打击证券、期货违法犯罪的政策精神。本案被告人作为中电集团总会计师,负责分管集团内部的资本运作。2009年3月23日晚,被告人从十四所所长、十四所副总经济师处获悉十四所拟收购、借壳公司的概况。虽然被告人是在3月29日回北京后通过互联网检索或根据专业知识判断出重组对象,但其如果没有依据职务所获悉的借壳公司的概况就不可能得出重组对象。更何况被告人当时对通过检索或专业知识所形成的判断并未形成确信,而促使其真正形成确信的是在3月31日十四所搬迁仪式期间获知南京市政府领导就十四所收购重组事宜出面协调一事。因此,被告人实质上属于利用职务活动获知内幕信息,应当认定为内幕信息的知情人员。另一被告人刘某某不是内幕信息的知情人员,也不属于通过窃取、骗取、刺探等非法手段获取信息的人员,但其作为内幕信息知情人员的配偶,从知情人员处获取信息,且在内幕信息尚未公开前,从事和泄露内幕信息导致他人从事与该内幕信息有关的证券交易,违反了股票交易应当遵循的公开、公平和诚实、信用原则,破坏了国家对证券交易的管理制度,侵犯了投资者的合法权益。因此,内幕信息知情人员的近亲属或是与内幕信息的知情人员关系密切的人,即便是被动获悉内幕信息,也应当依法认定为非法获取内幕信息的人员。2012年3月29日最高人民法院、最高人民检察院联合发布的《关于办理内幕交易、泄露内幕信息刑事案件具体应用法律若干问题的解释》(本附文以下简称〈内幕交易解释〉)第二条第二项对此类人员认定为非法获取内幕信息的人员的条件已作了专门明确。[参见第757号指导案例,杜兰库、刘乃华内幕交易,刘乃华泄露内幕信息案,载《刑事审判参考》总第85集(2012年第2集),第13~14页。撰稿:孙炜 范莉 马小卫]

▽合谋买卖高淳陶瓷股票的行为构成内幕交易罪的共犯

被告人获取十四所收购、重组高淳陶瓷公司的信息后,将该信息透露给另一被告人刘某某,二被告人协商后同意购买高淳陶瓷股票,并大量调集资金,通过他们实际控制的多个股票交易账户从事高淳陶瓷股票交易。被告人因顾虑自己的身份,还抛售部分以自己股票交易账户购买的高淳陶瓷股票,并将其顾虑告知刘某某。这一事实足以反映被告人、刘某某均已意识到十四所收购、重组高淳陶瓷公司的信息高淳陶瓷股票价格具有重大影响,且其获取信息和买入高淳陶瓷股票的时间均在内幕信息公开前,且有明显的因果关系。可见,二被告人主观上具有利用该内幕信息非法获利的明确故意。二被告人分工协作,相互配合,应当认定内幕交易罪的共犯。被告人在内幕交易共同犯罪中起主要作用是主犯。刘某某起次要作用,是从犯。本案被告人与刘某某是夫妻关系,是利益共同体,二被告人合谋操作买入高淳陶瓷股票的共同犯罪行为,当然包含杜将内幕信息泄露给刘某某的行为,被告人的泄露内幕信息行为被内幕交易行为所吸收,不另外单独构成泄露内幕信息罪。刘某某将信息泄露给他人是刘某某的个人行为,现有证据不能证实被告人对此有授意,也不能证实其对此主观上明知,被告人对刘某某的该部分行为不承担共犯责任。因此,公诉机关指控被告人犯内幕交易、泄露内幕信息罪的罪名不当,无锡市中级人民法院予以纠正,认定二被告人构成内幕交易罪的共犯是正确的。值得一提的是,在2012年3月29日最高人民法院、最高人民检察院联合发布的《内幕交易解释》出台前,对未参与分红的泄露内幕信息人员,其情节严重、情节特别严重的标准能否参照因泄露而获取内幕信息人员的成交额、获利或者避免损失数额认定,实践中尚未统一看法。本案在《内幕交易解释》出台之前就已审结,法院未根据具体情节轻重就本案被告人刘某某泄露内幕信息的行为单独判处刑罚,而是采用选择性罪名的表述方式,对内幕交易、泄露内幕信息罪统一作了判处。《内幕交易解释》出台后,要根据泄露内幕信息情节的轻重,对泄露内幕信息罪单独作出准确评价,以确保对内幕交易、泄露内幕信息行为人在量刑上的平衡。[参见第757号指导案例,杜兰库、刘乃华内幕交易,刘乃华泄露内幕信息案,载《刑事审判参考》总第85集(2012年第2集),第14~15页。撰稿:孙炜 范莉 马小卫]

▽内幕信息知情人员的近亲属或者与其关系密切的人被动获悉内幕信息的应当认定为"非法获取证券交易内幕信息的人员"

明知是内幕信息的知情人员泄露的内幕信息或者是非法获取的内幕信息,还从事与该内幕信息有关的证券、期货交易,实际意味着利用了内幕信息知情人员和非法获取内幕信息人员的违法结果,行为在整体性质上应当属于禁止情形。内幕信息知情人员的近亲属或者与其关系密切的人具有获取内幕信息的便利途径,如果对该类人员被动获悉内幕信息后从事与内幕信息有关的证券、期货交易的行为不予禁止,那么将会激发大量内幕交易犯罪案件的发生。因此,应当从政策导向上明确禁止该类人员被动获悉内幕信息后从事内幕交易的行为,情节严重的,应当追究刑事责任。2012年6月1日起施行的《内幕交易解释》第二条规定:"具有下列行为的人员应当认定为刑法第一百八十条第一款规定的'非法获取证券、期货交易内幕信息的人员'……(二)内幕信息知情人员的近亲属或者其他与内幕信息知情人员关系密切的人员,在内幕信息敏感期内,从事或者明示、暗示他人从事,或者泄露内幕信息导致他人从事与该内幕信息有关的证券、期货交易,相关交易行为明显异常,且无正当理由或者正当信息来源的……"根据《内幕交易解释》的规定,内幕信息知情人员的近亲属或者其他与内幕信息知情人员关系密切的人,不管其是主动获取还是被动获悉内幕信息,均应当认定为非法获取内幕信息的人员。上述特定身份以外的人被动获悉内幕信息,不能适用这一规定。这主要是考虑到我国证券、期货市场尚处于起步发展阶段,当前打击的重点人群是内幕信息知情人员的近亲属或者其他与其关系密切的人员上述人员之外的人群被动获悉内幕信息后从事内幕交易的现象尚不普遍。因此,《内幕交易解释》基于政策考虑和当前形势的研判,仅明确了内幕信息知情人员的近亲属或者其他与其关系密切的人员被动获悉内幕信息后从事内幕交易的刑事责任。[参见第758号指导案例,赵丽梅等内幕交易案,载《刑事审判参考》总第85集(2012年第2集),第18～20页。撰稿:孙炜　范莉]

▽"交易行为明显异常"要综合时间吻合程度、交易背离程度和利益关联程度等方面把握

本案二被告人从2009年4月3日至17日陆续多次使用其控制的自己或亲属的股票账户密集买入高淳陶瓷股票,又于6月9日起开始陆续抛售该股票,应当认定其交易行为明显异常。具体理由如下:1.从时间吻合程度分析。被告人在2009年3月31日明确得知十四所欲通过南京高淳陶瓷公司进行资产重组实现借壳上市,4月1日将该信息告知其妻刘某某。当日,刘某某又将此信息泄露给本案二被告人赵某某、刘某某。二被告人于4月3日开始大量买入高淳陶瓷股票,该股5月22日复牌交易后连续10个交易日封于涨停,6月9日二被告人开始陆续抛售该股。可见,二被告人的交易时间与内幕信息的形成、公开等时间高度一致。2.从交易背离程度分析。二被告人均供述以前从未关注高淳陶瓷这一小盘股票,后因为知道被告人、刘某某的消息来源比较准确,就不计成本地陆续买入该股。这种"不计成本"主要表现在:(1)将之前所持的"ST上石化""辽宁时代""长城电脑""巨化股份""三佳科技""太钢不锈"等股票全部抛出;(2)全仓买入高淳陶瓷股票,未留任何补仓资金;(3)赵某某向他人借款120余万元追加买入高淳陶瓷股票。二被告人上述一系列不计成本的交易行为与其正常的交易习惯明显背离。3.从利益关联程度分析。账户资金进出与二被告人有紧密关联和利害关系。买入卖出高淳陶瓷股票的账户除了赵某某、刘某某的以外,还有刘某(赵某某与刘某某之女)、李某某、王某某等人的账户,但这些账户分别由二被告人控制。上述股票账户的户主都不懂炒股,也不炒股,对账户内股票具体的买入和卖出、盈亏等情况并不掌握,账户开户后也从未自己使用过。可见,本案内幕交易的账户与二被告人非法获利有直接利益关联,内幕交易后的非法获利实际由二被告人占有。综合上述三个方面,应当认定二被告人的行为属于交易行为明显异常。[参见第758号指导案例,赵丽梅等内幕交易案,载《刑事审判参考》总第85集(2012年第2集),第20～21页。撰稿:孙炜　范莉]

▽与内幕信息知情人员具有某种经济利益合作的大学同学属于与内幕信息知情人员关系密切的人,其即使是从内幕信息知情人员处被动获悉内幕信息,也应当认定为"非法获取内幕信息的人员"

根据刑法本条第一款的规定,内幕交易、泄露内幕信息罪的犯罪主体包括证券、期货交易内幕信息的知情人员和非法获取证券、期货交易内幕信息的人员。2012年最高人民法院、最高人民检察院联合制发的《内幕交易解释》第二条进一步明确规定,非法获取证券、期货交易内幕信息的人员包括三类人员,即非法手段型获取内幕信息的人员、特定身份型获取内幕信息的人员和积极联系型获取内幕信息的人员。非法手段型获取内幕信息的人员和积极联系型获取内幕信息的人员,都是主动获取内幕信息。而特定身份型获取内幕信息的人员,既可以是主动获取也可以是被动获取内幕信息。对于内幕信息知情人员的近亲属或者其他与内幕信息知情人员关系密切的人员之外的人,如果被动获取内幕信息,并在敏感期内从事与该内幕信息有关证券、期货交易的,一般不得认定为非法获取内幕信息的人员。本案被告人明显不属于非法手段型获取内幕信息的人员,也不属于积极联系型获取内幕信息的人员,因此,其能否认定为非法获取内幕信息的人员,取决于其是否属于特定身份型获取内幕信息的人员。特定身份型获取内幕信息的人员,是指内幕信息知情人员的近亲属或者其他与内幕信息知情人员关系密切的人员,在内幕信息敏感期内,从事或者明示、暗示他人从事,或者泄露内幕信息导致他人从事与该内幕信息有关的证券、期货交易,相关交易行为明显异常,且无正当理由或者正当信息来源的人员。即获取信息的手段行为未必是非法的,但其作为特定身份的人员不应获取内幕信息。内幕信息知情人员的近亲属或者其他与内幕信息知情人员关系密切的人员,其获取内幕信息具有天然的便利条件。因此,为加大对内幕信息的保护力度,对这类人员也应当明确内幕信息的保密义务。

在具体案件中,由于“近亲属”的范围究竟是按照刑事诉讼法的规定还是按照行政诉讼法、民事诉讼法的规定进行认定存在争议,故行为人是否属于内幕信息知情人员的近亲属问题也相应存在争议。但对于部分人员而言,即使不能认定为内幕信息知情人员的近亲属,但认定为关系密切的人一般争议不大。为减少不必要的争议,可以将此问题延伸到行为人是否属于内幕信息知情人员关系密切的人员。基于上述分析,我们将在下文重点讨论被告人徐某某是否属于被告人王某某关系密切的人这一法律问题。

与内幕信息知情人员“关系密切的人员”的范围不同于2007年7月《最高人民法院、最高人民检察院关于办理受贿刑事案件适用法律若干问题的意见》(本附文以下简称《办理受贿意见》)中“特定关系人”的范围,但可以与利用影响力受贿罪中“关系密切的人”的范围作同一解释。《办理受贿意见》规定:“特定关系人”是指与国家工作人员有近亲属、情妇(夫)以及其他共同利益关系的人。从字面含义分析,“特定关系人”是从关系性质的角度进行界定,其包含的身份关系与利益关系指称的对象均是关系的性质。而“关系密切的人”是从关系程度的角度进行界定,关系的性质可能是身份关系也可能是利益关系抑或其他关系,即只要该种关系紧密到一定的程度就可归入“关系密切的人”的范畴。因此,“关系密切的人”不等同于“特定关系人”,两者存在交叉,交集部分如情妇(夫)以及其他共同利益关系的人。“关系密切的人”还包括除了存在共同利益关系的人之外的其他关系密切的人,而“特定关系人”还包括近亲属。实践中,“关系密切的人员”主要存在于以下几种常见的关系:一是基于血缘产生的关系,如除了近亲属之外的其他亲属;二是基于学习、工作产生的关系,如同学、师生、校友、同事关系;三是基于地缘产生的关系,如同乡;四是基于感情产生的关系,如朋友、恋人、情人关系;五是基于利益产生的关系,如客户、合同、共同投资人、债权债务关系;六是在任何情况下相识并产生互相信任、相互借助的其他关系。此外,为加大内幕信息知情人员的近亲属以及其他与其关系密切的人员的保密义务,根据《内幕交易解释》第二条第二项之规定,内幕信息知情人员的近亲属以及其他与其关系密切的人员,无论是主动获取还是被动获取内幕信息,均属于非法获取内幕信息的人员。本案徐某某与王某某系大学同学,关系较好,且二人在投资方面联系甚多,徐某某常向王某某咨询投资项目。在王某某的推荐下,徐某某投资广东惠州市亿能电子有限公司(系德赛电池公司控股75%的下属公司蓝微电子公司的子公司,亦称为孙公司)等项目,二人还有部分共同投资项目。可见,徐某某属于与王某某关系密切的人员。王某某属于德赛电池公司重大资产重组事项的内幕信息知情人员,在内幕信息敏感期内,王某某向徐某某泄露了“德赛电池”股票即将因重大资产重组而停牌的消息。当时徐某某给王某某打电话的目的,是想和王某某讨论是否继续投资德赛电池公司的孙公司亿能电子公司的问题,在谈及德赛电池公司时王某某主动将德赛电池即将进行资产重组这一内幕信息告知徐某某。而且,徐某某在2010年的时候就得知德赛电池有重组、整体上市的说法,在此次获知德赛电池因资产重组而停牌的内幕信息后,既认为这是利好消息,也认识到王某某作为证券从业人员向其泄露德赛电池内幕信息属于违法行为。虽然徐某某系被动获取内幕信息,但作为与王某某关系密切的人员,在获取了不应当获取的内幕信息后,理应严格遵守保密义务,然而,其却从事了与该内幕信息有关的股票交易。因此,徐某某毫无疑问属于特定身份型非法获取内幕信息的人员。[参见第920指导案例,王某某泄露内幕信息、徐某某内幕交易案,载《刑事审判参考》总第95集(2013年第6集),第3~6页。撰稿:罗开卷]

▽交易行为是否异常,应当综合时间吻合程度、交易背离程度和利益关联程度等方面进行认定

根据《内幕交易解释》第三条的规定,相关交易行为是否明显异常,需要从时间吻合程度、交易背离程度和利益关联程度等方面进行综合认定。一是时间吻合程度,即从行为时间与内幕信息形成、变化、公开的时间吻合程度把握。所要比对的时间主要有三类:行为人开户、销户、激活资金账户或者指定交易(托管)、撤销指定交易(转托管)时间;资金变化时间;相关证券、期货合约买入或者卖出时间。二是交易背离程度,即从交易行为与正常交易的背离程度把握。正常交易主要体现在两点:基于平时交易习惯而采取的交易行为;基于证券、期货公开信息而理应采取的交易行为。三是利益关联程度,即从账户交易资金进出与该内幕信息知情人员或者非法获取人员有无关联或者利害关系把握。为保障被告人的抗辩权,防止内幕交易、泄露内幕信息罪的适用对象被不当扩大,《内幕交易解释》第四条规定了四项内幕交易、泄露内幕信息犯罪的阻却事由:一是持有或者通过协议、其他安排与他人共同持有上市公司百分之五以上股份的自然人、法人或者其他组织收购该上市公司股份的。《证券法》第七十六条(修改后为第五十三条)第二款已明确将该类行为作为禁止从事内幕交易的除外情形。二是按照事先订立的书面合同、指令、计划从事相关证券、期货交易的。三是依据已被他人披露的信息而交易的。四是交易具有其他正当理由或者正当信息来源的。既要实事求是,肯定存在利用相关专业知识以及信息优势作出判断的可能性,更要综合时间吻合程度、交易背离程度和利益关联程度等方面判断相关交易行为是否明显异常,即是否利用了获取的内幕信息从事相关的证券、期货交易行为。鉴于近年来证券、期货市场犯罪的专业化、隐蔽化等特点,为从严打击证券、期货犯罪,"对内幕信息的影响力不应作程度限制,不要求内幕信息对行为人交易决定的影响是唯一的,只要行为人获取的内幕信息对促其交易决定有一定影响,即帮助其在一定程度上确信从事相关交易必定获得丰厚回报,就应当认定行为人是利用内幕信息从事内幕交易"。本案徐某某对德赛电池孙公司亿能电子公司有投资,一定程度上知悉德赛电池公司情况,曾经就是否买入"德赛电池"股票确实也有过想法,但一直没有买入,因此不可否定其大量集中买入"德赛电池"股票存在专业判断的可能。但是,从徐某某大量集中买入"德赛电池"股票的时间吻合程度、交易背离程度及利益关联程度等方面来看,促使其作出决定的真正因素是其对"德赛电池"股票即将因资产重组而停牌这一内幕信息的确信。因此,徐某某以其买入"德赛电池"股票系独立判断结果的辩解,明显与客观事实不符。[参见第920指导案例,王某某泄露内幕信息、徐某某内幕交易案,载《刑事审判参考》总第95集(2013年第6集),第6~8页。撰稿:罗开卷]

▽在未获取股票预期价格信息的前提下,对利好型内幕信息公开后继续持股未卖,且公开当日股票价格未出现涨停的,内幕交易的违法所得应当以复牌日收盘价计算违法所得

证券、期货交易是一种高风险的投资行业,行为人获取内幕信息后买入证券、期货可能获取暴利,卖出证券、期货可能避免损失。鉴于此,《内幕交易解释》第十条规定:"内幕交易的违法所得,是指通过内幕交易行为所获利益或者避免的损失"。考虑到实际情况纷繁多变,《内幕交易解释》未对违法所得的认定确立一个总的原则。根据内幕信息对内幕交易的影响,可以将内幕信息分为利好型内幕信息和利空型内幕信息。以股票买卖为例,内幕信息知情人员进行内幕交易,其必然是在掌握利好信息时买入股票以谋取股票上涨的利益,也必然是在掌握利空信息时卖出股票以避免股票下跌的损失。实践中,获取利好型内幕信息的人员一般是在内幕信息公告后停止涨停时卖出相关股票,除非其从内幕信息知情人员处获取了预期价位。因此,在未获取股票预期价格信息的前提下,对利好型内幕信息公开后继续持股未卖,且公开当日股票价格未出现涨停的,如何认定违法所得值得研究。对行为人的违法所得应当区分以下情形进行区别认定:第一,对于利好型内幕信息公开后相关股票被全部抛售的,因相关股票交易均与利用内幕交易存在因果关系,故一般应当以行为人抛售股票后的实际获利认定为违法所得。第二,对于利好型内幕信息公开后,仅卖出部分股票的,对于已卖出的股票按照实际所得计算违法所得;对于未卖出的股票,应当按照内幕信息公开当日的账面所得计算违法所得。对于公开后相关股票未出现涨停,被告人也未获知相关目标价信息的情况下,被告人没有卖出的部分股票,如何计算违法所得?应当以公开当日的账面所得计算。如利好型内幕信息公开当日未出现涨停,则一定程度表明内幕信息对股价的影响不够重大,其后股价变化与内幕信息是否公开没有因果关系。因此,对于上述情形下继续持股的,一般将内幕信息公开当日的账目获利认定为违法所得。第三,对于利用利好型内幕信息,如果按照账面获利数额认定违法所得,那么是以收盘价、最低价或者最高价,抑或以最低价和最高价的平均价计算？目前，没有相关明确规定，原则应当以收盘价计算账面获利。理由是：在证券市场中，收盘价是最重要的一个数据，是赚钱或者赔钱的基准，是市场参与者们共同认可的价格。最高价是大多数人认为最佳卖出的时机，最低价是大多数人认为最佳买进的时机。最高价和最低价是价格的两个极端，以最高价计算偏高，以最低价计算偏低，故以收盘价计算较为合理。实践中，一般只有存疑时才作有利于被告人的选择，而此时不存在存疑，且最低价是大多数人认为最佳的买进时机，从理性人角度，一般不可能在最低价时将股票抛售，除非是为了逃避处罚。而最高价可能促发涨停的预期判断，出于对连续涨停的期待，一般也不会在最高价时将股票卖出。对于平均价计算法，一般是在"遇到销售金额或者其他数额高、低不等难以具体查明时，取其平均数额予以认定"。而最高价和最低价是两种性质不同的价格，前者是大多数人认为最佳卖出时机价格，后者是大多数人认为最佳买进时机价格，显然不宜简单取两者的平均数。加之收盘价是市场参与者们所共同认可的价格，以收盘价计算具有内在的合理性，故以收盘价计算对被告人较为公平。本案徐某某利用内幕交易买入"德赛电池"股票62万余股，平均每股约21.35元。2012年3月26日，德赛电池公司复牌当日最低价每股22.80元，最高价每股23.94元，收盘价每股23.77元。徐某某在利好型内幕信息公开后未卖出相关股票，选择在复牌后继续持股，主要是基于其对市场和该股票发展走向的判断，故对其应当以复牌日收盘价计算账面获利即150万余元，而不能以复牌当日最低价计算账面获利（即90万余元）。［参见第920指导案例，王某某泄露内幕信息、徐某某内幕交易案，载《刑事审判参考》总第95集（2013年第6集），第8～11页。撰稿：罗开卷］

▽构成利用未公开信息交易罪不以"先买先卖"同时具备为要件

被告人的辩护人提出，涉案账户对工商银行、建设银行股票的交易，不符合"先买先卖"的特征，被告人的行为不构成利用未公开信息交易罪。辩护人所提的"先买先卖"是典型"老鼠仓"的特征。一些基金金司、证券、期货、保险公司等资产管理机构的从业人员，主要是机构经理、操盘手，在用客户资金买入证券或者其衍生品、期货或者期权合约等金融产品前，以自己名义，或假借他人名义，或者告知其亲属、朋友、关系户，先行低价买入证券、期货等金融产品，然后用客户资金拉升到高位后自己率先卖出获利，使个人以相对较低的成本牟取暴利。由于这些人户大多隐秘，偷食股票期货上涨牟利，因而被形象地称为"老鼠仓"。"老鼠仓"只是一个约定俗称，各国对"老鼠仓"的界定并不是完全统一的。在我国，典型的"老鼠仓"是利用未公开信息交易犯罪的一种形式，但利用未公开信息罪的外延要大于典型"老鼠仓"的范围。依照刑法规定，构成利用未公开信息交易罪并不以"先买先卖"同时具备为条件。只要行为人利用因职务便利获取的未公开信息，违反规定从事与该信息相关的证券、期货交易活动，达到"情节严重"的程度，就构成该罪。如利用所任职基金公司未公开利好信息先行或者同期买入某一股票，在所任职基金公司卖出相关股票后，行为人基于个人判断或者其他原因继续持有该股票，也可构成利用未公开信息交易罪。再如，行为人在所任职基金公司买入相关股票后再买入同样股票，在获悉所任职基金公司的未公开利空信息后，先于基金卖出相同股票，也可构成利用未公开信息交易罪。

本案中，在案证据证实，根据中国证监会对基金定期报告信息披露的相关规定，2009年8月28日报出的蓝筹基金2009年半年报中披露了对工商银行的股票投资，成长基金2009年半年报中披露了对工商银行、建设银行的股票投资。在此之前，相关信息都属于"未公开信息"。涉案证券账户中的建设银行和工商银行股票大多数均早于资金公司旗下的蓝筹基金、成长基金购买，被告人的行为属于"先买"或者"同期购买"。关于卖出时间，童某某证券账户中的建设银行股票晚于成长基金卖出；岳某某证券账户卖出涉案工商银行股票系在蓝筹基金账户中的部分工商银行股票已经卖出，部分尚未卖出的期间，属于同期于基金卖出，故被告人的行为全部属于"先买"或者"同期购买"，部分属于"同期卖出"，符合利用未公开信息交易罪的构成要件。［参见第941指导案例，李旭利利用示公开信息交易案，载《刑事审判参考》总第96集（2014年第1集），第15～16页。撰稿：肖晚祥］

▽相关基金公司对涉案股票的买入行为是否影响涉案股票的价格及行为人是否实际获利,均非决定利用未公开信息交易犯罪是否构成的因素

被告人的辩护人提出,工商银行、建设银行都是超级大盘股,基金公司旗下基金对其股票的买入,不可能拉升其股价,认定被告人利用未公开信息指令李某某购买上述股票,不符合情理。

首先,关于基金公司买入超级大盘股是否影响股价的问题。在案证据证实,成长基金于2009年4月9日买入建设银行股票金额达8800余万元,而蓝筹基金和成长基金于2009年4月7日、4月9日共计买入工商银行股票金额达3.06亿余元。如此巨额资金投入,即使工商银行、建设银行是超级大盘股,也不可能对其股价波动没有任何作用。而从本案实际情况看,基金公司旗下基金以及涉案岳某某、童某某证券账户买卖工商银行、建设银行股票,也都是买入时价低,卖出时价高,由此亦可见基金公司旗下基金买入行为发生后,工商银行和建设银行股价上升波动的事实。辩护人所提工商银行和建设银行股票价格不可能因为基金公司旗下基金的买入行为而被拉升的辩护意见,既缺乏逻辑支撑,也与该两股票价格实际上升波动的事实不符。

其次,被告人作为基金公司投资决策人员,其工作就是依据自身的分析和判断,通过相应程序决策投资可能使公司基金和基金份额持有人利益增值的股票。基金公司旗下基金持仓工商银行等股票,实际上也是在被告人主持的投资决策委员会决策下所为,其还建议公司基金持有银行类股票。基于被告人投资决策的工作性质及其实际决策投资涉案股票行为的事实,足以认定被告人当时具有看好购买工商银行和建设银行股票可能使持股人利益增值的基本判断,据此亦可认定被告人对两股票价格可能因公司基金大量投资买入而拉升持相当乐观的心态。因此,应当认定被告人控制的涉案证券账户满仓买入工商银行和建设银行股票,系其利用基金公司旗下基金购买工商银行等股票的未公开信息指令所致。

最后,从利用未公开信息交易罪侵犯的客体来看,基金公司从业人员利用未公开信息交易相关股票的行为,不仅可能对所任职基金公司的财产利益造成直接损害,更主要的是破坏了公开、公平、公正的证券市场原则,损害了处于信息弱势的散户的利益,违背了基金从业人员对基金公司的忠实义务,损害了有关基金和基金管理人的声誉以及投资者对有关基金及基金管理人的信赖和信心,进而对有关基金的长期运作和基金份额持有人利益造成损害,并对整个证券市场造成损害。因而,刑法设置该罪,针对的就是利用未公开信息从事交易的行为,目的在于惩治该类行为对证券市场正常运行所造成的严重危害,基金公司买入行为对涉案股票价格的影响及行为人是否实际获利,均非决定犯罪是否构成的要素。[参见第941指导案例,李旭利利用示公开信息交易案,载《刑事审判参考》总第96集(2014年第1集),第16~17页。撰稿:肖晚祥]

▽利用未公开信息交易罪"违反规定"的认定

被告人的辩护人提出,根据《刑法》第一百八十条第四款的规定,构成利用未公开信息交易罪必须"违反规定",被告人没有违反规定,故不构成该罪。对于这一问题,首先应当明确的是,《刑法》第一百八十条第四款的表述是"违反规定",而不是"违反国家规定",两者存在很大的区别。根据刑法第九十六条的规定,"违反国家规定","是指违反全国人民代表大会及其常务委员制定的法律和决定,国务院制定的行政法规、规定的行政措施、发布的决定和命令"。《最高人民法院关于准确理解和适用刑法中"国家规定"的有关问题的通知》(法〔2011〕155号)尽管对"国家规定"的范围作了一定延伸,但与利用未公开信息交易罪中"规定"的范围相比,要窄得多,后者不仅包括法律、行政法规,还包括部门规章、地方性法规及行业规范,但公司的内部章程不包括在内。本案被告人的行为不仅违反了国家法律,也违反了中国证监会的相关规定。全国人大常委会于2003年10月28日通过、2004年6月1日施行的《证券投资基金法》第十八条规定,基金管理人的董事、监事、经理和其他从业人员,不得从事损害基金财产和基金份额持有人利益的证券交易及其他活动。全国人大常委会于2015年4月24日修正的《证券投资基金法》第十八条亦有类似规定。中国证监会于2009年3月17日修订、2009年4月1日施行的《基金管理公司投资管理人员管理指导意见》(本附文以下简称《指导意见》)第六条第二款规定:“投资管理人员不得利用基金财产或利用管理基金份额之便向任何机构和个人进行利益输送,不得从事或者配合他人从事损害基金份额持有人利益的活动。”《指导意见》第八条规定:“投资管理人员应当恪守职业道德,信守对基金份额持有人、监管机构和公司作出的承诺,不得从事与履行职责有利益冲突的活动。”被告人利用因职务便利获取的所任职基金公司的未公开信息进行证券交易,违背了其作为基金从业人员对基金份额持有人、监管机构以及基金公司作出的承诺,与其职务行为存在利益冲突,损害了基金份额持有人的利益,违反了上述法律和规定。《指导意见》第二十三条第三款还规定:“除法律、行政法规另有规定外,公司员工不得买卖股票,直系亲属买卖股票的,应当及时向公司报备其账户和买卖情况。公司所管理基金的交易与员工直系亲属买卖股票的交易应当避免利益冲突。”根据这一规定,基金管理公司员工买卖股票原本就属于被禁止的行为,即使是修订后的《证券投资基金法》修改了对基金管理公司员工买卖股票的禁止性规定,但仍规定基金从业人员从事股票买卖,应当事先申报,并不得从事与基金份额持有人发生利益冲突的股票交易行为,其实质是更有针对性地严格监管和防止基金管理公司工作人员擅自买卖与所任职的基金公司交易种类相同的股票。被告人在其所任职的基金公司旗下基金投资买卖工商银行和建设银行股票的同时,未作申报,逃避监管,个人买卖相同股票,与基金份额持有人发生利益冲突,明显属于“违反规定”。

综上所述,被告人作为基金管理公司的从业人员,利用因职务便利获取的未公开信息,违反规定,从事与该信息相关的证券交易活动,情节严重,其行为构成利用未公开信息交易罪。[参见第941指导案例,李旭利利用示公开信息交易案,载《刑事审判参考》总第96集(2014年第1集),第17～19页。撰稿:肖晚祥]

▽对《刑法》第一百八十条第四款援引第一款量刑情节的理解和把握

刑法本条第四款援引法定刑的情形,应当是对第一款全部法定刑的引用,即利用未公开信息交易罪应有“情节严重”“情节特别严重”两种情形和两个量刑档次。这样理解的具体理由如下:

(一)符合刑法的立法目的。由于我国基金、证券、期货等领域中,利用未公开信息交易行为比较多发,行为人利用公众投入的巨额资金作后盾,以提前买入或者提前卖出的手段获得巨额非法利益,将风险与损失转嫁到其他投资者,不仅对其任职单位的财产利益造成损害,而且严重破坏了公开、公正、公平的证券市场原则,严重损害客户投资者或处于信息弱势的散户利益,严重损害金融行业信誉,影响投资者对金融机构的信任,进而对资产管理和基金、证券、期货市场的健康发展产生严重影响。为此,《刑法修正案(七)》新增利用未公开信息交易罪,并将该罪与内幕交易、泄露内幕信息罪规定在同一法条中,说明两罪的违法与责任程度相当。利用未公开信息交易罪也应当适用“情节特别严重”。

(二)符合法条的文意。首先,刑法第一百八十条第四款中的“情节严重”是入罪条款。《最高人民检察院、公安部关于公安机关管辖的刑事案件立案追诉标准的规定(二)》,对利用未公开信息交易罪规定了追诉的情节标准,说明该罪需达到“情节严重”才能被追诉。利用未公开信息交易罪属情节犯,立法要明确其情节犯属性,就必须借助“情节严重”的表述,以避免“情节不严重”的行为入罪。其次,该款中“情节严重”并不兼具量刑条款的性质。刑法条文中大量存在“情节严重”兼具定罪条款及量刑条款性质的情形,但无一例外均在其后列明了具体的法定刑。刑法第一百八十条第四款中“情节严重”之后,并未列明具体的法定刑,而是参照内幕交易、泄露内幕信息罪的法定刑。因此,本款中的“情节严重”仅具有定罪条款的性质,而不具有量刑条款的性质。

(三)符合援引法定刑立法技术的理解。援引法定刑是指对某一犯罪并不规定独立的法定刑,而是援引其他犯罪的法定刑作为该犯罪的法定刑。刑法第一百八十条第四款援引法定刑的目的是避免法条文字表述重复,并不属于法律规定不明确的情形。

综上所述,刑法第一百八十条第四款虽然没有明确表述“情节特别严重”,但是根据本条款设立的立法目的、法条文意及立法技术,应当包含“情节特别严重”的情形和量刑档次。(马乐利用未公开信息交易案,载《最高人民法院公报》2016年卷,第169~171页。罗智勇、董朝阳、李剑弢)

▽利用未公开信息交易罪“情节特别严重”的认定标准

目前虽然没有关于利用未公开信息交易罪“情节特别严重”认定标准的专门规定,但鉴于刑法规定利用未公开信息交易罪是参照内幕交易、泄露内幕信息罪的规定处罚,最高人民法院、最高人民检察院《关于办理内幕交易、泄露内幕信息刑事案件具体应用法律若干问题的解释》将成交额250万元以上、获利75万元以上等情形认定为内幕交易、泄露内幕信息罪“情节特别严重”的标准,利用未公开信息交易罪也应当遵循相同的标准。马乐利用未公开信息进行交易活动,累计成交额达10.5亿余元,非法获利达1912万余元,已远远超过上述标准,且在案发时属全国查获的该类犯罪数额最大者,参照最高人民法院、最高人民检察院《关于办理内幕交易、泄露内幕信息刑事案件具体应用法律若干问题的解释》,马乐的犯罪情节应当属于“情节特别严重”。(马乐利用未公开信息交易案,载《最高人民法院公报》2016年卷,第171页。罗智勇、董朝阳、李剑弢)

第一百八十一条　【编造并传播证券、期货交易虚假信息罪】编造并且传播影响证券、期货交易的虚假信息,扰乱证券、期货交易市场,造成严重后果的,处五年以下有期徒刑或者拘役,并处或者单处一万元以上十万元以下罚金。

【诱骗投资者买卖证券、期货合约罪】证券交易所、期货交易所、证券公司、期货经纪公司的从业人员,证券业协会、期货业协会或者证券期货监督管理部门的工作人员,故意提供虚假信息或者伪造、变造、销毁交易记录,诱骗投资者买卖证券、期货合约,造成严重后果的,处五年以下有期徒刑或者拘役,并处或者单处一万元以上十万元以下罚金;情节特别恶劣的,处五年以上十年以下有期徒刑,并处二万元以上二十万元以下罚金。

单位犯前两款罪的,对单位判处罚金,并对其直接负责的主管人员和其他直接责任人员,处五年以下有期徒刑或者拘役。(本条第一、二款是根据《中华人民共和国刑法修正案》之五修改,1999年12月25日起施行。)

刑法本条第一、二款原文:【编造并传播证券交易虚假信息罪】编造并且传播影响证券交易的虚假信息,扰乱证券交易市场,造成严重后果的,处五年以下有期徒刑或者拘役,并处或者单处一万元以上十万元以下罚金。

【诱骗投资者买卖证券罪】证券交易所、证券公司的从业人员,证券业协会或者证券管理部门的工作人员,故意提供虚假信息或者伪造、变造、销毁交易记录,诱骗投资者买卖证券,造成严重后果的,处五年以下有期徒刑或者拘役,并处或者单处一万元以上十万元以下罚金;情节特别恶劣的,处五年以上十年以下有期徒刑,并处二万元以上二十万元以下罚金。

单位犯前两款罪的,对单位判处罚金,并对其直接负责的主管人员和其他直接责任人员,处五年以下有期徒刑或者拘役。

■最高人民检察院、公安部关于公安机关管辖的刑事案件立案追诉标准的规定(二)(2022年5月15日)

第三十二条　〔编造并传播证券、期货交易虚假信息案(刑法第一百八十一条第一款)〕编造并且传播影响证券、期货交易的虚假信息,扰乱证券、期货交易市场,涉嫌下列情形之一的,应予立案追诉:

(一)获利或者避免损失数额在五万元以上的;

(二)造成投资者直接经济损失数额在五十万元以上的;

(三)虽未达到上述数额标准,但多次编造并且传播影响证券、期货交易的虚假信息的;

(四)致使交易价格或者交易量异常波动的;

(五)造成其他严重后果的。

第三十三条 〔诱骗投资者买卖证券、期货合约案(刑法第一百八十一条第二款)〕证券交易所、期货交易所、证券公司、期货公司的从业人员,证券业协会、期货业协会或者证券期货监督管理部门的工作人员,故意提供虚假信息或者伪造、变造、销毁交易记录,诱骗投资者买卖证券、期货合约,涉嫌下列情形之一的,应予立案追诉:

(一)获利或者避免损失数额在五万元以上的;

(二)造成投资者直接经济损失数额在五十万元以上的;

(三)虽未达到上述数额标准,但多次诱骗投资者买卖证券、期货合约的;

(四)致使交易价格或者交易量异常波动的;

(五)造成其他严重后果的。

[附则(第七十九条至第八十五条)内容附在本书刑法第一百二十条之一附文同名文件中。]

■期货交易管理条例(2017年3月1日修订)

第二条 任何单位和个人从事期货交易及其相关活动,应当遵守本条例。

本条例所称期货交易,是指采用公开的集中交易方式或者国务院期货监督管理机构批准的其他方式进行的以期货合约或者期权合约为交易标的的交易活动。

本条例所称期货合约,是指期货交易场所统一制定的、规定在将来某一特定的时间和地点交割一定数量标的物的标准化合约。期货合约包括商品期货合约和金融期货合约及其他期货合约。

本条例所称期权合约,是指期货交易场所统一制定的、规定买方有权在将来某一时间以特定价格买入或者卖出约定标的物(包括期货合约)的标准化合约。

第八十一条 本条例下列用语的含义:

(一)商品期货合约,是指以农产品、工业品、能源和其他商品及其相关指数产品为标的物的期货合约。

(二)金融期货合约,是指以有价证券、利率、汇率等金融产品及其相关指数产品为标的物的期货合约。

(三)保证金,是指期货交易者按照规定交纳的资金或者提交的价值稳定、流动性强的标准仓单、国债等有价证券,用于结算和保证履约。

(四)结算,是指根据期货交易所公布的结算价格对交易双方的交易结果进行的资金清算和划转。

(五)交割,是指合约到期时,按照期货交易所的规则和程序,交易双方通过该合约所载标的物所有权的转移,或者按照规定结算价格进行现金差价结算,了结到期未平仓合约的过程。

(六)平仓,是指期货交易者买入或者卖出与其所持合约的品种、数量和交割月份相同但交易方向相反的合约,了结期货交易的行为。

(七)持仓量,是指期货交易者所持有的未平仓合约的数量。

(八)持仓限额,是指期货交易所对期货交易者的持仓量规定的最高数额。

(九)标准仓单,是指交割仓库开具并经期货交易所认定的标准化提货凭证。

(十)涨跌停板,是指合约在1个交易日中的交易价格不得高于或者低于规定的涨跌幅度,超出该涨跌幅度的报价将被视为无效,不能成交。

(十一)内幕信息,是指可能对期货交易价格产生重大影响的尚未公开的信息,包括:国务院期货监督管理机构以及其他相关部门制定的对期货交易价格可能发生重大影响的政策,期货交易所作出的可能对期货交易价格发生重大影响的决定,期货交易所会员、客户的资金和交易动向以及国务院期货监督管理机构认定的对期货交易价格有显著影响的其他重要信息。

(十二)内幕信息的知情人员,是指由于其管理地位、监督地位或者职业地位,或者作为雇员、专业顾问履行职务,能够接触或者获得内幕信息的人员,包括:期货交易所的管理人员以及其他由于任职可获取内幕信息的从业人员,国务院期货监督管理机构和其他有关部门的工作人员以及国务院期货监督管理机构规定的其他人员。

第一百八十二条 【操纵证券、期货市场罪】 有下列情形之一,操纵证券、期货市场,影响证券、期货交易价格或者证券、期货交易量,情节严重的,处五年以下有期徒刑或者拘役,并处或者单处罚金;情节特别严重的,处五年以上十年以下有期徒刑,并处罚金:

(一)单独或者合谋,集中资金优势、持股或者持仓优势或者利用信息优势联合或者连续买卖的;

(二)与他人串通,以事先约定的时间、价格和方式相互进行证券、期货交易的;

(三)在自己实际控制的帐户之间进行证券交易,或者以自己为交易对象,自买自卖期货合约的;

(四)不以成交为目的,频繁或者大量申报买入、卖出证券、期货合约并撤销申报的;

(五)利用虚假或者不确定的重大信息,诱导投资者进行证券、期货交易的;

(六)对证券、证券发行人、期货交易标的公开作出评价、预测或者投资建议,同时进行反向证券交易或者相关期货交易的;

(七)以其他方法操纵证券、期货市场的。(本条第一款是根据《中华人民共和国刑法修正案(十一)》之十三修改的,2021年3月1日起施行。)

单位犯前款罪的,对单位判处罚金,并对其直接负责的主管人员和其他直接责任人员,依照前款的规定处罚。(本条是根据《中华人民共和国刑法修正案(六)》之十一修改,2006年6月29日起施行。)

刑法修正案第(十一)修正前本条第一款原文:【操纵证券、期货市场罪】有下列情形之一,操纵证券、期货市场,情节严重的,处五年以下有期徒刑或者拘役,并处或者单处罚金;情节特别严重的,处五年以上十年以下有期徒刑,并处罚金:

(一)单独或者合谋,集中资金优势、持股或者持仓优势或者利用信息优势联合或者连续买卖,操纵证券、期货交易价格或者证券、期货交易量的;

(二)与他人串通,以事先约定的时间、价格和方式相互进行证券、期货交易,影响证券、期货交易价格或者证券、期货交易量的;

(三)在自己实际控制的账户之间进行证券交易,或者以自己为交易对象,自买自卖期货合约,影响证券、期货交易价格或者证券、期货交易量的;

(四)以其他方法操纵证券、期货市场的。

刑法修正案修正后原文:【操纵证券、期货交易价格罪】有下列情形之一,操纵证券、期货交易价格,获取不正当利益或者转嫁风险,情节严重的,处五年以下有期徒刑或者拘役,并处或者单处违法所得一倍以上五倍以下罚金:

(一)单独或者合谋,集中资金优势、持股或者持仓优势或者利用信息优势联合或者连续买卖,操纵证券、期货交易价格的;

(二)与他人串通,以事先约定的时间、价格和方式相互进行证券、期货交易,或者相互买卖并不持有的证券,影响证券、期货交易价格或者证券、期货交易量的;

(三)以自己为交易对象,进行不转移证券所有权的自买自卖,或者以自己为交易对象,自买自卖期货合约,影响证券、期货交易价格或者证券、期货交易量的;

(四)以其他方法操纵证券、期货交易价格的。

单位犯前款罪的,对单位判处罚金,并对其直接负责的主管人员和其他直接责任人员,处五年以下有期徒刑或者拘役。(本条第一款及其四项根据《中华人民共和国刑法修正案》之六修改,1999年12月25日起施行。)

刑法本条原文:【操纵证券交易价格罪】有下列情形之一,操纵证券交易价格,获取不正当利益或者转嫁风险,情节严重的,处五年以下有期徒刑或者拘役,并处或者单处违法所得一倍以上五倍以下罚金:

(一)单独或者合谋,集中资金优势、持股优势或者利用信息优势联合或者连续买卖,操纵证券交易价格的;

(二)与他人串通,以事先约定的时间、价格和方式相互进行证券交易或者相互买卖并不持有的

证券,影响证券交易价格或者证券交易量的;

(三)以自己为交易对象,进行不转移证券所有权的自买自卖,影响证券交易价格或者证券交易量的;

(四)以其他方法操纵证券交易价格的。

单位犯前款罪的,对单位判处罚金,并对其直接负责的主管人员和其他直接责任人员,处五年以下有期徒刑或者拘役。

■最高人民检察院、公安部关于公安机关管辖的刑事案件立案追诉标准的规定(二)(2022年5月15日)

第三十四条 〔操纵证券、期货市场案(刑法第一百八十二条)〕操纵证券、期货市场,影响证券、期货交易价格或者证券、期货交易量,涉嫌下列情形之一的,应予立案追诉:

(一)持有或者实际控制证券的流通股份数量达到该证券的实际流通股份总量百分之十以上,实施刑法第一百八十二条第一款第一项操纵证券市场行为,连续十个交易日的累计成交量达到同期该证券总成交量百分之二十以上的;

(二)实施刑法第一百八十二条第一款第二项、第三项操纵证券市场行为,连续十个交易日的累计成交量达到同期该证券总成交量百分之二十以上的;

(三)利用虚假或者不确定的重大信息,诱导投资者进行证券交易,行为人进行相关证券交易的成交额在一千万元以上的;

(四)对证券、证券发行人公开作出评价、预测或者投资建议,同时进行反向证券交易,证券交易成交额在一千万元以上的;

(五)通过策划、实施资产收购或者重组、投资新业务、股权转让、上市公司收购等虚假重大事项,误导投资者作出投资决策,并进行相关交易或者谋取相关利益,证券交易成交额在一千万元以上的;

(六)通过控制发行人、上市公司信息的生成或者控制信息披露的内容、时点、节奏,误导投资者作出投资决策,并进行相关交易或者谋取相关利益,证券交易成交额在一千万元以上的;

(七)实施刑法第一百八十二条第一款第一项操纵期货市场行为,实际控制的账户合并持仓连续十个交易日的最高值超过期货交易所限仓标准的二倍,累计成交量达到同期该期货合约总成交量百分之二十以上,且期货交易占用保证金数额在五百万元以上的;

(八)通过囤积现货,影响特定期货品种市场行情,并进行相关期货交易,实际控制的账户合并持仓连续十个交易日的最高值超过期货交易所限仓标准的二倍,累计成交量达到同期该期货合约总成交量百分之二十以上,且期货交易占用保证金数额在五百万元以上的;

(九)实施刑法第一百八十二条第一款第二项、第三项操纵期货市场行为,实际控制的账户连续十个交易日的累计成交量达到同期该期货合约总成交量百分之二十以上,且期货交易占用保证金数额在五百万元以上的;

(十)利用虚假或者不确定的重大信息,诱导投资者进行期货交易,行为人进行相关期货交易,实际控制的账户连续十个交易日的累计成交量达到同期该期货合约总成交量百分之二十以上,且期货交易占用保证金数额在五百万元以上的;

(十一)对期货交易标的公开作出评价、预测或者投资建议,同时进行相关期货交易,实际控制的账户连续十个交易日的累计成交量达到同期该期货合约总成交量的百分之二十以上,且期货交易占用保证金数额在五百万元以上的;

(十二)不以成交为目的,频繁或者大量申报买入、卖出证券、期货合约并撤销申报,当日累计撤回申报量达到同期该证券、期货合约总申报量百分之五十以上,且证券撤回申报额在一千万元以上、撤回申报的期货合约占用保证金数额在五百万元以上的;

(十三)实施操纵证券、期货市场行为,获利或者避免损失数额在一百万元以上的。

操纵证券、期货市场,影响证券、期货交易价格或者证券、期货交易量,获利或者避免损失数额在五

十万元以上,同时涉嫌下列情形之一的,应予立案追诉:

(一)发行人、上市公司及其董事、监事、高级管理人员、控股股东或者实际控制人实施操纵证券、期货市场行为的;

(二)收购人、重大资产重组的交易对方及其董事、监事、高级管理人员、控股股东或者实际控制人实施操纵证券、期货市场行为的;

(三)行为人明知操纵证券、期货市场行为被有关部门调查,仍继续实施的;

(四)因操纵证券、期货市场行为受过刑事追究的;

(五)二年内因操纵证券、期货市场行为受过行政处罚的;

(六)在市场出现重大异常波动等特定时段操纵证券、期货市场的;

(七)造成其他严重后果的。

对于在全国中小企业股份转让系统中实施操纵证券市场行为,社会危害性大,严重破坏公平公正的市场秩序的,比照本条的规定执行,但本条第一款第一项和第二项除外。

[附则(第七十九条至第八十五条)内容附在本书刑法第一百二十条之一附文同名文件中。]

■最高人民法院、最高人民检察院关于办理操纵证券、期货市场刑事案件适用法律若干问题的解释(2019年7月1日)

第一条　行为人具有下列情形之一的,可以认定为刑法第一百八十二条第一款第四项规定的"以其他方法操纵证券、期货市场":

(一)利用虚假或者不确定的重大信息,诱导投资者作出投资决策,影响证券、期货交易价格或者证券、期货交易量,并进行相关交易或者谋取相关利益的;

(二)通过对证券及其发行人、上市公司、期货交易标的公开作出评价、预测或者投资建议,误导投资者作出投资决策,影响证券、期货交易价格或者证券、期货交易量,并进行与其评价、预测、投资建议方向相反的证券交易或者相关期货交易的;

(三)通过策划、实施资产收购或者重组、投资新业务、股权转让、上市公司收购等虚假重大事项,误导投资者作出投资决策,影响证券交易价格或者证券交易量,并进行相关交易或者谋取相关利益的;

(四)通过控制发行人、上市公司信息的生成或者控制信息披露的内容、时点、节奏,误导投资者作出投资决策,影响证券交易价格或者证券交易量,并进行相关交易或者谋取相关利益的;

(五)不以成交为目的,频繁申报、撤单或者大额申报、撤单,误导投资者作出投资决策,影响证券、期货交易价格或者证券、期货交易量,并进行与申报相反的交易或者谋取相关利益的;

(六)通过囤积现货,影响特定期货品种市场行情,并进行相关期货交易的;

(七)以其他方法操纵证券、期货市场的。

第二条　操纵证券、期货市场,具有下列情形之一的,应当认定为刑法第一百八十二条第一款规定的"情节严重":

(一)持有或者实际控制证券的流通股份数量达到该证券的实际流通股份总量百分之十以上,实施刑法第一百八十二条第一款第一项操纵证券市场行为,连续十个交易日的累计成交量达到同期该证券总成交量百分之二十以上的;

(二)实施刑法第一百八十二条第一款第二项、第三项操纵证券市场行为,连续十个交易日的累计成交量达到同期该证券总成交量百分之二十以上的;

(三)实施本解释第一条第一项至第四项操纵证券市场行为,证券交易成交额在一千万元以上的;

(四)实施刑法第一百八十二条第一款第一项及本解释第一条第六项操纵期货市场行为,实际控制的账户合并持仓连续十个交易日的最高值超过期货交易所限仓标准的二倍,累计成交量达到同期该期货合约总成交量百分之二十以上,且期货交易占用保证金数额在五百万元以上的;

（五）实施刑法第一百八十二条第一款第二项、第三项及本解释第一条第一项、第二项操纵期货市场行为，实际控制的账户连续十个交易日的累计成交量达到同期该期货合约总成交量百分之二十以上，且期货交易占用保证金数额在五百万元以上的；

（六）实施本解释第一条第五项操纵证券、期货市场行为，当日累计撤回申报量达到同期该证券、期货合约总申报量百分之五十以上，且证券撤回申报额在一千万元以上、撤回申报的期货合约占用保证金数额在五百万元以上的；

（七）实施操纵证券、期货市场行为，违法所得数额在一百万元以上的。

第三条　操纵证券、期货市场，违法所得数额在五十万元以上，具有下列情形之一的，应当认定为刑法第一百八十二条第一款规定的“情节严重”：

（一）发行人、上市公司及其董事、监事、高级管理人员、控股股东或者实际控制人实施操纵证券、期货市场行为的；

（二）收购人、重大资产重组的交易对方及其董事、监事、高级管理人员、控股股东或者实际控制人实施操纵证券、期货市场行为的；

（三）行为人明知操纵证券、期货市场行为被有关部门调查，仍继续实施的；

（四）因操纵证券、期货市场行为受过刑事追究的；

（五）二年内因操纵证券、期货市场行为受过行政处罚的；

（六）在市场出现重大异常波动等特定时段操纵证券、期货市场的；

（七）造成恶劣社会影响或者其他严重后果的。

第四条　具有下列情形之一的，应当认定为刑法第一百八十二条第一款规定的“情节特别严重”：

（一）持有或者实际控制证券的流通股份数量达到该证券的实际流通股份总量百分之十以上，实施刑法第一百八十二条第一款第一项操纵证券市场行为，连续十个交易日的累计成交量达到同期该证券总成交量百分之五十以上的；

（二）实施刑法第一百八十二条第一款第二项、第三项操纵证券市场行为，连续十个交易日的累计成交量达到同期该证券总成交量百分之五十以上的；

（三）实施本解释第一条第一项至第四项操纵证券市场行为，证券交易成交额在五千万元以上的；

（四）实施刑法第一百八十二条第一款第一项及本解释第一条第六项操纵期货市场行为，实际控制的账户合并持仓连续十个交易日的最高值超过期货交易所限仓标准的五倍，累计成交量达到同期该期货合约总成交量百分之五十以上，且期货交易占用保证金数额在二千五百万元以上的；

（五）实施刑法第一百八十二条第一款第二项、第三项及本解释第一条第一项、第二项操纵期货市场行为，实际控制的账户连续十个交易日的累计成交量达到同期该期货合约总成交量百分之五十以上，且期货交易占用保证金数额在二千五百万元以上的；

（六）实施操纵证券、期货市场行为，违法所得数额在一千万元以上的。

实施操纵证券、期货市场行为，违法所得数额在五百万元以上，并具有本解释第三条规定的七种情形之一的，应当认定为“情节特别严重”。

第五条　下列账户应当认定为刑法第一百八十二条中规定的“自己实际控制的账户”：

（一）行为人以自己名义开户并使用的实名账户；

（二）行为人向账户转入或者从账户转出资金，并承担实际损益的他人账户；

（三）行为人通过第一项、第二项以外的方式管理、支配或者使用的他人账户；

（四）行为人通过投资关系、协议等方式对账户内资产行使交易决策权的他人账户；

（五）其他有证据证明行为人具有交易决策权的账户。

有证据证明行为人对前款第一项至第三项账户内资产没有交易决策权的除外。

第六条　二次以上实施操纵证券、期货市场行为,依法应予行政处理或者刑事处理而未经处理的,相关交易数额或者违法所得数额累计计算。

第七条　符合本解释第二条、第三条规定的标准,行为人如实供述犯罪事实,认罪悔罪,并积极配合调查,退缴违法所得的,可以从轻处罚;其中犯罪情节轻微的,可以依法不起诉或者免予刑事处罚。

符合刑事诉讼法规定的认罪认罚从宽适用范围和条件的,依照刑事诉讼法的规定处理。

第八条　单位实施刑法第一百八十二条第一款行为的,依照本解释规定的定罪量刑标准,对其直接负责的主管人员和其他直接责任人员定罪处罚,并对单位判处罚金。

第九条　本解释所称"违法所得",是指通过操纵证券、期货市场所获利益或者避免的损失。

本解释所称"连续十个交易日",是指证券、期货市场开市交易的连续十个交易日,并非指行为人连续交易的十个交易日。

第十条　对于在全国中小企业股份转让系统中实施操纵证券市场行为,社会危害性大,严重破坏公平公正的市场秩序的,比照本解释的规定执行,但本解释第二条第一项、第二项和第四条第一项、第二项除外。

第十一条　本解释自2019年7月1日起施行。

●操纵证券市场的认定

证券公司、证券咨询机构、专业中介机构及其工作人员违背从业禁止规定,买卖或者持有证券,并在对相关证券作出公开评价、预测或者投资建议后,通过预期的市场波动反向操作,谋取利益,情节严重的,以操纵证券市场罪追究其刑事责任。(参见最高人民检察院发布第10批指导案例,检例第39号,朱炜明操纵证券市场案,2018年7月3日发布)

□股票在非法开立账户间转移,属于不转移证券所有权的自买自卖行为

行为人为操纵某种股票,在有关证券公司营业部分别开设了资金账户,并在资金账户下非法开立多个股东账户;在操纵这种股票的过程中,虽然发生了股票在不同股东账户间的转移,但这种转移或发生在上述非法开立的账户之间,或与行为人的操纵行为有关,行为人以这种交易方式进行交易,不但没有使该种股票所有权发生转移,而且造成该股票交易活跃的假象,影响了投资者对股市行情的判断和该股票的交易价格。行为人的这一交易行为属于不转移证券所有权的自买自卖行为。(北京市人民检察院第二分院诉上海华亚公司和丁福根等人操纵证券交易价格案,载《最高人民法院公报》总第84期,2003年第4期,第28页。)

□非法侵入计算机信息系统,利用修改计算机中存储的报盘数据,抬高股票价格以获利的行为,构成操纵证券交易价格罪

操纵证券交易价格罪的特征是:1. 侵犯的客体是国家对证券交易的管理制度和投资者的合法权益。2. 客观方面表现为采用各种方法操纵证券交易价格,获取不正当利益或者转嫁风险的行为。刑法明确规定了操纵证券交易价格的四种行为:(1)单独或者合谋,集中资金优势、持股优势或者利用信息优势联合或者连续买卖,操纵证券交易价格的。主要指证券炒作中的资金大户、持股大户利用其拥有大量资金或者大量持有某一支股票,或者利用了解某种内幕信息等优势,进行单独或者在资金、股票数量不够大时与他人通谋联合买卖,对某一支股票连续以高价买进或者以低价卖出,这样连续买进、卖出导致股票价格进一步提高或者降低后,再在更高价位上卖出或者更低价位上买进,进行非法投机交易。(2)与他人串通,以事先约定的时间、价格和方式相互进行证券交易或者相互买卖并不持有的证券,影响证券交易价格或者证券交易量的。"相互进行证券交易"是指与他人通谋,以事先约定的时间、价格和方式,在自己买入或者卖出某一证券时,约定人进行卖出或者买入的相对行为。"相互买卖并不持有的证券"是指与他人通谋,以事先约定的时间、价格和方式,相互买卖自己不持有而对方持有的某一证券。这些行为能够制造一种虚假的证券交易价格或者交易量,诱导其他投资人作出错误的证券交易判断,行为人则从中获利。(3)以自己为交易对象,进行不转移证券所有权的自买自卖,影响证券交易价格或者证券交易量的。通常表现为行为人多头开户,在相同时间内,一个户头卖出证券,再用另一个户头买入该笔证券,造成该证券交易活跃的假相,诱导其他投资者斥资交易,而行为人则在高价位上及时抛出、低价位上大量买入,获取非法利益。(4)以其他方法操纵证券交易价格的行为。操纵证券交易价格的行为主要是前述三种,但实践中绝不止于这三种。如本案被告人赵某就是采用修改计算机中的报盘数据、人为直接抬高股票价格,以获取不正当利益的操纵证券交易价格行为。所以刑法以此项规定概括可能发生的任何非法操纵证券交易价格的行为,以不使犯罪分子有任何空子可钻,达到切实维护证券交易市场秩序的目的。3. 犯罪主体为一般主体,自然人和单位均可构成本罪的主体。4. 主观方面由故意构成。行为人的犯罪目的,是获取不正当利益或者转移投资风险。本案被告人赵某拉高“兴业房产”和“莲花味精”股票价格的目的,就是使自己及其朋友所持有的股票得以抛售获取不正当利益。(上海市静安区人民检察院诉赵某操纵证券交易价格案,载《最高人民法院公报》总第64期,2000年第2期,第64页。)[参见第48号案例,赵某操纵证券交易价格案,载《刑事审判参考》总第7辑(2000年第2辑),法律出版社,第12~13页。审编:张军]

□操纵证券交易价格罪“情节严重”的认定

“情节严重”,一般是指非法获取不正当利益数额巨大;转嫁投资风险行为给其他投资者造成损失数额巨大;导致证券市场动荡,影响了当地社会稳定;使证券交易市场秩序受到严重破坏,严重影响了投资者信心或者损害了政府信誉;已有多次违规操纵证券交易价格行为,受到过行政处罚再犯的,等等。(上海市静安区人民检察院诉赵某操纵证券交易价格案,载《最高人民法院公报》总第64期,2000年第2期,第64页)[参见第48号案例,赵某操纵证券交易价格案,载《刑事审判参考》总第7辑(2000年第2辑),法律出版社,第13页。审编:张军]

第一百八十三条 **【职务侵占罪】**保险公司的工作人员利用职务上的便利,故意编造未曾发生的保险事故进行虚假理赔,骗取保险金归自己所有的,依照本法第二百七十一条的规定定罪处罚。

【贪污罪】国有保险公司工作人员和国有保险公司委派到非国有保险公司从事公务的人员有前款行为的,依照本法第三百八十二条、第三百八十三条的规定定罪处罚。

第一百八十四条 **【非国家工作人员受贿罪】**银行或者其他金融机构的工作人员在金融业务活动中索取他人财物或者非法收受他人财物,为他人谋取利益的,或者违反国家规定,收受各种名义的回扣、手续费,归个人所有的,依照本法第一百六十三条的规定定罪处罚。

【受贿罪】国有金融机构工作人员和国有金融机构委派到非国有金融机构从事公务的人员有前款行为的,依照本法第三百八十五条、第三百八十六条的规定定罪处罚。

第一百八十五条 **【挪用资金罪】**商业银行、证券交易所、期货交易所、证券公司、期货经纪公司、保险公司或者其他金融机构的工作人员利用职务上的便利,挪用本单位或者客户资金的,依照本法第二百七十二的规定定罪处罚。

【挪用公款罪】国有商业银行、证券交易所、期货交易所、证券公司、期货经纪公司、保险公司或者其他国有金融机构的工作人员和国有商业银行、证券交易所、期货交易所、证券公司、期货经纪公司、保险公司或者其他国有金融机构委派到前款规定中的非国有机构从事公务的人员有前款行为的,依照本法第三百八十四条的规定定罪处罚。(本条是根据《中华人民共和国刑法修正案》之七修改,1999年12月25日起施行。)

刑法本条原文:【挪用资金罪】银行或者其他金融机构的工作人员利用职务上的便利,挪用本单位或者客户资金的,依照本法第二百七十二条的规定定罪处罚。

【挪用公款罪】国有金融机构工作人员和国有金融机构委派到非国有金融机构从事公务的人员有前款行为的,依照本法第三百八十四条的规定定罪处罚。

第一百八十五条之一 **【背信运用受托财产罪】**商业银行、证券交易所、期货交易所、证券公司、期货经纪公司、保险公司或者其他金融机构,违背受托义务,擅自运用客户资金或者其他委托、信托的财产,情节严重的,对单位判处罚金,并对其直接负责的主管人员和其他直接责任人员,处三年以下有期徒刑或者拘役,并处三万元以上三十万元以下罚金;情节特别严重的,处三年以上十年以下有期徒刑,并处五万元以上五十万元以下罚金。

【违法运用资金罪】社会保障基金管理机构、住房公积金管理机构等公众资金管理机构,以及保险公司、保险资产管理公司、证券投资基金管理公司,违反国家规定运用资金的,对其直接负责的主管人员和其他直接责任人员,依照前款的规定处罚。(本条是根据《中华人民共和国刑法修正案(六)》之十二增加的,2006年6月29日起施行。)

■最高人民检察院、公安部关于公安机关管辖的刑事案件立案追诉标准的规定(二)(2022年5月15日)

第三十五条　〔背信运用受托财产案(刑法第一百八十五条之一第一款)〕商业银行、证券交易所、期货交易所、证券公司、期货公司、保险公司或者其他金融机构,违背受托义务,擅自运用客户资金或者其他委托、信托的财产,涉嫌下列情形之一的,应予立案追诉:

(一)擅自运用客户资金或者其他委托、信托的财产数额在三十万元以上的;

(二)虽未达到上述数额标准,但多次擅自运用客户资金或者其他委托、信托的财产,或者擅自运用多个客户资金或者其他委托、信托的财产的;

(三)其他情节严重的情形。

第三十六条　〔违法运用资金案(刑法第一百八十五条之一第二款)〕社会保障基金管理机构、住房公积金管理机构等公众资金管理机构,以及保险公司、保险资产管理公司、证券投资基金管理公司,违反国家规定运用资金,涉嫌下列情形之一的,应予立案追诉:

(一)违反国家规定运用资金数额在三十万元以上的;

(二)虽未达到上述数额标准,但多次违反国家规定运用资金的;

(三)其他情节严重的情形。

[附则(第七十九条至第八十五条)内容附在本书刑法第一百二十条之一附文同名文件中。]

第一百八十六条　【违法发放贷款罪】银行或者其他金融机构的工作人员违反国家规定发放贷款,数额巨大或者造成重大损失的,处五年以下有期徒刑或者拘役,并处一万元以上十万元以下罚金;数额特别巨大或者造成特别重大损失的,处五年以上有期徒刑,并处二万元以上二十万元以下罚金。

【违法发放贷款罪】银行或者其他金融机构的工作人员违反国家规定,向关系人发放贷款的,依照前款的规定从重处罚。(本条第一、二款是根据《中华人民共和国刑法修正案(六)》之十三修改,2006年6月29日起施行。)

单位犯前两款罪的,对单位判处罚金,并对其直接负责的主管人员和其他直接责任人员,依照前两款的规定处罚。

关系人的范围,依照《中华人民共和国商业银行法》和有关金融法规确定。

刑法本条第一、二款原文:【违法向关系人发放贷款罪】银行或者其他金融机构的工作人员违反法律、行政法规规定,向关系人发放信用贷款或者发放担保贷款的条件优于其他借款人同类贷款的条件,造成较大损失的,处五年以下有期徒刑或者拘役,并处一万元以上十万元以下罚金;造成重大损失的,处五年以上有期徒刑,并处二万元以上二十万元以下罚金。

【违法发放贷款罪】银行或者其他金融机构的工作人员违反法律、行政法规规定,向关系人以外的其他人发放贷款,造成重大损失的,处五年以下有期徒刑或者拘役,并处一万元以上十万元以下罚金;造成特别重大损失的,处五年以上有期徒刑,并处二万元以上二十万元以下罚金。

■最高人民检察院、公安部关于公安机关管辖的刑事案件立案追诉标准的规定(二)(2022年5月15日)

第三十七条　〔违法发放贷款案(刑法第一百八十六条)〕银行或者其他金融机构及其工作人员违反国家规定发放贷款,涉嫌下列情形之一的,应予立案追诉:

(一)违法发放贷款,数额在二百万元以上的;

(二)违法发放贷款,造成直接经济损失数额在五十万元以上的。

[附则(第七十九条至第八十五条)内容附在本书刑法第一百二十条之一附文同名文件中。]

■中华人民共和国商业银行法(2015年10月1日修正)

第四十条　商业银行不得向关系人发放信用贷款;向关系人发放担保贷款的条件不得优于其他借款人同类贷款的条件。

前款所称关系人是指:

(一)商业银行的董事、监事、管理人员、信贷业务人员及其近亲属;

(二)前项所列人员投资或者担任高级管理职务的公司、企业和其他经济组织。

▼全国法院审理金融犯罪案件工作座谈会纪要(2001年1月21日)

关于违法向关系人发放贷款罪。银行或者其他金融机构工作人员违反法律、行政法规规定,向关系人发放信用贷款或者发放担保贷款的条件优于其他借款人同类贷款条件,造成10—30万元以上损失的,可以认定为“造成较大损失”;造成50—100万元以上损失的,可以认定为“造成重大损失”。

关于违法发放贷款罪。银行或者其他金融机构工作人员违反法律、行政法规规定,向关系人以外的其他人发放贷款,造成50—100万元以上损失的,可以认定为“造成重大损失”;造成300—500万元以上损失的,可以认定为“造成特别重大损失”。

▼安徽省常见经济犯罪数额标准一览表(2000—2014年)(见本书附录四十)

▼广东省高级人民法院关于办理破坏社会主义市场经济秩序犯罪案件若干具体问题的指导意见(2002年7月2日,2006年4月11日修正实施)

二、关于金融犯罪案件

13.关于违法发放贷款罪的数额标准。根据《纪要》第二部分第(三)项规定,结合我省实际情况,我省法院办理违法向关系人发放贷款案件时,以造成损失30万元以上不满100万元为“较大损失”,100万元以上为“重大损失”。对于违法发放贷款案件和用帐外客户资金非法拆借、发放贷款案件,以造成损失100万元以上不满500万元为“重大损失”,500万元以上为“特别重大损失”。

▽在发放贷款案件中如何把握挪用资金罪和违法发放贷款罪的界限

(一)四被告人的行为不构成挪用资金罪。具体理由如下:根据刑法第二百七十二条的规定,挪用资金罪,是指公司、企业或者其他单位的工作人员,利用职务上的便利,挪用本单位资金归个人使用或者借贷给他人,数额较大,超过3个月未还,或者虽未超过3个月,但数额较大、进行营利活动,或者进行非法活动的行为。《最高人民法院关于如何理解刑法第二百七十二条规定的“挪用本单位资金归个人使用或者借贷给他人”问题的批复》规定:公司、企业或者其他单位的非国家工作人员,利用职务上的便利,挪用本单位资金归本人或者其他自然人使用,或者挪用人以个人名义将所挪用的资金借给其他自然人和单位,构成犯罪的,应当依照刑法第二百七十二条第一款的规定定罪处罚。上述规定表明,如果行为人挪用的单位资金没有归自然人使用,或者行为人没有以个人名义将资金挪用给其他单位使用,就不构成挪用资金罪。本案四被告人的行为恰好属于这一情形。(1)认定被告人马某某以个人名义将爱建信托资金借贷给其他单位证据不足。无论马某某是以贷款形式还是以委托理财形式将爱建信托资金发放给颜某某实际控制的公司,都是以爱建信托的单位名义,并非以其个人名义。(2)认定四被告人共同挪用资金给个人使用的证据不足。一是本案直接取得贷款的主体系骏乐实业和达德投资,两主体均具有法人资格。虽然两公司均由颜某某实际控制,但是在公司法中已明确,即便是一人公司,在合法地位的情况下,将上述两公司认定为"个人"行为于法无据。二是四被告人在贷款前的共谋表明,骏乐实业和达德投资只是取得贷款的平台,贷款的真实目的是用于香港炒股,为爱建证券在香港的股票解套,而非给个人使用。三是从贷款的实际流向看,四被告人共谋贷款的目的以及爱建证券主动承担骏乐实业、达德投资欠爱建信托的贷款等证据来看,不能排除此笔资金实为爱建证券所用。

(二)四被告人的行为构成违法发放贷款罪。具体理由如下:1.四被告人事前通谋,具有共同犯罪故意。刘某某在产生违法贷款用于缓解爱建证券资金紧张问题的故意后,提议以颜某某的公司为平台从爱建信托违规贷款,供爱建证券使用,后马某某、陈某、颜某某均表示同意。2.四被告人实施了共同犯罪行为。马某某作为金融机构工作人员,在发放贷款过程中存在向爱建信托贷款审查委员会隐瞒贷款用途及抵押物不足的情况、超越贷款审批权限等违反法律、行政法规的行为,且发放贷款数额特别巨大,造成特别重大损失;颜某某实施了以其实际控制的骏乐实业、达德投资名义向爱建信托申请贷款的行为;刘某某、陈某实施了以爱建证券名义为颜某某出具虚假证明材料的行为。3.四被告人的行为造成了财产的重大损失。在认定是否造成重大损失时,行为人在侦查机关立案后的退赔不能从损失认定中扣减。犯罪所造成的"损失",是指犯罪行为作用或者影响公私财物后所造成的财物的减少或者灭失的数量。对犯罪所造成的损失的认定,应当以侦查机关立案时为界点。侦查机关立案后,行为人的退赔行为对定罪不构成影响,也对损失数额的认定不构成影响。本案中,一审宣判前颜某某退赔全部经济损失的行为,仅可以作为对颜某某等四被告人酌情从轻处罚的量刑情节考虑。综上所述,上海两级法院按照违法发放贷款罪对本案四被告人追究刑事责任是正确的。[参见第825号指导案例,刘某某等违法发放贷款案,载《刑事审判参考》总第90集(2013年第1集),第10~13页。撰稿:王志辉　丛媛]

第一百八十七条　【吸收客户资金不入账罪】银行或者其他金融机构的工作人员吸收客户资金不入账,数额巨大或者造成重大损失的,处五年以下有期徒刑或者拘役,并处二万元以上二十万元以下罚金;数额特别巨大或者造成特别重大损失的,处五年以上有期徒刑,并处五万元以上五十万元以下罚金。(本条第一款是根据《中华人民共和国刑法修正案(六)》之十四修改,2006年6月29日起施行。)

单位犯前款罪的,对单位判处罚金,并对其直接负责的主管人员和其他直接责任人员,依照前款的规定处罚。

刑法本条第一款原文:【用账外客户资金非法拆借、发放贷款罪】银行或者其他金融机构的工作人员以牟利为目的,采取吸收客户资金不入账的方式,将资金用于非法拆借、发放贷款,造成重大损失的,处五年以下有期徒刑或者拘役,并处二万元以上二十万元以下罚金;造成特别重大损失的,处五年以上有期徒刑,并处五万元以上五十万元以下罚金。

■最高人民检察院、公安部关于公安机关管辖的刑事案件立案追诉标准的规定(二)(2022年5月15日)

第三十八条　〔吸收客户资金不入账案(刑法第一百八十七条)〕银行或者其他金融机构及其工作人员吸收客户资金不入账,涉嫌下列情形之一的,应予立案追诉:

(一)吸收客户资金不入账,数额在二百万元以上的;

(二)吸收客户资金不入账,造成直接经济损失数额在五十万元以上的。

[附则(第七十九条至第八十五条)内容附在本书刑法第一百二十条之一附文同名文件中。]

▼全国法院审理金融犯罪案件工作座谈会纪要(2001年1月21日)

3.用账外客户资金非法拆借、发放贷款行为的认定和处罚

银行或者其他金融机构及其工作人员以牟利为目的,采取吸收客户资金不入账的方式,将客户资金用于非法拆借、发放贷款,造成重大损失的,构成用账外客户资金非法拆借、发放贷款罪。以牟利为目的,是指金融机构及其工作人员为本单位或者个人牟利,不具有这种目的,不构成该罪。这里的"牟

利”,一般是指谋取用账外客户资金非法拆借、发放贷款所产生的非法收益,如利息、差价等。对于用款人为取得贷款而支付的回扣、手续费等,应根据具体情况分别处理:银行或者其他金融机构用账外客户资金非法拆借、发放贷款,收取的回扣、手续费等,应认定为“牟利”;银行或者其他金融机构的工作人员利用职务上的便利,用账外客户资金非法拆借、发放贷款,收取回扣、手续费等,数额较小的,以“牟利”论处;银行或者其他金融机构的工作人员将用款人支付给单位的回扣、手续费秘密占为己有,数额较大的,以贪污罪定罪处罚;银行或者其他金融机构的工作人员利用职务便利,用账外客户资金非法拆借、发放贷款,索取用款人的财物,或者非法收受其他财物,或者收取回扣、手续费等,数额较大的,以受贿罪定罪处罚。吸收客户资金不入账,是指不记入金融机构的法定存款账目,以逃避国家金融监管,至于是否记入法定账目以外设立的账目,不影响该罪成立。

审理银行或者其他金融机构及其工作人员用账外客户资金非法拆借、发放贷款案件,要注意将用账外客户资金非法拆借、发放贷款的行为与挪用公款罪和挪用资金罪区别开来。对于利用职务上的便利,挪用已经记入金融机构法定存款账户的客户资金归个人使用的,或者吸收客户资金不入账,却给客户开具银行存单,客户也认为将款已存入银行,该款却被行为人以个人名义借贷给他人的,均应认定为挪用公款罪或者挪用资金罪。

关于用账外客户资金非法拆借、发放贷款罪。对于银行或者其他金融机构工作人员以牟利为目的,采取吸收客户资金不入账的方式,将资金用于非法拆借、发放贷款,造成50—100万元以上损失的,可以认定为“造成重大损失.”;造成300—500万元以上损失的,可以认定为“造成特别重大损失”。

对于单位实施违法发放贷款和用账外客户资金非法拆借、发放贷款造成损失构成犯罪的数额标准,可按个人实施上述犯罪的数额标准二至四倍掌握。

由于各地经济发展不平衡,各省、自治区、直辖市高级人民法院可参照上述数额标准或幅度,根据本地的具体情况,确定在本地区掌握的具体标准。

▼安徽省常见经济犯罪数额标准一览表(2000—2014年)(见本书附录四十)

第一百八十八条 【违规出具金融票证罪】银行或者其他金融机构的工作人员违反规定,为他人出具信用证或者其他保函、票据、存单、资信证明,情节严重的,处五年以下有期徒刑或者拘役;情节特别严重的,处五年以上有期徒刑。(本条第一款是根据《中华人民共和国刑法修正案(六)》之十五修改,2006年6月29日起施行。)

单位犯前款罪的,对单位判处罚金,并对其直接负责的主管人员和其他直接责任人员,依照前款的规定处罚。

刑法本条第一款原文:【非法出具金融票证罪】银行或者其他金融机构的工作人员违反规定,为他人出具信用证或者其他保函、票据、存单、资信证明,造成较大损失的,处五年以下有期徒刑或者拘役;造成重大损失的,处五年以上有期徒刑。

■最高人民检察院、公安部关于公安机关管辖的刑事案件立案追诉标准的规定(二)(2022年5月15日)

第三十九条 〔违规出具金融票证案(刑法第一百八十八条)〕银行或者其他金融机构及其工作人员违反规定,为他人出具信用证或者其他保函、票据、存单、资信证明,涉嫌下列情形之一的,应予立案追诉:

(一)违反规定为他人出具信用证或者其他保函、票据、存单、资信证明,数额在二百万元以上的;

(二)违反规定为他人出具信用证或者其他保函、票据、存单、资信证明,造成直接经济损失数额在五十万元以上的;

(三)多次违规出具信用证或者其他保函、票据、存单、资信证明的;

(四)接受贿赂违规出具信用证或者其他保函、票据、存单、资信证明的;

(五)其他情节严重的情形。

[附则(第七十九条至第八十五条)内容附在本书刑法第一百二十条之一附文同名文件中。]

第一百八十九条　【对违法票据承兑、付款、保证罪】银行或者其他金融机构的工作人员在票据业务中,对违反票据法规定的票据予以承兑、付款或者保证,造成重大损失的,处五年以下有期徒刑或者拘役;造成特别重大损失的,处五年以上有期徒刑。

单位犯前款罪的,对单位判处罚金,并对其直接负责的主管人员和其他直接责任人员,依照前款的规定处罚。

■最高人民检察院、公安部关于公安机关管辖的刑事案件立案追诉标准的规定(二)(2022年5月15日)

第四十条　〔对违法票据承兑、付款、保证案(刑法第一百八十九条)〕银行或者其他金融机构及其工作人员在票据业务中,对违反票据法规定的票据予以承兑、付款或者保证,造成直接经济损失数额在五十万元以上的,应予立案追诉。

[附则(第七十九条至第八十五条)内容附在本书刑法第一百二十条之一附文同名文件中。]

■中华人民共和国票据法(2004年8月28日)

第三十八条　承兑是指汇票付款人承诺在汇票到期日支付汇票金额的票据行为。

第四十五条　汇票的债务可以由保证人承担保证责任。

保证人由汇票债务人以外的他人担当。

第四十六条　保证人必须在汇票或者粘单上记载下列事项:

(一)表明"保证"的字样;

(二)保证人名称和住所;

(三)被保证人的名称;

(四)保证日期;

(五)保证人签章。

第四十七条　保证人在汇票或者粘单上未记载前条第(三)项的,已承兑的汇票,承兑人为被保证人;未承兑的汇票,出票人为被保证人。

保证人在汇票或者粘单上未记载前条第(四)项的,出票日期为保证日期。

第四十八条　保证不得附有条件;附有条件的,不影响对汇票的保证责任。

第五十三条　持票人应当按照下列期限提示付款:

(一)见票即付的汇票,自出票日起一个月内向付款人提示付款;

(二)定日付款、出票后定期付款或者见票后定期付款的汇票,自到期日起十日内向承兑人提示付款。

持票人未按照前款规定期限提示付款的,在作出说明后,承兑人或者付款人仍应当继续对持票人承担付款责任。

通过委托收款银行或者通过票据交换系统向付款人提示付款的,视同持票人提示付款。

第五十四条　持票人依照前条规定提示付款的,付款人必须在当日足额付款。

▼安徽省常见经济犯罪数额标准一览表(2000—2014年)(见本书附录四十)

第一百九十条　【逃汇罪】公司、企业或者其他单位,违反国家规定,擅自将外汇存放境外,或者将境内的外汇非法转移到境外,数额较大的,对单位判处逃汇数额百分之五以上百分之三十以下罚金,并对其直接负责的主管人员和其他直接责任人员处五年以下有期徒刑或者拘役;数额巨大或者有其他严重情节的,对单位判处逃汇数额百分之五以上百分之三十以下罚金,并对其直接负责的主管人员和其他直接责任人员处五年以上有期徒刑。（根据《全国人大常委会关于惩治骗购外汇、逃汇和非法买卖外汇犯罪的决定》之三修改，1998年12月29日起施行。）

刑法本条原文：【逃汇罪】国有公司、企业或者其他国有单位，违反国家规定，擅自将外汇存放境外，或者将境内的外汇非法转移到境外，情节严重的，对单位判处罚金，并对其直接负责的主管人员和其他直接责任人员，处五年以下有期徒刑或者拘役。

全国人大常委会关于惩治骗购外汇、逃汇和非法买卖外汇犯罪的决定（1998年12月29日）

一、【骗购外汇罪】有下列情形之一，骗购外汇，数额较大的，处五年以下有期徒刑或者拘役，并处骗购外汇数额百分之五以上百分之三十以下罚金；数额巨大或者有其他严重情节的，处五年以上十年以下有期徒刑，并处骗购外汇数额百分之五以上百分之三十以下罚金；数额特别巨大或者有其他特别严重情节的，处十年以上有期徒刑或者无期徒刑，并处骗购外汇数额百分之五以上百分之三十以下罚金或者没收财产：

（一）使用伪造、变造的海关签发的报关单、进口证明、外汇管理部门核准件等凭证和单据的；

（二）重复使用海关签发的报关单、进口证明、外汇管理部门核准件等凭证和单据的；

（三）以其他方式骗购外汇的。

伪造、变造海关签发的报关单、进口证明、外汇管理部门核准件等凭证和单据，并用于骗购外汇的，依照前款的规定从重处罚。

明知用于骗购外汇而提供人民币资金的，以共犯论处。

单位犯前三款罪的，对单位依照第一款的规定判处罚金，并对其直接负责的主管人员和其他直接责任人员，处五年以下有期徒刑或者拘役；数额巨大或者有其他严重情节的，处五年以上十年以下有期徒刑；数额特别巨大或者有其他特别严重情节的，处十年以上有期徒刑或者无期徒刑。

五、海关、外汇管理部门以及金融机构、从事对外贸易经营活动的公司、企业或者其他单位的工作人员与骗购外汇或者逃汇的行为人通谋，为其提供购买外汇的有关凭证或者其他便利的，或者明知是伪造、变造的凭证和单据而售汇、付汇的，以共犯论，依照本决定从重处罚。

八、犯本决定规定之罪，依法被追缴、没收的财物和罚金，一律上缴国库。

■最高人民法院、最高人民检察院、公安部办理骗汇、逃汇犯罪案件联席会议纪要（1999年6月7日）

四、……对于已收集到外汇指定银行汇出凭证和境外收汇银行收款凭证等证据，能够证明所骗购外汇确已汇至港澳台地区或国外的，应视为骗购外汇既遂。

■最高人民检察院、公安部关于公安机关管辖的刑事案件立案追诉标准的规定（二）（2022年5月15日）

第四十一条　〔逃汇案（刑法第一百九十条）〕公司、企业或者其他单位，违反国家规定，擅自将外汇存放境外，或者将境内的外汇非法转移到境外，单笔在二百万美元以上或者累计数额在五百万美元以上的，应予立案追诉。

第四十二条　〔骗购外汇案《全国人民代表大会常务委员会关于惩治骗购外汇、逃汇和非法买卖外汇犯罪的决定》第一条）〕骗购外汇，数额在五十万美元以上的，应予立案追诉。

［附则（第七十九条至第八十五条）内容附在本书刑法第一百二十条之一附文同名文件中。］

■中华人民共和国外汇管理条例（2008年8月5日）

第三条　本条例所称外汇，是指下列以外币表示的可以用作国际清偿的支付手段和资产：

（一）外币现钞，包括纸币、铸币；

（二）外币支付凭证或者支付工具，包括票据、银行存款凭证、银行卡等；

（三）外币有价证券，包括债券、股票等；

(四)特别提款权;

(五)其他外汇资产。

■最高人民法院关于审理骗购外汇、非法买卖外汇刑事案件具体应用法律若干问题的解释(1998 年 9 月 1 日)

第一条　以进行走私、逃汇、洗钱、骗税等犯罪活动为目的,使用虚假、无效的凭证、商业单据或者采取其他手段向外汇指定银行骗购外汇的,应当分别按照刑法分则第三章第二节、第一百九十条、第一百九十一条和第二百零四条等规定定罪处罚。

非国有公司、企业或者其他单位,与国有公司、企业或者其他国有单位勾结逃汇的,以逃汇罪的共犯处罚。

第五条　海关、银行、外汇管理机关工作人员与骗购外汇的行为人通谋,为其提供购买外汇的有关凭证,或者明知是伪造、变造的凭证和商业单据而出售外汇,构成犯罪的,按照刑法的有关规定从重处罚。

第六条　实施本解释规定的行为,同时触犯二个以上罪名的,择一重罪从重处罚。

第七条　根据刑法第六十四条规定,骗购外汇、非法买卖外汇的,其违法所得予以追缴,用于骗购外汇、非法买卖外汇的资金予以没收,上缴国库。

第八条　骗购、非法买卖不同币种的外汇的,以案发时国家外汇管理机关制定的统一折算率折合后依照本解释处罚。

▼安徽省常见经济犯罪数额标准一览表(2000—2014 年)(见本书附录四十)

第一百九十一条　【洗钱罪】为掩饰、隐瞒毒品犯罪、黑社会性质的组织犯罪、恐怖活动犯罪、走私犯罪、贪污贿赂犯罪、破坏金融管理秩序犯罪、金融诈骗犯罪的所得及其产生的收益的来源和性质,有下列行为之一的,没收实施以上犯罪的所得及其产生的收益,处五年以下有期徒刑或者拘役,并处或者单处罚金;情节严重的,处五年以上十年以下有期徒刑,并处罚金:

(一)提供资金帐户的;

(二)将财产转换为现金、金融票据、有价证券的;

(三)通过转帐或者其他支付结算方式转移资金的;

(四)跨境转移资产的;

(五)以其他方法掩饰、隐瞒犯罪所得及其收益的来源和性质的。

单位犯前款罪的,对单位判处罚金,并对其直接负责的主管人员和其他直接责任人员,依照前款的规定处罚。(本条是根据《中华人民共和国刑法修正案(十一)》之十四修改的,2021 年 3 月 1 日起施行。)

刑法修正案(十一)修改前本条原文:【洗钱罪】明知是毒品犯罪、黑社会性质的组织犯罪、恐怖活动犯罪、走私犯罪、贪污贿赂犯罪、破坏金融管理秩序犯罪、金融诈骗犯罪的所得及其产生的收益,为掩饰、隐瞒其来源和性质,有下列行为之一的,没收实施以上犯罪的所得及其产生的收益,处五年以下有期徒刑或者拘役,并处或者单处洗钱数额百分之五以上百分之二十以下罚金;情节严重的,处五年以上十年以下有期徒刑,并处洗钱数额百分之五以上百分之二十以下罚金:

(一)提供资金账户的;

(二)协助将财产转换为现金、金融票据、有价证券的;

(三)通过转账或者其他结算方式协助资金转移的;

(四)协助将资金汇往境外的;

(五)以其他方法掩饰、隐瞒犯罪所得及其收益的来源和性质的。(此条根据《中华人民共和国刑法修正案(六)》之十六修改的,2006 年 6 月 29 日起施行。)

单位犯前款罪的,对单位判处罚金,并对其直接负责的主管人员和其他直接责任人员,处五年以下有期徒刑或者拘役;情节严重的,处五年以上十年以下有期徒刑。

刑法修正案(三)修正后原文:【洗钱罪】明知

是毒品犯罪、黑社会性质的组织犯罪、恐怖活动犯罪、走私犯罪的违法所得及其产生的收益,为掩饰、隐瞒其来源和性质,有下列行为之一的,没收实施以上犯罪的违法所得及其产生的收益,处五年以下有期徒刑或者拘役,并处或者单处洗钱数额百分之五以上百分之二十以下罚金;情节严重的,处五年以上十年以下有期徒刑,并处洗钱数额百分之五以上百分之二十以下罚金:

(一)提供资金账户的;

(二)协助将财产转换为现金或者金融票据的;

(三)通过转帐或者其他结算方式协助资金转移的;

(四)协助将资金汇往境外的;

(五)以其他方法掩饰、隐瞒犯罪的违法所得及其收益的来源和性质的。

单位犯前款罪的,对单位判处罚金,并对其直接负责的主管人员和其他直接责任人员,处五年以下有期徒刑或者拘役;情节严重的,处五年以上十年以下有期徒刑。(本条根据《中华人民共和国刑法修正案(三)》之七修改的,2001 年 12 月 29 日起施行。)

刑法本条原文:【洗钱罪】明知是毒品犯罪、黑社会性质的组织犯罪、走私犯罪的违法所得及其产生的收益,为掩饰、隐瞒其来源和性质,有下列行为之一的,没收实施以上犯罪的违法所得及其产生的收益,处五年以下有期徒刑或者拘役,并处或者单处洗钱数额百分之五以上百分之二十以下罚金;情节严重的,处五年以上十年以下有期徒刑,并处洗钱数额百分之五以上百分之二十以下罚金:

(一)提供资金账户的;

(二)协助将财产转换为现金或者金融票据的;

(三)通过转账或者其他结算方式协助资金转移的;

(四)协助将资金汇往境外的;

(五)以其他方法掩饰、隐瞒犯罪的违法所得及其收益的性质和来源的。

单位犯前款罪的,对单位判处罚金,并对其直接负责的主管人员和其他直接责任人员,处五年以下有期徒刑或者拘役。

■最高人民检察院、公安部关于公安机关管辖的刑事案件立案追诉标准的规定(二)(2022 年 5 月 15 日)

第四十三条 〔洗钱案(刑法第一百九十一条)〕为掩饰、隐瞒毒品犯罪、黑社会性质的组织犯罪、恐怖活动犯罪、走私犯罪、贪污贿赂犯罪、破坏金融管理秩序犯罪、金融诈骗犯罪的所得及其产生的收益的来源和性质,涉嫌下列情形之一的,应予立案追诉:

(一)提供资金账户的;

(二)将财产转换为现金、金融票据、有价证券的;

(三)通过转账或者其他支付结算方式转移资金的;

(四)跨境转移资产的;

(五)以其他方法掩饰、隐瞒犯罪所得及其收益的来源和性质的。

[附则(第七十九条至第八十五条)内容附在本书刑法第一百二十条之一附文同名文件中。]

■最高人民法院关于审理洗钱等刑事案件具体应用法律若干问题的解释(全文)(2009 年 11 月 11 日)

第一条 刑法第一百九十一条、第三百一十二条规定的"明知",应当结合被告人的认知能力,接触他人犯罪所得及其收益的情况,犯罪所得及其收益的种类、数额,犯罪所得及其收益的转换、转移方式以及被告人的供述等主、客观因素进行认定。

具有下列情形之一的,可以认定被告人明知系犯罪所得及其收益,但有证据证明确实不知道的除外:

(一)知道他人从事犯罪活动,协助转换或者转移财物的;

(二)没有正当理由,通过非法途径协助转换或者转移财物的;

(三)没有正当理由,以明显低于市场的价格收购财物的;

(四)没有正当理由,协助转换或者转移财物,收取明显高于市场的“手续费”的;

(五)没有正当理由,协助他人将巨额现金散存于多个银行账户或者在不同银行账户之间频繁划转的;

(六)协助近亲属或者其他关系密切的人转换或者转移与其职业或者财产状况明显不符的财物的;

(七)其他可以认定行为人明知的情形。

被告人将刑法第一百九十一条规定的某一上游犯罪的犯罪所得及其收益误认为刑法第一百九十一条规定的上游犯罪范围内的其他犯罪所得及其收益的,不影响刑法第一百九十一条规定的“明知”的认定。

第二条 具有下列情形之一的,可以认定为刑法第一百九十一条第一款第(五)项规定的“以其他方法掩饰、隐瞒犯罪所得及其收益的来源和性质”:

(一)通过典当、租赁、买卖、投资等方式,协助转移、转换犯罪所得及其收益的;

(二)通过与商场、饭店、娱乐场所等现金密集型场所的经营收入相混合的方式,协助转移、转换犯罪所得及其收益的;

(三)通过虚构交易、虚设债权债务、虚假担保、虚报收入等方式,协助将犯罪所得及其收益转换为“合法”财物的;

(四)通过买卖彩票、奖券等方式,协助转换犯罪所得及其收益的;

(五)通过赌博方式,协助将犯罪所得及其收益转换为赌博收益的;

(六)协助将犯罪所得及其收益携带、运输或者邮寄出入境的;

(七)通过前述规定以外的方式协助转移、转换犯罪所得及其收益的。

第三条 明知是犯罪所得及其产生的收益而予以掩饰、隐瞒,构成刑法第三百一十二条规定的犯罪,同时又构成刑法第一百九十一条或者第三百四十九条规定的犯罪的,依照处罚较重的规定定罪处罚。

第四条 刑法第一百九十一条、第三百一十二条、第三百四十九条规定的犯罪,应当以上游犯罪事实成立为认定前提。上游犯罪尚未依法裁判,但查证属实的,不影响刑法第一百九十一条、第三百一十二条、第三百四十九条规定的犯罪的审判。

上游犯罪事实可以确认,因行为人死亡等原因依法不予追究刑事责任的,不影响刑法第一百九十一条、第三百一十二条、第三百四十九条规定的犯罪的认定。

上游犯罪事实可以确认,依法以其他罪名定罪处罚的,不影响刑法第一百九十一条、第三百一十二条、第三百四十九条规定的犯罪的认定。

本条所称“上游犯罪”,是指产生刑法第一百九十一条、第三百一十二条、第三百四十九条规定的犯罪所得及其收益的各种犯罪行为。

■最高人民法院、最高人民检察院、公安部关于办理洗钱刑事案件若干问题的意见(全文)(2020年11月6日)

一、办理洗钱刑事案件的总体要求

1. 充分认识依法严惩洗钱犯罪的重大意义。洗钱犯罪严重破坏金融管理秩序,严重危害国家经济金融安全。当前,我国反洗钱工作面临艰巨任务。党中央、国务院高度重视反洗钱工作。各级人民法院、人民检察院、公安机关要进一步提高政治站位,从维护国家经济金融安全、推进国家治理体系和治理能力现代化、参与全球治理的高度,深刻认识加强反洗钱工作,依法严惩洗钱犯罪的重大意义,把思想和行动统一到党中央的决策部署上来,依法从严惩治洗钱犯罪,切实维护金融管理秩序,更好服务保障金融安全和经济发展,发挥我国在参与国际反洗钱治理、惩治洗钱犯罪方面的积极作用。

2. 坚持以事实为根据,以法律为准绳。人民法院、人民检察院、公安机关办理洗钱刑事案件,必须坚持以事实为根据,以法律为准绳,正确区分罪与非罪、此罪与彼罪的界限,确保每一起洗钱刑事案件事实清楚,证据确实、充分,定罪准确,量刑适当。要坚持证据裁判和疑罪从无原则,严格按照证据裁判标准和要求,全面收集、固定、审查和认定证据,依法排除非法证据,确保洗钱刑事案件办案质量。要切实贯彻宽严相济的刑事政策,依法从严惩处洗钱犯罪,加大财产刑力度,严格控制缓刑适用,同时对具有法定从宽处罚情节的要依法体现政策,做到罪责刑相适应,确保法律效果、政治效果和社会效果的统一。

3. 坚持分工负责、互相配合、互相制约。人民法院、人民检察院、公安机关要切实改变

"重上游犯罪、轻洗钱犯罪"的倾向,充分发挥职能作用,切实强化洗钱刑事案件的侦查、起诉和审判工作。要加强工作协调配合,健全完善工作机制,形成工作合力,依法、及时、有效惩治洗钱犯罪。要坚持以审判为中心,按照刑事诉讼制度改革要求,不断强化证据意识和程序意识,充分发挥庭审在查明事实、认定证据、保护诉权、公正裁判中的决定性作用,有效加强法律监督,确保严格执法、公正司法。

二、依法准确认定洗钱犯罪

4. 刑法第一百九十一条规定的洗钱罪与刑法第三百一十二条规定的掩饰、隐瞒犯罪所得、犯罪所得收益罪是刑法特别规定与一般规定的关系。掩饰、隐瞒犯罪所得、犯罪所得收益罪包含传统的窝藏犯罪和普通的洗钱犯罪,洗钱罪是针对毒品犯罪、黑社会性质的组织犯罪、恐怖活动犯罪、走私犯罪、贪污贿赂犯罪、破坏金融管理秩序犯罪、金融诈骗犯罪等严重犯罪而为其洗钱的行为所作的特别规定。同时符合刑法第一百九十一条和第三百一十二条规定的,优先适用第一百九十一条特别规定。

刑法第一百九十一条规定的洗钱犯罪与刑法第三百一十二条规定的普通洗钱犯罪的区分关键在于上游犯罪的不同。明知是犯罪所得及其产生的收益而予以窝藏、转移、收购、代为销售或者以其他方法掩饰、隐瞒的,应当依法认定为掩饰、隐瞒犯罪所得、犯罪所得收益罪。其中:明知是毒品犯罪、黑社会性质的组织犯罪、恐怖活动犯罪、走私犯罪、贪污贿赂犯罪、破坏金融管理秩序犯罪、金融诈骗犯罪的所得及其产生的收益,并实施刑法第一百九十一条第一款规定的洗钱行为,从而掩饰、隐瞒犯罪所得及其收益的来源和性质的,应当依法认定为洗钱罪。

5. 刑法第一百九十一条规定的"黑社会性质的组织犯罪所得及其产生的收益",是指黑社会性质组织及其成员实施的各种犯罪所得及其产生的收益,包括黑社会性质组织的形成、发展过程中,该组织及组织成员通过违法犯罪活动或其他不正当手段聚敛的全部财物、财产性权益及其孳息、收益。

6. 主观上认识到是刑法第一百九十一条规定的上游犯罪的所得及其产生的收益,并实施该条第一款规定的洗钱行为的,可以认定其具有掩饰、隐瞒犯罪所得及其收益的来源和性质的目的,但有证据证明不是为掩饰、隐瞒犯罪所得及其收益的来源和性质的除外。

7. 刑法第一百九十一条规定的洗钱罪,应当以上游犯罪事实成立为认定前提。上游犯罪是否既遂,不影响洗钱罪的认定。上游犯罪尚未依法裁判,但查证属实的,不影响洗钱罪的认定。

上游犯罪事实经查证属实,因行为人死亡、未达到刑事责任年龄等原因依法不予追究刑事责任的,不影响洗钱罪的认定。

8. 主观上认识到是刑法第一百九十一条规定的上游犯罪的所得及其产生的收益,包括知道或者应当知道。其中:"知道"是指根据犯罪嫌疑人、被告人的供述、证人证言等证据,可以直接证明犯罪嫌疑人、被告人知悉、了解其所掩饰、隐瞒的是刑法第一百九十一条规定的上游犯罪的所得及其产生的收益;"应当知道"是指结合查证的主、客观证据,可以证明犯罪嫌疑人、被告人知悉、了解其所掩饰、隐瞒的是刑法第一百九十一条规定的上游犯罪的所得及其产生的收益。

认定主观认知,应当结合犯罪嫌疑人、被告人的身份背景、职业经历、认知能力及其所接触、接收的信息,与上游犯罪嫌疑人、被告人的亲属关系、上下级关系、交往情况、了解程度、信任程度,接触、接收

他人犯罪所得及其收益的情况,犯罪所得及其收益的种类、数额,犯罪所得及其收益的转换、转移方式,交易行为、资金账户的异常情况,以及犯罪嫌疑人、被告人的供述及证人证言等主、客观因素,进行综合分析判断。对于犯罪嫌疑人、被告人的供述和辩解,要结合全案证据进行审查判断。

9. 主观上认识到是刑法第一百九十一条规定的上游犯罪的所得及其产生的收益,是指对上游犯罪客观事实的认识,而非对行为性质的认识。将某一上游犯罪的所得及其产生的收益认为是该条规定的其他上游犯罪的所得及其产生的收益的,不影响主观认知的认定。

10. 实施刑法第一百九十一条规定的洗钱行为,构成洗钱罪的同时,又构成刑法第三百四十九条规定的窝藏、转移、隐瞒毒赃罪,刑法第一百二十条之一规定的帮助恐怖活动罪,或者刑法第二百二十五条规定的非法经营罪的,依照处罚较重的规定定罪处罚。法律和司法解释另有规定的除外。

具有刑法第一百九十一条规定的上游犯罪的犯罪事实,又具有为其他不是同一事实的上游犯罪洗钱的犯罪事实的,分别以上游犯罪、洗钱罪定罪处罚,依法实行数罪并罚。

三、依法从严惩处洗钱犯罪

11. 行为人主观上认识到是刑法第一百九十一条规定的七类上游犯罪的所得及其产生的收益,并实施该条第一款规定的洗钱行为,从而掩饰、隐瞒犯罪所得及其收益的来源和性质,构成犯罪的,应依法以洗钱罪定罪处罚。

12. 洗钱数额在十万元以上的,或者洗钱数额在五万元以上,且具有下列情形之一的,可以认定为"情节严重":

(1)多次实施洗钱行为的;

(2)曾因洗钱行为受过刑事追究的;

(3)拒不交代涉案资金去向或者拒不配合追缴工作,致使赃款无法追缴的;

(4)造成重大损失或者其他严重后果的。

二次以上实施洗钱犯罪行为,依法应予刑事处理而未经处理的,洗钱数额累计计算。

13. 地下钱庄实施洗钱犯罪的,或者金触机构及其从业人员实施洗钱犯罪的,可以依法从重处罚。

14. 单位实施洗钱犯罪行为的,与自然人犯罪的定罪量刑标准相同,对单位判处罚金,并依法对其直接负责的主管人员和其他直接责任人员定罪处罚。

15. 要依法用足用好财产刑,从经济上最大限度制裁洗钱犯罪分子。对洗钱犯罪判处罚金,应当根据被告人的犯罪情节,在法律规定的数额幅度内决定罚金数额,充分体现从重处罚的政策精神。对于自然人洗钱犯罪"情节严重"的,一般可并处洗钱数额百分之十以上百分之二十以下罚金。对单位犯罪,一般可判处洗钱数额百分之十以上罚金。

16. 对于行为人如实供述犯罪事实,认罪悔罪,并如实交代涉案资金去向,积极配合调查和追缴工作,符合刑事诉讼法规定的认罪认罚从宽适用范围和条件的,可以依法从宽处理。

17. 要从严掌握洗钱犯罪的缓刑适用。适用缓刑,应当综合考虑犯罪清节、悔罪表现、再犯罪的危险以及宣告缓刑对所居住社区的影响,依法作出决定。对于地下钱庄犯罪分子,以洗钱为业,多次实施洗钱行为,或者拒不交代涉案资金去向的,一般不适用缓刑。

四、强化洗钱刑事案件证据的收集、审查和运用

18. 人民法院、人民检察院、公安机关在办理毒品犯罪、黑社会性质的组织犯罪、恐怖活动犯罪、走私犯罪、贪污贿赂犯罪、破坏金融管理秩序犯罪、金触诈骗犯罪案件过程中,要以"追踪资金"为重点,深挖洗钱犯罪线索,依法惩治洗钱犯罪和上游犯罪。进一步加大对涉地下钱庄洗钱犯罪的惩治力度,在办理地下钱庄犯罪案件中,深挖洗钱犯罪和上游犯罪线索,坚决遏制职业化、专业化、组织化的洗钱犯罪活动。

19. 公安机关要加强对洗钱刑事案件的侦查取证工作,深入查明犯罪事实。对刑法第一百九十一

条规定的上游犯罪开展“一案双查”，发现涉嫌洗钱犯罪的，依法立案侦查。在侦查工作中，紧紧围绕洗钱犯罪的犯罪构成事实，就行为人主观上是否认识到是洗钱罪的上游犯罪的所得及其产生的收益，是否具有掩饰、隐瞒犯罪所得及其收益的来源和性质的目的，以及实施的具体洗钱行为等进行调查取证，及时收集固定证据，依法移送起诉。对跨境、跨区域或重大、复杂的洗钱刑事案件，及时与人民检察院沟通，必要时可以商请人民检察院适时介入侦查活动，提供指导。

20. 人民检察院要积极履行在刑事诉讼中指控证明犯罪的主导责任，加强对洗钱刑事案件证据的审查，对审查发现可能影响洗钱罪认定的事实证据问题，要引导公安机关按照洗钱罪的构成要件及时补充侦查、完善证据。要注重从上游犯罪的事实证据中挖掘、发现洗钱犯罪线索，办理刑法第一百九十一条规定的上游犯罪案件时，同步审查是否涉嫌洗钱罪，审查发现洗钱犯罪线索的，及时要求公安机关开展侦查，引导侦查人员收集完善证据，会同相关部门加大对洗钱犯罪的查处力度。

21. 人民法院要强化对洗钱刑事案件证据的审查、判断，综合运用证据，就行为人主观上是否认识到是洗钱罪的七类上游犯罪的所得及其产生的收益，是否通过实施洗钱行为掩饰、隐瞒犯罪所得及其收益的来源和性质等犯罪事实进行审查、认定，确保案件事实清楚，证据确实、充分。同时要注重从上游犯罪的事实证据中挖掘洗钱犯罪线索，发现洗钱犯罪线索或者新的洗钱犯罪事实的，应当及时将有关材料移送公安机关，或者建议人民检察院补充、追加或者变更起诉。

22. 公安机关对人民法院、人民检察院、监察机关、中国人民银行等相关部门移送的洗钱犯罪线索，要及时进行调查，对涉嫌洗钱犯罪的要及时立案侦查，必要时可请相关部门予以协助并提供相关证据材料。人民检察院要加强刑事立案监督、侦查活动监督工作，督促公安机关利用反洗钱工具和措施进行追踪、监测，对洗钱犯罪行为及时依法追诉。

23. 人民法院、人民检察院、公安机关办理洗钱刑事案件，应当依法查询、查封、扣押、冻结全部涉案财产。对于依法查封、扣押、冻结的涉案财产，应当全面收集、审查证明其来源、性质、用途、权属及价值大小等有关证据。

对于涉及洗钱犯罪及其上游犯罪的违法所得及其产生的收益，应当依法追缴、没收。依法应当追缴、没收的财产无法找到、价值灭失或者与其他合法财产混合且不可分割的，可以追缴、没收洗钱犯罪行为人的其他等值财产。人民法院可以依法判决责令行为人以其他等值财产在违法所得范围内退赔。

对于依法查封、扣押、冻结的涉案财产，有证据证明确属被害人合法财产，或者确与行为人及其犯罪活动无关的，应予返还。

五、合力预防和惩治洗钱犯罪

24. 人民法院、人民检察院、公安机关要健全完善洗钱刑事案件立案侦查、审查起诉、审判执行等相关工作机制，建立健全专业化、一体化、规范化执法司法协作工作机制，形成工作合力，规范调查取证、审查起诉、审判执行工作，及时立案侦查、审查起诉、审判执行，确保办案质量、办案效率和办案效果。办案中遇到重大争议问题，及时层报最高人民法院、最高人民检察院、公安部。

25. 人民法院、人民检察院、公安机关要加强与中国人民银行等相关部门协作配合，充分发挥反洗钱工作联席会议机制，健全完善情报会商、信息交流、数据共享、案件反馈机制，加强对洗钱犯罪线索的分析研判，建立健全可疑交易线索移交合作机制，及时发现、有效预防和惩治洗钱犯罪。对于案情复杂、性质认定疑难案件，必要时可以听取中国人民银行等相关部门的意见，并根据案件事实和法律规定作出认定。

26. 人民法院、人民检察院、公安机关要加强洗钱刑事案件的国际合作，完善刑事司法协助、引渡、警务合作制度机制和工作程序，强化打击跨国(境)洗钱犯罪，提升惩治跨国(境)洗钱犯罪效能。要规范跨国(境)刑事案件证据收集、移交、审查工作，依照国际条约或者互惠原则，提请证据材料所在地司法机关收集，或通过国际警务合作、国际刑警组织渠道收集的境外证据材料，公安机关应对其来源、提取人、提取时间或者提供人、提供时间以及保管移交的过程等作出说明;对其他来自境外的证据材料,应当对其来源、提供人、提供时间以及提取人、提取时间进行审查。能够证明案件事实的,可以作为证据使用。

27. 人民法院、人民检察院、公安机关要加强反洗钱数据统计,在案件侦查、起诉、审判环节、扣押、冻结、没收犯罪资产、国际合作等工作中细化数据统计,按照要求梳理、统计相关信息、数据和案例;建立健全全国洗钱犯罪案件数据库,运用大数据、人工智能、云计算等信息技术为反洗钱工作提供支持。

28. 人民法院、人民检察院、公安机关要结合工作实际,进一步健全办案机构,加强办案力量,加大办案工作力度。要加强反洗钱工作执法司法队伍专业化建设,鼓励、支持省级人民法院、人民检察院、公安机关辖区内专业办案能力建设和培养。通过联合调研、联合培训、发布典型案例等方式,进一步统一思想认识,统一执法司法尺度,提高办理洗钱刑事案件的能力和水平。

■最高人民法院关于审理骗购外汇、非法买卖外汇刑事案件具体应用法律若干问题的解释(1998年9月1日)

第一条　以进行走私、逃汇、洗钱、骗税等犯罪活动为目的,使用虚假、无效的凭证、商业单据或者采取其他手段向外汇指定银行骗购外汇的,应当分别按照刑法分则第三章第二节、第一百九十条、第一百九十一条和第二百零四条等规定定罪处罚。

非国有公司、企业或者其他单位,与国有公司、企业或者其他国有单位勾结逃汇的,以逃汇罪的共犯处罚。

第五条　海关、银行、外汇管理机关工作人员与骗购外汇的行为人通谋,为其提供购买外汇的有关凭证,或者明知是伪造、变造的凭证和商业单据而出售外汇,构成犯罪的,按照刑法的有关规定从重处罚。

第六条　实施本解释规定的行为,同时触犯二个以上罪名的,择一重罪从重处罚。

第七条　根据刑法第六十四条规定,骗购外汇、非法买卖外汇的,其违法所得予以追缴,用于骗购外汇、非法买卖外汇的资金予以没收,上缴国库。

第八条　骗购、非法买卖不同币种的外汇的,以案发时国家外汇管理机关制定的统一折算率折合后依照本解释处罚。

□明知他人从事毒品犯罪,协助其以购买股份方式投资企业经营,掩饰、隐藏资金性质的行为,构成洗钱罪

被告人为获得不法利益,明知他人从事毒品犯罪活动,且掌握的大量资金可能是毒品犯罪所得,仍积极协助其以购买股份的方式投资企业经营,掩饰、隐藏资金的性质及来源,其行为构成了洗钱罪。(广州市海珠区人民检察院诉汪照洗钱案,载《最高人民法院公报》总第96期,2004年第10期,第28页。)

▽洗钱罪的主观明知不以确知为限,既可以是确定性认识,也可以是可能性认识

对洗钱罪中明知的对象内容,行为人对属于七类犯罪(刑法修正案六已改为七类)的违法所得及其产生的收益具有概括性认识即告充足。首先,这是由我国刑事立法的特点决定的,我国刑事立法对洗钱罪的明知对象作出了清楚的表述,在现有的立法框架内不存在将明知的对象扩大至所有犯罪所得的理解空间。其次,将明知对象内容严格限定为七类上游犯罪中的具体类别犯罪的违法所得及其产生的收益,与我国刑法关于认识错误的一般理论不符。行为人在七类上游犯罪的范围内将此类犯罪所得及收益误认为彼类犯罪所得,因两者在法律性质上是一致的,不属对犯罪构成要件对象的认识错误,故不应影响案件的定性。相反,如行为人将七类上游犯罪所得及收益误认为系其他犯罪所得及收益的,因存在法定构成要件的认识错误,则不应以洗钱罪定罪处罚。对于明知的程度,明知不等于确知,尽管确定性认识和可能性认识存在程度上的差异,但两者都应纳入明知的范畴。只要证明行为人在当时确实知道或者根据事实足可推定行为人对于所经手的财产系七类上游犯罪所得的赃钱的可能性有所认识,都可成立明知。同时应注意避免以应当知道的证明取代对于可能性明知的证明，后者属于实然层面上的心理状态，前者属于应然层面上的注意义务，两者不可混为一谈。至于明知的具体认定，一般可以综合行为人的主观认识，接触赃物的时空环境，赃物的种类、数额、赃物交易、运送的方式、方法及行为人的一贯表现等主、客观因素进行具体判断。［参见第286号案例，汪照洗钱案，载《刑事审判参考》总第37集(2004年第2集)，法律出版社，第17～18页。执笔：刘一守］

▽洗钱罪的犯罪主体应限定在上游犯罪以外的自然人或者单位，对于那些既从事上游毒品等犯罪又参与从事下游洗钱行为的自然人或者单位，按照吸收犯的处理原则，一般情况下仅追究其上游犯罪(重罪)刑事责任

基于我国的刑事立法特点及吸收犯的一般理论，洗钱罪的犯罪主体应限定在上游犯罪以外的自然人或者单位，对于那些既从事上游毒品等犯罪又参与从事下游洗钱行为的自然人或者单位，按照吸收犯的处理原则，仅追究其上游犯罪(重罪)刑事责任即可，不宜再行追究洗钱罪的刑事责任，尽管相关国际公约及多数国外刑事立法持相反立场。主要理由如下：第一，从刑法本条关于洗钱罪的主、客观要件的设定逻辑上看，洗钱罪的主观方面为明知，客观方面为提供资金账户等协助行为，该两者规定均带有针对上游犯罪分子的明显倾向性。只有上游犯罪分子以外的其他人才存在对财产是否属于七类上游犯罪违法所得及其产生的收益存在明知与否的问题，而七类上游犯罪分子本人对自己的财产来源应当说是清楚的；同时，也只有上游犯罪分子以外的其他人才谈得上提供协助问题。第二，洗钱行为属于上游犯罪的自然延伸，洗钱罪与其上游犯罪存在着依附从属及阶段性关系，尽管存在两个犯罪行为，但因属于吸收犯，根据重罪吸收轻罪的处理原则，对于此类行为，应以上游犯罪一罪处理。洗钱行为是继起行为，即洗钱必须以七类上游犯罪的先前存在为先决条件，洗钱行为依附于上游犯罪行为而存在。没有上游犯罪和犯罪所得及其产生的收益，就没有必要洗黑钱，洗钱行为也就无从谈起。同时，也正由于洗钱行为的存在，才使上游犯罪分子安全顺利地循环使用黑钱的目的得以实现，洗钱犯罪与其上游犯罪二者间存在相互依存的关系。［参见第286号案例，汪照洗钱案，载《刑事审判参考》总第37集(2004年第2集)，法律出版社，第19～20页。执笔：刘一守］

▽洗钱罪与隐瞒毒赃罪的根本区别在于前者所隐瞒的系毒赃的非法性质和来源，后者所隐瞒的系毒赃本身

洗钱罪与窝藏、转移、隐瞒毒赃罪(《刑法》第三百四十九条规定)的界限，司法实践中应把握三个方面：第一，犯罪对象方面，洗钱行为所指向的对象是包括毒品犯罪在内的七类上游犯罪(刑法修正案六已改为七类)所得及其收益的非法性质和来源，故不一定直接涉及财物本身；而后者主要是针对毒品犯罪所得的财物而言的，故财物本身为其直接对象。第二，行为方式方面，前者表现为将上游犯罪所得及收益通过金融机构等，采用提供资金账户、协助转移财产、转移资金、把资金汇往境外等方法使其具有表面合法化的性质；后者则主要是通过改变赃物的空间位置或者存在状态对赃物进行隐匿或者转移，使侦查司法机关不能或者难以发现，或者妨害司法机关对赃物的追缴，此类行为并无改变赃物非法性质之作用，不具有使之表面合法化的特征。第三，主观目的方面，前者的目的是掩饰黑钱的非法来源和性质，使黑钱合法化，此种目的同时也决定了洗钱行为人并不必然要对赃物加以物理上的隐藏，洗钱行为中所表现出的财物就其存在状态而言仍可能具有一定的公开性；而后者的主观目的是逃避司法机关的侦查、追缴，力图藏匿财物，使他人不知该财物的存在，因而后者财物的存在状态具有秘密性。行为人协助实施的投资及虚构经营亏损等活动，意在将毒赃的非法性质和来源予以合法化，究其行为实质而言，属于洗钱，而非隐瞒毒赃。［参见第286号案例，汪照洗钱案，载《刑事审判参考》总第37集(2004年第2集)，法律出版社，第20～21页。执笔：刘一守］

▽上游犯罪行为人虽未定罪判刑，洗钱行为的证据确实、充分的，可以认定洗钱罪

洗钱罪是指行为人明知是毒品犯罪、黑社会性质的组织犯罪、恐怖活动犯罪、走私犯罪、贪污贿赂犯罪、破坏金融管理秩序犯罪、金融诈骗犯罪这些上游犯罪的违法所得及其产生的收益而进行掩饰、隐瞒其来源和性质的行为。洗钱罪属于行为犯,只要行为人实施了刑法本条所规定的五种行为之一,就构成洗钱罪,当然,如果行为人涉案金额很小,情节显著轻微危害不大的,根据刑法第十三条的规定可以不认定为犯罪。洗钱罪与上游犯罪的关系密不可分,可以说,如果没有上游犯罪,就没有洗钱罪和掩饰、隐瞒犯罪所得、犯罪所得收益罪这些下游犯罪、派生犯罪。对洗钱罪的认定不必是上游犯罪行为人已经法院定罪判刑。只要有证据证明确实发生了刑法本条规定的上游犯罪,行为人明知系上游犯罪的所得及其产生的收益,仍然实施为上游犯罪行为人提供资金账户、协助将财产转换为现金等掩饰、隐瞒其来源和性质的帮助行为的,就可以认定洗钱罪成立。上游犯罪行为与洗钱犯罪行为虽然具有前后相连的事实特征,但实践中两种犯罪案发状态、查处及审判进程往往不会同步,有的上游犯罪事实复杂,有的则可能涉及数个犯罪,查处难度大,所需时间长,审判进程必然比较慢;而洗钱行为相对简单,查处难度小;还可能发生实施洗钱行为的人已经抓获归案,上游犯罪的事实已经查清,而上游犯罪行为人尚在逃的情形。从程序角度而言,如果要求所有的洗钱犯罪都必须等到相应的上游犯罪处理完毕后再处理,会造成对这类犯罪打击不力的后果,如一律要求上游犯罪已经定罪判刑方能认定洗钱罪成立既不符合刑法规定,也不符合打击洗钱犯罪的实际需要。从犯罪构成上看,洗钱罪的上游犯罪和洗钱罪虽有联系,但各有不同的犯罪构成,需要分别进行独立评价。上游犯罪在洗钱罪的犯罪构成中,只是作为前提性要素而出现,是认定洗钱行为人主观故意和客观危害符合刑法第本条规定的前提性判断依据,如果根据洗钱罪中的证据足以认定上游行为符合上游犯罪的要件,那么就应当成立洗钱罪。值得注意的是,在上游犯罪行为人尚未归案的情况下,可能难以确定其行为性质,此时应当慎重处理:只有根据洗钱案件中所掌握的事实和证据,足以断定上游行为属于刑法第本条所规定的七种犯罪类型的,才能认定洗钱罪成立;如果根据现有的证据材料,尚难以断定上游行为是否构成犯罪、构成何种犯罪,则不宜认定洗钱罪。因为刑法本条规定了"明知"要件,如果司法机关尚不能判断上游行为是否构成犯罪,以及是否属于特定的七类犯罪,就无法断定洗钱行为人"明知"系七类犯罪所得及收益而实施洗钱行为。当然,如果根据证据足以断定上游犯罪属于七类犯罪以外的其他犯罪的,可以依法认定为刑法第三百一十二条所规定的掩饰、隐瞒犯罪所得、犯罪所得收益罪。[参见第471号案例,潘儒民、祝素贞、李大明、龚媛洗钱案,载《刑事审判参考》总第60集(2008年第1集),法律出版社,第4～6页。执笔:肖晚祥　苏敏华]

▽是否通谋,是区分上游犯罪共犯与洗钱罪的关键

毒品犯罪、黑社会性质的组织犯罪、恐怖活动犯罪、走私犯罪、贪污贿赂犯罪、破坏金融管理秩序犯罪、金融诈骗犯罪分子自己掩饰、隐瞒犯罪所得及收益的,该掩饰、隐瞒行为是前一个犯罪行为的自然延续,为前一个犯罪行为所吸收,属于"不可罚的事后行为",以前罪定罪处罚即可,不单独成立洗钱罪。因此,是否通谋是区分洗钱行为人是与上游犯罪行为人成立共犯还是单独成立洗钱罪的关键:如果洗钱行为人事前与其上游犯罪行为人有通谋,事后实施了洗钱行为的,成立上游犯罪的共犯;如果事前并无通谋,仅是事后实施了洗钱行为的,则只构成洗钱罪。如果因掌握的证据有限,能难以判断是否事先有共谋,应当根据已掌握的证据情况,认真进行甄别:能够认定事先确有共谋的,则认定为上游犯罪的共犯,并根据行为人在共同犯罪中的地位、作用作出判决;如果根据现有的证据难以判定其与上游行为人存在共谋,但其实施洗钱行为的证据确实、充分的,应当就轻认定为洗钱罪。[参见第471号案例,潘儒民、祝素贞、李大明、龚媛洗钱案,载《刑事审判参考》总第60集(2008年第1集),法律出版社,第6～7页。执笔:肖晚祥　苏敏华]

▽洗钱罪与掩饰、隐瞒犯罪所得、犯罪所得收益罪的区别

《刑法修正案(六)》对刑法第三百一十二条窝藏、转移、收购、销售赃物罪作了以下修改:扩大了犯罪对象范围,将过去规定的"犯罪所得的赃物"修改为"犯罪所得及其产生的收益";行为方式上增加了

“以其他方法掩饰、隐瞒的”这一兜底条款；提高了本罪法定刑，增加了一个量刑幅度。从法条关系上看，《刑法》第三百一十二条的适用范围扩大到了除刑法本条规定的上游犯罪之外的所有犯罪，两个法条相互补充，共同构筑起了反洗钱的刑法防线。洗钱罪与掩饰、隐瞒犯罪所得、犯罪所得收益罪的区别主要在于：第一，犯罪客体不完全相同。洗钱罪侵犯的客体是国家的金融管理秩序，同时客观上也侵害了司法机关的职能活动；掩饰、隐瞒犯罪所得、犯罪所得收益罪侵犯的客体是司法机关的职能活动，在某些情况下，也可能侵犯国家的金融监管秩序。第二，上游犯罪的范围不同，洗钱罪的上游犯罪只限于刑法本条规定的犯罪，而掩饰、隐瞒犯罪所得、犯罪所得收益罪的上游犯罪为本条规定的犯罪以外有犯罪所得的所有犯罪。第三，洗钱罪的犯罪主体既可以是个人也可以是单位，而掩饰、隐瞒犯罪所得、犯罪所得收益罪的犯罪主体只能是个人。区分洗钱罪与掩饰、隐瞒犯罪所得、犯罪所得收益罪还应当注意的一点是，并非所有为刑法本条规定的犯罪掩饰、隐瞒犯罪所得的，都构成洗钱罪。因为刑法本条规定了洗钱罪的五种行为方式，即提供资金账户；协助将财产转换为现金、金融票据、有价证券；通过转账或者其他结算方式协助资金转移；协助将资金汇往境外；以其他方式掩饰、隐瞒犯罪所得及其收益的来源和性质。洗钱罪位列于刑法分则第三章第四节破坏金融管理秩序罪中，因此成立洗钱罪要求其行为必须造成对国家金融管理秩序的侵害，这是构成本罪客体要件的必然要求，从刑法本条列举的上述几种行为方式可以看出，前四种行为方式均借助了金融机构的相关行为，虽然第五种行为方式作为兜底条款没有明确指出具体方式，但从洗钱罪侵犯的客体出发，实践中认定是否属于该种行为仍需要该行为体现出对国家金融管理秩序的侵害才能构成。如果行为人所实施的掩饰、隐瞒行为并未侵犯国家的金融监管秩序，如行为人明知某一贵重物品系他人受贿所得，仍帮助他人窝藏、转移该物品，以逃避司法机关的查处，该行为主要侵害了司法机关的查处活动，并未侵害国家的金融监管秩序，因此不能认定符合刑法本条规定的第五种行为方式，而是属于《刑法》第三百一十二条所规定的窝藏、转移赃物行为，应当认定为掩饰、隐瞒犯罪所得罪，而非洗钱罪。[参见第471号案例，潘儒民、祝素贞、李大明、龚媛洗钱案，载《刑事审判参考》总第60集(2008年第1集)，法律出版社，第7~9页。执笔：肖晚祥　苏敏华]

▽掩饰、隐瞒犯罪所得罪与洗钱罪区别的认定

掩饰、隐瞒犯罪所得罪与洗钱罪之间存在包含与被包含的关系，司法实践中，一般是从两罪的客体、对象、行为方式等方面把握两者的界限。首先，犯罪客体不完全相同。洗钱罪是复杂客体，就本案而言，侵犯了国家的金融管理秩序，破坏了司法机关的正常秩序；掩饰、隐瞒犯罪所得罪的客体是简单客体，只是破坏了司法机关的正常秩序。其次，犯罪对象不同。掩饰、隐瞒犯罪所得罪的外延要大于洗钱罪，洗钱罪体现为特定的犯罪，即必须是毒品犯罪、破坏金融管理秩序犯罪等法定的七类上游犯罪；掩饰、隐瞒犯罪所得罪的对象是一切的犯罪所得及其产生的收益。再次，行为方式不同。洗钱罪规定了五种法定的行为方式，即提供资金账户、协助将财产转换为现金或者金融票据等，行为人通过上述方法将上游犯罪所得及其收益通过金融机构使其具有表面合法化；掩饰、隐瞒犯罪所得罪主要是为犯罪所得赃物提供隐匿场所、转移赃物、代为销售等，只是进行空间上的移动，不具有使之表面合法化的特征。此外，“明知”的内容不同。行为人必须明知是毒品犯罪、破坏金融管理秩序犯罪等法定的七类上游犯罪的所得及其产生的收益；掩饰、隐瞒犯罪所得罪只要求行为人明知是犯罪所得及其产生的收益。最后，犯罪的直接目的不尽相同。洗钱罪的直接目的是掩饰、隐瞒法定七类犯罪所得及其产生收益的来源和性质，从而使黑钱合法化；掩饰、隐瞒犯罪所得罪的直接目的是逃避司法机关的追查或者使犯罪所得不被追缴，并没有“漂白”赃钱的意图。[参见第735号指导案例，李启红等内幕交易、泄露内幕信息案，载《刑事审判参考》总第83集(2011年第6集)，第6~9页。撰稿：黄建屏　梁美]

▽行为人明知是内幕交易犯罪所得而予以掩饰、隐瞒的行为构成洗钱罪

被告人李某某明知李某红、林某安、林某雁买卖科技公司股票获利，为将赃款“漂白”，李某某将股票收益用于收购公司的股权，李某某掩饰、隐瞒的犯罪对象是破坏金融管理秩序犯罪，属于洗钱罪法定的七类上游犯罪之一,且李某某的行为在本质上属于掩饰、隐瞒犯罪收益的非法性质和来源,而非仅对赃款进行物理上的隐匿或者转移,故应认定李某某的行为构成洗钱罪。费某某明知郑某龄买卖科技公司股票获利,为了掩饰、隐瞒郑某龄内幕交易所得,为郑某龄提供资金账户,费某某掩饰、隐瞒的犯罪对象也是破坏金融管理秩序犯罪,属于洗钱罪法定的七类上游犯罪之一,费某某的行为亦构成洗钱罪。综上,检察机关指控被告人李某某、费某某构成掩饰、隐瞒犯罪所得罪不当,一审法院认定李某某、费某某构成洗钱罪正确。[参见第735号指导案例,李某某等内幕交易、泄露内幕信息案,载《刑事审判参考》总第83集(2011年第6集),第9页。撰稿:黄建屏　梁美]

第五节　金融诈骗罪

第一百九十二条　【集资诈骗罪】以非法占有为目的,使用诈骗方法非法集资,数额较大的,处三年以上七年以下有期徒刑,并处罚金;数额巨大或者有其他严重情节的,处七年以上有期徒刑或者无期徒刑,并处罚金或者没收财产。

单位犯前款罪的,对单位判处罚金,并对其直接负责的主管人员和其他直接责任人员,依照前款的规定处罚。(本条是根据《中华人民共和国刑法修正案(十一)》之十五修改的,2021年3月1日起施行。)

刑法本条原文:【集资诈骗罪】以非法占有为目的,使用诈骗方法非法集资,数额较大的,处五年以下有期徒刑或者拘役,并处二万元以上二十万元以下罚金;数额巨大或者有其他严重情节的,处五年以上十年以下有期徒刑,并处五万元以上五十万元以下罚金;数额特别巨大或者有其他特别严重情节的,处十年以上有期徒刑或者无期徒刑,并处五万元以上五十万元以下罚金或者没收财产。

■最高人民检察院、公安部关于公安机关管辖的刑事案件立案追诉标准的规定(二)(2022年5月15日)

第四十四条　〔集资诈骗案(刑法第一百九十二条)〕以非法占有为目的,使用诈骗方法非法集资,数额在十万元以上的,应予立案追诉。

[附则(第七十九条至第八十五条)内容附在本书刑法第一百二十条之一附文同名文件中。]

■最高人民法院关于非法集资刑事案件性质认定问题的通知(全文)(2011年8月18日)

一、行政部门对于非法集资的性质认定,不是非法集资案件进入刑事程序的必经程序。行政部门未对非法集资作出性质认定的,不影响非法集资刑事案件的审判。

二、人民法院应当依照刑法和《最高人民法院关于审理非法集资刑事案件具体应用法律若干问题的解释》等有关规定认定案件事实的性质,并认定相关行为是否构成犯罪。

三、对于案情复杂、性质认定疑难的案件,人民法院可以在有关部门关于是否符合行业技术标准的行政认定意见的基础上,根据案件事实和法律规定作出性质认定。

四、非法集资刑事案件的审判工作涉及领域广、专业性强,人民法院在审理此类案件当中要注意加强与有关行政主(监)管部门以及公安机关、人民检察院的配合。审判工作中遇到重大问题难以解决的,请及时报告最高人民法院。

■最高人民法院关于审理非法集资刑事案件具体应用法律若干问题的解释(2022年3月1日)

第七条　以非法占有为目的,使用诈骗方法实施本解释第二条规定所列行为的,应当依照刑法第一百九十二条的规定,以集资诈骗罪定罪处罚。

使用诈骗方法非法集资,具有下列情形之一的,可以认定为"以非法占有为目的":

(一)集资后不用于生产经营活动或者用于生产经营活动与筹集资金规模明显不成比例,致使集资款不能返还的;

（二）肆意挥霍集资款，致使集资款不能返还的；

（三）携带集资款逃匿的；

（四）将集资款用于违法犯罪活动的；

（五）抽逃、转移资金、隐匿财产，逃避返还资金的；

（六）隐匿、销毁账目，或者搞假破产、假倒闭，逃避返还资金的；

（七）拒不交代资金去向，逃避返还资金的；

（八）其他可以认定非法占有目的的情形。

集资诈骗罪中的非法占有目的，应当区分情形进行具体认定。行为人部分非法集资行为具有非法占有目的的，对该部分非法集资行为所涉集资款以集资诈骗罪定罪处罚；非法集资共同犯罪中部分行为人具有非法占有目的，其他行为人没有非法占有集资款的共同故意和行为的，对具有非法占有目的的行为人以集资诈骗罪定罪处罚。

第二条 实施下列行为之一，符合本解释第一条第一款规定的条件的，应当依照刑法第一百七十六条的规定，以非法吸收公众存款罪定罪处罚：

（一）不具有房产销售的真实内容或者不以房产销售为主要目的，以返本销售、售后包租、约定回购、销售房产份额等方式非法吸收资金的；

（二）以转让林权并代为管护等方式非法吸收资金的；

（三）以代种植（养殖）、租种植（养殖）、联合种植（养殖）等方式非法吸收资金的；

（四）不具有销售商品、提供服务的真实内容或者不以销售商品、提供服务为主要目的，以商品回购、寄存代售等方式非法吸收资金的；

（五）不具有发行股票、债券的真实内容，以虚假转让股权、发售虚构债券等方式非法吸收资金的；

（六）不具有募集基金的真实内容，以假借境外基金、发售虚构基金等方式非法吸收资金的；

（七）不具有销售保险的真实内容，以假冒保险公司、伪造保险单据等方式非法吸收资金的；

（八）以网络借贷、投资入股、虚拟币交易等方式非法吸收资金的；

（九）以委托理财、融资租赁等方式非法吸收资金的；

（十）以提供“养老服务”、投资“养老项目”、销售“老年产品”等方式非法吸收资金的；

（十一）利用民间“会”“社”等组织非法吸收资金的；

（十二）其他非法吸收资金的行为。

第八条 集资诈骗数额在10万元以上的，应当认定为“数额较大”；数额在100万元以上的，应当认定为“数额巨大”。

集资诈骗数额在50万元以上，同时具有本解释第三条第二款第三项情节的，应当认定为刑法第一百九十二条规定的“其他严重情节”。

集资诈骗的数额以行为人实际骗取的数额计算，在案发前已归还的数额应予扣除。行为人为实施集资诈骗活动而支付的广告费、中介费、手续费、回扣，或者用于行贿、赠与等费用，不予扣除。行为人为实施集资诈骗活动而支付的利息，除本金未归还可予折抵本金以外，应当计入诈骗数额。

第九条（第二款） 犯集资诈骗罪，判处三年以上七年以下有期徒刑的，并处十万元以上五百万元以下罚金；判处七年以上有期徒刑或者无期徒刑的，并处五十万元以上罚金或者没收财产。

第十二条（第二款） 明知他人从事欺诈发行证券，非法吸收公众存款，擅自发行股票、公司、企业债券，集资诈骗或者组织、领导传销活动等集资犯罪活动，为其提供广告等宣传的，以相关犯罪的共犯论处。

第十三条 通过传销手段向社会公众非法吸收资金，构成非法吸收公众存款罪或者集资诈骗罪，同时又构成组织、领导传销活动罪的，依照处罚较重的规定定罪处罚。

第十四条　单位实施非法吸收公众存款、集资诈骗犯罪的,依照本解释规定的相应自然人犯罪的定罪量刑标准,对单位判处罚金,并对其直接负责的主管人员和其他直接责任人员定罪处罚。

第十五条　此前发布的司法解释与本解释不一致的,以本解释为准。

■最高人民法院、最高人民检察院、公安部关于办理非法集资刑事案件适用法律若干问题的意见(全文)(2014年3月25日)

一、关于行政认定的问题

行政部门对于非法集资的性质认定,不是非法集资刑事案件进入刑事诉讼程序的必经程序。行政部门未对非法集资作出性质认定的,不影响非法集资刑事案件的侦查、起诉和审判。

公安机关、人民检察院、人民法院应当依法认定案件事实的性质,对于案情复杂、性质认定疑难的案件,可参考有关部门的认定意见,根据案件事实和法律规定作出性质认定。

二、关于"向社会公开宣传"的认定问题

《最高人民法院关于审理非法集资刑事案件具体应用法律若干问题的解释》第一条第一款第二项中的"向社会公开宣传",包括以各种途径向社会公众传播吸收资金的信息,以及明知吸收资金的信息向社会公众扩散而予以放任等情形。

三、关于"社会公众"的认定问题

下列情形不属于《最高人民法院关于审理非法集资刑事案件具体应用法律若干问题的解释》第一条第二款规定的"针对特定对象吸收资金"的行为,应当认定为向社会公众吸收资金:

(一)在向亲友或者单位内部人员吸收资金的过程中,明知亲友或者单位内部人员向不特定对象吸收资金而予以放任的;

(二)以吸收资金为目的,将社会人员吸收为单位内部人员,并向其吸收资金的。

四、关于共同犯罪的处理问题

为他人向社会公众非法吸收资金提供帮助,从中收取代理费、好处费、返点费、佣金、提成等费用,构成非法集资共同犯罪的,应当依法追究刑事责任。能够及时退缴上述费用的,可依法从轻处罚;其中情节轻微的,可以免除处罚;情节显著轻微、危害不大的,不作为犯罪处理。

五、关于涉案财物的追缴和处置问题

向社会公众非法吸收的资金属于违法所得。以吸收的资金向集资参与人支付的利息、分红等回报,以及向帮助吸收资金人员支付的代理费、好处费、返点费、佣金、提成等费用,应当依法追缴。集资参与人本金尚未归还的,所支付的回报可予折抵本金。

将非法吸收的资金及其转换财物用于清偿债务或者转让给他人,有下列情形之一的,应当依法追缴:

(一)他人明知是上述资金及财物而收取的;

(二)他人无偿取得上述资金及财物的;

(三)他人以明显低于市场的价格取得上述资金及财物的;

(四)他人取得上述资金及财物系源于非法债务或者违法犯罪活动的;

(五)其他依法应当追缴的情形。

查封、扣押、冻结的易贬值及保管、养护成本较高的涉案财物,可以在诉讼终结前依照有关规定变卖、拍卖。所得价款由查封、扣押、冻结机关予以保管,待诉讼终结后一并处置。

查封、扣押、冻结的涉案财物,一般应在诉讼终结后,返还集资参与人。涉案财物不足全部返还的,按照集资参与人的集资额比例返还。

六、关于证据的收集问题

办理非法集资刑事案件中,确因客观条件的限制无法逐一收集集资参与人的言词证据的,可结合已收集的集资参与人的言词证据和依法收集并查证属实的书面合同、银行账户交易记录、会计凭证及会计账簿、资金收付凭证、审计报告、互联网电子数据等证据，综合认定非法集资对象人数和吸收资金数额等犯罪事实。

七、关于涉及民事案件的处理问题

对于公安机关、人民检察院、人民法院正在侦查、起诉、审理的非法集资刑事案件，有关单位或者个人就同一事实向人民法院提起民事诉讼或者申请执行涉案财物的，人民法院应当不予受理，并将有关材料移送公安机关或者检察机关。

人民法院在审理民事案件或者执行过程中，发现有非法集资犯罪嫌疑的，应当裁定驳回起诉或者中止执行，并及时将有关材料移送公安机关或者检察机关。

公安机关、人民检察院、人民法院在侦查、起诉、审理非法集资刑事案件中，发现与人民法院正在审理的民事案件属同一事实，或者被申请执行的财物属于涉案财物的，应当及时通报相关人民法院。人民法院经审查认为确属涉嫌犯罪的，依照前款规定处理。

八、关于跨区域案件的处理问题

跨区域非法集资刑事案件，在查清犯罪事实的基础上，可以由不同地区的公安机关、人民检察院、人民法院分别处理。

对于分别处理的跨区域非法集资刑事案件，应当按照统一制定的方案处置涉案财物。

国家机关工作人员违反规定处置涉案财物，构成渎职等犯罪的，应当依法追究刑事责任。

■最高人民法院、最高人民检察院、公安部、中国证券监督管理委员会关于整治非法证券活动有关问题的通知(2008年1月2日)

二、(二)关于擅自发行证券的责任追究。未经依法核准，擅自发行证券，涉嫌犯罪的，依照《刑法》第一百七十九条之规定，以擅自发行股票、公司、企业债券罪追究刑事责任。未经依法核准，以发行证券为幌子，实施非法证券活动，涉嫌犯罪的，依照《刑法》第一百七十六条、第一百九十二条等规定，以非法吸收公众存款罪、集资诈骗罪等罪名追究刑事责任。未构成犯罪的，依照《证券法》和有关法律的规定给予行政处罚。

(四)关于非法证券活动性质的认定。非法证券活动是否涉嫌犯罪，由公安机关、司法机关认定。公安机关、司法机关认为需要有关行政主管机关进行性质认定的，行政主管机关应当出具认定意见。对因案情复杂、意见分歧，需要进行协调的，协调小组应当根据办案部门的要求，组织有关单位进行研究解决。

■最高人民法院关于依法严厉打击集资诈骗和非法吸收公众存款犯罪活动的通知(2004年11月15日)

二、坚决贯彻依法严惩集资诈骗和非法吸收公众存款犯罪的方针，加大对集资诈骗和非法吸收公众存款犯罪的打击力度。金融犯罪一直是我国整顿和规范市场经济秩序工作的打击重点，集资诈骗和非法吸收公众存款犯罪案件，是金融犯罪刑事审判工作的重中之重。……一旦案件起诉后，即应尽快开庭，及时审结。对集资诈骗数额特别巨大并且给国家和人民利益造成特别重大损失，罪行极其严重的犯罪分子，依法应该判处死刑的，要坚决判处死刑，决不手软。在对犯罪分子判处主刑的同时，要依法适用财产刑，并加大赃款赃物的追缴力度，不让犯罪分子在经济上获取非法利益。对集资诈骗和非法吸收公众存款共同犯罪案件中的主犯，一定要依法从严惩处。

■最高人民法院、最高人民检察院关于常见犯罪的量刑指导意见(试行)(2021年7月1日)(见本书附录十三)

▼安徽省高级人民法院、安徽省人民检察院关于二十三种常见犯罪量刑规范的实施细则(试行)(2022年1月16日)(见本书附录十四)

▼全国法院审理金融犯罪案件工作座谈会纪要(2001年1月21日)

(三)关于金融诈骗罪

1.金融诈骗罪中非法占有目的的认定

金融诈骗犯罪都是以非法占有为目的的犯罪。在司法实践中,认定是否具有非法占有为目的,应当坚持主客观相一致的原则,既要避免单纯根据损失结果客观归罪,也不能仅凭被告人自己的供述,而应当根据案件具体情况具体分析。根据司法实践,对于行为人通过诈骗的方法非法获取资金,造成数额较大资金不能归还,并具有下列情形之一的,可以认定为具有非法占有的目的:(1)明知没有归还能力而大量骗取资金的;(2)非法获取资金后逃跑的;(3)肆意挥霍骗取资金的;(4)使用骗取的资金进行违法犯罪活动的;(5)抽逃、转移资金、隐匿财产,以逃避返还资金的;(6)隐匿、销毁账目,或者搞假破产、假倒闭,以逃避返还资金的;(7)其他非法占有资金、拒不返还的行为。但是,在处理具体案件的时候,对于有证据证明行为人不具有非法占有目的的,不能单纯以财产不能归还就按金融诈骗罪处罚。

3.集资诈骗罪的认定和处理:集资诈骗罪和欺诈发行股票、债券罪、非法吸收公众存款罪在客观上均表现为向社会公众非法募集资金。区别的关键在于行为人是否具有非法占有的目的。对于以非法占有为目的而非法集资,或者在非法集资过程中产生了非法占有他人资金的故意,均构成集资诈骗罪。但是,在处理具体案件时要注意以下两点:一是不能仅凭较大数额的非法集资款不能返还的结果,推定行为人具有非法占有的目的;二是行为人将大部分资金用于投资或生产经营活动,而将少量资金用于个人消费或挥霍的,不应仅以此便认定具有非法占有的目的。

(五)财产刑的适用

金融犯罪是图利型犯罪,惩罚和预防此类犯罪,应当注重同时从经济上制裁犯罪分子。刑法对金融犯罪都规定了财产刑,人民法院应当严格依法判处。罚金的数额,应当根据被告人的犯罪情节,在法律规定的数额幅度内确定。对于具有从轻、减轻或者免除处罚情节的被告人,对于本应并处的罚金刑原则上也应当从轻、减轻或者免除。

▼最高人民检察院关于办理涉互联网金融犯罪案件有关问题座谈会纪要(2017年6月2日)(见本书附录四十八)

▼安徽省高级人民法院、安徽省人民检察院关于办理非法集资刑事案件若干问题的意见(2015年9月16日)

一、切实贯彻宽严相济刑事政策

办理非法集资刑事案件应当认真贯彻宽严相济刑事政策,当宽则宽,当严则严,宽严相济。对于主观恶性大,造成严重社会危害,累犯或者受过行政处罚再犯的犯罪分子,应从严打击;对于主观恶性不大,未造成严重社会危害,认罪悔罪,积极退赃的,应从宽处罚。

三、“口口相传”的认定问题

“口口相传”一般是指行为人通过亲朋好友或相关集资户,将集资信息传播给社会上不特定人员,以扩大集资范围。“口口相传”的认定应坚持主客观相一致原则,从该行为是否系集资者以明示或暗示的方式主动授意,获悉存在“口口相传”现象时是否进行控制或排斥,对闻讯而来的集资参与者是否加以甄别,是否设法加以阻止等主客观因素进行全面分析,查明行为人吸收资金的行为有无针对性,是否属于只问资金不问来源。对于那些以吸收资金为目的,明知存在“口口相传”现象仍持放任甚至鼓励态度,对参与集资者所提供资金均予吸收的,应认定为以“口口相传”的方式向社会公开宣传。

四、“社会公众”的界定问题

非法集资的社会性特征是指集资对象为社会公众,即社会不特定对象。非法集资刑事案件中的“亲友”,包括亲属和朋友。对亲属的认定,原则上限于夫、妻、父、母、子、女、同胞兄弟姐妹。对于其他亲属,应在确定亲属关系的基础上,进一步查明相互间关系如何,日常交往是否密切,借款的目的等因素进行综合判定。关于朋友,应作限制性理解,从认识方式、交往基础、持续时间以及借款目的等因素综合考虑。关于单位内部人员的认定,可参考"朋友"的认定规则。对于集资对象既有亲友、单位职工等内部人员,又有其他社会人员的情形,如果均为非法集资行为指向的对象,均应纳入社会公众的范围;最初未向社会公开宣传,仅向亲友、单位内部职工集资的,不计入非法集资范围。对于通过中间人居间介绍而直接出资的人,应纳入社会公众的范围;间接资金关系中的实际出资者一般不纳入社会公众范围,但集资者明知名义出资者向不特定对象吸收资金而予以放任的,实际出资者应纳入社会公众范围。

五、"非法占有目的"的认定问题

对"非法占有目的"的认定,应坚持主客观相一致原则,在综合分析案件客观事实的基础上,具体案件具体分析,既要避免以对诈骗方法的认定替代对非法占有目的的认定,又要避免根据损失结果简单地客观归罪。具体实践中,主要考虑以下因素:是否使用了诈骗方法;投入生产经营的实际情况;是否具有还款行为和能力;事后态度及是否具有归还财物的意图;集资者的辩解是否客观、合理等。

在推定集资者是否具有"非法占有目的"时,应注意以下四个方面:第一,基础事实必须客观、真实,并且不得进行二次推定;第二,基础事实与推定事实须具有理辑上的必然联系;第三,必须坚持主客观相一致,既要注意分析、判断行为人主观心理,更要查清其客观行为,如是否存在还款行为、不能还款的具体原因、集资款的去向等;第四,允许行为人反驳或提供反证,如果行为人能举证证明某种相反的例外情形存在,足以使办案人员对拟推定事实产生合理怀疑,推定结论即不成立。非法集资往往是一个持续过程,集资者的非法占有目,既可能形成于集资行为前,亦可以形成于集资过程中。对于非法集资开始时并无非法占有目的,后在集资过程中产生该目的的,应根据行为人的经营盈亏情况、集资规模、资金用途、是否虚构事实等结合行为人主观心理状态,进行综合分析,如果能够明确界定的,可以此节点作为犯意转化点。开始集资时没有虚构事实,且资金均用于合法经营,集资规模与投资规模基本相当,该时段行为实质为非法吸收公众存款的行为,可根据实际返还情况,以非法吸收公众存款罪处罚或者不作为犯罪处理;在集资过程中因经营亏损等丧失偿还能力,仍以投资为由虚构资金用途,集资款主要用于归还前期借贷本息、肆意挥霍或者进行非法活动等,属于集资诈骗,应与前期的非法吸收公众存款罪实行数罪并罚。如果无法明确界定的,则不应人为划分节点,应将集资行为视为一个整体,以集资诈骗论处,集资数额、持续时间等可作为量刑情节予以考虑。

六、刑民交叉的处理问题根据《合同法》第52条规定,非法集资案件中的借款合同均属于无效合同。对于设定担保的借款合同,担保合同作为借款合同的从合同,其效力也应随主合同的无效而归于无效。该部分数额应当计入非法集资数额。对于集资参与者先行提起民事诉讼,且人民法院已作出生效民事判决的,该部分事实原则上不再作为刑事案件处理。无论是通过民事诉讼所确定的赔偿数额,还是刑事诉讼所确定的赃款返还数额,在统一执行、分配时,应遵循"相同事实,相同处理"的原则,即按照借款数额、已返还本金及支付利息的情况等统一处理。

七、非法集资数额的计算问题针对同一集资对象,短期内数次集资,边集边还的,原则上按此期间最高集资本金的数额认定集资总额,不累计计算。集资参与者将收取的集资收益作为本金再次投入的,该部分不计入非法集资数额。

▼安徽省常见经济犯罪数额标准一览表(2000—2014年)(见本书附录四十)

▼广东省高级人民法院关于办理破坏社会主义市场经济秩序犯罪案件若干具体问题的指导意见(2002年7月2日,2006年4月11日修正实施)

二、关于金融犯罪案件

15.关于集资诈骗罪的数额标准。行为人集资诈骗20万元以下的为"数额较大",20万元以上不满100万元为"数额巨大",100万元以上为"数额特别巨大"。

▼广东省高级人民法院关于办理破坏社会主义市场经济秩序犯罪案件座谈会纪要(2014年11月1日)

二、金融诈骗罪

4. 严格区分集资诈骗罪与非法吸收公众存款罪的界限。被告人是否具有非法占有目的,是集资诈骗罪和非法吸收公众存款罪的主要区别。案件审理中,应当根据被告人犯罪事实准确认定,对于具有非法占有故意的,应当按照集资诈骗罪定罪处罚,不能为了对被告人判处较轻的刑罚而认定为非法吸收公众存款罪。

5. 关于集资诈骗罪中"非法占有目的"的认定。使用诈骗方法非法集资,具有下列情形之一的,可以认定为"以非法占有为目的":

(1)集资后不用于生产经营活动或者用于生产经营活动与筹集资金规模明显不成比例,致使集资款不能返还的;

(2)肆意挥霍集资款,致使集资款不能返还的;

(3)携带集资款逃匿的;

(4)将集资款用于违法犯罪活动的;

(5)抽逃、转移资金、隐匿财产,逃避返还资金的;

(6)隐匿、销毁账目,或者搞假破产、假倒闭,逃避返还资金的;

(7)拒不交代资金去向,逃避返还资金的;

(8)其他可以认定非法占有目的的情形。

6. 关于集资诈骗罪的数额标准。个人进行集资诈骗,数额在10万元以上的为"数额较大";数额在30万元以上不满100万元的为"数额巨大";数额在100万元以上的为"数额特别巨大"。

10. 关于单位犯金融诈骗罪的数额标准。单位犯集资诈骗罪、票据诈骗罪、金融凭证诈骗罪、信用证诈骗罪、保险诈骗罪"数额巨大"、"数额特别巨大"的标准,按照各罪个人犯罪数额标准的5倍掌握。

四、涉案财物处理

13. 关于诈骗财物及其利息的处理问题。案发后查封、扣押、冻结在案的诈骗财物及其利息,权属明确的,应当发还相应被害人;权属不明确的,可以按被骗款物占查封、扣押、冻结在案的财物及其利息总额的比例发还被害人,但是已获退赔的应予扣除。

14. 关于涉案财产的追缴和处置问题。将诈骗所得的资金或者财物及转换所得的财物用于清偿债务或者转让给他人,有下列情形之一的,应当依法追缴:

(一)他人明知是上述资金或者财物而收取的;

(二)他人无偿取得上述资金或者财物的;

(三)他人以明显低于市场的价格取得上述资金或者财物的;

(四)他人取得上述资金或者财物系源于非法债务或者违法犯罪活动的;

(五)其他依法应当追缴的情形。

他人善意取得诈骗财物的,不予追缴。

五、其他

15. 铁路运输两级法院审理的犯罪案件,按照案发地的数额标准定罪量刑。

16. 对于案发地跨两类地区的,按照一类地区的数额标准定罪量刑;因指定管辖导致跨地区审判的,按照案发地的数额标准定罪量刑。

17. 本院以前发布的指导意见与本纪要不一致的,以本纪要规定为准。

●集资诈骗的认定

网络借贷信息中介机构或其控制人,利用网络借贷平台发布虚假信息,非法建立资金池募集资金,所得资金大部分未用于生产经营活动，主要用于借新还旧和个人挥霍，无法归还所募资金数额巨大，应认定为具有非法占有目的，以集资诈骗罪追究刑事责任。（最高人民检察院发布第10批指导案例，检例第40号，周辉集资诈骗案，2018年7月3日发布）

□全面分析行为人无法偿还集资款的原因，若行为人没有进行实体经营或实体经营的比例极小，根本无法通过正常经营偿还前期非法募集的本金及约定利息，将募集的款项隐匿、挥霍的，应当认定行为人具有非法占有的目的

行为人以非法占有为目的，采取虚构集资用途，以虚假的证明文件和高回报率为诱饵，未经有权机关批准，向社会公众非法募集资金，骗取集资款的行为，构成《中华人民共和国刑法》第一百九十二条规定的集资诈骗罪。在认定行为人是否具有非法占有目的时，应当坚持主客观相统一的认定标准，既要避免单纯根据损失结果客观归罪，也不能仅凭被告人自己的供述，应当根据案件具体情况全面分析行为人无法偿还集资款的原因，若行为人没有进行实体经营或实体经营的比例极小，根本无法通过正常经营偿还前期非法募集的本金及约定利息，将募集的款项隐匿、挥霍的，应当认定行为人具有非法占有的目的。[江苏省南京市人民检察院诉许官成、许冠卿、马茹梅集资诈骗案，载《最高人民法院公报》总第156期，2009年第10期，第37页。]

▽刑法中规定的不同诈骗犯罪的具体适用

在1979年刑法中，凡是以非法占有为目的，用虚构事实或者隐瞒真相的方法，骗取数额较大的公私财物的行为一律以诈骗罪定罪处刑。1995年6月，全国人大常委会通过的《关于惩治破坏金融秩序犯罪的决定》，将保险诈骗、集资诈骗、贷款诈骗、票据诈骗等金融诈骗犯罪从诈骗罪中分离出来。1997年修订刑法时将此规定纳入了刑法，并将以非法占有为目的，利用合同骗取财物的行为单独设置为合同诈骗罪。这样，对于以非法占有为目的，实施金融诈骗或合同诈骗的犯罪行为，刑法以不同章节和条款作了规定，并规定了不同的法定刑。在构成要件上，票据诈骗罪、合同诈骗罪和诈骗罪都是以非法占有为目的，使用虚构事实或者隐瞒真相的方法，骗取数额较大的公私财物的行为。但具体犯罪行为不同，侵犯的犯罪客体不同，罪名都不容混淆。票据诈骗罪在客体上侵犯的是国家对票据的管理制度，客观上仅限于使用本票、汇票和支票骗取数额较大的公私财物的行为。合同诈骗罪侵犯的客体是国家对合同的管理制度，客观上限于在签订、履行合同过程中进行诈骗的行为。如果忽略这些特定的诈骗犯罪行为特征和犯罪侵犯的特殊客体，行为人实施金融诈骗、合同诈骗的行为，也完全符合诈骗罪的法定构成要件，这种情形在刑法理论上被称为法条竞合。票据诈骗罪、合同诈骗罪与诈骗罪之间就属于一种包含关系，票据诈骗罪与合同诈骗罪之间是一种交叉关系。对于法条竞合的处理，刑法没有明确规定，但在刑法理论上，一般认为应择一重处断，即按照刑法规定的法定刑较重的法条定罪处刑；如数个法条的法定刑相同，则按照特别法优于普通法的原则，以特别法的法条定罪处刑。由于1997年刑法规定的金融诈骗罪的法定刑重于诈骗罪，合同诈骗罪的法定刑与诈骗罪基本相同，因此，自1997年刑法施行以后，对于实施金融诈骗或者利用合同进行诈骗，构成犯罪的行为，不再以诈骗罪定罪处罚。[参见第96(93)号案例，季某票据诈骗、合同诈骗案，载《刑事审判参考》总第15辑(2001年第4辑)，法律出版社，第22～23页。执笔：韩晋萍]

▽以非法占有为目的，使用诈骗方法非法集资的行为，构成集资诈骗犯罪

三星公司采取流动吸资、以新还旧、虚构集资用途、以高回报率为诱饵等方法，向社会公众非法募集资金，行为人明知无法返还全部集资款，仍继续进行犯罪活动，并将所募集资金大部分用于挥霍性投资、侵占、挪用或非法随意处分来看，共骗取社会公众集资款共计8亿多元，给集资者造成巨额经济损失。三星公司虽将部分集资款用于返还集资者本金及高息，但从其整个犯罪来看，只是为了进一步骗取公众的信任，扩大集资规模。参照最高人民法院《关于审理诈骗案件具体应用法律的若干问题的解释》（该解释已依据最高人民法院法释〔2013〕2号废止）第三条“具有下列情形之一的，应当认定其主观上属于'以非法占有为目的,使用诈骗方法非法集资':①携集资款逃跑的;②挥霍集资款,致使集资款无法返还的;③使用集资款进行违法犯罪活动,致使集资款无法返还的;④具有其他欺诈行为,拒不返还集资款,或者致使集资款无法返还的"的规定,应当认定三星公司具有非法占有集资款的目的。以非法占有为目的,利用欺骗方法非法集资的行为,显然不符合非法吸收公众存款犯罪的构成特征。[参见第 72 号案例,河南省三星公司集资诈骗案,载《刑事审判参考》总第 10 辑(2000 年第 5 辑),法律出版社,第 13 ~14 页。执笔:田立文　夏汉清]

第一百九十三条　【贷款诈骗罪】有下列情形之一,以非法占有为目的,诈骗银行或者其他金融机构的贷款,数额较大的,处五年以下有期徒刑或者拘役,并处二万元以上二十万元以下罚金;数额巨大或者有其他严重情节的,处五年以上十年以下有期徒刑,并处五万元以上五十万元以下罚金;数额特别巨大或者有其他特别严重情节的,处十年以上有期徒刑或者无期徒刑,并处五万元以上五十万元以下罚金或者没收财产:

(一)编造引进资金、项目等虚假理由的;

(二)使用虚假的经济合同的;

(三)使用虚假的证明文件的;

(四)使用虚假的产权证明作担保或者超出抵押物价值重复担保的;

(五)以其他方法诈骗贷款的。

■最高人民检察院、公安部关于公安机关管辖的刑事案件立案追诉标准的规定(二)(2022 年 5 月 15 日)

第四十五条　〔贷款诈骗案(刑法第一百九十三条)〕以非法占有为目的,诈骗银行或者其他金融机构的贷款,数额在五万元以上的,应予立案追诉。

[附则(第七十九条至第八十五条)内容附在本书刑法第一百二十条之一附文同名文件中。]

▼全国法院审理金融犯罪案件工作座谈会纪要(2001 年 1 月 21 日)

(三)关于金融诈骗罪

1. 金融诈骗罪中非法占有目的的认定

金融诈骗犯罪都是以非法占有为目的的犯罪。在司法实践中,认定是否具有非法占有为目的,应当坚持主客观相一致的原则,既要避免单纯根据损失结果客观归罪,也不能仅凭被告人自己的供述,而应当根据案件具体情况具体分析。根据司法实践,对于行为人通过诈骗的方法非法获取资金,造成数额较大资金不能归还,并具有下列情形之一的,可以认定为具有非法占有的目的:(1)明知没有归还能力而大量骗取资金的;(2)非法获取资金后逃跑的;(3)肆意挥霍骗取资金的;(4)使用骗取的资金进行违法犯罪活动的;(5)抽逃、转移资金、隐匿财产,以逃避返还资金的;(6)隐匿、销毁账目,或者搞假破产、假倒闭,以逃避返还资金的;(7)其他非法占有资金、拒不返还的行为。但是,在处理具体案件的时候,对于有证据证明行为人不具有非法占有目的的,不能单纯以财产不能归还就按金融诈骗罪处罚。

2. 贷款诈骗罪的认定和处理。贷款诈骗犯罪是目前案发较多的金融诈骗犯罪之一。审理贷款诈骗犯罪案件,应当注意以下两个问题:

一是单位不能构成贷款诈骗罪。根据刑法第三十条和第一百九十三条的规定,单位不构成贷款诈骗罪。对于单位实施的贷款诈骗行为,不能以贷款诈骗罪定罪处罚,也不能以贷款诈骗罪追究直接负责的主管人员和其他直接责任人员的刑事责任。但是,在司法实践中,对于单位十分明显地以非法占有为目的,利用签订、履行借款合同诈骗银行或其他金融机构贷款,符合刑法第二百二十四条规定的合同诈骗罪构成要件的,应当以合同诈骗罪定罪处罚。

二是要严格区分贷款诈骗与贷款纠纷的界限。对于合法取得贷款后,没有按规定的用途使用贷款,到期没有归还贷款的,不能以贷款诈骗罪定罪处罚;对于确有证据证明行为人不具有非法占有的目的,因不具备贷款的条件而采取了欺骗手段获取贷款,案发时有能力履行还贷义务,或者案发时不能归还贷款是因为意志以外的原因,如因经营不善、被骗、市场风险等,不应以贷款诈骗罪定罪处罚。

▼安徽省常见经济犯罪数额标准一览表(2000—2014年)(见本书附录四十)

▼广东省高级人民法院关于办理破坏社会主义市场经济秩序犯罪案件若干具体问题的指导意见(2002年7月2日,2006年4月11日修正实施)

二、关于金融犯罪案件

16.关于票据诈骗罪、金融凭证诈骗罪、贷款诈骗罪、信用卡诈骗罪、有价证券诈骗罪、保险诈骗罪的数额标准。行为人实施上述几类诈骗行为,数额在10万元以下为"数额较大",10万元以上不满50万元为"数额巨大",50万元以上为"数额特别巨大"。

17.关于信用证诈骗罪的数额标准。行为人实施信用证诈骗行为数额在20万元以上不满100万元为"数额巨大",100万元以上为"数额特别巨大"。

18.犯集资诈骗罪、票据诈骗罪、金融凭证诈骗罪或者信用证诈骗罪,造成直接经济损失50万元以上的,属于"给国家和人民利益造成特别重大损失"。

19.单位犯集资诈骗罪、票据诈骗罪、金融凭证诈骗罪、信用证诈骗罪、保险诈骗罪"数额巨大"、"数额特别巨大"的标准,按照各该罪个人犯罪数额标准的5倍掌握。

▼广东省高级人民法院关于办理破坏社会主义市场经济秩序犯罪案件座谈会纪要(2014年11月1日)

二、金融诈骗罪

7.关于贷款诈骗罪、票据诈骗罪、金融凭证诈骗罪、有价证券诈骗罪、保险诈骗罪的数额标准。行为人实施上述几类诈骗行为,数额不满40万元的为"数额较大",数额在40万元以上不满150万元的为"数额巨大",数额在150万元以上的为"数额特别巨大"。

10.关于单位犯金融诈骗罪的数额标准。单位犯集资诈骗罪、票据诈骗罪、金融凭证诈骗罪、信用证诈骗罪、保险诈骗罪"数额巨大"、"数额特别巨大"的标准,按照各罪个人犯罪数额标准的5倍掌握。

四、涉案财物处理

13.关于诈骗财物及其利息的处理问题。案发后查封、扣押、冻结在案的诈骗财物及其利息,权属明确的,应当发还相应被害人;权属不明确的,可以按被骗款物占查封、扣押、冻结在案的财物及其利息总额的比例发还被害人,但是已获退赔的应予扣除。

14.关于涉案财产的追缴和处置问题。将诈骗所得的资金或者财物及转换所得的财物用于清偿债务或者转让给他人,有下列情形之一的,应当依法追缴:

(一)他人明知是上述资金或者财物而收取的;

(二)他人无偿取得上述资金或者财物的;

(三)他人以明显低于市场的价格取得上述资金或者财物的;

(四)他人取得上述资金或者财物系源于非法债务或者违法犯罪活动的;

(五)其他依法应当追缴的情形。

他人善意取得诈骗财物的,不予追缴。

五、其他

15.铁路运输两级法院审理的犯罪案件,按照案发地的数额标准定罪量刑。

16.对于案发地跨两类地区的,按照一类地区的数额标准定罪量刑;因指定管辖导致跨地区审判的,按照案发地的数额标准定罪量刑。

17.本院以前发布的指导意见与本纪要不一致的,以本纪要规定为准。

▽刑法上"非法占有目的"的认定

刑法意义上的"非法占有",不仅是指行为人意图使财物脱离相对人而非法实际控制和管领,而且意图非法所有或者不法所有相对人的财物,为使用、收益、处分之表示。因此,不能单纯以行为人使用欺诈手段实际获取了贷款或者贷款到期不能归还,就认定行为人主观上具有非法占有贷款的目的,而应坚持主客观相一致的原则,具体情况具体分析,在对行为人贷款时的履约能力、取得贷款的手段、贷款的使用去向、贷款无法归还的原因等方面及相关客观事实进行综合分析的基础上,判断行为人是否具有非法占有贷款的目的,以准确界定是贷款欺诈行为还是贷款诈骗犯罪。行为人虽采用欺诈手段,使用虚假的产权证明作担保获取了银行贷款,且贷款后擅自改变贷款用途,并未将贷款用于偿付货款,而是用于购买固定资产和炒期货,但综合全案事实,并不能认定行为人主观上具有非法占有的目的。理由是:1. 从贷款时的履约能力看,一方面,行为人有花费200余万元购买并获得产权的港城信用社大楼,另一方面,有花费250万元购买并获得产权的东福工程塑料有限公司。可见,行为人具有履约能力。虽然,行为人用同一座楼房抵押贷款四笔,但除起诉的这一笔外,其他三笔有两笔已归还,另一笔属正常贷款,也归还了近半数(本金)。2. 从贷款用途看,行为人无挥霍、恶意处分或者携款潜逃的行为,而是用于经营活动和购买工厂。对于行为人利用欺诈手段取得款物后用于经营活动,即使是高风险的经营活动,如炒股、炒期货、开发房地产等活动,造成资金客观上无法归还的,如果无其他证明行为人有非法占有目的的事实,也不能以金融诈骗犯罪处罚。3. 从还贷情况看,行为人是在积极寻找途径偿还贷款,而且其曾于1997年3月归还利息7.3万元,行为人并无拒不偿还贷款的行为。综上所述,行为人主观上不具有非法占有银行贷款的目的,其行为并不构成贷款诈骗罪。[参见第306号案例,张福顺贷款诈骗案,载《刑事审判参考》总第39集(2004年第4集),法律出版社,第17~19页。执笔:牛克乾]

▽修订前刑法的规定,实施单位贷款诈骗行为的单位不能构成犯罪,而单位直接负责的主管人员和其他直接责任人员可以构成诈骗罪

1995年全国人大常委会《关于惩治破坏金融秩序犯罪的决定》对于各种金融诈骗犯罪作了明确规定,其中规定了自然人贷款诈骗罪,但没有规定单位可以构成贷款诈骗罪。为准确适用1979年刑法和上述决定,最高人民法院1996年12月16日发布了《关于审理诈骗案件具体应用法律若干问题的解释》(本附文以下简称《解释》)。《解释》第二条第一款规定:"利用经济合同诈骗他人财物数额较大的,构成诈骗罪。"第一条第四款规定,单位直接负责的主管人员和其他直接责任人员以单位名义实施诈骗行为,诈骗所得归单位所有,达到一定数额的,依照(1979年)《刑法》第一百五十一条的规定追究上述人员的刑事责任。1997年刑法修订后,总则第三十条、第三十一条规定了单位犯罪的刑事责任,分则第一百九十三条规定了贷款诈骗罪,但在专门规定单位金融诈骗犯罪的第二百条却排斥了单位可以构成贷款诈骗罪。1979年刑法和解释是刑法修订前评价单位贷款诈骗犯罪的法律根据。其中,如何理解《解释》第一条第四款的规定是问题的关键。该规定表明,单位实施的诈骗行为,构成犯罪的只能是自然人,即单位直接负责的主管人员和其他直接责任人员,单位不是犯罪主体。司法解释是对立法原意的解释,在1979年刑法及相关刑事立法并未规定单位诈骗罪的情况下,《解释》第一条第四款的规定只能是对自然人以单位名义、为单位利益实施诈骗犯罪的刑事责任的规定。因此,根据修订前刑法的规定,单位利用经济合同实施贷款诈骗的,单位不构成犯罪,只能追究单位直接负责的主管人员和其他直接责任人员诈骗罪的刑事责任。[参见第169号案例,俞辉合同诈骗案,载《刑事审判参考》总第25辑(2002年第2辑),法律出版社,第36~37页。执笔:牛克乾]

▽1997年刑法的规定,单位不能构成贷款诈骗罪。但对于单位实施的贷款诈骗行为,符合合同诈骗罪构成要件的,应以合同诈骗罪定罪,对单位及直接负责的主管人员和其他直接责任人员实行双罚制

1997年刑法确立了罪刑法定原则,因此根据刑法相关的规定,单位不能构成贷款诈骗罪。因单位犯罪毕竟不同于自然人犯罪,对于单位实施的贷款诈骗行为按照自然人犯罪处罚,违背了罪刑法定原则。同时对于罪刑法定原则应全面理解,单位实施贷款诈骗行为,不构成贷款诈骗罪,但只要其行为符合刑法规定的其他犯罪的构成要件,具有社会危害性、刑事违法性和应受刑罚处罚性,就应按相应的犯罪定罪处罚。《审理金融犯罪纪要》中明确指出:"对于单位实施的贷款诈骗行为,不能以贷款诈骗罪定罪处罚,也不能以贷款诈骗罪追究直接负责的主管人员和其他直接责任人员的刑事责任。但是,在司法实践中,对于单位十分明显地以非法占有为目的,利用签订、履行借款合同诈骗银行或其他金融机构贷款,符合刑法第二百二十四条规定的合同诈骗罪构成要件的,应以合同诈骗罪定罪处罚"。[参见第169号案例,俞辉合同诈骗案,载《刑事审判参考》总第25辑(2002年第2辑),法律出版社,第37~38页。执笔:牛克乾]

▽单位实施的贷款诈骗行为的处罚

贷款诈骗罪的主体限定于自然人。然而在实际经济活动中,贷款诈骗行为常为单位所实施,并具有很大的社会危害性。由于单位不符合贷款诈骗罪的主体资格,对于单位实施的贷款诈骗行为,无论数额大小,均不能作为贷款诈骗罪处理,也不能以贷款诈骗罪追究单位直接负责的主管人员和其他直接责任人员的刑事责任。2001年1月21日《全国法院审理金融犯罪案件工作座谈会纪要》(本附文以下简称《纪要》)规定:"……单位不能构成贷款诈骗罪……对于单位实施的贷款诈骗行为,不能以贷款诈骗罪定罪处罚,也不能以贷款诈骗罪追究直接负责的主管人员和其他直接责任人员的刑事责任。"但考虑到单位贷款诈骗虽不能以贷款诈骗罪定罪处罚,但此种行为亦属于利用合同实施,符合合同诈骗罪的特征,故《纪要》又规定:"对于单位十分明显地以非法占有为目的,利用签订、履行借款合同诈骗银行或其他金融机构贷款,符合刑法第二目二十四条规定的合同诈骗罪构成要件的,应当以合同诈骗罪定罪处罚。"[参见第103(100)号案例,陈玉泉、邹臻荣贷款诈骗案,载《刑事审判参考》总第16集(2001年第5集),法律出版社,第15页。执笔:卞文斌]

▽贷款诈骗罪中非法占有目的的认定

是否具有非法占有目的是区分贷款诈骗与贷款欺诈的关键。《纪要》已提出明确意见明确规定七种情形之一,可以认定为具有非法占有的目的。即判断行为人主观上具有非法占有贷款的目的,必须同时具备以下客观事实:其一,行为人是通过欺诈的手段来取得贷款的;其二,行为人到期没有归还贷款;其三,行为人贷款时即明知不具有归还能力或者贷款后实施了某种特定行为,如携款逃跑,肆意挥霍贷款,抽逃、转移资金、隐匿财产以逃避返还贷款等。只有在借款人同时具备上述三个条件时,才能认定借款人在主观上具有非法占有贷款的目的。若借款人所实施的行为欠缺上述条件之一的,一般不能认定其主观上具有非法占有的目的。[参见第95(92)号案例,吴晓丽贷款诈骗案,载《刑事审判参考》总第15辑(2001年第4辑),法律出版社,第15~16页。执笔:吴吉吉 王怀忠]

▽贷款诈骗与贷款纠纷的界限的认定

根据最高人民法院2001年1月21日印发的《纪要》的规定,对于合法取得贷款后,没有按规定的用途使用贷款,到期没有归还贷款的,不能以贷款诈骗罪定罪处罚;对于确有证据证明行为人不具有非法占有目的;因不具备贷款的条件而采取了欺骗手段获取贷款,案发时有能力履行还贷义务,或者案发时不能归还贷款是因为意志以外的原因,如因经营不善、被骗、市场风险等,不应以贷款诈骗罪定罪。利用含有虚假项目的财务报表进行申请贷款,能否认定为"以其他方法诈骗贷款"而构成贷款诈骗罪,关键在于能否运用案件的其他事实来证明行为人主观上是否具备"非法占有贷款的目的"。总之,在处理具体案件的时候,对于有证据证明行为人主观上不具有非法占有目的,就不能单纯以贷款不能归还而按金融诈骗罪论处。[参见第88(85)号案例,郭建升被控贷款诈骗案,载《刑事审判参考》总第14辑(2001年第3辑),法律出版社,第9页。执笔:郝银忠 刘树德]

▽贷款诈骗罪的"证明文件"的认定

"证明文件",主要是指银行的存款证明、公司和金融机构的担保函、划款证明等在向银行或者其他金融机构申请贷款时所需的文件,不包括金融凭证。[参见第33号案例,朱成芳等金融凭证诈骗、贷款诈骗案,载《刑事审判参考》总第5辑(1999年第5辑),法律出版社,第7页。审编:张军]

第一百九十四条 【票据诈骗罪】有下列情形之一,进行金融票据诈骗活动,数额较大的,处五年以下有期徒刑或者拘役,并处二万元以上二十万元以下罚金;数额巨大或者有其他严重情节的,处五年以上十年以下有期徒刑,并处五万元以上五十万元以下罚金;数额特别巨大或者有其他特别严重情节的,处十年以上有期徒刑或者无期徒刑,并处五万元以上五十万元以下罚金或者没收财产:

(一)明知是伪造、变造的汇票、本票、支票而使用的;

(二)明知是作废的汇票、本票、支票而使用的;

(三)冒用他人的汇票、本票、支票的;

(四)签发空头支票或者与其预留印鉴不符的支票,骗取财物的;

(五)汇票、本票的出票人签发无资金保证的汇票、本票或者在出票时作虚假记载,骗取财物的。

【金融凭证诈骗罪】使用伪造、变造的委托收款凭证、汇款凭证、银行存单等其他银行结算凭证的,依照前款的规定处罚。

■最高人民检察院、公安部关于公安机关管辖的刑事案件立案追诉标准的规定(二)(2022年5月15日)

第四十六条 〔票据诈骗案(刑法第一百九十四条第一款)〕进行金融票据诈骗活动,数额在五万元以上的,应予立案追诉。

第四十七条 〔金融凭证诈骗案(刑法第一百九十四条第二款)〕使用伪造、变造的委托收款凭证、汇款凭证、银行存单等其他银行结算凭证进行诈骗活动,数额在五万元以上的,应予立案追诉。

[附则(第七十九条至第八十五条)内容附在本书刑法第一百二十条之一附文同名文件中。]

■中华人民共和国票据法(2004年8月28日)

第十九条 汇票是出票人签发的,委托付款人在见票时或者在指定日期无条件支付确定的金额给收款人或者持票人的票据。

汇票分为银行汇票和商业汇票。

第七十三条 本票是出票人签发的,承诺自己在见票时无条件支付确定的金额给收款人或者持票人的票据。

本法所称本票,是指银行本票。

第八十一条 支票是出票人签发的,委托办理支票存款业务的银行或者其他金融机构在见票时无条件支付确定的金额给收款人或者持票人的票据。

第一百零二条 有下列票据欺诈行为之一的,依法追究刑事责任:

(一)伪造、变造票据的;

(二)故意使用伪造、变造的票据的;

(三)签发空头支票或者故意签发与其预留的本名签名式样或者印鉴不符的支票,骗取财物的;

(四)签发无可靠资金来源的汇票、本票,骗取资金的;

(五)汇票、本票的出票人在出票时作虚假记载,骗取财物的;

(六)冒用他人的票据,或者故意使用过期或者作废的票据,骗取财物的;

(七)付款人同出票人、持票人恶意串通,实施前六项所列行为之一的。

▼安徽省常见经济犯罪数额标准一览表(2000—2014年)(见本书附录四十)

▼广东省高级人民法院关于办理破坏社会主义市场经济秩序犯罪案件若干具体问题的指导意见(2002年7月2日,2006年4月11日修正实施)

二、关于金融犯罪案件

14.关于《刑法》第194条规定的票据诈骗罪和金融凭证诈骗罪的认定。行为人在实施一宗诈骗行为中,既使用了支票、汇票、本票等票据,又使用了其他银行结算凭证的,视其以何种票据、凭证为主,在票据诈骗罪和金融凭证诈骗罪中择一重罪处罚，不实行数罪并罚；如果在不同宗诈骗行为中，分别使用了支票、汇票、本票等票据和其他银行结算凭证的，则应分别认定票据诈骗罪和金融凭证诈骗罪，数罪并罚。

▼广东省高级人民法院关于办理破坏社会主义市场经济秩序犯罪案件座谈会纪要（2014年11月1日）

二、金融诈骗罪

7.关于贷款诈骗罪、票据诈骗罪、金融凭证诈骗罪、有价证券诈骗罪、保险诈骗罪的数额标准。行为人实施上述几类诈骗行为，数额不满40万元的为“数额较大”，数额在40万元以上不满150万元的为“数额巨大”，数额在150万元以上的为“数额特别巨大”。

10.关于单位犯金融诈骗罪的数额标准。单位犯集资诈骗罪、票据诈骗罪、金融凭证诈骗罪、信用证诈骗罪、保险诈骗罪“数额巨大”、“数额特别巨大”的标准，按照各罪个人犯罪数额标准的5倍掌握。

四、涉案财物处理

13.关于诈骗财物及其利息的处理问题。案发后查封、扣押、冻结在案的诈骗财物及其利息，权属明确的，应当发还相应被害人；权属不明确的，可以按被骗款物占查封、扣押、冻结在案的财物及其利息总额的比例发还被害人，但是已获退赔的应予扣除。

14.关于涉案财产的追缴和处置问题。将诈骗所得的资金或者财物及转换所得的财物用于清偿债务或者转让给他人，有下列情形之一的，应当依法追缴：

（一）他人明知是上述资金或者财物而收取的；

（二）他人无偿取得上述资金或者财物的；

（三）他人以明显低于市场的价格取得上述资金或者财物的；

（四）他人取得上述资金或者财物系源于非法债务或者违法犯罪活动的；

（五）其他依法应当追缴的情形。

他人善意取得诈骗财物的，不予追缴。

五、其他

15.铁路运输两级法院审理的犯罪案件，按照案发地的数额标准定罪量刑。

16.对于案发地跨两类地区的，按照一类地区的数额标准定罪量刑；因指定管辖导致跨地区审判的，按照案发地的数额标准定罪量刑。

17.本院以前发布的指导意见与本纪要不一致的，以本纪要规定为准。

□使用伪造金融凭证诈骗的行为构成金融凭证诈骗罪

刑法本条第一款票据诈骗罪的规定，票据诈骗罪是指利用汇票、本票、支票进行诈骗的行为。该条第二款规定的金融凭证诈骗罪，是指使用伪造、变造的委托收款凭证、汇款凭证、银行存单等其他银行结算凭证的行为。犯该罪的，依照前款票据诈骗罪的规定处罚。构成此款犯罪行为的条件，包括：第一，行为人使用的银行结算凭证必须是伪造、变造的。第二，行为人实施的对象必须是委托收款凭证、汇款凭证、银行存单等其他银行结算凭证。这里所说的“银行结算凭证”，是指办理银行结算的凭据和证明。第三，行为人必须实施了“使用”伪造、变造的银行结算凭证的行为。被告人以非法占有为目的，以高息吸收存款为诱饵，拉回存款后，又以变造的银行存单骗取存款人的信任，诈骗存款人的资金数额特别巨大，破坏了国家的金融秩序，给国家和人民利益造成重大损失，其行为均已触犯刑法第一百九十四第一百九十九的规定，构成金融凭证诈骗罪。［曹娅莎、刘锦祥金融凭证诈骗案，载《最高人民法院公报》总第59期，1999年第3期，第97页。参见第4号案例，曹娅莎金融凭证诈骗案，载《刑事审判参考》总第1集（1999年第1辑），法律出版社，第30～33页。审编：张军］

○关于对居间贩卖假金融票证行为如何适用法律问题的意见

参照《最高人民法院、最高人民检察院关于办理伪造、贩卖伪造的高等院校学历、学位证明刑事案件如何适用法律问题的解释》关于“明知是伪造高等院校印章制作的学历、学位证明而贩卖的,以伪造事业单位印章罪的共犯论处”的规定,明知是伪造、变造的金融票证而贩卖,或者明知他人用于金融票证诈骗而向其出售伪造、变造的金融票证的,以伪造、变造金融票证罪或者票据诈骗罪(金融凭证诈骗罪)的共犯论处。[参见《刑事审判参考》总第27辑(2002年第4辑),法律出版社,第204页。]

▽网上银行企业客户账户查询、转账书符合金融凭证中的委托收款凭证的特征,属于金融凭证

银行结算凭证,包括委托收款凭证、汇款凭证、银行存单以及其他银行结算凭证。银行的委托收款凭证,是指收款人在委托银行向付款人收取款项时所填写、提供的凭据和证明。汇款凭证,是指汇款人委托银行将款项汇给外地收款时,所填写的凭据和证明。其他银行结算凭证是指除本票、汇票、支票、委托收款凭证、汇款凭证、银行存单以外的办理银行结算的凭证和证明。2000年8月的中国人民银行办公厅《关于单位定期存款开户证实书性质认定的批复》认为,支付结算是指单位、个人在社会经济活动中使用票据、信用卡和汇兑、托收承付、委托收款等结算方式进行货币给付及其资金清算的行为,中国人民银行为上述结算活动统一制定的书面凭证为结算凭证。2003年12月9日,中国人民银行办公厅《关于其他银行结算凭证有关问题的复函》再次明确:根据《支付结算办法》的有关规定,办理票据、信用卡和汇兑、托收承付、委托收款等转账结算业务所使用的凭证,均属银行结算凭证。此外,银行办理现金缴存或支取业务使用的有关凭证也属银行结算凭证,如现金解款单是客户到银行办理现金缴存业务的专用凭证,也是银行和客户凭以记账的依据,它证明银行与客户之间发生了资金收付关系,代表相互间债权、债务关系的建立,属于银行结算凭证。而单位定期存款开户证实书、对账单、银行询证函等,只具有证明或事后检查作用,不具有货币给付和资金清算作用,不属于结算凭证。因此,只要是在金融活动中具有货币给付和资金清算作用,并表明银行与客户之间已受理或已办结相关支付结算业务的凭据,均应认定为银行结算凭证。网上银行业务作为一种新型的金融服务,对其使用的凭证种类,中国人民银行和中国银行业监督管理委员会(已撤销)均没有明确的定性。《中国工商银行网上银行企业客户账户查询、转账授权书》是用于网上电子银行进行收付、结算的唯一的、排他的重要依据,是用于特定主体(金融机构、存款人)之间以特定的格式记载双方的特定权利、义务的书面文件,同时也是双方记账的重要凭证,符合上述金融凭证中的委托收款凭证的特征,属于新兴电子银行业务中出现的一种非传统型的银行会计凭证,具有金融凭证所具有的转账、支付等功能,因而应属于金融票证的范畴。[参见第424号案例,张北海等人贷款诈骗、金融凭证诈骗案,载《刑事审判参考》总第54集(2007年第1辑),法律出版社,第14~16页。执笔:马宇舟]

▽金融机构工作人员利用工作之便,以偷换储户存折的方式支取存款的行为,构成金融凭证诈骗罪

盗窃罪与金融凭证诈骗罪都是侵财性犯罪,行为人主观上都有非法占有的目的,客观上都侵犯了他人财产权等。但是刑法将盗窃罪规定在侵犯财产罪中,金融凭证诈骗罪则被规定在破坏社会主义市场经济秩序罪中,表明了两罪在侵害的法益上有着本质的不同。在司法实践中区别两罪的关键:盗窃罪是采用秘密窃取的手段取得公私财物,由于行为人采取的是秘密窃取的方式。金融凭证诈骗罪则是以使用伪造、变造的银行结算凭证的欺骗手段,使财物所有人、管理人陷入认识错误,“自愿”交出财物,由于行为人采取的是骗取的方式,因此,客观上存在被害人处分财产的事实,行为人对被害人财产的占有,虽然在表面上当时是基于被害人的自愿,但实质上却违背了被害人的真实意志。金融凭证诈骗罪不但侵犯了财产权还侵犯了金融管理秩序和金融安全,因此刑法第一百九十四条第二款规定构成金融凭证诈骗罪要求必须使用伪造的委托收款凭证、汇款凭证、银行存单等其他银行结算凭证作为骗取财物的手段,否则不构成本罪。而对于盗窃罪而言,由于只侵犯了他人的财产权,则没有此种特定手段的要求。伪造银行存折与使用伪造的存折冒用取款的行为属于牵连关系,应当择一重罪论处。利用窃取的他人存款信息资料伪造银行存折的行为,依法构成伪造金融票证罪,其后使用该伪造的存折到信用社取款的行为亦构成金融凭证诈骗罪,两个行为具有手段行为与目的行为的牵连关系,属于刑法理论上的牵连犯。对于牵连犯的处理,在刑法没有明确规定的情况下,司法实践中一般采用择一重罪论处的原则。比较行为人构成两罪应适用的法定刑幅度,显然金融凭证诈骗罪重于伪造金融票证罪,故以金融票证诈骗罪对行为人定罪处刑。[参见第425号案例,李路军金融凭证诈骗案,载《刑事审判参考》总第54集(2007年第1辑),法律出版社,第21～24页。执笔:杨金华]

▽具有非法占有目的是票据诈骗罪的必要构成要件

票据诈骗罪,是从传统的诈骗罪中分离出来的,与诈骗罪相同,以非法占有为目的是构成本罪的必要条件。虽然刑法关于金融诈骗犯罪的条文中,只对集资诈骗罪、贷款诈骗罪和信用卡诈骗罪中的"恶意透支"行为明确规定了必须具有非法占有的目的,没有明确规定票据诈骗罪是"以非法占有为目的"的犯罪,但并不是说票据诈骗犯罪不要求有非法占有的目的。只是由于金融诈骗比普通诈骗犯罪的情况复杂,在认定行为人是否具有非法占有的目的上存在一定的特殊性。在非法集资(诈骗)、违法贷款(诈骗)和恶意透支信用卡行为中,行为人采取虚假手段集资、贷款或者恶意透支信用卡,并不一定都具有非法占有目的,因此,刑法才强调规定"以非法占有为目的"才能构成犯罪。而在其他金融诈骗犯罪中,如果没有相反证据证明行为人不具有非法占有目的,行为人采取刑法规定的方式、手段进行金融诈骗的,一般可以表明行为人主观上具有非法占有的目的,不需要刑法作出特别规定。正如抢劫罪、盗窃罪、诈骗罪都是以非法占有为目的的犯罪,但刑法没有规定"以非法占有为目的"是此类犯罪的构成要件一样。因此,认定票据诈骗罪,必须查明行为人是否具有非法占有的目的。[参见第145号案例,姚建林票据诈骗案,载《刑事审判参考》总第23集(2001年第12辑),法律出版社,第18页。执笔:宋楚潇]

▽对于金融票据与经济合同相关联的诈骗案件中票据诈骗罪与合同诈骗罪的认定

对于金融票据与经济合同相关联的诈骗案件,结合刑法理论和刑法规定,可依照以下原则处理:在合同诈骗过程中以价值基础不真实的票据伪给付,同时符合合同诈骗罪和票据诈骗罪构成要件的,应按照法条竞合关于特别法优于一般法的原则处理,依票据诈骗罪定罪量刑;以伪造、变造、作废的票据作为合同担保而进行诈骗的,依据《刑法》第二百二十四条第二项的规定,以合同诈骗罪定罪处罚;在合同诈骗行为实施完毕,用虚假的金融票据搪塞被害人,借故推脱或者意图掩盖犯罪事实的行为,不符合票据诈骗罪中以虚假票据进行结算的方式直接骗取受害人财物的行为特征,应以合同诈骗罪论处;以骗取银行承兑汇票为目的,采用虚构购销合同、伪造不可撤销质押担保书等办法,利用银行承兑汇票诈骗银行资金的,不符合合同诈骗罪骗取对方当事人财物的行为特征,应以票据诈骗罪论处。[参见第002号刑案判例,于正阳、陈洪军票据诈骗案,载《刑事办案指导》总第1集(2005年第1集),中国人民公安大学出版社,第13～14页。执笔:徐文伟　朱妙]

▽票据诈骗罪中"冒用他人汇票"的认定

冒用他人汇票是指擅自以合法持票人的名义,支配、使用、转让自己不具备支配权利的他人的汇票行为。"冒用"通常有三种表现形式:一是使用以非法手段获取的汇票,如以欺诈、偷盗或者胁迫等手段取得的汇票,或者明知是以上述手段取得的汇票而使用;二是没有代理权而以代理人名义使用或者代理人超越代理权限而使用;三是擅自使用他人委托代为保管的或者捡拾他人遗失的汇票。[参见第387号案例,王世清票据诈骗、刘耀挪用资金案,载《刑事审判参考》总第49集(2006年第2集),法律出版社,第14～15页。执笔:刘红章]

▽以非法占有为目的,使用已经贴现的真实票据质押贷款的行为,构成票据诈骗罪

行为人以欺骗的手段从另一行为人手中取得已经贴现过的承兑汇票,其票据的取得是非法的;在贷款过程中,行为人明知该汇票已被贴现,自己对该汇票不具有支配权,而向农行淮西支行隐瞒了事实真相,擅自以本公司作为合法持票人,使用不具备支配权的承兑汇票办理质押贷款,应视为刑法第一百九十四条第一款第三项规定的"冒用他人的汇票"。对于以非法占有为目的,冒用他人的汇票进行诈骗活动,构成犯罪的,应当以票据诈骗罪定罪处罚。[参见第387号案例,王世清票据诈骗、刘耀挪用资金案,载《刑事审判参考》总第49集(2006年第2集),法律出版社,第14~15页。执笔:刘红章]

▽行为人主观故意内容不一致,不构成共犯

判断两行为人是否构成票据诈骗犯罪的共犯,关键看其主客观要件是否符合共同犯罪的条件。行为人将已经在本单位贴现过的承兑汇票借给另一行为人用于质押贷款,在客观上为另一行为人实施诈骗犯罪提供了帮助。但行为人轻信另一行为人在短期内归还汇票的谎言,同意将已经在本单位贴现的承兑汇票借给其使用,并要求其在一周内归还汇票,主观上不具有诈骗的共同故意。因此,行为人与另一行为人不构成诈骗犯罪的共犯。行为人作为商行淮西支行的工作人员,利用实际具有保管汇票的职务便利,将本单位的银行承兑汇票借给他人使用,其行为已构成挪用资金罪。[参见第387号案例,王世清票据诈骗、刘耀挪用资金案,载《刑事审判参考》总第49集(2006年第2集),法律出版社,第16页。执笔:刘红章]

▽对没有代理权或者超越代理权以及利用所保管的出票权利人的印章开具票据并使用行为的应认定为使用伪造支票行为

对没有代理权或者超越代理权以及利用所保管的出票权利人的印章开具票据并使用行为的应认定为使用伪造支票行为,其主要理由是,冒用他人支票以真实、有效的支票既已存在为前提,是一种单纯的使用行为。而利用管理他人印章等便利条件冒用他人名义开具并使用支票,实际上包含着一个出票行为,尽管该出票行为具有表面上的真实性,但因未经权利人授权,非权利人的意志所为,根本上是一个伪造支票的行为,即假冒他人名义伪造票据。行为人利用其保管的他公司相关证章擅自签发支票并加以使用,从而将该公司49万元注册资金非法据为己有的行为,实际上同时触犯了伪造金融票证罪和票据诈骗罪两个罪名,但因两者存在手段和目的之间的牵连关系,按照牵连犯的一般适用原则,本案应以票据诈骗罪一罪处理。[参见第307号案例,李兰香票据诈骗案,载《刑事审判参考》总第39集(2004年第4集),法律出版社,第26页。执笔:仇晓敏]

▽"高额利率定单"不属于伪造、变造的银行结算凭证,也不属于伪造或变造的银行存单

"高额利率定单"肯定不属于委托收款凭证、汇款凭证,也不属于银行存单。"银行存单"是银行凭以办理收付次数比较少、具有固定性的储蓄业务。它是由储户向银行交存款项,办理开户,银行签发载有户名、账号、存款金额、存期、存入日、到期日、利率等内容的凭证,凭以办理存款的存取。存款到期后,银行有到期绝对付款的责任,可以挂失。因此,银行存单是一种重要的信用和结算凭证。"高额利率定单"虽然盖有银行的公章和会计、出纳的私章,但因是行为人私自制作的虚假单据,银行并不存在这样的定单格式,故此定单不属于伪造或变造的银行存单,更谈不上使用伪造、变造的银行存单问题。[参见第301号案例,田亚平诈骗案,载《刑事审判参考》总第38集(2004年第3集),法律出版社,第125页。供稿:平顶山市中级人民法院,执笔:宋楚潇]

▽在盗窃未得逞时,因发现空白现金支票而窃取,进而实施了伪造企业印章、伪造金融票证、使用伪造的金融票证到金融机构着手兑票提款等一系列行为,符合盗窃罪(未遂)和票据诈骗罪(未遂)构成要件,应以二罪论处

整个犯罪过程中,行为人先后产生过两个犯意或目的,即盗窃钱物的故意和利用所窃得的空白现金支票诈骗财物的故意。当行为人潜入会计室时,其目的是窃取钱物。在未得逞时,因发现空白现金支票,行为人又另生犯意,即利用该空白现金支票谋取诈骗财物。围绕这一目的,行为人又先后实施了伪造企业印章、伪造金融票证、使用伪造的金融票证到金融机构着手兑票提款等一系列行为。可见,行为人的行为具备了多个犯罪构成,即盗窃罪未遂以及伪造企业印章罪、伪造金融票证罪、票据诈骗罪未遂。其中,伪造企业印章、伪造金融票证是服务于票据诈骗这一犯罪目的的。行为人的数行为不是为着实现同一犯罪目的,那就不存在牵连意图。行为人在主观认识上,是把直接实施犯罪目的的本罪行为作为主行为,而把为实现这一犯罪目的而创造条件或加以辅助的犯罪行为作为从行为。行为人伪造企业印章、伪造金融票证,实施票据诈骗具有同一的犯罪目的,其中实施票据诈骗是主行为,而伪造企业印章、伪造金融票证是为实现其诈骗目的而创造条件或加以辅助的从行为。可见,该三个行为之间具有牵连关系,成立牵连犯,应择一重罪论处,不实行数罪并罚。而被告人先前所实施的盗窃未遂行为则与上述几个行为之间明显不具有同一的犯罪目的指向,因而不具有牵连意图。[参见第277号案例,周大伟票据诈骗案,载《刑事审判参考》总第36集(2004年第1集),法律出版社,第13~15页。供稿:刘志超 执笔:翰林]

▽变造银行存单并使用的,应以金融凭证诈骗罪定罪处罚,不实行数罪并罚

行为人既有变造银行存单的行为,又有使用变造的银行存单骗取他人钱款的行为。对于变造银行存单的,根据刑法第一百七十七条第一款第二项的规定,构成变造金融票证罪;使用变造的银行存单的,根据刑法本条第二款的规定,以金融凭证诈骗罪定罪处罚。虽然刑法没有规定变造银行存单并使用的行为如何处理,但从行为人变造银行存单和使用变造的银行存单之间的关系来看,使用变造的银行存单骗取钱财是行为人的目的,变造银行存单是实现其骗取钱财的方法、手段,对于这种具有内在牵连关系的方法行为与目的行为分别构成犯罪的,在刑法理论上被称为牵连犯。对于牵连犯的处理,除刑法有明确规定的以外,一般择一重罪处罚。因此,行为人变造金融凭证并使用的行为,应以金融凭证诈骗罪一罪定性,不实行并罚。[参见第168号案例,刘岗、王小军、庄志德金融凭证诈骗案,载《刑事审判参考》总第25集(2002年第2集),法律出版社,第25~31页。执笔:刘芸]

▽骗取货物与使用空头支票付款的先后不应影响票据诈骗罪的成立

签发空头支票是在骗取财物之前还是之后,不应当影响票据诈骗罪的成立。因为,行为人完成诈骗犯罪的行为是在其签发空头支票之后。而其一旦完成整个诈骗犯罪行为,其诈骗犯罪的具体行为、侵犯的客体才能最终确定,因此行为人无论是在取得货物之前、同时还是之后签发空头支票,其行为不仅侵犯了普通诈骗罪中他人公私财物所有权这一共同客体,更主要的是还侵犯了国家对票据的管理制度这一特殊客体,符合票据诈骗罪的特征。从另一个角度看,行为人先得到商品的行为,尚不能独立构成犯罪,因此,也就不能仅以此即确定其行为特征,进而确定其具体罪名。当然,行为人骗取瑞协公司的啤酒,同时利用了购销合同,形式上也触犯了《刑法》第二百二十四条的规定,构成合同诈骗罪。对这种情形的法条竞合,应按照特别法条优于普通法条的原则,选择适用特别法条,对行为人应以票据诈骗罪定罪处刑。[参见第96(93)号案例,季某票据诈骗、合同诈骗案,载《刑事审判参考》总第15辑(2001年第4辑),法律出版社,第23~24页。执笔:韩晋萍]

▽使用伪造的银行存单作抵押骗取贷款的行为,构成金融凭证诈骗罪

从立法本意看,刑法设立金融凭证诈骗罪时,对该罪的规定是广义的,只要是使用伪造的金融凭证进行诈骗,数额较大的,即构成此罪,其目的是保护金融机构的信誉,严惩此类犯罪。《刑法》第一百九十三条贷款诈骗罪中所规定的"证明文件",主要是指银行的存款证明、公司和金融机构的担保函、划款证明等在向银行或者其他金融机构申请贷款时所需的文件,不包括金融凭证。从司法实践看,使用伪造的金融凭证诈骗贷款,与使用虚假的经济合同、证明文件等诈骗贷款有所不同。前者可信程度更高,更易于取得贷款银行的信任而骗得贷款,其行为的社会危害性相对更大。因此,根据刑法罪刑相适应的原则,此种犯罪也应当受到法定更严厉的处罚。此类以伪造的金融凭证诈骗贷款的行为,与使用伪造的金融凭证直接骗得存款并无实质差别。从刑法理论看,行为人共实施了三个行为:伪造公司、企业公文、印章,伪造金融凭证和诈骗贷款,三者存在牵连关系。其中,伪造公司、企业公文、印章和伪造金融凭证是手段行为,诈骗贷款是目的行为。使用伪造的金融凭证诈骗贷款,同时触犯了刑法第一百九十三条规定的贷款诈骗罪和一百九十四条第二款规定的金融凭证诈骗罪。该两罪的法律规定交叉,是一行为同时触犯数罪名,应从一重处,定金融凭证诈骗罪。行为人伪造银行存单,并利用伪造的银行存单作抵押,骗取贷款的行为,已构成金融凭证诈骗罪。应当注意的是,在认定诈骗犯罪数额时,不能简单地以存单上的数额认定。因为那只是担保的数额,不一定是直接骗取的数额。认定诈骗犯罪,应当以行为人准备骗取或者实际非法占有的数额作为犯罪数额。因此,定罪数额应当以行为人使用金融凭证诈骗贷款,而实际骗得的贷款数额为准。最后,从犯罪主体看,二行为人系不具备法人资格的私营企业,根据公司法的规定,不属于有限责任公司或股份有限公司,实质上是为个人牟利,不属单位犯罪。[参见第33号案例,朱成芳等金融凭证诈骗、贷款诈骗案,载《刑事审判参考》总第5辑(1999年第5辑),法律出版社,第7～8页。审编:张军]

▽盗窃银行承兑汇票并使用,骗取数额巨大财物的行为,构成票据诈骗罪

(一)从银行承兑汇票的特点看,行为人盗窃的物品系有保护措施的财产性权利。银行承兑汇票虽然具有与现金相类似的支付结算功能,但它并不能完全等同于现金。由出票人签发、委托付款人在指定日期无条件支付确定的金额给收款人或持票人的票据是商业汇票。按承兑人的不同,又可分为商业承兑汇票和银行承兑汇票。其中,银行承兑汇票是由收款人或承兑申请人签发,并由承兑申请人向开户银行申请,经银行审查同意承兑的汇票。银行承兑汇票属于有价证券范畴,具有以下特点:一是记名式票据。依照出票时是否记载收款人名称,可将票据分为记名式票据和不记名式票据。银行承兑汇票出票时须记载收款人名称,背书转让时须记载被背书人名称,票据权利人在票据文义上得以体现。二是存在特有的承兑制度。在承兑之前,付款人没有承兑的义务;在承兑之后,一定条件下,也可以撤回承兑。持票人应遵守提示承兑与提示付款的期间,否则将产生失权的后果。三是对票据丧失有多种救济方法。我国规定有三种方式:通过公示催告宣告票据无效;通过诉讼行使权利;挂失止付制度。《票据法》第十五条对此有明确规定,"票据丧失,失票人可以及时通知票据的付款人挂失止付,但是未记载付款人或者无法确定付款人及其代理付款人的票据除外。收到挂失止付通知的付款人,应当暂停支付。失票人应当在通知挂失止付后三日内,也可以在票据丧失后,依法向人民法院申请公示催告,或者向人民法院提起诉讼。"四是票据权利的行使、实现受诸多因素的制约。即便是合法持票权利人也可能因票据行为不成立、债务人抗辩等原因致使其无法实现票据权利。因此,银行承兑汇票是一种记名、可挂失、不能即时兑现、有较多保护措施的有价证券。《最高人民法院关于审理盗窃案件具体应用法律若干问题的解释》第五条第二项对被盗物品是有价证券的作出以下规定:(1)不记名、不挂失的,票面价值已定并可即时兑现的有价证券,按票面数额和可得利益计算盗窃数额。(2)票面价值未定并可即时兑现的有价证券,已兑现的,按实际兑现的财物价值计算;未兑现的,作为情节考虑。(3)不能即时兑现的记名有价证券,或者能即时兑现但已被销毁、丢弃,而失主可以通过挂失、补领、补办手续等方式避免实际损失的,票面数额不作为定罪标准,但可作为量刑情节。依照该规定,被告人盗窃银行承兑汇票,票面的数额不应作为定罪的标准。(二)从所侵犯的法益看,盗窃行为未使失票人的财产权利直接受损,使用行为仅侵犯了受票人的财产权利及金融管理秩序对行为的刑法评价,一般是从行为所侵犯的法益即刑法所保护的客体入手。立法所保护的盗窃罪、票据诈骗罪的法益均包含公民的财产权利。对于盗窃票据并使用的行为,应根据票据持有人直接丧失票据记载的财产是盗窃行为所致还是使用行为所致。如果盗窃行为使票据持有人直接丧失票面记载的财产,则可以认定构成盗窃罪,其使用行为可作为赃物处理行为对待;如果盗窃行为并未使票据持有人的财产直接受损,其使用行为可认定构成金融诈骗犯罪;倘若盗窃行为直接侵犯票据持有人的财产,而其使用行为又侵犯了新的法益,则应以盗窃罪、票据诈骗罪两罪并罚。本案被告人盗窃的银行承兑汇票是记名、可挂失、不能即时兑现的有价证券,持票人能够通过公示催告、诉讼、挂失止付等途径避免自己的损失,盗窃该类银行承兑汇票的行为并不必然使持票人的财产受损。事实上,失窃人于被盗次日即向付款行电话挂失,后又向付款行所在地法院申请除权判决,宣告失窃票据无效,使自己免受了财产损失。然而,被告人用所窃汇票向杨伟兑换现金、向王惠刚偿付货款及兑换现金的行为,却使接受汇票方因汇票已被挂失而遭受财产损失。可见,被告人的盗窃行为并未使失窃人遭受财产损失,被告人盗窃汇票后以票据权利人的名义使用票据的行为使接收被告人交付汇票的人受到财产损失,该行为损害了国家对金融票据的管理制度和正常秩序,符合票据诈骗罪的客体特征。(三)被告人的行为符合票据诈骗罪的客观要件特征。根据刑法规定,票据诈骗罪的客观行为具体表现为以下情形:明知是伪造、变造的汇票、本票、支票而使用的;明知是作废的汇票、本票、支票而使用的;冒用他人的汇票、本票、支票的;签发空头支票或者与其预留印鉴不符的支票,骗取财物的;汇票、本票的出票人签发无资金保证的汇票、本票或者在出票时作虚假记载,骗取财物的。被告人的行为符合"冒用他人的汇票"情形。冒用他人票据的行为实质,是假冒票据权利人或其授权的代理人,行使本应属于他人的票据权利,从而骗取财物。行为人主观上明知自己不是合法的票据权利人与授权的代理人,但仍然假冒合法权利人或其代理人之名使用票据,即属于冒用他人的汇票。被告人明知自己不是所窃汇票的权利人,却仍向受票人明确表示票据为其所有,其以权利人的身份取得转让对价,完全符合冒用他人汇票的情形。被告人骗取财物 8.7 万元,属于财产数额巨大的情形,齐备票据诈骗罪的客观要件。有观点认为,当前在票据流通领域存在大量民间贴现、空白背书现象,银行承兑汇票作用等同于现金。因此,盗窃了银行承兑汇票,就相当于盗窃了现金。这种观点值得商榷。关于贴现的条件,《支付结算办法》第九十二条规定:"商业汇票的持票人向银行办理贴现必须具备下列条件:(一)在银行开立存款账户的企业法人以及其他组织;(二)与出票人或者直接前手之间具有真实的商品交易关系;(三)提供与其直接前手之间的增值税发票和商品发运单据复印件。"规定严格的贴现条件目的主要在于,防止申请贴现人非法取得票据后向银行申请贴现,转嫁票据风险获得非法收益,损害其前手乃至银行的合法权益,维护票据流通秩序。法律与司法解释亦禁止空白背书。《票据法》第三十条明确"汇票以背书转让或者以背书将一定的汇票权利授予他人行使时,必须记载被背书人名称。"《最高人民法院关于审理票据纠纷案件若干问题的规定》第四十九条规定:"依照票据法第二十七条和第三十条的规定,背书人未记载被背书人名称即将票据交付他人的,持票人在票据被背书人栏内记载自己的名称与背书人记载具有同等法律效力。"因此,我们不能默认不合法的实际流通状况,更不能以此作为判断犯罪行为的标准。另外,被告人实施的盗窃行为与冒用行为不构成牵连犯。从犯罪构成的主观、客观方面和侵犯的客体来看,被告人先后产生了两个犯意或目的,即盗窃财物的故意和利用所窃得的银行汇票实施诈骗的故意。同时在行为上亦表现为既有秘密窃取的行为,又有隐瞒事实真相冒充合法持票人实施诈骗的行为,被窃者的5000元损失和被骗者的 8.7 万元损失是由被告人先前的盗窃行为与嗣后的诈骗行为分别造成。被告人基于两个犯罪故意,实施了两个独立的犯罪行为,既侵犯了公私财物的所有权,又侵犯了国家对金融票据的管理制度,两行为间不具有牵连关系。(四)本案不宜参照适用《刑法》第一百九十六条第三款的规定。其一,刑法第一百九十六条第三款的规定是特殊规定。《刑法》第一百九十六条第三款规定:"盗窃信用卡并使用的,依照本法第二百六十四条的规定定罪处罚。"立法者在金融诈骗犯罪中仅对信用卡诈骗罪作了这种特别规定。事实上,盗窃并使用汇票、本票、支票、信用证、有价证券的案件也时有发生,然而刑法第一百九十四条、第一百九十五条、第一百九十七条并未对这类行为作类似第一百九十六条的规定。显然,这并非立法者的疏漏,而是立法者有意在信用卡与汇票、本票、支票、信用证、有价证券之间作一定区分。由此而论,虽然刑法规定盗窃信用卡并使用的行为构成盗窃罪,但盗窃汇票、本票、支票、信用证、有价证券并使用的行为并非一律以盗窃罪定罪,究竟认定何罪,应视具体情况而定。其二,本案被告人获取财物的关键手段在于骗取行为。信用卡密码是使用信用卡的关键,是否能够使用信用卡一般在行窃时就基本确定,信用卡内的款项一般在盗窃行为完成时就处于行为人的控制之下。而银行承兑汇票的兑现有一系列的严格审查程序,银行承兑汇票在流转过程中可能已被挂失,汇票所指向的财物可能已不存在。在该情形下,行为人要凭票获取财物主要依靠虚构事实或隐瞒真相的手段,而且行为对象不是汇票持有人,而是第三人。对于混合使用盗窃、骗取手段的行为定性,刑法理论界和实务界一般均以获取财物的关键行为作为定罪的标准。本案被告人盗窃银行承兑汇票时并未实现对银行承兑汇票项下款项的控制,其获取巨额财产的关键手段是其盗窃后的骗取行为,因此应当以票据诈骗罪定罪,而不宜认定为盗窃罪。综上所述,被告人以非法占有为目的,入户秘密窃取他人现金5000元,另冒充合法持票人的身份使用所窃取的银行承兑汇票,骗取他人8.7万余元的行为,分别构成盗窃罪和票据诈骗罪,两罪应予并罚。[参见第653号指导案例,张平票据诈骗案,载《刑事审判参考》总第77集(2010年第6集),第4~9页。撰稿:范莉　马小卫]

▽城市信用社工作人员,采取欺骗手段取得客户印鉴后,以现金支票的形式将客户账户内的资金取出非法占有的行为,构成票据诈骗罪

(一)被告人具有非法占有目的。刑法上的非法占有目的,是指将他人的财物作为自己的所有物进行支配,从而排除权利人的支配,并遵从财物的用途进行利用和处分,即非法占有目的由"排除权利人的支配"与"利用取得的财物"双重意思构成。对于前者,不仅要考虑行为人有无返还的意思表示、使用时间的长短,还要考虑财物的价值、对被害人的侵害程度等。本案被告人一方面欺骗金平安称贷款没有批下来,另一方面将金平安账户中的47万元以现金形式取出,使银行丧失了对该笔贷款进行贷后审查的可能性,其行为已经排除了权利人金平安对该笔贷款的支配。虽然被告人事后召集相关人员商量还款事宜,但无论其所称的交给代建民使用还是伪造借条、保证书等材料让他人承担还款责任,均是为了掩饰该笔贷款的真正用途和去向,说明该笔贷款已被利用和处分,被告人本人没有及时返还的能力。同时,被告人在因涉嫌犯罪被传唤时拒不到案,到案后拒不交代其取得印鉴、取款的有关行为和贷款去向,也表明其没有还款的主观意思和客观行为。被告人在金平安和保证人王保松被银行起诉还款、后被强制执行过程中,均没有归还该笔贷款,给权利人造成了重大损失。因此,被告人具有非法占有目的。

(二)被告人的行为不构成职务犯罪。1.被告人没有利用职务便利。本案的关键在于如何评价被告人将客户到账的贷款以现金形式支取的行为,而对此行为定性的关键在于其是否利用了职务便利。根据最高人民法院、最高人民检察院1985年7月18日联合发布的《关于当前办理经济犯罪案件中具体应用法律的若干问题的解答(试行)》(现已废止)并参考1999年9月16日最高人民检察院印发的《人民检察院直接受理立案侦查案件立案标准的规定(试行)》,所谓"利用职务上的便利",是指行为人利用其职责范围内的主管、管理、经手公共财物的便利条件;而主管、管理、经手公共财物,都是由行为人所担负的职责所产生。行为人利用与自己职责、职权无直接关系或者说不是以职责为基础的便利条件,如仅因为在某单位工作而熟悉作案环境、凭借工作人员的身份较易接近作案目标或者因为工作关系熟悉本单位其他人员的职务行为操作规程等便利条件作案的,不属于利用职务便利。按照《许昌市城市信用社报批贷款操作流程》的规定,被告人作为许昌市城市信用社营业部副主任,其职责范围包括对借款人和担保人资格、信誉、借款用途及还款能力等事项的审查,以提供准确的信息供单位审查贷款委员会决定是否发放该笔贷款及批准贷款的数额。即贷款是否被批准,是否被转至金光塑印厂账户、是否被支取、如何被支取、支取后如何使用、是否被偿还等环节均是被告人职责范围之外的内容。按照人民银行制定的行业操作规程和各商业银行内部的支付规定,主要商业银行均规定,只有转入基本账户的贷款,才能通过现金支票的形式取现,否则获批的贷款只能通过转账形式使用。该规定有助于银行监督贷款流向和用途。本案中,贷款恰好被转入了金光塑印厂的基本账户,而被告人利用其熟知操作规程的有利条件,基于金光塑印厂法定代表人金平安对其的信任,拿到全部印鉴后,以现金支票形式取现47万元,不属于利用职务便利。相反,被告人借用全套印鉴的行为本身,就说明其无法通过职务之便在其管理职责范围内实现取现的目的。2.金光塑印厂的50万元贷款不属于公共财产。刑法第九十一条规定:公共财产包括国有资产,劳动群众集体所有的财产,用于扶贫和其他公益事业的社会援助或者专项基金的财产。在国家机关、国有公司、企业、集体企业和人民团体管理、使用或者运输中的私人财产，以公共财产论。这里特别强调，私人财产按公共财产论的前提是管理、使用和运输的主体必须是国家机关、国有公司、企业、集体企业和人民团体。根据最高人民法院、最高人民检察院2010年11月联合下发的《关于办理国家出资企业中职务犯罪案件具体应用法律若干问题的意见》的规定，国有公司、企业不仅是国有独资或者全资公司、企业，还包括国家参股公司、企业，即国家出资公司、企业即可。本案中，金光塑印厂的50万元借款已于办理借款手续当日即2005年9月23日划入其基本存款账户。对银行而言，该笔借款合同已经履行完毕，50万元的性质已经从银行管理的资产变为金光塑印厂对银行的债务；对金光塑印厂而言，该50万元已成为企业资产的一部分；对金平安而言，50万元已成为其储蓄存款的一部分，同时其开始承担履行对银行还本付息的合同内容。换言之，50万元已不属于国家出资企业管理、使用或者运输中的私人财产。因此，本案中被支取的50万元中的47万元属于金光塑印厂（金平安）的财产，受到侵犯的是金光塑印厂私有财产的所有权。故50万元不属于公共财产的性质，被告人的行为没有侵犯公共财产的所有权。

（三）被告人的行为同时符合盗窃罪和票据诈骗罪的构成要件，应当以票据诈骗罪论处。1. 被告人的行为符合盗窃罪的构成要件。(1)从犯罪行为侵犯的客体看。当时贷款已到金光塑印厂（金平安）账户上，塑印厂对贷款具有财产所有权，被告人支取金平安贷款的行为侵犯的是塑印厂的财产所有权，此也为已生效的民事判决所认定。(2)从主观故意看。被告人一直不供认取走或者使用贷款的事实，可见被告人没有归还该笔贷款的主观意思和客观行为，具有非法占有的目的。(3)从犯罪行为看。盗窃罪的核心是秘密窃取的手段，是指行为人自认为其取得财物的过程不为被害人或者财物处分权人所知。被告人在明知金光塑印厂的贷款已经到账的情况下，对该事实予以隐瞒，骗取金平安单位和个人印鉴后，采取自认为不为金平安所知的手段（事实上也确实不为金所知）将到账贷款中的绝大部分取走。其取现过程虽有大额现金支取审批表、现金支票、手续费收入凭证、存款户对账单等合法书证支持并通过了银行会计、出纳等人员的审查，具备形式上的合法性、公开性和透明性，但该环节是银行操作规程规定的必经手续，手续的完备不等于该过程被被害人或者财物处分权人所知，不影响秘密窃取手段的成立。(4)从因果关系看。被告人的行为导致金平安及其经营的金光塑印厂、担保人王保松为并未使用的贷款承担清偿责任，遭受财产损失，而信用社通过诉讼获得清偿，其财产权利没有受到损失。2. 被告人的行为符合票据诈骗罪的构成要件。(1)从犯罪行为侵犯的客体看。刑法将票据诈骗罪归入破坏社会主义市场经济秩序犯罪章的金融诈骗罪一节中，可见立法者认为，票据诈骗犯罪不仅侵犯了财产权，更为严重的是，它破坏和扰乱了通过票据信用关系建立起来的正常的金融秩序和交易秩序，具有有别于传统侵财类犯罪的特殊社会危害性。被告人将到账的47万元贷款取出，不仅侵犯了金平安及其塑印厂的财产权，而且危害到银行票据使用秩序和交易安全，虽然银行最终通过诉讼途径弥补了损失，但银行正常的金融活动和秩序已经遭受侵犯。(2)从犯罪行为看。根据刑法第一百九十四条第一款第一项的规定，明知是伪造、变造的汇票、本票、支票而使用的，构成票据诈骗罪。根据人民银行1997年9月19日印发的《支付结算办法》第十四条的规定，票据的伪造，是指“无权限人假冒他人或虚构人名义签章的行为。签章的变造属于伪造”；票据的变造，是指“无权更改票据内容的人，对票据上签章以外的记载事项加以改变的行为”。可见，票据的伪造，就是指票据签章的伪造，即以他人名义或者虚构人名义签章的票据行为。票据法规定的票据行为有四种，即出票、背书、承兑、保证。票据的“使用”，包括出示、交付、兑现或者转让等形式，如将伪造、变造的票据交付给他人，以伪造、变造的票据前往银行兑现。将伪造、变造的票据转让给他人，将伪造、变造的票据作为债权凭证等，均属于对伪造、变造票据的使用。不过，无论行为人如何“使用”，其实质都是采取欺骗手段，使他人误将伪造、变造的票据当作真实的票据而与行为人进行交易，以骗取他人的交易对价。被告人在骗得金光塑印厂和金平安的印鉴后，与代建民一起假冒金平安的名义填制支票，虽然其使用的是真实的空白现金支票，但使用的金光塑印厂和金平安的印鉴系采取欺骗手段取得，且金平安的个人签名也系伪造，二人以金平安的名义完成了签名、印章的出票行为,构成伪造票据。之后,二人持该伪造的支票到银行兑现,系票据使用的形式之一,构成明知是伪造的支票而使用。二人利用银行对支票仅作形式审查的交易惯例,让柜台会计和出纳陷入该支票内容为财产所有权人金平安的真实意思表示的错误认识,并基于这种错误认识对支票进行兑现,使作为财产暂时保管人的银行作出交付行为,给被害人金平安和保证人王保松造成重大财产损失。在此环节中,被欺骗的对象是银行,但最终承受损失的却是金平安、金光塑印厂和保证人王保松。该情况的出现,缘于立法上对票据诈骗罪构成要件的规定,票据诈骗罪并不关心谁是被欺骗的对象,谁最终承担财产损失。实际上,在刑法意义上,被欺骗的银行仍可视为被害人,因为其交付了财产,只不过根据票据法的规定,将财产损失的风险和责任承担转移给了票据真正的权利人,这是一种风险责任的分配,不属于刑法评价的内容。(3)被告人主观上具有非法占有该笔贷款的目的,同时符合票据诈骗罪的主体资格。3. 以票据诈骗罪论处更符合行为的本质特征。本案被告人的行为属实质的一罪,不过因为盗窃罪和票据诈骗罪的构成要件发生了重合和交叉,使被告人的一个行为触犯了两种罪名。在此情形下,需要选择一个最恰当、最全面、最准确的罪名来评价被告人的行为。盗窃罪作为侵犯财产类犯罪的一般性罪名,其对构成要件的规定较宽泛,具体到本案,该罪名无法涵盖和准确评价被告人使用伪造的支票从银行取现这一行为;且盗窃罪侵犯的是一般公私财产所有权,而被告人的行为除侵犯了金平安及其塑印厂、保证人王保松的财产所有权外,还侵犯了金融业的管理秩序和票据交易安全。因此,本案以被告人的行为构成票据诈骗罪论处,更为准确。[参见第861号指导案例,颜强票据诈骗案,载《刑事审判参考》总第92集(2013年第3集),第33～38页。撰稿:曲晶晶　苏哲　孙明]

第一百九十五条　【信用证诈骗罪】有下列情形之一,进行信用证诈骗活动的,处五年以下有期徒刑或者拘役,并处二万元以上二十万元以下罚金;数额巨大或者有其他严重情节的,处五年以上十年以下有期徒刑,并处五万元以上五十万元以下罚金;数额特别巨大或者有其他特别严重情节的,处十年以上有期徒刑或者无期徒刑,并处五万元以上五十万元以下罚金或者没收财产:

(一)使用伪造、变造的信用证或者附随的单据、文件的;

(二)使用作废的信用证的;

(三)骗取信用证的;

(四)以其他方法进行信用证诈骗活动的。

■最高人民检察院、公安部关于公安机关管辖的刑事案件立案追诉标准的规定(二)(2022年5月15日)

第四十八条　〔信用证诈骗案(刑法第一百九十五条)〕进行信用证诈骗活动,涉嫌下列情形之一的,应予立案追诉:

(一)使用伪造、变造的信用证或者附随的单据、文件的;

(二)使用作废的信用证的;

(三)骗取信用证的;

(四)以其他方法进行信用证诈骗活动的。

[附则(第七十九条至第八十五条)内容附在本书刑法第一百二十条之一附文同名文件中。]

▼安徽省常见经济犯罪数额标准一览表(2000—2014年)(见本书附录四十)

▼广东省高级人民法院关于办理破坏社会主义市场经济秩序犯罪案件座谈会纪要(2014年11月1日)

二、金融诈骗罪

8. 关于信用证诈骗罪的数额标准。行为人实施信用证诈骗行为,数额在50万元以上不满300万元的为"数额巨大",数额在300万元以上的为"数额特别巨大"。

10. 关于单位犯金融诈骗罪的数额标准。单位犯集资诈骗罪、票据诈骗罪、金融凭证诈骗罪、信用证诈骗罪、保险诈骗罪"数额巨大"、"数额特别巨大"的标准,按照各罪个人犯罪数额标准的5倍掌握。

四、涉案财物处理

13. 关于诈骗财物及其利息的处理问题。案发后查封、扣押、冻结在案的诈骗财物及其利息,权属明确的,应当发还相应被害人;权属不明确的,可以按被骗款物占查封、扣押、冻结在案的财物及其利息总额的比例发还被害人,但是已获退赔的应予扣除。

14. 关于涉案财产的追缴和处置问题。将诈骗所得的资金或者财物及转换所得的财物用于清偿债务或者转让给他人,有下列情形之一的,应当依法追缴:

(一)他人明知是上述资金或者财物而收取的;

(二)他人无偿取得上述资金或者财物的;

(三)他人以明显低于市场的价格取得上述资金或者财物的;

(四)他人取得上述资金或者财物系源于非法债务或者违法犯罪活动的;

(五)其他依法应当追缴的情形。

他人善意取得诈骗财物的,不予追缴。

五、其他

15. 铁路运输两级法院审理的犯罪案件,按照案发地的数额标准定罪量刑。

16. 对于案发地跨两类地区的,按照一类地区的数额标准定罪量刑;因指定管辖导致跨地区审判的,按照案发地的数额标准定罪量刑。

17. 本院以前发布的指导意见与本纪要不一致的,以本纪要规定为准。

▽信用证诈骗罪中的"其他方法"的认定

信用证诈骗罪中的"其他方法"主要是指利用"软条款"信用证进行诈骗活动的情况。所谓"软条款"信用证,是指开证人在开立信用证时,故意制造一些隐蔽性的条款,从而具有随时解除付款责任的主动权的信用证,如规定船公司、船名、装船日期、起运港、目的港、验货人、品质证书、商检方式等须待开证人通知或同意的信用证。如国内某公司收到以其为受益人的信用证一张,规定中方必须先付25万元履约保证金,合同货款为4100万元,货款在买方签署质量检验证明后支付。但外方收到保证金后,一直未派人验货,致使信用证过期,中方损失惨重。开立"软条款"信用证时,行为主观上必须具有将来利用该信用证进行诈骗的目的。否则,不能以犯罪论处。开立之后并加以使用的,才是本行为的完整方式,仅有开立行为而无使用行为的,可视作本罪的预备。[参见叶良芳:《信用证诈骗罪认定的若干问题》,载《刑事审判要览》(法官释法)总第3集(2003年第3集),第42页。]

第一百九十六条　【信用卡诈骗罪】有下列情形之一,进行信用卡诈骗活动,数额较大的,处五年以下有期徒刑或者拘役,并处二万元以上二十万元以下罚金;数额巨大或者有其他严重情节的,处五年以上十年以下有期徒刑,并处五万元以上五十万元以下罚金;数额特别巨大或者有其他特别严重情节的,处十年以上有期徒刑或者无期徒刑,并处五万元以上五十万元以下罚金或者没收财产:

(一)使用伪造的信用卡,或者使用以虚假的身份证明骗领的信用卡的;(此项是根据《中华人民共和国刑法修正案(五)》之二修改,2005年2月28日起施行。)

(二)使用作废的信用卡的;

(三)冒用他人信用卡的;

(四)恶意透支的。

前款所称恶意透支,是指持卡人以非法占有为目的,超过规定限额或者规定期限透支,并且经发卡银行催收后仍不归还的行为。

【盗窃罪】盗窃信用卡并使用的,依照本法第二百六十四条的规定定罪处罚。

刑法本条第一款中的第一项原文:(一)使用伪造的信用卡的;

■全国人大常委会关于《中华人民共和国刑法》有关信用卡规定的解释(全文)(2004年12月29日)

刑法规定的"信用卡",是指由商业银行或者其他金融机构发行的具有消费支付、信用贷款、转帐结算、存取现金等全部功能或者部分功能的电子支付卡。

■最高人民检察院、公安部关于公安机关管辖的刑事案件立案追诉标准的规定(二)(2022年5月15日)

第四十九条　〔信用卡诈骗案(刑法第一百九十六条)〕进行信用卡诈骗活动,涉嫌下列情形之一的,应予立案追诉:

(一)使用伪造的信用卡、以虚假的身份证明骗领的信用卡、作废的信用卡或者冒用他人信用卡,进行诈骗活动,数额在五千元以上的;

(二)恶意透支,数额在五万元以上的。

本条规定的"恶意透支",是指持卡人以非法占有为目的,超过规定限额或者规定期限透支,经发卡银行两次有效催收后超过三个月仍不归还的。

恶意透支的数额,是指公安机关刑事立案时尚未归还的实际透支的本金数额,不包括利息、复利、滞纳金、手续费等发卡银行收取的费用。归还或者支付的数额,应当认定为归还实际透支的本金。

恶意透支,数额在五万元以上不满五十万元的,在提起公诉前全部归还或者具有其他情节轻微情形的,可以不起诉。但是,因信用卡诈骗受过二次以上处罚的除外。

[附则(第七十九条至第八十五条)内容附在本书刑法第一百二十条之一附文同名文件中。]

■最高人民法院、最高人民检察院关于修改《关于办理妨害信用卡管理刑事案件具体应用法律若干问题的解释》的决定(2018年12月1日)

第五条　使用伪造的信用卡、以虚假的身份证明骗领的信用卡、作废的信用卡或者冒用他人信用卡,进行信用卡诈骗活动,数额在五千元以上不满五万元的,应当认定为刑法第一百九十六条规定的"数额较大";数额在五万元以上不满五十万元的,应当认定为刑法第一百九十六条规定的"数额巨大";数额在五十万元以上的,应当认定为刑法第一百九十六条规定的"数额特别巨大"。

刑法第一百九十六条第一款第三项所称"冒用他人信用卡",包括以下情形:

(一)拾得他人信用卡并使用的;

(二)骗取他人信用卡并使用的;

(三)窃取、收买、骗取或者以其他非法方式获取他人信用卡信息资料,并通过互联网、通讯终端等使用的;

(四)其他冒用他人信用卡的情形。

第六条　持卡人以非法占有为目的,超过规定限额或者规定期限透支,经发卡银行两次有效催收后超过三个月仍不归还的,应当认定为刑法第一百九十六条规定的"恶意透支"。

对于是否以非法占有为目的,应当综合持卡人信用记录、还款能力和意愿、申领和透支信用卡的状况、透支资金的用途、透支后的表现、未按规定还款的原因等情节作出判断。不得单纯依据持卡人未按规定还款的事实认定非法占有目的。

具有以下情形之一的,应当认定为刑法第一百九十六条第二款规定的"以非法占有为目的",但有证据证明持卡人确实不具有非法占有目的的除外:

(一)明知没有还款能力而大量透支,无法归还的;

(二)使用虚假资信证明申领信用卡后透支,无法归还的;

(三)透支后通过逃匿、改变联系方式等手段,逃避银行催收的;

(四)抽逃、转移资金,隐匿财产,逃避还款的;

(五)使用透支的资金进行犯罪活动的;

(六)其他非法占有资金,拒不归还的情形。

第七条 催收同时符合下列条件的,应当认定为本解释第六条规定的"有效催收":

(一)在透支超过规定限额或者规定期限后进行;

(二)催收应当采用能够确认持卡人收悉的方式,但持卡人故意逃避催收的除外;

(三)两次催收至少间隔三十日;

(四)符合催收的有关规定或者约定。

对于是否属于有效催收,应当根据发卡银行提供的电话录音、信息送达记录、信函送达回执、电子邮件送达记录、持卡人或者其家属签字以及其他催收原始证据材料作出判断。

发卡银行提供的相关证据材料,应当有银行工作人员签名和银行公章。

第八条 恶意透支,数额在五万元以上不满五十万元的,应当认定为刑法第一百九十六条规定的"数额较大";数额在五十万元以上不满五百万元的,应当认定为刑法第一百九十六条规定的"数额巨大";数额在五百万元以上的,应当认定为刑法第一百九十六条规定的"数额特别巨大"。

第九条 恶意透支的数额,是指公安机关刑事立案时尚未归还的实际透支的本金数额,不包括利息、复利、滞纳金、手续费等发卡银行收取的费用。归还或者支付的数额,应当认定为归还实际透支的本金。

检察机关在审查起诉、提起公诉时,应当根据发卡银行提供的交易明细、分类账单(透支账单、还款账单)等证据材料,结合犯罪嫌疑人、被告人及其辩护人所提辩解、辩护意见及相关证据材料,审查认定恶意透支的数额;恶意透支的数额难以确定的,应当依据司法会计、审计报告,结合其他证据材料审查认定。人民法院在审判过程中,应当在对上述证据材料查证属实的基础上,对恶意透支的数额作出认定。

发卡银行提供的相关证据材料,应当有银行工作人员签名和银行公章。

第十条 恶意透支数额较大,在提起公诉前全部归还或者具有其他情节轻微情形的,可以不起诉;在一审判决前全部归还或者具有其他情节轻微情形的,可以免予刑事处罚。但是,曾因信用卡诈骗受过两次以上处罚的除外。

第十一条 发卡银行违规以信用卡透支形式变相发放贷款,持卡人未按规定归还的,不适用刑法第一百九十六条"恶意透支"的规定。构成其他犯罪的,以其他犯罪论处。

第十二条(第三款) 持卡人以非法占有为目的,采用上述方式恶意透支,应当追究刑事责任的,依照刑法第一百九十六条的规定,以信用卡诈骗罪定罪处罚。

第十三条 单位实施本解释规定的行为,适用本解释规定的相应自然人犯罪的定罪量刑标准。

■最高人民检察院关于拾得他人信用卡并在自动柜员机(ATM机)上使用的行为如何定性问题的批复(全文)(2008年5月7日)

拾得他人信用卡并在自动柜员机(ATM机)上使用的行为,属于刑法第一百九十六条第一款第(三)项规定的"冒用他人信用卡"的情形,构成犯罪的,以信用卡诈骗罪追究刑事责任。

■银行卡业务管理办法(1999年3月1日)

第五条 银行卡包括信用卡和借记卡。

银行卡按币种不同分为人民币卡、外币卡;按发行对象不同分为单位卡(商务卡)、个人卡;

按信息载体不同分为磁条卡、芯片(IC)卡。

第六条 信用卡按是否向发卡银行交存备用金分为贷记卡、准贷记卡两类。

贷记卡是指发卡银行给予持卡人一定的信用额度,持卡人可在信用额度内先消费、后还款的信用卡。

准贷记卡是指持卡人须先按发卡银行要求交存一定金额的备用金，当备用金账户余额不足支付时，可在发卡银行规定的信用额度内透支的信用卡。

■最高人民法院、最高人民检察院关于常见犯罪的量刑指导意见(试行)(2021年7月1日)(见本书附录十三)

▼安徽省高级人民法院、安徽省人民检察院关于二十三种常见犯罪量刑规范的实施细则(试行)(2022年1月16日)(见本书附录十四)

▼最高人民法院研究室关于信用卡犯罪法律适用若干问题的复函(2010年7月5日)

一、对于一人持有多张信用卡进行恶意透支，每张信用卡透支数额均未达到1万元的立案追诉标准的，原则上可以累计数额进行追诉。但考虑到一人办多张信用卡的情况复杂，如累计透支数额不大的，应分别不同情况慎重处理。

二、发卡银行的"催收"应有电话录音、持卡人或其家属签字等证据证明。"两次催收"一般应分别采用电话、信函、上门等两种以上催收形式。

三、若持卡人在透支大额款项后，仅向发卡行偿还远低于最低还款额的欠款，具有非法占有目的的，可以认定为"恶意透支"；行为人确实不具有非法占有目的的，不能认定为"恶意透支"。

四、非法套现犯罪的证据规格，仍应遵循刑事诉讼法规定的证据确实、充分的证明标准。原则上应向各持卡人询问并制作笔录。如因持卡人数量众多、下落不明等客观原因导致无法取证，且其他证据已能确实、充分地证明使用信用卡非法套现的犯罪事实及套现数额的，则可以不向所有持卡人询问并制作笔录。

▼安徽省常见经济犯罪数额标准一览表(2000—2014年)(见本书附录四十)

▼广东省高级人民法院关于办理破坏社会主义市场经济秩序犯罪案件座谈会纪要(2014年11月1日)

二、金融诈骗罪

9.关于信用卡诈骗罪的数额标准。行为人使用伪造的信用卡、以虚假身份证明骗领的信用卡、作废的信用卡或者冒用他人信用卡，进行信用卡诈骗活动，数额在5000元以上不满5万元的为"数额较大"；数额在5万元以上不满50万元的为"数额巨大"；数额在50万元以上的为"数额特别巨大"。

行为人恶意透支，数额在1万元以上不满10万元的为"数额较大"，数额在10万元以上不满100万元的为"数额巨大"，数额在100万元以上的为"数额特别巨大"。

10.关于单位犯金融诈骗罪的数额标准。单位犯集资诈骗罪、票据诈骗罪、金融凭证诈骗罪、信用证诈骗罪、保险诈骗罪"数额巨大"、"数额特别巨大"的标准，按照各罪个人犯罪数额标准的5倍掌握。

四、涉案财物处理

13.关于诈骗财物及其利息的处理问题。案发后查封、扣押、冻结在案的诈骗财物及其利息，权属明确的，应当发还相应被害人；权属不明确的，可以按被骗款物占查封、扣押、冻结在案的财物及其利息总额的比例发还被害人，但是已获退赔的应予扣除。

14.关于涉案财产的追缴和处置问题。将诈骗所得的资金或者财物及转换所得的财物用于清偿债务或者转让给他人，有下列情形之一的，应当依法追缴：

(一)他人明知是上述资金或者财物而收取的；

(二)他人无偿取得上述资金或者财物的；

(三)他人以明显低于市场的价格取得上述资金或者财物的；

(四)他人取得上述资金或者财物系源于非法债务或者违法犯罪活动的；

(五)其他依法应当追缴的情形。

他人善意取得诈骗财物的，不予追缴。

五、其他

15. 铁路运输两级法院审理的犯罪案件,按照案发地的数额标准定罪量刑。

16. 对于案发地跨两类地区的,按照一类地区的数额标准定罪量刑;因指定管辖导致跨地区审判的,按照案发地的数额标准定罪量刑。

17. 本院以前发布的指导意见与本纪要不一致的,以本纪要规定为准。

▼浙江省高级人民法院关于印发《全省法院刑事审判疑难问题研讨会纪要》的通知(2012 年 2 月 24 日)

九、关于涉及信用卡犯罪的认定

根据刑法第一百九十六条第一款第(三)项规定,冒用他人信用卡,骗取财物数额较大的,应以信用卡诈骗罪追究刑事责任。

利用他人遗忘在银行自动柜员机(ATM 机)内并已输入密码的信用卡取款的行为,符合秘密窃取他人财物的本质特征,数额较大的,应以盗窃罪追究刑事责任。

根据法律规定,恶意透支型信用卡诈骗犯罪中的持卡人有特定指向,包括信用卡的所有人和合法使用人。在办理以信用卡实际使用者为被告人的诈骗案件中,可从被告人是否属于冒用他人信用卡、主观上是否具有非法占有他人财物的诈骗犯罪故意等角度审查其实施的行为是否符合诈骗犯罪的构成特征。

▽信用卡诈骗罪中的信用卡范围的认定

金融机构发行的具有消费支付、信用贷款、转账结算、存取现金等全部功能或者部分功能的电子支付卡均属于刑法意义上的信用卡。对于信用卡范围界定,国家金融法规是有一个演变过程的。1996 年 1 月 26 日,中国人民银行发布的《信用卡业务管理办法》将信用卡与借记卡统称为信用卡。而 1999 年 3 月 1 日起施行的中国人民银行《银行卡业务管理办法》(本附文以下简称《1999 年办法》)则废止了上述规定,对银行卡有了进一步的明确规定,银行卡包括信用卡和借记卡两类。信用卡分为贷记卡、准贷记卡。贷记卡是指发卡银行给予持卡人一定的信用额度,持卡人可在信用额度内先消费、后还款的信用卡。准贷记卡是指持卡人须先按发卡银行要求交存一定金额的备用金,当备用金账户余额不足支付时,可在发卡银行规定的信用额度内透支的信用卡。可见,上述两种信用卡均具有透支功能。根据《1999 年办法》第七条的规定,借记卡按功能不同分为转账卡(含储蓄卡)、专用卡、储值卡,借记卡不具备透支功能。可见,从 1999 年 3 月 1 日起,信用卡与借记卡已被明确区分为两种不同的银行卡。2004 年 12 月 29 日,全国人大常委会作出了《关于〈中华人民共和国刑法〉有关信用卡规定的解释》。该解释规定,刑法规定的"信用卡",是指由商业银行或者其他金融机构发行的具有消费支付、信用贷款、转账结算、存取现金等全部功能或者部分功能的电子支付卡。"信用卡"的范围认定,即针对银行或者其他金融机构发行的电子支付卡,只要其具备消费支付、信用贷款、转账结算、存取现金等全部功能或者部分功能的,都属于刑法意义上的信用卡。据此,我国刑法中的信用卡应当既包括国际通行意义上具有透支功能的信用卡,也包括了不具有透支功能的银行借记卡。也就是说,在该立法解释出台后,刑法意义上的信用卡的范围与相关金融法规意义上的信用卡范围有所不同。作为专门性立法解释,自颁布之日起当然应当在刑事司法中遵照执行。综上所述,行为人冒用的农业银行储蓄卡属于银行借记卡,但根据上述立法解释,应当属于刑法意义上的信用卡,所以其拾得他人银行卡进行冒用取款的行为,数额较大,应当以信用卡诈骗罪追究其刑事责任。[参见第 472 号案例,张国涛信用卡诈骗案,载《刑事审判参考》总第 60 集(2008 年第 1 集),法律出版社,第 12～15 页。执笔:康瑛]

▽在恶意透支型信用卡诈骗罪案件中,法院不应当对透支本金产生的复利(包括正常利息和罚息)、滞纳金、手续费等银行收取的费用作出刑事裁判,即法院仅应当对透支的本金部分作出刑事判决

(一)犯罪数额只限于透支本金。恶意透支型信用卡诈骗罪是一种数额犯,只有恶意透支到一定数额时才对恶意透支的行为追究刑事责任。在恶意透支型信用卡诈骗罪中,行为人犯罪时所指向的对象只是透支的本金部分,至于后来透支本金所产生的各种费用并不是其犯罪时意图占有的部分。持卡人意图非法占有和实际非法占有的是本金部分,依据刑法第六十四条的规定,对犯罪分子违法所得予以追缴或者责令退赔的,也仅指恶意透支的本金部分。(二)透支本金所产生的复利等不属于犯罪造成的直接经济损失。透支本金所产生的复利,包括正常利息和罚息以及其他费用,不能认定为银行的直接损失,即不能成为犯罪侵犯的法益。信用卡发卡行与持卡人之间是一种民事法律关系,其本质是债权债务关系;双方通过《领用信用卡协议》确定权利义务,持卡人有透支的权利,但也承担着按时还款的义务,而一旦不履行义务就会产生相应的责任。这种责任在协议中实际上已经约定,就是会产生罚息、滞纳金、手续费等费用。可见,以上费用并不是银行的直接损失,而只是银行与持卡人约定的持卡人违反还款义务时承担的违约责任。而对于透支的本金产生的正常利息实际上也只是双方依据民事借款合同约定的利息,不能称之为银行的直接损失。故无论是本金产生的正常利息还是其他费用,都只是双方约定的义务的体现方式,而不能认定为银行的直接损失,从而也就不能成为该类犯罪侵犯的法益。(三)对于透支本金所产生的复利、滞纳金等间接损失,应当通过民事救济途径解决。固然,复利、滞纳金等间接损失,对银行来说本属预期收益,也应受到法律保护。但刑事审判只限于保护被害人的直接经济损失,对于间接经济损失,即使是物质损失,也不能以追缴或者返还的方式在刑事裁判中判决。因此,银行可通过民事救济途径解决。2012年修改后的刑事诉讼法第九十九条规定:"被害人由于被告人的犯罪行为而遭受物质损失的,在刑事诉讼过程中,有权提起附带民事诉讼。如果是国家机关、集体财产遭受损失的,人民检察院在提起公诉的时候,可以提起附带民事诉讼。"由该规定可知,对于透支本金所产生的复利、滞纳金等间接损失,不能通过附带民事诉讼解决。确有正当理由,应当通过民事救济途径解决的,被害人可以另行提起民事诉讼。综上,在恶意透支型信用卡诈骗罪中,人民法院只应对犯罪所得即透支本金部分作出裁判,不应对复利——包括正常利息和罚息、滞纳金、手续费等费用作出处理。[参见第841号指导案例,陈自渝信用卡诈骗案,载《刑事审判参考》总第91集(2013年第2集),10~12页。撰稿:陈胜友 徐海燕]

▽窃取他人开卡邮件并激活信用卡使用的行为构成信用卡诈骗罪

(一)被告人私自取得未激活信用卡属于窃取行为。1.邮件属于具有明确所有权指向的特殊物品。邮件一般通过邮寄的方式由一方传递到另一方。邮件属于封缄物,必须注有收件人的姓名、地址、联系方式等投递信息,权利义务关系明确且所有权指向鲜明。收件人对邮件的包装物及内容物有绝对所有权,其他邮件合法占有人的占有效力不能及于邮件的内容物,且仅为辅助占有。因此,当邮件由寄送人交付托运人之时,应当认为此时邮件的所有权已经转移给收件人。即使收件人尚未实际取得甚至尚未意识到该邮件的存在,其也对该物品具有间接的控制和管理权。一旦其权益遭到侵犯,收件人享有返还请求权、损害赔偿权等权利。本案中,发卡银行将装有信用卡的邮件寄送至被害人所在公司,公司代为签收后,与被害人之间形成了一种委托保管关系,公司对邮件构成辅助占有,被害人有权随时要求公司返还该邮件。被告人未经许可,私自占有被害人邮件,属于秘密窃取行为。2.被告人私藏他人邮件的行为不构成私自开拆、隐匿、毁弃邮件、电报罪,侵犯通信自由罪,盗窃罪。被告人私藏他人邮件的行为,虽然同时符合私自开拆、隐匿、毁弃邮件、电报罪,侵犯通信自由罪,盗窃罪的部分客观方面特征,但不完全符合上述三罪的构成要件或者入罪标准。首先,私自开拆、隐匿、毁弃邮件、电报罪的犯罪主体必须为"邮政工作人员",被告人属于非从事邮政业务公司的一般工作人员,不符合本罪主体要件。其次,"情节严重"是侵犯通信自由罪的成立要件之一。一般认为必须具有以下情节之一,才属于侵犯公民通信自由权利"情节严重":多次、经常隐匿、毁弃、非法开拆他人信件;一次性隐匿、毁弃、非法开拆他人信件数量较多;隐匿、毁弃、非法开拆他人信件的行为造成他人身体健康、精神受到巨大创伤或者重大财产损失。被告人隐匿邮件行为的次数、数量、价格均未达到"情节严重"的程度。且在刑法理论上,只有原因行为和结果行为均构成犯罪的情况下,才存在牵连犯的认定问题。最后,盗窃罪要求窃取的物品到手时即具有价值属性,且“数额较大”。本案中,由于被告人窃取邮件时银行卡尚未被激活,银行对卡主的授信额度尚未生效,财物价值尚未生成,可透支额度不能等同于该信件价值,且被告人仅实施了该次行为,故亦不符合盗窃罪的入罪标准。综上,被告人私藏他人邮件行为不构成上述三罪。

(二)窃取他人信用卡后激活并使用的行为构成信用卡诈骗罪。刑法第一百九十六条第一款规定了构成信用卡诈骗罪的四种情形,即使用伪造的信用卡,使用以虚假的身份证明骗领的信用卡,使用作废的信用卡,冒用他人信用卡及恶意透支。本案被告人的行为属于其中冒用他人信用卡的情形,且其套现1.19万元,已达到“数额较大”的标准,构成信用卡诈骗罪。1.私自激活他人信用卡并使用属于冒用他人信用卡行为。信用卡办理流程一般需经过申领、审核、寄送、激活、使用五个阶段。当事人申领信用卡通过审核后,银行一般会在10至15个工作日内将卡片通过信件的形式邮寄至申领人预留的地址,申领人签收后再将卡片激活并使用。所谓“激活”,即申领人按照发卡银行寄送信件指定的步骤,拨打银行服务电话,按照语音提示输入个人预留身份资料、手机号码、初始密码等重要私密信息,成功通过审核的过程。只有成功激活才能启动“沉睡”中的卡片的各项功能。因此,激活在信用卡的申办流程中占据核心地位,信用卡不特定的价值必须通过激活这一关键步骤的完成才能最终实现。信用卡的激活应当体现申领人的意志,一般由申领人或者经其授权的人进行操作。而被告人是在信用卡申领人不知情的情况下,利用截取的开卡信件及作为同事知晓申领人身份信息的便利,私自激活信用卡,并以信用卡卡主的身份刷卡取现或者消费,侵犯他人财产权的同时也侵害了国家对信用卡的管理制度,扰乱了正常的金融管理秩序,属于冒用他人信用卡的行为。2.未被激活的信用卡不属于“盗窃信用卡并使用”调整的范围。《全国人大常委会关于〈中华人民共和国刑法〉有关信用卡规定的解释》明确规定,刑法规定的“信用卡”,是指由商业银行或者其他金融机构发行的具有消费支付、信用贷款、转账结算、存取现金等全部功能或者部分功能的电子支付卡。当然,该卡应当是真实、有效的。正如有观点提出的,刑法规定的行为对象如果是某种物品而又未附注或者明确包含伪造、无效、虚假的,那就只能理解为真实、有效的,如刑法第二百八十条规定的盗窃、抢夺、毁灭国家机关公文、证件、印章罪中的“公文、证件、印章”原则上要求必须是真实、有效的。因此,刑法第一百九十六条第三款中的“盗窃信用卡并使用”中的“信用卡”应当是已被激活、能正常使用的信用卡,即具备消费、支付、转账、存取等全部或者部分功能。无效卡、伪造卡、变造卡、涂改卡均不能归入其中。该款立法意图在于将盗窃信用卡并使用的性质界定为事后不可罚的行为,这里的信用卡本身已经具有了财产的价值属性,能够直接转化成相应价值的资金或者财物。最高人民法院曾于1986年11月3日在对下级法院的答复中明确:“被告人盗窃信用卡后有仿冒卡主签名进行购物、消费的行为,是将信用卡本身所含的不确定价值转化为具体财物过程,是盗窃犯罪的继续,应定盗窃罪。”本案中,发卡行邮寄给申领人的信封中的卡片因未激活,还不具备信用卡的基本功能,属于广义上的无效卡范畴,故盗窃未激活的信用卡超出了刑法第一百九十六条第三款规定的“信用卡”外延。3.盗窃不同财产权利载体物的处理。随着经济活动日益频繁,有价支付凭证、有价证券、有价票证及信用卡等财产权利载体逐渐丰富。根据最高人民法院2013年出台的《关于办理盗窃刑事案件适用法律若干问题的解释》第五条的规定,盗窃不记名、不挂失的有价支付凭证、有价证券、有价票证的,按票面数额和盗窃时应得的利息、奖金或者奖品等可得收益一并计算盗窃数额。盗窃记名的载体物,已经兑现的,按照兑现部分的财物价值计算盗窃数额;没有兑现,但失主无法通过挂失、补领、补办手续等方式避免损失的,按照给失主造成的实际损失计算盗窃数额。这里未区分记名载体物财物价值的不同兑现方式。实务中,可视不同情形作相应认定:(1)盗窃不记名、不挂失的财产权利载体物,因能即时兑现财产权利,行为人窃取后,就拥有了对相对应财物的控制权,以盗窃罪论处。(2)盗窃记名的票据、金融凭证、信用卡,行为人无论是否采取其他欺骗行为,在兑现时,须冒充权利人行使权利从而取得载体物财产价值,且“冒用”情形是票据诈骗罪、金融凭证诈骗罪、信用卡诈骗罪客观方面均要求的行为。行为人如果冒充权利人兑现财产价值,则以上述金融诈骗罪定罪量刑。(3)盗窃除(2)以外记名的权利载体物,如果采用伪造银行预留印鉴、印章,仿冒持票人签名等形式兑现财产价值的,由于其后续欺骗行为是取得财产的关键行为,以票据诈骗罪追究刑事责任;如果盗窃的是印鉴齐全的载体物,兑现时无须另行提供身份证明等资料,将其兑现行为视为实现窃取物价值的事后不可罚行为,则以盗窃罪处理。本案被告人的行为属于上述第二类行为。信用卡作为一种记名的、使用时必须附随一定印鉴、身份证件、密码的金融凭证,行为人盗窃未激活的信用卡后,并不能无条件地获取财物。兑现财物需实施冒名激活、冒名使用的欺诈行为,故以信用卡诈骗罪处理更为合适。[参见第874号指导案例,王立军等信用卡诈骗案,载《刑事审判参考》总第93集(2013年第4集),第13～17页。撰稿:范莉　范凯]

▽认定有效催收,应当对银行是否实施催收、持卡人本人是否获悉催收信息进行审查

在恶意透支型信用卡诈骗罪中,银行催收方式多样,一般采用短信、电话催收、向户籍地或者持卡人预留的其他地址发催收信函以及上门催收等。持卡人恶意透支后往往采取各种方式逃避银行催收,拒接银行电话、更换手机号码或者拒收催收信函。司法实践中,对于有效催收的事实如何认定争议较大。主要涉及两个问题:

一是银行催收的形式。催收信函记载了透支信用卡的卡号、欠款金额、催收日期等详细信息,可直接证实催收的内容。但银行电话催收记录具有其单方面性,往往无录音或者其他证据佐证,难以反映催收内容。

二是持卡人收悉有关银行催收的信息。银行提供催收信函,证明根据持卡人所留的地址,实施过催收行为。实践中存在持卡人长期在外地工作,同住人签收信件后未转交给持卡人等情况。因此,仅凭银行提供的催收信函存根及挂号信记录仍无法证实持卡人确已收悉的,不能确认该催收的法律效力。银行必须提供证明持卡人收悉银行催收信函的信息,否则不能认定催收的有效性。

银行信函催收还是电话催收,都是催收方式之一,无论哪种方式,均需要其他证据的印证,即查证属实的,方能认定为有效催收。原则上银行应当证明其催收内容、持卡人本人已收悉银行催收信息,否则不能认定催收的效力。这种证明最有效的方式就是由持卡人在催收函回执上签字认可,或者有电话录音的印证。信函催收的,如果持卡人外出,则其同住成年家属签收也可以视为持卡人签收,但在这种情况下应当允许持卡人反证。如果持卡人能够举出证据证明其确实没有收到催收函,如其因为工作或者其他原因长期在外未归,确没有收到家属签收的催收函,则催收不发生效力。实践中,被告人对当庭质证的催收记录不提出异议的,法院可以对催收的有效性予以认可。若被告人庭审中提出异议,则需要具体分析。如果持卡人透支以后故意更换住址、电话号码逃避银行催收的,则只要银行有证据证明按照信用卡协议约定的持卡人地址寄送了催收函或者拨打过电话,即可认定催收的效力。否则,银行单方面提供的催收记录,无法独立证实有效催收。就本案而言,五家银行均有电话催收情况,其中光大银行和上海银行的电话催收记录明确记载房某本人已收悉催收信息,且经房某辨认确认,可作为认定有效催收的证据采信。而其他银行提供的电话催收记录,没有房某本人的确认等证据印证,故依法不能认定其实施了电话催收行为,但根据其提供的催收函件,可以认定其书面催收的事实。据此,法院认定上海银行、中国银行、深圳发展银行三张信用卡两次催收满3个月的截止期均发生在缓刑考验期内是正确的。[参见第921指导案例,房某信用卡诈骗案,载《刑事审判参考》总第95集(2013年第6集),第15～16页。撰稿:陈姣莹]

▽行为人将透支款项用于合法经营,因客观原因导致无法归还透支款项的不能认定"以非法占有为目的"

根据《刑法》第一百九十六条第一款、第二款的规定,持卡人以非法占有为目的,超过规定限额或者规定期限透支,并且经发卡银行催收后仍不归还的行为属于"恶意透支",构成信用卡诈骗罪。2009年最高人民法院、最高人民检察院发布的《关于办理妨害信用卡管理刑事案件具体应用法律若干问题的解释》(本附文以下简称《解释》,已被修改)第六条第一款规定,持卡人以非法占有为目的,超过规定限额或者规定期限透支,并且经发卡银行两次催收后超过3个月仍不归还的,应当认定为刑法第一百九十六条规定的"恶意透支"。上述规定明确了恶意透支型信用卡诈骗罪必须同时具备两个条件:第一,主观上行为人"以非法占有为目的";第二,客观上行为人实施了"超额或者超限透支"且"经两次以上催收不还"的行为。以上两个条件缺一不可,如果持卡人仅仅是经催收不还,但没有非法占有的目的,则不是恶意透支而是善意透支;如果持卡人具有非法占有的目的,但银行没有对持卡人进行催收,或者开始透支时具有非法占有的目的,但在两次催收后3个月内已经归还,则因为不符合法定构成要件而不能认定为恶意透支。本案中二被告人客观上实施了超限透支且"经催收不还"的行为,根据《解释》第六条第二款的规定,二被告人被催收的次数超过两次,且超过3个月仍未全部归还,符合恶意透支型信用卡诈骗罪的客观要件。因此,本案关键在于判断二被告人主观上是否具有非法占有的目的。

关于恶意透支型信用卡诈骗罪中"以非法占有为目的"的具体认定,《解释》第六条第二款列举了六种情况。虽然这六种情形规定得较为具体,但是实践中持卡人使用信用卡的情形较为复杂,个别情况下认定是否"以非法占有为目的"仍有争议。其中最为常见的就是本案这种将透支的信用卡款项用于合法的经营,后因资金困难导致客观上无法偿还的情形。信用卡最主要的功能就是透支从而使持卡人得以购买超出自己现有支付能力的商品或服务,银行也以各种各样的促销活动鼓励持卡人进行透支消费,因此若仅凭客观上无法偿还欠款就认定为"以非法占有为目的"的恶意透支型信用卡诈骗,就无法将恶意透支型信用卡诈骗罪和透支不还的民事违约行为进行区分。对"以非法占有为目的"的理解仍应坚持主客观相统一的原则,综合考察行为人申领行为、透支行为、还款行为等各种因素,重点考察以下三方面的因素:

第一,行为人申领信用卡时有无虚构事实、隐瞒真相的行为。这是指行为人在申领信用卡时,因不符合申领条件或不能得到较大的透支额,而伪造部分证明材料,如收入证明、房屋产权证明等虚构其资信能力的材料,但其基本身份属实,如姓名、身份、住址和户籍资料等信息真实。这种情形与刑法第一百九十六条第一款第一项规定的"使用以虚假的身份证明骗领的信用卡"的情形不同,虚假的身份证明是指行为人完全以虚构的身份和虚假的申请资料申领信用卡,使银行无法找到真正的持卡人。而本案情况是,银行仍然能够找到持卡人,但却客观存在催收困难。

第二,行为人透支款项的用途。根据资金用途判断行为人是否具有非法占有目的时,应结合全案分析行为人资金用途的主要方面,对于行为人取得资金后,部分用于非法活动,部分用于合法经营的,如果大部分资金用于合法经营,到期不能归还资金主要是由于经营不善、市场风险等原因造成的,不宜认定"以非法占有为目的"。如果行为人利用信用卡到中介公司大额、频繁套现,或者透支用于不符合其承受能力的奢侈品消费或密集多次无节制的生活消费,则可断定具有非法占有的目的。

第三,透支款项时行为人的还款态度及是否逃避催收。透支额的归还行为反映行为人的信用状况,为了维护自己的信用,行为人在透支后一般会及时还款。如果行为人在透支后对还款期限和还款额根本不关心,连续透支消费,甚至通过变更电话、住址等方式逃避银行催款,这种只透支不还款的态度表明其不打算遵守信用卡合法使用的规定,对透支款项具有较明显的非法占有目的。但如果行为人在银行催收后有积极表示,或者积极还款,或者说明合理的不还款理由,并与银行约定推迟还款的计划等,都可以排除"非法占有目的"。

本案涉案信用卡透支款项大部分用于二被告人的企业经营,其他小部分款项用于正常生活开支,而非奢侈品消费或者无节制消费。二被告人后因经营困难导致信用卡欠款逾期未能归还,但从涉案信用卡还款情况及二被告人应对催收的态度来看,二被告人持卡最后一笔透支消费后不久即被停卡,在银行的催收下,二被告人在两个多月后还向已经被停卡的涉案信用卡账户偿还了一笔4万元的还款,若二被告人是“以非法占有为目的”的恶意透支,就不会在两个多月后还向银行偿还这一笔数额并不小的透支款项。二被告人逾期未能继续归还欠款后,银行数十次电话催收,二被告人接听电话时均表示愿意归还欠款,只是申明企业经营困难希望暂缓还款,且一被告人被抓获归案时正在银行协商还款事宜。可见二被告人一直积极与银行协商还款事宜,未有变更联系电话、变更地址等逃避催收的行为。二被告人的行为不能认定为“以非法占有为目的”,不构成恶意透支型的信用卡诈骗罪。[参见第1120号指导案例,梁保权、梁博艺信用卡诈骗案,载《刑事审判参考》总第105集,第33～36页。撰稿:黄莹邓凯]

第一百九十七条　【有价证券诈骗罪】使用伪造、变造的国库券或者国家发行的其他有价证券,进行诈骗活动,数额较大的,处五年以下有期徒刑或者拘役,并处二万元以上二十万元以下罚金;数额巨大或者有其他严重情节的,处五年以上十年以下有期徒刑,并处五万元以上五十万元以下罚金;数额特别巨大或者有其他特别严重情节的,处十年以上有期徒刑或者无期徒刑,并处五万元以上五十万元以下罚金或者没收财产。

■最高人民检察院、公安部关于公安机关管辖的刑事案件立案追诉标准的规定(二)(2022年5月15日)

第五十条　[有价证券诈骗案(刑法第一百九十七条)]使用伪造、变造的国库券或者国家发行的其他有价证券进行诈骗活动,数额在五万元以上的,应予立案追诉。

[附则(第七十九条至第八十五条)内容附在本书刑法第一百二十条之一附文同名文件中。]

▼安徽省常见经济犯罪数额标准一览表(2000—2014年)(见本书附录四十)

▼广东省高级人民法院关于办理破坏社会主义市场经济秩序犯罪案件座谈会纪要(2014年11月1日)

二、金融诈骗罪

7. 关于贷款诈骗罪、票据诈骗罪、金融凭证诈骗罪、有价证券诈骗罪、保险诈骗罪的数额标准。行为人实施上述几类诈骗行为,数额不满40万元的为“数额较大”,数额在40万元以上不满150万元的为“数额巨大”,数额在150万元以上的为“数额特别巨大”。

10. 关于单位犯金融诈骗罪的数额标准。单位犯集资诈骗罪、票据诈骗罪、金融凭证诈骗罪、信用证诈骗罪、保险诈骗罪“数额巨大”、“数额特别巨大”的标准,按照各罪个人犯罪数额标准的5倍掌握。

四、涉案财物处理

13. 关于诈骗财物及其利息的处理问题。案发后查封、扣押、冻结在案的诈骗财物及其利息,权属明确的,应当发还相应被害人;权属不明确的,可以按被骗款物占查封、扣押、冻结在案的财物及其利息总额的比例发还被害人,但是已获退赔的应予扣除。

14. 关于涉案财产的追缴和处置问题。将诈骗所得的资金或者财物及转换所得的财物用于清偿债务或者转让给他人,有下列情形之一的,应当依法追缴:

(一)他人明知是上述资金或者财物而收取的;

(二)他人无偿取得上述资金或者财物的;

(三)他人以明显低于市场的价格取得上述资金或者财物的;

(四)他人取得上述资金或者财物系源于非法债务或者违法犯罪活动的;

(五)其他依法应当追缴的情形。

他人善意取得诈骗财物的,不予追缴。

五、其他

15. 铁路运输两级法院审理的犯罪案件,按照案发地的数额标准定罪量刑。

16. 对于案发地跨两类地区的，按照一类地区的数额标准定罪量刑；因指定管辖导致跨地区审判的，按照案发地的数额标准定罪量刑。

17. 本院以前发布的指导意见与本纪要不一致的，以本纪要规定为准。

第一百九十八条　【保险诈骗罪】有下列情形之一，进行保险诈骗活动，数额较大的，处五年以下有期徒刑或者拘役，并处一万元以上十万元以下罚金；数额巨大或者有其他严重情节的，处五年以上十年以下有期徒刑，并处二万元以上二十万元以下罚金；数额特别巨大或者有其他特别严重情节的，处十年以上有期徒刑，并处二万元以上二十万元以下罚金或者没收财产：

（一）投保人故意虚构保险标的，骗取保险金的；

（二）投保人、被保险人或者受益人对发生的保险事故编造虚假的原因或者夸大损失的程度，骗取保险金的；

（三）投保人、被保险人或者受益人编造未曾发生的保险事故，骗取保险金的；

（四）投保人、被保险人故意造成财产损失的保险事故，骗取保险金的；

（五）投保人、受益人故意造成被保险人死亡、伤残或者疾病，骗取保险金的。

有前款第四项、第五项所列行为，同时构成其他犯罪的，依照数罪并罚的规定处罚。

单位犯第一款罪的，对单位判处罚金，并对其直接负责的主管人员和其他直接责任人员，处五年以下有期徒刑或者拘役；数额巨大或者有其他严重情节的，处五年以上十年以下有期徒刑；数额特别巨大或者有其他特别严重情节的，处十年以上有期徒刑。

保险事故的鉴定人、证明人、财产评估人故意提供虚假的证明文件，为他人诈骗提供条件的，以保险诈骗的共犯论处。

■最高人民检察院、公安部关于公安机关管辖的刑事案件立案追诉标准的规定（二）（2022年5月15日）

第五十一条　〔保险诈骗案（刑法第一百九十八条）〕进行保险诈骗活动，数额在五万元以上的，应予立案追诉。

［附则（第七十九条至第八十五条）内容附在本书刑法第一百二十条之一附文同名文件中。］

▼最高人民检察院法律政策研究室关于保险诈骗未遂能否按犯罪处理问题的答复（全文）（1998年11月27日）

行为人已经着手实施保险诈骗行为，但由于意志以外的原因未能获得保险赔偿的，是诈骗未遂，情节严重的，应依法追究刑事责任。

▼安徽省常见经济犯罪数额标准一览表（2000—2014年）（见本书附录四十）

▼广东省高级人民法院关于办理破坏社会主义市场经济秩序犯罪案件座谈会纪要（2014年11月1日）

二、金融诈骗罪

7. 关于贷款诈骗罪、票据诈骗罪、金融凭证诈骗罪、有价证券诈骗罪、保险诈骗罪的数额标准。行为人实施上述几类诈骗行为，数额不满40万元的为“数额较大”，数额在40万元以上不满150万元的为“数额巨大”，数额在150万元以上的为“数额特别巨大”。

10. 关于单位犯金融诈骗罪的数额标准。单位犯集资诈骗罪、票据诈骗罪、金融凭证诈骗罪、信用证诈骗罪、保险诈骗罪“数额巨大”、“数额特别巨大”的标准，按照各罪个人犯罪数额标准的5倍掌握。

四、涉案财物处理

13. 关于诈骗财物及其利息的处理问题。案发后查封、扣押、冻结在案的诈骗财物及其利息，权属明确的，应当发还相应被害人；权属不明确的，可以按被骗款物占查封、扣押、冻结在案的财物及其利息总额的比例发还被害人,但是已获退赔的应予扣除。

14. 关于涉案财产的追缴和处置问题。将诈骗所得的资金或者财物及转换所得的财物用于清偿债务或者转让给他人,有下列情形之一的,应当依法追缴:

(一)他人明知是上述资金或者财物而收取的;

(二)他人无偿取得上述资金或者财物的;

(三)他人以明显低于市场的价格取得上述资金或者财物的;

(四)他人取得上述资金或者财物系源于非法债务或者违法犯罪活动的;

(五)其他依法应当追缴的情形。

他人善意取得诈骗财物的,不予追缴。

五、其他

15. 铁路运输两级法院审理的犯罪案件,按照案发地的数额标准定罪量刑。

16. 对于案发地跨两类地区的,按照一类地区的数额标准定罪量刑;因指定管辖导致跨地区审判的,按照案发地的数额标准定罪量刑。

17. 本院以前发布的指导意见与本纪要不一致的,以本纪要规定为准。

▽保险诈骗罪主体自残或者请他人"代手"伤残自己后骗保的,符合刑法本条第一款第五项的本质特征

保险诈骗罪主体自残后骗保或者请他人"代手"伤残自己后骗保的,均符合刑法本条第一款第五项的本质特征。[参见第296号案例,曾劲青、黄剑新保险诈骗、故意伤害案,载《刑事审判参考》总第38集(2004年第3集),法律出版社,第95页。执笔:李友寿 郑世文]

▽刑法本条第四款关于保险事故的鉴定人、证明人、财产评估人故意为保险诈骗行为人提供虚假的证明文件,为其进行保险诈骗提供条件的,以保险诈骗罪的共犯论处的规定,实质上是一项提示性规定

刑法本条第四款关于保险事故的鉴定人、证明人、财产评估人故意为保险诈骗行为人提供虚假的证明文件,为其进行保险诈骗提供条件的,以保险诈骗罪的共犯论处的规定,实质上是一项提示性规定,即提示司法者,对上述主体的上述行为,应当以保险诈骗罪的共犯论处,而不能以其他罪如提供虚假证明文件罪等论处。该条规定并不意味着,只有上述主体的上述行为才能构成保险诈骗罪的共犯,除此而外,其他人为保险诈骗行为人进行保险诈骗提供条件或帮助的行为,就无成立保险诈骗罪共犯的余地。事实上,根据刑法总则规定的共同犯罪的一般原理,不仅自然能够得出"保险事故的鉴定人、证明人、财产评估人故意为保险诈骗行为人提供虚假的证明文件,为其进行保险诈骗提供条件的,应构成保险诈骗罪的共犯"的结论,而且当然也能得出除此而外,其他明知保险诈骗行为人意欲进行保险诈骗而为其提供其他条件或帮助的人,同样也能够成立保险诈骗罪的帮助犯。[参见第296号案例,曾劲青、黄剑新保险诈骗、故意伤害案,载《刑事审判参考》总第38集(2004年第3集),法律出版社,第95~96页。执笔:李友寿 郑世文]

▽帮助保险诈骗罪主体自残的行为,构成保险诈骗罪共犯,依据想象竞合犯的从一重处断原则处罚

保险诈骗罪的犯罪主体是特殊主体,即只有投保人、被保险人或者受益人(这里的"人"包括自然人和单位)才可能构成本罪,这是从单独犯罪的角度而言的。但从共同犯罪角度看,无上述特殊身份的人完全有可能成为有此身份的人的共犯。换言之,任何人明知被保险人意欲自伤后骗取保险金而仍为其提供帮助行为的,包括帮助其故意制造保险事故的,尽管该帮助人未参与帮助其进行索赔等事项的,根据共同犯罪的一般原理,仍可成立保险诈骗罪的共犯。行为人虽不具备保险诈骗罪主体的特殊身份,但其明知他人意欲实施保险诈骗仍答应并帮助其故意制造保险事故(帮助自残),共同为他人着手实施保险诈骗制造条件,应可成立保险诈骗罪(预备)的帮助犯。尽管除此之外,行为人未再实施其他任何帮助行为。行为人的行为成立保险诈骗罪的帮助犯,但并不等于说,对其就必须作保险诈骗罪的定罪量刑,并与其故意伤害罪实行并罚。事实上,行为人只实施了一个行为,即帮助他人实施自残的行为。该一行为又因同时具备两种不同的性质(一方面是故意伤害了他人的身体健康,另一方面是为曾某进行保险诈骗制造了条件)而触犯了两个罪名即故意伤害罪和保险诈骗罪(犯罪预备中的帮助犯),系想象的竞合犯。按照想象的竞合犯的从一重处断原则,显然对行为人某只应定故意伤害罪一罪即可,而不宜作双重评价,以故意伤害罪和保险诈骗罪进行并罚。[参见第296号案例,曾劲青、黄剑新保险诈骗、故意伤害案,载《刑事审判参考》总第38集(2004年第3集),法律出版社,第95~96页。执笔:李友寿 郑世文]

▽保险诈骗未遂情节严重的,也应当定罪并依法处罚

刑法本条第一款列举的五种骗取保险金数额较大的情况,均为既遂行为,构成保险诈骗罪。以骗取数额巨大的保险费为目的,虽因意志以外原因未得逞,也可以构成保险诈骗罪而予以定罪处罚。首先,保险诈骗罪确是结果犯,所谓结果犯仅是就犯罪既遂标准而言的。已经着手实施保险诈骗,但因意志以外的原因未得逞的,系保险诈骗未遂。既遂犯需要定罪处罚,至于未遂犯,根据刑法第二十三条的规定,可以比照既遂犯从轻或减轻处罚。可见,我国刑法对未遂犯的处置原则是一般需要定罪处罚,只不过可以比照既遂犯相应从轻或减轻处罚而已。行为人已通过其妻子着手向保险公司索赔,只是因为公安机关及时破案而未得逞,构成保险诈骗罪未遂犯,根据上述原则需要定罪处罚。其次,1996年12月16日最高人民法院《关于审理诈骗案件具体应用法律若干问题的解释》虽已失效,但却不失参照作用。该解释的精神实质在于说明,诈骗未遂情节严重的,如以数额巨大的财物为诈骗目标等,应当定罪处罚,至于诈骗目标数额较小等情节并不严重的诈骗未遂情形,可不予再追究刑事责任。[参见第296号案例,曾劲青、黄剑新保险诈骗、故意伤害案,载《刑事审判参考》总第38集(2004年第3集),法律出版社,第96~97页。执笔:李友寿 郑世文]

▽行为人与他人共谋伤害自己致重伤,行为人无须与致害人一道以故意伤害罪追究刑事责任

以自残方式为手段骗取保险金的保险诈骗案,行为人既是投保人、受益人,又是被保险人,行为人与他人黄某共谋伤残自己以骗取保险金,而他人也按事先共谋的方案持砍刀砍下行为人的双脚致其重伤。按刑法本条第二款的规定,投保人、受益人故意造成被保险人死亡、伤残或者疾病,骗取保险金的,"同时构成其他犯罪的,依照数罪并罚的规定处罚",行为人的行为表面上看似符合上述规定,但事实上,法律不能阻止任何人自伤、自残或自杀,更无法对任何实施自伤、自残或自杀行为的人设定并追究其刑事责任(除非法对特别的人有特别的规定如军人战时自伤、自残以逃避义务的)。显然,刑法本条第二款的规定并不适用本情况。对行为人不能以故意伤害罪追究刑事责任并与其保险诈骗罪实行并罚。[参见第296号案例,曾劲青、黄剑新保险诈骗、故意伤害案,载《刑事审判参考》总第38集(2004年第3集),法律出版社,第99页。执笔:李友寿 郑世文]

▽保险诈骗罪"着手"的认定

保险诈骗罪"着手",应以行为人开始向保险人申请给付保险金时为着手。理由是:只有行为人开始向保险公司虚构保险事故,申请赔付保险金时,才可能对保险诈骗罪的所保护法益造成实际的威胁。当行为人自行制造已发生保险事故的假象,但尚未来得及据此向保险公司申请赔付前,实质上仍是在为保险诈骗作准备,还谈不上保险诈骗罪的着手。[参见第198号案例,王志峰、王志生故意杀人、保险诈骗案,载《刑事审判参考》总第28辑(2002年第5辑),法律出版社,第14~15页。案例提供人:李树白,执笔:汪鸿滨]

▽被保险车辆的实际所有人利用挂靠单位的名义实施保险诈骗行为的,构成保险诈骗罪

被保险车辆的实际所有人和骗保资金的实际获取人,利用挂靠单位的名义实施的保险诈骗行为,符合保险诈骗罪的主体要件,应当认定为构成保险诈骗罪。理由如下:挂靠车辆的实际所有者作为实际投保人和被保险人,对于保险标的具有直接的保险利益关系,完全可以成为保险诈骗罪的主体。1.挂靠者作为隐名被保险人和实际投保人,是保险合同权利义务的实际承受者。依民事公示公信原则,民事权利属于公示于外在的主体,但特殊情况下,同时存在权利的隐名主体,如未登记在册的财产共有人、隐名股东、隐名合伙人、隐名被代理人等,同样受法律保护。保险合同的投保人或被保险人同样有可能同时存在形式上的显名主体和实质上的隐名主体。机动车辆登记在挂靠单位名下,但实际由个人出资购买,并缴纳各项运输费用。使得在所有权领域,车辆在名义上归属挂靠单位,而实际所有人为挂靠个人。进入保险领域,车主挂靠的单位自然成为名义上的投保人或被保险人,而实际上,保险标的为挂靠者实际所有,各类保险费用也全部由挂靠者支付,挂靠者应认定为保险合同的权利义务实质承受主体。2.对保险标的享有的保险利益实际属于挂靠者。挂靠经营双方主体与挂靠车辆之间存在明显的利益关系差异,挂靠单位通常仅负责出面办理各种运营证件、手续,代缴各项规费,向挂靠者收取管理费,并协助实际车主办理有关保险事务。除作为挂名车主外,挂靠单位与机动车辆之间无直接利害关系,即使投保车辆发生损害事故,挂靠单位实际并没有受到财产损失。相反,挂靠者作为车辆的实际所有者和经营者,与车辆有着切身的利害关系,一旦投保车辆发生意外事故,直接财产的损失承受者就是挂靠者。因此,挂靠单位对保险车辆只具有形式上的保险利益,挂靠者对投保车辆才存在实质的保险利益。3.挂靠者是实际的投保人和被保险人。根据保险法的规定,投保人是指对保险标的具有保险利益、与保险人签订合同并向保险人交付保险费的人。从外部显示,无可否认挂靠单位是保险合同的投保人,但由于所有保险的相关费用均由挂靠者个人支出,合同标的实际归属者、合同权利义务的实际承受者均是挂靠者,因此虽然挂靠单位是与保险人签订合同的名义主体,但挂靠者却是实际隐名合同主体。行为人利用挂靠单位从保险公司骗得盗窃险保险金的行为,属于隐名被保险人(实际投保人)利用显名被保险人(名义投保人)名义实施的保险诈骗行为,构成保险诈骗罪的间接正犯。刑法理论中,间接正犯是指行为人利用他人作为中介实施犯罪行为,其所利用的他人由于具有某些情节而不负刑事责任,间接正犯对于其通过他人所实施的犯罪行为完全承担刑事责任的情况。间接正犯在主观上具有利用他人犯罪的故意,也就是指行为人明知被利用者没有刑事责任能力或者没有特定的犯罪故意而加以利用,希望或者放任通过被利用者的行为达到一定的犯罪结果;在客观上,间接正犯具有利用他人犯罪的行为,即行为人不是亲手犯罪,而是以他人作为犯罪工具。因此,间接正犯与被利用者之间不存在共同犯罪故意,间接正犯不属于共同犯罪的范畴。因被利用者不负刑事责任,其实施的犯罪行为应视为利用者自己实施,故利用者应对被利用人所实施的行为承担全部责任,也就是说,对利用不负刑事责任的人实施犯罪的,应按照被利用者实行的行为定罪处罚。同时,这种利用他人犯罪的故意也不同于教唆故意与帮助故意。教唆故意是唆使他人犯罪的故意,帮助故意是帮助他人犯罪的故意,这是一种共犯的故意,以明知被教唆人或被帮助人的行为构成犯罪为前提,具有主观上的犯罪联络。而在间接正犯的情况下,行为人明知被利用者的行为不构成犯罪或者与之不存在共犯关系,因而具有单独犯罪的故意,即正犯的故意。一般而言,间接正犯利用他人犯罪的常见情形有:利用未达到刑事责任年龄或利用没有辨认控制能力的人实施犯罪;利用他人无罪过行为实施犯罪;利用他人合法行为实施犯罪;利用他人过失行为实施犯罪;利用有故意的工具实施犯罪。[参见第479号案例,徐开雷保险诈骗案,载《刑事审判参考》总第61集(2008年第2集),法律出版社,第3~6页。执笔:方海明　闵仕君　范莉]

第一百九十九条　(本条是根据《中华人民共和国刑法修正案(九)》之十二删去的,2015年11月1日起施行。)

刑法本条原文:【部分金融诈骗罪的死刑规定】犯本节第一百九十二条规定之罪,数额特别巨大并且给国家和人民利益造成特别重大损失的,处无期徒刑或者死刑,并处没收财产。(本条是根据《中华人民共和国刑法修正案(八)》之三十修改的,2011年5月1日起施行。)(此条是《刑法修正案(九)》前原文)

刑法本条原文:【部分金融诈骗罪的死刑规定】犯本节第一百九十二条、第一百九十四条、第一百九十五条规定之罪,数额特别巨大并且给国家和人民利益造成特别重大损失的,处无期徒刑或者死刑,并处没收财产。(此条是《刑法修正案(八)》前原文)

▼全国法院审理金融犯罪案件工作座谈会纪要(2001年1月21日)

(四)死刑的适用

刑法对危害特别严重的金融诈骗犯罪规定了死刑。人民法院应当运用这一法律武器,有力地打击金融诈骗犯罪。对于罪行极其严重、依法该判死刑的犯罪分子,一定要坚决判处死刑。但需要强调的是,金融诈骗犯罪的数额特别巨大不是判处死刑的唯一标准,只有诈骗"数额特别巨大并且给国家和人民利益造成特别重大损失"的犯罪分子,才能依法选择适用死刑。对于犯罪数额特别巨大,但追缴、退赔后,挽回了损失或者损失不大的,一般不应当判处死刑立即执行;对具有法定从轻、减轻处罚情节的,一般不应当判处死刑。

第二百条 【单位犯金融诈骗罪的处罚规定】 单位犯本节第一百九十四条、第一百九十五条规定之罪的,对单位判处罚金,并对其直接负责的主管人员和其他直接责任人员,处五年以下有期徒刑或者拘役,可以并处罚金;数额巨大或者有其他严重情节的,处五年以上十年以下有期徒刑,并处罚金;数额特别巨大或者有其他特别严重情节的,处十年以上有期徒刑或者无期徒刑,并处罚金。(本条是根据《中华人民共和国刑法修正案(十一)》之十六修改,2021年3月1日起施行。)

《刑法修正案(十一)》修改前本条原文:【单位犯金融诈骗罪的处罚规定】单位犯本节第一百九十二条、第一百九十四条、第一百九十五条规定之罪的,对单位判处罚金,并对其直接负责的主管人员和其他直接责任人员,处五年以下有期徒刑或者拘役,可以并处罚金;数额巨大或者有其他严重情节的,处五年以上十年以下有期徒刑,并处罚金;数额特别巨大或者有其他特别严重情节的,处十年以上有期徒刑或者无期徒刑,并处罚金。(本条是根据《中华人民共和国刑法修正案(八)》之三十一修改的,2011年5月1日起施行。)

刑法本条原文:【单位犯金融诈骗罪的处罚规定】单位犯本节第一百九十二条、第一百九十四条、第一百九十五条规定之罪的,对单位判处罚金,并对其直接负责的主管人员和其他直接责任人员,处五年以下有期徒刑或者拘役;数额巨大或者有其他严重情节的,处五年以上十年以下有期徒刑;数额特别巨大或者有其他特别严重情节的,处十年以上有期徒刑或者无期徒刑。

▼全国法院审理金融犯罪案件工作座谈会纪要(2001年1月21日)

(五)财产刑的适用

金融犯罪是图利型犯罪,惩罚和预防此类犯罪,应当注重同时从经济上制裁犯罪分子。刑法对金融犯罪都规定了财产刑,人民法院应当严格依法判处。罚金的数额,应当根据被告人的犯罪情节,在法律规定的数额幅度内确定。对于具有从轻、减轻或者免除处罚情节的被告人,对于本应并处的罚金刑原则上也应当从轻、减轻或者免除。

单位金融犯罪中直接负责的主管人员和其他直接责任人员,是否适用罚金刑,应当根据刑法的具体规定。刑法分则条文规定有罚金刑,并规定对单位犯罪中直接负责的主管人员和其他直接责任人员依照自然人犯罪条款处罚的,应当判处罚金刑,但是对直接负责的主管人员和其他直接责任人员判处罚金的数额,应当低于对单位判处罚金的数额;刑法分则条文明确规定对单位犯罪中直接负责的主管人员和其他直接责任人员只判处自由刑的,不能附加判处罚金刑。

第六节　危害税收征管罪

第二百零一条　【逃税罪】纳税人采取欺骗、隐瞒手段进行虚假纳税申报或者不申报，逃避缴纳税款数额较大并且占应纳税额百分之十以上的，处三年以下有期徒刑或者拘役，并处罚金；数额巨大并且占应纳税额百分之三十以上的，处三年以上七年以下有期徒刑，并处罚金。

扣缴义务人采取前款所列手段，不缴或者少缴已扣、已收税款，数额较大的，依照前款的规定处罚。

对多次实施前两款行为，未经处理的，按照累计数额计算。

有第一款行为，经税务机关依法下达追缴通知后，补缴应纳税款，缴纳滞纳金，已受行政处罚的，不予追究刑事责任；但是，五年内因逃避缴纳税款受过刑事处罚或者被税务机关给予二次以上行政处罚的除外。(本条是根据《中华人民共和国刑法修正案(七)》之三修改，2009年2月28日起施行。)

刑法本条原文：【偷税罪】纳税人采取伪造、变造、隐匿、擅自销毁帐簿、记帐凭证，在帐簿上多列支出或者不列、少列收入，经税务机关通知申报而拒不申报或者进行虚假的纳税申报的手段，不缴或者少缴应纳税款，偷税数额占应纳税额的百分之十以上不满百分之三十并且偷税数额在一万元以上不满十万元的，或者因偷税被税务机关给予二次行政处罚又偷税的，处三年以下有期徒刑或者拘役，并处偷税数额一倍以上五倍以下罚金；偷税数额占应纳税额的百分之三十以上并且偷税数额在十万元以上的，处三年以上七年以下有期徒刑，并处偷税数额一倍以上五倍以下罚金。

扣缴义务人采取前款所列手段，不缴或者少缴已扣、已收税款，数额占应缴税额的百分之十以上并且数额在一万元以上的，依照前款的规定处罚。

对多次犯有前两款行为，未经处理的，按照累计数额计算。

■最高人民检察院、公安部关于公安机关管辖的刑事案件立案追诉标准的规定(二)(2022年5月15日)

第五十二条　〔逃税案(刑法第二百零一条)〕逃避缴纳税款，涉嫌下列情形之一的，应予立案追诉：

(一)纳税人采取欺骗、隐瞒手段进行虚假纳税申报或者不申报，逃避缴纳税款，数额在十万元以上并且占各税种应纳税总额百分之十以上，经税务机关依法下达追缴通知后，不补缴应纳税款、不缴纳滞纳金或者不接受行政处罚的；

(二)纳税人五年内因逃避缴纳税款受过刑事处罚或者被税务机关给予二次以上行政处罚，又逃避缴纳税款，数额在十万元以上并且占各税种应纳税总额百分之十以上的；

(三)扣缴义务人采取欺骗、隐瞒手段，不缴或者少缴已扣、已收税款，数额在十万元以上的。

纳税人在公安机关立案后再补缴应纳税款、缴纳滞纳金或者接受行政处罚的，不影响刑事责任的追究。

[附则(第七十九条至第八十五条)内容附在本书刑法第一百二十条之一附文同名文件中。]

■最高人民法院关于审理偷税、抗税刑事案件具体应用法律若干问题的解释(2002年11月7日)

第一条　纳税人实施下列行为之一，不缴或者少缴应纳税款，偷税数额占应纳税额的百分之十以上且偷税数额在一万元以上的，依照刑法第二百零一条第一款的规定定罪处罚：

(一)伪造、变造、隐匿、擅自销毁账簿、记账凭证；

(二)在账簿上多列支出或者不列、少列收入；

(三)经税务机关通知申报而拒不申报纳税；

(四)进行虚假纳税申报；

（五）缴纳税款后，以假报出口或者其他欺骗手段，骗取所缴纳的税款。

扣缴义务人实施前款行为之一，不缴或者少缴已扣、已收税款，数额在一万元以上且占应缴税额百分之十以上的，依照刑法第二百零一条第一款的规定定罪处罚。扣缴义务人书面承诺代纳税人支付税款的，应当认定扣缴义务人"已扣、已收税款"。

实施本条第一款、第二款规定的行为，偷税数额在五万元以下，纳税人或者扣缴义务人在公安机关立案侦查以前已经足额补缴应纳税款和滞纳金，犯罪情节轻微，不需要判处刑罚的，可以免予刑事处罚。

第二条　纳税人伪造、变造、隐匿、擅自销毁用于记账的发票等原始凭证的行为，应当认定为刑法第二百零一条第一款规定的伪造、变造、隐匿、擅自销毁记账凭证的行为。

具有下列情形之一的，应当认定为刑法第二百零一条第一款规定的"经税务机关通知申报"：

（一）纳税人、扣缴义务人已经依法办理税务登记或者扣缴税款登记的；

（二）依法不需要办理税务登记的纳税人，经税务机关依法书面通知其申报的；

（三）尚未依法办理税务登记、扣缴税款登记的纳税人、扣缴义务人，经税务机关依法书面通知其申报的。

刑法第二百零一条第一款规定的"虚假的纳税申报"，是指纳税人或者扣缴义务人向税务机关报送虚假的纳税申报表、财务报表、代扣代缴、代收代缴税款报告表或者其他纳税申报资料，如提供虚假申请，编造减税、免税、抵税、先征收后退还税款等虚假资料等。

刑法第二百零一条第三款规定的"未经处理"，是指纳税人或者扣缴义务人在五年内多次实施偷税行为，但每次偷税数额均未达到刑法第二百零一条规定的构成犯罪的数额标准，且未受行政处罚的情形。

纳税人、扣缴义务人因同一偷税犯罪行为受到行政处罚，又被移送起诉的，人民法院应当依法受理。依法定罪并判处罚金的，行政罚款折抵罚金。

第三条　偷税数额，是指在确定的纳税期间，不缴或者少缴各税种税款的总额。

偷税数额占应纳税额的百分比，是指一个纳税年度中的各税种偷税总额与该纳税年度应纳税总额的比例。不按纳税年度确定纳税期的其他纳税人，偷税数额占应纳税额的百分比，按照行为人最后一次偷税行为发生之日前一年中各税种偷税总额与该年纳税总额的比例确定。纳税义务存续期间不足一个纳税年度的，偷税数额占应纳税额的百分比，按照各税种偷税总额与实际发生纳税义务期间应当缴纳税款总额的比例确定。

偷税行为跨越若干个纳税年度，只要其中一个纳税年度的偷税数额及百分比达到刑法第二百零一条第一款规定的标准，即构成偷税罪。各纳税年度的偷税数额应当累计计算，偷税百分比应当按照最高的百分比确定。

第四条　两年内因偷税受过二次行政处罚，又偷税且数额在一万元以上的，应当以偷税罪定罪处罚。

■公安部关于如何理解《刑法》第二百零一条规定的"应纳税额"问题的批复（全文）（1999年11月23日）

《刑法》第二百零一条规定的"应纳税额"是指某一法定纳税期限或者税务机关依法核定的纳税期间内应纳税额的总和。偷税行为涉及两个以上税种的，只要其中一个税种的偷税数额、比例达到法定标准的，即构成偷税罪，其他税种的偷税数额累计计算。

■公安部关于对未依法办理税务登记的纳税人能否成为偷税犯罪主体问题的批复（全文）（2007年5月23日）

根据《中华人民共和国税收征收管理法》第四条、第三十七条的规定，未按照规定办理税务登记的从事生产、经营的纳税人以及临时从事经营的纳税人,可以构成偷税罪的犯罪主体。其行为触犯《中华人民共和国刑法》第二百零一条规定的,公安机关应当以偷税罪立案侦查,依法追究刑事责任。

2002年1月23日公安部《关于无证经营的行为人能否构成偷税罪主体问题的批复》(公复字〔2002〕1号)不再适用。

▼安徽省常见经济犯罪数额标准一览表(2000—2014年)(见本书附录四十)

○无证经营者可以成为偷税罪的主体

对于偷税罪的主体之一纳税人,我国《税收征收管理法》第四条规定:"法律、行政法规规定负有纳税义务的单位和个人为纳税人。"《税收征收管理法》第三十七条规定:"对未按照规定办理税务登记的从事生产、经营的纳税人以及临时从事经营的纳税人,由税务机关核定其应纳税额,责令缴纳;不缴纳的,税务机关可以扣押其价值相当于应纳税款的商品、货物。扣押后缴纳应纳税款的,税务机关必须立即解除扣押,并归还所扣押的商品、货物;扣押后仍不缴纳应纳税款的,经县以上税务局(分局)局长批准,依法拍卖或者变卖所扣押的商品、货物,以拍卖或者变卖所得抵缴税款。"由此可见,未进行税务登记甚至也未进行工商登记的无证经营者具有法定的纳税义务,因此无证经营者也是纳税人。这种纳税义务的确定不但有法律依据,而且也是合理的。无证经营者是经营内容合法但形式要件有欠缺的经营者,其违法之处在于其经营形式而不是其经营内容,其合法的经营内容是纳税义务产生的根据,只要具备了合法的应税行为或事实,就必须依法缴纳税款,其经营形式上的欠缺,应当依法承担相应的行政责任,但不能以此规避缴纳税款。因此无证经营者可以成为偷税罪的主体。此外,需要强调说明的是,无证经营者一般不会主动缴纳税款,但并不意味着无证经营者是当然的偷税犯罪分子,不能把每一个未缴税的无证经营者都按偷税犯罪处理。对无证经营者未缴税款行为作为犯罪认定,应当严格依照《刑法》第二百零一条的规定,即无证经营者的行为必须符合第二百零一条所规定的法定的偷税行为方式,而且达到了法定的偷逃税额标准才能以偷税罪定罪处罚。根据刑法规定,偷税罪的行为方式表现为以下三种:(1)伪造、变造、隐匿、擅自销毁账簿、记账凭证;(2)在账簿上多列支出或者不列、少列收入;(3)经税务机关通知申报而拒不申报的进行虚假的纳税申报。只有以这三种法定的行为方式为手段,不缴或者少缴应纳税款的,才能以偷税罪定罪。未进行税务登记并不必然构成偷税罪,一般需在"经税务机关通知申报而拒不申报"的情况下,才能以偷税罪追究刑事责任。如在税务机关要求申报纳税时积极补缴了税款,就不应再以偷税罪定罪处罚。[参见《刑事审判参考》总第27辑(2002年第4辑),法律出版社,第205~206页。]

▽在账外销售货物后没有按照增值税征管规定纳税的,在计算偷税数额时,应当减除按照增值税征管规定可以申报抵扣的税额

行为人购进货物时应当索要增值税专用发票而未索要,在账外销售货物后没有按照增值税征管规定纳税的,在计算偷税数额时,应当减除按照增值税征管规定可以申报抵扣的税额。[参见第447号案例,樟树市大京九加油城、黄春发等偷税案,载《刑事审判参考》总第57辑(2007年第4辑),法律出版社,第6页。执笔:高洪江]

▽《暂行条例》第九条规定与《税务总局通知》第一条第二款规定的适用

1993年《中华人民共和国增值税暂行条例》(本附文以下简称《暂行条例》)第九条规定的内容看似与1998年《国家税务总局关于增值税一般纳税人发生偷税行为如何确定偷税数额和补税罚款的通知》(本附文以下简称《税务总局通知》第一条第二款规定的内容并不矛盾。《暂行条例》第九条规定的是违反增值税专用发票的使用规定不予抵扣的问题,行政机关之所以作出如此规定,其本意在于促使行为人在购进货物时,索要并保管好扣税凭证、严格按照相关规定在增值税扣税凭证上注明有关事项,及时申报抵扣,规范增值税专用发票的使用;如果行为人没有按照规定进行操作,作为对增值税专用发票的不规范使用的处罚,税务机关在对行为人征收税款时,禁止行为人将已缴纳的进项税额从销项税额中抵扣,也就是对本该抵扣的进项税额不得从销项税额中抵扣,从而会使行为人多缴纳税款,因此,法规作如此规定是对纳税人怠于保管好扣税凭证、没有规范使用增值税专用发票行为的惩罚,带有行政处罚的性质。而《税务总局通知》则针对的是行为人采取账外经营手段偷税数额如何计算的问题,即如果纳税人采取账外经营,购销活动均不入账,那么就属于典型的偷税行为,根据该规定,其偷税数额应为账外经营部分的销项税额抵扣账外经营部分中已销货物进项税额后的余额,可见,其立法本意是在认定行为人构成偷税的前提下,如何计算具体的偷税数额的问题。因此,《暂行条例》第九条规定的内容与《税务总局通知》第一条第二款的规定针对的是不同性质的情况,《暂行条例》针对的是不按规定使用增值税专用发票的行政违法处罚问题,前提是行为人并未偷税;而《税务总局通知》第一条第二款则针对的是账外经营构成偷逃增值税的前提下如何认定偷税数额的问题。[参见第447号案例,樟树市大京九加油城、黄春发等偷税案,载《刑事审判参考》总第57辑(2007年第4辑),法律出版社,第7页。执笔:高洪江]

▽通过虚开运输发票,虚增营业开支,冲减营业数额,以偷逃应纳税款的行为,构成偷税罪

虚开可以用于抵扣税款的发票,不是为了抵扣税款,而是出于其他目的,应当结合行为人的犯罪故意和实施的客观行为择定其他罪名定罪处罚。行为人以个体运输户的名义挂靠旭日公司和承租远航公司后,依法成为营业税、企业所得税、城市建设维护税的纳税人,为了少缴应纳税款,采取了虚开交通运输发票以虚增营业开支、冲减营业数额的方式,进行虚假的纳税申报,因此少缴营业税,城建税,企业所得税,计偷逃税款54.837121万元,且偷逃税额占其应纳税额的30%以上。此外,行为人为帮助其他联运企业偷逃税款,还将运输发票提供给其他运输企业进行虚开,用于冲减营业额,接受虚开发票的运输企业因此实际偷逃税款33.586792万元。行为人的行为已构成偷税罪。[参见第110(107)号案例,芦才兴虚开抵扣税款发票案,载《刑事审判参考》总第17辑(2001年第6辑),法律出版社,第11~12页。执笔:千金耀)

第二百零二条　【抗税罪】以暴力、威胁方法拒不缴纳税款的,处三年以下有期徒刑或者拘役,并处拒缴税款一倍以上五倍以下罚金;情节严重的,处三年以上七年以下有期徒刑,并处拒缴税款一倍以上五倍以下罚金。

■最高人民检察院、公安部关于公安机关管辖的刑事案件立案追诉标准的规定(二)(2022年5月15日)

第五十三条　〔抗税案(刑法第二百零二条)〕以暴力、威胁方法拒不缴纳税款,涉嫌下列情形之一的,应予立案追诉:

(一)造成税务工作人员轻微伤以上的;

(二)以给税务工作人员及其亲友的生命、健康、财产等造成损害为威胁,抗拒缴纳税款的;

(三)聚众抗拒缴纳税款的;

(四)以其他暴力、威胁方法拒不缴纳税款的。

[附则(第七十九条至第八十五条)内容附在本书刑法第一百二十条之一附文同名文件中。]

■最高人民法院关于审理偷税、抗税刑事案件具体应用法律若干问题的解释(2002年11月7日)

第五条　实施抗税行为具有下列情形之一的,属于刑法第二百零二条规定的"情节严重":

(一)聚众抗税的首要分子;

(二)抗税数额在十万元以上的;

(三)多次抗税的;

(四)故意伤害致人轻伤的;

(五)具有其他严重情节。

第六条 实施抗税行为致人重伤、死亡,构成故意伤害罪、故意杀人罪的,分别依照刑法第二百三十四条第二款、第二百三十二条的规定定罪处罚。

与纳税人或者扣缴义务人共同实施抗税行为的,以抗税罪的共犯依法处罚。

第二百零三条 【逃避追缴欠税罪】纳税人欠缴应纳税款,采取转移或者隐匿财产的手段,致使税务机关无法追缴欠缴的税款,数额在一万元以上不满十万元的,处三年以下有期徒刑或者拘役,并处或者单处欠缴税款一倍以上五倍以下罚金;数额在十万元以上的,处三年以上七年以下有期徒刑,并处欠缴税款一倍以上五倍以下罚金。

■最高人民检察院、公安部关于公安机关管辖的刑事案件立案追诉标准的规定(二)(2022年5月15日)

第五十四条 〔逃避追缴欠税案(刑法第二百零三条)〕纳税人欠缴应纳税款,采取转移或者隐匿财产的手段,致使税务机关无法追缴欠缴的税款,数额在一万元以上的,应予立案追诉。

[附则(第七十九条至第八十五条)内容附在本书刑法第一百二十条之一附文同名文件中。]

第二百零四条 【骗取出口退税罪】以假报出口或者其他欺骗手段,骗取国家出口退税款,数额较大的,处五年以下有期徒刑或者拘役,并处骗取税款一倍以上五倍以下罚金;数额巨大或者有其他严重情节的,处五年以上十年以下有期徒刑,并处骗取税款一倍以上五倍以下罚金;数额特别巨大或者有其他特别严重情节的,处十年以上有期徒刑或者无期徒刑,并处骗取税款一倍以上五倍以下罚金或者没收财产。

【逃税罪】【骗取出口退税罪】纳税人缴纳税款后,采取前款规定的欺骗方法,骗取所缴纳的税款的,依照本法第二百零一条的规定定罪处罚;骗取税款超过所缴纳的税款部分,依照前款的规定处罚。

■最高人民检察院、公安部关于公安机关管辖的刑事案件立案追诉标准的规定(二)(2022年5月15日)

第五十五条 〔骗取出口退税案(刑法第二百零四条)〕以假报出口或者其他欺骗手段,骗取国家出口退税款,数额在十万元以上的,应予立案追诉。

[附则(第七十九条至第八十五条)内容附在本书刑法第一百二十条之一附文同名文件中。]

■最高人民法院关于审理骗取出口退税刑事案件具体应用法律若干问题的解释(全文)(2002年9月23日)

第一条 刑法第二百零四条规定的“假报出口”,是指以虚构已税货物出口事实为目的,具有下列情形之一的行为:

(一)伪造或者签订虚假的买卖合同;

(二)以伪造、变造或者其他非法手段取得出口货物报关单、出口收汇核销单、出口货物专用缴款书等有关出口退税单据、凭证;

(三)虚开、伪造、非法购买增值税专用发票或者其他可以用于出口退税的发票;

(四)其他虚构已税货物出口事实的行为。

第二条 具有下列情形之一的,应当认定为刑法第二百零四条规定的“其他欺骗手段”:

(一)骗取出口货物退税资格的;

(二)将未纳税或者免税货物作为已税货物出口的;

(三)虽有货物出口,但虚构该出口货物的品名、数量、单价等要素,骗取未实际纳税部分出口退税款的;

(四)以其他手段骗取出口退税款的。

第三条 骗取国家出口退税款5万元以上的,为刑法第二百零四条规定的“数额较大”;骗取国家出口退税款50万元以上的，为刑法第二百零四条规定的“数额巨大”；骗取国家出口退税款250万元以上的，为刑法第二百零四条规定的“数额特别巨大”。

第四条 具有下列情形之一的，属于刑法第二百零四条规定的“其他严重情节”：

（一）造成国家税款损失30万元以上并且在第一审判决宣告前无法追回的；

（二）因骗取国家出口退税行为受过行政处罚，两年内又骗取国家出口退税款数额在30万元以上的；

（三）情节严重的其他情形。

第五条 具有下列情形之一的，属于刑法第二百零四条规定的“其他特别严重情节”：

（一）造成国家税款损失150万元以上并且在第一审判决宣告前无法追回的；

（二）因骗取国家出口退税行为受过行政处罚，两年内又骗取国家出口退税款数额在150万元以上的；

（三）情节特别严重的其他情形。

第六条 有进出口经营权的公司、企业，明知他人意欲骗取国家出口退税款，仍违反国家有关进出口经营的规定，允许他人自带客户、自带货源、自带汇票并自行报关，骗取国家出口退税款的，依照刑法第二百零四条第一款、第二百一十一条的规定定罪处罚。

第七条 实施骗取国家出口退税行为，没有实际取得出口退税款的，可以比照既遂犯从轻或者减轻处罚。

第八条 国家工作人员参与实施骗取出口退税犯罪活动的，依照刑法第二百零四条第一款的规定从重处罚。

第九条 实施骗取出口退税犯罪，同时构成虚开增值税专用发票罪等其他犯罪的，依照刑法处罚较重的规定定罪处罚。

▼安徽省常见经济犯罪数额标准一览表（2000—2014年）（见本书附录四十）

▽“明知他人意欲骗取出口退税款”的认定

最高人民法院《关于审理骗取出口退税刑事案件具体应用法律若干问题的解释》第六条关于明知他人意欲骗取国家出口退税款，仍违反有关进出口经营的规定，允许他人采取“四自三不见”（见本条前一附文的解释）手段骗取出口退税的，以骗取出口退税罪定罪处罚的规定，是专门针对有进出口经营权的公司、企业而言的。对于这些公司、企业来说，“四自三不见”业务的违法性以及极易被他人用来实施骗取出口退税犯罪的风险性应当是十分清楚的。如果对方没有实施骗取出口退税行为，对于外贸公司、企业来说，就无所谓“明知”，一般可作为违规行为对待；如果对方意欲骗取出口退税，必然会在具体操作有关手续过程中弄虚作假，对此，外贸公司、企业在办理出口退税时，不可能一点也没有察觉。如果在察觉对方手续不全、单证虚假的情况下，仍然通过“四自三不见”方式为对方办理退税，不管其出于何种动机，至少在主观上具有放任他人实施骗取出口退税行为的故意。因此，对于“明知他人意欲骗取出口退税款”的认定，不能只听被告人的辩解，必须根据“主客观相一致”的原则，结合具体行为加以认定。［参见第287号案例，中国包装进出口陕西公司、侯万万骗取出口退税案，载《刑事审判参考》总第37集（2004年第2集），法律出版社，第28页。执笔：赵合理］

第二百零五条 【虚开增值税专用发票】【虚开用于骗取出口退税、抵扣税款发票罪】虚开增值税专用发票或者虚开用于骗取出口退税、抵扣税款的其他发票的，处三年以下有期徒刑或者拘役，并处二万元以上二十万元以下罚金；虚开的税款数额较大或者有其他严重情节的，处三年以上十年以下有期徒刑，并处五万元以上五十万元以下罚金；虚开的税款数额巨大或者有其他特别严重情节的，处十年以上有期徒刑或者无期徒刑，并处五万元以上五十万元以下罚金或者没收财产。

单位犯本条规定之罪的，对单位判处罚金，并对其直接负责的主管人员和其他直接责任人员，处三年以下有期徒刑或者拘役;虚开的税款数额较大或者有其他严重情节的,处三年以上十年以下有期徒刑;虚开的税款数额巨大或者有其他特别严重情节的,处十年以上有期徒刑或者无期徒刑。

虚开增值税专用发票或者虚开用于骗取出口退税、抵扣税款的其他发票,是指有为他人虚开、为自己虚开、让他人为自己虚开、介绍他人虚开行为之一的。

刑法本条第二款原文:前款行为骗取国家税款,数额特别巨大,情节特别严重,给国家利益造成特别重大损失的,处无期徒刑或者死刑,并处没收财产。(本条第二款是根据《中华人民共和国刑法修正案(八)》之三十二删去的,2011 年5月1日起施行。)

■全国人大常委会关于《中华人民共和国刑法》有关出口退税、抵扣税款的其他发票规定的解释(全文)(2005 年 12 月 29 日)

刑法规定的"出口退税、抵扣税款的其他发票",是指除增值税专用发票以外的,具有出口退税、抵扣税款功能的收付款凭证或者完税凭证。

■最高人民检察院、公安部关于公安机关管辖的刑事案件立案追诉标准的规定(二)(2022 年 5 月 15 日)

第五十六条　〔虚开增值税专用发票、用于骗取出口退税、抵扣税款发票案(刑法第二百零五条)〕虚开增值税专用发票或者虚开用于骗取出口退税、抵扣税款的其他发票,虚开的税款数额在十万元以上或者造成国家税款损失数额在五万元以上的,应予立案追诉。

[附则(第七十九条至第八十五条)内容附在本书刑法第一百二十条之一附文同名文件中。]

■最高人民法院关于适用《全国人民代表大会常务委员会关于惩治虚开、伪造和非法出售增值税专用发票犯罪的决定》的若干问题的解释(1996 年 10 月 17 日)

一、根据《决定》[《全国人民代表大会常务委员会关于惩治虚开、伪造和非法出售增值税专用发票犯罪的决定》(以下简称《决定》)]第一条规定,虚开增值税专用发票的,构成虚开增值税专用发票罪。

具有下列行为之一的,属于"虚开增值税专用发票":

(1)没有货物购销或者没有提供或接受应税劳务而为他人、为自己、让他人为自己、介绍他人开具增值税专用发票;

(2)有货物购销或者提供或接受了应税劳务但为他人、为自己、让他人为自己、介绍他人开具数量或者金额不实的增值税专用发票;

(3)进行了实际经营活动,但让他人为自己代开增值税专用发票。

虚开税款数额1万元以上的或者虚开增值税专用发票致使国家税款被骗取5千元以上的,应当依法定罪处罚。

虚开税款数额 10 万元以上的,属于"虚开的税款数额较大"。具有下列情形之一的,属于"有其他严重情节":

(1)因虚开增值税专用发票致使国家税款被骗取5万元以上的;

(2)曾因虚开增值税专用发票受过刑事处罚的;

(3)具有其他严重情节的。

虚开税款数额 50 万元以上的,属于"虚开的税款数额巨大"。具有下列情形之一的,属于"有其他特别严重情节":

(1)因虚开增值税专用发票致使国家税款被骗取 30 万元以上的;

(2)虚开的税款数额接近巨大并有其他严重情节的;

(3)具有其他特别严重情节的。

利用虚开的增值税专用发票实际抵扣税款或者骗取出口退税 100 万元以上的,属于"骗取国家税款数额特别巨大";造成国家税款损失 50 万元以上并且在侦查终结前仍无法追回的,属于"给国家利益造成特别重大损失”。利用虚开的增值税专用发票骗取国家税款数额特别巨大、给国家利益造成特别重大损失,为“情节特别严重”的基本内容。

虚开增值税专用发票犯罪分子与骗取税款犯罪分子均应当对虚开的税款数额和实际骗取的国家税款数额承担刑事责任。

利用虚开的增值税专用发票抵扣税款或者骗取出口退税的,应当依照《决定》第一条的规定定罪处罚;以其他手段骗取国家税款的,仍应依照《全国人民代表大会常务委员会关于惩治偷税、抗税犯罪的补充规定》的有关规定定罪处罚。

五、根据《决定》第五条规定,虚开用于骗取出口退税、抵扣税款的其他发票的,构成虚开专用发票罪,依照《决定》第一条的规定处罚。

“用于骗取出口退税、抵扣税款的其他发票”是指可以用于申请出口退税、抵扣税款的非增值税专用发票,如运输发票、废旧物品收购发票、农业产品收购发票等。

■最高人民法院关于虚开增值税专用发票定罪量刑标准有关问题的通知(全文)(2018年8月22日)

一、自本通知下发之日起,人民法院在审判工作中不再参照执行《最高人民法院关于适用〈全国人民代表大会常务委员会关于惩治虚开、伪造和非法出售增值税专用发票犯罪的决定〉的若干问题的解释》(法发〔1996〕30号)第一条规定的虚开增值税专用发票罪的定罪量刑标准。

二、在新的司法解释颁行前,对虚开增税专用发票刑事案件定罪量刑的数额标准,可以参照《最高人民法院关于审理骗取出口退税刑事案件具体应用法律若干问题的解释》(法释〔2002〕30号)第三条的规定执行。即虚开的税款数额在五万元以上的,以虚开增值税专用发票罪处三年以下有期徒刑或者拘役,并处二万元以上二十万元以下罚金;虚开的税款数额在五十万元以上的,认定为刑法第二百零五条规定的“数额较大”;虚开的税款数额在二百五十万元以上的,认定为刑法第二百零五条规定的“数额巨大”。

■最高人民法院关于对《审计署关于咨询虚开增值税专用发票罪问题的函》的复函(全文)(2001年10月17日)

地方税务机关实施“高开低征”或者“开大征小”等违规开具增值税专用发票的行为,不属于刑法第二百零五条规定的虚开增值税专用发票的犯罪行为,造成国家税款重大损失的,对有关主管部门的国家机关工作人员,应当根据刑法有关渎职罪的规定追究刑事责任。

▼最高人民法院研究室关于如何适用法发〔1996〕30号司法解释数额标准问题的电话答复(全文)(2014年11月27日)

为了贯彻罪刑相当原则,对虚开增值税专用发票案件的量刑数额标准,可以不再参照适用1996年《最高人民法院关于适用〈全国人民代表大会常务委员会关于惩治虚开、伪造和非法出售增值税专用发票犯罪的决定〉的若干问题的解释》(法发〔1996〕30号——编著者注)。

在新的司法解释制定前,对于虚开增值税专用发票案件的定罪量刑标准,可以参照《关于审理骗取出口退税刑事案件具体应用法律若干问题的解释》的有关规定执行。

▼最高人民检察院法律政策研究室关于税务机关工作人员通过企业以“高开低征”的方法代开增值税专用发票的行为如何适用法律问题的答复(全文)(2004年3月17日)

税务机关及其工作人员将不具备条件的小规模纳税人虚报为一般纳税人,并让其采用“高开低征”的方法为他人代开增值税专用发票的行为,属于虚开增值税专用发票。对于造成国家税款损失,构成犯罪的,应当依照刑法第二百零五条的规定追究刑事责任。

▼最高人民法院研究室《关于如何认定以“挂靠”有关公司名义实施经营活动并让有关公司为自己虚开增值税专用发票行为的性质》征求意见的复函(全文)(2015年6月11日)

一、挂靠方以挂靠形式向受票方实际销售货物,被挂靠方向受票方开具增值税专用发票的,不属于刑法第二百零五条规定的“虚开增值税专用发票”。

主要考虑:(1)由挂靠方适用被挂靠方的经营资格进行经营活动,并向挂靠方支付挂靠费的经营方式在实践中客观存在,且带有一定普遍性。相关法律并未明确禁止以挂靠形式从事经营活动。

(2)虚开增值税专用发票罪是行政犯,对相关入罪要件的判断,应当依据、参照相关行政法规、部门规章等,而根据《国家税务总局关于纳税人对外开具增值税专用发票有关问题的公告》(国家税务总局公告 2014 年第 39 号),挂靠方以挂靠形式向受票方实际销售货物,被挂靠方向受票方开具增值税专用发票的,不属于虚开。

二、行为人利用他人的名义从事经营活动,并以他人名义开具增值税专用发票的,即便行为人与该他人之间不存在挂靠关系,但如行为人进行了实际的经营活动,主观上并无骗取抵扣税款的故意,客观上也未造成国家增值税款损失的,不宜认定为刑法第二百零五条条规定的“虚开增值税专用发票”;符合逃税罪等其他犯罪构成条件的,可以其他犯罪论处。

主要考虑:(1)虚开增值税发票罪的危害实质在于通过虚开行为骗取抵扣税款,对于有实际交易存在的代开行为,如行为人主观上并无骗取的扣税款的故意,客观上未造成国家增值税款损失的,不宜以虚开增值税专用发票罪论处。虚开增值税专用发票罪的法定最高刑为无期徒刑,系严重犯罪,如将该罪理解为行为犯,只要虚开增值税专用发票,侵犯增值税专用发票管理秩序的,即构成犯罪并要判处重刑,也不符合罪刑责相适应原则。

(2)1996 年 10 月 17 日《关于适用〈全国人民代表大会常务委员会关于惩治虚开、伪造和非法出售增值税专用发票犯罪的决定〉的若干问题的解释》虽然未被废止,但该解释制定于 1997 年刑法施行前,根据我院《关于认真学习宣传贯彻修订的〈中华人民共和国刑法〉的通知》(法发〔1997〕3 号)第五条“修订的刑法实施后,对已明令废止的全国人大常委会有关决定和补充规定,最高人民法院原作出的有关司法解释不再适用,但是如果修订的刑法有关条文实质内容没有变化的,人民法院在刑事审判工作中,在没有新的司法解释前,可参照执行。其他对于与修订的刑法规定相抵触的司法解释,不再适用”的规定,应当根据现行刑法第二百零五条关于虚开增值税专用发票罪的规定,合理选择该解释中可以继续参照适用的条文。其中,该解释中关于“进行了实际经营活动,但让他人为自己代开增值税专用发票”也属于虚开的规定,与虚开增值税专用发票罪的规定不符,不应继续适用;如继续适用该解释的上述规定,则对于挂靠代开案件也要以犯罪论处,显然有失妥当。

(3)《刑事审判参考》曾刊登“芦才兴虚开抵扣税款发票案”。该案例提出,虚开可以用于抵扣税款的发票冲减营业额偷逃税款的行为。主观上明知所虚开的运输发票均不用于抵扣税款,客观上使用虚开发票冲减营业额的方法偷逃应纳税款,其行为不符合虚开用于抵扣税款发票罪的构成要件,属于偷税行为。2001 年福建高院请示的泉州市松苑绵涤实业有限公司等虚开增值税专用发票案,被告单位不以抵扣税款为目的,而是为了显示公司实力以达到在与外商谈判中处于有利地位的目的而虚开增值税发票。我院答复认为该公司的行为不构成犯罪。

▼安徽省常见经济犯罪数额标准一览表(2000—2014 年)(见本书附录四十)

▽“抵扣税款”的认定

虚开用于抵扣税款发票罪中的“抵扣税款”具有特定含义,行为人虚开可以抵扣税款的发票,如其主观意图不是用于抵扣税款,客观上也没有去抵扣税款,而是为了其他目的去使用虚开的发票,则不能以虚开抵扣税款发票罪定性。[参见第 110(107)号案例,芦才兴虚开抵扣税款发票案,载《刑事审判参考》总第 17 辑(2001 年第 6 辑),法律出版社,第 8 页。执笔:干金耀]

▽虚开抵扣税款发票罪的认定

虚开抵扣税款发票罪,是指故意违反国家发票管理法规,为他人虚开、为自己虚开、让他人为自己虚开或者介绍他人虚开用于抵扣税款的专用发票的行为。虚开抵扣税款发票罪的成立,必须同时具备以下条件:(1)行为人实施了虚开用于抵扣税款的发票的行为。“虚开”是指没有购销货物或者没有提供、接受应税劳务而开具用于抵扣税款的发票,或者虽有购销货物或者提供、接受了应税劳务但开具内容不实的用于抵扣税款的发票的行为。(2)犯罪对象必须是可以用于抵扣税款的发票。“抵扣税款”是指增值税纳税义务人抵扣增值税进项税额的行为。根据《中华人民共和国增值税暂行条例》第八条的规定,增值税纳税人购进货物或者接受应税劳务支付或者负担的增值税额即进项税额,准予从销项税额中抵扣。能够被用于“抵扣税款”的发票,除增值税专用发票以外,还有运输发票、废旧物品收购发票以及农业产品收购发票等其他特定发票。(3)行为人必须具有抵扣税款的资格。由于“抵扣税款”只发生在增值税的纳税环节,即增值税纳税义务人(因大多数小规模纳税人销售货物或者提供应税劳务,实行简易办法计算应纳税额,不存在抵扣税款问题,抵扣税款主要适用于增值税一般纳税人)在缴纳增值税时,将其购进货物或者接受应税劳务所支付或者负担的增值税额予以抵扣的活动。根据《增值税暂行条例》第一条的规定,只有在我国境内销售货物或者提供加工、修理修配劳务以及进口货物的单位或者个人,才有抵扣税款的资格,其虚开可以用于抵扣税款的发票,可以构成虚开抵扣税款发票罪(为非增值税纳税义务人虚开可以用于抵扣税款的发票,不能以虚开抵扣税款发票罪追究刑事责任)。非增值税纳税义务人,如营业税、所得税、城市建设维护税的纳税人不存在抵扣税款问题,其为自己虚开或者让他人为自己虚开可以用于抵扣税款的发票,不能以虚开抵扣税款发票罪定罪处罚;只有为增值税纳税人虚开或者介绍他人为增值税纳税人虚开可以用于抵扣税款发票的,才能以虚开抵扣税款发票定罪处罚。(4)行为人必须具有抵扣税款的故意。虽然虚开抵扣税款发票罪是行为犯,只要行为人实施了虚开用于抵扣税款的发票,就可构成犯罪,至于是否已将发票用于抵扣税款,不影响虚开抵扣税款发票罪的成立。但行为人没有抵扣税款的故意,即使实施了虚开抵扣税款发票的行为,也不能以虚开抵扣税款发票罪定罪处罚。在这里,对《刑法》第二百零五条中的“用于抵扣税款”的理解不能过于宽泛,“用于”应指主观上想用于和客观上实际用于,而不包括虽然可以用于但行为人主观上不想用于,客观上也没有用于,也不能将行为人使用发票意图不明的视为准备用于。[参见第110(107)号案例,芦才兴虚开抵扣税款发票案,载《刑事审判参考》总第17辑(2001年第6辑),法律出版社,第9~11页。执笔:干金耀]

▽虚开增值税专用发票罪情节的认定

增值税是以在商品生产流通或提供劳务过程中的增值额为征税对象的流转税种。增值税专用发票与普通发票不同,它既是一般纳税人从事生产经营活动的商业凭证,又是记载该专用发票开具方应纳税额和受票方抵扣进项税款的合法证明,具有双重功能作用。参照1996年10月《最高人民法院关于适用〈全国人民代表大会常务委员会关于惩治虚开、伪造和非法出售增值税专用发票犯罪的决定〉若干问题的解释》有关规定,虚开税款数额1万元以上的或者虚开增值税专用发票致使国家税款被骗取5000元以上的,应当认定构成虚开增值税专用发票、用于骗取出口退税、抵扣税款发票罪。虚开税款数额50万元以上,属于“虚开的税款数额巨大”;因虚开增值税专用发票致使国家税款被骗取30万元以上,或者虚开的税款数额接近巨大并有其他严重情节的等,属于“有其他特别严重情节”。利用虚开的增值税专用发票实际抵扣税款或者骗取出口退税100万元以上的,属于“骗取国家税款数额特别巨大”;造成国家税款损失50万元以上并且在侦查终结前仍无法追回的,属于“给国家利益造成特别重大损失”;利用虚开的增值税专用发票骗取国家税款数额特别巨大、给国家利益造成特别重大损失,为“情节特别严重”的基本内容。在最高人民法院没有作出新的司法解释之前,上述司法解释对司法实践具有以下三方面的指导作用:第一,办理虚开增值税专用发票犯罪案件,应特别注意掌握虚开税款数额标准和因虚开增值税专用发票致使国家税款被骗取的数额标准,以及有无其他严重或者特别严重情节;第二,因以上数额标准及其他犯罪情节的区别,适用不同档次的量刑幅度;第三,对于判处死刑的案件,还应当查明骗取并给国家造成的税款损失数额是否特别巨大,情节是否特别严重。[参见第119(116)

号案例,何涛虚开增值税专用发票案,载《刑事审判参考》总第19辑(2001年第8辑),法律出版社,第14～15页。执笔:李祥民]

▽骗取国家税款数额和给国家造成损失数额的认定(对于既虚开销项增值税专用发票,又虚开进项增值税专用发票的行为,如何计算给国家造成的损失)

在生产经营活动中,销货方销售货物或者提供应税劳务,一般情况下,应纳税额为当期销项税额抵扣当期进项税额后的余额。购货方购进货物或接受应税劳务,所支付或者负担的增值税额为进项税额,准予从销项税额中抵扣。按照税款抵扣制,相对于同一纳税人应缴纳的增值税,是其以本环节销售部分的税额扣除上一环节购进部分已经负担的税额之差。这里所说的购进部分负担的税额正是上一环节销售方纳税人应缴纳的增值税。每一环节纳税人所缴纳的增值税是通过商品或劳务的销售或提供转嫁给下一环节的纳税人,反映出增值税具有"多环节征税、税不重征"和"税收转嫁"的特征。对于较为简单的虚开增值税专用发票案件,如只给他人虚开销项发票,受票单位利用虚开的增值税专用发票抵扣税款或骗取出口退税,或让他人为自己虚开进项发票,自己用于正常经营中的抵扣税款或骗取出口退税,一般只计算销项或进项的税款,作为给国家造成的经济损失。既然进项税额是购货方在购进货物或接受应税劳务后,所支付或负担的增值税额,其抵扣税款时,税务机关依法应当将其支付或者负担的销项税额从中扣除。如果行为人有购销事实,但让他人为其开具的增值税发票上的税款数额超过实际发生的税款数额,抵扣税款时即可从中非法牟利;如果行为人没有从事购销活动,本身不需要向税务机关缴纳增值税,其让他人为自己虚开增值税专用发票,并以进项增值税专用发票向税务机关抵扣税款的纳税行为,仅为掩人耳目,国家税款在这一环节不会造成损失。但因其虚开进项增值税专用发票,危害了国家对增值税专用发票的监督管理制度和税收征管秩序,应当认定为其虚开增值税专用发票犯罪的"其他严重情节"。在行为人虚开大量销项增值税专用发票,有可能被全部用于抵扣税款,但不能查实的情况下,司法机关依法不能认定;同样,也不可以将其以虚开进项增值税专用发票抵扣税款数额认定为给国家利益造成的损失。[参见第119(116)号案例,何涛虚开增值税专用发票案,载《刑事审判参考》总第19辑(2001年第8辑),法律出版社,第15～17页。执笔:李祥民]

▽已向国家缴纳的税款应从给国家利益造成的损失中扣除

行为人为骗领增值税专用发票所缴纳的增值税,当地税务机关确已收缴并上缴国库。由于何某为他人虚开销项增值税专用发票时并无实际货物销售,就行为人本人来说,其也就不需要向税务机关纳税;其所以向税务机关缴纳了67万余元税款,只是为了骗领增值税专用发票必须付出的预付税款。作为整体的国家税收,一个地方税收因行为人的犯罪行为而遭受到损失,一个地方的税收又因行为人的同一犯罪行为而以税收的形式有一定收入,一出一进都应计入国家税收的账上,这是客观存在的实际情况。从执法公平、公正的原则出发,应将行为人已向国家缴纳但本不存在的纳税理由的税款从造成的经济损失中扣除。[参见第119(116)号案例,何某虚开增值税专用发票案,载《刑事审判参考》总第19辑(2001年第8辑),法律出版社,第17～18页。执笔:李祥民]

▽税务机关为完成本单位的税收征缴任务和为本单位牟取不正当利益,利用代管监开的增值税专用发票高开低征的行为,构成虚开增值税专用发票罪

某县国税局西城税务分局,或将不具备条件的小规模纳税人虚报为一般纳税人,或利用为小规模纳税人代管监开增值税专用发票的便利,或以不具备一般纳税人资格的虚假企业的名义,不管是否有货物交易和应税劳务的发生,"高开低征""开大征小",既实施了为本辖区内小规模纳税人代开增值税专用发票的行为,也实施了为一般纳税人无货虚开增值税专用发票的行为。共为他人"高开低征""开大征小"开具增值税专用发票814份,虚开税款326万元,造成国家税款损失200余万元,单位非法获利62 475元。其行为已构成虚开增值税专用发票罪,理由在于:首先,某县国税局西城税务分局是适格被告。犯罪活动的实施由西城税务分局的局长或者由中层干部会议集体研究决定,体现的是西城税务分局的整体意志，并为本单位谋取管理费、手续费等不正当利益，造成国家重大经济损失。依照刑法的有关规定，构成单位犯罪。在单位发生合并、原单位名称发生变化的情况下，更名后的新单位一以贯之实施犯罪的，只需将承受原单位权利义务的新单位作为被告单位。因为此种情况下，名称变化只是形式，单位犯罪的实质并未改变。原单位名称已经不再使用，应以新单位名称确定被告单位。虽不再将原单位列为被告，但对于其中的责任人员仍然应按照单位犯罪的主管人员或者直接责任人员予以追究。其次，税务机关"高开低征""开大征小"的行为应当以虚开增值税专用发票罪定罪处罚。从主观方面看，西城税务分局具有放任受票人利用虚开的增值税专用发票抵扣税款或者骗取税款的故意。作为负责税收征管的税务机关，对于"高开低征""开大征小"行为违反国家税收征管和发票管理制度，会导致受票人利用与真实的应税劳务、货物交易不符的增值税专用发票偷逃、骗取国家税款，毫无疑问是明知的，但西城税务分局为了本地方、本部门的利益，借口完成税收征缴任务和谋取一定的"手续费""管理费"，在征收少量税款的前提下，大肆虚开增值税专用发票，放任国家税款流失，已经具备虚开增值税专用发票罪的主观特征。从客观方面讲，西城税务分局实施了虚开增值税专用发票的行为。《最高人民法院关于适用〈全国人民代表大会常务委员会关于惩治虚开、伪造和非法出售增值税专用发票犯罪的决定〉若干问题的解释》（本附文以下简称《解释》）第一条规定，"具有下列行为之一的，属于虚开增值税专用发票：(1)没有货物购销或者没有提供或接受应税劳务而为他人、为自己、让他人为自己、介绍他人开具增值税专用发票；(2)有货物购销或者提供或接受了应税劳务但为他人、为自己、让他人为自己、介绍他人开具数量或金额不实的增值税专用发票；(3)进行了实际经营活动，但让他人为自己代开增值税专用发票"。西城税务分局主要实施了《解释》第一条第一项规定的为他人无货虚开增值税专用发票的行为和第一条第二项规定的为他人开具数量或金额不实的增值税专用发票的行为，具备构成虚开增值税专用发票罪的客观特征。另外，税务机关"高开低征"、"开大征小"的行为，不仅危害国家税收征管和发票管理制度，同时也侵犯国家税务机关职务行为的正当性。认为对税务机关有关人员宜以徇私舞弊不征、少征税款罪定罪量刑的意见，就是考虑该种行为的渎职性质。但这是一种行为同时触犯刑法规定的两个罪名的情形，应当择一法定刑较重的犯罪定罪处罚。虚开增值税专用发票行为，相对于税务机关工作人员徇私舞弊不征、少征税款行为，是刑法规定的处罚较重的犯罪。同时，本案属于单位犯罪，而刑法对徇私舞弊不征、少征税款罪并无单位犯罪的规定，因此，对本案应定性为徇私舞弊不征、少征税款罪是不妥的。[参见第231号案例，吴彩森、郭家春等虚开增值税专用发票案，载《刑事审判指导》总第31辑(2003年第2辑)，法律出版社，第14～16页。执笔：牛克乾]

▽介绍他人开具、让他人为自己开具无真实货物购销的增值税专用发票的行为构成虚开增值税专用发票罪

1. 被告人的行为不存在虚开增值税专用发票罪与非法出售增值税专用发票罪，非法购买增值税专用发票罪的想象竞合关系。想象竞合犯，是指行为人基于一个罪过，实施一个危害行为，触犯数个罪名的犯罪形态。本案被告人王某禹实施了介绍他人开具增值税专用发票和非法出售增值税专用发票两个行为，被告人鞠某田实施了让他人为自己开具增值税专用发票和非法购买增值税专用发票两个行为。显见，二被告人的行为不符合想象竞合犯的构成要件和特征，本案不存在虚开增值税专用发票罪和非法出售增值税专用发票罪、非法购买增值税专用发票罪的想象竞合关系。

2. 被告人的行为属于虚开增值税专用发票罪与非法出售增值税专用发票罪、非法购买增值税专用发票罪的牵连犯，依法应以虚开增值税专用发票罪论处。牵连犯，是指犯罪的手段行为或者结果行为，与目的行为或者原因行为分别触犯不同罪名的犯罪形态。刑法总则没有明确规定牵连犯的处罚原则，通说认为，对牵连犯一般应当从一重处罚，但在刑法分则对牵连犯的处罚作出明确规定的情况下，应当直接依据刑法分则条文的规定处理。《刑法》第二百零八条第二款规定，非法购买增值税专用发票或者购买伪造的增值税专用发票又虚开或者出售的，分别依照虚开增值税专用发票罪、出售伪造的增值税专用发票罪、非法出售增值税专用发票罪定罪。该款属于提示性规定,非法购买增值税专用发票是手段,虚开增值税专用发票是目的,最终是为实现抵扣税款,行为人非法购买增值税专用发票后又虚开的,应直接依照刑法第二百零八条第二款的规定,以虚开增值税专用发票罪定罪处罚。

3. 被告人的行为符合虚开增值税专用发票罪的犯罪构成。刑法本条第三款规定,虚开增值税专用发票罪是指有为他人虚开、为自己虚开、让他人为自己虚开、介绍他人虚开增值税专用发票行为之一的行为。最高人民法院1996年发布的《解释》中,对虚开增值税专用发票的行为如何认定作了明确规定:(1)没有货物购销或者没有提供或接受应税劳务而为他人、为自己、让他人为自己、介绍他人开具增值税专用发票;(2)有货物购销或者提供或接受了应税劳务但为他人、为自己、让他人为自己、介绍他人开具数量或者金额不实的增值税专用发票;(3)进行了实际经营活动,但让他人为自己代开增值税专用发票。需要指出的是,虽然刑法并未明确规定成立虚开增值税专用发票罪必须具有特定的目的,但从本罪设立的立法原意和司法实践中的掌握来看,行为人虚开增值税专用发票的目的应是抵扣税款或者挣取"交易费""介绍费"。1995年10月30日发布的《全国人民代表大会常务委员会关于惩治虚开、伪造和非法出售增值税专用发票犯罪的决定》(本附文以下简称《决定》)开篇即明确了设立虚开增值税专用发票罪的立法意图即"为了惩治虚开、伪造和非法出售增值税专用发票和其他发票进行偷税、骗税等犯罪活动,保障国家税收"。2004年全国部分法院经济犯罪案件审判工作座谈会对虚开增值税专用发票罪的认定进行研讨,认为对以下三种行为不应以该罪论处:(1)为虚增营业税、扩大销售收入或者制造虚假繁荣,相互对开或环开增值税专用发票的行为。(2)在货物销售过程中,一般纳税人为夸大销售业绩,虚增货物的销售环节,虚开进项增值税专用发票和销项增值税专用发票,但依法缴纳增值税并未造成国家税款损失的行为。(3)为夸大企业经济实力,通过虚开进项增值税专用发票虚增企业的固定资产,但并未利用增值税专用发票抵扣税款,国家税款亦未受到损失的行为。这也从另一方面肯定了行为人构成虚开增值税专用发票罪应当具有抵扣税款或者挣取"交易费……介绍费"的特定目的。2015年最高人民法院研究室在给公安部经济犯罪侦查局的《〈关于如何认定以"挂靠"有关公司名义实施经营活动并让有关公司为自己虚开增值税专用发票行为的性质〉征求意见的复函》中更是明确地指出:"虚开增值税发票罪的危害实质在于通过虚开行为骗取抵扣税款,对于有实际交易存在的代开行为,如行为人主观上并无骗取抵扣税款的故意,客观上未造成国家增值税款损失的,不宜以虚开增值税专用发票罪论处。"被告人鞠某田为了抵扣税款,在没有真实货物交易的情况下,让他人为自己虚开增值税专用发票。被告人王某禹为了获取"交易费",明知他人没有真实货物交易,而为他人虚开(或者说介绍他人虚开)增值税专用发票。二被告人均具有虚开增值税专用发票罪的主观故意,也实施了虚开增值税专用发票罪所要求的特定行为,完全符合该罪的犯罪构成要件,依法应当认定为虚开增值税专用发票罪。

4. 虚开增值税专用发票罪与相关罪名的界限。关于虚开增值税专用发票罪与非法出售增值税专用发票罪、非法购买增值税专用发票罪、出售伪造的增值税专用发票罪、购买伪造的增值税专用发票罪等相关增值税专用发票犯罪之间如何区分的问题,各罪名之间各有其适用的空间。具体而言:(1)非法出售真实的空白增值税专用发票的,认定为非法出售增值税专用发票罪。出售伪造的空白增值税专用发票的,认定为出售伪造的增值税专用发票罪。(2)非法购买真实的空白增值税专用发票的,认定为非法购买增值税专用发票罪。购买伪造的空白增值税专用发票的,认定为购买伪造的增值税专用发票罪。(3)非法购买真实的定额增值税专用发票的,认定为非法购买增值税专用发票罪。出售真实的定额增值税专用发票的,认定为非法出售增值税专用发票罪。(4)非法购买伪造的定额增值税专用发票的,认定为购买伪造的增值税专用发票罪。出售伪造的定额增值税专用发票的,认定为出售伪造的增值税专用发票罪。(5)为他人开、为自己开、让他人为自己开、介绍他人开增值税专用发票,符合司法解释规定的虚开行为的,认定为虚开增值税专用发票罪。需要注意的是,在犯罪过程中,一般会存在买卖的行为,但依照刑法第二百零八条第二款规定,应直接以虚开增值税专用发票罪处罚。(6)伪造增值税专用发票的,认定为伪造增值税专用发票罪。(7)购买增值税专用发票,但无证据证明是为了虚开而购买的,认定为非法购买增值税专用发票罪;有证据证明为了虚开而购买的,则认定为虚开增值税专用发票罪。综上所述,本案二被告人的行为应构成虚开增值税专用发票罪,而不是非法出售增值税专用发票罪、非法购买增值税专用发票罪。从《刑法》第二百零五条至第二百零八条的规定来看,第二百零八条第一款规定非法购买增值税专用发票、购买伪造的增值税专用发票罪的法定刑最轻,结合刑法第二百零八条第二款的规定,非法购买增值税专用发票罪仅限于危害发票管理的行为,一旦危害税收征管,就应当认定为处罚较重的虚开增值税专用发票罪,这也符合牵连犯从一重罪论处的处断原则。[参见第1209号指导案例,王某禹、鞠某田虚开增值税专用发票案,载《刑事审判参考》总第111集,第35~39页。撰稿:付想兵　肖圣雷　郭慧]

▽虚开增值税专用发票罪量刑标准的把握

虚开的"税款数额"是虚开增值税专用发票罪定罪量刑的主要依据。增值税专用发票数额分为三部分:货物或应税劳务、服务金额,税额,价税合计额。这里的"税款数额"应指税额,而不是金额或者价税合计额。从本质上来说,增值税是对货物或应税劳务、服务的最终销售按照不含税价征收的比例税款,认定虚开税额,应当以该部分虚开实际或者可能让国家税款流失的数额为限。增值税专用发票不同于普通发票,其可以用于抵扣税款。抵扣税款会直接造成国家税收损失,这也正是对增值税专用发票犯罪行为从重打击的原因。所以,"虚开的税款数额"应是指增值税专用发票造成的国家税收的损失,也就是抵扣的税款额,即票面载明的税额。根据1996年《解释》,虚开税款数额1万元以上的,应当依法定罪处罚,判处3年以下有期徒刑或者拘役,并处2万元以上20万元以下罚金;虚开税款数额10万元以上的,属于"虚开的税款数额较大",判处3年以上10年以下有期徒刑,并处5万元以上50万元以下罚金;虚开税款数额50万元以上的,属于"虚开的税款数额巨大",判处10年以上有期徒刑或者无期徒刑,并处5万元以上50万元以下罚金。考虑到此解释出台距今已有20余年,我国经济社会状况已发生重大变化,继续按照上述定罪量刑标准处理案件已不能很好地体现罪刑相当原则。故此,最高人民法院研究室2014年11月27日在给西藏自治区高级人民法院作出的《关于如何适用法发〔1996〕30号司法解释数额标准问题的电话答复》(法研〔2014〕179号)中指出,为了贯彻罪刑相当原则,对虚开增值税专用发票案件的量刑数额标准,可以不再参照适用1996年《解释》。在新的司法解释制定前,对于虚开增值税专用发票案件的定罪量刑标准,可以参照《最高人民法院关于审理骗取出口退税刑事案件具体应用法律若干问题的解释》(本附文以下简称《出口退税解释》)的有关规定执行。依照《出口退税解释》的规定,虚开增值税专用发票罪的量刑数额标准提高了5倍,由上述的1万元、10万元、50万元提升到5万元、50万元、250万元。最高人民法院研究室在对上述答复的解读中指出:"《解释》虽未明令废止,但对其中确实已明显滞后、失当的规定不再参照适用,并不违法。1997年最高人民法院《关于认真学习宣传贯彻修订的〈中华人民共和国刑法〉的通知》只是规定,1997年修改刑法后,'可参照执行'此前制定的司法解释。也就是说,如此前解释的有关规定,特别是定罪量刑标准已明显滞后、失当,不再参照执行有关规定,并不违反通知要求。"本案二被告人虚开增值税专用发票的税款数额为288777.13元。参照《出口退税解释》的规定,涉案的税款数额未达到"数额较大"的50万元标准,二被告人均应在三年以下判处刑罚。考虑到涉案大部分虚开的增值税发票未认证、只有少量的发票被实际使用等情况,法院作出了上述判决。[参见第1209号指导案例,王某禹、鞠某田虚开增值税专用发票案,载《刑事审判参考》总第111集,第39~40页。撰稿:付想兵　肖圣雷　郭慧]

第二百零五条之一　【虚开发票罪】虚开本法第二百零五条规定以外的其他发票,情节严重的,处二年以下有期徒刑、拘役或者管制,并处罚金;情节特别严重的,处二年以上七年以下有期徒刑,并处罚金。

单位犯前款罪的,对单位判处罚金,并对其直接负责的主管人员和其他直接责任人员,依照前款的规定处罚。

■最高人民检察院、公安部关于公安机关管辖的刑事案件立案追诉标准的规定(二)(2022年5月15日)

第五十七条 〔虚开发票案(刑法第二百零五条之一)〕虚开刑法第二百零五条规定以外的其他发票,涉嫌下列情形之一的,应予立案追诉:

(一)虚开发票金额累计在五十万元以上的;

(二)虚开发票一百份以上且票面金额在三十万元以上的;

(三)五年内因虚开发票受过刑事处罚或者二次以上行政处罚,又虚开发票,数额达到第一、二项标准百分之六十以上的。

[附则(第七十九条至第八十五条)内容附在本书刑法第一百二十条之一附文同名文件中。]

第二百零六条 【伪造、出售伪造的增值税专用发票罪】伪造或者出售伪造的增值税专用发票的,处三年以下有期徒刑、拘役或者管制,并处二万元以上二十万元以下罚金;数量较大或者有其他严重情节的,处三年以上十年以下有期徒刑,并处五万元以上五十万元以下罚金;数量巨大或者有其他特别严重情节的,处十年以上有期徒刑或者无期徒刑,并处五万元以上五十万元以下罚金或者没收财产。

单位犯本条规定之罪的,对单位判处罚金,并对其直接负责的主管人员和其他直接责任人员,处三年以下有期徒刑、拘役或者管制;数量较大或者有其他严重情节的,处三年以上十年以下有期徒刑;数量巨大或者有其他特别严重情节的,处十年以上有期徒刑或者无期徒刑。

刑法本条第二款原文:伪造并出售伪造的增值税专用发票,数量特别巨大,情节特别严重,严重破坏经济秩序的,处无期徒刑或者死刑,并处没收财产。(本条第二款是根据《中华人民共和国刑法修正案(八)》之三十三删去的,2011年5月1日起施行。)

■最高人民检察院、公安部关于公安机关管辖的刑事案件立案追诉标准的规定(二)(2022年5月15日)

第五十八条 〔伪造、出售伪造的增值税专用发票案(刑法第二百零六条)〕伪造或者出售伪造的增值税专用发票,涉嫌下列情形之一的,应予立案追诉:

(一)票面税额累计在十万元以上的;

(二)伪造或者出售伪造的增值税专用发票十份以上且票面税额在六万元以上的;

(三)非法获利数额在一万元以上的。

[附则(第七十九条至第八十五条)内容附在本书刑法第一百二十条之一附文同名文件中。]

■最高人民法院关于适用《全国人民代表大会常务委员会关于惩治虚开、伪造和非法出售增值税专用发票犯罪的决定》的若干问题的解释(1996年10月17日)

二、根据《决定》第二条规定,伪造或者出售伪造的增值税专用发票的,构成伪造、出售伪造的增值税专用发票罪。

伪造或者出售伪造的增值税专用发票25份以上或者票面额(千元版以每份1000元,万元版以每份1万元计算,以此类推。下同)累计10万元以上的应当依法定罪处罚。

伪造或者出售伪造的增值税专用发票100份以上或者票面额累计50万元以上的,属于“数量较大”。具有下列情形之一的,属于“有其他严重情节”:

(1)违法所得数额在1万元以上的;

(2)伪造并出售伪造的增值税专用发票60份以上或者票面额累计30万元以上的;

(3)造成严重后果或者具有其他严重情节的。

伪造或者出售伪造的增值税专用发票500份以上或者票面额累计250万元以上的,属于“数量巨大”。具有下列情形之一的，属于“有其他特别严重情节”：

(1)违法所得数额在5万元以上的；

(2)伪造并出售伪造的增值税专用发票300份以上或者票面额累计200万元以上的；

(3)伪造或者出售伪造的增值税专用发票接近“数量巨大”并有其他严重情节的；

(4)造成特别严重后果或者具有其他特别严重情节的。

伪造并出售伪造的增值税专用发票1000份以上或者票面额累计1000万元以上的，属于“伪造并出售伪造的增值税专用发票数量特别巨大”。具有下列情形之一的，属于“情节特别严重”：

(1)违法所得数额在5万元以上的；

(2)因伪造、出售伪造的增值税专用发票致使国家税款被骗取100万元以上的；

(3)给国家税款造成实际损失50万元以上的；

(4)具有其他特别严重情节的。对于伪造并出售伪造的增值税专用发票数量达到特别巨大，又具有特别严重情节，严重破坏经济秩序的，应当依照《决定》第二条第二款的规定处罚。

伪造并出售同一宗增值税专用发票的，数量或者票面额不重复计算。

变造增值税专用发票的，按照伪造增值税专用发票行为处理。

▼安徽省常见经济犯罪数额标准一览表(2000—2014年)(见本书附录四十)

▽制造、销售伪造增值税专用发票(普通发票)的印刷模板等印制工具的行为，应以伪造增值税专用发票(普通发票)罪定罪处罚

制造、销售伪造增值税专用发票(普通发票)的印刷模板等印制工具的行为，其社会危害性与伪造、出售伪造的增值税专用发票行为相比有过之而无不及，不能片面理解罪刑法定原则，以刑法没有明确规定而认为制造、销售伪造增值税专用发票(普通发票)的印刷模板等印制工具的行为不能以犯罪论处。制造、销售伪造增值税专用发票(普通发票)的印制工具的行为，本质上就是为伪造增值税专用发票(普通发票)提供条件。参照《最高人民法院关于审理伪造货币等案件具体应用法律若干问题的解释》第一条第三款的规定：“行为人制造货币版样或者与他人事前通谋，为他人伪造货币提供版样的，依照刑法第一百七十条的规定定罪处罚”，以及《全国法院审理金融犯罪案件工作座谈会纪要》中关于假币犯罪的规定：“伪造货币的，只要实施了伪造行为，不论是否完成全部印制工序，即构成伪造货币罪；对于尚未制造出成品，无法计算伪造、销售假币面额的，或者制造、销售用于伪造货币的版样的，不认定犯罪数额，依据犯罪情节决定刑罚”，对于制造、销售伪造增值税专用发票(普通发票)的印刷模板等印制工具的行为，应以伪造增值税专用发票(普通发票)罪定罪处罚。[参见第252号案例，曾珠玉等伪造增值税专用发票案，载《刑事审判指导》总第33集(2003年第4集)，法律出版社，第18～19页。执笔：牛克乾]

第二百零七条　【非法出售增值税专用发票罪】非法出售增值税专用发票的，处三年以下有期徒刑、拘役或者管制，并处二万元以上二十万元以下罚金；数量较大的，处三年以上十年以下有期徒刑，并处五万元以上五十万元以下罚金；数量巨大的，处十年以上有期徒刑或者无期徒刑，并处五万元以上五十万元以下罚金或者没收财产。

■最高人民检察院、公安部关于公安机关管辖的刑事案件立案追诉标准的规定(二)(2022年5月15日)

第五十九条　〔非法出售增值税专用发票案(刑法第二百零七条)〕非法出售增值税专用发票，涉嫌下列情形之一的，应予立案追诉：

(一)票面税额累计在十万元以上的；

(二)非法出售增值税专用发票十份以上且票面税额在六万元以上的；

(三)非法获利数额在一万元以上的。

[附则(第七十九条至第八十五条)内容附在本书刑法第一百二十条之一附文同名文件中。]

■最高人民法院关于适用《全国人民代表大会常务委员会关于惩治虚开、伪造和非法出售增值税专用发票犯罪的决定》的若干问题的解释(1996年10月17日)

三、根据《决定》[《全国人民代表大会常务委员会关于惩治虚开、伪造和非法出售增值税专用发票犯罪的决定》(以下简称《决定》)]第三条规定,非法出售增值税专用发票的,构成非法出售增值税专用发票罪。

非法出售增值税专用发票案件的定罪量刑数量标准按照本解释第二条第二、三、四款的规定执行。

▼安徽省常见经济犯罪数额标准一览表(2000—2014年)(见本书附录四十)

▽对于非法出售增值税专用发票的份数和票面额分别达到不同的量刑档次的,应适用处罚较重的规定进行量刑

非法出售增值税专用发票罪,根据刑法本条的规定,基于出售的增值税专用发票的不同数量,分为三个量刑档次,其中,数量较大的,处三年以上十年以下有期徒刑;数量巨大的,处十年以上有期徒刑。对于非法出售增值税专用发票犯罪而言,其行为对象系增值税专用发票,如果以数量计算的话,有两种计算依据,一种是按照非法出售增值税专用发票的份数进行总计,另一种是按照非法出售增值税专用发票的票面额进行总计。参照1996年《最高人民法院关于适用〈全国人民代表大会常务委员会关于惩治虚开、伪造和非法出售增值税专用发票犯罪的决定〉的若干问题的解释》(本附文以下简称《解释》)第二条的规定,非法出售增值税专用发票100份以上或者票面金额累计50万元以上的属于非法出售增值税专用发票罪的"数量较大";非法出售增值税专用发票500份以上或者票面金额累计250万元以上的属于非法出售增值税专用发票罪的"数量巨大"。行为人出售增值税专用发票为275份,按照发票份数,应当属于"数额较大",应在三年以上十年以下量刑;如果按照票面额计算,万元版票面额按照1万元计算,票面额应为275万元,构成"数量巨大",应在十年以上有期徒刑、无期徒刑幅度内量刑。对于这种非法出售增值税专用发票按照份数和票面额分别计量达到不同量刑档次的,是按照份数、还是按照票面额认定犯罪数额进行量刑?由于增值税专用发票具有其他一般发票所不具备的作为抵扣税款和出口退税依据的功能,可以说刑法分则规定的所有有关增值税专用发票的犯罪直接侵犯的是国家对增值税专用发票的管理制度,最终会造成国家税款流失的危害后果,非法出售增值税专用发票罪也是如此。依照规定,增值税专用发票只能从国家税务部门领购,禁止买卖。增值税专用发票被非法出售后,就可能被他人利用进行抵扣税款和出口退税,从而造成国家税款损失。由于增值税专用发票的票面额和份数均能在一定程度上反映非法出售增值税专用发票行为的社会危害性,1996年的司法解释中采用了两种计算依据。在具体个案中,可能会出现本案这种依照两种计量依据需要适用不同的法定刑档次的情况。对此,为准确评价该种非法行为的社会危害性程度,应当适用处罚较重的量刑档次进行量刑,即认定行为人非法出售增值税专用发票,"数量巨大",在"十年以上有期徒刑或者无期徒刑,并处五万元以上五十万元以下罚金或者没收财产"的法定刑幅度内量刑。[参见第337号案例,邓冬蓉非法出售增值税专用发票案,载《刑事审判参考》总第43集(2005年第2集),法律出版社,第23～27页。执笔:康瑛]

第二百零八条　【非法购买增值税专用发票】【购买伪造的增值税专用发票罪】非法购买增值税专用发票或者购买伪造的增值税专用发票的,处五年以下有期徒刑或者拘役,并处或者单处二万元以上二十万元以下罚金。

【虚开增值税专用发票罪】【出售伪造的增值税专用发票罪】【非法出售增值税专用发票罪】非法购买增值税专用发票或者购买伪造的增值税专用发票又虚开或者出售的,分别依照本法第二百零五条、第二百零六条、第二百零七条的规定定罪处罚。

■最高人民检察院、公安部关于公安机关管辖的刑事案件立案追诉标准的规定(二)(2022年5月15日)

第六十条 〔非法购买增值税专用发票、购买伪造的增值税专用发票案(刑法第二百零八条第一款)〕非法购买增值税专用发票或者购买伪造的增值税专用发票,涉嫌下列情形之一的,应予立案追诉:

(一)非法购买增值税专用发票或者购买伪造的增值税专用发票二十份以上且票面税额在十万元以上的;

(二)票面税额累计在二十万元以上的。

[附则(第七十九条至第八十五条)内容附在本书刑法第一百二十条之一附文同名文件中。]

■最高人民法院关于适用《全国人民代表大会常务委员会关于惩治虚开、伪造和非法出售增值税专用发票犯罪的决定》的若干问题的解释(1996年10月17日)

四、根据《决定》第四条规定,非法购买增值税专用发票或者购买伪造的增值税专用发票的,构成非法购买增值税专用发票、伪造的增值税专用发票罪。

非法购买增值税专用发票或者购买伪造的增值税专用发票25份以上或者票面额累计10万元以上的,应当依法定罪处罚。

非法购买真、伪两种增值税专用发票的,数量累计计算,不实行数罪并罚。

▽非法购买伪造的增值税专用发票又出售的行为,应以出售伪造的增值税专用发票罪定罪处罚

《刑法》本条第二款规定的是,对非法购买增值税专用发票罪或者购买伪造的增值税专用发票罪与虚开增值税专用发票罪、非法出售增值税专用发票罪或者出售伪造的增值税专用发票罪的牵连犯酌定罪处罚原则。其基本含义是,在行为人购买的手段行为与虚开、出售的目的行为均单独成立犯罪从而形成牵连犯罪的情况下,应以目的行为的罪名定罪处罚。根据我国刑法,相对于手段行为构成的犯罪来说,目的行为构成的犯罪处罚更重。这也是牵连犯从一重罪定罪处罚一般原则的要求。因此,对于行为人购买伪造的增值税专用发票又出售的行为,如果购买与出售伪造的增值税专用发票行为均成立犯罪,则应以出售伪造的增值税专用发票罪定罪处罚。只有购买伪造的增值税专用发票尚未出售或者出售行为尚未达到追究刑事责任的数额标准的情况下,考虑到犯罪行为的想象竞合和吸收关系,才以购买伪造的增值税专用发票罪定罪处罚。行为人购买伪造的增值税专用发票又出售的行为,因为其出售伪造的增值税专用发票的份数已经达到参照执行的1996年最高人民法院《解释》规定的追究刑事责任的数额标准,因此,应以出售伪造的增值税专用发票罪定罪处罚。需要说明的是,以出售伪造的增值税专用发票罪定罪处罚,不会带来轻纵犯罪分子的结果,因为在出售行为成立犯罪的情况下,已经购买要出售但尚未出售的伪造的增值税专用发票数额应计入其出售的犯罪数额,但可将其视为犯罪未遂的数额,作为量刑情节予以考虑。[参见第252号案例,曾珠玉等伪造增值税专用发票案,载《刑事审判指导》总第33集(2003年第4集),法律出版社,第16~17页。执笔:牛克乾]

第二百零九条 【非法制造、出售非法制造的用于骗取出口退税、抵扣税款发票罪】伪造、擅自制造或者出售伪造、擅自制造的可以用于骗取出口退税、抵扣税款的其他发票的,处三年以下有期徒刑、拘役或者管制,并处二万元以上二十万元以下罚金;数量巨大的,处三年以上七年以下有期徒刑,并处五万元以上五十万元以下罚金;数量特别巨大的,处七年以上有期徒刑,并处五万元以上五十万元以下罚金或者没收财产。

【非法制造、出售非法制造的发票罪】伪造、擅自制造或者出售伪造、擅自制造的前款规定以外的其他发票的,处二年以下有期徒刑、拘役或者管制,并处或者单处一万元以上五万元以下罚金;情节严重的,处二年以上七年以下有期徒刑,并处五万元以上五十万元以下罚金。

【非法出售用于骗取出口退税、抵扣税款发票罪】非法出售可以用于骗取出口退税、抵扣税款的其他发票的,依照第一款的规定处罚。

【非法出售发票罪】非法出售第三款规定以外的其他发票的,依照第二款的规定处罚。

■最高人民检察院、公安部关于公安机关管辖的刑事案件立案追诉标准的规定(二)(2022年5月15日)

第六十一条　〔非法制造、出售非法制造的用于骗取出口退税、抵扣税款发票案(刑法第二百零九条第一款)〕伪造、擅自制造或者出售伪造、擅自制造的用于骗取出口退税、抵扣税款的其他发票,涉嫌下列情形之一的,应予立案追诉:

(一)票面可以退税、抵扣税额累计在十万元以上的;

(二)伪造、擅自制造或者出售伪造、擅自制造的发票十份以上且票面可以退税、抵扣税额在六万元以上的;

(三)非法获利数额在一万元以上的。

第六十二条　〔非法制造、出售非法制造的发票案(刑法第二百零九条第二款)〕伪造、擅自制造或者出售伪造、擅自制造的不具有骗取出口退税、抵扣税款功能的其他发票,涉嫌下列情形之一的,应予立案追诉:

(一)伪造、擅自制造或者出售伪造、擅自制造的不具有骗取出口退税、抵扣税款功能的其他发票一百份以上且票面金额累计在三十万元以上的;

(二)票面金额累计在五十万元以上的;

(三)非法获利数额在一万元以上的。

第六十三条　〔非法出售用于骗取出口退税、抵扣税款发票案(刑法第二百零九条第三款)〕非法出售可以用于骗取出口退税、抵扣税款的其他发票,涉嫌下列情形之一的,应予立案追诉:

(一)票面可以退税、抵扣税额累计在十万元以上的;

(二)非法出售用于骗取出口退税、抵扣税款的其他发票十份以上且票面可以退税、抵扣税额在六万元以上的;

(三)非法获利数额在一万元以上的。

第六十四条　〔非法出售发票案(刑法第二百零九条第四款)〕非法出售增值税专用发票、用于骗取出口退税、抵扣税款的其他发票以外的发票,涉嫌下列情形之一的,应予立案追诉:

(一)非法出售增值税专用发票、用于骗取出口退说、抵扣税款的其他发票以外的发票一百份以上且票面金额累计在三十万元以上的;

(二)票面金额累计在五十万元以上的;

(三)非法获利数额在一万元以上的。

[附则(第七十九条至第八十五条)内容附在本书刑法第一百二十条之一附文同名文件中。]

■最高人民法院关于适用《全国人民代表大会常务委员会关于惩治虚开、伪造和非法出售增值税专用发票犯罪的决定》的若干问题的解释(1996年10月17日)

六、根据《决定》第六条规定,伪造、擅自制造或者出售伪造、擅自制造的可以用于骗取出口退税、抵扣税款的其他发票的,构成非法制造专用发票罪或出售非法制造的专用发票罪。

伪造、擅自制造或者出售伪造、擅自制造的可以用于骗取出口退税、抵扣税款的其他发票50份以上的,应当依法定罪处罚;伪造、擅自制造或者出售伪造、擅自制造的可以用于骗取出口退税、抵扣税款的其他发票200份以上的,属于"数量巨大";伪造、擅自制造或者出售伪造、擅自制造的可以用于骗取出口退税、抵扣税款的其他发票1000份以上的,属于"数量特别巨大"。

■最高人民法院、最高人民检察院、公安部、国家工商行政管理局关于依法查处盗窃、抢劫机动车案件的规定(1998年5月8日)

六、非法出售机动车有关发票的,或者伪造、擅自制造或者出售伪造、擅自制造的机动车有关发票的,依照《刑法》第二百零九条的规定处罚。

▽出售非法制造的发票罪的"情节严重"的认定

在没有司法解释对该罪"情节严重"的认定明确标准的情况下,不能仅根据出售发票的份数这一标准,作出对行为人不利的认定,要结合累计金额、违法所得等因素综合认定,不能仅以被告人出售的发票达到11 000份,是该罪立案追诉标准规定出售发票份数的110倍,就认定属于"情节严重"情形。罪责刑相适应,不仅是立法者配置法定刑时应当遵循的一项基本原则,也是司法人员量刑时应当遵循的基本原则。该原则要求,尽管犯罪行为的表现形式多种多样,但一旦刑法规定的法定刑相当,则犯罪行为所体现的社会危害性也应当大致相当。就出售非法制造的发票犯罪而言,刑法第二百零九条第二款并没有明确规定该罪基本犯与情节加重犯的认定标准,目前也尚未有司法解释对该罪的"情节严重"认定标准予以明确。因此,在具体案件中,司法人员在对被告人定罪量刑时,不仅要考量被告人的行为是否在形式上符合具体个罪的加重构成情节,还要结合刑法第六十一条"对于犯罪分子决定刑罚的时候,应当根据犯罪的事实、犯罪的性质、情节和对于社会的危害程度,依照本法的有关规定判处"的规定,综合考量该行为的社会危害性和行为人所具有的人身危险性,对被告人定罪量刑。对于一些目前尚未有司法解释的明确规定,形式上可能符合加重情节的构成特征,但实质社会危害性上又与加重情节相差悬殊的案件,在按照加重情节处理时要特别慎重。目前,关于出售非法制造的发票罪的定罪标准,只有《标准二》规定的立案追诉标准。对于该罪的"情节严重"情形,尚未有司法解释明确认定标准。但无论是立法对数额犯加重情节的设置,还是司法解释对数额犯加重情节的规定,法定刑每上升一个档次,与之相对应的涉案数额一般会上升3倍至5倍。如《最高人民法院、最高人民检察院关于办理内幕交易、泄露内幕信息刑事案件具体应用法律若干问题的解释》将内幕交易的"情节特别严重"与"情节严重"的比例确定为5: 1。参照上述通行观念,就出售非法制造的发票罪而言,如果以立案追诉标准的5倍作为本罪"情节严重"的认定标准,则出售非法制造的发票500份以上或者票面额累计在200万元以上的,应当认定为出售非法制造的发票罪的"情节严重"情形。然而,值得注意的是,随着发票样式的增多,出售非法制造的500份发票所体现的社会危害程度与票面额累计在200万元以上所体现的社会危害程度存在巨大落差。在实际生活中,出售非法制造的发票大致可分为以下两种类型:一是出售非法制造无数额记载的空白发票。由于空白发票给社会造成的危害性大小在客观上难以估量,对这种类型加重情节的认定以其出售的发票份数为标准较为客观,也较为合理,便于司法实务部门操作,实践中意见也较为一致。二是出售非法制造的发票既有票面金额,又有份数。对这种出售非法制造的发票行为,应当结合所开发票份数与票面金额和其他相关因素认定其社会危害程度,不能唯发票份数或者票面金额一个标准论。实践中,不少停车场的管理人员也存在开具假发票的情形,一份发票票面额有的5元,有的甚至1元,100份发票亦不过500元,甚至只有100元。对该类情形是否有必要定罪处罚,实践中争议较大,绝大多数观点主张不应纳入刑法的调整范围。因此,在发票份数与累计金额均固定的情况下,在尚未有司法解释对该罪"情节严重"的认定标准作出明确规定时,以发票份数或者累计金额为标准认定"情节严重"时要特别慎重。在进行认定时,要始终围绕行为是否具有与其法定刑相当的社会危害性这一内核。本案中被告人管某某、高某某虽然非法出售的发票份数达到11 000份,但所售发票均面额较小,累计仅22万元,如果按照该面额计算,尚未达到立案追诉标准。在没有其他证据证明二被告人的行为造成国家税款流失等严重后果,且全部违法所得仅为550元的情况下,其行为的社会危害性尚不足以认定为严重危害国家发票管理制度,若对二被告人以出售非法制造的发票罪"情节严重"定罪量刑,则有失公允。综上所述,出售的发票份数与发票的累计金额之间虽然无法一一对应,但在办理发票份数与票面金额均确定的此类案件时,要兼顾二者所体现的行为的社会危害性大小,并综合其他影响行为社会危害性的因素,对被告人准确定罪量刑。[参见第826号指导案例,管某某、高某某出售非法制造的发票案,载《刑事审判参考》总第90集(2013年第1集),第15～18页。撰稿:郁宏军]

第二百一十条　【盗窃罪】盗窃增值税专用发票或者可以用于骗取出口退税、抵扣税款的其他发票的,依照本法第二百六十四条的规定定罪处罚。

【诈骗罪】使用欺骗手段骗取增值税专用发票或者可以用于骗取出口退税、抵扣税款的其他发票的,依照本法第二百六十六条的规定定罪处罚。

■最高人民法院关于适用《全国人民代表大会常务委员会关于惩治虚开、伪造和非法出售增值税专用发票犯罪的决定》的若干问题的解释(1996年10月17日)

七、盗窃增值税专用发票或者可以用于骗取出口退税、抵扣税款的其他发票25份以上,或者其他发票50份以上的;诈骗增值税专用发票或者可以用于骗取出口退税、抵扣税款的其他发票50份以上,或者其他发票100份以上的,依照刑法(1979年刑法——编著者注)第一百五十一条的规定处罚。

盗窃增值税专用发票或者可以用于骗取出口退税、抵扣税款的其他发票250份以上,或者其他发票500份以上的;诈骗增值税专用发票或者可以用于骗取出口退税、抵扣税款的其他发票500份以上,或者其他发票1000份以上的,依照刑法(1979年刑法——编著者注)第一百五十二条的规定处罚。

盗窃增值税专用发票或者其他发票情节特别严重的,依照《全国人民代表大会常务委员会关于严惩严重破坏经济的罪犯的决定》第一条第(一)项的规定处罚。

盗窃、诈骗增值税专用发票或者其他发票后,又实施《决定》(《全国人民代表大会常务委员会关于惩治虚开、伪造和非法出售增值税专用发票犯罪的决定》)规定的虚开、出售等犯罪的,按照其中的重罪定罪处罚,不实行数罪并罚。

第二百一十条之一　【持有伪造的发票罪】明知是伪造的发票而持有,数量较大的,处二年以下有期徒刑、拘役或者管制,并处罚金;数量巨大的,处二年以上七年以下有期徒刑,并处罚金。

单位犯前款罪的,对单位判处罚金,并对其直接负责的主管人员和其他直接责任人员,依照前款的规定处罚。(本条是根据《中华人民共和国刑法修正案(八)》之三十五增加的,2011年5月1日起施行。)

■最高人民检察院、公安部关于公安机关管辖的刑事案件立案追诉标准的规定(二)(2022年5月15日)

第六十五条　〔持有伪造的发票案(刑法第二百一十条之一)〕明知是伪造的发票而持有,涉嫌下列情形之一的,应予立案追诉:

(一)持有伪造的增值税专用发票或者可以用于骗取出口退税、抵扣税款的其他发票五十份以上且票面税额累计在二十五万元以上的;

(二)持有伪造的增值税专用发票或者可以用于骗取出口退税、抵扣税款的其他发票票面税额累计在五十万元以上的;

(三)持有伪造的第一项规定以外的其他发票一百份以上且票面金额在五十万元以上的;

(四)持有伪造的第一项规定以外的其他发票票面金额累计在一百万元以上的。

[附则(第七十九条至第八十五条)内容附在本书刑法第一百二十条之一附文同名文件中。]

第二百一十一条　【单位犯本节规定之罪的处罚规定】单位犯本节第二百零一条、第二百零三条、第二百零四条、第二百零七条、第二百零八条、第二百零九条规定之罪的,对单位判处罚金,并对其直接负责的主管人员和其他直接责任人员,依照各该条的规定处罚。

第二百一十二条　【涉税罪罚没前应追缴税款】犯本节第二百零一条至第二百零五条规定之罪,被判处罚金、没收财产的,在执行前,应当先由税务机关追缴税款和所骗取的出口退税款。

第七节 侵犯知识产权罪

第二百一十三条 【假冒注册商标罪】未经注册商标所有人许可,在同一种商品、服务上使用与其注册商标相同的商标,情节严重的,处三年以下有期徒刑,并处或者单处罚金;情节特别严重的,处三年以上十年以下有期徒刑,并处罚金。(本条是根据《中华人民共和国刑法修正案(十一)》之十七修改的,2021年3月1日起施行。)

刑法本条原文:【假冒注册商标罪】未经注册商标所有人许可,在同一种商品上使用与其注册商标相同的商标,情节严重的,处三年以下有期徒刑或者拘役,并处或者单处罚金;情节特别严重的,处三年以上七年以下有期徒刑,并处罚金。

■最高人民法院、最高人民检察院关于办理侵犯知识产权刑事案件具体应用法律若干问题的解释(2004年12月22日)

第一条 未经注册商标所有人许可,在同一种商品上使用与其注册商标相同的商标,具有下列情形之一的,属于刑法第二百一十三条规定的"情节严重",应当以假冒注册商标罪判处三年以下有期徒刑或者拘役,并处或者单处罚金:

(一)非法经营数额在五万元以上或者违法所得数额在三万元以上的;

(二)假冒两种以上注册商标,非法经营数额在三万元以上或者违法所得数额在二万元以上的;

(三)其他情节严重的情形。

具有下列情形之一的,属于刑法第二百一十三条规定的"情节特别严重",应当以假冒注册商标罪判处三年以上七年以下有期徒刑,并处罚金:

(一)非法经营数额在二十五万元以上或者违法所得数额在十五万元以上的;

(二)假冒两种以上注册商标,非法经营数额在十五万元以上或者违法所得数额在十万元以上的;

(三)其他情节特别严重的情形。

第八条 刑法第二百一十三条规定的"相同的商标",是指与被假冒的注册商标完全相同,或者与被假冒的注册商标在视觉上基本无差别、足以对公众产生误导的商标。

刑法第二百一十三条规定的"使用",是指将注册商标或者假冒的注册商标用于商品、商品包装或者容器以及产品说明书、商品交易文书,或者将注册商标或者假冒的注册商标用于广告宣传、展览以及其他商业活动等行为。

第十二条 本解释所称"非法经营数额",是指行为人在实施侵犯知识产权行为过程中,制造、储存、运输、销售侵权产品的价值。已销售的侵权产品的价值,按照实际销售的价格计算。制造、储存、运输和未销售的侵权产品的价值,按照标价或者已经查清的侵权产品的实际销售平均价格计算。侵权产品没有标价或者无法查清其实际销售价格的,按照被侵权产品的市场中间价格计算。

多次实施侵犯知识产权行为,未经行政处理或者刑事处罚的,非法经营数额、违法所得数额或者销售金额累计计算。

本解释第三条所规定的"件",是指标有完整商标图样的一份标识。

第十三条 实施刑法第二百一十三条规定的假冒注册商标犯罪,又销售该假冒注册商标的商品,构成犯罪的,应当依照刑法第二百一十三条的规定,以假冒注册商标罪定罪处罚。

实施刑法第二百一十三条规定的假冒注册商标犯罪,又销售明知是他人的假冒注册商标的商品,构成犯罪的,应当实行数罪并罚。

第十五条 单位实施刑法第二百一十三条至第二百一十九条规定的行为,按照本解释规定的相应个人犯罪的定罪量刑标准的三倍定罪量刑。

第十六条 明知他人实施侵犯知识产权犯罪,而为其提供贷款、资金、账号、发票、证明、许可证件,或者提供生产、经营场所或者运输、储存、代理进出口等便利条件、帮助的,以侵犯知识产权犯罪的共犯论处。

第十七条 以前发布的有关侵犯知识产权犯罪的司法解释,与本解释相抵触的,自本解释施行后不再适用。

■最高人民法院、最高人民检察院关于办理侵犯知识产权刑事案件具体应用法律若干问题的解释(三)(2020年9月14日)

第一条 具有下列情形之一的,可以认定为刑法第二百一十三条规定的"与其注册商标相同的商标":

(一)改变注册商标的字体、字母大小写或者文字横竖排列,与注册商标之间基本无差别的;

(二)改变注册商标的文字、字母、数字等之间的间距,与注册商标之间基本无差别的;

(三)改变注册商标颜色,不影响体现注册商标显著特征的;

(四)在注册商标上仅增加商品通用名称、型号等缺乏显著特征要素,不影响体现注册商标显著特征的;

(五)与立体注册商标的三维标志及平面要素基本无差别的;

(六)其他与注册商标基本无差别、足以对公众产生误导的商标。

第七条 除特殊情况外,假冒注册商标的商品、非法制造的注册商标标识、侵犯著作权的复制品、主要用于制造假冒注册商标的商品、注册商标标识或者侵权复制品的材料和工具,应当依法予以没收和销毁。

上述物品需要作为民事、行政案件的证据使用的,经权利人申请,可以在民事、行政案件终结后或者采取取样、拍照等方式对证据固定后予以销毁。

第八条 具有下列情形之一的,可以酌情从重处罚,一般不适用缓刑:

(一)主要以侵犯知识产权为业的;

(二)因侵犯知识产权被行政处罚后再次侵犯知识产权构成犯罪的;

(三)在重大自然灾害、事故灾难、公共卫生事件期间,假冒抢险救灾、防疫物资等商品的注册商标的;

(四)拒不交出违法所得的。

第九条 具有下列情形之一的,可以酌情从轻处罚:

(一)认罪认罚的;

(二)取得权利人谅解的;

(三)具有悔罪表现的;

(四)以不正当手段获取权利人的商业秘密后尚未披露、使用或者允许他人使用的。

第十条 对于侵犯知识产权犯罪的,应当综合考虑犯罪违法所得数额、非法经营数额、给权利人造成的损失数额、侵权假冒物品数量及社会危害性等情节,依法判处罚金。

罚金数额一般在违法所得数额的一倍以上五倍以下确定。违法所得数额无法查清的,罚金数额一般按照非法经营数额的百分之五十以上一倍以下确定。违法所得数额和非法经营数额均无法查清,判处三年以下有期徒刑、拘役、管制或者单处罚金的,一般在三万元以上一百万元以下确定罚金数额;判处三年以上有期徒刑的,一般在十五万元以上五百万元以下确定罚金数额。

第十一条 本解释发布施行后,之前发布的司法解释和规范性文件与本解释不一致的,以本解释为准。

第十二条 本解释自2020年9月14日起施行。

■最高人民法院、最高人民检察院、公安部关于办理侵犯知识产权刑事案件适用法律若干问题的意见(2011年1月10日)

五、关于刑法第二百一十三条规定的“同一种商品”的认定问题

名称相同的商品以及名称不同但指同一事物的商品,可以认定为“同一种商品”。“名称”是指国家工商行政管理总局商标局在商标注册工作中对商品使用的名称,通常即《商标注册用商品和服务国际分类》中规定的商品名称。“名称不同但指同一事物的商品”是指在功能、用途、主要原料、消费对象、销售渠道等方面相同或者基本相同,相关公众一般认为是同一种事物的商品。

认定“同一种商品”,应当在权利人注册商标核定使用的商品和行为人实际生产销售的商品之间进行比较。

六、关于刑法第二百一十三条规定的“与其注册商标相同的商标”的认定问题

具有下列情形之一,可以认定为“与其注册商标相同的商标”:

(一)改变注册商标的字体、字母大小写或者文字横竖排列,与注册商标之间仅有细微差别的;

(二)改变注册商标的文字、字母、数字等之间的间距,不影响体现注册商标显著特征的;

(三)改变注册商标颜色的;

(四)其他与注册商标在视觉上基本无差别、足以对公众产生误导的商标。

七、关于尚未附着或者尚未全部附着假冒注册商标标识的侵权产品价值是否计入非法经营数额的问题

在计算制造、储存、运输和未销售的假冒注册商标侵权产品价值时,对于已经制作完成但尚未附着(含加贴)或者尚未全部附着(含加贴)假冒注册商标标识的产品,如果有确实、充分证据证明该产品将假冒他人注册商标,其价值计入非法经营数额。

十四、关于多次实施侵犯知识产权行为累计计算数额问题

依照《最高人民法院、最高人民检察院关于办理侵犯知识产权刑事案件具体应用法律若干问题的解释》第十二条第二款的规定,多次实施侵犯知识产权行为,未经行政处理或者刑事处罚的,非法经营数额、违法所得数额或者销售金额累计计算。

二年内多次实施侵犯知识产权违法行为,未经行政处理,累计数额构成犯罪的,应当依法定罪处罚。实施侵犯知识产权犯罪行为的追诉期限,适用刑法的有关规定,不受前述二年的限制。

十五、关于为他人实施侵犯知识产权犯罪提供原材料、机械设备等行为的定性问题

明知他人实施侵犯知识产权犯罪,而为其提供生产、制造侵权产品的主要原材料、辅助材料、半成品、包装材料、机械设备、标签标识、生产技术、配方等帮助,或者提供互联网接入、服务器托管、网络存储空间、通讯传输通道、代收费、费用结算等服务的,以侵犯知识产权犯罪的共犯论处。

十六、关于侵犯知识产权犯罪竞合的处理问题

行为人实施侵犯知识产权犯罪,同时构成生产、销售伪劣商品犯罪的,依照侵犯知识产权犯罪与生产、销售伪劣商品犯罪中处罚较重的规定定罪处罚。

■最高人民法院、最高人民检察院关于办理非法生产、销售烟草专卖品等刑事案件具体应用法律若干问题的解释(2010年3月26日)

第一条(第二款)　未经卷烟、雪茄烟等烟草专卖品注册商标所有人许可,在卷烟、雪茄烟等烟草专卖品上使用与其注册商标相同的商标,情节严重的,依照刑法第二百一十三条的规定,以假冒注册商标罪定罪处罚。

第六条　明知他人实施本解释第一条所列犯罪,而为其提供贷款、资金、账号、发票、证明、许可证件,或者提供生产、经营场所、设备、运输、仓储、保管、邮寄、代理进出口等便利条件,或者提供生产技术、卷烟配方的,应当按照共犯追究刑事责任。

第十条　以前发布的有关规定与本解释不一致的,以本解释为准。

▼安徽省高级人民法院、安徽省人民检察院、安徽省公安厅、安徽省烟草专卖局关于办理违反烟草专卖管理刑事案件适用法律若干问题的意见(2004年7月26日)

三、关于生产假冒烟用注册商标的烟草制品行为适用法律问题

生产假冒烟用注册商标的烟草制品(简称生产假冒烟草制品),情节严重或者情节特别严重的,分别依照刑法第二百一十三条规定的各量刑档次定罪处罚。

有下列情形之一的,属于"情节严重":

(1)个人违法所得数额在5万元以上不满20万元的,单位违法所得数额在20万元以上不满100万元的;

(2)个人生产假冒烟草制品货值金额在10万元以上不满100万元的,单位生产假冒烟草制品货值金额在50万元以上不满500万元的;

(3)虽未达到上述金额或者数额标准,但因生产假冒烟草制品受到行政处罚两次以上,又生产假冒烟草制品的;

(4)假冒他人驰名烟草制品商标的;

(5)生产假冒烟草制品造成恶劣社会影响、国际影响的。

有下列情形之一的,属于"情节特别严重":

(1)个人违法所得数额20万元以上,单位违法所得数额100万元以上的;

(2)个人生产假冒烟草制品货值金额100万元以上,单位生产假冒烟草制品货值金额500万元以上的;

(3)造成特别严重后果的。

(本意见相关共性规定参见刑法第一百四十条后附文。)

●假冒注册商标罪中非法经营数额的认定

假冒注册商标犯罪的非法经营数额、违法所得数额,应当综合被告人供述、证人证言、被害人陈述、网络销售电子数据、被告人银行账户往来记录、送货单、快递公司电脑系统记录、被告人等所作记账等证据认定。被告人辩解称网络销售记录存在刷信誉的不真实交易,但无证据证实的,对其辩解不予采纳。(参见最高人民法院第16批指导案例87号,郭明升、郭明锋、孙淑标假冒注册商标案,2017年3月6日发布)

●采取境内制造境外销售方式,假冒注册商标罪的认定

凡在我国合法注册且在有效期内的商标,商标所有人享有的商标专用权依法受我国法律保护。未经商标所有人许可,无论假冒商品是否销往境外,情节严重构成犯罪的,依法应予追诉。判断侵犯注册商标犯罪案件是否构成共同犯罪,应重点审查假冒商品生产者和销售者之间的意思联络情况、对假冒违法性的认知程度、对销售价格与正品价格差价的认知情况等因素综合判断。(参见最高人民检察院第26批指导案例第101号,姚常龙等五人假冒注册商标案,2021年2月4日发布)

○侵权产品的"销售金额"的司法认定

"侵犯知识产权罪"中,"销售金额"是销售假冒注册商标的商品罪唯一的定罪量刑标准,也是认定假冒注册商标、非法制造、销售非法制造的注册商标标识、假冒专利和侵犯著作权等犯罪"情节"是否严重或者特别严重的重要依据。刑法没有对生产、销售侵犯知识产权产品的"销售金额"认定方法做出明确规定,目前也没有相应的司法解释。但是,2001年4月9日最高人民法院和最高人民检察院联合发布的《关于办理生产、销售伪劣商品刑事案件具体应用法律若干问题的解释》,明确了生产、销售伪劣产品"销售金额"的认定方法,即"销售金额",是指生产者、销售者出售伪劣产品后所得和应得的全部违法收入。这种认定方法应当同样适用于侵犯知识产权案件。因为无论是伪劣产品还是侵犯知识产权

的产品，都是广义上的伪劣产品。刑法在相关罪名中规定的“销售金额”的内涵应是一致的。侵权产品的“销售金额”应以违法生产、销售的侵犯知识产权产品的标价计算；没有标价的，按照同类合格产品的市场中间价格计算。“销售金额”难以确定的，按照国家计划委员会、最高人民法院、最高人民检察院、公安部1997年4月22日联合发布的《扣押、追缴、没收物品估价管理办法》的规定，委托指定的估价机构确定。[参见《刑事审判参考》总第25辑(2002年第2辑)，法律出版社，第153页。]

▽假冒注册商标罪与非法制造注册商标标识罪的认定原则

刑法本条规定的假冒注册商标罪和第二百一十五条规定的非法制造注册商标标识罪都是针对他人享有专用权的注册商标实施的犯罪，二者侵犯的客体和刑法规定的法定刑也完全相同。当行为人非法制造注册商标标识，并将其用于与该注册商标核定使用的商品属于同一种的商品上，其行为触犯了刑法中的两个罪名，即非法制造注册商标标识罪和假冒注册商标罪。属于刑法理论上的牵连犯，仍应当按照“择一重罪从重处罚”的法律适用原则，选择处罚较重的罪名定罪处罚。“择一重罪”，主要应当根据行为人的具体犯罪行为确定适用哪一个罪名。如果行为人非法制造注册商标标识的犯罪行为已经实施完毕，假冒行为正在实施，尚未造成后果，应当按照既遂的非法制造注册商标标识罪定罪处罚；如果非法制造的数量不是很大，但假冒注册商标，非法获利数额特别巨大，就应当以假冒注册商标罪定罪处罚。[参见第111(108)号案例，王化新、唐文涛非法制造注册商标标识案，载《刑事审判参考》总第17辑(2001年第6辑)，法律出版社，第16页。执笔：韩晋萍]

▽侵犯知识产权犯罪数额应当理解为相应犯罪的既遂标准

从法律层面来看，侵权人为了获得违法收入，在销售假冒注册商标的商品前必须购进假冒注册商标的商品，这种购买假冒注册商标的商品的行为，正是其实施销售假冒注册商标的商品行为的着手，此时侵权人被抓获，是由于其意志以外的原因而未得逞，这符合犯罪未遂的刑法理论。从现实层面来看，因为侵犯行为具有流动性，侵权产品一旦销售出去，其数量、价格、去向等事实难以查清，查处侵犯知识产权犯罪案件时，多数只有在人赃并获的情况下，才能实现证据的收集和固定。基于这一特殊性，多数知识产权犯罪是在尚未销售或尚未售罄时查办的，此时的犯罪形态是未遂。若否定未遂情况的存在，将大大缩小知识产权犯罪的打击空间。权衡利弊，应当以数额标准为分水岭分层次处理：已经销售的及尚未销售的均没有达到数额标准的，不构成犯罪；已销售的达到数额标准的，构成犯罪既遂；尚未销售的达到数额标准的，以未遂论。对于犯罪未遂的，可以比照既遂犯从轻或者减轻处罚；对于情节显著轻微的，适用刑法第十三条的但书规定，不以犯罪论处。[参见邱志英、吕晓华：《侵犯知识产权犯罪数额探析》，载《刑事审判参考》(实务探讨)总第82集(2011年第5集)，第114~115页。]

▽侵犯知识产权犯罪“非法经营数额”的认定

在刑法关于知识产权犯罪的规定中，并未使用“非法经营数额”这一术语，使用的是“情节严重”、“情节特别严重”等。“非法经营数额”是司法解释和相关文件在解释“情节严重”时使用的一个术语，并作为认定假冒注册商标罪、非法制造、销售假冒注册商标的商品罪、销售非法制造的注册商标标识罪和假冒专利罪的标准。1. 非法经营数额的范围。对于行为人在库存部分、原材料、半成品上尚未使用假冒商标的，如果能够证明该产品将用于侵权行为，那么也应当计入非法经营数额。2. 非法经营数额的认定。2004年12月22日《最高人民法院、最高人民检察院关于办理侵犯知识产权刑事案件具体应用法律问题的解释》第十二条明确规定了“非法经营数额”的概念，即行为人在实施侵犯知识产权行为过程中，制造、储存、运输、销售侵权产品的价值。该解释分三个层次规定了“非法经营数额”的计算方法：一是已销售的侵权产品的价值，按照实际销售的价格计算；二是制造、储存、运输和未销售的侵权产品的价值，按照标价或者已经查清的侵权产品的实际销售平均价格计算；三是侵权产品没有标价或者无法查清其实际销售价格的，按照被侵权产品的市场中间价格计算。

取证方面，对实际销售价格的认定，如果起获销售记录(账本)、销售发票、销售合同、提货单证等书证,以起获的书证认定实际销售价格。没有书证的,具有以下两种情形之一的,则以供述价格确定实际销售价格:一是能够找到购买侵权产品的下家,其证言同犯罪嫌疑人供述一致;二是没有下家,但是案件存在多名犯罪嫌疑人,在没有串供可能情况下,各犯罪嫌疑人供述的销售价格基本一致。对于制造、储存、运输和未销售侵权产品的"非法经营数额"的认定,首先应以标价或已查清的侵权产品的实际销售平均价格计算。这里的标价是指市场上该侵权产品的正常标价,与该产品的实际销售价格相差不大;如果侵权产品的标价明显不合理,与正常的标价相比过高或者过低,或者没有标价,则应当按照已经查清的侵权产品的实际销售平均价格计算。实践中侵权产品一般少有标价,且行为人为逃避罪责,一般不会承认自己已经销售侵权产品,除非起获相关的销售凭证,否则实际销售价格难以确定。实践中的做法是,对于没有标价或者确实查不清实际销售价格的侵权产品,且行为人拒不提供实际销售价格或提供不实无法查清的,则参照被侵权产品的市场中间价格进行计算非法经营数额。实践中一般是以有权鉴定机构出具的价格鉴定结论为依据认定,行为人可能承担比实际销售侵权产品更重刑罚的不利后果。

证据确认方面。一是由于知识产权犯罪案件间接证据较多,直接证据相对难取得,一旦相互之间存在矛盾,往往产生分歧意见。主要表现为:实践中,某些案件既有涉案财产价格鉴定结论,又有各犯罪嫌疑人对涉案物品价格的供述,还有账本、出入库清单等可能记载销售价格的销售记录,但是这些证据在反映销售价格上可能有所不同,甚至差别较大。在此种情况下,采信哪种证据,实践中的做法不一。二是标价和实际销售价格无法确定的,"非法经营数额"按照被侵权产品的市场中间价格计算。实践中,某些案件计算"市场中间价"时既有价格鉴定机构的鉴定结论,又有被害人出具的市场平均销售价格证明,此情况下是否必须采信有权鉴定机构的鉴定结论存在争议。应当以有利于被告为原则,在采信价格方面"就低不就高"。这样既有利于司法操作层面上的统一,也有利于提高诉讼效率。[参见邱志英、吕晓华:《侵犯知识产权犯罪数额探析》,载《刑事审判参考》(实务探讨)总第82集(2011年第5集),第113~123页。]

▽侵犯知识产权犯罪"损失数额"的认定

"损失数额"是假冒专利罪和侵犯商业秘密罪的认定标准。根据《追诉标准二》的规定,假冒专利罪使用了"直接经济损失"的术语,侵犯商业秘密罪中使用了"损失数额"和"重大损失"术语。知识产权的损失不同于可以直接计量的有形财产的减损,这种损失必须是可以明确计算的,能够为司法活动所证明,因而不应当包括间接损失。以侵犯商业秘密罪为例,对何谓"损失数额"和"重大损失"以及如何计算,司法实务界认定重大损失有两种基本模式:一是从行为人因侵权所获得的利益角度来认定重大损失。具体方法包括:以行为人因犯罪获得的利润认定;以行为人的销售收入减去权利人的成本认定;以第三人的销售收入乘以同行业的平均利润率认定;以行为人侵权产品的销售量乘以被侵权产品的平均销售利润认定;以行为人生产的产品价值认定。二是从商业秘密的价值角度来认定重大损失。具体方法包括:将商业秘密自身价值认定为重大损失;将商业秘密的形成成本认定为重大损失;将商业秘密的许可使用费认定为重大损失;按商业秘密的市场价格来认定重大损失。在现有的立法框架下,侵犯商业秘密的重大损失应采取以侵权行为人以商业秘密的价值为主、因侵权所获得的利益为辅的模式进行认定,具体方法包括:(1)侵权人已将不当获取的商业秘密自行投入产品生产或者销售的,根据其违法所得(侵权产品销售后的获利)或者非法经营数额(侵权产品的生产或者销售总量×权利人在被侵权前的平均销售所得)来认定重大损失。(2)侵权人将不当获取的商业秘密有偿转让给第三人使用的,无论第三人是否使用,根据侵权人和第三人达成的商业秘密转让价格或者许可使用价格,或者该商业秘密的正常市场转让价格或者许可使用费来认定重大损失。(3)侵权人仅不当获取权利人的商业秘密而未使用或者披露,或者虽然无偿向第三人披露,但第三人并未使用或者披露的,根据该商业秘密的正常市场转让价格或者许可使用费来认定重大损失。(4)侵权行为发生时,被侵犯的商业秘密尚没有正常的市场转让价格或者许可使用费,由专门的鉴定机构根据商业秘密自身的价值来认定重大损失。[参见邱志英、吕晓华:《侵犯知识产权犯罪数额探析》,载《刑事审判参考》(实务探讨)总第82集(2011年第5集),第113~123页。]

▽未列入权利人注册商标核定使用范围内的商品,不应当被认定为假冒注册商标罪中的同一种商品

商标,是指商品生产者或者经营者为了把自己销售的商品在市场上同其他商品生产者或者经营者的商品区分开来而使用的专用标志。而注册商标,是指经商标局核准注册的商标。在我国,商品生产者和经营者有权在商品上使用注册商标并享有注册商标的专用权,未经注册的商标,不受法律保护。因此,假冒注册商标犯罪是对他人的注册商标专用权和国家的商标管理制度的侵犯。同时,我国相关法律及规定对注册商标专用权的保护范围也有着明确的限定。例如,《商标法》第三十七条规定:"注册商标的专用权,以核准注册的商标和核定使用的商品为限。"《商标使用许可合同备案办法》第十一条第五项规定,许可使用的商品超出了该注册商标核定使用的商品范围的,商标局将对相关商标使用许可合同不予备案。假冒注册商标罪的社会危害性一方面在于,犯罪人未经注册商标权利人的许可便擅自在同种商品上附着或加贴注册商标后对外销售,通过这种"搭便车"的手段,犯罪人不但能降低自身经营成本,而且可以获取高额利润。另一方面的社会危害性在于,犯罪行为直接导致注册商标权利人在同种商品销售市场上本应获得的市场份额被非法大量挤占,造成巨额经济损失。由此而论,假冒注册商标体现为在同种商品市场份额争夺中所产生的不正当竞争行为。本案公诉机关所指控的犯罪数额包括假冒"思念"牌水饺、汤圆、羊肉片的货值金额。但一审人民法院注意到,公诉机关向法庭出示的商标注册证以及核准商标转让证明证实郑州思念食品有限公司系"思念"牌注册商标的所有权人,该注册商标核定使用商品的范围为:饺子、元宵、馄饨、包子、春卷、方便米饭、八宝饭、粽子、馒头、冰激淋。也就是说,行为人实际生产销售的商品包括:水饺、汤圆、羊肉片。毫无疑问,这三种商品都属于食品,属于食品类,但刑法相关条文规定的是"同一种商品",而并非"同一类商品"。《最高人民法院、最高人民检察院、公安部关于办理侵犯知识产权刑事案件适用法律若干问题的意见》(本附文以下简称《知产意见》)第五条的规定,名称相同的商品以及名称不同但指同一事物的商品,可以认定为"同一种商品"。"名称",是指在商标注册工作中对商品使用的名称,通常即《商标注册用商品和服务国际分类》中规定的商品名称。"名称不同但指同一事物的商品",是指在功能、用途、主要原料、消费对象、销售渠道等方面相同或者基本相同,相关公众一般认为是同一种事物的商品。在司法实践中,认定是否属于"同一种商品",应当在权利人注册商标核定使用的商品和行为人实际生产销售的商品之间进行比较。本案中,"水饺"与"饺子"仅一字之差,"水饺"体现出对"饺子"这种食品的烹饪方式,二者所指向的实际是同一种事物,应当认定为"同一种商品"。"汤圆"与"元宵"这两种食品在主要原料、功能、用途等方面基本是相同的,只是由于地域文化差异等因素而叫法不同,在社会公众看来,二者指向的实际也是同一种事物,也应当认定为"同一种商品"。而"羊肉片"这种商品并未被列入"思念"牌注册商标的商品核定使用范围,而"羊肉片"与"思念"牌注册商标核定使用范围内的商品相比较,不仅名称不同,而且在主要原料等方面也存在根本性的差异,社会公众不会认为"羊肉片"与核定使用范围内的任何一种商品指向的是同一种事物,当然不能认定为是"同一种商品",也就不会与权利人在同种商品领域产生竞争。可见,行为人虽然销售带有"思念"牌商标的"羊肉片",但这一行为尚未侵犯权利人的注册商标专用权以及我国的商标的管理制度。因而,公诉机关指控中所涉及的"羊肉片"的货值金额不应当计入犯罪数额。[参见第674号指导案例,孙国强等假冒注册商标案,载《刑事审判参考》总第78集(2011年第1集),第92~94页。撰稿:张鹏]

▽尚未附着或加贴假冒注册商标标识的产品将附着或加贴相关商标标识的,应当将产品价值计入非法经营数额

本案指控的数额不仅包括已经包装完毕并标有"思念"牌注册商标的箱装水饺,而且包括多达

6520千克并放置在白色编织袋内尚未包装、装箱的散装水饺,这部分散装水饺的货值金额占到了整个指控金额的一半还多。行为人及其辩护人的主要辩护意见就是这部分散装水饺将会以其他商标品牌装箱对外销售,而不是以“思念”牌注册商标装箱对外销售。但是,一审法院注意到,被告人及同案犯钱某某、周某的供述以及大量证人的证言能够相互印证,并证实在公安机关查获的制假窝点一般都是将大量购入的散装水饺装入白色编织袋存放,然后均是以“思念”牌水饺的外包装对外销售。《知产意见》第七条明文规定:“在计算制造、储存、运输和未销售的假冒注册商标侵权产品价值时,对于已经制作完成但尚未附着(含加贴)或者尚未全部附着(含加贴)假冒注册商标标识的产品,如果有确实、充分证据证明该产品将假冒他人注册商标,其价值计入非法经营数额。”根据该条规定,本案的散装水饺属于侵权产品。不过,要认定这些散装水饺属于侵权产品,不但要审查本案的言词证据,还应该结合本案物证的审查来予以认定。在本案中,公安机关从被告人的制假窝点内,不但起获了封口包装机、电子秤等作案工具,更为重要的是起获了数万个标有“思念”牌注册商标的水饺外包装袋及包装箱,这些物证强有力地印证了之前的言词证据,驳斥了被告人的辩解。因此,一审法院在证据确实、充分的前提下,将散装水饺认定为侵权产品,并将散装水饺的价值计入非法经营数额,这一认定准确地反映了被告人等人的犯罪行为所实际产生的社会危害性,做到了“不枉不纵”。在判定是否将尚未附着或加贴假冒注册商标标识的产品价值计入非法经营数额时,之所以要强调对物证的审查,从物证与言词证据相互印证的角度来确认相关事实是否已经达到了证据确实、充分的标准,是因为言词证据相对于物证而言,具有不稳定性、易变性。而假冒注册商标犯罪的特点,也决定了公安机关在抓获涉案被告人的同时,往往能起获大量制假工具、商标标识、外包装等重要物证。因此,法院在审理此类案件时,应当特别注意审查公安机关收集相关物证时所制作的起获经过、搜查笔录、清点记录、检查笔录、照片、录像,一方面是审查所起获物证的真实性以及与本案的关联性,另一方面则是审查公安机关取证过程的合法性。[参见第674号指导案例,孙国强等假冒注册商标案,载《刑事审判参考》总第78集(2011年第1集),第94～95页。撰稿:张鹏]

▽对假冒注册商标罪“同一种商品”的认定

刑法的规定,只有在同一种商品上非法使用与他人的注册商标相同的商标,才可能构成假冒注册商标罪。如何判断“同一种商品”,成为认定假冒注册商标罪的关键环节之一。根据《商标法》的规定,所谓同一种商品,是指按照商品分类表的规定,属于同一商品类别和同一商品名称的商品。判断待认定商品与参照商品是否属于同一种商品应采用国家法定商品分类表,也就是以尼斯协定分类法为标准,即以我国加入尼斯协定后通用的《商标注册用商品和服务国际分类表》为标准。因为我国从1988年11月1日起已实行商标注册用商品国际分类法,即尼斯协定分类法。该分类法是世界知识产权尼斯联盟(我国已于1994年8月9日成为尼斯联盟的成员国)确定的,它将所有注册商标用商品分为34类,服务项目分为8类,共计42类。每一类商品下分别列出了不同种的商品,类下有目,只要是处于同一种目的商品,无论其类型、重量、规格、型号如何,均为“同一种商品”。如果行为人在他人注册商标核定使用的商品上使用与其注册商标相同的商标,就可能构成假冒注册商标罪。需要注意的是,2011年1月10日《知产意见》第五条规定:“名称相同的商品以及名称不同但指向一事务的商品,可以认定为‘同一种商品’,‘名称’是指在商标注册工作中对商品使用的名称,通常即《商标注册用商品和服务国际分类表》中规定的商品名称。‘名称不同但指同一事务的商品’是指在功能、用途、主要原料、消费对象、销售渠道等方面相同或者基本相同,相关公众一般认为是同一种事物的商品。”司法解释在此采用了形式判断和实质判断相结合的方法,即名称相同的商品自然是“同一种商品”,如果名称虽然不同,但实质上是同一种商品的,也应当认定为“同一种商品”。根据刑法的规定,只有在同一种商品上使用与其注册商标相同的商标,才可能构成假冒注册商标罪。侵犯驰名商标专用权的“淡化行为”,如果情节严重的,能否以假冒注册商标罪处理。所谓对驰名商标的淡化行为,是指未经驰名商标权利人许可,将与驰名商标相同或相似的文字、图形及其组合在其他不相同或者不类似的商品或者服务上使用的行为。就一般商标而言,他人将其用于不同的商品或者服务,一般不会造成消费者的混淆从而侵犯商标权利人的利特征,根据罪刑法定原则,不能以假冒注册商标罪处理。在现行的法律条件下,对驰名商标的淡化行为不能以假冒注册商标罪处理,只能以商标民事侵权处理。因为我国刑法明确规定构成假冒注册商标罪必须是在同一种商品上使用与其注册商标相同的商标,刑法对驰名商标和一般商标均一视同仁,并没有对驰名商标作出特殊性的保护规定,在不同的商品上使用与注册驰名商标相同的商标构成假冒注册商标罪,根据罪刑法定原则,只能认定这种行为不构成犯罪。而且,商标民事侵权和商标犯罪除了危害程度上的差别以外,还存在类型化的差别。即商标犯罪作为一种法定犯,立法者并不是把所有类型的商标侵权行为都予以犯罪化,而只是将其中立法者认为社会危害性和主观恶性确实较大的部分行为类型犯罪化,对于其他行为类型,不管实际造成的社会危害有多大,均不能作为犯罪处理。故对驰名商标的淡化行为的刑事制裁,只能通过立法解决,由立法机关通过修改刑法予以犯罪化规定,在现有条件下,不能以假冒注册商标罪处理。[参见肖晚祥、孙争鸣:《关于假冒注册商标罪、假冒专利罪、侵犯著作权罪司法认定问题的研究》,载《刑事审判参考》(实务探讨)总第78集(2011年第1集),第166~169页。]

▽对假冒注册商标罪"相同的商标"的认定

2004年12月《最高人民法院、最高人民检察院关于办理侵犯知识产权刑事案件具体应用法律若干问题的解释》第八条第一款规定:"刑法第二百一十三条规定的相同的商标,是指与被假冒的注册商标完全相同,或者与被假冒的注册商标在视觉上基本无差别,足以对公众产生误导的商标。"2011年1月10日《知产意见》第六条规定:"具有下列情形之一的,可认定为'与其注册商标相同的商标':(一)改变注册商标的字体、字母大小写或者文字横竖排列,与注册商标之间仅有细微差别的;(二)改变注册商标的文字、字母、数字等之间的间距,不影响体现注册商标显著特征的;(三)改变注册商标颜色的;(四)其他与注册商标在视觉上基本无差别、足以对公众产生误导的商标。"司法解释事实上是对刑法条文进行了相对灵活的解释,如果要求假冒注册商标罪中的两个商标必须是完全相同的商标,不能有任何的差别,就会严重影响该罪名的适用。因为在许多情况下,假冒者一般不可能假冒百分之百相同的商标,总会略作改动。所以,"两高"从打击犯罪的需要出发,对刑法条文进行一定的扩张解释,是合理的,也是必要的。按照解释的规定,所谓"相同的商标",实际上包括两种情况,即"完全相同"的商标和"基本相同"的商标。完全相同的商标容易理解与界定如何界定"基本相同"的商标,其与"相似"的商标有何区别,是司法实务中的一个难点。合理界定"基本相同"的商标,应当从注册商标的功能作用以及刑法设立假冒注册商标罪的基本目的出发。使用注册商标的目的一方面在于帮助生产者、销售者宣传商品、维护商品的声誉,另一方面在于使消费者根据自己的需要选购不同品牌的商品。刑法设置假冒注册商标罪的目的在于惩治严重侵犯注册商标专用权的行为。因此,对于"基本相同"的商标的理解,应当把握两个方面:一方面,要注意实现刑法保护商标专用权和消费者合法权益的目的;另一方面,也要控制刑法调整的范围,给民法调整商标侵权留下空间。按照解释的规定,所谓"基本相同"的商标,是指与被假冒的注册商标在视觉上基本无差别,足以对公众产生误导的商标。这里需要把握好以下几个关节点:(一)评判主体。以相关公众作为判断商标是否相同的主体,是国际上的通行做法,"两高"的司法解释也作了同样规定。之所以如此,是因为作为相关公众的构成者的消费者的判断以及基于其判断的消费决策,对于注册商标所有人的经济利益形成有最直接根本的影响。注册商标制度的宗旨就是保护商标所有人的品牌在消费者中的信誉度和认可度。关于相关公众的范围,按照保护工业产权巴黎联盟和世界知识产权组织大会1999年9月通过的《关于驰名商标保护规定的联合建议》的规定,至少应包括:(1)使用该商标的那些商品或服务的实际和潜在顾客;(2)使用该商标的那些商品或服务的销售渠道中所涉及的人员;(3)经营使用该商标的那些商品或服务的商业界。如果有相当的公众认定两种商标相同的,就应当认定是“相同的商标”。至于相当数量究竟应占相关公众的多大比例,各国规定并不一致。外国的规定可以作为我们判断的一个参考,但我们没有必要硬性规定一个明确的比例;否则,只能增加司法认定的难度,增加追诉犯罪的成本。(二)评判方法。对于“基本相同”是否足以造成误认的具体判断方法,可以结合以下五个方面进行:一是以普通消费者的知识经验为标准。二是以普通消费者的普通注意为标准。作为一个普通消费者,其购买商品时,对于商标的观察一般情况下不会施加特别的注意力,只会施加一般的注意力。对于某一个商标,如果消费者施加特别的注意力,也许可以发现其和另外一个商标的不同之处,但一般消费者在购买商品时不会这么做。如果其只是施加普通的注意力,则可能将两个不完全相同的商标认定为相同的商标,则在这种情况下,就应当认定两个商标是“相同的商标”。(三)以隔离观察为标准。所谓隔离观察,是指将两个商标分别观察而非放在一起对比观察。因为就普通消费者而言,其购买商品时一般不会随身带着某一个其需要购买的商品的商标与欲购买的商品的商标进行对比,而是凭借其先前对某一个商标的记忆和印象与欲购买商品的商标进行大致的对比,这种对比只是一种大致的比较,而不是一种精确的比较。故对于是否相同的商标的观察方法,也应当是隔离观察法而不是对比观察法。即使将两个商标放在一起进行对比,消费者能够看出其不同之处,但如果分别放置进行观察,消费者不能作出区别的,就应当认定为“相同的商标”。四是以整体观察为标准。所谓整体观察,是指将两个商标视为一个整体进行观察,而不是将商标的各个组成要素分别进行观察。商标虽然是由文字或者图形的各个要素组成的,但消费者在购买商品时,记忆中或许会留下商标的某一个组成要素,但主要的是留下该商标的整体印象。如果两个商标在某个组成要素上存在差别,但作为一个整体足以使消费者误认为是相同的商标的,就应当认定为“相同的商标”。五是以商标主要部分观察为标准。有些商标存在主要部分和次要部分,如果商标的主要部分相同,只是在次要部分有一些细微差别,一般情况下消费者不会注意,从而容易误认为是两个相同的商标,则应当认定两个商标相同。相反,如果两个商标次要部分相同,但主要部分存在显著差别,则一般情况下消费者不会发生误认,故不能认定为“相同的商标”。[参见肖晚祥、孙争鸣:《关于假冒注册商标罪、假冒专利罪、侵犯著作权罪司法认定问题的研究》,载《刑事审判参考》(实务探讨)总第78集(2011年第1集),第169~173页。]

▽对假冒注册商标罪“视觉上基本无差别”的认定

“视觉上基本无差别”的认定,关键在于“基本相同”和“近似”的区别问题,需要根据商标的不同组合特点进行具体分析。就文字商标而言,认定为“基本相同”的首要条件是两个商标的文字必须相同,文字不同的,即使在实践中确实会误导公众,也不得认定为两者基本相同,只能作为民事侵权处理,而不得作为犯罪处理。文字相同而字体不同的两个商标之间应当认定为两个商标基本相同,从而认定为相同的商标。因为就一般消费者而言,影响其判断的是文字的内容而不是文字的字体,文字内容相同而字体不同的,消费者一般很容易误认为相同的商标。就图形商标而言,对于两个图形商标之间基本相同与否的认定,图形的整体效果如何具有决定性的意义。如果图形整体结构只有细微差别,导致两个商标视觉效果相同,则两者视为基本相同。视觉效果相同是指直观的效果,而不是指经过两个商标之间仔细比较后的结论。就组合商标而言,如果图形为商标的显著部分且两个商标的图形完全相同,则文字部分只要近似,就可以认定两个商标基本相同。但如果两个商标的文字部分差别较大,则只能认为近似,而不能视为基本相同。在组合商标中无法区分显著部分和非显著部分的情况下,只要两个商标之间有任何一部分差别较大的,都不能认定为基本相同。[参见肖晚祥、孙争鸣:《关于假冒注册商标罪、假冒专利罪、侵犯著作权罪司法认定问题的研究》,载《刑事审判参考》(实务探讨)总第78集(2011年第1集),第173页。]

▽对假冒注册商标罪“使用”的认定

2004年12月《最高人民法院、最高人民检察院关于办理侵犯知识产权刑事案件具体应用法律若干问题的解释》第八条第二款规定："刑法第二百一十三条规定的'使用'，是指将注册商标或假冒的注册商标用于商品、商品包装或者容器以及产品说明书、商品交易文书，或者将注册商标或者假冒的注册商标用于广告宣传、展览以及其他商业活动的行为。"可见，司法解释对"使用"范围的界定是非常广泛的，只要行为人将注册商标用于商业活动，一般都可以界定为"使用"。对于常规的"使用"行为，一般不难界定。但是，对于一些非常规的行为，应认定是假冒注册商标罪中的"使用"行为：（一）将假冒商品与假冒注册商标进行非法组合的行为，属于假冒注册商标罪中的"使用"行为。如被告人从不同渠道分别购进盗版软件及假冒的微软公司的注册商标，然后将两者进行粘贴包装后冒充正版微软公司的软件出售，这种行为属于假冒注册商标罪中的"使用"行为。因为这种行为和单纯的销售假冒注册商标的商品行为不同，是将两个不同的物品（盗版软件和假冒的微软公司的注册商标）经过被告人的粘贴包装以后，组合成一个具有特定含义的新的产品进行销售，在被告人粘贴包装之前，盗版软件是否以微软公司的软件的名义销售到社会上是不确定的，正是因为被告人的粘贴包装行为，侵犯了微软公司的注册商标专用权，故被告人的行为属于假冒注册商标罪中的非法使用他人注册商标的行为。同时应当明确，被告人销售微软公司盗版软件的行为在构成假冒注册商标罪的同时，也构成销售侵权复制品罪，属于想象竞合犯，应当从一重罪即以假冒注册商标罪处罚。值得注意的是，在司法实务中经常会碰到这样的情况，行为人从他人处购入相关商品时，非法制作的注册商标标识与上述商品就是已经配套的，而不是行为人自行制作或者另行购入的，在这种情况下，行为人为了完成假冒注册商标商品的销售行为，必然将注册商标标识粘贴于相关商品上。就其主观故意而言，其仅是从商品的流通环节销售牟利；就商标权人的商标专用权而言，在行为人实施粘贴行为甚至从上家购买行为之前，其商标专用权的被假冒和侵犯就已经是被确定的，故应当认定行为人的上家，即生产者是假冒注册商标罪的实施者，而行为人的行为构成销售假冒注册商标的商品罪。（二）擅自贴牌行为属于假冒注册商标罪中的"使用"。被告人则是未经注册商标所有权人许可，擅自将其未包装产品以其注册商标进行包装并且销售，也即所谓擅自贴牌并销售的行为。对这种擅自贴牌的行为，是属于假冒注册商标罪中的"使用"行为。应当从实质意义上来理解假冒注册商标罪。注册商标的意义在于品牌确认，从而实现其品牌价值。一个成熟的产品，尤其是一个得到一定消费者认可、具有一定市场占有率的产品，其本身就具有一定的品牌价值。尤其是驰名商标，其品牌的价值更是巨大，甚至高达几百上千亿美元。这种商标的品牌价值只能由注册商标的所有人实现和拥有，其他人假冒注册商标所有人去实现，就是一种非法行使注册商标专用权的行为。而假冒注册商标罪所侵犯的客体，就是注册商标所有人对注册商标的专用权，故行为人擅自贴牌的行为，从实质意义上来说，构成假冒注册商标罪。［参见肖晚祥、孙争鸣：《关于假冒注册商标罪、假冒专利罪、侵犯著作权罪司法认定问题的研究》，载《刑事审判参考》（实务探讨）总第78集（2011年第1集），第173～177页。］

▽假冒注册商标罪与生产、销售伪劣产品罪构成牵连犯，应当从一重罪处罚

在司法实务中，如果行为人生产的产品既假冒了他人的注册商标，产品又属于伪劣产品，行为人的行为既构成假冒注册商标罪又构成生产、销售伪劣产品罪，成立牵连犯。首先，在这种情况下，实际上存在两个相对独立的行为，即生产、销售伪劣产品的行为和假冒注册商标的行为。因为在一般情况下，造假者生产、销售伪劣产品且不以假冒他人的注册商标为必要要件，行为人生产了伪劣产品以后，完全可以不假冒他人的注册商标即可销售，故假冒他人注册商标的行为不是生产、销售伪劣产品罪的要件行为，从而具有独立的刑法评价的意义。同样，假冒他人注册商标也不必然需要生产、销售伪劣产品，假冒不伪劣的情况是经常存在的，故生产、销售伪劣产品的行为也不是假冒注册商标罪的要件行为，从而具有独立的刑法评价的意义。既然如此，如果行为人既生产了伪劣产品，又假冒他人注册商标将伪劣产品进行销售，则行为人实施了生产、销售伪劣产品罪和假冒注册商标罪两个不同的行为。在这种情况下，可以排除想象竞合犯存在的余地，因为想象竞合犯成立的前提条件是只存在一个危害行为，凡是存在两个危害行为的,就不可能是想象竞合犯。其次,这两个行为之间存在刑法上的牵连关系。所谓牵连关系,是指行为人实施的数个危害行为之间具有手段与目的或者原因与结果的内在联系,并相互依存形成为一个有机的联系整体。这是牵连犯的本质特征。具体而言,生产、销售伪劣产品行为是目的行为,直接体现犯罪目的;而假冒注册商标行为是手段行为,是为了使伪劣产品的销售顺利实施或者谋取更大的非法利益而采取的手段,两者受一个共同的犯罪动机支配,即牟取暴利。至于认为假冒注册商标罪和生产、销售伪劣产品罪之间是法条竞合的观点,是机械地、望文生义地理解了生产、销售伪劣产品罪的法条用语,想当然地认为既然是"假冒"的,就必然是"伪劣"的。我们对法律用语的理解,在许多情况下必须从规范意义上而不是通俗意义上进行。生产、销售伪劣产品罪中的"伪劣"二字,应当作为一个整体来理解,而不能分割理解。凡是"伪"的,必须同时是"劣"的,才能构成生产、销售伪劣产品罪;如果只伪不劣,则不构成生产、销售伪劣产品罪。具体而言,按照刑法第一百四十条和"两高"《关于办理生产、销售伪劣商品刑事案件具体应用法律若干问题的解释》的规定,所谓的伪劣产品,具体包括四种情况:一是掺杂、掺假产品,即产品中掺入杂质或者异物,致使产品质量不符合国家法律、法规或者产品明示质量标准规定的质量要求,降低、失去产品的应有使用性能。二是以假充真的产品,即以不具有某种使用性能的产品冒充具有该种使用性能的产品。三是以次充好的产品,即以低等级、低档次产品冒充高等级、高档次产品,或者以残次、废旧零配件组合、拼装后冒充正品或者新产品。四是不合格产品,即不符合《产品质量法》第二十六条第二款规定的质量要求的产品。假冒注册商标的商品,虽然是假冒产品,但并不必然符合上述四种伪劣产品的条件之一,从而属于伪劣产品,故假冒注册商标罪和生产、销售伪劣产品罪之间并不存在法条竞合关系。对于假冒注册商标罪和生产、销售伪劣产品罪之间的牵连犯,究竟是应当数罪并罚还是从一重罪处罚?按照《最高人民法院、最高人民检察院关于办理生产、销售伪劣商品刑事案件具体应用法律若干问题的解释》(本附文以下简称《伪劣商品刑事司法解释》)第十条"实施生产、销售伪劣商品犯罪,同时构成侵犯知识产权、非法经营等其他犯罪的,依照处罚较重的规定定罪处罚"的规定,对于假冒注册商标罪和生产、销售伪劣产品罪之间的牵连犯,应当从一重罪处罚。[参见肖晚祥、孙争鸣:《关于假冒注册商标罪、假冒专利罪、侵犯著作权罪司法认定问题的研究》,载《刑事审判参考》(实务探讨)总第78集(2011年第1集),第177~180页。]

▽犯罪对象系国家专营专卖物品,行为人既构成假冒注册商标罪又构成非法经营罪、非法制造注册商标标识罪的,三者之间存在牵连关系,应择一重罪处罚

烟草制品是法律规定的专营、专卖物品,任何人未经许可擅自从事生产、销售、进出口烟草制品的经营活动,首先属于扰乱我国市场管理秩序的违法行为,构成非法经营罪。如果被告人非法经营的是假烟,因我国法律规定烟草制品实施强制注册商标制度,故假冒他人注册商标是非法经营烟草制品构成非法经营罪的必备条件之一,被告人的行为同时又构成假冒注册商标罪。两罪之间存在牵连关系,其中假冒注册商标行为是手段行为,非法经营行为是目的行为,应当从一重罪处罚。被告人在未取得烟草制品经营许可证的情况下,擅自组织人员加工、包装品牌香烟,且在未经注册商标所有人许可的情况下,又生产了假冒品牌的香烟,情节严重,其行为已分别构成非法经营罪和假冒注册商标罪,按"从一重处断"原则比较两个罪名的轻重,若以非法经营罪处罚,因其非法经营的香烟5592条,属情节严重,依法应处5年以下有期徒刑;若以假冒注册商标罪处罚,因其非法经营额15.2万余元,且假冒两种以上品牌香烟,属情节特别严重,依法应处3年以上7年以下有期徒刑。显然,假冒注册商标罪较非法经营罪重,故对该节行为应以假冒注册商标罪处罚。根据我国《刑法》第二百一十五条的规定,伪造、擅自制造他人注册商标标识,情节严重的,构成非法制造注册商标标识罪。被告人非法制造注册商标标识的目的也是谋取非法利益,其采用的方式不外乎两种:一是将非法印制的注册商标标识出售给他人;二是自己在某种商品上使用。如果将非法印制的注册商标标识出售给他人,就构成非法制造、销售非法制造的注册商标标识罪;如果非法印制注册商标标识后供自己在某种商品上使用,其行为在构成非法制造注册商标标识罪的同时又构成假冒注册商标罪,其中非法制造注册商标标识是手段行为,假冒注册商标是目的行为,两个罪名同样存在手段和目的的牵连关系,也应“从一重处断”。被告人在明知烟用的“中华牌”商标标识系上海烟草(集团)公司的注册商标,且伪造该注册商标会严重侵犯上海烟草(集团)公司合法权益的情况下,为牟取不法利益,擅自购置设备并组织人员印制该商标标识200余万件,因其没有将伪造的注册商标标识用在自己的产品上,故不构成假冒注册商标罪,同时也不符合非法经营罪的特征,故只能以非法制造注册商标标识罪定罪处罚。[参见肖晚祥、孙争鸣:《关于假冒注册商标罪、假冒专利罪、侵犯著作权罪司法认定问题的研究》,载《刑事审判参考》(实务探讨)总第78集(2011年第1集),第180~183页。]

▽以被告人在电脑主机中记载的不同批次不同款式假冒注册商标的商品上标注价格认定“非法经营数额”

侦查机关扣押被告人的电脑中虽然没有其实际销售商品的价格记录,但被告人在将不同批次不同款式的假冒注册商标的商品照片放在不同价格名称的文件夹中的做法,基本反映出被告人主观上出售假冒注册商标的商品的出售价格。故以被告人的电脑主机中记载的不同批次不同款式假冒注册商标的商品上标注的平均价格认定非法经营数额,更符合本案实际。最高人民法院、最高人民检察院《关于办理侵犯知识产权刑事案件具体应用法律若干问题的解释》第十二条规定:“本解释所称‘非法经营数额’,是指行为人在实施侵犯知识产权行为过程中,制造、储存、运输、销售侵权产品的价值。已销售的侵权产品的价值,按照实际销售的价格计算。制造、储存、运输和未销售的侵权产品的价值,按照标价或者已经查清的侵权产品的实际销售平均价格计算。侵权产品没有标价或者无法查清其实际销售价格的,按照被侵权产品的市场中间价格计算。”根据上述规定,具体到本案,被告人在侦查机关供述其已销售的假冒注册商标商品的平均价格在147.54元。后经查实,被告人在电脑主机中记载的不同批次不同款式假冒注册商标的商品上标注的价格高于其供述的购买“白坯衫”加上其购买假冒注册商标标识的价格,该标注的平均价格与其供述基本能够相互印证。因此,以被告人在电脑主机中记载的不同批次不同款式假冒注册商标的商品上标注的价格认定“非法经营数额”,不仅与被告人的主观犯罪意图相符,而且符合司法解释的“按照标价计算”基本精神,克服了标价仅指吊牌价的片面认识,使判处的罚金数额更加符合客观实际,且遵循了罪刑法定原则,达到了法律效果与社会效果的有机统一。[参见第859号指导案例,被告人假冒注册商标案,载《刑事审判参考》总第92集(2013年第3集),第20~21页。撰稿:德格德　徐雷]

第二百一十四条　【销售假冒注册商标的商品罪】销售明知是假冒注册商标的商品,违法所得数额较大或者有其他严重情节的,处三年以下有期徒刑,并处或者单处罚金;违法所得数额巨大或者有其他特别严重情节的,处三年以上十年以下有期徒刑,并处罚金。(本条是根据《中华人民共和国刑法修正案(十一)》之十八修改,2021年3月1日起施行。)

刑法本条原文:【销售假冒注册商标的商品罪】销售明知是假冒注册商标的商品,销售金额数额较大的,处三年以下有期徒刑或者拘役,并处或者单处罚金;销售金额数额巨大的,处三年以上七年以下有期徒刑,并处罚金。

■最高人民法院、最高人民检察院关于办理侵犯知识产权刑事案件具体应用法律若干问题的解释(2004年12月22日)

第二条　销售明知是假冒注册商标的商品,销售金额在五万元以上的,属于刑法第二百一十四条规定的“数额较大”,应当以销售假冒注册商标的商品罪判处三年以下有期徒刑或者拘役,并处或者单处罚金。

销售金额在二十五万元以上的,属于刑法第二百一十四条规定的“数额巨大”,应当以销售假冒注册商标的商品罪判处三年以上七年以下有期徒刑,并处罚金。

第九条　刑法第二百一十四条规定的"销售金额",是指销售假冒注册商标的商品后所得和应得的全部违法收入。

具有下列情形之一的,应当认定为属于刑法第二百一十四条规定的"明知":

(一)知道自己销售的商品上的注册商标被涂改、调换或者覆盖的;

(二)因销售假冒注册商标的商品受到过行政处罚或者承担过民事责任、又销售同一种假冒注册商标的商品的;

(三)伪造、涂改商标注册人授权文件或者知道该文件被伪造、涂改的;

(四)其他知道或者应当知道是假冒注册商标的商品的情形。

第十五条　单位实施刑法第二百一十三条至第二百一十九条规定的行为,按照本解释规定的相应个人犯罪的定罪量刑标准的三倍定罪量刑。

第十六条　明知他人实施侵犯知识产权犯罪,而为其提供贷款、资金、账号、发票、证明、许可证件,或者提供生产、经营场所或者运输、储存、代理进出口等便利条件、帮助的,以侵犯知识产权犯罪的共犯论处。

第十七条　以前发布的有关侵犯知识产权犯罪的司法解释,与本解释相抵触的,自本解释施行后不再适用。

■最高人民法院、最高人民检察院、公安部、国家烟草专卖局关于办理假冒伪劣烟草制品等刑事案件适用法律问题座谈会纪要(2003年12月23日)

二、关于销售明知是假冒烟用注册商标的烟草制品行为中的"明知"问题

根据刑法第二百一十四条的规定,销售明知是假冒烟用注册商标的烟草制品,销售金额较大的,构成销售假冒注册商标的商品罪。

"明知",是指知道或应当知道。有下列情形之一的,可以认定为"明知":

1. 以明显低于市场价格进货的;

2. 以明显低于市场价格销售的;

3. 销售假冒烟用注册商标的烟草制品被发现后转移、销毁物证或者提供虚假证明、虚假情况的;

4. 其他可以认定为明知的情形。

四、关于共犯问题

知道或者应当知道他人实施本《纪要》第一条至第三条规定的犯罪行为,仍实施下列行为之一的,应认定为共犯,依法追究刑事责任:

1. 直接参与生产、销售假冒伪劣烟草制品或者销售假冒烟用注册商标的烟草制品或者直接参与非法经营烟草制品并在其中起主要作用的;

2. 提供房屋、场地、设备、车辆、贷款、资金、账号、发票、证明、技术等设施和条件,用于帮助生产、销售、储存、运输假冒伪劣烟草制品、非法经营烟草制品的;

3. 运输假冒伪劣烟草制品的。

上述人员中有检举他人犯罪经查证属实,或者提供重要线索,有立功表现的,可以从轻或减轻处罚;有重大立功表现的,可以减轻或者免除处罚。

五、国家机关工作人员参与实施本《纪要》第一条至第三条规定的犯罪行为的处罚问题

根据《最高人民法院、最高人民检察院关于办理生产、销售伪劣商品刑事案件具体应用法律若干问题的解释》的规定,国家机关工作人员参与实施本《纪要》第一条至第三条规定的犯罪行为的,从重处罚。

六、关于一罪与数罪问题

行为人的犯罪行为同时构成生产、销售伪劣产品罪、销售假冒注册商标的商品罪、非法经营罪等罪

的，依照处罚较重的规定定罪处罚。

十、关于鉴定问题

假冒伪劣烟草制品的鉴定工作，由国家烟草专卖行政主管部门授权的省级以上烟草产品质量监督检验机构，按照国家烟草专卖局制定的假冒伪劣卷烟鉴别检验管理办法和假冒伪劣卷烟鉴别检验规程等有关规定进行。

假冒伪劣烟草专用机械的鉴定由国家质量监督部门，或其委托的国家烟草质量监督检验中心，根据烟草行业的有关技术标准进行。

十一、关于烟草制品、卷烟的范围

本纪要所称烟草制品指卷烟、雪茄烟、烟丝、复烤烟叶、烟叶、卷烟纸、滤嘴棒、烟用丝束。

本纪要所称卷烟包括散支烟和成品烟。

■最高人民法院、最高人民检察院、公安部关于办理侵犯知识产权刑事案件适用法律若干问题的意见(2011年1月10日)

八、关于销售假冒注册商标的商品犯罪案件中尚未销售或者部分销售情形的定罪量刑问题

销售明知是假冒注册商标的商品，具有下列情形之一的，依照刑法第二百一十四条的规定，以销售假冒注册商标的商品罪(未遂)定罪处罚：

(一)假冒注册商标的商品尚未销售，货值金额在十五万元以上的；

(二)假冒注册商标的商品部分销售，已销售金额不满五万元，但与尚未销售的假冒注册商标的商品的货值金额合计在十五万元以上的。

假冒注册商标的商品尚未销售，货值金额分别达到十五万元以上不满二十五万元、二十五万元以上的，分别依照刑法第二百一十四条规定的各法定刑幅度定罪处罚。

销售金额和未销售货值金额分别达到不同的法定刑幅度或者均达到同一法定刑幅度的，在处罚较重的法定刑或者同一法定刑幅度内酌情从重处罚。

十四、关于多次实施侵犯知识产权行为累计计算数额问题

依照《最高人民法院、最高人民检察院关于办理侵犯知识产权刑事案件具体应用法律若干问题的解释》第十二条第二款的规定，多次实施侵犯知识产权行为，未经行政处理或者刑事处罚的，非法经营数额、违法所得数额或者销售金额累计计算。

二年内多次实施侵犯知识产权违法行为，未经行政处理，累计数额构成犯罪的，应当依法定罪处罚。实施侵犯知识产权犯罪行为的追诉期限，适用刑法的有关规定，不受前述二年的限制。

十五、关于为他人实施侵犯知识产权犯罪提供原材料、机械设备等行为的定性问题

明知他人实施侵犯知识产权犯罪，而为其提供生产、制造侵权产品的主要原材料、辅助材料、半成品、包装材料、机械设备、标签标识、生产技术、配方等帮助，或者提供互联网接入、服务器托管、网络存储空间、通讯传输通道、代收费、费用结算等服务的，以侵犯知识产权犯罪的共犯论处。

十六、关于侵犯知识产权犯罪竞合的处理问题

行为人实施侵犯知识产权犯罪，同时构成生产、销售伪劣商品犯罪的，依照侵犯知识产权犯罪与生产、销售伪劣商品犯罪中处罚较重的规定定罪处罚。

■最高人民法院、最高人民检察院关于办理非法生产、销售烟草专卖品等刑事案件具体应用法律若干问题的解释(2010年3月26日)

第一条(第三款) 销售明知是假冒他人注册商标的卷烟、雪茄烟等烟草专卖品，销售金额较大的，依照刑法第二百一十四条的规定，以销售假冒注册商标的商品罪定罪处罚。

第六条 明知他人实施本解释第一条所列犯罪，而为其提供贷款、资金、账号、发票、证明、许可证件，或者提供生产、经营场所、设备、运输、仓储、保管、邮寄、代理进出口等便利条件，或者提供生产技

术、卷烟配方的,应当按照共犯追究刑事责任。

第十条 以前发布的有关规定与本解释不一致的,以本解释为准。

▼安徽省常见经济犯罪数额标准一览表(2000—2014年)(见本书附录四十)

▼安徽省高级人民法院、安徽省人民检察院、安徽省公安厅、安徽省烟草专卖局关于办理违反烟草专卖管理刑事案件适用法律若干问题的意见(2004年7月26日)

四、关于销售假冒烟用注册商标的烟草制品行为适用法律问题

销售明知是假冒烟用注册商标的烟草制品(本附文以下简称销售假冒烟草制品),销售金额达到“数额较大”或者“数额巨大”的,分别依照刑法第二百一十四条规定的各量刑档次定罪处罚。

个人销售金额10万元以上不满100万元的属于“数额较大”,100万元以上属于“数额巨大”;单位销售金额50万元以上不满500万元的属于“数额较大”,500万元以上属于“数额巨大”。

销售假冒烟草制品的销售金额达不到“数额较大”或者“数额巨大”,但与尚未销售的假冒烟草制品的货值金额合计达到“数额较大”或者“数额巨大”的,以犯罪未遂论处。

有证据证明被查获的假冒烟草制品是准备销售的,且货值金额达到“数额较大”或者“数额巨大”的,以犯罪未遂论处。

刑法第二百一十四条规定的“明知”,是指知道或者应当知道。有下列情形之一的,可以认定为“明知”:

(1)以明显低于市场价格进货的;

(2)以明显低于市场价格销售的;

(3)销售假冒烟草制品被发现后转移、销毁物证或者提供虚假证明、虚假情况的;

(4)其他可以认定为明知的情形。

(本意见相关共性规定参见刑法第一百四十条后附文。)

●销售假冒注册商标的商品的认定及处理

办理侵犯注册商标类犯罪案件,应注意结合被告人销售假冒商品数量、扩散范围、非法获利数额及在上下游犯罪中的地位、作用等因素,综合判断犯罪行为的社会危害性,确保罪责刑相适应。在认定犯罪的主观明知时,不仅考虑被告人供述,还应综合考虑交易场所、交易时间、交易价格等客观行为,坚持主客观相一致。对侵害众多消费者利益的情形,可以建议相关社会组织或自行提起公益诉讼。[参见最高人民检察院第26批指导案例第98号,邓秋城、双善食品(厦门)有限公司等销售假冒注册商标的商品案,2021年2月4日发布]

●对未侵犯注册商标专用权案件的处理

在办理注册商标类犯罪的立案监督案件时,对符合商标法规定的正当合理使用情形而未侵犯注册商标专用权的,应依法监督公安机关撤销案件,以保护涉案企业合法权益。必要时可组织听证,增强办案透明度和监督公信力。(参见最高人民检察院第26批指导案例第99号,广州卡门实业有限公司涉嫌销售假冒注册商标的商品 立案监督案,2021年2月4日发布)

○侵权产品的“销售金额”的司法认定

在刑法分则第三章第七节规定的“侵犯知识产权罪”中,“销售金额”是销售假冒注册商标的商品罪唯一的定罪量刑标准,也是认定假冒注册商标、非法制造、销售非法制造的注册商标标识、假冒专利和侵犯著作权等犯罪“情节”是否严重或者特别严重的重要依据。刑法没有对生产、销售侵犯知识产权产品的“销售金额”认定方法做出明确规定,目前也没有相应的司法解释。但是,2001年4月9日最高人民法院和最高人民检察院联合发布的《关于办理生产、销售伪劣商品刑事案件具体应用法律若干问题的解释》,明确了生产、销售伪劣产品“销售金额”的认定方法,即“销售金额”,是指生产者、销售者出售伪劣产品后所得和应得的全部违法收入。这种认定方法应当同样适用于侵犯知识产权案件。因为无论是伪劣

产品还是侵犯知识产权的产品,都是广义上的伪劣产品。刑法在相关罪名中规定的“销售金额”的内涵应是一致的。侵权产品的“销售金额”应以违法生产、销售的侵犯知识产权产品的标价计算;没有标价的,按照同类合格产品的市场中间价格计算。“销售金额”难以确定的,按照国家计划委员会、最高人民法院、最高人民检察院、公安部1997年4月22日联合发布的《扣押、追缴、没收物品估价管理办法》的规定,委托指定的估价机构确定。[参见《刑事审判参考》总第25辑(2002年第2辑),法律出版社,第153页。]

▽行为人为了销售假冒注册商标的商品而实施的购买行为,应当视为已经着手实行犯罪

行为人为了销售假冒注册商标的商品而实施的购买行为,应当视为已经着手实行犯罪,而不是为了犯罪的准备工具、制造条件行为。首先,销售行为应作为一个持续的、完整的过程来加以理解,进货、定价、寻找买主、买卖双方之间交易均应视为销售行为通常的、必要的组成部分。其次,由买卖行为的对向性、密切关联性特点所决定,为了非法销售而实施的先行购买行为,是整个非法制售假冒注册商标的商品犯罪的重要环节。一旦实施,即将进行销售阶段,已经构成侵害法益的紧迫危险性,超出了预备犯的范畴。最后,实践中许多此类案件均是在购货之后尚未销售之时就被查获,认定为“已经着手”成立犯罪未遂更具合理性。如对此类行为以犯罪预备论处,实际上会导致不合理地缩小知识产权犯罪的打击面,不利于对知识产权的司法保护。综上,行为人为销售假冒注册商标的商品而实施的购买大量假冒注册商标的商品行为,应当视为已经着手实行销售,构成犯罪未遂,而不是犯罪预备。[参见第456号案例,杨永胜销售假冒注册商标的商品案,载《刑事审判参考》总第58辑(2007年第5辑),法律出版社,第13页。执笔:张竞模 李长坤]

▽销售假冒注册商标的商品未遂,货值金额达到一定标准的,应当定罪处罚

刑法本条规定“销售金额数额较大”的认定,《最高人民法院、最高人民检察院关于办理侵犯知识产权刑事案件具体应用法律若干问题的解释》(本附文以下简称《解释》)第二条规定为“销售金额在五万元以上”。对于查获了大量假冒注册商标的商品,但尚未销售的,属于犯罪未遂,货值金额达到一定标准的可以定罪处罚。主要理由是:第一,从理论上讲,在我国刑法中,故意犯罪均存在未遂的可能,无论是既遂还是未遂,均不属于区分罪与非罪的界限,只在处罚轻重上具有意义,因此处罚未遂并不违反刑法规定。销售假冒注册商标的商品罪属于数额犯,只有犯罪数额达到法定标准的才作为犯罪处理,这种犯罪数额的规定是以犯罪既遂为基准的,也即只有销售金额达到5万元的才构成犯罪,但这并不意味着排除对犯罪未遂的处罚。对于犯罪未遂,如果其未销售的货值金额达到一定标准的,其社会危害性已达到与既遂相当的程度,具有刑事处罚的合理性,应当作为犯罪处理。第二,从司法实践来看,由于此类犯罪行为的流动性、隐秘性,往往给犯罪证据的收集、固定带来困难。如行为人对侵权产品故意不标价,或者根本不设立账本,以致查不到销售记录。因此,假冒注册商标的商品一旦被销售出去,其数量、价格、去向等事实往往难以查实,导致无法追究其刑事责任。而且,实践中许多此类案件均是在尚未销售或尚未售罄之时被查获,如果机械地一定要待假冒注册商标的商品被销售出去,再根据销售金额来认定是否构成犯罪,会造成放纵此类犯罪的不利后果,在相当程度上导致该法条的虚置。第三,处罚此类犯罪的未遂已有其他司法解释规定的标准可以参考。《最高人民法院、最高人民检察院关于办理生产、销售伪劣商品刑事案件具体应用法律若干问题的解释》第二条明确规定:伪劣产品尚未销售,货值金额达到刑法第一百四十条规定的销售金额3倍以上的,以生产、销售伪劣产品罪(未遂)定罪处罚。2003年《最高人民法院、最高人民检察院、公安部、国家烟草专卖局关于办理假冒伪劣烟草制品等刑事案件适用法律问题座谈会纪要》指出:伪劣烟草制品的销售金额不满5万元,但与尚未销售的伪劣烟草制品的货值金额合计达到15万元以上的,以生产、销售伪劣产品罪(未遂)定罪处罚。上述司法解释确立了此类犯罪处罚未遂的基本数额标准,即货值金额应达到法定既遂数额3倍以上,由于销售假冒注册商标罪与上述犯罪具有侵犯客体上的共通性和行为特征上的相似性,此标准也应当成为司法中对于销售假冒注册商标的商品未遂作为犯罪处理的参照标准。[参见第456号案例,杨永胜销售假冒注册商标的商品案,载《刑事审判参考》总第58辑(2007年第5辑),法律出版社,第13~15页。执笔:张竞模 李长坤]

▽销售假冒注册商标的商品未遂的,如果假冒注册商标的商品没有标价,也无法查清其实际销售价格,应当按照被侵权产品的市场中间价格计算

在销售未遂的情况下,应参照《解释》第十二条规定的计算非法经营数额的方法,对销售金额按照被侵权产品的市场中间价格计算。首先,《解释》第十二条规定:"本解释所称'非法经营数额',是指行为人在实施侵犯知识产权行为过程中,制造、储存、运输、销售侵权产品的价值。已销售的侵权产品的价值,按照实际销售的价格计算。制造、储存、运输和未销售的侵权产品的价值,按照标价或者已经查清的侵权产品的实际销售平均价格计算。侵权产品没有标价或者无法查清其实际销售价格的,按照被侵权产品的市场中间价格计算。"尽管销售假冒注册商标的商品罪中仅有销售金额的规定,并没有涉及非法经营数额,但从非法经营数额与销售金额的内涵与外延来看,前者无疑可以包含后者,因此可以参照适用《解释》第十二条的规定。其次,在假冒注册商标的商品没有标价,也无法查清其实际销售价格的情况下,要确定侵权产品可能销售的价格,显然也是不现实的。如由价格鉴定机构来予以确定,无疑也只能是按照他人相同或相类似的假冒注册商标的商品可能销售的价格来加以鉴定,因为并非合法商品,这一做法显然缺乏合理性,也缺乏可操作性。对于《解释》第十二条中规定的"无法查清其实际销售价格",应是指无法查清行为人自身已经实际销售的侵权产品的价格,即使能查清其他案外人员销售过同一品牌同一型号的被侵权产品的,也不能按照该销售平均价格计算。因为,销售侵权产品的情况很复杂,一般情况下是低于真品的价格,但有时就是真品的价格,也不能完全排除高于真品的价格,如以案外人已经销售的侵权产品实际销售平均价格计算,有可能导致司法实践中实际销售价格标准的混乱,影响司法公正。综上分析,本案查获的假冒注册商标的商品没有标价,也无法查清其实际销售价格,法院按照被侵权产品的市场中间价格计算行为人所购买的假冒注册商标的商品的货值金额,以之作为犯罪数额是恰当的。[参见第456号案例,杨永胜销售假冒注册商标的商品案,载《刑事审判参考》总第58辑(2007年第5辑),法律出版社,第15~17页。执笔:张竞模 李长坤]

▽以销售为目的购进假冒注册商标的商品后还未进行销售就被查获的,可按照销售假冒注册商标的商品罪(未遂)追究刑事责任

以销售为目的购买假冒注册商标商品与以销售为目的购买伪劣产品一样,都是具有社会危害性的行为,这种危害程度达到情节严重的程度,就构成犯罪。如果因为购买假冒注册商标的商品者还未将该商品售出而对其不依法追究刑事责任,就很难有效遏制犯罪,对于购买伪劣产品尚未售出行为和购买假冒注册商标的商品尚未售出的行为,在适用法律上也难以平衡。这显然不是刑法设置销售假冒注册商标的商品罪的本意。从销售假冒注册商标的商品行为过程来看,其"销售"过程应当包括购进和销售该商品两个阶段,行为人无论是实施了全部两个阶段的行为,还是仅实施了其中一个阶段的行为,其性质都是已经着手实行犯罪。行为人以销售为目的购进货值金额巨大的假冒注册商标的商品,还未销售就被查获的,实际上就是由于行为人意志以外的原因(被查获)而未得逞,应当适用刑法第二十三条第一款关于犯罪未遂的规定,以销售假冒注册商标的商品罪(未遂)追究刑事责任。对于在行为人仓库、住所或其他藏匿地点查获的并非伪劣、但属假冒注册商标的商品,货值金额在十五万元以上的,只要有证据证实行为人是为了销售,即有销售目的,就可以按照销售假冒注册商标的商品罪(未遂)追究刑事责任。为了体现刑法第五条规定的罪刑相适应原则,在处理相关具体案件时应注意把握以下两点:一是销售金额数额"较大""巨大"的标准应掌握在货值金额达到销售金额三倍以上;二是对于未遂犯罪,一般应当根据刑法第二十三条第二款的规定,比照既遂犯从轻或者减轻处罚。[参见第131(128)号案例,朱某销售假冒注册商标的商品案,载《刑事审判参考》总第21辑(2001年第10辑),法律出版社,第8~10页。执笔:清国]

▽假冒注册商标商品的"货值金额"的计算方法

2001年4月9日最高人民法院和最高人民检察院发布的《关于办理生产、销售伪劣商品刑事案件具体应用法律若干问题的解释》(本附文以下简称《生产伪劣商品解释》)第二条第三款规定:"货值金额以违法生产、销售的伪劣产品的标价计算;没有标价的,按照同类合格产品的市场中间价格计算。货值金额难以确定的,按照国家计划委员会、最高人民法院、最高人民检察院、公安部1997年4月22日联合发布的《扣押、追缴、没收物品估价管理办法》的规定,委托指定的估价机构确定"。虽然这一规定是针对伪劣产品犯罪确定货值金额而言的,但这一规定实质上明确了假冒伪劣产品"货值金额"的计算方法,应适用于其他类似案件需要计算产品货值金额的情况,包括侵犯他人知识产权的犯罪行为。只要行为人生产、销售假冒他人知识产权的产品,无法查明其销售金额的,就应当依照这一规定对其销售金额或者货值金额依法认定。行为人购进假冒"中华"牌卷烟后,还没有销售就被查获,没有实际销售价格,参照司法解释的规定,应以其标价或者同类产品的市场中间价格计算其货值金额,或者委托指定的估价机构确定其货值金额。由于《生产伪劣商品解释》第二条第三款规定了货值金额的三种计算方法是递进性关系,即只能在前种计算方法没有适用条件的情况下,才能适用后种计算方法。[参见第131(128)号案例,朱某销售假冒注册商标的商品案,载《刑事审判参考》总第21辑(2001年第10辑),法律出版社,第10~11页。执笔:清国]

▽假冒伪劣产品的待销价格,就是司法解释中规定的"标价"

假冒伪劣产品的待销价格,就是司法解释中规定的"标价"。虽然待销价格是假冒伪劣产品的生产者、销售者所确定的,生产者、销售者本人的供述和辩解能够直接反映他们确定的待销价格,但他们在刑事诉讼中的地位决定了其供述和辩解带有两种可能性:既可能是真实的,也可能是虚假的。因此,不能仅根据被告人的供述和辩解认定将直接影响定罪量刑的待销价格。当行为人供述的待销价格与同类产品的市场中间价格出现较大差异时,必须结合案件中的其他证据综合判定。行为人销售假冒"中华"牌卷烟的"标价",仅有行为人的供述和辩解。根据刑事诉讼法第四十六条规定的口供运用原则,仅有的行为人关于"标价"的口供不能作为定案的依据。同时,从行为人销售假冒注册商标的商品的目的来看,其以每包4元的价格销售,难以实现其营利目的,甚至会亏本。因此,行为人供述和辩解的待销价格明显与事实不符,是不真实的。故结合全案的实际情况,对行为人的这一供述和辩解,法院不予采纳,按照"中华"牌卷烟的市场中间价格计算其货值金额是正确的。处理此类案件,无论是行为人口头说明或者提供价格标签等证据证明其涉案产品的待销价格,都存在需要判别该待销价格真伪的问题,而判别的一个重要标准就是行为人提出的待销价格能否与其营利目的一致。在司法实践中,有一些生产、销售假冒伪劣产品的犯罪分子为规避法律,逃脱制裁,在其销售假冒伪劣产品被查获后,提供了证实其"标价"的证据,但这种"标价"明显偏低,甚至低于假冒伪劣产品的生产成本,而其实际销售价格又难以查明。对于此种情况,不应仅以其"标价"来计算销售金额或者货值金额,而应以同类产品的市场中间价格或者委托指定的估价机构确定其涉案产品真正的销售金额或者货值金额。[参见第131(128)号案例,朱某销售假冒注册商标的商品案,载《刑事审判参考》总第21辑(2001年第10辑),法律出版社,第11~12页。执笔:清国]

▽销售假冒注册商标产品的,应按产品质量是否合格定性

生产、销售伪劣产品的违法犯罪行为往往与假冒注册商标、销售假冒注册商标的商品违法犯罪行为交织在一起。犯罪分子为了能够顺利地销售伪劣产品,往往冒用名牌产品的注册商标;而假冒商标,或者销售假冒注册商标的商品,往往也是将自己生产的低等级、低档次产品冒充高等级、高档次产品,其实质为"以次充好"的行为。因此,销售假冒注册商标的产品的行为,既可能构成销售伪劣产品罪,也可能构成销售假冒注册商标的商品罪,还可能同时构成销售伪劣产品罪和销售假冒注册商标的商品罪。但是,销售伪劣产品罪与销售假冒注册商标的商品罪的犯罪构成是有区别的,销售伪劣产品罪的

犯罪对象只能是伪劣产品。伪劣产品有广义和狭义之分。广义的伪劣产品包括假冒他人品牌但本身质量合格的产品,即所谓"假冒不伪劣"的产品。狭义的伪劣产品仅指刑法第一百四十条规定的"在产品中掺杂、掺假,以假充真,以次充好或者以不合格冒充合格的产品"。根据最高人民法院、最高人民检察院《关于办理生产、销售伪劣商品刑事案件具体应用法律若干问题的解释》(本附文以下简称《解释》)第一条规定,生产、销售伪劣产品罪的犯罪对象不包括只是"假"但不"劣"的产品。就假冒注册商标的商品而言,存在两种情况:其一,假冒商标,同时,商品本身质量未达到同类产品最低质量标准,属于不合格的产品;其二,假冒商标,但商品本身质量达到同类合格产品的最低质量标准,属于合格的产品。销售假冒注册商标的产品的行为具体构成何罪,关键在于所销售商品的质量是否合格:销售质量合格的假冒注册商标的商品,应当以销售假冒注册商标的商品罪定罪处罚;销售质量不合格的假冒注册商标的商品,则应按法条竞合情况下"择一重处"的处罚原则选择销售假冒注册商标的商品罪或者销售伪劣产品罪定罪处罚。为准确适用刑法和《解释》,严惩假冒伪劣商品犯罪,不放纵和轻纵犯罪分子,对于假冒伪劣犯罪案件中所涉产品是否属于伪劣产品,应当进行鉴定。最高人民法院2001年5月21日下发的《关于审理生产、销售伪劣商品刑事案件有关鉴定问题的通知》明确规定:"一、对于提起公诉的生产、销售伪劣产品、假冒商标、非法经营等严重破坏社会主义市场经济秩序的犯罪案件,所涉生产、销售的产品是否属于'以假充真''以次充好''以不合格产品冒充合格产品'难以确定的,应当根据《解释》第一条第五款的规定,由公诉机关委托法律、行政法规规定的产品质量检验机构进行鉴定。二、根据《解释》第三条和第四条的规定,人民法院受理的生产、销售假药犯罪案件和生产、销售不符合卫生标准的食品犯罪案件,均需有'省级以上药品监督管理部门设置或者确定的药品检验机构'和'省级以上卫生行政部门确定的机构'出具的鉴定结论。三、经鉴定确系伪劣商品,行为人的行为既构成生产、销售伪劣产品罪,又构成生产、销售假药罪或者生产、销售不符合卫生标准的食品罪,或者同时构成侵犯知识产权、非法经营等其他犯罪的,根据刑法第一百四十九条第二款和《解释》第十条的规定,应当依照处罚较重的规定定罪处罚。"行为人为了牟取非法利益,大量销售假冒的"红塔山""中华""三五""万宝路""北京""红河"等商标的劣质卷烟,销售金额数额特别巨大,既严重侵犯了他人的注册商标专用权和国家的商标管理制度,又侵犯了国家的产品质量管理制度和消费者的合法权益。其行为同时触犯了《刑法》第一百四十条和《刑法》第二百一十四条的规定,既构成销售伪劣产品罪,又构成了销售假冒注册商标的商品罪,属于法条竞合犯的情形。行为人的行为应以较重犯罪的处罚条款定罪量刑,即以销售伪劣产品罪对行为人定罪处罚。[参见第118(115)号案例,陈建明等销售伪劣产品案,载《刑事审判参考》总第19辑(2001年第8辑),法律出版社,第4~7页。执笔:朱平　郭彦东]

▽被雇佣人在雇佣人指使下实施的故意犯罪,依法构成共犯

生产、销售伪劣产品罪是选择性罪名,只要行为人以销售为目的,实施了生产或者销售行为之一的即可构成犯罪。行为人没有生产伪劣卷烟,亦没有实施联系货源、寻找买家、商议价格、收取货款等销售伪劣卷烟的行为,仅是受雇人运输假烟,以收取运费。对于这种雇佣关系,在民事法律关系中,被雇佣人在雇佣人的命令和指挥下的行为的法律后果通常由雇佣人承担,在民法理论上这被认为是替代责任,即民事责任具有可替代性。但在刑事法律关系中,由于犯罪行为被认为是对国家和社会利益的侵犯,只要行为人具有主观故意和客观侵害行为,其刑事责任就不能被排斥。也就是说,被雇佣人在雇佣人的指使下实行的故意犯罪行为依法不具有刑事免责性,除非被雇佣人不明知其行为的违法性,即系在认识错误的情况下实施的行为,因不具备犯罪故意而不构成犯罪。[参见第118(115)号案例,陈建明等销售伪劣产品案,载《刑事审判参考》总第19辑(2001年第8辑),法律出版社,第4~7页。执笔:朱平　郭彦东]

▽销售假冒注册商标的商品金额数额较大,是构成销售假冒注册商标的商品罪定罪量刑的数额标准

将"销售金额数额"是否较大,作为区分销售假冒注册商标的商品罪与一般商标侵权行为的界限。

只要销售假冒注册商标的商品的金额数额较大，无论其有无违法所得以及违法所得大小，都应依照刑法追究其刑事责任。对于销售金额数额较小，不作为犯罪处理的，可以由工商行政管理部门予以罚款。本罪"销售金额数额较大"的标准，刑法、有关司法解释均未作出具体规定，实践中，可以参照刑法第一百四十条生产、销售伪劣产品销售金额5万元以上的追究刑事责任的数额标准认定。由于本罪侵犯的客体不仅是损害了消费者的合法权益，还同时侵犯了他人的注册商标专用权和国家的商标管理制度。同样销售金额数额较大的行为，社会危害性相对更大一些。因此，根据具体案件情况，构成销售假冒注册商标的商品罪的金额标准，也可适当低于5万元。［参见第57号案例，戴恩销售假冒注册商标的商品案，载《刑事审判参考》总第8辑（2000年第3辑），法律出版社，第9～11页。审编：高憬宏］

▽假冒注册商标的商品尚未销售的，只能认定货值金额，不能认定销售金额

根据刑法本条的规定，销售假冒注册商标的商品罪是指明知是假冒注册商标的商品而销售，销售数额较大的行为。由于销售金额能从量上直观反映行为人实施销售假冒注册商标商品行为的社会危害性和主观恶性，因此刑法将销售金额作为销售假冒注册商标的商品罪的唯一定罪处罚标准。根据2004年《最高人民法院、最高人民检察院关于办理侵犯知识产权刑事案件具体应用法律若干问题的解释》（以下简称《解释》）第九条的规定，销售假冒注册商标的商品罪的销售金额是指"销售假冒注册商标的商品后所得和应得的全部违法收入"。这里的"所得违法收入"通常是指行为人在销售假冒注册商标的商品后，已经从买方实际得到的收入；而"应得违法收入"是指行为人由于某种原因虽没有实际取得收入，但根据合同或事先的约定，买方应该支付给行为人的产品价款，即虽已售出但未实际收回货款的情形。由于其属于确定的可期待收益，故亦应将其纳入销售金额一并计算。对于销售数额的性质，即其究竟是属于犯罪构成要件还是属于犯罪既遂要件。《最高人民法院、最高人民检察院关于办理生产、销售伪劣商品刑事案件具体应用法律若干问题的解释》第二条规定，"伪劣产品尚未销售，货值金额达到刑法第一百四十条规定的销售金额三倍以上的，以生产、销售伪劣产品罪（未遂）定罪处罚"。这一规定既不同于犯罪构成要件论，也不同于犯罪既遂要件论，而是在犯罪既遂要件论的基础上，从提高构罪金额的角度对未遂的处罚范围加以限定。按照刑法理论上的通说，我国刑法分则条文中具体犯罪的犯罪构成是按犯罪既遂模式进行设计的。刑法分则规定的各种犯罪构成及其刑事责任，都是以犯罪既遂为标准的。一个人的行为，如果符合刑法分则所规定的某种犯罪构成的全部要件，就表明这个人构成了某种犯罪的既遂。因此，应将销售金额定位为犯罪既遂要件之一，同时基于防止打击面过宽的考虑，应严格把握处罚未遂的范围。虽然根据刑法总则规定，犯罪未遂的应当给予刑罚处罚，但实际上，为了保证刑罚处罚范围的合理，在实务立场上，结合具体犯罪社会危害程度的不同，对于许多非严重犯罪未遂犯的处罚均进行了处罚条件的限制。如1996年《最高人民法院关于审理诈骗案件具体应用法律的若干问题的解释》（该解释已依据最高人民法院法释〔2013〕2号废止）和1998年《最高人民法院关于审理盗窃案件具体应用法律的若干问题的解释》中都明确，诈骗、盗窃未遂，只有情节严重才定罪处罚。从上述《最高人民法院关于办理生产、销售伪劣商品刑事案件具体应用法律若干问题的解释》第二条的规定可以看出，该规定也继续秉承了对于非严重犯罪只处罚情节严重未遂的立场。本案中，由于被扣押的25辆"陆嘉"牌摩托车均尚未销售，没有实际的销售金额，又由于它既不属于被告人刘某销售后实际所得的收入，也不属于刘某应得的可期待收益，而只是这25辆摩托车的价值，因此应将刘某尚未销售就被公安机关扣押的25辆"陆嘉"牌摩托车的价值金额70 650元认定为"货值金额"。［参见第576号指导案例，刘某销售假冒注册商标的商品案，载《刑事审判参考》总第70集（2009年第5集），第12～14页。撰稿：江瑾　郭旭平］

▽销售假冒注册商标的商品罪处罚未遂的基本数额标准应当是货值金额达到销售数额的3倍以上，即15万元以上

对于查获的尚未销售的假冒注册商标的商品，由于假冒的注册商标商品尚未销售，因此不存在销售金额,应当有条件地处罚销售假冒注册商标的商品罪的未遂犯,对于行为人通过购买或其他方式获得假冒注册商标的商品,尚未来得及销售,货值金额达到一定标准的,可以按照销售假冒注册商标的商品罪(未遂)定罪处罚。理由是:在司法实践中,从抓获的侵犯知识产权犯罪情况看,大多数案件很难查明实际销售金额,而查获的侵权产品大多还处于待销状态,如果对这种情况均不予处罚,显然不利于惩治此类犯罪,有违刑法设置本罪的初衷;而且,所查获的尚未销售的侵权产品的数量、货值金额,也能直接反映行为人实施侵犯他人知识产权行为的危害程度,对于其中数量较多或者货值金额较大的,其社会危害不小于那些达到法定销售金额标准的情况,以侵犯知识产权犯罪定罪处罚具有实质合理性。但需要指出的是,对于尚未销售的商品而言,由于其毕竟尚未销售,因此只有当这类行为的社会危害性已达到与既遂相当的程度,才具有处罚的合理性,才能作为犯罪进行处理。对此,虽然最高人民法院在《关于办理侵犯知识产权刑事案件具体应用法律若干问题的解释》中没有作出明确的规定。但是,最高人民法院的相关司法解释为我们解决这一问题提供了相关的参考。例如,2001年《最高人民法院、最高人民检察院关于办理生产、销售伪劣商品刑事案件具体应用法律若干问题的解释》第二条明确规定:伪劣产品尚未销售,货值金额达到刑法第一百四十条规定的销售金额3倍以上的(15万元以上),以生产、销售伪劣产品罪(未遂)定罪处罚。又如,2003年《最高人民法院、最高人民检察院、公安部、国家烟草专卖局关于办理假冒伪劣烟草制品等刑事案件适用法律问题座谈会纪要》指出:伪劣烟草制品的销售金额不满5万元,但与尚未销售的伪劣烟草制品的货值金额合计达到15万元以上的,以生产、销售伪劣产品罪(未遂)定罪处罚。可见,上述司法解释确立了此类犯罪处罚未遂的基本数额标准,即货值金额应达到实际销售数额3倍以上。由于销售假冒注册商标的商品罪与上述犯罪在社会危害性上具有共同性质,且在行为特征上也具有一定相似性,因此按照"同类案件应当按照同一的处理原则处理"的规则,此标准可以成为司法实践中对于销售假冒注册商标的商品未遂作为犯罪处理的参照标准。之所以司法解释规定犯罪未遂的货值金额要达到犯罪既遂的销售金额3倍以上,一是考虑到毕竟系犯罪未遂,假冒注册商标的商品尚未销售出去,在这一点上社会危害要小于既遂,以往司法解释中犯罪未遂的定罪起点也高于既遂,如盗窃罪以窃取公私财物数额较大为起刑点而盗窃未遂的则以数额巨大的财物或者国家珍贵文物等为盗窃目标的才构成犯罪;二是考虑到有关金额计算的平衡问题。因为假冒注册商标的商品的成本低,其售价也一般较低,按货值计算的金额一般都高于按销售价计算的金额。本案由于被告人已经销售出的假冒"陆嘉"注册商标的摩托车得款人民币5600元,按照《解释》第二条规定的标准,尚未达到5万元定罪起点;尚未销售的摩托车的货值金额仅为70 650元,亦未达到此类犯罪处罚未遂的基本数额标准,即达到销售数额3倍(15万元)以上,因此,虽然刘某实施了销售假冒注册商标的商品的行为,但由于其在本案中的犯罪数额尚未达到定罪处罚的标准,故不能对其以销售假冒注册商标的商品罪追究刑事责任。鉴于检察院在诉讼过程中要求撤回起诉,法院经审查后作出准许撤诉的裁定是正确的。[参见第576号指导案例,刘某销售假冒注册商标的商品案,载《刑事审判参考》总第70集(2009年第5集),第14~16页。撰稿:江瑾　郭旭平]

▽如何理解相关司法解释中"销售金额"与"非法经营数额"的关系

在侵犯知识产权犯罪中,销售假冒注册商标的商品罪系数额犯,在犯罪构成中犯罪金额既是罪质要素,又是罪量要素,直接影响对被告人的定罪量刑。如何认定犯罪金额是审理销售假冒注册商标的商品案件的关键。2004年12月22日发布的《最高人民法院、最高人民检察院关于办理侵犯知识产权刑事案件具体应用法律若干问题的解释》(本附文以下简称《知产解释》)明确了侵犯知识产权犯罪的七个罪名的定罪量刑标准。其中,第二条规定了销售假冒注册商标的商品罪的定罪量刑标准,即销售金额在五万元以上的,属于"数额较大";销售金额在二十五万元以上的,属于"数额巨大"。至于如何计算销售金额,《知产解释》没有明确规定。然而,《知产解释》第十二条明确了非法经营数额的计算方法即已销售的侵权产品的价值,按照实际销售的价格计算。制造、储存、运输和未销售的侵权产品的价值,按照标价或者已经查清的侵权产品的实际销售平均价格计算。侵权产品没有标价或者无法查清其实际销售价格的,按照被侵权产品的市场中间价格计算。该条规定能否作为销售假冒注册商标的商品罪中有关销售金额的计算依据,实践中有不同认识。本案原审法院在认定被告人销售侵权产品销售金额时没有援引《知产解释》第十二条的规定,说明在实践中第十二条有关非法经营数额计算方法的适用范围还有待明确。尽管销售金额与非法经营数额在表述上存在差异,但是非法经营数额的计算方法理应适用于销售假冒注册商标的商品罪的销售金额的计算。理由在于:(1)在刑法关于知识产权犯罪的规定中,并未出现"非法经营数额"这一术语,使用较多的是"情节严重"等表述方式。由于"情节严重"是关于侵权行为的定量规定,而量的主要表现形式是侵权行为的非法经营数额,所以在《知产解释》出台之前,相关司法解释和文件在解释"情节严重"时,使用的一般都是"非法经营数额"这一术语。在起草《知产解释》时,这一术语继续得以使用,并更为具体化。(2)刑法第二百一十三条至第二百一十九条在规定侵犯知识产权犯罪的七个罪名定罪量刑标准时采取了不同的表述,如"情节严重或情节特别严重""销售金额数额较大或巨大""违法所得数额较大或巨大""重大损失或特别严重后果"等。上述定罪量刑标准相对原则,缺乏可操作性。司法解释出台的宗旨是要解决实践操作问题,因此,《知产解释》第十二条有关犯罪金额的计算方法理应适用于侵犯知识产权犯罪的七个罪名,而不仅适用于以"非法经营数额"作为定罪量刑标准之一的假冒注册商标罪,非法制造、销售非法制造的注册商标标识罪,侵犯著作权罪等罪名。(3)从文义解释角度分析,非法经营数额,是指行为人在非法经营活动中所涉及的侵权产品的总数额,范围包括非法制造的侵权产品、运输的侵权产品、储存的侵权产品以及销售的侵权产品的数额等。因此,从非法经营数额与销售金额的内涵与外延来看,前者无疑可以包含后者。基于以上理由,本案二审在裁判时,增加援引了《知产解释》第十二条的规定,以说明销售假冒注册商标的商品罪中有关销售金额的计算可以适用非法经营数额的计算方法。[参见第675号指导案例,田龙泉、胡智慧销售假冒注册商标的商品案,载《刑事审判参考》总第78集(2011年第1集),第101~103页。撰稿:刘军华 唐震 巩一鸣]

▽"实际销售平均价格"的认定

根据《知产解释》第十二条的规定,侵权产品的价格按照以下方法计算:第一,已销售的侵权产品的价格,按照实际销售价格计算;第二,未销售的侵权产品的价格,按照标价或者已经查清的侵权产品的实际销售平均价格计算;第三,没有标价或者无法查清实际销售价格的,按照被侵权产品的市场中间价格计算。并且,这三种计算方法不是任选的,而是递进性的,只有按照前种方法无法认定侵权产品的价格时,才适用后种方法进行计算。本案中,尽管有证据表明被告人田某某和胡某某有实际销售侵权产品的行为,但因为本案在一审审理中,控辩双方均确认田某某、胡某某犯罪未遂;二审审理期间,控辩双方对此亦无异议,因此,二审审理中本案侵权商品的销售金额应当以查扣在案的田某某、胡某某尚未销售的二十四种14 216件侵权商品为计算依据。鉴于被告人田某某、胡某某的供述和证人王鑫的证言均证实他们在销售侵权商品时没有标价,故涉案侵权商品价值的计算应当取决于侵权产品的实际销售平均价格能否查清。经查,证人王鑫、周通、孔维根(购买侵权商品的小商贩)的证言、被告人田某某、胡某某的供述及相关销货清单、送货单等书证,共涉及九项实际销售的侵权商品的名称与价格。其中,除大海宝打火机和中国馆带灯打火机价格固定外,其他七种侵权商品的价格存在一定区间的浮动。检察机关认为,由于销售的侵权商品价格存在浮动,且已销售的侵权商品数量不明,导致侵权商品的实际销售平均价格无法查清。《知产解释》第十二条有关"未销售的侵权产品的价值,按照已经查清的侵权产品的实际销售平均价格计算"的这一规定实际表明:(1)已销售的侵权产品实际销售价格客观上存在难以查清的情况;(2)已查清的侵权产品实际销售价格会存在一定幅度的浮动(否则,就不宜用实际销售平均价格来表述);(3)实际销售平均价格可以用来计算未销售的侵权产品的价值。这一规定同时反映出销售侵权产品犯罪行为的隐蔽性以及量多价低、量少价高的市场交易惯例,比较契合本案被告人销售侵权产品的价格存在一定区间浮动、实际销售数量不明的事实。检察机关主张每次销售侵权商品的价格和数量固定才能计算实际销售平均价格的计算方法过于绝对，增加了知识产权犯罪中证据审查的难度。有鉴于此，我们以简单平均的方法计算实际销售平均价格，即存在两次或两次以上销售价格的，取其平均值，以此作为实际销售平均价格。［参见第675号指导案例，田某某、胡某某销售假冒注册商标的商品案，载《刑事审判参考》总第78集（2011年第1集），第103～105页。撰稿：刘军华　唐震　巩一鸣］

▽通过假冒他人注册商标制售伪劣产品，或通过制售假冒伪劣产品来假冒注册商标的商品，这种情形完全符合想象竞合犯的特征

在侵犯知识产权的犯罪中，行为人可能通过假冒他人注册商标制售伪劣产品，也可能通过制售假冒伪劣产品来假冒注册商标的商品，这种情形完全符合想象竞合犯的特征。如果行为人通过掺杂、掺假，以次充好，以假充真或者以不合格产品冒充合格产品的方式销售假冒注册商标的商品，行为人虽然只实施了一个行为，但同时触犯销售假冒注册商标的商品罪和销售伪劣产品罪。《最高人民法院、最高人民检察院关于办理生产、销售伪劣商品刑事案件具体应用法律若干问题的解释》第十条规定："实施生产、销售伪劣商品犯罪，同时构成侵犯知识产权、非法经营等其他犯罪的，依照处罚较重的规定定罪处罚。"这一规定为侵犯知识产权的犯罪的处罚原则提供了法律依据。本案不构成销售假冒注册商标的商品罪与销售伪劣产品罪的想象竞合关系，因为被告人的行为不构成销售伪劣产品罪。销售伪劣产品罪的行为方式包括四种：一是掺杂、掺假，即在所销售的产品中掺入杂质或者异物，降低或失去该产品应有的性能；二是以假充真，即以不具有某种使用性能的产品冒充具有该性能的产品；三是以次充好，即以低等级、低档次产品冒充高等级、高档次产品，或者以残次、废旧零配件组合、拼装后冒充正品或新产品；四是以不合格产品冒充合格产品。总之，这些行为的共同特点均是以牟取非法利益为目的，通过假冒的行为方式欺骗消费者，主观上具有欺骗的故意。因此，如果主观上不具有欺骗的故意，客观上未通过假冒的行为方式销售产品，则不构成销售伪劣产品罪。本案被告人通过互联网销售假冒的名牌产品，其主观上不具有欺骗的故意，客观上没有掺杂、掺假，以假充真，以次充好或者以不合格产品冒充合格产品，而是"以假卖假"。消费者知道被告人销售的产品是假冒他人注册商标的产品，是"知假买假"。故被告人的行为不符合销售伪劣产品罪的行为特征，不构成销售伪劣产品罪，从而不构成销售假冒注册商标的商品罪与销售伪劣产品罪的想象竞合犯。［参见第676号指导案例，邱进特等销售假冒注册商标的商品案，载《刑事审判参考》总第78集（2011年第1集），第109～110页。撰稿：杨毅］

▽区分销售假冒注册商标的商品罪和销售伪劣产品罪，应根据行为人对消费者是否具有欺诈故意

销售假冒注册商标的商品行为是否构成销售伪劣产品罪，对案件的整体定性具有重大影响。在符合入罪标准的情况下，如果销售的假冒注册商标的商品同时属于伪劣产品，则一行为触犯二罪名，分别构成销售假冒注册商标的商品罪和销售伪劣产品罪，根据想象竞合犯"择一重罪处罚"的原则，按照销售伪劣产品罪论处。如果销售的假冒注册商标的商品不能认定为伪劣产品，则不能以销售伪劣产品罪论处只能以销售假冒注册商标的商品罪论处。因此，要正确对案件定性，必须准确认定假冒注册商标的商品是否是伪劣产品的问题。刑法本条规定了销售假冒注册商标的商品罪，第一百四十条规定了销售伪劣产品罪。两罪的分别设立说明假冒注册商标的商品并非必然属于伪劣产品。"伪劣"一词并未出现在销售伪劣产品罪的罪状之中，而是有权解释机关在对罪名进行概括时，根据罪状提炼而来的。该罪的罪状认定了四种类型的伪劣产品，分别是"掺杂、掺假""以假充真""以次充好""以不合格冒充合格"。《最高人民法院、最高人民检察院关于办理生产、销售伪劣商品刑事案件具体应用法律若干问题的解释》（本附文以下简称《伪商解释》）第一条第三款规定："刑法第一百四十条规定的'以次充好'，是指以低等级、低档次产品冒充高等级、高档次产品，或者以残次、废旧零配件组合、拼装后冒充正品或者新产品的行为。"由该规定可知，要认定为伪劣产品，必须有以低等级、低档次产品冒充高等级、高档次产品的行为,二者之间应达到足够的差距,且低等级、低档次产品应近似于残次品。销售伪劣产品的行为,必然影响消费者对产品的使用。行为人为了销售伪劣商品,在主观上必然有假冒、欺诈的故意。而销售假冒注册商标的商品的行为则不同。品牌商品,特别是国际知名品牌,除价格高昂外,品质也出众。要想销售假冒注册商标的商品,如果品质太差,则有可能无人问津。一旦此类商品品质尚可,又假冒了知名品牌的商标,就有可能吸引部分崇尚名牌而又缺乏经济实力的消费者。由于品牌商品的正品价格往往非常高昂,对于那些崇尚品牌的消费者来说,相对低廉的价格使他们对于假冒商品心知肚明,知假买假。销售者甚至会告诉消费者此商品为假冒品,而不需要对消费者进行欺诈。具体联系本案,杨昌君所销售的包具有包的一般使用性能,没有证据证明包的质量低劣,或者不符合普通非品牌,商品的质量标准。因此,虽然说其销售的包假冒了品牌,但不影响消费者对该包的使用,而且消费者往往是出于满足消费高档商品的虚荣心,知假买假,或者根据该商品的价格而对该商品为假冒心知肚明。因此,杨昌君的行为应认定为销售假冒注册商标的商品罪。[参见第677号指导案例,杨昌君销售假冒注册商标的商品案,载《刑事审判参考》总第78集(2011年第1集),第113～114页。撰稿:臧德胜]

▽假冒注册商标的商品尚未销售,应以非法经营数额作为定案依据,犯罪停止形态应认定为未遂

销售假冒注册商标的商品是一种持续的行为,往往既有已经销售的部分,又有尚未销售的部分。由于购买者往往是知假买假,因此,报案或者配合司法机关取证的积极性并不高。司法机关对于销售者已经销售的商品金额往往难以查实,能够查实的,往往是其尚未销售的部分。严格地说,对于尚未销售部分根本无法计算"销售金额"。因为《最高人民法院、最高人民检察院关于办理侵犯知识产权刑事案件具体应用法律若干问题的解释》(本附文以下简称《知产解释》)将"销售金额"解释为"销售假冒注册商标的商品后所得和应得的全部违法收入"。一般认为,"所得"的违法收入指行为人出售假冒注册商标的商品后已经得到的违法收入;"应得"的违法收入指行为人已经出售假冒注册商标的商品后按照合同或者依照约定将要得到的违法收入。假冒注册商标的商品尚未销售即被查获,销售金额无法确定,但不能据此认为该种行为不能入罪。否则,将会使大量销售假冒注册商标的商品行为得不到应有的打击。行为人购进假冒注册商标的商品,目的在于销售牟利。在此情况下,应当根据非法经营数额,以销售假冒注册商标的商品罪论处。因为非法经营数额的高低决定了其销售金额的多少,可以反映出其对社会可能造成的危害的大小。在确定以非法经营数额作为定罪量刑依据后,就需要解决犯罪形态问题。由于假冒注册商标的商品尚未销售即被查获,本罪的实质行为即"销售"行为尚未完成,也就没有完成刑法分则所规定的该罪的全部构成要件。销售行为未完成是因为被执法人员及时查获,属于行为人意志以外的原因,因此,假冒注册商标的商品尚未销售的犯罪停止形态,应当认定为未遂。另从行为的社会危害性角度分析,假冒注册商标的商品未实际销售出去,其危害后果必然小于该类商品已经销售出去流入社会的情形。不论是对商标权利人的侵害,还是对市场秩序的侵犯,都会因为产品未售出而减小,认定该犯罪行为为犯罪未遂更符合罪责刑相当原则。本罪的主要客观行为是"销售"而非刑法分则中其他罪名规定的"贩卖"或者"买卖",所以不能把为了"卖出"而"买入"的行为作为其客观方面的实质行为,不能以"买入"行为作为判断构成要件是否齐备的临界点。如果因为行为人已经购进了假冒注册商标的商品,就认为其行为齐备了销售假冒注册商标的商品罪的基本构成要件,从而认定为犯罪既遂,或者因为行为人曾经实施过销售行为(虽然数额不能认定),就认定为犯罪既遂,既不符合刑法的基本理论,也难以做到罪责刑相当。2011年出台的《最高人民法院、最高人民检察院、公安部关于办理侵犯知识产权刑事案件适用法律若干问题的意见》对这类犯罪行为明确了以未遂形态处理的司法原则。就本案而言,杨昌君从2007年5月起即开始实施销售假冒注册商标的商品的行为,但是究竟其已经销售出去多少包则无法查清。能够查清的就是起获在案的待售包的价值,所以应以待售包的价值作为定案依据。判决认定的犯罪金额都属于尚未销售的,所以应认定为犯罪未遂。[参见第677号指导案例,杨昌君销售假冒注册商标的商品案,载《刑事审判参考》总第78集(2011年第1集),第114～

116页。撰稿:臧德胜]

▽在以假卖假案件中,假冒注册商标的商品尚未销售的,非法经营数额应根据假冒注册商标的商品价值作为计算依据,而不能以被假冒的注册商标的商品价值作为计算依据

在假冒注册商标的商品已经销售的情况下以其实际销售金额作为定案依据,实际销售金额以交易额计算,对此不会有争议。但是,在假冒注册商标的商品未销售的情况下,其非法经营数额如何计算成为司法实践中必须解决的问题。根据《知产解释》的规定,没有标价的,按照被侵权产品的市场中间价格计算。这一认定原则对于以假充真、销售伪而不劣的犯罪是可行的,因为从其犯罪的自然行为来看,消费者一般不会明知是假冒产品而购买,往往是当作被假冒的品牌产品购买的,支付的价格也往往与被假冒的品牌产品的价格相当,所以根据被侵权产品的价格计算是科学的。但对于以假卖假型销售行为,情况并非如此。通过销售者销售的场所、方式等因素,消费者一般明知是假名牌,属于知假买假,不会按照正品的价格支付。销售价格与正品价格会有很大差距,只有按照假冒的商品本身的价格计算,才符合实际情况。如果按照正品即被假冒的商品的价格计算,则严重背离了客观实际。本案被告人杨昌君销售的包都是假冒国际知名品牌,如果按照正品的价格计算,则一个包就会价格数千元甚至数万元。在现实中,这些品牌的正品只有在大型商场或者专卖店才会有销售。杨昌君的销售场所和销售方式决定了从其处购买包的人必然知道这些包是假冒名牌的,支付的价格相当低廉。所以,价格鉴定机构实事求是,根据这种假冒名牌包的市场价格来计算,8425个包作价76万余元,均价不足百元。司法机关据此作为定案依据,能够准确评价杨昌君犯罪行为的社会危害性,是符合实际的。综上所述,法院的判决是正确的。[参见第677号指导案例,杨昌君销售假冒注册商标的商品案,载《刑事审判参考》总第78集(2011年第1集),第116~117页。撰稿:臧德胜]

▽销售假冒注册商标的商品罪、销售伪劣产品罪与非法经营罪之间存在想象竞合关系,也应从一重处断

刑法本条规定的销售假冒注册商标的商品罪,是指销售明知是假冒注册商标的商品,销售金额较大的行为。如果销售的假冒注册商标的商品既是伪劣产品,又是专营专卖物品,则行为人同时构成销售假冒注册商标的商品罪、销售伪劣产品罪和非法经营罪,三罪之间存在想象竞合关系,应当从一重罪处罚。有人认为,销售伪劣产品罪完全被非法经营罪所包容,故两罪存在法条竞合关系,应按特别法优于普通法的原则,以销售伪劣产品罪认定。销售假冒注册商标的商品罪与非法经营罪也存在法条竞合关系。我们认为这种观点不能成立。首先,非法经营罪破坏的是国家对某一产品的专营专卖等经营制度,而销售伪劣产品罪破坏的是国家的产品质量管理制度和消费者的权利,二者不存在包容与被包容关系,故不存在法条竞合关系。其次,假冒注册商标罪侵犯的是国家商标管理制度,与非法经营罪之间也不存在法条竞合关系。单纯销售属于国家专营专卖的假冒注册商标的伪劣产品的行为,与生产伪劣产品并在生产的伪劣产品上假冒他人注册商标销售的行为不同,后者实施的是两个行为,而前者实施的只有一个行为,故后者成立牵连犯而前者行为人的行为不成立牵连犯,而成立想象竞合犯。对想象竞合犯,应当从一重处断。[参见肖晚祥、孙争鸣:《关于假冒注册商标罪、假冒专利罪、侵犯著作权罪司法认定问题的研究》,载《刑事审判参考》(实务探讨)总第78集(2011年第1集),第183~184页。]

▽有证据证明存在实际销售行为的,应当根据有利于被告人的原则具体把握实际销售价格的证明标准,尽可能查明实际销售价格

最高人民法院、最高人民检察院《关于办理侵犯知识产权刑事案件具体应用法律若干问题的解释》(本附文以下简称《知产解释》)第十二条规定规定了"非法经营数额"的三种计算方法。这三种计算方法呈递进关系,只有按照前一种方法无法认定侵权产品的价格时,才适用后一种方法计算。由于计算方法具体如何确定,加上侵犯知识产权案件中制造、销售、存储侵权产品的情形往往差异很大,在流通领域侵权产品比正品的价格往往低得多，因此，使用《知产解释》第十二条规定的不同计算方法计算出的犯罪数额也会相差悬殊。要选取科学、合理的计算方法计算犯罪数额，关键是对《知产解释》第十二条规定的"无法查清实际销售价格"进行准确把握。如果控辩双方对实际销售价格能否查清有不同意见，法院对在案的证实相关交易细节的证据更应慎重对待。同时，考虑到实际销售价格这一计算标准对被告人更为有利，在判断有关实际销售价格的事实是否清楚，证据是否确实、充分时，应当根据案件实际情况具体认定，充分挖掘相关证据的证明价值。本案检察机关认为，认定实际销售假冒H3C牌模块价格的证据无法达到"确实、充分"的证明标准，属于《知产解释》规定的"无法查清实际销售价格"的情形，应当以相应正品的鉴定价格计算犯罪数额。检察机关认为，要查清实际销售价格，要求调取的出库单、购货清单在时间、数量上须一一对应，关于型号的记载也要与扣押清单的型号完全一致。我们认为，这种意见过于绝对，不符合知识产权犯罪取证难的实际情况，对证据审查提出了过高要求，也不利于保护被告人的权益。因此，在有证据证明存在实际销售行为的情况下，应当尽可能利用现有证据查明实际销售的平均价格，以准确评价被告人的罪行轻重。本案中，查获的假冒H3C牌模块没有标价，但其实际销售平均价格根据侵权产品购买人的证言、相关单据、被告人的供述等证据基本能够查清。证人王某沛等侵权产品购买人的证言、被告人的供述均证实，被告人销售的假冒H3C牌各型号模块的价格在100元至200元。而公安人员在被告人、购货人处查获的部分出库单、调取的购货清单中标注有假冒H3C牌模块的型号、价格。经比对，查获的6种型号H3C牌假模块中，有5种型号能够结合书证查明实际销售价格，只有1种型号的假模块无法查明销售价格，根据《知产解释》第十二条的规定，对该种假模块可以按照二审中补充调取的相应正品的鉴定价格计算犯罪数额。据此，二审法院认定查获的假冒H3C牌模块的货值金额共计51 880元。[参见第922指导案例，王译辉销售假冒注册商标的商品案，载《刑事审判参考》总第95集(2013年第6集)，第22~23页。撰稿：杨立军]

▽认定侵权产品价值时，应当结合在案其他证据审慎判断被侵权单位出具的正品价格证明及价格鉴定意见的证明力

不能将被侵权单位提供的正品价格等同于"被侵权产品的市场中间价格"。主要理由在于：首先，被侵权单位作为利害关系方，其出具的价格证明如无相关证据佐证，作为认定犯罪数额的依据缺乏客观性。其次，对于何为市场中间价格，司法解释并未予以明确。而实际操作中，因产品销售存在多个环节，以出厂、批发或者零售环节的市场中间价格计算案值，结果必然存在一定差异，可见，应当根据行为人所处的具体销售环节来确定市场中间价格。一审检察机关仅以被侵权单位出具的价格证明来确定被侵权产品市场中间价格，既不客观，也不合理，一审法院未根据该证据认定相关犯罪数额是正确的。但是，一审法院未注意到该部分模块的实际销售价格根据相关证据基本能够查清，从而对指控的该部分犯罪数额不予认定，是不正确的，应予纠正。

与被侵权单位出具的正品价格证明相比，中介机构出具的价格鉴定意见无疑具有较高的公信力，其证明力明显高于前者。司法实践中，由于价格鉴定意见的出具比较便捷，且鉴定结果往往能够得到法庭的支持，对于查获的侵权产品，侦查机关一般都交由价格鉴定机构出具价格鉴定意见，作为指控、认定犯罪数额的依据。但是，鉴定意见并不当然具有客观性、合理性，如果鉴定机构不负责任，其出具的鉴定意见也难以体现公平。特别是当鉴定机构出具的鉴定价格与被侵权单位提供的价格完全一致时，极易引发被告人、辩护人对鉴定意见客观性、公正性的质疑。因此，鉴定意见能否作为定案的根据，需要结合案件具体情况和其他证据审查判断。具体而言，应当调取证明被侵权单位实际销售情况的证据，如销售合同、销售单据、产品市场定价等，用以证实被侵权单位提供价格的真实性。必要时，应当对鉴定的程序、依据等情况进行审查。只有这样，才能准确认定犯罪数额，作出令人信服的判决。[参见第922指导案例，王译辉销售假冒注册商标的商品案，载《刑事审判参考》总第95集(2013年第6集)，第23~24页。撰稿：杨立军]

第二百一十五条　【非法制造、销售非法制造的注册商标标识罪】伪造、擅自制造他人注册商标标识或者销售伪造、擅自制造的注册商标标识，情节严重的，处三年以下有期徒刑，并处或者单处罚金；情节特别严重的，处三年以上十年以下有期徒刑，并处罚金。(本条是根据《中华人民共和国刑法修正案(十一)》之十九修改的，2021年3月1日起施行。)

刑法本条原文：【非法制造、销售非法制造的注册商标标识罪】伪造、擅自制造他人注册商标标识或者销售伪造、擅自制造的注册商标标识，情节严重的，处三年以下有期徒刑、拘役或者管制，并处或者单处罚金；情节特别严重的，处三年以上七年以下有期徒刑，并处罚金。

■最高人民法院、最高人民检察院关于办理侵犯知识产权刑事案件具体应用法律若干问题的解释(2004年12月22日)

第三条　伪造、擅自制造他人注册商标标识或者销售伪造、擅自制造的注册商标标识，具有下列情形之一的，属于刑法第二百一十五条规定的“情节严重”，应当以非法制造、销售非法制造的注册商标标识罪判处三年以下有期徒刑、拘役或者管制，并处或者单处罚金：

(一)伪造、擅自制造或者销售伪造、擅自制造的注册商标标识数量在二万件以上，或者非法经营数额在五万元以上，或者违法所得数额在三万元以上的；

(二)伪造、擅自制造或者销售伪造、擅自制造两种以上注册商标标识数量在一万件以上，或者非法经营数额在三万元以上，或者违法所得数额在二万元以上的；

(三)其他情节严重的情形。

具有下列情形之一的，属于刑法第二百一十五条规定的“情节特别严重”，应当以非法制造、销售非法制造的注册商标标识罪判处三年以上七年以下有期徒刑，并处罚金：

(一)伪造、擅自制造或者销售伪造、擅自制造的注册商标标识数量在十万件以上，或者非法经营数额在二十五万元以上，或者违法所得数额在十五万元以上的；

(二)伪造、擅自制造或者销售伪造、擅自制造两种以上注册商标标识数量在五万件以上，或者非法经营数额在十五万元以上，或者违法所得数额在十万元以上的；

(三)其他情节特别严重的情形。

第十二条　本解释所称“非法经营数额”，是指行为人在实施侵犯知识产权行为过程中，制造、储存、运输、销售侵权产品的价值。已销售的侵权产品的价值，按照实际销售的价格计算。制造、储存、运输和未销售的侵权产品的价值，按照标价或者已经查清的侵权产品的实际销售平均价格计算。侵权产品没有标价或者无法查清其实际销售价格的，按照被侵权产品的市场中间价格计算。

多次实施侵犯知识产权行为，未经行政处理或者刑事处罚的，非法经营数额、违法所得数额或者销售金额累计计算。

本解释第三条所规定的“件”，是指标有完整商标图样的一份标识。

第十五条　单位实施刑法第二百一十三条至第二百一十九条规定的行为，按照本解释规定的相应个人犯罪的定罪量刑标准的三倍定罪量刑。

第十六条　明知他人实施侵犯知识产权犯罪，而为其提供贷款、资金、账号、发票、证明、许可证件，或者提供生产、经营场所或者运输、储存、代理进出口等便利条件、帮助的，以侵犯知识产权犯罪的共犯论处。

第十七条　以前发布的有关侵犯知识产权犯罪的司法解释，与本解释相抵触的，自本解释施行后不再适用。

■最高人民法院、最高人民检察院、公安部关于办理侵犯知识产权刑事案件适用法律若干问题的意见(2011年1月10日)

九、关于销售他人非法制造的注册商标标识犯罪案件中尚未销售或者部分销售情形的定罪问题

销售他人伪造、擅自制造的注册商标标识，具有下列情形之一的，依照刑法第二百一十五条的规

定，以销售非法制造的注册商标标识罪（未遂）定罪处罚：

（一）尚未销售他人伪造、擅自制造的注册商标标识数量在六万件以上的；

（二）尚未销售他人伪造、擅自制造的两种以上注册商标标识数量在三万件以上的；

（三）部分销售他人伪造、擅自制造的注册商标标识，已销售标识数量不满二万件，但与尚未销售标识数量合计在六万件以上的；

（四）部分销售他人伪造、擅自制造的两种以上注册商标标识，已销售标识数量不满一万件，但与尚未销售标识数量合计在三万件以上的。

十四、关于多次实施侵犯知识产权行为累计计算数额问题

依照《最高人民法院、最高人民检察院关于办理侵犯知识产权刑事案件具体应用法律若干问题的解释》第十二条第二款的规定，多次实施侵犯知识产权行为，未经行政处理或者刑事处罚的，非法经营数额、违法所得数额或者销售金额累计计算。

二年内多次实施侵犯知识产权违法行为，未经行政处理，累计数额构成犯罪的，应当依法定罪处罚。实施侵犯知识产权犯罪行为的追诉期限，适用刑法的有关规定，不受前述二年的限制。

十五、关于为他人实施侵犯知识产权犯罪提供原材料、机械设备等行为的定性问题

明知他人实施侵犯知识产权犯罪，而为其提供生产、制造侵权产品的主要原材料、辅助材料、半成品、包装材料、机械设备、标签标识、生产技术、配方等帮助，或者提供互联网接入、服务器托管、网络存储空间、通讯传输通道、代收费、费用结算等服务的，以侵犯知识产权犯罪的共犯论处。

十六、关于侵犯知识产权犯罪竞合的处理问题

行为人实施侵犯知识产权犯罪，同时构成生产、销售伪劣商品犯罪的，依照侵犯知识产权犯罪与生产、销售伪劣商品犯罪中处罚较重的规定定罪处罚。

■最高人民法院、最高人民检察院关于办理非法生产、销售烟草专卖品等刑事案件具体应用法律若干问题的解释（2010年3月26日）

第一条（第四款）　伪造、擅自制造他人卷烟、雪茄烟注册商标标识或者销售伪造、擅自制造的卷烟、雪茄烟注册商标标识，情节严重的，依照刑法第二百一十五条的规定，以非法制造、销售非法制造的注册商标标识罪定罪处罚。

第六条　明知他人实施本解释第一条所列犯罪，而为其提供贷款、资金、账号、发票、证明、许可证件，或者提供生产、经营场所、设备、运输、仓储、保管、邮寄、代理进出口等便利条件，或者提供生产技术、卷烟配方的，应当按照共犯追究刑事责任。

第十条　以前发布的有关规定与本解释不一致的，以本解释为准。

▼安徽省高级人民法院、安徽省人民检察院、安徽省公安厅、安徽省烟草专卖局关于办理违反烟草专卖管理刑事案件适用法律若干问题的意见（2004年7月26日）

五、关于非法制造、销售非法制造的烟用注册商标标识行为适用法律问题

伪造、擅自制造他人烟用注册商标标识，或者销售伪造、擅自制造的烟用注册商标标识，情节严重或者情节特别严重的，分别依照刑法第二百一十五条规定的各量刑档次定罪处罚。

有下列情形之一的，属于“情节严重”：

（1）非法制造、销售非法制造的烟用注册商标标识违法所得数额个人在2万元以上不满20万元，单位在10万元以上不满100万元的；

（2）非法经营数额个人在20万元以上不满100万元，单位在100万元以上不满500万元的；

（3）查获非法制售的烟用注册商标标识个人在2万张以上不满6万张，单位在10万张以上不满30万张的（张，是指能够独立成为一包、一条、一箱烟草制品包装外壳的材料。下同）；

（4）非法制造、销售非法制造的驰名烟草制品商标标识的；

(5)虽未达到上述金额或者数额标准,但因非法制造、销售非法制造的烟草制品注册商标标识,受过行政处罚两次以上又非法制造、销售非法制造的烟草制品注册商标标识的;

(6)利用贿赂等非法手段推销非法制造的烟用注册商标标识的。

有下列情形之一的,属于"情节特别严重":

(1)违法所得数额个人在20万元以上,单位在100万元以上的;

(2)非法经营数额个人在100万元以上,单位在500万元以上的;

(3)查获非法制售的烟用注册商标标识个人在6万张以上,单位在30万张以上的;

(4)造成特别严重后果的。

查获尚未印制完成的烟用注册商标标识,数量个人在2万张以上不满6万张,单位在10万张以上不满30万张的,属于情节严重;个人在6万张以上,单位在30万张以上的,属于情节特别严重,以犯罪未遂论处,分别依照刑法第二百一十五条规定的各量刑档次定罪处罚。

(本意见相关共性规定参见刑法第一百四十条后附文。)

○侵权产品的"销售金额"的司法认定

在刑法分则第三章第七节规定的"侵犯知识产权罪"中,"销售金额"是销售假冒注册商标的商品罪唯一的定罪量刑标准,也是认定假冒注册商标、非法制造、销售非法制造的注册商标标识、假冒专利和侵犯著作权等犯罪"情节"是否严重或者特别严重的重要依据。刑法没有对生产、销售侵犯知识产权产品的"销售金额"认定方法做出明确规定,目前也没有相应的司法解释。但是,2001年4月9日最高人民法院和最高人民检察院联合发布的《关于办理生产、销售伪劣商品刑事案件具体应用法律若干问题的解释》,明确了生产、销售伪劣产品"销售金额"的认定方法,即"销售金额",是指生产者、销售者出售伪劣产品后所得和应得的全部违法收入。这种认定方法应当同样适用于侵犯知识产权案件。因为无论是伪劣产品还是侵犯知识产权的产品,都是广义上的伪劣产品。刑法在相关罪名中规定的"销售金额"的内涵应是一致的。侵权产品的"销售金额"应以违法生产、销售的侵犯知识产权产品的标价计算;没有标价的,按照同类合格产品的市场中间价格计算。"销售金额"难以确定的,按照国家计划委员会、最高人民法院、最高人民检察院、公安部1997年4月22日联合发布的《扣押、追缴、没收物品估价管理办法》的规定,委托指定的估价机构确定。[参见《刑事审判参考》总第25辑(2002年第2辑),法律出版社,第153页。]

▽伪造、擅自制造他人注册商标标识行为的认定

非法制造注册商标标识罪是指伪造、擅自制造他人注册商标标识,情节严重的行为。该罪的犯罪对象是他人注册商标的标识,包括商品商标标识和服务商标标识。商标标识是商标所附着的载体,是由文字、图形或其组合构成的物质实体,一般包括在商品上、包装上、说明书上或在服务场所中、服务用品上等处标明的注册商标标记,如商标纸、商标织带、带有商标的包装等。伪造、擅自制造他人注册商标标识,不仅侵犯了商标所有人的商标专用权,而且破坏了国家商标管理制度。非法制造注册商标标识罪在客观方面表现为两种方式,即伪造和擅自制造。"伪造",是指未经注册商标权利人许可,通过临摹、绘制、复印、翻拍、扫描及上述手段的结合等方法仿造他人注册商标标识的行为。"擅自制造"则通常表现为与注册商标所有人委托加工合同期满后继续加工,或在合同期限内超越授权委托数量额外加工,或以不正当手段获取商标标识原版而私自进行印制他人注册商标标识的行为。[参见第111(108)号案例,王化新、唐文涛非法制造注册商标标识案,载《刑事审判参考》总第17辑(2001年第6辑),法律出版社,第14~15页。执笔:韩晋萍]

▽将回收的空旧酒瓶、包装物与购买的假冒注册商标标识进行组装的行为,构成非法制造注册商标标识罪

(一)从行为性质分析,被告人的行为属于"伪造"型制造注册商标标识行为。首先,带有商标的酒瓶、包装物属于商标标识。要对回收空旧酒瓶、包装物并与购买的假冒注册商标标识进行组装的行为进行准确定性,首先必须判断酒瓶、包装物是否属于商标标识。1988 年 9 月《关于商标标识含义问题的复函》指出,商标标识一般是指独立于被标志商品的商标的物质表现形式。《商标印制管理办法》第十五条规定,商标标识是指与商品配套一同进入流通领域的带有商标的有形载体。1996 年 6 月《关于收缴商标标识有关问题的答复》中又明确规定,商标标识指的是带有商标但独立于被标志商品的物品,如带有商标的标签、封签、包装物等。参照上述文件规定,本案中带有注册商标的空旧酒瓶、包装物应属注册商标标识。其次,将酒瓶、包装物与购买的假冒注册商标标识进行组装是侵犯注册商标标识的行为。虽然该行为并未对带有注册商标标识的空瓶本身实施任何行为,但因为假冒和侵犯他人注册商标(包括商标标识)行为的本质特征是,"利用他人注册商标声誉,以生产的商品冒充商标注册人的商品,使一般消费者对商品来源产生误认,具有不同程度的欺骗性",故该行为仍侵犯了他人注册商标标识。本案被告人回收上述商标标识,又购买假冒商标标识将两者组装后成套用于假冒上述名酒,属于侵犯注册商标权人的商标标识的行为。再次,被告人的行为属于制造注册商标标识。制造即"用人工使原材料成为可供使用的物品",其实质就是行为人用人工使原本各自独立的物品重新整合成能达到目标功能的物品。其整合的方法多种多样,如提炼分离、按比例混合、化学方法、冷热加工、组装等。本案被告人回收的空酒瓶、包装物及购买的假标识均为用于制造的原材料,其用人工将这些原材料组合拼装成为可供再次使用的附有注册商标标识的酒类商品包装,其组装行为应当属于制造行为。2002 年《关于加工带有商标标识的包装物是否属于商标印制行为的批复》就类似物理组合行为的定性作了较为权威的确认,批复认为,北京新拓塑料包装制品公司在其生产的塑料瓶上套上他人印制的商标标识,经热缩紧固,制成带有商标标识的饮料瓶行为,属于"制作带有商标的包装物"的商标印制行为。因此,虽然被告人实施的是简单的物理组合行为,但仍符合制造的本质特征,应当定性为"制造"。最后,真伪并存的组装拼凑行为在整体上应认定为伪造行为。《最高人民法院关于审理伪造货币等案件具体应用法律若干问题的解释(二)》第二条明确规定,同时采用伪造和变造手段制造真伪拼凑货币的行为,以伪造货币罪定罪处罚。(一)参照该条规定,将空旧酒瓶、包装物与假冒注册商标标识进行组装的行为,也应认定为伪造注册商标标识行为,构成非法制造注册商标标识罪。(二)从商标标识功能分析,被告人的行为侵犯了他人的注册商标专用权和国家的商标管理制度。国家工商行政管理总局(已撤销)制定的部门规章规定,商标标识是与商品配套一同进入流通领域的带有商标的有形载体。《商标法》亦有规定,注册商标的专用权,以核准注册的商标和核定使用的商品为限。由此表明:(1)注册商标标识不能单独流通,必须与国家核定使用的商品配套使用,不能成为商标权人以外的人交易的对象。(2)商标及其标识本质属性在于其识别性。商品耗尽后,商标标识亦同时失去意义。(3)商标标识即使被商标权人回收利用后,仍应与商品配套进入流通领域。本案中,各类酒品与酒瓶、包装物作为一个整体进入流通领域,共同体现其价值。理论上说,当酒被消耗后,酒瓶及包装物(包括其上的注册商标标识)均应被回收、销毁,不应再进入正常的流通环节,其商标标识也因商品的耗尽而失去意义和价值。被告人未征得注册商标权人的同意,对已经丧失区别商品来源等功能的商标标识进行回收整理,并使之重新进入流通领域,再次赋予商标标识功能,实质上侵犯了注册商标权人的专用权。该行为不仅使注册商标权人意图通过注册商标及其标识实现识别商品、标示商品质量、广告宣传等目的落空,还侵害了国家对注册商标的管理制度和秩序。(三)从社会效果分析,将被告人的行为认定为非法制造注册商标标识罪,有利于打击侵犯知识产权的犯罪活动,切实保护知识产权权利人的合法权益。首先,将空旧酒瓶、包装物与假冒的注册商标标识组装行为的社会危害性大于超量印制注册商标标识行为,应当受到刑法规制。根据刑法第二百一十五条的规定,"擅自制造他人注册商标标识,情节严重"构成非法制造注册商标标识罪。既然经注册商标权人准许但超约印制真实的商标标识的行为应当承担刑事责任,那么被告人未经注册商标权人准许而组装相当数量的假注册商标标识的行为,更应承担刑事责任。其次,随着社会的发展,知识产权在社会经济生活中日益凸显其重要性,公众也充分认识到作为工业产权的注册商标的经济价值。与此同时,侵犯知识产权犯罪的规模正日趋扩大,手段推陈出新。目前,制售假冒伪劣酒品行为层出不穷,"真瓶装假酒"现象尤为泛滥。将回收的空旧酒瓶、包装物与购买的假冒注册商标标识进行组装的行为,认定为非法制造注册商标标识,可以强化群众的商标保护意识,震慑日趋严重的制售假酒的犯罪行为,割断犯罪链,更好地维护知识产权市场管理秩序,为我国文化市场的发展提供切实的司法保障。综上所述,法院认定被告人的行为构成非法制造注册商标标识罪是正确的。[参见第678号指导案例,王学保非法制造注册商标标识案,载《刑事审判参考》总第78集(2011年第1集),第120～123页。撰稿:范莉]

第二百一十六条　【假冒专利罪】假冒他人专利,情节严重的,处三年以下有期徒刑或者拘役,并处或者单处罚金。

■最高人民法院、最高人民检察院关于办理侵犯知识产权刑事案件具体应用法律若干问题的解释(2004年12月22日)

第四条　假冒他人专利,具有下列情形之一的,属于刑法第二百一十六条规定的"情节严重",应当以假冒专利罪判处三年以下有期徒刑或者拘役,并处或者单处罚金:

(一)非法经营数额在二十万元以上或者违法所得数额在十万元以上的;

(二)给专利权人造成直接经济损失五十万元以上的;

(三)假冒两项以上他人专利,非法经营数额在十万元以上或者违法所得数额在五万元以上的;

(四)其他情节严重的情形。

第十条　实施下列行为之一的,属于刑法第二百一十六条规定的"假冒他人专利"的行为:

(一)未经许可,在其制造或者销售的产品、产品的包装上标注他人专利号的;

(二)未经许可,在广告或者其他宣传材料中使用他人的专利号,使人将所涉及的技术误认为是他人专利技术的;

(三)未经许可,在合同中使用他人的专利号,使人将合同涉及的技术误认为是他人专利技术的;

(四)伪造或者变造他人的专利证书、专利文件或者专利申请文件的。

第十二条　本解释所称"非法经营数额",是指行为人在实施侵犯知识产权行为过程中,制造、储存、运输、销售侵权产品的价值。已销售的侵权产品的价值,按照实际销售的价格计算。制造、储存、运输和未销售的侵权产品的价值,按照标价或者已经查清的侵权产品的实际销售平均价格计算。侵权产品没有标价或者无法查清其实际销售价格的,按照被侵权产品的市场中间价格计算。

多次实施侵犯知识产权行为,未经行政处理或者刑事处罚的,非法经营数额、违法所得数额或者销售金额累计计算。

本解释第三条所规定的"件",是指标有完整商标图样的一份标识。

第十五条　单位实施刑法第二百一十三条至第二百一十九条规定的行为,按照本解释规定的相应个人犯罪的定罪量刑标准的三倍定罪量刑。

第十六条　明知他人实施侵犯知识产权犯罪,而为其提供贷款、资金、账号、发票、证明、许可证件,或者提供生产、经营场所或者运输、储存、代理进出口等便利条件、帮助的,以侵犯知识产权犯罪的共犯论处。

第十七条　以前发布的有关侵犯知识产权犯罪的司法解释,与本解释相抵触的,自本解释施行后不再适用。

○侵权产品的"销售金额"的司法认定

侵犯知识产权罪中,"销售金额"是销售假冒注册商标的商品罪惟一的定罪量刑标准,也是认定假冒注册商标、非法制造、销售非法制造的注册商标标识、假冒专利和侵犯著作权等犯罪"情节"是否严重或者特别严重的重要依据。刑法没有对生产、销售侵犯知识产权产品的"销售金额"认定方法做出明确规定,目前也没有相应的司法解释。但是,2001年4月9日最高人民法院和最高人民检察院联合发布的《关于办理生产、销售伪劣商品刑事案件具体应用法律若干问题的解释》(本附文以下简称《伪劣商品司法解释》),明确了生产、销售伪劣产品"销售金额"的认定方法,即"销售金额",是指生产者、销售者出售伪劣产品后所得和应得的全部违法收入。这种认定方法应当同样适用于侵犯知识产权案件。因为无论是伪劣产品还是侵犯知识产权的产品,都是广义上的伪劣产品。刑法在相关罪名中规定的"销售金额"的内涵应是一致的。侵权产品的"销售金额"应以违法生产、销售的侵犯知识产权产品的标价计算;没有标价的,按照同类合格产品的市场中间价格计算。"销售金额"难以确定的,按照国家计划委员会、最高人民法院、最高人民检察院、公安部1997年4月22日联合发布的《扣押、追缴、没收物品估价管理办法》的规定,委托指定的估价机构确定。[参见《刑事审判参考》总第25辑(2002年第2辑),法律出版社,第153页。]

▽假冒超过保护期限专利的不能作为犯罪处理

在超过专利保护期限后,以其他产品冒充先前的"专利"产品,或者以其他方法冒充先前的"专利"方法的,已经不是假冒他人专利的行为,而是一种冒充专利的行为,在目前刑法没有修改的情况下,不能作为犯罪处理。[参见肖晚祥、孙争鸣:《关于假冒注册商标罪、假冒专利罪、侵犯著作权罪司法认定问题的研究》,载《刑事审判参考》(实务探讨)总第78集(2011年第1集),第192页。]

▽假冒外国专利的不构成假冒专利罪

专利严格受地域限制,除非在我国申请并获得专利,外国人在他国获得的专利在我国不受保护。除时间性外,地域性也是专利权的特征之一。专利只有依一定地域内的法律才得以产生,也只能在它所依法产生的那个地域范围内有效。因而未在我国申请而取得专利权的外国专利,虽然可以受到他国法律的保护,但在我国,却并不属于受《专利法》保护的有效权利,当然也就不能成为假冒专利罪的对象。此外,由于假冒他人外国专利是用自己的产品假冒他人在外国已经取得专利的专利产品,或者将自己的非专利方法假冒他人在外国已经取得专利权的专利方法,并不符合将非专利产品冒充受我国《专利法》保护的专利产品,或者将非专利方法冒充受《专利法》保护的专利方法的冒充专利行为的特征,故对假冒他人外国专利的行为,既不能以假冒专利罪论处,也不能按照冒充专利行为处理。实际上,假冒他人外国专利的行为,是利用专利权的地域特征规避法律的行为,这一行为尽管没有违反《专利法》的规定,却违反了诚实信用的原则,扰乱了公平竞争的市场经济秩序,是一种带有欺诈性质的不正当竞争行为。对于此类行为,应当依照《反不正当竞争法》的规定,予以相应的经济或者行政制裁。[参见肖晚祥、孙争鸣:《关于假冒注册商标罪、假冒专利罪、侵犯著作权罪司法认定问题的研究》,载《刑事审判参考》(实务探讨)总第78集(2011年第1集),第192~194页。]

▽行为人在生产、销售的伪劣产品上假冒他人专利的,行为人成立牵连犯

行为人在生产、销售的伪劣产品上假冒他人专利的,行为人成立牵连犯,而不成立吸收犯。认定两个行为之间是否具有刑法上的牵连关系,评价的标准不是这两种行为发生的频率或者概率,而是应当从两种行为之间是否具有内在联系出发。因为现实生活中发生的犯罪行为是形形色色的,而且犯罪手段也在不断翻新,发生变化,我们无法统计哪些行为是常发的,哪些行为是偶发的,故以行为发生的概率或者频率作为判断是否具有牵连关系的标准和依据,既没有可行性,也不合理。因为这样处理,就会把一些刚刚发生的,而且以后可能经常发生的确实具有牵连关系的行为排除在牵连犯之外,而在经过一段时间后,这种情况发生得多了,具有普遍性了,又将其认定为牵连犯,这显然是不合理的。故认定是否构成牵连犯,必须从具体个案出发,考察两个行为之间是否具有目的行为和手段行为,或者原因行为和结果行为之间的内在牵连关系,如果具有这种牵连关系,即使是偶然发生的,也成立牵连犯。不管行为人主观心态如何,生产、销售伪劣产品行为都是目的行为,假冒专利行为都是手段行为。即使行为人旨在利用假冒他人专利牟利,只是技术水平低而制造出的产品质量不合格,在这种情况下,生产、销售伪劣产品的行为还是目的行为。因为在任何情况下,行为人的根本目的还是希望制造出产品,并将制造出的产品销售出去,以谋取经济利益,则生产、销售伪劣产品行为的深层次或者说终极目的还是为了牟利,而不能说只有假冒专利行为才是为了牟利。相反,从前面分析的假冒专利罪的行为特征可以看出,假冒专利行为只是行为人实现其他先行行为如生产行为目的的手段而已,根本目的还是要从其他方面去寻找。成立牵连犯的一个前提就是存在两个行为,侵犯了两个法益,符合两个犯罪的犯罪构成,之所以在有些情况下要按一罪处理,是因为这两个行为之间存在牵连关系,和完全没有关联的两个行为相比,体现行为人的主观恶性要小,行为的总体社会危害性要轻。对于牵连犯,司法解释既有从一重罪处罚的,也有数罪并罚的,按照《伪劣商品刑事司法解释》第十条关于"实施生产、销售伪劣商品犯罪,同时构成侵犯知识产权、非法经营等其他犯罪的,依照处罚较重的规定定罪处罚"的规定,应当从一重罪处罚。比较假冒专利罪和生产、销售伪劣产品罪的法定刑和追诉标准,生产、销售伪劣产品罪的最低档法定刑为二年以下有期徒刑或者拘役,并处或者单处罚金,最高法定刑为无期徒刑。而假冒专利罪只有一个量刑档次,即三年以下有期徒刑或者拘役,并处或者单处罚金。从追诉标准来看,最高人民检察院、公安部于2010年5月发布的《关于公安机关管辖的刑事案件立案追诉的标准》第七十二条规定的四种情节严重的情形和按照刑法第一百四十条的规定量刑档次看,故在一般情况下,生产、销售伪劣产品罪的量刑要重于以假冒专利罪的量刑,故一般情况下要定生产、销售伪劣产品罪。但也有可能某一个行为按假冒专利罪处罚比按生产、销售伪劣产品罪处罚量刑更重。如《伪劣商品刑事司法解释》第二条规定:"伪劣产品尚未销售,货值金额达到刑法第一百四十条规定的销售金额三倍以上的,以生产、销售伪劣产品罪(未遂)处罚。"而假冒专利罪是行为犯,不以假冒专利产品实际销售出去为既遂的条件。如果行为人假冒两项以上专利,且产品尚未销售,则在这种情况下,行为人非法经营额10万元(货值金额可以作为非法经营额)就构成假冒专利罪的既遂,而货值金额15万元才构成生产伪劣产品罪的未遂,故以假冒专利罪处罚完全可能更重,则在这种情况下,应当以假冒专利罪处罚。[参见肖晚祥、孙争鸣:《关于假冒注册商标罪、假冒专利罪、侵犯著作权罪司法认定问题的研究》,载《刑事审判参考》(实务探讨)总第78集(2011年第1集),第194~197页。]

▽行为人既假冒他人专利又假冒他人注册商标的,应数罪并罚

行为人既假冒他人专利又假冒他人注册商标的,行为人在主观上存在两个独立的罪过,即假冒他人注册商标的罪过和假冒他人专利的罪过,客观上也实施了两个独立的行为,即假冒他人专利的行为和假冒他人注册商标的行为,完全符合两个独立的犯罪构成,故不成立想象竞合犯。在两个行为之间也不存在目的行为和手段行为、原因行为和结果行为之间的牵连关系,故应当以假冒专利罪和假冒注册商标罪数罪并罚。[参见肖晚祥、孙争鸣:《关于假冒注册商标罪、假冒专利罪、侵犯著作权罪司法认定问题的研究》,载《刑事审判参考》(实务探讨)总第78集(2011年第1集),第197~198页。]

第二百一十七条　【侵犯著作权罪】以营利为目的,有下列侵犯著作权或者与著作权有关的权利的情形之一,违法所得数额较大或者有其他严重情节的,处三年以下有期徒刑,并处或者单处罚金;违法所得数额巨大或者有其他特别严重情节的,处三年以上十年以下有期徒刑,并处罚金:

(一)未经著作权人许可,复制发行、通过信息网络向公众传播其文字作品、音乐、美术、视听作品、计算机软件及法律、行政法规规定的其他作品的;

(二)出版他人享有专有出版权的图书的;

(三)未经录音录像制作者许可,复制发行、通过信息网络向公众传播其制作的录音录像的;

(四)未经表演者许可,复制发行录有其表演的录音录像制品,或者通过信息网络向公众传播其表演的;

(五)制作、出售假冒他人署名的美术作品的;

(六)未经著作权人或者与著作权有关的权利

人许可，故意避开或者破坏权利人为其作品、录音录像制品等采取的保护著作权或者与著作权有关的权利的技术措施的。（本条是根据《中华人民共和国刑法修正案（十一）》之二十修改，2021 年 3 月 1 日起施行。）

刑法本条原文：【侵犯著作权罪】以营利为目的，有下列侵犯著作权情形之一，违法所得数额较大或者有其他严重情节的，处三年以下有期徒刑或者拘役，并处或者单处罚金；违法所得数额巨大或者有其他特别严重情节的，处三年以上七年以下有期徒刑，并处罚金：

（一）未经著作权人许可，复制发行其文字作品、音乐、电影、电视、录像作品、计算机软件及其他作品的；

（二）出版他人享有专有出版权的图书的；

（三）未经录音录像制作者许可，复制发行其制作的录音录像的；

（四）制作、出售假冒他人署名的美术作品的。

■最高人民检察院、公安部关于公安机关管辖的刑事案件立案追诉标准的规定（一）（2008 年 6 月 25 日）

第二十六条　［侵犯著作权案（刑法第二百一十七条）］以营利为目的，未经著作权人许可，复制发行其文字作品、音乐、电影、电视、录像作品、计算机软件及其他作品，或者出版他人享有专有出版权的图书，或者未经录音录像制作者许可，复制发行其制作的录音录像，或者制作、出售假冒他人署名的美术作品，涉嫌下列情形之一的，应予立案追诉：

（一）违法所得数额三万元以上的；

（二）非法经营数额五万元以上的；

（三）未经著作权人许可，复制发行其文字作品、音乐、电影、电视、录像作品、计算机软件及其他作品，复制品数量合计五百张（份）以上的；

（四）未经录音录像制作者许可，复制发行其制作的录音录像制品，复制品数量合计五百张（份）以上的；

（五）其他情节严重的情形。

以刊登收费广告等方式直接或者间接收取费用的情形，属于本条规定的“以营利为目的”。

本条规定的“未经著作权人许可”，是指没有得到著作权人授权或者伪造、涂改著作权人授权许可文件或者超出授权许可范围的情形。

本条规定的“复制发行”，包括复制、发行或者既复制又发行的行为。

通过信息网络向公众传播他人文字作品、音乐、电影、电视、录像作品、计算机软件及其他作品，或者通过信息网络传播他人制作的录音录像制品的行为，应当视为本条规定的“复制发行”。

侵权产品的持有人通过广告、征订等方式推销侵权产品的，属于本条规定的“发行”。

本条规定的“非法经营数额”，是指行为人在实施侵犯知识产权行为过程中，制造、储存、运输、销售侵权产品的价值。已销售的侵权产品的价值，按照实际销售的价格计算。制造、储存、运输和未销售的侵权产品的价值，按照标价或者已经查清的侵权产品的实际销售平均价格计算。侵权产品没有标价或者无法查清其实际销售价格的，按照被侵权产品的市场中间价格计算。

■最高人民法院、最高人民检察院关于办理侵犯知识产权刑事案件具体应用法律若干问题的解释（2004 年 12 月 22 日）

第五条　以营利为目的，实施刑法第二百一十七条所列侵犯著作权行为之一，违法所得数额在三万元以上的，属于“违法所得数额较大”；具有下列情形之一的，属于“有其他严重情节”，应当以侵犯著作权罪判处三年以下有期徒刑或者拘役，并处或者单处罚金：

（一）非法经营数额在五万元以上的；

（二）未经著作权人许可，复制发行其文字作品、音乐、电影、电视、录像作品、计算机软件及其他作品，复制品数量合计在一千张（份）以上的；

(三)其他严重情节的情形。

以营利为目的,实施刑法第二百一十七条所列侵犯著作权行为之一,违法所得数额在十五万元以上的,属于"违法所得数额巨大";具有下列情形之一的,属于"有其他特别严重情节",应当以侵犯著作权罪判处三年以上七年以下有期徒刑,并处罚金:

(一)非法经营数额在二十五万元以上的;

(二)未经著作权人许可,复制发行其文字作品、音乐、电影、电视、录像作品、计算机软件及其他作品,复制品数量合计在五千张(份)以上的;

(三)其他特别严重情节的情形。

第十一条　以刊登收费广告等方式直接或者间接收取费用的情形,属于刑法第二百一十七条规定的"以营利为目的"。

刑法第二百一十七条规定的"未经著作权人许可",是指没有得到著作权人授权或者伪造、涂改著作权人授权许可文件或者超出授权许可范围的情形。

通过信息网络向公众传播他人文字作品、音乐、电影、电视、录像作品、计算机软件及其他作品的行为,应当视为刑法第二百一十七条规定的"复制发行"。

第十二条　本解释所称"非法经营数额",是指行为人在实施侵犯知识产权行为过程中,制造、储存、运输、销售侵权产品的价值。已销售的侵权产品的价值,按照实际销售的价格计算。制造、储存、运输和未销售的侵权产品的价值,按照标价或者已经查清的侵权产品的实际销售平均价格计算。侵权产品没有标价或者无法查清其实际销售价格的,按照被侵权产品的市场中间价格计算。

多次实施侵犯知识产权行为,未经行政处理或者刑事处罚的,非法经营数额、违法所得数额或者销售金额累计计算。

本解释第三条所规定的"件",是指标有完整商标图样的一份标识。

第十四条　实施刑法第二百一十七条规定的侵犯著作权犯罪,又销售该侵权复制品,构成犯罪的,应当依照刑法第二百一十七条的规定,以侵犯著作权罪定罪处罚。

实施刑法第二百一十七条规定的侵犯著作权犯罪,又销售明知是他人的侵权复制品,构成犯罪的,应当实行数罪并罚。

第十五条　单位实施刑法第二百一十三条至第二百一十九条规定的行为,按照本解释规定的相应个人犯罪的定罪量刑标准的三倍定罪量刑。

第十六条　明知他人实施侵犯知识产权犯罪,而为其提供贷款、资金、账号、发票、证明、许可证件,或者提供生产、经营场所或者运输、储存、代理进出口等便利条件、帮助的,以侵犯知识产权犯罪的共犯论处。

第十七条　以前发布的有关侵犯知识产权犯罪的司法解释,与本解释相抵触的,自本解释施行后不再适用。

■最高人民法院、最高人民检察院关于办理侵犯知识产权刑事案件具体应用法律若干问题的解释(二)(全文)(2007年4月5日)

第一条　以营利为目的,未经著作权人许可,复制发行其文字作品、音乐、电影、电视、录像作品、计算机软件及其他作品,复制品数量合计在五百张(份)以上的,属于刑法第二百一十七条规定的"有其他严重情节";复制品数量在二千五百张(份)以上的,属于刑法第二百一十七条规定的"有其他特别严重情节"。

第二条　刑法第二百一十七条侵犯著作权罪中的"复制发行",包括复制、发行或者既复制又发行的行为。

侵权产品的持有人通过广告、征订等方式推销侵权产品的,属于刑法第二百一十七条规定的

"发行"。

非法出版、复制、发行他人作品,侵犯著作权构成犯罪的,按照侵犯著作权罪定罪处罚。

第三条 侵犯知识产权犯罪,符合刑法规定的缓刑条件的,依法适用缓刑。有下列情形之一的,一般不适用缓刑:

(一)因侵犯知识产权被刑事处罚或者行政处罚后,再次侵犯知识产权构成犯罪的;

(二)不具有悔罪表现的;

(三)拒不交出违法所得的;

(四)其他不宜适用缓刑的情形。

第四条 对于侵犯知识产权犯罪的,人民法院应当综合考虑犯罪的违法所得、非法经营数额、给权利人造成的损失、社会危害性等情节,依法判处罚金。罚金数额一般在违法所得的一倍以上五倍以下,或者按照非法经营数额的50%以上一倍以下确定。

第五条 被害人有证据证明的侵犯知识产权刑事案件,直接向人民法院起诉的,人民法院应当依法受理;严重危害社会秩序和国家利益的侵犯知识产权刑事案件,由人民检察院依法提起公诉。

第六条 单位实施刑法第二百一十三条至第二百一十九条规定的行为,按照《最高人民法院、最高人民检察院关于办理侵犯知识产权刑事案件具体应用法律若干问题的解释》和本解释规定的相应个人犯罪的定罪量刑标准定罪处罚。

第七条 以前发布的司法解释与本解释不一致的,以本解释为准。

■最高人民法院、最高人民检察院关于办理侵犯知识产权刑事案件具体应用法律若干问题的解释(三)(2020年9月14日)

第二条 在刑法第二百一十七条规定的作品、录音制品上以通常方式署名的自然人、法人或者非法人组织,应当推定为著作权人或者录音制作者,且该作品、录音制品上存在着相应权利,但有相反证明的除外。

在涉案作品、录音制品种类众多且权利人分散的案件中,有证据证明涉案复制品系非法出版、复制发行,且出版者、复制发行者不能提供获得著作权人、录音制作者许可的相关证据材料的,可以认定为刑法第二百一十七条规定的"未经著作权人许可""未经录音制作者许可"。但是,有证据证明权利人放弃权利、涉案作品的著作权或者录音制品的有关权利不受我国著作权法保护、权利保护期限已经届满的除外。

第七条 除特殊情况外,假冒注册商标的商品、非法制造的注册商标标识、侵犯著作权的复制品、主要用于制造假冒注册商标的商品、注册商标标识或者侵权复制品的材料和工具,应当依法予以没收和销毁。

上述物品需要作为民事、行政案件的证据使用的,经权利人申请,可以在民事、行政案件终结后或者采取取样、拍照等方式对证据固定后予以销毁。

第八条 具有下列情形之一的,可以酌情从重处罚,一般不适用缓刑:

(一)主要以侵犯知识产权为业的;

(二)因侵犯知识产权被行政处罚后再次侵犯知识产权构成犯罪的;

(三)在重大自然灾害、事故灾难、公共卫生事件期间,假冒抢险救灾、防疫物资等商品的注册商标的;

(四)拒不交出违法所得的。

第九条 具有下列情形之一的,可以酌情从轻处罚:

(一)认罪认罚的;

(二)取得权利人谅解的;

（三）具有悔罪表现的；

（四）以不正当手段获取权利人的商业秘密后尚未披露、使用或者允许他人使用的。

第十条　对于侵犯知识产权犯罪的，应当综合考虑犯罪违法所得数额、非法经营数额、给权利人造成的损失数额、侵权假冒物品数量及社会危害性等情节，依法判处罚金。

罚金数额一般在违法所得数额的一倍以上五倍以下确定。违法所得数额无法查清的，罚金数额一般按照非法经营数额的百分之五十以上一倍以下确定。违法所得数额和非法经营数额均无法查清，判处三年以下有期徒刑、拘役、管制或者单处罚金的，一般在三万元以上一百万元以下确定罚金数额；判处三年以上有期徒刑的，一般在十五万元以上五百万元以下确定罚金数额。

第十一条　本解释发布施行后，之前发布的司法解释和规范性文件与本解释不一致的，以本解释为准。

第十二条　本解释自2020年9月14日起施行。

■最高人民法院、最高人民检察院关于办理侵犯著作权刑事案件中涉及录音录像制品有关问题的批复（全文）（2005年10月18日）

以营利为目的，未经录音录像制作者许可，复制发行其制作的录音录像制品的行为，复制品的数量标准分别适用《最高人民法院、最高人民检察院关于办理侵犯知识产权刑事案件具体应用法律若干问题的解释》第五条第一款第（二）项、第二款第（二）项的规定。

未经录音录像制作者许可，通过信息网络传播其制作的录音录像制品的行为，应当视为刑法第二百一十七条第（三）项规定的“复制发行”。

■最高人民法院、最高人民检察院、公安部关于办理侵犯知识产权刑事案件适用法律若干问题的意见（2011年1月10日）

十、关于侵犯著作权犯罪案件“以营利为目的”的认定问题

除销售外，具有下列情形之一的，可以认定为“以营利为目的”

（一）以在他人作品中刊登收费广告、捆绑第三方作品等方式直接或者间接收取费用的；

（二）通过信息网络传播他人作品，或者利用他人上传的侵权作品，在网站或者网页上提供刊登收费广告服务，直接或者间接收取费用的；

（三）以会员制方式通过信息网络传播他人作品，收取会员注册费或者其他费用的；

（四）其他利用他人作品牟利的情形。

十一、关于侵犯著作权犯罪案件“未经著作权人许可”的认定问题

“未经著作权人许可”一般应当依据著作权人或者其授权的代理人、著作权集体管理组织、国家著作权行政管理部门指定的著作权认证机构出具的涉案作品版权认证文书，或者证明出版者、复制发行者伪造、涂改授权许可文件或者超出授权许可范围的证据，结合其他证据综合予以认定。

在涉案作品种类众多且权利人分散的案件中，上述证据确实难以一一取得，但有证据证明涉案复制品系非法出版、复制发行的，且出版者、复制发行者不能提供获得著作权人许可的相关证明材料的，可以认定为“未经著作权人许可”。但是，有证据证明权利人放弃权利、涉案作品的著作权不受我国著作权法保护，或者著作权保护期限已经届满的除外。

十二、关于刑法第二百一十七条规定的“发行”的认定及相关问题

“发行”，包括总发行、批发、零售、通过信息网络传播以及出租、展销等活动。

非法出版、复制、发行他人作品，侵犯著作权构成犯罪的，按照侵犯著作权罪定罪处罚，不认定为非法经营罪等其他犯罪。

十三、关于通过信息网络传播侵权作品行为的定罪处罚标准问题

以营利为目的，未经著作权人许可，通过信息网络向公众传播他人文字作品、音乐、电影、电视、美

术、摄影、录像作品、录音录像制品、计算机软件及其他作品，具有下列情形之一的，属于刑法第二百一十七条规定的“其他严重情节”：

（一）非法经营数额在五万元以上的；

（二）传播他人作品的数量合计在五百件（部）以上的；

（三）传播他人作品的实际被点击数达到五万次以上的；

（四）以会员制方式传播他人作品，注册会员达到一千人以上；

（五）数额或者数量虽未达到第（一）项至第（四）项规定标准，但分别达到其中两项以上标准一半以上的；

（六）其他严重情节的情形。

实施前款规定的行为，数额或者数量达到前款第（一）项至第（五）项规定标准五倍以上的，属于刑法第二百一十七条规定的“其他特别严重情节”。

十四、关于多次实施侵犯知识产权行为累计计算数额问题

依照《最高人民法院、最高人民检察院关于办理侵犯知识产权刑事案件具体应用法律若干问题的解释》第十二条第二款的规定，多次实施侵犯知识产权行为，未经行政处理或者刑事处罚的，非法经营数额、违法所得数额或者销售金额累计计算。

二年内多次实施侵犯知识产权违法行为，未经行政处理，累计数额构成犯罪的，应当依法定罪处罚。实施侵犯知识产权犯罪行为的追诉期限，适用刑法的有关规定，不受前述二年的限制。

十五、关于为他人实施侵犯知识产权犯罪提供原材料、机械设备等行为的定性问题

明知他人实施侵犯知识产权犯罪，而为其提供生产、制造侵权产品的主要原材料、辅助材料、半成品、包装材料、机械设备、标签标识、生产技术、配方等帮助，或者提供互联网接入、服务器托管、网络存储空间、通讯传输通道、代收费、费用结算等服务的，以侵犯知识产权犯罪的共犯论处。

十六、关于侵犯知识产权犯罪竞合的处理问题

行为人实施侵犯知识产权犯罪，同时构成生产、销售伪劣商品犯罪的，依照侵犯知识产权犯罪与生产、销售伪劣商品犯罪中处罚较重的规定定罪处罚。

■最高人民法院关于审理非法出版物刑事案件具体应用法律若干问题的解释（1998年12月23日）

第二条　以营利为目的，实施刑法第二百一十七条所列侵犯著作权行为之一，个人违法所得数额在五万元以上，单位违法所得数额在二十万元以上的，属于“违法所得数额较大”；具有下列情形之一的，属于“有其他严重情节”：

（一）因侵犯著作权曾经两次以上被追究行政责任或者民事责任，两年内又实施刑法第二百一十七条所列侵犯著作权行为之一的；

（二）个人非法经营数额在二十万元以上，单位非法经营数额在一百万元以上的；

（三）造成其他严重后果的。

以营利为目的，实施刑法第二百一十七条所列侵犯著作权行为之一，个人违法所得数额在二十万元以上，单位违法所得数额在一百万元以上的，属于“违法所得数额巨大”；具有下列情形之一的，属于“有其他特别严重情节”：

（一）个人非法经营数额在一百万元以上，单位非法经营数额在五百万元以上的；

（二）造成其他特别严重后果的。

第三条　刑法第二百一十七条第（一）项中规定的“复制发行”，是指行为人以营利为目的，未经著作权人许可而实施的复制、发行或者既复制又发行其文字作品、音乐、电影、电视、录像作品、计算机软件及其他作品的行为。

第五条 实施刑法第二百一十七条规定的侵犯著作权行为,又销售该侵权复制品,违法所得数额巨大的,只定侵犯著作权罪,不实行数罪并罚。

实施刑法第二百一十七条规定的侵犯著作权的犯罪行为,又明知是他人的侵权复制品而予以销售,构成犯罪的,应当实行数罪并罚。

第十六条 出版单位与他人事前通谋,向其出售、出租或者以其他形式转让该出版单位的名称、书号、刊号、版号,他人实施本解释第二条、第四条、第八条、第九条、第十条、第十一条规定的行为,构成犯罪的,对该出版单位应当以共犯论处。

第十七条 本解释所称"经营数额",是指以非法出版物的定价数额乘以行为人经营的非法的出版物数量所得的数额。

本解释所称"违法所得数额",是指获利数额。

非法出版物没有定价或者以境外货币定价的,其单价数额应当按照行为人实际出售的价格认定。

第十八条 各省、自治区、直辖市高级人民法院可以根据本地的情况和社会治安状况,在本解释第八条、第十条、第十二条、第十三条规定的有关数额、数量标准的幅度内,确定本地执行的具体标准,并报最高人民法院备案。

▼安徽省常见经济犯罪数额标准一览表(2000—2014年)(见本书附录四十)

▼浙江省高级人民法院关于印发《全省法院刑事审判疑难问题研讨会纪要》的通知(2012年2月24日)

八、关于销售盗版光碟行为的定性

根据2011年1月公布的《最高人民法院、最高人民检察院、公安部关于办理侵犯知识产权刑事案件适用法律若干问题的意见》第十二条规定,刑法第二百一十七条规定的"发行",包括总发行、批发、零售、通过信息网络传播以及出租、展销等活动。非法出版、复制、发行他人作品,侵犯著作权构成犯罪的,按照侵犯著作权罪定罪处罚,不宜认定为非法经营罪等其他犯罪。据此,行为人实施销售盗版光碟等行为,侵犯他人著作权构成犯罪的,宜按照侵犯著作权罪定罪处罚。

●网络侵犯视听作品著作权案件电子证据审查及未经著作权人许可的认定

办理网络侵犯视听作品著作权犯罪案件,应注意及时提取、固定和保全相关电子数据,并围绕客观性、合法性、关联性要求对电子数据进行全面审查。对涉及众多作品的案件,在认定"未经著作权人许可"时,应围绕涉案复制品是否系非法出版、复制发行且被告人能否提供获得著作权人许可的相关证明材料进行审查。(参见最高人民检察院第26批指导案例第100号,陈力等八人侵犯著作权案,2021年2月4日发布)

□只要实现硬件产品功能的目标程序或功能性代码与他人享有著作权的计算机软件"实质相同",即属于非法复制发行计算机软件的行为

行为人通过非法手段获取他人享有著作权的计算机软件中的目标程序并与特定硬件产品相结合,用于生产同类侵权产品,在某些程序、代码方面虽有不同,但只要实现硬件产品功能的目标程序或功能性代码与他人享有著作权的计算机软件"实质相同",即属于非法复制发行计算机软件的行为,应以侵犯著作权罪定罪处罚。

如果涉案侵权产品的价值主要在于实现其产品功能的软件程序,即软件著作权价值为其主要价值构成,应以产品整体销售价格作为非法经营数额的认定依据。[江苏省无锡市滨湖区人民检察院诉鞠文明、徐路路、华轶侵犯著作权案,载《最高人民法院公报》总第183期,2012年第1期,第32页。]

▽侵犯著作权罪的认定

侵犯著作权罪是指以营利为目的,未经著作权人许可,复制发行其文字作品、音乐、电影、电视录像作品、计算机软件及其他作品,或者出版他人享有专有出版权的图书,或者未经录音录像制作者许可,复制发行其制作的录音录像,或者制作、出售假冒他人署名的美术作品,违法所得数额较大或者有其他严重情节的行为。该罪的特征主要是:(1)犯罪客体是著作权人的著作权和国家的著作权管理制度。犯罪对象是他人的著作权,即享有著作权的公民、法人或者非法人单位对其作品的发表权、署名权、修改权、保护作品完整权、以复制、表演、播放、展览、发行、摄制电影、电视、录像或者改编、翻译、注释、编辑等方式使用作品权以及许可他人以上述方式使用作品、并由此获得报酬的权利。(2)客观方面表现为违反我国著作权法规,侵犯著作权的行为。具体表现为:未经著作权人许可,复制发行其文字作品、音乐、电影、电视录像作品、计算机软件及其他作品;出版他人享有专有出版权的图书;未经录音录像制作者许可,复制发行其制作的录音录像;或者制作、出售假冒他人署名的美术作品,违法所得数额较大或者有其他严重情节的行为。(3)犯罪主体为一般主体,公民、法人和非法人单位均可构成。(4)主观方面是由故意构成,并且具有营利的目的。[参见第146号案例,舒亚眉、陈宝华侵犯著作权案,载《刑事审判参考》总第23辑(2001年第12辑),法律出版社,第24页。执笔:朱平]

▽以营利为目的,共同盗印他人享有专有出版权图书的行为,应当以侵犯著作权罪定罪处罚

《刑法》本条第二项明确规定,以营利为目的,出版他人享有专有出版权的图书,违法所得数额较大或者有其他严重情节的,以侵犯著作权罪定罪处罚;《最高人民法院关于审理非法出版物刑事案件具体应用法律若干问题的解释》(本附文以下简称《非法出版物解释》)进一步明确了侵犯著作权罪的定罪处刑标准。以营利为目的,违法、违规从事出版、印刷、复制、发行业务,是对现行出版管理体制造成了严重的冲击,导致书刊市场秩序的混乱,也是一种可能引发严重后果的非法经营行为。以非法出版物为犯罪对象的非法经营罪与侵犯著作权罪之间属于普通法条与特别法条之间的法条竞合关系。在普通法条与特别法条发生竞合的情况下,适用特别特别法条对行为人定罪处罚是法律适用的一般原则。就以非法出版物为犯罪对象的非法经营罪与侵犯著作权罪而言,刑法第二百二十五条是普通法条,第二百一十七条是特别法条,在刑法没有作出特别规定的情况下,应当采用特别法条优于普通法条的适用原则,以侵犯著作权罪定罪处罚。《最高人民法院关于审理非法出版物刑事案件具体应用法律若干问题的解释》第十一条的规定也肯定了这一原则,即"违反国家规定,出版、印刷、复制、发行本解释第一条至第十条规定以外的其他严重危害社会秩序和扰乱市场秩序的非法出版物,情节严重的,依照刑法第二百二十五条第三项的规定,以非法经营罪定罪处罚"。也就是说,对于以非法出版物为犯罪对象的犯罪行为,只有在没有特别法条可以适用的情况下,才能适用刑法第二百二十五条,以非法经营罪定罪处罚。《最高人民法院、最高人民检察院关于办理生产、销售伪劣商品刑事案件具体应用法律若干问题的解释》第十条关于"实施生产、销售伪劣商品犯罪,同时构成侵犯知识产权、非法经营等其他犯罪的,依照处罚较重的规定定罪处罚"的规定,是指在行为人生产、销售伪劣商品犯罪过程中,其手段、方法行为或者结果行为同时构成侵犯知识产权、非法经营等其他犯罪的情形,属于刑法理论中的牵连犯,当然应当适用处罚较重的刑法条款定罪处罚。[参见第253号案例,孟祥国、李桂英、金利杰侵犯著作权案,载《刑事审判指导》总第33集(2003年第4集),法律出版社,第22~25页。执笔:清国]

▽未经著作权人许可,将其计算机软件修改后销售牟利的行为,构成侵犯著作权罪

以计算机软件为对象构成侵犯著作权罪应当同时具备以下三个条件:一是行为人具有营利的目的;二是行为人未经软件著作权人许可,实施了复制发行其计算机软件的行为;三是违法所得数额较大或者有其他严重情节的。行为人实施了销售行为,其营利目的是显而易见的;其违法所得数额达27万余元,根据《非法出版物解释》第二条的规定,应当认定其"违法所得数额巨大";根据《计算机软件保护条例》第三条第五项的规定,计算机软件的复制,就是指把软件转载在有形物体上的行为。行为人的行为是否构成侵犯著作权罪,关键在于以下问题的认定:首先,复制发行未办理软件著作权登记的软件是否侵犯了软件开发者的软件著作权?根据《计算机软件保护条例》的规定,计算机软件,是指计算机程序及其有关文档。计算机程序,是指为了得到某种结果而可以由计算机等具有信息处理能力的装置执行的代码化指令序列,或者可被自动转换成代码化指令序列的符号化指令序列或者符号化语句序列。计算机程序包括源程序和目标程序。同一程序的源文本和目标文本应当视为同一作品。文档是指用自然语言或者形式化语言所编写的文字资料和图表,用来描述程序的内容、组成、设计、功能规格、开发情况、测试结果及使用方法,如程序设计说明书、流程图、用户手册等。软件著作权属于软件开发者。"中国公民和单位对其所开发的软件,无论是否发表,无论在何地发表,均依照本条例享有著作权"。下列行为,依法构成侵犯软件著作权的行为:"(一)未经软件著作权人同意发表其软件作品;(二)将他人开发的软件当作自己的作品发表;(三)未经合作者同意,将与他人合作开发的软件当作自己单独完成的作品发表;(四)在他人开发的软件上署名或者涂改他人开发的软件上的署名;(五)未经软件著作权人或者其合法受让者的同意修改、翻译、注释其软件作品;(六)未经软件著作权人或者其合法受让者的同意复制或者部分复制其软件作品;(七)未经软件著作权人或者其合法受让者的同意向公众发行、展示其软件的复制品;(八)未经软件著作权人或者其合法受让者的同意向任何第三方办理其软件的许可使用或者转让事宜"。因此,虽然天利公司的天丽鸟软件既未发表,亦未向软件登记管理机构办理软件著作权登记,天利公司作为天丽鸟软件的开发者,仍然依法享有软件著作权。任何单位和个人未经著作权人天利公司许可,对其软件进行修改、复制发行的行为,均侵犯了天利公司软件著作权。其次,未经软件著作权人许可,将其计算机软件修改后复制发行的行为,属于刑法意义上的"复制发行"。从形式上看,被告人将以不正当手段获得的天丽鸟软件进行了修改,并且更名为泓瀚软件,是一种未经权利人许可而使用其软件的行为,与《著作权法实施条例》第五条第一项规定的"以印刷、复印、临摹、拓印、录音、录像、翻录、翻拍等方式将作品制作一份或者多份"的"复制"行为有一定的区别。但是,认定是否属于复制行为,不能仅以原件与复制件在形式上、表现上是否完全相同作为判断依据,还应当看其实质,如行为人是否对该软件进行了实质性改进。如果对软件的功能作了实质性改进,应属于演绎行为,与"复制"有所不同;如果仅依靠一定的设备、技术、技艺,机械性地再现原作品,则属于复制行为。从本案审理查明的事实来看,行为人并没有对天丽鸟软件作实质性的改进,仅将其源代码稍作修改后,便更名为泓瀚软件。泓瀚软件所包含的智力创造仍是天利公司独自的劳动成果,不具有在某一方面的独创性和原创性,不是新的作品,因此,在实质上仍是原作品的复制。行为人以营利为目的,未经软件著作权人许可,复制发行其天丽鸟软件的行为,应当认定属于刑法意义上的"复制发行"行为。[参见第120(117)号案例,王安涛侵犯著作权案,载《刑事审判参考》总第19辑(2001年第8辑),法律出版社,第21～24页。执笔:钟宣]

▽侵犯著作权罪的定罪处刑标准

刑法本条规定的侵犯著作权罪确定了两个定罪处刑标准:一是"违法所得数额",二是"情节"。"违法所得数额",参照1995年7月5日《最高人民法院关于审理生产、销售伪劣产品刑事案件如何认定"违法所得数额"的批复》的规定,是指生产、销售伪劣产品获利的数额,即扣除成本、税收后的获利数额。关于"情节",按照《非法出版物解释》第二条的规定,包括"非法经营额",即通常所说的"流水额"、"毛利",包含成本、税收的总额。这样办理此类案件,既具有"违法所得数额",又具有"非法经营额"时,由于对侵犯著作权的行为同时可以按"违法所得数额"或"非法经营数额"两种标准来衡量,在考虑刑罚适用时,有时会产生冲突,即按不同的标准有可能适用不同的刑罚。此种情况下,应当选择适用处罚较重的标准定罪处刑。根据复制发行软件不需投入大量的原材料、设备等成本,非法经营额一般较小的实际情况,按照行为人的违法所得数额对其定罪处刑是正确的。[参见第120(117)号案例,王安涛侵犯著作权案,载《刑事审判参考》总第19辑(2001年第8辑),法律出版社,第24页。执笔:钟宣]

▽擅自制作网游外挂出售牟利,侵犯的是网络游戏权利人著作修改权而不是复制发行权,不构成侵犯著作权罪

将擅自制作网游外挂的行为视为违法行为,2003年12月23日新闻出版总署、信息产业部、国家工商行政管理总局、国家版权局、全国扫黄打非工作小组办公室在《关于开展对"私服"、"外挂"专项治理的通知》(本附文以下简称《通知》),《通知》指出"私服"、"外挂"违法行为是指未经许可或授权,破坏合法出版、他人享有著作权的互联网游戏作品的技术保护措施、修改作品数据、私自架设服务器、制作游戏充值卡(点卡),运营或挂接运营合法出版、他人享有著作权的互联网游戏作品,从而牟取利益、侵害他人利益。对于未经许可擅自制作网游外挂并出售的行为侵犯了游戏作品著作权人的著作权。根据刑法本条的规定,以营利为目的,未经著作权人许可,复制发行其文字作品、音乐、电影、电视、录像作品、计算机软件及其他作品,违法所得数额较大或者有其他严重情节的,以侵犯著作权罪定罪处罚,也就是说,对于计算机软件的著作权,刑法只保护其中的复制发行权。因此,擅自制作网游外挂出售牟利的行为如果侵犯了复制发行权则可能构成侵犯著作权罪;而如果仅仅侵犯著作权中的修改权,则不能以侵犯著作权罪论处。根据《最高人民法院、最高人民检察院关于办理侵犯知识产权刑事案件具体应用法律若干问题的解释》(本附文以下简称《知产解释》)第十一条的规定,通过信息网络向公众传播他人文字作品、音乐、电影、电视、录像作品、计算机软件及其他作品的行为,应当视为刑法第二百一十七条规定的"复制发行"。根据《计算机软件保护条例》,"修改权是指对软件进行增补、删节,或者改变指令、语句顺序的权利"。"外挂"软件的实质功能在于为游戏消费者提供超出传奇3游戏规则范围的额外帮助,起游戏辅助工具的效用,而行为人的行为目的也是为游戏消费者提供突破技术保护措施的技术服务从而获利,其制作网游外挂对网络游戏产生影响主要是通过以下两个途径:一是通过对硬盘、内存之中的网络游戏客户端程序、数据进行修改或者对服务器端与客户端间的网络数据包拦截、修改来完成;二是直接挂接到网络游戏环境中运行。前者修改了网络游戏程序的代码、数据,属于对网络游戏的修改;后者由于增补了网络游戏软件的功能,同样属于对网络游戏的修改。而软件的复制发行则是指将软件制作一份或者多份,以出售或者赠与方式向公众提供软件的原件或者复制件的行为。[参见第473号案例,谈文明等非法经营案,载《刑事审判参考》总第60集(2008年第1集),法律出版社,第21~23页。执笔:罗鹏飞]

▽贩卖普通侵权盗版光碟的行为应当认定为侵犯著作权罪,不能认定为非法经营罪或者销售侵权复制品罪

对被告人贩卖11 240张普通侵权盗版光碟的行为应当以侵犯著作权罪定罪处罚。主要理由如下:1.凌某某贩卖普通侵权盗版光碟的行为属于刑法本条规定的"发行"的一种方式。根据刑法本条的规定,对于本罪客观构成要件中的"复制发行"的理解,根据1998年出台的《非法出版物解释》第三条的规定,刑法本条第一项规定的"复制发行",是指行为人以营利为目的,未经著作权人许可而实施的复制、发行或者既复制又发行的行为。该规定明确了复制行为与发行行为是否必须同时存在的问题,但并未明确。如何理解"发行"的具体含义。根据《著作权法实施条例》第十条的规定,"发行权"是指以出售或者赠与方式向公众提供作品的原件或复制件的权利。中华人民共和国新闻出版总署第二十号令颁行的《出版物市场管理规定》第二条第三款规定:"本规定所称'发行'包括总发行、批发、零售以及出租、展销等活动。"2007年出台的《知产解释》第二条第二款规定:"侵权产品的持有人通过广告、征订等方式推销侵权产品的属于刑法第二百一十七条规定的'发行'。"根据以上规定,应当认定销售侵权盗版光碟的行为也是发行的一种方式。本案判决时,刑法和司法解释没有更加明确的规定,法院参照上述规定,认定批发、零售形式的销售行为是发行行为的方式之一,并依法认定凌某某贩卖普通侵权盗版光碟的行为属于刑法本条规定的"发行"的一种方式是正确的。2011年1月10日最高人民法院、最高人民检察院、公安部联合发布的《关于办理侵犯知识产权刑事案件适用法律若干问题的意见》(本附文以下简称《知产意见》)第十二条第一款对刑法第本条规定的"发行"作了进一步明确。该款明确规定"发行"包括总发行、批发、零售、通过信息网络传播以及出租、展销等活动。这一规定为有效解决司法实践中对于如何认定刑法本条规定的"发行",在认识和处理上提供了法律依据。2.凌某某的行为符合侵犯著作权罪的定罪要件。首先,本案被告人的供述、证人证言、书证等证据充分证明凌某某以营利为目的实施了贩卖11 000余张光碟的行为。对于这部分光碟,凌某某不能提供著作权人授权的证据,主观上明知该批光碟为盗版光碟,且行政执法机关的鉴定意见证明凌某某贩卖的该批光碟系非法出版物,因此,应当认定该部分光碟是凌某某未经著作权人许可而发行的作品。其次,《最高人民法院、最高人民检察院关于办理侵犯知识产权刑事案件具体应用法律若干问题的解释(二)》(本附文以下简称《知产解释(二)》)第一条规定:"以营利为目的,未经著作权人许可,复制发行其文字作品、音乐、电影、电视、录像作品、计算机软件及其他作品,复制品数量合计在五百张(份)以上的,属于刑法第二百一十七条规定的'有其他严重情节';复制品数量在二千五百张(份)以上的,属于刑法第二百一十七条规定的'有其他特别严重情节'……"凌某某贩卖11 000余张侵权盗版光碟,属于该解释规定的"有其他特别严重情节"。综上,凌某某的行为符合侵犯著作权罪的构成要件,应当以侵犯著作权罪定罪处罚。3.贩卖普通侵权盗版光碟的行为不宜认定为非法经营罪。凌某某销售侵权盗版光碟的行为同时具备非法经营的性质。非法经营罪的本质特征是违反国家有关许可经营的规定,不具备法定资格而非法从事某种经营活动或者滥用经营资格的经营行为。由于"侵权复制品"是违反国家有关保护知识产权法律、法规规定的产品,因此,销售侵权复制品的行为具有非法经营的性质,销售侵权复制品的行为属于非法经营行为的一种。然而并非所有的销售侵权复制品的行为,都认定为非法经营罪或者销售侵权复制品罪。《非法出版物解释》第十一条规定:"违反国家规定,出版、印刷、复制、发行本解释第一条至第十条规定以外的其他严重危害社会秩序和扰乱市场秩序的非法出版物,情节严重的,依照刑法第二百二十五条第三项的规定,以非法经营罪定罪处罚。"这一规定明确了非法出版行为以非法经营罪处罚的前提是该非法出版物属于该解释第一至十条规定的具有反动性政治内容出版物、侵权复制品、淫秽物品等以外的其他严重危害社会秩序和扰乱市场秩序的非法出版物。2007年"两高"联合发布的《知产解释(二)》第二条第三款也明确规定:"非法出版、复制发行他人作品,侵犯著作权构成犯罪的,按照侵犯著作权罪进行处罚。"2011年发布的《知产意见》第十二条第二款再次明确规定:"非法出版、复制、发行他人作品,侵犯著作权构成犯罪的,按照侵犯著作权罪定罪处罚,不认定为非法经营罪等其他犯罪。"上述规定进一步明确了非法发行他人作品构成犯罪的,不再认定为非法经营罪或者销售侵权复制品罪,而应按照侵犯著作权罪进行定罪处罚。[参见第679号指导案例,凌某某侵犯知识产权、贩卖淫秽物品牟利案,载《刑事审判参考》总第78集(2011年第1集),第125～128页。撰稿:袁彩君]

▽销售《十七大报告》单行本、《党章》等他人享有专有出版权的图书,不构成侵犯著作权罪

侵犯著作权罪,是指以营利为目的,违反著作权法的规定,侵犯他人著作权,违法所得数额较大或者有其他严重情节的行为。本案被告人擅自销售的图书有《党章》《十七大报告》单行本和盗版的《十七大报告辅导读本》。其中,《十七大报告辅导读本》的著作权归"本书编写组",由人民出版社享有独家出版发行权,该书著作权人明确,故根据《知产解释(二)》的规定,四被告人在未经著作权人许可的情况下,以营利为目的发行该书,只要发行数量超过500本的定罪数量标准,即符合刑法第二百一十七条第一项情形下的"有其他严重情节",可以按照侵犯著作权罪定罪处罚。《著作权法》明确了该法的保护范围,并在第五条列举了不适用其保护的三类情形:(1)法律、法规、国家机关的决议、决定、命令和其他具有立法、行政、司法性质的文件,及其官方正式译文;(2)时事新闻;(3)历法、通用数表、通用表格和公式。显然,《党章》和《十七大报告》作为党中央发布的官方文献,由一定的组织和人员负责起草,经特定的组织程序决议通过,在全党范围内具有约束力,可视为"具有立法、行政、司法性质的文件",属于上述第一类除外情形。换言之,《党章》和《十七大报告》都没有著作权人。为了规范《党章》和《十七大报告》的出版发行,相关机构授权人民出版社享有专有的出版权,其他任何组织和个人不得擅自出版。其他组织和个人的出版行为,侵犯人民出版社的专有出版权,按照刑法第二百一十七条第二项的规定,可能构成侵犯著作权罪。"出版"一词具有特定的含义,《著作权法实施细则》规定,出版是指“将作品编辑加工后，经过复制向公众发行”的行为，故单纯销售、贩卖他人享有专有出版权的图书的，不属于“出版”此类图书，也就不构成侵犯著作权罪，但可能构成其他犯罪。如果行为人明知是他人侵犯出版权出版的此类刊物而予以销售，违法所得数额达到10万元以上的，可以按照销售侵权复制品罪论处。如果行为人明知是非法出版物而销售，达到2000册以上的，可以根据《非法出版物解释》第十一条、第十二条之规定，按照非法经营罪定罪处罚。在同时构成销售侵权复制品罪和非法经营罪的情况下，按照想象竞合犯的处理原则，择一重罪处罚。本案四被告人对《十七大报告》单行本、《党章》等他人享有专有出版权的图书实施了销售行为，但没有实施出版行为，故不符合刑法第二百一十七条规定的四种侵犯著作权的情形，不能认定构成侵犯著作权罪。四人销售这两种出版物的非法所得不应计入其侵犯著作权行为的犯罪数额。相关鉴定机构认定查获的《党章》《十七大报告》单行本属于侵权复制品，所指的是侵犯了他人的专有出版权，而不是著作权。同时，本案被告人销售非法出版物的行为尚未达到非法经营罪的定罪标准，故也不能以非法经营罪论处。[参见第680号指导案例，张顺等人侵犯知识产权案，载《刑事审判参考》总第78集(2011年第1集)，第133～134页。撰稿：臧德胜　陈轶]

▽销售盗版《十七大报告辅导读本》的行为构成侵犯著作权罪，而非销售侵权复制品罪

销售的《十七大报告辅导读本》具有明确的著作权人，且经鉴定属于侵权复制品。《著作权法》第十条对发行权作了明确界定，即以出售或者赠与方式向公众提供作品的原件或者复制件的权利。这表明，《著作权法》并未将发行限于第一次发行或总发行，销售本身就是《著作权法》意义上发行作品的一种重要方式。而刑法也没有对“发行”作出不同于《著作权法》的界定，故应当认为，刑法第二百一十七条中“发行”的含义与《著作权法》第十条中的“发行”是一致的，即无论是出版社第一次公开销售作品、复制品，还是他人购人作品、复制品之后再向公众销售，均属于“发行”。相关司法解释也体现了这种立场。《知产解释(二)》明确将刑法第二百一十七条中的“复制发行”解释为复制、发行或者既复制又发行的行为，并未要求复制与发行同时具备。最高人民法院、最高人民检察院、公安部2011年联合印发的《知产意见》对“发行”作了进一步解释，即包括总发行、批发、零售、通过信息网络传播以及出租、展销等活动。可见，现行司法解释等规范性指导文件延续了《著作权法》对“发行”的界定。据此，对于行为人销售了侵犯他人著作权的复制品的，可把该行为认定为侵犯著作权罪中的“发行”，由于侵犯著作权罪的定罪标准低于销售侵权复制品罪，故客观上会造成销售侵权复制品罪司法适用范围的缩小。当然，如果行为人销售的是他人非法出版的《党章》《十七大报告》等没有著作权人的侵权复制品，在违法所得数额巨大的情况下，可以构成销售侵权复制品罪。本案四被告人销售侵权复制品的违法所得均没有达到销售侵权复制品罪的定罪标准(人民币10万元)，不能认定为该罪。下面进一步分析对本案四名被告人的定罪问题。第一，前文已述，四被告人擅自销售的《党章》或《十七大报告》单行本的数量不应当计入各自的犯罪数额，故被告人张顺、陈瑞、赵党清、王红勤的犯罪对象仅为盗版的《十七大报告辅导读本》，犯罪数量分别为2300本、1000本、1500本和100本。其中，张顺、陈瑞、赵党清未经著作权人许可，发行其文字作品的数量均超过了500本的定罪标准，属于刑法第二百一十七条规定的“有其他严重情节”，已构成侵犯著作权罪。而王红勤在未经著作权人许可的情况下，发行数量尚未达到500本的定罪标准，故从犯罪数额角度看，不应追究其刑事责任。第二，四被告人之间系买卖关系，相互之间缺乏共同犯罪的故意和行为，不属于共同犯罪，应分别对各自的行为负责，故被告人王红勤仅应对其销售的100本盗版的《十七大报告辅导读本》负责，尚不构成犯罪，检察机关撤回对王红勤的起诉是正确的。综上，被告人张顺、陈瑞、赵党清的行为均构成侵犯著作权罪，被告人王红勤的行为不构成犯罪。[参见第680号指导案例，张顺等人侵犯知识产权案，载《刑事审判参考》总第78集(2011年第1集)，第135～137页。撰稿：臧德胜　陈轶]

▽侵犯著作权罪“未经著作权人许可”的认定

“未经著作权人许可”是构成侵犯著作权罪的前提条件，故必须对此进行准确的界定。按照2004

年12月《知产解释》第十一条第二款规定,“未经著作权人许可”,是指没有得到著作权人授权或者伪造、涂改著作权人授权许可文件或者超出授权许可范围的情形。根据《著作权法》的规定,“未经著作权人许可”而复制著作权人作品的,大致有以下六种情形:(1)符合《著作权法》第二十二条规定权利限制的十二种情况,可以不经著作权人许可,不支付报酬而使用,这是对作品的合理使用。《著作权法》第二十二条规定,在下列情况下使用作品,可以不经著作权人许可,不向其支付报酬,但应当指明作者姓名、作品名称,并且不得侵犯著作权人依照本法享有的其他权利:①为个人学习、研究或者欣赏,使用他人已经发表的作品;②为介绍、评论某一作品或者说明某一问题,在作品中适当引用他人已经发表的作品;③为报道时事新闻,在报纸、期刊、广播电台、电视台等媒体中不可避免地再现或者引用已经发表的作品;④报纸、期刊、广播电台、电视台等媒体刊登或者播放其他报纸、期刊、广播电台、电视台等媒体已经发表的关于政治、经济、宗教问题的时事性文章,但作者声明不许刊登、播放的除外;⑤报纸、期刊、广播电台、电视台等媒体刊登或者播放在公众集会上发表的讲话,但作者声明不许刊登、播放的除外;⑥为学校课堂教学或者科学研究,翻译或者少量复制已经发表的作品,供教学或者科研人员使用,但不得出版发行;⑦国家机关为执行公务在合理范围内使用已经发表的作品;⑧图书馆、档案馆、纪念馆、博物馆、美术馆等为陈列或者保存版本的需要,复制本馆收藏的作品;⑨免费表演已经发表的作品,该表演未向公众收取费用,也未向表演者支付报酬;⑩对设置或者陈列在室外公共场所的艺术作品进行临摹、绘画、摄影、录像;⑪将中国公民、法人或者其他组织已经发表的以汉语言文字创作的作品翻译成少数民族语言文字作品在国内出版发行;⑫将已经发表的作品改成盲文出版。(2)根据法律的直接规定,以特定的方式使用已发表的作品,可以不经著作权人许可,但应当按照规定支付报酬,这是对作品的法定许可使用。如《著作权法》第二十三条规定:“为实施九年制义务教育和国家教育规划而编写出版教科书,除作者事先声明不许使用的外,可以不经著作权人许可,在教科书中汇编已经发表的作品片段或者短小的文字作品、音乐作品或者单幅的美术作品、摄影作品,但应当按照规定支付报酬,指明作者姓名、作品名称,并且不得侵犯著作权人依照本法享有的其他权利。前款规定适用于对出版者、表演者、录音录像制作者、广播电台、电视台的权利的限制。”第四十四条规定:“广播电台、电视台播放已经出版的录音制品,可以不经著作权人许可,但应当支付报酬。当事人另有约定的除外。具体办法由国务院规定。”(3)根据伯尔尼公约和世界版权公约关于强制许可的规定,由著作权主管机关颁发强制许可证授权许可使用作品的,是对作品的强制许可使用。(4)在著作权许可使用合同期限内,未经著作权人批准,擅自增加使用数量、改变使用方式等而使用的。(5)著作权许可合同期满后,原使用人没经著作权人许可,再次使用作品的。(6)不存在上述任何法定、约定条件的情况下,未经著作权人许可使用作品的。对于上述六种情况中的前三种情况,不构成侵犯著作权罪是毫无疑问的。对于第六种情况,属于侵犯著作权罪中的“未经著作权人许可”,也不存在争议。第四、五种情况如果情节达到相当的程度,可以认定为侵犯著作权罪中的“未经著作权人许可”,构成侵犯著作权罪。就第四种情况来说,行为人的行为是超出授权许可范围的情形。按照2004年“两高”《知产解释》,“超出授权许可范围”而使用著作权人的作品属于“未经著作权人许可”。就第五种情况而言,著作权合同期满以后,著作权人就不得再使用著作权人的作品。著作权合同期满后,其法律效果与没有签订著作权合同等同,行为人使用著作权人的作品,应当视为没有任何根据地使用著作权人的作品,如果达到相当的程度,可以作为犯罪处理。但是,第四、五种情况作为犯罪处理不是必然的,只有在行为人的行为达到相当严重的程度时,才能作为犯罪处理。而且,即使行为人的行为已经达到了可以作为犯罪处理的程度,也不一定非要作为犯罪处理,还有作为民事侵权处理的余地。因为包括侵犯著作权罪在内的所有侵犯知识产权犯罪,既可以公诉,也可以由被害人提起自诉,如果被害人不作为刑事自诉案件向法院提起自诉,而是选择向法院提起民事诉讼,通过民事手段救济自己被侵犯的权利,则意味着被害人放弃刑事自诉的权利。对于被害人的这种程序选择权,司法机关应当予以充分尊重,除非行为人的行为已经严重侵犯了公共利益,否则司法机关不应当干预,硬要将案件作为刑事案件处理。而且,这两种情况与不存在任何法定、约定条件的情况下,未经著作权人许可使用作品的行为相比,主观恶性要小,故定罪的把握要更严一些。需要注意的是,根据2011年1月《知产意见》第十一条的规定,"未经著作权人许可"一般应当依据著作权人或者其授权的代理人、著作权集体管理组织、国家著作权行政管理部门指定的著作权认证机构出具的涉案作品版权认证文书,或者证明出版者、复制发行者伪造、涂改授权许可文件或者超出授权许可范围的证据,结合其他证据综合予以认定。在涉案作品种类众多且权利人分散的案件中,如果前述证据确实难以一一取得,但有证据证明涉案复制品系非法出版、复制发行的,且出版者、复制发行者不能提供获得著作权人许可的相关证明材料的,可以认定为"未经著作权人许可。"但是,有证据证明权利人放弃权利、涉案作品的著作权不受我国《著作权法》保护,或者著作权保护期限已经届满的除外。[参见肖晚祥、孙争鸣:《关于假冒注册商标罪、假冒专利罪、侵犯著作权罪司法认定问题的研究》,载《刑事审判参考》(实务探讨)总第78集(2011年第1集),第198~202页。]

▽侵犯著作权罪的犯罪对象的认定

侵犯著作权罪的犯罪对象是侵权产品。对于侵权产品究竟是产品的整体还是某一部分,应当从产品中涉嫌侵权的某一部分是否具有相对独立性来判断。如果具有相对独立性,则应当认定产品的某一部分为侵权产品;如果没有相对独立性,无法和产品的整体进行区分,则应当认定产品的整体为侵权产品。故应当认定某地部分而不是整体为侵权产品,相关犯罪数额的计算也应当以某一部分为标准进行。[参见肖晚祥、孙争鸣:《关于假冒注册商标罪、假冒专利罪、侵犯著作权罪司法认定问题的研究》,载《刑事审判参考》(实务探讨)总第78集(2011年第1集),第202~203页。]

▽复制部分实质性相同的计算机程序文件并加入自行编写的脚本文件形成新的外挂程序后运用的行为属于侵犯著作权罪中的"复制发行"

1. 复制"实质性相同"和复制"完全相同"的程序文件都属于侵犯著作权晕中的"复制"。(1)"复制"的概念呈扩张式发展。在现代汉语词典中,"复"的意思是指重复,即依照原件制作成同样的东西,多指通过临摹、拓印、印刷、复印、录音、录像、翻拍等方式。对于传统的纸质等有形传播媒介而言,"复制"一般是指通过"印刷、复印、拓印、录音、录像、翻拍等方式将作品制作一份或者多份"。在现代网络环境下,信息载体已经发生巨大变化,"复制"的概念也相应发生变化。《著作权法》将"复制"定义为"印刷、复印、拓印、录音、录像、翻拍等方式"。该定义之所以用"等"字,一定程度上表明对《著作权法》未列明但已经出现或者即将出现的新的复制方式的一种兜底性或者堵截性认可。我国1992年10月15日加入的《保护文学和艺术作品伯尔尼公约》第九条第一款也规定:"受本公约保护的文学艺术作品的作者,享有批准以任何方式和采取任何形式复制这些作品的专有权。"可见,在有关国际公约和相关法律规定中对"复制"的方式或者形式没有任何限制。

(2)"复制"不限于复制"完全相同"的软件。对于"复制"的理解,不应当局限于当前一般观念的认识范围,可以将"复制"的行为方式全部抽象为对原件的"再现"。这种"再现"不局限于"完全相同",而只需要具备"实质性相同"即可。实践中,行为人为迎合市场需求,在保证与原作品"实质性相同"的前提下,恶意对他人的原作品进行篡改,增加一些内容,并署原作者的姓名。这种行为,毫无疑问应当认定为"复制"。

(3)相关法规及规范性文件规定部分复制著作权人软件的行为属于侵犯著作权罪中的"复制"。《计算机软件保护条例》第二十四条规定:"……触犯刑律的,依照刑法关于侵犯著作权罪、销售侵权复制品罪的规定,依法追究刑事责任:(一)复制或者部分复制著作权人的软件的……"尽管相关行政性规定中是否具有"构成犯罪的"等提示性对照规定,对认定相关行为是否构成犯罪没有影响,但《计算机软件保护条例》关于"复制"一词的规定体现出"部分复制"行为性质等同于"完全复制"行为性质的立法原意。基于《计算机软件保护条例》的这一规定,在刑法没有明确界定第二百一十七条第一项中

"复制发行"含义的情况下,将"部分复制"纳入侵犯著作权罪中的"复制"范围(同时强调前文分析的实质性相同),并非类推解释,而是具有一定的法律根据。

(4)本案中的外挂程序和官方客户端程序存在实质性相同。本案中,被告人余某、曹某某、冯某即是利用了其掌握的计算机专业技术,破译了《龙之谷》游戏客户端和服务器间通讯协议,大量复制官方客户端程序中的游戏对话文件、基础数据文件、地图文件、登录文件等关键及核心文件,并加入自行编写的脚本文件后制作完成了脱机外挂程序。经鉴定,该外挂软件对官方游戏客户端程序的1000余个文件进行了复制,可以使《龙之谷》游戏系统在不运行游戏客户端的情况下直接运行该游戏,并具备《龙之谷》游戏本身不具有的自动操作功能。该外挂程序与《龙之谷》游戏客户端程序的文件相似度为398/471=84.5%,文件目录结构相似度为400/471=84.92%。上述文件均系《龙之谷》游戏中与登录、防外挂及地图、物品代码等相关的逻辑关系数据库文件,均系该游戏具有自主知识产权的核心数据库文件。因而,该外挂程序与《龙之谷》游戏客户端程序尽管并非完全一致,但两者存在实质性相同。

2.复制后广泛运用的行为应当认定为刑法意义上的"复制发行"。(1)"发行"的概念亦呈扩张式发展。在现代汉语词典中,"发行"是指"发出新印制的货币、债券或新出版的书刊、新制作的电影等"。"发行"最初的含义强调的是"新",一般是指发行新的东西。《著作权法》第十条第一款第六项规定:"发行权,即以出售或者赠与方式向公众提供作品的原件或者复制件的权利。"可见,提供复制件也属于"发行"。2004年最高人民法院、最高人民检察院联合制发的《知产解释》第十一条第三款规定:"通过信息网络向公众传播他人文字作品、音乐、电影、电视、录像作品、计算机软件及其他作品的行为,应当视为刑法第二百一十七条规定的'复制发行'。"2007年最高人民法院、最高人民检察院联合制发的《知产解释二》第二条第二款规定:"侵权产品的持有人通过广告、征订等方式推销侵权产品的,属于刑法第二百一十七条规定的'发行'"。2011年最高人民法院、最高人民检察院、公安部《知产意见》第十二条更是将发行解释为"包括总发行、批发、零售、通过信息网络传播以及出租、展销等活动"。从上述法律及相关司法解释的规定可知,"发行"的含义整体呈不断扩展之势,由最初强调新的含义、出售或者赠与方式不断扩展到"通过网络传播""通过广告、征订"以及批发、零售、出租、展销等活动方式。经由上述分析,对"复制发行"的理解,应当结合国民的普通用语和刑法的规范用语语境,在罪刑法定原则的指导下,正视社会生活事实的变化,从不断变化的社会文化中挖掘和把握其准确内涵和外延。(2)脱机外挂程序属于刑法意义上的"复制发行"。"外挂"本身系计算机程序的一种,通常是指针对一个或者多个网络游戏,通过改变游戏软件的部分程序制作而成的作弊程序,其原理是截取、修改游戏客户端和服务器之间通过通讯数据包传输的数据,模拟服务器发给客户端,或者模拟客户端发给服务器,从而达到修改游戏、实现各种游戏功能增强的目的。外挂程序制作及运行的过程决定其必须对官方客户端程序的大量数据进行收集、复制和修改。以网络游戏"外挂代练"为例。根据新闻出版总署、信息产业部、国家工商行政管理总局、国家版权局、全国"扫黄打非"工作小组办公室于2003年12月18日发布的《关于开展对"私服"、"外挂"专项治理的通知》的规定,"私服"、"外挂"违法行为是指未经许可或授权,破坏合法出版、他人享有著作权的互联网游戏作品的技术保护措施、修改作品数据、私自架设服务器、制作游戏充值卡(点卡),运营或者挂接运营合法出版、他人享有著作权的互联网游戏作品,从而牟取利益、侵害他人利益。"私服""外挂"违法行为属于非法互联网出版活动,应依法予以严厉打击。实践中,这些"外挂"的制作者均是部分复制被侵权者研发的软件,轻则被侵权起诉,重则被处以刑罚。

本案涉及的脱机型外挂,是一种需要了解、掌握游戏客户端和服务器之间的通讯数据包完整内容后才能制作完成的程序,与其他外挂需挂接到客户端程序不同,它可以脱离游戏的客户端程序,模拟官方的客户端进行登录、游戏,并能实现官方客户端所没有的一些功能,如自动打怪、交易等。因此,脱机型外挂系脱胎于官方客户端程序,除非掌握该游戏的内部技术秘密,一般技术层面很难完成。这种复制部分实质性相同的程序文件并加入自行编写的脚本文件形成新的外挂程序后运用的行为,应当认定力刑法意义上的“复制发行”。虽然本案被告人销售的是“复制发行”侵权软件衍生的游戏金币,但这只是牟利行为在形式上的延伸,实质上与“复制发行”侵权软件本身的使用价值无异。因此,认定本案被告人复制部分实质性相同的计算机程序文件并加入自行编写的脚本文件形成新的外挂程序后运用的行为属于刑法意义上的“复制发行”,于法有据。[参见第942指导案例,余刚等侵犯著作权案,载《刑事审判参考》总第96集(2014年第1集),第23~26页。撰稿:王利民 赵拥军]

▽销售使用“复制”侵权软件衍生的游戏金币的数额应当认定为非法经营额

刑法本条规定的侵犯著作权罪确定了两个处刑标准:一是“违法所得数额”,二是“情节”。本案被告人并未直接销售“复制”的侵权软件,而是销售使用“复制”的侵权软件而产生的衍生物——游戏金币,因而只能以“情节”来认定被告人的刑事责任。根据《知产解释》第五条、《知产解释二》第一条和《知产意见》第十三条的规定,“非法经营额”和“复制品数量”都可以作为侵犯著作权罪的“情节”认定标准。本案复制品数量未达到上述司法解释规定的标准,因此,本案主要围绕“非法经营额”来认定被告人的刑事责任。

根据《知产解释》第十二条的规定,“非法经营数额”是指行为人在实施侵犯知识产权行为过程中,制造、储存、运输、销售侵权产品的价值。对于计算机软件而言,其价值以著作权价值为完全或者主要价值,软件的著作权价值包括软件产品本身通过发行、出租、许可、转让等实现的利益,也包括利用软件实现其功能而形成的附属物品进入流通后产生的价值。本案涉及的《龙之谷》游戏的盈利是采用“免费游戏+虚拟物品买卖”的模式,即玩家免费游戏,付费获得该游戏的道具、装备等增值服务,软件的著作权价值主要体现为游戏衍生品市场形成的利益。质言之,本案被告人制造了侵权外挂软件,然后使用该软件获取相关游戏虚拟货币并销售牟利,应当以侵权软件衍生物品的销售价格作为本案非法经营额的认定依据。

综上,本案中的被告人以营利为目的,未经著作权人许可,复制其计算机软件,并利用侵权软件获取游戏虚拟货币并销售后牟利,构成侵犯著作权罪,且各被告人的非法经营额均属于情节特别严重。[参见第942指导案例,余刚等侵犯著作权案,载《刑事审判参考》总第96集(2014年第1集),第26~27页。撰稿:王利民 赵拥军]

第二百一十八条 【销售侵权复制品罪】以营利为目的,销售明知是本法第二百一十七条规定的侵权复制品,违法所得数额巨大或者有其他严重情节的,处五年以下有期徒刑,并处或者单处罚金。(本条是根据《中华人民共和国刑法修正案(十一)》之二十一修改的,自2021年3月1日起施行。)

刑法本条原文:【销售侵权复制品罪】以营利为目的,销售明知是本法第二百一十七条规定的侵权复制品,违法所得数额巨大的,处三年以下有期徒刑或者拘役,并处或者单处罚金。

■最高人民法院关于审理非法出版物刑事案件具体应用法律若干问题的解释(1998年12月23日)

第四条 以营利为目的,实施刑法第二百一十八条规定的行为,个人违法所得数额在十万元以上,单位违法所得数额在五十万元以上的,依照刑法第二百一十八条的规定,以销售侵权复制品罪定罪处罚。

第十六条 出版单位与他人事前通谋,向其出售、出租或者以其他形式转让该出版单位的名称、书号、刊号、版号,他人实施本解释第二条、第四条、第八条、第九条、第十条、第十一条规定的行为,构成犯罪的,对该出版单位应当以共犯论处。

第十七条 本解释所称“经营数额”,是指以非法出版物的定价数额乘以行为人经营的非法的出版物数量所得的数额。

本解释所称“违法所得数额”,是指获利数额。

非法出版物没有定价或者以境外货币定价的,其单价数额应当按照行为人实际出售的价格认定。

第十八条 各省、自治区、直辖市高级人民法院可以根据本地的情况和社会治安状况,在本解释第八条、第十条、第十二条、第十三条规定的有关数额、数量标准的幅度内,确定本地执行的具体标准,并报最高人民法院备案。

■最高人民检察院、公安部关于公安机关管辖的刑事案件立案追诉标准的规定(一)(2008年6月25日)

第二十七条 [销售侵权复制品案(刑法第二百一十八条)]以营利为目的,销售明知是刑法第二百一十七条规定的侵权复制品,涉嫌下列情形之一的,应予立案追诉:

(一)违法所得数额十万元以上的;

(二)违法所得数额虽未达到上述数额标准,但尚未销售的侵权复制品货值金额达到三十万元以上的。

■最高人民法院、最高人民检察院关于办理侵犯知识产权刑事案件具体应用法律若干问题的解释(2004年12月22日)

第六条 以营利为目的,实施刑法第二百一十八条规定的行为,违法所得数额在十万元以上的,属于“违法所得数额巨大”,应当以销售侵权复制品罪判处三年以下有期徒刑或者拘役,并处或者单处罚金。

第十五条 单位实施刑法第二百一十三条至第二百一十九条规定的行为,按照本解释规定的相应个人犯罪的定罪量刑标准的三倍定罪量刑。

第十六条 明知他人实施侵犯知识产权犯罪,而为其提供贷款、资金、账号、发票、证明、许可证件,或者提供生产、经营场所或者运输、储存、代理进出口等便利条件、帮助的,以侵犯知识产权犯罪的共犯论处。

第十七条 以前发布的有关侵犯知识产权犯罪的司法解释,与本解释相抵触的,自本解释施行后不再适用。

□被告人以营利为目的,低价购进明知是侵权的音像复制品后高价向境外售出,违法所得数额巨大,构成销售侵权复制品罪

被告人以营利为目的,在未取得《音像制品经营许可证》的情况下,低价购进明知是侵权的音像复制品后高价向境外售出,违法所得数额巨大,构成了销售侵权复制品罪。(上海市人民检察院第二分院诉顾然地等人非法经营案,载《最高人民法院公报》总第107期,2005年第9期,第32页。)

▼安徽省常见经济犯罪数额标准一览表(2000—2014年)(见本书附录四十)

第二百一十九条 【侵犯商业秘密罪】有下列侵犯商业秘密行为之一,情节严重的,处三年以下有期徒刑,并处或者单处罚金;情节特别严重的,处三年以上十年以下有期徒刑,并处罚金:

(一)以盗窃、贿赂、欺诈、胁迫、电子侵入或者其他不正当手段获取权利人的商业秘密的;

(二)披露、使用或者允许他人使用以前项手段获取的权利人的商业秘密的;

(三)违反保密义务或者违反权利人有关保守商业秘密的要求,披露、使用或者允许他人使用其所掌握的商业秘密的。

明知前款所列行为,获取、披露、使用或者允许他人使用该商业秘密的,以侵犯商业秘密论。

本条所称权利人,是指商业秘密的所有人和经商业秘密所有人许可的商业秘密使用人。(本条是根据《中华人民共和国刑法修正案(十一)》之二十二修改的,自2021年3月1日起施行。)

刑法本条原文:【侵犯商业秘密罪】有下列侵犯商业秘密行为之一,给商业秘密的权利人造成重大损失的,处三年以下有期徒刑或者拘役,并处或者单处罚金;造成特别严重后果的,处三年以上七年以下有期徒刑,并处罚金:

（一）以盗窃、利诱、胁迫或者其他不正当手段获取权利人的商业秘密的；

（二）披露、使用或者允许他人使用以前项手段获取的权利人的商业秘密的；

（三）违反约定或者违反权利人有关保守商业秘密的要求，披露、使用或者允许他人使用其所掌握的商业秘密的。

明知或者应知前款所列行为，获取、使用或者披露他人的商业秘密的，以侵犯商业秘密论。

本条所称商业秘密，是指不为公众所知悉，能为权利人带来经济利益，具有实用性并经权利人采取保密措施的技术信息和经营信息。

本条所称权利人，是指商业秘密的所有人和经商业秘密所有人许可的商业秘密使用人。

■最高人民检察院、公安部关于修改侵犯商业秘密刑事案件立案追诉标准的决定（全文）（2020年9月17日）

为依法惩治侵犯商业秘密犯罪，加大对知识产权的刑事司法保护力度，维护社会主义市场经济秩序，将《最高人民检察院、公安部关于公安机关管辖的刑事案件立案追诉标准的规定（二）》第七十三条侵犯商业秘密刑事案件立案追诉标准修改为：【侵犯商业秘密案（刑法第二百一十九条）】侵犯商业秘密，涉嫌下列情形之一的，应予立案追诉：

（一）给商业秘密权利人造成损失数额在三十万元以上的；

（二）因侵犯商业秘密违法所得数额在三十万元以上的；

（三）直接导致商业秘密的权利人因重大经营困难而破产、倒闭的；

（四）其他给商业秘密权利人造成重大损失的情形。

前款规定的造成损失数额或者违法所得数额，可以按照下列方式认定：

（一）以不正当手段获取权利人的商业秘密，尚未披露、使用或者允许他人使用的，损失数额可以根据该项商业秘密的合理许可使用费确定；

（二）以不正当手段获取权利人的商业秘密后，披露、使用或者允许他人使用的，损失数额可以根据权利人因被侵权造成销售利润的损失确定，但该损失数额低于商业秘密合理许可使用费的，根据合理许可使用费确定；

（三）违反约定、权利人有关保守商业秘密的要求，披露、使用或者允许他人使用其所掌握的商业秘密的，损失数额可以根据权利人因被侵权造成销售利润的损失确定；

（四）明知商业秘密是不正当手段获取或者是违反约定、权利人有关保守商业秘密的要求披露、使用、允许使用，仍获取、使用或者披露的，损失数额可以根据权利人因被侵权造成销售利润的损失确定；

（五）因侵犯商业秘密行为导致商业秘密已为公众所知悉或者灭失的，损失数额可以根据该项商业秘密的商业价值确定。商业秘密的商业价值，可以根据该项商业秘密的研究开发成本、实施该项商业秘密的收益综合确定；

（六）因披露或者允许他人使用商业秘密而获得的财物或者其他财产性利益，应当认定为违法所得。

前款第二项、第三项、第四项规定的权利人因被侵权造成销售利润的损失，可以根据权利人因被侵权造成销售量减少的总数乘以权利人每件产品的合理利润确定；销售量减少的总数无法确定的，可以根据侵权产品销售量乘以权利人每件产品的合理利润确定；权利人因被侵权造成销售量减少的总数和每件产品的合理利润均无法确定的，可以根据侵权产品销售量乘以每件侵权产品的合理利润确定。商业秘密系用于服务等其他经营活动的，损失数额可以根据权利人因被侵权而减少的合理利润确定。

商业秘密的权利人为减轻对商业运营、商业计划的损失或者重新恢复计算机信息系统安全、其他系统安全而支出的补救费用，应当计入给商业秘密的权利人造成的损失。

■国家工商行政管理局关于禁止侵犯商业秘密行为的若干规定（1998年12月3日修正）

第二条　本规定所称商业秘密，是指不为公众所知悉、能为权利人带来经济利益、具有实用性并经权利人采取保密措施的技术信息和经营信息。

本规定所称不为公众所知悉,是指该信息是不能从公开渠道直接获取的。

本规定所称能为权利人带来经济利益、具有实用性,是指该信息具有确定的可应用性,能为权利人带来现实的或者潜在的经济利益或者竞争优势。

本规定所称权利人采取保密措施,包括订立保密协议,建立保密制度及采取其他合理的保密措施。

本规定所称技术信息和经营信息,包括设计、程序、产品配方、制作工艺、制作方法、管理诀窍、客户名单、货源情报、产销策略、招投标中的标底及标书内容等信息。

本规定所称权利人,是指依法对商业秘密享有所有权或者使用权的公民、法人或者其它组织。

■最高人民法院、最高人民检察院关于办理侵犯知识产权刑事案件具体应用法律若干问题的解释(2004年12月22日)

第七条　实施刑法第二百一十九条规定的行为之一,给商业秘密的权利人造成损失数额在五十万元以上的,属于"给商业秘密的权利人造成重大损失",应当以侵犯商业秘密罪判处三年以下有期徒刑或者拘役,并处或者单处罚金。

给商业秘密的权利人造成损失数额在二百五十万元以上的,属于刑法第二百一十九条规定的"造成特别严重后果",应当以侵犯商业秘密罪判处三年以上七年以下有期徒刑,并处罚金。

第十五条　单位实施刑法第二百一十三条至第二百一十九条规定的行为,按照本解释规定的相应个人犯罪的定罪量刑标准的三倍定罪量刑。

第十六条　明知他人实施侵犯知识产权犯罪,而为其提供贷款、资金、账号、发票、证明、许可证件,或者提供生产、经营场所或者运输、储存、代理进出口等便利条件、帮助的,以侵犯知识产权犯罪的共犯论处。

第十七条　以前发布的有关侵犯知识产权犯罪的司法解释,与本解释相抵触的,自本解释施行后不再适用。

■最高人民法院、最高人民检察院关于办理侵犯知识产权刑事案件具体应用法律若干问题的解释(三)(2020年9月14日)

第三条　采取非法复制、未经授权或者超越授权使用计算机信息系统等方式窃取商业秘密的,应当认定为刑法第二百一十九条第一款第一项规定的"盗窃"。

以贿赂、欺诈、电子侵入等方式获取权利人的商业秘密的,应当认定为刑法第二百一十九条第一款第一项规定的"其他不正当手段"。

第四条　实施刑法第二百一十九条规定的行为,具有下列情形之一的,应当认定为"给商业秘密的权利人造成重大损失":

(一)给商业秘密的权利人造成损失数额或者因侵犯商业秘密违法所得数额在三十万元以上的;

(二)直接导致商业秘密的权利人因重大经营困难而破产、倒闭的;

(三)造成商业秘密的权利人其他重大损失的。

给商业秘密的权利人造成损失数额或者因侵犯商业秘密违法所得数额在二百五十万元以上的,应当认定为刑法第二百一十九条规定的"造成特别严重后果"。

第五条　实施刑法第二百一十九条规定的行为造成的损失数额或者违法所得数额,可以按照下列方式认定:

(一)以不正当手段获取权利人的商业秘密,尚未披露、使用或者允许他人使用的,损失数额可以根据该项商业秘密的合理许可使用费确定;

(二)以不正当手段获取权利人的商业秘密后,披露、使用或者允许他人使用的,损失数额可以根据权利人因被侵权造成销售利润的损失确定,但该损失数额低于商业秘密合理许可使用费的,根据合理许可使用费确定；

（三）违反约定、权利人有关保守商业秘密的要求，披露、使用或者允许他人使用其所掌握的商业秘密的，损失数额可以根据权利人因被侵权造成销售利润的损失确定；

（四）明知商业秘密是不正当手段获取或者是违反约定、权利人有关保守商业秘密的要求披露、使用、允许使用，仍获取、使用或者披露的，损失数额可以根据权利人因被侵权造成销售利润的损失确定；

（五）因侵犯商业秘密行为导致商业秘密已为公众所知悉或者灭失的，损失数额可以根据该项商业秘密的商业价值确定。商业秘密的商业价值，可以根据该项商业秘密的研究开发成本、实施该项商业秘密的收益综合确定；

（六）因披露或者允许他人使用商业秘密而获得的财物或者其他财产性利益，应当认定为违法所得。

前款第二项、第三项、第四项规定的权利人因被侵权造成销售利润的损失，可以根据权利人因被侵权造成销售量减少的总数乘以权利人每件产品的合理利润确定；销售量减少的总数无法确定的，可以根据侵权产品销售量乘以权利人每件产品的合理利润确定；权利人因被侵权造成销售量减少的总数和每件产品的合理利润均无法确定的，可以根据侵权产品销售量乘以每件侵权产品的合理利润确定。商业秘密系用于服务等其他经营活动的，损失数额可以根据权利人因被侵权而减少的合理利润确定。

商业秘密的权利人为减轻对商业运营、商业计划的损失或者重新恢复计算机信息系统安全、其他系统安全而支出的补救费用，应当计入给商业秘密的权利人造成的损失。

第六条 在刑事诉讼程序中，当事人、辩护人、诉讼代理人或者案外人书面申请对有关商业秘密或者其他需要保密的商业信息的证据、材料采取保密措施的，应当根据案件情况采取组织诉讼参与人签署保密承诺书等必要的保密措施。

违反前款有关保密措施的要求或者法律法规规定的保密义务的，依法承担相应责任。擅自披露、使用或者允许他人使用在刑事诉讼程序中接触、获取的商业秘密，符合刑法第二百一十九条规定的，依法追究刑事责任。

第七条 除特殊情况外，假冒注册商标的商品、非法制造的注册商标标识、侵犯著作权的复制品、主要用于制造假冒注册商标的商品、注册商标标识或者侵权复制品的材料和工具，应当依法予以没收和销毁。

上述物品需要作为民事、行政案件的证据使用的，经权利人申请，可以在民事、行政案件终结后或者采取取样、拍照等方式对证据固定后予以销毁。

第八条 具有下列情形之一的，可以酌情从重处罚，一般不适用缓刑：

（一）主要以侵犯知识产权为业的；

（二）因侵犯知识产权被行政处罚后再次侵犯知识产权构成犯罪的；

（三）在重大自然灾害、事故灾难、公共卫生事件期间，假冒抢险救灾、防疫物资等商品的注册商标的；

（四）拒不交出违法所得的。

第九条 具有下列情形之一的，可以酌情从轻处罚：

（一）认罪认罚的；

（二）取得权利人谅解的；

（三）具有悔罪表现的；

（四）以不正当手段获取权利人的商业秘密后尚未披露、使用或者允许他人使用的。

第十条 对于侵犯知识产权犯罪的，应当综合考虑犯罪违法所得数额、非法经营数额、给权利人造成的损失数额、侵权假冒物品数量及社会危害性等情节，依法判处罚金。

罚金数额一般在违法所得数额的一倍以上五倍以下确定。违法所得数额无法查清的,罚金数额一般按照非法经营数额的百分之五十以上一倍以下确定。违法所得数额和非法经营数额均无法查清,判处三年以下有期徒刑、拘役、管制或者单处罚金的,一般在三万元以上一百万元以下确定罚金数额;判处三年以上有期徒刑的,一般在十五万元以上五百万元以下确定罚金数额。

第十一条 本解释发布施行后,之前发布的司法解释和规范性文件与本解释不一致的,以本解释为准。

第十二条 本解释自2020年9月14日起施行。

●侵犯商业秘密的审查与认定

办理侵犯商业秘密犯罪案件,被告人作无罪辩解的,既要注意审查商业秘密的成立及侵犯商业秘密的证据,又要依法排除被告人取得商业秘密的合法来源,形成指控犯罪的证据链。对鉴定意见的审查,必要时可聘请或指派有专门知识的人辅助办案。(参见最高人民检察院第26批指导案例第102号,金义盈侵犯商业秘密案,2021年2月4日发布。)

□伙同他人利用原单位专利技术以外不为公众知悉的工艺技术信息,生产与原单位相同的产品,并给原单位造成重大经济损失的,构成侵犯商业秘密罪

一、违反与原单位的保密约定,伙同他人利用原单位专利技术以外不为公众知悉的工艺技术信息,生产与原单位相同的产品,并给原单位造成重大经济损失的,应根据刑法第二百一十九条第一款第三项和第二款的规定,按侵犯商业秘密罪论处。

二、明知他人违反与原单位的保密约定,伙同其利用掌握原单位专利技术以外不为公众知悉的工艺技术信息,生产与其原单位相同的产品,并给其原单位造成重大经济损失的,应根据刑法第二百一十九条第一款第三项和第二款的规定,按侵犯商业秘密罪论处。(上海市人民检察院第二分院诉周德隆等人侵犯商业秘密案,载《最高人民法院公报》总第101期,2005年第3期,第31页。)

▽商业秘密的认定

"商业秘密,是指不为公众所知悉,能为权利人带来经济利益,具有实用性并经权利人采取保密措施的技术信息和经营信息"。商业秘密具有秘密性、经济利益性、实用性、保密性、信息性五个基本特征。秘密性,即"不为公众所知悉",意味着该信息不能从公开渠道获取。但由于商业秘密是生产、经营活动中的一种信息,其商业价值要通过有关人员的利用来实现,要求其不被任何人所知晓是不可能的。因此,即使权利人以外的其他人因合同约定或者业务需要知悉了权利人的商业秘密,该商业秘密仍属于"不为公众所知悉"。经济利益性,即"能为权利人带来经济利益",意味着权利人通过对该信息的使用能获得现实的或者潜在的经济利益或者增加竞争优势,但并不要求在侵权期间该信息已为权利人所使用。只要权利人将来可能使用就不应否定其经济利益性。实用性,即指该信息能够解决生产、经营中的现实问题,但不限于已为权利人所使用,应包括将来可以在生产、经营活动中运用。保密性,即"权利人采取保密措施"。但法律并没有明确要求保密的程度,只要权利人对其不为公众所知悉的技术信息和经营信息采取的保护措施,在当时看来是适当的、有效的,就应视为采取了保密措施。信息性,即商业秘密是一种与生产、经营活动有关的技术信息和经营信息,通常包括设计、程序、产品配方、制作工艺、制作方法、管理诀窍、客户名单、货源情报、产销策略、招投标中的标底及标书内容等信息。只要与生产、经营活动有关的信息符合上述特征,就应认定该信息为商业秘密。建汉公司经过研究,开发了IC卡及其分系统,其中IC卡食堂管理系统的核心软件——窗口机、写卡机,含有不对外公开的食堂经营管理的技术、图纸等资料,属于不为公众所知悉的技术信息,具有信息性、秘密性。该技术信息能用于食堂经营管理,通过生产、销售,能为权利人带来经济利益,具有实用性和经济利益性。该技术信息的所有人建汉公司对其采取了一系列保密措施,如设计上对电路板用胶密封,进行物理性保密;采用锁定位保护模式这一目前公认的加密措施,并对IC卡内的数据采用随机数据合成的办法进行加密;设计方法包括非易失性存贮器的组织结构设计采取非常规设计，并只让公司技术人员知悉；电路上不标明原件参数；管理上明确规定公司人员必须维护本单位的利益，不得将单位的技术图纸、生产工艺、销售情报提供给其他单位与个人，否则追究法律责任，并与销售人员、购买IC卡食堂管理系统的业务单位签订了有关技术信息的保密协议等。行为人在非法获取该系统软件后，仍然无法破解、复制，直至由掌握管理该技术秘密的建汉公司技术人员多次指导才得以破解、复制，也足以说明建汉公司对IC卡食堂管理系统中的技术信息采取了严格的保密措施，具有保密性。综上，应当认定建汉公司的IC卡食堂管理系统属于商业秘密。[参见第67号案例，昌达公司侵犯商业秘密案，载《刑事审判参考》总第9辑(2000年第4辑)，法律出版社，第21~22页。执笔：贺小电]

▽计算机软件的源代码作为一种技术信息，当属商业秘密范畴

《计算机软件保护条例》第二条规定，计算机软件包括计算机程序及其有关文档。源代码是用源语言编制的计算机程序，是计算机软件的核心内容和软件设计方案的具体表现。源代码一旦被公开，软件的核心技术即泄露，从而会失去应有的商业价值。因此，源代码作为一种技术信息，当属商业秘密范畴。但对于本案所涉的Webmail软件源代码能否认定为商业秘密，还应当取决于其是否属于《刑法》第二百一十九条第三款规定的“不为公众所知悉，能为权利人带来经济利益，具有实用性并经权利人采取保密措施”的技术信息。凌码公司投入一定人力、物力开发了具有独立知识产权的加密电子邮件系统Webmail软件，且不断进行更新完善，该软件的权利人凌码公司未曾将该软件的源代码对外公开，涉案源代码作为电子邮件系统软件的核心内容仍“不为公众所知悉”。在行为人与凌码公司签订的聘用合同中已明确约定：“乙方(孙某)在本合同期间，参与研制开发的各项产品和技术，产权均为甲方(凌码公司)所有。未经甲方许可，任何时候乙方不得将甲方的技术用于乙方或告知第三方。”由于该保密条款中除“甲方许可”之外无其他例外规定，因此，该条款的内容可以对抗除凌码公司之外的任何人。这一保密条款足以说明凌码公司已采取一定措施防止这一技术成果的泄密，具有保密性。凌码公司以9万美元(折合人民币74万余元)将其复制品销售给香港中国青少年网股份有限公司门户网站，说明该软件具有实用性并能给权利人带来较大的商业利润。因此，凌码公司开发的Webmail软件源代码属于商业秘密。[参见第233号案例，项军、孙晓斌侵犯商业秘密案，载《刑事审判指导》总第31集(2003年第2集)，法律出版社，第40~41页。执笔：王列宾]

▽侵犯商业秘密罪中造成“重大损失”的认定

“重大损失”，主要是指被害人由于被告人的犯罪行为而遭受的物质损失。依照《最高人民法院关于刑事附带民事诉讼范围问题的规定》(此规定已被最高人民法院法释〔2015〕2号废止——编著者注)第二条的解释：“被害人因犯罪行为遭受的物质损失，是指被害人因犯罪行为已经遭受的实际损失和必然遭受的损失。”但由于商业秘密是一种能够创造财富的技术信息或者经营信息，属于无形资产，以不正当手段获取、披露、使用或者允许他人使用权利人的商业秘密，给权利人造成的损失，通常表现为权利人现实的利益和预期的合理利益的丧失，如市场份额被削减、权利人竞争力减弱、产品在市场上的地位受到打击等而使权利人遭受物质损失，具体数额也往往难以精确计算。在刑事司法实践中，一般参照法律规定的侵权行为人应当承担的民事赔偿数额确定给权利人造成的损失数额。就侵犯商业秘密而言，根据《反不正当竞争法》第二十条第一款(现为第二十一条)的规定，经营者侵犯商业秘密，给权利人造成损害的，应当承担损害赔偿责任。权利人的损失难以计算的，赔偿额为侵权人在侵权期间因侵权所获得的利润；并应当承担被侵害的经营者因调查该经营者侵害其合法权益的不正当竞争行为所支付的合理费用。据此，对于侵犯商业秘密犯罪行为给商业秘密权利人造成损失数额的认定，一般遵循以下原则：(1)对于能够计算权利人的损失的，应当计算权利人的损失数额；(2)权利人的损失数额难以计算的，以侵权人在侵权期间因侵犯商业秘密所获得的实际利润计算权利人的损失数额。然而，在某些情况下，权利人的损失数额和侵权人所获得的实际利润均难以查实。[参见第233号案例，项

军、孙晓斌侵犯商业秘密案,载《刑事审判指导》总第31集(2003年第2集),法律出版社,第42~43页。执笔:王列宾]

▽经营信息只在有限范围内公开,具备商业秘密的特征,应当属于商业秘密

商业秘密,即"不为公众所知悉,能为权利人带来经济利益,具有实用性并经权利人采取保密措施的技术信息和经营信息"。1998年12月3日原国家工商行政管理局修订公布的《关于禁止侵犯商业秘密行为的若干规定》对商业秘密的有关术语作了进一步的解释,包括"不为公众所知悉""能为权利人带来经济利益,具有实用性""权利人采取保护措施""技术信息和经营信息"等。这些解释为人民法院认定商业秘密提供了重要依据。奥尔公司通过专利产品的宣传和业务员的联系,获取了湖南省湘潭市欲对该城市道路及广场进行改造,须购置照明灯具的信息。尽管该信息起初可以通过网络等媒体获知,具有公开性,但当奥尔公司与湘潭方面就该工程达成合作的意向,奥尔公司为湘潭方面作了大量的设计工作,试生产了大量专利产品的样品和模具,湘潭方面对此也表示满意,双方进入实质性签约阶段时,该经营信息被特定化,只在有限的范围内公开,显然不能为公众所知悉,因而具有了秘密性;该经营信息能为奥尔公司带来经济利益,具有实用性;奥尔公司与包括行为人在内的员工都签订了保密协议,对相关经营信息采取了保密措施,故该经营信息已属奥尔公司享有,符合商业秘密的各项法律特征,应当属于奥尔公司的商业秘密。[参见第519号案例,李宁侵犯商业秘密案,载《刑事审判参考》总第66集(2009年第1集),法律出版社,第3~5页。撰稿:吴小军　江显和]

▽商业秘密权利人所造成损失的认定

侵犯商业秘密罪为结果犯,给商业秘密的权利人造成重大损失是构成犯罪的要件。损失数额的认定标准,目前主要依据的是2004年12月22日《最高人民法院、最高人民检察院关于办理侵犯知识产权刑事案件具体应用法律若干问题的解释》第七条规定的标准,在侵犯商业秘密罪中被害人遭受的重大损失,应指被害人由于行为人的犯罪行为而遭受的物质损失,包括已经遭受的实际损失和必然遭受的损失。商业秘密是一种能够带来经济利益的技术信息和经营信息,属于无形资产,非法获取、披露、使用或者允许他人使用权利人的商业秘密,给权利人造成的损失,通常表现为权利人现实的利益和合理预期的利益丧失,如市场份额被消减、权利人竞争力减弱、开发成本不能收回等,从而使权利人遭受的物质损失的具体数额难以精确计算,一般是参照法律规定的侵权行为人应当承担的民事赔偿数额确定给权利人造成的损失数额。根据反不正当竞争法第二十条第一款的规定,对侵犯商业秘密犯罪行为给商业秘密权利人造成损失数额的认定,一般遵循以下原则:(1)对于能够计算权利人的损失的,应当计算权利人的损失数额;(2)权利人的损失数额难以计算的,将侵权人在侵权期间因侵犯商业秘密所获得的实际利润认定为权利人的损失数额。在某些特殊情况下,权利人的损失数额和侵权人所获得的实际利润均难以查实,这就需要根据案件的具体情况,结合法律及司法解释的规定精神作出合理的认定,应充分考虑以下因素:首先是取得商业秘密的成本,如开发、研制商业秘密的成本,保护商业秘密的合理支出费用等;其次是侵权人使用商业秘密之前的获利状况与使用之后的获利大小;最后还应考虑商业秘密新颖性的程度、商业秘密的生命周期及其所处阶段、市场竞争状况和市场前景等因素,以确定合理预期的未来收益。[参见第519号案例,李宁侵犯商业秘密案,载《刑事审判参考》总第66集(2009年第1集),法律出版社,第5~6页。撰稿:吴小军　江显和]

▽被告单位昌达公司、被告人的连带赔偿数额应为昌达公司在侵权期间因侵犯商业秘密所获得的全部利润

刑法第三十六条规定,由于犯罪行为而使被害人遭受经济损失的,对犯罪分子除依法给予刑事处罚外,并根据情况判处赔偿经济损失。根据刑事诉讼法第七十七条规定,附带民事赔偿数额应为被害人因被告人的犯罪行为而遭受的物质损失。被害单位建汉公司的物质损失难以计算,但根据《反不正当竞争法》第二十条"经营者侵犯商业秘密,给被害人造成损害的,应当承担损害赔偿责任。被侵害的经营者的损失难以计算的,赔偿额为侵权人在侵权期间因侵权所获得的利润;并应当承担被侵害的经营者因调查该经营者侵害其合法权益的不正当竞争行为所支付的合理费用”的规定,应以被告单位昌达公司、被告人在侵权期间因侵犯商业秘密所获得的实际利润为附带民事赔偿数额。[参见第67号案例,昌达公司侵犯商业秘密案,载《刑事审判参考》总第9辑(2000年第4辑),法律出版社,第36~38页。执笔:贺小电]

▽自诉侵犯商业秘密案技术信息秘密性的认定

刑法本条规定,商业秘密是指不为公众所知悉,能为权利人带来经济利益,具有实用性并经权利人采取保密措施的技术信息和经营信息。本案自诉人所要求保护的技术信息和经营信息是否属于商业秘密,关键在于对秘密性的判定,即是否“不为公众所知悉”。自诉人的客户资料、油漆报价、工程标书等经营信息,显然不能从公开渠道直接获取,故不难认定具有秘密性。存在争议的是对技术信息秘密性的认定,鉴于这种认定涉及专业知识,一审法院受理本案后,依据《刑事诉讼法》第一百一十九条的规定,委托上海市科学技术委员会对自诉人卡伯公司主张的H800、D268、M203、D356、T600、Q586、D580、E508等配方进行是否为公知技术的鉴定。三名鉴定人分别对自诉人卡伯公司和被告人周某某、杨某某进行技术听证,并分别要求当事人提供用以鉴定的技术资料。被告人未提供有价值的技术资料,后经分析评议,鉴定人作出了自诉人的H800、D268、E508三种配方属于不公知技术的鉴定意见。法院经审查认为,该鉴定意见由具有鉴定资质的专家出具,鉴定程序合法,鉴定过程客观,鉴定意见有效,应依法采信,从而确认自诉人要求保护的三种技术信息具有秘密性。对商业秘密区分公知技术与非公知技术是针对特定情形或者特定案件而言的,不具有普遍性。例如,甲公司掌握某项技术秘密,与乙公司联营合作后该技术秘密已公开,甲公司再要求保护该秘密中的产品配方和工艺,法院就应要求其将诉讼请求明确化,区分公知技术和非公知技术,否则可能侵犯公共利益。但本案的情形不同。自诉人的涂料配方除基础成分外,还有特殊的原料及配比。涂料助剂在涂料中具有特定性能,且每种助剂都有不同程度的副作用,会影响涂料的其他性能,故对助剂的选择、用量的确定都必须按照涂料产品的具体情况(如涂料性能、客户要求等)进行反复试验。同时,因各行各业对涂料的要求越来越高,功能性涂料发展迅猛,行业竞争十分激烈,助剂的使用更具重要意义。如何用好各种助剂往往成为涂料企业的技术关键。因此,对本案自诉人的涂料配方,应作为一个整体认定为商业秘密加以法律保护,不应区分公知技术和非公知技术。上海市科学技术委员会的技术鉴定结论也证实了这一点。[参见第609号指导案例,杨某某、周某某侵犯商业秘密案,载《刑事审判参考》总第73集(2010年第2集),第6~7页。撰稿:徐松青 张华]

▽侵犯商业秘密行为实施的认定

刑法本条规定侵犯商业秘密有四种行为方式,其中该条第三项规定的侵犯商业秘密行为方式为:违反约定或者违反权利人有关保守商业秘密的要求,披露、使用或者允许他人使用其所掌握的商业秘密。这是一种违约型侵犯商业秘密的行为,以行为人与商业秘密权利人之间是否存在保守商业秘密的协议为前提。实践中,有时行为人掌握商业秘密本身是合法的,但由于其违反约定或者违反权利人有关保守商业秘密的要求,将自己因工作、职责掌握的商业秘密予以披露、使用,或者允许他人使用,从而构成侵权。本案被告人及其辩护人提出,被告人与自诉人之间没有保密协议,周某某还辩称其系通过反向工程掌握了该技术,不构成侵权。这种辩解和辩护意见不能成立。具体分析如下:首先,自诉人对其技术信息和经营信息采取了保密措施,被告人违反了保密协议。对商业秘密采取保密措施,并不要求权利人采取的措施能做到万无一失,只要权利人采取了合理的保密措施,使负有保密义务以外的其他人不能轻易获得该秘密即可。关于措施是否合理,可以从以下几个角度考虑:(1)权利人是否明确了作为商业秘密保护的信息范围;(2)是否制定了相应的保密制度或以其他方法使他人知晓其掌握或接触的信息系应当保密的信息;(3)是否采取了一定的物理防范措施,除非通过不正当手段,他人轻易不能获得该信息。本案自诉人卡伯公司在1998年前已研制开发、生产销售各类油漆涂料,取得许可、授权,是生产、销售各类油漆涂料的权利人,并逐步形成了油漆生产技术和销售网络。该公司还制定了《保密制度》,在生产作业单上注明"保密资料"字样,并通过与员工签订《劳动合同》,明确了员工应遵守的各项规章制度。据此,应当认为,卡伯公司对其技术信息和经营信息采取了合理的保密措施。被告人周某某、杨某某在卡伯公司分别从事油漆涂料技术管理和经营管理,知悉该公司的商业秘密,在离开卡伯公司时擅自将自诉人的有关资料带走,且成立侨世公司后,利用上述资料生产和销售同类产品,违反了卡伯公司有关保守商业秘密的要求。周某某、杨某某到案后的历次供述与上述事实相符,且能相互印证,公安人员从卡伯公司的电脑中调取的《保密制度》也确认了相关事实,故应认为周某某、杨某某违反了卡伯公司的保密规定。其次,被告人周某某并非通过反向工程获得自诉人的技术秘密。所谓反向工程,是指通过对终端产品的分析研究,找出该产品的原始配方或者生产工艺。反向工程是对商业秘密权的一种限制,一旦他人通过反向工程获得技术秘密,权利人则无权阻止他人披露和使用获得的技术信息。本案被告人周某某原是自诉人卡伯公司的技术部经理,仅高中文化,根据其履历反映,周某某不具备开发、研制涂料配方、改进生产工艺的能力。其辞职后,未经许可擅自将卡伯公司所有的意大利麦加油漆公司全套授权(原版)配方、内部色卡、客户资料、特种样品测试方法以及测试标准、产品底价、部分油漆报价单、原版产品检测报告、产品说明书、卡伯公司与客户的合同等技术资料带离卡伯公司,并伙同杨某某成立了分别由周妻赵某和杨母张某担任公司负责人的公司,生产销售同类产品。据此,可以认定周某某系以不正当手段而非反向工程获取了卡伯公司的技术秘密,属于侵犯商业秘密的行为。[参见第609号指导案例,杨某某、周某某侵犯商业秘密案,载《刑事审判参考》总第73集(2010年第2集),第7～9页。撰稿:徐松青 张华]

▽**侵犯商业秘密造成重大损失的认定**

侵犯商业秘密罪是结果犯,侵权行为给权利人造成重大损失是犯罪的构成要件。这种损失因商业秘密的种类、经济利用价值大小、新颖程度、使用状况、利用周期、市场竞争程度、市场前景、侵权时间长短、侵权方式的不同而有所区别。对于如何认定重大损失,刑法和有关办理侵犯知识产权刑事案件的两部司法解释均没有做出规定,实践中一般参照《反不正当竞争法》的有关规定来计算。该法第二十条规定:经营者违反本法规定,给被侵害的经营者造成损害的,应当承担损害赔偿责任,被侵害的经营者的损失难以计算的,赔偿额为侵权人在侵权期间因侵权所获得的利润,并应当承担被侵害的经营者因调查该经营者侵害其合法权益的不正当竞争行为所支付的合理费用。据此,计算侵犯商业秘密造成的重大损失可遵循以下原则:(1)对于能够计算权利人损失的,以权利人的实际损失数额作为被告人应当赔偿的损失数额;(2)权利人的损失数额难以计算的,以侵权人在侵权期间因侵犯商业秘密所获得的实际利润计算权利人的损失数额。本案在计算损失数额时参照了上述原则,从自诉人所失和被告人所得两个方面综合认定自诉人的损失数额。上海市科学技术委员会专家对卡伯公司的相关产品作出的鉴定结论证实,卡伯公司的H800、D268、E508三种产品配方不属于公知技术。根据公信中南会计师事务所对侨世公司涉嫌侵权产品所产生的净利润出具的《审计报告》,2000年1月至2002年2月,侨世公司销售H800、D268、E508三种产品的净利润为78万余元。根据上海同诚会计师事务所、上海佳瑞会计师事务所对卡伯公司利润情况等进行审计出具的《审计报告》,卡伯公司2000年度、2001年度、2002年度的利润分别为298万余元、53万余元、225万余元,即卡伯公司遭受二被告人侵权期间减少的利润大于二被告人侵权获得的净利润。鉴于对侵犯商业秘密造成重大损失尚无统一、确定的计算方法,根据有利于被告人的事实认定原则,法院确认被告人杨某某、周某某给自诉人造成的损失数额为78万余元。[参见第609号指导案例,杨某某、周某某侵犯商业秘密案,载《刑事审判参考》总第73集(2010年第2集),第9～10页。撰稿:徐松青 张华]

▽**侵犯商业秘密罪损失数额的认定**

一、在审理侵犯商业秘密案件时参考相关的民事司法解释确定计算方法。由于刑事司法解释没有明确规定侵犯商业秘密罪的损失数额的计算方法，实践中在审理此类案件时，都是参考相关的民事司法解释确定计算方法。民事司法解释中涉及侵犯商业秘密损失数额的计算方法主要有三个：一是最高人民法院于2007年发布的《关于审理不正当竞争民事案件应用法律若干问题的解释》（本附文以下简称《2007竞争解释》）第十七条规定的侵犯商业秘密行为的损害赔偿额的确定方法。二是最高人民法院于2001年发布的《关于审理专利纠纷案件适用法律问题的若干规定》（本附文以下简称《2001专利规定》）第二十条、第二十一条、第二十二条规定的侵犯专利权行为的损害赔偿额的确定方法。三是最高人民法院于2009年发布的《关于审理侵犯专利权纠纷案件应用法律若干问题的解释》第十六条关于侵犯专利行为赔偿数额的计算方法。参照上述民事司法解释，实践中通常存在以下计算损失数额的方法：(1)对于导致商业秘密已为公众所知悉的，按照商业秘密的商业价值确定损失数额。对于商业价值难以认定的，根据研发成本来确定损失数额。(2)根据侵权导致销售量减少造成的利润损失来认定损失数额。(3)按照侵权人的侵权产品在市场上的销售量确定侵权人所获得的利润来认定损失数额。(4)在上述方法均无法确定的情况下，按照商业秘密的许可使用费来确定。实践中，这些计算方法对于解决侵犯商业秘密的损失数额的认定问题起到了重要的作用。但正因为存在众多的损失数额计算方法，而且因为依据不同的计算方法所得出的损失结果往往差别较大，导致实践中在计算方法的选择上分歧较大，影响案件的准确处理和裁判尺度的统一。在刑事领域，对上述民事司法解释所确定的侵犯商业秘密案件的损失计算方法应从两个方面来评价。一方面，这些计算方法具有重要的参考价值，对于准确认定侵犯商业秘密犯罪案件中的损失数额提供了各种可能途径。另一方面，应当注意到刑事诉讼与民事诉讼的区别，不能将上述用于解决民事侵权赔偿问题的计算方法完全照搬到作为侵犯商业秘密罪客观构成要件要素的损失数额的认定中来。民事诉讼注重对被侵权人权利的保护和恢复，允许被侵权人根据自己的意愿选择不同的方式主张权利，实现对其权利保护的最大化，当一种方式不能有效保护其权利时，当事人可以选择其他方式。因此，《2001专利规定》列举了各种赔偿数额的计算方式，法院可以根据权利人的请求，按照权利人因被侵权所受到的损失或者侵权人因侵权所获得的利益来确定赔偿数额。但刑事诉讼主要解决的是如何对被告人准确定罪量刑。在刑事诉讼中，必须在查清犯罪事实的前提下才能追究被告人的刑事责任。作为基本犯罪事实主要内容的损失数额，在具体案件中，必须是确定的，而不是不确定的，否则就是犯罪事实不清。因此，在不同的损失计算方法会导致不同损失数额的情况下，就不能任意地选择计算方法。换言之，在具体案件中必须选择特定的数额计算方法。

二、损失数额的计算方法应当与损害结果样态一致。侵犯商业秘密的情形多种多样，所造成的侵害结果也各不相同，这就决定了侵犯商业秘密损失数额的计算方法也各有千秋。然而，对于具体的侵犯商业秘密案件，具体案件的损失是客观存在的，理论上在某个时间点上也应当是确定的。这就要求在刑事诉讼中必须查明侵犯商业秘密行为所造成的这个确定的损害结果，为此就必须设定或者选择能够准确反映该案件损害结果的计算方法。实践中，在确定损失数额的计算方法时，需要考虑以下两个因素：(1)具体的侵犯商业秘密损害情形多种多样，而经过总结提炼的损失计算方法毕竟有限，客观上并不是所有损害结果都能得到非常精确的计算。因此，在无法精确地计算损失数额的情况下，只能选择能最接近地反映实际损害结果的计算方法来确定损失数额。(2)确定的计算方法有利于控方调查取证、被告人辩护权的充分行使以及法院的审查，不能因为计算方法的选择问题而影响刑事诉讼的顺利进行。根据刑法第二百一十九条的规定，侵犯商业秘密的方式基本上可分为不正当手段获取商业秘密、披露商业秘密及使用商业秘密三种方式，使用商业秘密既包括本人使用也包括允许他人使用。商业秘密根据领域的不同又可分为技术领域的商业秘密和销售领域的商业秘密，也就是通常所说的经营信息。而从损害结果来看，主要可以归纳为以下几种情况：一是披露属于技术信息的商业秘密导致公众知悉但未发现使用；二是非法使用或允许他人非法使用属于技术信息的商业秘密；三是获取属于经营信息的商业秘密后披露或者使用导致相应的业务流失。实践中在认定侵犯商业秘密罪的损失数额时,应当结合上述损害结果样态分别采取不同的认定方法。(一)披露属于技术信息的商业秘密导致公众知悉但未发现使用。在不存在其他人通过商业秘密获利,也不存在权利人必然发生的可得利益损失的情况下,只能根据商业秘密的自身价值或者研发费用来认定损失数额。这主要是因为商业秘密一旦被披露,就存在使竞争对手免费获取商业秘密的可能,商业秘密的市场竞争优势就不复存在。在该情形下,以商业秘密的商业价值作为损失数额的计算较为合理。《2007竞争解释》在计算赔偿数额时采取了类似的方法。但在刑事诉讼中,商业秘密的商业价值依赖于相关鉴定机构的鉴定,由于商业秘密的专业性,以及各种影响价值的因素的复杂性,往往难以对商业秘密的商业价值进行准确的鉴定。在影响商业秘密价值的因素中,一些因素难以取证证明,如可保持竞争优势的时间、实施该项商业秘密的可得利益等,而对于研发费用的认定则较为容易。为了便于案件准确、及时地得到审理,舍弃难以取证证明的一些因素,以研发费用代替商业秘密的自身价值是一个较为合理的选择。因此,在沈某侵犯商业秘密一案中,最终以研发费用来认定损失数额。当然,如果能够对商业价值进行准确的鉴定,应当根据商业价值认定损失数额。(二)非法使用或允许他人非法使用属于技术信息的商业秘密。这是侵犯商业秘密的典型情形,实践中较为常见的是使用该商业秘密并销售了相应产品。实践中一般参照侵犯专利权的损害赔偿数额的计算方法,以行为人的获利额作为被害人的损失数额。这里有两个问题需要进一步探讨:(1)如果在非法使用过程中,同时披露导致商业秘密被公众知悉,如何计算损失数额。相对于第一种损害结果而言,此种情形在第一种损害结果的基础上增加了非法使用导致的损害后果,这两种损害后果并不重叠,因此应当予以累计,从而客观、准确地反映真实的损害事实。(2)虽已使用但尚未生产出产品或者已经生产出产品但尚未销售,如何计算损失数额。在这种情况下,由于尚未发生销售额,也就尚未在市场上与被害人的产品形成竞争,因而不能以可能发生的销售利润作为损失数额的认定依据。但鉴于行为人已经使用,客观上侵犯权利人对商业秘密的许可使用权利,实际上造成了权利人许可使用费的损失。可参照《2001专利规定》中第二十一条关于侵犯专利权的损害赔偿数额的计算方法适当确定损失数额。当然,行为人也可能同时披露商业秘密导致被公众知悉。如果被公众知悉,与前一种情形一样,也应当累计计算损失数额。(三)获取属于经营信息的商业秘密后披露或者使用导致业务流失。这种情况在实践中较为普遍。被害人遭受了特定业务流失的损失,损失数额的计算一般应当以被害人的预期利润为依据。但实践中往往存在以下两种情况:一是行为人可能因为某种原因,获取的利润没有达到被害人的预期利润。对于这种情况,被害人预期利润丧失的事实已经发生,应当以被害人的预期利润确定损失数额。二是行为人获取的利润高于被害人的预期利润。对于这种情况,鉴于《2010追诉标准》将行为人获取的违法所得额与被害人的损失数额并列作为侵犯商业秘密行为的追诉情形,可以行为人的违法所得额即实际获利额确定犯罪数额。[参见罗鹏飞:《侵犯商业秘密罪的损失数额如何认定》,载《刑事审判参考》(实务探讨)总第78集(2011年第1集),第213～221页。]

▽非法侵入移动公司充值中心修改充值卡数据,并将充值卡明文密码出售的行为属于将电信卡非法充值后使用,不构成侵犯商业秘密罪

根据《刑法》第二百一十九条第三款的规定,"商业秘密,是指不为公众所知悉,能为权利人带来经济利益,具有实用性并经权利人采取保密措施的技术信息和经营信息"。据此,商业秘密包括技术信息和经营信息,而非具体的财物或财产权证,其功能在于使权利人在竞争中处于有利地位,该信息的价值需要通过一定生产经营行为才能体现;而充值卡的明文密码是充值卡有效充值的依据,属于一种财产权证,本身代表了一定的财产价值,不论何人获得,均可通过充值程序获得固定金额的电信服务。虽然移动公司对充值密码采取了一定保密措施,但采取保密措施的目的是保障消费者的权益,消费者可以支付一定对价购买充值密码;且属于商业秘密的技术信息、经营信息可以重复使用,并非如充值密码一旦充值就不能再次使用,故充值密码不属于商业秘密。因此程稚瀚非法充值获取充值密码的行为不构成侵犯商业秘密罪。[参见第602号指导案例,程稚瀚盗窃案,载《刑事审判参考》总第72集(2010年第1集),第45页。撰稿:谭劲松]

▽**商业秘密权利人"重大损失"认定依据的认定**

刑法本条规定,实施商业秘密侵权行为,给权利人造成重大损失的,构成侵犯商业秘密罪。但是,如何计算权利人的重大损失,相关刑事司法解释及规范性指导文件并无规定。实践中,重大损失的计算依据主要是民事侵权的相关法律规范。其理论依据在于:就民事、行政和刑事三类案件的内在联系而言,知识产权刑事犯罪是知识产权民事侵权行为发展的高级形态,构成知识产权刑事犯罪只是因为民事侵权行为性质十分严重,具有一定的社会危害性,符合刑事法律规定的侵害程度,才纳入刑法规范调整的领域。由于两者行为性质相同,只是程度不同,故而对于程度判断的依据应当一体适用。对此,实务部门亦持认同态度。如公安部在《关于在办理侵犯商业秘密犯罪案件中如何确定"给商业秘密权利人造成重大损失"计算方法的答复》中明确以下原则:"对难以计算侵犯商业秘密给权利人所造成的损失的,司法实践一般可参照《中华人民共和国反不正当竞争法》规定的民事赔偿额的计算方法。"反不正当竞争法第二十条规定:"经营者违反本法规定,给被侵害的经营者造成损害的,应当承担损害赔偿责任,被侵害的经营者的损失难以计算的,赔偿额为侵权人在侵权期间因侵权所获得的利润;并应当承担被侵害的经营者因调查该经营者侵害其合法权益的不正当竞争行为所支付的合理费用。"由于该条规定针对的是包括虚假广告、损害商誉、侵犯商业秘密、串通投标等在内的所有不正当竞争行为,原则性较强,最高人民法院在《关于审理不正当竞争民事案件应用法律若干问题的解释》中专门就商业秘密侵权行为的损失认定作了有针对性的规定。该解释第十七条规定:"确定反不正当竞争法第十条规定的侵犯商业秘密行为的损害赔偿额,可以参照确定侵犯专利权的损害赔偿额的方法进行:……因侵权行为导致商业秘密已为公众所知悉的,应当根据该项商业秘密的商业价值确定损害赔偿额。商业秘密的商业价值,根据其研究开发成本、实施该项商业秘密的收益、可得利益、可保持竞争优势的时间等因素确定。"而《专利法》第六十五条规定:"侵犯专利权的赔偿数额按照权利人因被侵权所受到的实际损失确定;实际损失难以确定的,可以按照侵权人因侵权所获得的利益确定。权利人的损失或者侵权人获得的利益难以确定的,参照该专利许可使用费的倍数合理确定。赔偿数额还应当包括权利人为制止侵权行为所支付的合理开支。权利人的损失、侵权人获得的利益和专利许可使用费均难以确定的,人民法院可以根据专利权的类型、侵权行为的性质和情节等因素,确定给予一万元以上一百万元以下的赔偿。"该规定确立了专利侵权赔偿的四种方式,即权利人实际损失、侵权人获利、专利许可使用费的合理倍数以及法院酌定赔偿。关于权利人损失和侵权人获利如何计算的问题,最高人民法院在《关于审理专利纠纷案件适用法律问题的若干规定》中又作了进一步明确。该司法解释第二十条规定:"人民法院依照专利法第五十七条第一款的规定追究侵权人的赔偿责任时,可以根据权利人的请求,按照权利人因被侵权所受到的损失或者侵权人因侵权所获得的利益确定赔偿数额。权利人因被侵权所受到的损失可以根据专利权人的专利产品因侵权所造成销售量减少的总数乘以每件专利产品的合理利润所得之积计算。权利人销售量减少的总数难以确定的,侵权产品在市场上销售的总数乘以每件专利产品的合理利润所得之积可以视为权利人因被侵权所受到的损失。侵权人因侵权所获得的利益可以根据该侵权产品在市场上销售的总数乘以每件侵权产品的合理利润所得之积计算。侵权人因侵权所获得的利益一般按照侵权人的营业利润计算,对于完全以侵权为业的侵权人,可以按照销售利润计算。"根据上述法律规范,可见,在侵犯商业秘密犯罪案件中,重大损失的计算主要存在四种方式,即权利人的实际损失、侵权人的获利、商业秘密许可费的倍数以及商业秘密的商业价值。之所以不能将人民法院酌定赔偿方式作为商业秘密刑事案件重大损失的计算方法,主要是因为刑事诉讼与民事诉讼证据标准不同。刑事诉讼实行确实、充分的证据标准,而民事诉讼实行高度盖然性的证据标准,在商业秘密刑事案件中,"重大损失"是决定被告人行为罪与非罪的重要依据,重大损失的数额必须有确实、充分的证据予以证明,而不允许法官具有自由裁量的空间。[参见第1005号指导案例,伊特克斯公司、郭书周等侵犯商业秘密案,载《刑事审判参考》总第99集(2014年第4集),第28～30页。撰稿:刘军华　唐震　巩一鸣]

▽商业秘密权利人"重大损失"计算方法的选择

根据相关法律及司法解释等规范性文件,可以发现在侵犯商业秘密犯罪案件中对"重大损失"的认定大致具有四种计算方法。同时,鉴于文义解释优先的法律适用规则,在计算损失方面,应当优先计算权利人的实际损失。本案中,一审判决依据的公信事务所价格鉴定意见采用的就是权利人实际损失的计算方法,其法律依据在于"权利人因被侵权所受到的损失可以根据专利权人的专利产品因侵权所造成销售量减少的总数乘以每件专利产品的合理利润所得之积计算。权利人销售量减少的总数难以确定的,侵权产品在市场上销售的总数乘以每件专利产品的合理利润所得之积可以视为权利人因被侵权所受到的损失"。一审认定本案没有证据反映权利人销售数量减少的总数,而被告单位对外销售7条氙气灯生产线的事实确实无误,同时,根据权利人提供的销售资料,可以测算得出权利人每条生产线的合理利润为165万元,故依据前述规定计算得出权利人的损失为1155万元。

而二审法院则对该价格鉴定意见不予采纳,另行采用了侵权人获利的计算方法。主要理由在于:(1)商业秘密与专利技术在保护方式上并不完全相同。专利是以"公开换垄断",即权利人向社会公示技术方案而取得垄断的实施权。除法定情形外,任何人不经权利人授权均不得使用。因此,侵权人销售产品的数量作为权利人销售的数量并无不妥。而作为商业秘密保护的技术秘密并不占有垄断的地位,权利人拥有技术秘密并不代表着其他竞争者不能拥有同样的技术秘密。以侵权人销售产品的数量作为权利人销售的数量需要以权利人拥有的技术秘密独一无二为前提。在相同产品的市场中,这就意味着具备该技术秘密的产品不是由权利人生产的就是由侵权人生产的,两者存在非彼即此的替代关系。换言之,侵权人生产侵权产品所获得的利益原本就应当归属于权利人。对此,美国《反不正当竞争法重述》亦有相关规定。该法第45节评论e指出,商业秘密侵权经常引起的损失,是因被告使用商业秘密而使原告失去的利润……如果证据支持这样的结论,即如果不发生侵权,被告的销售额本来应该是原告的,就可以被告的销售额为基础,再参照原告的边际利润,认定原告的损失。本案中,并未有证据表明权利人的技术秘密具有唯一性,也未有证据反映该技术领域只有权利人和被告单位两家公司,相反有证据表明存在多家同业竞争者。由于其他的同业竞争者会满足购买者的需求,因此,侵权人销售产品的数量也不必然意味着权利人会少销售同样的数量。(2)根据司法解释的规定,计算权利人的损失还要求以权利人产品的合理利润作为计算依据。但公信事务所价格鉴定意见依据的是权利人在2005年8月、2005年12月和2006年10月的合同利润,而本案案发时间为2008年3月,两者时间节点差距近一年半至两年半之久;且在案证据反映,在2008年4月和6月,权利人向两家案外公司销售了同类产品。审计机构未将此期间的合同利润作为计算依据,而以案发前约一年半至两年半的合同利润作为计算依据,有失公正。更何况,根据价格鉴定意见,权利人每套设备的利润达到165万元,而被告单值对外销售一套生产线的销售价格才100万元左右,以权利人产品的利润来计算其损失显然不尽合理。对此,二审检察机关亦予以重点强调,并提请二审法院选择合适的计算方法来认定"重大损失"。由于以权利人的损失来计算"重大损失"存在上述两个法律和事实的障碍,故而二审法院参照相关法律规范的规定,综合本案证据状况以及无商业秘密许可使用、商业秘密未对外泄露的事实,最终确定以侵权人获利作为计算方法。[参见第1005号指导案例,伊特克斯公司、郭书周等侵犯商业秘密案,载《刑事审判参考》总第99集(2014年第4集),第30～31页。撰稿:刘军华　唐震　巩一鸣]

▽商业秘密权利人"重大损失"计算对象的确定

在确定以侵权人获利作为计算方法之后,本案还涉及计算对象的确定问题。"很多情况下,原告出于尽量扩大保护范围的需要,或者对法律规定、涉案技术背景不熟悉等原因,往往在起诉时会圈定一个很宽泛的秘密范围，并将一些公知信息纳入商业秘密范围内请求保护。”本案中，权利人主张作为商业秘密保护的技术信息包括脱羟炉、等离子火头和手套箱三个部件的技术要求，包括设计尺寸、公差配合、表面粗糙度、装配关系、材质以及上述要求的确切组合；但经检察院审查起诉和法院审理，最终作为商业秘密保护的技术信息仅涉及脱羟炉、等离子火头两个部件的相关技术要求。那么，由于被告单位和被告人侵犯了这两个部件的技术秘密，是否可以以整条生产线的利润来计算被告方的侵权获利呢？不能一概而论。通常情况下，商业秘密的价值应当与其秘点相对应；然而，在有的产品中，秘点与整体不可分割，则要考虑受到侵害部分或者产品部件在整个产品中所起的作用或者比重及诸如在先公知技术、市场因素等其他非侵权因素来计算权利人的损失。对此，美国《反不正当竞争法重述》第45节评论f亦指出，如果被告利润中，仅一部分有关商业秘密，如在被告可独立上市产品中，仅有一种部件有关原告商业秘密，责令被告将所有销售利润赔付给原告，是不公正的。一审判决依据的公信事务所是按照整条生产线的利润来计算权利人的损失。二审法院重点审查了作为商业秘密保护的上述两件部件是否存在独立价值的问题。本案中，海宁新晨公司法定代表人徐建章的证言、海宁映宇公司副总经理陆佰明的证言以及权利人与两家案外公司于2008年4月、6月签订的购销合同均反映氙气灯生产线中的手套箱、真空脱羟炉、抽充台及等离子封接等主要设备可以单独计价。由于上述两个部件能够单独定价，二审法院最终决定将上述两个部件作为计算对象，以其利润乘以7条生产线的数量来计算侵权人的获利。正是由于最终认定的权利人“重大损失”刚过侵犯商业秘密罪50万元的入罪标准，且所保护的技术秘密属于公知技术和非公知技术要求的组合，故二审法院作出定罪免刑的刑事判决。［参见第1005号指导案例，伊特克斯公司、郭书周等侵犯商业秘密案，载《刑事审判参考》总第99集（2014年第4集），第31～32页。撰稿：刘军华　唐震　巩一鸣］

第二百一十九条之一　【为境外窃取、刺探、收买、非法提供商业秘密罪】为境外的机构、组织、人员窃取、刺探、收买、非法提供商业秘密的，处五年以下有期徒刑，并处或者单处罚金；情节严重的，处五年以上有期徒刑，并处罚金。（本条是根据《中华人民共和国刑法修正案（十一）》之二十三增加的，2021年3月1日起施行。）

第二百二十条　【单位犯侵犯知识产权罪的处罚规定】单位犯本节第二百一十三条至第二百一十九条之一规定之罪的，对单位判处罚金，并对其直接负责的主管人员和其他直接责任人员，依照本节各该条的规定处罚。（本条是根据《中华人民共和国刑法修正案（十一）》之二十四修改的，2021年3月1日起施行。）

刑法本条原文：【单位犯侵犯知识产权罪的处罚规定】单位犯本节第二百一十三条至第二百一十九条规定之罪的，对单位判处罚金，并对其直接负责的主管人员和其他直接责任人员，依照本节各该条的规定处罚。

第八节　扰乱市场秩序罪

第二百二十一条　【损害商业信誉、商品声誉罪】捏造并散布虚伪事实，损害他人的商业信誉、商品声誉，给他人造成重大损失或者有其他严重情节的，处二年以下有期徒刑或者拘役，并处或者单处罚金。

■最高人民检察院、公安部关于公安机关管辖的刑事案件立案追诉标准的规定（二）（2022年5月15日）

第六十六条　〔损害商业信誉、商品声誉案（刑法第二百二十一条）〕捏造并散布虚伪事实，损害他人的商业信誉、商品声誉，涉嫌下列情形之一的，应予立案追诉：

（一）给他人造成直接经济损失数额在五十万元以上的；

(二)虽未达到上述数额标准,但造成公司、企业等单位停业、停产六个月以上,或者破产的;

(三)其他给他人造成重大损失或者有其他严重情节的情形。

[附则(第七十九条至第八十五条)内容附在本书刑法第一百二十条之一附文同名文件中。]

□为诋毁他人商品的声誉,故意歪曲、夸大事实,在公共场所砸毁他人商品,对他人的生产经营活动造成重大损失的,其行为构成损害商品声誉罪

被告人先后三次在上海、南京等地公开砸毁双菱牌空调,又散布捏造、诋毁双菱牌空调声誉的言论,致使多家媒体进行了新闻报道,众多商家质疑、被迫终止、变更销售合同,导致双菱公司的商品声誉受损,销售量下滑的后果。被告人为诋毁他人商品的声誉,故意歪曲、夸大事实,在公共场所砸毁他人商品,对他人的生产经营活动造成重大损失的,根据《刑法》第二百二十一条的规定,其行为构成损害商品声誉罪。(上海市奉贤区人民检察院诉陈恩等人损害商品声誉案,载《最高人民法院公报》总第92期,2004年第6期,第17页。)

▽损害商业信誉、商品声誉罪的"捏造"的认定

只有同时具备"捏造"和"散布"虚伪事实的行为,才能构成损害商业信誉、商品声誉罪。对刑法条文中的"捏造"的理解,应考虑具体罪名罪状中规定的犯罪构成要件之间的相互关系,作出不同的界定。损害商业信誉、商品声誉罪中的"捏造虚伪事实"则既可包括无中生有,凭空编造全部虚假事实的情形,也包括添油加醋,恶意歪曲、夸大事实或编造部分虚假事实的情形。因为,无论是捏造整个虚假的事实,还是捏造部分虚假的事实,只要加以散布,都可以损害他人商业信誉和商品声誉,给竞争对手造成经济损失,达到不正当竞争的目的。[参见第85号案例,王宗达损害商业信誉、商品声誉案,载《刑事审判参考》总第13辑(2001年第2辑),法律出版社,第10~11页。执笔:刘树德]

▽损害商业信誉、商品声誉罪中的"造成重大损失"的认定

损害商业信誉、商品声誉必须"给他人造成重大损失或者有其他严重情节"才构成犯罪。"重大损失",一般应是因商业信誉、商品声誉受损而产生的直接经济损失,如商品严重滞销、产品被大量退回、合同被停止履行、企业商誉显著降低、驰名产品声誉受到严重侵损,销售额和利润严重减少、应得收入大量减少、上市公司股票价格大幅度下跌、商誉以及其他无形资产的价值显著降低等。直接经济损失应当既包括有形的、可直接计算的财产损失,如因产品被退回所造成的收入减少,也包括无形的、须加以评估的财产损失,如企业商誉价值的降低,不能将直接经济损失只理解为可以直接计算的损失,而忽略了须通过评估加以测算的损失。但对于被害人为了恢复受到损害的商业信誉和商品声誉所投入的资金(如广告费用等)或者为制止不法侵害事件而扩大的开支(如诉讼费用等)间接经济损失,不应认定为损害商业信誉、商品声誉所造成的损失,一般只在量刑或者附带民事诉讼赔偿时酌情加以考虑。应强调的是,在具体认定损害行为所造成的经济损失时,应特别注意损害行为与经济损失之间的因果关系,即不能将与捏造并散布虚伪事实的行为无因果关系和不是行为必然造成的损失计算在内。至于"其他严重情节",一般是指行为人在捏造并散布虚假事实、损害他人的商业信誉和商品声誉的过程中的除"重大损失"以外的严重情节,如多次损害他人商业信誉和商品声誉;因损害他人商业信誉和商品声誉被有关主管部门处罚后又损害他人商业信誉和商品声誉;虚构并散布的虚伪事实传播面较广、在消费者中产生严重的不良影响;使用恶劣的手段、捏造恶毒事实等。[参见第85号案例,王宗达损害商业信誉、商品声誉案,载《刑事审判参考》总第13辑(2001年第2辑),法律出版社,第11~13页。执笔:刘树德]

▽适用与确定选择性罪名"损害商业信誉、商品声誉罪"的原则

损害商业信誉、商品声誉罪是选择性罪名。选择性罪名,无论是行为性选择,还是对象性选择,都是根据具体的行为或对象选择适用。在同时有相互联系的多个行为或对象的情况下,则并列行为或对象确定罪名,作为一个罪名定罪,不实行数罪并罚。一般情况下,损害商品声誉的行为通常都会损害企业的商业信誉,而损害商业信誉的行为不一定会损害商品声誉。因此,在处理损害商业信誉、商品声誉案件时,应根据案件具体事实具体认定行为人的行为侵犯的是商业信誉,还是商品声誉,抑或是商业信誉和商品声誉,确定相应的罪名。如行为人捏造并散布的虚伪事实是关于他人在信守合约或履行合同中的信誉度或者他人的生产能力和资金状况方面等内容,则只侵害了他人的商业信誉,罪名就应确定为"损害商业信誉罪";行为人捏造并散布的虚伪事实是关于他人的产品在质量、等级、效果、方法、价格等方面的内容,则只侵害了他人的商品声誉,罪名就应确定为"损害商品声誉罪";行为人捏造并散布的虚伪事实既针对他人的商业信誉又针对他人的商品声誉的,罪名则应确定为"损害商业信誉、商品声誉罪"。行为人捏造、歪曲仙都啤酒发展公司因受疫情感染,职工发病既快又猛,引起恐慌,以及江苏某地发生类似疫情,10万余人身受感染的虚假事实并加以散布的行为,难免影响仙都啤酒发展公司的商业形象,与企业的商业信誉也有联系,但这种行为直接指向的对象还是仙都啤酒的质量,其目的是误导消费者认为仙都啤酒的质量不行、不可靠,而不是使有关商家认为仙都啤酒发展公司不讲商业信誉、无生产供货能力等,因此,对行为人的行为,以损害商品声誉罪定罪更为准确。[参见第85号案例,王宗达损害商业信誉、商品声誉案,载《刑事审判参考》总第13辑(2001年第2辑),法律出版社,第5~6页。执笔:刘树德]

▽商业信誉与商品声誉区分的认定

本罪侵害的对象是他人的商业信誉、商品声誉,保护的客体是商业活动中的生产、经营者的商誉权和市场的公平竞争秩序。刑法本条的规定属于选择性罪名,具体而言属于对象性选择,即根据行为损害的是他人的商业信誉还是商品声誉来确定罪名。因此,对于商业信誉、商品声誉进行区分是司法中准确定罪的前提。所谓商业信誉,是指生产、经营者因从事商业活动,参与市场竞争,而在社会上所获得的肯定性的评价和赞誉,包括社会公众对该生产、经营者的资信状况、商业道德、技术水平、经济实力、履约能力等方面的积极评价。所谓商品声誉,是指商品因其价格、质量、性能、效用等的可信赖程度,在社会上尤其是在消费者中获得的好的评价和赞誉。商业信誉、商品声誉统称商誉,是社会公众对生产者、经营者及其商品的积极性认识和评价,是商誉主体的无形财产。商誉不是自封的,而是商誉主体在长期参与市场竞争过程中,通过自己的商业行为而逐步建立起来的商业形象。在市场竞争的环境下,商誉有好坏、优劣程度之分,其根本在于不同商誉主体的社会认可程度差别。在办理损害商业信誉、商品声誉犯罪案件时,应根据具体案件事实对被告人的行为侵害的是他人的商业信誉,还是商品声誉,抑或是商业信誉和商品声誉进行认定,从而正确适用罪名。如果行为人捏造并散布的虚伪事实是关于他人的信守合约或履行合同中的信誉度或者他人的资信状况、履约能力方面的情形,一般只是侵害了他人的商业信誉,罪名应当确定为损害商业信誉罪;如果行为人捏造并散布的虚伪事实是关于他人产品的质量、等级、效果、价格等方面的内容,因为只侵害了他人的商品声誉,罪名应确定为损害商品声誉罪。如果行为人捏造并散布的虚伪事实既有针对他人商业信誉的内容,又有针对他人商品声誉的内容,既损害了他人的商业信誉,也损害了其商品声誉,那么,罪名就应当确定为损害商业信誉、商品声誉罪。本案被告人故意捏造事实编制《纸做的包子》的虚假电视节目,自该虚假节目播出后,引发社会公众对于肉馅包子质量的严重质疑,北京市肉馅包子的销售量急剧下降,行业受到严重的影响。可见,被告人的行为损害的是北京市肉馅包子的质量声誉,属于商品声誉而不属于商业信誉。[参见第597号指导案例,訾北佳损害商品声誉案,载《刑事审判参考》总第72集(2010年第1集),第9~10页。撰稿:康瑛]

▽损害商业信誉、商品声誉罪中的"他人"的认定

刑法规定,损害商业信誉、商品声誉罪的侵害对象是他人的商业信誉、商品声誉,因而正确理解这里的"他人"对准确认定本罪具有重要意义。损害商业信誉、商品声誉罪中的"他人",毋庸置疑应当具备一定的特定性,但对这种特定性的理解不能过于僵化,因为侵犯一个市场主体的商业信誉、商品声誉可以构成犯罪,但如果侵害了一类市场主体的商业信誉、商品声誉,作为危害更大的犯罪,举轻以明重,自然应当构成犯罪,这是逻辑解释的当然结论。结合实践中此类犯罪的实际情况,这种特定性可以从以下两个方面进行理解和认定:一方面,损害商业信誉、商品声誉罪侵害的对象应具有一定归属性,即侵害的商业信誉、商品声誉必须是他人拥有的,侵害自己所有的商业信誉、商品声誉不构成本罪。这里的他人包括所有的市场主体,即从事市场活动的个人、个体工商户、个人合伙、公司、企业在内的生产者、经营者,既包括某个具体的生产者、经营者,也包括某一类商品的生产者和经营者。另一方面,损害商业信誉、商品声誉罪侵害的对象必须具备一定指向性。这是从侵害行为的证据角度而言的,即侵害行为必须有明确的指向,或是某个具体的生产者、经营者,或是某类商品的生产者、经营者。如果行为人没有针对特定生产者、经营者的商业信誉、商品声誉或者说社会公众无法确定行为人所指向的具体对象,由于被侵害方不能认定,则不能构成本罪。司法实践中,对于行为人明确指名进行的损害商业信誉、商品声誉行为,判断侵害对象的特定性比较容易,但对于那些并未明确指名而实施的侵害行为,应当根据社会一般公众的普遍认识标准来判断侵害对象的特定性。对于行为人在捏造并散布虚伪事实,虽然没有明确指出所损害的对象,没有提及某个生产者、经营者的名称或者其商品的名称,但是相关生产经营者和消费者从其捏造并散布的事实的内容上完全能够推测出是指向某一个或数个生产者、经营者的,也应认定为损害了"特定的他人"的商业信誉和商品声誉。反之,如果社会公众无法确认行为人的行为所指向的具体"他人",则不符合本罪中特定他人的构成要件。本案在被告人故意捏造事实编制的《纸做的包子》虚假电视节目里虽然没有明确指出是哪一家生产者,但公众观看该电视新闻后,显然会对整个北京地区的包子行业的商品质量产生质疑,这一点从该电视节目播出之后,整个北京地区包子行业的经营惨淡可以证实,故本案可以认定被告人的行为损害了相关行业的商品声誉。[参见第597号指导案例,訾北佳损害商品声誉案,载《刑事审判参考》总第72集(2010年第1集),第10~12页。撰稿:康瑛]

▽损害商业信誉、商品声誉罪的主观故意的认定

损害商业信誉、商品声誉罪的主观方面由故意构成,如果是由于过失,即使造成了重大损害,也不以损害商业信誉、商品声誉罪论处。同时,对于本罪,立法没有要求行为人必须有特定的犯罪目的或动机。从本案事实和在案证据看,被告人炮制纸馅包子虚假电视节目的目的主要是为显示其工作业绩,客观地说,其行为意图并非为了损害他人商品声誉。但是,具有多年从事新闻工作经历的被告人,在未发现有人制作、出售纸馅包子的情况下,仍执意捏造并散布虚假新闻,应当预见到其行为会造成损害相关行业商品声誉的后果。换言之,被告人在炮制虚假新闻时放任了损害相关行业商品声誉这一危害后果的发生,即被告人对于这一危害后果主观上属于间接故意。损害商业信誉、商品声誉罪的主观要件既包括直接故意也包括间接故意。直接故意是明知其侵害他人商誉的行为必然或可能带来商誉主体遭受严重损失的结果,而仍然希望或者说是积极追求这种结果的发生。这种罪过心态在损害商业信誉、商品声誉犯罪中最为常见,也充分反映出行为人较深的主观恶性,如为了牟取非法经济利益,即通过诋毁他人商誉占领更多的市场份额,从而在与同业对手竞争过程中获得优势。间接故意的行为人已认识到其所捏造并散布的虚伪事实可能会损害他人商誉,并造成他人重大损失,而依然有意放纵此损害结果的发生。虽然这种情况在实践中表现较少,但并不意味着现实生活中不存在。之所以将间接故意也纳入本罪的主观要件内容,原因在于:(1)《刑法》本条没有明确排除间接故意构成犯罪的情形,作为故意犯罪,根据刑法总则,当然可以解释为包括间接故意;(2)从损害商业信誉、商品声誉罪保护的法益来讲,无论行为人出于何种动机,是否出于直接故意,只要其故意实施了损害他人商业信誉、商品声誉的行为,对于被害方而言,其商业信誉、商品声誉受到的损害没有本质差别;(3)随着市场经济的发展,商业信誉、商品声誉的重要性愈加凸显,加强保护十分必要,如果将间接故意排除在外,显然不利于惩处类似于本案这种放任损害他人商品声誉危害结果发生的案件,有悖于刑法有效惩治此类犯罪的初衷,因而将间接故意解释为本罪的主观要件有其现实合理性和必要性。本案作为有多年从事新闻工作经历的被告人在炮制纸馅包子虚假电视节目时应预见到其行为会造成损害相关行业商品声誉的后果,但却有意地放纵了该危害后果的发生,具有了犯罪的故意。并且控方出具的经庭审质证属实的若干从事包子经营业务的证人证言证实,自《纸做的包子》节目播出后,北京肉馅包子的销售量急剧下降,行业受到严重的影响,电视台为此事公开道歉后,包子的销售量略有回升,但仍未恢复到正常经营状态。这说明被告人的行为在客观上业已造成相关行业商品声誉遭受损害的后果。而且该节目在电视台播出后,被境内外上百家网站、报刊等新闻媒体转载、转播,引起媒体和网民的广泛关注和对我国食品安全的担忧。这种负面的社会影响在北京奥运会召开在即、国际社会广泛关注中国食品卫生安全的大背景下,尤为凸显。所以,尽管一时难以确定被告人的行为所造成的直接经济损失的具体数额,但仅就此恶劣社会影响,足以认定被告人实施的损害他人商誉行为具有其他严重情节,依法构成犯罪。[参见第597号指导案例,訾北佳损害商品声誉案,载《刑事审判参考》总第72集(2010年第1集),第12~14页。撰稿:康瑛]

第二百二十二条 【虚假广告罪】广告主、广告经营者、广告发布者违反国家规定,利用广告对商品或者服务作虚假宣传,情节严重的,处二年以下有期徒刑或者拘役,并处或者单处罚金。

■最高人民检察院、公安部关于公安机关管辖的刑事案件立案追诉标准的规定(二)(2022年5月15日)

第六十七条 〔虚假广告案(刑法第二百二十二条)〕广告主、广告经营者、广告发布者违反国家规定,利用广告对商品或者服务作虚假宣传,涉嫌下列情形之一的,应予立案追诉:

(一)违法所得数额在十万元以上的;

(二)假借预防、控制突发事件、传染病防治的名义,利用广告作虚假宣传,致使多人上当受骗,违法所得数额在三万元以上的;

(三)利用广告对食品、药品作虚假宣传,违法所得数额在三万元以上的;

(四)虽未达到上述数额标准,但二年内因利用广告作虚假宣传受过二次以上行政处罚,又利用广告作虚假宣传的;

(五)造成严重危害后果或者恶劣社会影响的;

(六)其他情节严重的情形。

[附则(第七十九条至第八十五条)内容附在本书刑法第一百二十条之一附文同名文件中。]

■最高人民法院关于审理非法集资刑事案件具体应用法律若干问题的解释(2022年3月1日)

第十二条 广告经营者、广告发布者违反国家规定,利用广告为非法集资活动相关的商品或者服务作虚假宣传,具有下列情形之一的,依照刑法第二百二十二条的规定,以虚假广告罪定罪处罚:

(一)违法所得数额在10万元以上的;

(二)造成严重危害后果或者恶劣社会影响的;

(三)二年内利用广告作虚假宣传,受过行政处罚二次以上的;

(四)其他情节严重的情形。

明知他人从事欺诈发行股票、债券,非法吸收公众存款,擅自发行股票、债券,集资诈骗或者组织、领导传销活动等集资犯罪活动,为其提供广告等宣传的,以相关犯罪的共犯论处。

第十五条 此前发布的司法解释与本解释不一致的,以本解释为准。

■最高人民法院、最高人民检察院关于办理妨害预防、控制突发传染病疫情等灾害的刑事案件具体应用法律若干问题的解释(2003年5月15日)

第五条 广告主、广告经营者、广告发布者违反国家规定,假借预防、控制突发传染病疫情等灾害的名义,利用广告对所推销的商品或者服务作虚假宣传,致使多人上当受骗,违法所得数额较大或者有其他严重情节的,依照刑法第二百二十二条的规定,以虚假广告罪定罪处罚。

第十七条 人民法院、人民检察院办理有关妨害预防、控制突发传染病疫情等灾害的刑事案件,对于有自首、立功等悔罪表现的,依法从轻、减轻、免除处罚或者依法作出不起诉决定。

第十八条 本解释所称"突发传染病疫情等灾害",是指突然发生,造成或者可能造成社会公众健康严重损害的重大传染病疫情、群体性不明原因疾病以及其他严重影响公众健康的灾害。

■最高人民法院、最高人民检察院、公安部、司法部关于依法惩治妨害新型冠状病毒感染肺炎疫情防控违法犯罪的意见(2020年2月6日)

二、准确适用法律,依法严惩妨害疫情防控的各类违法犯罪

(五)依法严惩诈骗、聚众哄抢犯罪。……

在疫情防控期间,违反国家规定,假借疫情防控的名义,利用广告对所推销的商品或者服务作虚假宣传,致使多人上当受骗,违法所得数额较大或者有其他严重情节的,依照刑法第二百二十二条的规定,以虚假广告罪定罪处罚。

(十)依法严惩妨害疫情防控的违法行为。……

对于在疫情防控期间实施有关违法犯罪的,要作为从重情节予以考量,依法体现从严的政策要求,有力惩治震慑违法犯罪,维护法律权威,维护社会秩序,维护人民群众生命安全和身体健康。

■中华人民共和国广告法(2021年4月29日)

第二条 在中华人民共和国境内,商品经营者或者服务提供者通过一定媒介和形式直接或者间接地介绍自己所推销的商品或者服务的商业广告活动,适用本法。

本法所称广告主,是指为推销商品或者服务,自行或者委托他人设计、制作、发布广告的自然人、法人或者其他组织。

本法所称广告经营者,是指接受委托提供广告设计、制作、代理服务的自然人、法人或者其他组织。

本法所称广告发布者,是指为广告主或者广告主委托的广告经营者发布广告的自然人、法人或者其他组织。

本法所称广告代言人,是指广告主以外的,在广告中以自己的名义或者形象对商品、服务作推荐、证明的自然人、法人或者其他组织。

第三条 广告应当真实、合法,以健康的表现形式表达广告内容,符合社会主义精神文明建设和弘扬中华民族优秀传统文化的要求。

第四条 广告不得含有虚假或者引人误解的内容,不得欺骗、误导消费者。

第二百二十三条 【串通投标罪】投标人相互串通投标报价,损害招标人或者其他投标人利益,情节严重的,处三年以下有期徒刑或者拘役,并处或者单处罚金。

投标人与招标人串通投标,损害国家、集体、公民的合法利益的,依照前款的规定处罚。

■最高人民检察院、公安部关于公安机关管辖的刑事案件立案追诉标准的规定(二)(2022年5月15日)

第六十八条 〔串通投标案(刑法第二百二十三条)〕投标人相互串通投标报价,或者投标人与招标人串通投标,涉嫌下列情形之一的,应予立案追诉:

(一)损害招标人、投标人或者国家、集体、公民的合法利益,造成直接经济损失数额在五十万元以上的;

(二)违法所得数额在二十万元以上的;

(三)中标项目金额在四百万元以上的;

（四）采取威胁、欺骗或者贿赂等非法手段的；

（五）虽未达到上述数额标准，但二年内因串通投标受过二次以上行政处罚，又串通投标的；

（六）其他情节严重的情形。

［附则（第七十九条至第八十五条）内容附在本书刑法第一百二十条之一附文同名文件中。］

■中华人民共和国招标投标法（2017 年 12 月 27 日修正）

第八条 招标人是依照本法规定提出招标项目、进行招标的法人或者其他组织。

第二十五条 投标人是响应招标、参加投标竞争的法人或者其他组织。

依法招标的科研项目允许个人参加投标的，投标的个人适用本法有关投标人的规定。

第三十二条 投标人不得相互串通投标报价，不得排挤其他投标人的公平竞争，损害招标人或者其他投标人的合法权益。

投标人不得与招标人串通投标，损害国家利益、社会公共利益或者他人的合法权益。

禁止投标人以向招标人或者评标委员会成员行贿的手段谋取中标。

第二百二十四条 【合同诈骗罪】有下列情形之一，以非法占有为目的，在签订、履行合同过程中，骗取对方当事人财物，数额较大的，处三年以下有期徒刑或者拘役，并处或者单处罚金；数额巨大或者有其他严重情节的，处三年以上十年以下有期徒刑，并处罚金；数额特别巨大或者有其他特别严重情节的，处十年以上有期徒刑或者无期徒刑，并处罚金或者没收财产：

（一）以虚构的单位或者冒用他人名义签订合同的；

（二）以伪造、变造、作废的票据或者其他虚假的产权证明作担保的；

（三）没有实际履行能力，以先履行小额合同或者部分履行合同的方法，诱骗对方当事人继续签订和履行合同的；

（四）收受对方当事人给付的货物、货款、预付款或者担保财产后逃匿的；

（五）以其他方法骗取对方当事人财物的。

■最高人民检察院、公安部关于公安机关管辖的刑事案件立案追诉标准的规定（二）（2022 年 5 月 15 日）

第六十九条 〔合同诈骗案（刑法第二百二十四条）〕以非法占有为目的，在签订、履行合同过程中，骗取对方当事人财物，数额在二万元以上的，应予立案追诉。

［附则（第七十九条至第八十五条）内容附在本书刑法第一百二十条之一附文同名文件中。］

■最高人民法院、最高人民检察院关于常见犯罪的量刑指导意见（试行）（2021 年 7 月 1 日）（见本书附录十三）

▼安徽省高级人民法院、安徽省人民检察院关于二十三种常见犯罪量刑规范的实施细则（试行）（2022 年 1 月 16 日）（见本书附录十四）

▼安徽省高级人民法院、安徽省人民检察院、安徽省公安厅关于办理合同诈骗等犯罪案件工作座谈会纪要（2014 年 12 月 31 日）

一、合同诈骗案件

（一）关于非法占有目的

要从客观行为推定主观目的，即从事实、行为、手段、情形、后果等方面，全面收集对被告人有利和不利的证据。

要坚持主客观相一致。对仅有履约态度，没有履约行为的，或虽采取了欺骗的手段，但有真实履约行为的情形，认定非法占有目的时，应当考察签订、履行合同的全部客观行为，并结合行为人对主观故意的供述，慎重处理。

要注重基础事实真实。据以推定的基础事实必须是有证据予以证明的客观事实，且作为推定的基础事实和待证事实之间应当有紧密的常态联系。

合同诈骗罪与合同经济纠纷的本质区别,在于行为人是否具有非法占有的目的。要依次考察行为人签订合同时的履约能力和担保真伪,履行合同中有无实际履约行为、对财物的处置情况、未履行合同的原因以及违约后的表现等方面综合判定。

有下列行为之一,且行为人不能提出合理辩解,一般应当认定具有“非法占有目的”:

1. 以欺骗手段取得财物,用于非法经营或从事违法犯罪活动,导致财物不能返还的;2. 抽逃、转移资金、隐匿财产,以逃避返还资金的;3. 隐匿、销毁账目,以逃避返还资金的;4. 明知没有履行合同的条件,而骗取他人资金不返还的;5. 隐瞒合同标的已出卖或抵押的事实,与他人签订买卖合同,收取货款不返还的;6. 采用“借新债还旧债”方式循环骗取他人资金,导致资金不能归还的;7. 收到对方款物后,不履行合同义务,主要用于挥霍,高利贷等非法投资活动,导致资金不能归还的;8. 无正当理由,以明显低于市场的价格变卖货物,导致不能归还货款的;9. 其他非法占有款物,不能返还的行为。

(二)关于数额标准

个人涉嫌合同诈骗犯罪,数额在 2 万元以上的属于“数额较大”;数额在 10 万元以上的属于“数额巨大”;数额在 100 万元以上的属于“数额特别巨大”。

单位涉嫌合同诈骗犯罪,数额在 10 万元以上的属于“数额较大”;数额在 50 万元以上的属于“数额巨大”;数额在 500 万元以上的属于“数额特别巨大”。

合同诈骗犯罪的数额,一般应以行为人实际未还的数额来认定。对行为人骗取实物后变现的,犯罪数额以被骗物品实际鉴定价值来认定;如果变现后取得的数额高于鉴定价值的,以实际取得的数额认定。

对于多次行骗,并以后次诈骗财物归还前次诈骗财物,在计算诈骗数额时,应当将案发前已经归还的数额扣除,按实际未归还的数额认定;被害人的实际损失额或行为人多次行骗的总额可作为量刑情节予以考虑。行为人为实施犯罪所支付的好处费、车旅费等应当计入犯罪数额。

▼安徽省常见经济犯罪数额标准一览表(2000—2014 年)(见本书附录四十)

▼广东省高级人民法院关于办理破坏社会主义市场经济秩序犯罪案件座谈会纪要(2014 年 11 月 1 日)

三、合同诈骗罪

11. 个人进行合同诈骗犯罪的数额标准。一类地区以不满 30 万元为“数额较大”,30 万元以上不满 150 万元为“数额巨大”,150 万元以上为“数额特别巨大”。

二类地区以不满 20 万元为“数额较大”,20 万元以上不满 120 万为“数额巨大”,120 万元以上为“数额特别巨大”。

12. 关于单位犯合同诈骗犯罪的数额标准。单位犯合同诈骗罪的标准,按照个人犯罪数额标准的 5 倍掌握。

四、涉案财物处理

13. 关于诈骗财物及其利息的处理问题。案发后查封、扣押、冻结在案的诈骗财物及其利息,权属明确的,应当发还相应被害人;权属不明确的,可以按被骗款物占查封、扣押、冻结在案的财物及其利息总额的比例发还被害人,但是已获退赔的应予扣除。

14. 关于涉案财产的追缴和处置问题。将诈骗所得的资金或者财物及转换所得的财物用于清偿债务或者转让给他人,有下列情形之一的,应当依法追缴:

(一)他人明知是上述资金或者财物而收取的;

(二)他人无偿取得上述资金或者财物的;

(三)他人以明显低于市场的价格取得上述资金或者财物的;

（四）他人取得上述资金或者财物系源于非法债务或者违法犯罪活动的；

（五）其他依法应当追缴的情形。

他人善意取得诈骗财物的，不予追缴。

五、其他

15. 铁路运输两级法院审理的犯罪案件，按照案发地的数额标准定罪量刑。

16. 对于案发地跨两类地区的，按照一类地区的数额标准定罪量刑；因指定管辖导致跨地区审判的，按照案发地的数额标准定罪量刑。

17. 本院以前发布的指导意见与本纪要不一致的，以本纪要规定为准。

附：部分省（自治区、直辖市）关于合同诈骗罪数额的处罚标准

	数额较大	数额巨大	数额特别巨大
天津	2万元	20万元	100万元
吉林	1万元或单位诈骗10万元	10万元或单位诈骗100万元	100万元或单位诈骗1000万元
上海	5000元或单位诈骗10万元	5万元或单位诈骗30万元	20万元或单位诈骗100万元
浙江	2万元	20万元	100万元
安徽	2万元或单位诈骗10万元	10万元或单位诈骗50万元	100万元或单位诈骗500万元
江西	2000元或单位诈骗5万元	4万元或单位诈骗20万元	20万元或单位诈骗80万元
河南		20万元	100万元
广东	一类区5万元以下， 二类区4万元以下	一类区5万元， 二类区4万元	一类区50万元， 二类区40万元
陕西	2万元或单位诈骗20万元	20万元或单位诈骗200万元	80万元或单位诈骗800万元

□行为人在签订和履行合同中虽具有一定欺骗性，但其主观上没有非法占有的目的，不构成合同诈骗罪

行为人在签订和履行合同中，一些行为虽具有一定欺骗性，其直接动机是希望两公司合作项目转让成功，本人能够从中获取高额转让费用，因其主观上尚不具有以欺骗的手段占有公司财产的目的，不构成合同诈骗罪。（浙江省温州市人民检察院诉吴联大合同诈骗案，载《最高人民法院公报》总第81期，2003年第1期，第27页。）

▽合同诈骗罪中"合同"范围的认定

对合同诈骗罪中"合同"，应结合合同诈骗罪的侵犯客体并结合立法目的，来进行具体理解和把握。第一，关于合同类型。合同诈骗罪规定于刑法分则第三章破坏社会主义市场经济秩序罪之第八节"扰乱市场秩序罪"中，不仅侵犯他人财产所有权，而且侵犯国家合同管理制度，破坏了社会主义市场经济秩序，因而合同诈骗罪中的"合同"，必须能够体现一定的市场秩序。以维护正常市场秩序为宗旨的现行合同法基本涵盖了绝大部分民商事合同，对各种民商事合同行为进行了规范和调整，其对于各种民商事合同的规定应作为刑事法中认定合同成立、生效履行等相关概念的参考，对于合同诈骗罪中的"合同"不应再以典型的"经济合同"为限，同时，不能认为凡是行为人利用了合同法所规定的合同进行诈骗的，均将构成合同诈骗罪，与市场秩序无关以及主要不受市场调整的各种"合同""协议"，如不具有交易性质的赠与合同，以及婚姻、监护、收养、扶养等有关身份关系的协议，主要受劳动法、行政法调整的劳务合同、行政合同等，通常情况下不应视为合同诈骗罪中的"合同"。第二，关于合同形式。在合同法中，除法律、法规有明确规定之外，合同的订立既可以采用书面形式，也可以采用口头形式或者其他形式。口头合同与书面合同均为合法有效合同，同样受到法律的保护。在界定合同诈骗罪的合同范围时，不应拘泥于合同的形式，在有证据证明确实存在合同关系的情况下，即便是口头合同，只要发生在生产经营领域,侵犯了市场秩序的,同样应以合同诈骗罪定罪处罚。当然,在日常生活中利用口头合同进行诈骗的,因不具有合同诈骗的双重侵犯客体,则不能以合同诈骗罪定罪处罚。在本案中,首先,从事包装服务业务的行为人与被害单位口头协议的事项为有偿代办托运,属于市场交易行为,符合合同诈骗罪中合同性质的要求。其次,本案所涉口头合同具有确定的权利、义务内容,具备了特定标的、履行方式、劳务费等合同基本要件,且合同已经部分实际履行,结合此前双方已有的代办托运合作关系,足以证明该口头合同的真实存在。最后,应将该口头合同认定为合同诈骗罪中的"合同"。[参见第308号案例,宋德明合同诈骗案,载《刑事审判参考》总第39集(2004年第4集),法律出版社,第28~30页。执笔:陈佳茵]

▽诈骗罪与合同诈骗罪的区分的认定

合同诈骗罪是从1979年刑法中的诈骗罪分离出来的,合同诈骗罪的构成要件在一定程度上为诈骗罪所包容,二者属于法条竞合,是特别法与一般法的竞合关系。因此,当某行为外观上既符合合同诈骗罪的构成要件,又符合诈骗罪构成要件时,应当根据特别法优于一般法的原则,适用合同诈骗罪的法条,定合同诈骗罪。合同诈骗罪与诈骗罪虽然同属诈骗类犯罪,在构成要件上有一定相近之处,但两罪在犯罪客体、犯罪主体、客观方面还是存在诸多不同:一是犯罪主体不同。诈骗罪与合同诈骗罪都可以由自然人构成,但是合同诈骗罪的主体可以是单位,而诈骗罪的主体只能是自然人;二是犯罪客体不同。诈骗罪侵犯的是公私财物所有权,合同诈骗罪侵犯的客体为复杂客体,即公私财物所有权和国家对合同的管理制度;三是犯罪手段不同。合同诈骗罪只限于利用签订、履行合同的方式和手段进行诈骗,而诈骗罪在手段与方式上则没有限制,只要行为人在主观上具备非法占有的目的,客观上通过虚构事实或者隐瞒真相的手段骗取数额较大财物的行为,就构成诈骗罪。当行为人既实施了合同诈骗行为,又实施了普通诈骗行为,而且两种行为都构成犯罪时,就应当适用刑法中数罪并罚的规定,分别定合同诈骗罪和诈骗罪,实行并罚。合同诈骗罪是一种利用合同进行诈骗的犯罪,诈骗行为发生在合同的签订、履行过程中,诈骗行为伴随着合同的签订、履行是此罪区别于诈骗罪的一个主要客观特征。从合同诈骗罪的客体出发,合同诈骗罪处于刑法分则第三章破坏社会主义市场经济秩序罪之第八节"扰乱市场秩序罪"中,合同诈骗罪不仅侵犯他人财产所有权,而且侵犯国家合同管理制度,破坏了社会主义市场经济秩序,因而合同诈骗罪中的"合同",必须存在于合同诈骗罪保护客体的范围内,能够体现一定的市场秩序,才能满足合同诈骗罪中的"合同"的要求,这种诈骗行为也才应以合同诈骗罪论处,而与这种法益无关的收养、婚姻等身份关系协议、赠与等合同均不是合同诈骗罪中所指的"合同",以这些合同为内容进行诈骗的行为应当以诈骗罪定罪处罚。[参见第403号案例,王贺军合同诈骗案,载《刑事审判参考》总第51辑(2006年第4辑),法律出版社,第22~23页。执笔:黄燕]

▽合同诈骗罪中非法占有目的的认定

非法占有目的应是指永久性地非法掌握、控制他人财物的意图。司法实践中,合同诈骗罪中行为人的非法占有意图在具体形成的时间、故意内容上表现形式多样,因而在司法实践中具体判断时要紧密结合案情,应当坚持主客观相一致的原则进行把握。认定是否具有非法占有目的,还应注意从以下方面进行综合判断:1. 行为人有无履行合同的实际能力。履行合同的实际能力一般是指当事人所拥有的资金、物质或技术情况。下列情况应视为行为人有履行合同的实际能力:(1)行为人在签订合同时即已具备履行合同所需要的资金、物资或技术力量。(2)行为人在签订合同时虽不具备履约能力,但在合同履行期限内能够筹集到履行合同所需的资金和物品。这里包括:一是行为人自己有一定的生产能力和经营收入,能在合同规定的期限内生产出履行合同所需的货物或经济收入能够达到合同所规定的付款数额;二是行为人在合同规定的履行期限内有可靠的货物来源和资金来源。(3)即使行为人不能按照合同规定实际履行义务,自己或他人能够提供足够担保(包括代为履行和赔偿损失)。2. 行为人是否有积极的履约行为。合同签订之后,当事人是否为履行合同作出了积极努力,往往是认定行为人主观上是否具备诈骗故意的依据之一。在司法实践中，判断行为人是否为履行合同义务作出了积极努力，应从以下几个方面分析：一是要与行为人的履行合同能力联系起来。如果行为人有较大的或完全履行合同能力，但只履行一部分作为搪塞而逃避履行大部分条款，则不能认为是为履行合同作了积极努力。二是看行为人努力的态度，是积极的还是消极的。行为人在签订合同后或履行合同中，主动为履行合同做了各种准备和努力，如积极寻找货源、筹措资金、联系业务等，若有这些实际行为则可认定其主观上的积极努力态度。3. 标的物的处置情况。财产处分是财产所有权的重要权能，合同当事人对标的物的处置情况虽然不是判断当事人具有诈骗故意的唯一标准，但确是一个重要依据。在行为人已经完全履行了合同义务取得了依法转移的财物所有权的情况下，可以合法地对已取得的财物进行处分。但若行为人没有履行合同义务或者只履行一部分合同，则其对占有他人财物的处置情况在一定程度上反映了其当时的主观心理态度。合同诈骗犯罪行为人由于具备非法占有他人财物的故意，因此一旦非法取得了他人财物的控制权，往往将全部或大部分任意挥霍，或从事非法活动，偿还个人债务，有的则携款潜逃，根本不打算归还。4. 行为人在违约后有无承担责任的表现。一般来说，具有履行合同诚意的人，在发现自己违约或被对方指出违约时，虽然从其自身利益出发，可能进行辩解和一定程度的拖延，以减轻自己的责任，但不会逃避承担责任。而利用合同进行诈骗的人，由于其明知自己根本不可能履行合同或不可能全部履行合同，也根本没有履行合同的诚意，在纠纷发生以后，行为人往往会想方设法逃避承担责任，使对方无法挽回遭受的损失。[参见第428号案例，罗扬非法处置查封的财产案，载《刑事审判参考》总第54辑(2007年第1辑)，法律出版社，第46~48页。执笔：刘鑫]

▽没有利用签订、履行合同的手段骗取他人财物的，不构成合同诈骗罪

合同诈骗罪作为特殊诈骗犯罪在诈骗方法和对象上有其特定性。首先，合同诈骗罪表现为“利用合同”进行诈骗，也就是说诈骗行为必须是发生在合同的签订、履行过程中。其次，合同的签订是指自合同一方当事人提出订立合同的要约开始，在当事人之间就合同的内容经过要约和承诺。最后，对合同的内容达成合意的过程；合同的履行是指合同当事人按照合同中约定的内容，全面适时地完成其合同义务的过程。在合同诈骗犯罪的实施中，合同的签订、履行过程，实际上就是行为人实施虚构事实、隐瞒真相的过程，如行为人以虚构的单位或者冒用他人名义签订合同，以伪造、变造、作废的票据或者其他虚假的产权证明作担保的；没有实际履行能力、以先履行小额合同或者部分履行合同的方法，诱骗对方当事人继续签订和履行合同、从而骗取对方当事人给付的货物、货款、预付款或者担保财产的；等等。同时，研究合同的签订和履行过程，对认定合同诈骗罪的司法意义在于，可以根据行为人在签订合同或履行合同时的履约能力和其他因素，判断行为人是否实施了虚构事实和隐瞒真相的手段，从而进一步认定行为人的真实意图即是否具有非法占有的目的。合同诈骗犯罪的行为人非法占有的财物应当是与合同签订、履行有关的财物，如合同标的物、定金、预付款、担保财产、货款等。对于合同诈骗罪的行为人而言，签订、履行合同的目的不在于合同的成立生效和本身的履行，而是对合同标的物或定金等与签订、履行合同有关的财物的非法占有，而被害人也正是由于受骗陷入错误认识而“自愿”为了保证合同订立生效或按照合同的约定向诈骗人交付与合同内容相关的财物。如果行为人在与他人签订或履行合同的过程中，以其他与合同无关的事由为借口，骗取他人钱财的，则不是合同诈骗。行为人假冒国家工作人员、伪造工程批文、假借承揽项目需要活动经费的名义骗取他人财物的行为都是在签订合同之前实施的，即在与被害人签订所谓施工承包合同之前，行为人的诈骗行为已经实施完毕，被害人的财物已经被行为人非法占有，其虚构事实骗取钱财的犯罪目的已经实现；行为人非法获取的被害人钱财是所谓的活动经费，其诈取钱财的行为并没有伴随合同的签订、履行，其非法侵占的财物亦不是合同的标的物或其他与合同相关的财物。虽然被告人事后也与他人签订了一个虚假的工程施工承包合同，但这仅是掩盖其诈骗行为的手段，而不是签订、履行合同的附随结果，是否签订合同已经并不能影响其骗取财物行为的完成。从以上两个方面可以看出，无论是从骗取财物的手段上，还是从骗取财物的性质上,行为人的行为均不符合合同诈骗罪的构成要件,不能认定为合同诈骗罪。综合全案事实,行为人虚构身份,以许诺给他人介绍承包虚假的工程项目为诱饵,借承揽工程需要各种费用为名目,利用他人想承揽有关工程项目的心理,骗取各被害人钱财的行为完全符合诈骗罪的特征,应当以诈骗罪定罪处罚。[参见第403号案例,王贺军合同诈骗案,载《刑事审判参考》总第51辑(2006年第4辑),法律出版社,第23~24页。执笔:黄燕]

▽以签订出国"聘请顾问协议书"的名义骗取他人钱款的行为,构成合同诈骗罪

合同诈骗罪是一种利用合同进行诈骗的犯罪,诈骗行为发生在合同签订、履行过程中,行为人非法占有的财物,是与合同签订、履行有关的财物,这是此罪区别于诈骗罪的主要特征。行为人虽然利用了合同形式,但该合同在当时的条件、环境下并不具有侵犯市场秩序的性质,对行为人也不应以合同诈骗罪论处。如行为人以生活窘迫为名,立下借条(合同)骗借他人财物后挥霍一空而不予偿还的,不宜以合同诈骗罪定罪处罚。所以,只要行为人利用了能够体现市场经济秩序,规制各种市场交易行为的合同进行诈骗,那么该合同就满足了合同诈骗罪中的"合同"的要求,这种诈骗行为就应以合同诈骗罪论处。此外,合同诈骗罪中的"合同",除了书面合同外,利用口头合同进行诈骗的能否以合同诈骗罪定罪处罚,应结合合同诈骗侵犯的客体及合同法的相关规定进行解释。根据合同法第十条的规定,无论是正式的书面合同,还是简易的口头合同,都是合同法所承认和保护的合同。在经济生活中,存在大量的口头合同,口头合同也经常被不法分子利用进行诈骗,口头合同与书面合同只是形式不同,但都是合同法调整的范围,利用口头合同进行诈骗与利用书面合同在所侵犯的客体方面并无本质区别,而且,刑法关于合同诈骗罪的规定并未排除利用口头合同进行诈骗的情形。因此,只要利用口头合同进行诈骗侵犯了市场经济秩序和他人财产权,完全可以成为合同诈骗罪中的合同。[参见第457号案例,宗爽合同诈骗案,载《刑事审判参考》总第58辑(2007年第5辑),法律出版社,第21~23页。执笔:李祥民]

▽通过向银行贷款的方式骗取担保人财产的行为,构成合同诈骗罪,不是贷款诈骗罪

司法实践中,经常遇到行为人向银行提供虚假证明文件,同时又骗取担保人的信任,以申请贷款的方式获取银行资金后,自己没有偿还贷款能力,而由担保人代为偿还部分或者全部贷款的情况。根据刑法本条的规定,合同诈骗罪是指以非法占有为目的,在签订、履行合同过程中,骗取对方当事人的财物,数额较大的行为,其侵犯的是复杂客体,即公私财产所有权和社会主义市场秩序,犯罪对象为对方当事人的财物。根据刑法第一百九十三条的规定,贷款诈骗罪,是指以非法占有为目的,诈骗银行或者其他金融机构的贷款,数额较大的行为,其侵犯的也是复杂客体,即金融机构的财产所有权和国家正常的金融秩序,犯罪对象为金融机构的贷款。在一定条件下,犯罪客体对认定犯罪的性质、分清此罪与彼罪的界限,具有决定性的意义,而犯罪对象往往是犯罪客体的表现形式。因此,通过区别犯罪客体和犯罪对象,可以准确界定通过向银行贷款骗取担保人财产的行为性质。通过向银行贷款的方式骗取担保人财产的行为,表面上看是骗取银行贷款,实际上侵害的是担保人的财产权益,犯罪对象并非银行贷款而是担保合同一方当事人的财产,对此种行为应以合同诈骗罪论处。银行等金融机构为了确保所贷出的款项安全可靠,一般均要求借款人在申请贷款时提供必要的担保。担保人作为借款合同中的第三人,在借贷人不能偿还贷款本息时负责偿还贷款本息(一般担保)或承担与借款人共同偿还贷款的连带责任(连带担保)。行为人虚构事实骗取银行与担保人的信任,非法占有钱款后,银行可依据担保合同从担保人处获取担保,而担保人则是银行债务的实际承担者,受侵害的往往是担保人。即使担保人因某种客观原因如破产等情况导致无法偿还担保,银行的债权无法实现从而权益受到实际侵害,但只要担保人与银行之间所订立的担保合同具有法律效力,银行与担保人之间就成立债权、债务关系,法律关系的最终落脚点和行为侵害对象就应认定是担保人而非银行。当然,如果行为人提供虚假担保或者重复担保,骗取银行或者其他金融机构贷款的,则符合贷款诈骗罪的构成要件,理应以贷款诈骗罪论处。[参见第352号案例,秦文虚报注册资本、合同诈骗案,载《刑事审判参考》总第45集(2005年第4集),

法律出版社,第7~9页。执笔:邓林]

▽单位与自然人共同诈骗银行贷款的行为,符合刑法对合同诈骗罪的规定,应以合同诈骗罪进行定罪处罚

单位与单位、单位与自然人之间可以构成共同犯罪,目前理论上和司法实务中均无疑问。行为人为犯罪单位明华公司直接负责的主管人员,行为人积极参加并与犯罪单位的相关负责人员进行配合,才使犯罪单位明华公司诈骗银行贷款的行为顺利得逞,故足以认定行为人与明华公司构成共同犯罪。问题在于,刑法未将单位规定为贷款诈骗罪的主体,对单位实施的贷款诈骗行为,根据2001年《全国法院审理金融犯罪案件工作座谈会纪要》有关要求,不能以贷款诈骗罪定罪处罚,也不能以贷款诈骗罪追究直接负责的主管人员和其他直接责任人员的刑事责任。对于单位以非法占有为目的,利用签订、履行借款合同诈骗银行或其他金融机构贷款,符合刑法第二百二十四条规定的合同诈骗罪的构成要件的,应以合同诈骗罪定罪处罚。从行为人角度,应认定为贷款诈骗罪,从犯罪单位明华公司的角度,则应以合同诈骗罪定罪处罚。参照《最高人民法院关于审理贪污、职务侵占案件如何认定共同犯罪几个问题的解释》的有关精神,根据全面评价的法律适用原则,结合主犯的犯罪性质来加以具体确定。在实施贷款诈骗行为过程中,作为犯罪单位明华公司的法定代表人从犯罪起意到具体实施起到了策划、指使的主要作用,明华公司属于共同犯罪中的主犯,作为犯罪单位,明华公司只能构成合同诈骗罪。故此,尽管公诉机关未起诉犯罪单位明华公司,但是依照单位与自然人共同犯罪触犯的罪名对相关涉案的三名行为人应以合同诈骗罪定罪处罚。[参见第305号案例,马汝方等贷款诈骗、违法发放贷款、挪用资金案,载《刑事审判参考》总第39集(2004年第4集),法律出版社,第9~10页。执笔:邓钢 康瑛]

▽单位主体资格的违法性对非法占有目的认定的影响

经营某项业务的确不属于该单位的经营范围,但不能据此认为其不具有实际履行合同能力,因当时经营某项业务无须特定资格,形式上的经营资格与实际的履约能力是两个不同的概念,不应混为一谈。依据合同收取钱款之后,该单位单方改变约定用途,将该部分投入其他经营活动,属于民事违约行为,不能认为是将他人钱款用于违法犯罪活动。应当注意的是,最高人民法院相关解释所谓的违法犯罪活动指的是行为本身的违法性,不宜延伸至主体资格的违法性(超越经营范围)。[参见第271号案例,黄志奋合同诈骗案,载《刑事审判参考》总第35集(2003年第6集),法律出版社,第41页。执笔:刘一守]

▽以欺骗方法对集体企业实施"兼并",恶意处分被兼并企业的财产并据为己有的行为构成合同诈骗罪

首先,行为人不具有履行兼并合同的能力,与对方当事人签订兼并协议,属于刑法本条规定的"以其他方法骗取对方当事人财物"。行为告人是通过"兼并"合同取得被兼并企业的财产。通常情况下,兼并合同的特点是兼并方取得被兼并方的资产后有权予以处置。但是这种处置是与兼并方实际履行兼并合同中规定的义务相对称的,即履行兼并合同约定的义务,如安置被兼并企业职工、组织生产、偿还被兼并企业的债务等。如果兼并双方在合同履行中因一方或双方过错或不可抗力等因素导致协议未能全部或部分履行,而并无证据证明兼并方具有非法占有的主观故意,则虽然因其处置被兼并的财物的行为而造成被兼并方财产损失,仍属于经济纠纷的范围;如果兼并方采取欺骗手段签订兼并合同取得被兼并方资产后,不履行兼并合同规定的义务,不将兼并的资产用于生产经营活动,或者以小部分履行兼并合同规定的义务或者将小部分兼并的资产用于生产经营为诱饵,骗取大部分兼并的资产变现后据为己有的,就是以非法占有为目的,利用经济合同诈骗被兼并企业的财产。其次,行为人主观上具有非法占有的故意。判定行为人是否具有非法占有的目的,主要应当结合签订合同时有无履约能力、签订和履行合同过程中有无采取欺骗手段、有无实际履行行为、违约后是否愿意承担责任以及未履行合同的具体原因等因素加以综合判断。行为人不仅没有履行兼并合同的能力,而且在以零价格实施“兼并”后,并未按照兼并合同约定履行“资产重组、共同生产TPR新型鞋材、出口服装和全员接收职工、按时发放职工工资、缴纳职工社会养老保险金”等义务,而是恶意处分被兼并企业财产:对可变卖的机器设备、原材料、房产等立即变卖,对于不好变卖的财产向银行抵押贷款,除将所得款项少量用于发放职工工资、医药费、缴纳职工养老保险金外,大部分私自转移并据为己有,后又携款潜逃外地,并更名改姓企图外逃出境。其行为充分证明其主观上无任何履行兼并协议规定义务的诚意。因此,应当认定行为人主观上具有非法占有被“兼并”企业财产的主观故意。综上,行为人明知自己不具备兼并企业的条件和履行合同的能力,而以欺骗手段骗取被兼并企业与其签订合同;在合同签订后,毫无履行合同诚意,恶意处分被兼并企业的财产并将大部分据为己有,并携款潜逃,其行为应构成合同诈骗罪。[参见第211号案例,程庆合同诈骗案,载《刑事审判参考》总第29辑(2002年第6辑),法律出版社,第5~8页。执笔:于天敏 袁胜强]

▽业务员冒用公司名义私自与他人签订合同,出具盖有失效的公司印章或者盖有未经授权的公司印章收据,非法占有货款的行为构成合同诈骗罪

(一)被告人非法占有的款项属于纸箱厂的货款,因此,其行为不构成职务侵占罪或挪用资金罪。界定被告人谭某行为性质的关键在于其非法占有款项的归属性质,如果谭某占有的该款项应属其所在单位即煤气公司所有,则谭某的行为可能构成职务侵占罪或挪用资金罪;如果该款项的性质仍属于纸箱厂支付给谭某个人的货款,则谭某的行为属于合同诈骗性质。(1)谭某的行为不能成立表见代理,谭某收取的纸箱厂的预付款不属于煤气公司所有。表见代理,又称表示代理或表现代理,是指行为人虽无代理权或超越代理权,但善意相对人客观上有充分理由相信行为人具有代理权,而与其为民事法律行为,该民事法律行为的后果直接由被代理人承担。表见代理的构成要件有以下几方面:首先,代理人须以被代理人的名义与第三人缔结民事关系;其次,代理人与相对人所实施的民事行为本身不存在依法应当属于无效或应当撤销的内容;再次,代理人具有被授权的表象,能够使第三人在主观上形成该代理人不容怀疑的具有代理权的认识;最后,第三人主观上须为善意且无过失,即第三人不是明知,也不是由于自己疏忽大意,而是有正当理由相信行为人有代理权。根据本案案情,被告人谭某的行为不能成立表见代理。首先,被告人谭某为了使纸箱厂与其签订合同,消除其关于定价过低的疑惑,故意欺骗纸箱厂,称其公司卖出的液化气来源系走私,故低于市场价格。而纸箱厂信服了谭某解释的理由,即与其签订了买卖协议。由于纸箱厂在签订此合同时,基于对方告知所卖产品系走私而故意购买,其主观上存在牟取不正当利益、损害国家利益的恶意,不属于善意相对人。其次,液化石油气的零售价格由国家制定,批发价由企业自己制定,但是不能超过国家规定的最高限价,纸箱厂长期使用液化石油气,该厂应当了解液化石油气的正常价格,而该厂购买液化石油气的价格在后期已经远远低于国家规定的市场零售价,显然不正常,对此纸箱厂没有对此原因进行认真核实而出于谋取不正当利益的动机就简单轻信,因此纸箱厂在签订合同过程中主观上具有重大过失。最后,谭某虽然是煤气公司的业务员,但是纸箱厂并未认真审核谭某是否具有代表煤气公司签订合同的代理权,纸箱厂负责人的证言也证实其与谭某签订的合同上没有加盖煤气公司的公章,在合同成立要件上谭某也缺乏表见代理的形式要求。综上,纸箱厂与谭某以煤气公司名义签订合同的行为不具备成立表见代理的基本条件,因此,谭某冒用其所在公司名义与纸箱厂签订的液化气买卖协议不成立表见代理,且事后煤气公司也没有对该协议效力进行追认,故谭某与纸箱厂所签协议的效力不及于煤气公司,其收取的纸箱厂的合同货款不属于煤气公司所有。(2)煤气公司从未实际掌控纸箱厂的全部货款。现有证据证实,纸箱厂以现金或者转账支票的方式支付货款,现金直接交付给谭某,转账支票的收款账户空白,由谭某自己填写收款账户,因此纸箱厂所付款项并未直接汇入煤气公司的账户,而是全部由谭某个人收取。谭某收取纸箱厂的货款后,再向煤气公司以正常价格购买液化石油气交付给纸箱厂。煤气公司收到的是谭某支付的货款,而并非纸箱厂直接支付的货款。纸箱厂购买液化石油气的货款，全部由谭某个人控制和掌握，煤气公司从未实际掌控过纸箱厂的货款。综上，被告人谭某行为占有的款项在案发时既非其所在单位所有，也未受其单位实际控制，该款项系其个人非法占有的纸箱厂所按合同交付的货款，因此，谭某侵占该款项的行为没有侵害到其所在单位煤气公司的利益，而侵害的是纸箱厂的财产利益，故其行为不能构成职务侵占罪或挪用资金罪。（二）被告人谭某具有非法占有纸箱厂货款的目的，其行为符合合同诈骗罪的构成要件。依据本案现有证据可以认定谭某具有非法占有的目的，理由在于：谭某冒用公司名义以低于市场价格与纸箱厂签订瓶装液化石油气买卖协议，收取纸箱厂预付款后，向纸箱厂出具收据，而后将货款截留自用。在纸箱厂需要瓶装液化石油气时，谭某才向其所在公司以正常价格购买后送至纸箱厂，以此方式谭某先后1次与纸箱厂达成共计358吨的液化石油气买卖协议，收取纸箱厂预付款1 556 400元，案发时仅向纸箱厂交货164.1041吨，向煤气公司支付购买液化石油气款107 779.71元，将余款478 609.29元非法占为己有。可见，谭某以市场价格购入石油气，转手以明显低于市场价格卖出的行为，不但不能获取交易收入反而自己要赔钱，其在明知自己这种行为难以为继终将导致无法完全履行合同的情况下，仍然以先履行部分合同的方法，诱骗纸箱厂继续签订和履行瓶装液化石油气买卖协议，收取预付款，显然具有非法占有货款的目的。虽然被告人谭某在侦查阶段曾供述其犯罪动机是为了赌博和偿还做生意亏损的货款。但经公安机关向相关赌博同伙、生意伙伴调查，无人能够证明谭某在客观上实施了赌博或者做其他生意亏损的情况。同时，也没有证据证明谭某主观上有以后归还纸箱厂货款的意图，客观上有努力归还货款的表现或行为。另外，从谭某自己的收入及其家庭经济条件等情况分析，谭某缺乏能够偿还其占有纸箱厂货款的能力或条件。尤其到了犯罪中后期，由于液化石油气价格不断大幅攀升，谭某所签合同的价格与送货时的市场价格之间的差价越来越大，其手中所掌握的预付款在用来与煤气公司实时结账后，剩余数量越来越少。此时，谭某已经明知自己没有能力填补预收货款与履行合同成本之间的巨额差价，反而继续以更低的价格为诱饵，诱使纸箱厂多次签订合同，扩大预收货款金额。据此，完全可以认定谭某主观上具有非法占有纸箱厂货款的目的。综上所述，谭某明知自己没有履行合同的能力，以非法占有为目的，以先部分履行合同的方法欺骗纸箱厂，制造自己有能力履行合同的假象，不断诱骗纸箱厂继续签订合同支付预付款，收取纸箱厂预付款155万余元，最终给纸箱厂造成47万余元损失，完全符合合同诈骗罪的犯罪构成要件，应以合同诈骗罪定罪处罚。[参见第577号指导案例，谭某合同诈骗案，载《刑事审判参考》总第70集（2009年第5集），第18～23页。撰稿：华伟　凌蔚]

▽伪造购销合同，通过与金融机构签订承兑合同获取银行资金用于偿还其他个人债务，因合同到期无力偿还银行债务而逃匿，致使反担保人遭受巨额财产损失的行为，构成合同诈骗罪

（一）曹某的行为符合合同诈骗罪的特征，构成合同诈骗罪。1.反担保人能够成为主合同债务人的相对方，能够成为主合同债务人诈骗的对象。根据民法原理，本案中共存在五个比较复杂的合同关系：第一个是曹某为得到永宁农信社承兑汇票伪造的宗正公司与吉煌公司虚假的购销合同，这是一个为了起到证明作用的欺诈性手段合同（其余主合同、担保及反担保合同均属目的合同）；第二个是曹某与永宁农信社签订的500万元银行承兑汇票承兑合同，这是一个在对方陷入错误认识后与其签订的一个真实的主合同；第三个是曹某与永宁农信社虽无书面形式，但按合同法规定的其他形式实际形成的具有定金担保性质的存入永宁农信社指定保证金专户300万元的保证金从合同；第四个是担保人西北亚公司在陷入错误认识后，为保证债务人曹某向债权人永宁农信社履行剩余200万元债务，与主合同双方签订的负连带责任的担保从合同；第五个合同是反担保人恒通恒基公司在继续陷入错误认识后，为保证担保人西北亚公司在曹某不承担对债权人的债务而由西北亚公司承担对债权人担保的债务后享有的对债务人曹某200万元追偿权得以实现，与担保人西北亚公司和债务人曹某双方签订的连带责任反担保合同，这是一个从合同的从合同。随着市场机制的不断发展和完善，金融机构发生借贷业务往往要求客户提供担保与反担保,以保证金融资金的安全,反担保是确保担保人对债务人追偿权的实现而设置的新的担保,是对担保的担保,是从属于担保的担保。《担保法》第四条规定:“第三人为债务人向债权人提供担保时,可以要求债务人提供反担保。反担保适用本法担保的规定。”第三十一条规定:“保证人承担责任后,有权向债务人追偿。”无论是对于担保合同还是对于反担保合同,担保既是为了保证债权人能够对债务人享有的债权得到履行,也是为了保证债务人能够向债权人履行债务,因此,担保合同的对象应该是主合同的双方而不是单方,与债权人签订担保合同不影响与债务人存在担保合同的效力;而在担保人代替主合同债务人承担担保责任使主合同权利义务消灭后,依法因主合同的债权人债权的让渡而享有的追偿权时,担保人才与主合同债权人脱离关系,而主合同的债务人才能成为唯一相对方。反担保亦同。既然反担保人始终能够成为主合同债务人的相对方,就能够成为主合同债务人诈骗的对象。2. 曹某具有间接、变相地非法占有反担保人恒通恒基公司担保财产的目的。根据刑法本条的规定,本案被告人曹某在没有偿还能力的情况下,采取伪造、虚构购销合同事实,隐瞒真相的手段与永宁县农信社签订500万元承兑汇票承兑合同,对于承兑汇票承兑合同中的200万元承兑后因其无力如约偿还债务,导致一连串多米诺骨牌效应式连锁反应,先由西北亚公司承担担保从合同义务,后由恒通恒基公司承担反担保从合同的从合同义务,最终使反担保人恒通恒基公司为其承担了200万元损失而得不到追偿。不能将主合同和从合同割裂开来看合同的相对方而排除曹某最终成为反担保人恒通恒基公司债务人的相对性,通过等量代换,最终反担保人恒通恒基公司代其通过担保人向债权人履行义务后,取代了主债权人的权利而成为曹某签订整个主、从合同的唯一相对方。曹某在反担保人恒通恒基公司为其承担200万元承兑汇票债务而无法偿还的情况下,逃之夭夭,表面上看似乎占有的是永宁农信社承兑汇票的承兑款,并非恒通恒基公司的担保款,实质上却是间接、变相地实现了其非法占有恒通恒基公司200万元财物的目的,符合刑法第二百二十四条第四项或者第五项的规定,与直接非法占有主合同相对方财物的性质是一致的。3. 曹某具有概括的非法占有他人财物的犯罪故意和不确定的犯罪对象,不影响对其合同诈骗罪的定性。值得注意的是,曹某在诈骗的对象和故意的内容方面具有一定的特殊性,即其合同诈骗的对象和犯罪故意属于概括性的对象和犯罪故意。曹某诈骗的对象和犯罪故意的内容并非具体明确的,而是相对确定又具体移动可变的,既可能是永宁农信社,也可能是西北亚公司,还可能是反担保人恒通恒基公司,这是由于主从合同连带责任的不确定性所决定的。但是相对确定,并非绝对不确定,其犯罪对象和犯罪故意的内容最终的确定要看谁最终蒙受了损失。谁蒙受了损失,谁就成为其非法占有的受害方。曹某通过一系列担保合同最终使恒通恒基公司蒙受了损失,所以曹某的犯罪对象就最终确定为恒通恒基公司。根据法定符合说原理,曹某诈骗对象和犯罪故意内容的相对不确定性并没有超过其诈骗合同相对方财物所可能指向的对象与故意内容的范围,符合合同诈骗罪的构成特征,应认定构成合同诈骗罪。(二)曹某的行为不符合票据诈骗罪的构成特征。根据刑法第一百九十四条的规定:“票据诈骗罪的行为人必须有使用虚假票据进行诈骗的行为,该罪侵犯的客体是国家对金融票据的管理制度与公私财产的所有权。”如前所述,曹某虽然采用了伪造购销合同的虚假手段从永宁农信社取得承兑汇票,其中470万元银行承兑汇票后来发生了背书栏内吉煌公司财务专用章及法定代表人印章均系伪造的事实,但永宁县农信社开出的承兑汇票是真实的,并非虚假汇票,曹某并没有刑法第一百九十四条所列情形中有关使用伪造、变造、作废、冒用他人汇票进行诈骗活动的手段和事实。同时,涉案的担保与反担保合同也是真实、合法的,曹某没有持假汇票骗取任何人的财产。因此,在客观方面曹某没有利用虚假票据骗取永宁农信社钱款的犯罪对象、手段和事实,曹某的行为不符合票据诈骗罪的特征,不构成票据诈骗罪。(三)曹某不构成骗取票据承兑罪。骗取票据承兑罪的客体仅限于金融秩序和安全,属于单一客体,与诈骗类犯罪侵犯的复杂客体不同。而且,该罪的对象只能是金融机构,并要具有给金融机构造成重大损失的结果。曹某的行为并未给永宁农信社造成损失,所以不符合该罪的构成特征。[参见第645号指导案例,曹某合同诈骗案,载《刑事审判参考》总

第 76 集(2010 年第 5 集),第 20~23 页。撰稿:刘鲁]

▽合同诈骗犯罪中行为人具有非法占有目的的认定

合同诈骗犯罪是目的犯,必须以行为人具有非法占有目的为构成要件。在司法实践中被告人的行为往往与刑法本条规定前四种情形不相符合,这就需要根据事实对被告人的主观方面进行分析,以认定其是否具有非法占有之目的,进而确定其行为是否构成合同诈骗罪。一般而言,对行为人是否具有非法占有之目的,可以从以下几个方面进行分析:(1)行为人是否具有签订、履行合同的条件,是否创造虚假条件;(2)行为人在签订合同时有无履约能力;(3)行为人在签订和履行合同过程中有无诈骗行为;(4)行为人在签订合同后有无履行合同的实际行为;(5)行为人对取得财物的处置情况,是否有挥霍、挪用及携款潜逃等行为。本案刘某某以 150 万元购买周某某名下的 3700 亩防护林的林权,但其无力支付全部购林款,在周某某的屡次催要下,仅支付了大约 20 万元。刘某某通过林权变更将该片林地的绝大部分林权转至自己名下,控制了该片林地。在其委托评估机构对该片林地进行评估时,擅自改变林地的公益性质,指使评估人员按商品经济林进行评估,并要求按 8000 万元到 1 亿元评估。评估机构应刘某某的要求出具了与事实严重不符的评估报告,两个评估机构先后两次评估的价值分别为"33 006 960 元"和"7065.52 万元"。在此过程中,刘某某要求评估人员背离事实进行评估的行为,属于制造虚假条件;刘某某持评估报告申请成立公司,进而又企图以林权证为担保向银行申请贷款,但其贷款申请屡被拒绝。公司并无资金来源,也不具备履行本案所涉合同的能力,但是刘某某仍然以投资为名,到叶集试验区商谈投资合同。在商谈合同时谎称自己在其他地方还有林地,并且无视自己名下的林地属防护林,依法只能进行抚育和更新性质的采伐、不能进行大规模商业采伐的事实,在先前签订的 150 万元的购林合同都无力履行的情况下,又签订了其根本无法履行的年产 18 万立方米的木材加工投资协议,以及 6000 万元的工程施工合同。当其无法兑现承诺时,就以各种借口进行推脱。上述事实反映其在签订合同时无履行能力,之后仍无此种能力,而依然蒙骗对方,占有对方财物,应认定为有非法占有之目的;刘某某在获取湖北五建提供的履约保证金后,小部分款项被其用于购买车辆和偿还个人债务,大部分款项被其直接支取现金,资金被其转移后去向不明,导致无法追还,此节行为亦反映其主观上具有非法占有之目的。故刘某某的行为符合刑法本条第五项规定的情形,应当以合同诈骗罪追究刑事责任。[参见第 646 号指导案例,刘某某合同诈骗案,载《刑事审判参考》总第 76 集(2010 年第 5 集),第 27~29 页。撰稿:王成涛]

▽以公司代理人的身份,通过骗取方式将收取的公司货款据为己有,构成合同诈骗罪

在履行与威士文公司的经销协议过程中,以非法占有为目的,采用虚构事实、隐瞒真相的方法,骗取威士文公司的财产,其行为构成合同诈骗罪。主要理由如下:(一)被告人不属于威士文公司的工作人员。诈骗犯罪的主体是一般主体,而职务侵占罪、挪用资金罪的主体是特殊主体,只限于公司、企业或其他单位中的人员。在以骗取的方式实施诈骗、职务侵占和挪用资金时,三者容易产生混淆,因此,本案准确定性的第一个关键点在于被告人是否属于威士文公司的工作人员。职务是一项由单位分配给行为人为单位所从事的一种持续的、反复进行的工作,担任职务应当具有相对稳定性的特点,而非单位临时一次性地委托行为人从事某项事务。本案被告人仅系威士文公司临时一次性授权的、仅负责杭州市市民中心工程空调配件的跟踪及业务洽谈的代理人,故被告人在威士文公司并无职务,不属于该公司的工作人员,其身份不符合职务侵占罪、挪用资金罪的主体特征,不能认定其行为构成职务侵占罪、挪用资金罪。(二)被告人具有非法占有的主观故意。被告人在威士文公司授权其为代理人,并与其签订经销协议后,因之前其投资失败、经营亏损等原因,萌生了非法占有威士文公司货款的犯罪故意。此后,被告人在威士文公司不知情的情况下,违背威士文公司的授权,私刻印章,伪造了威士文公司委托其个人经营的承联公司为代理人的法人代表授权书,并以承联公司名义与承接杭州市市民中心工程空调安装工程项目的四家公司签订合同。后被告人又利用威士文公司对其的信任,骗取威士文公司向该四家公司供货,并将该四家公司收货后支付给承联公司的货款据为己有,并用于还债、投资经营及个人开销等。在威士文公司多次要求其向客户催款的情况下,被告人始终用各种理由予以搪塞。为了拖延时间,其还伪造了一份杭州市市民中心工程建设指挥部与威士文公司的"杭州市市民中心工程买卖合同"交予威士文公司。当该虚假事实被揭穿后,被告人自知无法再隐瞒下去,便关闭手机逃匿。被告人的上述行为充分表明,其主观上具有非法占有的故意。(三)被告人实施诈骗的行为是在履行合同的过程中。按照相关法律规定,依法成立的合同对双方当事人均具有法律约束力,当事人应当按照合同约定履行自己的义务,不得擅自变更或解除合同。在被告人与威士文公司签订的经销协议书中,对被告人经销威士文公司的各类产品的基价、销售报酬等均作了约定,且明确被告人为威士文公司的经销商,负责威士文公司的经销业务,对外应以威士文公司的合同与客户签约,并按威士文公司指定账户进行货款结算。然而,被告人在协议明确约定对外应以威士文公司的合同与客户签约的情况下,仍以承联公司名义,分别与承接杭州市市民中心工程空调安装工程项目的四家公司签订了合同。后又在协议明确约定应按威士文公司指定账户进行货款结算的情况下,示意四家公司将货款汇到其个人经营的承联公司账上。可见,被告人的诈骗行为始终是在履行合同的过程中实施的。综上所述,被告人的行为以非法占有为目的,在履行其与威士文公司的经销协议过程中,采用虚构事实、隐瞒真相的方法,骗取威士文公司的财产,数额特别巨大,其行为构成合同诈骗罪。[参见第716号指导案例,杨永承合同诈骗案,载《刑事审判参考》总第81集(2011年第4集),第11~13页。撰稿:周艳]

▽承运人预谋非法占有被承运货物,在履行承运合同过程中偷偷将承运货物调包的行为,构成合同诈骗罪

(一)承运过程中为非法占有财物而偷偷调包的行为应当构成诈骗类犯罪。盗窃罪与诈骗罪一般不难区分,但对于一些以假乱真、骗偷兼有的行为,是构成盗窃罪还是构成诈骗罪实践中存在争议。理论界的主流观点认为,对骗偷兼有的行为的定性,关键要看行为人取得财物主要是通过偷还是骗。如果主要是通过秘密窃取手段而取得财物的,即使之前使用了一些欺骗手段,也应当认定构成盗窃罪;如果行为人主要是通过骗的手段而取得财物的,即使行为人在骗的过程中使用了偷的手段,也应当认定构成诈骗罪。然而,实践中有的行为人采取了一系列以假乱真、隐瞒真相的措施和手段,所有调包过程基本上都是在被害人不知情的情况下秘密进行的。在这种情况下,很难认定行为人主要是通过秘密窃取手段还是诈骗手段取得财物的。盗窃罪和诈骗罪的本质区别在于被害人对财物是否有转移占有的意思和行为,行为人取得财物是否基于被害人产生的错误认识,并以此进行了财产处分。在被害人不知情的情况下秘密进行的调包行为,是认定盗窃罪还是诈骗罪,关键要看被害人有无转移占有财产的意思和行为。如有则成立诈骗罪;如无则成立盗窃罪。第一,转移占有财产的意思,是指被害人将财物交付对方占有或保管时,必须主观上同时认识到自己丧失占有。如果被害人系将财物交给从事技术或者劳务服务的人员进行某种处理,此种情况下被害人只是临时将财物交付对方,其在主观上并未放弃对财物的占有,行为人如将被害人交付的财物偷偷调包,则应当定性为盗窃。又如,行为人以"施法驱鬼"手段诱使被害人将财物作为道具交给行为人使用,行为人在"施法驱鬼"时,被害人一直待在旁边监管财物,其既无转移占有的意思,也未对财物失去控制,随时可以让行为人停止施法而交还原物。因此,行为人偷偷调包的行为只能定性为盗窃。第二,转移占有财产的行为,是指被害人具有主动交付财产的行为。如果被害人根本没有将财物交付行为人,而是行为人偷偷将被害人的财物进行了调包,在此之后即使行为人接续有虚构事实、隐瞒真相的行为,也因被害人没有转移交付的行为而只能定性为盗窃。但如调包没有成功,而主要是依靠后续的欺骗手段,使被害人之后交付财物的,则应当定性为诈骗。本案被告人事先预谋利用承运豆粕的机会骗取他人财物,非法占有的故意非常明显。在合同具体履行过程中,被告人采用偷偷调包的方法,即在被害人完全不知情的情况下以价值较低的货物换取价值较高的货物,同时使用了秘密窃取手段和欺骗手段。由于被告人在取得承运货物后,即取得财物的控制权,其本人作为财物的监管人,发生财物损失的责任归其承担。对于被害人而言,财物无论实际转移至何处,其与被告人之间的占有关系未发生根本的变化。质言之,被告人秘密窃取的相当于自己的财物。因此,该情况下不可能成立盗窃罪。从行为手段分析,真正促使被告人成功获取财物的关键是在收货环节。因为被告人所使用的以假乱真调包行为,促使收货人、被害人产生货已按质按量收到的错误认识,正是因为这一错误认识,被告人才顺利获得了对涉案财物的控制权。因此,被告人的行为在本质上符合诈骗的特征,应当定性为诈骗犯罪。

(二)本案被告人的行为应当构成诈骗类犯罪中的合同诈骗罪。合同诈骗罪、诈骗罪均属于采取诈骗手段非法取得他人财物,但两罪也有不同之处:第一,两罪侵犯的客体不同。诈骗罪侵犯的是他人的财产所有权,因此被规定在"侵犯财产罪"一章中;合同诈骗罪除了侵犯他人的财产权,还侵犯了国家的合同管理制度和市场经济秩序,因此被规定在"破坏社会主义市场经济秩序罪"一章中。第二,从客观方面来说,合同诈骗罪,是指利用签订、履行合同扰乱市场经济秩序的行为。需要说明的是,尽管刑法以列举的方式描述了合同诈骗的四种常见情形,但实践中的认定不应局限于此。只要行为人系出于非法占有他人财物的目的,并在客观上确实利用了签订、履行合同的方式骗取他人财物,就应当认定为合同诈骗。第三,犯罪主体不尽相同。由于经济合同的签订、履行主体大多为单位,合同诈骗犯罪往往体现为以集体意志而为单位谋取利益。因此,合同诈骗罪既可以由自然人构成,也可以由单位构成;而诈骗罪属于普通的侵犯他人财产犯罪,只能由自然人构成。合同诈骗罪的关键特征是利用签订、履行合同扰乱市场经济秩序。实践中,合同诈骗罪中"合同"的认定比较疑难、复杂。合同诈骗罪中的"合同"必须是能够体现一定的市场秩序,体现财产转移或者交易关系,为行为人带来财产利益的合同。第一,合同诈骗罪中的"合同"主要是经济合同,诸如监护、收养、抚养等有关身份关系的合同,应当排除在外。第二,签订合同的主体可以是自然人或者单位。实践中相当多的经济实体往往以个人名义签订合同,如果将以个人名义签订的合同一概排除在合同诈骗罪的合同之外,不符合平等保护市场主体的原则。第三,合同不管是以口头形式还是书面形式签订,只要能够具备合同的本质特征,即属于合同诈骗罪中的"合同"。承运合同是市场经济中较为常见的一类合同,本案被告人事先签订合同,并在履行合同过程中将承运的优质豆粕暗中调换为劣质豆粕,事后又按合同约定运送至约定地点,其正是利用合同实施了诈骗活动,不但侵害了他人财物的所有权,而且严重扰乱了正常的市场经济秩序。行为人系出于非法占有他人财物的目的,利用签订、履行合同实施诈骗犯罪活动,因此,应当按照合同诈骗罪定罪处罚。[参见第807号指导案例,张海岩等合同诈骗案,载《刑事审判参考》总第89集(2012年第6集),第3~6页。撰稿:傅庆涛]

▽挂靠轮船公司的个体船主,在履行承运合同过程中采用以次充好的方式骗取收货方收货并向货主足额支付货款及运费的,构成合同诈骗罪

本案运输途中的生铁块在法律上应当认定是由吴某保管和占有,吴某在履行承运合同过程中将铁渣混入生铁块中补充重量,使收货单位误以为运输货物不存在缺失,其行为符合合同诈骗罪的构成特征。具体理由如下:(一)吴某与运输公司在劳资关系和业务关系上相互独立,不符合职务侵占罪的主体特征。由于严格的行政许可条件,挂靠关系在运输行业普遍存在。如水路运输需要航道航线,而一般个体难以申请到航道,由此导致绝大部分个体船主只能通过挂靠运输公司运营,而运输公司则相应收取一定的挂靠费。本案被告人吴某与某运输公司正是这种典型的挂靠关系。挂靠人员是否属于运输公司员工,可以通过挂靠人员与运输公司之间是否具有劳资关系、雇佣关系综合认定。首先,从劳资关系分析,运输公司不参与挂靠船只的日常经营,吴某作为个体船主自主经营、自负盈亏,其与运输公司在劳资关系上完全独立。其次,从业务关系分析,吴某是按照承运合同的约定履行义务,并非受运输公司委派、指派或者调度而承运货物。基于上述分析,应当认定吴某不属于运输公司的员工,不存在职务上的便利条件,吴某的行为不符合职务侵占罪的构成特征。(二)吴某并非采用秘密窃取手段,不符合盗窃罪的构成特征。首先,既然吴某不属于运输公司员工,也非接受运输公司的委派从事运输任务,意味着其承运货物并非处于发货单位或者运输公司的实际控制之下,而是处于其实际占有、保管之下。将自己合法控制之下的货物变卖,不符合秘密窃取的典型特征。其次,从货物的实际状态分析,吴某的行为不符合秘密窃取的特征。司法实践中,一般通过货物的包装方式来辅助判断行为是否属于秘密窃取。如果货物是被封缄好的或者是有押运人看管的,行为人秘密打开包装将货物取走的行为具有秘密窃取的特征。然而,本案的生铁并没有被包装或者封缄,而是处于开放性的堆放状态,故吴某置换生铁并变卖的行为不属于秘密窃取,不构成盗窃罪。(三)吴某没有"拒不退还"的情节,不符合侵占罪的构成特征。根据刑法第一百七十条第一款的规定,侵占罪要求行为人必须具有"拒不退还"的情节。本案中,收货方HR公司并不知道货物被掺杂,因此向发货方如数支付货款,此后至案发期间也没有向吴某要求返还被置换的生铁块或者相应的收益。可见,吴某的行为不具有"拒不退还"的情节,不符合侵占罪的构成特征。(四)导致本案被害人处分财产的关键因素是其主观上陷入认识错误。1.吴某的欺骗行为是针对收货方HR公司实施的。首先,从犯罪行为的直接对象分析,吴某以次充好的欺骗手段针对的是HR公司的,而非CY公司。吴某虽然按照运输合同为CY公司运输生铁,但其在装运生铁时并未采用任何欺骗手段,且CY公司最终没有受到任何经济损失。因此,吴某并未骗取CY公司的货物。其次,从货物的归属分析,CY公司与HR公司约定的交货方式为"船上交货"。按照货物运输规则,在无其他特别约定下,CY公司将货物交付运输后所有权即转移给收货方HR公司。质言之,吴某采用以次充好的欺骗手段,侵害的是HR公司的财产权益。此外,需要说明的是,运输途中调包行为的受损害方未必是一成不变的,有时因为民事赔偿的缘故,受损害方会在直接受损害方与最终损失承担方之间转移。然而,即便是发生转移,也不会改变犯罪行为所直接侵害对象的事实。因此,受损害方的转移不会对行为定性造成多大的影响。2.HR公司是基于认识错误而处分财产。被害人因陷入认识错误,一般是将涉案财物自愿交付给被告人,然而本案的特殊之处在于涉案财物本来就在吴某的控制之下,此后涉案财物系由吴某交付给HR公司,而非HR公司将涉案财物交付给吴某。从本案的支付流程进行分析:

HR公司—(货款、运费)→CY公司—(运费)→船务代理—(运费)→吴某

(1)处分的标的物并非一定是涉案财物,支付对价也是一种处分行为。如行为人故意以一假古董售于被害人,被害人信以为真并支付巨额对价,就是典型的诈骗行为。因此,本案中,不应将"交付财物"局限理解为所运输的生铁。(2)HR公司的收货及付款行为可理解为一种反向交付。处分行为已经不是传统的"一手交钱、一手交货"这种直观模式,让渡自己的权利、减免债权等均属新类型的处分。吴某通过欺骗手段,致使HR公司未有任何察觉,从而未就其所损失的生铁块主张权利,属于基于认识错误而处分财产。(3)被害人未必是向行为人交付财物,但行为人因被害人交付财物的行为而受益。随着诈骗手段的不断翻新,交付的方式包括直接交付和间接交付。本案中,HR公司虽然是向第三方(托运方HY公司)交付财物,但正是其收货行为使吴某最终获利,吴某不仅获得足额的运输费,并最终非法获得以次充好换下的面包生铁的财产利益。3.吴某系通过欺骗手段非法获取财物的。吴某在运输途中将生铁调包掺入铁渣,系在HR公司不知情的状况下进行的,具有秘密窃取的性质,但这只是为其后实施诈骗行为创造条件,吴某并未依靠窃取行为直接取得财物。本案的犯罪过程是一个有机的整体,吴某在掺入铁渣以次充好并销赃后,HR公司未清点收货前,吴某对该笔财产只是临时占有,并未最终占有,只要HR公司在验货时,发现有以次充好的现象,吴某的侵犯财产意图就将被识破,该秘密方式只是吴某实现其非法占有财物目的的辅助手段。因此,本案应当从整体上评价,不仅要考虑前阶段的以次充好的调包行为,还要考虑后面的蒙混过关的行为。相对于此前的以次充好的行为,吴某的蒙蔽行为更具有诈骗性质。其欺骗性体现在:(1)主观认识上具有诈骗的故意,即被告人主观上存在想用铁渣骗取货主的生铁赚钱的想法;(2)犯罪手段具有欺骗性质,即被告人以次充好并蒙混过关,且该行

为是实现被告人犯罪意图的最关键的一环;(3)结果上具有欺骗性,被害人并不知道生铁已被混入铁渣,且按照生铁的价格足额支付,直到使用的时候才发现被掺假。可见,正是采用欺骗手法,吴某才能通过以次充好的方式截留,并取得财物的最终控制权,其行为符合诈骗罪的一般构成特征。承运合同是市场经济中较为常见的一种要式合同,本案被告人事先签订合同,并在履行合同过程中实施了诈骗活动,不但侵害了他人财物的所有权,而且严重扰乱了正常的市场经济秩序。因此,行为人系出于非法占有他人财物的目的,利用签订、履行合同实施诈骗犯罪活动,应当按照合同诈骗罪定罪处罚。[参见第808号指导案例,吴某合同诈骗案,载《刑事审判参考》总第89集(2012年第6集),第8~12页。撰稿:张震星　姜丽丽]

▽通过赶集网骗取卖家的二手车的行为构成合同诈骗罪

合同诈骗罪的合同关系认定。辨别合同诈骗罪与诈骗罪的关键环节是合同。对合同的理解主要涉及以下两个争议问题:(1)合同诈骗罪的合同类型的界定。合同诈骗罪的合同是指经济合同。主要理由是:一是从法理角度分析,合同必须存在于合同诈骗罪所保护的法益范围内,能够体现一定的市场活动和规则秩序。在商品经济时代,经济活动大多通过合同制度来运营。对合同诈骗行为治罪旨在保护合同关系和市场秩序,这里的合同理应体现经济关系。二是追溯立法渊源,合同诈骗罪的合同最初是指经济合同。最高人民法院1996年出台的《关于审理诈骗案件具体应用法律的若干问题的解释》(已废止)第二条规定,利用经济合同诈骗他人财物数额较大的,构成诈骗罪。1997年刑法将上述条文稍作调整并规定了专门的合同诈骗罪。1993年制定的经济合同法第二条规定:经济合同是指平等民事主体的法人、其他经济组织、个体工商户、农村承包经营户相互之间,为实现一定经济目的,明确相互权利义务关系而订立的合同。上述规定的问题在于主体范围过于狭窄。虽然,现今经济合同法已经被废止,但其关于经济合同概念的规定能够为我们对经济关系中合同的界定提供一些参考。在解释合同诈骗罪时,在借鉴经济合同法对经济合同的定义基础上,可以将合同主体适度扩展到平等民事主体。三是从司法实践层面考察,经济合同概念清晰,可以为我们提供相对明确的犯罪认定标准。据此,有关身份关系的婚姻、收养、监护合同以及有关劳动关系的劳动合同等可以与经济合同较为明确地区分开来。倘若舍弃经济合同的概念,势必导致难以直观地区分不同的合同类型,不利于合同诈骗罪的司法认定。

(2)合同诈骗罪的合同应包含口头合同。合同的订立既可以采用书面形式,也可以采用口头形式,将口头合同排除在外没有明确依据。主要理由是:一是在法理层面,当事人就合同的必备要素达成合意,即属确立合同关系,书面合同签订与否在所不论。关于合同必备要素的范围,《最高人民法院关于适用〈中华人民共和国合同法〉若干问题的解释(二)》(已废止)第一条第一款规定:"当事人对合同是否成立存在争议,人民法院能够确定当事人名称或者姓名、标的和数量的,一般应认定合同成立,但法律另有规定或者当事人另有约定的除外。"参考上述司法解释确立的基本精神,在合同诈骗罪中,当事人就标的和数量等要素达成合意一般就意味着合同关系成立。二是借鉴合同法的规定,当事人订立合同,有书面形式、口头形式和其他形式。书面合同和口头合同都是法定的合同形式,其载体虽有差异但法律属性没有本质区别。刑法也未将合同诈骗罪的构成要件限定为书面合同。三是从司法实践考察,经济活动中存在大量口头合同,利用口头合同实施诈骗的情况亦常见多发。倘若对于此类行为单独以诈骗罪论处,无疑会导致同类行为的差别定罪和量刑失衡。综上所述,虽然本案的书面合同材料不全,但综合从合同关系、交易环境以及法益侵害等方面分析,应当认定被告人的行为构成合同诈骗罪。一是被告人与王某某、李某之间存在合同关系。被告人与李某签订二手车交易合同,虽然价款仅为750元,但双方当事人另就交易价格实际约定为52万元。结合书面协议及相关口头约定判断,被告人与李某之间存在合同关系。被告人与王某某之间虽无书面协议,但双方亦就二手车买卖的标的、价款、履行期限、地点和方式等意思表示一致,达成了内容明确的口头合同。被告人利用买卖合同诱骗王某某及李某率先履行变更车辆登记、出具收条等约定义务,实施诈骗活动。二是被告人的诈骗行为发生在经济活动之中。赶集网内部设立了集中的二手物品交易平台,不特定的交易主体可以自由买卖各类物品,在网络上形成了一个公开市场。王某某及李某通过赶集网面向不特定的买家出售二手车,而被告人亦随机选择卖家并实施诈骗。三是被告人的诈骗行为不仅侵犯了他人的财产权利,同时破坏了市场交易秩序。赶集网的交易主体多是出售自有物品的普通公民而非职业经营者,主要凭借自身的社会经验直接交换款物。上述市场相对缺乏统一和规范的交易规则,其正常运行更加依赖交易各方的诚实守信。被告人在赶集网上利用合同实施诈骗活动,侵犯了二手市场的交易秩序及合同诈骗罪的法益。[参见第875号指导案例,郭松飞合同诈骗案,载《刑事审判参考》总第93集(2013年第4集),第20~23页。撰稿:任素贤 于书生]

▽被骗车辆已过户但未交付的犯罪停止形态应当认定为未遂

被骗车辆虽当场被公安机关扣押,但被告人已经诱骗李某办理了过户手续并取得了车辆登记。对被告人的犯罪行为应认定为未遂。被骗车辆虽已变更登记,但被告人未能实际占有车辆并止于犯罪未遂。理由如下:1.从法理层面解析,对于诈骗犯罪而言,犯罪未遂与既遂的区分标志是犯罪未得逞。刑法理论对于犯罪未得逞有"犯罪构成要件不齐备""犯罪结果未发生"及"犯罪目的未实现"等多种表述。这从侧面反映出具体犯罪未得逞认定的复杂性。对于结果犯而言,犯罪未遂与既遂的界限一般在于犯罪结果是否发生以及犯罪分子的犯罪目的是否实现,行为人最终是否实际控制或者支配被骗财物。被害人因受到欺诈而陷入认识错误,进而将财产转移给行为人或者第三人占有之时,是合同诈骗罪的既遂,反之则是未遂。本案从客观方面来看,被告人诱骗被害人李某变更车辆登记,后因被告人一直没有支付购车款,该车并未被李某实际交付,在报警后又被公安机关扣押。被告人一直未能实际控制和支配被骗车辆,未能实现占有转移。从主观方面看,被告人意欲欺诈李某,使之办理车辆过户手续及出具收条,再向公安机关出示上述材料并借助国家权力非法占有车辆。在被告人实施犯罪计划的过程中,因公安机关怀疑被告人有诈骗嫌疑并将被骗车辆扣押,被告人未能实现预谋的犯罪目的。2.从实践方面考察,将机动车登记变更与否作为犯罪未遂和既遂的区分标准,会造成司法操作的困惑。在其他类型的财产犯罪中,行为人抢劫、盗窃或者抢夺机动车的,几乎不可能在实施犯罪后为车辆办理过户手续,占有转移而非登记变更是上述犯罪既遂的标志,这在实践中并无异议。倘若将登记变更作为诈骗罪既遂的标准,势必造成财产犯罪既、未遂标准的紊乱。在涉及机动车的财产犯罪案件中,车辆的占有而非登记状态更加关乎当事人的切身利益。被害人拥有登记名义但丧失对车辆的实际控制,意味着其实际遭受了经济损失。反之,车辆虽已过户但仍由被害人控制的,财产权利仅有被犯罪侵害的危险和可能性,没有认定为犯罪既遂的必要。3.从刑民关系角度考量,被骗车辆所有权转移与否不影响犯罪未遂的认定。民法与刑法的理念不尽相同,民法强调形式判断,而刑法注重实质判断,追求实质的合理性。在民事法律层面,交付或者登记等形式要件齐备就可能引起机动车所有权转移的法律效果。但在刑事法律层面,被骗车辆的实际控制或者支配权发生转移的,才构成犯罪既遂,二者不能等同视之。本案中,被骗车辆已经登记在被告人名下,其所有权有可能发生转移,但被告人未能实际控制、支配被骗车辆,亦未给李某造成实际的经济损失,故不成立犯罪既遂。[参见第875号指导案例,郭松飞合同诈骗案,载《刑事审判参考》总第93集(2013年第4集),第23~24页。撰稿:任素贤 于书生]

▽以车辆为犯罪对象的犯罪中牌照竞买价格不应计入犯罪数额

为了缓解道路交通拥堵,我国部分城市施行私车牌照拍卖制度。对于被骗车辆悬挂牌照的竞买价格不应计入犯罪数额,牌照是准许机动车上路行驶的标志,其竞买价格不是车牌本身的价值,而是获得行政许可的对价,不应计入犯罪数额。具体理由如下:一是在法理上,机动车牌照发放是行政许可行为,机动车所有人竞买的对象是机动车在一定城区范围内通行的资格,而非牌照本身。2012年发布的《上海市非营业性客车额度拍卖管理规定》第二条规定:非营业性客车额度,是指通过拍卖方式取得的、允许在上海市中心城区通行的非营业性客车上牌指标。据此,竞买费用实际上是机动车在特定区域内行驶的对价,而非公众熟知的“牌照价格”,后者只是通俗的口头用语。牌照本身既然价值不大,自然不必计入整体的犯罪数额。二是在实践中,机动车所有人在牌照遗失后可以申请补办,不必重新竞买。在竞买客车额度后,行政机关为竞买人办理车辆登记。机动车登记证书、牌照和行驶证等证明材料遗失或者损毁的,可以向行政机关申请补办。倘若计入竞买价格,难免导致犯罪数额与损失数额倒挂,并不妥当。三是在处罚方面,计入牌照竞买价格会影响法律适用的统一性。牌照拍卖是我国少数城市特有的制度安排,且竞买价格不低,将牌照竞买价格计入犯罪数额的做法难免导致同类罪行在不同地区的量刑显著失衡。[参见第875号指导案例,郭松飞合同诈骗案,载《刑事审判参考》总第93集(2013年第4集),第24～25页。撰稿:任素贤　于书生]

▽通过支付预付款获得他人房产后以抵押方式获得第三人借款的,既有欺骗卖房人的行为,也有欺骗抵押权人的行为,应当认定原房主为被害人

被告人周某某、陈某某通过支付预付款获得他人房产后以抵押方式获得第三人借款,所得款项并不用于支付剩余房款而用于个人挥霍,体现出其在与原房主签订房屋买卖合同之时即已具备了将来非法占有他人房产的主观故意,在该主观故意的支配下,二被告人相继实施了向原房主虚构自己本人或者帮助他人购买房产的事实,隐瞒其最终要以原房主的房产抵押套现的真实目的,在与多名房主签订并部分履行房屋买卖合同的过程中,骗取房产,再继续实现其他非法目的。二被告人的行为符合合同诈骗罪的构成特征,应当以合同诈骗罪论处。本案被害人仅应认定为最初的卖房人即原房主,因为被告人根本不是为了买房,被害人损失的房屋余款从一开始就注定无法追回,而抵押权人的债权因为有经房产部门登记过的房屋抵押手续,该抵押权是受法律保护的,故其债权的实现有保障。具体理由如下:导致本案中被告人能够得逞的客观原因之一是南京市二手房买卖流程存在一定的缺陷,即以银行贷款方式支付购房尾款的二手房买卖过程中,买方在产权变更后、房款尚未完全支付前就可获得新的产权证,使不法分子有机可乘,但最主要的原因还是被告人实施了虚构事实和隐瞒真相的诈骗行为。表面上看,原房主和抵押权人都是欺骗对象,也都遭受了经济损失:首先,从欺骗对象角度看,被告人存在“两头骗”的行为,即先是骗了原房主,被告人并非真实想买房;之后又骗了抵押权人,被告人隐瞒了其对房屋的处分权是通过欺骗原房主得来的这一事实。其次,从经济损失角度看,原房主只收到房屋首付款,余款未能收回,抵押权人出借的巨额资金被被告人挥霍,至案发也未能收回。然而,从被告人的行为模式及案件最终处理结果分析,本案中作为合同诈骗犯罪的被害人只能认定为原房主,抵押权人不是被害人。(一)犯罪行为的完成是以房屋产权登记过户为节点。犯罪行为完成即犯罪既遂,通常是指行为发生了行为人所追求的、行为性质所决定的犯罪结果。(二)本案抵押权人不应认定为合同诈骗犯罪中的被害人。本案中,因被告人无法归还欠款,抵押权人的债权也受到了侵害,但该种侵害源于被告人不按期履行还款的合同义务,应当定性为民事上的违约,与刑事意义上的犯罪具有本质区别。(三)本案抵押权人取得抵押权的行为属于善意取得,抵押权应当受到法律保护。(四)从司法处理的角度看,原房主与抵押权人不应同等对待。本案审理过程中,主张将原房主和抵押权人均视为被害人的意见的理由之一是案件判决生效后进行财产发还这一程序时,对原房主和抵押权人将会平等按照损失的比例发还,双方共同分担损失既能体现公平性,又会减少执行压力。这种观点看似合理,但与法理规定和精神背离。刑法规定,犯罪分子违法所得的一切财物,应当予以追缴或者责令退赔。本案中,司法机关应当从被告人处追缴赃款发还原房主,以弥补剩余房款的损失。被告人将房产抵押给他人的行为本质上相当于销赃,但由于抵押权人是善意第三人,这种“销赃”又演变为受法律保护的民事法律行为,抵押权人对抵押权的主张将阻却司法机关因追赃可能对抵押权人带来的负面影响。从实际操作层面上看,涉案房产在先清偿抵押权人的债务后多余的价值才能作为被告人的财产用于弥补被害人损失。因此,对于被告人可供执行的财产,抵押权人的抵押权实现优先于司法机关的追赃。若将抵押权人与原房主同等视为被害人,将可能出现两种情形:一是在被告人财产足够支付的情况下,司法机关对被告人借得的资金进行追缴并发还抵押权人;二是在被告人财产不足以同时支付的情况下,司法机关将按照原房主和抵押权人损失的比例发还。第一种情形导致的结果将是司法机关对民事法律行为的干涉,导致担保物权形同虚设;第二种情形则缺乏法律依据,按照相关司法解释规定,按比例发还适用于诈骗财物权属及其孳息不明确的时候。本案被告人与抵押权人设立抵押权时持的是已过户后的新证,在当时原房主尚未报案、房产也尚未涉讼之时应当认定为权属明确,让抵押权人与原房主共担损失是司法机关变相地侵害抵押权人利益的体现,将导致担保物权作为从属权利性质的丧失。[参见第876号指导案例,周有文、陈巧芳合同诈骗案,载《刑事审判参考》总第93集(2013年第4集),第28~32页。撰稿:洪彦]

▽**如何准确对一房二卖的行为进行刑民界分**

一房二卖的行为,究竟是属于民法调整范围,认定为民事欺诈,还是应当纳入刑法规制范围,以合同诈骗罪定罪处罚?对一房二卖的行为定性,关键在于行为人主观上是否具有非法占有的目的。而在此类案件中,行为人是否具有非法占有目的,需要综合行为人一房二卖的具体原因、交房的真实意思表示内容、行为人是否具有调剂交房的能力以及清偿相关债务的能力等方面的事实进行认定。特别是在售房款没有被个人挥霍、占有而是用于继续经营的情况下,对一房二卖行为人非法占有目的的认定更要审慎把握。

(一)在对一房二卖行为人是否具有非法占有他人财物的目的进行分析、认定时,要重点考察一房二卖的具体情由。本案仅从起诉书指控的事实来看,被告人王某某在普天大有公司出现资不抵债的情况下,将已经签订销售合同的房屋再与他人另行签订销售合同转卖,与一般的一房二卖行为无异,非法占有的目的似不证自明。然而,从审理查明的事实分析,普天大有公司一房二卖的行为系事出有因,认定该公司在签订有关房屋销售合同时即具有非法占有他人财物的目的理由不足。1. 就普天大有公司与唐某有关的房屋一卖、二卖行为,依据审理查明的事实和有关刑法理论,不能认定该公司具有非法占有唐某和二手购房者财物的目的。(1)普天大有公司不具有刑法上非法占有唐某财物的目的。(2)普天大有公司不具有非法占有二手购房者财物的目的。2. 就普天大有公司与李某有关房屋的一卖、二卖行为,依据审理查明的事实,不能认定该公司具有非法占有财物的目的。在对该房屋二卖时,该公司已经作出了给一买方即李某调整房源的决定,无论是一手购房者还是二手购房者,在房源上都是有保障的。因此,普天大有公司对于一手、二手购房者都没有非法占有其财物的目的。3. 普天大有公司在签订合同时虽隐瞒了部分事实,但不能据此认定其具有刑法意义上的非法占有他人财物的目的。虚构事实、隐瞒真相,是民事欺诈和刑事诈骗的共同手段行为,因此并非只要实施了虚构事实、隐瞒真相的行为,就构成刑事诈骗。要认定构成刑事诈骗,关键要看行为人是否具有非法占有目的。本案中,在签订房屋二卖合同时,普天大有公司对一手、二手均隐瞒了与另一方签订合同的事实,但这些隐瞒行为是为了顺利签订合同,很显然其如果没有隐瞒与前手已经签订的房屋买卖合同事实,与二手的房屋买卖合同事实上根本不可能签订。然而,经深入分析,这种为了签订合同的隐瞒事实并不意味着必然具有非法占有他人财物的目的,二者在逻辑上不能等同。

(二)对于一房二卖实际交房前发生了股权、资产转让等公司变更事项的,要重点考察公司变更过程中对公司债务的处置情况。普天大有公司与后手再次签订房屋销售合同后,并没有将购房者支付的购房款挥霍,或是用于高风险经营以及其他不当、非法用途,而是用于公司经营和清偿所负债务,这恰恰表明其有继续正常经营的意愿和行为。后被告人王某某将公司股权、土地等转让他人,并与受让方签订了协议,约定了公司股权、土地转让及公司债务承担等内容,双方虽然未就上述一房二卖购房合同今后如何实际履行作出明确安排,但这属于公司变更过程中的未明确事项,不能据此推定王某某此时产生了非法占有他人财物的故意。

(三)在刑民交叉案件中刑法应尽可能保持其谦抑性。在我国法律体系中,刑法是其他部门法的保障法,没有刑法作后盾、作保障,其他部门法往往难以得到彻底贯彻实施。这一定位同时表明,只有当一般部门法不能充分保护某种法益时,才由刑法保护。这就是刑法理论所主张的刑法的附属性、谦抑性。在经济交往中,在不损害公共利益、集体利益或者第三人利益的前提下,应当尽可能遵循当事人意思自治原则,保留由当事人自己处理、解决纠纷的最大空间,刑法应尽可能保持其谦抑性。

就本案而言,普天大有公司签订一房二卖有关合同时确实存在特殊原因,在尚未履行合同约定的交房义务时,发生了股权、资产转让等公司变更事项,公司变更相关主体对公司债务如何承担也已作了相关的约定,故认定被告人王某某具有非法占有他人财物的目的的事实难以成立,不符合合同诈骗罪的构成特征。一、二审法院认定无罪是正确的。[参见第961指导案例,王某某合同诈骗案,载《刑事审判参考》总第97集(2014年第2集),第28~33页。撰稿:李洪川]

第二百二十四条之一 【组织、领导传销活动罪】组织、领导以推销商品、提供服务等经营活动为名,要求参加者以缴纳费用或者购买商品、服务等方式获得加入资格,并按照一定顺序组成层级,直接或者间接以发展人员的数量作为计酬或者返利依据,引诱、胁迫参加者继续发展他人参加,骗取财物,扰乱经济社会秩序的传销活动的,处五年以下有期徒刑或者拘役,并处罚金;情节严重的,处五年以上有期徒刑,并处罚金。(本条根据《中华人民共和国刑法修正案(七)》之四增加,自2009年2月28日起施行。)

■最高人民检察院、公安部关于公安机关管辖的刑事案件立案追诉标准的规定(二)(2022年5月15日)

第七十条 〔组织、领导传销活动案(刑法第二百二十四条之一)〕组织、领导以推销商品、提供服务等经营活动为名,要求参加者以缴纳费用或者购买商品、服务等方式获得加入资格,并按照一定顺序组成层级,直接或者间接以发展人员的数量作为计酬或者返利依据,引诱、胁迫参加者继续发展他人参加,骗取财物,扰乱经济社会秩序的传销活动,涉嫌组织、领导的传销活动人员在三十人以上且层级在三级以上的,对组织者、领导者,应予立案追诉。

下列人员可以认定为传销活动的组织者、领导者:

(一)在传销活动中起发起、策划、操纵作用的人员;

(二)在传销活动中承担管理、协调等职责的人员;

(三)在传销活动中承担宣传、培训等职责的人员;

(四)因组织、领导传销活动受过刑事追究,或者一年内因组织、领导传销活动受过行政处罚,又直接或者间接发展参与传销活动人员在十五人以上且层级在三级以上的人员;

(五)其他对传销活动的实施、传销组织的建立、扩大等起关键作用的人员。

[附则(第七十九条至第八十五条)内容附在本书刑法第一百二十条之一附文同名文件中。]

■最高人民法院、最高人民检察院、公安部关于办理组织领导传销活动刑事案件适用法律若干问题的意见(全文)(2013年11月14日)

一、关于传销组织层级及人数的认定问题

以推销商品、提供服务等经营活动为名,要求参加者以缴纳费用或者购买商品、服务等方式获得加入资格,并按照一定顺序组成层级,直接或者间接以发展人员的数量作为计酬或者返利依据,引诱、胁迫参加者继续发展他人参加,骗取财物,扰乱经济社会秩序的传销组织,其组织内部参与传销活动人员在三十人以上且层级在三级以上的,应当对组织者、领导者追究刑事责任。

组织、领导多个传销组织,单个或者多个组织中的层级已达三级以上的,可将在各个组织中发展的人数合并计算。

组织者、领导者形式上脱离原传销组织后,继续从原传销组织获取报酬或者返利的,原传销组织在其脱离后发展人员的层级数和人数,应当计算为其发展的层级数和人数。

办理组织、领导传销活动刑事案件中,确因客观条件的限制无法逐一收集参与传销活动人员的言词证据的,可以结合依法收集并查证属实的缴纳、支付费用及计酬、返利记录,视听资料,传销人员关系图,银行账户交易记录,互联网电子数据,鉴定意见等证据,综合认定参与传销的人数、层级数等犯罪事实。

二、关于传销活动有关人员的认定和处理问题

下列人员可以认定为传销活动的组织者、领导者:

(一)在传销活动中起发起、策划、操纵作用的人员;

(二)在传销活动中承担管理、协调等职责的人员;

(三)在传销活动中承担宣传、培训等职责的人员;

(四)曾因组织、领导传销活动受过刑事处罚,或者一年以内因组织、领导传销活动受过行政处罚,又直接或者间接发展参与传销活动人员在十五人以上且层级在三级以上的人员;

(五)其他对传销活动的实施、传销组织的建立、扩大等起关键作用的人员。

以单位名义实施组织、领导传销活动犯罪的,对于受单位指派,仅从事劳务性工作的人员,一般不予追究刑事责任。

三、关于"骗取财物"的认定问题

传销活动的组织者、领导者采取编造、歪曲国家政策,虚构、夸大经营、投资、服务项目及盈利前景,掩饰计酬、返利真实来源或者其他欺诈手段,实施刑法第二百二十四条之一规定的行为,从参与传销活动人员缴纳的费用或者购买商品、服务的费用中非法获利的,应当认定为骗取财物。参与传销活动人员是否认为被骗,不影响骗取财物的认定。

四、关于"情节严重"的认定问题

对符合本意见第一条第一款规定的传销组织的组织者、领导者,具有下列情形之一的,应当认定为刑法第二百二十四条之一规定的"情节严重":

(一)组织、领导的参与传销活动人员累计达一百二十人以上的;

(二)直接或者间接收取参与传销活动人员缴纳的传销资金数额累计达二百五十万元以上的;

(三)曾因组织、领导传销活动受过刑事处罚,或者一年以内因组织、领导传销活动受过行政处罚,又直接或者间接发展参与传销活动人员累计达六十人以上的;

(四)造成参与传销活动人员精神失常、自杀等严重后果的;

(五)造成其他严重后果或者恶劣社会影响的。

五、关于"团队计酬"行为的处理问题

传销活动的组织者或者领导者通过发展人员,要求传销活动的被发展人员发展其他人员加入,形成上下线关系,并以下线的销售业绩为依据计算和给付上线报酬,牟取非法利益的,是"团队计酬"式传销活动。

以销售商品为目的、以销售业绩为计酬依据的单纯的"团队计酬"式传销活动,不作为犯罪处理。形式上采取"团队计酬"方式,但实质上属于"以发展人员的数量作为计酬或者返利依据"的传销活动,应当依照刑法第二百二十四条之一的规定,以组织、领导传销活动罪定罪处罚。

六、关于罪名的适用问题

以非法占有为目的,组织、领导传销活动,同时构成组织、领导传销活动罪和集资诈骗罪的,依照处罚较重的规定定罪处罚。

犯组织、领导传销活动罪,并实施故意伤害、非法拘禁、敲诈勒索、妨害公务、聚众扰乱社会秩序、聚众冲击国家机关、聚众扰乱公共场所秩序、交通秩序等行为,构成犯罪的,依照数罪并罚的规定处罚。

七、其他问题

本意见所称“以上”、“以内”，包括本数。

本意见所称“层级”和“级”，系指组织者、领导者与参与传销活动人员之间的上下线关系层次，而非组织者、领导者在传销组织中的身份等级。

对传销组织内部人数和层级数的计算，以及对组织者、领导者直接或者间接发展参与传销活动人员人数和层级数的计算，包括组织者、领导者本人及其本层级在内。

▼安徽省高级人民法院、安徽省人民检察院、安徽省公安厅关于打击传销违法犯罪行为适用法律问题的若干意见(全文)(2013年4月3日)

一、组织、领导以推销商品、提供服务等经营活动为名，要求参加者以缴纳费用或者购买商品、服务等方式获得加入资格，并按照一定顺序组成层级，直接或者间接以发展人员的数量作为计酬或者返利依据，引诱、胁迫参加者继续发展他人参加，骗取财物，扰乱经济社会秩序的传销活动的，依照《中华人民共和国刑法》第二百二十四条之一(组织、领导传销活动罪)立案侦查、定罪处罚。对经侦查不构成犯罪的，应当依法移交工商行政管理部门查处。

二、传销活动的组织者、领导者，是指在传销活动中起组织、领导作用的发起人、决策人、操纵人，或者具有三级以上层级关系的骨干分子，以及在传销活动中担负策划、指挥、布置、协调等重要职责，或者在传销活动实施中起到关键作用的人员。在传销活动实施中起到关键作用的人员，包括在传销活动中负责教育培训、资金结算、财务管理以及为传销活动设计、管理、运行传销网络软件系统网站等在传销活动组织、策划、人员发展中承担重要职责的人员。

三、组织、领导的传销活动人员在三十人以上且层级在三级以上，是指组级者、领导者直接发展的传销人员与通过其下线间接发展的传销人员总数在三十人以上且组织内部有三级以上的层级存在。

认定层级数量及人数的证据应确实充分。虽无三十名以上参与传销活动人员的言词证据，但依法获取、查证属实的其他证据能够证明层级数量及人数的，可以结合已获取的言词证据，认定层级数量及人数。

四、在传销活动中非法拘禁他人或者以其他方法非法剥夺他人人身自由的，依照《中华人民共和国刑法》第二百三十八条(非法拘禁罪)立案侦查、定罪处罚。不构成犯罪的，由公安机关按照《中华人民共和国治安管理处罚法》第四十条(非法限制人身自由)予以治安处罚。

五、以暴力、威胁方法阻碍执法人员依法取缔传销非法活动的，依照《中华人民共和国刑法》第二百七十七条(妨碍公务罪)立案侦查、定罪处罚。不构成犯罪的，由公安机关按照《中华人民共和国治安管理处罚法》第五十条(阻碍执行职务)予以治安处罚。

六、以传销方式，假借发售股权、股票、期权、基金、经营权等财产性权益商品或资金运作、投资理财等名义，发展人员，非法吸收资金，同时构成组织、领导传销活动罪、非法吸收公众存款罪、集资诈骗罪或刑法规定的其他犯罪的，依照处罚较重的规定立案侦查、定罪处罚。

在组织、领导传销活动犯罪过程中，又有其他犯罪行为的，依照数罪并罚的规定处罚。

七、公安机关在查处传销非法活动过程中，发现房屋出租人将房屋出租给无身份证件的人居住的，或者不按规定登记承租人姓名、身份证件种类和号码的；房屋出租人明知承租人利用出租房屋进行传销犯罪活动，不向公安机关报告的，由公安机关按照《中华人民共和国治安管理处罚法》第五十七条(将房屋出租给无身份证件人居住、不按规定登记承租人信息、明知承租人利用出租屋犯罪不报)对房屋出租人予以治安处罚。

●组织、领导传销活动的认定

组织者或者经营者利用网络发展会员，要求被发展人员以缴纳或者变相缴纳“入门费”为条件，获得提成和发展下线的资格。通过发展人员组成层级关系，并以直接或者间接发展的人员数量作为计酬或者返利的依据,引诱被发展人员继续发展他人参加,骗取财物,扰乱经济社会秩序的,以组织、领导传销活动罪追究刑事责任。(参见最高人民检察院发布第10批指导案例,检例第41号,叶经生等组织、领导传销活动案,2018年7月3日发布。)

○对1998年4月17日以前实施传销或者变相传销的行为如何处理

2001年4月10日,最高人民法院颁行了《关于情节严重的传销或者变相传销行为如何定性问题的批复》,规定"对于1998年4月18日国务院《关于禁止传销经营活动的通知》发布以后,仍然从事传销或者变相传销活动,扰乱市场秩序,情节严重的,应当依照刑法第二百二十五条第(四)项的规定,以非法经营罪定罪处罚。实施上述犯罪,同时构成刑法规定的其他犯罪的,依照处罚较重的规定定罪处罚"。在司法实践中,对于发生在1998年4月17日以前的传销或者变相传销活动,能否以非法经营罪追究刑事责任?"违反国家规定"是构成非法经营罪的必要前提,而1998年4月18日国务院《关于禁止传销经营活动的通知》发布以前,国家法律和行政法规中对传销这种经营活动没有明确的禁止性规定。因此,对于国务院《关于禁止传销经营活动的通知》发布以前实施的传销或者变相传销行为,一般不能以非法经营罪定罪处罚。但是,对于行为人在传销或者变相传销过程中实施销售伪劣产品、走私物品、诈骗、非法集资、虚报注册资本、偷税等行为,构成犯罪的,应当依照刑法的有关规定追究刑事责任;对于未经许可传销经营法律、行政法规规定的专营、专卖物品或者其他限制买卖的物品,或者传销进出口许可证、进出口原产地证明以及其他法律、行政法规规定的经营许可证或者批准文件,情节严重的,仍然应当以非法经营罪定罪处罚。[参见《刑事审判参考》总第31辑(2003年第2辑),法律出版社,第208~209页。]

▽有奖销售和以变相传销方式实施的非法经营区分的认定

传销作为一种新型经营方式,是指生产企业不通过店铺销售,而由传销员将本企业产品直接销售给消费者的经营方式。它包括多层次传销和单层次传销。多层次传销,是指生产企业不通过店铺销售,而通过发展两个层次以上的传销员并由传销员将本企业的产品直接销售给消费者的一种经营方式。单层次传销,是指生产企业不通过店铺销售,而通过发展一个层次的传销员并由传销员将本企业的产品直接销售给消费者的一种经营方式。由于传销经营具有组织上的封闭性、交易上的隐蔽性和传销人员的流动性、群体性,在实施过程中常常被不法分子所利用,如利用传销进行价格欺诈、骗取钱财,推销假冒伪劣产品、走私产品,牟取暴利,偷逃税收等;特别是一些违法分子、黑恶势力、邪教等组织的成员,利用传销和变相传销从事邪教、帮会、迷信以及政治性煽动宣传等其他违法犯罪活动,不仅严重扰乱了市场经济秩序,对社会稳定也构成极大的潜在危害。1998年4月18日国务院就发布了《关于禁止传销经营活动的通知》,从该通知发布之日起,我国禁止任何形式的传销经营活动,违者,由工商行政管理机关进行处罚;对于其中利用传销骗取钱财,推销假冒伪劣产品、走私产品,偷逃税收等构成犯罪的,移交司法机关追究刑事责任。但高额的利益驱使一些传销组织者以"加盟连锁""滚动促销"等名义继续进行变相传销。近期又出现了新型的传销手段,如传销组织者以电子商务作为幌子,通过网上购物、网上有奖竞猜、购买网上空间等方式,欺骗广大网民加入传销组织。有奖销售作为一种销售策略,只要不违反《中华人民共和国反不正当竞争法》的相关规定,就属于一种正常的营销活动。而传销或者变相传销行为,根据2000年8月13日国家工商行政管理局、公安部、中国人民银行《关于严厉打击传销和变相传销等非法经营活动的意见》第二条规定,主要指:(1)经营者通过发展人员、组织网络从事无店铺经营活动,参加者之间上线从下线的营销业绩中提取报酬的;(2)参加者通过交纳入门费或以认购商品等变相交纳入门费的方式,取得加入、介绍或发展他人加入的资格,并以此获取回报的;(3)先参加者从发展的下线成员所交纳费用中获取收益,且收益数额由其加入的先后顺序决定的;(4)组织者的收益主要来自参加者交纳的入门费或以认购商品等方式变相交纳的费用的;(5)组织者利用后参加者所交付的部分费用支付先参加者的报酬维持运作的;(6)其他通过发展人员、组织网络或以高额回报为诱饵招揽人员从事变相传销活动的。据此,合法的有奖销售和非法的变相传销之间的主要区别是:(1)从销售的方式以及获利途径来看,有奖销售往往有自己的经营场所,以社会一般消费者为销售对象,购买者一般为最终用户,从商品销售收人与经营成本之间的差价中获取利润;传销或变相传销则采取无店铺经营方式,以发展下线为其主要经营方式,组织者往往在同学、朋友、亲属中间寻找销售对象,下线也采用同一方法发展下一层次的参加者。(2)从销售的商品角度来看,有奖销售的商品价格与价值之间的差距处于一合理的幅度,购买者购买商品是以消费商品为目的;而非法传销的商品价格与价值大幅度相背离,违背了等价交换原则,消费者购买商品的目的不再是商品的使用价值,而是把商品当作赚钱的工具,使自己能够从中牟取暴利回馈。(3)从推销、宣传的角度来看,有奖销售与非法传销均须通过相关媒体或者其他方式进行广告宣传,但前者一般以物美价廉、有奖为内容;而后者往往以给予参加者高额回报、提成为内容。[参见第234号案例,李柏庭非法经营案,载《刑事审判指导》总第31集,法律出版社,第46~48页。执笔:沈解平　朱铁军]

▽以变相传销方式实施的非法经营罪与相关罪名的认定

2001年4月10日最高人民法院颁布的《关于情节严重的传销或者变相传销行为如何定性问题的批复》规定:“对于1998年4月18日国务院《关于禁止传销经营活动的通知》发布以后,仍然从事传销或者变相传销活动,扰乱市场秩序,情节严重的,应当依照刑法第二百二十五条第四项的规定,以非法经营罪定罪处罚。”据此规定,对于情节严重的传销或变相传销行为,应当根据行为人所实施的具体行为和危害后果定罪处罚:对于违反国家规定,以传销或者变相传销方式单纯进行经营活动,严重扰乱市场经济秩序的,以非法经营罪定罪处罚;对于以传销为名,骗取他人财物的,同时触犯诈骗罪、合同诈骗罪或者集资诈骗罪的,以诈骗犯罪定罪处罚;对于利用传销推销假冒伪劣产品、走私产品,构成犯罪的,以销售伪劣商品犯罪、走私犯罪定罪处罚等。[参见第234号案例,李柏庭非法经营案,载《刑事审判指导》总第31集,法律出版社,第49页。执笔:沈解平　朱铁军]

▽以传销方式实施的非法经营罪和诈骗犯罪区分的认定

判断行为人是否具有非法占有的目的,是区分以传销方式实施的非法经营罪和诈骗犯罪的根本标准。诈骗犯罪是一种以非法占有为目的的犯罪,而非法经营罪的行为人在主观上仅具有非法牟利的动机,该牟利行为主要不是通过非法占有经营中所取得的他人财物来实现,而是通过传销或变相传销的所谓经营活动来实现,因此,从这个意义上来说,传销或变相传销中非法经营行为人主观上不以非法占有为目的。据此分析:第一,从查明的事实看,行为人实施的变相传销行为,不是通过直接非法占有经营中所取得的他人财物,而是通过传销或变相传销的所谓“经营活动”来牟利;第二,行为人在因非法传销金箔画被公安机关采取强制措施后携款潜逃,是否可以推定为行为人具有非法占有目的的问题,应考虑到行为人是在案发后携款潜逃,即在其变相传销行为已涉嫌构成犯罪时畏罪潜逃,从性质上讲,这种潜逃行为属于妨害刑事诉讼顺利进行的行为,不影响潜逃以前行为的性质,仅对量刑产生影响。因此,不能根据行为人的潜逃行为认定其具有非法占有目的,从而将本案认定为诈骗犯罪。[参见第234号案例,李柏庭非法经营案,载《刑事审判指导》总第31集,法律出版社,第49~50页。执笔:沈解平　朱铁军]

▽对行政犯,行为人须有违法性认识,才能认定其有犯罪的主观故意

非法经营罪是一种行政犯,它以违反国家相关规定作为前提条件。在行政犯中,如果行为人缺乏违法性认识,不能认识到行为的社会危害性,就不能认定行为人有犯罪的主观故意。行为人作为一名以前曾经参与传销的人员,在国务院颁布一系列文件对各种传销明令禁止的情况下,对传销活动的特点以及其违法性应该明知,其以主观上不知行为违法作为辩护理由不能成立。[参见第234号案例,李柏庭非法经营案,载《刑事审判指导》总第31集,法律出版社,第50页。执笔:沈解平　朱铁军]

▽对于非法传销过程中,携传销款潜逃的行为,应以诈骗罪或者合同诈骗罪定罪量刑

对于非法传销过程中携传销款潜逃的行为如何定性,传销或者非法传销活动虽然具有价格欺诈等特征,但与非法集资行为存在区别:一是非法集资行为人往往是承诺以定期利息、红利等形式返还巨额利益相引诱;而传销的利益主要是靠传销人自己层层发展下线来获取,没有下线就没有利益。二是非法集资一般没有或者很少有货物经营行为;而传销行为存在货物买卖行为,基本上是上线低价买进再高价卖给下线。三是非法集资的结果往往是几个主要责任人骗取大量非法资金,受害人数众多;而传销中往往是最低层、最后发展的下线、加盟者遭受损失,上线和先加入者一般不会有损失。因此,对于非法传销过程中携传销款潜逃的行为,由于有买卖货物的行为,是在非法经营活动中进行诈骗活动,没有侵犯金融管理秩序,主要侵犯的是传销参与者的财产权和市场经济秩序,因此应以诈骗罪或者合同诈骗罪定罪处罚。行为人以定期还利、高额折让为名诱骗受害者,非法传销新大泽螺旋藻片、圣剑消毒洗手液、美国强生牌超氧矿磁化活水机等产品的行为,属于非法经营性质,行为人构成非法经营罪的共犯。非法传销过程中,行为人临时起意携款潜逃,其行为性质发生转化,构成诈骗罪,因所犯诈骗罪的法定刑重于非法经营罪,故对行为应以诈骗罪论处。[参见第167号案例,袁鹰、欧阳湘、李巍集资诈骗案,载《刑事审判参考》总第25辑(2002年第2辑),法律出版社,第23~24页。执笔:牛克乾]

▽组织、领导传销活动罪的认定

为遏制传销活动迅猛、猖獗的发展态势,国务院先后发布了《关于禁止传销经营活动的通知》(本附文以下简称《通知》)《禁止传销条例》。2001年4月,最高人民法院发布的《关于情节严重的传销或变相传销行为如何定性问题的批复》将《通知》发布以后的传销或者变相传销行为纳入非法经营罪的范畴,在一定程度上解决了司法机关在办理传销案件过程中无法可依的问题。为了更有效地打击传销违法犯罪活动,2009年2月通过的《刑法修正案(七)》在刑法第二百二十四条后增加一条,作为第二百二十四条之一,规定了组织、领导传销活动罪。本案被告人实施的行为符合刑法第二百二十四条之一的规定,构成组织、领导传销活动罪。具体理由如下:(一)被告人的行为符合组织、领导传销活动罪的客观特征。组织、领导传销活动罪在犯罪的客观方面表现为,组织、领导传销活动,骗取财物,扰乱经济和社会秩序。该罪在客观方面有三个特征:(1)"经营"形式上具有欺骗性。传销组织所宣传的"经营"活动,实际上是以"经营"为幌子,有的传销组织甚至没有任何实际经营活动,根本不可能保持传销组织的运转,其许诺或者支付给成员的回报,来自成员缴纳的入门费。由于人员不可能无限增加,资金链必然断裂,传销组织人员不断增加的过程实际上也是风险不断积累和放大的过程,因此,传销活动在本质上具有诈骗性质。(2)计酬方式上,直接或者间接以发展人员的数量作为计酬或者返利依据。传销组织的参加者通过发展人员,再要求被发展者不断发展其他人员加入,形成上下线关系,并以下线发展的人数多少为依据计算和给付上线报酬。(3)组织结构上具有等级性。在传销组织中,一般根据加入的顺序、发展人员的多少分成不同的等级。每个人都有一定的级别,只有发展一定数量的下线以后才能升级,由此呈现底大尖小的"金字塔形"结构。本案被告人系"珠海市康紫源贸易有限公司"的法定代表人,该公司系按照传销人员在公司中各自发展的人数(包括下线及下下线的人数总和)来确定传销人员的等级地位。每个被发展进传销公司的人都必须先交钱购买产品,之后即取得该传销组织所谓的"营销权",就可以发展其他人员加入,以此形成严密的人员网络,从中获取提成。以"下线发展越多,提成越多"来诱骗新的人员参与传销活动,该公司在组织结构上具有明显的层级性,并呈"金字塔形",在计酬方式上完全以下线发展的人数多少为依据计算和给付上线报酬。所"经营"的"钢负"或"臭氧饮水机"则是传销的幌子,本质上是借虚假的经营活动骗取他人的"入门费",被告人所实施的行为符合组织、领导传销活动罪的客观特征。(二)被告人符合组织、领导传销活动罪的主体特征。组织、领导传销活动罪的犯罪主体包括一般自然人和单位,被告人属于一般自然人主体。组织、领导传销活动罪的主体必须是传销活动的组织、领导者。根据最高人民检察院、公安部于2010年5月7日发布的《关于公安机关管辖的刑事案件立案追诉标准的规定(二)》的规定,传销活动的组织者、领导者是指在传销活动中起组织、领导作用的发起人、决策人、操纵者,以及在传销活动中担负策划、指挥、布置、协调等重要职责，或者在传销活动实施中起到关键作用的人员。本案被告人虽然不是传销活动的最初发起、策划者，但他通过发展下线和下下线，已经成为"珠海市康紫源贸易有限公司"的法定代表人，属于五级传销商，其利用传销公司的名义直接发展下线及下下线241人以上，经营额至少为867 600元，属于在所实施的传销活动中起骨干、领导作用的人，符合组织、领导传销活动罪的主体特征。顺便指出，对于参与传销活动的一般人员应当如何处理，有的观点认为，应以非法经营罪定罪处罚。我们认为，这种主张不符合立法精神，容易造成打击面过大，激化矛盾。传销犯罪是一种"涉众型"的经济犯罪，在组织结构上通常呈现出"金字塔形"的特点，司法实务中应当贯彻宽严相济的刑事政策精神，根据传销活动参与者的地位、作用，科学合理地划定打击对象的范围：对于在传销网络建立、扩张过程中起组织、策划、领导作用的首要分子给予刑事处罚；对于并非策划、发起人，但积极加入其中，并在由其实施的传销活动中起组织、领导、骨干作用的，也应以组织者、领导者追究刑事责任；对于参与传销活动的一般人员则可以通过行政处罚、教育遣散等方式进行处理，不宜追究刑事责任。（三）本案的法律适用问题。本案被告人实施的犯罪行为从2006年直至2010年8月，而《刑法修正案（七）》公布实施日为2009年2月28日，在修正案公布前的组织、领导传销活动行为是以非法经营罪定罪的。对于开始于刑法修正案施行日以前，连续到刑法修正案施行日以后的犯罪，该如何适用法律？《最高人民检察院关于对跨越修订刑法施行日期的继续犯罪、连续犯罪以及其他同种数罪应如何具体适用刑法问题的批复》（高检法释字〔1998〕6号）规定，对于开始于1997年9月30日以前，连续到1997年10月1日以后的连续犯罪，当罪名、构成要件、情节以及法定刑已经变化的，应当适用修订刑法，一并进行追诉，但是修订刑法比原刑法所规定的构成要件和情节较为严格，或者法定刑较重的，在提起公诉时应当提出酌情从轻处理意见。本案属于跨越刑法修正案实施日期的连续犯罪，在适用法律时可以参照该批复的精神。首先，被告人实施的犯罪行为属于在刑法修改前后的连续犯罪，虽然罪名、构成要件及法定刑发生了变化，但仍应当适用修订后的刑法，即认定为组织、领导传销活动罪。其次，比较刑法修正前后的两个罪名，非法经营罪"情节严重的"处五年以下有期徒刑或者拘役，并处或者单处罚金，而组织、领导传销活动罪"情节严重的"处五年以上有期徒刑并处罚金。组织、领导传销活动罪要比非法经营罪重，故在对被告人定组织、领导传销活动罪后，量刑时应酌情从轻处罚。综上，原审法院对被告人以组织、领导传销活动罪判处有期徒刑二年，并处罚金人民币二千元的刑罚是适当的。［参见第717号指导案例，危甫才组织、领导传销活动案，载《刑事审判参考》总第81集，第16～19页。撰稿：姚辉　姜君伟］

▽组织、领导传销活动罪中组织、领导行为的认定

由于传销活动本质是一种层级性、金字塔式的诈骗活动，涉案人员多、等级复杂，传销组织中只有极少部分人员是受益者，其余绝大部分均是传销活动的受害者。因此，不能对所有传销人员均处以刑罚，而需要根据其在传销活动中的地位、作用，分别作出不同的裁决。根据刑法本条的规定，对传销活动的组织者、领导者，应当依法追究其刑事责任。所谓传销活动的组织者、领导者，是指组织、领导传销组织的犯罪分子，是传销活动犯罪的首要分子；是在传销活动中起组织、领导作用的发起人、决策人、操纵人，以及在传销活动中担负策划、指挥、布置、协调等重要职责，或者在传销活动中起到关键作用的人员。根据相关法律及司法解释的规定，结合近年来的司法实践，对传销活动的组织、领导行为可以作如下理解：1."组织"行为。对本罪的组织者应当作限制解释，该罪与一般的集团犯罪不同，不处罚那些仅仅是传销的积极参加者，应当将组织者同积极参加者及一般的参与人员区分开来。在传销组织中，其组织者是指策划、纠集他人实施传销犯罪的人，即那些在传销活动前期筹备和后期发展壮大中起主要作用，同时获取实际利益的骨干成员，除此之外的人不应当作为组织者加以处理，以免扩大打击面，不利于突出对首要分子的制裁力度。2."领导"行为，主要是指在传销组织中居于领导地位的人员，对传销组织的活动进行策划、决策、指挥、协调的行为，也包括一些幕后组织者对传销组织的实际操纵和控制行为。传销组织的领导者主要是指在传销组织的层级结构中居于最核心的，对传销组织的正常运转起关键作用的极少数成员。对领导者的身份,应当从负责管理的范围、在营销网络中的层级、涉案金额等三个方面综合认定。基于上述分析,下列行为均属于组织、领导行为:为传销活动的前期筹备、初步实施、未来发展实施谋划、设计起到统领作用的行为;在传销初期,实施了确定传销形式、采购商品、制定规则、发展下线和组织分工等宣传行为;在传销实施过程中,积极参与传销各方面的管理工作,如讲课、鼓动、威逼利诱、胁迫他人加入行为等。[参见第842号指导案例,王艳组织、领导传销活动案,载《刑事审判参考》总第91集,14~15页。撰稿:王道新 吴章科]

▽组织、领导传销活动罪名的具体认定

罪与非罪的认定,重点是要理顺和区分以下两个层面的关系:一是传销与单层次直销的关系问题。单层次直销是商品和服务的生产者将生产的产品通过专卖店或者营销人员直接把产品销售给终端客户,且给予服务的销售方式,是一种合法且受法律保护的经营行为。它与传销具有本质的区别,主要表现在以下几个方面:(1)是否以销售产品为企业营运的基础。直销以销售产品或者提供服务作为公司收益的来源。而传销则以拉人头牟利或者借销售伪劣或质次价高的产品变相拉人头牟利,有的传销甚至根本无销售产品可言。(2)是否收取高额入门费。单层次直销企业的推销员无须缴付任何高额入门费,也不会被强制认购货品。而在传销中,参加者通过缴纳高额入门费或者被要求先认购一定数量质次价高(通常情况下价格严重高于产品价值)的产品以变相缴纳高额入门费作为参与的条件,进而刺激下线人员不择手段地拉人加入以赚取利润。(3)是否拥有经营场所。单层次直销企业都有自己的经营场所,有自己的产品和服务,销售人员都直接与公司签订合同,其从业行为直接接受公司的规范与管理。而传销的"经营者"没有自己的经营场所,也没有从事销售产品或者提供服务的经营活动,只是假借"经营活动"骗取他人信任和逃避有关机关的管理和打击,通过收取高额入门费为整个传销组织的组织者和领导者攫取暴利,其本身不会产生任何的利润和收益,也不会为国家和社会创造任何的经济价值。(4)是否遵循价值规律分配报酬。单层次直销企业的工作人员主要通过销售商品、提供服务获取莉润,其薪酬的高低主要与工作人员的销售业绩相挂钩。而通过以高额回报为诱饵招揽人员从事"变相销售"的传销行为,因为其不存在销售行为,故不会产生任何的销售收入,其报酬全部来源于高额的会员费。更主要的是,并非所有传销人员都能够获取报酬,从整体上看,只有处于组织核心和顶层的领导者和组织者才能获取暴利,其余人员均是损失的承担者,不会获取任何收入。(5)是否具有完善的售后服务保障制度。单层次直销企业作为正规经营的经济体,有合格、规范、快捷的售后服务操作流程,通常能够为顾客提供完善的退货保障。而传销活动绝大部分没有产品和服务,即便提供也通常强制约定不可退货或者退货条件非常苛刻。再者,传销组织一般也不会设立专门的售后服务部门,消费者已购的产品难以退货,遇到质量问题也得不到解决,消费者退货和投诉无门的情况普遍存在。(6)是否实行制度化的人员管理。单层次直销形式下,企业对工作人员的管理模式正规、科学,有健全的工会组织,充分尊重人员的自由,保障员工的合法权益。而在传销组织中,上线主要通过非法拘禁、诱骗,甚至在某种情况下采取非常暴力的手段控制下线,并以此对下线产生威慑进而使其继续发展下线,因而在传销活动中,传销人员尤其是处于底层的人员没有人身自由,合法权益难以得到保障。正因如此,传销活动往往诱发其他类型的犯罪,给正常的社会秩序和公民的生命财产安全带来严重影响。二是区分传销行为与多层级直销行为(团体计酬)的罪名适用问题。从刑法第二百二十四条之一关于"直接或者间接以发展人员的数量作为计酬或者返利依据"的规定可以看出,组织、领导传销活动罪规制的是以"人头数"作为计酬标准的犯罪行为;而多层次直销的团体计酬方式则表现为上线以下线的销售业绩为依据计算报酬,而不是下线的人数。这一显著区别一方面体现出以上两种行为的不同;另一方面也表明多层次直销行为不在对传销活动的刑罚打击范围之内。根据《最高人民法院关于情节严重的传销或者变相传销行为如何定性问题的批复》[出台于刑法修正案(七)施行之前,现已废止]的规定,对于多层次直销这种"团体计酬"的行为应当以非法经营罪定罪处罚。刑法修正案(七)施行之后,对于团体计酬行为是否以非法经营罪定罪处罚，目前还存在争议。因此，司法实践中有必要将传销行为与多层级直销行为（团体计酬）区别开来。本案被告人自2006年至案发，发展下线达80余人，违法数额高达20万余元，属于"拉人头"计酬，明显区别于单层次直销的按销售计酬和多层次直销的团体计酬行为，符合组织、领导传销活动罪的构成特征，达到了追究刑事责任的标准，因而法院以组织、领导传销活动罪追究被告人的刑事责任是正确的。[参见第842号指导案例，王艳组织、领导传销活动案，载《刑事审判参考》总第91集（2013年第2集），15～17页。撰稿：王道新 吴章科]

▽组织、领导传销活动尚未达到组织、领导传销活动罪立案追诉标准，但经营数额或者违法所得数额达到非法经营罪立案追诉标准的，不再以非法经营罪定罪处罚

（一）从立法原意分析，对传销活动仅适用组织、领导传销活动罪，不再以非法经营罪定罪处罚。1.关于传销活动的立法概况。传销活动对市场经济的危害严重，应当纳入刑法调整范围。早在1998年，国务院印发的《关于禁止传销经营活动的通知》（国发〔1998〕10号）明确指出对传销经营活动必须坚决予以禁止。2001年4月10日，最高人民法院下发的《关于情节严重的传销或变相传销行为如何定性问题的批复》（现已废止）明确规定：对于国务院《关于禁止传销经营活动的通知》发布以后，仍然从事传销或变相传销活动，扰乱市场秩序，情节严重的，应当依照刑法第二百二十五条第四项的规定，以非法经营罪定罪处罚。此后一段时期，没有任何法律、法规对传销活动进行具体分类，对于组织、领导传销活动，情节严重，需要追究刑事责任的，一般都认定为刑法第二百二十五条截堵条款规定的"其他严重扰乱市场秩序的非法经营行为"，以非法经营罪定罪处罚。直至2005年8月23日，国务院颁布《禁止传销条例》，将传销活动概括为三种主要表现形式：(1)"拉人头"型，是指组织者或者经营者通过发展人员，要求被发展人员发展其他人员加入，对发展的人员以其直接或者间接滚动发展的人员数量为依据计算和给付报酬，牟取非法利益；(2)"骗取入门费"型，是指要求被发展人员交纳费用或者以认购商品等方式变相交纳费用，取得加入或者发展其他人员加入的资格，牟取非法利益；(3)"团队计酬"型，是指要求被发展人员发展其他人员加入，形成上下线关系，并以下线的（商品、服务）销售业绩为依据计算和给付上线报酬，牟取非法利益。然而，"拉人头"型、"骗取入门费"型传销活动，本质上不属于商业经营活动，审判实践中对此两类传销活动以非法经营罪定罪处罚的争议较大，各地法院实践中的做法不一，有的定非法经营罪，有的定诈骗罪、集资诈骗罪，还有的定非法吸收公众存款罪。这种混乱局面既不利于打击传销活动，也不利于维护司法的公正性、严肃性。因此，在刑法修正案（七）起草过程中，"拉人头"型、"骗取入门费"型传销活动的定性问题被纳入了刑法修正案（七）的立法建议，起草人员经过充分调研，在多方征求意见的基础上，专条规定了组织、领导传销活动的定性与处罚，并最终在2009年2月召开的全国人大常委会上通过。刑法修正案（七）第四条（刑法第二百二十四条之一）规定："组织、领导以推销商品、提供服务等经营活动为名，要求参加者以缴纳费用或者购买商品、服务等方式获得加入资格，并按照一定顺序组成层级，直接或者间接以发展人员的数量作为计酬或者返利依据，引诱、胁迫参加者继续发展他人参加，骗取财物，扰乱经济社会秩序的传销活动的，处五年以下有期徒刑或者拘役，并处罚金；情节严重的，处五年以上有期徒刑，并处罚金。"《最高人民法院、最高人民检察院关于执行〈中华人民共和国刑法〉确定罪名的补充规定（四）》将该条罪名确定为组织、领导传销活动罪。

2.立法原意体现出对传销活动仅适用组织、领导传销活动罪。结合上述传销活动的立法情况，从立法原意分析，对于客观表现为组织、领导"拉人头"型或者"骗取入门费"型的传销活动，只能以其是否符合组织、领导传销活动罪的构成特征来判断罪与非罪，不能按照刑法修正案（七）施行以前的做法，以非法经营罪定罪处罚，更不能在不具备组织、领导传销活动罪构成要件的情况下适用刑法第二百二十五条第四项即非法经营罪的兜底项定罪处罚。值得注意的是，根据刑法修正案（七）第四条的规定，组织、领导传销活动罪的客观行为中未包括"团队计酬"型传销活动，实践中对于此类传销活动如何定性,存在一定争议。鉴于此种情况,最高人民法院、公安部联合出台的《关于办理组织领导传销活动刑事案件适用法律若干问题的意见》(本附文以下简称《意见》)对"团队计酬"行为的处理进行了专门规定。《意见》第五条第一款对"团队计酬"式传销活动的概念进行了明确。该款规定:"传销活动的组织者或者领导者通过发展人员,要求传销活动的被发展人员发展其他人员加入,形成上下线关系,并以下线的销售业绩为依据计算和给付上线报酬,牟取非法利益的,是'团队计酬'式传销活动。"《意见》第五条第二款对"团队计酬"式传销活动的定性进行了规定。该款规定:"以销售商品为目的、以销售业绩为计酬依据的单纯的'团队计酬'式传销活动,不作为犯罪处理。形式上采取'团队计酬'方式,但实质上属于'以发展人员的数量作为计酬或者返利依据'的传销活动,应当依照刑法第二百二十四条之一的规定,以组织、领导传销活动罪定罪处罚。"

(二)被告人的行为符合组织、领导传销活动罪的构成特征,但未达到相关立案追诉标准,故不构成组织、领导传销活动罪。本案被告人实施了通过发展人员,要求被发展人员交纳费用或者以认购商品等方式变相交纳费用,取得加入或者发展其他人员加入的资格,牟取非法利益的传销行为。客观上符合组织、领导传销活动的行为特征。然而,依照《最高人民检察院、公安部关于公安机关管辖的刑事案件立案追诉标准的规定(二)》,组织、领导传销活动罪的立案追诉起点为"涉嫌组织、领导的传销活动人员在三十人以上且层级在三级以上的"。而现有证据显示本案涉嫌组织、领导的传销活动人员不足三十人。在一审阶段深圳市罗湖区人民法院曾建议罗湖区人民检察院就传销人员的人数和层级进行补充侦查。罗湖区人民检察院复函认为刑法修正案(七)对组织、领导传销活动罪作了规定,但未取消非法经营罪的适用,根据刑法第二百二十五条第四项及《最高人民法院关于情节严重的传销或变相传销行为如何定性问题的批复》的规定,被告人的行为即使不构成组织、领导传销活动罪,也符合非法经营罪的构成特征,应当以非法经营罪定罪处罚,没有补充侦查必要。针对上述法律适用问题,深圳市中级人民法院逐级层报请示,最高人民法院以〔2012〕刑他字第56号批复明确:"对组织、领导传销活动的行为,如未达到组织、领导传销活动罪的追诉标准,行为人不构成组织、领导传销活动罪,亦不宜再以非法经营罪追究刑事责任。"据此,深圳市中级人民法院认为,本案被告人组织、领导的传销活动人员不足三十人,亦没有相应证据证明该传销体系的层级在三级以上,按照疑罪从无原则,依法改判被告人曾某某、黄某某、罗某某、莫某某无罪。值得一提的是,本案经历了两次一审,两次二审。第一次一审判决结果如下:被告人曾某某犯非法经营罪,判赴有期徒刑一年零六个月,并处罚金人民币五千元;被告人黄某某犯非法经营罪,判处有期徒刑一年,并处罚金人民币五千元;被告人罗某某犯非法经营罪,判处有期徒刑一年,并处罚金人民币五千元;被告人莫某某犯非法经营罪,判处有期徒刑一年,并处罚金人民币五千元。宣判后,被告人曾某某提出上诉,深圳市中级人民法院经审理认为原审判决认定事实不清,证据不足,裁定发回重审。深圳市罗湖区人民法院再审后,以非法经营罪判处被告人曾某某有期徒刑一年零六个月,缓刑二年,并处罚金人民币一千元;以非法经营罪分别判处被告人黄某某、罗某某、莫某某免予刑事处罚。被告人曾国坚再次上诉,经再次二审被改判无罪。以上情况在一定程度上反映出刑事审判人员需要勇于自我纠错,摒弃非正常消化案件的不适当观念,立足于罪刑法定原则和证据裁判原则,依法公正判决。[参见第865号指导案例,曾国坚等非法经营案,载《刑事审判参考》总第92集(2013年第3集),第65~68页。撰稿:林福星 姜君伟]

第二百二十五条 【非法经营罪】违反国家规定,有下列非法经营行为之一,扰乱市场秩序,情节严重的,处五年以下有期徒刑或者拘役,并处或者单处违法所得一倍以上五倍以下罚金;情节特别严重的,处五年以上有期徒刑,并处违法所得一倍以上五倍以下罚金或者没收财产:

(一)未经许可经营法律、行政法规规定的专营、专卖物品或者其他限制买卖的物品的;

(二)买卖进出口许可证、进出口原产地证明以及其他法律、行政法规规定的经营许可证或者批准文件的;

(三)未经国家有关主管部门批准非法经营证

券、期货、保险业务的,或者非法从事资金支付结算业务的;(本款是根据《中华人民共和国刑法修正案(七)》之五修改的,2009 年 2 月 28 日起施行。)

(四)其他严重扰乱市场秩序的非法经营行为。(本条是根据《中华人民共和国刑法修正案》之八增加一项,作为第三项,原第三项改为第四项。1999 年 12 月 25 日起施行。)

刑法原文:(三)未经国家有关主管部门批准,非法经营证券、期货或者保险业务的;(本款是《刑法修正案(七)》修改前原文)

■全国人大常委会关于惩治骗购外汇、逃汇和非法买卖外汇犯罪的决定(1998 年 12 月 29 日)

四、在国家规定的交易场所以外非法买卖外汇,扰乱市场秩序,情节严重的,依照刑法第二百二十五条的规定定罪处罚。

八、犯本决定规定之罪,依法被追缴、没收的财物和罚金,一律上缴国库。

■最高人民检察院、公安部关于公安机关管辖的刑事案件立案追诉标准的规定(二)(2022 年 5 月 15 日)

第七十一条 〔非法经营案(刑法第二百二十五条)〕违反国家规定,进行非法经营活动,扰乱市场秩序,涉嫌下列情形之一的,应予立案追诉:

(一)违反国家烟草专卖管理法律法规,未经烟草专卖行政主管部门许可,无烟草专卖生产企业许可证、烟草专卖批发企业许可证、特种烟草专卖经营企业许可证、烟草专卖零售许可证等许可证明,非法经营烟草专卖品,具有下列情形之一的:

1. 非法经营数额在五万元以上,或者违法所得数额在二万元以上的;

2. 非法经营卷烟二十万支以上的;

3. 三年内因非法经营烟草专卖品受过二次以上行政处罚,又非法经营烟草专卖品且数额在三万元以上的。

(二)未经国家有关主管部门批准,非法经营证券、期货、保险业务,或者非法从事资金支付结算业务,具有下列情形之一的:

1. 非法经营证券、期货、保险业务,数额在一百万元以上,或者违法所得数额在十万元以上的;

2. 非法从事资金支付结算业务,数额在五百万元以上,或者违法所得数额在十万元以上的;

3. 非法从事资金支付结算业务,数额在二百五十万元以上不满五百万元,或者违法所得数额在五万元以上不满十万元,且具有下列情形之一的:

(1)因非法从事资金支付结算业务犯罪行为受过刑事追究的;

(2)二年内因非法从事资金支付结算业务违法行为受过行政处罚的;

(3)拒不交代涉案资金去向或者拒不配合追缴工作,致使赃款无法追缴的;

(4)造成其他严重后果的。

4. 使用销售点终端机具(POS 机)等方法,以虚构交易、虚开价格、现金退货等方式向信用卡持卡人直接支付现金,数额在一百万元以上的,或者造成金融机构资金二十万元以上逾期未还的,或者造成金融机构经济损失十万元以上的。

(三)实施倒买倒卖外汇或者变相买卖外汇等非法买卖外汇行为,扰乱金融市场秩序,具有下列情形之一的:

1. 非法经营数额在五百万元以上的,或者违法所得数额在十万元以上的;

2. 非法经营数额在二百五十万元以上,或者违法所得数额在五万元以上,且具有下列情形之一的:

(1)因非法买卖外汇犯罪行为受过刑事追究的;

(2)二年内因非法买卖外汇违法行为受过行政处罚的;

(3)拒不交代涉案资金去向或者拒不配合追缴工作,致使赃款无法追缴的;

(4)造成其他严重后果的。

3. 公司、企业或者其他单位违反有关外贸代理业务的规定,采用非法手段,或者明知是伪造、变造的凭证、商业单据,为他人向外汇指定银行骗购外汇,数额在五百万美元以上或者违法所得数额在五十万元以上的;

4. 居间介绍骗购外汇,数额在一百万美元以上或者违法所得数额在十万元以上的。

(四)出版、印刷、复制、发行严重危害社会秩序和扰乱市场秩序的非法出版物,具有下列情形之一的:

1. 个人非法经营数额在五万元以上的,单位非法经营数额在十五万元以上的;

2. 个人违法所得数额在二万元以上的,单位违法所得数额在五万元以上的;

3. 个人非法经营报纸五千份或者期刊五千本或者图书二千册或者音像制品、电子出版物五百张(盒)以上的,单位非法经营报纸一万五千份或者期刊一万五千本或者图书五千册或者音像制品、电子出版物一千五百张(盒)以上的;

4. 虽未达到上述数额标准,但具有下列情形之一的:

(1)二年内因出版、印刷、复制、发行非法出版物受过二次以上行政处罚,又出版、印刷、复制、发行非法出版物的;

(2)因出版、印刷、复制、发行非法出版物造成恶劣社会影响或者其他严重后果的。

(五)非法从事出版物的出版、印刷、复制、发行业务,严重扰乱市场秩序,具有下列情形之一的:

1. 个人非法经营数额在十五万元以上的,单位非法经营数额在五十万元以上的;

2. 个人违法所得数额在五万元以上的,单位违法所得数额在十五万元以上的;

3. 个人非法经营报纸一万五千份或者期刊一万五千本或者图书五千册或者音像制品、电子出版物一千五百张(盒)以上的,单位非法经营报纸五万份或者期刊五万本或者图书一万五千册或者音像制品、电子出版物五千张(盒)以上的;

4. 虽未达到上述数额标准,二年内因非法从事出版物的出版、印刷、复制、发行业务受过二次以上行政处罚,又非法从事出版物的出版、印刷、复制、发行业务的。

(六)采取租用国际专线、私设转接设备或者其他方法,擅自经营国际电信业务或者涉港澳台电信业务进行营利活动,扰乱电信市场管理秩序,具有下列情形之一的:

1. 经营去话业务数额在一百万元以上的;

2. 经营来话业务造成电信资费损失数额在一百万元以上的;

3. 虽未达到上述数额标准,但具有下列情形之一的:

(1)二年内因非法经营国际电信业务或者涉港澳台电信业务行为受过二次以上行政处罚,又非法经营国际电信业务或者涉港澳台电信业务的;

(2)因非法经营国际电信业务或者涉港澳台电信业务行为造成其他严重后果的。

(七)以营利为目的,通过信息网络有偿提供删除信息服务,或者明知是虚假信息,通过信息网络有偿提供发布信息等服务,扰乱市场秩序,具有下列情形之一的:

1. 个人非法经营数额在五万元以上,或者违法所得数额在二万元以上的;

2. 单位非法经营数额在十五万元以上,或者违法所得数额在五万元以上的。

(八)非法生产、销售"黑广播""伪基站"、无线电干扰器等无线电设备,具有下列情形之一的:

1. 非法生产、销售无线电设备三套以上的;

2. 非法经营数额在五万元以上的;

3. 虽未达到上述数额标准,但二年内因非法生产、销售无线电设备受过二次以上行政处罚,又非法生产、销售无线电设备的。

(九)以提供给他人开设赌场为目的,违反国家规定,非法生产、销售具有退币、退分、退钢珠等赌博

功能的电子游戏设施设备或者其专用软件,具有下列情形之一的:

1. 个人非法经营数额在五万元以上,或者违法所得数额在一万元以上的;

2. 单位非法经营数额在五十万元以上,或者违法所得数额在十万元以上的;

3. 虽未达到上述数额标准,但二年内因非法生产、销售赌博机行为受过二次以上行政处罚,又进行同种非法经营行为的;

4. 其他情节严重的情形。

(十)实施下列危害食品安全行为,非法经营数额在十万元以上,或者违法所得数额在五万元以上的:

1. 以提供给他人生产、销售食品为目的,违反国家规定,生产、销售国家禁止用于食品生产、销售的非食品原料的;

2. 以提供给他人生产、销售食用农产品为目的,违反国家规定,生产、销售国家禁用农药、食品动物中禁止使用的药品及其他化合物等有毒、有害的非食品原料,或者生产、销售添加上述有毒、有害的非食品原料的农药、兽药、饲料、饲料添加剂、饲料原料的;

3. 违反国家规定,私设生猪屠宰厂(场),从事生猪屠宰、销售等经营活动的。

(十一)未经监管部门批准,或者超越经营范围,以营利为目的,以超过百分之三十六的实际年利率经常性地向社会不特定对象发放贷款,具有下列情形之一的:

1. 个人非法放贷数额累计在二百万元以上的,单位非法放贷数额累计在一千万元以上的;

2. 个人违法所得数额累计在八十万元以上的,单位违法所得数额累计在四百万元以上的;

3. 个人非法放贷对象累计在五十人以上的,单位非法放贷对象累计在一百五十人以上的;

4. 造成借款人或者其近亲属自杀、死亡或者精神失常等严重后果的。

5. 虽未达到上述数额标准,但具有下列情形之一的:

(1)二年内因实施非法放贷行为受过二次以上行政处罚的;

(2)以超过百分之七十二的实际年利率实施非法放贷行为十次以上的。

黑恶势力非法放贷的,按照第1、2、3项规定的相应数额、数量标准的百分之五十确定。同时具有第5项规定情形的,按照相应数额、数量标准的百分之四十确定。

(十二)从事其他非法经营活动,具有下列情形之一的:

1. 个人非法经营数额在五万元以上,或者违法所得数额在一万元以上的;

2. 单位非法经营数额在五十万元以上,或者违法所得数额在十万元以上的;

3. 虽未达到上述数额标准,但二年内因非法经营行为受过二次以上行政处罚,又从事同种非法经营行为的;

4. 其他情节严重的情形。

法律、司法解释对非法经营罪的立案追诉标准另有规定的,依照其规定。

[附则(第七十九条至第八十五条)内容附在本书刑法第一百二十条之一附文同名文件中。]

■最高人民法院、最高人民检察院关于办理扰乱无线电通讯管理秩序等刑事案件适用法律若干问题的解释(2017年7月1日)

第四条　非法生产、销售"黑广播""伪基站"、无线电干扰器等无线电设备,具有下列情形之一的,应当认定为刑法第二百二十五条规定的"情节严重":

(一)非法生产、销售无线电设备三套以上的;

(二)非法经营数额五万元以上的;

(三)其他情节严重的情形。

实施前款规定的行为,数量或者数额达到前款第一项、第二项规定标准五倍以上,或者具有其他情节特别严重的情形的,应当认定为刑法第二百二十五条规定的“情节特别严重”。

在非法生产、销售无线电设备窝点查扣的零件,以组装完成的套数以及能够组装的套数认定;无法组装为成套设备的,每三套广播信号调制器(激励器)认定为一套“黑广播”设备,每三块主板认定为一套“伪基站”设备。

第五条 单位犯本解释规定之罪的,对单位判处罚金,并对直接负责的主管人员和其他直接责任人员,依照本解释规定的自然人犯罪的定罪量刑标准定罪处罚。

第六条 擅自设置、使用无线电台(站),或者擅自使用无线电频率,同时构成其他犯罪的,按照处罚较重的规定定罪处罚。

明知他人实施诈骗等犯罪,使用“黑广播”“伪基站”等无线电设备为其发送信息或者提供其他帮助,同时构成其他犯罪的,按照处罚较重的规定定罪处罚。

第八条 为合法经营活动,使用“黑广播”“伪基站”或者实施其他扰乱无线电通讯管理秩序的行为,构成扰乱无线电通讯管理秩序罪,但不属于“情节特别严重”,行为人系初犯,并确有悔罪表现的,可以认定为情节轻微,不起诉或者免予刑事处罚;确有必要判处刑罚的,应当从宽处罚。

第九条 对案件所涉的有关专门性问题难以确定的,依据司法鉴定机构出具的鉴定意见,或者下列机构出具的报告,结合其他证据作出认定:

(一)省级以上无线电管理机构、省级无线电管理机构依法设立的派出机构、地市级以上广播电视主管部门就是否系“伪基站”“黑广播”出具的报告;

(二)省级以上广播电视主管部门及其指定的检测机构就“黑广播”功率、覆盖范围出具的报告;

(三)省级以上航空、铁路、船舶等主管部门就是否干扰导航、通信等出具的报告。

对移动终端用户受影响的情况,可以依据相关通信运营商出具的证明,结合被告人供述、终端用户证言等证据作出认定。

第十条 本解释自2017年7月1日起施行。

■最高人民法院、最高人民检察院关于办理利用信息网络实施诽谤等刑事案件适用法律若干问题的解释(2013年9月10日)

第七条 违反国家规定,以营利为目的,通过信息网络有偿提供删除信息服务,或者明知是虚假信息,通过信息网络有偿提供发布信息等服务,扰乱市场秩序,具有下列情形之一的,属于非法经营行为“情节严重”,依照刑法第二百二十五条第(四)项的规定,以非法经营罪定罪处罚:

(一)个人非法经营数额在五万元以上,或者违法所得数额在二万元以上的;

(二)单位非法经营数额在十五万元以上,或者违法所得数额在五万元以上的。

实施前款规定的行为,数额达到前款规定的数额五倍以上的,应当认定为刑法第二百二十五条规定的“情节特别严重”。

第八条 明知他人利用信息网络实施诽谤、寻衅滋事、敲诈勒索、非法经营等犯罪,为其提供资金、场所、技术支持等帮助的,以共同犯罪论处。

第九条 利用信息网络实施诽谤、寻衅滋事、敲诈勒索、非法经营犯罪,同时又构成刑法第二百二十一条规定的损害商业信誉、商品声誉罪,第二百七十八条规定的煽动暴力抗拒法律实施罪,第二百九十一条之一规定的编造、故意传播虚假恐怖信息罪等犯罪的,依照处罚较重的规定定罪处罚。

第十条 本解释所称信息网络,包括以计算机、电视机、固定电话机、移动电话机等电子设备为终端的计算机互联网、广播电视网、固定通信网、移动通信网等信息网络,以及向公众开放的局域网络。

■最高人民法院、最高人民检察院关于办理赌博刑事案件具体应用法律若干问题的解释(2005年5月13日)

第六条 未经国家批准擅自发行、销售彩票,构成犯罪的,依照刑法第二百二十五条第(四)项的规定,以非法经营罪定罪处罚。

■最高人民法院关于审理非法出版物刑事案件具体应用法律若干问题的解释(1998年12月23日)

第十一条　违反国家规定,出版、印刷、复制、发行本解释第一条至第十条规定以外的其他严重危害社会秩序和扰乱市场秩序的非法出版物,情节严重的,依照刑法第二百二十五条第(三)项的规定,以非法经营罪定罪处罚。

第十二条　个人实施本解释第十一条规定的行为,具有下列情形之一的,属于非法经营行为"情节严重":

(一)经营数额在五万元至十万元以上的;

(二)违法所得数额在二万元至三万元以上的;

(三)经营报纸五千份或者期刊五千本或者图书二千册或者音像制品、电子出版物五百张(盒)以上的。

具有下列情形之一的,属于非法经营行为"情节特别严重":

(一)经营数额在十五万元至三十万元以上的;

(二)违法所得数额在五万元至十万元以上的;

(三)经营报纸一万五千份或者期刊一万五千本或者图书五千册或者音像制品、电子出版物一千五百张(盒)以上的。

第十三条　单位实施本解释第十一条规定的行为,具有下列情形之一的,属于非法经营行为"情节严重":

(一)经营数额在十五万元至三十万元以上的;

(二)违法所得数额在五万元至十万元以上的;

(三)经营报纸一万五千份或者期刊一万五千本或者图书五千册或者音像制品、电子出版物一千五百张(盒)以上的。

具有下列情形之一的,属于非法经营行为"情节特别严重":

(一)经营数额在五十万元至一百万元以上的;

(二)违法所得数额在十五万元至三十万元以上的;

(三)经营报纸五万份或者期刊五万本或者图书一万五千册或者音像制品、电子出版物五千张(盒)以上的。

第十四条　实施本解释第十一条规定的行为,经营数额、违法所得数额或者经营数量接近非法经营行为"情节严重"、"情节特别严重"的数额、数量起点标准,并具有下列情形之一的,可以认定为非法经营行为"情节严重"、"情节特别严重":

(一)两年内因出版、印刷、复制、发行非法出版物受过行政处罚两次以上的;

(二)因出版、印刷、复制、发行非法出版物造成恶劣社会影响或者其他严重后果的。

第十五条　非法从事出版物的出版、印刷、复制、发行业务,严重扰乱市场秩序,情节特别严重,构成犯罪的,可以依照刑法第二百二十五条第(三)项的规定,以非法经营罪定罪处罚。

第十六条　出版单位与他人事前通谋,向其出售、出租或者以其他形式转让该出版单位的名称、书号、刊号、版号,他人实施本解释第二条、第四条、第八条、第九条、第十条、第十一条规定的行为,构成犯罪的,对该出版单位应当以共犯论处。

第十七条　本解释所称"经营数额",是指以非法出版物的定价数额乘以行为人经营的非法的出版物数量所得的数额。

本解释所称"违法所得数额",是指获利数额。

非法出版物没有定价或者以境外货币定价的,其单价数额应当按照行为人实际出售的价格认定。

第十八条 各省、自治区、直辖市高级人民法院可以根据本地的情况和社会治安状况,在本解释第八条、第十条、第十二条、第十三条规定的有关数额、数量标准的幅度内,确定本地执行的具体标准,并报最高人民法院备案。

■最高人民法院关于审理走私、非法经营、非法使用兴奋剂刑事案件适用法律若干问题的解释(2020年1月1日)

第二条 违反国家规定,未经许可经营兴奋剂目录所列物质,涉案物质属于法律、行政法规规定的限制买卖的物品,扰乱市场秩序,情节严重的,应当依照刑法第二百二十五条的规定,以非法经营罪定罪处罚。

第七条 实施本解释规定的行为,涉案物质属于毒品、制毒物品等,构成有关犯罪的,依照相应犯罪定罪处罚。

第八条 对于是否属于本解释规定的“兴奋剂”“兴奋剂目录所列物质”“体育运动”“国内、国际重大体育竞赛”等专门性问题,应当依据《中华人民共和国体育法》《反兴奋剂条例》等法律法规,结合国务院体育主管部门出具的认定意见等证据材料作出认定。

■最高人民法院关于准确理解和适用刑法中“国家规定”的有关问题的通知(全文)(2011年4月8日)

一、根据刑法第九十六的规定,刑法中的“国家规定”是指,全国人民代表大会及其常务委员会制定的法律和决定,国务院制定的行政法规、规定的行政措施、发布的决定和命令。其中,“国务院规定的行政措施”应当由国务院决定,通常以行政法规或者国务院制发文件的形式加以规定。以国务院办公厅名义制发的文件,符合以下条件的,亦应视为刑法中的“国家规定”:(1)有明确的法律依据或者同相关行政法规不相抵触;(2)经国务院常务会议讨论通过或者经国务院批准;(3)在国务院公报上公开发布。

二、各级人民法院在刑事审判工作中,对有关案件所涉及的“违反国家规定”的认定,要依照相关法律、行政法规及司法解释的规定准确把握。对于规定不明确的,要按照本通知的要求审慎认定。对于违反地方性法规、部门规章的行为,不得认定为“违反国家规定”。对被告人的行为是否“违反国家规定”存在争议的,应当作为法律适用问题,逐级向最高人民法院请示。

三、各级人民法院审理非法经营犯罪案件,要依法严格把握刑法第二百二十五条第(四)项的适用范围。对被告人的行为是否属于刑法第二百二十五条第(四)项规定的“其它严重扰乱市场秩序的非法经营行为”,有关司法解释未作明确规定的,应当作为法律适用问题,逐级向最高人民法院请示。

■最高人民法院关于审理非法集资刑事案件具体应用法律若干问题的解释(2022年3月1日)

第十一条 违反国家规定,未经依法核准擅自发行基金份额募集基金,情节严重的,依照刑法第二百二十五条的规定,以非法经营罪定罪处罚。

第十五条 此前发布的司法解释与本解释不一致的,以本解释为准。

■最高人民法院、最高人民检察院、公安部、农业部、国家食品药品监督管理总局(已撤销)关于进一步加强麻黄草管理严厉打击非法买卖麻黄草等违法犯罪活动的通知(2013年5月21日)

三、依法查处非法采挖、买卖麻黄草等犯罪行为

(四)违反国家规定采挖、销售、收购麻黄草,没有证据证明以制造毒品或者走私、非法买卖制毒物品为目的,依照刑法第二百二十五条的规定构成犯罪的,以非法经营罪定罪处罚。

(五)实施以上行为,以制造毒品罪、走私制毒物品罪、非法买卖制毒物品罪定罪处罚的,涉案制毒物品的数量按照三百千克麻黄草折合一千克麻黄碱计算;以制造毒品罪定罪处罚的,无论涉案麻黄草数量多少,均应追究刑事责任。

■最高人民法院、最高人民检察院、公安部、国家烟草专卖局关于办理假冒伪劣烟草制品等刑事案件适用法律问题座谈会纪要(2003年12月23日)

三、关于非法经营烟草制品行为适用法律问题

未经烟草专卖行政主管部门许可,无生产许可证、批发许可证、零售许可证,而生产、批发、零售烟草制品,具有下列情形之一的,依照刑法第二百二十五条的规定定罪处罚:

1. 个人非法经营数额在五万元以上的,或者违法所得数额在一万元以上的;

2. 单位非法经营数额在五十万元以上的,或者违法所得数额在十万元以上的;

3. 曾因非法经营烟草制品行为受过二次以上行政处罚又非法经营的,非法经营数额在二万元以上的;

四、关于共犯问题

知道或者应当知道他人实施本《纪要》第一条至第三条规定的犯罪行为,仍实施下列行为之一的,应认定为共犯,依法追究刑事责任:

1. 直接参与生产、销售假冒伪劣烟草制品或者销售假冒烟用注册商标的烟草制品或者直接参与非法经营烟草制品并在其中起主要作用的;

2. 提供房屋、场地、设备、车辆、贷款、资金、账号、发票、证明、技术等设施和条件,用于帮助生产、销售、储存、运输假冒伪劣烟草制品、非法经营烟草制品的;

3. 运输假冒伪劣烟草制品的。

上述人员中有检举他人犯罪经查证属实,或者提供重要线索,有立功表现的,可以从轻或减轻处罚;有重大立功表现的,可以减轻或者免除处罚。

五、国家机关工作人员参与实施本《纪要》第一条至第三条规定的犯罪行为的处罚问题

根据《最高人民法院、最高人民检察院关于办理生产、销售伪劣商品刑事案件具体应用法律若干问题的解释》的规定,国家机关工作人员参与实施本《纪要》第一条至第三条规定的犯罪行为的,从重处罚。

六、关于一罪与数罪问题

行为人的犯罪行为同时构成生产、销售伪劣产品罪、销售假冒注册商标的商品罪、非法经营罪等罪的,依照处罚较重的规定定罪处罚。

十、关于鉴定问题

假冒伪劣烟草制品的鉴定工作,由国家烟草专卖行政主管部门授权的省级以上烟草产品质量监督检验机构,按照国家烟草专卖局制定的假冒伪劣卷烟鉴别检验管理办法和假冒伪劣卷烟鉴别检验规程等有关规定进行。

假冒伪劣烟草专用机械的鉴定由国家质量监督部门,或其委托的国家烟草质量监督检验中心,根据烟草行业的有关技术标准进行。

十一、关于烟草制品、卷烟的范围

本纪要所称烟草制品指卷烟、雪茄烟、烟丝、复烤烟叶、烟叶、卷烟纸、滤嘴棒、烟用丝束。

本纪要所称卷烟包括散支烟和成品烟。

■最高人民法院、最高人民检察院关于办理非法生产、销售烟草专卖品等刑事案件具体应用法律若干问题的解释(2010年3月26日)

第一条(第五款)　违反国家烟草专卖管理法律法规,未经烟草专卖行政主管部门许可,无烟草专卖生产企业许可证、烟草专卖批发企业许可证、特种烟草专卖经营企业许可证、烟草专卖零售许可证等许可证明,非法经营烟草专卖品,情节严重的,依照刑法第二百二十五条的规定,以非法经营罪定罪处罚。

第三条 非法经营烟草专卖品,具有下列情形之一的,应当认定为刑法第二百二十五条规定的“情节严重”:

(一)非法经营数额在五万元以上的,或者违法所得数额在二万元以上的;

(二)非法经营卷烟二十万支以上的;

(三)曾因非法经营烟草专卖品三年内受过二次以上行政处罚,又非法经营烟草专卖品且数额在三万元以上的。

具有下列情形之一的,应当认定为刑法第二百二十五条规定的“情节特别严重”:

(一)非法经营数额在二十五万元以上,或者违法所得数额在十万元以上的;

(二)非法经营卷烟一百万支以上的。

第四条 非法经营烟草专卖品,能够查清销售或者购买价格的,按照其销售或者购买的价格计算非法经营数额。无法查清销售或者购买价格的,按照下列方法计算非法经营数额:

(一)查获的卷烟、雪茄烟的价格,有品牌的,按照该品牌卷烟、雪茄烟的查获地省级烟草专卖行政主管部门出具的零售价格计算;无品牌的,按照查获地省级烟草专卖行政主管部门出具的上年度卷烟平均零售价格计算;

(二)查获的复烤烟叶、烟叶的价格按照查获地省级烟草专卖行政主管部门出具的上年度烤烟调拨平均基准价格计算;

(三)烟丝的价格按照第(二)项规定价格计算标准的一点五倍计算;

(四)卷烟辅料的价格,有品牌的,按照该品牌辅料的查获地省级烟草专卖行政主管部门出具的价格计算;无品牌的,按照查获地省级烟草专卖行政主管部门出具的上年度烟草行业生产卷烟所需该类卷烟辅料的平均价格计算;

(五)非法生产、销售、购买烟草专用机械的价格按照国务院烟草专卖行政主管部门下发的全国烟草专用机械产品指导价格目录进行计算;目录中没有该烟草专用机械的,按照省级以上烟草专卖行政主管部门出具的目录中同类烟草专用机械的平均价格计算。

第五条 行为人实施非法生产、销售烟草专卖品犯罪,同时构成生产、销售伪劣产品罪、侵犯知识产权犯罪、非法经营罪的,依照处罚较重的规定定罪处罚。

第六条 明知他人实施本解释第一条所列犯罪,而为其提供贷款、资金、账号、发票、证明、许可证件,或者提供生产、经营场所、设备、运输、仓储、保管、邮寄、代理进出口等便利条件,或者提供生产技术、卷烟配方的,应当按照共犯追究刑事责任。

第七条 办理非法生产、销售烟草专卖品等刑事案件,需要对伪劣烟草专卖品鉴定的,应当委托国务院产品质量监督管理部门和省、自治区、直辖市人民政府产品质量监督管理部门指定的烟草质量检测机构进行。

第八条 以暴力、威胁方法阻碍烟草专卖执法人员依法执行职务,构成犯罪的,以妨害公务罪追究刑事责任。

煽动群众暴力抗拒烟草专卖法律实施,构成犯罪的,以煽动暴力抗拒法律实施罪追究刑事责任。

第九条 本解释所称“烟草专卖品”,是指卷烟、雪茄烟、烟丝、复烤烟叶、烟叶、卷烟纸、滤嘴棒、烟用丝束、烟草专用机械。

本解释所称“卷烟辅料”,是指卷烟纸、滤嘴棒、烟用丝束。

本解释所称“烟草专用机械”,是指由国务院烟草专卖行政主管部门烟草专用机械名录所公布的,在卷烟、雪茄烟、烟丝、复烤烟叶、烟叶、卷烟纸、滤嘴棒、烟用丝束的生产加工过程中,能够完成一项或者多项特定加工工序,可以独立操作的机械设备。

本解释所称“同类烟草专用机械”,是指在卷烟、雪茄烟、烟丝、复烤烟叶、烟叶、卷烟纸、滤嘴棒、烟用丝束的生产加工过程中,能够完成相同加工工序的机械设备。

第十条　以前发布的有关规定与本解释不一致的,以本解释为准。

■最高人民法院、最高人民检察院关于修改《关于办理妨害信用卡管理刑事案件具体应用法律若干问题的解释》的决定(2018年12月1日)

第十二条　违反国家规定,使用销售点终端机具(POS机)等方法,以虚构交易、虚开价格、现金退货等方式向信用卡持卡人直接支付现金,情节严重的,应当依据刑法第二百二十五条的规定,以非法经营罪定罪处罚。

实施前款行为,数额在一百万元以上的,或者造成金融机构资金二十万元以上逾期未还的,或者造成金融机构经济损失十万元以上的,应当认定为刑法第二百二十五条规定的"情节严重";数额在五百万元以上的,或者造成金融机构资金一百万元以上逾期未还的,或者造成金融机构经济损失五十万元以上的,应当认定为刑法第二百二十五条规定的"情节特别严重"。

第十三条　单位实施本解释规定的行为,适用本解释规定的相应自然人犯罪的定罪量刑标准。

■最高人民法院、最高人民检察院、公安部、国家安全监管总局关于依法加强对涉嫌犯罪的非法生产经营烟花爆竹行为刑事责任追究的通知(2012年9月6日)

一、非法生产、经营烟花爆竹及相关行为涉及非法制造、买卖、运输、邮寄、储存黑火药、烟火药,构成非法制造、买卖、运输、邮寄、储存爆炸物罪的,应当依照刑法第一百二十五条的规定定罪处罚;非法生产、经营烟花爆竹及相关行为涉及生产、销售伪劣产品或不符合安全标准产品,构成生产、销售伪劣产品罪或生产、销售不符合安全标准产品罪的,应当依照刑法第一百四十条、第一百四十六条的规定定罪处罚;非法生产、经营烟花爆竹及相关行为构成非法经营罪的,应当依照刑法第二百二十五条的规定定罪处罚。上述非法生产经营烟花爆竹行为的定罪量刑和立案追诉标准,分别按照《最高人民法院关于审理非法制造、买卖、运输枪支、弹药、爆炸物等刑事案件具体应用法律若干问题的解释》(法释〔2009〕18号)、《最高人民法院最高人民检察院关于办理生产、销售伪劣商品刑事案件具体应用法律若干问题的解释》(法释〔2001〕10号)、《最高人民检察院、公安部关于公安机关管辖的刑事案件立案追诉标准的规定(一)》(公通字〔2008〕36号)、《最高人民检察院、公安部关于公安机关管辖的刑事案件立案追诉标准的规定(二)》(公通字〔2010〕23号)等有关规定执行。

■最高人民法院、最高人民检察院关于办理妨害预防、控制突发传染病疫情等灾害的刑事案件具体应用法律若干问题的解释(2003年5月15日)

第六条　违反国家在预防、控制突发传染病疫情等灾害期间有关市场经营、价格管理等规定,哄抬物价、牟取暴利,严重扰乱市场秩序,违法所得数额较大或者有其他严重情节的,依照刑法第二百二十五条第(四)项的规定,以非法经营罪定罪,依法从重处罚。

第十七条　人民法院、人民检察院办理有关妨害预防、控制突发传染病疫情等灾害的刑事案件,对于有自首、立功等悔罪表现的,依法从轻、减轻、免除处罚或者依法作出不起诉决定。

第十八条　本解释所称"突发传染病疫情等灾害",是指突然发生,造成或者可能造成社会公众健康严重损害的重大传染病疫情、群体性不明原因疾病以及其他严重影响公众健康的灾害。

■最高人民法院、最高人民检察院、公安部、司法部关于依法惩治妨害新型冠状病毒感染肺炎疫情防控违法犯罪的意见(2020年2月6日)

二、准确适用法律,依法严惩妨害疫情防控的各类违法犯罪

(四)依法严惩哄抬物价犯罪。在疫情防控期间,违反国家有关市场经营、价格管理等规定,囤积居奇,哄抬疫情防控急需的口罩、护目镜、防护服、消毒液等防护用品、药品或者其他涉及民生的物品价格,牟取暴利,违法所得数额较大或者有其他严重情节,严重扰乱市场秩序的,依照刑法第二百二十五条第四项的规定,以非法经营罪定罪处罚。

(九)依法严惩破坏野生动物资源犯罪。……

违反国家规定,非法经营非国家重点保护野生动物及其制品(包括开办交易场所、进行网络销售、加工食品出售等),扰乱市场秩序,情节严重的,依照刑法第二百二十五条第四项的规定,以非法经营罪定罪处罚。

(十)依法严惩妨害疫情防控的违法行为。……

对于在疫情防控期间实施有关违法犯罪的,要作为从重情节予以考量,依法体现从严的政策要求,有力惩治震慑违法犯罪,维护法律权威,维护社会秩序,维护人民群众生命安全和身体健康。

■最高人民法院、最高人民检察院关于办理非法生产、销售、使用禁止在饲料和动物饮用水中使用的药品等刑事案件具体应用法律若干问题的解释(2002 年 8 月 23 日)

为依法惩治非法生产、销售、使用盐酸克仑特罗(CLENBUTEROLHYDROCHLORIDE,俗称“瘦肉精”)等禁止在饲料和动物饮用水中使用的药品等犯罪活动,维护社会主义市场经济秩序,保护公民身体健康,根据刑法有关规定,现就办理这类刑事案件具体应用法律的若干问题解释如下:

第一条 未取得药品生产、经营许可证件和批准文号,非法生产、销售盐酸克仑特罗等禁止在饲料和动物饮用水中使用的药品,扰乱药品市场秩序,情节严重的,依照刑法第二百二十五条第(一)项的规定,以非法经营罪追究刑事责任。

第二条 在生产、销售的饲料中添加盐酸克仑特罗等禁止在饲料和动物饮用水中使用的药品,或者销售明知是添加有该类药品的饲料,情节严重的,依照刑法第二百二十五条第(四)项的规定,以非法经营罪追究刑事责任。

第五条 实施本解释规定的行为,同时触犯刑法规定的两种以上犯罪的,依照处罚较重的规定追究刑事责任。

第六条 禁止在饲料和动物饮用水中使用的药品,依照国家有关部门公告的禁止在饲料和动物饮用水中使用的药物品种目录确定。

[附:禁止在饲料和动物饮用水中使用的药物品种目录(2002 年 2 月 9 日)见本书附录二十二]

■最高人民法院关于审理扰乱电信市场管理秩序案件具体应用法律若干问题的解释(2000 年 5 月 24 日)

第一条 违反国家规定,采取租用国际专线、私设转接设备或者其他方法,擅自经营国际电信业务或者涉港澳台电信业务进行营利活动,扰乱电信市场管理秩序,情节严重的,依照刑法第二百二十五条第(四)项的规定,以非法经营罪定罪处罚。

第二条 实施本解释第一条规定的行为,具有下列情形之一的,属于非法经营行为“情节严重”:

(一)经营去话业务数额在一百万元以上的;

(二)经营来话业务造成电信资费损失数额在一百万元以上的。

具有下列情形之一的,属于非法经营行为“情节特别严重”:

(一)经营去话业务数额在五百万元以上的;

(二)经营来话业务造成电信资费损失数额在五百万元以上的。

第三条 实施本解释第一条规定的行为,经营数额或者造成电信资费损失数额接近非法经营行为“情节严重”、“情节特别严重”的数额起点标准,并具有下列情形之一的,可以分别认定为非法经营行为“情节严重”、“情节特别严重”:

(一)两年内因非法经营国际电信业务或者涉港澳台电信业务行为受过行政处罚两次以上的;

(二)因非法经营国际电信业务或者涉港澳台电信业务行为造成其他严重后果的。

第四条 单位实施本解释第一条规定的行为构成犯罪的,对单位判处罚金,并对其直接负责的主管人员和其他直接责任人员,依照本解释第二条、第三条的规定处罚。

第十条 本解释所称“经营去话业务数额”,是指以行为人非法经营国际电信业务或者涉港澳台电信业务的总时长(分钟数)乘以行为人每分钟收取的用户使用费所得的数额。

本解释所称“电信资费损失数额”,是指以行为人非法经营国际电信业务或者涉港澳台电信业务的总时长(分钟数)乘以在合法电信业务中我国应当得到的每分钟国际结算价格所得的数额。

■最高人民法院、最高人民检察院、公安部办理非法经营国际电信业务犯罪案件联席会议纪要(2003年4月22日)

二、《解释》[最高人民法院2000年5月24日实施的《关于审理扰乱电信市场管理秩序案件具体应用法律若干问题的解释》(简称《解释》)]第一条规定:“违反国家规定,采取租用国际专线、私设转接设备或者其他方法,擅自经营国际电信业务或者涉港澳台电信业务进行营利活动,扰乱电信市场管理秩序,情节严重的,依照刑法第二百二十五条第(四)项的规定,以非法经营罪定罪处罚。”对于未取得国际电信业务(含涉港澳台电信业务,下同)经营许可证而经营,或被终止国际电信业务经营资格后继续经营,应认定为“擅自经营国际电信业务或者涉港澳台电信业务”;情节严重的,应按上述规定以非法经营罪追究刑事责任。

《解释》第一条所称“其他方法”,是指在边境地区私自架设跨境通信线路;利用互联网跨境传送IP话音并设立转接设备,将国际话务转接至我境内公用电话网或转接至其他国家或地区;在境内以租用、托管、代维等方式设立转接平台;私自设置国际通信出入口等方法。

三、获得国际电信业务经营许可的经营者(含涉港澳台电信业务经营者)明知他人非法从事国际电信业务,仍违反国家规定,采取出租、合作、授权等手段,为他人提供经营和技术条件,利用现有设备或另设国际话务转接设备并从中营利,情节严重的,应以非法经营罪的共犯追究刑事责任。

五、坚持“惩办与宽大相结合”的刑事政策。对非法经营国际电信业务共同犯罪的主犯,以及与犯罪分子相勾结的国家工作人员,应依法从严惩处。对具有自首、立功或者其他法定从轻、减轻情节的,应依法从轻、减轻处理。

■最高人民检察院关于非法经营国际或港澳台地区电信业务行为法律适用问题的批复(全文)(2002年2月11日)

违反《中华人民共和国电信条例》规定,采取租用电信国际专线、私设转接设备或者其他方法,擅自经营国际或者香港特别行政区、澳门特别行政区和台湾地区电信业务进行营利活动,扰乱电信市场管理秩序,情节严重的,应当依照《刑法》第二百二十五条第(四)项的规定,以非法经营罪追究刑事责任。

■最高人民法院、最高人民检察院关于办理非法从事资金支付结算业务、非法买卖外汇刑事案件适用法律若干问题的解释(全文)(2019年2月1日)

第一条 违反国家规定,具有下列情形之一的,属于刑法第二百二十五条第三项规定的“非法从事资金支付结算业务”:

(一)使用受理终端或者网络支付接口等方法,以虚构交易、虚开价格、交易退款等非法方式向指定付款方支付货币资金的;

(二)非法为他人提供单位银行结算账户套现或者单位银行结算账户转个人账户服务的;

(三)非法为他人提供支票套现服务的;

(四)其他非法从事资金支付结算业务的情形。

第二条 违反国家规定,实施倒买倒卖外汇或者变相买卖外汇等非法买卖外汇行为,扰乱金融市场秩序,情节严重的,依照刑法第二百二十五条第四项的规定,以非法经营罪定罪处罚。

第三条 非法从事资金支付结算业务或者非法买卖外汇,具有下列情形之一的,应当认定为非法经营行为“情节严重”:

(一)非法经营数额在五百万元以上的;

(二)违法所得数额在十万元以上的。

非法经营数额在二百五十万元以上,或者违法所得数额在五万元以上,且具有下列情形之一的,可以认定为非法经营行为"情节严重":

(一)曾因非法从事资金支付结算业务或者非法买卖外汇犯罪行为受过刑事追究的;

(二)二年内因非法从事资金支付结算业务或者非法买卖外汇违法行为受过行政处罚的;

(三)拒不交代涉案资金去向或者拒不配合追缴工作,致使赃款无法追缴的;

(四)造成其他严重后果的。

第四条　非法从事资金支付结算业务或者非法买卖外汇,具有下列情形之一的,应当认定为非法经营行为"情节特别严重":

(一)非法经营数额在二千五百万元以上的;

(二)违法所得数额在五十万元以上的。

非法经营数额在一千二百五十万元以上,或者违法所得数额在二十五万元以上,且具有本解释第三条第二款规定的四种情形之一的,可以认定为非法经营行为"情节特别严重"。

第五条　非法从事资金支付结算业务或者非法买卖外汇,构成非法经营罪,同时又构成刑法第一百二十条之一规定的帮助恐怖活动罪或者第一百九十一条规定的洗钱罪的,依照处罚较重的规定定罪处罚。

第六条　二次以上非法从事资金支付结算业务或者非法买卖外汇,依法应予行政处理或者刑事处理而未经处理的,非法经营数额或者违法所得数额累计计算。

同一案件中,非法经营数额、违法所得数额分别构成情节严重、情节特别严重的,按照处罚较重的数额定罪处罚。

第七条　非法从事资金支付结算业务或者非法买卖外汇违法所得数额难以确定的,按非法经营数额的千分之一认定违法所得数额,依法并处或者单处违法所得一倍以上五倍以下罚金。

第八条　符合本解释第三条规定的标准,行为人如实供述犯罪事实,认罪悔罪,并积极配合调查,退缴违法所得的,可以从轻处罚;其中犯罪情节轻微的,可以依法不起诉或者免予刑事处罚。

符合刑事诉讼法规定的认罪认罚从宽适用范围和条件的,依照刑事诉讼法的规定处理。

第九条　单位实施本解释第一条、第二条规定的非法从事资金支付结算业务、非法买卖外汇行为,依照本解释规定的定罪量刑标准,对单位判处罚金,并对其直接负责的主管人员和其他直接责任人员定罪处罚。

第十条　非法从事资金支付结算业务、非法买卖外汇刑事案件中的犯罪地,包括犯罪嫌疑人、被告人用于犯罪活动的账户开立地、资金接收地、资金过渡账户开立地、资金账户操作地,以及资金交易对手资金交付和汇出地等。

第十一条　涉及外汇的犯罪数额,按照案发当日中国外汇交易中心或者中国人民银行授权机构公布的人民币对该货币的中间价折合成人民币计算。中国外汇交易中心或者中国人民银行授权机构未公布汇率中间价的境外货币,按照案发当日境内银行人民币对该货币的中间价折算成人民币,或者该货币在境内银行、国际外汇市场对美元汇率,与人民币对美元汇率中间价进行套算。

第十二条　本解释自2019年2月1日起施行。《最高人民法院关于审理骗购外汇、非法买卖外汇刑事案件具体应用法律若干问题的解释》(法释〔1998〕20号)与本解释不一致的,以本解释为准。

■最高人民法院关于审理骗购外汇、非法买卖外汇刑事案件具体应用法律若干问题的解释(1998年9月1日)

第三条　在外汇指定银行和中国外汇交易中心及其分中心以外买卖外汇,扰乱金融市场秩序,具有下列情形之一的,按照刑法第二百二十五条第(三)项的规定定罪处罚:

（一）非法买卖外汇二十万美元以上的；

（二）违法所得五万元人民币以上的。

第四条　公司、企业或者其他单位，违反有关外贸代理业务的规定，采用非法手段，或者明知是伪造、变造的凭证、商业单据，为他人向外汇指定银行骗购外汇，数额在五百万美元以上或者违法所得五十万元人民币以上的，按照刑法第二百二十五条第（三）项的规定定罪处罚。

居间介绍骗购外汇一百万美元以上或者违法所得十万元人民币以上的，按照刑法第二百二十五条第（三）项的规定定罪处罚。

第五条　海关、银行、外汇管理机关工作人员与骗购外汇的行为人通谋，为其提供购买外汇的有关凭证，或者明知是伪造、变造的凭证和商业单据而出售外汇，构成犯罪的，按照刑法的有关规定从重处罚。

第六条　实施本解释规定的行为，同时触犯二个以上罪名的，择一重罪从重处罚。

第七条　根据刑法第六十四条规定，骗购外汇、非法买卖外汇的，其违法所得予以追缴，用于骗购外汇、非法买卖外汇的资金予以没收，上缴国库。

第八条　骗购、非法买卖不同币种的外汇的，以案发时国家外汇管理机关制定的统一折算率折合后依照本解释处罚。

■最高人民法院、最高人民检察院、公安部办理骗汇、逃汇犯罪案件联席会议纪要（全文）（1999年6月7日）

《关于审理骗购外汇、非法买卖外汇刑事案件具体应用法律若干问题的解释》（本附文以下简称《解释》）第四条规定："公司、企业或者其他单位，违反有关外贸代理业务的规定，采用非法手段、或者明知是伪造、变造的凭证、商业单据，为他人向外汇指定银行骗购外汇，数额在五百万美元以上或者违法所得五十万元人民币以上的，按照刑法第二百二十五条第（三）项的规定定罪处罚；居间介绍骗购外汇一百万美元以上或者违法所得十万元人民币以上的，按照刑法第二百二十五条第（三）项的规定定罪处罚。"上述所称"采用非法手段"，是指有国家批准的进出口经营权的外贸代理企业在经营代理进口业务时，不按国家经济主管部门有关规定履行职责，放任被代理方自带客户、自带货源、自带汇票、自行报关，在不见进口产品、不见供货货主、不见外商的情况下代理进口业务，或者采取法律、行政法规和部门规章禁止的其他手段代理进口业务。

认定《解释》第四条所称的"明知"，要结合案件的具体情节予以综合考虑，不能仅因为行为人不供述就不予认定。报关行为先于签订外贸代理协议的，或者委托方提供的购汇凭证明显与真实凭证、商业单据不符的，应当认定为明知。

《解释》第四条所称"居间介绍骗购外汇"，是指收取他人人民币、以虚假购汇凭证委托外贸公司、企业骗购外汇，获取非法收益的行为。

■最高人民法院、最高人民检察院、公安部、中国证券监督管理委员会关于整治非法证券活动有关问题的通知（2008年1月2日）

二、（三）关于非法经营证券业务的责任追究。任何单位和个人经营证券业务，必须经证监会批准。未经批准的，属于非法经营证券业务，应予以取缔；涉嫌犯罪的，依照《刑法》第二百二十五条之规定，以非法经营罪追究刑事责任。对于中介机构非法代理买卖非上市公司股票，涉嫌犯罪的，应当依照《刑法》第二百二十五条之规定，以非法经营罪追究刑事责任；所代理的非上市公司涉嫌擅自发行股票，构成犯罪的，应当依照《刑法》第一百七十九条之规定，以擅自发行股票罪追究刑事责任。非上市公司和中介机构共谋擅自发行股票，构成犯罪的，以擅自发行股票罪的共犯论处。未构成犯罪的，依照《证券法》和有关法律的规定给予行政处罚。

（四）关于非法证券活动性质的认定。非法证券活动是否涉嫌犯罪，由公安机关、司法机关认定。

公安机关、司法机关认为需要有关行政主管机关进行性质认定的,行政主管机关应当出具认定意见。对因案情复杂、意见分歧,需要进行协调的,协调小组应当根据办案部门的要求,组织有关单位进行研究解决。

■最高人民法院、最高人民检察院、公安部关于办理利用赌博机开设赌场案件适用法律若干问题的意见(2014年3月26日)

四、关于生产、销售赌博机的定罪量刑标准

以提供给他人开设赌场为目的,违反国家规定,非法生产、销售具有退币、退分、退钢珠等赌博功能的电子游戏设施设备或者其他专用软件,情节严重的,依照刑法第二百二十五条的规定,以非法经营罪定罪处罚。

实施前款规定的行为,具有下列情形之一的,属于非法经营行为"情节严重":

(一)个人非法经营数额在五万元以上,或者违法所得数额在一万元以上的;

(二)单位非法经营数额在五十万元以上,或者违法所得数额在十万元以上的;

(三)虽未达到上述数额标准,但两年内因非法生产、销售赌博机行为受过二次以上行政处罚,又进行同种非法经营行为的;

(四)其他情节严重的情形。

具有下列情形之一的,属于非法经营行为"情节特别严重":

(一)个人非法经营数额在二十五万元以上,或者违法所得数额在五万元以上的;

(二)单位非法经营数额在二百五十万元以上,或者违法所得数额在五十万元以上的。

六、关于赌博机的认定

对于涉案的赌博机,公安机关应当采取拍照、摄像等方式及时固定证据,并予以认定。对于是否属于赌博机难以确定的,司法机关可以委托地市级以上公安机关出具检验报告。司法机关根据检验报告,并结合案件具体情况作出认定。必要时,人民法院可以依法通知检验人员出庭作出说明。

■最高人民法院、最高人民检察院、国家安全部、公安部关于依法办理非法生产销售使用"伪基站"设备案件的意见(全文)(2014年3月14日)

近年来,各地非法生产、销售、使用"伪基站"设备违法犯罪活动日益猖獗,有的借以非法获取公民个人信息,有的非法经营广告业务,或者发送虚假广告,甚至实施诈骗等犯罪活动。"伪基站"设备是未取得电信设备进网许可和无线电发射设备型号核准的非法无线电通信设备,具有收取手机用户信息,强行向不特定用户手机发送短信息等功能,使用过程中会非法占用公众移动通信频率,局部阻断公众移动通信网络信号。非法生产、销售、使用"伪基站"设备,不仅破坏正常电信秩序,影响电信运营商正常经营活动,危害公共安全,扰乱市场秩序,而且严重影响用户手机使用,损害公民财产权益,侵犯公民隐私,社会危害性严重。为依法办理非法生产、销售、使用"伪基站"设备案件,保障国家正常电信秩序,维护市场经济秩序,保护公民合法权益,根据有关法律规定,制定本意见。

一、准确认定行为性质

(一)非法生产、销售"伪基站"设备,具有以下情形之一的,依照《刑法》第二百二十五条的规定,以非法经营罪追究刑事责任:

1. 个人非法生产、销售"伪基站"设备三套以上,或者非法经营数额五万元以上,或者违法所得数额二万元以上的;

2. 单位非法生产、销售"伪基站"设备十套以上,或者非法经营数额十五万元以上,或者违法所得数额五万元以上的;

3. 虽未达到上述数额标准,但两年内曾因非法生产、销售"伪基站"设备受过两次以上行政处罚,又非法生产、销售"伪基站"设备的。

实施前款规定的行为，数量、数额达到前款规定的数量、数额五倍以上的，应当认定为《刑法》第二百二十五条规定的“情节特别严重”。

非法生产、销售“伪基站”设备，经鉴定为专用间谍器材的，依照《刑法》第二百八十三条的规定，以非法生产、销售间谍专用器材罪追究刑事责任；同时构成非法经营罪的，以非法经营罪追究刑事责任。

（二）非法使用“伪基站”设备干扰公用电信网络信号，危害公共安全的，依照《刑法》第一百二十四条第一款的规定，以破坏公用电信设施罪追究刑事责任；同时构成虚假广告罪、非法获取公民个人信息罪、破坏计算机信息系统罪、扰乱无线电通讯管理秩序罪的，依照处罚较重的规定追究刑事责任。

除法律、司法解释另有规定外，利用“伪基站”设备实施诈骗等其他犯罪行为，同时构成破坏公用电信设施罪的，依照处罚较重的规定追究刑事责任。

（三）明知他人实施非法生产、销售“伪基站”设备，或者非法使用“伪基站”设备干扰公用电信网络信号等犯罪，为其提供资金、场所、技术、设备等帮助的，以共同犯罪论处。

（四）对于非法使用“伪基站”设备扰乱公共秩序，侵犯他人人身权利、财产权利，情节较轻，尚不构成犯罪，但构成违反治安管理行为的，依法予以治安管理处罚。

二、严格贯彻宽严相济刑事政策

对犯罪嫌疑人、被告人的处理，应当结合其主观恶性大小、行为危害程度以及在案件中所起的作用等因素，切实做到区别对待。对组织指挥、实施非法生产、销售、使用“伪基站”设备的首要分子、积极参加的犯罪分子，以及曾因非法生产、销售、使用“伪基站”设备受到行政处罚或者刑事处罚，又实施非法生产、销售、使用“伪基站”设备的犯罪分子，应当作为打击重点依法予以严惩；对具有自首、立功、从犯等法定情节的犯罪分子，可以依法从宽处理。对情节显著轻微、危害不大的，依法不作为犯罪处理。

■最高人民法院、最高人民检察院、公安部、司法部关于办理非法放贷刑事案件若干问题的意见（全文）（2019年10月21日）

一、违反国家规定，未经监管部门批准，或者超越经营范围，以营利为目的，经常性地向社会不特定对象发放贷款，扰乱金融市场秩序，情节严重的，依照刑法第二百二十五条第（四）项的规定，以非法经营罪定罪处罚。

前款规定中的“经常性地向社会不特定对象发放贷款”，是指2年内向不特定多人（包括单位和个人）以借款或其他名义出借资金10次以上。

贷款到期后延长还款期限的，发放贷款次数按照1次计算。

二、以超过36%的实际年利率实施符合本意见第一条规定的非法放贷行为，具有下列情形之一的，属于刑法第二百二十五条规定的“情节严重”，但单次非法放贷行为实际年利率未超过36%的，定罪量刑时不得计入：

（一）个人非法放贷数额累计在200万元以上的，单位非法放贷数额累计在1000万元以上的；

（二）个人违法所得数额累计在80万元以上的，单位违法所得数额累计在400万元以上的；

（三）个人非法放贷对象累计在50人以上的，单位非法放贷对象累计在150人以上的；

（四）造成借款人或者其近亲属自杀、死亡或者精神失常等严重后果的。

具有下列情形之一的，属于刑法第二百二十五条规定的“情节特别严重”：

（一）个人非法放贷数额累计在1000万元以上的，单位非法放贷数额累计在5000万元以上的；

（二）个人违法所得数额累计在400万元以上的，单位违法所得数额累计在2000万元以上的；

（三）个人非法放贷对象累计在250人以上的，单位非法放贷对象累计在750人以上的；

（四）造成多名借款人或者其近亲属自杀、死亡或者精神失常等特别严重后果的。

三、非法放贷数额、违法所得数额、非法放贷对象数量接近本意见第二条规定的“情节严重”“情节特别严重”的数额、数量起点标准，并具有下列情形之一的，可以分别认定为“情节严重”“情节特别

严重”:

(一)2年内因实施非法放贷行为受过行政处罚2次以上的;

(二)以超过72%的实际年利率实施非法放贷行为10次以上的。

前款规定中的“接近”,一般应当掌握在相应数额、数量标准的80%以上。

四、仅向亲友、单位内部人员等特定对象出借资金,不得适用本意见第一条的规定定罪处罚。但具有下列情形之一的,定罪量刑时应当与向不特定对象非法放贷的行为一并处理:

(一)通过亲友、单位内部人员等特定对象向不特定对象发放贷款的;

(二)以发放贷款为目的,将社会人员吸收为单位内部人员,并向其发放贷款的;

(三)向社会公开宣传,同时向不特定多人和亲友、单位内部人员等特定对象发放贷款的。

五、非法放贷数额应当以实际出借给借款人的本金金额认定。非法放贷行为人以介绍费、咨询费、管理费、逾期利息、违约金等名义和以从本金中预先扣除等方式收取利息的,相关数额在计算实际年利率时均应计入。

非法放贷行为人实际收取的除本金之外的全部财物,均应计入违法所得。

非法放贷行为未经处理的,非法放贷次数和数额、违法所得数额、非法放贷对象数量等应当累计计算。

六、为从事非法放贷活动,实施擅自设立金融机构、套取金融机构资金高利转贷、骗取贷款、非法吸收公众存款等行为,构成犯罪的,应当择一重罪处罚。

为强行索要因非法放贷而产生的债务,实施故意杀人、故意伤害、非法拘禁、故意毁坏财物、寻衅滋事等行为,构成犯罪的,应当数罪并罚。

纠集、指使、雇佣他人采用滋扰、纠缠、哄闹、聚众造势等手段强行索要债务,尚不单独构成犯罪,但实施非法放贷行为已构成非法经营罪的,应当按照非法经营罪的规定酌情从重处罚。

以上规定的情形,刑法、司法解释另有规定的除外。

七、有组织地非法放贷,同时又有其他违法犯罪活动,符合黑社会性质组织或者恶势力、恶势力犯罪集团认定标准的,应当分别按照黑社会性质组织或者恶势力、恶势力犯罪集团侦查、起诉、审判。

黑恶势力非法放贷的,据以认定“情节严重”“情节特别严重”的非法放贷数额、违法所得数额、非法放贷对象数量起点标准,可以分别按照本意见第二条规定中相应数额、数量标准的50%确定;同时具有本意见第三条第一款规定情形的,可以分别按照相应数额、数量标准的40%确定。

八、本意见自2019年10月21日起施行。对于本意见施行前发生的非法放贷行为,依照最高人民法院《关于准确理解和适用刑法中“国家规定”的有关问题的通知》(法发〔2011〕155号)的规定办理。

▼最高人民检察院关于办理涉互联网金融犯罪案件有关问题座谈会纪要(2017年6月2日)

(内容见本书附录四十八)

▼最高人民法院、最高人民检察院、公安部、司法部、生态环境部关于办理环境污染刑事案件有关问题座谈会纪要(2019年2月20日)

(相关内容见本书刑法第三百三十八条附文)

▼最高人民检察院法律政策研究室关于非法经营行为界定有关问题的复函(全文)(2002年10月25日)

一、关于经营违法音像制品行为的处理问题。对于经营违法音像制品行为,构成犯罪的,应当根据案件的具体情况,分别依照最高人民法院《关于审理非法出版物刑事案件具体应用法律若干问题的解释》和最高人民检察院、公安部《关于经济犯罪案件追诉标准的规定》等相关规定办理。

二、关于非法经营行为的界定问题,同意你部的意见,即:只要行为人明知是违法音像制品而进行经营即属于非法经营行为,其是否具有音像制品合法经营资格并不影响非法经营行为的认定;非法经营行为包括一系列环节,经营者购进违法音像制品并存放于仓库等场所的行为属于经营行为的中间环节,对此也可以认定为是非法经营行为。

▼最高人民法院研究室关于非法生产、销售、使用"伪基站"行为定性征求意见的复函(2013年6月24日)

三、关于利用"伪基站"设备经营广告短信群发业务的定性。利用"伪基站"设备经营广告短信群发业务的行为,属于未经许可从事电信业务经营活动的行为,但根据《电信条例》第六十七条、第六十八条的规定,只有利用电信网络制作、复制、发布、传播第五十七条所列含有法律、行政法规禁止的内容的信息,实施第五十八条所列危害电信网络安全和信息安全的行为,以及实施第五十九条第二、三、四项所列扰乱电信市场秩序的行为,构成犯罪的,才能追究刑事责任。利用"伪基站"经营广告短信群发业务,不在上述范围内,故依法不能以非法经营罪论处。

▼最高人民检察院法律政策研究室关于1998年4月18日以前的传销或者变相传销行为如何处理的答复(全文)(2003年3月21日)

对1998年4月18日国务院发布《关于禁止传销经营活动的通知》以前的传销或者变相传销行为,不宜以非法经营罪追究刑事责任。行为人在传销或者变相传销活动中实施销售假冒伪劣产品、诈骗、非法集资、虚报注册资本、偷税等行为,构成犯罪的,应当依照刑法的相关规定追究刑事责任。

▼安徽省高级人民法院、安徽省人民检察院、安徽省公安厅关于办理合同诈骗等犯罪案件工作座谈会纪要(2014年12月31日)

三、非法经营案件

对"违反国家规定",应当严格依照刑法第九十六条的规定执行,除法律、行政法规等国家规定已有明确规定,为执行国家规定而制定具体规定的地方性法规、部门规章可以作为认定违反国家规定参考外,其他地方性法规、部门规章不属于国家规定。

对"其他严重扰乱市场秩序的非法经营行为",应当根据非法经营行为对社会安全、公共利益、经济秩序、生态环境及人身财产安全造成或可能造成的危害程度综合认定。

除此前相关司法解释、规范性文件已有规定的外,具有下列情形之一,扰乱市场秩序,情节严重的,属于"其他严重扰乱市场秩序的非法经营行为";1.非法从事国家法律明确禁止经营范围业务活动的;2.非法从事药品经营业务的;3.非法从事生产、销售、安装卫星地面接收设施经营业务的;4.非法从事互联网接入经营业务的;5.非法从事保安服务业务的。

以虚构交易等手段骗取银行出具承兑汇票后,将银行承兑汇票直接予以倒卖或将银行承兑汇票贴现后的资金用于高利放贷,构成骗取贷款、票据承兑、金融票证罪,高利转贷罪或者票据诈骗罪的,依照刑法的相关规定定罪处罚。明知他人实施前款犯罪行为,为其提供中介、贴现等帮助的,以共同犯罪论处。

违反土地管理、城市房地产管理、城乡规划等法律法规,未经批准擅自改变土地用途从事建房出售、出租等房地产开发经营活动的,一般不以非法经营罪、非法转让、倒卖土地使用权罪、合同诈骗罪论处。非法占用耕地、林地等农用地构成犯罪的,依照刑法第三百四十二条规定定罪处罚。

▼安徽省高级人民法院关于审理非法出版物刑事案件具体应用法律有关问题的规定(2002年3月6日)

第三条 个人实施《关于审理非法出版物刑事案件具体应用法律若干问题的解释》第十一条规定的行为,具有下列情形之一的,属于非法经营行为"情节严重":

(一)经营数额在五万元以上的;

(二)违法所得数额在二万元以上的;

(三)经营报纸五千份或者期刊五千本或者图书二千册或者音像制品、电子出版物五百张(盒)以上的。

具有下列情形之一的,属于非法经营行为“情节特别严重”:

(一)经营数额在十五万元以上的;

(二)违法所得数额在五万元以上的;

(三)经营报纸一万五千份或者期刊一万五千本或者图书五千册或者音像制品、电子出版物一千五百张(盒)以上的。

第四条　单位实施《关于审理非法出版物刑事案件具体应用法律若干问题的解释》第十一条规定的行为,具有下列情形之一的,属于非法经营行为“情节严重”:

(一)经营数额在十五万元以上的;

(二)违法所得数额在五万元以上的;

(三)经营报纸一万五千份或者期刊一万五千本或者图书五千册或者音像制品、电子出版物一千五百张(盒)以上的。

具有下列情形之一的,属于非法经营行为“情节特别严重”:

(一)经营数额在五十万元以上的;

(二)违法所得数额在十五万元以上的;

(三)经营报纸五万份或者期刊五万本或者图书一万五千册或者音像制品、电子出版物五千张(盒)以上的。

▼安徽省高级人民法院、安徽省人民检察院、安徽省公安厅、安徽省发展和改革委员会关于依法严厉打击窃电和破坏电力设备违法犯罪活动的意见(2004年9月28日)

十、非法制造、销售窃电装置或者以其他方式利用窃电装置谋取非法利益,构成非法经营罪的,依照《刑法》第二百二十五条的规定定罪处罚。

十五、本意见自印发之日起执行。法律、司法解释有新规定的,按新的规定执行。

▼安徽省高级人民法院、安徽省人民检察院、安徽省公安厅、安徽省烟草专卖局关于办理违反烟草专卖管理刑事案件适用法律若干问题的意见(2004年7月26日)

六、关于非法经营烟草制品行为适用法律问题

未经烟草专卖行政主管部门许可,无生产许可证、批发许可证、零售许可证、准运证,而生产、批发、零售、运输烟草制品,情节严重或者情节特别严重的,分别依照刑法第二百二十五条规定的各量刑档次定罪处罚。

有下列情形之一的,属于“情节严重”:

(1)个人违法所得数额1万元以上不满5万元的,单位违法所得数额10万元以上不满15万元的;

(2)个人非法经营数额5万元以上不满15万元的,单位非法经营数额50万元以上不满100万元的;

(3)非法经营的烟草制品的数额,个人达不到5万元,单位达不到50万元,但与尚未经营的烟草制品的货值金额合计达到上述标准的;

(4)查获非法经营的烟草制品个人2000条以上不满5000条,单位5000条以上不满10000条的;

(5)曾因非法经营烟草制品被烟草专卖等行政管理部门行政处罚两次以上又非法经营的,非法经营数额在2万元以上不满10万元的。

有下列情形之一的,属于“情节特别严重”:

(1)个人违法所得数额在5万元以上,单位违法所得数额在15万元以上的;

(2)个人非法经营数额在15万元以上,单位非法经营数额在100万元以上的;

(3)查获非法经营的烟草制品个人在5000条以上,单位在10000条以上的;

(4)曾因非法经营烟草制品被烟草专卖等行政管理部门行政处罚两次以上又非法经营的,非法经营数额在10万元以上的。

(本意见相关共性规定参见刑法第一百四十条后附文)

▼江苏省高级人民法院、江苏省人民检察院、江苏省公安厅关于办理非法经营食盐犯罪案件有关问题的通知(全文)(2000年4月7日)

第一条　非法经营食盐是指违反《盐业管理条件》、《食盐专营办法》等规定非法生产、储存、运输、收购、销售食盐的行为。

第二条　个人非法经营食盐具有下列情形之一的,属于刑法第225条中的"情节严重":

(一)非法经营食盐数量在20吨以上不满50吨的;

(二)非法经营食盐数量达到10吨,且曾因非法经营食盐5吨以上被盐务管理等机关给予行政处罚或者因非法经营食盐被盐务管理等机关给予两次以上行政处罚的;

(三)其他情节严重的情形。

第三条　个人非法经营食盐具有下列情形之一的,属于刑法第225条中的"情节特别严重":

(一)非法经营食盐数量在50吨以上的;

(二)非法经营食盐数量达到30吨,且曾因非法经营食盐受到刑事处罚或者因非法经营食盐被盐务管理等机关给予两次以上行政处罚的;

(三)其他情节特别严重的情形。

第四条　单位非法经营食盐数量在50吨以上,或者因非法经营食盐被盐务管理等机关给予两次以上行政处罚又非法经营食盐,数量达到30吨的,对单位判处罚金,并对其直接负责的主管人员和其他直接责任人员,依照刑法第225条的规定处罚。

第五条　非法经营食盐达到以上数量,发生亏损的,不影响构成非法经营罪。两次以上非法经营食盐的,其经营数量应当累计,已受过处罚的除外。

第六条　公安机关查处的非法经营食盐案件,经查证认为不构成犯罪而属于违反盐务管理法规的,应当移送盐务管理机关给予行政处罚。

第七条　各地在执行本通知中遇到的问题应当及时向上级请示,法律、司法解释有新规定的,执行新的规定。

▼安徽省高级人民法院、安徽省人民检察院、安徽省公安厅关于办理非法经营食盐犯罪案件有关问题的通知(全文)(2001年12月13日)

一、非法经营食盐是指违反《盐业管理条例》、《食盐专营办法》等规定,非法生产、储存、运输、收购、销售食盐的行为。

二、个人非法经营食盐具有下列情形之一的,属于《中华人民共和国刑法》第二百二十五条中的"情节严重":

(一)非法经营食盐30吨以上不满50吨的;

(二)非法经营食盐达到20吨,且曾因非法经营食盐被盐务管理等机关给予两次以上行政处罚的;

(三)其他情节严重的情形。

三、个人非法经营食盐具有下列情形之一的,属于《中华人民共和国刑法》第二百二十五条中的"情节特别严重":

(一)非法经营食盐50吨以上的;

(二)非法经营食盐达到40吨,且曾因非法经营食盐被盐务管理等机关给予两次以上行政处罚的;

(三)其他情节特别严重的情形。

四、单位非法经营食盐50吨以上,或者因非法经营食盐被盐务管理等机关给予两次以上行政处罚后,又非法经营食盐达到40吨的,对单位判处罚全,并对直接责任人员,依照《中华人民共和国刑法》第二百二十五条的规定处罚。

五、两次以上非法经营食盐的专其经营数量应当累计,已受过处罚的除外。

六、公安机关受理的非法经营食盐案件,经查证认为不构成犯罪而属于违反盐务管理法规的,应当移送盐务管理机关处理。

▼浙江省高级人民法院、浙江省人民检察院、浙江省公安厅关于办理非法生产、销售、使用禁止在饲料和动物饮用水中使用的药品等刑事案件具体问题的意见(全文)(2005年1月19日)

第一条　未取得药品生产、经营许可证和批准文号,非法生产、销售禁用药品,扰乱市场秩序,有下列情形之一的,属于"情节严重",依照刑法第二百二十五条第(一)项的规定,以非法经营罪追究刑事责任:

(一)盐酸克伦特罗等肾上腺素受体激动剂500克以上或者其稀释剂2500克以上;

(二)其他禁用药品非法经营数额5万元以上或者违法所得1万元以上;

(三)数量或数额接近上述规定标准,在二年内因非法生产、销售禁用药品受过行政处罚的;

(四)造成人员中毒或者其他严重后果的。

第二条　在生产、销售的饲料中添加禁用药品,或者销售明知是添加有禁用药品的饲料,有下列情形之一的,属于"情节严重",依照刑法第二百二十五条第(四)项的规定,以非法经营罪追究刑事责任:

(一)非法经营数额5万元以上或者违法所得1万元以上;

(二)数额接近上述规定标准,在二年内因非法生产、销售含有禁用药品的饲料受过行政处罚的;

(三)造成人员中毒或者其他严重后果的。

第三条　使用禁用药品或者含有禁用药品的饲料养殖供人食用的动物,或者销售明知是使用禁用药品饲养的供人食用的动物,依照生产、销售有毒有害食品罪追究刑事责任。但情节显著轻微危害不大的,可不以犯罪论处。

第四条　本意见自下发之日起施行。

▼湖南省高级人民法院、湖南省人民检察院、湖南省公安厅关于办理非法经营食盐犯罪案件有关问题的意见(2001年3月15日)

第一条　非法经营食盐是指违反《盐业管理条例》、《食专营办法》和《食盐加碘消除碘缺乏危害管理条例》等法规的规定,非法生产、收购、储存、运输、加工、批发、销售食盐的行为。情节严重构成犯罪的,依法以非法经营罪定罪处罚。

第二条　个人非法经营食盐具有下列情形之一的,属于刑法第二百二十五条中的"情节严重":

1. 非法经营食盐数量在40吨以上不满100吨的;

2. 非法经营食盐数量达20吨,且曾因非法经营食盐被盐务管理机关给予两次以上行政处罚的;

3. 其他情节严重的情形。

第三条　个人非法经营食盐具有下列情形之一的,属于刑法第二百二十五条中的"情节特别严重":

1. 非法经营食盐数量在100吨以上的;

2. 非法经营食盐数量达60吨,且曾因非法经营食盐受过刑事处罚或者因非法经营食盐被盐务管理机关给予两次以上行政处罚的;

3. 其他情节特别严重的情形。

第四条　单位非法经营食盐数量在200吨以上,或者因非法经营食盐被盐务管理机关给予两次以上行政处罚又非法经营食盐数量达100吨的,对单位判处罚金,并对其直接负责的主管人员和其他直接责任人员,依照刑法第二百二十五条的规定处罚。

第五条　非法经营食盐达到以上数量，虽发生亏损，也不影响构成非法经营罪。两次以上非法经营食盐的，其经营数量应当累计，但已受过处罚的除外。

第六条　非法经营劣质食盐，或者将非碘盐充当碘盐销售的，销售额在5万元以上，同时构成非法经营罪和生产、销售伪劣产品罪的，依照处罚较重的规定定罪处罚。

第八条　以暴力、威胁方法阻碍盐务管理工作人员依法执行职务的，按刑法第二百七十七条规定定罪处罚；

第九条　公安机关查处的涉盐案件，经查证认为不构成犯罪而属于违反盐业管理法规的，应当移送盐务管理机关处理。

第十条　本通知自下发之日起执行。本通知下发后尚有未办理的非法经营食盐案件，依照本通知执行。已审结的案件不再变动。今后法律、司法解释有新规定的，执行新的规定。

●利用"外挂"程序替游戏玩家"代练升级"并从中牟利，情节严重的构成非法经营罪

利用"外挂"软件"代练升级"从事非法经营活动，情节严重，属于《中华人民共和国刑法》第二百二十五条中规定的"其他严重扰乱市场秩序的非法经营行为"，应以非法经营罪定罪处罚。[江苏省南京市江宁区人民检察院诉董杰、陈珠非法经营案，载《最高人民法院公报》总第184期，2012年第2期，第37页。]

●"其他严重扰乱市场秩序的非法经营行为"的适用及违反行政管理有关规定的经营行为是否属于严重扰乱市场秩序

1. 对于《刑法》第二百二十五条第四项规定的"其他严重扰乱市场秩序的非法经营行为"的适用，应当根据相关行为是否具有与刑法第二百二十五条前三项规定的非法经营行为相当的社会危害性、刑事违法性和刑事处罚必要性进行判断。

2. 判断违反行政管理有关规定的经营行为是否构成非法经营罪，应当考虑该经营行为是否属于严重扰乱市场秩序。对于虽然违反行政管理有关规定，但尚未严重扰乱市场秩序的经营行为，不应当认定为非法经营罪。（参见最高人民法院第19批指导案例97号，王力军非法经营再审改判无罪案，2018年12月19日发布。）

□未经法定机关批准，向不特定的社会公众代理销售非上市股份有限公司的股权（股票），情节严重的，应当以非法经营罪定罪处罚

行为人为非法经营证券业务而设立公司，超越工商行政管理部门核准登记的公司经营范围，未经法定机关批准，向不特定的社会公众代理销售非上市股份有限公司的股权（股票），其行为属未经批准非法经营证券业务、扰乱国家证券市场的非法经营行为，情节严重的，应当以非法经营罪定罪处罚。（浙江省宁波市人民检察院诉宁波利百代投资咨询有限公司、陈宗纬、王文萍、郑淳中非法经营案，载《最高人民法院公报》总第147期，2009年第1期，第39页。）

▽非法经营罪中"情节严重"的认定

从非法经营罪侵犯的客体来看，其主要是扰乱市场秩序。因此，非法经营数额、数量、次数、违法所得数额等，都能够直接反映其扰乱市场秩序的严重程度。对于一些非法经营的行为构成非法经营罪的非法经营数额、违法所得数额的定罪处刑标准，有关司法解释已予以明确，如经营非法出版物构成非法经营罪的非法经营数额或者违法所得数额标准，根据《最高人民法院关于审理非法出版物刑事案件具体应用法律若干问题的解释》第十二条第一款第（一）、（二）项的规定，个人"经营数额在五万元至十万元以上的"或者"违法所得数额在二万元至三万元以上的"，属于非法经营行为"情节严重"。这一标准可以供我们在处理其他非法经营案件时参考。行为人的非法经营数额达10余万元，应当认定为"情节严重"。从非法经营专营、专卖物品的危害性来看，其行为不仅破坏了国家的商品专营制度，严重扰乱了社会主义市场经济秩序，通常还会产生其他危害后果，如损害人民的身体健康。因此，非法经营的专营、专卖物品的质量,也应是认定有关行为情节是否严重的标准之一。对于非法经营的专营、专卖物品属于伪劣产品的,应当认定为"情节严重"。行为人生产、销售伪劣碘盐,当属"情节严重"。在具体案件中,以上两个方面的因素应当综合考虑,正确判定行为人非法经营的行为是否属于"情节严重"。单纯从一个方面,片面强调数额或者犯罪的具体对象的特点,都是不妥当的。[参见第144号案例,胡廷蛟、唐洪文等生产伪劣产品案,载《刑事审判参考》总第23辑(2001年第12辑),法律出版社,第12~13页。执笔:刘红章]

▽多次非法经营烟草未经处理的,犯罪数额应累计计算

对于多次未经处理的非法经营行为,犯罪数额应否累计计算,我国《刑法》第二百二十五条未作明确规定。但我国刑法对于以犯罪数额作为定罪量刑依据的其他犯罪,大都规定了累计计算的原则。如《刑法》第一百五十三条第三款规定,对多次走私未经处理的,按照累计走私货物、物品的偷逃应缴税额处罚。最高人民检察院2002年7月8日公布的《关于办理非法经营食盐刑事案件具体应用法律若干问题的解释》(已废止)第三条明确规定:非法经营食盐行为未经处理的,其非法经营的数额累计计算。参照我国刑法的立法精神和司法解释的有关规定,多次非法经营烟草未经处理的,犯罪数额也应当累计计算。[参见第378号案例,郭金元、肖东海非法经营案,载《刑事审判参考》总第48集(2006年第1集),法律出版社,第8页。执笔:赵合理]

▽代理转让非上市公司股权的行为应认定为刑法规定的"经营证券业务"

依据《刑法》本条第三项,违反国家规定,未经国家有关主管部门批准,非法经营证券业务,扰乱市场秩序,情节严重的,构成非法经营罪。代理转让非上市股份有限公司的股权的行为可认定为"经营证券业务"。主要理由是:1.行为人的行为符合"经营证券业务"的实质特征,系变相经营证券业务。证券业务分为证券核心业务和证券外延业务,核心业务包括证券承销、证券自营、证券经纪等,外延业务是除核心业务之外围绕证券发行、交易所产生的业务,如证券投资咨询、财务顾问、资产管理等。我国证券市场实行证券业务许可制度,只有经过国务院证券监督管理机构批准的证券公司才能经营证券业务,其他任何单位和个人均不得经营证券业务。行为人设立投资咨询有限公司后,即通过其他投资管理有限公司为四家非上市股份有限公司代理销售股票,这种行为具有证券核心业务中"证券承销"的实质特征,系变相承销证券,故可以认为"经营证券业务"。同时,因行为人所设立的公司未取得中国证券监督管理委员会核发的证券业务许可证,其擅自代理销售非上市公司的股票违反了证券法,属于非法经营证券业务。2.拆细转让非上市公司股权不是合法的产权交易行为。一般认为,产权是指一定经济主体对资产所有、使用、处分并获得相应收益的权利,包括物权、债权、股权、知识产权等各类财产权利。产权交易就是产权主体将合法拥有的产权,通过产权交易市场实行有偿转让的行为。依据行为人行为时的《公司法》(1999年12月25日修订),以发起方式设立的股份有限公司的股票为记名股票,由全体发起人认购;股东转让记名股票,必须在依法设立的证券交易场所进行,且应当以背书方式或者法律、行政法规规定的其他方式转让。但我国依法设立的证券交易场所只有上海证券交易所和深圳证券交易所,而这两家交易所仅开展上市公司的股份转让业务。鉴于此,为解决实践中大量存在的非上市公司的股份转让问题,各地的普遍做法是制定地方性法规或者规章,允许非上市公司的股权在产权交易所进行转让。从这个角度看,行为人代理转让四家非上市股份公司股权的行为,一定程度上具有产权交易性质。但是,对于非上市公司的股权具体以何种方式转让,有关地方性法规或者规章一般只规定了协议转让方式,都不允许拆细转让。对于实践中出现的拆细转让非上市公司股权的行为,监管部门历来采取禁止的立场。1998年3月25日,国务院办公厅转发了证监会《清理整顿场外非法股票交易方案》,要求把未经国务院批准设立的产权交易所从事的拆细交易和权证交易作为"场外非法股票交易"行为而加以彻底清理。该文件下发后,证监会对地方产权交易市场作出了不成文的"不得拆细、不得连续、不得标准化"的"三不"规定。2006年12月国务院办公厅发布的《关于严厉打击非法发行股票和非法经营证券业务有关问题的通知》,2008 年 1 月最高人民法院、最高人民检察院、公安部和中国证券监督管理委员会联合发布的《关于整治非法证券活动有关问题的通知》,均要求打击包括非法代理转让非上市公司股票在内的各种证券违法犯罪活动。由此可见,拆细转让非上市公司的股权历来不属于合法的产权交易方式。即使不否认行为人的行为在一定程度上具有产权交易性质,但这种性质并不影响认定其行为属于变相"经营证券业务"。[参见第 489 号案例,陈宗纬、王文泽、郑淳中非法经营案,载《刑事审判参考》总第 62 集(2008 年第 3 集),法律出版社,第 20~22 页。执笔:万仁赞 付莹莹]

▽非法经营证券业务"情节特别严重"的认定

"情节严重",实践中主要应以非法经营额和非法获利额为基础并综合考虑其他情节加以认定,如从事非法经营活动经行政处罚仍不悔改,非法经营造成严重后果等。行为人的行为不仅满足了"情节严重"的条件,而且属于"情节特别严重",主要体现在:1. 行为人设立公司后超范围经营,经工商部门指出后未改正。行为人设立的公司系投资咨询公司,不具有经营证券的资格,也不具有经营产权交易业务的资格。行为人经营的公司既未被授权或许可经营证券业务,又不具备产权交易经纪机构资格,显属超范围经营。2. 行为人的经营数额和获利数额特别巨大。行为人指使其公司业务员向社会公众推销非上市公司的股票,转让总金额达 657.77 万元,从中获利 240 余万元。鉴于目前尚无司法解释规定非法经营证券业务"情节严重"和"情节特别严重"的具体数额标准,须参照相关司法解释加以认定。例如,最高人民法院《关于审理非法出版物刑事案件具体应用法律若干问题的解释》第十一条、第十二条规定,出版、印刷、复制、发行本解释第一至十条规定以外的其他严重危害社会秩序和扰乱市场秩序的非法出版物,个人经营数额在 15 万~30 万元以上的,或者违法所得数额在 5 万~10 万元以上的,属于"情节特别严重"。最高人民法院《关于审理扰乱电信市场管理秩序案件具体应用法律若干问题的解释》第一、二条规定,擅自经营国际电信业务或者涉港澳台电信业务进行营利活动,扰乱电信市场秩序,经营去话业务数额 500 万元以上的,或者经营来话业务造成电信资费损失数额 500 万元以上的,属于"情节特别严重"。以这两个司法解释的规定为参照,均可认定行为人的经营数额和违法所得数额达到了"情节特别严重"的条件。3. 行为人的行为扰乱了国家证券市场秩序,易引发群体性事件,社会危害性严重。综上,行为人超越工商核准登记的公司经营范围,未经法定机关批准,向社会公众代理转让非上市股份公司的股权,属非法经营证券业务,情节特别严重,构成非法经营罪。[参见第 489 号案例,陈宗纬、王文泽、郑淳中非法经营案,载《刑事审判参考》总第 62 集(2008 年第 3 集),法律出版社,第 22~24 页。执笔:万仁赞 付莹莹]

▽行政机关超越职权范围以罚代刑的非法经营数额应计入犯罪数额

《行政处罚法》第二十八条(2021 年修订后为第三十五条)规定:"违法行为构成犯罪,人民法院判处拘役或者有期徒刑时,行政机关已给予当事人行政拘留的,应当依法折抵相应刑期;违法行为构成犯罪,人民法院判处罚金时,行政机关已经给予当事人罚款的,应当折抵罚金。"可见,已经行政处罚过的行为仍可予以刑事追究,对同一个行为作出行政处罚和刑事处罚两种评价并不矛盾。但该法所指的行政处罚,应是指行政机关超越职权范围"以罚代刑"作出的违法行政处罚。否则,对于行政机关已经行政处罚过的行为,不加区别均可再追究刑事责任,将与我国刑法中有关"未经处理的"才累计计算犯罪数额的规定相矛盾,有违立法精神。据此,依照我国刑法和行政处罚法的相关规定,业经行政处罚过的非法经营数额应否计入犯罪数额,再予追究刑事责任,不能一概而论。对于行政机关未超越职权范围予以行政处罚的非法经营数额,不得累计计算作犯罪数额。对于行政机关超越职权范围"以罚代刑"处置的非法经营数额,应当作为未经处理的犯罪数额予以重新计算。构成犯罪的,追究刑事责任;多次非法经营的,犯罪数额累计计算。[参见第 378 号案例,郭金元、肖东海非法经营案,载《刑事审判参考》总第 48 集(2006 年第 1 集),法律出版社,第 9~10 页。执笔:赵合理]

▽明知是假冒中国台湾地区产香烟而为他人运输,构成非法经营罪的共犯

《烟草专卖法》规定:“托运或者自运烟草专卖品必须持有烟草专卖行政主管部门或者烟草专卖行政主管部门授权的机构签发的准运证;无准运证的,承运人不得承运。”行为人属于无准运证运输香烟,《烟草专卖法》虽然没有规定对此种行为要追究刑事责任,但不能据此简单地认定该行为不符合刑法第二百二十五条的规定,行为人的行为不构成非法经营罪。关于非法运输行为的定性,按照我国刑法规定,对于运输枪支、弹药、爆炸物、核材料、假币、毒品、毒品原植物种子、幼苗等特定对象的行为,刑法分则有相应的罪名予以规范。对于明知他人系进行违法犯罪活动而为其提供运输服务的其他非法运输行为,根据刑法总则共同犯罪的有关规定,应成立共同犯罪,运输者系相关犯罪的帮助犯或者实行犯。因此,明知他人非法经营假烟而为他人提供运输服务的行为是否构成非法经营罪,关键是要看假烟的直接经营者是否构成该罪。具体到本案,货主非法经营假冒台湾产长寿牌香烟318箱,数量巨大,其行为属于“扰乱市场秩序,情节严重”,无疑已构成非法经营罪。行为人明知货主系非法经营假冒香烟而帮其运输,其行为也已构成非法经营的共同犯罪,均系从犯,依法应当从轻处罚。[参见第212号案例,高秋生、林适应等非法经营案,载《刑事审判参考》总第29辑(2002年第6辑),法律出版社,第15～16页。执笔:牛克乾]

▽非法印制、发行宣扬法轮功邪教的书籍、图片及非法经销宣扬法轮功邪教的音像制品的行为,发生在我国政府明令取缔法轮功邪教组织之前,不应以组织、利用邪教组织破坏法律实施罪定罪处罚,而应以非法经营罪定罪处罚

根据最高人民法院《关于审理非法出版物刑事案件具体应用法律若干问题的解释》第十一条规定:“违反国家规定,出版、印刷、复制、发行本解释第一条至第十条规定以外的其他严重危害社会秩序和扰乱市场秩序的非法出版物,情节严重的,应依照《刑法》第二百二十五条第(三)项的规定,以非法经营罪定罪处罚”。行为人不具有经营书籍、音像制品的经营资格,其所销售、印制的宣扬法轮功歪理邪说的书籍是未经审查批准、严重危害社会秩序的非法出版物。其印制、出售宣扬法轮功邪教组织的书籍、图片及出售宣扬法轮功邪教组织的音像制品的行为是以营利为目的非法经营行为,且非法经营数额巨大,已构成非法经营罪。[参见第73号案例,王作武非法经营案,载《刑事审判参考》总第10辑(2000年第5辑),法律出版社,第28～29页。执笔:王海波]

▽倒卖骗购外汇额度行为构成非法经营罪

将骗购的外汇额度倒卖给其他单位,收取一定加价款的行为,属于在外汇指定银行和中国外汇交易中心及其分中心以外买卖外汇,扰乱金融秩序,应按1997年刑法第二百二十五条第三项的规定定罪处罚,即定非法经营罪。[参见第2号案例,刘振杰骗购国家外汇额度案,载《刑事审判参考》总第1辑(1999年第1辑),法律出版社,第20页。审编:任卫华]

▽非法买卖盐酸氯胺酮注射液的行为应以非法经营罪定罪处罚

盐酸氯胺酮注射液在案发期间既非毒品,也非制毒物品。但2001年原国家药品监督管理局《关于氯胺酮管理问题的通知》第九条规定:“目前已批准的氯胺酮制剂有注射剂和粉针剂,按处方药管理,在医疗机构凭医生处方使用,零售药店不得经营氯胺酮制剂。”可见,在本案案发期间,盐酸氯胺酮注射液系国家专营、专卖物品,完全符合刑法第二百二十五条第一项规定的“行政法规规定的专营、专卖物品”的特征,只能在医疗机构凭医生处方使用,连零售药店都没有资格经营氯胺酮制剂,更不论个人经营了。因此,行为人在未经许可实际上也不可能得到许可的情况下非法经营盐酸氯胺酮注射液,扰乱了市场秩序,在性质上属于非法经营行为。由于刑法本条规定的非法经营罪是以“情节严重”作为罪与非罪的标准,对非法经营行为能否以非法经营罪追究刑事责任就涉及如何界定行为人非法经营行为的情节是否严重的问题。对此,在司法实践中,应当结合其非法经营行为的行政违法性、危害后果、非法经营数额和违法所得数额等因素来全面分析认定。[参见第448号案例,古展群等非法经营案,载《刑事

审判参考》总第57辑(2007年第4辑),法律出版社,第16~17页。执笔:倪亚琴　章政]

▽不明知他人购买咖啡因是用于贩卖给吸毒人员的情况下,违反国家对精神药品及咖啡因生产经营的管理规定,非法大量出售咖啡因的行为不构成贩卖毒品罪,而应认定其构成非法经营罪

毒品,是指鸦片、海洛因、甲基苯丙胺、吗啡、大麻、可卡因等国家进行严格管制的能够使人形成瘾癖的麻醉药品和精神药品。我国现行《麻醉药品和精神药品品种目录》中将咖啡因列为第二类精神药品,国家对其实行特殊管理。国务院《麻醉药品和精神药品管理条例》、国家药品监督管理局《咖啡因管理规定》对其生产、购销、运输、出口等均作了严格的规定与限制,如《咖啡因管理规定》(已失效)第十四条"购销咖啡因实行购用证明和核查制度"、第十七条"购买时必须使用原件"、第十八条"咖啡因生产和经营企业销售咖啡因时,必须核查购买者的身份和有关证明,严禁向无咖啡因购用证明的单位或个人销售咖啡因。一证分次销售咖啡因,每次都要严格购销手续。禁止超过咖啡因购用证明批准数量供应咖啡因"、第十九条"咖啡因的购销活动中不得使用现金交易"。从上述规定可以看出,国家对于咖啡因的购销经营实施严格的管控,若违反国家管理规定出售咖啡因,则很有可能触犯刑法,构成犯罪。乐山制药系经原卫生部、国家药品监督管理局批准生产咖啡因的企业,与同济药业均是有权经营咖啡因的企业。同济药业从乐山制药购回大量的咖啡因,并非用于制药的正常生产经营,而是改变包装后直接出售给贩毒人员,使咖啡因流入社会,后果严重,其行为触犯了我国刑法第三百四十七条的规定,构成贩卖毒品罪。而对乐山制药犯罪事实的定性,认定其构成非法经营罪,主要理由是乐山制药违反国家规定非法出售大量咖啡因的行为与同济药业的行为在主客观方面是完全不同的:第一,主观故意不同。乐山制药在销售咖啡因期间,曾两次派人去武汉,考察同济药业的生产能力及所销售的咖啡因的去向,得到的答复是具有实际生产能力及正常的生产去向。乐山制药据此认为同济药业是有经营权的企业,购买咖啡因只是用于制药的正常生产经营,而对同济药业向贩毒人员出售并不知情。应当说,乐山制药尽到了一定的审查义务,其销售、运输等事项均正常、公开办理。但乐山制药违反了我国法规对购销咖啡因必须使用购用证明原件,且禁止超过证明批准数量供应咖啡因,不得使用现金交易等有关规定,其明知咖啡因作为国家规定的专营、专卖药品,购销咖啡因应有健全的手续而故意违反,因此乐山制药具有违法经营的故意。而同济药业则是明知咖啡因流散到社会将成为毒品,仍将其违规购得的大量咖啡因向贩毒分子出售,其主观上具有贩毒的故意。第二,客观行为不同。乐山制药对经营对象有一定的审查行为,仅向具有经营权的特定企业销售,其销售、运输等行为均正常、公开办理,且其违法销售咖啡因的行为仅局限在合法的生产企业之间;而同济药业无视国家的规定,将违规购得的咖啡因暗中向社会上的贩毒分子任意贩卖,导致咖啡因这类属国家严格管制的药品非法流入社会,严重地危害了人民的身体健康。第三,因果关系不同。乐山制药的销售行为与同济药业获得咖啡因具有因果关系,但对同济药业向社会贩毒的结果并不知情,故其不应对同济药业向社会贩毒承担相应的刑事责任,只承担其违法经营的法律责任。同济药业向贩毒分子出售咖啡因与由此产生危害社会的结果之间具有直接因果关系,故应承担贩卖毒品的刑事责任。综上所述,根据主客观相一致的定罪原则,乐山制药违反国家对精神药品及咖啡因生产经营的管理规定,非法大量出售咖啡因,主观上没有贩卖毒品的故意,但其非法经营行为严重扰乱了市场秩序,符合我国刑法第二百二十五条的规定,应认定其构成非法经营罪。[参见第528号案例,武汉同济药业有限公司等四单位及孙伟民等人贩卖、运输、制造、转移毒品案,载《刑事审判参考》总第67集(2009年第2集),法律出版社,第7~9页。撰稿:杜伟夫　彭凌]

▽非法经营罪中的"经营行为"的认定

"经营"一词理应是经济领域中的"经营"活动,通常指市场主体以营利为目的,从事某项能够为自己带来利益的活动。由此可知,经营行为具有营利的特点,包括从事工业、商业、服务业、交通运输业等经营活动。强调此"经营"行为以营利为目的是必要的,故"经营行为"应解释为以营利为目的的市场行为。[参见第564号指导案例,周新桥等非法经营案,载《刑事审判参考》总第69集,第4页。撰稿:

王卫　董超]

▽非法经营罪中“非法”的法律含义认定

根据刑法本条规定,“违反国家规定”是本罪成立的特定前提条件,即只要是“违反国家规定”的经营行为,就是本罪中的“非法”经营行为。根据刑法第九十六条的规定,“违反国家规定”是指违反全国人民代表大会及其常务委员会制定的法律和决定、国务院制定的行政法规、规定的行政措施、发布的决定和命令等。[参见第564号指导案例,周新桥等非法经营案,载《刑事审判参考》总第69集,第5页。撰稿:王卫　董超]

▽非法经营罪的“非法经营行为”性质的认定

“非法经营行为”必须具有行政违法性和刑事违法性的双重性质。随着社会经济的发展变化,国家会在不同时期对一些特殊物品实行专营、专卖以及对一些特殊的经营行为实施许可证、审批制度,以此禁止非法经营行为,维护国家的正常市场秩序。从刑法本条列举的前三项非法经营行为可以看出,无论是专营、专卖物品或者其他限制买卖物品,还是进出口许可证以及其他经营许可证或者批准文件,都与国家特定的经营许可制度有关。换言之,非法经营罪的行政违法性是其刑事违法性的前提。只有违反了行政法规的行为,经过刑事法律的选择将其中严重的违法行为规定为犯罪,才构成非法经营犯罪。需要注意的是,由于国家根据经济形势和社会发展的具体情况,不断对专营、专卖和限制性经营以及对实行许可证制度的范围进行调整,相应的法律、法规也随之发生变化,因此在把握本罪的特定犯罪前提条件时,应以行为当时有效的法律、法规为依据。法律、法规没有明文规定禁止经营的物品,任何人进行经营,即使造成了市场秩序的严重破坏,也不能以非法经营犯罪论处,这不仅是罪刑法定原则之要求,更是非法经营罪之法定犯特征使然。当然,如果行为人的经营行为触犯了刑法的其他规定,构成其他犯罪的,则应以其他犯罪依法追究。根据以上分析,非法经营罪中的“其他严重扰乱市场秩序的非法经营行为”,就是指除第二百二十五条第(一)、(二)、(三)项以外的其他违反与经营许可制度有关法律、法规且严重扰乱市场秩序的行为。[参见第564号指导案例,周新桥等非法经营案,载《刑事审判参考》总第69集(2009年第4集),第5页。撰稿:王卫　董超]

▽刑法修正案颁布实施前未经国家有关主管部门批准,非法经营期货业务行为,构成非法经营罪

1999年12月25日公布实施的刑法修正案(本附文以下简称《修正案》)第八条规定:“刑法第二百二十五条增加一项,作为第三项:‘未经国家有关主管部门批准,非法经营证券、期货或者保险业务的;’原第三项改为第四项。”据此,将本案被告人在1999年12月25日之后经营期货的行为认定为非法经营罪没有疑义,但对于被告人在1999年12月25日之前经营期货的行为,是否也应当认定为非法经营罪,这就涉及如何理解适用在《修正案》出台前刑法第二百二十五条第(三)项“其他严重扰乱市场秩序的非法经营行为”的法律含义。本案被告人未取得从事期货经营资格,在融汇公司注册成立后,为获取高额利润商定设立交易盘房,以培训经纪人和举办股民培训班的方法,招揽客户炒作香港恒生指数期货和国内商品期货,收取交易手续费,其行为是以营利为目的的经营行为。要认定本案在《修正案》颁布实施之前实施的经营期货的行为是否构成非法经营罪,取决于其行为时是否违反了国家当时对期货业务经营资格的许可制度。因此,有必要厘清我国关于期货业务经营的法律规定,才能作出正确裁判。证券、期货或者保险业务,均属于金融业务。经营主体的经营资格、经营能力以及经营行为等,直接关系到广大社会公众的利益和整个市场经济的有序发展,国家对于期货经纪业务的市场准入资格有着明确和严格的规定。1993年11月4日《国务院关于坚决制止期货市场盲目发展的通知》、1995年7月20日《国务院关于批转国务院证券委员会1995年证券期货工作安排意见的通知》、1998年8月1日《国务院关于进一步整顿和规范期货市场的通知》均明确规定了未取得许可证的机构和单位一律不得从事期货经纪业务。1999年9月1日起施行的《期货交易管理暂行条例》规定中第六十五条明确规定:“任何单位或者个人违反本条例规定,擅自从事境外期货交易的,予以取缔,没收违法所得……构成犯罪的,

依法追究刑事责任。任何单位或者个人非法设立或者变相设立期货交易所、期货经纪公司,或者擅自从事期货经纪业务的,予以取缔,并依照前款的规定处罚;构成犯罪的,依法追究刑事责任。”2007年4月15日起施行的《期货交易管理条例》重新明确了对期货业务经营的严格规定与资格许可制度以及追究刑事责任的规定。从上述规定可以看出,凡是未经特别许可经营期货或者期货经营者未达规定条件的,情节严重的,应当依法追究刑事责任。本案被告人自1998年6月起,以培训经纪人和举办股民培训班的方法,招揽客户经营香港恒生指数期货业务和国内商品期货业务的行为,毫无疑问是未经批准违法从事应当具有特定资格的民事主体才能进入的特定市场,属于违反国家规定进行的非法经营行为,且给客户造成巨大损失,社会危害严重。因此,其在1999年12月25日之前的行为也构成非法经营罪。[参见第564号指导案例,周新桥等非法经营案,载《刑事审判参考》总第69集(2009年第4集),第4~7页。撰稿:王卫　董超]

▽非法侵入移动公司充值中心修改充值卡数据,并将充值卡明文密码出售的行为属于将电信卡非法充值后使用,不构成非法经营罪

所谓非法经营电信业务是指未经授权或审批,通过向消费者直接提供电信接入、转发或拨出等谋取利益,扰乱市场秩序的行为。一般而言,要经营电信业务必然需要一套设备,或租用或购买,而被告人并非通过为消费者提供电信服务谋取利益,而是通过秘密手段非法充值,将非法充值后的具有使用功能的充值密码销售从而获利,侵犯的是移动公司的财产权,而不是电信经营的市场秩序,故其行为不构成非法经营罪。[参见第602号指导案例,程稚瀚盗窃案,载《刑事审判参考》总第72集(2010年第1集),第45页。撰稿:谭劲松]

▽审理非法经营药品犯罪案件时,应根据被告人非法经营的犯罪数额、社会危害性、被告人的主观恶性等因素,认定被告人是否构成非法经营罪情节特别严重

关于行为是否构成情节特别严重,应当参照关于其他非法经营犯罪的司法解释、会议纪要及案件的实际情况加以认定。1.根据《最高人民法院关于审理非法出版物刑事案件具体应用法律若干问题的解释》第十一条、第十二条的规定,出版、印刷、复制、发行本解释第一条至第十条规定以外的其他严重危害社会秩序和扰乱市场秩序的非法出版物,个人经营数额在15万~30万元以上的,或者违法所得数额在5万~10万元以上的,属于“情节特别严重”。《广东省高级人民法院关于执行最高人民法院〈关于审理非法出版物刑事案件具体应用法律若干问题的解释〉的意见》第三条第二款规定:“具有下列情形之一的,属于非法经营行为‘情节特别严重’:经营数额在30万元以上的……”2.《最高人民法院、最高人民检察院、公安部、国家烟草专卖局关于办理假冒伪劣烟草制品等刑事案件适用法律问题座谈会纪要》第三条关于非法经营烟草制品行为适用法律问题规定:“未经烟草专卖行政主管部门许可,无生产许可证、批发许可证、零售许可证,而生产、批发、零售烟草制品,具有下列情形之一的,依照刑法第二百二十五条的规定定罪处罚:(1)个人非法经营数额在5万元以上的,或者违法所得数额在1万元以上的;(2)曾因非法经营烟草制品行为受过2次以上行政处罚又非法经营的,非法经营数额在2万元以上的。”《广东省高级人民法院、广东省人民检察院、广东省公安厅、广东省烟草专卖局、广东省打假办关于执行最高人民法院、最高人民检察院、公安部、国家烟草专卖局〈关于办理假冒伪劣烟草制品等刑事案件适用法律问题座谈会纪要〉的意见》第六条规定:“关于非法经营烟草制品‘情节特别严重’数额标准的问题。参照《纪要》第三条的规定,具有下列情形之一的,属于‘情节特别严重’:1.个人非法经营数额在25万元以上,或者违法所得数额在5万元以上的……”3.本案系广东省查获的数额较大的非法经营联邦止咳露案件。被告人已经被二次行政处罚,被告人被处罚后仍不思悔改,继续非法经营,被第二次行政处罚后至2007年1月3日非法经营数额达603 900元。被告人其向深圳市致君公司购进的联邦止咳露有12万瓶之多,且大部分已售出,总的非法经营数额为2 133 350.5元。综上所述,参照非法出版物、伪劣烟草等司法解释和纪要的规定,结合本案的实际情况,对被告人的非法经营犯罪行为应认定为情节特别严重。[参见第632号指导案例,薛洽煌非法经营联邦止咳露案,载《刑事审判参考》总第75集(2010年第4集),第12～15页。撰稿:陆汉杰　陈少旭]

▽**私自设障向过往车辆收费的行为,构成非法经营罪**

其一,被告人的行为具有严重的社会危害性,应当受到刑事处罚。被告人为非法牟利,以"损坝赔偿"名义,通过为逃缴公路通行费的车辆提供通行便利,获取70万余元的巨额收益,该收益与鱼塘塘坝可能受到的损害不具有对应性,其行为必然给附近公路收费站的经营造成数额更为巨大的损失,且严重侵害了国家公路管理制度、收费公路经营管理秩序、收费公路经营者的利益,社会危害严重,需要通过刑罚处罚予以规制。其二,被告人的行为符合非法经营罪的构成要件。在对被告人的行为进行定性时,不宜陷于道路是否是《公路法》规定的"公路"这一争辩的泥淖。只要被告人将塘坝实际作为公路使用来收费或者破坏了国家关于公路收费的管理秩序,就可以认定其行为违反了《公路法》、《条例》等相关行政法律、法规。因为按照相关法律、法规的规定,只有公路才能收通行费,收通行费就意味着将道路作为公路来使用,不能因为道路不是公路而认定被告人的行为没有违反法律、法规的规定。更何况,被告人的行为违反了《条例》第五十七条的规定。因此,被告人的行为属于违反国家规定的经营行为,基于其社会危害性的认定,应当认定为刑法本条第四项规定的"其他严重扰乱市场秩序的非法经营行为"。[参见翟超整理,《〈私自设障向过往车辆收费的行为,是否构成非法经营罪〉读者意见综述及编辑部意见》,载《刑事审判参考》(疑案争鸣)总第77集(2010年第6集),第186页。]

▽**非法出版物的认定**

我国对新闻出版业采取较为严格的管理措施,对出版单位的设立实行登记制,即设立出版单位必须通过国家的行政许可,只有经国家出版管理部门审批登记、经所在地工商行政管理机关注册并领取了营业执照的出版单位才是合格的出版单位。由合法的出版单位依照规定的出版程序出版的出版物才是合法的出版物,如图书由图书出版社出版,报刊由报刊出版社出版,音像由音像出版社出版,网络出版物由网络出版单位出版。何为非法出版物?1987年国务院发布的《关于严厉打击非法出版活动的通知》明确规定:"除国家批准的出版单位之外,任何单位和个人不得出版在社会上公开发行的图书、报刊和音像出版物,违者属于非法出版活动;非出版单位编印,翻录内部使用的非营利性的出版物,须报经主管单位批准,并经县级以上管理机关批准,违者也视为非法出版物。"新闻出版总署于1991年发布的《关于认定、查禁非法出版物的若干问题的通知》亦再次明确,凡不是国家批准的出版单位印制的在社会上公开发行的报纸、期刊、图书都属于非法出版物,其中还列举了非法出版物的主要形式。1997年新闻出版总署出台的《出版管理行政处罚实施办法》第六十五条以部门规章的形式规定了什么是非法出版物,即违反《出版管理条例》,未经批准擅自出版的出版物;伪造、假冒出版单位或者报纸、期刊名称出版的出版物;擅自印刷发行的境外出版物、进口出版物,应当认定为非法出版物。根据上述规定,非法出版物可以定义为"不是国家批准的出版单位出版的在社会上公开发行的图书、报刊和音像出版物,以及违反《出版管理条例》未经批准擅自出版的出版物即为非法出版物"。其表现形式有:盗用、假冒正式出版单位或者报纸、期刊名义出版的出版物;伪称根本不存在的出版单位或者报纸、期刊名称出版的出版物;盗印、盗制合法出版物而公开销售的;公开发行的不署名出版单位或者署名非出版单位的出版物;承印者以牟利为目的擅自加印、加制的出版物;被明令解散的出版单位的成员擅自重印或以原单位名义出版的出版物;未经新闻出版行政部门批准的内部资料性出版物;买卖书(刊、版)号出版的出版物;擅自印刷或复制的境外出版物;非法进口的出版物。由此可见,此处的非法出版物实质上是形式违法的出版物,即无出版权或未经批准而擅自出版的出版物。此外,还有一类非法出版物是内容违法的出版物,又称为违禁出版物。根据2001年《出版管理条例》第二十六条、第二十七条的规定,出版物禁载内容包括反对宪法确定的基本原则的;危害国家统一、主权和领土完整的;泄露国家秘密、危害国家安全或者损害国家荣誉和利益的;煽动民族仇恨、民族歧视,破坏民族团结,或者侵害民族风俗、习惯的;宣扬邪教、迷信的;扰乱社会秩序,破坏社会稳定的;宣扬淫秽、赌博、暴力或者教唆犯罪的;侮辱或者诽谤他人,侵害他人合法权益的;危害社会公德或者民族优秀文化传统的;以未成年人为对象的出版物,含有诱发未成年人模仿违反社会公德的行为和违法犯罪的行为的内容,含有恐怖、残酷等妨害未成年人身心健康的内容等。概括而言,内容违法的出版物主要包括了三个方面的内容:一是淫秽、色情出版物;二是政治性非法出版物;三是宣扬迷信、暴力的出版物。根据《新闻出版署出版物鉴定规则》的有关规定,认定出版物内容是否非法,由相关新闻出版单位提供鉴定结论。最高人民法院1998年公布的《关于审理非法出版物刑事案件具体应用法律若干问题的解释》中的"非法出版物"就是一个大概念,既包括形式违法的出版物,也包括内容违法的出版物。从内容上分析,既包括宣扬色情、迷信、有政治问题的出版物,也包括淫秽出版物、侵犯著作权的出版物等;从出版主体上分析,既有非法成立的出版单位出版物,也有依法成立的出版单位违法、违规出版的出版物。本案被告人没有取得国家批准的出版权,不是适格的出版主体,其销售的书籍经黑龙江省新闻出版局鉴定,包含有攻击我国基本政治制度、诋毁党和国家领导人、煽动民族分裂、挑动社会对立等内容,因此无论从形式上还是从内容上而言,被告人复制、翻印、销售的书籍均属于非法出版物。[参见第663号指导案例,梁俊涛非法经营案,载《刑事审判参考》总第78集(2011年第1集),第3~5页。撰稿:罗敏]

▽对于违反国家规定,出版、印刷、复制、发行政治性非法出版物行为应认定为非法经营罪

根据最高人民法院1998年公布的《关于审理非法出版物刑事案件具体应用法律若干问题的解释》(本附文以下简称《解释》)第十一条的规定:违反国家规定,出版、印刷、复制、发行本解释第一条至第十条规定以外的其他严重危害社会秩序和扰乱市场秩序的非法出版物,情节严重的,依照刑法第二百二十五条第三项的规定,以非法经营罪定罪处罚。从立法沿革来看,非法经营罪是由1979年刑法规定的投机倒把罪分解而来的。在1979年刑法施行期间,最高人民法院、最高人民检察院于1987年1月27日制发的《关于依法惩治非法出版物犯罪的通知》规定,以牟取暴利为目的,从事非法出版物的出版、印刷、发行、销售活动,非法经营或者非法获利的数额较大,情节严重的,以《刑法》第一百一十七条的投机倒把罪论处。最高人民法院、最高人民检察院、公安部于1991年1月30日再次印发《关于严厉打击非法出版犯罪活动的通知》,规定对于从事非法出版活动构成犯罪的依照投机倒把罪的罪名和数额标准追究刑事责任。可见,在1997年新刑法出台以前,对于经营内容有问题的非法出版物的行为是以投机倒把罪来定罪处罚的。1997年新刑法吸收了之前的有关内容,将涉及非法出版活动的投机倒把罪分解成侵犯著作权罪、销售侵权复制品罪及非法经营罪等罪名。非法经营罪,指违反国家规定,非法经营,扰乱市场秩序,情节严重的行为。由于非法经营罪是行政犯,违反国家规定是构成非法经营罪的前提条件。根据新闻出版总署1999年发布的《出版市场管理暂行规定》规定:"违反规定,发行、散发、附送或者出租含反对宪法,危害国家利益和主权,违反国家民族政策,宣扬淫秽、迷信、暴力及法律、法规禁止内容的出版物的;发行、散发、附送或者出租国家明令查禁的出版物的等,有上述行为之一的,由新闻出版行政部门没收违法发行的出版物和违法所得,并处违法所得二倍以上十倍以下的罚款;没收违法所得,处三千元以上一万元以下的罚款;情节严重的,由原发证部门责令停业整顿或者吊销许可证。"2001年国务院公布实施的《出版管理条例》第五十六条规定:"出版、进口含有本条例第二十六条、第二十七条禁止内容的出版物的;明知或者应知出版物含有本条例第二十六条、第二十七条禁止内容而印刷或者复制、发行的;明知或者应知他人出版含有本条例第二十六条、第二十七条禁止内容的出版物而向其出售或者以其他形式转让本出版单位的名称、书号、刊号、版号、版面,或者出租本单位的名称、刊号的,有上述行为之一,触犯刑律的,依照刑法有关规定,依法追究刑事责任;尚不够刑事处罚的,由出版行政部门责令限期停业整顿,没收出版物、违法所得,违法经营额一万元以上的,并处违法经营额五倍以上十倍以下的罚款;违法经营额不足一万元的,并处一万元以上五万元以下的罚款;情节严重的,由原发证机关吊销许可证。"可见,制售政治性非法出版物就违反了上述行政法规而具备了行政违法性。根据《解释》第一条至第九条的规定,出版载有煽动分裂国家、破坏国家统一或者煽动颠覆国家政权、推翻社会主义制度的内容的出版物,可以构成煽动分裂国家罪或煽动颠覆政权罪;对于出版载有淫秽色情内容的出版物,可以构成制作、复制、出版、贩卖、传播淫秽物品牟利罪或传播淫秽物品罪等;对于出版载有侮辱、诽谤他人内容的出版物,可以构成侮辱罪或诽谤罪;对于出版载有歧视、侮辱少数民族内容的出版物,可以构成出版歧视、侮辱少数民族作品罪。因此,在处理出版、印刷、复制、发行非法出版物的犯罪时,首先要确定非法出版物的内容和性质。当行为人出版、印刷、复制、发行的系《解释》第一条至第十条规定之外的其他严重危害社会秩序和扰乱市场秩序的非法出版物时,则有成立非法经营罪的可能。本案被告人复制、销售的书籍中包含攻击我国基本政治制度、诋毁党和国家领导人、煽动民族分裂、挑动社会对立等严重政治问题的内容,根据我国法律规定,这些作品不享有著作权,因此不能以侵犯著作权犯罪来定罪处罚。而这些书籍的内容又达不到足以煽动分裂国家或煽动颠覆国家政权的严重程度,根据《解释》第十一条的规定,被告人所复制、销售的书籍就应属于其他严重危害社会秩序和扰乱市场秩序的非法出版物,应该定性为非法经营罪。被告人非法经营数额为 30 余万元,根据《解释》第十二条的规定,已达到了情节特别严重的程度,应在五年以上有期徒刑进行裁量刑罚。[参见第 663 号指导案例,梁俊涛非法经营案,载《刑事审判参考》总第 78 集(2011 年第 1 集),第 7 ~9 页。撰稿:罗敏]

▽非法经营罪采用了空白罪状,在适用时应当以相关补充规范为依据

刑法对非法经营罪规定了空白罪状。关于空白罪状,是指《刑法》仅仅大致规定犯罪行为的范围,而构成要件上的具体内容则由刑法之外的法律、法规等(补充规范)规定的一种罪刑规范。空白罪状较为常见于行政犯罪和经济犯罪。空白罪状的主要特征有三个:第一,罪状的设定具有开放性。在空白罪状的规定方式下,罪与非罪、此罪与彼罪等的判断需要参照补充规范中的规定,空白罪状本身不具有独立界定犯罪的功能。第二,罪状基本内容的变化不完全依赖于刑法修正。我国刑法中规定的补充规范包括法律、行政法规、规定及规章制度等多种形式,有不同主体制定的规范性文件和一些非规范性文件,上述规定的修改、变化都可能会影响空白罪状的内涵与外延。第三,法定刑的配置专属于刑法。补充规范虽然可以填充空白的构成要件,但不能设定法定刑,这是基于罪刑法定原则和刑法的明确性所提出的基本要求。在解释空白罪状时,要充分重视刑法规定与补充规范之间的关系。补充规范是刑法启动的前置性判断依据,只有补充规范规定的违法行为,原则上才会被评价为犯罪行为;空白罪状的填充,或者罪状中的要素不明确、有争议时,应当严格遵循补充规范中的明文规定。就本案而言,刑法第二百二十五条第三项规定,违反国家规定,未经国家有关主管部门批准非法经营期货业务,扰乱市场秩序,情节严重的,构成非法经营罪。根据《刑法》第九十六条的规定,这里的"违反国家规定"是指违反全国人民代表大会及其常务委员会制定的法律和决定,国务院制定的行政法规、规定的行政措施、发布的决定和命令。在与期货有关的文件中,只有国务院 2007 年发布的《期货交易管理条例》(本附文以下简称《条例》)属于国家规定,是本案空白罪状需要援引的补充规范。梳理《条例》中的有关规定,可以将本案非法经营罪的具体构成要件填充为"未经国家有关主管部门批准",是指未经国务院期货监督管理机构,亦即中国证监会的批准;"非法经营期货业务",是指在期货交易所之外进行期货交易,从事变相期货交易,或者期货公司从事、变相从事期货自营业务等违反《条例》规定的非法经营行为。值得强调的是,上述非法经营行为类型中的变相期货交易仍然是一个抽象概念,《条例》第八十九条对其作了进一步的详细规定,因此,该条也是本案非法经营罪的补充规范。[参见第 727 号指导案例,刘溪、聂明湛、原维达非法经营案,载《刑事审判参考》总第 82 集(2011 年第 5 集),第 25 ~27 页。撰稿:任素贤于书生]

▽为了获取期货风险利润,符合变相期货交易的特征,构成非法经营罪

1. 变相期货交易的特征。根据《条例》第八十九条的规定,变相期货交易的特征可以归纳如下:

(1)交易集中进行,而非个别、分散协商。1999 年发布的《期货交易管理暂行条例》曾规定,期货交易实行集中竞价,按照价格优先、时间优先的撮合成交原则进行。而新的《条例》则将交易方式修改为公开的集中交易方式或者国务院期货监督管理机构批准的其他方式。从《条例》对交易方式的修改可知,集中竞价不再是交易方式的要件。因此,按照新规定,涉案交易即便采用报价等非竞价方式,也不影响变相期货交易的认定。(2)交易对象为标准化合约,即合约由交易一方为了通常和重复使用而预先拟定,并在实际使用时未与对方协商。(3)交易实行保证金制度,交易者应当按照规定标准交纳资金,用于结算和保证履约。(4)交易实行当日无负债结算制度,或称"逐日盯市"。有关机构或者市场在每日交易结束后,根据当日结算价计算客户当日的持仓盈亏。如有持仓亏损必须于下一交易日前补足,否则客户在手合约会被强制平仓。(5)保证金收取比例低于合约(或者合同)标的额的 20%。总之,从本质层面解析,变相期货交易与现货买卖的本质区别在于,变相期货交易中参与者的主要目的不是转移商品所有权,而是套期保值或者从期货价格变动中获取投机利益。2. 本案被告人的行为构成非法经营罪。本案被告人刘某等人的交易方式符合变相期货交易的上述特征,具体理由如下:(1)刘某等人或是掌控客户账户并在同荣公司代为交易,或是将用户名和密码提供给客户,由客户在 ASA 交易平台上自行选择场所上网交易。从表面上看,本案的交易地点较为分散。但这里的集中交易可以理解为交易平台等的集中,不能机械地理解为场所的集中。本案的黄金合约均在 ASA 平台上集中交易,符合集中交易的特征。(2)刘某等人买卖的黄金合约(而非黄金实物)由境外黄金市场预先拟定并提供给交易者,由交易者反复买卖。这些合约中的黄金品质、合约总值及基本保证金等要素确定,刘某等人只能选择相应的合约类型进行交易,并不参与合约条款的协商与拟定,亦不能对合约内容作出修改。因此,本案中的黄金合约符合标准化合约的特征。(3)刘某等人与客户签订的协议书中约定了保证金制度,要求客户须在交纳保证金后才能开展交易,保证金用于保证客户的履约能力并结算盈亏。(4)根据本案协议书中的约定,客户在仓的黄金合约以当日市场收盘价位结算后,实际保证金不足的,客户必须于次交易日 15:30 以前注资补足,否则客户的合约会被全部或部分平仓。这表明交易采用当日无负债结算制度。(5)根据本案黄金在境外市场上的交易规则,客户可以将其交纳的保证金放大 100 倍用于黄金合约买卖,故本案中保证金的收取比例仅为合约标的额的 1%,远低于《条例》所规定的 20%。此外,刘某等人所从事的黄金买卖还采用了做多、做空的交易方法及对冲机制等其他期货交易机制,即客户既可以先买入黄金合约后沽出,也可以先沽出后再买人,用两份数量相同但买卖方向相反的合约对冲平仓。从交易目的来判断,刘某等人主要通过买空、卖空、对冲黄金合约等手段从境外市场的价格波动中获得风险利润,而非为了获得黄金实物的所有权,这符合变相期货交易的实质。值得注意的是,根据我国的黄金管理及进出口政策,刘某等人在未经批准的情况下无法将境外黄金交割入境,本案中的客户实际上也未取得黄金实物,均通过对冲平仓或者强制平仓的方式终止了交易。综上所述,刘某等人的行为符合变相期货交易特征。同时,刘某等人未经同荣公司负责人同意,擅自设立"海外交易部",且未经国务院期货监督管理机构批准,系违反国家规定非法经营期货业务,经营数额达 400 万余元,情节特别严重,其行为构成非法经营罪。[参见第 727 号指导案例,刘某、聂明湛、原维达非法经营案,载《刑事审判参考》总第 82 集(2011 年第 5 集),第 27～29 页。撰稿:任素贤　于书生]

▽未经审批开展为他人提供押车贷款服务,牟取高额利息的行为,尚未达到情节严重的程度,不构成非法经营罪

《刑法》本条列举了四种非法经营行为。第三种情形中的资金支付结算业务,是指通过银行账户的资金转移实现收支的行为,即银行接受客户委托代收代付,从付款单位存款账户划出款项,转入收款单位存款账户,以此完成经济体之间债权债务的清算或资金的调拨。据此,二被告人的行为亦不属于上述第三种情形。二被告人的行为是否构成非法经营罪,关键在于其行为是否属于第四种情形。二被告人的行为属于刑法本条第四项规定的其他扰乱市场秩序的非法经营行为。主要理由有两点:一是既然刑法本条第三项将非法从事"经营证券、期货、保险及资金支付结算业务"纳入非法经营罪的处罚范围,就表明了立法肯定该行为侵害了市场秩序的立场,据此,亦可将其他非法金融活动视为侵害市场秩序,这一推论合乎逻辑,并不违背立法精神;二是虽然非法金融活动直接侵害的是金融管理秩序,但从广义上讲,金融管理秩序亦包含在市场秩序外延之内,且从分则规定看,二者均属于破坏社会主义市场经济秩序犯罪一章,因此,以二被告人的行为扰乱的是金融管理秩序而非市场秩序从而否定其构成非法经营罪的理由难以成立。在认定二被告人的行为属于刑法本条第四项规定的情形的前提下,对其行为是否认定构成非法经营罪,还应考察其行为是否达到扰乱市场秩序"情节严重"的程度。对此,2010年最高人民检察院、公安部联合印发的《关于公安机关管辖的刑事案件立案追诉标准的规定(二)》(本附文以下简称《标准二》)将刑法本条第四项的个人犯罪追诉标准规定为"非法经营数额在五万元以上,或者违法所得数额在一万元以上"。本案二被告人非法经营额达到13万元,如果适用该标准,显然应当认定二被告人的行为构成非法经营罪。然而,二被告人非法从事典当业务的行为不能简单适用该标准。理由如下:首先,《标准二》中有关刑法本条第四项追诉标准的规定源于2001年最高人民检察院、公安部联合印发的《关于经济犯罪案件追诉标准的规定》,《标准二》沿用这一标准确立的基础,在于其当时主要针对的是生产、流通领域非法经营专营、专卖或者其他限制买卖的物品,及买卖经营许可证或批准文件的行为,作为一般生产、流通领域的非法经营行为,个人的非法经营额达到5万元以上或者违法所得数额在1万元以上,从对市场秩序的侵害来讲,可以认为达到认定情节严重的程度,扰乱了市场秩序;但非法进行金融活动与生产、流通领域的非法经营活动不同,前者往往数额巨大,如果以上述标准认定情节严重,必然产生即使达到上述数额标准,也不一定造成严重扰乱市场秩序的结果,如果适用上述标准,显然过低,造成打击面过大。其次,《标准二》对刑法本条第三项,即非法经营证券、期货、保险业务的立案追诉标准规定为"非法经营数额在三十万元以上",非法从事资金支付结算业务的立案追诉标准规定为"数额在二百万元以上"。可见,《标准二》对部分金融业务已规定了特殊的情节严重认定标准,而规定的这一特殊标准显然适用了更高数额标准,就是考虑到非法经营金融业务的特殊性。基于上述分析,本案二被告人中的非法押车贷款同样作为非法金融业务,亦应当参照《标准二》对刑法本条第三项规定的数额标准而不是简单适用第四项的标准。最后,从《标准二》的效力来讲,根据最高人民法院2010年下发的《关于在经济犯罪审判中参照适用〈最高人民检察院、公安部关于公安机关管辖的刑事案件立案追诉标准的规定(二)〉的通知》的规定,最高人民法院对相关经济犯罪的定罪量刑标准没有规定的,人民法院在审理经济犯罪案件时,可以参照适用《标准二》的规定。各级人民法院在参照适用《标准二》的过程中,如认为《标准二》的有关规定不能适应案件审理需要的,要结合案件具体情况和本地实际,依法审慎稳妥处理好案件的法律适用和政策把握,争取更好的社会效果。具体到本案,首先,从犯罪数额看,二被告人的非法经营额仅为13万元,非法所得不满2万元,与有关"非法经营数额在三十万元以上"的标准相去甚远;其次,从经营规模看,二被告人仅同二名当事人进行了押车贷款业务,没有实际牵涉社会不特定多数人,并未造成严重扰乱当地金融秩序的结果:再次,从主观故意看,二被告人主观上只是希望通过该经营活动获取一定经济利益,并无希望或追求扰乱金融秩序的直接故意;最后,从资金能力看,二被告人由于缺乏运营资金,其公司经营客观上难以为继,难以对金融安全造成实质威胁。综上分析,二被告人非法从事押车贷款的行为,尚未达到情节严重的程度,不构成非法经营罪。[参见第828号指导案例,张军、张小琴非法经营案,载《刑事审判参考》总第90集(2013年第1集),第31～34页。撰稿:康瑛]

▽未经许可从事非法经营行为,但审理期间相关行政审批项目被取消的,其行为不构成非法经营罪

被告人从事黄金经营期间,黄金属于刑法本条第一项规定的"专营专卖物品",但在原审一审期间,国发〔2003〕5号文件发布后,黄金不再属于上述规定中的"专营专卖物品"。同时,被告人的行为虽然违反《无照经营查处取缔办法》(国务院令370号)等相关国家规定,但根据实践中相关案件的普遍做法,并结合当时当地政府筹建黄金市场的特殊政策等因素,被告人的行为也不属于刑法本条第四项规定的“其他严重扰乱市场秩序的非法经营行为”,因此不构成非法经营罪。具体理由如下:1.行政法的溯及力亦实行“从旧兼从轻”原则。本案其实不涉及刑法的溯及力问题。非法经营罪的认定,必须以行为“违反国家规定”为前提,此处的“国家规定”主要是指行政法律、法规及国家规定层面的行政性规定。除涉及设定标准、规则等规定外,行政法律、法规(包括国家层面的行政性规定)的溯及力与刑法的溯及力一样,均适用“从旧兼从轻”原则。行政法理论界将行政法的溯及力概括为:“程序从新,实体从旧,有利被告的除外。”根据相关解释性规定,国发〔2003〕5号文件属于国家层面的行政性规定。国发〔2003〕5号文件发布于2003年,而《金银管理条例》出台于1983年,两者相冲突的地方,应当适用国发〔2003〕5号文件的规定。2.被告人经营的对象不属于限制买卖的物品。国发〔2003〕5号文件发布后,《金银管理条例》中关于黄金由中国人民银行统购统配的规定不应再适用,单位或者个人经营黄金均无须经由中国人民银行审核批准,黄金不再属于刑法本条第一项规定中的“专营、专卖物品或者其他限制买卖的物品”。2003年中国人民银行办公厅《〈关于对“非法经营黄金行为”现阶段如何认定的函〉的复函》(本附文以下简称《银办复函》)所提中国人民银行发布的《关于调整携带黄金有关规定的通知》(银发〔2002〕320号)针对的是企业,不包括个人的观点是正确的,但不能基于该《银办复函》推出国发〔2003〕5号文件取消行政审批针对的是单位而不是个人的观点。“法无明文授权即禁止,法无明文禁止即自由”,是现代法治通行的理念,前者是针对有限政府而言,后者是针对法治社会权利保障而言。国发〔2003〕5号文件发布后,没有任何法律法规规定禁止公民个人从事黄金经营,被告人从事黄金经营没有违反相关行政许可的国家规定。原审一审、再审一审判决基于《银办复函》得出国发〔2003〕5号文件关于取消许可的规定所针对的不包括个人的观点,属于理解错位。3.被告人的行为不属于严重扰乱市场秩序的经营行为。无照经营行为虽然违反《无照经营取缔办法》等相关国家规定,但从一些相关司法实践看,一般不将无照经营、超地域经营、零售变批发经营认定为“严重扰乱市场秩序的非法经营行为”。对该类行为,实践惯例一般是作为行政违法行为进行处理。更何况,本案中,关东金世界是经桦甸市政府批准设立,并由桦甸市个体劳动者私营协会为其办理了集体所有制企业法人的营业执照,且人民银行吉林市支行、桦甸市支行对其在业务上、经营上进行经常性指导。被告人作为关东金世界名下23业户之一,虽然没有独立的营业执照,但均需向关东金世界交纳管理费,同时也须向税务机关交税。上述情况表明,被告人实际是挂靠关东金世界从事黄金经营,有当地政府认同和支持的特定背景,应当视为具有营业执照。[参见第862号指导案例,于润龙非法经营案,载《刑事审判参考》总第92集(2013年第3集),第44~45页。撰稿:刘晓虎]

▽行为人为自己或者实际控制的信用卡套取现金,情节严重的,均构成非法经营罪,且套现数额均应计入非法经营犯罪数额

应当准确理解信用卡套现类非法经营罪的本质。2009年12月16日出台的最高人民法院、最高人民检察院《关于办理妨害信用卡管理刑事案件具体应用法律若干问题的解释》(已于2018年修正)第七条规定:“违反国家规定,使用销售点终端机具(POS机)等方法,以虚构交易、虚开价格、现金退货等方式向信用卡持卡人直接支付现金,情节严重的,应当依据刑法第二百二十五条的规定,以非法经营罪定罪处罚。”由上述规定,对信用卡套现类非法经营罪的本质特征可以从以下几个方面进行分析。首先,从客观方面分析,信用卡套现类非法经营罪规制的是行为人在无真实交易背景下向“信用卡持卡人”直接支付现金的行为,对象是信用卡持卡人,并不禁止行为人与持卡人主体重合。特约商户持自己或者实际控制的信用卡刷卡时,行为人具有两种重合的主体身份,一是特约商户,二是代表持卡人。在其虚构的交易行为中,行为人一人担当交易双方的角色。其次,从侵犯的法益分析,信用卡套现行为之所以构成非法经营罪,是因为行为人在未发生真实商品交易情况下,变相将信用卡的授信额度转化为现金,从而使金融机构资金置于高度风险之中,严重扰乱国家金融管理秩序。本案三被告人用自己或者实际控制的信用卡在自己的POS机上套取现金,已经现实地使银行资金置于高度风险之中,侵犯了设立非法经营罪所要保护的国家正常的金融市场秩序。再次,非法经营罪所体现的规范、指引、教育功能在于从事某种经营应当按照国家规定事先获取经营许可资格,或者遵守特定行业的特定规则。如果行为人未获取相关许可或者违反特定行业的特定规则,就应当认定为非法经营行为,情节严重的即可构成刑法本条规定的非法经营罪。行为人申领POS机目的在于实施信用卡套现行为,不论是为他人还是为自己刷卡,均违反了不得虚构交易的特定行业规则,严重扰乱金融管理秩序,故特约商户不论是为他人套现,还是为自己套现,均属于刑法本条规定的非法经营行为,不能因为特约商户与持卡人身份重合而将此类非法套现行为排除在刑法调整之外。既然为自己或者实际控制的信用卡套取现金,情节严重的,均构成非法经营罪,那么两种情形的套现数额均应计入非法经营犯罪数额。[参见第863号指导案例,张虹飚等非法经营案,载《刑事审判参考》总第92集(2013年第3集),第51~52页。撰稿:孙炜 范莉 徐克兵 郁松]

▽用后次所套取现金归还前次套取现金的,应当累计为非法经营数额

被告人为了不让信用卡信誉度降低,方便继续套现,在某张信用卡还款日到期前,采取拆东墙补西墙的手法,从其他信用卡套取现金归还欠款,从而出现滚动套现的情况。有观点认为,在计算此类套现行为的犯罪数额时应当以银行被占用资金("本数")为基准。诈骗犯罪、挪用公款罪都是以"本数"确定犯罪数额。如《最高人民法院关于审理诈骗案件具体应用法律的若干问题的解释》(现已废止)第九条明确规定:"对于多次进行诈骗,并以后次诈骗财物归还前次诈骗财物,在计算诈骗数额时,应当将案发前已经归还的数额扣除,按实际未归还的数额认定,量刑时可将多次行骗的数额作为从重情节予以考虑。"《最高人民法院关于审理挪用公款案件具体应用法律若干问题的解释》第四条规定:"……多次挪用公款,并以后次挪用的公款归还前次挪用的公款,挪用公款数额以案发时未还的实际数额认定。"但用后次所套取现金归还前次套取现金的,应当累计非法经营数额。首先,诈骗与挪用类犯罪侵犯的主要客体是财产所有权,如果挪用的对象是公款,则挪用类犯罪还侵犯了职务行为的廉洁性。故被害人或者被害单位的财产损失往往是衡量犯罪行为严重程度的主要因素之一,相关司法解释结合行为人主客观方面要素以最终未能归还的实际数额作为认定犯罪数额的标准的原理即在于此。而非法经营罪作为扰乱市场秩序的主要犯罪之一,其危害性主要体现在对正常市场经营秩序的严重扰乱,而不仅是金融机构资金的安全性。与内幕交易,操作证券、期货市场行为类似,行为人交易的次数、交易的数额本身就体现出行为扰乱市场经济秩序的严重程度。套现行为制造的虚假交易,使经济总量虚高,还可能导致虚假的经济统计数据和虚假的经济繁荣景象,进而误导经济决策。本案被告人在短短15个月左右的时间里单独或者伙同多人,非法套现2250万元,造成信用卡交易总量的虚假放大,对市场宏观经济秩序造成严重消极影响。倘若以"本数"为犯罪数额,在行为人归还了所套取的"本数"现金金额的情况下,就不能认定为犯罪,则必然背离非法经营罪设置的初衷。其次,从入罪标准看,也应当累计计算。考虑到套现交易金额可能不能直接反映行为对金融机构资金安全性的危害程度,《关于办理妨害信用卡管理刑事案件具体应用法律若干问题的解释》将信用卡套现类非法经营行为"情节严重"的入罪标准规定为三项:商户套现交易金额、造成金融机构资金逾期未还金额、造成金融机构经济损失金额。从该规定分析,就第一项而言,即指客观上实际套现交易的数额,因此,对以后次套现归还前次套现的情形,套现数额应当累计计算。[参见第863号指导案例,张虹飚等非法经营案,载《刑事审判参考》总第92集(2013年第3集),第52~53页。撰稿:孙炜 范莉 徐克兵 郁松]

▽明知他人为非法套现借用POS机,无偿出借期间套现数额应当计入非法经营犯罪数额

明知他人为非法套现借用POS机,即使是无偿出借,他人在无偿出借期间套现数额应当计入非法经营犯罪数额。首先,作为共同犯罪中的帮助犯,应当对共同犯罪行为承担全部责任。本案被告人除了自己实施非法套现行为外,在明知他人租借其POS机系从事刷卡套现违法活动情况下,仍违反银联公司相关规定将POS机租借给他人,并提供个人印章、财务专用章、空白支票等。该情形下,其虽然未实施直接非法经营的实行行为,但向另一被告人提供了该类犯罪能够得逞的关键设备,属于共同犯罪中的帮助犯。帮助犯是指共同犯罪中没有直接参与犯罪的实行行为,而是向实行犯提供帮助,使其便于实施犯罪,或者促使其完成犯罪的人。帮助行为通常表现为提供犯罪工具、指示犯罪目标、查看犯罪地点、排除犯罪障碍以及事前通谋答应事后隐匿罪犯、消灭罪迹、窝藏赃物来帮助实施犯罪等情况。按照共同犯罪"部分行为全部责任"理论,被告人应当对提供POS机期间套现的金额承担相应的法律责任。其次,非法经营罪的构成不要求以牟利为目的。信用卡套现构成非法经营罪必须具备以下条件:一是行为违反国家规定;二是利用POS机虚构交易等方法;三是向信用卡持卡人直接支付现金;四是行为达到情节严重的程度。而行为人是否以牟利为目的、是否最终牟取了利益不影响本罪的成立。故被告人为他人实施非法信用卡套现行为提供犯罪工具,有偿与否,不影响对其犯罪数额的认定。[参见第863号指导案例,张虹飚等非法经营案,载《刑事审判参考》总第92集(2013年第3集),第53～54页。撰稿:孙炜　范莉　徐克兵　郁松]

▽租用POS机从事非法套现的行为人,为作为出租人的持卡人非法套现的数额应当计入非法经营犯罪数额

作为特约商户,无论是为他人套现,还是为自己套现,其套现数额均应当计入犯罪数额。以这个大原则为前提,如果行为人是POS机租用人,持卡人是出租人,行为人为作为出租人的持卡人非法套现的数额应当计入非法经营犯罪数额。首先,另一被告人套取现金的行为符合本罪的犯罪构成要件。相关法律和司法解释对构成本罪的主体并没有特别限定,即并不必须是特约商户才能成为本罪的犯罪主体。另一被告人违反国家规定,即使是租用POS机为POS机出租人即信用卡持卡人被告人套取现金,情节严重的,其行为也构成非法经营罪。其次,作为POS机的实际控制人和使用受益人,应当对使用期间套现数额总额负责。虽然另一被告人不是POS机的机主,但其是实际控制人,且经另一被告人亲手操作为被告人套取现金。虽然被告人是持卡人,另一被告人未收套现手续费,似乎并无直接经济收益,但潜在的、替代性的收益仍然存在,如被告人免除部分租用费,由被告人安排租用人之间相互调换使用POS机以逃避监管等其他形式的利益。况且,另一被告人不收手续费的原因无论是双方合意,还是自愿免除,都是其非法经营行为的组成部分,其是否获利不影响非法经营犯罪行为的认定。最后,另一被告人应当对其使用POS机期间的套现总额承担刑事责任。当然,在这种情况下,被告人作为另一被告人非法经营的共犯也应当对其作为持卡人的套现数额负刑事责任。[参见第863号指导案例,张虹飚等非法经营案,载《刑事审判参考》总第92集(2013年第3集),第54～55页。撰稿:孙炜　范莉　徐克兵　郁松]

▽挂靠具有经营资质的企业从事药品经营且不建立真实购销记录的,属于非法经营行为

目前,药品经营行业的挂靠现象严重扰乱了正常的药品流通秩序,为伪劣药品流入市场提供了机会,同时也为犯罪分子利用药品进行违法犯罪活动提供了可乘之机。因药品质量、药品流向未能做到全程监管,对人民群众用药安全构成了极大威胁,对社会稳定造成了极大隐患,特别是经营含有麻黄碱类的复方制剂等特殊药品的危害后果更大。本案涉及的药品为消咳宁片,属于麻黄碱类复方制剂,被告人的行为导致约200万瓶药品全部流入非法渠道,给社会造成极大危害。

(一)在案证据难以证实被告人主观明知他人具有毒品犯罪目的,被告人的行为不构成毒品犯罪的共犯。根据最高人民法院、最高人民检察院、公安部2012年联合下发的《关于办理走私、非法买卖麻黄碱类复方制剂等刑事案件适用法律若干问题的意见》(本附文以下简称《意见》)第三条规定:"明知他人利用麻黄碱类制毒物品制造毒品,向其提供麻黄碱类复方制剂,为其利用麻黄碱类复方制剂加工、提炼制毒物品,或者为其获取、利用麻黄碱类复方制剂提供其他帮助的,以制造毒品罪的共犯论处。明知他人走私或者非法买卖麻黄碱类制毒物品,向其提供麻黄碱类复方制剂,为其利用麻黄碱类复方制剂加工、提炼制毒物品,或者为其获取、利用麻黄碱类复方制剂提供其他帮助的,分别以走私制毒物品罪、非法买卖制毒物品罪的共犯论处。"《意见》第五条规定:"对于本意见规定的犯罪嫌疑人、被告人的主观目的与明知,应当根据物证、书证、证人证言以及犯罪嫌疑人、被告人供述和辩解等在案证据,结合犯罪嫌疑人、被告人的行为表现,重点考虑以下因素综合予以认定:1. 购买、销售麻黄碱类复方制剂的价格是否明显高于市场交易价格;2. 是否采用虚假信息、隐蔽手段运输、寄递、存储麻黄碱类复方制剂……"本案被告人经营的消咳宁片含有麻黄碱,属于麻黄碱类复方制剂的范围,从销售对象看符合走私制毒物品罪、非法买卖制毒物品罪的对象特征。但从证据角度分析,认定被告人具有毒品共犯的主观要件的证据不足。在案证据仅证实,部分消咳宁片销售给林某某,林某某再把消咳宁片销给华小波,华小波再进行销售。消咳宁片实际的销售记录载明的是购买企业皆没有从被告人处购买消咳宁片。因此,上述证据并没有形成完整的证据链,难以充分证实林某某、华某某等人购买消咳宁片的目的,即无证据证明林、华等人利用消咳宁片制造毒品或者提炼、加工制毒物品,从而从证据上不能证实被告人主观上具有明知他人制造毒品或者非法买卖制毒物品的故意,不应以制造毒品罪、非法买卖制毒物品罪的共犯论处。

(二)被告人挂靠具有经营资质的企业从事药品经营的行为属于刑法本条规定的非法经营行为。1. 挂靠经营药品行为违反了国家规定,应当认定为刑法本条规定的非法经营行为。根据《药品管理法》(已于2019年修订)第十四条的规定,无《药品经营许可证》的,不得经营药品。行政许可法第八十条规定:"被许可人有下列行为之一的,行政机关应当依法给予行政处罚;构成犯罪的,依法追究刑事责任:(一)涂改、倒卖、出租、出借行政许可证件,或者以其他形式非法转让行政许可的……"原国家食品药品监督管理局2007年下发的《关于进一步整治药品经营中挂靠经营超方式及超范围经营问题的通知》第一条明确规定:"挂靠经营是指药品经营企业为其他无证单位或个人提供药品经营场地、资质证明以及票据等条件,以使挂靠经营者得以从事药品经营活动。对于药品经营企业,接受挂靠的性质是出租、出借证照;对于挂靠经营者,进行挂靠的性质则是无证经营。超出《药品经营许可证》规定的经营方式、经营范围从事药品经营活动,是《药品管理法》明令禁止的违法行为。"本案被告人在没有得到经营许可也不可能得到经营许可的情况下,通过挂靠有经营资质的单位从事药品经营的行为,违反了药品管理法、行政许可法的相关规定,应当视为无证经营,属于刑法本条第一项规定的"未经许可经营国家专营、专卖物品"的情形,依法应当以非法经营罪定罪处罚。被告人经营的消咳宁片含有麻黄碱,属于麻黄碱类复方制剂的范围,因此还可以适用《意见》的相关规定。《意见》第一条第四款规定:"非法买卖麻黄碱类复方制剂或者运输、携带、寄递麻黄碱类复方制剂进出境,没有证据证明系用于制造毒品或者走私、非法买卖制毒物品,或者未达到走私制毒物品罪、非法买卖制毒物品罪的定罪数量标准,构成非法经营罪、走私普通货物、物品罪等其他犯罪的,依法定罪处罚。"根据这一规定,被告人的行为也应当认定为非法经营罪。2. 在非法经营药品过程中故意不建立真实购销记录的不属于刑法本条规定的非法经营行为,但可以作为认定情节严重的参考因素。药品管理法第十八条规定:"药品经营企业购销药品,必须有真实完整的购销记录。购销记录必须注明药品的通用名称、剂型、规格、批号、有效期、生产厂商、购(销)货单位、购(销)货数量、购销价格、购(销)货日期及国务院药品监督管理部门规定的其他内容。"本案中,从查证属实的情况看,目前仅查实被告人向林某某、华某某等不具备经营资质的个人销售药品300余万元的事实。被告人违反药品管理法的规定,故意不建立真实的销售记录,且不如实供述其药品销售去向,导致药品流入非法渠道后无法追回,加剧了其行为的社会危害性。从行为定性角度分析,故意不建立真实购销记录的不属于刑法本条规定的非法经营行为,但是可以作为认定非法经营行为是否构成情节严重的一个重要参考因素。在非法经营行为已构成犯罪的情况下,可以作为酌定从重处罚的情节予以考虑。

（三）犯罪数额、犯罪情节的认定及财产刑的适用。本案被告人既有购买行为又有销售行为，其犯罪数额究竟是按照购买价格还是按照销售价格认定。在案证据显示，被告人购买药品的价格能够查清，销售药品的部分价格可以查清。被告人非法经营犯罪数额的认定，可以参照《最高人民法院、最高人民检察院关于办理非法生产、销售烟草专卖品等刑事案件具体应用法律若干问题的解释》（本附文以下简称《烟草解释》）的有关规定。《烟草解释》第四条规定：非法经营烟草专卖品，能够查清销售或者购买价格的，按照其销售或者购买的价格计算非法经营数额。无法查清的，通过平均价、基准价等计算。参照这一规定，被告人的犯罪数额应当按照其从经开公司购进消咳宁片的价格认，即被告人非法经营的数额达700余万元。经有关部门测算，被告人经营的消咳宁片中含有的麻黄碱类复方制剂，如用于制造冰毒可以制成约800公斤的冰毒，毒品市值4亿元。综合考虑到被告人的经营数额、行为危害后果、药品的特殊种类以及不建立购销记录等情况，应当认定其行为为情节特别严重，依法应当判处五年以上有期徒刑，并处违法所得一倍以上五倍以下罚金或者没收财产。另查明，有证据证实的被告人仅销售给林某某部分的药品获利数额约为170余万元，其他途径的销售利润并不确定。为强化刑罚的特殊预防效果，从经济上有效制裁犯罪分子，剥夺其再犯罪的能力，依照刑法本条关于非法经营罪的处罚规定，法院对被告人判处没收财产700万元，符合法律规定，同时也充分体现了罪责刑相适应。[参见第864号指导案例，王某某非法经营案，载《刑事审判参考》总第92集（2013年第3集），第58～62页。撰稿：王瑞琼]

▽未经许可在城区违法搭建商铺并以招商为名收取租金的行为构成非法经营罪

在我国城镇化进程中，由违章建筑引发的刑事案件较为多发，在城区违法搭建商铺对外招商，承诺定期开业并收取租金，是其中一种比较典型的表现形式。

1. 被告人未经许可的行为违反了国家规定。从《刑法》第九十六条的规定可知，违反国家规定是指“违反全国人民代表大会及其常务委员会制定的法律和决定，国务院制定的行政法规、规定的行政措施、发布的决定和命令”。具体到非法经营罪而言，刑法本条规定的“违反国家规定”，是指违反上述法律规定中关于从事经营性活动的许可性规定。根据建筑法第七条、第八条的规定，建筑工程开工前，建设单位应当按照国家有关规定向工程所在地县级以上人民政府建设行政主管部门申请领取施工许可证，且申请领取施工许可证应当具备一些前置条件，如已经办理该建筑工程用地批准手续，在城市规划区的建筑工程已经取得规划许可证等。建筑法无疑属于“国家规定”，因此，本案被告人翁某某未经合法审批，未申领施工许可证，违法搭建商铺的行为显然属于“违反国家规定”。

2. 被告人翁某某的非法经营行为严重扰乱了市场秩序。区分翁某某的非法经营行为属民事欺诈还是犯罪，还应对该行为的社会危害后果进行评价。首先，被告人翁某某未经许可擅自开工建售收取租金的行为严重扰乱市场秩序。房地产开发、经营活动对社会影响重大，一直受到国家的严格管控，未经许可私自进行房地产开发、经营活动，不仅破坏了国家对房地产的管理秩序，也使其他从事此类业务的合法经营者直接面对低成本的违规经营活动的竞争，严重扰乱了房地产市场的正常经营秩序。其次，翁某某还有其他违反国家规定的行为，如翁某某伙同他人为违法招商成立的岳腾基业第一分公司不具备经营市场商铺的资格，招商过程中亦未就经营范围变更登记，违反了国务院颁布的公司登记管理条例。根据消防法第十五条的规定，公众聚集场所在投入使用、营业前，应当向场所所在地的县级以上地方人民政府公安机关消防机构申请消防安全检查，未经消防安全检查或者经检查不符合消防安全要求的，不得投入使用、营业。翁某某伙同他人非法搭建的购物广场属于公众聚集场所，在投入使用前未依法申请消防检查，违反了该条规定。上述违反国家规定的行为，虽然不属于刑法本条罪状中“违反国家规定”的行为，但该类行为越多，违反程度越重，就越体现出其扰乱市场秩序的严重程度。综合翁某某在规划、工商、消防等手续均不具备的情况下，为实现“经营”目的，伙同他人先后两次非法招商，其行为属于严重扰乱市场秩序的非法经营行为。

3. 翁某某违规开发、经营房地产的行为属于刑法本条规定的"情节严重"。根据相关司法解释的规定,目前对非法经营行为是否属于"情节严重"主要依非法经营的数额或数量判断,如非法经营去话业务数额在100万元以上,非法经营报纸5000份或者期刊5000本以上,均属于"情节严重"等。本案被告人翁某某在第一次非法经营受到政府查处后,并未停止其非法经营行为,相反,为实现其营利目的,再次伙同他人通过公开宣传与350余名商户签订租赁合同,收取商户缴纳的各项钱款,涉案数额达1300余万元。在政府相关部门对翁某某的非法经营行为进行查处期间,大量商户要求政府准许开业,发生多次大规模群体聚集、堵塞交通等事件,造成了恶劣的社会影响。虽然司法解释尚未规定非法经营市场商铺行为"情节严重"的数额或数量标准,但无论从本案的非法经营数额、涉案人数,还是所造成的社会危害性分析,翁某某的非法经营行为的后果都已经远远超出了目前司法解释对其他类型非法经营行为规定的入罪条件,故对翁某某的非法经营行为应认定为刑法本条规定的"情节严重"。综上所述,北京市第二中级人民法院认定被告人翁某某的行为构成非法经营罪是正确的。[参见第1042号指导案例,翁某某非法经营案,载《刑事审判参考》总第101集(2014年第6集),第63～66页。撰稿:周耀]

▽不具备证券从业资格的公司与具备资格的公司合作开展证券咨询业务,情节严重的,构成非法经营罪

(一)《刑法》本条第三款规定的证券业务的具体内容包括证券咨询业务。根据《刑法》本条关于罪状的表述方式并结合证券法等相关法律来理解该条文的含义。该条款的基本表述属空白罪状,所谓空白罪状,就是"没有具体说明某一犯罪的构成特征,但指明了必须参照的其他法律、法令"。因此,准确适用刑法本条的前提便是考察与该条文关系密切的其他法律,本案即应考察证券法的相关规定。根据证券法第一百二十二条(现为第一百二十条)的规定,设立证券公司,必须经国务院证券监督管理机构审查批准。证券法第一百二十五条(现为第一百二十条)另规定,经国务院证券监督管理机构批准,证券公司可以经营证券投资咨询业务。换言之,设立证券公司和开展证券投资咨询业务,都需要经国务院证券监督管理机构批准。本案中,被告人王某及其公司并未根据主管部门批准成立证券公司,当然更不可能依据证券监管部门的批准合法开展证券咨询业务。

(二)采取与有资格经营证券咨询业务的公司合作的方式不能规避应当接受证券业主管机构批准和监管的义务。根据证券法规定,只有经国务院证券监督管理机构批准,证券公司才能经营证券投资咨询业务;无证券咨询资格的公司与具有证券咨询资格的公司之间的合作协议不能规避其应当接受审批和监管的义务。证券法对投资咨询业务所作的限制性规定,是为了维护广大投资者的利益,维护证券市场的健康发展。本案被告人王某等利用智盈公司、金诚公司与有证券咨询资格的金证公司、禧达丰公司签订合作协议,并将自己公司选聘的多名股评分析师的从业资格证书挂靠到这些公司,借这些公司的证券咨询资格证明用于自己股评节目的资格审查。王某、沈某某通过该合作方式以规避法律并牟取巨额利益,违背了证券法的立法目的,扰乱了正常的证券市场秩序,而其所获利益与从事证券咨询业务之间也存在必然的因果关系。如果刑法对这种规避证券监管的证券咨询行为不予以制裁,势必架空证券法对证券市场的规制和监管,助长无资格公司与有资格的公司勾结扰乱证券市场秩序的行为。

(三)未经批准开展证券咨询业务达到情节严重程度的才构成非法经营罪。刑法本条规定,只有情节严重的扰乱市场秩序的行为才构成非法经营罪。这就是说,未经国家有关主管部门批准非法经营证券咨询业务的行为,并非一律认定为非法经营罪。我国刑法理论认为,刑法具有补充性,"补充性的基本含义是,只有当一般部门法不足以抑制某种法益侵害行为时,才由刑法禁止"。我国证券法第二百三十一条(现为第二百一十九条)规定,对违反证券法构成犯罪的,依法追究刑事责任。本案被告人王某和沈某某利用与有经营证券咨询业务的公司合作的方式,非法经营证券咨询业务,非法经营额近3000万元。根据《最高人民检察院、公安部关于公安机关管辖的刑事案件立案追诉标准的规定(二)》的规定,未经国家有关主管部门批准,非法经营证券、期货、保险业务,数额在30万元以上的,或者违法所得数额在5万元以上的，应予追诉。据此，王某、沈某某等人的行为应当认定为情节严重的非法经营行为，动用刑罚具有必要性和正当性。[参见第1043号指导案例，王丹、沈玮婷非法经营、虚报注册资本案，载《刑事审判参考》总第101集(2014年第6集)，第70～71页。撰稿：曾宏 陈健]

▽非法生产、经营国家管制的第二类精神药品盐酸曲马多的行为，构成非法经营罪

(一)被告人吴某某等的行为不构成贩卖、制造毒品罪。曲马多(tramadol)是中枢非麻醉性镇痛药，化学名称为(±)－E－2－[(二甲氨基)甲基]－1－(3－甲氧基苯基)环己醇，简称反胺苯环醇。临床使用的主要是其盐酸盐，故又称盐酸曲马多。据有关资料显示，正常人如每天服用曲马多200毫克，大约半年后会产生药物依赖，而如果每天服用300～400毫克(6～8颗药)甚至更多，可在短期内上瘾，长期大剂量服用可致中枢神经兴奋、呼吸抑制，并可产生耐受性和成瘾性及其他不良反应。目前世界范围内，曲马多滥用成瘾的问题主要在我国比较严重。2007年，原国家食品药品监督管理局、公安部、原卫生部将其收入《麻醉药品和精神药品品种目录(2007年版)》，作为第二类精神药品进行管理，原国家食品药品监督管理局、原卫生部还专门下发了《关于加强曲马多等麻醉药品和精神药品监管的通知》(国食药监办〔2007〕749号)。根据刑法第三百五十七条和《禁毒法》的规定，毒品是指鸦片、海洛因、甲基苯丙胺(冰毒)、吗啡、大麻、可卡因以及国家规定管制的其他能够使人形成瘾癖的麻醉药品和精神药品，据此，《麻醉药品和精神药品品种目录(2013年版)》中列举的121种麻醉药品和149种精神药品依法均可认定为毒品。但我们认为，临床上也在使用的精神药品，与常见的鸦片、海洛因、甲基苯丙胺等毒品还是有所不同，特别是成瘾性、危害性相对较低的第二类精神药品，其同时具有毒品和临床药品的双重性质。盐酸曲马多药片属于第二类精神药品，目前在我国市场上仍然流通，药店里也能买到，只是对其实行严格的管理。作为毒品，盐酸曲马多药片可能被吸毒者吸食，或者在缺少海洛因、甲基苯丙胺时被犯罪分子作为替代品使用，但当以医疗等目的被生产、加工、使用时，它的本质仍然是药品。故实践中对于非法生产、销售盐酸曲马多的行为如何定罪处罚还需谨慎。根据刑法和已有相关司法解释的精神，对于临床上使用的国家管制的麻醉药品、精神药品，在有证据证明确实作为毒品生产、销售的才涉嫌毒品犯罪。(1)从刑法第三百五十五条第一款关于贩卖毒品罪的规定来看，只有“向走私、贩卖毒品的犯罪分子或者以牟利为目的，向吸食、注射毒品的人提供国家规定管制的能够使人形成瘾癖的麻醉药品、精神药品的”才以贩卖毒品罪定罪处罚。第三百五十五条关于非法提供麻醉药品、精神药品罪的规定，要求特殊主体即依法从事生产、运输、管理、使用国家管制的麻醉药品、精神药品的人员才能构成，而贩卖毒品罪则没有要求特殊主体，不管有无生产、经营资质的人或单位，都能构成该罪。根据该条规定，无资质的行为主体单纯以生产药品供临床使用为目的，生产、经营国家管制的麻醉药品、精神药品，事实上所生产的药品也没有流向毒品市场的，就不能认定为贩卖、制造毒品罪。(2)《最高人民法院研究室关于氯胺酮能否认定为毒品问题的答复》(已失效)规定，“鉴于氯胺酮被列在第二类精神药品管制品种目录中，且实践中临床使用较多，因此，对于明知他人是吸毒人员而多次向其出售，或者贩卖氯胺酮数量较大的行为人，才能依法追究刑事责任”。当时氯胺酮还是第二类精神药品，后来调整为第一类精神药品，而且随着实践中氯胺酮逐渐成为常见类毒品，其危害性已非常明确，最高人民法院、最高人民检察院、公安部联合印发的《办理毒品犯罪案件适用法律若干问题的意见》对办理氯胺酮等毒品案件的定罪量刑标准进行了明确规定，因此，《最高人民法院研究室关于氯胺酮能否认定为毒品问题的答复》已被最高人民法院清理司法解释的决定废止，但是该答复中体现出的对涉及第二类精神药品构成毒品犯罪认定所持的谨慎态度，对本案处理有参考意义。(3)《最高人民检察院法律政策研究室关于安定注射液是否属于刑法第三百五十五条规定的精神药品问题的答复》规定，“鉴于安定注射液属于《精神药品管理办法》规定的第二类精神药品，医疗实践中使用较多，在处理此类案件时，应当慎重掌握罪与非罪的界限。对于明知他人是吸毒人员而多次向其出售安定注射液，或者贩卖安定注射液数量较大的，可以依法追究行为人的刑事责任”。(4)《公安部关于在成品药中非法添加阿普唑仑和曲马多进行销售能否认定为制造贩卖毒品有关问题的批复》(公复字〔2009〕1号)也延续了上述司法解释的原则,要求公安机关在办案中应当注意区别为治疗、戒毒依法合理使用的行为与犯罪行为的界限,"只有违反国家规定,明知是走私、贩卖毒品的人而向其提供阿普唑仑和曲马多,或者明知是吸毒人员而向其贩卖或超出规定的次数、数量向其提供阿普唑仑和曲马多的,才可以认定为犯罪"。综上,对非法生产、销售国家管制的麻醉药品、精神药品的行为以制造、贩卖毒品罪定罪,必须同时符合以下条件:(1)被告人明知所制造、贩卖的是麻醉药品、精神药品,并且制造、贩卖的目的是将其作为毒品的替代品,而不是作为治疗所用的药品。(2)麻醉药品、精神药品的去向明确,即毒品市场或者吸食毒品群体。(3)获得了远远超出正常药品经营所能获得的利润。就本案而言,被告人吴某某等以生产药品的故意生产、销售盐酸曲马多,无证据表明生产出的盐酸曲马多流入毒品市场,故不构成贩卖、制造毒品罪。首先,吴某某等的主观犯意是将盐酸曲马多作为药品而非毒品进行生产、销售,吴某某、黄某某等人均供述其合资办厂的初衷是生产假药,不仅生产盐酸曲马多药片,还同时生产"感康片"等其他药品,事实上公安机关也查获了"感康片"等其他药品,吴某某找个体印刷厂印刷盐酸曲马多包装盒及说明书的行为也佐证了其主观上系生产假药而不是毒品的故意。其次,无证据表明生产出的盐酸曲马多流入毒品市场,反而有证据表明涉案的盐酸曲马多作为药品在市场上非法流通,公安人员在涉案的医疗器械经营部提取到违法销售的"天龙牌"盐酸曲马多,另案处理的同案人汪某也在异地被抓获,被司法机关以非法经营罪追究刑事责任。最后,从吴某某等人的牟利情况来看,其并没有赚取超出正常药品价格的高额利润,也表明其并不是针对吸毒分子或贩毒分子销售。综上,本案不宜定贩卖、制造毒品罪。

(二)本案被告人吴某某等的行为构成生产、销售伪劣产品罪,生产、销售假药罪和非法经营罪的竞合,应以非法经营罪定罪处。1. 被告人吴某某等的行为符合生产、销售假药罪的构成要件。生产、销售假药罪,是指明知是假药而进行生产、销售活动的行为。根据吴某某和黄某某的供述,其合作的目的就是制造假药,而吴某源也供述其生产的是假药,说明三被告人都具有生产假药的主观故意。根据刑法第一百四十一条的规定,"假药"是指依照药品管理法的规定,属于假药和按假药处理的药品、非药品。药品管理法第四十八条规定了假药及其按假药论处的情形。本案被告人不具有生产精神药品的资质,没有取得药品批准文号而生产精神药品,所生产的药品应认定为假药。而《最高人民法院、最高人民检察院关于办理生产、销售假药、劣药刑事案件具体应用法律若干问题的解释》(已废止)第一条规定的生产、销售假药的情形之二就包括"属于麻醉药品、精种药品的",该条规定本身就说明生产麻醉药品、精神药品的行为有可能构成生产假药罪而非制造毒品罪。2. 被告人吴某某等违反药品管理法规,擅自生产、销售药品,以假充真,销售金额达到5万元以上,行为符合生产、销售伪劣产品罪的构成要件。3. 被告人吴某某等的行为还构成非法经营罪。盐酸曲马多作为国家管制的精神药品,属于非法经营罪中所指的"法律、行政法规规定的专营、专卖物品或者其他限制买卖的物品"。《最高人民法院、最高人民检察院关于办理生产、销售假药、劣药刑事案件具体应用法律若干问题的解释》第六条规定:"实施生产、销售假药、劣药犯罪,同时构成生产、销售伪劣产品、侵犯知识产权、非法经营、非法行医、非法采供血等犯罪的,依照处罚较重的规定定罪处罚。"被告人吴某某、黄某某、吴某源的行为同时符合生产、销售假药罪,生产、销售伪劣产品罪和非法经营罪的构成要件,应在三罪中择一重罪处罚。刑法第一百四十一条对生产、销售假药罪的量刑规定了三个档次,其中没有"对人体健康造成严重危害或者有其他严重情节的","处三年以下有期徒刑或拘役,并处罚金"。刑法第一百四十条对生产、销售伪劣产品罪的量刑规定了四个档次,其中"销售金额五万元以上不满二十万元的,处二年以下有期徒刑或者拘役,并处或者单处销售金额百分之五十以上二倍以下罚金"。刑法本条对非法经营罪的量刑规定了两个档次,"情节严重的,处五年以下有期徒刑或者拘役,并处或者单处违法所得一倍以上五倍以下罚金;情节特别严重的,处五年以上有期徒刑,并处违法所得一倍以上五倍以下罚金或者没收财产"。根据《最高人民法院关于适用刑法第十二条几个问题的解释》的规定,如果刑法规定的某一犯罪有两个以上的法定刑幅度，法定最高刑或者最低刑是指具体犯罪行为应当适用的法定刑幅度的最高刑或者最低刑。本案中三被告人的行为如若按生产、销售伪劣产品罪量刑，因销售数额在20万元以下，应处"二年以下有期徒刑或者拘役，并处或者单处销售金额百分之五十以上二倍以下罚金"。如若按生产、销售假药罪量刑，因没有证据表明生产的假药对人体健康造成了严重危害，且本案审判时，《最高人民法院、最高人民检察院关于办理危害药品安全刑事案件适用法律若干问题的解释》尚未出台，认定"其他严重情节"的标准尚不明确，所以应先考虑适用第一档法定刑"三年以下有期徒刑或拘役，并处罚金"。而按照非法经营罪量刑，第一档法定刑最高可以到5年有期徒刑。比较三个罪名的第一档量刑幅度，非法经营罪的法定刑最高。此外，以生产、销售假药罪来定罪处罚，不能充分体现盐酸曲马多作为国家管制精神药品，比普通假药具有更大的社会危害性，不能充分评价吴某某等人生产、销售盐酸曲马多行为的社会危害性，而定非法经营罪能恰当地体现此类行为的本质在于违反国家禁止性管理制度。综上，潮州市中级人民法院对被告人吴某某、黄某某、吴某源、陈某某的行为以非法经营罪定罪处罚是适当的。[参见第1057号指导案例，吴名强、黄桂等非法经营案，载《刑事审判参考》总第102集(2015年第1集)，第15～20页。撰稿：林钟彪　曹东方]

▽经营有偿讨债业务的不属于刑法本条第四项规定的"其他严重扰乱市场秩序的非法经营行为"

被告人李某某、胡某某经营有偿讨债业务的行为尚未达到"严重扰乱市场秩序"的程度。有偿讨债行为的社会危害性主要体现在对公民个人隐私和正常工作、生活秩序的破坏和干扰，对于正常的市场经济秩序虽有一定的危害，但并非主要方面。就非法经营罪来说，根据刑法本条关于该罪构成要件的规定，其法益保护的侧重点在于市场经济秩序，因此，有偿讨债行为并不符合非法经营罪的危害实质。如果行为人在讨债过程中采取了非法获取公民个人信息、寻衅滋事、限制人身自由、暴力、威胁等手段且情节严重的，可按照其所触犯的具体罪名如侵犯公民个人信息罪、寻衅滋事罪、非法拘禁罪、非法侵入住宅罪、故意杀人罪、故意伤害罪等罪名予以处理。

在市场经济条件下，债权人既可以通过诉讼、仲裁、调解等途径实现债权，也可以在不违法或不损害公序良俗的前提下自行向债务人追讨，这些手段为国家、社会所鼓励和认可。但是，社会生活的复杂性决定了一些债权人或是由于债务人的躲避，或是出于节约时间，或是不方便通过诉讼等途径实现债权等原因，往往通过支付一定报酬的方式请他人帮助向债务人追讨。只要行为人在追讨时未采取违法犯罪手段，或是虽有违法行为但程度较轻，其社会危害性是有限的，被侵害的对象可以通过追究行为人的民事侵权责任来维护自身的合法权益，国家相关部门也可以对行为人适用治安管理处罚措施予以制裁。这样的处理方式符合刑法的谦抑性原则，即刑法的适用对象只能是具备严重社会危害性的违法行为，作为破坏社会主义市场经济秩序罪的非法经营罪，在适用时更应注意坚持这一原则。本案中的委托人与讨债对象均存在真实债权债务关系，被告人李某某、胡某某在追讨欠债时虽然对债务人有一定程度的言语威胁，但这种言语威胁是建立在债权人和债务人均在场且债务人承认欠债属实的基础上的，其目的是促使债务人尽快还债，除此之外，李某某等人并未采取其他过激的方式方法，其行为对于他人的人身、财产危害有限，无须动用刑罚手段予以制裁。(参见第1077号指导案例，李彦生、胡文龙非法经营案，载《刑事审判参考》总第103集，第35～37页。撰稿：郭慧)

▽未取得道路运输经营许可擅自从事长途大巴客运经营的行为，构成非法经营罪

(一)未取得道路运输经营许可擅自从事长途大巴客运经营活动，违反了国家规定。根据《中华人民共和国道路运输条例》(本附文以下简称《道路运输条例》)第十条的规定，申请从事客运经营的，应当向相应级别的道路运输管理机构提出申请并提交相关材料。道路运输管理机构经审查作出许可或者不予许可的决定。予以许可的，向申请人颁发道路运输经营许可证，并向申请人投入运输的车辆配发车辆营运证。客运经营者应当持道路运输经营许可证依法向工商行政管理机关办理有关登记手续。根据《道路运输条例》第六十四条的规定，未取得道路运输经营许可，擅自从事道路运输经营的，由县级以上道路运输管理机构责令停止经营;有违法所得的,没收违法所得,构成犯罪的,依法追究刑事责任。同时,根据2011年修订的《无照经营查处取缔办法》(已失效)第十四条的规定,对于无照经营行为,由工商行政管理部门依法予以取缔,没收违法所得;触犯刑律的,依照刑法关于非法经营罪、重大责任事故罪、重大劳动安全事故罪、危险物品肇事罪或者其他罪的规定,依法追究刑事责任。

根据上述规定,从事客运经营应当具备一定的条件,依照相关规定程序申请获得经营许可。必须具备"有与其(申请人)经营业务相适应并经检测合格的车辆、有符合相关条件的驾驶人员、有健全的安全生产管理制度"三个条件。申请从事班线客运经营的,还应当有明确的线路和站点方案。符合上述条件的,可以向有关道路运输管理机构提出申请。申请人取得道路运输经营许可证后,向工商行政管理机关办理有关登记手续。可见,二被告人未取得道路运输经营许可,擅自从事客运经营的行为违反了《道路运输条例》和《无照经营查处取缔办法》的相关规定。根据《最高人民法院关于准确理解和适用刑法中"国家规定"的有关问题的通知》(法发〔2011〕155号)的规定,《道路运输条例》和《无照经营查处取缔办法》都属于刑法中的"国家规定",因此,二被告人的行为违反了国家规定。

(二)非法从事长途大巴客运经营活动属于"其他严重扰乱市场秩序的非法经营行为"。判断某类经营行为是否属于"其他严重扰乱市场秩序的非法经营行为",是对某类非法经营行为的属性进行判断,因此与情节是否严重的认定属于不同层面的问题,应当撇开个案特殊情节,从刑法因果关系的角度把握该类行为产生的实际危害和潜在危害,并以此进行综合认定。非法从事长途大巴客运经营活动,不但严重扰乱道路运输市场秩序和行业秩序,危害人民群众的生命财产安全,侵害合法经营者的权益,影响行业和社会的稳定,以及道路交通安全和城市形象,而且导致交通事故频发,引发正规营运车主罢工和群众上访甚至暴力抗法的现象在全国范围内都比较普遍。(1)危害人民群众的生命财产安全。在脱离相关主管机关有效监督管理的情况下,非法营运安全隐患只会不断增多。非法营运车辆大都车况不佳、安全性能差、从业人员驾驶技术和交通安全意识良莠不齐,容易导致交通事故多发、频发。(2)引发社会不稳定因素。非法营运与团伙经营、暴力抗法等社会问题往往相伴相生,严重影响社会治安秩序。近年来,各地法院办理的多宗抢劫杀人案件,常有被告人或者被害人从事非法营运的因素。非法营运车辆多数无保险,在营运中一旦发生事故,乘客的合法权益得不到保障,容易激发上访、闹访等群体性事件,严重影响当地社会稳定。可见,非法营运已成为引发社会不稳定因素中一个不容忽视的问题。(3)破坏正常的市场秩序。非法营运公司不缴纳税费,造成国家的税收流失;争抢客源、抢夺市场份额,使正规的客运站点和合法营运者收入减少,损害合法营运车辆的正当权益,影响行业稳定;由于其没有纳入正常的管理体系,相关部门平时也无法对其进行有效管理。(4)激发潜在的犯罪心理。因非法营运利润率极高,绝大多数非法营运车主一直在观望,如果此类行为不能得到有效遏制,将会激发更多的非法营运车辆参与非法营运。本案二被告人组织非法营运的规模大,参与非法营运的车辆和人员多,虽无证据证明已发生客观危害结果,但潜在的社会危害严重。综合实际危害结果和潜在危害因素分析,应当认定二被告人的非法营运行为属于"其他严重扰乱市场秩序的非法经营行为"。

(三)被告人的非法经营数额、违法所得应当认定为情节严重。本案中,"港粤快车"股东有17人,员工最高峰时有上百名,案发时还有40人左右,且分工明确,车辆调度、发车、跟车、客服均有专门管理人员;深圳和珠海每天至少对发5班车,周末和节假日班次更多,一般一辆车可以载40个左右乘客,周末和节假日几乎是满座(50个左右)。如此大的规模,已远远超出个人自驾"黑车"的性质范围。本案认定的二被告人组织非法营运的时间是2012年6月至12月,统计的2012年8月至9月非法经营长途客运业务的金额(180余万元),2012年8月1日至10月15日的违法所得金额(90余万元),即仅统计了其中的一个时间段,其实际经营数额和违法所得数额应当更多。而且二被告人在运营车辆多次受到行政处罚的情况下,仍然从事非法营运活动,故从经营数额、违法所得数额以及其他情节来看,应当达到非法经营罪的入罪标准。同时,鉴于非法从事长途大巴客运营运活动的复杂性,对此类行为不宜机械参照适用《最高人民检察院、公安部关于公安机关管辖的刑事案件立案追诉标准的规定(二)》第七十九条第八项的规定,故在暂无相关司法解释对此类行为"情节严重"和"情节特别严重"明确认定标准的情况下,深圳市福田区人民法院认定二被告人的行为构成"情节严重"是妥当的。

(四)行政处罚效果不佳体现出对非法从事大巴客运营运活动具有刑事处罚的必要性。对于社会危害严重的非法营运行为,行政处罚体现出威慑效力不足的问题。本案二被告人从事非法营运时间长,在经历多次行政处罚后,依然不断扩大经营规模,体现出交通执法的打击手段和效果不能满足打击此类违法行为的需要。非法从事客运营运的行为屡禁不止,不仅直接侵犯合法经营者的权益,造成行业混乱,且容易引发其他犯罪,故加大打击力度,发挥刑罚的威慑功能具有一定的必要性和合理性。同时,有必要强调的是,鉴于目前社会上出现的非法营运行为较为普遍,且原因复杂,在司法实践中一定要把握好是否追究刑事责任和追究刑事责任的范围问题。以非法经营罪追究刑事责任,主要是针对非法营运的出资者、组织者和主要管理者,特别是要打击那些欺行霸市、采取非法手段裹挟国家行政执法人员,带有黑社会性质的从事非法营运的团伙和人员。对于个人自驾"黑车"或者少数几个人联合从事非法营运,营运时间短、经营数额不大以及受雇用参与非法营运的,一般不予追究刑事责任,可以行政处罚等方式追究其行政违法责任。(参见第1121号指导案例,欧敏、关树锦非法从事长途大巴客运经营案,载《刑事审判参考》总第105集,第39~43页。撰稿:许建华 刘晓虎)

▽未取得道路运输经营许可,集合社会车辆对不特定的旅客招揽生意、拉客,擅自从事出租汽车运输经营的行为,构成非法经营罪

(一)未取得道路运输经营许可证、出租汽车经营资格证,擅自从事出租汽车经营活动,违反了国家规定。根据《中华人民共和国道路运输条例》第十条的规定,申请从事客运经营的,应当向相应级别的道路运输管理机构提出申请并提交相关材料。道路运输管理机构经审查作出许可或者不予许可的决定。予以许可的,向审请人颁发道路运输经营许可证,并向申请人投入运输的车辆配发车辆营运证。客运经营者应当持道路运输经营许可证依法向工商行政管理机关办理有关登记手续。根据《无照经营查处取缔办法》(已失效)第十四条的规定:"对于无照经营行为,由工商行政管理部门依法予以取缔,没收违法所得;触犯刑律的,依照刑法关于非法经营罪、重大责任事故罪、重大劳动安全事故罪、危险物品肇事罪或者其他罪的规定,依法追究刑事责任"。2005年10月12日《〈关于无证经营出租汽车行为是否适用(无照经营查处取缔办法)(国务院令第370号)的请示〉的复函》(国法函〔2005〕431号)和《国务院法制办公室对交通部〈关于请明确对未取得出租车客运经营许可擅自从事经营活动实施行政处罚法律依据的函〉的复函》(国法函〔2005〕432号)载明:(经研究并征求建设部、交通部、原国家工商总局意见)《国务院对确需保留的行政审批项目设定行政许可的决定》(国务院令第412号)第一百一十二项规定,出租汽车经营资格证的核发由县级以上地方人民政府出租汽车行政主管部门实施。根据《无照经营查处取缔办法》第十七条的规定,相关法律、法规对无证经营出租汽车行为的处罚没有规定的,县级以上地方人民政府出租汽车行政主管部门应当依照《无照经营查处取缔办法》第十四条、第十五条、第十六条的规定处罚。2005年10月12日《交通部转发〈国务院法制办关于明确对未取得出租车客运经营许可擅自从事经营活动实施行政处罚法律依据的复函〉的通知》(交公路发〔2005〕468号)规定:"地方性法规《道路运输管理条例》或《出租汽车管理条例》对无证经营的'黑车'已设定行政处罚的,各地应当按照其规定执行。""未制定《道路运输管理条例》或《出租汽车管理条例》的,应当依据《无照经营查处取缔办法》第十四条对未取得经营许可证件擅自从事出租汽车经营活动的行为实施行政处罚。……构成刑事犯罪的,移交公安机关依法追究刑事责任。"根据《最高人民法院关于准确理解和适用刑法中"国家规定"的有关问题的通知》(法发〔2011〕155号)的规定,《中华人民共和国道路运输条例》和《无照经营查处取缔办法》都属于刑法中的国家规定,其他规范性文件系落实此两个文件的具体工作细则。从上述文件可知,未取得出租车客运经营许可,擅自从事出租汽车经营活动的行为,属于违反国家规定的行为。同时,《中华人民共和国道路运输条例》和《无照经营查处取缔办法》以及相关法规对此类行为构成犯罪追究刑事责任作了提示性规定,体现了在法律、行政法规制定时,对未取得出租车客运经营许可而擅自从事出租汽车经营活动行为的定性有了充分考虑,并有意对一般违法行为和刑事违法行为作了原则性区分和衔接,故对此类行为追究刑事责任并未违背立法初衷。

(二)未经许可非法从事出租汽车营运活动,属于严重扰乱市场秩序的非法经营行为。近年来,根据打击犯罪的实际需要,最高人民法院通过出台司法解释性文件不断调整了非法经营罪的适用范围。从这些解释性文件的规定来看,刑法规制的非法经营行为并不要求必须涉及法律、行政法规规定的专营专卖行业。一般性准入经营行业,甚至法律、行政法规未规定准入制度但明显具有严重社会危害的经营行业,也可以成为非法经营罪的打击对象。例如,对于违反国家在预防、控制突发传染病疫情等灾害期间有关市场经营、价格管理等规定,哄抬物价、牟取暴利,严重扰乱市场秩序,违法所得数额较大或者有其他严重情节的,最高人民法院、最高人民检察院于2003年5月14日联合出台的《关于办理妨害预防、控制突发传染病疫情等灾害的刑事案件具体应用法律若干问题的解释》第六条明确规定可以构成非法经营罪。另从司法实践情况来看,各地法院也有根据上述文件精神将司法解释未予明确但性质相同的非法经营行为认定构成非法经营罪的实例,如对非法从事涉外婚姻介绍业务、非法从事出入境中介业务、非法从事保安服务业务、非法从事学历教育活动的行为,以非法经营罪追究刑事责任。

基于上述分析,非法从事出租汽车营运活动是否属于严重扰乱市场秩序的非法经营行为,核心要看其经营行为的违法性以及扰乱市场秩序的严重程度,即要从其社会危害性认定其行为性质。从当前各地案发情况来看,非法从事出租汽车营运活动主要危害体现在:(1)所从事的经营行为严重危害人民群众的生命财产安全。非法营运车辆大都车况不佳、安全性能差、从业人员驾驶技术和交通安全意识良莠不齐,从而导致交通事故多发、频发。(2)引发社会不稳定因素。非法营运车主和合法营运车主经常发生冲突,近年来,不少地方因非法营运引发正规营运车主多次停运、罢工、上访。且非法营运车辆多数无保险,在营运中一旦发生事故,乘客的合法权益得不到保障,给相关部门处理事故造成极大的难度,甚至容易激发上访、闹访等群体性事件,严重影响当地社会稳定。(3)破坏正常的营运秩序。非法营运公司不缴纳税费,造成国家的税收流失;争抢客源、抢夺市场份额,使正规的客运站点和合法营运者收入减少,损害合法营运车辆的正当权益,影响行业稳定;由于其没有纳入正常的管理体系,相关部门平时也无法对其进行有效管理。(4)严重影响城市形象。非法营运车辆不仅车容不整,容易造成城市的视觉污染,而且在城区主要路口及繁华地段聚集候客,或者沿街随意乱停乱靠招客,严重影响道路交通安全。(5)因非法营运利润率极高,绝大多数非法营运车主一直在观望,如果此类行为不能得到有效遏制,将会激发更多的非法营运车辆加入非法营运团伙。可见,非法从事出租汽车营运活动,严重扰乱道路运输市场秩序和出租汽车行业秩序,危害人民群众的生命财产安全,侵害出租汽车从业人员的合法权益,影响出租汽车行业和社会的稳定,属于刑法第二百二十五条规定的"其他严重扰乱市场秩序的非法经营行为"。严厉打击非法从事出租汽车经营活动,对于改善出租汽车营运环境、保障从业人员和广大群众的合法权益、促进出租汽车行业健康发展、维护市场秩序和市场公平、维护社会稳定具有重要意义。

(三)被告人的非法经营数额、违法所得应当认定为情节严重。本案二被告人2011年1月至2012年1月集合近40台社会车辆擅自从事道路运输经营,从公司获取服务费658 465元,短号车服务收入68 095元,加盟费收入57 950万元,非法经营数额784 510元,除去各项开支163 005元,违法所得621 505元。另外,该车队非法营运一年多期间,多次拉拢政府工作人员为其非法活动提供庇护;在其车队加盟车辆因非法营运多次被行政处罚的情况下仍从事非法营运活动。因此,无论是从非法经营数额、违法所得数额,还是从其他情节角度,均应达到入罪标准。同时,鉴于非法从事出租汽车营运活动的复杂性,对此类行为不宜机械参照适用《最高人民检察院、公安部关于公安机关管辖的刑事案件立案追诉标准的规定(二)》第七十九条第八项的规定,故在暂无相关司法解释对此类行为明确“情节严重”和“情节特别严重”认定标准的情况下,宁乡县人民法院认定二被告人的行为构成情节严重是妥当的。需要说明的是,鉴于“黑的士”等非法营运行为在全国较为普遍,且原因复杂,在具体案件中要注意把握追究刑事责任的范围问题。要严厉打击非法营运的牵头者和组织者,特别是要打击欺行霸市、垄断市场强迫交易带有黑社会性质的非法营运和扰乱出租汽车市场经营秩序的团伙。对于个人自驾“黑车”或者少数几个人联合从事非法营运,营运时间短、经营数额不大以及被动参与非法营运的,一般不予追究刑事责任,可以行政处罚等方式追究其行政违法责任。(参见第1122号指导案例,喻江、李强非法从事出租汽车经营活动案,载《刑事审判参考》总第105集,第46~50页。撰稿:刘晓虎 许建华)

▽无证生产摩托车的行为构成非法经营罪,以摩托车冒充燃油助力车销售的行为不构成犯罪

1. 被告人朱某林非法生产摩托车的行为违反了国家规定。我国对摩托车生产实行生产准入制度,个人和企业必须获得国家行政主管部门的许可才能从事摩托车的生产。国务院2004年公布的《对确需保留的行政审批项目设定行政许可的决定》(国务院令第412号,本附文以下简称《决定》)附件第4项对“道路机动车辆生产企业及产品公告”设定了行政许可,2009年、2016年,国务院对《决定》进行修正,保留了该项行政许可。原国家经贸委2002年发布的《摩托车生产准入管理办法》规定,国家对摩托车生产实行准入制度,未经国家经贸委批准,任何企业和个人不得擅自从事摩托车生产。为严格执行许可制度,工信部、国家发改委等部委又下发多个文件,对委托生产等行为作出明确限制,强调摩托车生产企业本身必须获得行政许可,异地生产行为也应获得行政主管部门的批准。此外,根据《中华人民共和国工业产品生产许可证管理条例》等行政法规和规范性文件的规定,生产助力车也需要获得许可。值得注意的是,有关规范性文件并未对销售摩托车和助力车的行为设定类似的行政许可。本案朱某林的豪门公司本身无摩托车生产资质,其通过与其他企业签订挂靠协议的方式异地生产摩托车的行为未获得行政主管部门的批准,且其挂靠行为也不能使其获得生产摩托车的合法资格。综上,朱某林在没有生产资质的情况下生产摩托车的行为应属于无证生产,违反了国家规定。被告人周某胜、谢某军只有销售摩托车的行为,未参与生产摩托车,我国目前对销售摩托车的行为并未如生产摩托车那样作出严格的准入规定,应认定周某胜、谢某军的销售行为未违反国家规定,不构成犯罪,故一审法院裁定准许检察机关撤回对该二被告人的起诉。

2. 被告人朱某林违法生产摩托车的行为不同于一般的扰乱市场秩序的行为,已达到“情节严重”的程度。(1)朱某林的豪门公司违法生产的时间跨度长、销售数量和金额巨大。豪门公司从2010年上半年开始生产“新阳光”牌摩托车,至2012年案发,违法生产了1万余辆,仅2011年3月至2012年11月,朱某林向被告人周某胜的胜隆经销部销售的摩托车就有1620辆,销售金额达400余万元。(2)朱某林违法生产摩托车的行为对公共安全造成了很大隐患。朱某林在销售过程中伪造合格证,以摩托车冒充燃油助力车,规避国家对机动车与非机动车分类管理的监管措施,使本应登记上牌、驾驶者须取得驾照才能上路行驶的摩托车,无须满足前述条件即可上路行驶,不仅破坏交通秩序,降低通行效率,这些本应在机动车道路上行驶的车辆得以在非机动车道路上行驶,更增加了交通事故隐患,严重危及公共安全。

3. 被告人朱某林无证生产摩托车的行为严重扰乱了市场秩序。从实践中的情况来看,因超标燃油助力车相对于摩托车具有很高的替代性,但又未如摩托车那样按机动车管理,不少商家为牟取暴利,违法生产摩托车并以燃油助力车的名义对外销售,对摩托车产销市场造成了很大冲击。本案车辆具备摩托车的属性,但以燃油助力车的名义以相对较低的价格对外销售,又不用按机动车管理,兼具摩托车的速度优势和助力车不受严格管理的便利,对消费者而言具有很强的吸引力。大量超标燃油助力车流入市场,必将严重扰乱正常的摩托车和助力车生产和销售秩序。综上,咸宁市两级法院以非法经营罪对被告人朱某林判处有期徒刑二年,并处罚金人民币十万元的裁判是正确的。

需要注意的是,考虑到实践中无证生产以及采用“大排小标”方式生产摩托车的行为具有一定普遍性,是否按照犯罪处理,应结合具体案情综合考量,只能对“情节严重”的非法经营行为定罪处罚。要避免将一般的行政违法行为当作刑事犯罪处理,以犯罪论处的非法经营行为应当具有相当的社会危害性和刑事处罚的必要性。并且,判断被告人的行为是否属于刑法第二百二十五条第四项规定的“严重扰乱市场秩序的非法经营行为”,需要有法律、司法解释的明确规定。有关法律、司法解释未作明确规定的,应当作为法律适用问题,按照最高人民法院2011年发布的《关于准确理解和适用刑法中“国家规定”的有关问题的通知》(法发〔2011〕155号),逐级报最高人民法院请示。(参见第1210号指导案例,朱海林、周汝胜、谢从军非法经营案,载《刑事审判参考》总第111集,第45~49页。撰稿:郭慧 周颖佳)

▽非法出版物未经装订的情况下册数的认定,即页码连贯、内容完整的出版物散页可以折算认定为刑法意义上的“册”

1.应从实质意义上认定非法印刷行为。根据《最高人民法院关于审理非法出版物刑事案件具体应用法律若干问题的解释》(本附文以下简称《非法出版物解释》)的规定,非法经营出版物的行为包括非法出版、印刷、复制、发行四种行为,行为人实施其中任何一种即可构成非法经营罪。案二被告人虽然仅完成了非法印刷行为,但根据《印刷业管理条例》第二条第五款的规定,印刷经营活动,包括经营性的排版、制版、印刷、装订、复印、影印、打印等活动。被告人王某平出于营利目的,接受被告人马某中的委托非法印刷宗教出版物,在被侦查人员查获时,已完成了排版、制版、印刷三道工序,客观上实施了《印刷业管理条例》规定的印刷经营行为,故二被告人的行为属于《非法出版物解释》中规定的“非法印刷”。

2.已完成印刷的出版物散页,在页码连贯、内容完整的情况下,可以已装订完成的出版物为参照折算册数。被告人马某中在被告人王某平处印刷的非法出版物已完成了印刷工序,内容完整且已标注好页码,部分出版物甚至已完成折页工序。所谓折页,就是将印张按照页码顺序折叠成书刊开本尺寸的书帖,或将大幅面印张按照要求折成一定规格幅面的工作过程。折页之后的书帖才能进行各种装订,如胶订、骑订、锁线等。折页是印刷工业的一道必要工序,印刷机印出的大幅面纸必须经过折页才能形成产品。完成折页的出版物散页虽然在外观上有别于已装订完毕的出版物,但内容完整且连贯,基本不会影响阅读这一出版物的主要功能,与通常情况下的书籍并无本质区别。此外,由于出版物的页码数是确定的,折页工序是按照散页的页码顺序进行,因此,即使在未完成折页工序的情况下,如果已完成印刷工序,内容完整且标明页码,此种情况下的散页也完全可以根据内容和页码数来折算册数。综上,页码连贯、内容完整的散页可以认定为刑法意义上的“册”。被告人王某平为被告人马某中印刷的非法类出版物虽未装订,但已完成印刷,内容完整且标明页码,且有部分已完成折页,在内容和形式上已能够做到独立区分,与已装订成册的出版物并无本质区别,可以按已装订完成的出版物折算认定为9600册。(参见第1211号指导案例,马某中、王某平非法经营案,载《刑事审判参考》总第111集,第52~54页。撰稿:郭慧 周颖佳)

▽非法出版物没有装订且无法查明册数、定价或者销售价格的,可以散页的鉴定价格为依据计算非法经营数额

出版物的定价或者销售价格以其成本价为基础确定,主要包括纸张、印刷、装订、发行等方面的费用,纸张和印刷费用只是成本的一部分。因此,对于未装订的散页而言,其鉴定价格通常情况下远低于出版物成品的定价或者销售价格,故以散页的鉴定价格为依据计算非法经营数额有利于被告人。本案中,在建兰新村28号仓库和民乐路159号仓库中查获的非法出版物散页由于无法以内容和页码为依据折算册数,只能以价格为基础认定非法经营数额。这些散页仅完成了印刷工序,即使不考虑后续装订等工序的成本,仅以单张散页0.35元的鉴定价格为标准计算,装订一本市场上正常流通的该出版物

(604个页码)的总价也仅为13元,远低于该出版物的一般定价或者销售价格。因此,在非法出版物尚未销售或无法查明实际销售价格的情况下,以散页的鉴定价格为依据计算非法经营数额总体上有利于被告人。从《最高人民法院关于审理非法出版物刑事案件具体应用法律若干问题的解释》(本附文以下简称《非法出版物解释》)的规定来看,非法出版物包括内容非法和程序违法两种情形,《非法出版物解释》分别规定了不同的处罚标准,其中第十五条关于非法经营程序违法出版物的处罚标准明显高于第一条至第十二条关于非法经营内容非法出版物的处罚标准,在具体适用时要注意区分情况分别处理。被告人马某中非法经营内容非法的出版物9600册,未经许可,经营宗教出版物数额达43万余元,在案发前还多次有过非法经营宗教类出版物并被行政处罚的情形,甚至有过擅自篡改准印证超量印刷的恶劣行为,对其应依法从严惩处。综合全案事实证据和情节,根据《非法出版物解释》第十二条的规定,对马某中应适用刑法第二百二十五条规定的第二档量刑幅度。被告人王某平擅自为马某中印刷非法出版物9600册,依法本应判处五年以上有期徒刑刑罚,考虑到其系从犯且认罪态度较好,可对其减轻处罚,适用刑法第二百二十五条规定的第一档量刑幅度。综上,临夏市人民法院一审以非法经营罪判处被告人马某中有期徒刑五年,判处被告人王某平有期徒刑一年七个月的量刑是适当的。(参见第1211号指导案例,马某中、王某平非法经营案,载《刑事审判参考》总第111集,第54~55页。撰稿:郭慧　周颖佳)

第二百二十六条　【强迫交易罪】以暴力、威胁手段,实施下列行为之一,情节严重的,处三年以下有期徒刑或者拘役,并处或者单处罚金;情节特别严重的,处三年以上七年以下有期徒刑,并处罚金:

(一)强买强卖商品的;

(二)强迫他人提供或者接受服务的;

(三)强迫他人参与或者退出投标、拍卖的;

(四)强迫他人转让或者收购公司、企业的股份、债券或者其他资产的;

(五)强迫他人参与或者退出特定的经营活动的。(本条是根据《中华人民共和国刑法修正案(八)》之三十六修改的,自2011年5月1日起施行。)

刑法本条原文:【强迫交易罪】以暴力、威胁手段强买强卖商品、强迫他人提供服务或者强迫他人接受服务,情节严重的,处三年以下有期徒刑或者拘役,并处或者单处罚金。

■最高人民检察院、公安部关于公安机关管辖的刑事案件立案追诉标准的规定(一)的补充规定(2017年4月27日)

第二十八条　[强迫交易案(刑法第二百二十六条)]以暴力、威胁手段强买强卖商品,强迫他人提供服务或者接受服务,涉嫌下列情形之一的,应予立案追诉:

(一)造成被害人轻微伤的;

(二)造成直接经济损失二千元以上的;

(三)强迫交易三次以上或者强迫三人以上交易的;

(四)强迫交易数额一万元以上,或者违法所得数额二千元以上的;

(五)强迫他人购买伪劣商品数额五千元以上,或者违法所得数额一千元以上的;

(六)其他情节严重的情形。

以暴力、威胁手段强迫他人参与或者退出投标、拍卖,强迫他人转让或者收购公司、企业的股份、债券或者其他资产,强迫他人参与或者退出特定的经营活动,具有多次实施、手段恶劣、造成严重后果或者恶劣社会影响等情形之一的,应予立案追诉。

■最高人民检察院关于强迫借贷行为适用法律问题的批复(全文)(2014年4月17日)

以暴力、胁迫手段强迫他人借贷,属于刑法第二百二十六条第二项规定的"强迫他人提供或者接受服务",情节严重的,以强迫交易罪追究刑事责任;同时构成故意伤害罪等其他犯罪的,依照处罚较重的规定定罪处罚。以非法占有为目的,以借贷为名采用暴力、胁迫手段获取他人财物,符合刑法第二百六十三条或者第二百七十四条规定的,以抢劫罪或者敲诈勒索罪追究刑事责任。

■最高人民法院、最高人民检察院、公安部、司法部关于办理“套路贷”刑事案件若干问题的意见(2019 年 4 月 9 日)

(相关内容附在本书刑法第二百六十六条之后附文同名文件中)

□出租车驾驶员在正常营运过程中,为牟取非法利益,采用暴力、威胁手段,强行向乘客索取与合理价格相差悬殊的高额出租车服务费,情节严重的,其行为构成强迫交易罪

出租车驾驶员在正常营运过程中,为牟取非法利益,采用暴力、威胁手段,强行向乘客索取与合理价格相差悬殊的高额出租车服务费,情节严重的,其行为构成刑法第二百二十六条规定的强迫交易罪,不应以抢劫罪定罪处罚。(参见重庆市渝中区人民检察院诉朱波伟、雷秀平抢劫案,载《最高人民法院公报》总第 114 期,2006 年第 4 期,第 38 页。)

▽强迫交易罪的“情节严重”的认定

强迫交易罪是情节犯,“情节严重”主要指:强迫交易时实施暴力如殴打他人,情节恶劣的;以当场使用暴力相威胁的;多次强迫交易屡教不改的;强迫交易牟利数额巨大的;强迫交易扰乱生产、交易秩序造成严重后果的等。本罪的既遂不以强迫交易的行为全部实施完成为条件。[参见第 3 号案例,宋东亮、陈二永强迫交易、故意伤害案,载《刑事审判指导》总第 1 辑(2004 年第 1 辑),人民法院出版社,第 16 页;第 278 号案例,宋东亮、陈二永强迫交易、故意伤害案,载《刑事审判参考》总第 36 集(2004 年第 1 集),法律出版社,第 19 页。执笔:黄国民　谢燕]

▽强迫交易过程中,其犯罪手段或方法又触犯其他罪名时,不实行数罪并罚

行为人构成强迫交易罪的同时有可能相应地触犯刑法规定的其他罪名而构成其他的犯罪。即强迫交易过程中,其犯罪手段或方法又触犯其他罪名,构成其他的犯罪。对这种情况应当按照有关牵连犯的处罚原则,即按“从一重处”的原则对行为人以处刑较重的罪名定罪处罚,而不对其实行数罪并罚。[参见第 3 号案例,宋东亮、陈二永强迫交易、故意伤害案,载《刑事审判指导》总第 1 辑(2004 年第 1 辑),人民法院出版社,第 16 页;第 278 号案例,宋东亮、陈二永强迫交易、故意伤害案,载《刑事审判参考》总第 36 集(2004 年第 1 集),法律出版社,第 19 页。执笔:黄国民　谢燕]

▽强迫交易罪与抢劫罪界限的认定

强迫交易罪是指以暴力、威胁手段强买强卖商品、强迫他人提供或者接受服务,情节严重的行为。强迫交易主要包括三种情形:一是在他人不愿意买卖商品、不愿意提供或者接受服务的情况下,强迫他人买卖商品、提供或者接受服务;二是强迫他人以非正常的方式买卖商品、提供或者接受服务;三是强迫他人以不公平的价格买卖商品、提供或者接受服务。强迫交易罪的这种构成条件和表现形式,使之与抢劫罪的构成条件之间形成一定交叉与重叠,如两罪在客观方面都表现为使用暴力、威胁手段,客体方面均侵犯了被害人的财产和人身权益,因而导致实践中可能形成难以区分两罪界限的情形。准确区分强迫交易罪与抢劫罪要注意以下三点:第一,把握强迫交易罪的客体。犯罪客体往往决定犯罪性质,影响罪名的认定。强迫交易罪属于破坏市场经济秩序的犯罪,行为人通过不公平的交易来牟取非法经济利益,因此,只有在经营或者交易活动中才可能发生本罪。第二,注重法定刑对定性的制约。强迫交易罪的法定最高刑只有三年有期徒刑,而抢劫罪的法定最低刑为三年有期徒刑,说明抢劫罪的危害程度比强迫交易罪大很多,因此,强迫交易罪的行为人所使用的暴力、胁迫手段应当轻于抢劫罪,一般不能造成致人轻伤以上的后果,否则,以强迫交易罪定罪就会造成处刑上的不平衡。第三,行为人所付出对价的不公平性应有程度限制。行为人强迫对方进行交易,往往可能以不公平的对价买卖商品、提供或者接受服务,但这种对价的不公平程度应当有限度,不能与正常市场情况反差过于悬殊。如果采取暴力、胁迫手段,以交易为名行侵犯他人财产之实的,则应认定为抢劫罪或者敲诈勒索罪。[参见第

520 号案例,李洪生强迫交易案,载《刑事审判参考》总第66集(2009年第1集),法律出版社,第10~11页。撰稿:杨晓琪 陈锦新]

▽强迫金融机构工作人员贷款的行为,是扰乱市场秩序的行为,情节严重的,应以强迫交易罪定罪处罚

强迫交易罪是指以暴力、威胁手段强买强卖、强迫他人提供服务或者强迫他人接受服务,情节严重的行为。它不仅意在惩处发生在商品交换过程中的强买强卖行为,也为了惩处服务行业中的强迫他人提供服务或者强迫他人接受服务的行为。金融服务业是市场经济的重要组成部分,贷款是银行或者非银行金融机构提供的一种有偿服务,也是金融市场的一种商业行为,借贷双方都应当遵循平等、自愿、公平、等价有偿和诚实信用的原则。强迫他人提供贷款或者强迫他人接受贷款,情节严重的行为,都是刑法本条强迫交易罪的打击对象。强迫交易罪在客观上表现为采取暴力、威胁手段强买强卖商品、强迫提供或者接受服务。侵犯的是复杂客体,一方面侵犯了公平的市场交易秩序,另一方面也侵犯了他人的人身权利。如果强迫交易过程中采取的暴力手段致人重伤、死亡,则应按照牵连犯的处罚原则定故意伤害或者故意杀人罪。但刑法规定强迫交易罪的立法本意主要在于打击那些破坏市场交易秩序的行为,因此,只要存在交易,在交易过程中其中任何一方采取了暴力、威胁手段强买强卖商品、强迫提供或者接受服务的,如果暴力手段本身不构成犯罪,情节再严重也只能按强迫交易罪定罪。如果行为人以市场交易为借口,以暴力或者威胁的手段索取、强拿的财物,远远超过正常买卖、交易情况下被害人应支付的财物,可以根据刑法关于抢劫罪的规定,追究行为人的刑事责任。[参见第112(109)号案例,郑小平、邹小虎抢劫案,载《刑事审判参考》总第17辑(2001年第6辑),法律出版社,第22~23页。执笔:薛淑兰]

第二百二十七条 【伪造、倒卖伪造的有价票证罪】伪造或者倒卖伪造的车票、船票、邮票或者其他有价票证,数额较大的,处二年以下有期徒刑、拘役或者管制,并处或者单处票证价额一倍以上五倍以下罚金;数额巨大的,处二年以上七年以下有期徒刑,并处票证价额一倍以上五倍以下罚金。

【倒卖车票、船票罪】倒卖车票、船票,情节严重的,处三年以下有期徒刑、拘役或者管制,并处或者单处票证价额一倍以上五倍以下罚金。

■最高人民检察院、公安部关于公安机关管辖的刑事案件立案追诉标准的规定(一)(2008年6月25日)

第二十九条 [伪造、倒卖伪造的有价票证案(刑法第二百二十七条第一款)]伪造或者倒卖伪造的车票、船票、邮票或者其他有价票证,涉嫌下列情形之一的,应予立案追诉:

(一)车票、船票票面数额累计二千元以上,或者数量累计五十张以上的;

(二)邮票票面数额累计五千元以上,或者数量累计一千枚以上的;

(三)其他有价票证价额累计五千元以上,或者数量累计一百张以上的;

(四)非法获利累计一千元以上的;

(五)其他数额较大的情形。

第三十条 [倒卖车票、船票案(刑法第二百二十七条第二款)]倒卖车票、船票或者倒卖车票坐席、卧铺签字号以及订购车票、船票凭证,涉嫌下列情形之一的,应予立案追诉:

(一)票面数额累计五千元以上的;

(二)非法获利累计二千元以上的;

(三)其他情节严重的情形。

■最高人民法院关于对变造、倒卖变造邮票行为如何适用法律问题的解释(全文)(2000年12月9日)

对变造或者倒卖变造的邮票数额较大的,应当依照刑法第二百二十七条第一款的规定定罪处罚。

■最高人民法院关于审理倒卖车票刑事案件有关问题的解释(全文)(1999 年 9 月 14 日)

第一条　高价、变相加价倒卖车票或者倒卖坐席、卧铺签字号及订购车票凭证,票面数额在五千元以上,或者非法获利数额在二千元以上的,构成刑法第二百二十七条第二款规定的“倒卖车票情节严重”。

第二条　对于铁路职工倒卖车票或者与其他人员勾结倒卖车票;组织倒卖车票的首要分子;曾因倒卖车票受过治安处罚两次以上或者被劳动教养一次以上,两年内又倒卖车票,构成倒卖车票罪的,依法从重处罚。

▼最高人民检察院法律政策研究室关于非法制作、出售、使用 IC 电话卡行为如何适用法律问题的答复(全文)(2002 年 4 月 2 日)

非法制作或者出售非法制作的 IC 电话卡,数额较大的,应当依照刑法第二百二十七条第一款的规定,以伪造、倒卖伪造的有价票证罪追究刑事责任,犯罪数额可以根据销售数额认定;明知是非法制作的 IC 电话卡而使用或者购买并使用,造成电信资费损失数额较大的,应当依照刑法第二百六十四条的规定,以盗窃罪追究刑事责任。

附:部分省(自治区、直辖市)关于伪造、倒卖有价票证罪非法经营数额的处罚标准

	数额较大	数额巨大	数额特别巨大
天津	3000 元以上	4 万元以上	—
辽宁	2000 元或非法获利 1000 元	1 万元或非法获利 5000 元	—
上海	50 张或 5000 元或获利 2000 元	500 张或 5 万元或获利 2 万元	—
江苏	3000(4000)元或获利 2000 元	3(4)万元或获利 1(2)万元	—
浙江	1000 元或非法获利 500 元	1 万元或获利 5000 元	—
江西	1000 元或获利 500 元	5000 元或获利 2500 元	—

注:括号内为倒卖标准。

▽“有价票证”的认定

伪造有价票证的立法,1997 年修订刑法与 1979 年刑法存在明显的不同。1979 年刑法采取的是列明式规定,根据第一百二十四条规定,伪造有价票证罪的对象为车票、船票、邮票、税票、货票五种;1997 年刑法采取的是例示式规定,根据第二百二十七条规定,可以成为伪造有价票证罪的对象的,除车票、船票、邮票之外,还包括其他有价票证。有价票证应结合刑法第二百二十七条所列明的车票、船票、邮票三种犯罪对象及伪造有价票证罪所侵害的客体来认定,有价票证应是由有关国家机关、公司、企业、事业单位依法印制,并向社会公众发放、销售,具有一定票面金额,可以在一定范围内流通或者使用,能够证明持票人享有要求发票人或者受票人支付一定数额的财物或者提供特定服务的权利,或者能够证明其已履行了相关法律义务的书面凭证。在具体认定时,应从有价票证制作发行的有权性、票面的有价性、流通使用的公共性及权利内容的凭证性等方面来加以把握,诸如机票、演出(电影、球赛等)、旅游景点、博物馆的门票(入场券)等均属有价票证。但是,发票、金融票证、有价证券等因刑法另有专门规定,故不在此列;过期作废或者使用过的票证因不再具有流通或者使用功能,也不应认定为刑法第二百二十七条规定的有价票证。观光券,系东方明珠公司依法印制向社会公众出售,具有票面金额,并以提供观光服务为内容,持票人据其享有人塔观光的权利,完全符合有价票证诸特征,故应认定为有价票证。[参见第 213 号案例,董佳、岑炯等伪造有价票证、职务侵占案,载《刑事审判参考》总第 29 辑(2002 年第 6 辑),法律出版社,第 21 页。执笔:黄国民　张本勇]

▽“倒卖”表现形式的认定

倒卖应为转手贩卖从中牟利的意思,其实质在于行为人意图出卖后牟利而不限于行为人必须要有出售行为,即倒卖的本质在于行为人买进后意图通过加价卖出牟利,至于最终是否卖出,是否实现了牟利的目的则在所不论。倒卖车票罪侵犯的直接客体为国家对车票的正常管理制度,从倒卖行为的本质特征和倒卖车票罪侵犯的客体分析,为了出卖而买当然属于"倒卖"的应有之义。现行司法解释并没有将以加价出售牟利为目的购买车票的行为排除在倒卖的表现形式之外,因为现实情况的复杂多变,决定了司法解释不可能也没有必要穷尽一切情形。考察最高人民法院的其他司法解释,也能得出为卖而买属于倒卖的结论。1994年《最高人民法院关于适用〈全国人民代表大会常务委员会关于禁毒的决定〉的若干问题的解释》曾规定,贩卖毒品是指明知是毒品而非法销售或者以贩卖为目的而非法收买毒品的行为。贩卖与倒卖的法律含义并无本质区别,既然司法解释把为了出卖而收买的行为认定为贩卖的表现形式,我们就没有理由将为了出卖而收买的行为排除在倒卖的含义之外,而应根据该司法解释的指引,作出合理、一致的认定。[参见第379号案例,刘建场、李向华倒卖车票案,载《刑事审判参考》总第48集(2006年第1集),法律出版社,第13~14页。执笔:杨才清]

▽伪造、倒卖伪造的有价票证罪中"其他有价票证"的认定

刑法本条第一款规定,伪造车票、船票、邮票或者其他有价票证,数额较大的,构成伪造有价票证罪。该罪的犯罪对象是车票、船票、邮票或其他有价票证。对于"其他有价票证"的认定,应当是与"车票、船票、邮票"具有同一属性的有价票证,与"车票、船票、邮票"一样,是由有关部门统一发行和管理、能够证明持票人已付出票面标明金额的货币,从而有权持票要求相应的部门提供一定服务的票证,如飞机票,欣赏表演的门票(电影票、球票、戏票),旅游景点、博物馆的门票等。有价票证一般具有下列特点:一是票证上要有一定的面额,即有价性;二是代表一定的经济利益上的权利,即具有权利性,若只有纪念性、观赏性,如火花、作废的邮票等,则不属于刑法意义上的"其他有价票证";三是票证的使用、发放范围在相当的空间进行,对大多数或不特定的人有效,即公共性,因而诸如仓单、提货单等只对特定人有效的权利凭证,以及只在一个单位内有效的内部凭证等均不在有价票证范围之内;四是票证体现的法律关系具有债权债务关系,其内容为提供或接受一定的服务。行为人伪造的是经工商部门核准登记的营业性公共浴池的洗澡票,这种洗澡票是经当地物价部门核定并在当地社会上流通使用,具有确定面额的一种书面凭证,尽管其在发行、使用范围上具有地域性,但从性质上讲,与车票、船票、邮票等具有相同的属性,应当属于刑法规定的"其他有价票证"。[参见第170号案例,赵志刚伪造有价票证案,载《刑事审判参考》总第25辑(2002年第2辑),法律出版社,第42~43页。执笔:魏传治]

▽伪造有价票证"数额较大"的认定

"数额较大"是伪造有价票证构成犯罪还是仅属于一般违法行为的界限标准。这里的"数额"是指有价票证载明的价额。虽然目前没有对"数额较大"予以明确规定的司法解释,但对于司法解释没有明确定罪处刑具体标准的案件,审理案件的人民法院应当根据本地区的经济发展状况,认定人民检察院提起公诉的案件是否符合刑法规定的某一具体犯罪的构成要件。关于伪造有价票证行为,刑法本条第一款是将其与倒卖车票这种有价票证行为并列加以规定的,因此,伪造有价票证犯罪行为与倒卖车票犯罪行为的社会危害性在某种程度上具有可比性。参照《最高人民法院关于审理倒卖车票刑事案件有关问题的解释》第一条的规定,伪造有价票证,票面数额在五千元以上的,可以认定为刑法本条第一款规定的"数额较大"。行为人伪造的洗澡票票面数额达1.4万余元,应认定为"数额较大"。行为人的行为,已经构成伪造有价票证罪。[参见第170号案例,赵志刚伪造有价票证案,载《刑事审判参考》总第25辑(2002年第2辑),法律出版社,第43~44页。执笔:魏传治]

▽"其他有价票证",不要求具备与所列举的"车票、船票、邮票"完全相同的特征,铁路乘车证及相关证件应认定为有价票证

"其他有价票证",是指除了车票、船票、邮票以外的,由有关主管部门统一发行和管理的能够体现一定价值的票证。有价票证的情况比较复杂,刑法只列举了实践中较常见危害较为严重的伪造、倒卖伪造的车票、船票、邮票的行为,至于对伪造、倒卖伪造的其他有价票证的行为,作了概括性规定。准确把握"有价票证"的本质特征,将铁路乘车证及其他证件认定为"有价票证"是正确的。主要理由如下:1.乘车证与工作证、出差证明书、乘车证使用卡一起使用,其在使用效果上与火车票相同,伪造、倒卖伪造的乘车证及其他证件,其社会危害性与伪造、倒卖伪造的车票、船票、邮票性质相同;2.法律解释不能只看形式,而应该看本质。刑法本条中的"有价票证",并不要求与所列举的"车票、船票、邮票"的特征完全相同,只要乘车证及其他证件本质上是"有价"的,符合有价票证的本质特征,就可以认定为有价票证;3.最高人民法院1999年通过的《关于审理倒卖车票刑事案件有关问题的解释》明确规定,倒卖火车票坐席、卧铺签字号、订购车票凭证这些无流通性质的票证视同倒卖火车客票,与此同理,铁路乘车证及其他证件同样也应视为"有价票证";4.至于"票证价额"不好确定的问题,属于实践操作问题,不应成为否定乘车证及其他凭证属于"有价票证"的理由。[参见第426号案例,王珂伪造、倒卖伪造的有价票证,蔡明喜倒卖伪造的有价票证案,载《刑事审判参考》总第54辑(2007年第1辑),法律出版社,第30～31页。执笔:牛克乾]

▽无票面价额的有价票证的犯罪数额和"票证价额"的计算,应根据具体情况具体认定,从有利于被告人的角度出发,应按照持伪造铁路乘车证及其他票证乘车者乘车免票的价额计算"票证价额"

《最高人民法院关于审理倒卖车票刑事案件有关问题的解释》规定:对于无票面价额的有价票证,可以结合伪造或者倒卖伪造有价票证的张数,给国家、企业、公民个人等造成的损失,非法所得数额,伪造、倒卖伪造相关证件、证明文件的数量等综合认定。由于乘车证本身无票面价额,其价额应依使用情况定,使用人乘坐相应车次、铺席的票价即是乘车证的价额。如果是无人使用,则乘车证有价但尚无价额,被害方也无财产损失,不宜认定为犯罪数额。根据具体案情,从有利于被告人的角度出发,以使用伪造乘车证乘车者乘车免票的价额总和,认定为被告人伪造、倒卖伪造有价票证的票证价额,并以此为基准判处罚金刑是准确的。[参见第426号案例,王珂伪造、倒卖伪造的有价票证,蔡明喜倒卖伪造的有价票证案,载《刑事审判参考》总第54辑(2007年第1辑),法律出版社,第31～34页。执笔:牛克乾]

第二百二十八条　【非法转让、倒卖土地使用权罪】以牟利为目的,违反土地管理法规,非法转让、倒卖土地使用权,情节严重的,处三年以下有期徒刑或者拘役,并处或者单处非法转让、倒卖土地使用权价额百分之五以上百分之二十以下罚金;情节特别严重的,处三年以上七年以下有期徒刑,并处非法转让、倒卖土地使用权价额百分之五以上百分之二十以下罚金。

■全国人民代表大会常务委员会关于《中华人民共和国刑法》第二百二十八条、第三百四十二条、第四百一十条的解释(全文)(2001年8月31日)

刑法第二百二十八条、第三百四十二条、第四百一十条规定的"违反土地管理法规",是指违反土地管理法、森林法、草原法等法律以及有关行政法规中关于土地管理的规定。

■全国人民代表大会常务委员会关于修改部分法律的决定(2009年8月27日)

二、对下列法律和法律解释中关于"征用"的规定作出修改

(一)将下列法律和法律解释中的"征用"修改为"征收、征用"

14.全国人民代表大会常务委员会关于《中华人民共和国刑法》第二百二十八条、第三百四十二条、第四百一十条的解释

■最高人民检察院、公安部关于公安机关管辖的刑事案件立案追诉标准的规定(二)(2022年5月15日)

第七十二条　〔非法转让、倒卖土地使用权案(刑法第二百二十八条)〕以牟利为目的,违反土地管理法规,非法转让、倒卖土地使用权,涉嫌下列情形之一的,应予立案追诉:

(一)非法转让、倒卖永久基本农田五亩以上的;

（二）非法转让、倒卖永久基本农田以外的耕地十亩以上的；

（三）非法转让、倒卖其他土地二十亩以上的；

（四）违法所得数额在五十万元以上的；

（五）虽未达到上述数额标准，但因非法转让、倒卖土地使用权受过行政处罚，又非法转让、倒卖土地的；

（六）其他情节严重的情形。

附则（第七十九条至第八十五条内容附在本书刑法第一百二十条之一附文同名文件中）

■最高人民法院关于审理破坏土地资源刑事案件具体应用法律若干问题的解释（2000年6月22日）

第一条　以牟利为目的，违反土地管理法规，非法转让、倒卖土地使用权，具有下列情形之一的，属于非法转让、倒卖土地使用权"情节严重"，依照刑法第二百二十八条的规定，以非法转让、倒卖土地使用权罪定罪处罚：

（一）非法转让、倒卖基本农田五亩以上的；

（二）非法转让、倒卖基本农田以外的耕地十亩以上的；

（三）非法转让、倒卖其他土地二十亩以上的；

（四）非法获利五十万元以上的；

（五）非法转让、倒卖土地接近上述数量标准并具有其他恶劣情节的，如曾因非法转让、倒卖土地使用权受过行政处罚或者造成严重后果等。

第二条　实施第一条规定的行为，具有下列情形之一的，属于非法转让、倒卖土地使用权"情节特别严重"：

（一）非法转让、倒卖基本农田十亩以上的；

（二）非法转让、倒卖基本农田以外的耕地二十亩以上的；

（三）非法转让、倒卖其他土地四十亩以上的；

（四）非法获利一百万元以上的；

（五）非法转让、倒卖土地接近上述数量标准并具有其他恶劣情节，如造成严重后果等。

第八条　单位犯非法转让、倒卖土地使用权罪、非法占有耕地罪的定罪量刑标准，依照本解释第一条、第二条、第三条的规定执行。

第九条　多次实施本解释规定的行为依法应当追诉的，或者一年内多次实施本解释规定的行为未经处理的，按照累计的数量、数额处罚。

▽单位擅自转让土地使用权并改变用途，情节严重的，应追究单位的刑事责任

根据刑法第二百三十一条规定，单位也可以构成非法转让、倒卖土地使用权罪的主体。[参见第445号案例，廖渭良等非法占用农用地、非法转让土地使用权案，载《刑事审判参考》总第56辑（2007年第3辑），法律出版社，第47～48页。执笔：肖伟]

第二百二十九条　【提供虚假证明文件罪】承担资产评估、验资、验证、会计、审计、法律服务、保荐、安全评价、环境影响评价、环境监测等职责的中介组织的人员故意提供虚假证明文件，情节严重的，处五年以下有期徒刑或者拘役，并处罚金；有下列情形之一的，处五年以上十年以下有期徒刑，并处罚金：

（一）提供与证券发行相关的虚假的资产评估、会计、审计、法律服务、保荐等证明文件，情节特别严重的；

（二）提供与重大资产交易相关的虚假的资产评估、会计、审计等证明文件，情节特别严重的；

（三）在涉及公共安全的重大工程、项目中提供虚假的安全评价、环境影响评价等证明文件，致使公共财产、国家和人民利益遭受特别重大损失的。

【提供虚假证明文件罪】有前款行为，同时索取他人财物或者非法收受他人财物构成犯罪的，依照处罚较重的规定定罪处罚。

【出具证明文件重大失实罪】第一款规定的人员，严重不负责任，出具的证明文件有重大失实，造成严重后果的，处三年以下有期徒刑或者拘役，并处或者单处罚金。（本条是根据《中华人民共和国刑法修正案（十一）》之二十五修改的，自2021年3月1日起施行。）

刑法本条原文：【提供虚假证明文件罪】承担资产评估、验资、验证、会计、审计、法律服务等职责的中介组织的人员故意提供虚假证明文件，情节严重的，处五年以下有期徒刑或者拘役，并处罚金。

【提供虚假证明文件罪】前款规定的人员，索取他人财物或者非法收受他人财物，犯前款罪的，处五年以上十年以下有期徒刑，并处罚金。

【出具证明文件重大失实罪】第一款规定的人员，严重不负责任，出具的证明文件有重大失实，造成严重后果的，处三年以下有期徒刑或者拘役，并处或者单处罚金。

■最高人民检察院、公安部关于公安机关管辖的刑事案件立案追诉标准的规定(二)(2022年5月15日)

第七十三条　〔提供虚假证明文件案(刑法第二百二十九条第一款)〕承担资产评估、验资、验证、会计、审计、法律服务、保荐、安全评价、环境影响评价、环境监测等职责的中介组织的人员故意提供虚假证明文件，涉嫌下列情形之一的，应予立案追诉：

(一)给国家、公众或者其他投资者造成直接经济损失数额在五十万元以上的；

(二)违法所得数额在十万元以上的；

(三)虚假证明文件虚构数额在一百万元以上且占实际数额百分之三十以上的；

(四)虽未达到上述数额标准，但二年内因提供虚假证明文件受过二次以上行政处罚，又提供虚假证明文件的；

(五)其他情节严重的情形。

第七十四条　〔出具证明文件重大失实案(刑法第二百二十九条第三款)〕承担资产评估、验资、验证、会计、审计、法律服务、保荐、安全评价、环境影响评价、环境监测等职责的中介组织的人员严重不负责任，出具的证明文件有重大失实，涉嫌下列情形之一的，应予立案追诉：

(一)给国家、公众或者其他投资者造成直接经济损失数额在一百万元以上的；

(二)其他造成严重后果的情形。

[附则(第七十九条至第八十五条)内容附在本书刑法第一百二十条之一附文同名文件中。]

■最高人民检察院关于地质工程勘测院和其他履行勘测职责的单位及其工作人员能否成为刑法第二百二十九条规定的有关犯罪主体的批复(全文)(2015年11月12日)

地质工程勘测院和其他履行勘测职责的单位及其工作人员在履行勘察、勘查、测绘职责过程中，故意提供虚假工程地质勘察报告等证明文件，情节严重的，依照刑法第二百二十九条第一款和第二百三十一条的规定，以提供虚假证明文件罪追究刑事责任；地质工程勘测院和其他履行勘测职责的单位及其工作人员在履行勘察、勘查、测绘职责过程中，严重不负责任，出具的工程地质勘察报告等证明文件有重大失实，造成严重后果的，依照刑法第二百二十九条第三款和第二百三十一条的规定，以出具证明文件重大失实罪追究刑事责任。

■最高人民检察院关于公证员出具公证书有重大失实行为如何适用法律问题的批复(全文)(2009年1月15日)

《中华人民共和国公证法》施行以后，公证员在履行公证职责过程中，严重不负责任，出具的公证书有重大失实，造成严重后果的，依照刑法第二百二十九条第三款的规定，以出具证明文件重大失实罪追究刑事责任。

■最高人民法院、最高人民检察院关于修改《关于办理妨害信用卡管理刑事案件具体应用法律若干问题的解释》的决定(2018年12月1日)

第四条(第二款) 承担资产评估、验资、验证、会计、审计、法律服务等职责的中介组织或其人员,为信用卡申请人提供虚假的财产状况、收入、职务等资信证明材料,应当追究刑事责任的,依照刑法第二百二十九条的规定,分别以提供虚假证明文件罪和出具证明文件重大失实罪定罪处罚。

第十三条 单位实施本解释规定的行为,适用本解释规定的相应自然人犯罪的定罪量刑标准。

■最高人民法院、最高人民检察院关于办理环境污染刑事案件适用法律若干问题的解释(2017年1月1日)

第九条 环境影响评价机构或其人员,故意提供虚假环境影响评价文件,情节严重的,或者严重不负责任,出具的环境影响评价文件存在重大失实,造成严重后果的,应当依照刑法第二百二十九条、第二百三十一条的规定,以提供虚假证明文件罪或者出具证明文件重大失实罪定罪处罚。

第十一条 单位实施本解释规定的犯罪的,依照本解释规定的定罪量刑标准,对直接负责的主管人员和其他直接责任人员定罪处罚,并对单位判处罚金。

▽提供虚假证明文件罪与出具证明文件重大失实罪的认定

审计报告与财务会计报告是相互独立的不同的两份文件,前者是会计师事务所等中介组织的证明文件,后者是公司财务文件,两者属于评价与被评价的关系。提供虚假财会报告罪与提供虚假证明文件罪或者出具证明文件重大失实罪是较为容易区分的。公司与承担审计职责的会计师事务所或其注册会计师合谋,由公司故意提供虚假的或者隐瞒重要事实的财务会计报告,同时由会计师事务所或其注册会计师出具虚假的审计报告,对出具虚假审计报告的会计师事务所或其注册会计师进行定罪处罚应是:尽管两者存在共同实施犯罪的故意,对于后者仍须按提供虚假证明文件罪处理:一方面,两者的故意内容有所不同,前者主要是出于虚夸业绩欺骗股东和社会公众,后者主要是出于业务考虑;另一方面,双方的行为在刑法上可以得到充分的、相应的评价,无须按共同犯罪处理。提供虚假证明文件罪与出具证明文件重大失实罪的不同之处主要在于主观方面,前者属故意行为,后者属过失行为。应当指出,故意、过失是相对于证明文件本身的真假而言的,明知证明文件的内容虚假而提供,即可认定为故意提供,相反,因未尽必要的注意义务而未认识到所出具的证明文件与事实不符,则属过失。[参见第285号案例,董博等提供虚假财会报告案,载《刑事审判参考》总第37集(2004年第2集),法律出版社,第12~13页。执笔:刘一守]

▽对审计报告的严重失实,是不正确履行职责所致的认定

在合理的范围内确保会计报表审计报告的真实、合法性,是会计师事务所会计师的法定职责。根据《注册会计师法》和《中国注册会计师独立审计准则》等规定,注册会计师负有维护社会公共利益,保护投资者和其他利害关系人的合法权益,促进社会主义市场经济的健康发展的社会责任。注册会计师应当恪守独立、客观、公正的原则,以应有的职业谨慎态度执行审计业务,对被审计单位会计报表的合法性、公允性及会计处理方法的一贯性进行审计时,应当按照独立审计准则的要求出具审计报告,保证审计报告的真实性、合法性。注册会计师的审计意见应合理地保证会计报表使用人确定已审计会计报表的可靠程度。行为人在执行审计业务时,违背了独立审计准则,未能遵循和实施必要的审计程序,所出具的审计意见以未经核实或者委托利害关系人核查的审计证据为依据,存在严重的失职行为。严重违反了《独立审计具体准则第1号——会计报表审计》关于"注册会计师在实施审计过程中,应当采用恰当的方法,包括检查、监盘、观察、查询及函证、计算、分析性复核等,以获取充分、适当的审计证据"以及"注册会计师应当在实施必要的审计程序后,以经过核实的审计证据为依据,形成审计意见,出具审计报告"的规定。[参见第285号案例,董博等提供虚假财会报告案,载《刑事审判参考》总第37集(2004年第2集),法律出版社,第13~14页。执笔:刘一守]

▽提供虚假财会报告罪处罚主体的认定

提供虚假财会报告的客观行为不仅是提供行为,同时还内含着一个弄虚作假,制作虚假财会报告的行为,这也是提供虚假财会报告行为的应有之义,没有制假行为,自然无从谈起提供虚假财会报告的问题。所以,在认定提供虚假财会报告罪处罚主体时,需将虚假财会报告的制作和提供两方面的行为主体同时纳入分析、评价的范畴。即需对提供虚假财会报告罪承担刑事责任的直接负责的主管人员和其他直接责任人员,既包括对公司财务会计报告的真实性、可靠性负有直接责任的公司董事长、董事、总经理、经理、监事,同时还包括直接参与虚假财务会计报告制作的工作人员。前者一般表现为签署、审核财务会计报告的人员和授意、指使编制虚假的或者隐瞒重要事实的财务会计报告的公司负责人,但对制假报假不知情的公司管理人员,工作过失致使虚假财会报告提供出去的,因无主观故意,不应视为直接负责的主管人员;后者一般表现为具体编制或者参与编制虚假的或者隐瞒重要事实的财务会计报告的公司财会人员,因为公司的财会报告通常是由财会人员制作完成的,但不以财会人员为限:首先,凡是参与制作虚假报告的以及为直接编制虚假报告人员提供虚假凭证资料的人员均应视为相关责任人员;其次,是否属于需要追究刑事责任的直接责任人员,取决于该人员在犯罪中的地位和作用,而非是否具有财会人员的身份。[参见第285号案例,董博等提供虚假财会报告案,载《刑事审判参考》总第37集(2004年第2集),法律出版社,第11页。执笔:刘一守]

第二百三十条　【逃避商检罪】违反进出口商品检验法的规定,逃避商品检验,将必须经商检机构检验的进口商品未报经检验而擅自销售、使用,或者将必须经商检机构检验的出口商品未报经检验合格而擅自出口,情节严重的,处三年以下有期徒刑或者拘役,并处或者单处罚金。

■最高人民检察院、公安部关于公安机关管辖的刑事案件立案追诉标准的规定(二)(2022年5月15日)

第七十五条　〔逃避商检案(刑法第二百三十条)〕违反进出口商品检验法的规定,逃避商品检验,将必须经商检机构检验的进口商品未报经检验而擅自销售、使用,或者将必须经商检机构检验的出口商品未报经检验合格而擅自出口,涉嫌下列情形之一的,应予立案追诉:

(一)给国家、单位或者个人造成直接经济损失数额在五十万元以上的;

(二)逃避商检的进出口货物货值金额在三百万元以上的;

(三)导致病疫流行、灾害事故的;

(四)多次逃避商检的;

(五)引起国际经济贸易纠纷,严重影响国家对外贸易关系,或者严重损害国家声誉的;

(六)其他情节严重的情形。

附则(第七十九条至第八十五条内容附在本书刑法第一百二十条之一附文同名文件中)

■中华人民共和国进出口商品检验法(2021年4月29日修正)

第五条　列入目录的进出口商品,由商检机构实施检验。

前款规定的进口商品未经检验的,不准销售、使用;前款规定的出口商品未经检验合格的,不准出口。

本条第一款规定的进出口商品,其中符合国家规定的免予检验条件的,由收货人或者发货人申请,经国家商检部门审查批准,可以免予检验。

第二百三十一条　【单位犯本节之罪的处罚】单位犯本节第二百二十一条至第二百三十条规定之罪的,对单位判处罚金,并对其直接负责的主管人员和其他直接责任人员,依照本节各该条的规定处罚。

■全国人大常委会关于惩治骗购外汇、逃汇和非法买卖外汇犯罪的决定（1998 年 12 月 29 日起施行）

四、在国家规定的交易场所以外非法买卖外汇，扰乱市场秩序，情节严重的，依照刑法第二百二十五条的规定定罪处罚。

单位犯前款罪的，依照刑法第二百三十一条的规定处罚。

八、犯本决定规定之罪，依法被追缴、没收的财物和罚金，一律上缴国库。

第四章　侵犯公民人身权利、民主权利罪

第二百三十二条　【故意杀人罪】故意杀人的，处死刑、无期徒刑或者十年以上有期徒刑；情节较轻的，处三年以上十年以下有期徒刑。

■最高人民法院关于依法妥善审理高空抛物、坠物案件的意见（2019 年 10 月 21 日）

（本意见全部内容附在本书刑法第一百一十四条附文相同文件名中）

■最高人民法院、最高人民检察院关于办理危害生产安全刑事案件适用法律若干问题的解释（2015 年 12 月 16 日）

第十条　在安全事故发生后，直接负责的主管人员和其他直接责任人员故意阻挠开展抢救，导致人员死亡或者重伤，或者为了逃避法律追究，对被害人进行隐藏、遗弃，致使被害人因无法得到救助而死亡或者重度残疾的，分别依照刑法第二百三十二条、第二百三十四条的规定，以故意杀人罪或者故意伤害罪定罪处罚。

■最高人民法院关于审理交通肇事刑事案件具体应用法律若干问题的解释（2000 年 11 月 21 日）

第六条　行为人在交通肇事后为逃避法律追究，将被害人带离事故现场后隐藏或者遗弃，致使被害人无法得到救助而死亡或者严重残疾的，应当分别依照刑法第二百三十二条、第二百三十四条第二款的规定，以故意杀人罪或者故意伤害罪定罪处罚。

■最高人民法院关于贯彻宽严相济刑事政策的若干意见（2010 年 2 月 8 日）（见本书附录十七）

■最高人民法院、最高人民检察院、公安部关于办理涉窨井盖相关刑事案件的指导意见（2020 年 3 月 16 日）

三、对于本意见第一条、第二条规定以外的其他场所的窨井盖，明知会造成人员伤亡后果而实施盗窃、破坏行为，致人受伤或者死亡的，依照刑法第二百三十四条、第二百三十二条的规定，分别以故意伤害罪、故意杀人罪定罪处罚。

十二、本意见所称的“窨井盖”，包括城市、城乡结合部和乡村等地的窨井盖以及其他井盖。

▼全国法院维护农村稳定刑事审判工作座谈会纪要（1999 年 10 月 27 日）

二（一）关于故意杀人、故意伤害案件要准确把握故意杀人犯罪适用死刑的标准。对故意杀人犯罪是否判处死刑，不仅要看是否造成了被害人死亡结果，还要综合考虑案件的全部情况。对于因婚姻家庭、邻里纠纷等民间矛盾激化引发的故意杀人犯罪，适用死刑一定要十分慎重，应当与发生在社会上的严重危害社会治安的其他故意杀人犯罪案件有所区别。对于被害人一方有明显过错或对矛盾激化负有直接责任，或者被告人有法定从轻处罚情节的，一般不应判处死刑立即执行。要注意严格区分故意杀人罪与故意伤害罪的界限。在直接故意杀人与间接故意杀人案件中，犯罪人的主观恶性程度是不同的，在处刑上也应有所区别。间接故意杀人与故意伤害致人死亡，虽然都造成了死亡后果，但行为人故意的性质和内容是截然不同的。不注意区分犯罪的性质和故意的内容，只要有死亡后果就判处死刑的做法是错误的，这在今后的工作中，应当予以纠正。对于故意伤害致人死亡，手段特别残忍，情节特别恶劣的，才可以判处死刑。

○利用不满14周岁的人投毒杀人的行为,构成故意杀人罪

被告人授意其不满14周岁的女儿投毒杀害自己丈夫,并非传授具体的方法,而是要将自己杀夫犯罪意图灌输给本来没有犯罪意图的自己的女儿,促使其女决意实施所指使的犯罪行为。因此,对被告人的行为不应定传授犯罪方法罪,只能定故意杀人罪。[参见《刑事审判参考》总第16辑(2001年第5辑),法律出版社,第74~76页。]

○为劫取财物而预谋故意杀人但仅致人轻伤且劫取财物数额不大的,应以故意杀人罪(未遂)定罪处罚

《最高人民法院关于抢劫过程中故意杀人案件如何定罪问题的批复》(本附文以下简称《批复》)之所以规定"行为人为劫取财物而预谋故意杀人,或者在劫取财物过程中,为制服被害人的反抗而故意杀人的,以抢劫罪定罪处罚",一是基于在抢劫过程中故意杀人是指致人死亡或重伤的一般情形,对于类似本案杀人未遂仅致人轻伤且抢劫财物数额较小的特殊情形应如何定罪处罚未作明确解释。二是基于对牵连犯"择一重罪处罚"的一般原则。抢劫杀人致人死亡或重伤的,按照刑法第二百六十三条抢劫罪的规定,最高刑可以判处死刑,并处罚金或者没收财产。而刑法第二百三十二条规定的故意杀人罪最高刑只是死刑,并无并处罚金或者没收财产的规定。相较而言,以抢劫罪定罪处罚,符合对牵连犯"择一重罪处罚"的通说,与贯彻罪刑相适应原则一致。三是基于主刑轻重同等的情况下,选择按其犯罪目的条款而不是犯罪手段条款即以抢劫罪定罪处罚更能反映犯罪行为的自身特点。四是基于"为劫取财物而预谋故意杀人,或者在劫取财物过程中,为制服被害人的反抗而故意杀人的",本质上是牵连犯,虽是异质数罪,但若以故意杀人罪与抢劫罪实行并罚,势必有将杀人行为既作为故意杀人罪的构成要件,又作为抢劫犯罪的暴力手段之嫌,有违刑法不得对同一行为进行重复评价的基本原则。可见,在故意杀人并致人死亡或重伤的情形下,适用《批复》的上述规定,无疑是正确的。然而,为劫取财物而预谋故意杀人,或者在劫取财物过程中,为制服被害人的反抗而故意杀人,当出现因行为人意志以外的原因,杀人未遂,仅致人轻伤,且抢劫财物数额较小或者不具备抢劫罪法定的八种特定加重处罚情形时的特殊案件,是否还适用《批复》规定以抢劫罪定罪处罚?由于此种特殊情形不在《批复》解释之列,故不应简单机械套用《批复》的规定以抢劫罪定罪处罚,而应当根据案件的具体事实,按照罪责刑相适应的原则和牵连犯择一重罪处罚的原则确定相应的罪名和刑罚。本案被告人的故意杀人行为,显然不属于情节较轻,对于未遂犯,依法可以比照既遂犯从轻或者减轻处罚,但鉴于本案被告人的故意杀人行为属于实行终了的未遂,且犯罪情节恶劣、手段残忍,又牵连抢劫犯罪,故不应当适用减轻处罚。那么,按照对牵连犯"择一重罪处罚"的原则,本案以故意杀人罪(未遂)定罪处罚,应更为准确、适当。[参见《刑事审判参考》总第30辑(2003年第1辑),法律出版社,第173~174页。]

▽故意杀人罪与故意伤害罪的司法认定

故意杀人罪和故意伤害罪理论上的区分相对比较容易,两罪的根本区别在于主观故意的内容不同:故意伤害罪的行为人的目的是损害他人的身体健康,并不希望死亡结果的发生,造成他人死亡是出于过失,对死亡结果没有认识,反之如果对死亡结果有认识则构成故意杀人罪;故意杀人罪的行为人的目的是剥夺他人的生命,死亡结果的发生是行为人希望和追求的。司法实践中要准确认定行为人的主观故意并不容易。因为行为人的心理作为一种内在心理活动不像外在的行为那样直观,对于犯罪故意,行为人往往会刻意隐瞒,避重就轻,给司法认定增加了难度。在具体案件中,要正确认定行为人的故意内容是杀人还是伤害,通常可以从以下几个方面综合考虑:(1)犯罪工具的杀伤力。一般情况下,爆炸物、枪支的杀伤力大于刀具,刀具的杀伤力又大于生活中的常用物品。如果行为人选择杀伤力极大的凶器攻击被害人,并致其死亡,通常应认定其主观上有杀人的故意。当然,也有行为人使用的工具杀伤力不强,但被其反复、多次作用于被害人,或经其加工、制作,或用其他特殊方式利用时,该工具的杀伤力也会变强。如日常生活中使用的小水果刀,如果行为人用其反复、多次捅刺被害人,即使捅刺的不是要害部位，也可能造成被害人因创口过多而导致失血性休克死亡的后果发生。(2)打击部位的要害性。头、胸、腹等均属人体要害部位，如果行为人选择这些部位进行攻击并致其死亡，可以认定其主观上能预料到死亡结果的发生。(3)犯罪行为的次数。如果行为人反复、多次对被害人实施攻击，应当认定行为人主观上有追求或放任被害人死亡结果发生的故意。(4)侵害行为的实施力度。从被害人受创程度深浅、面积大小等，都可判断行为人行凶时的力度大小，其行凶力度越大，证明其追求或放任死亡后果发生的故意就越强烈。(5)侵害行为实施时的态度。如果行为人在被害人已经失去反抗能力的情况下，仍继续对被害人实施侵害行为，证明其主观上有希望被害人死亡的故意；如果行为人停止侵害，并对其采取积极施救行为，证明其主观上不希望被害人死亡。但在实践中，也有行为人用极具杀伤力的凶器，明知其实施一次侵害行为就足以致被害人死亡的，为规避法律，在实施侵害行为后又采取施救行为，对这种情形，不能就此认定其主观上没有追求被害人死亡的故意。(6)案发起因及背景情况。如案发起因是因积怨过深还是口角纠纷；行为人实施侵害行为是有预谋还是临时起意；被害人是否有过错以及该过错是否足以让行为人产生杀人的念头；被告人与被害人的身体状况、年龄、性别等。如体格彪悍的成年男子对体弱多病的老年人或者儿童，即使不用其他凶器，只需挥拳猛击被害人头胸等要害部位，就有致死被害人的可能性，只要行为人行为时神智清晰，就可以认定其主观上有预见死亡后果发生的可能性。总之，对于行为人主观上是伤害故意还是杀人故意，应当综合考虑上述几个因素，并结合具体案情全面分析才能准确认定。[参见第458号案例，吕升艺故意杀人案，载《刑事审判参考》总第58辑(2007年第5辑)，法律出版社，第28～30页。执笔：管应时]

▽行为人在盗窃犯罪实施完毕后，将被害人杀死的行为，构成盗窃罪和故意杀人罪

行为人先盗窃了被害人的钱财，后又在同一地点杀害被害人，行为人的盗窃行为与其故意杀人行为之间，缺乏构成转化型抢劫罪所要求的紧密关联性。第一，行为人是在趁其女友同被害人卖淫嫖娼之时，用钥匙开启房门潜入房内窃取被害人钱财，潜出房间后又用钥匙悄悄关闭房门的，此行为其女友和被害人不知，其盗窃行为并未被人察觉。第二，行为人窃取被害人的钱财后已经安全地潜出现场，完成了其盗窃犯罪行为。第三，行为人的盗窃行为是个人行为，其事先并未同其女友商议也没有告知她，她对其盗窃行为不知情，事后行为人也没有分赃给她，二人不构成共同盗窃犯罪。第四，被害人发现钱财不见，并不知是行为人所为，也不认为是她同他人合谋窃取钱财。换句话说，被害人的追究对象并不是行为人，而是其女友。行为人敲门进入房内，是为了帮助女友摆脱被害人的纠缠，最后用刀将被害人杀死。综上分析，行为人的行为不符合我国刑法关于犯盗窃罪为窝藏赃物、抗拒抓捕或者毁灭罪证而当场使用暴力转化为抢劫罪的规定，不构成抢劫罪。对其杀害被害人的行为应当以故意杀人罪定罪处刑，故应对行为人以故意杀人罪和盗窃罪依法实行两罪并罚。[参见第009号刑案判例，黄光元故意杀人、盗窃案，载《刑事办案指导》总第2辑(2005年第2辑)，中国人民公安大学出版社，第10～11页。执笔：黄国民　须梅华]

▽受杀人犯指使将小孩带离现场，致使杀人犯顺利完成犯罪的行为，构成杀人共犯

二行为人都明知其行为的性质和后果，并且知道不是自己孤立地实施犯罪，通过犯意的传递、反馈，通过言行的交流和配合，已经形成杀死被害人的共同故意。另一行为人的行为属于复杂共同行为，孤立地看不属于杀人客观要件行为，但经过组合后，与行为人的行为，相互配合、相互协调、相互补充，形成一个整体，整体的行为能够全面满足杀人的行为要件。另一行为人虽没有直接实施杀人行为，但为行为人犯罪创造了方便条件，帮助了行为人实施杀人犯罪，也具备了共同犯罪的客观要件。因此，另一行为人主观上有共同犯罪的故意(直接故意或者间接故意)，客观上有共同犯罪的行为(帮助行为)，具备了共同犯罪的主客观条件。[参见第388号案例，于爱银、戴永阳故意杀人案，载《刑事审判参考》总第49集(2006年第2集)，法律出版社，第20～22页。执笔：吴光侠]

▽在被害方有明显过错的杀人案件中对被告人一般不应判处死刑立即执行

应当正确把握应当判处死刑,但不是必须立即执行的情形。1999年10月最高人民法院下发的《全国法院维护农村稳定刑事审判工作座谈会纪要》中指出:"要准确把握故意杀人犯罪适用死刑的标准。……对于被害人一方有明显过错或对矛盾激化负有直接责任,或者被告人有法定从轻处罚情节的,一般不应当判处死刑立即执行。"上述这段话就是对故意杀人案件中,如何正确把握应当判处死刑,但不是必须立即执行的情形的司法实践经验的总结,具有司法政策的性质,司法实践中对此应当予以切实贯彻。[参见第362号案例,贾淑芳故意杀人案,载《刑事审判参考》总第46集(2005年第5集),法律出版社,第28～29页。]

▽双方均有侵害对方的非法意图和互相挑衅、准备作案工具的行为,在对方意图尚未显现,且还未发生危及其人身安全的情况下,即持刀冲上前砍杀对方,事实上属于一种假想防卫和事先防卫的行为

双方都有伤害对方的故意,但不能说明被害人邀约多人就是要来杀人,还有可能是来打人或毁坏财物等,所以在被害方未动手之前不能认定为"不法侵害正在进行"。行为人看见被害人后主动迎上去并扬言砍死被害人,说明行为人亦有加害被害人的故意,故不属正当防卫。首先,案发前被害人已流露出欲与行为人打架的念头,并作好了准备,表明其存在非法侵害他人的意图。其次,行为人在案发前完全有条件回避,其不仅不躲避,而且在实害尚未发生时,积极主动参与斗殴且在对方尚未持械袭击他时,首先持刀伤人的。值得注意的是,被害人邀约多人前来,并不能肯定就是要来寻衅滋事。事实上,双方均有侵害对方的非法意图,因为双方于案发前不仅互相挑衅,而且均准备了作案工具;行为人在对方意图尚未显现,且还未发生危及其人身安全的情况下,即持刀冲上前砍杀对方,事实上属于一种假想防卫和事先防卫的行为。由此可见,行为人的行为不符合正当防卫规定的条件,不能认定为正当防卫。可见,行为人主观上有剥夺他人生命的故意,客观上实施了与他人进行斗殴的行为,并且造成他人死亡的危害后果,依法应当承担故意杀人罪的刑事责任。[参见第363号案例,周文友故意杀人案,载《刑事审判参考》总第46集(2005年第5集),法律出版社,第35～36页。执笔:周峰]

▽为骗取保险金而故意杀人的应以抢劫罪、故意杀人罪定罪处罚

行为人的两次杀人行为,(可分为两个阶段:第一阶段,行为人以合伙做生意为名将被害人骗至其老家,随后将其杀死并劫走其随身携带的钱财,其后又以抢来的钱为自己购买7份人寿保险,完成其欲进行保险诈骗的第一步。第二阶段,行为人与另一行为人预谋商定以宴请为名在另一行为人经营的音像店内杀死另一被害人,并焚烧尸体和音像店,借以造成行为人被意外烧死的假象。二行为人共同杀死另一被害人后,行为人逃往外地躲藏起来,另一行为人则出面向公安机关报假案,以骗取公安机关出具有关行为人确已被意外烧死的证明后再向太平洋保险公司骗取保险金。)都可以分别从两个方面进行评价。虽然其最终目的是保险诈骗,但无论如何,两次已经实施并完成的都是一个完整的行为,依据禁止重复评价的原则,或是根据想象竞合犯的理论,在裁判时,只能选择定一个罪,而不能对同一行为既定抢劫罪又定保险诈骗罪(预备),或者既定故意杀人罪又定保险诈骗罪(预备)。因此,应以两个重罪即抢劫罪和故意杀人罪对行为人定罪处罚。[参见第198号案例,王志峰、王志生故意杀人、保险诈骗案,载《刑事审判参考》总第28辑(2002年第5辑),法律出版社,第13～14页。执笔:汪鸿滨]

▽为逃避债务故意杀人的行为,构成故意杀人罪,不能以抢劫罪定罪处罚

在抢劫过程中故意杀人以抢劫罪定罪处罚的行为必须是当场使用暴力故意杀人并当场劫取被害人财物的行为。其中,故意杀人是劫取财物的手段行为,劫取财物是行为人杀人的目的,符合刑法理论上的牵连犯,因此,《最高人民法院关于抢劫过程中故意杀人案件如何定罪问题的批复》明确规定:"行为人为劫取财物而预谋故意杀人,或者在劫取财物过程中,为制服被害人反抗而故意杀人的,以抢劫罪定罪处罚。"被害人转让的是速递公司的承包经营权,即使行为人将被害人杀害,行为人也不能当场占有该公司。至于速递公司的承包经营权,由于行为人已通过合法方式取得,显然无须杀害被害人。只是由于行为人仍欠被害人2万元的转包费，行为人为逃避支付而将被害人杀害，其故意杀人的动机是为了逃避债务。虽然行为人将债权人杀害是为了逃避债务，目的是非法占有债权人的2万元转包费，但这种占有方式并不是刑法意义上的当场劫取财物。因此，不符合构成抢劫罪只能是当场劫取财物的客观特征。刑法第二百六十三条明确规定抢劫罪的犯罪对象是“公私财物”。从当场劫取财物这一抢劫犯罪的客观特征来看，这里的“财物”须具有即时取得、可转移的特点，当场不能取得、不能转移的财物一般不能成为抢劫罪的犯罪对象。以逃避债务为目的故意杀人，仅可以使原有的债权债务关系归于消灭，行为人并没有“当场”取得实际已由行为人行使的承包经营权，即缺少抢劫罪的犯罪对象。从犯罪的主观故意来看，在抢劫罪中，应是先产生非法占有的目的，后发生非法占有的行为，即行为人非法占有目的应产生于行为人实际占有他人财物之前。而在以逃避债务为目的的故意杀人行为中，行为人在产生非法占有他人财物的主观犯意之前，已实际占有了债权项下的财物，不需要通过故意杀人去劫取。[参见第171号案例，李春林故意杀人案，载《刑事审判参考》总第25辑(2002年第2辑)，法律出版社，第47～48页。执笔：清国]

▽故意杀人后又窃取被害人财物的，应分别构成故意杀人罪和盗窃罪

《最高人民法院关于抢劫过程中故意杀人案件如何定罪问题的批复》中规定表明，抢劫罪的手段可以是故意杀人行为，但此限制条件必须是“为劫取财物而预谋故意杀人，或者在劫取财物过程中，为制服被害人的反抗而故意杀人”。从时间上看，行为人劫取财物的目的在先，故意杀人的手段在后；从手段与目的关系来分析，故意杀人的手段服务于抢劫财物的目的，抢劫财物和故意杀人之间存在明显的目的与手段的关系。如果行为人先因他故，实施了杀人行为，尔后又临时起意取走被害人财物的，因为先前的杀人行为与事后的取财行为之间并无手段与目的的关系，不能认定为抢劫罪，而只能分别认定为构成故意杀人和盗窃罪。[参见第153号案例，计永欣故意杀人案，载《刑事审判参考》总第24集(2002年第1集)，法律出版社，第25～26页。执笔：董朝阳]

▽投毒罪与故意杀人罪区别的认定

投毒罪(此罪名已被《中华人民共和国刑法修正案(三)》修改为投放危险物质罪——编著者注)与故意杀人罪分属不同的犯罪种类，区别二者主要看犯罪的客体与主观故意内容。从犯罪客体上看，作为危害公共安全罪的一种，投毒罪侵犯的是公共安全，也就是不特定多数人的生命、健康、财产的安全；故意杀人罪属于侵犯公民人身权利的犯罪，其侵犯的客体是公民的人身权利，即特定公民的人身权利。简言之，投毒罪指向不特定多数人，而故意杀人罪以特定的人为对象。从主观故意内容看，投毒罪的主体须具有危害公共安全即不特定多数人生命、健康、财产安全的故意，而故意杀人罪的主体则具有剥夺特定人生命的故意。在实践中，当某人投放毒物目的在于剥夺特定人的生命而不危及公共安全时，应认定为故意杀人罪。[参见第101(98)号案例，方金青惠投毒案，载《刑事审判参考》总第16集，法律出版社，第4页。执笔：蔡金芳]

▽故意杀人后为转移公安机关侦查视线，掩盖罪行而书写、投送勒索钱财信件的行为不构成绑架罪与敲诈勒索罪

行为人在故意杀人后为转移公安机关侦查视线，掩盖罪行而书写、投送勒索钱财信件的行为，不具有非法占有他人财物的故意，其行为不构成绑架罪与敲诈勒索罪。[参见第105(102)号案例，梁小红故意杀人案，载《刑事审判参考》总第16集，法律出版社，第25～26页。执笔：王桂霄]

▽驾车故意挤占车道阻止追赶车辆、致人死亡的行为定故意杀人罪

故意杀人罪和破坏交通工具罪是容易区分的。但当行为人利用非常见方法杀人，并同时造成其他重大物质损害的后果时，如何定罪容易产生分歧。行为人实施的是一个行为，其主观故意内容只能从其行为中分析认定。从具体情况来看，行为人的行为造成车辆损毁和人员死亡两个后果。但这种后果又很难分清行为人的主观故意究竟是为了毁车而致人死亡，还是为了杀人而致车毁，或者对哪一个后果持放任态度。也就是说,其主观故意对认定本案性质也很难发挥作用。在这种情况下,应当从其行为,进而从其主观故意分析其犯罪所侵犯的客体。行为人驾驶货车沿路曲线行驶,挤占车道,在被害人驾驶汽车处于货车左侧时左打方向盘,将汽车逼向路边,虽然发生了小汽车与路边树木相撞,小汽车严重损坏的结果,但其目的是阻挡追赶的车辆超车,以逃避交管部门检查。行为人实施上述行为时针对的只是追赶的小汽车,使之无法超车,以逃避处罚,因而不符合破坏交通工具罪侵害的客体必须是公共安全的要求。行为人的行为对象是特定的,行为的危害后果也是特定的,故不能以破坏交通工具罪定罪处罚。行为人虽然没有追求被害人死亡的直接故意,但当被害人驾驶的小汽车处于行为人驾驶的货车左侧时,行为人作为经过正规培训取得驾驶执照的正式司机,应当知道在驾车高速曲线行驶的情况下占道逼车可能发生车辆倾覆、人员伤亡的严重后果,仍然左打方向盘,挤占小汽车车道,放任危害后果的发生,终将小汽车逼向路边与树木相撞,造成一人死亡、二人轻伤、小汽车严重损坏的后果。行为人放任被害人所驾追赶车辆车毁人亡的后果发生,其主观上具有间接杀人的故意,其行为符合故意杀人罪的特征。[参见第50号案例,杨政锋利用交通工具故意杀人案,载《刑事审判参考》总第7辑(2000年第2辑),法律出版社,第24～25页。审编:张军]

▽农村邻里纠纷引发的故意不明确的杀人行为,构成(间接)故意杀人罪

行为人因邻里道路纠纷等,起意对被害人实施报复——"教训教训"被害人。于是纠集其连襟另一行为人等,深夜持剑进入被害人家宅院,在被害人夫妇到院内察看动静时,另一行为人刺中被害人一剑,致其死亡。从行为人纠集另一行为人要"教训教训"被害人的目的来看,其主观故意确实不十分明确,也就是说不能认定为预谋杀人。但当另一行为人刺中被害人一剑以后,即与行为人逃离现场,对被害人死亡结果的发生采取了放任态度,故认定二被告人构成(间接)故意杀人罪。[参见第35号案例,宋有福、许朝相故意杀人案,载《刑事审判参考》总第5辑(1999年第5辑),法律出版社,第26页。审编:王玉琦]

▽高速驾车冲闯关卡的行为构成故意杀人罪,不构成以危险方法危害公共安全罪

"以危险方法危害公共安全罪",是指使用除放火、决水、爆炸、投毒以外的其他危险方法,造成或者足以造成不特定多数人的伤亡或者公私财产重大损失,危害公共安全的行为。区分本罪与故意杀人罪,主要应从犯罪侵犯的客体及犯罪的主观方面来把握。前者侵犯的客体是不特定多数人的生命、健康或者公私财产的安全,且在主观上出于故意。而后者侵犯的客体是特定人员的生命权利。行为人高速驾车冲闯关卡的目的是逃避公安人员的检查,而不是危害不特定多数人的人身、健康或公私财产的安全。行为人驾车冲撞执行公务的人员,针对的对象是特定的个人,并非不特定多数人。行为人明知建设路口机动车道设有路障及站在路障中间的许多执行公务人员在拦截自己,却没有直接冲向机动车道的路障,而是转向北侧非机动车道。说明他不希望也未放任发生危害多数人人身安全的后果。可见,其主观上不具有危害公共安全的故意,故不应以危害公共安全罪定罪。但行为人明知公安人员站在北侧非机动车道拦截自己,如果继续驾车冲闯可能会造成公安人员伤亡结果的发生,仍为逃避检查,拒不停车,放任可能发生的后果,强行向被害人站的位置冲闯,致公安人员被撞击后死亡。对这种结果的发生,被告人持放任态度。其主观上具有间接杀人的故意,客观上造成被害人死亡的结果,其行为符合间接故意杀人罪的特征,故应对其以故意杀人罪定罪。[参见第9号案例,王征宇故意杀人案,载《刑事审判参考》总第2辑(1999年第2辑),法律出版社,第12～13页。审编:裴显鼎]

▽将生命处于危险状态的被害人遗弃,致使被害人死亡的行为,构成间接故意杀人罪

犯罪行为主要表现为作为和不作为两种基本形式。不作为犯罪是指行为人具有义务实施特定的行为,但是没有实施,从而造成了危害结果的发生。因而,构成刑法上的不作为必须以具有作为义务为前提。这种作为的义务,既可以来自法律的规定,也可以来自职业和业务上的要求,还可以来自自己的先行行为。来自自己的先行行为,是指自己先前实施的使他人的人身安全处于一种严重的危险状态且自己就有义务消除这种危险状态,使他人恢复安全的行为。如果不履行这种义务,致使他人的生命、健康遭受严重危害,就构成刑法上的不作为。行为人因其的过失行为,使被害人生命处于危险状态,有义务采取措施来排除这种危险,及时将受伤者送往医院救治。这种义务就是来自他自己的先行行为。行为人不但没有救助伤者,履行应当将伤者送往医院救治这一作为的义务,反而欺骗被害人家属,且将被害人遗弃在郊区一工厂门外,因延误治疗,导致了被害人死亡,其行为构成了刑法上的不作为,符合故意杀人罪的客观要件。另外,主观上行为人过失致被害人重伤后,他应当明知若不及时救助,伤者就有可能死亡,但他不仅施救,反而将伤者遗弃在郊外一工厂门外,使被害人难以得到及时救治,因而造成被害人死亡的结果发生。他虽然不是积极追求被害人死亡结果的发生,但对被害人的死亡采取放任的态度,符合故意杀人罪的主观要件,构成间接故意杀人罪。需要说明的是,行为人先前驾车造成被害人重伤的行为与后来遗弃被害人的行为之间存在刑法上的吸收关系,依照"从一重处断"原则,对被告人仅以故意杀人罪论处,不对其以过失致人重伤罪和故意杀人罪实行数罪并罚。[参见第5号案例,宋良虎、殷海军故意杀人案,载《刑事审判指导》总第1辑(2004年第1辑),人民法院出版社,第30~31页。执笔:谭京生 孙晓芳]

▽交通肇事后为了逃避法律追究,将被害人带离事故现场后隐藏,致使被害人无法得到救助而死亡的构成故意杀人罪

对交通肇事转化为故意杀人罪的认定问题,2000年《最高人民法院关于审理交通肇事刑事案件具体应用法律若干问题的解释》第六条规定:"行为人在交通肇事后为了逃避法律追究,将被害人带离事故现场后隐藏或者遗弃,致使被害人无法得到救助而死亡或者严重残疾的,应当分别依照刑法第二百三十二条、第二百三十四条第二款的规定,以故意杀人罪或者故意伤害罪定罪处罚。"据此,交通肇事转化为故意杀人罪应具备以下条件:(1)行为目的是逃避法律追究;(2)客观行为是行为人在交通肇事后,将被害人带离事故现场后隐藏或者遗弃;(3)行为人主观上具有希望或者放任被害人死亡的心理态度;(4)危害结果是造成被害人因无法得到救助而死亡。在交通肇事转化为故意杀人罪的条件中,一定要把握好交通肇事转化为故意杀人罪的主观故意。行为人由过失交通肇事的行为到故意杀人的行为,存在一个主观心理转变的过程。行为人交通肇事造成他人伤害主观上是出于过失,在因交通肇事已经致被害人伤害结果而使其陷于死亡的现实危险状态情况下,被害人的生命安全依赖肇事行为人的及时救护,而行为人为了逃避法律追究,不采取措施防止死亡结果的发生,而是将被害人带离事故现场后隐藏或者遗弃,致使被害人因得不到及时的救护而死亡,其承担的刑事责任不再是交通肇事的结果加重犯的责任,而是因其先行行为造成他人死亡危险状态构成的不作为的刑事责任。由于肇事者自己先前的交通肇事行为才使被害人的生命处于现实危险状态,因此,从法律明文规定和行为人先行行为看,肇事行为人负有防止死亡危险结果发生的特定义务,如果能够履行而故意不履行,造成被害人死亡结果的就构成刑法上的不作为故意杀人犯罪。这种情况下,行为人对于造成被害人死亡的主观心态既可能希望被害人死亡,也可能是放任被害人死亡。因为行为人对被害人处于急需救助、生命安全处于危险状态是明知的,此时,再将被害人带离事故现场后隐藏或者遗弃,如果是明知自己的行为必然发生被害人死亡的结果,则属于直接故意杀人;如果仅是明知自己的行为可能会发生被害人死亡的结果,而放任这种结果的发生,则属于不作为的间接故意杀人。至于个案中被告人的主观心理状态的认定,一般可以从其实施的客观行为、肇事后被害人的伤害情况、当时的特定环境以及社会一般人的通常认识程度等方面进行综合分析判断。[参见第439号案例,韩正连故意杀人案,载《刑事审判参考》总第56辑(2007年第3辑),法律出版社,第3~4页。执笔:张贞伟]

▽乘车人与被告人商议后,达成遗弃被害人的意见并予以实施,其行为构成间接故意杀人共犯

乘车人目睹了行为人造成被害人危险状态,与行为人商议后,达成遗弃被害人的意见,并与行为人一起实施了将被害人遗弃在郊外一工厂门外的行为,其主观上放任被害人死亡结果的发生,符合间接故意杀人罪的构成要件,应与被告人构成共犯。[参见第5号案例,宋良虎、殷海军故意杀人案,载《刑事审判指导》总第1辑(2004年第1辑),人民法院出版社,第31页。执笔:谭京生 孙晓芳]

▽被告人的“见死不救”,应评价为故意杀人情节较轻

在一般情况下,“见死不救”只是道德谴责的对象,不属于刑法评价的范畴;但在特殊情况下,“见死不救”也会成为刑法评价的对象,“见死不救”者亦要承担刑事责任。特殊情况指的是,当“见死”者负有法律上防止他人死亡的义务时,有能力防止他人死亡结果的发生,却不采取措施防止他人死亡结果的发生,以至于他人死亡的,应当承担刑事责任,其实质就是刑法理论上的不作为犯罪。“见死不救”者对死亡结果的发生,在过错形式上应该是故意的,即明知其不履行救助义务可能发生他人死亡结果,且有能力履行救助义务而不履行,致使危害结果发生。在不作为犯罪中,不作为者对危害结果的过错形式只能是间接故意。如果过错形式是直接故意的,就不存在不作为的问题,而是一种作为犯罪了,即行为人明知自己的不履行特定义务可能或必然发生危害社会的结果,并且希望该结果的发生,而利用客观上存在的自然力或其他人为因素,实现危害结果发生的目的。间接故意不作为犯罪是行为人明知自己的不作为可能会发生危害社会的结果,并且放任该结果发生的犯罪形态。判断故意杀人是否属于情节较轻,可以从行为人主观过错、案发原因、犯罪手段、因果关系、危害结果等主客观方面综合分析判定。行为人的“见死不救”行为虽然造成了被害人的死亡后果,但综合全案情节应评价为故意杀人情节较轻。主要理由是:(1)行为人有实施盗窃自行车的嫌疑,在案件起因上存在一定过错;(2)行为人主观上没有故意杀人的犯罪目的,其对被害人的死亡后果只是持放任态度而不是积极追求;(3)行为人没有直接实施剥夺他人生命的行为,只是在客观上实施了不正当殴打、追赶被害人的行为,被害人基于会游泳而跳入河中,生命处于危险境地后,被告人能够履行救助义务而未履行;(4)本案的因果关系有其特殊性,被害人的死亡系一果多因,且溺水死亡是直接原因,行为人的不作为只是间接原因。因此,认定行为人故意杀人犯罪属情节较轻是正确的。其中,行为人积极赔偿,并取得被害人家属谅解,对其适用缓刑,也符合宽严相济的刑事政策精神。[参见第475号案例,颜克于等故意杀人案,载《刑事审判参考》总第60集(2008年第1集),法律出版社,第36~40页。执笔:陈克娥]

▽在盗窃过程中因被人发现,为灭口而杀害被害人的,应当以故意杀人罪定罪处罚

《最高人民法院关于抢劫过程中故意杀人案件如何定罪问题的批复》(法释〔2001〕16号)规定:“行为人为劫取财物而预谋故意杀人,或者在劫取财物过程中,为制服被害人反抗而故意杀人的,以抢劫罪定罪处罚。行为人实施抢劫后,为灭口而故意杀人的,以抢劫罪和故意杀人罪定罪,实行数罪并罚。”行为人在盗窃过程中,为灭口而故意杀人的行为,应定故意杀人罪。行为人与被害人系邻居,彼此互相熟识;被害人系年仅14岁的弱小女孩,并无抓捕行为人的意思和能力;根据行为人的供述,其杀人的原因就是担心被害人将其盗窃的事情说出去,意图杀人灭口。综合上述情况,可见行为人的杀人灭口目的是非常明确的,其实施暴力的主观目的已不是强行劫走财物,而是单纯地剥夺他人的生命,具有杀人的故意而非抢劫的故意,不符合刑法第二百六十九条规定的转化抢劫的目的要件,应以故意杀人罪定罪处刑。行为人仅实施了一个暴力行为,即杀人行为,此行为已作为故意杀人罪的构成要件进行了评价,不能再据此作为认定抢劫罪的根据。行为人系在盗窃过程中为灭口而杀人,并非“为劫取财物而预谋故意杀人或者在劫取财物过程中为制服被害人反抗而故意杀人,以及实施抢劫后为灭口而故意杀人”,不符合《最高人民法院关于抢劫过程中故意杀人案件如何定罪问题的批复》的规定,因此,行为人的行为不能以抢劫罪和故意杀人罪并罚。需要指出的是,行为人的盗窃行为,情节轻微、危害不大,又属未遂,可不认定为犯罪。1998年3月17日《最高人民法院关于办理盗窃案件具体应用法律的若干问题的解释》第一条第二款规定:“盗窃未遂,情节严重,如以数额巨大的财物或者国家珍贵文物等为盗窃目标的应当定罪处罚。”结合本案的具体情节,行为人至其邻居家盗窃财物,并无明确的盗窃目标,且其邻居家为普通农民家庭,经济条件并不好,故行为人的盗窃数额难以认定为巨大。行为人在杀人灭口后,并未取走其邻居家的财物,故其盗窃行为可不认定为犯罪。[参见第490号案例,肖明明故意杀人案,载《刑事审判参考》总第62集(2008年第3集),法律出版社,第27~29页。执笔:周小霖]

▽对罪行极其严重的故意杀人未遂犯,可以依法判处死刑立即执行

《刑法》第六十一条规定:"人民法院在对犯罪分子决定刑罚的时候,应当根据犯罪的事实、性质、情节和对于社会的危害程度,依照刑法的有关规定判处。"这是对量刑原则的基本规定,是罪刑相适应原则的具体化。量刑情节是反映罪行轻重以及行为人的人身危险程度,从而影响刑罚轻重的各种情况。量刑情节有法定情节和酌定情节之分。法定情节是刑法明文规定在量刑时应当予以考虑的情节,以刑法是否就法定情节的功能作出绝对性规定为标准,又可将法定情节分为应当型情节和可以型情节。前者是刑法明文规定的,对量刑应当产生从宽或从严影响的情节,如中止犯与累犯;后者是刑法明文规定的,对量刑可能产生从宽影响的情节,如未遂犯。酌定情节是刑法未作明文规定,根据刑事立法精神与刑事政策,由法院从审判经验中总结出来的,在量刑时需要酌情考虑的情节。犯罪未遂是司法实践中一种常见的法定从宽处罚情节。《刑法》第二十三条规定:"已经着手实行犯罪,由于犯罪分子意志以外的原因而未得逞的,是犯罪未遂。对于未遂犯,可以比照既遂犯从轻或者减轻处罚。"这种规定的根据在于,以犯罪未遂论处的行为完全符合犯罪构成要件,其社会危害性达到了应受刑罚处罚的程度,故应当负刑事责任。同时,以犯罪未遂论处的行为的社会危害性通常小于犯罪既遂的情形,故对于未遂犯原则上可以比照既遂犯从轻或者减轻处罚。"可以"而非"应当"从宽处罚,意味着刑法对未遂犯采取的从宽原则是得减主义而非必减主义,即通常给予从宽处罚,但法官根据案件的具体情况,也可以不予从宽处罚。这一原则也适用于处理犯罪未遂与死刑适用的关系。刑法规定,死刑只适用于罪行极其严重的犯罪分子。一般认为,没有造成被害人死亡的故意杀人未遂情形,因社会危害性小于故意杀人既遂,因此一般不判处被告人死刑立即执行。但有原则就有例外,对于犯罪动机极其卑劣、情节特别恶劣、手段特别残忍,致被害人严重伤害、社会影响极坏的案件,也可考虑判处死刑立即执行。本案就是这种情况。被告人强奸被害人后欲杀人灭口,在持刀捅刺时因发现村民赶来而被迫放弃继续实施杀人行为,被害人经及时抢救亦未发生被告人所追求的死亡结果,故被告人的行为属于故意杀人未遂。但是,从被告人犯罪的具体情况看,存在诸多应予以从严惩处的情节。具体包括:(1)被告人为掩盖其强奸罪行而持刀捅刺被害人,发现被害人未死后又多次持刀捅刺并扯断被害人漏出的小肠,表明其杀人犯意十分坚决,情节十分恶劣,手段十分残忍。(2)尽管被害人幸免于死,伤势却十分严重,被送至医院4天后才完全苏醒,医院曾对被害人家属下达病危通知书。而且,被害人案发时年仅18岁,正值花季之时却遭受奸淫,身心受到极大摧残,留下难以抚平的极大创伤。(3)被告人的犯罪行为在当地亦造成了恶劣的社会影响,引起一定程度的恐慌,被害人亲属、当地基层组织和干部群众均强烈要求判处被告人死刑。(4)被告人认罪、悔罪态度不好,对强奸被害人并扯断被害人小肠的情节予以否认、回避。此外,被告人的同村村民反映被告人平时称王称霸。村民庚某案发后还向公安机关报案,称被告人曾于2006年、2007年先后两次对其实施强奸,并在第二次强奸后逼其喝农药未果。该犯罪行为虽因证据不足而未认定,但存在的可能性较大。另据反映被告人还在家中藏匿危险物品雷管、土炸弹和火药,表明被告人潜在的危险性较大。综合这些主客观情节,被告人故意杀人虽系未遂,但其行为已造成极其严重的后果,且主观恶性极深、人身危险性极大,其未遂情节不足以对其从轻处罚,应依法判处死刑。[参见第657号指导案例,覃玉顺强奸、故意杀人案,载《刑事审判参考》总第77集(2010年第6集),第37~40页。撰稿:李晓光 赵娟]

▽因长期遭受虐待和家庭暴力而杀夫应认定为刑法本条规定的"情节较轻"

对该条中的"情节较轻"如何理解和认定,法律和司法解释尚无具体、明确的规定。理论界和实务界通常将以下情形视为"情节较轻":(1)防卫过当的故意杀人,指正当防卫超过必要限度而故意将不法侵害者杀死的情形。(2)义愤杀人,指行为人或者其近亲属受被害人的虐待、侮辱或迫害,因不能忍受,为摆脱所受的虐待、侮辱、迫害而实施故意杀人的行为。(3)激情杀人,即本无杀人故意,因被害人的严重过错,在被害人的刺激、挑逗下而失去理智,当场实施故意杀人的行为。(4)受嘱托帮助他人自杀,即基于被害人的请求、自愿而帮助其自杀的行为。(5)生父母溺婴,即父母出于无力抚养、怜悯等不太恶劣的主观动机而将亲生婴儿杀死的行为。上述五种情形又以前三种较为常见和值得探讨,这三类情形有一个共通点,即被害人在案发起因上有严重过错。具体而言,是指被害人出于主观上的故意或过失,侵犯他人合法权益,对诱发被告人的犯意、激发被告人实施犯罪具有直接或间接作用。将"被害人严重过错"作为故意杀人罪的"情节较轻"情形的法理依据在于:刑事法律负有平衡被告人和被害人之间利益的任务。这种利益上的平衡,在西方国家的刑法理论中表现为"责任分担说"和"谴责性降低说"。"责任分担说"认为,在"一些犯罪中被害人的过错行为使犯罪的发生或者犯罪危害后果的产生不能完全归咎于被告人,此时犯罪行为的责任也要部分地归咎于被害人"。"谴责性降低说"认为,在一些犯罪中"被害人在犯罪发生之前的行为,无论是否应该谴责,只要该行为推动了被告人的暴力反应,那么被告人的受谴责性都应该适当降低"。在我国,有学者提出了"过错相抵"理论,即被告人的过错与被害人的过错能够进行相互抵销或抵减,通过对被告人与被害人相互利益损害计算的方式平衡双方的权益救济途径和方式,从而达到公平保护各方权益的目的。生命权是公民的最高权益,无疑是受到法律严格保护的,但是法律在保护被害人权益的前提下,也不应忽略对被告人权益的保护。当被害人的行为违背公序良俗,违反有关法律、法规、其他规章制度,在道义上或法律上具有可谴责性或可归责性,且该行为是诱发被告人产生犯罪动机或者使犯罪动机外化最主要的因素时,就应当认定被害人具有重大过错,在该情形下,对被告人就应考虑是否按照"情节较轻"处理。在相关司法解释性文件中,被害人过错已被明确作为量刑的一个重要考虑因素,特别是在故意杀人罪中,被害人过错被列为与法定从轻处罚情节同等位置的量刑情节。如1999年10月27日最高人民法院印发的《全国法院维护农村稳定刑事审判工作座谈会纪要》规定:"对故意杀人犯罪是否判处死刑,不仅要看是否造成了被害人死亡结果,还要综合考虑案件的全部情况。……对于被害人一方有明显过错或对矛盾激化负有直接责任,或者被告人有法定从轻处罚情节的,一般不应判处死刑立即执行。"2007年1月15日《最高人民法院关于为构建社会主义和谐社会提供司法保障的若干意见》第18条明确规定:"……因被害方的过错行为引发的案件应慎用死刑立即执行。"结合本案,受虐杀夫的犯罪行为,从杀人原因和审判效果两方面分析,应当认定被害人存在严重过错,该类杀人行为属于故意杀人罪中的"情节较轻"情形。具体理由如下:1. 从杀人原因分析。尽管受虐杀夫的手段通常比较残忍,且往往伴有死亡结果的发生,但这是由于妇女长期受丈夫或男友暴力虐待所致。有学者引入"受虐妇女综合征"的概念来开释这种故意杀人行为。"受虐妇女综合征"是一种特殊的行为模式,该心理症状由暴力周期和后天无助感两个概念组成。暴力的周期性循环使妇女能够预见下一轮暴力事件发生的时间及其严重程度,而一直处于恐慌的状态。长期遭受暴力以及处于恐慌,使得女性在心理上会逐渐处于瘫痪状态,变得越来越被动,越来越顺从,也越来越无助。这种精神上的钳制积压到一定程度,一旦爆发就容易走极端,丧失理智而失控。由于受虐妇女自身反抗能力的限制和出于对施暴丈夫的恐惧,失控杀夫的时间点往往不是不法侵害正在进行时,所以无法以正当防卫事由获得减轻或者免于处罚。鉴于该类情形被害人即家庭暴力的施暴者在案发起因上具有重大过错,司法实践中一般将因长期受虐而杀夫的行为认定为故意杀罪中情节较轻的情形。2. 从刑罚的社会效果分析。对因长期遭受虐待和家庭暴力而杀夫的妇女进行量刑时,按照"情节较轻"处理,对于遏制家庭暴力的滋生蔓延有积极的意义,能获得较好的社会效果。我国现行适用于家庭暴力方面的法律、法规可操作性不强,虽然婚姻法第三条有禁止家庭暴力的规定,但处罚的尺度和依据难以把握。规章制度上的不健全,使受虐妇女在寻求合法的救济途径时困难重重,相关机构在对受虐妇女进行保护时也显得比较无力。上述因素加之家庭暴力的隐蔽性,使得家庭暴力的施暴者更肆无忌惮,暴力行为愈演愈烈。将受虐杀夫的行为认定为犯罪情节较轻,必然会使家庭暴力的施暴者有所收敛,更加理智地权衡自己行为后果的利弊,起到良好的社会导向作用,实现社会自我防卫、主动预防犯罪的目的。同时,受虐杀夫是一种针对性很强的杀人,行为人再次犯同种罪行的可能性甚微,加之行为人主观恶性较小,在道义上得到大家的同情,严惩像她们这样几乎没有人身危险性的受虐妇女,对国家、社会及其子女都是弊大于利,还可能带来更严重的社会家庭问题,不利于社会的和谐发展。因此,将因长期遭受虐待和家庭暴力而杀夫认定为刑法本条规定的"情节较轻",符合宽严相济的刑事政策,顺应刑罚"轻缓化"和"人道化"的发展趋势。本案被告人姚某某与被害人徐某某结婚十多年,被害人经常无故打骂、虐待被告人,被告人也多次尝试向公安机关、村委会、妇联求助,也提出过离婚,但问题难以得到彻底解决。在一次长时间打骂后,被告人长期的积怨爆发,将丈夫杀死,随后到公安机关自首。案发后,当地妇联递交了要求对被告人姚某某轻判的申请报告,当地政府出具了有600多位群众签名要求对被告人姚某某从轻处罚的请愿书。综上,本案是一起非常典型的因长期受虐待和家庭暴力引发的杀夫案件,被害人在案发起因上有重大过错,被告人受到民众的同情,被告人姚某某的杀夫行为应认定为刑法本条规定的"情节较轻"。[参见第647号指导案例,姚国英故意杀人案,载《刑事审判参考》总第76集(2010年第5集),第31~35页。撰稿:金玉棠　汪琳]

▽提供农药由丈夫自行服下后未采取任何救助措施,导致丈夫中毒身亡的,构成故意杀人罪

本案是一起发生在家庭内部的故意杀人案件,被告人刘某某提供农药后,是由被害人秦某某本人自行服下。刘某某的行为主要包括两个阶段:一是将农药提供给秦某某,并对其进行了言语刺激;二是在秦某某喝下农药后未采取任何救助措施。关于第一阶段的行为,刘某某向秦某某提供农药,并对秦进行言语刺激,导致秦某某喝下农药中毒身亡。对帮助自杀的行为是否追究刑事责任要根据帮助者的主观和客观两个方面的情况而定:如果帮助者没有意识到他人有强烈的自杀倾向,且所提供的帮助行为与自杀后果之间不具有刑法上的因果关系,对帮助者不追究刑事责任。如果帮助者主观上明知他人有强烈的自杀倾向,客观上仍通过言行进一步强化他人自杀的决意,并提供自杀工具或者帮助他人完成自杀行为的,应当认定帮助行为与他人死亡后果之间具有刑法上的因果关系,对帮助者应当以故意杀人罪追究刑事责任。本案属于后一种情形。被害人秦某某多年患有遗传性小脑萎缩症,近年来病情恶化,因不堪病痛折磨,常在夜间叫喊,并多次产生自杀念头:案发当日,秦某某因病痛再次在深夜叫喊,引发女儿秦某和刘某某的不满。秦某某赌气说想死,刘某某一气之下将家中的农药敌敌畏倒入杯子,并提供给秦某某,同时说了一些"该死的""你不是想死吗,倒点药,看你喝不喝""有本事你就喝"等之类的对秦某某有精神刺激的言语,导致秦某某服下杯中的敌敌畏。可见,刘某某主观上明知秦某某有强烈的自杀倾向,并意识到将敌敌畏提供给秦某某会发生服毒身亡的后果,客观上仍向秦某某提供农药,并通过言语刺激进一步增强秦某某的自杀决意,最终导致秦某某服毒身亡。刘某某所实施的行为与秦某某的死亡后果之间具有刑法上的因果关系,应当认定其行为构成故意杀人罪。关于第二阶段的行为。刘某某在秦某某喝下农药毒性发作后未采取任何救助措施,导致秦某某中毒身亡后果的行为,符合不作为故意杀人罪的特征,不作为犯罪是指行为人负有实施某种积极行为的特定法律义务,且能够履行而不履行,从而导致危害后果发生的情形。不作为犯罪的成立需要具备以下条件:(1)行为人负有特定的作为义务;(2)行为人能够履行而不履行;(3)不履行作为义务与危害结果之间具有因果关系。作为义务的来源主要有四种,即法律明文规定的作为义务、职务或者业务要求的作为义务、法律行为引起的作为义务、先行行为引起的作为义务。本案中,刘某某具有救助秦某某的义务,且当时能够履行而不履行,故其第二阶段的行为属于不作为的故意杀人。第一,刘某某有救助的义务。该义务来源包括先行行为产生的义务、法律明文规定的义务和基于社会公共伦理而产生的道德义务。首先,刘某某具有先行行为产生的义务。先行行为产生的义务,是指由于行为人先前实施的行为致使法律保护的某种法益处于危险状态,从而产生的防止危害结果发生的义务。刘某某向秦某某提供农药,并通过言语刺激进一步强化他人自杀的决意,刘某某的这一先行行为导致其负有防止秦某某死亡结果发生的义务。其次,刘某某具有法律规定的义务。婚姻法规定夫妻有互相扶养的义务,这种扶养包括夫妻在日常生活中的互相照料、互相供养和互相救助。刘某某是秦某某之妻,刘某某看到秦某某喝下农药毒性发作而不将其送往医院救治,违反了夫妻间互相救助的法律义务。最后,刘某某具有由社会道德伦理衍生的救助义务。如果秦某某的服毒地点是在人口较为密集的广场等公共场所,如果刘某某不实施救助,他人还可以实施救助。然而,本案发生在较为封闭的私人住所,不可能期待他人实施救助行为,因此刘某某具有由社会道德伦理衍生的救助义务。第二,刘某某有能力救助而未实施救助。秦某某喝药的时间是在凌晨3时许,之后就开始吐白沫,并出现呼吸困难。在场的女儿秦某问刘某某怎么办,刘某某回答不知道。当秦某给其他亲戚打电话说秦某某"快不行了"时,刘某某不让说是其给秦某某提供了农药。后当秦某提出要打"120"急救电话将秦某某送去医院,刘某某又说秦某某快不行了就不用送了。从凌晨3时许秦某某喝药到凌晨4时许死亡,在长达一个多小时的时间内,刘某某一直待在家里,没有采取任何有效的救助措施,且阻止女儿秦某采取救助措施,故属于有能力救助而不予救助。综合上述两点,刘某某对秦某某有义务、有能力救助而不予救助,放任秦某某中毒身亡的结果发生,符合不作为故意杀人罪的特征。[参见第746号指导案例,刘某某故意杀人案,载《刑事审判参考》总第84集(2012年第1集),第13～14页。撰稿:罗灿 徐辉]

▽故意杀人罪"情节较轻"的认定

刑法本条的规定,故意杀人情节较轻的,处三年以上十年以下有期徒刑。对这里的"情节较轻"的理解,实践中一般综合考虑案件的性质,犯罪的起因、动机、目的、手段等情节,犯罪的后果,被告人的主观恶性和人身危险性等因素予以认定。把握的一般尺度是,对社会危害性较小,主观恶性和人身危险性也较小的,可以认定为故意杀人情节较轻。例如,青年男女因婚前性行为致女方怀孕产子后,因无抚养能力而杀死婴儿的;近亲属对一贯为非作恶者"大义灭亲"的;长期受被害人迫害者因不堪忍受折磨而将被害人杀死的等。综合本案案情,应当认定刘某某的行为"情节较轻"。具体理由如下:第一,秦某某多年身患重病,其因不堪病痛折磨曾多次产生轻生念头,刘某某能够长年坚持扶养和照料,不离不弃,已尽到夫妻之间的扶养义务。第二,近年来秦某某因病痛折磨,经常在晚上叫喊,影响其暂住地周围邻居休息,房东对此不满,要求刘某某尽快搬走,刘某某不想搬家,为此与秦某某争吵过。案发当天深夜,秦某某又在叫喊,招致秦女儿和刘某某的强烈不满,引发了刘某某与秦某某进行争吵。刘某某当时处于激情状态,容易作出过激反应。第三,刘某某向秦某某提供农药并进行言语刺激的行为,虽然与秦某某服毒身亡的结果之间存在刑法上的因果关系,但毕竟秦某某先具有自杀念头,且系本人服毒自杀,这与直接将农药灌入被害人口中的行为大相径庭,行为人的主观恶性和行为的社会危害性也不可同日而语。第四,案发后刘某某原籍所在地数十名村民联名出具担保书,证实刘某某数十年如一日地精心照顾秦某某患病的奶奶、母亲及秦某某本人,表现一贯良好;秦某某的四个兄弟姐妹也出具证明,证实秦某某现有亲属均对刘某某的行为表示谅解,放弃对刘某某提起附带民事赔偿诉讼。可见,刘某某具有良好的人缘关系,对其适用情节较轻进行从轻处罚不会激化社会矛盾。此外,值得一提的是,根据最高人民法院出台的《关于〈中华人民共和国刑法修正案(八)〉时间效力问题的解释》第四条的规定,本案属于2011年4月30日以前犯罪,应当适用修正后刑法第六十七条第三款的情形。修正后刑法第六十七条第三款规定:"犯罪嫌疑人虽不具有前两款规定的自首情节,但是如实供述自己罪行的,可以从轻处罚。"被告人刘某某因事后没有委托他人报警,不属于主动投案,不构成自首。但刘某某在被公安机关传唤后如实交代犯罪事实,具有坦白情节,依法可以从轻处罚。综上,法院认定被告人刘某某的行为构成情节较轻的故意杀人罪,依法对刘某某判处有期徒刑七年,定罪准确,量刑适当。[参见第746号指导案例,刘某某故意杀人案,载《刑事审判参考》总第84集,第14～16页。撰稿:罗灿 徐辉]

▽在近亲属之间的杀人犯罪案件中贯彻宽严相济刑事政策和体现罪责刑相适应

被告人作案手段十分残忍,犯罪意志十分坚决,危害后果十分严重,以一般故意杀人犯罪论,应当判处被告人死刑立即执行。然而,本案具有诸多特殊之处:犯罪发生在近亲属之间;诱发案件发生的原因较为复杂;被害人存在一定过错;被告人犯罪时刚满19周岁,刚过可以判处死刑的年龄;其社会危害性、对社会公众安全感的影响均与严重危害社会治安犯罪有所不同。对于上述特殊情况,要客观、全面、综合把握,以贯彻落实宽严相济刑事政策,科学体现罪责刑相适应原则。审理过程中,最高人民法院在全面了解一、二审审理情况的基础上,组织父系、母系被害双方和当地社区居委会、社区群众进行多次座谈,并最终作出了维持终审判决的裁定。本案原审被告人张某虽然犯罪手段十分残忍,犯罪后果极其严重,但综合本案的特殊情况,可对张某判处死刑不立即执行。具体理由如下:(一)罪行评价角度。本案由家庭矛盾引发,系近亲属之间犯罪,被害人在孝敬老人、管教子女等方面存在严重过错,且系激发被告人产生犯意的重要诱因,因此对被告人的罪行评价应当区别于一般故意杀人犯罪。简单地看,本案系一起因私自抵押房产,出借和挥霍贷款,而不堪忍受父母责骂,遂杀害父母的故意杀人案件。但经深入分析,被害人张某甲、李某在孝敬老人、管教子女方面的过错是深层诱发张某产生犯意的重要诱因。经查,被害人李某对张某经常打骂,管教方式粗暴,致使张某自幼缺少母爱。李某对长辈态度也不好,动辄打骂张某的祖母。如1992年3月6日李某持刀将张某的祖母砍伤,导致后者失血性休克;2007年9月26日李某对张某的祖母实施殴打,导致后者多处软组织损伤。2006年5月18日李某还通过欺骗手段将张某祖母居住的房子私自过户到自己名下。张某的父亲张某甲性格软弱,对李某的行为一直放纵不管。张某自小与其祖母生活在一起,感情极深,对李某殴打其祖母、将其祖母居住的房子欺骗过户和采用暴力管教的行为积怨已久。根据以上查知的情况,从主观方面分析,本案在犯罪起因上属多因一果情形。张某对被害人张某甲、李某的怨恨肇始于李某殴打其祖母、侵占其祖母的房产和对其长期采用暴力管教。李某因张某私自抵押房产贷款对张某经常责骂只是进一步加深了怨恨,最终成为诱发本案发生的直接导火索。从客观方面分析,被害人李某的过错属于刑法中的过错,由此对被告人张某的罪行评价相应有所调整。李某的过错不仅严重违背中国传统的家庭伦理,而且属于严重的违法行为。故意杀人犯罪案件中,被害人即使有过错,也不可像民事责任那样要求被害人分担部分刑事责任。然而,被害人是否有过错的认定直接影响到被告人主观恶性和人身危险性的评价,从而影响罪行评价,最终影响到量刑。本案被害人李某的严重过错是诱发本案发生的重要诱因,从中体现出被告人张某的主观恶性和人身危险性程度较一般故意杀人犯罪要低。不过,本案的另一名被害人张某甲虽然在孝敬老人、管教子女方面也存在一定的过错,但毕竟过错较小,对促使被告人张某杀害张某甲的推动力相对较弱,因此张某对其残忍杀害张某甲的行为,应当承担较重的刑事责任。但综合把握,张某甲毕竟与李某长期生活在一起,张某甲对李某的严重过错也难辞其咎,因此对张某的主观恶性和人身危险性程度在总体评价上应作从轻考虑。(二)预防犯罪角度。本案被告人刚过判处死刑年龄,性格可塑性强,改造难度小,客观、全面、综合把握各种从严、从宽情节,从预防犯罪目的考虑,本着贯彻宽严相济刑事政策和严格控制、慎重适用的死刑政策精神,可对被告人从轻处罚。被告人张某因家庭矛盾投毒杀害自己的亲生父母,严重违背基本人伦;面对奄奄一息的父母,仍残忍实施勒颈和刀刺行为。仅以此论,张某犯罪手段十分残忍,犯罪情节十分恶劣,应当判处张某死刑立即执行。然而,张某同时也存在诸多从轻处罚情节。例如,归案后坦白罪行,有认罪、悔罪表现;案件因家庭纠纷引发,被害人存在严重过错,被害人部分家属表示谅解和所在社区群众均希望留张某一命。尤为值得提出的是,张某犯罪时刚满19周岁,性格可塑性强,有较大改造空间。根据社会防卫论的研究成果,要从根本上预防犯罪,必须准确分析犯罪的社会原因和个体原因,有针对性地进行防范和矫治。(三)矛盾化解角度。本案被告人是二被害人的独生子,母系被害方不再坚决要求判处被告人死刑立即执行,父系被害方坚决要求不判处死刑立即执行,社区群众也希望不判处死刑立即执行从社会矛盾化解角度分析,判处被告人死缓更能实现法律效果和社会效果的有机统一。被告人张某的父系亲属在案发后多次到法院为张某求情,希望能留张某一命。张某的祖母因本案已经失去了儿子、儿媳,若对张某再判处死刑立即执行,意味着断子绝孙。故当地社区民众均表示同情希望法院不判处张某死刑立即执行。如果判处张某死刑立即执行,张某的祖母就无人赡养,从而留下一定的社会隐患。事实上,张某的祖母多次以死请求法院对张某从轻处罚。从这一角度考虑,判处张某死缓,更有利于社会矛盾化解。此外,值得一提的是,本案涉及两个被害人,从罪责分析,张某对被害人李某实施的杀人行为,因李某有严重过错,故罪不至死;张某对被害人张某甲实施的杀人行为,罪行比前者重。仅就是否判处死刑立即执行而言,应当更重视张某甲的亲属(父系亲属)的意见。然而,张某甲的亲属是坚决要求不判处死刑,而李某的亲属也由开始的坚决要求判处死刑改为不再坚决要求判处死刑。从这一角度分析,对张某判处死缓不仅有利于社会矛盾化解,还准确体现了罪责刑相适应,很好地实现了法律效果和社会效果的有机统一。[参见第761号指导案例,张某故意杀人案,载《刑事审判参考》总第85集(2012年第2集),第34~37页。撰稿:李萍 李剑弢]

▽帮助他人自杀的行为构成故意杀人罪

帮助自杀,是指他人已有自杀意图,行为人对其给予精神鼓励,使其坚定自杀意图,或者提供物质、条件上的帮助,使其实现自杀意图的行为。帮助自杀与直接动手杀人不同。对于直接动手杀人,即便是应他人请求而为之,理论界和实务界普遍认为不应认定为帮助自杀,构成故意杀人罪;但对于仅提供帮助,而未直接动手实施杀人的行为,目前,主流观点是帮助自杀行为构成故意杀人罪。主要理由是:帮助自杀行为与死亡结果之间存在因果关系,侵犯了死者的生命权。本案被告人明知农药有剧毒性,仍将勾兑好的农药递给李某某,被告人主观上对李某某的死亡持放任态度,符合故意杀人罪的主观条件。同时,被告人客观上也实施了非法剥夺他人生命的行为,符合故意杀人罪的客观条件。对此客观条件可从以下三个方面加以分析:其一,被告人实施了非法剥夺他人生命的行为。被告人对李某某负有赡养义务。在李某某请求帮助自杀的情况下,被告人不但没有劝阻,反而为其购买农药,并在勾兑后拧开瓶盖把农药递给李某某,为李某某自杀提供了条件。在李某某服下农药后,被告人没有积极实施救助,而是看着李某某中毒身亡。被告人虽然没有实施灌药行为,但从性质上分析,其行为属于非法剥夺他人生命的行为。值得注意的是,被告人是否实施强行灌药行为,是法院判断其犯罪动机和其是帮助自杀还是直接动手杀人的重要依据。关于该问题,在直接证据方面仅有被告人供述,而在间接证据方面,现场勘验检查笔录、法医学尸体检验鉴定书等均证实被害人在死亡前没有进行激烈的反抗或者挣扎。因此,综合本案在案证据,法院认定被告人没有实施强行灌药行为。其二,被告人的行为与李某某的死亡结果之间存在刑法意义上的因果关系。案发前,李某某因不堪病痛折磨而产生了轻生念头,只是由于卧病在床,无法自行实施自杀行为。在李某某的请求下,被告人明知农药有剧毒性,仍向李某某提供农药。虽然其只是将农药递给李某某,但其明知李某某得到农药服下后,必然导致死亡结果的发生。因此,被告人提供农药的行为与李某某的死亡结果之间具有刑法意义上的因果关系。其三,被告人的行为具有刑事违法性,且不存在违法性阻却事由。帮助自杀行为涉及刑法理论中的被害人承诺问题。被害人承诺,是指经权利人允许实施损害其权益的行为。法谚云:"对意欲者不产生侵害。"这表明在传统观念中被害人承诺对违法性的认定存在一定影响。然而,在当代刑事理论体系中,被害人承诺作为违法性阻却事由,存在一定的限制。一般认为,除国家利益、社会公共利益外,即使是纯属于公民个体的私权,也并非完全由权利主体自由处分。如生命权就不可自由处分,经被害人承诺而杀人的,仍然构成故意杀人罪。我国刑法没有专门就被害人承诺问题进行规定,司法实践中对有被害人承诺情形的故意杀人,原则上都不将被害人承诺作为杀人犯罪的阻却事由,但可以作为减轻刑事责任的理由。本案被告人帮助自杀的行为虽然系在李某某的请求下实施,但由于其侵害的生命权超过了被害人承诺可处分的范围,故不能排除其行为的刑事违法性,仍然构成犯罪。[参见第810号指导案例,邓明建故意杀人案,载《刑事审判参考》总第89集(2012年第6集),第21~22页。撰稿:黎晓婷]

▽为解脱直系亲属病痛而帮助自杀的行为能否认定为故意杀人罪中的"情节较轻"

对于何为"情节较轻",尚无司法解释明确规定。司法实践中,一般将义愤杀人、防卫过当杀人、帮助自杀、生母因无力抚养亲生婴儿而溺婴等行为认定为故意杀人罪的"情节较轻"。具体案件中,可以从行为的客观危害、行为人的主观恶性和人身危险性等方面对故意杀人罪中的"情节较轻"予以认定。首先,本案的社会危害相对较小。严重危害社会治安的故意杀人犯罪社会危害大,处理上要体现依法从严的政策精神,而民间矛盾激化引发的故意杀人犯罪社会危害相对要小,处理上要体现依法从宽的政策精神。特别是发生在亲属间且得到被害人承诺的故意杀人犯罪,其社会危害性更小,处理上理应体现从宽的政策精神。本案被告人完全是根据李某某的意愿前往购买农药并向其提供农药,作案时被告人仅是将农药递给李某某,由李某某决定是否喝下,而没有采取强行灌药的方式。其行为虽然造成了李某某死亡的结果,但也帮助李某某实现了解除病痛折磨的愿望,该故该杀人行为的社会危害较小。其次,被告人的主观恶性和人身危险性较小。行为人的主观恶性和人身危险性主要通过犯罪动机、犯罪手段、犯罪情节、是否有前科劣迹等方面来体现。动机卑劣、手段残忍、情节恶劣、有前科劣迹的,主观恶性和人身危险性往往大。对于犯罪动机可宽恕性强,民众普遍在道义上给予同情理解的,犯罪人的主观恶性和人身危险性通常较小。本案李某某长期遭受病痛折磨,多次产生轻生念头并请求被告人帮助其自杀。李某某共生有四名子女,但其一直是与被告人共同生活,并仅由被告人照料和负责医治。特别是李某某患有脑中风等疾病导致生活基本不能自理二十多年来,被告人始终悉心照料,其是在李某某多次请求下,出于为李某某解除疾病痛苦,才顺从了李某某的请求,其情可悯。在众亲友和邻居眼中,被告人是一名"孝子"。被告人归案后如实供述了自己的罪行,认罪态度好。综合评价,被告人主观恶性和人身危险性不大,可以认定被告人的行为属于故意杀人罪中的"情节较轻"。[参见第 810 号指导案例,邓明建故意杀人案,载《刑事审判参考》总第 89 集(2012 年第 6 集),第 22~23 页。撰稿:黎晓婷]

▽在醉酒驾驶致人死亡的案件中如何区分交通肇事罪和(间接)故意杀人罪

行为人虽系酒后驾驶,但根据现场情形,其能够认识到被害人被拖拽于车下,继续驾车可能导致被害人死亡的后果,其为逃避法律追究而放任该后果的发生,具有间接故意的主观罪过,其行为构成故意杀人罪。行为人酒后驾驶致人死亡,其行为构成交通肇事罪还是故意杀人罪,从理论上较容易区分,总的原则是:行为人对被害人死亡结果在意志上持放任态度的构成故意杀人罪;在意志上持反对、否定态度的构成交通肇事罪。然而,由于在实践中对行为人主观意志上究竟是持放任态度还是持反对、否定态度比较难以区分,从而往往导致对酒后驾驶致人死亡的案件定性认识不一。本案之所以会产生上述不同意见,就在于对被告人主观罪过的认定存在一定难度。对于行为人过失发生交通事故后,为逃避法律追究,将被害人带离事故现场后隐藏或者遗弃,致使被害人无法得到救助而死亡的,因其先后实施了交通肇事行为和将被害人带离事故现场隐藏或者遗弃的行为,明显反映出其主观罪过由过失发生交通事故转化到希望或者放任被害人死亡,因而构成故意杀人罪没有异议。但对于行为人将被害人撞倒后,为逃离现场,而驾车冲撞、碾压、拖拽被害人,致被害人死亡的,因其行为具有连续性,是在继续驾车前进过程中发生的,加之行为人系酒后驾驶,辨认能力和控制能力在不同程度上受到酒精的影响,其是否能够认识到发生交通事故以及继续驾车时冲撞、碾压、拖拽了被害人,实践中认定起来比较难,进而影响到对其行为的定性。对于此种情形,需要结合发生交通事故的具体情形、行为人的醉酒程度、现场的环境等因素综合分析行为人的主观意志状态。就本案而言,被告人在发生交通事故后,放任被害人死亡结果的发生,其行为构成故意杀人罪。具体理由如下:

(一)被告人先后实施了两个行为,即交通肇事行为和肇事后驾车拖拽被害人,致被害人死亡的行为。区分交通肇事罪和故意杀人罪的要点之一在于判断行为人实施了交通肇事一个行为还是交通肇事和故意杀人两个行为(将交通工具作为故意杀人的工具,实施了一个杀人行为的除外)。本案中,现场多名目击证人证实,被告人驾车冲撞到同向骑自行车的被害人后,被害人因戴着头盔,受伤不严重,倒地后便坐了起来。被告人停驶片刻后突然发车,向被害人撞去,将被害人及其所骑的自行车拽在汽车下并拖行了150余米,直至汽车右轮冲上路边隔离带时,才将被害人及自行车甩离汽车体。后被告人继续驾车逃离现场。尸体鉴定意见证实,被害人系严重颅脑损伤合并创伤性休克死亡,左侧头面部损伤系与路面摩擦过程中形成。上述情况说明,被告人醉酒后驾车撞倒被害人的行为,仅是一般的交通肇事,被害人并未严重受伤。发生交通肇事后,被告人踩刹车停止行驶,此时交通肇事这一行为已经完成。如果被告人就此停止驾驶,在被害人未受重伤的情况下,其行为性质仅是违反行政法的交通肇事行为,即使被害人受重伤,其行为也只构成交通肇事罪。但此后被告人又实施了启动汽车向前行驶,拖行被害人的行为,该后行为独立于前行为,且直接导致被害人死亡,应当从刑法上单独评价。

(二)被告人在主观意志上对被害人的死亡结果持放任态度而非反对、否定态度。区分交通肇事罪和故意杀人罪的另一要点是判断行为人能否认识到其行为的性质(认识状态),并进而据此认定行为人的意志状态(是放任还是反对、否定态度)。对于酒后驾驶者,需要判断其辨认能力和控制能力受到酒精的影响程度,特别是行为人实施了交通肇事和杀人两个行为的,需要判断行为人对其杀人行为是否有认识。本案被告人驾车时处于醉酒状态,经鉴定其血液酒精含量为163毫克/100毫升,但从其行为和供述看,其辨认能力和控制能力并未受到酒精的严重影响,能够认识到其行为的性质,且其后行为是在对前行为分析、判断的基础上作出的。具体体现在以下情节:(1)被告人冲撞到被害人时,其采取了紧急刹车措施,并作了片刻停留,其自己亦供述听到车外有人说撞了人,因害怕酒后开车撞人处罚严重而想驾车逃逸,没有下车查看,亦没有挂倒挡,就在原地向右打方向盘朝前开,说明其已经认识到自己醉酒驾驶行为已经发生肇事后果。如果被告人对发生的事故后果完全没有认识,踩刹车只是其撞到被害人的驾驶本能反应,即使其随后开车继续前行,也不能由此判断其对后行为会发生的杀人后果明知。(2)被告人在对醉酒驾驶发生肇事后果具有一定认识的基础上,对其继续驾车前行拖拽被害人可能导致被害人死亡的危害后果亦具有一定认识。被告人供称,车刚起步时就听到有人在叫,说撞人了,其加大油门往前开时,感觉到汽车遇有明显阻力,很吃重,要用力加油门才能走动,并听到怪声,像铁在地上拖。其向右打方向盘,想把撞到的东西甩掉,汽车上了路东的花圈隔离带后,没有了吃重感和怪声。该供述与现场多名目击证人证实汽车拖拽被害人及其自行车时发出刺耳的金属摩擦声,以及群众大喊"停车""车底下有人"的情节相印证,说明被告人根据汽车的行驶状态和群众的呼喊声,能够认识到被拖拽于汽车底下的"东西"极有可能就是被害人及其自行车,但其为尽快逃离现场而不去求证,放任危害后果的发生,甚至为将"东西"甩掉将车开上路边隔离带。这种不顾被害人死活的意志状态,符合间接故意的心理特征。

综上所述,被告人在实施交通肇事行为后,为逃避法律追究,明知有异物被拖拽于汽车底下,继续驾车行驶可能会导致被害人死亡结果的发生,而继续驾车逃逸,放任这种危害结果的发生,并最终导致被害人死亡,其后行为属于间接故意杀人,其行为构成故意杀人罪。同时,根据后行为吸收先行为、重行为吸收轻行为的刑法原理,可以对被告人以一罪论处,南通市中级人民法院对其以故意杀人罪论处是正确的。[参见第910号指导案例,陆华故意杀人案,载《刑事审判参考》总第94集(2013年第5集),第86~89页。撰稿:杨华]

▽交通肇事逃逸案件中的间接故意杀人犯罪的认定

被告人的行为究竟是认定交通肇事罪中"逃逸致人死亡"还是间接故意杀人,可以分解为以下三个问题:

(一)交通肇事后逃逸行为是否属于不作为犯罪中的不作为。构建现行刑法的刑法理论通说,将犯罪行为分为作为与不作为两种基本类型,不作为犯罪又分为纯正的不作为与不纯正的不作为。所谓纯正不作为犯,是指由刑法明文规定的只能由不作为构成的犯罪,它是以不履行特定义务为构成要件的犯罪。所谓不纯正不作为犯,是指行为人以不作为的形式实施通常以作为形式实施的犯罪。本案涉及的就是不纯正不作为犯的问题,至于其行为是否符合不纯正不作为犯罪的构成要件,对本案被告人的行为是否构成不作为的间接故意杀人罪,可以从不作为犯罪的“应为能为而不为”这一行为模式着手分析。1.“应为”——不纯正不作为犯罪的行为人必须负有作为义务;《道路交通安全法》第七十条规定:“在道路上发生交通事故,车辆驾驶人应当立即停车,保护现场;造成人身伤亡的,车辆驾驶人应当立即抢救受伤人员,并迅速报告执勤的交通警察或者公安机关交通管理部门。”本案被告人作为一名机动车车辆驾驶人,理应遵守《道路交通安全法》的相关规定,当车辆发生交通事故后,其负有抢救受伤人员并迅速报告执勤交通警察或者交通管理部门的法定作为义务。2.“能为”——不纯正不作为犯罪的行为人有能力履行特定的作为义务而不履行。法律要求行为人履行作为义务,是以行为人能够履行义务为前提的。只有在行为人有能力履行而不履行的前提下,才是不作为。本案被告人因驾车时操作不当,引发交通事故后,自身并未受伤,其完全有能力对被害人加以救助、施以援手或者采取一定的防范措施,以避免危害结果的发生。3.“不为”——不纯正不作为犯罪的行为人因不履行特定作为义务,可能或者已经造成的危害结果与作为犯罪可能或者已经造成的危害结果具有等价性。之所以要具备等价性条件,是因为不纯正不作为与作为共用一个犯罪构成要件,刑法对不纯正的不作为犯罪并未做出专门规定,在罪刑法定原则的内在约束下,只有与作为具有等价性的不纯正不作为才能纳入刑法的评价范围。本案被告人驾车时因操作不当致使被害人在凌晨时分受伤摔倒在交通干线的机动车道上无法动弹,存在被后续车辆碾压致死的高度危险,在这种情况下,被告人交通肇事后的逃逸行为所可能造成的危害结果与作为的杀人行为所可能造成的危害结果具有等价性。综合上述三点,被告人的犯罪行为符合不作为的故意杀人行为特征。

(二)交通肇事后逃逸行为与被害人死亡结果之间是否具有刑法上的因果关系。刑法上的因果关系是指危害行为与危害结果之间引起与被引起关系因具有一定普遍性,而应当纳入刑法评价的因果关系。作为义务的不履行与已经造成或者可能造成的危害结果之间是否具有刑法上的因果关系,一般不存在争议,但在具有介入因素的情形中,认定比较复杂。在该情形中,有必要判断该介入因素能否中断前行为与最终结果之间的因果关系。理论界一般认为,在有第三人行为介入情形中,对前行为与最终结果之间刑法上因果关系的判断,至少需要综合考虑三个方面因素:第一,最早出现的实行行为导致最后结果发生的可能性高低;第二,介入因素异常性的大小;第三,介入因素对结果发生的影响力大小。对照上述三个方面,具体结合本案案情分析:虽然本案交通肇事发生时间为凌晨时分,但当时该路段的车辆往来仍较为频繁,在此情况下,被告人交通肇事后逃逸,将被害人留置于有车辆来往的机动车道内,发生更为严重的伤亡后果的可能性极高。据此,可以认定被告人为逃避责任而对被害人不予救助的行为导致被害人被后续车辆碾压致死这一危害结果发生的可能性极高,其他因素介入的异常性较小,从而对最终发生伤亡结果的影响力较大。因此,交通肇事后逃逸行为与被害人死亡结果之间具有刑法上的因果关系。同时,经上海市刑事科学技术研究所出具的《尸体检验报告书》认定,被害人符合在交通事故中造成复合伤而死亡。从这一检验意见分析,被害人死亡结果发生系被告人交通肇事致其受伤倒地无法动弹的先行行为和后续过往车辆实施碾压共同作用所致,被告人不履行法定作为义务的行为与被害人死亡结果之间的因果关系不中断,即被告人的不作为与被害人的死亡结果之间具有刑法上的因果关系。

(三)行为人的罪过形式是过失还是间接故意。在司法实践中,如何正确区分交通肇事案件中逃逸者的罪过形式系过于自信的过失还是间接故意杀人,直接影响到逃逸者行为的定性。对上述两者的区别认定可以从认识因素和意志因素这两个方面人手分析。首先,从认识因素上分析,间接故意是“明知”结果发生的可能性,轻信过失是“预见到”结果发生的可能性。两者的区别在于行为人对结果发生的可能性转化为现实性的认识程度不同。就前者而言,行为人已明知只要其实施既定行为,由此引起和促成结果发生的趋势十分明显,极有可能导致危害结果的发生;而后者只是一种“预见”而非“明知”,行为人即使实施了既定行为一般也不会引起和促成结果的发生,因此,结果发生的概率相对较低。其次,从意志因素分析,对间接故意和轻信过失来说,行为人对行为的性质、对象和结果均有所认识,对结果的发生也均不抱有希望的态度,两者最大的区别在于间接故意是不希望也不反对,而轻信过失是坚决否定、反对。具体结合本案案情,被告人先前的交通肇事行为虽是出于过失,但当其明知被害人在凌晨时分因自己驾车肇事导致受伤摔倒在交通干线的机动车道上无法动弹,存在被后续车辆碾压致死的高度危险时,仍未采取任何救助措施或者防范措施,而是选择了自行逃逸。在此情况下,被告人属于典型的放任危害结果发生的情形,其罪过形式属于间接故意,认定被告人对被害人死亡结果的发生持轻信过失的心理缺乏事实依据。

综上所述,本案被告人作为一名机动车车辆驾驶人,在其发生交通肇事后,应当负有救助、报警的法定作为义务,但其有能力履行而不履行,并明知不履行可能导致被害人死亡结果发生的情况下,仍然放任该危害结果的发生,最终导致被害人死亡,应当构成故意杀人罪,上海市虹口区人民法院对其以故意杀人罪判处十二年有期徒刑,定罪准确,量刑适当。[参见第925指导案例,李中海故意杀人案,载《刑事审判参考》总第95集(2013年第6集),第41~45页。撰稿:叶琦 蔡恩璇]

▽故意杀人未遂情形下行为人主观心态的认定

本案在审理过程中,存在两个方面的争议:一是被告人主观上是否具有剥夺被害人生命的故意,这直接关系到其用菜刀砍被害人的行为是构成故意杀人罪还是故意伤害罪;二是如果认定被告人构成故意杀人罪,那么杀人结果未发生系违背其本意的客观障碍因素引起还是因其主动放弃继续加害行为而导致,关系到其故意杀人犯罪成立未遂还是中止。具体分析如下:

(一)被告人是否以剥夺他人生命为故意内容。故意伤害罪是指故意非法损害他人身体健康的行为,故意杀人罪是指故意非法剥夺他人生命的行为。故意伤害罪与故意杀人罪(未遂或中止)的相同之处表现为故意实施了侵害他人身体的行为,区别在于两者故意的内容不同。故意伤害罪的行为人主观上仅追求损害他人身体健康的结果发生,而并不希望甚至排斥死亡结果发生:故意杀人罪的行为人实施侵害行为时则积极追求或者放任死亡结果发生。本案被告人刀砍被害人的行为系杀人还是伤害,关键在于对其主观内容的认定。被告人与被害人系男女朋友关系,且有足够证据证实被告人对被害人具有较深的感情基础。从常理分析,说被害人的死亡结果违背被告人意志,有较强的可信度,仅以此认定被告人不具有杀人故意,理由并不充分,也于法无据。关于行为人的主观故意内容,必须将行为人置于行为实施时的特定情境中,综合各种情节要素进行认定。

主观内容包含认识因素和意志因素两个方面。前者体现行为人对行为结果的预见情况,后者体现行为人对该结果所持态度。在主客观相统一的刑事司法原则的要求之下,主观故意的内容只有外化为行为人具体的外在行动才具有刑法评价的意义,而这也恰为刑事司法实践中认定行为人的主观故意内容提供了可能。具体到本案,被告人所持的工具系足以剥夺他人生命的菜刀,伤害的部位为头面部等人体要害部位,行为方式为连续多次砍击。如果被告人仅是使用菜刀刀背敲击被害人,那么推定杀人故意尚存合理怀疑之处,但是被告人后来连续多次使用菜刀刀刃砍杀被害人的行为,足以使该怀疑得以排除。从被害人的伤势情况来看,相关证据足以证实被告人行凶时用力之猛,具有欲置被害人于死地的主观心态。综合以上客观事实,足以认定被告人砍人时具有剥夺他人生命的故意。且从作案动机分析,正是因为被告人对被害人具有较深的感情基础,被害人提出分手,被告人又身患绝症,故被告人自己活不了、“也不想让她活”的供述符合常理,足以使法官形成其具有剥夺他人生命故意的内心确信。即使由于被害人得到及时救治,故意杀人的结果并未发生,但这仅影响故意杀人罪犯罪停止形态的判断,而不影响对被告人实施砍人行为时主观心态的认定。

(二)死亡结果未发生是否在被告人意志之外。被告人的杀人行为并未最终引起被害人死亡结果的发生,判断被告人系犯罪中止还是未遂,关键在于判断阻却被害人死亡结果发生的因素是被告人的主观意志还是其意志以外的因素。根据刑法理论,犯罪中止包括自动放弃犯罪和自动有效防止犯罪结果的发生两种情形。前者是在犯罪行为实施终了前,行为人主动停止本可继续实施的加害行为;后者是在犯罪行为实施完毕后、犯罪结果尚未发生时,行为人自动有效地防止了犯罪结果的发生。而本案该两种情形均不具备。被告人在其追求的杀人结果发生之前并未自动停止实施侵害行为,直到被害人头面部大量出血,倒地后不再挣扎,其误认为被害人已经死亡才停止侵害行为,也即被告人停止本可继续实施的加害行为并非出于其对犯罪故意的自动放弃。在行为实施完毕后,被告人迅速逃离现场,对其行为所导致的后果即被害人的死亡置之不顾,没有采取任何的救助措施避免死亡结果发生,因而亦不能认定其自动有效地防止了犯罪结果的发生。被害人之所以未死亡,是因为他人报警,及时被送往医院抢救。基于上述分析,被害人未死亡的结果系被告人意志以外的原因造成,被告人的行为符合故意杀人犯罪实行终了的未遂的构成特征。

综上所述,本案被告人具有剥夺他人生命的故意,但由于意志以外的原因而使其犯罪行为未能得逞,应当按照故意杀人罪(未遂)的罪责定罪量刑。[参见第964指导案例,郭春故意杀人案,载《刑事审判参考》总第97集(2014年第2集),第49~51页。撰稿:杨凤英 葛立刚]

▽不作为故意杀人与虐待罪、遗弃罪这几类“形同实异”犯罪行为区分的认定

遗弃罪是指对于年老、年幼、患病或者其他没有独立生活能力的人,负有抚养义务而拒绝抚养,情节恶劣的行为;而故意杀人是非法剥夺他人生命的行为。遗弃罪侵犯的是没有独立生活能力的被害人依法受扶助、照顾的权利,故意杀人侵犯的是被害人的生命权;在被告人与被害人具有特定抚养、照顾义务的情况下,应当作为而不作为,情节恶劣的,属于遗弃,但不会使被害人陷入生命危险境地,而应当作为而不作为,可能使被害人生命被剥夺的,属于不作为型的故意杀人罪;实施遗弃行为的行为人主观上并无追求成放任被害人死亡的故意。正是因为两种行为的客观危害不同、侵害的法益不同、行为人主观故意内容不同,刑法为遗弃罪和故意杀人罪配置了轻重差别十分明显的刑罚种类。在“遗弃”没有独立生活能力婴幼儿的情形下,遗弃罪与故意杀人罪的区别主要在于:在特定的时空条件下,被害人之生命安危是否依赖于对其负有特定抚养义务的行为人,如果存在这种支配依赖关系,而行为人不仅自己不履行抚养义务,还切断、排除了其他人对被害人进行救助的可能,主观上对被害人死亡结果持放任态度,那么行为人就构成故意杀人罪;相反,抚养义务的不履行如果不会给被害人生命带来必然的、紧迫的现实危险,客观上仍存在其他人介入履行抚养义务的可能,行为人主观上既不希望也不放任死亡结果的发生,那么行为人就属于遗弃罪。例如,将婴儿扔在有人经常路过的地方,婴儿有可能被人施救,生命面临的危险尚不紧迫,行为人有合理依据相信婴儿无生命危险的,就属于遗弃行为;反之,如果将婴儿扔在偏僻处所,婴儿难以被人施救,生命面临必然、紧迫的现实危险的,那么行为人对可能造成的婴儿死亡后果持无所谓的放任态度,就应当认定属故意杀人。本案被告人乐某将两名年幼子女放在家里后独自离家,仅留下少量食物和饮水,外出一个多月不归,必然使两名年幼子女面临紧迫的生命危险,并且将门、窗封死,也排除了孩子外出获得他人实施救助的可能,所以,乐某的行为不属于遗弃罪。

虐待罪是指对共同生活的家庭成员,经常以打骂、冻饿、禁闭、有病不给治疗或者强迫从事过度劳动等各种手段,从肉体上和精神上进行摧残迫害,情节恶劣的行为。虐待罪既可能以积极行为实施,如经常肉体折磨、精神摧残,也可能以不作为方式实施,如有病不给医治。根据刑法第二百六十条的规定,虐待家庭成员情节恶劣的,处二年以下有期徒刑、拘役或者管制,可见,虐待罪是一种相对较轻的罪行,不会侵犯被害人的生命权利,一般表现为经常或者连续折磨、摧残家庭成员身心的行为。在本案中,被告人乐某曾经离家数日,致两名幼女因饥饿被送往医院治疗,并于最后一次离家外出达一个多月,致使独自在家的两名幼女被活活饿死,其行为已非折磨、摧残幼女身心,而是使幼女生命面临被剥夺的严重危险,已超出虐待罪所能调整的范畴。[参见第992号指导案例,乐燕故意杀人案,载《刑事审

判参考》总第98集(2014年第3集),第87～88页。撰稿:周侃　徐松松]

▽具有抚养义务的人,因防止婴幼儿外出将婴幼儿留置在与外界完全隔绝的房间,为了满足其他欲求而放任婴幼儿死亡危险的,应当以故意杀人罪定性

被告人乐某因未尽照料义务,致两年幼被害人死亡,属不作为犯罪。

一是乐某有抚养义务。乐某作为被害人李梦某和李某的生母,对两幼女有抚养义务,自2013年2月27日起,其男友李文某因容留他人吸毒服刑,乐某独自承担对李梦某、李某的抚养义务。乐某在李文某被羁押后独自承担抚养义务期间,怠于履行抚养义务,曾致两幼女处于饥饿和不健康状态。

二是乐某有抚养能力。乐某案发前虽无固定工作,但每月有村委会的救济以及亲戚朋友的扶助,有八九百元的收入,具有抚养被害人的经济能力。

三是乐某最后一次离家后一直未履行抚养义务。乐某最后一次离家时仅为孩子预留了三四天的饮水和食物,为防止孩子独自跑出家门,用布条将卧室内窗户锁死,并用尿不湿将卧室房门夹紧,使孩子处于封闭的房间内无法外出。乐某离家后主要在江宁区麒麟街道附近吸毒、上网、玩游戏机,并在足疗店、网吧、旅馆等处留宿,直至6月21日案发,长达一个多月没有回家。乐某于5月初把家门钥匙丢在朋友孟某家,案发前一直没有取回钥匙,且没有通过找锁匠、报警等其他方式开门回家,离家后也未曾到之前常去的社区小卖部买过食物。需要指出的是,通过法庭调查,虽然认定乐某未曾回家照料幼女的证据均为间接证据,但乐某活动轨迹、通话记录、此间交往的证人的证言等证据相印证,能够证明其在离家后未曾回家。同时,现场勘验、检查笔录证实,该房屋的大门没有被撬动的痕迹,主卧室的门窗状况与乐某离家前的一致,且乐某离家三天即将钥匙遗落在朋友家,常联系的两位锁匠在此期间也均未帮其开锁,亦可证实乐某未曾回家。故法院认定现有证据足以证实乐某未履行对两名幼女的抚养照料义务。

四是由于乐某故意不履行抚养义务,客观上导致两被害人死亡。乐某的不作为,是一个多月的持续过程。据乐某本人供述,其知道在这么长的时间内两幼女缺少食物、饮水,必然导致死亡结果的发生,这种不作为的行为,与作为形式的故意杀人,行为后果具有负面的等价值性。经法医鉴定,两被害人无机械性损伤和常见毒物中毒致死的依据,不排除其因脱水、饥饿、疾病等因素衰竭死亡,即乐某的行为与危害后果的发生存在直接因果关系。

综上所述,客观上,被告人乐某既有抚养义务,也有抚养能力,将两名幼儿置于封闭房间内,仅预留少量饮食,且排除了幼女得到其他救助而生存下去的可能,对两幼女生命安危处于具有支配关系的保证人地位;主观上,乐某为了外出吸毒、玩耍娱乐而离家长期不归,完全置子女生命安危于不顾,最终导致两名子女因缺少食物和饮水而死亡,即对死亡结果的发生持放任态度,故乐某的行为并非过失致人死亡,完全符合故意杀人罪的构成要件。需要强调的是,不作为犯罪是应作为而不作为,主要是从违反作为义务的角度对犯罪类型进行的区分,不排除行为人会实施一些积极的举动。本案中,虽然被告人乐某实施了封堵窗户、锁闭卧室门等积极行为,但主要是为了防止其外出期间亲生女儿跑出,并非要置女儿于死地,其行为之所以构成故意杀人罪,主要是因为其不仅实施了上述积极行为,还外出长期不归,致使家中所留少量食物、饮水不足以支撑年幼子女生存需要,以致子女饥渴而死,其不作为行为对本案性质起决定作用,故认定其系不作为故意杀人。[参见第992号指导案例,乐燕故意杀人案,载《刑事审判参考》总第98集(2014年第3集),第88～90页。撰稿:周侃　徐松松]

▽对不作为方式故意杀人的量刑把握

对不作为犯罪案件中被告人的量刑,应当结合被告人的动机、手段、侵害的对象、危害后果、被告人一贯表现及犯罪后的态度等因素综合考量,被告人乐某自幼未受到父母的关爱,未接受良好的教育,归案后认罪态度较好,在庭审时已经怀孕。但抚育未成年子女不但是人类社会得以繁衍发展所必须遵循的最基本的人伦准则,更是每一位父母应尽的法定义务与责任,个人的文化、受教育程度、经济条件乃至境遇的不同，均不能成为逃避义务的理由。刑事法律的价值不仅在于惩治犯罪，修复被破坏的社会关系，补偿被侵害的法益客体，同时，维护人类的基本道德底线，也是刑事法律不言而喻的基本价值功能。在当前各国均不遗余力地全面保护未成年人权益的潮流下，严厉打击违反基本伦理准则、严重摧残未成年人生命的行为符合人类普遍的价值标准。本案受害对象是不满3岁的儿童，两被害人均系幼年，在独立的封闭空间内，因缺少食物和饮水饥渴致死，其尸体被发现时已呈干尸状态，死状惨烈。虽然本案系不作为犯罪，被告人主观恶性程度相对直接故意剥夺他人生命的犯罪稍轻，但毕竟造成了两名幼童死亡结果的发生，其行为不仅违背了人类社会的基本伦理道德，同时也造成了极其严重的犯罪后果。因此，虽然乐某认罪态度较好，但无任何法定从轻情节，总体上情节特别恶劣，后果特别严重，社会影响也十分恶劣，论罪应当严惩。鉴于乐某系审判时怀孕的妇女，依照刑法规定，人民法院依法以故意杀人罪判处被告人乐某无期徒刑，剥夺政治权利终身是适当的。[参见第992号指导案例，乐燕故意杀人案，载《刑事审判参考》总第98集(2014年第3集)，第90~91页。撰稿:周侃　徐松松]

▽拒不履行扶养义务，将出生不久的女婴遗弃在获救希望渺茫的深山野林的，构成故意杀人罪

区分遗弃罪和采取遗弃手段实施的故意杀人罪，是处理本案的关键。具有扶养义务的行为人拒不履行扶养义务，如不给新生儿喂奶、不给重病人治病、将婴幼儿遗弃在无法获救的地点等，导致或可能导致上述被害人死亡的行为，是以遗弃罪论处，还是以故意杀人罪定罪处罚，实践中容易混淆。区分遗弃罪与采取遗弃手段实施的故意杀人罪，主要可从行为人的主观故意和客观行为两方面来分析。通常，故意杀人的行为人主观上对自己的遗弃行为会导致被遗弃人死亡的危害后果有明确认识，并且对死亡结果的发生持希望或者放任态度。而遗弃的行为人可能认识到，也可能没有认识到自己的遗弃行为会给被害人的生命、健康带来危险，其主观上并不希望、不愿意、不放任被害人死亡或者伤害的结果发生，即如果被害人死亡或者受伤，都是违背其意愿的。准确判断行为人主观上是遗弃故意还是杀人故意，还应当根据主客观相一致的原则，结合具体案情和行为人实施的客观行为来综合分析。一般可从行为人遗弃的原因、动机、时间、地点、对象、手段、后果、事后表现等情节进行研判。

第一，考察遗弃行为的原因和动机。当下，受我国经济发展水平的制约，因家庭经济困难、无力负担医疗费用而遗弃重病婴幼儿的现象时有发生。对于此类案件，应当查明行为人是出于何种动机实施遗弃行为，是希望孩子得到他人关注并获得有效救助，还是狠心抛弃任其自生自灭，抑或欲置其死地以求解脱。例如，父母将重病婴儿弃于医院或者民政局门口，附上婴儿病历或者介绍病情的字条，这明显是希望婴儿能够得到及时的关注和救治，此类行为，应当认定为遗弃；反之，父母将重病婴儿扔到车辆穿行的高速公路或者荒郊野外，明显表明其主观上不期望婴儿获救并且希望或者放任婴儿死亡，因此，应当认定其主观上具有杀害婴儿的故意，其行为构成故意杀人罪。

第二，考察遗弃的时间、地点、对象、手段、后果等客观要件。遗弃罪与故意杀人罪在客观方面的最重要区别在于“遗弃”行为是否会使被遗弃者面临生命被剥夺的紧迫危险，因此，遗弃的时间、地点、对象、手段就影响到对行为性质的判断。实践中，遗弃既可以采取积极的行为实施，也可以消极不作为实施，如果构成遗弃罪，本质上必须是对作为义务的违反，且不会使被遗弃者的命运处于行为人排他性的支配之下。例如，父母将新生婴儿弃于超市入口、车站站台、集市路边等地，这些地方人流量大，婴儿获得他人救助而存活下来的可能性较大，此种遗弃行为就构成遗弃罪而非故意杀人罪；反之，故意将无自主行为能力的被害人遗弃在不能获救或获救希望渺茫地点的，此种“遗弃”行为就属于故意杀人。

第三，考察行为人的案后表现。案后表现是考察行为人主观意愿的又一重要方面，发现遗弃行为导致被害人生命、健康受威胁后，行为人是置之不理，还是积极施救，抑或二次加害，可以反映其有无致死被遗弃人的主观故意，也是量刑时应当考虑的重要因素。例如，父母将婴幼儿遗弃路边后躲到附近角落观察，直至孩子被人抱走才离去；或者发现无人注意，又将孩子带到市政办事大厅内遗弃，虽属二次遗弃，但其变更遗弃地点，是希望幼儿能够得到他人关注、救助，关心幼儿性命安全，采取措施减少伤害。对于这样的行为,应当定性为遗弃。反之,父母将盲童带到河边后径直离去,导致盲童在摸索中掉入河内淹死,行为人主观上应当预见到盲童有掉入河中淹死的可能性,但其不管不顾,径直离去;或者发现盲童自己爬上岸后,又将盲童带至河边,最终导致盲童掉入河中被淹死的,可以认定其主观上有放任甚至追求盲童死亡的故意,应当以故意杀人罪论处。

综上,区分遗弃罪与以遗弃方式的故意杀人罪的关键点在于:行为人实施遗弃行为时,其是否考虑并给予了被害人获得救助的机会。如果是,则可以遗弃罪定罪;否则,应当以故意杀人罪来定罪。具体到本案,被告人万某某、徐某某获悉自己刚出生4天的女儿罹患重病,不仅不予救治,反而狠心抛弃,先是遗弃在医院附近的菜园里,因担心过路行人发现并施救,又将女婴载至深山野林中予以遗弃,二被告人不愿意让女婴获救、希望女婴死亡的主观故意十分明显。因此,本案以故意杀人罪定性是准确的。由于女婴被群众及时发现救回,二被告人系故意杀人未遂,可以比照既遂犯从轻或者减轻处罚。归案后,二被告人认罪态度好,具有悔罪表现。据此,人民法院对二被告人依法减轻处罚,以故意杀人罪(未遂)分别判处有期徒刑四年、二年,定罪准确,量刑适当。[参见第993号指导案例,万道龙等故意杀人案,载《刑事审判参考》总第98集(2014年第3集),第93~95页。撰稿:冉容 何东青]

▽因民间纠纷激化行凶杀人,既具有杀死纠纷一方成年人,杀死、杀伤无辜儿童等从重处罚情节,又具有自首等从轻处罚情节的,如何准确把握量刑尺度,即逆向情节并存时如何考量

对从宽情节与从严情节逆向并存的案件,应当以综合比较的方法对本案并存的逆向情节加以分析,最终确定应当判处的刑罚。本案的从严情节包括:(1)被告人黄某某在与邻居发生矛盾时不能以合法方式正确对待和处理,以无辜妇孺为泄愤对象,致二死(含一幼童)、一重伤(幼童)、一轻伤(妇女、八级伤残),罪行及后果极为严重,社会危害极大。(2)黄某某在整个作案过程中有二次加害、入户杀人、杀害无辜妇孺等情节,均体现了黄某某极为坚决的杀人犯意,以及为泄愤而滥杀无辜的极深的主观恶性。本案的从宽情节包括:(1)案发起因是由于民间矛盾、邻里纠纷激化引发,属于《最高人民法院关于贯彻宽严相济刑事政策的若干意见》中所列可以酌定从轻处罚的情节;(2)被告人作案后具有自首情节,系法定的从轻处罚情节。经对本案两种逆向情节加以综合分析判断,本案中从严情节具有比较明显的优势,理由如下:

1.本案的从重情节多属于罪中情节,而从宽情节多属于罪前、罪后情节。如前所述,罪中情节更能直接体现犯罪行为本身的危害性,在犯罪构成上起决定作用,对量刑的影响至关重要。本案的从宽情节如民间矛盾引发、自首,均属于罪前或者罪后情节,而从严情节如作案手段极其残忍、持凶器入户行凶、二次加害、杀人意志极为坚决、犯罪后果极其严重等均为罪中情节。相比之下,从严情节对于量刑的影响更大。

2.本案的从宽情节程度及价值均有限。"因民间矛盾引发"只是酌定从轻情节,是否从轻处罚需要综合全案考量,经查,被告人黄某某不仅杀死了与其有矛盾的黄朝法,还迁怒于黄朝法亲属而滥杀无辜,黄某某与黄朝法之间矛盾的是非曲直暂且不论,年仅4岁的被害人黄以轩、年仅9岁的被害人黄以晴与本案没有任何牵涉,纯属因黄某某泄愤而无辜遇害,黄某某犯罪的恶劣程度已超过民间矛盾的范畴。

3.被告人黄某某的自首价值有限。刑法规定对于自首的犯罪分子,可以从轻、减轻或者免除处罚。自首制度一方面旨在鼓励犯罪人认罪、悔罪,实现刑罚惩罚和教育的目的,投案主动性、自动性即体现了犯罪人人身危险性的减少;另一方面自首有利于节约司法资源,提高办案效率,减少诉讼成本。本案中,现场幸存的两名被害人均认识被告人且目击了被告人作案,犯罪嫌疑人明确,即使被告人不报案公安人员亦可马上确定其嫌疑并展开抓捕。因此,被告人的投案自首,对于侦破案件的价值相对有限。另外,被告人作案过程中有若干停止继续实施犯罪的节点,如打倒黄朝法后本可不闯入黄朝法家行凶,在黄家行凶后见黄朝法未死时,亦可不予二次侵害,但被告人在各节点均未停止犯罪,反而以坚决的犯意继续行凶杀人,造成极其严重的后果,体现了极深的主观恶性和人身危险性。故被告人自首价值有限,可以不从轻处罚。

4. 本案从严处罚符合相关法律规定及刑事政策的要求。(1)从保护未成年人的角度,本案从重惩处符合当前刑事司法政策。2004年立法者将"国家尊重和保障人权"写入宪法,保障人权的理念已成社会共识,而包括未成年人在内的弱势群体权益的保障,则属于人权保障中更需要关注的方面。下一代的健康成长,是国家和社会有序、正常发展的基础,未成年人体力和智力不及成人,自我保护和防范能力差,刑法对此特殊群体规定了特殊的保护制度。《关于依法惩治性侵害未成年人犯罪的意见》等一系列司法解释性文件的出台,亦表明我国对于未成年人的刑事司法保护力度在不断增强。(2)从打击严重暴力犯罪的角度分析,对本案被告人黄某某从重处罚与刑事政策的精神要求一致。严重暴力犯罪危害人民群众的生命健康,一直是我国司法机关打击的重点。《关于贯彻宽严相济刑事政策的若干意见》指出:"对于……严重暴力犯罪……该重判的要坚决依法重判,该判处死刑的要坚决依法判处死刑""对于罪行十分严重,社会危害性极大,依法应当判处重刑或死刑的,要坚决地判处重刑或死刑""严惩严重刑事犯罪,必须充分考虑被告人的主观恶性和人身危险性。"《关于贯彻宽严相济刑事政策的若干意见》亦规定:"对严重暴力犯罪、毒品犯罪等严重危害社会治安犯罪,在确定从宽的幅度时,应当从严掌握。"可见,以未成年人等弱势群体为犯罪对象的严重暴力犯罪,极大威胁了人民群众安全感,社会危害性极大,社会影响极为恶劣,必须依法严惩。而本案即是一起严重暴力侵害包括未成年人在内的公民生命权及健康权的案件,属于依法应予从严打击的范围。

通过对上述从严情节与从宽情节的综合比较,本案从宽情节在程度和对量刑的影响方面较为有限,相对而言,从严情节性质明确、程度强烈,在对量刑的影响力上占据了较为明显的优势。一、二审法院以被告人黄某某犯故意杀人罪,依法判处死刑,剥夺政治权利终身,定罪正确,量刑适当。[参见第994号指导案例,黄志坚故意杀人案,载《刑事审判参考》总第98集(2014年第3集),第101~103页。撰稿:渠帆]

▽投毒后放任目标之外他人死亡的,应当认定为间接故意杀人

孙某某投毒后,放任他人(孟某兰以外的人)死亡,应当认定孙某某主观上具有间接故意,构成故意杀人罪。1. 孙某某投毒到茯苓复合颗粒胶囊中,而该胶囊系保健药物,用于提高人体免疫力,并非某类病人专用,其他人也有可能服用,即服用人是非特定的,实际上也是如此,在孟某兰死后谢某也服用了该胶囊。孙某某在实施投毒行为时,就应当知道不仅被害人孟某兰可能服用该胶囊,其他人也是有可能服用的,而其并未因此放弃投毒,故可以认定其对其他人是否服用该胶囊是持无所谓、放任的态度。2. 从投毒之后的行为分析,根据孙某某的供述,其在孟淑兰死后,曾询问过药物下落,但在未查明具体下落时,孙某某并未继续采取其他有效措施防止他人服用这一后果的发生,实际上就是听之任之,放任结果的发生;而且,从谢某华的证言来看,孙某某并未有过询问药物下落的行为。无论如何,孙某某在孟淑兰死亡后,并未采取有效措施预防其他后果的发生,应当认定其对其他后果的发生持放任态度。[参见第1007号指导案例,孙连义故意杀人案,载《刑事审判参考》总第99集(2014年第4集),第45~46页。撰稿:张剑]

▽被告人因本人及家人长期遭受被害人家庭暴力而不堪忍受,在被害人再次实施家庭暴力时杀害被害人,可以认定为故意杀人罪情节较轻的情形

故意杀人罪中的"情节较轻",须由法官结合个案情况具体裁量。本案被告人吴某某及其母郑某某、其妹吴某,均长期遭到其父吴某军虐待,郑某某一只眼睛被吴某军殴打失明,吴某因不堪忍受吴某军虐待曾割腕自杀,后离家外出,吴某军的其他家人亦曾遭到吴某军打骂,案发当日,吴某军又对二被告人打骂施虐。因此,从案发起因来看,被害人吴某军存在严重过错,二被告人并无过错。从吴某某的犯罪行为来看,可以认定其系因不堪忍受吴某军长期家庭暴力以及再次施暴报复的现实威胁,激愤之下而杀害吴某军,既无卑劣的犯罪动机,犯罪情节也无特别恶劣之处。吴某某随手从地上捡起废弃的电线勒死吴某军,犯罪手段一般,犯罪后果也不属于特别严重。当地村民对二被告人均持同情态度,对吴某军的施虐言行均表示谴责,要求对二被告人从宽处罚,吴某军的父母兄弟也均对二被告人表示谅解。综合考量以上因素,对吴某某和郑某某的故意杀人犯罪行为均可认定为情节较轻。

本案处理,需要注意以下两点:第一,对此类案件,并非被告人本人受到严重虐待才可认定为情节较轻。吴某某本人受到吴某军虐待,其母、其妹受到的虐待更为严重,吴某军的行为甚至已经达到犯罪的程度。吴某某及郑某某、吴某均系家庭成员,在其同受到虐待时有目共睹,作为子女,吴某某对母亲受虐无法视而不见,因此,不能认为只有家庭暴力中受虐最严重的人实施故意杀人行为才能认定为情节较轻,否则,刑事司法就可能会脱离社会普遍认知和评价标准。第二,对于涉及严重家庭暴力的故意杀人案件,卑亲属杀害尊亲属并不是认定情节较轻的障碍。本案吴某某系因其及家人长期遭受其父吴某军家庭暴力,在激情或义愤之下加以反抗而实施故意杀人行为,其行为本身就具有一定的防卫性质,依法应予从宽处罚。如果囿于被告人与被害人的身份尊卑关系而不顾案件本身的事实、情节,就将陷入以伦理道德替代法治的误区,这既在理念上违背了现代法治精神,在实践中也不利于贯彻宽严相济刑事政策。[参见第1124号指导案例,吴某某、郑某某故意杀人案,载《刑事审判参考》总第105集,第59~61页。撰稿:陈亚鸣　欧海鸥]

▽车辆所有人在交通肇事后将被害人隐藏致使被害人无法得到救助而死亡的,应当以故意杀人罪论处

首先,赵某江的行为应当认定为交通肇事罪的共犯。《解释》第五条对单位主管人员、机动车辆所有人、承包人或者乘车人(本附文以下简称主管人员等)设置了一个特别义务,即不得指使肇事人逃逸,否则,致使被害人因得不到救助而死亡的,以交通肇事论。这里,对主管人员等构成交通肇事罪规定了两个前因条件:(1)指使肇事人逃逸。赵某江自己供述和赵某齐商量过将被害人拽到公路边,但没有得到赵某齐供述的印证。但是,赵某江实施了主动搭载赵某齐逃离现场的行为。举轻以明重,既然指使逃逸的行为都可认定为共犯,那么,比指使逃逸性质更严重的搭载肇事人逃逸的行为,更应以交通肇事的共犯论处。(2)致使被害人因得不到救助而死亡。如前所述,虽然本案被害人死亡的原因主要是交通事故,被害人即使得到救助也可能死亡,但是被害人得不到救助是肯定存在的,而且,即使被害人因得到救助而没有死亡的概率极低,也不等于绝对没有。赵某江与发生交通事故后已经昏迷的赵某齐不同,其是在明知被害人还有呼吸的情况下,将被害人拽入沟中从而使其完全失去了被抢救的可能。因此,对赵某江而言,可以认定为"致使被害人因得不到救助而死亡"。

其次,对赵某江可以适用《解释》第六条的规定,以"交通肇事"转化为"故意杀人"论,主要原因就是其在构成交通肇事罪的共犯后,必然随之产生行政法上对交通肇事行为人规定的一些附随义务,主要是抢救的义务。《解释》第六条也是针对这一附随义务而作出禁止性规定的,即行为人不得将被害人带离事故现场隐藏或者遗弃,否则,就要转化为故意杀人罪或者故意伤害罪(转化为何罪以结果论)。但赵某江正是实施了《解释》第六条规定的禁止性行为,将被害人拽入沟中,致救护人员到事故现场后找不到被害人。更为恶劣的是,在救护人员因找不到被害人而打赵某江电话时,赵某江明知可能是救护人员的电话,却不接听。

综上,法院认定赵某江的行为构成交通肇事共犯,并且因为其实施了将被害人拽入路边沟中,致被害人得不到救助,因而依法转化为故意杀人罪,在定性上是正确的。在量刑上,考虑到被害人的死亡原因主要不是两被告人的逃逸行为所致,而是交通事故所致,且被害人亲属分别与赵某江亲属、赵某齐亲属达成调解协议,被害人亲属对二被告人的犯罪行为予以谅解;赵某江在交通肇事后曾打过120急救电话,客观上有利于案件的侦破,因而均予以从轻处罚,是适当的。[参见第1169号指导案例,赵双江故意杀人、赵文齐交通肇事案,载《刑事审判参考》总第108集,第36~38页。撰稿:陆建红　郭宏伟

詹勇]

第二百三十三条　【过失致人死亡罪】过失致人死亡的，处三年以上七年以下有期徒刑；情节较轻的，处三年以下有期徒刑。本法另有规定的，依照规定。

■最高人民法院关于审理交通肇事刑事案件具体应用法律若干问题的解释（2000年11月21日）

第八条（第二款）在公共交通管理的范围外，驾驶机动车辆或者使用其他交通工具致人伤亡或者致使公共财产或者他人财产遭受重大损失，构成犯罪的，分别依照刑法第一百三十四条、第一百三十五条、第二百三十三条等规定定罪处罚。

■最高人民法院关于依法妥善审理高空抛物、坠物案件的意见（2019年10月21日）

7. 准确认定高空坠物犯罪。过失导致物品从高空坠落，致人死亡、重伤，符合刑法第二百三十三条、第二百三十五条规定的，依照过失致人死亡罪、过失致人重伤罪定罪处罚。在生产、作业中违反有关安全管理规定，从高空坠落物品，发生重大伤亡事故或者造成其他严重后果的，依照刑法第一百三十四条第一款的规定，以重大责任事故罪定罪处罚。

■最高人民法院、最高人民检察院、公安部关于办理涉窨井盖相关刑事案件的指导意见（2020年3月16日）

三、……

过失致人重伤或者死亡的，依照刑法第二百三十五条、第二百三十三条的规定，分别以过失致人重伤罪、过失致人死亡罪定罪处罚。

十、对窨井盖负有管理职责的其他公司、企业、事业单位的工作人员，严重不负责任，导致人员坠井等事故，致人重伤或者死亡，符合刑法第二百三十五条、第二百三十三条规定的，分别以过失致人重伤罪、过失致人死亡罪定罪处罚。

十二、本意见所称的“窨井盖”，包括城市、城乡结合部和乡村等地的窨井盖以及其他井盖。

▽过于自信的过失与间接故意区别的认定

过于自信的过失与间接故意的根本区别在于：过于自信的过失，行为人不仅不希望发生这种危害结果，而且是完全反对这种结果发生的。行为人预见到危害结果可能发生，但是根据自己的认识和判断相信可以避免危害结果的发生，发生这种危害结果违背其主观意愿，出乎其意料之外。而间接故意，行为人认识到会发生某种危害结果，但对这种危害结果的发生持一种放任态度，既不积极追求，也不设法避免，该结果的发生不违背其主观意愿。行为人的行为已经表现出不希望被害人死亡的明确意愿。而不作为的犯罪以行为人负有某种特定义务并能够履行为前提。即首先行为人负有某种特定的义务，这种义务是法律赋予的或是行为人职务或业务上的要求，或者行为人先前行为具有发生一定危险结果的危险而负有的防止其发生的义务；其次，行为人有能力履行该种义务，这种能力包括身体素质、技术条件、环境因素、客观可能等多方面环节。在这种情况下，履行该特定义务是刑法的要求。被害人跳水虽是二行为人侵害行为所致，但被害人作为成年人，有完全的判断和认知能力，能够控制自己的行为和意识，其选择跳水逃走，说明其具备一定的自我救助条件和能力；由于二行为人并不具备对被害人施救的能力，故二行为人不符合行为人负有某种特定义务并能够履行的不作为犯罪的前提，不属于不作为的间接故意犯罪。过失犯罪中，行为人对危害结果的发生既不追求，也不放任，而是应当预见而没有预见，或已经预见却轻信能够避免，主观上反对危害结果的发生。行为人殴打被害人，致使被害人跳水逃走以摆脱二行为人的殴打和纠缠。二行为人在被害人跳水之后，未进一步实施加害行为，而是调转车头用车灯照射水面，劝被害人上岸。见被害人仍蹚水前行不肯返回时，一行为人还曾让另一行为人下水拉被害人一把，因另一行为人水性也不好，不敢下水。后三人为消除被害人的顾虑促使其上岸，遂开车离开湖堤。由此可见，二行为人既不希望、也不放任被害人死亡结果的发生。二行为人离开现场的目的是让被害人消除顾虑,尽快脱离危险之地,并非置被害人于水中而不顾。二行为人对于被害人可能会出现的后果是有所预见的,但轻信被害人在其离开后会返回岸上。因此,二行为人对被害人可能出现的死亡后果是持一种过于自信的过失心态。综上,二行为人的侵害行为和对可能出现的被害人死亡后果的过失,最终导致了被害人溺水身亡的结果。因此,二行为人的行为构成过失致人死亡罪。[参见第 370 号案例,李宁、王昌兵过失致人死亡案,载《刑事审判参考》总第 47 集(2005 年第 6 集),法律出版社,第 16～18 页。]

▽未领取《医疗机构执业许可证》的乡村卫生室工作的乡村医生行医致人死亡的行为,构成过失致人死亡罪

过失致人死亡罪,是指行为人由于过失而致人死亡的行为。其主观方面只能由过失构成,包括疏忽大意的过失和过于自信的过失。前者是指应当预见自己的行为可能发生被害人死亡的结果,由于疏忽大意而没有预见;后者是指已经预见而轻信能够避免,以致发生被害人死亡的结果。行为人作为行医近三十年的乡村医生,已经预见不对被害人重复做皮试可能发生死亡的后果,却轻信被害人刚在镇卫生院做过皮试能够避免,以至于发生了被害人青霉素过敏性休克死亡的后果,符合过失致人死亡罪的主观特征;过失致人死亡罪的客观方面是行为人的过失行为与死亡结果存在刑法上的因果关系。医疗鉴定报告表明:行为人在未对被害人重新做青霉素皮试的情况下注射了与该镇卫生院皮试试液不同生产厂家的青霉素,造成被害人青霉素过敏性休克死亡,其行为与被害人的死亡具有刑法上的因果关系。[参见第 262 号案例,王之兰过失致人死亡案,载《刑事审判参考》总第 34 集(2003 年第 5 集),法律出版社,第 23 页。执笔:张澎]

▽驾驶交通工具在非公共交通范围内撞人死亡,构成过失犯罪的,除非该行为还触犯其他罪名,一般应以过失致人死亡罪定罪处罚

《最高人民法院关于审理交通肇事刑事案件具体应用法律若干问题的解释》第八条规定,在实行公共交通管理范围内发生的重大交通事故的,以交通肇事罪论处;在公共交通管理范围外,驾驶机动车辆或者使用其他交通工具致人伤亡或者致使公共财产或者他人财产遭受重大损失,构成犯罪的,分别依照刑法第一百三十四条重大责任事故罪、第一百三十五条重大劳动安全事故罪和刑法第二百三十三条过失致人死亡罪的规定定罪处罚。公共交通管理范围内,应当是指纳入公安交通管理机关管理范围内的道路。一般而言,机关、企事业单位、厂矿、学校、封闭的住宅小区等内部道路均不属于公共交通管理范围。在上述区域道路上因使用交通工具致人伤亡,在排除行为人出于主观故意以及不能构成过失以危险方法危害公共安全罪的情况下,如构成过失犯罪,不能按交通肇事罪处理,一般应首先考虑以过失致人死亡罪追究刑事责任,如该行为同时又符合重大责任事故罪或重大劳动安全事故罪的构成要件,则应按特别法条优于普通法条的适用原则,以重大责任事故罪或重大劳动安全事故罪等罪名追究刑事责任。具体地说,其一,在工厂、矿山、林场、建筑企业或者其他企业、事业单位内部交通范围内,该单位职工使用交通工具违章生产作业,因而发生重大伤亡事故或者造成其他严重后果的,应以重大责任事故罪追究刑事责任;如该职工使用交通工具但并非从事单位的生产作业,虽造成重大伤亡事故或者造成其他严重后果的,仍应以过失致人死亡罪追究刑事责任。其二,在工厂、矿山、林场、建筑企业或者其他企业、事业单位内部交通范围内,该单位用于生产、运输的交通工具不符合国家劳动安全规定,经有关部门或人员提出后,仍不采取措施,因而发生重大伤亡事故或者造成其他严重后果的,应以重大劳动安全事故罪追究相关责任人的刑事责任;如不符合上述情况,虽因使用交通工具造成重大伤亡事故或者造成其他严重后果的,仍应以过失致人死亡罪追究行为人的刑事责任。[参见第 243 号案例,李满英过失致人死亡案,载《刑事审判参考》总第 32 辑(2003 年第 3 辑),法律出版社,第 30～31 页。审编:李武清]

▽过失致人死亡罪与故意伤害罪(致死)区分的认定

故意伤害罪(致死)是故意伤害罪的结果加重犯,以成立故意伤害罪为前提,因此,行为人虽然对被害人死亡的加重结果系过失但对造成被害人身体伤害系故意,也就是说行为人明知自己的行为可能会伤害被害人身体健康,希望或者放任这种危害后果的发生。而过失致人死亡罪,行为人既无伤害的故意,更无杀人的故意,行为人对危害后果持否定的态度,既不希望发生被害人身体受伤的危害后果,更不希望发生被害人死亡的危害后果。因此,本案中判断被告人是过于自信的过失还是伤害的故意(间接故意),关键在于判断行为人是不希望发生危害后果,还是根本不在乎危害后果是否发生,危害后果发生与不发生均不违背其意志。行为人的罪过不像客观行为那样容易证明,由于种种原因,行为人可能不会如实供述其实际想法,仅依靠口供进行判断,难保不偏离事实。不过,罪过毕竟不是单纯的思想,其必然支配一定的危害社会行为,并且反映在这一危害行为上,这就为我们认识行为人的主观思想提供了一条途径,即通过对客观事实和外在行为的综合分析推断行为人的主观罪过。具体到本案中,被告人始终辩称自己没有伤害被害人的故意,经过对案件的起因、行为的对象和条件、行为的方式、行为的结果以及行为人对结果的事后态度进行全面考察,被告人的辩解符合法理与情理,其主观上不具有伤害的间接故意,而是一种过于自信的过失。(一)从案件的起因考察,被告人没有放任伤害后果发生的现实动因。判断行为人对危害后果持怎样的态度,首先应当考察案件的起因,从被告人与被害人的关系,双方之间冲突的程度,是否存在足以使被告人放任危害后果发生的心理因素等方面进行判断。对于本案,可以从以下一些情况进行分析:被告人与被害人初次相识,二人不存在积怨;被害人要求被告人将卸在店门口的桶装水搬入店内,被告人明确表示拒绝,为此被害人产生不满,但二人之间并没有发生明显的争执,双方不曾恶言相向或实施过激行为;被告人为避免被害人纠缠,卸完水后随即离开,二人接触的时间很短,从见面到案发的时间间隔也较短,彼此不至于产生过大的仇恨。综合上述情况,被告人驾车离开应该是急于脱身,试图逃避被害人要求的加重的劳动负担,没有放任被害人身体造成伤害的现实动因。(二)从行为条件和行为方式考察,被告人具有"轻信"危害后果不会发生的现实条件。间接故意不反对、不排斥危害结果的发生,是因为如果阻止其发生,将直接影响行为人所追求的目的结果的实现,所以,间接故意行为人不仅没有防止危害结果发生的打算,对有利于避免危害结果发生的因素也不予理睬。过于自信过失的行为人已经预见到危害结果发生的可能性,还要坚持实施既定行为,是因为行为人根据一定条件相信自己可以避免危害结果的发生。行为人的这种自信不是毫无根据的,而是具有一定现实有利条件的,如果行为当时根本就不具备避免危害结果的客观条件,或者行为人没有认识到这些条件,或者行为人不想利用这些条件避免危害结果,则说明行为人对危害结果的发生持放任的态度,即间接故意。为此,需要通过对行为当时的条件和特点判断行为人是否认识到那些能够避免危害结果发生的客观条件,这些条件是否确实客观存在从而足以使行为人产生"轻信"。本案案发时,被告人刚刚发车,车速较慢,加上车身不高,被害人完全能够双脚着地,这些情况充分表明被告人是在试图摆脱被害人的纠缠希望自己稳速慢行的过程中被害人能自动放手。基于社会一般人的认识标准,被害人应当知道行驶中的车辆严禁攀爬、悬吊及此行为可能导致的后果,被告人据此认为,被害人会主动放弃这种违反交通法规、妨碍交通安全的行为,采取适当措施避免自己遭受伤害,并估计汽车在缓慢行驶过程中被害人放手着地不会造成什么伤害后果。综合这些情况,应当认为,被告人认识到了行为时能够避免危害结果发生的一些条件,这些条件也确实客观存在,因此被告人在主观上不具备间接故意的特征,其主观罪过应是过于自信的过失。(三)从对行为结果的事后态度考察,被告人具有避免危害结果发生的意愿。间接故意不反对、不排斥危害结果的发生,不会凭借条件或采取措施避免危害结果的发生,而过于自信过失的核心在于避免危害结果的发生,行为人综合考虑到了能够避免危害结果发生的有利因素,甚至往往能采取一定措施,或调整自己的行为方式或采取一定的预防措施,设法避免危害结果发生。在危害结果发生后,行为人事后的态度也在一定程度上反映出行为时的心理态度,过于自信过失的行为人不希望危害结果发生,所以,一旦发生危害结果,行为人非常懊悔,往往采取各种补救措施,如防止危害的扩大、尽量减少损害等,而间接故意的行为人对危害结果的发生往往无动于衷,一般不采取任何补救措施。具体联系本案,被告人驾驶汽车时车速较慢,且没有实施加速行为,说明其采取了自认为能够避免危害结果发生的措施,相信自己稳速慢行,被害人会自动放手,不致对被害人造成什么伤害。被害人被碾轧时汽车仅驶出数米,被告人发现后车轮有不正常跳动后随即下车查看,事发后留在现场积极协助抢救被害人直至被抓获,并支付了即时发生的抢救费用,其采取的上述补救措施表明其内心懊悔,被害人死亡的结果完全违背其主观愿望,而非放任危害后果的发生。综上,第一、二审法院以过失致人死亡罪追究被告人的刑事责任,适用法律是正确的。[参见第635号指导案例,杨春过失致人死亡案,载《刑事审判参考》总第75集(2010年第4集),第33~36页。撰稿:徐振华　徐竹芃]

▽行为人因民间纠纷与被害人互相厮打,对被害人实施轻微暴力,导致有特异体质的被害人发病死亡,对该行为应当以过失致人死亡罪定罪处罚

(一)被告人都某的行为与被害人的死亡结果之间具有刑法上的因果关系。本案的尸体鉴定意见表明,被害人陈某死亡的原因是有高血压性并冠状动脉粥样硬化性心脏病,因纠纷后情绪激动、头面部(鼻根部)受外力作用等导致机体应激反应,促发有病变的心脏骤停而死亡。由该鉴定意见可知,本案被害人的死亡属于多因一果情形。死亡的直接原因是心脏病,而引发心脏病的原因是纠纷后情绪激动,以及头面部(鼻根部)受外力作用等导致机体应激反应。因此,虽然被害人的特异体质是其死亡的内在原因,但不可否认的是,正是因为被告人的暴力行为导致被害人的身体产生应激反应,促发病变心脏骤停而死亡,并非被害人自身原因促发死亡。因此,被告人的行为是被害人死亡结果发生的必要条件,两者具有刑法上的因果关系。

(二)被告人都某没有造成他人身体器官损伤的主观故意。司法实践中,常见的攻击,打斗行为表现为两种不同的情形:一种是一般争执过程中旨在造成他人身体一时疼痛的一般殴打行为;另一种是意图造成他人身体器官损伤的故意伤害行为。实践中,不能将所有的"故意"殴打致人死亡的案件,都认定为故意伤害致死。如有学者所言:"一般生活意义上的'故意'不等同于刑法上的故意。行为人只具有一般殴打的意图,并无伤害的故意,由于某种原因或者条件引起了被害人死亡的,不能认定为故意伤害致死;如果行为人对死亡结果有过失,就应认定为过失致人死亡罪。"

综合本案主客观方面的情况来看,被告人的行为属于一般殴打行为,并不属于意图造成他人身体器官损伤的故意伤害行为,因此,不宜认定被告人存在造成他人身体器官损伤的主观故意。具体理由是,从被告人的行为及其造成的后果来看,被告人在与被害人发生争执后互相殴打,被告人拳击、脚踹被害人头部、腹部,其中用拳头殴打被害人鼻根部的行为导致被害人鼻根部及右眼下方见软组织出血,上述身体损伤只是一般的损伤,后果并不严重,鉴定意见也显示,被告人的行为并未造成严重的伤害结果。打斗结束后,被害人抓住被告人衣领不放,不让被告人离开,被告人也并未继续实施殴打行为,可见,从被告人打击被害人的部位、力度和造成的后果来看,被告人实施的尚属一般殴打行为,这表明被告人并没有积极追求造成被害人身体器官损伤的主观故意。综上,可以认定被告人只有殴打他人的故意,但不能认定被告人存在意图造成被害人身体器官损伤的刑法上的伤害故意,故不能认定被告人的行为构成故意伤害罪。如果行为人对被害人故意施暴,力度失控进而导致被害人死亡,就要结合案件情况承担故意伤害(致死)罪相应的刑事责任。本案不属于此种情形。

(三)被告人都某对其行为导致被害人死亡的结果存在疏忽大意的过失。被告人对其行为导致被害人死亡的结果存在疏忽大意的过失。具体理由是:在一般争执过程中,行为人实施的暴力行为属于带有加害风险的行为,行为人通过殴打他人发泄愤怒情绪的同时,伴有导致他人受伤或死亡的可能。由于此类殴打行为源于愤怒情绪,不仅具有攻击性且力度容易失控,故致人受伤或者死亡的风险具有客观性,加之行为人通过殴打他人发泄情绪的行为应受谴责,不具有合法性,因此必然要求行为人承担避免因殴打行为力度较大而导致对方处于危险状态的注意义务,一旦发生危害结果,行为人就可能因未履行注意义务而构成过失犯罪。从本案情况来看,人的头部是敏感且较为脆弱的区域,被告人作为一个精神健全、身体健硕的成年人,应当预见到用拳头击打他人头部可能造成他人受伤或者死亡的风险,但其由于疏忽大意没有预见,最终导致被害人因纠纷后情绪激动、头面部(鼻根部)受外力作用等导致机体应激反应,促发有病变的心脏骤停而死亡,故被告人应当承担过失致人死亡的责任。也正是基于此,被告人都某提出的无罪主张不能成立。当然,如果行为人只有一般的殴打行为,并未殴打被害人重要部位且殴打力度轻微,并未导致被害人产生机体应激反应并促发特殊疾病等原因死亡的,结合案件具体情况,行为人对被害人死亡结果没有过失的,则应当认定被告人无罪。

(四)认定被告人的行为构成过失致人死亡罪更符合公众的一般心理预期。为了合理明确刑法处罚范围,对于处在罪与非罪、重罪与轻罪边缘的行为,应适当结合一般人的生活和社会常理作出判断。在一般争执和殴打致人死亡案件中,被告人的行为并未直接造成被害人轻伤以上的后果,而是因被害人原有病症发作等复杂因素导致死亡,因果关系方面具有"多因一果"的特征,死亡结果具有某种程度的偶发性,对此种情形以过失致人死亡罪定罪处罚更能获得社会认同。[参见第1079号指导案例,都某过失致人死亡案,载《刑事审判参考》总第103集,第44~47页。撰稿:叶巍　陈亚鸣]

▽对轻微殴打行为导致被害人倒地磕碰死亡的情形,应认定为过失致人死亡罪

实施拳打脚踢等轻微殴打行为导致被害人摔倒磕碰死亡或者原有病症发作而死亡的案件,在现实生活中时有发生。对此如何定性,具体案件处理上有差异。有的认定故意伤害(致人死亡)罪,有的认定过失致人死亡罪,还有个别案件未作刑事处理。这种情况比较复杂,如何准确定性,需结合个案事实具体分析。

正确认定此类案件,首先要从事实层面入手,分析、判断涉案行为与死亡结果之间是否存在因果关系。如果因果关系得以确认,则要从规范层面入手结合行为人的主观罪过来确定其是否应当对死亡结果承担刑事责任,以及承担何种刑事责任。在刑法理论中,因果关系是指危害行为与危害结果之间是否有"引起与被引起"的关系。一般来说,只要涉案行为对危害结果的发生具有原因作用力,就可以认定二者存在刑法上的因果关系。本案被告人在与被害人发生争执中击打被害人致其倒地,造成被害人重度颅脑损伤,就诊治疗两周后死亡。从在案证据来看,被害人在案发后的入院治疗过程正常,也不存在其他明显的介入因素(辩护人所提死因中的肺部感染等并发症,亦主要由颅脑损伤所致),所以,应当认定被告人的行为与被害人的死亡结果之间存在因果关系。

综合全案来看,被告人虽然并不希望被害人死亡的结果发生,主观上缺乏致死的直接故意,但其明显具有实施击打行为对被害人造成轻微痛苦的意图。并且,其行为受制于愤怒情绪,具有攻击性且力度容易失控,所以,其应当承担避免对方因攻击行为而摔倒磕碰致死的注意义务。一旦危害结果发生,则依法要承担相应的刑事责任。对被告人不应认定放任的故意犯罪,而要认定其疏忽大意的过失犯罪,即认定过失致人死亡罪,主要理由如下:

第一,故意犯罪的成立不仅要求有故意行为存在,行为人还要对行为的危害后果有认知或预见(结果加重犯则要对加重结果有所认知或预见),并且希望或者放任该结果发生。该主观故意往往通过客观行为体现出来。对此,可以结合案发起因、被告人与被害人的关系、打击工具、打击部位、打击力度、双方力量对比和介入因素等综合分析判断。从实践来看,故意伤害行为往往表现为行为人积极主动实施伤害行为,为追求伤害后果的发生,通常会持续或连续实施攻击行为(甚至不惜使用杀伤性工具),并且直接造成轻伤以上后果,行为表现出一定的严重伤害性。从事实和证据来看,本案属于典型的激情犯罪,双方均为年过五旬的人,无冤无仇,虽因琐事引发矛盾,但双方之间没有激烈的矛盾或利益冲突。在起因上,因缺乏监控录像无法确定两者谁违规行车,但可以确定的是被害人先停车骂人并动手,对被告人来说,事发突然,本身又患有肝脏血管瘤,在遭受对方推打时实施回击行为,实施行为时没有使用任何工具,且打中被害人一下,见被害人倒地后即停止侵害,行为较为克制,没有进一步伤害行为,这与一般的积极追求、连续攻击、直接造成危害后果的具有一定严重伤害性的故意伤害行为明显不同。目击证人均证实被告人走时并不慌张,归案后一直供称其对死亡后果"根本没有想到",连证人也以为被害人倒地不起"是装的"。所以,认定本案被告人对被害人死亡后果有明知或预见,进而认为被告人故意放任危害后果发生,过于勉强;认定其犯罪属于过失致人死亡,更符合实际。

第二,构成故意伤害(致人死亡)罪的行为,应当在客观上具有高度的致害危险性。从法理上讲,故意伤害致人死亡是故意伤害罪的结果加重犯。结果加重犯是刑法规定的一种特殊犯罪类型,一般以行为人对加重结果的发生"有客观的预见可能性"而"主观上却没有预见"作为构成要件。既然加重结果发生有着"客观的预见可能性",则意味着基本行为应当具有引发严重伤害甚至可能导致死亡结果发生的高度危险性。从立法上看,刑法对故意伤害致死行为规定了"有期徒刑十年以上、无期徒刑或者死刑"这样严厉的法定刑,其处罚的对象也理应是在客观上具有高度危险性的暴力行为,而不可能是轻微的暴力行为。本案被告人确实用拳头打到了被害人,也应有一定力度,但是没有证据显示直接打击部位有伤害后果。特别是被告人打击的是被害人脸睑部,此部位较为脆弱,从以往的案件来看,稍微严重的击打就可能造成骨折等伤害后果。但从本案的尸检鉴定来看,不仅此处没有任何受伤骨折的情况,连面部皮肤亦未发现损伤痕迹,由此可见,被告人实施的拳打行为,应不具有高度致害(致人死亡)的危险性,有别于刑法上较为严重的"故意伤害(致人死亡)行为"。并且,尸检鉴定也显示死因系摔倒造成,而非被告人直接打击形成。打击是摔倒的主要原因,但也不能排除被害人饮酒影响身体平衡、情绪激动等方面的因素影响。

第三,对轻微暴力致人死亡行为以过失致人死亡罪定罪处罚,有助于贯彻罪刑相当原则。罪刑相当原则是刑法的基本原则,司法层面解释刑法时亦应当遵循。如前所述,刑法对故意伤害(致人死亡)行为配置了十年有期徒刑以上的重刑,在解释故意伤害(致人死亡)罪条款时应当坚持从严掌握,尽可能排除从主客观两方面衡量均属轻微,只是由于其他原因或介入其他因素才导致死亡结果发生的行为。所以,在认定轻微暴力致人死亡案件时,应当注意区分生活中的一般的殴打故意及行为与刑法上的伤害故意及行为。日常的攻击、打人行为基于罪刑相当原则和结果加重犯理论,在一般人看来具有高度致害危险性的,才可以认定故意伤害(致人死亡)罪;否则,宜认定过失致人死亡罪。本案被告人在受到对方攻击的情况下出拳击打被害人,打中被害人一下,被害人倒地后即停止侵害,其直接打击部位也未见任何伤害后果,故其行为仍应属于"日常的攻击"的范畴,不宜等同于刑法上的"故意伤害(致人死亡)行为"。

第四,对轻微暴力致人死亡行为以过失致人死亡罪定罪处罚,更符合公众的一般判断。运用刑法裁判案件要考虑社会公众的接受程度。对于介于罪与非罪、重罪与轻罪之间的行为,应当立足于社会一般认知心理作出合理判断。从实践来看,多数拳打脚踢等轻微殴打行为致人死亡的案件中,被告人的行为并未直接造成被害人轻伤以上的后果,而是多因被害人倒地磕碰或者原有病症发作等复杂原因导致死亡,类似于民间的"失手打死人"情形,将此认定过失致人死亡罪,更易为社会公众接受。本案被害人在起因上有一定责任,被告人在对方先辱骂、动手的情况下出手打中被害人一下,行为比较克制,到案后即交代犯罪事实并一直如实供述,认罪、悔罪态度好,双方就民事赔偿问题已达成协议,并取得被害人亲属的谅解,对此案以过失致人死亡罪认定,不仅能够做到罚当其罪,社会上也易于接受。

值得注意的是,轻微暴力致人死亡的案件较为复杂,除了类似本案的行为人意图对被害人造成轻微痛苦而实施攻击行为的情况外,还有行为人意图摆脱被害人控制或拉扯而实施的强力甩手、转身等防御行为造成他人倒地磕碰或引起原有病症发作死亡的情况。一般而言,后者的危险性较小,有的属于本能之举,亦可能不以犯罪论处,除非争执发生在马路边、行进的公共交通工具中等极易摔倒磕碰的场合或者对年老体弱者及幼童等特殊对象实施。此外,虽然是采用拳打脚踢掌推等徒手方式殴打被害人,但打击没有节制或者当时场所特殊而具有高度危险性的,如长时间殴打,或者在楼梯口、车辆穿行的马路边猛推、追赶被害人的,在一定情况下也可以认定行为人具有伤害故意。[参见第1080号指导

案例，张润博过失致人死亡案，载《刑事审判参考》总第103集，第50～53页。撰稿：于同志]

第二百三十四条　【故意伤害罪】故意伤害他人身体的，处三年以下有期徒刑、拘役或者管制。

犯前款罪，致人重伤的，处三年以上十年以下有期徒刑；致人死亡或者以特别残忍手段致人重伤造成严重残疾的，处十年以上有期徒刑、无期徒刑或者死刑。本法另有规定的，依照规定。

■最高人民法院关于依法妥善审理高空抛物、坠物案件的意见（2019年10月21日）

（本意见全部内容附在本书刑法第一百一十四条附文相同文件名中）

■最高人民法院、最高人民检察院、公安部、司法部关于依法惩治妨害新型冠状病毒感染肺炎疫情防控违法犯罪的意见（2020年2月6日）

二、准确适用法律，依法严惩妨害疫情防控的各类违法犯罪

（二）依法严惩暴力伤医犯罪。在疫情防控期间，故意伤害医务人员造成轻伤以上的严重后果，或者对医务人员实施撕扯防护装备、吐口水等行为，致使医务人员感染新型冠状病毒的，依照刑法第二百三十四条的规定，以故意伤害罪定罪处罚。

（十）依法严惩妨害疫情防控的违法行为。……

对于在疫情防控期间实施有关违法犯罪的，要作为从重情节予以考量，依法体现从严的政策要求，有力惩治震慑违法犯罪，维护法律权威，维护社会秩序，维护人民群众生命安全和身体健康。

■最高人民法院、最高人民检察院关于办理危害生产安全刑事案件适用法律若干问题的解释（2015年12月16日）

第十条　在安全事故发生后，直接负责的主管人员和其他直接责任人员故意阻挠开展抢救，导致人员死亡或者重伤，或者为了逃避法律追究，对被害人进行隐藏、遗弃，致使被害人因无法得到救助而死亡或者重度残疾的，分别依照刑法第二百三十二条、第二百三十四条的规定，以故意杀人罪或者故意伤害罪定罪处罚。

■最高人民法院关于审理交通肇事刑事案件具体应用法律若干问题的解释（2000年11月21日）

第六条　行为人在交通肇事后为逃避法律追究，将被害人带离事故现场后隐藏或者遗弃，致使被害人无法得到救助而死亡或者严重残疾的，应当分别依照刑法第二百三十二条、第二百三十四条第二款的规定，以故意杀人罪或者故意伤害罪定罪处罚。

■最高人民法院关于贯彻宽严相济刑事政策的若干意见（2010年2月8日）（见本书附录十七）

■最高人民法院、最高人民检察院关于办理组织、强迫、引诱、容留、介绍卖淫刑事案件适用法律若干问题的解释（2017年7月25日）

第十二条（第二款）　具有下列情形之一，致使他人感染艾滋病病毒的，认定为刑法第九十五条第三项"其他对于人身健康有重大伤害"所指的"重伤"，依照刑法第二百三十四条第二款的规定，以故意伤害罪定罪处罚：

（一）明知自己感染艾滋病病毒而卖淫、嫖娼的；

（二）明知自己感染艾滋病病毒，故意不采取防范措施而与他人发生性关系的。

第十五条　本解释自2017年7月25日起施行。

■最高人民法院、最高人民检察院、公安部关于办理涉窨井盖相关刑事案件的指导意见（2020年3月16日）

（全部内容附在本书刑法第二百三十二条附文相同文件名中）

■公安机关办理伤害案件规定（2006年2月1日）（见本书附录十一）

■最高人民法院关于执行《人体损伤程度鉴定标准》有关问题的通知（全文）（2014年1月2日）

《最高人民法院、最高人民检察院、公安部、国家安全部、司法部关于发布〈人体损伤程度鉴定标

准〉的公告》已于2013年8月30日发布,《人体损伤程度鉴定标准》(以下简称《损伤标准》)自2014年1月1日起施行。《人体重伤鉴定标准》(司发〔1990〕070号)、《人体轻伤鉴定标准(试行)》(法(司)发〔1990〕6号)和《人体轻微伤的鉴定》(GA/T 146—1996)同时废止。为正确适用《损伤标准》,做好涉人体损伤案件审判工作,现就执行《损伤标准》有关问题通知如下:

一、致人损伤的行为发生在2014年1月1日之前,尚未审判或者正在审判的案件,需要进行损伤程度鉴定的,适用原鉴定标准。但按照《损伤标准》不构成损伤或者损伤程度较轻的,适用《损伤标准》。

二、致人损伤的行为发生在2014年1月1日之后,需要进行损伤程度鉴定的,适用《损伤标准》。

三、2014年1月1日前已发生法律效力的判决、裁定,按照当时的法律和司法解释,认定事实和适用法律没有错误的,不再变动。当事人及其法定代理人、近亲属以《损伤程度》的相关规定发生变更为由申请再审的,人民法院不予受理。

四、对于正在审理案件需要进行损伤程度鉴定的,司法技术部门应做好前期技术审核工作,在对外委托时应明确向鉴定机构提出适用标准。

五、各级人民法院应认真组织开展《损伤标准》学习培训,在执行过程中发现问题,应及时报告请示最高人民法院。

■最高人民法院、最高人民检察院、公安部、司法部关于依法办理家庭暴力犯罪案件的意见(2015年3月2日)(见本书附录三十五)

■人体损伤程度鉴定标准(2014年1月1日)(见本书附录三)

■劳动能力鉴定职工工伤与职业病致残等级(GB/T 16180—2014)(2014年9月3日)(见本书附录四)

■道路交通事故受伤人员伤残评定(GB 18667—2002)(2002年12月1日)(见本书附录五)

■残疾人残疾分类和分级 GB/T 26341—2010(2011年5月1日)(见本书附录六)

■最高人民法院、最高人民检察院关于常见犯罪的量刑指导意见(试行)(2021年7月1日)(见本书附录十三)

▼安徽省高级人民法院、安徽省人民检察院关于二十三种常见犯罪量刑规范的实施细则(试行)(2022年1月16日)(见本书附录十四)

▼司法部司法鉴定管理局关于适用《人体损伤程度鉴定标准》有关问题的通知(全文)(2014年1月6日)

经与最高人民法院等有关部门协商,现就适用《人体损伤程度鉴定标准》(本附文以下简称《损伤标准》)的有关问题通知如下:一、致人损伤的行为发生在2014年1月1日之前,尚未审判或者正在审判,需要进行损伤程度鉴定的,适用原鉴定标准。但按照《损伤标准》不构成损伤或者损伤程度较轻的,适用《损伤标准》。二、致人损伤的行为发生2014年1月1日之后,需要进行损伤程度鉴定的,适用《损伤标准》。三、对于2014年1月1日前已发生法律效力的判决、裁定,需要进行重新鉴定的,依照原鉴定标准进行。请及时将本通知内容告知各司法鉴定机构。

▼全国法院维护农村稳定刑事审判工作座谈会纪要(1999年10月27日)

要准确把握故意伤害致人重伤造成"严重残疾"的标准。参照1996年国家技术监督局颁布的《职工工伤与职业病致残程度鉴定标准》(以下简称"工伤标准")(已失效),刑法第二百三十四条第二款规定的"严重残疾"是指下列情形之一:被害人身体器官大部缺损、器官明显畸形、身体器官有中等功能障碍、造成严重并发症等。残疾程序可以分为一般残疾(十至七级)、严重残疾(六至三级)、特别严重残疾(二至一级),六级以上视为"严重残疾"。在有关司法解释出台前,可统一参照"工伤标准"确定残疾等级。实践中,并不是只要达到"严重残疾"就判处死刑,还要根据伤害致人"严重残疾"的具体情况,综合考虑犯罪情节和危害后果来决定刑罚。故意伤害致重伤造成严重残疾,只有犯罪手段特别残忍,后果特别严重的,才能考虑适用死刑(包括死刑,缓期二年执行)。

▼安徽省高级人民法院关于故意伤害罪适用刑罚的指导意见(全文)(2005年1月1日)

第一条 根据刑法第二百三十四条的规定,故意伤害他人身体,致人轻伤、重伤或者死亡的,构成故意伤害罪。

第二条 故意伤害他人身体,致人轻伤的,按下列情形处罚:

(一)故意伤害他人身体,致人轻伤(偏轻)的,处管制、拘役或者一年以下有期徒刑。犯罪情节轻微的,可以免予刑事处罚。

(二)故意伤害他人身体,致人轻伤的,处一年以上二年以下有期徒刑。

(三)故意伤害他人身体,致人轻伤(偏重)的,处二年以上三年以下有期徒刑。

故意伤害他人身体,致人轻伤,有下列情形之一的,一般不适用缓刑:

(一)拒不赔偿的;

(二)致多人轻伤的;

(三)曾因殴打他人,受过刑事处罚或者被治安处罚两次以上;

(四)以残忍手段致人轻伤,情节恶劣的;

(五)其他适用缓刑可能再危害社会未成年人犯故意伤害罪致人轻伤适用缓刑时,可以不受上述情形限制。

第三条 犯故意伤害罪致人重伤的,按下列情形处罚:

(一)犯故意伤害罪致人重伤,损伤程度与轻伤标准接近且尚未达到残疾标准的,处三年以上四年以下有期徒刑;

(二)犯故意伤害罪致人重伤,造成十至七级残疾的,处以上六年以下有期徒刑;

(三)犯故意伤害罪致人重伤,造成六至三级残疾的,处以上八年以下有期徒刑;

(四)犯故意伤害罪致人重伤,造成二至一级残疾的,处六年以上十年以下有期徒刑。

在上述第(一)、(二)、(三)项情形中,被告人能够积极赔偿并取得被害人谅解,且符合缓刑适用条件的,可以适用缓刑。

第四条 犯故意伤害罪致人死亡或者以特别残忍手段致人重伤造成严重残疾的,按下列情形处罚:

(一)犯故意伤害罪致人死亡或者以特别残忍手段致人重伤造成六至三级残疾的,处十年以上有期徒刑、无期徒刑或者死刑。

(二)犯故意伤害罪,以特别残忍手段致人重伤造成二至一级残疾的,处十五年有期徒刑、无期徒刑或者死刑。

用毁人面容、挖人眼睛或者断人手足等手段实施伤害行为的,视为特别残忍手段。

第五条 故意伤害多人构成犯罪的,在其中最重伤情处刑的基础上,按照所增伤害人数的多少及伤害程度轻重增加处刑,但不得超过刑法第二百三十四条规定的量刑幅度。

第六条 对于故意伤害案件的处理,应当根据发案原因、犯罪动机、犯罪对象、犯罪手段、损伤程度和赔偿情况等情节,决定判处的刑罚。

第七条 具有法定从重、从轻或者减轻处罚情节的,在法定量刑幅度内从重、从轻或者在法定刑以下减轻处罚;具有酌定从重、从轻处罚情节的,可以在本意见规定的量刑幅度内从重、从轻处罚。

第八条 本意见所规定的残疾等级,参照1996年国家技术监督局颁布的(职工工伤与职业病致残程度鉴定标准,已失效)确定。

第九条 本意见与最高人民法院司法解释不一致的,按最高人民法院司法解释执行。

第十条 本意见自2005年1月1日起实施。

▼安徽省高级人民法院、安徽省人民检察院、安徽省公安厅关于办理故意伤害案(轻伤)若干问题的意见(全文)(2005年6月15日)

一、本意见所称故意伤害案(轻伤)是指伤害程度达到《人体轻伤鉴定标准》的案件。

二、对于伤害后果较重,又不能及时做伤情鉴定的案件,公安机关认为需要立案侦查的,应当及时立案侦查。

三、故意伤害案(轻伤)被害人直接向人民法院起诉,符合自诉案件受理条件的,人民法院应当受理。

对于因缺乏罪证或被告人下落不明,人民法院说服被害人撤回自诉,或者裁定驳回自诉的故意伤害案(轻伤),被害人可以要求公安机关处理,公安机关应当依法受理。

四、公安机关接到故意伤害案(轻伤)的报案后,应依法受理,并及时出警,做好证据的收集和固定工作。公安机关经过审查,对于被害人有证据证明的案件,应当告知被害人向人民法院起诉。被害人要求做伤情鉴定的,公安机关应当及时做出伤情鉴定,以保证被害人自诉的顺利进行。

被害人坚持要求公安机关依法查处,符合立案条件的,公安机关应当立案侦查。

五、正在侦查、审查起诉的故意伤害案(轻伤),被害人要求自行直接向人民法院起诉,经公安、检察机关审查,作出不予追究刑事责任的书面决定后,被害人可以向人民法院提起自诉。

人民法院受理案件后,可以向公安、检察机关调取有关证据,公安、检察机关应当予以配合。

六、故意伤害案(轻伤)在侦查、审查起诉过程中,同时具备下列条件的,公安机关可以撤销案件,检察机关可以将案卷退回公安机关处理或作出不起诉决定:

(一)案件系因民间纠纷直接引起的;

(二)当事人双方和解,自愿就民事赔偿形成书面协议并已执行,被害人书面要求或者同意不追究犯罪嫌疑人刑事责任的;

(三)犯罪嫌疑人确有悔罪表现,社会危险性已经消除的。当事人不得因同一事实向人民法院提起自诉。

七、公安机关对受理立案的故意伤害案(轻伤),经审查符合第六条规定的条件,双方当事人自行调解处理的,应予准许,但被害人必须提交书面请求和双方自愿达成的书面协议。犯罪嫌疑人属于未成年人、在校学生或者对方有明显过错的,可以适当放宽条件和要求。

被逮捕犯罪嫌疑人的法定代理人、近亲属与被害人双方达成书面协议后,被害人要求免除对方刑事责任并提交书面请求和赔偿协议的,公安机关在释放被逮捕人和撤销案件前,应当通知原批准的人民检察院。

八、被害人事后反悔,对公安机关撤销案件、检察机关不起诉决定不服的,一般不再立案查处。但被害人可以依法向公安机关、检察机关提出申诉。

九、对故意伤害案(轻伤),犯罪嫌疑人的社会危险性已经消除、没有逮捕必要的,公安机关可以取保候审,直接移送审查起诉。

十、犯罪嫌疑人、被告人具有犯罪情节较重、拒不悔罪、故意逃避侦查、审判、拒不履行赔偿责任引起被害人强烈不满,危害社会治安稳定,在当地造成恶劣影响等情形,符合逮捕条件的,应当适用逮捕措施。

十一、有多人参与的故意伤害案(轻伤),确实不能查明具体哪个行为致伤,但确有证据证明行为人都实施了伤害行为的,构成共同犯罪,按行为人在共同伤害中的地位、作用确定罪责。

十二、聚众斗殴、寻衅滋事、涉黑涉恶及雇凶伤人等其他恶性犯罪致人轻伤害的,不适用本意见。

●准确判断把握轻伤害案件中社会危险性和起诉必要性,依法从严逮捕、起诉

准确判断把握轻伤害案件中社会危险性和起诉必要性,依法从严逮捕、起诉。[参见最高人民法院院关于印发检察机关贯彻少捕慎诉慎押刑事司法政策典型案例(第一批)的通知,案例二、徐某故意伤害案,2021 年 11 月 29 日。]

□虽然致被害人死亡的结果不是被告人希望发生的,但是这种有目标的伤害行为,显然是故意行为

被告人得知其兄酒后滋事,便斥责其兄并让其回家。由于其兄不回,被告人在气愤之下将手中砖块向其兄掷去,致其兄头部受伤,回家后死亡。虽然致其兄死亡的结果不是被告人希望发生的,但是这种有目标的伤害行为,显然是故意行为,构成故意伤害罪。(参见疆维吾尔自治区昌吉市人民检察院诉李建贵故意伤害案,载《最高人民法院公报》总第 68 期,2000 年第 6 期,第 204 页。)

▽故意伤害罪与寻衅滋事罪、聚众斗殴罪区分的司法认定

寻衅滋事罪是从 1979 年刑法规定的流氓罪中分解出来的,从该罪的概念及客观方面看,无论"寻衅"还是"滋事",都是单方的积极行为,如"随意殴打他人",可能是因为生活琐事,也可能是无缘由地肆意挑衅,无事生非。刑法第二百九十三条所列举规定的四种情形均体现了这一点。寻衅滋事的单方积极性,是相对于受害对象的被动性而言的,双方所处的状态是一方积极主动,另一方消极被动。如果行为人与受害人之间的关系不符合这种特征,则不宜认定为寻衅滋事罪。

聚众斗殴罪也是从 1979 年刑法规定的流氓罪中分解出来的一个罪名,其最典型的客观方面特征是双方各自纠集多人进行互殴对打,严重影响社会公共秩序。聚众斗殴大多表现为不法团伙之间出于报复、争霸等动机,成帮结伙地打群架、互相斗殴,不仅参加人数多,而且双方事先通常都有一定准备,互相侵犯对方的意图和动机较为明显。聚众斗殴罪的认定,除要求客观上双方或多方以暴力互相攻击外,还要求双方都有非法侵犯对方的意图,均是积极参与斗殴。如果行为人并没有争霸、报复等动机,则不宜认定为聚众斗殴罪。

故意伤害罪。行为人一方具有明显的伤害故意,并实施了伤害行为。从第二阶段看,行为人在没有继续受到伤害危险的情况下,看到被害方人步行准备离开,仍持刀冲上去追打,并持刀砍被害人头部等。虽然这一阶段没有造成严重的伤害后果,但他们的伤害故意非常明显。在此情况下,如将行为人的行为认定为寻衅滋事罪,则不能完整评价行为性质。虽然寻衅滋事罪中的"随意殴打他人"包括赤手空拳殴打他人,也包括用棍棒、砖块等工具殴打他人,但如果行为人使用攻击性较强、极易致人伤亡的凶器攻击他人,则表明主观上具有伤害、杀死他人的故意,已经超出寻衅滋事罪的主观故意和评价范畴。其次,行为人一方的行为符合共同犯罪的构成条件。各行为人均出于共同故意,并共同实施了伤害行为。可见,在整个犯罪过程中,各行为人相互配合、相互支持,共同对被害方实施伤害行为,故应共同对所造成的伤亡后果负责。如果对直接致死被害人的定性为故意伤害罪,对其他被告人不认定故意伤害罪,实际上是将他们实施的整个伤害行为人为地割裂开来,依结果定罪,而不是一种整体评价,不能充分反映犯罪行为的社会危害性。[参见第 507 号案例,王立刚等故意伤害案,载《刑事审判参考》总第 64 集(2008 年第 5 集),法律出版社,第 32～35 页。执笔:张素莲 史磊]

▽持刀追砍致使他人泅水逃避导致溺水死亡的行为构成故意伤害罪

行为人持刀追砍被害人主观上具有伤害的故意,且行为人持刀追砍的行为与被害人无路可逃泅水逃避导致溺水死亡之间具有刑法意义上的因果关系。根据主客观相一致的定罪原则,可以对行为人以故意伤害罪定罪处罚。[参见第 434 号案例,赵金明等故意伤害案,载《刑事审判参考》总第 55 辑(2007 年第 2 辑),法律出版社,第 26 页。执笔:李晓庆]

▽没有证据证明有杀害被害人的故意,只是要求教训被害人,他人实施了杀人的行为,其行为已构成故意伤害罪,并应对被害人的死亡后果承担刑事责任

没有证据证明有杀害被害人的故意,只是要求教训被害人,他人实施了杀人的行为,其行为已构成故意伤害罪,并应对被害人的死亡后果承担刑事责任。因为其所实施的行为客观上与被害人死亡仍有一定关联,对其量刑时应酌情考虑造成被害人死亡后果的情节。[参见第408号案例,陈卫国、余建华故意杀人案,载《刑事审判参考》总第52辑(2006年第5辑),法律出版社,第4页。执笔:干金耀]

▽抢回赌资的行为未侵害国家的财产所有权,致人轻伤的行为,应认定为故意伤害罪

法律规定财产所有权的转让、取得必须通过合法的手段,赌博是违法行为,赌博不能改变财产所有权,通过赌博赢得的钱不受法律保护,被害人赢得的钱即便为被害人占有,也不表明其当然享有合法的所有权。因此,行为人未侵害被害人的财产所有权。赌博是违法行为,赌资是赃款,依法应当予以没收,上缴国库,归国家所有。但在赌博行为尚未被公安机关发觉、查处之前,赌资或赌博所得赃款尚未被有权机关依法扣押、占有、保管、控制,还不能视为国家财产。因此,行为人从被害人手中抢回赌资的行为未侵害国家的财产所有权。行为人在赌博中与被害人发生纠纷,在协商不成时,采用暴力手段强行索回赌资,致被害人轻伤甲级,该行为的主观恶性、社会危害性与典型的抢劫犯罪相比,差异明显。罪刑相适应是刑法的基本原则,则应根据行为人的主观恶性、犯罪情节、社会危害性,而确定与之相当的罪名和刑罚。如行为人的行为定抢劫罪,不仅与其行为性质不符,且所处的刑罚与其所犯罪行亦会明显不相适应。从社会效果看,如对行为人的行为定抢劫罪,容易使人误解,以为赌博赢的钱,同样会受到法律的保护,与我国法律规定赌博违法相悖,当然如果不是赌博行为当事人抢回自己输掉的赌资,而是其他人抢劫,即所谓"黑吃黑",则是另一回事。此外,刑罚的根本目的是教育改造罪犯,对行为人定故意伤害罪处三年以下有期徒刑足以实现教育改造罪犯的目的;如定抢劫罪,不仅处刑过重,还会使罪犯长期投入劳改,浪费国家司法资源,使罪犯产生对政府、社会的对抗情绪,不利于罪犯的改造和社会的和谐与长治久安。综上各方面的理由,应对行为人的行为定故意伤害罪。[参见第14号案例,赖忠、苏绍俊、李海等人故意伤害案,载《刑事审判指导》总第2辑(2004年第2辑),人民法院出版社,第21～22页;第298号案例,赖忠、苏绍俊、李海等人故意伤害案,载《刑事审判参考》总第38集(2004年第3集),法律出版社,第108～110页。执笔:李平]

▽伤害行为只是被害人死亡的诱因之一,被告人可在法定刑以下判刑

行为人故意伤害致他人死亡,虽然不具有法定减轻处罚的情节,而且还具有累犯这一法定从重处罚情节,但行为人的加害行为、被害人自身的冠心病、情绪激动、饮酒等因素共同诱发被害人死亡,且其死亡的直接原因是冠心病发作,管状动脉痉挛致心跳骤停而猝死,行为人的伤害行为只是导致被害人心脏病发作的诱因之一,系一果多因,行为人只对自己的行为负责,当其行为与其他人的行为或一定自然现象竞合时,由他人或自然现象造成的结果就不能归责于行为人。但法对故意伤害他人致人死亡的法定刑,是以故意伤害行为系被害人死亡的直接原因甚至唯一原因作为标准配置的。考虑到即使在法定最低刑量刑仍属过重,遂依据刑法第六十三条第二款规定,在法定刑以下对被告人判处五年有期徒刑,并报最高人民法院核准,这是符合罪刑相适应原则及特别减轻处罚法定核准程序的。[参见第389号案例,洪志宁故意伤害案,载《刑事审判参考》总第49集(2006年第2集),法律出版社,第30～31页。执笔:张思敏]

▽行为人在他人的请求下持砍刀将他人的双脚砍断致重伤,符合故意伤害罪的构成要件,应承担刑事责任和民事赔偿责任

根据我国刑法第二十条、第二十一条规定,只有正当防卫和紧急避险这两类行为,才属于排除犯罪性(或社会危害性)的行为,行为人不负刑事责任。至于应被害人邀请而实施的杀、伤被害人或帮助杀、伤被害人的行为,如实施安乐死、杀死被害人,伤残被害人、帮助自杀、自残等,因不具有法定的排除犯罪行为的属性,本质上仍然是犯罪行为,行为人仍应负刑事责任。刑法第三十六条也规定:"由于犯罪行为而使被害人遭受经济损失的,对犯罪分子除依法给予刑事处罚外,并应根据情况判处赔偿经济损失。"根据上述规定,尽管本案中行为是在被害人的一再要求下才将其双脚砍断致重伤,但让其承担刑事责任和民事赔偿责任是符合法律规定的。行为人故意砍断被害人双脚致其重伤且伤残等级为三级，属于“以特别残忍手段致人重伤造成严重残疾”，似应在“十年以上有期徒刑、无期徒刑或者死刑”这一法定刑幅度内量定刑罚。但考虑到本案的情况，即使以故意伤害罪判处行为人十年有期徒刑仍显畸重。因此，对行为人应以故意伤害罪在法定刑幅度以下减轻处罚。就本案的民事赔偿责任部分而言，鉴于本案被害人系自己叫行为人砍断其双脚，本身具有相当的过错，亦应承担一部分的责任，故判处行为人仅承担赔偿被害人一半的经济损失。[参见第296号案例，曾劲青、黄剑新保险诈骗、故意伤害案，载《刑事审判参考》总第38集(2004年第3集)，法律出版社，第97~99页。执笔：李友寿　郑世文]

▽故意伤害直接致人重伤或死亡的，往往并不存在先有一个轻伤害的犯罪前提

我国《刑法》的规定，对没有产生轻伤以上后果的一般殴打行为，是不能以故意伤害罪论处的。故意伤害罪是结果犯，只有产生轻伤以上的后果才负刑事责任，且伤害后果越重，承担的刑事责任就越大。拳打脚踢掌推是一般殴打最常见的手段，如打击力量不大、打击的不是要害部位，不是连续性打击且打击相当有节制，通常情况下，一般都不足以直接导致被害人产生轻伤以上的后果，依法不负刑事责任，但这并不说明一般的殴打行为的性质就不是故意伤害行为，只不过伤害的结果未达到法定的程度而无须负刑事责任。虽然只是一拳一脚一掌的轻微殴打行为，打击力量不大，打击部位并非要害，但如果该行为在当时特定的条件下能够造成被害人轻伤以上的后果，对此，行为人仍应承担故意伤害罪的刑事责任，如殴打他人致人跌倒磕在石头上引发重伤、死亡后果，殴打特异体质的人引发重伤、死亡后果等。除非被害人轻伤以上后果纯属意外事件所引起或者可以明显排除殴打行为与被害人轻伤以上后果具有刑法上的因果关系。生活中，一般的推搡行为由于不具有明显的伤害故意不能被视为刑法中的殴打行为或伤害行为，即使该行为意外致人重伤、死亡，也不能以故意伤害罪追究刑事责任。行为人的掌推行为，打击部位虽非要害，但力度之大，已客观地造成被害人身体失控而后退，造成头后枕部与门边碰撞，进而倒地形成脑挫伤、蛛网膜下腔出血，发生死亡。因此，该行为属于故意伤害行为。值得指出的是，对刑法第二百三十四条第二款规定的“犯前款罪”，应理解为有伤害的故意和行为即可，不能机械地要求故意伤害行为直接造成的损伤程度必须达到轻伤以上。因为通常情况下，故意伤害直接致人重伤或死亡的，往往并不存在先有一个轻伤害的犯罪前提。同时，在故意伤害致人死亡的案件中，对已经死亡的被害人一般是无法也不可能再去评定最初(死亡前)的伤害程度是否达到轻伤以上。[参见第226号案例，罗靖故意伤害案，载《刑事审判参考》总第30集，法律出版社，第52~53页。执笔：谢建华]

▽行为人的掌推行为与被害人的死亡结果之间具有刑法上的因果关系

罪责自负是我国刑法的基本原则之一，它的基本含义是：一个人只能对自己的危害行为及其造成的结果承担刑事责任。因此，当危害结果发生时，要使某人对该结果承担责任，就必须查明他所实施的危害行为与该结果之间具有因果关系。这种因果关系，是在危害结果发生时使行为人负刑事责任的必要条件。刑法因果关系具有客观性、相对性与绝对性、条件性和具体性等特点。因果关系一般表现为危害行为与危害结果之间内在的、必然的、合乎规律的联系，即必然因果关系。有时虽然行为本身不包含产生某种危害结果的必然性(内在根据)，但是在其发展过程中，偶然又有其他原因介入其中，由后来介入的这一原因合乎规律地引起了这种危害结果。这种情况下，先行行为与最终危害结果之间即表现为偶然因果关系。任何刑事案件的因果关系都是具体的、有条件的，因此，在审查危害行为与危害结果之间的因果关系时，一定要从危害行为实施时的时间、地点、条件等具体情况出发来考虑。行为人对被害人的掌推行为本来不会产生被害人死亡的结果，但先前的危害行为直接导致了被害人头部与门边碰撞及撞后倒地，这两个原因的介入又引起了被害人死亡的结果，行为人的推打行为与被害人的死亡结果之间即表现为偶然因果关系。行为人的推打行为因偶然原因的介入导致了被害人死亡，死亡结果只能作为追究行为人的故意伤害罪的量刑情节来考虑，这一点在我国刑法第三百二十四条第二款中已有明确规定。[参见第226号案例，罗靖故意伤害案，载《刑事审判参考》总第30集，法律出版社，第53~54页。执笔：谢建华]

▽故意伤害致死可以表现为复杂罪过形式,即行为人具有伤害的故意和致人死亡的过失两种罪过形式

复杂的犯罪构成又称混合的犯罪构成,指刑法条文规定的犯罪构成诸要件有复合情况的犯罪构成。其特点在于构成要件是重叠的,有两个客体、两个行为、两种罪过形式,且这些犯罪构成并非可供选择,而是缺一不可、均须具备。复杂的犯罪构成包括行为复杂的犯罪构成、罪过复杂的犯罪构成和客体复杂的犯罪构成。罪过复杂的犯罪构成,也即包括两个罪过形式的犯罪构成。其特点是,具备两个罪过形式才能构成该种罪,同时,虽然具有两个罪过形式却又不是两个犯罪。如本案中的故意伤害(致死)罪,即可包含伤害他人的故意和造成他人死亡的过失这两种罪过形式。虽然刑法第二百三十四条中并没有明确规定故意伤害(致死)罪中的致人死亡可以是过失的,但从故意伤害(致死)罪与故意杀人罪在犯罪构成上的区别是很容易得出这一结论的。两者区别的关键是故意杀人罪希望或者放任死亡结果发生;故意伤害(致死)罪只希望或放任伤害他人身体健康的结果发生。因此,如果故意伤害(致死)罪中的致人死亡是故意的(不论是直接故意还是间接故意),那么它将转化为故意杀人罪,而不能以故意伤害罪定性。在这种复杂罪过形式中,虽然故意罪过所引起的危害结果轻于过失罪过引起的危害结果,但综合整个犯罪构成来看,故意罪过是主要的,过失罪过是次要的,因此,只能根据故意罪过确定其为故意犯罪。[参见第226号案例,罗靖故意伤害案,载《刑事审判参考》总第30集,法律出版社,第49~55页。执笔:谢建华]

▽致死被害人的直接凶手已无法查清,只能认定各行为人对被害人被伤害致死共同承担责任

行为人非法故意伤害他人身体并致人死亡和轻伤的行为,均已构成故意伤害罪。考虑到当时作案人数多,殴打现场较为混乱,究竟行为人中谁是致死被害人的直接凶手已无法查清,故只能认定各行为人对被害人被伤害致死共同承担责任。同时还考虑到被害方在本案中也存在过错以及案发后行为人所在单位和行为人个人对被害人亲属积极予以经济赔偿,被害人亲属有请求司法机关对行为人予以从轻处罚的要求,一审决定酌情从轻判罚行为人,对其中的未成年的行为人,依法予以减轻处罚。[参见第114(111)号案例,李小平等人故意伤害案,载《刑事审判参考》总第18辑(2001年第7辑),法律出版社,第7页。执笔:周峰]

▽盗取所有权属于自己但被公安交通管理机关查扣的机动车辆并使用暴力致人伤亡的行为构成故意伤害罪

行为人黑夜进入交警中队院内,没有携带任何凶器,进入现场后径直偷取钥匙准备将车开走,行为人目的是开走自己被查扣的车辆。行为人盗取自己被扣机动车的行为不同于盗窃,这也就决定了行为人在盗取自己被扣车辆过程中致人死亡的行为,不能适用1979年刑法第一百五十三条(1997年刑法是第二百六十九条,即转化型抢劫罪)的规定认定为抢劫。对行为人而言,其被值班人员发现并受到制止是意料之外的事情。为盗取自己被查扣的车,行为人虽对值班人员使用了暴力,但从主观上看,行为人意图在于排除被害人妨碍自己盗取走车,这一主观意志可从其打击的部位、手段和凶器得到证明。行为人不具有杀人动机,亦无希望或放任被害人死亡后果发生的故意,但行为人对自己的行为将产生伤害被害人的后果是明知且希望的。所以,行为人在盗取自己被公安机关依法查扣的机动车辆过程中致人伤亡的行为构成了故意伤害罪。[参见第104(101)号案例,王彬故意杀人案,载《刑事审判参考》总第16集,法律出版社,第21页。执笔:朱伟德]

▽向与债务人共同生活的亲属暴力索取欠债造成伤害后果的应以故意伤害罪论处,不构成抢劫罪

构成抢劫罪必须同时具备以下两方面的条件:一是行为人在客观上必须实施了抢劫行为,即当场实施暴力、以当场实施暴力相威胁或以其他侵犯人身的方法,当场迫使被害人交出其财物或当场夺走其财物;二是行为人在主观上必须具有抢劫的直接故意,且有非法强行占有他人财物的目的。对行为人客观上虽然实施了暴力、胁迫等行为,而其主观上却不具备典型的,甚至根本就不具有抢劫他人财物的犯罪故意时，如为讨回合法债务，债权人当场使用暴力当场夺走债务人的钱物等，该如何定性？以债权人当场使用暴力夺走债务人钱财的行为为例，债权人在客观上虽然针对债务人当场实施了暴力行为并夺走债务人的财物，但其主观上只是想收回自己的合法债权，债权人的私力救济行为虽不合法，但又明显不具有强行非法占有他人财物的抢劫故意和目的，因此，对该债权人的行为显然不能以抢劫罪论处，否则，必将冤及无辜。进一步地说，如果债权人为抢走债务人的钱财而当场实施的暴力行为，已实际造成债务人轻伤以上后果的，应当以故意伤害罪论处，反之，则属无罪。［参见第90(87)号案例，蒋志华故意伤害案，载《刑事审判参考》总第14辑(2001年第3辑)，法律出版社，第20～21页。执笔：汪鸿滨］

▽父母因教子心切，一时冲动，将子女殴打致死的行为构成故意伤害罪

父母为教育子女而实施的体罚惩戒行为，从主观上讲，系出于善良动机，一般并不具有伤害子女的罪过，但当惩戒行为超出正常程度发生了导致子女死亡的严重后果时，就可能构成犯罪了，应结合殴打行为的具体情况认定行为人的具体罪过。本案中，一方面，从二被告人的客观行为表现来分析，在不足30小时内，二被告人分别使用拖鞋、鞋刷、棍棒等物体多次重复打击被害人身体多部位，致使其的面部、颈部、躯干及四肢的皮下组织损害已占其体表总面积的28%，二被告人作为心智健全的成年人，明知年幼的孩子肌肤娇嫩、抗击打能力低却有意识地在相当长的一段时间内实施足以损害被害人身体健康的行为，主观上具有伤害的故意，其行为已超出了正常教育、惩戒子女的一般体罚打骂行为的限度；另一方面，从被害人受伤的部位、范围和程度等情况分析，二被告人主观上对其殴打行为给被害人体表造成的伤害不可能视而不见，没有认识，因此，亦不能认定二被告人对被害人身体受损伤应当预见而没有预见或者有预见而轻信可以避免的过失心态。从以上两方面分析，二被告人对殴打致伤被害人存在一定的伤害故意(至少是放任)，而对造成被害人死亡的后果则是应当预见而因疏忽大意没有预见的过失，符合故意伤害(致死)罪主观方面的要求。［参见第567号指导案例，陈玲、程刚故意伤害案，载《刑事审判参考》总第69集(2009年第4集)，第26～27页。撰稿：蒋艳春　庞景波］

▽在教育子女过程中的暴力行为造成犯罪的，量刑时应充分考虑其动机、对象、后果等方面的特殊性

基于二被告人和被害人的特殊身份关系，在对二被告人进行量刑时，根据本案的具体情节，可以分别对二被告人减轻处罚。法院最终对陈某判处有期徒刑六年，对程某判处有期徒刑四年。主要理由在于：1. 从法律效果考虑，二被告人具有以下法定、酌定从轻、减轻处罚情节：(1)程某在共同犯罪中系从犯，依法应当从轻或减轻处罚；陈某有自首情节，依法可以从轻或减轻处罚。(2)二被告人的伤害行为与被害人死亡的后果之间具有法律上的因果关系，但是造成死亡结果存在其他介入因素也不可忽视，即5月28日下午被害人被殴打后大面积皮下出血并出现乏力、嗜睡症状，陈某作为母亲，出于关爱而给被害人进行了热水洗浴，但正是这种缺乏医学常识的关爱行为致使被害人皮下出血量增加、出血速度加快、出血面积扩散，成为被害人病情加剧的一种因素；5月28日晚，在被害人出现高烧、呼吸急促等危险征兆时，程某观察后认为无碍的无知行为，丧失了对被害人救治的时机。可见，上述介入因素，虽不能阻却因果关系的成立，但应在量刑时适当考虑。(3)在被害人病情危重时，二被告人不仅自行抢救，还拨打急救电话求救，证明其主观上并不是积极追求被害人死亡结果的发生，客观上也实施了抢救行为，尽到了救助义务，可酌情对二被告人从轻处罚。(4)本案的致伤工具是不具备一次性打击足以致人伤亡的一般性用具，打击的主要是被害人的臀部、后背、四股等人体非要害部位，二被告人对于犯罪工具、打击部位的选择较为克制，可酌情对二被告人从轻处罚。(5)二被告人责罚被害人是为了促使其学好知识，寓有教子之情，其犯罪行为包含有教子心切的成分，虽然客观上方法失当，下手过重，但主观上仍是为了孩子的教育和成长，只是操之过急，犯罪动机相对来讲仍具有善良的一面，反映其主观恶性相对较轻，可酌情对二被告人从轻处罚。(6)本案是发生在家庭成员之间，犯罪对象特殊，与发生在社会上的其他严重暴力犯罪相比,社会危害性相对较轻,故在量刑上应有所区别。(7)被告人陈某年龄尚小却未婚先育,尚未做好做母亲的心理准备,面对责任和压力,缺乏自控能力;被告人程某虽未构成自首,但在陈某自首后并未躲避,也未掩盖,归案后如实供述自己的罪行,认罪态度好。2.从社会效果考虑,亦可在法律许可的范围内,对二被告人判处相对较轻的处罚。理由在于:(1)本案是一个特殊的个案,其特殊性不仅表现在被告人行为动机和后果之间的强烈反差,也不仅表现在不同公众从不同角度出发对被告人行为评价程度的巨大差异,而且还表现在被告人事后对其行为的忏悔与其他犯罪人因惧怕惩罚而悔罪在真诚程度上的明显区别。对二被告人的量刑,除了要体现罪责刑相适应的基本原则之外,还应考虑二被告人自己酿成的家庭灾难对其内心造成的创伤和痛苦。作为被害人的亲生父母,二被告人本身也是受害者,他们可能会终生背负着沉重的心理负担,无法面对自己的爱女和父母亲人,无法原谅自己的行为。从这一角度看,这种由衷而发、伴随终生的自责、自怨、自悔和自省,也足以达到甚至超越了刑罚的惩罚和教育效果。(2)本案不仅是陈某、程某的家庭悲剧,也是一个社会悲剧。"打是亲骂是爱""棍棒之下出孝子"的封建家长制传统观念是陈某、程某犯罪的思想根源;"望子成龙、望女成凤",用牺牲子女的健康、快乐为代价来满足自己的虚荣心,这种扭曲的价值观是葬送程泉幼小生命的真凶;应试教育及升学、就业方面的相互攀比与残酷竞争是这场悲剧的社会原因。综上,可对二被告人在法定刑幅度内减轻处罚,以体现教育、感化、挽救的刑罚功能,有利于彰显法律的威严和人文关怀,实现法律效果和社会效果的有机统一。[参见第567号指导案例,陈玲、程刚故意伤害案,载《刑事审判参考》总第69集(2009年第4集),第29～31页。撰稿:蒋艳春　庞景波]

▽伤害行为与自身多病被害人死亡结果之间因果关系的认定

本案没有死亡证明、DNA鉴定意见、尸检鉴定意见等客观性证据。公安机关将被害人的病历材料送检,经鉴定,被害人所受损伤程度为重伤。但法医表示仅凭病历无法判断死因,无法确定被害人所受重伤与死亡之间是否存在必然关系。审理期间,被害人亲属表示已与四被告人达成民事赔偿协议,已经拿到赔偿款,不再向法院提起附带民事诉讼,对四被告人的行为表示谅解,同时,强调绝不同意开棺验尸,并因此尊重法院可能作出的对其不利的判决。除缺少尸检鉴定意见等客观性证据外,在案证据表明被害人本来患有多种疾病。被害人最后治疗的309医院医生证实,被害人患有肝炎后肝硬化、冠心病、心律失常(房颤)、乙型病毒性肝炎,因疾病恶化出现肝性脑病和低蛋白血症。其外伤导致脾切除、胰尾破裂,且外伤及原疾病恶化造成多脏器功能障碍综合征(肝、肺、肾、循环、凝血)和肺部感染、腹腔感染。就外伤看,无法确定是否必然导致被害人死亡。2010年8月22日,被害人的亲属强烈要求出院时,医院告知其亲属转运过程中患者随时可能出现心跳呼吸骤停、恶性心律失常及窒息等情况,危及患者生命,其亲属表示自愿承担一切风险。从上述证据看,被害人除了遭受外伤外,自身还患有多种严重疾病,并且自行出院也可能造成病情波动,危及生命。因此,即便被害人已经死亡,但在无法查清死因的情况下,就不可能准确评估各种因素在导致死亡过程中所起的作用,更无法找到致死的决定性因素。根据本案现有证据,法院不能认定系被告人的伤害行为导致被害人死亡(即使死亡事实可以认定)。因此,被告人故意伤害致被害人死亡的事实无法认定,而只能认定被告人故意伤害致被害人重伤,对其在致人重伤的法定刑幅度内量刑。在部分重大、复杂的案件中,一个危害行为实施后,又有其他因素介入,进而导致死亡结果的发生。这个因素可能是自然因素,也可能是他人的行为,还可能是被害人自身的因素。本案就属于有其他因素介入的情况。假设被害人确已死亡,被害人受重伤直至死亡的过程中存在被害人自身疾病、被害人擅自出院两个介入因素。在介入了其他因素而导致被害人死亡结果发生的场合,要判断某种结果是否由行为人的行为所造成,应当综合考虑行为人的行为导致结果发生的可能性大小、介入因素异常性大小、介入因素对结果发生作用的大小等。本案因客观原因而不能确认被害人已经死亡的事实,自然也无法查明被害人的死因。虽然根据经验判断,被害人已死亡的可能性很大,且其死亡与自身多种疾病有重要关联,但在现有证据条件下难以判断这些疾病作为介入因素是否切断了伤害行为对其死亡结果的原因力，故难以确定伤害行为与死亡结果之间的因果关系。[参见第813号指导案例，杨道计等过失伤害案，载《刑事审判参考》总第89集(2012年第6集)，第36～38页。撰稿：王雪枫]

▽协助他人向被害人注射麻醉药物直接导致了被害人死亡的行为构成故意伤害罪还是故意杀人罪的认定

李某能够认识到其行为会危害他人健康，但对死亡结果缺乏认识。李某协助他人向被害人注射麻醉药物的行为直接导致了被害人的死亡，其实施的行为与死亡结果间无疑具有因果关系，认定李某构成犯罪的客观要件均已齐备，关键是要正确认识和评价李某实施行为时的主观心态，即罪过的有无和罪过的性质，具体可从意识要素和意志要素两方面分析。意识要素，即对犯罪事实的认识，包括对实行行为、对象、结果、因果关系等的认识。根据具体犯罪构成的事实不同，所要认识的对象也有所不同。如对故意杀人罪，行为人必须认识到其实施的行为是致他人死亡的行为。意识要素中还要求对危害结果发生的可能性具有一定的认识，即行为人对此种可能性的有无及大小要有所认识。意志要素，即对犯罪结构的主观态度，是持希望还是无所谓抑或否定之态度。刑法第十四条第一款规定："明知自己的行为会发生危害社会的结果，并且希望或者放任这种结果发生，因而构成犯罪的，是故意犯罪。"这里的"明知自己的行为会发生危害社会的结果"即是意识要素的内容，而"希望或者放任"即为意志要素的内容。根据上述规定，如果行为人不仅对犯罪事实具有一定的认识，而且希望或者放任犯罪结果发生的意志，则应当认定其具有犯罪故意的罪过。而犯罪过失则是指行为人在意识要素或者意志要素方面存在欠缺，具体可分为疏忽大意的过失(欠缺意识要素)和过于自信的过失(欠缺意志要素)。首先，从意识要素分析。本案被告人李某作案时不满十八周岁，虽然认识事物的能力不及成年人，但根据其认知的实际情况，其应当知道注射特定药物应当由专业医务人员实施，不能由非医务人员实施。虽然李某并不知道所注射药物的性状和功效，但其老板孙某某明确告诉其该药物是"管睡觉"的，目的是让被害人在头脑不清醒时在离婚协议书上签字。据此，可以认定李某作案时已对所注射的物品是具有麻醉作用的药物具有一定认识。在作案过程中，李某帮助孙飞至少两次将针剂注入被害人体内，应当认定其明知自己的行为可能会对被害人造成伤害。这一结论符合社会一般人对私自注射麻醉药物可能导致的后果的认识，也与李某认识能力的实际情况相符。关于李某是否明知其行为会导致被害人死亡的问题更为复杂。在认定被告人这一意识要素时应当结合具体案情予以分析。作案所用药物由孙某某提供，其对药品的性状、功效、适用对象有明确的认识，而李某作案前未接触过此类药物，仅听孙某某说是"管睡觉的"，故李某能认识到该药物具有麻醉作用，但对该药的具体功效、适用对象的认知有限。孙某某为达到离婚目的，指使孙飞与李某参与作案，李某本人与被害人并无利害冲突，如明知该药可能致人死亡，未必会参与作案。根据现有在案证据，难以认定李某对注射药物导致被害人死亡的结果知道或者应当知道。其次，从意志要素分析。李某系受人指使协助作案，其对可能发生的伤害结果持放任态度，属间接故意。但对被害人死亡的结果，明显持反对的态度，属于应当预见而未预见情形，因此，不构成故意杀人罪，而仅构成故意伤害罪。致使被害人死亡的结果仅能作为加重结果情节予以评价，不能作为李某实施行为时希望或者放任的结果内容。综上，李某认识到其实施的是会伤害他人身体健康的行为，本应预见到其行为可能会导致被害人死亡，但因疏忽大意而未预见，从而导致被害人死亡结果的出现，故李某的行为构成故意伤害罪的结果加重犯。[参见第832号指导案例，李某故意伤害案，载《刑事审判参考》总第90集(2013年第1集)，第53～55页。撰稿：唐季怡　刘立杰]

▽对家庭成员长期实施虐待，虐待过程中又实施暴力殴打直接造成家庭成员重伤、死亡的，同时构成虐待罪和故意伤害等罪的，应当数罪并罚

虐待罪与故意伤害罪都是侵犯被害人人身权利的犯罪，在行为方面有共同特点，通常会对被害人身体造成不同程度的伤害，甚至会出现被害人重伤、死亡的后果，要准确区分虐待罪与故意伤害罪要从

以下四个方面进行分析:

(一)关于犯罪主体方面。故意伤害罪的主体是一般主体,任何人都可以构成故意伤害罪。而虐待罪的主体刑法有特殊规定,即家庭成员,有必要对此加以分析。家庭成员是指在一个家庭中共同生活的成员。比较典型的是由法定关系组成的家庭,如夫妻之间;由血亲组成的家庭,如父母与子女、祖父母与孙子女、兄弟姐妹之间等;由拟制血亲形成的家庭,如养父母与养子女、继父母与继子女。这些关系都要求成员在一起共同生活。除了上述典型的家庭关系外,当今社会不乏同居者,具有这样关系的行为人能否构成虐待罪的主体,我们认为,需要视具体情况而定。现实生活中的虐待行为不仅发生在家庭成员之间,还会发生在师生、雇主与雇员之间等,刑法之所以只规定家庭成员之间的虐待才构成犯罪,旨在特殊保护处于婚姻、家庭关系中的成员。因为,婚姻家庭中受虐待的被害人,通常无法挣脱或者很难挣脱这种家庭关系的束缚,在这种关系中往往处于弱势的一方。居于优势一方可能会借助家庭的掩护,长期对被害人进行虐待,家庭以外的人难以干预,导致被害人缺乏有力的救济途经,且长期的虐待对被害人、对家庭乃至对社会都会产生负面效应。鉴于此,刑法将发生在家庭成员之间的虐待行为规定为虐待罪。从这一角度出发,虽然同居二人没有办理正式结婚手续,不是合法夫妻,与对方子女未能形成法定的继子女关系,但实际上,同居者的双方以同居的形成组成了家庭并且共同生活在一起,具备了家庭的形式与实质,同居者及其子女应当视为家庭成员,发生在这些家庭成员之间的虐待行为,其危害与发生在典型的家庭成员之间的虐待并无本质区别,应当属于刑法调整的对象。非婚同居者之间系家庭成员,同居双方抚养的未成年子女若共同生活,也与同居者之间构成家庭成员关系。因此,对与其同居者子女长期虐待的,亦构成本罪。本案被告人李某某与被害人申某然的父亲申某某同居生活,在申某某外出打工时,李某某负责料理小孩的日常生活,双方已经形成了实质上的家庭关系,李某某可以成为虐待罪的主体。同时,故意伤害罪为一般主体,即具有刑事责任能力的自然人,李某某亦属于故意伤害罪的主体。

(二)关于犯罪主观方面。虐待罪的主观方面是其区别于故意伤害罪、故意杀人罪的重要特征之一,也是区分的难点。虐待罪的主观上要求是故意,且是直接故意,即故意对被害人进行肉体上、精神上的摧残、折磨,使被害人遭受痛苦。值得注意的是,这种痛苦通常不会直接造成被害人重伤或死亡的结果,行为人并不追求也不放任被害人重伤或死亡结果的发生,即便虐待造成被害人重伤或死亡,也不是某次虐待行为直接导致的,而是长期虐待的结果。这是其与故意伤害罪、乃至故意杀人罪在主观方面的重要区别。故意伤害罪存在直接故意和间接故意之分,直接故意的内容为通过实施伤害行为,直接导致被害人身体健康(功能、器质受损)受到伤害(轻伤以上);间接故意伤害是明知自己由行为可能会造成被害人身体健康受到伤害,而放任这种结果的发生。无论直接故意还是间接故意,都要求明知其行为会(可能会)对被害人身体健康造成伤害。本案被告人李某某对被害人申某然长期进行殴打、冻饿,就其在致死被害人之前的行为而言,已具备虐待罪的主观方面特征,但李某某最后几次连续殴打被害人腹部致被害人死亡的行为,其主观已经超出虐待的范畴,具备了伤害的主观故意。理由是:李某某虽然不能明确认知到其殴打行为会造成被害人肠管破裂这一具体后果,但应当能认识到连续殴打幼童腹部,很可能会使幼童的身体健康受到严重伤害,且在明知被害人已经受伤的情况下还继续殴打,并已发现被害人出现身体不适的状态下不及时送医,显然是对其行为可能造成的后果持放任态度,已具备了伤害的主观故意(间接故意)。

(三)关于犯罪客观方面。虐待罪与故意伤害罪的客观行为表现有所不同。虐待罪是长期以殴打、拧掐、烫、冻饿、捆绑、强迫超体力劳动、限制自由、凌辱人格等各种方法,对被害人进行肉体上、精神上的折磨和摧残。需要注意的是,构成虐待罪的行为是长期的、相对连续的进行,而不是偶然一次实施殴打、冻饿等虐待行为。虐待罪的一般犯罪构成,并不要求造成被害人重伤、死亡的后果,情节恶劣即可构罪。所谓"情节恶劣",是指虐待年老、年幼、病残的家庭成员,或者长期虐待家庭成员,屡教不改的,或者虐待动机卑劣、手段凶残等。长期虐待造成被害人重伤、死亡后果的,是虐待罪的加重处罚情节。这里所指的造成重伤、死亡后果与故意伤害罪致人重伤、死亡的后果有着本质区别。虐待罪的加重后果,不是由某次或某几次虐待行为单独、直接造成的,而是因被害人长期受到虐待,逐步导致身体状况不佳、营养不良、病情恶化、精神受到严重刺激等情况而致重伤、死亡,或者被害人因不堪忍受虐待而自杀所致。重伤或者死亡结果一般是长期虐待行为积累所致。故意伤害罪的重伤或者死亡结果是一次或者连续几次故意伤害行为直接造成的后果,伤害行为与重伤、死亡结果之间存在十分紧密的客观联系,以及必然的因果关系。

(四)同时构成虐待罪和故意伤害等罪的,应当数罪并罚。本案李某某的行为应当择一重罪即故意伤害罪定罪处罚,还是应将虐待罪与故意伤害罪实行并罚。这两个犯罪行为是在被告人不同的、独立的主观故意下先后实施的,侵害了不同的客体,李某某的行为从犯罪构成上说,已经构成了两罪,且构成要件之间不存在交叉、包容或者吸收关系,不属于法条竞合、想象竞合或者行为吸收关系,不存在必须选择适用一个罪名而排除其他罪名的情形。因此,对李某某本应当以虐待罪和故意伤害罪数罪并罚。但根据刑法第二百六十条的规定:虐待罪尚未致被害人重伤或死亡的,必须要告诉后才能处理。本案被害人死亡是因最后一次故意伤害行为所致,无证据表明此前的虐待行为有致被害人重伤的严重后果,被害人、其法定代理人以及其近亲属在本案中未就虐待罪提起告诉,故根据“不告不理”的原则,不能对被告人之前的虐待行为追究刑事责任。因此,法院仅以故意伤害罪对被告人李某某定罪量刑是正确的。[参见第995号指导案例,李某某故意伤害案,载《刑事审判参考》总第98集(2014年第3集),第105~109页。撰稿:张眉]

▽家长体罚子女致子女死亡的行为构成故意伤害罪(致人死亡)

首先,从客观行为分析。被告人肖某先是为惩戒被害人的说谎行为而用衣架打被害人大腿内侧并罚跪,后又因被害人尿床而用衣架殴打大腿内侧、踢臀部等方法再次体罚。本案法院认定被告人的犯罪手段为“用衣架殴打大腿内侧、踢臀部、罚跪”等,然而,从法医学常识判断,“胰腺搓碎、睾丸挫碎、双侧后腹膜积血”的伤情,绝不仅仅是“衣架打大腿内侧、罚跪、踢臀部”就能够形成的。鉴定意见亦载明,被害人“系被巨大钝性暴力打击致胰腺搓碎、睾丸挫碎、双侧后腹膜积血、全身多处皮下组织出血引起失血性休克合并创伤性休克死亡”。此外,体罚程度的轻重不仅需要考虑工具危险性和击打部位,还需考量犯罪对象、行为的持续时间等。本案肖某先是当晚21时许用衣架殴打庄某某并罚跪约一小时,仅隔数小时后的次日1时许,又用衣架长时间殴打并用脚踢庄某某。被害人年仅3岁,即使一般不具有致死危险性的衣架,在持续长时间的击打下,亦足以对其造成伤亡危险,何况其所遭到的较长时间、较大强度的体罚殴打,已大大超出了一个3岁幼童所能承受的限度。

其次,从案发起因和家庭情况分析。被害人庄某某是被告人肖某亲生子,肖某平时对其较疼爱,并无虐待行为,但因孩子长期未与其共同生活,沟通较少,故其对孩子管教较严,而本案的诱因也是因为小孩撒谎和尿床,因此本案的动机是为了管教子女,从侧面证实被告人并不希望出现被害人伤亡的结果。

最后,从案发后表现分析。殴打实施数小时后,被告人肖某发现被害人呼吸困难,立即送被害人到医院抢救,证实其并非追求死亡结果的发生。

综合全案情节,通过考察案发起因和案发后行为可知,肖某应不具有致被害人死亡的故意。但肖某本身即是有意识的通过体罚以达到惩罚、警戒被害人的目的,其对于行为会造成被害人身体的不适甚至伤害,是有认识且不排斥的。根据客观上较长时间、较密集频率的体罚行为、被害人伤情及死因,足以证实被害人生前遭受了较大强度的暴力。肖某明知被害人作为年仅3岁的幼童,体质及抗击力相当柔弱,仍实施了足以造成严重后果的体罚殴打,故肖某对伤害结果持有放任心态是能够认定的。综上,本案应认定肖某构成故意伤害罪,原审法院认定为过失致人死亡罪,有待商榷。[参见第996号指导

案例,肖某过失致人死亡案,载《刑事审判参考》总第98集(2014年第3集),第115～116页。撰稿:渠帆]

▽对家长暴力管教子女致死案件,量刑时应考虑案件特殊性,做到罪责刑相适应

除了惩罚犯罪,刑罚亦有教育、感化功能,亦应体现其人文关怀。本案属于家长管教子女过程中发生的暴力致死案件,量刑时应当充分考虑其特殊性。首先,就社会危害性和主观恶性而言,此类案件发生在家庭成员间,是在教子心切、过于苛责的心态驱使下,因管教方法简单粗暴所导致的人伦悲剧,成因上离不开社会文化的背景,动机上包含善意因素,且犯罪对象特定,行为人案发后多极为悔恨自责,社会危害性、主观恶性、人身危险性相对较小。其次,就当前的刑事政策而言,最高人民法院发布的《全国法院维护农村稳定刑事审判工作座谈会纪要》以及《关于贯彻宽严相济刑事政策的若干意见》,都体现了对婚姻家庭纠纷引发案件的处理,应当有别于社会上针对不特定对象所实施的同种犯罪,该从宽的要依法体现从宽。最后,就社会效果而言,此类案件的犯罪动机较容易得到社会大众的理解和宽恕,对此类案件酌情适度从宽处罚不至于造成不良影响,且从宽处罚有利于修复受损的家庭关系,促进家庭及社会正常生活秩序的重归融合。

对于此类父母因教育子女方式不当引发的案件,如果根据案件情况应认定为故意伤害罪的,除了伤害后果因素外,还要充分考虑犯罪动机、伤害手段,具备从宽处罚情节的,一般应从宽处罚。需要指出的是,对于体罚构成故意伤害致人死亡,如果根据具体案情,即使从轻判处十年有期徒刑仍明显过重,导致罪责刑不相适应的,可依据刑法第六十三条的规定,在法定刑以下判处刑罚并层报最高人民法院核准。本案量刑时还有以下从轻情节需考虑:一是被告人肖某明知医院警务室报案后,仍在现场等候处理,归案后亦能如实供述其犯罪事实,成立自首,存在法定从轻情节;二是肖某发现被害人呼吸困难后立即主动送被害人抢救,且被害人的父亲、祖父母对肖某的行为表示谅解,肖某有一幼女需照顾,存在酌定从轻情节。总之,家长体罚子女致死的案件,应在综合考察的前提下,把握案件特殊性,准确定罪、量刑。[参见第996号指导案例,肖某过失致人死亡案,载《刑事审判参考》总第98集(2014年第3集),第116～117页。撰稿:渠帆]

▽因不满医院治疗效果而持刀伤害医护人员的,其行为符合故意伤害罪的构成要件

被告人因对医院为其所做的美容手术效果不满,预谋报复,持刀到医院对参与手术的护士行凶,并对制止其行为的另外两名护士行凶,主观上伤害故意明确,客观上伤害对象特定,其行为符合故意伤害罪的构成要件。对于此类犯罪,应当结合案发起因、犯罪对象、侵犯客体等因素进行判断。具体可以从以下几个方面进行分析:

第一,对于事出有因的殴打他人行为,案发起因影响对该行为是否属于"寻衅滋事"的认定。2013年发布的《最高人民法院、最高人民检察院关于办理寻衅滋事刑事案件适用法律若干问题的解释》(本附文以下简称《寻衅滋事解释》)第一条第二款、第三款规定:"行为人因日常生活中的偶发矛盾纠纷,借故生非,实施刑法第二百九十三条规定的行为的,应当认定为'寻衅滋事',但矛盾系由被害人故意引发或者被害人对矛盾激化负有主要责任的除外。行为人因婚恋、家庭、邻里、债务等纠纷,实施殴打、辱骂、恐吓他人或者损毁、占用他人财物等行为的,一般不认定为'寻衅滋事',但经有关部门批评制止或者处理处罚后,继续实施前列行为,破坏社会秩序的除外。"根据该规定,对于事出有因的殴打他人行为,如果起因是与他人肢体碰撞、言语不和等日常生活中的偶发矛盾,属于小题大做、借题发挥的寻衅滋事,除非该矛盾是被害人故意引发或者被害人对矛盾激化负有主要责任,即以认定寻衅滋事为原则,不认定为例外。如果起因是婚恋、家庭、邻里、债务等纠纷,行为人并非"寻衅"而是基于积怨殴打他人的,一般不认定为"寻衅滋事",但行为人经有关部门批评制止或者处理处罚后拒不改正,继续殴打他人,破坏社会秩序的,可认定为"寻衅滋事",即以不认定寻衅滋事为原则,认定为例外。本案被告人肖某在湖南中医研究院附属医院美容科做了胡须移植手术后,手术部位皮肤发炎、长痘,其对术后效果不满,两次到该医院美容科向医务人员"要说法",对医务人员称发炎是正常现象、涂点消炎药可好的解释也不满意,属于典型的医疗纠纷,与《寻衅滋事解释》规定的婚恋、家庭、邻里、债务等纠纷的性质类似,而非在就诊过程中因言语不和等日常琐事与医务人员偶发矛盾。肖某出于积怨报复行凶,属于有预谋的故意伤害,而非借故生事的寻衅滋事。

第二,作案对象是否特定并非判断该行为是否构成"寻衅滋事"的标准,但对分析行为性质有重要价值。典型的寻衅滋事行为,是指行为人为寻求刺激、发泄情绪、逞强耍横等,无事生非,实施《刑法》第二百九十三条规定的随意殴打他人等行为。此类"无事生非"型寻衅滋事,作案对象往往具有不特定性。但事出有因的"借故生非"型寻衅滋事行为,以及因婚恋、家庭、邻里、债务等纠纷而引发的寻衅滋事行为,作案对象一般相对特定。故作案对象是否特定,并非判断此类行为是否构成"寻衅滋事"的标准。作案对象不特定的,一般构成寻衅滋事:作案对象特定的,既可能构成寻衅滋事,也可能构成其他犯罪,需要具体情况具体分析。以医疗纠纷引发的殴打他人案件为例,如果行为人殴打对象是为其治疗的医务人员,或者是其误认为参与治疗的医务人员,作案对象相对特定,一般不认定为"寻衅滋事",若经有关部门批评制止或者处理处罚后,继续殴打医务人员,破坏公共场所秩序的,才可构成"寻衅滋事"。如果行为人进入医疗机构后不加区分,见医务人员就动手殴打,作案对象具有随意性,"滋事"的故意十分明显,则应认定为"寻衅滋事"。本案被告人肖某预谋泄愤报复的对象是为其做手术的医生,其来到该院美容科后,首先持刀砍击的对象是参与手术的护士彭芬,之后又持刀砍击站在彭芬身边的两名导诊台护士冯苗苗、李海兰。上述作案经过表明,肖某实施犯罪行为的对象相对特定。虽然冯苗苗、李海兰并未参与对其的手术治疗,但也是该医院美容科护士,且案发时恰好站在彭芬身边,故肖某出于伤害该科室医务人员的概括故意,持刀砍击冯、李二人,其并非不加选择地随意伤害他人。

第三,殴打他人造成公共场所秩序严重混乱,其行为同时符合寻衅滋事罪、故意伤害罪构成要件的,依照处罚较重的犯罪定罪处罚;虽在公共场所殴打他人,但未破坏社会秩序的,不构成寻衅滋事罪。寻衅滋事罪和故意伤害罪侵犯的客体不同,前者是社会秩序,后者是人身权利。对于发生在公共场所的殴打他人行为,如果造成公共场所秩序严重混乱,同时符合寻衅滋事罪和故意杀人罪、故意伤害罪等罪的构成要件的,根据《寻衅滋事解释》第七条的规定,依照处罚较重的犯罪定罪处罚。本案案发地为医院美容科导诊台至诊室外的走廊,走廊放有患者等候就诊的椅子,属候诊区域。根据《公共场所卫生管理条例》(国发〔1987〕24号)第二条的规定,医疗机构候诊室属于公共场所。如果被告人肖某持刀行凶的行为造成医院秩序严重混乱,符合寻衅滋事罪的客体要件。但从相关证人证言看,肖某持刀追砍护士时,附近排队等候做B超的数名患者立即逃离现场,肖某作案后,医院立即组织抢救受伤的三名护士,肖某的行为对医院工作秩序虽造成一定影响,但没有达到影响该医院或者该院美容科正常运营的严重程度。故肖某持刀行凶的行为侵犯的客体主要是他人的身体健康权,而非社会秩序,其行为更符合故意伤害罪的客体要件。综上,本案被告人肖某因不满医治效果而蓄意报复,持刀捅伤医院三名护士,其行为认定为故意伤害罪更为准确。一审法院将公诉机关指控的寻衅滋事罪变更为故意伤害罪是正确的。[参见第1026号指导案例,肖胜故意伤害案,载《刑事审判参考》总第100集(2014年第5集),第49~51页。撰稿:曾琳]

第二百三十四条之一　【组织出卖人体器官罪】组织他人出卖人体器官的,处五年以下有期徒刑,并处罚金;情节严重的,处五年以上有期徒刑,并处罚金或者没收财产。

未经本人同意摘取其器官,或者摘取不满十八周岁的人的器官,或者强迫、欺骗他人捐献器官的,依照本法第二百三十四条、第二百三十二条的规定定罪处罚。

违背本人生前意愿摘取其尸体器官,或者本人生前未表示同意,违反国家规定,违背其近亲属意愿摘取其尸体器官的,依照本法第三百零二条的规定定罪处罚。(本条是根据《中华人民共和国刑法修正案(八)》之三十七增加的,自2011年5月1日起施行。)

▽组织出卖人体器官罪不以人体器官的实际摘取作为认定既、未遂的标准

组织出卖人体器官罪是行为犯,行为人只要实施了组织他人出卖人体器官的行为,即可构成本罪,不应以损害结果的发生作为认定既遂的标准。近年来,随着器官移植技术在临床医学中的广泛应用和发展,器官移植的供需矛盾突出,人体器官移植类违法犯罪行为时有发生。依法打击组织买卖或者变相买卖人体器官的违法犯罪行为,越来越受到理论界和实务界的关注。2011年2月25日颁布的刑法修正案(八)第三十七条(作为刑法第二百三十四条之一)对组织出卖人体器官罪进行了规定。然而,鉴于上述组织出卖人体器官罪的规定采用了简单罪状的表述方式,对该罪的既、未遂形态的认定可以从以下几个方面进行分析:

1. 组织出卖人体器官罪属于典型的行为犯,行为犯不以犯罪结果发生作为既遂认定的要件。我国刑法分则规定了不少"组织型"犯罪,如第二百二十四条之一规定的组织领导传销活动罪、第三百三十三条规定的非法组织卖血罪、第三百五十八条规定的组织卖淫罪等。根据刑法理论通说的观点,组织型犯罪是行为犯,而行为犯一般不要求危害结果必然实现,只要危害行为实施完毕即构成犯罪既遂。"组织型"犯罪作为行为犯中的一种独特类型,其既、未遂的认定是以行为人的组织、策划或指挥行为是否实施完成来作为界定标准。具体到本罪,只要行为人基于出卖人体器官的目的,实施了指挥、策划、招揽、控制自愿出卖自身器官的人的行为,即构成本罪的既遂,而不需要出现器官被实际摘取等特定的后果。

2. 组织出卖人体器官罪所侵犯的客体是复杂客体,只要侵犯其一即可认定既遂。本罪既侵犯了公民的人身权利,也侵犯了国家医疗秩序。组织出卖人体器官行为,一方面容易诱使、鼓励处于经济困境的人为摆脱困境而出卖器官,严重损害出卖人的身体健康和生命安全;另一方面这种非法人体器官交易因缺乏监管,无法保证所出卖器官的安全性,这也可能危及器官受移植者的身体健康和生命安全。《人体器官移植条例》第三条明确了"任何组织或者个人不得以任何形式买卖人体器官"的刚性原则,并对人体器官的捐献、移植、法律责任,以及医疗机构从事器官移植应当具备的条件和承担的义务等都进行了具体的规定,目的就是为了规范人体器官移植活动,保证器官移植医疗行为能够有序开展。组织出卖人体器官行为使原本分散的、零星的出卖人体器官行为,由于组织行为的存在变得更具群体性、规模化,导致器官移植活动脱离国家监管,严重破坏国家器官移植医疗管理秩序。因此,即使出卖者未被实际摘取器官,但只要组织者的组织出卖人体器官行为实施完毕,国家器官移植医疗管理秩序受到严重侵害,即组织行为即构成既遂。

3. 以实际摘取器官与否作为本罪的既、未遂认定标准,与预防和惩治犯罪的立法意图相悖。组织出卖人体器官的行为客观上为人体器官的非法买卖推波助澜,只有斩断组织出卖行为这个非法买卖人体器官犯罪利益链条的关键节点,才能切断人体器官的非法来源,维护规范有序的器官移植医疗秩序。司法实践中,由于非法买卖人体器官犯罪一般具有被害人自愿有偿出卖器官(非自愿的情况下,应当以故意杀人罪、故意伤害罪等其他犯罪论处)、犯罪分子组织分工细化和作案隐蔽等特点,案件侦破、证据收集和认定往往会面临较大的困难。如果坚持以器官是否被摘取作为既、未遂的认定标准,显然不利于有效打击此类犯罪,与组织出卖人体器官罪的社会危害性以及当前打击此类犯罪的严峻形势不相适应。

本案四被告人实际供述的组织出卖器官人数远多于检察机关的指控,但由于部分出卖器官者下落不明,实际认定的摘取器官的数量并不多。但无论实际认定摘取的数量有多少,也无论被组织者是否实际被摘取器官,都不影响组织出卖人体器官罪既遂的认定。[参见第931号指导案例,王海涛等组织出卖人体器官案,载《刑事审判参考》总第95集(2013年第6集),第81~84页。撰稿:陈亚鸣　周军生　周军]

▽组织出卖人体器官情节严重的情形的认定

判断被告人的行为是否属于"情节严重",不仅要综合犯罪动机、目的、行为、手段、客观损害等进行判断,而且要根据本罪侵害复杂客体的实际,结合针对侵犯公民人身权利罪、危害公共卫生罪等犯罪的

法律以及相关司法解释的规定和精神进行判断。如危害公共卫生罪中的非法行医罪,《最高人民法院关于审理非法行医刑事案件具体应用法律若干问题的解释》第二条规定情节严重的认定标准为:①造成就诊人轻度残疾、器官组织损伤导致一般功能障碍的;②造成甲类传染病传播、流行或者有传播、流行危险的;③使用假药、劣药或不符合国家规定标准的卫生材料、医疗器械,足以严重危害人体健康的;④非法行医被卫生行政部门行政处罚两次以后,再次非法行医的;⑤其他情节严重的情形。参照上述类似罪名的规定,具有以下情形之一的,可以认定为组织出卖人体器官罪的情节严重:在医疗机构中执业的医务人员组织出卖的;组织多人(指三人以上,含三人)或者多次(指三次以上,含三次)出卖人体器官的;通过网络发布信息招揽、组织出卖的;组织未成年人出卖人体器官的;造成出卖人或者受移植人重伤、死亡等严重后果的;组织他人出卖人体器官非法获利数额巨大的;组织他人出卖人体器官造成恶劣的社会影响的等。具体到本案,四被告人在长达半年多的时间内,通过网络先后招揽、组织多人出卖人体器官,形成了分工明确的犯罪团伙;其中有两名出卖者实际实施了器官移植手术,一人经鉴定为重伤;该犯罪组织甚至组织向境外出卖人体器官,造成了恶劣的影响。综合这些情节,认定四被告人的行为构成组织出卖人体器官罪的情节严重,是适当的。[参见第931号指导案例,王海涛等组织出卖人体器官案,载《刑事审判参考》总第95集(2013年第6集),第84~85页。撰稿:陈亚鸣　周军生　周军]

▽如何理解轻微家庭暴力犯罪案件中的被害人程序选择权

(一)本案属于轻微家庭暴力犯罪案件。《最高人民法院、最高人民检察院、公安部、司法部关于依法办理家庭暴力犯罪案件的意见》(本附文以下简称《反家暴意见》)第八条规定了在轻微家庭暴力犯罪案件中,应尊重被害人的程序选择权。根据《最高人民法院关于适用〈中华人民共和国刑事诉讼法〉的解释》(本附文以下简称《刑事诉讼法解释》)第一条第二项的规定,刑法分则第四章、第五章规定的,对被告人可能判处三年有期徒刑以下刑罚的案件应属轻微刑事案件范畴。本案被告人的犯罪事实和情节符合刑法第二百三十四条第一款的规定,即可能判处三年有期徒刑以下刑罚,属轻微刑事案件,且本案系发生在家庭内部的暴力犯罪,故应属《反家暴意见》第八条所规定的轻微家庭暴力犯罪案件。

(二)被害人程序选择权的行使应受行为能力的限制。《反家暴意见》第三条规定了尊重被害人意愿原则,第八条规定了轻微家庭暴力犯罪案件中的被害人程序选择权,前后呼应,共同强调在作出对被害人利益具有重大影响的处理决定时,应当充分听取并尊重被害人的意见。但无论是尊重被害人意愿原则,还是具体到尊重被害人程序选择权,均不是绝对的,应有一定限度。其一,从法律文义来看。被害人程序选择权实际上是被害人的诉讼处分权利,是被害人在法律规定的范围内依据自己的意愿决定程序利益的取舍,是意思自治原则在刑事诉讼领域的运用。显然,被害人进行程序选择系权利处分,这就当然要求其具有行为能力,行为能力是独立行使权利、承担义务的基础。而本案被害人系未满十周岁的未成年人,其在法律上系无行为能力人,不具备权利处分能力,其亦无法认识到该项程序选择的法律后果。因此,本案被害人本人所作出的不追究被告人责任的意思表示,不具有程序选择的法律意义。其二,从司法政策文件的精神来看。《反家暴意见》第八条规定被害人有程序选择权,主要是基于家庭暴力犯罪案件不同于其他刑事案件,犯罪行为发生在家庭内部,从促进家庭和谐、维系家庭关系来说,被害人有时出于感情、经济等因素的考虑,会选择对轻微家庭暴力犯罪行为不予追究,其意愿有可能更符合家庭实际情况,更有利于解决家庭成员之间矛盾,修复家庭关系。因此,《反家暴意见》所规定的程序选择权应当是针对具备独立判断能力的被害人而言,否则,《反家暴意见》体现的公权力依法介入、干预家庭暴力的政策目标将会落空。本案被害人尚年幼,心智尚未成熟,本案所涉刑事犯罪与人伦亲情的取舍已超出其能够独立判断的认知范围,不应支持其可以独立行使不追究被告人刑事责任的程序选择权。其三,被害人谅解与被害人行使程序选择权的法律后果不同。根据程序选择权,被害人在立案、侦查阶段即可要求撤销案件,直接涉及是否启动诉讼程序追究犯罪嫌疑人、被告人刑事责任的问题,被害人程序选择权的权利处分范围要远远大于公诉案件的和解。因此,考虑家庭暴力案件大多发生在亲属之间的特殊性,不可当然依据《刑事诉讼法解释》第四百九十七条第二款的规定,一概赋予家庭暴力案件中被害人的法定代理人、近亲属代为程序选择的权利。特别是对受虐待、伤害的儿童的父亲或母亲又系被告人的,更应慎重考虑其他监护人代行程序选择权是否可能侵犯未成年被害人的合法权益。本案被害人的生父母表达了对被告人的谅解,法院可在量刑时作为酌定情节予以考虑,但不宜以此作为不追究被告人刑事责任,要求宣判无罪的依据。其四,从司法政策文件规定的逻辑体系来看。《反家暴意见》第八条与第九条相互呼应,无论从逻辑关系,还是从内在价值判断来看,两者关于强化对家暴被害人保护的内在精神均是一致的。第八条规定了被害人的程序选择权,第九条则规定了通过代为告诉保障被害人的诉讼权利。根据第九条的规定,检察机关对于家庭暴力犯罪案件的被害人系无行为能力人、限制行为能力人,其法定代理人、近亲属没有告诉或代为告诉的,可以代为告诉。该条规定从内在价值判断来看,更强调对无行为能力及限制行为能力被害人的特殊保护。本案被害人遭受家庭暴力已构成轻伤一级,虽然其养父及生父母均不要求追究被告人的刑事责任,但检察机关基于对未成年被害人特殊保护原则而提起公诉,是完全符合法律规定的。[参见第1190号指导案例,李征琴故意伤害案,载《刑事审判参考》总第109集,第65~68页。撰稿:周侃 徐聪萍]

▽家庭暴力犯罪案件审判中如何体现未成年人利益最大化原则

(一)未成年人利益最大化原则是审理涉未成年人案件的基本准则。联合国《儿童权利公约》确立了儿童利益最大化原则,要求"关于儿童的一切行为,不论是由公私社会福利机构、法院、行政当局或立法机构执行,均应以儿童的最大利益为一种首要考虑"。我国已于1990年签署该公约,这一原则也已成为国际社会处理儿童问题时的基本准则。同时,未成年人保护法亦明确规定了未成年人享有生存权、发展权、受保护权、参与权等权利,国家根据未成年人身心发展特点给予特殊、优先保护,保障未成年人的合法权益不受侵犯。本案被害人施某某系未成年人,身心尚未成熟,缺乏独立生活能力,应予以特殊保护和照料,本案的审理亦应遵循未成年人利益最大化原则。(二)应在法律框架下给予未成年人最大限度保护。第一,本案系发生在家庭内部的故意伤害刑事案件,被告人虽在平时的生活中对施某某较为关心、爱护,但其以暴力手段摧残施某某的身心健康,造成严重后果,已构成犯罪,具有社会危害性,应受到国家法律的惩处。第二,未成年人的父母或其他监护人依法对其有抚养教育的权利和义务,但该项权利的行使不得超越法律边界,应受到国家法律的监督。未成年人系具有独立人格的生命体,并非父母的私有财产,其生命健康权不应以任何理由受到侵害。国家作为未成年人的最终监护人,有权力亦有责任对侵害未成年人合法权利的行为进行监督、干预,此系国家公权力的合法行使,符合未成年人利益最大化原则的要求。第三,应全面考量未成年人利益最大化原则。具体到本案,从被害人施某某个体角度来看,未成年人利益最大化并不等同于物质利益最大化。被告人虽为施某某提供了较好的物质生活、学习条件,但物质生活的优越性并非未成年人健康成长的唯一保障及衡量标准,物质条件不应亦无法替代对未成年人生命健康及人格尊严的权利保障。法律不外乎人情,但情感亦不能僭越法律。从全社会未成年人群体角度来看,本案反映了社会传统教育理念与现代法治文明的碰撞,本案的审理结果向社会传达了未成年人权利保护的理念,批判传统家长威权主义教育方式,倡导亲子之间科学良性沟通,长远来看,是对全社会未成年人群体利益的最好保护。此外,据了解,本案二审期间,相关部门已为被害人施某某提供了基本的住房、生活、教育保障,施某某亦表达了希望回原学校继续就读的愿望,被告人及其辩护人所述一审判决造成施某某辍学的意见与事实不符。对于施某某,国家、社会,尤其是施某某亲属,应给予充分关爱,对其正面引导、纾解其负面情绪,使其尽早回归正常学习生活。综上,人民法院以故意伤害罪对被告人进行定罪判刑,较好体现了法律与政策、依法惩处犯罪与最大限度保护未成年被害人的有机统一。

需要指出的是,在本案审理过程中,被告人及其辩护人提出"皮内出血"不属于"挫伤",认为被害人施某某所受损伤不符合轻伤一级的认定标准。法院认为,挫伤系法医学术语,通常是指由钝器作用造成的以皮内和(或)皮下及软组织出血为主要改变的闭合性损伤,两种情况经常相伴发生,挫伤包含“皮内出血”的情形,但通常来看,以皮内出血为主的损伤程度相对轻一些,但施某某所受损伤已经法定程序鉴定为轻伤,故法院未采纳被告人的相关辩解意见。[参见第1190号指导案例,李征琴故意伤害案,载《刑事审判参考》总第109集,第68~70页。撰稿:周侃 徐聪萍]

第二百三十五条 【过失致人重伤罪】过失伤害他人致人重伤的,处三年以下有期徒刑或者拘役。本法另有规定的,依照规定。

■最高人民法院关于依法妥善审理高空抛物、坠物案件的意见(2019年10月21日)

7. 准确认定高空坠物犯罪。过失导致物品从高空坠落,致人死亡、重伤,符合刑法第二百三十三条、第二百三十五条规定的,依照过失致人死亡罪、过失致人重伤罪定罪处罚。在生产、作业中违反有关安全管理规定,从高空坠落物品,发生重大伤亡事故或者造成其他严重后果的,依照刑法第一百三十四条第一款的规定,以重大责任事故罪定罪处罚。

■最高人民法院、最高人民检察院、公安部关于办理涉窨井盖相关刑事案件的指导意见(2020年3月16日)

(全部内容附在本书刑法第二百三十三条附文相同文件名中)

第二百三十六条 【强奸罪】以暴力、胁迫或者其他手段强奸妇女的,处三年以上十年以下有期徒刑。

【强奸罪】奸淫不满十四周岁的幼女的,以强奸论,从重处罚。

【强奸罪】强奸妇女、奸淫幼女,有下列情形之一的,处十年以上有期徒刑、无期徒刑或者死刑:

(一)强奸妇女、奸淫幼女情节恶劣的;

(二)强奸妇女、奸淫幼女多人的;

(三)在公共场所当众强奸妇女、奸淫幼女的;

(四)二人以上轮奸的;

(五)奸淫不满十周岁的幼女或者造成幼女伤害的;

(六)致使被害人重伤、死亡或者造成其他严重后果的。(本条是根据《中华人民共和国刑法修正案(十一)》之二十六修改的,自2021年3月1日起施行。)

刑法本条原文:【强奸罪】以暴力、胁迫或者其他手段强奸妇女的,处三年以上十年以下有期徒刑。

【强奸罪】奸淫不满十四周岁的幼女的,以强奸论,从重处罚。

【强奸罪】强奸妇女、奸淫幼女,有下列情形之一的,处十年以上有期徒刑、无期徒刑或者死刑:

(一)强奸妇女、奸淫幼女情节恶劣的;

(二)强奸妇女、奸淫幼女多人的;

(三)在公共场所当众强奸妇女的;

(四)二人以上轮奸的;

(五)致使被害人重伤、死亡或者造成其他严重后果的。

■最高人民法院关于审理未成年人刑事案件具体应用法律若干问题的解释(2006年1月23日)

第六条 已满十四周岁不满十六周岁的人偶尔与幼女发生性行为,情节轻微、未造成严重后果的,不认为是犯罪。

第二十条 本解释自公布之日起施行。

《最高人民法院关于办理未成年人刑事案件适用法律的若干问题的解释》(法发〔1995〕9号)自本解释公布之日起不再执行。

■最高人民法院、最高人民检察院、公安部、司法部关于依法惩治性侵害未成年人犯罪的意见(2013年10月23日)

一、基本要求

1. 本意见所称性侵害未成年人犯罪,包括刑法第二百三十六条、第二百三十七条、第三百五十八条、第三百五十九条、第三百六十条第二款规定的针对未成年人实施的强奸罪,强制猥亵、侮辱妇女罪,猥亵儿童罪,组织卖淫罪,强迫卖淫罪,引诱、容留、介绍卖淫罪,引诱幼女卖淫罪,嫖宿幼女罪等。

2. 对于性侵害未成年人犯罪,应当依法从严惩治。

三、准确适用法律

19. 知道或者应当知道对方是不满十四周岁的幼女,而实施奸淫等性侵害行为的,应当认定行为人"明知"对方是幼女。

对于不满十二周岁的被害人实施奸淫等性侵害行为的,应当认定行为人"明知"对方是幼女。

对于已满十二周岁不满十四周岁的被害人,从其身体发育状况、言谈举止、衣着特征、生活作息规律等观察可能是幼女,而实施奸淫等性侵害行为的,应当认定行为人"明知"对方是幼女。

20. 以金钱财物等方式引诱幼女与自己发生性关系的;知道或者应当知道幼女被他人强迫卖淫而仍与其发生性关系的,均以强奸罪论处。

21. 对幼女负有特殊职责的人员与幼女发生性关系的,以强奸罪论处。

对已满十四周岁的未成年女性负有特殊职责的人员,利用其优势地位或者被害人孤立无援的境地,迫使未成年被害人就范,而与其发生性关系的,以强奸罪定罪处罚。

23. 在校园、游泳馆、儿童游乐场等公共场所对未成年人实施强奸、猥亵犯罪,只要有其他多人在场,不论在场人员是否实际看到,均可以依照刑法第二百三十六条第三款、第二百三十七条的规定,认定为在公共场所"当众"强奸妇女,强制猥亵、侮辱妇女,猥亵儿童。

24. 介绍、帮助他人奸淫幼女、猥亵儿童的,以强奸罪、猥亵儿童罪的共犯论处。

25. 针对未成年人实施强奸、猥亵犯罪的,应当从重处罚,具有下列情形之一的,更要依法从严惩处:

(1)对未成年人负有特殊职责的人员、与未成年人有共同家庭生活关系的人员、国家工作人员或者冒充国家工作人员,实施强奸、猥亵犯罪的;

(2)进入未成年人住所、学生集体宿舍实施强奸、猥亵犯罪的;

(3)采取暴力、胁迫、麻醉等强制手段实施奸淫幼女、猥亵儿童犯罪的;

(4)对不满十二周岁的儿童、农村留守儿童、严重残疾或者精神智力发育迟滞的未成年人,实施强奸、猥亵犯罪的;

(5)猥亵多名未成年人,或者多次实施强奸、猥亵犯罪的;

(6)造成未成年被害人轻伤、怀孕、感染性病等后果的;

(7)有强奸、猥亵犯罪前科劣迹的。

27. 已满十四周岁不满十六周岁的人偶尔与幼女发生性关系,情节轻微、未造成严重后果的,不认为是犯罪。

■最高人民法院、最高人民检察院、公安部关于当前办理强奸案件中具体应用法律的若干问题的解答(全文)(1984年4月26日)

《中华人民共和国刑法》(1979年刑法——编著者注)第一百三十九条:以暴力、胁迫或者其他手段强奸妇女的,处三年以上十年以下有期徒刑。

奸淫不满十四岁幼女的,以强奸论,从重处罚。

犯前两款罪,情节特别严重的或者致人重伤、死亡的,处十年以上有期徒刑、无期徒刑或者死刑。

二人以上犯强奸罪而共同轮奸的,从重处罚。

一、怎样认定强奸罪?

强奸罪是指以暴力、胁迫或者其他手段,违背妇女的意志,强行与其发生性交的行为。

明知妇女是精神病患者或者痴呆者(程度严重的)而与其发生性行为的,不管犯罪分子采取什么手段,都应以强奸罪论处。与间歇性精神病患者在未发病期间发生性行为,妇女本人同意的,不构成强奸罪。

在认定是否违背妇女意志时,不能以被害妇女作风好坏来划分。强行与作风不好的妇女发生性行为的,也应定强奸罪。

认定强奸罪不能以被害妇女有无反抗表示作为必要条件。对妇女未作反抗表示,或者反抗表示不明显的,要具体分析,精心区别。

二、如何认定强奸罪中的暴力、胁迫和其他手段?

"暴力手段",是指犯罪分子直接对被害妇女采用殴打、捆绑、卡脖子、按倒等危害人身安全或者人身自由,使妇女不能抗拒的手段。

"胁迫手段",是指犯罪分子对被害妇女威胁、恫吓,达到精神上的强制的手段。如:扬言行凶报复、揭发隐私、加害亲属等相威胁,利用迷信进行恐吓、欺骗,利用教养关系、从属关系、职权以及孤立无援的环境条件,进行挟制、迫害等,迫使妇女忍辱屈从,不敢抗拒。

有教养关系、从属关系和利用职权与妇女发生性行为的,不能都视为强奸。行为人利用其与被害妇女之间特定的关系,迫使就范,如养(生)父以虐待、克扣生活费迫使养(生)女容忍其奸淫的;或者行为人利用职权,乘人之危,奸淫妇女的,都构成强奸罪。行为人利用职权引诱女方,女方基于互相利用与之发生性行为的,不定为强奸罪。……

"其他手段",是指犯罪分子用暴力、胁迫以外的手段,使被害妇女无法抗拒。例如:利用妇女患重病、熟睡之机,进行奸淫;以醉酒、药物麻醉,以及利用或者假冒治病等等方法对妇女进行奸淫。

三、办理强奸案件要严格分清哪些罪与非罪、此罪与彼罪的界限?

1. 把强奸同未婚男女在恋爱过程中自愿发生的不正当性行为加以区别。有的未婚男子以"恋爱"为名,玩弄女性,奸淫多名未婚妇女,情节严重,影响恶劣的,可以流氓罪(此罪名已废止——编著者注)论处。

2. 把强奸同通奸加以区别,要注意的是:

①有的妇女与人通奸,一旦翻脸,关系恶化,或者事情暴露后,怕丢面子,或者为推卸责任、嫁祸于人等情况,把通奸说成强奸的,不能定为强奸罪。

在办案中,对于所谓半推半就的问题,要对双方平时的关系如何,性行为是在什么环境和情况下发生的,事情发生后女方的态度怎样,又在什么情况下告发等事实和情节,认真审查清楚,作全面的分析,不是确系违背妇女意志的,一般不宜按强奸罪论处。如果确系违背妇女意志的,以强奸罪惩处。

②第一次性行为违背妇女的意志,但事后并未告发,后来女方又多次自愿与该男子发生性行为的,一般不宜以强奸罪论处。

③犯罪分子强奸妇女后,对被害妇女实施精神上的威胁,迫使其继续忍辱屈从的,应以强奸罪论处。

④男女双方先是通奸,后来女方不愿继续通奸,而男方纠缠不休,并以暴力或以败坏名誉等进行胁迫,强行与女方发生性行为的,以强奸罪论处。

四、在办案中怎样应用刑法(1979年刑法——编著者注)第一百三十九条第三款的规定?

从司法实践中看,强奸罪中"情节特别严重"的,一般有下面几种:

1. 强奸妇女、奸淫幼女手段残酷的;

2. 强奸妇女、奸淫幼女多人或者多次的;

3. 轮奸妇女尤其是轮奸幼女的首要分子;

4. 因强奸妇女或者奸淫幼女引起被害人自杀、精神失常以及其他严重后果的;

5. 在公共场所劫持并强奸妇女的;

6. 多次利用淫秽物品、跳黑灯舞等手段引诱女青年,进行强奸,在社会上造成很坏影响,极大危害的。

强奸"致人重伤、死亡",是指因强奸妇女、奸淫幼女导致被害人性器官严重损伤,或者造成其他严重伤害,甚至当场死亡或者经治疗无效死亡的。

对于强奸犯出于报复、灭口等动机,在实施强奸的过程中,杀死或者伤害被害妇女、幼女的,应分别定为强奸罪、故意杀人罪或者故意伤害罪,按数罪并罚惩处。

五、在办案中怎样应用刑法(1979年刑法——编著者注)第一百三十九条第四款的规定?

轮奸是强奸罪中一种严重的犯罪形式,应从重处罚。

轮奸妇女,按第一款的法定刑从重处罚。

轮奸幼女或者轮奸妇女具有第三款规定的情节的,按第三款的法定刑从重处罚。

六、怎样认定奸淫幼女罪(此罪名已废止,该行为为强奸罪——编著者注)?

奸淫幼女罪,是指与不满十四周岁的幼女发生性的行为,其特征是:1.被害幼女的年龄必须是不满十四周岁;2.一般地说,不论行为人采用什么手段,也不问幼女是否同意,只要与幼女发生了性的行为,就构成犯罪;3.只要双方生殖器接触,即应视为奸淫既遂。

对奸淫幼女的,按第一款的法定刑从重处罚;具有第三款规定的情节的,按该款的法定刑从重处罚。

十四岁以上不满十六岁的男少年,同不满十四岁的幼女发生性的行为,情节显著轻微,危害不大的,依照刑法第十条的规定,不认为是奸淫幼女罪,责成家长和学校严加管教。

在办理奸淫幼女案件中出现的特殊问题,要具体分析,并总结经验,求得正确处理。

七、对妇女教唆或帮助男子强奸的如何处罚?

妇女教唆或帮助男子实施强奸犯罪的,是共同犯罪,应当按照她在强奸犯罪活动中所起的作用,分别定为教唆犯或从犯,依照刑法有关条款论处。

■最高人民法院关于贯彻宽严相济刑事政策的若干意见(2010年2月8日)(见本书附录十七)

■最高人民法院、最高人民检察院关于常见犯罪的量刑指导意见(试行)(2021年7月1日)(见本书附录十三)

▼安徽省高级人民法院、安徽省人民检察院关于二十三种常见犯罪量刑规范的实施细则(试行)(2022年1月16日)(见本书附录十四)

●强奸罪与猥亵儿童罪的认定

1.性侵未成年人犯罪案件中,被害人陈述稳定自然,对于细节的描述符合正常记忆认知、表达能力,被告人辩解没有证据支持,结合生活经验对全案证据进行审查,能够形成完整证明体系的,可以认定案件事实。

2.奸淫幼女具有《最高人民法院、最高人民检察院、公安部、司法部关于依法惩治性侵害未成年人犯罪的意见》规定的从严处罚情节,社会危害性与刑法第二百三十六条第三款第二至四项规定的情形相当的,可以认定为该款第一项规定的"情节恶劣"。

3.行为人在教室、集体宿舍等场所实施猥亵行为,只要当时有多人在场,即使在场人员未实际看到,也应当认定犯罪行为是在"公共场所当众"实施。(参见最高人民检察院发布第11批指导性案例,检例第42号,齐某强奸、猥亵儿童案,2018年11月9日发布。)

▽强奸罪中的"其他手段"的认定

"其他手段",一般认为应当包括以下情形:(1)采用药物麻醉、醉酒等类似手段,使被害妇女不知抗拒或无法抗拒后,再予以奸淫的;(2)利用被害妇女自身处于醉酒、昏迷、熟睡、患重病等不知抗拒或无法抗拒的状态,乘机予以奸淫的;(3)利用被害妇女愚昧无知,采用假冒治病或以邪教组织、迷信等方法骗奸该妇女的等。[参见第281号案例,唐胜海、杨勇强强奸案,载《刑事审判参考》总第36集,法律出版社,第35页。审编:洪冰]

▽因强奸“造成其他严重后果”的认定

因强奸“造成其他严重后果”，除包括因强奸妇女或者奸淫幼女引起被害人自杀或者精神失常这两种常见的情形外，还应包括因强奸妇女或者奸淫幼女造成被害人怀孕分娩或堕胎等其他严重危害被害妇女或幼女身心健康的严重后果。[参见第228号案例，曹占宝强奸案，载《刑事审判参考》总第30集，法律出版社，第67页。执笔：方兴]

▽轮奸的认定

轮奸，是指两个以上的行为人基于共同认识，在一段时间内，先后连续、轮流地对同一名妇女(或幼女)实施奸淫的行为。轮奸作为强奸罪中的一种情形，其认定关键，首先是看两个以上的行为人是否具有在同一段时间内，对同一妇女(或幼女)，先后连续、轮流地实施了奸淫行为，并不要求实施轮奸的人之间必须构成强奸共同犯罪。轮奸仅是一项共同的事实行为，只要行为人具有奸淫的共同认识，并在共同认识的支配下实施了轮流奸淫行为即可，而与是否符合共同犯罪并无必然关系。[参见第280号案例，李尧强奸案，载《刑事审判参考》总第36集(2004年第1集)，法律出版社，第29页。执笔：张杰]

▽被害人是在被强奸后溺水而亡，其死亡与强奸行为间不具有直接的因果关系，不属于刑法规定的“强奸致被害人重伤、死亡”的情形

刑法本条第三款对于强奸罪加重处罚的规定分为情节加重和结果加重两种情形。在该款第五项，将强奸“致使被害人重伤、死亡”和“造成其他严重后果”作为强奸罪的结果加重情形予以规定。“强奸致被害人重伤、死亡”中的“致”的含义在此则应表述为“由于某种原因而直接导致”的意思，即某种原因是某种特定后果发生的直接原因。强奸行为包含两个行为要素：一是强奸中的方法行为，即行为人为强奸而实施的暴力、胁迫或者其他使妇女不能抗拒的行为；二是违背妇女意志与妇女性交的行为，即强奸中的目的行为。因此，“强奸致被害人重伤、死亡”只包含两种情形：一种是指行为人采取的暴力、胁迫等方法行为，直接导致了被害人重伤或死亡，如通过勒脖子的方法强奸，致使被害人因窒息而死亡，或者以殴打的方法强奸，致使被害人身体严重受损而死亡等；另一种是指行为人的性交行为即目的行为直接导致被害人重伤或死亡，如强奸直接导致被害人性器官受损、死亡等。也就是说，被害人的伤亡结果必须是行为人在强奸过程中使用的方法行为或目的行为直接造成。如果被害人的重伤、死亡结果系强奸行为间接导致或者有其他因素的介入，一般不能认定为“强奸致被害人重伤、死亡”，如被害人被强奸后因无法释怀而精神失常或不能承受他人误解、嘲笑等原因而自残、自杀，与行为人的强奸行为间不具有直接因果关系，故不能认定为强奸致被害人重伤、死亡。1984年《最高人民法院、最高人民检察院、公安部关于当前办理强奸案件中具体应用法律的若干问题的解答》第4条指出，强奸“致人重伤、死亡”，是指因强奸妇女、奸淫幼女导致被害人性器官严重损伤，或者造成其他严重伤害，甚至当场死亡或者经治疗无效死亡。行为人的强奸行为是导致被害人溺水死亡的原因之一，属于刑法规定的“强奸造成其他严重后果的”的情形。因为刑法本条第三款第(五)项后半部分规定，只要因强奸“造成其他严重后果”的，也属于强奸罪加重处罚的情形之一。首先，从客观上强奸案件中的其他严重危害后果与其基本犯罪行为间是否存在刑法上的因果关系，这里的因果关系不仅包含直接的因果关系，也包含其他因素介入后的间接因果关系，即强奸行为是这种危害后果发生的原因之一即可认定二者之间有刑法上的因果关系。如被害人被强奸后精神失常，虽然其精神失常可能由诸多原因造成，但只要强奸行为也是其中原因之一的话，即应认定系强奸造成的其他严重后果。其次，认定这种危害后果的严重程度，是否与第(五)项前半部分规定的“重伤、死亡”的危害程度相当，一般情况下，这种危害后果的客体应该限制在对人的生命权和健康权造成的重大侵害，如强奸造成被害人自杀、自残。最后，这种危害后果不仅在被害人本人身上发生，也可能对案发现场的目击人或者与被害人相关的亲友等人身上发生。如行为人采取极端残暴的方式强奸被害人，致使现场其他受害人、目击人高度恐惧坠楼身亡或者案发后被害人亲属因知道被害人被强奸而诱发心脏病等死亡、重伤等情况。可见，无论被害人溺水死亡的原因为何,但不可否认的是,被害人的死亡结果与被告人的强奸行为间存在刑法上的因果关系,因此,本案符合刑法本条第三款第(五)项后半部分规定的“强奸造成其他严重后果的”情形,应认定为强奸罪的加重处罚情节。[参见第514号案例,陆振泉强奸案,载《刑事审判参考》总第65集(2008年第6集),法律出版社,第27～30页。执笔:杨志华　冉容]

▽与不满14周岁的人轮流奸淫同一幼女的应认定为轮奸

轮奸人之间通常表现为构成强奸共同犯罪,但也不排除不构成强奸共同犯罪的特殊情形。如另一参与轮奸人,因不满14周岁,被排除在犯罪主体之外,二人之间不构成强奸共同犯罪(共同实行犯)。行为人具有伙同他人在同一段时间内,对同一幼女,先后连续、轮流地实施奸淫行为的认识和共同行为,因此,仍应认定其具备了轮奸这一事实情节。换一角度说,另一行为人对被害人实施奸淫行为时虽不满14周岁,依法不负刑事责任,但不能因此否认其奸淫行为的存在。相反,行为人与另一行为人对同一幼女轮流实施了奸淫行为,却是客观存在的事实。因此,即使另一行为人不负刑事责任,亦应认定行为人的行为构成强奸罪,且属于“轮奸”。立法规定了轮奸这一量刑情节,表明立法者认为轮奸比单独实施的强奸犯罪更为严重,对被害人的危害更大。[参见第280号案例,李尧强奸案,载《刑事审判参考》总第36集(2004年第1集),法律出版社,第29～30页。执笔:张杰]

▽一行为人通奸,另一行为人强奸,不能认定为轮奸

轮奸是强奸罪基础上的加重处罚情节,不能把没有违背妇女意志的奸淫行为与他人的强奸行为,作为轮奸处罚,这明显违背轮奸的立法本意和罪责刑相适应原则。[参见第395号案例,滕开林、董洪元强奸案,载《刑事审判参考》总第50集(2006年第3集),法律出版社,第18页。执笔:贺同新]

▽对奸淫幼女的行为应如何适用罪名

对奸淫幼女的行为应如何适用罪名问题,刑法实施以后,有关司法解释有过不同的规定。1997年《最高人民法院关于执行〈中华人民共和国刑法〉确定罪名的规定》,将刑法第二百三十六条第一款、第二款分别确定为强奸罪和奸淫幼女罪两个罪名。2000年2月最高人民法院制定了《关于审理强奸案件有关问题的解释》(本附文以下简称《解释》),其中规定“对于已满14周岁不满16周岁的人,与幼女发生性关系构成犯罪的,依照刑法第十七条、第二百三十六条第二款的规定,以强奸罪定罪处罚”。可见,该《解释》实质上已将刑法第二百三十六条第二款的罪名又修改回为强奸罪,只不过适用的前提仅是“对于已满14周岁不满16周岁的人,与幼女发生性关系构成犯罪的”(对16周岁以上的人与幼女发生性关系构成犯罪的,无法适用该《解释》)。其后,2002年最高人民法院、最高人民检察院联合颁布的《关于执行〈中华人民共和国刑法〉确定罪名的补充规定》,又进一步明确表明,取消奸淫幼女罪的罪名,将刑法第二百三十六条第二款的行为亦定名为强奸罪。《解释》中因犯罪主体年龄不同适用不同罪名的情形得以解决。[参见第280号案例,李尧强奸案,载《刑事审判参考》总第36集(2004年第1集),法律出版社,第30～31页。执笔:张杰]

▽轮奸案件中,轮奸情节本身没有独立的既未遂问题,只有强奸罪的既未遂问题

未遂,仅是犯罪的一种未完成形态而已,轮奸并非独立一罪,只是强奸罪的一种情形。因此,轮奸本身并没有独立的既未遂问题,只有强奸罪的既未遂问题。如根据轮奸也有既未遂的观点,对轮奸中一人以上奸淫得逞、一人以上奸淫未得逞的情形,是对全案以轮奸未遂定,还是仅对奸淫未得逞的个人以轮奸未遂定,势必难以作出合理的回答。如果说全案应定轮奸未遂罪,那么,无疑会轻纵已奸淫既遂的其他轮奸人;反之,如果说仅对奸淫未遂的被告人定轮奸未遂罪,而对其他被告人仍以轮奸既遂定,那么,轮奸到底是既遂还是未遂,势必难以自圆其说。对轮奸中一人以上强奸既遂,一人以上未遂的情形,由于各行为人均实施了轮奸行为,故首先应对各行为人以强奸罪定罪并按轮奸情节予以处罚。另外,由于轮奸是基于共同奸淫认识的共同实行行为,按照强奸罪中认定既未遂的一般原理,即只要实行犯强奸既遂的,对其他共犯,无论其为帮助犯、教唆犯、组织犯还是共同实行犯,都应按强奸罪既遂论。当然,所谓“都应按强奸罪既遂论”，并不是说具体量刑时就无须区别对待。相反，对帮助犯、从犯的一般应当依法给予从宽处罚，而对个人奸淫未得逞的共同实行犯也可以酌定从轻处罚。[参见第281号案例，唐胜海、杨勇强强奸案，载《刑事审判参考》总第36集(2004年第1集)，法律出版社，第34～35页。审编：洪冰]

▽行为人既实施了强奸妇女行为又实施了奸淫幼女行为的应定强奸一罪

行为人以奸淫为目的，伙同他人采取诱骗、殴打、威胁等手段多次实施了奸淫幼女和少女的行为，符合刑法规定的奸淫幼女和强奸的犯罪特征，根据最高人民法院1997年12月11日公布的《关于执行〈中华人民共和国刑法〉确定罪名的规定》(本附文以下简称《罪名规定(一)》)，本应分别认定其行为构成奸淫幼女罪和强奸罪。但是根据最高人民法院2000年2月16日公布的《关于审理强奸案件有关问题的解释》第二款“对于行为人既实施了强奸妇女行为又实施了奸淫幼女行为的，依照刑法第二百三十六条的规定，以强奸罪从重处罚”的规定，对行为人的行为又只能定强奸罪。需要说明的是，最高人民法院、最高人民检察院于2002年3月又通过了《关于执行〈中华人民共和国刑法〉确定罪名的补充规定》，该补充规定对《罪名规定(一)》有所修改，其中之一是取消了奸淫幼女罪罪名。也就是说，无论是强奸妇女，还是奸淫幼女，今后应适用统一的强奸罪罪名。这一修改，更符合刑法第二百三十六条第二款关于“奸淫不满十四周岁的幼女的，以强奸论，从重处罚”的规定。[参见第178号案例，谢茂强等强奸、奸淫幼女案，载《刑事审判参考》总第26辑(2002年第3辑)，法律出版社，第22～23页。执笔：朱伟德]

▽强奸罪构成要件的既遂标准是插入说，强奸行为完成后，另起犯意猥亵被害人，就不能被先前的强奸行为所包容吸收

罪数的判断标准，我国刑法形成了普遍认可的主客观相统一的犯罪构成标准说。根据这一标准，确定罪数的单复，应该以犯罪构成的个数为依据，即行为人的犯罪事实具备一个犯罪构成的为一罪，具备数个犯罪构成的则为数罪。二行为人的犯罪过程主要分为前后两阶段，前一阶段，他们共同实施奸淫被害人的行为，此行为符合强奸罪的犯罪构成，共同构成强奸罪。后一阶段即在另一行为人中途外出回到客房后，又着手对被害人实施猥亵行为，以发泄其性欲，符合强制猥亵罪的犯罪构成，成立强制猥亵罪。而且，上述一前一后的犯罪行为并不存在行为人所说的相互包容等关系。虽然以上行为侵害的是同一犯罪对象，但这并不能影响其犯罪构成的独立性。在着手强奸前及实行强奸过程中的强制猥亵行为应当为强奸所包容、吸收，是因为这种强制猥亵可以作为强奸罪的预备行为或实行行为中自然可能具有的附随行为来理解，但在共同强奸行为完成后，另起犯意猥亵被害人，就不能被先前的强奸行为所包容吸收，当然此猥亵行为更不是强奸行为的必然延伸，二者之间不存在吸收或者牵连关系。所以，对行为人的行为应当定两罪，而不是强奸一罪。需要说明的是，对行为人的行为是否可以作为一个整体的强奸行为来看并不取决于“具有发泄性欲的同一目的”。由于强奸罪构成要件的既遂标准是插入说，而不是性满足说，所以，即使行为人是在中途发现被害人有经血后暂停了奸淫行为，其强奸既遂仍然成立。其后来又对被害人进行强制猥亵，是在强奸既遂后产生新的犯意的基础上实施的新的犯罪行为，又构成了新的犯罪。犯罪过程不同于一般的行为活动过程。犯罪过程是一个法律的概念，是指犯罪从预备到实行再到完成的全过程，而一般的行为过程可以是一个事件发生的全过程，它不是一个法律的概念。[参见第128(125)号案例，张烨等强奸、强制猥亵妇女案，载《刑事审判参考》总第20辑(2001年第9辑)，法律出版社，第18～19页。执笔：金泽刚]

▽在婚姻关系非正常存续期间，丈夫可以成为强奸罪的主体

夫妻之间既已结婚，即相互承诺共同生活，有同居的义务。这虽未见诸法律明确规定或者法律的强制性规定，但已深深植根于人们的伦理观念之中，不需要法律明文规定。只要夫妻正常婚姻关系存续，即足以阻却婚内强奸行为成立犯罪，这也是司法实践中一般不能将婚内强奸行为作为强奸罪处理的原因。因此，在一般情况下，丈夫不能成为强奸罪的主体。但是，夫妻同居义务是从自愿结婚行为推定出来的伦理义务,不是法律规定的强制性义务。因此,不区别具体情况,对于所有的婚内强奸行为一概不以犯罪论处也是不科学的。例如,在婚姻关系非正常存续期间,如离婚诉讼期间,婚姻关系已进入法定的解除程序,虽然婚姻关系仍然存在,但已不能再推定女方对性行为是一种同意的承诺,也就没有理由从婚姻关系出发否定强奸罪的成立。行为人两次主动向法院诉请离婚,希望解除婚姻关系,一审法院已判决准予行为人与被害人离婚,且双方当事人对离婚均无争议,只是离婚判决书尚未生效。此期间,行为人与被害人之间的婚姻关系在行为人主观意识中实质已经消失。因为是行为人主动提出离婚,法院判决离婚后其也未反悔提出上诉,其与被害人已属非正常的婚姻关系。在这种情况下,行为人在这一特殊时期内,违背被害人的意志,采用扭、抓、咬等暴力手段,强行与被害人发生性行为,严重侵犯了被害人的人身权利和性权利,其行为符合强奸罪的主观和客观特征,构成强奸罪。[参见第51号案例,王卫明强奸案,载《刑事审判参考》总第7辑(2000年第2辑),法律出版社,第28~29页。审编:张军]

▽婚姻状况是确定是否构成强奸罪中违背妇女意志的法律依据

是否违背妇女意志是构成强奸罪的必备法律要件。虽然婚内夫妻两人性行为未必都是妻子同意,但这与构成强奸罪的违背妇女意志强行性交却有本质的不同。根据婚姻法的规定,合法的婚姻,产生夫妻之间特定的人身和财产关系。同居和性生活是夫妻之间对等人身权利和义务的基本内容,双方自愿登记结婚,就是对同居和性生活的法律承诺。因此,从法律上讲,合法的夫妻之间不存在丈夫对妻子性权利自由的侵犯。相反,如果妻子同意与丈夫以外的男子发生性关系却构成对合法婚姻的侵犯。所以,如果在合法婚姻关系存续期间,丈夫不顾妻子反对、甚至采用暴力与妻子强行发生性关系的行为,不属刑法意义上的违背妇女意志与妇女进行性行为,不能构成强奸罪。同理,如果是非法婚姻关系或者已经进入离婚诉讼程序,婚姻关系实际已处于不确定中,丈夫违背妻子的意志,采用暴力手段,强行与其发生性关系,从刑法理论上讲是可以构成强奸罪的。[参见第20号案例,白俊峰强奸案,载《刑事审判参考》总第3辑(1999年第3辑),法律出版社,第25页。审编:张辛陶]

▽行为人虽然没有亲自实施强奸、猥亵妇女的行为,但其强迫他人实施上述行为的,其属于间接实行犯,应当按照实行正犯来处理

共同犯罪的实行犯有两种,一种是行为人自己直接实行犯罪构成客观要件行为的直接实行犯,另一种是利用他人作为犯罪工具实行犯罪行为的间接实行犯。一般情况下,强奸罪或强制猥亵妇女罪的行为人为满足性欲、追求性刺激,均亲自直接实施强奸或猥亵行为;但在特殊情况下,行为人不必直接实施行为,而让其他人代为实施强奸或猥亵行为,亦能达到宣泄性欲,或者追求其他目的的效果,如打击报复、羞辱被害人等。这种情况下,未直接实施行为的行为人实际上是利用其他人作为犯罪工具,其虽然没有亲自直接实施强奸、猥亵行为,但行为人本人仍然构成间接实行犯,应当按照实行正犯来处理。[参见第495号案例,谭荣财、罗进东强奸、抢劫、盗窃案,载《刑事审判参考》总第63集(2008年第4集),法律出版社,第5页。执笔:曾昭光 川彦]

▽为寻求精神刺激,在同一时间内强迫他人对同一犯罪对象实施性交和猥亵行为供其观看的行为,应当依照吸收犯的处理原则,在强奸罪和强制猥亵妇女罪中择一重处罚

行为人为追求精神刺激,先是希望通过强迫被害人与另一被害人性交来满足其低级欲望,因此可以认定此阶段行为中行为人主观上有强奸另一被害人的故意,客观上实施了威逼被害人强奸另一被害人的行为,上述行为已经符合强奸罪的构成要件,由于被害人从未能完成性交行为,则应认定为强奸未遂。在强奸未遂的情况下,行为人又胁迫被害人与另一被害人口交,口交行为属于刑法意义上的猥亵行为,因此其后阶段实施的上述行为又符合强制猥亵妇女罪的构成要件。犯罪构成是区分一罪与数罪的标准,一般是行为人的行为符合几个犯罪构成要件就构成几个罪名,分别对其各罪定罪量刑后进行并罚,但对结合犯、结果加重犯、吸收犯、连续犯等情况,尽管行为人的行为构成形式上的数罪,但基于法律规定或刑法理论则应按一罪处断。行为人基于寻求精神刺激这一目的、在同一时间段内强迫他人对同一行为对象先后实施强奸、猥亵行为的，符合刑法中的吸收犯成立要件，因此，应当依照吸收犯的处理原则，择一重处罚。行为人的行为符合吸收关系成立的第一种情况，即依据一般观念判断，其实施的强奸行为与强制猥亵行为间具有吸收关系。理由如下：从生理学角度讲，两性之间的性交行为通常有三个阶段：一是前奏阶段，即两性之间通过身体的接触，刺激性敏感部位或性器官，挑起性欲；二是初始阶段，即男性的阴茎接触或插入女性的阴道；三是完成阶段，即男性的阴茎在阴道内摩擦直至射精。为保护女性的性权利，刑法将上述各阶段行为的性质进行了区分，即将第一阶段的行为以及第二阶段中对14周岁以上妇女性器官的接触行为界定为猥亵妇女的行为；将第二阶段中对14周岁以下幼女性器官的接触和对14周岁以上妇女阴道的插入以及第三阶段的完成行为界定为强奸行为。因此，如果行为人以发生二、三阶段的行为为目的，其第一阶段的猥亵行为即为强奸行为发展过程中的一个组成部分，应自然被强奸行为所吸收，不再单独评价。问题是行为人的猥亵行为是在强奸未遂后实施的，二行为之间是否也存在吸收关系？一般情况下，行为人出于强奸的目的，强行与被害人发生性行为，由于意志以外的原因而未得逞时，心有不甘，继续实施猥亵行为，或者其强奸既遂后又继续对同一行为对象实施猥亵行为的，此时的猥亵行为是强奸行为的自然延续，当然地被强奸行为吸收，不再单独评价。（此观点与《刑事审判参考》上刊载的第128（125号）案例评析观点相悖，值得商榷。——编著者注）但在一些特殊情况下，猥亵行为虽系强奸行为的自然延续，由于行为人采取的猥亵手段残忍、性质恶劣，或者行为人强奸未遂或中止而猥亵行为既遂，相较之下，对其猥亵行为可能判处的刑罚比对其强奸行为可能判处的刑罚更重时，那么强奸行为就可能被猥亵行为所吸收了。需要指出的是，如果行为人实施强制猥亵妇女行为与强奸行为的时间间隔较长，已经超过生理上二行为自然延续过程的，或者强奸对象与强制猥亵对象不是同一人的，则强奸行为与强制猥亵行为之间就不再具备吸收关系，不符合吸收犯的成立要件，不能再按照吸收犯的处理原则择一重处罚，而应当依照强奸罪和强制猥亵妇女罪对其实行数罪并罚。［参见第495号案例，谭荣财、罗进东强奸、抢劫、盗窃案，载《刑事审判参考》总第63集（2008年第4集），法律出版社，第5～9页。执笔：曾昭光　川彦］

▽强奸完毕后，被告人为掩盖罪行而另起杀人犯意，持刀捅刺被害人，并扯断其小肠，致被害人重伤，完全符合故意杀人罪的构成条件

刑法本条规定，强奸"致使被害人重伤、死亡或者造成其他严重后果的"，以强奸罪处十年以上有期徒刑、无期徒刑或者死刑。这里的"重伤、死亡"是指强奸行为导致被害人性器官严重损伤，或者系在强奸过程中为制服被害人反抗而施加暴力，导致被害人重伤、死亡，不包括强奸行为完成后出于报复、灭口等动机而故意伤害、杀害被害人的情形。对于后一种情形，应当分别认定为强奸罪、故意杀人罪或者故意伤害罪，实行数罪并罚。本案虽然被告人先持刀捅刺被害人胸部，再强奸被害人，但此处的损伤并未构成重伤，此时对其行为可认定为强奸罪一罪。强奸完毕后，被告人为掩盖罪行而另起杀人犯意，持刀捅刺被害人，并扯断其小肠，致被害人重伤，完全符合故意杀人罪的构成条件。故对被告人的行为应当认定为强奸罪和故意杀人罪，数罪并罚。如单认定为强奸罪，则不能完全反映被告人试图杀害被害人的主观故意，不符合主客观相统一的定罪原则。［参见第657号指导案例，覃玉顺强奸、故意杀人案，载《刑事审判参考》总第77集（2010年第6集），第40页。撰稿：李晓光　赵娟］

▽轮奸情节之认定及其处理

从司法实践中提炼出常见的八种情形，对如何认定轮奸情节提出了认定与处理意见：

1. 甲、乙在轮奸妇女的过程中，甲实施了强行性交的行为，乙因意志以外的原因未能实施强行性交。甲构成强奸既遂还是轮奸的既遂？乙是强奸未遂还是轮奸未遂？

2. 甲、乙相约轮奸妇女，在实施奸淫的场合，其中甲主动放弃实施强行性交行为，乙进行了强行性交。对于主动放弃实施强行性交的甲是否构成犯罪中止？如构成犯罪中止，则是强奸中止还是轮奸中止？

3. 甲、乙有共同轮奸的故意,但甲、乙二人不同在奸淫现场,甲奸淫妇女后,打电话叫乙来到奸淫现场,而后甲离开现场,由乙对该妇女进行强行性交。甲、乙是否构成轮奸?

4. 甲、乙、丙三人有轮奸妇女的故意,甲、乙轮流对妇女进行了奸淫,丙未及实施奸淫就被抓获。丙是轮奸未遂还是强奸未遂?

5. 甲原来打算帮助乙实施强奸妇女,在帮助乙实施奸淫的过程中,甲产生奸淫故意,但是甲在实施犯罪过程中因意志以外原因未达既遂。那么,甲是强奸罪的帮助犯还是轮奸未遂?

6. 甲、乙着手轮奸犯罪,在着手实施过程中,甲中止实施强行性交,致使乙强奸未遂。如何认定甲与乙的犯罪形态?

7. 甲、乙着手轮奸犯罪,在着手实施过程中,甲自动中止实施强行性交,当甲停止实施犯罪后,乙因意志以外的原因(非甲的阻止)而未能强行性交。如何认定甲与乙的犯罪形态?

8. 甲诱使未成年人乙(13岁)共同对丙进行了奸淫,甲是否轮奸既遂?

当然,以上8种情形中的许多问题,在提法上并不妥当。我国刑法第二百三十六条第三款规定了强奸罪的加重处罚的情形,情形之一就是“二人以上轮奸妇女的”。轮奸肯定是轮流实行性交,并且是强制的,违背妇女意志的行为。轮奸,首先是轮流性交,即两人以上先后相继,有先有后与同一妇女进行性交,故在时间上不存在同一时间进行轮奸的可能,只存在间隔时间长短的问题。从轮奸的本质看,地点的同一不是其本质。只要具备下列条件就构成轮奸:有轮流强行性交的故意;有轮流强行性交的行为;主体为两人以上;侵犯同一妇女(幼女);轮流强行性交在时间上具有连续性,即间隔较短。

从我国法律的规定看,有一点,是明确的,即轮奸不是独立的罪名,而只是作为强奸罪的一种加重情节。在我国刑法中,轮奸不是一种独立的犯罪。只有对独立的犯罪而言,才存在犯罪的既遂、未遂等不同的停止形态。轮奸行为是否完成,还谈不上轮奸的既遂、未遂与中止等犯罪形态问题。我们平时所讲的“轮奸”的既遂,事实上指“以强行性交为目的的轮奸行为”,符合了第二百三十六条第三款规定的“两人以上轮奸”的情节,而非指轮奸的犯罪形态。如果从犯罪形态的角度看,只存在“轮奸”是否构成强奸罪的既遂、未遂、中止问题,不存在轮奸的既遂、未遂、中止问题。轮奸是事实问题,只有构不构成的问题,如果只有主观上的轮奸故意,而没有客观上的轮流奸淫行为,还不是轮奸行为,还不符合“两人以上轮奸妇女”这一情节。如果两人以上对妇女分别进行了奸淫,则构成轮奸,符合“两人以上轮奸妇女”这一情节。当多人欲轮流奸淫妇女,有两人或两人以上强行进行了性交,其他人还未进行性交的,所有人均构成轮奸,因为共同犯罪中,进行了强行性交的人的行为可以看作没有进行性交的人的行为,因此所有人都符合了“两人以上轮奸的”这一情节。当然,如果构成轮奸就加重处罚;不构成“两人以上轮奸的”情节,则按照强奸罪的基本法定刑处罚。

基于以上认识,对于情形1,甲、乙在轮奸妇女的过程中,甲实施了强行性交的行为,乙因意志以外的原因未能实施强行性交。由于甲进行了强行性交,故甲构成强奸罪的既遂是没有问题的,那么甲构成强奸既遂,轮奸只有构不构成的问题,而不存在轮奸的既遂问题。当然,这个问题的关键不是如何认定犯罪形态,关键是对甲如何适用刑罚的问题,即问题的核心是对甲不能按照刑法第二百三十六条第三款进行处罚。因为,只有甲进行了强行性交,乙未实施性交,故还不存在轮奸的事实。既然不存在轮奸的事实,对甲就不能按照刑法第二百三十六条第三款进行处罚。而对于乙,由于甲与乙是共同犯罪,乙有共同与甲犯强奸罪的故意,只要甲实施了强行性交,就是甲、乙强奸罪的既遂。因此,乙同样构成强奸罪,但由于乙未实施强行性交,故对乙可以按照强奸罪的既遂,适当从轻处罚。乙不是强奸罪的未遂,而是强奸罪的既遂。

对于情形2,甲、乙相约轮奸妇女,在实施奸淫的场合,其中甲主动放弃实施强行性交行为,乙进行了强行性交。强奸罪共同正犯既不能并存既遂犯与未遂犯,也不能并存既遂犯与中止犯,因此,在轮奸的场合,只要有人进行了性交,就是强奸罪的既遂,尽管甲自动放弃了强行性交,也不能构成犯罪中止,故就不存在强奸中止或轮奸中止的问题。

对于情形3,甲、乙有共同轮奸的故意,但甲、乙二人不同时在奸淫现场,甲奸淫妇女后,打电话叫来乙到达奸淫现场,而后甲离开现场,由乙对该妇女进行强行性交。

对照轮奸的构成条件,案例3中甲、乙两人,虽然在时空上表现出一定的分离性,但又不完全是分离的。甲对妇女进行了奸淫,在奸淫的当时,乙是否在场,对轮流强行性交并无影响,对被害妇女也无差异;同理,在乙奸淫妇女的场合,甲是否在场对乙的奸淫行为也不产生影响。在情形3中,甲、乙有轮奸的犯意,有轮奸的行为,强行性交具有时间上的连续性,又是针对同一妇女实施。因此,完全符合轮奸的所有条件。故甲、乙的行为成立轮奸,应该按照刑法第二百三十六条第三款规定处罚。

对于情形4,甲、乙、丙三人有轮奸妇女的故意,甲、乙轮流对妇女进行了奸淫,丙未及实施奸淫就被抓获(该情形的前述关于强奸罪共同正犯能否并存既遂犯与未遂犯时,已有较为详细的论述)。在该情形中的焦点是,对丙的量刑问题,即对丙是按照第二百三十六条第一款处罚还是按照第三款处罚。按照前面所述,轮奸是事实问题,只有是否构成的问题,甲、乙轮流进行了奸淫构成"二人以上轮奸"这一情节。丙有进行轮奸的故意,在共同犯罪中,甲与乙的轮流强行性交也视为丙的行为,故无论丙有没有进行强行性交,丙也构成"二人以上轮奸"这一情节。由于甲、乙对妇女进行了奸淫,故甲、乙、丙犯强奸罪已经构成了既遂,这样,对甲、乙、丙均应该按照第二百三十六条第三款的规定处罚,当然对丙可以适当从轻判处刑罚。

对于情形5,甲原来打算帮助乙实施强奸妇女,在帮助乙实施奸淫的过程中,甲产生奸淫故意,但是甲在实施犯罪过程中因意志以外运因未达既遂。甲原来是强奸罪的帮助犯,但当甲产生了奸淫妇女的故意,只要已经实施了强奸罪的实行行为,即使其行为未达既遂,其已经构成强奸罪的共同正犯。鉴于其未达既遂,故甲、乙是不构成轮奸。对于甲应该按照刑法第二百三十六条第一款,作为强奸罪的共同正犯的既遂处罚。但在量刑时可以考虑其未完成性交的情节,比照对乙的处刑,适当从轻处罚。

对于情形6,甲、乙着手轮奸犯罪,在着手实施过程中,甲中止实施强行性交,致使乙强奸未遂。甲构成强奸罪的中止,因为甲自动中止了强奸罪的实行行为,并有效地防止了强奸罪的既遂状态的出现。对于乙而言,强奸罪未达既遂不是出于乙的意志,甲的中止行为对于乙来说是一种障碍,由于甲的这种障碍,乙未能达到既遂,故乙构成强奸罪的未遂。强奸罪的共同正犯未遂与中止可以并存,因为未遂与中止都是未达既遂。

对于情形7,甲、乙着手轮奸犯罪,在着手实施过程中,甲自动中止实施强行性交,当甲中止实施犯罪后,乙因意志以外的原因(非甲的阻止)而未能强行性交。对于该情形,可以分为两种情况来分析。第一种情况是,甲自动中止强奸罪的实行行为,但是甲没有劝阻乙的奸淫行为,乙是因为其他意志外的原因未达既遂。在这种情况下,甲虽有中止强奸罪的意思,但是中止强奸罪的行为还不够完备,因为在共同正犯中,中止犯不仅要中止自己的行为,还要努力阻止其他共同正犯实施犯罪行为。在该情形中,甲没有阻止乙的犯罪行为,故甲不具备成立共同犯罪中止犯的主观条件。甲、乙都是强奸罪的未遂犯,但在量刑时可以适当考虑甲的主观意思,从轻处罚。第二种情况是,甲自动中止犯罪行为,并努力阻止乙进行犯罪,但乙的未遂并非出于甲的阻止。在这种情形下,甲可以构成犯罪中止。因为甲主观上有中止犯罪的意思,客观上有阻止犯罪结果发生的行为,结果也阻止了犯罪的既遂。对甲应该按照犯罪中止的规定进行处罚。

对于情形8,甲诱使未成年人乙(13岁)共同对丙进行了奸淫。虽然,从形式上看,甲、乙两个人对丙进行了奸淫,符合轮奸的主体要求,但是,由于乙是未成年人,乙对其奸淫行为不负刑事责任。乙只是甲的犯罪工具,乙实施的奸淫行为就相当于是甲自己实施的奸淫行为。乙不构成强奸罪,对乙实施的奸淫行为而言,甲是间接正犯。在该案例中,由于乙的行为不具有独立性,其行为不构成强奸罪,因此不存在甲、乙构成轮奸的问题。甲不但自己实施了奸淫行为,而且还利用乙作为工具实施了奸淫行为，实质上相当于甲实施了两次奸淫行为。[参见梁剑著:《论强奸犯罪共犯形态中的特殊问题》，载《刑事审判要览》(办案笔谈)总第9集(2004年第3集)，第19～24页。]

▽共同轮奸犯罪案件中，其中某行为人的强奸行为是否得逞，不影响对各行为人具有轮奸情节的认定

轮奸是指二名以上男子基于共同的强奸故意，在同一段时间先后对同一被害人实施强奸的行为。根据刑法的规定，情节加重犯与结果加重犯适用的法定刑均比基本犯更重；其区别在于适用更重的法定刑的理由不同，前者系具有法定的“严重情节”，后者系具有法定的“严重结果”。轮奸系情节加重犯，而非结果加重犯。二名以上行为人只要基于共同的强奸故意，在同一段时间先后对同一被害人实施强奸行为的，就应当依法认定为具有轮奸情节。各行为人的强奸行为是否得逞，并不影响对各行为人具有轮奸情节的认定。本案被告人张甲和张乙二人达成强奸被害人杨某的通谋，并对被害人杨某轮流实施强奸行为，虽然张乙的行为未得逞，但并不影响对二被告人具有轮奸情节的认定。[参见第790号指导案例，张四、张乙强奸案，载《刑事审判参考》总第87集(2012年第4集)，第16页。撰稿:冉容　涂俊峰　黄超荣]

▽共同犯罪中，部分行为人强奸行为已得逞，未得逞的行为人亦应认定为强奸犯罪既遂

轮奸并非独立的罪名，而是强奸罪的情节加重犯。该情节本身只有构成与不构成的问题，而不涉及犯罪既遂与未遂的停止形态问题。根据共同犯罪“一人既遂，全体既遂”的基本原理，只要共同行为人中有一人的犯罪行为得逞，各共同行为人的犯罪行为均应认定为犯罪既遂，部分行为人的强奸行为未得逞，不影响犯罪既遂的认定。当然，如果共同行为人的强奸行为均未得逞，则应当认定所有行为人的犯罪形态为未遂。本案被告人张甲和张乙共同实行强奸被害人的行为，其中张甲得逞，张乙未得逞，但二被告人的行为依法均应认定为强奸犯罪既遂。一审判决认定二被告人的行为构成轮奸，但认定二被告人的行为分别构成犯罪既遂和犯罪未遂，违背了共同犯罪基本原理，故二审予以纠正。[参见第790号指导案例，张四、张乙强奸案，载《刑事审判参考》总第87集(2012年第4集)，第16～17页。撰稿:冉容　涂俊峰　黄超荣]

▽强奸行为未得逞的行为人是否认定为共同犯罪的从犯，应当根据其在犯罪中的地位、作用等多方面因素综合认定

被告人张乙首先提出强奸杨某的犯意，被告人张甲表示同意，之后二人商定轮流强奸被害人杨某的具体分工和细节。之后，张乙独自将杨某骗至其出租屋，并且先对杨某实施强奸行为，此时，张乙的行为已经完成了强奸罪的构成要素。在共同犯罪过程中，张乙系犯罪意图的提出者，且系其将杨某骗至案发地，并率先实施了强奸行为，因此，其在共同犯罪中所处的地位和作用并不比张甲小，其参与犯罪的环节比张甲多，参与犯罪的过程比张甲更为完整。虽然张乙最终因为杨某奋力反抗，没有完成强奸行为，但其先前实施的暴力强奸行为使杨某的反抗能力在一定程度上减弱，从而使张甲得以顺利完成强奸行为。从这一角度分析，杨某最终被张甲强奸的后果，是张乙与张甲二人共同行为所致。基于上述分析，本案二审法院基于张乙的犯罪行为与犯罪后果无直接因果关系而将张乙认定为从犯，值得商榷。

综上所述，在轮奸犯罪案件中，虽然未得逞者的强奸行为对被害妇女或者幼女的身心健康直接造成的危害程度低于已得逞者，但对未得逞者是否认定为从犯，应当结合案件实际情况，综合未得逞者在案件中的分工、地位、作用、实际参与程度等多方面因素予以全面分析，不应仅仅从其是否完成自身的强奸行为进行片面认定。[参见第790号指导案例，张四、张乙强奸案，载《刑事审判参考》总第87集(2012年第4集)，第17～20页。撰稿:冉容　涂俊峰　黄超荣]

▽行为人实施强奸行为完毕离开现场后，其他帮助犯起意并对同一被害人实施轮奸行为的，不能认定该行为人构成轮奸

轮奸是指两名以上男子基于共同强奸犯罪的故意，对同一妇女分别实施强奸行为。轮奸是法律明确规定的一种强奸罪的加重情节，而非独立的一种犯罪。轮奸必须同时具备以下条件：一是各行为人具有共同强奸的犯意联络，即不仅自己具有实施强奸的故意，而且明知其他行为人也具有实施强奸的故意；二是必须是对同一被害人先后实施强奸行为。本案被告人李某对被害人许某强奸行为实施完毕后即离开现场，不应认定其具有二人以上轮奸的加重情节。具体理由如下：对共同犯罪故意的认定需要关注以下两个方面的内容：一是共同犯罪故意的认识因素和意志因素；二是共同犯罪行为人之间的犯意联络。具体而言，共同犯罪故意的认识因素是指各行为人对本人和他人共同实施的犯罪行为所具有的社会危害性的认识；共同犯罪故意的意志因素是指各行为人在认识到共同犯罪社会危害性的基础上决意共同实施犯罪行为，希望或者放任共同犯罪危害结果发生的心理态度；而共同犯罪行为人之间的犯意联络则是指各行为人关于相互协同实施特定犯罪行为的意思沟通，这种意思沟通可以采用明示或者默示的方式进行。共同犯罪行为人必须对共同犯罪具有故意，如果各犯罪行为人并无共同犯罪故意的认识因素和意志因素，也缺少相互协同实施特定犯罪行为的意思沟通，则不构成共同犯罪，行为人仅对自己实施的犯罪行为承担刑事责任。本案李某提出其意欲对被害人许某实施强奸时，苑某某等人表示同意，并把其他两位被害人叫离，为李某强奸许某提供方便。就这个角度而言，苑某某等人对李某要实施强奸行为在主观上明知且达成合意。然而，李某此时并不知道苑某某、王某某之后会对许某实施强奸，其在强奸行为实施完毕后即离开现场，其间没有与苑某某、王某某就分别实施强奸许某的行为进行意思沟通。苑某某、王某某的强奸故意是李某离开现场后形成的，其对同一被害人许某实施的强奸行为，李某并不知情。因此，李某没有与他人实施轮奸的共同故意，仅需对自己实施的强奸行为负责。需要指出的是，本案被告人李某不构成轮奸，但不影响对被告人苑某某、王某某构成轮奸的认定。即便在李某离开现场后，只有苑某某一人对被害人许某实施强奸，也同样应当认定苑某某构成轮奸。因为苑某某为李某实施强奸提供帮助的行为，已经构成强奸罪的共犯，之后又单独实施强奸行为，完全符合轮奸的认定条件。［参见第792号指导案例，苑建民、李佳等绑架、强奸案，载《刑事审判参考》总第87集(2012年第4集)，第29～31页。撰稿：郑鹏飞　吴孔玉］

▽被害人因躲避强奸在逃离过程中失足落水，行为人未实施救助，导致被害人溺水死亡的，应当以强奸罪和故意杀人罪数罪并罚，不能仅认定为强奸罪的加重情节或单独认定为故意杀人罪

被告人在已经构成强奸罪（未遂）的情形下，还存在不作为的故意杀人行为，应当以强奸罪（未遂）和故意杀人罪两罪并罚。以犯罪构成标准来认定罪数形态是我国刑法理论界的通说观点，也是实务界的通行做法。行为符合一个犯罪构成的，成立一罪；行为符合数个犯罪构成的，成立数罪。基于这一原则，结合本案事实，本案被告人的行为具备强奸罪和故意杀人罪两个罪的构成要件，应当实行数罪并罚。

（一）被告人的行为符合强奸罪的构成特征。被告人乘夜深人静之机将被害人李某强行带至无锡市通江大道安福桥南岸桥洞下斜坡处，采用语言威胁、拳打、卡喉咙等暴力手段欲对李某实施强奸，因遭到李某反抗而未果。该行为违背了李某意志，完全符合强奸罪的构成特征，只是因被害人强烈反抗而最终没有得逞，故应当认定为强奸罪未遂。

（二）被告人的行为符合不作为型故意杀人罪的构成特征。对于被害人李某逃离过程中落水身亡这一事实，应该结合不作为犯罪理论进行评价。根据不作为犯罪理论，先行行为造成法益侵害现实危险的，行为人均应当承担避免危险实际发生的法定义务，如果行为人不积极履行救助义务，就构成刑法中的不作为犯罪。本案被告人因为先前置李某于危险境地的行为，使其负有刑法意义上的“保证人”义务，即在李某落入水中时，被告人负有采取有效措施救助李某的特定义务。被告人不履行这一特定的“保证人”义务，未采取任何措施救助被害人，最终导致李某溺水身亡，其行为违反了刑法的命令性规范，应当受到刑法的否定性评价，构成不作为的故意杀人罪。刑法上的故意，是指行为人明知自己的行为会发生危害社会的结果，并且希望或者放任这种危害结果发生的一种主观罪过。就故意杀人罪的故意而言，是指行为人明知自己的行为会导致被害人死亡的结果，还希望或者放任该种结果的发生。本案发生在偏僻的河边,且系夜间,被告人应当知道在当时特定的环境下,如果其不及时救助被害人李某,就会发生李某溺水身亡的结果,但其在客观上并未对李某实施任何救助,而是完全放任李某死亡结果的发生,因此,符合故意杀人罪的构成要件。

(三)李某在逃离过程中失足落水身亡这一事实应当作为故意杀人罪的构成要素来评价。一般情况下,一个行为原则上只能存在一种犯罪停止形态,即一个行为一旦停止于某一犯罪形态,其就不可能同时停止于另一犯罪形态。如果犯罪行为已经处在停止状态,之后发生的事实就不应再纳入已经停止的犯罪予以评价。但是对于部分犯罪,由于刑法明文将某些后果的发生作为基本犯的加重情节,而这部分后果往往是在犯罪行为实施完毕后发生的。如暴力干涉婚姻自由罪中,"致使被害人死亡的,处二年以上七年以下有期徒刑",这里的"致使被害人死亡"是加重情节,并不必然是暴力直接致使被害人死亡,而极有可能是因为其他与婚姻紧密相关的因素所导致。从这一角度分析,作为加重情节的后果并不要求具有直接因果关系。因此,如果被害人因被强奸而投河自尽的行为,应当属于强奸罪的加重情节。那种以具有直接因果关系为由,主张被害人李某逃离过程中失足落水身亡的事实不应纳入强奸罪评价,难以经得住推敲。在刑法明确将某些后果规定为加重情节的犯罪中,只要具有刑法上的因果关系,不区分直接和间接,都应当纳入该罪评价,但具有其他行为介入因果关系的除外。如果具有其他行为介入,则发生因果关系的断绝。本案中,李某失足落水身亡的事实是否纳入强奸罪评价,关键在于发生李某失足落水身亡的结果之前是否具有其他行为等因素的介入。很显然,被告人因为先行行为导致其具有救助的作为义务,其不采取任何救助措施就离开现场,实质上是一种不作为。按照通说观点,不作为也是一种行为,即被告人实施了一种行为,只不过这种行为是以不作为方式实施的。这种不作为行为的介入,使原有的因果关系发生断绝,断绝后发生的行为与后果应当单独作为一个罪质来评价因果关系。而恰恰是这点,在实践中往往被忽略。本案中,那种主张将被告人失足落水身亡的事实纳入强奸罪评价的观点,忽视了不作为也是一种行为以及这种行为给因果关系所带来的影响。综上,对被告人应当以强奸罪(未遂)和不作为的(间接)故意杀人罪数罪并罚,无锡市中级人民法院的判决是正确的。[参见第 834 号指导案例,韦风强奸、故意杀人案,载《刑事审判参考》总第 90 集(2013 年第 1 集),第 64 ~67 页。撰稿:王星光　庄绪龙]

▽对轮奸幼女的行为应同时适用轮奸加重处罚和奸淫幼女从重处罚情节

1. 轮奸是强奸罪的情节加重犯。情节加重犯,是指某种基本犯罪因具有某种严重情节或者特别严重的情节而被加重法定刑的犯罪形态。情节加重犯由两部分组成:一是基本犯罪行为;二是加重情节。我国刑法中的强奸罪有基本构成和加重构成之分。犯罪分子的犯罪行为在符合强奸罪的基本犯罪构成的情况下,如具备轮奸情节,就符合法定刑升格条件,应当在十年有期徒刑以上量刑,故轮奸情节是根据犯罪分子犯罪行为本身的严重社会危害性而使其承担相对较重的刑事责任。

2. 奸淫对象为幼女是强奸罪的法定从重处罚情节。所谓从重处罚情节,是指犯罪构成之外的能够导致犯罪的社会危害性加重,并进而加大犯罪人刑事责任的各种与犯罪事实或犯罪人相关的事实的总和。具备从重处罚情节的,应在法定刑罚范围内,对犯罪人适用较重的刑种或较长的刑期。因强奸幼女比强奸妇女有着更大的社会危害性,强奸幼女除了侵犯幼女不可侵犯的性权利以外,逐严重侵犯了幼女的身心健康,使幼女的身心受到严重的摧残,在一段时间内难以消除其对性的恐惧、憎恶心理,具有更大的社会危害性,故为了体现刑法对幼女的特殊保护,应当对这种行为从重处罚。

经由上述分析可知,刑法本条第三款规定的加重情节,系从犯罪情节、犯罪后果角度,基于罪刑相适应原则所作的一种规定。而该条第二款规定的从重处罚情节,系从犯罪对象角度,为了体现对幼女的特殊保护所作的一种规定。上述两款规定并行不悖,同时适用并非对犯罪分子所犯罪行的重复评价,而是罪刑均衡原则的本质要求。如对轮奸幼女的犯罪分子只适用加重构成条款,而不适用从重处罚条款,势必造成轮奸幼女和轮奸妇女承担同等刑罚的后果。这样的处罚后果既违反罪刑相适应原则,也未体现刑法对幼女的特殊保护。[参见第843号指导案例,王鑫等强奸、寻衅滋事、故意伤害、抢劫案,载《刑事审判参考》总第91集(2013年第2集),第20~21页。撰稿:邵坤 刘山娴]

▽对具有多种量刑情节的被告人的规范量刑

根据《人民法院量刑指导意见(试行)》(已失效,本附文以下简称《意见》)的规定,对具有多种量刑情节的被告人量刑时,应当按照如下步骤:“(1)根据基本犯罪构成事实在相应的法定刑幅度内确定量刑起点;(2)根据其他影响犯罪构成的犯罪数额、犯罪次数、犯罪后果等犯罪事实增加刑罚量,在量刑起点的基础上确定基准刑;(3)根据量刑情节调节基准刑,并综合考虑全案情况,依法确定宣告刑。”上述规定中的基准刑是在不考虑各种法定和酌定量刑情节的前提下,根据基本犯罪构成事实和其他影响犯罪构成的反映社会危害性的犯罪数额、犯罪次数、犯罪后果等犯罪事实的既遂状态应当判处的刑罚。确定基准刑之后,应当按照《意见》规定的方法根据量刑情节对基准刑进行调节:“(1)具有单个量刑情节的,根据量刑情节的调节比例直接对基准刑进行调节。(2)具有多种量刑情节的,根据各个量刑情节的调节比例,采用同向相加、逆向相减的方法确定全部量刑情节的调节比例,再对基准刑进行调节。(3)对于具有刑法总则规定的未成年人犯罪、限制行为能力的精神病人犯罪、又聋又哑的人或者盲人犯罪、防卫过当、避险过当、犯罪预备、犯罪未遂、犯罪中止、从犯、胁从犯和教唆犯等量刑情节的,先用该量刑情节对基准刑进行调节,在此基础上,再用其他量刑情节进行调节。(4)被告人犯数罪,同时具有适用各个罪的立功、累犯等量刑情节的,先用各个量刑情节调节个罪的基准刑,确定个罪所应判处的刑罚,再依法实行数罪并罚,决定执行的刑罚。(5)对于同一事实涉及不同量刑情节时,不重复评价。”对于本案所涉及的未成年人犯罪、立功等情节,应当如何减轻基准刑的幅度,《意见》也进行了详细规定。如对于未成年人犯罪,“应当综合考虑未成年人对犯罪的认识能力、实施犯罪行为的动机和目的、犯罪时的年龄、是否初犯、悔罪表现、个人成长经历和一贯表现等情况,予以从宽处罚。(1)已满十四周岁不满十六周岁的未成年人犯罪,可以减少基准刑的30%~60%;(2)已满十六周岁不满十八周岁的未成年人犯罪,可以减少基准刑的10%~50%”。又如对立功情节,应当“综合考虑立功的大小、次数、内容、来源、效果以及罪行轻重等情况,确定从宽的幅度。(1)一般立功的,可以减少基准刑的20%以下;(2)重大立功的,可以减少基准刑的20%~50%;犯罪较轻的,可以减少基准刑的50%以上或者依法免除处罚”。具体到本案中,被告人曾某参与轮奸了曲某,但其犯罪时刚满十四周岁,归案后,又协助公安机关抓获了同案犯,有立功表现。轮奸行为系强奸罪的情节加重犯,根据《意见》第四部分第三项关于强奸罪的量刑规定,在十年至十二年有期徒刑幅度内确定量刑起点,因无其他影响犯罪构成的犯罪事实,在此量刑起点内确定基准刑。在用量刑情节对基准刑进行调节时,首先,考虑曾某系未成年和立功等刑法总则中规定的量刑情节,按照上述规定的减少基准刑的幅度对曾某减轻和从轻处罚,且二者应当叠加,即“同向相加”;其次,因曾某系轮奸幼女,按照刑法第二百三十六条第二款的规定,应当从重处罚,从重幅度根据《意见》的规定,“对于犯罪对象为未成年人、老人、残疾人、孕妇等弱势人员的,综合考虑犯罪的性质、犯罪的严重程度等情况,可以增加基准刑的20%以下”。最后,假设曾某强奸罪部分的基准刑为有期徒刑十年,其刚满十四周岁,因未成年减少基准刑的幅度靠近60%为宜,因立功减少基准刑的20%,从重处罚再增加基准刑的20%以下,因此,对其强奸罪部分判处有期徒刑四年左右为宜。本案发回重审以后,以强奸罪判处曾某有期徒刑三年八个月,较原审时以强奸罪判处曾某三年三个月稍重,但更为符合量刑规范化的要求。

需要指出的是,本案中王某、曾某等人除犯强奸罪外,还犯抢劫罪等其他罪行。刑法第六十九条规定的刑期相加规则实质上已包含了对犯数罪被告人的否定性评价,因此,在对其中一罪量刑时不再将犯数罪这一情节作为酌情从重处罚的情节,故在对上述被告人强奸罪量刑时无须考虑其还犯有其他罪行的情节。[参见第843号指导案例,王鑫等强奸、寻衅滋事、故意伤害、抢劫案,载《刑事审判参考》总第91集(2013年第2集),第22~23页。撰稿:邵坤 刘山娴]

▽在强奸案件中认定行为人是否构成数罪,需结合是否有报复、灭口的动机及暴力、其他手段的具体实施情况综合判断

(一)采取足以致人伤亡的暴力手段实施强奸,暴力手段行为造成的伤亡后果属于强奸罪的加重构成要件要素。行为人采取足以致人伤亡的暴力手段意图实现奸淫目的的,该暴力手段与奸淫目的并不矛盾,仍属于强奸罪范畴内的暴力手段,不另外构成故意杀人罪。该暴力手段导致被害人伤亡的,构成强奸罪的加重犯。首先,强奸行为人使用暴力或者其他手段对被害人进行加害,其目的是压制被害人的反抗,使其奸淫得逞。因此,通常情况下,行为人不会采用足以致死的暴力或者其他手段,先杀死被害人与后实施奸淫行为在逻辑上存在一定矛盾。但是,如果行为人使用的暴力或者其他手段并未立刻导致被害人死亡,则行为人完全可以在被害人丧失反抗能力但未死亡时实施奸淫行为,此时先实施的手段行为与后实施的目的行为并不矛盾。其次,刑法将强奸"致使被害人重伤、死亡"的情形规定为强奸罪的加重犯,意味着立法上已将足以致使他人伤亡的暴力或者其他手段纳入强奸罪的范畴。与抢劫、绑架等犯罪一样,强奸罪也是典型的复合行为犯,即由数个相对独立的行为复合而成的犯罪形态。强奸罪包括手段行为和目的行为,手段行为即使用暴力、胁迫或者其他手段压制被害人反抗的行为,目的行为即行为人对反抗能力被抑制的被害人实施奸淫的行为,二者共同构成了完整意义上的强奸行为。刑法规定的强奸"致使被害人重伤、死亡",既包括目的(奸淫)行为导致被害人重伤、死亡的情形,也包括手段行为导致被害人重伤、死亡的情形。前者主要指因强奸妇女、奸淫幼女导致被害人性器官严重损伤,或者造成其他严重伤害,甚至当场死亡或者因治疗无效死亡等情形,后者主要指因对被害人实施殴打、勒颈、麻醉等行为致被害人重伤、死亡。从行为人的主观心态分析,其对致被害人重伤、死亡的结果可能出于过失,也可能出于间接故意,个别情况下不排除行为人具有直接故意。如行为人明知注射过量麻醉药会致人死亡,为奸淫被害人而对其进行过量注射,并在其死亡前实施奸淫,此时行为人采取的麻醉手段兼具压制反抗和灭口的性质,对死亡结果持直接故意的心态。值得注意的是,一般情况下手段行为实施在前,目的行为实施在后,但在强奸行为达到既遂后实施完毕前行为人仍有可能使用暴力或者其他手段持续压制被害人的反抗,使其强奸行为得以完成。此时行为人使用的暴力或者其他手段与目的行为并存,并且服务于目的行为,故仍属强奸罪的手段行为,由此造成被害人伤亡的,属于强奸罪的加重犯。例如,行为人在奸淫被害人时为阻止其呼救,持续捂压其口鼻致被害人死亡,构成强奸罪的加重犯。本案中,被告人预谋入室强奸,被被害人李某发现后将其打昏,而后实施奸淫行为。鉴定意见证实李某系被质地较硬的钝器打击头部致严重颅脑损伤死亡,李某死亡的结果系强奸罪的手段行为导致,行为人对被害人死亡的结果持间接故意心态,属于刑法规定的强奸致人死亡的情形,不应再认定为故意杀人罪。

(二)在强奸案件中认定行为人是否构成数罪,需结合是否有报复、灭口的动机及暴力、其他手段的具体实施情况综合判断。首先,关于强奸犯罪的罪数认定,司法实践中长期以来遵循的标准是,对于强奸犯出于报复、灭口等动机,在实施强奸的过程中杀死或者伤害被害妇女、幼女的,应当分别认定为强奸罪、故意杀人罪或者故意伤害罪,数罪并罚。此处的强奸过程,既包括实施强奸罪的手段行为的过程,如行为人因被害人反抗激烈,在实施奸淫前即将被害人杀害,也包括实施目的行为的过程,如奸淫过程中为灭口将被害人杀害,此种情形在实践中更为多见。也就是说,因实施强奸犯罪构成数罪的,一般均具有报复、灭口的动机,该动机是认定数罪的必要条件。其次,行为人具有报复、灭口动机的,并非一律构成数罪,需结合其采取的暴力、其他手段的具体实施情况综合判断构成一罪还是数罪。认定强奸行为构成数罪,原则上要求行为人实施了数个暴力或者其他行为,分别服务于奸淫目的和灭口动机,如果行为人仅实施了一个手段行为,即使该行为同时服务于奸淫目的和灭口动机,也只构成强奸罪一罪,否则便是对该行为的重复评价。例如,行为人将被害人捆绑至偏僻山区的树上,实施奸淫后故意不放开被害人而自行离去,被害人因得不到救助而死亡,其行为仅构成强奸罪一罪。前文所举的对被害人过量注射麻醉药的例子也属于这种情况。本案被告人潜入被害人李某家中意图强奸,其与李某素无仇怨,也没有证据显示其有报复动机。被告人被李某发现后立即将李某打昏,进而对其实施奸淫,奸淫后并未对李某实施进一步的加害,对李某的死亡持放任心态。其实施的暴力行为仅服务于奸淫目的,无论从报复、灭口动机的有无,还是从实施的暴力行为的个数分析,均达不到构成数罪的要求,故仅构成强奸罪一罪。

综上所析,在强奸犯罪案件中采取暴力手段造成被害人死亡是认定一罪还是数罪,应当根据暴力行为实施的具体情况,结合是否具有报复、灭口等动机综合判定。日照市中级人民法院原审、山东省高级人民法院复核认定被告人构成强奸罪一罪,是正确的。被告人采取暴力手段强奸被害人致人死亡,罪行十分严重。鉴于在其作案后潜逃十余年期间未发现有新的违法犯罪行为,到案后认罪、悔罪,且取得了被害人亲属一定程度的谅解,根据《最高人民法院关于贯彻宽严相济刑事政策的若干意见》的有关规定,对其判处死刑,可不立即执行。但是,根据其犯罪的具体情节,对其限制减刑有利于体现罪刑均衡原则,也有利于案件的处理效果。[参见第946号指导案例,李振国强奸案,载《刑事审判参考》总第96集(2014年第1集),第52~55页。撰稿:辛丽英]

▽采取非强制手段与幼女发生性关系构成强奸罪,要求行为人"明知"被害人是不满14周岁的幼女

首先,刑法总则第十四条规定,犯罪故意是指"明知自己的行为会发生危害社会的结果,并且希望或者放任这种结果发生"的主观心理态度。犯罪故意是认识因素与意志的统一。在刑法分则中,针对故意犯罪,有些条款明文规定了"明知",如窝藏、包庇罪;而大部分条文未明文规定"明知",如猥亵儿童罪、引诱幼女卖淫罪、拐卖儿童罪等。分则条文明文规定"明知",主要是为了特别突出和强调,而不是分则没有明文规定"明知"的,构成犯罪就不要求具备"明知",强奸罪系故意犯罪,因此,刑法总则关于故意犯罪"明知"的规定也必然适用于强奸罪。

其次,关于"明知"的内容,应当结合刑法分则罪名的具体罪状来判断。普通强奸罪中,行为人认识到自己的行为是违背妇女意志的,即符合主观要件,不需要特别认识对方年龄;强行与幼女发生性关系构成强奸罪,自然也不要求明知被害人系幼女。出于对幼女的特殊保护,即使幼女自愿与其发生性关系,也可能构成强奸罪,而此种情况下要构成强奸罪,"不满14周岁的幼女"这一客观要件就成为行为人必须认识的主观内容。如果行为人确与幼女自愿发生性关系,且行为人确实根本不可能知道对方系幼女,那么行为人主观上就缺乏可谴责性,即不具备犯罪故意所要求的"明知自己的行会发生危害社会的结果,并且希望或者放任这种结果发生"的主观心理态,从主客观相统一原则出发,对行为人不应以强奸罪论处。基于上述分析,对于采取非强制手段与幼女发生性关系的,"明知"被害人系幼女是构成强奸罪的主观构成特征。最高人民法院、最高人民检察院、公安部、司法部2013年联合下发的《关于依法惩治性侵害未成年人犯罪的意见》(刑法本条附文以下简称《性侵意见》)第十九条"知道或者应当知道对方是不满十周岁的幼女,而实施奸淫等性侵害行为的,应当认定行为人'明知'对方是幼女"的规定,再次肯定了"明知"被害人是幼女系构成该类强奸罪的主观要件。[参见第978号指导案例,何某强奸案,载《刑事审判参考》总第98集(2014年第3集),第2~3页。撰稿:赵俊甫]

▽与不满12周岁的被害人发生性关系的,一律认定行为人"应当知道"对方是幼女

根据相关司法解释和刑法理论通说,"明知"分为"知道"和"应当知道"。"知道"是指行为人确然知道,对于这一主观心态,直接通过在案证据予以证实即可,无须参考一般人的意识能力。而是否"应当知道",要参考一般人的意识能力,通过各种情状一般人均会确然知道,从而认定行为人应当知道。

通常而言,认定行为人是否"应当知道"被害人系不满14周岁的幼女,应当考虑行为人和一般人的认知能力水平,结合行为人作案时存在的各种客观情况,进行综合分析判断。最高人民法院、最高人民检察院、公安部、司法部2013年联合下发的《关于依法惩治性侵害未成年人犯罪的意见》第十九条第二款规定,对不满12周岁的被害人实施奸淫等性侵害行为的,应当认定行为人"明知"对方是幼女。可以认为该司法解释性文件根据被害人不满12周岁这一基础事实创设了一项“推定明知”。究其原因,主要是:12周岁以下幼女基本都处在接受小学或者幼儿园教育阶段以及家庭看护中,社会关系简单,外在幼女特征相对较为明显;即使极个别幼女身体发育早于同龄人,但一般人从其言谈举止、生活作息规律等其他方面通常也能够判断出其可能是幼女,而且从对幼女进行特殊保护的立场考虑,也不应存在争议。故推定该情形中行为人知道被害人可能属于不满14周岁的幼女,是合乎经验常识的,也不违背刑法总则对犯罪故意的一般界定。也就是说,凡是对实际不满12周岁的被害人实施奸淫等性侵害行为的,无论行为人提出何种辩解理由,均应当认定行为人“应当知道”对方是幼女。[参见第978号指导案例,何某强奸案,载《刑事审判参考》总第98集(2014年第3集),第3~4页。撰稿:赵俊甫]

▽与已满12周岁不满14周岁的被害人发生性关系案件中,对行为人辩解“不明知”被害人是幼女的例外情况应当从严把握

根据最高人民法院、最高人民检察院、公安部、司法部2013年联合下发的《性侵意见》第十九条第三款的规定,对实际年龄已满12周岁不满14周岁的被害人,如果从其身体发育状况、言谈举止、衣着特征、生活作息规律等观察,该被害人可能是幼女,而实施奸淫等性侵害行为的,也应当认定行为人“明知”对方是幼女。从司法解释性文件的条款设置及文字表述来看,该款属于对“明知”认定相对确定的规范指引,对已满12周岁不满14周岁的幼女实施奸淫等性侵害行为,若无极其特殊的例外情况,一般都应当认定行为人“明知”被害人是幼女,具体可以从以下三个方面把握:一是必须确有证据或者合理依据证明行为人根本不可能知道被害人是幼女;二是行为人已经足够谨慎行事,仍然对幼女年龄产生了误认,即使其他一般人处在行为人的场合,也难以避免这种错误判断;三是客观上被害人身体发育状况、言谈举止、衣着、生活作息规律等特征明显更像已满14周岁。例如,与发育较早、貌似成人、虚报年龄的已满12周岁不满14周岁的幼女在谈恋爱和正常交往过程中,双方自愿发生了性行为,确有证据证实行为人不可能知道对方是幼女的,才可以采纳其不明知的辩解。相反,如果行为人采取引诱、欺骗等方式,或者根本不考虑被害人是否为幼女,而甘冒风险对被害人进行奸淫等性侵害行为的,一般都应当认定行为人明知被害人是幼女,以实现对幼女的特殊保护,堵塞惩治犯罪的漏洞。

刑事诉讼法规定的有罪判决证明标准是案件事实清楚,证据确实、充分,这是对事实认定和证据审查一般,也是最高的要求。但司法实践经验表明,对犯罪构成的不同事实要素,在证明程度上是可以存在差异的。特别是诸如毒品犯罪、奸淫幼女等性侵害犯罪,实务部门对主观构成要素证明标准的把握,相对其他犯罪而言,可能略显宽松,这是由此类犯罪的特殊性决定的,同时也受到从严惩治此类犯罪的刑事政策的导向影响。在此类案件中,案件事实认定并不是一项纯粹的探寻客观事实真相的科学求证活动,而是以追寻客观真相为指引,同时又受价值取向、价值判断影响的事实重构和再现的过程。就奸淫幼女犯罪主观明知要件的立法定位和司法证明标准而言,无论是一些国家采取严格责任标准,还是一些国家对“明知”认定实务操作中一般采取相对比较宽松的证明标准,均体现了在被告人人权保障与保护幼女公共政策之间的权衡,选择的结果通常是向特殊保护幼女的公共政策适度倾斜,尽可能堵塞惩治犯罪的漏洞。《性侵意见》对“明知”问题所作的规定,体现了我国最高司法机关对这一主流政策价值取向的认同与坚守。

从现有证据来看,公诉机关提供的证据只能证实被告人何某第三次与被害人发生性关系时,确然知道被害人实际不满14周岁。而最初认识被害人并在第一次、第二次与被害人发生性关系时,何某掌握的信息包括:其一,被害人系其堂妹的初中二年级同学,而其堂妹比其小5岁(其堂妹13周岁),根据一般人的常识,初二学生可能已满14周岁,也可能不满14周岁,但大体为14周岁。其二,何某与被害人通过QQ聊天交流,被害人的QQ个人资料显示为13周岁,根据一般人的常识,网友之间聊天大多会查看对方QQ个人资料信息,但也不排除不查看的可能;另外QQ个人资料填写的年龄可能是真实的,也可能不真实。因此,现有证据的确不能排除所有怀疑,证实何某前两次与被害人发生性关系时确然知道被害人不满14周岁。但是,诸多证据或者信息表明,作为一个已满18周岁、具有正常认知判断能力的男子,何某并非根本不可能知道被害人是不满14周岁的幼女,而只要稍加谨慎、注意,完全可以认识到对方可能是幼女;此外,何某在确然知道被害人实际年龄不满14周岁时,仍然继续与被害人发生性关系,反映出何某在整个与被害人交往并发生性关系的过程中,对被害人是否系幼女持无所谓的放任态度。暂且不论被害人身体发育状况、言谈举止、衣着、生活作息规律等外在特征是否确实更像已满14周岁,仅依现有证据并没有充足理由将何某归属于"根本不可能判断出被害人是幼女的极其特殊的例外情形"。一、二审法院以本案不能完全排除被告人前两次与被害人发生性关系时可能不知道被害人系幼女,而对相关事实不予认定,似与对奸淫幼女"明知"认定应当坚持的政策导向有所偏离。虽然不能据此认定是一个错判,但有必要在今后的司法实践中加以注意。[参见第978号指导案例,何某强奸案,载《刑事审判参考》总第98集(2014年第3集),第4~6页。撰稿:赵俊甫]

▽行为人明知他人系采取暴力、胁迫手段迫使被害人表面"同意"与其发生性关系的,视为行为人违背被害人意志发生性关系

奸淫不满14周岁的幼女构成强奸罪,不要求采取强制手段实施,而对于使用暴力、胁迫或者其他强制手段与不满14周岁的幼女发生性关系的,无论是否"明知"被害人为幼女,都应当以强奸罪论处。只有在采取非强制手段与幼女发生性关系的案件中,才需考虑行为人是否明知被害人为幼女。本案被告人卓某某明知他人系采取暴力、胁迫手段而迫使被害人表面"同意"与其发生性关系,应视为卓某某违背被害人意志发生性关系,构成强奸罪。刑法本条第二款规定:"奸淫不满十四周岁的幼女的,以强奸论,从重处罚。"本起事实中,因存在暴力、胁迫手段,卓某某是否"明知"黄某系幼女,均不影响强奸罪的认定,且依法应当从重处罚。[参见第979号指导案例,卓智成等强奸案,载《刑事审判参考》总第98集(2014年第3集),第10页。撰稿:高明黎 黄佶喆]

▽指使他人物色幼女供其奸淫,事后给付中间人金钱财物的行为构成强奸罪,中间人构成强奸罪的共犯

与不满14周岁的幼女发生性关系并存在一定金钱财物的给付行为,在现行法律框架下,存在既可定强奸罪也可定嫖宿幼女罪(该罪《刑法修正案(九)》已废止——编著者注)的问题。根据《性侵意见》第二十条的规定,以金钱财物等方式引诱幼女与自己发生性关系的,以强奸罪论处,由此可见,不能以是否给付金钱财物作为区分嫖宿幼女罪与强奸罪的界限,区分两罪的标准仍是幼女是否已实际从事卖淫活动。如果幼女此前并未从事卖淫活动,而行为人以给付金钱财物为手段,引诱幼女与自己发生性关系的,无论其采取何种手段,也无论是事前给付幼女钱财还是事后给予物质补偿,只是外表上具有"钱色交易"的特征,其实质仍是一种奸淫行为,对行为人应当以强奸罪论处。

司法实践中,行为人为达到奸淫幼女的欲望,以提供金钱、玩乐等为诱饵,唆使中间人包括一些十四五岁的中学生帮助物色幼女甚至是女同学,由中间人逼迫或者引诱、说服幼女同意与其发生性关系,尔后向中间人或者幼女给付金钱财物的现象,时有发生。根据《性侵意见》关于"以金钱财物等方式引诱幼女与自己发生性关系的以强奸罪论处"的规定,此种情形下,对与幼女发生性关系的行为人既然以强奸罪论处,意味着《性侵意见》明确不认同此类行为属于嫖宿,从而对中间人就应当以强奸罪昀共犯论处。《性侵意见》第二十四条亦明确规定:介绍、帮助他人奸淫幼女的,以强奸罪的共犯论处。

强迫卖淫罪与强奸罪共犯(帮助犯)易发生混淆。强迫卖淫罪是迫使他人向不特定人员提供性服务以牟利的行为,行为对象不限于妇女(幼女),还包括男子,强奸罪的帮助犯是帮助实行犯排除妨碍或者不利条件,便于实行犯完成奸淫妇女(幼女)行为。两者的主要区别在于:

在强迫妇女卖淫的情况下,嫖客与强迫妇女卖淫者之间没有犯意联络,嫖客主观上是通过支付金钱财物换取性服务,没有强行与他人发生性关系的犯罪意图,客观上没有强行实施性行为;而强迫者一般具有通过被控制妇女的卖淫行为营利的目的,客观上对妇女实施暴力、胁迫是为了迫使妇女答应从事卖淫活动,嫖客与强迫者的主观故意内容和实施的行为相对独立,不构成共同犯罪。多数情况下,被迫卖淫的妇女与他人发生性行为时具有表面"同意"的特征,且被迫卖淫的对象具有人数多、不特定的特征,卖淫行为具有持续性。

在帮助实行犯强奸的情况下,实行犯主观上具有强行与妇女发生性关系,或者明知被害人是幼女而与其发生性关系的犯罪意图,帮助犯对此情况变知晓,但仍对被害妇女施以强制,或者对被害妇女施以介绍、引诱、欺骗等行为,目的在于为实行犯实现奸淫行为扫除障碍或者提供便利,帮助犯与实行犯之间有犯意联络,客观上促成了奸淫行为的实施,故属于共同强奸犯罪。在帮助实行犯强奸的场合,帮助犯的帮助对象是特定的,一般是威逼利诱妇女、幼女与特定对象发生性关系,即使实行犯给予帮助犯一定金钱财物作为"酬劳",但收取金钱财物并非必要条件,有别于强迫卖淫中迫使被害人与不特定人员发生性关系必然存在金钱财物对价,且强迫卖淫者通常以此作为相对稳定的牟利手段。本案被告人卓某某为满足淫欲,以提供金钱财物为诱饵指使被告人周某、钱志等人为其物色未成年少女特别是处女,其中,明知周某等人殴打、或胁被害人黄某、陈某与其发生性关系,明知被害人刘某系幼女,仍先后对三被害人实施奸淫,其行为构成强奸罪。黄某、陈某、刘某均为在校女中学生,与卓某某发生性关系系被迫,并不是为了以此换取金钱财物,卓某某主观上也并非出于"嫖宿"目的,故虽然其事后给予周某、钱志等人一定钱款,但不能认定为"嫖资",其行为也不属于"嫖宿"。被告人周某、钱志为牟取物质利益,根据被告人卓某某的授意和要求,积极为卓某某物色在校少女供卓某某奸淫,并在三被害人不同意的情况下,以言语威胁、实施暴力等强制手段为卓某某的奸淫行为扫清障碍,使强奸行为最终都得以顺利进行。故周某、钱志的行为完全符合强奸共犯的特征,均构成强奸罪。周某、钱志并非强迫三被害人与不特定的人发生性关系以牟取利益,故不构成强迫卖淫罪。周某另有一起单独强奸刘某的事实。因此,法院依法以强奸罪追究三被告人的刑事责任,定性是准确的。[参见第979号指导案例,卓智成等强奸案,载《刑事审判参考》总第98集(2014年第3集),第11～13页。撰稿:高明黎　黄佶喆]

▽"共同家庭生活关系"的界定

根据最高人民法院、最高人民检察院、公安部、司法部联合下发的以下简称《性侵意见》第二十五条的规定:"针对未成年人实施强奸、猥亵犯罪的,应当从重处罚,具有下列情形之一的,更要依法从严惩处:对未成年人负有特殊职责的人员、与未成年人有共同家庭生活关系的人员、国家工作人员或者冒充国家工作人员,实施强奸、猥亵犯罪的……"可见,有"共同家庭生活关系"的人对幼女实施强奸、猥亵犯罪的,是应当从重从严处罚的情节之一。与幼女具有"共同家庭生活关系",顾名思义,即与幼女具有在一个家庭中共同生活的关系。而所谓"家庭",一般认为是指在婚姻关系、血缘关系、收养关系等基础上产生的,共同生活的人们所构成的社会生活单位,是具有血缘、婚姻、收养等关系的人们长期居住的共同群体。比较典型的是由法定关系组成的家庭,即由夫与妻,父母与子女(包括婚生或非婚生子女、合法的养子女和继子女)等。除了上述典型的家庭关系以外,现实中还有与之相当但是又不存在上述法定关系的人组成的共同生活单位。如孤儿或者生父母无力抚养的子女,由生父母的亲属、朋友抚养。上述人员共同生活在一起,相互之间也会产生与法定权利和义务类似的权利和义务,具备家庭的形式与实质。因此,在实践中,考察是否具有"共同家庭生活关系",应当立足家庭的概念,准确把握"共同家庭生活关系"内涵中具有的"质"和"量"的要求。从"质"上来说,需要形成实际上的共同生活关系,如事实上的抚养关系、监护关系等;从"量"上来说,需要具有共同生活的长期性、确定性和稳定性.如果仅有几次的共同居住或者较短时间的共同居住就不属于这里所指的"共同家庭生活关系"。本案被告人和被害人廖某的母亲孙某是男女朋友关系,二人虽然未办理正式结婚手续,不是合法夫妻,但是二人从2011年七八月份至2012年8月同居,廖某跟随孙某共同生活,也与被告人在同一住所共同居住,这种共同的生活单位实质上形成了家庭关系。被告人在这种较长时间稳定的共同生活期间,与廖某形成了事实上的抚养关系,即与廖某具有了共同生活关系。因此,无论从"质"上还是"量"上,被告人均属于与廖某具有“共同家庭生活关系”的人。[参见第980号指导案例，谈朝贵强奸案，载《刑事审判参考》总第98集(2014年第3集)，第15～16页。撰稿：贾伟]

▽与幼女有“共同家庭生活关系”的成年人多次奸淫幼女致其怀孕，应当认定为奸淫幼女“情节恶劣”

刑法本条第三款规定中，对于第二项至第四项加重处罚情节，刑法规定较为明确，而对奸淫幼女致幼女怀孕，是否可以认定为第五项规定的“其他严重后果”，或第一项规定的“情节恶劣”，由于刑法没有明确，相关司法解释亦未规定，各地法院理解掌握的标准不尽相同。奸淫幼女造成幼女怀孕，确实会给被害人造成很大的身心创伤，影响幼女的健康成长。但同时还要看到，怀孕系强奸的附随后果，且发现怀孕的阶段及采取干预措施的不同，对被害人身心伤害大小存在很大差异，严重程度也有很大区别，不同情况下的严重程度与刑法所明确列举的应当判处十年以上有期徒刑的情形并不是完全相当。如果不加以区分，一概将奸淫幼女致其怀孕解释为“其他严重后果”，未免失之于绝对，同时也违反了罪责刑相适应原则。《性侵意见》第二十五条从特殊身份犯罪主体、特定犯罪场所、危害性大的犯罪手段及行为、特别弱势犯罪对象、相对严重犯罪后果、被告人有性侵前科劣迹等方面，对强奸、猥亵未成年人犯罪的一些酌定从严处罚情节作了明确。这些情形与普通的奸淫幼女相比，或者严重挑战社会伦理道德底线，或者更加隐蔽，未成年被害人更难以抗拒和向有关部门揭露，或者更加严重冲击被害人的心理安全感，或者社会影响更为恶劣，甚至在一定范围内造成社会恐慌，或者危害后果更严重，对被害人伤害更大，或者行为人主观恶性更深、人身危险性更大。其中，该条第六项规定，造成未成年被害人怀孕等后果的情形，是“更要依法从严惩处”的情形之一。因此，根据上述规定，如果单纯就奸淫幼女致其怀孕来说，该种情况属于“更要依法从严惩处”，但并不意味着一定要加重处罚，在何种情况下加重处罚，应当根据案件的具体情况判断，原则上应当与刑法本条第三款第二项至第四项所列情节严重性相当。实践中，一般而言，对于奸淫幼女致其怀孕的情况，如果同时还具有《性侵意见》第二十五条所列的其他“更要依法从严惩处”的某一项或者某几项情形，可以考虑认定为属于“情节恶劣”，予以加重处罚。如对幼女负有特殊职责的人员、与幼女有共同家庭生活关系的人员，长期多次奸淫幼女致其怀孕的；有强奸、猥亵犯罪前科劣迹的人，奸淫幼女致其怀孕的；或者奸淫幼女致其轻伤、感染性病，同时导致幼女怀孕的，可以认定为属于“情节恶劣”。但并不是说，只要奸淫幼女致其怀孕，并同时具有《性侵意见》第二十五条所列的某一项情节，就必然认定为“情节恶劣”。如进入学生集体宿舍奸淫一名幼女，致该幼女怀孕，如果作案手段一般，也没有其他严重情形，就未必达到“情节恶劣”的程度。总之，因司法实践的复杂性，“奸淫幼女致其怀孕”在何种情况下属于“情节恶劣”，应当根据社会常识、常情，综合考虑犯罪主体、犯罪对象、犯罪地点、犯罪手段、犯罪后果等诸多因素，准确判断，以确保罪责刑相适应。本案被告人多次趁与廖某单独相处之机，对廖某实施奸淫，严重挑战社会伦理道德底线，同时，谈朝贵对廖某多次实施奸淫，持续时间长，其行为社会危害性大，社会影响特别恶劣。被告人的行为不但造成廖某怀孕，且同时符合《性侵意见》第二十五条第一项规定的“与未成年人有共同家庭生活关系的人员实施强奸犯罪”和第五项规定的“多次实施强奸”的两种“更要依法从严惩处”的情形，可以认定为属于“情节恶劣”。被告人实施犯罪的整个过程体现出较深的主观恶性和较大的社会危害性，总体上与刑法本条第三款第二项至第四项所列的单项加重情节的危害程度相当。也就是说，与幼女有共同家庭生活关系的人员多次奸淫被害人致其怀孕的，应当认定属于“情节恶劣”。人民法院以强奸罪判处被告人有期徒刑十三年，定罪准确，量刑适当。[参见第980号指导案例，谈朝贵强奸案，载《刑事审判参考》总第98集(2014年第3集)，第16～18页。撰稿：贾伟]

▽对未成年人与幼女正常交往过程中自愿发生性关系的，在确定罪与非罪的界限时应当把握的原则和要素

最高人民法院在《1955年以来奸淫幼女案件检查总结》中曾明确指出：“对奸淫幼女的未成年犯，

应从轻或减轻处理,情节轻微的可以免予刑事处分;对年幼无知的男童,不应追究刑事责任,但应责令他的家长或者监护人加以管教。”该份文件在总结部分地区法院办理此类案件的经验时进一步指出:“至于个别幼女虽未满14周岁,但身心发育早熟,确系自愿与人发生性行为的,法院对被告人酌情从轻或减轻处理,如果男方年龄也很轻,双方确系在恋爱中自愿发生性行为的,则不追究刑事责任。上述经验我们认为是适当的,各地法院可以根据具体情况参酌运用。”

《最高人民法院关于审理未成年人刑事案件具体应用法律若干问题的解释》(法释〔2006〕1号)第六条明确规定:“已满十四周岁不满十六周岁的人偶尔与幼女发生性行为,情节轻微、未造成严重后果的,不认为是犯罪。”2013年《最高人民法院、最高人民检察院、公安部、司法部关于依法惩治性侵害未成年人犯罪的意见》(本附文以下简称《性侵意见》)第二十七条再次重申了上述原则。由此可见,司法机关在处理青少年之间自愿发生性关系问题上,一直坚持适度介入、慎重干预的刑事政策。在适用《性侵意见》第二十七条的相关规定,对未成年人与幼女在正常交往过程中自愿发生性关系,在确定罪与非罪的界限时,应当注意把握以下三点:

其一,行为人一般应当处于已满14周岁不满16周岁的年龄阶段。之所以限定行为人为已满14周岁不满16周岁,而不是已满16周岁不满18周岁。主要考虑的是,基于特别保护不满14周岁幼女身心健康的立场,对与之自愿发生性关系不以犯罪论处的范围应当严格把握,不能放得过宽。而已满14周岁不满16周岁系刑法确定的相对负刑事责任年龄界限,故对不以犯罪论处的主体范围掌握在此年龄段较为妥当。当然,考虑司法实际情况的复杂性,并非已满16周岁的未成年人与幼女发生性关系的,就一律以强奸罪论处。如行为人不满16周岁时与已满13周岁不满14周岁的幼女在恋爱交往中自愿发生性关系,至行为人刚满16周岁时,二人仍然保持两性关系,后因幼女父母报案而案发。如果综合全案考察,不宜机械地以16周岁为界限,对16周岁前的行为不以犯罪论处,而对刚满16周岁以后实施的行为即以强奸罪论处。但对于已满16周岁的未成年人实施类似行为的案件认定不构成强奸罪,相对于不满16周岁的人,在把握上应当更为严格。

其二,行为人应当是与年龄相当的幼女在正常交往、恋爱过程中基于幼女自愿而与之发生性关系。对于行为人使用暴力、胁迫或者诱骗等手段奸淫幼女的,即使其不满16周岁,对其也不宜排除在刑事处罚范围之外。对于不满16周岁的未成年人与幼女之间的年龄究竟相差几岁才能认定为双方年龄相当,我国相关司法文件对此没有明确规定,主要由司法机关根据具体案件情况把握。鉴于在我国对此种不以强奸论处的男方年龄限定为已满14周岁不满16周岁,而幼女的年龄界限是14周岁,10周岁以下在民法上属于无行为能力人,加上《性侵意见》强调了对12周岁以下幼女更要特殊保护的精神,此处适当的年龄差距限定在4周岁左右相对较为合理、举例而言,已满14周岁的男方与不满10周岁的幼女发生性关系,或者已满15周岁不满16周岁的男方与不满12周岁且双方年龄差距在4岁以上的幼女发生性关系,即使男方辩称系与幼女正常恋爱交往,一般也不宜适用《性侵意见》第二十七条的规定,对男方不以犯罪论处。值得强调的是,《性侵意见》规定对不满12周岁的幼女实施性侵害的,应当一律认定行为人明知被害人系幼女,主要是为了解决主观明知的认定问题,并不是指所有行为人与不满12周岁的幼女发生性关系,都应当以强奸罪论处;对已满14周岁不满16周岁的行为人与不满12周岁的幼女在正常交往过程中自愿发生性关系,如果双方年龄差距不大,行为情节轻微的,也可以不以强奸论处。这一认定原则体现了对未成年人实行双向保护的政策精神。

其三,综合考察,未成年人与幼女发生性关系情节轻微、未造成严重后果。《性侵意见》的相关表述虽是“偶尔”发生性关系,但主要是为了与此前司法解释的规定保持一致,实践中并不能简单以次数论。也就是说,发生性关系的次数是判断行为情节是否轻微的其中一项因素,但并非决定性因素,决定性因素是行为人是否与年龄相当的幼女在正常交往、恋爱过程中基于幼女自愿而与之发生性关系,如果是一般可以认定为情节轻微。值得注意的是,对于不满16周岁的行为人在与幼女正常交往恋爱过程中基于幼女自愿与其发生性关系致幼女怀孕引产、流产，单就后果来看，不能说不严重，但是否一律认为行为人的行为不属于“情节轻微、不以犯罪论处”，不宜一概而论。类似案件，如果双方确实存在正常恋爱交往关系，年龄差距也不大，如差距小于1周岁或者2周岁，司法机关判断对行为人是否以强奸罪论处，要特别慎重。对于双方成年亲属自行协商，被害人及其法定代理人不要求追究行为人刑事责任的，司法机关没有必要主动干预，启动司法程序。本案被告人刘某与被害人赖某均系初中同学，二人产生早恋，时年刘某已满16周岁，明知赖某不满14周岁，仍多次与其发生了性关系，后因赖某父母发现报案而案发。相较于强行奸淫幼女，刘某所实施的行为虽不属十分严重，但从维护对幼女特殊保护的更高原则立场考虑，其已不属《最高人民法院关于审理未成年人刑事案件具体应用法律若干问题的解释》和《性侵意见》中对未成年行为人可不以强奸犯罪论处的情形。法院依法认定刘某构成强奸罪，对刑事政策的把握是准确的。[参见第981号指导案例，刘某强奸案，载《刑事审判参考》总第98集(2014年第3集)，第20～23页。撰稿：赵俊甫 高明黎]

▽因实施强奸导致被害人落水，被告人不实施救助，致使被害人溺水死亡的，被告人是构成故意杀人罪不以“强奸致使被害人死亡”论处

(一)对被害人的死亡持放任结果发生，符合间接故意杀人的主观特征。本案被害人熊某在逃避强奸的反抗过程中曾称要告发被告人王某，而王某对其是否由此产生杀人灭口的作案动机始终没有供述，认定熊某落水之前王某即具有杀死熊某的主观故意较为牵强。但熊某落水时正值深夜，河边行人罕至，王某应当知道不及时救助熊某，就会产生熊某溺水死亡的后果，在此情况下，王某既不亲自实施救助，也不寻求他人帮助，坐视熊某溺亡后转身离去，属于刑法上典型的不作为行为。这种不作为的行为表明，王某对熊某死亡的结果持无所谓的态度，熊某死亡并不违背王某的本意，故王某在主观上符合杀人(间接故意)的主观特征。

(二)因先行行为而负有特定救助义务，违反了这一救助义务而不作为的，具有刑法上的可罚性。在不作为犯罪理论中，特定义务是其中的重要构成要素，没有特定义务就不可能成立不作为犯罪。由于行为人的行为给他人制造了危险，也可产生行为人对他人的特定作为义务。此种作为义务的成立依赖于两个条件：行为人的行为是否引发了危险及行为人对危险后果是否有控制能力。以下具体联系本案进行分析：

1. 被告人王某为强奸而实施了暴力手段，这一先行行为客观上引发了被害人熊某落水的危险。本案中王某在黄某居住地第一次强奸熊某后，熊某逃离黄某的居住地，王某随后追赶熊某并欲在河边再次强奸熊某。虽然现有证据不能证实王某推熊某落水，但熊某是在受到王某犯罪行为威胁的情况下落水的事实足以认定。王某在河岸第二次着手实施的强奸行为，产生了熊某因抗拒性侵而落水的危险；由于熊某抗拒和逃避他人的性侵系其自然的反应和维护自身正当权利所必需的，故该危险不能归咎于熊某。正是由于王某制造出熊某落水的危险，故王某理应承担随之产生的救助义务。基于此，王某不实施救助行为与普通路人对于无关的人见死不救的行为本质上存在差异，王某应当承担相关刑事法律后果。

2. 被告人王某对深夜在河边追逐被害人熊某所可能产生的危险后果，具备充分的预见和控制能力。一方面，王某与同案被告人黄某系亲戚关系和近邻，王某对黄某居住地及其周围环境特别是河道的情况都非常熟悉.具备判断和预见危险的条件。另一方面，在案证据证实，王某实施第一次强奸行为时，熊某发觉后即坚决反对；后王某欲第二次强奸熊某时，熊某反抗不让王某碰她，两人在河边发生拉扯，故王某对于熊某不同意与其发生性关系面反抗，也是心知肚明的，熊某的反抗不属于王某难以预料的过激反应。在双方的冲突中，王某的犯罪行为无疑是矛盾的主要、积极的方面。在当时的情况下，如果王某及时停止强奸行为，就完全可能避免危险进一步发展。王某即使不会游泳，也可以通过喊人等方式向其他人求助，可见王某具备履行相关救助义务的条件和可能，赋予其承担救助的作为义务顺理成章。

(三)不作为型杀人与通常的作为型杀人在社会危害性、主观恶性、人身危险性方面具有相当性。依据主客观相统一的原则,根据犯罪构成原理探索不作为犯的等价性问题。换言之,一方面可以根据犯罪的具体事实、行为方式和危害程度进行事实判断;另一方面还可以根据犯罪涉及作为、不作为的复杂现实,结合有关立法精神进行价值判断,进而作出正确的裁判。具体到本案,被告人王某的不作为杀人与通常的作为杀人在社会危害性、主观恶性、人身危险性方面具有相当性。一是王某的在先行为制造了可能侵害法益的现实危险,其有义务同时也具备条件和能力避免该危险。二是王某的不作为具有独立的主观罪过形式,该罪过的内容与支配其在先行为的罪过内容存在明显差异。三是王某的不作为行为与其先行行为在行为方式上可以作出明确区分,具有相对独立性。四是王某的不作为行为直接导致了死亡结果的发生,在危害结果上与作为型的故意杀人行为并无二致。五是王某的在先行为所构成的强奸罪,在犯罪构成方面难以涵盖不作为行为,仅认定强奸罪一罪将导致遗漏评价。故综合分析,应当认定王某的行为构成独立的故意杀人罪。

综上,一、二审法院认定被告人王某构成强奸一罪有误,认定王某分别构成强奸罪和故意杀人罪,依法予以并罚,更符合罪刑法定和罪责刑相适应原则。[参见第982号指导案例,王某强奸案,载《刑事审判参考》总第98集(2014年第3集),第27～30页。撰稿:周军]

▽同案犯未经共谋在不同地点先后强奸同一被害人的不构成轮奸

轮奸指二人或者二人以上在同一时间段内,基于共同强奸同一妇女或者幼女的故意而轮流实施奸淫的行为。轮奸犯罪的行为人之间意思沟通和行为的分担,强化了个体的犯罪决意,使得行为人更加胆大妄为,更易摧毁被害人反抗的精神意志,排除障碍,强奸更易得逞。从犯罪人角度来看,轮奸犯罪完全无视被害人的自由与尊严,无视社会伦理规范的约束,侵犯妇女的性的自主权,主观恶性较一般强奸犯罪更深,人身危险性大;对被害人而言,相对于遭受一人强奸,轮流遭受两人两次以上的强奸受到的侵害,无论在身体上还是在精神上,都更为严重,社会危害性更大,刑法规定为加重处罚情节,是罪刑相适应原则的必然要求。因此,准确界定二人以上的行为是否构成轮奸,既是保护被害人合法权益,从严打击此类犯的需要,也是保障被告人合法权利,避免罪刑失衡的要求。刑法本条第三款第四项规定,二人以上轮奸,十年以上有期徒刑、无期徒刑或者死刑。在我国刑法中,轮奸的法律性质两个方面的特征:其一,轮奸是强奸罪的共同犯罪形态,需要依照共同犯的构成要件加以判断,同时轮奸还是强奸罪的共同实行犯的唯一形式,即每个共同犯罪人均应是实行犯。其二,轮奸是强奸罪的加重处罚事由,一旦具备,即对被告人在十年以上有期徒刑、无期徒刑或者死刑的刑罚幅度内量,上述对轮奸的概念及其法律性质的分析,为认定具体强奸犯罪中是否轮奸情节,提出了具体的判断标准,包括:(1)主观要件。各共同犯罪人必具有共同实行犯罪的故意,各共同犯罪人的行为在它的支配下成为一个整体,即均有共同实施强奸的故意,不但本人有强奸的故意,还应知道自己与他人共同直接实行犯罪。(2)客观要件。各共同犯罪人必须实行同一犯罪构成客观要件的行为,即均对同一对象实施了强奸,并且行为人的行为在时间、空间上是有联系的,或相互补充、或相互协助,与犯罪结果之间都存在因果关系。共同犯罪故意支配着客观行为,客观行为体现了共同犯罪故意。本案被告人李某某、楚某某的行为均构成强奸罪,但主观上和客观上不符合轮奸的要件,理由如下:1. 李某某和楚某某主观上未有强奸孙某的共同故意。就轮奸而言,各共同犯罪人在预谋阶段或者实施犯罪过程中达成或者默认共同强奸的故意,可以是有预谋的,也可以是临时起意,甚至可能是在轮奸之前或者过程中形成的心照不宣。但要求不仅自己具有强奸被害人的故意,同时明知其他人也有强奸被害人的故意。二者只要基于概括故意即可。2. 李某某和楚某某的行为不具备成立轮奸的时空要件。无论是单独犯罪还是共同犯罪,行为人对法益侵害结果承担责任均是因为自己的行为与法益侵害结果之间存在因果关系,轮奸也不例外。让行为人对轮奸结果负责,承担因具备轮奸情节而加重处罚的刑事责任,行为人的行为必须与轮奸的结果之间具有因果关系。换言之,因各共犯的行为紧密相连,相互协助或者相互补充,对轮流奸淫行为的完成具有原因力,故而行为人既要对自己直接实施的奸淫行为与结果承担责任,也要对共同故意涵盖范围内其他共同实行犯的奸淫行为承担责任。反之,如果各共同犯罪人的行为之间无关联,不是作为一个有机、统一的犯罪活动,认定为轮奸以加重处罚,则显失公平。

不可否认,实践中,共同犯罪人基于共同强奸同一被害人的故意,在多个地点分别实施强奸的情况的确存在。因此,在同一地点强奸并非认定构成轮奸的必要条件,在不同地点强奸也不能绝对排除构成轮奸的可能。这就要求从时间和空间的角度,考察各共同犯罪人的行为之间是否具有接续性,是否相互补充或者相互协助。只要各共同犯罪人具有轮流奸淫同一妇女的共同故意,对该妇女进行不间断的控制,即使二人或者多人前后实施奸淫时间间隔相对较长,甚至不在同一地点实施奸淫行为,其犯罪的社会危害性、主观恶性、人身危险性程度同被害人在同一地点、同一时间段受到多人强奸的犯罪情形是相当的,被害人所遭受的痛苦和恐惧亦是相当的,故应视为与同一地点轮奸情形无异。本案被告人李某某伙同楚某某以暴力手段将两名被害人带至旅社,李某某将陈某强奸,楚某某将孙某强奸。后李某某送二被害人回家,至此,二人共谋的强奸行为已告终结,李某某、楚某某二人已经成立强奸罪的共同犯罪。其后李某某的送返行为割断了此前的共同犯罪和此后李某某强奸孙某的行为在时间、空间上的联系。楚某某未与李某某进行过共谋,主观上不知晓李某某在送二被害人回家途中的行为,客观上未参与,亦未对李某某的继续强奸起到任何协助作用。李某某之后的行为与楚某某、李某某二人之前的共同犯罪行为已无任何关联。[参见第983号指导案例,李明明强奸案,载《刑事审判参考》总第98集(2014年第3集),第32~35页。撰稿:李晖　李丽君]

▽公然暴力劫持二名未成年少女,且对二名未成年少女先后实施强奸,符合认定强奸罪"情节恶劣"的标准

根据罪责刑相适应原则,同一法定刑档次内的量刑情节所体现的罪责应当相当,故认定"情节恶劣"的标准,应当与刑法本条第三款第二项至第五项所列情形的严重性相当,实践中可以从以下几个方面来把握:(1)选择特定犯罪对象实施强奸,被害人不具有一般人的反抗能力或者反抗能力极弱,如强奸无辨认能力的精神病人,强奸行动不便的孕妇,强奸身患重病、无法抵抗的患者;(2)在公共场所公然劫持被害人后实施强奸,对抗社会意图明显;(3)采用残忍的暴力手段或者在强奸过程中以十分下流的手段肆意蹂躏等损害被害人身心健康的方式实施强奸,如强奸被害人过程中施以凌辱、虐待等;(4)长期多次对同一被害人进行强奸,即行为人在某段相对较长时期内连续多次反复强奸同一人,通常有"霸占"被害人为自己性工具的意图;(5)其他具有相当危害程度的情形,如最高人民法院、最高人民检察院、公安部、司法部联合下发的《关于依法惩治性侵害未成年人犯罪的意见》第二十五条所规定的对未成年人负有特殊职责的人员、与未成年人有共同家庭生活关系的人员、国家工作人员利用职务便利强奸未成年人,造成未成年被害人轻伤、怀孕、感染性病等后果等。总之,因司法实践的复杂性,判断是否属于强奸"情节恶劣",应当结合案件具体事实、情节,社会危害程度,从犯罪主体、犯罪对象、犯罪地点、犯罪手段、犯罪后果等诸多方面综合判断。本案被告人李某某伙同楚某某公然采取持棍棒及语言威胁的方式,在学校附近赶走多名教师及被害人孙某的弟弟,强行将两名未成年女学生劫持,李某某先强奸其中一名幼女,在得知有人报警后,又强奸另一未成年被害人。李某某的强奸行为虽然不符合"强奸多人""在公共场所强奸""二人以上轮奸"等刑法明确列举的加重情形,但是,综合考察,李某某公然暴力劫持二被害人后实施强奸,且针对的对象是两名未成年少女(分别系13岁、14岁),且在已知晓有人报警的情况下,仍在"送返"被害人途中强奸了第二名被害人,其实施犯罪的整个过程体现出较深的主观恶性和较大的社会危害性,总体上与刑法本条第三款第二项至第五项所列的单项加重情节的危害程度相当,二审认定李某某强奸犯罪"情节恶劣",依法改判其有期徒刑十年,量刑是适当的。[参见第983号指导案例,李明明强奸案,载《刑事审判参考》总第98集(2014年第3集),第35~36页。撰稿:李晖

李丽君]

▽奸幼型强奸罪的死刑适用标准的准确认定

判断奸幼型强奸案件是否达到"罪行极其严重"的死刑适用标准,应当依照刑法、司法解释的相关规定并结合司法审判经验,根据具体案件的事实、犯罪性质、情节和社会危害程度,着重从侵害对象、侵害人数、侵害次数或者持续时间、作案手段、危害后果等方面综合分析判断。

关于侵害对象。刑法本条第二项规定,奸淫不满14周岁的幼女的以强奸论处,从重处罚,体现了严厉惩罚奸淫幼女犯罪的立法态度。幼女正处于身心成长发育期,身体器官和心智水平尚未发育成熟,不能正确理解性行为的社会性质、意义和后果,在面对性侵害时缺乏自我保护的意识和能力,与成年妇女相比更容易遭受性侵害。因此,立法者对幼女给予了特殊的保护,相应地,在司法环节对奸淫幼女犯罪也应当从重处罚。一般来说,幼女年龄越小,身体发育越不成熟,受到的伤害越大,故对被告人的惩罚相应也应越严厉。

关于侵害人数。强奸罪侵害的人数越多,则罪行越严重。根据刑法本条第三款第二项的规定,强奸罪的加重情节包括"强奸妇女、奸淫幼女多人"。司法实践中,一般认为强奸妇女、奸淫幼女3人以上,属于"强奸妇女、奸淫幼女多人"。这里的"多人"是指被某一行为人强奸的不同个体的总人数,而非"人次"。下列情况属于"强奸妇女、奸淫幼女多人":(1)单独计算强奸妇女人数或者奸淫幼女人数不满3人,但两者之和达到3人以上的;(2)每次强奸妇女、奸淫幼女的人数不满3人,但累计人数达到3人以上的;(3)强奸既遂的人数不满3人,但加上强奸预备、未遂或者中止的人数达到3人以上的;(4)作为实行犯强奸的人数不满3人,但加上作为帮助犯、教唆犯强奸的人数达到3人以上的。对于奸幼型强奸案件,侵害人数达到3人以上的,应在"十年以上有期徒刑、无期徒刑或者死刑"的量刑档次内从重量刑。是否适用死刑,应从奸淫的幼女人数、强奸既遂人数、作为实行犯强奸的人数等方面具体分析。

关于作案次数或者持续时间。刑法本条没有把强奸妇女、奸淫幼女的次数或者持续时间明确规定为强奸罪的加重情节,但通常认为,对被害人多次或者长期奸淫的,属于刑法本条第三款第一项规定的"强奸妇女、奸淫幼女情节恶劣"。行为人在长达数月、数年甚至更长时间内多次对被害人进行强奸,既反映了犯罪行为极其严重的客观危害,也表明行为人具有极深的主观恶性。对于奸幼型强奸案件,如果行为人多次或者长期奸淫幼女,次数越多,连续作案时间越长,则罪行越严重,从重处罚乃至适用死刑的根据就越充分。至于达到何种作案次数或者持续时间可以考虑判处死刑,则应根据具体案情综合分析。

关于作案手段。作案手段是行为人为了达到犯罪目的而采取的具体犯罪方法。不同的作案手段对于能否顺利实现犯罪目的所起的作用不同,使被害人遭受痛苦的严重程度也不同,能够体现出犯罪行为的客观危害及行为人的主观恶性。虽然刑法本条将强奸妇女和奸淫幼女规定在同一个法律条文中,都规定为强奸罪并配置了相同的法定刑,但在犯罪构成要件特别是犯罪手段方面,二者有明显区别。强奸妇女犯罪必须是行为人违背妇女意志,采取暴力、胁迫或者其他手段,强行与妇女发生性关系的行为。而奸淫幼女犯罪的成立,不要求行为人采取特定手段,也不论幼女是否自愿,只要行为人明知是不满14周岁的幼女而与其发生性关系的,都应当以强奸罪论处。如果采取暴力、胁迫手段奸淫幼女,或者当着幼女亲属、熟人的面奸淫幼女,或者使用残酷、变态手段奸淫幼女的,一般都应当作为强奸罪的酌定从重处罚情节考虑。

关于危害后果。强奸罪侵犯的客体是妇女的性自由权利和幼女的身心健康权利,其危害程度是由被害人遭受的身体或精神损害大小决定的。虽然刑法本条第三款第五项将"致使被害人重伤、死亡或者造成其他严重后果"规定为强奸罪的加重情节之一,但不能片面地认为只有强奸致被害人重伤、死亡才属于"罪行极其严重"。对于奸幼型强奸案件来说,即使没有出现幼女重伤、死亡后果,但随着被害人年龄增长,被强奸的经历将长期、严重地损害其身心健康,给幼女造成严重的心理创伤,留下挥之不去的心理阴影。其危害性主要表现在:一是由于行为人违背幼女意志,强行与幼女发生性行为,直接侵害了被害人的身心健康、性羞耻心理。二是在行为人以揭发隐私的胁迫手段长期奸淫幼女的情况下,幼女整日生活在担心"丑闻败露"的恐惧之中,不敢违抗行为人的意愿,也不敢将遭受强奸之事告诉任何人,承担着巨大的心理压力。三是幼女在今后的生活中,受到亲属的责骂以及来自社会的嘲讽、歧视后,会产生深深的自责心理和负罪感,极端情况下可能导致自杀,或者产生"破罐破摔"心理,不再珍惜自己的名誉、家庭,或者对男性产生仇视、报复心理,成为潜在的犯罪人。因此,在对奸幼型强奸案件决定是否适用死刑时,要特别重视被害人遭受的心理创伤程度,全面、客观地评价强奸罪行是否属于"罪行极其严重"。[参见第985号指导案例,淡某甲强奸、猥亵儿童案,载《刑事审判参考》总第98集(2014年第3集),第44~48页。撰稿:章政]

▽被害人无明显反抗行为或意思表示时,强奸罪中的"违背妇女意志"的认定

违背妇女意志,是指未经妇女同意而强行与之发生性交的行为。判断是否违背妇女意志,关键要看妇女对发生性行为是否同意,至于妇女表示同意是发生性交之前还是性交过程中,均不影响同意的成立。但女方无明显反抗行为或反抗意思表示时,不得据此推定为默示状态下的不违背妇女意志。对妇女是否同意不能以其有无反抗为标准。由于犯罪分子在实施强奸时的客观条件和采用的手段不同,对被害妇女的强制程度也相应的有所不同,因而被害妇女对犯罪行为的反抗形式和其他表现形式也会各有所异,有的因害怕或精神受到强制而不能反抗、不敢反抗或不知反抗。因此,不能简单地以被害妇女当时有无反抗意思表示,作为认定其是否同意的唯一条件。对妇女未作反抗或者反抗表示不明显的,要通观全案,具体分析,综合认定。一般而言,可以从以下三个方面来分析判断被告人的行为是否"违背妇女意志":(一)案发时被害妇女的认知能力。被害人的认知能力是被害人意思表示的前提。在强奸犯罪中,被害人的意思表示直接影响犯罪的成立与否,但在判断其意思表示之前,首先需要对被害人的认知能力进行判断和识别。我国刑法学界的通说认为,不满14周岁的幼女和精神障碍者对性权利无承诺能力,即使存在承诺也不能阻却行为人构成强奸罪。这主要是由于幼女和精神障碍者存在心智方面的不足,不能正确理解对性权利承诺的内容和意义。同样,对于年龄、智力和精神状况足以作出本人真实意思表示的被害人,也要考虑其案发当时的神志状况能否正确表达其内心真实意愿。本案中,从被害人自身年龄和正常状态下的智力、精神状况来看,并不存在心智认知能力方面的不足。但是,案发当晚,多名证人证实被害人在酒吧中由于饮酒过量而呕吐不止,这说明其已明显处于醉酒状态;被告人孟某寻找各种理由,欺骗酒吧管理、服务人员,伙同其他被告人将被害人带出酒吧。被害人被五名被告人带到案发现场时,需要由两名被告人搀扶才能行走。此时,被害人因为醉酒已失去了正常的分辨能力和认知能力,不能正确认知自身处境,不能正确表达内心真实意愿,其间可能对被告人的一些言行产生错误的理解和反应,但不应据此认定被害人对被告人要求发生性行为默示同意。(二)案发时被害妇女的反抗能力。强奸罪客观上通常表现为,行为人使用暴力、胁迫或者其他手段,使妇女处于不能反抗、不敢反抗、不知反抗状态或者利用妇女处于不知、无法反抗的状态而乘机实行奸淫。司法实践中,不同的被害妇女由于各自的生理、心理、性格等个人特征的不同,对暴力、胁迫或者其他手段的反应及其程度也不相同。妇女能否抗拒,或是否敢于抗拒不可能有一个统一的认定标准。妇女有无反抗能力,不能单纯地从行为人使用暴力、胁迫手段的程度来评价,还要结合妇女自身对所处环境的认知和可能遭遇更大伤害的风险预估心理,以及妇女自身身体状况等因素综合考虑。本案被害人系外籍妇女,即便在受到性侵的后阶段可能慢慢恢复意识,但其酒醒后身体控制能力弱,面对多名陌生异性青年,极易产生不敢反抗的心理,进而导致反抗不能。且根据各被告人供述,被害人在受到性侵的过程中神情呆滞,一直在哭泣,在事后乘坐出租车返校途中仍在哭泣,这些情况足以印证其不敢反抗的心理状态。综合全案情况判断,被害人陈述所言"我当时很害怕,而且很醉,感觉没有力气""我怕反抗了之后他们会伤害我,我只希望这个过程快结束”等,反映了被害人当时的真实心理状况。(三)被害人未作明确意思表示的客观原因。在被害人未作明确意思表示的情形下,应当对其客观原因进行具体分析。由于实践中存在未作意思表示情形下的“半推半就”、默示同意和不敢反抗、不能反抗下的未作意思表示两种性质不同的现象,应当结合案件具体事实和相关证据,对其客观原因予以分析,进而对行为人的行为作出准确评价。应当从案发当时的环境、双方是否熟人关系、被害人的身体状况、行为人的人数等因素,综合判定被害妇女是否具有选择表达不同意的意思自由。例如,行为人利用职权引诱女方,女方受到了一定程度的要挟,后在未作明确意思表示的情形下,基于互相利用之动机与行为人发生性行为。在此情形下,女方并未完全丧失意思自由,结合其“利用”之动机,即使发生女方被欺骗的情况,行为人也不构成强奸罪。也就是说,在有证据证明女方对发生性行为存有心理上的自愿认可时,可以阻却行为人构成强奸罪。本案被害人在到达案发现场前后,因醉酒对自身所处的环境、状况以及可能遭遇的危险并不能正确认知;在案发过程中神情呆滞伴有哭泣;在案发清醒后立即报案。这些情况可以证实被害人在心理上对性行为的发生并非持有自愿认可的态度。被害人之所以未作明确意思表示,是因为客观上不具备明确表达不同意的条件。综上,本案被害人无明示反抗行为和反抗意思表示的情形不能推定为默示的同意。被告人明知被害人处于认知能力减弱的醉酒状态,利用被害人不知反抗、不能亦不敢反抗的状态,与被害人发生性关系,其行为已违背被害妇女意志。法院依法以强奸罪追究五被告人的刑事责任,定性是准确的。[参见第1061号指导案例,孟某等强奸案,载《刑事审判参考》总第102集(2015年第1集),第48～50页。撰稿:郑娟　李济森]

第二百三十六条之一　【负有照护职责人员性侵罪】对已满十四周岁不满十六周岁的未成年女性负有监护、收养、看护、教育、医疗等特殊职责的人员,与该未成年女性发生性关系的,处三年以下有期徒刑;情节恶劣的,处三年以上十年以下有期徒刑。

有前款行为,同时又构成本法第二百三十六条规定之罪的,依照处罚较重的规定定罪处罚。(本条是根据《中华人民共和国刑法修正案(十一)》之二十七增加的,自2021年3月1日起施行。)

第二百三十七条　【强制猥亵、侮辱罪】以暴力、胁迫或者其他方法强制猥亵他人或者侮辱妇女的,处五年以下有期徒刑或者拘役。

聚众或者在公共场所当众犯前款罪的,或者有其他恶劣情节的,处五年以上有期徒刑。

【猥亵儿童罪】猥亵儿童的,处五年以下有期徒刑;有下列情形之一的,处五年以上有期徒刑:

(一)猥亵儿童多人或者多次的;

(二)聚众猥亵儿童的,或者在公共场所当众猥亵儿童,情节恶劣的;

(三)造成儿童伤害或者其他严重后果的;

(四)猥亵手段恶劣或者有其他恶劣情节的。(本条第三款是根据《中华人民共和国刑法修正案(十一)》之二十八修改的,自2021年3月1日起施行。)

刑法修正案(十一)修改前本条第三款原文:【猥亵儿童罪】猥亵儿童的,依照前两款的规定从重处罚。(本条是根据《中华人民共和国刑法修正案(九)》之十三修改的,自2015年11月1日起施行。)

刑法本条原文:以暴力、胁迫或者其他方法强制猥亵妇女或者侮辱妇女的,处五年以下有期徒刑或者拘役。

聚众或者在公共场所当众犯前款罪的,处五年以上有期徒刑。

【猥亵儿童罪】猥亵儿童的,依照前两款的规定从重处罚。

■最高人民法院、最高人民检察院、公安部、司法部关于依法惩治性侵害未成年人犯罪的意见(2013年10月23日)

一、基本要求

1. 本意见所称性侵害未成年人犯罪,包括刑法第二百三十六条、第二百三十七条、第三百五十八条、第三百五十九条、第三百六十条第二款规定的针对未成年人实施的强奸罪，强制猥亵、侮辱妇女罪，猥亵儿童罪，组织卖淫罪，强迫卖淫罪，引诱、容留、介绍卖淫罪，引诱幼女卖淫罪，嫖宿幼女罪等。

2. 对于性侵害未成年人犯罪，应当依法从严惩治。

三、准确适用法律

22. 实施猥亵儿童犯罪，造成儿童轻伤以上后果，同时符合刑法第二百三十四条或者第二百三十二条的规定，构成故意伤害罪、故意杀人罪的，依照处罚较重的规定定罪处罚。

对已满十四周岁的未成年男性实施猥亵，造成被害人轻伤以上后果，符合刑法第二百三十四条或者第二百三十二条规定的，以故意伤害罪或者故意杀人罪定罪处罚。

23. 在校园、游泳馆、儿童游乐场等公共场所对未成年人实施强奸、猥亵犯罪，只要有其他多人在场，不论在场人员是否实际看到，均可以依照刑法第二百三十六条第三款、第二百三十七条的规定，认定为在公共场所"当众"强奸妇女，强制猥亵、侮辱妇女，猥亵儿童。

24. 介绍、帮助他人奸淫幼女、猥亵儿童的，以强奸罪、猥亵儿童罪的共犯论处。

25. 针对未成年人实施强奸、猥亵犯罪的，应当从重处罚，具有下列情形之一的，更要依法从严惩处：

（1）对未成年人负有特殊职责的人员、与未成年人有共同家庭生活关系的人员、国家工作人员或者冒充国家工作人员，实施强奸、猥亵犯罪的；

（2）进入未成年人住所、学生集体宿舍实施强奸、猥亵犯罪的；

（3）采取暴力、胁迫、麻醉等强制手段实施奸淫幼女、猥亵儿童犯罪的；

（4）对不满十二周岁的儿童、农村留守儿童、严重残疾或者精神智力发育迟滞的未成年人，实施强奸、猥亵犯罪的；

（5）猥亵多名未成年人，或者多次实施强奸、猥亵犯罪的；

（6）造成未成年被害人轻伤、怀孕、感染性病等后果的；

（7）有强奸、猥亵犯罪前科劣迹的。

●以网络猥亵方式猥亵儿童罪的认定

行为人以满足性刺激为目的，以诱骗、强迫或者其他方法要求儿童拍摄裸体、敏感部位照片、视频等供其观看，严重侵害儿童人格尊严和心理健康的，构成猥亵儿童罪。（参见最高人民检察院发布第11批指导性案例，检例第43号，骆某猥亵儿童案，2018年11月9日发布。）

▽侮辱罪与侮辱妇女罪区别的认定

侮辱罪与侮辱妇女罪的根本区别在于后罪的行为人具有特殊的行为动机。侮辱罪与侮辱妇女罪的法定刑幅度是不同的，后者重于前者。刑法本条规定的侮辱妇女罪，是从1979年刑法流氓罪中分离出来的。从立法精神来看，侮辱妇女罪中的"侮辱"的含义不同于刑法第二百四十六条侮辱罪中的"侮辱"。它主要是指为获得性刺激，以淫秽举止或言语调戏妇女的行为。因此，侮辱妇女罪和侮辱罪的关键区别就在于，前者行为人是基于精神空虚等变态心理，以寻求性刺激或变态的性满足为主要动机，而后者的行为人则主要是基于泄愤、报复等动机，以贬损他人名誉为目的。除此之外，二罪的区别还表现为：（1）行为对象不同。侮辱妇女罪的对象只能是14周岁以上的少女和成年妇女，而侮辱罪的对象则没有性别及年龄上的限制。侮辱罪虽然也可以妇女为对象，但由于其主观目的是贬损他人名誉，因此，其侵犯的对象只能是特定的妇女或特定的人；而侮辱妇女罪的动机是基于精神空虚等变态心理，寻求性刺激或变态的性满足，因此，其侵犯的对象有可能是不特定的妇女。（2）行为方式不同。根据刑法规定，构成侮辱罪必须以公然实施侮辱行为为要件，而侮辱妇女罪的构成则没有此要求，也可以是以非公然的方式进行。聚众或在公共场所当众侮辱妇女的，则适用更重的法定刑幅度。侮辱妇女罪主观上出于寻求性刺激的动机，决定了其侮辱行为必须是当场对被侮辱的妇女实施，而侮辱罪对被害人所实施的侮辱行为,则既可以是当场,也可以是非当场的。就本案而言,尽管被侵犯的对象也是妇女,但行为人主要是基于泄愤、报复等动机,以贬损他人名誉为目的,并非出于精神空虚等变态心理,以寻求性刺激或变态的性满足为主要动机。因此,只能以侮辱罪定罪论处。[参见第179号案例,周彩萍等非法拘禁案,载《刑事审判参考》总第26辑(2002年第3辑),法律出版社,第27~32页。执笔:倪干强　洪冰]

▽正常的医疗检查与猥亵犯罪行为区分的认定

由于医生职业的特殊性,需要对医疗对象的身体进行专业检查,故区分医疗检查与猥亵犯罪行为的确有一定难度。实践中,首先要厘清该行为是否具备犯罪的特征,即严重的社会危害性、刑事违法性和应受刑罚惩罚性,具体而言,主要从行为人的主观和客观两个方面进行甄别:

1. 关于犯罪主观方面。医疗检查应当是以治病救人为目的,在遵循相关医疗规范的前提下,对病人进行必要、科学的医务检查和诊治;而猥亵犯罪行为的主观方面需要具备猥亵的故意。强制猥亵妇女罪的故意,即行为人明知自己的行为违背妇女的意志,侵犯了妇女性的自主权和羞耻心,而希望或者放任这一危害结果的发生;猥亵儿童罪的故意,即行为人明知自己的行为侵犯了儿童不受性侵犯的权利,并希望此危害结果的发生。对于犯罪主观方面的证明,通常依赖于对客观行为的分析判断。因此,即使行为人辩解不具有猥亵故意,但可以通过对该"医疗检查"行为是否明显超越职责范围,是否系医疗诊治所必需的检查手段等因素,来分析行为人的主观故意。

2. 关于犯罪客观方面,又需要注意考察以下两个方面的因素:(1)是否使用了强制或者欺骗等不正当手段。虽然猥亵儿童罪对行为手段没有限制,儿童是否出于自愿不影响犯罪的成立,但行为人是否使用强制或者欺骗等不正当手段,可以作为区分正常医疗行为与猥亵行为的一个重要参考因素。强制手段通常包括暴力、胁迫或者其他手段,医务人员直接使用有形暴力进行猥亵的,因为有被害人陈述可加以证明,部分情况下还会有活体检验意见等证据加以佐证,故在实践中比较容易认定。而由于医务工作的特殊性,是否使用了胁迫或者其他不正当手段在认定时确有一定困难。医务人员通常要对医疗对象的身体进行检查,而医疗对象一般对专业医学知识不知或者所知不多,出于对自己身体健康状况的关切、担忧,以及时医务人员专业性的信任、敬畏,在心理上处于一定弱势地位。医务人员如同用其特殊身份和优势地位,在医院检查治疗室这一特定场所,通过有针对性的语言或者行为暗示等方式,即可对妇女、儿童的身体或者精神形成强制力,使其不能、不敢或者不知反抗。实践中,也有部分医生欺骗被害人接受非诊疗所必需的身体检查,借机实施猥亵。因此,不能完全以被害人是否明显反抗作为认定其是否自愿接受身体检查的依据。在实践中,可参考被害人所陈述的内心感受,是否感觉受到侵犯或者猥亵加以辅助认定。本案被告人王某某利用未成年女学生对医生权威的信任,以及对体检流程不了解等认识能力的限制,在医院诊室这一特定的封闭场所,使女学生在精神上受到强制,不能或者不知反抗,进而实施猥亵;多名女学生亦证明,在接受身体检查过程中感觉受到了侵犯,故由此可以认定王某某使用了强制手段。(2)是否明显超越了职责范围、是否系诊疗所必需。医疗检查是一种专业技术活动,因其注重可操作性和实效性,故专业操作规范绝大多数并不为法律法规所规定,只是行业内的规程,有些只是本行业从业人员的共识。通常来讲,甄别正常医疗检查与猥亵行为需要具有一定的医学知识,作为未受过专业医学教育的司法工作人员,可从以下几个层面进行审查:首先,以一般人的认识为标准,分析诊疗行为是否明显超越职责范围,比如对骨折的病人进行妇科检查,显然非诊疗所必需。其次,结合医院关于岗位职责以及检验流程的规定加以判断。由于医生的专业性强、分工细致,医院对相关流程和规范均进行了细化规定,这些规定可用作判别检查是否明显超越了职责范围、是否系诊疗所必需的依据。最后,参考专业人士的意见。在一些简单的专科检查中,依据医院的相关规定即可判断是否超出职责范畴,但对于一些较为复杂的病症需要进行详细或者有针对性的全科检查时,机械地以医院的规范来衡量难免会有所疏漏,此时就需借助医院其他医务人员的证言甚至是相关医疗机构出具的意见,进行综合判断。本案中,提取在案的医院尿检常规步骤材料证明,正常的尿检步骤系由受检者将尿液标本送检验室，检验工作人员进行常规检验，并出具报告单。对尿检结果异常需要镜检者，检验人员提取尿液标本做镜检。对分泌物的检验由患者到相关科室由专业技术人员提供分泌物标本送检。依据该规定进行分析，被告人王某某抚摸女生胸腋部、查看女生生殖器、用手在女生阴部按压等行为明显超越了其职责范围，应当认定其不属于正常的医学检查手段。综上，王某某利用给学生作尿检的职务之便，超越尿检医生职责范围，对21名女学生进行变相强制，实施猥亵，人民法院认定其行为已构成猥亵犯罪，是正确的。[参见第987号指导案例，王晓鹏强制猥亵妇女、猥亵儿童案，载《刑事审判参考》总第98集(2014年第3集)，第54～57页。撰稿：崔祥莲]

▽强制猥亵对象中既包括已满14周岁的妇女又包括未满14周岁女童的，对所犯数罪应当并罚

刑事司法实践中，通常将妇女的年龄解释为已满14周岁，故当猥亵对象中既包括已满14周岁的妇女又包括未满14周岁的女童时，就涉及既构成强制猥亵妇女罪又构成猥亵儿童罪，两罪是否并罚的问题。此种情形应当以强制猥亵妇女罪与猥亵儿童罪并罚。理由如下：

1. 根据罪刑法定原则应当并罚。罪刑法定原则要求刑法规范的内容必须清楚明确，也被称为“刑法规范的明确性原则”。法官虽然不可机械适用法律，但亦应同等地对待事实上相同的案件，使每个人都能够预先知道何种行为是被禁止的并应受到何种刑事处罚。我国刑法本条明确将强制猥亵妇女罪与猥亵儿童罪规定为两个独立的罪名，表明侵犯的是不同客体，是两罪而非一罪。虽然理论上确实存在判决宣告前的同种数罪是否并罚的争议，但强制猥亵妇女罪与猥亵儿童罪系同一法条下规定的不同罪名，并非同种数罪，予以并罚是有法律依据的。

2. 依据犯罪构成理论应当并罚。以犯罪构成作为罪数判断的标准是我国刑法学界的通说，在实践中也容易为多数司法工作人员所理解和接受。强猥亵妇女罪与猥亵儿童罪在犯罪主体和主观方面的内容基本一致，从客观方面来看，区别主要体现在强制猥亵妇女罪要求行为具有强制性，而猥亵儿童罪则不要求必须使用强制手段。不论行为人采用暴力、胁迫手段猥亵儿童，还是征得儿童的同意对其进行猥亵，都构成猥亵儿童罪。强制猥亵妇女罪与猥亵儿童罪的主要区别还体现在犯罪对象方面：强制猥亵妇女罪的对象只能是年满14周岁的女性，猥亵儿童罪的对象为儿童，即不满14周岁的人，主要是女童，也包括男童。因此，如果仅认定为一罪从重处罚，就存在究竟认定为强制猥亵妇女罪，还是猥亵儿童罪的难题。

3. 数罪并罚更符合立法精神，也便于实践操作。从我国整个立法体系看，保护未成年人权益的法律体系日益健全，司法保护力度不断增强，将儿童的身心健康作为一个重大的法益加以特殊保护，符合刑事政策和立法精神。我国刑法将妇女的性权利与儿童的身心健康作为不同的法益加以保护，并将儿童的身心健康作为特殊的法益加以重点保护。实践中，在没有“聚众或者在公共场所当众实施”这两项加重情节的情况下，强制猥亵妇女的最高仅能判处五年有期徒刑，最低可能判处拘役；而以强制猥亵妇女罪与猥亵儿童罪并罚，则最高可判处十年以下有期徒刑，量刑幅度更宽，从某种意义上更能贯彻罪责刑相适应原则，并体现从严惩治性侵害儿童的刑事政策精神。

综上所析，被告人王某某的猥亵行为既侵犯了妇女性的自主权，又侵犯了儿童不受性侵犯的权利，分别符合强制猥亵妇女罪和猥亵儿童罪的构成特征，人民法院认定其构成数罪，依法实行并罚，是正确的。值得强调的是，根据《最高人民法院、最高人民检察院、公安部、司法部关于依法惩治性侵害未成年人犯罪的意见》第二十五条的规定，医生作为对未成年人负有特殊职责的人员，对未成年人实施性侵害犯罪的，应当从严惩处。[参见第987号指导案例，王晓鹏强制猥亵妇女、猥亵儿童案，载《刑事审判参考》总第98集(2014年第3集)，第57～58页。撰稿：崔祥莲]

▽“猥亵”的认定以及猥亵儿童犯罪行为与猥亵违法行为的认定

刑法本条规定了强制猥亵、侮辱妇女罪、猥亵儿童罪，在不具有“聚众或者在公共场所当众实施”的严重情节情况下，应当在五年以下有期徒刑或者拘役幅度内处罚。我国治安管理处罚法第四十四条规定:猥亵他人的,处五日以上十日以下拘留;猥亵智力残疾人、精神病人、不满十四周岁的人或者有其他严重情节的,处十日以上十五日以下拘留。因此,尽管刑法规定猥亵儿童的,应当从重处罚,但并非只要存在猥亵儿童行为,就必然构成猥亵儿童罪。首先必须准确认定是否属于"猥亵",其次必须准确界分猥亵儿童是构成犯罪,还是属于一般违法行为。

对于何为"猥亵",刑法及相关司法解释、治安管理法均没有作出明确界定。通常理解,猥亵是指以刺激或者满足性欲为动机,用性交以外的方式对被害人实施的淫秽行为,客观上包括抠摸、舌舔、吮吸、亲吻、手淫、鸡奸等行为方式。但是,这种理解较为宽泛,实践中仍存在争议。例如,本案中,被告人吴某某辩称其亲吻被害人L脸部不是猥亵行为。认定"猥亵"行为,必须综合考虑主观和客观两个方面的因素:

从主观方面看,行为人主观上通常具有刺激,满足性欲的动机。有些行为人出于使被害人出丑、羞辱被害人等卑劣动机,偷剪或者脱光被害人衣服,对被害人进行凌辱,根据刑法本条第一款的规定,属于强制侮辱妇女犯罪行为,但如果上述行为是针对儿童实施的,因刑法未规定"侮辱儿童罪",故也可以认定属于"猥亵儿童"。

从客观方面来看,猥亵应当是足以刺激或者满足性欲,并冒犯普通公民性的羞耻心或者引起其厌恶感的行为。判断是否系"猥亵",应当考虑行为所侵害的身体部位是否具有性象征意义。如男女下体隐私处、臀部及与臀部密接的大腿,以及女性之胸部等。行为侵害具有性象征意义以外的身体部位,比如脸部、背部、胳臂等,认定是否属于猥亵应当慎重,通常可以理解为"性骚扰"行为。值得注意的是,男性以生殖器侵入女性生殖器的行为,属于强奸规制的范围,故不属于"猥亵"的范围。

如果综合考虑行为人的主观动机、行为手段等因素,行为人的行为应当认定"猥亵",那么对该行为是否构成犯罪,还要从严把握,具体而言,在区分猥亵一般违法行为与猥亵犯罪行为时,需要着重考虑以下几个方面的因素:(1)猥亵行为侵害的身体部位所代表的性象征意义明显与否;(2)猥亵行为是否伴随暴力、胁迫等强制手段;(3)猥亵行为持续时间的长短;(4)其他能反映猥亵行为对被害人身心伤害大小,对普通公民性的羞耻心冒犯程度大小的情节;(5)行为人是否具有前科劣迹以及其他反映行为人主观恶性、人身危险性大小的情节。考虑上述某一项或者某几项因素,如果猥亵行为情节轻微,危害不大,可以不以犯罪论处。为体现对儿童的特殊保护,对猥亵行为严重程度的判断,与针对妇女实施的强制猥亵行为,也可以有所不同,针对儿童实施的,入罪标准的门槛可适当降低一些。

一般而言,出于亲昵、戏谑,亲吻他人脸部,不属于"猥亵";强行亲吻被害人脸部,结合其他情节,如果确有必要认定属于猥亵行为的,对行为人进行治安管理处罚即可做到"罚"当其"罪"。本案中,被告人吴某某实施亲吻被害人L脸部这一行为,单从其侵害的身体部位而言,并不属于典型的猥亵方式,但吴某某多次利用其他学生放学离开教室之际,亲吻被害人L脸部,并且在半年多时间内以将手伸进被害人衣裤内抠摸敏感部位等方式猥亵Z某、C某、H某等女学生,可见其亲吻L脸部,主观上具有强烈的刺激、满足性欲动机,因而增强了对其亲吻L脸部的行为进行刑事处罚的必要性。原审法院据此认为,吴某某宗吻被害人L脸部的行为,非一般成年人对孩童喜爱之情的自然流露,将其认定为猥亵犯罪行为,是正确的。[参见第989号指导案例,吴茂东猥亵儿童案,载《刑事审判参考》总第98集(2014年第3集),第68～69页。撰稿:赵俊甫　王钰]

▽在教室讲台猥亵儿童应当认定为在"公共场所当众"实施猥亵

刑法本条第二款规定了聚众或者在公共场所当众实施猥亵两种加重处罚情节。其中,对于认定是否属于在公共场所当众实施猥亵犯罪,实践中存在不同看法。例如,本案审理过程中,对于"教室"这一既供多数人使用但同时又相对封闭的特殊场所,能否认定为"公共场所",以及是否要求其他在场人员实际看到猥亵行为,才能认定为"当众"猥亵,争议较大。刑法第二百九十一条规定,聚众扰乱车站、码头、民用航空站、商场、公园、影剧院、展览会、运动场或者其他公共场所秩序,情节严重的,构成聚众扰乱公共场所秩序罪，该条以列举的方式明确了几种典型公共场所的范围。根据《辞海》的解释，公共场所是指公众可以去的地方或者对公众开放的地方；公众是指社会上大多数的人或者大众。因此，仅从文义解释的角度分析，公共场所就是指供社会上大多数的人从事工作、学习、文化、娱乐、体育、社交、参观、旅游和满足部分生活需求的一切公用建筑物、场所及其设施的总称。这一解释突出了公共场所系相对于私人场所而言及可由多数人进出、使用的功能特征。从对"公共场所"的最狭义理解来看，一般应当强调该场所"供非固定人员进出、使用"的功能特征，唯此方能体现公共场所的涉众性。学校教室是供学生学习的专门设施，一定时期内使用教室的学生范围相对固定，因此，仅从狭义解释的角度考察，似与一般意义上的公共场所有所不同。但学校教室并非私人场所，而且是供多数学生使用，具有相对的涉众性。考虑到这一点，将教室解释为"公共场所"并未超出"公共场所"概念所能包含的最广含义，也符合一般公民的理解和认知，属于合理的扩大解释。

关于"当众"实施猥亵的认定问题。一种观点认为，"当众"猥亵应当包含行为人公然实施猥亵，不惧怕其犯罪行为被公众发现的意思；另一种观点认为，"当众"猥亵就是当着众人的面实施猥亵。这两种观点或侧重于行为人的主观方面，或侧重于客观方面，都属于对"当众"的狭隘文义解释，脱离了对法条适用合目的性的考量，未必妥当。就性侵害犯罪而言，刑法将在公共场所当众实施强奸、猥亵规定为强奸、猥亵犯罪的法定加重处罚情节，主要是因为，性活动具有高度的私密性，而当众对被害人实施强奸、猥亵，既侵犯了普通公民最基本的性羞耻心和道德情感，更重要的是，此种情形对被害人身心造成的伤害更严重，社会影响更恶劣，需要对此类猥亵犯罪配置与其严重性相适应的更高法定刑。因此，最高人民法院、最高人民检察院、公安部、司法部联合下发的《关于依法惩治性侵害未成年人犯罪的意见》（本附文以下简称《性侵意见》）第二十三条规定，在校园、游泳馆、儿童游乐场等公共场所对未成年人实施强奸、猥亵犯罪，只要有其他多人在场，无论在场人员是否实际看到，均可以认定为在公共场所"当众"强制猥亵、侮辱妇女，猥亵儿童。由此可见，《性侵意见》第二十三条基于从严惩治发生在校园等儿童集中的特殊场所的性侵害犯罪的政策考量，对"当众"概念并没有局限于最狭义的文义解释。也就是说，"当众"并不要求在场人员实际看到。在适用该条规定时有必要注意：认定为"当众"实施性侵害犯罪虽不要求其他在场的多人实际看到，但基于"当众"概念的一般语义及具有"当众"情节即升格法定刑幅度的严厉性，从空间上来讲，其他在场的多人一般要在行为人实施犯罪地点视力所及的范围之内。也就是说，性侵害行为处于其他在场人员随时可能发现、可以发现的状况。本案被告人吴某某趁中午学生在教室内午休，将被害人叫到讲台上对被害人进行猥亵，虽然利用了课桌等物体的遮挡，手段相对隐蔽，但此种猥亵行为处于教室内其他学生随时可能发现、可以发现的状况。而且根据法院审理查明的事实，实际上也有部分被害学生曾发现吴某某将其他被害人叫到讲台上，并知道吴某某在实施猥亵。因此，人民法院认定被告人吴某某属于在公共场所当众实施猥亵是正确的。［参见第989号指导案例，吴茂东猥亵儿童案，载《刑事审判参考》总第98集（2014年第3集），第69～71页。撰稿：赵俊甫　王钰］

第二百三十八条　【非法拘禁罪】非法拘禁他人或者以其他方法非法剥夺他人人身自由的，处三年以下有期徒刑、拘役、管制或者剥夺政治权利。具有殴打、侮辱情节的，从重处罚。

【非法拘禁罪】犯前款罪，致人重伤的，处三年以上十年以下有期徒刑；致人死亡的，处十年以上有期徒刑。

【故意伤害罪】【故意杀人罪】使用暴力致人伤残、死亡的，依照本法第二百三十四条、第二百三十二条的规定定罪处罚。

【非法拘禁罪】【故意伤害罪】【故意杀人罪】为索取债务非法扣押、拘禁他人的，依照前两款的规定处罚。

【非法拘禁罪】【故意伤害罪】【故意杀人罪】国家机关工作人员利用职权犯前三款罪的，依照前三款的规定从重处罚。

■最高人民检察院关于人民检察院立案侦查司法工作人员相关职务犯罪案件若干问题的规定(2018年11月24日)

附:十四个罪名的立案标准

一、非法拘禁罪(仅限司法工作人员)

国家机关工作人员利用职权非法拘禁,涉嫌下列情形之一的,应予立案:

1. 非法剥夺他人人身自由24小时以上的;

2. 非法剥夺他人人身自由,并使用械具或者捆绑等恶劣手段,或者实施殴打、侮辱、虐待行为的;

3. 非法拘禁,造成被拘禁人轻伤、重伤、死亡的;

4. 非法拘禁,情节严重,导致被拘禁人自杀、自残造成重伤、死亡,或者精神失常的;

5. 非法拘禁3人次以上的;

6. 司法工作人员对明知是没有违法犯罪事实的人而非法拘禁的;

7. 其他非法拘禁应予追究刑事责任的情形。

■最高人民法院关于对为索取法律不予保护的债务,非法拘禁他人行为如何定罪问题的解释(全文)(2000年7月19日)

行为人为索取高利贷、赌债等法律不予保护的债务,非法扣押、拘禁他人的,依照刑法第二百三十八条的规定定罪处罚。

■最高人民法院、最高人民检察院、公安部、司法部关于办理"套路贷"刑事案件若干问题的意见(2019年4月9日)

(相关内容附在本书刑法第二百六十六条之后附文同名文件中)

■最高人民法院、最高人民检察院、公安部、司法部关于依法惩治妨害新型冠状病毒感染肺炎疫情防控违法犯罪的意见(2020年2月6日)

二、准确适用法律,依法严惩妨害疫情防控的各类违法犯罪

(二)依法严惩暴力伤医犯罪。……

以不准离开工作场所等方式非法限制医务人员人身自由,符合刑法第二百三十八条规定的,以非法拘禁罪定罪处罚。

(十)依法严惩妨害疫情防控的违法行为。……

对于在疫情防控期间实施有关违法犯罪的,要作为从重情节予以考量,依法体现从严的政策要求,有力惩治震慑违法犯罪,维护法律权威,维护社会秩序,维护人民群众生命安全和身体健康。

■最高人民法院、最高人民检察院、公安部、司法部关于依法办理家庭暴力犯罪案件的意见(2015年3月2日)(见本书附录三十五)

■最高人民法院关于贯彻宽严相济刑事政策的若干意见(2010年2月8日)(见本书附录十七)

■最高人民法院、最高人民检察院关于常见犯罪的量刑指导意见(试行)(2021年7月1日)(见本书附录十三)

▼安徽省高级人民法院、安徽省人民检察院关于二十三种常见犯罪量刑规范的实施细则(试行)(2022年1月16日)(见本书附录十四)

□实际存在高利贷、赌债等法律不予保护的债务是此种情形下构成非法拘禁罪的前提条件,仅是主观上怀疑受害人在赌局中对其设计骗局,为追回赌资而非法劫持受害人,逼迫受害人交出财物的,构成抢劫罪

《最高人民法院关于对为索取法律不予保护的债务非法拘禁他人行为如何定罪问题的解释》规定,行为人为索取高利贷、赌债等法律不予保护的债务,非法扣押、拘禁他人的,依照刑法第二百三十八条的规定定罪处罚。据此,在上述规定情形下构成非法拘禁罪的前提条件,是实际存在高利贷、赌债等法

律不予保护的债务。行为人仅是主观上怀疑受害人在赌局中对其设计骗局,为追回赌资而非法劫持受害人,逼迫受害人交出财物的,不属于上述司法解释规定的情形。(广东省肇庆市人民检察院诉梁克财等抢劫案,载《最高人民法院公报》总第164期,2010年第6期,第42页。)

□故意非法剥夺他人人身自由,如不能证实行为人与被害人之间存在债权债务关系,不构成索债型的非法拘禁罪

二、索债型的非法拘禁罪,是指行为人以索取债务(包括合法债务与非法债务)为目的,以拘留、禁闭或者其他方法故意非法剥夺他人人身自由的行为。如果不能证实行为人与被害人之间存在债权债务关系,则不构成索债型的非法拘禁罪。(参见上海市黄浦区人民检察院诉陈祥国绑架案,载《最高人民法院公报》总第123期,2007年第1期,第34页。)

○转化犯的司法认定

转化犯是指行为人在实施某一较轻的犯罪时,由于连带的行为又触犯另一较重的犯罪,依法仅以较重的犯罪论处的情形。转化犯存在两个行为,涉及两种犯罪(轻罪和重罪),似乎构成两罪,但法律规定仅以转化的重罪定罪处罚。如刑法第二百三十八条第二款规定的,犯非法拘禁罪,使用暴力致人伤残、死亡的,以故意伤害或故意杀人罪论处;刑法第二百四十一条第五款规定的,收买被拐卖的妇女、儿童又出卖的,以拐卖妇女、儿童罪论处,其他如刑法第二百四十七条、第二百四十八条、第二百五十三条第二款、第二百六十七条第二款、第二百六十九条、第二百九十二条第二款、第三百三十三条第二款等等均是其立法上的适例。可见,转化犯具有以下4个基本特征:一是行为人实施了基本的危害行为,且该行为已经足以构成某一犯罪。二是由于某种情节的出现,使行为的性质发生了变化,从而符合另一犯罪的构成特征,即发生了罪质的转化。三是这种转化是由某一较轻的犯罪向另一较重的犯罪转化,它意味着行为人的主观恶性和客观危害性的加深。所以,转化后的犯罪其法定刑必然高于转化前的犯罪的法定刑。四是罪的转化一般都是由法律明确规定的。不过,值得指出的是,目前司法解释中也有依照立法精神创设转化犯的情形,如《最高人民法院关于审理拒不执行判决、裁定案件具体应用法律若干问题的解释》第六条规定的,暴力抗拒人民法院执行判决、裁定,杀害、重伤执行人员的,以故意杀人或故意伤害罪论处;又如《最高人民法院关于审理挪用公款案件具体应用法律若干问题的解释》第六条规定的,携带挪用的公款潜逃的,以贪污罪论处等均是其适例。根据转化犯必须有法律或司法解释明文规定的特征,由于现行法律或司法解释并未明确规定,行为人为索取债务非法扣押、拘禁他人,在拘禁过程中,又以非法占有为目的,向被拘禁人亲属勒索明显超出债务额的财物的,以绑架罪论处。[参见《刑事审判参考》总第22辑(2001年第11辑),法律出版社,第77~78页。]

▽对非法拘禁中"使用暴力致人伤残、死亡"的认定

在非法拘禁中"致人重伤、死亡"和"使用暴力致人伤残、死亡"两种情形都有重伤、死亡的结果,两者的不同在于后者强调的是使用暴力,且伤残、死亡的结果应当是由暴力行为造成的,即暴力与伤残、死亡结果存在直接、必然的因果关系。在非法拘禁中,行为人如果没有使用暴力而致人重伤、死亡的,或者虽然使用了一定程度的暴力,但该暴力根本不足以致人重伤、死亡或者说重伤、死亡的结果不是因为暴力造成,而是其他因素造成的,就不是"使用暴力致人伤残、死亡",而是非法拘禁"致人重伤、死亡"。对此,在罪名认定上,就依然只能定非法拘禁罪,而不能转化为故意伤害罪或故意杀人罪。行为人为将被害人顺利押到目的地,多次强行给被害人注射"冬眠灵"致其昏睡,其中第一次注射时伴有口头威胁,其他几次注射时,被害人均处于半昏睡不能抗拒的状态。这种强行注射"冬眠灵"致人昏睡,不能反抗的方法,虽有一定程度的"暴力"性质,但又不同于殴打、捆绑等典型的暴力形式,而是介乎于"胁迫""其他方法"与"暴力"之间。更关键的是,被害人的死亡结果并非由行为人强行注射"冬眠灵"所致。根据专家鉴定意见,注射的药物并不足以致被害人死亡,被害人的死亡是各种综合因素作用的结果,其中包括药物反应、被害人水盐电解质的紊乱、低血糖、地下室缺氧等因素。据此,可以说,即便强行注射“冬眠灵”的行为属于“使用暴力”,本案的情形也不能说是单纯或主要因“使用暴力致人死亡”。从主观方面分析,“使用暴力致人伤残、死亡”应属于故意犯罪范畴即施暴人对其暴力行为可能致人伤残、死亡应是出于希望或放任的心理态度。这是立法规定“使用暴力致人伤残、死亡”应转化为故意伤害罪或故意杀人罪的原因所在。而非法拘禁中“致人重伤、死亡”,则是指过失致人重伤、死亡的情况,即行为人故意实施了非法拘禁的犯罪行为,在非法拘禁中又因过失而造成被拘禁人重伤、死亡的严重后果。如在捆绑、关押过程中过失地引起被害人死亡,被害人在拘禁过程中因不堪行为人的折磨而自杀身亡等。行为人在非法拘禁过程中强行给被害人注射“冬眠灵”,其目的是讨回债务,并不希望剥夺被害人的生命,也无放任被害人死亡的心理态度。但将被害人非法拘禁达30多小时,其间多次给被害人强行注射“冬眠灵”,行为人尽管无医学专业知识,但作为正常人,仅从生活常识考虑,也应当意识到自己的行为可能会诱发其他因素从而影响被害人的生命健康。行为人基于讨债心切,并害怕被害人家属追赶,忽视了这种危害结果的发生,最终造成了被害人死亡。其行为符合“过失致人死亡”的特征。由于刑法对非法拘禁中过失致人死亡已作了专门规定,故对本案定非法拘禁罪,并相应在十年以上有期徒刑的法定刑幅度内对各行为人量定刑罚。至于行为人等在被害人死后碎尸,不能据此推断出行为人对被害人的死亡结果具有放任心态。因为事后行为有时可能是前面行为的延续,在一定程度上可以印证前面的行为,但也不能作为证明行为人作案时主观故意内容的主要甚至是唯一依据,而仅仅只能是参考;有时事后行为则可能与先前的行为完全不属同一性质,而是另有目的,更不能作为推断行为人作案时主观故意内容的依据。行为人在债务人死亡后碎尸,其目的是湮灭罪迹,但并不能必然证明行为人有杀人的故意,结合全案事实,案件的性质仍应认定为非法拘禁罪。[参见第180号案例,田磊等绑架案,载《刑事审判参考》总第26辑(2002年第3辑),法律出版社,第37~39页。执笔:杨晓维　王琦]

▽“索债型”非法拘禁罪和“索财型”绑架罪的认定

“索财型”绑架罪和“索债型”非法拘禁罪都实施了剥夺他人的人身自由,并向他人索要财物的行为,但两罪在犯罪构成上有较大区别。(1)犯罪的主观故意不同。“索财型”绑架罪以勒索财物即非法占有他人财物为目的。“索债型”非法拘禁罪以追索债务(既包括合法债物,也包括赌债等法律不予保护的债务),即以索要自己的财物,实现自己的债权为目的,而不是想将他人的财产占为己有,不具有勒索财物的目的。(2)犯罪起因不同。“索财型”绑架罪的行为人为实现勒索财物的目的,往往是无中生有地选择富有的、不特定的犯罪对象,被害人一般无过错。“索债型”非法拘禁罪的行为人与被害人之间存在特定的债权债务关系,属于“事出有因”,而被害人大多自身有一定的过错,即欠债不还或有客观存在的债务纠纷。债权债务关系的存在与否是区分“索债型”非法拘禁罪与“索财型”绑架罪的关键特征。(3)侵犯的客体不同。“索财型”绑架罪侵犯的是复杂客体,即他人的人身权利和财产权利。“索债型”非法拘禁罪侵犯的客体是简单客体,即他人的人身权利。(4)客观表现不同。“索财型”绑架罪以暴力、胁迫、麻醉等方法为必备条件。“索债型”非法拘禁罪在客观上则不要求采用暴力、胁迫、麻醉等方法,虽然在实施非法拘禁过程中,也可能会有捆绑、殴打等行为,但对他人的生命健康造成的损害一般比绑架罪小得多。(5)社会危害不同。“索财型”绑架罪与“索债型”非法拘禁罪给被害人、被害人的亲属和社会造成的心理影响、不安全感和危害有很大不同,前者的不利影响和社会危害性比后者更为严重。但是并非所有的“索债型”扣押、拘禁行为,都以非法拘禁罪定罪处罚,有的还可能涉及绑架罪的适用。这类案件,都以一定的债权债务关系为前提,由于在民事或经济纠纷中“债”的关系十分复杂,在定性时可能涉及绑架罪和非法拘禁罪的选择。绑架罪的法定最低刑为十年,其处罚大大重于非法拘禁罪,因此,在对“索债型”扣押、拘禁行为定性时,在把握好两罪区别的前提下,严格依照刑法主客观统一的原则,根据案件的具体情况作出慎重的判断。

情形一:原债务数额难以确定。在一些“索债型”扣押、拘禁案件中,行为人认为确实存在债务,而被害人予以否认，或者行为人与被害人虽然均承认存在债务关系，但是双方在具体数额上说法不一致，由于缺乏证据而难以查清原债权债务关系中涉及的具体数额。如果行为人主观上认为确实存在债务或者确认债务为某一数额，即使有证据证明行为人对债务或数额的认识是基于某种错误，行为人也是在“索要债务”的主观认识之下实施扣押、拘禁被害人的行为，而不存在“勒索他人财物的目的”，因此应以非法拘禁罪定罪处罚。如果以绑架罪定罪，则有客观归罪之嫌。

情形二：索要数额高于原债务。在“索债型”扣押、拘禁案件中，行为人可能因为多种原因向被害人索要高于原债务数额的财物，有的是出于对被害人久拖不还债务的气愤，有的是为了弥补讨债费用或商业损失，有的是借机勒索更多的财物等。不能仅因索要数额超过原债务，就简单认定上述行为均构成绑架罪，而要具体情况具体分析。如果索要的数额大大超过原债务数额，且与其他情节相结合，足以证明行为人的主观目的已经由索债转化为勒索财物，则该行为已触犯了绑架罪和非法拘禁罪两个罪名，按照想象竞合犯的处罚原则，应以绑架罪定罪处罚。如果索要的数额超过原债务的数额不大，或者虽然索要的数额超过原债务的数额较大，但超出的部分是用于弥补讨债费用或由此带来的其他损失，行为人认为这些费用和损失应由被害人承担，其主要目的仍是索债，而不是勒索财物。从主客观相一致以及有利于被告人的刑法原则上看，上述行为应当以相对较轻的非法拘禁罪定罪，而不宜定绑架罪。如果索要数额大大超过原债务，当被害人拿出与原债务数额相近的财物后，行为人主动停止索要其他财物，这在客观上可以证明行为人并不具备勒索他人财物的目的，也不宜定绑架罪，而应定非法拘禁罪。[参见第263号案例，王小飞等非法拘禁案，载《刑事审判参考》总第34集（2003年第5集），法律出版社，第30～32页。执笔：谭京生　高文斌]

▽被告人为索回所输赌资而非法限制他人人身自由的行为，构成非法拘禁罪

以殴打、胁迫、限制人身自由等手段，分别使被害人退赔钱物，不构成抢劫罪。一方面，行为系在赌博中作弊引发纠纷所致，双方多次聚赌，存在非法债务关系，同案各行为人之间也没有事前、事中预谋和通谋要共同实施抢劫的行为；另一方面，行为人向被害人索取赌资，是双方在协调基础上认可的赌博损失赔偿数额。结合双方以前赌博的具体情况，可以认定行为人的主观目的是索回因被害人赌博作弊所输赌资。因此，行为人主观上不具有非法占有他人财物的故意，不符合抢劫罪所要求的主观要件，对行为人应以非法拘禁罪追究了刑事责任。[参见第010号刑案判例，陈雪等非法拘禁、赌博案，载《刑事办案指导》总第2辑（2005年第2辑），中国人民公安大学出版社，第20页。执笔：汪波]

▽为索取债务而绑架他人的行为应定非法拘禁罪，而非绑架罪

绑架罪和非法拘禁罪，两者都是侵犯他人人身自由权利的犯罪，而且，绑架罪在客观上必然表现为非法剥夺他人人身自由的行为，且剥夺他人人身自由的方法与非法拘禁罪的方法没有质的区别，都可以是暴力、胁迫或者其他方法；非法拘禁罪也可以由绑架的方式构成，两罪在将被害人绑架、劫持的空间特点上也一样，既可以是就地不动，也可以是将被害人掳离原所在地。实践中，两罪界限易混淆多是表现在为索债而绑架、扣押人质的案件中。为追索债款，以强行扣押“债务人或其亲属”的方式，胁迫债务人亲属或债务人履行还债义务，“以钱换人”的犯罪行为形式上与以勒索财物为目的的绑架行为很相似，但在性质上却存在根本区别：第一，两者的犯罪目的截然不同，前者以勒索财物为目的；后者以追索债务为目的，以扣押“人质”作为讨还债务的手段。第二，两者在被绑架人方面存在差异，前者被绑架人自身一般都无什么过错，且可以是任何不特定的人；而后者被绑架人大多自身有一定的过错即欠债不还，且一般只可能是债务人本人或其近亲属。行为人以索取债务为目的，绑架债务人的行为，符合刑法第二百三十八条第三款“为索取债务非法扣押、拘禁他人”的规定，其行为性质应属非法拘禁，而不是绑架。因此，在罪名认定上，应是非法拘禁罪，而不是绑架罪。[参见第180号案例，田磊等绑架案，载《刑事审判参考》总第26辑（2002年第3辑），法律出版社，第36～37页。执笔：杨晓维　王琦]

▽为逼人还贷而关押借款人以外的第三人的行为应以非法拘禁罪论处

非法拘禁罪中的“为索取债务非法扣押、拘禁他人”中的“他人”的范围,在司法实践中,就索债型非法拘禁罪来看,债权人为达到要回欠债的目的,通常会直接非法扣押、拘禁债务人本人,但也不排除债权人可能通过非法扣押债务人的亲属为人质或者扣押其他与债务人有密切关系的人为人质来达到迫使债务人还债的目的。刑法本条第三款规定“为索取债务非法扣押、拘禁他人”以非法拘禁罪论处,这里立法用的是“他人”,并未明确限定为债务人本人。可见,“他人”当然可以包括债务人以外而又与债务人具有某种利害关系的人。根据《刑法》第二百三十九条的规定,绑架罪包括三种情形:一是以勒索财物为目的绑架他人的;二是以勒索财物为目的偷盗婴幼儿的;三是绑架他人作为人质的。第一、二种情形行为人的犯罪目的都是“勒索财物”,而第三种情形行为人的犯罪目的条文没有明确揭示。合乎逻辑的解释结论自然是,绑架他人作为人质是为了实现勒索财物以外的不法目的,即行为人绑架他人后提出的是除勒索财物以外的其他不法要求。如行为人为实现某种政治目的绑架他人为要挟等。“绑架他人作为人质”和“为索取债务扣押、拘禁他人”的关键区别在于:前者扣押人质是为了迫使有关方面实现其某种不法要求,而后者扣押人质是为了索取债务。就本案而言,行为人非法扣押他人,是为了向借款人追回贷款,当然属于索债型非法拘禁罪,而非人质型绑架罪。[参见第181号案例,辜正平非法拘禁案,载《刑事审判参考》总第26辑(2002年第3辑),法律出版社,第43～44页。执笔:梁新　邵新　洪冰]

▽基于索债目的帮助他人实施绑架行为的,构成非法拘禁罪,而非绑架罪

索债型非法拘禁罪的要件是:(1)行为人主观上以索取债务为目的。(2)在行为人和被拘禁人或被拘禁人的亲属间客观上存在合法的债权债务关系。根据《最高人民法院关于对为索取法律不予保护的债务非法拘禁他人行为如何定罪问题的解释》的规定,行为人为索取高利贷、赌债等法律不予保护的债务,非法扣押、拘禁他人的,也应依照非法拘禁罪定罪处罚。(3)行为人实施了非法扣押、拘禁等剥夺他人人身自由的行为。根据《刑法》第二百三十九条规定,以勒索财物为目的绑架他人,以绑架罪定罪处罚。构成勒索型绑架罪的要件是:行为人主观上以勒索财物为目的,客观上实施了剥夺他人人身自由的绑架行为。索债型非法拘禁罪和勒索型绑架罪在犯罪手段上都表现为非法剥夺他人人身自由,区别的关键是看行为人主观上是以索取债务为目的,还是以勒索财物为目的。[参见第156号案例,章浩等绑架案,载《刑事审判参考》总第24辑(2002年第1辑),法律出版社,第44～46页。执笔:宋川　洪冰]

▽给付定金方违约后为索回定金而非法扣押对方当事人子女的行为构成非法拘禁罪

勒索型绑架罪的对象,对绑架人来说,是可任意选择和不特定的。而且,被绑架人往往与绑架人之间没有利害冲突,被绑架人也没有过错可言。而在索债型非法拘禁罪中,犯罪人所选择的被拘禁人常常就是与之有债权债务关系的当事人本人。之所以会发生拘禁索债,通常也是由于被拘禁人赖债久拖不还甚至根本不想还才引发的,被拘禁人客观上存在一定程度的过错。但这并不等于说,索债型非法拘禁罪的对象就只能是与行为人有债权债务关系的当事人本人。首先,法律没有明确限制“为索取债务,非法拘禁、扣押他人”中的“他人”就是与行为人有债权债务关系的当事人本人。其次,行为人想拘禁当事人本人索债,有时较为困难,故常常选择拘禁当事人的亲属特别是其幼年子女等,并以此来向当事人本人索债。之所以如此,就在于当事人与其亲属、子女具有特定的关系,行为人可以其为要挟,实现其索债目的。另外,在合同双方当事人之间,一方坚持要求对方返还已给付的定金,另一方拒绝返还,这里就存在一个合同纠纷的问题。在该纠纷未经人民法院审理或有关部门调处前,可以说双方当事人争议的权利义务关系尚未依法确定和实现,其纠纷仍然存在。在是否要返还定金的纠纷未经确定之前,就判定行为人方不能主张索还,同样也是不适宜的。再次,民事行为总体来说是当事人的一种意思自治的行为,只要双方当事人的意思表示真实一致即可,民事法律一般不予干涉。最后,尽管这种“债务”可能不会得到法律的支持,但行为人在行为时确实认为这种“债务”是“客观、理所应当存在”

的，且事实上也是一直认为并主张这定金应归其所有，并没有凭空非法占有他人财产的故意内容。[参见第157号案例，颜通市等绑架案，载《刑事审判参考》总第24辑(2002年第1辑)，法律出版社，第53～55页。执笔：谢善娟　吴红健　洪冰]

▽误以为索要债务而实施了帮助他人绑架人质的行为，主观上没有绑架的犯罪故意，应当以非法拘禁罪定罪处罚

共同的犯罪故意和共同的犯罪行为，是构成共同犯罪的两个必要条件。据此，二人以上共同故意实施的犯罪行为，如果行为人的主观故意内容不属于同一个犯罪构成，不成立共犯。本案燕某某等人的故意内容则是帮人索要债务而实施非法拘禁，这体现在：(1)袁某某纠集燕某某等人时，是以帮助他人要账的名义，而没有告诉他们要绑架他人的真实目的，因此，无论是燕某某等人答应帮助实施犯罪还是将被害人绑架时，燕某某等人均无绑架的犯罪故意；(2)在看押被害人期间，燕某某等人知道自己的行为可能是绑架后，均表示"要知道是绑架就不干这事了，这要抓住得判死刑"，由此可以看出绑架是违背四人意志的；(3)燕某某等人在看押被害人期间知道可能是绑架后，没有和李某等人联络进行意思沟通，相反，燕某某等人却实施了释放人质的行为。虽然释放人质是与人质谈判后为实现所谓"报酬"协议，但这正说明燕某某等人并没有绑架的共同故意。与人质达成"报酬"协议，不是绑架犯罪的构成特征，因为绑架中的勒索财物不是向人质索要财物，而是向人质家属或者其他与人质有利害关系第三人勒索财物。当然，如果谈判不成，燕某某等人在明知李某等人的绑架意图后仍然继续拘禁人质，那么，燕某某等人犯罪的故意内容就转化为绑架的故意，应当成立绑架罪。根据刑法本条第三款规定，为索取债务非法扣押、拘禁他人的，以非法拘禁罪定罪处罚。因此，对燕某某等人客观上帮助李某等人实施了绑架，主观上只有帮助索要债务故意的行为应认定为非法拘禁罪。[参见第571号指导案例，李彬、袁南京、胡海珍等绑架、非法拘禁、敲诈勒索案，载《刑事审判参考》总69集(2009年第4集)，第62～63页。撰稿：郝红鹰]

▽采取剥夺他人人身自由的方式索回已支付的赌资行为应当认定为非法拘禁罪

被告人非法扣押、拘禁被害人的目的只是索回已支付的赌资，且索要财物的数额未超出已支付的赌资，主观上不具有非法占有他人财物的故意，不具备索财型绑架罪的主观方面要件，不宜以绑架罪定罪处罚，宜认定为非法拘禁罪。具体理由如下：刑法本条第二款规定，为索取债务非法扣押、拘禁他人的，以非法拘禁罪定罪处罚。《最高人民法院关于对为索取法律不予保护的债务非法拘禁他人行为如何定罪问题的解释》进一步规定，行为人为索取高利贷、赌债等法律不予保护的债务，非法扣押、拘禁他人的，依照刑法第二百三十八条的规定定罪处罚。根据上述规定，区分非法拘禁罪与绑架摹，应当主要从以下两个方面进行审查认定：

一是要审查行为人与被害人之间是否存在债权债务关系。所谓债权，是指得请求他人为一定行为的权利；所谓债务，即相对于债权，必须为一定行为的义务。债权债务关系的发生原因主要有契约、无因管理、不当得利和侵权行为等。根据《最高人民法院关于审理抢劫、抢夺刑事案件适用法律若干问题的意见》《最高人民法院关于对为索取法律不予保护的债务非法拘禁他人行为如何定罪问题的解释》等司法解释的规定，这里的债权债务除了合法原因产生的以外，还包括因高利贷、赌博等非法行为产生的情形。行为人与被害人间是否存在债权债务关系，是区分非法拘禁罪和绑架罪的重要前提。只有行为人与被害人间存在债权债务关系，行为人拘禁被害人并向其亲友勒索财物的，才可能涉及非法拘禁罪的适用问题。如果行为人与被害人间不存在债权债务关系，行为人拘禁被害人并向其亲友勒索财物的行为则应当认定为绑架罪。同时，需要指出的是，这里的债权债务关系应当是确实存在的，必须有其产生的客观原因和先行条件，而不能是毫无原因和先行条件凭空捏造的。

二是要审查行为人的主观故意和目的。行为人是否具有非法占有他人财物的主观故意和目的，是区分非法拘禁罪和绑架罪的重要依据。如果行为人出于非法占有他人财物的故意和目的，拘禁被害人并向其亲友勒索财物的,应当认定为绑架罪,反之则应当认定为非法拘禁罪。根据《最高人民法院关于审理抢劫、抢夺刑事案件适用法律若干问题的意见》的规定,行为人仅以所输赌资或者所赢赌债为抢劫对象,一般不以抢劫罪定罪处罚。这种考虑主要是,行为人主观上对所输赌资性质的认识毕竟不像抢劫罪中对他人财物性质的认识那样清晰明确,其主观故意的内容与抢劫他人财物有所不同,主要是挽回赌博损失。实践中,对行为人索要所输赌资或者所赢赌债是否具有非法占有他人财物主观故意和目的的认定,一般可以从索要的数额是否超出所输赌资或者所赢赌债的数额来判断,如果仅以所输赌资或者所赢赌债为索要财物对象,且索要财物的数额未超出所输赌资或者所赢赌债,一般不宜认定行为人具有非法占有他人财物的主观故意和目的。

本案被告人徐某与同案被告人钟某某等均一致供述徐某与被害人等赌博并输给被害人巨额钱财,因被害人等人在赌博时用脚打暗号,遂怀疑被害人赌博作弊,才拘禁被害人逼其归还徐某已支付的赌资;被害人亦陈述,徐某等因怀疑其诈赌而将其拘禁;证人王绪勇、钟瑞光及同案被告人连宏滨等亦佐证起因是被害人诈赌骗钱。虽然根据现有证据,尚无法明确认定被害人有诈赌事实,但综合全案证据,徐某的怀疑有一定道理和依据,并非毫无原因和先行条件的凭空捏造。因此,在犯罪构成要件存疑情况下,倾向于作出有利于被告人的认定,即徐某与被害人之间存在因赌博作弊而产生的债权债务纠纷。徐某认为有权索回已支付的赌资,主观上确实认为存在债务,属事出有因。同理,对于向被害人家属索要财物的行为,由于徐某仅以所输赌资为索要财物对象而非法拘禁他人,主观目的是挽回赌博损失,且索要财物的数额未超出所输赌资,使用的也是自己真实姓名的银行卡,没有隐瞒身份,事后也未与同案人瓜分财物,可认定徐某非法拘禁被害人的目的是索要所输赌资,主观上不具有非法占有他人财物的故意,故认定其假借诈赌为名勒索钱财的证据不足,不具备索财型绑架罪主观方面要件,不宜以绑架罪定罪。现有证据也足以认定其他被告人均是为帮徐某讨债而拘禁被害人,证明徐某主观意图是索取债务而非勒索财物,故应当以非法拘禁罪定罪处罚。[参见第948指导案例,徐强等非法拘禁案,载《刑事审判参考》总第96集(2014年第1集),第68～70页。撰稿:贾伟　刘征鹏]

▽抱走年幼继女向欲离婚的妻子索要所支出的抚养费、彩礼费的行为,构成非法拘禁罪

(一)离婚分居期间私自带走继女的行为具有严重违法性,具有应受刑罚处罚性。婚姻法第二十七条第二款规定:"继父或继母和受其抚养教育的继子女间的权利和义务,适用本法对父母子女关系的有关规定。"可见,继父母与继子女的法律关系是建立在继父母与继子女生父母的婚姻基础上,并且继父母要对继子女形成抚养、教育关系,才能与继子女形成拟制血亲,具有与生父母同等的权利义务。当上述两个条件同时存在时,这种父母子女法律关系就不会改变。但是,如果继父母与继子女的生父母离婚,那么这种拟制血亲就会随着婚姻的解体而结束。结合本案,被告人贾某在与继女共同生活期间,对继女尽了抚养教育义务,其对继子女的权利、义务等同于生父母,也就是说贾某对继女具有监护权。如果贾某在婚姻关系正常时期将继女私自带走,因其对继女有监护权,只要其对继女无伤害行为,就不违法。但是本案的特殊性在于,其是发生在贾某与其妻李某某协议离婚并已分居期间。虽然从法律形式上说,婚姻关系仍存续,但是双方对结束婚姻的意向已达成一致,只是还存在财产上的纠纷未能解决,导致无法办理离婚手续。从法律角度以及社会习俗等来看,分居后对未成年子女,尤其是幼女的监护权理所当然应归其生母行使。在离婚程序启动后,婚姻双方的权利、义务处于未决状态,相应地,以婚姻关系为基础的其他权利、义务亦应处于未决状态。这种情况下,当事人只应在合理范围内行使必要的权利。此时,当事人对离婚后将会发生改变的权利、义务应暂停行使或者只在必要的、合理的限度内行使。而贾某出于要挟其妻的目的,私自带走继女,同时索要离婚纠纷所涉财物,该行为已经明显超出其待定监护权的应有的合理限度,使年幼的继女脱离生母照管,侵犯了继女的人身自由权利和儿童的合法权益,其行为具有严重的违法性,具有应受刑罚处罚性。

(二)抱走继女并以继女的人身安全为要挟,向欲离婚妻子索要已支付的抚养费、彩礼费的,构成非法拘禁罪。非法拘禁罪是指非法拘禁或者以其他方法非法剥夺他人人身自由的行为。刑法并未规定非法拘禁的目的,主观方面上不要求有特定目的,即只要具备非法剥夺他人人身自由的直接故意并且实施了拘禁行为即可构成本罪。这是非法拘禁罪与绑架罪在主观方面的显著区别。关于客观方面,所谓拘禁行为,其方式可以是多种多样的,典型的拘禁方式有捆绑、扣留、关押等。刑法条文中还规定了其他非法剥夺人身自由的方式,虽然没有明确列举,但是只要是客观上剥夺了人身自由的即可构成本罪。这种剥夺包括对儿童以哄骗的方式进行"软禁",给被害人喂食安眠药,使得被害人无法知晓自身处境等,只要是非法剥夺了公民的人身自由权即构成本罪,对行为方式并无限定。另外,刑法本条第三款规定,为索取债务非法扣押、拘禁他人的,依照非法拘禁罪处罚;《最高人民法院关于对为索取法律不予保护的债务非法拘禁他人行为如何定罪问题的解释》规定,行为人为索取高利贷、赌债等法律不予保护的债务,非法扣押、拘禁他人的,依照非法拘禁罪定罪处罚。由此可见,对索债型非法拘禁的行为,无论其债务是否合法,只要有债权债务关系存在,即以非法拘禁罪定罪处罚。本案被告人贾某为解决离婚财产纠纷,向其妻索要婚姻存续期间对其继女的抚养费、二人结婚时的彩礼等费用,而将继女擅自带至外地,并以此胁迫其妻支付上述费用,否则不送还继女。贾某的行为符合为索要债务而非法扣押他人的情形,依法构成非法拘禁罪。(参见第997号指导案例,贾斌非法拘禁案,载《刑事审判参考》总第98集,第121~124页。撰稿:张眉 赵清库)

▽无法查清被害人是否存在债务的情况下,应当从被告人的真实故意出发,认定行为人是否为索取债务而非法拘禁他人

无法查清被害人是否存在侵吞账款,要根据被告人真实的意思,审查是否存在认识错误。如果被告人确实认为被害人存在侵吞账款的,从有利于被告人和坚持主客观相统一原则出发,应当认定被告人是为索取债务而非法拘禁他人。依据犯罪构成理论,认定行为人的行为性质,应当综合行为人的主观犯罪故意和客观犯罪行为两个方面进行判定。如果行为人主观上确实是为索取债务而扣押、拘禁他人的,即使债务关系难以查清或者根本不存在,只是行为人认识错误的,仍然应当认定行为人系为索取债务而实施非法拘禁行为。因为在此种情况下,无论债务是否真实存在,行为人主观上是出于"索债"的目的而实施对他人的扣押、拘禁行为的,其没有产生其他诸如勒索、抢劫犯罪中非法占有他人财物的故意。从另一角度考虑,这种认定是从有利于被告人的原则出发的,符合刑法谦抑性的要求。值得强调的是,在无法查清被害人是否存在侵吞账款的情况下,从被告人的真实故意出发,认定被告人是为索取债务而非法拘禁他人,并不意味着认定债务真实存在。即认定行为人的主观故意内容,不等于认定债务客观上的存在。这一点务必要区分开来,否则被告人可能会基于这一认定反过来在附带民事诉讼中提出反诉或者另行以索债为内容提起诉讼。

在司法实践中,索债型非法拘禁行为涉及的债务,主要存在以下几种:

1. 合法债务。被告人与被害人存在合法的民事法律关系上的债权债务关系,被告人实施扣押、拘禁他人行为的目的是追讨自己的债务,但在进行私力救济、解决问题的过程中,采用了非法途径,具备了相应的犯罪构成,而转化为刑事案件。对于此类行为,应当认定行为人构成非法拘禁罪,同时确认其主观上的索债目的。

2. 非法债务。被告人与被害人间存在债务,但该债务系赌债、高利贷或者嫖资等法律不予保护的非法债务,行为人为索取此类非法债务而实施扣押、拘禁他人的行为,系"事出有因"。只要债务是客观存在的,应当以非法拘禁罪定罪处罚,同时也应确认行为人主观上的索债目的。对此,《最高人民法院关于对为索取法律不予保护的债务非法拘禁他人行为如何定罪问题的解释》已作了专门明确。

3. 数额超过实际债务。被告人与被害人间存在合法或者非法债务,行为人为索取债务对被害人实施了扣押、拘禁行为,但行为人在追索债务的过程中,索取的债务数额大于实际存在的债务。此种情况下,应当从被告人的真实主观犯意出发进行分析判断。如果被告人的主观目的是索取债务,而不是为了非法占有他人财物,其之所以超额索取,可能是在对债务范围、数目的理解、认定上存在误解、异议,其主观恶性并没有实质性的改变,那么仍然应当认定其行为构成非法拘禁罪,同时确认其主观上的索债目的。反之,如果被告人以索取“债务”为名,实施绑架、殴打、拘禁他人的行为,以实现其非法占有他人财物的目的的,则应按照其行为相应的后果,以绑架罪、抢劫罪等,予以定罪处罚。

4.债权债务关系不明确的债务。被告人与被害人之间的债权债务关系缺乏足够的证据予以查清,从民事法律关系角度出发,债权债务关系因被告人举证不能而不存在;或者被告人的利益确实受到了损失,但该损失与被害人的言行并无明确的因果关系,双方之间并不存在实际的债权债务关系;或者被告人与被害人之间实际上没有债权债务关系,行为人误认为被害人与之有债权债务关系。以上几种情形,行为人主观上均是为了索取“债务”对被害人实施扣押、拘禁等行为,因此仍然应当以非法拘禁罪定罪处罚,同时确认其主观上的索债目的。

本案被告人罗某某的行为性质就属于以上第四种情形。罗某某因为怀疑王潘某、陈潘某、潘某根在管理其经营的石渣生意期间,在账目上造假侵吞款项,认为王潘某侵吞了其3万余元的货款。为了向王潘某等人索取该笔债务,罗某某遂与蒋某等人将王潘某、陈潘某、潘某根三人强行带上汽车,后在水库庙边对三人实施殴打等行为,非法限制王潘某等人的人身自由4小时左右。后来罗某某与王潘某达成口头协议,将自己欠王潘某的3万余元欠款与该3万余元货款相抵销。综合上述案情分析,罗某某主观上确实是为了索要其自认为的“债务”而实施了非法拘禁及殴打等行为。该债务能否查清并不影响其主观上的索债目的。蒋某为帮助罗某某实现索债的目的,与罗某某一起共同实施非法扣押、拘禁他人的行为,亦应确认其主观上的索债目的。[参见第1008号指导案例,罗灵伟、蒋鼎非法拘禁案,载《刑事审判参考》总第99集(2014年第4集),第48～51页。撰稿:胡尚慧]

▽主观上为索取债务而非法拘禁他人,构成犯罪的,应当以非法拘禁罪论处

索债型非法拘禁行为的定性,应当从犯罪构成的角度出发,综合犯罪动机、情节轻重、危害大小、拘禁时间长短等因素进行分析判断。对于那些拘禁时间较短,没有使用暴力或者侮辱、殴打行为或者尚未造成严重后果的,可以不作犯罪处理。如果行为情节严重,达到构成犯罪标准的,则应当依法追究刑事责任。至于构成何种犯罪,应当根据行为人的主观故意及具体的犯罪行为、犯罪后果等综合判断。本案被告人罗某某、蒋某的行为应当认定为非法拘禁罪。罗某某为了索取其内心确认的债务,与蒋某等人一起限制王潘某等人的人身自由4小时左右。而在此过程中,罗某某等人对王潘某进行了殴打,并与王潘某达成口头协议,将其欠王潘某的3万余元款项与其怀疑的数目相当的债务数额予以祇销。该抵销行为可视为罗某某索回了自己的债务,而非为勒索王潘某的财物,其内心没有非法占有的故意。经由上述分析,罗某某、蒋某的行为在犯罪主观、客观方面均符合索债型非法拘禁罪的特征,应当以非法拘禁罪论处。[参见第1008号指导案例,罗灵伟、蒋鼎非法拘禁案,载《刑事审判参考》总第99集(2014年第4集),第51～52页。撰稿:胡尚慧]

▽行为人吸毒致幻,产生精神障碍,在幻觉下挟持他人意图逃避“警察抓捕”的行为,并不具有实施绑架犯罪的真实目的,不构成绑架罪而构成非法拘禁罪

(一)吸毒致幻实施犯罪的行为人应承担刑事责任。原因自由行为,是指具有责任能力的行为人,故意或者过失使自己一时陷入丧失或者尚未完全丧失责任能力的状态,并在该状态下实施了符合犯罪构成要件的行为。该理论认为,如果是故意或者过失使自己处于无责任能力或限定责任能力状态,则行为人应承担刑事责任,且不能适用从轻或者减轻处罚的规定。其依据在于,“行为人在实施与结果的发生具有因果关系的行为时具有责任能力,而且具有故意或者过失,就具有非难可能性”。我国刑法虽然没有规定原因自由行为,但刑法第十八条第四款规定“醉酒的人犯罪,应当负刑事责任”,可视为肯定原因自由行为理论的类似规定。司法部《精神障碍者刑事责任能力评定指南》第4.2.5条规定:“对毒品所致精神障碍者,如为非自愿摄人者按4.1条款评定其刑事责任能力;对自愿摄入者,暂不宜评定其刑事责任能力，可进行医学诊断并说明其案发时精神状态。"这也反映出从刑事责任能力评定角度讲，我国司法实务界是承认原因自由行为理论的，并没有将吸毒致幻者视为无刑事责任能力或限制刑事责任能力的病理性精神病人。根据原因自由行为理论，对于自愿吸毒者，其有正常的辨认能力和控制能力，明知吸食毒品可以导致自身出现精神活动的变化，在吸食前本可以自由决定自己是否陷入丧失或不完全丧失辨认、控制能力状态，而仍然放纵自己的吸毒行为，其理应对吸毒后实施的犯罪行为承担刑事责任。被告人在犯罪时，由于吸毒导致精神障碍，作案时无辨认能力，但由于其出于自由选择吸食毒品，其吸毒时知道或应该知道可能会有其他不良后果发生，故其吸毒后产生的精神障碍状态不能阻却罪责，其应对自己随后实施的犯罪行为负刑事责任。

（二）依据主客观相一致的原则，被告人的行为不构成绑架罪。根据刑法第二百三十九条第一款的规定，绑架罪要求行为人主观上不仅要有侵害他人人身安全与行动自由的犯罪故意，还需要特定的犯罪目的，即以"勒索财物"或"以人质安全为挟，牟取财物之外利益"之犯罪目的。"勒索财物"或"以人质安全为挟，牟取财物之外利益"是认定绑架罪不可或缺的构成要件要素。从主观方面来看，被告人为了躲避警察追捕，进入案发仓库持刀挟持被害人，意图通过绑架被害人作为人质来向他人索要车辆，从而驾驶车辆逃避追捕，其主观方面形式上似乎符合绑架罪所要求的"以人质安全为挟，谋取财物之外利益"的特定犯罪目的。但根据我国刑法主客观相一致原则，构成要件要素中的每一个要素都应该是客观存在的，故"绑架他人作为人质，谋取财物之外利益"应为真实明确之目的而非虚构之目的。被告人因吸毒产生精神障碍，作案时产生了与现实情况不相符的幻觉，其被警察追捕的状态是不真实、非客观存在的，仅存在于其自己的幻觉中，故此引起的为了"躲避警察追捕"而进入案发仓库、持刀挟持被害人欲"逃避追捕"并向他人"索车逃离现场"的所谓犯罪目的并不具有客观真实性，即被告人事实上并不具备绑架被害人作为人质以满足其不法要求的目的。

（三）被告人郑师武的行为符合非法拘禁罪的构成要件。对被告人所实施的挟持他人并将他人囚禁控制在仓库中的行为能够进行刑法意义上的评价，因为该行为符合刑法第二百三十八条"非法拘禁他人或者以其他方法非法剥夺他人人身自由"的规定。被告人非法剥夺了他人的人身自由，客观上实施了非法拘禁他人的行为，其主观上虽然是为了"躲避警察追捕"而持刀挟持人质欲"索车逃离现场"，但该主观故意中包含非法拘禁罪的故意内容，即被告人亦具备非法剥夺他人人身自由的故意，符合非法拘禁罪的构成要件，构成非法拘禁罪。综上，法院认定被告人的行为不构成绑架罪而构成非法拘禁罪，结合被告人系累犯，在非法拘禁被害人的过程中有殴打被害人的行为等情节，判处其有期徒刑二年六个月是适当的。（参见第1172号指导案例，郑师武非法拘禁案，载《刑事审判参考》总第108集，第55～58页。撰稿：林旭群　林子淇）

第二百三十九条　【绑架罪】以勒索财物为目的绑架他人的，或者绑架他人作为人质的，处十年以上有期徒刑或者无期徒刑，并处罚金或者没收财产；情节较轻的，处五年以上十年以下有期徒刑，并处罚金。

犯前款罪，杀害被绑架人的，或者故意伤害被绑架人，致人重伤、死亡的，处无期徒刑或者死刑，并处没收财产。（本款是根据《中华人民共和国刑法修正案（九）》之十四修改的，自2015年11月1日起施行。）

【绑架罪】以勒索财物为目的偷盗婴幼儿的，依照前两款的规定处罚。（本条是根据《中华人民共和国刑法修正案（七）》之六修改的，自2009年2月28日起施行。）

刑法本条原文：【绑架罪】以勒索财物为目的绑架他人的，或者绑架他人作为人质的，处十年以上有期徒刑或者无期徒刑，并处罚金或者没收财产；致使被绑架人死亡或者杀害被绑架人的，处死刑，并处没收财产。

【绑架罪】以勒索财物为目的偷盗婴幼儿的，依照前款的规定处罚。（此条是《中华人民共和国刑法修正案（七）》前原文）

刑法本条第二款原文：犯前款罪，致使被绑架人死亡或者杀害被绑架人的，处死刑，并处没收财

产。(此款是《中华人民共和国刑法修正案(九)》｜前原文)

■最高人民法院关于对在绑架过程中以暴力、胁迫等手段当场劫取被害人财物的行为如何适用法律问题的答复(全文)(2001年11月8日)

行为人在绑架过程中,又以暴力、胁迫等手段当场劫取被害人财物,构成犯罪的,择一重罪处罚。

■最高人民法院、最高人民检察院、公安部、司法部关于办理"套路贷"刑事案件若干问题的意见(2019年4月9日)

(相关内容附在本书刑法第二百六十六条之后附文同名文件中)

■最高人民法院关于贯彻宽严相济刑事政策的若干意见(2010年2月8日)(见本书附录十七)

▼安徽省高级人民法院关于如何适用刑法第二百三十九条第一款规定的"杀害被绑架人的,处死刑"的通知(全文)(2006年6月20日)

刑法第二百三十九条第一款规定"杀害被绑架人的,处死刑",对这一规定如何理解,在刑法理论界和司法实践中存在不同观点和做法。我院审理被告人李城、杨琴绑架抗诉一案,就如何适用该款请示了最高人民法院。根据最高人民法院的批复,刑法第二百三十九条第一款所规定的"杀害被绑架人",不仅要有故意杀人的行为,还要有死亡结果的发生。对于仅有故意杀人行为,而未造成被绑架人死亡的被告人,不应以绑架罪判处死刑。

▼浙江省高级人民法院关于印发《全省法院刑事审判疑难问题研讨会纪要》的通知(2012年2月24日)

四、关于绑架罪情节较轻的认定

《刑法修正案(七)》所规定的绑架罪"情节较轻",是指绑架犯罪行为本身情节较轻,而不是指案发后行为人具有自首、立功、认罪悔罪等罪后从轻处罚情节。犯罪行为本身情节是否较轻,应当根据主客观相统一原则,充分考虑绑架行为人的主观恶性和行为的客观危害,围绕绑架目的和动机是否卑劣、对象是否特殊、是否事出有因、暴力手段是否明显、情节是否恶劣、造成后果是否严重等因素进行综合分析后加以判定。

绑架后限制人身自由时间不长、尚未取得赎金即主动释放被绑架人,且未造成人身伤害后果的,可认定为情节较轻。

具有下列情形之一的,不应认定为情节较轻:(1)绑架造成他人轻伤以上后果的;(2)获得赎金数额巨大的;(3)造成其他严重后果或恶劣社会影响的。

□绑架他人为人质,直接劫财的行为不构成绑架罪

一、勒索财物型的绑架罪,是指行为人绑架他人作为人质,以人质的安危来要挟被绑架人以外的第三人,向该第三人勒索财物的行为。行为人虽然控制了被害人的人身自由,但其目的不是以被害人为人质来挟被害人以外的第三人并向第三人勒索财物,而是对被害人实施暴力、胁迫以直接劫取财物,其行为不构成绑架罪。(参见上海市黄浦区人民检察院诉陈祥国绑架案,载《最高人民法院公报》总第123期,2007年第1期,第34页。)

□索要超出债务的部分,能否认定为勒索,应具体情况具体分析

被告人黄某某受其上线、被害人邹某某的亲属蒋某某的欺骗宣传,为参与传销活动,曾向蒋某某交纳过3900元。在接受传销培训期间,一起参加培训的传销人员黄某、王某、陈某等人识破传销骗局,鼓动参加培训的人去找上线把本钱拿回来。黄某某在这些人的鼓动下,参与了挟持邹某某的行动。蒋某某只欠黄某某3900元,而黄某某一伙通过挟持邹某某却索要6万元,这不能认定为勒索财物。因为:1.蒋某某虽然只欠黄某某3900元,而且黄某某在交代挟持邹某某的目的时始终如一的供述是,他只想要回自己的3900元出资。2.黄某某在交代其同伙为什么参与挟持邹某某时供述,除了他没有发展下线外,其他几个同伙都有下线,这几个同伙不仅要讨回自己的3900元,还要为下线讨回3900元。传销人员刘某某在被问到本案案情时也交代,"后来听说他们(指挟持邹某某的一伙人)又冲去海景花园把中级控制住,不许中级跑掉,好把我们的款退还我们",并说参与挟持邹某某的王某就是他上线的上线。刘某某的交代,印证了黄某某的上述供述属实。3. 参与挟持邹某某的前后一共有8人,其中7人都是蒋某某发展的下线。就按这7人每人交给蒋某某3900元计算,已达27 300元。考虑到可能还有人要为自己的下线索要出资款,因此索要债务的总数达6万元是可以理解的。4. 参与挟持邹某某的这伙人是被蒋某某等人欺骗来海南搞传销活动的。他们除了每人交3900元出资款外,往来的路费及参加所谓培训几个月期间的生活费,平均要花费数千元。在他们看来,这些损失都是蒋某某给他们造成的,理应由蒋某某偿还。所以他们每人准备向蒋某某索要的绝不仅仅是3900元。正如被害人邹某某所述,"蒋某某收了他们每人3900元,而且他们做传销这段时间又花了几千元,所以他们要每人拿回一万元"。这些情节说明,参与挟持邹某某的这伙人虽然提出索要6万元,也是事出有因,仍然是以索要债务为目的,不具有勒索的因素。(参见海南省海口市振东区人民检察院诉黄永柱非法拘禁案,载《最高人民法院公报》总第74期,2001年第6期,第208页。)

○敲诈勒索罪与绑架罪中绑架勒索行为区别的认定

敲诈勒索罪与绑架罪中绑架勒索行为,都是以勒索财物为目的,但二者也有明显的区别,绑架罪侵犯的客体是复杂客体,而且是以他人的人身权利为主要客体,客观方面要求必须以劫持他人、剥夺他人人身自由为手段,他人的财产权利仅是次要客体,这也是绑架罪被规定在"侵犯公民人身权利罪"类罪中的主要原因;而敲诈勒索罪侵犯的主要客体则是公私的财产权利,一般并不直接侵犯他人的人身权利,客观方面也仅以对他人实施威胁、恐吓为手段,因此,敲诈勒索罪被规定在"侵犯财产罪"类罪中。非法拘禁罪与犯罪行为实施完毕、犯罪即告结束的即成犯(如故意杀人)不同,它是典型的继续犯。所谓继续犯,又称持续犯,是指犯罪行为在一定时间内处于继续状态的犯罪。行为人从非法把他人拘禁起来时始,至他人恢复人身自由时止,非法拘禁的行为始终是处于持续不断状态的。在非法拘禁行为的持续期间,如行为人改变了单纯的非法拘禁故意,转而以勒索财物为目的,向被拘禁人的亲属勒索财物,则又符合绑架罪的特征,构成绑架罪,而不是敲诈勒索罪。在这种情况下,应根据吸收犯中重罪吸收轻罪的原理,对被告人以绑架罪一罪定罪处罚,而不是以非法拘禁罪和绑架罪实行两罪并罚。[参见《刑事审判参考》总第22辑(2001年第11辑),法律出版社,第78~79页。]

○勒赎型绑架罪既遂标准的认定

以勒索财物为目的的绑架罪的既遂标准,应当认为,只要行为人主观上具有勒索财物的目的,客观上实施了绑架他人的行为并实际控制了他人的,就应当认为构成绑架罪既遂。至于是否已经实施勒索财物的行为,勒索的目的是否实现,均不影响本罪既遂的成立。绑架罪未遂,一般是指出于勒索目的而着手实行绑架,由于意志以外的原因,绑架未得逞的情形。理由如下:1. 刑法本条绑架罪法条所表述的罪状是"以勒索财物为目的,绑架他人"。很明显,其所表明的实行行为仅是绑架这一单一行为,而勒索财物的目的,则被明确表述为主观目的要件。目的要件在实践中能够充分证明即可,并不要求必须有相应对等的实际行为。提出勒索要求或者实施了勒索行为,是勒索目的的具体表现,但也只是勒索目的的一种认明方式。绑架罪被规定在刑法侵犯公民人身权利罪章中,即表明绑架罪侵犯的主要客体是公民的人身权利。事实上,绑架罪一经实施,公民人身权利必然受到侵犯,而其财产权利是否被侵犯则并不一定。因为,绑架行为实施后,由于被害人亲属的报案,公安人员的及时介入破案,绑架人勒索财物的目的往往难以得逞,甚至连勒索行为都未能来得及实施。即使勒索得逞,绑架行为的危害性也必然重于勒索行为。如前所述,行为人在客观方面实施了绑架行为,在主观上具有勒索财物的目的,就已然齐备了条文所要求的勒赎型绑架罪的构成要件,即应认定为绑架罪既遂。另外,确立这种既遂标准,也有利于严格保护被绑架人的人身权利,树立与立法宗旨一致的司法观,不轻纵绑架行为的犯罪人。2. 绑架罪是继续犯,其继续状态包括绑架行为实施后持续控制被绑架人、实施勒索财物行为等,直至结束对被绑架人的控制。司法实践中,行为人实施绑架行为后,通常都有时间且大都也同时或嗣后实施了勒索行为,这是已查处的勒赎型绑架罪的常态。但常态并非解释勒赎型绑架罪客观构成要件的依据。行为人以勒索财物为目的实施绑架行为后,因意志外的原因未来得及实施勒索的情况,完全可能存在。对此,不仅应当以绑架罪论,还应当以绑架既遂论。如以绑架未遂论,不仅与法条本意不符,而且可能轻纵绑架这一严重罪行的犯罪人。事实上,行为人以勒索财物为目的绑架他人并控制他人人身自由后,如自动放弃勒索财物且自动放弃控制被绑架人人身自由的,属于自动放弃已经实施但仍处于继续状态的犯罪。此时绑架行为已经成就,被绑架人的人身自由也已遭受严重侵犯,纵使行为人放弃勒索行为,也仍应对其绑架行为承担既遂的刑事责任,而非未遂前的中止。至于行为人放弃勒索财物,提前结束了犯罪的持续状态,对其可作为从轻情节,在量刑时予以考虑。同样,关于共同犯罪的观点,也忽视了绑架罪是继续犯这样一种犯罪形态。对于继续犯来说,犯罪达到既遂后,犯罪行为彻底结束前其他人参与该犯罪活动的,仍属于事前无通谋的共同犯罪,或称为"事中共犯"。值得指出的是,按照此观点,也不等于绑架罪就不存在未遂或中止。如行为人以勒索财物为目的绑架被害人,但由于意志以外的原因,绑架未得逞的,即是绑架未遂;反之,行为人以勒索财物为目的意欲绑架被害人,在未实际控制被害人之前,自动放弃绑架行为的,即系绑架中止。[参见《刑事审判参考》总第24辑(2002年第1辑),法律出版社,第198～201页。]

○在绑架中又实施劫取被绑架人随身携带财物的行为应定一罪

在同一案中既有绑架行为又有抢劫行为的情形也时常发生,即行为人在绑架人质的过程中发现人质身上带有财物而将其非法占有。行为人在犯罪之前仅具有绑架勒赎的故意,在绑架被害人即非法控制被害人的人身自由之后,发现被害人身上带有财物而将其取走,此时,行为人的绑架行为构成绑架罪没有问题,但行为人利用被害人人身自由被限制而无法反抗的状态将其财物取走的行为却不宜另定抢劫罪,实行数罪并罚。这是因为:1. 绑架勒赎本身就是以获取被绑架人或其亲友财物为目的,因此,在控制被绑架人后掳走其随身携带的财物,无论数额大小,对绑架人(包括共犯)而言,是再自然不过的事。反之,指望绑架人不掳走被绑架人随身携带的财物,则类似于刑法理论上所讲的"期待不可能"。2. 对这种情况如以抢劫罪和绑架罪并罚,实质上是将一个暴力劫持或拘禁行为既用作绑架罪的构成要件,又用作抢劫罪的构成要件,有违"禁止重复评价"的刑法原理。3. 此种情况下,仅定绑架一罪,把掳财的行为作为量刑情节考虑,与定两罪相比,也不至于轻纵犯罪人。[参见《刑事审判参考》总第24辑(2002年第1辑),法律出版社,第201～202页。]

▽犯罪分子绑架人质的行为一经完成,就构成犯罪既遂,之后主动放弃继续犯罪并释放人质的行为,属于犯罪既遂后的补救措施

绑架犯罪既遂的标准,即只要行为人以勒索财物或其他非法目的,实施了绑架并控制他人的行为,即属犯罪既遂。理由在于:首先,基于罪刑法定原则,我国刑法学界通说认为,犯罪行为具备分则条文法定的全部构成要件是认定犯罪既遂的标准。根据刑法本条的规定,以勒索财物为目的绑架他人的,或者绑架他人作为人质的,构成绑架罪。据此,绑架罪的实行行为仅是绑架这一单一行为,而勒索目的则属于主观目的要件。目的要件在司法中能够充分证明即可,并不要求必须有相应的实际行为。提出勒索要求或者实施了勒索行为,是勒索目的的具体体现,但也只是勒索目的的一种认明方式。因此,行为人着手实行并完成了绑架他人的行为,就充分了绑架罪的实行要件,应构成犯罪既遂。其次,确立这样的既遂标准,符合刑法严惩绑架这一严重刑事犯罪的立法意图。刑法将绑架罪规定为侵犯公民人身权利的犯罪,说明其首要保护的法益是公民人身权利。因为犯罪行为人一旦成功实施绑架他人的客观行为,便控制了他人的人身自由,对他人的人身安全造成重大威胁,严重侵害刑法所保护的法益,以之作为既遂标准,符合绑架罪的法益保护要求。至于勒索财物或者其他不法目的,仅是刑法分则所描述的实施绑架犯罪客观行为时的主观目的要件,不宜扩张引申为必须实现犯罪目的方能构成犯罪既遂,否则,会出现对于绑架行为已严重侵害刑法所保护的公民人身权利,却因没有实施勒索行为或没有勒索到财物,便无法按照既遂犯予以处罚的情形,致使重罪轻判、罚不当罪,有违刑法严惩绑架犯罪的立法本意。行为人以勒索财物为目的,以诱骗的方式实际控制了被害人,已然完成了刑法所规定的绑架罪全部主客观构成要件,对被害人的人身权利构成了实质性侵害,而且实施了向被害人家属的勒索行为,足以认定构成绑架罪既遂。之后,其不再继续勒索财物,且将人质安全送回,均为犯罪既遂后的补救措施,系自动放弃继续犯罪,但不能认定为犯罪中止。[参见第496号案例,俞志刚绑架案,载《刑事审判参考》总第63集(2008年第4集),法律出版社,第12~13页。执笔:陆建红　杨军]

▽行为人自动放弃获取赎金、将被害人安全送回,对其可经法定程序报最高人民法院核准在法定刑以下判处刑罚

刑法第六十三条第二款规定,犯罪分子虽然不具有本法规定的减轻处罚情节,但是根据案件的特殊情况,经最高人民法院核准,也可以在法定刑以下判处刑罚。这就是我国刑法规定的特别减轻处罚制度。适用特别减轻处罚须具备两个条件:一是实体要件,即个案中出现法定情节之外的特殊情况,需要减轻处罚;二是程序要件,即须逐级报最高人民法院核准。行为人的犯罪情节符合适用特别减轻处罚的实体要件,可以对其适用特别减轻处罚。理由如下:首先,从罪责刑相均衡角度出发,应当对行为人适用特别减轻处罚。绑架罪是严重危害社会治安和公民人身权利的罪行,规定完成绑架他人的行为即构成犯罪既遂且配置了较重的法定刑。常态下的绑架犯罪,犯罪既遂后,犯罪实害行为仍在继续,犯罪人不仅继续控制被害人的人身自由,而且严重威胁着被害人的人身安全,随时可能对被害人造成更加严重的侵害。但行为人实施绑架犯罪的情节、性质、危害及体现出来的人身危险性,均为一般的绑架犯罪:(1)犯罪既遂后,行为人主动放弃继续犯罪,并实施了一系列补救措施。如放弃继续勒索,在获取赎金之前,自动放弃对被害人的人身控制,并将被害人安全送回。(2)其所实施的绑架手段对被绑架人的实际危害较小。行为人实施绑架的手段是拐骗而不是暴力,且控制被绑架人的时间较短,在控制期间既未对被绑架者实施威胁,也未实施暴力,对被害人及其亲属的身心伤害相对较轻。(3)人身危险性相对较小。行为人能及时醒悟,不再继续犯罪,且将人质安全送回,作案后认罪态度较好,体现了其相对较小的人身危险性。综上,如果对行为人在法定刑范围内量刑,即使对其判处最轻的刑罚即有期徒刑十年,也仍显量刑过重。因此,根据其犯罪情节,应当对其适用特别减轻处罚,以实现罪刑均衡。其次,对行为人适用特别减轻处罚,符合宽严相济的刑事政策。对常态的绑架犯罪,我国刑法在定罪、量刑、行刑三方面均表达了从严惩处的态度,不仅规定完成绑架他人的行为即构成绑架既遂,配置了极高的法定刑,而且规定在法定刑范围内处刑的绑架罪犯不得假释。这体现了刑法严惩严重危害社会治安犯罪的一贯刑事政策。但是,严打并不是刑事政策的唯一内容,要发挥从宽政策的感化力,其最核心的宗旨是最大限度保护被绑架人的人身安全。刑法在绑架罪的刑罚配置上已经对宽严相济政策有所体现,如致被绑架人死亡或者杀害被绑架人的,刑法配置了绝对死刑条款,而如果被绑架人没有死亡的,则不适用死刑。这就显示,刑法对绑架罪的惩罚,重在保护被绑架人的人身安全,被绑架人是否死亡是对犯罪人是否适用死刑的标准,体现了对人生命的特殊保护。在实践中,绑架犯罪的个案情况很复杂。如在对被绑架人的人身侵害上,有致人重伤且造成严重残疾、一般重伤、轻伤、轻微伤和没有造成伤害的程度之分;在犯罪手段上有暴力、威胁,威胁但未使用暴力,既未威胁也未使用暴力之分;在其他犯罪情节上,有是否实施勒索行为,是否采取补救措施,是否主动终止继续犯罪的区分。对于上述不同情况下的绑架犯罪,显然不能简单、机械地一律在十年以上有期徒刑、无期徒刑的范围内量刑。在绑架犯罪行为已经实施的情况下,如何给予犯罪分子一定的悔过出路,就能最大限度地保护被绑架人的人身安全。对那些绑架情节较轻,没有对被绑架人实施暴力、威胁行为的,应该给予从宽的刑事处罚,并且要宽得足以引导和鼓励已经实施了绑架犯罪的罪犯作出放弃犯罪、不伤害被绑架人的选择。而刑法对绑架罪规定起刑即十年有期徒刑,在发挥这方面作用上存在一定的局限性。因此,有必要对某些情况特殊的案件启动特别减轻处罚程序。如前所述,行为人绑架犯罪既遂后,具有主动放弃犯罪、将人质安全送回、悔罪表现较好等情节,应当在刑罚上得到一定鼓励,以有效地保护被害人的人身自由和安全,实现法律效果与社会效果的有机统一。如果对行为人在法定刑幅度内从轻处罚,即使给予最低刑罚有期徒刑十年,也仍然体现不出因其具有明显异于一般绑架犯罪的从宽情节而对其的处罚明显有别的从宽处理。此时,根据刑法总则关于在特殊情况下可核准法定刑以下量刑的规定,大胆地用足、用好从宽政策,处以轻缓刑罚,以与通常状态的绑架罪的严厉处罚形成鲜明对比,来充分体现宽严相济的刑事政策。[参见第496号案例,俞志刚绑架案,载《刑事审判参考》总第63集(2008年第4集),法律出版社,第13~16页。执笔:陆建红 杨军]

▽对个罪构成要件的解释要立足于现有的立法模式,尤其要重视法定刑的制约

在理解具体犯罪构成要件的时候不仅要看罪状,而且要注意法定刑。因为法定刑的设置,往往与犯罪的本质相联系。因此,对个罪构成要件的解释要立足于现有的立法模式,尤其要重视法定刑的制约,不能脱离法定刑孤立地解释罪状,因为法定刑明确地表达了立法者对某种罪行的评价和惩罚意图,这对于准确区分那些犯罪的外部形式特征比较接近的罪名是至关重要的,这就是所谓的法定刑对罪质解释的制约意义。解释法律的终极目的在于使案件得到公平合理的处理,从法律原则上讲,就是使罪行受到的处罚符合罪刑相适应的原则。既然我国刑法本条对绑架罪规定了异常严厉的法定刑,那么在对绑架罪构成要件的解释上就应当予以考虑,作出与处罚相称的解释,也就是要对绑架罪的客观行为进行严格解释,将其缩小到与典型的可以判处十年有期徒刑到死刑那种行为的危害程度相匹配的范围。立法对绑架罪的严厉处罚,显然是针对社会生活中以勒索巨额赎金或者重大不法要求为目的特定绑架犯罪。合理的解释是,在我国刑法中被科以重刑的绑架罪应当是那种勒索巨额赎金或者其他重大不法要求的绑架类型。在现实生活中,确有一些人因为一时冲动或者因为存在纠纷或者抓住被害人的某些弱点,绑架人质,索要少量钱财或者其他条件的,例如,因为被害人拖欠工资、债务,而索要少量超出工资、债务范围的钱财的,或者由于冲动、无知、愚昧扣人质索取少量钱财的,或者扣住岳母要求媳妇回家的,等等。这种情形的绑架,显然不具有与法律的严厉评价相当的不法程度,其实与非法拘禁、敲诈勒索、寻衅滋事的危害程度差别不大,完全可以按照非法拘禁罪或者敲诈勒索罪论处。如刑法第二百三十八条第三款及最高人民法院于2000年6月30日通过的《关于对为索取法律不予保护的债务非法拘禁他人行为如何定罪问题的解释》中均肯定了"人质型"非法拘禁罪,即行为人基于某种目的,非法将被害人扣押作为人质,剥夺其人身自由,并胁迫被害人实施一定行为以满足其要求的一种犯罪。其构成特征在于:主观目的是出于解决某种民事纠纷,如经济纠纷、婚姻家庭纠纷等;所谓"人质"应是民事纠纷的当事人或其亲友,与犯罪分子之间关系比较特定,大多有利害关系或经济往来甚至熟识;非法拘禁"人质"的目的是解决双方既存的民事纠纷,而不是重大的不法要求。[参见第435号案例,胡经杰、邓明才非法拘禁案,载《刑事审判参考》总第55辑(2007年第2辑),法律出版社,第29~30页。执笔:田野]

▽绑架罪客观构成要件的认定

绑架罪在行为方式上表现为勒索绑架与人质绑架两种。同时,根据刑法本条第二款规定,以勒索财物为目的偷盗婴幼儿行为,应视为勒索绑架,以绑架罪定罪处罚。人质绑架指的是为达到政治性目的或者其他目的(不含索取财物),劫持他人作为人质的行为。勒索绑架的内涵及特征是,勒索绑架,亦即通常所说的掳人勒索,是指采用暴力、胁迫或者其他方法,强行将他人劫持,以杀害、伤害或者不归还人质等相要挟,勒令人质的亲属或者其他相关第三人,在一定期限内交出一定财物的行为。由此可见,勒索绑架的基本特征在于,使用暴力等手段劫持他人作为人质,并以此要挟、迫使相关的第三人交付财物。在该特征的具体理解及认定方面,应注意把握以下几点:第一,人质是相对于第三人而言的一个概念,绑架中的勒索财物,只能向被绑架人以外的第三方提出,否则便无从谈起以被绑架人为人质的问题;第二,所勒索财物与人质存在直接的交换对应关系,即通常所谓的拿钱赎人;第三,勒索绑架具有行为复合性和时空隔性特征,完整的勒索绑架行为,须由劫持绑架人质和向第三人勒索财物两个行为复合构成,且两个行为之间通常呈现出时间上的递延和空间上的转换。[参见第272号案例,杨保营等等抢劫、绑架案,载《刑事审判参考》总第35集(2003年第6集),法律出版社,第46~47页。执笔:马殿振]

▽绑架罪中"致被绑架人死亡或者杀害被绑架人"的认定

"致被绑架人死亡",应包括在绑架过程中,被绑架人被伤害致死、病饿致死以及其他各种因绑架而导致的死亡;"杀害被绑架人"则是指故意杀死被绑架人,即通常所说的"撕票"。这里的"杀害",不仅要有故意杀人的行为,还要有死亡的后果。不宜将这里的"杀害"理解为仅有故意杀人的行为,更不能将"杀害"理解为故意杀人行为和故意伤害行为。所以刑法才规定了"致被绑架人死亡或者杀害被绑架人"的刑罚为绝对确定的法定刑死刑,这也是与故意杀人罪法律规定处相对确定的法定刑的主要区别所在。理由是:第一,刑法规定杀害被绑架人为单一刑种死刑,并无其他刑种可以选择适用。因此,如果将"杀害被绑架人"理解为不仅包括杀害后果,还包括杀害行为,必然导致只要有杀害的行为,无论杀害的结果如何,是造成轻伤、重伤、严重残疾还是死亡,都只能无一例外、毫无选择地判处死刑,这显然不符合罪刑相适应原则,有违立法真实意图。立法将"致被绑架人死亡或杀害被绑架人"并列且配置以绝对确定的法定刑死刑,其基本精神在于强调必须具有被绑架人死亡的结果。第二,在法律未对条文用语含义作出特别规定时,解释"杀害"一词的含义不能随意脱离人们日常所能理解的范畴,滥作扩大或限制解释。"杀害"一词作为日常用语的含义,既包括"杀"的行为,更主要是强调出现"害"即"死"的结果。第三,"杀害"一词在刑法分则中,不仅出现在本条,在刑法第三百一十八条第二款、第三百二十一条第三款、第三百四十一条第一款中也有使用。尤其从刑法第三百一十八条、第三百二十一条的规定来看,"杀害"是被排除在"造成被组织人、被运送人重伤、死亡"之外的,需要作另一罪单独评价,实行数罪并罚的。而绑架罪中所谓的"杀害"是与绝对确定的法定刑死刑来配置的,因此,对其的解释不能不从严掌握。[参见第183号案例,吴德桥绑架案,载《刑事审判参考》总第26辑(2002年第3辑),法律出版社,第53~54页。执笔:汪鸿滨　程新生]

▽取得财物后,知悉其是绑架人质的赎金,并明知他人的绑架行为仍在继续,而帮助他人窝藏、转移财物的行为,应构成绑架罪共犯

绑架罪是继续犯的。继续犯的重要特点是,犯罪既遂后,犯罪行为本身及其所引起的不法状态往往仍要持续一段时间。因此,绑架罪即便在犯罪已达到既遂状态之后,也可以成立共同犯罪。绑架罪是以绑架行为的完成作为其犯罪既遂的认定标志,而不是以行为人是否实际勒索到了财物,或者其不法要求是否已得到满足作为其犯罪既遂的认定标志。即被绑架人一旦处于行为人的实际控制之下,行为人的行为即已构成绑架罪既遂。由于行为人勒索财物的目的或其他不法要求尚未得到实现,被绑架人的人身遭受非法控制的状态往往仍同时处于持续进行之中。与状态犯、即成犯不同的是,继续犯在达到既遂状态之后,不仅行为人行为所引起的不法状态仍处于继续状态,其犯罪行为本身往往也同时处在持续进行之中。因此,继续犯即使犯罪已达既遂状态,也可成立共同犯罪。如在绑架案件中,如果行为人在他人完成绑架行为以后,人质释放前(绑架行为仍处于继续状态的过程中),参与进来,实施看管人质、打勒索电话或者收取赎金等行为的,构成绑架罪的共犯。在刑法理论上,此种共犯形态属于事中通谋的共同犯罪,也称承继的共同犯罪。[参见第15号案例,王某被控绑架案,载《刑事审判指导》总第2辑(2004年第2辑),人民法院出版社,第24~25页。执笔:武广军　周加海]

▽"勒索财物"的目的是否实现既不影响本罪的成立,也不影响本罪既遂的构成,但任何帮助他人实现勒索财物目的的行为,都应当被认定为是绑架罪的一种帮助行为

(1)"勒索财物"的目的是否实现既不影响本罪的成立,也不影响本罪既遂的构成,但是,行为人实施绑架最终是为了达到勒索财物的目的,因此,在绑架过程中(自绑架行为开始实施,直到人质被释放前),任何帮助他人实现勒索财物目的的行为,都应当被认定为是绑架罪的一种帮助行为。(2)对绑架行为继续状态中参与进来的行为人以绑架罪定罪不会导致对其量刑过重。一方面量刑是定罪之后的事,另一方面,从行为在本案中的地位、作用看,显属从犯,应根据从犯处罚原则量刑。(3)如果行为人在帮助绑架犯窝藏、转移3万美元赎金时,被绑人质已被解救或者已被释放,对行为人应以窝藏、转移赃物罪认定。因为在此种情况下,绑架人的绑架罪的所有行为已经实行终了,行为人已不可能与绑架人形成共同犯罪故意,其行为在客观上也不会对绑架人的绑架行为起到帮助作用。[参见第15号案例,王某被控绑架案,载《刑事审判指导》总第2辑(2004年第2辑),人民法院出版社,第25～26页。执笔:武广军　周加海]

▽杀害被绑架人未遂的,应属于刑法第二百三十九条第一款规定的"杀害被绑架人的"情形

比较其他涉及侵犯公民人身权利罪的法定刑,刑法对绑架罪规定了最为严厉的法定刑,其最低刑为十年有期徒刑,最高刑是死刑。从法定最低刑看,起刑点即为十年有期徒刑,其严厉性相当于具有加重情形的抢劫罪、强奸罪等,重于故意杀人罪;从法定最高刑看,由于刑法对"致使被绑架人死亡或者杀害被绑架人"这两种情形只设置了唯一的即绝对确定的法定刑死刑,明显重于故意杀人罪、具有加重情形的抢劫罪、强奸罪等。刑法作此规定反映了立法者对绑架罪的不同寻常的否定评价。刑法将"致使被绑架人死亡"和"杀害被绑架人"这两种情形归入绑架罪进行综合评价,对其处罚,理所当然地应当重于对这两种行为独立发生时的处罚。如果将杀害被绑架人未遂的情况排除在可判处死刑的情形之外,显然,与立法者对故意杀人罪和绑架罪的评价不相符;此外,如果将绑架罪与故意伤害罪相比较,亦有助于对这一问题的理解与把握。刑法第二百三十四条第二款中规定:"以特别残忍手段致人重伤造成严重残疾的,处十年以上有期徒刑、无期徒刑或者死刑。"这表明,故意伤害他人身体,尽管没有造成被害人死亡,但具有法定严重情形的,仍可能适用死刑。与故意伤害罪相比较,绑架罪是一种更为严重的犯罪,因此,法定刑的设置比故意伤害罪更为严厉。如果认为"杀害被绑架人"仅指杀人既遂,势必可能出现故意杀害被绑架人未遂,但手段残忍造成被绑架人严重残疾的,量刑反而要比类似情形的故意杀害罪更轻。因此,对"杀害被绑架人"的合理解释,应当将杀害被绑架人未遂的情况包括进去。

从比较"致使被绑架人死亡"和"杀害被绑架人"这两类情形的罪过形式来看,致使被绑架人死亡可能包括行为人过失致使被绑架人死亡的情形,杀害被绑架人则指对被绑架人实施故意杀害的行为。显然,故意杀害被绑架人的主观恶性程度明显高于过失致被绑架人死亡的情形,对过失致使被绑架人死亡的情形尚需适用死刑,那么对故意杀害被绑架人未遂的,特别是手段残忍、后果严重的这类情形,就更没有理由不适用死刑了。将"杀害被绑架人"扩张解释为包括杀害被绑架人未遂的情况在内,更符合立法本意。而仅按"杀害"的字面含义,贸然断论这里的"杀害"就是仅指"杀死"则未免偏颇(此观点与《刑事审判参考》上刊载的第183号案例评析不协调)。其偏颇之处就在于这种理解,将导致对那些绑架并杀害被绑架人未遂,但手段特别残忍、后果特别严重论罪应当判处死刑的情形,则不能直接适用绑架罪的相关条款对其准确定罪量刑。(与第183号案例的评析不协调,编者认为将"杀害"就是仅指"杀死"解释,则未免偏颇。——编者注)[参见第299号案例,王建平绑架案,载《刑事审判参考》总第38集(2004年第3集),法律出版社,第113～114页。执笔:武文和]

▽将杀害被绑架人未遂的情形,视为可以酌定从轻或减轻处罚的情节

将"杀害被绑架人"理解为包括杀害被绑架人未遂这一情形在内,绝不等于说,对所有绑架并杀害被绑架人未遂的情形,都必须一律判处死刑。根据刑法第四十八条的规定,死刑只适用于罪行极其严重的犯罪分子。对于应当判处死刑的犯罪分子,如果不是必须立即执行的,可以判处死刑同时宣告缓期两年执行。虽然刑法本条第一款中规定"杀害被绑架人的",其法定刑为绝对确定的法定刑死刑,但在具体量定刑罚时,还要贯彻不同情况区别对待的原则。就杀害被绑架人未遂的情况而言,对其中那些杀害被绑架人手段特别残忍且已造成特别严重后果的，应依法考虑判处死刑。但造成的后果并非特别严重，如没有造成特别严重残疾的，并非不能从轻判处，如有的可考虑判处死缓。将杀害被绑架人未遂的情形，视作为一个可以酌定从轻或减轻处罚的情节。在没有其他法定从轻或减轻处罚情节的条件下，如根据案件特殊情况，确需要在法定刑（死刑）以下量刑的，则应依照刑法第六十三条规定的特别程序来解决。[参见第299号案例，王建平绑架案，载《刑事审判参考》总第38集（2004年第3集），法律出版社，第114～115页。执笔：武文和]

▽绑架中故意伤害（不包括致死）或者杀害被绑架人未遂的应数罪并罚

刑法规定行为人犯绑架罪时，只有在实施绑架行为过程中或是在绑架行为的持续状态中，造成被绑架人死亡或者杀死被绑架人的，才能而且只能适用死刑。但这就意味着立法将绑架罪和在绑架过程中致被绑架人死亡和杀死被绑架人这种特定的结果结合在一起，单独规定为确定的法定刑死刑。刑法本条的规定并不排斥对在绑架过程中故意伤害被绑架人未致死或者故意杀害被绑架人未遂的，可以绑架罪和故意伤害罪或故意杀人（未遂）罪，择一重罪定罪处罚或实行数罪并罚。事实上，在绑架过程中，绑架人对被绑架人又同时实施了伤害（仅指未致死）、杀害（仅指未遂）、奸淫等行为，是比较常见的。根据刑法的罪数理论，对上述情形可以区分情况，有条件地实行数罪并罚。在绑架过程中或是在绑架状态持续过程中，如绑架人对被绑架人又实施了伤害（仅指未致死）、杀害（仅指未遂）行为，如果伤害或者杀害被绑架人尚未造成特别严重后果，论罪应当判处无期徒刑以下刑罚的，可以绑架罪一罪论处。因为此时的杀、伤行为可以认为是已被包括在绑架罪"暴力手段"的构成要件之内。但如果行为人伤害手段特别残忍致人重伤且造成严重残疾，或者杀害未遂但手段特别恶劣、后果特别严重、论罪应当判处死刑的，此时的杀、伤行为就不宜被包括在绑架罪"暴力手段"的构成要件之内，有必要给予单独评价，以绑架罪和故意伤害罪或故意杀人罪实行数罪并罚。[参见第183号案例，吴德桥绑架案，载《刑事审判参考》总第26辑（2002年第3辑），法律出版社，第51～56页。执笔：汪鸿滨　程新生]

▽非法劫持并扣押他人后向被害人家属索要大大超出赌债范围的钱物的行为，已构成绑架罪

行为人在与被害人因赌博发生争执后，伙同他人将其劫持、殴打、扣押，并向其家属勒索3.5万元钱财的行为，明显超出了索取赌债的范围，是以赌博纠纷为借口和由头，以勒索财物为目的绑架他人，已构成绑架罪；行为人伙同他人，将只欠其9900元赌债的被害人非法扣押后，向其亲属索要3万元的行为，由于其索要财物的金额大大超出了赌债的数额，行为人行为的目的已不再单纯是索要赌债，而转化成以索债为名，采取绑架的手段来勒索他人的财物，这一行为符合绑架罪以勒索财物为目的绑架他人的特征，应当以绑架罪定罪处罚。需要指出的是，对这类性质的犯罪行为，以绑架罪定罪处罚时，应当注意，只有行为人勒索的钱财明显大于被害人所欠的法律不予保护的债务，行为的性质已经超出为索取"债务"而非法限制他人人身自由的范围，实质上成为以非法拘禁、扣押人质为手段勒索他人钱财时，才能以绑架罪定罪处罚。如果行为人索要的钱财没有超出被害人所欠的"债务"的范围，或者两者之间差额不大，就不能以绑架罪定罪处罚。至于行为人索要的钱财与被害人所欠"债务"的差额究竟多大，才以绑架罪定罪处罚，现行刑法和有关司法解释均未予明确，在处理具体案件时，一般应当综合考虑被告人实际索要钱物的绝对数额是否巨大；索要超出"债务"本身的钱物数额与债务本身的数额差额是否巨大；索要数额虽然特别巨大，当实际得到的与所欠"债务"数额相当，是否将所扣押的人放走等实际情况，依法认定。[参见第74号案例，孟铁保等赌博、绑架、敲诈勒索、故意伤害、非法拘禁案，载《刑事审判参考》总第10辑（2000年第5辑），法律出版社，第40～41页。执笔：韩晋萍]

▽绑架犯罪案件中，在案证据不足以证明被害人的死亡系被告人绑架过程中实施的暴力行为所致，不能认定为"致使被绑架人死亡"，对各被告人应当依照刑法第二百三十九条第一款定罪量刑，但被害人死亡的结果可作为酌定情节予以考虑

刑法本条第二款对致使被绑架人死亡或者故意杀害被绑架人的犯罪行为规定了绝对确定的法定

刑死刑,这一规定意味着刑法对上述两种情形的绑架行为作了最严重的罪行评价,因为刑法对故意杀人罪规定的法定刑是可选择的相对确定的法定刑,即使是最严重的故意杀人犯罪行为,也有可能出于其他因素的考虑而最终不判处死刑。刑法将致使被绑架人死亡和故意杀害被绑架人并列规定为适用死刑的情形,除了表明这两种情形都具有极其严重的客观危害之外,还表明致使被绑架人死亡情形行为人的主观恶性、人身危险性程度。达到或者接近故意杀害被绑架人的程度,因为根据罪刑相适应原则,只有客观损害、主观恶性、人身危险性程度相当,才能适用相当的刑罚。应当说明的是,上述所要对比的主观恶性、人身危险性程度不是指实施绑架犯罪行为这一环节的主观恶性、人身危险性程度,而是指在致使被绑架人死亡这一环节的主观恶性、人身危险性程度。在具体案件中,对刑法规定的"致使被绑架人死亡"情形的认定,要求绑架过程中的行为与死亡结果之间必须具有刑法上的因果关系。如果被害人的死亡结果不是因为行为人的故意或者过失行为,而是因为其他因素的介入所致,那么意味着行为人在绑架过程中的行为与被害人死亡结果之间不存在刑法上的因果关系,即不能认定行为人承担"致使被绑架人死亡"的刑事责任,否则就是客观归责。对因果关系的考察,应当注重因果联系的内容和性质,并在此前提下进一步考察因果联系在刑法中的表现形式,使其紧紧围绕着解决刑事责任的任务。按照我国刑法理论界通说的观点,对刑法上的因果关系的考察,最根本的就是要审查实行行为在一定的条件下,是否合乎规律地引起危害结果的发生。一方面,作为原因的实行行为,必然具有引起危害结果发生的实在可能性,即作为原因的危害行为,一定包含着引起某种结果发生的根据和内容;另一方面,作为原因的实行行为,必须合乎规律地引起危害结果。实施某种危害行为只是有可能发生某种危害结果,这是因果关系存在的必要前提,但并不等于二者之间必然存在刑法上的因果关系。只有当这种实在可能性合乎规律地引起了危害结果的发生,才能确认行为与结果之间存在刑法上的因果关系。在认定绑架行为与死亡结果之间是否存在因果关系时,需要考虑介入因素的影响。如果在实行行为与危害结果之间介入了其他因素,则行为人是否对危害结果承担刑事责任要视具体情况而定。因果关系介入因素可以分为正常介入因素与异常介入因素。如果介入的因素是异常的,并且该异常因素合乎规律地引起了最终的结果,则先前的实行行为与后来的危害结果之间的因果关系中断,即行为人对危害结果不承担刑事责任。在绑架犯罪案件中,异常介入因素一般是指在通常情况下不会介入绑架行为中的因素,而没有该因素的介入一般不会发生致人死亡的结果。然而,如果介入因素是正常的,则因果关系不能中断,行为人依然要对被害人死亡的结果承担刑事责任。如行为人为了顺利绑架被害人而对被害人实施暴力,引起被害人失血过多,在送往医院救治途中因路途遥远、堵车等因素,导致被害人没有得到及时救助,或因在正常治疗期间引起并发症,导致被害人不治身亡。由于上述情形中,被害人的死亡虽介入了路途遥远、并发症等因素,但这些介入因素在任何人受伤过程中都有可能发生,即合乎事物发展的一般规律。因而,路途遥远、并发症等因素的介入,属于正常介入,由此引起被绑架人死亡结果发生的,不能中断绑架行为与被害人死亡结果在刑法上的因果关系,行为人对被害人的死亡结果应当承担刑事责任。

致使被绑架人死亡案件中,非正常因素的介入情形通常表现为以下五种形式:一是被害人自身的因素。这既包括被害人自身的身体状况,如身体上的疾病,也包括被害人基于其自由意志而实施的行为。如行为人甲将被害人乙绑架后,向乙家属索要赎金遭拒绝,并且乙的家属表现出对乙的极端不关心。乙即产生轻生之念,乘甲不备跳楼身亡。本案中,乙死亡的直接原因是其自己跳楼行为所致,间接原因是对家人对其人身安全毫不关心的心理反应,因此,不能认定是甲的绑架行为致使被绑架人死亡。二是自然因素,包括洪水、地震、火灾等因素。并非自然因素一律都会导致因果关系的中断。在绑架过程中,如果该自然因素的介入具有高度的盖然性,行为人对自然因素可能发生的危害后果应当能够预见,则不能以自然因素的介入而中断因果关系。如甲将乙绑架后,关押至一山脚低洼处小屋内,适逢连日暴雨,山洪暴发在即,甲不顾乙的生死,将乙囚禁在该屋内。后山洪暴发,甲独自逃生,乙溺水身亡。

对甲的行为应当认定属于“致使被绑架人死亡”的情形。三是第三方行为,包括第三方无过错行为和第三方有过错行为。第三方无过错行为是指第三方的行为主观上不存在刑法上的过错。如甲绑架被害人乙后,乙乘甲不备,逃离被关押场所,恰逢警方围捕持枪逃犯,在鸣枪警告后,乙因受惊狂奔,警方误认为乙就是逃犯而将其击毙。甲、乙的行为都不能直接引起乙死亡的结果,乙死亡是警方开枪所致,而警方的行为系无过错行为。第三方有过错行为,是指第三方的行为主观上存在刑法上的过错。如甲绑架乙后,在转移乙的过程中,第三人丙酗酒醉驾,将在路边行走的甲和乙撞伤,乙抢救无效死亡。此案中的被害人乙的死亡结果就是由丙造成的。这两个案例中,都不能认定绑架人的绑架行为致使被绑架人死亡。四是行为人无过错的行为。如甲将熟人乙绑架至一室内,甲见床底下有一瓶酒,遂与乙对饮,后乙死亡,甲因此致盲。经查,该酒瓶内存放的是工业酒精。本案中,甲与乙饮酒的行为本身与绑架行为没有关系,且在饮酒方面甲主观上也没有刑法上的过错,如果将乙的死亡认定系甲绑架所致,则有客观归责之嫌。五是行为人实施的与绑架行为无关的其他有过错行为,该行为致被害人死亡的,一般也不能认定为“致使被绑架死亡”。如行为人绑架他人后,因天气寒冷,在室内烤火,不慎引发火灾,将被害人烧死。本案中,即便行为人同时构成绑架罪和失火罪,也不宜以“致使被绑架人死亡”情形追究绑架人的刑事责任。

基于上述分析,绑架过程中发生被绑架人死亡的结果,对行为人未必都以“致使被绑架人死亡”情形追究刑事责任。上述五种情形下,虽然存在如果没有行为人的绑架行为,就不会发生被害人的死亡结果这种条件关系;但上述诸情形中,被害人的死亡结果都是出于行为人的预料之外,行为人无法预见绑架行为会发生被害人死亡的结果,也无法预见绑架过程中会有介入因素导致被害人死亡的情况。因此,行为人对被害人死亡的结果缺乏承担刑事责任的主观基础,绑架行为与死亡结果之间也就不存在因果关系的相当性。只有绑架行为人实施的故意、过失行为导致被绑架人死亡的,才对“致使被绑架人死亡”承担刑事责任。值得强调的是,这里的故意行为仅是指行为人对其实施行为是故意的,但对被害人死亡结果的发生持否定态度,即被害人死亡的结果出于其意料之外,否则就属于杀害被绑架人的情形。本案张某等人在绑架被害人后,没有对被害人实施严重的暴力,现有证据也不足以证明被害人死亡的结果是其绑架过程中实施的暴力行为所致。相反,在案证据证明张某等人将被绑架人转移过程中,由于第三人的原因发生了车祸,即发生类似于上述第三种情形的第三方行为介入的情况,致被绑架人死亡,这种异常介入因素中断了绑架行为与死亡结果之间刑法上的因果关系,因此张某等人仅对其绑架行为承担刑事责任,而无须对被害人死亡的结果承担刑事责任。[参见第794号指导案例,张兴等绑架案,载《刑事审判参考》总第87集(2012年第4集),第38~42页。撰稿:陈进龙　姚龙兵]

▽在绑架案件中,不能仅依据行为人对被害人实施了人身控制行为就认定其“以勒索财物为目的”,还相应要求行为人向被害人之外的第三人提出了勒索财物的意思表示或者具有证明行为人该目的的存在的其他证据

绑架罪在主观方面要求行为人具有利用第三人对人质安危的忧虑,勒索财物或者满足其他不法要求的目的,已在理论界和实务界达成共识。但该罪在客观方面除了要求行为人对被害人实施了人身控制行为外,是否还要求其向第三人提出了勒索财物的意思表示,目前仍然存有争议。在绑架案件中,不能仅依据行为人对被害人实施了人身控制行为就认定其“以勒索财物为目的”,还相应要求行为人向第三人提出了勒索财物的意思表示或者具有证明行为人该目的存在的其他证据。理由是:(1)绑架罪侵犯的是复杂客体,既侵犯了他人的人身权利,同时也侵犯了他人的财产权利,虽然刑法将绑架罪规定在侵犯人身权利罪一类中,但绑架罪的本质特征是利用第三人对人质安全的担忧来实现勒索财物或者达到其他非法目的,因而,不仅侵害了被害人的人身自由,而且侵犯了第三人的自决权。第三人必须在满足犯罪人非法要求与解救人质之间作出艰难选择。(2)刑法分则对绑架罪罪状的规定,不是对具体犯罪的定义,而是对犯罪类型的描述。刑法本条采用了一些抽象性、概括性比较强的表述,将这种表述模式下的绑架行为解释为人身控制行为和勒索财物行为的有机结合,能够被一般人接受,没有超出国民的预测可能性。(3)根据主客观相统一原则,主观必定见之于客观。“以勒索财物为目的”的主观直接故意必须要有勒索财物之行为或者具有相关证据(非行为)予以证明。如行为人已向被绑架人亲属或者其他人索要过财物,因其向他人索取钱财的客观行为已充分证明勒索财物的主观目的,即构成绑架罪既遂;如行为人仅实施了对被害人的人身控制行为,但有充分证据(被告人供述、被害人陈述、证人证言、物证、书证等)能够证明其主观上是以勒索财物为目的的,亦可以构成绑架罪。但如果行为人仅实施了对被害人的人身控制行为,行为人否认具有勒索目的,现有证据亦不能证明其有勒索目的的,则不能认定构成绑架罪。本案中,公诉机关认为被告人孙某某、濮某某、夏某某、吴某某以勒索财物为目的绑架他人并杀害被绑架人燕某,其行为均构成绑架罪。一审法院认为,孙某某、濮某某等人意图绑架毕某之子向毕某勒索未果,但劫持燕某并将其杀害之行为是否构成绑架罪,应当从被告人主观上是否以勒索财物为目的,客观上是否向第三人勒索财物行为等具体分析:(1)孙某某、濮某某等人主观上没有利用第三人对燕某人身安危的担忧而勒索财物的故意。孙某某、濮某某等人之前绑架毕某之子未遂并不能推断出其劫持燕某的目的即为勒索财物。孙某某、濮某某等人供述将作案目标选择为驾驶高档轿车的人,劫持被害人后逼问出其随身携带的银行卡密码,让被害人告知家人汇钱至银行卡,后去银行ATM取款。四被告人供述稳定一致,相互印证,足以证明谋财对象为驾驶高档轿车的不特定被害人,且让被害人本人通知其家人汇款,并未侵犯第三人的自决权。(2)孙某某、濮某某等人客观上没有实施向第三人勒索财物的行为。孙某某、濮某某等人劫持燕某后仅从其身上搜取现金人民币1000余元和手机,与其期望劫得的财物相距甚远,仅因担心被害人报警,遂起杀人灭口的犯意。燕某曾陈述其家中银行卡上有20万元,孙某某、濮某某等人认为钱太少且有风险,不愿通过燕某的家属或者朋友间接取财。可见,孙某某、濮某某等人未实施以杀害、伤害燕某等方式向其亲友勒索财物的意思表示和行为。孙某某、濮某某等人劫取燕某钱财后为灭口杀害燕某的行为,符合抢劫后故意杀人的行为特征。因此,孙某某、濮某某等人劫持燕某并将其杀害行为不构成绑架罪,而构成抢劫罪、故意杀人罪,两罪应当并罚。[参见第947号指导案例,孙家洪、濮剑鸣等绑架、抢劫、故意杀人案,载《刑事审判参考》总第96集(2014年第1集),第59～63页。撰稿:张华松]

▽绑架过程中当场劫取人质财物的,同时触犯绑架罪、抢劫罪两罪名,应择一重罪处罚

在绑架期间,被告人胡某某、袁某某将被害人身上的手链、项链、戒指等物抢走。对这种情况应以绑架罪或抢劫罪中的一个重罪定罪处罚。理由是:绑架罪是继续犯,行为人非法占有他人财物而以暴力、胁迫手段劫持被绑架人的行为是一个持续过程,暴力劫持或拘禁被绑架人构成绑架罪的客观要件。如果把实质上的一个暴力劫持或拘禁行为既评价为绑架罪的构成要件,又重复评价为抢劫罪当场劫取他人财物的客观要件,有违“禁止重复评价”原则。因此,在构成要件发生一定竞合的情况下,择一重罪处罚是适当的。对此,《最高人民法院关于审理抢劫、抢夺刑事案件适用法律若干问题的意见》(本条附文以下简称《意见》)明确指出,“绑架过程中又当场劫取被害人随身携带财物的,同时触犯绑架罪和抢劫罪两罪名,应择一重罪定罪处罚。”判定绑架罪与抢劫罪的轻重一般应当根据两罪的法定刑,结合个案中被告人的具体犯罪行为和量刑情节考察其应适用的法定刑幅度,比较两罪的轻重从而决定具体适用哪一罪名定罪处罚。从刑法规定来看,刑法对绑架罪规定的起刑点是五年(《刑法修正案(七)》公布之前为十年),致被绑架人死亡或者杀害被绑架人的是绝对死刑;抢劫罪的起点刑为三年,抢劫罪致人死亡,并不绝对判处死刑,仍然可以根据案件情况在十年有期徒刑至死刑的幅度内裁量。从法定刑看,绑架罪是重罪,抢劫罪是相对轻罪。但也有抢劫罪比绑架罪重的情形,如绑架过程中由于被绑架人的反抗或者其他原因未遂,但在绑架过程中劫取被绑架人财物,数额巨大的情形,由于犯罪未遂可以从轻或减轻处罚,绑架罪应在五年至十年有期徒刑幅度内从轻处罚甚至可以减轻为五年以下有期徒刑,但其抢劫数额巨大属于既遂则必须在十年有期徒刑以上量刑,在这种情形下,抢劫罪就明显重于绑架罪了。本案被告人在绑架过程中当场劫取被绑架人随身携带的价值3万余元的手链、项链、戒指等财物,属于抢劫数额巨大,依法应在十年以上有期徒刑、无期徒刑或者死刑的法定幅度内量刑;而其绑架勒索钱财达到80万元,依法也应在十年以上有期徒刑或者无期徒刑幅度内量刑。但对单纯抢劫3万余元没有造成人身伤害的这种抢劫情形显然一般难以达到判处无期徒刑甚至死刑的程度,且从侵害财产角度看,绑架勒索的钱财要远远高于抢劫所得,因此本案中被告人所犯绑架罪要重于抢劫罪。因此,应以绑架罪对相关被告人定罪处罚。[参见第571号指导案例,李彬、袁南京、胡海珍等绑架、非法拘禁、敲诈勒索案,载《刑事审判参考》总69集(2009年第4集),第64~65页。撰稿:郝红鹰]

▽刑法总则规定的犯罪未遂等量刑情节不应适用绑架罪中"情节较轻"情形

1997年刑法本条仅规定了十年以上有期徒刑或者无期徒刑和死刑两个量刑幅度。鉴于实践中绑架的情形比较复杂,一律对绑架行为处以十年以上有期徒刑,刑罚明显畸重,故不少观点建议在绑架罪中增设情节较轻的规定。2009年通过的《中华人民共和国刑法修正案(七)》(以下简称《刑法修正案(七)》)采纳了这一意见,在第六条对绑架罪的法定刑增设了如下规定:"情节较轻的,处五年以上十年以下有期徒刑,并处罚金。"由于对"情节较轻"的认定缺少明确的标准,故实践中存在一定争议。在《刑法修正案(七)》施行之前,对确实需要在十年有期徒刑以下从轻处罚的绑架犯罪案件,一般是通过法定刑以下量刑报核程序层报最高人民法院核准。如被告人程乃伟绑架案、俞志刚绑架案两则刊载在《刑事审判参考》的案例。按照当时绑架罪的规定应当判处十年以上有期徒刑,但最后都层报最高人民法院在法定刑以下进行判罚。上述案例具有如下特征:(1)行为人控制被绑架人的时间较短,没有实施殴打伤害行为,放弃勒索赎金并将被绑架人安全送回,没有造成严重后果;(2)发生在亲属之间的绑架,主观恶性较小,没有造成严重后果。上述案例的处理原则对于"情节较轻"的认定具有一定的参考意义。

"情节较轻"的衡量标准应当是司法者运用一定的价值标准对确定的事实基础进行综合判断所得出的结论。由于"情节较轻"具有高度的概括性、抽象性,只有在对影响绑架罪社会危害性程度的各种主客观事实进行综合评价的基础上,才能得出某一个案是否属于"情节较轻"的结论。影响绑架罪社会危害性轻重的事实要素大致有以下几个方面:(1)犯罪手段。绑架罪采用暴力、胁迫、诱骗等方法控制被绑架人人身自由,拘禁时间有长短之分,暴力、胁迫、诱骗等手段各不相同亦直接影响到该罪的社会危害程度。(2)犯罪后果。从人身损害方面看,是否造成了被绑架人重伤、轻伤、轻微伤或严重的精神伤害;从财产损害方面看,赎金数额有数额巨大、数额较大或未获取分文的区别,犯罪后果直接反映了行为的社会危害程度。(3)犯罪动机。行为人的动机或出于满足个人私利,或迫于生活压力,或因合法权益不能保障,或出于特定政治目的等,动机不同体现出行为主观恶性程度的差异。(4)犯罪情节。行为人是否放弃勒索赎金、是否主动释放人质;行为人与被害人是否系亲属或熟人关系;行为人是否选择以老人、妇女、儿童或者社会知名人士作为绑架对象等,上述情节对绑架罪的社会危害程度具有直接影响。在正确认定了影响绑架罪社会危害性轻重的事实要素后,还有必要探寻"情节较轻"与侵害法益的实质联系,对"情节较轻"作出价值判断。绑架罪侵害的法益在司法实践中通常表现为:人身法益(人身自由与安全)、财产法益(他人财产所有权)、社会法益(社会秩序与公共安全)。人身法益是刑法保护的重点,绑架罪必然侵犯人身自由,但在人身安全方面却客观存在侵害程度的差异,被绑架人的人身安全未受实质侵犯,人身自由限制程度较轻等因素,是认定"情节较轻"的首要判断。财产法益、社会法益虽然对判断绑架罪罪质轻重而言不具有决定性意义,但仍会对绑架罪的社会危害性程度产生重要影响。如绑架行为虽然未给被绑架人的人身安全造成严重威胁,但勒索财物数额巨大,手段卑劣,社会影响恶劣,也不能认定为"情节较轻"。

刑法总则规定的犯罪预备、未遂、中止等从轻减轻情节基于刑事立法模式以及禁止重复评价的原则,不应适用绑架罪"情节较轻"条款。我国刑法分则罪状的立法模式以单独犯的完成形态为基准,任何罪质轻重的评价都是建立在对犯罪完成形态的考察基础上,犯罪的未完成形态对罪质的轻重不能产生实质影响。犯罪预备、未遂、中止等未完成形态是刑法总则规定的法定量刑情节,对犯罪的社会危害性程度会产生很大影响,但并不能成为影响罪质轻重的因素,如果将其作为“情节较轻”的判断基础,然后再作为量刑情节适用,显然属于对同一情节的重复评价,违反了禁止重复评价准备电击棍等作案工具,在实施作案过程中已进入毕某家中,但由于意志以外的原因而未得逞,系绑架未遂,不应适用“情节较轻”条款。另外,如果某一事实因素不能反映绑架罪社会危害性程度,自然不能成为“情节较轻”的判断基础。如一些纯粹反映行为人人身危险性程度的事实因素就不能成为判断是否属于“情节较轻”的基础,主要包括行为人的一贯表现,是否属于初犯、偶犯以及前科情况,犯罪后的认罪、悔罪态度,是否具有自首、立功情节等。上述事实因素虽然最后会影响到行为人的刑罚裁量,但它们都不能反映和体现绑架罪社会危害性程度,对绑架罪罪质轻重没有影响,因此不能成为“情节较轻”的判断基础。[参见第947号指导案例,孙家洪、濮剑鸣等绑架、抢劫、故意杀人案,载《刑事审判参考》总第96集(2014年第1集),第63~65页。撰稿:张华松]

第二百四十条 【拐卖妇女、儿童罪】拐卖妇女、儿童的,处五年以上十年以下有期徒刑,并处罚金;有下列情形之一的,处十年以上有期徒刑或者无期徒刑,并处罚金或者没收财产;情节特别严重的,处死刑,并处没收财产:

(一)拐卖妇女、儿童集团的首要分子;

(二)拐卖妇女、儿童三人以上的;

(三)奸淫被拐卖的妇女的;

(四)诱骗、强迫被拐卖的妇女卖淫或者将被拐卖的妇女卖给他人迫使其卖淫的;

(五)以出卖为目的,使用暴力、胁迫或者麻醉方法绑架妇女、儿童的;

(六)以出卖为目的,偷盗婴幼儿的;

(七)造成被拐卖的妇女、儿童或者其亲属重伤、死亡或者其他严重后果的;

(八)将妇女、儿童卖往境外的。

拐卖妇女、儿童是指以出卖为目的,有拐骗、绑架、收买、贩卖、接送、中转妇女、儿童的行为之一的。

■最高人民法院关于审理拐卖妇女案件适用法律有关问题的解释(2000年1月25日)

第一条 刑法第二百四十条规定的拐卖妇女罪中的“妇女”,既包括具有中国国籍的妇女,也包括具有外国国籍和无国籍的妇女。被拐卖的外国妇女没有身份证明的,不影响对犯罪分子的定罪处罚。

■最高人民法院、最高人民检察院、公安部、民政部、司法部、中华全国妇女联合会关于打击拐卖妇女儿童犯罪有关问题的通知(全文)(2000年3月20日)

凡是拐卖妇女、儿童的,不论是哪个环节,只要是以出卖为目的,有拐骗、绑架、收买、贩卖、接送、中转、窝藏妇女、儿童的行为之一的,不论拐卖人数多少,是否获利,均应以拐卖妇女、儿童罪追究刑事责任。对收买被拐卖的妇女、儿童的,以及阻碍解救被拐卖的妇女、儿童构成犯罪的,也要依法惩处。出卖亲生子女的,由公安机关依法没收非法所得,并处以罚款;以营利为目的,出卖不满十四周岁子女,情节恶劣的,借收养名义拐卖儿童的,以及出卖捡拾的儿童的,均应以拐卖儿童罪追究刑事责任。出卖十四周岁以上女性亲属或者其他不满十四周岁亲属的,以拐卖妇女、儿童罪追究刑事责任。

■最高人民法院、最高人民检察院、公安部、司法部关于依法惩治拐卖妇女儿童犯罪的意见(2010年3月15日)

一、总体要求

3. 正确贯彻政策,保证办案效果。拐卖妇女、儿童犯罪往往涉及多人、多个环节,要根据宽严相济刑事政策和罪责刑相适应的刑法基本原则,综合考虑犯罪分子在共同犯罪中的地位、作用及人身危险性的大小,依法准确量刑。对于犯罪集团的首要分子、组织策划者、多次参与者、拐卖多人者或者具有累犯等从严、从重处罚情节的,必须重点打击,坚决依法严惩。对于罪行严重,依法应当判处重刑乃至死刑的,坚决依法判处。要注重铲除“买方市场”,从源头上遏制拐卖妇女、儿童犯罪。对于收买被拐卖的妇女、儿童，依法应当追究刑事责任的，坚决依法追究。同时，对于具有从宽处罚情节的，要在综合考虑犯罪事实、性质、情节和危害程度的基础上，依法从宽，体现政策，以分化瓦解犯罪，鼓励犯罪人悔过自新。

五、定性

14. 犯罪嫌疑人、被告人参与拐卖妇女、儿童犯罪活动的多个环节，只有部分环节的犯罪事实查证清楚、证据确实、充分的，可以对该环节的犯罪事实依法予以认定。

15. 以出卖为目的强抢儿童，或者捡拾儿童后予以出卖，符合刑法第二百四十条第二款规定的，应当以拐卖儿童罪论处。

以抚养为目的偷盗婴幼儿或者拐骗儿童，之后予以出卖的，以拐卖儿童罪论处。

16. 以非法获利为目的，出卖亲生子女的，应当以拐卖妇女、儿童罪论处。

17. 要严格区分借送养之名出卖亲生子女与民间送养行为的界限。区分的关键在于行为人是否具有非法获利的目的。应当通过审查将子女"送"人的背景和原因、有无收取钱财及收取钱财的多少、对方是否具有抚养目的及有无抚养能力等事实，综合判断行为人是否具有非法获利的目的。

具有下列情形之一的，可以认定属于出卖亲生子女，应当以拐卖妇女、儿童罪论处：

(1)将生育作为非法获利手段，生育后即出卖子女的；

(2)明知对方不具有抚养目的，或者根本不考虑对方是否具有抚养目的，为收取钱财将子女"送"给他人的；

(3)为收取明显不属于"营养费"、"感谢费"的巨额钱财将子女"送"给他人的；

(4)其他足以反映行为人具有非法获利目的的"送养"行为的。

不是出于非法获利目的，而是迫于生活困难，或者受重男轻女思想影响，私自将没有独立生活能力的子女送给他人抚养，包括收取少量"营养费"、"感谢费"的，属于民间送养行为，不能以拐卖妇女、儿童罪论处。对私自送养导致子女身心健康受到严重损害，或者具有其他恶劣情节，符合遗弃罪特征的，可以遗弃罪论处；情节显著轻微危害不大的，可由公安机关依法予以行政处罚。

18. 将妇女拐卖给有关场所，致使被拐卖的妇女被迫卖淫或者从事其他色情服务的，以拐卖妇女罪论处。

有关场所的经营管理人员事前与拐卖妇女的犯罪人通谋的，对该经营管理人员以拐卖妇女罪的共犯论处；同时构成拐卖妇女罪和组织卖淫罪的，择一重罪论处。

19. 医疗机构、社会福利机构等单位的工作人员以非法获利为目的，将所诊疗、护理、抚养的儿童贩卖给他人的，以拐卖儿童罪论处。

20. 明知是被拐卖的妇女、儿童而收买，具有下列情形之一的，以收买被拐卖的妇女、儿童罪论处；同时构成其他犯罪的，依照数罪并罚的规定处罚：

(1)收买被拐卖的妇女后，违背被收买妇女的意愿，阻碍其返回原居住地的；

(2)阻碍对被收买妇女、儿童进行解救的；

(3)非法剥夺、限制被收买妇女、儿童的人身自由，情节严重，或者对被收买妇女、儿童有强奸、伤害、侮辱、虐待等行为的；

(4)所收买的妇女、儿童被解救后又再次收买，或者收买多名被拐卖的妇女、儿童的；

(5)组织、诱骗、强迫被收买的妇女、儿童从事乞讨、苦役，或者盗窃、传销、卖淫等违法犯罪活动的；

(6)造成被收买妇女、儿童或者其亲属重伤、死亡以及其他严重后果的；

(7)具有其他严重情节的。

被追诉前主动向公安机关报案或者向有关单位反映，愿意让被收买妇女返回原居住地，或者将被收买儿童送回其家庭，或者将被收买妇女、儿童交给公安、民政、妇联等机关、组织，没有其他严重情节的,可以不追究刑事责任。

六、共同犯罪

21. 明知他人拐卖妇女、儿童,仍然向其提供被拐卖妇女、儿童的健康证明、出生证明或者其他帮助的,以拐卖妇女、儿童罪的共犯论处。

明知他人收买被拐卖的妇女、儿童,仍然向其提供被收买妇女、儿童的户籍证明、出生证明或者其他帮助的,以收买被拐卖的妇女、儿童罪的共犯论处,但是,收买人未被追究刑事责任的除外。

认定是否"明知",应当根据证人证言、犯罪嫌疑人、被告人及其同案人供述和辩解,结合提供帮助的人次,以及是否明显违反相关规章制度、工作流程等,予以综合判断。

22. 明知他人系拐卖儿童的"人贩子",仍然利用从事诊疗、福利救助等工作的便利或者了解被拐卖方情况的条件,居间介绍的,以拐卖儿童罪的共犯论处。

23. 对于拐卖妇女、儿童犯罪的共犯,应当根据各被告人在共同犯罪中的分工、地位、作用,参与拐卖的人数、次数,以及分赃数额等,准确区分主从犯。

对于组织、领导、指挥拐卖妇女、儿童的某一个或者某几个犯罪环节,或者积极参与实施拐骗、绑架、收买、贩卖、接送、中转妇女、儿童等犯罪行为,起主要作用的,应当认定为主犯。

对于仅提供被拐卖妇女、儿童信息或者相关证明文件,或者进行居间介绍,起辅助或者次要作用,没有获利或者获利较少的,一般可认定为从犯。

对于各被告人在共同犯罪中的地位、作用区别不明显的,可以不区分主从犯。

七、一罪与数罪

24. 拐卖妇女、儿童,又奸淫被拐卖的妇女、儿童,或者诱骗、强迫被拐卖的妇女、儿童卖淫的,以拐卖妇女、儿童罪处罚。

25. 拐卖妇女、儿童,又对被拐卖的妇女、儿童实施故意杀害、伤害、猥亵、侮辱等行为,构成其他犯罪的,依照数罪并罚的规定处罚。

26. 拐卖妇女、儿童或者收买被拐卖的妇女、儿童,又组织、教唆被拐卖、收买的妇女、儿童进行犯罪的,以拐卖妇女、儿童罪或者收买被拐卖的妇女、儿童罪与其所组织、教唆的罪数罪并罚。

27. 拐卖妇女、儿童或者收买被拐卖的妇女、儿童,又组织、教唆被拐卖、收买的未成年妇女、儿童进行盗窃、诈骗、抢夺、敲诈勒索等违反治安管理活动的,以拐卖妇女、儿童罪或者收买被拐卖的妇女、儿童罪与组织未成年人进行违反治安管理活动罪数罪并罚。

八、刑罚适用

28. 对于拐卖妇女、儿童犯罪集团的首要分子,情节严重的主犯,累犯,偷盗婴幼儿、强抢儿童情节严重,将妇女、儿童卖往境外情节严重,拐卖妇女、儿童多人多次、造成伤亡后果,或者具有其他严重情节的,依法从重处罚;情节特别严重的,依法判处死刑。

拐卖妇女、儿童,并对被拐卖的妇女、儿童实施故意杀害、伤害、猥亵、侮辱等行为,数罪并罚决定执行的刑罚应当依法体现从严。

29. 对于拐卖妇女、儿童的犯罪分子,应当注重依法适用财产刑,并切实加大执行力度,以强化刑罚的特殊预防与一般预防效果。

30. 犯收买被拐卖的妇女、儿童罪,对被收买妇女、儿童实施违法犯罪活动或者将其作为牟利工具的,处罚时应当依法体现从严。

收买被拐卖的妇女、儿童,对被收买妇女、儿童没有实施摧残、虐待行为或者与其已形成稳定的婚姻家庭关系,但仍应依法追究刑事责任的,一般应当从轻处罚;符合缓刑条件的,可以依法适用缓刑。

收买被拐卖的妇女、儿童,犯罪情节轻微的,可以依法免予刑事处罚。

31. 多名家庭成员或者亲友共同参与出卖亲生子女,或者"买人为妻"、"买人为子"构成收买被拐卖的妇女、儿童罪的，一般应当在综合考察犯意提起、各行为人在犯罪中所起作用等情节的基础上，依法追究其中罪责较重者的刑事责任。对于其他情节显著轻微危害不大，不认为是犯罪的，依法不追究刑事责任；必要时可以由公安机关予以行政处罚。

32. 具有从犯、自首、立功等法定从宽处罚情节的，依法从轻、减轻或者免除处罚。

对被拐卖的妇女、儿童没有实施摧残、虐待等违法犯罪行为，或者能够协助解救被拐卖的妇女、儿童，或者具有其他酌定从宽处罚情节的，可以依法酌情从轻处罚。

33. 同时具有从严和从宽处罚情节的，要在综合考察拐卖妇女、儿童的手段、拐卖妇女、儿童或者收买被拐卖妇女、儿童的人次、危害后果以及被告人主观恶性、人身危险性等因素的基础上，结合当地此类犯罪发案情况和社会治安状况，决定对被告人总体从严或者从宽处罚。

九、涉外犯罪

34. 要进一步加大对跨国、跨境拐卖妇女、儿童犯罪的打击力度。加强双边或者多边"反拐"国际交流与合作，加强对被跨国、跨境拐卖的妇女、儿童的救助工作。依照我国缔结或者参加的国际条约的规定，积极行使所享有的权利，履行所承担的义务，及时请求或者提供各项司法协助，有效遏制跨国、跨境拐卖妇女、儿童犯罪。

■最高人民法院关于审理拐卖妇女儿童犯罪案件具体应用法律若干问题的解释（2017年1月1日）

第一条　对婴幼儿采取欺骗、利诱等手段使其脱离监护人或者看护人的，视为刑法第二百四十条第一款第（六）项规定的"偷盗婴幼儿"。

第二条　医疗机构、社会福利机构等单位的工作人员以非法获利为目的，将所诊疗、护理、抚养的儿童出卖给他人的，以拐卖儿童罪论处。

第三条　以介绍婚姻为名，采取非法扣押身份证件、限制人身自由等方式，或者利用妇女人地生疏、语言不通、孤立无援等境况，违背妇女意志，将其出卖给他人的，应当以拐卖妇女罪追究刑事责任。

以介绍婚姻为名，与被介绍妇女串通骗取他人钱财，数额较大的，应当以诈骗罪追究刑事责任。

第九条　刑法第二百四十条、第二百四十一条规定的儿童，是指不满十四周岁的人。其中，不满一周岁的为婴儿，一周岁以上不满六周岁的为幼儿。

第十条　本解释自2017年1月1日起施行。

▼全国法院维护农村稳定刑事审判工作座谈会纪要（1999年10月27日）

（六）关于拐卖妇女、儿童犯罪案件要从严惩处拐卖妇女、儿童犯罪团伙的首要分子和以拐卖妇女、儿童为常业的"人贩子"。要严格把握此类案件罪与非罪的界限。对于买卖至亲的案件，要区别对待：以贩卖牟利为目的"收养"子女的，应以拐卖儿童罪处理；对那些迫于生活困难、受重男轻女思想影响而出卖亲生子女或收养子女的，可不作为犯罪处理；对于出卖子女确属情节恶劣的，可按遗弃罪处罚；对于那些确属介绍婚姻，且被介绍的男女双方相互了解对方的基本情况，或者确属介绍收养，并经被收养人父母同意的，尽管介绍的人数较多，从中收取财物较多，也不应作犯罪处理。

▼最高人民检察院法律政策研究室关于以出卖为目的的倒卖外国妇女的行为是否构成拐卖妇女罪的答复（全文）（1998年12月24日）

刑法第二百四十条明确规定："拐卖妇女、儿童是以出卖为目的，有拐骗、绑架、收买、贩卖、接送、中转妇女、儿童的行为之一的。"其中作为"收买"对象的妇女、儿童并不要求必须是"被拐骗、绑架的妇女、儿童"。因此，以出卖为目的，收买、贩卖外国妇女，从中牟取非法利益的，应以拐卖妇女罪追究刑事责任。但确属为他人介绍婚姻收取介绍费，而非以出卖为目的的，不能追究刑事责任。

○在实施拐卖妇女犯罪中将被拐卖妇女的雇主杀害的行为，不能作为拐卖妇女罪的加重情节

被告人杀害饭店老板的行为超出了预谋时"控制"的范围和限度，符合故意杀人罪的犯罪构成，不属于拐卖妇女罪的加重情节,应当另定故意杀人罪。理由如下:(一)根据牵连犯的内涵,构成牵连犯的数行为之间必须具有牵连关系,不存在牵连关系的行为只能根据犯罪构成分别定罪。具有牵连关系的数个行为虽然触犯了不同罪名,但是由于牵连犯只有一个主犯罪行为,其他犯罪行为是完成主犯罪行为必要的手段或者必然的结果,数行为均是在主犯罪行为的主观故意支配下实施的,故牵连犯的数行为因牵连关系而无法割裂,只能以一主罪论处。关于牵连关系的判断,应该坚持主客观相统一的原则。在主观上,行为人必须基于同一犯罪目的实施数行为。数行为之间主观故意的一致性是在罪责上认定牵连关系的主观基础;在客观上,数行为应当具有认定牵连的内在联系。根据前述内容,牵连犯的数行为是触犯不同罪名的独立行为,从犯罪构成理论来说,即每个行为都具备不同的犯罪构成。但是,由于犯罪行为对法益的侵害是一个渐进的过程,往往具有不同的行为阶段,刑法为了能够全面保护法益,会对侵犯同一法益的不同行为阶段设置不同的犯罪构成加以评价。当先后发生的两个行为基于同一主观故意下造成了对同一法益的侵犯时,这两个行为能够充足一个犯罪构成,这种主观和客观上的联系就被界定为牵连关系。本案中谭某等人实施了故意杀人行为和拐卖妇女行为,二者之间是否具有牵连关系是能否认定牵连犯的关键。其一,从主观方面讲,谭某等人的同一犯罪目的并不明确,缺乏牵连意图。谭某等人在犯罪预谋时商量“控制”饭店老板以保障顺利拐卖妇女,但是对如何“控制”和“控制”到什么程度主观上并没有明确认识。谭某等人杀害饭店老板是一种最极端的控制方式,故意杀人行为的主观内容与拐卖妇女罪的主观内容相互独立,无法统一为一个犯意,因而缺乏认定牵连关系的主观基础。其二,从客观方面讲,谭某等人的故意杀人行为和拐卖妇女行为缺乏法益方面的牵连关系。这里的牵连关系是指手段行为与目的行为是对同一法益的侵犯。谭某等人用故意杀人的手段“控制”饭店老板,主观上针对的是饭店老板,客观上侵犯的也是饭店老板的生命权利;而拐卖妇女的行为主观上针对的是被拐卖的妇女,客观上侵犯的是被拐卖妇女的人身自由权利。两种行为并未侵犯同一法益,谭某等人的故意杀人行为在行为实施的主观认识和客观程度两方面均超出了牵连关系的范畴,不存在认定牵连关系的可能,故只能依据犯罪构成认定为独立的故意杀人罪。(二)根据牵连犯的处罚原则,具有牵连关系的数行为之间在罪状和罪责上应该具有概括的包含关系,不具有包含关系的数行为只能根据数罪并罚原则分别定罪处罚。通常,牵连犯的处罚原则是择一重罪处罚或者择一重罪从重处罚,这是基于以下考虑:第一,从社会危害性来说,牵连犯不同于一般的数罪,其社会危害性程度相对较轻;第二,从人身危险性来说,行为人实施构成牵连关系的数行为,是为了顺利完成犯罪“不得已而为之”或“犯罪后的必然结果”;第三,从刑罚效果来说,牵连犯的主罪行为在罪状和罪责两方面都概括包含了从罪行为,择一重罪处罚或者择一重罪从重处罚能够全面客观地评价牵连犯的危害性,保证了罪责刑相适应、罚当其罪的处罚原则。本案中,被告人谭某等人杀害饭店老板的行为是否符合刑法第二百四十条第一款第(七)项规定的“造成被拐卖的妇女、儿童或者其亲属重伤、死亡或者其他严重后果”之情形,是认定两罪之间是否存在罪状包含关系的关键。首先,从被害主体来讲,第(七)项法定加重情节的被害主体是“被拐卖的妇女、儿童或者其亲属”,而本案暴力致死的被害人是被拐卖妇女的雇主,不属于法定的亲属范畴,超越了该项规定的犯罪对象身份;其次,从文义理解来讲,“其他严重后果”是与“重伤、死亡”后果并列的宾语,主体依然是“被拐卖的妇女、儿童或者其亲属”;最后,从主观认识来讲,“造成……重伤、死亡或者其他严重后果”是指拐卖妇女的暴力行为直接或间接导致危害结果,如由于犯罪分子捆绑、堵口鼻、殴打、虐待等,使被拐卖者重伤或死亡,由于犯罪分子的拐卖行为或者侮辱、殴打等行为引起被拐卖者或者其亲属自杀、精神失常或者其他严重后果。而谭某等人杀害饭店老板的行为,完全超越了拐卖妇女罪的罪状外延,二者在罪状层面不存在包含关系。综上,谭某等人虽然在犯罪预谋时商量“控制”饭店老板,但在实行时,为排除妨碍顺利实施拐卖妇女而故意非法剥夺他人生命,客观上也完备了故意杀人罪的犯罪构成要件。谭某等人杀害饭店老板的行为从主观和客观两方面均无法被拐卖妇女的罪行包含,故意杀人行为和拐卖妇女行为不成立牵连关系,谭某等人的行为构成故意杀人罪和拐卖妇女罪,应当数罪并罚。[参见《刑事审判参考》总第63集(2008年第4集),法律出版社,第75～78页。]

▽以拐卖妇女为目的的拐卖两性人行为构成拐卖妇女罪

刑法中拐卖妇女罪的犯罪对象必须是妇女。两性人,是指“由于胚胎的畸形发育而形成的具有男性和女性两种生殖器官的人”。行为人明知是年满14周岁的两性人而以出卖为目的实施拐骗、绑架、收买、贩卖、接送、中转行为的,根据罪刑法定原则,不能以拐卖妇女罪定罪处罚。但对于行为人因对犯罪对象的认识错误,误将两性人视为妇女而予以拐卖的,属于刑法理论上的对象不能犯未遂。这种对象不能犯未遂,因行为人的行为已具备刑法规定的拐卖妇女罪的全部构成要件,只是因为行为人的疏忽或者是相关知识的欠缺,致使意欲实施的行为与其实际实施的行为形似而质异,才未能发生行为所希望的犯罪后果,但仍具有社会危害性,不影响拐卖妇女罪的成立,只对犯罪形态产生影响,应以拐卖妇女(未遂)罪追究行为人的刑事责任。[参见第77号案例,张世林拐卖妇女案,载《刑事审判参考》总第11辑(2000年第6辑),法律出版社,第13页。执笔:郭彦东　牛克乾]

▽以贩卖为目的,入室偷盗婴幼儿过程中被发现,使用暴力抢走婴儿的行为,属于刑法第二百四十条第一款第五项规定的情形

被告人吕某某、黄某某以贩卖为目的,预谋偷盗年仅8个月的婴儿,同时,在预谋时即商定若遇到反抗可将人打晕后抢走婴儿。作案过程中,被告人黄某某在外望风接应,被告人吕某某携啤酒瓶等凶器入室偷盗婴儿,在被婴儿母亲、曾祖母发现后将两人杀害后抱走婴儿。二被告人的行为属于刑法本条第一款第五项“以出卖为目的,使用暴力、胁迫或者麻醉方法绑架妇女、儿童的”情形,不属于刑法本条第一款第六项规定情形。理由如下:首先,被告人吕某某、黄某某在预谋时即同时具备偷盗和抢夺婴儿以贩卖的两种故意。其次,绑架是指以暴力手段劫持或以实力控制他人,而被告人吕某某在偷盗过程中被发现,实施暴力行为抢走婴儿的行为与之相符。最后,本罪中“儿童”是指不满14岁的人,其中,不满1岁的为婴儿,1岁以上不满6岁的为幼儿。也就是说,婴幼儿属于儿童,暴力劫走婴儿的行为属于绑架儿童行为。据此,二被告人的行为在主、客观上均符合刑法本条第一款第五项的规定,一、二审认定二被告人的行为构成刑法本条第一款第六项“以出卖为目的,偷盗婴幼儿”不妥,应予纠正。[参见第728号指导案例,吕锦城、黄高生故意杀人、拐卖儿童案,载《刑事审判参考》总第82集(2011年第5集),第36页。撰稿:魏海欢]

▽在拐卖儿童过程中,被告人吕某某直接杀害被拐儿童亲属的行为,对其应以故意杀人罪和拐卖儿童罪定罪处罚。被告人黄某某不构成故意杀人的共犯,但应对被告人吕某某致被害人死亡的过限行为承担拐卖儿童罪加重情节的责任

被告人吕某某在拐卖儿童过程中被发现,持刀杀死两人,其行为构成拐卖儿童罪、故意杀人罪;鉴于没有证据证实被告人黄某某与吕某某预谋杀害被害人,黄某某主观上无杀害被害人的故意,客观上没有实施杀人行为,不能认定其行为构成故意杀人罪。被告人黄某某的行为构成拐卖儿童罪,且属刑法本条第一款第七项规定的“造成被拐卖的妇女、儿童或者其亲属重伤、死亡或者其他严重后果的”情形。对于拐卖妇女、儿童罪,1997年刑法修改后,并未出台相关立法、司法解释,在实践中现适用较多的是1992年发布的《最高人民法院、最高人民检察院关于执行〈全国人民代表大会常务委员会关于严惩拐卖、绑架妇女、儿童的犯罪分子的决定〉的若干问题的解答》(本附文以下简称《解答》)。虽然《解答》的部分条款难以与现行法律规定一一对应,但整体的立法精神未变,因此,《解答》所明确的内容对现行司法实践仍具有参照意义。根据《解答》第四条的规定,“造成被拐卖的妇女、儿童或者其亲属重伤、死亡或者其他严重后果的”,是指由于犯罪分子拐卖妇女、儿童的行为直接、间接造成被拐卖妇女、儿童或者其亲属重伤、死亡或者其他严重后果的情形。例如,由于犯罪分子采取拘禁、捆绑、虐待等手段,致使被害人重伤、死亡或者造成其他严重后果的;由于犯罪分子的拐卖行为以及拐卖中的侮辱、殴打等行为引起的被害人或者其亲属自杀、精神失常或者其他严重后果的等。对被拐卖妇女、儿童进行故意杀害、伤害的,应当以故意杀人罪或者故意伤害罪与拐卖妇女、儿童实行并罚。从《解答》列举的情况来看,"造成被拐卖的妇女、儿童或者其亲属重伤、死亡或者其他严重后果的",应当是指犯罪分子的拐卖犯罪的手段行为直接致使被害人伤亡以及拐卖犯罪行为间接引起被害人伤亡的情况。在这种情况下,被告人主观上并非以被害人伤亡的结果为目的。如果对被拐卖人进行故意杀害、伤害,或者为进行拐卖犯罪排除妨碍,对被拐卖人亲属进行杀害、伤害的,应当以故意杀人罪或者故意伤害罪与拐卖妇女、儿童实行并罚。本案被告人吕某某入室偷盗婴儿时被发现,为制止婴儿母亲的反抗,持刀杀害婴儿母亲,唯恐罪行败露又将婴儿曾祖母杀害,后抢走婴儿与被告人黄某某共同贩卖。被告人吕某某持刀捅刺二被害人的行为不属于拐卖儿童的手段行为,而是属于为排除妨碍、防止罪行败露实行的杀伤行为。从其使用的凶器、捅刺的部位来看,其主观上有追求或放任被害人死亡结果发生的故意,故其行为应认定为故意杀人罪。而根据刑法理论,共同犯罪要求各共犯人具有相同的犯罪故意,且彼此之间具有意思联络。实行犯在共同犯罪中实施了超出共同预谋之罪范围外的犯罪行为,不成立共同犯罪。本案被告人黄某某与吕某某预谋偷盗婴儿,同时预谋时亦商量遇反抗可将人打晕后抢走婴儿,即二人预谋偷盗、遇反抗即以暴力手段绑架婴儿,其共同的犯罪故意仍在拐卖儿童犯罪范围内。现有证据仅能证明二人预谋可用啤酒瓶砸晕人,不足认定二人共同预谋时有直接追求或放任被害人死亡的故意。对于被告人吕某某的杀人行为,被告人黄某某主观上不能预见,客观上亦没有实施杀害被害人的行为,仅实施了望风行为。因此,被告人黄某某不应对被告人吕某某的过限行为承担共犯责任,不构成故意杀人之共犯,仅应以拐卖儿童罪定罪处罚。但是,本案被害人死亡的后果虽是被告人吕某某故意杀人行为造成的,也不应把吕某某故意杀人行为与其之前入室偷抢婴儿的行为完全割裂开来,正是二人偷抢婴儿的行为引发了吕某某故意杀人行为,导致二被害人死亡的后果。根据《解答》第四条的规定,即使是因被害人被拐卖引发被害人亲属自杀的行为都属于"造成被拐卖的妇女、儿童或者其亲属重伤、死亡或者其他严重后果的"情节,那么偷抢婴儿导致被害人的亲属在阻止偷抢行为过程中死亡的行为更应属于加重情节。因此,被告人黄某某应当对二被害人的死亡承担责任,应当适用刑法第二百四十条第一款第七项的规定,认定被告人黄某某拐卖儿童的行为造成被拐卖儿童的亲属死亡的严重后果。根据本案的具体案情,被告人吕某某入室偷盗婴儿被发现后使用暴力,持刀捅刺致两被害人死亡,故意杀人罪行极其严重,应依法惩处。在共同拐卖儿童犯罪中,被告人黄某某首先提议偷盗婴幼儿,与吕某某预谋若遇到反抗即采用暴力抢走婴儿,并带吕某某踩点,共同准备犯罪工具,联系买家,在吕某某入室作案时为其望风,其在拐卖儿童犯罪中的作用相对要大于吕某某。同时,黄某某拐卖儿童犯罪虽然具有"以出卖为目的绑架儿童""造成被拐卖儿童亲属死亡"等法定加重处罚情节,罪行极其严重,但黄某某与吕某某预谋时主观上没有杀人的故意,不能预见到其行为会造成二被害人死亡的后果,客观上也没有实施杀人的行为,因此,最高人民法院对被告人黄某某以拐卖儿童罪改判死刑,缓期二年执行,是妥当的。[参见第728号指导案例,吕锦城、黄高生故意杀人、拐卖儿童案,载《刑事审判参考》总第82集(2011年第5集),第36～39页。撰稿:魏海欢]

▽对于将亲生子女送给他人并收取一定数额钱财的行为,必须准确区分罪与非罪、此罪与彼罪

未成年子女处于父母的监护之下,将亲生子女送给他人并收取一定数额的金钱,在行为方式上与一般的拐卖儿童犯罪存在差异,具有一定特殊性。对于这种行为,由于同时存在拒绝抚养和获取财物两种情形,是否认定为犯罪,以及是认定为拐卖儿童罪,还是认定为遗弃罪?

为明确法律适用依据,准确区分行为性质,最高人民法院、最高人民检察院、公安部、司法部2010年联合发布的《关于依法惩治拐卖妇女儿童犯罪的意见》(本附文以下简称《意见》)在关于定性一节中明确规定,"以非法获利为目的,出卖亲生子女的,应当以拐卖妇女、儿童罪论处"。《意见》同时要求严格区分借送养之名出卖亲生子女与民间私自送养行为的界限,确属民间私自送养行为的,不能以拐卖儿童罪论处；对私自送养导致子女身心健康受到严重损害，或者具有其他恶劣情节，符合遗弃罪特征的，可以以遗弃罪论处。值得注意的是，《意见》的指导精神是要求依法打击将子女当作商品买卖的行为，因此要严格将拐卖儿童与民间私自送养、遗弃行为区分开来。区分的关键就在于，行为人是否具有非法获利目的。所谓非法获利，就是把子女当作商品，把收取的钱财作为出卖子女的身价。对行为人将亲生子女送给他人并收取一定数额的钱财的行为，如何判断行为人主观上是为了非法获利，还是拒绝承担抚养义务，存在一定难度。司法实践中，行为人多是以家庭经济困难无力抚养、未婚先育、超生逃避计划生育政策处罚等理由，辩称其行为属于私自送养，收取的钱财只是"感谢费""营养费"，因而不构成拐卖儿童罪。将监护权私自转移给他人，并收取数额较大钱财的行为，首先体现出行为人拒绝承担抚养义务，其次不排除其具有非法获利目的的可能，因此，从中甄别出那些单纯为了非法获利而将子女当作商品出卖的行为，既有必要，也有可能。对于那些在决定是否将子女送人时，首先或者主要考虑的是子女以后的生活、教育成长等因素，对收养人是否给付钱财以及给付的多寡并不刻意关注、追求的，一般不宜将行为人的行为定性为出卖亲生子女。在具体案件中，对非法获利目的的认定，要注意从以下几个方面的证据综合进行审查：

一是审查是否有证据证实行为人将生育作为非法获利的手段，生育子女后即将子女出卖。对非法获利目的的认定，不能局限于一次行为的评价，要综合被告人的关联行为，准确认定被告人是否属于因经济困难而送养小孩。如被告人杜某、耿某生育一名女婴，自称女婴有病，因无钱医治，遂通过中间人介绍，将女婴送给他人抚养，并从收养人处收取6600元。在接下来的3年时间里，二被告人先后将所生育的3个孩子全"送"给他人"抚养"，共收取68 000元。如果仅局限于第一次行为，很难准确认定被告人的主观目的。然而，其接下来将刚生育的3个子女都先后"送人"换取钱财的事实，足以体现出其借"送养"之名行敛财之实，具有非法获利目的，应当以拐卖儿童罪论处。

二是审查行为人将子女送人的背景和真实原因，并审查行为时是否考虑对方有无抚养目的、抚养能力。实践中，父母将亲生子女送人的背景、原因很复杂，有的是家庭经济状况异常困难或者突然遭遇重大变故，如亲属身染重病，导致没有能力抚养子女的；或者未婚先育，短期内无法结婚又不具备抚养能力和条件的等。在上述情况下，父母将亲生子女送给他人，首先考虑的是子女以后的成长生活、教育等因素，一般会对收养方是否有抚养目的和抚养能力进行认真斟酌考量。对方给不给抚养费、给多少抚养费，父母不会特别在意。例如，被告人黄某与前妻育有一子，再婚后又生育两个女儿，后妻子离家出走，黄某无固定职业，经济收入较低，遂产生送养一个女儿以减轻负担的念头。黄某了解到孙某有收养的想法后，将女儿送给孙某抚养，并收取了孙某给的2万元钱。在该案中，黄某虽然从孙某处收取了一定钱财，但初衷是无力抚养子女，且在了解孙某确实想收养孩子后，才将孩子送出，并非单纯为了非法获利，故法院未认定黄某出卖亲生子女。如果行为人知道或应当知道对方是"人贩子"，或者根本不考虑对方是否具有抚养目的和抚养能力，为获取钱财将子女"送"给他人的，一般情况下，可以认定行为人具有非法获利目的，应当认定构成拐卖儿童罪。

三是审查行为人收取钱财的多少以及在收取钱财过程中的态度。一方面，要考虑收取钱财的数额是否明显超出了抚育成本或"感谢费"的范围，但不能唯数额论。数额巨大的，未必都能认定行为人具有非法获利目的，如收养人经济状况较好，主动支付数额较大的"感谢费"的情形；收取钱财数额相对小的，也未必一概不认定具有非法获利目的，如父母为了偿还赌债或者挥霍享乐，以"较低价格"将子女"送人"，或者父母为出卖子女积极讨价还价，但最终只收取到少量钱财的情形，就足以体现出行为人具有非法获利目的。因此，行为人在收取钱财过程中的表现、态度，是判断其是否具有非法获利目的的一项重要因素。

总之，对于将亲生子女送给他人并收取一定数额钱财的行为，实践中一定要结合各种因素综合判断。如果认定行为人非法获利目的的证据存疑的，应当按照存疑有利于被告人的原则，根据案件具体情况,或者认定为遗弃罪,或者作无罪处理。本案中,根据证人张某某等的证言和同案被告人段某某的供述,张某某听说有个亲戚想抱养男婴后,联系被告人关某某,关某某称要收取50 000元才能将儿子送人,双方没有谈成。张某某将该情况告诉了医院的保洁员段某某,段某某又与被告人武某某、关某某联系,关某某说要30 000元,经反复讲价,最终商定26 000元。后一名叫蔡某某的男子付钱后将该男婴转卖至外省。关某某、武某某虽辩称系因经济困难而将刚生育的婴儿送人"抚养",并不是出卖亲生子女,但根据查明的案件事实,二人在决定是否将婴儿送人的过程中,积极与中间人讨价还价,根本不考虑对方是否具有抚养目的,也不了解、不关注孩子会被送至何处以及被何人"抚养",由此足以体现出二被告人主观上首先考虑的是将子女作为商品出卖以获取非法利益,其行为不属于民间私自送养或者遗弃子女,法院认定其构成拐卖儿童罪,定性是准确的。[参见第781号指导案例,武亚军、关倩倩拐卖儿童案,载《刑事审判参考》总第86集(2012年第3集),第60～64页。撰稿:赵俊甫]

▽出卖亲生子女构成拐卖儿童罪的,要根据案件具体情况,合理确定量刑轻重

拐卖儿童犯罪严重侵犯儿童身心健康,只要构成拐卖儿童罪,就至少应当在五年以上十年以下有期徒刑这个法定刑幅度内判处刑罚,情节特别严重的还可能判处死刑。因此,总体上看,拐卖儿童是一种重罪。然而,拐卖儿童的情形非常复杂,在坚持整体上从严惩处的同时,还需要贯彻宽严相济刑事政策的精神和要求,做到区别对待,宽以济严。出卖亲生子女与"人贩子"所采取的收买、拐骗、偷盗、强抢等方式拐卖儿童相比,后者的社会危害更大。对于出卖亲生子女的案件,应当考虑行为人出卖亲生子女的动机,子女被卖出后是否受到摧残、虐待以及是否得到解救等因素,合理确定量刑幅度。如果主观动机、客观情节并非十分恶劣的,一般可以酌情从轻处罚。对于那些一方面具有生活困难、未婚先育等特殊情节,但另一方面又有充分证据证实系为了非法获利而将子女作为商品出卖的行为人,如果根据案件具体情况,参酌社会一般人的道德伦理观念,考虑被解救儿童仍需由原家庭哺育抚养照顾等因素,在处罚上即使判处法定最低刑仍显过重的,可以在法定刑以下判处刑罚,依法层报最高人民法院核准。本案被告人武某某、关某某生育一男孩,因孩子经常生病,家庭生活困难,二人遂决定将孩子送人,并通过中间人介绍,将该男婴以26 000元的"价格"卖给他人,后婴儿的爷爷报警后,公安机关将婴儿成功解救,没有造成严重的社会危害后果,且婴儿幼小,迫切需要得到亲生父母的哺育照料,故原审法院对其在法定刑以下判处刑罚,最高人民法院经依法复核,裁定予以核准。

需要指出的是,司法实践中,出卖亲生子女的案件往往涉及居间介绍等诸多中间环节,对于帮助介绍出卖他人亲生子女的行为人,是否追究其拐卖儿童罪的刑事责任,需要区分不同情况,分别处理,关键是看行为人是否具有非法获利目的。同时,还要注意贯彻好宽严相济的刑事政策,合理确定惩治范围。对于那些明显以非法获利为目的,积极参与介绍出卖他人亲生子女的;或者明知一方是"人贩子"仍然从中居间介绍,撮合买卖的;或者介绍人以帮助送养为名骗得他人的亲生子女后将其出卖的,对行为人应当依法以拐卖儿童罪定罪处罚。反之,如果只是出于邻里、亲朋私情,为行为人出卖亲生子女"牵线搭桥",没有收取任何钱财或者只是事后被动分得少量"感谢费",所起作用明显较小,犯罪情节较轻的,应当从轻、减轻或者免除处罚;情节显著轻微危害不大的,可以不以犯罪论处,避免打击面过宽。[参见第781号指导案例,武亚军、关倩倩拐卖儿童案,载《刑事审判参考》总第86集(2012年第3集),第60～64页。撰稿:赵俊甫]

▽以牟利为目的实施的拐卖妇女犯罪与普通的介绍婚姻收取财物行为具有本质的差异,应当结合拐卖妇女罪的犯罪构成要件予以区分

以"介绍婚姻"为名出卖妇女并谋取非法利益的拐卖妇女犯罪,与普通的介绍婚姻并收取财物的行为,尽管在形式上具有一定的相似性,但在实质上具有本质的差异。介绍婚姻收取财物通常是指为男女双方居间联系,促成合法婚姻,并收取一方或者双方财物的行为。而拐卖妇女犯罪则是将妇女作为商品出卖谋取非法利益,并非促成合法婚姻,其本质上是否定被拐卖妇女人格的人口贩卖行为。一般情况下,拐卖妇女犯罪与普通的介绍婚姻行为比较容易区分。拐卖妇女犯罪主观上以出卖被拐卖的妇女牟取非法利益为目的,犯罪行为人之所以拐卖妇女,其目的就是通过出卖妇女牟取非法利益,至于被拐卖的妇女是否同意婚姻,并非犯罪行为人考虑的因素,从客观方面分析,拐卖妇女犯罪客观上是将妇女作为商品进行买卖,被拐卖妇女完全处于被非法处置的地位,丧失了自主决定婚姻的意志自由和行为自由。为了在客观上顺利实施拐卖妇女的行为,行为人一般需要对被拐卖妇女实施非法的人身控制。通常情况下,拐卖妇女犯罪的行为人都是通过欺骗或者强制等方式事先控制妇女的人身自由,然后将被拐妇女出卖给他人。相比之下,通常的介绍婚姻行为并不具有出卖妇女的目的,而仅仅是居间联系促成男女双方结成婚姻。婚姻介绍者必须考虑男女双方是否同意该桩婚姻。婚姻介绍者通常需要接受男女一方或者双方的委托,或者取得男女双方的同意。如果男女一方不同意就无法促成婚姻,故不存在对妇女的人身控制问题,更不存在出卖妇女的问题。实践中,需要注意把握以下几个方面的问题:首先,犯罪行为人以拐卖妇女为目的,实施拐卖妇女的行为即构成拐卖妇女罪,被拐卖妇女的意志并不影响该罪的成立。通常情况下,犯罪行为人对被拐卖的妇女一般都会实施一定的人身控制,但个别案件中,一些被拐卖的妇女可能出于生计或者其他方面的考虑,配合甚至同意犯罪行为人的拐卖行为,但这并不影响对拐卖妇女罪的定性。因为从法益保护的角度看,国家强调对人身自由和人格尊严的法律保护,禁止将任何人当作商品买卖,即使被拐卖的妇女配合、同意犯罪行为人的拐卖行为,也不影响本罪的成立。其次,明知系被拐卖的妇女仍然为其介绍婚姻收取费用的行为,构成拐卖妇女罪的共犯。实践中,许多婚介人员可能长期从事婚姻介绍工作,并从中收取中介费用(或者好处费),但日常生活中的婚介行为由于尊重当事人的合意,仅是居中介绍婚姻,因此并不违反法律的规定。不过,如果明知系被拐卖的妇女(包括无民事行为能力的妇女),仍然为被拐卖的妇女介绍婚姻并收取中介费用的,应当构成拐卖妇女罪的共犯。不论婚介人员自身是否认识到行为的社会危害性,都不影响拐卖妇女罪的成立。再次,获取财物价值的大小并不影响拐卖妇女罪的成立。从性质上分析,拐卖妇女犯罪的行为人所获得的财物是以被拐卖妇女的人身为"对价",通常是向非法收买被拐卖妇女一方收取,在性质上属于非法谋取的利益,数额往往明显超出合理的居间介绍费用。相比之下,婚姻介绍者所获得的财物是"婚介费""感谢费",属于居间介绍婚姻的酬劳,该费用可由男女一方或者双方承担,数额一般都会小于出卖妇女的价格。实践中,由于各地经济发展水平的差异,一些地区的婚介费用较高,可能达到数千元乃至上万元,一些经济条件较好的婚姻双方基于感谢的目的可能支付大额的好处费;而在一些经济水平较低的地区,被拐卖的妇女往往只能卖得数千元甚至更低的价钱。因此,实践中应当根据拐卖妇女罪的构成要件来区分罪与非罪的成立,不能仅凭收取的费用高低来判断是否构成该罪。最后,应当对拐卖妇女犯罪的社会危害性有充分的认识。从对原有家庭及社会关系的影响分析,许多时候被拐卖妇女的亲属对被害人被拐卖的行为并不知情,拐卖妇女犯罪通常会造成被拐卖妇女与其原有家庭及社会关系的被动脱离,严重破坏了被拐卖妇女原有的家庭关系和社会关系。相比之下,介绍婚姻行为是在男女双方知情且同意的情况下进行的,如果婚姻介绍成功,就会促成新的家庭关系的成立,并不会破坏原有的家庭及社会关系。[参见第791号指导案例,刘友祝拐卖妇女案,载《刑事审判参考》总第87集(2012年第4集),第23~25页。撰稿:刘静坤　陈建军]

▽为精神发育迟滞、无民事行为能力的妇女"介绍对象"获取利益的行为,应当认定为拐卖妇女罪

司法实践中,如果拐卖对象是具备完全民事行为能力的妇女,一般比较容易掌握拐卖妇女犯罪与普通介绍婚姻行为之间的界限。但如果被拐卖妇女是无民事行为能力的妇女,就容易引发争议。本案审理过程中,有观点认为,被告人刘某某只是应王秀英的要求将重度精神发育迟滞、无民事行为能力的无名妇女介绍给他人做妻子,主观上是为了让无名妇女以后的生活更有保障,其所获得的钱款也是作为介绍婚姻的好处费,因此不符合拐卖妇女罪的构成特征。上述观点值得商榷。具体理由如下:精神发育迟滞、无民事行为能力的妇女,因缺乏民事行为能力和自我保护意识,无须使用强制人身自由的手段进行拐卖,故更应注重对该类弱势群体合法权益的维护。本案被害人就是一名精神发育迟滞、无民事行为能力的妇女,因其流落在外,被告人刘某某等人为谋取非法利益,将其非法出卖给他人。尽管刘某某等人辩称是给被害人介绍对象,但被害人自身并无民事行为能力,刘某某等人又并非其监护人,因此其行为实质是拐卖妇女犯罪行为。首先,被告人刘某某是为了牟取非法利益而积极联系买家出卖被害人,并非像其辩称的仅是应王某某的要求为被害人介绍对象从中收取好处费。换言之,刘某某的行为并非单纯应他人要求介绍婚姻的行为,而是积极非法出卖妇女的行为。刘某某连续两次寻找买主并将被害人卖出:第一次是将被害人介绍给他人做儿媳妇,刘某某从中索取 2000 元,而王某某收留被害人多日,仅从中得款 1600 元,可见刘某某行为积极,并非仅是应王某某的要求出卖被害人。同时,在被害人因无法做事情被退回后,刘某某为了退还此前收取买家的 2000 元钱,又单独将被害人出卖给另一位买家,经讨价还价后从中索取 10 028 元。因此,从上述经过可以看出,刘某某并非受人之托介绍婚姻,而是积极通过出卖行为谋取非法利益。其次,本案被害人经鉴定患有重度精神发育迟滞、无民事行为能力,无法对他人介绍婚姻的行为作出判断,缺乏自由表达意志的能力。被告人刘某某并非被害人的监护人,其出卖被害人获取利益的行为亦非单纯使被害人受益。从该案实际情况分析,刘某某出卖被害人的行为就是为了牟取非法利益,其为被害人寻找的买家并不能让以后的生活更有保障。一是刘某某为该妇女寻找的对象均系生活无法自理者,他们自身并不具备完全的民事行为能力,更无法照顾被害人日常生活,由此可以推断,刘某某出卖被害人的行为是为了牟取非法利益,而不是为了保障被害人的生活。二是刘某某的行为在客观上并未使被害人的生活更有保障。由于被害人重度精神发育迟滞、无民事行为能力,无法承担一个正常妻子可以承担的责任,因此买家的家庭并未收留被害人,而是将其退回。因此,刘某某单方面以介绍婚姻的形式将被害人出卖的行为,非但未能更好地保障被害人的生活,反而严重侵犯了被害人的人身权利。如果刘某某主观上是为了被害人以后的生活更有保障,其应当通过公安机关寻找被害人的亲属,使其恢复原有的家庭社会关系,从而切实保障其正常的生活。最后,刘某某具有出卖妇女非法牟利的目的,并且通过出卖妇女的行为实际获利。刘某某先后两次将无民事行为能力的妇女出卖,索取大额非法利益,其所获得的钱款是出卖该妇女的非法所得,并非介绍婚姻的好处费。

综上,本案被告人刘某某主观上具有出卖妇女牟取非法利益的故意,客观上实施了非法出卖妇女牟利的行为,其行为显然不是普通的介绍婚姻行为,而是拐卖妇女的犯罪行为,根据主客观相统一的原则,应当认定被告人刘某某构成拐卖妇女罪。[参见第 791 号指导案例,刘某某拐卖妇女案,载《刑事审判参考》总第 87 集(2012 年第 4 集),第 25～26 页。撰稿:刘静坤　陈建军]

▽出卖亲生子女的行为应当构成拐卖儿童罪

刑法本条采用简单罪状的方式对拐卖儿童罪作了规定,条文中未明确该罪的犯罪对象是否包括亲生子女。出卖亲生子女行为与典型的拐卖儿童行为相比,成因复杂,社会危害性较小,甚至可能获得社会公众的一些同情,因此,对这种行为是否构成拐卖儿童罪存在不同认识。司法实践中对此行为性质的认定也经历了一个复杂的发展变化过程。1999 年印发的《全国法院维护农村稳定刑事审判工作座谈会纪要》(本附文以下简称《纪要》)规定:"对那些迫于生活困难、受重男轻女思想影响而出卖亲生子女或收养子女的,可不作为犯罪处理;对于出卖子女确属情节恶劣的,可按遗弃罪处罚。"《纪要》考虑到此种行为大多受生活所迫,出卖人并不具有非法获利的目的,故原则上不将此种行为认定为拐卖儿童罪。最高人民法院、最高人民检察院、公安部、民政部、司法部、全国妇联 2000 年联合印发的《关于打击拐卖妇女儿童犯罪有关问题的通知》(本附文以下简称《通知》)第四条规定:"出卖亲生子女的,由公安机关依法没收非法所得,并处以罚款;以营利为目的,出卖不满十四周岁子女,情节恶劣的,借收养名义拐卖儿童的,以及出卖捡拾的儿童的,均应以拐卖儿童罪追究刑事责任。"《通知》首次明确了出卖子女牟利的行为应认定为拐卖儿童罪。最高人民法院、最高人民检察院、公安部、司法部 2010 年联合印发的《关于依法惩治拐卖妇女儿童犯罪的意见》(本附文以下简称《意见》)吸纳了《纪要》和《通知》的相关内容,规定以非法获利为目的,出卖亲生子女的,应当以拐卖儿童罪论处。同时指出,区分借送养之名出卖亲生子女与民间送养行为的关键在于行为人是否具有非法获利的目的,民间送养行为不构成拐卖儿童罪,情节恶劣符合遗弃罪构成要件的,按遗弃罪处理。可见,现行司法政策改变了《纪要》原则上不认定出卖亲生子女行为构成拐卖儿童罪的认识,而是作了进一步的区分,将出于非法获利目的出卖子女的行为以拐卖儿童罪予以惩治,对法益的保护更为周到,对犯罪的打击也更为精确。本案中被告人王某某发布送养信息后,与被告人刘某某进行了接洽,在完全不认识收养方,也没有考察收养方是否有抚养目的和抚养能力的情况下,即通过刘某某向收养方索要6.6万元,其以送养为名非法获取巨额利益的目的显而易见。故王某某的行为属《意见》中规定的“根本不考虑对方是否具有抚养目的,为收取钱财将子女‘送’给他人”的情形,已构成拐卖儿童罪。[参见第835号指导案例,王某某、刘某某拐卖儿童案,载《刑事审判参考》总第90集(2013年第1集),第70~72页。撰稿:段伟　罗灿]

▽应当认识到对方可能是在出卖儿童,并主动向其提出支付费用,且在对方不知情的情况下向收养方索要报酬的行为,构成拐卖儿童罪的共同犯罪

成立共同犯罪必须具有共同的犯罪故意和共同的犯罪行为。共同的犯罪故意分为明示的共同故意和默示的共同故意,明示的共同故意包括语言和文字表述等方式,默示的共同故意包括身体姿势、眼神、心照不宣的行为默契等。共同的犯罪行为包括共同的实行行为和组织、教唆、帮助、共谋等行为。本案被告人刘某某在网上看到有人想收养孩子的信息后,没有查证对方是否有真实的收养意图,就称可以为其介绍,随后便在网上收集信息,后与在网上发布送养信息的被告人王某某取得联系,并向王某某隐瞒真相,假称自己的表弟想收养王的孩子。主观上刘某某应当认识到王某某可能是在出卖儿童,并主动向王某某提出支付6.6万元的补偿费用,且在王不知情的情况下向收养方索要2万元报酬,显然二被告人均想从“送养”孩子的交易中获取非法利益,彼此心照不宣,具有共同的犯罪故意。客观上,刘某某居中积极联系,并进行先期考察,后与王某某共同到约定地点与对方见面,与王某某有共同犯罪行为。故二被告人构成拐卖儿童罪的共同犯罪。对居间介绍者的主从犯认定问题,《关于依法惩治拐卖妇女儿童犯罪的意见》亦有相关规定:“对于仅提供被拐卖妇女、儿童信息或者相关证明文件,或者进行居间介绍,起辅助或者次要作用,没有获利或者获利较少的,一般可认定为从犯。”本案刘某某虽属居间介绍,但其在网上积极搜寻有关信息,并与双方商谈交易价格,还单独向收养方索要额外的巨额报酬,谈妥后又与王某某一起来到约定地点欲实施交易,其促成交易的行为十分积极主动,在共同犯罪中起主要作用,应当认定与王某某同为主犯。[参见第835号指导案例,王某某、刘某某拐卖儿童案,载《刑事审判参考》总第90集(2013年第1集),第72~73页。撰稿:段伟　罗灿]

▽被害人未转移至行为人或者第三人的实力支配范围内的犯罪停止形态是未遂

拐卖儿童罪的既遂标准,应根据不同情形具体分析,通常只要使被害人转移至行为人或者第三人的实力支配范围内为既遂,但是,出卖捡拾的儿童,出卖亲生子女的,收买被拐卖的儿童后才产生出卖犯意进而出卖儿童的,应当以出卖了被害人为既遂。根据被拐卖对象的不同来源,结合具体犯罪行为的实际危害区分既遂与未遂,针对性更强。本案被告人王某某和刘某某共同拐卖王某某的亲生子女,由于被拐卖的儿童由王某某抚养,不存在非法控制被拐卖儿童的问题,因此,认定既未遂的关键在于儿童是否被卖出。二被告人将儿童带往约定地点并欲与收养方见面,属于已经着手实施犯罪。所谓的收养方实际上是打拐志愿者,收养人与二被告人约定好见面时间和地点后即报警并协助公安人员抓捕被告人,致使王某某在等待买主时被公安人员当场抓获,而刘某某侥幸逃跑,所以二被告人的犯罪行为客观上不具备既遂的条件,属于因意志以外的原因未能得逞,应当认定为犯罪未遂。

值得一提的是,因收养方系打拐志愿者,本案还涉及犯罪引诱的问题。打拐志愿者通过在网上发布收养孩子的信息来寻找潜在的拐卖儿童行为人,一经发现有拐卖儿童的行为即向公安机关报案并协助抓捕行为人。本案中的收养人对刘某某进行了引诱,但此处的引诱属于机会提供型引诱,即被诱惑者已有犯罪倾向,诱惑者只是为其实现犯罪意图提供了机会。并且,这种在互联网上发布信息的做法并非针对特定人进行引诱,是否被引诱取决于犯罪人自己的决定,与传统的针对特定人实施的引诱有很大区别。因此,该引诱情节并不影响刘某某构成拐卖儿童罪。对于王某某,因其系自行产生出卖自己孩子的意图,而且也未看到打拐志愿者发布的信息,故不属于被引诱犯罪。[参见第835号指导案例,王某某、刘某某拐卖儿童案,载《刑事审判参考》总第90集(2013年第1集),第73～74页。撰稿:段伟　罗灿]

▽因生活困难、重男轻女等原因,私自送养亲生子女并收取一定数额钱财的,一般不以拐卖儿童罪论处

父母私自送养亲生子女并收取一定数额钱财的,何种情况下构成拐卖儿童罪,在具体把握上有一定难度。2010年最高人民法院、最高人民检察院、公安部、司法部联合制定的《关于依法惩治拐卖妇女儿童犯罪的意见》(本附文以下简称《意见》)明确规定:"要严格区分借送养之名出卖亲生子女与民间送养行为的界限。区分的关键在于行为人是否具有非法获利的目的。应当通过审查将子女'送'人的背景和原因、有无收取钱财及收取钱财的多少、对方是否具有抚养目的及有无抚养能力等事实,综合判断行为人是否具有非法获利的目的。"《意见》在列举了属于出卖亲生子女,应当以拐卖儿童罪论处的四种情形的同时,又明确强调:"不是出于非法获利目的,而是迫于生活困难,或者受重男轻女思想影响,私自将没有独立生活能力的子女送给他人抚养,包括收取少量'营养费''感谢费'的,属于民间送养行为,不能以拐卖妇女、儿童罪论处。"根据上述规定的精神,在送养亲生子女是否构成拐卖儿童罪的问题上应当从严把握犯罪构成条件,对不具有明显非法获利目的,送养子女事出有因的,一般不宜认定为拐卖儿童罪。

本案朱某某夫妇已经生育了3个女孩,生活十分困难,其生育第四个孩子的目的是想得到一个男孩,在得知仍是女孩后欲终止妊娠,可见其生育孩子的初衷系自己抚养,并未将生育作为非法获利的手段。经被告人孙某某的劝说,朱某某夫妇才决定将女婴生出,并在女孩出生后由孙某某联系送养,收取的2万元钱也并未明显高于抚育成本。综合全案看,朱某某夫妇家庭生活困难,重男轻女思想严重,其私自送养亲生子女时虽然收取了一定数额的钱财,但不具有明显非法获利目的,根据《意见》的相关规定,不以拐卖儿童罪论处。此外,处理此类案件亦应考虑刑法适用的社会效果。朱某某夫妇已养育3个孩子,生活本身就非常困难,如果再以拐卖儿童罪追究二被告人的刑事责任,势必造成其家庭生活解体,加剧社会矛盾。这一点,也是《意见》强调准确区分罪与非罪,严格控制对此类行为打击范围的重要原因。[参见第932号指导案例,孙如珍、卢康涛拐卖妇女儿童案,载《刑事审判参考》总第95集(2013年第6集),第88～89页。撰稿:翟红斌]

▽出卖亲生子女不构成犯罪的,居间介绍并转手倒卖的行为人可单独构成拐卖儿童罪

送养方、收养方均不构成拐卖儿童罪,但作为与双方多次联系并促成"收养"的人,其行为是否构成拐卖儿童罪,应当单独评价,不受送养方、收养方行为定性的影响。司法实践中,对于在私自收养儿童的过程中居间介绍并收取少量介绍费的,一般不以犯罪论处。但如果明知他人系拐卖儿童的"人贩子",仍然利用从事诊疗、福利救助等工作的便利或者了解被拐卖方情况的条件,从事居间介绍活动的,则应当以拐卖儿童罪的共犯论处。对其中起辅助或者次要作用、没有获利或者获利较少的,可以认定为从犯。如果居间介绍者在介绍过程中直接参与交易并从中获利,其实施的拐卖儿童行为具有相对独立性,即使送养方与收养方都不构成犯罪,介绍者也可能构成拐卖儿童罪。本案被告人孙某某得知有人欲收养女婴后,劝说朱某某夫妇生下本欲放弃的女婴,又在送养方与收养方之间积极运作,促成此事,表面上看,孙某某起系为送养、收养行为从事居间介绍服务,属于一般民事行为。但综合全案,从行为本质分析,孙某某的行为已超出了一般意义上的居间服务性质,属于倒卖儿童行为,可以单独构成拐卖儿童罪。其体理由如下:

1. 从隐瞒真实身份分析，被告人的行为不属于居间介绍。孙某某利用送养方、收养方不想见面的心理从中运作，与收养方交易时刻意隐瞒真实身盼，由其丈夫卢某某冒充女婴的舅舅并收取3万元送养费，使对方相信孙某某只是居间介绍者，该交易有女婴亲属参与。这一情节也说明孙某某夫妇实际上是独立的交易主体，二人在交易中所起的作用明显不同于一般的居可介绍者。孙某某由此成为送养方与收养方的实际交易对象，而不仅起到牵线搭桥的作用，不属于单纯的居间介绍者。送养方、收养方对孙某某从中赚取巨额差价的情况也毫不知情。

2. 从交易过程分析，孙某某的行为实为转手倒卖女婴，其非法获利目的非常明显。孙某某在了解到收养需求后劝说朱某某夫妇生下女婴，商定送养费用为2万元，却向收养方索要4万元，后降至3万元。收养方同意后其自行支付2万元将女婴抱走，后与丈夫卢某某一起将女婴交给收养方，赚取差价1万元。可见，孙某某与双方商定交易细节，确认有利可图后，才实施交易并先行支付送养费，其目的并不仅是赚取少量介绍费，主要是通过交易女婴赚取巨额差价。[参见第932号指导案例，孙如珍、卢康涛拐卖妇女儿童案，载《刑事审判参考》总第95集(2013年第6集)，第89~90页。撰稿：翟红斌]

▽办理拐卖儿童案件，应当注意对客观性证据的收集，同时在量刑时要考虑被告人的实际情况，注重实现案件的审判效果

司法实践中，出卖、倒卖儿童及居间介绍的行为人往往辩称自己没有非法获利目的，实施的是民间私自送养行为，并未获得巨额收益，且对婴幼儿仅凭辨认外貌也难以确认其身份，因此办案过程中对相关客观性证据的收集非常重要。《意见》对此作了专门规定，强调要特别重视收集、固定买卖妇女、儿童犯罪行为交易环节中钱款的存取证明、犯罪嫌疑人的通话清单、乘坐交通工具往来有关地方的票证、被拐儿童的DNA鉴定意见、有关监控录像、电子信息等客观性证据。本案中，公安机关较好地调集了相关客观性证据，从信用社调取了二被告人交给朱某某夫妇2万元的取款记录，又从银行调取了收养方交给二被告人3万元的取款记录，印证了相关供述、证言中提及的交易金额。同时，公安机关委托鉴定机构出具了生物物证、遗传关系鉴定书，鉴定意见证实被解救的女婴与朱某某夫妇符合生物学双亲遗传关系，避免了被告人、证人困难以辨认刚出生的女婴而造成的证据问题。

在量刑方面，对夫妻共同实施拐卖儿童犯罪案件的审理，要特别注重贯彻落实宽严相济的刑事政策，尽可能防止案件审判带来负面社会效应。本案孙某某、卢某某夫妇尚有年幼的孩子需要抚养，又有年迈的父母需要赡养，家庭生活比较困难。法院查明，与送养方、收养方分别联系并商谈"抱养费"等关键犯罪行为均系孙某某一人实施，卢某某并没有参与，故法院认定孙某某在共同犯罪中起主要作用，系主犯，卢某某起次要作用，系从犯。结合卢某某归案后认罪、悔罪，家属积极退赃等情节，法院决定对卢某某判处缓刑。这样的判罚既依法追究了被告人的刑事责任，又维系了被告人的家庭稳定，较好地体现了法律效果与社会效果的有机统一。[参见第932号指导案例，孙如珍、卢康涛拐卖妇女儿童案，载《刑事审判参考》总第95集(2013年第6集)，第90页。撰稿：翟红斌]

▽偷盗型拐卖儿童罪中"以出卖为目的"的认定

"以出卖为目的"，是指在出卖目的的支配下实施出卖行为。这种理解值得商榷。理由是：第一，犯罪目的是犯罪的主观要件，把"以出卖为目的"理解成出卖行为，混淆了主客观要件的关系。第二，这种观点增加了本罪客观要件的内容，按此观点，如果行为人未实施出卖行为，就只能认定为未遂，显然不符合立法原意，也不利于保护被拐妇女、儿童。第三，在没有实施出卖行为的情况下，仍然可以通过查证，仔细分析案件情况来认定是否具有出卖目的，不会扩大打击面。因此"以出卖为目的"仅指行为人的主观方面，不要求有实际的出卖行为。本案中，虽然被告人郑某某未来得及实施出卖行为即被抓获，但郑某某到被拐男婴家中与看护人吴某某曾谈及男婴在闽南可卖到一两万元，反映出其具有出卖男婴的目的，其在出卖目的的支配下实施了将婴幼儿从家中偷走的行为，已构成拐卖儿童罪，且属犯罪既遂。

(二)关于"偷盗婴幼儿"的理解。1. 关于"婴幼儿"的界定。根据《最高人民法院、最高人民检察院关于执行〈全国人民代表大会常务委员会关于严惩拐卖、绑架妇女、儿童的犯罪分子的决定〉的若干问题的解答》(已失效,可作为参考)第八条的规定,儿童是指不满14岁的人,其中不满1岁的为婴儿,1岁以上不满6岁的为幼儿。对此有两点需要注意:第一,儿童包括婴幼儿,即婴幼儿必然属于儿童,儿童属于上位概念,婴幼儿属于下位概念。第二,这里的“岁”是指“周岁”,鉴于实践中有些地方户籍年龄较为混乱的情况,在具体案件中,对周岁要结合其他证据,加以准确认定。2.关于“偷盗”的界定。实践中,趁婴幼儿熟睡或者无法察觉,将婴幼儿抱走,属于典型的“偷盗”婴幼儿。但对行为人以出卖为目的,以给付玩具、外出游玩等欺骗、利诱手段拐走婴幼儿(实践中主要是针对有一定自主活动能力的幼儿)的行为,是认定为一般情节的拐骗婴幼儿,还是认定为加重情节的“偷盗婴幼儿”。以欺骗、利诱等手段拐走婴幼儿,与秘密窃取婴幼儿无本质区别,应当将欺骗、利诱等手段理解为“偷盗“的表现形式。同时还认为,“偷盗婴幼儿”是指以暴力、胁迫或者麻醉以外的平和方法控制婴幼儿的行为,即“偷盗”的外延不仅包括秘密窃取,还包括欺骗、利诱等其他手段。具体理由如下:

第一,根据刑法本条的规定,一般的采取拐骗方式拐卖儿童,基本法定刑幅度是五年至十年有期徒刑,而采取暴力、胁迫或者麻醉方法绑架儿童予以拐卖,或者“偷盗婴幼儿”拐卖的,则加重法定刑至十年有期徒刑以上刑罚,体现出刑法对采取后两种方式拐卖儿童的严惩立场。因此,首先有必要准确区分“拐骗”儿童与“偷盗”婴幼儿。一般的采取拐骗方式拐卖儿童,其中的“儿童”应当理解为6岁以上,换言之,采取欺骗、利诱等方式拐走不满6岁的婴幼儿的(通过欺骗、利诱婴幼儿家长或者其他监护人进而拐走婴幼儿的不在此范围),应当认定为“偷盗婴幼儿”。主要理由是:不满6岁的婴幼儿根本没有或者缺少基本的辨别是非和自保、自救能力,极易成为拐卖对象,且较之6岁以上儿童和成年人,被拐卖后解救难度更大。因此,对不满6岁的婴幼儿应当给予更为严格的特殊保护。例如,行为人以小恩小惠为诱饵,将正在玩耍的两三岁幼儿哄骗离开看护人视线,进而加以控制,意欲出卖,此种行为与利用看护人疏于防范,抱走熟睡的幼儿相比,行为方式的共同特征是趁看护人或者监护人不备将幼儿拐走,且两者的社会危害性没有什么本质区别,体现在刑罚裁量上,亦均应加重法定刑至十年以上有期徒刑。而6岁以上的儿童,自我防护意识和能力有所提高,一般而言,脱离看护人独立活动的范围也有所扩大,可能基于行为人蒙骗产生错误判断,进而被行为人拐走出卖,对该种行为,根据刑法规定在五年以上十年以下有期徒刑幅度内判处刑罚,可以做到罪责刑相适应。

第二,把本罪中的“偷盗”理解为“暴力、胁迫或者麻醉以外的平和方法”,有利于与刑法本条第一款第五项相区分。该项规定了“使用暴力、胁迫或者麻醉方法绑架儿童”,这里的“儿童”包括婴幼儿。实践中,行为人的暴力、胁迫或针对婴幼儿实施,或针对婴幼儿的看护人实施以排除其反抗将婴幼儿抢走均时有发生。同时,具备该种情节应当加重法定刑,与“偷盗婴幼儿”出卖法定刑幅度相同,故将“偷盗”理解为“暴力、胁迫或者麻醉”以外的方法,可以实现对婴幼儿和6岁以上儿童的全面保护,避免出现量刑失衡。

综上,“偷盗婴幼儿”是指以暴力、胁迫或者麻醉以外的平和方法直接控制婴幼儿的行为(通过欺骗、利诱婴幼儿家长或者其他监护人进而拐走婴幼儿的不在此范围),这既是特殊保护婴幼儿,从严打击拐卖婴幼儿犯罪分子的需要,也是确保罪责刑相适应,避免出现罪刑失衡的需要。就本案而言,被告人郑某某趁男婴的看护人吴某某离家外出,潜入家中将男婴偷走,属于典型的“偷盗婴幼儿”。法院综合考虑婴儿被拐走不久即得到解救、未受到其他人身伤害等情节,在第二档加重法定刑幅度内对其判处有期徒刑十年,并处罚金,是正确的。[参见第1000号指导案例,郑明寿拐卖儿童案,载《刑事审判参考》总第98集(2014年第3集),第138~140页。撰稿:耿磊]

第二百四十一条【收买被拐卖的妇女、儿童罪】收买被拐卖的妇女、儿童的,处三年以下有期徒刑、拘役或者管制。

【强奸罪】收买被拐卖的妇女,强行与其发生性关系的,依照本法第二百三十六条的规定定罪处罚。

【非法拘禁罪】【故意伤害罪】【侮辱罪】收买被拐卖的妇女、儿童，非法剥夺、限制其人身自由或者有伤害、侮辱等犯罪行为的，依照本法的有关规定定罪处罚。

收买被拐卖的妇女、儿童，并有第二款、第三款规定的犯罪行为的，依照数罪并罚的规定处罚。

【拐卖妇女、儿童罪】收买被拐卖的妇女、儿童又出卖的，依照本法第二百四十条的规定定罪处罚。

收买被拐卖的妇女、儿童，对被买儿童没有虐待行为，不阻碍对其进行解救的，可以从轻处罚；按照被买妇女的意愿，不阻碍其返回原居住地的，可以从轻或者减轻处罚。（本款是根据《中华人民共和国刑法修正案（九）》之十五修改的，自2015年11月1日起施行。）

刑法本条第六款原文：收买被拐卖的妇女、儿童，按照被买妇女的意愿，不阻碍其返回原居住地的，对被买儿童没有虐待行为，不阻碍对其进行解救的，可以不追究刑事责任。

■最高人民法院关于审理拐卖妇女儿童犯罪案件具体应用法律若干问题的解释（2017年1月1日）

第四条　在国家机关工作人员排查来历不明儿童或者进行解救时，将所收买的儿童藏匿、转移或者实施其他妨碍解救行为，经说服教育仍不配合的，属于刑法第二百四十一条第六款规定的“阻碍对其进行解救”。

第五条　收买被拐卖的妇女，业已形成稳定的婚姻家庭关系，解救时被买妇女自愿继续留在当地共同生活的，可以视为“按照被买妇女的意愿，不阻碍其返回原居住地”。

第六条　收买被拐卖的妇女、儿童后又组织、强迫卖淫或者组织乞讨、进行违反治安管理活动等构成其他犯罪的，依照数罪并罚的规定处罚。

第七条　收买被拐卖的妇女、儿童，又以暴力、威胁方法阻碍国家机关工作人员解救被收买的妇女、儿童，或者聚众阻碍国家机关工作人员解救被收买的妇女、儿童，构成妨害公务罪、聚众阻碍解救被收买的妇女、儿童罪的，依照数罪并罚的规定处罚。

第八条　出于结婚目的收买被拐卖的妇女，或者出于抚养目的收买被拐卖的儿童，涉及多名家庭成员、亲友参与的，对其中起主要作用的人员应当依法追究刑事责任。

第九条　刑法第二百四十条、第二百四十一条规定的儿童，是指不满十四周岁的人。其中，不满一周岁的为婴儿，一周岁以上不满六周岁的为幼儿。

第十条　本解释自2017年1月1日起施行。

▽应收买的被拐卖妇女的要求将其再转卖给他人的行为应以拐卖妇女罪定罪处罚

收买被拐卖的妇女又出卖的，应以拐卖妇女罪一罪论处，而不实行数罪并罚。也就是说，行为人先行收买被拐卖妇女的行为，应当为其再出卖自己收买的被拐卖妇女的行为所吸收。如行为人收买被拐卖的妇女之后，确曾表示愿意将被害人送返回家，只是应被害人的要求才将其转卖给他人。这就涉及应被害人承诺或要求的行为（基于权利人自愿的损害行为）是否能够像正当防卫、紧急避险那样，具有排除社会危害性的属性，从而成为实质上不构成犯罪的正当事由。关于排除社会危害性的行为，我国刑法仅明文规定了正当防卫、紧急避险两种情形，其他诸如执行上级命令的行为、自力救济的行为、基于权利人自愿的损害行为等是否属于排除社会危害性的行为，以及成立排除社会危害性的行为所应具备的要件等问题，没有法律依据。基于权利人自愿的损害行为，是指经过有权处分某种合法权益的人的自愿同意而对其实施的损害权益的行为。理论通说认为，基于权利人自愿的损害行为而成立的排除社会危害性的行为，必须具备以下要件：一是被害人必须对行为人损害的权益具有处分权；二是被害人的自愿同意必须是其真实意图的反映；三是经被害人同意的损害行为必须合乎法律规定和社会公序良俗。公民个人的人身自由权、生命健康权尤其是生命权，他人能否在权益人的自愿同意下，给予损害或剥夺，我国立法和司法实践对其基本持否定态度。如他人不能在被害人的自愿同意下剥夺其生命权利、实施“安乐死”等。就本案而言，尽管被害妇女自愿同意行为人将其转卖，在某种程度上可视为是其真实意图的反映，但被害人的自主选择权有受到主客观的限制，且行为人对被害人的再卖行为有违社会公序良俗，具有社会危害性，同样为法律所禁止。因此，对行为人应以拐卖妇女罪定罪。应收买的被拐卖妇女的要求将其再转卖给他人的行为，虽然应当定罪处罚，但在具体量刑上也应当考虑到被害人自愿等因素，对被告人从宽处罚。考虑到被告人收买被拐卖的妇女被害人后，曾表示愿意将被害人送返回家，根据刑法本条第六款“收买被拐卖的妇女，按照被买妇女的意愿，不阻碍其返回原居住地的，可以不追究刑事责任”（此款已被刑法修正案九修改——编著者注）的规定，以及应被害人的要求才将其转卖给他人的具体情节，决定对其改判为免予刑事处罚，符合罪责刑相一致原则。[参见第229号案例，李邦祥拐卖妇女案，载《刑事审判参考》总第30集，法律出版社，第70～72页。执笔：罗建勇　银霞　洪冰]

▽收买被拐卖的妇女、儿童后，又强迫其卖淫的，分别构成收买被拐卖的妇女、儿童罪和强迫卖淫罪

（一）收买被拐卖的妇女、儿童后，又强迫其卖淫的，分别构成收买被拐卖的妇女、儿童罪和强迫卖淫罪。1. 被告人龚某某收买被害人苏某、刘某的行为构成收买被拐卖的妇女、儿童罪。拐卖妇女、儿童犯罪严重侵犯被拐卖妇女、儿童的人身权利，致使许多家庭骨肉分离，甚至家破人亡，严重危害社会和谐稳定，一向是我国刑法重点打击的对象。与拐卖犯罪相对应，收买被拐妇女、儿童行为的危害性亦不容忽视，拐卖犯罪屡禁不绝，一个很重要的原因就是存在买方市场。如果不对收买行为加以遏制，就无法从根源上预防、减少拐卖犯罪的发生。为此，刑法第本条规定，收买被拐卖的妇女、儿童的，处三年以下有期徒刑、拘役或者管制。同时，鉴于收买被拐卖的妇女、儿童犯罪的特殊性，有相当一部分人收买妇女、儿童的原因是想将被拐卖的妇女作为妻子或者将被拐卖的儿童作为儿女等家庭成员共同生活。为了减少解救阻力，避免对被拐妇女、儿童造成其他伤害，刑法本条第六款规定，收买被拐卖的妇女、儿童，按照被买妇女的意愿，不阻碍其返回原居住地的，对被买儿童没有虐待行为，不阻碍对其进行解救的，可以不追究刑事责任。（此款已被刑法修正案九修改——编著者注）对于出于迫使妇女、儿童卖淫、乞讨等卑劣动机实施的收买行为，相比上述情形情节显然更为恶劣，即使收买人不阻碍解救或者没有实施虐待行为，也应当依法追究其刑事责任。《最高人民法院、最高人民检察院、公安部、司法部关于依法惩治拐卖妇女儿童犯罪的意见》（本附文以下简称《拐卖意见》）第二十条明确列举了应当追究收买人刑事责任的七种情形，其中第五项即规定了组织、强迫被收买的妇女、儿童从事乞讨或卖淫活动。本案被告人龚某某明知被害人苏某、刘某是被人拐卖的妇女、儿童而予以收买，龚某某是出于控制被害人从事卖淫活动以牟利的目的而收买被拐卖的苏某、刘某，且刘某当时还是未满14周岁的幼女，表明龚某某的犯罪动机极为恶劣，所带来的后果也更加严重。可见，无论是从刑法规定还是刑事政策角度考虑，被告人龚某某的行为都属于应当从严打击的对象，构成收买被拐卖的妇女、儿童罪。

2. 被告人龚某某强迫两名被害人卖淫的行为构成强迫卖淫罪。刑法第三百五十八条并列规定了组织卖淫罪和强迫卖淫罪。通常认为，组织卖淫是指采取招募、雇佣、强迫、引诱、容留等手段，控制他人从事卖淫活动的行为；强迫卖淫是指采取暴力、胁迫或者其他方式等迫使被害人违背意愿从事卖淫活动的行为。由于在组织卖淫的过程中也可能会采取强迫的手段实施，因此，组织卖淫罪和强迫卖淫罪的区分应为组织卖淫罪与强迫卖淫罪的犯罪客体和客观方面有所不同，具体表现在：

（1）在犯罪客体方面，组织卖淫犯罪侵犯的是社会良好风尚，强迫卖淫犯罪不仅侵犯了社会良好风尚，而且还严重侵害他人性自主权和身心健康。组织卖淫罪以组织多人从事卖淫活动为构成犯罪的条件，强迫卖淫罪则没有人数的限制，强迫一名被害人卖淫也构成此罪。

（2）在犯罪客观方面，组织卖淫罪主要是组织、策划、指挥多人进行卖淫的行为，其中组织行为主要是指利用招募、雇佣、引诱、容留、介绍等非强迫手段，发起、建立卖淫集团或卖淫窝点，将分散的卖淫人员集中、控制。通常被组织者出于自愿，即使对少部分被组织卖淫者有强迫行为，但整体上仍应以被组织者自愿卖淫为主。强迫卖淫罪客观方面也可能表现为控制多人从事卖淫活动，并实施一定的经营卖淫场所、管理"卖淫人员"、统一收取嫖资等"组织"行为，但其本质上是违背被害人意愿迫使被害人卖淫，主要以强迫手段为主，该类行为比单纯的组织人员自愿卖淫的行为的社会危害性更严重，将该类行为整体评价为强迫卖淫罪更为准确。

（二）收买被拐卖的妇女、儿童后，又强迫其卖淫的，对所犯二罪应当并罚。本案被告人龚某某采取收买被拐卖的妇女、儿童的方式，获取、控制两名被害人，继而强迫其卖淫，以谋取非法利益。龚某某收买被拐妇女、儿童，与强迫其卖淫之间，存在手段与目的的牵连关系。关于牵连犯的处罚，我国刑法没有明确规定。但通说仍主张，对于牵连犯的处理原则，如果法律有明确规定的，依照法律的规定数罪并罚，如果法律没有明确规定的，应择一重罪从重处罚。

我国刑法对收买被拐卖的妇女、儿童罪规定的法定刑是三年以下有期徒刑、拘役或者管制，相对于拐卖妇女、儿童罪的法定刑，明显要轻。刑法将收买被拐卖妇女、儿童本身规定为独立的犯罪，配置的法定刑较低，但对被收买的妇女、儿童实施其他犯罪的，应当予以并罚。根据刑法本条第二款至第四款和《拐卖意见》第二十条第五项规定，强迫被收买的妇女、儿童从事卖淫等违法犯罪活动同时构成其他犯罪的，依照数罪并罚的规定处罚。就本案而言，虽然被告人龚某某收买被拐妇女、儿童与强迫其卖淫之间，存在手段与目的的牵连关系，但其行为分别侵犯了妇女、儿童独立人格尊严和不受非法买卖的权利，以及被害人的性自主权和社会良好风尚，已经构成数罪，在相关法律及司法解释性文件对此有相应规定的情况下，应当对龚某某所犯数罪予以并罚。一、二审法院依法对被告人龚某某以收买被拐卖的妇女、儿童罪，强迫卖淫罪实行并罚，并综合龚某某收买被拐卖的妇女、儿童后，伙同他人强迫二被害人多次卖淫、强迫幼女卖淫等多个从重处罚情节，决定执行有期徒刑十六年，定罪正确，量刑适当。［参见第991号指导案例，龚绍吴收买被拐卖的妇女、儿童，强迫卖淫案，载《刑事审判参考》总第98集（2014年第3集），第81～84页。撰稿：包长拯］

第二百四十二条　【妨害公务罪】以暴力、威胁方法阻碍国家机关工作人员解救被收买的妇女、儿童的，依照本法第二百七十七条的规定定罪处罚。

【聚众阻碍解救被收买的妇女、儿童罪】聚众阻碍国家机关工作人员解救被收买的妇女、儿童的首要分子，处五年以下有期徒刑或者拘役；其他参与者使用暴力、威胁方法的，依照前款的规定处罚。

第二百四十三条　【诬告陷害罪】捏造事实诬告陷害他人，意图使他人受刑事追究，情节严重的，处三年以下有期徒刑、拘役或者管制；造成严重后果的，处三年以上十年以下有期徒刑。

国家机关工作人员犯前款罪的，从重处罚。

不是有意诬陷，而是错告，或者检举失实的，不适用前两款的规定。

第二百四十四条　【强迫劳动罪】以暴力、威胁或者限制人身自由的方法强迫他人劳动的，处三年以下有期徒刑或者拘役，并处罚金；情节严重的，处三年以上十年以下有期徒刑，并处罚金。

明知他人实施前款行为，为其招募、运送人员或者有其他协助强迫他人劳动行为的，依照前款的规定处罚。

单位犯前两款罪的，对单位判处罚金，并对其直接负责的主管人员和其他直接责任人员，依照第一款的规定处罚。（本条是根据《中华人民共和国刑法修正案（八）》之三十八修改的，自2011年5月1日起施行。）

刑法本条原文：【强迫职工劳动罪】用人单位违反劳动管理法规，以限制人身自由方法强迫职工劳动，情节严重的，对直接责任人员，处三年以下有期徒刑或者拘役，并处或者单处罚金。

■最高人民检察院、公安部关于公安机关管辖的刑事案件立案追诉标准的规定（一）的补充规定（2017年4月27日）

第三十一条　［强迫劳动案（刑法第二百四十四条）］以暴力、威胁或者限制人身自由的方法强迫他人劳动的,应予立案追诉。

明知他人以暴力、威胁或者限制人身自由的方法强迫他人劳动,为其招募、运送人员或者有其他协助强迫他人劳动行为的,应予立案追诉。

▽强迫劳动犯罪行为与一般行政违法行为的区分

根据刑法本条的规定,所谓强迫劳动罪,是指以暴力、威胁或者限制人身自由的方法强迫他人劳动的犯罪行为。对于强迫劳动的规制,除了刑法本条有明确规定外,劳动合同法第三十八条第二款规定:"用人单位以暴力、威胁或者非法限制人身自由的手段强迫劳动者劳动的……劳动者可以立即解除劳动合同,不需事先告知用人单位。"为保护劳动者的人格尊严和人身自由权,劳动法第九十六条规定:用人单位以暴力、威胁或者非法限制人身自由的手段强迫劳动的,由公安机关对责任人员处以15日以下拘留、罚款或者警告。治安管理处罚法第四十条对强迫他人劳动的行为,做了类似处罚规定。值得注意的是,劳动合同法、劳动法、治安管理处罚法的相关规定均早于刑法对强迫劳动罪的规定,而且1997年刑法规定的强迫职工劳动罪要求强迫劳动情节严重的才构成犯罪,而刑法修正案(八)规定的强迫劳动罪在罪状上取消了"情节严重"的规定。犯罪是违反法律规定应受刑罚处罚的严重危害社会的行为,根据刑法第十三条"但书"条款的规定,情节显著轻微危害不大的,不认为是犯罪。鉴于"强迫劳动"是个很宽泛的概念,其法律后果又有民事责任、行政责任和刑事责任三种不同形态。刑法具有谦抑性,只有其他法律不能发挥应有的作用时才能适用刑法。劳动法对强迫劳动的行为规定了拘留、罚款、警告的制裁措施,而且在刑法修正案(八)施行后亦未进行修改,这一立法情况在一个侧面反映了并非对所有的强迫劳动行为都需要动用刑法进行规制。因此,强迫劳动的严重程度影响到强迫劳动行为罪与非罪的认定。对刑法分则规定的强迫劳动罪,不能脱离罪量的考察,以刑法在罪状中没有明文规定"情节严重"为由,主张对强迫劳动无须考察罪量的观点,无疑忽视了"但书"的规定精神,割裂了刑法总则与刑法分则的内在联系。

区分强迫劳动犯罪行为与一般行政违法行为的关键在于,从社会一般观念、伦理道德角度考察,行为人实施的强迫行为是否足以使他人陷入无法或者难以抗拒和自由选择,而不得不进行劳动的境地。具体而言,可以从"强迫手段与社会一般观念相背离的程度"和"劳动者非自愿性的程度"两个角度,判断强迫行为是否足以使劳动者陷入不能自由选择的境地而需要刑法介入和干预的程度。对于强迫劳动情节显著轻微,刑法干预的必要性不强的,则宜采用非刑罚制裁方式处理。实践中,强迫劳动入罪门槛设置的高与低,打击范围掌握的宽与严,处于动态变化之中,不可脱离特定阶段此类违法犯罪行为以及劳动者权益保障的实际状况。对于具有以下情形之一的强迫劳动行为,一般应当予以刑罚处罚:(1)强迫3人以上劳动的,或者虽未达到3人,但强迫劳动持续时间长的;(2)强迫未成年人、严重残疾人、精神智力障碍达到限制民事行为能力程度的人或者其他处于特别脆弱状况的人劳动的;(3)采取殴打、多次体罚虐待、严重威胁、非法限制人身自由等正常人通常无法抗拒、难以抗拒的方式强迫劳动的;(4)从强迫他人劳动中获利数额较大的,数额较大的标准似可参考盗窃罪数额较大的标准确定。对于那些偶尔强迫他人劳动、持续时间短、被强迫的人数较少、强迫程度较轻、被强迫者虽然不情愿但尚有选择自由的行为,可以不予刑事追究,而通过民事或者行政手段予以处理。另外,对于在正常用工单位日常管理工作中,因管理方式简单粗暴,偶尔发生的以克扣津贴、奖金,扣发、延发工资甚至开除等方式威胁职工加班,从事长时间、高强度劳动的,是否认定构成强迫劳动罪应当严格把握。本案被告人承包机砖厂砖块的进、出窑和装车工作,为牟取暴利,四处寻找、诱骗14名精神不正常和拾荒的流浪、乞讨人员到砖厂,利用其无自我保护能力或者保护能力较低的弱势地位,连同控制另外3名被害人,指定专人看守管理,以锁闭房门的方法限制人身自由,防止其逃跑,并在工作中对被害人进行殴打、威胁、辱骂,强迫上述人员长时间无偿劳动。从这些情况看,被告人的行为应当予以刑法处罚,属于应受刑法处罚行为,其行为构成强迫劳动罪。[参见第867号指导案例,朱斌等强迫劳动案,载《刑事审判参考》总

第92集(2013年第3集),第77~79页。撰稿:赵俊甫　李德萍]

▽**强迫劳动"情节严重"(加重处罚情形)的认定**

对于何为强迫劳动"情节严重",立法和司法解释均未明确规定,因此,该情节的认定有赖于司法实践进一步总结积累经验。根据强迫劳动罪的罪状及实践中此类案件审理情况,目前可以结合如下一项或者几项情形,对强迫劳动罪的情节严重进行认定:(1)被强迫劳动者人数在10人以上的;(2)被强迫劳动者属于未成年人、严重残疾人、精神智力障碍达到限制民事行为能力程度的人或者其他处于特别脆弱状况的人,且人数在3人以上的;(3)以非人道的恶劣手段对他人进行摧残、精神折磨,强迫其劳动的;(4)强迫他人在爆炸性、易燃性、放射性、毒害性等危险环境下从事劳动或从事常人难以忍受的超强度体力劳动的;(5)因强迫劳动造成被害人自残、自杀、精神失常等严重后果,但尚不构成故意杀人罪、故意伤害罪等其他严重犯罪的;(6)强迫劳动持续时间较长的;(7)因强迫劳动被劳动行政部门、公安机关处理、处罚过,又实施强迫劳动构成犯罪的;(8)强迫他人无偿劳动,或所支付的报酬与他人劳动付出明显不成比例,行为人从中获利数额巨大的,数额巨大的标准似可参考盗窃罪数额巨大的标准确定;(9)其他能够反映行为人主观恶性深、动机卑劣以及强迫程度高、对被害人身心伤害大的情节。需要注意的是,强迫劳动使用的暴力、威胁或者限制人身自由手段往往容易侵害公民其他人身权利构成其他犯罪,因此,在强迫劳动案件中,应当准确区分一罪与数罪。行为人以限制人身自由的方法强迫他人劳动的,限制人身自由属于强迫劳动的手段行为,对行为人仍应以强迫劳动罪一罪定罪处罚;行为人强迫劳动本身已构成强迫劳动罪,又在日常工作中,实施暴力导致被害人人身严重伤害、死亡的,则分别构成强迫劳动罪和故意伤害罪、故意杀人罪,应当实行数罪并罚。本案被告人采取限制人身自由的方式控制、强迫17名被害人劳动,除3人精神状态正常外,其余14名工人或患精神分裂症,或患精神发育迟缓,为限制民事行为能力和无民事行为能力人,属于特别易受侵害、需要特殊保护的人员;强迫劳动工作强度大、生活条件恶劣,被害人每天被迫从事至少11小时搬运砖块的重体力劳动,而只供应两顿饭菜,晚上则被集中关押,没有人身自由;在有关执法部门进行检查,要求清退非法用工人员后,仍然增加用工人数,继续强迫劳动,并在第二次检查后,将经执法部门责令补发给工人的工资又强行收回,足见其对劳动者权益和法律权威之肆意践踏和藐视程度。法院依法认定被告人构成强迫劳动罪,且属于情节严重,较好地把握了对严重强迫劳动犯罪从严惩处的刑事政策。[参见第867号指导案例,朱斌等强迫劳动案,载《刑事审判参考》总第92集(2013年第3集),第79~80页。撰稿:赵俊甫　李德萍]

第二百四十四条之一　【雇用童工从事危重劳动罪】违反劳动管理法规,雇用未满十六周岁的未成年人从事超强度体力劳动的,或者从事高空、井下作业的,或者在爆炸性、易燃性、放射性、毒害性等危险环境下从事劳动,情节严重的,对直接责任人员,处三年以下有期徒刑或者拘役,并处罚金;情节特别严重的,处三年以上七年以下有期徒刑,并处罚金。

有前款行为,造成事故,又构成其他犯罪的,依照数罪并罚的规定处罚。(本条是根据《中华人民共和国刑法修正案(四)》之四增加的,自2002年12月28日起施行。)

■**最高人民检察院、公安部关于公安机关管辖的刑事案件立案追诉标准的规定(一)(2008年6月25日)**

第三十二条　[雇用童工从事危重劳动案(刑法第二百四十四条之一)]违反劳动管理法规,雇用未满十六周岁的未成年人从事国家规定的第四级体力劳动强度的劳动,或者从事高空、井下作业,或者在爆炸性、易燃性、放射性、毒害性等危险环境下从事劳动,涉嫌下列情形之一的,应予立案追诉:

(一)造成未满十六周岁的未成年人伤亡或者对其身体健康造成严重危害的;

(二)雇用未满十六周岁的未成年人三人以上的;

(三)以强迫、欺骗等手段雇用未满十六周岁的未成年人从事危重劳动的;

(四)其他情节严重的情形。

第二百四十五条　【非法搜查罪】【非法侵入住宅罪】非法搜查他人身体、住宅,或者非法侵入他人住宅的,处三年以下有期徒刑或者拘役。

司法工作人员滥用职权,犯前款罪的,从重处罚。

■最高人民检察院关于人民检察院立案侦查司法工作人员相关职务犯罪案件若干问题的规定(2018 年 11 月 24 日)

附:十四个罪名的立案标准

二、非法搜查罪(仅限司法工作人员)

国家机关工作人员利用职权非法搜查,涉嫌下列情形之一的,应予立案:

1. 非法搜查他人身体、住宅,并实施殴打、侮辱等行为的;

2. 非法搜查,情节严重,导致被搜查人或者其近亲属自杀、自残造成重伤、死亡,或者精神失常的;

3. 非法搜查,造成财物严重损坏的;

4. 非法搜查 3 人(户)次以上的;

5. 司法工作人员对明知是与涉嫌犯罪无关的人身、住宅非法搜查的;

6. 其他非法搜查应予追究刑事责任的情形。

▽非法侵入住宅罪的客观表现形式

非法侵入他人住宅,表现为未经住宅主人同意,非法强行闯入他人住宅,或者经住宅主人要求其退出仍拒不退出,妨害他人正常生活和居住安全的行为。[参见第 13 号案例,赵泉华被控故意伤害案,载《刑事审判指导》总第 2 辑(2004 年第 2 辑),人民法院出版社,第 17 页。撰稿人:黄国民]

▽入户盗窃财物数额未达到盗窃罪定罪标准的,严重妨碍他人的居住与生活安宁的,可以非法侵入住宅罪定罪处罚

入户盗窃财物数额未达到盗窃罪定罪标准,严重妨碍他人的居住与生活安宁的,可以非法侵入住宅罪定罪处罚。对于入户盗窃行为,在符合盗窃罪构成要件的前提下,应以盗窃罪定罪处罚,如果该行为同时也符合非法侵入住宅罪的构成要件时,在这种情况下两罪成立吸收关系,重行为吸收轻行为,应按一罪即盗窃罪论处即可,不必两罪并罚。但从两罪的区别以及罪刑相适应原则出发,一般情况下,对于入户盗窃数额未达到盗窃罪定罪标准的,不能以非法侵入住宅罪定罪处罚。因为入户型盗窃罪与非法侵入住宅罪在构成要件上的区别还是比较明显的。从主观方面看,入户盗窃行为人主观上是为了非法占有他人财物,而非法侵入住宅罪行为人主观上是故意影响他人居住安宁;从单纯入户行为的客观方面看,入户盗窃行为是秘密进入他人住宅。而非法侵入住宅罪的客观表现是"非法强行闯入他人住宅,或者经要求退出拒不退出,严重影响他人正常居住与生活安宁的行为",刑法本条的主要意图是打击这种公开侵入他人住宅,公然扰乱他人生活安宁的行为。同时,《最高人民法院关于审理盗窃案件具体应用法律若干问题的解释》(已失效,本附文以下简称《解释》)第四条规定入户盗窃三次以上才以盗窃罪定罪处罚,并未规定入户盗窃一次窃得财物数额未达到较大标准的可以按非法侵入住宅罪定罪处罚。从法定刑看,盗窃罪重于非法侵入住宅罪,其入罪标准应当更低。既然《解释》规定入户盗窃三次以上才以盗窃罪定罪处罚,说明三次以上入户盗窃的社会危害性才达到盗窃罪的标准,如果入户盗窃一次就以非法侵入住宅罪论处的话,就使非法侵入住宅罪的入罪标准变低了,难免会造成盗窃罪与非法侵入住宅罪在入罪标准上的不均衡。但对于入户盗窃行为,行为人主观上已经具有了对他人住宅非法侵犯的故意,客观上实施的入户盗窃行为也必然会对他人住宅和生活安宁造成程度不同的影响,从构成要件上看,无论是强行公开进入他人住宅还是秘密潜入他人住宅,并不是区分是否构成非法侵入住宅罪的绝对法定标准。从侵犯居住安宁的法益角度说,入户盗窃者的非法入户行为与公然闯入他人住宅的行为具有一定的同质性，而且这种秘密非法入户的行为对于公民正常生活安宁的危害要比那种公然闯入住宅的行为更大，理应给予惩治。非法侵入住宅罪的客观表现，刑法本条并未有明文限制为公然闯入，在实践中也不应仅限于理论上解释的非法强行侵入他人住宅或者经要求退出拒不退出这一情形。如果盗窃行为被发现，行为人为了逃脱往往会采用暴力手段，这样，盗窃行为就很有可能转化为更为恶劣的对人身权利的暴力犯罪，这就使公民的人身权利可能面临潜在的危险，从有效惩治此类犯罪的刑事政策角度考虑，只要对他人生活安宁造成了实质的危害或者现实的危险而达到必须进行刑事处罚的程度，在不能以其他犯罪定罪的情况下，该行为就可以非法侵入住宅罪论处。当然，虽然从刑法本条表述看，成立非法侵入住宅罪并不要求情节严重或者造成严重后果，但从罪刑相适应的角度出发，只有那些严重妨碍了他人的居住与生活安宁的非法侵入行为才有必要动用刑罚手段进行惩治。因此，对于入户盗窃未达到定罪数额标准以非法侵入住宅罪论处的要予以适当的限制，只有其非法入户行为对于居住者的正常居住与生活安宁造成严重影响的才可以非法侵入住宅罪论处。一般情况下，具有下列情形之一的，可以非法侵入住宅罪追究刑事责任：(1)携带凶器入户或者入户后准备凶器的；(2)对户内财物进行破坏并造成较为严重后果的；(3)对户内人员造成严重精神损害的；(4)数额接近较大标准或两次入户盗窃的；(5)其他严重影响他人正常生活和居住安宁的。[参见第526号案例，毛君、徐杰非法侵入住宅案，载《刑事审判参考》总第66集(2009年第1集)，法律出版社，第49～53页。撰稿：秦鹏　陈雄平]

第二百四十六条　【侮辱罪】【诽谤罪】以暴力或者其他方法公然侮辱他人或者捏造事实诽谤他人，情节严重的，处三年以下有期徒刑、拘役、管制或者剥夺政治权利。

前款罪，告诉的才处理，但是严重危害社会秩序和国家利益的除外。

通过信息网络实施第一款规定的行为，被害人向人民法院告诉，但提供证据确有困难的，人民法院可以要求公安机关提供协助。（本款是根据《中华人民共和国刑法修正案（九）》之十六增加的，自2015年11月1日起施行。）

■最高人民法院、最高人民检察院关于办理利用信息网络实施诽谤等刑事案件适用法律若干问题的解释（全文）（2013年9月10日）

第一条　具有下列情形之一的，应当认定为刑法第二百四十六条第一款规定的“捏造事实诽谤他人”：

（一）捏造损害他人名誉的事实，在信息网络上散布，或者组织、指使人员在信息网络上散布的；

（二）将信息网络上涉及他人的原始信息内容篡改为损害他人名誉的事实，在信息网络上散布，或者组织、指使人员在信息网络上散布的；

明知是捏造的损害他人名誉的事实，在信息网络上散布，情节恶劣的，以“捏造事实诽谤他人”论。

第二条　利用信息网络诽谤他人，具有下列情形之一的，应当认定为刑法第二百四十六条第一款规定的“情节严重”：

（一）同一诽谤信息实际被点击、浏览次数达到五千次以上，或者被转发次数达到五百次以上的；

（二）造成被害人或者其近亲属精神失常、自残、自杀等严重后果的；

（三）二年内曾因诽谤受过行政处罚，又诽谤他人的；

（四）其他情节严重的情形。

第三条　利用信息网络诽谤他人，具有下列情形之一的，应当认定为刑法第二百四十六条第二款规定的“严重危害社会秩序和国家利益”：

（一）引发群体性事件的；

（二）引发公共秩序混乱的；

(三)引发民族、宗教冲突的;

(四)诽谤多人,造成恶劣社会影响的;

(五)损害国家形象,严重危害国家利益的;

(六)造成恶劣国际影响的;

(七)其他严重危害社会秩序和国家利益的情形。

第四条　一年内多次实施利用信息网络诽谤他人行为未经处理,诽谤信息实际被点击、浏览、转发次数累计计算构成犯罪的,应当依法定罪处罚。

第八条　明知他人利用信息网络实施诽谤、寻衅滋事、敲诈勒索、非法经营等犯罪,为其提供资金、场所、技术支持等帮助的,以共同犯罪论处。

第九条　利用信息网络实施诽谤、寻衅滋事、敲诈勒索、非法经营犯罪,同时又构成刑法第二百二十一条规定的损害商业信誉、商品声誉罪,第二百七十八条规定的煽动暴力抗拒法律实施罪,第二百九十一条之一规定的编造、故意传播虚假恐怖信息罪等犯罪的,依照处罚较重的规定定罪处罚。

第十条　本解释所称信息网络,包括以计算机、电视机、固定电话机、移动电话机等电子设备为终端的计算机互联网、广播电视网、固定通信网、移动通信网等信息网络,以及向公众开放的局域网络。

■最高人民法院关于审理非法出版物刑事案件具体应用法律若干问题的解释(1998年12月23日)

第六条　在出版物中公然侮辱他人或者捏造事实诽谤他人,情节严重的,依照刑法第二百四十六条的规定,分别以侮辱罪或者诽谤罪定罪处罚。

■最高人民法院、最高人民检察院、公安部、司法部关于依法惩治妨害新型冠状病毒感染肺炎疫情防控违法犯罪的意见(2020年2月6日)

二、准确适用法律,依法严惩妨害疫情防控的各类违法犯罪

(二)依法严惩暴力伤医犯罪。……

采取暴力或者其他方法公然侮辱、恐吓医务人员,符合刑法第二百四十六条、第二百九十三条规定的,以侮辱罪或者寻衅滋事罪定罪处罚。

(十)依法严惩妨害疫情防控的违法行为。……

对于在疫情防控期间实施有关违法犯罪的,要作为从重情节予以考量,依法体现从严的政策要求,有力惩治震慑违法犯罪,维护法律权威,维护社会秩序,维护人民群众生命安全和身体健康。

▽侮辱罪和非法拘禁罪区分的认定

侮辱罪和非法拘禁罪同属侵犯公民人身权利罪。侮辱罪是指以暴力或者其他方法,公然贬低、损害他人人格,破坏他人名誉,情节严重的行为。非法拘禁罪,是指以非法拘留、禁闭或其他方法,非法剥夺他人人身自由的行为。使用暴力殴打、全身赤裸且捆绑的方式侮辱,其侮辱行为情节严重,已构成一种独立的犯罪,这与刑法第二百三十八条第一款规定的"具有殴打、侮辱情节的,从重处罚"中的"侮辱情节"是不相同的。该款是针对行为人以非法剥夺他人人身自由为目的,在实施非法拘禁行为或者在非法拘禁状态持续的过程中,同时又对被拘禁人实施侮辱行为的定罪量刑的规定。这里所讲的"侮辱情节",只是非法拘禁中的伴随情节;且并不要求达到严重程度。只要拘禁人在实施非法拘禁行为或者是在非法拘禁状态持续过程中对被拘禁人同时又实施了侮辱行为的,就应当以非法拘禁罪从重处罚。[参见第179号案例,周彩萍等非法拘禁案,载《刑事审判参考》总第26辑(2002年第3辑),法律出版社,第29～31页。执笔:倪干强　洪冰]

▽检察机关已就被告人的侮辱犯罪事实提起公诉,法院就此事实改变罪名,并不违反刑法第二百四十六条第二款的规定

根据《刑法》本条第二款的规定,侮辱罪虽然一般是告诉才处理的案件,但严重危害社会秩序和国

家利益的，也可以由检察机关提起公诉。就本案而言，检察机关已就被告人的侮辱犯罪事实以非法拘禁罪提起公诉，只是其指控的罪名不妥，因此，法院直接以侮辱罪改判并不违反刑法本条第二款的规定。［参见第179号案例，周彩萍等非法拘禁案，载《刑事审判参考》总第26辑（2002年第3辑），法律出版社，第31页。执笔：倪干强　洪冰］

▽将被捉奸的妇女赤裸捆绑、拘禁、示众的行为应以侮辱罪定罪处罚

行为人以贬低、损害他人人格，破坏他人名誉为目的，在捉奸中使用暴力殴打女被害人，用塑料绳和包装袋强行将全身赤裸的捆绑于客厅里，点亮灯泡，让10余名村民围观，侵犯了公民的人格和名誉权利，情节严重，已构成侮辱罪，行为人在侮辱犯罪过程中使用的方法（手段）又牵连刑法第二百三十八条第一款规定的非法拘禁罪，属牵连犯，其手段行为和目的行为所触犯罪名的法定刑相同，应以目的行为定罪处罚，以侮辱罪对行为人定罪处罚。首先，行为人的主观目的主要是捉奸后侮辱他人。行为人捉奸后，扒光被害人身上的睡衣，致其全身赤裸，并将其拖往且捆绑于客厅，又在客厅里装上灯泡点亮，让陆续前来的10余名村民观看，并告知村民该女与其丈夫通奸被捉。在邻居劝说让被害人穿上衣服的情况下，行为人仍然不肯，并扬言要出被害人的"洋相"，让她现现丑，待天亮后扔到公路上给大家看。行为人对被害人实施捆绑的行为，是为达到侮辱被害人的目的，是实现侮辱的暴力手段，是从属于侮辱目的的。［参见第179号案例，周彩萍等非法拘禁案，载《刑事审判参考》总第26辑（2002年第3辑），法律出版社，第27～32页。执笔：倪干强　洪冰］

▽对利用信息网络实施的诽谤罪和寻衅滋事罪，要准确区分二者的犯罪构成条件

第一，秦某某的行为分别符合诽谤罪与寻衅滋事罪的构成条件。准确把握刑法规定的诽谤罪、寻衅滋事罪的犯罪构成，是正确理解利用信息网络实施的诽谤罪、寻衅滋事罪的前提条件。根据刑法本条和第二百九十三条的规定，捏造事实诽谤他人，情节严重的，构成诽谤罪；实施在公共场所起哄闹事，造成公共场所秩序严重混乱等寻衅滋事行为，破坏社会秩序的，构成寻衅滋事罪。从犯罪客体来看，诽谤罪侵犯的客体是公民的人格和名誉，寻衅滋事罪侵犯的客体是社会秩序。从罪状及行为特征来看，寻衅滋事罪规定的"在公共场所起哄闹事，造成公共场所秩序严重混乱"，通常是指行为人的起哄闹事行为扰乱了某一具体公共场所秩序，或者使该公共场所的相关活动不能顺利进行。在信息网络普及之前，"在公共场所起哄闹事"行为的实施地与危害后果发生地一般都在该公共场所。但随着信息网络的迅速发展，互联网、通信网、广播电视传输覆盖网呈现出"三网合一"的趋势，信息网络与人们的现实生活融为一体，其"工具属性""公共属性"凸显，利用信息网络实施寻衅滋事的行为方式及危害后果与传统的寻衅滋事呈现出不同特征。基于现实情况，2013年9月，最高人民法院、最高人民检察院联合出台了《关于办理利用信息网络实施诽谤等刑事案件适用法律若干问题的解释》（本附文以下简称《解释》），第五条第二款将刑法条文中"在公共场所起哄闹事"解释为"编造虚假信息，或者明知是编造的虚假信息，在信息网络上散布，或者组织、指使人员在信息网络上散布，起哄闹事"，将"造成公共场所秩序严重混乱"解释为"造成公共秩序严重混乱"。对于第一处解释，是合理的。例如，行为人虽然不在公共场所，但其利用信息网络散布虚假信息，造成了公共秩序严重混乱，当然可以解释为"在公共场所起哄闹事"。对于第二处解释，根据信息网络社会的发展程度，该解释具有现实必要性。例如，行为人利用信息网络散布地震谣言，导致多地大量群众外出"避难"：散布核泄漏谣言，导致大范围的"抢盐"。上述危害后果明显严重扰乱了生产、生活、工作、营业等社会公共秩序，与寻衅滋事罪有关危害后果的立法本意相符，但又不宜概括为造成某一具体公共场所秩序混乱，而用"公共秩序混乱"则能较好解释该问题。但是，对于上述解释，一定要注意保持《解释》与刑法条文规定内涵的一致性，要根据刑法立法精神对《解释》的规定做限制性理解。《解释》第五条第二款规定的利用信息网络实施的寻衅滋事罪要求造成"公共秩序严重混乱"，不仅指虚假信息被大量转发、评论等造成的网络秩序混乱，同时也要求造成生产、生活、工作、营业、教学等现实社会公共秩序的严重混乱。对于虚假信息被及时、有效删除，未被大量转发、评论等,尚未造成广泛影响的,或者仅仅是对网络秩序造成了影响,不宜认定为“造成公共秩序严重混乱”。本案被告人秦某某捏造损害杨澜等公民人格、名誉的事实,在信息网络上被广泛散布,其行为构成诽谤罪;在“7·23”动车事故发生后,编造政府机关天价赔偿外籍乘客的虚假信息,在信息网络上散布,起哄闹事,该虚假信息被转发11 000次,评论3300余次,造成网络空间的混乱,同时在现实社会引发不明真相群众的不满,扰乱了政府机关善后工作,造成社会公共秩序严重混乱,其行为构成寻衅滋事罪。

第二,将秦某某的行为认定为诽谤罪、寻衅滋事罪两罪,符合《解释》的原意。《解释》最初起草时是为了规范适用利用信息网络实施的诽谤罪的认定问题,后来增加了利用信息网络实施的寻衅滋事、敲诈勒索、非法经营犯罪的相关条款。由于寻衅滋事罪是从1979年刑法规定的流氓罪这一“口袋罪”中分解出来的罪名,《解释》在制定有关利用信息网络实施的寻衅滋事罪条款时特别审慎。根据《解释》在制定时的原意,利用信息网络实施的诽谤罪的对象是特定的自然人,而寻衅滋事罪一般针对的是单位、不特定的多人或者公共事件。如果将利用信息网络诽谤特定自然人的事实,也以破坏网络秩序等为由纳入寻衅滋事罪,则易使寻衅滋事罪演变为“口袋罪”,与罪刑法定基本原则相悖。故要区别对待,不宜一概认定为寻衅滋事罪。

第三,对诽谤杨澜等公民的事实以诽谤罪起诉、审理,可以依法保障被害人的附带民事诉讼权利。同时,通过审判,也可以有效恢复被害人的人格、名誉。

综上所述,将本案不同性质的犯罪事实,分别认定为诽谤罪、寻衅滋事罪,定性准确,符合刑法规定的犯罪构成和《解释》的制定原意。[参见第966号指导案例,秦志晖诽谤、寻衅滋事案,载《刑事审判参考》总第97集(2014年第2集),第59～62页。撰稿:林涛　李晓　吴小军]

▽利用信息网络实施的诽谤罪符合刑法与《解释》规定的公诉案件情形的,应当依法适用公诉程序

根据刑法第二百四十六条的规定,捏造事实诽谤他人,情节严重的,构成诽谤罪;诽谤罪,告诉的才处理,但是严重危害社会秩序和国家利益的除外。2013年9月,最高人民法院、最高人民检察院联合出台了《关于办理利用信息网络实施诽谤等刑事案件适用法律若干问题的解释》(本附文以下简称《解释》)第二条采用列举的方式,从“数量”“危害后果”“主观恶性”三方面的标准对“情节严重”加以具体化。根据该条规定的数量标准,“同一诽谤信息实际被点击、浏览次数达到五千次以上,或者被转发次数达到五百次以上的”,应当认定为“情节严重”。同时,根据《解释》第四条的规定,“一年内多次实施利用信息网络诽谤他人行为未经处理,诽谤信息实际被转发次数累计计算构成犯罪的,应当依法定罪处罚”。关于适用公诉程序的条件,《解释》第三条第一项至第七项列举了七种“严重危害社会秩序和国家利益”的情形,其中第四项为“诽谤多人,造成恶劣社会影响”。

秦某某利用信息网络,分别诽谤罗援、杨澜、兰和、张海迪四名公民,其中关于罗援、杨澜、兰和等三人的诽谤信息被转发次数均达到500次以上,应当认定为“情节严重”;关于张海迪的诽谤信息被转发次数虽然未达到500次,但根据《解释》第四条的规定,秦某某系在一年内分别诽谤罗援等四人,应当对上述诽谤信息的被转发次数累计计算。据此,秦某某诽谤罗援、杨澜、兰和、张海迪的行为构成诽谤罪,且系诽谤多人并造成了恶劣的社会影响,应当适用公诉程序追究秦某某所犯诽谤罪的刑事责任。主要理由是:

第一,关于诽谤多人、多次的理解,《解释》最初起草时在第二条中规定了相关情形,认为只要诽谤多人、多次就可以认定为“情节严重”。考虑到该情形与第三条适用公诉条件的情形有重复,因体例、法理等原因,后来《解释》第二条未规定诽谤多人、多次的情形,另外增加规定了第四条,即一年内多次利用信息网络诽谤他人行为未经处理,诽谤信息被实际转发等次数累计计算构成犯罪的,应当依法定罪处罚。根据《解释》制定原意,第四条中的“诽谤他人”针对的主要就是诽谤不同的人、不同诽谤信息,当然也包括诽谤同一人、同一诽谤信息的情形。具体到本案中,秦某某在一年内诽谤杨澜等四名公民,应当累计计算上述诽谤信息的转发次数,依法认定构成诽谤罪。

第二,被害人对网络诽谤事实往往难以取证,提起自诉较为困难。对于类似秦某某等不间断诽谤他人的情况,让多个受害人分别提起自诉,不切合实际。适用公诉程序则能有效打击此类犯罪,保护公民的人格、名誉权。那种认为只有在实施了多次诽谤且每一起诽谤事实都构成诽谤罪的情况下,才能提起公诉的观点,与《解释》原意不符,也使网络诽谤公诉程序失去了应有的意义。例如,行为人利用信息网络连续诽谤多人,造成了恶劣的社会影响,其中2起事实的诽谤信息达到转发500次的“情节严重”标准,其余事实未达到该标准,据此便认为不属于诽谤多人,不能适用公诉程序,显然是忽视了此类网络诽谤行为的社会危害性和行为人的主观恶性。[参见第966号指导案例,秦志晖诽谤、寻衅滋事案,载《刑事审判参考》总第97集(2014年第2集),第62~63页。撰稿:林涛 李晓 吴小军]

▽在网络诽谤案件中,认定行为人主观明知是诽谤事实时,应当根据证据材料,结合被告人的身份、职业、生活经历、一贯表现等因素进行综合判断

2013年9月,最高人民法院、最高人民检察院联合出台了《关于办理利用信息网络实施诽谤等刑事案件适用法律若干问题的解释》(本条附文以下简称《解释》),第一条对刑法本条中“捏造事实诽谤他人”的规定进行了类型化,具体包括三种行为方式:一是“捏造并散布”,这是最典型的诽谤行为方式。二是“篡改并散布”,指将信息网络上涉及他人的原始信息内容篡改为损害他人名誉的事实,在信息网络上散布,或者组织、指使人员在信息网络上散布。所谓“篡改”是指实质性的修改,而且篡改后的内容达到了损害他人名誉的程度。三是“明知虚假事实而散布”,指明知是捏造的损害他人名誉的事实,在信息网络上散布,情节恶劣的行为。与前两类行为方式针对造谣者、信息源头不同,第三类行为方式针对的是利用信息来达到个人诽谤目的的恶意传谣者。实践中,对此类行为方式,要准确把握行为人的主观明知。明知包括“知道”和“应当知道”两种情形。“知道”意味着诽谤信息的散布者对于其他人捏造的诽谤被害人名誉的事实是确切知道的,双方甚至可能存在事先或者事中通谋的情况。“应当知道”即根据证据推定行为人知道。推定“应当知道”必须依据各方面的证据材料,综合行为人的身份、职业、生活经历、一贯表现等因素,进行综合分析判断。当前,广大网民转发网络信息的情况非常普遍,其中可能就有不实信息或者诽谤信息。在认定“明知”时应当特别慎重,必须严格把握,不能过高要求普通网民对所转发信息真实性的审查义务。但对于行为人有特定身份,根据法律法规延伸出特定义务的情况,比如新闻从业人员对所发消息真实性没有尽审查义务,短期内大量发布诽谤不同自然人的信息,就可以认定其具有诽谤的主观“明知”。

具体到本案,通过微博账户注册IP地址或者涉案微博文发布IP地址查询及UID号码比对,并综合秦某某的供述及微博账户所发布的微博文内容,可以确定涉案微博文均系秦某某所发布。秦某某在信息网络上看到罗援之兄罗抗在西门公司任职的信息后,捏造罗援之兄在德国西门子公司任职的事实,无端质疑罗援及其家人搞“利益交换关系”,并在信息网络上散布;秦某某在信息网络上看到张海迪在德国小住的文章后,捏造张海迪具有德国国籍的事实并在信息网络上散布,并于该信息被新浪公司判定为不实信息以及张海迪做出澄清声明后,仍予以散布。此二者均系无中生有,属于“捏造并散布”。秦某某在信息网络上看到了“兰和被老女人包养”的不实信息后,在此类信息中加入了周某某的姓名并在信息网络上散布,使得原始信息更具有针对性和欺骗性,已构成对原始信息的实质性修改,属于“篡改并散布”。秦某某作为网络从业人员,对所发信息的真实性应有基本的核实义务。“杨澜向希望工程虚假捐款”的不实信息虽然在互联网上曾有流传,但在杨澜及中国青少年发展基金会做出澄清的情况下,秦某某不仅没有尽到基本的核实义务,仍然增添内容在信息网络上予以散布,结合其一贯捏造、编造虚假事实并散布的情况,足以认定其具有诽谤的“明知”,属于“明知虚假事实而散布”。

最后,需要说明的是,诽谤罪是告诉才处理的犯罪,该罪可能涉及个人隐私。即使是诽谤公诉案件,也要依法充分研判是否可以公开审理,必要时应当征求被害人本人的意见。如果有关诽谤事实的审理涉及个人隐私,应当进行不公开审理或者局部不公开审理。决定进行公开审理的,也要做好根据庭审实际情况转为不公开审理和局部不公开审理的预案。具体到本案,根据公诉机关指控的诽谤案情和被害人、被告人的态度等情况,合议庭认为,本案公开审理不会侵犯个人隐私,也不会因公开审理对被害人造成再次侵害,反而通过公开审理,可以为被害人恢复名誉,故依法进行了公开开庭审理。为充分保护个人隐私和被害人的名誉等权利,合议庭在开庭前,特别告知旁听的媒体在报道本案时要注意保护公民的人格、名誉权利:在判决书相关部分,隐去了有关诽谤对象的姓名及信息。[参见第966号指导案例,秦志晖诽谤、寻衅滋事案,载《刑事审判参考》总第97集(2014年第2集),第63~65页。撰稿:林涛 李晓 吴小军]

▽“人肉搜索”致人自杀死亡行为构成侮辱罪

1. 发微博要求“人肉搜索”的行为侵犯他人名誉权,属于侮辱行为。侮辱罪侵犯的客体为公民的名誉权,名誉权是指公民或者法人对自己在社会生活中所获得的社会评价即自己的名誉,依法所享有的不可侵犯的权利,侮辱的方法有使用暴力、使用言词、使用图像文字等。本案被告人蔡某某把被害人徐某购物的视频监控截图发到微博上,且明确指明徐某是小偷并要求“人肉搜索”,这种方式利用了互联网这一新兴媒体,虽然与传统方式不同,但本质上仍属于公然侮辱他人人格的行为。众所周知,在网络发达的当今社会,“人肉搜索”具有非常强烈的放大功能,可以把模糊、分散的线索迅速清晰、集中起来,在趋向集中的过程中可能失控。当被搜索的人是和某个具有消极影响的事件联系在一起时,社会舆论的内容往往是消极为主的,负面影响远大于正面影响,被搜索人的品德、才干、信誉等在社会中所获得的评价明显降低,致使当事人无法在现实社会中正常的工作、学习和生活、名誉权受到严重损害。因此,蔡某某发微博要求“人肉搜索”的行为属于侮辱行为。

2. 本案被告人的侮辱行为与被害人的死亡结果具有刑法上的因果关系。刑法上的因果关系,是指危害行为与危害结果之间的因果关系,是一种引起与被引起的关系。本案被告人蔡某某认为其发微博的行为是正常的网络寻人行为,现有证据只能说明其行为和被害人徐某的自杀结果在时间上有先后关系,无法直接证明二者存在刑法上的因果关系。但从蔡某某的行为来看,其不仅发布微博称“穿花花衣服的是小偷。求人肉,经常带只博美小狗逛街。麻烦帮忙转发”,还附上徐某购物时的多张监控视频截图。该微博发出仅一个多小时,网友迅即展开的“人肉搜索”就将徐某的个人信息,包括姓名、所在学校、家庭住址和个人照片全部曝光,蔡某某又把这些信息在微博上曝光。一时间,在网络上对徐某的各种批评甚至辱骂开始蔓延。从蔡某某要求“人肉搜索”的第一条微博发布,到第二天晚上徐某在河边发出最后一条微博后自杀,仅持续了20多小时。多名证人证言证实,这次微博事件对被害人伤害很大,明显感觉徐某情绪低落。徐某作为一个尚未步入社会、生活在经济不发达小镇的在校未成年少女,面对“人肉搜索”的网络放大效应及众多网民先入为主的道德审判,对未来生活产生极端恐惧,最终导致了自杀身亡的严重后果,故蔡某某发微博的行为与徐某的自杀具有刑法上的因果关系。

3. 被告人侮辱他人的行为达到“情节严重”的程度。根据刑法规定,只有情节严重的侮辱行为才构成侮辱罪。所谓情节严重,通说一般认为主要是指手段恶劣,后果严重等情形,如强令被害人当众爬过自己的胯下;当众撕光被害人衣服;给被害人抹黑脸、挂破鞋、戴绿帽强拉游街示众;当众胁迫被害人吞食或者向其身上泼洒粪便等污秽之物;当众胁迫被害人与尸体进行接吻、手淫等猥亵行为;当众胁迫被害人向致死的宠物下跪磕头;因公然侮辱他人致其精神失常或者自杀身亡;多次侮辱他人,造成恶劣的影响等。本案被害人徐某不堪“人肉搜索”受辱而跳河自杀身亡,明显属于“情节严重”的情形。[参见第1046号指导案例,蔡晓青侮辱案,载《刑事审判参考》总第101集(2014年第6集),第86~88页。撰稿:黄海钦 曾向虹]

▽侮辱罪中“严重危害社会秩序和国家利益”可以提起公诉的情形的认定

1. 如何理解侮辱罪中“严重危害社会秩序和国家利益”所指的严重程度。依照刑法本条的规定,犯侮辱罪"告诉的才处理,但是严重危害社会秩序和国家利益的除外"。之所以规定侮辱罪要告诉才处理,主要是考虑到侮辱行为大都发生在家庭成员、邻居、同事之间或者日常生活之中,属于人民内部矛盾,且社会危害性不是很大,多数场合下可以通过调解等缓和方式来解决。此外,被害人可能不愿意让更多的人知道自己受到侮辱的事实,如果采用刑事制裁的方法解决反而会产生不好的效果。但如果属于严重危害社会秩序和国家利益的情形,则应当由检察机关提起公诉。刑法所规定的"严重危害社会秩序和国家利益"主要是指侮辱、诽谤行为造成被害人精神失常或者自杀的;侮辱、诽谤党和国家领导人、外国元首、外交代表,严重损害国家形象或者造成恶劣国际影响的等情形。"严重危害社会秩序和国家利益"中的社会秩序和国家利益,不是特指危害结果或者特定对象,而应当将其视为一个综合性的标准,扩展到从侮辱的手段、方法、内容和主观目的等角度来进行全面考量。结合全案的案情、危害后果和情节等,进行整体分析,综合判断是否达到了"严重危害社会秩序和国家利益"的程度。

2."严重危害社会秩序"和"国家利益"两者是否必须同时具备。一般来说,刑法典分则条文在两个要素之间使用"和"字时,并不一定表明同时具备的关系,而是需要从实质上进行考察,综合作出判断。如刑法第二百五十一条规定:"国家机关工作人员非法剥夺公民的宗教信仰自由和侵犯少数民族风俗习惯,情节严重的,处二年以下有期徒刑或者拘役。"该条中的"和"字表示的就是一种选择关系而非并列关系。无论国家机关工作人员非法剥夺公民的宗教信仰自由抑或侵犯少数民族风俗习惯,只要具备其中之一,情节严重,都构成犯罪。同理,刑法本条第二款中的"严重危害社会秩序和国家利益",两者不必要同时具备,只要具备其一即可。众所周知,互联网作为信息时代的新兴媒体,其传播之快、影响之大、受众主动性和参与程度之高,远非传统媒体所能够比拟。不少"人肉搜索"等网络暴力不仅给当事人造成了恶劣的负面影响,还严重危害互联网的安全与管理秩序。本案被告人蔡某某在新浪微博这一主流网络媒体上发布微博对被害人徐某进行侮辱,引发网友对徐某的谩骂,使徐某的社会评价明显降低,最终导致徐某不堪受辱自杀身亡的严重后果,而该后果又引发社会广泛关注和讨论,严重危害了互联网的安全与管理秩序,属于严重危害社会秩序的情形,应当由检察机关提起公诉。

综上所述,在信息时代,利用网络搜索功能是一把"双刃剑"。如果使用得当,可以为生活提供便利,也为人民群众的言论自由提供广阔的平台,为监督政府行为提供更多途径。但如果使用不当,网络搜索则容易变成网络暴力,网络监督则容易成为"私刑"的化身。因此,为最大限度地发扬"人肉搜索"的优点,应当为其画好警戒线,才能够更好地保障公民的权益。"人肉搜索"致人自杀获刑具有标本意义,有了本案作为前鉴,相信大多数网络使用者在准备作出类似行为时,会顾忌到由此造成的后果,从而更加理性地使用"人肉搜索"。[参见第1046号指导案例,蔡晓青侮辱案,载《刑事审判参考》总第101集(2014年第6集),第88~89页。撰稿:黄海钦　曾向虹]

第二百四十七条　【刑讯逼供罪】【暴力取证罪】司法工作人员对犯罪嫌疑人、被告人实行刑讯逼供或者使用暴力逼取证人证言的,处三年以下有期徒刑或者拘役。**【故意伤害罪】【故意杀人罪】**致人伤残、死亡的,依照本法第二百三十四条、第二百三十二条的规定定罪从重处罚。

■最高人民检察院关于人民检察院立案侦查司法工作人员相关职务犯罪案件若干问题的规定(2018年11月24日)

附:十四个罪名的立案标准

三、刑讯逼供罪

司法工作人员对犯罪嫌疑人、被告人使用肉刑或者变相肉刑逼取口供的行为,涉嫌下列情形之一的,应予立案:

1. 以殴打、捆绑、违法使用械具等恶劣手段逼取口供的;

2. 以较长时间冻、饿、晒、烤等手段逼取口供,严重损害犯罪嫌疑人、被告人身体健康的;

3. 刑讯逼供造成犯罪嫌疑人、被告人轻伤、重伤、死亡的;

4. 刑讯逼供,情节严重,导致犯罪嫌疑人、被告人自杀、自残造成重伤、死亡,或者精神失常的;

5. 刑讯逼供,造成错案的;

6. 刑讯逼供3人次以上的;

7. 纵容、授意、指使、强迫他人刑讯逼供,具有上述情形之一的;

8. 其他刑讯逼供应予追究刑事责任的情形。

四、暴力取证罪

司法工作人员以暴力逼取证人证言的行为,涉嫌下列情形之一的,应予立案:

1. 以殴打、捆绑、违法使用械具等恶劣手段逼取证人证言的;

2. 暴露取证造成证人轻伤、重伤、死亡的;

3. 暴力取证,情节严重,导致证人自杀、自残造成重伤、死亡,或者精神失常的;

4. 暴力取证,造成错案的;

5. 暴力取证3人次以上的;

6. 纵容、授意、指使、强迫他人暴力取证,具有上述情形之一的;

7. 其他暴力取证应予追究刑事责任的情形。

▽暴力迫使证人在询问笔录上签名捺手印是暴力取证的一种表现形式

暴力取证罪构成要件是:(1)犯罪主体只能是司法工作人员,根据《刑法》第九十四条规定,即是指有侦查、检察、审判、监管职责的工作人员;(2)犯罪对象只能是证人;(3)主观方面只能是直接故意,且具有逼取证人证言的目的;(4)客观方面表现为对证人实施了殴打、捆绑等暴力行为,仅有威胁等非暴力的行为不足以构成本罪。由此可见,暴力逼迫证人证言,是暴力取证罪本质特征之一。"暴力逼取证人证言",是指暴力逼迫证人就其所知的案情作出陈述的情形。至于被暴力逼迫的证人最终是否作出陈述,所作的陈述是否符合客观事实,皆不影响本罪的成立,亦即逼取证人证言的目的实现与否,与本罪成立无关。行为人在证人已作出陈述,但又以询问笔录与其所作的陈述有一句话不一致为由而拒绝签名认可的情况下,逼迫证人在询问笔录上签字捺手印,亦应视为逼取证人证言。因为,一份完整的证人证言材料,必然要有相应的证人签名或捺手印的确认方为有效。司法工作人员在依职权调查取证活动中,其取证程序始于证人陈述而终于证人在询问笔录上签名认可。逼迫证人在询问笔录上签名认可,本质上无异于逼迫证人作出与询问笔录内容等同的陈述。因此,暴力迫使证人在询问笔录上签名捺手印应当是暴力逼取证人证言的一种表现形式。[参见第158号案例,周建忠暴力取证案,载《刑事审判参考》总第24辑(2002年第1辑),法律出版社,第58~59页。执笔:洪冰]

▽暴力取证致人轻伤的,仍应以暴力取证罪定罪处罚,不应按故意伤害罪论处

根据本条第二款的规定,暴力逼取证人证言"致人伤残、死亡的,依照本法第二百三十四条、第二百三十二条规定定罪从重处罚"。这一规定表明,当暴力取证导致证人伤残或死亡的,对行为人应当依法按故意伤害罪或故意杀人罪定罪并从重处罚。认为暴力取证罪中的所谓"致人伤残",应包括致人轻伤、致人重伤以及致人残疾三种形态是不准确的。理由是:(1)暴力取证行为,通常会导致被害人某种程度的身体伤害。其中,对暴力取证导致轻伤的处罚,已涵盖在暴力取证罪的刑罚中。(2)刑法之所以规定暴力逼取证人证言"致人伤残、死亡的,依照本法第234条、第232条规定定罪从重处罚",其目的主要在于当暴力取证行为出现致人重伤以上等严重后果时,提高对行为人的量刑幅度。否则,仅依据暴力取证罪的刑罚不足以体现罪刑相一致的原则。也就是说,只有将"致人伤残",理解为是致人重伤、残疾,转化适用才有意义。(3)参照刑法其他条款规定。如《刑法》第二百九十二条规定"聚众斗殴致人重伤、死亡的,依照本法第二百三十四条、第二百三十二条的规定定罪处罚"等,也是基于类似的情形而作出的类似规定。根据立法精神的一致性,对暴力取证罪的转化条件,也应作上述理解。因此,凡构成暴力取证罪的,对“暴力”的后果必须要有一定程度的限制。这表现为两个方面:一是暴力取证中的“暴力”必须尚未达到致使证人重伤、残疾、死亡的程度,否则,就应当转化定性并从重处罚;二是如果暴力取证仅致证人轻伤以下程度的,仍应以暴力取证罪定罪处罚。需要指出的是,暴力取证致人伤害与一般的故意伤害行为的区别关键是除犯罪主体、犯罪对象外,主要在于前者是发生在司法人员依职权取证活动中,且具有逼取证人证言的特殊目的。行为人之所以对证人实施暴力,并致证人伤害或死亡都是在其逼取证人证言的目的支配下实施的。正因如此,通常情况下,行为人对证人施暴虽是故意的,有目的的,但对致证人伤害,一般都不是持积极希望或追求态度的,而多是放任,甚至可能是过失的。《刑法》本条虽没有规定暴力取证行为,情节严重的才构成犯罪,但根据《刑法》第十三条的规定,如暴力取证行为显著轻微危害不大的,仍无须以犯罪论处。行为人为逼使已怀孕近两月的证人在询问笔录上签名捺手印,而对证人腹部踢了一脚,致使证人难免流产,造成轻伤的后果,且在证人被踢后自述疼痛的情况下,不予理睬,其行为显然不能说是“显著轻微危害不大”。因此,对行为人应以暴力取证罪定罪处罚,结合被告人的犯罪情节和悔罪表现对行为人判处有期徒刑二年缓刑二年尚属适当。[参见第158号案例,周建忠暴力取证案,载《刑事审判参考》总第24辑(2002年第1辑),法律出版社,第59~61页。执笔:洪冰]

第二百四十八条　【虐待被监管人罪】监狱、拘留所、看守所等监管机构的监管人员对被监管人进行殴打或者体罚虐待,情节严重的,处三年以下有期徒刑或者拘役;情节特别严重的,处三年以上十年以下有期徒刑。致人伤残、死亡的,依照本法第二百三十四条、第二百三十二条的规定定罪从重处罚。

监管人员指使被监管人殴打或者体罚虐待其他被监管人的,依照前款的规定处罚。

■中华人民共和国禁毒法(2008年6月1日)

第六十九条　公安机关、司法行政部门或者其他有关主管部门的工作人员在禁毒工作中有下列行为之一,构成犯罪的,依法追究刑事责任;尚不构成犯罪的,依法给予处分:

(二)对戒毒人员有体罚、虐待、侮辱等行为的;

■最高人民检察院关于人民检察院立案侦查司法工作人员相关职务犯罪案件若干问题的规定(2018年11月24日)

附:十四个罪名的立案标准

五、虐待被监管人罪

监狱、拘留所、看守所、拘役所、劳教所等监管机构的监管人员对被监管人进行殴打或者体罚虐待,情节严重的行为。涉嫌下列情形之一的,应予立案:

1. 以殴打、捆绑、违法使用械具等恶劣手段虐待被监管人的;
2. 以较长时间冻、饿、晒、烤等手段虐待被监管人,严重损害其身体健康的;
3. 虐待造成被监管人轻伤、重伤、死亡的;
4. 虐待被监管人,情节严重,导致被监管人自杀、自残造成重伤、死亡,或者精神失常的;
5. 殴打或者体罚虐待3人次以上的;
6. 指使被监管人殴打、体罚虐待其他被监管人,具有上述情形之一的;
7. 其他情节严重的情形。

第二百四十九条　【煽动民族仇恨、民族歧视罪】煽动民族仇恨、民族歧视,情节严重的,处三年以下有期徒刑、拘役、管制或者剥夺政治权利;情节特别严重的,处三年以上十年以下有期徒刑。

第二百五十条　【出版歧视、侮辱少数民族作品罪】在出版物中刊载歧视、侮辱少数民族的内容,情节恶劣,造成严重后果的,对直接责任人员,处三年以下有期徒刑、拘役或者管制。

■最高人民法院关于审理非法出版物刑事案件具体应用法律若干问题的解释(1998年12月23日)

第七条　出版刊载歧视、侮辱少数民族内容的作品,情节恶劣,造成严重后果的,依照刑法第二百五十条的规定,以出版歧视、侮辱少数民族作品罪定罪处罚。

第二百五十一条　【非法剥夺公民宗教信仰自由罪、侵犯少数民族风俗习惯罪】国家机关工作人员非法剥夺公民的宗教信仰自由和侵犯少数民族风俗习惯,情节严重的,处二年以下有期徒刑或者拘役。

第二百五十二条　【侵犯通信自由罪】隐匿、毁弃或者非法开拆他人信件,侵犯公民通信自由权利,情节严重的,处一年以下有期徒刑或者拘役。

第二百五十三条　【私自开拆、隐匿、毁弃邮件、电报罪】邮政工作人员私自开拆或者隐匿、毁弃邮件、电报的,处二年以下有期徒刑或者拘役。

犯前款罪而窃取财物的,依照本法第二百六十四条的规定定罪从重处罚。

第二百五十三条之一　【侵犯公民个人信息罪】违反国家有关规定,向他人出售或者提供公民个人信息,情节严重的,处三年以下有期徒刑或者拘役,并处或者单处罚金;情节特别严重的,处三年以上七年以下有期徒刑,并处罚金。

违反国家有关规定,将在履行职责或者提供服务过程中获得的公民个人信息,出售或者提供给他人的,依照前款的规定从重处罚。

窃取或者以其他方法非法获取公民个人信息的,依照第一款的规定处罚。

单位犯前三款罪的,对单位判处罚金,并对其直接负责的主管人员和其他直接责任人员,依照各该款的规定处罚。(本条是根据《中华人民共和国刑法修正案(九)》之十七修改的,自2015年11月1日起施行。)

刑法本条原文:【出售、非法提供公民个人信息罪】国家机关或者金融、电信、交通、教育、医疗等单位的工作人员,违反国家规定,将本单位在履行职责或者提供服务过程中获得的公民个人信息,出售或者非法提供给他人,情节严重的,处三年以下有期徒刑或者拘役,并处或者单处罚金。

【非法获取公民个人信息罪】窃取或者以其他方法非法获取上述信息,情节严重的,依照前款的规定处罚。

单位犯前两款罪的,对单位判处罚金,并对其直接负责的主管人员和其他直接责任人员,依照各该款的规定处罚。(本条是根据《中华人民共和国刑法修正案(七)》之七增加的,自2009年2月28日起施行。)

■最高人民法院、最高人民检察院关于办理侵犯公民个人信息刑事案件适用法律若干问题的解释(全文)(2017年6月1日)

第一条　刑法第二百五十三条之一规定的"公民个人信息",是指以电子或者其他方式记录的能够单独或者与其他信息结合识别特定自然人身份或者反映特定自然人活动情况的各种信息,包括姓名、身份证件号码、通信通讯联系方式、住址、账号密码、财产状况、行踪轨迹等。

第二条　违反法律、行政法规、部门规章有关公民个人信息保护的规定的,应当认定为刑法第二百五十三条之一规定的"违反国家有关规定"。

第三条　向特定人提供公民个人信息,以及通过信息网络或者其他途径发布公民个人信息的,应当认定为刑法第二百五十三条之一规定的"提供公民个人信息"。

未经被收集者同意,将合法收集的公民个人信息向他人提供的,属于刑法第二百五十三条之一规定的"提供公民个人信息",但是经过处理无法识别特定个人且不能复原的除外。

第四条　违反国家有关规定,通过购买、收受、交换等方式获取公民个人信息,或者在履行职责、提供服务过程中收集公民个人信息的,属于刑法第二百五十三条之一第三款规定的"以其他方法非法获取公民个人信息”。

第五条　非法获取、出售或者提供公民个人信息，具有下列情形之一的，应当认定为刑法第二百五十三条之一规定的“情节严重”：

（一）出售或者提供行踪轨迹信息，被他人用于犯罪的；

（二）知道或者应当知道他人利用公民个人信息实施犯罪，向其出售或者提供的；

（三）非法获取、出售或者提供行踪轨迹信息、通信内容、征信信息、财产信息五十条以上的；

（四）非法获取、出售或者提供住宿信息、通信记录、健康生理信息、交易信息等其他可能影响人身、财产安全的公民个人信息五百条以上的；

（五）非法获取、出售或者提供第三项、第四项规定以外的公民个人信息五千条以上的；

（六）数量未达到第三项至第五项规定标准，但是按相应比例合计达到有关数量标准的；

（七）违法所得五千元以上的；

（八）将在履行职责或者提供服务过程中获得的公民个人信息出售或者提供给他人，数量或者数额达到第三项至第七项规定标准一半以上的；

（九）曾因侵犯公民个人信息受过刑事处罚或者二年内受过行政处罚，又非法获取、出售或者提供公民个人信息的；

（十）其他情节严重的情形。

实施前款规定的行为，具有下列情形之一的，应当认定为刑法第二百五十三条之一第一款规定的“情节特别严重”：

（一）造成被害人死亡、重伤、精神失常或者被绑架等严重后果的；

（二）造成重大经济损失或者恶劣社会影响的；

（三）数量或者数额达到前款第三项至第八项规定标准十倍以上的；

（四）其他情节特别严重的情形。

第六条　为合法经营活动而非法购买、收受本解释第五条第一款第三项、第四项规定以外的公民个人信息，具有下列情形之一的，应当认定为刑法第二百五十三条之一规定的“情节严重”：

（一）利用非法购买、收受的公民个人信息获利五万元以上的；

（二）曾因侵犯公民个人信息受过刑事处罚或者二年内受过行政处罚，又非法购买、收受公民个人信息的；

（三）其他情节严重的情形。

实施前款规定的行为，将购买、收受的公民个人信息非法出售或者提供的，定罪量刑标准适用本解释第五条的规定。

第七条　单位犯刑法第二百五十三条之一规定之罪的，依照本解释规定的相应自然人犯罪的定罪量刑标准，对直接负责的主管人员和其他直接责任人员定罪处罚，并对单位判处罚金。

第八条　设立用于实施非法获取、出售或者提供公民个人信息违法犯罪活动的网站、通讯群组，情节严重的，应当依照刑法第二百八十七条之一的规定，以非法利用信息网络罪定罪处罚；同时构成侵犯公民个人信息罪的，依照侵犯公民个人信息罪定罪处罚。

第九条　网络服务提供者拒不履行法律、行政法规规定的信息网络安全管理义务，经监管部门责令采取改正措施而拒不改正，致使用户的公民个人信息泄露，造成严重后果的，应当依照刑法第二百八十六条之一的规定，以拒不履行信息网络安全管理义务罪定罪处罚。

第十条　实施侵犯公民个人信息犯罪，不属于“情节特别严重”，行为人系初犯，全部退赃，并确有悔罪表现的，可以认定为情节轻微，不起诉或者免予刑事处罚；确有必要判处刑罚的，应当从宽处罚。

第十一条　非法获取公民个人信息后又出售或者提供的，公民个人信息的条数不重复计算。

向不同单位或者个人分别出售、提供同一公民个人信息的,公民个人信息的条数累计计算。

对批量公民个人信息的条数,根据查获的数量直接认定,但是有证据证明信息不真实或者重复的除外。

第十二条 对于侵犯公民个人信息犯罪,应当综合考虑犯罪的危害程度、犯罪的违法所得数额以及被告人的前科情况、认罪悔罪态度等,依法判处罚金。罚金数额一般在违法所得的一倍以上五倍以下。

第十三条 本解释自2017年6月1日起施行。

■最高人民法院、最高人民检察院、公安部关于办理电信网络诈骗等刑事案件适用法律若干问题的意见(二)(2021年6月17日)

五、非法获取、出售、提供具有信息发布、即时通讯、支付结算等功能的互联网账号密码、个人生物识别信息,符合刑法第二百五十三条之一规定的,以侵犯公民个人信息罪追究刑事责任。

对批量前述互联网账号密码、个人生物识别信息的条数,根据查获的数量直接认定,但有证据证明信息不真实或者重复的除外。

(第十二条至第十七条内容附在本书刑法第二百六十六条附文《意见》(节录)中。)

▼最高人民法院研究室关于非法生产、销售、使用"伪基站"行为定性征求意见的复函(2013年6月24日)

二、关于使用"伪基站"设备群发短信行为的定性。根据刑法第二百五十三条之一的规定,非法获取公民个人信息罪的行为对象为"国家机关或者金融、电信、交通、教育、医疗等单位在履行职责或者提供服务过程中获得的公民个人信息"。行为人利用"伪基站"设备,非法获取公民手机卡中的用户身份识别信息(IMSI)、手机号码等信息,不属于刑法第二百五十三条之一规定的"公民个人信息",不宜以非法获取公民个人信息罪定罪处罚。行为人利用"伪基站"设备,以非法占用电信频率的方式,破坏正在使用中的公用无线通信网络,在较大范围内较长时间造成用户通信中断,严重危害公共安全的,可以以破坏公用电信设施罪定罪处罚。

▽非法购买公民通话清单后予以转卖牟利的行为,应认定为非法获取公民个人信息罪

刑法本条规定,构成非法获取公民个人信息罪主要有两个条件:1. 获取的对象属于公民个人信息;2. 获取的手段非法,且情节严重。本案被告人的行为显然符合这两个条件,具体体现在:第一,公民个人电话通话清单属于"公民个人信息"。"公民个人信息"是指专属于某自然人的一切能用于识别其特定身份的重要信息,包括姓名、职业、职务、年龄、婚姻状况、种族、学历、学位、专业资格、工作经历、住址、电话号码、网上登录姓名和密码、身份证号码、护照号码、社会保险卡号码、医疗保险卡号码、驾驶证号码、指纹、声音印记、DNA、书写的签名和电子签名等。电话通话清单是电信部门电脑对某一电话主叫或被叫情况、对方电话号码、是否接通及通话时间起止等情况的实时记录通过对一定时段内某一电话的通话记录进行分析,有可能发现该电话使用者的身份、经济状况、生活规律、与通话对方关系等相关情况。因此,电话通话清单隐含着公民个人的某些信息,属于刑法本条罪状中"公民个人信息"的范畴。第二,被告人购买、转卖的电话通话清单数量多,社会影响大,情节严重。非法获取公民个人信息"情节严重"的认定,目前尚无司法解释作为明确依据,司法机关可以参考实践中认定某一犯罪"情节严重"的通常标准,从获取的手段、获取的公民个人信息的具体数量、出售这些信息所造成的后果等多个方面进行综合判定。本案被告人通过在互联网上发布广告,长时间、大范围地收集、购买、兜售电话通话清单、身份资料等公民个人信息。其中,仅转卖给同案被告人林某某的电话通话清单就达14份,林某某等人得以借此多次实施电信诈骗,骗得其中一位机主的亲友现金5万元,并在相关机主及其亲友之间引起猜疑和恐慌。据此,完全可以认定被告人的行为达到了"情节严重"的程度,应当追究刑事责任。值得一提的是,虽然被告人向同案被告人林某某出售14份电话通话清单的行为发生在2008年

12月,而《刑法修正案(七)》自2009年2月28日施行,但因被告人从其注册成立公司后直至2009年3月1日被抓获期间一直从事非法获取公民个人信息的活动,根据《刑法》第八十九条"犯罪行为有连续或者继续状态的,追诉期限从犯罪行为终了之日起计算"的规定,可以适用《刑法修正案(七)》的有关规定,以非法获取公民个人信息罪定罪处罚。[参见第612号指导案例,周建平非法获取公民个人信息案,载《刑事审判参考》总73集(2010年第2集),第26~29页。撰稿:陈超 李华 贺心]

▽被告人不具备特定身份,其行为不构成出售、非法提供公民个人信息罪

刑法本条第一款明确规定,非法提供公民个人信息罪系特殊主体犯罪,犯罪主体限于国家机关或者金融、电信、交通、教育、医疗等单位的工作人员。被告人不具备该特定身份,也没有证据证实其与这类人员共同犯罪,故其行为不构成出售、非法提供公民个人信息罪。被告人的行为包括两个环节:先是以收集、购买等方法非法获取电话通话清单等公民个人信息;后是倒卖牟利。该行为完全符合非法获取公民个人信息罪的构成要件,故在不能认定构成出售、非法提供公民个人信息罪的情况下,完全能以非法获取公民个人信息罪定罪处罚。[参见第612号指导案例,周建平非法获取公民个人信息案,载《刑事审判参考》总第73集(2010年第2集),第28页。撰稿:陈超 李华 贺心]

▽对于非法获取公民个人信息犯罪,未经授权的不当获取应构成"非法获取"

根据《刑法修正案(七)》第七条的规定,窃取或者以其他方法非法获取公民个人信息,情节严重的,构成非法获取公民个人信息罪。采用"窃取"手段获取公民个人信息的行为比较容易认定,关键是如何认定本条中的"以其他方法非法获取"。目前在非法获取公民个人信息犯罪案件中,"以其他方法非法获取"主要包括冒充相关部门工作人员至电信部门调取通话清单,向掌握大量公民个人信息的人员如房地产公司、电讯公司工作人员购买等,获取的信息内容不仅包括公民的电话号码等联系方式,还包括职业、简历、住址等信息。总体而言,这些行为具有一个共同的特征,即被告人均是未经授权擅自获取公民个人信息。例如,房产业主购房时登记自己的电话号码,只是为了便于与开发商或卖家联系,其信息被多次转卖显然超出其同意的范围。再如,求职者向某职位发送个人简历,只是为了应聘该职位,其信息被转卖至其他公司也显然违背其意愿。互联网是一个开放的平台,如果信息所有者自行或者通过单位将信息公布于网站上,应当推定其同意公开个人信息。作为一个理性的个人,应当能预见信息公开的后果,所以在选择公开的程度和方式时会有所控制,不会将私密性较强的信息公布于网站上。所以,即使这些公开的信息被他人搜索到之后再整理出售,一方面该行为的危害程度有限,另一方面该行为的后果是信息所有者应当能够预见到的,所以不宜入罪。目前虽然没有个人信息保护法规明确将公民个人信息规定为禁止买卖和互易的商品,很难确认买卖或者互易的手段本身是否具有违法性,但如果行为人未经授权擅自获取公民个人信息,则无疑属于非法获取公民个人信息。因此,本案中,行为人在网上购买、互易、发布虚假招聘广告骗取求职者个人信息以及利用职务便利私自复制公司客户资料等手段均可认定为"非法获取"。[参见第719号指导案例,周娟等非法获取公民个人信息案,载《刑事审判参考》总第81集(2011年第4集),第28~29页。撰稿:苏琼 余丹]

▽非法获取公民个人信息罪的定罪标准和量刑情节应结合案件具体情况予以认定

在定罪方面,不能唯数量论,即使涉案信息数量不大,但有其他严重情节的,也能够构成本罪。例如,非法获取的手段行为具有较大的破坏性(破坏他人计算机系统以获取信息);非法获取他人隐私类信息,严重影响他人工作、学习和生活;非法获取他人信息用于违法犯罪活动;非法获取并出售他人信息,导致他人人身和财产安全遭到严重威胁或危害等,都应属于情节严重的表现。在量刑方面,除了将涉案个人信息的数量作为主要的量刑情节之外,还应当结合以下几个方面综合把握:1. 犯罪动机。根据各被告人的供述,被告人周娟、李之召、张伟、胡梅珍、李雪花、张修、王开生、张宜宇、陈遵龙的犯罪动机主要是为了牟利,而被告人余银华称自己最初获取信息只是为了从事人力资源行业的工作方便。出于牟利目的而非法获取信息的行为与因日常生活和工作需要而非法获取信息的行为相比,前者主观恶性明显要大,且信息的传播范围要更广,因此,情节更为严重。2. 犯罪手段。从获取信息的手段分析,被告人周娟、李之召、张伟、胡梅珍、李雪花、张修、王开生和张宜宇都是通过互易、购买的方式获取公民个人信息,被告人陈遵龙是购买以及通过在网站发布虚假招聘广告的方式骗取,被告人余银华主要是利用职务便利在公司私自复制、购买以及发布虚假招聘广告骗取,其中2009年3月以后余银华主要是通过购买的方式获取。一般而言,如果手段行为本身具有违法性或者破坏性,如骗取、窃取他人信息,采取破坏性手段侵入他人计算机系统等方式获取信息,相比一般的购买、互易信息行为具有更大的危害性。同时,骗取、窃取行为一般获取的是"第一手"信息,可能导致更多本身不在信息"流通"市场的公民个人信息被转卖或传播,所以其量刑应当相对较重。3. 信息类型。本罪中的公民个人信息是指与公民个人密切相关的、其不愿该信息被特定人群以外的其他人群所知悉的信息。一方面,公民个人信息的保护是公民人格权的重要组成部分,对公民不愿意公开的信息进行保护是现代法治的应有之义;另一方面,公民个人信息的泄露可能为不法分子所利用,进而为公民带来负面的影响。因此,非法获取的公民个人信息如果属于公民隐私类信息或者泄露后可能会产生极其不良后果的信息,相对于非法获取公民一般信息,情节更为严重。本案中,被告人非法获取的个人信息包括两类:一类是股民资料、车主和房产业主资料、高收入人群名单、银行存款客户名单、保险客户、小孩出生资料等,主要是一些电话号码,一般是被用于商业推销等用途;另一类是求职者信息,主要是求职者的简历之类的内容,一般为"猎头"所用。以上两类信息都属于一般公民信息。4. 犯罪后果。被告人非法获取信息后主要有三种处理结果:一是自己存留;二是转卖给他人;三是自行使用。第一,对于自己存有的情形,行为的危害性较小,量刑时可以比照其他情况适当从轻。第二,对于转卖给他人的,如果他人将信息用于实施犯罪行为,旦被告人对此是明知的,则可能构成共犯。第三,被告人不知他人欲将信息用于犯罪活动,但间接地造成了严重后果,也应当认为其非法获取公民个人信息的行为危害性较大,并将之作为从重处罚的情节。第四,如果被告人利用自己获得的信息实施了犯罪行为,应当对其数罪并罚。第五,若被告人利用获得的信息实施了犯罪以外的其他行为,应当将其使用后果作为量刑情节予以考虑。考虑到各被告人获取信息的数量、动机、手段、类型和后果,法院对被告人周娟、李之召、张伟、胡梅珍、李雪花、张修、王开生、张宜宇、陈遵龙丸名被告人分别判处拘役六个月至有期徒刑二年的刑罚,且根据具体情况对被告人胡梅珍、李雪花、张修、王开生适用缓刑;被告人余银华在2009年3月至9月,通过购买的方式获取公民个人信息2000余条,数量较小,且有立功表现,认罪悔罪态度较好,故免予刑事处罚。[参见第719号指导案例,周娟等非法获取公民个人信息案,载《刑事审判参考》总第81集(2011年第4集),第29~32页。撰稿:苏琼 余丹]

▽手机定位属于刑法保护的"公民个人信息"

一般认为,公民个人信息包括姓名、职业、职务、年龄、工作经历家庭住址、电话号码、信用卡号码、指纹、网上登录账号和密码等能够识别公民个人身份的信息。从表现形式看,这些信息基本是静态而非动态的。手机定位是随着手机在社会生活中的广泛使用而出现的一种技术手段。其做法是通过特定的定位技术来获取移动手机或终端用户的位置信息(经纬度坐标),在电子地图上标出被定位对象的位置。通过对手机号码进行定位,定位人能够知道被定位人的大概位置。但这种位置可能会发生变化故手机定位属于动态信息。从生活经验看,公民在某个时间内所在的具体位置在一般情况下并不具有明显的隐私性和权益性,对于其本人或他人而言都并非值得关注的问题。但是,当公民从事某些活动不希望被他人获悉时,因其所处具体方位与所从事的活动之间具有直接联系,一旦被他人获悉,其所从事的活动也就相当程度被暴露,损害其利益,故其所处具体位置就具有明显的隐私性和权益性,属于刑法所保护的公民个人信息。此时,对公民的手机进行定位,就属于侵犯公民隐私的行为。正是基于手机定位存在侵犯公民隐私和权益的危险,当前电信部门把手机定位作为一项特殊业务来开展,有较为严格的办理手续。如中国移动北京分公司有一项"单位通"手机定位业务,须持单位营业执照、介绍信才能办理。在这种业务中,单位可以因公务对员工的位置实现手机定位,从而查询到机主所处的大概方位,但这种业务只面向单位,并且是单位对个人的单向定位。在办理此类案件时,较为重要的一个问题是如何计算手机定位信息的数量。对此要根据具体情况进行分析,不能一概而论。如果基于同一个人的申请,在相对固定的时间内(如一周、一个月或者一年)对同一部手机进行连续多次定位,可以计算为一条信息,但量刑时不应仅以一条信息而论,还必须考虑这种连续定位行为的危害性,体现与仅定位一次的区别。如果对手机定位后,经过一段时间再次对同一部手机进行定位,特别是申请定位人不是同一人时,则不宜计算为一条信息,可根据实际定位次数计算信息数量。本案中,被告人出售的手机定位方式是一个手机号码授权定位一个月,可使用50次,每次都能查到被定位人的大概位置。这种定位方式是对一个手机号码以月为单位以固定次数"打包"计价出售,虽然在一个月内对同一部手机进行了多次定位,仍可以计算为一条信息,而非多条信息,但在量刑时要体现与仅定位一次的区别。[参见第741号指导案例,谢新冲出售公民个人信息案,载《刑事审判参考》总第83集(2011年第6集),第51～52页。撰稿:罗灿　李永京　徐辉]

▽非法出售手机定位信息构成出售公民个人信息罪

构成出售公民个人信息罪要具备多个条件:一是具有特定身份,即属于国家机关或者金融、电信、交通、教育、医疗等单位的工作人员;二是违反了国家的相关规定;三是出售公民个人信息"情节严重"。下面结合本案进行具体分析。首先,被告人具备出售公民个人信息罪的主体条件。目前,我国的电信运营单位主要包括中国联通、中国移动、中国电信以及其他一些小的电信公司。这些电信单位在履行职责或者提供服务过程中积累了大量的客户资料,其工作人员也较容易获得这些资料。本案中,京驰公司经中国移动公司授权开展手机定位业务,主要包括对企业外勤人员的考勤,对智障人员、老人、儿童的监护,但不包括对有语音服务的SIM卡进行定位。对于这些可提供的合法手机定位服务,中国移动公司要求申请定位人必须是企业用户,且被定位人要知情。由于京驰公司可以经营电信业务,被告人作为该公司运维部经理,能够实施手机定位工作,故当然属于电信单位的工作人员。其次,被告人出售公民个人信息的行为违反了国家的相关规定。国务院2000年颁布的《中华人民共和国电信条例》(本附件以下简称《电信条例》)对电信企业保护公民个人信息问题作了多项规定。例如,第六条规定,电信网络和信息的安全受法律保护,任何组织或者个人不得利用电信网络从事危害国家安全、社会公共利益或者他人合法权益的活动。第五十八条规定,任何组织或者个人不得利用电信网从事窃取或者破坏他人信息、损害他人合法权益的活动。显然,出售手机定位信息的行为违反了《电信条例》的上述规定。同时,正是因为电信工作与公民隐私保护密切相关,电信企业通常要求员工签订保密协议。本案被告人在案发前曾与中国移动公司签订保密合同,约定不得泄露在履行职务过程中获取的公民个人信息。故被告人主观上也明知自己出售公民个人信息的行为具有违法性。最后,被告人出售公民个人信息属于情节严重。关于这里的情节严重,尚无司法解释作出明确规定,实践中通常参照其他司法解释的有关规定,结合案件具体情况来认定。一般来说,情节严重的情形包括:多次出售、向多人出售或者出售多人信息的;出售公民个人信息非法获利数额较大的;给公民造成严重经济损失或者严重影响公民个人正常生活的;对国家安全或社会民生造成影响的;将公民个人信息出售给境外机构或者个人的;出售的公民个人信息被用于违法犯罪活动的等。被告人无视所在公司工作纪律,为谋取非法获利私自承揽手机定位业务,只要申请人提供被定位人的电话号码、姓名、身份证号码,被告人就进行手机定位。具体做法是:被告人先把定位软件发给申请定位人,对方把需要定位的手机号码给被告人,其再把号码报给移动公司,移动公司对这些号码开放权限后,其在自己的定位系统内给申请定位人的用户名开放权限,对方就可以用自己的电脑进行定位操作。被告人给调查公司进行手机定位的收费远高于给正常用户定位的收费,给正常用户定位一个号码收费100元,有三个月的定位权限;而给调查公司定位一个号码收费1000元仅有一个月的定位权限。被告人先后为被告人刘某某、程某某、张某某等多人进行手机定位90余个,非法获利人民币9万元,属于多次向多人出售多个公民个人信息,且非法获利数额巨大,应当认定为情节严重。因此,被告人的行为构成出售公民个人信息罪。值得一提的是,出售、非法提供公民个人信息罪与非法获取公民个人信息罪之间属于对向犯关系。当非法获取公民个人信息达到情节严重的程度时,可以非法获取公民个人信息罪定罪处罚。本案被告人刘某某、程某某、张某某明知手机定位信息来源于电信单位的被告人处,而通过购买方式直接获取。其中,刘某某非法获取手机定位信息40余个,程某某非法获取手机定位信息30余个,张某某非法获取手机定位10余个,三人均属于多次非法获取公民个人信息,符合"情节严重"的定罪条件,应当认定为非法获取公民个人信息罪。[参见第741号指导案例,谢新冲出售公民个人信息案,载《刑事审判参考》总第83集(2011年第6集),第53～55页。撰稿:罗灿　李永京　徐辉]

▽侵犯公民个人信息犯罪中"公民个人信息"范围的认定

刑法本条规定的"公民个人信息",一般是指专属于某一自然人的一切能用于识别其特定身份的重要信息,其不为一般人所知悉,且具有保护价值。具体包括:公民的姓名、职业、职务、年龄、婚姻状况、种族、学历、学位、专业资格、工作经历、住址、电话号码、网上登录姓名及密码、居民身份证号码、护照号码、社会保险卡号码、医疗保险卡号码、驾驶证号码、银行卡号码、指纹、唇纹、声音印记、DNA、书写的签名和电子签名等。关于"公民个人信息"的范围,我国法律没有明确规定。实践中对上述信息属于"公民个人信息"一般不存在争议。个人日常行踪之类的活动记录,也应属于"公民个人信息"。即只要与公民个人信息相关,公民不想公开,而且与公共利益无关的,都应当纳入"公民个人信息"的范围。如通过手机定位所获取的公民个人行踪情况,属于刑法保护的"公民个人信息"。手机定位属于动态信息,当公民从事某些活动不希望被他人获悉时,因其所处具体位置与其从事的活动具有直接联系,一旦所处位置被他人获悉,其所从事的活动也就相应暴露,从而可能损害其利益。故其所处的具体位置就具有明显的隐私性和权益性,属于刑法所保护的"公民个人信息"。在此情况下,行为人擅自对公民的手机进行定位,就属于侵犯公民隐私的行为。正因为手机定位存在侵犯公民隐私和权益的危险,当前电信部门把手机定位作为一项特殊业务来开展,有着较为严格的审批程序。本案中,被跟踪的车辆为专用公务车,该车的行驶路线、停车地点和时间等信息即反映了乘车人的日常活动情况。被告人胡某、王某获取的被害人的日常行动轨迹和活动地点等信息,涉及家庭住址、单位地址、经常出入的场所等公民隐私和生活习惯性内容,具有个人专属性,能反映出该公民某些个人特征,且信息内容关系到公民日常生活的基本安全性,信息的泄露会使公民彻底失去安全感,严重影响其日常生活。因此,该案中被害人的行踪属于刑法所保护的"公民个人信息"。[参见第1009号指导案例,胡某等非法获取公民个人信息案,载《刑事审判参考》总第99集(2014年第4集),第54～55页。撰稿:钟莉　范冬明]

▽侵犯公民个人信息犯罪"非法获取"的认定

刑法本条第二款的规定,"窃取或者以其他方法非法获取"均属于"非法获取"。"窃取"是指采取不为权利人所知晓的方法,秘密地取得。而"以其他方法非法获取"则是指以与窃取具有相当社会危害性的方法获取,主要包括:(1)以违法方式获取,即获取公民个人信息的手段违反法律、法规、规章等规范性文件中的禁止性规定;(2)未获得授权而获取,此种情况下行为人没有得到公民本人授权,无权了解、接触相关公民个人信息;(3)以不正当方式获取,此种情况下行为人违背了信息所有人的意愿或者真实意思表示,或者违反了社会公序良俗。本案被告人胡某、王某未经他人同意进行秘密跟踪,违背他人意愿,并在目标车辆上安装定位器对车辆进行监视,还使用密拍器进行拍摄,获取该车使用人的个人行踪。汽车定位器属于窃听专用器材,而胡某、王某不是国家执法人员,无权使用此类器材,二人通过上述方法获取公民个人信息明显违法,属于非法获取公民个人信息。[参见第1009号指导案例,胡某等非法获取公民个人信息案,载《刑事审判参考》总第99集(2014年第4集),第576～578页。撰稿:钟莉　范冬明]

▽侵犯公民个人信息犯罪中“情节严重”的认定

判断非法获取公民个人信息行为是否达到“情节严重”,可从以下四个方面综合考量:一是从用途考虑,非法获取的信息是否被用于犯罪活动;二是从结果考虑,该信息是否严重影响被害人的正常生活,或者给被害人带来较大经济损失;三是从行为方式考虑,采取的手段、方法是否恶劣,是否使用违禁工具等;四是从信息数量、获利数额、行为持续时间等方面考虑,非法获取公民个人信息的数量、次数较多,行为人获利数额较大,以及非法获取行为持续时间较长等的,一般都可以认定为“情节严重”。综合以上因素考虑,对于没有使用违禁的密拍设备、窃听窃照器材,跟踪时间较短,没有非法获利的普通跟踪行为,一般不宜作为犯罪处理。本案被告人胡某、王某受人雇用跟踪他人,采用驾车及在目标车辆上安装跟踪定位器等方式获取他人的出行记录,并将所获取的汽车行驶路线、停车地点等信息记录整理后交给雇主,跟踪长达两个多月,具有比较严重的社会危害性,属于“情节严重”,依法应予惩处。综上,公民个人的行踪属于公民个人信息,被告人胡某、王某采取驾车和安装定位器等非法手段进行长时间跟踪,情节严重,人民法院对二被告人的行为按照非法获取公民个人信息罪进行定罪处罚是正确的。[参见第1009号指导案例,胡某等非法获取公民个人信息案,载《刑事审判参考》总第99集(2014年第4集),第57~58页。撰稿:钟莉　范冬明]

第二百五十四条　【报复陷害罪】国家机关工作人员滥用职权、假公济私,对控告人、申诉人、批评人、举报人实行报复陷害的,处二年以下有期徒刑或者拘役;情节严重的,处二年以上七年以下有期徒刑。

第二百五十五条　【打击报复会计、统计人员罪】公司、企业、事业单位、机关、团体的领导人,对依法履行职责、抵制违反会计法、统计法行为的会计、统计人员实行打击报复,情节恶劣的,处三年以下有期徒刑或者拘役。

第二百五十六条　【破坏选举罪】在选举各级人民代表大会代表和国家机关领导人员时,以暴力、威胁、欺骗、贿赂、伪造选举文件、虚报选举票数等手段破坏选举或者妨害选民和代表自由行使选举权和被选举权,情节严重的,处三年以下有期徒刑、拘役或者剥夺政治权利。

■中华人民共和国全国人民代表大会和地方各级人民代表大会选举法(2000年10月18日)

第五十八条　为保障选民和代表自由行使选举权和被选举权,对有下列行为之一,破坏选举,违反治安管理规定的,依法给予治安管理处罚;构成犯罪的,依法追究刑事责任:

(一)以金钱或者其他财物贿赂选民或者代表,妨害选民和代表自由行使选举权和被选举权的;

(二)以暴力、威胁、欺骗或者其他非法手段妨害选民和代表自由行使选举权和被选举权的;

(三)伪造选举文件、虚报选举票数或者有其他违法行为的;

(四)对于控告、检举选举中违法行为的人,或者对于提出要求罢免代表的人进行压制、报复的。

国家工作人员有前款所列行为的,还应当由监察机关给予政务处分或者由所在机关、单位给予处分。

以本条第一款所列违法行为当选的,其当选无效。

第二百五十七条　【暴力干涉婚姻自由罪】以暴力干涉他人婚姻自由的,处二年以下有期徒刑或者拘役。

犯前款罪,致使被害人死亡的,处二年以上七年以下有期徒刑。

第一款罪,告诉的才处理。

第二百五十八条　【重婚罪】有配偶而重婚的,或者明知他人有配偶而与之结婚的,处二年以下有期徒刑或者拘役。

▽重婚罪的认定

重婚罪包括两种情况:1. 有配偶的人重婚,即有配偶的人,在夫妻关系存续期间又与他人结婚。2. 无配偶的人重婚,即无配偶的人明知他人有配偶,而与之结婚的行为。这里所说的“结婚”,既包括经过国家婚姻登记机关批准,履行了法律手续的结婚,也包括事实上形成的婚姻关系,即有配偶的人与第三者虽未经过婚姻登记机关批准,未履行法律手续,但事实上两人以夫妻名义同居,也就是所谓的“事实婚姻”。一般来讲,事实婚姻需具备两个条件:第一,两人之间相互以夫妻相待,比如过正常的夫妻家庭生活与性生活;第二,对外两人明确以夫妻名义相称,比如,对邻居、朋友介绍两人系夫妻关系,在社会上以夫妻身份出现等。行为人与另一行为人结婚后,又与第三人于2001年2月至4月上旬,以夫妻名义共同生活。2001年3月,行为人与第三人还举办结婚仪式,并向他人分发喜糖。在居住区,行为人对保安人员介绍第三人是自己的妻子,而另一行为人出示的结婚证是假的。在民警面前,行为人仅承认第三人是妻子。第三人明知行为人已有配偶,而与行为人以夫妻名义共同生活。在被告人行为人与第三人之间,以夫妻相称,过正常夫妻家庭生活与性生活;对外两人则以夫妻身份出现,致使不知内情的人以为两人确系夫妻关系。对行为人而言,有配偶而与他人建立夫妻关系,其行为已构成重婚罪;就第三人而言,明知行为人有配偶,而与行为人以夫妻名义共同生活,其行为亦构成重婚罪。[参见第141号案例,陈越、邵某重婚案,载《刑事审判参考》总第22辑(2001年第11辑),法律出版社,第27页。执笔:蔡金芳]

▽事实婚姻仍可作为重婚罪的构成要件

事实婚姻是未经依法登记而存在的一种实际上的男女婚姻关系。新中国成立以来,一直承认此种关系为事实婚姻关系。在认定重婚罪时,也一直把事实婚姻作为重婚罪的构成要件,即两次婚姻中,只要有一次事实婚姻,一次登记结婚,就构成重婚罪。1994年2月1日,中华人民共和国民政部又颁布了《婚姻登记管理条例》(已失效),其中第二十四条规定:“符合结婚条件的当事人未经结婚登记以夫妻名义同居的,其婚姻关系无效,不受法律保护。”从而彻底否定了事实婚姻。1994年12月14日,最高人民法院在给四川省高级人民法院的批复中指出:“新的《婚姻登记管理条例》发布施行后,有配偶的人与他人以夫妻名义同居生活的,或者明知他人有配偶而与之以夫妻名义同居生活的,仍应按重婚罪定罪处罚。”根据最高人民法院的前述批复,事实婚姻仍可作为重婚罪的构成要件。对最高人民法院批复中的所谓“有配偶的人”,应理解为是指已经依法登记结婚的人。因此,已经登记结婚的人,又与他人以夫妻名义同居生活,或者明知他人已经登记结婚,还与之以夫妻名义同居生活,同样构成重婚罪。对于先有事实婚姻,又与他人登记结婚和两次及两次以上均是事实婚姻的,则依法不构成重婚罪。对于有配偶的人又与他人以夫妻名义同居而形成事实婚姻的,之所以应当以重婚罪追究刑事责任,是因为不能允许行为人以事实婚姻去肆意破坏依法登记的合法婚姻。法律不保护事实婚姻,但必须保护合法的婚姻关系不受非法侵犯。[参见第10号案例,方伍峰重婚案,载《刑事审判参考》总第2辑(1999年第2辑),法律出版社,第15～18页。]

▽恶意申请宣告配偶死亡后与他人结婚的行为构成重婚罪

行为人以欺诈手段骗取法院宣告其配偶死亡,取得法律规定的“拟制丧偶”身份后与他人结婚的行为性质,与已有配偶者采取欺骗手段制作虚假手续,冒充未婚或离异的身份又与他人结婚的性质是同样的,均是重婚行为。只不过行为人骗取的虚假手续是人民法院作出的宣告死亡的判决是重婚行为的一种特殊表现手段而已。行为人明知自己是已婚身份,却隐瞒事实真相与他人又结婚的行为,符合重婚罪的构成要件。[参见第419号案例,王艳重婚案,载《刑事审判参考》总第53辑(2006年第6辑),法律出版社,第38～41页。执笔:刘京华]

▽外籍被告人与外籍配偶在境外结婚后,在我国境内与他人以夫妻名义同居的,构成重婚罪

(一)外国人在我国境内与他人以夫妻名义同居的行为是否构成重婚罪应当适用我国的法律规定。被告人法兰克·巴沙勒·米伦在英国有一个合法的登记婚姻,有合法的妻子和儿女。在该婚姻关系存续期内,法兰克·巴沙勒·米伦在我国境内又和被告人罗某某同居。二被告人虽然未在我国民政部门正式登记结婚,但他们通过摆婚宴等方式对外宣布并以夫妻名义共同生活,后共同生育2名儿女。首先,二被告人的行为是否构成犯罪,应当适用我国刑法的规定。我国刑法第六条第一款规定:“凡在中华人民共和国领域内犯罪的，除法律有特别规定的以外，都适用本法。”该条第三款规定：“犯罪的行为或者结果有一项发生在中华人民共和国领域内的，就认为是在中华人民共和国领域内犯罪。”本案中，法兰克·巴沙勒·米伦与罗某某的重婚行为发生在我国境内，应当认定为在我国领域内实施的行为，依法应当适用我国刑法的规定。

（二）外籍被告人在我国境内与他人以夫妻名义同居的行为符合重婚罪的构成特征。法兰克·巴沙勒·米伦在英国的婚姻关系，被我国法律所承认，其在我国境内的重婚行为，客观上已导致其同时拥有“两个妻子”，其行为明显侵犯了我国的“一夫一妻制度”，依法应当纳入我国刑法的规制范围。罗某某明知对方有被我国法律所承认的合法婚姻关系，仍与之以夫妻名义公开同居生活，造成对方“一夫两妻”客观事实，其行为亦侵犯了我国刑法所保护的“一夫一妻”制度，依法亦应纳入我国刑法的规制范围。对于重婚行为，《中华人民共和国婚姻法释义》称，所谓重婚，是指有配偶的人又与他人结婚的违法行为。有配偶的人，未办理离婚手续又与他人登记结婚，即重婚；虽未登记结婚，但事实上与他人以夫妻名义而公开同居生活的，亦构成重婚。明知他人有配偶而与之登记结婚，或者虽未登记结婚，但事实上与他人以夫妻名义同居生活，也构成重婚。最高人民法院于2001年出台的《关于适用〈中华人民共和国婚姻法〉若干问题的解释（一）》（已失效，本附文以下简称《婚姻法解释（一）》）第二条规定，婚姻法第三条规定的“有配偶者与他人同居”的情形，是指有配偶者与婚外异性，不以夫妻名义，持续、稳定地共同居住。故婚姻法第三条第二款规定的“重婚”，包含了《中华人民共和国婚姻法释义》中所称的“虽未登记结婚，但事实上与他人以夫妻名义而公开同居生活”。综上分析，即重婚行为有两种：一种是“有配偶而重婚”，即指已经结婚的人，在婚姻关系存续期间，又与他人结婚；另一种是“明知他人有配偶而与之结婚”，是指本人明知他人有配偶而仍然与他人结婚。这里规定的“结婚”，既包括骗取合法手续登记结婚，又包括虽未登记结婚，但以夫妻名义共同生活的。只要是有配偶而又结婚，或者是明知他人有配偶而与之结婚的，无论是骗取合法手续登记结婚，还是未登记结婚，但以夫妻名义共同生活的，都属于重婚。基于上述分析，本案中，被告人法兰克·巴沙勒·米伦有配偶仍与他人以夫妻名义共同生活，被告人罗某某明知他人有配偶而与他人以夫妻名义共同生活，均符合刑法第二百五十八条规定中的重婚罪构成特征。

（三）相关批复的废止不影响重婚罪的认定。对于一方结婚后与他人在未经登记的情况下以夫妻名义共同生活的情形，被告人往往会提出如下抗辩，《最高人民法院关于〈婚姻登记管理条例〉施行后发生的以夫妻名义非法同居的重婚案件是否以重婚罪定罪处罚的批复》（已失效，法复〔1994〕10号，本附文以下简称《1994年重婚定罪批复》）已于2013年1月14日由最高法院以法释〔2013〕2号所废止，故根据该批复认定一方结婚后与他人在未经登记的情况下以夫妻名义共同生活的构成重婚罪，无法律依据。如前所述，《婚姻法》区分了“重婚”与“有配偶者与他人同居”。根据《婚姻法解释（一）》第二条的规定，“有配偶者与他人同居”是指有配偶者与婚外异性，不以夫妻名义，持续、稳定地共同居住。由此可以得出“有配偶者与婚外异性，以夫妻名义，持续、稳定地共同居住”属于“重婚”的结论。而根据我国刑法第二百五十八条的规定，“有配偶而重婚的，或者明知他人有配偶而与之结婚的”，构成重婚罪。可见，综合婚姻法及相关司法解释、刑法关于重婚行为的规定来看，我国法律对“以夫妻名义非法同居的重婚案件”已经作出了明确规定，《1994年重婚定罪批复》是否被废止，不影响对“以夫妻名义非法同居的重婚案件”的认定。事实上，《1994年重婚定罪批复》被废止的主要理由即《婚姻登记管理条例》已废止，刑法已有明确规定。因此，我们认为，《1994年重婚定罪批复》的废止，并不意味着对重婚罪的认定发生根本变化，不影响对本案二被告人的行为构成重婚罪的定性。［参见第967指导案例，法兰克·巴沙勒·米伦等重婚案，载《刑事审判参考》总第97集（2014年第2集），第69~71页。撰稿：林旭群　潘文杰］

第二百五十九条　【破坏军婚罪】明知是现役军人的配偶而与之同居或者结婚的，处三年以下有期徒刑或者拘役。

【强奸罪】利用职权、从属关系，以胁迫手段奸淫现役军人的妻子的,依照本法第二百三十六条的规定定罪处罚。

第二百六十条　【虐待罪】虐待家庭成员,情节恶劣的,处二年以下有期徒刑、拘役或者管制。

犯前款罪,致使被害人重伤、死亡的,处二年以上七年以下有期徒刑。

第一款罪,告诉的才处理,但被害人没有能力告诉,或者因受到强制、威吓无法告诉的除外。(本款是根据《中华人民共和国刑法修正案(九)》之十八修改的,自2015年11月1日起施行。)

刑法本条第三款原文:第一款罪,告诉的才处理。

■最高人民法院、最高人民检察院、公安部、司法部关于依法办理家庭暴力犯罪案件的意见(2015年3月2日)(见本书附录三十五)

●初虐待的未成年人有权变更抚养权

1. 被虐待的未成年人,因年幼无法行使告诉权利的,属于刑法第二百六十条第三款规定的"被害人没有能力告诉"的情形,应当按照公诉案件处理,由检察机关提起公诉,并可以依法提出适用禁止令的建议。

2. 抚养人对未成年人未尽抚养义务,实施虐待或者其他严重侵害未成年人合法权益的行为,不适宜继续担任抚养人的,检察机关可以支持未成年人或者其他监护人向人民法院提起变更抚养权诉讼。(参见最高人民检察院发布第11批指导性案例,检例第44号,于某虐待案,2018年11月9日发布。)

▽虐待罪与故意伤害罪之间不存在法条竞合关系

判断虐待罪与故意伤害罪是否存在法条竞合关系的关键在于两罪的构成要件是否存在交叉或包容关系,根据刑法第二百三十四条和第二百六十条的规定,虐待罪与故意伤害罪的犯罪构成要件完全不同,并不存在构成要件上的交叉或包容关系:一是犯罪主体不同。虐待罪的犯罪主体为特殊主体,只有行为人与被害人具有家庭成员关系时才构成;故意伤害罪的犯罪主体为一般主体。二是故意内容不同。虐待罪的主观故意是使被虐待者肉体上、精神上受摧残、折磨,行为人并不想直接造成被害人伤害、死亡的结果,被害人所以致伤、致死是由于长期虐待的结果;故意伤害罪的行为人则积极追求或放任伤害后果的发生。三是侵犯客体不同。虐待罪侵犯的是复杂客体,即家庭成员在家庭生活中的平等权利和被害人的人身权利;故意伤害罪侵犯的是单一客体,即他人的身体健康权。四是行为特点不同。虐待罪中的虐待行为具有连续性、经常性和一贯性,这是引起被害人致伤、致死的原因,一次的虐待行为不足以构成虐待罪,更不足以造成被害人伤亡结果的发生;而故意伤害罪对被害人身体的伤害一般情况下为一次形成。此外,法条竞合关系只能对"同一行为"进行评价时产生。行为人实施的犯罪行为有两个,一个是长期的虐待行为;另一个是最后一次的故意伤害行为(以下简称本次行为)。在虐待过程中,行为人故意对被害人实施的这一次造成伤害结果的伤害行为,并不能被虐待行为所包容、评价,构成刑法意义上的独立客观行为。可见,行为人的本次行为与其以前实施的虐待行为并不是刑法意义上的"同一行为",完全可以从之前的虐待行为中分离出来,应当分别进行评价。综上,行为人的故意伤害行为与虐待行为间不存在法条竞合关系。[参见第410号案例,蔡世祥故意伤害案,载《刑事审判参考》总第52辑(2006年第5辑),法律出版社,第13~14页。执笔:李晓智　任厚强　冉容]

▽虐待过程中又实施故意伤害行为的定罪处罚

由于行为人在虐待家庭成员的过程中经常伴有故意伤害的手段,容易发生被虐待人伤害甚至死亡的结果,如何定罪,涉及虐待罪与故意伤害罪的区分问题。对这类案件,应当依照虐待罪与故意伤害罪的构成标准,结合具体案情分情况处理:行为人对被虐待人有故意伤害行为,但没有给被害人轻伤以上伤害后果的,应将其视为虐待方法之一,认定为虐待罪。在经常性虐待过程中,其中一次行为人明知其行为会给被害人身体造成伤害,且客观上已经给被害人造成伤害后果的,应当认定为故意伤害罪,如果将该伤害行为分离出来独立评价后,其他虐待行为能够充足虐待罪构成要件的,应当以虐待罪与故意伤害罪实行两罪并罚;如果将伤害行为分离后,其余虐待行为不构成虐待罪的,只能以行为人犯故意伤害罪一罪处罚。行为人在家庭生活中，长期以实施暴力行为的方式对其抚养的被害人进行虐待，情节恶劣，即使没有本次行为，其之前实施的一系列虐待行为也足以构成虐待罪。行为人本次行为是因发现被害人外出后，而采取激烈的暴力手段殴打被害人，其暴力程度远远超过家庭虐待中的一般殴打行为，且造成致被害人死亡的严重结果，其主观故意已经不再是虐待，而是明确直接伤害被害人身体健康了。因此，应当以虐待罪与故意伤害罪两个独立的罪名评价本案行为人的行为，实行数罪并罚。但根据刑法本条的规定，犯虐待罪尚未致被害人重伤或死亡的，告诉的才处理。本案行为人在最后一次殴打被害人前所实施的虐待行为，尚未造成被害人重伤或死亡的结果，被害人生前也未对此提起告诉，不能对行为人的虐待行为追究刑事责任。因此，只能以故意伤害罪对行为人的定罪量刑。[参见第410号案例，蔡世祥故意伤害案，载《刑事审判参考》总第52辑（2006年第5辑），法律出版社，第14～15页。执笔：李晓智　任厚强　冉容]

▽虐待罪与故意伤害罪区别的认定

虐待罪是指对共同生活的家庭成员，经常以打骂、冻饿、强迫过度劳动、有病不给治疗、限制自由、凌辱人格等手段，从肉体上进行摧残、精神上进行折磨，情节恶劣的行为。本案二被告人主观上，主要还是出于关爱而非嫌弃被害人，（二被告的孩子——编著者注）不具有为使被害人肉体上、精神上受到摧残和折磨而虐待被害人的故意。客观上，殴打行为既可以是故意伤害罪的手段，亦可以成为虐待罪的手段，但是虐待行为要求具备对家庭成员肉体上和精神上进行摧残、折磨必须具有经常性、持续性特点，且须达到情节恶劣程度才能按犯罪处理。在本案中，虽有证据证明案发之前，二被告人对被害人曾有其他责罚行为，但现有证据尚不足以证明二被告人前期之行为是对被害人肉体上和精神上进行摧残、折磨的虐待行为，且已达到情节恶劣的程度，故而也就不能认定本案符合成立虐待罪所要求的实施经常性、持续性的虐待行为的客观表现。虐待罪往往也给被害人健康乃至生命造成严重的损害，极易与故意伤害罪或故意杀人罪混淆。但是虐待的本质特征体现在虐待行为的经常性、一贯性，行为人并不想直接一次性造成被害人伤害或者死亡的结果，被害人的身体健康和生命安全的损害也是逐渐形成的，一次虐待行为不足以构成虐待罪；而故意伤害行为对人体造成的损害后果则是由一次性的伤害行为造成的。本案法医学鉴定结论确认被害人系被他人用钝性物体多次打击身体多部位造成广泛性皮下出血致创伤性休克而死亡，说明了二被告人的殴打行为与被害人死亡之间存在必然的因果关系；根据正常人体皮下出血吸收、消散的时间，说明被害人"广泛性皮下出血"并非长期积累形成，而是一个较短的时段。可见，造成被害人死亡的原因即是案发当天的时段内二被告人的殴打行为所致，而与二被告人之前的行为并无关联，并非因长期的虐待行为而逐渐形成的。综上，从主、客观两方面分析，本案被告人系教子过程中一时冲动，当场使用暴力，失手将孩子打死，其主观上具有伤害故意，客观上实施了伤害致死的行为，故应以故意伤害罪追究二被告人的刑事责任。[参见第567号指导案例，陈玲、程刚故意伤害案，载《刑事审判参考》总第69集（2009年第4集），第28～29页。撰稿：蒋艳春　庞景波]

▽夫妻离婚后仍然共同生活的，仍属于虐待罪主体构成要件中的"家庭成员"

（一）关于"家庭成员"的法律规定及其理解。关于"家庭成员"的具体含义，刑法及相关司法解释均未明确作出规定。从立法沿革分析，1979年刑法将虐待罪设立在妨碍婚姻家庭罪一章，主要的考虑在于该罪属于与婚姻家庭有关的犯罪，处罚的是严重破坏婚姻家庭关系的行为。1997年刑法将该罪设立在侵犯公民人身权利民主权利罪一章，但该罪的犯罪主体和犯罪对象仍然限定为家庭成员，调整的仍然是发生在家庭内部的、侵害家庭关系的行为。我国民法关于家庭成员的规定也不明确、完整。如婚姻法没有对家庭成员的具体含义作出明确规定。该法第三章"家庭关系"，列举了夫与妻，父母与子女（包括婚生或非婚生子女，合法的养子女和继子女），祖父母、外祖父母与孙子女、外孙子女以及兄姐弟妹四类家庭关系，但除了这四类家庭关系外，是否还有其他主体之间的关系也属于家庭关系，婚姻法没有作出规定。从大众的通常观念来看,婚姻法没有将儿媳与公婆、女婿与岳父母等关系作为家庭成员关系予以规定,似有不足。再如,根据收养法第十七条的规定,孤儿或者生父母无力抚养的子女,可以由生父母的亲属、朋友抚养,且这种关系不适用收养关系。如果具有这种事实抚养关系的主体之间,一方对另一方实施虐待行为,对侵害人不以虐待罪处罚,难以被社会所接受,也不符合公平正义理念。因此,这种具有事实抚养关系的主体之间,也应当认定为家庭成员。

由此可见,对于家庭成员的认定,不能仅限于具有婚姻法规定的基于婚姻和血亲基础形成的四类家庭关系的主体,对于具有同居、扶养、寄养等"类家庭"关系的主体.也应纳入家庭成员的范畴。不只是为了与公众的通常观念保持一致,而是为了更好地解决传统意义上的家庭成员以及"类家庭"成员之间出现的法律问题,保护儿童、老人和妇女等弱势群体的权利,促进家庭和谐,维护社会稳定。因此,在司法实践中,对家庭成员的界定宜作宽泛理解,除了婚姻法规定的具有四类家庭关系的主体外,具有恋爱、同居、扶养等关系的主体,也应当视为"家庭成员"。

(二)夫妻离婚后仍然在一起共同生活的,应当认定为家庭成员。夫妻离婚后仍然在一起共同生活的,二人之间的关系与婚姻法规定的夫妻关系相比,除了没有履行婚姻登记手续以及其在民事法律关系上有别于夫妻之外,其余方面差别不大。双方具有夫妻之间特有的亲密关系,无论是从大众的通常观念来看,还是出于司法实践的需要,都应当将之认定为家庭成员:

1. 从通常观念来看,夫妻离婚后仍然在一起共同生活的,二人之间的情感关系和社会关系都体现出家庭成员的特征,夫妻关系也得到社会明示或者默许的认同,离婚前形成的家庭关系仍然在延续。本案被告人朱某某和被害人刘某,虽然二人已协议离婚,但此后一直以夫妻名义在同一家庭中共同生活、共同抚养子女、共同购置房产,相互履行夫妻之间的权利和义务。无论是当事人自己,还是双方亲属及周围群众,都认为二人仍然是夫妻,故朱某某和刘某应当认定为同一家庭成员。

2. 从司法实践需要来看,夫妻离婚后仍然在一起共同生活的,如果一方对另一方实施虐待行为,采取各种手段对被害人进行身体和精神上的摧残,这种虐待行为与法定夫妻之间的虐待行为并无差异。如果不将侵害人和被害人认定为家庭成员,势必出现同样严重的虐待行为,若是发生在法定夫妻之间,则被害人可以虐待罪追究侵害人的刑事责任;但若二人离婚,则被害人无权就虐待行为提起告诉,无法追究侵害人的刑事责任。同样的侵害行为,同样的侵害主体,仅因一张离婚证书之故,就可能出现罪与非罪的迥然不同的结果,这严重违背了任何人犯罪都应平等适用法律的基本原则。因此,为了保护被害人的合法权益,夫妻离婚后仍然在一起共同生活的,如果一方对另一方实施虐待,只要达到了情节恶劣的程度,就应当以虐待罪对侵害人进行惩处,而不能因一张离婚证书就免受刑事责任追究。本案中,无论是在被告人朱某某和被害人刘某婚姻关系存续期间还是在二人协议离婚之后,朱某某均对刘某实施过多次殴打,对刘某造成了严重的身体和精神侵害。案发当日,朱某某再次对刘某进行殴打,致使刘某因无法继续忍受而自杀身亡。朱某某对刘某的死亡后果承担刑事责任符合法理。综上分析,一、二审法院将被害人刘某认定为被告人朱某某的家庭成员,对朱某某以虐待罪判处有期徒刑五年是正确的。[参见第998号指导案例,朱朝春虐待案,载《刑事审判参考》总第98集(2014年第3集),第127~130页。撰稿:孔磊 唐俊杰]

第二百六十条之一 【虐待被监护、看护人罪】对未成年人、老年人、患病的人、残疾人等负有监护、看护职责的人虐待被监护、看护的人,情节恶劣的,处三年以下有期徒刑或者拘役。

单位犯前款罪的,对单位判处罚金,并对其直接负责的主管人员和其他直接责任人员,依照前款的规定处罚。

有第一款行为,同时构成其他犯罪的,依照处罚较重的规定定罪处罚。(本条是根据《中华人民共和国刑法修正案(九)》之十九增加的,自2015年11月1日起施行。)

■最高人民法院关于审理走私、非法经营、非法使用兴奋剂刑事案件适用法律若干问题的解释(2020年1月1日)

第三条　对未成年人、残疾人负有监护、看护职责的人组织未成年人、残疾人在体育运动中非法使用兴奋剂,具有下列情形之一的,应当认定为刑法第二百六十条之一规定的“情节恶劣”,以虐待被监护、看护人罪定罪处罚:

(一)强迫未成年人、残疾人使用的;

(二)引诱、欺骗未成年人、残疾人长期使用的;

(三)其他严重损害未成年人、残疾人身心健康的情形。

第七条　实施本解释规定的行为,涉案物质属于毒品、制毒物品等,构成有关犯罪的,依照相应犯罪定罪处罚。

第八条　对于是否属于本解释规定的“兴奋剂”“兴奋剂目录所列物质”“体育运动”“国内、国际重大体育竞赛”等专门性问题,应当依据《中华人民共和国体育法》《反兴奋剂条例》等法律法规,结合国务院体育主管部门出具的认定意见等证据材料作出认定。

第二百六十一条　【遗弃罪】对于年老、年幼、患病或者其他没有独立生活能力的人,负有扶养义务而拒绝扶养,情节恶劣的,处五年以下有期徒刑、拘役或者管制。

■最高人民法院、最高人民检察院、公安部、司法部关于依法办理家庭暴力犯罪案件的意见(2015年3月2日)(见本书附录三十五)

第二百六十二条　【拐骗儿童罪】拐骗不满十四周岁的未成年人,脱离家庭或者监护人的,处五年以下有期徒刑或者拘役。

▽拐骗儿童罪和拐卖儿童罪区分的认定

拐骗儿童罪,是指拐骗不满14周岁的未成年人脱离其家庭或者监护人的行为。拐卖儿童罪,则是指以出卖为目的,拐骗、绑架、收买、贩卖、接送、中转儿童的行为。根据刑法第二百四十条第一款第(六)项的规定,以出卖为目的,偷盗婴幼儿的,既是拐卖儿童犯罪行为,又是拐卖儿童罪的加重处罚情节。拐骗儿童罪,一般情况下是以诱拐、欺骗为手段,拐骗的对象多为学龄儿童。因学龄儿童已认人、识路,故让其脱离家庭须以诱、骗为手段。对于婴幼儿,因其尚不懂事,也就不存在诱、骗使其服从、跟随,脱离父母、家庭的问题。因拐骗对象不同,对五六岁至十四岁的儿童若拐骗其脱离家庭,常须以诱拐、欺骗为手段;对三四岁以下的婴幼儿,则一般无需以诱拐、欺骗为手段,直接以捂嘴或者乘其睡着时抢走、偷走即可达到犯罪目的。这种不需“拐骗”的拐骗儿童犯罪,虽然在刑法本条并无明确的列举式规定,但无疑系其本意。对于直接、强行抢走、偷走婴幼儿的所谓“拐骗”儿童犯罪,与司法实践中的拐卖儿童犯罪手段并无差别。此时,区分拐骗儿童罪和拐卖儿童罪的关键就在于行为人实施犯罪的主观目的。拐骗儿童罪的行为人不以出卖儿童(包括婴儿、幼儿)为目的,其目的通常是自己或者送他人收养,也有少数收养者是为了自己使唤、奴役拐骗来的儿童。拐卖儿童罪则必须以出卖为目的,无此目的就不构成该罪。行为人出于偷盗婴儿养大防老的动机,以自己收养为目的,3次偷盗他人生下不久的婴儿,使其脱离家庭,不具有出卖婴儿牟利的目的,故其行为构成拐骗儿童罪。[参见第173号案例,胡从方拐骗儿童案,载《刑事审判参考》总第25辑(2002年第2辑),法律出版社,第56~58页。执笔:叶福生]

▽采用欺骗的方式使儿童脱离家庭以供役使的行为构成拐骗儿童罪

拐骗儿童罪,是指采取蒙骗、利诱或者其他方法,使不满14周岁的未成年人脱离家庭或者监护人的行为。对于如何认定行为人的主观目的和客观上的拐骗行为,实践中存在一定争议。以下结合本案进行具体分析:

(一)拐骗儿童罪的犯罪目的。犯罪目的在一定程度上反映了行为人的主观恶性,并且通常是区分罪与非罪、此罪与彼罪的一个重要因素。拐骗儿童罪是侵犯公民人身权利的犯罪,刑法没有明文规定构成该罪需要具备特别目的要件,但理论界通说认为,行为人实施拐骗行为主观上一般具有收养或者役使等目的,以此区别于以勒索财物为目的的绑架罪和以出卖为目的的拐卖儿童罪。本案被告人任某某在山东省某地承租房屋准备经营包子店后,千里迢迢前往四川省梁山彝族自治州招募儿童,利用当地交通不便,信息相对闭塞,民众思想单纯等客观条件,欺骗儿童家长或者监护人,以寄养为名,实为使儿童脱离家庭到其包子店打工,主观上具有拐骗儿童供其役使的犯罪目的,故符合拐骗儿童罪的主观特征。

(二)"拐骗"概念的界定与行为表现。拐骗儿童,一般是指用欺骗、利诱等手段,使不满14周岁的未成年人脱离家庭或者监护人。关于拐骗是否包含偷盗、强抢等手段,实践中存在一定争议。"拐骗"有"偷偷摸摸""欺骗"的含义,从文义解释角度看,"拐骗"不包含暴力等强制性手段。然而,从司法实际出发,基于对儿童权益的全面保护,应当对拐骗儿童罪中的"拐骗"概念予以扩张解释。如以收养为目的,偷盗、抢夺他人婴幼儿的,并不符合"拐骗"的文义解释特征,也无法以拐卖儿童罪或者绑架罪处理,严格遵从文义解释,则势必造成刑法惩治的漏洞。因此,拐骗儿童罪中的"拐骗",即泛指一切违背儿童监护人意愿使儿童脱离家庭或者监护的行为,既包括欺骗性手段,也包括偷盗、强抢等手段。欺骗是拐骗儿童的常用手段,行为人通过虚构事实、隐瞒真相,达到欺骗的目的。所谓"虚构事实",就是行为人凭空捏造根本不存在的事实或者夸大事实,故意使对方产生与事实不符的错误判断。所谓"隐瞒真相",就是行为人有意掩盖客观事物的本来面目,将本应告诉对方的真实情况有意不告诉对方,使对方在不知底细的情况下陷入行为人设置的圈套。上述两种欺骗方法的不同点是,前者是凭空虚构某种根本不存在的事实,后者是以某种已经存在的事实来掩盖另一种根本不存在的事实。行为人无论使用虚构事实还是隐瞒真相的欺骗方法,或者二者同时或者交叉使用,其本质都是制造假象,蒙骗被害人,结果都是让被害人陷入一种错误认识,进而做出违背本人真实意愿的行为。鉴于不满14周岁的儿童中,既包括不具有独立、自主意识思维能力的婴幼儿,也包括具有一定独立判断能力的儿童。因此,拐骗行为既可能针对儿童实施,也可能针对儿童的监护人或者看护人实施。

本案被告人任某某正是交叉使用了虚构事实和隐瞒真相两种欺骗方法来实施拐骗儿童的行为:一方面,任某某虚构了其具有儿童家庭寄养的资质和条件。根据民政部于2003年10月27日印发的《家庭寄养管理暂行办法》(本案发生时该文件未失效,现已被《家庭寄养管理办法(2014年)》替代并废止)的规定,儿童家庭寄养,是指经过规定程序,将民政部门监护的儿童委耗在家庭中养育的照料模式。被寄养儿童,是指监护权在县级以上地方人民政府民政部门,被民政部门或者民政部门批准的家庭寄养服务机构委托在符合条件的家庭中养育的、不满18周岁的孤儿、查找不到生父母的弃婴和儿童。寄养家庭应当有寄养服务机构所在地的常住户口和固定住所,有稳定的经济收入,家庭成员人均收入水平在当地人均收入中处于中等水平以上。本案任某某既未经当地民政部门批准,也未接受民政部门批准的家庭寄养服务机构委托,不具备法定家庭寄养资质。故其与儿童监护人签订的"家庭寄养协议"不合法。同时,任某某并无固定工作,没有稳定的收入来源和可供寄养儿童正常生活居住的场所,任某某家庭的经济状况在烟台当地处于中下水平,其本人不务正业,也不具备法定家庭寄养条件。相反,从任某某本人及其家庭的经济条件看,其关于为每名儿童承担衣、食、住、行以及回家时给儿童家庭金钱和物质上的资助等承诺,根本无法实现。因此,任某某在本案中采用了虚构事实的欺骗手段。另一方面,任某某隐瞒了招募儿童供其役使的真实目的。根据国务院2002年10月1日印发的《禁止使用童工规定》第二条、第十一条的规定,国家机关、社会团体、企业事业单位、民办非企业单位或者个体工商户均不得报用不满16周岁的未成年人(招用不满16周岁的未成年人,以下统称使用童工);拐骗童工、强迫童工劳动……使用不满14周岁的童工……依照刑法规定追究刑事责任。虽然任某某提供了身份证、住址、手机、银行卡、寄养场所等真实信息，获得了不满14周岁未成年人的监护人的信任，与之签订“家庭寄养协议”，同意将未成年人交由任某某带往山东省某地。但是，任某某并没有透露欲将招募的儿童带到山东其经营的包子店内从事体力劳动，即其行为实质上是拐骗并使这些不满14周岁的儿童做童工供其驱使，侵犯了他人的家庭关系和儿童的合法权益。因此，任某某采用了隐瞒事实真相的欺骗手段。

（三）对“脱离家庭或者监护人”的理解。构成拐骗儿童罪，要求客观上使儿童脱离家庭或者监护人。脱离家庭或者监护人，是指使儿童脱离家庭或者离开父母或者其他监护人，致使儿童的父母或者监护人不能继续对该未成年人行使监护权。监护权是监护人对未成年人等无民事行为能力人或者限制民事行为能力人的人身权益、财产权益所享有的监督、保护的身份权。拐骗儿童罪所保护的客体是儿童的人身、财产等合法权益及儿童所在家庭以对儿童教养保护为目的的监护关系，一旦拐骗儿童行为造成监护人不能继续行使监护权，就构成拐骗儿童罪。如果行为人主观上并无使儿童长时间与其监护人或者家庭脱离的故意或者其他卑劣动机，客观上将儿童带离时间较短即将儿童送还，社会危害不大，是否认定构成拐骗儿童罪，应当慎重处理。本案被告人任某某通过与儿童家长或者监护人签订所谓“家庭寄养协议”，将儿童带离家庭并前往雷波县车站，准备乘车离开四川省前往山东省，造成儿童离开各自的父母或者其他监护人，脱离了家庭或者监护人教养保护的范围，致使其父母或者监护人不能继续对该儿童行使监护权，无论从其主观目的还是客观行为来看，其拐骗儿童的行为都具有较大社会危害性，已构成拐骗儿童罪。此外，值得注意的是，刑法第二百四十四条之一［刑法修正案（四）第四条增加］规定了雇用童工从事危重劳动罪。该罪名体现的禁止性规定是不能雇用不满16周岁的未成年人从事超强度的体力劳动，或者从事高空、井下作业，或者在爆炸性、易燃性、放射性、毒害性等危险环境下从事劳动。其中，超强度体力劳动是指超过劳动者正常体能所能合理承受的强度。故虽然雇用童工从事体力劳动本身属于非法行为，但其违法程度与童工所具体从事的劳动的强度大小、从事的岗位对技能的要求和工作环境是密切相关的。在此基础上，情节严重的，构成雇用童工从事危重劳动罪。本案被告人任某某招募不满14周岁的儿童到其经营的包子店做工，既不属于从事超强度的体力劳动，也不属于从事高空、井下作业或者在爆炸性、易燃性、放射性、毒害性等危险环境下从事劳动，故不构成雇用童工从事危重劳动罪。不过，现实中存在拐骗儿童脱离家庭或者监护人从事危重劳动的情形，该行为同时触犯拐骗儿童罪和雇用童工从事危重劳动罪，其中拐骗是手段行为，雇用童工从事危重劳动是目的行为，构成牵连犯，应当从一重罪处断。［参见第999号指导案例，任福文拐骗儿童案，载《刑事审判参考》总第98集（2014年第3集），第133～136页。撰稿：曲晶晶　徐立才　余忠洪］

第二百六十二条之一　【组织残疾人、儿童乞讨罪】以暴力、胁迫手段组织残疾人或者不满十四周岁的未成年人乞讨的，处三年以下有期徒刑或者拘役，并处罚金；情节严重的，处三年以上七年以下有期徒刑，并处罚金。（本条是根据《中华人民共和国刑法修正案（六）》之十七增加的，自2006年6月29日起施行。）

▽组织儿童乞讨罪中的“暴力、胁迫”不需以压制儿童反抗为必要，只要足以让儿童产生恐惧心理即可

《治安管理处罚法》第四十一条第一款规定：“胁迫、诱骗或者利用他人乞讨的，处十日以上十五日以下拘留……”刑法本条的规定：“以暴力、胁迫手段组织残疾人或者不满十四周岁的未成年人乞讨的，处……”从上述规定可知，在现行法律框架下，组织儿童乞讨罪的行为方式仅限于暴力、胁迫手段，诱骗或者利用儿童乞讨的，只能处以治安管理处罚。从司法实践来看，过于严格的入罪条件制约了对组织残疾人、儿童乞讨行为的打击，已不能充分保护残疾人、儿童的合法权益。因此，在现行法律框架下，对“暴力、胁迫”手段不宜作过于严格的理解。我国刑法分则多处使用“暴力”的表述，“暴力”一般是指造成被害人生理或者心理上的强制状态的有形强制力或者武力,“胁迫”(有时称为“威胁”)常与“暴力”同时使用,一般是指以将要实施暴力或者其他恶害为内容使被害人受到精神强制的行为。从程度上来讲,“暴力”的上限最高可达到故意杀人的程度,其下限通常必须达到足以妨碍被害人的意志自由:而“胁迫”通常使被害人产生恐惧心理,并在一定程度上影响其意志自由。

当前,被不法分子操纵的乞讨儿童特别是病残乞儿,大多来自五个渠道,即租借、拐骗、购买、收留、捡拾。一些儿童被不法分子带到陌生地区,脱离了家庭或者监护人的保护,加之生活难以独立自理,不知该如何求助,行为人往往不需要实施明显的暴力、胁迫手段,或者只要实施轻微的暴力、胁迫行为,就可以轻而易举地控制这些儿童。因此,在认定是否构成组织儿童乞讨罪中的“暴力、胁迫”时,应当充分考虑儿童身心脆弱、易受伤害等特点,程度标准不宜要求过高,无须达到足以压制儿童反抗的程度,只要在常人看来,足以使儿童产生恐惧心理即满足客观入罪条件。一般而言,对儿童实施抽耳光、踢打等轻微暴力,或者采取冻饿、凌辱、言语恐吓、精神折磨、有病不给治疗、限制人身自由、灌服精神镇定麻醉类药物等方式,组织儿童乞讨的,均符合组织儿童乞讨罪的入罪条件。

受控乞讨的儿童多是孤儿、弃儿、病残儿,他们远离主流社会,处于一个相对封闭的“丐帮”亚社会圈子,与主流社会的“交流”仅是街面上的乞讨行为。因此,如何从证据审查角度准确认定“暴力、胁迫”手段,是困扰司法实践的另一个突出问题。既然刑法规定“暴力、胁迫”是组织儿童乞讨罪的行为方式,那么,在立法未修改前,司法实务部门仍要注意全面收集、认真审查此方面的证据。但是,对“暴力、胁迫”这一客观要素的证明标准,不宜僵化理解。特别是在乞讨儿童有一定辨别和表述能力的情况下,不能因为儿童年幼,对受到暴力、胁迫的陈述可能不够全面,或者被告人断然否认,形成证据“一对一”的局面,就一概认为证明“暴力、胁迫”的证据没有达到排除合理怀疑的刑事案件证明标准,而对相关事实不予认定。审理中,应当以对儿童进行特殊保护的政策为导向,注意通过被害儿童陈述、证人证言等有限的证据材料,充分结合常识、常理、常情,对案件事实作出合理认定。其中,对于乞讨儿童被发现、解救时,经身体检查存在外伤,被灌服精神类、麻醉类药物,或者身体畸形状况经鉴定系人为外力、灌服药物等导致,而组织、操纵者拒不或者不能作出合理解释、提供相应依据的,可以结合具体案情认定系组织、操纵者“暴力、胁迫”所致,以实现对儿童最大利益保护的政策目标。本案被告人翟某某辩称其带儿童外出时都一一与儿童家长签订了合同,交了定金,儿童是自愿跟随其卖艺,在卖艺过程中没有对儿童使用过暴力、胁迫,也没有殴打过被害人任某某,其对任某某耳朵、舌头、鼻子等部位的伤不知情。但从法院审理查明的事实来看,被害人任某某、夏某某证实,在外出表演杂技期间,翟某某、魏某某经常对小孩包括任某某进行殴打,组织他们乞讨;协助翟某某管理乞讨儿童的证人李超义证实,跟随翟某某演杂技期间,小孩们乞讨来的钱都交给翟某某,如果乞讨的钱少,翟某某就用三角皮带打人,朝身上、腿上、屁股上抽,用巴掌朝头上、脸上打;曾被组织乞讨的证人李秀、协助翟某某管理乞讨儿童的翟满响也有类似的证言。故本案现有证据足以认定二被告人采取暴力、胁迫手段组织儿童乞讨的事实。[参见第1001号指导案例,翟雪峰、魏翠英组织儿童乞讨案,载《刑事审判参考》总第98集(2014年第3集),第143~145页。撰稿:赵俊甫]

▽组织儿童乞讨罪中的“组织”不以被组织乞讨的人员达3人为入罪要件

组织儿童乞讨罪的“组织”不以被组织乞讨的人员达3人为入罪条件,具体理由如下:《现代汉语词典》(商务印书馆出版)对“组织”概念的界定,主要有动词和名词两种用法:作为动词,是指“安排分散的人或事物使具有一定的系统性或整体性”,如组织一场比赛,这篇文章组织得很好;作为名词,组织是指“由诸多要素按照一定方式相互联系起来的系统”,比如党团组织、工会组织、企业组织等。经梳理,我国刑法规定的罪名中,罪状和罪名明文使用“组织”概念的罪名主要有14个,根据对“组织”词性搭配方式不同,大体可分为三类:一是动词“组织”+名词“组织”式,如组织、领导、参加恐怖组织罪,组织、领导、参加黑社会性质组织罪,组织、利用会道门、邪教组织、利用迷信破坏法律实施罪。二是其他动词+名词“组织”式，如入境发展黑社会组织罪，包庇、纵容黑社会性质组织罪。三是动词“组织”+“活动”式，如组织、领导传销活动罪，组织残疾人、儿童乞讨罪，组织未成年人进行违反治安管理活动罪，组织淫秽表演罪，组织卖淫罪，组织越狱罪，组织他人偷越国（边）境罪，非法组织卖血罪（强迫卖血罪），组织卖淫罪（强迫卖淫罪），组织播放淫秽音像制品罪，组织淫秽表演罪。在该类罪名中，“组织”强调的是发起、策划、指导、安排等组织性的行为方式，对组织对象的人数并不必然有限制性要求。

在第一类和第二类的罪状中包含的名词意义上的“组织”，就是“由诸多要素按照一定方式相互联系起来的系统”，应当遵循对“组织”概念的一般文义解释，即组织对象或者成员应当达到3人以上，否则，难以称其为“黑社会性质组织”或者“恐怖组织”。

第三类情况相对复杂。其中，有些罪状本身暗含了对组织对象的最低人数要求，例如组织、领导传销活动罪，如果成员少于3人，显然不符合传销活动的本质。有些罪状虽未对组织对象的人数提出明确要求，但是基于法益侵害的严重程度差别较大，为了限制刑事处罚范围，故在不具备其他严重情节的情况下，可以对人数作出限制性解释，即通常被组织者达3人以上，才构成犯罪。这些罪名主要规定在妨害社会管理秩序罪一章中，如组织他人偷越国（边）境罪、组织越狱罪、非法组织卖血罪、组织卖淫罪等，由于这些组织犯罪的共同特点是侵犯的客体为社会管理秩序，因此，组织对象的人数是反映社会危害性程度的重要因素。一般情况下，只有被组织的人数达3人以上，才能说明组织行为的社会危害性已达到危害社会管理秩序的程度，才符合该罪的认定标准。例如，最高人民法院、最高人民检察院1992年联合下发的《关于执行〈全国人民代表大会常务委员会关于严禁卖淫嫖娼的决定〉的若干问题的解答》（该解答目前已失效，仅作参考）即将“组织卖淫”解释为组织多人从事卖淫活动。正因如此，认为组织残疾人、儿童乞讨也必须要求被组织者达到3人以上才构成犯罪，这种认识有失偏颇，不当地抬高了组织残疾人、儿童乞讨罪的入罪门槛。

组织残疾人、儿童乞讨罪与上述妨害社会管理秩序的组织犯罪不同，由于该罪的行为对象是特定的“弱者”，即使通过暴力、胁迫，发起、策划、指导、安排1名残疾人、儿童乞讨，也会贬损其人格尊严，助长儿童形成好逸恶劳或反社会性格，对残疾人、儿童身心健康造成严重伤害，同时还易诱发被组织者实施其他违法犯罪，妨害社会管理秩序，社会危害性大，因此，即使组织1名残疾人、儿童乞讨也构成犯罪，有必要予以刑事制裁。那种要求被组织乞讨者达3人以上才构成犯罪的观点，显然忽视了该类犯罪社会危害的严重性。与对组织卖淫等犯罪中的“组织”概念进行限制解释不同，对组织残疾人、儿童乞讨罪的”组织”作适度的扩大解释，避免因该罪门槛过高而放纵部分犯罪分子，合乎该罪最大限度保护社会弱势群体权益的立法宗旨，亦未超出“组织”概念文义的涵摄范围和正常公民的预测可能性。本案中，判决书列举认定了被告人翟某某、魏某某将被害人冯某某、朱某某、任某某3名儿童带至外地乞讨的事实，除此以外，被害人夏某某、证人李某（时年均不满14周岁）证实二人亦曾被翟某某、魏某某带至外地强迫乞讨，夏某某还证实翟某某的3个儿子、徐某某、翟某洁、马某某、翟某强等多名儿童也被二被告人组织乞讨。翟某某将儿童分组，交予翟满响等人协助管理，负责指挥儿童卖艺、乞求施舍，对不顺从的儿童进行殴打、胁迫，并将所收取的钱财统一交给翟某某，魏某某协助提供儿童食宿。因此，无论从何种意义上解释“组织”概念，本案被告人的行为均符合组织儿童乞讨罪的“组织”要件特征。［参见第1001号指导案例，翟雪峰、魏翠英组织儿童乞讨案，载《刑事审判参考》总第98集（2014年第3集），第145～147页。撰稿：赵俊甫］

▽对组织儿童乞讨罪中“乞讨”形式的认定

乞讨是指“某一社会成员远离社会主流生活以苦难遭遇的叙述或者表演等为手段而换取施舍的行为”。实践中，乞讨的方式形形色色，例如，以哀求哭讨为主行乞；依靠本身的一点专长或者力所能及的技艺为资本，用以招来或者博人欢心而换取施舍；依靠老弱病残等自身状况唤起他人同情怜悯而乞求施舍；靠各种歪门邪道如编造惨况、丢失车票等事由骗讨、诈讨，或者拦路、拉扯行人强行讨要等。根据乞讨是否以牟利为目的,可以分为生存性乞讨和职业性乞讨,前者系为解决生活困境而乞讨,后者则是将乞讨作为主要生活来源乃至发财致富的手段。本案被告人翟某某辩称其系组织儿童外出卖艺,不是沿街乞讨;被害人任某某、夏某某、李某的陈述证实其在翟某某组织下沿街表演杂技,并向观看者乞求施舍,事实证明,翟某某组织儿童卖艺是手段,换取他人施舍是目的,且常年组织诸多儿童外出乞讨,将此作为发财致富的手段,属于职业性乞讨,翟某某关于其行为不属于组织乞讨的辩解理由不能成立。[参见第1001号指导案例,翟雪峰、魏翠英组织儿童乞讨案,载《刑事审判参考》总第98集(2014年第3集),第147～148页。撰稿:赵俊甫]

▽对组织儿童乞讨罪中的"情节严重"的认定

对组织儿童乞讨情节严重的,刑法本条规定了法定加重刑,但何谓"情节严重"。组织儿童乞讨构成犯罪,具有下列情形之一的,可以认定为情节严重,处三年以上七年以下有期徒刑:(1)组织不满6周岁的儿童1人以上或者已满6周岁的儿童3人以上乞讨的;(2)组织儿童采取有伤风化、严重损害儿童身心健康的方式进行乞讨的;(3)采取药物麻醉等严重损害儿童身心健康的方式迫使其乞讨的;(4)暴力迫使儿童乞讨致使乞讨儿童受轻微伤的;(5)组织儿童乞讨达1个月以上的;(6)被组织乞讨的儿童经查证系被偷盗、拐卖、拐骗的;(7)遗弃所组织的儿童或者致使被组织乞讨的儿童下落不明的;(8)组织儿童乞讨期间,因疏于照料看护,致儿童营养不良达中度以上,罹患严重疾病,伤残或者死亡的;(9)具有其他严重情节的。

组织儿童乞讨中,对儿童实施暴力造成儿童轻伤以上后果的,应当以故意伤害罪或故意杀人罪,与组织儿童乞讨罪予以并罚。此外,为组织儿童乞讨,故意致儿童残疾、畸形,符合刑法第二百三十四条规定的,对行为人应当以故意伤害罪从重处罚,其组织儿童乞讨行为另构成组织儿童乞讨罪的,依照数罪并罚的规定处罚。综上,法院依法认定翟某某组织儿童乞讨属"情节严重",对其加重处罚,判处有期徒刑六年,并处罚金,是正确的。

值得注意的是,实践中,监护人出于非法获利目的,将儿童"出租""出借"给组织乞讨者的现象时有发生。但因组织儿童乞讨罪要求行为人以"暴力、胁迫"手段组织儿童乞讨,而要证明监护人知道组织者"暴力、胁迫"儿童乞讨,通常较为困难,因此,监护人几乎从未被追究过刑事责任。如果有证据证明监护人明知自己的年幼子女是被带出行乞仍"出租""出借"给乞讨的组织者,其主观上对于组织者是否使用"暴力""胁迫"手段往往持放任心态,可以组织儿童乞讨罪追究监护人的刑事责任。对于为获利而将儿童"出租""出借"给他人,监护人对子女系被带出行乞确实不知情的,如果该儿童被组织乞讨期间致伤、致残,下落不明,或者身心受到其他严重伤害的,可以遗弃罪追究监护人的刑事责任,以有效保护儿童权益不受侵犯。[参见第1001号指导案例,翟雪峰、魏翠英组织儿童乞讨案,载《刑事审判参考》总第98集(2014年第3集),第148～149页。撰稿:赵俊甫]

第二百六十二条之二　【组织未成年人进行违反治安管理活动罪】组织未成年人进行盗窃、诈骗、抢夺、敲诈勒索等违反治安管理活动的,处三年以下有期徒刑或者拘役,并处罚金;情节严重的,处三年以上七年以下有期徒刑,并处罚金。(本条是根据《中华人民共和国刑法修正案(七)》之八增加的,自2009年2月28日起施行。)

第五章　侵犯财产罪

第二百六十三条　【抢劫罪】以暴力、胁迫或者其他方法抢劫公私财物的,处三年以上十年以下有期徒刑,并处罚金;有下列情形之一的,处十年以上有期徒刑、无期徒刑或者死刑,并处罚金或者没收财产:

(一)入户抢劫的;

(二)在公共交通工具上抢劫的;

(三)抢劫银行或者其他金融机构的;

（四）多次抢劫或者抢劫数额巨大的；

（五）抢劫致人重伤、死亡的；

（六）冒充军警人员抢劫的；

（七）持枪抢劫的；

（八）抢劫军用物资或者抢险、救灾、救济物资的。

■最高人民法院关于审理抢劫、抢夺刑事案件适用法律若干问题的意见（2005年6月8日）

一、关于"入户抢劫"的认定

根据《抢劫解释》第一条规定，认定"入户抢劫"时，应当注意以下三个问题：一是"户"的范围。"户"在这里是指住所，其特征表现为供他人家庭生活和与外界相对隔离两个方面，前者为功能特征，后者为场所特征。一般情况下，集体宿舍、旅店宾馆、临时搭建工棚等不应认定为"户"，但在特定情况下，如果确实具有上述两个特征的，也可以认定为"户"。二是"入户"目的的非法性。进入他人住所须以实施抢劫等犯罪为目的。抢劫行为虽然发生在户内，但行为人不以实施抢劫等犯罪为目的进入他人住所，而是在户内临时起意实施抢劫的，不属于"入户抢劫"。三是暴力或者暴力胁迫行为必须发生在户内。入户实施盗窃被发现，行为人为窝藏赃物、抗拒抓捕或者毁灭罪证而当场使用暴力或者以暴力相威胁的，如果暴力或者暴力胁迫行为发生在户内，可以认定为"入户抢劫"；如果发生在户外，不能认定为"入户抢劫"。

二、关于"在公共交通工具上抢劫"的认定

公共交通工具承载的旅客具有不特定多数人的特点。根据《抢劫解释》第二条规定，"在公共交通工具上抢劫"主要是指在从事旅客运输的各种公共汽车、大、中型出租车、火车、船只、飞机等正在运营中的机动公共交通工具上对旅客、司售、乘务人员实施的抢劫。在未运营中的大、中型公共交通工具上针对司售、乘务人员抢劫的，或者在小型出租车上抢劫的，不属于"在公共交通工具上抢劫"。

三、关于"多次抢劫"的认定

刑法第二百六十三条第（四）项中的"多次抢劫"是指抢劫三次以上。

对于"多次"的认定，应以行为人实施的每一次抢劫行为均已构成犯罪为前提，综合考虑犯罪故意的产生、犯罪行为实施的时间、地点等因素，客观分析、认定。对于行为人基于一个犯意实施犯罪的，如在同一地点同时对在场的多人实施抢劫的；或基于同一犯意在同一地点实施连续抢劫犯罪的，如在同一地点连续地对途经此地的多人进行抢劫的；或在一次犯罪中对一栋居民楼房中的几户居民连续实施入户抢劫的，一般应认定为一次犯罪。

四、关于"携带凶器抢夺"的认定

《抢劫解释》第六条规定，"携带凶器抢夺"，是指行为人随身携带枪支、爆炸物、管制刀具等国家禁止个人携带的器械进行抢夺或者为了实施犯罪而携带其他器械进行抢夺的行为。行为人随身携带国家禁止个人携带的器械以外的其他器械抢夺，但有证据证明该器械确实不是为了实施犯罪准备的，不以抢劫罪定罪；行为人将随身携带凶器有意加以显示、能为被害人察觉到的，直接适用刑法第二百六十三条的规定定罪处罚；行为人携带凶器抢夺后，在逃跑过程中为窝藏赃物、抗拒抓捕或者毁灭罪证而当场使用暴力或者以暴力相威胁的，适用刑法第二百六十七条第二款的规定定罪处罚。

六、关于抢劫犯罪数额的计算

抢劫信用卡后使用、消费的，其实际使用、消费的数额为抢劫数额；抢劫信用卡后未实际使用、消费的，不计数额，根据情节轻重量刑。所抢信用卡数额巨大，但未实际使用、消费或者实际使用、消费的数额未达到巨大标准的，不适用"抢劫数额巨大"的法定刑。

为抢劫其他财物，劫取机动车辆当作犯罪工具或者逃跑工具使用的，被劫取机动车辆的价值计入抢劫数额；为实施抢劫以外的其他犯罪劫取机动车辆的，以抢劫罪和实施的其他犯罪实行数罪并罚。

抢劫存折、机动车辆的数额计算，参照执行《关于审理盗窃案件具体应用法律若干问题的解释》的相关规定。

七、关于抢劫特定财物行为的定性

以毒品、假币、淫秽物品等违禁品为对象,实施抢劫的,以抢劫罪定罪;抢劫的违禁品数量作为量刑情节予以考虑。抢劫违禁品后又以违禁品实施其他犯罪的,应以抢劫罪与具体实施的其他犯罪实行数罪并罚。

抢劫赌资、犯罪所得的赃款赃物的,以抢劫罪定罪,但行为人仅以其所输赌资或所赢赌债为抢劫对象,一般不以抢劫罪定罪处罚。构成其他犯罪的,依照刑法的相关规定处罚。

为个人使用,以暴力、胁迫等手段取得家庭成员或近亲属财产的,一般不以抢劫罪定罪处罚,构成其他犯罪的,依照刑法的相关规定处理;教唆或者伙同他人采取暴力、胁迫等手段劫取家庭成员或近亲属财产的,可以抢劫罪定罪处罚。

八、关于抢劫罪数的认定

行为人实施伤害、强奸等犯罪行为,在被害人未失去知觉,利用被害人不能反抗、不敢反抗的处境,临时起意劫取他人财物的,应以此前所实施的具体犯罪与抢劫罪实行数罪并罚;在被害人失去知觉或者没有发觉的情形下,以及实施故意杀人犯罪行为之后,临时起意拿走他人财物的,应以此前所实施的具体犯罪与盗窃罪实行数罪并罚。

九、关于抢劫罪与相似犯罪的界限

1. 冒充正在执行公务的人民警察、联防人员,以抓卖淫嫖娼、赌博等违法行为为名非法占有财物的行为定性

行为人冒充正在执行公务的人民警察"抓赌"、"抓嫖",没收赌资或者罚款的行为,构成犯罪的,以招摇撞骗罪从重处罚;在实施上述行为中使用暴力或者暴力威胁的,以抢劫罪定罪处罚。行为人冒充治安联防队员"抓赌"、"抓嫖"、没收赌资或者罚款的行为,构成犯罪的,以敲诈勒索罪定罪处罚;在实施上述行为中使用暴力或者暴力威胁的,以抢劫罪定罪处罚。

2. 以暴力、胁迫手段索取超出正常交易价钱、费用的钱财的行为定性

从事正常商品买卖、交易或者劳动服务的人,以暴力、胁迫手段迫使他人交出与合理价钱、费用相差不大钱物,情节严重的,以强迫交易罪定罪处罚;以非法占有为目的,以买卖、交易、服务为幌子采用暴力、胁迫手段迫使他人交出与合理价钱、费用相差悬殊的钱物的,以抢劫罪定罪处刑。在具体认定时,既要考虑超出合理价钱、费用的绝对数额,还要考虑超出合理价钱、费用的比例,加以综合判断。

3. 抢劫罪与绑架罪的界限

绑架罪是侵害他人人身自由权利的犯罪,其与抢劫罪的区别在于:第一,主观方面不尽相同。抢劫罪中,行为人一般出于非法占有他人财物的故意实施抢劫行为,绑架罪中,行为人既可能为勒索他人财物而实施绑架行为,也可能出于其他非经济目的实施绑架行为;第二,行为手段不尽相同。抢劫罪表现为行为人劫取财物一般应在同一时间、同一地点,具有"当场性";绑架罪表现为行为人以杀害、伤害等方式向被绑架人的亲属或其他人或单位发出威胁,索取赎金或提出其他非法要求,劫取财物一般不具有"当场性"。

绑架过程中又当场劫取被害人随身携带财物的,同时触犯绑架罪和抢劫罪两罪名,应择一重罪定罪处罚。

4. 抢劫罪与寻衅滋事罪的界限

寻衅滋事罪是严重扰乱社会秩序的犯罪,行为人实施寻衅滋事的行为时,客观上也可能表现为强拿硬要公私财物的特征。这种强拿硬要的行为与抢劫罪的区别在于:前者行为人主观上还具有逞强好胜和通过强拿硬要来填补其精神空虚等目的,后者行为人一般只具有非法占有他人财物的目的;前者行为人客观上一般不以严重侵犯他人人身权利的方法强拿硬要财物,而后者行为人则以暴力、胁迫等

方式作为劫取他人财物的手段。司法实践中,对于未成年人使用或威胁使用轻微暴力强抢少量财物的行为,一般不宜以抢劫罪定罪处罚。其行为符合寻衅滋事罪特征的,可以寻衅滋事罪定罪处罚。

5. 抢劫罪与故意伤害罪的界限

行为人为索取债务,使用暴力、暴力威胁等手段的,一般不以抢劫罪定罪处罚。构成故意伤害等其他犯罪的,依照刑法第二百三十四条等规定处罚。

十、抢劫罪的既遂、未遂的认定

抢劫罪侵犯的是复杂客体,既侵犯财产权利又侵犯人身权利,具备劫取财物或者造成他人轻伤以上后果两者之一的,均属抢劫既遂;既未劫取财物,又未造成他人人身伤害后果的,属抢劫未遂。据此,刑法第二百六十三条规定的八种处罚情节中除"抢劫致人重伤、死亡的"这一结果加重情节之外,其余七种处罚情节同样存在既遂、未遂问题,其中属抢劫未遂的,应当根据刑法关于加重情节的法定刑规定,结合未遂犯的处理原则量刑。

十一、驾驶机动车、非机动车夺取他人财物行为的定性

对于驾驶机动车、非机动车(本附文以下简称"驾驶车辆")夺取他人财物的,一般以抢夺罪从重处罚。但具有下列情形之一,应当以抢劫罪定罪处罚:

(1)驾驶车辆,逼挤、撞击或强行逼倒他人以排除他人反抗,乘机夺取财物的;

(2)驾驶车辆强抢财物时,因被害人不放手而采取强拉硬拽方法劫取财物的;

(3)行为人明知其驾驶车辆强行夺取他人财物的手段会造成他人伤亡的后果,仍然强行夺取并放任造成财物持有人轻伤以上后果的。

■最高人民法院、最高人民检察院关于办理抢夺刑事案件适用法律若干问题的解释(2013年11月18日)

第六条 驾驶机动车、非机动车夺取他人财物,具有下列情形之一的,应当以抢劫罪定罪处罚:

(一)夺取他人财物时因被害人不放手而强行夺取的;

(二)驾驶车辆逼挤、撞击或者强行逼倒他人夺取财物的;

(三)明知会致人伤亡仍然强行夺取并放任造成财物持有人轻伤以上后果的。

第七条 本解释公布施行后,《最高人民法院关于审理抢夺刑事案件具体应用法律若干问题的解释》(法释〔2002〕18号)同时废止;之前发布的司法解释和规范性文件与本解释不一致的,以本解释为准。

■最高人民法院关于审理未成年人刑事案件具体应用法律若干问题的解释(2006年1月23日)

第七条 已满十四周岁不满十六周岁的人使用轻微暴力或者威胁,强行索要其他未成年人随身携带的生活、学习用品或者钱财数量不大,且未造成被害人轻微伤以上或者不敢正常到校学习、生活等危害后果的,不认为是犯罪。

已满十六周岁不满十八周岁的人具有前款规定情形的,一般也不认为是犯罪。

第二十条 本解释自公布之日起施行。

《最高人民法院关于办理未成年人刑事案件适用法律的若干问题的解释》(法发〔1995〕9号)自本解释公布之日起不再执行。

■最高人民法院关于审理抢劫案件具体应用法律若干问题的解释(全文)(2000年11月28日)

第一条 刑法第二百六十三条第(一)项规定的"入户抢劫",是指为实施抢劫行为而进入他人生活的与外界相对隔离的住所,包括封闭的院落、牧民的帐篷、渔民作为家庭生活场所的渔船、为生活租用的房屋等进行抢劫的行为。

对于入户盗窃,因被发现而当场使用暴力或者以暴力相威胁的行为,应当认定为入户抢劫。

第二条 刑法第二百六十三条第(二)项规定的"在公共交通工具上抢劫",既包括在从事旅客运

输的各种公共汽车,大、中型出租车,火车,船只,飞机等正在运营中的机动公共交通工具上对旅客、司售、乘务人员实施的抢劫,也包括对运行途中的机动公共交通工具加以拦截后,对公共交通工具上的人员实施的抢劫。

第三条　刑法第二百六十三条第(三)项规定的“抢劫银行或者其他金融机构”,是指抢劫银行或者其他金融机构的经营资金、有价证券和客户的资金等。

抢劫正在使用中的银行或者其他金融机构的运钞车的,视为“抢劫银行或者其他金融机构”。

第四条　刑法第二百六十三条第(四)项规定的“抢劫数额巨大”的认定标准,参照各地确定的盗窃罪数额巨大的认定标准执行。

第五条　刑法第二百六十三条第(七)项规定的“持枪抢劫”,是指行为人使用枪支或者向被害人显示持有、佩带的枪支进行抢劫的行为。“枪支”的概念和范围,适用《中华人民共和国枪支管理法》的规定。

■最高人民法院关于审理抢劫刑事案件适用法律若干问题的指导意见(2016年1月6日)

一、关于审理抢劫刑事案件的基本要求

坚持贯彻宽严相济刑事政策。对于多次结伙抢劫,针对农村留守妇女、儿童及老人等弱势群体实施抢劫,在抢劫中实施强奸等暴力犯罪的,要在法律规定的量刑幅度内从重判处。

对于罪行严重或者具有累犯情节的抢劫犯罪分子,减刑、假释时应当从严掌握,严格控制减刑的幅度和频度。对因家庭成员就医等特定原因初次实施抢劫,主观恶性和犯罪情节相对较轻的,要与多次抢劫以及为了挥霍、赌博、吸毒等实施抢劫的案件在量刑上有所区分。对于犯罪情节较轻,或者具有法定、酌定从轻、减轻处罚情节的,坚持依法从宽处理。

确保案件审判质量。审理抢劫刑事案件,要严格遵守证据裁判原则,确保事实清楚,证据确实、充分。特别是对因抢劫可能判处死刑的案件,更要切实贯彻执行刑事诉讼法及相关司法解释、司法文件,严格依法审查判断和运用证据,坚决防止冤错案件的发生。

对抢劫刑事案件适用死刑,应当坚持“保留死刑,严格控制和慎重适用死刑”的刑事政策,以最严格的标准和最审慎的态度,确保死刑只适用于极少数罪行极其严重的犯罪分子。对被判处死刑缓期二年执行的抢劫犯罪分子,根据犯罪情节等情况,可以同时决定对其限制减刑。

二、关于抢劫犯罪部分加重处罚情节的认定

1.认定“入户抢劫”,要注重审查行为人“入户”的目的,将“入户抢劫”与“在户内抢劫”区别开来。以侵害户内人员的人身、财产为目的,入户后实施抢劫,包括入户实施盗窃、诈骗等犯罪而转化为抢劫的,应当认定为“入户抢劫”。因访友办事等原因经户内人员允许入户后,临时起意实施抢劫,或者临时起意实施盗窃、诈骗等犯罪而转化为抢劫的,不应认定为“入户抢劫”。

对于部分时间从事经营、部分时间用于生活起居的场所,行为人在非营业时间强行入内抢劫或者以购物等为名骗开房门入内抢劫的,应认定为“入户抢劫”。对于部分用于经营、部分用于生活且之间有明确隔离的场所,行为人进入生活场所实施抢劫的,应认定为“入户抢劫”;如场所之间没有明确隔离,行为人在营业时间入内实施抢劫的,不认定为“入户抢劫”,但在非营业时间入内实施抢劫的,应认定为“入户抢劫”。

2.“公共交通工具”,包括从事旅客运输的各种公共汽车,大、中型出租车,火车,地铁,轻轨,轮船,飞机等,不含小型出租车。对于虽不具有商业营运执照,但实际从事旅客运输的大、中型交通工具,可认定为“公共交通工具”。接送职工的单位班车、接送师生的校车等大、中型交通工具,视为“公共交通工具”。

“在公共交通工具上抢劫”,既包括在处于运营状态的公共交通工具上对旅客及司售、乘务人员实施抢劫,也包括拦截运营途中的公共交通工具对旅客及司售、乘务人员实施抢劫,但不包括在未运营的公共交通工具上针对司售、乘务人员实施抢劫。以暴力、胁迫或者麻醉等手段对公共交通工具上的特定人员实施抢劫的，一般应认定为“在公共交通工具上抢劫”。

3. 认定“抢劫数额巨大”，参照各地认定盗窃罪数额巨大的标准执行。抢劫数额以实际抢劫到的财物数额为依据。对以数额巨大的财物为明确目标，由于意志以外的原因，未能抢到财物或实际抢得的财物数额不大的，应同时认定“抢劫数额巨大”和犯罪未遂的情节，根据刑法有关规定，结合未遂犯的处理原则量刑。

根据《两抢意见》第六条第一款规定，抢劫信用卡后使用、消费的，以行为人实际使用、消费的数额为抢劫数额。由于行为人意志以外的原因无法实际使用、消费的部分，虽不计入抢劫数额，但应作为量刑情节考虑。通过银行转账或者电子支付、手机银行等支付平台获取抢劫财物的，以行为人实际获取的财物为抢劫数额。

4. 认定“冒充军警人员抢劫”，要注重对行为人是否穿着军警制服、携带枪支、是否出示军警证件等情节进行综合审查，判断是否足以使他人误以为是军警人员。对于行为人仅穿着类似军警的服装或仅以言语宣称系军警人员但未携带枪支、也未出示军警证件而实施抢劫的，要结合抢劫地点、时间、暴力或威胁的具体情形，依照常人判断标准，确定是否认定为“冒充军警人员抢劫”。

军警人员利用自身的真实身份实施抢劫的，不认定为“冒充军警人员抢劫”，应依法从重处罚。

四、具有法定八种加重处罚情节的刑罚适用

1. 根据刑法第二百六十三条的规定，具有“抢劫致人重伤、死亡”等八种法定加重处罚情节的，处十年以上有期徒刑、无期徒刑或者死刑，并处罚金或者没收财产。应当根据抢劫的次数及数额、抢劫对人身的损害、对社会治安的危害等情况，结合被告人的主观恶性及人身危险程度，并根据量刑规范化的有关规定，确定具体的刑罚。判处无期徒刑以上刑罚的，一般应并处没收财产。

2. 具有下列情形之一的，可以判处无期徒刑以上刑罚：

(1)抢劫致三人以上重伤，或者致人重伤造成严重残疾的；

(2)在抢劫过程中故意杀害他人，或者故意伤害他人，致人死亡的；

(3)具有除“抢劫致人重伤、死亡”外的两种以上加重处罚情节，或者抢劫次数特别多、抢劫数额特别巨大的。

3. 为劫取财物而预谋故意杀人，或者在劫取财物过程中为制服被害人反抗、抗拒抓捕而杀害被害人，且被告人无法定从宽处罚情节的，可依法判处死刑立即执行。对具有自首、立功等法定从轻处罚情节的，判处死刑立即执行应当慎重。对于采取故意杀人以外的其他手段实施抢劫并致人死亡的案件，要从犯罪的动机、预谋、实行行为等方面分析被告人主观恶性的大小，并从有无前科及平时表现、认罪悔罪情况等方面判断被告人的人身危险程度，不能不加区别，仅以出现被害人死亡的后果，一律判处死刑立即执行。

4. 抢劫致人重伤案件适用死刑，应当更加慎重、更加严格，除非具有采取极其残忍的手段造成被害人严重残疾等特别恶劣的情节或者造成特别严重后果的，一般不判处死刑立即执行。

5. 具有刑法第二百六十三条规定的“抢劫致人重伤、死亡”以外其他七种加重处罚情节，且犯罪情节特别恶劣、危害后果特别严重的，可依法判处死刑立即执行。认定“情节特别恶劣、危害后果特别严重”，应当从严掌握，适用死刑必须非常慎重、非常严格。

五、抢劫共同犯罪的刑罚适用

1. 审理抢劫共同犯罪案件，应当充分考虑共同犯罪的情节及后果、共同犯罪人在抢劫中的作用以及被告人的主观恶性、人身危险性等情节，做到准确认定主从犯，分清罪责，以责定刑，罚当其罪。一案中有两名以上主犯的，要从犯罪提意、预谋、准备、行为实施、赃物处理等方面区分出罪责最大者和较大者；有两名以上从犯的，要在从犯中区分出罪责相对更轻者和较轻者。对从犯的处罚，要根据案件的具体事实、从犯的罪责，确定从轻还是减轻处罚。对具有自首、立功或者未成年人且初次抢劫等情节的从犯,可以依法免除处罚。

2. 对于共同抢劫致一人死亡的案件,依法应当判处死刑的,除犯罪手段特别残忍、情节及后果特别严重、社会影响特别恶劣、严重危害社会治安的外,一般只对共同抢劫犯罪中作用最突出、罪行最严重的那名主犯判处死刑立即执行。罪行最严重的主犯如因系未成年人而不适用死刑,或者因具有自首、立功等法定从宽处罚情节而不判处死刑立即执行的,不能不加区别地对其他主犯判处死刑立即执行。

3. 在抢劫共同犯罪案件中,有同案犯在逃的,应当根据现有证据尽量分清在押犯与在逃犯的罪责,对在押犯应按其罪责处刑。罪责确实难以分清,或者不排除在押犯的罪责可能轻于在逃犯的,对在押犯适用刑罚应当留有余地,判处死刑立即执行要格外慎重。

六、累犯等情节的适用

根据刑法第六十五条第一款的规定,对累犯应当从重处罚。抢劫犯罪被告人具有累犯情节的,适用刑罚时要综合考虑犯罪的情节和后果,所犯前后罪的性质、间隔时间及判刑轻重等情况,决定从重处罚的力度。对于前罪系抢劫等严重暴力犯罪的累犯,应当依法加大从重处罚的力度。对于虽不构成累犯,但具有抢劫犯罪前科的,一般不适用减轻处罚和缓刑。对于可能判处死刑的罪犯具有累犯情节的也应慎重,不能只要是累犯就一律判处死刑立即执行;被告人同时具有累犯和法定从宽处罚情节的,判处死刑立即执行应当综合考虑,从严掌握。

七、关于抢劫案件附带民事赔偿的处理原则

要妥善处理抢劫案件附带民事赔偿工作。审理抢劫刑事案件,一般情况下人民法院不主动开展附带民事调解工作。但是,对于犯罪情节不是特别恶劣或者被害方生活、医疗陷入困境,被告人与被害方自行达成民事赔偿和解协议的,民事赔偿情况可作为评价被告人悔罪态度的依据之一,在量刑上酌情予以考虑。

■最高人民法院、最高人民检察院、公安部、司法部关于办理"套路贷"刑事案件若干问题的意见(2019年4月9日)

(相关内容附在本书刑法第二百六十六条之后附文同名文件中)

■最高人民检察院关于强迫借贷行为适用法律问题的批复(全文)(2014年4月17日)

以暴力、胁迫手段强迫他人借贷,属于刑法第二百二十六条第二项规定的"强迫他人提供或者接受服务",情节严重的,以强迫交易罪追究刑事责任;同时构成故意伤害罪等其他犯罪的,依照处罚较重的规定定罪处罚。以非法占有为目的,以借贷为名采用暴力、胁迫手段获取他人财物,符合刑法第二百六十三条或者第二百七十四条规定的,以抢劫罪或者敲诈勒索罪追究刑事责任。

■最高人民法院关于抢劫过程中故意杀人案件如何定罪问题的批复(全文)(2001年5月26日)

行为人为劫取财物而预谋故意杀人,或者在劫取财物过程中,为制服被害人反抗而故意杀人的,以抢劫罪定罪处罚。

行为人实施抢劫后,为灭口而故意杀人的,以抢劫罪和故意杀人罪定罪,实行数罪并罚。

■最高人民法院、最高人民检察院关于常见犯罪的量刑指导意见(试行)(2021年7月1日)(见本书附录十三)

▼安徽省高级人民法院、安徽省人民检察院、安徽省公安厅关于办理"套路贷"刑事案件的指导意见(2018年6月15日)(见本书附录四十七)

▼安徽省高级人民法院、安徽省人民检察院关于二十三种常见犯罪量刑规范的实施细则(试行)(2022年1月16日)(见本书附录十四)

▼最高人民法院研究室关于对非法占有强迫他人卖血所得款物案件如何定性问题的意见函(全文)(1995年10月23日)

被告人以非法占有为目的,强迫被害人卖血后占有卖血所得款物的行为,构成抢劫罪;其间实施的非法剥夺被害人人身自由的行为，应作为抢劫罪从重处罚酌情节予以考虑。

▼浙江省高级人民法院、浙江省人民检察院、浙江省公安厅关于抢劫、盗窃、诈骗、抢夺借据、欠条等借款凭证是否构成犯罪的意见（全文）（2002年1月9日）

债务人以消灭债务为目的，抢劫、盗窃、诈骗、抢夺合法、有效的借据、欠条等借款凭证，并且该借款凭证是确认债权债务关系存在的唯一证明的，可以抢劫罪、盗窃罪、诈骗罪、抢夺罪论处。债务人以外的人在债务人的教唆之下实施或者帮助债务人实施抢劫、盗窃、诈骗、抢夺借据、欠条等借款凭证，并且明知债务人是为了消灭债务的，以抢劫罪、盗窃罪、诈骗罪、抢夺罪的共犯论处。

▼江苏省高级人民法院关于我省执行抢劫、抢夺、聚众哄抢、敲诈勒索、故意毁坏公私财物“数额较大”“数额巨大”“数额特别巨大”标准的意见（1998年7月16日）

一、抢劫公私财物价值人民币五千元以上的，为“数额巨大”。

本标准自1998年7月16日起参月照执行。参照执行后，最高人民法院、最高人民检察院、公安部有新规定的，按新规定执行。

□抢劫罪中的“暴力”，是指犯罪人对被害人的身体实施打击或者强制，如杀伤、殴打、捆绑或禁闭等

抢劫罪是指以非法占有为目的，以暴力、胁迫或者其他方法，强行劫取公私财物的行为。这里所称的“暴力”，是指犯罪人对被害人的身体实施打击或者强制，如杀伤、殴打、捆绑或禁闭等。行为人出于非法占有的目的，以欺骗的方法将被害人诱至其承租的住房内，而后将被害人反锁在其事先改造过的房间内，致使被害人不能反抗，从而劫取被害人随身携带的财物的，属于以对被害人的身体实施强制禁闭的暴力方法，强行劫取公私财物的行为，应按照《中华人民共和国刑法》第二百六十三条的规定定罪处罚。（参见内蒙古自治区乌海市人民检察院诉白雪云等人抢劫案，载《最高人民法院公报》总第139期，2008年第5期，第37页。）

□非法拘禁并迫使被害人直接交出现金的行为，应按抢劫罪论处

被告人以殴打、捆绑、禁闭为手段拘禁被害人，并迫使被害人直接交出现金的行为，应按抢劫罪论处。（参见淄博市人民检察院诉杨保营等人抢劫、绑架、寻衅滋事案，载《最高人民法院公报》总第100期，2005年第2期，第34页。）

□以暴力、胁迫的方法要求被害人交出自己的财产，由于被害人的财产不在身边，行为人不得不同意被害人通知其他人送来财产的行为，符合抢劫罪特征

三、行为人以暴力、胁迫的方法要求被害人交出自己的财产，由于被害人的财产不在身边，行为人不得不同意被害人通知其他人送来财产，也不得不与被害人一起等待财产的到来。这种行为不是以被害人为人质向被害人以外的第三人勒索财物，而是符合“使用暴力、胁迫方法当场强行劫取财物”的抢劫罪特征，应当按照刑法第二百六十三条的规定定罪处罚。（参见上海市黄浦区人民检察院诉陈祥国绑架案，载《最高人民法院公报》总第123期，2007年第1期，第34页。）

□以假借购物为由，进入他人经营和生活区域缺乏明显隔离的商店抢劫财物的行为，不构成入户抢劫的情节

被告人以假借购物为由，进入他人经营和生活区域缺乏明显隔离的商店抢劫财物的行为，虽构成抢劫罪，但不构成入户抢劫的情节。（参见上海市嘉定区人民检察院诉魏培明等人抢劫案，载《最高人民法院公报》总第102期，2005年第4期，第38页。）

□行为人当场使用暴力控制受害人，迫使受害人通过网上银行转账的形式将钱款转入行为人指定的账户，其行为符合抢劫罪的构成要件

根据刑法第二百六十三条的规定，抢劫罪是指以非法占有为目的，对财物的所有人、保管人当场使用暴力、胁迫或其他方法，强行将公私财物抢走的行为。行为人当场使用暴力控制受害人，迫使受害人通过网上银行转账的形式将钱款转入行为人指定的账户，其行为属于迫使受害人当场交出财物，符合抢劫罪的犯罪构成,应依照刑法第二百六十三条的规定定罪处罚。(参见广东省肇庆市人民检察院诉梁克财等抢劫案,载《最高人民法院公报》总第164期,2010年第6期,第42页。)

▽抢劫罪的"当场"要件的认定

构成抢劫罪需具备两个基本要件:一是当场使用暴力或者以当场使用暴力相胁迫等手段,二是当场取得财物,即通常所称的两个"当场"。"当场"不是一个纯粹的时空概念,必须结合行为人的暴力或者胁迫等手段、该手段对被害人的身体和精神强制方式、程度及与取得财物之间的内在联系,来加以具体分析认定。这就要求在对"当场"的理解中,要有一个基本的度的权衡和把握。一方面,当场不仅仅限于一时一地、此时此地,在暴力、胁迫等手段的持续强制过程中,即使时间延续较长,空间也发生了一定转换,同样可以视为是"当场",而不必拘泥于某一特定时间、地点;另一方面,"当场"又应以暴力、胁迫等手段行为的自然延伸及取得他人财物所必要为限,避免"当场"解释的任意化。[参见第272号案例,杨保营等抢劫、绑架案,载《刑事审判参考》总第35集(2003年第6集),法律出版社,第47~48页。执笔:马殿振;第147号案例,何木生抢劫案,载《刑事审判参考》总第23辑(2001年第12辑),法律出版社,第31页。执笔:张国辉]

▽暴力挟持,迫使被害人拿出存折并支取现金,从而非法取得被害人财物的行为,具备抢劫罪的两个"当场"要件,构成抢劫罪

行为人通过暴力威胁,迫使被害人拿出存折并支取现金,从而非法取得被害人财物的行为,符合抢劫罪的两个"当场"特征,构成抢劫罪。具体理由是:首先,被害人回到住处取出存折、提取现金直至将现金交付给行为人的整个过程,始终处于行为人的持续暴力胁迫之下,符合当场使用暴力、胁迫等抢劫罪的手段要件。其次,被害人自取出存折、提取现金直至将现金交付给行为人,的确存在一定的时间和空间跨度,但行为人是在被害人身上、身边没有可供劫取的财物的情况下,实施这一系列行为的目的在于劫取被害人的财物,故将该系列行为视作一个整体,从而认定取得被害人财物系当场取得。最后,暴力胁迫手段与取得他人财物之间存在客观因果关系。因果关系存在与否的判断,应以暴力胁迫手段是否对被害人形成了足够的强制、被害人交出财物是否基于该强制为基准。应该注意的是,对于强制,不应仅仅理解为身体上的强制,还应包括精神上的强制,而且是否形成了强制,应从被害人的个人感受来判断,而不能从一般人的立场来判断。虽然在一般人看来,即使处于三行为人的挟持之下,被害人在银行提取现金时仍然有足够的反抗机会,但不能以此否定被害人受到强制的客观事实。[参见第272号案例,杨保营等抢劫、绑架案,载《刑事审判参考》总第35集(2003年第6集),法律出版社,第48页。执笔:马殿振]

▽为抢劫而携带枪支,抢劫中未使用枪支的,或持仿真枪抢劫的,都不能认定为"持枪抢劫"

"持枪抢劫"是抢劫罪中的法定加重情节,因此,准确认定"持枪抢劫"对抢劫犯罪的量刑有着重要意义。为抢劫而携带枪支,从携带枪支的目的分析不外乎有三种情形:一是为了在实施抢劫过程中一旦遇到强力反抗时就亮出枪支或开枪排除阻碍;二是为了顺利实施抢劫而在着手实施抢劫时就亮出枪支或开枪进行威胁;三是为了在抢劫后的逃跑过程中一旦遇到追捕时开枪实施阻击。可见,为抢劫而携带枪支并不等于为抢劫而使用枪支。"持枪抢劫",应当是指行为人为达到抢劫的目的而使用枪支的行为。使用枪支是指行为人为了达到一定目的而故意向对方显露枪支或开枪射击,以让被害人感受到枪支的杀伤功能和威慑功能的行为。因此,抢劫中使用枪支的行为通常包含两种行为:一是抢劫中开枪以制服被害人;二是为了达到抢劫目的而故意向对方显露枪支以给被害人造成心理恐惧致其不敢反抗。通常把枪拿出来也是一种使用枪支的行为。但如果行为人携带枪支而未向对方显露或仅仅是口头上表示有枪,即带枪而未使用,从主观目的和客观行为的一致性以及社会危害性角度考虑,则均不属于我国刑法规定的持枪抢劫,否则容易造成刑罚过重而与罪责难以相当。需要指出的是,持枪抢劫中的枪支应当是属于公安机关制定的有关枪支管理办法中规定的枪支范围,如果行为人向对方显露的是不具有杀伤力的仿真枪,由于仿真枪不可能造成人身伤害,除了一时的以假乱真外不能进一步发挥枪的功效,其作用还不如管制刀具,故不属于刑法意义上的持枪抢劫,这一点有关司法解释已有明确规定。可见,为抢劫而携带枪支并不一定就属于持枪抢劫,是否属于持枪抢劫要从行为人的主观目的和客观行为的一致性上进行判断。如果行为人到案后交代携带枪支的目的是在抢劫过程中起到威慑作用,但客观上行为人并没有持枪进行威胁或伤害,那么就不能认定是持枪抢劫。[参见第436号案例,粟君才等抢劫、非法持有枪支案,载《刑事审判参考》总第55辑(2007年第2辑),法律出版社,第38~40页。执笔:时军]

▽针对特定的被害人在公共交通工具上实施抢劫,应属于"在公共交通工具上抢劫"

在公共交通工具这样相对封闭的环境中进行抢劫,被害人求救及反抗能力均受到一定的限制,可能得不到及时救助而陷入被实施伤害的极大的危险状态中,精神恐惧的制约作用也使得犯罪分子往往更容易得逞,因此,其社会危害性远远大于一般的抢劫犯罪。1997年刑法将"在公共交通工具上抢劫"规定为抢劫罪的加重情节之一,并配置有期徒刑十年以上量刑幅度予以重罚,突出体现了对公民人身权利和财产权利的保护,以及对社会公共秩序的特殊关注与维护。行为人虽然只抢劫特定的一两个人,但由于该行为发生在公共交通工具上,直接威胁到该公共交通工具上所有乘客的人身和财产安全,给该公共交通工具上所有乘客的心理上都造成了恐惧,同样严重破坏了社会公共秩序,应当认定为在公共交通工具上抢劫。《最高人民法院关于审理抢劫案件具体应用法律若干问题的解释》第二条对抢劫罪的这种加重情节作了进一步的明确规定:刑法本条第(二)项规定的"在公共交通工具上抢劫",既包括在从事旅客运输的各种公共汽车、大中型出租车、火车、船只、飞机等正在运营中的机动公共交通工具上对旅客、司售、乘务人员实施的抢劫,也包括对运行途中的机动公共交通工具加以拦截后,对公共交通工具上的人员实施的抢劫。因此,只要是在运营中的公共交通工具上对乘客进行抢劫,就应当认定为在"公共交通工具上抢劫",而无论该乘客是该公共交通工具上原有的乘客还是刚刚搭载的乘客。评判行为人的抢劫行为是否构成"在公共交通工具上抢劫",不是以实际上行为人是否对不特定多数人实施抢劫行为为标准,而是应以不特定多数人的人身权利和财产权利是否受到威胁或者抢劫行为是否足以使得不特定多数人认为受到威胁为标准。行为人从犯罪预备到抢劫既遂后逃离现场的过程中,抢劫行为侵害的对象自始至终都是针对特定的被害人一人,对车内其他同乘人员没有任何威胁性语言和行为,更没有实施暴力。但实际上,行为人对被害人施以拳脚和语言威胁等暴力行为,直接使车内其他同乘人员产生恐惧感,侵害了车内其他同乘人员的人身权利和财产权利以及社会公共秩序。需注意的是即便除被害人外,车上并无其他乘客,只有驾驶员一人,也形成了封闭环境中不特定多数人群体,仍属于"在公共交通工具上抢劫"。[参见第391号案例,李政、侍鹏抢劫案,载《刑事审判参考》总第49集(2006年第2集),法律出版社,第43~45页。执笔:尚贞华 朱锡平]

▽"多次抢劫"是指抢劫3次以上

由于刑法本身没有对"多次"这一概念作出界定,最高人民法院于2005年6月8日印发的《关于审理抢劫、抢夺刑事案件适用法律若干问题的意见》第三条将"多次抢劫"界定为"抢劫三次以上"。这一规定既反映了社会生活中一般人的认识观念,又与刑法其他条文中"多次"的含义保持一致(如《最高人民法院关于审理盗窃案件具体应用法律若干问题的解释》第四条规定:对于一年内入户盗窃或者在公共场所扒窃三次以上的,应当认定为"多次盗窃",以盗窃罪定罪处罚),已成为司法机关办理这类案件的规范性依据。[参见第338号案例,姜继红、成盛等抢劫、盗窃案,载《刑事审判参考》总第43集(2005年第2集),法律出版社,第34页。执笔:杨才清]

▽"多次抢劫"中的每次抢劫行为都应构成独立的抢劫犯罪

罪刑相适应是我国刑法规定的基本原则,对抢劫罪的认定和处罚也必须坚持这一原则。"多次抢劫"作为抢劫罪的加重犯,其法定刑比普通抢劫罪重得多,应该从严掌握。因此,"多次抢劫"中的每次抢劫行为均构成独立的抢劫罪,才符合罪刑相适应的基本原则。根据刑法原理,情节加重犯是在基本犯罪构成要件的基础上,通过附加一定的要件,当行为人的行为符合要件规定时,加重行为人的刑罚。情节加重犯是在基本犯罪构成上所附加的特殊要件,其原本包括在基本犯罪构成要件中,基于社会治安形势和刑事政策的双重考量,立法机关将这些要件加以特殊规定,并配置了较重的刑罚。情节加重犯的构成必须以该情节符合基本构成为前提,否则只能认定为一般违法行为而非犯罪行为,更遑论某罪的加重犯了。故作为抢劫罪情节加重犯的"多次抢劫",必须以符合抢劫罪基本构成要件为基础。[参见第 338 号案例,姜继红、成盛等抢劫、盗窃案,载《刑事审判参考》总第 43 集(2005 年第 2 集),法律出版社,第 34 ~ 35 页。执笔:杨才清]

▽对于连续抢劫多人的抢劫行为是认定为一次抢劫还是"多次抢劫",应从犯罪故意的单复数、犯罪时间的连续性和地点的相近性三个因素综合判断

《关于审理抢劫、抢夺刑事案件适用法律若干问题的意见》第三条规定,对于"多次"的认定,应以行为人实施的每一次抢劫行为均已构成犯罪为前提,综合考虑犯罪故意的产生、犯罪行为实施的时间、地点等因素,客观分析、认定。对于行为人基于一个犯意实施犯罪的,如在同一地点同时对在场的多人实施抢劫的;或基于同一犯意在同一地点实施连续抢劫犯罪的,如在同一地点连续地对途经此地的多人进行抢劫的;或在一次犯罪中对一栋居民楼房中的几户居民连续实施入户抢劫的,一般应认定为一次犯罪。也就是说,行为人在同一地点连续对多人同时实施抢劫的,虽属抢劫多人,但由于是基于同一犯意,不仅具有犯罪时间的连续性,还具有犯罪地点的相近性,不属于"多次抢劫"。[参见第 338 号案例,姜继红、成盛等抢劫、盗窃案,载《刑事审判参考》总第 43 集(2005 年第 2 集),法律出版社,第 35 ~ 36 页。执笔:杨才清]

▽暴力劫财行为始发在户外,持续至户内,仍应认定为"入户抢劫"

"入户抢劫"之所以成为抢劫犯罪的加重情节,是因为其不仅直接侵犯了公民的人身和财产权利,还威胁或侵犯了公民的家居安全。《最高人民法院关于审理抢劫案件具体应用法律若干问题的解释》第一条规定,入户抢劫是指为实施抢劫行为而进入他人生活的与外界相对隔离的住所,包括封闭的院落、牧民的帐篷、渔民作为家庭生活场所的渔船、为生活租用的房屋等进行抢劫的行为。最高人民法院又于 2005 年 6 月 8 日颁行了《关于审理抢劫、抢夺刑事案件适用法律若干问题的意见》,明确"认定'入户抢劫'时,应注意三个问题:一是'户'的范围。'户'在这里是指住所,其特征表现为供他人家庭生活和与外界相对隔离两个方面,前者为功能特征,后者为场所特征。一般情况下,集体宿舍、旅店宾馆、临时搭建工棚等不应认定为'户',但在特定情况下,如果确实具有上述两个特征的,也可以认定为'户'。二是'入户'目的的非法性。进入他人住所须以实施抢劫等犯罪为目的。抢劫行为虽然发生在户内,但行为人不以实施抢劫等犯罪为目的进入他人住所,而是在户内临时起意实施抢劫的,不属于'入户抢劫'。三是暴力或者暴力胁迫行为必须发生在户内。入户实施盗窃被发现,行为人为窝藏赃物、抗拒抓捕或者毁灭罪证而当场使用暴力或者以暴力相威胁的,如果暴力或者暴力胁迫行为发生在户内,可以认定为'入户抢劫';如果发生在户外,不能认定为'入户抢劫'……本案中的暴力行为始发在户外,持续至户内,并在户内劫得财物的,应属于"入户抢劫"。首先,被害人居住的尽管是暂住处,但属于供其生活起居使用的,应当属于刑法意义上的"户"。其次,二行为人的最初目的是实施敲诈勒索犯罪行为而进入被害人住处即户内的;在案件发生过程中,行为人又产生了抢劫财物的主观故意。无论从哪一方面分析,行为人的入户目的都是非法的。最后,二行为人在户内使用暴力手段劫得了财物。劫财行为从户外开始,又延续到户内完成,符合入户抢劫的暴力或者暴力胁迫行为发生在户内的特征,故仍应认定为"入户抢劫"。[参见第 332 号案例,夏鹏飞、汪宣峰抢劫、敲诈勒索、盗窃案,载《刑事审判参考》总第 42 集(2005 年第 1 集),法律出版社,第 44 ~ 45 页。执笔:张华　吴春艳]

▽在个体家庭旅馆针对旅馆主人实施的抢劫行为不构成"入户抢劫"

在个体家庭旅馆针对旅馆主人实施的抢劫行为具有一定特殊性和复杂性,具体表现在两个方面,一是旅馆系个人家庭住所改造的,属个体家庭旅馆;二是抢劫的场所系旅馆主人的居住场所,仅以旅馆主人及其家庭为抢劫对象。一般而言,个体家庭旅馆是旅馆而非"户"。在家庭住所改造为家庭旅馆之后,即不再具有与外界相对隔离的场所特征。判断是否具有开放性的关键,并不在于建筑物的空间结构,而是他人出入的自由程度。刑法将入户抢劫规定为加重情节,一个很重要的原因是此类抢劫行为非法侵入了他人住宅,侵犯到了他人的住宅权利和对于住宅的安全感,因而具有双重危害性。具体到旅馆主人的居住场所,也不应认定为"户"。行为人具体实施抢劫的场所,在作为被害人家庭生活起居场所的同时,还是被害人经营旅馆的办公场所。因为旅馆是24小时营业的,这就意味着,该居住场所的功能是不固定、可以随时变换的,而且这种功能上的不确定性,不存在时间段的限制,因而在具体功能上不具有可区分性,不宜认定为"户"。[参见第309号案例,杨廷祥等抢劫案,载《刑事审判参考》总第39集(2004年第4集),法律出版社,第37~38页。执笔:韩亮　杨金华]

▽入户抢劫中的"户"的认定

对入户抢劫中的"户"的认定,应结合行为时"户"所承载的实际功能进行分析、判定。"户"的构成需同时具备场所和功能两方面的特征。其中,与外界相对隔离,具有一定的封闭性为其场所特征;供家庭生活起居使用为其功能特征。司法实践中,一些与外界相对隔离的场所所承载的功能可能是多种多样的,是否认定为户,必须结合抢劫行为实施当时的实际状况进行区分、判断,而不能一概而论。如有一些个体工商户的住所,既对外从事商业经营,又供家庭成员生活起居。如果在该场所处于经营活动期间进入并实施抢劫,由于当时主要表现为经营场所,而非居住场所,一般不应认定为入户抢劫。行为人进入实施抢劫的场所虽然是被害人的家庭生活场所,但当时又属于聚众非法赌博的场所。尽管行为人实施抢劫的场所具备了一般意义上的住所特征,但仅据此尚不足以认定其为入户抢劫中的"户"。此时入户抢劫中的"户",不仅是抢劫的场所,更是抢劫的对象。本案主、客观两方面的事实均证明抢劫的对象系参赌人员,而非家庭成员,故不应将本案认定为入户抢劫。刑法之所以将入户抢劫规定为法定加重情节,一个重要原因是入户抢劫直接威胁到了户内居民的人身和财产安全。作为刑法上的"户",不仅是一个场所的概念,而且更主要的是与住所内的公民人身及财产权利相联系的概念。从这个意义上讲,入户抢劫还内含着一个实质性内容,即必须是以户为对象所实施的抢劫。行为人实施抢劫行为时主观上明确指向的是参赌人员,在得知被害人家正在设局赌博后,事先商议好抢劫参赌人员;客观上也仅以参赌人员为抢劫对象,所劫取的赃款、赃物全部为参赌人员的财物,未另外危及户内财产。尽管行为人闯入了居民住所,并对居民住所内的人员实施了抢劫,但是,由于行为人主观上没有对住户实施抢劫的犯罪故意,客观上也没有实施针对住户及财产抢劫的行为,行为人的这种入户,实际上是进入赌博场所,而非家庭生活场所。[参见第288号案例,陆剑钢等抢劫案,载《刑事审判参考》总第37集(2004年第2集),法律出版社,第34~36页。执笔:朱肇曾　包海燕])

▽子女进入父母住宅抢劫的,一般不应当认定为"入户抢劫"

行为人深夜进入被害人的卧室进行抢劫,在形式上符合"入户抢劫"的构成特征,但是,行为人与被害人属于共同生活的家庭成员,无论其进入继父被害人的居室是否得到继父的同意,都不属于非法侵入;同时,从我国的传统伦理道德观念来看,无论子女是否成年或者与父母分开另住,子女进入父母的卧室或者住宅,都是正常的。因此,对于行为人进入其继父卧室实施的抢劫行为,不能认定为"入户抢劫"。[参见第134(131)号案例,明安华抢劫案,载《刑事审判参考》总第21辑(2001年第10辑),法律出版社,第25~26页。执笔:田立文　夏汉清]

▽共同租住的房屋只要是供家庭生活且与外界相对隔离的,就应当认定为刑法意义上的"户"

2000年《最高人民法院关于审理抢劫案件具体应用法律若干问题的解释》(刑法本条附文以下简

称《解释》)第一条规定,“入户抢劫”是指为实施抢劫行为而进入他人生活的与外界相对隔离的住所,包括封闭的院落、牧民的帐篷、渔民作为家庭生活场所的渔船、为生活租用的房屋等进行抢劫的行为。2005年《最高人民法院关于审理抢劫、抢夺刑事案件适用法律若干问题的意见》(刑法本条附文以下简称《意见》)第一条指出:“入户抢劫”的“户”在这里是指住所,其特征表现为供他人家庭生活和与外界相对隔离两个方面,前者为功能特征,后者为场所特征。可见,对“户”的场所特征,《解释》和《意见》表述基本一致;而对于“户”的功能特征,《解释》强调的是供他人生活所用,《意见》强调的是家庭生活所用。可以看出两种不同表述对于认定“户”的功能特征的共同基础和实质标准上的一致性。1. 从立法意图上看,刑法把“入户抢劫”规定为抢劫罪的八种加重处罚情节之一,目的在于强化对公民住所安全的保护。因为“户”不仅是公民享受生活自由和安宁的重要场所,而且是公民财产的安全存放场所,是人们心中最具安全感的地方。进入“户”实施的抢劫犯罪行为,对公民的社会安全感的威胁和破坏更为严重,刑法将“入户抢劫”规定为抢劫罪的加重处罚情节,就是为了保护家庭这一社会生活中最为重要的法益。据之,此处的“户”一般应与家庭生活相关。所谓家庭生活,通常具有两个特点:一是居住成员间具有亲属关系,二是居住的成员比较固定。只要具备上述两个特征的,就应认定为刑法意义上的“户”。这仅是对一般常态而言,并不绝对要求“户”内居住的人员关系必须具有亲属关系,也就是说并不限于住所必须为一个家庭生活所用。只要这种住所具有与外界相对隔离的特征,居住的成员比较固定,成为居住成员的生活场所,就可以认定为刑法意义上的“户”,而不应受到住所中的人员和人员关系的限制。如两个家庭共同租用一个独立楼房,供两个家庭共同生活之用,虽然共用一个房门出口及卫生间和厨房,但仍应认定为“户”。2. 从社会生活现实看。住户是指住在某处的人家。人家指家族、家庭、家室;一家人;同居一家和组成一个家庭的人们。家庭是指以婚姻和血缘为纽带的基本社会单位,包括父母、子女及生活在一起的其他亲属。但在现代社会中,不能认为丧偶老人或单身成年人的独居住所不属于社会生活的基本单位,不能称为“户”。可见,刑法意义上的“户”与公民的私人生活密不可分,是指与外界相对隔离,供公民日常生活的特定空间。在生活中,这种“户”作为生活空间应具备两个本质特性:一是私密性,就是人们在户内享有私生活的自由和安宁,免受他人干扰和窥视,并受到法律的充分保护;二是排他性,就是人们对户的空间区域享有占有、使用、支配和自由进出的权利,非经同意或法定事由,他人不得随意出入。[参见第466号案例,韩维等抢劫案,载《刑事审判参考》总第59集(2007年第6集),法律出版社,第21~25页。执笔:翟超 程捷]

▽在银行营业大厅“抢劫”客户现金不同于抢劫银行或者其他金融机构,该行为不属“抢劫银行”

最高人民法院《解释》第三条规定:“刑法第二百六十三条第(三)项规定的‘抢劫银行或者其他金融机构’,是指抢劫银行或者其他金融机构的经营资金、有价证券和客户的资金等。”客户的资金是指已存入银行的客户的资金。刑法之所以将抢劫银行或者其他金融机构等作为八种量刑情节,是为了突出打击针对银行或者其他金融机构的犯罪,以保护金融机构的安全。正在银行或者其他金融机构等待办理业务的客户毕竟不是金融机构本身,故行为人的行为不宜视为对金融机构实施抢劫。但是,如果被害人的现金已递交银行或者其他金融机构工作人员,则行为人的行为应以抢劫银行或者其他金融机构论处。[参见第190号案例,曾贤勇抢劫案,载《刑事审判参考》总第27辑(2002年第4辑),法律出版社,第23页。执笔:陈文全]

▽抢劫致人死亡的认定

刑法关于抢劫致人死亡的处刑规定,属于刑法理论中的结果加重犯。结果加重犯是指实施基本犯罪行为,但发生了基本犯罪构成以外的严重结果,刑法就严重结果加重法定刑的情况。刑法对犯抢劫罪具有结果加重情节的,配置了最高可以判处死刑的法定刑,足见对此种行为从严惩处的立法本意。(一)正确界定抢劫行为与被害人死亡结果之间的关系是认定抢劫致人死亡的关键。抢劫行为必须与被害人死亡结果之间具备因果关系不中断的条件下,即肯定抢劫对象的死亡与抢劫犯罪行为人的行为有刑法上的因果关系情况下,才能认定抢劫致人死亡成立。因果关系是指行为与结果之间决定与被决定、引起与被引起之间的关系。刑法意义上的因果关系,既要考虑行为与结果之间本身具有的引起与被引起的原因关系,又要考虑设立此项犯罪的实施特点。抢劫致人死亡中的"致",是招致、引起(后果)的含义,没有局限于直接造成。按此解释,在抢劫中杀害被害人或过失致人死亡,抢劫行为与死亡结果之间具有直接、必然的因果关系,毫无疑问应当认定抢劫致人死亡;在抢劫过程中,虽然抢劫行为并非直接导致被害人死亡,被害人死亡由多种因素造成,但抢劫行为是引起被害人死亡的主要原因,或者抢劫行为与死亡结果仅仅存在偶然因果关系,只要因果关系没有中断,仍然可以认定为抢劫致人死亡。也就是说,抢劫致人死亡只要求抢劫行为与死亡结果具有紧密联系即可,即使介入第三方的行为,只要不足以改变抢劫行为系造成被害人死亡最主要因素的认定,就属于抢劫致人死亡。司法实践中,抢劫人死亡主要有三种情形:一是使用暴力追求或者放任被害人死亡结果的发生;二是使用暴力抢劫过程中过失致人死亡;三是抢劫时置被害人于危险状态而不予救助,放任其死亡结果的发生。而这三种情况无一例外地表明,被害人死亡结果之间与抢劫罪犯的抢劫行为之间都是具有"合乎规律的引起与被引起的联系"的。第一、二种情形属于直接的因果关系,即被害人的死亡完全是由于抢劫罪犯的抢劫行为直接引起的,而第三种情节则属于间接因果联系。之所以将间接因果关系下引起的被害人死亡结果也归于抢劫致人死亡,是由于抢劫致人死亡中,刑法加重评价更注重的是死亡结果,而不仅仅是死亡原因。刑法条文的表述中并没有将抢劫行为规定为被害人死亡的原因只能说明死亡结果与抢劫行为具有一定的关系。实践中应对认定抢劫致人死亡予以了必要的限制,即被害人死亡结果系抢劫过程中当场发生,或在行为人的抢劫实行行为影响下发生的,如抢劫过程中被害人试图逃离现场时不慎跌下山洞或遭遇车祸丧生的情形等。在此种情形下,行为人的抢劫行为在逻辑上可以归为被害人死亡的必要条件,也可以认定为抢劫致人死亡。(二)正确界定抢劫行为人对被害人死亡结果的罪过范围,是认定抢劫致人死亡的重要因素。抢劫致人死亡中,行为人对于被害人死亡的结果不一定均持积极的追求态度。抢劫犯罪属于侵财犯罪,行为人的最终目的是获取他人财物,对被害人人身权利的侵犯主要是为了使财产所有人、持有者、保管者等不敢反抗、丧失反抗或者不能反抗,从而实现获取财物的目的。抢劫犯罪虽然是直接故意犯罪,但是直接故意的对象是财产和被害人的人身,对于被害人的死亡结果则不一定是积极追求的态度。抢劫致人死亡的主观心态不但包括故意而且包括过失。因此,只要有被害人死亡的后果出现,不论行为人主观是故意还是过失,均可以认定。根据2001年5月23日《最高人民法院关于抢劫过程中故意杀人案件如何定罪问题的批复》(本条附文以下简称《批复》),行为人为劫取财物而预谋故意杀人,或者在劫取财物过程中,为制服被害人反抗而故意杀人的,以抢劫一罪认定,适用"抢劫致人死亡"的法定条款。对于抢劫行为过失致使被害人死亡的,由于抢劫的手段行为系造成被害人死亡的原因,客观上又实现了获取财物的目的,根据罪刑法定原则,此种行为当然可以为"抢劫致人死亡"的评价所包容,应当依法予以适用。[参见第477号案例,王国全抢劫案,载《刑事审判参考》总第60集(2008年第1集),法律出版社,第49~52页。执笔:胡立新 张若瑶 杜某燕]

▽在意图抢劫他人数额巨大财物的过程中致人轻伤,但未抢得财物的,不认定为"抢劫数额巨大"

刑法本条规定的加重处罚情节"抢劫数额巨大",应当是指实际抢得的财物数额巨大,而不包括行为人意图抢劫数额巨大的财物但客观上没有抢得财物或者只抢到少许财物的情形。主要理由如下:(一)没有实际抢得数额巨大财物的,不认定"抢劫数额巨大",符合有关司法解释规定的精神。《意见》第十条规定抢劫罪侵犯的是复杂客体,既侵犯财产权利又侵犯人身权利,具备劫取财物或者造成他人轻伤以上后果两者之一的,均属抢劫既遂;既未劫取财物,又未造成他人人身伤害后果的,属抢劫未遂。据此,刑法本条规定的八种处罚情节中除"抢劫致人重伤、死亡的"这一结果加重情节之外,其余七种处罚情节同样存在既遂、未遂问题,其中属抢劫未遂的,应当根据刑法关于加重情节的法定刑规定,结合未遂犯的处理原则量刑。这表明,对于“抢劫未遂”,是指在不考虑八种加重处罚情节的前提下,行为人未抢到财物,也未造成被害人轻伤以上的伤害后果,而不是指在未出现加重处罚情节时也可以就加重处罚情节本身构成未遂形态。如行为人试图入户抢劫或者抢劫银行,但终因条件不具备只抢劫了行人,此时就不能认定行为人具有入户抢劫或者抢劫银行(未遂)的加重处罚情节。而行为人在具备其他七种处罚情节时,仍可能出现既未抢到财物,也没有造成被害人受伤的情形,故犯罪可能处于未遂状态。虽然《意见》没有明确规定“抢劫数额巨大”也不存在既遂、未遂问题,但并不妨碍可以从相关刑法理论和解释学角度得出合理的结论。既然《意见》明确了抢劫罪的客体为复杂客体,行为人抢到财物或者致人轻伤以上时均构成既遂,则行为人“抢劫数额巨大”时自然侵犯了他人的财产权益,属于犯罪既遂,不可能还有区分既遂与未遂的余地。“抢劫数额巨大”等加重处罚情节都应以实际出现为认定标准,对于客观上未出现的,不能认定。对这八种加重处罚情节的认定,与抢劫罪本身是否既遂,是两个层面的问题,不能在行为人客观上没有这八种加重处罚情节的条件下,仅因行为人有意图便认定具有这八种加重处罚情节。对刑法第二百六十三条规定的八种加重处罚情节,应当遵循统一的认定规则和方法,当其他加重处罚情节以实际出现为认定标准时,对“抢劫数额巨大”也应采取同一标准。这样做,才恰恰符合《意见》第十条规定的精神。《意见》虽然没有明确这样规定,但从其有关规定中我们可以得出这一结论。《意见》第六条规定:“……所抢信用卡数额巨大,但未实际使用、消费或者实际使用、消费的数额未达到巨大标准的,不适用‘抢劫数额巨大’的法定刑。”与已经抢到信用卡相比,行为人试图抢劫数额巨大的财物但没有抢到财物的行为,其对被害人财产权益侵犯的危险相对较小,既然抢劫信用卡以“实际使用、消费的数额为抢劫数额”,则“抢劫数额巨大”也应当以实际情况来认定,不能把客观上未抢到财物的行为认定为“抢劫数额巨大”。这一点也可以从有关司法解释中得到印证。(二)没有实际抢得数额巨大财物的,不认定“抢劫数额巨大”,可以保证罪刑均衡。抢劫罪的基础法定刑是三至十年有期徒刑,“抢劫数额巨大”是法定刑升格条件,一旦认定,对被告人就应在“十年以上有期徒刑、无期徒刑或者死刑”的幅度内量刑,即使以未实际抢到财物为由从轻处罚,所判处的刑罚也会明显较重,且会导致重罪轻判、轻罪重判的结果,违背罪刑均衡原则。可见,当行为人意图抢劫数额巨大的财物而没有实际抢到时,认定其“抢劫数额巨大”,会使被告人受到与其罪行不相称的过重处罚,背离罪刑均衡原则。[参见第481号案例,弓喜抢劫案,载《刑事审判参考》总第61集(2008年第2集),法律出版社,第18~22页。执笔:杨子良]

▽在公共交通工具上犯诈骗罪后为抗拒扭送当场实施暴力的行为如何定罪量刑

刑法规定,犯盗窃、诈骗、抢夺罪,为窝藏赃物、抗拒抓捕或者毁灭罪证而当场使用暴力或以暴力相威胁的,以抢劫罪定罪处罚。理论上称之为“转化型抢劫”或“事后抢劫”。构成“转化型抢劫”,必须同时具备三个要件:一是前提条件,即事先“犯盗窃、诈骗、抢夺罪”。这里的“罪”,应理解为“罪行”之意。二是客观条件,即事后“当场使用暴力或以暴力相威胁”。这里的“当场”,既包含空间要求,也包含时间要求,既可以是实施盗窃、诈骗、抢夺行为的现场,也可以是实施行为时或行为后当即被他人发现而被紧追的途中,但这必须要求时间上无过长的间隔且紧迫没有中断。三是目的条件,即行为人当场使用暴力或以暴力相威胁,是“为窝藏赃物、抗拒抓捕或者毁灭罪证”。这里的“抓捕”,既可以是司法机关的缉捕,也可以是被害人或其他群众的扭送。行为人在诈骗犯罪得手后,为抗拒被骗人的扭送,当场实施暴力致被骗人轻微伤,符合本条的规定,对其按抢劫罪定性是正确的。刑法本条第(三)项规定的“在公共交通工具上抢劫”,当然主要是指那些在公共交通工具上直接实施抢劫的情形,但并未排除先在公共交通工具上实施盗窃、诈骗等后又发生转化的抢劫类型。转化型抢劫与直接实施的抢劫在主观恶性上没有什么质的区别。直接实施暴力、威胁等手段抢劫和在盗窃、诈骗、抢夺中或得手后为抗拒抓捕、窝藏赃物、毁灭罪证而临时起意实施暴力或以暴力相威胁的转化型抢劫危害性程度上也存在差异,这一点在量刑时应当予以考虑,但并不能作为此行为该适用何种法定刑幅度的标准。确定是否适用抢劫罪“十年以上有期徒刑、无期徒刑或死刑”的法定刑幅度，只能根据行为人具备抢劫罪的何种法定情形来认定。“在公共交通工具上抢劫”作为适用抢劫罪“十年以上有期徒刑、无期徒刑或死刑”法定刑幅度的情形之一。从立法方面看，刑法本条规定的“依照抢劫罪定罪处罚”，即表明“转化型抢劫”，其本质也是抢劫，得按照抢劫罪的具体情形选择适用相应的法定刑幅度，如盗、骗或抢夺数额巨大的财产后，为窝藏赃物、抗拒抓捕或毁灭罪证而当场实施暴力或以暴力相威胁的，就应当以抢劫数额巨大论；盗、骗或抢夺财产后，为窝藏赃物、抗拒抓捕或毁灭罪证而当场实施暴力因而致人重伤、死亡的，就应当以抢劫致人重伤、死亡论。二者都应适用抢劫罪“十年以上有期徒刑、无期徒刑或死刑”的法定刑幅度。而绝不可能理解为“:转化型抢劫”只能适用抢劫罪“三年以上十年以下”的法定刑幅。从司法解释方面看，最高人民法院《解释》第一条第二款虽只是规定了“对于入户盗窃，因被发现而当场使用暴力或者以暴力相威胁的行为，应当认定为入户抢劫。”的情形。《刑法》第二百六十三条将“入户抢劫”和“在公共交通工具上抢劫”均规定在十年以上有期徒刑、无期徒刑或者死刑的幅度内量刑，都是考虑到行为人实施抢劫地点的特殊性。司法解释规定“入户盗窃，因被发现而当场使用暴力或者以暴力相威胁的行为，应当认定为入户抢劫”，那么，在公共交通工具上盗窃或诈骗，因被发现而当场使用暴力或者以暴力相威胁的行为，依同理，亦应认定为“在公共交通工具上抢劫”。司法解释仅规定前种情形，而没有规定后种情形，是因为解释时司法实践中后种情形尚未发生过或者司法解释无必要也无可能穷尽一切情形。而法官在具体断案时，对其余情形，仍应根据司法解释精神的指引，作出合理、一致的理解。[参见《刑事审判参考》总第24辑(2002年第1辑)，法律出版社，第194~197页。]

▽预谋并实施抢劫及杀人灭口行为的，应以抢劫罪和故意杀人罪实行并罚

对行为人预谋抢劫并杀人灭口，且之后按预谋内容实施抢劫完毕后，又杀人灭口的，应以抢劫罪与故意杀人罪两罪并罚。具体理由如下：1.从2001年最高人民法院《批复》“行为人实施抢劫后，为灭口而故意杀人的，以抢劫罪和故意杀人罪定罪，实行数罪并罚”的表述中，可以直接得出对实施抢劫犯罪中故意杀人的实行数罪并罚的条件有两个：一是故意杀人的行为发生在实施抢劫之后；二是故意杀人的目的是灭口。也就是说，据此《批复》的表述不能当然推定，只有杀人灭口的故意产生在实施抢劫之后才可实行两罪并罚。因此，杀人灭口的故意既可产生在实抢劫之后，也可产生在预谋阶段，只要在抢劫行为完成后又为了灭口而实施杀人行为的，就应当数罪并罚。2.根据我国刑法理论，罪名的确定，必须是主观要件和客观要件的有机统一。对于确有证据证明行为人预谋劫取财物并杀人灭口，之后按预谋内容在抢劫行为实施完毕后，又杀人灭口的情形，从主观要件来看，行为人在预谋时具有两个明确的犯罪故意，一是以暴力、胁迫手段实施劫取财物的故意；二是为灭口而杀人的故意。从客观要件来看，行为人也具有两个客观行为，一是以非杀人行为的暴力、胁迫手段劫取财物，这里必须强调劫取财物的手段是非直接剥夺他人生命的行为，否则便无“灭口”之说；二是以“灭口”为目的实施的直接剥夺他人生命的行为。该行为只能发生在抢劫行为实施完毕之后，否则应视作为制服被害人反抗而实施的杀人行为。因此，根据主客观相统一的定罪原则，此种情形中，行为人前后实施的两个行为分别符合抢劫罪和故意杀人罪的犯罪构成，应以抢劫罪和故意杀人罪两罪认定。3.行为人具有两个犯意，并先后实施了抢劫和杀人灭口两个行为。首先，二行为人预谋抢劫并杀人灭口，虽然没有明确预谋是先抢劫还是先杀人，但杀人是为了灭口却是明确的，因此，可以认定行为人具有劫取财物和杀人灭口两个犯意。其次，本案属于抢劫完毕后又杀人灭口的情形。[参见第506号案例，赵东波、赵军故意杀人、抢劫案，载《刑事审判参考》总第64集(2008年第5集)，法律出版社第26~28页，执笔：黄应生　戴忠华]

▽抢劫国家二级以上文物犯罪的量刑方法

抢劫“数额巨大”可参照盗窃“数额巨大”予以认定，抢劫国家二级以上文物的可适用刑法本条第(四)项的规定量刑，这一做法符合司法解释的规定。我国刑法本条规定了抢劫罪的八种加重处罚情形，其中第(四)项规定的情形是“多次抢劫或者抢劫数额巨大的”，而刑法对抢劫“数额巨大”的标准没有具体规定。对于抢劫国家文物的量刑标准,由于文物具有特殊性不能简单等同于财物进行价值计算,在刑法和司法解释亦没有明确规定的情况下,但盗窃文物如何量刑却有司法解释可以参照,根据刑法第二百六十四条的规定,盗窃金融机构,数额特别巨大的,盗窃珍贵文物,情节严重的,处无期徒刑或者死刑,并处没收财产。由于文物具有历史、文化、艺术等多种价值,且其不属于商品,不能像普通物品一样对其进行简单的估价,只能由文物部门对其等级进行鉴定,为了规范对于盗窃文物如何量刑,司法解释进行了专门规定。最高人民法院1998年3月26日公布的《最高人民法院关于审理盗窃案件具体应用法律若干问题的解释》(本附文以下简称《解释》)第九条规定,盗窃国家三级文物的,处三年以下有期徒刑、拘役或者管制,并处或者单处罚金;盗窃国家二级文物的,处三年以上十年以下有期徒刑,并处罚金;盗窃国家一级文物的,处十年以上有期徒刑或者无期徒刑,并处罚金或者没收财产。由此可见,《最高人民法院关于审理盗窃案件具体应用法律若干问题的解释》规定分别将盗窃国家三级文物与盗窃"数额较大"适用同一量刑幅度,将盗窃国家二级文物与盗窃"数额巨大"适用同一量刑幅度,将盗窃国家一级文物与盗窃"数额特别巨大"适用同一量刑幅度,也就是说,盗窃国家不同等级文物与盗窃相应数额在刑法上是作同等评价的。根据2000年11月17日最高人民法院发布的《解释》第四条的规定,"抢劫数额巨大"的认定标准,参照各地确定的盗窃数额巨大的认定标准执行。据此,抢劫"数额巨大"的标准既然司法解释已明确规定为参照盗窃"数额巨大"的标准认定,那么,参照上述《解释》的规定,盗窃二级以上文物应与盗窃"数额巨大"适用同一量刑幅度,那么抢劫国家二级以上文物的亦应当认定为适用抢劫"数额巨大"的量刑幅度,依照刑法本条第(四)项在十年有期徒刑以上的法定刑幅度内量刑,如此是符合法律解释逻辑的,也是符合刑法和司法解释的本意的。[参见第482号案例,王建利等抢劫案,载《刑事审判参考》总第61集(2008年第2集),法律出版社,第26~27页。执笔:杜金梨　徐玉蓉　刘书声　魏海欢]

▽暴力挟持他人期间所实施非法拘禁行为因与抢劫行为存在牵连关系,依照牵连犯的一般处理原则,不再单独定罪

暴力劫持被害人并予以较长时间的非法拘禁,在构成抢劫罪的同时,还构成非法拘禁罪。但鉴于非法拘禁与抢劫之间存在目的与手段上的牵连关系,根据牵连犯择一重罪从重处罚的一般处理原则,应以抢劫罪一罪从重处罚。[参见第272号案例,杨保营等抢劫、绑架案,载《刑事审判参考》总第35集(2003年第6集),法律出版社,第48页。执笔:马殿振]

▽行为人仅以其所输赌资或所赢赌债为抢劫对象的,一般不以抢劫罪定罪处罚,构成其他犯罪,依照刑法的相关规定处理

赌资、赌债等非法财产可以成为抢劫罪的对象。财产犯罪的对象范围不以合法所有或者持有的财产为限,不能将非法财产一概排除在刑法保护之外。不受民法保护或者相关行政法规所明文禁止持有的财物,如赌资、赃物、违禁品等,其持有人虽为非法持有,但应收缴国库或者返还合法所有人。其只要具有一定的经济价值,也能成为财产犯罪侵犯的对象,最高人民法院《关于审理盗窃案件具体应用法律若干问题的解释》有关"盗窃违禁品,按盗窃罪处理"的规定,就很好地说明了这一点。仅以所输赌资或所赢赌债为抢取对象的行为,一般不以抢劫罪定罪处罚,构成其他犯罪的,依照刑法的相关规定处理。赌博过程中使用暴力、胁迫等手段抢回所输赌资或所赢赌债,属于"事出有因",行为人的主观目的是将赌资、赌债索回,与一般抢劫罪非法占有公私财产的意图不同。当然,如果行为人使用暴力等手段构成其他如非法拘禁罪、故意伤害罪等犯罪的,可依照刑法的相关规定定罪处罚。如果行为人以非法占有为目的,抢取财物明显超出自己所输赌资或所赢赌债范围的,可根据案件具体情况以抢劫罪处理。[参见第010号刑案判例,陈雪等非法拘禁、赌博案,载《刑事办案指导》总第2辑(2005年第2辑),中国人民公安大学出版社,第19~20页。执笔:汪波]

▽司法解释规定“对于入户盗窃,因被发现而当场使用暴力或者以暴力相威胁的行为,应当认定为入户抢劫”的认定

2000年11月28日施行的最高人民法院《解释》第一条规定,从字面上看,对于入户盗窃的情形,只要是被发现而当场使用了暴力,就应认定为入户抢劫。对入户盗窃,因被人发现为灭口而将被害人杀死,是否应认定为入户抢劫,不能机械地照搬该项解释的条文,而应综合考虑其解释目的和依据进行适用。《解释》意图要解决的问题,主要是如何理解刑法本条规定的加重法定刑的几种情形,第一条主要解决什么是“户”,哪些情形构成“入户抢劫”的问题。对于入户盗窃,因被发现而当场使用暴力或者以暴力相威胁的行为,应当认定为入户抢劫,解决的是入户盗窃“能否”转化为入户抢劫的问题,而不是对入户盗窃因被发现而实施暴力行为的定性进行“一刀切”。《解释》是依据刑法作出的,在理解和适用时不能违背刑法的基本要求和立法精神。根据刑法,一罪的构成,要具备包括主观方面在内的全部构成要件,坚持主观与客观相统一。刑法的司法解释必须以刑法条文为依据,并忠实于刑法条文的立法原意和精神。因此,对该司法解释中关于“入户盗窃”转化为“入户抢劫”规定的理解,应以刑法关于转化抢劫的规定为前提。刑法第二百六十九条既已明确转化的前提只能是“窝藏赃物、抗拒抓捕或者毁灭罪证”三种情形,解释的规定自然也不能超出这三种。另外,对于刑法条文中已经明确且没有歧义的,司法解释也不必加以解释。因此,上述司法解释并未重复列举这三种情形也是合理的,不能因为《解释》没有明确表述这三种情形而片面地理解为所有“入户盗窃,因被发现而当场使用暴力或者以暴力相威胁的行为”不问具体情况,均认定为入户抢劫。如行为人入户盗窃时被发现,因见被害人美貌,遂放弃了盗窃的念头,当场实施暴力将其强奸,情节亦符合“入户盗窃,因被发现而当场使用暴力或者以暴力相威胁”,如不考虑行为人的主观目的,将其强奸行为认定为入户抢劫,显然是荒谬的。因此,在适用《解释》时,入户盗窃转化为入户抢劫,仍必须符合刑法第二百六十九条关于转化抢劫的规定。如果行为人在实施暴力时,不具备刑法第二百六十九条规定的三种情形,就不能机械套用《解释》,将其行为认定为抢劫。当然,在处理此类案件时,必须根据案件的具体情况,准确分析主客观要件,才能对案件进行准确的定性。例如行为人不是为了灭口,而是为了抗拒抓捕而杀人的,行为人为强行劫走财物而杀人的,行为人盗窃的标的物为巨额财产的,行为人盗窃行为情节严重的,在具体定罪上均与本案有所不同,应当予以注意。[参见第490号案例,肖明明故意杀人案,载《刑事审判参考》总第62集(2008年第3集),法律出版社,第29~30页。执笔:周小霖]

▽明知他人抢劫而参与搜取被害人财物的,应以抢劫罪共犯论处

在事先无通谋,但行为人明知他人抢劫的情况下,于其暴力行为致被害人死亡后参与共同搜取被害人财物的,应以抢劫罪共犯论处。行为人事前虽无抢劫之主观故意,事中亦未实施抢劫之暴力行为,但在被害人死亡,暴力行为结束后之抢劫犯罪的延续阶段,其明知他人的行为系抢劫犯罪,而参与后续的搜取被害人财物之行为,属于事中共犯,应以抢劫罪的共犯定性。理由是:共同犯罪的主体为两人以上,决定了其在犯罪方式、行为过程等方面的情形较之个人犯罪更为复杂。在事先共谋、基于一定分工的情形下,行为人分别在共同犯罪中实施了不同的行为,只要未实行过限,一般均对各行为人以同一罪名的共犯定罪处罚。在事先无共谋的情形下行为人在他人共同犯罪的过程中,临时起意参与他人共同犯罪行为的,应当区别两种情况分别定罪,即一种是行为人在不知道他人前期犯罪行为的具体动机、目的、性质的情况下,参与他人后续犯罪行为。如果行为人在主观犯罪故意的内容上与他人并不一致,则应当根据主客观一致的原则,结合行为人主观故意的内容和实施的客观行为,确定其具体罪名。另一种是行为人虽在事先未与他人形成共同犯意,但其在明知他人犯罪性质的情况下,于事中参与了他人犯罪的后续行为。其行为一方面形成事中对他人犯罪目的的认可和主观故意内容上的沟通,另一方面其客观行为对他人实现犯罪目的起到了积极帮助作用,根据主客观相一致的定罪原则,应与他人以共同犯罪论处。[参见第491号案例,侯吉辉、匡家荣、何德权抢劫案,载《刑事审判参考》总第62集(2008

年第 3 集),法律出版社,第 38 ~40 页。执笔:高军]

▽明知他人抢劫而参与搜取被害人财物的,应以抢劫罪共犯量刑

在事先无通谋,行为人在他人抢劫致被害人死亡后参与共同犯罪的,应适用刑法本条一般抢劫罪的规定量刑。根据共同犯罪的理论和刑法的规定,行为人基于事先分工或意思联络而参与他人共同抢劫犯罪的,无论行为人对被害人是否实施了暴力行为,只要其与他人出于共同的主观故意,对共同的犯罪对象实施了追求同一犯罪目的的犯罪行为,就应与他人对共同犯罪的后果共同承担刑事责任,并适用同一法条规定的量刑幅度,根据其在共同犯罪中的地位、作用及情节分别量刑。行为人在案发前并无与他人共同抢劫的通谋,亦未参与对被害人实施的暴力行为。对其在他人的致被害人死亡的暴力行为结束后参与搜取被害人家中财物的行为以共同抢劫犯罪定性,系基于其在对他人犯罪目的和行为性质的明知、认可,参与了抢劫罪的后续行为之事实,从其主观认知和行为目的符合主客观一致原则的角度予以确认的。但就被害人被他人暴力致死的事实及后果而言,行为人在事前既无共同犯意,在事中亦无实施共同暴力行为,根据刑法罪责自负原则,行为人对他人在其参与抢劫犯罪前暴力致被害人死亡的行为及其后果不应承担刑事责任,否则有违罪责刑相一致的基本原则。与此相应,刑法本条第(五)项规定的加重条款,对行为人亦不应适用。而且对于刑法第二十七条第二款对于从犯,应当从轻、减轻处罚或者免除处罚的规定,应当理解为在该从犯所应当适用的法定量刑幅度内从轻、减轻或者免除处罚,而非简单地比照主犯的量刑幅度从轻、减轻或者免除处罚。[参见第 491 号案例,侯吉辉、匡家荣、何德权抢劫案,载《刑事审判参考》总第 62 集(2008 年第 3 集),法律出版社,第 40 ~42 页。执笔:高军]

▽先基于敲诈图财目的,在犯罪过程中,又产生了另一暴力图财的犯意,且先后实施了两个性质不同的犯罪行为,应分别定罪,数罪并罚

先基于一个图财目的,在犯罪过程中,又产生了另一暴力图财的犯意,先后实施了两个性质不同的犯罪行为,一个为抢劫,另一个为敲诈勒索,且在抢劫行为实施完毕后,继续实施敲诈勒索的行为,两者之间不存在目的和行为的牵连关系,故应分别定罪,两罪并罚。首先,就犯罪动机而言,本案是先后两个互不包容的犯罪故意。二行为人参与共谋敲诈,当得知另一行为人用以拍摄裸照的照相机没有搞到时,又产生了劫财的犯意,两者图财的内涵是不同的,已非一个单纯的犯罪动机或目的,相互之间难以包容和吸收。其次,就两种行为性质的轻重而言,抢劫犯罪重于敲诈勒索犯罪。二行为人先实施了入户抢劫的行为,劫得钱财后购买照相机。而后,再用相机拍摄裸照后以此实施敲诈,其中,劫取钱财后购买相机并拍摄裸照以敲诈,是几个环节而形成的一个过程,但购买相机并不能直接用以敲诈。劫财本身已包含了暴力和非法取财两个行为,其威胁内容的程度要重于敲诈犯罪,与敲诈之间不存在对应的手段和目的的牵连。再次,就两种行为实施的时间和地点而言,虽是在同一地点和时间段实施犯罪,但两种性质不同的行为先后实施,尚不成立手段和目的的牵连。二行为人几乎是在同一时间段以敲诈起意,随着事态的发展,又产生了抢劫钱财的犯意,虽有交叉,但是两个性质不同的犯罪故意,于同一地点分别实施了两种犯罪,且抢劫行为实施完毕以后,另一敲诈勒索行为仍在继续实施,行为之间无法形成吸收关系。最后,从数个犯罪行为的主客观方面是否一致予以考察判断。是否成立牵连犯罪,不仅要手段和目的、原因与结果行为之间有牵连关系,而且行为人在犯罪的主客观方面亦须一致。二行为人在主观上可能有以下认识,即以劫取的钱财购买照相机而作为拍摄裸照的工具,似乎以此作为敲诈勒索的手段,但客观上劫取钱财的手段并不能直接使二行为人达到敲诈更多钱财的目的,两者之间缺乏内在的联系。[参见第 332 号案例,夏鹏飞、汪宣峰抢劫、敲诈勒索、盗窃案,载《刑事审判参考》总第 42 集(2005 年第 1 集),法律出版社,第 42 ~44 页。执笔:张华　吴春艳]

▽对于盗窃过程中为防止被害人发觉,而对被害人实施暴力的行为,应直接适用刑法第二百六十三条的规定以抢劫罪定罪处罚

行为人在实施盗窃过程中或者盗窃行为实施终了以后使用暴力或以暴力相威胁的情形,主要有以下几种：一是盗窃行为实施终了以后，行为人出于灭口、报复等动机而伤害、杀害被害人；二是盗窃行为被发现后，为窝藏赃物、抗拒抓捕或者毁灭罪证而当场使用暴力或以暴力相威胁；三是在盗窃过程中，非法占有公私财物之前，为防止被财物所有人或者保管人察觉，当场使用暴力或以暴力相威胁。对于第一种情形的处理应是：如果行为人实施的盗窃行为构成犯罪，因其行为同时符合两个犯罪构成要件，应以故意伤害、故意杀人罪和盗窃罪数罪并罚。对于第二种情形，刑法第二百六十九条作出了专门规定：犯盗窃、诈骗、抢夺罪，为窝藏赃物、抗拒抓捕或者毁灭罪证而当场使用暴力或以暴力相威胁的，依照本法第二百六十三条的规定定罪处罚。对于第三种情形，一方面，由于盗窃行为未完成，行为人秘密窃取公私财物的目的尚未实现，属于盗窃未遂；另一方面，行为人使用暴力的动机既有抗拒抓捕的性质，也有排除妨害的性质。对于这种行为应直接适用刑法本条以抢劫罪定罪处罚。行为人在实施盗窃过程中被发现等情况的发生，完全属于意志以外的原因，行为人必然意识到其已不可能继续通过秘密窃取方法达到非法占有他人财物的目的，此时无论其选择逃跑还是改变犯罪手段以继续实现非法占有他人财物的目的，其实施的前期行为业已构成盗窃未遂。如果行为人为了排除被害人的反抗转而对被害人实施暴力或以暴力相威胁，从而达到非法强行占有他人财物的目的，则属于犯意转化，其后续行为完全符合刑法本条典型的抢劫罪的构成要件，而不宜认定为转化的抢劫罪。因此，对于第三种情形的处罚，无须以盗窃罪（未遂）和抢劫罪数罪并罚，而应适用吸收犯的处罚原则，即既遂行为吸收未遂行为，重罪吸收轻罪，以抢劫罪定罪处罚。[参见第322号案例，朱永友抢劫案，载《刑事审判参考》总第41集（2004年第6集），法律出版社，第16～17页。执笔：叶巍　高军]

▽抢劫后为抗拒抓捕而当场使用暴力故意伤害他人的行为，不实行数罪并罚，仍应按抢劫罪一罪定罪处罚

对于抢劫后为抗拒抓捕而实施暴力，致人伤亡的，不仅没有必要、也没有理由进行刑法上的再次评价，仍应按抢劫罪一罪定罪处罚。行为人前后实施的两次暴力行为，完全可以看作同一抢劫过程的两个不同阶段，都是服从和服务于非法占有他人财物这一犯罪目的的。正如转化抢劫犯的连续伤人行为一样，当其对第一个人实施暴力时，其行为已经构成转化的抢劫罪，此后连续实施的伤及多人的行为自然应该纳入同一抢劫罪的评价范围，不应人为地割裂前后行为的内在统一性。[参见第322号案例，朱永友抢劫案，载《刑事审判参考》总第41集（2004年第6集），法律出版社，第18～19页。执笔：叶巍　高军]

▽抢劫罪与绑架罪区别的认定

抢劫罪与绑架罪的关键区别在于：抢劫罪是使用暴力、胁迫等强制手段，直接劫取被害人的财物。直接劫取被害人的财物，既可包括当场劫走被害人随身携带的财物，也可包括挟持被害人到被害人住所等财物存放处劫走被害人的财物等。而以勒索财物为目的的绑架罪则是将被害人绑架后，以被绑架人的亲属或其他人对被绑架人的安危担忧来威胁被绑架人的亲属或其他人，向被绑架的对象以外的第三人索取财物，被绑架人与被勒索人是分离的，不是同一人。[参见第282号案例，王团结、潘友利、黄福忠抢劫、敲诈勒索案，载《刑事审判参考》总第36集（2004年第1集），法律出版社，第41页。执笔：林必金]

▽抢劫财物后，放走被害人，并要求被害人继续取钱汇到指定账户，并以炸毁车辆等对被害人进行威胁的行为，构成抢劫罪与敲诈勒索罪，数罪并罚

抢劫财物后，放走被害人，并要求被害人继续取钱汇到指定账户，并以炸毁车辆等对被害人进行威胁。三行为人的抢劫行为和后一阶段的敲诈勒索行为，虽然都是以非法获取他人财物为目的，但犯罪手段和方式截然不同，特别是在后一阶段，行为人放弃了前两阶段所采用的暴力手段，转而采用要挟的方式，不仅犯罪阶段明显，而且后阶段的敲诈勒索行为与前阶段的抢劫行为并不存在手段与目的、原因与结果的关系，属于刑法所规定的两种各自独立的不同犯罪，所以，本案不符合牵连犯的情况。三行为人后一阶段的敲诈勒索行为与前阶段的抢劫行为并不存在前行为是后行为发展的所经阶段，或者后行为是前行为发展的自然结果的关系。所以,本案亦不符合吸收犯的情况。综上所述,对不具有任何牵连关系或者吸收关系的数个犯罪行为,且不具有其他应当以一罪论处情形的,一般应实行数罪并罚。[参见第282号案例,王团结、潘友利、黄福忠抢劫、敲诈勒索案,载《刑事审判参考》总第36集(2004年第1集),法律出版社,第42~45页。执笔:林必金]

▽在共同抢劫中,部分行为人引起的致人重伤、死亡后果,其余未在场的行为人应当对此后果承担责任

行为人虽未实施持刀杀害行为,但因抢劫罪所侵犯的系双重客体,对于其他共同犯罪人所致使的被害人死亡后果并未超出其主观认识范围,故同样应承担致人死亡后果的刑事责任。行为人是否应对由同案其他行为人造成的被害人死亡后果承担刑事责任,关键在于如何理解共同犯罪中的实行过限理论。实行过限指的是实行犯实施了超出共同犯罪故意的行为,因没有犯罪的共同故意,故未参与实行过限行为的其他共同犯罪人无须就过限行为承担刑事责任。对此应把握以下几点:一是客观方面,过限行为必须是独立于共同犯罪行为之外的行为;二是主观方面,过限行为必须是共同犯罪故意之外的行为;三是共同犯罪行为所造成的过失后果,不存在实行过限。因为该过失后果是从属于共同犯罪行为的,在我国的刑法理论和实践中,均只具有量刑上的意义,而无定罪上的意义。具体到共同抢劫犯罪,各共同犯罪人应对其他共同犯罪人暴力行为所造成的人身伤亡这一加重结果承担刑事责任。首先,抢劫罪以同时侵犯人身权利和财产权利为其客体要件。抢劫罪包含有两个行为,一是非法占有他人财物行为;二是暴力或者暴力胁迫行为,只有同时具备该两行为的,方可构成抢劫罪。正是基于此,行为人劫取财物时,其暴力或者暴力威胁行为对被害人造成人身伤害、死亡后果的,我国刑法不再单独予以评价,而仅仅是作为抢劫罪的一个量刑情节来处理。可见,抢劫罪中的暴力伤害行为不是一个独立行为,不具备适用实行过限的前提条件。其次,抢劫罪其本身就蕴含着暴力伤害或者暴力威胁的故意,而且这种暴力伤害或者暴力威胁正是作为非法劫取他人财物的手段要件而存在的。也就是说,暴力伤害或者暴力威胁是实施抢劫犯罪所必不可少的,在共同抢劫犯罪中,即使部分行为人不希望使用暴力或者仅仅使用暴力威胁,但对其他共同犯罪人可能使用暴力应当是有预见并予以认可的,这也是抢劫罪与非暴力性财产犯罪的一个重要不同。因此,要求抢劫犯罪的共同犯罪人共同对其他共同犯罪人使用暴力造成的伤亡后果承担责任,并不违背主、客观相一致原则。[参见第189号案例,郭玉林等抢劫案,载《刑事审判参考》总第27辑(2002年第4辑),法律出版社,第16~18页。执笔:蒋征宇]

▽抢劫罪既遂与未遂区分标准的认定

抢劫罪既、未遂的认定,应从其侵犯客体来加以理解。抢劫罪侵犯的是复杂客体,既侵犯财产权利又侵犯人身权利,具备劫取财物或者造成他人人身伤害后果两者之一的,均属抢劫既遂;既未劫取财物,又未造成他人人身伤害后果的,属抢劫未遂。同样的道理,刑法第二百六十三条规定的八种加重处罚情节中除"抢劫致人重伤、死亡的"这一结果加重情节之外,其余七种加重处罚情节也存在既遂、未遂问题,其中属抢劫未遂的,应当根据刑法关于加重情节的法定刑规定,结合未遂犯的处理原则量刑。[参见第190号案例,曾贤勇抢劫案,载《刑事审判参考》总第27辑(2002年第4辑),法律出版社,第23~25页。执笔:陈文全]

▽设置机关将他人禁闭起来以得逞劫财目的的行为构成抢劫罪

至于抢劫罪中的所谓"其他方法",通常是指行为人针对被害人人身采用了除暴力、胁迫以外的其他各种能够使被害人不知抗拒或丧失抗拒能力的手段。司法实践中,比较常见的有对被害人使用麻醉药品、灌醉酒等手段,但又不以此为限,判定行为人所实施的劫财手段,是否属于抢劫罪所要求的"其他方法",关键是看该手段是否已使被害人丧失了控制自己财物的能力、丧失了抗拒他人劫取自己财物的意志自由和行动自由。行为人为获得被害人的信任,起初确实使用了某些诈骗手段,如将租来的房间故意称为其公司的办公室以及谎称尚有巨额美元可供兑换等。但在具体交易过程中,当被害人将钱交给行为人清点时,两人同处一房间内,行为人尚未按照原来的约定将美元付给被害人,交易尚未完成,被害人可以随时停止交易,要回属于自己的财物,故并未对其财物失去控制。而行为人却在与被害人的交易过程中,违背被害人的意志,当场劫走被害人的财物。这充分说明被害人不是因为受骗才“自愿地”将财物交给行为人占有的,行为人也并非通过诈骗手段非法获取他人财产的,故行为人的行为不符合诈骗罪的构成要件,不构成诈骗罪。但行为人的行为也不符合抢夺罪的构成。从表面上看,行为人在实施犯罪行为时似乎是采取了乘人不备公然夺取的手段,事前事后也未直接对被害人施加暴力或者以暴力相威胁。但其之所以能够得逞,是因为行为人经过策划,预先将作案地点的唯一窗户用砖头堵住,又安装防盗门并将屋里的门扣焊死,使人无法从屋子里面将门打开,然后按照计划,将被害人引入其精心设置的“机关”中,并利用其将受害人禁闭起来,从而使被害人陷于在被劫取财物时处于不能抗拒,也不能及时采取当场夺回财物控制权的有效措施的状态,从而使自己当场劫取被害人财物的目的得以实现。这显然与抢夺犯罪被害人没有丧失夺回自己财物的行动自由和能力不同,其行为完全符合抢劫罪中“其他手段”的认定标准,应当以抢劫罪定罪论处。[参见第159号案例,邹代明抢劫案,载《刑事审判参考》总第24辑(2002年第1辑),法律出版社,第64~66页。执笔:周峰]

▽财产共有人抢劫共有财产的,可以抢劫罪定罪处罚

该粮油门市部是以他人为主经营,并且行为人已是成年人,有独立生活的能力,但由于未分家析产,行为人作为与他人共同生活的家庭成员也参与了该粮油门市部的经营,事前亦未约定经营利润的分配方案,因此,对于粮油门市部的经营所得,仍应认定为行为人、他人等人的共同共有财产。根据行为人“抢劫数额巨大”和“抢劫致人重伤”这两个法定量刑情节以及抢劫对象的特殊性,以抢劫罪判处行为人无期徒刑,剥夺政治权利终身,并处罚金人民币五千元。[参见第134(131)号案例,明安华抢劫案,载《刑事审判参考》总第21辑(2001年第10辑),法律出版社,第24~25页。执笔:田立文 夏汉清]

▽抢劫罪中八种加重处罚情节中的死刑适用原则

罪刑相适应,作为刑法的一个基本原则,在任何情况下都必须坚持;从重从快打击严重危害社会治安的刑事犯罪,也必须在法律规定的范围内,依法从重判处,从快审理;慎杀、少杀,严格控制死刑的适用,作为一项刑事政策,应当始终贯彻。只有依法准确公正地适用刑罚,才能实现刑事司法的法律效果和社会效果的有机统一。对于抢劫罪来说,对刑法规定的八种处罚情节的抢劫犯罪,往往出于形势的需要,不加区别地适用死刑,这是一不负责任的态度。第一,这八种处罚情节是相对于一般情节而言的;第二,从刑法对八种加重处罚情节量刑幅度的排列顺序上看,立法倾向是很明显的,首先是十年以上有期徒刑,其次是无期徒刑,死刑只是最后的选择。所以,对于符合八种加重处罚情节的抢劫行为具体量刑,仍需根据具体案情区别对待。其中,是否使用暴力以及暴力方式、暴力程度如何,应当加以充分考虑。另外,符合八种处罚情节的抢劫行为,如果具有自首、立功等法定从轻、减轻情节的,或者属于犯罪未遂的,仍然应当依法从轻、减轻处罚。[参见第190号案例,曾贤勇抢劫案,载《刑事审判参考》总第27辑(2002年第4辑),法律出版社,第25~26页。执笔:陈文全]

▽抢劫罪死刑的适用(抢劫罪罪行极其严重的认定)

罪行极其严重,一方面是指犯罪人主观恶性很深,不堪改造或者很难改造;另一方面是指犯罪人的行为给国家、社会和人民造成极其严重的损害。罪行不是极其严重,不能适用死刑。这体现了我国既不废除死刑又严格限制死刑适用的一贯的刑事政策。因此,对于作为死刑适用条件的“罪行极其严重”,在司法实践中一定要从严掌握。从抢劫罪的立法上来看,刑法把抢劫罪适用死刑的条件具体规定为“入户抢劫”等八种情况,但并不是具备了这些情形的抢劫罪均必须判处死刑。死刑只是作为与“无期徒刑”或者“无期徒刑和十年以上有期徒刑”相并列的刑种供选择适用。是否最终适用死刑,仍要看犯罪分子在抢劫犯罪中的行为、情节是否已达到罪行极其严重的程度。因抢劫罪侵犯的是双重客体,故其社会危害性要从两方面分析:从侵犯财产的角度讲,抢劫犯罪的数额、情节和所抢劫财物的性质是体现其社会危害性的主要因素;从侵犯人身权利的角度讲,抢劫犯罪对人身的危害程度则是体现其社会危害性的主要因素。刑法规定的抢劫罪八项可处死刑的严重情形,正是从上述因素考虑的。有些抢劫案件,无论从侵犯财产的角度还是从侵犯人身权利的角度讲,都达到了罪行极其严重的程度;而有些抢劫案件,则仅从侵犯财产的角度或者仅从侵犯人身权利的角度看,达到了罪行极其严重的程度。除此之外,认定罪行是否极其严重,还要从行为人的犯罪动机、目的、手段等情况,进行综合分析,以正确适用死刑。行为人犯抢劫罪,既是入户抢劫,又造成了被害人重伤的严重后果,对其应适用抢劫罪的重刑条款,即在十年以上有期徒刑、无期徒刑或者死刑之间量刑。又因行为人犯罪手段残忍,情节恶劣,后果严重,同时考虑当前治安状况形势严峻,严重犯罪尤其是抢劫犯罪造成的社会危害极大,对抢劫犯罪特别是情节恶劣的抢劫犯罪从严惩处是十分必要的,故法院判决对行为人适用死刑正是体现了这一从严精神。[参见第121(118)号案例,金义祥抢劫案,载《刑事审判参考》总第19辑(2001年第8辑),法律出版社,第28~29页。执笔:叶晓颖]

▽抢劫罪死缓的适用(抢劫罪不是必须立即执行死刑情节的认定)

"不是必须立即执行"死刑的,在大部分情况下是因为犯罪的社会危害性同必须立即执行死刑的社会危害性有程度上的差别。之所以对行为人适用死刑,主要是从其犯罪行为对被害人人身权利的危害特别严重确定的,即其犯罪行为造成了被害人重伤的严重后果。而这种后果的严重程度,成为衡量对行为人是否属于"必须立即执行"死刑情形的主要因素。对被害人伤害后果严重程度的认定,应本着实事求是的原则,根据被害人损伤时的伤情及愈后的状况,综合评定,只有这样才能客观地认定行为人犯罪后果的严重程度,并对其正确量刑。从对人身的伤害角度看,以故意伤害罪的刑事责任为例,立法规定故意伤害致人重伤的处三年以上十年以下有期徒刑;对以特别残忍手段致人重伤并造成严重残疾的,处十年以上有期徒刑、无期徒刑或者死刑。因此,在故意伤害罪中,只有以特别残忍手段造成被害人重伤并致严重残疾的,才可认为是达到了罪行极其严重的程度,也才能对被告人适用死刑。抢劫罪不同于伤害罪,抢劫罪对人身的伤害只是其危害的一个方面,故只规定了致人重伤的即可适用死刑。但如单纯从抢劫罪对人身的伤害角度讲,法律规定故意伤害罪处死刑的标准还是可以借鉴的。对如何判定"严重残疾",刑法没有具体规定,司法实践中可参照1996年国家技术监督局颁布的《职工工伤与职业病致残程度鉴定标准》,"严重残疾"是指下列情形之一的:被害人身体器官大部缺损、器官明显畸形、身体器官有中等功能障碍、造成严重并发症等。本案被害人的损伤(包括面部损伤)程度尚不属严重残疾;加之考虑其虽属重伤,经治疗仍留有一些后遗症,但从总体看身体状况恢复较好,认定行为人犯罪后果不是特别严重是有依据的。加之其系初犯,认罪态度较好,对其尚不属判处死刑须立即执行的,对其判处死刑,缓期二年执行,体现了罪行相适应的原则。[参见第121(118)号案例,金义祥抢劫案,载《刑事审判参考》总第19辑(2001年第8辑),法律出版社,第29~31页。执笔:叶晓颖]

▽对抢劫罪应适用财产刑

刑法对抢劫罪规定了财产刑。同时,由于刑法没有具体规定如何区分不同情况分别适用罚金刑和没收财产刑。根据罚金刑和没收财产刑的性质,《全国法院维护农村稳定刑事审判工作座谈会纪要》专门作了规定,以作为司法实践统一掌握的标准;2000年12月19日,最高人民法院又颁行了《关于适用财产刑若干问题的规定》,就适用财产刑的有关问题作了明确规定。根据上述规定:凡法律规定并处罚金或者没收财产的,均必须依法判处相应的财产刑;对法律规定主刑有死刑、无期徒刑和有期徒刑,同时并处没收财产和罚金的,如决定判处死刑,只能并处没收财产。[参见第121(118)号案例,金义祥抢劫案,载《刑事审判参考》总第19辑(2001年第8辑),法律出版社,第31~32页。执笔:叶晓颖]

▽抢劫罪与敲诈勒索罪区别的认定

抢劫罪与敲诈勒索罪两者都可能使用威胁手段,但在威胁的方式、内容、取得的非法利益、时限、对象上有所不同。一是从内容上看,抢劫罪是以使用暴力相胁迫,当场劫财,遇有抵抗或为排除抵抗施加暴力。敲诈勒索罪则以暴力加害被害人及其亲属,或者以揭发被害人的隐私、毁坏其财产等相威胁、要挟,逼迫被害人交出财物。二是从方式上看,抢劫罪中暴力或暴力威胁是直接对被害人实施的,而敲诈勒索罪既可以对被害人直接实施,也可以由第三者转达向被害人间接实施,既可以公开,也可以暗示。三是从取得的非法利益上看,抢劫只能取得财物,并且是动产,而敲诈勒索既可以是动产,也可以是不动产,甚至是取得财产性利益。四是从时限上看,抢劫罪中除首先实施暴力排除妨碍外,其暴力威胁表现为如被害人不交出财物,即立即当场付诸实施威胁的内容,且是当时当场取得财物,而敲诈勒索罪中的威胁表现为如被害人不就范,将在此后实施威胁的内容,取得的财物既可以当时当场,也可以事后取得。五是从对象上看,抢劫威胁的对象只能是被害人或在场的亲友、同事,而敲诈勒索不仅限于在场的被害人或其亲属,还包括不在场的其他人。虽然敲诈勒索罪比抢劫罪威胁的内容要广,但主要对被害人实施心理威胁,相对而言人身危害程度稍轻,时限稍缓。[参见第117(114)号案例,周建平、卫杨林、吴某、刘有志抢劫、敲诈勒索案,载《刑事审判参考》总第18辑(2001年第7辑),法律出版社,第43~44页。执笔:李亚飞 许浩]

▽伙同他人抢走夫妻共同财产的行为,构成抢劫罪

首先,共同共有财产可以成为抢劫罪的对象,抢劫夫妻共同财产的行为,侵犯了他人的财产权利。未经其他共有人同意处置共有财产的行为,不仅仅是处置是否具有民事效力的问题,而且,"处置"行为如以抢劫为手段的行为,如果超出了民事违法的界限,便可以构成犯罪。以家庭共同财产为侵害对象的行为能否构成犯罪,《最高人民法院关于审理盗窃案件具体应用法律若干问题的解释》第一条第(四)项规定:"偷拿自己家的财物或者近亲属的财物,一般可不按犯罪处理;对确有追究刑事责任必要的,处罚时也应当与在社会上作案的有所区别。"这就确定了这样一个基本原则:家庭共有财产属于侵犯财产罪中的他人财产,符合其他犯罪构成要件的侵犯家庭共同财产的行为应当构成犯罪。根据上述解释,盗窃自家财物的行为尚可构成犯罪,"举轻以明重",抢劫夫妻共同财产的行为无论性质还是危害程度较之盗窃家庭共同财产都有过之而无不及。其次,行为人的行为具备了抢劫罪的构成要件,不属于"情节显著轻微危害不大","不认为是犯罪"的情形。行为人主观上具有抢劫他人财物的目的,客观上实施了抢劫他人财物的行为,与一般抢劫罪无异。但其行为是不是属于社会危害性小,情节显著轻微,而没有追究刑事责任的必要的情形:行为人意图与其妻离婚,伙同多人施暴于其妻,强行抢走财物,自己却佯装受害,情节恶劣,手段卑鄙;伙同他人抢走现金10万元,数额巨大。无论从抢劫的动机、手段、情节还是数额来看,行为人的行为都不属于刑法第十三条"但书"所规定的"不属于犯罪"的情形。由于本案属于公诉案件,不是被害人可以自诉、可以撤回起诉的轻微刑事案件,因此,被害人事后的态度,对行为人构成抢劫罪没有影响,只能作为对行为人量刑因素加以考虑,而不能以此认定为所谓"对行为人处置夫妻共同财产的事后追认",使行为人的抢劫行为由非法转化为合法。[参见第97(94)号案例,刘汉福等抢劫案,载《刑事审判参考》总第15辑(2001年第4辑),法律出版社,第30~32页。执笔:韩强 张波]

▽丈夫及其他共犯应当对所抢劫的夫妻共同财产10万元全额负刑事责任

首先,符合罪刑相适应的原则。因为夫妻共同财产在析产前是无法分割的,就行为人所抢劫的10万元而言,无法认定其中必然包含有属于行为人的份额,夫妻共同财产并非简单的一分为二或者按照某种比例将某项财物予以分割。从被害人的角度讲,自己被抢的是10万元,而非只损失了其中仅属于自己的份额,从民事法律关系看,如果行为人抢劫10万元的事实未被发现,那么,被害人在损失共同共有财产10万元中属于自己的份额之外,还应在以后的生活中承担起共同归还10万元债务的责任。其次,《最高人民法院关于审理盗窃案件具体应用法律若干问题的解释》第一条第(四)项中所规定的对盗窃家庭共有财产行为的处理方式中,并没有作出行为人仅对共同共有财产中不属于自己的份额负责的规定,在司法实践中,对于以共有财产或者公共财产为犯罪对象的犯罪,如以混合所有制企业中的公共财产为对象的贪污行为,对行为人的犯罪数额的认定也都是全额认定。上述处理情形可以为我们认定抢劫共同共有财产的犯罪数额提供参照。最后,各共同犯罪人均应对10万元负责。对于作为夫妻一方以外的其他行为人,他们的犯罪对象是10万元现金,与丈夫的身份不同,他们的行为不存在侵犯共同共有财产的问题,只是与丈夫构成共犯,如果认为其他共犯应对全案10万元负责,而丈夫仅对部分犯罪数额负责,显然是不公正的。只有在所有行为人均对犯罪总额负责的基础上,分清主从,区别情节,才能准确确定各行为人的刑事责任。当然,对于以夫妻共同财产为犯罪对象的抢劫行为,由于其特殊性,处刑时应适当考虑,酌情从轻处罚。[参见第97(94)号案例,刘汉福等抢劫案,载《刑事审判参考》总第15辑(2001年第4辑),法律出版社,第32～33页。执笔:韩强　张波]

▽教唆他人抢劫自己与妻子的共同财产构成抢劫罪

以暴力为手段非法占有夫妻共同财产的,则有可能构成犯罪行为。最高人民法院《关于审理盗窃案件具体应用法律若干问题的解释》第一条第(四)项规定:"偷拿自己家的财物或者近亲属的财物,一般可不按犯罪处理。"即类似于中国古代刑法所说的"亲亲相盗不为罪"。对"亲亲相抢"而言,一般也可以不按犯罪处理,如实践中发生的家庭成员之间因财产争议相互抢夺的案件。据此,对行为人也不宜以抢劫(教唆)罪论处。应当说,这种观点的前提是有一定道理,但结论却过于片面。"一般可不按犯罪处理",并不等于绝对不按犯罪论处,具体案件仍要具体分析。无暴力特征的"亲亲相盗"与有暴力特征的"亲亲相抢"有质的不同,"亲亲相抢"为自己所有与唆使他人相抢并为他人所有亦有所不同。行为人在妻子要与其离婚的特殊背景下,教唆他人故意伤害自己妻子的同时,又明确指使他人抢走妻子带回的财物,教唆抢劫财物的范围特定,并以抢得的财物许诺作为被教唆人实施故意伤害行为的报酬,已明显不同于夫妻关系正常稳定情况下的无明显暴力或仅有有限暴力但不想伤人的"亲亲相抢",也不同于家庭成员之间因财产争议而相互抢夺,其社会危害性及主观恶性,都足以达到了应依照刑法定罪处罚的程度。[参见第91(88)号案例,包胜芹等故意伤害、抢劫案,载《刑事审判参考》总第14辑(2001年第3辑),法律出版社,第28～29页。执笔:尚召生　鸿滨]

▽为消灭债务采用暴力、胁迫手段强行索回欠款凭证的行为,符合抢劫罪的犯罪构成

刑法规定的抢劫罪所侵犯的不仅仅是有形的实实在在的财物,而且更主要的是侵犯了公私财产的合法所有权。欠款凭证本身虽不是财产,但却是财产权利的主要证明凭证,有时甚至是唯一的证明凭证,丧失这种凭证,债权人就难以甚至根本无法向债务人主张自己的财产权利,甚至最终会丧失财产所有权。因此,在特定情况下,欠款凭证往往就等于同值的财产。衡量抢劫罪的既遂与否也就是看行为人是否实际控制了他人财产。行为人强行抢回欠条,逼迫被害人在事先写好的收条上签字,以消灭债务的犯罪行为,在其实施终了之时,已经当场完成了已"归还"10万元债款的全部手续,其犯罪目的已经达到,已然齐备了抢劫罪的全部构成要件,故应当认定为犯罪既遂。[参见第92(89)号案例,戚道云等抢劫案,载《刑事审判参考》总第14辑(2001年第3辑),法律出版社,第34～35页。执笔:王海波]

▽在抢劫过程中杀人或致人死亡的,应构成抢劫罪

在抢劫过程中致人死亡,包括故意伤害致人死亡以及那种为抢财物不顾他人死活间接故意杀人、直接故意杀人致人死亡的,都是抢劫暴力犯罪的一种结果,是抢劫罪的组成部分。在抢劫财物过程中致人死亡的案件中,其杀人行为实际是实施抢劫行为的使用暴力部分,只定一个抢劫罪,符合抢劫罪的犯罪构成和基本特征。凡在实施抢劫财物行为过程中,因使用暴力,如殴打、伤害、捆绑、禁闭等行为而致人死亡的,或者直接使用暴力将人杀死的,均应定抢劫罪一罪。(参见2001年5月22日《最高人民法院关于抢劫过程中故意杀人案件如何定罪问题的批复》。——编著者注)[参见第36号案例,罗登祥抢劫、故意杀人、脱逃(未遂)案,载《刑事审判参考》总第5辑(1999年第5辑),法律出版社,第33页。审编:王玉琦]

▽抢劫过程中使用暴力致人昏迷，误认为被害人已经死亡，为毁灭罪证又实施放火行为造成被害人窒息死亡的，应以抢劫罪与放火罪数罪并罚

行为人发生了因果关系的认识错误，并不影响其故意杀人罪既遂的成立，但应否对其以故意杀人罪定罪，还须考虑其是在实施抢劫犯罪过程中实施的杀人行为的因素。行为人为了当场劫取财物，当场使用足以致人死亡的暴力手段欲将被害人杀害，在错误地认为被害人已经死亡（实际昏迷）的情况下，为了毁灭罪证、掩盖罪行而实施了放火行为，最终致被害人窒息死亡。杀死被害人的行为作为劫取财物的手段在抢劫犯罪中予以一并评价，这是符合刑法理论的，因为抢劫犯罪中暴力手段的程度往往是很高的，为排除阻力劫取他人财物而故意杀人、故意伤害致人死亡的情况经常发生，由于行为人是在抢劫的故意下实施的杀人、伤害行为，故该行为完全可以包容在抢劫罪的评价之内。行为人为毁灭罪证而实施的放火行为，因为放火时没有故意杀人的主观故意，其行为不构成故意杀人罪，符合放火罪的犯罪构成要件，还构成了放火罪，应以抢劫罪和放火罪进行并罚。[参见第401号案例，魏建军抢劫、放火案，载《刑事审判参考》总第51辑（2006年第4辑），法律出版社，第12～14页。执笔：闫宏波]

▽转化抢劫同样存在未遂状态

转化抢劫同样存在未遂状态，理由如下：1. 从刑法理论上讲，除了过失犯罪以外，所有故意犯罪均存在未遂的状态。转化抢劫与一般抢劫行为一样，罪质均为抢劫罪，犯罪构成条件没有本质差异，既然一般抢劫存在既遂未遂，那么转化抢劫亦应存在既遂未遂。与一般抢劫相比，转化抢劫的罪责本来相对较轻，因为行为人起初只有盗窃、诈骗、抢夺的故意，其主观恶性本要稍轻于一般抢劫；在其他要件一样的情况下，显然径直对被害人实施暴力强行劫取财物的一般抢劫行为的社会危害性及行为人的人身危险性均比转化抢劫者要大，因此，对一般抢劫行为所给予的刑法评价的严厉程度理应重于转化抢劫。根据最高人民法院《意见》第十条的规定，在均未劫得财物的情况下，对一般抢劫，没有造成他人轻伤以上伤害结果的应认定为犯罪未遂，而对于转化抢劫，只要造成他人轻微伤的即可认定既遂，也即一旦符合刑法第二百六十九条的规定就转化抢劫既遂，将导致后者的处罚反比前者更重，这显然是不妥的，有违罪刑相适应的基本原则。2. 刑法第二百六十九条规定，犯盗窃、诈骗、抢夺罪，为窝藏赃物、抗拒抓捕或者毁灭罪证而当场使用暴力或者以暴力相威胁的，依照第二百六十三条的规定定罪处。该条规定了由盗窃、诈骗、抢夺转化为抢劫的条件，符合法定条件的就应以抢劫罪定罪处罚。但该条只是规定了转化为抢劫罪的条件，并非规定只要转化就构成抢劫既遂。构成抢劫罪与抢劫既遂是两个不同的概念，在确定盗窃等行为转化构成抢劫罪之后，仍然存在对转化后的抢劫行为如何认定既未遂的问题，这同一般抢劫一样。因此，刑法第二百六十九条的规定只是转化定罪标准，是否构成犯罪既遂需根据案情具体明确。3.《意见》第五条“关于转化抢劫的认定”的有关规定，是以司法解释的方式明确了当行为人实施盗窃、诈骗、抢夺行为，未达到数额较大，为窝藏赃物、抗拒抓捕或者毁灭罪证当场使用暴力或者以暴力相威胁时，可以适用刑法第二百六十九条的规定，以抢劫罪定罪处罚的几种情况。该条也只是明确了可以抢劫罪定罪处罚，但具体转化行为属于抢劫的何种形态，应当受《意见》第十条对抢劫罪既遂未遂标准规定的制约，依据该条的规定进行具体认定。[参见第441号案例，谷贵成抢劫案，载《刑事审判参考》总第56辑（2007年第3辑），法律出版社，第17～19页。执笔：谭劲松]

▽转化抢劫既未遂的标准应当以是否抢得财物或造成他人轻伤以上伤害后果为准

在犯罪既未遂的区分上，转化抢劫与典型抢劫应当适用同样的标准。转化抢劫同样是抢劫，在认定转化抢劫的形态时应当以抢劫罪的既未遂标准为依据，而不能再以盗窃、诈骗、抢夺的既未遂标准作为认定转化抢劫形态的依据。依照最高人民法院《意见》第十条的规定，应当以是否实际劫得财物或者造成他人轻伤以上后果作为转化抢劫既未遂的区分标准。即凡在转化抢劫过程中实际劫得财物或者已造成他人轻伤以上伤害的，应认定为犯罪既遂；反之，既未劫得财物，又未造成他人轻伤以上后果的，则属犯罪未遂。[参见第441号案例，谷贵成抢劫案，载《刑事审判参考》总第56辑（2007年第3辑），

法律出版社,第19~23页。执笔:谭劲松]

▽使用暴力强行向他人当场"借款",并致人轻伤的,构成抢劫罪

当场使用暴力手段,强行向被害人借款100万元,并逼迫被害人当场筹借部分款项。虽然其书写了借条,并书面承诺无报酬替被害人解决有关公司之间的纠纷,形式上有一定交易性质,但并不符合强迫交易罪的构成要件,不能认定为强迫交易罪,而恰恰符合抢劫罪的构成要件,应认定为抢劫罪。理由是:首先,借款行为不属于强迫交易罪中"交易"的范围。强迫交易罪中的"交易"仅指买卖商品、提供和接受服务的行为,借款既不是买卖商品,也不是提供或者接受服务,显然不属于该罪所指的"交易",故行为人强迫对方借款给他的行为,缺少构成强迫交易罪的前提条件。其次,写借条和承诺替被害人解决纠纷,也不属于强迫交易罪中所指的"交易"。从刑法对强迫交易罪罪状的表述看,本条保护的是市场经济秩序,惩治的是那些通过不公平的交易来牟取非法经济利益的行为。因此,只有发生于商业经营活动中的才可能成立本罪。行为人以写借条和承诺替被害人解决纠纷为对价强迫被害人借款的行为,不在该罪罪状的文义所涉范围之内,不是强迫交易罪所指的"交易"。最后,行为人主观上具有非法占有他人财物的目的。从二人关系看,行为人曾在被害人手下打工,双方仅仅相识而已,在此情况下,被害人不可能出借100万元这么一大笔巨款给行为人。行为人正是清楚这一点,才经过预谋后将被害人骗出,使用暴力向其"借款"。行为人客观上并没有还款能力,主观上也没有还款意愿,其行为属于以"借钱"为幌子而行劫财之实,故完全符合抢劫罪的构成要件,应当认定为抢劫罪。从犯罪形态看,行为人虽然没有实际从被害人处劫取到钱,但其使用暴力手段致被害人轻伤,因抢劫罪的客体属于双重客体,根据最高人民法院《意见》的有关规定,行为人的行为仍属于抢劫罪既遂。从量刑幅度看,行为人虽试图劫取数额巨大的钱款(100万元人民币),但没有实际劫取到钱,故不能在"十年以上有期徒刑、无期徒刑或者死刑"的幅度内量刑,而应在三年至十年有期徒刑的法定刑幅度内量刑。[参见第520号案例,李洪生强迫交易案,载《刑事审判参考》总第66集(2009年第1集),法律出版社,第11~13页。撰稿:杨晓琪　陈锦新]

▽进入建筑工地或工人宿舍不宜认定为"入户"

对建筑工地或工人宿舍不宜认定为入户抢劫。最高人民法院《意见》第一条明确了户的范围"户指住所,其特征表现为供他人家庭生活和与外界相对隔离两个方面,一般情况下,集体宿舍、旅店宾馆、临时搭建工棚等不应认定为户"。此解释明确将户界定为家庭生活的住所。其理论依据在于,刑法保护家庭住宅的不可侵犯性,入户抢劫结合了非法侵入他人住宅罪和抢劫罪的双重罪质,具有加重的社会危害。家庭生活一般是指具有血缘或拟制关系的亲属组成的家庭成员相对固定地居住在一起,由于刑法保护社会公众普遍认同的基本价值观念——家庭生活的安全性、私密性,所以,对家庭生活的侵害应承担更大的刑事责任。工人宿舍不具备家庭生活的实质,建筑工地不能认定为住所,所以,对侵入该二处地点的行为不宜认定为"入户"。[参见第613号指导案例,王志坚抢劫、强奸、盗窃案,载《刑事审判参考》总第73集(2010年第2集),第32~33页。撰稿:苏敏]

▽冒充保安不能认定为冒充警察

冒充保安不能认定为冒充警察。首先,"军警"从文义上解释,应当仅限于现役军人、警察两类,如果将军警类推至有一定维护安全职能的保安,则系类推解释,有违罪刑法定原则。相关司法解释对军警人员的范围的解释也持严格限制的态度,如最高人民法院《意见》第九条将冒充正在执行公务的人民警察和冒充抓赌、抓嫖的治安联防队员进行了区分,前者规定为招摇撞骗罪,后者规定为敲诈勒索罪。其次,从立法目的上来看,之所以将冒充军警的行为作为加重情节来处罚,是因为此种行为在侵犯了公私财产所有权和公民人身权利之外,还败坏了军队和警察在人民群众中良好的声誉和形象,破坏了军民、警民关系。而本案被告人犯罪团伙十余人,其中个别人头戴保安帽,尽管口头上向被害人表明要"查身份证、抓小偷",但实际上利用的仅是被害人一时搞不清"保安有没有权利进行搜查"的这种迷惑而达到迅速进入现场的目的，在进入现场后犯罪人即不再掩饰真实身份，被害人也能在最初的迷惑中迅速识破抢劫犯的身份。这种状况说明，被告人仅利用特殊身份来进行犯罪预备，并没有利用特殊身份进行抢劫，且由于虚假身份已揭穿，客观上并没对人民警察的良好形象造成影响，所以，不符合刑法加重处罚的要旨。基于以上原因，对于冒充保安的情节不宜认定为冒充警察来处罚。［参见第613号指导案例，王志坚抢劫、强奸、盗窃案，载《刑事审判参考》总第73集（2010年第2集），第33～34页。撰稿：苏敏］

▽实施盗窃后持枪抗拒抓捕的行为应认定为"持枪抢劫"

（一）将盗窃后持枪抗拒抓捕的行为认定为持枪抢劫，与相关司法解释精神一致。对盗窃后持枪抗拒抓捕行为的司法认定，涉及刑法本条第七项"持枪抢劫"与第二百六十九条中的"为抗拒抓捕而当场使用暴力或者以暴力相威胁"的理解问题。应遵循立法原意，对上述两处规定进行实质解释。最高人民法院《解释》第一条第二款明确规定："对于入户实施盗窃，因被发现而当场使用暴力或者以暴力相威胁的行为，应当认定为入户抢劫。"在"入户"与后续的转化型抢劫行为相承接的情况下，司法解释并未要求"入户"的初始目的与抢劫财物的目的之间具有一致性。"入户抢劫"与"持枪抢劫"均是刑法规定的八种加重处罚情节，二者的法律地位与法律效果相当，因此司法解释关于"入户抢劫"的注意性规定，对"持枪抢劫"情节的认定具有非常重要的参考意义。此外，就立法目的而言，我国刑法之所以规定"持枪抢劫"，主要是因为枪支比刀具、棍棒等工具具有更大的威慑力与杀伤力，对他人生命、健康等人身权利之危害尤甚，严重危及社会公共安全。行为人在实施盗窃的过程中，随身携带枪支，其主观目的已经包含为确保顺利取得财物并逃离现场而使用枪支的意图。因此，在考察行为人持枪抢劫的目的时，应综合考量行为人非法占有财物的概括性故意与行为的整体性。那种认为盗窃后持枪抗拒抓捕的目的是抗拒抓捕，并不是劫取财物，是将一个整体行为割裂开来进行理解，难以准确地概括行为的本质特征。

（二）将盗窃后持枪抗拒抓捕的行为认定为持枪抢劫，与禁止重复评价的原则不相矛盾。将盗窃后持枪抗拒抓捕的行为认定为持枪抢劫，是否违反禁止重复评价原则，要看定罪情节与量刑情节的关系是否是绝对彼此孤立的。从定罪与量刑的基本关系来看，定罪是量刑的基本前提。司法实践中，认定某一行为构成犯罪的主要依据是行为的社会危害性，然而，在裁量刑罚时社会危害性也是主要参考依据之一，因此两者之间可能呈交叉甚至重合关系，而不是绝对彼此孤立的关系。特别是在某罪具有多个法定刑幅度的情况下，定罪情节与量刑情节的交叉越发明显。如刑法第二百三十六条第二款规定"奸淫不满十四周岁的幼女的，以强奸论，从重处罚。"第二百三十七条第三款规定："猥亵儿童的，依照前两款的规定从重处罚。"从上述规定不难发现，某些犯罪事实既是构成要件事实，又是加重处罚事实，即既是定罪情节，又是量刑情节。此外，在我国刑法条文中，有诸多关于犯某罪情节严重的要从重处罚的规定。如果行为人的一个危害行为达到某罪情节严重的程度，且仅存在这一个危害行为，那么该危害行为既是定罪情节又是量刑情节。那种认为将盗窃后持枪抗拒抓捕的行为认定为持枪抢劫违反禁止重复评价原则的观点，是对定罪情节与量刑情节关系的误读。定罪情节与量刑情节之间的交叉或者重合关系是客观存在的。当作为定罪情节的行为之社会危害性程度超越了该罪之基本量刑幅度时，依据法律规定适用相应的特定量刑幅度并不违反禁止重复评价原则。对于定罪情节与量刑情节存在交叉或者重合的案件，刑法评价的侧重点是不同的。以本案为例，作为定罪情节，对"持枪抗拒抓捕"评价的重点是反映行为人有否使用暴力；作为量刑情节，对"持枪抗拒抓捕"评价的重点是反映行为人实施暴力的程度。可见，虽是同一事实，但作为定罪情节和量刑情节，评价的重点是不同的。因此，将盗窃后持枪抗拒抓捕的行为认定为持枪抢劫并未违反禁止重复评价原则。

（三）将盗窃后持枪抗拒抓捕的行为认定为持枪抢劫，符合罪刑相适应原则。罪刑相适应原则是刑法的基本原则之一，对盗窃后持枪抗拒抓捕行为的司法认定，要以法律的规定为基础，对行为人的行为进行适当而充分的评价,以实现罪责刑相适应。在分析罪重罪轻和刑事责任大小时,不仅要看犯罪的客观社会危害性,而且要结合考虑行为人的主观恶性和人身危险性,把握罪行和罪犯各方面因素综合体现的社会危害性程度。行为人在实施盗窃行为时携带枪支以备用,其主观恶性、人身危险性和社会危害性较之于实施盗窃后临时起意使用暴力抗拒抓捕的行为尤甚。行为人在实施盗窃行为时携带了国家明令管制的枪支以备用,并且在被他人发现以后持枪抗拒抓捕,其社会危害性和人身危险性较大,如果适用一般抢劫行为的法定刑则难以实现罪刑均衡。"持枪抢劫"作为抢劫罪的特殊法定情节是因为其社会危害性较大,同时也侵犯了国家的枪支管理制度,而与实际造成他人伤害的程度并无紧密关联。就"持枪抢劫"本身而言,刑法并未规定持枪抢劫要致人重伤或者死亡以上的后果,更何况刑法本身已经把抢劫致人重伤、死亡的情形规定为八种法定加重处罚情节之一。并且,如果行为人持枪抢劫致人重伤、死亡的,则同时具有抢劫致人重伤、死亡和持枪抢劫两个法定加重处罚情节,加重处罚的程度显然应比具有单纯一个加重处罚情节的程度要大。

综上,一审、二审法院将被告人刘某某实施盗窃后持枪抗拒抓捕的行为认定为"持枪抢劫"是正确的。[参见第660号指导案例,刘兴明等抢劫、盗窃案,载《刑事审判参考》总第77集(2010年第6集),第61～64页。撰稿:陆区源　白艳利]

▽不能因为被告人在抢劫过程中实施了一起强奸犯罪而对被告人判处死刑

被告人在抢劫过程中实施强奸犯罪,利用了抢劫犯罪所造成的对被害人不利的环境,更加恶化了抢劫罪的性质和情节,虽然抢劫罪和强奸罪分别定罪处罚,但两者在客观上存在内在的关联,且被告人在抢劫过程中强奸被害人,表明被告人的主观恶性更深,行为的社会危害性更大,因此此为评价被告人人身危险性上有一定道理,在对被告人量刑时应予适当考虑,但在对被告人能否适用死刑上应着重考虑罪与刑的均衡关系。因为单独就强奸罪来看,此罪是一起普通的强奸犯罪,没有造成被害人伤亡的后果,即使考虑在抢劫过程中实施这一恶劣情节,论罪也不至于适用死刑,从对所犯强奸罪的量刑也可明确这一点;再单就抢劫罪来看,被告人所犯抢劫罪虽数额巨大,也不至于判处死刑;对此二罪数罪并罚,体现的原则应是限制加重,而不能对所犯情节"估堆"评价,从而增加刑期甚至提高刑种,否则将违反罪刑相适应的原则。基于此不能因为被告人在抢劫过程中实施了一起强奸犯罪而对被告人判处死刑。[参见第613号指导案例,王志坚抢劫、强奸、盗窃案,载《刑事审判参考》总第73集(2010年第2集),第34页。撰稿:苏敏]

▽抢劫犯罪中死刑量刑原则的把握

一个危害行为对于社会的危害性质及程度,主要由犯罪客体的性质及受侵害程度来决定,具体到抢劫罪,主要表现为对公民的人身及财产权利的侵害程度。对抢劫罪适用死刑,将惩治的价值取向偏重于人身权利,即是否造成被害人伤亡的后果是能否对被告人适用死刑的重要因素。本案被告人在抢劫过程中暴力行为有所节制,客观上没有造成被害人重伤或死亡的严重后果,人身权利方面的客观危害后果尚未达到极其严重的地步,因此,在处理上要注意严格把握此类案件与主观上不顾忌他人死活,滥用暴力致死、致伤被害人,特别是那些直接采取危及被害人生命的方式进行抢劫的案件,在主观恶性和客观后果等方面的区别。虽然抢劫致人重伤、死亡,与入户或在公共交通工具上抢劫、抢劫银行或者其他金融机构、多次抢劫或者抢劫数额巨大、冒充军警人员抢劫等其他情节均应在十年以上量刑,但在具体量刑时仍应对严重危害人身安全的抢劫犯罪在适当范围内有所侧重,不能片面强调其他加重情节的数量。从社会效果看,这样做有利于引导、分化抢劫犯罪分子,降低抢劫犯罪的暴力程度。如果不问被害人生死,只要其他情节严重,一律核准死刑,则使此类有一定节制的抢劫犯罪与滥用暴力、致人伤亡的严重抢劫犯罪在量刑上无法区别,从而可能助长犯罪分子无节制地实施暴力的现象,难以达到最大限度地保护公民人身权利的目的。此外,能否对被告人适用死刑,还应该衡量个案当中其他被告人的量刑情况,在该犯罪团伙当中,原排第一号的主犯蒋某某共参与抢劫21起,劫得财物26万余元,但因有重大立功二审被改为死缓，其参与的次数远远多于被告人，如果考虑到蒋因重大立功予以改判则也应考虑被告人因一般立功情节应否予以改判的问题。故被告人虽系累犯，但前罪系较轻的盗窃犯罪，在犯罪过程中暴力行为又有所节制且有协助抓获同案犯等立功情节，对被告人判处死刑，可不立即执行。综上，最高人民法院依法对被告人作出不核准死刑的刑事裁定是正确的。[参见第613号指导案例，王志坚抢劫、强奸、盗窃案，载《刑事审判参考》总第73集(2010年第2集)，第34～35页。撰稿：苏敏]

▽在抢劫前有杀人灭口的意图，在抢劫后实施了杀人灭口行为，对其应以抢劫罪和故意杀人罪数罪并罚

从立法及司法解释的相关规定来看，抢劫罪中的手段行为包括故意杀人，抢劫罪的犯罪后果也相应包括抢劫中致人死亡。关于抢劫罪的手段行为是否包括故意杀人行为，在理论界曾经有过长期的争论。刑法本条中规定的抢劫罪的客观方面表现为“以暴力、胁迫或者其他方法抢劫公私财物”，同时又规定了“抢劫致人重伤、死亡”的加重处罚情节，出于对“暴力”程度以及“致人重伤、死亡”的不同理解，产生了上述分歧。从字面解释来看，“暴力”不应排除故意杀害抢劫对象的情形，尤其针对抢劫罪这一严重暴力性犯罪；“致人重伤、死亡”在我国刑法的立法规定中，也并不特指过失致人重伤、死亡。最高人民法院《批复》中明确规定：“行为人为劫取财物而预谋故意杀人，或者在劫取财物过程中，为制服被害人反抗而故意杀人的.以抢劫罪定罪处罚。”据此，抢劫罪涵盖了为抢劫而实施的故意杀人行为，但并非意味着与抢劫有关的所有故意杀人行为都是抢劫行为的一部分，对此《批复》也明确规定：“行为人实施抢劫后，为灭口而故意杀人的，以抢劫罪和故意杀人罪定罪，实行数罪并罚。”刑法意义上的行为，是行为主体有意识、有目的的活动，上述规定明确阐释了行为目的对于行为性质的决定性作用。为论述方便，将包含于抢劫中的故意杀人行为称为第一种情形，而将独立于抢劫的事后故意杀人行为称为第二种情形。从故意杀人行为的主观目的来看，第一种情形中杀人行为是为劫取财物而实施的暴力手段中最为严重的一种表现形式。对于行为人来说，杀人是劫财的必要手段，不论是预谋先杀人再劫财，还是在劫财过程中为制服被害人反抗而杀人，其行为的目的均直指劫取他人财物；第二种情形中杀人行为的目的与劫取他人财物没有直接联系，此时劫取他人财物的行为已经完成，杀人通常是为了灭口或者主要是为了灭口，因此《批复》中将第二种情形明示为灭口而故意杀人。从故意杀人的行为与抢劫行为的关联程度来看，作为抢劫方式的故意杀人行为往往是行为人实现抢劫的主要行为方式，即行为人通过杀人的手段实现劫财的目的；独立于抢劫的故意杀人行为则不是实施抢劫的必要行为，因为行为人已通过其他暴力、胁迫等手段实现了劫财目的，此时的故意杀人行为往往是作为抢劫完成后的后续行为，为防止抢劫罪行暴露而实施的灭口行为。从故意杀人的起意时间来看，在第一种情形下，杀人的故意只能在实施抢劫前的预谋阶段或抢劫过程中产生，而在第二种情形下，杀人的故意则可能在抢劫预谋阶段、实施阶段以及抢劫完成后产生，也即第二种情形下的杀人犯意产生的时间不影响抢劫后为灭口而实施的故意杀人的性质认定。从犯罪构成来说，故意杀人行为是否为抢劫的手段行为，决定了是否应对该行为进行单独评价。第一种情形下，因为故意杀人行为正是抢劫罪实施暴力方面的客观表现，是犯罪构成的客观方面，如果将此种情形认定为同时构成抢劫罪和故意杀人罪，则该杀人行为既是抢劫罪的客观方面，又是故意杀人罪的客观方面，则对于同一杀人行为需要进行重复评价，不符合刑法的基本原理。同样，第二种情形下，因抢劫行为已经完成，在抢劫既遂的情况下再实施的故意杀人行为，也无法纳入抢劫罪的犯罪构成中进行评价，否则抢劫罪的客观方面的外延将会不当扩大。综上，抢劫犯罪中故意杀人行为的性质由行为的目的决定，并且不受起意时间的限定，也即无论行为人何时起意杀人，只要杀人行为是为排除障碍，实现抢劫财物目的的，则该故意杀人行为属于抢劫的手段行为，是抢劫罪客观方面的表现，对此故意杀人行为无须单独评价，仅定抢劫罪一罪即可；如果杀人行为系抢劫完成后为防止罪行暴露而实施的灭口行为，则同样无论其杀人的故意于何时起意，仍应与抢劫行为分别评价,以抢劫罪和故意杀人罪并罚。[参见第566号指导案例,卜玉华、郭臣故意杀人、抢劫案,载《刑事审判参考》总第69集(2009年第4集),第19～21页。撰稿:魏磊]

▽以强奸目的入户,在强奸过程中临时起意劫取财物的,不能认定为"入户抢劫"

最高人民法院《意见》规定,认定"入户抢劫"应注意"入户"目的的非法性,即进入他人住所须以实施抢劫等犯罪为目的。据此,认定本案被告人的行为是否构成"入户抢劫",关键在于其"入户"的目的是什么。事实上,被告人是以强奸为目的进入被害人住所的,不符合"入户抢劫"的成立要件,因而被告人在强奸过程中临时起意劫取财物的行为不能认定为"入户抢劫"。具体理由如下:1.《意见》关于"进入他人住所须以实施抢劫等犯罪为目的",指仅以实施抢劫及盗窃、诈骗、抢夺等图财型犯罪为目的而进入他人住所。刑法本条规定了"入户抢劫"的加重处罚情节,另根据刑法第二百六十九条的规定,实施盗窃、诈骗、抢夺等行为在一定条件下可转化为抢劫罪。因此,当行为人以抢劫为目的入户,或者以盗窃、诈骗、抢夺等犯罪为目的入户并转化为抢劫罪的,才可以认定为"入户抢劫"。《意见》提出以"实施抢劫等犯罪目的"作为入户抢劫的成立要件,不是对刑法规定的扩张解释,而是对"入户抢劫"含义的明确。这在最高人民法院《解释》中也有所体现。《解释》第一条规定,入户抢劫是指为实施抢劫行为而进入他人生活的与外界相对隔离的住所,包括封闭的院落、牧民的帐篷、渔民作为家庭生活场所的渔船、为生活租用的房屋等进行抢劫的行为。入户盗窃后因被发现而当场使用暴力或以暴力相威胁的,均认定为入户抢劫。2.《意见》中的"抢劫等犯罪"不宜理解为所有犯罪,仅应解释为抢劫及盗窃、诈骗、抢夺等图财型犯罪。《意见》在规定入户目的的非法性时,明确了进入他人住所须以实施抢劫等犯罪为目的,意在严格"入户抢劫"的认定条件,将以实施抢劫等图财型犯罪为目的入户与以实施其他犯罪为目的入户区别开来,以做到准确定性和量刑均衡,同时,这也是保证入户抢劫必须符合抢劫罪构成要件的必然要求。因为如果不加区分,对以实施任何犯罪为目的入户而临时起意抢劫的行为都以入户抢劫论处,行为人就可能被判处十年以上有期徒刑、无期徒刑或者死刑。这将使刑法规定的"入户抢劫"范围无限扩大,容易导致轻罪重判。为此,《意见》特别强调指出,"行为人不以实施抢劫等犯罪为目的进入他人住所,而是在户内临时起意实施抢劫的,不属于'入户抢劫'"。根据本案证据,被告人被儿子殴打后,为宣泄而同人饮酒、聊天,后入户实施强奸犯罪。现场勘验、检查笔录证实,现场并无搜寻、抢劫其他财物的情况,且在案证据证实被告人仅抢走了一对耳环,这说明被告人并非为图财而入户抢劫,因而不符合入户抢劫的目的要件要求。3.将入户同时作为强奸和抢劫的手段行为,是对同一行为的重复评价,也违反了主客观相一致的定罪原则。禁止对同一犯罪人的同一犯罪行为进行多次定罪或者处罚,是世界上大陆法系国家和英美法系国家的通行规则,也是我国刑法理论和实践中遵循的基本原则,目的是禁止对同一行为进行重复的刑法评价,保护被告人的权利,实现罪刑相当。本案被告人入户是实施强奸犯罪的手段行为,因而不能作为抢劫的手段行为再行评价,因为被告人入户并不是为了实施抢劫犯罪。如果将以强奸目的入户,在强奸过程中临时起意劫取财物的行为认定为"入户抢劫",则是对同一入户行为的重复评价,会导致将该入户行为分别认定为强奸和抢劫的手段。这不仅与禁止重复评价原则相左,也违反了主客观相一致的定罪原则。因为被告人入户不是为了实施抢劫犯罪,或者说,其入户时并不具有抢劫的主观故意,如果将入户强奸行为认定为"入户抢劫",则割裂了被告人的犯罪故意与危害行为的有机联系。综上,被告人以实施强奸犯罪为目的进入被害人住所,在强奸过程中临时起意劫取财物的行为,不应认定为"入户抢劫"。[参见第580号指导案例,虞正策强奸、抢劫案,载《刑事审判参考》总第70集(2009年第5集),第42～44页。撰稿:杨军]

▽虽造成被害人死亡结果,但死亡系被告人的暴力强奸行为所致,故不能认定为"抢劫致人死亡"

刑法本条第(五)项的规定,"抢劫致人死亡"的,应处十年以上有期徒刑、无期徒刑或者死刑。对该罪行规定如此严厉的刑罚,是为了体现法律对生命权的保护。基于此,只有当抢劫行为与被害人的死亡之间存在刑法上的因果关系,且被告人对被害人的死亡负有刑事责任时,才能认定为"抢劫致人死亡"。对于被告人先实施其他暴力犯罪,后又实施抢劫犯罪,被害人最终死亡的,要认真分析,仔细辨别。只有当被告人的抢劫行为导致被害人死亡的,才可以认定为"抢劫致人死亡";不能不加区别,只要出现被害人死亡后果的,就认定为"抢劫致人死亡"。本案发生的基本过程是,被告人入户采用暴力手段制服被害人后实施奸淫,并在强奸过程中劫走被害人的耳环,被害人最终死亡。这里就涉及被害人的死亡是强奸行为还是抢劫行为所致的问题。根据被告人供述,其在奸淫被害人的过程中,使用了被子蒙头、卡脖子、捂嘴等暴力手段;尸检报告也证实,被害人系生前因外力扼压颈部、口腔致机械性窒息死亡,其耳廓悬耳环处仅有浅表损伤。据此可以看出,被告人为实施强奸而实施的蒙头、扼颈、捂嘴等一系列行为,是导致被害人死亡的直接原因即被害人的死亡是暴力强奸行为直接导致的,而被告人在强奸过程中的劫财行为,只是从被害人的耳朵上强行扯下一对耳环,仅造成了被害人耳廓上的浅表损伤,这表明该劫财手段的暴力程度是轻微的。据此,被告人强行扯下被害人耳环的行为与被害人的死亡之间不存在刑法上的因果关系。事实上,如果没有被告人的暴力强奸行为,被害人是不会死亡的,即使被告人后来没有实施劫财行为,被害人同样会死亡;也就是说,被告人实施的抢劫行为,并非导致被害人死亡的原因,因而不符合"抢劫致人死亡"的成立要件。另外,"致使被害人死亡"作为强奸罪的加重处罚情节,法院在对被告人所犯强奸罪量刑时已充分考虑,若将该情节再认定"抢劫致人死亡",同样是对同一致死被害人行为的重复评价。[参见第580号指导案例,虞正策强奸、抢劫案,载《刑事审判参考》总第70集(2009年第5集),第44~45页。撰稿:杨军]

▽强行劫取他人车辆暂时使用,事后返还的,不宜认定为抢劫罪

为了准备绑架工具强行劫走了他人的汽车,允诺用后返还,且其事后确实返还了车辆,这一行为不构成抢劫罪。如果行为人主观上只是想暂时使用,没有占为已有的目的,则不能认定为抢劫罪。当然,这种主观的想法不能仅凭行为人的供述和辩解,而应结合客观方面综合分析认定。最高人民法院《解释》规定:"为盗窃其他财物,盗窃机动车辆当犯罪工具使用的,被盗机动车辆的价值计入盗窃数额;为实施其他犯罪盗窃机动车辆的,以盗窃罪和所实施的其他犯罪实行数罪并罚。为实施其他犯罪,偷开机动车辆当犯罪工具使用后,将偷开的机动车辆送回原处或者停放到原处附近,车辆未丢失的,按照其所实施的犯罪从重处罚。"这是针对盗窃问题的规定,但是通过这一规定,可以看出盗窃罪中的"非法占有"排除了暂时使用这种情况。而抢劫罪和盗窃罪在非法占有目的这一主观方面是一致的,可以做相同的理解,即强行劫取他人车辆暂时使用,事后返还的,不宜认定为抢劫罪。当然,如果在劫取车辆过程中使用暴力行为,构成其他犯罪的,可以以其他犯罪惩处。具体到本案,被害人白某某是一名"黑车"司机,二被告人以租车为名将白某某骗至偏僻的地方,然后采用暴力手段控制白某某,向其表明要借用该车,第二天办完事后会把车辆返还,如果白某某不同意,将对其施暴。白某某迫于无奈,交出了车钥匙,让二被告人将车开走。二被告人让白某某留下了联系方式,称次日中午前会通知白某某取车,然后将车开走。白某某车辆被劫走以后,随即报警。警方对此案立案侦查。二被告人在绑架行为未能实施后,将该车停在朝阳区酒仙桥一停车场,把车钥匙放在车旁隐蔽地方,然后打电话通知白某某取车,白某某按照电话指示的地方果然找到了自己的车辆,由此可以印证二被告人在主观上只是想强行借用被害人的车辆,而不是要非法占有被害人的车辆。二被告人对车辆没有非法占有的目的,故不应认定为抢劫罪。如果二被告人劫取被害人的车辆作为绑架罪的犯罪工具,也没打算返还车辆的,则其主观上就具有非法占有的目的,这种行为构成抢劫罪。此时,其抢劫汽车的行为属于绑架罪的预备行为,但是二者不属于牵连犯,也不属于吸收犯,应予并罚惩处。对此,最高人民法院《意见》规定:"为抢劫其他财物,劫取机动车辆当作犯罪工具或者逃跑工具使用的,被劫取机动车辆的价值计入抢劫数额;为实施抢劫以外的其他犯罪劫取机动车辆的,以抢劫罪和实施的其他犯罪实行数罪并罚。"这一规定,为处理此类问题提供了依据,当然这是以其劫取机动车辆的行为构成抢劫罪为前提的。[参见第570号指导案例,白宇良、肖益军绑架案,载《刑事审判参考》总第69集(2009年第4集),第54~56页。撰稿:臧德胜]

▽为保护抢劫得来的财物而当场对被害人实施暴力的,无须单独认定为故意伤害(或故意杀人)罪

被害人在被迫交出240元人民币后又欲夺回被劫财物而对被告人反击,此时被告人为保住犯罪所得赃款而实施的暴力伤害行为的处理需要从抢劫罪的犯罪构成分析。抢劫罪是一种典型的侵犯双重客体的犯罪,既侵犯人身权利又侵犯财产所有权,其中后者是主要客体。由抢劫罪双重犯罪客体的内部逻辑结构所决定,抢劫罪的客观行为也可以从逻辑上分解为双重行为——手段行为与目的行为:手段行为是侵犯人身的"暴力、胁迫或其他方法"的行为,目的行为是侵犯财产的非法夺财行为,二者呈现手段与目的的制约关系。因此,行为人在通过暴力、威胁手段劫得财物之后,再次对被害人实施暴力行为的,如果行为人是为了保护所劫得财物,其暴力伤害(或杀人)行为不是行为人的目的而是手段,根本目的仍在于非法占有财物,那么其当场实施的暴力行为尽管是在劫得财物之后,仍然属于抢劫犯罪的手段行为,无须单独定罪。反之,如果行为人在劫得财物之后,虽在当场实施暴力,但不是出于非法占有财物的目的,而是出于杀人灭口等其他目的的,则不属于抢劫犯罪的手段行为,应当单独认定为故意伤害(杀人)罪。本案虽然财物已经从被害人手中转移到被告人手中,但因被害人欲当场夺回被劫财物,犯罪过程并未就此结束,被告人的非法占有目的尚未实现。被告人为了保护其犯罪成果而当场使用暴力,该暴力行为具有非法占有财物的目的性,仍然属于抢劫犯罪手段行为的一部分不具有单独评价的意义,无须另行认定为故意伤害罪。[参见第581号指导案例,龚文彬等抢劫、贩卖毒品案,载《刑事审判参考》总第70集(2009年第5集),第51页。撰稿:聂昭伟]

▽抢劫罪适用死刑的政策把握

抢劫杀人不仅侵犯公民的财产权,还侵犯公民的人身权尤其是生命权。从起因上看,有相当比例的杀人案件起因于民间矛盾激化,如婚姻家庭矛盾、邻里纠纷等,故性质上不同于严重危害社会治安的犯罪,适用死刑需要慎重。而抢劫杀人不同,其目的是图财,除极少数案件有一定特殊性外,多数抢劫杀人行为均属于严重危害社会治安的犯罪,在死刑政策的把握上更要体现从严。同时,对于抢劫罪的处理也要注意贯彻宽严相济的刑事政策,即要根据案件具体情况区别对待,不能一味从严。对于犯罪危害程度相对较轻或者具有从宽处罚情节的抢劫案件,要依法从宽处理。例如,对于抢劫中没有造成被害人死亡或者严重残疾的,一般不适用死刑立即执行;对于犯罪后具有自首或者立功情节的,一般要体现政策,对于同时具有自首和重大立功表现的,则应当依法减轻或者免除处罚;对于共同犯罪中的从犯,或者主犯中罪责相对较轻的,一般不能判处死刑立即执行;对于作案时刚成年、到案后认罪态度好、被害人有所谅解的,一般也不判处死刑立即执行。[参见竹莹莹:《关于抢劫罪适用死刑的几个问题》,载《刑事审判参考》总第71集(2009年第6集),第189~190页。]

▽劫持被害人后,要求被害人以勒赎之外的名义联系家属汇款到指定账户取得钱款的行为,构成抢劫罪

我国1979年刑法没有规定绑架罪,当时对于以绑架人质的手段勒索财物的案件,一般按抢劫罪定罪处罚。1997年刑法在"侵犯公民人身权利、民主权利罪"一章中专门规定了绑架罪,对于前述行为当然不能再以抢劫罪处理。对于实践中发生的劫持被害人后,要求被害人以勒赎之外的名义联系家属汇款到指定账户取得钱款的行为,究竟是认定构成抢劫罪还是绑架罪,仍存在分歧意见。本案被告人张红亮伙同程要军、万水朋、陈西信劫持孔令臣后取得14万元的事实,就是适例。被告人张红亮等均是威胁被害人让其与亲属联系索要财物,并没有直接向被害人亲属发出威胁索要赎金,其行为符合抢劫罪当场施暴、当场取财的构成要件。主要理由是:1.我国刑法第二百三十九条将绑架罪的罪状规定为"以勒索财物为目的绑架他人的,或者绑架他人作为人质。"该罪状属于简单罪状,没有具体描述绑架罪的构成特征,因此,一些具体司法适用问题难以通过该罪状的文义分析寻找答案。绑架罪的主客观要件,要求既要劫持被绑架人,又要利用第三人对被绑架人的人身安全的顾虑而向第三人索要钱财。由被害人编造其他理由向第三人要钱,行为人未利用第三人对被害人安危的顾虑而向第三人索要钱财。

联系本案,虽然被害人的家属已感觉到被害人的人身安全可能受到威胁,但被告人向第三人勒索的主观意识和客观行为尚不明显,被害人是以炒股而非以赎身名义向家属要钱,因此,被告人的行为不符合绑架罪的构成特征。2. 刑事审判实践中,被告人控制被害人并通过被害人向其家属索要钱财的情形比较复杂:有的是通过被害人转达勒赎请求,以使被害人亲属确信其被控制的事实并增加威慑力量;有的是明确要求被害人不能暴露其被控制的事实,使被害人家属误以为其因正当事由需要钱财而提供;有的是笼统要求被害人向其家属索要钱财,至于被害人以何种名义向其家属索要钱财在所不问。对此,必须区别情况,区别对待。前两种情形的结论比较明确,以是否胁迫第三人为标准,如是胁迫第三人,则认定绑架罪,如不是,则认定抢劫罪。对于第三种情形,由于第三人对被告人是否胁迫被害人处于不确定状态,需要视被害人与第三人的沟通情况而具体认定:如果被害人告知第三人其人身被控制而要钱,则被告人构成绑架罪;如果被害人并未告知第三人其人身被控制,即使被害人家属感知,在无证据证实被告人有明确的胁迫第三人的主观犯意和客观行为的情形下,以抢劫罪定罪处罚。这样定罪,不会轻纵犯罪分子,而且较之以绑架罪定性更有利于做到罪刑相适应。3. 劫持被害人后通过被害人以其他理由要求其家属汇款到指定账户的行为,符合抢劫罪的构成要件。从抢劫罪的犯罪对象来讲,并不要求必须是本人财物,第三人包括被害人家属的钱财,也可以成为抢劫罪的对象。从取得财物的方式来看,只要汇款打入被告人指定账户,即应视为其行为既遂,而不应认为只有被告人从账户中取出钱款才应视为行为既遂。因此,被告人通过劫持被害人然后得到汇款,符合抢劫罪所要求的当场施暴、当场取得财物的要件。综上,关于被告人张红亮与同案被告程要军、万水朋、陈西信劫持被害人孔令臣后取得14万元的事实,一审、二审法院认定构成抢劫罪是正确的。[参见第637号指导案例,张红亮等抢劫、盗窃案,载《刑事审判参考》总第75集(2010年第4集),第54~57页。撰稿:牛克乾 郭彦东]

▽骗乘出租车欲到目的地抢劫因唯恐被发觉而在中途放弃的,应当认定为抢劫预备阶段的犯罪中止,该行为与随后抢劫另一被害人的行为系连续犯,应以抢劫罪一罪论处

第一,被告人夏某某伙同张某某乘出租车,并要求司机行驶至偏僻地点,确实属于确定抢劫目标并为抢劫创造条件的行为,符合刑法关于犯罪预备的规定。第二,将"乘坐出租车"的行为认定为"着手抢劫"有过早之嫌。"着手实施犯罪"意味着给法益已经带来急迫的危险,就抢劫罪而言,只有当犯罪行为人使被害人的人身或财产法益面临急迫的危险之时,才宜认定为"着手抢劫"。具体到抢劫出租车司机这一类型犯罪,"着手抢劫"的认定标准应与其他类型的抢劫犯罪一致,即以出租车司机的人身和财产法益所面临的危险是否具有急迫性来判断。如果犯罪行为人以抢劫为目的乘坐出租车,但还未采取任何暴力、胁迫手段,则法益所面临危险的急迫性并不明显。第三,一般人携带刀具乘坐出租车的行为,与本案在客观方面完全一致。前者显然无罪,若认定本案已经构成"着手实施抢劫",仅依据二被告人的主观故意而定罪,难免有主观定罪之嫌。所以,抢劫周某某的行为仍处于抢劫预备阶段。本案中,夏某某、张某某乘坐周某某的出租车行驶了一段路程,周某某拒绝前行至夏某某指定的偏僻地点,二被告人遂下车。以一般人的观点来看,在当时情况下二被告人仍有实施抢劫之可能性而自动放弃犯罪,均可认为二被告人构成犯罪中止。综上,夏某某、张某某抢劫周某某的行为构成抢劫预备阶段的中止。

对抢劫周某某的行为的处罚。对被告人夏某某、张某某抢劫周某某的行为不单独量刑。首先,抢劫系严重危害人身、财产安全的犯罪,即便是抢劫预备阶段中止,如果不是情节显著轻微,一般也应当处以刑罚。抢劫周某某的行为与随后抢劫徐某某的行为构成连续犯,以一罪处断。夏某某、张某某基于连续意图支配下的抢劫故意,在自愿放弃抢劫周某某后,又改为抢劫徐某某,符合连续犯的特征,也与相关司法解释关于抢劫罪的罪数规定一致。最高人民法院《意见》第三条规定:"对于'多次'的认定,应以行为人实施的每一次抢劫行为均已构成犯罪为前提,综合考虑犯罪故意的产生、犯罪行为实施的时间、地点等因素,客观分析、认定。对于行为人基于一个犯意实施犯罪的,如在同一地点同时对在场的多人实施抢劫的;或基于同一犯意在同一地点实施连续抢劫犯罪的,如在同一地点连续对途经此地的多人进行抢劫的;或在一次犯罪中对一栋居民楼房中的几户居民连续实施入户抢劫的,一般应认定为一次犯罪。"据此,对于同一犯意支配下时间和空间具有同一性或连续性的抢劫行为,宜认定为一次犯罪。本案中,夏某某、张某某根据事先预谋,先后乘坐周某某、徐某某的出租车实施抢劫,在时间上紧密相连,在空间上亦具有连续性。故夏某某、张某某抢劫周某某的行为应与抢劫徐某某的行为以一次抢劫犯罪处罚,不再单独定罪量刑,但抢劫周某某的行为在量刑时可作为一个从重处罚情节。[参见第643号指导案例,夏洪生抢劫、破坏电力设备案,载《刑事审判参考》总第76集(2010年第5集),第4~7页。撰稿:唐俊杰]

▽为非法占有他人财物排除障碍而杀人的,只定抢劫罪

在抢劫杀人犯罪中,处抢劫一罪还是抢劫、故意杀人两罪的关键区别在于,行为人是否基于一个抢劫故意,为非法占有他人财物排除障碍而杀人。如果是,则不论杀人行为是在抢劫财物之前、之时或之后,均定抢劫罪一罪;如果不是,则可能构成抢劫罪和故意杀人罪等数罪。最高人民法院《批复》亦体现了该种思路。本案中,从被告人夏某某抢劫刘某某的过程来看,夏某某产生抢劫犯意后,持刀威胁被害人,劫取财物,又捅刺被害人系连续发展行为,没有证据表明夏某某在抢劫犯意之外又另外产生了故意杀人的犯意。基于此,抢劫刘某某的行为构成抢劫罪一罪。[参见第643号指导案例,夏洪生抢劫、破坏电力设备案,载《刑事审判参考》总第76集(2010年第5集),第7~8页。撰稿:唐俊杰]

▽为逃匿而劫取但事后予以焚毁的机动车辆应当计入抢劫数额

在类似劫取机动车辆作为犯罪工具或逃跑工具的情形中,行为人以暴力、胁迫手段劫取机动车并不是出于法律上的"使用目的",而是作为实施其他犯罪的工具或用于犯罪后逃跑,一般用后即予毁弃,基本上不存在返还的可能。因此,可以认定行为人仍是以非法占有为目的控制和利用机动车辆,在客观上也侵害了被害人的财产法益。至于行为人毁弃机动车辆,属于"非法占有"之后的处分行为,并不阻碍"非法占有"的成立。因此,劫取机动车作为犯罪工具或逃跑工具亦成立抢劫罪,被劫取的机动车的价值应计入抢劫数额,这种处理符合相关司法解释的规定。最高人民法院《意见》第六条规定:"……为抢劫其他财物,劫取机动车辆当作犯罪工具或者逃跑工具使用的,被劫取机动车辆的价值计入抢劫数额……"依照此规定,本案中面包车的价值应当计入抢劫数额。[参见第643号指导案例,夏洪生抢劫、破坏电力设备案,载《刑事审判参考》总第76集(2010年第5集),第8~9页。撰稿:唐俊杰]

▽持刀捅刺被害人身体,劫取被害人财物的抢劫行为与被害人死亡结果之间具有刑法上的因果关系

我国对结果加重犯的规定在刑法分则的具体罪状中多以"致"或"造成"某种后果予以表述,如故意伤害致人重伤、死亡,组织他人偷越国边境造成被组织人重伤、死亡,非法行医造成就诊人死亡及本案所涉及的抢劫致人重伤、死亡等。行为人实施了基本犯罪,引起了可归责于行为人的加重结果,刑法就会规定比基本犯罪更重的法定刑。结果加重犯的构成,除了要具备基本犯罪行为和加重结果外,还要求有主观罪过、基本犯罪行为和加重结果间的因果关系。通常情况下,只要犯罪行为合乎规律地引起了危害结果的发生,即可认定行为与后果间有刑法上的因果关系。但对于结果加重犯中,犯罪行为与危害后果间有其他因素介入时,如何判断行为与结果间的因果关系以及确定行为人的刑事责任则是一个难题。我国刑法本条第五项规定:"抢劫致人死亡的,处十年以上有期徒刑、无期徒刑或死刑。"本案中被害人的死亡是否因被告人的抢劫行为而致死,即被害人的死亡与被告人的抢劫行为之间具有刑法上的因果关系。刑法关于结果加重犯的罪状描述中的"致"必须达到招引、引来、招致的程度。换言之,这种程度应达到主要原因才能成立。另外,在结果加重犯的抢劫罪中,致人死亡是抢劫这个基本犯罪所引起的加重结果,关于致人死亡与抢劫犯罪之间的因果关系,客观上要求抢劫犯罪必须具有引起加重结果发生的内在危险;主观上要求行为人对死亡结果至少具有过失,也可以是故意。本案被告人以非法占有为目的,采用持刀捅刺被害人身体的手段劫取被害人财物,其行为已构成抢劫的基本犯罪。

被害人在被害前身体无异常情况,被害后左侧总静脉、动脉等部位出现锐器创口,均属被告人抢劫行为所致,抢劫行为和死亡结果之间成立"致"的关系,抢劫行为是被害人死亡的先行行为,两者之间存在因果关系,符合抢劫致人死亡的因果关系,被告人应对被害人的死亡结果承担刑事责任。[参见第685号指导案例,郭永明等绑架案,载《刑事审判参考》总第79集(2011年第2集),第43~44页。撰稿:赵善芹]

▽医院抢救中的失误没有中断刑法上的因果关系

刑法上的因果关系从形式上可以分为简单因果关系、复杂因果关系、中断的因果关系三种。简单因果关系,是指一危害行为直接而合乎规律地引起一个或几个危害结果的发生。复杂因果关系,是指两个或两个以上的危害行为共同作用或先后衔接产生一个或几个危害结果。所谓中断的因果关系,是指某种危害行为引起或正在引起某种危害结果,在因果关系的发展过程中,介入了另一原因,如介入了第三者的行为、被害人自身的行为或特殊自然事实等其他因素,从而切断了原来的因果关系,行为人只对另一原因介入前的情形负责,介入原因引起的最后结果与前因行为之间没有因果关系。成立中断的因果关系,必须具备以下条件:其一,须有另一原因的介入;其二,介入原因须为异常原因,即通常情况下不会介入的某种行为或自然力;其三,中途介入的原因须合乎规律地引起最后结果的发生。其具体判断标准为:一是先前行为对结果发生所起的作用大小。作用大,则先前行为与结果有因果关系,反之则无。二是介入因素的异常性大小。过于异常,则先前行为与结果无因果关系,反之则有。三是介入因素本身对结果发生所起的作用大小。作用大,则先前行为与结果无因果关系,反之则有。如甲持生锈刀具刺伤乙的手指,案发后不久公安机关即对乙作出鉴定,认定其伤势为轻微伤。但由于乙缺乏基本常识,未对破伤风情况作出有效预防,最终发生破伤风引发死亡。对此,我们断不会说要认定甲是故意伤害致死。又如,甲握拳击伤乙致其脾脏破裂,法医鉴定乙构成重伤,法院最终以甲故意伤害致人重伤对其处刑。但事隔两年后,乙因始终无法康复并引发其他并发症,导致死亡。我们也不会因此将甲重新送上法庭,判定他当初的伤害行为是故意伤害致人死亡,从而改变量刑。上述两个案例均显示被害人自身的行为对结果发生的作用力较前行为大,故阻断了前行为与死亡结果的因果关系。而本案所讨论的医院救治中的失误则属于上述的介入因素,故必须考察被告人抢劫这一先前行为与介入因素——医疗行为对于被害人死亡的结果各自作用的大小、医疗行为异常性大小。本案经法医鉴定,被害人系左侧总静脉破裂致失血性休克导致死亡,从该结论可以看出,被害人的死因是因左侧总静脉破裂,而左侧总静脉破裂是由被告人所捅刺。从本案尸体鉴定结论看,被害人颈部、胸腹部等要害部位均有刺创,损伤部位共有十余处,肺、左侧总动脉、左侧总静脉均被被告人用刀刺破裂,根据《人体重伤鉴定标准》已构成多处重伤,说明被害人已被严重刺伤,所受损伤已严重危及被害人的生命。在本案的因果关系中,被告人实施的行为本身就具有足以造成危害结果产生的效力,至少是被害人死亡的主要原因;医院救治中的失误,并没有使抢劫行的效果缓和或超越替代了抢劫行为而引起结果发生。在被告人行为引起被害人死亡结果发生的可能性较大而医院抢救行为对结果发生的影响力并非主要的情况下,医院的抢救行为并不能中断被告人的抢劫行为与被害人死亡结果之间的因果关系。另外,有必要注意法医鉴定意见的个别用语,鉴定意见中通常会有以下不同的表述"被害人某某系因……"或者"被害人某某符合","系因"与"符合"所代表的含义是有所区别的。"系因"指的是结论肯定,有较充分的事实依据。"符合"指的是结论不能完全肯定或排他,运用了一定推断的方法,但有证据辅助可以推断出结论。所以,在审查鉴定意见时,要对此多加注意。综上,医院的抢救行为并未切断被告人的抢劫行为与被害人死亡结果之间的因果关系,被害人左侧总静脉的破裂不是医院的抢救行为造成的,而是被告人持刀捅刺形成的,是被告人的行为直接导致了被害人的死亡。[参见第685号指导案例,郭永明等绑架案,载《刑事审判参考》总第79集(2011年第2集),第44~46页。撰稿:赵善芹]

▽医院在抢救过程中虽存在失误之处,但不足以影响对被告人的量刑

被害人因左侧总静脉破裂死亡,而此破裂口是被告人在抢劫中持刀刺击所形成的,不是医院抢救行为形成的,医院的救治行为没有增加被害人死亡的诱因,不承担被害人死亡的责任。而被告人的持刀刺击行为是致被害人死亡的直接原因,即导致被害人死亡的决定性因素。虽然医院在抢救时没有发现,也未缝合被害人左侧总静脉创口,存在失误,但被害人死亡的结果并非抢救措施不当所致,医疗机构的这种失误非明显失误,不足以断绝捅刺行为与被害人死亡之间的因果关系,从而不能影响到对被告人的量刑。一般情况下,在被告人行为引起危害结果发生的可能性大而介入因素对危害结果发生的影响力较小的情况下,可以考虑从轻或减轻被告人的刑事责任。但本案中被告人预谋抢劫,选择在居民区作案,且尾随被害人到家门口实施抢劫,为排除被害人反抗,持类似杀猪刀样式的刀具攻击被害人胸、腹、背部等要害部位十余刀,行为没有节制,手段特别残忍,主观恶性极深。主观上放任被害人死亡结果的发生,具有非法剥夺被害人生命的故意。尽管医院在抢救过程中存在失误之处,但这种失误并非明显失误,且可能存在于一切抢救过程中,唯有此,《医疗事故处理条例》第三十三条第一、二款才明确将此类失误排除在医疗事故情形之外。由此而论本案医疗机构的失误没有中断被告人的抢劫行为与被害人死亡结果之间的因果关系,不足以影响对被告人的量刑,法院以抢劫致人死亡判处其死刑立即执行,体现了罪责刑相适应原则。[参见第 685 号指导案例,郭永明等绑架案,载《刑事审判参考》总第 79 集(2011 年第 2 集),第 46 ~48 页。撰稿:赵善芹]

▽“吊模宰客”行为如何确定具体罪名

“吊模宰客”,是指一些地方形容不法分子以各种名目诱骗游客到酒吧、咖啡厅、KTV、美容院等场所消费、购物,通过抬高消费金额等手段谋取高额利润,“吊模”则从消费金额中抽取一定比例的违法犯罪活动。“吊模宰客”行为虽有基本套路,但无固定模式,实践中对“吊模宰客”行为认定罪名不一。被告人采用何种手段,往往视被害人反应而变化。能以风险较低的手段达到目的,就无须冒更高的风险。能哄则哄,哄骗不成则恶语相向、小敲小打,最后大打出手,直至钱财到手。“吊模宰客”的具体行为止步于不同的阶段,则所对应的罪名也会不同。不能千篇一律地用一个罪名去套所有的“吊模宰客”犯罪,要严格根据查明的事实来分析行为特征以及与相关犯罪构成要件的契合度。根据行为暴力升级的发展态势,“吊模宰客”行为一般涉及下列犯罪:1. 诈骗罪。非暴力的“吊模宰客”行为对应的往往是诈骗罪。在此阶段,行为人采用各种欺骗手段,不具有暴力或威胁,这是其定性的关键行为特征。如安排女青年主动搭识男性被害人后,约至餐厅、酒吧消费,虚开高价,使被害人受到蒙蔽后支付钱财。被害人在此过程中未受到人身威胁,仅是财产权益受到侵害。行为人的诈骗金额达到数额较大的,可以认定构成诈骗罪。2. 强迫交易罪。从事正常经营的单位或个人,为增加盈利,采用“吊模宰客”的手段拉生意,为促成交易使用较轻暴力、胁迫手段,强买强卖,如果其经营行为是基本正常的、稳定的,行为人追求和获取的经济利益主要源于商业经营活动,基本符合商业利润的发生规律,仅为获取更高经营利润而为之,情节严重的可以认定构成强迫交易罪。其关键特征是具有实际的商业经营活动和经营行为,其刑事责任的根据在于被告人采用了侵害人身权利和市场秩序的交易手段。3. 敲诈勒索罪、抢劫罪。与强迫交易罪相比,敲诈勒索罪和抢劫罪具有非法占有财物的故意,行为人并非从事正常经营,而是以经营活动为幌子或诱饵,追求的主要不是商业利润,而是商业利润环节之外的他人财产,并且是通过暴力或威胁取得。如果行为人使用的是非暴力的胁迫,或者是非当场兑现的暴力胁迫,则构成敲诈勒索罪。如果行为人以当场实施暴力相威胁或者直接实施暴力而劫取财物,则构成抢劫罪。[参见第 730 号指导案例,陈惠忠等抢劫案,载《刑事审判参考》总第 82 集(2011 年第 5 集),第 52 ~53 页。撰稿:凌鸿]

▽“吊模宰客“中当场实施暴力,并当场取得钱财行为构成抢劫罪

1. 本案不构成强迫交易罪。强迫交易罪,是指以暴力、威胁手段强买强卖商品,强迫他人提供服务或者强迫他人接受服务,情节严重的行为。强迫交易罪侵害的犯罪客体是正常的市场商品交易秩序。行为人采取暴力、威胁手段的目的在于迫使消费者接受其商品或服务,从而获取经营利益,主观上不具有非法占有他人钱财的故意。最高人民法院《意见》第九条专门就经营活动中强迫交易罪与抢劫罪的区别作了规定。实践中,主要可结合两点加以区分:一是行为人是否从事正常的经营活动;二是行为人是否为了获取基本合理的对价。本案陈某某等人利用经营幌子索取被害人钱财,被害人接受异性服务的费用是单独与陈炜和卖淫女结算,并已实际结清。陈某某等人开出的账单项目绝大部分不是被害人实际消费,而是虚构的,账单金额更是根据对被害人经济实力的判断虚开的。由此表明,陈某某等人显然不具有正常经营的性质,其"吊模宰客"行为不是为了获取基本合理的对价,而是为了非法占有被害人钱财。因此,被告人的行为不构成强迫交易罪。2. 本案不构成敲诈勒索罪。抢劫罪和敲诈勒索罪在理论上的区分是比较清楚的,二者主要有两点实质的区别:一是抢劫罪的主要行为方式是实施暴力。如果是威胁,则此威胁也是当场兑现暴力的威胁。抢劫罪的暴力是直接针对被害人发出的。而敲诈勒索的行为方式主要是要挟,包括将要针对被害人或其亲友实施暴力、揭露隐私、毁坏财物等,而迫使被害人因顾虑可能发生的人身、财产损害而交付钱财。二是抢劫罪实施暴力(或威胁当场兑现暴力)和取得财产这两个行为都是当场实施的,简单说要符合"两个当场"。而敲诈勒索罪如果是通过实施较重的暴力敲诈勒索钱财,则暴力与取财不能都是当场。如果当场取得财物,则不能是当场实施暴力,而应当是威胁将来实施暴力,否则就是抢劫;如果当场实施暴力,则取财行为一般是之后,否则也是抢劫。本案陈某某等人在犯罪过程中同时实施了以握有嫖娼把柄相威胁以及多人围堵、殴打的行为,表面上似乎符合敲诈勒索罪的构成特征,但综合案发环境、被害人反应等因素分析,陈某某等人采用的暴力手段已经当场对被害人人身造成了伤害。被害人被多人围在较为封闭的空间内无法脱身,一有反抗或不配合即遭殴打,人身安全及行动自由均遭到严重侵害,处于现实的危险中。被害人客观上处于无力反抗的状态,主观上处于不得不从的心理劣势。在此情况下,被害人迫不得已刷卡支付"消费费用",脱身后又立即报警。这说明被害人被迫交付钱财主要是急于摆脱正在遭受的人身危险,并非顾虑接受异性服务的负面影响。综上,本案陈某某等人的行为系当场实施暴力,并当场取得钱财,符合抢劫罪的罪质特征,应认定构成抢劫罪。[参见第730号指导案例,陈惠忠等抢劫案,载《刑事审判参考》总第82集(2011年第5集),第53~54页。撰稿:凌鸿]

▽以借钱为名劫取财物使用后归还并付利息的行为,构成抢劫罪

(一)三被告人具有非法占有目的。第一,从犯罪动机分析。在犯罪预备阶段,蔡某某、赵某为了获取巨额钱款去澳门从事赌博活动,商议以竞标为由去湖南省汝城县向被害人胡某某"借款",并作了具体分工,准备了枪支等作案工具,租赁房屋作为关押被害人的场所。可见,蔡某某等人明知胡某某不会同意"借款",从一开始就是以"借"为名实现非法占有的目的。第二,从是否具有归还借款的意愿分析。蔡某某和赵某此前在澳门赌博已经输了几千万元,根本没有归还巨额借款的经济能力。蔡某某等人明知赌博是高风险的行为,且本身就是非法行为,还以通过不法手段获取的汇票在澳门换作筹码从事赌博活动,其对最终不能归还借款已有心理预期,只是如果侥幸赌博赢利就归还借款并偿付利息。第三,从犯罪形态分析。最后归还"借款"并偿付利息只是犯罪既遂后的行为,不能因为蔡某某等人事后归还"借款"并偿付利息而否定三被告人此前的暴力占有他人财物及非法占有的目的。经由上述分析,应当认定蔡等三被告人主观上具有非法占有目的。

(二)三被告人的行为构成抢劫罪,不构成绑架罪、强迫交易罪。蔡某某等三被告人强行将被害人从湖南省汝城县带到江西省南昌市早已准备好的出租屋内,以借钱为名,采用暴力威胁手段,逼迫被害人以帮他人借钱竞标为由打电话向亲友筹集银行承兑汇票11张(价值2000万元),并指示其公司员工熊某某将汇票交给蔡某某。蔡某某等三被告人的行为已经构成抢劫罪。蔡某某持汇票前往澳门赌博,虽然赢利后将汇票返还被害人并偿付利息,然后将其释放,但这些行为属于抢劫既遂后的后续行为,不影响对蔡某某等三被告人行为的定性。具体理由如下:第一,本案三被告人不构成强迫交易罪。强迫交易罪与抢劫罪的区别之一,就是被告人主观上是否具有非法占有目的。强迫交易罪在主观方面只是为了达成交易,谋取不法利益;而抢劫罪在主观方面要求具有非法占有目的。如前所述,本案三被告人主观上具有非法占有目的,而不是追求表面上与被害人达成交易。第二,本案三被告人的行为不构成绑架罪。绑架罪是以暴力、胁迫或者其他方法劫持他人,而后利用第三人对被绑架人人身安危的担心和顾虑,逼迫第三人交付财物或者满足其提出其他非法要求。而抢劫罪则是当场使用暴力、胁迫或者其他方法,迫使被害人当场交付财物。抢劫罪与绑架罪最本质的区别在于,抢劫罪未利用第三人对被劫持者人身安危的担心和顾虑。本案被害人胡某某以帮他人借钱竞标为由打电话向亲友筹集价值 2000 万元的银行承兑汇票,被害人亲友并不知道被害人已被他人劫持,因此,不符合绑架罪的构成特征。

综上所述,以借钱为名,通过暴力手段劫取财物使用后归还并偿付利息的行为,应当以抢劫罪定罪处罚。值得指出的是,被告人事后归还抢劫财物并偿付利息的行为,作为犯罪既遂后"恢复原状"、减轻或避免被害人更大损失的行为,可作为酌定量刑情节予以考虑。一审、二审法院认定蔡某某等三被告人的行为构成抢劫罪并在无期徒刑以下裁量刑罚的判决是正确的。[参见第 749 号指导案例,蔡苏卫等抢劫案,载《刑事审判参考》总第 84 集(2012 年第 1 集),第 35 ~37 页。撰稿:林勇康 黄卫民]

▽行为人在赌博完毕后返回赌博现场抢走数额明显超出所输赌资的行为构成抢劫罪

对赌博完毕后返回赌博现场抢走赌资行为的定性,应当重点审查以下两个方面的要素:一是时空条件。最高人民法院《意见》第七条规定的仅以其所输赌资或者所赢赌债作为抢劫对象的行为,应当发生在赌博现场。《意见》之所以规定抢劫所输赌资或者所赢赌债行为不构成抢劫罪,是基于抢回所输赌资或者所赢赌债行为的主观故意内容不符合抢劫罪的主观特征。抢回所输赌资或者所赢赌债的行为人对所输赌资或者所赢赌债的权属性质存在模糊认识,而实施抢劫的行为人对于他人财物的权属性质认识很明确。如果在其他场所(非赌博现场),行为人单独或者纠集他人实施抢回所输赌资或者所赢赌债行为的,其主观故意与一般的抢劫罪主观故意无异,应当构成抢劫罪。值得注意的是,对赌博现场的理解,与犯罪现场一样,要适度作扩大解释,不能严格从文义角度作限制理解。如果时间上、空间上具有一定的接续性、邻接性,如行为人仅离开半小时就返回赌博场所,或者仅离开赌博房间不远,在宾馆同层走廊或者大堂处,实施抢回所输赌资或者所赢赌债的行为,也应认定为在赌博现场实施的行为。基于这一思路,本案被告人虽然是在赌博完毕离开后返回原赌博房间实施抢劫,但仍应当认定其行为发生在赌博现场。二是数额条件。即抢取财物没有明显超出自己所输赌资或者所赢赌债的范围。在司法实践中,不能强求行为人在慌乱之中抢回的数额刚好与自己所输赌资或者所赢赌债的数额相等。然而,也不能将所抢数额与所输赌资或者所赢赌债数额的差距无限放大,即在所抢数额明显超出自己所输赌资或者所赢赌债数额时,也不以抢劫罪论处。本案被告人所输赌资为 200 余元,但其指使李某等人持水果刀、木棒返回到新越招待所 303 房(赌博现场)抢走陈某某现金 1350 元和三星牌 S8300 型手机一部,所抢现金数额明显超出其所输赌资,所抢手机更不属于其所输赌资。上述事实体现出被告人具有非法明显的占有他人财物的主观故意,其行为不适用《意见》关于赌博者抢回所输赌资的相关规定,应当以抢劫罪论处。[参见第 793 号指导案例,张超抢劫案,载《刑事审判参考》总第 87 集(2012 年第 4 集),第 33 ~35 页。撰稿:刘芹伶]

▽行为人未停止暴力侵害的情况下,即使是被害人的介入行为直接导致其人身伤害后果,也不完全中断行为人的暴力侵害行为与人身伤害后果之间的因果关系,行为人应当对伤害后果承担刑事责任

与民事领域的因果关系相比,刑法上的因果关系更窄,是指在一定的条件下,行为合乎规律地引起危害结果发生的关系。一方面,作为原因的实行行为,必然具有引起危害结果发生的实在可能性,即作为原因的危害行为,一定包含着引起某种结果发生的根据和内容;另一方面,作为原因的实行行为,必须合乎规律地引起危害结果。刑法上的因果关系是特定条件下一种不以人的意志为转移的客观联系。由于因果关系的复杂性,现实中存在多因一果、一因多果等复杂情形。在因果关系的发展进程中,如果介入了第三方因素，如被害人行为，则应当在进一步考察行为人的行为是否合乎规律地引发犯罪结果的发生、介入因素与行为人的行为的关联程度、介入因素是否异常以及对结果发生的原因力大小等基础上，综合判断行为人的行为与危害结果之间是否存在刑法上的因果关系。在具体案件中，一般将行为人的行为与介入因素之间的关联依照紧密程度大小依次排列为必然、经常、偶然、无关等情形，行为与结果在刑法上的因果关系也依照上述次序而递减。在抢劫、强奸等暴力犯罪中，行为人实施的暴力行为通常会引起被害人的反抗或者逃离行为。本案被害人唐某作为一名女性，独自面对身体素质远强于自己的刘某，在刘某不停地穿插对其实施一系列殴打、强奸等暴力行为的情况下，其跳楼逃离的行为符合常识、常情。唐某在刘某已将房门反锁的情况下为躲避侵害只有跳楼逃跑一条途径。换言之，在此情况下，刘某的暴力侵害行为与唐某的介入行为（跳楼逃离行为）之间存在必然关联性，由此造成的被害人重伤后果与刘某的暴力行为之间存在必然、直接的联系，刘某的暴力行为能够合乎规律地引发唐某的跳楼逃跑行为，唐某的跳楼逃离行为未中断刘某的暴力行为与唐某重伤后果之间刑法上的因果关系。因此，刘某应当对唐某逃离过程中造成的重伤结果承担刑事责任。[参见第814号指导案例，刘某抢劫、强奸案，载《刑事审判参考》总第89集(2012年第6集)，第40~42页。撰稿：武胜]

▽穿插实施多种多次暴力行为致使被害人人身伤害后果的，如果多种多次暴力行为分别构成不同犯罪的，可将该伤害后果在各犯罪构成中分别予以评价，不属于禁止重复评价情形

被告人刘某一直未停止对被害人唐某实施暴力行为，其实施的两次强奸行为是在其实施抢劫行为期间穿插实施的，故行为人穿插实施的多种多次暴力行为对被害人的身心影响是相互叠加的，即整体上刘某的暴力侵害行为既是劫取唐某财物的手段，也是其强奸唐某的手段。从正常人的心理分析，唐某跳楼逃离既是为了避免性侵害也是为了避免劫取财物的侵害。基于这一视角分析，本案属于多因一果情形，唐某的重伤后果与刘某的抢劫行为、强奸行为都有刑法上的因果关系，将重伤后果在抢劫罪、强奸罪中分别予以评价，不属于禁止重复评价情形。如果仅将重伤后果在抢劫罪中评价，不但忽视了强奸行为对重伤后果的影响，而且与事实相悖，因为在唐某已写下欠条的情况下让一般人更有理由相信唐某跳楼逃离主要是为了避免性的侵害。基于这一常识、常情、常理判断，根据刑法第二百三十六条第三款第五项的规定，对刘某应当在十年以上有期徒刑的法定刑幅度内量刑；同理，如果仅将重伤后果在强奸罪中评价，则又忽视了抢劫行为对重伤后果的影响，在重伤后果既成事实的情况下，将刘某的抢劫犯罪行为认定为未遂，与最高人民法院《意见》的精神不符。根据《意见》的相关规定，抢劫罪侵犯的是复杂客体，即同时侵犯了财产权利和人身权利，只要具备劫取财物或者造成他人轻伤以上后果情形之一的，均应当认定为抢劫罪既遂。本案刘某所实施的抢劫行为虽未劫得财物，但其手段行为造成了唐某的重伤后果。因此，应当认定刘某所犯抢劫罪为既遂形态。综上，某市中级人民法院认定被告人刘某构成抢劫罪、强奸罪，并将被害人唐某的重伤后果在抢劫罪、强奸罪中分别予以评价，是妥当的。当然，鉴于多种暴力行为毕竟只造成了一个伤害后果，在对被告人实行数罪并罚决定执行刑罚时，应当尽可能根据罪责刑相适应原则把握罪刑的整体平衡。[参见第814号指导案例，刘某抢劫、强奸案，载《刑事审判参考》总第89集(2012年第6集)，第42~43页。撰稿：武胜]

▽提供配好的钥匙给同伙，让同伙入室抢劫共同居住人的，行为人与同伙均构成入户抢劫

首先，对于“户”的理解，根据相关规范性文件的规定，入户抢劫的认定主要考虑两个方面：一是入户目的的非法性，即进入他人住所须以实施抢劫等犯罪为目的；二是暴力或者暴力胁迫行为必须发生在户内。本案被告人尹某某与李某某事先预谋抢劫，李某某进入屋内捆绑被害人李静，并暴力胁迫劫取户内钱财。很显然，李某某入户目的的非法性暴露无遗，暴力胁迫行为也发生在户内，且对被害人而言，非同住人李某某以抢劫等犯罪目的入户对另一同住人实施抢劫，后者家庭生活安全性、私密性以及住宅不受侵犯的权利均被实际侵害。这种侵害并不因同住人尹某某的参与而削减。因此，李某某的行为应当认定为属于入户抢劫。其次，在共同犯罪中，共同犯罪人应当对不超出其共同犯意的犯罪后果承担共同的刑事责任,同住人与其他非同住人共同预谋入户对其他同住人实施抢劫,对共同造成的侵犯他人家庭生活安全性、私密性的加重后果均应当承担刑事责任。至于同住人是带领他人入户还是帮助他人入户,只是具体行为方式的不同,不影响入户抢劫的认定。因此,二被告人都应当认定为入户抢劫,尹某某也应当对入户抢劫的加重后果承担刑事责任。[参见第815号指导案例,尹志刚、李龙云抢劫案,载《刑事审判参考》总第89集(2012年第6集),第46~47页。撰稿:吴小军　万兵]

▽实施抢劫过程中伪造部分代为保管的钱款被抢,并将部分代为保管的钱款据为己有,应当认定为抢劫

李某某抢劫被害人后,继而伪造尹某某(与被害人同住的被告人)被抢的现场,将王某某委托尹某某代为保管的57 000元中的19 000元现金劫走逃离,余款38 000元被尹某某据为己有。对该行为应当构成抢劫罪。具体理由如下:第一,从行为对象分析,尹某某、李某某二人预谋抢劫时已经将王某某的该笔57 000元作为主要劫取对象。该57 000元钱虽为尹某某所保管,但所有权仍属王某某,该钱款对于尹某某、李某某来说是"他人财产"。二人通过抢劫与王某某同住的被害人以及伪造抢劫尹某某的假象的方式将王某某的钱款据为己有,系一个整体的抢劫行为,抢劫的对象包括被害人的财物和王某某委托尹某某代为保管的钱款。第二,从行为方式分析,被告人不是单纯的拒不归还代为保管的他人财物,而是通过实际实施里应外合的抢劫行为,将预先要劫取的代为保管的财物非法据为己有。正如里应外合的盗窃不影响盗窃罪的成立一样,里应外合的抢劫也不会因作案过程中存在一定的造假、配合行为而改变抢劫行为的性质。尹某某与李某某经预谋后对被害人实施了抢劫,在抢劫过程中相互配合,最终取得尹某某所保管的王某某的57 000元,二人的造假行为系扩大抢劫"战果"的附属行为。第三,从财产可能性分析,该57 000元被劫取时系在财产所有权人王某某及共同居住人尹某某、被害人的共同占有或者管理下。本案在定性上产生分歧,主要源于对57 000元处于何人占有的状态存在不同的理解。一般而言,财物所有权人亦是占有人,二者是重合的,但随着社会经济的发展,财物在流转过程中可能产生占有权与所有权的分离。对共同居住情形下财物占有、控制的认定,应当结合居住空间的私有性和整体性两方面进行考量:首先,各居住人基于财物所有权及生活空间的私密性,当然地占有各自生活空间内的财物。其次,由于共同居住空间的统一性,其对外是作为单一空间被整体评价,根据人们对于整体性空间安全的一般性认识,各共同居住人(无论寄住人还是共同承租人)均被视为整体空间财物的看管人。在某共同居住人离开空间时,其财物既处于财物所有权人的控制、支配之下,也处于空间内的其他共同居住人的看管下,在空间内其他共同居住人为多人的情况下,相互之间为共同看管关系,而非排斥性独占,除非财物所有权人在离开时作出明确交代。简言之,在共同居住人外出情况下,其财物实际处于双重占有、控制之下:一是本人基于财物所有权而当然占有和控制着财物;二是根据一般的空间安全观念,其他共同居住人亦被认为是财物看管人,对财物具有临时的控制力。如果有人(包括共同居住人)采用暴力、胁迫等手段当场劫取其他共同居住人的财物,符合抢劫罪的犯罪构成,应当认定构成抢劫罪,而无论被抢财物的所有权人是否在场。本案被害人、尹某某寄住在王某某承租的房屋中,三人形成共同居住关系。王某某起初委托尹某某将57 000元带回共同居住处,尹某某因该委托而成为该钱款的临时占有人,且属排除所有权人王某某本人的单独占有。尹某某将钱款带回共同居住处后,虽还没有进行相关交付,但王某某作为所有权和房屋的承租人对该钱款已恢复一定程度的占有状态,该笔钱款已不再处于尹某某的单独占有之下。同时,被害人、尹某某作为共同居住人,二人在王某某不在场时,不仅对室内其他财物,且对该57 000元钱款,均具有共同看管责任。尹某某和李某某基于非法占有王某某57 000元钱财的目的,相互配合,使用暴力手段控制王某某财物看管人之一的被害人之后,将被害人的财物及其房屋内尹某某身上所带王某某所有的57 000元钱款非法占为己有,该行为系"使用暴力劫取他人财物",符合抢劫罪的行为特征。同时,由于二被告人系当着财产保管人的面取得财产,而非"秘密窃取他人财物",故不构成盗窃罪;二被告人所劫得的钱款亦非完全处于尹某某代管之下，故亦不符合侵占罪的构成特征。[参见第815号指导案例，尹志刚、李龙云抢劫案，载《刑事审判参考》总第89集(2012年第6集)，第47～49页。撰稿：吴小军　万兵]

▽在高速公路上持刀抢劫出租车司机，被害人下车呼救时被其他车辆撞死，应认定被告人的抢劫行为与被害人的死亡后果之间存在刑法上的因果关系，属于“抢劫致人死亡”的情形

(一)被告人主观上对被害人死亡结果的发生具有现实预见性。根据罪责刑相适应的刑法原则，对于“抢劫致人死亡”这一结果加重犯的认定，首先必须要求行为人对该死亡结果的发生存在主观过错，即要求行为人对被害人的死亡结果具有预见可能性，以行为人“应当和可能预见被害人死亡的结果”为限，对于没有预见可能性而发生被害人死亡的加重结果的，不能将加重结果的罪责归于行为人，只能将其作为一种量刑情节加以考虑。本案被告人选择在夜晚的全封闭高速公路这一特定时间、特定地点持刀抢劫，并且已经用事先准备的水果刀刺伤了被害人，被告人应当预见到被害人极有可能会下车呼救，对被害人下车呼救时可能因慌不择路不遵守交通规则，而被高速公路上高速行驶的来往车辆撞死存在预见可能性。(二)被告人的抢劫行为是被害人下车呼救最终被车撞死的直接原因。本案被告人采用刀具威胁、掐脖子等手段实施抢劫行为，不仅实际造成了被害人右侧肩部一处5厘米的创口，且对被害人的精神形成了巨大的威胁。也就是说，暴力抢劫行为已经对被害人造成实际的身体伤害和精神威胁，在这一特定的时空环境下，被告人的暴力抢劫行为是迫使被害人出于本能而选择仓皇逃生并积极呼救的唯一外在因素。被告人与被害人几乎同时下车，被害人下车呼救时不法侵害并未结束，被害人尚未脱离被告人的控制领域，此时被害人由于被告人的抢劫行为而慌乱无措，被害人跑上快车道呼救实属别无选择。法律不能过分苛求被害人在面临重大而紧迫的生命威胁面前仍保持足够的理性与镇定，以谨慎选择其他更好的处置方案。没有被告人的暴力劫取财物行为，被害人就不会慌不择路地逃向快车道。所以，被告人的抢劫行为与被害人仓皇逃离行为之间具有直接的因果关系。(三)被害人被路过车辆撞击致死不能中断被告人抢劫行为与该死亡结果之间的因果关系。刑法上的因果关系是考察犯罪构成的重要内容之一，只有行为和结果之间具备了刑法上的因果关系，行为才具备被认定为刑事犯罪的可能性。如果行为和结果之间没有引起与被引起的关系，只是时间或者其他情形下的巧合偶遇，则不能将该行为评价为引起该危害结果的原因，进而认定为犯罪。抢劫致人死亡，包括故意杀死被害人，也包括因过失致被害人死亡。无论是故意致人死亡，还是过失致人死亡，抢劫行为与死亡结果之间都必须具有这种引起与被引起的关系，如果二者间不具有引起与被引起的关系，就不能将该结果评价为抢劫的加重结果，否则就是客观归责。虽然本案中被害人的死亡是由路过的其他车辆撞击所致，但是，根据刑法因果关系中断的理论，其他车辆撞死被害人这一外在因素的介入，并不能中断被告人抢劫与发生被害人死亡结果之间的因果关系。因为判断因果关系是否中断，关键要认定介入的原因是否属于异常原因，如果介入的原因属于通常的介入因素，则不能中断因果关系的发展。本案被害人在夜深人静的高速公路上突然遭受暴力抢劫受伤，且被告人的暴力威胁还在继续，尽快脱离危险境地是人的本能反应，其本身并无过错；虽是夜晚，但高速路上车流量仍很大，过往车辆司机也无法预料会突然有人闯入快车道；司机本身无过错，其驾车行为属于通常的介入因素。如果没有被告人的抢劫行为，被害人的死亡结果便不可能发生。所以，被告人的抢劫行为与被害人的死亡结果之间具有引起与被引起的关系，即过路车辆撞死被害人并不能中断被告人抢劫与死亡结果之间的因果关系，被害人死亡应认定系抢劫的结果。综上，法院结合对犯罪时间、犯罪地点以及犯罪手段等多重因素的综合分析，认定被告人的抢劫行为与被害人的死亡后果之间存在因果关系，并依法适用“抢劫致人死亡”的判决是正确的。[参见第818号指导案例，徐伟抢劫案，载《刑事审判参考》总第89集(2012年第6集)，第64～67页。撰稿：孙海燕]

▽进入卖淫女出租房嫖宿后实施抢劫不属于“入户抢劫”

根据最高人民法院《解释》和《意见》的相关规定，认定“入户抢劫”，行为必须具备两个要件。(一)卖淫女从事卖淫活动时其出租房对卖淫对象而言不属于“户”。“户”的构成需同时具备场所和功能两方面特征。换言之,“户”既要具备与外界相对隔离,具有一定的封闭性的场所特征,也要具备供家庭生活起居使用的功能特征。卖淫女在从事卖淫活动时,其出租房所承载的功能性质表现为卖淫活动场所;卖淫女在不从事卖淫活动时,其出租房所承载的功能性质表现为家居生活住所。该出租房表现为卖淫活动场所和家居生活住所的双重功能特征,在一定条件下两个特征可以相互转化。当没有嫖客进入出租房时,该出租房供卖淫女进行日常生活起居之用,同时具有相对封闭性和私密性,应当被认定为刑法意义上的“户”。相反,当卖淫女决定在该出租房内接纳嫖客时,该出租房实际承载的功能便转化为淫乱牟利的场所。此时,该出租房虽然具有“户”的场所特征,但不具有户的功能特征。(二)本案被告人进入卖淫女出租房具有非法性对于“入户抢劫”的认定是否限定为行为人入户之前就必须有实施抢劫的故意。现实生活中,入户包括合法入户和违法入户。违法入户抢劫的情况比较简单,构成入户抢劫也没有疑问,如破门而入、冒充军警人员入户、用欺骗等手段入户等。因其入户不合法,无论其入户目的是否是抢劫,只要入户后实施了抢劫犯罪,均应当认定为“入户抢劫”。合法入户后,因为某种原因而进行抢劫,是否构成“入户抢劫”,情况比较复杂。对合法入户后因为某种原因而实施抢劫的,对其入户非法性的认定不能一概而论,需要进一步区分两种情况:一种情况是入户前或者入户时就有抢劫犯罪动机的,即以合法形式掩盖非法目的,此种情况下即使是合法入户也应当认定具有入户的非法性。如利用债务关系、利用亲属关系、利用水电等物业管理维修人员身份作掩护有预谋地实施“入户抢劫”等情形。对于这些行为,行为人在入户时已具有抢劫犯意,虽然其入户行为得到主人的邀请或者许可,且是以平和的方式入户,但这是由于其以合法形式掩盖了非法目的,主人的邀请或者许可是受蒙骗而作出的非真实的意思表示。入户作为其犯罪行为的步骤之一,一开始就具有欺骗性和非法性。因此,以欺骗方式“合法”入户只是刑法上的手段行为,应当认定具有“入户”的非法性。另一种情况是合法入户时没有抢劫犯罪动机,临时起意抢劫,即以合法行为开始,以犯罪行为告终的,这种情况不宜认定为“入户抢劫”,如讨债不成激愤抢劫,以及亲属之间临时起意抢劫的,应当按照一般抢劫犯罪处理。值得注意的是,在合法入户的情况下,行为人一般为亲属、朋友、房屋设施维修人员等,审查合法入户的被告人事前有无抢劫动机比较复杂,要结合入户原因、犯罪预备、抢劫手段和数额等因素,综合认定。本案被告人在入户之前既有嫖娼的故意,也有抢劫的故意。被告人以嫖娼的方式,诱使卖淫女带其到出租房内。被告人的行为与上述以合法形式掩盖非法目的的情形相似(被告人的嫖宿行为本身就是违法的,但“入户抢劫”中的非法性是指侵入的非法性)。被告人的嫖宿故意与其以平和方式进入出租房存在因果关系,其以平和方式入户与抢劫行为存在手段和目的关系。因此,被告人具有入户目的的非法性。综上所述,本案被告人虽然具有入户目的的非法性、暴力发生在户内两个要件,但是由于卖淫女的出租房在犯罪时不属于刑法意义上的“户”,因此,不属于“入户抢劫”。[参见第844号指导案例,黄卫松抢劫案,载《刑事审判参考》总第91集(2013年第2集),第26~29页。撰稿:王永兴]

▽行为人从户外追赶被害人进入户内后实施抢劫的行为,应当认定为“入户抢劫”

“入户抢劫”的基本结构为:入户前持有非法的入户目的—入户行为—户内以暴力或者暴力胁迫行为实施抢劫或者转化型抢劫。换言之,只有先后满足上述三个条件,才能构成“入户抢劫”加重情节。

(一)行为人以实施抢劫为目的进入他人住所符合“入户”目的的非法性。抢劫行为虽然发生在户内,但行为人不以实施抢劫等犯罪为目的进入他人住所,而是在户内临时起意实施抢劫的,不属于入户抢劫。“入户”应当以实施犯罪为目的,即行为人进入他人住所的目的及后续行为应当达到刑罚处罚的程度。(1)2005年最高人民法院《意见》明确规定进入他人住所须以实施抢劫等犯罪为目的。其中的“等”字便说明“入户”的目的不局限于抢劫犯罪一种,这是文义解释的应有之义。(2)如以其他非法目的,如讨要赌债进入他人住宅而临时起意实施抢劫,尽管抢劫行为也发生在户内,客观上也侵犯了他人的住宅权利以及人身、财产权利,但该行为表现出的行为人的主观恶性与人身危险性,尚难以成为适用

“入户抢劫”在十年以上有期徒刑、无期徒刑或者死刑量刑的理由。换言之,若对任何持非法目的进入被害者家中实施抢劫的行为,均认定为“入户抢劫”并适用十年以上有期徒刑、无期徒刑或者死刑,必然会导致量刑畸重,有违罪责刑相适应原则。因此,将“入户抢劫”的目的扩大理解为“入户”的“非法性”,明显扩大了“入户抢劫”的范围,容易造成罚不当罪的情况。(3)就体系解释的角度而言,限定“入户”目的达到犯罪的程度,而又不局限于抢劫一种情形,与《意见》关于“入户盗窃”转化为“入户抢劫”的规定精神保持一致。本案被告人在户外持刀威胁被害人劫取财物,见被害人吴某逃跑后,遂将吴某追赶至吴某家中,并继续采用捂嘴、持刀划伤吴某等暴力手段实施抢劫。这些事实足以表明被告人在“入户”前已经对吴某实施了抢劫,在吴某躲进家中后仍尾随其后,继续在室内实施抢劫,因此,其“入户”目的应当认定为实施抢劫。

(二)行为人实施了“入户”行为。根据《意见》的规定,“户”的特征应当从功能和场所两个方面进行认定。(1)“户”的功能应当限定为居住和家庭生活用,因此排除具有营利性质的住所,如旅店、宾馆等。(2)“户”在物理性质上应当是与外界相对隔离的场所,这也是家庭生活隐蔽性、私密性所要求的。因此,临时搭建的工棚等不应认定为户。当然,在特定情况下,如果确实具有上述两个特征的,也可以认定为“户”。如搭建在鱼池边上供看鱼人白天休息夜晚居住用的鱼棚。本案行为人虽然以实施抢劫为目的,进入的是被害人租用、供其家庭生活的出租房屋,但从功能特征、场所特征来看,完全符合“户”的特征,应当认定为“户”。“入”的判断应当从客观和主观两个方面进行。客观方面,所谓“入”,现代汉语词典中解释为“进去”或者“进来”,与“出”相对,作为一个动词,“入”在时间上应当为一个点。由于刑法不仅处罚犯罪既遂、未遂行为,而且处罚预备行为,所以,广义的行为概念既包含实行行为,也包含预备行为。换言之,无论是在犯罪预备阶段还是犯罪着手实行阶段,行为人以实施抢劫等犯罪为目的进入他人住所,均应当认定为“入户”。实践中,抢劫这一犯罪过程从着手实施,到最终犯罪实施完毕,持续的时间可能从几小时到几天。例如,犯罪分子在外地抢劫被害人,后又劫持被害人至其家中继续实施抢劫。又如,犯罪分子入户实施抢劫中,使用劫得的信用卡外出取钱。主观方面,“入”户必须是未经被害人同意的,是一种未经许可的进入行为。从刑事政策的角度分析,“入户”的判断应当采取严格解释,强调入户与抢劫之间的关联关系,只有入户时具有非法目的才符合“入户抢劫”的主观要件。因为刑法之所以将“入户抢劫”单独列出来,作为加重情节规定更为严重的刑罚,主要是因为“入户抢劫”不仅侵犯了公民的人身和财产安全,而且侵犯了公民的住宅安全。申言之,“入户抢劫”是非法侵入他人住宅与抢劫他人财物两种违法犯罪行为的结合。“入户”行为本身已具有独立的社会危害性,且这种危害与抢劫的危害相结合,使其具有了较户外抢劫更大的社会危害性,因而应当得到法律的加重处罚。本案被告人追赶吴某进入其日常生活的出租屋。主观上没有得到吴某的同意而进入,客观上实施了进入“户”内行为,且“入户”是为了实施抢劫行为,完全符合“入户”的法律特征。

(三)行为人在户内实施了暴力抢劫行为。“入户抢劫”的强制性手段应当以发生在户内为必要。法律规范意义上的行为与日常生活中单个的动作有别,刑法上的行为一般由多个动作组成,如持枪杀人,不是仅指扣扳机一个单一的动作。抢劫行为从着手实施,到最终犯罪实施完毕的整个过程,包括多个动作,如手持工具的动作、言语威胁的动作、追赶被害人的动作等。这些动作可能发生在不同的场合,如有的在户外、有的在户内。“入户抢劫”中“在户内实施暴力或者暴力胁迫行为”,不应机械地理解为整个抢劫行为在户内开始实施并在户内结束,否则将大大缩小对“入户抢劫”犯罪的打击面,甚至为一些不法分子规避法律提供了“挡箭牌”。根据相关法律对住宅权利特殊保护规定的精神,对“在户内实施暴力或者暴力胁迫行为”不应做过于严格的解释,即只要行为人的抢劫暴力行为有一部分发生在户内,就应当认定为“入户抢劫”。本案被告人携带工具从户外开始对吴某实施抢劫,并追赶吴某到户内,在户内继续实施暴力行为,符合在户内实施暴力行为的要件,应当认定为“户内实施暴力抢劫行为”。综上,本案被告人以抢劫为目的,从户外追赶被害人吴某进入户内后实施暴力抢劫的行为,应当认定为“入户抢劫”。[参见第846号指导案例,刘长庚抢劫案,载《刑事审判参考》总第91集(2013年第2集),第39~42页。撰稿:徐振华　徐海宏　王星光]

▽在拖欠被害人钱款情况下,以暴力、胁迫手段逼迫被害人写下收条的行为,应当认定为抢劫罪

1. 抢劫罪的侵害对象既包括财物,也包括财产性利益。对本案被告人的行为能否认定为抢劫罪,关键要看财产性利益是否属于抢劫罪的犯罪对象。我国现行刑法中并没有直接规定侵犯财产罪的犯罪对象包括财产性利益,也没有单独设立利益罪,但是,刑法理论界普遍的观点认为,财产性利益可以作为财产犯罪的对象。随着社会交易方式、财产形态的日渐多样化,作为刑法中的财产犯罪的对象,“财产”概念的内涵和外延也呈现逐渐扩张趋势。财产既包括有形的财物,也包括各种财产性利益。加强对财产性利益的法律保护,是市场经济发展的必然要求。我国刑法第五章规定的侵犯财产罪,对相关罪名的罪状表述多采用“财物”这一概念,如“以暴力、胁迫或者其他方法抢劫公私财物的”,构成抢劫罪。单从文义来看,相关罪状表述似乎将财产犯罪的对象限定为有形的“财物”,但是,财产性利益具有财产价值,可以转化为现金或者其他财物,因此,从对财产权的法益保护角度来看,此处所谓的“财物”,不仅包括有形的“财物”,也应当包括以其他形式存在的财产性利益。抢劫有形财物与抢劫财产性利益所侵害的对象都是财产,如仅因财产的表现形式不同就加以区别对待,显然是不公平的。此外,“侵犯财产罪”这一类罪的表述,已经明确将“财产”作为该类犯罪侵害的对象,广义的财产显然包括财产性利益。鉴于此,将抢劫罪罪状中的“财物”理解为包括有形财物之外的财产性利益,不属类推解释,不违反罪刑法定原则。本案中,被告人刁某某等人以暴力、胁迫手段逼迫被害人彭某某书写75万元收条,侵犯的就是彭某某的财产性利益。

2. 被告人刁某某等人当场使用暴力、胁迫手段,致使被害人不能反抗或者不敢反抗,符合抢劫罪的犯罪构成。对被告人刁某某以暴力、胁迫手段逼迫被害人彭某某书写75万元收条的行为定性,应当认定为抢劫罪。被告人刁某某在拖欠被害人彭某某钱款的情况下,指使艾宇刚等人在封闭的包厢内殴打彭某某,李凯凯在旁持刀威胁,彭某某在孤立无援,被多人围困、殴打的情况下,迫不得已写下“已经收到刁某某购买高山选矿厂所欠75万元”的收条。这种暴力行为已经足以压制彭某某的反抗,使其不敢、不能反抗,其暴力程度显然已超出敲诈勒索罪的轻微暴力程度,因此,以抢劫罪定罪处罚是妥当的。[参见第1063号指导案例,刁海珠抢劫案,载《刑事审判参考》总第102集(2015年第1集),第57~58页。撰稿:杜曦明　张向东　陶松兵]

▽以暴力、胁迫手段逼迫被害人写下收条的行为,属于抢劫既遂

一般认为,犯罪行为构成既遂,通常是以该行为满足某一罪名的全部犯罪构成要件为依据。抢劫罪侵犯的是复杂客体,从对财产权的侵犯角度来看,认定抢劫罪既遂与否一般应以行为人是否实际控制了他人财产为标准。本案被告人刁某某上诉提出,即便认定为抢劫罪,也应认定为犯罪中止,而非未遂,更不应认定为既遂。也有意见认为,被告人刁某某等人的行为属于抢劫未遂,理由是:刁某某等人拿到的仅仅是一张收条,该收条违背了民法的意思自治原则,按照合同法等相关规定,该行为属于无效或可变更、可撤销的行为,彭某某可以向法院提起诉讼,请求撤销。换言之,75万元收条是否存在都不能消除彭某某的合法债权,彭某某仍可以凭原有的欠条向刁某某主张民事权利。被告人刁某某等人以暴力、胁迫手段逼迫彭某某书写75万元的收条,进而消灭债务的犯罪行为,属于抢劫既遂。主要理由如下:第一,被告人刁某某通过强迫彭某某书写75万元的收条,已经实现了非法占有75万元的犯罪目的。从表面上看,刁某某等人的暴力行为没有获取实实在在的财物,仅拿到了一张收条。收条本身虽不是有形财物,但却是双方债权债务消灭的主要证明凭证,刁某某拿到彭某某书写的收条,彭某某就难以再向刁某某主张原有的75万元债权。对刁某某而言,其拖欠彭某某75万元,实际上等同于事先占有了该笔款项,但这种占有是以刁某某、彭某某二人的债权债务关系为前提条件的,即刁某某负有向彭某某归还该75万元的义务。刁某某之所以逼迫彭某某书写收条,目的就是消除双方的债权债务关系,消除彭某某日后行使返还该款项请求权的可能性,彻底占有其事先占有的75万元,不再归还。在刁某某拿到彭某某收条的那一刻起,就已经实现了犯罪目的,原来由刁某某占有的75万元就变为了"非法占有",故应当属于犯罪既遂。第二,以财产性利益为犯罪对象的抢劫案件,应当以财产性权益是否在客观上受到实际侵害作为判断既遂和未遂的标准。本案在犯罪既遂和未遂的问题上产生争议,主要是由于抢劫对象特殊,并非实实在在的75万元现金,而是能够体现消除75万元债权的收条。实际上,即使在以有形财物作为犯罪对象的抢劫犯罪中,被害人对被抢财物的所有权也没有丧失,只是丧失了占有而已,对此,显然不能以被害人可以通过提起民事诉讼主张自己对被抢财物的所有权为由认定本案情形属于犯罪未遂。此外,即使彭某某提起民事诉讼,是否能够胜诉,也并不确定。因此,不能以被害人可以通过民事诉讼等方式获得救济为由认定本案情形属于犯罪未遂。从对财产权的侵犯角度来看,对于以有形财物作为抢劫对象的案件,被害人拥有财产权的主要方式就是对财物的占有,一旦被害人因犯罪行为丧失对财物的占有,其财产权就遭到了实际侵害,对此类案件,应当以行为人是否实际劫取财物作为判断既遂和未遂的标准。对于以财产性利益作为抢劫对象的案件,被害人的财产权并不直接体现为对有形财物的实际占有,而是体现为各种财产权利义务关系,如果因犯罪行为改变了原有的财产权利关系,导致被害人丧失了财产性利益,被害人的财产权就遭到了实际侵害,对此类案件,应当以行为人是否改变了原有的财产权利关系作为判断既遂和未遂的标准。本案被告人刁某某等人以暴力、胁迫手段迫使彭某某书写75万元的收条,改变了原有的财产权利关系,导致彭某某丧失75万元的债权,应当认定为抢劫犯罪既遂。公安机关及时侦破本案,恢复原有的财产权利关系,就如同公安机关追回被抢财物返回给被害人一样,属于事后行为,可以在量刑时予以考虑,但并不影响抢劫既遂的认定。[参见第1063号指导案例,刁海珠抢劫案,载《刑事审判参考》总第102集(2015年第1集),第59~60页。撰稿:杜曦明　张向东　陶松兵]

▽在抢劫案件中,无人居住的待租房屋能否认定为"户",被告人的行为不构成"入户抢劫"

(一)"入户抢劫"中的"户"应同时具备场所特征和功能特征。"入户抢劫"是抢劫罪的加重情节之一,认定是否构成"入户抢劫",关键问题是对"户"字的理解。"户"指居民住宅(包括住室和宅院),不包括其他场所。理由是:(1)按词典的解释,"户"指"人家",即私人住宅之意。"户"与"室"是不同的概念。立法者规定"入户抢劫"而不规定"入室抢劫",显然是取"户"字的严格意义,不能随意扩大。当然,住宅不仅指固定于土地上的供人居住的建筑,还应包括以船为家的渔民捕鱼和住用的船只,牧民居住用的帐篷等。并且,入户不仅指进入住室,有私人院落的进入院落,即为入户。(2)侵入居民住宅抢劫,侵犯了公民"家"的私密性和安全性,其罪行的危害性明显重于普通抢劫。因为居民住宅的安全关系到每个公民的生活安全。特别是许多家庭都有常年居家的老弱妇幼及病残人员,一旦遭入户抢劫,不但因处在封闭条件下孤立无援,而且会使左邻右舍惊恐不安。因此,立法者突出重点,对侵入私人住宅抢劫的行为予以更严厉的打击,是必要的和适当的。最高人民法院2000年公布的《关于审理抢劫案件具体应用法律若干问题的解释》和2005年印发的《关于审理抢劫、抢夺刑事案件适用法律若干问题的意见》(本附文以下简称《两抢意见》)均对"户"的范围有过明确规定。《两抢意见》进一步明确了"户"的范围。据此,"入户抢劫"中的"户",其本质特征表现为"供他人家庭生活的与外界相对隔离的住所",其中"与外界相对隔离"是"户"的场所特征,"供他人家庭生活"是"户"的功能特征,二者应同时具备,缺一不可。

(二)本案作案地点待租房屋不具有"户"的功能特征,不能认定为"户"。被告人伙同他人在待租房屋对被害人王某某实施抢劫,是否构成"入户抢劫",关键在于能否将该房屋认定为"户"。如果该待租房屋不属于"户",自然"入户抢劫"无从谈起;反之,如果待租房屋可以认定为"户",则被告人的行为构成"入户抢劫"这一加重处罚情节。该待租房屋能否认定为"户",要结合前述"户"的两个基本特征来确定。本案被告人伙同他人作案的房屋是与外界相对隔离的房屋,具备场所特征。该房屋虽系待租,却是封闭的,需要王某某拿钥匙开启方能进入,显然是与外界相对隔离的,故符合“户”的场所特征。但该房屋不具备“户”的功能特征。该房屋既不是供受害人王某某本人或者其家人生活居住使用的,也不是有他人正在居住使用的房屋,而是等待他人租住的房屋,被告人作案时无人在此居住,因此不具有“户”的功能特征。抢劫犯罪中的“入户抢劫”之所以成为加重处罚情节之一,是因“入户抢劫”不仅侵犯了公民的财产权利和人身权利,同时还侵犯了公民的住宅安宁、正常生活。只有在有人居住生活的房屋内抢劫,才可能侵犯公民的住宅和生活安宁,这种抢劫行为才具有一般抢劫行为所不具有的特殊社会危害性,才能作为加重处罚情节,判处十年以上有期徒刑的重刑。如果行为人在无人居住生活的房屋内抢劫,其行为不会对他人的住宅和生活安宁造成任何侵害,该种抢劫行为与一般抢劫行为的社会危害性无异,自然不能认定为“入户抢劫”。综上,判断是否为“入户抢劫”,必须同时考察“户”的功能特征和场所特征,一审法院认定为“入户抢劫”不当,二审法院改判是正确的。[参见第1180号指导案例,韦猛抢劫案,载《刑事审判参考》总第109集,第3~5页。撰稿:张剑]

▽因访友等原因经户内人员允许入户后,临时起意实施盗窃,因被发现而当场实施暴力或者以暴力相威胁的,不能认定为“入户抢劫”

关于“入户”的目的问题,最高人民法院2000年公布的《关于审理抢劫案件具体应用法律若干问题的解释》和2005年印发的《关于审理抢劫、抢夺刑事案件适用法律若干问题的意见》(本附文以下简称《两抢意见》)均有过规定。鉴于司法实践中对“入户”目的与“入户抢劫”的关系等方面仍存在一定争议,《两抢意见》又明确了“认定入户抢劫”应当注意的三个问题,其中之一就是“入户“目的的非法性。《两抢意见》规定:“进入他人住所须以实施抢劫等犯罪为目的。抢劫行为虽然发生在户内,但行为人不以实施抢劫等犯罪为目的进入他人住所,而是在户内临时起意实施抢劫的,不属于‘入户抢劫’。”但是,对于那些为了实施诈骗、抢夺财物而进入他人住宅,因被揭穿和制止而当场使用暴力或者以暴力相威胁,是否亦应认定为“入户抢劫”,仍有待厘清。2016年最高人民法院新颁布的《关于审理抢劫刑事案件适用法律若干问题的指导意见》(本附文以下简称《抢劫指导意见》)对入户目的的非法性作了进一步明确。《抢劫指导意见》规定:“认定‘入户抢劫’,要注重审查行为人‘入户’的目的,将‘入户抢劫’与‘在户内抢劫’区别开来。以侵害户内人员的人身、财产为目的,入户后实施抢劫,包括入户实施盗窃、诈骗等犯罪而转化为抢劫的,应当认定为‘入户抢劫’。因访友办事等原因经户内人员允许入户后,临时起意实施抢劫,或者临时起意实施盗窃、诈骗等犯罪而转化为抢劫的,不应认定为入户抢劫。”这一规定改变了《两抢意见》将“入户抢劫”中的“入户”目的限定于抢劫等犯罪目的的规定,将其扩大为“以侵害户内人员的人身、财产为目的”。换言之,即使不以犯罪为目的,而只是出于一般违法目的,只要是“以侵害户内人员的人身、财产为目的”而入户,而后实施抢劫的,均可认定为“入户抢劫”。这样规定,更有利于有力地保护公民的住宅安全,更严厉地打击入户抢劫犯罪。

行为人既然具有非法占有他人财物的目的,并且敢于入户实施,表现了很大的贪婪性,也对公民居住场所的安全构成严重威胁,因此,因被发现而当场实施暴力或者以暴力相威胁,对其以“入户抢劫”论处,是合理的。既然如此,作为入户发生的转化型抢劫的前提行为,就不应当只限于入户盗窃,而是应当包括入户诈骗、抢夺。至于出于其他合法的或者不是以侵害户内人员的人身、财产为目的(如赌博、卖淫嫖娼等)的进入他人住宅,临时起意当场实施抢劫行为,一般不能认定为“入户抢劫”。综上所述,本案因无证据证实被告人的入户具有对户内人员的人身、财产的侵害目的,故不宜认定为“入户抢劫”,原审法院作出的判决是合适的。(参见第1181号指导案例,秦红抢劫案,载《刑事审判参考》总第109集,第7~9页。撰稿:张剑)

▽抢劫犯罪中的“抢劫致人死亡”的具体认定

“抢劫致人死亡”的认定需要注意以下两个问题:(一)明确“抢劫致人死亡”的含义。“抢劫致人死亡”是指行为人实施抢劫时,因其抢劫行为致被害人死亡。“抢劫致人死亡”的主观内容既包括故意杀害被害人，又包括过失致被害人死亡。刑法此处之所以规定为“致人死亡”，而不是“杀害被害人”，是因为本条款规定的是结果加重犯。通常认为，在结果加重犯中，行为人对结果的产生主观上包括故意和过失的内容，就故意而言，既包括直接故意，也包括间接故意。也就是说，“抢劫致人死亡”，既包括直接故意杀人致人死亡，也包括为抢财物不顾他人死活的间接故意杀人，还包括在抢劫过程中过失致人死亡。之所以作出这样的解释是基于两个方面的原因：一是无论行为人主观上是直接故意、间接故意还是过失，所造成的死亡结果都是抢劫暴力犯罪的结果之一，是抢劫罪的组成部分。二是行为人实施抢劫暴力行为是为了排除妨碍，针对的是他人的身体，即健康或生命权利，但在抢劫犯罪的实施过程中很难对暴力行为进行性质或层次上的区分。如就行为性质而言，一般难以区分是直接故意杀人，还是间接故意杀人；是间接故意杀人，还是故意伤害致人死亡。只有当实际危害结果发生以后，才能确定其暴力所造成的危害程度，即致人轻伤、重伤抑或死亡。如果在实施抢劫财物的过程中，因使用暴力，如殴打、伤害、捆绑、禁闭等而致人死亡的，均应认定为“抢劫致人死亡”。本案被告人入户后先持菜刀在被害人手上砍了一刀，接着在被害人衣服上划了几下，然后朝被害人头部砍了一刀，用胶带捆绑被害人的手腕、脚腕和双腿，并说“你不要叫了，我就图你点钱”。其的上述暴力行为有所节制，既没有明显的追求被害人死亡的直接故意，亦不存在放任被害人死亡的间接故意。但如前所述，只要发生了致人死亡的结果，且这种结果与抢劫行为之间具有因果关系，就应当认定为“抢劫致人死亡”。（二）正确界定抢劫行为与抢劫对象死亡结果之间的因果关系。在抢劫案件中，行为人直接对被害人实施伤害、杀害行为，造成被害人死亡的，二者当然存在因果关系。但对于行为人没有直接对被害人实施伤害、杀害行为，而被害人死亡的。此种情形下，抢劫行为与被害人死亡结果之间必须具备因果关系不中断的条件，即在抢劫对象的死亡与抢劫犯罪行为人的行为有刑法上的因果关系的情况下，才能认定“抢劫致人死亡”情节成立。这也是认定“抢劫致人死亡”的关键。刑法上的因果关系是指危害行为与危害结果之间引起与被引起的合乎规律的联系。在“抢劫致人死亡”情节的认定中，抢劫行为与被害人死亡结果之间的因果关系应不限于直接、必然因果关系，也包括间接、偶然因果关系，即“抢劫致人死亡”中的“致”是招致、引起（后果）的意思，而非限于直接造成。“抢劫致人死亡”，既可以解释为抢劫行为造成被害人死亡，也可以解释为因抢劫而招致被害人死亡。在抢劫中杀害或伤害被害人的，抢劫行为与死亡结果之间具有直接、必然因果关系，毫无疑问构成“抢劫致人死亡”。在抢劫过程中介入其他因素导致被害人死亡的，虽然被害人死亡由多种因素造成，但只要抢劫行为与被害人死亡之间的因果关系没有中断，仍然可以认定为抢劫致人死亡。例如，在抢劫过程中，被害人为逃跑而跌入河流淹死或者穿过马路被车轧死的，应当认定为“抢劫致人死亡”。反之，在抢劫行为发生后，由于其他因素的介入导致被害人死亡，抢劫行为与死亡结果之间的因果关系中断的，则不应认定为“抢劫致人死亡”。如被害人被抢劫后，离开现场，在回家路上因车祸而死亡，或者被害人回家后因被抢劫而自杀的，都因因果关系的中断，而不能认定为“抢劫致人死亡”。

因果关系是一种特定条件下的客观联系，不能离开客观条件认定因果关系，因此，在认定抢劫行为与被害人死亡结果之间的因果关系时必须紧密结合案件实际情况。在行为人的抢劫行为介入了其他因素时，要根据具体情况综合判断抢劫行为与被害人死亡结果之间的关系，具体应当考察以下四个方面的因素：(1)抢劫暴力行为导致结果发生的可能性大小；(2)介入因素的异常性大小；(3)介入因素对结果发生作用的大小；(4)介入因素是否属于行为人的作用范围。在抢劫行为实施中介入了被害人某些行为，进而导致死亡结果的发生时，应根据案件具体情况判断被害人实施的行为是否具有通常性，如果抢劫行为的实施导致被害人不得不或者在通常情况下会实施介入行为，则该介入行为对抢劫行为与被害人死亡结果之间的因果关系没有影响；如果被害人的介入行为属于通常情况下不会实施的行为，即异常行为，该行为对死亡结果又起到决定性作用，则抢劫行为与被害人死亡结果之间的因果关系中断。本案被告人为劫取财物先殴打被害人，继而捆绑被害人的手腕、脚腕和双腿，而后将被害人放置于二楼卧室的床上,并再次捆绑被害人的手脚。被害人为避免自己及家人的人身、财产遭受不法侵害而爬至二楼窗户呼救,因被告人在楼下翻找财物又不敢大声呼喊,且由于双手、双脚均被捆绑只能把头伸出窗外小声呼救,从而导致坠楼身亡。根据本案的具体情况,被害人所实施的呼救行为属于通常情况下一般人都会实施的行为,或者说是在案发当时被害人不得不实施的行为,该介入行为并非异常行为,不能中断抢劫行为与被害人死亡结果之间的因果关系。因此,被害人的死亡与被告人的抢劫行为之间仍然存在因果关系,应当认定郭建良具有"抢劫致人死亡"的情节。此外,虽然被告人在抢劫过程中,行为有所节制,没有直接实施杀害被害人的行为,但考虑其系有预谋实施抢劫犯罪,具有"入户抢劫……抢劫致人死亡"的严重情节,且具有两次财产犯罪前科,第一次亦为抢劫犯罪,第二次故意犯罪系刑满释放后不到一年半的时间内重新犯罪,系累犯,应依法从重处罚,综合考虑可对其判处死刑。(参见第1183号指导案例,郭建良抢劫案,载《刑事审判参考》总第109集,第18~21页。撰稿:罗勋　杨华)

▽抢劫罪中"冒充军警人员抢劫"的认定

对于"冒充军警人员抢劫"的含义应当从严格意义上进行理解,作出一定程度的限缩解释,主要理由如下:

第一,符合刑法解释学的基本原理。从刑法解释学的角度来看,对一个法律条文中并列规定的几项内容,应进行同类解释。刑法本条规定的八种加重处罚情节,应认为它们在社会危害性上具有同质性。抢劫罪保护的是公私财产所有权和公民人身权双重客体,客体受到侵害的程度越严重,行为人所应得到的惩罚也就越重。抢劫罪的八种加重处罚情节中,"抢劫致人重伤、死亡"和"抢劫数额巨大"直接体现出对客体侵害的严重程度,具有相当大的社会危害性,必须依法严惩。根据同类解释规则,其他六种加重处罚情节的社会危害性也应与其大体相当。但现实中,其他六种加重情节的字面含义过于宽泛,有些行为虽表面上符合情节加重犯的构成要件,但社会危害性确实不大,因此,有必要进行限制解释,缩小其含义。例如,对"在公共交通工具上抢劫",司法解释就设置了两个要件:一是要求是正在运营中的机动公共交通工具;二是要求针对旅客、司售、乘务人员实施抢劫。

第二,符合立法目的。从立法目的来看,将"冒充军警人员抢劫"作为加重处罚情节,主要是考虑到这种行为严重损坏了军警的形象和声誉,出于对军警良好形象的维护而作出该项规定。但并非所有的冒充行为都能真正达到冒充效果,以致对军人和警察的形象造成损害。有时行为人的拙劣"演出"当场就被识破,被害人根本不相信行为人冒充的军警身份,更不用说通过"冒充"对被害人形成精神强制,行为人在冒充手段失败后,只能依靠暴力实现其犯罪目的。在这种情形下,冒充行为在整个抢劫犯罪实施过程中没有起到实质的促进作用,冒充行为也未造成军警形象、声誉的损害,如果一概认定为"冒充军警人员抢劫",显然与立法本意不符。

第三,符合罪责刑相适应的刑法原则。刑法设定"冒充军警人员抢劫"这一法定加重处罚情节,并设置十年有期徒刑以上的重刑,表明该行为的社会危害性较普通抢劫犯罪更为严重。冒充军警人员抢劫的行为除了造成军警形象、声誉的损害外,也使被害人在误认为对方是军警人员的情况下,降低防备意识,不敢反抗,或者失去了反抗的最佳时机,因而该种抢劫行为相较于普通抢劫表现出更大的社会危害性。如果行为人"冒充"军警人员的行为根本不会使人认为其是军警人员,那么这种抢劫行为与一般抢劫行为的社会危害性并无差别,再以"冒充军警人员抢劫"加重处罚,判处十年以上有期徒刑就使量刑畸重,罪刑不相适应。正是基于上述理由,2016年1月6日《抢劫指导意见》明确规定,认定"冒充军警人员抢劫",要注重对行为人是否穿着军警制服、携带枪支、是否出示军警证件等情节进行综合审查,判断是否足以使他人误以为是军警人员。对于行为人仅穿着类似军警的服装或仅以言语宣称系军警人员但未携带枪支、也未出示军警证件而实施抢劫的,要结合抢劫地点、时间、暴力或威胁的具体情形,依照常人判断标准,确定是否认定为"冒充军警人员抢劫"。(参见第1184号指导案例,王志国、肖建美抢劫案,载《刑事审判参考》总第109集,第23~26页。撰稿:郭宏伟)

▽“冒充军警人员抢劫”中的“冒充”行为需要达到程度的认定

判断是否“冒充军警人员抢劫”的标准，具体来讲包括以下三个条件：1. 冒充军警的行为应具有一定的表现形式。表现形式主要包括行为人主动亮明自己的军警人员身份、出示军警证件、身着军警制式服装、携带警械、驾驶军警车辆等。但并非只要行为人具有上述表现形式就一定构成“冒充军警人员抢劫”，还需根据实际情况考察行为人的主观方面，如其并非出于抢劫的目的，则不宜认定为“冒充军警人员抢劫”，否则将会导致客观归罪。2. 冒充军警的行为应达到使一般人能够相信其身份的程度。冒充军警抢劫与一般抢劫的差别在于前者同时还损害了军人、警察的形象。若行为人仅用口头的方式冒充军警，且其“演技”拙劣、破绽百出，按照普通人的辨识能力可以识破，未能使一般人轻易相信，既没有构成一定的威胁程度，也没有损害军人、警察的形象，其社会危害性与一般抢劫无异，此行为不宜认定“冒充军警人员抢劫”，可作为酌定从重的情节为宜。3. 冒充军警的行为不可简单地依据结果来认定。冒充行为存在被害人相信与不信两种结果，虽然被害人是否相信对于冒充行为的认定具有一定影响，但并非只要被害人识破了行为人的假军警身份，就一概不认定为“冒充军警人员抢劫”。《抢劫指导意见》在此处使用的并非“被害人标准”，而是“常人标准”，即假如行为人的伎俩高超，足以使一般人信以为真，如果恰巧被具有军警专业知识的被害人轻易识破，虽然行为人冒充失败，但不可因此而不追究其责任，对此仍应认定为“冒充军警人员抢劫”而加重处罚。本案被告人肖某美供称，作案时跟被害人说是派出所的，问被害人是不是找小姐了，然后就要钱，否则就带被害人到派出所；被告人王某国供称，看见被害人手里有钱，就过去把钱抢了，然后问被害人知不知道他们是干什么的，并说今天穿的是便装。由此可见，二被告人在抢劫时自称是派出所的便衣民警，虽然具有冒充军警人员的行为，但二人仅仅是口头宣称系警察，既没有穿着警察制服，也没有驾驶警用交通工具或使用警用械具等，更没有出示警察证件，以普通人的辨识能力能够轻易识破其假警察身份。案发后，被害人每天晚上去案发现场，试图抓住对其实施抢劫的两名男子，由此也可看出，被害人在案发当时根本不相信二被告人是警察，二被告人的冒充行为明显没有达到应有的程度和效果，也没有损害警察的形象，社会危害性与一般抢劫无异，不认定“冒充军警人员抢劫”为宜。综上，二审法院认定二被告人不构成“冒充军警人员抢劫”，并对二被告人分别改判有期徒刑六年、七年是适当的。（参见第1184号指导案例，王志国、肖建美抢劫案，载《刑事审判参考》总第109集，第26～27页。撰稿：郭宏伟）

▽抢劫犯罪中劫取信用卡的，具体抢劫数额的认定

（一）以行为人实际获取的财物为抢劫数额，与信用卡的本质特征相符。在日常生活中，对于实物类的财产来说，控制该财产就是直接对财物本体进行控制，这种控制关系一般具有排他性，当一方将财物置于自己的实力支配之下时，另一方也就失去了对该财物的控制。但是，信用卡并非实物财产，而属于一种记载财物的金融凭证，信用卡与所记载的财物本身存在密切的联系，但又与所记载的财物存在相对分离，信用卡本身被控制并不意味着信用卡内所记载的财物也完全被控制。在抢劫犯罪案件中，行为人劫取了信用卡，甚至获取了密码，均不等于行为人已经获取了信用卡上所记载的财物；被害人丧失了对信用卡本身的控制，也不意味着已经丧失了信用卡上所记载的财物。鉴于信用卡所具有的抽象财物与具体财物的双重属性，在抢劫信用卡类犯罪中，只有以行为人从信用卡中实际获取的财物数额，也即信用卡所有人受到的实际损失为抢劫数额的认定标准，才能完整、客观地体现抢劫信用卡行为的社会危害性。本案被告人姚某林等人在劫取了被害人张启某的信用卡并逼问出密码后，并不意味着已经占有了该信用卡内的全部财物，被告人沈某滨和刘某从该卡内取出现金20 000元时，该20 000元属于已被行为人占有的财物，应认定为抢劫数额。而被告人杨某明以转账的方式转走该卡内的50 000元，由于银行转账不能全部即时到账，所以转账款在实际到账时才能视为在行为人的占有之下，在到账之前仍存在被冻结、挂失等可能性而导致无法到账。本案就是因为被害人张启某在案发后及时报案，银行将该笔款项冻结而未能到账，故该笔50 000元并未被行为人实际占有，不宜计入抢劫数额。

(二)以行为人实际获取的财物为抢劫数额,与相关的解释规定一致。关于抢劫信用卡的数额认定问题,《最高人民法院关于审理抢劫、抢夺刑事案件适用法律若干问题的意见》(本附文以下简称《两抢意见》)中规定:"抢劫信用卡后使用、消费的,其实际使用、消费的数额为抢劫数额;抢劫信用卡后未实际使用、消费的,不计数额,根据情节轻重量刑。"2016年1月6日最高人民法院出台的《关于审理抢劫刑事案件适用法律若干问题的指导意见》(本附文以下简称《抢劫指导意见》),更是明确规定:"通过银行转账或者电子支付、手机银行等支付平台获取抢劫财物的,以行为人实际获取的财物为抢劫数额。"上述两个司法解释性文件所体现的原则是一脉相承的。《两抢意见》虽未对劫取信用卡后以转账方式获取财物的数额计算作出明确规定,但所规定的内容确立了抢劫信用卡的数额计算基本标准应为"实际损失标准",即以行为人实际使用、消费的信用卡数额作为抢劫数额,并特别强调,没有实际使用、消费的部分不能计入抢劫数额。而《抢劫指导意见》结合近年来电子银行业的快速发展以及互联网普及的新情况,对于通过银行转账或者电子支付、手机银行等支付平台获取抢劫财物的,明确以行为人实际获取的财物作为抢劫数额,这一规定仍然坚持了"实际损失标准",与《两抢意见》规定的原则相一致。本案虽然发生在《抢劫指导意见》出台之前,但能够适用2005年6月8日发布的《两抢意见》,根据该意见确立的"实际损失标准"。此外,需要注意的是,《两抢意见》对于抢劫信用卡后没有任何实际使用、消费的情形作了规定,即在这种情况下,对于所抢劫的信用卡不计数额,根据情节轻重量刑。而《抢劫指导意见》对于行为人抢劫信用卡后部分使用、消费,部分没有使用、消费的情形作了补充规定,即"由于行为人意志以外的原因无法实际使用、消费的部分,虽不计入抢劫数额,但应作为量刑情节考虑"。此处的"由于行为人意志以外的原因",是指行为人主观上有继续使用、消费信用卡的意愿,但由于账户冻结、密码输入错误被吞卡、取款或消费额度限制等客观方面原因导致未能继续使用、消费该信用卡。此时信用卡(主要是指借记卡)内的未使用、消费的部分虽然不能计入抢劫数额,但在量刑时应予以考虑。本案如在《抢劫指导意见》出台之后审理,则可适用该规定,对于被告人姚某林等从被害人信用卡内转账而未最终到账的50 000元,虽不计入抢劫数额,但在量刑时应酌情考虑从重处罚。(参见第1185号指导案例,姚小林等抢劫案,载《刑事审判参考》总第109集,第31～34页。撰稿:杨华)

▽盗窃后为抗拒抓捕实施暴力程度不明显的摆脱行为,不认定为"转化型抢劫"

转化型抢劫是转化犯的一种形式。所谓转化犯,是指在轻罪行为的实施过程中或者轻罪状态的持续过程中,由于出现了法律规定的行为、方法或者后果等转化条件,而使轻罪转化为重罪,并以转化后的重罪定罪处罚的犯罪形态。转化犯通常具有以下四个特征:(1)法定性。法定性是转化犯的基本特性,只有法律明确规定了转化前的犯罪行为、转化后的新罪行为、启动转化的各种情形以及定罪量刑的原则等,才能成立转化犯。(2)转变性。转变性是转化犯的核心特性。转化犯由两部分组成,基础行为是转化犯成立的前提,实施法律规定的行为、方法或者出现法律规定的后果是转化犯成立的条件,转化后即成为与前罪罪质相异的新罪。基础行为与转化行为的关系如下:首先,转化行为是在基础行为之上实施的,转化行为与基础行为无法割裂。其次,转化行为是基础行为人基于新的主观故意实施的新行为。基础行为与转化行为需是基于两个故意实施的两个行为,两者主观故意产生的时间不同,具体内容也有所区别,且通常后者的主观恶性更深。最后,转化行为与基础行为的性质不同。正因在前罪基础上实施了性质不同的转化行为,才能依照他罪定罪惩罚,如果后续行为没有超越前罪罪质,则一般只能以前罪处罚。(3)趋重性。趋重性是转化犯的本质特性,即转化后的行为性质和惩罚力度均要重于基础行为。由于行为人主客观方面均发生了变化,使整个行为脱离原行为,符合新行为的罪质,故以新罪定罪处罚。(4)唯一性。唯一性是转化犯定罪处罚的标准,即对于转化犯在定罪量刑、诉讼追诉等方面均依照新罪处理。刑法本条规定的情形属于典型的转化犯,基础行为是行为人实施盗窃、诈骗、抢夺行为,转化条件是为了窝藏赃物、抗拒抓捕或者毁灭罪证而当场使用暴力或者以暴力相威胁,转化后的新罪是抢劫罪。抢劫罪在罪质和罪责方面均更重,不仅侵犯了他人的财产权利,而且侵犯了他人的人身权利,法定刑从三年有期徒刑直至死刑,属于刑法体系中的重罪,根据刑法谦抑性原则,对其犯罪构成要件应从严解释,防止扩大打击面。因此,这里的“暴力”只能是狭义的“暴力”,即对被害人不法使用有形力,使被害人不能反抗或者不敢反抗,通常具有主动性、强制性、攻击性等特点。在司法实践中,认定“暴力”需要注意以下几点:1. 暴力的对象是人。抢劫罪通过压制人的反抗来获取利益,其手段行为侵犯的是难以估价的人的生命安全和身体健康。转化型抢劫的暴力手段同样针对的是人,是对盗窃、诈骗、抢夺行为人窝藏赃物、毁灭罪证起阻碍作用或者对行为人实施抓捕的人。2. 使用的时空条件是当场。这里的“当场”是指实施盗窃、诈骗、抢夺罪的现场,或者刚一逃离现场即被人发现和追捕的过程中。这是转化行为附属性质的要求,即使用暴力的行为不能与盗窃等行为分割开来,只有两者具有时间、地点、事实和追索事态方面的连续性时,才能成立转化犯罪。因此,行为人入户或者在公共交通工具上盗窃、诈骗、抢夺后,为了窝藏赃物、抗拒抓捕或者毁灭罪证,只有在户内或者公共交通工具上当场使用暴力或者以暴力相威胁的,才能构成“入户抢劫”或者“在公共交通工具上抢劫”。3. 暴力的程度是足以压制人的反抗,但不要求事实上压制了人的反抗,更不要求具有危害人身安全的性质。抢劫罪通过压制被害人的反抗来获取财物,其暴力程度只要达到足以压制被害人反抗的能力和勇气,使被害人不敢反抗或者不能反抗即可。通常认为,行为人使用凶器、以凶器相威胁或该行为造成被害人轻微伤以上后果的,就可认定使用“暴力”。转化型抢劫与抢劫虽然认定性质相同,但行为人的主观恶性和行为动机毕竟不同,行为人最初目的是盗窃、诈骗、抢夺,为窝藏赃物、抗拒抓捕或者毁灭罪证才使用暴力或者以暴力相威胁,因此对其暴力程度应当有所限制,应以被害人不敢抓捕或者不能抓捕为限。如果行为人不具有伤害意图,只是为摆脱和逃跑而推推搡搡,没有造成轻伤以上后果的,则可不认定使用暴力,不以抢劫罪定罪处罚。如此处理,有效区分了主动使用暴力和被动摆脱行为之间的罪责差异,体现了刑法道义性的要求,也通过追诉后果的差异来最大限度地保障被害人的人身权益。《抢劫指导意见》亦对此作出明确规定,指出“对于以摆脱的方式逃脱抓捕,暴力程度较小,未造成轻伤以上后果的,可不认定为‘使用暴力’,不以抢劫罪论处”。本案被告人尹某军、任某军以撬门入户的方式,从被害人家中窃取了价值1万余元的手镯、手表和现金等物,其行为已构成盗窃罪。尹某军离开前遇到返回家中的失主,推随即抓住尹某军的衣领殴打其面部几拳,尹某军并未主动回击,而是想尽快摆脱被害人的抓捕。尹某军逃离途中,因被害人拉扯其衣领不放,将被害人扯至楼下;其间,被害人还踢踹尹某军,致二人摔倒,后尹某军借势脱掉外衣逃离。整个过程中,尹某军没有对被害人主动使用暴力,仅是躲闪被害人的殴打和追捕,虽致被害人摔倒,但没有造成轻伤以上的后果,依照前述观点和《抢劫指导意见》的规定,尹某军的摆脱行为不应认定为转化型抢劫的暴力行为,对其不应以抢劫罪定罪处罚。综上,一审法院根据本案的具体情况,考虑到尹某军的累犯情节和如实供述的情节,以盗窃罪判处其有期徒刑一年六个月,并处罚金人民币六千元是适当的。(参见第1186号指导案例,尹林军、任文军盗窃案,载《刑事审判参考》总第109集,第36~39页。撰稿:杜军燕)

▽先行为人实施盗窃行为,为抗拒抓捕当场使用暴力,后行为人加入犯罪的行为,与先前的转化抢劫犯罪行为是一个连续的整体

(一)转化行为与后续行为是一个连续整体。根据刑法本条的规定,犯盗窃罪为抗拒抓捕而“当场”使用暴力的,才能按抢劫罪定罪处罚。对“当场”不能机械理解,它应该是个综合性的概念,涵盖了时间上的连续性和空间上的延续性,允许存在点与点之间的短暂间隔,应该是指行为人实施盗窃现场及抗拒抓捕的整个过程和现场。比如,行为人实施完盗窃行为,离开的时间短暂而马上被发现的,应认定为“当场”。如果被发现当时因条件不合适未采取抓捕,而跟踪到合适地点实行抓捕,行为人抗拒抓捕的,也应认定为“当场”。但是如果行为人实施盗窃后离开现场一段距离,因其他原因被发现的,就不宜认定为“当场”,此时行为人抗拒抓捕造成人员受伤或死亡的,则应以盗窃罪和故意伤害罪或故意杀人罪等罪名追究刑事责任。本案中,被告人胡某建、孟某友实施盗窃时当场抗拒抓捕,结果胡某建逃脱、孟某友被抓,如果胡某建逃脱后未返回现场救人,那么转化抢劫行为结束。但是胡某建逃脱后立即联系了翟某强、贾某、张某、井某岩等人,邀约救人。从被害人陈述来看,他们在抓住孟某友后即报警。在等待警察到来期间,胡某建开车返回一次,提出愿意拿钱赎人,被拒绝后胡某建开车离去。过了一会儿,胡某建开车带着其他被告人到达现场,采取暴力手段强行劫夺走了孟某友。因此,转化行为与后续行为的目的都是暴力抗拒抓捕,整个过程是连续的,在时间和空间上不能割裂看待,定罪上自然也不能分开对待。

(二)本案属于事前无通谋的共同犯罪。共同犯罪可以分为事前通谋的共同犯罪和事前无通谋的共同犯罪。事前无通谋的共同犯罪中,有可能存在承继的共同犯罪现象。也就是说,前行为人的先行行为的效果在持续,后行为人在明知这种状态的情况下参与进去,后行为人就与前行为人成立共同犯罪。但是这种承继的共同犯罪人,只能对与自己的行为具有因果性的结果承担责任,利用前行为人已经造成的结果不等于后行为人的行为与该结果之间具有因果关系。例如,前行为人单独入室盗窃被发现后逃离现场,在其逃离过程中,知道真相的后行为人为了使前行为人逃避抓捕,唆使前行为人或与前行为人共同当场对他人实施暴力,后行为人虽然没有犯盗窃罪,但其参与了抗拒抓捕行为,实施了转化抢劫行为,故与前行为人成立转化型抢劫。可是在相同情况下,如果前行为人抗拒抓捕时猛踢被害人腹部一脚,后行为人参与进来后也猛踢被害人腹部一脚,最后被害人因肝脏破裂流血过多而死亡,却不能查明是谁的行为造成其肝脏破裂。前行为人和后行为人构成转化型抢劫的共犯。但在区分地位、作用时,应当考虑前行为人的暴力是为了自身利益,而后行为人仅仅是帮助前行为人逃避抓捕,因此,前行为人应当承担更加主要的责任。本案中,被告人翟某强、贾某、张某、井某岩与被告人胡某建、孟某友平时均有盗油行为。翟某强、贾某、张某、井某岩虽然与胡某建、孟某友此次事先并无盗窃、抢劫犯罪的通谋,但明知胡某建、孟某友在盗油时被发现,孟某友被抓获后,而仍支持胡某建实施抗拒抓捕行为,持自制钢管斧头去劫夺孟某友,与被告人胡某建形成解救孟某友、抗拒抓捕的共同犯罪故意,系事前无通谋的共同犯罪,与孟某友、胡某建一起成立转化抢劫。胡某建、翟某强、贾某、张某、井某岩一起参与实施了劫夺孟某友的行为,在此过程中,致被害人王某春死亡、被害人刘某受轻微伤,该危害后果与五被告人的行为之间具有因果关系,故该五人均应对王某春死亡和刘某轻微伤的结果承担刑事责任。而孟某友由于人身被控制无法活动,胡某建等五人的后行为其无法控制也不能制止,已超出其犯罪故意的范围,王某春死亡和刘某轻微伤的结果与其先行行为无因果关系,故其不应该对王某春死亡和刘某轻微伤的结果承担刑事责任,其在先前与胡某建共同抗拒抓捕的过程中,胡某建将刘某风左肘砍伤,致刘某风轻微伤,孟某友仅对该先行为造成被害人轻微伤的结果承担刑事责任。

(三)关于本案的量刑。本案转化抢劫行为中,被告人孟某友、胡某建实施暴力行为共同抗拒抓捕,二人均系主犯,地位、作用相当,共同对刘某风轻微伤承担责任;后续行为中,被告人胡某建、翟某强、贾某、张某、井某岩五人参与,共同对被害人王某春死亡、被害人刘某轻微伤承担责任,其中井某岩仅在旁实施望风行为,起辅助作用,系从犯,其余四人积极实施暴力行为,起主要作用,系主犯。四主犯中,翟某强独自持斧砍死被害人王某春,作用最为突出,因此量刑最重。本案系严重危害社会治安的抢劫案件,又致一人死亡,但考虑本案责任相对分散,翟某强虽然是直接致人死亡的凶手,作用最为突出,但是其系被纠集而参与犯罪,并未参与前一阶段盗窃并抗拒抓捕的行为;胡某建纠集、指挥他人,在劫夺孟某友双方对峙时,首先开车试图撞击被害人,其在本案中的地位亦较为突出,故对被告人翟某强未判处死刑立即执行。但鉴于翟某强犯罪手段残忍,后果严重,法院同时判决对其限制减刑。[参见第1187号指导案例,翟光强等抢劫案,载《刑事审判参考》总第109集,第43~47页。撰稿:章晓瑜 曹永校]

▽行为人实施一系列具有关联性犯罪行为的,应当遵循主客观一致的原则,依法、科学地确定罪名

行为人实施一系列具有关联性的犯罪行为,往往是在多个犯罪目的、动机临时产生的情况下实施的,甚至其中的一些行为,表面上看并无明确的犯罪目的。但是,由于人的客观行为都是具有主观内容的行为,哪怕一些看似无意识的行为,其实也是有潜意识内容的,因此,只要认真研究案情,仔细区分,就能够甄别出一系列犯罪行为中每个犯罪行为的具体犯罪目的。当然,有的犯罪目的,是在系列关联犯罪行为实施之前就已经存在于行为人主观意识中,而有的犯罪目的则临时产生于系列犯罪行为过程中,即通常所说的"临时起意"。能否正确区分存在于系列犯罪行为中的不同犯罪目的,关系到能否对行为人的犯罪行为正确定罪以及准确确定罪数的问题,也关系到最终能否对行为人的犯罪行为准确科学地量刑,从而实现罪责刑相一致的问题。在司法实务中,我们既不能机械地套用标准犯罪构成要件认定罪数,亦不能不顾行为人的具体犯罪目的和动机想当然地确定罪数,而应当严格遵循主客观相一致的原则,根据刑法学定罪理论,依据刑法的具体规定,结合系列犯罪行为人的主观心理状态,确定每个行为的性质及行为实施时的客观环境等,认真分析,准确定罪并科学确定罪数。本案被告人所实施的一系列犯罪行为,可以分为两类:一类是针对被害人王某光所实施的系列犯罪行为;另一类则是针对被害人李某所实施的系列犯罪行为。并且,两类犯罪行为之间不是完全孤立、分离的,而是相互间存在关联性的,即实施两类系列犯罪行为的前因是被告人购买李某经营的体育彩票店中的体育彩票,累计共赊欠1万元后,被告人提出将身份证、银行卡抵押在李某处,但遭王某光、李某拒绝。在明确本案基本背景和系列犯罪行为的分类后,我们再对两类犯罪的罪名、罪数问题进行如下分析:

1.关于被告人针对王某光所实施的系列犯罪行为的定罪问题。被告人针对王某光实施的先持刀捅刺,后动取财物,又再次实施暴力,持刀捅刺,致王某光重伤等系列犯罪行为,应以抢劫罪、故意伤害罪实行并罚。(1)在施暴过程中临时起意劫取财物的,该暴力行为应评价为抢劫罪的胁迫行为。被告人对王某光的暴力行为可以分为报复施暴、劫取财物、劫财后的施暴三个阶段。被告人最初对王某光施暴时并无劫财目的,并不是为了非法占有财物,而仅仅是为了报复。因此,如何对第一阶段即初始的暴力行为定性就成为关键。第一阶段的暴力并非与被告人劫财行为毫无关系。被告人劫财的故意内容产生于其第一阶段的暴力实施过程中,而基于第一阶段的暴力所形成的对被害人精神上的胁迫,足以满足抢劫罪的"胁迫"这一手段要件。"胁迫"作用与取得财物之间存在因果关系,因此,被告人的劫财行为构成抢劫罪。不能因为被告人实施第一阶段的暴力行为时仅有报复故意没有劫财故意而无视其犯意的发展变化。犯意由报复变化为劫财,是其主观故意的完整内容。定罪的主客观一致原则,应当包括主客观内容发展变化后,以变化后的主观、客观内容作为定罪的事实基础的内容。(2)抢劫既遂后,又实施的故意伤害行为,应另行定故意伤害罪。被告人第三阶段的暴力行为如何定性,应当区分"犯罪的后续行为"与"罪后的独立犯罪行为"。前者,如犯罪人本身所实施的掩饰、隐瞒犯罪所得行为.毁灭罪证行为,由于该后续行为没有侵犯新的法益,缺乏期待可能性,因而是不可罚的行为。后者,则是侵犯了新的法益并且独立于前罪的犯罪行为,虽然与前罪具有时间上的连续性甚至内容上的关联性,但行为人的主观内容、客观行为都是独立的,由于行为人的前罪行为与罪后的独立犯罪行为都有各自独立的犯罪故意和客观行为,因而符合数罪的构成条件。本案被告人从王某光处劫得200余元后,其抢劫犯罪就属于既遂状态,也就是说,被告人的抢劫行为已经实行终了,且在客观上已经完全排除了被害人夺回财物的可能性,其对财物的控制具有不可逆性。首先,被客人被捅刺后,向被告人求饶,慑于被告人的暴力行为,已放弃取回财物的意愿;其次,被害人受伤后被捆绑双手,并被捆绑于驾驶座椅靠背上,客观上已丧失反抗能力。按照《最高人民法院关于审理抢劫、抢夺刑事案件适用法律若干问题的意见》的规定,抢劫罪具备劫取财物或者造成他人轻伤以上后果两者之一的,属于抢劫既遂。按照我国刑法理论通说观点,行为人控制被害人财物为既遂标准,被告人的行为符合上述标准,抢劫已既遂。此后,被告人在抢劫现场即被害人的汽车内持续控制被害人,实际于抢劫罪而言已经是没有意义的行为。在抢劫行为已经完成且既遂的前提下,该客观状态的持续不构成抢劫行为的延续和抢劫现场的延伸。其再次实施的暴力行为与已经完成的劫取财物状态之间不存在关联,亦非为了再次劫取被害人的财物,而是基于对被害人的怨恨及误认为被害人反抗而产生的报复泄愤心理,在该心理驱使下两次对被害人实施了捅刺行为,属于另起犯意,且造成了被害人重伤的后果,侵犯的法益具有独立性,应当单独评价为故意伤害罪。在这方面，最高人民法院的有关司法解释是有先例的。《最高人民法院关于抢劫过程中故意杀人案件如何定罪问题的批复》规定："行为人实施抢劫后，为灭口而故意杀人的，以抢劫罪和故意杀人罪定罪，实行数罪并罚。"

2. 关于被告人针对李某所实施的系列犯罪行为的定罪问题。被告人对王某光实施抢劫、故意伤害犯罪行为后，唯恐罪行败露，遂持刀捅刺王某光的妻子李某要害部位数十刀致李某倒地，后又纵火焚烧现场，在焚烧时发现现场床上装有现金的女士包，又实施了将现金占为己有的行为。被告人实施的上述行为中，危害李某的行为构成故意杀人罪，纵火焚烧现场的行为构成放火罪。被告人从现场取款的行为应当认定为盗窃罪。认定取款行为是抢劫罪还是盗窃罪，关键在于被告人的取款行为属于秘密窃取还是暴力劫取，是在被害人不敢反抗、不能反抗的情况下劫取财物，还是在被害人已经失去知觉甚至已经死亡的情况下获取财物。被害人在现场，并不能当然地成为认定被告人行为属于暴力劫取的理由。因为此时的被害人不是一般意义上的被害人，而是头、颈、胸、腹及背部被捅刺了数十刀的人，且倒于现场室内东侧床与冰柜夹角处。结合本案证据，可以认定被告人实施取款的行为系"秘密窃取"。首先，被告人系出于担心罪行败露的故意为灭口而持刀连续捅刺被害人李某数十刀，李某心脏、双肺、肝脏均被刺破，遭受重创后奄奄一息。因此，可以认定被告人取走现金时，被害人已处于濒死状态，已丧失反抗意识，被告人的行为符合盗窃罪秘密窃取的行为特征。其次，认定被告人构成盗窃罪，符合有利于被告人的原则。在本案中，如果现有证据不能证明被告人取财时是秘密窃取，还是利用先前暴力行为导致被害人不敢反抗或不能反抗的状态而劫取，那么，应按照有利于被告人的原则，认定被告人构成盗窃罪，与故意杀人罪数罪并罚。最后，认定被告人取款行为构成盗窃罪，符合司法解释的规定。《最高人民法院关于审理抢劫、抢夺刑事案件适用法律若干问题的意见》第八条规定："行为人实施伤害、强奸等犯罪行为，在被害人未失去知觉，利用被害人不能反抗、不敢反抗的处境，临时起意劫取他人财物的，应以此前所实施的具体犯罪与抢劫罪实行数罪并罚；在被害人失去知觉或者没有发觉的情形下，以及实施故意杀人犯罪行为之后，临时起意拿走他人财物的，应以此前所实施的具体犯罪与盗窃罪实行数罪并罚。"（参见第1222号指导案例，秦电志故意杀人、抢劫、故意伤害、放火、抢劫、盗窃物案，载《刑事审判参考》总第112集，第19～24页。撰稿：张立新　梁勤　王少兵）

▽认定"多次抢劫"时不应将抢劫预备行为作为次数计算

根据刑法本条的规定，"多次抢劫"是一项法定加重处罚情节。也就是说，行为人如果具有多次抢劫情节的，应当依法在有期徒刑十年以上的刑罚幅度范围内判处。"多次抢劫"之所以成为加重处罚情节，是因为行为人出于非法占有他人财物的目的，一而再、再而三地以暴力或者暴力相威胁的方法劫取财物，显示了行为人具有主观恶性深和社会危害大的情节，理应承担加重的刑罚。"多次"起点的确定，既要反映社会生活中一般人的认识观念，也要与刑法其他条文中的"多次"的含义保持连贯性、一致性。《最高人民法院关于审理抢劫、抢夺刑事案件适用法律若干问题的意见》（本附文以下简称《两抢意见》）规定："多次抢劫"，是指抢劫三次以上。根据刑法第九十九条的规定，刑法所称以上、以下、以内，包括本数，按照体系解释，抢劫"多次"应指抢劫三次以上，包括抢劫三次。对于如何认定"多次抢劫"，《两抢意见》第三条作出明确规定："对于'多次'的认定，应以行为人实施的每一次抢劫行为均已构成犯罪为前提，综合考虑犯罪故意的产生、犯罪行为实施的时间、地点等因素，客观分析、认定。"对于多次抢劫预备行为，由于行为人尚未着手实行犯罪，惯犯特征并不明显，况且"多次抢劫"的起点刑为十年有期徒刑以上的重刑，故不宜将社会危害性并不十分严重的多次抢劫预备行为纳入其中。本案被告人祝某峰、祝某强共实施了三次预备抢劫的行为，每次都是跟踪他人，每次都因各种原因而放弃，但二人均已实施准备工具、制造条件的行为。因此，对二人的三次行为均应认定为抢劫预备行为。但是，由于预备行为还不具备犯罪构成的完整要件，因此，不能将二人的三次抢劫预备行为认定为"多次抢劫"。原审法院未作此认定是正确的。（参见第1226号指导案例，祝日峰、祝某强抢劫案，载《刑事审判参考》总

第112集,第50~51页。撰稿:裴宇　徐升)

第二百六十四条　【盗窃罪】盗窃公私财物,数额较大的,或者多次盗窃、入户盗窃、携带凶器盗窃、扒窃的,处三年以下有期徒刑、拘役或者管制,并处或者单处罚金;数额巨大或者有其他严重情节的,处三年以上十年以下有期徒刑,并处罚金;数额特别巨大或者有其他特别严重情节的,处十年以上有期徒刑或者无期徒刑,并处罚金或者没收财产。(本条是根据《中华人民共和国刑法修正案(八)》之三十九修改的,自2011年5月1日起施行。)

刑法本条原文:【盗窃罪】盗窃公私财物,数额较大或者多次盗窃的,处三年以下有期徒刑、拘役或者管制,并处或者单处罚金;数额巨大或者有其他严重情节的,处三年以上十年以下有期徒刑,并处罚金;数额特别巨大或者有其他特别严重情节的,处十年以上有期徒刑或者无期徒刑,并处罚金或者没收财产;有下列情形之一的,处无期徒刑或者死刑,并处没收财产:

(一)盗窃金融机构,数额特别巨大的;

(二)盗窃珍贵文物,情节严重的。

■最高人民法院、最高人民检察院关于办理盗窃刑事案件适用法律若干问题的解释(全文)(2013年4月4日)

第一条　盗窃公私财物价值一千元至三千元以上、三万元至十万元以上、三十万元至五十万元以上的,应当分别认定为刑法第二百六十四条规定的"数额较大"、"数额巨大"、"数额特别巨大"。

各省、自治区、直辖市高级人民法院、人民检察院可以根据本地区经济发展状况,并考虑社会治安状况,在前款规定的数额幅度内,确定本地区执行的具体数额标准,报最高人民法院、最高人民检察院批准。

在跨地区运行的公共交通工具上盗窃,盗窃地点无法查证的,盗窃数额是否达到"数额较大"、"数额巨大"、"数额特别巨大",应当根据受理案件所在地省、自治区、直辖市高级人民法院、人民检察院确定的有关数额标准认定。

盗窃毒品等违禁品,应当按照盗窃罪处理的,根据情节轻重量刑。

第二条　盗窃公私财物,具有下列情形之一的,"数额较大"的标准可以按照前条规定标准的百分之五十确定:

(一)曾因盗窃受过刑事处罚的;

(二)一年内曾因盗窃受过行政处罚的;

(三)组织、控制未成年人盗窃的;

(四)自然灾害、事故灾害、社会安全事件等突发事件期间,在事件发生地盗窃的;

(五)盗窃残疾人、孤寡老人、丧失劳动能力人的财物的;

(六)在医院盗窃病人或者其亲友财物的;

(七)盗窃救灾、抢险、防汛、优抚、扶贫、移民、救济款物的;

(八)因盗窃造成严重后果的。

第三条　二年内盗窃三次以上的,应当认定为"多次盗窃"。

非法进入供他人家庭生活,与外界相对隔离的住所盗窃的,应当认定为"入户盗窃"。

携带枪支、爆炸物、管制刀具等国家禁止个人携带的器械盗窃,或者为了实施违法犯罪携带其他足以危害他人人身安全的器械盗窃的,应当认定为"携带凶器盗窃"。

在公共场所或者公共交通工具上盗窃他人随身携带的财物的,应当认定为"扒窃"。

第四条　盗窃的数额,按照下列方法认定:

(一)被盗财物有有效价格证明的,根据有效价格证明认定;无有效价格证明,或者根据价格证明认定盗窃数额明显不合理的,应当按照有关规定委托估价机构估价;

(二)盗窃外币的,按照盗窃时中国外汇交易中心或者中国人民银行授权机构公布的人民币对该货币的中间价折合成人民币计算;中国外汇交易中心或者中国人民银行授权机构未公布汇率中间价的外币,按照盗窃时境内银行人民币对该货币的中间价折算成人民币,或者该货币在境内银行、国际外汇市场对美元汇率,与人民币对美元汇率中间价进行套算;

(三)盗窃电力、燃气、自来水等财物,盗窃数量能够查实的,按照查实的数量计算盗窃数额;盗窃数量无法查实的,以盗窃前六个月月均正常用量减去盗窃后计量仪表显示的月均用量推算盗窃数额;盗窃前正常使用不足六个月的,按照正常使用期间的月均用量减去盗窃后计量仪表显示的月均用量推算盗窃数额;

(四)明知是盗接他人通信线路、复制他人电信码号的电信设备、设施而使用的,按照合法用户为其支付的费用认定盗窃数额;无法直接确认的,以合法用户的电信设备、设施被盗接、复制后的月缴费额减去被盗接、复制前六个月的月均电话费推算盗窃数额;合法用户使用电信设备、设施不足六个月的,按照实际使用的月均电话费推算盗窃数额;

(五)盗接他人通信线路、复制他人电信码号出售的,按照销赃数额认定盗窃数额。

盗窃行为给失主造成的损失大于盗窃数额的,损失数额可以作为量刑情节考虑。

第五条　盗窃有价支付凭证、有价证券、有价票证的,按照下列方法认定盗窃数额:

(一)盗窃不记名、不挂失的有价支付凭证、有价证券、有价票证的,应当按票面数额和盗窃时应得的孳息、奖金或者奖品等可得收益一并计算盗窃数额;

(二)盗窃记名的有价支付凭证、有价证券、有价票证,已经兑现的,按照兑现部分的财物价值计算盗窃数额;没有兑现,但失主无法通过挂失、补领、补办手续等方式避免损失的,按照给失主造成的实际损失计算盗窃数额。

第六条　盗窃公私财物,具有本解释第二条第三项至第八项规定情形之一,或者入户盗窃、携带凶器盗窃,数额达到本解释第一条规定的"数额巨大"、"数额特别巨大"百分之五十的,可以分别认定为刑法第二百六十四条规定的"其他严重情节"或者"其他特别严重情节"。

第七条　盗窃公私财物数额较大,行为人认罪、悔罪,退赃、退赔,且具有下列情形之一,情节轻微的,可以不起诉或者免予刑事处罚;必要时,由有关部门予以行政处罚:

(一)具有法定从宽处罚情节的;

(二)没有参与分赃或者获赃较少且不是主犯的;

(三)被害人谅解的;

(四)其他情节轻微、危害不大的。

第八条　偷拿家庭成员或者近亲属的财物,获得谅解的,一般可不认为是犯罪;追究刑事责任的,应当酌情从宽。

第九条　盗窃国有馆藏一般文物、三级文物、二级以上文物的,应当分别认定为刑法第二百六十四条规定的"数额较大"、"数额巨大"、"数额特别巨大"。

盗窃多件不同等级国有馆藏文物的,三件同级文物可以视为一件高一级文物。

盗窃民间收藏的文物的,根据本解释第四条第一款第一项的规定认定盗窃数额。

第十条　偷开他人机动车的,按照下列规定处理:

(一)偷开机动车,导致车辆丢失的,以盗窃罪定罪处罚;

(二)为盗窃其他财物,偷开机动车作为犯罪工具使用后非法占有车辆,或者将车辆遗弃导致丢失的,被盗车辆的价值计入盗窃数额;

(三)为实施其他犯罪,偷开机动车作为犯罪工具使用后非法占有车辆,或者将车辆遗弃导致丢失的,以盗窃罪和其他犯罪数罪并罚;将车辆送回未造成丢失的,按照其所实施的其他犯罪从重处罚。

第十一条　盗窃公私财物并造成财物损毁的，按照下列规定处理：

（一）采用破坏性手段盗窃公私财物，造成其他财物损毁的，以盗窃罪从重处罚；同时构成盗窃罪和其他犯罪的，择一重罪从重处罚；

（二）实施盗窃犯罪后，为掩盖罪行或者报复等，故意毁坏其他财物构成犯罪的，以盗窃罪和构成的其他犯罪数罪并罚；

（三）盗窃行为未构成犯罪，但损毁财物构成其他犯罪的，以其他犯罪定罪处罚。

第十二条　盗窃未遂，具有下列情形之一的，应当依法追究刑事责任：

（一）以数额巨大的财物为盗窃目标的；

（二）以珍贵文物为盗窃目标的；

（三）其他情节严重的情形。

盗窃既有既遂，又有未遂，分别达到不同量刑幅度的，依照处罚较重的规定处罚；达到同一量刑幅度的，以盗窃罪既遂处罚。

第十三条　单位组织、指使盗窃，符合刑法第二百六十四条及本解释有关规定的，以盗窃罪追究组织者、指使者、直接实施者的刑事责任。

第十四条　因犯盗窃罪，依法判处罚金刑的，应当在一千元以上盗窃数额的二倍以下判处罚金；没有盗窃数额或者盗窃数额无法计算的，应当在一千元以上十万元以下判处罚金。

第十五条　本解释发布实施后，《最高人民法院关于审理盗窃案件具体应用法律若干问题的解释》（法释〔1998〕4号）同时废止；之前发布的司法解释和规范性文件与本解释不一致的，以本解释为准。

附：全国各省（自治区、直辖市）关于盗窃罪数额的处罚标准

	数额较大 （1000～3000元）	数额巨大 （3万～10万元）	数额特别巨大 （30万～50万元）
北京	2000元	6万元	40万元
天津	2000元	6万元	40万元
河北	2000元	6万元	40万元
山西	2000元	5万元	40万元
内蒙古	1500元	3万元	40万元
辽宁	2000元	7万元	40万元
吉林	2000元	3万元	30万元
黑龙江	1500元	5万元	35万元
上海	2000元、入户1000元、800元	3万元	30万元
江苏	2000元	5万元	40万元
浙江	3000元	8万元	40万元
安徽	2000元	5万元	40万元
福建	3000元	6万元	30万元
江西	1500元	5万元	40万元
山东	2000元	6万元	40万元
河南	2000元	5万元	40万元
湖北	贫困县1000元，其他2000元	贫困县3万元，其他5万元	贫困县30万元，其他50万元

续表

	数额较大 (1000～3000元)	数额巨大 (3万～10万元)	数额特别巨大 (30万～50万元)
湖南	2000元	5万元	40万元
广东	一类区3000元, 二类区2000元	一类区10万元, 二类区6万元	一类区50万元, 二类区40万元
广西	1500元	4万元	40万元
海南	1500元	3万元	30万元
重庆	2000元	6万元	40万元
四川	1600元或3000元牧区盗牛马	5万元	35万元
贵州	1000元	3万元	30万元
云南	1500元	4万元	35万元
西藏	城镇2000元,农牧区1000元	城镇5万元,农牧区3万元	城镇40万元, 农牧区30万元
陕西	2000元	4万元	40万元
甘肃	2000元	6万元	40万元
青海	2000元	3万元	30万元
宁夏	1500元	3万元	30万元
新疆	2000元	5万元	30万元
兵团	2000元	5万元	30万元
军检	3000元	8万元	40万元

■最高人民法院、最高人民检察院关于办理妨害文物管理等刑事案件适用法律若干问题的解释(2016年1月1日)

第二条　盗窃一般文物、三级文物、二级以上文物的,应当分别认定为刑法第二百六十四条规定的“数额较大”“数额巨大”“数额特别巨大”。

盗窃文物,无法确定文物等级,或者按照文物等级定罪量刑明显过轻或者过重的,按照盗窃的文物价值定罪量刑。

第十一条　单位实施走私文物、倒卖文物等行为,构成犯罪的,依照本解释规定的相应自然人犯罪的定罪量刑标准,对直接负责的主管人员和其他直接责任人员定罪处罚,并对单位判处罚金。

公司、企业、事业单位、机关、团体等单位实施盗窃文物,故意损毁文物、名胜古迹,过失损毁文物,盗掘古文化遗址、古墓葬等行为的,依照本解释规定的相应定罪量刑标准,追究组织者、策划者、实施者的刑事责任。

第十二条　针对不可移动文物整体实施走私、盗窃、倒卖等行为的,根据所属不可移动文物的等级,依照本解释第一条、第二条、第六条的规定定罪量刑:

(一)尚未被确定为文物保护单位的不可移动文物,适用一般文物的定罪量刑标准;

(二)市、县级文物保护单位,适用三级文物的定罪量刑标准;

(三)全国重点文物保护单位、省级文物保护单位,适用二级以上文物的定罪量刑标准。

针对不可移动文物中的建筑构件、壁画、雕塑、石刻等实施走私、盗窃、倒卖等行为的,根据建筑构件、壁画、雕塑、石刻等文物本身的等级或者价值,依照本解释第一条、第二条、第六条的规定定罪量刑。建筑构件、壁画、雕塑、石刻等所属不可移动文物的等级,应当作为量刑情节予以考虑。

第十三条　案件涉及不同等级的文物的，按照高级别文物的量刑幅度量刑；有多件同级文物的，五件同级文物视为一件高一级文物，但是价值明显不相当的除外。

第十四条　依照文物价值定罪量刑的，根据涉案文物的有效价格证明认定文物价值；无有效价格证明，或者根据价格证明认定明显不合理的，根据销赃数额认定，或者结合本解释第十五条规定的鉴定意见、报告认定。

第十五条　在行为人实施有关行为前，文物行政部门已对涉案文物及其等级作出认定的，可以直接对有关案件事实作出认定。

对案件涉及的有关文物鉴定、价值认定等专门性问题难以确定的，由司法鉴定机构出具鉴定意见，或者由国务院文物行政部门指定的机构出具报告。其中，对于文物价值，也可以由有关价格认证机构作出价格认证并出具报告。

第十六条　实施本解释第一条、第二条、第六条至第九条规定的行为，虽已达到应当追究刑事责任的标准，但行为人系初犯，积极退回或者协助追回文物，未造成文物损毁，并确有悔罪表现的，可以认定为犯罪情节轻微，不起诉或者免予刑事处罚。

实施本解释第三条至第五条规定的行为，虽已达到应当追究刑事责任的标准，但行为人系初犯，积极赔偿损失，并确有悔罪表现的，可以认定为犯罪情节轻微，不起诉或者免予刑事处罚。

第十七条　走私、盗窃、损毁、倒卖、盗掘或者非法转让具有科学价值的古脊椎动物化石、古人类化石的，依照刑法和本解释的有关规定定罪量刑。

第十八条　本解释自2016年1月1日起施行。本解释公布施行后，《最高人民法院、最高人民检察院关于办理盗窃、盗掘、非法经营和走私文物的案件具体应用法律的若干问题的解释》（法（研）发〔1987〕32号）同时废止；之前发布的司法解释与本解释不一致的，以本解释为准。

■最高人民法院关于审理扰乱电信市场管理秩序案件具体应用法律若干问题的解释（2000年5月24日）

第七条　将电信卡非法充值后使用，造成电信资费损失数额较大的，依照刑法第二百六十四条的规定，以盗窃罪定罪处罚。

第八条　盗用他人公共信息网络上网账号、密码上网，造成他人电信资费损失数额较大的，依照刑法第二百六十四条的规定，以盗窃罪定罪处罚。

第十条　本解释所称"经营去话业务数额"，是指以行为人非法经营国际电信业务或者涉港澳台电信业务的总时长（分钟数）乘以行为人每分钟收取的用户使用费所得的数额。

本解释所称"电信资费损失数额"，是指以行为人非法经营国际电信业务或者涉港澳台电信业务的总时长（分钟数）乘以在合法电信业务中我国应当得到的每分钟国际结算价格所得的数额。

■最高人民法院、最高人民检察院、公安部关于铁路运输过程中盗窃罪数额认定标准问题的规定（全文）（1999年2月4日）

根据《刑法》第二百六十四条的规定，结合铁路运输的治安状况和盗窃案件特点，现对铁路运输过程中盗窃罪数额认定标准规定如下：

一、个人盗窃公私财物"数额较大"，以一千元为起点；

二、个人盗窃公私财物"数额巨大"，以一万元为起点；

三、个人盗窃公私财物"数额特别巨大"，以六万元为起点。

■最高人民法院关于审理破坏森林资源刑事案件具体应用法律若干问题的解释（2000年12月11日）

第九条　将国家、集体、他人所有并已经伐倒的树木窃为己有，以及偷砍他人房前屋后、自留地种植的零星树木，数额较大的，依照刑法第二百六十四条的规定，以盗窃罪定罪处罚。

第十五条　非法实施采种、采脂、挖笋、掘根、剥树皮等行为,牟取经济利益数额较大的,依照刑法第二百六十四条的规定,以盗窃罪定罪处罚。同时构成其他犯罪的,依照处罚较重的规定定罪处罚。

■最高人民检察院关于单位有关人员组织实施盗窃行为如何适用法律问题的批复(全文)(2002年8月13日)

单位有关人员为谋取单位利益组织实施盗窃行为,情节严重的,应当依照刑法第二百六十四条的规定以盗窃罪追究直接责任人员的刑事责任。

■最高人民法院、最高人民检察院关于办理盗窃油气、破坏油气设备等刑事案件具体应用法律若干问题的解释(2007年1月19日)

第三条　盗窃油气或者正在使用的油气设备,构成犯罪,但未危害公共安全的,依照刑法第二百六十四条的规定,以盗窃罪定罪处罚。盗窃油气,数额巨大但尚未运离现场的,以盗窃未遂定罪处罚。为他人盗窃油气而偷开油气井、油气管道等油气设备阀门排放油气或者提供其他帮助的,以盗窃罪的共犯定罪处罚。

第四条　盗窃油气同时构成盗窃罪和破坏易燃易爆设备罪的,依照刑法处罚较重的规定定罪处罚。

第八条　本解释所称的"油气",是指石油、天然气。其中,石油包括原油、成品油;天然气包括煤层气。

本解释所称"油气设备",是指用于石油、天然气生产、储存、运输等易燃易爆设备。

■最高人民法院、最高人民检察院、公安部关于办理盗窃油气、破坏油气设备等刑事案件适用法律若干问题的意见(2018年9月28日)

二、关于盗窃油气未遂的刑事责任

着手实施盗窃油气行为,由于意志以外的原因未得逞,具有下列情形之一的,以盗窃罪(未遂)追究刑事责任:

(一)以数额巨大的油气为盗窃目标的;

(二)已将油气装入包装物或者运输工具,达到"数额较大"标准三倍以上的;

(三)携带盗油卡子、手摇钻、电钻、电焊枪等切割、打孔、撬砸、拆卸工具的;

(四)其他情节严重的情形。

三、关于共犯的认定

在共同盗窃油气、破坏油气设备等犯罪中,实际控制、为主出资或者组织、策划、纠集、雇佣、指使他人参与犯罪的,应当依法认定为主犯;对于其他人员,在共同犯罪中起主要作用的,也应当依法认定为主犯。

在输油输气管道投入使用前擅自安装阀门,在管道投入使用后将该阀门提供给他人盗窃油气的,以盗窃罪、破坏易燃易爆设备罪等有关犯罪的共同犯罪论处。

四、关于内外勾结盗窃油气行为的处理

行为人与油气企业人员勾结共同盗窃油气,没有利用油气企业人员职务便利,仅仅是利用其易于接近油气设备、熟悉环境等方便条件的,以盗窃罪的共同犯罪论处。

实施上述行为,同时构成破坏易燃易爆设备罪的,依照处罚较重的规定定罪处罚。

五、关于窝藏、转移、收购、加工、代为销售被盗油气行为的处理

明知是犯罪所得的油气而予以窝藏、转移、收购、加工、代为销售或者以其他方式掩饰、隐瞒,符合刑法第三百一十二条规定的,以掩饰、隐瞒犯罪所得罪追究刑事责任。

"明知"的认定,应当结合行为人的认知能力、所得报酬、运输工具、运输路线、收购价格、收购形式、

加工方式、销售地点、仓储条件等因素综合考虑。

实施第一款规定的犯罪行为,事前通谋的,以盗窃罪、破坏易燃易爆设备罪等有关犯罪的共同犯罪论处。

六、关于直接经济损失的认定

《最高人民法院、最高人民检察院关于办理盗窃油气、破坏油气设备等刑事案件具体应用法律若干问题的解释》第二条第三项规定的"直接经济损失"包括因实施盗窃油气等行为直接造成的油气损失以及采取抢修堵漏等措施所产生的费用。

对于直接经济损失数额,综合油气企业提供的证据材料、犯罪嫌疑人、被告人及其辩护人所提辩解、辩护意见等认定;难以确定的,依据价格认证机构出具的报告,结合其他证据认定。

油气企业提供的证据材料,应当有工作人员签名和企业公章。

七、关于专门性问题的认定

对于油气的质量、标准等专门性问题,综合油气企业提供的证据材料、犯罪嫌疑人、被告人及其辩护人所提辩解、辩护意见等认定;难以确定的,依据司法鉴定机构出具的鉴定意见或者国务院公安部门指定的机构出具的报告,结合其他证据认定。

油气企业提供的证据材料,应当有工作人员签名和企业公章。

■最高人民法院、最高人民检察院、公安部关于办理涉窨井盖相关刑事案件的指导意见(2020年3月16日)

四、盗窃本意见第一条、第二条规定以外的其他场所的窨井盖,且不属于本意见第三条规定的情形,数额较大,或者多次盗窃的,依照刑法第二百六十四条的规定,以盗窃罪定罪处罚。

十二、本意见所称的"窨井盖",包括城市、城乡结合部和乡村等地的窨井盖以及其他井盖。

■最高人民法院关于审理未成年人刑事案件具体应用法律若干问题的解释(2006年1月23日)

第九条　已满十六周岁不满十八周岁的人实施盗窃行为未超过三次,盗窃数额虽已达到"数额较大"标准,但案发后能如实供述全部盗窃事实并积极退赃,且具有下列情形之一的,可以认定为"情节显著轻微危害不大",不认为是犯罪:

(一)系又聋又哑的人或者盲人;

(二)在共同盗窃中起次要或者辅助作用,或者被胁迫;

(三)具有其他轻微情节的。

已满十六周岁不满十八周岁的人盗窃未遂或者中止的,可不认为是犯罪。

已满十六周岁不满十八周岁的人盗窃自己家庭或者近亲属财物,或者盗窃其他亲属财物但其他亲属要求不予追究的,可不按犯罪处理。

第二十条　本解释自公布之日起施行。

《最高人民法院关于办理未成年人刑事案件适用法律的若干问题的解释》(法发〔1995〕9号)自本解释公布之日起不再执行。

■电力供应与使用条例(2019年3月2日修订)

第三十一条　禁止窃电行为。窃电行为包括:

(一)在供电企业的供电设施上,擅自接线用电;

(二)绕越供电企业的用电计量装置用电;

(三)伪造或者开启法定的或者授权的计量检定机构加封的用电计量装置封印用电;

(四)故意损坏供电企业用电计量装置;

(五)故意使供电企业的用电计量装置计量不准或者失效;

(六)采用其他方法窃电。

■公安部关于对拨打境外色情电话定性处理的批复(全文)(1996 年 2 月 14 日)

对盗用他人或单位电话打境外色情电话的以盗窃论处,构成犯罪的,依照 1992 年 12 月 11 日最高人民法院、最高人民检察院《关于办理盗窃案件具体应用法律的若干问题的解释》第一条第四项的规定按盗窃罪追究刑事责任;不构成犯罪的,依照《治安管理处罚条例》第二十三条的规定处罚。对聚众拨打收听境外色情电话,录制并传播色情电话内容,教唆他人拨打色情电话,传播色情电话号码的,以传播淫秽物品论处,情节较轻的,依照《治安管理处罚条例》进行处罚;情节严重,构成犯罪的,依法追究刑事责任。对使用自己的电话打境外色情电话,尚不需要处罚的,由公安机关予以训诫或者所在单位、街道给予批评教育。

■最高人民检察院对《关于"要把偷窃自己家里或近亲属的,同在社会上作案的加以区别"如何理解和处理的请示报告》的批复(全文)(1985 年 3 月 21 日)

按照《刑事诉讼法》(1979 年刑诉法——编著者注)第五十八条第五款之规定,"近亲属"是指夫、妻、父、母、子、女、同胞兄弟姊妹。偷窃近亲属的财物,应包括偷窃已分居生活的近亲属的财物;偷窃自己家里的财物,既包括偷窃共同生活的近亲属的财物,也包括偷窃共同生活的其他非近亲属的财物。对此类案件,一般可不按犯罪处理;对确有追究刑事责任必要的,在处理时也应同在社会上作案的有所区别。

■最高人民法院、最高人民检察院关于常见犯罪的量刑指导意见(试行)(2021 年 7 月 1 日)(见本书附录十三)

▼安徽省高级人民法院、安徽省人民检察院关于二十三种常见犯罪量刑规范的实施细则(试行)(2022 年 1 月 16 日)(见本书附录十四)

▼浙江省高级人民法院关于印发《全省法院刑事审判疑难问题研讨会纪要》的通知(2012 年 2 月 24 日)

五、关于盗窃罪的认定

《刑法修正案(八)》对盗窃罪所列举的五种情况即盗窃数额较大、多次盗窃、入户盗窃、携带凶器盗窃、扒窃之间系并列关系。据此,对扒窃行为入罪并没有次数、金额等附加限制条件,但情节显著轻微危害不大的,不认定为犯罪。

所谓扒窃,是指在公共交通工具上,或车站、码头、商店、交通要道等公共场所,行为人以非法占有为目的,秘密窃取他人贴身放置在衣服口袋或包中财物的行为。对窃取他人非贴身放置、与身体有一定距离财物的行为,如窃取放置在椅子靠背上、悬挂衣帽钩上衣服内的现金、搁置在附近包内的财物等情形,一般不宜认定为扒窃。

所谓凶器,是指枪支、爆炸物、管制刀具等国家禁止个人携带的器械或者明显不能作为盗窃作案工具且能对人身构成较大危险性的器物。

▼全国法院维护农村稳定刑事审判工作座谈会纪要(1999 年 10 月 27 日)

二、(二)关于盗窃案件要重点打击的是:盗窃农业生产资料和承包经营的山林、果林、渔塘产品等严重影响和破坏农村经济发展的犯罪;盗窃农民生活资料,严重影响农民生活和社会稳定的犯罪;结伙盗窃、盗窃集团和盗、运、销一条龙的犯罪;盗窃铁路、油田、重点工程物资的犯罪等。对盗窃集团的首要分子、盗窃惯犯、累犯,盗窃活动造成特别严重后果的,要依法从严惩处。对于盗窃牛、马、骡、拖拉机等生产经营工具或者生产资料的,应当依法从重处罚。对盗窃犯罪的初犯、未成年犯,或者确因生活困难而实施盗窃犯罪,或积极退赃、赔偿损失的,应当注意体现政策,酌情从轻处罚。其中,具备判处管制、单处罚金或者宣告缓刑条件的,应区分不同情况尽可能适用管制、罚金或者缓刑。最高人民法院《关于审理盗窃案件具体应用法律若干问题的解释》第四条中"入户盗窃"的"户",是指家庭及其成员与外界相对隔离的生活场所,包括封闭的院落、为家庭生活租用的房屋、牧民的帐篷以及渔民作为家庭生活场所的渔船等。集生活、经营于一体的处所,在经营时间内一般不视为“户”。

▼最高人民检察院法律政策研究室关于非法制作、出售、使用IC电话卡行为如何适用法律问题的答复(全文)(2002年4月2日)

非法制作或者出售非法制作的IC电话卡,数额较大的,应当依照刑法第二百二十七条第一款的规定,以伪造、倒卖伪造的有价票证罪追究刑事责任,犯罪数额可以根据销售数额认定;明知是非法制作的IC电话卡而使用或者购买并使用,造成电信资费损失数额较大的,应当依照刑法第二百六十四条的规定,以盗窃罪追究刑事责任。

▼最高人民法院研究室关于如何计算正在使用中的通讯线路价值问题的电话答复(全文)(1992年11月17日)

盗窃数额是指行为人主观上意图通过盗窃行为占有,并在客观上已实际造成的公私财物的直接损失数额。犯罪分子盗窃正在使用中的通讯线路,线路(如铜线)本身的价值可以认定为盗窃数额。由于盗窃这些通讯线路使电报、电话中断因而造成的经济损失,应视为盗窃或者破坏通讯设备所引起的后果,可以盗窃罪或者破坏通讯设备罪从重处罚。

▼安徽省高级人民法院关于盗窃罪适用刑罚的指导意见(全文)(2005年1月1日)

第一条　盗窃罪是指以非法占有为目的,秘密窃取公私财物数额较大或者多次盗窃公私财物的行为。

盗窃数额满八百元不满一千元,具有下列情形之一的,可以追究刑事责任:

1. 以破坏性手段盗窃造成公私财产损失的;

2. 盗窃残疾人、孤寡老人或者丧失劳动能力人的财物的;

3. 盗窃救灾、抢险、防汛、优抚、扶贫、移民、救济、医疗款物的;

4. 造成严重后果或者具有其他恶劣情节的。

第二条　盗窃公私财物数额在一千元以上,不满一万元的,为盗窃数额较大;在一年内入户盗窃或在公共场所扒窃三次以上的,为多次盗窃。

(一)盗窃数额满一千元不满二千元,具有下列情形之一的,可视为刑法第三十七条规定的“犯罪情节轻微,不需要判处刑罚”,免予刑事处罚:

1. 已满十六周岁不满十八周岁的未成年人作案,属于初犯或者被教唆犯罪的;

2. 主动投案并全部退赃、退赔的;

3. 被胁迫参加盗窃,没有分赃或者获赃较少的;

4. 确因生活困难而实施盗窃的;

5. 其他情节轻微、危害不大的。

(二)盗窃数额不满三千元,并具有下列情形之一,适用单处罚金不致再危害社会的,可以单处罚金。

1. 初犯或者偶犯;

2. 自首或者有立功表现的;

3. 犯罪时不满十八周岁的;

4. 被胁迫参加犯罪的;

5. 全部退赃并有悔罪表现的。

(三)盗窃数额不满六千元,全部退赃并有悔罪表现的,可以处拘役或者管制,并处罚金。

(四)盗窃数额不满一万元的,处三年以下有期徒刑,并处罚金。

(五)盗窃数额不满一万元,符合缓刑适用条件的,可以适用缓刑。

(六)具有下列情形之一的,除未成年人外,一般不得判处管制、单处罚金或适用缓刑:

1. 多次盗窃的；

2. 曾因盗窃受过刑事、行政处罚的；

3. 犯有数罪的；

4. 属于犯罪集团的首要分子或共同犯罪中的主犯；

5. 流窜作案的；

6. 明知是残疾人、孤寡老人及丧失劳动能力人的财物而盗窃的；

7. 明知是救灾、抢险、防汛、优抚、扶贫、移民、救济、医疗款物而盗窃的；

8. 盗窃生产资料，影响生产的；

9. 以破坏性手段盗窃造成公私财物损失的；

10. 造成严重后果或具有其他恶劣情节的。

第三条　盗窃公私财物数额在一万元以上，不满五万元的，为盗窃数额巨大。盗窃数额在一万元以上，不满三万元的，处三年以上六年以下有期徒刑，并处罚金；盗窃数额在三万元以上，不满五万元的，处六年以上十年以下有期徒刑，并处罚金；

盗窃数额在一千元以上，不满一万元，具有下列情形之一的，可以认定为有“其他严重情节”。

1. 犯罪集团的首要分子或者共同犯罪中情节严重的主犯；

2. 盗窃金融机构的；

3. 流窜作案危害严重的；

4. 累犯；

5. 导致被害人死亡、精神失常或者其他严重后果的；

6. 盗窃救灾、抢险、防汛、优抚、扶贫、移民、救济、医疗款物，造成严重后果的；

7. 盗窃生产资料，严重影响生产的；

8. 造成其他重大损失的。

盗窃犯罪具有“其他严重情节”的，处三年以上六年以下有期徒刑，并处罚金；具有“其他严重情节”，并造成特别严重后果或五万元以上直接经济损失的，处六年以上十年以下有期徒刑，并处罚金。

第四条　盗窃公私财物数额在五万元以上的，为盗窃数额特别巨大；盗窃数额在一万元以上，并具有本意见第三条第三款规定的情形之一的，可以认定为有“其他特别严重情节”。

(一)盗窃数额在五万元以上，不满十万元的，处十年以上十二年以下有期徒刑，并处罚金或没收财产；盗窃公私财物数额在十万元以上的，处十二年以上有期徒刑，并处罚金或没收财产。

(二)盗窃犯罪具有“其他特别严重情节”的，处十年以上十二年以下有期徒刑，并处罚金或没收财产；具有“其他特别严重情节”，并造成特别严重后果或五万元以上直接经济损失的，处十二年以上有期徒刑，并处罚金或没收财产。

(三)具有下列情形之一的，可以判处无期徒刑，并处罚金或没收财产。

1. 盗窃金融机构，数额在五万元以上的，尚不足以判处死刑的；

2. 盗窃数额在二十万元以上，未全部或大部退赃的或盗窃数额在五十万元以上的；

3. 盗窃数额在十万元以上，并具有本意见第三条第三款第1、3、4、5、6、7、8目规定的，情形之一的。

第五条　因犯盗窃罪被判处罚金的，应根据被告人的犯罪情节，综合考虑其交纳罚金的能力，在一千元以上，盗窃数额二倍以下，依法确定判处的罚金数额。

第六条　具有法定、酌定从轻或从重处罚情节的，应当在本意见规定的量刑幅度内从轻或从重处罚。

具有两个以上法定或多个酌定从轻处罚情节的，可以在本意见规定的量刑幅度内，降一格处刑。

具有两个以上法定或多个酌定从重处罚情节的，可以在本意见规定的量刑幅度内，提高一格处刑。

具有法定减轻处罚情节而应当减轻处罚的，在下一法定刑并在本意见规定的量刑幅度的上一格内处刑，特殊情况不受此限。

具有应当减轻与从重或从轻情节并存情形的，应当先予以减轻，再予以从重、从轻。

第七条　以文物、增值税专用发票等特殊物品为盗窃对象及在铁路运输过程中盗窃犯罪的，依照刑法有关规定和最高人民法院相关司法解释处罚。

第八条　本意见与最高人民法院司法解释不一致的，按最高人民法院司法解释执行。

第九条　本意见自2005年1月1日起实施。

▼安徽省高级人民法院、安徽省人民检察院、安徽省公安厅、安徽省发展和改革委员会关于依法严厉打击窃电和破坏电力设备违法犯罪活动的意见（2004年9月28日）

二、窃电是指用电单位或者个人以非法占有电能为目的取不计量或者少计量的手段，窃用供电企业电能的用电行为。

下列情形之一的，即为窃电：

（一）在供电企业的供电设施上擅自接线用电的；

（二）绕越供电企业用电计量装置用电的；

（三）伪造或者开启法定的或者授权的计量检定机构或者供电企业加封的用电计量装置封印用电的；

（四）故意损坏供电企业的用电计量装置用电的；

（五）故意使用电计量装置计量不准或者失效后用电的；

（六）擅自将电费卡充值后用电的；

（七）安装窃电装置用电的；

（八）采取其他方法窃电的。

三、窃电量和窃电金额按照以下方式计算：

（一）以第二条第（一）、（二）种方式窃电的，窃电量按以下公式计算：

窃电量二私接用电设备额定容量（千伏安视同千瓦）X实际窃电时间。

（二）以第二条其他方式窃电的，窃电量选择以下方式计算：

1. 窃电量：计费电能表最大额定电流值（装有限流器的，按限流器整定电流值）所指的容量（千伏安视同千瓦）X实际窃电时间。

在高压电上窃电的，计算窃电量时还应当乘以相应的倍率；

2. 按同属性单位正常用电的平均单耗与实际窃电时间内产品产量相乘计算用电量，再加上其他辅助用电量后与抄见电量的差额计算确定；

3. 在总表上窃电的，若分表计量正常，按总表抄见电量与分表电量总和的差额计算确定；

4. 按历史上正常月份用电量与窃电后抄见电量的差额乘以实际窃电时间，并根据实际用电变化计算确定；

5. 窃电致使电能计量装置毁损的，按现场实测电流计算容量乘以实际窃取电时间计算确定；

6. 能够确定窃电量的其他方式。

（三）窃电行为足以认定但具体时间无法确定的，窃电时间按以下方式确定：

1. 窃电日数一般以180日计算；

2. 每日窃电时间，照明用户一般按6小时计算，其他用户一般按12小时计算；

3. 对于成为用户时间不足180日的，按自开始用电起的实际日数计算。

（四）窃电金额的电价标准，按照物价管理部门核定的电价标准执行。执行分时电价的，窃电时间段无法查明时，居民用户按平段的电价标准计算，其他用户按高峰时段的电价标准计算。

五、盗窃电能构成犯罪的,依照《刑法》第二百六十四条的规定和《安徽省高级人民法院、安徽省人民检察院、安徽省公安厅关于盗窃罪数额认定标准问题的规定》(皖高法〔1998〕110号)追究刑事责任;单位有关人员为谋取单位利益组织实施窃电行为构成犯罪的,依法追究直接负责人员的刑事责任。

十三、用电单位和个人窃取非供电企业、个人电能的,适用本《意见》第二、三、五条的规定处理。

十四、全省司法机关和电力行政管理部门应加大对窃电和破坏电力设备违法犯罪行为查处和打击力度,防止"有案不立"、"以罚代刑"、"重罪轻判"等现象的发生。对于违反《电力设施保护条例》的单位和个人,电力行政管理部门有权采取包括发出限期改正通知在内的行政措施。对于窃电和破坏、危害电力设备的行为,尚不构成犯罪而应予治安管理处罚的,公安部门应当根据《中华人民共和国治安管理处罚条例》的有关规定予以行政处罚;构成犯罪的,司法机关应当依法追究刑事责任。

十五、本意见自印发之日起执行。法律、司法解释有新规定的,按新的规定执行。

▼浙江省高级人民法院、浙江省人民检察院、浙江省公安厅关于办理盗窃刑事案件的若干意见(全文)(2015年12月1日)

一、关于多次盗窃

"多次盗窃"是指在两年内实施三次以上盗窃行为,但数额累计未达到较大以上的情形。

1."次"的认定。一般情况下,对基于同一概况的盗窃故意,在同一时间段内于相对固定的区域连续实施的盗窃行为可以认定为一次盗窃行为。比如,同个晚上在同一条或者接壤的马路上连续盗窃多辆汽车内物品的,可以认定为一次盗窃;同个晚上在同一个小区内连续盗窃多辆自行车的,可以认定为一次盗窃。

多次盗窃中存在盗窃未遂的,不影响次数的认定。

2.已受行政处罚的盗窃行为可以计入"多次盗窃"的次数之内;因"多次盗窃"被判处刑罚的,对行政处罚决定可以不予撤销,但行政拘留和罚款应予折抵。

"多次盗窃"不包括已受刑事处罚的盗窃犯罪行为。

3.虽有多次盗窃行为,但仅为充饥或保暖而盗窃少量食物、衣物,且没有其他严重情节的,可视为犯罪情节显著轻微,不作为犯罪处理。

二、关于入户盗窃

入户盗窃是指非法进入供他人居家生活,与外界相对隔离的居所而实施盗窃的行为。

1."入户"的非法性

(1)行为人"入户"必须基于非法的目的。如果是为了实施盗窃以外的非法目的入户的,是否作为入户盗窃处理应视情而定。为了实施抢劫、强奸、诈骗等行为而入户的,在实施了相应犯罪行为后又临时起意在户内盗窃财物的,应分别以抢劫、强奸、诈骗定罪,并与盗窃(非入户盗窃)并罚;非法入户后未实施预谋的犯罪,临时改变犯意实施盗窃的,应认定为入户盗窃。

(2)"入户"以行为人身体的全部进入户内为前提。如果只是在门窗外利用竹竿或其他工具伸进户内实施盗窃的,不宜认定为入户盗窃。

2."户"的界定

(1)"供他人居家生活"不仅包括以婚姻或血缘关系维系的家庭生活,也包括单独一人和基于同事、朋友等密切关系维系的居家生活。

房屋因居住者外出等原因暂时无人居住的,如果屋内供居家生活的设备基本齐全,且居住者仍会不定期回来居住的,该房屋仍应视为"供他人居家生活"。

(2)"与外界相对隔离"是指对户采取一定的安全保障措施,比如用房门或者院墙将户与外界隔离,以警示他人不能随意进入。

非共同租住者非法进入合租房实施盗窃,不论是进入客厅、厨房等内部公共区域还是进入各租住者的房间，均属于入户盗窃。合租者在租房内盗窃其他租住者财物的，如果是在客厅、厨房等内部公共区域盗窃的，不作为入户盗窃；如果是进入其他租住者的房间盗窃的，则应视为入户盗窃。

（3）对“户”的认识，以行为人知道或应当知道为标准。对“屋店合一”等经营与生活混同的场所，若是在营业时间之外秘密进入该场所盗窃的，应当视为入户盗窃。对“前店后房”、“下店上房”等经营与生活紧密相邻的场所，只要经营场所与生活场所之间设置有一定的隔离措施，行为人秘密进入生活场所实施盗窃的，应当认定为入户盗窃。反之，行为人主观上认为是他人生活居住的房屋而入户盗窃，但客观上该房屋为存放货物的仓库的，则不作为入户盗窃处理。

三、关于携带凶器盗窃

携带凶器盗窃是指行为人携带枪支、爆炸物、管制器具等国家禁止个人携带的器械实施盗窃或者携带其他足以危害他人人身安全的器械进行盗窃的行为。

认定“携带凶器盗窃”，要求行为人着手实施盗窃行为时须将携带的凶器置于现实的支配范围之内，具有随时使用的可能性。如果行为人为实施盗窃而携带了凶器，但将凶器放在车上或其他地方而未置于可直接支配范围内的，不能认定为携带凶器盗窃。

四、关于扒窃

扒窃是指在公共场所或者公共交通工具上盗窃他人随身携带财物的行为。

1. 公共场所是指对社会不特定公众开放，满足公共社会活动需求的场所，比如公园、商场、电影院、网吧等。在特定时间内为举办某项社会活动而面向不特定公众开放的场所，在社会活动举办期间可以视为公共场所。比如学校举办面向公众的书画展览，展览期间的展览区域可视为公共场所。

2. 随身携带包括两种情形：

（1）财物与所有人（或占有人，下同）身体有直接接触，呈现贴身保管状态，比如将钱包放置于衣服口袋内或将背包背在身上。

（2）财物放置在所有人身边能够紧密控制的位置，所有人无须移动身体或使用媒介就可以随时对财物进行支配，比如将电脑、手机、背包放置于座位旁边触手可及的地方。

3. 扒窃少量财物，但系初犯、偶犯的，可以视为情节显著轻微，不作为犯罪处理。

五、关于盗窃既未遂

1. 盗窃犯罪一般以财物脱离所有人的控制并且已处于行为人的实际控制之下为既遂标准。仅使所有人对财物失去控制而行为人尚未实际控制财物的，不能认定为犯罪既遂。

2. 行为人是否实际占有和控制财物要根据盗窃的具体方式、对象、场所等情形分别认定。比如，进入室内或户内实施盗窃的，一般应以窃得财物并离开房屋为既遂。在超市中盗窃的，一般应以将财物带离收银台或超市设置的防盗报警器所在位置为既遂。在工矿企业盗窃的，要根据被盗物品种类分别认定既遂标准；若是盗窃可随身隐蔽的小件物品的，以将物品带离存放地点为既遂；若是盗窃大件物品的，要看工矿企业是否设置门卫，未设置门卫的，一般以将大件物品带离存放点为既遂，设置了门卫的，一般应以将大件物品带离门卫看守范围为既遂。盗窃车辆的，若车辆存放处无人看管，一般应以将车辆驶离停放地点为既遂；若车辆存放处有人看管的，一般应以将车辆驶离看管人看管范围为既遂。

3. 视频监控下盗窃行为的既未遂认定。若盗窃行为进行当时被财物所有人通过视频监控发现，行为人被当场抓获并追回赃物的，视频监控可视为财物所有人对被盗财物控制权的延伸，被盗财物仍处于所有人的控制之下，该盗窃行为可认定为未遂；若是其他人通过视频监控发现盗窃行为并抓获行为人，且行为人已经窃得财物的，则应当认定为盗窃既遂。若盗窃现场虽然属于监控范围，但无人通过视频监控发现盗窃行为，只是在事后通过查看监控录像寻找作案线索时发现盗窃行为的，此时盗窃行为已实施终了，应认定为既遂。

4. 盗窃未遂，但以数额巨大的财物为盗窃目标的，应当依法追究刑事责任。“以数额巨大的财物为盗窃目标”,不仅指以客观上数额巨大的财物为盗窃目标,也包括以行为人主观上认为数额巨大但客观上并未达到数额巨大的财物为盗窃目标。具有下列情形之一的,“数额巨大”的标准可以按照我省规定标准的百分之五十以上(含本数)掌握:

(1)曾因盗窃受过刑事处罚的;

(2)一年内曾因盗窃受过行政处罚的;

(3)组织、控制未成年人盗窃的;

(4)自然灾害、事故灾害、社会安全事件等突发事件期间,在事件发生地盗窃的;

(5)盗窃残疾人、孤寡老人、丧失劳动能力的人的财物的;

(6)在医院盗窃病人或其亲友财物的;

(7)盗窃救灾、抢险、防汛、优抚、扶贫、移民、救灾款物的;

(8)因盗窃造成严重后果的。

入户盗窃、携带凶器盗窃、扒窃未遂的,应当依法追究刑事责任;但根据案件具体情况,盗窃情节显著轻微危害不大的,可不认为是犯罪。

六、关于盗窃数额的累计

1. 单次盗窃达到入罪标准,且仍在追诉时效内的,盗窃数额累计计算。

2. 单次盗窃未达到入罪标准,但发生在两年内的,盗窃数额累计计算。

七、其他规定

本意见自印发之日起试行。法律、司法解释另有规定的,按相关规定执行。

▼河北省打击盗窃电能违法行为若干规定(2001年9月10日)

第二条　窃电是一种盗窃行为,是指以非法占有为目的,采用秘密或其他手段不计量或少计量电能的行为。有下列行为之一的,为窃电行为:

(一)擅自在供电企业的供电设施上接线用电的;

(二)绕越供电企业的用电计量装置用电的;

(三)伪造或开启法定的或者授权的计量检定机构加封的用电计量装置封印用电的;

(四)故意毁坏供电企业用电计量装置的;

(五)故意使供电企业的用电计量装置计量不准或失效的;

(六)采用其他方法窃电的。

第三条　全省各级司法机关、行政执法部门处理窃电案件,对窃电设备容量、日窃电时间、窃电日数和窃电金额按以下原则确认:

(一)凡实施窃电行为所用的电气设备均确认为窃电设备。窃电设备容量按设备铭牌标定的额定容量(千伏安视同千瓦)确定;对无铭牌的设备容量按实际测定确认。

(二)日窃电时间按实际查明的日窃电时间确认。

(三)窃电日数以能够查明的实际窃电日数确认。

(四)窃电金额以窃电设备容量、日窃电时间、窃电日数及当地当时电力销售价格和其他符合国家政策的费用分别计算后合并确认。

第四条　对窃电日数、日窃电时间无法查明的,按照《供电营业规则》第一百零三条确认,窃电时间至少以180天计算;每日窃电时间,照明用户按6小时计算;电力用户按12小时计算。

对上述确认有争议的,可申请发案地电力企业的上一级电力行政管理部门进行鉴定。

第九条　有下列情形之一,尚不够刑事处罚的,由公安机关依据《中华人民共和国治安管理处罚条例》予以处罚:

(一)对依法执行职务及查电人员进行侮辱谩骂、造谣中伤的;

（二）设置障碍，阻碍依法执行职务的；

（三）袒护并协助被处罚当事人逃避处罚的；

（四）弄虚作假、隐瞒欺骗，破坏窃电现场的；

（五）阻碍电力行政执法及查电人员依法取证的；

（六）转移资金、改换账户逃避处罚的；

（七）撕毁依法执行职务人员证件、文件和票据的；强词夺理、无理纠缠、拒绝、阻碍依法执行职务的；抢夺依法执行职务人员佩戴的警械、器具的；推、打和围攻电力行政执法及查电人员，使依法执行职务不能正常进行的；

（八）在现场带头起哄闹事或煽动群众闹事不听制止的；冲击、搅闹电力行政执法机关，致使工作不能正常进行的；

（九）殴打依法执行职务人员造成轻微伤害的。

第十一条　具有下列情形之一的，除电力行政执法部门追缴窃电损失外，由司法机关依据《中华人民共和国刑法》追究刑事责任。

（一）窃电数额较大或多次窃电的；

认定窃电构成犯罪的数额标准，按照我省司法机关关于盗窃有形财产的数额标准执行。

（二）使用暴力殴打电力行政执法及查电人员，情节严重，构成犯罪的；

（三）因窃电造成供电设备严重损坏或导致大面积停电事故的；

（四）电力系统工作人员为他人窃电提供条件或帮助，窃电数额较大，构成犯罪的；

（五）电力系统工作人员利用职务之便窃电归己使用，构成犯罪的。

第十二条　因窃电构成治安案件的，由案件发生地公安机关查处。

▼浙江省高级人民法院、浙江省人民检察院、浙江省公安厅关于抢劫、盗窃、诈骗、抢夺借据、欠条等借款凭证是否构成犯罪的意见（全文）（2002年1月9日）

债务人以消灭债务为目的，抢劫、盗窃、诈骗、抢夺合法、有效的借据、欠条等借款凭证，并且该借款凭证是确认债权债务关系存在的唯一证明的，可以抢劫罪、盗窃罪、诈骗罪、抢夺罪论处。债务人以外的人在债务人的教唆之下实施或者帮助债务人实施抢劫、盗窃、诈骗、抢夺借据、欠条等借款凭证，并且明知债务人是为了消灭债务的，以抢劫罪、盗窃罪、诈骗罪、抢夺罪的共犯论处。

●利用信息网络盗窃与诈骗的认定

行为人利用信息网络，诱骗他人点击虚假链接而实际通过预先植入的计算机程序窃取财物构成犯罪的，以盗窃罪定罪处罚；虚构可供交易的商品或者服务，欺骗他人点击付款链接而骗取财物构成犯罪的，以诈骗罪定罪处罚。（参见最高人民法院第7批指导性案例27号臧进泉等盗窃、诈骗案，2014年6月23日发布。）

●盗窃网络域名的行为，构成盗窃罪

网络域名具备法律意义上的财产属性，盗窃网络域名可以认定为盗窃行为。（参见最高人民检察院发布第9批指导性案例，检例第37号，张四毛盗窃案，2017年10月12日发布。）

□非法侵入银行计算机信息系统将银行的资金划入自己的存款账户后提取现金的行为，构成盗窃罪

根据刑法第二百八十七条规定，利用计算机实施盗窃犯罪的，应依照刑法关于盗窃罪的有关规定定罪处罚。被告人私制侵入银行计算机系统装置，侵入银行计算机系统，将银行资金划入个人账户内的行为，都是在不被银行工作人员发现的情况下秘密进行的，如果在银行工作人员监视计算机输入状况下就不可能得逞。诚然，就被告人存单内多出的其非法划入的款项来讲，银行工作人员不可能知道这是被告人盗划的，由此认为这确实属于被告人的款项，已包含有被诈骗的因素。但行为人先已完成的盗窃行为，使后来形式上的骗成为在正常情况下不可能被察觉的行为，“诈骗”也就不再成为影响案件性质的关键。如同行为人在行李寄存处先存入一装有废物的纸箱,然后秘密潜入该寄存处,将他人包内的钱物取出装入自己寄存的纸箱内,第二天再取走装有他人钱物的纸箱。对于存包的失主来说,其财物被盗是明显的;对寄存处来说,表面是被骗,而实质是其被盗在先,以表面被骗,使行为人完成了盗窃行为。诈骗罪的虚构事实,不应当包括其实施诈骗行为前的使物品所有权已发生转移的盗窃行为,故二被告人的行为,符合盗窃罪秘密窃取的特征。[参见江苏省扬州市人民检察院诉郝景文、郝景龙盗窃案,载《最高人民法院公报》总第64期,2000年第2期,第62页;第60号案例,郝景文、郝景龙盗窃案,载《刑事审判参考》总第8辑(2000年第3辑),法律出版社,第36~38页。]

□被告人利用编写、传播病毒程序在网上截取他人银行账号、密码,窃取或实际控制他人网上银行账户内存款的行为,构成盗窃罪

被告人利用编写、传播病毒程序在网上截取他人银行账号、密码,窃取或实际控制他人网上银行账户内存款的行为,构成盗窃罪。(参见南京市玄武湖区人民检察院诉余刚等四人盗窃案,载《最高人民法院公报》总第106期,2005年第8期,第34页。)

□机动车所有人或者占有人在离开车辆时,将车钥匙忘记在车上,以秘密窃取的方式取得该机动车辆的,构成盗窃罪

机动车为具有特殊属性的物,所有权人必须以所有权凭证来主张自己的所有权。机动车交易只有在办理过户登记手续后,才发生所有权的转移。同时,机动车牌号登记制度也进一步增强了所有人或占有人对车辆的控制力。因此,即使机动车所有人或者占有人在离开车辆时忘记关闭车窗、车灯,将车钥匙忘记在车上,也不能认定其完全丧失对车辆的控制,并由此推定该机动车属于遗忘物。在此情形下,行为人出于非法占有的目的,以秘密窃取的方式取得该机动车辆的,应当以盗窃罪定罪处罚。(参见西安市人民检察院诉韦国权盗窃案,载《最高人民法院公报》总第114期,2006年第4期,第41页。)

□秘密窃取网络环境中的虚拟财产应当按该虚拟财产在现实生活中对应的实际财产遭受损失的数额确定盗窃数额,虚拟财产在现实生活中对应的财产数额,可以通过该虚拟财产在现实生活中的实际交易价格来确定

三、秘密窃取网络环境中的虚拟财产构成盗窃罪的,应当按该虚拟财产在现实生活中对应的实际财产遭受损失的数额确定盗窃数额。虚拟财产在现实生活中对应的财产数额,可以通过该虚拟财产在现实生活中的实际交易价格来确定。(参见上海市黄浦区人民检察院诉孟动、何立康网络盗窃案,载《最高人民法院公报》总第121期,2006年第11期,第33页。)

□行为人在租用人掌握密码并实际占有、控制银行卡内存款的情况下,通过挂失、补卡等手段将银行卡内租用人的存款取出占为己有的,构成盗窃罪

行为人将银行卡出租给他人使用,租用人更改银行卡密码后,因使用不慎,银行卡被ATM吞掉。行为人出于非法占有的目的,利用租用人请求其帮助取卡之机,在租用人掌握密码并实际占有、控制银行卡内存款的情况下,通过挂失、补卡等手段将银行卡内租用人的存款取出并占为己有,其行为属于秘密窃取他人财物,应以盗窃罪定罪处罚。(参见上海市黄浦区人民检察院诉崔勇、仇国宾、张志国盗窃案,载《最高人民法院公报》总第179期,2011年第9期,第42页。)

○意外盗得爆炸物并藏匿的构成盗窃罪

根据刑法规定和最高人民法院有关司法解释,被告人的行为构成盗窃罪,主要理由是:1. 被告人盗窃时主观上没有盗窃爆炸物的故意,不构成盗窃爆炸物罪。被告人出于非法占有一般公私财物的目的实施了盗窃行为,尽管事后发现是炸药,但被告人掀下纸箱进行盗窃之时并不明知里面是炸药,被告人从车上掀下货物时,货物已经脱离被害人控制而被被告人控制,盗窃行为已经既遂,之后在转移盗窃物品时因纸箱掉在地上破裂才发现是炸药而藏匿,因此,被告人盗窃之前或者盗窃之时主观上并不具有盗窃爆炸物的故意。所以,根据主客观相统一的定罪原则,其行为不能认定为盗窃爆炸物罪。从对象认识错误来看,被告人本意盗窃一般财物而意外盗窃了爆炸物,属于不同构成要件的认识错误。对于对象认识错误,应当根据主客观相统一的原则认定犯罪。具体而言,如果行为人主观认识与实际行为对象属于同一构成要件范围内的,因侵害的法益具有同质性,故不阻却犯罪故意,不影响刑事责任,如盗窃项链时误偷手表仍构成盗窃罪,意图杀害甲而错将乙杀害仍构成故意杀人罪;如果行为人主观认识与实际行为对象属于不同构成要件范围,则阻却对实际对象的犯罪故意,如盗窃财物而意外盗得枪支的,由于盗窃罪与盗窃枪支罪是两个不同的犯罪构成,不能认为行为人具有盗窃枪支的故意从而构成盗窃枪支罪。由于枪支也具有财产价值,可以评价为财物,在盗窃罪的范围内可以主客观相统一,应认定被告人的行为构成盗窃罪。同理,本案中意外盗得爆炸物的亦属此种情况,应以盗窃罪定罪。2. 被告人的行为不构成非法储存爆炸物罪。根据《最高人民法院关于审理非法制造、买卖、运输枪支、弹药、爆炸物等刑事案件具体应用法律若干问题的解释》第八条的规定,非法储存爆炸物罪中"非法储存"的是指"明知是他人非法制造、买卖、运输、邮寄的枪支、弹药、爆炸物而为其存放的行为",即为他人储存爆炸物构成犯罪,而为自己储存的则不构成此罪。为自己储存的爆炸物,一般是制造、买卖、盗窃等犯罪的必然结果,属于犯罪后续行为,为此前的犯罪实行行为所吸收,根据吸收犯处罚原则,依一重罪处罚,其结果行为不再另行处罚。所以,被告人盗窃后为自己储存的行为不构成非法储存爆炸物罪。3. 被告人的行为没有牵连触犯其他犯罪。如果盗窃后的结果行为触犯另一独立罪名,如非法携带危险物品危及公共安全罪,则可能会依照牵连犯"从一重处断"原则进行处罚。[参见《刑事审判参考》总第52辑(2006年第5辑),法律出版社,第88~89页。]

○盗窃罪的既未遂及与相关罪的区别

盗窃罪的既未遂标准,向来众说纷纭。最具代表性、最流行、最为大家所接受的主要是失控说和控制说。失控说基于法益保护的角度认为:应以财物的所有人或保管人是否丧失对财物的占有权即控制为标准,凡是盗窃行为已使财物所有人或保管人实际丧失了对财物的控制的,即为盗窃既遂;而财物尚未脱离所有人或保管人的控制的,为盗窃未遂。控制说站在犯罪是否得逞的立场认为,应以盗窃犯是否已获得对被盗财产的实际控制为标准,盗窃犯已实际控制财物的为既遂;盗窃犯未实际控制财物的为未遂。由于物主丧失占有或控制并不一定等于盗窃犯实际占有或控制,故二说在某些案件适用上会导致不同的认定结果。应当说,二说各有千秋,不过,控制说基本上是通说,也更符合我国刑法关于犯罪既遂的一般规定。实际上,由于盗窃对象的不同,盗窃行为使用的手段不同,以及盗窃时的环境及条件的不同,在面对千差万别的具体盗窃行为时,判断所谓取得"实际控制"仍是个极为复杂棘手的问题。总结司法实践,结合社会一般经验和常识,一般有以下几种考虑因素及常见判断类型:其一应考虑被害人对物的控制权范围的问题。例如盗窃工厂的财物,工厂的权利范围就是整个厂区,在工厂内盗窃工人的个人财物,工人的权利范围就是本人的衣柜、工具箱等。一般情况而言,盗窃分子将财产盗窃被害人权利控制范围,也就标志着控制并非法占有了财物,构成盗窃既遂。但是,由于控制范围的复杂性,也就决定了盗窃既遂与未遂的复杂性,实践中应加以区别对待。至于在无人监控或无特定控制区的室外,将财产移离原处即为既遂。其二应考虑被盗对象的特点。被盗财物的性质、重量、体积、形状等不同,盗窃分子行窃时控制其财产的难易程度就会不同,因而认定既遂与未遂的标准也可能不同。例如窃取货币,一般只要窃离原处,即为既遂,而其他财产,则要脱离一定控制范围,才属既遂。一般来讲,如果是不能随身携带之物,应以窃出控制范围外为既遂,如果是轻便容易随身携带之物,应以将财物移离原处隐藏于身或随身携带的包内为既遂。体积小、重量轻可随身携带的财物,只要窃离原处或携带身上,即可认定既遂。如行为人将车间或办公室贵重轻便之物放到自己的包内,或隐藏于室内或室外他人不知之处,使原财产所有人失去控制而置于自己控制之下,盗窃分子已经实际上对该财产享有支配、处分权,即构成既遂。而对于体积大或沉重之物,只有将其移离于原物的有效控制区外,盗窃分子才能实际控制而成为既遂。常见的类型有:1. 扒窃的既未遂。一般认为,只要行为人一把被盗财物从原控制人的衣袋或提包中窃取出来,就意味着原控制人对财物的控制丧失,同时盗窃行为人获得对所窃财物的控制,为既遂。反之,如果扒窃者着手犯罪后没有能达到这种程度,还没有把财物从控制人的衣袋或提包中拿出来就被抓住,则属于未能获得对财物的控制,系未遂。2. 入户盗窃的既未遂。由于物主对户内财物具有实际的控制权,一般认为只有盗窃行为人将所窃财物带出户外,方成立既遂。在财物被带出屋外之前,很难说盗窃行为人已经排除了被害人的控制而取得自己对被盗财物的控制。当然这也存在例外,如是货币到手即为既遂;如果是雇用工人因其有权利自由出入主人的房间,所以雇用工人乘主人不备,窃取财物置于自己支配之下,虽然没有将财物带出屋外,同样可以成立盗窃罪既遂。另外,还要根据房屋的具体情况判断何为屋外,如果是城市的公共楼房,屋内自然是指自家所能控制的门内,而门外的楼道自然不属其可控制的范围,因此这种房间的屋外自然是指门外。而在广大农村,每户住宅除了有房屋以外,还有一个自家的小院,这个小院也是主人的控制范围,这种情况下,盗窃行为人如果只是把财物窃到房屋外,还没有出小院的范围时,一般也不能认为盗窃行为人已经取得了实际控制,所以带有院子的房屋的"屋外"一般应指院子的外边。3. 店中盗窃的既未遂。商店在正常营业的情况下,其门口是允许任何人自由出入的,故商店对财物的合法控制范围不能以门口为标准。柜台销售的,物主对财物的合法控制范围以柜台为限,只要行为人一将财物窃出柜台即标志着行为人控制了所窃财物而成立盗窃既遂。超市型的商店,顾客可以在超市允许的范围内随便拿取商品,但是这个区域都有一个警戒线,行为人一旦把财物窃出这个警戒线,就可以认为行为人已经控制了所窃取的财物,成立盗窃既遂,无须带出商店的门口。但是如果是商店的非营业时间,则商店对其财物的控制范围就为整个商店的区域,这种情况下,盗窃行为人只有把财物窃出商店,才标志着行为人已经实际控制了所窃财物而构成既遂。4. 企事业单位等有人管理区域内的盗窃既未遂。从原则上讲,盗窃行为人避开管理人的警戒,把所盗财物带出被管理人有权利控制的区域即为既逐。但是因为警戒管理有严有松,这当然会影响到盗窃的既遂未遂,并且被盗对象的形状有大有小,这也同样会影响到既遂未遂的时间。例如,盗窃行为人在一家工厂里盗窃工厂的财物,如果财物体积小便于藏在身上,一般来讲当行为人将财物藏在身上时就已经盗窃既遂。但是这还要根据工厂的警戒和管理的具体状况而定,如果工厂的性质比较特殊,出入门口都要经过严格检查,这种情况下,盗窃行为人在厂内窃取的财物虽然已经藏于身上,但是在没出门口之前,仍不能认为已经取得实际控制。另外,即使是工厂的门口并非严格检查,比如搜身,但是如果行为人盗窃的是体积较大无法藏于身上的财物,那么这种无法藏身的财物仍然是门口检查的范围,未出厂之前仍不能认定既遂。类似的盗窃还有很多,例如发生在博物馆、展览馆内的盗窃。所以判断从被人管理的区域内盗窃财物的既遂与未遂,必须把盗窃对象的性质与该区域的管理控制程度结合起来具体分析,才能得到正确的结论。5. 有价证券盗窃的既未遂。有价证券一般可分为两种:第一种是不记名或不挂失有价证券,如国库券、无记名股票等。其特点是义务人只对证券持有人负责给付义务,也就是"认券不认人"。这种证券其实可以视为货币,窃取了证券,也应意味着非法占有了证券上所记载的一定数额的财产,所以盗窃不记名、不挂失的有价证券的既遂未遂标准与盗窃货币类似,到手即为既遂。第二种有价证券是记名或可挂失的有价证券,如记名银行存单、汇款单、汇票、本票、支票等,其特点是义务人根据证券向证券指定的人负责给付金钱的义务,也就是"既认券又认人"。盗窃行为人盗窃得到这种有价证券后,并不意味着已经获得了对证券所记载财产的完全控制。如果行为人要进一步非法占有证券所记载的财产,就必须以权利人的身份去支取财物。所以,盗窃行为人盗得记名、可挂失的有价证券后,在冒名领取时被人发觉或在行为人冒领以前义务人挂失或在窃得有价证券后马上被人抓获等原因,导致行为人没能最终控制证券中记载的钱财,就属于因意志以外的原因而未能具备盗窃罪既遂的全部要件,应构成盗窃罪未遂;如果盗窃行为人窃得记名、可挂失的有价证券后,顺利地支取了证券中记载的财物则构成盗窃罪既遂。6. 盗窃运输中货物的既未遂。在运输工具如铁路、汽车上作案的,一般应以货物脱离运输工具时作为既遂。如汽车在行驶中,盗窃人扒车行窃,只要将货物卸下车,即为盗窃既遂。在停留的运输工具内行窃,如有人监视、警戒的,脱离了监视、警戒区才能控制财产,因而应以盗窃分子将财产窃离监视、警戒区为既遂;没有监视、警戒的,以窃离运输工具为既遂。最后,需要特别指出的是,只要对被盗财物取得了实际控制即为既遂,至于控制时间长短不是影响盗窃既未遂的因素。例如盗窃分子进入商店盗窃,刚走出店门即被店主发现,就擒,人赃俱获。按控制说,控制时间无长短要求,盗窃分子盗窃财物已经走出店外,理应是既遂。入户(室)盗窃,已经将被盗财物盗出了物主的可控区域,完成了自己对该财物的实际控制,即使被物主当场发觉,也已构成盗窃既遂,其为携带赃物脱身逃跑(无论是携带赃物与否)而采取的欺诈性手段,不独立构成诈骗罪。构成诈骗罪必须具备以下几个要素:1. 行为人采用了欺诈手段。2. 受害人因此发生了错误认识。3. 受害人基于错误认识而实施了处分财产的行为。4. 行为人因受害人的财产处分行为而获得相应利益。第三点中的处分财产行为便是实质性行为,是诈骗罪区别于盗窃罪的关键。处分行为做具体解释是受害人对财产作出处分而失去占有的行为。这里需要把握两点:一是受害人作出处分行为是意在失去占有的行为。二是受害人失去占有的财物是经过了受害人的处分的。如顾客在商店里试衣服,顾客穿上衣服后,借口上厕所乘机逃跑。虽然售货员允许顾客带着试穿的衣服暂时地离开,但这并不是对财物失去占有的一种处分,所以不构成诈骗罪而构成盗窃罪。又如顾客在仓库取货时偷偷把不属于自己的货物放进取货的箱子里带出仓库。这里仓管员虽然同意顾客把箱子带出,但并没有对失去的被顾客偷偷装进箱子的货物进行处分,所以不构成诈骗罪,而构成盗窃罪。甚至在形形色色的"调包案"中(行为人经常以某种借口要看一下受害人的财物,调包后再还给被害人),因为受害人交给行为人财物的行为称不上处分行为,根本没有转移占有的意思,所以也有观点主张构成盗窃罪而非诈骗罪。观点正误姑且不论,但提醒我们把握诈骗罪的实质要件十分重要。盗窃罪与抢夺罪的最本质区别就在于取得他人财物的行为是秘密窃取的还是公然夺取的。盗窃罪的隐蔽性与抢夺罪的公然性所针对的对象自然是相对于物主而言。如在公共场所扒窃,虽然周围的人都看到行为人的盗窃行为,但只要不被财物所有人发觉就行。这时行为人构成的是盗窃罪而非抢夺罪。相反,如果行为人尾随被害人到一条无人的小巷,当着被害人的面抢了财物就逃,行为人构成的是抢夺罪。如果取得财物的方式是秘密窃取的,尽管当场即被回家的主人发觉且质疑,但是该财物的控制权已发生转移,不存在再一次对同一物公然强行拿走的问题,因而也无抢夺罪构成的可能。值得注意的是,无论是秘密窃取还是公然夺取,其前提都是相对于物主对财物的实际控制权而言的,至于夺的具体方式则可能是多种多样的。如长途客运司机在中午停下来吃午饭的时候,等所有乘客刚下车,就加大油门把装着乘客旅行包的车开走,就可以构成抢夺罪,因为乘客对车内的自有物具有控制权。[参见《刑事审判参考》总第46辑(2005年第5辑),法律出版社,第162~168页。执笔:汪鸿滨]

▽虚拟财产及网络盗窃数额的认定

1998年3月17日起施行的《最高人民法院关于审理盗窃案件具体应用法律若干问题的解释》第五条列举了多种被盗物品数额的计算方法,并在该条第(七)项规定"销赃数额高于按本解释计算的盗窃数额的,盗窃数额按销赃数额计算",但对盗窃Q币和游戏点卡的,如何计算其数额,并没有作出具体明确规定。就网络中犯罪数额的计算,2005年5月13日起施行的《最高人民法院、最高人民检察院关于办理赌博刑事案件具体应用法律若干问题的解释》第八条可供参考,其规定,通过计算机网络实施赌博犯罪的,赌资数额可以按照在计算机网络上投注或者赢取的点数乘以每一点实际代表的金额认定。行为人利用木马程序盗得了被害公司所有的腾讯、网易在线充值系统的登录账号和密码后,盗卖Q币和游戏点卡,如何计算其犯罪数额,可以参照前述赌资数额的解释规定予以认定。这些以电磁记录为载体表现出来的虚拟物品,理论上将其称为虚拟财产。其主要是网络游戏玩家通过申请游戏账号、购买游戏点卡、在线升级等手段获得的货币、武器、装备等。从其来源形式看,主要为:一是玩家投入大量的时间、精力和金钱在游戏中不停"修炼"获得;二是玩家用现实货币购买获得。应该指出,对于来源于玩家自身“修炼”获得的虚拟财产价值的确很难确定;但对于通过交易方式取得的虚拟财产价值则是可以衡量的,从财产保护的平等性出发,只要具有财产属性就应当给予平等的法律保护,至于财产价值确定的难易不能成为法律是否给予保护的根据。网络游戏中虚拟财产的交易,从交易主体看,有玩家之间的交易、玩家与运营商交易、代理商与运营商交易、代理商之间的交易等。这些交易是一种民事上的买卖行为。交易中的一方交钱,另一方交货。在这一情形下,虚拟财产就具备用价格衡量的交换价值。参照前述赌资数额的解释规定,盗窃虚拟Q币和游戏点卡的金额,应当以所盗窃Q币和游戏点卡数分别乘以每只Q币或者每点实际代表的金额之和。衡量本案中被害单位被窃Q币和游戏点卡的价格,主要有:(1)运营商腾讯公司和网易公司在线销售价格;(2)玩家之间的离线交易价格;(3)被害单位与运营商腾讯公司和网易公司的合同价;(4)被告人销赃价格。应以第三种价格作为计算被盗Q币和游戏点卡价值的标准。[参见第420号案例,孟动、何立康盗窃案,载《刑事审判参考》总第53辑(2006年第6辑),法律出版社,第47～49页。执笔:朱铁军　沈解平]

▽盗窃存放在邮政局金库中的邮政储蓄款的行为,属于盗窃金融机构

行为人实施盗窃行为的地点是邮政局的金库,但盗窃的对象是邮政储汇资金。邮政局显然不是金融机构,而邮政储蓄专柜属于金融机构,那么,盗窃邮政局金库内存放的邮政储蓄金柜的邮政储汇资金是否构成盗窃金融机构?最高人民法院在1997年《关于审理盗窃案件具体应用法律若干问题的解释》第八条规定:“刑法第二百六十四条第(一)项规定的‘盗窃金融机构’,是指盗窃金融机构的经营资金、有价证券和客户的资金等,如储户的存款、债券、其他款物,企业的结算资金、股票,不包括盗窃金融机构的办公用品、交通工具等财物的行为。”从上述规定来看,要构成盗窃“金融机构”,必须具备下列两个条件:一是盗窃对象应当是金融机构中的金融资金;二是盗窃行为的发生地点应当是金融机构中。本案的犯罪对象是金融机构中的金融资金。首先,邮政储蓄专柜属于金融机构。根据《银行法》《商业银行法》《公司法》的规定,金融机构是指中国人民银行、政策性银行、商业银行和其他金融机构。其中商业银行是指依法设立的吸收公众存款、发放贷款、办理结算等业务的企业法人;其他金融机构是指除银行以外的其他依法参与金融活动,开展金融业务,具备法人资格的组织,它包括保险公司、信托投资公司、证券公司等机构。而某县邮政局的储蓄专柜,已经获准取得中华人民共和国金融许可证及营业执照,依法从事吸收公众存款、办理结算业务等金融业务,因此,该储蓄专柜属于国家批准成立的其他金融机构。行为人盗窃的对象属于金融机构中的金融资金。金融机构的金融资金是指金融机构的经营资金、有价证券和客户的资金等,如储户的存款、债券、其他款物,企业的结算资金、股票。由于邮政储蓄专柜是国家的金融机构,其储汇业务是金融业务的一种,储汇资金当然也就是金融资金的一种。[参见第460号案例,陈建伍盗窃案,载《刑事审判参考》总第58辑(2007年第5辑),法律出版社,第44～46页。执笔:李燕明]

▽偷配单位保险柜钥匙秘密取走柜内的资金后,留言表明日后归还的行为仍然构成犯罪

行为人盗走单位巨额钱财,事后表明真实身份的行为不属于民间借贷,而是犯罪行为。行为人私自秘密取走现金后,采用留言的方式表明身份,并称会连本带利归还该现金的行为不符合民间借贷行为的实质特征,已经构成犯罪,理由如下:1.民间借贷属于借款合同,根据最高人民法院1999年2月13日发布的《关于如何确认公民与企业之间借贷行为效力问题的批复》(本附文以下简称《批复》)的规定,公民与企业之间的借贷属于民间借贷,在借贷合同订立过程中,双方当事人对借款事项有准确的认识,对借款的后果有清醒的预期,并在此基础上达成借款的合意,出借方对款项行使处分权,自愿将款项借给借款方。行为人行为不具备民间借贷合同的基本特征,不能认定其行为属于民间借贷行为。2.评价一行为是否构成犯罪,需要考察该行为是否在客观上已使我国刑法所保护的法益遭受到实际的侵害。刑法关于侵犯财产类犯罪的规定,主旨是保护公私财物的合法所有权及其他合法占有状态。行为人偷拿行为直接使公司实际丧失了对该款项的合法所有权,并间接侵犯了公司职工的工资利益,已经侵害了刑法所保护的公私财物所有权，具有明显的社会危害性，其行为已经构成犯罪，应当依法追究刑事责任。要准确界定行为人的行为构成何罪，必须结合三个罪的构成要件来进行分析。(1)被告人的行为不构成挪用资金罪。挪用资金罪与盗窃罪在构成要件上的区别主要表现在：一是犯罪主体不同。挪用资金罪构成主体是特殊主体，即行为人必须是非国有公司、企业或者其他单位的非国家工作人员；而盗窃罪的主体则是一般主体。二是犯罪对象不同。挪用资金罪的犯罪对象必须是本单位的资金；盗窃罪的犯罪对象为他人财物，而不局限于本单位的资金。在主观故意方面，挪用资金罪中行为人的主观目的是暂时取得本单位资金的使用权，通常情况下行为人会考虑挪用资金的保值、增值问题，以备将来归还；而盗窃罪的行为人因其主观上是想占有他人的财物，并无归还意图。因此，行为人在行为时是否有准备以后归还资金的意图，是二罪在主观故意上的根本区别。行为人虽然在作案后写字条，表明以后将归还取走的资金，但其案后携款潜逃，没有采取任何使资金保值增值的措施，而是在案后短短十几天时间内就大肆挥霍掉近9000元，这一情节，足以说明行为人行为目的中并无归还意图，其行为不符合挪用资金罪的主观构成要件。在客观方面，挪用资金罪的行为人必须是利用职务上的便利对本单位的资金予以挪用，而盗窃罪的行为人则均是采取秘密手段，在财物所有人或保管人不知情的情况下将财物予以占有、转移。因此，是否利用职务之便是二罪在客观表现上的根本区别。根据1985年7月18日"两高"联合发布的《关于当前办理经济犯罪案件中具体应用法律的若干问题的解答》，并参考1999年9月16日最高人民检察院《人民检察院直接受理立案侦查案件立案标准的规定》，所谓"利用职务上的便利"，是指行为人利用其职责范围内的主管、管理、经手公共财物的便利条件；而主管、管理、经手公共财物，都是由行为人所担负的职责所产生。如果行为人利用与自己职责、职权无直接关系或者说不是以职责为基础的便利条件，如仅仅因为在某单位工作而熟悉作案环境、凭借系工作人员的身份而易于进入他人保管公共财物的场所、较易接近作案目标或者因为工作关系熟悉本单位其他人员的职务行为的操作规程等便利条件侵占本单位公共财物，就不属于"利用职务上的便利"，由此实施的犯罪，应当根据行为人侵占财物的具体手段性质来确定罪名。行为人案发时担任永丰源公司"核算成本"会计，其职责范围就是负责公司日常运营成本的核算和报表统计，并没有主管、管理、经手现金的职责和权力，因此，行为人在本案中只是利用了其熟悉作案环境，便于接触作案目标的便利条件，不属于"利用职务上的便利"。另外，行为人在行为过程中采取的偷配钥匙、趁财务室无人之机取走现金的系列行为，均是在力图避免资金所有人或保管人发现的情况下所为，因此，其作案手段具有高度的秘密性，故此，其行为不符合构成挪用资金罪的客观构成要件。(2)行为人的行为不构成职务侵占罪。职务侵占罪与盗窃罪在构成要件上的主要区别在于，职务侵占罪中，行为人非法占有本单位财物的行为必须是利用了其职务上的便利，且在占有过程中，不要求其作案手段具有秘密性，即行为人既可以利用职务之便采用他人不易发觉的隐秘手段占有本单位财物，也可以是利用职务之便公然占有本单位的财物。而盗窃罪的客观表现必须是采用秘密手段窃取财物。至于如何界定行为人利用职务之便的行为，前文已作详尽阐述，在此不再赘述。(3)行为人的行为构成盗窃罪。首先，行为人具有非法占有目的。行为人秘密取得现金后将赃款带离该公司时，即已完全排除了权利人对该笔资金的支配，实现了非法占有目的。其次，行为人采取了秘密窃取的作案手段。行为人采取的私自偷配钥匙一把，并趁公司午休无人注意之机，进入财务室，打开壁橱，取走现金后又将壁橱锁好的系列行为，均是在该资金的所有人永丰源公司及其老板和保管人未察觉的情况下所为，因此，行为人的行为符合盗窃罪中"秘密"窃取的行为特征。其事后留下字条表明作案人身份并声称会连本带利归还给被害人的行为，只能使被害人"事后"知情，而不影响其作案时"秘密"窃取事实的成立。最后，行为人的行为已经构成盗窃罪既遂，且数额特别巨大。行为人在作案后十几天将绝大部分赃款归还的行为，使公司在最终意义上没有受到很大损失，只是属于事后的悔罪表现，不影响盗窃既遂事实的认定。[参见第508号案例，范军盗窃案，载《刑事审判参考》总第64集(2008年第5集)，法律出版社，第38~44页。执笔：曲晶晶]

▽行为人盗窃本人被他人合法占有的财物,主观上没有非法占有目的,不构成盗窃罪

所有权和一定占有关系均受刑法保护。对于行为人具有非法占有目的的,应当以盗窃罪论处;对于行为人不具有非法占有目的的,不应以盗窃罪处理。一方面,对于行为人以非法占有目的从财产占有人处窃财的,这种情况一般表现为行为人从财物占有人处秘密窃取了本人的财物后,还以索赔等手段,要求保管人赔偿损失的情况。另一方面,因为在我国刑法理论和司法实践上,侵犯财产罪的犯罪客体一直被认为是他人对财产的所有权,而且需要被害人有实质的财产损害或损害危险。盗窃他人占有的本人财物的行为中,有的行为人主观上不具有非法占有的目的,其行为客观上也不会造成占有人财产的损失,因而不宜以盗窃罪论处。[参见第404号案例,陆惠忠、刘敏非法处置扣押的财产案,载《刑事审判参考》总第51辑(2006年第4辑),法律出版社,第28~30页。执笔:陈靖宇　陈利]

▽区分盗窃罪与诈骗罪的关键是以行为人非法占有财物时起关键作用的手段为标准

盗窃和诈骗手段常交织在一起的案件,判断行为人构成盗窃罪还是诈骗罪,主要是看行为人非法占有财物时起关键作用的手段。所谓关键手段,是指行为人赖以实质或永久性占有财物的直接方式。如果行为实施欺骗手段暂时占有或控制了财物,但财物控制者并没有将财物给予行为人进行有效处分,并未失去对财物有效控制的情况下,财物控制者仍实质上占有财物,行为人秘密将财物据为己有的行为构成盗窃罪。诈骗罪应是行为人实施骗术使财物控制者受骗上当自愿交出财物,从而行为人实质占有该财物,即根据社会一般观念,在当时的情况下,受骗人已经将其财物转移给行为人或行为人指定的第三者进行事实上的有效支配和控制,而不是短暂或形式上的占有。[参见第008号刑案判例,张德振盗窃案,载《刑事审判参考》总第2辑(2005年第2辑),中国人民公安大学出版社,第3~5页。执笔:杨才清]

▽将被害人骗至住处,秘密窃取其财物的行为,构成盗窃罪

行为人以谎称要购买化妆品或假意要被害人到其住处休息为由,将被害人骗至其住处,被害人将所带的财物也放置行为人居住的房间内,但此时被害人并没有将财物交给行为人进行有效处分,被害人仍然支配和控制着自己的财物。行为人最终趁被害人在外吃饭或在卫生间洗澡不备之机所实施的秘密窃取的行为,取得了对被害人财物的有效控制和支配,其先前将被害人骗到房间的行为是为实施秘密窃取行为创造条件,故行为人的行为构成盗窃罪。[参见第008号刑案判例,张德振盗窃案,载《刑事审判参考》总第2辑(2005年第2辑),中国人民公安大学出版社,第5页。执笔:杨才清]

▽以非法占有为目的,暗自开走他人忘记锁闭汽车的行为构成盗窃罪

以非法占有为目的,偷开走他人忘记锁闭的汽车,符合秘密窃取作为盗窃罪的客观行为方式,构成盗窃罪。[参见第397号案例,韦国权盗窃案,载《刑事审判参考》总第50集(2006年第3集),法律出版社,第35页。执笔:郭彦东]

▽本人所有的财物在他人合法占有、控制期间,能够成为自己盗窃的对象

盗窃罪的犯罪对象是"公私财物"。这里的公私财物实际上是指他人占有的公私财物。所谓他人,是指行为人以外的人,包括自然人、法人和其他组织。他人占有意味着他人对该财物可能拥有所有权,也可能没有所有权。对没有所有权的财物,他人基于占有、控制之事实,负有保管和归还财物的义务。如果在占有期间财物丢失或毁损,占有人依法应负赔偿责任。从这个意义上说,没有所有权的财物在他人占有、控制期间应当认为是他人即占有人的财物。理由:第一,刑法第九十一条第二款规定,"在国家机关、国有公司、企业、集体企业和人民团体管理、使用或者运输中的私人财产,以公共财产论"。这里所言"管理、使用或者运输",都有占有的含义。既然由国家或者集体占有之私人财产以公共财产论,那么由他人占有之财物以他人财物论,亦在法理之中。第二,"以公共财产论"或"以他人财物论"是针对所有权人以外的人而言的,并未改变财物的权属,意在强调占有人对该财物的保管责任。盗窃罪侵犯的客体是公私财产所有权。刑法第九十一条第二款之所以如此规定,正是考虑到如果这类财物被盗或者灭失,国家或集体负有赔偿的责任,最终财产受损失的仍是国家或集体。同理,他人占有、但非所有的财物被盗或者灭失,他人依法承担赔偿责任,实际受损失的仍是占有人即他人的财产所有权。可见,行为人自己所有之物以及行为人与他人共有之物,在他人占有期间的,也应视为他人的财物,可以成为盗窃罪的对象。当然,本人所有的财物在他人合法占有、控制期间,能够成为自己盗窃的对象,并不意味着行为人秘密窃取他人占有的自己的财物的行为都构成盗窃罪。是否构成盗窃罪,还要结合行为人的主观目的而定。如果行为人秘密窃取他人保管之下的本人财物,是为了借此向他人索取赔偿,这实际上是以非法占有为目的,应以盗窃罪论处。相反,如果行为人秘密窃取他人保管之下的本人财物,只是为了与他人开个玩笑或逃避处罚,或者不愿将自己的财物继续置于他人占有、控制之下,并无借此索赔之意的,因其主观上没有非法占有的故意,不以盗窃罪论处。构成其他犯罪的,按其他犯罪处理。(此观点与第404号案例评析观点相悖——编著者注)[参见第339号案例,叶文言、叶文语盗窃案,载《刑事审判参考》总第43集(2005年第2集),法律出版社,第41~42页。执笔:陈民城]

▽秘密窃取他人占有的本人财物而后索赔的行为只构成盗窃罪一罪

从形式上看,行为人秘密窃取他人占有的本人财物,然后隐瞒财物被自己盗走这一事实向他人索赔,符合诈骗罪的构成特征。但是,这种认定只是针对行为人实施的部分行为,没有整体考虑行为人实施的全部行为。就整体而言,行为人的行为分为两个阶段,一是先实施秘密窃取行为,二是隐瞒财物被自己盗走这一事实问他人索赔。这是行为人实施盗窃犯罪紧密联系、不可分割的两个组成部分。如果行为人只是单纯将财物秘密取回,主观上没有非法占有的目的,其行为就不构成盗窃罪。行为人进行索赔所隐瞒的事实正是此前其实施的秘密窃取财物的行为,没有前一行为,其后的索赔行为也无从提起。可见,行为人进行索赔虽然存在诈骗行为,但该诈骗行为是其盗窃的后续行为,表明了其主观上的非法占有之目的,是实现非法占有意图的关键,直接促成了实际危害结果的发生。行为人将其被交管部门扣押的车辆秘密取回,仅此时的行为尚不足以表明其主观上是否具有非法占有之目的,但其后隐瞒车辆被自己窃取的事实向交管部门索赔,则充分体现了其非法占有的主观故意。被告人基于非法占有之目的而实施"先盗后骗"的行为是一个完整的盗窃行为,符合盗窃罪的构成特征,只能认定为一罪,即盗窃罪。[参见第339号案例,叶文言、叶文语盗窃案,载《刑事审判参考》总第43集(2005年第2集),法律出版社,第42~43页。执笔:陈民城]

▽在行为人秘密窃取他人占有的本人财物而后索赔的盗窃案件中,行为人获得赔偿的数额应认定为盗窃数额

在行为人秘密窃取他人占有的本人财物而后索赔的盗窃案件中,行为人获得赔偿的数额往往高于财物本身的价值。这是因为行为人在赔偿时除考虑财物本身的价值外,往往还会考虑到因财物丢失而给所有人造成的经济损失。在这种情况下,行为人因盗窃而给他人造成的财产损失表现为他人给付的赔偿数额。司法实践中,盗窃数额与财物本身的价值不相一致的情形是存在的,在计算时应当按照最有利于保护被害人财产所有权的原则确定。如《最高人民法院关于审理盗窃案件具体应用法律若干问题的解释》(1997年解释——编著者注)第五条第(七)项规定,"销赃数额高于按本解释计算的盗窃数额的,盗窃数额按销赃数额计算"。在本案中,既有针对被盗车辆所作的鉴定价格9.2万元,又有销赃价值2.5万元,还有赔偿数额11.65万元。在这三种针对被盗车辆的数额中,由于赔偿数额实质上体现了行为人因盗窃而给他人造成的财产损失,因而应当认定为盗窃数额。即使赔偿数额低于财物本身的价值,在确定盗窃数额时也应当将赔偿数额作为盗窃数额。但应当注意的是,行为人针对被盗财物的销赃数额,应作为非法所得予以追缴。[参见第339号案例,叶文言、叶文语盗窃案,载《刑事审判参考》总第43集(2005年第2集),法律出版社,第43~44页。执笔:陈民城]

▽盗买盗卖股票的行为,既不构成操纵证券交易价格罪,也不构成诈骗罪,则构成盗窃罪

非法控制他人股票账户,与自己的股票账户进行相对委托证券买卖,影响证券交易价格和交易量的行为,不构成操纵证券交易价格罪。根据刑法第一百八十二条的规定,为了获取不正当利益或者转嫁风险,在证券交易活动中,以法律、法规禁止的方式,操纵证券交易价格,扰乱证券市场秩序,情节严重的行为,构成操纵证券交易价格罪。盗买盗卖股票行为在客观上会影响所盗买盗卖股票的交易价格和交易量,但并不具备刑法规定的操纵特征,具体表现为:其一,被告人没有利用资金优势、持股或者持仓优势或者利用信息优势连续买卖同一股票,而是非法侵入被害人股票账户连续买卖同一股票;其二,以事先确定的时间和价格,在自己的账户上与被害人的账户进行股票交易,但被害人不知情,也不可能与被害人串通;其三,以事先确定的时间和价格与自己的股票账户进行证券交易,影响了证券交易价格和证券交易量,但转移了所有权,不属于自买自卖证券。行为人利用窃取的他人股票账户账号和密码,非法控制他人股票账户,与自己的股票账户进行相对委托买卖,即将被害人账户的股票低价卖给自己,然后将自己账户中的股票高价卖给被害人,其目的是通过每一次自己账户低价买进和高价卖出使自己获利,其在一次低价买进后随之以高价卖出,其主观上并无影响市场行情的故意,客观上由于其掌控资金极为有限,其持仓量、交易量对其所选择的证券供求关系影响不至于使该证券的价格背离正常价格。诚然,行为人所进行的每一次非法交易都会像正常的证券交易一样或多或少地影响证券交易价格,但绝没有达到"操纵"程度。因此,行为人的行为不构成操纵证券交易价格罪。窃取他人股票账户的账号和密码后,在被害人不知情的情况下进行股票相对买卖的行为,不符合诈骗罪的构成特征。股民进行股票交易共有两种委托方式:柜台委托和自助委托。其中,自助委托一般包括电脑终端自助委托和电话自助委托,即投资者通过电话向证券商计算机系统输入委托指令或通过与证券商自助委托交易系统联接的电脑终端输入委托指令,以完成股票买卖委托。自助委托是股民常用的委托方式。这种委托方式,通常需要以计算机为工具,计算机通过识别账号和密码确认当事人,只要账号和密码正确,即确认委托成立。根据刑法第二百八十七条"利用计算机实施金融诈骗、盗窃、贪污、挪用公款、窃取国家秘密或者其他犯罪的,依照本法有关规定定罪处罚"的规定,利用计算机骗取公私财物的,可构成诈骗罪,但行为人的行为之所以能够得逞,关键在于掌握了被害人股票账户的账号和密码,计算机等证券市场的自动交易功能只不过是行为人实现非法占有的工具,而被害人股票账户的账号和密码是行为人窃取的,并且在被害人不知情的情况下进行股票相对买卖,被害人并没有因受骗而自愿交付财物,其行为不符合诈骗罪的构成特征,不构成诈骗罪。非法侵入他人股票账户,利用窃取的账号、密码与自己的股票账户进行交易非法牟利的,应当以盗窃罪定罪处罚。在传统的盗窃案件中,盗窃罪在客观上表现为行为人通过秘密手段直接非法占有公私财物,行为人不是直接非法占有被害人账户上的股票和资金,而是通过支付"对价"秘密窃取被害人账户上的股票,给付股票秘密将被害人股票账户上的资金转归已有,即通过买、卖股票的形式非法占有了其中的差价款。这种作案手段虽与传统的盗窃手段不同,但仍符合盗窃罪的构成特征:在主观上,行为人是为了通过盗买盗卖股票非法占有被害人的财产;在客观上,行为人是在被害人不知情的情况下,非法占有了被害人的财产。由于行为人非法占有盗买盗卖股票的"获利"款,直接源于被害人的财产损失,这种盗窃手段与直接非法占有被害人的财产在本质上是相同的,其行为符合盗窃罪的主、客观构成要件,应以盗窃罪定罪处罚。[参见第325号案例,钱炳良盗窃案,载《刑事审判参考》总第41集(2004年第6集),法律出版社,第42～44页。执笔:陈靖宇 张亚静]

▽盗买盗卖股票案件的盗窃数额应以获利数额来认定

盗窃数额是我国刑法规定对盗窃罪定罪量刑的一个重要情节。盗买盗卖股票案件不同于传统的盗窃行为,行为人是通过买、卖的形式窃取被害人账户上的股票和资金,由于股票价格的波动性,股票的价值在行为人作案时、案发时可能发生变化。同时,根据证券法第三十三条规定:"证券在证券交易所挂牌交易,应当采用公开的集中竞价交易方式。证券交易的集中竞价应当实行价格优先、时间优先的原则。"行为人在被害人的股票账户上进行低卖高买股票的同时,不能排除同一交易时间内具有"价格优先、时间优先”的其他人与被害人的股票账户进行股票交易,被害人遭受的损失数额一般要大于行为人实际非法占有的数额。故应以行为人的获利数额认定为盗窃数额:1. 盗窃数额,一般是指被告人盗窃财物的实际价值。对于盗窃股票的案件,应当依照《最高人民法院关于审理盗窃案件具体应用法律若干问题的解释》(本附文以下简称1998年《解释》)第五条第(二)项第1目的规定,按照股票“被盗当日证券交易所公布的该种股票成交的平均价格计算”,盗窃数额应为所盗窃的股票价值总额。但对于盗买盗卖股票案件而言,行为人并非是为了直接非法占有股票所体现的财产价值,而是通过盗买盗卖股票行为获得超额价差。由于股票交易的特点,行为人为实现非法占有目的必须支付一定的价款才能取得被害人的股票、转移股票所有权才能将被害人股票账户中的资金转入自己的股票账户。因此,盗买盗卖股票案件的盗窃数额不是被告人所盗买盗卖股票的全部价值。2. 将被害人的损失数额认定为盗买盗卖股票案件的盗窃数额,考虑到了行为人盗买盗卖股票行为与被害人损失之间的因果关系。根据证券法第二十九条的规定,股票交易必须在经证券委批准可以进行股票交易的证券场所进行。由于行为人是通过证券交易场所在被害人股票账户上进行盗买盗卖股票操作,证券交易场所的股票挂牌价就是行为人的盗买盗卖价。在行为人实施盗买盗卖行为时,盗买(卖)价与正常价之间没有差额。而被盗买盗卖当日证券交易所公布的该种股票成交的平均价格,也是行为人故意抬高或者降低的结果,不能准确反映被害人所遭受的损失。同时,从证据的角度看行为人盗买盗卖股票前的一瞬间,该股票在证券交易所的挂牌价格几乎是无法获取的。本案认定的损失数额是被害人将被盗买(卖)股票进行协议平仓后所降低的财产价值,但由于股票交易的特点,被害人平仓时股票的价格具有很大的不确定性,这种损失不能完全归责于行为人的盗买盗卖行为。如果将被害人股票账户资产因股票价格涨跌的增减值认定为盗窃数额,可能导致轻纵行为人的情形,如当行为人在被害人的股票账户上进行盗买操作后股票价格上扬,被害人的损失可能出现负数。因此,由于股票价格的即时性和波动性,被害人的损失很难计算,在诉讼上也难以证明,将被害人的损失认定为盗窃数额,既没有可操作性,也存在很大的不确定性。3. 相比较而言,以行为人的获利数额作为盗买盗卖股票案件的盗窃数额,较为合理。这种认定方法虽然没有将其他股民按照“时间优先”的原则低价收购被告人盗卖股票给被害人造成的损失认定为盗窃数额,忽略了行为人盗窃行为与被害人损失之间的因果关系,但可以根据1998年《解释》第五条第(十三)项的规定精神,对于行为人盗买盗卖股票行为给被害人造成的损失,作为量刑情节予以考虑。[参见第325号案例,钱炳良盗窃案,载《刑事审判参考》总第41集(2004年第6集),法律出版社,第45～48页。执笔:陈靖宇　张亚静]

▽盗窃证券公司管理的客户资金,如果管理客户资金的证券公司对客户资金被盗并没有过错,就不能认定为盗窃金融机构

根据《金融机构管理规定》第三条第(三)项的规定,“证券公司及其分支机构、证券交易中心”均是金融机构,盗窃证券公司管理的客户资金,可以认定为盗窃金融机构,并适用刑法第二百六十四条第(一)项的规定。能否认定为盗窃金融机构,应取决于金融机构是否属于盗窃案件的被害人。客户对证券公司管理的资金被盗无过错,证券公司依法应当承担赔偿责任的,由于金融机构是盗窃案件的被害人,应当认定为盗窃金融机构;客户对其交由证券公司管理的资金被盗有过错,证券公司依法不需要承担赔偿责任的,该盗窃案件的被害人是资金的所有者客户,不属于盗窃金融机构。行为人通过证券交易系统进行的股票委托买卖本身是符合证券交易的相关规定的,管理客户资金的证券公司对客户资金被盗并没有过错,依法亦不承担赔偿责任,证券公司不是本案的被害人,本案不属于盗窃金融机构。[参见第325号案例,钱炳良盗窃案,载《刑事审判参考》总第41集(2004年第6集),法律出版社,第48～49页。执笔:陈靖宇　张亚静]

▽行为人是出于何种动机窃取财物,不影响对非法占有目的的认定

盗窃的地点是在被害人租住的酒店房间内,被害人无论将自己的手表放在何处,均得认为被害人仍实际占有该手表,而非遗忘物。手表系私人物件,除非被害人明示将其作为嫖资的一部分送给行为人,否则,一般不可能成为嫖资的一部分。行为人事后供称,因为在性交易中被害人的行为粗暴,自己不满才拿走其手表以示泄愤,也足以表明行为人并没有误认该手表系嫖资的一部分。被害人将自己的手表与嫖资放在一起,并不等于默许该表是作为嫖资的一部分,行为人可以随便拿走。行为人在被害人没有察觉的情况下,将该表拿走,同样属于"秘密窃取"。行为人拿走不属于嫖资的私人物品,即具有非法占有的故意。至于行为人是出于何种动机拿走手表,拿走手表后是个人保有、抛弃或赠送他人等等,均属于对所盗物品的事后处分行为,不影响对非法占有目的的认定。综上,行为人主观上具有非法占有他人数额较大以上物品的目的,实施了秘密窃取的行为,符合盗窃罪的构成要件。[参见第315号案例,沈某某盗窃案,载《刑事审判参考》总第40集(2004年第5集),法律出版社,第18页。执笔:何树志　薛付奇]

▽行为人对所盗手表价值存在重大认识错误的认定

判断行为人是否对所盗物品价值存在重大认识错误,主要应从行为人的个人情况及其行为前后的表现来综合分析:行为人出生于贫困山区,从没有见过此类手表,也不知道或者听说过有此类名贵手表;行为人年龄不大,从偏远农村来到城市时间不长,其工作环境又是一普通发廊,接触外界人、事、物相当有限,基本上无从接触到带有如此昂贵手表的人;案发地附近的市场上也没有此类名表出售,最好的商场内出售的最好的手表也不过千元左右。因此,以行为人的出身、作案时的年龄、职业、见识、阅历等状况来看,其对所盗手表的实际价值没有明确的或概括的认识是有可信基础的。被害人将价值如此巨大的手表与几百元的嫖资随便放在一起,也有使对手表本来就缺乏认识的行为人产生该表价值一般(而非巨大)错误认识的客观条件。行为人到案后,在历次讯问中,始终不能准确说出该表的牌号、型号等具体特征,而且一直认为该表只值几百元钱。这表明其对名表确实一无所知,也不关心该表的实际价值。在盗得手表后,行为人既没有马上逃走也没有将财物及时处理掉,乃至收拾好行李准备离开某市时手表仍在灶台内,未予随身携带或藏入行李,也说明行为人对该表的实际价值既没有明确的认识,也没有概括的认识。上述事实,并不足以使行为人对所盗手表的实际价值产生新的认识,相反却更可能加深行为人对该表价值的误认。综上,行为人顺手拿走他人手表的行为,主观上虽有非法占有他人财物的目的,但行为人当时确实没有认识到(包括概括的认识)其所盗手表的实际价值。行为人主观上只有非法占有他人"数额较大"财物的故意内容,而无非法占有"数额特别巨大"财物的故意内容。因此,行为人对其所盗手表存在重大的认识错误,是可以确认的。[参见第315号案例,沈某某盗窃案,载《刑事审判参考》总第40集(2004年第5集),法律出版社,第18～20页。执笔:何树志　薛付奇]

▽对所盗财物价值存在重大认识错误案件,其盗窃物价值不能简单地以鉴定结论为依据

刑法上的认识错误,包括事实认识错误和法律认识错误。事实认识错误,是指行为人主观认识的事实与客观的事实不一致,主要包括对象认识错误、行为性质和手段认识错误、因果关系认识错误等等。对象认识错误,是指行为人主观所认识的行为对象与其行为所实际侵害的对象不相一致。对所盗物品价值的对象认识错误,包括对价值有无和高低的认识错误。对无价值的东西误认为有较大、巨大或特别巨大价值的东西而盗走的,实践中一般可不作犯罪处理。对有较大、巨大或特别巨大价值的东西误认为是无价值的东西而随手拿走,如将别人所有的名家手迹或名画误认为是无价值的普通书画作品拿走,如果当其发现具有价值后,若没有继续非法占有,一般不应作犯罪处理;对于盗窃对象价值高低的认识错误,一般应当按照盗窃对象的实际价值定罪处罚;但对于将价值高的东西误认为价值低的东西拿走不能全部按实际价值定罪,个别情况也应因具体案情而定。因为行为人认为无价值的东西很少被拿走,绝对无价值的东西也是少之又少的。多数行为人可能是认为价值低而拿走,而很少认为该物品无任何价值。行为人对事实存在严重的认识错误,其所认识的数额远远低于实际数额,不能让其对行为所不能认识的财物数额承担犯罪的责任。从对犯罪构成主客观统一的原则来看,行为人所认识的数额即使接近"数额较大"的起点,但因其行为也造成了严重后果(手表的实际价值特别巨大等),根据《最高人民法院关于审理盗窃案件具体应用法律若干问题的解释》(本附文以下简称1998年《解释》)第六条的规定,被告人的行为亦构成盗窃罪。在司法实践中,认定具有盗窃罪的明知,只要求行为人认识到盗窃他人财物会造成他人财物损失并希望这种危害结果发生就够了,并不要求行为人当时明知所盗财物是否达到"数额较大"的标准,更不要求行为人对财物的实际价值有准确认识,而且在许多情况下,要求其认识到所盗财物价值已达到"数额较大"或对所盗财物价值有准确认识也是不现实的。只要行为人认识到是在盗窃他人手表就够了,其意图非法占有的是他人的手表,实际上非法占有的也是该手表,该手表的价值在被非法占有前后并无任何变化,行为人预见到的犯罪结果与其追求并实际发生的犯罪结果是一样的,至于该表的具体价值多少,则不需要强求其认识到,而应以鉴定结论为依据。但对此类带有特殊性的盗窃,应从以下几方面予以把握:一是从主观上进行考察,即行为人是否认识到或应当认识到。除考察其供述、个人情况外,还要综合分析其行为的时间、地点、条件、行为人与被害人等。同时,应从一般人的角度来分析,一般人均能认识的,应视为行为人认识到,以避免行为人推脱责任。对于那些抱着"能偷多少偷多少,偷到什么算什么"心态的行为人来说,其主观故意属于概括性的犯罪故意,因为无论财物价值多少都不违背行为人的本意,自应以实际价值论。二是从手段上进行考察,即行为人采取特定手段进行盗窃即视为具有概括性的故意,犯罪数额以实际价值论。如惯窃、扒窃、入室盗窃、撬锁盗窃、团伙犯罪等,因其行为的严重性,推定其为概括性的犯罪故意,以实际价值认定其盗窃数额。在推定为概括性犯罪故意时,需要注意的是当行为人辩称其不知财物的真实价值,也有充分理由相信其辩解的,而行为人又主动退回的,则应对退回部分不作犯罪处理。三是从场合特定性上进行考察,即只能发生在行为人有合法(合理)机会接触被盗物品的顺手牵羊场合。被盗物品价值大又容易被误以为小的时候,才会产生认识错误问题。应当注意的是,事实认识错误只影响到刑事责任的承担与否,而不影响责任的大小。因此,只有在特定环境和条件下才能认定被告人是否对盗窃对象的价值存在严重的认误错误,避免出现客观归罪或主观归罪的现象。[参见第315号案例,沈某某盗窃案,载《刑事审判参考》总第40集(2004年第5集),法律出版社,第20~22页。执笔:何树志　薛付奇]

▽对所盗财物价值存在重大认识错误案件,对被告人的处罚应按其盗窃时主观认识的数额作为量刑标准

数额是盗窃罪定罪量刑的重要标准,但不是惟一的依据。一要对行为人按事实认识错误来对待,根据主客观相一致原则来认定盗窃数额;二要考虑其行为的社会危害程度是否达到了应当追究刑事责任的程度。行为人虽然对所盗手表的价值有重大认识错误,但其确实盗走了他人数额特别巨大的财物。根据最高人民法院1998年《解释》第六条关于盗窃公私财物接近"数额较大"的起点,但造成严重后果或者具有其他恶劣情节的,可以追究刑事责任的规定,对行为人的行为应认定为犯罪,但对行为人的处罚应按其盗窃时主观认识的数额作为量刑标准。结合案件具体情况,根据刑法第三十七条"对于犯罪情节轻微而不需要判处刑罚的,可以免予刑事处罚"的规定,鉴于行为人对所盗手表的价值有重大认识错误,且所盗手表已追缴并退还失主,其行为属犯罪情节轻微的犯罪,对行为人免予刑事处罚是适当的。[参见第315号案例,沈某某盗窃案,载《刑事审判参考》总第40集(2004年第5集),法律出版社,第22~23页。执笔:何树志　薛付奇]

▽窃取印章齐全现金支票的行为构成盗窃罪

空白现金支票由于尚没有加盖出票人的印章,其性质如一张废纸。而印章齐全的现金支票则与之完全不同。以我国现行的现金支票制度来看,谁获得出票人印章齐全的现金支票就等于取得以该现金支票向相关金融机构的兑付权,金融机构在进行表面审核后(只需审核印章是否齐全、与预留印章是否一致、支票形式上是否真实,是否在有效期内,提款人身份证上的姓名是否与票面上的受款人一致)即当见票即付。因此,行为人盗窃印章齐全、已填写好票面金额,且数额较大的现金支票,本质上与盗窃等额的现金无异,即使未及时兑现,也应以盗窃罪处罚。行为人进而持该现金支票已从金融部门骗领现金的,其骗领行为的性质,属于兑现盗窃物品价值的行为,是盗窃行为自然所牵连的结果行为,因此,仍应定盗窃罪。上述情形下,认定盗窃数额以票面数额为准。行为人盗窃印章齐全、但未填写票面金额的现金支票,其行为性质仍为盗窃。其后,行为人自行填写票面金额,如已兑现的,以兑现数额认定为盗窃数额。有关上述问题的具体处理应以最高人民法院1998年《解释》第五条第二项的有关规定为依据。[参见第277号案例,周大伟票据诈骗案,载《刑事审判参考》总第36集(2004年第1集),法律出版社,第15~16页。执笔:翰林]

▽盗窃(文物)罪对象一般应当是可移动文物

盗窃(文物)罪的对象一般应当是可移动文物。根据文物保护法第三条第二款规定,历史上各时代重要实物、艺术品、文献、手稿、图书资料、代表性实物等可移动文物,分为珍贵文物和一般文物,珍贵文物又分为一级文物、二级文物、三级文物。最高人民法院1998年《解释》,也是根据行为人所盗窃的文物是一般文物,还是珍贵文物,属于何种等级的珍贵文物以及盗得的文物数量来确定相关的处刑标准的。[参见第266号案例,李生跃盗掘古文化遗址案,载《刑事审判指导》总第34集(2003年第5集),法律出版社,第58页。执笔:沈元祥]

▽盗窃罪与职务侵占罪区别的认定

盗窃罪与职务侵占罪的区别,有以下三个方面:1. 盗窃罪是一般主体,职务侵占罪的主体则必须是公司、企业或其他单位的人员,即特殊主体;2. 盗窃不是利用职务便利,职务侵占罪必须是利用经手、管理财物的职务上的便利而不是工作上的便利;3. 侵犯的对象不同,盗窃罪非法占有的对象可以是任何公私财物,而职务侵占罪侵占的对象只限于本单位的财物并且是本人经手、管理的财物。单位会计拥有经手、管理本单位某项财物的职权,如其利用该职权将其本人经手、管理的财物窃为己有,即是利用职务之便窃取本单位财物,应构成职务侵占罪(如该会计同时还是国家工作人员,则可能构成贪污罪)而非盗窃罪。相反,该会计如利用其工作所提供的便利条件,窃取其他同事经手、管理的财物或窃取不属于其直接经手、管理的其他单位财物,或者该会计的其他同事利用某种工作机会窃取该会计经手、管理的某项财物,就不属于利用职务之便,而仅是利用一般的工作之便,应构成盗窃罪而非职务侵占罪。可见,明辨职务之便还是一般的工作之便,在把握单位内部人窃取本单位财物行为的准确定性上具有重要意义。[参见第246号案例,赵某盗窃案,载《刑事审判参考》总第32辑(2003年第3辑),法律出版社,第51~52页。审编:李燕明]

▽盗窃毒品等违禁品的,并不是以数额大小,而是以情节轻重作为定罪量刑的依据

盗窃罪是指以秘密窃取的手段,非法占有公私财物,数额较大或多次窃取的行为。根据司法解释的规定,盗窃毒品等违禁品的,也应以盗窃罪依法追究刑事责任。根据刑法本条的规定,盗窃罪以数额较大或者多次盗窃为定罪条件,以数额大小和情节的严重程度作为决定量刑档次的依据。因此,对盗窃罪的量刑必须考虑盗窃数额和情节。对于盗窃合法财产的,盗窃的数额比较好计算,但对于盗窃对象是非法财物的,计算盗窃数额就比较复杂,有的甚至无法计算数额。非法财产可分为两种情形,一是被侵犯的合法财产,如赃款、赃物;二是不为国家法律保护的非法财物,如毒品、淫秽物品等。赃款、赃物,其取得的方式虽为非法,但因其本身属于被侵犯的合法财产,实质上具有价值,因而仍可以计算其数额大小。但对于毒品等违禁品,因其本身不为法律所保护,没有合法的市场交易价格,故最高人民法院在1998年《解释》第五条第(八)项规定,盗窃违禁品,按盗窃罪处理的,不计数额,根据情节轻重量刑。但是,盗窃违禁品的数量大小也是认定情节的一个重要参考。最高人民法院2000年《全国法院审理毒品犯罪工作座谈会纪要》规定了一个参考标准,即,"认定盗窃毒品犯罪数额,可以参考当地毒品非法交易的价格"。应当说明的是,盗窃毒品等违禁品的,并不是以数额大小,而是以情节轻重作为定罪量刑的依据,因此,盗窃毒品的种类、数量、数额,应当是判断盗窃情节轻重的一个主要依据,盗窃毒品的犯罪数额只是判断盗窃毒品行为是否构成犯罪、情节是否严重的参考，其本身并不是量刑依据，前述《解释》精神仍需贯彻执行。［参见第191号案例，薛佩军等盗窃案，载《刑事审判参考》总第27辑（2002年第4辑），法律出版社，第32～33页。执笔：朱平］

▽**故意杀人后临时起意非法占有被害人财物的，应以盗窃罪定罪处罚**

行为人杀害被害人后，又将死者身上的款物和旅行包内一工商银行活期存折连同灵通卡（存有人民币1万元）及其密码纸、西门子移动电话、充电器等款物拿走，并用灵通卡分3次从自动取款机上将存折内1万元人民币取出。由于行为人的这一非法占有目的产生于故意杀害被害人之后，其非法占有行为与故意杀人行为之间不存在事实上的牵连或者吸收关系，既不能将故意杀人认定为非法占有财物的手段，也不能将非法占有认定为故意杀人的从行为，而是独立于故意杀人之外的行为。在这里，由于财物所有人已死亡，不复存在对所有人使用暴力、胁迫等手段抢劫的问题。行为人取得财物的手段如同从无人在场的他人处拿走财物一样，实际上是一种秘密窃取他人财物的行为。因此，对于这种故意杀人后见财起意，乘机非法占有被害人财物的行为，构成犯罪的，应以盗窃罪定罪处罚。［参见第171号案例，李春林故意杀人案，载《刑事审判参考》总第25辑（2002年第2辑），法律出版社，第45～49页。执笔：清国］

▽**盗窃罪与侵占罪区分的认定**

侵占罪和盗窃罪均属侵犯财产类犯罪，两罪的犯罪对象都是他人的财物，主观上都具有非法占有他人财物的目的，但两罪区别在：(1)犯罪的前提不同。侵占罪的行为人在侵占他人财物之前，必须已实际持有或控制他人财物。实际持有或控制他人财物的方式以刑法规定的方式为限，即代为保管他人财物、拾得他人的遗忘物和发现他人的埋藏物三种方式。而盗窃罪的行为人在实施盗窃他人财物时，并不具备实际持有或控制他人财物的前提条件。(2)犯罪目的产生的时间不同。侵占行为人的非法占有目的，发生在实际持有或控制他人的托管物以及拾得他人的遗忘物和发现他人的埋藏物之后；而盗窃行为人的不法占有目的，则发生在秘密窃取他人财物之前，即行为人是为了非法占有才去秘密窃取他人持有的公私财物的。(3)犯罪客观方面不同。侵占罪的行为，是对自己已实际持有或控制的他人的托管物、拾得的他人的遗忘物以及发现的他人的埋藏物，拒不退还或者拒不交出，从而实现非法占有。手段上可以是秘密的，也可以是公开或半公开的。如没有拒不退还或者拒不交出的行为，则不能构成侵占罪。盗窃罪的行为则是对他人持有和控制的公私财物，采取秘密窃取的方法，使其脱离所有人的控制，从而实现非法占有。其手段只能是秘密的，且窃得他人财物后又主动退还的不影响盗窃罪的成立。据此行为人的行为符合盗窃罪的特征：(1)行为发生地点在歌舞厅的包厢内，这里虽属公共娱乐场所，但系专人经营管理，具有空间上的封闭性和使用上的独占性，与人人皆可自由往来的广场、道路、海滩等公共场所有所区别。如同旅馆的客房一样，消费者在使用包厢期间，该包厢原则上即由消费者暂时控制，消费者对存放在包厢内的自有物品具有实际的控制权。在消费者独占使用包厢期间，即便消费者因故临时离开，其对放在包厢内的随身携带的物品仍具有实际的控制权。其间任何人进入该独占空间以非法占有为目的取走消费者存放在此的财物的行为，均属盗窃行为。当消费者正式结账离开包厢后，包厢内的一切物品包括消费者遗留的物品，又复归经营者的控制之下，经营者对消费者遗留的物品负有清点、保管、退还的义务。如经营者对消费者的遗留物拒不退还，属侵占行为。但经营者之外的其他人如以非法占有为目的擅自进入该包厢取走消费者遗留财物的，则仍属盗窃行为，而非侵占行为。被害人离开包厢外出打电话，后遇上熟人在过道谈话，大约40分钟后返回，第一件事就是到电视机前取手提包，可见手提包并非物主的“遗忘物”。被害人将手提包放在包厢内外出打电话，并不能作出该手提包已脱离物主被害人实际控制的结论。相反，由于包厢在空间上的封闭性及其使用上的独占性，该手提包实际上并未脱离物主的有效控制。另外，歌舞厅经营者在客人离去后，负有清点客人的遗留物、遗忘物并及时归还物主的义务。被害人因故暂时离开包厢后，与被害人同来的客人又自顾结账离开。此时,该包厢内的一切财物也应归由经营者(具体为经营者雇佣的有权代为打扫、清点包厢的服务员)的暂时保管及控制之下,行为人非歌舞厅包厢经营者雇用的服务员,对此无权保管或控制。可见,行为人的行为性质,并非拾得他人的遗忘物。(2)行为人在送走客人后一反常态地返回该包厢,趁服务员没发现、没注意之机,将被害人放在电视机上的手提包拿到包厢的卫生间内,紧扣门,从包内窃取现金,后将包及证件等物弃于卫生盆下,灭掉灯,锁好卫生间的门离开。这一系列行为说明:行为人在送走客人前已发现了电视机上的手提包;返回包厢后,行为人既想取得包内物品,又怕服务员发现,才趁包的主人不在场,且在场的服务员没发现和没注意之机,悄悄将手提包拿进卫生间实施盗窃。可见,行为人在主观上以非法占有他人财物为目的,在客观上以趁人不觉秘密窃取为手段,其行为符合盗窃罪的特征。[参见第160号案例,罗忠兰盗窃案,载《刑事审判参考》总第24辑(2002年第1辑),法律出版社,第68~71页。执笔:洪冰]

▽"本犯"与"加入犯"两者区别及"事后不可罚行为"的认定

《刑法》第三百一十二条规定的窝藏、转移、收购、销售赃物罪,刑法理论上称为"赃物犯罪"。为区分盗窃罪与赃物犯罪,理论上,又把前者称为"本犯",后者称为"加入犯"。两者的区别是明显的:(1)从主体上看,赃物犯罪的主体只能是盗窃罪本犯以外的人。盗窃罪的"本犯"自己窝藏、销售、转移该项赃物的,属刑法理论上所讲的"事后不可罚行为",仅构成盗窃一罪,不再单独构成窝赃、销赃等赃物犯罪。(2)从客观上看,赃物犯罪的行为人(加入犯)事前没有参与过盗窃犯(本犯)的盗窃行为,包括事先没有实施过教唆、组织、帮助本犯以及参与盗窃的实行行为,仅是在本犯完成犯罪之后,单纯地加入窝赃、销赃等赃物犯罪的行为。如果事先有过上述行为,则属于在本犯未完成犯罪之前已经加入,则应以盗窃共犯论处,也不再单独构成窝赃、销赃等赃物犯罪。(3)从主观上看,窝赃、销赃等赃物犯罪行为人(加入犯)事先与盗窃本犯无实际的通谋,仅是事后明知或应知是赃物,如果事先有通谋,事后代为窝赃、销赃、转移、收购的,则应以盗窃罪的共犯论处,也不再单独构成窝赃、销赃等赃物犯罪。可见,区分是加入犯还是本犯的共犯,就要本着主客观相统一的原则,一看加入犯是否与本犯在本罪未完成之前有过意思联络,二看加入犯是否在本犯未完成犯罪之前有过参与行为。如果已加入本犯行列,则应与本犯同罪,即共同犯罪,不另成立赃物犯罪,反之,仅成立赃物犯罪。与盗窃犯事先通谋,事后实施赃物犯罪行为的,以盗窃共犯论处的原理,是普遍适用,还是仅适用于特定种类的赃物,有不同意见。分歧意见源于现行法律和司法解释的规定。刑法第三百一十条第二款规定:犯窝藏、包庇罪,事前通谋的,以共同犯罪论处,但刑法第三百一十二条的窝藏、转移、收购、销售赃物罪,却未作类似规定。最高人民法院、最高人民检察院1992年12月11日《关于办理盗窃案件具体应用法律的若干问题解释》第八条第三款曾有"与盗窃犯罪分子事前通谋事后对赃物予以窝藏或代为销售或者购买的,应以盗窃共犯论处"的规定,而"两高"1998年3月17日新的《关于审理盗窃案件具体应用法律若干问题的解释》(本附文以下简称1998年《解释》)又没了类似的规定。但"与盗窃犯罪分子事前通谋事后对赃物予以窝藏、销售或购买的,应以盗窃共犯论处"的精神仍需适用。其一,尽管刑法和1998年《解释》未有明确规定,但1998年5月8日最高人民法院、最高人民检察院、公安部、国家工商管理局联合签发的《关于依法查处盗窃、抢劫机动车案件的规定》第四条却规定:"本规定第二条和第三条中的行为人事先与盗窃、抢劫机动车辆的犯罪分子通谋的,分别以盗窃、抢劫罪的共犯论处。"而该条所称的行为人就是指案件中的窝赃和销赃人。可见,在盗窃、抢劫机动车辆案件中,是盗窃共犯还是赃物犯罪的加入犯,在主观上以有无"事前通谋"为区分标准,仍是有明确根据的。同是盗窃与赃物犯罪,没有理由说,在其他种类的赃物犯罪方面,该标准就不能适用。其二,更主要的是,事前通谋即表明本犯与加入犯之间有共同犯意联络,有共同犯罪故意,而事后实施赃物犯罪行为,又表明二者有共同犯罪行为,这完全符合共同犯罪的特征,根据共同犯罪的理论,也应以共犯论处,不必非得有更具体的法律规定或解释才可。即使法律和司法解释没有对机动车辆外其他种类的赃物犯罪,作上述明确的规定,我们也完全可以援引刑法第二十五条第一款关于共同犯罪的规定,作出以本犯共犯论处的判决。认定事前通谋的共犯,必须同时具备两个要件:一是加入犯必须在本犯未完成犯罪之前与其有意思联络;二是加入犯必须在事后实施了赃物犯罪构成要件的行为。行为人仅知道某人可能要盗窃,但事前未与其形成意思联络,事后与之共谋销赃的,或者虽与盗窃犯有事前意思联络,但事后未再实施销赃等行为的,均不能构成盗窃共犯。所谓"事先通谋",通常表现为与本犯在本罪的准备阶段或实行之前就形成了意思联络,但不仅限于此,"事先"的本质在于本罪未完成之前。"通谋",经常表现为双方有明确的关于"你盗我销"等类似内容的约定,但也不限于此,"通谋"的本质在于双方已形成了意思联络或沟通,而意思联络或沟通的方式,既可以是相互明示的,也可以是默示的、双方心照不宣的。值得指出的是,对于事先通谋、事后销赃的共犯来说,并不要求其对犯罪的时间、地点、方法、目标等具体情节都参与共谋或了解,只要其与实行犯共谋了特定的犯罪行为,并事后进行销赃,就可以说双方已形成了"事先通谋",即已形成共同盗窃的故意。[参见第140号案例,陈家鸣等盗窃、销赃案,载《刑事审判参考》总第22辑(2001年第11辑),法律出版社,第20~23页。执笔:汪鸿滨]

▽盗取自己被查扣机动车的行为不同于盗窃

从公安交通管理机关院内将自己已被查扣的车辆秘密开走的行为不同于盗窃。首先,行为人不具有非法占有的目的。行为人在本人没有驾驶执照、车辆没有牌照的情况下驾驶简易机动三轮车上路行驶,违反了《道路交通管理条例》相关规定。因此,公安交通管理机关依法将行为人所驾车辆予以查扣。但《交通管理处罚程序补充规定》(已失效)第九条规定,公安交通管理机关暂扣证件、号牌、车辆后,除决定吊扣、吊销后收缴的证件、号牌和依法没收的车辆外,应当归还本人或有关单位。这表明,暂扣只是公安交通管理机关依法在短时间内对违规或事故车辆所采取的一种行政强制措施,不属于行政处罚,不同于没收或收缴。在作出处理决定之前,公安交通管理机关对被暂扣的车辆只负有保管的责任,不享有其他权利,车辆的所有权仍应属于车辆的主人。所以,行为人所驾车辆虽被查扣,但所有权仍属于行为人。虽然我国刑法规定在国家机关、国有公司、企业、集体企业和人民团体管理、使用运输中的私人财产以公共财产论,但该规定的基本含意是,当私人所有的财产交由国家机关、国有公司、企业、集体企业和人民团体管理、使用或运输时,以公共财产对待。但这一规定并未改变被国家机关、公司、企业、集体企业和人民团体管理、运输、使用的财产的所有权属。也就是说,尽管私人财产在被国家机关、国有公司、企业、集体日体管理、运输、使用时以公共财产对待,但所有权仍属于原所有权人。那么,行为人对于自己的被公安机关查扣的机动车辆,也应当具有所有权。行为人黑夜潜入交警队院内,主观上是想取回自己被公安机关查扣的车辆,也就是自己拥有所有权的财产,而不是非法占有自己不享有所有权的财产。其次,从客观上看,行为人在现场并未实施侵犯其他公私财产权的行为。因此,行为人盗取自己被扣机动车的行为不同于盗窃。[参见第104(101)号案例,王彬故意杀人案,载《刑事审判参考》总第16集(2001年第5辑),法律出版社,第20~21页。执笔:朱伟德]

▽窃取他人股票账户号码和密码后秘密使用他人账上资金高价买入朋友抛卖的股票从中获利的行为构成盗窃罪

盗窃罪,是指以非法占有为目的,秘密窃取公私财物的行为。"秘密窃取",具体手段也可能是多种多样的,但其本质特征则是指在财物所有人、持有人或经手人不察觉的情况下,转移公私财物的合法所有权。从行为人的犯罪手段来看,其窃取他人股票账户和交易密码后,在他人毫不知情的情况下,以他人名义,秘密通过电话委托股票交易的形式,买进其朋友卖出的股票,更符合"秘密窃取"的特征,应认定为盗窃罪,而不是诈骗罪。行为人的行为虽带有一定的欺骗性,但直接被欺骗的对象是证券交易系统而不是真正的财物所有者,陷入错误和处分资金的也只是证券交易系统而不是真正的财物所有人。从另一角度看,证券交易系统按设计是只认账户号码、交易密码而不认是何人提供账户号码、交易密码或下达交易指令。因此,也可以说,证券交易系统本身并无错误。[参见第106(103)号案例,孔庆涛盗

窃案,载《刑事审判参考》总第 16 集(2001 年第 5 辑),法律出版社,第 31 ~32 页。执笔:汪鸿滨]

▽盗窃数额应按行为人及其朋友在股票交易中所获的差价数额认定,被害单位被盗用的资金数额及其损失数额可作为量刑情节予以考虑

盗窃数额一般是指被盗财物的实际价值。盗用的他人账上资金数额,虽也在一定程度上反映了其行为的社会危害性,但其并非将他人账上资金全部窃为己有。也就是说,被害单位并未丧失全部被盗用资金的所有权,被盗用的资金不是也不可能全部成为盗窃所占有的数额,因而,不能作为盗窃数额。行为人与他人在本案股票交易行为中共获得的差价数额,是行为人实施本案所占有的实际数额,应当为本案的盗窃数额。至于被害单位的损失数额,虽准确反映了被害单位的受害程度,但根据最高人民法院 1998 年《解释》第五条第(十三)项"盗窃行为给失主造成的损失大于盗窃数额的,损失数额可作为量刑的情节"的规定,只能作为犯罪情节在量刑时予以考虑。由于他人无论是事前还是事中都不知道行为人实施怎样的行为,主观上不具有共同盗窃他人财物的故意,因而不能认定他们是共同盗窃,行为人个人应对全部盗窃数额负责,其实际获赃数额也不能作为本案的盗窃数额。[参见第 106(103)号案例,孔庆涛盗窃案,载《刑事审判参考》总第 16 集(2001 年第 5 辑),法律出版社,第 32 ~33 页。执笔:汪鸿滨]

▽处理发生在家庭成员和近亲属之间的偷窃案件的刑事政策

1998 年最高人民法院《解释》第一条第(四)项明确规定:偷拿自己家的财物或者近亲属的财物,一般可不按犯罪处理;对确有追究刑事责任必要的,处罚时也应与在社会上作案的有所区别。这是司法机关处理发生在家庭成员和近亲属之间的盗窃案件应当遵循的原则,是一项重要的刑事政策。家庭和亲属关系是以血缘或婚姻为纽带而产生的一种特殊的社会关系。家庭是由一定范围的亲属所构成的共同生活单位,一般是由近亲属组成,特殊情况下也可以包括不是基于血缘和婚姻关系的其他成员,如收养子女等。按照刑事诉讼法的规定,夫、妻、父、母、子、女、同胞兄弟姐妹是近亲属。家庭成员和近亲属之间的关系是以两性结合为前提,以血缘联系为基础的,首先具有自然属性。同时,这种关系又是人类社会的一种特殊生活组织形式,作为社会细胞的家庭和在此基础上形成的亲属关系,还具有人身、感情、伦理、道德、经济、法律等十分广泛的社会生活方面的内容。家庭成员和近亲属之间不仅有固定的身份和称谓关系,而且还有法定的权利和义务关系。我国的婚姻法、民法、劳动法、诉讼法等法律、法规对此都有明确而具体的规定,其立法的宗旨主要是为了通过法律的规范和调整,维护家庭和亲属关系以及社会的稳定。偷拿自己家的财物或者近亲属的财物,与在社会上作案的盗窃犯罪不同,具有特殊性。一方面,家庭的财产关系比较复杂,家庭成员对于共有财产拥有平等的占有、使用、收益和处分的权利,相互之间还具有抚养、赡养、监护、继承等人身和财产方面的权利义务关系。由于长期共同生活和财产在生产、交换、分配、消费过程中的频繁流转,家庭成员之间的财产权利往往很难划分清楚。盗窃自己家里和近亲属的财物与在社会上作案的盗窃相比,行为人的主观恶性相对不深,社会危害的范围和程度也相对较小,一般不影响社会公众的利益和安全感。另一方面,家庭成员和近亲属之间发生偷盗行为的原因和情况也比较复杂,而且受害人报案后,一旦知道系由自己的近亲属所为,出于亲情或者其他种种原因,一般都不愿继续诉诸司法程序,追究作案亲属的刑事责任。在这种情况下,如果司法机关主动进行刑事追诉;将给受害人及其家庭带来不必要的消极影响,社会效果也并不好。因此,最高人民法院 1998 年《解释》第一条第(四)项明确规定:"偷拿自己家的财物或者近亲属的财物,一般可不按犯罪处理。"当然,在司法实践中也并不排除对发生在亲属之间的某些严重的盗窃行为进行刑事追究的可能性,比如,多次盗窃亲属财物屡教不改,或者盗窃亲属财物数额巨大,或者盗窃亲属财物进行违法犯罪活动,被盗的亲属强烈要求司法机关追究其刑事责任的案件等。即使在这种情况下,司法机关处理相关具体案件,也应当充分注意行为人盗窃的毕竟是自己近亲属的财物这一特殊性,以及其亲属气愤、反感情绪也会变化的因素,根据案件事实、法律规定和刑事政策,综合考虑行为人盗窃的次数、盗窃财物的价值、给被盗亲属造成的损失、行为人和被盗亲属关系的远近及案发后的反应等情况，慎重确定是否有追究被告人刑事责任的必要。最高人民法院1998年《解释》第一条第（四）项规定："对确有追究刑事责任必要的，处罚时也应与在社会上作案的有所区别。"这一规定虽然并未对哪些属于"确有追究刑事责任的必要"的具体情形做出明确的列举，也没有具体指出处罚上应当如何"有所区别"，但可供司法机关在处理具体案件时作为一项基本原则酌情做出判断和决定，在定罪时要格外慎重，在处罚上要考虑必要的从宽。从实质上讲是因为盗窃自己家庭和近亲属的财物行为社会危害范围和程度是有限的，即刑法第十三条规定的"情节显著轻微危害不大"，故一般情况下司法机关不作为犯罪追究。司法机关认为确有追究必要的，也主要是从更有效地教育惩戒行为人方面考虑的。从实际上来看，偷拿自己家里和近亲属财物的行为人一般主观恶性都不深，案发后也容易取得受害人的谅解，在大多数情况下，对其不予判刑往往比判刑的社会效果要好，判处轻刑比判处重刑的社会效果要好，判处缓刑或管制刑比判处监禁刑的社会效果要好。这样可以使其不脱离家庭和亲属，放在社会上改造，更有利于家庭和亲属关系的缓和，更有利于对其进行教育挽救，从而更好地实现刑罚特殊预防和一般预防的双重目的。［参见第87号案例，文某被控盗窃案，载《刑事审判参考》总第13辑（2001年第2辑），法律出版社，第25～29页。执笔：王季军］

▽盗窃定期存单从银行冒名取款的行为构成盗窃罪

对于盗窃与诈骗手法相交织的非法取财行为如何定性，应当主要看行为人非法取得财物时起决定作用的手段。如果起决定作用的手段是秘密窃取，就应当定盗窃罪；如果起决定作用的手段系利用骗术，就应当认定为诈骗罪。定期存单作为一种记名有价支付凭证，在存款未取出之前，其票面数额只具有财产权利上的象征意义，仅仅盗窃定期存单并不能实现对其财产所有人的财产权益的侵犯。只有将存单票面金额内的资金兑现或者转账才能真正占有他人财产，从而实现非法占有他人财产的犯罪目的。把他人的定期存单偷出仅仅是完成了盗窃行为的一部分，并没有实现其非法占有他人财产的目的，而后伪造身份证，指使他人到银行取款，最终取出存单上的现金的行为虽然使用了骗术，但该存单是采取秘密手段盗窃的，骗术是在盗窃行为后实施的，考察行为人非法取得财物的主要手段或者说被害人丧失对财物的控制的根本原因在于被害人存单的被盗，也就是说，盗窃在被告人非法占有财物过程中起了决定作用。同时，从财产被害人来看，该财产的真正受害者是失主而不是银行，失主财产受侵犯不是因为受到诈骗所致，而是因为存单被秘密盗窃所致，因此其行为的基本特征是盗窃而不是诈骗，应当认定为盗窃罪。［参见第412号案例，张泽容、屈自强盗窃案，载《刑事审判参考》总第52辑（2006年第5辑），法律出版社，第25～26页。执笔：邱丽萍］

▽盗窃定期存单从银行冒名取款的行为不构成盗窃罪和诈骗罪的牵连犯

行为人实施的前后两个行为，即盗窃行为与伪造身份证到银行取款的行为是一个整体，后行为是前行为的延续，两行为并非具有手段与目的或者原因与结果的牵连关系，所实施的后行为所造成的结果都可归因于盗窃行为，故不成立牵连犯。［参见第412号案例，张泽容、屈自强盗窃案，载《刑事审判参考》总第52辑（2006年第5辑），法律出版社，第26～27页。执笔：邱丽萍］

▽盗窃记名、可挂失的有价支付凭证的既遂与未遂标准的认定

盗窃罪的既遂与未遂标准，刑法理论和司法实践中的通说是控制说，即以行为人是否已获得对所盗财物的实际控制为标准。盗窃记名、可挂失的有价支付凭证的，由于有价支付凭证的财产权益实现特点决定，不能把是否取得凭证作为区别既遂与未遂的标准。因为行为人盗窃这种有价支付凭证后，并不意味着已经获得了对凭证所记载财产的完全控制，行为人还必须去相关机构兑付财产，才能实际非法获取财产实现盗窃犯罪的目的，构成盗窃罪既遂。［参见第412号案例，张泽容、屈自强盗窃案，载《刑事审判参考》总第52辑（2006年第5辑），法律出版社，第27页。执笔：邱丽萍］

▽明知是盗窃存单而帮助取款并分赃,应定盗窃罪而非窝藏赃物罪或诈骗罪

在盗窃行为既遂之前,如果他人参与将凭证代表的财产兑付的,仍然可以构成盗窃共犯。在将定期存单变现取款前,明知存单是盗窃所得而接受他人的提议参与犯罪,帮助取款,属于事中共犯,应以盗窃罪定罪处罚。帮助取款的行为也不构成窝藏赃物罪或者诈骗罪。因为根据刑法规定,窝藏赃物罪成立的前提,必须在他人犯罪完成之后,明知是赃物而予以窝赃的行为。而在他人犯罪尚未完成之前,其赃未获,无赃可窝。因而在他人完成犯罪之前,为了获利而参与犯罪的,其性质只能是共同犯罪,而不是窝赃。在认定行为人属于共同犯罪的情况下,按照我国刑法的共同犯罪理论,一般根据主犯的行为性质确定共同犯罪罪名,由于二人的行为都应当定性为盗窃罪。[参见第412号案例,张泽容、屈自强盗窃案,载《刑事审判参考》总第52辑(2006年第5辑),法律出版社,第27~28页。执笔:邱丽萍]

▽秘密窃取电脑主板后向被害人索取钱财的行为,其手段行为构成盗窃罪,目的行为构成敲诈勒索罪,分别触犯了不同的罪名,构成牵连犯,从一重罪处断

行为人为了敲诈挖掘机主的钱财,先盗窃挖掘机上的电脑主板,然后将电脑主板藏在附近,并将写有自己手机号码的字条特意留在挖掘机内,待被害人主动打电话与其进行联系后,再以汇款入指定账户才将电脑主板归还相要挟,向被害人索取钱财。上述盗窃行为属于手段行为,打电话要挟索财属于目的行为,分别触犯了盗窃罪和敲诈勒索罪两个不同罪名。行为人实施盗窃行为是为实施敲诈勒索行为创造条件,盗窃行为和敲诈勒索行为都是围绕一个最终犯罪目的——勒索钱财,因而手段行为和目的行为之间具有牵连关系,而且行为人对两个犯罪行为之间的牵连关系有明确的认知,因此成立牵连犯。对牵连犯罪,除法律明文规定外,其处理原则是从一重罪定罪处罚。其原因在于牵连犯的行为人追求的犯罪目的只有一个,与同时追求两个以上犯罪目的的数罪比较起来社会危害性相对比较小,法律并不认为牵连犯罪中数个犯罪行为具有各自独立的意义。因此,除法律有特别规定以外,对牵连犯一般不适用数罪并罚的原则,只从一重罪处断按其中最重的罪名来定罪处罚,这是符合立法精神和刑法基本理论的。[参见第427号案例,张超群、张克银盗窃案,载《刑事审判参考》总第54辑(2007年第1辑),法律出版社,第38~39页。执笔:陈克娥]

▽盗窃罪如何适用累犯情节进行加重处罚

认定盗窃情节属于"其他严重情节"和"其他特别严重情节"一定要结合具体盗窃数额来综合判定。对累犯作为盗窃犯罪加重处罚的情形如果不区分各种情况,将累犯一律作为加重处罚情形,确有重复加重之嫌。如累犯盗窃的数额刚刚达到较大或巨大标准的,这种情况下的累犯在其盗窃数额的量刑幅度内量刑有从重处罚的余地,可以实现从重处罚的目的,适用加重情节,显然不当。但当盗窃数额接近"数额巨大""特别巨大"的标准,对没有累犯情节亦可判处有期徒刑三年、十年,而对具有累犯情节的,如对其只能判处有期徒刑三年、十年,这实际上对累犯没有从重。在此情形下,把具有累犯情节的作为有"其他严重情节""其他特别严重情节"的情形,依法在三年或十年以上有期徒刑量刑,既体现了对累犯的依法从重,也符合公平合理原则。因此,一般而言,将累犯认定为"严重情节""特别严重情节"应以盗窃数额接近"数额巨大"或"数额特别巨大"为条件。另外,1998年最高人民法院《解释》规定使用的是"可以"作为加重处罚的情形,不是应当。因此,对累犯即使盗窃数额接近巨大或特别巨大标准,并不是一律作为加重处罚的情形,是否加重处罚应当根据具体情况而定。一般来说,对具有下列情形的累犯应加重处罚:主观恶性深的累犯,如有的因盗窃犯罪或其他犯罪被判处较长刑期,刑罚执行完毕后又进行盗窃犯罪的;或者原因盗窃等犯罪多次被判处徒刑,刑罚执行完毕后又继续盗窃犯罪的;或者原判刑罚执行完毕后,又进行盗窃时间较长,次数较多,危害较大的等;犯罪后认罪态度不好以及不愿意退赔的无其他法定或酌情从轻情节的。总之,在量刑时要把盗窃犯罪行为人的主观恶性、客观行为、危害结果、自首、认罪、退赃等量刑情节综合起来作出适当的评价,在量刑中正确体现。[参见第437号案例,周建龙盗窃案,载《刑事审判参考》总第55辑(2007年第2辑),法律出版社,第48~49页。

执笔:张亚静]

▽邮政局的经警队长盗窃利用的是工作条件便利,而非其职务便利

邮政局的经警队长的职责是负责邮政局的相关工作人员及财物的安全保卫工作,其职责范围内不具备对邮政储蓄资金的管理、主管、经手的权力,其对邮政储蓄资金没有支配、决定、处置或者实际控制权。邮政局的经警队长的工作性质不能与邮政储蓄资金直接接触,其直接接触邮政储蓄资金的行为,与其经警队长的职责无关。邮政局的经警队长没有持有金库钥匙的权力。行为人利用邮政局出纳员对他身份的信任,骗出金库钥匙,私自配制并持有金库钥匙的行为,与其经警队长的职务无关。邮政局的经警队长没有擅自打开邮政局金库和各金柜门的权力。从行为人替同事值班负责看守金库,用电钻切割开一、二层金柜的门,用办公室的斧子砸开四个密码箱,盗走邮政储蓄资金的系列行为看,也与其经警队长职务无关。综上,行为人在实施犯罪行为过程中,仅仅利用了他人对其身份的信任以及其因任经警熟悉作案环境的便利条件,而上述条件均不属于其职务之便利,因此其行为构成盗窃罪,而不构成职务侵占罪。[参见第460号案例,陈建伍盗窃案,载《刑事审判参考》总第58辑(2007年第5辑),法律出版社,第44页。执笔:李燕明]

▽判断交互采用欺骗与秘密窃取的手段非法占有他人财物的行为性质,主要是看行为人非法取得他人财物的决定性手段是秘密窃取还是欺骗而得

诈骗罪与盗窃罪都属于以非法占有为目的的侵犯财产犯罪,从犯罪构成来说,两罪的主要区别在行为特征上:诈骗罪是行为人使用虚构事实或者隐瞒真相的诈欺方法,使财物的所有者、保管者或者经手者产生认识错误,从而"自愿"将财物交与行为人;盗窃罪在客观上表现为行为人采取自认为不为财物的所有者、保管者或经手者发觉的方法,秘密将财物取走。当行为人为达到非法占有他人财物的目的,交互采用欺骗与秘密窃取手段的侵财的,认定行为的性质是盗窃还是诈骗,关键是看行为人获取财物时起决定性作用的手段是窃取还是欺骗。若采用"虚构和蒙骗"的直接手段取得他人财物的,应认定诈骗罪;若采用"秘密窃取"为直接手段取得他人财物的,则应认定盗窃罪。诈骗罪是一种交互型犯罪,被害人是否具有处分财物的意思和行为,是区分诈骗还是盗窃的客观标准。诈骗罪中的受骗人的处分行为,必须是基于认识错误,而认识错误的产生是由于行为人的欺骗行为,处分意识具有三个特征:(1)处分对象明确性,即被害人基于此错误认识产生处分特定财物的意思;(2)处分外在形式自愿性,即被害人在错误认识的指导下"自觉自愿"地处分特定财物;(3)处分结果明晰性,即被害人明确知道处分特定财物就是转移财物控制权。处分行为则意味着将财产转移给行为人或第三者占有,即由行为人或第三者事实上支配财产,并不要求受骗人将财物的所有权处分给行为人。至于受骗人是否已经转移给行为人或第三者占有,一方面,要根据社会的一般观念判断,认定受骗人是否已经将财产转移给行为人或第三者进行事实上的支配或控制;另一方面,受骗人是否具有将财产转移给行为人或第三者支配或控制的意思。而在盗窃罪中,被害人既没有处分财物的意识,也没有处分财物的行为。被害人暂时交付财物的目的是让行为人利用财物"施法驱鬼",虽然形式上财物已经交付行为人实际持有不在被害人手中,但仍在被害人法律意义上的控制范围内。因为在当时的情况下,行为过程均发生在被害人的家中,被害人对于其家中的财物当然具有实际的控制,被害人即使将财物交给行为人,根据社会的一般观念,被害人仍然支配和控制着该财物,即被害人暂时交付财物而没有转移财物控制权。因此,这种交付不能认定为具有处分财物的意思和行为。对于被害人来说,行为人趁被害人不备调包取走财物,被害人当时不知情、事后才知道,在这种情况下,虽然财物在行为人手中暂时持有,但被害人既在主观上没有让行为人取得财物控制权的意思,客观上行为人也没有取得财物的实际控制,被害人仅是让其利用财物"施法驱鬼",并不带走财物,因而被害人虽然受骗了,但他并没有因此而具有将财物转移给行为人支配与控制的处分意思和行为。行为人取得财物的支配与控制完全是后来的调包秘密窃取行为所致。另外,行为人非法取得财物主要是以调包的秘密窃取手段来实现的。行为人以"施法驱鬼"诱使被害人将财物作为道具交给行为人,属于欺诈的性质,但行为人并非依靠该欺诈行为直接取得财物,而这只是为其之后实施秘密窃取行为创造条件。其对财物只是暂时持有,行为人"施法驱鬼"时,被害人仍然没有失去财物占有权,随时可以让行为人停止施法交还财物。因此,通过欺诈取得对财物的暂时持有,不是行为人的目的行为,而只是其实现占有财物目的的辅助手段行为。相对于前述欺诈行为而言,行为人的"调包"行为属于秘密窃取的性质。其秘密性体现在:(1)主观认识上的秘密性,即该调包手法,行为人在主观上不想让被害人知道;(2)手段上的秘密性,即该调包手段不为被害人所知;(3)结果上的秘密性,即调包后被害人并不知财物实际已经被行为人所控制。可见,正是行为人实施的"调包"这一秘密手法,使本案财物从被害人手上转移到被告人手上,因而行为人最终通过调包手法取得财物控制的行为符合盗窃罪秘密窃取的行为特征。[参见第492号案例,朱影盗窃案,载《刑事审判参考》总第62集(2008年第3集),法律出版社,第45～48页。执笔:焦卫]

▽纺织品出口数量配额具有"财物"属性,能够成为财产犯罪的对象

所谓进出口数量配额是指一国或地区政府在一定时期内对某些敏感商品的进口或出口进行数量或金额上的控制,其目的旨在调整国际收支和保护国内工农业生产,是非关税壁垒措施之一。配额可分为进口配额和出口配额两大类。进出口数量配额正是国际贸易中实施数量性管制措施的产物。2006年,我国商务主管部门将有关国家或地区对我国实行限制的纺织产品和有关双边协议规定需要临时进行数量管理的纺织产品列入《管理商品目录》,实行临时出口管理制度。对外贸易经营者出口目录所列的纺织品,应当先向当地商务主管部门办理临时出口许可审批手续,并申领纺织品临时出口许可证,凭许可证向海关办理报关验放手续。目录所列纺织品的临时出口许可数量也即配额,通过业绩分配、协议招标等方式配置到各经营者,也允许转让。我国刑法规定盗窃公私财物,数额较大的构成盗窃罪,盗窃罪侵犯的对象是公私财物。盗窃罪犯罪对象——财物,应当具备以下特征:首先,盗窃罪的对象应当具有使用价值,同时根据我国刑法规定,盗窃财物的价值只有达到数额较大的标准,才能进入刑法评价的范畴。因此,盗窃罪的对象应当具备一定的经济价值。其次,盗窃罪的对象为动产。不动产因为其所有权关系的变更,必须符合严格的法定的程序,不能用"秘密窃取"的方法获得,行为人即使能够进行事实上的控制,但并不能排除物权人的有效控制。最后,能够为人力所管理、掌控。盗窃行为的一个显著特征,就是排除他人对财物的现实支配关系,而建立自己的非法支配关系。本案盗窃对象为纺织品出口配额,其是一种由商务部授予具有一定资质的贸易主体,可以在网上特定交易平台自由转让的电子数据,属于无形资产。根据国家对外贸管理制度,涉案的纺织品出口数量配额是纺织品企业对外出口所必需的,在该行业中具有使用价值;出口配额的原始取得有业绩分配和有偿招标两种方式,配额还可以通过买卖转让继受取得,价格由买卖双方根据市场供求协商自定,也即纺织品出口配额可以在不特定的多数经济主体范围内采取货币衡量方式转让,因而具有经济价值;根据现行的管理制度,所有人取得的配额是以电磁记录的形式储存于商业部设定的网络数据库中,其所有权人对配额享有占有、使用、收益和处分的全部财产权利,并通过电子钥匙的设置来排除任意第三人对其行使所有权的干预,从配额的存在方式和流转特点看,经营者通过在特定数据库中使用电子钥匙并修改电磁记录的形式实际地对其合法取得的纺织品出口配额行使所有权能,具有排他性,能为人力管理、掌控。综上,纺织品出口数量配额作为一种可以由人力支配和管理的动产财产,与传统意义的财物并无本质区别,因此将纺织品出口配额纳入财产犯罪的调整范围,符合刑法对于财产犯罪对象的规定。[参见第527号案例,詹伟东、詹伟京盗窃案,载《刑事审判参考》总第66集(2009年第1集),法律出版社,第57～59页。撰稿:姜君伟]

▽盗窃犯罪对象——财物,其内涵和外延合理扩张,从有体物发展到无体物,从有形财产发展到无形财产

合理扩张盗窃犯罪对象符合经济社会的发展趋势和现实财产保护的实际。作为盗窃罪的犯罪对象——财物，其内涵和外延随着经济社会活动的发展也在发生变化，从有体物发展到无体物，从有形财产发展到无形财产。在经济交易活动形式和对象日益翻新的情况下，刑事法律的介入和调整应当根据刑法保护法益的本质，及时地跟上，才能发挥刑法作为保障法对于社会经济生活的调整作用。事实上，我国司法解释也在根据社会状况的发展变化不断地对盗窃对象进行着相应调整，在一定范围内逐步拓宽了盗窃犯罪对象的外延，从而有效地应对当前财产犯罪的实际情况，充分实现了刑法对于财产权利和财产秩序的保护。如1998年《最高人民法院关于审理盗窃案件具体应用法律若干问题的解释》明确规定，盗窃的公私财物，包括电力、煤气、天然气等，并且指出盗接他人通信线路、复制他人电信码号的行为，以及盗窃增值税专用发票或者可以用于骗取出口退税、抵扣税款的其他发票的行为，均属于盗窃犯罪；2000年《最高人民法院关于审理扰乱电信市场管理秩序案件具体应用法律若干问题的解释》也将盗用他人公共信息网络上网账号、密码上网，造成他人电信资费损失数额较大的行为归入盗窃罪的范畴。随着网络的普及，通过网络侵犯网络环境中的虚拟财产的行为也越来越多。在审判实践领域，已有针对盗窃网络虚拟财产Q币和游戏点卡等犯罪的判例，将网络虚拟财产纳入盗窃罪犯罪对象的财物范畴内。这是因为一些网络虚拟财产对应着现实生活中的财产，用户以支付真实货币购买Q币或游戏点卡后，就能享受到一定的网上服务；Q币和游戏卡点的发行商、代销商或其他持有人通过出售该虚拟财产能够换取真实的货币。Q币和游戏点卡作为虚拟财产具备了“财物”所应具有的使用价值和经济价值，故盗窃Q币和游戏卡点数额较大的，侵犯了他人的财产权益，应以盗窃罪论处。[参见第527号案例，詹伟东、詹伟京盗窃案，载《刑事审判参考》总第66集(2009年第1集)，法律出版社，第59～61页。撰稿：姜君伟]

▽多次盗窃必然表现出扒窃或入户盗窃行为的同一性和反复性，二者是多次盗窃的必要特征

认定多次盗窃只需把握两个要点：一是行为方式的同一性，即多次盗窃以行为方式同一为前提，入户盗窃与扒窃之外的窃取行为不能计入盗窃次数；二是行为过程的反复性，即同一方式的窃取行为只要重复实施3次以上的，即可认定多次盗窃。但在连续盗窃的场合，实践中情形比较复杂。有必要把一次盗窃重复侵害行为与多次盗窃区分开来，对于上述行为人出于同一或概括的盗窃故意，在大致相同的时空范围内反复实施的扒窃或入户盗窃行为，应当作一次盗窃重复侵害行为评价，不能认定为多次盗窃。主要理由如下：第一，从刑事处罚根据上分析，“多次盗窃”与“盗窃财物数额较大”同属盗窃罪的构罪标准，但两者的侧重点理当有所不同。一是从设定治罪标准的技术视角观察，两个并列治罪标准的内容不能雷同抑或交叉。否则，雷同就没有确立并列标准的必要；交叉则势必导致重合部分难以抉择应当适用的标准。所以，立法者设立两个并列的治罪标准，二者的规制重点必然是各有侧重，但又相互补充。二是就刑事处罚根据本身来说，“盗窃财物数额较大”显然系从危害结果方面，注重表述盗窃行为所造成的客观危害性。那么，务必与之区别的“多次盗窃”的处罚重点是什么？由立法沿革及具体语境可知，虽然多次盗窃行为所造成的客观危害性不大(如果盗窃财物数额较大，则无须再适用本标准)，但行为人多次产生盗窃犯意，并且敢于反复地付诸实施，其行为足以显现行为人已经形成盗窃习性，具有较大的人身危险性，因而也有必要给予刑事处罚。质言之，多次盗窃着重揭示或规制的，应当是盗窃行为人的主观危害性或曰人身危险性。确切地说，行为人是否形成盗窃习性，是司法上具体认定多次盗窃的实质依据或内在标准。毋庸置疑，盗窃习性需要在一定长的时间阶段里才足以形成和显现出来，我们很难依据行为人一时、一度(如一个上午或晚上)的行为表现，就作出其盗窃成性的刑法判断。因此，对于上述行为人在特定时空范围内反复实施的相同盗窃行为，因其相对缺乏认定多次盗窃的实质根据，故不宜认定为多次盗窃。第二，从司法认定层面透视，无论是入户盗窃还是在公共场所扒窃的行为，其既可由一人单独实施，也可由多人共同实行。如果单纯以自然盗窃行为的单复或者盗窃被害对象的多寡作为认定盗窃行为次数的标准，则在下列场合容易滋生疑惑。譬如，在一人守候望风、3人上楼行窃的情境下，无论多人是一户接一户地先后侵入3户以上居民家中连续行窃，还是上楼后3人分别潜入3户以上居民家中同时行窃,其结果都是造成3户以上居民家中被盗的事实。对于此种方式不同、结果同一的入户盗窃行为,是否可以说先后侵入3户以上居民家中连续行窃者构成多次盗窃?而分别潜入3户以上居民家中同时行窃者就是一次盗窃?很显见,在刑法视野里,尽管存在"多个"自始至终的盗窃行为与"多个"盗窃的被害对象,但上述四个行为人的盗窃是一个入户盗窃行为的整体,都只能作为一个和一次共同盗窃行为来评价、判断。换一场景分析,如果行为人认为某一被害人家里经常有机可乘,在一段时期里数次非法侵入其中窃取财物,尽管遭遇盗窃的被害人是单一的,但该一情节并不影响对于行为人已盗窃成性之人身危险性的判断,因此,对于该反复侵害同一被害人的入户盗窃行为,自然也可以认定为多次盗窃。由上述分析和实例可知,多次盗窃必然表现出扒窃或入户盗窃行为的同一性和反复性,二者是多次盗窃的必要特征,但不是全部内容。在具体认定中还应进一步从主观方面考察连续扒窃、入户盗窃行为是否具有犯意上的相对独立性及其发生的一定长的时间间隔性。只有出于数个独立的盗窃犯意、在明显间隔的时段里反复实施的,由此能够判断行为人盗窃习性的扒窃行为等,才可认定为多次盗窃。[参见载《刑事审判参考》总第69集(2009年第4集)(实务探讨),第144~146页。撰稿:黄祥青]

▽受过行政处罚的扒窃行为应计入盗窃次数

在认定多次盗窃时,尤其是在认定扒窃次数的场合,将受过公安机关行政处罚的盗窃行为计入盗窃次数是否违反刑法上禁止重复评价原则。所谓禁止重复评价原则,是指在一次定罪量刑活动中,被告人的一个行为或者一个情节,不能两次以上作为定罪量刑的事实依据予以评价。在适用该原则时应当澄清三点:其一,本原则的适用范围宜限定为"一次定罪量刑活动",否则,笼统地讲一个危害行为或事实情节不能被重复评价,则很难解释、说明已经受过刑罚处罚的危害行为,为何能够被冠以"累犯"或"再犯"之名,作为从重处罚另一危害行为的法定依据。其二,本原则禁止定罪情节重复作为量刑情节适用,应当与定罪情节中的多余事实作为量刑情节裁量区别开来。在我国刑法中,不少定罪情节包含"多余事实",尤以数额犯最为明显。如上海地区构成盗窃罪的起刑点数额为2000元,具体盗窃案件中的犯罪数额常常有超出2000元的情况,该超出部分就属于定罪情节中的多余事实。对此,理当纳入量刑情节进行充分评价,这种情形显然不在禁止重复评价原则的规制范围。其三,禁止重复评价原则的适用,并不排斥已经受到刑罚处罚的行为可以作为处罚另一危害行为时评价行为人之人身危险性大小的事实要素。通俗地讲,如果将行为人以前的犯罪行为都排除于外,判断行为人的再犯可能性就会在相当程度上失去重要的认识前提。换言之,既然量刑时应当考虑行为人的人身危险性(或曰再犯可能性)大小,就不能排斥对先前处罚过的犯罪行为之危害性质及程度的审慎斟酌与考量。多次盗窃的认定也是如此。如果受过行政处罚的扒窃行为不能计入盗窃次数,则势必产生下列情景:(1)在扒窃场合,要认定多次盗窃,可能只有一种情形,即扒窃犯被抓获后主动承认自己实施了3次以上的扒窃行为并被查证属实。不难想象,扒窃犯否认先前存在扒窃行为的现象是极其普遍的,希冀其主动承认未被抓获的先前罪行,大多是不切实际的。(2)公安人员抓获扒窃犯之后,若想将其治罪,则需将属于第一次、第二次被抓获的扒窃犯均予释放,只能等待第三次再行将其抓获时才可一并处理。很显见,这种设想既不现实也不合理。(3)对于专司小偷小摸的扒手来说,如果警察每次依法对其实施行政处罚,则预示其无论扒窃多少次数,被警察处理的那一次总是第一次,都不能以多次盗窃予以治罪。很显然,其逻辑性和合理性都是经不起推敲的。综上所述,主张受过行政处罚的扒窃行为不能计入盗窃次数的见解,不仅在法理上难以成立,而且在实践中也是行不通的。[参见载《刑事审判参考》总第69集(2009年第4集)(实务探讨),第146~148页。撰稿:黄祥青]

▽盗窃未完成形态影响盗窃次数的计量

在多次盗窃的认定中,盗窃既遂行为可计入盗窃次数自无疑义,至于盗窃预备、未遂、中止等未完成形态的行为能否计入盗窃次数,视情况而定:(1)扒窃、入户盗窃的预备行为不宜计入盗窃次数。主要理由有两点:一是司法实践中极少处罚盗窃预备行为。多次盗窃的认定对象主要集中于一些盗窃数额不大的小偷小摸行为,根据当然解释原理,既然相对严重的盗窃预备行为通常都不予治罪,对于轻度的小偷小摸类的预备行为,就更无作为刑事处罚依据的必要性。二是从侦查证明角度分析,除非行为人自行把盗窃预备行为交代得真真切切,要想公安人员准确查证盗窃预备行为,要比证明盗窃实行行为要困难许多。从节约司法资源角度讲,也没有必要花大力气查证盗窃预备。(2)扒窃、入户盗窃的未遂行为应当计入盗窃次数。主要理由也有两点:一是盗窃未遂行为足以表现行为人的盗窃习性,符合多次盗窃的处罚意旨;二是从实际情况看,许多被抓获的扒窃、入户盗窃行为都处于未遂阶段,倘若要求公安人员必须待到盗窃既遂以后才能实施抓捕行为,难免显得脱离实际,甚至有强人所难之虞。(3)扒窃、入户盗窃的中止行为也不能计入盗窃次数。主要理由有两点:一是中止行为在本质上是表明行为人主观恶性程度减弱的因素,其不能作为揭示行为人人身危险性趋重的事实,因此与多次盗窃在处罚依据上明显不相吻合;二是从立法精神看,刑法第二十四条明确规定:"对于中止犯,没有造成损害的,应当免除处罚。"在扒窃、入户盗窃中止的场合,除去极少数人户行为本身造成被害人财产损失的情形外,可以说绝大多数盗窃中止行为都属于"没有造成损害"的情形,依法也应当被免除处罚,将其计入盗窃次数作为处罚依据显与法律精神相悖。概言之,多次盗窃以揭示行为人的盗窃习性或日人身危险性为特质,只有性质匹配且易于查证的盗窃既遂和未遂行为,计入盗窃次数才较为妥当。[参见载《刑事审判参考》总第69集(2009年第4集)(实务探讨),第148~149页。撰稿:黄祥青]

▽多次盗窃数额的累计方法

多次盗窃数额的累计情形至少可以归纳为下列六种:一是多次盗窃均单独构成犯罪,且在追诉时效期限以内的,应予累计盗窃数额;二是最后一次盗窃构成犯罪,前次盗窃违法行为(也不排除盗窃犯罪)均发生于案发前一年以内的,应予累计盗窃数额;三是多次盗窃中存在一次或几次盗窃犯罪,且盗窃违法行为与犯罪均发生于案发前一年以内的,应予累计盗窃数额;四是盗窃犯罪发生于案发前一年以前,其后的盗窃违法行为(也不排除盗窃犯罪)应予累计盗窃数额;五是多次盗窃违法行为明显呈现徐行犯特征的,应予累计盗窃数额;六是盗窃未遂数额巨大且接近成罪或者升格处刑标准,累计盗窃既遂数额后达到或超过上述标准的,应予累计就轻适用法律。[参见黄祥青:《多次盗窃数额累计问题探讨》,载《刑事审判参考》(实务探讨)总第72集(2010年第1集),第222~233页。]

▽行为人非法占有他人财物应是盗窃罪既遂与未遂的区分标准

正确区分盗窃罪的既遂与未遂,应立足于犯罪构成要件,即行为人的行为是否已经充足了盗窃罪的全部犯罪构成要件。对于盗窃罪这种典型的窃取型财产犯罪,当行为人通过秘密窃取的手段实现了非法占有财物的主观目的时,就认定为盗窃既遂。这种既遂实际上也就是行为人犯罪目的的实现,即非法占有的实现。因此,行为人非法占有他人财物应是盗窃罪既遂与未遂的区分标准,对此应当坚持主客观相一致的判断标准,其中占有的内容、方式、程度是准确判断的关键所在。刑法上的占有,不同于民法上的占有权,仅指行为人对财物的事实上的支配和控制,这种支配具有排他性,尤其是排除了被害人对财物的事实上的占有可能,从而使行为人实现了对财物的实际上的控制。这种事实上的可支配或者可控制能力,在出现以下两种情况时较难判断:一是行为人与被害人之间存在特殊关系,比如上下级或者雇主与雇员的关系;二是特定场所。在后者情形下,除行为人直接接触并占有财物之外,多数情况下行为人首先将财物置放于一定可控制范围之内,其次才将财物转移实现占有目的,因此如何界定合理的、适当的可控制范围,成为实践中认定的难点。[参见第557号指导案例,林燕盗窃案,载《刑事审判参考》总第68集(2009年第3集),第21页。撰稿:刘娟娟　薛美琴]

▽主人对房屋内财物在多大程度上享有事实上的控制力,需结合具体情况进行分析

通常认为,有特定范围的场所,物主的控制能力及于该场所内任何地方,里面的任何财物都处于其实际控制之下,物主对这些财物享有事实上的控制权,如主人对屋内物品的占有便是典型例证,但现实情况是纷繁复杂的。主人对房屋内财物在多大程度上享有事实上的控制力,尚需结合具体情况进行分析。随着现代社会发展,房屋的功能、结构以及居住人口和规模等都发生着变化,除了传统意义上的普通居民住宅之外,还有像单元套房、豪华别墅等结构较复杂、功能较多的住所;居住人群中,除家人外还可能会有客人、保姆等不同身份的人。房屋规模不同,居住人口不同,尤其是对于那些较大规模的房屋,主人对家中财物虽然具有法律上的所有权和控制力,但事实上控制力所能及的范围却是有限的,如行为人将财物藏于屋中某个秘密处,可以随时待主人不备将财物带出,此时就很难讲主人对该财物仍享有绝对的控制力了。据此认为,主人对屋内财物的合理控制范围,仍需要依据社会一般观念,并结合财物的性质、形状、运送难度、社会习惯等因素综合判断。主要围绕两个方面进行:第一,被害人是否已经失去了对财物的控制。这是行为人实际控制被害人财物的前提。可借助财物的形状、性质、被藏匿位置等分析被害人查找到财物的难易程度,从而判断被害人是否仍然享有控制权。如果财物被藏匿得极其隐蔽,或是被害人根本想不到的地方,或是被害人很难查找的地方,即可认为被害人事实上已经失去了对财物的控制。比如,把被害人的戒指藏匿于卫生间的垃圾筒或者墙壁上的一个小洞,相反,如果藏于电视柜或者衣柜抽屉里,则是基于一般人在通常情况下都会翻找且很容易找到的地方,此时就可理解为被害人并没有丧失对财物的占有。第二,行为人能够对财物进行事实上的控制。行为人对窃取财物的处理方式,也即藏匿方式,必须足以确保(行为人)占有,始得成立犯罪既遂。也就是说,行为人占有必须具备一定的要求、条件,只有当这种占有已经达到充分、及时的程度才可以认为行为人已经排他性地控制了该财物。换言之,被害人失去了对财物的控制并不直接导致行为人控制该财物,行为人控制财物需要满足一定的条件,这个条件是保证或者确保占有的有效性,即最终确保行为人非法占有目的的顺利实现。至于何为充分、及时的占有,需要结合具体案件进行分析。一种较为简便易行的判断方法是行为人是否很容易地实现对财物的控制。例如,行为人将窃得的戒指等小件物品放到一个废弃的花盆中,主人已明示要将花盆扔掉,此时行为人可以公然将财物通过花盆运送于房屋之外而不被任何人怀疑或察觉。综上,房屋的主人在多大范围内、多大程度上对被他人偷窃并藏匿于屋内的财物享有支配和控制力,需要结合案情做具体分析,不可一概而论。[参见第557号指导案例,林燕盗窃案,载《刑事审判参考》总第68集(2009年第3集),第21~23页。撰稿:刘娟娟 薛美琴]

▽保姆盗窃主人财物后藏于衣帽间及保姆房间,没有实现对财物的非法占有,属于盗窃未遂

被害人的住所系一幢三层别墅,衣帽间设在三层,且被害人与被告人约定"不需要打扫二楼卧室的房间,只负责做饭和打扫客厅卫生"。虽然被害人并不常去衣帽间,但其对衣帽间的所有物品均有法律上和事实上的占有和控制力;虽然被告人对藏于此处的财物也进行了必要的包装和掩饰,但鉴于衣帽间的用途和位置,被害人如努力查找是不难发现被窃财物的。况且,被告人只是负责打扫卫生,除了具备可以随意进出衣帽间的便利之外,其对处于衣帽间财物的控制力是有限的。故被告人对藏于衣帽间的财物并没有达到事实上的足以排除被害人占有的支配力,没有实现对财物的非法占有,因此构成盗窃未遂。

对藏于保姆房间的财物是否构成盗窃既遂?保姆房间确实不同于房屋中的其他地方,具有一定的私密性,在一定程度上可以说是对主人房屋占有力的一种限制。但保姆房间毕竟是房屋的组成部分之一,保姆对该房间的有限的使用权不同于承租人的独立的占有权。结合本案的具体情况,对藏于保姆房间的财物也应认定为盗窃未遂。理由如下:第一,从是否可以排除主人找寻可能性分析,主人并未完全丧失对财物的控制。首先,被告人将窃取的财物放在了保姆房间的写字台抽屉里,而没有放置于其他隐蔽场所或者一般人很难查找的地方。其次,被告人并没有对这些财物做精心的掩饰、藏匿或者采取任何其他的防范措施。或许被告人自以为保姆房间就是她的私人空间,主人不会随便翻她的东西,但是她应当预见并且已经预见到,如果主人房间内丢失了任何东西,她都会被怀疑并进而主人会在整个房屋内的任何可想象的地方查找,包括保姆房间。最后,由于保姆房间空间小、家具简单、物品少,客观上直接翻查是很容易找到的。事实上,被害人就是首先找到了保姆房间的现金和首饰。第二,被告人对财物的控制需达到充分、及时,方可实现非法占有。首先,被告人需克服房屋内现实条件的制约,如被害人和其他保姆的监督。被告人刚刚来到被害人家中做家政工作,被害人要求被告人"不需要打扫二楼卧室的房间,只负责做饭和打扫客厅卫生",此时如果发现了二楼卧室的房间内财物丢失,进入该卧室的人就会首先被怀疑。而由于被害人共聘用了3名保姆,保姆之间相互监督,被告人必须在不被同在此处打工的另外两名保姆发现的情况下进入该卧室。其次,被盗财物放置的位置应尽量隐蔽,不易被察觉,即便是被放在保姆房间,也应该是位于一个常人不会找到的隐蔽角落。同时,由于存在另外两名保姆的无形的客观障碍,被告人还必须将财物藏于不易被其他保姆发现的地方,因为一旦有其他保姆发现就会将事实告诉主人,在私人住所这样的封闭场所,主人仍然在事实上控制着财物,被告人是无法随意或者轻易将财物拿走的。最后,也是最为重要的一点,被盗财物放置的位置应当利于转移,并最终实现对财物的转移占有。行为人对财物的控制最终要体现在现实的可支配上。由于财物仍处于被害人的住所内,他对房屋的所有权部分地限制了被告人的控制力,因为被告人尚未将所盗财物转移出主人家,被告人的占有始终处于一种不确定的、无法随意控制和支配的状态下。而盗窃罪需要两个行为即窃取行为和占有行为(有时候会发生两个行为的重合)方可完全实现,窃取后的转移占有是使占有现实化的必要条件。第三,被告人对财物的控制具有临时性,并未实现有效的占有。一方面,被告人主观上并不认为此时的财物已经属于自己所有。被告人在庭审时供称"取得财物后,内心一直忐忑不安,担心随时会被主人发现"。这种心理状态说明被告人充分意识到了财物仍然是在主人的房间,并没有脱离主人的控制,一旦主人发现财物丢失并查找,其盗窃行为很容易暴露;另一方面,被告人对财物的掌控时间非常短暂,也可间接说明其尚无法实现对财物的非法占有。被告人从9月8日起到被害人家中从事家政工作,短短3天时间内连续作案,从其取得财物到被害人发现财物失窃到案发也仅仅两天时间,足以说明被告人根本没有实现对财物的控制。第四,实现量刑公正、均衡的必然要求。如果被告人的行为被认定为盗窃既遂,由于盗窃财产数额已经超过10万元,属盗窃数额特别巨大,根据刑法规定应判处十年以上有期徒刑、无期徒刑,显然超出了普通民众的心理预期,量刑过重。量刑对于定罪具有一定制约功能,量刑的轻重应准确反映犯罪行为的社会危害性和行为人的人身危险性,实现客观危害与主观恶性的统一。本案中被告人系来沪打工人员,其本身对财物或者首饰的价值并没有一个真实、准确的认识;其利用工作之便顺手牵羊,取得财物后并没有及时转移或者藏匿于更为隐蔽的地方,也没有立即逃跑;财物最终都被找回,被害人没有受到财产损失;被告人对其盗窃行为的刑事违法性有认识,但对其违法性的后果未必有清晰的认识,或者说如果被告人知道自己偷了这些现金和首饰后可能会带来十年以上的牢狱之灾,其未必会铤而走险,上述事实均说明了被告人的主观恶性及其行为的客观危害都不是很大,从罪刑相适应的原则出发,法院认定其犯罪未遂并比照既遂犯减轻处罚是适当的,实现了罪刑相当。[参见第557号指导案例,林燕盗窃案,载《刑事审判参考》总第68集(2009年第3集),第23~25页。撰稿:刘娟娟　薛美琴]

▽盗窃自己家里的财物或者近亲属的财物,一般可不按犯罪处理

被告人在其父母不知情的情况下,采取秘密窃取的手段,将自诉人委托其父母加工而由其父母实际占有的袜子盗卖出去,形式上完全符合盗窃罪的构成特征。根据本案的具体情况,对被告人的盗窃行为可以不追究刑事责任。主要理由是,被盗袜子虽然是自诉人的财产,但因系其委托被告人的父亲杨某某进行加工而实际上由杨某某保管占有,杨某某对袜子的毁损灭失负有赔偿责任,故本案实际上属于发生在家庭内部的盗窃案件。对于此类盗窃案件的处理,司法实践中一直采取慎重态度。最高人民法院、最高人民检察院1984年联合印发的《关于当前办理盗窃案件中具体应用法律的若干问题的解答》规定,处理具体案件时,要把偷窃自己家里或者近亲属的,同在社会上作案的加以区别。最高人民法院、最高人民检察院1992年制定的《关于办理盗窃案件中具体应用法律的若干问题的解释》进一步明确规定:“盗窃自己家里的财物或者近亲属的财物,一般可不按犯罪处理;对确有追究刑事责任必要的,在处理时也应同在社会上作案有所区别。”1997年刑法修订后,最高人民法院制定的《关于审理盗窃案件具体应用法律若干问题的解释》延续了这一政策精神,规定:“偷拿自己家的财物或者近亲属的财物,一般可不按犯罪处理;对确有追究刑事责任必要的,处罚时也应与在社会上作案的有所区别。”之所以要慎重处理发生在家庭内部或者近亲属间的盗窃案件,主要根据在于:第一,这种盗窃行为侵害的是家庭共有财产或者近亲属的财产,亲属关系的存在一定程度上淡化了所有者对财产权的强烈保护需求和由此产生的利害冲突,故与发生在社会上的其他盗窃行为的社会危害性差别较大,一般不属于严重危害社会治安的犯罪,处理时进行区别对待符合宽严相济的政策精神。第二,从我国传统亲情观念出发,民众一般不认为盗窃家庭或者亲属的财物构成犯罪,案发后一般也会对盗窃者给予谅解,不希望追究其法律责任,更不希望追究其刑事责任。因此,如果不考虑此类盗窃的特殊性而与发生在社会上的一般盗窃在处罚上相区别,社会效果不好。第三,对此类案件一般不作为犯罪处理,客观上给盗窃者以改过自新的机会,一般不会有再犯的危险,也有利于维护家庭稳定和亲属之间的团结和睦。基于此,虽然本案被告人盗窃的袜子的价值达8万余元,数额巨大,但鉴于其盗卖袜子造成的损失最终由其父母承担赔偿责任,且其父母也愿意积极赔偿自诉人的经济损失,其盗窃行为的社会危害性大大降低,从贯彻上述司法解释规定的精神和宽严相济刑事政策角度出发,不以盗窃罪追究其刑事责任有利于实现案件处理的良好社会效果。[参见第583号指导案例,杨飞侵占案,载《刑事审判参考》总第70集(2009年第5集),第63~65页。撰稿:聂昭伟]

▽充值卡明文密码可以成为盗窃罪的犯罪对象

在传统的观念中,作为盗窃罪侵害的对象——财物,一般是指有形、具有一定经济价值并可为人所控制的实体财产或物品。但随着经济社会的发展,各种新的财物形式诸如股权、知识产权、虚拟财产等不断出现,这种对于财物的传统认识已经不能适应惩治犯罪的实际需要,因而对刑法中的财物概念进行重新认识和界定就显得有必要。对此,相关司法解释已有明确规定,如最高人民法院在1998年《解释》第一条第(三)项中,将诸如电力、煤气、天然气等无形财产划入盗窃对象“公私财物”的范围之内,第八条将股票这种权益凭证也归入盗窃犯罪对象之中。《刑法》第二百六十五条更是将代表一定财产权益的电信码号等作为了盗窃对象,最高人民法院在《关于审理扰乱电信市场管理秩序案件具体应用法律若干问题的解释》第八条也明确规定,盗用他人公共信息网络上网账号、密码上网,造成他人电信资费损失数额较大的构成盗窃罪。由上可见,代表或可代表一定数额的财产权益、有别于传统财物形式的诸如账号、密码、虚拟货币等也可成为盗窃罪的犯罪对象。根据当下经济活动实际,结合盗窃罪的构成特征,概括而言,凡具有以下几个特征的均可成为盗窃罪的犯罪对象:(1)具有一定经济价值。盗窃罪属于侵犯财产犯罪,所盗财物价值须达到较大才构成犯罪,因此,不具有任何经济价值的物品,也就不可能成为盗窃罪的犯罪对象。经济价值既包括可公开的法律认可的价值,也包括非公开交易不为法律所认可甚至为法律所禁止的价值,如违禁品。(2)可支配。行为人窃取他人财物的目的是为占有、使用、处分该财物,从而获取经济利益。因此,财物必须具有可支配性。若不能被人支配,行为人就不可能实际占有、使用进而处分该财物,其非法占有目的就不可能实现。同时,如果财物不能支配,也难以体现出财物的所有权属,进而也就难以判断行为是否侵犯了财产权益。(3)处于他人占有或管理之下。盗窃罪的本质特征就是行为人通过秘密窃取的方式,侵犯了他人对财物的占有关系。存在他人占有或管理这一事实是盗窃罪成立的前提,只有这样,才能实现以非法方式改变占有关系这一盗窃罪的本质侵害特征。充值卡明文密码符合上述特征。理由如下:(1)充值密码具有一定经济价值。对于在市场上销售的移动电话充值卡而言,一般包含这样几个部分:充值卡本身以及记载在充值卡上的充值卡序列号、明文密码、有效期和金额。其中充值卡本身只是为便于销售、使用而用于记载相关信息的载体;序列号是移动公司用于标记充值卡发行情况的符号;金额表明用户需要支付的对价及通过充值可以享受到的电信服务数量;有效期则表明充值的截止日期。所有这些只是为方便用户使用而提供的一种明示记载。对于用户而言,真正有价值的部分是记载在充值卡上的明文密码,只有这一部分是用户用于进行充值的凭证,只要密码正确,用户就能通过充值中心数据库的验证,就能有效充值,最终享受到充值中心数据库所确认的电信服务,相反,充值密码错误就不可能进行有效充值,也就不可能获取相应的电信服务。移动公司实际是通过对该充值密码进行验证,确认属实后而给予的一定金额及期限的服务,可见,在移动公司对外销售的充值卡中,真正有经济价值的是以"数字"形式表现出来的充值卡密码,而非充值卡本身。实际上,本案中被告人销售给客户的也只是密码,并没有其他诸如充值卡、序列号、有效期等东西,因为用户只要取得密码便可以实现充值从而享受相应的电信服务。(2)充值密码可被人控制、使用并发挥其经济价值功效。充值密码是移动公司通过计算机算法随机产生,一开始处在移动公司的控制之下,销售后就转由买方所有,买方取得密码的控制权后,可以在不使用的前提下转而销售,也可通过充值实现其使用价值。这种控制表现在可以凭借该密码在移动公司进行有效充值,并进而享受一定金额的电信服务,故充值密码是可控制的。与其他财物不同的是,充值密码只能使用一次,一旦使用,密码就失去了经济价值。(3)从充值密码代表了一定金额的经济价值并可以流转、使用的性质看,充值密码属于一种可以即时兑现权益的财产权证。作为移动公司对外发行的一种财产权证,谁拥有该权证,谁就可以通过充值程序享受到移动公司提供的一定金额的电信服务。体现一定经济权益的财产权证可以成为盗窃罪的犯罪对象。综上,移动电话充值卡明文密码具备上述财物的相关属性,可以成为盗窃罪的犯罪对象。[参见第602号指导案例,程稚瀚盗窃案,载《刑事审判参考》总第72集(2010年第1集),第40~43页。撰稿:谭劲松]

▽非法侵入移动公司充值中心修改充值卡数据,并将充值卡明文密码出售的行为属于将电信卡非法充值后使用,构成盗窃罪

本案与盗窃罪中常见的窃取对象是已有财物不同的是,被告人并非窃取了移动公司的已有、有效的充值卡密码,而是非法侵入移动公司充值中心数据库中,将已被充值的充值卡数据修改,重新生成了一组新的充值卡数据,并将新的充值卡密码予以销售。移动公司的充值卡所记载的数额,实际包含了两大部分:一部分是保存在移动公司充值中心的一组数据,包括序列号、有效期、金额、密文密码、充值与否状态;另一部分则是对外销售的标记在充值卡上的一组数据,包括序列号、有效期、金额、明文密码。其中序列号、有效期、金额应当与保存在充值中心数据库内的数据保持一致,如果不一致,则以保存在充值中心数据库中的数据为准。实际上,本案案发就是因为被告人非法侵入北京移动公司计算机系统充值中心数据库修改数据时,未将金额与有效期同步修改,导致有效期相对于正常同面值的充值卡过短引发投诉而致,由此进一步印证了对于消费者而言,最为核心、也是唯一具有经济价值的仍是充值密码,而非充值卡本身或充值卡上标明的其他数据。从移动电话充值卡产生到消费者充值使用这一过程中,实际上,需要对移动电话充值卡进行两次充值。第一次充值由移动公司在其充值中心数据库中进行,此次充值的行为实际就是产生一张有效的、具有一定经济价值充值卡的过程;第二次充值则发生在消费者支付一定对价购买充值卡后进行,实际就是实现充值卡经济价值的过程。对于消费者而言,充值指的是第二次充值形式,因为这是消费者实现充值卡经济价值的方式。《最高人民法院关于审理扰乱电信市场管理秩序案件具体应用法律若干问题的解释》第七条中所规定的"将电信卡非法充值后使用"中的非法充值行为,显然不是指窃取电信部门已生成的充值密码,即针对上述第一阶段充值完成后生成的充值密码而进行的充值,这种充值应是一种未经电信公司授权、无中生有的充值,即在上述第一阶段充值未发生时,采用非法手段凭空"制造"出充值密码,再利用其进行充值。本案被告人闯入移动公司充值中心,利用已充值、失去经济效用的充值卡序列号,将充值与否的数据改为未充值状态,随机设定一个密文密码后,再利用其所掌握的计算机算法,生成一个与之对应的明文密码,该行为的实质并非窃取现成的未充值明文密码,而是对已作废的充值卡进行非法再充值,即属于无中生有,并由此具备了用户充值使用的功能。被告人将充值卡非法充值后,有两种处理途径,一种是自己充值并予以使用,另一种是将明文密码出售给他人由他人进行充值并予以使用,不论采取哪种途径,对于被告人而言均实现了充值卡的经济价值,而对于移动公司而言均会造成电信资费的损失。因此,不论被告人采取何种处理方式均属于《关于审理扰乱电信市场管理秩序案件具体应用法律若干问题的解释》第七条所规定的将电信卡非法充值后使用的一种方式,给移动公司造成了资费损失,应当构成盗窃罪。[参见第602号指导案例,程稚瀚盗窃案,载《刑事审判参考》总第72集(2010年第1集),第43～45页。撰稿:谭劲松]

▽盗窃犯罪案件中的"情节轻微,不需要判处刑罚"的认定

判断某一盗窃犯罪行为是否属于刑法第三十七条的"情节轻微",要根据刑法及相关司法解释的规定,综合考虑犯罪手段、犯罪对象、退赃情况及社会反应等情况。客观评价刑罚处罚的必要性,不能"唯数额论"。理由如下:

(一)认定"数额犯"的情节轻微不以数额为唯一依据,具有充足的刑法理论基础。首先,这是由我国刑法的法定刑设置模式决定的。从刑法理论上说,犯罪情节包括定罪情节和量刑情节。犯罪情节是否轻微应当结合定罪情节和量刑情节综合评定。定罪情节是案件事实中具有犯罪构成要件内容的要素,能够说明犯罪的基本性质。量刑情节,是指对构成犯罪的行为,决定对行为人是否需要判处刑罚以及判刑轻重的情节。量刑情节在定罪情节的基础上说明了行为的社会危害性以及行为人的主观恶性的具体程度,由此决定选择适用法定刑幅度和具体的刑罚点。刑法中关于数额犯的规定,基本上采取了以犯罪数额为基础决定基准刑的方式。犯罪数额对于法定刑幅度的选择具有直接的决定力,并且是决定具体宣告刑的依据。这样设置的合理性在于数额是情节的主要内容,并且是一种相对比较容易标示、易于客观区分和衡量的情节,所以刑法将其格外、明确地突出出来,作为判定犯罪行为危害程度的客观度量标准。盗窃罪就是一种典型的数额犯,盗窃数额是通常情况下定罪量刑的客观度量标准。但是"法有限,情无穷",刑法在具体个罪的条文中无法一一列举影响犯罪危害程度的情节,简单、僵化地以数额论处会导致具体情况下犯罪人所犯罪行和承担的刑事责任不相适应,出现量刑畸重的情况。正因如此,刑法预留了司法自由裁量的空间,刑法第十三条规定"情节显著轻微危害不大的,不认为是犯罪",第三十七条规定"情节轻微不需要判处刑罚的,可以免予刑事处罚",第六十三条第二款规定了法定刑以下判刑的情况,来缓解成文法特别是我国刑法法定刑规定模式下僵化的问题。所以,数额的客观度量标准功能是相对的,在不具备其他法定从宽情节的情况下,数额是判定犯罪行为严重程度的主要标准,但在特殊情况下,法律明确规定根据具体情节可以突破数额减刑、免刑,甚至是不作为犯罪处理。其次,这是由量刑情节的广泛性所决定的。量刑情节不仅包括犯罪构成事实,而且包括犯罪构成事实以外的与行为的社会危害性与人身危险性有关的所有事实如犯罪的具体手段、犯罪的时空及环境条件、犯罪的动机、犯罪后的态度、犯罪人的一贯表现、犯罪所引起的社会反应、犯罪对构成要件客体之外的非构成要件客体所造成的影响等。在很多情况下,犯罪数额以外的情节要素,左右了情节严重程度。如盗窃亲属财产的案件在定罪量刑时就应综合考虑盗窃的次数、与被盗亲属关系的远近、给被盗亲属造成的损失及案发后的反应等情况,在司法实践中如果过于注重犯罪数额,而忽略了其他情节在刑法适用中的作用,会带来量刑的偏差。最后,这是由宽严相济刑事政策的价值观决定的。宽严相济是我国一贯坚持的刑事司法政策,要深入贯彻该政策,就必须综合评价犯罪行为的社会危害性及行为人的人身危险性:一方面要严格执法,对那些罪行严重、人身危险性大的犯罪分子依法进行严厉打击;另一方面要推进和谐司法,对那些情节轻微、人身危险性不大的犯罪分子尽量从宽处理,争取挽救、教育,该减则减,该免则免。对情况确实特殊的案件,突破数额的限制,予以减刑、免刑甚至不作为犯罪处理,更好地实现审判法律效果和社会效果的统一。因此,在处理盗窃等"数额犯"案件中,主要是以数额为依据,确定案件的犯罪情节和社会危害性,但也不能让数额成为定罪量刑的桎梏。在特殊情形下,要敢于突破数额，发挥法定刑以下判刑及免予刑事处罚的作用，克服片面性，真正做到宽严相济，正确裁量，罚当其罪。

（二）认定“数额犯”的情节轻微不以数额为唯一依据，是刑法和司法解释的一贯立场。判断行为人的犯罪行为是否轻微，可以参照刑法及相关司法解释关于法定从宽及酌定从宽情节的规定。刑法条文和司法解释中包含有大量的法定及酌定从轻、减轻及免除处罚的条款，在判断犯罪情节是否轻微时可以参照。司法解释在不断明确“犯罪情节轻微不需要判处刑罚”的同时，不断明确犯罪数额并不是“数额犯”案件定罪量刑的唯一依据这么一个原则。最为典型的是《关于审理抢夺刑事案件具体应用法律若干问题的解释》（此解释已于2013年11月18日废止——编著者注），该解释第三条规定，抢夺公私财物虽然达到本解释第一条第一项规定的数额较大的标准，但具有下列情形之一的，可以视为刑法第三十七条规定的犯罪情节轻微不需要判处刑罚，免予刑事处罚：(1)已满十六周岁不满十八周岁的未成年人作案，属于初犯或者教唆犯罪的；(2)主动投案、全部退赃或者退赔的；(3)被胁迫参加抢夺，没有分赃或者获赃较少的；(4)其他情节轻微、危害不大的。刑法及相关司法解释对盗窃犯罪并没有关于“已达数额较大的标准但可以视为犯罪情节轻微不需要判处刑罚”的明文规定，但司法解释有相关的规定。如最高人民法院1998年《解释》第一条第四项规定：偷拿自己家的财物或者近亲属的财物，一般可不按犯罪处理；对确有追究刑事责任必要的，处罚时应与在社会上作案的有所区别。这一规定，从文字上理解，是对偷拿自己家的财物或者近亲属的财物的定性及量刑作了规定，从其所表明的立场能够推出这样一个精神：数额并不是在任何盗窃案件中都是定罪量刑的唯一标准。在特殊情况下，数额达到了犯罪标准，仍然可以作“除罪化”处理，即使“确有追究刑事责任必要”（通常是指被害人坚决要求追究被告人刑事责任的案件），对被告人的量刑也要有所区别，甚至可以认定为“情节轻微，不需要判处刑罚”而判处被告人免予刑事处罚。

（三）被告人盗窃数额特别巨大，但根据案件的特殊情，可以认定为“情节轻微不需要判处刑罚”。判断行为人的犯罪行为是否轻微，应根据犯罪情节存在的不同场合和时间，综合考虑行为人的罪前、罪中及罪后的各种情况进行认定。罪前情况包括犯罪人的一贯表现、前科情况等；罪中情况表现行为人的犯罪动机、手段、犯罪对象及具体损害结果等；罪后情况包括犯罪人对已实施的犯罪行为的态度，包括自首、坦白、退赃等。只有综合案件的各种情况才能准确认定犯罪是否属于情节轻微。本案被告人盗窃数额达到了特别巨大（陕西省榆林地区盗窃数额特别巨大的起点标准为5万元）的标准，又没有法定减轻处罚、免予处罚情节，依法应当在十年有期徒刑以上刑罚量刑。但是，根据本案的具体情况，可以认定为“情节轻微，不需要判处刑罚”。其理由如下：1 本案的犯罪对象具有特殊性。如果被告人偷拿家人或者近亲属的财物，那么就可以直接适用1998年《解释》第一条第（四）项的规定，不按犯罪处理。对确有追究刑事责任必要的，处罚时也应与在社会上作案的有所区别。但本案中被告人与被盗亲属的关系毕竟不是近亲属，且盗窃数额特别巨大，不能直接适用该条款规定而不按犯罪处理。但是，被告人盗窃的是与自己关系密切的亲属的财物，犯罪对象的特殊性十分明显，在量刑时应当区别于其他普通盗窃行为。这是因为，亲属关系是以血缘为纽带而产生的特殊社会关系，这种特殊社会关系包含感情、伦理、道德、经济、法律等内容。虽然1998年《解释》针对的是近亲属之间的盗窃犯罪，但是根据解释体现的宗旨和精神，在关系密切的亲属（非近亲属）之间发生的盗窃犯罪也应当有别于其他盗窃案件，在定罪量刑时酌情予以考虑。本案被告人是被害人的亲侄孙，且在从小与被害人共同生活的背景，虽然俩人之间不是近亲属，但是属于五代以内的旁系血亲，且属于有共同生活背景的亲属关系，对这种密切的亲属关系，虽然不能直接适用1998年《解释》第一条第（四）项的规定，但是在定罪量刑时应充分考虑这一特殊情况。2. 被害人对被告人表示谅解且明确提出希望免予追究被告人的刑事责任。在审判工作中，法院应当尊重被害人及民众对案件的看法及量刑的意见，和谐司法，减少社会对抗。一方面，刑事法律关系不仅仅是国家司法机关与犯罪人之间惩罚与被惩罚的关系，还包括犯罪人与被害人之间的加害与被加害的关系。被告人、被害人之间关系的修复越来越受到理论界和司法实践部门的重视。另一方面,犯罪所引起的被害人及社会民众的反应,是犯罪的社会危害的重要内容,犯罪人主观心理及客观行为的“恶”对被害人及社会公众正义情感造成损害,导致被害人及公众对行为人产生愤怒情感,不能轻易原谅犯罪人,反映了行为的社会危害性,而被害人的谅解及社会民众的同情则说明犯罪的社会危害程度不深,犯罪人恶性不大,刑罚处罚的必要性不强。本案被害人不愿因为自己的报案使自己的亲侄孙受刑事处罚,案发后,被害人多次请求公安、司法机关对郝卫东免除处罚,被害人所在村村民亦联名上书要求对被告人从轻处罚。被告人与被害人过去曾在一起生活过,以后在生活中不免还有很多接触,在类似的案件处理中,应当充分尊重被害人的要求,尊重被害人及普通民众对司法裁决的接受程度,量刑时应尽量从宽,以免激化矛盾,影响家庭和亲属关系的缓和。3. 被告人有案发后积极退赃的悔罪表现,且未造成严重的犯罪后果。被告人所盗窃钱物于案发当日已绝大部分追回,且被告人之父又主动对失主进行了赔偿,已挽回被害人的损失,被告人的盗窃行为实际未造成严重的犯罪后果。4. 被告人犯罪时刚年满十八周岁,归案后认罪态度好,又系初犯。

综上所述,被告人盗窃一案,虽然盗窃数额特别巨大,但是发生在有密切关系的亲属之间,被害人表示谅解且不希望追究被告人刑事责任,所盗窃财物于案发当日绝大部分追回,并未造成被害人实际损失,被告人犯罪时刚刚成年,犯罪主观恶性不深,犯罪实际造成的危害范围和程度有限,因此可以从宽处理。根据1998年《解释》第一条第(四)项规定的立法精神和宗旨,可以适用刑法第三十七条规定,认定被告人的盗窃行为“情节轻微,不需要判处刑罚”,判处被告人免予刑事处罚。[参见第615号指导案例,郝卫东盗窃案,载《刑事审判参考》总第73集(2010年第2集),第46~51页。撰稿:曹东方]

▽在地方指导性意见对“入户盗窃”和普通盗窃设置不同定罪量刑标准的前提下,入户盗窃信用卡后使用的数额应一并计入“入户盗窃”数额

根据《最高人民法院关于审理盗窃案件具体应用法律若干问题的解释》(本附文以下简称《盗窃解释》)第四条的规定,一年内入户盗窃或者在公共场所扒窃三次以上的,应当认定为“多次盗窃”,以盗窃罪定罪处罚。可见,司法解释对“入户盗窃”“公共场所扒窃”设置了与普通盗窃不同的定罪标准。普通盗窃一般需要达到“数额较大”才能构成盗窃罪(除了《盗窃解释》第六条规定的接近“数额较大”的起点但具有三种情形之一的之外);而一年之内入户盗窃、公共场所扒窃三次的,就可认定为“多次盗窃”,即使未达到“数额较大”的标准,也构成盗窃罪。可见,《盗窃解释》对入户盗窃、公共场所扒窃体现了从严惩处的精神。正因为入户盗窃与普通盗窃的入罪标准不同,所以在司法实践中,行为人入户盗窃信用卡后使用的数额能否一并计入入户盗窃数额,关系到盗窃罪的认定与否问题。本案中,由于被告人入户后不仅窃取了信用卡还窃取了现金21 614元,已经达到盗窃罪的入罪标准,分析入户盗窃信用卡后在户外的使用数额能否一并计入入户盗窃数额问题的主要意义在于量刑。根据上海市高级人民法院的相关指导性意见,普通盗窃公民财物价值二千元以上不满二万元的,属于刑法规定的盗窃罪的“数额较大”;普通盗窃公民财物价值二万元以上不满十万元的,属于刑法规定的盗窃罪的“数额巨大”。入户盗窃公民财物价值一千元以上不满一万元的,属于刑法规定的盗窃罪的“数额较大”;入户盗窃公民财物价值一万元以上不满五万元的,属于刑法规定的盗窃罪的“数额巨大”。本案如果将被告人提取的信用卡内9000元现金计入入户盗窃数额,则被告人入户盗窃数额为11 614元,属于盗窃罪“数额巨大”,应在三年以上十年以下有期徒刑幅度内量刑;如果信用卡内提现的9000元不计入入户盗窃数额,则被告人入户盗窃数额为21 614元,普通盗窃数额为9000元,根据上海市的相关规定,均未达到盗窃罪“数额巨大”的标准,应在三年以下有期徒刑、拘役或者管制这一法定刑幅度内量刑。入户盗窃信用卡后在户外使用(包括刷卡消费、提取现金等)的数额应一并计入入户盗窃数额,具体理由如下:

(一)将入户盗窃信用卡后取款的行为认定为人户盗窃与相关立法精神一致。在入户盗窃中存在非法侵入住宅和盗窃两种行为,二者之间属于牵连关系。牵连犯是指以实施某一犯罪为目的,但其方法行为或结果行为又触犯了其他罪名。对于入户盗窃行为而言,非法侵入住宅是从行为,表现为手段行为,盗窃是主行为,表现为目的行为,但两者都是犯罪行为,均存在严重的社会危害性。特别是在现代社会,公民的住宅是私人生活的载体,是最安全、最隐秘、最独立的私生活空间。以非法侵入他人住宅的手段实施其他犯罪行为的,在侵犯公民人身、财产等权利的同时还侵扰了居住者在住宅内的生活安宁,使公民的正常生活受到干扰,社会安全感降低。因此刑法除了单独规定"非法侵入住宅罪"外,对以"入户"手段实施的犯罪也体现出从严惩处的精神。如刑法第二百六十三条将"入户抢劫"作为抢劫罪加重处罚的情节之一,要判处十年以上有期徒刑的重刑。如前所述,《盗窃解释》第四条对"入户盗窃"设置了比普通盗窃相对较低的定罪标准,也体现了这种从严惩处的精神。因此,在盗窃的过程中只要存在"入户"这一情节,就应当将"入户"情节纳入刑法评价。行为人入户盗窃信用卡后取款的,与典型的入户盗窃财物的行为相比,在社会危害性方面并没有明显的不同,同样是既侵犯了公民财产权利又侵犯了公民的正常生活和居住安宁,将这种行为认定为"入户盗窃"才能体现法律和司法解释中一以贯之的从严处罚原则。如果不将这种行为认定为"入户盗窃",就可能导致司法实践中将本来构成盗窃罪的按偷窃行为进行治安处罚,或者类似于上海市高级人民法院指导性意见所规定的,将"数额巨大"的盗窃罪按"数额较大"来量刑,导致行为的社会危害性与应受到的刑罚处罚不相适应。

(二)将入户盗窃信用卡后取款的行为认定为入户盗窃符合刑法理论对一个犯罪行为进行整体评价的原则。刑法第一百九十六条第三款规定:盗窃信用卡并使用的,依照盗窃罪定罪处罚。根据这一规定,我们应当将盗窃并使用信用卡的行为作为一个整体来评价。行为人的盗窃行为从窃取信用卡时就已经开始,到使用信用卡获取卡内财物时结束。尤其是行为人盗窃之前或者同时获取了信用卡的密码,此时被害人信用卡内的财产实际已经被行为人所控制,而行为人之后到金融机构取现的行为可以看作是盗窃的一个持续行为,目的是最终实现不正当利益。因此,入户盗窃信用卡和使用信用卡应当作为统一不可分割的整体在刑法上进行评价。如果仅仅因为行为人获取财物的行为是在户外完成的,而不去评价其先前为了窃取信用卡非法侵入住宅的行为,显然是不合理的。根据上述分析,本案中被告人的盗窃行为从其进入被害人的房屋内实施盗窃时就已经开始,至其利用信用卡获取卡内财物时结束,这是盗窃的整个过程。利用信用卡取现从而最终获取卡内财物的行为是盗窃罪行为的持续,虽然盗窃行为和使用行为具有空间上的距离,但因两者之间具有延续性,应将其作为一个整体来评价。

综上,本案被告人入户盗窃信用卡后使用的行为完全符合入户盗窃的特征,应当将户外从信用卡内提取的数额计入入户盗窃数额。[参见第661号指导案例,李春旺盗窃案,载《刑事审判参考》总第77集(2010年第6集),第66~70页。撰稿:卞飙　张欣欣]

▽伪造证明材料,将借来的车辆冒名抵押给他人,后又从抵押权人处窃回车辆的行为,应以盗窃罪定罪处罚

被告人虽然主观上具有非法占有的故意,但其伪造证件冒名质押,并从薛春强处取得质押款72 000元时,并未给薛春强造成损失,双方之间是一种民事行为。此时,被告人的行为尚不构成诈骗罪。被告人最终是通过盗窃行为实现非法占有的故意,薛春强合法占有的质押物脱离占有,导致财产损失。被告人的盗车行为是一个单独的盗窃行为,应以盗窃罪一罪定罪量刑。具体理由如下:第一,被告人与薛春强之间的质押行为属于单纯民事行为。在被告人等人伪造了弓寿喜的身份证、机动车辆登记证等证件,并冒充弓寿喜对小汽车进行质押后,依照我国民事法律相关规定,薛春强仍能够取得对小汽车的占有权,并未受到财产损失。根据《物权法》(已失效)第一百零六条的规定,无权处分人将不动产或者动产转让给受让人的,所有权人有权追回;但符合下列情形的,受让人取得该动产或者不动产的所有权:(1)受让人受让该不动产或者动产时是善意的;(2)以合理的价格转让;(3)转让的不动产或者动产依照法律规定应当登记的已经登记,不需要登记的已经交付给受让人。该条第三款规定:"当事人善意取得其他物权的,参照前两款规定。"本案中,被告人等人伪造了弓寿喜的身份证、机动车辆登记证等证件,并由刘古银冒充弓寿喜对小汽车进行质押,对此,薛春强并不知情。薛春强在质押过程中对被告人提供的证件进行了认真、必要的审查,并未发现有任何异常,已经尽到了合理的注意义务。该车辆质押的价款与实际价值之间差异不大,质押价格合理。因此,应当认定薛春强在设立质押时是善意的。虽然被告人无权对该小汽车设置质押,但薛春强支付了72 000元的对价,基于善意取得制度,依法仍然能够取得对小汽车的质押权,且因小汽车已实际交付给薛春强占有,此时对薛春强来说,已经取得对小汽车的占有权,并不存在财产损失。对于受到财产损失的弓寿喜来说,依照《物权法》第一百零六条第二款"受让人依照前款规定取得不动产或者动产的所有权的,原所有权人有权向无处分权人请求赔偿损失"之规定,弓寿喜有权向被告人请求赔偿。综上,被告人实施的冒名质押行为仍属民事法律调整的范畴。第二,被告人伪造证件、将车辆冒名质押给薛春强的行为,不构成诈骗罪。诈骗罪,是指以非法占有为目的,用虚构事实或者隐瞒真相的方法,骗取公私财物,数额较大的行为。在客观方面,诈骗罪的既遂表现为行为人采取虚构事实和隐瞒真相的欺骗方法,使受害人陷入认识错误,并基于该错误认识而实施了处分财产的行为,行为人因此获取数额较大的财物。在诈骗罪中,被害人处分财产必须是基于行为人虚构事实的欺骗行为,导致认识错误,从而表现为"自愿"处分财产。如果被害人处分其财产,不是基于这种认识错误,而是基于对价或者真实意愿,则不能认定构成诈骗罪的既遂。被告人如果仅实施上述伪造证件进行冒名质押的行为,客观上不能造成薛春强的财产损失,主观上也是企图借助其后的盗窃行为,给被害人造成损失,达到非法占有财物的目的。换言之,被告人虚构事实,仅是为今后实施盗窃设置条件,因这种行为只是造成民事法律关系,并未实际损害法益,故不能认定为诈骗犯罪。第三,薛春强的损失是由被告人的盗窃行为所致。如前所述,薛春强基于善意取得制度取得对小汽车的占有权,但根据风险责任承担规则,占有期间,风险一般由占有人承担。本案中,在薛春强占有小汽车期间,该小汽车的毁损、灭失风险,包括被盗的风险,由薛春强承担。被告人从薛春强处盗窃质押的小汽车,客观上造成小汽车在质押期间灭失的既成事实,导致薛春强要为此承担抵押物灭失的责任。换言之,被告人的盗窃行为,使薛春强因质押物的灭失而无法通过回赎收回先前支付的72 000元,又失去了质押物,致使薛春强受到财产损失;而被告人窃取小汽车后归还给弓寿喜,免除了向弓寿喜的赔偿义务,又谋取了72 000元的非法所得。因此,被告人盗窃质押物的行为应构成盗窃罪。第四,被告人伪造证件冒名质押与盗窃质押物之间不具有牵连关系。虽然被告人在作案前即预谋通过假冒他人证件的方式质押车辆,然后再窃取该质押物。整个作案过程是在一个统一的主观故意指导下实施的。被告人等人先前的冒名质押行为并未造成薛春强财产损失,并未损害实际的法益,不能以诈骗罪论处。而牵连犯的前提是行为人实施的数个行为均构成犯罪且触犯不同的罪名,否则不能以牵连犯论处。在虚构事实时,被告人并未非法占有被害人的财产,其非法占有被害人的财产是在盗窃后才得逞的,因此,不能将盗窃侵犯的财产也归入虚构事实的结果中进行评价,否则就是将一个危害结果进行了两次评价。因此,被告人的行为仅构成一个盗窃罪。[参见第751号指导案例,孙伟勇盗窃案,载《刑事审判参考》总第84集(2012年第1集),第45~48页。撰稿:陈娇莹 潘庸鲁]

▽盗窃数额应当以被害人的实际损失来认定

盗窃数额应当以本案被害人的实际损失——72 000元质押款来认定。理由是:1. 盗窃罪是结果犯,应当以给公私财产所有权造成的直接损害为数额标准。就本案而言,薛春强占有小汽车是基于质押权,其对该小汽车只享有占有权,并未取得所有权。如果被告人窃取小汽车后不向薛春强要求回赎小汽车,薛春强丧失的只是对小汽车的占有权和所支付的72 000元质押款的所有权,其实际财产损失仅限于72 000元。认为盗窃罪的数额应当以小汽车的实际价值来计算的观点,混淆了占有权和所有权的概念,将薛春强支付72 000元质押款获得质押权等同于其已经获得所有权,因而是错误的。2. 不能对行为人可能实施的行为将发生的结果评价为犯罪后果。本案被告人窃取小汽车是为了将该车归还给弓寿喜,如果被告人盗窃小汽车是为了将来在回赎时向薛春强索取"赔偿款",则其盗窃数额就不是

72 000 元，而应该是薛春强因该小汽车被回赎而实际支付的“赔偿款”。该数额可能高于原来的质押款，也可能等于或低于质押款。虽然一旦被告人向薛春强要求回赎小汽车，薛春强就要承担抵押物灭失的赔偿责任，为此要赔偿被告人损失，但毕竟被告人没有实施后续行为，也未发生薛春强支付“赔偿款”的结果。从主客观相统一的原则出发，不能将行为人可能实施的行为将导致的结果评价为犯罪后果，从而认定为犯罪数额。综上，原审法院以盗窃罪判处被告人有期徒刑二年九个月，并处罚金五千元的判决是适当的。［参见第 751 号指导案例，孙伟勇盗窃案，载《刑事审判参考》总第 84 集（2012 年第 1 集），第 48 页。撰稿：陈娇莹　潘庸鲁］

▽欠条属于有价凭证，为消灭债务盗窃欠条销毁的行为构成盗窃罪

被告人以非法占有为目的，采取秘密手段窃取欠条销毁的行为构成盗窃罪。欠条属于有价凭证。不能僵化理解最高人民法院 1998 年《解释》中所列举的有价凭证，事实上，1998 年《解释》所列举的财产包括各类实物财产和各类有价凭证，对于各类有价凭证，主要体现其财产权利以及是否能够及时兑现，1998 年《解释》没有必要也不能将所有体现财产权利的凭证一一列举。因此，法院根据本案的具体情况，认定本案欠条属于有价凭证，进而认定被告人的行为构成盗窃罪，是正确的，与罪刑法定原则并不相悖，当然，需要明确的是，并非盗窃欠条的行为均构成盗窃罪。如果该欠条并非唯一的债权证明凭证，债权人还拥有其他证明该欠款事实的证明凭据的。换言之，行为人盗窃欠条的行为并不必然导致债权人丧失债权的，就不能以盗窃罪处理。本案被告人盗窃欠条销毁，导致债权债务关系消失，其行为应当认定为既遂。［参见申有量：《为消灭债务盗窃欠条销毁的行为如何定性》，载《刑事审判要览》（析疑断狱）总第 4 集（2003 年第 4 集），第 91～93 页。］

▽利用出现系统故障的网络第三方交易平台无偿获取游戏点数且造成他人损失数额较大的行为，构成盗窃罪

被告人的行为过程可以用下图表示：游戏者进入创娱公司的“炎龙骑士”网游页面→采用聚信卡充值（输错误卡号、密码、金额）→聚信卡充值系统反馈未支付→易宝支付→不能正确识别代码→但通知创娱公司发货→创娱公司发放游戏点数（价值 58 194 元）→邓琼铭到淘宝网卖点数，销赃获利 1 万余元。机器本身没有意识，不存在被骗，邓琼铭采用秘密手段，窃取商家的游戏点数，数额巨大，其行为构成盗窃罪。具体理由如下：1. 被告人的行为不应认定为民法上的不当得利。在被告人第一次充值购买游戏点数时，其无意识地输入错误的卡号、密码，因“易宝支付”平台出现故障，提示交易成功，此时邓琦铭获得的游戏点数在性质上是一种溢付，符合民法中不当得利的构成要件，即被告人受益并导致通融通公司利益受损；二者存在明显的因果关系；没有合法根据。然而，邓讳铭后来恶意地连续取款行为却不能简单地认为是不当得利。首先，不当得利一般是先存在获得利益而无合法根据的事实，后产生对该利益占有的主观心理。其次，不当得利要求获益人没有主观过错，其获益行为不具有可谴责性。本案中，除了第一次取款行为外，邓弗铭获得 5.8 万余元的游戏点数都是通过连续积极的非法输入数据行为所致。被告人在明知通融通公司的“易宝支付”平台出错的情况下，以非法占有为目的，连续实施积极的窃取游戏点数的行为，最终获得 5.8 万余元的游戏点数，其行为在客观上是积极的，主观上存在严重过错，不属于民法上的不当得利。2. 利用出现故障的人工智能系统获取财物属于盗窃。盗窃罪与诈骗罪在犯罪行为客观方面的表现不同。盗窃罪客观方面的表现是秘密窃取，即行为人采取不为财产权利人或保管人所知的秘密方式将所有人或保管人的财物占为己有。诈骗罪客观方面则表现为行为人通过虚构事实或者隐瞒真相的方法，使被害人产生错误认识，从而自愿交付财物、处分财产。根据刑法理论上的通说观点，诈骗罪中的被害人必须是能够表示自己真实意思的人，即具有一定认识能力和意志能力的主体，否则就无从判断被害人是否有“错误认识”。对于机器是否属于“有意识的主体”在“许霆盗窃案”的讨论中曾经展开过热烈的讨论。我们认为人工智能及其操作系统和硬件（设施）如果处于正常工作状态，应当视为管理者意志的体现，可以认为是属于“有意识的主体”，故可以成为诈骗的对象。然而,处于故障状态的人工智能系统和机器因已经丧失独立的意思表示能力,不能正确识别相关代码,作出的决定不能代表其管理者的真实意志,不能代表其管理者真正“处分”财物,如同没有行为能力的精神病患者、婴儿、幼儿一样,不能成为诈骗的对象。据此,一般认为,行为人从出现故障的ATM中恶意取走钱款,ATM因为未能识别银行卡信息和指令、完全违背其智能操作系统和管理者的要求,吐出存款,不能视为银行的真实意思表示,故而不能认定为诈骗,只能认定为盗窃。本案中的“易宝支付”平台类似于出故障的ATM。出现故障的“易宝支付”未能正确识别支付代码,其下达的发货指令不能看作其管理者和操作系统正常的意思表示和财产处分行为,因此邓讳铭的行为不构成诈骗罪。盗窃罪中行为人秘密窃取的方式,是相对于财物的保管者或所有者而言的。本案中,邓讳铭利用出现故障的支付平台发出发货指令后,“易宝支付”系统的所有人通融通公司并不知道邓琦铭恶意输入虚假的卡号密码。直到创娱公司发现网络上有人低价兜售游戏点数进行核查时,才发现相关情况,并告知通融通公司,通融通公司才发现“易宝支付”系统发出错误指令,通融通公司继而对创娱公司作了相应赔付,最终通融通公司成为本案的被害人。[参见第766号指导案例,邓玮铭盗窃案,载《刑事审判参考》总第85集(2012年第2集),第67～69页。撰稿:丁晓青　伍红梅]

▽网络游戏点数等虚拟财产的价值可以参考网络运营商对互联网财产的定价方法计算

关于网络游戏点数等虚拟财产的价值如何计算是本案的另一个重要问题。盗窃数额是否构成较大既是区别罪与非罪的界限也是重要的量刑情节。因此,对于盗窃网络虚拟财产价值的计算直接关系到定罪与量刑。最高人民法院1998年《解释》第五条列举了多种被盗物品的价值计算方法,但未涉及游戏点数的价值计算。司法实践中,对游戏点数等互联网上的财产的价值计算方法主要有:(1)以社会必要劳动时间为准计算互联网财产的价值;(2)根据用户真实货币的投入计算互联网财产价值;(3)根据市场交易价格来确定互联网财产价值;(4)网络运营商对互联网财产的定价;(5)根据受害者的直接损失和间接损失来确定互联网财产价值。本案中,网络运营商对游戏点数有明确的定价,因此可以按照上述第四种方法确定邓琦铭获得的财产的价值。此外,根据《解释》关于“销赃数额高于按本解释计算的盗窃数额的,盗窃数额按销赃数额计算”的规定,在盗卖数额确定过程中也应考虑以下情况:(1)如果行为人将窃取、骗取的互联网财产转卖给第三人的,其销赃数额高于按照前述方法计算的犯罪数额的,则按销赃数额计算;(2)如果给被害人造成的损失明显大于依前述方法计算的犯罪数额的,则损失数额可以作为量刑情节参考。本案中,网络运营商确定用现实货币通过1:30兑换游戏点数。例如,充值100元,即获得3000点的游戏点数,邓琦铭窃取的游戏点数按此折算后需要支付58 194元现实货币,即网络运营商对被窃游戏点数的定价为58 194元。通融通公司的损失由支付给创娱公司的4万余元的游戏点数费以及应该获得而未获得的15%的手续费两部分构成,其中15%的手续费为确定的间接损失。邓琼铭在淘宝网上将窃得的游戏点数折价售卖,获得赃款11 000余元。由此,本案的犯罪金额是58 194元、11 000余元还是4万余元?按照1998年《解释》及司法实践的计算方法,邓讳铭盗窃的财物数额为58 194元,应当构成盗窃罪。[参见第766号指导案例,邓玮铭盗窃案,载《刑事审判参考》总第85集(2012年第2集),第69～70页。撰稿:丁晓青　伍红梅]

▽窃取公司提供充值服务的密保卡数据并进行非法充值的,符合盗窃罪的构成特征

1. 从客体分析,充值后的QQ密保卡承载腾讯公司提供的等值服务资费,具有财产属性,属于公私财物。首先,QQ密保卡是持卡人支付对价后取得有偿网络服务的指令媒介。本案中,某公司为腾讯公司制作的QQ密保卡本身不具有财产性,但该密保卡是为QQ用户提供充值服务的一种服务卡,QQ用户通过向腾讯公司支付一定的人民币购买QQ密保卡后就能对其QQ账户进行充值,进而获得腾讯公司提供的等值服务,这种有偿服务使密保卡具备了财产性。被告人陈某利用其复制的QQ密保卡对QQ账户进行非法充值,使其本人和朋友可以获得腾讯公司提供的5030元的等值服务,导致腾讯公司对应的等值服务资费5030元遭受损失。其次,QQ密保卡对应的等值服务资费应当纳入刑法保护的范围。刑法规定的财物,通常是指传统观念中以实物形态存在的、有形的、具有经济价值的物质。然而,随着经济社会的发展,财物的存在形态发生了巨大的变化,部分财物开始以非实物形态存在。如随着通信技术的发展,网民可以随时利用网络服务卡消费相当于货币使用的有价财产权益,网络服务卡基于其便利、安全的充值功能,已受到网民的广泛使用。虚拟财产作为盗窃的犯罪对象已日渐得到司法部门的认同,如相关司法解释已经将电力、煤气等无形财产以及代表一定财产权益的电信卡等作为盗窃的对象。最高人民法院2000年5月12日出台的《关于审理扰乱电信市场管理秩序案件具体应用法律若干问题的解释》(本附文以下简称《电信解释》)第七条规定:"将电信卡非法充值后使用,造成电信资费损失数额较大的,依照刑法第二百六十四条规定,以盗窃罪定罪处罚。"第八条规定:"盗用他人公共信息网络上网账号、密码上网,造成他人电信资费损失数额较大的,依照刑法第二百六十四条的规定,以盗窃罪定罪处罚。"本案QQ密保卡上的数据与《电信解释》规定的公共信息网络上网的账号、密码在本质上相似,具备承载和保护一定数额的无形财产的功能,具有普通财物所具有的使用价值和交换价值。因此,陈某盗窃QQ密保卡上的数据并进行非法充值,致使腾讯公司对应的等值服务资费遭受损失的行为,也可以按盗窃罪定罪处罚。2. 从主观方面分析,陈某具有非法占有的目的。陈某利用复制的QQ密保卡数据为本人及他人的QQ账户进行充值,其目的是无偿获得腾讯公司提供的5030元等值服务,其主观上具有非法占有目的。3. 从客观方面分析,陈某的行为符合秘密窃取特征。陈某将密保卡数据秘密复制到Trans Flash卡,并通过密保卡对其本人及其朋友的QQ进行充值,是在其本人所在公司和腾讯公司都不知情的情况下实施的,因此陈某的行为符合秘密窃取的本质特征。[参见第795号指导案例,陈某盗窃案,载《刑事审判参考》总第87集(2012年第4集),第44~46页。撰稿:冯鼎臣　范敦强　张西俊]

▽行为人复制QQ密保卡数据并进行非法充值的行为,应当认定盗窃既遂,盗窃数额应当按照QQ密保卡对应的等值服务资费实际受到的损失认定,即以已充值的5030元认定为盗窃数额,未充值的部分作为一个量刑情节考虑

1. 根据"失控加控制说"的通说标准,陈某的行为应当认定为盗窃罪既遂。一方面,"失控加控制说"主张以被盗财物是否脱离所有人或者保管人的控制并且实际置于行为人控制之下为标准,如果被盗财物已脱离所有人或者保管人控制并且已实际置于行为人控制之下,应当认定为盗窃罪既遂;反之,就应认定为盗窃罪未遂。本案中,密保卡本身不是财产,但因获得腾讯公司的等值服务而具有财产属性。被害单位实际失去控制的是与密保卡对应的等值服务资费(5030元)。陈某秘密窃取密保卡的数额并非法充值后,该部分财产即脱离了公司的控制,即已实际处于陈某可自由支配的状态,故此时盗窃行为即告完成,在停止形态上应当认定为既遂。另一方面,一个犯罪行为既遂之后就不可能再存在预备、中止、未遂等犯罪形态,更不可能出现部分行为既遂、部分行为未遂的情况。既然陈某的犯罪行已经既遂,行为人事后对赃物的处理以及被害人事后为防止损失扩大而采取的止损措施,都是犯罪实施后的行为,对盗窃行为人的犯罪停止形态不构成任何影响。因此,行为人是否将全部密保卡充值使用,只能作为量刑情节予以考虑,不会改变行为本身的性质与犯罪停止形态。2. 按实际财产损失认定盗窃数额,体现了相关司法解释规定的精神。本案被告人陈某仅充值了少部分QQ密保卡,对其犯罪数额如何确定,暂无法律及司法解释作出明确规定。然而,通过对比分析,按照实际财产损失认定盗窃数额更有利于实现罪刑均衡。首先,如果以复制数据所涉密保卡的卡面金额认定盗窃数额,则充值金额与卡面金额差距越大,对行为人的处罚就显偏重,这与当前刑事审判量刑规范化的精神是背道而驰的。其次,根据1998年《解释》第一条的规定,盗窃数额是指行为人窃取的公私财物的数额。行为人窃取的财物数额,应当是指被害方因行为人的窃取行为而实际失去控制的财产损失。本案中,陈某通过秘密手段窃取QQ密保卡上的数据进行充值,其行为实质上是使腾讯公司本应获得的等值服务资费(5030元)遭受损害。再次,根据1998年《解释》第十条的规定,盗窃信用卡使用的,以盗窃罪定罪处罚,其盗窃数额应当根据行为人盗窃信用卡使用的数额认定。被盗无记名信用卡一旦到手,行为人即达到非法控制的目的,这与窃取密保卡数据进行非法充值的性质比较相似,因此,可以比照1998年《解释》的规定认定陈某的盗窃数额。最后,根据最高人民法院2000年5月12日出台的《关于审理扰乱电信市场管理秩序案件具体应用法律若干问题的解释》第七条的规定,将电信卡非法充值后使用,造成电信资费损失数额较大的,按照电信资费损失数额以盗窃罪定罪处罚。电信资费与本案密保卡对应的等值服务资费都属于非实体财产,因此参照非法充值电信资费的相关规定,以实际财产损失认定本案盗窃数额比较符合实践做法,有利于量刑平衡。[参见第795号指导案例,陈某盗窃案,载《刑事审判参考》总第87集(2012年第4集),第46~48页。撰稿:冯鼎臣　范敦强　张西俊]

▽被害代理商在行为人盗窃既遂后从移动公司获取销售手机SIM卡的返利,返利应当在认定盗窃数额时扣除

根据最高人民法院1998年《解释》第五条的规定,被盗物品的价格,应当以被盗物品价格的有效证明确定。对于不能确定的,应当区别情况,根据作案当时、当地的同类物品的价格以人民币核价计算。对于流通领域的商品,按市场零售价的中等价格计算;属于国家定价的,按国家定价计算:属于国家指导价的,按指导价的最高限价计算。单位和公民的生产资料、生活资料等物品,原则上按购进价计算;但作案当时市场价高于原购进价的,按当时市场价的中等价格计算。1998年《解释》第五条虽然规定以被盗物品价格的有效证明确定被盗物品价值,未考虑个别情况下返利对个体定价的调整影响,但其精神主旨贯彻了实事求是和存疑有利于被告人的认定原则。同时,刑事案件中对被盗物品的估价属于资产评估的一种,资产评估的基本原理应当同样适用于对被盗物品的估价。根据国际通行的《国际评估准则》的界定,资产评估中的市场价值是指资产在评估基准日公开市场上最佳使用状态下最有可能实现的交换价值的估计值。由上述概念可知,移动公司以每张55元(标准卡、新畅听卡)、35元(轻松卡)销售给代理商手机SIM卡酌价格,只是移动公司的单方定价,这一价格并不能准确反映手机SIM卡的公开市场价格。因为任何一个有理智的经济人,在明知不夜城手机市场手机SIM卡的实际售价比移动公司给其代理商的价格低20元左右的情况下,都不会愿意向移动公司购买手机SIM卡。故被害单位在被告人盗窃既遂后取得返利,在评估被窃手机SIM卡价值时宜采用成本法扣除返利。资产评估的基本方法有市场比较法、成本法、收益法三种。市场比较法是指在资产市场上寻找与被评估资产相类似的参照物的成交价,然后对被估资产与参照物之间的差异进行调整,将参照物的成交价视作被估资产的评估值。成本法是指按现时市场条件重新购建与被评估资产功能相同的处于全新状态下的资产所需要的成本耗费,再减去各项损耗确立被评估资产的评估值。收益法是指通过估测被评估资产的未来预期收益,并将其按一定的折现率或者资本化率折成现值,以确定该项资产的评估值。资产评估方法存在多样性和可选择性,选择何种资产评估方法受到所收集数据和信息资料、资产评估目的等因素的制约。在刑事案件中,资产评估往往是被告人定罪量刑的重要依据,以估测被评估资产的未来预期收益为方法的收益法不适用于刑事案件,价格认证机构通常采取市场比较法或者成本法评估涉案物品的价值。本案二审审理期间,上海市价格认证中心对被窃手机SIM卡进行了估价(原审曾委托上海市闸北区物价局进行估价,但该局以无实物等为由不予估价),认定本案被窃手机SIM卡价值9万余元,即将金舟公司的购置成本价减去返利数额。上海市价格认证中心认为:(1)移动公司确定的55元(标准卡、新畅听卡)和35元(轻松卡)的价格,仅仅是一种价格符号,其代理商在市场上的实际公开售价远远低于上述价格,因此本案无论采用何种方法进行价格鉴定,都不可能得出17万余元的价格鉴定意见;(2)价格鉴定的主要方法有市场比较法、成本法和收益法三种,具体选择何种方法对涉案物品财产进行价格鉴定,目前尚无有关法律法规明确规定,实践中一般是由价格认证机构根据涉案物品的具体情况和委托方的要求选择使用。本案手机SIM卡的市场销售价格各不相同,且代理商可能以涉及商业秘密为由拒绝提供手机SIM卡的具体销售信息,因此以市场法进行估价鉴定在技术条件上存在障碍,采用成本法进行价格鉴定更接近于客观事实。这一认定方法与原审法院的认定方法基本相同,但原审法院判决书中有关以被害人的损失数认定盗窃数额的表述不够确切、妥当。根据被害单位法定代表人的陈述,以及不夜城手机市场其他经营者智某某、高某某、洪某某、汤某等人的证言,上述手机 SIM 卡的成本价为 32 元(标准卡、新畅听卡)和 18 元(轻松卡),在不夜城手机市场的售价接近成本价,可能高于成本价 2 元至 3 元销售。由于代理商不愿或者无法提供其销售手机 SIM 卡的具体数量和相应价格,使上述手机 SIM 卡的"市场零售价的中等价格"无法确定,但可以肯定的是上述手机 SIM 卡的成本价非常接近"市场零售价的中等价格",基本等于"市场零售价的中等价格"。因此,以成本价 32 元(标准卡、新畅听卡)和 18 元(轻松卡)认定本案被窃手机 SIM 卡的价值,符合资产评估原理。金舟公司从移动公司购进的 SIM 卡的定价明显高于公开市场成本价,返利后的 SIM 价格与市场公开成本价基本维系平衡。因此,一审法院在认定被窃手机 SIM 卡价值时扣除返利,以成本价认定被窃手机 SIM 卡价值 9 万余元是正确的。[参见第 796 号指导案例,汪李芳盗窃案,载《刑事审判参考》总第 87 集(2012 年第 4 集),第 51 ~ 54 页。撰稿:沈燕]

▽在"抛物行骗"类案件中如何准确区分盗窃罪和诈骗罪

本案涉及抢劫、诈骗、盗窃、信用卡诈骗四个罪名。因该四个罪名在构成要件上存在部分交叉,且本案事实认定较为复杂,致使本案从侦查到审判出现多个罪名。公安机关以抢劫罪立案,检察机关以诈骗罪批准逮捕,而后又以盗窃罪提起公诉,法院最后以盗窃罪判决。法院的判决是正确的。主要理由如下:首先,本案不能认定为抢劫罪。本案直接证据"一对一",经过分析,不能采信被害人帅某有关被暴力劫取财物的陈述,被告人卢某某亦没有供述其在犯罪过程中使用了暴力、威胁等手段,在案证据亦不能证明共同作案人在犯罪过程中使用了暴力、胁迫等手段,故本案不能认定为抢劫罪。其次,本案不能认定为诈骗罪,而应认定为盗窃罪。区分两罪的关键在于,被害人是否基于错误认识而交出财产。盗窃罪的行为方式主要是在被害人不知情的情况下秘密窃取。虽然诈骗罪和盗窃罪都属于以非法占有为目的的侵犯财产型犯罪,但诈骗罪属于基于被害人有瑕疵的意志而取得财产,要求被害人陷入错误认识而处分财产。在"抛物行骗"类案件中,一般情况是,被害人基于被骗说出银行卡密码后,被害人通常交出财物给作案人去找所谓的第三人验证,从而造成财物被骗走。由于被害人是误似为作案人真的是去找第三人验证从而交出财物,符合诈骗罪中因错误认识而处分财产的特征,故在这种情况下作案人的行为构成诈骗罪。但本案的情况不同,被害人虽然自愿说出银行卡密码,但被告人及共同作案人取得被害人的银行卡并非被害人因为陷入错误认识自愿交出的,而是共同作案人趁被害人不注意偷偷取得的,故本案不能认定为诈骗罪,而应当认定为盗窃罪。此外,值得一提的是,对被告人卢某某与共同作案人窃取被害人帅某的储蓄卡并在 ATM 上取款的行为,根据刑法第一百九十六条第三款的规定,应当以盗窃罪定罪处罚,故不能另定为信用卡诈骗罪。[参见第 847 号指导案例,卢文林盗窃案,载《刑事审判参考》总第 91 集(2013 年第 2 集),第 46 ~ 47 页。撰稿:张显春]

▽被害人陈述的被盗财物与被告人供述不一致情形下盗窃数额的认定

在盗窃案件中,与被盗财物事实相关的证据一般有:(1)依法提取的被盗财物;(2)被害人关于被盗财物的陈述;(3)被告人关于所盗财物的供述;(4)窝藏、转移、收购、销售赃物者的供述或者证言。其中,第一类证据具有很强的证明力,如果实际提取到了被盗财物,可以直接据以认定。第四类证据属于补强性证据,需要结合其他证据共同使用,在诉讼证明上只能起到辅助作用。在大部分盗窃案件中,被告人常常已经将赃款、赃物挥霍、变卖,根本没有或者很难找到销赃者,司法机关很难收集到第一类、第四类证据,因此,实践中较为常见的是,根据第二类、第三类证据认定被盗财物,即根据被害人陈述和被告人供述认定被盗财物。当二者一致时,证据之间相互印证,据此认定盗窃的财物种类、数量(数额)当无疑问。当二者不一致时,可能出现两种情形:一种情形是被害人陈述的被盗财物少于被告人供述的财物;另一种情形是被害人陈述的被盗财物多于被告人供述的财物。以下就这两种情形被盗财物的认定分而论之。

(一)被害人陈述的被盗财物少于被告人供述的财物情形下盗窃数额的认定。如果被害人陈述的被盗财物少于被告人供述的财物,一般应当根据被害人的陈述,从低认定盗窃数额。基于常理分析,被害人一般不会隐瞒、缩小自己所遭受的财产损失;基于刑法原理分析,盗窃罪侵犯的是他人对财物的占有。被害人基于真实、自愿的意思表示陈述被盗了哪些财物,即表明了其对于这些财物的权利主张。对于被害人没有提出权利主张的部分一即使被告人供述盗窃了这些财物,也因为缺乏被害人的权利主张,而使盗窃行为是否侵害了被害人对于财物占有的法益并不明确,因而无法认定。综上,如果被害人陈述的被盗财物少于被告人供述的财物,应当从低予以认定。

(二)被害人陈述的被盗财物多于被告人供述的财物情形下盗窃数额的认定。如果被害人陈述的被盗财物多于被告人的供述,司法实践中比较普遍的做法是,当本证、反证的证明力相当,被盗财物难以查清的,依照"有利于被告人"原则,从低认定盗窃数额。鉴于这种处理方式可能会放纵犯罪,因此有必要确立一种除外原则,即如果通过仔细审查被害人陈述和被告人供述,并综合全案相关证据进行分析,应当采信被害人陈述并排除被告人供述的,则应当依照被害人的陈述认定盗窃数额。具体审查、判断证据的方法,应当参照《最高人民法院、最高人民检察院、公安部、国家安全部、司法部关于办理死刑案件审查判断证据若干问题的规定》(本附文以下简称《规定》)的相关规定进行。《规定》第十七条要求,对被害人陈述的审查与认定适用《规定》关于证人证言的有关规定。《规定》第十一条至第二十二条,对审查、判断证人证言和被告人供述的内容和程序进行了明确而具体的规定。以下分两个层面进行论述:一是证据能力层面,主要是对被害人陈述、被告人供述的获取程序和手段的合法性以及证据内容、形式的合法性进行审查;二是证明力层面,主要是对被害人陈述、被告人供述能否证明待证事实、是否与其他证据及认定的事实相符、是否显与事理又未进行判断。在顺序上,应当是审查证据能力在前,判断证明力在后。综合判断,二被害人的陈述对于证明各自被盗的财物具有较强的证明作用,应当予以采信。3.依照《规定》第二十二条第一款、第三款的规定,对被告人供述和辩解的审查,应当结合控辩双方提供的所有证据以及被告人本人的全部供述和辩解进行。被告人庭前供述和辩解出现反复,但庭审中供认的,且庭审中的供述与其他证据能够印证的,可以采信庭审中的供述;被告人庭前供述和辩解出现反复,庭审中不供认,且无其他证据与庭前供述印证的,不能采信庭前供述。本案被告人在侦查和审查起诉阶段,一开始对全部盗窃事实均予以否认。当公安机关向被告人说明在13起盗窃案的现场提取到的指纹与其指纹鉴定为同一的情况下,被告人才对部分盗窃事实予以认罪,但仍拒不供认其中6起盗窃事实。一审期间,当法院向被告人讲明适用普通程序审理"被告人认罪案件"可以酌情从轻处罚的法律后果后,被告人才当庭供认实施了指控的14起盗窃,但又辩解第二起、第八起盗窃的财物少于被害人陈述的被盗财物。可见,被告人的前后供述,呈现出从拒不认罪到部分认罪再到全部认罪但又提出罪轻辩解的变化过程。经进一步审查发现,被告人是在公安机关从案发现场提取到其指纹这一确凿的客观性证据面前,才不得不部分认罪,而且是在得知全部认罪可以获得从轻处罚的法律后果的情形下,才当庭全部认罪的。故被告人当庭作出的认罪供述和辩解,是其根据司法机关掌握的证据和刑事政策,反复进行权衡后作出的选择,对于司法机关已经掌握的事实予以如实供述,对于司法机关没有掌握的事实则试图隐瞒,或是狡辩抵赖,欲供又止,以最大限度地逃避罪责。显然,被告人在这种情况下作出的认罪供述和辩解,其真实性与被告人从侦查一开始就作出的如实供述存在很大区别。本案因从盗窃现场提取到了被告人的指纹,能够印证被告人的认罪供述,表明其当庭作出的认罪供述是真实可信的,故予以采信。但被告人同时提出的其所盗财物要少于被害人陈述的罪轻辩解,因无其他证据予以印证,且与被害人陈述存在较大矛盾,再加上被告人的前后供述反复变化,综合判断,存在虚假的可能性,故不予采信。综上,本案一审、二审在被害人陈述的被盗财物和被告人供述不一致时,通过仔细审查、判断,认定被告人供述存在明显虚假可能性而不予采信,并依据证明力较强的被害人陈述认定盗窃财物的做法是正确的。[参见第848号指导案例,姜青松盗窃案,载《刑事审判参考》总第91集

(2013 年第 2 集),第 51 ~ 54 页。撰稿:唐俊杰 张显春]

▽帮助他人盗回本属于自己公司经营财产的行为,构成盗窃罪的帮助犯

张某某伙同廖某某盗走债权人质押下的汽车,虽然目的是维护自身合法权益,但因未采取正当、合法的方式主张权利,故不属于自救行为。张某某明知廖某某无权私自开走质押给债权人的汽车,为挽回自身财产损失仍积极帮助廖某某盗回汽车,构成廖某某盗窃的帮助犯。

(一)张某某的行为不是自救行为。所谓自救行为,也称自助行为、自力救济,是指权利受到侵害的人,在无法或者不能及时按照正当法律程序获得公力救济时,实施恢复权利的行为。自救行为的最主要特征是恢复权利的紧迫性,即一旦错失良机,即使事后积极寻求公力救济也于事无补。因此,自救行为虽然对他人的合法权益乃至社会造成一定损害,但属于阻却犯罪的正当事由。本案张某某得知本公司出租的汽车被廖某某非法质押后,为尽快挽回损失,遂要求并协助廖某某将该车盗走。当时占有汽车的廖某系通过合法途径占有该车,并进行了妥善保管。张某某返还汽车的权利要求完全可以通过诉讼、行政调解等方式实现,事后公安机关将该车返还车主的事实也证明了这一点。张某某擅自采用盗窃手段实现非法移转占有的目的,虽然其目的具有一定正当性,但因不具有恢复权利的紧迫性,故不应认定是自救行为,应当承担相应的法律责任。

(二)廖某某盗走已质押汽车的行为构成盗窃罪,张某某系盗窃罪的帮助犯。廖某某将骗得的租赁汽车质押给债权人廖某,该处分行为未征得车主的同意,事后也未获得车主的追认,因此其与廖某对质押汽车的处分无效。关于廖某是否合法取得该车的质押权,需要首先进一步分析其取得行为是否属于善意取得。物权法第一百零六条规定:"无处分权人将不动产或者动产转让给受让人的,所有权人有权追回;除法律另有规定外,符合下列情形的,受让人取得该不动产或者动产的所有权:(一)受让人受让该不动产或者动产时是善意的;(二)以合理的价格转让;(三)转让的不动产或者动产依照法律规定应当登记的已经登记,不需要登记的已经交付给受让人。受让人依照前款规定取得不动产或者动产的所有权的,原所有权人有权向无处分权人请求赔偿损失,当事人善意取得其他物权的,参照前两款规定。"本案中,廖某查看过该车行驶证,明知该车车主并非廖某某,还轻信廖某某有权质押该车,其取得质押权的行为不属于善意取得,不能依照善意取得制度取得该车的质押权。但是,值得强调的是,虽然廖某不享有该车的质押权,但鉴于其是基于合法借贷关系而占有该车,并履行了约定的对价给付义务,故其取得该车的临时监管权是合法的,而且这种监管权受刑法保护。同时,廖某某盗窃后并未向廖某声明是其将车盗回,意味着无论廖某是否最终有权取得质押车的质权,其根据质押合同应当向廖某某承担质押车被盗的损失。即无论廖某是否合法取得质押权,如果廖某某盗车事实未被发现,则廖某某的盗窃行为将为自己带来一定的财产收益。正因如此,廖某某的秘密窃取行为具有非法占有目的,符合盗窃罪的构成特征。张某某为索回本属于自己公司经营的汽车,其不具有通过秘密窃取行为主张增加自己财产利益的目的,因此不具有非法占有目的。但因廖某某具有非法占有目的,张某某明知廖某某具有非法占有目的,还积极实施帮助行为,属于盗窃共同犯罪中的帮助犯。具体可从主观和客观两个方面进行分析。1. 从主观方面分析。张某某与廖某某犯罪目的的重合之处在于,将本在廖某控制下的轿车开走,并交由张某某控制。张某某的最终目的虽与廖某某的非法占有涉案车辆的主观目的不一致,但其认识到了廖某某实施的盗窃行为的性质及可能发生的结果,并积极提供帮助,该犯罪结果的发生也符合其利益诉求,故其就盗窃汽车这一事实与廖某某形成了共同犯意。2. 从客观方面分析。张某某得知车辆被廖某某质押给他人并无钱赎回后,仍要求廖某某设法取回汽车,并对该车进行了 GPS 定位。二人共同确定了汽车的停放位置后,张某某向廖某某提供了汽车备用钥匙,使得廖某某能够顺利盗走该车。而且,廖某某决定采取盗窃手段取回该车的犯意,显然张某某起到了推动作用,即廖某某盗窃犯意的形成、强化与张某某有一定的关系。

(三)帮助他人使用非法手段取回自己财产的,不具有非法占有目的,量刑时应当充分考虑这一主观要件要素。本案张某某放弃公力救济,转而在不具有迫切需求的情况下采用私力救济手段取回财物,这种私力救济手段如被滥用,将破坏社会正常秩序,损害法律尊严,也必然会引发新的社会矛盾,因此在法律上应当对张某某的行为给予否定评价。但张某某的犯罪行为毕竟有其特殊性,不同于常见的盗窃犯罪,如何对其合理处罚,是值得探讨的重要问题。对张某某量刑时,应当考虑以下几点:第一,本案的起因是张某某所属公司的租赁车辆被骗租,张某某作为廖某某诈骗行为的受害者,为尽快挽回损失遂伙同廖某某共同盗窃该车,属于事出有因,主观恶性和人身危险性较小。第二,张某某的盗窃行为虽然不具有自救行为要求的急迫性,但其最终目的是恢复受损的合法权益,在情理上具有目的正当性,只是采用的方法不当。第三,在伙同廖某某实施盗窃行为的过程中,张某某始终基于恢复自身权利的目的对廖某某进行帮助,要求廖某某承担返还骗取汽车的责任,自己未直接动手盗窃。二审法院综合考虑张某某的行为目的及其在共同犯罪中的地位、作用,改判其免予刑事处罚是适当的。这样处理,既能惩戒不当的私力救济行为,又充分考虑了行为人的具体情况,具有较好的法律效果和社会效果。[参见第 849 号指导案例,廖承龙、张文清盗窃案,载《刑事审判参考》总第 91 集(2013 年第 2 集),第 57～60 页。撰稿:贾莉]

▽反复将同一物品出卖给他人后又偷回的行为如何定性及犯罪数额的认定

三人经事先预谋,将一捆价值人民币(以下币种同)2000 元(此为案发后相关估价机构的鉴定价格)的铜丝以 1500 元的价格卖给废品收购人。待废品收购人收好铜丝并付款后,其中二人通过与废品收购人聊天吸引废品收购人的注意力,另一人则乘机将该捆铜丝偷回,得手后三人立即逃离。三人以此种方式将同一捆铜丝反复出卖给 10 名不同的废品收购人,每次交易后均偷回铜丝,共计得款 15 000 元。此三行为人的行为应当认定为盗窃罪而不是诈骗罪。非法获利是财产型犯罪的最终目的,对于同时存在"骗售"和"盗取"多环节的行为,需要进一步辨析"骗售"和"盗取"行为中究竟哪一行为是实现"非法获利"的关键行为。对于虽然有"骗"的成分,但在他人不知情的情况下利用秘密窃取而实现财物转移占有的情形下,"盗取"是对实现非法获利具有决定性影响的行为,故整体行为应当认定为盗窃罪。例如,行为人蛊惑老人将财宝供奉于某地,然后晚上乘人不备将财宝偷走,即构成盗窃罪。反之,对于虽然有"偷"的成分,但实际是因他人产生错误认识后进而实现的财物占有转移情形,整体行为应当认定为诈骗罪。例如,行为人在货车隐蔽部位焊上水箱并灌满水,驶入矿区之前整车称重,然后在装煤时将水排出,借此将多装的煤非法占为己有,即构成诈骗罪。本案中的"骗售"实际是为后续的"盗取"做铺垫,"盗取"对于实现非法获利具有决定性作用,故反复多次将同一物品出卖给他人后又偷回的行为应当认定为盗窃罪。本案的犯罪过程可以分为两个阶段:第一阶段,行为人将价值 2000 元的铜丝卖给他人,得款 1500 元。此时行为人并没有真实的交易目的,该交易具有欺骗成分。第二阶段,行为人将已经属于被害人占有的铜丝秘密偷回,实现对价值 2000 元财物的非法占有。如果仅实施"骗售"而没有后续的"盗取",行为人无法达到非法获利的目的,故后续的盗取行为对非法获利具有决定性作用。但是,这一点有一定的迷惑性。行为人使用先卖后偷的犯罪手法作案,其直接目的是非法占有 1500 元货款。虽然在前一阶段的交易行为中行为人已经获得该笔货款,但尚不属于非法获利,只有通过后续盗窃行为实现对铜丝的非法占有后,行为人才能真正实现非法获利的目的。从被害人的角度分析,其交付 1500 元价款时对该交易本身并无错误认识,也实际收到了铜丝,其合法权益是在行为人实施的后续盗窃行为中受损的,故本案应当定性为盗窃罪。[参见刑事审判参考编辑部《反复将同一物品出卖给他人后又偷回的行为如何定性及犯罪数额的认定》,载《刑事审判参考》总第 92 集(2013 年第 3 集)(审判释疑),第 223～226 页。]

▽盗窃金砂后加工成黄金销赃,盗窃数额应当以所盗金砂价值认定,不能以加工成黄金后的销赃数额认定

根据最高人民法院 1998 年《解释》第一条的规定,盗窃数额是指行为人窃取的公私财物的数额。

为对盗窃数额的认定提供一个统一、明确的标准,《解释》第五条对被盗物品的数额计算方法进行了详细的规定。根据《解释》第五条的规定,被盗物品的价格,应当以被盗物品价格的有效证明确定,即以失主购买物品时的价格确定;失主以明显低于被盗当时、当地市场零售价购进的物品,及被盗物品的价格不能确定的,应当区别情况,根据作案当时、当地的同类物品的价格计算;销赃数额高于按本解释计算的盗窃数额的,盗窃数额按销赃数额计算。本案被告人饶某某等人将盗得的金砂加工提炼出黄金后销赃得款 18 414 元,销赃数额远远高于金砂的原始价值,不属于《解释》规定的按销赃数额计算的情形。《解释》所规定的销赃数额是指盗窃财物后直接销赃的数额,而不是指将盗窃的财物改装、加工后销赃的数额。饶某某等人盗窃金砂后,使用加工设施,由他人经过加工后才提炼出黄金,其销赃款中不仅包含了金砂本身的价值,还包含了其用于将金砂加工提炼出黄金的相关成本和人工费用。因此,将被盗物品进行加工提炼后的产品销售,不属于《解释》规定的按销赃数额计算的情形。

根据 1998 年《解释》规定的其他核价办法,被盗金砂的价格应当按市场零售价的中等价格计算。饶某某从事金砂加工生意,曾多次向刘某某和万安县其他沙厂的老板收购金砂,收购每袋价格在 100～500 元(塑料编织袋装,每袋 35 公斤左右)。而本案被盗的 9 袋金砂经被告人和被害人确认,均属成色较好的货物,按市场收购价 500 元每袋,则收购价为 4500 元。另外,从本案的另一事实也可印证被盗金砂的市场价格。即案发后半个月左右,饶某某又到刘某某处,以每袋 450 元的价格收购了刘某某沙场剩余的金砂。因此,本案涉案 9 袋成色较好的金砂,以每袋 500 元的价格认定所盗金砂的价值,既符合本案金砂的价格行情,又能获得双方当事人的内心认同。

刑法理论界关于《解释》规定"销赃数额高于被盗物价值,盗窃数额按销赃数额计算"合理性的论述是,窃罪的社会危害性,除犯罪手段等情节外,主要是行为人非法占有的公私财物的数额大小,至于行为人事后销赃所得数额多少,甚至毁弃所窃财物,都对行为人的盗窃行为的社会危害性无任何影响,属于事后不可罚行为。因此,把销赃数额作为定罪量刑的标准是不科学的。本案审结后,最高人民法院、最高人民检察院于 2013 年 4 月 2 日联合出台了《关于办理盗窃刑事案件适用法律若干问题的解释》(以下简称《新解释》),前述《解释》同时废止。《新解释》取消了"销赃数额高于被盗物价值,按销赃数额计算盗窃数额"的规定,使盗窃数额的认定还原于被盗物品本身的价值。同时,《新解释》对盗窃数额的认定更加简单明确,盗窃数额的认定标准为:被盗财物有有效价格证明的,根据有效价格证明认定;无有效价格证明,或者根据价格证明认定盗窃数额明显不合理的,应当按照有关规定委托估价机构估价。[参见第 879 号指导案例,饶继军等盗窃案,载《刑事审判参考》总第 93 集(2013 年第 4 集),第 53～55 页。撰稿:曾良玉　何庆　肖凤]

▽误将非债务人的财物作为债务人的财物加以盗窃的,仍应以盗窃罪定罪处罚

非法占有不仅包括目的的非法性,同时也包含手段的非法性。行为人主观上以非法手段占有他人财物的故意,仍可视为具有非法占有目的,否则便是对该类违法行为的放纵。当然,在个别情况下,因目的具有正当性,以致手段的非法性所反映的行为的社会危害性大大降低,可以认定为犯罪情节显著轻微危害不大,不作为犯罪处理。如债权人为实现债权而实施盗窃,在盗窃行为实施完毕后,及时告知债务人盗窃事宜,并声明只要债务人还款即归还所窃之物。在这种情形下,由于实现债权目的的正当性及后续实现债权的跟进行为对之前不法手段具有补救功能,使占有的非法性得到一定程度的"漂白",故对此种情形可以不作为犯罪处理。但本案中,关某某可以通过合法途径实现其债权,但其却采用秘密窃取手段获取财物,其具备非法占有的目的。同时,关某某所窃取的财物价值明显高于其债权数额。其后续亦未实施实现债权的跟进行为,如通告债务人、向人民法院起诉对所窃财物进行诉讼保全等,其占有的非法性明显,故法庭认定其因追债未果而产生非法占有目的。值得探讨的是,行为人在犯罪过程中,有时会出现因为认错犯罪对象,造成预想加害的对象与实际加害的对象不一致的情况,进而对案件处理产生一定影响。本案中,债权人关某某将第三人谢某某的财物误认为债务人苏某的财物而加以盗窃,属于犯罪对象认识错误。但无论是债务人的财物还是第三人的财物,体现的法益性质相同,属于同一构成要件范围内的认识错误,对犯罪行为性质不产生实质影响。故即便关某某对犯罪对象不产生认识错误,实际窃取了债务人苏某的财物,亦不影响以盗窃罪追究其刑事责任。同时,犯罪对象认识错误,系犯罪动机产生之后所出现的问题,故犯罪动机对量刑的影响力依然有效,即虽然关某某实际盗窃的是第三人的财物,但从关某某实施盗窃的犯罪动机考虑,其主观恶性较小,在量刑时应予酌情从宽处理。[参见第1012号指导案例,关盛艺盗窃案,载《刑事审判参考》总第99集(2014年第4集),第76～78页。撰稿:林旭群　邹海媚]

▽财产犯罪和民事不当得利的不同评价,但两者之间不是对立而是交叉的关系

(一)民事不当得利和财产犯罪之间是交叉关系而不是对立关系。民事不当得利行为符合刑法关于财产犯罪构成特征的,可以纳入刑法评价范围。不当得利是指没有合法根据,取得不当利益并造成他人损失的情形。行为人侵犯他人财产的事实往往同时属于民法上的不当得利。

首先,任何故意侵犯他人财产的行为,无论其是否触犯刑法,都违反了民法关于保护公私财产权的规定,但刑法又将其中部分应当科处刑罚的侵犯财产的行为规定为财产犯罪。因此,财产犯罪都具有违反民法和违反刑法的双重性质。不当得利与财产犯罪不是对立关系,而是交叉关系(两个概念的外延在某一部分上是重合的)。对侵犯财产的行为,只有不触犯刑法时,才依照民法处理,切不可因为某种行为在民法上是不当得利,就否认其构成刑法上的财产犯罪。

其次,对同一行为同时追究刑事责任和民事责任,也符合规范竞合的处理规则。之所以出现不当得利与财产犯罪交叉的原因在于规范竞合,即不同法律根据各自不同职能对同一类行为均予以调整,但因各自调整目的不同,故应当分而治之。对于同时构成刑法上的侵犯财产犯罪和民法上的不当得利的行为,要求行为人同时承担刑事责任(刑罚)和民事责任(返还或者退赔财产),具有一定的理论根基。

最后,刑法的谦抑性并不意味着对于任何个案都首先考虑按照民法处理,一旦案件超出民法调整范围而又符合刑事法定标准时,则应适用刑法。谦抑性是刑法的立法原理,也是指导解释刑法的原理,但不是处理个案的规则。同理,刑法的谦抑性作为一项立法原则,已经通过刑法在所有侵害法益的行为中只选取部分行为规定为犯罪、对具体罪名设置一定的入罪标准等来体现,或者说罪刑法定本身就是刑法谦抑性的一种体现。在司法实践中,评价一个行为是否构成犯罪时,严格遵循刑法对具体犯罪构成要件的规定,就是对谦抑原则最好的实践。对于一个符合刑法关于具体罪名构成要件规定的行为,以谦抑性为依据否定其构成犯罪,是对罪刑法定原则的损害。

综上,对同一侵犯财产行为依据刑法规范和民法规范可能会分别得出财产犯罪和民事不当得利的不同评价,但两者之间不是对立而是交叉的关系。二者之间如果有界限的话,也只能是财产犯罪与不构成财产犯罪的不当得利的界限。凡是符合财产犯罪构成特征的行为,就成立财产犯罪,而不必再追问是否属于民法上的不当得利。本案被告人熊某某以极低的价格从戚某手中获得他人价值巨大的财物,同时造成所有人财产损失,其行为没有任何法律上的依据,毫无疑问属于民法上的不当得利。然而,此种定性并不妨碍依照刑法将其评价为财产犯罪。对其行为选择民法还是刑法作为追究责任的依据,关键要看其行为是否符合刑法关于财产犯罪构成要件的规定。[参见第1013号指导案例,熊海涛盗窃案,载《刑事审判参考》总第99集(2014年第4集),第81～82页。撰稿:蔡智玉　董王超]

▽明知未达到刑事责任年龄的人正在盗卖他人或者自家的财物,仍帮助转移并予以收购的,构成盗窃罪

(一)在未成年人以极低价格销售住房中价值较大的财物时,可结合相关事实,认定行为人明知未成年人是在盗卖别人家或者自家的财物,在此基础上积极实施拆卸、转移和收购财物行为的,符合盗窃罪的主客观特征。作为一名认知水平正常的人,熊某某应当认识到戚某可能是在盗卖别人住房内的财物,在这种认识的前提下,其仍然参与实施转移、占有财物的行为,主观上具有盗窃的故意。根据熊某某本人供述,反映其主观上对戚某的行为并不是没有疑问,只是为贪图利益而放弃了疑问。熊某某内心抱有侥幸心理,但正是在这种侥幸心理支配下,其放任了自己行为所可能造成的侵害他人财产后果的发生,主观上至少具有间接的盗窃故意。本案中的现有证据不能证明戚某与熊某某就盗窃一事进行过意思联络或者沟通,而戚某未达到盗窃罪所要求的刑事责任年龄,不能成为共同犯罪主体,因此不管二人是心照不宣存有默契,还是共同行为各取所需,都不妨碍对熊某某参与盗窃的故意的认定。

(二)明知未达到刑事责任年龄的人盗卖他人或者自家的财物仍然实施帮助行为并上门收购的,符合盗窃罪中秘密窃取他人财物的行为特征。首先,从熊某某与戚某在共同行为过程中的关系看,二人相互配合,共同完成了盗窃行为。其次,从熊某某与戚某通过共同行为获利情况的对比看,熊某某是本案盗窃行为的最主要受益者,价值1万多元的财物,其仅支付了360元即取得,几乎与免费获赠无异。在共同行为过程中,熊某某所起的积极作用并不低于戚某,只不过戚某作为14岁的年幼未成年人,对盗窃犯罪不具备刑事责任能力,不承担刑事责任。二人虽然不构成盗窃共同犯罪,但熊某某本人的行为仍然应当评价为盗窃犯罪。

(三)区分盗窃罪中的收购赃物行为和掩饰、隐瞒犯罪所得罪的关键在于行为人的主观认识内容及产生时间不同。如何区分盗窃罪中的转移、收购、变卖赃物行为与掩饰、隐瞒犯罪所得罪,是本案准确适用法律需要解决的另一个问题。在共同盗窃行为中,由于分工不同,部分行为人承担的角色可能是转移、收购、变卖赃物等行为,而掩饰、隐瞒犯罪所得罪的客观行为表现也包括明知是犯罪所得赃物而予以收购、转移、销售等行为。区分两罪的关键,在于行为人的犯罪主观方面内容不同:在盗窃罪中,行为人承担转移、变卖赃物等行为,是基于参与、配合、协助其他共犯完成盗窃的认识而实施的,这种认识和故意的产生时间应当是在盗窃行为实施前,或者是在盗窃行为实施过程中。《最高人民法院、最高人民检察院关于办理盗窃油气、破坏油气设备等刑事案件具体应用法律若干问题的解释》第五条规定,明知是盗窃犯罪所得的油气或者油气设备,而予以窝藏、转移、收购、加工、代为销售或者以其他方法掩饰、隐瞒的,依照刑法第三百一十二条的规定(掩饰、隐瞒犯罪所得罪)定罪处罚:实施前述犯罪行为,事前通谋的,以盗窃罪的共犯定罪处罚。上述规定说明,在事先通谋的情况下,转移、收购、销售赃物的行为人虚构成盗窃罪的共犯。另外,在他人已经开始盗窃,行为人才参与到盗窃过程中的,只要与前行为人形成了相互配合、协作关系,促成了盗窃的完成,也可以认定为盗窃罪的共犯。而掩饰、隐瞒犯罪所得罪是在盗窃行为已经完成的情况下,行为人明知是犯罪所得的赃物而予以转移、收购或者销售,掩饰、隐瞒犯罪所得罪的行为人与盗窃行为人之间并无事先通谋,对于盗窃行为事先也无认识,其对赃物的认识及帮助转移、收购、销售的故意产生于盗窃行为既遂后,因此不是盗窃的共同犯罪,而单独构成掩饰、隐瞒犯罪所得罪。在本案中,戚某多次找熊某某上门收购,即便熊某某在第一次行为时因时间问题没有充分考虑,没有认识到戚某是在实施盗窃,可以认定为不当得利,但其在后来的两次行为中,有足够的时间和信息来分析判断戚某行为的合理性,应当认识到戚某可能在盗窃自己家或者他人家的财物,仍然同意帮助拆卸、转移、收购,其犯罪故意产生于盗窃行为开始之前,与掩饰、隐瞒犯罪所得罪所要求的在他人盗窃后明知是赃物而帮助转移、收购是不同的。从客观上看,熊某某不仅实施了收购、转移赃物的行为,还实施了帮助拆卸电器等行为,已经在事实上参与了具体盗窃行为的实施,而不是单纯的事后帮助转移、销售赃物。因此,本案中,公安机关、检察机关对于熊某某第一次上门拆卸并收购一台联想电脑的行为没有认定为盗窃,而仅将第二次和第三次所获得的物品作为赃物进行估价,认定犯罪数额,人民法院对该两次行为以盗窃罪定罪处罚是准确的。[参见第1013号指导案例,熊海涛盗窃案,载《刑事审判参考》总第99集(2014年第4集),第82~88页。撰稿:蔡智玉　董王超]

▽入户盗窃但未窃得财物,应当认定为盗窃未遂

刑法修正案(八)对刑法本条规定的盗窃罪进行了修改,增加了"入户盗窃、携带凶器盗窃、扒窃"等事实情节。就入户盗窃而言,处罚的重点是"入户"这个情节,即在盗窃数额达不到普通盗窃的入罪标准时,以盗窃的手段行为“入户”作为犯罪构成要件。但同时,由于修正后的刑法将盗窃罪的罪状表述为:“入户盗窃、携带凶器盗窃、扒窃的,处三年以下有期徒刑、拘役或者管制,并处或者单处罚金”,理论界和实务界对如何认定入户盗窃既未遂形态存在不同看法。而本案作为一起入户盗窃案件,其特殊性还在于被告人是在群众的监视下实施了入户盗窃,后被人赃俱获,对被告人的犯罪形态是既遂还是未遂,争议较大。

1.“犯罪构成要件齐备说”是认定犯罪既遂的标准。刑法分则规定的犯罪以单独的既遂犯为模式,刑法理论在讨论犯罪构成及其要件时,都讨论了成立犯罪既遂所必须具备的条件。判断行为人实施的犯罪是否构成既遂,应当以其行为是否具备了某种犯罪的全部构成要件为标准,综合考虑该种犯罪的性质以及社会公众的一般认识,而不能仅以刑法分则的条文规定为依据。如故意杀人罪,若仅从刑法第二百三十二条规定看,“故意杀人的,处……”似乎该罪是行为犯,只要着手实施杀人行为,不论是否致人死亡,都已构成故意杀人既遂。然而,毫无疑问,故意杀人罪是结果犯,只有造成他人死亡结果的,才能认定故意杀人既遂。又如抢劫罪,若仅从刑法第二百六十三条规定看,似乎该罪也是行为犯,只要以暴力、胁迫或者其他方法抢劫的,无论是否造成他人人身伤害、财产损失,都已构成抢劫既遂。但是,《最高人民法院关于审理抢劫、抢夺刑事案件适用法律若干问题的意见》明确指出:“既未劫取财物,又未造成他人人身伤害后果的,属抢劫未遂。”因此,不能仅以修正后刑法本条的规定得出只要实施了入户盗窃行为,即使未取得财物也系盗窃既遂的结论。盗窃罪侵犯的是他人的财产权益,应当将造成他人财产损失补充解释为该罪的构成要件要素。行为人只实施了入户盗窃行为,但未实际窃得财物的,由于被害人并未失去对财物的控制,其财产所有权没有实质被侵害,应当认定为盗窃未遂。

2.犯罪成立和犯罪既遂是两个层面上的问题。犯罪既遂、未遂是在已经构成犯罪的基础上讨论犯罪是否得逞、客观危害结果是否出现。构罪标准与故意犯罪的既未遂形态是刑法上两个紧密关联但又本质不同的概念。说其紧密关联,是因为故意犯罪的基本构成要件,多以犯罪既遂形态为标本而设定。论其差异,犯罪既未遂形态描述的是特定危害行为的停止形态,构罪标准表达的仅仅是不同行为构成犯罪的最低刻度。立法者将达不到数额较大但有入户盗窃等情节的行为入罪,降低了入户盗窃等特殊盗窃行为的构罪标准,但是该修正并不等于一并修改了入户盗窃的既未遂标准。且通过对构罪标准的修正已体现了对入户盗窃等行为的严厉打击,在定罪基础上坚持以财产犯罪既未遂形态的一般评价标准“控制说”,对于入户盗窃没有窃得任何财物的认定为未遂,符合宽严相济的刑事政策的要求,也可以实现罪刑结构的均衡。

3.入户盗窃依然应当以行为人取得他人财物为既遂标准。盗窃罪是财产犯罪,是结果犯。关于盗窃罪的既遂标准,通说为失控加控制说。根据通说观点,在行为人为了实施盗窃而入户的情况下,只有当行为人取得了被害人的财物,被害人失去对财物的控制时,才能认定为盗窃既遂。1997年修订刑法时,对盗窃罪入罪门槛有过修正,即将“多次盗窃”补充规定为该罪的入罪条件之一。但刑法作出上述修改后,理论上、实践中并未因此认为盗窃罪的性质已发生变化,即认为盗窃罪已经从结果犯变成了行为犯,对于多次盗窃但未实际窃得财物的,也认定为盗窃既遂。而是仍然认为,盗窃罪属于结果犯,只有实际窃得财物的才能认定盗窃既遂。刑法修正案(八)进一步将入户盗窃增加规定为盗窃罪的入罪条件之后,也应以行为人取得财物作为入户盗窃既遂的标准。[参见第1047号指导案例,花荣盗窃案,载《刑事审判参考》总第101集(2014年第6集),第92~94页。撰稿:沈言]

▽盗窃过程中群众在户外监视并不意味着被害人未失去对财物的控制

被告人花某实施入户盗窃时被被害人的邻居发现,但花某并不知情,仍然进入被害人家中实施盗窃,并将窃得的财物放于口袋内,走出房门后被人赃俱获。在肯定入户盗窃仍然应当以行为人取得他人财物为既遂标准的情况下,如何评价花某的犯罪形态,检察机关和一审法院持不同意见。一审法院认为花某系盗窃未遂,主要理由是:花某在实施盗窃行为时已被周围群众发现并处于监控中,虽然之后他完成了盗窃行为,但是被害人对于被窃财物没有失去控制,且最终花某被人赃俱获。我们认为,当花某进入被害人家中窃得形状、体积较小的现金和香烟放于口袋内,走出房门后就已经取得对被窃财物的控制,而被害人则失去了对被窃财物的控制,财产所有权已受到实质侵害。虽然花某在实施盗窃的过程中被群众发现,之后处于群众的监视之下,但是群众在户外的监视不能等同于被害人对财物的控制;虽然最终花某被人赃俱获,但是并不影响之前他已经取得对被窃财物的控制。

综上,花某不仅实施了入户盗窃行为,且已实际窃得财物并离开被害人住所,其行为系入户盗窃既遂。鉴于花某具有"携带凶器盗窃""入户盗窃"两个事实情节,且被害人系独居老人,其行为具有较大的社会危害性,二审法院认定花某系盗窃犯罪既遂,改判其有期徒刑8个月,并处罚金1000元是正确的。[参见第1047号指导案例,花荣盗窃案,载《刑事审判参考》总第101集(2014年第6集),第94~95页。撰稿:沈言]

▽销赃行为人与盗窃实行犯已经形成长期、稳定、默契的合作关系,在盗窃实行犯盗得财物后按照事先约定或默契,为盗窃实行犯窝藏、转移、收购、代为销售赃物或者以其他方式进行掩饰、隐瞒的,也应当认定为双方事前存在通谋,以盗窃共犯论处

掩饰、隐瞒犯罪所得罪是指明知是犯罪所得及其产生的收益予以窝藏、转移、收购、代为销售或者以其他方法掩饰、隐瞒的行为。行为人构成掩饰、隐瞒犯罪所得罪必须是在盗窃犯罪既遂以后,事前与盗窃犯罪分子没有通谋,并且对盗窃者的犯罪情况是明知的。如果行为人与盗窃犯罪分子在事前就有通谋,就要从行为人的主观故意和客观行为两个方面来判断其行为的性质。

(一)主观上是否形成共同的犯罪故意。在认定销赃行为人与盗窃实行犯是否有事前通谋时,有三点需要特别注意:一是销赃行为人与盗窃实行犯事前通谋的时间仅限于盗窃犯罪既遂之前,在盗窃犯罪既遂之后才进行意思联络的,不属于事前通谋;二是销赃行为人仅知道盗窃实行犯可能要去实施盗窃,但在盗窃前未与盗窃实行犯形成意思联络,在盗窃完成后才与盗窃实行犯共谋实施销赃行为的,不属于事前通谋;三是只要销赃行为人在盗窃前向盗窃实行犯承诺盗窃完成后为实行犯收购、销售盗窃所得的赃物,就可以认定双方存在事前通谋,而不要求销赃行为人对盗窃犯罪的时间、地点、方法、对象、目标等具体情节都全面了解或参与共谋。因此,当销赃行为人与盗窃实行犯在盗窃之前进行通谋,答应在盗窃以后予以窝藏、转移、收购、代为销售赃物或者以其他方式进行掩饰、隐瞒的行为系共同犯罪中的帮助行为,属于共同犯罪中的不同分工,应以盗窃罪的共犯论处。此外,如果有证据证明销赃行为人与盗窃实行犯已经形成长期、稳定、默契的合作关系,在盗窃实行犯盗得财物后按照事先约定或默契,为盗窃实行犯窝藏、转移、收购、代为销售赃物或者以其他方式进行掩饰、隐瞒的,也应当认定为双方事前存在通谋,以盗窃共犯论处。本案被告人郭某在收购了同案犯陈某某、郭某某共同盗窃的1箱五粮液等品牌真白酒和陈某某单独盗窃的5箱五粮液白酒之后,就与陈某某、郭某某约定由郭某在交易时提供种类、数量相对应的假白酒,换取收购陈某某从仓库所窃的真白酒,以此方法防止被害单位发现仓库五粮液白酒数量变少,从而得以反复实施盗窃行为。黄某某在第一次收购陈某某、郭某某盗窃的黄酒之前就与二人通谋,同意在陈某某、郭某某盗窃黄酒后予以收购。郭某、黄某某主观上已经明知陈某某、郭某某即将实施盗窃犯罪及盗窃的方法,但其不仅没有排斥,反而在盗窃前就分别以约定用假白酒换五粮液等品牌白酒和同意收购黄酒的承诺积极追求盗窃行为的发生,均与陈某某、郭某某之间形成了盗窃的共同犯罪故意,应当以盗窃罪的共犯论处。

(二)客观上是否对盗窃行为起到帮助作用。共同犯罪中的帮助犯,是对实行犯的犯罪行为给予一定的物质或精神上的支持,使犯罪行为更易完成的人。这种帮助行为必须具备两个客观要件:一是行为人必须实施了帮助行为,即对实行犯的犯罪行为予以物质或精神支持,实施了使实行犯的犯罪行为更容易实现的行为。帮助行为分两种:(1)物理帮助,主要指为实行犯提供犯罪工具、创造犯罪条件等。(2)心理帮助,又称精神帮助,主要指对实行犯的行为进行激励、约定事后帮助逃跑等,使实行犯的犯罪决意得到强化或使实行犯在作案过程中的心理安全感增强等。二是行为人的帮助行为必须是在实行犯犯罪前或犯罪进行时提供的帮助,否则不属于共同犯罪中的帮助。本案被告人郭某、黄某某在事前即与陈某某、郭某某约定对二人盗窃所得的赃物予以收购,虽然没有直接帮助陈某某、郭某某实施盗窃,但增强了陈某某、郭某某在盗窃时的心理安全感。被告人郭某在交易时提供种类、数量相对应的假白酒,换取收购陈某某、郭某某从仓库所窃的真白酒的行为,更使陈某某、郭某某在盗窃时相信通过这种方法可以使其犯罪行为不被发现,对陈某某、郭某某的盗窃行为起到了精神上的帮助和推动作用,应当认为盗窃罪的共犯。

综上所述,被告人郭某、黄某某与陈某某、郭某某等盗窃实行犯事前有通谋,客观上对陈某某、郭某某的实行犯实施的盗窃行为给予了心理帮助,并且实施了后续的销赃行为,故其行为构成了盗窃共犯。[参见第1108号指导案例,郭锐、黄立新盗窃,掩饰、隐瞒犯罪所得案,载《刑事审判参考》总第104集,第97~99页。撰稿:李晓东　韩慧]

▽盗窃罪数额巨大与减半认定情形并存的,适用相关法律及司法解释的方法

2013年4月2日《最高人民法院、最高人民检察院关于办理盗窃刑事案件适用法律若干问题的解释》(本附文以下简称《新解释》)第一条和第二条对盗窃罪的入罪和法定刑升格标准采取了“数额+情节”的规定方式。但实践中,当行为人盗窃数额满足入罪或者法定刑升格标准的同时,又具有第二条、第六条所规定的八种特定情形时,数额和情节条款的适用次序,应当直接以盗窃数额巨大标准确定刑格。如本案中,行为人盗窃的数额已满足数额巨大的标准,又具有减半认定的情形之一,即“在医院盗窃病人或者其亲友财物”。从盗窃罪的保护法益、法条和解释的逻辑性等方面综合考虑。

(一)数额与情节间的特殊关系决定了数额在入罪量刑中的首要地位。根据刑法本条的规定,盗窃罪的升格刑分为两种:一种以数额为标准,即数额巨大、数额特别巨大;另一种以情节为标准,即其他严重情节、其他特别严重情节。数额标准与情节标准应为一般与特殊的关系,具体理由如下:

首先,盗窃罪所侵犯的法益决定了数额在量刑中的首要地位。我国刑法将盗窃罪规定在侵犯财产罪一章中,表明其所侵犯的主要法益为财产权,而财产权最重要的衡量标准便是数额大小。因为,一方面,被盗财物的经济价值越高,被害人所遭受的损失就越大,行为的社会危害性也就越大,故盗窃数额是衡量盗窃行为社会危害性大小最直观的标尺。正确区别盗窃违法行为与盗窃犯罪行为的基本界限,主要是盗窃数额。另一方面,盗窃数额也是盗窃罪法定刑升格的重要标准之一,只有达到数额巨大、数额特别巨大或者有其他相应情节时才可能判处更高的刑罚。

其次,语言间的逻辑结构决定了数额相对于其他情节的首要地位。根据逻辑规则,特殊+排除特殊的其他=全部,即数额巨大+排除数额巨大的其他严重情节=严重情节,数额特别巨大+排除数额特别巨大的其他特别严重情节=特别严重情节。换言之,盗窃罪中法定刑升格的标准为严重情节和特别严重情节,鉴于数额在盗窃罪中的特殊地位,数额巨大和数额特别巨大作为严重情节和特别严重情节中的主要情形,在罪状中予以特别规定。从语言间的逻辑结构也可见立法者的用意所在。

因此,在审理盗窃案件时,若行为人的涉案财物数额已达到相应数额标准,应当直接在相应的刑罚幅度内量刑;只有盗窃数额未达到相应标准,才根据相关司法解释的规定进行二次判断,如是否有减半认定的情形等。本案中,行为人盗窃的财物价值已达53 000元,符合所在地区的数额巨大的标准,直接在三年以上十年以下有期徒刑的幅度内量刑即可。

(二)《新解释》所列情形均系对法条相关情节的诠释,需符合解释的初衷和法条的内在逻辑。根据《新解释》第六条的规定,行为人盗窃公私财物,具有在医院盗窃病人或者其亲友财物等六种情形之一,或者入户盗窃、携带凶器盗窃,且数额达到数额巨大、数额特别巨大的百分之五十的,可以分别认定为其他严重情节或者其他特别严重情节。对《新解释》相关条款规定应当注意以下几个方面:

首先,相关条款是对“唯数额论”不足的矫正。《新解释》第二条出台的初衷在于:就盗窃犯罪而言，数额固然是影响定罪量刑的重要情节，但除此之外，行为人的一贯表现、犯罪方式、盗窃对象等也是影响社会危害性的重要因素。在综合考虑有关情节的基础上，对盗窃"数额较大"的标准作出特殊规定，可以避免"唯数额论"的不足，更好地贯彻罪责刑相适应、主客观相统一的刑法原则。可见，《新解释》第二条所规定之情形固然是为了更好地严密刑事法网，防止实践中"唯数额论"，但其他情节相较于数额情节而言，仍处于相对次要的地位。

其次，《新解释》的表述本身蕴含了情节效力的高低。《新解释》对于数额情节和一般情节的诠释分别使用了"应当"和"可以"，如《新解释》第一条规定"盗窃公私财物价值……应当……"第六条规定"盗窃公私财物……数额达到本解释第一条规定的'数额巨大'、'数额特别巨大'百分之五十的，可以……"根据刑法用语的规范性，"应当"是一种命令性法律规范，而"可以"则是授权性法律规范的表达方式，具有允许、许可的意思。相对于"应当"规制的强制性，"可以"则有特殊情况下的例外之意，反映出立法者的倾向必然是"应当"大于"可以"，两者冲突时，前者优先适用。因此，行为人在医院盗窃病人亲友财物已达到数额巨大标准时，应直接适用刑法本条关于数额巨大的升格刑规定，在三年以上十年以下有期徒刑内量刑。

（三）未作为确定量刑起点和基准刑的减半情节应作为二次量刑情节予以考虑。罪责刑相适应原则要求对行为人判处的刑罚要与其所犯的犯罪行为相适应，与其行为的社会危害性相适应。而犯罪的社会危害性是一个内涵十分广泛的范畴，它既体现着主观的内容，又具有客观属性。因此，完整评价行为的社会危害性需综合考量客观方面和主观方面。作为财产类犯罪的一种，盗窃罪侵犯的主要客体是财产权，造成的主要社会危害是财产损失，将数额作为盗窃罪的主要定罪量刑标准合乎法益保护原则。但数额仅是其社会危害性的客观表现之一，不能涵盖诸如行为人的人身危险性、犯罪情节、造成后果的严重程度等情节所体现出的社会危害性。基于此，《新解释》才在数额的基础上列举了特殊的减半情节。此等情节即使不能作为确定量刑起点和法定刑的依据，也应当作为宣告刑的重要考量因素。

综上，原审法院以被告人盗窃数额53 000元在三年以上十年以下有期徒刑内确定起点刑，并充分考虑到其盗窃对象系在医院陪护病人的家属这一特定情节，最终判处其有期徒刑四年六个月，并处罚金人民币五千元是适当的。（参见第1128号指导案例，张万盗窃案，载《刑事审判参考》总第105集，第82～85页。撰稿：王晨光　杨柳　周群）

▽入户盗窃摩托车钥匙，其后利用车钥匙在"户"外窃取摩托车的行为，属于"入户盗窃"

（一）"入户盗窃"作为入罪标准，并非仅由犯罪对象的客观价值决定。《刑法修正案（八）》在刑法第二百六十四条原有规定上增加了"入户盗窃""携带凶器盗窃""扒窃"三种情节，与"多次盗窃"和"数额较大"并列，作为盗窃罪的五种入罪情节。因此，理论上只要存在入户窃取财物的行为，不论财物数额大小，都应被评价为"入户盗窃"。不过，为避免扩大刑事打击范围，实践中还应结合规定，对"入户盗窃"情节显著轻微危害不大的，不以犯罪论，这里的"情节"，自然也包括犯罪数额。同时，《最高人民法院、最高人民检察院关于办理盗窃刑事案件适用法律若干问题的解释》（本附文以下简称《解释》）第十二条以部分列举的方式对盗窃未遂的打击范围进行了限定：(1)以数额巨大的财物为盗窃目标的；(2)以珍贵文物为盗窃目标的；(3)其他情节严重的情形。前两项规定都着重于盗窃物品的价值，第三项属于兜底条款。这就在实践中产生了入户盗窃未遂是否应予入罪的争议。如前所述，刑法之所以未对"入户盗窃"犯罪数额有要求，是因为"入户盗窃"同时侵犯了住宅安宁权和财产权，不论既未遂，入户盗窃行为均已侵犯了住宅安宁权，其既未遂的社会危害性差距并不如"数额较大"类盗窃罪大，这在入户窃取廉价财物与其未遂相较时尤为明显。因此，在"入户盗窃"已经成为入罪情节的情况下，不能因为前述《解释》列明的两项均以盗窃价值为参考，就对"入户盗窃"未遂一律不予入罪，而应将"入户盗窃"未遂认定为"其他情节严重情形"，结合刑法第十三条之规定，原则上予以入罪考量。在司法实践中，对于入户盗窃被当场抓获的，在量刑上应根据个案的实际社会危害去掌握，不宜一律以未遂从轻处罚。同时,因“入户盗窃”已被明确为盗窃罪的入罪情节,其未遂形态以盗窃未遂入罪处理,可以理顺罪名关系,一般情况下也不宜再沿用之前的司法惯例,以非法侵入住宅罪论处了。

综上,“入户盗窃”数额较小和未遂的入罪与否都受制于“情节显著轻微危害不大”这一条件,实践中可以从人身危险性、犯罪行为方式、后果等方面把握适用标准。对于人身危险性较大的惯犯,以及采用深夜翻窗、撬门等方式潜入住宅或者携带凶器等手段入户、入户窃取孤寡老人等特定人员财物、窃取救灾救济款等特定财物、造成其他严重后果等情形的,即使窃得数额较小或未遂,应作入罪处理。相反,对于因饥饿难忍等原因入户盗窃或窃取少量财物救急的、进入忘记锁门的院内窃取少量瓜果蔬菜等物品或盗窃未遂的、窃取少量财物后主动予以补偿并得到谅解等后果较轻的情况,可以考虑作出罪处理。本案被告人见他人房门未锁而入户行窃,虽在户内仅窃得价值低廉的摩托车钥匙和起子,但基于以下原因,不能认定为情节显著轻微:(1)钥匙的价格远远低于其实际能够发动的摩托车的使用价值;(2)被告人窃取钥匙意在盗窃摩托车,且其后确实用入户窃得的摩托车钥匙窃取摩托车;(3)被告人有多次盗窃犯罪前科,人身危险性较大。

(二)利用“入户盗窃”的车钥匙盗窃“户”外摩托车的行为是一次盗窃行为。被告人的行为应认定为一次盗窃行为。刑法意义上的一行为,应是符合具体犯罪构成要件的一系列动作表示,需要结合各行为要素综合评判。

1. 时间。一行为的时间通常是连贯的,但在行为需分步完成时,会存在时间间隔。此时,区分行为单复数的关键是,分步行为中每步的具体行为目标可能不同,但最终指向对象是统一的,且只有行为对象才符合刑法规范的要求,进而满足构成要件要求,而多次行为中每个行为都能分别满足构成要件要求。但是,如分步行为确已被客观事实所阻断,则不宜再以一行为论处。

2. 地点。地点是一次行为所能影响到的与外界相对隔离,并被视为利益一体的空间,如一户人家的不同房间等。不同人家的住宅,即使具有毗邻性,也不能成为一次盗窃行为的地点。在开放空间中,应从行为影响范围和完成度角度考量,如在某一片田地连续盗窃,因行为连续尚未完成,可评价认定为一行为。但如果行为进行了明显的空间转移,则不宜认定为一行为。

3. 对象。对象是符合构成要件要求的法益体现,分步行为中每个动作指向的目标则未必符合。一个侵害行为的影响范围可及多个对象的,无论对象多寡仍为一行为,如一个公交车上实施威胁后连续抢劫多人的仍为一次抢劫行为。如针对不同对象时,不得不重复之前已经作出的着手、实施、完成过程,即使对象具有集中性,也不宜被认定为一行为,如在公交车上扒窃多人,应属多次盗窃。

4. 犯罪意图。在连续犯、牵连犯等主观上存在统一或概括故意的场合,区分行为单复要考量具体行为是否单独能够符合构成要件,如果分别符合,那么即使在罪数上是一罪,在次数上仍属数行为。在主观上具有单独实施部分行为的明确故意场合,犯意对行为完成程度具有影响,如果根据行为人犯意实施的某行为已结束,后续行为属另起犯意,那么即使前后行为存在联系,甚至可以涵盖在一构成要件内,也不宜一并认定为一行为。

(三)利用“入户盗窃”车钥匙在“户”外窃取摩托车的行为应认定为“入户盗窃”。首先,作为盗窃对象的“财物”概念,其内涵已经发生变化:凡是具有一定客观价值或使用价值的财物,原则上都可以成为财产犯罪的行为对象,如信用卡、存折、钥匙等物品。与客观价值的客观性和普遍认同不同,使用价值只有在使用中才能体现,静态的使用价值,如未使用的信用卡等,尚不足以使物品直接成为“财物”。而物品的使用过程又多表现为对其他关联财物的占有和控制,所以正是物品经使用后所达到的占有关联财物的结果,实现了其使用价值,进而才使其成为“财物”。此时,具有使用价值的物品和关联财物共同构成了一个整体性的财产权益。权利人通过直接占有财物体现所有权时,财物和财产权的存在空间是一致的,而通过控制具有使用价值的物品占有关联财物时(形式占有),财物和部分财产权益可能会存在地点分离。其次,客观行为要结合需要保护的法益才能判断。“入户盗窃”保护的法益是住宅安宁权及住宅内的财产权,因此,只要行为已同时侵犯了两种法益,就应当符合“入户盗窃”的客观行为要求。而现实中,财物本身是否在“户”内与权利人是否在“户”内具有财产权并非完全重合,如权利人通过占有“户”内的有价支付凭证等物品,进而可以对别处的关联财物实现控制。既然财物可以通过形式占有实现控制,那么窃取“户”内形式占有载体的行为就已经侵犯了权利人对关联财物的控制。无论实际在何处获取关联财物,对财产权的侵犯在“入户盗窃”时已经发生。这也契合了对窃取支付凭证而未使用的行为认定为犯罪未遂,而非犯罪预备的司法实践。再次,从司法效果来看。“入户盗窃”和“数额较大”类盗窃的构成要件不同,如果坚持“入户盗窃”需在户内获取财物的标准,如本案的情形,就会出现要么类似前两种观点那样强行割裂一行为、分开评价的情况,要么因“户”外财物价值不足,不以盗窃罪论。这些做法或不符合客观事实,或徒增法律漏洞,达不到良好的司法效果。最后,实践中也要注意,并非所有与别处财物具有联系的物品都是形式占有的载体,需综合考量以下因素:(1)联系的直接性。载体的使用价值应当直接体现出财产性,反之不然。例如,身份证件如果可以直接领取财物,应属于载体;如尚需要其他行为配合才能与财物取得直接联系,则不宜认定。(2)联系的必要性。在如记名有价支付凭证、证券等与关联财物具有唯一联系的场合,即使后续获取关联财物仍需实施复杂的行为,因凭证是最终获取财物的必须途径,应视为载体。(3)联系的效用性。在获取财物未必一定要通过载体的场合,如窃取户外的车辆并非一定要获取车钥匙等,需要考量联系的效用性。就社会认知而言,车辆之所以能够安心放置在“户”外公共场所,是因为可以解锁并驱动车辆的钥匙已经被权利人安全控制在“户”内,一旦获取钥匙,就意味着可以相对轻易地在“户”外实现对车辆的控制,即整体行为中,获取钥匙的行为较启动车辆的行为更为重要,据此,车钥匙应视为载体。综上,原审法院认定被告人入户窃取摩托车钥匙后在“户”外窃取摩托车的行为属于“入户盗窃”,构成盗窃罪是正确的。(参见第1175号指导案例,巫建福盗窃案,载《刑事审判参考》总第108集,第70~76页。撰稿:殷一村　徐升)

▽共同预谋并实施盗窃后离开,应当对同伙的第二次盗窃行为负刑事责任

共谋共同正犯与实行共同正犯相对应。所谓实行共同正犯,指二人以上均直接实施了实行行为的共同正犯。如本案中,被告人杨某涛与同案被告人共谋盗窃后并直接参与了第一次的盗窃行为。该第一次盗窃行为中,杨某涛与同案被告人程某喜、王某杰均属于实行共同正犯。而从客观外部行为特征上考察,在共同犯罪中,可能出现一部分人已着手实行,另一部分人并未参与实行的现象。这就是共谋共同正犯所研究的问题。所谓“共谋共同正犯”所指的现象是,二人以上共谋实行某种犯罪行为,但只有一部分人基于共同的意思实行了犯罪,没有直接实行犯罪的共谋人与实行了犯罪的人,一起构成所共谋之犯罪的共同正犯。本案中,被告人杨某涛参与共谋盗窃后仅参与了第一次盗窃行为,但未直接参与第二次盗窃行为,而第二次盗窃行为却是其提议下形成的盗窃共同故意内容之下的犯罪行为。因此,杨某涛对第二次盗窃行为属于共谋共同正犯。

(一)被告人杨某涛主观上对实施盗窃犯罪具有概括故意,且同案被告人的盗窃行为在其策划的共同故意范围内。刑法理论中的概括故意,是指行为人明知自己的行为会发生危害社会的结果,但对侵害范围和侵害性质的认识尚不明确,而希望或者放任结果发生的心理态度。概括故意从认识内容上可以分为对行为手段、性质认识不明确的概括故意,对行为对象认识不明确的概括故意和对危害结果认识不明确的概括故意。本案中被告人杨某涛对于第二次盗窃行为的主观故意就属于最后一种,即“对危害结果范围认识不明确的概括故意,行为人故意实施危害行为,明知自己的行为会导致某种危害结果的发生,但对于自己的行为会造成多大的危害结果,波及多少犯罪对象,认识处于不确定状态”。此种主观状态也可以理解为具有犯罪的间接故意,即虽未直接希望并追求危害结果的发生,但是对发生危害后果存在放任的心态。

(二)被告人杨某涛参与销赃行为系对全部盗窃活动的事后追认。首先,销赃行为是盗窃活动的重要后续行为,虽然属于事后不可罚行为,但销赃数额的多少在一定程度上可以影响量刑的幅度。其次,行为人积极参与销赃表明其主观上具有强烈的非法占有该部分财物的意图,并积极追求该非法利益。最后,积极参与销赃系对全部盗窃活动的一种事后追认,即该行为后果的发生不但不违背其主观意愿,反而得到其默认。被告人杨某涛在案发次日得知在其离开后,翟某生等人再次返回案发现场实施盗窃的情况后并未提出异议,并且积极联系买主,着手实施销赃,充分表明了其对翟某生等人第二次实施的盗窃行为是认同的,至少主观上并不排斥。综上,本案中的二次盗窃,均在被告人杨某涛提议形成的共同故意的范围内。并且,共同故意的内容也是盗窃公司摄像头。在共同故意的形成过程中,杨某涛起重要的、关键的作用,甚至支配作用,是犯意的提出者,是整个盗窃活动的组织策划者。除非其在第一次盗窃后,明确提出不再盗窃,仅以第一次盗窃已经得手的财物为限。但是,对第二次盗窃行为,杨某涛不仅没有排斥之意,反而在第二次盗窃得手后负责联系销赃,使盗窃的利益目的得以实现。因此,杨某涛对于翟某生等人的第二次盗窃行为虽没有明确、具体的认识,但该盗窃行为完全包含在其实施盗窃的概括故意之中,而非实行过限行为。

认为被告人杨某涛对第二次盗窃行为仅构成掩饰、隐瞒犯罪所得罪的观点难以成立,缺乏对整个盗窃、销赃过程的全局考量。销赃者是构成掩饰、隐瞒犯罪所得罪还是构成上游盗窃犯罪的共同犯罪,两者区分的关键在于,实施销赃的行为人与上游犯罪分子是否存在事前通谋。掩饰、隐瞒犯罪所得、犯罪所得收益罪中的掩饰、隐瞒行为是在上游犯罪既遂后实施的帮助行为,而非共同犯罪中的行为。对于事前与上游犯罪分子通谋,事后销赃的,主观上明知上游犯罪行为人的犯罪内容、危害后果而与其通谋,形成共同的犯罪故意,客观上对上游犯罪分子实施犯罪予以配合,其掩饰、隐瞒行为就成为上游犯罪的共同犯罪行为的组成内容,应当以上游犯罪的共同犯罪论处。2015年6月1日起施行的《最高人民法院关于审理掩饰、隐瞒犯罪所得、犯罪所得收益刑事案件适用法律若干问题的解释》第五条已明确规定:“事前与盗窃、抢劫、诈骗、抢夺等犯罪分子通谋,掩饰、隐瞒犯罪所得及其产生的收益的,以盗窃、抢劫、诈骗、抢夺等犯罪的共犯论处。”本案中,杨某涛等四人在实施盗窃前进行了共谋和踩点,杨某涛由于曾经在被盗公司工作过,其在策划、组织盗窃的过程中起到了较大的作用,其销赃行为应作为共同盗窃犯罪的一部分行为,应该以盗窃罪的共犯论处,而不能单独认定为掩饰、隐瞒犯罪所得罪。

(三)对被告人杨某涛在量刑时可以适当从轻处罚。公诉机关的量刑建议是判处被告人杨某涛无期徒刑,理由是其系犯罪团伙中的主犯,流窜作案,社会危害性很大,且盗窃数额特别巨大,依法应当判处无期徒刑。法院最终以盗窃罪判处其有期徒刑十五年,比公诉机关的量刑建议低,已综合考虑其犯罪数额、认罪态度、退赃退赔等情节,是较为适当的。首先,杨某涛系犯罪团伙的主犯,积极参与盗窃活动的组织、策划、实施、销赃、分赃等过程,应当对全部犯罪行为承担刑事责任,依法应当判处十年以上有期徒刑、无期徒刑,但是考虑到其有坦白,部分退赃、退赔等情节,可以从轻处罚,判处有期徒刑有利于保持法院量刑的均衡性和连贯性,为今后遇到数额更大的盗窃犯罪的量刑留有余地。其次,被告人杨某涛并未亲自参与第二次盗窃犯罪的实施,根据罪责刑相一致原则和宽严相济的刑事政策,作为非实行犯与另三名实行犯在量刑时可作适当区分,尤其是第一被告人翟某生,其犯有数罪,并且在两次盗窃行为中均全程积极谋划并参与,其刑期为无期徒刑。判处第二被告杨某涛有期徒刑十五年能更好地实现量刑均衡,也有助于其息诉服判。(参见第1214号指导案例,翟高生、杨永涛等盗窃、抢劫案,载《刑事审判参考》总第111集,第72~76页。撰稿:范凯　诸佳英)

第二百六十五条　【盗窃罪】以牟利为目的,盗接他人通信线路、复制他人电信码号或者明知是盗接、复制的电信设备、设施而使用的,依照本法第二百六十四条的规定定罪处罚。

第二百六十六条　【诈骗罪】诈骗公私财物,数额较大的,处三年以下有期徒刑、拘役或者管制,并处或者单处罚金;数额巨大或者有其他严重情节的,处三年以上十年以下有期徒刑,并处罚金;数额特别巨大或者有其他特别严重情节的,处十年以上有期徒刑或者无期徒刑,并处罚金或者没收财产。本法另有规定的,依照规定。

■全国人民代表大会常务委员会关于《中华人民共和国刑法》第二百六十六条的解释(全文)(2014年4月24日)

以欺诈、伪造证明材料或者其他手段骗取养老、医疗、工伤、失业、生育等社会保险金或者其他社会保障待遇的,属于刑法第二百六十六条规定的诈骗公私财物的行为。

■最高人民法院、最高人民检察院关于办理诈骗刑事案件具体应用法律若干问题的解释(全文)(2011年4月8日)

第一条　诈骗公私财物价值三千元至一万元以上、三万元至十万元以上、五十万元以上的,应当分别认定为刑法第二百六十六条规定的"数额较大"、"数额巨大"、"数额特别巨大"。

各省、自治区、直辖市高级人民法院、人民检察院可以结合本地区经济社会发展状况,在前款规定的数额幅度内,共同研究确定本地区执行的具体数额标准,报最高人民法院、最高人民检察院备案。

第二条　诈骗公私财物达到本解释第一条规定的数额标准,具有下列情形之一的,可以依照刑法第二百六十六条的规定酌情从严惩处:

(一)通过发送短信、拨打电话或者利用互联网、广播电视、报刊杂志等发布虚假信息,对不特定多数人实施诈骗的;

(二)诈骗救灾、抢险、防汛、优抚、扶贫、移民、救济、医疗款物的;

(三)以赈灾募捐名义实施诈骗的;

(四)诈骗残疾人、老年人或者丧失劳动能力人的财物的;

(五)造成被害人自杀、精神失常或者其他严重后果的。

诈骗数额接近本解释第一条规定的"数额巨大"、"数额特别巨大"的标准,并具有前款规定的情形之一或者属于诈骗集团首要分子的,应当分别认定为刑法第二百六十六条规定的"其他严重情节"、"其他特别严重情节"。

第三条　诈骗公私财物虽已达到本解释第一条规定的"数额较大"的标准,但具有下列情形之一,且行为人认罪、悔罪的,可以根据刑法第三十七条、刑事诉讼法第一百四十二条的规定不起诉或者免予刑事处罚:

(一)具有法定从宽处罚情节的;

(二)一审宣判前全部退赃、退赔的;

(三)没有参与分赃或者获赃较少且不是主犯的;

(四)被害人谅解的;

(五)其他情节轻微、危害不大的。

第四条　诈骗近亲属的财物,近亲属谅解的,一般可不按犯罪处理。

诈骗近亲属的财物,确有追究刑事责任必要的,具体处理也应酌情从宽。

第五条　诈骗未遂,以数额巨大的财物为诈骗目标的,或者具有其他严重情节的,应当定罪处罚。

利用发送短信、拨打电话、互联网等电信技术手段对不特定多数人实施诈骗,诈骗数额难以查证,但具有下列情形之一的,应当认定为刑法第二百六十六条规定的"其他严重情节",以诈骗罪(未遂)定罪处罚:

(一)发送诈骗信息五千条以上的;

(二)拨打诈骗电话五百人次以上的;

(三)诈骗手段恶劣、危害严重的。

实施前款规定行为,数量达到前款第(一)、(二)项规定标准十倍以上的,或者诈骗手段特别恶劣、危害特别严重的,应当认定为刑法第二百六十六条规定的"其他特别严重情节",以诈骗罪(未遂)定罪处罚。

第六条　诈骗既有既遂,又有未遂,分别达到不同量刑幅度的,依照处罚较重的规定处罚;达到同一量刑幅度的,以诈骗罪既遂处罚。

第七条　明知他人实施诈骗犯罪,为其提供信用卡、手机卡、通讯工具、通讯传输通道、网络技术支持、费用结算等帮助的,以共同犯罪论处。

第八条　冒充国家机关工作人员进行诈骗,同时构成诈骗罪和招摇撞骗罪的,依照处罚较重的规定定罪处罚。

第九条　案发后查封、扣押、冻结在案的诈骗财物及其孳息,权属明确的,应当发还被害人;权属不明确的,可按被骗款物占查封、扣押、冻结在案的财物及其孳息总额的比例发还被害人,但已获退赔的应予扣除。

第十条　行为人已将诈骗财物用于清偿债务或者转让给他人,具有下列情形之一的,应当依法追缴:

(一)对方明知是诈骗财物而收取的;

(二)对方无偿取得诈骗财物的;

(三)对方以明显低于市场的价格取得诈骗财物的;

(四)对方取得诈骗财物系源于非法债务或者违法犯罪活动的。

他人善意取得诈骗财物的,不予追缴。

第十一条　以前发布的司法解释与本解释不一致的,以本解释为准。

■最高人民法院、最高人民检察院、公安部关于办理电信网络诈骗等刑事案件适用法律若干问题的意见(2016年12月19日)

二、依法严惩电信网络诈骗犯罪

(一)根据《最高人民法院、最高人民检察院关于办理诈骗刑事案件具体应用法律若干问题的解释》第一条的规定,利用电信网络技术手段实施诈骗,诈骗公私财物价值三千元以上、三万元以上、五十万元以上的,应当分别认定为刑法第二百六十六条规定的"数额较大"、"数额巨大"、"数额特别巨大"。

二年内多次实施电信网络诈骗未经处理,诈骗数额累计计算构成犯罪的,应当依法定罪处罚。

(二)实施电信网络诈骗犯罪,达到相应数额标准,具有下列情形之一的,酌情从重处罚:

1. 造成被害人或其近亲属自杀、死亡或者精神失常等严重后果的;

2. 冒充司法机关等国家机关工作人员实施诈骗的;

3. 组织、指挥电信网络诈骗犯罪团伙的;

4. 在境外实施电信网络诈骗的;

5. 曾因电信网络诈骗犯罪受过刑事处罚或者二年内曾因电信网络诈骗受过行政处罚的;

6. 诈骗残疾人、老年人、未成年人、在校学生、丧失劳动能力人的财物,或者诈骗重病患者及其亲属财物的;

7. 诈骗救灾、抢险、防汛、优抚、扶贫、移民、救济、医疗等款物的;

8. 以赈灾、募捐等社会公益、慈善名义实施诈骗的;

9. 利用电话追呼系统等技术手段严重干扰公安机关等部门工作的;

10. 利用"钓鱼网站"链接、"木马"程序链接、网络渗透等隐蔽技术手段实施诈骗的。

(三)实施电信网络诈骗犯罪,诈骗数额接近"数额巨大"、"数额特别巨大"的标准,具有前述第(二)条规定的情形之一的,应当分别认定为刑法第二百六十六条规定的"其他严重情节"、"其他特别严重情节"。

上述规定的"接近",一般应掌握在相应数额标准的百分之八十以上。

(四)实施电信网络诈骗犯罪,犯罪嫌疑人、被告人实际骗得财物的,以诈骗罪(既遂)定罪处罚。

诈骗数额难以查证，但具有下列情形之一的，应当认定为刑法第二百六十六条规定的“其他严重情节”，以诈骗罪（未遂）定罪处罚：

1. 发送诈骗信息五千条以上的，或者拨打诈骗电话五百人次以上的；

2. 在互联网上发布诈骗信息，页面浏览量累计五千次以上的。

具有上述情形，数量达到相应标准十倍以上的，应当认定为刑法第二百六十六条规定的“其他特别严重情节”，以诈骗罪（未遂）定罪处罚。

上述“拨打诈骗电话”，包括拨出诈骗电话和接听被害人回拨电话。反复拨打、接听同一电话号码，以及反复向同一被害人发送诈骗信息的，拨打、接听电话次数、发送信息条数累计计算。

因犯罪嫌疑人、被告人故意隐匿、毁灭证据等原因，致拨打电话次数、发送信息条数的证据难以收集的，可以根据经查证属实的日拨打人次数、日发送信息条数，结合犯罪嫌疑人、被告人实施犯罪的时间、犯罪嫌疑人、被告人的供述等相关证据，综合予以认定。

（五）电信网络诈骗既有既遂，又有未遂，分别达到不同量刑幅度的，依照处罚较重的规定处罚；达到同一量刑幅度的，以诈骗罪既遂处罚。

（六）对实施电信网络诈骗犯罪的被告人裁量刑罚，在确定量刑起点、基准刑时，一般应就高选择。确定宣告刑时，应当综合全案事实情节，准确把握从重、从轻量刑情节的调节幅度，保证罪责刑相适应。

（七）对实施电信网络诈骗犯罪的被告人，应当严格控制适用缓刑的范围，严格掌握适用缓刑的条件。

（八）对实施电信网络诈骗犯罪的被告人，应当更加注重依法适用财产刑，加大经济上的惩罚力度，最大限度剥夺被告人再犯的能力。

三、全面惩处关联犯罪

（一）在实施电信网络诈骗活动中，非法使用“伪基站”“黑广播”，干扰无线电通讯秩序，符合刑法第二百八十八条规定的，以扰乱无线电通讯管理秩序罪追究刑事责任。同时构成诈骗罪的，依照处罚较重的规定定罪处罚。

（二）违反国家有关规定，向他人出售或者提供公民个人信息，窃取或者以其他方法非法获取公民个人信息，符合刑法第二百五十三条之一规定的，以侵犯公民个人信息罪追究刑事责任。

使用非法获取的公民个人信息，实施电信网络诈骗犯罪行为，构成数罪的，应当依法予以并罚。

（三）冒充国家机关工作人员实施电信网络诈骗犯罪，同时构成诈骗罪和招摇撞骗罪的，依照处罚较重的规定定罪处罚。

（四）非法持有他人信用卡，没有证据证明从事电信网络诈骗犯罪活动，符合刑法第一百七十七条之一第一款第（二）项规定的，以妨害信用卡管理罪追究刑事责任。

（五）明知是电信网络诈骗犯罪所得及其产生的收益，以下列方式之一予以转账、套现、取现的，依照刑法第三百一十二条第一款的规定，以掩饰、隐瞒犯罪所得、犯罪所得收益罪追究刑事责任。但有证据证明确实不知道的除外：

1. 通过使用销售点终端机具（POS 机）刷卡套现等非法途径，协助转换或者转移财物的；

2. 帮助他人将巨额现金散存于多个银行账户，或在不同银行账户之间频繁划转的；

3. 多次使用或者使用多个非本人身份证明开设的信用卡、资金支付结算账户或者多次采用遮蔽摄像头、伪装等异常手段，帮助他人转账、套现、取现的；

4. 为他人提供非本人身份证明开设的信用卡、资金支付结算账户后，又帮助他人转账、套现、取现的；

5. 以明显异于市场的价格，通过手机充值、交易游戏点卡等方式套现的。

实施上述行为，事前通谋的，以共同犯罪论处。

实施上述行为,电信网络诈骗犯罪嫌疑人尚未到案或案件尚未依法裁判,但现有证据足以证明该犯罪行为确实存在的,不影响掩饰、隐瞒犯罪所得、犯罪所得收益罪的认定。

实施上述行为,同时构成其他犯罪的,依照处罚较重的规定定罪处罚。法律和司法解释另有规定的除外。

(六)网络服务提供者不履行法律、行政法规规定的信息网络安全管理义务,经监管部门责令采取改正措施而拒不改正,致使诈骗信息大量传播,或者用户信息泄露造成严重后果的,依照刑法第二百八十六条之一的规定,以拒不履行信息网络安全管理义务罪追究刑事责任。同时构成诈骗罪的,依照处罚较重的规定定罪处罚。

(七)实施刑法第二百八十七条之一、第二百八十七条之二规定之行为,构成非法利用信息网络罪、帮助信息网络犯罪活动罪,同时构成诈骗罪的,依照处罚较重的规定定罪处罚。

(八)金融机构、网络服务提供者、电信业务经营者等在经营活动中,违反国家有关规定,被电信网络诈骗犯罪分子利用,使他人遭受财产损失的,依法承担相应责任。构成犯罪的,依法追究刑事责任。

■最高人民法院、最高人民检察院、公安部关于办理电信网络诈骗等刑事案件适用法律若干问题的意见(二)(2021年6月17日)

二、为电信网络诈骗犯罪提供作案工具、技术支持等帮助以及掩饰、隐瞒犯罪所得及其产生的收益,由此形成多层级犯罪链条的,或者利用同一网站、通讯群组、资金账户、作案窝点实施电信网络诈骗犯罪的,应当认定为多个犯罪嫌疑人、被告人实施的犯罪存在关联,人民法院、人民检察院、公安机关可以在其职责范围内并案处理。

三、有证据证实行为人参加境外诈骗犯罪集团或犯罪团伙,在境外针对境内居民实施电信网络诈骗犯罪行为,诈骗数额难以查证,但一年内出境赴境外诈骗犯罪窝点累计时间30日以上或多次出境赴境外诈骗犯罪窝点的,应当认定为刑法第二百六十六条规定的"其他严重情节",以诈骗罪依法追究刑事责任。有证据证明其出境从事正当活动的除外。

十二、为他人实施电信网络诈骗犯罪提供技术支持、广告推广、支付结算等帮助,或者窝藏、转移、收购、代为销售及以其他方法掩饰、隐瞒电信网络诈骗犯罪所得及其产生的收益,诈骗犯罪行为可以确认,但实施诈骗的行为人尚未到案,可以依法先行追究已到案的上述犯罪嫌疑人、被告人的刑事责任。

十三、办案地公安机关可以通过公安机关信息化系统调取异地公安机关依法制作、收集的刑事案件受案登记表、立案决定书、被害人陈述等证据材料。调取时不得少于两名侦查人员,并应记载调取的时间、使用的信息化系统名称等相关信息,调取人签名并加盖办案地公安机关印章。经审核证明真实的,可以作为证据使用。

十四、通过国(区)际警务合作收集或者境外警方移交的境外证据材料,确因客观条件限制,境外警方未提供相关证据的发现、收集、保管、移交情况等材料的,公安机关应当对上述证据材料的来源、移交过程以及种类、数量、特征等作出书面说明,由两名以上侦查人员签名并加盖公安机关印章。经审核能够证明案件事实的,可以作为证据使用。

十五、对境外司法机关抓获并羁押的电信网络诈骗犯罪嫌疑人,在境内接受审判的,境外的羁押期限可以折抵刑期。

十六、办理电信网络诈骗犯罪案件,应当充分贯彻宽严相济刑事政策。在侦查、审查起诉、审判过程中,应当全面收集证据、准确甄别犯罪嫌疑人、被告人在共同犯罪中的层级地位及作用大小,结合其认罪态度和悔罪表现,区别对待,宽严并用,科学量刑,确保罚当其罪。

对于电信网络诈骗犯罪集团、犯罪团伙的组织者、策划者、指挥者和骨干分子,以及利用未成年人、在校学生、老年人、残疾人实施电信网络诈骗的,依法从严惩处。

对于电信网络诈骗犯罪集团、犯罪团伙中的从犯，特别是其中参与时间相对较短、诈骗数额相对较低或者从事辅助性工作并领取少量报酬，以及初犯、偶犯、未成年人、在校学生等，应当综合考虑其在共同犯罪中的地位作用、社会危害程度、主观恶性、人身危险性、认罪悔罪表现等情节，可以依法从轻、减轻处罚。犯罪情节轻微的，可以依法不起诉或者免予刑事处罚；情节显著轻微危害不大的，不以犯罪论处。

十七、查扣的涉案账户内资金，应当优先返还被害人，如不足以全额返还的，应当按照比例返还。

■检察机关办理电信网络诈骗案件指引(全文)(2018年11月9日)

电信网络诈骗犯罪，是指以非法占有为目的，利用电话、短信、互联网等电信网络技术手段，虚构事实，设置骗局，实施远程、非接触式诈骗，骗取公私财物的犯罪行为。根据《中华人民共和国刑法》第二百六十六条、《最高人民法院、最高人民检察院关于办理诈骗刑事案件具体应用法律若干问题的解释》(法释〔2011〕7号)(以下简称《解释》)、《最高人民法院、最高人民检察院、公安部关于办理电信网络诈骗等刑事案件适用法律若干问题的意见》(法发〔2016〕32号)(以下简称《意见》)，办理电信网络诈骗案件除了要把握普通诈骗案件的基本要求外，还要特别注意以下问题：一是电信网络诈骗犯罪的界定；二是犯罪形态的审查；三是诈骗数额及发送信息、拨打电话次数的认定；四是共同犯罪及主从犯责任的认定；五是关联犯罪事前通谋的审查；六是电子数据的审查；七是境外证据的审查。

一、审查证据的基本要求

(一)审查逮捕

1. 有证据证明发生了电信网络诈骗犯罪事实

(1)证明电信网络诈骗案件发生

证据主要包括：报案登记、受案登记、受案笔录、立案决定书、破案经过、证人证言、被害人陈述、犯罪嫌疑人供述和辩解、被害人银行开户申请、开户明细单、银行转账凭证、银行账户交易记录、银行汇款单、网银转账记录、第三方支付结算交易记录、手机转账信息等证据。跨国电信网络诈骗还可能需要有国外有关部门出具的与案件有关的书面材料。

(2)证明电信网络诈骗行为的危害结果

①证明诈骗数额达到追诉标准的证据：证人证言、被害人陈述、犯罪嫌疑人供述和辩解、银行转账凭证、汇款凭证、转账信息、银行卡、银行账户交易记录、第三方支付结算交易记录以及其他与电信网络诈骗关联的账户交易记录、犯罪嫌疑人提成记录、诈骗账目记录等证据以及其他有关证据。

②证明发送信息条数、拨打电话次数以及页面浏览量达到追诉标准的证据：QQ、微信、skype等即时通讯工具聊天记录、CDR电话清单、短信记录、电话录音、电子邮件、远程勘验笔录、电子数据鉴定意见、网页浏览次数统计、网页浏览次数鉴定意见、改号软件、语音软件的登录情况及数据、拨打电话记录内部资料以及其他有关证据。

2. 有证据证明诈骗行为是犯罪嫌疑人实施的

(1)言词证据：证人证言、被害人陈述、犯罪嫌疑人供述和辩解等，注意审查犯罪嫌疑人供述的行为方式与被害人陈述的被骗方式、交付财物过程或者其他证据是否一致。对于团伙作案的，要重视对同案犯罪嫌疑人供述和辩解的审查，梳理各个同案犯罪嫌疑人的指证是否相互印证。

(2)有关资金链条的证据：银行转账凭证、交易流水、第三方支付交易记录以及其他关联账户交易记录、现场查扣的书证、与犯罪关联的银行卡及申请资料等，从中审查相关银行卡信息与被害人存款、转移赃款等账号有无关联，资金交付支配占有过程；犯罪嫌疑人的短信以及QQ、微信、skype等即时通讯工具聊天记录，审查与犯罪有关的信息，是否出现过与本案资金流转有关的银行卡账号、资金流水等信息。要注意审查被害人转账、汇款账号、资金流向等是否有相应证据印证赃款由犯罪嫌疑人取得。对诈骗集团租用或交叉使用账户的，要结合相关言词证据及书证、物证、勘验笔录等分析认定。

(3)有关信息链条的证据:侦查机关远程勘验笔录,远程提取证据笔录,CDR电话清单、查获的手机IMEI串号、语音网关设备、路由设备、交换设备、手持终端等。要注意审查诈骗窝点物理IP地址是否与所使用电话CDR数据清单中记录的主叫IP地址或IP地址所使用的线路(包括此线路的账号、用户名称、对接服务器、语音网关、手持终端等设备的IP配置)一致,电话CDR数据清单中是否存在被害人的相关信息资料,改号电话显示号码、呼叫时间、电话、IP地址是否与被害人陈述及其他在案证据印证。在电信网络诈骗窝点查获的手机IMEI串号以及其他电子作案工具,是否与被害人所接到的诈骗电话显示的信息来源一致。

(4)其他证据:跨境电信网络诈骗犯罪案件犯罪嫌疑人出入境记录、户籍证明材料、在境外使用的网络设备及虚拟网络身份的网络信息,证明犯罪嫌疑人出入境情况及身份情况。诈骗窝点的纸质和电子账目报表,审查时间、金额等细节是否与被害人陈述相互印证,犯罪过程中记载被害人身份、诈骗数额、时间等信息的流转单,审查相关信息是否与被害人陈述、银行转账记录等相互印证。犯罪嫌疑人之间的聊天记录、诈骗脚本、内部分工、培训资料、监控视频等证据,审查犯罪的具体手法、过程。购买作案工具和资源(手机卡、银行卡、POS机、服务器、木马病毒、改号软件、公民个人信息等)的资金流水、电子数据等证据。

3. 有证据证明犯罪嫌疑人具有诈骗的主观故意

(1)证明犯罪嫌疑入主观故意的证据:犯罪嫌疑人的供述和辩解、证人证言、同案犯指证;诈骗脚本、诈骗信息内容、工作日记、分工手册、犯罪嫌疑人的具体职责、地位、参与实施诈骗行为的时间等;赃款的账册、分赃的记录、诈骗账目记录、提成记录、工作环境、工作形式等;短信、QQ、微信、skype等即时通讯工具聊天记录等,审查其中是否出现有关诈骗的内容以及诈骗专门用的黑话、暗语等。

(2)证明提供帮助者的主观故意的证据:提供帮助犯罪嫌疑人供述和辩解、电信网络诈骗犯罪嫌疑人的指证、证人证言;双方短信以及QQ、微信、skype等即时通讯工具聊天记录等信息材料;犯罪嫌疑人的履历、前科记录、行政处罚记录、双方资金往来的凭证:犯罪嫌疑人提供帮助、协助的收益数额、取款时的监控视频、收入记录、处罚判决情况等。

(二)审查起诉

除审查逮捕阶段证据审查基本要求之外,对电信网络诈骗案件的审查起诉工作还应坚持"犯罪事实清楚,证据确实、充分"的标准,保证定罪量刑的事实都有证据证明;据以定案的证据均经法定程序查证属实;综合全案证据,对所认定的事实均已排除合理怀疑。

1. 有确实、充分的证据证明发生了电信网络诈骗犯罪事实

(1)证明电信网络诈骗事实发生。除审查逮捕要求的证据类型之外,跨国电信网络诈骗还需要有出入境记录、飞机铁路等交通工具出行记录,必要时需国外有关部门出具的与案件有关的书面证据材料,包括原件、翻译件、使领馆认证文件等。

(2)证明电信网络诈骗行为的危害结果

①证明诈骗数额达到追诉标准的证据:能查清诈骗事实的相关证人证言、被害人陈述、犯罪嫌疑人供述和辩解、银行账户交易明细、交易凭证、第三方支付结算交易记录以及其他与电信网络诈骗关联的账户交易记录、犯罪嫌疑人的诈骗账目记录以及其他有关证据。

需要特别注意"犯罪数额接近提档"的情形。当诈骗数额接近"数额巨大""数额特别巨大"的标准(一般掌握在80%以上,即达到2.4万元、40万元),根据《解释》和《意见》的规定,具有《意见》第二条第二款"酌情从重处罚"十种情形之一的,应当分别认定为刑法第二百六十六条规定的"其他严重情节""其他特别严重情节",提高一档量刑。

②证明发送信息条数、拨打电话次数以及页面浏览量达到追诉标准的证据类型与审查逮捕的证据类型相同。

2. 有确实、充分的证据证明诈骗行为是犯罪嫌疑人实施的

(1)有关资金链条的证据。重点审查被害人的银行交易记录和犯罪嫌疑人持有的银行卡及账号的交易记录,用于查明被害人遭受的财产损失及犯罪嫌疑人诈骗的犯罪数额;重点审查犯罪嫌疑人的短信,以及QQ、微信、skype等即时通讯工具聊天记录,用于查明是否出现涉案银行卡账号、资金流转等犯罪信息,赃款是否由犯罪嫌疑人取得。此外,对诈骗团伙或犯罪集团租用或交叉使用多层级账户洗钱的,要结合资金存取流转的书证、监控录像、辨认笔录、证人证言、被害人陈述、犯罪嫌疑人供述和辩解等证据分析认定。

(2)有关人员链条的证据。电信网络诈骗多为共同犯罪,在审查刑事责任年龄、刑事责任能力方面的证据基础上,应重点审查犯罪嫌疑人供述和辩解、手机通信记录等,通过自供和互证,以及与其他证据之间的相互印证,查明各自的分工和作用,以区分主、从犯。对于分工明确、有明显首要分子、较为固定的组织结构的三人以上固定的犯罪组织,应当认定为犯罪集团。

言词证据及有关信息链条的证据与审查逮捕的证据类型相同。

3. 有确实、充分的证据证明犯罪嫌疑人具有诈骗的主观故意

证明犯罪嫌疑人及提供帮助者主观故意的证据类型同审查逮捕证据类型相同。需要注意的是,由于犯罪嫌疑人各自分工不同,其供述和辩解也呈现不同的证明力。一般而言,专门行骗人对于单起事实的细节记忆相对粗略,只能供述诈骗的手段和方式;专业取款人对于取款的具体细目记忆也粗略,只能供述大概经过和情况,重点审查犯罪手段的同类性、共同犯罪人之间的关系及各自分工和作用。

二、需要特别注意的问题

在电信网络诈骗案件审查逮捕、审查起诉中,要根据相关法律、司法解释等规定,结合在案证据,重点注意以下问题:

(一)电信网络诈骗犯罪的界定

1. 此罪彼罪

在一些案件中,尤其是利用网络钓鱼、木马链接实施犯罪的案件中,既存在虚构事实、隐瞒真相的诈骗行为,又可能存在秘密窃取的行为,关键要审查犯罪嫌疑人取得财物是否基于被害人对财物的主动处分意识。如果行为人通过秘密窃取的行为获取他人财物,则应认定构成盗窃罪;如果窃取或者骗取的是他人信用卡资料,并通过互联网、通讯终端等使用的,根据《最高人民法院、最高人民检察院关于办理妨害信用卡管理刑事案件具体应用法律若干问题的解释》(法释〔2009〕19号),则可能构成信用卡诈骗罪;如果通过电信网络技术向不特定多数人发送诈骗信息后又转入接触式诈骗,或者为实现诈骗目的,线上线下并行同时进行接触式和非接触式诈骗,应当按照诈骗取财行为的本质定性,虽然使用电信网络技术但被害人基于接触被骗的,应当认定普通诈骗;如果出现电信网络诈骗和合同诈骗、保险诈骗等特殊诈骗罪名的竞合,应依据刑法有关规定定罪量刑。

2. 追诉标准低于普通诈骗犯罪且无地域差别

追诉标准直接决定了法律适用问题甚至罪与非罪的认定。《意见》规定,利用电信网络技术手段实施诈骗,诈骗公私财物价值三千元以上的,认定为刑法第二百六十六条规定的"数额较大"。而《解释》规定,诈骗公私财物价值三千元至一万元以上的,认定为刑法第二百六十六条规定的"数额较大"。因此,电信网络诈骗的追诉标准要低于普通诈骗的追诉标准,且全国统一无地域差别,即犯罪数额达到三千元以上、三万元以上、五十万元以上的,应当分别认定为刑法第二百六十六条规定的"数额较大""数额巨大""数额特别巨大"。

(二)犯罪形态的审查

1. 可以查证诈骗数额的未遂

电信网络诈骗应以被害人失去对被骗钱款的实际控制为既遂认定标准。一般情形下,诈骗款项转

出后即时到账构成既遂。但随着银行自助设备、第三方支付平台陆续推出“延时到账”“撤销转账”等功能,被害人通过自助设备、第三方支付平台向犯罪嫌疑人指定账户转账,可在规定时间内撤销转账,资金并未实时转出。此种情形下被害人并未对被骗款项完全失去控制,而犯罪嫌疑人亦未取得实际控制,应当认定为未遂。

2. 无法查证诈骗数额的未遂

根据《意见》规定,对于诈骗数额难以查证的,犯罪嫌疑人发送诈骗信息五千条以上,或者拨打诈骗电话五百人次以上,或者在互联网上发布诈骗信息的页面浏览量累计五千次以上,可以认定为诈骗罪中“其他严重情节”以诈骗罪(未遂)定罪处罚。具有上述情形,数量达到相应标准十倍以上的,应当认定为刑法第二百六十六条规定的“其他特别严重情节”,以诈骗罪(未遂)定罪处罚。

(三)诈骗数额及发送信息、拨打电话次数的认定

1. 诈骗数额的认定

(1)根据犯罪集团诈骗账目登记表、犯罪嫌疑人提成表等书证,结合证人证言、犯罪嫌疑人供述和辩解等言词证据,认定犯罪嫌疑人的诈骗数额。

(2)根据经查证属实的银行账户交易记录、第三方支付结算账户交易记录、通话记录、电子数据等证据,结合已收集的被害人陈述,认定被害人人数及诈骗资金数额。

(3)对于确因客观原因无法查实全部被害人,尽管有证据证明该账户系用于电信网络诈骗犯罪,且犯罪嫌疑人无法说明款项合法来源的,也不能简单将账户内的款项全部推定为“犯罪数额”。要根据在案其他证据,认定犯罪集团是否有其他收入来源,“违法所得”有无其他可能性。如果证据足以证实“违法所得”的排他性,则可以将“违法所得”均认定为犯罪数额。

(4)犯罪嫌疑人为实施犯罪购买作案工具、伪装道具、租用场地、交通工具甚至雇佣他人等诈骗成本不能从诈骗数额中扣除。对通过向被害人交付一定货币,进而骗取其信任并实施诈骗的,由于货币具有流通性和经济价值,该部分货币可以从诈骗数额中扣除。

2. 发送信息、拨打电话次数的认定

(1)拨打电话包括拨出诈骗电话和接听被害人回拨电话。反复拨打、接听同一电话号码,以及反复向同一被害人发送诈骗信息的,拨打、接听电话次数、发送信息条数累计计算。

(2)被害人是否接听、接收到诈骗电话、信息不影响次数、条数计算。

(3)通过语音包发送的诈骗录音或通过网络等工具辅助拨出的电话,应当认定为拨打电话。

(4)发送信息条数、拨打电话次数的证据难以收集的,可以根据经查证属实的日发送信息条数、日拨打人次数,结合犯罪嫌疑人实施犯罪的时间、犯罪嫌疑人的供述等相关证据予以认定。

(5)发送信息条数和拨打电话次数在法律及司法解释未明确的情况下不宜换算累加。

(四)共同犯罪及主从犯责任的认定

1. 对于三人以上为实施电信网络诈骗而组成的较为固定的犯罪组织,应当依法认定为犯罪集团。对于犯罪集团的首要分子,按照集团所犯全部犯罪处罚,并且对犯罪集团中组织、指挥、策划者和骨干分子依法从严惩处。

2. 对于其余主犯,按照其所参与或者组织、指挥的全部犯罪处罚。多人共同实施电信网络诈骗,犯罪嫌疑人、被告人应对其参与期间该诈骗团伙实施的全部诈骗行为承担责任。

3. 对于部分被招募发送信息、拨打电话的犯罪嫌疑人,应当对其参与期间整个诈骗团伙的诈骗行为承担刑事责任,但可以考虑参与时间较短、诈骗数额较低、发送信息、拨打电话较少,认定为从犯,从宽处理。

4. 对于专门取款人,由于其可在短时间内将被骗款项异地转移,对诈骗既遂起到了至关重要的作用,也大大增加了侦查和追赃难度,因此应按其在共同犯罪中的具体作用进行认定,不宜一律认定为

从犯。

（五）关联犯罪事前通谋的审查

根据《意见》规定，明知是电信网络诈骗犯罪所得及其产生的收益，通过使用销售点终端机具（POS机）刷卡套现等非法途径，协助转换或者转移财物等五种方式转账、套现、取现的，需要与直接实施电信网络诈骗犯罪嫌疑人事前通谋的才以共同犯罪论处。因此，应当重点审查帮助转换或者转移财物行为人是否在诈骗犯罪既遂之前与实施诈骗犯罪嫌疑人共谋或者虽无共谋但明知他人实施犯罪而提供帮助。对于帮助者明知的内容和程度，并不要求其明知被帮助者实施诈骗行为的具体细节，其只要认识到对方实施诈骗犯罪行为即可。审查时，要根据犯罪嫌疑人的认知能力、既往经历、行为次数和手段、与他人关系、获利情况、是否曾因电信网络诈骗受过处罚以及是否故意规避调查等主客观因素分析认定。

（六）电子数据的审查

1. 电子数据真实性的审查

（1）是否移送原始存储介质；在原始存储介质无法封存、不便移动时，有无说明原因，并注明收集、提取过程及原始存储介质的存放地点或者电子数据的来源等情况。

（2）电子数据是否具有数字签名、数字证书等特殊标识。

（3）电子数据的收集、提取过程是否可以重现。

（4）电子数据如有增加、删除、修改等情形的，是否附有说明。

（5）电子数据的完整性是否可以保证。

2. 电子数据合法性的审查

（1）收集、提取电子数据是否由二名以上侦查人员进行，取证方法是否符合相关技术标准。

（2）收集、提取电子数据，是否附有笔录、清单，并经侦查人员、电子数据持有人（提供人）、见证人签名或者盖章；没有持有人（提供人）签名或者盖章的，是否注明原因；对电子数据的类别、文件格式等是否注明清楚。

（3）是否依照有关规定由符合条件的人员担任见证人，是否对相关活动进行录像。

（4）电子数据检查是否将电子数据存储介质通过写保护设备接入到检查设备；有条件的，是否制作电子数据备份，并对备份进行检查；无法制作备份且无法使用写保护设备的，是否附有录像。

（5）通过技术侦查措施，利用远程计算机信息系统进行网络远程勘验收集到电子数据，作为证据使用的，是否随案移送批准采取技术侦查措施的法律文书和所收集的证据材料，是否对其来源等作出书面说明。

（6）对电子数据作出鉴定意见的鉴定机构是否具有司法鉴定资质。

3. 电子数据的采信

（1）经过公安机关补正或者作出合理解释可以采信的电子数据：未以封存状态移送的；笔录或者清单上没有侦查人员、电子数据持有人（提供人）、见证人签名或者盖章的；对电子数据的名称、类别、格式等注明不清的；有其他瑕疵的。

（2）不能采信的电子数据：电子数据系篡改、伪造或者无法确定真伪的；电子数据有增加、删除、修改等情形，影响电子数据真实性的；其他无法保证电子数据真实性的情形。

（七）境外证据的审查

1. 证据来源合法性的审查

境外证据的来源包括：外交文件（国际条约、互助协议）；司法协助（刑事司法协助、平等互助原则）；警务合作（国际警务合作机制、国际刑警组织）。

由于上述来源方式均需要有法定的程序和条件，对境外证据的审查要注意：证据来源是否是通过上述途径收集,审查报批、审批手续是否完备,程序是否合法;证据材料移交过程是否合法,手续是否齐全,确保境外证据的来源合法性。

2. 证据转换的规范性审查

对于不符合我国证据种类和收集程序要求的境外证据,侦查机关要重新进行转换和固定,才能作为证据使用。注重审查:

(1)境外交接证据过程的连续性,是否有交接文书,交接文书是否包含接收证据。

(2)接收移交、开箱、登记时是否全程录像,确保交接过程的真实性,交接物品的完整性。

(3)境外证据按照我国证据收集程序重新进行固定的,依据相关规定进行,注意证据转换过程的连续性和真实性的审查。

(4)公安机关是否对境外证据来源、提取人、提取时间或者提供人、提供时间以及保管移交的过程等作出说明,有无对电子数据完整性等专门性问题的鉴定意见等。

(5)无法确认证据来源、证据真实性、收集程序违法无法补正等境外证据应予排除。

3. 其他来源的境外证据的审查

通过其他渠道收集的境外证据材料,作为证据使用的,应注重对其来源、提供人、提供时间以及提取人、提取时间进行审查。能够证明案件事实且符合刑事诉讼法规定的,可以作为证据使用。

三、社会危险性及羁押必要性审查

(一)审查逮捕

符合下列情形之一的,可以结合案件具体情况考虑认定犯罪嫌疑人具有社会危险性,有羁押必要:

1.《最高人民检察院、公安部关于逮捕社会危险性条件若干问题的规定(试行)》(高检会〔2015〕9号)规定的具有社会危险性情节的。

2. 犯罪嫌疑人是诈骗团伙的首要分子或者主犯。对于首要分子,要重点审查其在电信网络诈骗集团中是否起到组织、策划、指挥作用。对于其他主犯,要重点审查其是否是犯意的发起者、犯罪的组织者、策划者、指挥者、主要责任者,是否参与了犯罪的全过程或关键环节以及在犯罪中所起的作用:诈骗团伙的具体管理者、组织者、招募者、电脑操盘人员、对诈骗成员进行培训的人员以及制作、提供诈骗方案、术语清单、语音包、信息的人员可以认定为主犯;取款组、供卡组、公民个人信息提供组等负责人,对维持诈骗团伙运转起着重要作用的,可以认定为主犯;对于其他实行犯是否属于主犯,主要通过其参加时段实施共同犯罪活动的程度、具体罪行的大小、对造成危害后果的作用等来认定。

3. 有证据证明犯罪嫌疑人实施诈骗行为,犯罪嫌疑人拒不供认或者作虚假供述的。

4. 有证据显示犯罪嫌疑人参与诈骗且既遂数额巨大、被害人众多,诈骗数额等需进一步核实的。

5. 有证据证明犯罪嫌疑人参与诈骗的时间长,应当明知诈骗团伙其他同案犯犯罪事实的,但犯罪嫌疑人拒绝指证或虚假指证的。

6. 其他具有社会危险性或羁押必要的情形。

在犯罪嫌疑人罪行较轻的前提下,根据犯罪嫌疑人在犯罪团伙中的地位、作用、参与时间、工作内容、认罪态度、悔罪表现等情节,结合案件整体情况,依据主客观相一致原则综合判断犯罪嫌疑人的社会危险性或者羁押必要性。在犯罪嫌疑人真诚认罪悔罪,如实供述且供述稳定的情况下,有下列情形的可以考虑社会危险性较小:

1. 预备犯、中止犯。

2. 直接参与诈骗的数额未达巨大,有自首、立功表现的。

3. 直接参与诈骗的数额未达巨大,参与时间短的发送信息、拨打电话人员。

4. 涉案数额未达巨大,受雇负责饮食、住宿等辅助工作人员。

5. 直接参与诈骗的数额未达巨大,积极退赃的从犯。

6. 被胁迫参加电信网络诈骗团伙,没有造成严重影响和后果的。

7. 其他社会危险性较小的情形。

需要注意的是,对犯罪嫌疑人社会危险性的把握,要根据案件社会影响、造成危害后果、打击力度的需要等多方面综合判断和考虑。

(二)审查起诉

在审查起诉阶段,要结合侦查阶段取得的事实证据,进一步引导侦查机关加大捕后侦查力度,及时审查新证据。在羁押期限届满前对全案进行综合审查,对于未达到逮捕证明标准的,撤销原逮捕决定。

经羁押必要性审查,发现犯罪嫌疑人具有下列情形之一的,应当向办案机关提出释放或者变更强制措施的建议:

1. 案件证据发生重大变化,没有证据证明有犯罪事实或者犯罪行为系犯罪嫌疑人、被告人所为的。

2. 案件事实或者情节发生变化,犯罪嫌疑人、被告人可能被判处拘役、管制、独立适用附加刑、免予刑事处罚或者判决无罪的。

3. 继续羁押犯罪嫌疑人、被告人,羁押期限将超过依法可能判处的刑期的。

4. 案件事实基本查清,证据已经收集固定,符合取保候审或者监视居住条件的。

经羁押必要性审查,发现犯罪嫌疑人、被告人具有下列情形之一,且具有悔罪表现,不予羁押不致发生社会危险性的,可以向办案机关提出释放或者变更强制措施的建议:

1. 预备犯或者中止犯;共同犯罪中的从犯或者胁从犯。

2. 主观恶性较小的初犯。

3. 系未成年人或者年满七十五周岁的人。

4. 与被害方依法自愿达成和解协议,且已经履行或者提供担保的。

5. 患有严重疾病、生活不能自理的。

6. 系怀孕或者正在哺乳自己婴儿的妇女。

7. 系生活不能自理的人的唯一扶养人。

8. 可能被判处一年以下有期徒刑或者宣告缓刑的。

9. 其他不需要继续羁押犯罪嫌疑人、被告人的情形。

■最高人民法院、最高人民检察院、公安部、司法部关于办理“套路贷”刑事案件若干问题的意见(全文)(2019年4月9日)

为持续深入开展扫黑除恶专项斗争,准确甄别和依法严厉惩处“套路贷”违法犯罪分子,根据刑法、刑事诉讼法、有关司法解释以及最高人民法院、最高人民检察院、公安部、司法部《关于办理黑恶势力犯罪案件若干问题的指导意见》等规范性文件的规定,现对办理“套路贷”刑事案件若干问题提出如下意见:

一、准确把握“套路贷”与民间借贷的区别

1.“套路贷”,是对以非法占有为目的,假借民间借贷之名,诱使或迫使被害人签订“借贷”或变相“借贷”“抵押”“担保”等相关协议,通过虚增借贷金额、恶意制造违约、肆意认定违约、毁匿还款证据等方式形成虚假债权债务,并借助诉讼、仲裁、公证或者采用暴力、威胁以及其他手段非法占有被害人财物的相关违法犯罪活动的概括性称谓。

2.“套路贷”与平等主体之间基于意思自治而形成的民事借贷关系存在本质区别,民间借贷的出借人是为了到期按照协议约定的内容收回本金并获取利息,不具有非法占有他人财物的目的,也不会在签订、履行借贷协议过程中实施虚增借贷金额、制造虚假给付痕迹、恶意制造违约、肆意认定违约、毁匿还款证据等行为。

司法实践中,应当注意非法讨债引发的案件与“套路贷”案件的区别,犯罪嫌疑人、被告人不具有非法占有目的,也未使用“套路”与借款人形成虚假债权债务,不应视为“套路贷”。因使用暴力、威胁以及其他手段强行索债构成犯罪的,应当根据具体案件事实定罪处罚。

3. 实践中,“套路贷”的常见犯罪手法和步骤包括但不限于以下情形:

(1)制造民间借贷假象。犯罪嫌疑人、被告人往往以“小额贷款公司”“投资公司”“咨询公司”“担保公司”“网络借贷平台”等名义对外宣传,以低息、无抵押、无担保、快速放款等为诱饵吸引被害人借款,继而以“保证金”“行规”等虚假理由诱使被害人基于错误认识签订金额虚高的“借贷”协议或相关协议。有的犯罪嫌疑人、被告人还会以被害人先前借贷违约等理由,迫使对方签订金额虚高的“借贷”协议或相关协议。

(2)制造资金走账流水等虚假给付事实。犯罪嫌疑人、被告人按照虚高的“借贷”协议金额将资金转入被害人账户,制造已将全部借款交付被害人的银行流水痕迹,随后便采取各种手段将其中全部或者部分资金收回,被害人实际上并未取得或者完全取得“借贷”协议、银行流水上显示的钱款。

(3)故意制造违约或者肆意认定违约。犯罪嫌疑人、被告人往往会以设置违约陷阱、制造还款障碍等方式,故意造成被害人违约,或者通过肆意认定违约,强行要求被害人偿还虚假债务。

(4)恶意垒高借款金额。当被害人无力偿还时,有的犯罪嫌疑人、被告人会安排其所属公司或者指定的关联公司、关联人员为被害人偿还“借款”,继而与被害人签订金额更大的虚高“借贷”协议或相关协议,通过这种“转单平账”“以贷还贷”的方式不断垒高“债务”。

(5)软硬兼施“索债”。在被害人未偿还虚高“借款”的情况下,犯罪嫌疑人、被告人借助诉讼、仲裁、公证或者采用暴力、威胁以及其他手段向被害人或者被害人的特定关系人索取“债务”。

二、依法严惩“套路贷”犯罪

4. 实施“套路贷”过程中,未采用明显的暴力或者威胁手段,其行为特征从整体上表现为以非法占有为目的,通过虚构事实、隐瞒真相骗取被害人财物的,一般以诈骗罪定罪处罚;对于在实施“套路贷”过程中多种手段并用,构成诈骗、敲诈勒索、非法拘禁、虚假诉讼、寻衅滋事、强迫交易、抢劫、绑架等多种犯罪的,应当根据具体案件事实,区分不同情况,依照刑法及有关司法解释的规定数罪并罚或者择一重处。

5. 多人共同实施“套路贷”犯罪,犯罪嫌疑人、被告人在所参与的犯罪中起主要作用的,应当认定为主犯,对其参与或组织、指挥的全部犯罪承担刑事责任;起次要或辅助作用的,应当认定为从犯。

明知他人实施“套路贷”犯罪,具有以下情形之一的,以相关犯罪的共犯论处,但刑法和司法解释等另有规定的除外:

(1)组织发送“贷款”信息、广告,吸引、介绍被害人“借款”的;

(2)提供资金、场所、银行卡、账号、交通工具等帮助的;

(3)出售、提供、帮助获取公民个人信息的;

(4)协助制造走账记录等虚假给付事实的;

(5)协助办理公证的;

(6)协助以虚假事实提起诉讼或者仲裁的;

(7)协助套现、取现、办理动产或不动产过户等,转移犯罪所得及其产生的收益的;

(8)其他符合共同犯罪规定的情形。

上述规定中的“明知他人实施‘套路贷’犯罪”,应当结合行为人的认知能力、既往经历、行为次数和手段、与同案人、被害人的关系、获利情况、是否曾因“套路贷”受过处罚、是否故意规避查处等主客观因素综合分析认定。

6. 在认定“套路贷”犯罪数额时,应当与民间借贷相区别,从整体上予以否定性评价,“虚高债务”和以“利息”“保证金”“中介费”“服务费”“违约金”等名目被犯罪嫌疑人、被告人非法占有的财物,均应计入犯罪数额。

犯罪嫌疑人、被告人实际给付被害人的本金数额,不计入犯罪数额。

已经着手实施"套路贷",但因意志以外原因未得逞的,可以根据相关罪名所涉及的刑法、司法解释规定,按照已着手非法占有的财物数额认定犯罪未遂。既有既遂,又有未遂,犯罪既遂部分与未遂部分分别对应不同法定刑幅度的,应当先决定对未遂部分是否减轻处罚,确定未遂部分对应的法定刑幅度,再与既遂部分对应的法定刑幅度进行比较,选择处罚较重的法定刑幅度,并酌情从重处罚;二者在同一量刑幅度的,以犯罪既遂酌情从重处罚。

7. 犯罪嫌疑人、被告人实施"套路贷"违法所得的一切财物,应当予以追缴或者责令退赔;对被害人的合法财产,应当及时返还。有证据证明是犯罪嫌疑人、被告人为实施"套路贷"而交付给被害人的本金,赔偿被害人损失后如有剩余,应依法予以没收。

犯罪嫌疑人、被告人已将违法所得的财物用于清偿债务、转让或者设置其他权利负担,具有下列情形之一的,应当依法追缴:

(1)第三人明知是违法所得财物而接受的;

(2)第三人无偿取得或者以明显低于市场的价格取得违法所得财物的;

(3)第三人通过非法债务清偿或者违法犯罪活动取得违法所得财物的;

(4)其他应当依法追缴的情形。

8. 以老年人、未成年人、在校学生、丧失劳动能力的人为对象实施"套路贷",或者因实施"套路贷"造成被害人或其特定关系人自杀、死亡、精神失常、为偿还"债务"而实施犯罪活动的,除刑法、司法解释另有规定的外,应当酌情从重处罚。

在坚持依法从严惩处的同时,对于认罪认罚、积极退赃、真诚悔罪或者具有其他法定、酌定从轻处罚情节的被告人,可以依法从宽处罚。

9. 对于"套路贷"犯罪分子,应当根据其所触犯的具体罪名,依法加大财产刑适用力度。符合刑法第三十七条之一规定的,可以依法禁止从事相关职业。

10. 三人以上为实施"套路贷"而组成的较为固定的犯罪组织,应当认定为犯罪集团。对首要分子应按照集团所犯全部罪行处罚。

符合黑恶势力认定标准的,应当按照黑社会性质组织、恶势力或者恶势力犯罪集团侦查、起诉、审判。

三、依法确定"套路贷"刑事案件管辖

11. "套路贷"犯罪案件一般由犯罪地公安机关侦查,如果由犯罪嫌疑人居住地公安机关立案侦查更为适宜的,可以由犯罪嫌疑人居住地公安机关立案侦查。犯罪地包括犯罪行为发生地和犯罪结果发生地。

"犯罪行为发生地"包括为实施"套路贷"所设立的公司所在地、"借贷"协议或相关协议签订地、非法讨债行为实施地、为实施"套路贷"而进行诉讼、仲裁、公证的受案法院、仲裁委员会、公证机构所在地,以及"套路贷"行为的预备地、开始地、途经地、结束地等。

"犯罪结果发生地"包括违法所得财物的支付地、实际取得地、藏匿地、转移地、使用地、销售地等。

除犯罪地、犯罪嫌疑人居住地外,其他地方公安机关对于公民扭送、报案、控告、举报或者犯罪嫌疑人自首的"套路贷"犯罪案件,都应当立即受理,经审查认为有犯罪事实的,移送有管辖权的公安机关处理。

黑恶势力实施的"套路贷"犯罪案件,由侦办黑社会性质组织、恶势力或者恶势力犯罪集团案件的公安机关进行侦查。

12. 具有下列情形之一的,有关公安机关可以在其职责范围内并案侦查:

(1)一人犯数罪的;

(2)共同犯罪的;

(3)共同犯罪的犯罪嫌疑人还实施其他犯罪的;

(4)多个犯罪嫌疑人实施的犯罪存在直接关联,并案处理有利于查明案件事实的。

13.本意见自2019年4月9日起施行。

■最高人民法院、最高人民检察院、公安部关于依法办理“碰瓷”违法犯罪案件的指导意见(全文)(2020年9月22日)

近年来,“碰瓷”现象时有发生。所谓“碰瓷”,是指行为人通过故意制造或者编造其被害假象,采取诈骗、敲诈勒索等方式非法索取财物的行为。实践中,一些不法分子有的通过“设局”制造或者捏造他人对其人身、财产造成损害来实施;有的通过自伤、造成同伙受伤或者利用自身原有损伤,诬告系被害人所致来实施;有的故意制造交通事故,利用被害人违反道路通行规定或者酒后驾驶、无证驾驶、机动车手续不全等违法违规行为,通过被害人害怕被查处的心理来实施;有的在“碰瓷”行为被识破后,直接对被害人实施抢劫、抢夺、故意伤害等违法犯罪活动等。此类违法犯罪行为性质恶劣,危害后果严重,败坏社会风气,且易滋生黑恶势力,人民群众反响强烈。为依法惩治“碰瓷”违法犯罪活动,保障人民群众合法权益,维护社会秩序,根据刑法、刑事诉讼法、治安管理处罚法等法律的规定,制定本意见。

一、实施“碰瓷”,虚构事实、隐瞒真相,骗取赔偿,符合刑法第二百六十六条规定的,以诈骗罪定罪处罚;骗取保险金,符合刑法第一百九十八条规定的,以保险诈骗罪定罪处罚。

实施“碰瓷”,捏造人身、财产权益受到侵害的事实,虚构民事纠纷,提起民事诉讼,符合刑法第三百零七条之一规定的,以虚假诉讼罪定罪处罚;同时构成其他犯罪的,依照处罚较重的规定定罪从重处罚。

二、实施“碰瓷”,具有下列行为之一,敲诈勒索他人财物,符合刑法第二百七十四条规定的,以敲诈勒索罪定罪处罚:

1.实施撕扯、推搡等轻微暴力或者围困、阻拦、跟踪、贴靠、滋扰、纠缠、哄闹、聚众造势、扣留财物等软暴力行为的;

2.故意制造交通事故,进而利用被害人违反道路通行规定或者其他违法违规行为相要挟的;

3.以揭露现场掌握的当事人隐私相要挟的;

4.扬言对被害人及其近亲属人身、财产实施侵害的。

三、实施“碰瓷”,当场使用暴力、胁迫或者其他方法,当场劫取他人财物,符合刑法第二百六十三条规定的,以抢劫罪定罪处罚。

四、实施“碰瓷”,采取转移注意力、趁人不备等方式,窃取、夺取他人财物,符合刑法第二百六十四条、第二百六十七条规定的,分别以盗窃罪、抢夺罪定罪处罚。

五、实施“碰瓷”,故意造成他人财物毁坏,符合刑法第二百七十五条规定的,以故意毁坏财物罪定罪处罚。

六、实施“碰瓷”,驾驶机动车对其他机动车进行追逐、冲撞、挤别、拦截或者突然加减速、急刹车等可能影响交通安全的行为,因而发生重大事故,致人重伤、死亡或者使公私财物遭受重大损失,符合刑法第一百三十三条规定的,以交通肇事罪定罪处罚。

七、为实施“碰瓷”而故意杀害、伤害他人或者过失致人重伤、死亡,符合刑法第二百三十二条、第二百三十四条、第二百三十三条、第二百三十五条规定的,分别以故意杀人罪、故意伤害罪、过失致人死亡罪、过失致人重伤罪定罪处罚。

八、实施“碰瓷”,为索取财物,采取非法拘禁等方法非法剥夺他人人身自由或者非法搜查他人身体,符合刑法第二百三十八条、第二百四十五条规定的,分别以非法拘禁罪、非法搜查罪定罪处罚。

九、共同故意实施“碰瓷”犯罪，起主要作用的，应当认定为主犯，对其参与或者组织、指挥的全部犯罪承担刑事责任；起次要或者辅助作用的，应当认定为从犯，依法予以从轻、减轻处罚或者免除处罚。

三人以上为共同故意实施“碰瓷”犯罪而组成的较为固定的犯罪组织，应当认定为犯罪集团。对首要分子应当按照集团所犯全部罪行处罚。

符合黑恶势力认定标准的，应当按照黑社会性质组织、恶势力或者恶势力犯罪集团侦查、起诉、审判。

十、对实施“碰瓷”，尚不构成犯罪，但构成违反治安管理行为的，依法给予治安管理处罚。

各级人民法院、人民检察院和公安机关要严格依法办案，加强协作配合，对“碰瓷”违法犯罪行为予以快速处理、准确定性、依法严惩。一要依法及时开展调查处置、批捕、起诉、审判工作。公安机关接到报案、控告、举报后应当立即赶到现场，及时制止违法犯罪，妥善保护案发现场，控制行为人。对于符合立案条件的及时开展立案侦查，全面收集证据，调取案发现场监控视频，收集在场证人证言，核查涉案人员、车辆信息等，并及时串并案进行侦查。人民检察院对于公安机关提请批准逮捕、移送审查起诉的“碰瓷”案件，符合逮捕、起诉条件的，应当依法尽快予以批捕、起诉。对于“碰瓷”案件，人民法院应当依法及时审判，构成犯罪的，严格依法追究犯罪分子刑事责任。二要加强协作配合。公安机关、人民检察院要加强沟通协调，解决案件定性、管辖、证据标准等问题，确保案件顺利办理。对于疑难复杂案件，公安机关可以听取人民检察院意见。对于确需补充侦查的，人民检察院要制作明确、详细的补充侦查提纲，公安机关应当及时补充证据。人民法院要加强审判力量，严格依法公正审判。三要严格贯彻宽严相济的刑事政策，落实认罪认罚从宽制度。要综合考虑主观恶性大小、行为的手段、方式、危害后果以及在案件中所起作用等因素，切实做到区别对待。对于“碰瓷”犯罪集团的首要分子、积极参加的犯罪分子以及屡教不改的犯罪分子，应当作为打击重点依法予以严惩。对犯罪性质和危害后果特别严重、社会影响特别恶劣的犯罪分子，虽具有酌定从宽情节但不足以从宽处罚的，依法不予从宽处罚。具有自首、立功、坦白、认罪认罚等情节的，依法从宽处理。同时，应当准确把握法律尺度，注意区分“碰瓷”违法犯罪同普通民事纠纷、行政违法的界限，既防止出现“降格处理”，也要防止打击面过大等问题。四要强化宣传教育。人民法院、人民检察院、公安机关在依法惩处此类犯罪的过程中，要加大法制宣传教育力度，在依法办案的同时，视情通过新闻媒体、微信公众号、微博等形式，向社会公众揭露“碰瓷”违法犯罪的手段和方式，引导人民群众加强自我保护意识，遇到此类情形，应当及时报警，依法维护自身合法权益。要适时公开曝光一批典型案例，通过对案件解读，有效震慑违法犯罪分子，在全社会营造良好法治环境。

各地各相关部门要认真贯彻执行。执行中遇有问题，请及时上报各自上级机关。

■最高人民法院关于审理伪造货币等案件具体应用法律若干问题的解释（二）（2010年11月3日）

第五条　以使用为目的，伪造停止流通的货币，或者使用伪造的停止流通的货币的，依照刑法第二百六十六条的规定，以诈骗罪定罪处罚。

第六条　此前发布的司法解释与本解释不一致的，以本解释为准。

■最高人民法院、最高人民检察院关于办理妨害预防、控制突发传染病疫情等灾害的刑事案件具体应用法律若干问题的解释（2003年5月15日）

第七条　在预防、控制突发传染病疫情等灾害期间，假借研制、生产或者销售用于预防、控制突发传染病疫情等灾害用品的名义，诈骗公私财物数额较大的，依照刑法有关诈骗罪的规定定罪，依法从重处罚。

第十七条　人民法院、人民检察院办理有关妨害预防、控制突发传染病疫情等灾害的刑事案件，对于有自首、立功等悔罪表现的，依法从轻、减轻、免除处罚或者依法作出不起诉决定。

第十八条　本解释所称"突发传染病疫情等灾害"，是指突然发生，造成或者可能造成社会公众健康严重损害的重大传染病疫情、群体性不明原因疾病以及其他严重影响公众健康的灾害。

■最高人民法院、最高人民检察院、公安部、司法部关于依法惩治妨害新型冠状病毒感染肺炎疫情防控违法犯罪的意见（2020年2月6日）

二、准确适用法律，依法严惩妨害疫情防控的各类违法犯罪

（五）依法严惩诈骗、聚众哄抢犯罪。在疫情防控期间，假借研制、生产或者销售用于疫情防控的物品的名义骗取公私财物，或者捏造事实骗取公众捐赠款物，数额较大的，依照刑法第二百六十六条的规定，以诈骗罪定罪处罚。

（十）依法严惩妨害疫情防控的违法行为。……

对于在疫情防控期间实施有关违法犯罪的，要作为从重情节予以考量，依法体现从严的政策要求，有力惩治震慑违法犯罪，维护法律权威，维护社会秩序，维护人民群众生命安全和身体健康。

■最高人民法院关于审理扰乱电信市场管理秩序案件具体应用法律若干问题的解释（2000年5月24日）

第九条　以虚假、冒用的身份证件办理入网手续并使用移动电话，造成电信资费损失数额较大的，依照刑法第二百六十六条的规定，以诈骗罪定罪处罚。

第十条　本解释所称"经营去话业务数额"，是指以行为人非法经营国际电信业务或者涉港澳台电信业务的总时长（分钟数）乘以行为人每分钟收取的用户使用费所得的数额。

本解释所称"电信资费损失数额"，是指以行为人非法经营国际电信业务或者涉港澳台电信业务的总时长（分钟数）乘以在合法电信业务中我国应当得到的每分钟国际结算价格所得的数额。

■最高人民法院、最高人民检察院关于常见犯罪的量刑指导意见（试行）（2021年7月1日）（见本书附录十三）

▼安徽省高级人民法院、安徽省人民检察院关于二十三种常见犯罪量刑规范的实施细则（试行）（2022年1月16日）（见本书附录十四）

▼公安部关于对伪造学生证及贩卖、使用伪造学生证的行为如何处理问题的批复（2002年6月26日）

三、对使用伪造的学生证购买半价火车票，数额较大的，应当依照《中华人民共和国刑法》第266条的规定，以诈骗罪立案侦查；尚不够刑事处罚的，应当依照《中华人民共和国治安管理处罚条例》第23条第（一）项的规定以诈骗定性处罚。

▼最高人民检察院法律政策研究室关于通过伪造证据骗取法院民事裁判占有他人财物的行为如何适用法律问题的答复（全文）（2002年10月24日）

以非法占有为目的，通过伪造证据骗取法院民事裁判占有他人财物的行为所侵害的主要是人民法院正常的审判活动可以由人民法院依照民事诉讼法的有关规定作出处理，不宜以诈骗罪追究行为人的刑事责任。如果行为人伪造证据时，实施了伪造公司、企业、事业单位、人民团体印章的行为，构成犯罪的，应当依照第二百八十条第二款的规定，以伪造公司、企业、事业单位、人民团体印章罪追究刑事责任；如果行为人有指使他人作伪证行为，构成犯罪的应当依照刑法第三百零七条第一款的规定，以追究刑事责任。

▼最高人民法院研究室关于申付强诈骗案如何认定诈骗数额问题的电话答复（全文）（1991年4月23日）

在具体认定诈骗犯罪数额时，应把案发前已被追回的被骗款额扣除，按最后实际诈骗所得数额计算。但在处罚时，对于这种情况应当作为从重情节予以考虑。

部分省(自治区、直辖市)关于诈骗罪数额的处罚标准

	数额较大	数额巨大	数额特别巨大
北京	5000 元	10 万元	50 万元
天津	5000 元	5 万元	50 万元
河北	3000 元	4 万元	20 万元
山西	5000 元	8 万元	50 万元
内蒙古	5000 元	5 万元	50 万元
辽宁	6000 元	6 万元	50 万元
吉林	3000 元	3 万元	50 万元
黑龙江	5000 元	5 万元	50 万元
江苏	6000 元	6 万元	50 万元
浙江	6000 元	10 万元	50 万元
安徽	普通 5000 元	5 万元	50 万元
	电信网络诈骗 3000 元	3 万元	50 万元
福建	5000 元	10 万元	50 万元
江西	5000 元	5 万元	50 万元
山东	6000 元	8 万元	50 万元
河南	5000 元	5 万元	50 万元
湖北	5000 元	5 万元	50 万元
湖南	5000 元	5 万元	50 万元
广西	3000 元	3 万元	50 万元
海南	5000 元	5 万元	50 万元
重庆	5000 元	7 万元	50 万元
贵州	5000 元	5 万元	50 万元
云南	5000 元	5 万元	50 万元
陕西	5000 元	5 万元	50 万元
青海	5000 元	5 万元	50 万元
新疆	3000 元	5 万元	50 万元

▼安徽省高级人民法院、安徽省人民检察院、安徽省公安厅关于办理“套路贷”刑事案件的指导意见(2018 年 6 月 15 日)(见本书附录四十七)

▼浙江省高级人民法院、浙江省人民检察院、浙江省公安厅关于抢劫、盗窃、诈骗、抢夺借据、欠条等借款凭证是否构成犯罪的意见(全文)(2002 年 1 月 9 日)

债务人以消灭债务为目的,抢劫、盗窃、诈骗、抢夺合法、有效的借据、欠条等借款凭证,并且该借款凭证是确认债权债务关系存在的唯一证明的,可以抢劫罪、盗窃罪、诈骗罪、抢夺罪论处。债务人以外的人在债务人的教唆之下实施或者帮助债务人实施抢劫、盗窃、诈骗、抢夺借据、欠条等借款凭证,并且明知债务人是为了消灭债务的,以抢劫罪、盗窃罪、诈骗罪、抢夺罪的共犯论处。

▼浙江省高级人民法院关于印发《全省法院刑事审判疑难问题研讨会纪要》的通知(2012 年 2 月 24 日)

十、关于以租车典当或抵押借款等手段骗取他人财物行为的定性

行为人以租赁的形式取得汽车,后采取将汽车典当或抵押等非法手段骗取他人提供借款的行为,是否构成合同诈骗罪,不能仅凭合同的形式加以判定。行为人虽具有以合同的方式骗取他人车辆的表象,但其实施的犯罪行为主要侵犯他人财产所有权而非扰乱市场经济秩序的,不符合合同诈骗罪的本质特征,对此类行为宜以诈骗罪定性处罚。

●利用信息网络盗窃与诈骗的认定

行为人利用信息网络,诱骗他人点击虚假链接而实际通过预先植入的计算机程序窃取财物构成犯罪的,以盗窃罪定罪处罚;虚构可供交易的商品或者服务,欺骗他人点击付款链接而骗取财物构成犯罪的,以诈骗罪定罪处罚。(参见最高人民法院第7批指导性案例27号臧进泉等盗窃、诈骗案,2014年6月23日发布。)

●自我交易方式诈骗罪的认定

以非法占有为目的,采用自我交易方式,虚构提供服务事实,骗取互联网公司垫付费用及订单补贴,数额较大的行为,应认定为诈骗罪。(参见最高人民检察院发布第9批指导性案例,检例第38号,董亮等四人诈骗案,2017年10月12日发布。)

●区分情形,分类处理,对非羁押人员运用科技手段实施监管

区分情形,分类处理,对非羁押人员运用科技手段实施监管,保障诉讼顺利进行。(参见最高人民法院关于印发检察机关贯彻少捕慎诉慎押刑事司法政策典型案例(第一批)的通知,案例四、韩某等47人诈骗案,2021年11月29日。)

□设置圈套使他人参赌,并以欺诈手段控制赌局的输赢,骗取他人财物数额较大的,构成诈骗罪

行为人出于非法占有他人财产的目的,采取虚构事实、隐瞒真相、设置圈套的方法诱使他人参加赌博,并以欺诈手段控制赌局的输赢结果,从而骗取他人财物,数额较大的,构成诈骗罪,应当依照《中华人民共和国刑法》第二百六十六条的规定定罪处罚。(参见四川省泸县人民检察院诉黄艺、袁小军等诈骗案,载《最高人民法院公报》总第130期,2007年第8期,第40页。)

□以"治病"为名,将病人从正规医院骗至虚构医院骗取被害人财物的行为构成诈骗罪

出于非法占有他人财物的目的,以虚构"医院、专家、神药",假冒病患、导医、医生、收费员、药品发放员等身份,骗取被害人财物的行为,应当依照《中华人民共和国刑法》第二百六十六条的规定,以诈骗罪定罪处罚。(参见上海市虹口区人民检察院诉陈新金、余明党等诈骗案,载《最高人民法院公报》总第194期,2012年第12期,第35页。)

□明知客户注入资金并未真正进入现货交易市场的情况下骗取客户资金占为己有的,应认定为诈骗罪

行为人在明知自己控制的为虚拟现货交易平台,客户注入资金并未真正进入现货交易市场的情况下,通过虚构事实、隐瞒真相的方式骗取客户资金占为己有的,应认定为诈骗罪。(参见江苏省扬州市宝应县人民检察院诉刘国义等诈骗案,载《最高人民法院公报》2016年卷,第491页。)

▽诈骗罪的认定

诈骗罪的客观行为表现为,采取虚构事实、隐瞒事实真相等欺骗手段,使他人产生错误认识,信假为真,从而取得他人财物。一般而言,在诈骗行为中,欺骗手段与取得他人财物需具有直接的对应关系,一方面,欺骗手段所指向的对象物是具体的,相对确定的;另一方面,相对于对象物的取得,所采取的欺骗手段具有直接的、相当的因果关系。[参见第291号案例,章国新破坏生产经营案,载《刑事审判参考》总第37集(2004年第2集),法律出版社,第59页。执笔:王志辉 逄锦温]

▽诈骗罪中的"财物"的认定

刑法规定诈骗罪的犯罪对象为公私财物。"财物"既包括物,也包括财,即财产、财产收益。有形体的物或无形体的液体、气体、电气、核能等固然是财物,信用卡、工资卡、债券、股票、认股权证、投资基金券,车票、船票、邮票、税票等有价支付凭证、有价证券、有价票证等代表一定财产权利以及财产利益的凭证也是财物。电信服务虽属服务性质,但其是有偿的,是可以用金钱衡量和计算的。提供电信服务需要收取一定的费用,当然具有财的属性。因此,电信服务完全可以成为诈骗罪的对象。[参见第185号案例,刘国芳等诈骗案,载《刑事审判参考》总第26辑(2002年第3辑),法律出版社,第68页。执笔:陈文全　洪冰]

▽诈骗罪中诈骗数额的认定

认定诈骗数额,应根据具体案情相应采用合理的标准,不能一概而论。诈骗未遂时,一般应以行为人犯罪指向的数额,即其意图诈骗的数额认定;诈骗既遂时,一般应以所得数额为诈骗数额。如果受害人损失数额或交付数额高于诈骗犯罪行为人所得,而这一差额又可归因于犯罪行为人的一方行为,则诈骗数额应以损失数额或交付数额认定。犯罪对象为通讯服务的,在一般情况下,购买、使用手机后都要按规定缴纳费用。行为人利用虚构的主体(假身份)购买手机卡,逃避电话话费缴纳义务,实质上是非法占有了电信公司的电信资费,诈骗行为在拨打后就已完成,属犯罪既遂。490万元话费是受害者电信公司本应收到而损失的数额。诈骗行为人应当支出490万元话费而没有支出,应视为非法占有。这里,被骗人的损失数额与诈骗人的所得数额是一致的。扣除电信公司的利润来计算诈骗数额是没有道理的。至于行为人由此获得多少"回扣费"不在诈骗数额考察范围之内,对诈骗罪的定罪量刑没有意义。[参见第185号案例,刘国芳等诈骗案,载《刑事审判参考》总第26辑(2002年第3辑),法律出版社,第69~70页。执笔:陈文全　洪冰]

▽诈骗罪与赌博罪区别认定

诈骗罪和赌博罪的行为人在主观方面都有非法获取他人财产的目的,客观上都会给他人财产造成损失,但两罪在行为特征和构成要件上的区别还是非常明显的。诈骗罪作为侵财类犯罪,主要侵害的是他人财产权益,因而刑法将其规定在分则第五章侵犯财产罪中,诈骗罪本质在于以骗取财,即行为人以直接占有他人财产为目的,采取虚构事实隐瞒真相的方法使被害人陷于认识错误而交付财产,整个行为过程都在诈骗行为人的掌控之下,对于被害人而言,在行为过程中往往由于犯罪人实施骗术陷于认识错误而对财产损失没有察觉,案发后,对被害人的财产权益应予保护,行为人对于被害人的财产损失应当予以返还或退赔。赌博罪保护的客体主要是社会风尚,因而刑法将其规定在分则第六章妨害社会管理秩序罪中,赌博犯罪中虽然也会伴有财产损失,但取财人营利目的的实现靠的是赌博活动具有的偶然性决定的输赢,参赌各方对可能造成的财产损失具有明确预知并接受相关的输赢结果,赌博罪没有被害人,案发后,参赌各方所非法获取的财产属于非法所得,法律不予保护,应予没收。在现实生活中,赌博与欺诈经常是交织在一起的,一点骗术不使用的赌博并不常见,尤其是那些营业性赌场和职业型赌徒,但要注意把那种为了胜算更大而使用了一些骗术的赌博同单纯的诈骗区别开来。如果仅是为了使赢钱的概率更大,在赌博过程中夹杂一些骗术,主要还是凭借运气和赌技赢取参与赌博者的钱财的,偶有作弊行为控制输赢结果的,并不改变其行为整体的赌博性质,仍然构成赌博。如果在所谓赌博过程中,行为人不是将骗术夹杂在赌博过程中,凭借运气和赌技赢取参与赌博者的钱财,而是采用骗术完全控制赌博过程,输赢结果完全被赌博一方或几方掌控,合谋骗取他方钱财的,则这种输赢胜败并不取决于偶然性的"赌博",已经不再符合赌博的本质特征。因为赌博指的是就偶然的输赢以财物进行赌事或者博戏的行为。[参见第451号案例,黄艺等诈骗案,载《刑事审判参考》总第57辑(2007年第4辑),法律出版社,第38~40页。执笔:康瑛]

▽银行出纳员用自制"高额利率定单",对外虚构单位内部有高额利率存款的事实,将吸存的亲朋好友的现金占为己有的行为,构成诈骗罪

行为人通过欺骗方式向多人推荐"高额利率定单",取得了近百万元资金,而且这些资金除还债外,主要都被用于购买、装修房屋、购买汽车等高消费上,可见,其主观占有的目的十分明显。在客观上,行为人分别向众多的亲朋好友虚构了银行内部有高额利率存款的事实,使亲朋好友信以为真,主动把现金交给她以取得高额利率的回报。行为人自制虚假的“高额利率定单”,偷盖储蓄业务专用章和同班人员印鉴等行为,是为了让亲朋好友相信银行确有高额利率存款的事实,以达到取得亲朋好友资金的目的,这些都是骗取财物所采取的手段,完全符合诈骗罪的客观要件构成。[参见第301号案例,田亚平诈骗案,载《刑事审判参考》总第38集(2004年第3集),法律出版社,第126页。执笔:宋楚潇]

▽猜中他人存折密码非法提取存款的行为属于冒用骗取,而非“秘密窃取”,应以诈骗罪定罪处罚

行为人利用手中持有的他人存折,通过猜配取款密码非法支取他人存款,其中,既有冒用他人名义骗取银行信任的因素,又有在他人不知情的情况下盗配取款密码进而提取存款的秘密因素,应当认定为诈骗行为。这里涉及盗窃与诈骗客观方面特征的区分理解问题。首先,在某种意义上,秘密窃取和虚构隐瞒骗取中均具有财物所有人、保管人“不知情”的特征,但两者含义并不相同。秘密窃取中的“不知情”,指的是财物所有人、保管人对于行为人的客观行为了无察觉,在整个窃取行为过程中自然也就不存在财物所有人、保管人的参与、配合问题,与此不同,虚构隐瞒骗取中的“不知情”,指的是财物所有人、保管人基于错误的认识而不知真情,属于对行为性质的不知情,财物所有人、保管人在诈骗行为过程中是直接参与的。其次,在财物的转移取得方面,窃取是在财物所有人、保管人无意识的情况下由行为人的单方行为完成的,而骗取则是财物所有人、保管人在错误认识的支配下,信假为真,有意识地处分(交付)的结果。最后,作为财产犯罪,对于财产所有权的侵害是其本质,财物的取得行为才是赖以定性的基本构成行为。猜配他人取款密码,将他人持有的不为他人所知的密码予以破解,可以视为是一种无形偷盗行为,但猜中密码并不意味着取得了他人存款,只是进一步取得他人存款的手段行为,且密码本身并无价值。在行为人取得他人的存款之前,存款完全置于银行的控制、支配之下,行为人支取他人存款,是凭借银行的信任通过银行的交付得以实现的,银行对于存款的交付,银行是有明确认识的。由于银行的信任是基于一种错误的判断,而这正是行为人隐瞒真相冒用他人名义以致银行不明真相误认为其具有取款合法资格的结果,此类行为属于典型的冒用诈骗行为。综上,行为人通过猜配取款密码非法提取他人存款的行为属于诈骗行为,对其行为应当以诈骗罪定罪处罚。[参见第256号案例,程剑诈骗案,载《刑事审判参考》总第33集(2003年第4集),法律出版社,第44~45页。执笔:刘一守]

▽制造“交通事故”,对事实真相加以隐瞒从而骗取对方赔偿款的行为,不符合敲诈勒索罪和以危险方法危害公共安全罪特征,构成诈骗罪,其与诉讼诈骗也有质的不同

由于“事故”并非被害人违反交通规则关于路权优先规定过失所致,而是行为人为获取赔偿款故意所为。对此“事故”,被害人原本无须承担任何赔偿责任,但由于行为人隐瞒了“事故”的真实原因及制造“事故”的真实目的,致使被害人及负责事故处理的交警部门均误认为,事故系被害人的过失行为所致,并据此作出由被害人承担赔偿责任的调处决定。从行为人一方来看,主观上具有通过索取赔偿款而非法占有他人钱款的主观目的,客观上隐瞒了事实的真相;从被害方来看,被害人基于对“事故”原因的错误认识,误认为责任方确实在于自己,同意交警部门所做出的调处决定,“自愿地”向行为人支付赔偿款,完全符合诈骗罪的构成要件。需要说明的是,行为人的诈骗行为虽然是通过了第三方即交警部门的介人才得以实施完毕的,但交警部门的决定并不违反被害人的意愿,交警部门的调解决定只是对双方当事人的意思表示通过法律程序加以确认而已,这与通常所谓的一方当事人明知对方当事人虚构事实、隐瞒真相的诉讼诈骗行为具有质的不同。此行为不符合敲诈勒索罪特征:首先,被害人对“交通事故”系行为人故意所为这一事实并不知情,不存在威胁或者要挟被害人的前提。行为人制造“交通事故”进而索要赔偿款,只是为进一步采取威胁、要挟行为提供了一个可能的借口,其本身并不直接意味着就是威胁、要挟行为。事实上,被害人对交通事故系行为人刻意所为一事一直蒙在鼓里,行为人根本就无需采取进一步的威胁、要挟行为,而且客观上也没有实施威胁、要挟行为。其次,被害人也不属于出于精神上的强制,被迫交付赔偿款。案件的事实表明,被害人是基于对“交通事故”原因的误解,错误地认为行为人车辆损害系因自己违反交通规则的过失造成的。此行为不符合危险方法危害公共安全罪特征：以危险方法危害公共安全罪在客观方面表现为行为人实施了其他危险方法危害公共安全的行为；主观方面表现为故意。从客观方面看，行为人故意碰擦变道货车的行为尚不足以认定其具有危害公共安全的危险性。以危险方法危害公共安全罪属于危险犯，行为具有足以危害公共安全的危险性，是构成本罪的一个客观要件。行为人所选择的碰擦对象虽是不特定的，但其每次碰擦的车辆均是经过选择的，且实际碰擦的货车仅为一辆；行为人以小车碰擦货车，真正的危险在于己方，而非对方。从主观方面上看，行为人故意碰擦他人车辆、制造“交通事故”的直接目的在于骗取赔偿款，对于“公共安全”的危害方面最多也只是间接故意。对于间接故意，一般只有在发生危害后果时才追究刑事责任。行为人凭借其娴熟的车技，仅仅造成自己的车辆在碰擦中遭受到轻微破损的结果，可见，无论从客观方面，还是主观方面，均不宜认定其行为构成以危险方法危害公共安全罪。[参见第214号案例，李品华、潘才庆、潘才军诈骗案，载《刑事审判参考》总第29辑(2002年第6辑)，法律出版社，第29～32页。执笔：鲍慧民　郭杰]

▽购买、使用移动电话卡进行诈骗，应以诈骗罪论处

合同诈骗罪，系从普通诈骗罪中分离出来的，它与普通诈骗罪之间的关系属法条竞合性质，前者为特别规定，后者为一般规定，在适用原则上，特别规定优于一般规定。从民法理论上看，任何购买、使用手机卡的行为实际上都是与电信公司发生了用户付费、电信部门提供通讯服务的合同关系，该合同不是即时结清合同，而是需要双方在较长时间内履行的合同。行为人指使他人持假身份证购买手机卡并使用，也属于以虚构主体(假身份证所代表的人)与电信公司签订合同。但从合同诈骗罪单独立法的原意来看，该罪所指合同应为书面的、典型的经济合同，且该合同为犯罪分子直接用于骗取财物的手段。购买、使用移动电话卡进行诈骗通常并不需要有书面合同，也不需要利用合同进行诈骗，自然也就不以合同诈骗罪认定。从量刑角度看，诈骗罪与合同诈骗罪的法定刑相同，以诈骗罪论处，也无轻纵或不利被告人之虞。[参见第185号案例，刘国芳等诈骗案，载《刑事审判参考》总第26辑(2002年第3辑)，法律出版社，第69页。执笔：陈文全　洪冰]

▽骗购电信卡转卖他人使用造成电信资费巨大损失的行为构成诈骗罪

《最高人民法院关于审理扰乱电信市场管理秩序案件具体应用法律若干问题的解释》(本附文以下简称《解释》)第九条规定：“以虚假、冒用的身份证件办理入网手续并使用移动电话，造成电信资费损失数额较大的，以诈骗罪定罪处罚。”从这一规定的条文释义来看，“以虚假、冒用的身份证件办理入网手续”的人与“使用移动电话造成电信资费损失”的人一般属于同一人。使用虚假身份证件骗购移动电话SIM卡的是行为人，而使用移动电话，造成电信资费损失的却是他人。此种情形也该是《解释》第九条的应有之义。“以虚假、冒用的身份证件办理入网手续并使用移动电话，造成电信资费损失数额较大的”行为，之所以按诈骗罪论处。表现在其主观上是基于故意，且以逃交电信资费为目的，而逃交电信资费的实质就是不法占有他人财物；客观上是采用提交虚假、冒用的身份证件的方法，使他人陷入错误认识，从而骗得他人“自愿”为己办妥移动电话入网手续或交付SIM卡(进而为本人或他人使用该移动电话，实现逃交电信资费的目的做好准备)。而这又是虚构事实或隐瞒真相，使财物所有人、管理人或持有人陷入错误认识，从而“自愿”将财物交出的一种特别方式。应当指出的是，以逃交电信资费为目的的在移动电话办理、使用中的诈骗行为，与通常的诈骗行为在形式上还是有所区别的。主要表现在：后者，被骗人向诈骗人直接交付的就是“财物”本身，诈骗人骗得的就是现金或是其他实实在在的物，此时诈骗行为即告完成。而前者，被骗人所做的只是为诈骗人办妥入网手续或者表现为交付SIM卡。办妥入网手续或者交付SIM卡，不等于“财物”交付，因为诈骗人如不进而“使用”该移动电话，逃交电信资费的目的尚无法实现。或者说，如果诈骗人未使用该移动电话，实际逃交电信资费，其还不能构成诈骗罪的既遂，甚至可能尚无充分证据证明行为人是以逃交电信资费为目的，实施了应予刑事处罚的诈骗行为。因此,“使用移动电话,造成电信资费损失数额较大”同样是行为人构成诈骗罪的不可或缺的要件。尽管如此,行为人在逃交电信资费的目的支配下,当其以虚假、冒用的身份证件办理入网手续后,究竟以何种方式使用该移动电话或处置该SIM卡,并造成电信资费损失,并不影响该类型诈骗罪的成立。因为,在这种情况下,办妥入网手续或者交付SIM卡,虽不是典型的“财物”交付,但行为人据此已可以随意支配和使用,故仍可视为“财物”已交付,至于是诈骗人自己使用、无偿交给他人使用,还是有偿转卖给他人使用则在所不问。[参见第161号案例,王庆诈骗案,载《刑事审判参考》总第24辑(2002年第1辑),法律出版社,第74～77页。执笔:洪冰　毛力]

▽抢走财物后哄骗被害人不追赶的行为构成诈骗罪

行为人正是通过公然抢夺实现了对摩托车的非法占有,此时,行为人的抢夺行为已经完成。如果在行为人骑走摩托车后,另一行为人也径行逃跑,两人的行为毫无疑问应以抢夺罪定罪处罚。但另一行为人并没有在行为人完成抢夺行为后立即逃跑,而是留下来使用虚构“行为人用其车去找人,还会回来还车”这一事实稳住被害人,被害人信以为真,也就不追赶,更没有报警。因此,虽然二行为人占有被害人的摩托车时不是被害人自愿交出,似不符合诈骗罪中被害人因受骗上当“自愿地”交出财物这一典型特征,但是被害人没有呼喊、追赶和报警,不是因为其不能或者不敢呼喊、追赶和报警,而是由于另一行为人虚构事实,并且仍与被害人待在一起,没有逃跑,被害人完全有理由相信另一行为人所言的真实性。因此,实际上默认了行为人对摩托车的占有。从二行为人主观故意的内容来看,虽然在行为人提起犯意,“去搞一辆摩托车”时,主观故意的内容不明确,可能是偷、骗、抢等,但从二行为人为实现其非法占有目的而采取的一系列行为来看,首先隐瞒真相,没有真实的租车目的,却以租车为名,骗取被害人的信任,租乘被害人的摩托车;其次虚构事实,“以等人为由让被害人停车等候”,为非法占有他人的摩托车创造了条件;再次虚构“被害人用其车去找人会回来还车”,使被害人不呼喊,不追赶,也没有报警,以实现非法占有财物的目的;最后又虚构“去找行为人”这一事实,逃离作案现场。这些事实充分反映了二行为人诈骗他人财物的主观故意。综上,二行为人在主观上具有诈骗财物的故意,在客观上实施隐瞒真相和虚构事实的手段非法占有了他人的财物,完全符合刑法规定的诈骗罪构成要件,应以诈骗罪定罪处罚。[参见第148号案例,何起明诈骗案,载《刑事审判参考》总第23辑(2001年第12辑),法律出版社,第33～37页。执笔:谢程]

▽利用欺骗方式进行兼并,然后又利用职务上的便利,将被兼并单位财物占为己有的行为,应定诈骗罪

对于以非法占有为目的,使用欺骗的手段获得经营、管理公司、企业财物的职务后,又利用职务上的便利,将本单位财物非法占为己有的行为,是构成诈骗罪还是侵占罪,往往难以认定。区分的关键取决于行为人非法占有的目的是产生在行为人使用欺骗的手段获得经营、管理公司、企业财物的职务之前还是之后。行为人以非法占有为目的,在签订、履行兼并合同过程中,使用欺骗手段,骗取对方当事人财物,数额巨大,依照1979年刑法,其行为构成诈骗罪;依照1997年刑法,其行为构成合同诈骗罪。由于行为人的诈骗行为发生在1997年刑法实施之前,1979年刑法的处刑较轻,根据从旧兼从轻的原则,对本案应适用1979年刑法以诈骗罪定罪处刑。[参见第53号案例,龙鹏武、龙雄武诈骗案,载《刑事审判参考》总第7辑(2000年第2辑),法律出版社,第41～43页。]

▽将盗窃的国库券变造后再骗兑的行为属于诈骗犯罪

行为人将银行盖有“付讫”章的国库券,从银行金库内盗出后,携至宿舍内用化学药剂清洗掉券面上的“付讫”二字。再持经变造了的国库券在市内数家储蓄所、信用社共兑得现金8.16万元人民币。其实质是将盗得的已失效(作废)有价证券进行变造,使其与尚未兑付的国库券在形式上完全相同,以此隐瞒事实真相的方法,欺骗兑付银行,诈骗银行兑付款。这一行为,完全符合诈骗罪的特征。行为人实施诈骗犯罪的手段,又触犯了1979年刑法第一百二十三条伪造有价证券罪的规定,按照处理牵连犯的原则,本行为应以诈骗罪定罪处刑。具体定罪适用的法律,根据1997年刑法第十二条第二款的精神,应依照1979年刑法第一百五十二条的规定处罚。因此,再审法院以诈骗罪对行为人定罪是正确的。[参见第45号案例,章杨盗窃案,载《刑事审判参考》总第6辑(2000年第1辑),法律出版社,第33~34页。审编:张军]

▽设置圈套诱骗他人参赌获取钱财的案件的定性

设置圈套诱骗他人参赌获取钱财的案件如何定性,最高人民法院曾有两个相关批复,均认为应以赌博罪定罪。一是最高人民法院研究室1991年3月12日《关于设置圈套诱骗他人参赌获取钱财的案件应如何定罪问题的电话答复》(已失效,本附文以下简称《电话答复》)指出,"对于行为人以营利为目的,设置圈套,诱骗他人参赌的行为,需要追究刑事责任的,应以赌博罪论处"。二是最高人民法院1995年1月6日《关于对设置圈套诱骗他人参赌又向索还钱财的受骗者施以暴力或暴力威胁的行为应如何定罪问题的批复》(本附文以下简称《批复》)指出:"行为人设置圈套诱骗他人参赌获取钱财,属赌博行为,构成犯罪的,应当以赌博罪定罪处罚。参赌者识破骗局要求退还所输钱财,设赌者又使用暴力或者以暴力相威胁,拒绝退还的,应以赌博罪从重处罚;致参赌者伤害或者死亡的,应以赌博罪和故意伤害罪或者故意杀人罪,依法实行数罪并罚。"上述《电话答复》和《批复》针对的均是个案,具有当时的特定社会背景和具体的针对对象,主要是针对当时在火车站等一些公共场所设置圈套诱骗他人参赌,并使用一些欺诈手段从中获取钱财的案件。这种案件一般都是多人结伙在公共汽车站、火车站等公共场所公开进行,常见的是猜红、蓝铅笔,以猜中者赢,猜不中为输诱骗他人参赌,由于设赌人在红、蓝铅笔上做手脚,设机关,以致猜红变蓝,猜蓝变红,参赌者有输无赢,设赌者包赢不输。设赌者为骗取参赌者的信任,还常以同伙参赌"赢钱"为诱饵,诱使他人就范。这种案件的行为对象具有不确定性和广泛性,一般涉及多名被害人,行为人主观上是以设置赌局进行营利活动为目的,而且一般每个被害人的钱财损失并不大且易起冲突,对此类案件根据其社会危害程度,从罪刑相适应角度出发,以赌博罪定罪处罚是恰当的。因为如果按诈骗罪定性,一旦起冲突,就转化为抢劫罪,如此定罪处罚显得过于苛刻,容易造成罪刑不均,可见,上述《电话答复》和《批复》针对的均是那些整体上属于赌博活动,在赌博活动中运用了一些骗术,但不影响整个赌博活动的性质,属于赌中有诈的情况。而本案是骗中有赌,5名行为人的目的非常明确,从预谋到实施均是为了骗取钱财,是通过只赢不输的所谓赌博形式非法占有他人钱财,赌博行为只是达到非法占有他人钱财目的的手段,整个犯罪过程就是以赌博为名义的诈骗,不同于在赌博活动中采取小伎俩诈取钱财,被害人开始也没有赌博的想法,不是自愿参与到赌博中,而是碍于行为人是某公安局副政委的身份被迫参与,且本案犯罪数额较大,从罪刑相适应的原则角度,也应定诈骗罪。因此,本案情况与上述《电话答复》和《批复》针对的情形不符,不能适用上述《电话答复》和《批复》的相关规定。另外,从刑事政策角度出发,大部分以赌博为名实施诈骗的行为,并不符合聚众赌博、以赌博为业和开设赌场的赌博罪构成要件,如果将以赌博为名实施诈骗的行为认定为赌博罪,可能会造成放纵此类比赌博犯罪的社会危害更重的犯罪行为的后果。从法律公正上讲,本案中被害人是被诱骗、受胁迫参赌的,其本身并无主动赌博的故意,如果以赌博罪认定,一方面,会造成被害人的财产损失无法弥补,因为赌博是非法的,被骗财产会被作为赌资没收,对被害人不公平;另一方面,也会导致此类案件中的被害人顾忌自身被追究赌博的违法责任,从而不愿意报案、检举揭发,造成这类严重的欺诈犯罪难以被追究的状况,这对于维护社会治安,保护被害人权益,惩治这类犯罪不利,有违法治的公平正义。综上所述,从整个行为过程看,五行为人通过只赢不输的所谓赌博形式非法占有他人钱财,赌博行为只是达到非法占有他人钱财目的的手段,其不仅设置圈套诱使他人参赌,而且使用欺诈手段控制输赢结果,骗取特定被害人的信任使其"自愿"依赌博规则,认赌服输交付巨额钱财,应当属于一种以赌博为名实施的诈骗犯罪,完全符合诈骗罪的犯罪构成,故应以诈骗罪定罪处罚。[参见第452号案例,黄艺等诈骗案,载《刑事审判参考》总第57辑(2007年第4辑),法律出版社,第40~42页。执笔:康瑛]

▽**将租赁来的汽车典当不予退还的行为构成诈骗罪**

行为人租赁汽车是以真实的身份，只是在当车过程中，伪造了汽车所有人的身份证明和轿车手续等文件，故有人认为其行为难以反映出其主观具有非法占有的故意——因其以真实身份租车，未使用欺骗手段，汽车出租方并未被骗；而对典当行一方来讲，行为人虽然在当车时使用了假的手续，但是把汽车押在典当行，并且到期赎车，行为人似乎也没有非法占有典当行财产的故意。但认真分析会发现行为人的行为完全符合诈骗犯罪的构成特征：1. 行为人主观上具有直接占有他人财物的故意。租车行为只是赋予了租车方对租赁汽车的使用权，并没有赋予其处分和利用该车收益的权利。而行为人在租第一辆汽车时，未提供任何财产担保，将汽车租出之后并未使用，而是在明知自己没有经济能力将车赎回的情况下，冒充出租人的名义，直接将汽车予以典当，并将典当款与他人瓜分，其租车使用是假，以租车为名占有该车典当款是真。只是由于车主索要汽车，并声称不退车即报警，行为人为防止案发，才使用相同的诈骗手段，将租来的第二辆汽车予以典当后的典当款，用于赎回第一辆汽车，归还第一被害人。这一系列行为都充分说明，行为人无论是在租第一辆汽车，还是第二辆汽车时，其主观目的都是为了将租来的汽车予以典当后，非法占有典当款。因此，其主观上具有非法占有他人财物的故意。2. 行为人客观上采用了隐瞒真相、虚构事实的欺诈手段。行为人以"租车使用"的虚假名义，取得被害人同意，将汽车租出后，根本未予使用，而是直接将汽车予以典当；在典当时，又找人伪造汽车出租人的身份证明及相关手续，而后以这些伪造材料骗取典当行的信任，使典当行误认为将汽车典当是汽车所有人的真实意思表示，从而将汽车的价值转化为现金后，直接占有了该现金。可见，行为人在租车、当车时均采用了隐瞒真相、虚构事实等诈骗手段。至于其租车时使用真实姓名的原因，则是其利用与被害人相识的便利条件，将诈骗对象锁定在熟人间，以真实姓名租车，更容易赢得被害人的信任，使其在不提供财产担保的情况下，顺利将汽车租出。从这个角度分析，行为人以真实姓名租车，只是为了使其诈骗行为更具有隐蔽性，使诈骗行为顺利得逞。因此，行为人的行为符合以骗取财的客观特征。3. 从诈骗数额看，行为人连续采用欺骗手段，将两辆汽车予以典当，并最终占有第二辆汽车的典当款，给被害人造成了较大的经济损失，达到了诈骗罪的追诉标准。综上，行为人的行为构成诈骗罪。需要指出的是，行为人两次都是通过口头合同将车辆骗来后进行典当，进而非法占有典当后的钱款，受骗的真正被害方是汽车所有人而非典当公司，汽车所有人和行为人之间达成的口头协议并非基于生产经营目的，而是基于驾驶使用，所以行为人的犯罪行为侵犯的并非汽车租赁这一市场秩序，而是行为人的财产所有权。因此，行为人的行为不构成合同诈骗罪。[参见第494号案例，余志华诈骗案，载《刑事审判参考》总第62集(2008年第3集)，法律出版社，第56~57页。执笔：何承斌　李韵梅]

▽**连续非法典当租来的汽车，是连续实施数个独立的诈骗行为，为同种数罪**

由于第一起租车行为中的车主找行为人还车，行为人用第二辆当车的钱把第一辆车取回归还车主，看似第一个车主没有受到任何损失，似乎其第一起行为不应认定为犯罪。但是从诈骗罪的构成标准看，行为人在将第一辆车控制后，不是真正将车用于使用，而是随即伪造车主的身份证明和轿车手续，进行典当，取得典当款后即各自分掉。其非法占有的典当现款虽然是从典当行取得，但是，该款来自汽车价值的转换，承担损失的仍然是汽车的出租人，出租人遭受的损失即为被骗租的汽车。因此，行为人在将第一辆车典当掉后取得典当款时，其行为具备了诈骗罪的主客观构成要件，已经是一个独立的诈骗犯罪行为。其在车主"不还车就报警"的逼迫下被迫将车赎回归还的行为，只是诈骗的事后行为，并不影响其先前诈骗行为的法律性质。因此，行为人第一起租车典当行为也成立诈骗罪，其连续典当租来的汽车，是连续实施数个独立的诈骗行为，为同种数罪，刑法上作为处断上的一罪处理。[参见第494号案例，余志华诈骗案，载《刑事审判参考》总第62集(2008年第3集)，法律出版社，第57~58页。执笔：何承斌　李韵梅]

▽既已赎取前车归还车主，则只以未赎取汽车的金额计算犯罪金额，之前的诈骗行为作为量刑情节考虑

参照最高人民法院1996年12月24日《关于审理诈骗案件具体应用法律的若干问题的解释》(该解释已依据最高人民法院法释〔2013〕2号废止)第九条"对于多次进行诈骗，并以后次诈骗财物归还前次诈骗财物，在计算数额时，应当将案发前已经归还的数额扣除，按实际未归还的数额认定，量刑时可将多次行骗的数额作为从重情节予以考虑"的规定，行为人连续典当租来的汽车，在车主追索时以后面汽车的典当款赎取前车归还车主后，只以行为人最终实际取得的汽车价值计算其犯罪金额，以前被典当车辆的价值金额作为从重情节予以考虑。[参见第494号案例，余志华诈骗案，载《刑事审判参考》总第62集(2008年第3集)，法律出版社，第58页。执笔：何承斌　李韵梅]

▽将他人手机号码非法过户后转让获取钱财的行为构成诈骗罪

1. 单纯的手机号码没有价值，因而没有财物属性。盗窃罪属于侵财犯罪，其犯罪对象是财物，财物是有价值的，是能够使实施盗窃的行为人获得利益而使原所有人受到财产损失的有体物或无体物。虽然我国刑法第二百六十五条规定"以牟利为目的，盗接他人通信线路、复制他人电信码号或者明知是盗接、复制的电信设备、设施而使用的，依照盗窃罪的规定定罪处罚"，但该条规定主要适用于两种情况：一是使被害人产生初装费、入网费损失的。根据最高人民法院1998年《解释》第五条的规定，盗接他人通信线路、复制他人电信码号的行为按照当地邮电部门规定的电话初装费、移动电话入网费计算盗窃数额，只有在销赃数额高于电话初装费、移动电话入网费的，才按销赃数额计算。由此可见，"盗接他人通信线路、复制他人电信码号"的行为以盗窃罪定罪处罚是因为行为人的行为导致逃避缴纳邮电部门的电话初装费、移动电话入网费，从而使自己获利并给邮电部门造成损失。这种情况定盗窃罪是以电话初装费、移动电话入网费的存在为前提，且行为人盗窃侵害的对象不是电信码号本身，而是电信码号所承载的入网费用。但本案中，在移动电话已经取消入网费的前提下，手机号码本身只是一种通讯代码，不具有价值，不具备财物的属性。行为人取得手机号码后，不会由于逃避应当缴纳的入网费从而带来收益，原所有人失去号码后再次办理新号时，也不会因缴纳入网费而产生财产上的损失，所以单纯非法过户他人手机号码不构成盗窃罪。二是被害人产生话费损失的。《解释》第五条还规定，"明知是盗接他人通信线路、复制他人电信码号的电信设备、设施而使用的，盗窃数额按合法用户为其支付的电话费计算"。这种情形之所以以盗窃罪定罪，是因为行为人盗接他人通信线路、使用复制的电信码号后产生的电话费由合法用户支付，从而导致行为人不交话费而获利，使他人受到话费损失，因此这里盗窃罪侵害的对象是他人的电信资费而不是号码本身。因为单纯复制号码本身并不能造成他人财产损失，也不能使自己获利，只有通过使用这些号码，才能造成他人电信资费的损失从而获利，电信码号只是作为电信资费的载体存在的。本案二被告人非法将他人手机号码过户出售后，由于原号码所有者不能继续正常使用该号码，故及时到移动公司查询导致案发，本案从二被告人手中购买有关手机号码的人尚未使用该手机号码，因此并未给原号码所有者造成话费损失，所以也不符合此种以盗窃罪定罪处罚的情形。2. 手机号码非法过户后进行转让才是实现获利的关键。盗窃罪只要将财物秘密窃取后就实现了财产利益，所窃取的财物可以自己使用，也可以给他人使用，并且这种使用完全具备经济学意义上的使用价值的特征。这体现在，行为人不必付出经济成本就可以使用所窃取的财物，而这一经济成本原来是应该付出的；或者行为人窃取财物后予以销赃，从而得到了经济利益。但就本案而言，被告人非法过户手机号码后没有自己使用，而是通过转让才获得了经济利益，也即本案二被告人实现获利的关键在于将非法过户的他人手机号码出售的行为。本案被告人非法转让他人手机号码获得利益的第一阶段是将他人名下的手机号码非法过户到自己名下，第二阶段是以本人名义将非法过户的手机号码转让给他人获利。上述两个阶段的行为是一个完整不可分割的整体，行为人将号码过户的目的在于转让获利，转让才是整个行为的关键，故不能将号码过户行为与转让行为割裂开来单独在刑法上进行评价。

因此,本案中的非法过户行为与转让行为之间的关系和盗窃犯罪中的窃取行为与销赃行为之间的关系具有实质性的不同。区分侵财犯罪的本质在于侵财的手段,以秘密窃取的手段实现侵财的是盗窃,以欺骗子段实现侵财的是诈骗。由于手机号码自身没有价值,因此一般非法过户的行为不构成盗窃罪;从被害人确定的角度看,原手机号码所有者没有因此受到财产损害,真正受到财产损害的是出钱购买这些手机号码的人,而其财产受到侵害的关键在于被告人隐瞒了这些手机号码属于非法过户的事实,故本案属于以骗侵财,不符合盗窃罪的构成要件。3. 非法过户手机号码并转让获利的行为符合诈骗罪的犯罪构成。诈骗罪的犯罪构成有四个要素:行为人的欺诈行为—被害人产生错误认识—被害人基于错误认识而交付(或处分)财产—被害人遭受财产损害。本案被告人的行为完全符合上述要素,被告人先利用伪造的身份证将他人手机号码过户到自己名下,然后隐瞒自己非该号码真正机主的真相,使被害人误以为该号码是被告人所有,产生错误认识,接着被害人基于这一错误认识购买该手机号码,使被告人获得财产利益,最后被害人发现手机号码因被真正机主取回而不能用,因此蒙受经济损失,整个过程符合诈骗罪的构成特征。综上,本案二被告人通过伪造原机主身份证等手段将原机主手机号码过户到自己名下,然后以本人名义将该号码卖与他人获取钱财,符合诈骗罪的构成要件,应以诈骗罪追究刑事责任。[参见第591号指导案例,王微、方继民诈骗案,载《刑事审判参考》总第71集(2009年第6集),第38~41页。撰稿:郑晓红 何毅]

▽利用手机群发诈骗短信,后因逃避侦查丢弃银行卡而未取出卡内他人所汇款项,认定为诈骗罪的未遂

被告人詹群忠、詹益增、詹晓芬利用手机群发短信,骗得黄三义20万元后,詹群忠将银行卡丢弃,徐淑英5日后汇入该账户的9万元未被取现或消费,最后通过警方得以追回钱款。对于徐淑英的9万元犯罪形态的认定犯,应本着罪刑相适应的刑法原则,结合此种新类型犯罪的特点,应严格把握既、未遂的判断标准,既要考虑被害人因受骗致财物失控,更应考虑行为人对财物是否实际掌控和支配,做到不枉不纵,罪刑相适应。具体分析如下:(一)行为人因失去控制工具而无法占有被害人钱款短信诈骗犯罪有别于传统诈骗犯罪,被告人利用手机群发诈骗短信,采用"撒网式"的方法对不特定人群进行诈骗,并通过银行卡实现对财物的占有,行为人与被害人之间存在银行这一媒介。其模式为行为人→银行→被害人,行为人对被害人财物的非法占有必须通过控制银行卡才能实现,即被害人对财物的失控不等同于行为人立即掌控、占有该财物,银行对财物的暂时保管为行为人实际占有财物设置了必要的障碍,行为人必须持合法、有效的凭证(银行卡、存折等)才能实现对财物的非法占有。本案被告人詹群忠将银行卡丢弃在前徐淑英将9万元汇入该卡账户在后,詹群忠失去了对工具的控制,也就无法最终占有该钱款,且因该银行卡的户名不是被告人詹群忠其不能通过银行卡挂失等合法途径恢复对该银行卡的控制。事实上,其后警方也确实从银行而不是从被告人詹群忠处追回该9万元。(二)行为人为逃避侦查而丢弃控制工具。刑法第二十三条第一款规定,已经着手实行犯罪,由于犯罪分子意志以外的原因而未得逞的,是犯罪未遂。犯罪未遂理论特别关注行为人的主观心态,即犯罪未得逞是否因"意志以外的原因"。短信类诈骗犯罪的一个特点是对财物控制工具的即用即弃。行为人通过控制银行卡达到非法占有财物的目的,但银行卡同时具有易查易控的风险,此类犯罪中行为人为逃避侦查一般在占有钱款后即将卡弃用,故形式上是自行丢弃,主观上是被动放弃。本案中的被告人詹群忠在持该银行卡购买6万余元黄金饰品时应营业员的要求不得已留下了自己的真实姓名和身份证号,这更增强了詹认为会被"警察查到"要尽快弃用该信用卡的意愿,故被告人詹群忠系为逃避公安机关的侦查,不得不将银行卡弃用。结合之前已查明的事实,詹群忠在2007年6月至8月,利用手机群发短信诈骗钱财,使用了多张不同姓名的银行卡,故其占有银行卡内骗得的钱款的犯罪意志始终存在。且詹虽丢弃了银行卡,但并未自动有效地防止犯罪结果的发生。如确认其行为是犯罪中止而免除处罚,则忽略了其行为造成被害人对财物的失控及动用公权力所花费的司法成本这一后果,不利于对此类犯罪的惩治。

(三)认定犯罪未遂在量刑评价时更符合罪刑相适应原则。刑法关注的核心应是行为人的行为。刑法本条规定,诈骗数额特别巨大或者有其他特别严重情节的,处十年以上有期徒刑或者无期徒刑,并处罚金或者没收财产。根据相关司法解释规定,诈骗数额20万元以上即应认定刑法本条规定的"数额特别巨大"。如只要被害人将钱款汇入行为人指定的账户,即使行为人因丢弃、遗失等原因不再掌控该账户,实际不可能再取得钱款,也认定为犯罪既遂。那么,之后该账户若继续汇入90万元、900万元,对行为人该如何定罪量刑?诈骗犯罪是结果犯,"骗"是方法,"取"是结果,当钱款已被冻结,行为人无法实际占有和支配时,如仍认定为犯罪既遂,动辄判处十年以上的刑罚,与刑法罪刑相适应的原则相悖,无法体现刑法的公正。认定上述行为是犯罪未遂,并未放纵犯罪,量刑时可根据案件的具体情况对行为人从轻或者减轻处罚,对行为人作出适当的判决。[参见第649号指导案例,詹群忠等诈骗案,载《刑事审判参考》总第76集(2010年第5集),第46~49页。撰稿:张竞模　朱伟民　李敏]

▽利用异地刷卡消费反馈时差,要求银行作人员将款项存入指定贷记卡,当同伙在异地将该贷记卡上的款项刷卡消费完毕,又谎称存款出错,请求将该款项存入另一借记卡,再取出的行为,构成诈骗罪

本案犯罪手段较为新颖,被告人利用异地POS机刷卡消费反馈到银行电脑有一分钟至二分钟延迟这一漏洞,故意隐瞒存入贷记卡中的资金已被消费的真相,要求银行工作人员办理冲正业务,骗取资金。检察机关以盗窃罪起诉,法院判决认定为诈骗罪。从被告人的作案手段看,涉及的罪名主要是诈骗罪、盗窃罪、信用卡诈骗罪和贷款诈骗罪。其中,最重要的是如何区分盗窃罪与诈骗罪。对被告人的行为应当认定为诈骗罪而不是盗窃罪,更不应认定为信用卡诈骗罪和贷款诈骗罪。具体分析如下:

(一)被告人的行为完全符合诈骗罪的构成特征。我国刑法没有对诈骗罪的行为模式作出具体规定。通常认为,诈骗罪的基本模式是行为人以非法占有为目的,采取虚构事实或者隐瞒真相的方法实施欺诈行为,使对方产生认识错误,对方基于该认识错误交付财物,进而造成损失。据此,判断一行为是否构成诈骗罪,客观上要看行为人是否实施了欺诈行为给被害人造成经济损失,主观上要看行为人是否具有非法占有目的。本案被告人张航军等人利用异地刷卡消费反馈到银行电脑有一分钟至二分钟时间延迟的漏洞,隐瞒其存入他人名下的钱已被同伙在异地刷卡取走的真相,让银行营业员将钱转存入他人的另一个银行卡账户内,随后迅速把这些钱取走。该犯罪行为包含了前后两个紧密相关的环节。张航军等人往银行卡中存钱后通知同伙在异地刷卡消费,因卡内已实际存入现金,该刷卡消费行为具有正当性,也不会给银行造成损失,故独立地看,不具有违法性。但是,当张航军等人在其同伙完成刷卡消费行为后,要求营业员办理存款冲正业务,将客观上已经被消费的钱存入另一个银行卡账户,实际上是将银行的自有资金存入了被告人指定的账户中,由此给银行造成损失。显然,正是被告人实施了隐瞒真相的诈骗行为,导致银行营业员陷入认识错误,认为被告人的钱没有被转移,进而实施财物处分行为,将本属于银行的钱存入了被告人指定的另一银行卡账户,直接造成银行的损失。故这种作案过程完全符合诈骗罪的客观特征。从主观方面看,被告人具有非法占有目的。有辩护人提出,被告人系受持卡人委托,利用银行信用卡的冲正、撤销业务帮持卡人获取银行资金,持卡人也出具了还款保证书,保证归还对银行的欠款,而被告人所获得的仅仅是手续费,故被告人不具有非法占有目的,不构成犯罪。但是,被告人赵祥著的供述证实,其系通过网上聊天的方式商定与许建明合作进行空卡套现,并谈好按比例分成,后其通过网上论坛联系了三个持卡人,并在2009年3月中下旬到宁波与许建明见面,谈好骗来的钱由持卡人得58%,许建明得20%,其得17%。如果持卡人确实急需资金而采取这种骗取银行资金打算日后归还银行欠款的做法,则其付出的代价太大,手续费甚至超过了民间高利贷的利息,极不合常理,且采取欺骗手段获取银行的资金也不是正常地向银行申请贷款或者利用信用卡透支的行为,故不能认定持卡人具有还款意图。同时,即使辩护人提供的所谓还款保证书确系持卡人出具,但借此并不能证实被告人不明知持卡人具有非法占有目的。实际上,这种骗取银行资金的做法,原本就是被告人与持卡人共同预谋的结果,让持卡人出具还款保证书也不能否定被告人与持卡人具有共同的非法占有目的。由此可见,被告人的行为完全符合诈骗罪主客观两方面的构成特征,应当认定为诈骗罪。

(二)被告人的行为不构成盗窃罪。通常认为,诈骗罪与盗窃罪均以和平手段取得他人财物,但前者是基于受骗人有瑕疵的意思而取得财物,后者是违背被害人的意思而取得财物,故区别二者的关键要看是否存在因陷入认识错误后将财物交付行为人这一财物处分行为。有此财物处分行为的,是诈骗罪;无此财物处分行为的,不能认定诈骗罪,通常构成盗窃罪。

(三)被告人的行为不构成信用卡诈骗罪和贷款诈骗罪。首先,被告人的行为不构成信用卡诈骗罪。被告人作案时利用了他人的信用卡账户,并持卡取走了从银行骗取的钱,诈骗行为与信用卡有密切关系。但是,根据刑法第一百九十六条的规定,构成信用卡诈骗罪仅限于法定四种情形。尽管被告人取钱时所持银行卡系他人所有,但这种使用事先得到了持卡人的同意或者授权,故不属于"冒用他人信用卡"。至于恶意透支,由于被告人所实施的原本不是透支行为,故不存在进一步评价是否属于恶意透支行为的余地。被告人从银行骗得资金后,通过自动取款机或者银行柜台将钱取出,是其犯罪行为的自然延续部分,理论上称为不可罚的事后行为,不用再单独评价是否构成犯罪。其次,被告人的行为不构成贷款诈骗罪。公安机关对本案三名被告人以涉嫌贷款诈骗罪予以逮捕,被告人赵祥著提出对本案应定贷款诈骗罪。但构成贷款诈骗罪的前提是,行为人采取了刑法第一百九十三条规定的欺诈手段骗取金融机构的"贷款",如果骗取的不是"贷款",则没有认定为贷款诈骗罪的余地。所谓"贷款",是指银行或者其他金融机构作为贷款人向借款人提供的并按约定的利率和期限还本付息的货币资金。本案被告人虽然采取了欺骗手段获得银行的资金,但所实施的行为完全不具备申领贷款程序的任何特征银行营业员也根本没有认识到所实施的是向客户提供贷款的行为,故被告人的行为与贷款诈骗罪相距甚远,不应认定构成该罪。

综上,本案的犯罪手段较为新颖,涉及多个相关罪名之间的区别,准确定罪的关键是细致把握不同犯罪构成之间的核心区别,并实现评价的完整性。既要防止先入为主,以经验束缚认识,不能因多数受骗人交付财物时能够认识到所交付的是自己所有或者合法占有的财物,就否认缺乏这种认识的情形一定不构成诈骗罪;也要尽可能避免裁判结论明显违背公众的惯常认识,从而影响裁判的公信力。[参见第650号指导案例,张航军等诈骗案,载《刑事审判参考》总第76集(2010年第5集),第54～59页。撰稿:方文军　王海防]

▽未依法扣押不应影响扣押物品性质进而影响诈骗罪的认定

公安机关没有依法履行扣押手续,而是写了一张收条,这是否意味着被扣押物品没有转变为"公共财产",回答该问题首先要区别非法扣押与未依法扣押。所谓非法扣押,是指有扣押职权的人员对有证据证明本不应当扣押的物品所进行的不履行正当手续的扣押或者由不具有扣押职权的人员所进行的扣押,其实质在于执法人员对他人合法财产权益的无端侵犯。而未依法扣押是指有扣押职权的人员对有证据证明应当予以扣押的物品未依照法律规定履行正当手续所进行的扣押,所强调的是执法人员工作方式的不正当性。由于非法扣押也表现为不履行正当扣押手续,故与未依法扣押存有形式上的竞合;区别二者的关键在于物品本身是否应当扣押。对于非法扣押,行为人即使采取欺骗手段取回物品,也不具有实质违法性或者社会危害性,不应以犯罪论处。如果有扣押职权的人员履行了正当的扣押手续,即使事后证明物品本身不应当扣押,也是合法扣押,因为程序合法意味着法律在公正地发挥作用,扣押状态的合法性可以推定所扣押物品应当被扣押。在此情形下,物品所有人不能采取欺骗等非法方法将物品取回,否则就是对法秩序的藐视,可视其情节予以相应警戒与惩处。同样地,对于应当扣押的物品而未依法履行手续进行扣押的,也不能以欺骗方法取回物品。因为发生未依法扣押的情形通常是情况紧急,在行为性质上类似于拘留(对象不同,前者对物,后者对人),只要扣押人员及时补办正式的扣押手续,就形成形式完整的扣押状态。而且,所扣押物品的应被扣押性也使未依法扣押具有实质正当性。可见,应当将紧急情况下的未依法扣押视为正当扣押,并依据刑法第91条的规定将被扣押物品视为公共财产。从本案分析,公安机关的侦察员在案发后进行查账时发现1998年7月底从涉案公司账上划入丁某的中慧宏筑装饰公司账内100万元人民币,由于当时情况紧急,为了防止该款被转走,侦查人员遂到中慧宏筑装饰公司暂扣了该公司的财务章、法人代表人名章和一张空白支票,但只写了收条,没办正式扣押手续。这表明,公安机关所扣押的印章与支票属于应当扣押的物品,侦查人员只是由于情况紧急无法当场履行刑事诉讼法第一百一十五条规定的扣押手续,故该扣押具有实质正当性。而且,从该三件物品被扣押之时起,公安机关已开始行使刑法第九十一条规定的管理权,该三件物品也就同时转变为"公共财产"。这样,丁某的行为便具备了构成诈骗罪的客体条件,即实质违法性。该条件与其他犯罪构成要件相结合,使合议庭有充分根据认定丁某的行为构成诈骗罪。可见,公安机关的侦查工作是否严格依法进行,对于案件的定性有重要影响。[参见王万铁、方文军:《对伪造借据、骗取已被公安机关控制的赃款行为定性问题研究》,载《刑事审判要览》(办案笔谈)总第10集(2004年第4集),第207~209页。]

▽虚构事实,待店主交付商品后,谎称未带钱,在回家取钱途中趁店主不备溜走的行为,构成诈骗罪

被告人的行为是否构成诈骗罪,关键要看两点:一是被害人将被告人挑选好的金饰品交付给被告人的行为是否属于诈骗罪中的财物处分行为;二是被害人最终失去金饰品的控制是否主要是由被告人的欺骗行为所导致。

(一)被害人向被告人交付金饰品的行为属于诈骗罪中的处分财产行为。根据经验法则,盗窃罪罪状的逻辑结构一般为:行为人实施窃取行为—被害人失去对财物的有效控制—行为人取得财物;而诈骗罪罪状的逻辑结构一般为:行为人实施欺骗行为—所有人或监管人产生错误认识—所有人或监管人基于错误认识处分财物—行为人或第三人取得财物—被害人遭受财产损害。从上述逻辑结构分析,对于使用欺诈手段的诈骗罪与盗窃罪,一般在以下三个方面存在明显区别:1.行为人实施欺诈行为的目的。盗窃案件中经常伴有欺诈行为,行为人通过欺诈掩盖盗窃行为,从而使盗窃行为得以顺利实施。诈骗案件中的欺诈行为也经常伴有隐蔽手段,不使用隐蔽手段就容易被揭穿诈术。在盗窃案件和诈骗案件中,隐蔽手段和欺诈手段可能会交叉使用,但隐蔽和欺诈的具体目的有所不同。在盗窃案件中,行为人使用欺诈手段的目的在于为实施盗窃创造条件,即行为人实施欺诈行为是为了让被害人放松对财物的监管控制,一旦财物的监管控制出现松懈就着手实施秘密窃取行为,实践中一般将这种盗窃称作"诈术盗窃"。在诈骗案件中,行为人使用欺诈行为是为了使对方陷入错误认识而自愿交付财产。虽然在两类案件中,行为人的欺诈行为都会导致对方放松警惕,但盗窃案件中的放松主要体现为物理层面监管控制的放松,而诈骗案件中的放松主要体现为精神层面的放松。2.受骗人错误认识的内容。在诈骗案件中,处分行为直接体现了错误认识的内容。错误认识,是指欺诈行为使对方产生交付财物动机的错误,是受骗人对交付财物的原因产生错误认识,而不是对所交付的财物本身存在错误认识。实践中,这种典型错误认识的内容主要包括:认为应当将自己占有的财物转移给他人;认为自己占有的财物本身就属于他人所有,应当归还;认为将自己的财物转移给他人后会产生更大的回报;认为将自己的财物转移给他人后,他人会按承诺时间归还。在盗窃案件中,即使行为人实施了欺诈行为,被害人也不会产生处分财产的错误认识。3.受骗人的财物处分意思。受骗人必须具有实质上的处分行为,必须以转移占有意思为必要。受骗人必须具有转移占有的财物处分意思。财物处分意思不能仅从客观上是否转移占有进行判断,而应以受骗人对转移占有行为本身是否存在认识为认定标准。如果受骗人有认识就可以认定具有财物处分意思,从而认定实施了财物处分行为;如果对交付行为本身没有认识,则不能认定为实施了财物处分行为。

(二)被告人的欺骗行为与被害人最终失去财物之间具有刑法上的因果关系。在具体案件中,认定行为与结果之间是否具有刑法上的因果关系,主要考察行为人的行为对危害结果是否起了作用、起了多大作用、是否属于意外等。在诈骗犯罪案件中,行为人的欺骗行为必须与受骗人的财物处分行为之间具有直接的因果关系,而财物处分行为与被害人财产损害之间具有直接的因果关系。两个因果关系之间都不得介入其他因素,即不得介入行为人进一步的违法犯罪行为。本案被告人为使被害人自愿交付财物而谎称其姊妹小孩"对周"且身上未带钱,此欺诈行为致使被害人误认为被告人确需购买金饰品,亦会按承诺时间、地点付款。基于此错误认识,被害人自愿将金饰品包装后交付给被告人。从此后被害人随被告人一起去其家取钱的事实分析,被害人具有永久将金饰品转移给被告人占有的意思表示,应看作是财物处分行为,并非仅是想让被告人临时拿一下。被告人利用被害人的意思表示占有金饰品之后,趁被害人不注意溜走仅是被告人犯罪行为实施完毕逃离现场的后续行为,属于被告人诈骗既遂后的事后行为,对本案的定罪没有任何影响。

总之,被告人的欺骗行为使被害人陷入了认识错误,从而将金饰品自愿交付给被告人,两者之间具有直接的因果关系;被害人本人的财物处分行为导致其失去金饰品的所有权与控制权,其财物处分行为与其遭受财产损失具有直接因果关系。因此,被告人的欺骗行为对危害结果起到关键性的作用,欺骗行为与财产损害之间具有刑法上的因果关系。被告人前后的行为符合诈骗罪罪状的逻辑结构,应当定性为诈骗罪。[参见第819号指导案例,曹海平诈骗案,载《刑事审判参考》总第89集(2012年第6集),第69～72页。撰稿:周红希　刘世界　胡尚慧]

▽设置圈套控制赌博输赢并从中获取钱财的行为应当定性为诈骗

1. 从法理分析,设置圈套控制赌博输赢并从中获取钱财的行为符合诈骗的特征。设置圈套诱骗他人参赌的行为是构成诈骗罪还是赌博罪,关键在于赌博圈套中的欺骗程度。如果行为人仅采取了较为轻微的欺骗行为,赌博输赢主要是依靠各自运气、技术,即赌博各方均不能控制,主导赌博输赢结果,则其行为仍然符合赌博特征,因为赌博在本质上是一种射幸行为,其结果具有偶然性;如果行为人在赌博过程中采取作弊手段控制赌博输赢,则赌博成了掩盖事实的手段,该行为本质上符合诈骗的特征。本案被告人完全控制了赌博输赢结果,被害人程某以为是在赌博,实际上被告人是在骗取钱财。从具体犯罪构成要件分析,被告人在主观上得知程某有赌博的意思后,即产生了与他人合作通过在赌博机上做手脚的方式骗取钱财的犯意,并付诸行动,经与被告人黄某某共谋后,由黄某某等人通过在赌博机上安装控制器等方式实现控制赌博输赢的结果,并通过此种方式成功"赢"得程某较大数额的钱款,可见被告人具有非法占有程某钱财的犯罪目的,符合诈骗罪主观特征。客观上,被告人、黄某某等人一方面在赌博机上做手脚,另一方面让同案犯假扮赌客以骗取程某的信任,从而使程某误认为自己是在正常赌博中因为运气不好而"输钱",从而不仅将自己带来的19 000余元输光,还欠下赌债4万元。因此,本案中所谓的赌博只是被告人行骗的形式,是以赌博为名行欺骗之实,符合诈骗罪的客观特征。关于赌博罪中的欺骗行为与诈骗罪中的欺骗行为的区分,有观点认为,"赌博罪中往往也伴有欺骗活动,但这种欺骗与诈骗罪中的欺骗不同。赌博罪中的欺骗是制造虚假事实,引诱他人参加赌博,但是赌博是依偶然决定输赢,其目的是营利,而不是非法占有。但是以赌博为名,在赌博中弄虚作假、案中串通,操纵赌博输赢并以此占有被骗者财物的,则成立诈骗罪"。该观点获取了理论界和实务界的普遍认同。参照这种观点,本案中,由于赌博输赢完全控制在被告人手中,被告人是以赌博为名,操作赌博输赢并以此非法占有程某财物,且敬额较大,因此,其行为构成诈骗罪。当然,在数额认定上,应当以实际损失数额为准,即19 000元。

2. 正确理解最高人民法院及相关部门作出答复、批复的背景。关于"设置圈套诱骗他人参赌"的行为定性,1991年《最高人民法院研究室关于设置圈套诱骗他人参赌获取钱财的案件如何定罪问题的电话答复》(以下简称《答复》)(此《答复》现已废止——编著者注)指出:"对于行为人以营利为目的,设置圈套,诱骗他人参赌的行为,需要追究刑事责任的,应以赌博罪论处。"1995年《最高人民法院关于对设置圈套诱骗他人参赌又向索还钱财的受骗者施以暴力或暴力威胁的行为应如何定罪问题的批复》（以下简称《批复》）规定："行为人设置圈套诱骗他人参赌获取钱财，属赌博行为，构成犯罪的，应当以赌博罪定罪处罚。"对于《答复》《批复》中设置圈套诱骗他人参赌的行为，应当结合文件出台的背景及相关请示的具体案件内容来理解。《答复》是针对《四川省高级人民法院关于设置圈套诱骗他人参赌获取钱财的案件如何定罪的请示》作出的，该请示主要针对的是在公共汽车、火车等公共场所公开结伙进行的猜红、蓝铅笔现象。设赌者以猜中者赢，猜不中者为输诱骗他人参赌，由于涉赌人在红、蓝铅笔上做手脚，设机关，以致猜红变蓝，猜蓝变红，参赌者有输无赢，设赌者包赢不输。设赌者为骗取参赌者的信任，还常以同伙参赌"赢钱"为诱饵，诱使他人就范。最高人民法院研究室当时主要考虑到此类行为发生在公共汽车站、火车站等公共场所，犯罪分子设局诱骗的对象是不特定的被害人，主要侵害的是社会管理秩序，且犯罪分子主要采用赌博形式赢钱，虽然存在一定欺诈手段，但十赌九骗，赌博中采用一些欺骗手段也很正常，因此，《答复》认为此种行为应当定性为赌博罪。《批复》的意见与《答复》一致；两个文件针对的都是发生在公共场所，即被害对象为不特定被害人的情形，这种情形下行为主要妨害的是社会管理秩序，因此，两个文件将这种情形下的行为明确认定为赌博罪有其合理性。然而，本案中，被告人在宾馆客房内设置赌局欺骗他人钱财的作案地点具有不公开性，其欺骗对象具有特定性，因此，不能适用两个文件的规定。现《答复》已被废止，另据了解，最高人民法院研究室已就《批复》规定的合理性开展了专项调研，拟对文件规定的内容进行修正，即对以控制输赢的方式诱骗他人参赌的行为，无论是否发生在公共场所，均以诈骗罪定性。[参见第836号指导案例，王红柳、黄叶峰诈骗案，载《刑事审判参考》总第90集(2013年第1集)，第76～78页。撰稿：孟宪利 舒平锋]

▽诈骗罪中赃款的处理

"设置圈套诱骗他人参赌"行为的定性，之所以存在诈骗罪与赌博罪的分歧，有很大一方面原因是对此类案件赃款的处理存在一定的问题。因为，如果将此类案件定性为诈骗罪，则与被告人相对的一方应当认定为被害人，即被告人通过赌博欺诈获取的钱财(赃款)应当发还被害人，然而此类案件中的被害人实际也是赌博参与人，赃款发还赌博参与人，势必造成对赌博行为打击不力的问题。对于此类案件中的赃款，应当区别不同情况进行处理：第一种情况，如果被害人本来不具有赌博的意思，而是基于行为人的欺骗而产生赌博意愿，并陷入赌博陷阱，从而被骗钱财的，因被害人不具有通过赌博进行营利的目的，对其合法财产权益应予保护，故对于扣押或者退缴的赃款应当发还被害人，或者责令被告人退赔被害人经济损失。第二种情况，如果被害人本身也是参赌人员，由于其具有通过赌博进行营利的目的，其本身积极参与赌博行为，因此，其所输钱款属于赌资，对于该赌资的处理问题，可以借鉴抢劫赌资案件的处理方法进行处理，对于赌资无须通过行政处罚程序予以没收，而可直接在刑事程序中予以追缴没收。本案被害人程某主动向被告人询问下午赌博事宜，并表示自己具有赌博意愿，并在下午经王某某通知后携带大量钱财前往赌博，可见程某具有赌博意愿，且积极参与赌博，对其赌博行为应当予以打击，即对其所输钱财应当认定为赌资，可以借鉴抢劫赌资的情况，予以追缴没收，并在刑事判决书中一并作出表述，即违法所得予以追缴没收。[参见第836号指导案例，王红柳、黄叶峰诈骗案，载《刑事审判参考》总第90集(2013年第1集)，第78～79页。撰稿：孟宪利 舒平锋]

▽利用自己准备的特定赌具控制赌博输赢行为构成诈骗罪

以非法占有为目的，在赌博过程中，通过使用透视扑克牌和特制隐形眼镜控制赌博输赢，骗取他人财物，数额较大，其行为构成诈骗罪。具体理由如下：诈骗的实质在于被害人基于行为人的欺诈行为产生错误认识，进而"自愿"处分财物。而赌博遵循的是一种射幸规则，其输赢带有相当大的不确定性和偶然性，是行为人所不能掌控的。赌博活动有时虽然也掺杂一些欺诈行为，特别是在利用赌博骗取钱财的犯罪案件中，赌博行为与欺诈行为交织在一起，导致定性困难。对于设置圈套诱骗他人参赌获取钱财的行为，不能简单机械地套用1991年3月12日最高人民法院研究室在《答复》(此《答复》现已废止——编著者注)和1995年11月6日最高人民法院在《批复》,而应当结合赌博罪和诈骗罪的基本特征,根据欺诈行为在整个犯罪过程中的地位和作用进行分析。司法实践中,根据欺诈行为在犯罪过程中的地位和作用不同,可以将利用赌博骗取钱财的犯罪行为分为圈套型赌博犯罪和赌博型诈骗犯罪。圈套型赌博犯罪,即《答复》和《批复》中规定的犯罪类型,是指通过采用设置圈套的方式诱骗他人参赌的犯罪,行为人实施犯罪的目的在于通过赌博进行营利,虽然行为人在赌博过程中采用了一些欺诈的行为,但是该欺诈行为是为了诱骗他人参赌,保证赌博的顺利进行而实施的,赌博的输赢主要还是靠行为人掌握的娴熟的赌博技巧,并且依靠一定偶然性来完成的,行为人并不必然控制赌博输赢。对于此种类型的犯罪行为,应当以赌博罪定罪处罚;而赌博型诈骗犯罪又称为"诈赌"犯罪,其与圈套型赌博犯罪的相同之处在于行为人在赌博过程中也采用了欺诈的手段,但是二者具有本质的区别。在赌博型诈骗犯罪中,行为人在主观上是以非法占有为目的的,客观上采用了欺诈的手段弄虚作假,支配、控制赌局的输赢,单方面确定赌博胜败的结果,使被害人基于错误认识,误认为自己运气不佳而"自愿"交付财物给行为人。此种行为属于以赌博之名,行诈骗之实的行为,实质上符合诈骗罪的构成要件。具体联系本案,被告人以非法占有为目的,事先购买了诈赌所用的透视扑克牌和特制隐形眼镜,并提前将扑克牌放入赌博的场所。在赌博过程中,被告人佩戴特制隐形眼镜,能够看到其他人手中的扑克牌和桌面上的扑克牌的点数,并根据牌的点数大小决定是否加注;而且按照被害人供述和证人证言中提到的"其中有几局牌按照常理被告人是不可能赢的"情况分析,被告人采用欺诈的手段已经掌控了赌局输赢的结果,被害人是在完全不知情的情况下"愿赌服输",而"自愿"按照赌博规则将钱财交与被告人。因此,被告人的行为不符合《答复》和《批复》中规定的情形,而是属于典型的赌博型诈骗犯罪,符合诈骗罪的构成要件,应当以诈骗罪定罪处罚。二审法院对其以诈骗罪定罪处罚是正确的。[参见第837号指导案例,史兴其诈骗案,载《刑事审判参考》总第90集(2013年第1集),第82～84页。撰稿:赵芳　陈克娥]

▽家电销售商虚报冒领国家家电下乡补贴资金的行为构成诈骗罪

(一)家电下乡补贴政策出台的背景及补贴资金的申领兑付流程。家电下乡补贴政策是近年来国家应对国际金融危机,带动工业生产,促进消费,拉动内需,惠农强农的一项重要举措。家电下乡补贴资金来自中央财政和省级财政,对农民购买家电下乡产品给予产品销售价格13%的补贴。政策施行之初,家电下乡补贴审核兑付采取乡镇财政所审核、县财政局兑付的方式。后为了提高工作效率,2009年财政部进一步简化了审核兑付工作流程,主要规定了以下五种操作方式:(1)农民申领、乡镇财政所审核并兑付;(2)农民申领、金融机构审核并兑付;(3)销售网点代办申领、乡镇财政所审核确认并兑付;(4)销售网点代办申领、金融机构审核确认并兑付;(5)销售网点代办申领并垫付。实践中,随着家电下乡产品的不断增多和政策的不断深化,各地财政部门一般都是以财政部规定的第五种方式为基础,让农民在购买时直接享受价格优惠,再由网点去财政部门申领补贴款,大致流程是:首先,农民持身份证及户口簿到指定的销售网点购买家电下乡产品,销售网点当场审核农民相关身份证件,为购买人开具发票并将相关信息录入计算机专门系统,审核后将农民相关证件退还,对符合补贴条件的,直接将补贴资金垫付给购买人。其次,销售网点售出家电后,将产品标识卡原件以及发票、身份证、户口簿等证件复印整理,及时汇总填写家电下乡补贴资金结算表格,然后到指定的乡镇财政所办理结算手续。最后,乡镇财政所收到销售网点结算材料后,审核农民相关证件及购买资料,对农民身份进行核实,并对销售网点垫付情况进行审核,在此基础上进行补贴资金结算。对不符合条件的,乡镇财政所不得结算,由此发生的损失由销售网点自行承担。由于销售网点负责国家财政补贴款的事前垫付和事后申领,近年来出现了销售网点虚报或者作假套取家电下乡补贴资金的犯罪行为。套取补贴资金的手段有:将未销售出的家电下乡产品标识卡取下,录入虚假农民信息;将城镇居民购买的家电下乡产品标识卡取下,录入虚假农民信息;直接从市场购买家电下乡产品标识卡,录入虚假农民信息;反复录入农民信息或者直接录入城镇居民(非家电下乡补贴对象)身份信息骗取等。全国各地司法机关针对家电下乡补贴犯罪的猖獗势头,集中开展了一项专项整治,检察机关以贪污罪起诉了一批案件至法院,在社会上引起了广泛关注。

(二)被告人苗某不具备贪污罪的主体身份。被告人不属于国家工作人员,但其也不属于受国家机关委托管理国有财产的人员。虽然按照安徽省人民政府办公厅的相关规定,参与家电下乡销售的网点应当与各县乡财政部门签订授权委托书,但签订此种授权委托书并不意味着各销售网点受当地财政部门的委托管理国有财产。首先,这种委托并不意味着财政部门将审核兑付家电下乡补贴资金的行政管理职权委托给销售网点。一是家电经销网点并没有以财政部门的名义实施审核及垫付家电下乡补贴资金,其审核、垫付所产生的效果对财政部门的审核没有任何影响。按照文件规定,乡镇财政所收到销售网点的结算材料后,仍要对购买农户的相关证件、身份及购买资料进行进一步核实,并对销售网点垫付情况进行审核,在此基础上才进行补贴资金结算。对不符合条件的,财政部门不得结算,发生的损失由销售网点自行承担。这一规定表明,销售网点的审核仅是一种形式审核,其所垫付的补贴也只是拟制兑付,家电下乡补贴资金的实质审核权及发放权仍然在财政部门手中。二是实践中各地对家电下乡补贴资金的最终审核确认机关均有明文规定。如安徽省亳州市明确最终的审核权在县乡财政部门,阜阳市还专门成立了由财政部门、商务部门联合组成的家电下乡认证办公室来审核拨付补贴资金款项。由此可见,国家虽然把前置性审核下放给家电销售商,但最终的审核确认权并没有下放。其次,被告人不属于“受国家机关委托管理、经营国有财产的人员”。刑法之所以规定“受国家机关、国有公司、企业、事业单位、人民团体委托管理、经营国有财产的人员”可以构成贪污罪,是因为这类主体本身并不属于国家工作人员的范畴。但在实践中,这类主体实际掌握或者经营、管理国有财产,出于对国有财产保护的特殊需要而有必要将此类主体纳入贪污罪的主体范围。2003 年印发的《全国法院审理经济犯罪案件工作座谈会纪要》(本附文以下简称《纪要》)对“受委托管理、经营国有财产”的外延进行了明确,即指“因承包、租赁、临时聘用等管理、经营国有财产”。也就是说,刑法此处规定的委托,是指国有单位就国有财产的管理、经营与被委托人达成协议,双方地位平等,本质上是一种民事委托。虽然受托者基于委托而取得一定的职务行为,即一定时期内对国有财产进行管理、经营,但这种管理经营主要是围绕国有财产的保值、增值而进行的动态的经济行为。而在本案中,与财政部门签约的家电销售网点众多,而家电补贴款数额并不确定,财政部门也未就此一笔专门款项的收入、支出、保值、增值而与某一主体达成民事委托,对家电补贴款项的管理支出仍然是一项行政职能。因此,家电经销网点的负责人不属于“受国家机关委托管理、经营国有财产的人员”。最后,如果认为家电销售商系“受委托管理、经营国有财产”的人员,还会造成其身份认定上的混淆。因为按照相关文件的规定,家电销售商不仅与财政部门签订委托书,在发放补贴资金时,还要与农民消费者签订《家电下乡补贴资金代垫直补申领委托书》,内容是农民消费者已从销售网点先行领取到补贴资金,现委托销售网点代理其到财政部门办理家电下乡补贴资金的申报与领取。从家电销售商同时接受财政部门和农民消费者双方委托的情况来看,更说明其不属于受国家机关委托管理、经营国有财产的人员。

(三)被告人的行为没有利用职务便利。被告人所从事的代理审核并垫付家电下乡补贴资金行为的性质即为被告人所从事的是一种劳务行为,而非公务行为或者职务行为。《纪要》对“从事公务”的理解有比较明确的规定。本案被告人的家电销售网点所进行的审核仅是形式上的审核,在财政部规定的第三、四种方式中,销售网点也同样负有审核相关材料的职责。但这种审核更多的是起收集、汇总材料的作用,其先垫付后领取资金的行为也类似于一种经手,而不具备职权或者职务内容,本质上是一种单纯的劳务活动,不具有管理国有财产的性质。销售网点受财政部门委托进行形式审核并垫付补贴资金后,又取得了农民的委托代为向财政部门申领国家补贴资金,之所以会这样设计,是为了最大限度地简化流程、方便农民,而不是出于行政管理职权行使的必要。因此,被告人套取补贴利用的是其劳务上的便利,是经手补贴款流转事务的便利,不具有管理、经营的内容,因而不属于职务上的便利。

综上,被告人虽然受太和县财政局委托审核农户的身份信息及购买资料,并在农户购买家电下乡产品时把补贴资金垫付给符合购买条件的农户,但其不是基于财政部门的委托管理、经营国有财产。被告人在家电下乡产品销售过程中,以非法占有为目的,虚报冒领国家家电下乡补贴资金,数额较大,其行为符合诈骗罪的构成特征。[参见第850号指导案例,苗某诈骗案,载《刑事审判参考》总第91集(2013年第2集),第62~66页。撰稿:苏敏　张军　胡龙汉]

▽受他人委托炒股,私自使用他人证件以委托人名义开立银行新账户,通过证券业务员将原账户股票卖出后将所得款转到新账户并取走的行为构成诈骗罪

(一)伍某的行为不构成侵占罪。构成侵占罪的前提必须是行为人“代为保管”他人财物,而这里的“代为保管”是指对方已经将其财物的占有权转移给了行为人,所以理论界有观点将侵占罪归类为侵犯财产罪中的“占有不转移罪”,与盗窃罪、诈骗罪等排除被害人占有的“占有转移罪”或者说“夺取罪”不同。本案虽然岑某已经全权委托伍某操作其股票账户,但其并没有授权伍某提取其股票账户中的资金。从整个过程看,伍某提取岑某股票账户中的资金需要在证券营业柜台向证券业务人员出示岑某的股东卡、身份证并提供需要转入的岑某的个人存折,(当年,我国证券业务刚刚起步,“三方”监管后,转账必须通过银行。——编著者注)但岑某并未将其个人存折交给伍某,而是由其独自保管。正常情况下,伍某不能从岑某的股票账户中将其股票资金私自提走,这也正是岑某之所以会放心委托伍某代其炒股的原因。也就是说,岑某只是委托伍某帮其买卖股票,其股票资金均未脱离其股票账户,股票账户中的资金仍然由岑某占有、支配、控制。质言之,伍某并没有因为岑某全权委托其帮忙炒股而占有岑某股票账户中的资金,不属于“代为保管他人财物”情形,故其行为不构成侵占罪。

(二)伍某的行为不构成盗窃罪。盗窃罪最基本的构成特征是秘密窃取他人财物。秘密窃取包括主、客观两方面的内容,即客观上是采取隐秘方式取走他人财物,主观上行为人自认为被害人不知晓。只要行为人采取秘密的、自认为不为财物的所有人或者保管人所知晓的方法将财物取走,无论第三者是否知晓,也不问行为人是否以为第三者知晓,均不影响盗窃罪的成立。秘密窃取所针对的对象包括财物所有人和财物管理人。本案被害人岑某在证券营业部开立股票账户,该证券营业部对其股票账户中的资金安全负有管理之责,被告人伍某在该证券营业部柜台通过证券业务人员的业务行为将岑某股票账户中的资金提走。对于作为岑某股票资金管理人的该证券营业部的业务人员而言,伍某显然不属于“秘密窃取”岑某的股票款项,故不符合盗窃罪中“秘密窃取他人财物”的行为特征。主张伍某的行为构成盗窃罪的主要理由是,伍某是在岑某并不知晓的情况下私自使用其身份证新开了一个户名为岑某的银行账户并利用该银行账户将其股票卖出款提走,即对于岑某而言,伍某可谓“秘密窃取”了其股票款项。然而,行为人是在财物实际管理人知晓而财物所有人不知晓的情况下取走财物的,对财物实际管理人而言,行为人并非对其采用“秘密窃取”的手段获得财物。

(三)伍某的行为构成诈骗罪。盗窃罪与诈骗罪的区别在于,前者的行为人是采取秘密的手段直接窃得他人的财物,而后者的行为人是通过欺骗手段使他人财物的所有权人或者保管人“自愿”将该财物交付给行为人。通常的诈骗行为表现为:行为人向被害人实施欺骗行为,被害人陷入认识错误进而处分自己占有的财产,最后导致财产损失。在这种场合,受骗者(财产处分人)与被害人具有同一性。但是,在诈骗罪中,也存在受骗者(财产处分人)与被害人不是同一人(或不具有同一性)的现象。这种情况在刑法理论上称为“三角诈骗”,也称“三者间的诈骗”。本案认定伍某的行为构成诈骗罪的关键就在其属于“三者间诈骗”,被告人伍某的“三角诈骗”行为符合诈骗罪的行为特征:1. 伍某实施了隐瞒真相的行为。伍某隐瞒真相的行为表现为,伍某在没有受委托的情况下,持岑某的银行存折、身份证、股东卡去证券营业部柜台提取岑某的上述股票款项时,在证券业务人员存在误解的情况下,向证券业务人员隐瞒了岑某未委托其提取该股票款项的真相。2. 因伍某隐瞒真相的欺骗行为使证券业务人员陷入了认识错误。伍某作为岑某的受委托炒股人,同时持有岑某的身份证、股东卡、银行存折,完全符合提取股票款项的条件,从而使证券业务人员误以为是岑某委托伍某提取其上述股票款项。虽然岑某没有陷入认识错误,但只要具有财产处分权限或者地位的人陷入认识错误进而处分财产即可。3. 作为受骗者的证券业务人员处分了被害人岑某的财产。证券业务人员基于上述认识错误,为伍某办理了提取岑某的上述股票款项的业务,从而使岑某的上述股票款项脱离了其股票账户。虽然岑某没有处分财产,但刑法没有将诈骗罪的财产处分人限定为被害人。因为一方面,诈骗中的处分行为,并非仅指民法上作为所有权权能之一的处分,而是意味着将财产转移给行为人或者第三者占有,即由行为人或者第三者事实上支配财产;另一方面,在财产关系日益复杂的情况下,财产的单纯占有者,也可能处分(交付)财产。所以,即使不是财产的所有人,也完全可能因为认识错误等原因而处分财产。4. 作为受骗者的证券业务人员基于上述认识错误处分了岑某的上述股票款项,使伍某获取了该股票款项,使岑某遭受了财产损失。证券业务人员将岑某的上述股票款项转入伍某新开的上述户名为岑某的银行账户后,使得伍某顺利从该银行账户提走了该股票款项,导致岑某遭受股票款项损失。综上所述,作为受委托炒股的被告人伍某擅自取走委托人岑某股款的行为,完全符合诈骗罪的主客观要件,应当认定构成诈骗罪。[参见第 952 指导案例,伍华诈骗案,载《刑事审判参考》总第 96 集(2014 年第 1 集),第 96～99 页。撰稿:古加锦]

▽在买卖过程中,行为人采取秘密的欺骗手段,致使被害人对所处分财物的真实重量产生错误认识,并进而处分财物的行为构成诈骗类犯罪

盗窃罪与诈骗罪是常见的两种犯罪,在一般情况下不会发生混淆。但是,随着犯罪方法、犯罪手段的翻新,在一些复杂的案件中,行为人为了达到非法占有他人财物的目的,会交互采用欺骗与秘密窃取等多种手段与方法。本案即是如此,三被告人通过秘密增加“空车”自重,进而掩盖车载碎布料真实重量的方式,让被害人“自愿”多处分其碎布料,在这一过程中盗窃与诈骗行为相交织在一起。本案的犯罪对象是碎布料,尽管被告人以事先在空车上装载石块、水的手段以增加“空车”自重,在装载碎布料前再卸掉的行为是秘密进行的,但该行为目的是实施欺诈,使被害人对一车碎布料的真实重量产生错误认识,并基于该错误认识而交付财物,符合诈骗罪的构成要件,应当以诈骗罪定罪处罚。

对于盗窃与诈骗行为相交织的情形,按照过去的主流观点,就是以取财的决定性手段是什么来定性。如果决定性手段是骗就是诈骗,反之就是盗窃。这种观点从理论上看似通俗易懂,但是难以适用于实践中一些复杂情形。因为取财手段的决定性大小在复杂案件中本身就很难被量化,中间存在很大的弹性空间,而且完全以此来定性,容易依据起决定性作用的事前与事后秘密掩盖行为来定性,从而违背了定案的逻辑基础。为此,在对这些案件进行认定时,需要进一步分析两罪客观行为的逻辑结构,并从中去寻找答案。其中,盗窃罪的逻辑结构可以表述为:犯罪人窃取财物—被害人失去对财物的有效控制—犯罪人取得财物;而诈骗罪的行为逻辑结构可以表述为:犯罪人实施了欺骗行为—被害人陷入错误认识—被害人基于认识错误交付财物—行为人取得财物。由此可见,两罪的本质区别在于被害人针对财物是否存在处分行为。

在我国刑法理论与实务界,尽管已经认识到处分行为的有无系认定诈骗罪的关键所在,但是针对处分行为的构成尤其是处分意识问题还有待进一步研究。众所周知,处分财产行为系一种民事法律行为,由客观行为和意思表示两部分构成。这就要求在认定处分行为时,要坚持主客观相统一的原则。除了从客观上分析有无“交付”行为,还要从主观上分析受骗者对所交付的财产是否存在有认识以及认识到何种程度。被害人认识的内容不仅包括被骗财物的种类、名称、数量、颜色等外观物理特征,还包括财物的性质、质量、重量、价值等内在属性。被害人至少需要认识到所处分财物的种类、名称等外观物理特征,即知道自己是在对什么东西进行处分。当被害人对自己所处分财物的上述物理外观存在认识时,尽管由于行为人的欺骗行为而对财物的质量、价格等内在属性产生了错误认识,仍然不影响处分意识的成立,成立诈骗罪;反之,如果行为人直接针对财物本身采取秘密欺骗手段,使受骗者对所转移财产的外观物理特征亦没有认识,即不知道自己处分的是何种财物甚至不知道已经处分了自己的财物。由于不存在处分意识,故不成立诈骗罪,而应当以盗窃罪论处。以此为分类标准,司法实践中主要存在以下两种情形:一是当被害人知道交付的财物是甲财物,并且实际上交付的确实是甲财物时,尽管犯罪人采取欺骗手段隐瞒了财物的实际价值等内在属性,但被害人对所交付财物的种类、名称等外观物理特征并没有发生认识错误,故不影响处分行为的认定。例如,犯罪行为人通过欺骗手段使被害人对其所持名贵字画的真假产生了错误认识,将真实的字画当成赝品低价转卖给行为人。在这种情况下,被害人尽管对字画的真假属性及由此决定的价格产生了错误认识,但对字画的物理外观本身并没有产生错误认识,知道自己在卖字画,此时的交付行为仍然属于诈骗罪中的处分行为。二是行为人采用秘密"调包"或者其他隐蔽方法,使被害人对自己所交付财物的种类、名称等物理外观都没有认识到,即不知道自己对某财物进行了处分,此时被害人不存在处分意识,故不能认定其实施了处分行为。例如,在商场"调包案"中,行为人将包装内的普通商品换成贵重商品,收银员不知情按照普通商品收了较低的价格。从表面上看,是收银员自己将贵重商品交给了行为人,具有"自愿交付"的行为表象。但是,收银员并不清楚普通商品包装袋内有贵重物品,其对于该贵重物品连最基本的物理外观都不存在认识,当然也就谈不上实施了处分行为。实际上,行为人系采用隐瞒事实真相的方法作掩饰,乘机窃取他人财物,当其将贵重物品秘密放进普通商品包装内时,就已经构成了盗窃罪,应当以盗窃罪论处。本案行为人采取一种秘密的欺骗手段,该行为直接针对的是"空车"重量,所改变的只是计量标准,使被害人对车载碎布料的重量产生错误认识,进而作出了处分决定。由于行为人的秘密欺骗行为并非直接针对碎布料进行,即并没有将碎布料进行秘密藏匿,被害人也并没有因此而对车上碎布料的物理外观发生错误认识,故被告人的行为符合诈骗罪的构成结构特征。当然,与典型诈骗罪不同的是,本案被告人采用的"骗称"手段,系一种动作诈骗,它区别于通常所见的言辞诈骗。但无论是动作诈骗还是言词诈骗,行为人都是采用虚构事实或者隐瞒真相的方法,使财物所有人发生认识上的错误,并基于错误认识而实施处分行为,因而构成诈骗罪。换一种情形。假设车载碎布料不需要称重,而是以整车为计量单位,那么,如果行为人在车厢之外设置夹层并在其中秘密藏匿碎布料,由于被害人对于车内夹层中的碎布料在物理外观上缺乏最基本的认识,对该部分碎布料被害人不存在处分意识,则不能认定为诈骗,而应当认定为盗窃罪。[参见第1048号指导案例,葛玉友等诈骗案,载《刑事审判参考》总第101集(2014年第6集),第98～101页。撰稿:聂昭伟]

▽合同诈骗罪要求行为人必须充分利用合同的签订与履行来骗取财物,本案行为人系采用其他诈骗方法骗取对方财物,应当以诈骗罪论处

诈骗罪与合同诈骗罪主要的区别在于所侵犯的客体不同,由此带来客观方面的行为方式也不同。其中,诈骗罪规定于侵犯财产罪这一类罪名之下,可见诈骗罪旨在保护的法益是财产所有权;而合同诈骗罪规定往破坏社会主义市场经济秩序罪中的扰乱市场秩序罪这一类罪名之中,主要保护的法益是市场秩序。由于合同是市场经济活动的一项重要内容,是人们进行经济活动赖于信任的基础,利用合同进行诈骗,势必扰乱市场秩序,进而需要以合同诈骗论处。这就要求合同诈骗罪在客观行为上,必须是在市场交易活动中利用合同的签订、履行来骗取他人财物。对此,刑法第二百二十四条列举了合同诈骗罪的几种常见行为方式。行为人正是利用合同这种对双方当事人具有约束力的形式,故意违背市场经济中的诚实信用原则,来达到非法占有他人财物的犯罪目的。也就是说,利用合同即是其诈骗行为。反之,尽管行为人与对方签订了合同,但如果其获得财物并没有利用合同,而是采用其他虚构事实、隐瞒真相的方式,同样,相对方陷入错误认识也并非基于合同,而是合同以外的其他欺骗因素,那么,该行为所侵害的法益仅仅是他人的财产所有权,应直接以普通诈骗罪认定即可。本案中即是如此,从犯罪预备到犯罪实施整个过程,三被告人均没有利用合同来实施诈骗的主观故意与行为:一方面,从主观方面看,三被告人自始至终都没有利用合同的签订与履行来骗取对方财物的故意。尽管合同诈骗罪中的

"合同"包括口头合同在内,但是一般来说,行为人如果想利用合同来进行诈骗,通常会与对方签订正式的书面合同,以此来获取对方的信任,进而骗取对方的财物。然而,本案被告人与纺织公司并没有签订形式上更有约束力的书面合同,在交易时采取的是"一手交钱、一手交货"即钱货两清的方式,合同的签订与否在本案中并不重要。另一方面,从骗取财物的主要方式来看,三被告人并没有利用合同的签订、履行来实施诈骗,而是采用合同之外的其他诈骗方法,即在碎布料称重过程中,通过事先在空车上装载石块、水以增加"空车"自重,在装载碎布料前再卸掉,使被害人对一车碎布料的真实重量产生错误认识,并基于该错误认识而交付财物的手段进行的。综上,本案三被告人并没有利用合同来实施诈骗的故意与行为,故法院对三被告人以诈骗罪定罪处罚是正确的。[参见第1048号指导案例,葛玉友等诈骗案,载《刑事审判参考》总第101集(2014年第6集),第101～102页。撰稿:聂昭伟]

▽以适格农民名义低价购买农机出售而骗取国家农机购置补贴款的行为构成诈骗罪

(一)被告人陈某某的行为不构成非法经营罪。根据《最高人民法院关于准确理解和适用刑法中"国家规定"的有关问题的通知》的规定,刑法中的"国家规定",是指全国人民代表大会及其常务委员会制定的法律和决定,国务院制定的行政法规、规定的行政措施、发布的决定和命令。其中,"国务院规定的行政措施"应当由国务院决定,通常以行政法规或者国务院制发文件的形式加以规定。以国务院办公厅名义制发的文件,符合以下条件的,亦应视为刑法中的"国家规定":(1)有明确的法律依据或者同相关行政法规不相抵触;(2)经国务院常务会议讨论通过或者经国务院批准;(3)在国务院公报上公开发布。虽然财政部、农业部(现为农业农村部)联合下发的《农业机械购置补贴专项资金使用管理暂行办法》规定,农户自购买享受补贴的农机具之日起,原则上两年内不得转卖或者转让,但是这一规定文件不属于刑法第二百二十五条的"国家规定"。非法经营罪以行为人违反国家规定为前提,故陈某某、胡某某、彭某某的行为不构成非法经营罪。

(二)被告人陈某某、胡某某、彭某某的行为不构成合同诈骗罪。根据刑法第二百二十四条的规定,合同诈骗罪的特征是"在签订、履行合同过程中,骗取对方当事人财物"。本案三被告人以符合农机补贴条件的农民名义,与农机销售商签订农机购买合同,农机销售商按照农机市场价收取了购机款,可见,农机销售商没有被诈骗。三被告人诈骗的对象不是购买合同一方当事人——农机销售商,也不是另一方当事人——农户,而是国家。对合同诈骗中的"合同",应当结合合同诈骗罪侵犯的客体和立法目的予以具体理解和把握。立法者将合同诈骗罪规定在刑法分则第三章"破坏社会主义市场经济秩序罪"的第八节"扰乱市场秩序罪"中,即合同诈骗罪侵犯的法益不仅是他人的财产所有权,而且侵犯了国家合同管理制度,破坏了社会主义市场经济秩序。因此,合同诈骗罪中的"合同"必须能够体现一定的市场秩序,与市场秩序无关以及主要不受市场调整的各种"合同""协议",通常情况下不应视为合同诈骗罪中的"合同"。被告人陈某某等人以农户名义与农机主管部门签订的购机补贴协议不受市场秩序制约,不属于合同诈骗罪中的"合同"。

(三)被告人陈某某、胡某某、彭某某的行为构成诈骗罪。首先,被告人陈某某、胡某某、彭某某主观上具有非法占有的目的。如果符合农机补贴条件的农民为了生产经营的需要自己购买了享受政府补贴的农机,后面又不想再继续使用,将该农机出售给被告人,被告人通过倒卖赚取差价,就不能认定被告人主观上具有非法占有的目的。但是,陈某某、胡某某、彭某某以符合农机补贴条件的农民名义,与农机主管部门签订购机补贴协议,主观上就是为了低价购得农机具,从而骗取国家的农机购置补贴款。其次,被告人采取了欺骗的手段。向农机主管部门申请购买享受政府补贴的农机的主体、程序表面上看起来都是合法的,其实相关政府部门受到了欺瞒,并不知道真正购买享受政府补贴农机的主体不是符合农机补贴条件的农民,而是不符合农机补贴条件的被告人。再次,被告人骗取了财物,即国家发放的农机补贴款。被告人陈某某、胡某某、彭某某表面上似乎没有直接取得国家的农机补贴款,但经过省级财政部门与农机销售商结算农机补贴款后,被告人已实质占有农机补贴款。最后,陈某某等人的行为具有应受刑罚惩罚性,不宜仅予行政处理。农户自购买享受政府补贴的农机之日起两年内转让的,属于违规行为;农户违规转让享受政府补贴的农机,他人受让的,行政机关可以使用行政手段进行规制。但是,本案中,真正购买享受政府补贴农机的主体并非符合农机补贴条件的农民,而是被告人。各被告人以欺骗手段倒卖农机多台,违法所得数额巨大或者较大,具有严重的社会危害性,司法机关对其行为追究刑事责任是适当的。

综上,被告人陈某某、胡某某、彭某某以非法占有为目的,采取欺骗手段,以符合农机补贴条件的农民名义,与农机主管部门签订购机补贴协议,以低价购得农机具并出售,骗取国家的农机购置补贴款,其行为构成诈骗罪。[参见第1056号指导案例,陈某某等合同诈骗案,载《刑事审判参考》总第102集(2015年第1集),第8~12页。撰稿:林勇康]

▽区分普通的民事纠纷(欺诈)与诈骗罪的认定

"以非法占有为目的"不仅是诈骗罪的构成要素之一,更是区分诈骗罪与民事纠纷(欺诈)的根本界限。民事纠纷(欺诈)与诈骗罪间的界限:两者不是非此即彼的排斥关系,不能因为客观上存在交易关系就断然否认诈骗罪的成立。两者的根本区别在于民事纠纷(欺诈)不具有非法占有的目的,只是由于客观原因,一时无法偿还;诈骗罪是以非法占有为目的,不是因为客观的原因不能归还,而是根本不打算偿还。

一般认为,所谓非法占有目的,是指以将公私财物非法转为自己或第三者不法所有为目的。"以非法占有为目的"的主观性相当强,不可能通过客观事实直接证明,如何准确加以判断是司法实践中的难点。根据主客观相一致的原则,"以非法占有为目的"的认定既要避免单纯根据损害后果进行客观归罪,也不能仅凭行为人自己的供述证明,而必须坚持在客观基础上的主观判断,即在查明客观事实的前提下,根据一定的经验法则或者逻辑规则,推定行为人的主观目的。结合金融诈骗类犯罪的相关司法解释,并充分考虑诈骗罪与金融诈骗类犯罪的共性,应当主要从以下三个方面进行判断:(1)行为人事前有无归还能力,如行为人的资产负债情况等;(2)行为人事中有无积极归还或者消极不归还行为或者表现,如行为人编造事实或者隐瞒真相拖延归还被害人的财产等;(3)行为人事后处分财物及对他人财产损失的态度,如行为人是否通过实施诈骗行为排除被害人对其财产的控制并将其财产转归行为人或第三人名下,是否将被害人的财物用于双方约定的用途,抑或是消费、还债等个人用途,是否具有转移财产、隐匿财产、拒不交代财物的真实去向等欲使被害人财物无法收回的行为等。司法实践中,非法占有目的的认定应在综合考量上述事实的基础上推定而得。需注意的是,行为人仅具有上述一种情形,如将被害人的财物用于个人还债等个人用途,并不意味着其一定具有非法占有目的,只有结合其他事实,如该还债行为导致其最终不能归还财物给被害人等,才可认定行为人具有非法占有目的。本案中,被告人王某某事前已身负巨额债务,名下房产均被查封,其并无注册成立新公司的资本,更无设立投资公司后所需的运营条件。王某某与被害人约好垫资代为办理工商注册登记手续后,便将开办新公司以及将有资金转入其新开立的个人账户的消息披露给债权人及相关银行,使人民法院在被害人刚将垫资款打入约定账户后不久便根据债权人的申请对此款项予以冻结。综合上述事实,王某某可以预见也应当预见到,在身负众多债务、涉及多起民事诉讼、名下房产均被人民法院查封的情况下,其将新开户银行卡的申请单等资料向债权人披露,甚至主动复印后提供给债权人,并告知卡上资金进入的时间,会导致该笔垫资款经债权人申请由人民法院冻结上述客观行为足以反映出王某某要求被害人垫资的真实目的并非注册成立新的公司,也根本没有打算归还被害人的垫资款,而是意图通过人民法院自公权力,冻结上述款项,用于偿还其个人债务,应认定其具有非法占有目的。[参见第1065号指导案例,王先杰诈骗案,载《刑事审判参考》总第102集(2015年第1集),第69~70页。撰稿:范莉 王星光]

▽假借国家公权力类诈骗案件中"财产取得"的认定

诈骗罪(既遂)的基本构造为:行为人实施欺骗行为—对方(受骗者)产生(或继续维持)错误认

识—对方基于错误认识处分财产—行为人或第三者取得财产—被害人遭受财产损害。一般而言,被害人基于错误认识处分财产的行为与行为人或第三者取得财产的结果同时发生,两者之间不仅具有时间上的先后性,而且具有逻辑上的相斥性——处分意味着未取得,取得意味着已处分。一般认为,根据处分对象的不同,取得财产的判断标准亦有所区别:就财物而言,取得财产的最低限度是取得财物的占有,占有的取得当然不具有法律的效力,只是一种事实上的支配、控制;就财产性而言,取得财产意味着行为人或第三者获得(或享用)了财产性利益,存款债权便属于后者。在本案中,行为对象具有财物与财产性利益的交叉属性:被害人基于错误认识,将垫资款项打入被告人王某某的个人银行账户,但为预防不测,被害人始终实际掌控着打入垫资款项的银行卡和用于开卡的身份证,王某某实质上并不能处置该垫资款项,反而是被害人可以利用银行卡、用于开卡的身份证和自己的身份证等实际处置该笔款项,该笔款项的实际占有者仍为被害人,名义占有者为王某某,但其并无实质处分权。此时,并不能认定王某某已经取得了财产。王某某为了实现其实际处置该笔款项的目的,借助了国家公权力——法院强制执行措施,意图根据民事诉讼法第二百四十二条的规定,由法院通过执行措施将被害人的钱款扣划给执行申请人,只有当法院通过强制执行措施将该钱款扣划给执行申请人,行为人才实际取得了被害人的财产。[参见第1065号指导案例,王先杰诈骗案,载《刑事审判参考》总第102集(2015年第1集),第70~71页。撰稿:范莉　王星光]

▽假借国家公权力强制执行类诈骗案件中"既遂"的认定

诈骗案件只涉及行为人与被害人,涉案财产也只会在两者之间流转,被害人的损害意味着行为人的取得,反之亦然。但是,在有第三者介入的情况下,取得财产与财产损害便不具有同质性。换言之,此时被害人的财产损害并不必然意味着行为人或第三者取得财产,也不能简单地以行为人或第三者是否取得财产来判断被害人是否遭受财产损害。第三者根据角色的不同可以分为两类:一是与被害人或行为人具有利害关系的第三者,如受被害人或行为人支配的第三者;二是独立的第三者,如人民法院等。第一种情形中,涉案财产虽然受被害人和行为人之外的第三者掌控,但鉴于该第三者系受被害人或行为人所支配,故财产实际上仍处于被害人或行为人控制之下,被害人财产的损害与行为人财产的取得与传统诈骗并无实质差异。第二种情形中,因为独立的第三者介入,涉案财产可能脱离被害人和行为人的占有,处于暂时"悬空"的状态,如人民法院基于公权力将涉案财物予以扣押、冻结时,财产已经超出被害人和行为人的占有范畴,在名义上的占有人和私法上的实际占有人之间,又加入了公法上的占有人,且后者权力明显强于前两者权利。此时,作为实际占有人的被害人丧失了对财物的占有,但是失去占有并不意味着损害的发生,也不意味着犯罪的既遂。本案中,人民法院根据执行申请人的申请,对于被申请执行人的银行款项既可以冻结,也可以划拨,无论哪一种方式,其结果均会导致涉案财产脱离被害人和被告人王某某的控制,但并不意味着被害人必然遭受财产损害。本案中,法院只是冻结相应款项,涉案财物尚处于国家公权力控制之下,被害人只是暂时失去了处分权,并未实际遭受财产损害。被害人得知款项被冻结后立即报案,相关法院并未将已冻结的款项发放给申请执行人,也未进行其他处理,因此,王某某的诈骗行为处于未完成状态,属于因案发等意志以外的因素未完成,系未遂。如果人民法院已将相应款项划拨,无论是发放给申请执行人,抑或作其他处理,被害人财产损害均已实际发生,行为人的行为即构成诈骗罪的既遂。

综上,被告人王某某在明知无力偿还巨额债务的情况下,意图通过虚构注册公司的事实骗取他人垫付资金以偿还债务,当其无法实际占有涉案财产时,又假借国家公权力强制执行相应财产,以达到诈骗资金偿还债务的非法目的,其行为已构成诈骗罪(未遂)。[参见第1065号指导案例,王先杰诈骗案,载《刑事审判参考》总第102集(2015年第1集),第71~72页。撰稿:范莉　王星光]

▽对使用假冒国际标准集装箱运输来偷逃高速公路过路费的行为构成诈骗罪

(一)被告人所使用的集装箱不属于可享受浙江省规定的高速公路通行费率优惠的国际标准集装

箱的范围。浙江省交通投资集团有限公司作为省级交通国有资产营运机构,经营沪杭甬、杭金衢、金丽温等多条高速公路,为便于识别可享受优惠费率的国际标准集装箱范围,印发了《国际标准集装箱运输车辆判别操作指南》(本条附文以下简称《指南》),此规定已经报批浙江省交通主管部门,属于落实浙江省对国际标准集装箱运输实施优惠费率政策的操作规范。《指南》规定符合以下四项标准才能认定为国际标准集装箱:集装箱的箱体尺寸、重量符合规定;箱体标记符合规定;运输箱体的车辆应为集装箱专用运输车;需携带运单。这四项标准并非创设的标准,而是将集装箱运输及用于联运的要求结合起来,从形式条件和实质条件进行了归纳和简化,方便高速公路收费员进行辨别。而被告人所使用的集装箱不符合要求:1. 被告人所使用的集装箱不符合国际标准集装箱的形式要件。《中华人民共和国国家标准 GB/T 1413—2008》(以下简称《国家标准 GB/T 1413—2008》前言称"本标准等同采用IS0668:1995,包括其修正案",其适用了国际标准对我国的集装箱进行规定,集装箱的尺寸和额定重量,以及具有足够的强度可以在有效使用期内反复使用等方面有详细的标准。国内的集装箱制造企业以及鉴定机构也是按照此标准生产、鉴定国际标准集装箱。《指南》规定,对运输的箱体或车辆不符合标准的,应按照普通货车收费。为减少运输成本,尤其在浙江省于2010年4月16日对普通货车实施计重收费以来,各类假冒国际标准集装箱运输的行为层出不穷,主要有两种情况:一是物流企业购买海运公司淘汰后的集装箱,用于普通货运;二是外观类似集装箱的厢式货车、油罐车,车主对车厢进行改装,喷上箱号假冒集装箱。本案被告人购入海运公司淘汰的废旧集装箱用于货物运输,并且在所使用过的48个开顶集装箱被查扣后,具有相应资质的中国船级社对这些集装箱进行了鉴定,上述集装箱箱体破损,均不再适合当作国际集装箱进行运输。2 被告人使用集装箱超载运输,并伪造运单,不符合国际标准集装箱运输的实质条件。其一,《国家标准 GB/T 1413—2008》中对国际标准集装箱的额定重量严格限制在30.48吨以内,超过该额定重量就需要使用国际非标准集装箱或国际特种集装箱来进行运输。超出重量限制的集装箱运输就不是国际标准集装箱,不能享受相关的优惠政策。浙江省高速公路实施计重收费的同时,对集装箱车辆的收费维持现行收费方式和标准不变。计重收费指由按照货车车型收费变成按车货总重量收费,目的是降低合法运输车辆的收费标准,增大违法运输车辆的运输成本,通过经济和价格手段,消除超限超载运输和利益驱动。被告人为尽可能多地运输货物并逃避计重收费,使用自行购置的集装箱运输货物时重量均达50吨以上,绝大部分还超过60吨,大大超出了国家标准对国际标准集装箱的重量限制,不符合《指南》第一项的规定。其二,浙江省的高速公路运输国际标准集装箱可享受优惠通行费率的具体依据为浙江省交通厅、物价局2002年10月10日印发的《关于国际标准集装箱运输车辆收取通行费有关事宜的通知》(本条附文以下简称《通知》)第一条,即国际标准集装箱运输车辆的通行费,按运输集装箱种类、数量收取,收费标准按《国际标准集装箱种类(箱数/吨位)收费分类表》(附表)执行。同时《通知》第三条规定:"调整国际标准集装箱运输车辆通行费收费方式,是适应我国加入WTO扩大国际贸易交流的需要,有利于进一步提高货物运输集装化水平。"根据《指南》规定,只要司机出具的单证有假冒行为,即应按普通货车收费,不再享受优惠政策。被告人用所购买的废旧集装箱用于国内煤炭运输,并且私自购入空白集装箱设备交接单,虚构船名、船次自行打印、制作,让驾驶员随车携带,假冒运单出示,欺骗收费员,使其误信;或者骗得专门用于国际标准集装箱运输的ETC卡,运输不符合要求的集装箱,均违反了上述规定。

(二)被告人使用假冒国际标准集装箱偷逃高速公路过路费的行为构成诈骗罪。被告人使用假冒国际标准集装箱偷逃高速公路过路费,其行为无疑属于诈骗,且应认定为诈骗罪,主要理由是:1. 被告人的行为不符合合同诈骗罪的构成特征。合同诈骗也属于诈骗的一种,但合同诈骗罪与诈骗罪有所不同:合同诈骗罪是指以非法占有为目的,在签订、履行合同过程中,使用欺诈手段,骗取对方当事人财物,数额较大的行为。合同诈骗既侵犯公私财产所有权,又扰乱正常的市场交易秩序,而且后者是其本质特征,以此区别于只侵犯公私财产权益的普通诈骗罪。合同诈骗罪是为了规制发生在经济交往过程中的诈骗行为而规定的。按照《最高人民检察院、公安部关于公安机关管辖的刑事案件立案追诉标准的规定(二)》的规定,在签订、履行合同过程中骗取对方当事人财物,数额在2万元以上的,应予追诉;而根据《最高人民法院、最高人民检察院关于办理诈骗刑事案件具体应用法律若干问题的解释》的规定,诈骗公私财物价值3000元至1万元以上的,即构成诈骗罪,由此可见,两罪的发生领域、社会危害性和规制的对象是不同的。本案被告人的行为不属于合同诈骗罪在客观方面表现的五种形式。被告人的车辆在高速公路上通行并交纳通行费,与浙江省交通投资集团有限公司之间存在事实上的合同关系,但这属于民事法律关系范畴。被告人的行为具有社会危害性并在刑法上有评价意义的部分是伪造、虚构符合当地政府规定的交纳优惠通行费的条件,从而达到减免通行费的目的,该行为与普通诈骗罪的客观表现并无不同,而与典型的合同诈骗罪明显有别。也就是说,实践中,具有一定合同形式的诈骗行为层出不穷,但不是只要与合同有一定关联,就必须认定行为性质属合同诈骗。被告人以欺骗手段获取优惠通行费率,直接侵害的是高速公路营运方的财产利益,与扰乱市场交易安全秩序关系不大。2. 将本案认定为诈骗罪符合司法实践惯例。根据《最高人民法院关于审理非法生产、买卖武装部队车辆号牌等刑事案件具体应用法律若干问题的解释》第三条第二款的规定,使用伪造、变造、盗窃的武装部队车辆号牌,骗免养路费、通行费等各种规费,数额较大的,依照刑法第二百六十六条的规定定罪处罚。本案被告人虽然不是使用伪造、变造的军牌,但也是通过伪造事实,隐瞒真相的方式,使车辆符合减免通行费条件,从而侵害了公路营运方的财产所有权。因此,此类案件定性为诈骗罪符合法律适用的统一性要求。(参见第1083号指导案例,嵇世勇诈骗案,载《刑事审判参考》总第103集,第66~70页。撰稿:唐海波　李晖)

▽被告人以借用为名非法占有他人财物的行为,构成诈骗罪

盗窃罪与诈骗罪应从行为人采取的主要手段和被害人有无处分财物等方面综合加以区分。

从犯罪手段来看,诈骗罪主要以欺诈手段骗取财物,盗窃罪通常以秘密手段窃取财物。在一般的以借用为名非法占有他人手机等侵财案件中,被害人与行为人并不存在密切的信任关系,被害人出借财物后多在旁边密切关注着手机等财物的使用状况,行为人“借用”后,多是趁被害人不备,秘密携带财物离开现场,进而实现对他人财物的非法占有。因行为人取得财物的主要手段是秘密窃取,所以才存在成立盗窃罪的空间。本案被告人冒充帮助警察办案的工作人员获得了被害人的充分信任,从被害人处骗得了手机等财物,又以去拍照、开警车等欺骗手段使被害人产生错误认识,同意被告人带着手机等财物离开现场,并在原地等候财物被归还。从整个过程来看,被告人获取被害人财物的主要方式是欺诈而非窃取,被告人的行为不符合盗窃罪的构成要件。

从被害人是否因认识错误而处分财物来看,诈骗罪是以欺诈手段使被害人受骗后而“自愿”处分财物,即诈骗罪是将财物交由行为人占有、支配的犯罪,盗窃罪是违反被害人意志窃取财物的犯罪。处分行为是财物支配关系的变化,作为一个法律概念,并不完全等同于日常生活中的交付动作。在借用财物的情形下,被害人将财物交给行为人时,如果被害人仍在现场监督行为人对财物的使用情况,则财物的占有、支配关系在法律上并未转移,亦即被害人并未对财物作出处分。但是,如果行为人在借得财物后,将财物带离现场,被害人不加阻止的,则应当认为财物的占有、支配关系已发生变化,被害人实际已因受骗而对财物作出错误处分。本案被害人将手机交给被告人,只是财物的交付行为,被告人将手机等财物带离现场,被害人未采取有效的措施保持对财物的支配,此时才完成了财物的处分行为。本案系因被害人错误认识而导致财物的损失,符合诈骗罪的本质特征。

对于刑法意义上的诈骗,应当从处分的对象、占有处分等方面来具体认定。1. 诈骗罪中的处分对象。处分的对象可以是所有权,也可以是占有。首先,占有可以成为诈骗罪中处分行为的对象。虽然在通常情况下,所有权人享有处分财物的权利,但是在特殊情况下,占有人也享有处分财物的权利。如在行为人冒充出借人的受托人从借用人处取走财物、行为人冒充失主从遗失物拾得者处冒领财物等诈骗情形中,借用人、遗失物拾得者只是临时占有财物,并不享有所有权,其处分的对象只能是占有,但是这并不影响诈骗罪的成立。其次,所有权人仅处分占有的情形下也可以成立诈骗罪的处分行为。虽然在通常情况下,所有权人因受骗而处分所有权,但是在特殊情形下,所有权人仅处分占有也可以成立诈骗罪中的处分行为。即使所有权人仅处分了财物的占有,这也不影响诈骗罪的成立。最后,将占有视为处分行为对象的观点并不背离诈骗罪侵犯财物所有权的传统观点。处分是基于被害人的角度而言的,行为人完全可以通过被害人的占有处分而达成对所占有财物的所有权的整体侵害。2. 诈骗罪中的占有处分。刑法意义上的占有与民法意义上的占有不完全相同,刑法意义上的占有不但包括现实的物理管有、支配,更强调社会一般观念上的财物管有、支配。在根据社会一般观念判断占有时,应当综合考虑占有意思、时间、地点等因素综合认定。特别值得注意的是,占有弛缓并非处分占有。占有弛缓,是指占有从紧密支配状态舒缓为松散支配状态的情形,尤其是指从物理的现实支配状态舒缓为社会观念上支配状态的情形。如咖啡店店员将咖啡和杯子交给顾客后,虽然顾客在物理上直接支配杯子,但是从一般的社会观念来看,顾客在咖啡店内使用杯子喝咖啡时,咖啡店仍然占有杯子,这便是占有弛缓。在判断占有弛缓时,尤其应当注重审视被害人主观上是否还具有占有的意思。可以说,在被害人和被告人同时在场的情形下,即使被告人直接持有财物,但是从一般的社会观念判断,仍然可以认为被害人占有财物,只是属于占有弛缓的情形。此时,财物的占有、支配关系在法律上并未转移,亦即被害人并未对财物作出处分。但是,如果行为人将财物带离现场,被害人不加阻止的,则应当认为财物的占有、支配关系已发生变化。综上,被害人基于被骗在将手机等财物交给被告人时,并不能认为其已经处分了财物,因为从一般的社会观念来看,被害人仍然占有财物,属于占有弛缓。此时,如果被告人携带财物秘密逃走的,宜认定为盗窃罪;如果被告人公然携带财物逃走的,可以认定为抢夺罪;如果被告人采用暴力手段使被害人不敢或者不能反抗后离开的,可以认定为抢劫罪;只有在被害人明知被告人携带财物离开却不反对或者明确表示同意的情况下,才可以认定被告人的行为构成诈骗罪。本案中,被告人将财物带离现场时,被害人之所以没有表示反对或者采取积极措施保持对财物的占有,而是默认、同意被告人完全取得对财物的占有,其"自愿"处分财物是基于被告人欺骗所致,符合诈骗罪的本质特征,故二审改判定性是正确的。(参见第1174号指导案例,丁晓君诈骗案,载《刑事审判参考》总第108集,第64~68页。撰稿:任素贤　秦现锋)

▽事先无明确的犯罪意思联络,但为诈骗犯罪分子提取赃款并获利,构成诈骗共犯

(一)三被告人对自己行为的社会危害性有明确的认识,具有实施诈骗犯罪的共同故意和行为。在共同实行犯罪的情况下,各共同犯罪人必须具有全面与互相的主观联系。所谓共同犯罪故意,是指各共同犯罪人通过意思联络,认识到他们的共同犯罪行为会发生危害丰十会的结果,并决意参与共同犯罪,希望或放任这种结果发生的心理态度。意思联络就是共同犯罪人以明示或暗示的方法表明愿意共同实施某种犯罪。正是这种意思联络,各共同犯罪人的个人犯罪故意才结成一体,转化为共同的犯罪故意,这种共同犯罪人之间的意思联络并不要求所有共同犯罪人之间都必须存在,只要实行犯与其他共同犯罪人之间存在意思联络即可,事前犯意联络就是故意犯罪的重要方式,它通常包括共同犯罪人之间用语言或文字互相沟通犯罪意思,就拟实施的犯罪性质、实施方法、地点、时间和分工进行商议,有时也以表示同意的身体动作作为犯意联络的行为表现。对共同犯罪而言,有无直接明确的意思联络,并不影响共同犯罪的成立。共谋的内容是共同协议决定实行犯罪,但共谋并不要求必须谋议犯罪的时间、地点、手段以及具体实行方法的细节,即使行为人不知道这些情况,只要参加犯罪基本问题的谋议就可以认定为共谋。在共同谋议实行犯罪的场合,无论其是否直接参与实行行为,都应据其在共同犯罪中所起的作用处罚。在司法实践中,法官在认定行为人的犯罪故意时就是根据行为人的行为表现,结合自身的经验、知识和一般的常理、常识进行推断。《最高人民法院、最高人民检察院、海关总署关于办理走私刑事案件适用法律若干问题的意见》推定行为人具有走私主观故意的七种情形以及《最高人民法院、最高人民检察院关于办理侵犯知识产权刑事案件具体应用法律若干问题的解释》中认定“明知”系假冒注册商标的商品的四种情形等就是以司法推定的方式认定故意在实践中的例证。本案虽无明确证据可以证明林某清等人与诈骗上线之间存在整体诈骗犯罪的意思联络，但综观全案，应当说是存在如何实施犯罪的犯罪联系的，只是这种联系内容与通常状态下的预谋分工有一定的区别。林某清作为福建安溪地区的居民，在明知当地存在许多人实施诈骗行为的情况下，自己为了挣钱而与柯某铵等人联系，且柯某铵等人已告知其所取款项系诈骗而来。就其主观而言，其对上线通过虚构信息骗取他人钱财的事实是有明确认知的，其对自己未向他人发布虚假信息、未告知被害人如何操作ATM将钱款打入、钱款的进入并非自己的直接行为所致以及没有实施所谓实质性损害行为的性质如何认识，并不影响犯罪行为的成立。基于林某生、蓝某辉自身实际情况，其二人与林某清同处福建安溪地区，对当地许多人从事虚构网络信息进行诈骗获取钱款的行为同样有较为清晰的认识，从其年龄和实施方法、利益分成看，其事先与诈骗上线未直接联系既有林某清已与上线联系清楚，无须联系的考虑，也有怕事情暴露的顾虑，况且林某清提出以这种取款方式带二人挣钱时其二人就有所感知，在其二人以后的行为实施过程中，二人是知道也是应当知道林某清所指挥行为的社会违法性，但知道而不制止、退出反而继续参与实施并获利，说明其具有临时产生共同实施犯罪行为的故意。因此，根据现有材料，完全可以认定三被告人与诈骗上线之间存在一定程度的犯罪联系，具有实施共同诈骗犯罪的主观故意。

刑法上所讲的共同犯罪行为，要求各共同犯罪人实施的行为指向同一犯罪事实，都具有社会危害性，且达到严重的程度，各共同犯罪人的行为彼此联系，互相配合，与犯罪结果之间都存在因果联系。通常情况下，自然人对行为性质的认识是通过其对行为手段或行为方法的认识来确定的。无论行为人是知道（直接故意）还是应当知道（间接故意），外界都可依据一定的客观基础事实和主观认识进行判定，具体到本案，我们认为可从下列几方面确认三被告人的行为与其上线一样均是诈骗犯罪的共同实行行为：第一，行为手段。行为手段是行为人实现犯罪目的的重要条件。从被告人林某清等人实施犯罪的行为手段来看，其首先在网络上购买银行卡，编成代号告知柯某铵等上线，柯某铵等上线通过他人设定的伪基站发送虚假信息，在被害人认为自己有经济利益或认为自身经济利益有可能受损而与柯某铵等人联系后，柯某铵等人诱使被害人通过银行ATM进行所谓的转账或银行卡升级，将钱款汇入林某清等人事先购买的银行卡上，再告知林某清等人前往附近银行取款。林某清等人将被害人的钱款取出，扣减其中的10%作为自己的报酬后，将余款汇入柯某铵等上线控制的银行卡。柯某铵、林某清等人煞费心机地设计、使用的这种特殊手段，利润之高、手段之怪与日常生活中的网络货物交易完全不同，也由此可以说明行为人对自己的行为后果、违法性质等要素有一定的认知。第二，实施侵害的行为对象。柯某铵等上线是在他人对该受信用户情况并不了解，不知受害人是否有如短信所言内容的情况下，明知自己并不具有短信中所描述的资格和能力，只是为了达到犯罪目的而去实施。林某清等人对这种有选择地确定侵害对象的方式和内容是明知的。第三，行为人案发前后的表现。林某清在案发前所办理的银行卡为网上非实名购买，柯某铵等上线在收到短信的被害人对其质疑时，往往也是直接挂断电话，不再启用原先告知的电话号码、银行卡号，在案发后毁灭、伪造证据，同时为避免被他人发现，一般都是借用非本地联系电话，而且林某清等取款也都是在非本人居住地宾馆开房，等候通知，收取钱款后立即转移，实质是一种掩盖犯罪事实、逃避法律追究的行为。上述内容可以确认三被告人所实施的行为均是具有诈骗犯罪性质的共同实行行为。

（二）三被告人的提取赃款行为，是诈骗犯罪系列行为的一部分，是诈骗行为人实现犯罪目的不可缺少的重要组成部分。共同犯罪的严重危害性源于其整体性，整体性体现为各犯罪人行为的相互配合、相互补充，共同犯罪故意使各共同犯罪人的行为在它的支配下成为一个统一整体。各共同犯罪人的行为不管在共同犯罪中的表现形式如何，都不是互相孤立的，而是有一个共同的犯罪目标把它们联系起来，成为统一的犯罪活动。他们每一个人的行为都是共同犯罪不可或缺的组成部分，行为表现既可以是共同作为,也可以是共同不作为,还可表现为作为与不作为的结合;既可能是共同实施实行行为,也可能是不同行为的配合。不能孤立地只就共同犯罪中的某一人的行为是否现实地导致结果发生来认定其行为与结果之间是否存在因果关系,而应当理解为各共同犯罪人基于共同犯罪意思的联系,彼此互相利用他人的行为而共同实施犯罪,他们的行为是围绕着一个犯罪目标,互相配合、互为条件的,这些行为的总和才导致犯罪结果的发生,每个人的行为都是犯罪结果发生不可分割的原因的一部分,即使其中某一人的行为引起犯罪结果发生,其他人的行为虽然没有直接导致犯罪结果的发生,也应认为与犯罪结果之间存在因果关系。各共同犯罪人对共同实行的故意犯罪行为整体负责,而不只是对自身参与实行的犯罪行为负责。当然,在共同犯罪人之间存在分工的场合,如果事后的帮助行为不存在事前或事中通谋,就不构成共同犯罪,但如果存在事前或事中共谋,则存在共同犯罪。我国刑法第一百五十六条关于在一系列走私犯罪过程中的不同行为以走私共犯论处的规定就体现了这一点。本案也是如此,各犯罪人的行为方式虽有差异,但这种差异是基于林某清与诈骗上线网络聊天时即已确定的不同分工,他们之间是一种协作配合的关系,尽管三被告人在实施诈骗犯罪之前对犯什么罪以及如何实施犯罪等事项与诈骗上线事前无明确的犯罪预谋,但先后实施不同的犯罪行为均没有超出林某清与上线商议的范围:首先,如上所述,本案三被告人与柯某铵等上线具有实施诈骗犯罪的共同犯罪故意,其犯罪的目的均是希望通过实施虚构事实、隐瞒真相的手段获取不特定被害人的钱财,其相互之间目的明确、手段共知,均指向同一的诈骗犯罪。其次,各犯罪人之间行为的不同只是他们之间因特殊诈骗行为的要求而导致的不同分工。本案与其他普通共同犯罪的区别在于三被告人与诈骗上线并未见面,与被害人是通过网络联系,犯罪钱财的取得也不是从被害人手中直接取得,行为的实施具有时间、空间的不同一性,因而需要犯罪行为人采取各自不同的方法、手段,三名被告人的取款行为正是适应这种需要的行为。最后,三被告人行为与上线的前期行为都是诈骗目的实现不可分割的组成部分,缺一不可。柯某铵等上线一方在实施自身行为时认识到自己实施完毕后,林某清等人自然会去取款并汇给自己,而林某清等三被告人在实施自身的取款行为时亦明知或应当知道取款资金来自柯某铵等上线的前期诈骗所得。事实上从购买银行卡,到通过网络向不特定人员发送虚假信息诱使他人为获得所谓钱财或避免利益受损而将钱款转移,再到将此钱款转入犯罪行为人控制的银行卡,整个过程都是诈骗犯罪的实行行为,无论是缺少诈骗上线的前期行为,还是三被告人后期到附近ATM上将上线骗得的尚在银行的钱财取出行为,该诈骗犯罪的实际目的均不能得逞。需要特别强调的是,三被告人行为并非如有些共同犯罪中的帮助行为。认定帮助犯要从行为人在共同犯罪中的地位、参与程度、具体犯罪情节以及危害后果原因大小等因素综合考量,本案三被告人所实施行为是诈骗目的得以实现不可缺少的必要条件,缺少其行为则诈骗结果不能实现,这与在共同犯罪中未直接实行犯罪,只是对实行犯罪提供方便条件的帮助行为是有原则区别的,不能错误地认为虚构事实让被害人将钱款转入预先设立的账户是诈骗,其他过程都是一种辅助行为,如此则会产生林某清等三被告人行为在整个犯罪过程中的必要性以及是否构成诈骗共犯的困惑。(参见第1203号指导案例,林在清等人诈骗案,载《刑事审判参考》总第110集,第63~70页。撰稿:颜赤　贺同新)

▽含欺诈行为的民事借贷纠纷与诈骗罪的区别

非法占有目的的认定必须坚持在客观基础上的主观判断,不能仅凭被告人供述简单定案。具体可从以下三个方面来把握:一是行为人借款前的资产负债情况,有无还款能力;二是行为人实际借款用途有无保值增值可能;三是行为人有无隐匿财产、恶意转移财产、逃跑等逃避还款义务的行为。上述情节可以从客观方面反映行为人有无还款意愿和还款可能。对确因不可抗力、意外事件、正常的投资经营风险等债务人不能控制的因素导致债权人权益损失的,应当尊重民事法律规范的调整领域,不轻易激化矛盾上升到刑事追责的高度。对以欺骗方式获取借款,但借款时确有还款能力,借款后实际用于保值增值业务或者借款合同约定的借款用途,借款逾期后积极采取有效措施筹措还款的借款人,不宜认定行为人有非法占有的主观恶意。对明知自己无还款能力，以欺骗方式获取借款，事后无力归还，造成被害人损失的，依法追究相应的刑事责任。对以欺骗方式获取借款，实际用于赌博、挥霍或者违法活动的，造成被害人损失的，依法追究相应的刑事责任。对以欺骗方式获取借款，借款逾期后逃跑，或者有隐匿财产、恶意转移财产等恶意逃避还款的行为，造成被害人损失的，依法追究相应的刑事责任。本案被告人武某钢明知自己无还款能力，负有大量外债，借款时已转让钢浓公司全部股权，隐瞒真相，虚构借款用途，使程春胜产生错误认识借给其巨额款项，逾期后拒不归还，原审法院认定其主观上具有非法占有目的，以诈骗罪追究刑事责任，定性准确。[参见第1208号指导案例，钢浓公司、武建钢骗取贷款、诈骗案，载《刑事审判参考》总第111集，第31～32页。撰稿：郑娟　邓海兵]

▽单位职员虚构公司业务骗取财物并私自占有和处分的行为构成诈骗罪

（一）行为人对其所在单位是否构成表见代理不影响对行为人的定罪。区别诈骗罪与职务侵占罪的关键在于，前者侵占的是被害人基于错误认识而处分的财产，后者侵占的是行为人保管、经营的单位财产。行为人是否构成表见代理，在民事法律关系中直接影响各方的民事权利义务，但并不影响诈骗罪与职务侵占罪的甄别定性。即使被告人构成表见代理，单位可能承担相应的民事责任，该民事责任的承担也是民事法律规范适用的结果，并非行为人的犯罪行为直接引起，也不是行为人主观故意直接指向的后果。不能因为行为人所在单位最终在民事法律关系中承担了相应责任，进而以该最终后果为标尺认为行为人的侵占对象是单位财产。单位承担民事责任的原因主要是管理责任之必要。只要行为人主观上有非法占有他人财产的故意，客观上实施了"骗"的行为，侵占了被害人财产，而不是利用职务上的便利条件侵占其自己经营、保管的单位财产，就应当以诈骗罪追究刑事责任。如果行为人让被害人将资金汇入单位账户，那么资金归单位控制，在这种情况下，行为人利用职务之便占有、处分单位账户里的资金，则属于职务侵占。对此，可区别以下三种情况来考察：第一，行为人具有诈骗被害人财产的故意，但利用其具有的"表见代理"权限而实施诈骗行为的，仍然属于诈骗犯罪。在这种情况下，行为人只是利用了"表见代理"，而没有真实履行"表见代理"之职责。行为人只是将其"表见代理"作为骗取被害人信任的一种手段，以其职务身份获取被害人信任，但所谓的"公司业务"却是其编造的虚假事实。被害人基于相信行为人的代理行为而误认为其交易对象是行为人单位，将财物交给行为人，后财物实际被行为人占有、使用。在此过程中，行为人使用了欺骗手段，被害人基于错误认识将财物交给行为人，涉案财物被行为人占有、使用违背了被害人真实意思。第二，行为人具有诈骗被害人财产的故意，在对于所在单位既没有代理权限，也不构成表见代理的情形下实施诈骗行为，则是典型的诈骗犯罪形态。在这种情形下，被害人处分财物同样是基于行为人欺骗行为产生的错误认识，被害人本意是与公司交易，并无将财物交给行为人占有、使用的意思表示。第三，倘若行为人依照其对被害人的承诺，将涉案财物交付所在单位，再利用职务便利占有涉案财物。在这种情况下，被害人主观上的真实意思是将财物交付行为人所在单位，客观上财物也确实归于行为人所在单位，因此被害人没有因行为人的欺骗行为产生错误认识，进而违背本意地处分财产。此时，行为人如果利用职务之便，对已经由单位占有的财物私自占有、处分，那么，其行为性质属于职务侵占。在这种情形下，无论行为人与被害人进行"业务来往"时是否有代理权或者构成表见代理，行为人的行为均构成职务侵占罪。综上，行为人是否具有代理权以及是否构成表见代理，对于行为人占有、处分被害人所交付的财物，是构成诈骗罪还是职务侵占罪，没有刑法上的意义。判断行为人占有、处分被害人财物的行为性质，必须看该财产是否处于行为人所在单位占有和控制下。如果是，那么行为人的行为性质属于职务侵占；如果不是，那么行为人的行为性质属于诈骗。

（二）采取欺骗方法骗取他人财物，是诈骗罪的本质特征。诈骗罪是指以非法占有为目的，采用虚构事实或者隐瞒真相的方法，骗取数额较大的公私财物的行为。虚构事实或者隐瞒真相，是指捏造不存在的事实或者隐瞒真实情况，骗取被害人的信任，使被害人基于错误认识违背其真实意思"自愿"交付财物。行为人是否有代理权限或者构成表见代理,并不能从根本上影响其罪名的成立。被害人处分财物的行为与行为人的欺骗行为有无因果关系,是否基于错误认识处分财物,才是决定诈骗罪成立与否的关键。

(三)利用职务便利,将本单位财物占为己有是职务侵占罪的本质特征。职务侵占罪的客观表现是利用职务上的便利条件,将本单位财物非法占为己有,数额较大的行为。即行为人利用自己在本单位所具有的职务便利,如担任董事、经理、会计等,利用管理、经手本单位财物的便利,侵占单位财产。一方面要利用职务便利;另一方面侵占的对象是本单位的财产,二者兼备才符合职务侵占罪的客观要件。在类似本案的情况下,如果被害人处分的财产经过两个阶段:一是从被害人所有转为单位的合法占有;二是行为人利用职务便利,侵占已由单位占有的涉案财产,则可以认定符合职务侵占罪的客观特征。但在本案中,杨某仅是销售经理,在统建公司东方雅园项目部从事销售管理工作,负责销售登记和销售合同的签订与审查核对等工作,并无管理、经手客户认购款的相关公司职务,杨某实际占有的是杨小莉等被害人汇至其个人银行账户的钱,并非已经进入单位账户的资金,侵占的对象不是本单位的财产,也没有利用职务上的便利条件。杨某的行为不符合职务侵占罪的客观要件。

(四)杨某的职务身份和其使用的购房合同、房屋销售专用章、副总经理印章等,均系其实施诈骗行为的手段。实践中,对于利用职务身份实施的非法占有他人财物的行为,要甄别审查该职务身份在犯罪中所起的作用。单就诈骗罪和职务侵占罪而言,诈骗罪非法占有他人财物的本质手段是"骗",即使存在职务身份产生的推进犯罪效果的作用,通常也是服务于"骗"这一核心要素的。职务侵占罪非法占有单位财物的本质手段则是利用职务形成的便利条件,职务本身就是行为人非法占有单位财物的核心要件,缺之则无法实现侵占的目的。本案中,杨某的职务身份实际起到的是获取被害人信任的作用,与其使用的购房合同、房屋销售专用章、副总经理印章等一样,均是为其骗取被害人信任,使被害人基于错误认识将钱交付到杨某个人银行账户服务的,属于杨某实施诈骗行为的手段、工具或者条件。其诈骗行为的关键节点体现在以下四个方面:一是身份编造,谎称自己是副总经理,伪造单位公章等;二是业务编造,谎称东方雅园项目第二期商铺对外销售,并且可以帮助被害人购买商铺等;三是手段欺骗,让被害人将钱款汇入其个人账户而不是汇入单位账户,并且还将多个商铺重复卖给不同的被害人;四是实施了数个掩人耳目的行为,如用伪造的公章与被害人签订租赁合同,向被害人杨小莉等人支付"商铺租金"。以上事实或行为,都体现了一般诈骗罪中的"诈骗"之本质特征。

(五)关于诈骗金额的认定。被告人杨某骗取9名被害人的资金共计1011万元,后杨某又以支付"商铺租金"的形式支付给杨小莉等3人284 152元。诈骗罪的犯罪数额应当以行为人实际骗取的数额作为定罪数额,而不能扣除犯罪成本。《全国法院审理金融犯罪案件工作座谈会纪要》就规定,诈骗罪的犯罪数额以行为人实际骗取的数额计算。但是,应当将犯罪分子的犯罪成本与其诈骗后归还的款项区分开来。多次进行诈骗,并以后次诈骗财物归还前次诈骗财物的,计算诈骗数额时,应将已归还的数额扣除,按实际未归还的数额认定。因此,本案被告人杨某的诈骗数额应当认定为9 825 848元。

综上,被告人杨某主观上有非法占有的故意;客观上,采用虚构事实、隐瞒真相、一铺多卖等欺骗手段,使被害人基于错误认识而处分了自己的财产,导致财产损失。其后,杨某将所得钱款用于赌博及个人消费,为防止犯罪事实被发现,又采取私刻单位公章签订虚假租赁合同等手段,继续欺瞒被害人直至案发。其行为完全符合诈骗罪的构成要件。一、二审法院以诈骗罪判处杨某有期徒刑十五年,并处罚金人民币五十万元,是正确的。(参见第1218号指导案例,杨涛诈骗案,载《刑事审判参考》总第111集,第102~107页。撰稿:郑娟 李济森)

第二百六十七条 【抢夺罪】抢夺公私财物,数额较大的,或者多次抢夺的,处三年以下有期徒刑、拘役或者管制,并处或者单处罚金;数额巨大或者有其他严重情节的,处三年以上十年以下有期徒刑,并处罚金;数额特别巨大或者有其他特别严重情节的,处十年以上有期徒刑或者无期徒刑,并处罚金或者没收财产。(本款是根据《中华人民共和国刑法修正案(九)》之二十修改的,自2015年11月1日起施行。)

【抢劫罪】携带凶器抢夺的,依照本法第二百六十三条的规定定罪处罚。

刑法本条第一款原文:抢夺公私财物,数额较大的,处三年以下有期徒刑、拘役或者管制,并处或者单处罚金;数额巨大或者有其他严重情节的,处三年以上十年以下有期徒刑,并处罚金;数额特别巨大或者有其他特别严重情节的,处十年以上有期徒刑或者无期徒刑,并处罚金或者没收财产。

■最高人民法院、最高人民检察院关于办理抢夺刑事案件适用法律若干问题的解释(2013年11月18日)

第一条　抢夺公私财物价值一千元至三千元以上、三万元至八万元以上、二十万元至四十万元以上的,应当分别认定为刑法第二百六十七条规定的“数额较大”“数额巨大”“数额特别巨大”。

各省、自治区、直辖市高级人民法院、人民检察院可以根据本地区经济发展状况,并考虑社会治安状况,在前款规定的数额幅度内,确定本地区执行的具体数额标准,报最高人民法院、最高人民检察院批准。

第二条　抢夺公私财物,具有下列情形之一的,“数额较大”的标准按照前条规定标准的百分之五十确定:

(一)曾因抢劫、抢夺或者聚众哄抢受过刑事处罚的;

(二)一年内曾因抢夺或者哄抢受过行政处罚的;

(三)一年内抢夺三次以上的;

(四)驾驶机动车、非机动车抢夺的;

(五)组织、控制未成年人抢夺的;

(六)抢夺老年人、未成年人、孕妇、携带婴幼儿的人、残疾人、丧失劳动能力人的财物的;

(七)在医院抢夺病人或者其亲友财物的;

(八)抢夺救灾、抢险、防汛、优抚、扶贫、移民、救济款物的;

(九)自然灾害、事故灾害、社会安全事件等突发事件期间,在事件发生地抢夺的;

(十)导致他人轻伤或者精神失常等严重后果的。

第三条　抢夺公私财物,具有下列情形之一的,应当认定为刑法第二百六十七条规定的“其他严重情节”:

(一)导致他人重伤的;

(二)导致他人自杀的;

(三)具有本解释第二条第三项至第十项规定的情形之一,数额达到本解释第一条规定的“数额巨大”百分之五十的。

第四条　抢夺公私财物,具有下列情形之一的,应当认定为刑法第二百六十七条规定的“其他特别严重情节”:

(一)导致他人死亡的;

(二)具有本解释第二条第三项至第十项规定的情形之一,数额达到本解释第一条规定的“数额特别巨大”百分之五十的。

第五条　抢夺公私财物数额较大,但未造成他人轻伤以上伤害,行为人系初犯,认罪、悔罪,退赃、退赔,且具有下列情形之一的,可以认定为犯罪情节轻微,不起诉或者免予刑事处罚;必要时,由有关部门依法予以行政处罚:

(一)具有法定从宽处罚情节的;

(二)没有参与分赃或者获赃较少,且不是主犯的;

(三)被害人谅解的;

(四)其他情节轻微、危害不大的。

第七条　本解释公布施行后,《最高人民法院关于审理抢夺刑事案件具体应用法律若干问题的解释》(法释〔2002〕18号)同时废止;之前发布的司法解释和规范性文件与本解释不一致的,以本解释为准。

■最高人民法院关于审理抢劫、抢夺刑事案件适用法律若干问题的意见(2005年6月8日)

四、关于"携带凶器抢夺"的认定

《抢劫解释》第六条规定,"携带凶器抢夺",是指行为人随身携带枪支、爆炸物、管制刀具等国家禁止个人携带的器械进行抢夺或者为了实施犯罪而携带其他器械进行抢夺的行为。行为人随身携带国家禁止个人携带的器械以外的其他器械抢夺,但有证据证明该器械确实不是为了实施犯罪准备的,不以抢劫罪定罪;行为人将随身携带凶器有意加以显示、能为被害人察觉到的,直接适用刑法第二百六十三条的规定定罪处罚;行为人携带凶器抢夺后,在逃跑过程中为窝藏赃物、抗拒抓捕或者毁灭罪证而当场使用暴力或者以暴力相威胁的,适用刑法第二百六十七条第二款的规定定罪处罚。

■最高人民法院关于审理抢劫案件具体应用法律若干问题的解释(2000年11月28日)

第六条　刑法第二百六十七条第二款规定的"携带凶器抢夺",是指行为人随身携带枪支、爆炸物、管制刀具等国家禁止个人携带的器械进行抢夺或者为了实施犯罪而携带其他器械进行抢夺的行为。

■最高人民法院、最高人民检察院关于常见犯罪的量刑指导意见(试行)(2021年7月1日)(见本书附录十三)

▼安徽省高级人民法院、安徽省人民检察院关于二十三种常见犯罪量刑规范的实施细则(试行)(2022年1月16日)(见本书附录十四)

附:部分省(自治区、直辖市)关于抢夺罪数额的处罚标准

	数额较大	数额巨大	数额特别巨大
北京	2000元	5万元	30万元
天津	1000元	1万元	6万元
河北	800元	1万元	5万元
山西	2000元	5万元	30万元
内蒙古	1000元	3万元	20万元
辽宁	2000元	5万元	30万元
吉林	2000元	3万元	20万元
黑龙江	1500元	3万元	20万元
上海	1000元或飞车800元	1万元或飞车8000元	10万元或飞车5万元
江苏	1500元	4万元	30万元
安徽	2000元	3万元	20万元
福建	2000元	5万元	25万元
江西	1200元	4万元	30万元
山东	1000元	2.5万元	15万元
河南	1500元	4万元	30万元
湖北	贫困县1000元,其他2000元	贫困县3万元,其他5万元	贫困县30万元,其他50万元

续表

	数额较大	数额巨大	数额特别巨大
湖南	2000 元	4 万元	30 万元
广东	一类区 3000 元，二类区 2000 元	一类区 8 万元，二类区 5 万元	一类区 40 万元，二类区 30 万元
海南	1000 元	3 万元	20 万元
陕西	800 元	5000 元	4 万元
青海	2000 元	3 万元	20 万元
新疆	2000 元	4 万元	20 万元

▼浙江省高级人民法院、浙江省人民检察院、浙江省公安厅关于抢劫、盗窃、诈骗、抢夺借据、欠条等借款凭证是否构成犯罪的意见(全文)(2002 年 1 月 9 日)

债务人以消灭债务为目的，抢劫、盗窃、诈骗、抢夺合法、有效的借据、欠条等借款凭证，并且该借款凭证是确认债权债务关系存在的唯一证明的，可以抢劫罪、盗窃罪、诈骗罪、抢夺罪论处。债务人以外的人在债务人的教唆之下实施或者帮助债务人实施抢劫、盗窃、诈骗、抢夺借据、欠条等借款凭证，并且明知债务人是为了消灭债务的，以抢劫罪、盗窃罪、诈骗罪、抢夺罪的共犯论处。

▽"飞车行抢"刑事案件的定性，应根据案件的实际情况，具体问题具体分析

"飞车行抢"刑事案件，是行为人驾驶机动车辆(主要是摩托车)抢取财物刑事案件的通俗说法。对"飞车行抢"刑事案件，应当是根据案件的实际情况，具体问题具体分析，符合抢劫罪、抢夺罪或者其他犯罪构成要件的，应分别以相应的罪名定罪：(1)对于并未造成人员伤亡的案件，考虑到行为人主观心态的不确定性和客观上直接针对的是财物，如果行为人抢取财物数额较大的，应以抢夺罪论处；(2)对于造成被害人伤亡后果的案件，应该结合行为人的作案手段、作案环境、作案对象等情况具体分析行为人的主观罪过，分别定性。如果行为人对于伤亡后果的主观罪过是故意(包括直接故意和间接故意)，应以抢劫罪定罪处罚。如果行为人对于伤亡后果的主观罪过是过失，则分两种情况处理。在抢取财物达到"数额较大"标准时，致人轻伤的，认定为"其他严重情节"，致人重伤或者死亡的，则认定为"其他特别严重情节"，以抢夺罪定罪处罚。在抢取财物未达到"数额较大"标准时，如果仅仅过失造成了被害人轻伤以下的伤害，那么可以对行为人处以治安行政处罚，但难以定罪处罚。如果过失造成了被害人重伤或者死亡，可以根据刑法第二百三十五条或者第二百三十三条的规定，分别以过失致人重伤罪或者过失致人死亡罪定罪处罚。[参见第 323 号案例，王跃军、张晓勇抢劫、盗窃案，载《刑事审判参考》总第 41 集(2004 年第 6 集)，法律出版社，第 25～27 页。执笔：牛克乾]

▽抢夺罪的情节加重犯，应该以抢夺数额达到"数额较大"的定罪标准为前提

《最高人民法院关于审理抢夺刑事案件具体应用法律若干问题的解释》(本条附文以下简称《解释》)(此解释已于 2013 年 11 月 18 日废止。——编著者注)第四条规定，抢夺公私财物，数额接近本解释第一条第(二)项、第(三)项规定的"数额巨大""数额特别巨大"的标准，并具有本解释第二条规定的情形之一的，可以分别认定为"其他严重情节"或者"其他特别严重情节"。可见，刑法规定的抢夺行为的定罪标准是以数额为基础。从《解释》规定看，抢夺罪的"其他严重情节""其他特别严重情节"规定属于情节加重犯，因对于抢夺罪的情节加重犯，应该以抢夺数额达到"数额较大"的定罪标准为前提，故《解释》的规定并不违法。抢夺罪属于侵犯财产罪，侵犯财产权利是其本质特征，刑法条文只是规定"数额较大"作为成罪条件，并未将"数额"与"情节"并列。从刑法条文总体情况看，类似有第二档次、第三档次法定刑规定的情形，如第一百七十六条非法吸收公众存款罪，表明只要符合加重法定刑的情节，也都符合第一档次法定刑对应的基本成罪条件。因此，认定抢夺罪的"其他严重情节""其他特别严重情节"规定为情节加重犯符合逻辑规律。对于抢夺数额不大致人伤亡的案件，不以抢夺罪处理也不会带来放纵被告人的后果,可以过失致人重伤罪或者过失致人死亡罪定罪处罚。[参见第323号案例,王跃军、张晓勇抢劫、盗窃案,载《刑事审判参考》总第41集(2004年第6集),法律出版社,第28~29页。执笔:牛克乾]

▽抢劫罪与抢夺罪区别的认定

抢劫罪与抢夺罪,共同点体现在主观上都以非法占有他人财物为目的,客观上都带有一定的公然性。二者的区别,从字面上看,体现在"劫"与"夺"的不同。从犯罪构成的角度看,其区别在:(1)犯罪客体不同,抢劫罪侵犯的是双重客体,包括被害人的人身权利和财物所有权,抢夺罪侵犯的是单一客体,只是被害人的财物所有权;(2)行为方式不同,抢劫罪采取的是暴力、胁迫或者其他使被害人不能反抗或者不敢反抗的强制方法,抢夺罪是公然夺取他人控制的财物,但不能采用上述强制方法,实施抢夺行为,被害人可以当场发觉但来不及抗拒,而不是被暴力制服不能抗拒,也不是受胁迫不敢抗拒,这是抢劫罪与抢夺罪的关键区别;(3)犯罪主观要件不同,抢劫罪要求行为人既有侵犯财产的故意,又有侵犯人身权利的故意,而抢夺罪只要求行为人具有侵犯财产权利的故意;(4)犯罪主体要求不同,已满14周岁的人即可成为抢劫罪的主体,而抢夺罪的主体要求已满16周岁。[参见第323号案例,王跃军、张晓勇抢劫、盗窃案,载《刑事审判参考》总第41集(2004年第6集),法律出版社,第29页。执笔:牛克乾]

▽无故殴打他人后临时起意乘机夺财的行为应定抢夺罪

抢夺罪不使用暴力,而是使用强力,且此种强力仅作用于被抢夺的财物,而抢劫罪则是使用暴力,并将暴力直接施加于被害人人身,强制其身体。行为人及其同伙酒后无故殴打被害人的行为和夺取其的手机的行为在刑法意义上是两个独立的阶段,先行寻衅滋事无故殴打被害人的行为,并非行为人夺取财物的手段;后行夺财,并非事先即有强行占有他人财物的目的,只是见财临时起意乘机夺走被害人的手机,因而不符合抢劫罪的特征,应认定为抢夺罪。值得指出的是,如果行为人当时未将手机夺走,转而又对被害人人身使用暴力等方法,或者在逃跑中为抗拒抓捕又当场采取了暴力或者以暴力相威胁,或者是属于携带凶器抢夺等,则又另当别论了。[参见第203号案例,亢红昌抢劫案,载《刑事审判参考》总第28辑(2002年第5辑),法律出版社,第46页。执笔:赵新杰]

▽携带斧头无须有意加以显示,实施抢夺行为的符合刑法第二百六十七条第二款规定,应以抢劫罪定罪处罚

《最高人民法院关于审理抢劫案件具体应用法律若干问题的解释》第六条规定:"刑法第二百六十七条规定的'携带凶器抢夺',是指行为人随身携带枪支、爆炸物、管制刀具等国家禁止个人携带的器械进行抢夺或者为了实施犯罪而携带其他器械进行抢夺的行为。"据此,"携带凶器"在具体理解上应当有所区分,即如果行为人携带枪支、爆炸物、管制刀具等国家禁止个人携带的器械进行抢夺的,一律以抢劫罪定罪处罚;如果行为人携带上述国家禁止个人携带的"器械"之外的"其他器械"进行抢夺的,则需视其是否为实施犯罪而定。如果行为人随身携带国家禁止个人携带的器械以外的其他器械抢夺,但确有证据证明不是为了实施犯罪准备的,不应以抢劫罪定罪。行为人携带斧头实施抢夺,虽斧头不在国家禁止携带的器械之列,且行为人实施犯罪行为中始终未使用斧头,但其随身携带斧头属为实施抢夺而特别准备当可认定:一则斧头不属随身携带品,无缘无故将斧头携带于身不合常理;二则行为人未能就其随身携带斧头作出合理解释。认为所携带凶器必须加以显示方可以抢劫罪定罪,这与立法原意是明显不符的。因为将随身携带凶器有意加以显示的,构成典型的抢劫罪,应直接适用刑法第二百六十三条定罪处罚,否则,刑法第二百六十七条第二款规定将无从适用。[参见第190号案例,曾贤勇抢劫案,载《刑事审判参考》总第27辑(2002年第4辑),法律出版社,第22~23页。执笔:陈文全]

▽实施故意伤害行为,被害人逃离后,行为人临时起意取走被害人遗留在现场的财物,应认定为抢夺罪

(一)被告人持刀伤人后,临时起意取走他人财物的行为,不能认定为抢劫罪,也不属于"携带凶器抢夺”的情形。被告人前段持刀伤人的行为构成故意伤害罪毋庸置疑,但其在被害人逃离后,骑走被害人遗留在现场的摩托车的行为不能认定为抢劫罪。理由如下:首先,本案不属于“行为人实施伤害、强奸等犯罪行为,在被害人未失去知觉,利用被害人不能反抗、不敢反抗的处境,临时起意劫取他人财物”的情形。2005 年《最高人民法院关于审理抢劫、抢夺刑事案件适用法律若干问题的意见》(刑法本条附文以下简称《意见》)第八条规定的第一种情形,体现在以下四个方面:一是行为人在取走财物前实施了故意伤害或强奸等暴力行为。二是行为人取走财物属于临时起意。如果行为人是为劫取财物而实施暴力行为,则其实施的暴力行为只是劫财行为的一种手段,只以抢劫一罪处断。如果行为人在实施暴力行为前既有伤害、强奸等故意,又有占有被害人财物的故意,则应当认定其先前的暴力行为是其后夺取财物行为的辅助手段,应当以其实施的具体暴力行为犯罪和抢劫犯罪数罪并罚。三是在行为人取走被害人财物时,被害人有一定的知觉。如无知觉,则行为人临时起意的取财行为属于盗窃行为。四是行为人取走财物时,利用了先前的暴力行为对被害人的影响力并使被害人处于不能反抗或不敢反抗的状态。其中第四个因素是关键因素。如果行为人实施暴力行为时或完毕后,由于时空转换或者救助机会出现等原因,被害人的人身危险已经解除,行为人的先行暴力行为对被害人的影响力已消失或中断,不会再使被害人不敢反抗或不能反抗后,行为人方临时起意将被害人财物取走的,其取财行为并不具有暴力性特征,故不能认定为抢劫行为。2000 年《最高人民法院关于审理抢劫案件具体应用法律若干问题的解释》(刑法本条附文以下简称《解释》)第六条规定:“刑法第二百六十七条第二款规定的‘携带凶器抢夺’,是指行为人随身携带枪支、爆炸物、管制刀具等国家禁止个人携带的器械进行抢夺或者为了实施犯罪而携带其他器械进行抢夺的行为。”对此在《〈最高人民法院关于审理抢劫案件具体应用法律若干问题的解释〉的理解与适用》中进一步明确:“‘携带凶器抢夺’的立法本意,应当理解为为了实施抢夺而携带凶器。为此,《解释》第六条将‘携带凶器抢夺’行为界定为两种情形:一是行为人随身携带枪支、爆炸物、管制刀具等国家禁止个人携带的器械进行抢夺的行为。携带国家禁止个人携带的器械本身就是一种违法行为,在一定程度上也可以反映出行为人的犯罪倾向。携带这些器械实施抢夺行为的,应当认定为‘携带凶器抢夺’,以抢劫罪定罪。二是行为人为了实施犯罪而携带其他器械进行抢夺的行为。实践中确实存在携带并非国家管制的其他器械(如砖头、菜刀等)进行抢夺的行为,对这种行为的认定不能一概而论,而应当从行为人携带器械的主观目的方面进行分析。只有对行为人为了实施犯罪而携带其他器械进行抢夺的行为,才能认定为抢劫罪。因为在这种情况下,这些器械本身虽然不能反映出违法性,但实施抢夺犯罪的意图反映了其‘凶器’的本性。即使最终未能使用,也符合刑法规定的‘携带凶器抢夺’的特征。但是,如果行为人携带其他器械的本意不是为了实施犯罪,只能依照抢夺罪的有关规定定罪处罚。”

(二)本案被告人持刀伤人后,临时起意取走他人财物的行为应认定为抢夺罪。抢夺罪的客观方面具体表现为以下三种形式:(1)乘人不备而夺取;(2)在他人来不及夺回时(不问是否乘人不备)而夺取;(3)制造他人不能夺回的机会而夺取。由此可见,“乘人不备”而夺取财物只是抢夺罪中的一种最常见的表现形式,但并不意味它是抢夺罪的唯一表现形式,也不意味它是抢夺罪的必要客观构成要件。长期以来,由于后两种情形在抢夺罪中不常见,以致很多人忽略或者遗漏了这些情形,而将抢夺罪定义为“以非法占有为目的,乘人不备,公然夺取数额较大的公私财物的行为”。该观点将“乘人不备”作为抢夺罪的一个必要客观构成要件。但是仔细分析,不难看出,“乘人不备”并不是抢夺罪的必要构成要件,而是抢夺罪的一种常见表现形式。比如,财物的所有人或保管人对行为人抢夺财物的意图已有所察觉、有所防备,行为人甚至也意识到这一点,但是行为人利用当时偏僻无人、治安秩序不好、无人敢出面干涉等情况,或者在财物的所有人或保管人因年老、患病、轻中度醉酒等原因而丧失或基本丧失保管财物能力但神志清醒等情况下,未使用暴力或者以暴力相威胁而公然夺走财物。在这些情况下夺取财物的行为明显不不属于“乘人不备”,但行为人主观上具有非法占有他人财物的目的,客观上实施了公然夺取财物的行为,符合抢夺罪的主客观要件,应以抢夺罪论处。因此,在审理案件时,应注意不要将常见“符合规范的常见事实”等同于“规范能够评价的全部事实”,不能将抢夺罪的客观构成要件等同于“乘人不备”这种犯罪表现形式。只要行为人以非法占有为目的,采取了公然夺取的手段且夺取的财物达到抢夺罪的数额构成标准后,就可认定该行为构成抢夺罪。本案被告人在持刀砍伤被害人后,返回现场将摩托车开走的行为虽不具有“乘人不备”这一要件,但其主观上有非法占有他人财物的目的客观上实施的是利用被害人来不及夺回的情形而公然夺取财物,其行为完全符合抢夺罪的构成要件。综上所述,被告人在持刀伤人后,临时起意骑走被害人摩托车的行为,既不符合《意见》第八条规定的“行为人实施伤害、强奸等犯罪行为,在被害人未失去知觉,利用被害人不能反抗、不敢反抗的处境,临时起意劫取他人财物”的情形,也不符合刑法第二百六十七条第二款规定的“携带凶器抢夺”的情形,不能认定为抢劫罪;而符合抢夺罪中以非法占有为目的,在被害人来不及夺回时公然夺取被害人财物的情形,因此,应当认定该行为构成抢夺罪。[参见第683号指导案例,郭学周故意伤害、抢夺案,载《刑事审判参考》总第79集(2011年第2集),第20~26页。撰稿:江瑾　郭旭平]

▽“加霸王油”的行为符合抢夺罪的构成要件

所谓“加霸王油”是指加油后采取暴力或者暴力相威胁等霸道手段以达到不付油费目的的俗称。“加霸王油”这种表述并不严谨,也非法律术语,与‘碰瓷”一样,仅是一种形象表述。

(一)“加霸王油”的行为不构成盗窃罪。(1)以立法结构分析,“公开窃取”在我国刑法中并无存在的空间。虽然英美法系的英国、美国以及大陆法系的德国、法国、日本在理论上多认可“公然窃取”的存在,但那是因为上述国家在刑法中都没有将抢夺作为独立犯罪类型加以规定。如将未使用暴力的公然夺取行为归入盗窃罪的范畴,将使用暴力的抢夺行为纳入抢劫罪名下,从而使抢夺行为分别列入盗窃罪和抢劫罪。而我国刑法中存在抢夺罪的立法规定,公然夺取行为可以通过抢夺罪进行规制,故“公然窃取”没有存在的空间。(2)从刑法解释学分析,“公开窃取”逾越了刑法解释的边界。对刑法条文用语进行解释应当文理解释优先,只有文理解释的结论明显不合理或者产生难以调和的多种结论时,才需要进行论理解释。从文理解释角度出发,“公开窃取”超出了“盗窃”的文义范畴。我国刑法对“盗窃”的文义解释为“用不合法的手段秘密地取得”,“公开窃取”的观点与盗窃“秘密取得”的本义不符。(3)从司法实践分析,盗窃罪和抢夺罪区分的关键在于盗窃罪是秘密取得他人财物,抢夺罪是公然夺取他人财物。秘密性作为盗窃罪的必备要件,存在两个认定标准:一是客观标准,即盗窃行为在客观上具有不为他人发觉的可能性,这主要是针对被害人而言。行为人采取被害人及周围其他人都难以发觉的方式取得财物是秘密窃取,行为人采取被害人难以发觉而周围其他人能够发觉的方式取得财物也是秘密窃取。二是主观标准,盗窃行为人在主观上具有不为他人发觉的意思,即自认为其盗窃行为是秘密进行的。行为人采取自认为被害人不能发觉的方式取得财物,即使实际上被害人已经发觉,只要该行为客观上同时存在被害人难以发觉的可能性,该行为仍然不丧失秘密性。本案被告人在加油站为集装箱卡车加油后,为逃避支付油费,多次乘被害单位员工不备驾车驶离加油站,该行为在客观上不具有秘密性,能够为被害单位的员工即时发现,故不能被认定为盗窃罪。

(二)“加霸王油”的行为不构成诈骗罪。(1)在“加霸王油”情形下,行为人不存在虚构事实或者隐瞒真相的行为。行为人加油但不想付钱的意图是一种主观意识状态,那种认为这种加油不想付钱的意图属于事实或真相的观点是有失偏颇的。事实是指事情的真实情况,真相是指事物的真实面貌,它们都是事情或事物的客观存在状态。本案被告人加油但不想付钱的意图是一种主观意识活动,不属于事实或真相。(2)在“加霸王油”情形下,被害单位的员工并未基于错误认识而处分财物。区分诈骗罪和其他侵财犯罪的重要标准是看“受骗人是否基于认识错误处分(交付)财产”,而“交给”行为不能与“交付(处分)”行为混为一谈,“交出”并不等于失控。本案中,被害单位员工将油加入被告人的油箱,并非基于认识错误而交付财物,只是依照惯例先加油再收款。从主观上看,被害人没有放弃财物的意思表示;从客观上看,虽然油已经在被告人的油箱,但如果行为人不支付对价,被害人可以随时追索并恢复对财物的直接控制,其并未丧失对财物的控制和支配力。(3)在"加霸王油"情形下,被告人并未取得财物。刑法中的取得并不完全等同于民法中的占有。加油之后,根据民法上占有的观念,被告人已经占有了该财物,但从行使效力上看,被告人并未取得对该财物占有的绝对性和排他性。在行为人支付对价之前,被害单位仍然保持着对该财物的控制,因此不能认为行为人已经取得了财物。基于上述三点,本案被告人在加油站为卡车加油后,为逃避支付油费,多次乘被害单位财物管理人不备驾车驶离加油站的行为不符合诈骗罪的行为特征,其行为不构成诈骗罪。

(三)"加霸王油"的行为构成抢夺罪。区分盗窃罪、诈骗罪、抢夺罪等侵财犯罪的关键在于非法改变财物合法占有状态行为的性质,而不在于之前手段行为的性质。"非法改变财物合法占有状态的行为"是直接侵害犯罪客体的危害行为,也是犯罪构成的核心要素,依此确定侵财犯罪的罪名有利于揭示犯罪的本质特征。本案"加霸王油"行为中,"非法改变财物合法占有状态的行为"不是被害单位为被告人加油的行为,而是被告人乘被害单位员工不备驾车驶离加油站的行为。从刑法意义上讲,被害单位的员工为被告人加油的行为并未改变油品的合法占有状态,在被告人驾车驶离之后,被害单位才彻底丧失对油品的控制,被告人才完全取得对油品占有的绝对性和排他性。因此,应当以被告人乘被害单位员工不备驾车驶离加油站的行为作为认定其罪名的依据。抢夺罪是指乘人不备、公然夺取公私财物的行为。公然夺取,是指行为人当着公私财物所有人、管理人或者其他人的面,乘人不防备,将公私财物据为已有或者给第三人所有;也有的采取可以使被害人立即发现的方式,公然把财物抢走,但不使用暴力或者以暴力相威胁。本案中,从客观方面看,被告人采取了乘人不备、公然夺取被害单位财物的行为。被告人当着被害单位财物管理人的面,乘人不防备驾车逃跑,并将被害单位的财物据为已有,其间并未使用暴力或者以暴力相威胁,完全符合公然夺取的特征,应以抢夺罪追究其刑事责任。同时,值得注意的是,在加油站工作人员抓住驾驶室门或者座椅阻拦时,被告人继续加速行驶以迫使工作人员放手,甚至导致工作人员倒地受伤,此时被告人的行为性质发生了转化。根据刑法第二百六十九条的规定,犯盗窃、诈骗、抢夺罪,为窝藏赃物、抗拒抓捕或者毁灭罪证而当场使用暴力或者以暴力相威胁的,依照刑法第二百六十三条(抢劫罪)的规定定罪处罚。因此,被告人犯抢夺罪,为抗拒抓捕而当场使用暴力的两节犯罪行为,应当依照抢劫罪定罪处罚。[参见第868号指导案例,李培峰抢劫、抢夺案,载《刑事审判参考》总第92集(2013年第3集),第83~86页。撰稿:任素贤　秦现锋]

▽抢夺本人因质押而被第三人合法占有的财物,应当以抢夺罪定性

抢夺罪中"非法占有",从行为本质上理解,不限于非法占有他人财物一种情况,还包括通过非法手段,占有自己所有但处于他人合法监管状态下(他人合法占有)的财物,从而使监管人(合法占有人)遭受财产损失。具体分析如下:

(一)强行占有已经质押给他人的财物属于非法占有。不动产被质押后,其所有权不因质押而改变,但质物的占有权却由出质人转至质权人。质权人有将其合法取得的占有权转委托第三人代为行使,如委托第三人代为保管该质物。出质人在质押关系消灭前不能侵犯质权人、第三人的占有权,即不能强行改变占有状态,否则即便其取得质物的占有,也不能以其享有对质物的所有权而否定这种占有的非法性。就本案而言,被告人虽然仍然享有对涉案质物——起亚牌小轿车的所有权,但其占有权经质押权人——广东邦润典当有限责任公司转至越秀区文园停车场,文园停车场取得对质押物小轿车的合法占有权。在此种情况下,被告人对小轿车的所有权是不完整的所有权,能享有质物的收益权等权利,但不能事实占有质物。无论是质押权人自己占有该小汽车,还是质权人委托的第三人占有该小汽车,都应当得到法律保护。如果被告人强行改变占有关系,必然会使自己受益,使质权人或者第三人遭受经济损失,故此种非法占有行为在法律上应当予以禁止,社会危害性较大的,应当纳入刑法规制范围。

(二)因行为人非法改变占有关系而实际遭受人身和经济损失的一方系此类行为的被害人。在财产犯罪案件中,有无被害人往往是认定犯罪是否成立的一个重要要件。特别是在三角债权关系中被害人的确定,往往对行为的定性起着决定性的影响。在侵犯财产犯罪中,一般而言,因行为人非法改变占有关系而实际遭受人身和经济损失的一方系被害人。具体到本案被告人乘人不备,强行将车开走,在未造成人身损害的情况下,实际遭受经济损失的一方系被害人。文园停车场受质权人的委托,取得对小轿车的保管权,根据相关规定,其在保管质押财产期间,应当对质押财产的毁损、灭失承担赔偿责任。如《合同法》第三百七十四条规定:"保管期间,因保管人保管不善造成保管物毁损、灭失的,保管人应当承担损害赔偿责任,但保管是无偿的,保管人证明自己没有重大过失的,不承担损害赔偿责任。"《物权法》第二百一十五条也规定:"质权人负有妥善保管质押财产的义务,因保管不善致使质押财产毁损、灭失的,应当承担赔偿责任。"在案证据显示,文园停车场基于保管合同对质权人遭受了90 206元的经济损失,包括赔偿质权人的65 000元和诉讼费25 206元。可见,作为保管人员的文园停车场系本案的被害人。

(三)对被告人的行为以抢夺罪论处符合刑法原理。无论是采取理论界的"所有权说"还是"占有权说",都不能仅从表面上分析被告人的行为所针对的是被害人合法占有物还是所有物,而应当分析被告人的行为是否实际导致被害人遭受财产损害。显然,本案被告人的行为,在行为的社会危害性上,与抢夺他人所有财物的行为无异,都会导致他人遭受财产损害,而且都有可能导致人身伤害后果。对这类行为如不通过刑法予以规制,必将导致对这类行为的放纵。载《刑事审判参考》第84期刊登的案例——"被告人盗窃案"具有一定参考意义。在该案中,人民法院将"伪造证明材料将借用的他人车辆质押,得款后又秘密窃回的行为"认定为盗窃行为。这样的认定,符合社会公平正义观念,也不违背法律的规定。基于上述分析,对被告人的行为以抢夺罪论处符合刑法原理。

综上,本案被告人抢夺本人因质押而被第三人合法保管的车辆行为,符合抢夺罪的构成特征,广州市越秀区人民法院对其以抢夺罪论处是正确的。[参见第933号指导案例,李丽波抢夺案,载《刑事审判参考》总第95集(2013年第6集),第92～94页。撰稿:林旭群　邹海媚]

第二百六十八条　【聚众哄抢罪】聚众哄抢公私财物,数额较大或者有其他严重情节的,对首要分子和积极参加的,处三年以下有期徒刑、拘役或者管制,并处罚金;数额巨大或者有其他特别严重情节的,处三年以上十年以下有期徒刑,并处罚金。

■最高人民法院关于审理破坏森林资源刑事案件具体应用法律若干问题的解释(2000年12月11日)

第十四条　聚众哄抢林木五立方米以上的,属于聚众哄抢"数额较大";聚众哄抢林木二十立方米以上的,属于聚众哄抢"数额巨大",对首要分子和积极参加的,依照刑法第二百六十八条的规定,以聚众哄抢罪定罪处罚。

第十七条　本解释规定的林木数量以立木蓄积计算,计算方法为:原木材积除以该树种的出材率。

本解释所称"幼树",是指胸径五厘米以下的树木。

滥伐林木的数量,应在伐区调查设计允许的误差额以上计算。

第十八条　盗伐、滥伐以生产竹材为主要目的的竹林的定罪量刑问题,有关省、自治区、直辖市高级人民法院可以参照上述规定的精神,规定本地区的具体标准,并报最高人民法院备案。

第十九条　各省、自治区、直辖市高级人民法院可以根据本地区的实际情况,在本解释第四条、第六条规定的数量幅度内,确定本地区执行的具体数量标准,并报最高人民法院备案。

■最高人民法院、最高人民检察院、公安部、司法部关于依法惩治妨害新型冠状病毒感染肺炎疫情防控违法犯罪的意见(2020年2月6日)

二、准确适用法律,依法严惩妨害疫情防控的各类违法犯罪

（五）依法严惩诈骗、聚众哄抢犯罪。……

在疫情防控期间，聚众哄抢公私财物特别是疫情防控和保障物资，数额较大或者有其他严重情节的，对首要分子和积极参加者，依照刑法第二百六十八条的规定，以聚众哄抢罪定罪处罚。

（十）依法严惩妨害疫情防控的违法行为。……

对于在疫情防控期间实施有关违法犯罪的，要作为从重情节予以考量，依法体现从严的政策要求，有力惩治震慑违法犯罪，维护法律权威，维护社会秩序，维护人民群众生命安全和身体健康。

第二百六十九条　【转化型抢劫罪】犯盗窃、诈骗、抢夺罪，为窝藏赃物、抗拒抓捕或者毁灭罪证而当场使用暴力或者以暴力相威胁的，依照本法第二百六十三条的规定定罪处罚。

■最高人民法院关于审理抢劫、抢夺刑事案件适用法律若干问题的意见（2005年6月8日）

五、关于转化抢劫的认定

行为人实施盗窃、诈骗、抢夺行为，未达到“数额较大”，为窝藏赃物、抗拒抓捕或者毁灭罪证当场使用暴力或者以暴力相威胁，情节较轻、危害不大的，一般不以犯罪论处；但具有下列情节之一的，可依照刑法第二百六十九条的规定，以抢劫罪定罪处罚：

（1）盗窃、诈骗、抢夺接近“数额较大”标准的；

（2）入户或在公共交通工具上盗窃、诈骗、抢夺后在户外或交通工具外实施上述行为的；

（3）使用暴力致人轻微伤以上后果的；

（4）使用凶器或以凶器相威胁的；

（5）具有其他严重情节的。

■最高人民法院关于审理抢劫刑事案件适用法律若干问题的指导意见（2016年1月6日）

三、关于转化型抢劫犯罪的认定

根据刑法第二百六十九条的规定，“犯盗窃、诈骗、抢夺罪，为窝藏赃物、抗拒抓捕或者毁灭罪证而当场使用暴力或者以暴力相威胁的”，依照抢劫罪定罪处罚。“犯盗窃、诈骗、抢夺罪”，主要是指行为人已经着手实施盗窃、诈骗、抢夺行为，一般不考察盗窃、诈骗、抢夺行为是否既遂。但是所涉财物数额明显低于“数额较大”的标准，又不具有《两抢意见》第五条所列五种情节之一的，不构成抢劫罪。“当场”是指在盗窃、诈骗、抢夺的现场以及行为人刚离开现场即被他人发现并抓捕的情形。

对于以摆脱的方式逃脱抓捕，暴力强度较小，未造成轻伤以上后果的，可不认定为“使用暴力”，不以抢劫罪论处。

入户或者在公共交通工具上盗窃、诈骗、抢夺后，为了窝藏赃物、抗拒抓捕或者毁灭罪证，在户内或者公共交通工具上当场使用暴力或者以暴力相威胁的，构成“入户抢劫”或者“在公共交通工具上抢劫”。

两人以上共同实施盗窃、诈骗、抢夺犯罪，其中部分行为人为窝藏赃物、抗拒抓捕或者毁灭罪证而当场使用暴力或者以暴力相威胁的，对于其余行为人是否以抢劫罪共犯论处，主要看其对实施暴力或者以暴力相威胁的行为人是否形成共同犯意、提供帮助。基于一定意思联络，对实施暴力或者以暴力相威胁的行为人提供帮助或实际成为帮凶的，可以抢劫共犯论处。

■最高人民法院关于审理未成年人刑事案件具体应用法律若干问题的解释（2006年1月23日）

第十条　已满十四周岁不满十六周岁的人盗窃、诈骗、抢夺他人财物，为窝藏赃物、抗拒抓捕或者毁灭罪证，当场使用暴力，故意伤害致人重伤或者死亡，或者故意杀人的，应当分别以故意伤害罪或者故意杀人罪定罪处罚。

已满十六周岁不满十八周岁的人犯盗窃、诈骗、抢夺罪，为窝藏赃物、抗拒抓捕或者毁灭罪证而当场使用暴力或者以暴力相威胁的，应当依照刑法第二百六十九条的规定定罪处罚；情节轻微的，可不以抢劫罪定罪处罚。

第二十条 本解释自公布之日起施行。

《最高人民法院关于办理未成年人刑事案件适用法律的若干问题的解释》(法发〔1995〕9号)自本解释公布之日起不再执行。

▽刑法条文中规定的“犯某某罪”并非指具体罪名,而应是行为性质

刑法本条规定的“犯盗窃、诈骗、抢夺罪”,应当是指实施盗窃、诈骗、抢夺的行为而非具体罪名。从立法沿革看,刑法本条规定的转化型抢劫罪,直接源于1979年刑法第一百五十三条的规定,而1988年《最高人民法院、最高人民检察院关于如何适用刑法第一百五十三条的批复》规定:“在司法实践中,有的被告人实施盗窃、诈骗、抢夺行为,虽未达到数额较大,但为窝藏赃物、抗拒逮捕或者毁灭罪证而当场使用暴力或者以暴力相威胁,情节严重的,可按照刑法第一百五十三条的规定,依照刑法第一百五十条抢劫罪处罚。”司法解释明确将这里的“犯盗窃、诈骗、抢夺罪”,解释为盗窃、诈骗、抢夺行为。这种解释方法是符合立法原意的,2005年6月8日最高人民法院印发的《关于审理抢劫、抢夺刑事案件适用法律若干问题的意见》之五的规定中也体现了这种精神。如刑法第十七条第二款规定:“已满十四周岁不满十六周岁的人,犯故意杀人、故意伤害致人重伤或者死亡、强奸、抢劫、贩卖毒品、放火、爆炸、投毒罪的,应当负刑事责任。”《全国人大常委会关于已满十四周岁不满十六周岁的人承担刑事责任范围问题的答复意见》明确:“刑法第十七条第二款规定的八种犯罪,是指具体犯罪行为而不是具体罪名。”因此,刑法条文中规定的“犯某某罪”并非指具体罪名,而应是行为性质。从司法实践来看,最高人民法院的批复意见自实施以来广为接受,具有其实践上的合理性。[参见第321号案例,穆文军抢劫案,载《刑事审判参考》总第41集(2004年第6集),法律出版社,第10~11页。执笔:杨才清]

▽窝藏赃物、抗拒抓捕或者毁灭罪证的认定

行为人使用暴力或以暴力相威胁的目的是窝藏赃物、抗拒抓捕或者毁灭罪证。所谓“窝藏赃物”,是指为保护已经到手的赃物不被追回,也即转移、隐匿盗窃、诈骗、抢夺所得到的公私财物的行为。所谓“抓捕”,既包括司法机关依法对犯罪分子采取的拘留、逮捕等强制措施,也包括公民(含被害人)的抓获、扭送等。所谓“毁灭罪证”,是指犯罪分子为逃避罪责,湮灭作案现场遗留的痕迹、物品以及销毁可以证明其罪行的各种证据。如果行为人不是出于上述目的而实施暴力或以暴力相威胁,就不能按转化型抢劫罪论处。例如,行为人是在实施盗窃、诈骗、抢夺过程中,由于受到被害人的抵抗,为排除障碍当场取得财物而使用暴力或以暴力相威胁的,则应当直接适用第二百六十三条定罪处罚。又如,行为人在完成盗窃、诈骗、抢夺罪后,出于报复、灭口的动机伤害、杀害被害人的,应以故意伤害、故意杀人罪,与盗窃罪、诈骗罪或抢夺罪并罚。[参见第86号案例,王国清等抢劫、故意伤害、盗窃案,载《刑事审判参考》总第13辑(2001年第2辑),法律出版社,第20~21页。执笔:刘树德 刘香]

▽盗窃未遂的情况下,为抗拒抓捕而当场使用暴力,情节严重的,构成抢劫罪

刑法条文中规定的“犯某某罪”并非指具体罪名,而应是行为性质。如果要求成立转化型抢劫罪必须以行为人构成盗窃罪、诈骗罪、抢夺罪为前提条件,必然会使大量具有严重社会危害性的行为无法处理。行为人在运行中的列车上盗窃,被发现后为抗拒抓捕又持凶器行凶,不仅侵犯了公民的财产权利、人身权利,还严重扰乱了社会治安,使广大旅客对乘火车旅行产生极大的不安全感,行为本身足以反映了其社会危害性程度。如果要求以成立盗窃罪作为构成抢劫罪的前提条件,则由于盗窃罪以盗窃数额作为定罪量刑的主要依据,而本案没有盗窃到具体财物,盗窃数额无法确定,对抓捕人的伤害也没有达到构成故意伤害罪的程度,那么本案就难以按照犯罪处理。这显然与本案的社会危害性程度及法律规定不相符合。如上所述,成立转化型抢劫罪的前提条件是实施盗窃、诈骗、抢夺行为,因此,只要行为人在实施盗窃行为过程中,为窝藏赃物,抗拒抓捕或者毁灭罪证而当场使用暴力或者以暴力相威胁的,就应当以抢劫罪定罪处罚,盗窃是否既遂不影响抢劫罪的成立。[参见第321号案例,穆文军抢劫案,载

《刑事审判参考》总第41集(2004年第6集),法律出版社,第11页。执笔:杨才清]

▽对转化型抢劫罪之"当场"的认定

"当场"是指实施盗窃、诈骗、抢夺行为的现场,以及行为人刚一离开现场就被人及时发觉而立即被追捕中的场所,此种观点为理论界的通说。作为转化型抢劫罪客观要件之一的"当场",应是时间与空间的结合体;在判断行为人的有关行为是否具有"当场"性时,应综合考虑暴力、威胁行为与先前的盗窃、诈骗、抢夺行为在时间、场所上的连接性、事实上的关联性等多种因素。具体地说,在犯盗窃等罪的现场使用暴力或者以暴力相威胁的,固然应当认定符合转化型抢劫罪的"当场"要件;但即便是已离开犯盗窃等罪的现场,只要其后的暴力或以暴力相威胁行为是在相隔短暂的时空范围内实施的,只要一般的社会观念认为行为人先前的盗窃等行为在该时空范围内仍处于继续状态,则也应认定行为人的行为符合转化型抢劫罪的"当场"要件。根据以上分析,回头来看本案情节。行为人并不是在麦当劳快餐厅的盗窃现场,而是在麦当劳快餐厅内盗窃得手后,迅速离开,继而转至相邻的肯德基快餐厅欲再次行窃但未果,后在正欲离开肯德基快餐厅所在的商厦时使用暴力抗拒抓捕的;且无论是在麦当劳快餐厅,还是在肯德基快餐厅,行为人都处于警察的监控之下。应认定行为人的行为属于"当场"使用暴力。主要理由在于:行为人实际有两次盗窃行为,前一次盗窃行为是在麦当劳快餐厅实施,已构成既遂;后一次是在相邻的肯德基快餐厅,属于犯罪预备。行为人的两次盗窃,符合连续犯的特点。作为裁判上的一罪,对连续犯,是作为一个整体进行刑法评价的。在判断行为人后来实施的暴力行为是否在其犯盗窃罪的"当场"时,应行为人正欲离开肯德基快餐厅所在商厦时,也即刚走出其第二次盗窃行为的现场时即遭到了公安人员的抓捕,行为人随后便以暴力抗拒。由此可见,在行为人的暴力拒捕行为与其先前实施的盗窃行为之间虽然存在一定的时空间隔,但此种间隔是极为短暂的;而且,行为人的两次盗窃行为实质均处于公安人员的监控之下。据此,依照以上分析,应当认定行为人的暴力拒捕行为是在其盗窃"当场"实施的,应当认定行为人的行为已完全充足转化型抢劫罪的构成条件。[参见第300号案例,贺喜民抢劫案,载《刑事审判参考》总第38集(2004年第3集),法律出版社,第119~121页。执笔:朱铁军]

▽在公共交通工具上盗窃,为抗拒抓捕而当场使用暴力,转化为抢劫罪后,应当认定为"在公共交通工具上抢劫"

根据刑法本条的规定,盗窃转化为抢劫的关键在于行为人在实施盗窃行为过程中,为窝藏赃物、抗拒抓捕或者毁灭罪证当场使用暴力或者以暴力相威胁。是否在公共交通工具上盗窃,不是转化型抢劫罪的成立条件。对于在"在公共交通工具上"盗窃,为窝藏赃物、抗拒抓捕或者毁灭罪证并"在公共交通工具上"当场使用暴力的,认定为"在公共交通工具上抢劫",既没有违背抢劫加重犯的构成理论,也没有违反"禁止重复评价"原则。同时,由于公共交通工具是绝大多数公民的主要出行方式,也是国家鼓励的出行方式,在公共交通工具上盗窃,并为窝藏赃物、抗拒抓捕或者毁灭罪证当场使用暴力或者以暴力相威胁的,不仅使公民对乘公共交通工具出行产生极大的不安全感,还易引起社会的恐慌心理,具有严重的社会危害性,对该行为认定为"在公共交通工具上抢劫",并适用刑法第二百六十三条第(二)项,"处十年以上有期徒刑、无期徒刑或者死刑,并处罚金或者没收财产",也符合罪刑相适应原则。当然,如果根据案件的具体情况,具有法定减轻处罚情节的,可以减轻处罚;或者虽不具有法定减轻处罚情节,但判处法定最低刑十年有期徒刑,量刑仍然畸重,罪刑明显不相适应的,可以适用刑法第六十三条第二款的规定,在法定刑以下判处刑罚。[参见第321号案例,穆文军抢劫案,载《刑事审判参考》总第41集(2004年第6集),法律出版社,第11~13页。执笔:杨才清]

▽盗窃共同犯罪中部分共犯因为抗拒抓捕当场实施暴力转化为抢劫罪,其他共犯应看其对实施暴力是否同意来决定是否随之转化

由盗窃罪转化为抢劫罪的特征是先窃取财物后使用暴力,要认定各个盗窃共犯的行为是否转化成为抢劫罪,关键要看行为人在窃取财物之后是否当场使用暴力或者以暴力相威胁。其中,对部分没有当场使用暴力或者以暴力相威胁的行为人,则要看其是否同意其他共犯当场使用暴力或者以暴力相威胁。如果是,其行为就由盗窃转化为抢劫;反之,其行为就不发生转化,仅负盗窃罪的刑事责任。[参见第244号案例,张某某抢劫、李某某盗窃案,载《刑事审判参考》总第32辑(2003年第3辑),法律出版社,第36页。执笔:洪冰]

▽不满16周岁的人犯抢夺罪,为抗拒抓捕当场实施暴力致人轻伤的,构成抢劫罪

不满16周岁的人犯抢夺罪,为抗拒抓捕当场实施暴力致人轻伤的行为构成抢劫罪,应负刑事责任。理由是:(1)刑法第十七条第二款规定了已满14不满16周岁的人应负刑事责任的范围。其表述是"犯……罪的,应当负刑事责任",言外之意是"犯其他罪的,不负刑事责任"。国外刑法"罪(罪行)责(刑事责任)刑(刑罚)"的理论构造体系,是将行为人的年龄作为确定其罪行是否应当负刑事责任的依据,并非确定其行为是否构成某种犯罪的依据。照此理论,抛开年龄来看,行为人的先行行为即抢夺他人数额较大的财物是符合抢夺罪的行为构成的,只不过因其还未达到完全刑事责任年龄(不满16周岁)而不负刑事责任而已。由于我国传统刑法理论将刑事责任年龄也作为犯罪构成理论的一个要件加以论述,常常导致人们认为,没有达到刑事责任年龄的人所犯的罪行,就不是犯罪行为。这对正确理解刑法第本条转化型抢劫犯罪规定中所谓"犯盗窃、诈骗、抢夺罪"这一前提条件,显然是不妥的。刑法本条转化型抢劫犯罪规定中所谓"犯盗窃、诈骗、抢夺罪",主要是指犯有盗窃、诈骗、抢夺罪行,而并未明确要求行为人犯这些罪行时,必须同时达到完全刑事责任年龄才可。如果将行为人的先行行为的性质仍看作是一个抢夺罪行的话(这一行为的性质不因其未达到刑事责任年龄而改变),那么,其当然就具备了适用转化型抢劫犯罪的前提条件。(2)刑法本条转化型抢劫罪规定中所谓"犯盗窃、诈骗、抢夺罪",主要是指犯有盗窃、诈骗、抢夺罪行,也包括盗窃、诈骗、抢夺行为数额未达到较大,但为窝藏赃物、抗拒逮捕或者毁灭罪证而当场使用暴力或者以暴力相威胁,情节严重的情形。最高人民法院、最高人民检察院于1988年3月16日曾作出关于如何适用1979年刑法第一百五十三条的批复。该批复明确规定:"司法实践中,有的被告人实施盗窃、诈骗、抢夺行为,虽未达到数额较大,但为窝藏赃物、抗拒逮捕或者毁灭罪证而当场使用暴力或者以暴力相威胁,情节严重的,可以按照刑法第一百五十三条,依照刑法第一百五十条抢劫罪处罚。"该批复的精神表明,构成转化型抢劫罪的前提一般来说是看行为人的先行行为是否已达到数额较大的程度,能否已构成盗窃、诈骗或抢夺罪,但在某些特殊情况下,还要看行为人当场使用暴力或者以暴力相威胁,是否属于情节严重。如果行为人实施了盗窃、诈骗、抢夺行为,且为窝藏赃物、抗拒逮捕或者毁灭罪证而当场使用暴力或者以暴力相威胁,情节严重的,就应当以转化型抢劫犯罪论处。1979年刑法第一百五十三条和1997年刑法第二百六十九条都是关于转化型抢劫罪的规定,且二者规定的内容是完全一致的,适用的前提和基础都没有任何变化。最高人民法院1997年3月25日《关于认真学习贯彻修订后刑法的通知》第五条规定:"对已明令废止的全国人大常委会有关决定和补充规定,最高人民法院原作出的有关司法解释不再适用。但是如果修订的刑法有关条文的实质内容没有变化的,人民法院在刑事审判工作中,在没有新的司法解释出台前,可参照原司法解释执行。"据此,可以说"两高"的上述"批复"对准确适用1997年刑法第二百六十九条仍然是有参考价值的。既然行为人(成年人和已满14周岁以上的未成年人)实施了盗窃、诈骗、抢夺行为,虽未达到数额较大,但为窝藏赃物、抗拒逮捕或者毁灭罪证而当场使用暴力或者以暴力相威胁,情节严重的,都可按转化型抢劫犯罪处理,而不满16周岁的人实施了抢夺行为,数额较大,已符合抢夺罪的行为构成,为窝藏赃物、抗拒逮捕或者毁灭罪证而当场使用暴力或者以暴力相威胁,情节严重的,就更应如此了。不满16周岁的人单犯抢夺罪虽依法不负刑事责任,但当其行为符合转化型抢劫罪构成时,则需对其抢劫罪承担刑事责任,不能因为行为人不满16周岁,对其抢夺罪不负刑事责任进而否认其不可以构成转化型抢劫犯罪,甚至得出其对转化型抢劫罪也不负刑事责任的结论。(3)根据刑法第十七条第二款规定，已满14周岁不满16周岁的人，犯抢劫罪的，应当负刑事责任。这里所说的“犯抢劫罪”，既包括刑法第二百六十三条规定的抢劫罪，也包括刑法本条规定的转化型抢劫犯罪以及刑法第二百六十七条第二款规定的“携带凶器抢夺的”抢劫罪。把转化型抢劫犯罪和“携带凶器抢夺的”抢劫罪排除在外是没有任何法律根据的。无论是刑法第二百六十三条规定的抢劫罪，还是刑法本条规定的转化型抢劫罪，都既侵犯了他人的人身权利，也侵犯了他人的财产权利。考虑到抢劫罪较之单纯侵犯他人财产权的抢夺罪具有更为严重的社会危害性，法律并不要求构成抢劫罪要具备“数额较大”的条件，且规定凡年满14周岁具有刑事责任能力的自然人都应当承担刑事责任。可见，将抢夺后又当场实施暴力抗拒抓捕致人轻伤或重伤等行为，刑法规定转以抢劫罪论处，而不是分别论罪并罚，体现了立法者对转化型抢劫从严评价的意图。因此，尽管将行为人的行为分隔开来看，即其先行的抢夺行为依法不负刑事责任，其后续的伤害行为依法亦不负刑事责任，但如果将其行为作为连续的、整体的来看，就应对其适用转化型抢劫犯罪的规定，要负刑事责任。这并非有失公平、合理，恰恰正是体现了对转化型抢劫犯罪从严惩处的意图。［参见第204号案例，姜金福抢劫案，载《刑事审判参考》总第28辑（2002年第5辑），法律出版社，第49～52页。执笔：陈建明　汪鸿滨］

▽盗窃后为抗拒抓捕而当场使用暴力致抓捕人死亡的行为，应认定为抢劫致人死亡

针对转化型抢劫罪的法定刑，刑法本条规定，“依照第二百六十三条的规定处刑”。但刑法第二百六十三条规定了两个量刑档次，为抗拒抓捕而当场使用暴力或者以暴力相威胁，是盗窃罪转化为抢劫罪的条件，在盗窃罪转化为抢劫罪之后，盗窃的财物数额、对象和使用暴力的程度和后果，均应成为抢劫罪的量刑情节。也就是说，盗窃财物后为抗拒抓捕而当场使用暴力致抓捕人死亡的行为，应当认定为《刑法》第二百六十三条规定的抢劫致人死亡，并应对被告人在“十年以上有期徒刑、无期徒刑或者死刑，并处罚金或者没收财产”的档次和幅度内量刑。［参见第86号案例，王国清等抢劫、故意伤害、盗窃案，载《刑事审判参考》总第13辑（2001年第2辑），法律出版社，第21页。执笔：刘树德　刘香］

▽其他被告人不对被告人在盗窃后为抗拒抓捕而对抓捕人使用暴力的行为承担刑事责任，只构成盗窃罪

共同故意是构成共同犯罪的必要条件。三行为人共同故意实施盗窃犯罪，由一行为人负责望风，二行为人混入购票的人群中行窃，只是分工不同。是否亲自、直接实施盗窃行为，不影响共同盗窃犯罪的成立。三行为人均应对共同盗窃行为负刑事责任。但是，盗窃被发现后，一行为人为抗拒抓捕而对抓捕人当场使用暴力，并致一人死亡，二人受伤的行为，由于没有证据证实在一行为人对抓捕人使用暴力之前，三行为人已有被发现后即使用暴力的共同故意；在盗窃行为被发现之后，另外二行为人亦没有对抓捕人使用暴力。虽然另外二行为人利用行为人的暴力行为暂时逃离现场，但不应对行为人的暴力行为承担刑事责任。因此，另外二行为人不是抢劫罪的共犯，只对盗窃行为承担刑事责任。［参见第86号案例，王国清等抢劫、故意伤害、盗窃案，载《刑事审判参考》总第13辑（2001年第2辑），法律出版社，第22页。执笔：刘树德　刘香］

▽入室盗窃被事主发觉后当场使用暴力致人死亡，其行为构成抢劫罪，且属于入户抢劫

入户抢劫，是刑法第二百六十三条规定的犯抢劫罪法定从严惩处的情形之一。这里的“户”泛指住宅，既包括公民的固定住所和临时住所，也包括公民作为住宅使用的车、船等交通工具。公民住宅，是居住者感到人身安全的场所之一。入室盗窃的人是怀着秘密窃取他人财物的意图进入他人住宅的，其行为被事主发现后，对事主使用暴力，其危害性与入户抢劫并无本质差别。所以，对这种行为在认定抢劫罪的同时，还应当认定为入户抢劫。行为人的最初犯意是盗窃被害人承包的供销店，在盗窃行为被发现后当场对被害人使用暴力并致其死亡，根据刑法第二百六十九条、第二百六十三条的规定，其行为构成抢劫罪。因行为人实施犯罪地点又是被害人的住所，行为人是夜间进入作案，故对行为人应同时认定为“入户抢劫”。行为人犯抢劫罪，具有致人死亡和入户抢劫两个法定从严惩处情节，不具备自首或者其他法定、酌定从轻处罚的情节。二审法院依法改判行为人死刑,立即执行,最高人民法院依法予以核准,做到了罪刑相适应。[参见第59号案例,庄保金抢劫案,载《刑事审判参考》总第8辑(2000年第3辑),法律出版社,第22~23页。审编:任卫华]

▽从行为人的主观方面区分转化型抢劫罪与抢劫罪

区分刑法第二百六十三条的抢劫罪与刑法本条的转化型抢劫罪,关键是从行为人的主观方面进行区分。抢劫罪中行为人当场实施暴力或者以暴力相威胁的行为具有不法占有他人财物的目的,而转化型抢劫罪中行为人当场实施暴力或者以暴力相威胁的目的,是为了"窝藏赃物、抗拒抓捕或者毁灭罪证"。所谓窝藏赃物,是指行为人在实施盗窃、诈骗、抢夺时,已经将他人财物置于自己的实际控制之下,但被人发现,为了排斥他人取回赃物,当场实施暴力或者以暴力相威胁;所谓抗拒抓捕,是指行为人在实施盗窃、诈骗、抢夺过程中或得手后,被人发现,为了不被被害人、公安人员、群众等抓获归案而对抓捕者实施暴力或者以暴力相威胁;所谓毁灭罪证,是指行为人盗窃、诈骗、抢夺过程中,为了不受法律追究、毁灭与犯罪有关的证据时,而当场对他人实施暴力或者以暴力相威胁。据此,如果行为人不是在"窝藏赃物、抗拒抓捕或毁灭罪证"的目的支配下实施暴力或者以暴力相威胁的行为,则不能构成转化型抢劫罪。比如,行为人在盗窃、诈骗、抢夺过程中被发现后,为排除妨碍进而占有财物而实施暴力或者以暴力相威胁的,应直接认定构成刑法第二百六十三条的抢劫罪。本案各被告人在实施诈骗过程中,被害人发现被骗不愿交付钱款,各被告人即上前围住并胁迫对方交付钱款,此时各被告人以暴力相威胁的目的是欲从被害人处获得财物,而不是为了"窝藏赃物、抗拒抓捕、毁灭罪证",故各被告人不具备转化型抢劫罪的主观要件,其行为符合抢劫罪的主观要件,应以刑法第二百六十三条的抢劫罪来认定。[参见第581号指导案例,龚文彬等抢劫、贩卖毒品案,载《刑事审判参考》总第70集(2009年第5集),第49~50页。撰稿:聂昭伟]

▽盗窃电力设备犯罪过程中,以暴力手段控制、殴打无抓捕意图的过往群众,不构成抢劫罪

在抢劫罪中,行为人采用暴力、胁迫或其他手段,对被害人实施人身攻击,使之产生恐惧,不能反抗或不敢反抗以达到非法占有他人财物的目的。行为人的抢劫行为有两个指向目标:一种是为劫取财物,对财物所有人、保管人或持有人实施暴力、胁迫或其他人身强制行为(手段行为),这种行为侵害的客体是人身权利;另一种是劫取财物的行为(目的行为),它侵害的客体是他人的财产权。与抢劫罪的双重客体相对应,抢劫罪的行为对象因此也是双重的,即除了财物外,还包括人。"人"作为抢劫罪的行为对象,即被害人,常态表现的是针对财物的所有者、保管者或持有者,而不是与对象财物无关的其他人。因为针对财物所有人、保管人或持有人之外的在场人实施暴力,一般情况下达不到迫使财物所有人、保管人、持有人被迫交出财物的目的,不符合抢劫罪的暴力劫财的本质特征。当然,在特定情况下,如在盗窃现场,行为人对财物所有者和协助抓捕的群众实施暴力,也可以实现暴力劫财的效果,符合刑法有关以抢劫定罪的规定。本案中各被告人长期以盗剪电缆为生,组织严密,分工明确,形成了比较固定的盗窃团伙,他们一般采取秘密窃取的方法盗剪电缆,但当有群众从案发现场附近经过时,为保证犯罪行为的顺利实施,即持凶器控制过往群众,若遇反抗,则殴打反抗者。各被告人采用暴力手段控制过往群众的目的是顺利实施盗剪电缆这一犯罪行为,而不是为了占有过往群众的财物。客观上,各被告人也只是实施了盗剪电缆的行为,并未劫取被其控制之群众的财物;同时,本案中的过往群众也非被剪电缆的所有人或守护人,也无抓捕被告人的意图或行为。各被告人实施暴力,控制过往群众的行为只是手段行为,剪取电缆才是其目的行为,上述行为特征符合破坏电力设备罪和故意伤害罪的牵连犯,应择一重罪处罚。就本案而言,各被告人的行为仅构成破坏电力设备罪,而非抢劫罪。关于本案的量刑,《最高人民法院关于审理盗窃案件具体应用法律若干问题的解释》第十二条第(二)项规定,盗窃使用中的电力设备,同时构成盗窃罪和破坏电力设备罪的,择一重罪处罚。《最高人民法院关于审理破坏电力设备刑事案件具体应用法律若干问题的解释》第一条规定:"破坏电力设备,具有下列情形之一的,属于刑法第一百一十九条第一款规定的'造成严重后果',以破坏电力设备罪判处十年以上有期徒刑、无期徒刑或者死刑:(一)造成一人以上死亡、三人以上重伤或者十人以上轻伤的;(二)造成一万以上用户电力供应中断六小时以上,致使生产、生活受到严重影响的;(三)造成直接经济损失一百万元以上的;(四)造成其他危害公共安全严重后果的。"同时,该解释第四条规定:"本解释中直接经济损失的计算范围,包括电量损失金额,被毁损设备材料的购置、更换、修复费用,以及因停电给用户造成的直接经济损失等。"本案中被盗剪电缆的价值及停电的用户数量等尚不符合该司法解释第一条前三项的规定,但结合该解释第四条的规定及本案的具体案情,各被告人作案手段恶劣,多次结伙盗窃电缆,造成大量用户电力供应中断,被盗剪电缆的购置、更换、修复费用及其中多间工厂和大量居民因停电造成的直接损失难以具体估算,对该地区的居民生活、生产造成了严重影响,认定相关被告人的行为符合该解释第一条第(四)项"造成其他危害公共安全严重后果的"的规定,对相关被告人以破坏电力设备罪判处十年以上有期徒刑,量刑适当。[参见第575号指导案例,杨辉、石磊等破坏电力设备案,载《刑事审判参考》总第70集(2009年第5集),第5~7页。撰稿:陈攀]

▽盗窃电力设备过程中,为抗拒抓捕而当场使用暴力或者以暴力相威胁的,以抢劫罪定罪处罚

行为人盗窃正在使用中的电力设备,为抗拒抓捕而对电力设备的管理者或实施抓捕者当场使用暴力或以暴力相威胁的情况并不鲜见(与此类似的还有盗窃广播电视设施、盗伐林木等),在这种情况下,对行为人可以依刑法本条的规定,以抢劫罪定罪处罚。首先,转化型抢劫罪的成立并不以前行为构成犯罪为必要。尽管刑法本条表述的是"犯盗窃、诈骗、抢夺罪",但并不意味着要求这些行为事实上已经构成犯罪。因为抢劫罪的成立没有数额限制,故转化型抢劫罪的成立也不应有数额限制,由于转化型抢劫行为人也是"当场"使用暴力或以暴力相威胁,与普通抢劫并无本质区别,所以只能将其理解为行为人有犯盗窃罪、诈骗罪、抢夺罪的故意和行为,才谈得上向抢劫罪的转化,否则会不当缩小转化型抢劫罪的打击范围,有违立法意图。对此,有关司法解释也予以了肯定。1988年最高人民法院、最高人民检察院发布的《关于如何适用刑法第一百五十三条的批复》指出"在司法实践中,有的被告人实施盗窃、诈骗、抢夺行为,虽未达到'数额较大',但为窝藏赃物、抗拒逮捕或者毁灭罪证而当场使用暴力或者以暴力相威胁,情节严重的,可按照刑法第一百五十三条的规定,依照刑法(注:1979年刑法)第一百五十条抢劫罪处罚";2005年《最高人民法院关于审理抢劫、抢夺刑事案件适用法律若干问题的意见》中也再次对此给予明确。据此,只要行为人故意实施了盗窃、诈骗、抢夺行为,无论是否达到构成犯罪的标准,都符合转化型抢劫罪成立的前提条件。其次,刑法本条规定的"盗窃、诈骗、抢夺罪"应理解为类罪。抢劫罪属于侵犯财产犯罪,因此,转化型抢劫罪,其先行行为之对象必须是公私财物,犯罪主观方面也必须具有非法占有的目的。以特定财物为犯罪对象,如盗窃电力设备,与盗窃普通财物在侵犯公私财物所有权这一客体上并无本质的不同,只是罪名有差异。在此情况下,盗窃电力设备的行为构成破坏电力设备罪与盗窃罪的想象竞合,虽然有的情况下不以盗窃罪定罪而以破坏电力设备罪定罪,这是因为在想象竞合的情况下,某一行为同时触犯两个罪名应择一重罪论处,并非其行为不属盗窃行为,不构成盗窃罪,而是根据相关法律适用原则,不以盗窃罪定罪处罚而已。且如前所述,应将刑法本条规定的"犯盗窃、诈骗、抢夺罪"理解为实施了盗窃、诈骗、抢夺性质的行为,而不拘泥于罪名,此外,从转化抢劫的立法意图出发,这些特殊盗窃、诈骗、抢夺虽在罪名上有所区别,侵犯的对象有所区别,而其本质上是一样的,都以非法占有为目的,秘密窃取公私财物,或以虚构事实或隐瞒真相的方法骗取他人财物,或公开抢夺公私财物,因此,从理论上讲,普通的盗窃罪、诈骗罪、抢夺罪可以转化为抢劫罪,那么,特殊的盗窃罪、诈骗罪、抢夺罪更可以转化为抢劫罪。如果因为刑法将特殊的盗窃罪、诈骗罪、抢夺罪从普通盗窃罪、诈骗罪、抢夺罪种中分离出来规定为不同罪名,反而使这些特殊罪不能转化为抢劫罪,这显然破坏了刑法体系解释的当然结论,有违罪刑相适应的原则。因此,刑法本条规定的"盗窃、诈骗、抢夺罪"应理解为类罪,而非特指盗窃、诈骗、抢夺三项个罪。需要指出的是,肯定盗窃电力设备的行为在法定条件下可以转化为抢劫罪,并不意味着最终对行为人以抢劫罪定罪处罚。根据《最高人民法院关于审理盗窃案件具体应用法律若干问题的解释》第十二条的规定,盗窃使用中的电力设备,同时构成盗窃罪和破坏电力设备罪的,应择一重罪处罚。因此,当对盗窃行为选择破坏电力设备罪处罚较重,而盗窃行为又具备转化型抢劫罪的构成时,对行为人应在破坏电力设备罪和抢劫罪中择一重罪处罚。[参见第575号指导案例,杨辉、石磊等破坏电力设备案,载《刑事审判参考》总第70集(2009年第5集),第7~10页。撰稿:陈攀]

▽转化型抢劫犯罪既遂与未遂的区分标准的认定

对于转化型抢劫犯罪过程中是否存在未遂,以及应如何把握既遂与未遂的区分标准,结合本案情况对这两个问题进行分析。(一)盗窃后抗拒抓捕的行为应认定为抢劫罪。刑法本条规定,犯盗窃、诈骗、抢夺罪,为窝藏赃物、抗拒抓捕或者毁灭证据而当场使用暴力或者以暴力相威胁的,依照抢劫罪定罪处罚。根据《最高人民法院关于审理抢劫、抢夺刑事案件适用法律若干问题的意见》(刑法本条附文以下简称《两抢意见》)第五条的规定,行为人实施盗窃行为,未达到数额较大,为抗拒抓捕当场使用暴力,致人轻微伤以上后果的,以抢劫罪定罪处罚。由此可以看出,转化型抢劫罪中的"盗窃、诈骗和抢夺"不以构成犯罪为必要,即转化型抢劫罪的成立不以所实施的盗窃达到数额较大即构成犯罪的标准为必要条件。本案中,杨某某、徐某盗窃价值人民币150元的电瓶,未达到盗窃罪数额较大的标准,但在被社保队员发现并拦截时,此二人为抗拒抓捕,分别用大力钳、拳头殴打被害人并致被害人轻微伤,应当认定为抢劫罪。(二)转化型抢劫罪存在未遂形态。转化型抢劫罪既然已经转化成抢劫罪,犯罪形态就应当按照普通抢劫罪的犯罪形态来认定,因此和普通抢劫罪一样存在未遂形态。具体理由如下:1.从刑法理论分析,转化型抢劫罪存在未遂形态。转化型抢劫罪的成立条件有三:一是行为人先实施了盗窃、抢夺、诈骗行为;二是行为人当场使用暴力或以暴力相威胁;三是实施暴力或以暴力威胁的目的是窝藏赃物、抗拒抓捕或者毁灭证据。由于行为人已实行了盗窃等行为,且具备当场实施暴力或以暴力相威胁的客观条件,显然属于"已经着手实行犯罪",故不可能存在犯罪预备形态。同时,转化型抢劫罪从基本犯罪行为(盗窃等)到实施新行为(暴力、胁迫),再到新行为完成需要一定的时间和空间,也就使犯罪中止或未遂的存在具有现实可能性。2.罪刑相适应原则要求对转化型抢劫罪区分既未遂形态。对转化型抢劫罪区分既遂和未遂,是为了区分犯罪行为社会危害性的大小,从而确定相应的刑事责任。与普通抢劫犯罪相比,转化型抢劫犯罪的行为人在犯罪性质转化前只具有盗窃、诈骗、抢夺的故意,因而主观恶性程度相对较小。如果对转化型抢劫犯罪不论结果均认定为既遂,就可能导致量刑偏重。如本案中二被告人造成被害人轻微伤,且未取得财物,如果没有转化抢劫的行为,只成立普通抢劫罪的未遂;但若因系转化型抢劫而不论结果地认定为抢劫既遂,其处刑就比普通抢劫还重,明显罪刑不相适应。3.刑法本条并未否定未遂形态的存在。刑法本条规定的行为人"当场使用暴力或者以暴力相威胁"仅仅是转化型抢劫罪成立的标志,并不能以此来否认既遂、未遂形态的划分。构成抢劫罪与犯罪停止形态的认定是两个不同的概念,根据刑法本条的规定,在确定盗窃等行为转化为抢劫罪之后,仍然需要考虑对转化后的抢劫行为能否认定为未遂的问题。认为转化型抢劫罪不存在未遂形态的观点其实是将转化行为本身看作抢劫罪既遂的成立条件,而没有认识到转化行为只是导致整个行为性质的改变,即由盗窃罪等转化为抢劫罪,但不能阻却抢劫罪既遂、未遂形态的划分。(三)转化型抢劫罪的既遂、未遂标准应参照普通抢劫罪。转化型抢劫罪与普通抢劫罪的主要区别就在于普通抢劫罪使用暴力、胁迫在先,劫财在后;而转化型抢劫罪占有财物在先,使用暴力、胁迫在后。两者只是占有财物行为先后顺序有差异,在犯罪构成上并无实质区别。根据《两抢意见》的规定,抢劫罪侵犯的是复杂客体,既侵犯财产权利又侵犯人身权利,具备劫取财物或者造成他人轻伤以上后果两者之一的,均属抢劫既遂。同样,对于转化型抢劫罪,认定既遂的标准是劫取财物或者造成他人轻伤以上后果,二者必居其一;而既未劫取财物,又未造成他人轻伤以上后果的,属于未遂。需要注意的是,在转化型抢劫罪中如何理解

"劫取财物"。在转化型抢劫罪中，对盗窃等行为中的非法占有财物，并不能认定为转化行为中已劫取财物，即先行为的既遂不必然导致后行为的既遂。本案中，杨某某、徐某先盗窃了价值人民币150元的电瓶，为抗拒抓捕而实施暴力造成被害人轻微伤，应以抢劫罪定罪处罚。二被告人虽然已经将电瓶拿走，非法占有了该财物，但是在此后的抗拒抓捕过程中，二人逃离现场时将电瓶遗留在了现场，并未实际劫获财物。另外，行为人的暴力行为仅造成被害人轻微伤，没有达到造成他人轻伤以上的后果。因此，本案中二被告人既未劫取财物，也未造成他人轻伤以上后果，二审法院认定二被告人的行为为抢劫罪未遂，并依法进行改判是正确的。［参见第687号指导案例，杨飞飞、徐某抢劫案，载《刑事审判参考》总第79集（2011年第2集），第57～59页。撰稿：王奕　陆文奕］

▽在共同盗窃过程中，个别或部分人因实施暴力、威胁行为转化为抢劫罪的，其他参加盗窃者需要考察各行为人之间的共谋内容，其他人对临时发生的暴力、威胁行为的态度等情况来具体分析判断是否均转化为抢劫罪

当数人共同犯盗窃、诈骗、抢夺罪时，如果暴力或威胁行为系其中个别人或者部分人实施的，是否对其他参与作案的人均按抢劫罪定罪处罚。这涉及对共同犯罪与犯罪转化之间关系的把握。对这个问题需要考察各行为人之间的共谋内容，其他人对临时发生的暴力、威胁行为的态度等情况来具体分析判断。第一，各行为人共谋作案时遇抓捕可采取暴力、威胁手段的情形。即各行为人事先明确约定，在盗窃、诈骗、抢夺过程中，如遇到抓捕，将采取暴力、威胁手段予以抗拒；或者各行为人事先虽无明确约定，但均明知有人携带了匕首、砍刀、棍棒等犯罪工具，做好了两手准备，各人对遇到抓捕时将采取暴力、威胁手段抗拒的可能性均心知肚明。在此情况下，各行为人事先在主观上已经达成一致，如遇他人抓捕或被害人反抗，将相互帮助或联手反击。故当实际发生某人为抗拒抓捕而当场使用暴力或以暴力相威胁的情形时，则所有参与作案的人均转化为抢劫罪。这是典型的共同转化犯罪。第二，事先没有预谋采取暴力、威胁手段，个别行为人在犯罪过程中采取暴力、威胁手段，其他行为人事后才获悉，并参与分赃的情形。在这种情形下，不宜认定为抢劫罪的共犯。主要理由是：个别行为人在未与其他人事先约定的情况下，临时决定采取暴力、威胁手段，而其他人当时并不知情，该行为实际上属于实行过限，不能认定符合其他人的意志。即使把其他人事后参与分赃理解为对个别人过限行为的追认，但其他人客观上并没有参与实施过限行为，其事后追认与危害结果之间没有因果关系，若对其按共犯处理，则违背了主客观相一致的定罪原则，属于主观归罪。第三，各行为人事先仅约定实施盗窃、诈骗、抢夺犯罪，未约定遇抓捕是否反抗，但作案中其他人发现个别人采取了暴力、威胁手段的情形。对此，需要根据其他人在发现有人采取暴力、胁迫手段时的表现来认定。如果其他人发现有人采取暴力、威胁手段抗拒抓捕后，均当场实施暴力、威胁行为的，则其他人也均转化为抢劫罪。容易产生争议的是，当其他人发现有人采取暴力、威胁手段时，并没有参与实施暴力、威胁行为的，是否认定为转化型抢劫罪？对此不能一概而论，有必要进一步区分以下三种情形来判断。首先，其他人发现个别人采取暴力、威胁手段抗拒抓捕后，仍停留在现场继续参与盗窃、诈骗或抢夺的，尽管其他人并没有实施暴力、威胁行为，但其行为表明其原有的盗窃犯意已经发生了改变，彼此之间形成了新的抢劫犯意。这是因为，在共同犯罪中，各共犯的犯意和行为之间存在一种动态的联络和相互作用，一人临时改变行为，其他共犯了解后可以随即表明自己的态度，改变自己的意图和行为。这样，共同犯罪人在最初共同犯意的基础上，经过调整，如默认、放任或追加同意而达成新的一致。其他人在发现个别人采取了暴力、威胁手段抗拒抓捕后，仍停留在现场积极参与行窃、诈骗或抢夺，表明其主观上对个别人实施的暴力、威胁行为给予追加同意，客观上对实施暴力、威胁行为的人给予精神支持或鼓励，对被害人形成了心理压力或恐惧，其继续行窃、诈骗或抢夺行为与他人采取的暴力、威胁手段抗拒抓捕的行为已经融为一体，故在这种情形下继续在现场实施犯罪的人均应一体转化为抢劫罪。其次，其他人在发现个别人采取暴力、威胁手段后，当场明确作出反对的意思表示或阻止过限行为发生危害结果。在这种情况下，应认定采取暴力、威胁手段的人属于实行过限,对其他反对或者阻止者不应以抢劫罪的共同犯罪论处。理由是,各共同犯罪人实施盗窃、诈骗、抢夺等先行行为时虽具有共同犯罪故意,但该共同故意并不包含采取暴力、威胁手段的内容,先行行为败露后,个别行为人采取的暴力、威胁行为属于新的犯罪内容,其他犯罪人发现过限行为之后即明确表示反对或阻止,说明共犯人之间没有形成新的犯罪合意,故根据主客观相一致的定罪原则,对明确反对或阻止实施暴力、威胁行为的共犯人,不应认定构成转化型抢劫罪。最后,其他人发现个别人采取了暴力、威胁手段抗拒抓捕后,未予制止便逃离现场的情形。共犯人事先未预谋实施暴力、威胁行为,表明本无实施抢劫的犯意,其他人发现个别人采取暴力、威胁手段抗拒抓捕后便逃离现场,表明其他人主观上对个别人的过限行为并未给予追加认同,客观上对实行过限行为人亦未产生精神支持或鼓励,故对逃离现场的人仍应以先前的盗窃、诈骗、抢夺罪定罪处罚,而不能认定为转化型抢劫罪。本案由于该三人未继续停留在现场参与共同行窃或以积极的言行配合陈某某,故三人与采取威胁手段抗拒抓捕的陈某某之间并没有形成新的犯罪故意,陈某某的行为属于实行过限,其他被告人对此不应承担责任。综上,法院认定被告人陈某某一人构成转化型抢劫罪,认定被告人刘某、庞某某、营某某三人仅构成盗窃罪,是正确的。[参见第740号指导案例,陈万学抢劫、刘永等人盗窃案,载《刑事审判参考》总第83集(2011年第6集),第44~48页。撰稿:聂昭伟　曹敏]

▽获取财物的方式是准确认定"碰瓷"案件行为性质的重要因素

由于"碰瓷"的特点,其目的行为可能触犯不同的罪名,司法实践中,主要集中在敲诈勒索罪、诈骗罪和抢劫罪三个罪名的争议上。上述三罪在主观方面都具有非法占有他人财物的目的,其主要区别体现在客观方面获取财物的方式不同:敲诈勒索罪是对被害人使用威胁或要挟的方法,强行索取他人财物,具有行为人获取财物的"胁迫性"与被害人交付财物的"非自愿性"两个显著特征;诈骗罪是虚构事实或隐瞒真相,使被害人陷入错误认识,从而"自愿"交付财物,具有行为人获取财物的"欺骗性"与被害人处分财物的"错误性"两个显著特征;而抢劫罪是当场使用暴力、胁迫或其他方法强行劫取他人财物,则具有行为人获取财物的"暴力性"与被害人失去财物的"被迫性"两个显著特征。因此,在"碰瓷"案件中,应当根据行为人获取财物方式,结合具体案情,准确认定"碰瓷"行为的性质。第一种情形:如果行为人以非法占有为目的,故意制造交通事故,并造成事故系被害人过错所致的假象,继而以此为要挟,迫使被害人赔偿。表面上看,行为人具有欺骗的成分;但从实质上分析,所谓的"骗局"只不过是行为人为其顺利实施勒索钱财行为所制造的由头,行为整体上符合敲诈勒索罪的要挟、强迫特征,应当以敲诈勒索罪论处。实践中,要挟、强迫的方式多种多样,有的以不赔偿就扣留车辆相要挟,有的抓住被害人车辆手续不全、正规处理程序烦琐、害怕耽误时间等心理,但无论具体方式如何,要准确把握行为要挟、胁迫的本质特征。第二种情形:如果行为人故意制造交通事故,隐瞒事故真相,使被害人基于事故产生原因的错误认识而给付"赔偿",行为人的行为就符合诈骗罪的构成特征,应当以诈骗罪论处。第三种情形:在有的"碰瓷"案件中,被害人是完全被胁迫交付钱财,还是既有被欺骗又有被胁迫的因素而交付钱财,有时不容易区分。尤其是在系列"碰瓷"案件中,行为人在有些犯罪过程中故意制造交通事故,被害人基于错误认识"自愿"交付了钱财,而在有些犯罪过程中因被害人识破骗局而使用了要挟的手段。对类似案件,应从系列行为的整体特征考察,根据行为人主要取财手段的特征,以敲诈勒索罪或者诈骗罪论处,而不宜进行数罪并罚。第四种情形:如果行为人驾车碰撞他人车辆后,又以暴力或实施暴力相威胁而索取钱财的,构成抢劫罪。第五种情形:如果行为人实施的"碰瓷"行为不足以严重危害公共安全,"碰瓷"后,由于主客观原因,也没有进一步实施诈骗、敲诈勒索或抢劫行为,那么,对于只撞毁车辆,符合故意毁坏财物罪构成要件的,可以故意毁坏财物罪论处;致人伤亡的,根据具体情况,可以故意伤害罪或故意杀人罪论处;既符合故意毁坏财物罪,同时又符合故意伤害罪或故意杀人罪的,按照想象竞合犯的原则处理。本案被告人预谋"碰瓷"敲诈勒索被害人,同时又准备了西瓜刀和镐把等作案工具。在碰撞发生后,被告人伙同他人对被害人进行敲诈,被害人拒绝交付钱财,准备打电话报警,同案犯即从车里取出一把西瓜刀对被害人进行威胁,向其索要钱财;遭遇被害人反抗时,被告人又持镐把先后击打两名被害人,并致一死一伤。因此,同案犯的行为从起初的敲诈勒索转变为直接实施抢劫,且其行为不属于诈骗过程中为窝藏赃物、抗拒抓捕、毁灭罪证实施暴力转化为抢劫罪的情形;其敲诈勒索被害人的事实,在量刑时可作为酌定量刑情节考虑,无须再单独定罪。根据共同犯罪的规定和基本原理,被告人具有敲诈不成即抢劫的概括的共同预谋,又在同伙着手实行抢劫时,加入实施暴力行为,故即使其实施暴力后未进一步实际劫取财物,也不能割裂暴力行为与非法占有财物目的的内在联系,其行为完全符合抢劫罪的构成特征,应当以抢劫罪论处。[参见第 764 号指导案例,刘飞抢劫案,载《刑事审判参考》总第 85 集(2012 年第 2 集),第 56～58 页。撰稿:赵俊甫]

▽已满十四周岁不满十六周岁的未成年人,不能成为转化型抢劫罪的犯罪主体

第一,已满十四周岁不满十六周岁的未成年人,依法对盗窃罪不负刑事责任,因此,不具备转化型抢劫罪的基础。被告人最初实施的是入户盗窃的行为,根据刑法修正案(八)第三十九条的规定,“入户盗窃”已经成为刑法第二百六十四条盗窃罪的基本行为之一,并且没有数额的要求。但是,被告人作案时是已满十四周岁未满十六周岁的相对刑事责任人,只对实施刑法第十七条第二款所列举的故意杀人、抢劫等八种犯罪负刑事责任,对盗窃行为不负刑事责任,因而不能满足构成转化型抢劫罪的前提条件。第二,从现有司法解释的规定也可以推导出相对刑事责任能力年龄的人不能成为转化型抢劫罪的犯罪主体。《最高人民法院关于审理未成年人刑事案件具体应用法律若干问题的解释》(本附文以下简称《解释》)第十条第一款规定:“已满十四周岁不满十六周岁的人盗窃、诈骗、抢夺他人财物,为窝藏赃物、抗拒抓捕或者毁灭罪证,当场使用暴力,故意伤害致人重伤或者死亡,或者故意杀人的,应当分别以故意伤害罪或者故意杀人罪定罪处罚。”可见,相对刑事责任年龄的人实施了转化型抢劫的行为,形式上符合转化型抢劫罪的要件,只对暴力行为造成重伤或死亡结果的以故意伤害罪或者故意杀人罪定罪处罚。该规定严格限缩了相对刑事责任年龄的人实施此类行为的处罚范围,处罚罪名上也不以抢劫罪论处,体现了刑法对未成年人犯罪从宽处罚的立法精神。本案被告人虽然有咬伤被害人的行为,但由于被害人的伤情并不构成重伤,因此,被告人也不构成故意伤害罪。此外,《解释》第十条第二款进一步规定:“已满十六周岁不满十八周岁的人犯盗窃、诈骗、抢夺罪,为窝藏赃物、抗拒抓捕或者毁灭罪证而当场使用暴力或者以暴力相威胁的,应当依照刑法第二百六十九条的规定定罪处罚;情节轻微的,可不以抢劫罪定罪处罚。”也就是说,只有已满十六周岁的完全刑事责任能力年龄的人,才有可能构成转化型的抢劫罪,以抢劫罪定罪量刑。[参见第 777 号指导案例,王伟华抢劫案,载《刑事审判参考》总第 86 集(2012 年第 3 集),第 37～38 页。撰稿:杨明]

▽入户盗窃,为抗拒抓捕当场使用暴力的,盗窃行为不必构成犯罪才能认定“入户抢劫”

(一)对“转化型抢劫”中的“犯盗窃、诈骗、抢夺罪”的正确理解。第一,从法条内容来看,转化型抢劫的主观要件是“为窝藏赃物、抗拒抓捕或者毁灭罪证”,这种情形既可以发生在犯罪既遂后,也可以在犯罪实施过程中。如果严格要求转化前的行为构成犯罪,则可能出现仅因盗窃等行为的数额未达到构罪标准,而放纵使用较强暴力拒捕的行为或者出现对造成严重犯罪后果的行为难以适当追责的情形。第二,从罪质内容来看,本条规定的转化型抢劫与刑法第二百六十三条规定的抢劫罪,虽然获取财物与实施暴力的前后顺序不同,但两者均以抢劫罪定罪处罚,即刑法对两种行为的否定性评价是一致的,二者的罪质是相同的。因此,抢劫罪的构成要件中没有数额方面的要求,对转化型抢劫也不应该有类似要求,即不应对转化前的盗窃、诈骗和抢夺行为提出数额方面的限定,否则有违公平性原则。事实上,司法实践中大量存在前罪尚未既遂就被发现,为窝藏赃物、抗拒抓捕或者毁灭罪证而使用暴力或者以暴力威胁的案件,通常都是以转化型抢劫定罪量刑的。但是,不要求前罪既遂,并不意味着没有任何限制。刑法第十三条规定“情节显著轻微危害不大的,不认为是犯罪”的底线必须遵守。2016 年《最高人民法院关于审理抢劫刑事案件适用法律若干问题的指导意见》(本附文以下简称《抢劫指导意见》)对此作出了全面规定:"犯盗窃、诈骗、抢夺罪",主要是指行为人已经着手实施盗窃、诈骗、抢夺行为,一般不考察盗窃、诈骗、抢夺行为是否既遂。但是所涉财物数额明显低于"数额较大"的标准,又不具有《两抢意见》第五条所列五种情形之一的,不构成抢劫罪。因此,根据《抢劫指导意见》的规定,虽数额较小,但具有入户或者在公共交通工具上盗窃等情形的,也可以构成转化型抢劫的前提条件即"犯盗窃、诈骗、抢夺罪"。

(二)入户盗窃并转化为抢劫的,应当以"入户抢劫"论处。入户抢劫是抢劫罪的加重处罚情节之一,加重理由就是"入户",即其侵犯了被害人"家"的私密性和安全性,是对公民最可靠也是最后可以依靠的处所的侵犯,其危害性明显重于普通抢劫。因此,对"户"的认定尤为重要。《最高人民法院关于审理抢劫案件具体应用法律若干问题的解释》和《最高人民法院关于审理抢劫、抢夺刑事案件适用法律若干问题的意见》对此予以明确界定,反映出两个特征:第一,要具有日常生活性,这是"户"的功能特征;第二,要具有封闭性和排他性,这是"户"的场所特征。根据上述特征可知,正是由于行为人未经允许侵犯了居住者对"户"的排他性权利,该行为才应当受到严惩,故入户的非法性就成为题中之义,即行为人基于侵害户内人员的人身、财产的非法目的入户的,就要对入户行为加重处罚;如果经过允许入户,在户内临时起意实施不法行为的,则不具有非法侵入的特性,故不能将此"入户"作为加重处罚的情节。因此,认定"入户抢劫"自然要求只有在户内实施暴力或者以暴力相威胁,如此才能体现出"入户"的非法性。对于入户实施盗窃、诈骗、抢夺的,为窝藏赃物、抗拒抓捕或者毁灭罪证,也必须是在户内使用暴力或者以暴力相威胁的,才能认定"入户抢劫";如果在户外使用暴力或者以暴力相威胁,则只能认定普通抢劫。《抢劫指导意见》也对此作出明确规定。本案被告人为盗窃非法进入被害人许某的住所窃取现金300元,根据刑法修正案(八)的规定,被告人的行为已经构成入户盗窃。后被告人被返回家中的许某发现,为抗拒抓捕,其在许某的住所内将许某打伤,致许某轻微伤。被告人基于盗窃目的非法入户,为抗拒被害人的抓捕而在户内当场使用暴力致被害人轻微伤,根据《抢劫指导意见》的规定,被告人的行为应转化为"入户抢劫"。北京市第二中级人民法院根据本案具体情节,结合客人累犯的加重处罚情节和如实供述的从轻处罚情节,以抢劫罪判处被告人有期徒刑十一年,剥夺政治权利二年,并处罚金人民币二万二千元是适当的。[参见第1182号指导案例,张红军抢劫、盗窃案,载《刑事审判参考》总第109集,第13~15页。撰稿:杜军燕]

▽抢夺汽车后逃离,被对方GPS追踪、拦截,在距案发现场十多公里之外的地方为抗拒抓捕而持枪进行威胁的,属于转化抢劫中所要求的"当场"

构成转化型抢劫罪需要具备前提条件(犯盗窃、诈骗、抢夺罪)、目的条件(为窝藏赃物、抗拒抓捕或者毁灭罪证)、手段条件(使用暴力或者以暴力相威胁)和时空条件(当场)。本案被告人的行为能否构成转化型抢劫罪,核心问题在于是否具备时空条件,即是否满足"当场"的要求。根据有关刑法理论及实践掌握,准确理解这里的"当场",应当综合考虑以下三个方面:1. 时空的接续性。"当场"从字面上看,就是当时和现场,包含了时间和空间两方面的要素,是时间上连续性和空间上连接性的统一体,前后行为在时间和空间上应当紧密联系,不能间断或者完全脱离。具体来说,前后行为在空间上应当具有连接性,即暴力、胁迫行为发生在盗窃、诈骗、抢夺行为现场或者与之紧密联系的场所;在时间上应具有连续性,即暴力、胁迫行为必须发生在盗窃、诈骗、抢夺行为之后,前后连续而未间断。只有在前行为与暴力、胁迫之间存在不间断的时空联系时,才能转化为抢劫罪。一般来说,如果行为人作案后并未被及时发觉和追捕,而在其他时间或地点被发现、追捕的,应当认为不符合"当场"的条件,不能转化为抢劫罪。但是,对"当场"的理解不能过于机械,不能要求前后行为在同一时间点、同一地点上完全重合,二者之间应当允许存在短时间、短距离的间隔。比如,在行为人在超市内扒窃他人手机一部,3分钟后被害人发现被盗而在超市门口追赶上行为人,行为人为抗拒抓捕而实施暴力,在这种情况下,仍然应认为具有时间上的连续性和空间上的连接性。2. 先后行为之间的关联性。前后行为除了时空上的紧密联系外，还要求具有引起与被引起的关联性，即事后的暴力、胁迫行为是因为前面的盗窃、诈骗、抢夺等行为而引起的，如果不是因为盗窃等前行为导致行为人被追捕，而是因为其他事由，即使行为人也同样是因为窝藏赃物、抗拒抓捕或者毁灭罪证而使用暴力或者以暴力相威胁，其前行为也不能转化为抢劫罪。3. 追捕事态的继续性。从犯罪过程上看，实施前行为（盗窃、诈骗、抢夺）一被发现一被追捕一实施暴力或者以暴力相威胁，是一个连贯的过程，追捕的事态是持续不间断的。只要行为人始终处于追捕人耳目所及的控制范围内，即使行为人一时躲避藏匿、暂时脱离了追捕人的视线，但只要追捕行动未停止，并最终发现了行为人，整个追捕过程仍然具有继续性，行为人此时为抗拒抓捕等而使用暴力或者以暴力相威胁的，仍然属于"当场"的范围，依法构成转化型抢劫罪。如果行为人已成功脱逃，事后被他人发现而被追捕，或者因为其他犯罪行为被抓捕，即使当场使用暴力或者以暴力相威胁，该暴力行为相对于前行为而言不再是"当场"实施，已失去了转化的时空条件。持续不断的追捕过程既包括行为人尚未离开前行为现场或者刚离开现场就被人发觉并立即实施抓捕，也包括行为人作案后很快被发现并对其实施一定时间的监视后再实施抓捕。只要行为人始终处于追捕人的视线范围之内，无论持续多久，追捕的距离有多长，其暴力或者以暴力相威胁行为均属于"当场"实施。本案的特殊之处在于，被害人方追赶被告人时，不是用肉眼直接观察到被告人，而是通过被抢车辆上的 GPS 导航定位对被告人进行追踪，且实施抢夺的地点距离被告人被截获的地点有十多公里之远。被告人被拦截后为抗拒抓捕而持枪威胁，这种情况应认定为转化型抢劫罪中的"当场"。

基于上述分析，只要被告人始终在视线范围之内，追捕行为一直处于持续状态，那么就视为案发现场一直在延长，截获被告人的地方就可以视为"当场"。被告人的行踪始终在视线可及的范围内，是判断追捕行为是否持续的一个标准。掌握被告人行踪是实质要点，至于观察的方式，不能也没有必要局限于肉眼观察。随着经济社会的发展和科技水平的提高，除了最基本的肉眼观察外，也可以借助各种仪器和设备进行观察，这是与客观社会生活现状相符的。就像追捕行为本身，没有必要限定于仅靠双腿追捕，借助于自行车、汽车及其他设备并不违背追捕行为的本质。因此，本案中借助 GPS 来掌握被告人的行踪，完全可以视为被告人在追捕人的视线范围之内。本案被告人驾车逃离抢夺现场，谢某军立即电话告知谢某冬，二人随即驾车追赶。在没有追上之后，谢某冬给车主谢某卫打了电话，告知相关情况。谢某卫立即根据被抢车辆上的 GPS 使用手机对车辆进行定位，自己进行追赶，并让朋友刘某才帮忙追赶，后刘某才根据 GPS 定位一直追赶并在右安门附近拦截了被告人。可以看出，汽车被抢夺之后，被害方的追捕行为一直处在持续状态之中，中间虽略有中断，但这种中断是很短暂的而不是长时间的，并不影响追捕行为的整体连续性，被告人的行踪也始终在被害人一方的掌握之中。因此，虽然被告人抢夺地距离被截获地有十多公里之远，这段距离应该被视为抢夺现场的延长。在这种情况下，被告人被堵截拦停后持枪威胁被害方的追赶人员，属于"当场"以暴力相威胁，构成转化型抢劫罪，法院判决的定性是准确的。[参见第 1201 号指导案例，李智豪抢劫案，载《刑事审判参考》总第 110 集，第 52～55 页。撰稿：徐清岱]

第二百七十条　【侵占罪】将代为保管的他人财物非法占为己有，数额较大，拒不退还的，处二年以下有期徒刑、拘役或者罚金；数额巨大或者有其他严重情节的，处二年以上五年以下有期徒刑，并处罚金。

将他人的遗忘物或者埋藏物非法占为己有，数额较大，拒不交出的，依照前款的规定处罚。

本条罪，告诉的才处理。

附：部分省（自治区、直辖市）关于侵占罪数额的处罚标准

	数额较大	数额巨大	数额特别巨大
北京	2 万元	20 万元以上	—
天津	1 万元	10 万元	—

续表

	数额较大	数额巨大	数额特别巨大
辽宁	1万元	5万元	—
吉林	5000元	5万元	—
浙江	2万元	10万元	—
江西	5000元	5万元	—
河南	1万元	10万元	—
陕西	5000元	5万元	—

▽侵占罪的“保管”必须是合法的

侵占罪的“保管”必须是合法的,主要是指基于委托合同关系,或者根据事实上的管理以及习惯而成立的委托、信任关系所拥有的对他人财物的持有、管理,这是构成侵占罪的前提条件。从行为人以修车为名,骗得金刚石保管人员的信任,委托其在修车过程中“看管好车上货物”这一事实来看,行为人对其窃取的金刚石取得了一种“代为保管”的委托关系,符合侵占罪的部分客观构成特征。虽然行为人取得了对金刚石的合法持有权,但并非简单地将合法持有转变为非法占有,而是利用了合法持有的便利条件实施其秘密窃取行为。同时,行为人在得知本厂业务员要去福建泉州送货(人造金刚石)时,便产生了非法占有的故意,并准备了作案工具——用于调换金刚石的十个黑色塑料袋和河沙。其非法占有的主观故意明显产生于其取得代为保管金刚石之前,其代为保管不过是为其实施秘密窃取行为创造的便利条件。因此,行为人的行为不符合侵占罪的构成特征,而构成盗窃罪。[参见第135(132)号案例,康金东盗窃案,载《刑事审判参考》总第21辑(2001年第10辑),法律出版社,第33~34页。执笔:夏剑敏]

▽个体工商户雇员将代为保管的户主财产占为己有,数额较大,拒不退还的,构成侵占罪

代为保管物类型的侵占罪,是指将代为保管的他人数额较大以上的财物非法占为己有,拒不退还的行为。该类侵占罪的对象只能是行为人代为保管的他人财物。代为保管物类型的侵占罪与盗窃罪的根本区别之一在于:盗窃罪是直接采用秘密窃取的方法将他人占有下的财物变为己有;代为保管物类型的侵占罪则是先合法地保管、占有他人财物,进而将该项财物非法据为己有且拒不退还。行为人不是采用秘密窃取的方法将他人占有下的财物占为己有,其行为的实质是将自己临时代为保管的财物非法占为己有且拒不退还。形成刑法意义上的代为保管关系的,不仅限于由于正式的保管合同所产生的代为保管关系。行为人作为个体工商户户主所雇佣的司机,受托负责将户主所有的货物运交他人,这种雇佣委托关系,使双方就所交运的货物已形成一种实质意义上的代为保管关系。行为人作为为个体工商户送货的司机,对车上的货物负有代为保管的义务,但其非法占有代为保管的他人财物而逃匿,拒不退还或拒不交出,侵犯了个体工商户的财产所有权,完全符合侵占罪的构成。[参见第318号案例,张建忠侵占案,载《刑事审判参考》总第40集(2004年第5集),法律出版社,第38~39页。执笔:曾超杰]

▽委托事项完成后,利用他公司工商登记、经营证章的便利条件,以该公司名义申领、签发支票并非法占有该公司财物的行为,既不属侵占,也不属职务侵占

行为人仅是受委托办理工商、税务登记的有关手续,在其完成公司有关手续的登记行为后,委托事项已经完成。由于行为人的身份不是新公司的成员,完成委托事项后仅是临时持有公司有关证章,而无权使用这些证章,对公司的财物不享有任何经营、管理权利,不能认定公司财物由其保管。因此,其冒领公司支票非法取得公司财产的行为既不属侵占,也不属职务侵占。[参见第307号案例,李兰香票据诈骗案,载《刑事审判参考》总第39集(2004年第4集),法律出版社,第24页。执笔:仇晓敏]

▽捡拾他人遗失的存折提取存款的行为不属于侵占行为,不构成侵占罪

侵占行为的本质特征在于将合法持有的财物非法占为己有,其犯罪对象当属已被行为人合法持有的他人所有的财产。非法占有的对象与合法持有的对象应当是同一的,至少是可以直接置换的。由于存折所有人在存折上设有取款密码,遗失存折并不意味着失去了对存款的控制和支配,行为人拾得存折并没有取得对存折项下钱款的合法持有权。因此,不存在侵占的对象。当然,如果存折的所有人将存折、取款密码及取款所需的其他相关文件一并交付给他人,或者他人捡拾的存折系未设密码的活期存折,说明此时存折所载款项已完全置于持有人之控制下,持有人也随时可据存折提款,那么行为人的取款行为应当认定为侵占。存折系所有人的遗失物而非遗忘物,行为人的行为不属于刑法本条第二款规定的将他人的遗忘物非法占为己有。遗失物有着不同于遗忘物的确切内涵。遗忘物是物主本应携带因遗忘而未带走的财物,物主通常能够回忆起财物遗忘的具体处所,且遗忘物脱离物主的时间一般较短,物主会很快回去找寻,捡拾人一般也知道物主是谁,如外出"打的"遗忘在出租车中的财物,商场购物时遗忘在柜台上的财物等即属遗忘物;遗失物是失主丢失的财物,一般离开失主的时间较长,失主一般不知道被谁捡拾,而且拾到的人不知也难以找到财物的主人;相比之下,物主对遗失物之于遗忘物在控制程度上明显要低,侵占遗失物较之于侵占遗忘物在主观恶性及可罚性方面相对要轻,把侵占遗失物作为侵占遗忘物追究刑事责任,与罪刑法定原则的实质精神不符。行为人在公安机关讯问后即承认非法占有他人财物,并将赃款悉数退回,其行为与侵占罪的"拒不交出"要件规定不符。[参见第256号案例,程剑诈骗案,载《刑事审判参考》总第33集(2003年第4集),法律出版社,第43~44页。执笔:刘一守]

▽侵占罪中"代为保管他人财物"的认定

构成侵占罪要求行为人对他人的财物存在代为保管事实。如不具有这种主体身份特征,则缺乏构成侵占罪的基本条件。典型意义上的代为保管关系产生于保管合同之中,此外,加工承揽合同、委托合同、租赁合同、使用借贷合同、担保合同等众多的合同关系均可能存在代为保管关系。本案中的代为保管关系产生于加工承揽合同,即承揽人按照定作人的要求完成工作、交付成果,定作人给付报酬的合同。承揽合同有两种情形,一种是加工的原材料由承揽人自己选用;另一种是由定作人提供。在第一种情形下,定作人不负责提供原材料,承揽人先行支付购买材料费用,对自己选用的材料享有所有权,对于利用该材料加工完成的工作成果,若承揽人不将其交付给定作人,不成立侵占罪,只构成民事上的违约。在第二种情形下即定作人提供原材料的情形下,原材料被交付给承揽人之后并未发生所有权转移,承揽人只是暂时地享有占有、支配、按照合同目的使用原材料的权利。在履行合同时,承揽人负有返还利用原材料加工完毕的工作成果的义务,此时原材料就处于代为保管的状态,拒不返还便属于侵占。本案自诉人赵某某与被告人杨某的父亲杨桂林某之间存在加工承揽合同,究其合同约定内容属于上述第二种承揽模式。虽然杨某某的袜子加工厂系家庭经营模式,杨某系家庭成员之一,但由于杨某某的袜子加工厂的实际经营者是杨某某夫妇,杨某并未参与到经营活动中,对家庭经营活动中所涉及的财物没有控制管理的权利,故事实上并不占有这些财物。而侵占罪中的代为保管关系要求被告人对他人财物存在事实上的占有关系。故对于自诉人赵某某委托加工的袜子,只有从事经营并实际占有这些袜子的杨某某夫妇才有可能构成侵占罪的主体,杨某不具有构成侵占罪的主体资格,其行为不符合侵占罪中代为保管他人财物的主体特征。[参见第583号指导案例,杨飞侵占案,载《刑事审判参考》总第70集(2009年第5集),第61~62页。撰稿:聂昭伟]

▽侵占罪中"拒不退还"情节的认定

认定行为人"拒不退还",要求行为人主观上不想退还,客观上以实际行动表明不退还的意思。如果行为人以出卖、赠与、使用等形式实际处分代为保管的他人财物后,表示愿意赔偿财物所有人的经济损失的,一般不能认定为"拒不返还"。因为多数情况下,财物的价值可以通过货币来体现,在原物不能退还时,行为人愿意用货币或者种类物来赔偿的,表明其不具有非法占有的意思,不应认定为侵占罪。本案中公安机关在自诉人报案后,即根据被告人的交代,从该批袜子的收购处将袜子追回并已退还给自诉人,没有发生自诉人要求被告人或者其父杨某某返还袜子而他们拒不返还的情况。相反,案发后,被告人及其家属从一开始就表示愿意进行等价赔偿,但遭到自诉人拒绝。由于袜子是种类物,自诉人委托杨某某加工袜子的目的也是出售谋利,被告人以货币形式完全可以赔偿自诉人的经济损失,故自诉人虽拒绝接受赔偿,但不能由此否定被告人具有赔偿意愿和赔偿能力。据此,被告人的行为也不符合侵占罪所要求的“拒不退还”的要件,其行为不构成侵占罪。[参见第583号指导案例,杨飞侵占案,载《刑事审判参考》总第70集(2009年第5集),第62～63页。撰稿:聂昭伟]

▽盗窃罪与侵占罪区别的认定

盗窃罪与侵占罪均系典型的财产犯罪,二罪的主体均是一般主体,主观上均要求行为人具有非法占有他人财物的目的,但是二罪在客观行为方面具有较大区别:盗窃罪的行为人在实施盗窃财物行为时,所窃取的财物并不在行为人的实际控制之下;侵占罪的行为人在实施侵占他人财物行为时,所侵占的财物已在行为人的实际控制之下。盗窃罪的行为人非法取得他人财物时必须是采用秘密方式窃取,受害人当时处于不知情的状态;而侵占罪的行为人侵占财物的行为方式不要求具备秘密性,受害人一般对财物被侵占的状态是知情的。盗窃罪属于行为犯,即盗窃行为一旦实施即可构成犯罪;而侵占罪属于持续犯,即侵占行为必须持续一定时间方可构成,如果行为人在财物所有人得知财物被侵占后向其索还财物时归还,则不构成侵占罪。[参见第558号指导案例,李富盗窃案,载《刑事审判参考》总第68集(2009年第3集),第27页。撰稿:冉容 王路真]

▽得知自己负责运送的货物不是他人所购货物,派人将其取回,货主向其索要,其拒绝归回的行为,构成侵占罪

以李某某在确认涉案货物不是自己订购的货物,从而让被告人将货物取回为界定点可将被告人的行为分为两个阶段:第一阶段是被告人将涉案货物当作自己负责运送的货物,从而派人将该货物送到李某某处。在此阶段行为过程中,被告人主观上不明知该货物系他人所有,无非法占有他人财物的意图,客观上未采取秘密方式将货物窃走,因此,被告人此阶段的行为不构成犯罪。第二阶段是被告人得知该货物不是李某某所购货物,派人将货取回直至货主向其索要,其拒绝归还。此阶段,由于货物的实际控制权已从黄河货运公司转移至被告人处,且此期间被告人占有该货物的行为不具备秘密窃取的特征,故其此阶段的行为不构成盗窃罪。但是否构成侵占罪,还得从以下三点来判断:首先,虽然黄河货运公司并未明确委托将该货物交被告人代为保管,但是被告人在得知该货物并非李某某所购而将该货取回后,已经明知自己错拿他人货物,其在民事上就负有代为保管并归还该货物的义务,其与货物所有人之间形成了事实上的代为保管关系,因此,该货物的性质系被告人代为保管的他人财物,符合侵占罪中的行为对象特征。其次,涉案货物自从李某某处取回后,被告人一直将该货物置于自家床底下,该货物在此阶段已经完全脱离了货主的控制而一直被被告人所控制,符合侵占罪的客观特征。最后,被告人将涉案货物放置在自家床底下直至案发时长达10天,其间黄河货运公司的负责人向被告人索要此货,被告人不承认拿该货而拒不交还,已满足侵占罪的时间要求,足以证明其主观上具有非法占有他人财物的目的。综上,被告人以非法占有为目的,拒不退还其保管的数额较大的他人财物的行为不构成盗窃罪,其行为性质属于侵占行为,根据刑法规定,由于侵占案件系告诉才处理的案件,因此,法院是否以侵占罪追究被告人的刑事责任,还得看本案被害人黄河公司是否向法院提起告诉。[参见第558号指导案例,李富盗窃案,载《刑事审判参考》总第68集(2009年第3集),第27～28页。撰稿:冉容 王路真]

▽将银行卡借给他人使用后,通过挂失方式将银行卡内的他人资金取走的行为,构成侵占罪

本案准确定罪的关键在于正确区分盗窃罪与侵占罪。两罪在犯罪客观方面有明显的区别,一般比较容易区分,但是,因为两罪同属侵犯财产型犯罪,均以非法占有为目的,在犯罪对象、犯罪主观方面存在一定的相似之处。在此类案件中,为准确区分盗窃罪和侵占罪,应当重点分析考察以下几个方面:

(一)行为人占有财物的时间。盗窃罪的犯罪对象为他人控制的财物,对于自己已实际控制的他人财物一般不能成立盗窃罪,行为人在实施盗窃行为之前,尚未实际控制他人财物。侵占罪的犯罪对象为行为人代为保管的他人财物或者他人的遗忘物、埋藏物,行为人在实施侵占行为之前,已经控制他人财物,其特征是将自己控制的财产不法“占为己有”。控制是指人对财物的支配、管理状态。控制属于事实上和物理意义上的掌控,不等于法律意义上的占有,即“占为己有”。侵占罪不仅可能侵占自己直接控制的他人财物,而且可能侵占法律形式上控制的他人财物。就本案而言,由于我国对银行卡实行实名制,必须由本人携带身份证才能申领,银行卡内资金交易的权利、义务由持证申领人享有和承担,即银行卡申领人被视为银行卡的全部权利的所有人,其具有支配、使用卡内全部资金,冻结卡内资金,申请挂失及停止银行卡的使用等各项权利。如果银行卡有透支功能,则由银行卡的申领人承担还款义务,发生还款违约时也是由申领人承担违约责任。非经法定机关通过法定程序作出决定,任何其他人都无权对抗其行使上述各项权利。显然,无论银行卡由谁实际持有并使用,银行卡的权利义务都由申领人承受,卡内资金在法律形式上都处于申领人的控制之下。因此,借用人虽持有银行卡并掌握银行卡的密码,但其一旦将资金存放到借来的卡内,该资金就在法律形式上处于银行卡申领人的控制之下。本案中,虽然曹某某的母亲杨某某名下的银行卡及密码一直由张聪本人持有和掌握,但该银行卡内的资金在法律形式上处在曹某某及其家人的控制之下,曹某某及其家人可随时通过将该银行卡挂失的方式实际控制该银行卡内的资金。曹某某和其母亲到银行办理挂失、补卡及支取卡内资金的行为,正是对银行卡及卡内资金行使支配控制权的体现。因此,从挂失行为实施之日起,本案中的银行卡及卡内资金的实际控制人是曹某某的母亲张某某,而非张聪,且因曹某某与张某某具有特殊的亲属关系,该银行卡及卡内资金实际上一直是由张某某和曹某某共同控制。

(二)行为人非法占有财物的手段。侵占罪中,行为人非法占有他人财物时,该财物已在行为人的持有和控制之下,行为人采取抵赖等手段拒不交出或者拒不退还从而使持有变为“非法占为己有”。侵占罪的手段,既可以是秘密的,也可以是公开的或半公开的。而盗窃罪中,非法占有他人财物之前,该财物并不在行为人的实际控制之下,行为人必须通过秘密窃取的手段才能实现非法占有。本案曹某某及其母亲杨某某等人将银行卡挂失后,张聪即知晓并与曹某某协商让其取消挂失,双方协商未果。在此情况下,曹某某重新办理银行卡并将卡内现金转账的行为,属公然据为己有,主观上不具有秘密性,不符合盗窃罪的构成特征。

(三)行为人犯罪故意产生的时间。侵占罪作为不转移财物控制权的犯罪,其犯罪故意可能产生于实际控制他人财物之后,而盗窃罪是转移财物控制权的犯罪.其犯罪故意只能产生于持有、控制他人财物之前。本案中,根据在案证据,曹某某是在挂失该银行卡得知卡内有人民币50万元资金后产生了非法占有卡内资金的犯罪故意,其犯罪故意产生于控制该银行卡内资金之后,且随后实施了到银行补卡及支取原卡内资金的行为,因此曹某某的行为不能认定为盗窃罪,而应当认定为侵占罪。

综上,根据刑法和刑事诉讼法的相关规定,侵占罪系告诉才处理的犯罪,只能由被害人提起自诉。法院依法裁定本案终止审理是正确的。[参见第938指导案例,曹成洋侵占案,载《刑事审判参考》总第95集(2013年第6集),第120~122页。撰稿:王德录　刘晓辉]

第二百七十一条　【职务侵占罪】公司、企业或者其他单位的工作人员,利用职务上的便利,将本单位财物非法占为己有,数额较大的,处三年以下有期徒刑或者拘役,并处罚金;数额巨大的,处三年以上十年以下有期徒刑,并处罚金;数额特别巨大的,处十年以上有期徒刑或者无期徒刑,并处罚金。(本条第一款是根据《中华人民共和国刑法修正案(十一)》之二十九修改的,自2021年3月1日起施行。)

【贪污罪】国有公司、企业或者其他国有单位中从事公务的人员和国有公司、企业或者其他国有单位委派到非国有公司、企业以及其他单位从事公务的人员有前款行为的,依照本法第三百八十二条、第三百八十三条的规定定罪处罚。

刑法本条第一款原文:【职务侵占罪】公司、企业或者其他单位的人员,利用职务上的便利,将本单位财物非法占为己有,数额较大的,处五年以下有期徒刑或者拘役;数额巨大的,处五年以上有期徒刑,可以并处没收财产。

■最高人民检察院、公安部关于公安机关管辖的刑事案件立案追诉标准的规定(二)(2022年5月15日)

第七十六条　〔职务侵占案(刑法第二百七十一条第一款)〕公司、企业或者其他单位的人员,利用职务上的便利,将本单位财物非法占为己有,数额在三万元以上的,应予立案追诉。

附　则(第七十九条至第八十五条内容附在本书刑法第一百二十条之一附文同名文件中)

■最高人民法院、最高人民检察院关于办理贪污贿赂刑事案件适用法律若干问题的解释(2016年4月18日)

第十一条　刑法第一百六十三条规定的非国家工作人员受贿罪、第二百七十一条规定的职务侵占罪中的"数额较大""数额巨大"的数额起点,按照本解释关于受贿罪、贪污罪相对应的数额标准规定的二倍、五倍执行。

刑法第二百七十二条规定的挪用资金罪中的"数额较大""数额巨大"以及"进行非法活动"情形的数额起点,按照本解释关于挪用公款罪"数额较大""情节严重"以及"进行非法活动"的数额标准规定的二倍执行。

刑法第一百六十四条第一款规定的对非国家工作人员行贿罪中的"数额较大""数额巨大"的数额起点,按照本解释第七条、第八条第一款关于行贿罪的数额标准规定的二倍执行。

第十二条　贿赂犯罪中的"财物",包括货币、物品和财产性利益。财产性利益包括可以折算为货币的物质利益如房屋装修、债务免除等,以及需要支付货币的其他利益如会员服务、旅游等。后者的犯罪数额,以实际支付或者应当支付的数额计算。

第十三条　具有下列情形之一的,应当认定为"为他人谋取利益",构成犯罪的,应当依照刑法关于受贿犯罪的规定定罪处罚:

(一)实际或者承诺为他人谋取利益的;

(二)明知他人有具体请托事项的;

(三)履职时未被请托,但事后基于该履职事由收受他人财物的。

国家工作人员索取、收受具有上下级关系的下属或者具有行政管理关系的被管理人员的财物价值三万元以上,可能影响职权行使的,视为承诺为他人谋取利益。

第十五条　对多次受贿未经处理的,累计计算受贿数额。

国家工作人员利用职务上的便利为请托人谋取利益前后多次收受请托人财物,受请托之前收受的财物数额在一万元以上的,应当一并计入受贿数额。

第十六条　国家工作人员出于贪污、受贿的故意,非法占有公共财物、收受他人财物之后,将赃款赃物用于单位公务支出或者社会捐赠的,不影响贪污罪、受贿罪的认定,但量刑时可以酌情考虑。

特定关系人索取、收受他人财物,国家工作人员知道后未退还或者上交的,应当认定国家工作人员具有受贿故意。

第十七条　国家工作人员利用职务上的便利,收受他人财物,为他人谋取利益,同时构成受贿罪和刑法分则第三章第三节、第九章规定的渎职犯罪的,除刑法另有规定外,以受贿罪和渎职犯罪数罪并罚。

第十八条　贪污贿赂犯罪分子违法所得的一切财物,应当依照刑法第六十四条的规定予以追缴或者责令退赔,对被害人的合法财产应当及时返还。对尚未追缴到案或者尚未足额退赔的违法所得,应当继续追缴或者责令退赔。

第十九条　对贪污罪、受贿罪判处三年以下有期徒刑或者拘役的,应当并处十万元以上五十万元以下的罚金;判处三年以上十年以下有期徒刑的,应当并处二十万元以上犯罪数额二倍以下的罚金或者没收财产；判处十年以上有期徒刑或者无期徒刑的，应当并处五十万元以上犯罪数额二倍以下的罚金或者没收财产。

对刑法规定并处罚金的其他贪污贿赂犯罪，应当在十万元以上犯罪数额二倍以下判处罚金。

第二十条　本解释自2016年4月18日起施行。最高人民法院、最高人民检察院此前发布的司法解释与本解释不一致的，以本解释为准。

■最高人民法院、最高人民检察院关于办理妨害预防、控制突发传染病疫情等灾害的刑事案件具体应用法律若干问题的解释(2003年5月15日)

第十四条　贪污、侵占用于预防、控制突发传染病疫情等灾害的款物或者挪用归个人使用，构成犯罪的，分别依照刑法第三百八十二条、第三百八十三条、第二百七十一条、第三百八十四条、第二百七十二条的规定，以贪污罪、侵占罪、挪用公款罪、挪用资金罪定罪，依法从重处罚。

挪用用于预防、控制突发传染病疫情等灾害的救灾、优抚、救济等款物，构成犯罪的，对直接责任人员，依照刑法第二百七十三条的规定，以挪用特定款物罪定罪处罚。

第十七条　人民法院、人民检察院办理有关妨害预防、控制突发传染病疫情等灾害的刑事案件，对于有自首、立功等悔罪表现的，依法从轻、减轻、免除处罚或者依法作出不起诉决定。

第十八条　本解释所称“突发传染病疫情等灾害”，是指突然发生，造成或者可能造成社会公众健康严重损害的重大传染病疫情、群体性不明原因疾病以及其他严重影响公众健康的灾害。

■最高人民法院、最高人民检察院、公安部、司法部关于依法惩治妨害新型冠状病毒感染肺炎疫情防控违法犯罪的意见(2020年2月6日)

二、准确适用法律，依法严惩妨害疫情防控的各类违法犯罪

(七)依法严惩疫情防控失职渎职、贪污挪用犯罪。……

国家工作人员，受委托管理国有财产的人员，公司、企业或者其他单位的人员，利用职务便利，侵吞、截留或者以其他手段非法占有用于防控新型冠状病毒感染肺炎的款物，或者挪用上述款物归个人使用，符合刑法第三百八十二条、第三百八十三条、第二百七十一条、第三百八十四条、第二百七十二条规定的，以贪污罪、职务侵占罪、挪用公款罪、挪用资金罪定罪处罚。

(十)依法严惩妨害疫情防控的违法行为。……

对于在疫情防控期间实施有关违法犯罪的，要作为从重情节予以考量，依法体现从严的政策要求，有力惩治震慑违法犯罪，维护法律权威，维护社会秩序，维护人民群众生命安全和身体健康。

■最高人民法院关于在国有资本控股、参股的股份有限公司中从事管理工作的人员利用职务便利非法占有本公司财物如何定罪问题的批复(全文)(2001年5月26日)

在国有资本控股、参股的股份有限公司中从事管理工作的人员，除受国家机关、国有公司、企业、事业单位委派从事公务的以外，不属于国家工作人员。对其利用职务上的便利，将本单位财物非法占为己有，数额较大的，应当依照刑法第二百七十一条第一款的规定，以职务侵占罪定罪处罚。

■最高人民法院关于审理贪污、职务侵占案件如何认定共同犯罪几个问题的解释(2000年7月8日)

第二条　行为人与公司、企业或者其他单位的人员勾结，利用公司、企业或者其他单位人员的职务便利，共同将该单位财物非法占为己有，数额较大的，以职务侵占罪共犯论处。

第三条　公司、企业或者其他单位中，不具有国家工作人员身份的人与国家工作人员勾结，分别利用各自的职务便利，共同将本单位财物非法占为己有的，按照主犯的犯罪性质定罪。

■最高人民法院关于村民小组组长利用职务便利非法占有公共财物行为如何定性问题的批复(全文)(1999年7月3日)

对村民小组组长利用职务上的便利，将村民小组集体财产非法占为己有，数额较大的行为，应当依

照刑法第二百七十一条第一款的规定,以职务侵占罪定罪处罚。

■最高人民法院关于在国有股份有限公司中从事管理工作的人员非法行为如何定罪问题的批复(全文)(2001年5月29日)

在国有资本控股、参股的股份有限公司中从事管理工作的人员,除受国家机关、国有公司、企业、事业单位委派从事公务的以外,不属于国家工作人员。对其利用职务上的便利,将本单位财物非法占为已有,数额较大的,应当依照刑法第二百七十一条第一款的规定,以职务侵占罪定罪处罚。

■最高人民法院关于审理贪污、职务侵占案件如何认定共同犯罪几个问题的解释(2000年7月8日)

第二条　行为人与公司、企业或者其他单位的人员勾结,利用公司、企业或者其他单位人员的职务便利,共同将该单位财物非法占为已有,数额较大的,以职务侵占罪共犯论处。

■最高人民法院、最高人民检察院关于常见犯罪的量刑指导意见(试行)(2021年7月1日)(见本书附录十三)

▼安徽省高级人民法院、安徽省人民检察院关于二十三种常见犯罪量刑规范的实施细则(试行)(2022年1月16日)(见本书附录十四)

▼全国法院维护农村稳定刑事审判工作座谈会纪要(1999年10月27日)

三、(三)关于村委会和村党支部成员利用职务便利侵吞集体财产犯罪的定性问题。为了保证案件的及时审理,在没有司法解释规定之前,对于已起诉到法院的这类案件,原则上以职务侵占罪定罪处罚。

附:部分省(自治区、直辖市)关于职务侵占罪数额的处罚标准

	数额较大	数额巨大	数额特别巨大
天津	5000元	10万元	
河北	1万元	10万元	
山西	1万元	10万元	
辽宁	1万元	30万元	
吉林	1万元	10万元	
黑龙江	5000元	10万元	
江苏	1万元	10万元	
浙江	2万元	10万元	
安徽	1万元	10万元	
江西	1万元	10万元	
河南	1万元	10万元	
湖北	1万元	30万元	
湖南	2万元	10万元	
广东	一类区2万元,二类区1万元	一类区40万元,二类区30万元	
海南	5000元	10万元	
陕西	1万元	10万元	
新疆	1万元	30万元	

▼安徽省高级人民法院、安徽省人民检察院、安徽省公安厅关于办理合同诈骗等犯罪案件工作座谈会纪要(2014年12月31日)

四、职务侵占案件

(一)关于非法占有目的

行为人不承认具有占为已有的目的,但是通过下列手段之一改变单位财产所有权归属的,可推定具有非法占有的目的:

1. 虚构需要支付的"好处费"、应付款及业务支出项目将单位资金占为已有的;

2. 业务人员、技术人员利用单位系统内部漏洞,篡改数据侵占单位资金的;

3. 财务人员侵占单位资金后,作假账填平账目的;

4. 使用占有的资金进行违法犯罪活动,导致不能归还的。

(二)相关问题

单位聘用的合同员工、临时员工及用工合同到期后没有续签合同的原单位工作人员,利用在单位工作的职务便利,非法占有单位财物的,可以职务侵占罪追究刑事责任。

行为人因代理公司业务或冒用他人名义以虚假身份应聘到公司,利用职务之便将单位财物占为已有的,可以构成职务侵占罪。以公司代理人身份,通过签订合同骗取他人财物据为已有的,以合同诈骗罪论处。

行为人因与单位存在劳资或者经济纠纷,公开占有单位财物,并在事前、事中或事后就侵占单位资产的行为告知对方,明确说明侵占单位资产与纠纷的关系等情况,不宜认定为职务侵占罪。

因单位拖欠行为人工资、奖金等劳动报酬,行为人利用职务便利占有明显超出其报酬的公司财物,构成犯罪的,原则上以职务侵占罪论处。

"利用职务便利"主要是指通过主管、管理、经手、保管本单位财物等职务便利占有单位财物的行为。行为人超越其所从事事务的权限,利用工作或熟悉作案环境等便利占有单位财物的行为,不宜认定为职务侵占。

本纪要自下发之日起参照执行。如在执行过程中发现问题,请及时向相应上级机关反映。如与新的法律、司法解释的规定不一致的,按法律、司法解释的规定执行。

□贪污罪与职务侵占罪主体的认定

贪污罪与职务侵占罪的一个重要区别,是犯罪主体不同。贪污罪的主体是国家工作人员(国家机关中从事公务的人员),包括以国家工作人员论的人员,即国有公司、企业、事业单位、人民团体中从事公务的人员和国家机关、国有公司、企业、事业单位委派到非国有公司、企业、事业单位、社会团体从事公务的人员以及其他依照法律从事公务的人员。虽非国家工作人员,但受国家机关、国有公司、企业、事业单位、人民团体委托管理、经营国有财产的人员,利用职务上的便利侵吞、窃取、骗取或者以其他非法手段占有国有财物的,依法也以贪污罪定罪处罚。职务侵占罪的主体是公司、企业或者其他单位的人员,包括非国有公司、企业和其他非国有事业单位、社会团体中不具有国家工作人员身份的人员,以及国有单位中不具有国家工作人员身份的人员。(参见福建省厦门市人民检察院诉张珍贵、黄文章职务侵占案,载《最高人民法院公报》总第77期,2002年第3期,第86页。)

□"利用职务上的便利"的司法认定

根据《刑法》第二百七十一条关于职务侵占罪的规定,所谓"利用职务上的便利",是指在行为人在实施犯罪时,利用自身的职权,或者利用自身因执行职务而获取的主管、管理、经手本单位财物的便利条件。这里的"主管",是指行为人在一定范围内拥有调配、处置本单位财产的权力;所谓"管理",是指行为人对本单位财物直接负有保管、处理、使用的职责,亦即对本单位财产具有一定的处分权;所谓"经手",是指行为人虽然不负有主管或者管理本单位财物的职责,但因工作需要而在特定的时间、空间内实际控制本单位财物。因此,构成职务侵占罪,就必然要求行为人在非法占有本单位财产时,以其本人职务范围内的权限、职责为基础,利用其对本单位财产具有一定的主管、管理或者经手的职责,在实际支配、控制、处置本单位财物时实施非法占有行为。如果行为人仅仅是在自身工作中易于接触他人主管、管理、经手的本单位财物,或者熟悉作案环境,而利用上述工作中形成的便利条件秘密窃取本单位的财产,则不属于"利用职务上的便利",应依照刑法第二百六十四条的规定,以盗窃罪定罪处罚。(参见河南省郑州市金水区人民检察院诉杨志成盗窃案,载《最高人民法院公报》2008年第11期,第40页。)

□职务侵占罪中"职务"不限于经营、管理活动,还包括劳务活动

职务侵占罪中的利用职务便利,是指行为人利用主管、管理、经营、经手本单位财物之职的便利条件,这里的职务不限于经营、管理活动,同时还包括劳务活动。但工作过程中形成的对环境及人员较为熟悉的有利条件不能视为职务便利。本案被告人利用门卫之职,与黄某合谋把货柜偷运出验货场的行为,虽然利用的是从事劳务的便利,但仍属职务便利。以被告人从事的具体劳务,不属于管理事务,认为被告人在客观上没有职务便利可资利用,只是不恰当地将职务理解为管理性的公务,缩小了职务的范围,不符合法律规定。(参见福建省厦门市人民检察院诉张珍贵、黄文章职务侵占案,载《最高人民法院公报》总第77期,2002年第3期,第86页。)

▽职务侵占罪中的"利用职务上的便利"的认定

"利用职务上的便利",是指行为人利用自己职务范围内的主管、管理单位财物的便利,或因执行职务而经手公司、企业财物的便利。"主管"是指行为人对单位财物的调拨、安排、使用具有决定权。如公司的总经理在一定范围内拥有调配、处置单位财产的权力。"管理"是指行为人对单位财物直接负有保管、处理、使用的职责,亦即对单位财物具有一定的处置权。"经手"是指行为人虽不负有管理、处置单位财物的职责,但因工作需要而在一定时间内实际控制单位财物。可以看出,无论是主管、管理还是经手,都要求行为人以其本人职务范围内的权限职责为基础,利用其对单位财物具有一定的支配、决定权、处置或者临时的实际控制权而实施的窃取财物的行为,才属于"利用职务上的便利",构成职务侵占罪。如果行为人仅仅只是利用了工作中易于接触他人管理、经手中的单位财物,或者熟悉作案环境的便利条件实施侵财犯罪,则属于"利用工作条件便利",应当根据具体犯罪手段的不同,分别认定盗窃或者诈骗等罪。[参见第460号案例,陈建伍盗窃案,载《刑事审判参考》总第58辑(2007年第5辑),法律出版社,第43~44页。执笔:李燕明]

▽当名义职务与实际职务范围不一致时,判断行为人利用职务之便的标准

行为人的行为是盗窃罪还是职务侵占罪,涉及三方面的问题:1.行为人的身份;2.行为人在信用社中的职务范围;3.行为人窃取巨款是否利用了职务便利。现从该三个方面分析如下:(一)关于行为人的主体身份问题。据鼓山信用社出具的证明,信用社性质是集体所有制,是金融机构中的一类,属营利性企业单位。行为人是信用社聘用的合同工,身份应属企业单位人员,符合《刑法》第二百七十一条规定的职务侵占罪的主体特征,同时也可以排除行为人构成贪污罪主体的可能。(二)关于行为人的职务范围问题。行为人在作案时的名义职务是押钞员,但实际上除押运保卫外,同时身兼任分社上存、下拨现金及企业上门收款员、并负责现金出入库等工作,同时又兼任管库员职责。鼓山信用社是把押钞员与出纳的某些职责归于一人,这种做法是违反金融规章的。但该违章行为的责任在于信用社,行为人作为受聘人员,只有遵从所在单位的工作任务分配。因此,应认定行为人受单位委托兼有出纳、负责现金出入库等项职责。(三)关于行为人窃取70万元巨款利用了职务便利的问题。即行为人利用了保管金库和保险柜钥匙和可以进出金库的职务便利。行为人实际工作任务包括上存、下拨现金、收款及现金出入库等方面,行为人在履行职务过程中能够直接支配信用社的钱款,如其在收款时、在押运时将钱款非法占有,就应当属于职务侵占。[参见第247号案例,林通职务侵占案,载《刑事审判参考》总第32

辑(2003 年第 3 辑),法律出版社,第 55~59 页。执笔:吴兆]

▽单位临时工可构成职务侵占罪的主体

"公司、企业或者其他单位的人员",一般包括正式职工、合同工和临时工三种成分。是否构成职务侵占罪,关键在于公司、企业或者其他单位人员非法占有单位财物(包括单位管理、使用、运输中的其他单位财产和私人财产)是否利用了职务上的便利,而不是行为人在单位的"身份"。单位正式职工作案,没有利用职务便利的,依法不能定职务侵占罪;即使是临时工,有职务上的便利,并利用职务上的便利非法占有单位财物的,也应当认定属于职务侵占行为。刑法本条第一款关于职务侵占罪的规定,并没有对单位工作人员的成分作出划分,并未将临时工排除在职务侵占罪的犯罪主体之外。认定是否具有职务上的便利,应当从其所在的岗位和所担负的工作上看其有无主管、管理或者经手单位财物的职责。只要经公司、企业或者其他单位聘用,并赋予其主管、管理或者经手本单位财物的权力,无论是正式职工还是合同工或者临时工,都可以成为职务侵占罪的犯罪主体。[参见第 235 号案例,于庆伟职务侵占案,载《刑事审判指导》总第 31 集(2003 年第 2 辑),法律出版社,第 55~56 页。执笔:康瑛][参见第 22 号案例,汪美坤、李云田等侵占、盗窃案,载《刑事审判参考》总第 3 辑(1999 年第 3 辑),法律出版社,第 37~39 页。审编:张辛陶]

▽临时搬运工利用职务上的便利非法占有本单位财物的构成职务侵占罪

职务侵占罪的犯罪主体是特殊主体,具体指公司、企业或者其他单位的工作人员。"公司、企业或者其他单位的工作人员"分为正式职工、合同工和临时工等。是否构成职务侵占罪,关键在于公司、企业或者其他单位的工作人员非法占有单位财物(包括单位管理、使用、运输中的其他单位财产和私人财产)是否利用了职务上的便利,而非行为人在单位中的"身份"。单位正式职工非法占有单位财物,没有利用职务便利的,依法不能构成职务侵占罪;单位非正式职工,包括临时聘用人员,利用职务上的便利非法占有单位财物的,也构成职务侵占罪。认定行为人是否具有职务上的便利,不能以其是正式职工、合同工还是临时工为划分标准,而应当从其所在的岗位和所担负的工作上看其有无主管、管理或者经手单位财物的职责,是不是利用职务上的便利非法占有的单位所有或管理、使用、运输中的财物。因为刑法本条第一款关于职务侵占罪的规定,并没有对单位工作人员种类作出限制,并未将临时工排除在职务侵占罪的犯罪主体之外。也就是说,只要是公司、企业或其他单位的工作人员,就符合职务侵占罪的主体要件。因为根据《劳动法》的规定,固定工、合同工、临时工均为单位职工,在工作勤勉廉洁义务要求上并无本质区别。综上,职务侵占罪中的"利用职务上的便利"必须直接基于行为人的职责而产生,这是刑法对特定主体实施侵犯单位财产犯罪行为进行单独评价的基本依据,认定行为人是否利用了职务上的便利,主要要看该便利条件是否直接为其工作职责内容所包括。具体而言,利用主管、管理、经手单位财物的便利,都属于"利用职务上的便利"。[参见第 452 号案例,贺豫松职务侵占案,载《刑事审判参考》总第 57 辑(2007 年第 4 辑),法律出版社,第 45~47 页。执笔:马守锋]

▽个体工商户的雇员不属于职务侵占罪的主体

职务侵占罪的主体应当是公司、企业或者其他单位的人员。行为人是红太阳加工厂的一名司机(雇员),能否成为职务侵占罪的主体,关键看红太阳加工厂是否属于刑法本条第一款规定的企业或其他单位。红太阳加工厂的注册是个体工商户,尽管该厂实际上是按照企业的运作进行管理,雇工人数也较多,管理方式类似企业,但不能认定为刑法本条第一款规定的"其他单位"。因为个体工商户是《民法通则》所规范的,属于个人投资经营,用个人财产承担责任的特殊民事主体。能称其为单位的,都必须是依法成立的具有一定经费和财产,有相对独立性的社会组织。个体工商户是特殊的民事主体,具有自然人的全部特征,却不具备单位的组织性特点。因此,在刑法意义上,个体工商户是实质的个人,而不是企业或单位。所以,个体工商户所聘的雇员、帮工、学徒,无论其称谓如何,均不能成为职务侵占罪的主体。个体工商户红太阳加工厂虽然规模较大,管理方式类似于企业,但法律意义上仍为个人。因此,该加工厂所聘用的专职司机,不属于职务侵占罪的主体,其利用职务之便侵吞本厂的财物不构成职务侵占罪。[参见第318号案例,张建忠侵占案,载《刑事审判参考》总第40集(2004年第5集),法律出版社,第37~38页。执笔:曾超杰]

▽利用代理公司业务的职务之便,将签订合同所得之财物占为己有的,构成职务侵占罪,不构成合同诈骗罪

行为人利用代理公司业务的职务之便将依据合法、有效的合同取得的单位财物占为己有的,应当认定为职务侵占罪。合同诈骗罪是指以非法占有为目的,在签订、履行合同过程中,采用虚构事实或隐瞒真相的方法,骗取对方当事人的财物,数额较大的行为。而职务侵占罪是指以非法占有为目的,利用职务之便,采用侵吞、盗窃、骗取手段,将本单位财物非法占有己有,数额较大的行为。从本质上看,两罪都属侵财型犯罪,但在客观方面,具有明显区别:一是行为手段不同,合同诈骗罪是在签订、履行合同中利用各种典型欺骗方法,而职务侵占罪的行为手段则突出行为人利用职务上的便利;二是犯罪对象不同,合同诈骗罪的犯罪对象是合同对方当事人的财物,职务侵占罪的犯罪对象是本单位财物。综上,行为人利用代理公司业务的职务便利,擅自超需购入原材料并变卖从而侵吞公司财产的行为应构成职务侵占罪。[参见第484号案例,虞秀强职务侵占案,载《刑事审判参考》总第61集(2008年第2集),法律出版社,第40~43页。执笔:杨日洪]

▽将公司未上市的股票向有关机构出售,所得的款项属于"本单位财物",至于是否为"公共财物",不影响贪污罪的认定

将公司未上市的股票向有关机构出售,是代表公司的发行行为,不是个人认购后的炒卖行为,所得的款项是公司发行股票募集的资金,非个人炒股利润。至于侵吞的股票发行差价款,只要属于"本单位财物",是否为"公共财物",不影响贪污罪的认定。[参见第311号案例,江仲生等贪污案,载《刑事审判参考》总第39集(2004年第4集),法律出版社,第52~53页。执笔:徐静 刘一守]

▽以非法占有为目的,利用职务上的便利出售伪造的观光券行为,不符合倒卖伪造票证罪特征,构成职务侵占罪

行为人以假的观光券冒充真的观光券向游客出售,客观上存在欺骗游客及倒卖伪造票证行为,但不应以诈骗罪和倒卖有价票证罪定罪处罚。行为人虽实施了以假充真、欺骗游客的行为,但其所意图占有的对象并非游客的财物,而是东方明珠塔的门票收入。倒卖伪造票证中的非法营利目的,应当是通过倒卖行为本身来达到的,行为人的行为显然不属此种情形。欺骗游客、倒卖伪造票证只是行为人达到侵占所在单位东方明珠塔门票收入的一种手段,一种具体的行为方式,意在通过这种"偷梁换柱"的方式来掩盖对单位票款的非法侵占。所以在行为人的行为定性的认定中,立足点应当放在非法占有的对象物这点上。首先,表面上所直接侵占的是游客的钱款,实质上属于东方明珠公司的应得的门票收入,应当认定为东方明珠公司的财产;其次,二行为人,一个利用售票员的职务便利,将假票冒充真票出售给游客,一个利用检票员的职务便利,对持假观光券的游客予以放行,进而将假观光券的票款收入人民币236 530元占为己有。行为人的上述行为完全符合职务侵占罪的构成特征,故构成职务侵占罪。[参见第213号案例,董佳、岑炯等伪造有价票证、职务侵占案,载《刑事审判参考》总第29辑(2002年第6辑),法律出版社,第22页。执笔:黄国民 张本勇]

▽牵连犯因属于实质上的数罪在以一罪从重处理时应将其认定为一个从重情节

行为人实施伪造观光券行为是为了侵占东方明珠公司的门票收入,其侵占门票收入的行为构成了职务侵占罪。伪造行为与侵占行为两者表现为手段与目的的关系,属于犯罪理论中的牵连犯。对于牵连犯的处理方法,理论上主张择一重罪从重处断的原则。即按数罪中较重的一罪定罪,并在该罪的法定刑内从重处罚,不实行数罪并罚。在刑法没有特别规定的一般情况下,对牵连犯应从一重罪从重处罚;如果刑法特别规定以数罪论处,则对牵连犯实行数罪并罚,如刑法第一百五十七条第二款之规定;

如果刑法特别规定从一重罪处断，就应从一重罪处断，如刑法第三百九十九条第三款之规定。我国刑法分则未对伪造有价票证侵占单位财产行为的处理作出特殊规定，考虑到职务侵占罪的处罚较伪造有价票证罪更重，故对行为人应以职务侵占罪定罪处罚。需要指出的是，对行为人不实行数罪并罚，并不意味着该行为人不构成伪造有价票证罪，只不过处理上作为一罪而已，判决书的说理部分应当对此加以说明；牵连犯因属于实质上的数罪，在以一罪处理时将其作为一个从重情节是妥当的。[参见第213号案例，董佳、岑炯等伪造有价票证、职务侵占案，载《刑事审判参考》总第29辑(2002年第6辑)，法律出版社，第22～24页。执笔：黄国民　张本勇]

▽因公司拖欠行为人与其所侵占的还贷剩余款数额相当的工资、出差费等，故其利用职务便利将公司还贷剩余款占为己有的行为，不构成职务侵占罪

对于作为财产型犯罪的职务侵占罪，非法占有他人财产，或者说侵犯他人的财产权利，应当是构成职务侵占罪的不可缺少的一个实质性要件。行为人在办理出质存单提现归还贷款本息过程中，将2.46万元还贷剩余款私自取走据为己有，表面上看侵犯了黄河公司的财产所有权，但根据本案的具体案情，行为人的上述行为并未实际侵犯黄河公司财产权益。因为客观方面，黄河公司拖欠行为人工资及出差费等违约在先，且行为人私自取走的还贷剩余款与公司拖欠款项数额相当，黄河公司并未因该侵占行为而遭受实际的经济损失；主观方面，行为人在取得该钱款之后，并未再行要求黄河公司支付拖欠他的工资、费用，说明其主观上不具有非法占有他人财产的目的。行为人私自取走还贷剩余款的行为，究其实质是以侵害他人物权的形式实现自己的债权，属于民事违法行为，不应以职务侵占罪追究行为人的刑事责任。[参见第192号案例，潘勇、王伟职务侵占、虚报注册资本、贷款诈骗案，载《刑事审判参考》总第27辑(2002年第4辑)，法律出版社，第39～40页。执笔：刘娅琳　杜凉虹]

▽在贷款行为中提供了"真实的"抵押担保，虽隐瞒了抵押物的非法性质，但银行方并不会因之遭受实际的经济损失，根据刑法禁止重复评价的原则，不应在追究其职务侵占的刑事责任的同时，再行追究其贷款诈骗的刑事责任

作为抵押物的车辆虽系非法侵占所得，但这对于提供贷款的银行的担保物权的实现并不构成妨碍，银行完全可以通过拍卖、变卖抵押车辆等形式实现其债权。作为抵押权人的贷款银行，对于抵押行为不存在任何过失，属于善意第三人。车辆所有权采取的是登记公示主义，合同对方具有信赖该种登记为一定行为并受法律保护的权利，即使登记所表现出来的物权状态与真实的物权状态不相吻合，也不得影响物权行为的效力。行为人非法占有的公爵王轿车虽真正的所有权属于他公司，但因经车管所办理了过户登记，贷款银行完全有理由相信行为人对该车辆具有真实、合法的所有权，其依据该信赖而设立的车上抵押权应当认定为合法有效。同时，因抵押权属于担保物权，是一种直接对物享有的权利，故银行可依据该抵押权对抗抵押物车辆的所有权人。当行为人在贷款期限内不能偿还借款，贷款银行即抵押权人有权将抵押的车辆折价或者以拍卖、变卖方式优先受偿。而合法的占有、使用人黄河公司包括真正的所有权人百事得公司，均不得以行为人非法占有为由提起抗辩。黄河公司只能以侵权之债要求行为人赔偿损失。行为人将其非法占有的公爵王轿车用作贷款抵押的行为，应认定是一种对赃物的处置行为，属于职务侵占行为的延伸。无论其主观上是否具有非法占有银行贷款不予归还的目的，因其贷款抵押行为的非法性直接源于职务侵占行为的非法性，也不宜对该种违法性进行二次评价。如果行为人为非法骗取银行贷款而侵占本单位公爵王轿车用作贷款抵押，则其侵占行为与骗取银行贷款行为之间，也构成牵连关系，只能以一重罪处罚。[参见第192号案例，潘勇、王伟职务侵占、虚报注册资本、贷款诈骗案，载《刑事审判参考》总第27辑(2002年第4辑)，法律出版社，第40～41页。执笔：刘娅琳　杜凉虹]

▽利用职务便利盗卖游戏"武器、装备"的行为构成职务侵占罪

行为人作为上海盛大网络发展有限公司游戏项目管理中心运维部副经理，负有维护服务器、游戏软件,更新游戏环境内容等职责,其拥有的数据修改权是其职务直接赋予的权利,因此行为人的行为符合"利用职务上的便利"这一构成要件。盛大公司通过许可取得了"热血传奇"游戏在一定时间内的独家运营权,在此期间,盛大公司对游戏"武器、装备"享有所有权和处分权,因而行为人非法侵占的游戏"武器、装备"属于盛大公司所有。这些游戏"武器、装备"本质上属于盛大公司通过购买获得的智力成果,虽然盛大公司没有单独出售"武器、装备"的业务内容,但玩家要获得有关不同级别的"武器、装备"一般只能通过不断投入时间、精力、上网费、点卡费等成本进行持续参与游戏才能获得,因此盛大公司作为独家运营商没有采取直接销售"武器、装备"的赢利方式正是看重了通过吸引玩家持续参与网络游戏来"无偿获取"这些"武器、装备"的赢利方式要比直接销售"武器、装备"的方式更能实现经济利益的最大化,因而盛大公司所合法拥有的这些游戏"武器、装备"是独家经营该网络游戏能够给其带来巨大经济收益的直接因素,如果这些游戏"武器、装备"被盗卖,盛大公司的财产权益必然会受到侵害,在此意义上,这些游戏"武器、装备"因具备了可以为盛大公司带来巨大经济收益的性质,与传统财产没有本质上的差别,可以视为盛大公司独有的虚拟财产,应当予以全方位的法律保护。综上,行为人利用职务上的便利将所在单位的财产盗出后出售牟利的行为构成职务侵占罪。[参见第461号案例,王一辉、金珂、汤明职务侵占案,载《刑事审判参考》总第58辑(2007年第5辑),法律出版社,第57~61页。执笔:苏敏华 吴志梅]

▽用工合同到期后没有续签合同的情况下,原单位工作人员符合职务侵占罪的主体要件

行为人的犯罪行为发生在用工合同到期日之后,但当时其仍在实际行使管理职责,对车间仓库财物具有管理职权,符合职务侵占罪的主体特征。职务侵占罪的主体是公司、企业或者其他单位中不具有国家工作人员身份的工作人员。刑法注重的是实质合理性,评判一个人是否为单位工作人员,实质性的依据是其是否在单位中具有一定工作职责或者承担一定业务活动,至于是否与用工单位签订了用工合同,以及是否在用工合同期内只是属于审查判断其主体身份的形式考察内容。因此,界定职务侵占罪主体应当关注的是实施侵占行为的行为人的"职务"或"职责",行为人实际担负一定的"职务"或"职责",并利用其职责便利非法侵占本单位财物的,就属于职务侵占行为。行为人与他人共同负责保管车间和仓库大门的钥匙,且其系金加工车间的代理主任,显然对仓库财物负有保管职责。虽然行为人与艾米公司签订的用工合同已到期,但艾米公司负责人及行为人均证实,艾米公司打算在恢复生产后与行为人续签合同,且艾米公司也未收回其保管的钥匙,行为人对仓库财物保管的职责并未因此而中断,其实际仍在继续履行公司赋予的保管仓库财物的职责,双方事实劳动关系依然存在。因此,没有续签用工合同,并不影响行为人是艾米公司员工事实的成立,其仍然符合职务侵占罪主体的要求。虽然行为人对所侵占财物无独立管理权,但其单独利用共同管理权窃取本单位财物的应当认定为利用职务便利。实践中,主管、管理、经手单位财物的通常不是一人,出于相互制约、相互监督的需要,单位财物的支配权、处置权及管理权往往由两人或两人以上共同行使。这种情况下,行为人对单位财物的管理权限仍及于职责范围的全部,其管理权能以及因该管理权所产生的便利亦不因有其他共同管理人而受到影响,其单独利用其管理职务便利窃取本单位财物的行为不影响"利用职务上的便利"的认定。对于这种混合采用多种手段实施的侵财犯罪,应当根据其主行为的本质特征定罪。所谓主行为,即直接侵害法益的行为,也即直接实现其犯罪目的的行为,如诈骗罪中实施的虚构事实的诈骗方法行为,抢劫罪中的暴力劫财行为。本案行为人进入厂区打开车间仓库的挂锁进入仓库窃取财物的行为是主行为,但是从整个行为过程来分析,行为人能够顺利实现非法占有单位财物的目的关键还是利用了其作为车间主任对仓库财物直接负有保管职责的便利,即没有其职务便利,其犯罪不可能顺利得逞。需要指出的是,盗窃方法也是职务侵占罪的侵占行为方式之一,利用职务便利采取秘密窃取方法取得本公司财物,应当认定为职务侵占罪。与贪污罪法条中明确规定"侵吞、窃取、骗取或者以其他手段"不同,刑法本条第一款对职务侵占罪的手段没有细致规定,但并不妨碍我们得出上述结论。首先,从职务侵占罪的立法沿革分析,1988 年全国人大常委会《关于惩治贪污贿赂罪的补充规定》将贪污罪的主体扩大为国家工作人员、集体经济组织人员或者其他经手、管理公共财物的人员。1989 年《最高人民法院、最高人民检察院关于执行〈关于惩治贪污罪贿赂罪的补充规定〉若干问题的解答》(已失效)对"其他经手、管理公共财物的人员"予以了明确,"直接从事生产、运输劳动的工人、农民、机关勤杂人员、个体劳动者、部队战士,经手管理公共财物的,如果他们所从事的仅仅是劳务,不能成为贪污罪的主体"。1995 年,全国人大常委会《关于惩治违反公司法的犯罪的决定》中设立了职务侵占罪,将集体经济组织工作人员等人员的职务侵占行为从贪污罪中分离出来,归入职务侵占罪的范围。最高人民法院 1995 年《关于办理违反公司法受贿、侵占、挪用等刑事案件适用法律若干问题的解释》,对"侵占"一词作了明确,是指行为人以侵吞、盗窃、骗取或者以其他手段非法占有本公司、企业财物的行为。1997 年刑法修订时,基本保留了《关于惩治违反公司法的犯罪的决定》中的有关内容。从上述贪污罪与职务侵占罪的立法演进过程来看,立法者已将相当一部分原为贪污罪的行为划归到职务侵占罪的范围之内。两者相比只是主体范围、客体有异,刑法对职务侵占的行为方式未加任何限制,因此,应当认为其行为方式同贪污罪一样,包括盗窃、侵吞、骗取等非法手段。其次,从职务侵占罪的罪质出发,作为侵财类犯罪,其与盗窃、诈骗等普通侵财类犯罪相比,特殊之处在于利用了职务之便,不但侵犯了单位财产权还违背了自身的职责勤勉要求,而其具体的实施手段,只要是利用了职务之便实施了侵财行为,无论是秘密窃取、还是骗取抑或其他手段均不影响其对客体侵害的认定,因此没有必要对其犯罪具体实施方法进行限制,这也是刑法本条未对具体手段予以列举说明的原因之一。因此,职务侵占罪的侵占行为方式多种多样,可以是采取盗窃方法取得,也可以使用诈骗手段或其他方式获取,凡是能够实现将单位财物非法占为己有的方法,只要是利用了职务之便,都是职务侵占罪的行为方式。[参见第 516 号案例,刘宏职务侵占案,载《刑事审判参考》总第 65 集(2008 年第 6 集),法律出版社,第 40～44 页。执笔:沈亚静　沈莉波]

▽村支书侵吞所增收租地单位土地租金的行为,构成职务侵占罪

(一)土管部门、村委会、租地单位之间的法律关系表明,被告人的行为不属于从事"国有土地经营和管理"的行政管理工作。本案主体有村委会、租地单位、土管部门,厘清三主体间的法律关系,便于判定被告人的行为性质。1. 村委会与土管部门之间存在隶属的土地管理关系。在国家土地行政管理关系中,本案鸿声村委作为被管理相对人,完善集体土地使用、出租划拨土地使用权缴纳土地年租金,均是村委的法定义务:(1)完善用地手续。我国《土地管理法》等法律规定,集体土地的使用权不得出让、转让或者出租用于非农业建设;除集体企业、宅基地、村基本设施建设及公益事业外,任何单位和个人需要使用土地的,必须依法申请使用国有土地。而鸿声村委未经合法的集体土地征用手续就将集体土地出租给用地单位,违反了有关法律规定。因此,2004 年 10 月,当地土管部门要求鸿声村委健全、完善租用给企业使用宗地的用地手续。(2)依照国有土地使用权证行使权利,在出租划拨土地使用权时,应交纳土地年租金。村委取得的国有土地使用权证载明:土地使用人为鸿声村委,未经批准,不得转让、抵押、出租等;用途为工业用地,不能用于其他。根据相关法律规定,鸿声村委经批准出租该划拨土地时,须办理相关手续并交纳土地年租金。本案中,当地土管部门向法院出具情况说明,表示同意村委将应当缴纳的土地租金用于村公益事业、土地复垦等,不再向土管部门缴纳。尽管事实上,村委未实际缴纳土地租金,但缴纳土地租金的义务并没有免除。这种变通做法仅是土管部门处置土地租金的方式。2. 村委会与租地单位之间是平等的民事租赁关系。鸿声村委将集体土地出租给用地单位,双方客观上存在集体土地的租赁关系;在村委取得上述宗地的国有划拨土地使用权后,上述宗地仍由用地单位继续租用,该行为虽未经土管部门正式审核批准,但双方客观存在国有划拨土地租赁合同关系。出租人与承租人之间系土地使用权租赁关系,归属于民事合同关系,关系双方是平等民事主体。用地单位根据村委要求向其补交的租金,不同于村委应当向土管部门交纳的土地年租金。前者是基于民事租赁关系产生的租金,是双方意思自治的结果;后者是基于行政管理关系产生的费用,体现国家意志,具有强制性。3. 租地单位与土管部门之间无直接法律关系。鸿声村委作为国有划拨土地使用权人,在将土地出租后,应按规定向土管部门交纳土地年租金,鸿声村委是法律规定的土地年租金的交纳义务人。用地单位作为承租人,不是国有划拨土地使用权人,其没有交纳土地年租金的法定义务,而仅有依据租赁关系产生的合同义务。土管部门同意鸿声村委将应交纳的土地租金用于村公益事业、土地复垦,系土管部门对鸿声村委的意思表示,与承租单位间无直接关系。村委向承租单位增收土地租金,充其量是其将应交纳土地年租金的出租成本,间接转嫁于租赁合同对方当事人,与土管部门行使行政管理职权无直接关联。因此,不能就此认为村委收取土地租金是在协助行使行政管理职能。

(二)本案被告人不属于"其他依照法律从事公务的人员"贪污罪的主体要求是国家工作人员或者受国家机关、国有公司、企业、事业单位、人民团体委托管理、经营国有财产的人员。根据刑法有关规定,本案被告人系村委党支部书记,既非国家机关中从事公务的人员,或国有公司等单位中从事公务的人员,也非受委派从事公务的人员,或委托管理、经营国有财产的人员。被告人的行为究竟是构成贪污罪还是职务侵占罪,关键在于其是否属于"其他依照法律从事公务的人员"。根据2000年4月29日《全国人大常委会关于〈中华人民共和国刑法〉第九十三条第二款的解释》规定的公务内容,判定本案被告人是否属于"其他依照法律从事公务的人员"最关键的一点在于其行为是否属于协助人民政府从事"国有土地的经营和管理"工作。经分析,本案被告人的职务行为不属于协助人民政府从事"国有土地的经营和管理"工作:1. 本案被告人系以村委的名义,而非政府名义处理相关事务。所谓协助政府从事行政管理工作,是指以政府的名义参与组织、领导、监督、管理涉及人民利益和社会发展的相关国家事务和政府事务的活动。村民委员会、居民委员会是基层群众自治性组织,职责主要是管理村、居民点的集体性事务,其本身并无行政管理权能。但由于该组织能起到国家与群众的纽带作用,便于协助行政机关传达、贯彻党和国家的方针政策,常代行部分行政管理事务,但这也仅是"协助"从事行政管理工作,因此,必须是以政府的名义。然而,本案被告人基于租赁关系向对方当事人增收租金,是以村委的名义,而不是以政府的名义。2. 出租土地事务性质属于村务,而非公务。基层组织人员是否属于国家工作人员,以该成员是否具有依法从事公务这一本质特征来判断。如果其从事的仅是本集体组织的事务,不能以国家工作人员论。但若是其受行政机关委托,代替行政机关从事一定的行政管理事务,系依法受委托从事公务的人员,应以国家工作人员论。而国家公务明显区别于集体组织事务。从本质看,从事公务是公共权力的直接运用。本案鸿声村委将集体土地出租给用地单位并收取租金,后该土地收归国有,村委将拥有使用权的该宗土地继续出租,并增收租金,其行为始终属于从事村务性质。

(三)被告人利用职务便利,将集体收取的土地租金非法占为己有,构成职务侵占罪。被告人所占有的财产,实质上与所指控的职务侵占部分的财产,具有相同性质,均是应由集体收取的土地租金。被告人系鸿声村委会党支部书记,具有管理本村财产的职权,其利用该职务便利,将集体财产非法占为己有,符合职务侵占罪的构成要件。[参见第642号指导案例,钱银元贪污、职务侵占案,载《刑事审判参考》总第75集(2010年第4集),第89~93页。撰稿:孙炜 范莉]

▽单位员工利用本单位业务合作方的收费系统漏洞,制造代收业务费用结算金额减少的假象,截留本单位受托收取的业务合作方现金费用的行为,构成职务侵占罪

司法实践中,对单位职工将本单位财物占为己有的行为如何定性,要视单位性质、行为人的身份、犯罪手段、涉案财物属性等因素综合判定。本案中,美霖公司与中国电信广州公司存在合作关系,受中国电信广州公司委托代收客户电信费用,被告人在美霖公司具体负责该项工作。被告人利用中国电信广州公司的MBOSS CRM收费系统漏洞,通过虚构客户错缴电信费及滞纳金的事实进行"返销账"操作,向收费系统申请退费后又重新缴纳电信费,将该收费系统在处理上述操作中自动返还的客户原缴纳的滞纳金冲抵其应代表美霖公司通过银行上交给中国电信广州公司的其他客户缴纳的电信费用现金。被告人的行为不能认定为盗窃罪、侵占罪,应当构成职务侵占罪,具体分析如下:

首先,被告人与美霖公司之间不存在委托保管关系,不构成侵占罪。本案被告人与美霖公司之间存在劳动合同关系,不存在委托保管关系。被告人截留的电信费用是其依据工作职责收取的款项,不属于法律上规定的委托代为保管的他人财物,显然也不属于他人的遗忘物或埋藏物,故不符合侵占罪的构成要件。

其次,被告人侵占的费用并不处于中国电信广州公司占有之下,故其行为亦不构成盗窃罪。本案中,美霖公司与中国电信广州公司通过签订外包协议,约定美霖公司代理中国电信广州公司收取客户缴纳的电信费用。被告人作为美霖公司营业员,负责代收中国电信广州公司的客户电信费用并将其上交至中国电信广州公司的银行账户中。被告人利用中国电信广州公司 MBOSS CRM 收费系统漏洞,以"返销账"手段,将本应上交的电信费用现金截留占为己有。被告人在违规操作截留费用现金时,客户缴纳的电信费用现金并未被转交给中国电信广州公司,仍属于美霖公司管理、控制的财产。据此,被告人截留的电信费用现金并未处于中国电信广州公司占有之下,故不属于中国电信广州公司的财物,其行为依法不构成盗窃罪。

基于前述分析,被告人截留的电信费用属于美霖公司管理、控制的财物。被告人在美霖公司任职期间,其工作职责包括利用工号通过 MBOSS CRM 收费系统代收客户缴纳给中国电信广州公司的电信费用。根据美霖公司与中国电信广州公司的外包协议及工号使用人承诺书,每个合作网点的员工都有对应的工号,并利用工号获得使用 MBOSS CRM 收费系统的权限。被告人利用中国电信广州公司的 MBOSS CRM 收费系统漏洞,将其经手控制的电信费代收款截留占为己有的行为,属于利用职务便利侵占本单位管理控制的财物的行为,符合职务侵占罪的构成要件。被告人归案后亦供认其出于贪念而将电信费用占为己有。综上,被告人的行为应当认定为职务侵占罪。[参见第 1137 号指导案例,谭世豪职务侵占案,载《刑事审判参考》总第 106 集,第 9～11 页。撰稿:林旭群　潘文杰]

▽村民小组组长利用职务上的便利,在发放村民小组集体土地征用补偿费过程中,将其中部分财产非法占为己有,该行为应当认定为职务侵占罪

(一)村民小组组长在从事特定公务时,与村委会成员一样,可以适用《全国人民代表大会常务委员会关于〈中华人民共和国刑法〉第九十三条第二款的解释》(刑法本条附文以下简称《人大解释》)的相关规定,以国家工作人员论;但在处理集体自治事务时,则不能以国家工作人员论。根据《人大解释》规定,村民委员会等村基层组织人员在协助人民政府从事土地征收、征用补偿费用的管理等行政管理工作时,属于刑法第九十三条第二款规定的"其他依照法律从事公务的人员",以国家工作人员论。据此,对于属于村民委员会成员的村支书、村主任以及其他村民委员会成员在从事土地征收、征用补偿费用等特定事项的管理工作时,可以国家工作人员论。对于不属于村民委员会成员的村民小组组长也能够根据《人大解释》以国家工作人员论。村基层组织人员应当包括但又不限于村民委员会人员,村民小组组长如果从事特定公务,和村民委员会成员一样,属于"其他依照法律从事公务的人员",可以成为贪污罪的主体。理由是:第一,村民小组由村民委员会根据需要设立,是村民委员会的下设组织,往往是协助人民政府完成特定公务活动的具体承担者。村民小组组长作为该下设组织的负责人,法律地位与村民委员会成员具有一致性。第二,村民小组组长通常执行的是村民委员会的决策,以村民委员会的名义进行工作,职责与村民委员会成员并无不同。第三,《人大解释》规定的"村民委员会等村基层组织人员"之"等"字可以将村民小组组长涵盖入内。第四,《最高人民法院关于村民小组组长利用职务便利非法占有公共财物行为如何定性的批复》仅强调对村民小组组长利用职务上的便利将村民小组集体财产非法占为己有的行为以职务侵占罪定罪处罚,并未规定村民小组组长利用职务上的便利将公共财产非法占为己有的行为如何定性。村民小组组长与村委会成员一样,如果从事特定公务,可以成为贪污罪的主体;进一步讲,如果村民小组组长利用职务便利,在协助人民政府处理特定公务时非法占有公共财产的,应当认定为贪污罪。尽管如此,对于村民小组组长利用职务便利,在处理集体自治范围内的事务中非法占有集体财产的情形,因不涉及特定公务,故不能认定为贪污罪,可认定为职务侵占罪。

(二)村民委员会等村基层组织人员协助人民政府从事特定行政管理工作以及管理村集体事务的区分标准。村民小组作为村民委员会的下设机构,既负责村民委员会交办的自治管理事务、生产经营活动,又经常具体负责完成村民委员会交办的某些行政管理事务。司法实践中,需要准确区分村民委员会等村基层组织人员协助政府从事的特定公务以及对村集体事务的管理。村民委员会等村基层组织协助人民政府从事土地征收、征用补偿费用的管理等行政管理工作,具体主要是指协助政府开展核准、测算以及向土地征用受损方发放补偿费用等管理活动。在协助政府从事此类行政管理工作过程中利用职务便利侵吞财物的方式主要有:在协助清点、丈量、测算、确认、统计土地、登记地上附着物时虚构补偿项目或多报土地面积、地上附着物数及青苗补偿亩数;在协助统计、登记、向上报送以及核实、发放补偿款时将政府拨付的补偿款不入村集体账目;征地时设立名目,用补偿款给村干部发奖金,并以此名义套取补偿款;等等。如果村民小组组长在协助政府从事上述公务活动过程中,利用职务便利,弄虚作假、虚报冒领套取超额土地补偿款,则应构成贪污罪。相比之下,如果村民委员会等村基层组织人员协助人民政府从事的土地征收、征用补偿费用管理等行政管理工作已经结束,土地补偿费已经拨付给村集体,那么,村民小组组长在管理村集体事务过程中侵吞集体财产的,因其行为不属于协助政府从事特定公务,故不构成贪污罪,而应构成职务侵占罪。

(三)村民委员会等村基层组织管理的财物属于公共财产还是单位集体财产的区分标准。贪污罪与职务侵占罪侵犯的法益不同,贪污罪侵犯的是公共财产所有权,而职务侵占罪侵犯的则是单位集体财产权,这是准确认定案件性质的关键因素。本案中,新郑市城关乡沟张村的南水北调工程永久用地补偿费下拨至河南省新郑市城关乡"三资"委托代理服务中心后,系由新郑市城关乡沟张村二组制定本村组的补偿费发放标准,该村组扣发了户口迁来晚的、出嫁姑娘户口没迁出的等情形的部分土地补偿款,即由村民小组集体决定本组土地补偿费的发放及相关标准。在该款项发放过程中,二被告人以在补偿费分配表中添加非本组成员的方式套取财产,进而非法占为己有。鉴于南水北调工程永久用地补偿费系因新郑市城关乡沟张村集体土地被国家征用而支付给该村组集体的补偿费用,该款进入新郑市城关乡"三资"委托代理服务中心账户后,即成为该中心代为管理的村组集体财产。被告人赵某某身为村民小组组长,利用职务便利,伙同被告人张某某将本村民小组集体财产非法占为己有,数额巨大,其行为应当认定为职务侵占罪。综上,二审法院认定二被告人的行为构成职务侵占罪,并判处相应的刑罚,是正确的。(参见第1138号指导案例,赵玉生、张书安职务侵占案,载《刑事审判参考》总第106集,第14～18页。撰稿:韩景慧　郭宝安　徐卫岭)

第二百七十二条　【挪用资金罪】公司、企业或者其他单位的工作人员,利用职务上的便利,挪用本单位资金归个人使用或者借贷给他人,数额较大、超过三个月未还的,或者虽未超过三个月,但数额较大、进行营利活动的,或者进行非法活动的,处三年以下有期徒刑或者拘役;挪用本单位资金数额巨大的,处三年以上七年以下有期徒刑;数额特别巨大的,处七年以上有期徒刑。

【挪用公款罪】国有公司、企业或者其他国有单位中从事公务的人员和国有公司、企业或者其他国有单位委派到非国有公司、企业以及其他单位从事公务的人员有前款行为的,依照本法第三百八十四条的规定定罪处罚。

有第一款行为,在提起公诉前将挪用的资金退还的,可以从轻或者减轻处罚。其中,犯罪较轻的,可以减轻或者免除处罚。(本条是据《中华人民共和国刑法修正案(十一)》之三十修改的,自2021年3月1日起施行。)

刑法本条原文:【挪用资金罪】公司、企业或者其他单位的工作人员,利用职务上的便利,挪用本单位资金归个人使用或者借贷给他人,数额较大、超过三个月未还的,或者虽未超过三个月,但数额较大、进行营利活动的,或者进行非法活动的,处三年以下有期徒刑或者拘役;挪用本单位资金数额巨大的,或者数额较大不退还的,处三年以上十年以下有期徒刑。

【挪用公款罪】国有公司、企业或者其他国有单位中从事公务的人员和国有公司、企业或者其他国有单位委派到非国有公司、企业以及其他单位从事公务的人员有前款行为的,依照本法第三百八十四条的规定定罪处罚。

■最高人民检察院、公安部关于公安机关管辖的刑事案件立案追诉标准的规定(二)(2022年5月15日)

第七十七条 〔挪用资金案(刑法第二百七十二条第一款)〕公司、企业或者其他单位的工作人员,利用职务上的便利,挪用本单位资金归个人使用或者借贷给他人,涉嫌下列情形之一的,应予立案追诉:

(一)挪用本单位资金数额在五万元以上,超过三个月未还的;

(二)挪用本单位资金数额在五万元以上,进行营利活动的;

(三)挪用本单位资金数额在三万元以上,进行非法活动的。

具有下列情形之一的,属于本条规定的"归个人使用":

(一)将本单位资金供本人、亲友或者其他自然人使用的;

(二)以个人名义将本单位资金供其他单位使用的;

(三)个人决定以单位名义将本单位资金供其他单位使用,谋取个人利益的。

附 则(第七十九条至第八十五条内容附在本书刑法第一百二十条之一附文同名文件中)

■最高人民法院、最高人民检察院关于办理贪污贿赂刑事案件适用法律若干问题的解释(2016年4月18日)

第十一条 刑法第一百六十三条规定的非国家工作人员受贿罪、第二百七十一条规定的职务侵占罪中的"数额较大""数额巨大"的数额起点,按照本解释关于受贿罪、贪污罪相对应的数额标准规定的二倍、五倍执行。

刑法第二百七十二条规定的挪用资金罪中的"数额较大""数额巨大"以及"进行非法活动"情形的数额起点,按照本解释关于挪用公款罪"数额较大""情节严重"以及"进行非法活动"的数额标准规定的二倍执行。

刑法第一百六十四条第一款规定的对非国家工作人员行贿罪中的"数额较大""数额巨大"的数额起点,按照本解释第七条、第八条第一款关于行贿罪的数额标准规定的二倍执行。

第十二条 贿赂犯罪中的"财物",包括货币、物品和财产性利益。财产性利益包括可以折算为货币的物质利益如房屋装修、债务免除等,以及需要支付货币的其他利益如会员服务、旅游等。后者的犯罪数额,以实际支付或者应当支付的数额计算。

第十三条 具有下列情形之一的,应当认定为"为他人谋取利益",构成犯罪的,应当依照刑法关于受贿犯罪的规定定罪处罚:

(一)实际或者承诺为他人谋取利益的;

(二)明知他人有具体请托事项的;

(三)履职时未被请托,但事后基于该履职事由收受他人财物的。

国家工作人员索取、收受具有上下级关系的下属或者具有行政管理关系的被管理人员的财物价值三万元以上,可能影响职权行使的,视为承诺为他人谋取利益。

第十五条 对多次受贿未经处理的,累计计算受贿数额。

国家工作人员利用职务上的便利为请托人谋取利益前后多次收受请托人财物,受请托之前收受的财物数额在一万元以上的,应当一并计入受贿数额。

第十六条 国家工作人员出于贪污、受贿的故意,非法占有公共财物、收受他人财物之后,将赃款赃物用于单位公务支出或者社会捐赠的,不影响贪污罪、受贿罪的认定,但量刑时可以酌情考虑。

特定关系人索取、收受他人财物,国家工作人员知道后未退还或者上交的,应当认定国家工作人员具有受贿故意。

第十七条　国家工作人员利用职务上的便利,收受他人财物,为他人谋取利益,同时构成受贿罪和刑法分则第三章第三节、第九章规定的渎职犯罪的,除刑法另有规定外,以受贿罪和渎职犯罪数罪并罚。

第十八条　贪污贿赂犯罪分子违法所得的一切财物,应当依照刑法第六十四条的规定予以追缴或者责令退赔,对被害人的合法财产应当及时返还。对尚未追缴到案或者尚未足额退赔的违法所得,应当继续追缴或者责令退赔。

第十九条　对贪污罪、受贿罪判处三年以下有期徒刑或者拘役的,应当并处十万元以上五十万元以下的罚金;判处三年以上十年以下有期徒刑的,应当并处二十万元以上犯罪数额二倍以下的罚金或者没收财产;判处十年以上有期徒刑或者无期徒刑的,应当并处五十万元以上犯罪数额二倍以下的罚金或者没收财产。

对刑法规定并处罚金的其他贪污贿赂犯罪,应当在十万元以上犯罪数额二倍以下判处罚金。

第二十条　本解释自2016年4月18日起施行。最高人民法院、最高人民检察院此前发布的司法解释与本解释不一致的,以本解释为准。

■最高人民法院、最高人民检察院关于办理国家出资企业中职务犯罪案件具体应用法律若干问题的意见(2010年11月26日)

三、关于国家出资企业工作人员使用改制公司、企业的资金担保个人贷款,用于购买改制公司、企业股份的行为的处理

国家出资企业的工作人员在公司、企业改制过程中为购买公司、企业股份,利用职务上的便利,将公司、企业的资金或者金融凭证、有价证券等用于个人贷款担保的,依照刑法第二百七十二条或者第三百八十四条的规定,以挪用资金罪或者挪用公款罪定罪处罚。

行为人在改制前的国家出资企业持有股份的,不影响挪用数额的认定,但量刑时应当酌情考虑。

经有关主管部门批准或者按照有关政策规定,国家出资企业的工作人员为购买改制公司、企业股份实施前款行为的,可以视具体情况不作为犯罪处理。

五、关于改制前后主体身份发生变化的犯罪的处理

国家工作人员在国家出资企业改制前利用职务上的便利实施犯罪,在其不再具有国家工作人员身份后又实施同种行为,依法构成不同犯罪的,应当分别定罪,实行数罪并罚。

国家工作人员利用职务上的便利,在国家出资企业改制过程中隐匿公司、企业财产,在其不再具有国家工作人员身份后将所隐匿财产据为己有的,依照刑法第三百八十二条、第三百八十三条的规定,以贪污罪定罪处罚。

国家工作人员在国家出资企业改制过程中利用职务上的便利为请托人谋取利益,事先约定在其不再具有国家工作人员身份后收受请托人财物,或者在身份变化前后连续收受请托人财物的,依照刑法第三百八十五条、第三百八十六条的规定,以受贿罪定罪处罚。

六、关于国家出资企业中国家工作人员的认定

经国家机关、国有公司、企业、事业单位提名、推荐、任命、批准等,在国有控股、参股公司及其分支机构中从事公务的人员,应当认定为国家工作人员。具体的任命机构和程序,不影响国家工作人员的认定。

经国家出资企业中负有管理、监督国有资产职责的组织批准或者研究决定,代表其在国有控股、参股公司及其分支机构中从事组织、领导、监督、经营、管理工作的人员,应当认定为国家工作人员。

国家出资企业中的国家工作人员,在国家出资企业中持有个人股份或者同时接受非国有股东委托的,不影响其国家工作人员身份的认定。

七、关于国家出资企业的界定

本意见所称“国家出资企业”，包括国家出资的国有独资公司、国有独资企业，以及国有资本控股公司、国有资本参股公司。

是否属于国家出资企业不清楚的，应遵循“谁投资、谁拥有产权”的原则进行界定。企业注册登记中的资金来源与实际出资不符的，应根据实际出资情况确定企业的性质。企业实际出资情况不清楚的，可以综合工商注册、分配形式、经营管理等因素确定企业的性质。

八、关于宽严相济刑事政策的具体贯彻

办理国家出资企业中的职务犯罪案件时，要综合考虑历史条件、企业发展、职工就业、社会稳定等因素，注意具体情况具体分析，严格把握犯罪与一般违规行为的区分界限。对于主观恶意明显、社会危害严重、群众反映强烈的严重犯罪，要坚决依法从严惩处；对于特定历史条件下、为了顺利完成企业改制而实施的违反国家政策法律规定的行为，行为人无主观恶意或者主观恶意不明显，情节较轻，危害不大的，可以不作为犯罪处理。

对于国家出资企业中的职务犯罪，要加大经济上的惩罚力度，充分重视财产刑的适用和执行，最大限度地挽回国家和人民利益遭受的损失。不能退赃的，在决定刑罚时，应当作为重要情节予以考虑。

■最高人民法院、最高人民检察院关于办理妨害预防、控制突发传染病疫情等灾害的刑事案件具体应用法律若干问题的解释(2003年5月15日)

第十四条　贪污、侵占用于预防、控制突发传染病疫情等灾害的款物或者挪用归个人使用，构成犯罪的，分别依照刑法第三百八十二条、第三百八十三条、第二百七十一条、第三百八十四条、第二百七十二条的规定，以贪污罪、侵占罪、挪用公款罪、挪用资金罪定罪，依法从重处罚。

挪用用于预防、控制突发传染病疫情等灾害的救灾、优抚、救济等款物，构成犯罪的，对直接责任人员，依照刑法第二百七十三条的规定，以挪用特定款物罪定罪处罚。

第十七条　人民法院、人民检察院办理有关妨害预防、控制突发传染病疫情等灾害的刑事案件，对于有自首、立功等悔罪表现的，依法从轻、减轻、免除处罚或者依法作出不起诉决定。

第十八条　本解释所称“突发传染病疫情等灾害”，是指突然发生，造成或者可能造成社会公众健康严重损害的重大传染病疫情、群体性不明原因疾病以及其他严重影响公众健康的灾害。

■最高人民法院、最高人民检察院、公安部、司法部关于依法惩治妨害新型冠状病毒感染肺炎疫情防控违法犯罪的意见(2020年2月6日)

(相关内容附在本书刑法第二百七十一条之后附文同名文件中)

■最高人民法院关于对受委托管理、经营国有财产人员挪用国有资金行为如何定罪问题的批复(全文)(2000年2月24日)

对于受国家机关、国有公司、企业、事业单位、人民团体委托，管理、经营国有财产的非国家工作人员，利用职务上的便利，挪用国有资金归个人使用构成犯罪的，应当依照刑法第二百七十二条第一款的规定定罪处罚。

■最高人民法院关于如何理解刑法第二百七十二条规定的“挪用本单位资金归个人使用或者借贷给他人”问题的批复(全文)(2000年7月27日)

公司、企业或者其他单位的非国家工作人员，利用职务上的便利，挪用本单位资金归本人或者其他自然人使用，或者挪用人以个人名义将所挪用的资金借给其他自然人和单位，构成犯罪的，应当依照刑法第二百七十二条第一款的规定定罪处罚。

■最高人民检察院关于挪用尚未注册成立公司资金的行为适用法律问题的批复(全文)(2000年10月9日)

筹建公司的工作人员在公司登记注册前，利用职务上的便利，挪用准备设立的公司在银行开设的临时账户上的资金,归个人使用或者借贷给他人,数额较大、超过三个月未还的,或者虽未超过三个月,但数额较大、进行营利活动的,或者进行非法活动的,应当根据刑法第二百七十二条的规定,追究刑事责任。

附:部分省(自治区、直辖市)关于挪用资金罪数额的处罚标准

	数额较大	数额巨大	数额特别巨大
天津	2万元或1万元非法活动	20万元或未超过30万元的	
辽宁	2万元	20万元	
江苏	3万元或1.5万元非法活动	30万元或10万元非法活动	
浙江	3万元或1.5万元非法活动	20万元	
安徽	2万元或1万元非法活动		
江西	2.5万元或1.5万元非法活动	15万元	
河南	2万元或1万元非法活动	20万元或10万元非法活动	
广东	一类区3万元,二类区2万元	一类区80万元,二类区60万元	
陕西	2万元或1万元非法活动	20万元	

□在无法查明企业经济性质的情况下,对企业负责人将企业资金转移到个人账户进行股票交易的行为,不构成挪用资金罪

在无法查明企业经济性质的情况下,对企业负责人将企业资金转移到个人账户进行股票交易的行为,不应按刑法第二百七十二条第一款的规定认定为挪用资金罪。(参见晋中市人民检察院诉刘国平挪用资金案,载《最高人民法院公报》总第94期,2004年第8期,第24页。)

□代销福利彩票的非国家工作人员,如果以不交纳彩票投注金的方式擅自打印并获取彩票的行为,构成挪用资金罪

福利彩票是国家为筹集社会福利事业发展资金,特许中国福利彩票发行中心垄断发行的有价凭证。受彩票发行机构委托,在彩票投注站代销福利彩票的非国家工作人员,如果以不交纳彩票投注金的方式擅自打印并获取彩票,是侵犯彩票发行机构管理的社会公益性财产的行为。根据刑法第二百七十二条第一款规定,对这种行为应当按挪用资金罪定罪处罚。(参见滨海县人民检察院诉刘必仲合同诈骗案,载《最高人民法院公报》总第112期,2006年第2期,第36页。)

□业主委员会工作人员可以成为挪用资金罪的犯罪主体

小区业主委员会向市场监督管理部门登记注册并取得组织机构代码证,符合同类职务犯罪司法解释所规定的"其他单位"的特征,属于作为被害单位的"其他单位"范畴的,业主委员会工作人员可以成为挪用资金罪的犯罪主体。业主委员会在银行开立基本存款账户,账户内资金属于全体业主共有,业主委员会具有属于自己的财产,业主委员会名下的银行账户内资金应视为"本单位资金"。业主委员会工作人员利用职务上的便利,挪用业主委员会资金归个人使用,用于营利活动或借贷给他人,数额较大,超过三个月未还的,应当依照《中华人民共和国刑法》第二百七十二条第一款的规定,以挪用资金罪定罪处罚。(参见广东省深圳市南山区人民检察院诉王江浩挪用资金案,载《最高人民法院公报》2020年第5期。)

▽认定为挪用资金"归个人使用"时,可以参照《全国人民代表大会常务委员会关于〈中华人民共和国刑法〉第三百八十四条第一款的解释》的精神

在处理挪用资金犯罪案件时,可以参照全国人民代表大会常务委员会《关于〈中华人民共和国刑法〉第三百八十四条第一款的解释》的精神,将"个人决定以单位名义将本单位资金供其他单位使用,谋取个人利益"的行为,认定为挪用资金"归个人使用"。理由是:第一,挪用资金罪和挪用公款罪作为

挪用型犯罪,在刑法规定中虽然表述有差异,但其行为特征具有类比性。第二,最高人民法院2000年7月作出的《关于如何理解刑法第二百七十二条规定的“挪用本单位资金归个人使用或者借贷给他人”问题的批复》(刑法本条附文以下简称《批复》)中的规定。因当时关于挪用公款的司法解释没有将“个人决定以单位名义挪用本单位资金供其他单位使用”的行为规定为挪用公款罪,故《批复》亦未将此种行为规定为挪用资金罪;但从《批复》表述看,亦并没有排斥此种行为可以构成挪用资金罪。第三,2004年全国人大法工委刑法室曾就如何理解刑法第二百七十二条中挪用资金“归个人使用”的含义问题,对有关部门作出书面答复:刑法第二百七十二条规定的挪用资金罪中的“归个人使用”与刑法第三百八十四条规定的挪用公款罪中的“归个人使用”的含义基本相同。因此,将“个人决定以单位名义将本单位资金供其他单位使用,谋取个人利益”的行为,认定为“挪用本单位资金归个人使用”,符合立法精神。[参见第011号刑案判例,程辉挪用资金案,载《刑事办案指导》(2005年第2辑)总第2辑,中国人民公安大学出版社,第24~25页。执笔:姚裕如]

▽彩票销售人员不交纳投注金购买彩票且事后无力偿付购买彩票款的行为,构成挪用资金罪

受委托管理、经营国有财产的人员,利用承包经营福利彩票投注站、销售福利彩票的职务便利,不交纳投注金购买彩票的行为,与直接挪用福利彩票投注站的资金购买彩票,在性质上是相同的,可视为挪用本单位资金购买彩票,应当根据刑法本条第一款规定的挪用资金罪追究刑事责任。第一,行为人作为福利彩票投注站的承包经营人员,属于刑法本第一款规定的“其他单位的工作人员”,具有挪用资金罪的主体身份。第二,彩票销售人员利用职务上的便利,不交纳投注金购买彩票,类似于证券、期货公司工作人员利用职务上的便利,挪用本单位资金或者客户资金用于炒股、购买期货等高风险投资,属于刑法第本条第一款规定的“挪用本单位资金归个人使用”,事后无力偿付购买彩票款是挪用后不退还的具体表现。虽然与典型的挪用手段相比,有一定程度的差异,但与挪用本单位资金购买彩票在性质上是相同的,仍具备了挪用资金罪的本质特征,不影响挪用资金罪的认定。[参见第382号案例,刘必仲挪用资金案,载《刑事审判参考》总第48集(2006年第1集),法律出版社,第39~40页。执笔:郭清国]

▽村民委员会属于刑法第二百七十二条第一款规定的“其他单位”

村民委员会成员不是刑法意义上的国家工作人员。根据村民委员会组织法的规定,村民委员会是村民自我管理、自我教育、自我服务的基层群众性自治组织,实行民主选举、民主决策、民主管理、民主监督。2000年4月29日九届全国人大常委会第十五次会议通过的《关于〈中华人民共和国刑法〉第九十三条第二款的解释》明确了村民委员会等村基层组织人员在协助人民政府开展工作过程中,利用职务上的便利,实施犯罪行为的,可以适用刑法关于国家工作人员的条款。村民委员会属于刑法本条第一款规定的“其他单位”,村民委员会成员利用职务上的便利,挪用本单位资金归个人使用或者借贷给他人,构成犯罪的,应当适用刑法本条第一款,以挪用资金罪追究刑事责任。刑法本条第一款规定的“其他单位”,既包括非国有事业单位,也包括其他依法成立的非国有社会组织、群众团体。村民委员会作为村民自我管理、自我教育、自我服务的基层群众性的自治组织,是经县级人民政府批准设立、不需要登记的社会团体,当然属于刑法本条第一款规定的“其他单位”。本案行为人身为潮安县磷溪镇埔涵管理区办事处副主任,负责财经工作,其利用职务上的便利,挪用本单位资金归个人使用或者借贷给他人,数额较大、进行营利活动,其行为完全符合挪用资金罪的构成要件,应当以挪用资金罪追究刑事责任。[参见第333号案例,丁钦宇挪用资金案,载《刑事审判参考》总第42集(2005年第1集),法律出版社,第50页。执笔:谢保伟　江瑾]

▽挪用资金罪与职务侵占罪区别的认定

挪用资金罪是指公司、企业或其他单位的工作人员,利用职务上的便利,挪用本单位资金归个人使用或者借贷给他人,并符合其他法定条件的行为。职务侵占罪是指公司、企业或其他单位的人员,利用职务上的便利,将本单位财物非法占为己有,数额较大的行为。挪用资金罪和职务侵占罪的犯罪主体完全相同,主观方面都是故意,客观方面都表现为利用职务上的便利,但二者之间却存在较大的差别:(1)侵犯对象不同。挪用资金罪侵犯的对象只能是单位的资金;而职务侵占罪侵犯的对象包括单位的资金和其他财物。(2)客观方面的表现有所不同。挪用资金罪表现为擅自将单位的资金挪归个人使用或者借贷给他人使用,但未转移资金所有权,行为人挪用资金只是对资金的暂时使用;而职务侵占罪则表现为以侵吞、盗窃、骗取等手段,非法占有本单位财物。(3)犯罪目的不同。挪用资金罪以非法使用为目的,具有用后归还的意思;职务侵占罪是以非法占有为目的,具有永久性占有的意思。据此,区分挪用资金罪和职务侵占罪的关键在于行为人的主观方面是否以非法占有为目的。[参见第290号案例,向灵、刘永超挪用资金、职务侵占案,载《刑事审判参考》总第37集(2004年第2集),法律出版社,第51～52页。执笔:吴继生　傅沿]

▽行为人所实施的挪用资金和职务侵占两个行为是针对不同对象分别进行的,在刑法上分别予以定罪处罚并不违背禁止重复评价的刑法适用原则

对行为人的行为,可以分为两个阶段进行分析评价。第一阶段即行为人利用职务之便,挪用本单位资金22万元用于赌博的阶段。该阶段行为在客观方面表现为利用职务上的便利,挪用本单位资金22万元用于个人进行非法活动;其主观上还是准备归还的。故该阶段行为在性质上属于挪用资金行为,符合挪用资金罪的构成要件。第二阶段即行为人利用职务上的便利,侵占本单位资金45万元的阶段。在该阶段行为中,行为人利用职务之便,单独或者伙同他人非法支取本单位"小金库"的资金,用于填补个人挪用差款或者转存入个人账户,同时还将"小金库"资金的相关凭证如存折及密码单予以销毁,以达到非法占有该资金的目的。故行为人第二阶段的行为在性质上属于以非法占有为目的的侵占单位资金的行为。尽管后一阶段的侵占行为在犯意的起因方面与前一阶段的挪用行为存在一定的关联性,但是,该两个阶段的行为是针对不同的对象所实施的,与一般意义上的转化犯(因主观目的的变化而由挪用转化为侵占的情形)不同,故在刑法上对该两阶段行为分别予以评价是妥当的。[参见第290号案例,向灵、刘永超挪用资金、职务侵占案,载《刑事审判参考》总第37集(2004年第2集),法律出版社,第52页。执笔:吴继生　傅沿]

▽行为人所实施的挪用资金犯罪行为和职务侵占犯罪行为不符合吸收犯的构成特征,应实行数罪并罚

吸收犯的构成:一是成立吸收犯需以存在数个犯罪行为为其前提;二是根据经验法则,数个犯罪行为需具有一定的从属性或者阶段性关系。(数行为之间具有吸收关系,即前行为是后行为发展的所经阶段,后行为是前行为发展的当然结果。——编著者注)(1)高度行为吸收低度行为。如运输毒品以持有毒品为前提,定罪的时候,运输毒品罪自然吸收非法持有毒品罪,对非法持有毒品罪不再另行定罪。(2)实行行为吸收非实行行为。该种情形主要存在于同一罪名不同阶段的犯罪以及共同犯罪之中。如犯罪分子为杀人进行预备活动,由于意志以外原因被迫中断,但犯罪分子并不甘心,再次预备后完成其杀人行为。在此,杀人的实行行为就应吸收杀人的预备行为。对本案行为人的挪用资金行为和职务侵占行为不应以吸收犯处理。首先,本案中挪用资金行为与职务侵占行为属于两个相互独立的行为,不存在依附从属关系。挪用资金并非职务侵占的条件行为,职务侵占的完成无须依赖挪用行为。其次,挪用的资金和侵占的资金不是同一笔资金,挪用资金和职务侵占之间在行为结构上不具有内在的阶段性关系。虽然填补挪用资金造成的差款是行为人产生职务侵占犯意的一个重要动机,但由于其侵占的是本单位的另一笔资金,在犯罪构成上属于单独实施了另一种犯罪,与此前的挪用资金犯罪在行为结构上不具有阶段性关系。[参见第290号案例,向灵、刘永超挪用资金、职务侵占案,载《刑事审判参考》总第37集(2004年第2集),法律出版社,第52～53页。执笔:吴继生　傅沿]

▽无法区分被挪用的款项性质的,以挪用资金罪追究村民委员会等村基层组织人员的刑事责任

根据刑法的规定,挪用公款罪与挪用资金罪除了犯罪主体上的区别外,在行为对象和行为特征上也存在明显不同:挪用公款罪的行为对象必须是公款,而挪用资金罪的行为对象则为公司、企业或其他单位的资金;挪用公款利用的是从事公务之便,而挪用资金利用的则是从事公司、企业或其他单位的特定职务之便。根据全国人大常委会的立法解释,对于协助人民政府从事行政管理工作的七项事务,村基层组织人员以国家工作人员论,由于七项事务中所涉及的款项为公款,利用的是从事公务之便,故村基层组织人员利用此职务之便挪用这些款项的构成挪用公款罪;如果村基层组织人员从事的并非立法解释规定的七项事务,而是村内自治管理服务工作,其所利用的是村内自治管理服务工作之便,故利用此职务之便挪用村集体资金的构成挪用资金罪。当然,在能够准确区分所挪用的款项来源,确定所利用的职务便利性质的情况下,按照上述原则定罪处罚是比较明晰的,而在农村基层组织人员所挪用款项的具体性质以及利用何种职务之便无法查清的情况下,由于无法区分他们究竟是利用何种职务便利挪用何种款项,主体身份无法明确,因此根据刑法的谦抑原则,应该从有利于被告人的角度出发,以刑罚较轻的罪名对被告人进行定罪处罚。(参见第454号案例,陈焕林等挪用资金、贪污案,载《刑事审判参考》总第57辑(2007年第4辑),法律出版社,第61~63页。执笔:江瑾)

▽国家出资企业中国家工作人员的身份的审查认定

中铁三局四公司原为国有企业性质,李某某参加工作时其身份是国有企业工作人员。2007年公司改制后,中铁三局四公司属于国家出资企业。李某某2005年和公司签订的劳动合同是长期技术服务合同,案发前为国有资本控股公司中铁三局四公司聘任的南广项目部财务会计部部长。根据现有证据,李某某是由公司人力资源部根据岗位缺员情况提名,经主管领导总会计师同意,报公司总经理决定并签发聘任书,没有经国家出资企业中负有管理、监督国有资产职责的组织批准或者研究决定。即没有国有资产监督、管理机构,国有公司、企业、事业单位和上级或者本级国有出资企业内部的党委、党政联席会批准或者研究决定其任职。目前亦无证据证实李某某属于"受国家机关、国有公司、企业、事业单位委派到非国有公司、企业、事业单位、社会团体从事公务"的情况。综上,不应认定李某某具有国家工作人员的身份。

(一)从形式要件分析,认定国家出资企业中的国家工作人员一般要求行为人的职务系经党政联席会等形式批准、任命。中国中铁股份有限公司上市前名称为中国铁路工程总公司(国有企业)。2007年9月,中国铁路工程总公司改制注册为中国中铁股份有限公司,主管机构为国务院国有资产监督管理委员会。2007年12月,中国中铁股份有限公司上市后,公司股本结构为中国铁路工程总公司持股占58.30%.境内社会公众持股占21.95%,境外社会公众及社保基金理事会持股19.75%。据此,可以认定中国中铁股份有限公司上市后成为国有控股公司,亦即国家出资企业。李某某在实施相关犯罪行为时,担任中铁三局四公司南广铁路NGZQ-4项目部一分部财务主任,直接负责经手、管理所在单位财务,从其岗位职责来讲,属于关键岗位,具有"从事监督、经营、管理工作"的特点。但其是否属于国家工作人员,根据"两高"发布的《关于办理国家出资企业中职务犯罪案件具体应用法律若干问题的意见》的相关规定,首先要考察其是否具有"经国家出资企业中负有管理、监督国有资产职责的组织批准或者研究决定,代表其在国有控股、参股公司及其分支机构中从事组织、领导、监督、经营、管理工作"的情况。从现有证据看,中铁三局四公司改制后,全体员工全部重新签订劳动合同,2005年李某某重新签订劳动合同,成为一名劳动合同制员工。李某某在该公司系一名普通工作人员,无任何行政级别,只有技术职称,其工作调动不需要经过公司的任何会议研究决定,其工作调动程序是公司人力资源邦根据项目设置和项目需要进行人员调配的。李某某担任财务主任一职不是领导班子成员,故一般无须公司领导层或党政联席会讨论、批准、任命,事实上也没有经过有关会议讨论、批准、任命。因此,李某某担任该职务并非属于"经国家出资企业中负有管理、监督国有资产职责的组织批准或者研究决定"。关于李某某的任命,时任中铁三局四公司总经理蔡红生在其证言里提到,其在任命前向公司党委书记汇报过,得到同意后才下发了任命通知。经查,蔡红生的证言中只是抽象提到其对财务人员的岗位人事安排一般会向党委书记说明,听取意见,但这只是形式而已。类似这样的岗位人事安排,党委书记一般也不会反对,然后由其审批签字,由人力资源部发文即告完成。可见,蔡红生的证言并未明确提及李某某的任命已经向公司党委书记汇报过;且即使汇报过,依据四公司有关制度规定和操作惯例,党委书记同意只是“走形式”,并无实质意义,不能将之简单视为“国家出资企业中负有管理、监督国有资产职责的组织批准或者研究决定”的表现形式,否则将会造成实践中对此类国家出资企业中国家工作人员范围认定的不当扩大。

(二)从实质要件分析,国家出资企业中的国家工作人员代表负有管理、监督国有资产职责的组织在国有控股、参股公司及其分支机构中从事组织、领导、监督、经营、管理工作。在国有控股、参股公司中国家工作人员身份的认定中,除了需要审查行为人的任命程序,还需要审查其是否“代表负有管理、监督国有资产职责的组织”,从事“组织、领导、监督、经营、管理工作”。这一审查主要围绕以下三个特征进行:(1)代表性。作为授权方的负有管理、监督国有资产职责的组织,与作为被授权方的国家工作人员,通过批准、研究决定等政治授权行为方式,产生一种认可被授权方法律行为所建立的法律关系的效果,并将这种法律关系最终归属于国家。也即在国有出资企业中,国家工作人员系代表国有资产的监督、管理组织从事工作,这种代表性是认定国家工作人员身份的首要特征。(2)公务性。公务首先是管理性的事务,而不是一般的技术性、业务性的活动,与劳务相比其具有明显的管理属性。公务与职权具有紧密的关联。(3)与国有资产的紧密关联性。对于经党政联席会等形式批准、任命的人员,实践中把握的原则是,只要从事的是公务,一般都认定为国家工作人员。但对于未经党政联席会等形式批准、任命的人员,还要区分是公司整体的公务,还是代表国有资产管理、监督部门从事公务,只有代表国有投资主体行使监督、管理国有资产的职权,才能认定为国家工作人员。本案中,无证据证实被告人李某某属于“受国家机关、国有公司、企业、事业单位委派从事公务”的情形,综合案情和各种证据分析,难以认定其代表国有投资主体行使监督、管理国有资产的职权,因此,从实质层面分析,不应认定李某某具有国家工作人员的身份。

综上,本案被告人李某某职权的变动并未经负有管理、监督国有资产职责的组织批准或者研究决定,其所从事的工作也并非代表国有投资主体在国有出资企业中从事公务。因此,不能认定李某某为国家工作人员,其利用职务便利,将本单位资金非法占为己有的行为,构成职务侵占罪;同时,其挪用本单位资金归个人使用的行为,构成挪用资金罪。本案二审法院的判决是正确的。[参见第1016号指导案例,李培光贪污、挪用公款案,载《刑事审判参考》总第99集(2014年第4集),第107~111页。撰稿:康瑛]

▽挪用资金罪中被告人挪用资金超过三个月未还的时间节点应如何认定,是以被害人报案时开始起算,还是以公安机关立案之日起算,抑或其他方式进行计算

刑法规定的“挪用资金超过三个月未还”属于一种持续行为,不因“报案”“立案”“采取强制措施”等介入因素而中断。即只要行为人挪用资金归个人使用,数额较大,该行为持续的时间超过三个月即构成本罪。理由如下:

(一)挪用型犯罪时间节点的确定,应立足于最大限度地保护单位资金安全。我国刑法将挪用本单位资金归个人使用或者借贷给他人,数额较大,超过三个月未还的行为入罪是为了保护公私财产的使用收益权,此类犯罪是否达到必须追究刑事责任的程度,要结合挪用的具体数额、目的、用途、时间、是否归还,造成损失等方面综合分析认定。在上述要素中,刑法对挪用的时间仅表述为“超过三个月未还”。综观刑法分则400多个罪名,立法者只在挪用资金罪和挪用公款罪中设定因在规定时间内未履行归还义务而定罪处罚的情形。将时间引入犯罪构成之中,使此两罪与其他犯罪具有一个重要区别,即时间对于违法行为犯罪化具有决定性意义。但是,刑法和司法解释并未对三个月时间的节点作出进一步规定。挪用型犯罪时间节点的确定,应立足于最大限度地维护单位资金安全。实际上,挪用型犯罪的成立,不存在截止日的问题。无论是被害单位报案时,还是公安机关立案时,抑或对被告人采取强制措施时,甚至是提起公诉抑或法院宣判之日,都不是界定是否满三个月的时间节点。行为人自挪用之日起在三个月内归还的,无论中间发生什么,其行为均不构成犯罪。超过三个月才归还甚至还处于未归还状态的,挪用犯罪即已成立。人为确立一个截止日,至截止日时尚不够三个月,此时挪用犯罪自然尚未成立。但如果以此截止日为界限,而不管截止日后行为人是否归还及归还的实际时间,一则不利于保护单位的资金安全,二则可能导致行为人因司法对行为性质的结论而怠于履行归还义务,三则与刑法关于挪用资金犯罪的要件规定相悖,四则可能导致司法腐败。如公安机关于未满三个月时立案或对行为人采取强制措施,然后以未满三个月为由,得出行为人的挪用行为不构成挪用资金罪的结论,从而让挪用行为处于持续状态,行为人则可以司法机关的结论为据而拒绝归还。甚至到挪用犯罪成立时,行为人仍然以此结论为依据而拒绝归还。综上,二审判决所称"报案、立案时间易受到外界人为因素的干扰,存在一定的不确定性,将其作为确认挪用资金罪是否构成的时间节点缺乏法律依据"的观点是正确的。实际上,刑法及司法解释均没有对三个月的截止日作出规定。司法解释仅规定了数额计算的截止日。1998 年《最高人民法院关于审理挪用公款案件具体应用法律若干问题的解释》(本附文以下简称《挪用公款解释》)第四条规定:"……多次挪用公款,并以后次挪用的公款归还前次挪用的公款,挪用公款数额以案发时未还的实际数额认定。"这一解释虽然是针对挪用公款罪,但其精神应适用于挪用资金罪。

(二)"超过三个月未还"的认定,应以挪用行为持续的时间为依据。任何确定挪用时间的截止日都是不科学的,认定"超过三个月未还",应以挪用行为持续的时间为依据,只要挪用较大数额资金持续超过三个月,就可以追究刑事责任。理由如下:1. 有助于最大限度地维护单位资金安全。刑法规定的"挪用资金超过三个月未还"属于一种持续行为,三个月时限一般不因"报案""立案""采取强制措施"等介入因素而中断。因为挪用行为持续时间长短,在很大程度上体现了其行为的社会危害性,侵害时间越长,危害性越大。刑法保护的是资金安全,只要行为人挪用单位资金数额较大且超过三个月未还,即构成犯罪,这在期限认定上容易把握,也不会带给行为人规避法律的可乘之机。另外,最高人民法院 2003 年 9 月 18 日通过的《关于挪用公款犯罪如何计算追诉期限问题的批复》明确规定:"挪用公款数额较大,超过三个月未还的,犯罪的追诉期限从挪用公款罪成立之日起计算。挪用公款行为有连续状态的,犯罪的追诉期限应当从最后一次挪用行为实施完毕之日或者犯罪成立之日起计算。"不难看出,挪用公款犯罪的追诉时效应当以犯罪成立之日起计算,即挪用的行为持续时间为三个月,就构成犯罪。挪用资金罪除侵害对象即单位的性质与挪用公款罪不同外,其他要素基本一样,故可以参照此解释执行。2. 符合我国刑法犯罪构成理论中主客观相一致的要求。只要行为人主观上没有积极归还资金的意图,客观上挪用资金数额较大、持续时间超过三个月没有归还,单位财产权遭到行为人的不法侵害,就应当接受刑罚处罚。至于超过三个月以后,挪用人归还与否、自愿抑或被迫归还,均不是罪与非罪的法定界限,而只是量刑情节问题。另外,本罪设立的基本导向是希望挪用人尽快及时归还所挪用的资金,三个月的期限设置在某种程度上也是防止司法机关过早介入,可先通过民事或者行政手段进行调节,这也在一定程度上体现了刑法的谦抑性。3. 案发与否对挪用资金罪的成立不具有直接影响。《挪用公款解释》第四条规定:"……多次挪用公款,并以后次挪用的公款归还前次挪用的公款,挪用公款数额以案发时未还的实际数额认定。"而"案发时"又可以理解为报案时、被主管机关发现时、立案时、被采取强制措施时。传统意义上将"案发时"界定为"司法机关、主管部门或有关单位发现时"。无论如何理解"案发时",案发只是发现案件事实,并不具有终止犯罪危害和恢复被侵害秩序的当然功能。

(三)"超过三个月未还"的期限在特定情况下是否适用诉讼时效中止或终止。司法实践中一些犯罪嫌疑人在挪用资金未超过三个月时主动投案,待司法机关立案调查作出无罪处理后,三个月时限终止计算,犯罪嫌疑人仍可不归还挪用的资金,借此逃避法律制裁。为避免上述情形发生,在超过三个月未还型挪用资金案中可引入时效中止理论,在特定因素消灭后继续计算三个月期限,以免使犯罪嫌疑人逃避法律制裁。通常当出现下列两种情形时,三个月的期限可以中止,待相关事由消失后继续计算三个月的期限。综上,二审法院认定被告人挪用的8万元应当计入其挪用资金总额,属于犯罪数额巨大,由此以挪用资金罪改判其有期徒刑三年,缓刑四年是适当的。(参见第1189号指导案例,李毅挪用资金案,载《刑事审判参考》总第109集,第58～63页。撰稿:范凯)

第二百七十三条　【挪用特定款物罪】挪用用于救灾、抢险、防汛、优抚、扶贫、移民、救济款物,情节严重,致使国家和人民群众利益遭受重大损害的,对直接责任人员,处三年以下有期徒刑或者拘役;情节特别严重的,处三年以上七年以下有期徒刑。

■最高人民法院、最高人民检察院关于办理妨害预防、控制突发传染病疫情等灾害的刑事案件具体应用法律若干问题的解释(2003年5月15日)

第十四条　贪污、侵占用于预防、控制突发传染病疫情等灾害的款物或者挪用归个人使用,构成犯罪的,分别依照刑法第三百八十二条、第三百八十三条、第二百七十一条、第三百八十四条、第二百七十二条的规定,以贪污罪、侵占罪、挪用公款罪、挪用资金罪定罪,依法从重处罚。

挪用用于预防、控制突发传染病疫情等灾害的救灾、优抚、救济等款物,构成犯罪的,对直接责任人员,依照刑法第二百七十三条的规定,以挪用特定款物罪定罪处罚。

第十七条　人民法院、人民检察院办理有关妨害预防、控制突发传染病疫情等灾害的刑事案件,对于有自首、立功等悔罪表现的,依法从轻、减轻、免除处罚或者依法作出不起诉决定。

第十八条　本解释所称"突发传染病疫情等灾害",是指突然发生,造成或者可能造成社会公众健康严重损害的重大传染病疫情、群体性不明原因疾病以及其他严重影响公众健康的灾害。

■最高人民法院、最高人民检察院、公安部、司法部关于依法惩治妨害新型冠状病毒感染肺炎疫情防控违法犯罪的意见(2020年2月6日)

二、准确适用法律,依法严惩妨害疫情防控的各类违法犯罪

(七)依法严惩疫情防控失职渎职、贪污挪用犯罪。……

挪用用于防控新型冠状病毒感染肺炎的救灾、优抚、救济等款物,符合刑法第二百七十三条规定的,对直接责任人员,以挪用特定款物罪定罪处罚。

(十)依法严惩妨害疫情防控的违法行为。……

对于在疫情防控期间实施有关违法犯罪的,要作为从重情节予以考量,依法体现从严的政策要求,有力惩治震慑违法犯罪,维护法律权威,维护社会秩序,维护人民群众生命安全和身体健康。

■最高人民检察院关于挪用失业保险基金和下岗职工基本生活保障资金的行为适用法律问题的批复(全文)(2003年1月30日)

挪用失业保险基金和下岗职工基本生活保障资金属于挪用救济款物。挪用失业保险基金和下岗职工基本生活保障资金,情节严重,致使国家和人民群众利益遭受重大损害的,对直接责任人员,应当依照刑法第二百七十三条的规定,以挪用特定款物罪追究刑事责任;国家工作人员利用职务上的便利,挪用失业保险基金和下岗职工基本生活保障资金归个人使用,构成犯罪的,应当依照刑法第三百八十四条的规定,以挪用公款罪追究刑事责任。

第二百七十四条　【敲诈勒索罪】敲诈勒索公私财物,数额较大或者多次敲诈勒索的,处三年以下有期徒刑、拘役或者管制,并处或者单处罚金;数额巨大或者有其他严重情节的,处三年以上十年以下有期徒刑,并处罚金;数额特别巨大或者有其他特别严重情节的,处十年以上有期徒刑,并处罚金。(本条是根据《中华人民共和国刑法修正案(八)》之四十修改的,自2011年5月1日起施

行。)

刑法本条原文:【敲诈勒索罪】敲诈勒索公私财物,数额较大的,处三年以下有期徒刑、拘役或者管制;数额巨大或者有其他严重情节的,处三年以上十年以下有期徒刑。

■最高人民法院、最高人民检察院关于办理敲诈勒索刑事案件适用法律若干问题的解释(全文)(2013年4月27日)

第一条 敲诈勒索公私财物价值二千元至五千元以上、三万元至十万元以上、三十万元至五十万元以上的,应当分别认定为刑法第二百七十四条规定的"数额较大"、"数额巨大"、"数额特别巨大"。

各省、自治区、直辖市高级人民法院、人民检察院可以根据本地区经济发展状况和社会治安状况,在前款规定的数额幅度内,共同研究确定本地区执行的具体数额标准,报最高人民法院、最高人民检察院批准。

第二条 敲诈勒索公私财物,具有下列情形之一的,"数额较大"的标准可以按照本解释第一条规定标准的百分之五十确定:

(一)曾因敲诈勒索受过刑事处罚的;

(二)一年内曾因敲诈勒索受过行政处罚的;

(三)对未成年人、残疾人、老年人或者丧失劳动能力人敲诈勒索的;

(四)以将要实施放火、爆炸等危害公共安全犯罪或者故意杀人、绑架等严重侵犯公民人身权利犯罪相威胁敲诈勒索的;

(五)以黑恶势力名义敲诈勒索的;

(六)利用或者冒充国家机关工作人员、军人、新闻工作者等特殊身份敲诈勒索的;

(七)造成其他严重后果的。

第三条 二年内敲诈勒索三次以上的,应当认定为刑法第二百七十四条规定的"多次敲诈勒索"。

第四条 敲诈勒索公私财物,具有本解释第二条第三项至第七项规定的情形之一,数额达到本解释第一条规定的"数额巨大"、"数额特别巨大"百分之八十的,可以分别认定为刑法第二百七十四条规定的"其他严重情节"、"其他特别严重情节"。

第五条 敲诈勒索数额较大,行为人认罪、悔罪,退赃、退赔,并具有下列情形之一的,可以认定为犯罪情节轻微,不起诉或者免予刑事处罚,由有关部门依法予以行政处罚:

(一)具有法定从宽处罚情节的;

(二)没有参与分赃或者获赃较少且不是主犯的;

(三)被害人谅解的;

(四)其他情节轻微、危害不大的。

第六条 敲诈勒索近亲属的财物,获得谅解的,一般不认为是犯罪;认定为犯罪的,应当酌情从宽处理。

被害人对敲诈勒索的发生存在过错的,根据被害人过错程度和案件其他情况,可以对行为人酌情从宽处理;情节显著轻微危害不大的,不认为是犯罪。

第七条 明知他人实施敲诈勒索犯罪,为其提供信用卡、手机卡、通讯工具、通讯传输通道、网络技术支持等帮助的,以共同犯罪论处。

第八条 对犯敲诈勒索罪的被告人,应当在二千元以上、敲诈勒索数额的二倍以下判处罚金;被告人没有获得财物的,应当在二千元以上十万元以下判处罚金。

第九条 本解释公布施行后,《最高人民法院关于敲诈勒索罪数额认定标准问题的规定》(法释〔2000〕11号)同时废止;此前发布的司法解释与本解释不一致的,以本解释为准。

■最高人民法院、最高人民检察院、公安部、司法部关于办理“套路贷”刑事案件若干问题的意见(2019年4月9日)

(相关内容附在本书刑法第二百六十六条之后附文同名文件中)

■最高人民法院、最高人民检察院关于办理利用信息网络实施诽谤等刑事案件适用法律若干问题的解释(2013年9月10日)

第六条　以在信息网络上发布、删除等方式处理网络信息为由,威胁、要挟他人,索取公私财物,数额较大,或者多次实施上述行为的,依照刑法第二百七十四条的规定,以敲诈勒索罪定罪处罚。

第八条　明知他人利用信息网络实施诽谤、寻衅滋事、敲诈勒索、非法经营等犯罪,为其提供资金、场所、技术支持等帮助的,以共同犯罪论处。

第九条　利用信息网络实施诽谤、寻衅滋事、敲诈勒索、非法经营犯罪,同时又构成刑法第二百二十一条规定的损害商业信誉、商品声誉罪,第二百七十八条规定的煽动暴力抗拒法律实施罪,第二百九十一条之一规定的编造、故意传播虚假恐怖信息罪等犯罪的,依照处罚较重的规定定罪处罚。

第十条　本解释所称信息网络,包括以计算机、电视机、固定电话机、移动电话机等电子设备为终端的计算机互联网、广播电视网、固定通信网、移动通信网等信息网络,以及向公众开放的局域网络。

■最高人民检察院关于强迫借贷行为适用法律问题的批复(全文)(2014年4月17日)

以暴力、胁迫手段强迫他人借贷,属于刑法第二百二十六条第二项规定的“强迫他人提供或者接受服务”,情节严重的,以强迫交易罪追究刑事责任;同时构成故意伤害罪等其他犯罪的,依照处罚较重的规定定罪处罚。以非法占有为目的,以借贷为名采用暴力、胁迫手段获取他人财物,符合刑法第二百六十三条或者第二百七十四条规定的,以抢劫罪或者敲诈勒索罪追究刑事责任。

■最高人民法院、最高人民检察院关于常见犯罪的量刑指导意见(试行)(2021年7月1日)(见本书附录十三)

▼安徽省高级人民法院、安徽省人民检察院关于二十三种常见犯罪量刑规范的实施细则(试行)(2022年1月16日)(见本书附录十四)

▼安徽省高级人民法院、安徽省人民检察院、安徽省公安厅关于办理“套路贷”刑事案件的指导意见(2018年6月15日)(见本书附录四十七)

附:全国各省(自治区、直辖市)关于敲诈勒索罪数额的处罚标准

	数额较大 (2000~5000元)	数额巨大 (3万~10万元)	数额特别巨大 (30万~50万元)
北京	3000元	6万元	40万元
天津	2000元	6万元	40万元
河北	3000元	6万元	40万元
山西	3000元	5万元	40万元
内蒙古	2000元	3万元	30万元
辽宁	2000元	7万元	40万元
吉林	3000元	3万元	30万元
黑龙江	3000元	5万元	35万元
上海	2000元	3万元	30万元
江苏	4000元	6万元	40万元
浙江	4000元	8万元	40万元
安徽	3000元	5万元	30万元

续表

	数额较大 （2000～5000元）	数额巨大 （3万～10万元）	数额特别巨大 （30万～50万元）
福建	2000元	5万元	30万元
江西	3000元	5万元	40万元
山东	3000元	6万元	40万元
河南	3000元	5万元	40万元
湖北	贫困县2000元， 其他3000元	贫困县5万元， 其他6万元	贫困县40万元， 其他50万元
湖南	4000元	6万元	40万元
广东	一类区4000元， 二类区2500元	一类区10万元， 二类区6万元	一类区50万元， 二类区40万元
广西	2500元	4万元	40万元
海南	2000元	3万元	30万元
重庆	3000元	6万元	40万元
四川	3000元	5万元	35万元
贵州	3000元	3万元	30万元
云南	3000元	5万元	35万元
西藏	城镇4000元， 农牧区2000元	城镇5万元， 农牧区3万元	城镇40万元， 农牧区30万元
陕西	3000元	4万元	40万元
甘肃	2000元	6万元	40万元
青海	2000元	3万元	30万元
宁夏	2000元	3万元	30万元
新疆	3000元	5万元	30万元
兵团	3000元	5万元	30万元
军检	5000元	8万元	40万元

□敲诈勒索罪与绑架罪区别关键在于客观方面是否表现为以暴力、胁迫、麻醉或其他方法劫持他人的行为

根据《中华人民共和国刑法》第二百七十四条的规定，敲诈勒索罪是指以非法占有为目的，对被害人使用威胁或要挟的方法，强行索要公私财物的行为。本罪在客观方面表现为行为人采用威胁、要挟等方法，向公私财物的所有者、保管者强索公私财物的行为。所谓威胁、要挟等方法，是指对公私财物的所有者、保管者进行精神上的强制，造成心理上的恐惧，不敢抗拒，从而迫使其交出财物的方法。

根据《中华人民共和国刑法》第二百三十九条的规定，绑架罪是指以勒索财物为目的，或者以他人作为人质，使用暴力、胁迫、麻醉或者其他方法劫持他人的行为。本罪在客观方面表现为以暴力、胁迫、麻醉或其他方法劫持他人的行为。

行为人以被害人预谋犯罪为由，对被害人加以控制，并以报警将被害人送交公安机关处理为要挟，向被害人及其亲属强索财物。在实施上述犯罪过程中，行为人虽然在一定程度上限制了被害人的人身自由，并且为控制被害人而采取了轻微暴力，但并未使用暴力、胁迫、麻醉或者其他方法劫持被害人，亦未将被害人藏匿，其行为不构成绑架罪，应当以敲诈勒索罪定罪处罚。（参见海南省临高县人民检察院诉谢家海等敲诈勒索案,载《最高人民法院公报》总第156期,2009年第10期,第43页。)

▽**敲诈勒索罪和诈骗罪的认定**

诈骗罪在客观方面的主要表现为采用虚构事实或者隐瞒真相的欺骗方法,使财物所有人、保管人等产生错觉,信以为真,而"自愿"地将财物交出。敲诈勒索罪是指以非法占有为目的,对被害人实施威胁或者要挟的方法,强索数额较大的公私财物的行为。敲诈勒索罪的犯罪手段是对被害人实施威胁或要挟,即对公私财物的所有者、保管者等施加精神的强制,造成其心理上的恐惧,以至于不敢拒绝索取财物的要求。威胁的内容既可以包括用实施暴力相威胁,也可以包括用揭发隐私、毁坏财产等相威胁。主要有:(1)以将要对被害人或利害关系人的人身实施暴力相威胁,如将要用暴力剥夺其生命、损害其健康、剥夺或限制其人身自由、侵犯其人身权利如性的权利等相威胁;(2)以将要揭发其隐私或弱点等相威胁,而这些隐私或弱点主要指被害人所不愿让他人知悉的情况,如犯罪违法行为、不正当两性关系、历史污点等;(3)以将要损害其人格、名誉等相威胁,如以造谣、侮辱、诽谤、诬告陷害等手段损害他人人格和名誉;(4)以将要毁坏其财物或者损害其他财产性权利相威胁,如烧毁房屋和汽车、破坏贵重家具等,以及损害其他的财产性权利如专利权、著作权等;(5)以其他足以使人受到精神强制的方法进行要挟或者威胁。敲诈勒索罪的威胁和要挟的手段是多种多样的,威胁和要挟的对象,可以是财产的所有人、保管人本人,也可以是财产所有人、保管人的亲属,以及同财物所有人、保管人有某种利害关系的人。只要行为人使用的威胁和胁迫的方法足以使财物所有人及保管人等产生精神上的强制,并在这种精神强制力的作用下满足行为人的勒索财物的要求,即可构成敲诈勒索罪。可见,行为人是用虚构事实或隐瞒真相的方法,使人受蒙蔽而"自愿"地交付财物,还是用威胁或要挟的方法,而使人受到精神强制而被迫地交付财物,是诈骗罪同敲诈勒索罪最本质的区别。[参见第259号案例,陈宗发故意杀人、敲诈勒索案,载《刑事审判参考》总第34集(2003年第5集),法律出版社,第5~6页。执笔:黄国民　胡守根]

▽**将被害人杀死后,以绑架被害人为名,向被害人亲属勒索钱款的行为构成敲诈勒索罪**

以勒索财物为目的的绑架罪尽管其主要目的为非法获取财物,但行为人为勒索财物采用捆绑、蒙眼等暴力手段对被害人实施绑架行为,严重侵犯了公民的人身权利,所以我国刑法将绑架罪列入侵犯公民人身权利和民主权利的犯罪一章。绑架罪的客观方面特征是行为人实施了以暴力手段绑架他人的行为,并因此而使被害人失去人身自由。至于行为人将被害人杀死之后,以绑架为名勒索钱款的行为,因为被害人已经死亡,不可能成为绑架罪的被绑架对象,没有被绑架人,这与绑架罪的最基本的特征,即以暴力、胁迫等手段绑架他人,使之失去人身自由的特征不相符合。将被害人杀死后,以绑架为名,向被害人的亲属勒索钱款,其亲属在当时的特定的环境条件下,尽管其完全可能相信行为人虚构的被害人被绑架的事实,但其绝不会"自愿"地向行为人交出钱款,如果向行为人交出被索要的钱款,那也只能是在精神上受到胁迫,出于无奈才交出的,故该行为不构成诈骗罪,完全符合敲诈勒索罪的构成要件。[参见第259号案例,陈宗发故意杀人、敲诈勒索案,载《刑事审判参考》总第34集(2003年第5集),法律出版社,第6页。执笔:黄国民　胡守根]

▽**敲诈勒索罪既遂与未遂标准的认定**

敲诈勒索罪是主要侵犯财产的犯罪,首先应当考虑以财物的交付或取得作为认定敲诈勒索罪的既遂与未遂的标准。侧重于犯罪完成说的观点认为,应当以犯罪人取得财物为标准,只有犯罪人实际取得财物,犯罪才告完成,构成既遂。而侧重于被害人财产权益保护的观点则认为,应当以被害人是否已被迫交付财物为标准,因为只要被害人已被迫交出财物,即意味着被害人的财产权益已受到实际的侵害。应该说,两种观点均有其道理。实践中被害人交付财物和犯罪人取得财物往往是一致的,但也存在不一致的情形。如被害人已按犯罪人的要求将财物交付于特定的地点或交付于犯罪人所指定的特定的人,但犯罪人尚未前往取得就被抓获的情况即是。此时,从表面上看,被害人交付财物和犯罪人取得财物在时间上并不一致。但从实质上看,对这种情况,犯罪人虽未前往实际取得财物,但由于被害人是按犯罪人指定的地点或人进行交付,故仍应视为犯罪人可以实际取得该财物。因此,无论是依交付说(失控说),还是取得说(控制说)都宜认定为既遂。需要说明的是,对于这样的一种特殊情形,即被害人事先报警,公安机关已然布控,只待犯罪人前往指定地点取钱即将其抓获的,对此,则不应认定为既遂,而应为未遂。因为,就被害人而言,其并未真正交付财物或者说并未真正失去对财物的控制,就犯罪人而言,其也不可能实际取得财物或形成对财物的控制。因此,无论是依交付说(失控说)还是取得说(控制说)都宜认定为未遂。[参见第259号案例,陈宗发故意杀人、敲诈勒索案,载《刑事审判参考》总第34集(2003年第5集),法律出版社,第6~7页。执笔:黄国民　胡守根]

▽敲诈勒索罪和以胁迫为手段的抢劫罪的区别在于二者所采用的威胁方式、内容等方面具有不同的特征,即对抢劫罪中威胁的当场性和取得财物的当场性的认定

敲诈勒索罪与抢劫罪均属侵犯财产罪,行为人主观上都以非法占有他人财物为目的。但敲诈勒索罪的手段仅限于威胁,而抢劫罪的手段除威胁外,还可以是暴力或采用麻醉等使被害人不知反抗、不能反抗的方法。就敲诈勒索罪与以威胁为手段的抢劫罪而言,二者的区别主要在于后者具有两个"当场"性,即威胁的当场性和取得财物的当场性。所谓威胁的当场性,其具体体现有以下几点:(1)由于抢劫罪是直接面对被抢劫人公然进行劫财行为,所以其威胁只能是直接向被抢劫人发出的,而敲诈勒索罪的威胁既可以是直接面对被勒索人发出,也可以是非面对面式地发出,如通过书信、电话或第三人转告等方式威胁被勒索人。(2)由于抢劫罪是以当场取得被害人的财物为目标,所以为排除被害人可能的反抗,其威胁内容要具有当场付诸实施的可能性,故抢劫罪的威胁,只能是以直接侵犯被害人人身的暴力威胁为内容,如杀伤等,威逼被害人当场交出财物,否则,就当场使用暴力。一旦被害人反抗,抢劫者就会当场施暴,威胁内容具有实施的即时性。而敲诈勒索的威胁则并非如此,其内容多是以毁人名誉、揭发隐私等对被勒索人进行要挟。即便是暴力威胁,其威胁要实施的暴力一般也不是直接指向被勒索人,而是指向被勒索人的亲友等,从而达到对被勒索人进行要挟的目的,否则,就不是敲诈勒索罪的要挟,而是抢劫罪的威胁。由于从实施勒索行为到实现勒索目的需要有个过程,因此,敲诈勒索的威胁或要挟不具有实施的即时性,一般都是威胁要在将来某个时间付诸实施。(3)由于抢劫罪的威胁具有实施的急迫性,其效果就是使被害人当场受到精神强制,完全丧失反抗意志,除当场交付财产外,没有考虑、选择的时间余地。而敲诈勒索罪的威胁和要挟,一般只是使被害人产生恐惧和压迫感,精神强制的效果不如前者急迫,被害人在决定是否交付财物上,仍可有一定考虑、选择的余地。所谓取得财物的当场性,就是说抢劫罪取得的财物只能是当场取得,且取得的财物的数量,也以当场取得的为限。而敲诈勒索罪的财物取得一般为事后取得,勒索行为与财物取得往往有一定的时空间隔,且勒索人总是事先确定要勒索的财物量。本案行为人跟踪尾随并闯入其妻在宾馆所开的房间,目睹其妻与被害人在一起,对被害人先实施了暴力殴打。正因为行为人的这一暴力行为,所以使得本案在定性上易与抢劫罪相混淆。对行为人这一暴力行为应该作客观、合乎实际的分析,应当将此理解为是行为人基于一时激愤的单纯的伤害行为,而非出于抢劫故意的暴力,绝不能贸然地将此与后面的勒索钱财行为联系在一起。此后,当被害人为了脱身,主动提出愿以2万元了结此事时,行为人才产生了借机勒索其钱财的故意。这里,一方"主动破财消灾",另一方"借机勒索",均属事出有因。行为人勒取被害人的钱财,既非当场取得,所采用的手段也非暴力威胁,而是实实在在的借机要挟。总之,本案中行为人虽有暴力行为在先,但其获取钱财的手段并不是使用暴力或以暴力相威胁,而是借抓住被害人的"短"进行敲诈,所获钱财也非当场取得,因此,不符合抢劫罪的构成。[参见第155号案例,熊志华绑架案,载《刑事审判参考》总第24集(2002年第1辑),法律出版社,第36~37页。执笔:刘艺军]

▽敲诈勒索罪与勒索型绑架罪的主要区别在于实现勒索目的的方式不同

敲诈勒索罪与勒索型的绑架罪,都是以勒索他人财物为目的,但二者在实现勒索目的的行为方式上却有着重大区别。敲诈勒索罪是对被勒索人本人实施威胁或要挟方法,迫使其给付数额较大的财物或财产性利益;而绑架勒索罪,则是通过劫持被绑架人,控制被绑架人的人身自由,然后以杀伤被绑架人为内容或者以给付钱财方恢复被绑架人自由为条件,威胁被绑架人的亲友或者其他相关第三人给付财物。可见,勒索型绑架罪的本质特征,是以劫持被绑架人,控制被绑架人的人身自由为前提,事后再向被绑架人的亲友或相关第三人发出勒索命令。绑架人是向被绑架人的亲友或相关第三人提出勒索要求的,也是从被绑架人的亲友或其他相关第三人处取得财物的,而非直接从被绑架人处勒索并取得财物。绑架人向被绑架人的亲友或其他相关第三人勒索财物,所采用的威胁手段,多是以杀伤被绑架人为内容,属于暴力威胁范畴,具有可立即付诸实施的现实性和急迫性。而敲诈勒索罪则不以绑架行为为前提,其威胁或要挟以及勒索命令的直接对象则多是同一人,即被勒索人。勒索的财物一般也多是直接从被勒索人手中取得。[参见第155号案例,熊志华绑架案,载《刑事审判参考》总第24集(2002年第1辑),法律出版社,第37～39页。执笔:刘艺军]

▽抢劫罪与敲诈勒索罪区别的认定

抢劫罪与敲诈勒索罪在客观行为上具有一定的相似性,一方面两罪侵犯的客体都是复杂客体,不仅侵犯了公私财产的所有权,还危及他人的人身权利;另一方面两罪在客观方面都可以采用"威胁"手段,且均可以当场取得财物,但是,其"威胁"的特定内容不同:(1)从威胁的方式看,抢劫罪的威胁是当着被害人的面直接发出的;而敲诈勒索罪的威胁可以当面发出,也可以通过书信、电话或者第三者转达。(2)从威胁的内容看,抢劫罪的威胁表现为如不交出财物,就要当场实施所威胁的内容;而敲诈勒索罪的威胁则一般表现为,如不答应要求,将在以后的某个时间实施威胁的内容。(3)从威胁的内容看,抢劫罪的威胁是以杀害、伤害等侵害人身相威胁;而敲诈勒索罪的威胁则内容更为广泛,包括对人身的伤害行为或者毁坏财物、名誉等。(4)从非法取得财物的时间看,抢劫罪是实施威胁当场取得财物,而敲诈勒索罪则既可以当场,也可以在事后取得。可见,这两种犯罪中的威胁既有区别,又有联系,如果案件事实与上述抢劫的各个特征相符合,应以抢劫罪处罚,如果其中有一条不符合,则应以敲诈勒索罪论处。区分抢劫罪与敲诈勒索罪主要看被害人交出财物的心理状态。抢劫是被害人迫于暴力或者将要实施的暴力而造成精神上的恐惧,被迫当场交出财物;敲诈勒索则是被害人迫于将要实施的暴力或者毁坏财物、名誉等造成精神上的恐惧,出于无奈,被迫于当场或者事后交出财物或者出让其他财产权利。[参见第349号案例,林华明等敲诈勒索案,载《刑事审判参考》总第44集(2005年第3集),法律出版社,第69～70页。执笔:徐清云]

▽利用被害人年幼将其哄骗至外地继而敲诈勒索其家属钱财的,构成敲诈勒索罪

勒索型绑架罪还是诱拐型的敲诈勒索罪,关键就是要确定行为人是否真正绑架了被害人,也即其行为对被害人人身自由的剥夺是否达到严重的程度、是否严重危及了被害人的人身安全。行为人能够顺利将被害人带到南京,主要是利用被害人年龄较小、社会经验不足的特点,对其进行哄骗所致。从现有证据看,行为人在实施犯罪过程中,除对被害人本人使用了一些威吓性语言外,主要采取的是对被害人欺骗的手段,使其自愿跟随她去南京,且行为人对被害人从未实施暴力或以暴力相威胁,其左右被害人对之实施控制的手段中欺骗的成分大于威胁的成分,亦未对其人身实施任何实质性的限制,只是把他唬到南京,花钱供他吃住,出门的时候也只是将被害人一个人丢在房间里,致使被害人可以"乘行为人外出之机与家人电话联系,得知其父并无危险。后在家人的指点下离开酒店到当地公安机关求助"。作为一个正常的成年人,行为人对于像被害人(12岁)那样大的学生能否实施打电话、离开房间等自主行动应当是有明确的判断的,其当时也完全有条件对被害人采取一些强制手段,限制或剥夺其人身自由,使他无法实施这些自救行为,但她并未采取任何有效的措施,可见行为人并不是真的要将被害人完全控制起来,并未真正剥夺被害人的人身自由。在这种情况下,被害人的行动实际上是自由的,既没有被看押、捆绑、殴打,更没有被伤害,除了受到行为人谎言的吓唬而随其来到南京之外,其人身自由事实上并未受到什么影响。当然,如果被害人年龄过小,如三四岁的幼儿,尚不足以控制和支配自己的自主行动,无法自觉地摆脱行为人的实际控制,则另当别论。综上,现有证据不能认定行为人主观上具有要绑架被害人的故意,其也未真正对被害人的人身自由实行完全的控制并有危及其人身安全的意图和行为,不符合绑架罪的特征,不能构成绑架罪。同时,正因为行为人并未完全限制被害人的人身自由,其行为亦不构成非法拘禁罪。行为人的行为构成敲诈勒索罪。行为人主观上敲诈勒索财物的犯罪故意非常明显,客观上实施了用被害人的安全来对其父母进行恐吓,使其产生恐惧心理,试图敲诈被害人家里8万元的犯罪行为,没有对被害人进行人身强制,其行为侵害的客体主要应当为被害人家人的财产权利,因此,行为人的行为完全符合敲诈勒索罪的构成特征。[参见第443号案例,张舒娟敲诈勒索案,载《刑事审判参考》总第56辑(2007年第3辑),法律出版社,第32~35页。执笔:徐俊　孙江]

▽拆迁户以举报开发商违法行为为手段索取巨额补偿款不构成敲诈勒索罪

行为人的行为不符合敲诈勒索罪的主客观要件。敲诈勒索罪是指以非法占有为目的,以威胁或者要胁方法,强行索取公私财物,数额较大的行为。行为人的行为是否构成敲诈勒索罪,以下从其主观故意和客观行为两方面进行分析。1.行为人的行为不具备敲诈勒索罪中"以非法占有为目的"的主观特征。刑法保护的是公私财产权,包括对财产的占有、使用、收益、处分。一般情况下,非法侵占了不是自己的财物,即为非法占有。对于那些财物归属确实存有争议的情形在认定中一定要慎重,只有行为人明知财物不属于自己而故意以刑法禁止的方式将该财物占为己有的才能认定具有非法占有目的。就认定行为人主观上是否具有非法占有目的,关键是考察其所取得的10万元补偿款是否明显不属于行为人可以占有。行为人等作为拆迁户,难以认定其向开发商索赔补偿费的行为具有非法占有的故意。理由如下:首先,行为人等对拆迁补偿费存在争议,其虽然已经取得一定补偿费但并不排除还可以继续要求取得补偿费。根据国务院《城市拆迁管理条例》第十三条的规定,拆迁人与被拆迁人应当依照该条例的规定,就补偿方式和补偿金额、安置用房面积和安置地点、搬迁期限、搬迁过渡方式和过渡期限等事项,订立拆迁补偿安置协议。其次,行为人等可以依法向开发商提出重新索取拆迁补偿费的要求。虽然行为人等就拆迁、迁坟问题,是与开发区之间发生的,但鉴于开发可能存在不合法因素,对拆迁人所造成的损失也应由引起拆迁的开发区和开发商来共同承担责任,行为人可以选择任一主体要求赔偿。行为人等向开发商重新索赔拆迁补偿费用,并非法律禁止。综上分析,行为人等通过何种途径提出重新索取拆迁补偿费,都是可以的,而能否重新取得拆迁补偿费、可以重新取得多少拆迁补偿费,则应当依照有关法律规定由行为人等与开发商协商确定。可见,行为人等重新索取拆迁补偿费用,属于被拆迁方对拆迁补偿重新提出主张,属于法律许可的范畴。行为人等重新索取拆迁补偿费,虽然数额巨大,但并非没有任何事实依据提出,即争议的补偿费,并非明显地不属于行为人等所有,而是处于不确定状态。对于这样的争议利益,行为人予以索取,实际上是行使民事权利的一种方式,不属"以非法占有为目的"。行为人等对拆迁补偿费有异议.为了取得更多的拆迁补偿费而向开发商索取,不能认定为以非法占有为目的。并且,如果认定属非法占有,那么,非法占有的数额也无法确定,因为行为人等可以向开发商要求重新赔偿的数额无法确定。本案不同于为公用设施、国家利益进行的拆迁、迁坟赔偿,价格由政府统一确定,而系为商业目的所进行的开发,所涉房屋拆迁特别是迁移祖坟应赔多少,没有法律强制性标准,具体补偿标准应是双方合意的结果。在行为人等依法可以提出重新索赔补偿费的情况下,多少补偿费是合法的,多少是不合法的,难以确定。综上,不能认定行为人等与开发商达成协议的25万元补偿费主观上具有非法占有目的。2.行为人等的行为不符合敲诈勒索罪中"以威胁、要挟手段,强索公私财物"的客观要件。成立敲诈勒索罪,其客观行为要件应当符合以下几个特征:(1)采用威胁、要挟手段;(2)威胁、要挟的内容足以引起被威胁、要挟的人内心恐慌、惧怕;(3)被胁迫者因之处分了财产,将财物交予威胁、要挟者。行为人的行为不符合敲诈勒索的客观行为要件。理由在于:(1)行为人等向开发商提出索赔,是在行使正当权利。行为人向开发商提出索赔时并没有以举报为条件,而是将索赔材料与举报材料分别交给开发区管委会和县信访局,且未告知开发商其已经向信访局举报。也就是说,行为人等并没有直接向开发商以举报为条件进行所谓“威胁、要挟”。(2)开发商得到行为人举报的信息源于开发商的不当打听及开发区工作人员的不当告知,而不是源于行为人主动告知,更不是行为人附举报条件地向开发商提出索赔。受理举报机关不应将举报信息告知被举报人是个最基本的工作原则。但开发商不仅从受理举报机关处得到被举报的信息,而且通过开发区有关人员了解了行为人等的联系方式,出于了解行为人等真实意思的目的,主动约见行为人。(3)行为人与开发商谈判是一个民事谈判过程,谈判的结果也不是敲诈勒索的结果。另外对信访人的不当行为,不宜轻易地作犯罪处理。行为人等向开发区信访局提交举报信,反映开发商在项目开发过程中存在的违规、违法行为,属于正常的信访行为。其后与开发商就索赔进行的谈判,也是开发商主动将信访材料与索赔捆绑处理的结果,将开发商与行为人等达成的所谓“承诺”作为认定行为人等构成敲诈勒索罪的主要依据,不仅不利于保护信访人的正当信访权利,也难以取得较好的社会效果。[参见第509号案例,夏某理等人敲诈勒索案,载《刑事审判参考》总第64集(2008年第5集),法律出版社,第48~53页,执笔:陈克娥 潘勤勤]

▽与人质谈好“报酬”后将人质释放,事后索要“报酬”的行为,应当以敲诈勒索罪定罪处罚

被告人在释放人质后,按照与人质约定的协议,向人质索要“报酬”的行为,符合敲诈勒索罪的构罪要件。理由在于:(1)“报酬”协议不合法因而无效。该协议是人质在失去人身自由的情况下被迫与燕某某等人达成的,属于非法行为,其取得财物报酬无合法依据。(2)释放人质后,被告人索要“报酬”,其实质是敲诈勒索,其手段是人身安全威胁,威胁的内容就是再次让被害人失去人身自由。这一威胁的内容在被告人释放人质时就得到体现,即在放被害人之前,被告人曾对被害人讲,“我们能绑你一次,也能绑你第二次”。3月18日下午,被告人给被害人打电话讲,“我们把你放了,你答应给我们的钱还不兑现吗?”还说,如果不汇钱的话,让被害人自己看着办。这是威胁内容的第二次体现。而威胁的目的,就是得到“报酬”。(3)从被害人的角度看,因为其先前被绑架过,担心不给予“报酬”会再次失去人身自由。为了免受伤害,才在被迫的情况下给了6万元。因此,被害人将6万元汇到被告人指定的账号,是受威胁的结果。(4)被告人敲诈勒索被害人的行为是独立的行为,应单独评价,因为非法拘禁罪以被害人被限制人身自由为主要特征,其非法拘禁行为自释放人质时即终止。综上,对被告人事后向被害人以威胁手段索要报酬的行为应认定为敲诈勒索罪,并与非法拘禁罪进行并罚。[参见第571号指导案例,李彬、袁南京、胡海珍等绑架、非法拘禁、敲诈勒索案,载《刑事审判参考》总第69集(2009年第4集),第63~64页。撰稿:郝红鹰]

▽以敲诈钱财为目的盗窃机动车号牌的行为可视具体情形处以敲诈勒索罪或盗窃罪

被告人盗窃他人机动车号牌是为了以此向有关号牌所有人勒索钱财,因为单纯的盗窃机动车牌照对其而言并不具有实质性的意义,机动车号牌本身没有什么经济价值,其盗窃机动车牌照系为了向号牌所有人实施敲诈勒索的行为,达到非法获取钱财的目的。因此,盗窃机动车号牌的行为属于手段行为,勒索钱财行为属于目的行为,所以将盗窃行为认定为与勒索行为具有牵连关系比较妥当。对于牵连犯,一般应择一重罪进行定罪处罚。如果行为人敲诈得手后归还所窃取的车牌,并达到追诉标准的,以敲诈勒索予以定罪是无异议的。如果行为人未能敲诈到钱财并且将车牌随意丢弃的,在此情况下可以盗窃罪予以定罪。或许有人会认为,行为人主观上仅有敲诈勒索的目的,并没有非法占有的目的,处以盗窃罪似乎比较牵强。其实,盗窃的经典表述是以和平手段永久剥夺他人对财物的所有或占有。因此,如果行为人在未能敲诈得手的情况下,将车牌任意丢弃,主观上虽然没有实现非法取财的目的,但其主观上对于造成他人财产损失是故意的,客观上亦造成了被害人为补办车牌带来的利益损失,具有一定的社会危害性,故以盗窃罪予以处罚符合刑法原理。在此涉及的一个问题是盗窃数额如何认定,因为刑法规定一般盗窃行为达到数额较大的才构成犯罪。盗窃罪属于侵财犯罪,其盗窃财产的数额一般就是被害人的财产损失数额。机动车牌照本身不能买卖,不具有经济价值,但其具有使用价值,所有人需支付相应办理牌照的费用才能获取,从这个意义上讲,被害人因盗窃所遭受的经济损失就是需支付的补办牌照费用,虽然此部分费用被告人并未获取,但确属被害人遭受的经济损失,由于侵财犯罪中有些情况下犯罪人非法获财情况与被害人损失情况并不一致,但并不妨碍将其未实际获取的部分认定为犯罪数额,因此本案中以被害人补办车牌所需的费用作为盗窃数额符合侵财犯罪的本质原理。《最高人民法院关于审理盗窃案件具体应用法律若干问题的解释》第十二条第(四)项规定了为练习开车、游乐等目的,多次偷开机动车辆,并将机动车辆丢失的,以盗窃罪定罪处罚。据此,举重以明轻,对盗窃机动车车牌处以盗窃罪也是有法律依据的。如果行为人既敲诈得手钱财又有任意丢弃车牌行为的,可视具体情形处断为一罪或数罪并罚。本案被告人以勒索钱财为目的多次盗窃他人机动车号牌,未来得及向有关号牌所有人勒索钱财即被抓,虽未实现勒索钱财的目的,但其盗窃行为已经既遂,因此法院对其二人以盗窃罪进行定罪处罚是正确的。[参见第582号指导案例,杨聪慧、马文明盗窃机动车号牌案,载《刑事审判参考》总第70集(2009年第5集),第58~59页。撰稿:刘扬]

▽冒充军警以抓吸毒人员抓赌为名劫取钱财应构成敲诈勒索罪

被告人的犯罪行为方式:一是以抓吸毒人员为名,表明是公安人员,当场对吸毒人员进行罚款或收走财物作罚款。二是表明是公安人员抓赌博,当场没收赌资,有时还采用要罚款或要处理人,当有人讲情而假意作罢,或带走人要处罚,在半路以态度好或还有任务,第二天处理为由把人放走。三是身穿制服或穿制服并配带证件,进入茶室,不表明身份,只是叫赌博人员不许动,将钱自动拿出,没收而去。在取得财物后,均没开收据。在实施犯罪行为过程中没有殴打或暴力内容的言语威胁。而是利用冒充公安人员的特殊身份,使被害人心理上误以为真,害怕自己的违法行为被处罚的心理,实行精神强制,使之产生恐惧,不得已而拿出财物。因此,在案件定性分析时,应考虑被害人的感受,因为在犯罪实施过程中,犯罪人的行为与被害人的行为处于一种互动状态,被害人的感受实际上客观反映了犯罪行为人暴力、胁迫的强度。被害人的感受不同,反映了犯罪行为人行为的社会危害性不同。被害人认为对方是军警人员,自己所要接受的是"处罚",是正当、合法的,没有感受到行为人对其生命、健康的人身威胁。这与抢劫的要么交出钱财,要么被杀、被伤害的暴力胁迫有着本质的不同。虽然在实施犯罪过程中被告人身穿制服,对被害人出示虚假工作证,有一定的搜身行为,但不能等同于抢劫罪中"威胁"或者"胁迫"。冒充军警人员行为人无论是对被害人进行斥责、轻微的殴打或搜身,其用意在于强化自己"军警人员"的身份以及行为的正当性,本质上也带有威胁或者胁迫的性质。但是如果被害人误以为行为人是真警察,这种胁迫对被害人所产生的恐惧感来说是有限的,应视为要挟而非成立抢劫罪所要求的"胁迫"。本案中被告人表明身份,身穿制服,只是为了表明其身份的真实,行为的正当、合法,实施的搜身行为,也只是强化被害人"理亏"的心理暗示,利用被害人害怕暴露或者担心受到更严厉处罚的心理以获取财物,特别是被害人自始至终都以为行为人是警察,自己交纳的是"罚款"、搜走的钱财是"赌资",行为人的胁迫、暴力行为与财物转移之间没有必然的因果关系,被害人在不遭受杀害、伤害的前提下,除了交付财物外,仍然有其他选择的余地(接受公安机关的处理)。因此,不应以抢劫罪定性而应根据本案的情节以敲诈勒索罪定性处罚为宜。[参见尚东风:《冒充军警以抓吸毒人员抓赌为名劫取钱财如何定性》,载《刑事审判要览》(析疑断狱)总第4集(2003年第4集),第78~79页。]

▽以不雅视频相要挟,使他人陷入心理恐惧,向他人提出借款要求且还款期满后有能力归还而不归还的,属于敲诈勒索

一、涉案300万元看似华伦达公司与勇智公司之间的民间借贷款,实质是肖某假借华伦达公司名义使自己占有该款。本案中,明某智应雷某某的要求向肖某提供资金时,肖某以华伦达公司的名义向勇智公司出具借条,约定还款期限、利息等。从表面上看与肖某无关,但认真分析该300万元的获得过程,综合偷拍不雅视频、设计"捉奸"、提出"借款"要求、还款期满后有钱不还等情况,实质上所谓的"借款"均系在肖某的直接安排下进行,并非单位经营所需及其意志的体现,资金进入华伦达公司后,即转入了肖某个人账户,由肖某直接支配使用。因此,本案中,肖某系假借华伦达公司借款名义使自己占有该300万元,其应当承担相应的法律责任。

二、肖某为取得财物,采用胁迫手段,使被告人陷入恐惧心理。肖某与他人共谋后,由赵某拍摄了其与雷某某的不雅视频。“捉奸”时,肖某安排张某假冒赵某的男朋友在现场吵闹,自己出面调停。其目的在于通过张某向雷某某施加压力和显示自己对张某的影响。在“捉奸”后第三天,肖某就以害怕张某闹事为由,假借张某启动工程需要资金向雷某某提出“借款”要求。因此,肖某向雷某某提出“借款”,明显是以不雅视频相要挟。雷某某之前与肖某等人素不相识,对肖某公司的经营状况、还款能力没有任何了解,雷某某之所以答应帮助肖某“借款”300万元,并非出于与肖某个人间的感情或者对肖某及其公司经营状况的信任,而是出于对其被拍摄性爱视频事情败露的担心,而被迫答应。

三、肖某表面上采用“借款”形式,实质上是掩盖敲诈本质。肖某、赵某等人色诱领导干部,拍摄不雅视频,目的就是对有关人员某行威胁,获取非法利益。在通过胁迫方式获得巨额资金后,肖某既未按照事前的说法交给张某,亦未投入所谓的工程,而是很快转入私人账户。在“借款”到期后,其将巨额资金借给他人获取高息、进行高档消费,拒不归还涉案款项。后因利用不雅视频进行敲诈勒索被司法机关调查,雷某某、肖某感受到自身危险,为了逃避打击,掩盖犯罪行为,二人商议后,肖被迫退还勇智公司100万元。可见,涉案300余万元名为公司之间的借贷,实为敲诈财物。华伦达公司是否向勇智公司出具借条、有关款项是否在华伦达公司和勇智公司账上有所体现,不影响相关款项性质的认定。

四、肖某敲诈是以被拍摄不雅视频的雷某某为对象。肖某等人在赵某拍摄雷某某的不雅视频后,通过设局“捉奸”,让雷意识到被人抓住了把柄,使雷陷入担心不雅视频曝光、张某闹事的恐惧心理。在“捉奸”后第三天,肖某便以张某的名义向雷提出找人提供资金的要求,虽然肖某并没有直接要求雷某某本人提供资金,而要让雷找人“借款”,但这一要求是在先行实施了偷拍不雅视频、“捉奸”基础上某行的,故是针对雷某某实施的敲诈。对此,雷某某的在案供述也证实,雷对肖某设局敲诈是明知的。至于真正支付该款的明某智是否基于雷某某利用职务便利为其谋利的考虑才将300万元出借给肖某,不影响肖某行为敲诈勒索性质的认定。[参见第885号指导案例,雷政富受贿案,载《刑事审判参考》总第93集(2013年第4集),第85~87页。撰稿:袁胜强 蒋佳芸]

▽因农村征地中对土地补偿费不满而引发的纠纷,被告人系作为村民主张自己的民事权利,不具有非法占有目的,其行为不构成敲诈勒索罪

廖某某等被告人以堵井口、公路,让煤矿无法正常生产,把煤矿搞垮,提几十斤汽油焚灭煤矿等语言相威胁,迫使被害人支付了各种赔偿款、补偿款12万元,具备敲诈勒索罪的客观要件。但要正确认定被告人的行为性质,关键在于对其主观故意的认定。如果被告人具有非法占有被害人财物的主观目的,他们的行为构成敲诈勒索罪;如果不具备非法占有的目的,则不能认定其构成敲诈勒索罪。结合本案的具体事实,不能认定廖某某等被告人具有非法占有被害人财物的主观目的,其行为不构成敲诈勒索罪。具体理由如下:

首先,要正确理解“非法占有”的含义。根据我国民事法律的相关规定,物权受法律保护,要取得他人财物,要么依照法律规定取得,要么通过民事法律行为取得。同一财物,不同的人往往可以基于不同的原因主张权利并由此产生权利冲突,进而导致民事争讼。基于不同的原因对财物主张权利,本身体现了对法规范和法秩序的尊重。与此相反,行为人蔑视法律的存在,对他人财物没有事实依据和法律依据,又不支付相应代价,违背法规范和法秩序的要求,规避正当市场行为,以零成本的方式,强行获取他人财物,即属于非法占有。

其次,本案事出有因,系农村发展中企业征地引起的权利纠纷。聂家煤矿征用了被告人所在村组的土地,支付了补偿款,但是,廖某某等被告人认为补偿标准过低,一直要求增加补偿金额,同时还认为煤矿实际多占了村集体土地,应当对此补偿。客观上,确因补偿标准过低,在梁平县虎城镇人民调解委员会的调解下,聂家煤矿两次提高补偿标准。各被告人系基于与煤矿之间的土地征用关系主张权利,这种权利冲突属于民事争讼的常发案例。

再次,从廖某某等被告人的行为来看,廖某某拒绝领取煤矿就春芽土给予的补偿,还就煤矿多占土地,侵犯村民权利提起诉讼,被一审法院驳回起诉,他们又提出了上诉。由此可知,被告人并没有蔑视法律的存在,他们具有通过法律裁断维护权利的主观意愿。

最后,廖某某等被告人虽然有以堵井口、公路,让煤矿无法正常生产,把煤矿搞垮,提几十斤汽油焚灭煤矿等相威胁的语言,迫使被害人支付了各种赔偿款、补偿款12万元,从客观上看具有一定的危害性。然而,对被告人的上述行为,有必要结合农村地区农民的受教育程度和法制观念进行评价。受法制意识淡薄的影响,农村地区的维权方式难免存在不符合法律规定的情形。如果一律将这些行为入罪,难免打击面过于扩大。因此,对于后果不是特别严重,情节不是特别恶劣的,不宜不加区别地一律作为犯罪处理。综上,我们认为廖某某等被告人的行为在性质上不具有非法占有目的,不构成敲诈勒索罪。[参见第1066号指导案例,廖举旺等敲诈勒索案,载《刑事审判参考》总第102集(2015年第1集),第75~76页。撰稿:张波　蒋佳芸]

第二百七十五条　【故意毁坏财物罪】故意毁坏公私财物,数额较大或者有其他严重情节的,处三年以下有期徒刑、拘役或者罚金;数额巨大或者有其他特别严重情节的,处三年以上七年以下有期徒刑。

■最高人民检察院、公安部关于公安机关管辖的刑事案件立案追诉标准的规定(一)(2008年6月25日)

第三十三条　[故意毁坏财物案(刑法第二百七十五条)]故意毁坏公私财物,涉嫌下列情形之一的,应予立案追诉:

(一)造成公私财物损失五千元以上的;

(二)毁坏公私财物三次以上的;

(三)纠集三人以上公然毁坏公私财物的;

(四)其他情节严重的情形。

■国家发展和改革委员会价格认证中心毁坏财物损失价格认定规则(全文)(2015年1月1日)

第一条　为了规范毁坏财物损失价格认定工作,统一操作方法和标准,保证价格认定结论的客观、公正,根据国家相关法律、法规和规范性文件,结合毁坏财物损失价格认定工作实际,制定本规则。

第二条　本规则适用于各级价格主管部门设立的价格认定机构对刑事案件中被故意毁坏的、具有实物形态的财物损失价格的认定。价格认定结论仅作为公安、司法机关(以下简称办案机关)办理案件的证据材料,不作为民事赔偿依据。

第三条　本规则所称毁坏财物损失价格是指由于故意行为致使财物原有功能或形态发生变化导致其本身价值减少或丧失的数额。

第四条　毁坏财物根据毁坏程度分为完全毁坏和部分毁坏。完全毁坏是指毁坏财物在现有技术条件下无法修复的。部分毁坏是指毁坏财物可以修复,并且修复后能正常使用的。

第五条　财物的毁坏程度应由办案机关确定,毁坏程度不明或有争议的,应要求办案机关委托专业技术机构或人员出具质量技术检测报告或专业意见。

第六条　认定毁坏财物损失价格,应要求办案机关书面明确以下情况,并提供相关资料:(一)明确价格认定所涉及案件的性质;(二)明确毁坏财物为案件所涉及的物品;(三)明确毁坏财物品牌、规格型号、产地、启用时间及毁坏前使用情况等实物状况;(四)明确财物毁坏的部位、范围;(五)明确无法维修需更换的项目;(六)价格认定需要明确的其他事项。办案机关未能明确相关情况的,可不予受理。

第七条 价格认定机构应与办案机关共同进行实物勘验,必要时应有相关专家参加。勘验结果与办案机关提供资料不符的,价格认定机构应中止价格认定,并要求办案机关书面予以明确。办案机关不能或不予明确的,价格认证机构可终止价格认定。

第八条 毁坏财物损失价格认定应根据财物不同的毁坏情况选择相应的价格认定技术路径和方法。

第九条 完全毁坏财物的损失价格,可通过财物毁坏前的价格扣减毁坏后的残值确定。计算公式:损失价格=财物毁坏前的价格-残值

第十条 部分毁坏财物的损失价格,可通过修正修复费用的方法确定,即以修复毁坏财物基本使用功能和外观所需要的正常合理的修复费用为基础,对比修复后和毁坏前的状况,分析其差异因素,修正后确定损失价格。计算公式:损失价格=修复费用±修正值-残值

修复费用=更换主材价格+辅料价格+工时费+其他费用

第十一条 当地不具备修复条件的,修复费用按邻近具备修复条件的市场价格确定。

第十二条 当地市场无法取得原使用材料价格的,按替代材料价格或邻近市场的材料价格确定。

第十三条 在实际修复过程中发生的毁坏财物的搬运、清理等其他费用不计入损失价格,办案机关有特别要求的,应在价格认定结论书中单独列示,并予以说明。

第十四条 毁坏财物修复后,因其技术工艺、使用寿命、使用性能、外观及更换部件的成新率等方面发生变化,造成修复后的价格与毁坏前的价格有差异的,应根据质量技术检测报告或专业意见,综合考虑差异因素,确定修正值。

第十五条 采用修正修复费用的方法测算的损失价格超过按完全毁坏测算的损失价格的,按完全毁坏确定损失价格。

第十六条 财物的毁坏程度轻微,仅对外观产生一定影响的,可根据外观变化对其价格的影响确定损失价格。

第十七条 对于毁坏动物、植物等特殊财物的损失价格,应结合其特点进行认定。

第十八条 国家法律、法规另有规定的,从其规定。

第十九条 本规则由国家发展改革委员会价格认证中心负责解释。

第二十条 本规则自2015年1月1日起执行。

■最高人民法院关于审理破坏公用电信设施刑事案件具体应用法律若干问题的解释(2005年1月11日)

第三条(参见第一款) 故意破坏正在使用的公用电信设施尚未危害公共安全,或者故意毁坏尚未投入使用的公用电信设施,造成财物损失,构成犯罪的,依照刑法第二百七十五条规定,以故意毁坏财物罪定罪处罚。

第四条 指使、组织、教唆他人实施本解释规定的故意犯罪行为的,按照共犯定罪处罚。

■最高人民法院、最高人民检察院、公安部关于办理涉窨井盖相关刑事案件的指导意见(2020年3月16日)

四、……

故意毁坏本意见第一条、第二条规定以外的其他场所的窨井盖,且不属于本意见第三条规定的情形,数额较大或者有其他严重情节的,依照刑法第二百七十五条的规定,以故意毁坏财物罪定罪处罚。

十二、本意见所称的"窨井盖",包括城市、城乡结合部和乡村等地的窨井盖以及其他井盖。

附:部分省(自治区、直辖市)关于故意毁坏财物罪数额的处罚标准

	数额较大	数额巨大	数额特别巨大
北京	1 万元	10 万元	—
天津	5000 元	5 万元	—
内蒙古	5000 元	5 万元	—
辽宁	2000 元	2 万元	—
江苏	3000 元	2 万元	—
浙江	2000 元	2 万元	—
江西	2000 元	2 万元	—
河南		5 万元	—
陕西	5000 元或三次或纠集 3 人	2 万元或十次或纠集十人	—

□为泄愤侵入他人账户,采用高进低出股票交易手段,造成他人资金损失巨大的行为,构成故意毁坏财物罪

被告人为泄私愤,侵入他人股票交易账户并修改密码,在他人股票交易账户内,采用高进低出股票的手段,造成他人资金损失巨大的行为,构成《刑法》第二百七十五条规定的故意毁坏财物罪。(参见上海市静安区人民检察院诉朱建勇故意毁坏财物案,载《最高人民法院公报》总第 90 期,2004 年第 4 期,第 27 页。)

□不具有非法占有目的,偷开机动车辆造成车辆损坏的,构成故意毁坏财物罪

一、根据最高人民法院《关于审理盗窃案件具体应用法律若干问题的解释》第十二条第(四)项的规定,行为人不具有非法占有公私财产的目的,而是出于其他目的偷开机动车辆造成车辆损坏的,应当按照刑法第二百七十五条的规定,以故意毁坏财物罪定罪处罚。(参见天津市红桥区人民检察院诉李焕强故意伤害案,载《最高人民法院公报》总第 126 期,2007 年第 4 期,第 45 页。)

□故意砸坏村委会财物,数额较大的,构成毁坏公私财物罪

酒后闯入本村村委会,砸坏办公室内的扩音机、电话机、验钞器、铝壶、铁炉子和桌椅等,烧毁计划生育账卡,给村委会造成经济损失 2012 元,其行为触犯《中华人民共和国刑法》第二百七十五条,构成毁坏公私财物罪。(参见邹全保故意毁坏财物案,载《最高人民法院公报》总第 63 期,2000 年第 1 期,第 26 页。)

▽非法"占有"与"毁坏"行为的认定

刑法意义上的"非法占有"行为与"非法毁坏"行为具有一定的相似性,客观上两者都非法排斥了权利人对财物的占有、使用、收益和处分的权利,侵害了他人财物的所有权。两者的根本区别在于行为人主观目的不同,前者以依照财物的本来用途利用和处分为目的,后者则以毁坏为目的。刑法意义上的"非法占有"不仅表现为行为人对他人财物在物理意义上的实际控制,通常也表现为行为人遵从财物的本来用途进行利用和处分,以实现财物的价值或取得相应的利益。所谓本来用途就是财物自身具有的价值和使用价值,不仅包括经济价值,还包括审美等其他价值。"非法毁坏"中,行为人出于毁坏公私财物的经济用途的目的实际控制他人财物后予以毁损或毁灭。虽然行为人也实际控制了他人财物,排除了权利人合法占有财物的可能性,但其控制该财物的目的并不是依照其本来的用途利用和处分,而是变更财物性质和价值或使其灭失,使人在事实上不能按照该物的本来用途使用和处分。对于有证据证明行为人以毁损或毁坏为目的而实施的非法取得他人财物的行为,符合毁坏公私财物罪构成要件的,无论其是否已实施了毁坏行为,都应以非法毁坏公私财物罪定罪处罚;对于行为人不以毁坏为目的实际控制了他人财物的,一般均可以认定其具有利用和处分财物的目的,符合职务侵占、贪污或盗窃、诈骗等犯罪构成

要件的,应以相应的罪名定罪处罚。行为人并未占有牛奶和遵从作为食品或商品的牛奶的本来用途加以利用或处分,既未供自己或他人饮用,也未变卖牛奶占有货款,而是让其母亲将牛奶倒掉和让邻居拉去喂猪,这与通常意义上的以实现财物的价值和使用价值为目的非法占有具有本质区别。行为人虽然将牛奶从公司骗出,其动机是为了讨好领导,为领导创造经营业绩,让他人将牛奶销毁是一种毁弃行为,符合毁坏公私财物罪的特征,构成故意毁坏公私财物罪。[参见第310号案例,孙静故意毁坏公私财物案,载《刑事审判参考》总第39集(2004年第4集),法律出版社,第42~43页。执笔:王斌 郭彦东]

第二百七十六条 【破坏生产经营罪】由于泄愤报复或者其他个人目的,毁坏机器设备、残害耕畜或者以其他方法破坏生产经营的,处三年以下有期徒刑、拘役或者管制;情节严重的,处三年以上七年以下有期徒刑。

■最高人民检察院、公安部关于公安机关管辖的刑事案件立案追诉标准的规定(一)(2008年6月25日)

第三十四条 [破坏生产经营案(刑法第二百七十六条)]由于泄愤报复或者其他个人目的,毁坏机器设备、残害耕畜或者以其他方法破坏生产经营,涉嫌下列情形之一的,应予立案追诉:

(一)造成公私财物损失五千元以上的;

(二)破坏生产经营三次以上的;

(三)纠集三人以上公然破坏生产经营的;

(四)其他破坏生产经营应予追究刑事责任的情形。

□通过在网络交易平台恶意大量购买他人商品或服务,导致相关单位被认定为虚假交易进而被采取商品搜索降权的管控措施,造成相关单位遭受重大损失的行为构成破坏生产经营罪

一、被告人主观上具有报复和从中获利的目的,客观上通过在网络交易平台恶意大量购买他人商品或服务,导致相关单位被网络交易平台认定为虚假交易进而被采取商品搜索降权的管控措施,造成相关单位遭受损失10万元以上,其行为应以破坏生产经营罪定罪处罚。二、网络交易平台的搜索排序属于互联网经济的运营方式,应认定为生产要素。在刑法解释上,可以比照实体经济的信誉、商誉予以解释。反向炒信既损害了对方的商业信誉,同时也破坏了生产经营,二者竞合的,应择一重处。三、被害单位因被告人犯罪行为遭受的损失,可以综合案发时行业发展趋势、被害单位日常收入情况、案发时收入情况,依照有利于被告人的原则,综合予以认定和评估。(参见江苏省南京市雨花台区人民检察院诉董志超、谢文浩破坏生产经营案,载《最高人民法院公报》2018年第8期,第43~46页。)

▽行为人所实施的盗窃体彩摇奖用球并改变其重量的行为,构成破坏生产经营罪

从体彩发行销售的特点及有关国家规定来看,体彩发行销售属于政府严格控制和管理下的一种特殊经营行为。不可否认,体育彩票是募集体育事业和建设资金的公益活动,但不能据此而得出它不是经营活动的结论。根据《中华人民共和国企业所得税暂行条例实施细则》(已失效)第二条之规定,体育彩票发行收入(事业收入)属于经营所得。因此,体彩发行销售可以成为破坏生产、经营罪的犯罪对象。在一定情形下,非法获取财产利益的目的可以为破坏生产经营罪中的“其他个人目的”所包容。刑法本条对破坏生产经营罪目的的规定采用了列举与概括相结合的方式,即除泄愤报复外,还包括其他个人目的。被告人破坏彩球的目的是获取大奖,这在主观上排除了其泄愤报复的目的,但不能因此而否定他具有其他个人目的。刑法本条并没有对条文中的“其他个人目的”作出特别的限制,也没有任何立法和司法解释将非法获取财产利益等目的排除在”其他个人目的”之外,因此,在解释学上,将个人非法获取财物的目的解释为泄愤报复以外的其他个人目的是可能的(当然构成其他财产犯罪者除外),同时在司法实践中也是必要的。窃取体彩摇奖专用彩球改变其重量并投入使用的行为属于破坏生产经营罪中的“其他方法”。刑法本条对破坏生产经营罪犯罪方法的规定也采用了列举与概括相结合的方式，即除毁坏机器设备、残害耕畜外，还包括其他方法。这里的其他方法，在解释上可以理解为除本条所列方法即毁坏机器设备、残害耕畜以外的破坏生产经营的其他任何方法。对生产经营的破坏，既可以是对生产经营的全过程进行破坏，也可以是对生产经营中的某一环节进行破坏。同时，生产经营遭到破坏，一方面可以表现为生产经营不能进行下去，被迫中断；另一方面还可以表现为生产经营虽然在进行，但不是按正常程序进行或者属于非正常进行。行为人窃取体彩摇奖专用彩球改变其重量并投入使用的行为，虽然并不是要中止摇奖活动——相反，他希望摇奖活动能够进行下去并摇出基于造假而产生他所希望的号码，但由于他对作为摇奖设备组成部分的彩球实施了破坏行为，扰乱了作为体彩发行销售环节之一的正常的摇奖活动，进而严重影响了体育彩票的发行销售，应当认为属于破坏生产经营罪中的“其他方法”。［参见第291号案例，章国新破坏生产经营案，载《刑事审判参考》总第37集(2004年第2集)，法律出版社，第60~62页。执笔：王志辉　逄锦温］

▽毒死耕牛后，再收购有毒牛肉出售的行为，构成破坏生产经营罪和销售有毒食品罪

行为人为牟取非法利益，以投毒的方式，毒死农民的耕牛44头，致使农民因生产工具被毁坏而影响生产，给农民造成重大经济损失，其行为符合1997年刑法第本条破坏生产经营罪的构成特征，应以破坏集体生产罪定罪处刑。行为人低价收购有毒的死牛肉出售牟利的行为，已构成销售有毒食品罪。由于破坏集体生产罪和销售有毒食品罪之间不存在吸收或者牵连关系，因此，对行为人的毒死耕牛行为和出售有毒牛肉行为，应分别以破坏集体生产罪和销售有毒食品罪实行数罪并罚。［参见第17号案例，李某等投毒案，载《刑事审判参考》总第3辑(1999年第3辑)，法律出版社，第5~7页。审编：高贵君］

▽非国有公司工作人员出于个人升职目的，以低于限价价格销售公司产品，造成重大损失的行为，不构成犯罪

被告人作为公司销售人员，出于扩大销售业绩，实现个人升职目的，而擅自以低于限价价格销售公司产品，导致公司重大经济损失的行为虽然具有一定的社会危害性，但因不符合破坏生产经营罪、故意毁坏财物罪的构成要件，也不具备国有公司、企业、事业单位人员滥用职权罪，徇私舞弊低价折股、出售国有资产罪，背信损害上市公司利益罪的构成特征，应当宣告无罪。具体理由如下：1. 被告人的行为不构成破坏生产经营罪。根据刑法本条的规定，破坏生产经营罪，是指行为人出于泄愤报复或其他个人目的，毁坏机器设备、残害耕畜或者以其他方法破坏生产经营。被告人无论在主观方面还是在客观方面，均不符合破坏生产经营罪的构成要件。第一，从行为目的分析。被告人的行为动机是扩大销售业绩，目的是实现“个人升职”，与“泄愤报复”等恶意目的在本质上截然不同，因此，不能将被告人的行为目的解释为刑法本条规定的“其他个人目的”。第二，从行为方式分析。刑法关于破坏生产经营罪的规定侧重于对生产经营活动赖以正常进行的生产资料、生产工具、机器设备及其他生产经营条件的保护，其规制对象是对生产经营条件进行破坏的行为。而本案被告人低价销售公司产品的行为，不是对生产经营条件的破坏，而是对生产经营对象的处理，属于生产经营行为的一种方式，不属于“其他方法破坏生产经营”。2. 被告人的行为不构成故意毁坏财物罪。根据刑法第二百七十五条的规定，故意毁坏财物罪是指故意毁坏公私财物，数额较大或者情节严重的行为。被告人的行为不构成故意毁坏财物罪。第一，被告人为实现个人升职目的，明知自己的行为会给公司造成损失，擅自以低于限价价格销售公司电脑，对公司财产遭受损失具有主观故意。但很明显被告人没有毁损电脑产品使用价值的故意。换言之，被告人主观上具有造成公司销售利润降低甚至亏本的故意，但该故意内容不符合故意毁坏财物罪毁损公私财物使用价值的主观要件。第二，公司电脑产品由被告人擅自低价销售后，公司确实受到损失，但被销售的电脑产品的使用价值并没有因此丧失或者部分丧失，电脑产品的使用价值仍然得以体现。电脑产品不会因为被贱卖而丧失其自身的使用价值，这与通过焚烧、摔砸电脑产品使其使用价值完全丧失或部分丧失的毁坏财物行为存在本质的区别。3. 被告人的行为不具备相似犯罪构成特征。被告人为扩大销售业绩，实现个人升职目的，滥用公司赋予销售员的权利，以低于限价价格销售公司电脑,属于滥用公司职权的行为。但被告人是私企员工,不具备刑法规定的滥用职权罪的特殊主体身份。刑法第一百六十八条规定的国有公司、企业、事业单位人员滥用职权罪,第一百六十九条规定的徇私舞弊低价折股、出售固有资产罪和第一百六十九条之一规定的背信损害上市公司利益罪,均对擅自低价销售单位财产造成损失的行为进行了规制,但上述犯罪的主体均要求特殊主体身份。其中,国有公司、企业、事业单位人员滥用职权罪的主体必须是国有公司、企业、事业单位的工作人员,徇私舞弊低价折股、出售国有资产罪的主体必须是国有公司、企业或者其上级主管部门直接负责的主管人员。刑法之所以这样规定,是因为我国对国有资产和非国有资产的保护力度有所不同,目的是突出惩罚损害国有资产的行为,同时也是基于对特殊主体人员应设置高于普通企业人员的廉洁、敬业标准的考虑。而背信损害上市公司利益罪的主体必须是上市公司的董事、监事、高级管理人员、控股股东或者实际控制人,体现了对上市公司涉及的社会公众利益的保护和对高管的高度信义义务要求。被告人的行为属于"非公"人员擅自低价出售私企财产,根据罪刑法定原则,不符合刑法第一百六十八条、第一百六十九条和第一百六十九条之一的犯罪构成。综上,原审法院认定被告人无罪的判决是适当的。[参见第736号指导案例,刘俊破坏生产经营案,载《刑事审判参考》总第83集(2011年第6集),第11~14页。撰稿:孙玮　费晔]

第二百七十六条之一　【拒不支付劳动报酬罪】以转移财产、逃匿等方法逃避支付劳动者的劳动报酬或者有能力支付而不支付劳动者的劳动报酬,数额较大,经政府有关部门责令支付仍不支付的,处三年以下有期徒刑或者拘役,并处或者单处罚金;造成严重后果的,处三年以上七年以下有期徒刑,并处罚金。

单位犯前款罪的,对单位判处罚金,并对其直接负责的主管人员和其他直接责任人员,依照前款的规定处罚。

有前两款行为,尚未造成严重后果,在提起公诉前支付劳动者的劳动报酬,并依法承担相应赔偿责任的,可以减轻或者免除处罚。(本条是根据《中华人民共和国刑法修正案(八)》之四十一增加的,自2011年5月1日起施行。)

■最高人民检察院、公安部关于公安机关管辖的刑事案件立案追诉标准的规定(一)的补充规定(2017年4月27日)

第三十四条之一　[拒不支付劳动报酬案(刑法第二百七十六条之一)]以转移财产、逃匿等方法逃避支付劳动者的劳动报酬或者有能力支付而不支付劳动者的劳动报酬,经政府有关部门责令支付仍不支付,涉嫌下列情形之一的,应予立案追诉:

(一)拒不支付一名劳动者三个月以上的劳动报酬且数额在五千元至二万元以上的;

(二)拒不支付十名以上劳动者的劳动报酬且数额累计在三万元至十万元以上的。

不支付劳动者的劳动报酬,尚未造成严重后果,在刑事立案前支付劳动者的劳动报酬,并依法承担相应赔偿责任的,可以不予立案追诉。

■最高人民法院关于审理拒不支付劳动报酬刑事案件适用法律若干问题的解释(全文)(2013年1月23日)

第一条　劳动者依照《中华人民共和国劳动法》和《中华人民共和国劳动合同法》等法律的规定应得的劳动报酬,包括工资、奖金、津贴、补贴、延长工作时间的工资报酬及特殊情况下支付的工资等,应当认定为刑法第二百七十六条之一第一款规定的"劳动者的劳动报酬"。

第二条　以逃避支付劳动者的劳动报酬为目的,具有下列情形之一的,应当认定为刑法第二百七十六条之一第一款规定的"以转移财产、逃匿等方法逃避支付劳动者的劳动报酬":

(一)隐匿财产、恶意清偿、虚构债务、虚假破产、虚假倒闭或者以其他方法转移、处分财产的;

(二)逃跑、藏匿的;

（三）隐匿、销毁或者篡改账目、职工名册、工资支付记录、考勤记录等与劳动报酬相关的材料的；

（四）以其他方法逃避支付劳动报酬的。

第三条 具有下列情形之一的，应当认定为刑法第二百七十六条之一第一款规定的“数额较大”：

（一）拒不支付一名劳动者三个月以上的劳动报酬且数额在五千元至二万元以上的；

（二）拒不支付十名以上劳动者的劳动报酬且数额累计在三万元至十万元以上的。

各省、自治区、直辖市高级人民法院可以根据本地区经济社会发展状况，在前款规定的数额幅度内，研究确定本地区执行的具体数额标准，报最高人民法院备案。

第四条 经人力资源社会保障部门或者政府其他有关部门依法以限期整改指令书、行政处理决定书等文书责令支付劳动者的劳动报酬后，在指定的期限内仍不支付的，应当认定为刑法第二百七十六条之一第一款规定的“经政府有关部门责令支付仍不支付”，但有证据证明行为人有正当理由未知悉责令支付或者未及时支付劳动报酬的除外。

行为人逃匿，无法将责令支付文书送交其本人、同住成年家属或者所在单位负责收件的人的，如果有关部门已通过在行为人的住所地、生产经营场所等地张贴责令支付文书等方式责令支付，并采用拍照、录像等方式记录的，应当视为“经政府有关部门责令支付”。

第五条 拒不支付劳动者的劳动报酬，符合本解释第三条的规定，并具有下列情形之一的，应当认定为刑法第二百七十六条之一第一款规定的“造成严重后果”：

（一）造成劳动者或者其被赡养人、被扶养人、被抚养人的基本生活受到严重影响、重大疾病无法及时医治或者失学的；

（二）对要求支付劳动报酬的劳动者使用暴力或者进行暴力威胁的；

（三）造成其他严重后果的。

第六条 拒不支付劳动者的劳动报酬，尚未造成严重后果，在刑事立案前支付劳动者的劳动报酬，并依法承担相应赔偿责任的，可以认定为情节显著轻微危害不大，不认为是犯罪；在提起公诉前支付劳动者的劳动报酬，并依法承担相应赔偿责任的，可以减轻或者免除刑事处罚；在一审宣判前支付劳动者的劳动报酬，并依法承担相应赔偿责任的，可以从轻处罚。

对于免除刑事处罚的，可以根据案件的不同情况，予以训诫、责令具结悔过或者赔礼道歉。

拒不支付劳动者的劳动报酬，造成严重后果，但在宣判前支付劳动者的劳动报酬，并依法承担相应赔偿责任的，可以酌情从宽处罚。

第七条 不具备用工主体资格的单位或者个人，违法用工且拒不支付劳动者的劳动报酬，数额较大，经政府有关部门责令支付仍不支付的，应当依照刑法第二百七十六条之一的规定，以拒不支付劳动报酬罪追究刑事责任。

第八条 用人单位的实际控制人实施拒不支付劳动报酬行为，构成犯罪的，应当依照刑法第二百七十六条之一的规定追究刑事责任。

第九条 单位拒不支付劳动报酬，构成犯罪的，依照本解释规定的相应个人犯罪的定罪量刑标准，对直接负责的主管人员和其他直接责任人员定罪处罚，并对单位判处罚金。

■最高人民法院、最高人民检察院、人力资源和社会保障部、公安部关于加强对拒不支付劳动报酬案件查处工作的通知（2012 年 1 月 14 日）（见本书附录二十八）

■最高人民法院、最高人民检察院、人力资源社会保障部、公安部关于加强涉嫌拒不支付劳动报酬犯罪案件查处衔接工作的通知（人社部发〔2014〕100 号）（2014 年 12 月 23 日）（见本书附录二十九）

▼安徽省常见经济犯罪数额标准一览表（2000～2014 年）（见本书附录四十）

●不具备用工主体资格的单位或者个人（包工头）应为拒不支付劳动报酬罪主体及承担刑事责任

1. 不具备用工主体资格的单位或者个人（包工头），违法用工且拒不支付劳动者报酬，数额较大，经政府有关部门责令支付仍不支付的，应当以拒不支付劳动报酬罪追究刑事责任。

2. 不具备用工主体资格的单位或者个人(包工头)拒不支付劳动报酬，即使其他单位或者个人在刑事立案前为其垫付了劳动报酬的，也不影响追究该用工单位或者个人(包工头)拒不支付劳动报酬罪的刑事责任。(参见最高人民法院第7批指导性案例28号胡克金拒不支付劳动报酬案，2014年6月23日发布；四川省双流县人民检察院诉胡克金拒不支付劳动报酬案，载《最高人民法院公报》2015年卷，人民法院出版社，第516～517页。)

附：全国部分省、自治区、直辖市确定拒不支付劳动报酬刑事案件标准

	数额较大的标准	文件名、文号或发布时间
广东	一、一类地区：拒不支付一名劳动者三个月以上的劳动报酬且报酬累计在二万元以上，或者拒不支付十名以上劳动者的劳动报酬且数额累计在十万元以上。 二、二类地区：拒不支付一名劳动者三个月以上的劳动报酬且报酬累计在一万元以上，或者拒不支付十名以上劳动者的劳动报酬且数额累计在六万元以上。	《广东省高级人民法院关于确定拒不支付劳动报酬刑事案件数额标准的通知》(粤高法发〔2015〕4号)
浙江	(1)拒不支付一名劳动者三个月以上的劳动报酬且数额在一万元以上的； (2)拒不支付十名以上劳动者的劳动报酬且数额累计在八万元以上的。	《浙江省高级人民法院"打击恶意欠薪犯罪行为"新闻发布会》(2013年4月27日)
江苏	一、拒不支付一名劳动者三个月以上的劳动报酬且数额在一万元以上的； 二、拒不支付十名以上劳动者的劳动报酬且数额累计在六万元以上的。	《关于我省执行拒不支付劳动报酬罪数额标准的意见》(苏高法〔2014〕11号)
安徽	一、拒不支付一名劳动者三个月以上的劳动报酬且数额在一万元以上的； 二、拒不支付十名以上劳动者的劳动报酬且数额累计在五万元以上的。	《关于审理拒不支付劳动报酬罪数额较大认定标准的规定》(皖高法〔2015〕16号)
江西	一、拒不支付一名劳动者三个月以上的劳动报酬且数额在一万元以上的； 二、拒不支付十名以上劳动者的劳动报酬且数额累计在五万元以上的。	《江西省高级人民法院关于我省执行拒不支付劳动报酬罪数额标准的意见》(2013年6月28日)
广西	一、拒不支付一名劳动者三个月以上的劳动报酬且数额在八千元以上的，应当认定为刑法第二百七十六条之一第一款规定的"数额较大"； 二、拒不支付十名以上劳动者的劳动报酬且数额累计在五万元以上的，应当认定为刑法第二百七十六条之一第一款规定的"数额较大"。	《广西壮族自治区高级人民法院关于审理拒不支付劳动报酬刑事案件执行具体数额标准的通知》
重庆	(一)拒不支付1名劳动者3个月以上的劳动报酬且数额在1万元以上的； (二)拒不支付10名以上劳动者的劳动报酬且数额累计在6万元以上的。	《重庆市人力资源和社会保障局办理拒不支付劳动报酬案件的实施意见》(渝人社发〔2014〕202号)
四川	拒不支付1名劳动者3个月以上的劳动报酬且数额在1万元以上的或者拒不支付10名以上劳动者劳动报酬且在5万元以上的。	《关于我省拒不支付劳动报酬罪具体数额执行标准的通知》
湖南	拒不支付一名劳动者三个月以上的劳动报酬且数额在六千元以上的或拒不支付十名以上劳动者的劳动报酬且数额累计在四万元以上的。	《湖南省高级人民法院关于审理拒不支付劳动报酬刑事案件执行数额标准的规定》(湘高法发〔2013〕21号)
湖北	拒不支付一名劳动者三个月以上的劳动报酬且数额在一万元以上的，应当认定为刑法第二百七十六条第一款规定的"数额较大"；国务院和省政府确定的贫困县(市)拒不支付一名劳动者三个月以上的劳动报酬且数额在五千元以上的，应当认定为刑法第二百七十六条之一第一款规定的"数额较大"。 拒不支付十名以上劳动者的劳动报酬且数额累计在五万元以上的，应当认定为刑法第二百七十六条之一第一款规定的"数额较大"；国务院和省政府确定的贫困县(市)拒不支付十名以上劳动者的劳动报酬且数额累计在三万元以上的，应当认定为刑法第二百七十六条之一第一款规定的"数额较大"。	《湖北省高级人民法院关于确定拒不支付劳动报酬罪数额认定标准的通知》

续表

	数额较大的标准	文件名、文号或发布时间
内蒙古	一是拒不支付一名劳动者3个月以上劳动报酬且数额在5000元至20 000元以上的； 二是拒不支付10名以上劳动者劳动报酬且数额在30 000元至100 000元以上的。	《关于加强和规范涉嫌拒不支付劳动报酬犯罪案件移送工作的意见》
河北	1.拒不支付一名劳动者三个月以上劳动报酬且数额在八千元以上的。 2.拒不支付十名以上劳动者的劳动报酬且数额在五万元以上的。	《河北省高级人民法院关于我省拒不支付劳动报酬罪具体数额执行标准的通知》（冀高法〔2013〕26号）
河南	（一）拒不支付一名劳动者三个月以上的劳动报酬且数额在八千元以上的； （二）拒不支付十名以上劳动者的劳动报酬且数额累计在四万元以上的。	《河南省高级人民法院关于我省拒不支付劳动报酬犯罪数额认定标准的规定》（豫高法〔2013〕193号）
贵州	一、拒不支付一名劳动者三个月以上的劳动报酬且数额达一万元的； 二、拒不支付十名以上劳动者的劳动报酬且数额累计达五万元的。	《贵州省高级人民法院关于对我省拒不支付劳动报酬犯罪数额认定标准的规定》（黔高法〔2013〕230号）
辽宁	（一）拒不支付一名劳动者三个月以上的劳动报酬且数额在一万元以上的。 （二）拒不支付十名以上劳动者的劳动报酬且数额累计在5万元以上的。	《关于办理拒不支付劳动报酬刑事案件数额标准的通知》（辽高法〔2013〕59号）
宁夏	拒不支付一名劳动者三个月以上的劳动报酬且数额在五千元或拒不支付十名以上劳动者的劳动报酬且数额累计三万元以上作为认定标准。	《关于加强涉嫌拒不支付劳动报酬犯罪案件移送工作的通知》（宁人社发〔2013〕154号）

第六章　妨害社会管理秩序罪

第一节　扰乱公共秩序罪

第二百七十七条　【妨害公务罪】以暴力、威胁方法阻碍国家机关工作人员依法执行职务的，处三年以下有期徒刑、拘役、管制或者罚金。

以暴力、威胁方法阻碍全国人民代表大会和地方各级人民代表大会代表依法执行代表职务的，依照前款的规定处罚。

在自然灾害和突发事件中，以暴力、威胁方法阻碍红十字会工作人员依法履行职责的，依照第一款的规定处罚。

故意阻碍国家安全机关、公安机关依法执行国家安全工作任务，未使用暴力、威胁方法，造成严重后果的，依照第一款的规定处罚。

【袭警罪】暴力袭击正在依法执行职务的人民警察的，处三年以下有期徒刑、拘役或者管制；使用枪支、管制刀具，或者以驾驶机动车撞击等手段，严重危及其人身安全的，处三年以上七年以下有期徒刑。（本条第五款是根据《中华人民共和国刑法修正案（十一）》之三十一修改的，自2021年3月1日起施行。）

刑法本条第五款原文：暴力袭击正在依法执行职务的人民警察的，依照第一款的规定从重处罚。（本款是根据《中华人民共和国刑法修正案（九）》之二十一增加的，自2015年11月1日起施行。）

■最高人民法院、最高人民检察院、公安部关于依法惩治袭警违法犯罪行为的指导意见（全文）（2020年1月10日）

一、对正在依法执行职务的民警实施下列行为的，属于刑法第二百七十七条第五款规定的“暴力袭击正在依法执行职务的人民警察”，应当以妨害公务罪定罪从重处罚：

1.实施撕咬、踢打、抱摔、投掷等，对民警人身进行攻击的；

2. 实施打砸、毁坏、抢夺民警正在使用的警用车辆、警械等警用装备,对民警人身进行攻击的;

对正在依法执行职务的民警虽未实施暴力袭击,但以实施暴力相威胁,符合刑法第二百七十七条第一款规定的,以妨害公务罪定罪处罚。

醉酒的人实施袭警犯罪行为,应当负刑事责任。

教唆、煽动他人实施袭警犯罪行为或者为他人实施袭警犯罪行为提供工具、帮助的,以共同犯罪论处。

对袭警情节轻微或者辱骂民警,尚不构成犯罪,但构成违反治安管理行为的,应当依法从重给予治安管理处罚。

二、实施暴力袭警行为,具有下列情形之一的,在第一条规定的基础上酌情从重处罚:

1. 使用凶器或者危险物品袭警、驾驶机动车袭警的;

2. 造成民警轻微伤或者警用装备严重毁损的;

3. 妨害民警依法执行职务,造成他人伤亡、公私财产损失或者造成犯罪嫌疑人脱逃、毁灭证据等严重后果的;

4. 造成多人围观、交通堵塞等恶劣社会影响的;

5. 纠集多人袭警或者袭击民警二人以上的;

6. 曾因袭警受过处罚,再次袭警的;

7. 实施其他严重袭警行为的。

实施上述行为,构成犯罪的,一般不得适用缓刑。

三、驾车冲撞、碾轧、拖拽、剐蹭民警,或者挤别、碰撞正在执行职务的警用车辆,危害公共安全或者民警生命、健康安全,符合刑法第一百一十四条、第一百一十五条、第二百三十二条、第二百三十四条规定的,应当以以危险方法危害公共安全罪、故意杀人罪或者故意伤害罪定罪,酌情从重处罚。

暴力袭警,致使民警重伤、死亡,符合刑法第二百三十四条、第二百三十二条规定的,应当以故意伤害罪、故意杀人罪定罪,酌情从重处罚。

四、抢劫、抢夺民警枪支,符合刑法第一百二十七条第二款规定的,应当以抢劫枪支罪、抢夺枪支罪定罪。

五、民警在非工作时间,依照《中华人民共和国人民警察法》等法律履行职责的,应当视为执行职务。

六、在民警非执行职务期间,因其职务行为对其实施暴力袭击、拦截、恐吓等行为,符合刑法第二百三十四条、第二百三十二条、第二百九十三条等规定的,应当以故意伤害罪、故意杀人罪、寻衅滋事罪等定罪,并根据袭警的具体情节酌情从重处罚。

各级人民法院、人民检察院和公安机关要加强协作配合,对袭警违法犯罪行为快速处理、准确定性、依法严惩。

一要依法及时开展调查处置、批捕、起诉、审判工作。民警对于袭警违法犯罪行为应当依法予以制止,并根据现场条件,妥善保护案发现场,控制犯罪嫌疑人。负责侦查办理袭警案件的民警应当全面收集、提取证据,特别是注意收集民警现场执法记录仪和周边监控等视听资料、在场人员证人证言等证据,查清案件事实。对造成民警或者他人受伤、财产损失的,依法进行鉴定。在处置过程中,民警依法依规使用武器、警械或者采取其他必要措施制止袭警行为,受法律保护。人民检察院对于公安机关提请批准逮捕、移送审查起诉的袭警案件,应当从严掌握无逮捕必要性、犯罪情节轻微等不捕不诉情形,慎重作出不批捕、不起诉决定,对于符合逮捕、起诉条件的,应当依法尽快予以批捕、起诉。对于袭警行为构成犯罪的,人民法院应当依法及时审判,严格依法追究犯罪分子刑事责任。

二要依法适用从重处罚。暴力袭警是刑法第二百七十七条规定的从重处罚情形。人民法院、人民检察院和公安机关在办理此类案件时，要准确认识袭警行为对于国家法律秩序的严重危害，不能将袭警行为等同于一般的故意伤害行为，不能仅以造成民警身体伤害作为构成犯罪的标准，要综合考虑袭警行为的手段、方式以及对执行职务的影响程度等因素，准确认定犯罪性质，从严追究刑事责任。对袭警违法犯罪行为，依法不适用刑事和解和治安调解。对于构成犯罪，但具有初犯、偶犯、给予民事赔偿并取得被害人谅解等情节的，在酌情从宽时，应当从严把握从宽幅度。对犯罪性质和危害后果特别严重、犯罪手段特别残忍、社会影响特别恶劣的犯罪分子，虽具有上述酌定从宽情节但不足以从轻处罚的，依法不予从宽处罚。

■最高人民法院、最高人民检察院、公安部关于依法严肃查处拒不执行判决、裁定和暴力抗拒法院执行犯罪行为有关问题的通知(2007年8月30日)

二、对下列暴力抗拒执行的行为，依照刑法第二百七十七条的规定，以妨害公务罪论处。

(一)聚众哄闹、冲击执行现场，围困、扣押、殴打执行人员，致使执行工作无法进行的；

(二)毁损、抢夺执行案件材料、执行公务车辆和其他执行器械、执行人员服装以及执行公务证件，造成严重后果的；

(三)其他以暴力、威胁方法妨害或者抗拒执行，致使执行工作无法进行的。

三、负有执行人民法院判决、裁定义务的单位直接负责的主管人员和其他直接责任人员，为了本单位的利益实施本《通知》第一条、第二条所列行为之一的，对该主管人员和其他直接责任人员。依照刑法第三百一十三条和第二百七十七条的规定，分别以拒不执行判决、裁定罪和妨害公务罪论处。

四、国家机关工作人员有本《通知》第一条第四项行为的，以拒不执行判决、裁定罪的共犯追究刑事责任。

国家机关工作人员收受贿赂或者滥用职权，有本《通知》第一条第四项行为的，同时又构成刑法第三百八十五条、第三百九十七条规定罪的，依照处罚较重的规定定罪处罚。

■最高人民法院、最高人民检察院、公安部、国家烟草专卖局关于办理假冒伪劣烟草制品等刑事案件适用法律问题座谈会纪要(2003年12月23日)

八、关于以暴力、威胁方法阻碍烟草专卖执法人员依法执行职务行为的定罪处罚问题

以暴力、威胁方法阻碍烟草专卖执法人员依法执行职务的，依照刑法第二百七十七条的规定，以妨害公务罪定罪处罚。

■最高人民法院、最高人民检察院关于办理妨害预防、控制突发传染病疫情等灾害的刑事案件具体应用法律若干问题的解释(2003年5月15日)

第八条　以暴力、威胁方法阻碍国家机关工作人员、红十字会工作人员依法履行为防治突发传染病疫情等灾害而采取的防疫、检疫、强制隔离、隔离治疗等预防、控制措施的，依照刑法第二百七十七条第一款、第三款的规定，以妨害公务罪定罪处罚。

第十七条　人民法院、人民检察院办理有关妨害预防、控制突发传染病疫情等灾害的刑事案件，对于有自首、立功等悔罪表现的，依法从轻、减轻、免除处罚或者依法作出不起诉决定。

第十八条　本解释所称"突发传染病疫情等灾害"，是指突然发生，造成或者可能造成社会公众健康严重损害的重大传染病疫情、群体性不明原因疾病以及其他严重影响公众健康的灾害。

■最高人民法院、最高人民检察院、公安部、司法部关于依法惩治妨害新型冠状病毒感染肺炎疫情防控违法犯罪的意见(2020年2月6日)

二、准确适用法律，依法严惩妨害疫情防控的各类违法犯罪

(一)依法严惩抗拒疫情防控措施犯罪。……

以暴力、威胁方法阻碍国家机关工作人员(含在依照法律、法规规定行使国家有关疫情防控行政管理职权的组织中从事公务的人员，在受国家机关委托代表国家机关行使疫情防控职权的组织中从事公

务的人员，虽未列入国家机关人员编制但在国家机关中从事疫情防控公务的人员）依法履行为防控疫情而采取的防疫、检疫、强制隔离、隔离治疗等措施的，依照刑法第二百七十七条第一款、第三款的规定，以妨害公务罪定罪处罚。暴力袭击正在依法执行职务的人民警察的，以妨害公务罪定罪，从重处罚。

（十）依法严惩妨害疫情防控的违法行为。……

对于在疫情防控期间实施有关违法犯罪的，要作为从重情节予以考量，依法体现从严的政策要求，有力惩治震慑违法犯罪，维护法律权威，维护社会秩序，维护人民群众生命安全和身体健康。

■最高人民法院、最高人民检察院、公安部、国家工商行政管理局关于依法查处盗窃、抢劫机动车案件的规定(1998年5月8日)

一、司法机关依法查处盗窃、抢劫机动车案件，任何单位和个人都应当予以协助。以暴力、威胁方法阻碍司法工作人员依法办案的，依照《刑法》第二百七十七条第一款的规定处罚。

■最高人民检察院关于以暴力威胁方法阻碍事业编制人员依法执行行政执法职务是否可对侵害人以妨害公务罪论处的批复(全文)(2000年4月24日)

对于以暴力、威胁方法阻碍国有事业单位人员依照法律、行政法规的规定执行行政执法职务的，或者以暴力、威胁方法阻碍国家机关中受委托从事行政执法活动的事业编制人员执行行政执法职务的，可以对侵害人以妨害公务罪追究刑事责任。

■最高人民法院、最高人民检察院关于常见犯罪的量刑指导意见(试行)(2021年7月1日)(见本书附录十三)

▼安徽省高级人民法院、安徽省人民检察院关于二十三种常见犯罪量刑规范的实施细则(试行)(2022年1月16日)(见本书附录十四)

▼安徽省高级人民法院、安徽省人民检察院、安徽省公安厅、安徽省发展和改革委员会关于依法严厉打击窃电和破坏电力设备违法犯罪罪活动的意见(2004年9月28日)

十一、以暴力、威胁方法阻碍电力行政管理部门工作人员依法执行职务的，依照(刑法)第二百七十七条第一款的规定定罪处罚。

十二、殴打、侮辱履行职务的用电检查人员、抄表收费人员和电力设备保护人员，或者扰乱供电企业工作秩序，致使生产、工作和营业不能正常进行，应予治安管理处罚的，由公安机关依照《中华人民共和国治安管理处罚条例)的有关规定予以行政处罚；构成犯罪的，依照(刑法)有关规定定罪处罚。

十五、本(意见)自印发之日起执行。法律、司法解释有新规定的，按新的规定执行。

▽以暴力、威胁方法妨害或者抗拒人民法院执行判决、裁定的行为，构成妨害公务罪

最高人民法院于1998年4月发布了《关于拒不执行判决、裁定案件具体应用法律若干问题的解释》(已失效)，将暴力抗拒、以威胁方法妨害执行、聚众哄闹、冲击执行现场，围困、扣押、殴打执行人员等具有一定暴力、胁迫内容的抗拒行为，以拒不执行判决、裁定罪定罪处罚，而将严重暴力抗拒执行有杀害、重伤情形的，以故意杀人罪、故意伤害罪论处。该司法解释的规定在当时有一定的理论依据和指导意义。因为在拒不执行判决、裁定案件中，往往伴随一定程度的殴打、谩骂或者其他暴力、胁迫行为，没有办法也不可能将这些行为完全割裂分开。但是，在适用法律过程中，不难发现，这种针对执行人员具有明显的暴力、胁迫内容的妨害执行判决、裁定的行为与仅针对被执行财产的非暴力的拒不执行行为，如隐藏、转移、故意毁损财产或者无偿转让财产、以明显不合理的低价转让财产等具有显著不同的社会危害性，犯罪人的主观恶性深重程度、再犯可能性也有区别，呈现在犯罪构成上也不一样，应当将其区分开来。所以，2002年8月29日全国人大常委会作出的《关于刑法第三百一十三条的解释》，对刑法第三百一十三条规定的“有能力执行而拒不执行，情节严重”的情形，作了立法解释，此解释中不再包含最高人民法院相关解释中的以暴力、威胁方法妨害或者抗拒执行，致使执行工作无法进行；聚众哄闹、冲击执行现场，围困、扣押、殴打执行人员，致使执行工作无法进行；以及毁损、抢夺执行案件材料、执行公务车辆和其他执行器械、执行人员服装、执行公务证件，造成严重后果等内容。严格来讲，这些拒不执行生效法律文书的行为严重妨害了司法执行人员执行公务，性质上属于以暴力、威胁方法阻碍国家机关工作人员依法执行职务的行为，符合妨害公务罪的构成特征。根据我国的立法体系，上位法优于下位法，下位法不得与上位法相抵触。据此，立法解释的效力要高于司法解释的效力，适用到具体案件时，应当优先适用立法解释。因此，本案在定性上就不再适用最高人民法院发布的《关于拒不执行判决、裁定案件具体应用法律若干问题的解释》，不适用刑法第三百一十三条拒不执行判决、裁定罪，而应以刑法第二百七十七条规定的妨害公务罪定罪处罚。[参见第302号案例，朱荣根、朱梅华等妨害公务案，载《刑事审判参考》总第38集（2004年第3集），法律出版社，第130～131页。执笔：郇习顶　孙旭东]

▽聚众以暴力手段抢回被依法查扣的制假设备的应构成妨害公务罪，不构成抢劫罪和聚众哄抢罪

妨害公务罪具有以下特点：1. 行为人主观上具有妨害公务的故意和目的；2. 行为内容或目标是阻碍国家机关工作人员依法执行职务；3. 行为手段只能是暴力或者威胁。4. 行为发生的场合必须是在国家机关工作人员依法执行职务的过程中。妨害公务罪侵犯的主要客体是国家机关依法进行的管理活动。国家机关依法进行的管理活动，主要是通过国家机关工作人员的执行职务行为来实现。只有国家机关工作人员依法执行职务时对其实施暴力或威胁阻碍的，才可能存在妨害公务问题，也才有可能构成妨害公务罪。所谓执行职务时，包括从开始实际执行职务时至职务执行完毕的全过程。本案是由多个国家机关工作人员组成的联合打假队，从查扣行为人的制假设备到案发时的返回途中，均应视为在执行职务的过程中，而非执行职务完毕。行为人以对抗执法的故意和目的，聚众以暴力在中途拦截执法车辆，公然夺回被依法查扣的制假设备，符合妨害公务罪的构成特征，应以妨害公务罪定罪处罚。刑法第二百六十三条规定的抢劫罪和刑法第二百六十八条规定的聚众哄抢罪，均属于侵犯财产的犯罪。二罪都是以非法占有公私财物为目的，侵害的主要客体都是公私财物的所有权，这与以对抗国家机关工作人员依法执行职务为主要目的，以妨害国家机关依法管理活动的为主要犯罪客体的妨害公务罪具有本质上的区别。从本案发生的实际情况来看，本案行为人并不是要非法占有公私财物，而只是不法对抗国家机关的打假执法公务活动，意欲夺回自己已被国家机关工作人员依法查扣的制假设备。即行为人只有妨害公务的目的，并无强占公私财物的目的。因此，不构成抢劫罪或聚众哄抢罪。理由是：其一，判断职务行为是否执行完毕，应根据职务行为的具体执行状况和内容，从整体上把握，而不宜将具有一体性和连续性的公务执行活动分割开来判断。本案的联合打假队从查扣行为人制假设备到案发时止，公务行为仍在继续中。行为人从得知制假设备被查扣到聚众中途拦截执行公务车辆夺回制假设备，其目的直接指向于对抗打假执法的公务活动。其二，联合打假队依法查扣行为人的制假设备，是一种执法强制措施，行为人的行为是对抗执法强制措施，不是为了"不法占有公私财产"。其三，行为人欲强行夺回的制假设备，是犯罪工具，虽属不法财产，但毕竟为行为人自有。抢回自有物品与强占他人所有或公有财物显然不同，行为人不具有非法占有目的。其四，追究刑事责任不能以刑论罪，只能以人定罪量刑。以刑论罪颠倒了定罪量刑的逻辑关系，违反了刑法的基本原则。也就是说，首先要对行为人做到定性准确，只有这样才能正确地适用刑罚，做到罪责刑相适应。[参见第205号案例，江世田等妨害公务案，载《刑事审判参考》总第28辑（2002年第5辑），法律出版社，第56～58页。执笔：陈建安　汪鸿滨]

▽以投掷点燃汽油瓶的方式阻碍城管队员依法执行职务的行为，构成妨害公务罪

投掷点燃的汽油瓶的行为主观上是为了阻止城管队员强拆，客观上对公共安全的危险性相对有限，其行为本质在于以轻度纵火妨害行政机关工作人员履行职务，应以妨害公务罪定罪。以放火的方式实现其他犯罪目的的行为属牵连犯，处理原则是择一重罪论处，但适用该原则应以一行为触犯数罪名为前提，即该行为须同时符合数罪的构成要件。本案周某某投掷点燃汽油瓶的行为明确指向在场执行公务的行政机关工作人员这一特定对象，且在当时的客观环境下尚不足以产生危害公共安全的结果,故不构成放火罪;又因该行为没有造成重伤后果,也不构成故意伤害罪。因此,本案是单纯的妨害公务案件。具体理由如下:(一)从客观方面看,周某某的行为不具有危害公共安全的性质。1.周某某的行为针对的是特定的被害人。放火罪中的放火行为具有针对不特定多数人的生命、身体或财产的公共危险性,而本案周某某的行为明确、直接指向特定的被害人。案发当时,围观群众已被疏散至警戒线外的安全地带,周某某投掷燃烧瓶的行为直接指向正在实施强拆的城管队员周奇伟。从其他围候在周奇伟半米至一米开外的城管队员均未受到伤害这一点上可以看出,投掷点燃汽油瓶的行为在客观上没有危及不特定多数人的生命、健康或者重大公私财产安全。2.周某某投掷点燃汽油瓶的行为在当时特定的客观环境下不可能形成引发危害公共安全的燃烧状态。放火罪中的放火行为必须足以引起在时间上和空间上失去控制的燃烧状态,这种引发失去控制的燃烧状态是危害公共安全的体现。就本案而言,当时的客观环境因素、周某某的行为根本不足以导致大面积的火灾发生。周某某使用的是装有大半瓶汽油的二锅头酒瓶,插入布条点燃后扔向其修理棚所在的人行道,人行道上相对空旷,没有易燃物品,客观上也只造成以酒瓶破碎后洒落在地上的汽油为燃烧物所形成的2～3平方米的火焰,范围有限,不足以造成大规模的公共危害。放火的基本方式为焚烧财物,但焚烧财物不一定危害公共安全。构成放火罪的放火行为必须具有足以危害公共安全的属性,并不是一形成“独立燃烧”就构成放火罪。是否足以危害公共安全、危及不特定多数人的人身、财产安全,是放火罪与其他用放火方法实施的犯罪的主要区别。综上,周某某的行为不具有足以危害公共安全的性质,周某某以投掷点燃汽油瓶的方式阻止城管队员强拆其违章搭建的修理棚,是一种以暴力方法阻碍国家机关工作人员依法执行职务的行为,侵犯了国家机关正常的公务活动,符合妨害公务罪的构成要件。(二)从主观方面看,周某某的行为没有危害公共安全的主观故意。放火罪的主观故意要求行为人必须是明知自己的行为会发生一定的危害社会的结果,并且希望或放任这种结果的发生。本案被告人周某某既没有危害公共安全的犯罪动机和犯罪目的,也没有任何证据证明其希望或放任危害公共安全的结果发生。周某某投掷点燃汽油瓶的目的在于阻止正在进行的强拆,没有报复社会、危害不特定多数人的犯罪动机,并且其自始辩解从未想过要制造火灾,其不希望也并不放任燃烧瓶引发大规模燃烧进而蔓延到他人房屋,甚至危害他人的生命安全。根据周某某所使用的助燃物的状况、焚烧对象的性质及所处的环境,都能够印证周某某关于其行为只是意图对正在依法执行职务的国家机关工作人员的身体进行打击,以阻碍该公务。对此,以妨害公务罪定罪处罚符合主客观相一致的刑法基本原则。(三)以放火罪追究本案被告人的刑事责任,容易造成罪责刑不相适应,也不利于社会矛盾的化解。放火罪是刑事犯罪中社会危害性最大的一类犯罪,在量刑上与妨害公务罪差距较大,在实践中对此类案件的认定应当慎重。周某某家庭经济困难,其从事简单的车辆维修工作所获得的报酬是家庭的主要生活来源,违章修理棚的拆除必将直接影响其收入,这也是周某某如此强烈地抵制拆除的重要原因。在当下社会保障尚不到位的情况下,周某某的行为虽然为法律所否定,但其维护自身利益的动机容易获得他人的同情。法律具有社会性,它的施行只有越接近社会目的,才能获得更大的社会效益。由此,司法机关在处理案件时,应对案件所涉及的经济、道德、政治因素给予必要的关注,从社会主流价值取向、社会整体道德情感等方面对司法裁判的社会效果、可能对现实生活造成的各种影响给予应有的关注与估量。本案中,若以放火罪对周某某判处有期徒刑三年,不仅罪责刑不尽一致,而且将使其家庭陷入绝境,可能会激发新的矛盾,甚至增加社会不安定因素。而以妨害公务罪对周某某处以较短的一年有期徒刑,符合罪责刑相适应的刑法原则,在实现个别惩治与威慑的同时,也易使裁判获得当事人、社会公众更多的认同和支持,有利于实现法律效果和社会效果的统一。综上,第二审法院以妨害公务罪追究被告人周某某的刑事责任是正确的。[参见第731号指导案例,周洪宝妨害公务案,载《刑事审判参考》总第82集(2011年第5集),第57～60页。撰稿:徐振华　徐竹芃　孙叶泉]

第二百七十八条　【煽动暴力抗拒法律实施罪】煽动群众暴力抗拒国家法律、行政法规实施的,处三年以下有期徒刑、拘役、管制或者剥夺政治权利;造成严重后果的,处三年以上七年以下有期徒刑。

■最高人民法院、最高人民检察院、公安部、国家烟草专卖局关于办理假冒伪劣烟草制品等刑事案件适用法律问题座谈会纪要(2003 年 12 月 23 日)

九、关于煽动群众暴力抗拒烟草专卖法律实施行为的定罪处罚问题

煽动群众暴力抗拒烟草专卖法律实施的,依照刑法第二百七十八条的规定,以煽动暴力抗拒法律实施罪定罪处罚。

第二百七十九条　【招摇撞骗罪】冒充国家机关工作人员招摇撞骗的,处三年以下有期徒刑、拘役、管制或者剥夺政治权利;情节严重的,处三年以上十年以下有期徒刑。

冒充人民警察招摇撞骗的,依照前款的规定从重处罚。

▽刑法第二百六十六条(诈骗罪)与第二百七十九条(招摇撞骗罪)规定的选择适用

诈骗罪与招摇撞骗罪两法条之间存在交叉竞合关系;而第二百六十六条后半段又明确规定有“本法另有规定的,依照规定”,据此,当行为人的行为同时符合该两法条规定的犯罪构成时,应当一律适用第二百七十九条规定,以招摇撞骗罪追究其刑事责任。但是,不能认为无论行为人招摇撞骗了多少财物都符合招摇撞骗罪的构成,进而依照刑法第二百六十六条后半段的规定,均只能适用刑法第二百七十九条规定,对其以招摇撞骗罪论处。否则,便会导致罪刑明显有失均衡——骗取同样数额的财物,行为人以一般方式行骗的,最高得处无期徒刑,而行为人以冒充国家机关工作人员身份这一性质更为恶劣、危害性更为严重的方式行骗的,反倒最高只能处 10 年有期徒刑。即便是冒充国家机关工作人员骗取数额巨大的财物,也宜认为符合招摇撞骗罪的构成条件,进而依照刑法第二百六十六条后半段所确立的特别法优于普通法原则,仍宜以招摇撞骗罪追究行为人的刑事责任;只有在冒充国家机关工作人员骗取数额特别巨大的财物的情况下,方宜认为此种行为已超出刑法第二百七十九条规定的招摇撞骗罪所能评价的范围,而只符合刑法第二百六十六条规定的诈骗罪的构成要件。[参见第 264 号案例,梁其珍招摇撞骗案,载《刑事审判参考》总第 34 集(2003 年第 5 集),法律出版社,第 39 ~ 41 页。执笔:周加海]

▽招摇撞骗罪与诈骗罪区别的认定

诈骗罪是指行为人以非法占有为目的,采用虚构事实或者隐瞒真相的方法,骗取数额较大的公私财物的行为;招摇撞骗罪是指为谋取非法利益,假冒国家机关工作人员的身份,进行招摇撞骗,损害国家机关形象、威信,妨害其正常活动,扰乱社会秩序的行为。诈骗罪和招摇撞骗罪在犯罪手段上都是“骗”,但也有明显的区别,这表现在:(1)招摇撞骗罪属于妨害社会管理秩序类罪,其侵犯的直接客体是国家机关的威信和社会公共秩序。而诈骗罪则属于侵犯财产类罪,其侵犯的直接客体是公私财物的所有权。(2)具体行为特征不同。招摇撞骗罪的行骗手段必须以冒充国家机关工作人员的身份来进行,即利用国家机关工作人员的特殊身份及其所代表的公信力来骗取他人的信任,以达到行骗目的。而诈骗罪的行骗手段则无此限制,可以是采用任何虚构事实或者隐瞒真相的方式来实施。(3)行骗目的有别。诈骗罪中行为人的犯罪目的是直接从他人那里骗取财物,而招摇撞骗罪中的行为人则主要是从他人那里骗取财物以外的其他非法利益。这种非法利益包括爱情、职位、荣誉、资格等项利益以及一些不直接表现为财物但又具有一定财产性的利益,例如劳务、消费等。当然也不排除其在招摇撞骗中骗取一定量的财物。也正因如此,招摇撞骗罪的犯罪构成在骗取财物数额方面没有特别的要求,其社会危害性主要表现在对国家机关威信和社会公共秩序所造成的破坏和恶劣影响上,而诈骗罪既遂的成立则要求骗取的财物必须达到“数额较大”的程度。[参见第 162 号案例,李志远招摇撞骗、诈骗案,载《刑事审判参考》总第 24 辑(2002 年第 1 辑),法律出版社,第81 ~ 82 页。执笔:傅德清　洪冰]

▽诈骗罪和以骗取财物为目的的招摇撞骗罪出现交叉竞合时刑罚适用原则

当诈骗罪和以骗取财物为目的的招摇撞骗罪出现交叉竞合时,如何适用重法条优于轻法条的原则,可具体分析如下:(1)骗取财物数额较大的。此时,招摇撞骗罪有两档法定刑:情节一般的,法定刑为三年以下有期徒刑、拘役、管制或者剥夺政治权利;情节严重的,法定刑为三年以上十年以下有期徒刑。而诈骗罪的法定刑为三年以下有期徒刑、拘役和管制,并处或者单处罚金,重于情节一般的招摇撞骗罪的法定刑,又轻于情节严重的招摇撞骗罪的法定刑。由此,根据具体案情,如判定属于情节严重的招摇撞骗行为应以招摇撞骗罪论处;反之,则应以诈骗罪论处。通常而言,招摇撞骗罪同时又是一种破坏国家机关威信的行为,当行为人冒充国家机关工作人员招摇撞骗同时骗取数额较大的财物时,从责任评价上理应重于不是采用冒充国家机关工作人员的方法骗取同等数额财物的普通诈骗罪,因而,在这种情况下,可视为招摇撞骗情节严重,适用招摇撞骗罪的第二档法定刑来定罪量刑。(2)骗取财物数额巨大的。此时,诈骗罪的法定刑为三年以上十年以下有期徒刑,并处罚金,而招摇撞骗罪没有罚金的规定,因此,诈骗罪是重法条,应以诈骗罪论处。同理,当骗取财物数额特别巨大的,更是应以诈骗罪来论处。当然,如果行为人招摇撞骗行为骗取的财物没有达到数额较大的程度,自然也就没有交叉竞合和诈骗罪适用的余地,如需要定罪处罚的话,直接以招摇诈骗罪论处。[参见第 162 号案例,李志远招摇撞骗、诈骗案,载《刑事审判参考》总第 24 辑(2002 年第 1 辑),法律出版社,第 84 ~85 页。执笔:傅德清　洪冰]

▽冒充国家机关工作人员多次行骗,既骗财又骗色以及其他非法利益,由于是基于一个概括故意支配下的连续性行为仍可以一罪论处

行为人是基于一个概括的故意,在前后不长的几个月时间内,频频冒充国家机关工作人员,连续对多人进行多次行骗,既骗财骗物,又骗色。所骗的内容固然不同,但均未超出招摇撞骗罪行骗内容的范围。虽然在行为人一系列的行骗行为中,骗财骗物的行为符合诈骗罪的构成,骗取其他非法利益的行为也符合招摇撞骗罪的构成,但由于行为人是基于一个概括的故意,实施的都是以冒充国家机关工作人员为同样手段的连续性的招摇撞骗行为,因此,属于刑法理论上所讲的连续犯的情形,在处断上应作为一罪处理。另外,行为人冒充国家机关工作人员招摇撞骗骗取他人财物的行为,虽然既符合招摇撞骗罪的犯罪构成,又符合诈骗罪的犯罪构成,形成交叉竞合关系,但其所骗取财物的数额仅仅达到较大的程度,因此,依照交叉竞合情况下重法条优于轻法条的适用原则,应按招摇撞骗罪定罪,其中骗取他人财物的行为可视为情节严重,依该罪第二档法定刑处罚。行为人所骗内容不同的两部分行为均构成招摇撞骗罪,属于同种数罪。根据司法实践,判决前的同种数罪不适用数罪并罚。[参见第 162 号案例,李志远招摇撞骗、诈骗案,载《刑事审判参考》总第 24 辑(2002 年第 1 辑),法律出版社,第 85 ~86 页。执笔:傅德清　洪冰]

第二百八十条　【伪造、变造、买卖国家机关公文、证件、印章罪】【盗窃、抢夺、毁灭国家机关公文、证件、印章罪】伪造、变造、买卖或者盗窃、抢夺、毁灭国家机关的公文、证件、印章的,处三年以下有期徒刑、拘役、管制或者剥夺政治权利,并处罚金;情节严重的,处三年以上十年以下有期徒刑,并处罚金。

【伪造公司、企业、事业单位、人民团体印章罪】伪造公司、企业、事业单位、人民团体的印章的,处三年以下有期徒刑、拘役、管制或者剥夺政治权利,并处罚金。

【伪造、变造、买卖身份证件罪】伪造、变造、买卖居民身份证、护照、社会保障卡、驾驶证等依法可以用于证明身份的证件的,处三年以下有期徒刑、拘役、管制或者剥夺政治权利,并处罚金;情节严重的,处三年以上七年以下有期徒刑,并处罚金。(本条是根据《中华人民共和国刑法修正案(九)》之二十二修改的,自 2015 年 11 月 1 日起施行。)

刑法本条原文:伪造、变造、买卖或者盗窃、抢夺、毁灭国家机关的公文、证件、印章的,处三年以下有期徒刑、拘役、管制或者剥夺政治权利;情节严重的，处三年以上十年以下有期徒刑。

伪造公司、企业、事业单位、人民团体的印章的，处三年以下有期徒刑、拘役、管制或者剥夺政治权利。

伪造、变造居民身份证的，处三年以下有期徒刑、拘役、管制或者剥夺政治权利；情节严重的，处三年以上七年以下有期徒刑。

■最高人民法院、最高人民检察院关于办理与盗窃、抢劫、诈骗、抢夺机动车相关刑事案件具体应用法律若干问题的解释（2007年5月11日）

第二条　伪造、变造、买卖机动车行驶证、登记证书，累计三本以上的，依照刑法第二百八十条第一款的规定，以伪造、变造、买卖国家机关证件罪定罪，处三年以下有期徒刑、拘役、管制或者剥夺政治权利。

伪造、变造、买卖机动车行驶证、登记证书，累计达到第一款规定数量标准五倍以上的，属于刑法第二百八十条第一款规定中的"情节严重"，处三年以上十年以下有期徒刑。

第四条　实施本解释第一条、第二条、第三条第一款或者第三款规定的行为，事前与盗窃、抢劫、诈骗、抢夺机动车的犯罪分子通谋的，以盗窃罪、抢劫罪、诈骗罪、抢夺罪的共犯论处。

第五条　对跨地区实施的涉及同一机动车的盗窃、抢劫、诈骗、抢夺以及掩饰、隐瞒犯罪所得、犯罪所得收益行为，有关公安机关可以依照法律和有关规定一并立案侦查，需要提请批准逮捕、移送审查起诉、提起公诉的，由该公安机关所在地的同级人民检察院、人民法院受理。

■最高人民法院、最高人民检察院关于修改《关于办理妨害信用卡管理刑事案件具体应用法律若干问题的解释》的决定（2018年12月1日）

第四条（第一款）　为信用卡申请人制作、提供虚假的财产状况、收入、职务等资信证明材料，涉及伪造、变造、买卖国家机关公文、证件、印章，或者涉及伪造公司、企业、事业单位、人民团体印章，应当追究刑事责任的，依照刑法第二百八十条的规定，分别以伪造、变造、买卖国家机关公文、证件、印章罪和伪造公司、企业、事业单位、人民团体印章罪定罪处罚。

第十三条　单位实施本解释规定的行为，适用本解释规定的相应自然人犯罪的定罪量刑标准。

■最高人民法院、最高人民检察院、公安部关于办理电信网络诈骗等刑事案件适用法律若干问题的意见（二）（2021年6月17日）

六、在网上注册办理手机卡、信用卡、银行账户、非银行支付账户时，为通过网上认证，使用他人身份证件信息并替换他人身份证件相片，属于伪造身份证件行为，符合刑法第二百八十条第三款规定的，以伪造身份证件罪追究刑事责任。

使用伪造、变造的身份证件或者盗用他人身份证件办理手机卡、信用卡、银行账户、非银行支付账户，符合刑法第二百八十条之一第一款规定的，以使用虚假身份证件、盗用身份证件罪追究刑事责任。

实施上述两款行为，同时构成其他犯罪的，依照处罚较重的规定定罪处罚。法律和司法解释另有规定的除外。

[第十二条至第十七条内容附在本书刑法第二百六十六条附文《意见》（节录）中]

■最高人民法院关于审理骗购外汇、非法买卖外汇刑事案件具体应用法律若干问题的解释（1998年9月1日）

第二条　伪造、变造、买卖海关签发的报关单、进口证明、外汇管理机关的核准件等凭证或者购买伪造、变造的上述凭证的，按照刑法第二百八十条第一款的规定定罪处罚。

第五条　海关、银行、外汇管理机关工作人员与骗购外汇的行为人通谋，为其提供购买外汇的有关凭证，或者明知是伪造、变造的凭证和商业单据而出售外汇，构成犯罪的，按照刑法的有关规定从重处罚。

第六条　实施本解释规定的行为，同时触犯二个以上罪名的，择一重罪从重处罚。

第七条　根据刑法第六十四条规定,骗购外汇、非法买卖外汇的,其违法所得予以追缴,用于骗购外汇、非法买卖外汇的资金予以没收,上缴国库。

第八条　骗购、非法买卖不同币种的外汇的,以案发时国家外汇管理机关制定的统一折算率折合后依照本解释处罚。

■最高人民法院关于审理破坏森林资源刑事案件具体应用法律若干问题的解释(2000年12月11日)

第十三条　对于伪造、变造、买卖林木采伐许可证、木材运输证件,森林、林木、林地权属证书,占用或者征用林地审核同意书、育林基金等缴费收据以及其他国家机关批准的林业证件构成犯罪的,依照刑法第二百八十条第一款的规定,以伪造、变造、买卖国家机关公文、证件罪定罪处罚。

对于买卖允许进出口证明书等经营许可证明,同时触犯刑法第二百二十五条、第二百八十条规定之罪的,依照处罚较重的规定定罪处罚。

■最高人民法院、最高人民检察院、公安部、国家工商行政管理局关于依法查处盗窃、抢劫机动车案件的规定(1998年5月8日)

七、伪造、变造、买卖机动车牌证及机动车入户、过户、验证的有关证明文件的,依照《刑法》第二百八十条第一款的规定处罚。

■最高人民法院、最高人民检察院关于办理伪造、贩卖伪造的高等院校学历、学位证明刑事案件如何适用法律问题的解释(全文)(2001年7月5日)

对于伪造高等院校印章制作学历、学位证明的行为,应当依照刑法第二百八十条第二款的规定,以伪造事业单位印章罪定罪处罚。明知是伪造高等院校印章制作的学历、学位证明而贩卖的,以伪造事业单位印章罪的共犯论处。

■公安部关于对伪造学生证及贩卖、使用伪造学生证的行为如何处理问题的批复(全文)(2002年6月26日)

一、对伪造高等院校印章制作学生证的行为,应当依照《中华人民共和国刑法》第280条第2款的规定,以伪造事业单位印章罪立案侦查。

二、对明知是伪造高等院校印章制作的学生证而贩卖的,应当以伪造事业单位印章罪的共犯立案侦查;对贩卖伪造的学生证,尚不够刑事处罚的,应当就其明知是伪造的学生证而购买的行为,依照《中华人民共和国治安管理处罚条例》第24条第(一)项的规定,以明知是赃物而购买处罚。

▼最高人民检察院法律政策研究室关于伪造、变造、买卖政府设立的临时性机构的公文、证件、印章行为如何适用法律问题的答复(全文)(2003年6月3日)

伪造、变造、买卖各级人民政府设立的行使行政管理权的临时性机构的公文、证件、印章行为,构成犯罪的,应当依照刑法第二百八十条第一款的规定,以伪造、变造、买卖国家机关公文、证件、印章罪追究刑事责任。

▼最高人民法院研究室关于对行为人通过伪造国家机关公文、证件担任国家工作人员职务并利用职务上的便利侵占本单位财物、收受贿赂、挪用本单位资金等行为如何适用法律问题的答复(全文)(2004年3月20日)

行为人通过伪造国家机关公文、证件担任国家工作人员职务以后,又利用职务上的便利实施侵占本单位财物、收受贿赂、挪用本单位资金等行为,构成犯罪的,应当分别以伪造国家机关公文、证件罪和相应的贪污罪、受贿罪、挪用公款罪等追究刑事责任,实行数罪并罚。

▼最高人民检察院法律政策研究室关于买卖伪造的国家机关证件行为是否构成犯罪问题的答复(全文)(1996年6月21日)

对于买卖伪造的国家机关证件的行为,依法应当追究刑事责任的,可适用刑法第二百八十条第一款的规定以买卖国家机关证件罪追究刑事责任。

□结伙利用二人的警察身份，趁夜晚到乡村公路段，使用假罚款收据私自对过往车辆进行处罚，得款数额巨大的，构成诈骗罪，不构成贪污罪

结伙利用二人的警察身份，趁夜晚到乡村公路段，使用假罚款收据私自对过往车辆进行处罚，得款数额巨大的，这是以虚构事实、隐瞒真相的方法欺骗财物所有人，使财物所有人产生“他们在履行公务”的错觉后自动将财产交给他们的行为，符合诈骗罪的构成要件，构成诈骗罪，不构成贪污罪。首先，二被告人虽然是登封市公安交警大队的临时聘任人员，并且以警察身份实施犯罪，但他们的职务是在市区的交通警亭上纠正交通违章，没有权力到不属于自己职责范围内的乡村路段处罚过往车辆。到这些地方私自处罚司机，不是其职务上的便利；以警察身份实施犯罪，正是诈骗罪中常见的虚构事实、隐瞒真相之犯罪手段。其次，贪污罪侵犯的是公共财物所有权，而二被告人侵犯的，却是过往车辆司机的私人财产所有权。（参见登封市人民检察院诉姚国建等人诈骗、伪造国家机关印章案，载《最高人民法院公报》总第85期，2003年第5期，第24页。）

□指使他人伪造企业印章的行为，构成伪造公司印章罪

被告人借款后，私自改变借款用途，将借款用于其他商业活动，且为应付借款人的催讨，指使他人伪造与其合作开发工程项目的企业印章和收款收据的，因对借款不具有非法占有的目的，不构成诈骗罪。但其指使他人伪造企业印章的行为，根据刑法第二百八十条第二款的规定构成伪造公司印章罪。（参见金华市人民检察院诉胡祥祯诈骗案，载《最高人民法院公报》总第100期，2005年第2期。）

□伪造并使用伪造居民身份证的目的，是为了解决身份证遗失后无法补办，日常生活中需要不断证明自己身份的不便且未对社会造成严重危害，属于情节显著轻微危害不大

雇用他人伪造一张身份证，仅将此证用于正常的个人生活。使用的居民身份证虽然是伪造的，但该证上记载的姓名、住址、身份证编码等个人身份信息却是真实的，不存在因使用该证实施违法行为后无法查找违法人的可能。在使用银行信用卡时虽有透支，但都能如期如数归还，且在日常生活和工作中无违法乱纪的不良记录。伪造并使用伪造居民身份证的目的，是为了解决身份证遗失后无法补办，日常生活中需要不断证明自己身份的不便。伪造居民身份证虽然违法，但未对社会造成严重危害，属于情节显著轻微危害不大。（参见上海市静安区人民检察院诉张美华伪造居民身份证案，载《最高人民法院公报》2004年第12期，第26页。）

▽“国家机关公文”的认定标准

《国家行政机关公文处理办法》的规定，行政机关的公文，是指行政机关在行政管理过程中形成的具有法定效力和规范体式的文书，如决定、命令、决议、指示、通知、报告、信函、电文等。除会议纪要和以电报形式发出的以外，应当加盖印章。由此可见，国家机关公文是国家机关形象的集中代表，是与国家公务活动密切联系的符合性标志。据此，在判断某一文书是否属于国家机关公文时，关键在于考察其是否是用于处理公务。[参见第16号案例，王刚、钱晶伪造国家机关公文案，载《刑事审判指导》总第2辑（2004年第2辑），人民法院出版社，第30~31页。撰稿人：陈平建　朱铁军]

▽非法印制空白《中国公民自费出国旅游团队名单表》的行为，构成伪造国家机关公文罪

空白《中国公民自费出国旅游团队名单表》（本附文以下简称《名单表》）应属于国家机关公文。理由是：根据国家旅游局（现为文化和旅游局）颁布的《中国公民出国旅游管理办法》以及《关于启用2002年版〈中国公民自费出国旅游团队名单表〉的通知》（本附文以下简称《通知》）的相关规定，《名单表》是由国务院旅游行政部门统一印制；其发放、使用都有一套严格要求程序，它是国家旅游局对中国公民出境旅游进行有效管理的凭证。其主要用于处理公务。据此，应当确认《名单表》具有文书的一般性质和特点，是格式文书的一种。也正因如此，《通知》中规定，任何团体、个人都不能伪造、倒卖《名单表》。尽管其未加盖国家旅游局印章（实际操作中也无须加盖国家旅游局印章，只需加盖地方旅游行政部门审核印章)。行为人加盖了私刻的地方旅游行政部门的审核专用章等印章并冒用了负责人签名(因证据方面原因,公诉机关未起诉伪造国家机关印章事实),此种情况下的《名单表》在报出入境管理部门审核、查验时仍能发挥其本身作用。此时,《名单表》作为一种处理公文凭证的性质得到认可。对其进行伪造,无疑侵犯了国家旅游局对公民出境旅游活动的正常管理,应当认定行为人的伪造行为已构成伪造国家机关公文罪。需要说明的是:《国家行政机关公文处理办法》(已失效)关于除会议纪要和以电报形式发出的公文均应加盖印章的规定,本是就有权机关自身制作公文的范式作出的规定。换言之,对于有权机关来说,其制作相关公文时,应当加盖印章,以保证公文在形式上的完整性和规范性。但对伪造者而言,则不应要求其负担同样"义务"。因为,即便是未加盖印章的伪造文书,只要据其具体内容足以让一般人误信为其是国家机关处理公务所作,就仍然会损及国家的公共信用,就应当认定行为人的行为属于伪造公文。如果要求伪造者也要遵循与有权机关相同的公文制作规范,一方面,会不当地混淆伪造公文与伪造印章之间的界限(如在伪造的公文上进一步加盖伪造的印章的,行为人的行为就是伪造国家机关印章和伪造国家机关印章两个行为);另一方面,必将因此大大地缩小伪造国家机关公文罪的构成空间,这显然有悖立法精神。[参见第16号案例,王刚、钱晶伪造国家机关公文案,载《刑事审判指导》总第2辑(2004年第2辑),人民法院出版社,第30～32页。撰稿人:陈平建　朱铁军]

▽ 1997年刑法施行前伪造医院证明的行为不构成犯罪

行为人于1997年2月在波阳县妇幼保健所证明书上偷盖"波阳县妇幼保健疾病诊断专用章",并仿制签名,属于伪造医院证明文件的行为。我国1979年刑法第一百六十七条规定:"伪造、变造或者盗窃、抢夺、毁灭国家机关、企业、事业单位、人民团体的公文、证件、印章的,处三年以下有期徒刑、拘役、管制或者剥夺政治权利;情节严重的,处三年以上十年以下有期徒刑。"1997年修订刑法对此罪作了修改。1997年刑法第二百八十条第一款规定:"伪造、变造、买卖或者盗窃、抢夺、毁灭国家机关的公文、证件、印章的,处三年以下有期徒刑、拘役、管制或者剥夺政治权利;情节严重的,处三年以上十年以下有期徒刑。"1997年刑法将本罪的犯罪对象限定为国家机关的公文、证件、印章。所谓国家机关,是指国家权力机关、党政机关、司法机关和军事机关。这一限定将1979年刑法所规定的"企业、事业单位、人民团体的公文、证件、印章排除在外。也就是说,根据1979年刑法,伪造医院证件的行为构成伪造证件罪,但根据1997年刑法,伪造医院证件即伪造事业单位证件的行为不构成犯罪。这就涉及本案是适用1979年刑法还是适用1997年刑法的问题。行为人伪造结扎证明的行为发生于1997年2月,但人民法院审理本案是在1999年即1997年刑法实施之后。根据1997年刑法第十二条第一款的规定,因1997年刑法对伪造事业单位证件的行为未规定为犯罪,故本案应适用1997年刑法,故此行为不构成犯罪。[参见第107(104)号案例,王一民、石香娥伪造国家机关证件案,载《刑事审判参考》总第16集,法律出版社,第35～36页。执笔:胡剑平]

▽机动车号牌不属于盗窃国家机关证件罪中的国家机关证件

机动车号牌不属于刑法本条规定的盗窃国家机关证件罪中的国家机关证件,其主要理由在于:首先,从文义解释角度来看,国家机关证件是由国家机关制作颁发的用以证明身份、权利义务关系或者有关事实的规范性凭证,通常具有制作主体特定、用途明确、形式规范等特征,主要包括证件、证书等,如常见的护照、机动车行驶证均具有此特征。机动车在交易过程中,涉及各种不同的证件,包括机动车来历凭证、整车合格证、号牌、行驶证、登记证书以及有关机动车的其他证明和凭证。从证件属性来看,有关机动车的证明和凭证中,只有行驶证、登记证书属于国家机关证件的范畴,其他证明和凭证不属于国家机关证件的范畴。机动车号牌虽由公安机关交通管理部门统一制发,但只是中英文和数字的组合,并不加盖主管机关的印章,仅起到机动上路行驶的有效识别载体的作用,不具有国家机关证件通常具备的上述特征。特别是根据公安部修订发布的《机动车登记规定》,自2008年10月1日起机动车所有人可以通过计算机自动选取或者按机动车号牌标准规定自行编排的方式获取机动车号牌号码,进一步强化了机动车号牌的个性色彩。因此,从一般属性来看,机动车号牌只是一种标志,而非国家机关证件。其次,从体系解释出发,在刑法分则体例安排上,刑法分则第二百八十一条、第三百七十五条中分别规定了对非法生产、买卖人民警察车辆号牌、武装部队车辆号牌等专用标志,情节严重的行为,予以定罪处罚。从上述规定可以看出,刑法是将人民警察车辆号牌、武装部队车辆号牌归为专用标志,而非国家机关证件,因此,将除上述特殊车辆号牌外的一般的机动车号牌解释为国家机关证件有悖于刑法体系解释的原理。或许有人认为,刑法第三百七十五条第一款、第二款分别规定了伪造、变造、买卖或者盗窃、抢夺武装部队公文、证件、印章罪及非法生产、买卖武装部队制式服装、车辆号牌罪,可那是立法者为了对武装部队类的机动车号牌予以特别保护才作此规定,因而并不妨害将一般的机动车号牌认定为国家机关证件。很显然这种理解并不合理,从这两个条文本身来看,第一款规定的入罪标准显然宽于第二款要求的入罪标准,第二款仅对情节严重的情形予以刑罚制裁,而第一款却将情节严重情形作为法定刑升格的条件,这是因为,从一般观念来看,武装部队公文、证件显然较武装部队车辆号牌更为重要,更值得刑法保护,以之为对象的犯罪社会危害更大。因而如果将普通的机动车号牌解释为国家机关证件,不仅造成概念的混乱也严重背离了刑法体系解释的基本原理。而且,无论刑法典第二百八十一条还是第三百七十五条都只规定非法生产、买卖人民警察车辆号牌、武装部队车辆号牌等专用标志,情节严重的予以定罪处罚,并未将盗窃、抢夺上述专用标志定罪处罚,如果将盗窃机动车号牌即以盗窃国家机关证件予以定罪处罚,甚至可以情节严重升格法定刑幅度予以处罚,显然是严重背离了罪刑法定原则。特别值得一提的是,立法者也已注意到盗窃、抢夺武装部队车辆号牌具有较为严重的社会危害性,故而在《刑法修正案(七)》中增加规定了盗窃、抢夺武装部队车辆号牌等专用标志的犯罪,但这仍然是将机动车号牌限定在专用标志的范畴内处理这一问题。最后,从司法解释沿革的一致性来看,1998 年 5 月 8 日最高人民法院、最高人民检察院、公安部、国家工商行政管理局联合发布的《关于依法查处盗窃、抢劫机动车案件的规定》第七条规定"伪造、变造、买卖机动车号牌及机动车入户、过户、验证的有关证明文件的"依照刑法第二百八十条第一款的规定处罚,该条文正是司法实践中个别司法机关将盗窃机动车号牌以盗窃国家机关证件定罪的所谓法律依据。单就该条文而言,它也仅是明确了在盗、抢机动车犯罪中伪造、变造、买卖机动车号牌的以伪造、变造、买卖国家机关证件定罪处罚,但不能就此当然地对盗窃、抢夺机动车号牌的行为以盗窃、抢夺国家机关证件罪予以定罪处罚,更不能以此当然地推定机动车号牌即为国家机关证件。不能忽略的是,最高人民法院、最高人民检察院也已注意到了这一问题,自 2007 年 5 月 11 日起施行的《最高人民法院、最高人民检察院关于办理与盗窃、抢劫、诈骗、抢夺机动车相关刑事案件具体应用法律若干问题的解释》第二条第一款仅规定了伪造、变造、买卖机动车行驶证、登记证书累计 3 本以上的,依照刑法第二百八十条第一款的规定予以定罪,应当说这不是司法解释的疏漏,而是特意为之,目的就是将机动车号牌排除在国家机关证件范畴之外。该司法解释与前述 1998 年的规范性文件都是就盗、抢机动车等相关犯罪问题作出的规定,但从法律效力的一般原则来看,后法优于前法,故上述司法解释应优先适用,机动车号牌不属于刑法第二百八十条规定的国家机关证件。从上述分析来看,盗窃机动车号牌的行为虽具有较大的社会危害性,值得动用刑罚处罚,但以盗窃国家机关证件罪在现行法律规定下予以定罪法律依据不足。[参见第 582 号指导案例,杨聪慧、马文明盗窃机动车号牌案,载《刑事审判参考》总第 70 集(2009 年第 5 集),第 55 ~ 58 页。撰稿:刘扬]

第二百八十条之一　【使用虚假身份证件、盗用身份证件罪】在依照国家规定应当提供身份证明的活动中,使用伪造、变造的或者盗用他人的居民身份证、护照、社会保障卡、驾驶证等依法可以用于证明身份的证件,情节严重的,处拘役或者管制,并处或者单处罚金。

有前款行为,同时构成其他犯罪的,依照处罚较重的规定定罪处罚。(本条是根据《中华人民共和国刑法修正案(九)》之二十三增加的,自 2015 年 11 月 1 日起施行。)

■最高人民法院、最高人民检察院、公安部关于办理电信网络诈骗等刑事案件适用法律若干问题的意见(二)(2021 年 6 月 17 日)

六、在网上注册办理手机卡、信用卡、银行账户、非银行支付账户时,为通过网上认证,使用他人身份证件信息并替换他人身份证件相片,属于伪造身份证件行为,符合刑法第二百八十条第三款规定的,以伪造身份证件罪追究刑事责任。

使用伪造、变造的身份证件或者盗用他人身份证件办理手机卡、信用卡、银行账户、非银行支付账户,符合刑法第二百八十条之一第一款规定的,以使用虚假身份证件、盗用身份证件罪追究刑事责任。

实施上述两款行为,同时构成其他犯罪的,依照处罚较重的规定定罪处罚。法律和司法解释另有规定的除外。

[第十二条至第十七条内容附在本书刑法第二百六十六条附文《意见》(节录)中]

第二百八十条之二 【冒名顶替罪】盗用、冒用他人身份,顶替他人取得的高等学历教育入学资格、公务员录用资格、就业安置待遇的,处三年以下有期徒刑、拘役或者管制,并处罚金。

组织、指使他人实施前款行为的,依照前款的规定从重处罚。

国家工作人员有前两款行为,又构成其他犯罪的,依照数罪并罚的规定处罚。(本条是根据《中华人民共和国刑法修正案(十一)》之三十二增加的,自 2021 年 3 月 1 日起施行。)

第二百八十一条 【非法生产、买卖警用装备罪】非法生产、买卖人民警察制式服装、车辆号牌等专用标志、警械,情节严重的,处三年以下有期徒刑、拘役或者管制,并处或者单处罚金。

单位犯前款罪的,对单位判处罚金,并对其直接负责的主管人员和其他直接责任人员,依照前款的规定处罚。

■最高人民检察院、公安部关于公安机关管辖的刑事案件立案追诉标准的规定(一)(2008 年 6 月 25 日)

第三十五条 [非法生产、买卖警用装备案(刑法第二百八十一条)]非法生产、买卖人民警察制式服装、车辆号牌等专用标志、警械,涉嫌下列情形之一的,应予立案追诉:

(一)成套制式服装三十套以上,或者非成套制式服装一百件以上的;

(二)手铐、脚镣、警用抓捕网、警用催泪喷射器、警灯、警报器单种或者合计十件以上的;

(三)警棍五十根以上的;

(四)警衔、警号、胸章、臂章、帽徽等警用标志单种或者合计一百件以上的;

(五)警车号牌、省级以上公安机关专段民用车辆号牌一副以上,或者其他公安机关专段民用车辆号牌三副以上的;

(六)非法经营数额五千元以上,或者非法获利一千元以上的;

(七)被他人利用进行违法犯罪活动的;

(八)其他情节严重的情形。

第二百八十二条 【非法获取国家秘密罪】以窃取、刺探、收买方法,非法获取国家秘密的,处三年以下有期徒刑、拘役、管制或者剥夺政治权利;情节严重的,处三年以上七年以下有期徒刑。

【非法持有国家绝密、机密文件、资料、物品罪】非法持有属于国家绝密、机密的文件、资料或者其他物品,拒不说明来源与用途的,处三年以下有期徒刑、拘役或者管制。

■中华人民共和国保守国家秘密法(2010 年 10 月 1 日)

第九条 下列涉及国家安全和利益的事项,泄露后可能损害国家在政治、经济、国防、外交等领域的安全和利益的,应当确定为国家秘密:

（一）国家事务重大决策中的秘密事项；

（二）国防建设和武装力量活动中的秘密事项；

（三）外交和外事活动中的秘密事项以及对外承担保密义务的秘密事项；

（四）国民经济和社会发展中的秘密事项；

（五）科学技术中的秘密事项；

（六）维护国家安全活动和追查刑事犯罪中的秘密事项；

（七）经国家保密行政管理部门确定的其他秘密事项。

政党的秘密事项中符合前款规定的，属于国家秘密。

第十条 国家秘密的密级分为绝密、机密、秘密三级。绝密级国家秘密是最重要的国家秘密，泄露会使国家安全和利益遭受特别严重的损害；机密级国家秘密是重要的国家秘密，泄露会使国家安全和利益遭受严重的损害；秘密级国家秘密是一般的国家秘密，泄露会使国家安全和利益遭受损害。

第二百八十三条 【非法生产、销售专用间谍器材、窃听、窃照专用器材罪】非法生产、销售专用间谍器材或者窃听、窃照专用器材的，处三年以下有期徒刑、拘役或者管制，并处或者单处罚金；情节严重的，处三年以上七年以下有期徒刑，并处罚金。

单位犯前款罪的，对单位判处罚金，并对其直接负责的主管人员和其他直接责任人员，依照前款的规定处罚。（本条是根据《中华人民共和国刑法修正案（九）》之二十四修改的，自 2015 年 11 月 1 日起施行。）

刑法本条原文：非法生产、销售窃听、窃照等专用间谍器材的，处三年以下有期徒刑、拘役或者管制。

▼最高人民法院研究室关于非法生产、销售、使用“伪基站”行为定性征求意见的复函（全文）（2013 年 6 月 24 日）

一、关于生产、销售“伪基站”设备行为的定性。如果“伪基站”设备经有关部门依法认定为“窃听、窃照等专用间谍器材”的，对于未经许可生产、销售“伪基站”设备行为，可以认定为刑法第二百八十三条规定的“非法生产、销售窃听、窃照等专用间谍器材”。

第二百八十四条 【非法使用窃听、窃照专用器材罪】非法使用窃听、窃照专用器材，造成严重后果的，处二年以下有期徒刑、拘役或者管制。

第二百八十四条之一 【组织考试作弊罪】在法律规定的国家考试中，组织作弊的，处三年以下有期徒刑或者拘役，并处或者单处罚金；情节严重的，处三年以上七年以下有期徒刑，并处罚金。

为他人实施前款犯罪提供作弊器材或者其他帮助的，依照前款的规定处罚。

【非法出售、提供试题、答案罪】为实施考试作弊行为，向他人非法出售或者提供第一款规定的考试的试题、答案的，依照第一款的规定处罚。

【代替考试罪】代替他人或者让他人代替自己参加第一款规定的考试的，处拘役或者管制，并处或者单处罚金。（本条是根据《中华人民共和国刑法修正案（九）》之二十五增加的，自 2015 年 11 月 1 日起施行。）

■最高人民法院、最高人民检察院关于办理组织考试作弊等刑事案件适用法律若干问题的解释（全文）（2019 年 9 月 4 日）

第一条 刑法第二百八十四条之一规定的“法律规定的国家考试”，仅限于全国人民代表大会及其常务委员会制定的法律所规定的考试。

根据有关法律规定，下列考试属于“法律规定的国家考试”：

（一）普通高等学校招生考试、研究生招生考试、高等教育自学考试、成人高等学校招生考试等国家教育考试；

（二）中央和地方公务员录用考试；

(三)国家统一法律职业资格考试、国家教师资格考试、注册会计师全国统一考试、会计专业技术资格考试、资产评估师资格考试、医师资格考试、执业药师职业资格考试、注册建筑师考试、建造师执业资格考试等专业技术资格考试;

(四)其他依照法律由中央或者地方主管部门以及行业组织的国家考试。

前款规定的考试涉及的特殊类型招生、特殊技能测试、面试等考试,属于"法律规定的国家考试"。

第二条　在法律规定的国家考试中,组织作弊,具有下列情形之一的,应当认定为刑法第二百八十四条之一第一款规定的"情节严重":

(一)在普通高等学校招生考试、研究生招生考试、公务员录用考试中组织考试作弊的;

(二)导致考试推迟、取消或者启用备用试题的;

(三)考试工作人员组织考试作弊的;

(四)组织考生跨省、自治区、直辖市作弊的;

(五)多次组织考试作弊的;

(六)组织三十人次以上作弊的;

(七)提供作弊器材五十件以上的;

(八)违法所得三十万元以上的;

(九)其他情节严重的情形。

第三条　具有避开或者突破考场防范作弊的安全管理措施,获取、记录、传递、接收、存储考试试题、答案等功能的程序、工具,以及专门设计用于作弊的程序、工具,应当认定为刑法第二百八十四条之一第二款规定的"作弊器材"。

对于是否属于刑法第二百八十四条之一第二款规定的"作弊器材"难以确定的,依据省级以上公安机关或者考试主管部门出具的报告,结合其他证据作出认定;涉及专用间谍器材、窃听、窃照专用器材、"伪基站"等器材的,依照相关规定作出认定。

第四条　组织考试作弊,在考试开始之前被查获,但已经非法获取考试试题、答案或者具有其他严重扰乱考试秩序情形的,应当认定为组织考试作弊罪既遂。

第五条　为实施考试作弊行为,非法出售或者提供法律规定的国家考试的试题、答案,具有下列情形之一的,应当认定为刑法第二百八十四条之一第三款规定的"情节严重":

(一)非法出售或者提供普通高等学校招生考试、研究生招生考试、公务员录用考试的试题、答案的;

(二)导致考试推迟、取消或者启用备用试题的;

(三)考试工作人员非法出售或者提供试题、答案的;

(四)多次非法出售或者提供试题、答案的;

(五)向三十人次以上非法出售或者提供试题、答案的;

(六)违法所得三十万元以上的;

(七)其他情节严重的情形。

第六条　为实施考试作弊行为,向他人非法出售或者提供法律规定的国家考试的试题、答案,试题不完整或者答案与标准答案不完全一致的,不影响非法出售、提供试题、答案罪的认定。

第七条　代替他人或者让他人代替自己参加法律规定的国家考试的,应当依照刑法第二百八十四条之一第四款的规定,以代替考试罪定罪处罚。

对于行为人犯罪情节较轻,确有悔罪表现,综合考虑行为人替考情况以及考试类型等因素,认为符合缓刑适用条件的,可以宣告缓刑;犯罪情节轻微的,可以不起诉或者免予刑事处罚;情节显著轻微危害不大的,不以犯罪论处。

第八条　单位实施组织考试作弊、非法出售、提供试题、答案等行为的，依照本解释规定的相应定罪量刑标准，追究组织者、策划者、实施者的刑事责任。

第九条　以窃取、刺探、收买方法非法获取法律规定的国家考试的试题、答案，又组织考试作弊或者非法出售、提供试题、答案，分别符合刑法第二百八十二条和刑法第二百八十四条之一规定的，以非法获取国家秘密罪和组织考试作弊罪或者非法出售、提供试题、答案罪数罪并罚。

第十条　在法律规定的国家考试以外的其他考试中，组织作弊，为他人组织作弊提供作弊器材或者其他帮助，或者非法出售、提供试题、答案，符合非法获取国家秘密罪、非法生产、销售窃听、窃照专用器材罪、非法使用窃听、窃照专用器材罪、非法利用信息网络罪、扰乱无线电通讯管理秩序罪等犯罪构成要件的，依法追究刑事责任。

第十一条　设立用于实施考试作弊的网站、通讯群组或者发布有关考试作弊的信息，情节严重的，应当依照刑法第二百八十七条之一的规定，以非法利用信息网络罪定罪处罚；同时构成组织考试作弊罪、非法出售、提供试题、答案罪、非法获取国家秘密罪等其他犯罪的，依照处罚较重的规定定罪处罚。

第十二条　对于实施本解释规定的犯罪被判处刑罚的，可以根据犯罪情况和预防再犯罪的需要，依法宣告职业禁止；被判处管制、宣告缓刑的，可以根据犯罪情况，依法宣告禁止令。

第十三条　对于实施本解释规定的行为构成犯罪的，应当综合考虑犯罪的危害程度、违法所得数额以及被告人的前科情况、认罪悔罪态度等，依法判处罚金。

第十四条　本解释自2019年9月4日起施行。

■最高人民法院关于审理走私、非法经营、非法使用兴奋剂刑事案件适用法律若干问题的解释（2020年1月1日）

第四条　在普通高等学校招生、公务员录用等法律规定的国家考试涉及的体育、体能测试等体育运动中，组织考生非法使用兴奋剂的，应当依照刑法第二百八十四条之一的规定，以组织考试作弊罪定罪处罚。

明知他人实施前款犯罪而为其提供兴奋剂的，依照前款的规定定罪处罚。

第七条　实施本解释规定的行为，涉案物质属于毒品、制毒物品等，构成有关犯罪的，依照相应犯罪定罪处罚。

第八条　对于是否属于本解释规定的“兴奋剂”“兴奋剂目录所列物质”“体育运动”“国内、国际重大体育竞赛”等专门性问题，应当依据《中华人民共和国体育法》《反兴奋剂条例》等法律法规，结合国务院体育主管部门出具的认定意见等证据材料作出认定。

□组织考试作弊罪中的考试是指法律规定的国家考试

组织考试作弊罪中的考试是指法律规定的国家考试，这里的“法律”应当限缩解释为全国人大及其常委会制定的法律。若某部法律中未对国家考试作出直接规定，但明确规定由相关国家机关制定有关制度，相关国家机关据此制定了行政法规或部门规章对国家考试作出规定，则该考试仍应认定为法律规定的国家考试。在该考试中组织作弊的，应依法以组织考试作弊罪追究刑事责任。（参见上海市崇明区人民检察院诉张志杰、陈钟鸣、包周鑫组织考试作弊案，载《最高人民法院公报》，2018年第12期。）

第二百八十五条　【非法侵入计算机信息系统罪】违反国家规定，侵入国家事务、国防建设、尖端科学技术领域的计算机信息系统的，处三年以下有期徒刑或者拘役。

【非法获取计算机信息系统数据、非法控制计算机信息系统罪】违反国家规定，侵入前款规定以外的计算机信息系统或者采用其他技术手段，获取该计算机信息系统中存储、处理或者传输的数据，或者对该计算机信息系统实施非法控制，情节严重的，处三年以下有期徒刑或者拘役，并处或者单处罚金；情节特别严重的，处三年以上七年以下有期徒刑，并处罚金。（本款是根据《中华人民共和国刑法修正案(七)》之九修改的,自2009年2月28日起施行。)

【提供侵入、非法控制计算机信息系统程序、工具罪】提供专门用于侵入、非法控制计算机信息系统的程序、工具,或者明知他人实施侵入、非法控制计算机信息系统的违法犯罪行为而为其提供程序、工具,情节严重的,依照前款的规定处罚。(本款是根据《中华人民共和国刑法修正案(七)》之九修改的,自2009年2月28日起施行。)

单位犯前三款罪的,对单位判处罚金,并对其直接负责的主管人员和其他直接责任人员,依照各该款的规定处罚。(本款是根据《中华人民共和国刑法修正案(九)》之二十六增加的,自2015年11月1日起施行。)

■全国人民代表大会常务委员会关于维护互联网安全的决定(全文)(2000年12月28日)

一、为了保障互联网的运行安全,对有下列行为之一,构成犯罪的,依照刑法有关规定追究刑事责任:

(一)侵入国家事务、国防建设、尖端科学技术领域的计算机信息系统;

(二)故意制作、传播计算机病毒等破坏性程序,攻击计算机系统及通信网络,致使计算机系统及通信网络遭受损害;

(三)违反国家规定,擅自中断计算机网络或者通信服务,造成计算机网络或者通信系统不能正常运行。

二、为了维护国家安全和社会稳定,对有下列行为之一,构成犯罪的,依照刑法有关规定追究刑事责任:

(一)利用互联网造谣、诽谤或者发表、传播其他有害信息,煽动颠覆国家政权、推翻社会主义制度,或者煽动分裂国家、破坏国家统一;

(二)通过互联网窃取、泄露国家秘密、情报或者军事秘密;

(三)利用互联网煽动民族仇恨、民族歧视,破坏民族团结;

(四)利用互联网组织邪教组织、联络邪教组织成员,破坏国家法律、行政法规实施。

三、为了维护社会主义市场经济秩序和社会管理秩序,对有下列行为之一,构成犯罪的,依照刑法有关规定追究刑事责任:

(一)利用互联网销售伪劣产品或者对商品、服务作虚假宣传;

(二)利用互联网损坏他人商业信誉和商品声誉;

(三)利用互联网侵犯他人知识产权;

(四)利用互联网编造并传播影响证券、期货交易或者其他扰乱金融秩序的虚假信息;

(五)在互联网上建立淫秽网站、网页,提供淫秽站点链接服务;或者传播淫秽书刊、影片、音像、图片。

四、为了保护个人、法人和其他组织的人身、财产等合法权利,对有下列行为之一,构成犯罪的,依照刑法有关规定追究刑事责任:

(一)利用互联网侮辱他人或者捏造事实诽谤他人;

(二)非法截获、篡改、删除他人电子邮件或者其他数据资料,侵犯公民通信自由和通信秘密;

(三)利用互联网进行盗窃、诈骗、敲诈勒索。

五、利用互联网实施本决定第一条、第二条、第三条、第四条所列行为以外的其他行为,构成犯罪的,依照刑法有关规定追究刑事责任。

■最高人民法院、最高人民检察院关于办理危害计算机信息系统安全刑事案件应用法律若干问题的解释(2011年9月1日)

第一条　非法获取计算机信息系统数据或者非法控制计算机信息系统,具有下列情形之一的,应当认定为刑法第二百八十五条第二款规定的"情节严重":

（一）获取支付结算、证券交易、期货交易等网络金融服务的身份认证信息十组以上的；

（二）获取第（一）项以外的身份认证信息五百组以上的；

（三）非法控制计算机信息系统二十台以上的；

（四）违法所得五千元以上或者造成经济损失一万元以上的；

（五）其他情节严重的情形。

实施前款规定行为，具有下列情形之一的，应当认定为刑法第二百八十五条第二款规定的"情节特别严重"：

（一）数量或者数额达到前款第（一）项至第（四）项规定标准五倍以上的；

（二）其他情节特别严重的情形。

明知是他人非法控制的计算机信息系统，而对该计算机信息系统的控制权加以利用的，依照前两款的规定定罪处罚。

第二条　具有下列情形之一的程序、工具，应当认定为刑法第二百八十五条第三款规定的"专门用于侵入、非法控制计算机信息系统的程序、工具"：

（一）具有避开或者突破计算机信息系统安全保护措施，未经授权或者超越授权获取计算机信息系统数据的功能的；

（二）具有避开或者突破计算机信息系统安全保护措施，未经授权或者超越授权对计算机信息系统实施控制的功能的；

（三）其他专门设计用于侵入、非法控制计算机信息系统、非法获取计算机信息系统数据的程序、工具。

第三条　提供侵入、非法控制计算机信息系统的程序、工具，具有下列情形之一的，应当认定为刑法第二百八十五条第三款规定的"情节严重"：

（一）提供能够用于非法获取支付结算、证券交易、期货交易等网络金融服务身份认证信息的专门性程序、工具五人次以上的；

（二）提供第（一）项以外的专门用于侵入、非法控制计算机信息系统的程序、工具二十人次以上的；

（三）明知他人实施非法获取支付结算、证券交易、期货交易等网络金融服务身份认证信息的违法犯罪行为而为其提供程序、工具五人次以上的；

（四）明知他人实施第（三）项以外的侵入、非法控制计算机信息系统的违法犯罪行为而为其提供程序、工具二十人次以上的；

（五）违法所得五千元以上或者造成经济损失一万元以上的；

（六）其他情节严重的情形。

实施前款规定行为，具有下列情形之一的，应当认定为提供侵入、非法控制计算机信息系统的程序、工具"情节特别严重"：

（一）数量或者数额达到前款第（一）项至第（五）项规定标准五倍以上的；

（二）其他情节特别严重的情形。

第八条　以单位名义或者单位形式实施危害计算机信息系统安全犯罪，达到本解释规定的定罪量刑标准的，应当依照刑法第二百八十五条、第二百八十六条的规定追究直接负责的主管人员和其他直接责任人员的刑事责任。

第九条　明知他人实施刑法第二百八十五条、第二百八十六条规定的行为，具有下列情形之一的，应当认定为共同犯罪，依照刑法第二百八十五条、第二百八十六条的规定处罚：

（一）为其提供用于破坏计算机信息系统功能、数据或者应用程序的程序、工具，违法所得五千元以上或者提供十人次以上的；

（二）为其提供互联网接入、服务器托管、网络存储空间、通讯传输通道、费用结算、交易服务、广告服务、技术培训、技术支持等帮助，违法所得五千元以上的；

（三）通过委托推广软件、投放广告等方式向其提供资金五千元以上的。

实施前款规定行为，数量或者数额达到前款规定标准五倍以上的，应当认定为刑法第二百八十五条、第二百八十六条规定的“情节特别严重”或者“后果特别严重”。

第十条　对于是否属于刑法第二百八十五条、第二百八十六条规定的“国家事务、国防建设、尖端科学技术领域的计算机信息系统”、“专门用于侵入、非法控制计算机信息系统的程序、工具”、“计算机病毒等破坏性程序”难以确定的，应当委托省级以上负责计算机信息系统安全保护管理工作的部门检验。司法机关根据检验结论，并结合案件具体情况认定。

第十一条　本解释所称“计算机信息系统”和“计算机系统”，是指具备自动处理数据功能的系统，包括计算机、网络设备、通信设备、自动化控制设备等。

本解释所称“身份认证信息”，是指用于确认用户在计算机信息系统上操作权限的数据，包括账号、口令、密码、数字证书等。

本解释所称“经济损失”，包括危害计算机信息系统犯罪行为给用户直接造成的经济损失，以及用户为恢复数据、功能而支出的必要费用。

■最高人民法院、最高人民检察院、公安部关于办理网络犯罪案件适用刑事诉讼程序若干问题的意见（2014 年 5 月 4 日）（见本书附录三十一）

●非法获取计算机信息系统数据的认定

超出授权范围使用账号、密码登录计算机信息系统，属于侵入计算机信息系统的行为；侵入计算机信息系统后下载其储存的数据，可以认定为非法获取计算机信息系统数据。（参见最高人民检察院发布第 9 批指导性案例，检例第 36 号，卫梦龙、龚旭、薛东东非法获取计算机信息系统数据案，2017 年 10 月 12 日发布。）

●专门用于侵入计算机信息系统的程序的认定

对有证据证明用途单一，只能用于侵入计算机信息系统的程序，司法机关可依法认定为“专门用于侵入计算机信息系统的程序”；难以确定的，应当委托专门部门或司法鉴定机构作出检验或鉴定。（参见最高人民检察院发布第 18 批指导性案例，检例第 68 号，叶源星、张剑秋提供侵入计算机信息系统程序、谭房妹非法获取计算机信息系统数据案，2020 年 3 月 28 日发布。）

●非法控制计算机信息系统罪与破坏计算机信息系统罪的认定

1. 通过植入木马程序的方式，非法获取网站服务器的控制权限，进而通过修改、增加计算机信息系统数据，向相关计算机信息系统上传网页链接代码的，应当认定为刑法第二百八十五条第二款“采用其他技术手段”非法控制计算机信息系统的行为。

2. 通过修改、增加计算机信息系统数据，对该计算机信息系统实施非法控制，但未造成系统功能实质性破坏或者不能正常运行的，不应当认定为破坏计算机信息系统罪，符合刑法第二百八十五条第二款规定的，应当认定为非法控制计算机信息系统罪。（参见最高人民法院第 26 批指导性案例 145 号张竣杰等非法控制计算机信息系统案，2020 年 12 月 29 日发布。）

第二百八十六条　【破坏计算机信息系统罪】违反国家规定，对计算机信息系统功能进行删除、修改、增加、干扰，造成计算机信息系统不能正常运行，后果严重的，处五年以下有期徒刑或者拘役；后果特别严重的，处五年以上有期徒刑。

违反国家规定，对计算机信息系统中存储、处理或者传输的数据和应用程序进行删除、修改、增加的操作，后果严重的，依照前款的规定处罚。

故意制作、传播计算机病毒等破坏性程序，影响计算机系统正常运行，后果严重的，依照第一款的规定处罚。

单位犯前三款罪的，对单位判处罚金，并对其直接负责的主管人员和其他直接责任人员，依照第一款的规定处罚。（本款是根据《中华人民共和国刑法修正案（九）》之二十七增加的，自2015年11月1日起施行。）

■最高人民法院、最高人民检察院关于办理危害计算机信息系统安全刑事案件应用法律若干问题的解释（2011年9月1日）

第四条　破坏计算机信息系统功能、数据或者应用程序，具有下列情形之一的，应当认定为刑法第二百八十六条第一款和第二款规定的“后果严重”：

（一）造成十台以上计算机信息系统的主要软件或者硬件不能正常运行的；

（二）对二十台以上计算机信息系统中存储、处理或者传输的数据进行删除、修改、增加操作的；

（三）违法所得五千元以上或者造成经济损失一万元以上的；

（四）造成为一百台以上计算机信息系统提供域名解析、身份认证、计费等基础服务或者为一万以上用户提供服务的计算机信息系统不能正常运行累计一小时以上的；

（五）造成其他严重后果的。

实施前款规定行为，具有下列情形之一的，应当认定为破坏计算机信息系统“后果特别严重”：

（一）数量或者数额达到前款第（一）项至第（三）项规定标准五倍以上的；

（二）造成为五百台以上计算机信息系统提供域名解析、身份认证、计费等基础服务或者为五万以上用户提供服务的计算机信息系统不能正常运行累计一小时以上的；

（三）破坏国家机关或者金融、电信、交通、教育、医疗、能源等领域提供公共服务的计算机信息系统的功能、数据或者应用程序，致使生产、生活受到严重影响或者造成恶劣社会影响的；

（四）造成其他特别严重后果的。

第五条　具有下列情形之一的程序，应当认定为刑法第二百八十六条第三款规定的“计算机病毒等破坏性程序”：

（一）能够通过网络、存储介质、文件等媒介，将自身的部分、全部或者变种进行复制、传播，并破坏计算机系统功能、数据或者应用程序的；

（二）能够在预先设定条件下自动触发，并破坏计算机系统功能、数据或者应用程序的；

（三）其他专门设计用于破坏计算机系统功能、数据或者应用程序的程序。

第六条　故意制作、传播计算机病毒等破坏性程序，影响计算机系统正常运行，具有下列情形之一的，应当认定为刑法第二百八十六条第三款规定的“后果严重”：

（一）制作、提供、传输第五条第（一）项规定的程序，导致该程序通过网络、存储介质、文件等媒介传播的；

（二）造成二十台以上计算机系统被植入第五条第（二）、（三）项规定的程序的；

（三）提供计算机病毒等破坏性程序十人次以上的；

（四）违法所得五千元以上或者造成经济损失一万元以上的；

（五）造成其他严重后果的。

实施前款规定行为，具有下列情形之一的，应当认定为破坏计算机信息系统“后果特别严重”：

（一）制作、提供、传输第五条第（一）项规定的程序，导致该程序通过网络、存储介质、文件等媒介传播，致使生产、生活受到严重影响或者造成恶劣社会影响的；

（二）数量或者数额达到前款第（二）项至第（四）项规定标准五倍以上的；

（三）造成其他特别严重后果的。

第八条　以单位名义或者单位形式实施危害计算机信息系统安全犯罪，达到本解释规定的定罪量刑标准的，应当依照刑法第二百八十五条、第二百八十六条的规定追究直接负责的主管人员和其他直接责任人员的刑事责任。

第九条 明知他人实施刑法第二百八十五条、第二百八十六条规定的行为,具有下列情形之一的,应当认定为共同犯罪,依照刑法第二百八十五条、第二百八十六条的规定处罚:

(一)为其提供用于破坏计算机信息系统功能、数据或者应用程序的程序、工具,违法所得五千元以上或者提供十人次以上的;

(二)为其提供互联网接入、服务器托管、网络存储空间、通讯传输通道、费用结算、交易服务、广告服务、技术培训、技术支持等帮助,违法所得五千元以上的;

(三)通过委托推广软件、投放广告等方式向其提供资金五千元以上的。

实施前款规定行为,数量或者数额达到前款规定标准五倍以上的,应当认定为刑法第二百八十五条、第二百八十六条规定的"情节特别严重"或者"后果特别严重"。

第十条 对于是否属于刑法第二百八十五条、第二百八十六条规定的"国家事务、国防建设、尖端科学技术领域的计算机信息系统"、"专门用于侵入、非法控制计算机信息系统的程序、工具"、"计算机病毒等破坏性程序"难以确定的,应当委托省级以上负责计算机信息系统安全保护管理工作的部门检验。司法机关根据检验结论,并结合案件具体情况认定。

第十一条 本解释所称"计算机信息系统"和"计算机系统",是指具备自动处理数据功能的系统,包括计算机、网络设备、通信设备、自动化控制设备等。

本解释所称"身份认证信息",是指用于确认用户在计算机信息系统上操作权限的数据,包括账号、口令、密码、数字证书等。

本解释所称"经济损失",包括危害计算机信息系统犯罪行为给用户直接造成的经济损失,以及用户为恢复数据、功能而支出的必要费用。

■最高人民法院、最高人民检察院、公安部关于办理网络犯罪案件适用刑事诉讼程序若干问题的意见(2014年5月4日)(见本书附录三十一)

■最高人民法院、最高人民检察院关于办理环境污染刑事案件适用法律若干问题的解释(2017年1月1日)

第十条 违反国家规定,针对环境质量监测系统实施下列行为,或者强令、指使、授意他人实施下列行为的,应当依照刑法第二百八十六条的规定,以破坏计算机信息系统罪论处:

(一)修改参数或者监测数据的;

(二)干扰采样,致使监测数据严重失真的;

(三)其他破坏环境质量监测系统的行为。

重点排污单位篡改、伪造自动监测数据或者干扰自动监测设施,排放化学需氧量、氨氮、二氧化硫、氮氧化物等污染物,同时构成污染环境罪和破坏计算机信息系统罪的,依照处罚较重的规定定罪处罚。

从事环境监测设施维护、运营的人员实施或者参与实施篡改、伪造自动监测数据、干扰自动监测设施、破坏环境质量监测系统等行为的,应当从重处罚。

第十一条 单位实施本解释规定的犯罪的,依照本解释规定的定罪量刑标准,对直接负责的主管人员和其他直接责任人员定罪处罚,并对单位判处罚金。

▼浙江省高级人民法院、浙江省人民检察院、浙江省公安厅关于办理利用计算机信息网络制作复制贩卖传播淫秽物品等刑事案件具体应用法律若干问题的意见(2004年8月13日)

第五条 在互联网上利用破坏性程序、恶意代码等方式对计算机信息系统中储存、处理或者传输的数据和应用程序进行删除、修改、增加的操作以强制他人链接淫秽站点,不以牟利为目的的,属于刑法第二百八十六条的"后果严重"情形,按破坏计算机信息系统罪论处;以牟利为目的且强制他人链接淫秽站点数量(数额)达到本意见第二条、第三条规定的"情节严重"、"情节特别严重"标准的,按破坏计算机信息系统罪或制作、复制、传播淫秽物品牟利罪择一重罪论处。

第六条　行为虽未达到本意见第一条和第四条规定的追诉标准,但两个以上行为接近追诉标准的,应当追究刑事责任。

第七条　在计算机信息网络上,通过一次点击打开后连续播放或显示的淫秽影片、软件、书刊、录音,不论时间长短、字数多少,均计为一份;淫秽图片一张为一份。

第八条　本意见中规定的点击数和下载数按计数设施中的数据认定,另有证据证明计数设施不准确的除外。

第九条　本意见中的"计算机信息网络"是指互联网、局域网。

本意见下发后,如有新的司法解释或有新的规定,以新的司法解释或新的规定为准。执行中遇有问题,请及时上报。

●以劫持域名方式破坏计算机信息系统的认定

以修改域名解析服务器指向的方式劫持域名,造成计算机信息系统不能正常运行,是破坏计算机信息系统的行为。(参见最高人民检察院发布第9批指导性案例,检例第33号,李丙龙破坏计算机信息系统案,2017年10月12日发布。)

●以删改评价系统方式破坏计算机信息系统的认定

冒用购物网站买家身份进入网站内部评价系统删改购物评价,属于对计算机信息系统内存储数据进行修改操作,应当认定为破坏计算机信息系统的行为。(参见最高人民检察院发布第9批指导性案例,检例第34号,李骏杰等破坏计算机信息系统案,2017年10月12日发布。)

●以智能手机远程锁定方式破坏计算机信息系统的认定

智能手机终端,应当认定为刑法保护的计算机信息系统。锁定智能手机导致不能使用的行为,可认定为破坏计算机信息系统。(参见最高人民检察院发布第九批指导性案例,检例第35号,曾兴亮、王玉生破坏计算机信息系统案,2017年10月12日发布。)

●强制网络用户访问指定网站的"DNS劫持"行为属于破坏计算机信息系统

1. 通过修改路由器、浏览器设置、锁定主页或者弹出新窗口等技术手段,强制网络用户访问指定网站的"DNS劫持"行为,属于破坏计算机信息系统,后果严重的,构成破坏计算机信息系统罪。

2. 对于"DNS劫持",应当根据造成不能正常运行的计算机信息系统数量、相关计算机信息系统不能正常运行的时间,以及所造成的损失或者影响等,认定其是"后果严重"还是"后果特别严重"。(参见最高人民法院第20批指导性案例102号,付宣豪、黄子超破坏计算机信息系统案,2018年12月25日发布。)

●企业的机械远程监控系统属于计算机信息系统

企业的机械远程监控系统属于计算机信息系统。违反国家规定,对企业的机械远程监控系统功能进行破坏,造成计算机信息系统不能正常运行,后果严重的,构成破坏计算机信息系统罪。(参见最高人民法院第20批指导性案例103号,徐强破坏计算机信息系统案,2018年12月25日发布。)

●环境质量监测系统属于计算机信息系统

环境质量监测系统属于计算机信息系统。用棉纱等物品堵塞环境质量监测采样设备,干扰采样,致使监测数据严重失真的,构成破坏计算机信息系统罪。(参见最高人民法院第20批指导性案例104号,李森、何利民、张锋勃等人破坏计算机信息系统案,2018年12月25日发布。)

●破坏计算机信息系统犯罪案件的引导取证和损失认定

为有效打击网络攻击犯罪,检察机大应加强与公安机关的配合,及时介入侦查引导取证,结合案件特点提出明确具体的补充侦查意见。对被害互联网企业提供的证据和技术支持意见,应当结合其他证据进行审查认定,客观全面准确认定破坏计算机信息系统罪的危害后果。(参见最高人民检察院发布第18批指导性案例,检例第69号,姚晓杰等11人破坏计算机信息系统案,2020年3月28日发布。)

□破坏计算机信息系统罪的认定

认定破坏计算机信息系统罪应注意从犯罪构成上把握如下特征:(一)破坏计算机信息系统罪的犯罪对象是计算机信息系统功能、计算机信息系统及其中的数据、应用程序,侵犯的客体是计算机信息系统的安全。计算机信息系统功能,是指在计算机中,按照一定的应用目标和规则对信息进行采集、加工、存储、传输、检索的功用和能力。计算机信息系统,根据《中华人民共和国计算机信息系统安全保护条例》第二条的规定,是指"由计算机及其相关的和配套的设备、设施(含网络)构成的,按照一定的应用目标和规则对信息进行采集、加工、存储、传输、检索等处理的人机系统"。数据,是指计算机实际处理的一切文字、符号、声音、图像等有意义的组合。而计算机应用程序,是用户使用数据库的一种方式,是用户按数据库授予的子模式的逻辑结构,书写对数据进行操作或运算的程序。正是这种犯罪侵犯的客体和犯罪对象,将破坏计算机信息系统罪与利用计算机实施的金融诈骗、盗窃、贪污、挪用公款、窃取国家秘密等犯罪区别开来。(二)破坏计算机信息系统罪在客观方面表现为违反国家规定,对计算机信息系统功能进行删除、修改、增加、干扰,对计算机信息系统中存储、处理、传输的数据和应用程序进行删除、修改、增加的操作,故意制作、传播计算机病毒等破坏性程序,影响计算机系统正常运行,后果严重的行为。"违反国家规定",主要指违反国家关于保护计算机信息系统安全的规定,如《中华人民共和国计算机信息系统安全保护条例》《中华人民共和国计算机信息网络国际联网管理暂行规定》等,这是构成本罪的必要前提。"对计算机信息系统功能进行删除、修改、增加、干扰","对计算机信息系统中存储、处理或传输的数据和应用程序进行删除、修改、增加的操作","故意制作、传播计算机病毒等破坏性程序",是破坏计算机信息系统罪的三种行为方式。通常用户对计算机信息系统功能有其特定的要求,厂家或者程序管理员按照用户的需要设定了计算机信息系统功能。擅自删除计算机信息系统的某一功能、改变计算机信息系统的原有功能、增加计算机信息系统的功能、对计算机信息系统进行干扰,或者删除、修改、增加计算机信息系统中存储、处理或传输的数据和应用程序,常常会影响计算机信息系统的正常运行,有时甚至会使计算机信息系统完全瘫痪。制作、传播计算机病毒等破坏性程序,也是破坏计算机信息系统的严重方法。因为计算机病毒是编制或者插入在计算机程序中的破坏计算机功能或者毁坏数据,影响计算机使用,并能自我复制的一组计算机指令或者程序代码,是一种典型的计算机破坏性程序,其隐藏在计算机内部运行,常常会导致计算机信息系统不能正常运行,甚至造成瘫痪,给用户带来难以估量、难以挽回的损失。致使计算机信息系统不能正常运行,并且后果严重,是罪与非罪的界限。"后果严重",主要是指给国家、集体、组织或者个人造成重大经济损失的,或者影响正常的工作秩序或生活秩序的,或者造成恶劣的社会影响等。行为人采取了上述三种行为之一,并且后果严重的,就构成本罪。但是,应当注意的是,破坏计算机信息系统有时会致使计算机瘫痪,这是计算机信息系统不能正常运行的最严重后果,但不是构成破坏计算机信息系统罪的必要条件。需要指出的是,刑法第二百八十六条规定的三种破坏计算机信息系统的行为,每一种行为都能单独构成破坏计算机信息系统罪,如果被告人同时实施三种或者两种犯罪行为时,必须查明被告人所实施的每一种行为是否都具有后果严重这一要件。对于仅有破坏计算机信息系统的行为,而没有达到后果严重程度的,不能以犯罪论处,也不能引用相关的法律条文。因此,被告人入侵蓝天BBS主机后,在蓝天BBS主机上将LP账号提升为最高权限用户账号,以及在广州主机上非法安装和调试网络安全监测软件(未遂),即对蓝天BBS主机和广州主机信息系统中的应用程序进行删改、增加的行为,因没有造成严重后果,不应认定为犯罪,本案裁判文书中也不应引用刑法第二百八十六条第二款。(三)破坏计算机信息系统罪是故意犯罪,包括直接故意和间接故意。但行为人的动机和目的可以多种多样,例如炫耀、泄愤报复、不正当竞争、妒贤忌能等等。无论出于什么动机和目的,只要行为人明知自己的行为会导致计算机信息系统不能正常运行的危害后果,仍然放任或者希望这种结果发生,以致发生了这种结果,并且后果严重的，就构成本罪。（参见广东省广州市人民检察院诉吕薛文破坏计算机信息系统案，载《最高人民法院公报》总第65期，2000年第3期，第97页；第68号案例，吕薛文破坏计算机信息系统案，载《刑事审判参考》总第9辑（2000年第4辑），法律出版社，第36～38页。执笔：清国］

□在大量个人计算机信息系统中植入木马病毒，造成计算机信息系统不能正常运行，后果严重的，应以破坏计算机信息系统罪定罪处罚

根据《中华人民共和国刑法》第二百八十六条的规定，违反国家规定，对计算机信息系统功能进行删除、修改、增加、干扰或者对计算机信息系统中存储、处理或者传输的数据和应用程序进行删除、修改、增加的操作或者故意制作、传播计算机病毒等破坏性程序，造成计算机信息系统不能正常运行，后采严重的，构成破坏计算机信息系统罪。

行为人违反国家规定，采用干扰的技术手段攻击劫持互联网运营商的公共域名服务器，在域名服务器中添加指令，在大量个人计算机信息系统中植入木马病毒，造成计算机信息系统不能正常运行，后果严重的，应以破坏计算机信息系统罪定罪处罚。（参见江苏省无锡市滨湖区人民检察院诉马志松等破坏计算机信息系统案，载《最高人民法院公报》总第148期，2009年第2期，第41页。）

▽公安交通管理部门协管员非法侵入道路交通违法信息管理系统，清除车辆违章信息，收取违章人员钱财的行为，构成破坏计算机信息系统罪

1. 从客体方面分析。犯罪行为所侵犯的客体是确定犯罪行为性质及区分此罪和彼罪的最基本的要件之一。刑法将破坏计算机信息系统罪规定在分则侵犯社会管理秩序罪一章中，表明该罪侵犯的同类客体是正常的社会管理秩序，侵犯的具体客体是国家关于计算机信息系统的管理秩序以及计算机信息系统所涉及的某一领域的社会管理秩序。本案二被告人违反国家规定，通过删除交通管理部门计算机信息系统中存储的违章记录，造成罚款已缴纳的假象，且利用邹某某等人公开向社会宣称收取好处费后其可将违章记录作内部处理，造成了恶劣的社会影响，严重扰乱了交管部门对违章车辆的正常管理秩序。因此，本案侵害的客体主要是国家正常的社会管理秩序，应属于妨害社会管理秩序类犯罪。2. 从客观方面分析。根据刑法本条的规定，破坏计算机信息系统罪的行为方式有三种：一是违反国家规定，对计算机信息系统功能进行删除、修改、增加、干扰，造成计算机信息系统不能正常运行，其特征是进行"删除、修改、增加、干扰"的非法操作，针对的对象是"计算机信息系统功能"。具体而言，主要是对计算机的系统文件进行上述非法操作，使系统紊乱、丧失部分或全部运行功能，甚至崩溃。二是违反国家规定，对计算机信息系统中存储、处理或者传输的数据和应用程序进行删除、修改、增加的操作，其特征是进行"删除、修改、增加"的非法操作，操作的对象是"计算机信息系统中存储、处理或者传输的数据和应用程序"。具体而言，主要是对数据和应用程序（不包括系统文件和系统程序）进行上述非法操作，使相应的数据或程序丢失、更改、损坏。三是故意制作、传播计算机病毒等破坏性程序，影响计算机系统正常运行，此种行为既可能破坏系统功能，又可能破坏数据和应用程序。本案二被告人非法侵入交通管理计算机系统，对存储的违章记录、罚款数据进行非法删除，造成罚款已缴纳的假象，其行为完全符合破坏计算机信息系统罪的第二种行为方式，且属"后果严重"情形。根据最高人民法院、最高人民检察院于2011年8月1日公布了《关于办理危害计算机信息系统安全刑事案件应用法律若干问题的解释》（刑法本条附文以下简称《解释》）第四条的规定，破坏计算机信息系统功能、数据或者应用程序，具有下列情形之一的，应当认定为刑法第二百八十六条第一款和第二款规定的"后果严重"："……（三）违法所得五千元以上或者造成经济损失一万元以上的……"《解释》第十一条对"经济损失"的范围进行了明确。根据《解释》的规定，破坏计算机信息系统犯罪案件中，经济损失包括危害计算机信息系统犯罪行为给用户直接造成的经济损失，以及用户为恢复数据、功能而支出的必要费用。本案撇开二被告人的行为给国家造成的经济损失以及恢复计算机系统的费用不说，仅二被告人非法获利就有25 000余元。该数额已达到《解释》确定的"后果特别严重"数额标准，应当按"后果特别严重"

情形进行处罚。3. 从主观方面分析。破坏计算机信息系统罪是故意犯罪,行为人的动机和目的多种多样。一般而言,破坏计算机信息系统的行为往往是手段行为,行为人主观上常具有盗窃、诈骗等目的,当然也有为破坏而破坏的单纯破坏计算机信息系统的情形,但无论何种情况,行为人对于破坏计算机信息系统这一结果都是明知的,即行为人都具有希望或放任破坏计算机信息系统的结果发生这一共性。本案二被告人明知非法删除交通管理系统中的违章记录是对计算机存储信息的破坏,但为了牟利,积极追求这种破坏结果的发生。因此,二被告人具有犯罪的直接故意,符合破坏计算机信息系统罪的主观特征。4. 从主体方面分析。破坏计算机信息系统罪的主体为一般主体,二被告人符合该罪的主体特征。[参见第783号指导案例,童莉、蔡少英破坏计算机信息系统案,载《刑事审判参考》总第86集(2012年第3集),第71~75页。撰稿:吕梅青　朱宏伟]

▽破坏计算机信息系统犯罪中的经济损失的认定

为适应司法实践的需要,明确危害计算机信息系统安全犯罪的法律适用问题,最高人民法院、最高人民检察院《解释》,对该类犯罪的定罪量刑标准、单位犯罪、共同犯罪以及相关术语的内涵和外延等作了较为详细的规定。《解释》第十一条第三款规定:"本解释所称'经济损失',包括危害计算机信息系统犯罪行为给用户直接造成的经济损失,以及用户为恢复数据、功能而支出的必要费用。"该条明确规定了危害计算机信息系统安全犯罪中的经济损失是指犯罪行为所造成的直接经济损失。间接经济损失或者实施犯罪行为时尚未实际发生的可能经济损失,不能认定为直接经济损失,从而不能计入犯罪行为所造成的经济损失。本案涉及的14万余元罚款不能认定为被告人犯罪行为所造成的经济损失。具体理由如下:首先,本案中的14万余元是公安机关拟行政处罚的罚款,需要公安机关在相关车辆进行年检时,对车辆违章行为作出行政处罚,在当事人缴纳罚款之后,才能获取该项利益。被告人在非法处理违章数据的时候,因违章车辆当事人还没有实际缴纳罚款,公安机关还没有实际取得该14万余元的罚款。被告人非法处理违章数据的行为本身并不直接导致14万余元的必然损失。因此,该14万元不是直接经济损失。其次,被告人非法处理的违章信息所对应的14万余元罚款具有不确定性。该14万余元只是违章行为所对应的应当处以罚款的数额,公安机关是否最终对上述所有违章行为都作出处罚,处罚所对应的罚款是否能够全部征收到位,都处于或然状态。以一个不确定的数额作为被告人的行为造成的直接经济损失数额,在逻辑上说服力不够。最后,公安机关可以通过对被告人修改的数据进行恢复,对有关车辆违章行为作出处罚。所有经被告人非法处理的车辆违章数据并没被被告人删除,而是仍然存放于电脑系统中,被告人只是将数据处理的状态由原来的"未处理"修改为"已处理"。经查,公安机关随时可以把有关数据恢复到被告人修改前的状态,并据此实事求是地对违章行为进行处理。如果公安机关不及时修复数据,或者虽然修复数据但没有及时对违章车辆进行处罚,导致应该收取的罚款没有收取的,由此导致的损失更不能归责于被告人的行为。[参见第784号指导案例,孙小虎破坏计算机信息系统案,载《刑事审判参考》总第86集(2012年第3集),第78~79页。撰稿:冯莉]

▽违法所得数额的认定依据及认定原则

《解释》规定,违法所得和经济损失都是破坏计算机信息系统犯罪定罪量刑的标准,二者只要符合其一即可。本案在一审审理期间,法院即认为14万余元不宜认定为本案造成的经济损失,并曾发函至公诉机关,建议进一步查清被告人的违法所得情况,并从违法所得的角度进行指控。但公诉机关坚持从经济损失的角度进行指控,未能就违法所得情况进一步补充相关证据。在刑事司法实践中,对于相关证据之间存在一定矛盾的案件,即在部分证据对被告人有利,有部分证据对被告人不利的情况下,一般采用对被告人有利的证据,这就是司法实践中普遍遵循的有利于被告人的原则。本案法院综合考虑被告人的历次供述和证人证言等情况,根据有利于被告人的处理原则,就低认定违法所得数额为24 000余元,不仅有原审被告人自己相对稳定的供述,也有相关证人证言印证被告人确实非法收受他人财物以及违法所得的数额情况,原审法院作出上述认定符合证据的采信规则。[参见第784号指导案例,孙小

虎破坏计算机信息系统案，载《刑事审判参考》总第86集（2012年第3集），第79～80页。撰稿：冯莉］

▽以违法所得数额作为量刑依据符合罪责刑相适应原则

刑法本条第二款的规定，对计算机信息系统中存储、处理或者传输的数据和应用程序进行删除、修改、增加的操作，后果严重的，处五年以下有期徒刑或者拘役；后果特别严重的，处五年以上有期徒刑。《解释》对后果严重、后果特别严重的数额标准作出明确规定：违法所得5000元以上或者造成经济损失10 000元以上的，属于后果严重；数额达到上述标准5倍以上的，属于后果特别严重。本案因不能认定14万余元是被告人犯罪行为所造成的经济损失，一审法院按照其违法所得数额对其定罪量刑，完全符合刑法和《解释》的相关规定，同时结合本案的具体证据情况以及被告人的认罪态度、积极退赃等情节，一审法院对其判处有期徒刑三年六个月罚当其罪。

需要说明的是，经济损失数额和违法所得数额都是破坏计算机信息系统犯罪中定罪量刑的标准，公安机关和检察机关对上述两个数额都应当进行侦查。如果这两个数额分别属于后果严重、后果特别严重的情节，导致置刑上的冲突时，应当按照处罚较重的数额对被告人进行量刑，另一数额可作为量刑的酌定情节予以考虑，如此才能真正在具体案件中实现罪刑相适应。［参见第784号指导案例，孙小虎破坏计算机信息系统案，载《刑事审判参考》总第86集（2012年第3集），第80页。撰稿：冯莉］

▽在无法准确认定经济损失、用户数量的情况下，破坏计算机信息系统的"后果严重"的认定

最高人民法院、最高人民检察院《解释》对破坏计算机信息系统罪的"后果严重"和"后果特别严重"两种情节分别明确了认定标准。但由于破坏计算机信息系统罪属于新类型犯罪，具体认定过程中往往既涉及对传统证据的审查判断，又涉及对虚拟空间中电子证据的审查判断，故对《解释》中涉及的一些专业性问题，应当结合技术和法律两个层面进行综合审查。对于本案，在案证据无法证明受害公司遭受的经济损失达到入罪标准，也无法根据受侵害的用户数量认定构成犯罪，法院依据《解释》中"造成其他严重后果"的规定认定了四被告人的刑事责任。具体分析如下：

其一，本案现有证据难以准确认定受害公司遭受的经济损失。根据《解释》规定，破坏计算机信息系统，造成经济损失1万元以上的，属于后果严重；造成经济损失5万元以上的，属于后果特别严重。本案真情在线公司向法庭提交婚介服务委托合同、收款单、解约协议、支出凭单等证据，意在证明其公司因服务网络受到攻击，导致向6名客户退费共计112万元。但由于上述材料均为真情在线公司单方面出具，在没有找到相关退费客户且真情在线公司拒不提供公司会计资料的情况下，上述证据的真实性与关联性均无法得到确认。同时，即便上述退费真实发生，也不能把退费数额等同于损失数额。因为退费后公司，不再为客户提供服务，也就没有了成本支出，其真正损失应当为前期服务成本和预期利润，而不是全部退费金额。因此，根据现有证据，无法认定四被告人破坏计算机信息系统造成经济损失的具体数额，无法依据《解释》规定的经济损失标准认定四被告人的行为属于"后果严重"或"后果特别严重"。

其二，根据现有证据难以准确认定受害公司计算机信息系统提供服务的用户数量。根据《解释》规定，破坏计算机信息系统造成为1万以上用户提供服务的计算机信息系统不能正常运行累计1小时以上的，属于后果严重；造成为5万以上用户提供服务的计算机信息系统不能正常运行累计1小时以上的，属于后果特别严重。本案真情在线公司提供的公证书证明该公司有16万余名注册用户，其公司网站受攻击影响的累积时间亦远超1小时，如依此标准计算，四被告人的行为显然属于"后果特别严重"，依法应当判处五年以上有期徒刑。但是，上述用户数据是真情在线公司通过SecureCRT软件进行统计后得出的，该软件的可靠性如何，并没有相应的证据予以佐证。虽然真情在线公司对自行统计的过程进行了公证，但公证书并不涉及对统计方法和统计内容科学性、有效性、客观性的评价，仅是对统计过程的一种"见证"。因此，上述统计数据的真实性无法得到确认。另外，即便通过可靠的软件统计出注册用户数，但其所统计的注册用户是否真实存在，是否存在重复注册的用户、"僵尸用户"或者其他"虚拟用户"，亦不得而知。因此，在真情在线公司以涉及商业机密和会员隐私为由，拒不提供实体会员数据的情况下,仅仅通过统计软件尚无法确定该公司计算机信息系统提供服务的实际用户数量。审理过程中,有观点提出按照系统被攻击时的实际用户数(IP访问量)进行认定。我们认为,这种方法不可取。首先,根据现有证据,尚不能区分系统被攻击时哪些访问是正常访问,哪些访问是攻击性访问,即无法准确统计被攻击时受到影响的正常用户数量,一般只能参照正常情况下该网站每天访问的平均用户数量来计算,但这一计算结果并不准确,不符合刑事案件的证明标准。其次,从字面意义上看,《解释》明确规定对计算机信息系统受攻击影响的运行时间应当累计计算,但对于用户数量则没有规定可以累加计算。因此,将"为一万以上用户提供服务的计算机信息系统"理解为累计计算的用户数量,有扩大解释之嫌,也不符合有利于被告人的刑事诉讼原则。

其三,综合考虑行为性质、情节、社会危害程度,应当认定四被告人的行为达到了破坏计算机信息系统"后果严重"的程度。《解释》第四条明确列举了破坏计算机信息系统"后果严重"的四种情形,同时将"造成其他严重后果的"情形规定为兜底条款。实践中,为了防止扩大解释,一般要求兜底条款的适用对象在行为性质、情节、社会危害程度等方面与刑法及相关司法解释规定的定罪量刑条件具有同质性或者相当佳。本案中,基于对刑事证据的严格把握,虽然不能准确认定所造成的经济损失和受影响的计算机用户数量,但四被告人恶意攻击计算机信息系统达10次以上,总计时间约40小时,造成为全国知名婚恋交友网站提供服务的计算机信息系统长时间内无法正常运行,必然会影响真情在线公司众多的服务用户,并造成一定的经济损失。真情在线公司向法庭提交的因网站受攻击导致客户退费112万元及该公司有16万余名注册用户的证据材料虽不能作为定案根据,但却可以作为评价其公司经营规模与实际注册用户数量的重要参考。因此,四被告人所实施的具体行为,既必然造成经济损失,又确实导致众多计算用户受影响,且影响时间较长,这些情节较《解释》所规定的"造成经济损失一万元以上"或者"造成为一万以上用户提供服务的计算机信息系统不能正常运行累计一小时以上"的入罪条件,在性质、情节、社会危害程度等方面均有过之而无不及。因此,北京市朝阳区人民法院据此认定四被告人的行为符合《解释》规定的破坏计算信息系统"造成其他严重后果"的情形是正确的。[参见第1029号指导案例,乐姿等破坏计算机信息系统案,载《刑事审判参考》总第100集(2014年第5集),第63~66页。撰稿:李晓]

第二百八十六条之一　【拒不履行信息网络安全管理义务罪】网络服务提供者不履行法律、行政法规规定的信息网络安全管理义务,经监管部门责令采取改正措施而拒不改正,有下列情形之一的,处三年以下有期徒刑、拘役或者管制,并处或者单处罚金:

(一)致使违法信息大量传播的;

(二)致使用户信息泄露,造成严重后果的;

(三)致使刑事案件证据灭失,情节严重的;

(四)有其他严重情节的。

单位犯前款罪的,对单位判处罚金,并对其直接负责的主管人员和其他直接责任人员,依照前款的规定处罚。

有前两款行为,同时构成其他犯罪的,依照处罚较重的规定定罪处罚。(本条是根据《中华人民共和国刑法修正案(九)》之二十八增加的,自2015年11月1日起施行。)

■最高人民法院、最高人民检察院、公安部、司法部关于依法惩治妨害新型冠状病毒感染肺炎疫情防控违法犯罪的意见(2020年2月6日)

二、准确适用法律,依法严惩妨害疫情防控的各类违法犯罪

(六)依法严惩造谣传谣犯罪……

网络服务提供者不履行法律、行政法规规定的信息网络安全管理义务,经监管部门责令采取改正措施而拒不改正,致使虚假疫情信息或者其他违法信息大量传播的,依照刑法第二百八十六条之一的规定,以拒不履行信息网络安全管理义务罪定罪处罚。

对虚假疫情信息案件，要依法、精准、恰当处置。对恶意编造虚假疫情信息，制造社会恐慌，挑动社会情绪，扰乱公共秩序，特别是恶意攻击党和政府，借机煽动颠覆国家政权、推翻社会主义制度的，要依法严惩。对于因轻信而传播虚假信息，危害不大的，不以犯罪论处。

（十）依法严惩妨害疫情防控的违法行为……

对于在疫情防控期间实施有关违法犯罪的，要作为从重情节予以考量，依法体现从严的政策要求，有力惩治震慑违法犯罪，维护法律权威，维护社会秩序，维护人民群众生命安全和身体健康。

■最高人民法院、最高人民检察院关于办理非法利用信息网络、帮助信息网络犯罪活动等刑事案件适用法律若干问题的解释（2019年11月1日）

第一条　提供下列服务的单位和个人，应当认定为刑法第二百八十六条之一第一款规定的“网络服务提供者”：

（一）网络接入、域名注册解析等信息网络接入、计算、存储、传输服务；

（二）信息发布、搜索引擎、即时通讯、网络支付、网络预约、网络购物、网络游戏、网络直播、网站建设、安全防护、广告推广、应用商店等信息网络应用服务；

（三）利用信息网络提供的电子政务、通信、能源、交通、水利、金融、教育、医疗等公共服务。

第二条　刑法第二百八十六条之一第一款规定的“监管部门责令采取改正措施”，是指网信、电信、公安等依照法律、行政法规的规定承担信息网络安全监管职责的部门，以责令整改通知书或者其他文书形式，责令网络服务提供者采取改正措施。

认定“经监管部门责令采取改正措施而拒不改正”，应当综合考虑监管部门责令改正是否具有法律、行政法规依据，改正措施及期限要求是否明确、合理，网络服务提供者是否具有按照要求采取改正措施的能力等因素进行判断。

第三条　拒不履行信息网络安全管理义务，具有下列情形之一的，应当认定为刑法第二百八十六条之一第一款第一项规定的“致使违法信息大量传播”：

（一）致使传播违法视频文件二百个以上的；

（二）致使传播违法视频文件以外的其他违法信息二千个以上的；

（三）致使传播违法信息，数量虽未达到第一项、第二项规定标准，但是按相应比例折算合计达到有关数量标准的；

（四）致使向二千个以上用户账号传播违法信息的；

（五）致使利用群组成员账号数累计三千以上的通讯群组或者关注人员账号数累计三万以上的社交网络传播违法信息的；

（六）致使违法信息实际被点击数达到五万以上的；

（七）其他致使违法信息大量传播的情形。

第四条　拒不履行信息网络安全管理义务，致使用户信息泄露，具有下列情形之一的，应当认定为刑法第二百八十六条之一第一款第二项规定的“造成严重后果”：

（一）致使泄露行踪轨迹信息、通信内容、征信信息、财产信息五百条以上的；

（二）致使泄露住宿信息、通信记录、健康生理信息、交易信息等其他可能影响人身、财产安全的用户信息五千条以上的；

（三）致使泄露第一项、第二项规定以外的用户信息五万条以上的；

（四）数量虽未达到第一项至第三项规定标准，但是按相应比例折算合计达到有关数量标准的；

（五）造成他人死亡、重伤、精神失常或者被绑架等严重后果的；

（六）造成重大经济损失的；

（七）严重扰乱社会秩序的；

(八)造成其他严重后果的。

第五条 拒不履行信息网络安全管理义务,致使影响定罪量刑的刑事案件证据灭失,具有下列情形之一的,应当认定为刑法第二百八十六条之一第一款第三项规定的“情节严重”:

(一)造成危害国家安全犯罪、恐怖活动犯罪、黑社会性质组织犯罪、贪污贿赂犯罪案件的证据灭失的;

(二)造成可能判处五年有期徒刑以上刑罚犯罪案件的证据灭失的;

(三)多次造成刑事案件证据灭失的;

(四)致使刑事诉讼程序受到严重影响的;

(五)其他情节严重的情形。

第六条 拒不履行信息网络安全管理义务,具有下列情形之一的,应当认定为刑法第二百八十六条之一第一款第四项规定的“有其他严重情节”:

(一)对绝大多数用户日志未留存或者未落实真实身份信息认证义务的;

(二)二年内经多次责令改正拒不改正的;

(三)致使信息网络服务被主要用于违法犯罪的;

(四)致使信息网络服务、网络设施被用于实施网络攻击,严重影响生产、生活的;

(五)致使信息网络服务被用于实施危害国家安全犯罪、恐怖活动犯罪、黑社会性质组织犯罪、贪污贿赂犯罪或者其他重大犯罪的;

(六)致使国家机关或者通信、能源、交通、水利、金融、教育、医疗等领域提供公共服务的信息网络受到破坏,严重影响生产、生活的;

(七)其他严重违反信息网络安全管理义务的情形。

第十三条 被帮助对象实施的犯罪行为可以确认,但尚未到案、尚未依法裁判或者因未达到刑事责任年龄等原因依法未予追究刑事责任的,不影响帮助信息网络犯罪活动罪的认定。

第十四条 单位实施本解释规定的犯罪的,依照本解释规定的相应自然人犯罪的定罪量刑标准,对直接负责的主管人员和其他直接责任人员定罪处罚,并对单位判处罚金。

第十五条 综合考虑社会危害程度、认罪悔罪态度等情节,认为犯罪情节轻微的,可以不起诉或者免予刑事处罚;情节显著轻微危害不大的,不以犯罪论处。

第十六条 多次拒不履行信息网络安全管理义务、非法利用信息网络、帮助信息网络犯罪活动构成犯罪,依法应当追诉的,或者二年内多次实施前述行为未经处理的,数量或者数额累计计算。

第十七条 对于实施本解释规定的犯罪被判处刑罚的,可以根据犯罪情况和预防再犯罪的需要,依法宣告职业禁止;被判处管制、宣告缓刑的,可以根据犯罪情况,依法宣告禁止令。

第十八条 对于实施本解释规定的犯罪的,应当综合考虑犯罪的危害程度、违法所得数额以及被告人的前科情况、认罪悔罪态度等,依法判处罚金。

第十九条 本解释自2019年11月1日起施行。

第二百八十七条 【利用计算机实施犯罪的提示性规定】利用计算机实施金融诈骗、盗窃、贪污、挪用公款、窃取国家秘密或者其他犯罪的,依照本法有关规定定罪处罚。

■最高人民法院、最高人民检察院、公安部关于办理网络犯罪案件适用刑事诉讼程序若干问题的意见(2014年5月4日)(见本书附录三十一)

▽侵入单位内部未联网的计算机人事系统篡改他人工资账号,非法占有他人工资款的行为,构成诈骗罪

(一)侵入单位内部未联网的计算机不符合破坏计算机信息系统罪的对象特征。刑法第二百八十六条第一款规定："违反国家规定，对计算机信息系统功能进行删除、修改、增加、干扰，造成计算机信息系统不能正常运行，后果严重的，处五年以下有期徒刑或者拘役；后果特别严重的，处五年以上有期徒刑。"第二款规定："违反国家规定，对计算机信息系统中存储、处理或者传输的数据和应用程序进行删除、修改、增加的操作，后果严重的，依照前款的规定处罚。"《最高人民法院、最高人民检察院关于办理危害计算机信息系统安全刑事案件应用法律若干问题的解释》（刑法本条附文以下简称《解释》）规定了破坏计算机信息系统罪"后果严重"和"后果特别严重"的认定标准。《解释》第四条第一款规定："破坏计算机信息系统功能、数据或者应用程序，具有下列情形之一的，应当认定为刑法第二百八十六条第一款和第二款规定的'后果严重'：……（三）违法所得五千元以上或者造成经济损失一万元以上的……"《解释》第四条第二款规定："实施前款规定行为，具有下列情形之一的，应当认定为破坏计算机信息系统'后果特别严重'：（一）数量或者数额达到前款第（一）项至第（三）项规定标准五倍以上的……"本案中，黄某通过侵入公司计算机篡改数据违法所得达 25 862 元，从数额看，其行为已达到破坏计算机信息系统罪的"后果特别严重"标准。由于构成破坏计算机信息系统罪的前提条件必须是"违反国家规定"，而关于非法侵入、控制、破坏计算机信息系统的"国家规定"主要有《全国人民代表大会常务委员会关于维护互联网安全的决定》、《计算机信息网络国际联网安全保护管理办法》、《中华人民共和国计算机信息系统安全保护条例》（本附文以下简称《条例》）三个文件。前两个文件，从题名即可分析得出保护的对象均为连接互联网的计算机，而后一个文件第五条虽然对保护对象作了限制规定，但仅明确未联网的微型计算机的安全保护办法另行制定，并未明确该条中的"未联网"是否仅指未连接互联网。实践中，有些单位的内部网络覆盖面广，涉及单位甚至国家重大利益，对该类计算机信息系统的破坏所带来的社会危害并不亚于对连接互联网计算机信息系统的破坏。因此，连接内部网络的计算机信息系统与连接互联网的计算机信息系统均应纳入刑法保护。对于既未连接互联网又未内部联网的计算机信息系统，《条例》并未将其列为调整对象，且目前没有其他法律、行政法规规定将此类计算机信息系统纳入调整范围。根据法无明文规定不为罪原则，对于侵入连接互联网和内部网之外的计算机信息系统的行为，不能认定"违反国家规定"，不能以破坏计算机信息系统罪论处，构成其他犯罪的，依照刑法有关规定定罪处罚。本案中，黄某侵入的计算机，未连接互联网，在单位内部也未联网，其行为未违反《条例》的规定，即未"违反国家规定"。因此，其行为不构成破坏计算机信息系统罪。（二）黄某非法占有工资款主要是通过虚构事实、隐瞒真相的手段。黄某获取公司登录账号和原始密码后，非法登录公司人事系统，将其他员工的工资卡号改为其持有的银行账号。黄某的篡改行为，属于虚构事实。该行为使公司财务人员误以为计算机系统中记载的银行账号是公司员工真实的账号，从而将工资款打人黄某篡改的账户，造成公司多名员工工资流失。黄某对该情况加以隐瞒，属于隐瞒真相；其致使公司财务人员将他人的工资款打入其账户，属于使他人陷入认识错误，自愿处分财产。基于上述分析，黄某的行为符合诈骗罪的构成特征。虽然黄某非法登录公司人事系统，篡改计算机系统信息的行为具有秘密性，但公司财务人员毕竟是在受蒙蔽情况下，自愿将工资款交给黄某，即处分行为根本上是因为公司财务人员陷入认识错误而处分财产的，更符合欺骗的特征。因此，黄某的行为应当认定构成诈骗罪。（三）黄某实施犯罪属于利用熟悉环境的工作便利，而非利用职务上的便利。黄某在某股份有限公司腔体生管部门工作，不主管、分管、经手、决定处理、经办工资发放事项，亦没有管理人事系统的职责，即其工作内容与公司的财务、人事均无关。黄某之所以能成功侵入人事系统，是因为其在日常工作中知晓了公司人事系统的登录账号，加上公司防范意识也不强。可见，黄某利用的是其熟悉工作环境的便利条件，而不是职务上的便利，故不符合职务侵占罪的构成特征。综上，被告人黄某以非法占有为目的，利用熟悉环境的工作便利，侵入公司内部未联网的计算机信息系统，将公司人事系统数据进行更改，公司基于错误认识将本应发放给其他员工的工资款汇入黄某持有的银行卡账户内，其行为构成诈骗罪。[参见第 820 号指导案例，黄某诈骗案，载《刑事审判参考》总第 89 集（2012 年第 6 集），第 74～76 页。

撰稿:季志康]

▽侵入红十字会网站,篡改网页内容发布虚假募捐消息,骗取他人财物的行为,应当以诈骗罪定罪处罚

(一)侵入红十字会网站,篡改网页内容发布虚假募捐消息的行为构成破坏计算机信息系统罪。根据刑法第二百八十六条规定的是破坏计算机信息系统罪,侵犯的客体是计算机信息系统安全。计算机信息系统安全保护条例第三条规定:"计算机信息系统的安全保护,应当保障计算机及其相关的和配套的设备、设施(含网络)的安全,运行环境的安全,保障信息的安全,保障计算机功能的正常发挥,以维护计算机信息系统的安全运行。"对行为入违法国家规定,破坏计算机信息系统功能后果严重构成犯罪的,应当依法惩处。本罪的犯罪对象为计算机信息系统功能和计算机信息系统中存储、处理、传输的数据和应用程序。计算机信息系统功能,是指按照一定的应用目标和规则对信息进行采集、加工、存储、传输、检索的功用和能力。计算机信息系统中存储、处理或者传输的数据,是指在计算机信息系统中实际处理的一切文字、符号、声音、图像等内容有意义的组合。应用程序,是指用户使用数据库的一种方式,是用户按数据库授予的子模式的逻辑结构,书写对数据库操作和运算的程序。本罪的客观方面表现为破坏计算机信息系统功能后果严重的行为,即违反国家规定,对计算机信息系统功能进行删除、修改、增加、干扰,或者对计算机信息系统中存储、处理或者传输的数据和应用程序进行删除、修改、增加的操作,或者故意制作、传播计算机病毒等破坏性程序,造成计算机信息系统不能正常运行。上述行为必须达到"后果严重"的程度才构成犯罪。所谓后果严重,一般是指破坏国家重要计算机信息系统功能,造成较大经济损失,违法所得较大或者造成恶劣社会影响等情形。本罪的主观方面是故意,即行为人明知非法侵入特定的计算机信息系统的行为,会破坏该信息系统功能和信息系统中存储、处理、传输的数据和应用程序,造成计算机信息系统不能正常运行的后果,仍然实施破坏计算机信息系统的行为。本案被告人杨某某在汶川地震期间,利用昆山市红十字会网站源代码漏洞,采取"SQL"漏洞注入的方式非法获取了该网站后台登录页面路径和管理员用户名及密码后植入网页木马程序,删除管理后台文件夹,并访问添加和编辑新闻页面,篡改该网站上内容,发布虚假募捐消息,导致网站管理员无法登录后台管理界面,无法正常管理网站,网站被迫关闭24小时以上,影响了昆山市红十字会向地震灾区正常的募捐行为,其行为完全符合"对计算机信息系统功能进行删除、修改、增加、干扰,造成计算机信息系统不能正常运行"的行为方式,且属"后果严重"情形,构成破坏计算机信息系统罪。

(二)以非法占有为目的,诈骗未遂,情节严重的,构成诈骗罪。诈骗罪,是指以非法占有为且的,使用欺骗方法,骗取数额较大的公私财物的行为。本案中,首先,被告人杨某某主观上有非法占有的目的。杨某某非法侵入和控制昆山市红十字会网站后,篡改网站上内容,发布虚假的募捐消息,并将自己持有的户名为"庞土贤"的银行账号设为募捐账户,足以体现出其有非法占有他人财物的目的。在审理过程中,杨某某也供认,其侵入昆山市红十字会网站的目的是以为地震灾区捐款的名义实施诈骗。其次,杨某某实施了虚构事实、隐瞒真相的欺骗行为。杨某某非法侵入昆山市红十字会网站后,在网站页面上发布"昆山市红十字会紧急呼吁:援助四川地震灾区群众!"的募捐消息,并将自己持有的银行账号设为募捐账号,其发布募捐消息的行为,属于虚构事实、隐瞒真相。此外,杨某某已经着手实行诈骗行为,由于意志以外的原因而未获取财物,虽系诈骗未遂,但属"情节严重"。杨某某在汶川地震时期,以赈灾募捐的名义,采用破坏计算机信息系统的手段,通过互联网向不特定多数人实施诈骗,致使昆山市红十字会网站被迫关闭24小时以上,影响了该网站的正常运行,也影响了昆山市红十字会为地震灾区正常的募捐行为,其犯罪行为属于"情节严重"。根据最高人民法院1996年出台的《关于审理诈骗案件具体应用法律的若干问题的解释》第一条第六款的规定:"诈骗未遂,情节严重的,也应当定罪并依法处罚。"因此,杨某某以非法占有为目的,通过发布虚假募捐消息,骗取他人财物的秆为,构成诈骗罪。

(三)侵入红十字会计算机信息系统,篡改网页内容发布虚假募捐消息骗取他人财物行为应当按照

“从一重罪处罚”原则处断。根据刑法理论,牵连犯,是指犯罪的手段行为或者结果行为,与目的行为或原因行为分别触犯不同罪名的情况。牵连犯有两个特征:(1)必须是其手段行为或结果行为又触犯了其他罪名;(2)数行为之间存在手段行为与目的行为、原因行为与结果行为的牵连关系。对于牵连犯如何处罚,我国刑法总则没有明文规定,理论通说认为,对牵连犯应当从一重罪处罚。本案中,被告人杨某某的犯罪行为可分为手段行为与目的行为,其目的行为是以赈灾募捐名义诈骗他人钱款,手段行为是侵入和破坏了昆山市红十字会计算机信息系统,分别触犯了诈骗罪和破坏计算机信息系统罪,成立牵连犯。对杨某某应当从一重罪处罚。刑法第二百六十六条规定:“诈骗公私财物……数额巨大或者有其他严重情节的,处三年以上十年以下有期徒刑,并处罚金。”而第二百八十六条第一款规定:“违反国家规定,对计算机信息系统功能进行删除、修改、增加、干扰,造成计算机信息系统不能正常运行,后果严重的,处五年以下有期徒刑或者拘役。”据此,如按诈骗罪论处,对杨某某依法应当判处3年以上10年以下有期徒刑;如按破坏计算机信息系统罪论处,对杨某某依法应当判处5年以下有期徒刑或者拘役。由于杨某某所犯诈骗罪的法定刑高于所犯破坏计算机信息系统罪的法定刑,所以,应当以诈骗罪对其定罪处罚。

综上,根据刑法第二百八十七条的规定,行为人利用计算机实施金融诈骗、盗窃、贪污、挪用公款、窃取国家秘密或者其他犯罪的,如果其手段行为没有触犯计算机信息系统安全犯罪,应当依照刑法有关规定定罪处罚。否则,按照牵连犯的处罚原则,从一重罪处断。[参见第1049号指导案例,杨丽涛诈骗案,载《刑事审判参考》总第101集(2014年第6集),第105~109页。撰稿:王东]

▽网管员非法侵入单位的景点检售票系统修改门票数据并获取门票收益的行为,依法应以盗窃罪定罪处罚

(一)被告人赵某玲等人非法侵入景点检售系统修改门票的行为,符合破坏计算机信息系统罪的构成要件。所谓破坏计算机信息系统罪,是指违反国家规定,对计算机信息系统功能或计算机信息系统中存储、处理或者传播的数据和应用程序进行破坏,或者故意制作、传播计算机病毒等破坏性程序,影响计算机系统正常运行,后果严重的行为。本罪的主体为一般主体,即年满16周岁具有刑事责任能力的自然人均可构成。从司法实践来看,构成该罪的通常是那些精通计算机技术、知识的专业人员,如计算机程序设计人员、计算机操作、管理维修人员。本罪在主观方面必须出于故意,如果是因为操作疏忽大意或者技术不熟练而失误致使计算机系统功能,或者计算机信息系统中存储的数据、应用程序遭受破坏,不构成本罪。根据我国刑法第二百八十六条的规定,本罪的客观要件主要有三种行为方式:一是违反国家规定,对计算机信息系统功能进行删除、修改、增加、干扰,造成计算机信息系统不能正常运行,后果严重的,后果严重的;二是违反国家规定,对计算机信息系统中存储、处理或者传输的数据和应用程序进行删除、修改、增加的操作,后果严重的;三是故意制作、传播计算机病毒等破坏性程序,影响计算机系统正常运行,后果严重的。在量刑上,后果严重的,处五年以下有期徒刑或者拘役;后果特别严重的,处五年以上有期徒刑。针对何为“后果严重”“后果特别严重”情形,《最高人民法院、最高人民检察院关于办理危害计算机信息系统安全刑事案件应用法律若干问题的解释》(本附文以下简称《解释》)第四条规定,违法所得5000元以上或者造成经济损失1万元以上的,属于“后果严重”;数量或者数额达到上述标准5倍以上的,应当认定为破坏计算机信息系统“后果特别严重”。本案被告人赵某玲系景区公司的网管员,非法侵入景区检售票系统,故意对景区门票数据进行修改,将允许进入人数从一人改为多人,是一种针对计算机数据进行非法操作,使相应的数据更改的行为,符合上述第二种行为方式。赵某玲窃取门票收益的违法所得数额达到了42 000余元,根据《解释》规定已属“后果特别严重”,故其行为符合破坏计算机信息系统罪的构成要件。

(二)被告人赵某玲窃取数额巨大的景点门票收益行为,又符合盗窃罪的构成要件。被告人赵某玲以非法占有为目的,采用秘密手段非法侵入景点检售票系统修改门票数据,窃取公司数额巨大的景点门票收益,还涉嫌触犯盗窃罪。由于其系公司网管员,还进一步涉及盗窃罪与职务侵占罪的区分问题。本案被告人赵某玲系被害公司的网管员,其所侵占的门票收益亦属于公司所有,能否构成职务侵占罪的关键在于是否利用了职务上的便利。与单位外人员侵占单位财物不同,单位职工或多或少都会利用到一些便利条件,这些便利条件可以归纳为“工作条件”和“职务之便”两种,并由此构成不同的犯罪。其中,“工作条件”,是指行为人凭借单位职工的特殊身份,熟悉作案环境,更容易接近他人管理、经手的单位财物等。“工作条件”是一种与行为人工作职责不相关的便利,行为人不会因此对单位财物,产生实际控制,其利用这样的便利条件窃取单位财物的,应定性为盗窃罪。而所谓“职务之便”,是指根据行为人的职责范围,对单位财物形成的支配控制关系,包括组织、领导、监管、经营、管理、经手、保管等。行为人利用这样的便利条件窃取单位财物的,应认定为职务侵占罪。被告人赵某玲系横店影视城有限公司网管员,其职责是负责公司网络系统的日常维护、电脑软硬件的安装、升级与维护等工作,对景区门票收益并无主管、经手和管理等的职责。为获取景区门票收益而修改景区门票数据,其中所必需的公司检售票系统源程序和服务器密码,赵某玲在其职责范围内也并不掌握,而系通过 PE 光盘启动公司网络部开发组组长骆某峰的电脑盗取而来,然后再在其自己的笔记本电脑上编写程序,秘密侵入横店影视城有限公司检售票系统,修改景区门票数据。可见,被告人赵某玲在获取景区门票收益过程中,未利用其职责范围内的便利,故其行为性质并非职务侵占而系盗窃。

(三)被告人赵某玲的行为同时触犯了破坏计算机信息系统罪和盗窃罪,根据刑法第二百八十七条之规定应当以盗窃罪定罪处罚。被告人赵某玲在窃取门票收益的过程中,非法侵入景点检售票系统并修改门票数据,同时触犯了破坏计算机信息系统罪和盗窃罪。其中,非法侵入景点检售票系统修改门票数据仅仅是手段行为,其目的在于随后进行的窃取门票收益,二者之间形成了典型的手段与目的的牵连关系。我国刑法尽管没有规定牵连犯的相关处理原则,但刑法理论与实务界均普遍接受“从一重定罪”原则。赵某玲等人获得的门票收益达到 42 000 元,从其所触犯的两项罪名的量刑来看,若认定为盗窃罪,属于数额巨大情形,依法应当判处三年以上十年以下有期徒刑,并处罚金;若认定为破坏计算机信息系统罪,则应当判处五年以上十五年以下有期徒刑。显然,以破坏计算机信息系统罪来认定的量刑要重于盗窃罪,根据牵连犯“从一重定罪”的原则,本来应当认定为破坏计算机信息系统罪。然而,针对具有牵连关系的两个行为,适用“从一重定罪”原则的前提是刑法没有例外规定。如果刑法存在例外规定,明确要求以其中某项罪名来认定或者要求并罚的,那么就只能按照刑法的规定来定罪。以《最高人民法院关于审理挪用公款案件具体应用法律若干问题的解释》为例,其第七条规定:国家工作人员挪用公款进行非法活动构成其他犯罪的,或者因挪用公款而索取、收受贿赂构成犯罪的,实行并罚。根据上述规定,行为人为了进行非法活动或者为了索取、收受他人贿赂而挪用公款,尽管二者之间存在手段与目的牵连关系,但是司法解释明确要求实行并罚,故不再适用“从一重定罪”原则。同样,我国刑法就利用计算机实施犯罪也作出了例外规定。刑法第二百八十七条规定:“利用计算机实施金融诈骗、盗窃、贪污、挪用公款、窃取国家秘密或者其他犯罪的,依照本法有关规定定罪处罚。”刑法之所以安排专门的条款作上述规定,是因为在司法实践中,行为人单纯出于报复、泄愤动机而破坏计算机信息系统的情况较为少见,更多的是通过实施破坏计算机信息系统行为来实现其他目的,由此很容易出现一个行为同时侵犯数个法益触犯不同罪名的情形。在此情况下,就面临着破坏计算机信息系统罪与其他犯罪是否数罪并罚,如果不并罚又应当选择何种罪名来认定的问题。根据刑法第二百八十七条之规定,凡是利用计算机来实施金融诈骗、盗窃、贪污、挪用公款、窃取国家秘密或者其他犯罪的,无论手段行为是否构成相关计算机犯罪,均应以金融诈骗罪、盗窃罪、贪污罪、挪用公款罪等目的犯罪定罪处罚。具体到本案,被告人赵某玲通过非法侵入景点检售票系统修改门票数据的方式,获取了价值 42 000 元的门票收益,同时构成破坏计算机信息系统罪和盗窃罪。因刑法第二百八十七条对此类行为规定了明确的处理意见,故审理法院依法以盗窃罪定罪处罚是正确的。需要指出的是,本案虽未对破坏计算机信息系统行为定罪处罚，但应当作为盗窃罪的情节在量刑时予以适当考虑。[参见第1202号指导案例，赵宏玲等盗窃案，载《刑事审判参考》总第110集，第58～62页。撰稿：聂昭伟]

第二百八十七条之一　【非法利用信息网络罪】利用信息网络实施下列行为之一，情节严重的，处三年以下有期徒刑或者拘役，并处或者单处罚金：

（一）设立用于实施诈骗、传授犯罪方法、制作或者销售违禁物品、管制物品等违法犯罪活动的网站、通讯群组的；

（二）发布有关制作或者销售毒品、枪支、淫秽物品等违禁物品、管制物品或者其他违法犯罪信息的；

（三）为实施诈骗等违法犯罪活动发布信息的。

单位犯前款罪的，对单位判处罚金，并对其直接负责的主管人员和其他直接责任人员，依照第一款的规定处罚。

有前两款行为，同时构成其他犯罪的，依照处罚较重的规定定罪处罚。（本条是根据《中华人民共和国刑法修正案（九）》之二十九增加的，自2015年11月1日起施行。）

■最高人民法院关于审理毒品犯罪案件适用法律若干问题的解释（2016年4月11日）

第十四条　利用信息网络，设立用于实施传授制造毒品、非法生产制毒物品的方法，贩卖毒品，非法买卖制毒物品或者组织他人吸食、注射毒品等违法犯罪活动的网站、通讯群组，或者发布实施前述违法犯罪活动的信息，情节严重的，应当依照刑法第二百八十七条之一的规定，以非法利用信息网络罪定罪处罚。

实施刑法第二百八十七条之一、第二百八十七条之二规定的行为，同时构成贩卖毒品罪、非法买卖制毒物品罪、传授犯罪方法罪等犯罪的，依照处罚较重的规定定罪处罚。

第十五条　本解释自2016年4月11日起施行。《最高人民法院关于审理毒品案件定罪量刑标准有关问题的解释》（法释〔2000〕13号）同时废止；之前发布的司法解释和规范性文件与本解释不一致的，以本解释为准。

■最高人民法院、最高人民检察院关于办理非法利用信息网络、帮助信息网络犯罪活动等刑事案件适用法律若干问题的解释（2019年11月1日）

第七条　刑法第二百八十七条之一规定的“违法犯罪”，包括犯罪行为和属于刑法分则规定的行为类型但尚未构成犯罪的违法行为。

第八条　以实施违法犯罪活动为目的而设立或者设立后主要用于实施违法犯罪活动的网站、通讯群组，应当认定为刑法第二百八十七条之一第一款第一项规定的“用于实施诈骗、传授犯罪方法、制作或者销售违禁物品、管制物品等违法犯罪活动的网站、通讯群组”。

第九条　利用信息网络提供信息的链接、截屏、二维码、访问账号密码及其他指引访问服务的，应当认定为刑法第二百八十七条之一第一款第二项、第三项规定的“发布信息”。

第十条　非法利用信息网络，具有下列情形之一的，应当认定为刑法第二百八十七条之一第一款规定的“情节严重”：

（一）假冒国家机关、金融机构名义，设立用于实施违法犯罪活动的网站的；

（二）设立用于实施违法犯罪活动的网站，数量达到三个以上或者注册账号数累计达到二千以上的；

（三）设立用于实施违法犯罪活动的通讯群组，数量达到五个以上或者群组成员账号数累计达到一千以上的；

（四）发布有关违法犯罪的信息或者为实施违法犯罪活动发布信息，具有下列情形之一的：

1. 在网站上发布有关信息一百条以上的；

2. 向二千个以上用户账号发送有关信息的;

3. 向群组成员数累计达到三千以上的通讯群组发送有关信息的;

4. 利用关注人员账号数累计达到三万以上的社交网络传播有关信息的;

(五)违法所得一万元以上的;

(六)二年内曾因非法利用信息网络、帮助信息网络犯罪活动、危害计算机信息系统安全受过行政处罚,又非法利用信息网络的;

(七)其他情节严重的情形。

第十一条　为他人实施犯罪提供技术支持或者帮助,具有下列情形之一的,可以认定行为人明知他人利用信息网络实施犯罪,但是有相反证据的除外:

(一)经监管部门告知后仍然实施有关行为的;

(二)接到举报后不履行法定管理职责的;

(三)交易价格或者方式明显异常的;

(四)提供专门用于违法犯罪的程序、工具或者其他技术支持、帮助的;

(五)频繁采用隐蔽上网、加密通信、销毁数据等措施或者使用虚假身份,逃避监管或者规避调查的;

(六)为他人逃避监管或者规避调查提供技术支持、帮助的;

(七)其他足以认定行为人明知的情形。

(第十三条至第十九条内容放在本书刑法第二百八十六条之一附文相同文件后)

第二百八十七条之二　【帮助信息网络犯罪活动罪】明知他人利用信息网络实施犯罪,为其犯罪提供互联网接入、服务器托管、网络存储、通讯传输等技术支持,或者提供广告推广、支付结算等帮助,情节严重的,处三年以下有期徒刑或者拘役,并处或者单处罚金。

单位犯前款罪的,对单位判处罚金,并对其直接负责的主管人员和其他直接责任人员,依照第一款的规定处罚。

有前两款行为,同时构成其他犯罪的,依照处罚较重的规定定罪处罚。(本条是根据《中华人民共和国刑法修正案(九)》之二十九增加的,自2015年11月1日起施行。)

■最高人民法院关于审理毒品犯罪案件适用法律若干问题的解释(2016年4月11日)

第十四条　利用信息网络,设立用于实施传授制造毒品、非法生产制毒物品的方法,贩卖毒品,非法买卖制毒物品或者组织他人吸食、注射毒品等违法犯罪活动的网站、通讯群组,或者发布实施前述违法犯罪活动的信息,情节严重的,应当依照刑法第二百八十七条之一的规定,以非法利用信息网络罪定罪处罚。

实施刑法第二百八十七条之一、第二百八十七条之二规定的行为,同时构成贩卖毒品罪、非法买卖制毒物品罪、传授犯罪方法罪等犯罪的,依照处罚较重的规定定罪处罚。

第十五条　本解释自2016年4月11日起施行。《最高人民法院关于审理毒品案件定罪量刑标准有关问题的解释》(法释〔2000〕13号)同时废止;之前发布的司法解释和规范性文件与本解释不一致的,以本解释为准。

■最高人民法院、最高人民检察院关于办理非法利用信息网络、帮助信息网络犯罪活动等刑事案件适用法律若干问题的解释(2019年11月1日)

第十二条　明知他人利用信息网络实施犯罪,为其犯罪提供帮助,具有下列情形之一的,应当认定为刑法第二百八十七条之二第一款规定的"情节严重":

(一)为三个以上对象提供帮助的;

(二)支付结算金额二十万元以上的;

(三)以投放广告等方式提供资金五万元以上的;

(四)违法所得一万元以上的;

(五)二年内曾因非法利用信息网络、帮助信息网络犯罪活动、危害计算机信息系统安全受过行政处罚,又帮助信息网络犯罪活动的;

(六)被帮助对象实施的犯罪造成严重后果的;

(七)其他情节严重的情形。

实施前款规定的行为,确因客观条件限制无法查证被帮助对象是否达到犯罪的程度,但相关数额总计达到前款第二项至第四项规定标准五倍以上,或者造成特别严重后果的,应当以帮助信息网络犯罪活动罪追究行为人的刑事责任。

(第十三条至第十九条内容放在本书刑法第二百八十六条之一附文相同文件后)

■最高人民法院、最高人民检察院、公安部关于办理电信网络诈骗等刑事案件适用法律若干问题的意见(二)(2021年6月17日)

七、为他人利用信息网络实施犯罪而实施下列行为,可以认定为刑法第二百八十七条之二规定的"帮助"行为:

(一)收购、出售、出租信用卡、银行账户、非银行支付账户、具有支付结算功能的互联网账号密码、网络支付接口、网上银行数字证书的;

(二)收购、出售、出租他人手机卡、流量卡、物联网卡的。

八、认定刑法第二百八十七条之二规定的行为人明知他人利用信息网络实施犯罪,应当根据行为人收购、出售、出租前述第七条规定的信用卡、银行账户、非银行支付账户、具有支付结算功能的互联网账号密码、网络支付接口、网上银行数字证书,或者他人手机卡、流量卡、物联网卡等的次数、张数、个数,并结合行为人的认知能力、既往经历、交易对象、与实施信息网络犯罪的行为人的关系、提供技术支持或者帮助的时间和方式、获利情况以及行为人的供述等主客观因素,予以综合认定。

收购、出售、出租单位银行结算账户、非银行支付机构单位支付账户,或者电信、银行、网络支付等行业从业人员利用履行职责或提供服务便利,非法开办并出售、出租他人手机卡、信用卡、银行账户、非银行支付账户等的,可以认定为《最高人民法院、最高人民检察院关于办理非法利用信息网络、帮助信息网络犯罪活动等刑事案件适用法律若干问题的解释》第十一条第(七)项规定的"其他足以认定行为人明知的情形"。但有相反证据的除外。

九、明知他人利用信息网络实施犯罪,为其犯罪提供下列帮助之一的,可以认定为《最高人民法院、最高人民检察院关于办理非法利用信息网络、帮助信息网络犯罪活动等刑事案件适用法律若干问题的解释》第十二条第一款第(七)项规定的"其他情节严重的情形":

(一)收购、出售、出租信用卡、银行账户、非银行支付账户、具有支付结算功能的互联网账号密码、网络支付接口、网上银行数字证书5张(个)以上的;

(二)收购、出售、出租他人手机卡、流量卡、物联网卡20张以上的。

十、电商平台预付卡、虚拟货币、手机充值卡、游戏点卡、游戏装备等经销商,在公安机关调查案件过程中,被明确告知其交易对象涉嫌电信网络诈骗犯罪,仍与其继续交易,符合刑法第二百八十七条之二规定的,以帮助信息网络犯罪活动罪追究刑事责任。同时构成其他犯罪的,依照处罚较重的规定定罪处罚。

(第十二条至第十七条内容放在本书刑法第二百八十六条之一附文相同文件后)

第二百八十八条　【扰乱无线电通讯管理秩序罪】违反国家规定,擅自设置、使用无线电台(站),或者擅自使用无线电频率,干扰无线电通讯秩序,情节严重的,处三年以下有期徒刑、拘役或者管制,并处或者单处罚金;情节特别严重的,处三年以上七年以下有期徒刑,并处罚金。(本款是根据《中华人民共和国刑法修正案(九)》之三十修改的,自 2015 年 11 月 1 日起施行。)

单位犯前款罪的,对单位判处罚金,并对其直接负责的主管人员和其他直接责任人员,依照前款的规定处罚。

刑法本条第一款原文:违反国家规定,擅自设置、使用无线电台(站),或者擅自占用频率,经责令停止使用后拒不停止使用,干扰无线电通讯正常进行,造成严重后果的,处三年以下有期徒刑、拘役或者管制,并处或者单处罚金。

■最高人民法院、最高人民检察院关于办理扰乱无线电通讯管理秩序等刑事案件适用法律若干问题的解释(2017 年 7 月 1 日)

第一条 具有下列情形之一的,应当认定为刑法第二百八十八条第一款规定的"擅自设置、使用无线电台(站),或者擅自使用无线电频率,干扰无线电通讯秩序":

(一)未经批准设置无线电广播电台(以下简称"黑广播"),非法使用广播电视专用频段的频率的;

(二)未经批准设置通信基站(以下简称"伪基站"),强行向不特定用户发送信息,非法使用公众移动通信频率的;

(三)未经批准使用卫星无线电频率的;

(四)非法设置、使用无线电干扰器的;

(五)其他擅自设置、使用无线电台(站),或者擅自使用无线电频率,干扰无线电通讯秩序的情形。

第二条 违反国家规定,擅自设置、使用无线电台(站),或者擅自使用无线电频率,干扰无线电通讯秩序,具有下列情形之一的,应当认定为刑法第二百八十八条第一款规定的"情节严重":

(一)影响航天器、航空器、铁路机车、船舶专用无线电导航、遇险救助和安全通信等涉及公共安全的无线电频率正常使用的;

(二)自然灾害、事故灾难、公共卫生事件、社会安全事件等突发事件期间,在事件发生地使用"黑广播""伪基站"的;

(三)举办国家或者省级重大活动期间,在活动场所及周边使用"黑广播""伪基站"的;

(四)同时使用三个以上"黑广播""伪基站"的;

(五)"黑广播"的实测发射功率五百瓦以上,或者覆盖范围十公里以上的;

(六)使用"伪基站"发送诈骗、赌博、招嫖、木马病毒、钓鱼网站链接等违法犯罪信息,数量在五千条以上,或者销毁发送数量等记录的;

(七)雇佣、指使未成年人、残疾人等特定人员使用"伪基站"的;

(八)违法所得三万元以上的;

(九)曾因扰乱无线电通讯管理秩序受过刑事处罚,或者二年内曾因扰乱无线电通讯管理秩序受过行政处罚,又实施刑法第二百八十八条规定的行为的;

(十)其他情节严重的情形。

第三条 违反国家规定,擅自设置、使用无线电台(站),或者擅自使用无线电频率,干扰无线电通讯秩序,具有下列情形之一的,应当认定为刑法第二百八十八条第一款规定的"情节特别严重":

(一)影响航天器、航空器、铁路机车、船舶专用无线电导航、遇险救助和安全通信等涉及公共安全的无线电频率正常使用,危及公共安全的;

(二)造成公共秩序混乱等严重后果的;

(三)自然灾害、事故灾难、公共卫生事件和社会安全事件等突发事件期间,在事件发生地使用"黑广播""伪基站",造成严重影响的;

(四)对国家或者省级重大活动造成严重影响的;

(五)同时使用十个以上"黑广播""伪基站"的;

（六）“黑广播”的实测发射功率三千瓦以上，或者覆盖范围二十公里以上的；

（七）违法所得十五万元以上的；

（八）其他情节特别严重的情形。

第八条　为合法经营活动，使用“黑广播”“伪基站”或者实施其他扰乱无线电通讯管理秩序的行为，构成扰乱无线电通讯管理秩序罪，但不属于“情节特别严重”，行为人系初犯，并确有悔罪表现的，可以认定为情节轻微，不起诉或者免予刑事处罚；确有必要判处刑罚的，应当从宽处罚。

第九条　对案件所涉的有关专门性问题难以确定的，依据司法鉴定机构出具的鉴定意见，或者下列机构出具的报告，结合其他证据作出认定：

（一）省级以上无线电管理机构、省级无线电管理机构依法设立的派出机构、地市级以上广播电视主管部门就是否系“伪基站”“黑广播”出具的报告；

（二）省级以上广播电视主管部门及其指定的检测机构就“黑广播”功率、覆盖范围出具的报告；

（三）省级以上航空、铁路、船舶等主管部门就是否干扰导航、通信等出具的报告。

对移动终端用户受影响的情况，可以依据相关通信运营商出具的证明，结合被告人供述、终端用户证言等证据作出认定。

第十条　本解释自2017年7月1日起施行。

■最高人民法院关于审理扰乱电信市场管理秩序案件具体应用法律若干问题的解释（2000年5月24日）

第五条　违反国家规定，擅自设置、使用无线电台（站），或者擅自占用频率，非法经营国际电信业务或者涉港澳台电信业务进行营利活动，同时构成非法经营罪和刑法第二百八十八条规定的扰乱无线电通讯管理秩序罪的，依照处罚较重的规定定罪处罚。

▽利用“伪基站”群发短信的行为，应以扰乱无线电通讯管理秩序罪定罪处罚

伪基站即假基站，是指未经批准设置的通信基站，设备一般由主机和笔记本电脑组成，通过短信群发器、短信发信机等相关设备，利用移动通信的缺陷，通过伪装成运营商的基站，冒用他人手机号码强行向以其为中心、一定半径范围内的手机发送诈骗、广告推销等短信息。“伪基站”的主要特点是可以随意更改发送的号码，可以选择尾号较好的号码，还可以使用尾数为“10086”或“95588”等特殊号码，使手机用户误以为是移动公司或工商银行发送的短信。如果被别有用心的组织或个人利用，冒用公众服务号码或权威部门名义编造发送虚假信息，造成的社会影响将难以估量。“伪基站”具有很强的流动性，可在汽车上使用，也可暂时放在一个地方使用，如临时放在银行附近发送诈骗短信，还可以不断改变使用地点，如在一个地方只放置一两天再变换地点等。利用“伪基站”设备实施的犯罪是一种新型犯罪，涉及地域广、社会危害大，严重危害国家通信安全，扰乱社会公共秩序，影响人民群众安全感。即便“伪基站”发送的垃圾短信没有危害，“伪基站”的存在本身也会对手机使用带来危害。运行“伪基站”时用户手机信号被强制连接到该设备上，无法正常使用运营商提供的服务，手机用户一般会暂时脱网（一般为8～12秒），而后恢复正常，部分手机用户则必须开关机才能重新入网。此外，它还会导致手机用户频繁地更新位置，使该区域的无线网络资源紧张并出现网络拥塞现象，影响用户的正常通信。

使用“伪基站”的行为在司法实践中，追究此类犯罪的法律适用上有一些困难。特别是根据修正前的刑法第二百八十八条规定，以扰乱无线电通讯管理秩序罪追究使用“伪基站”等行为的刑事责任存在一个很大的障碍，即该条规定需“经责令停止使用后拒不停止使用”的行政前置程序。这一前置程序在立法之初是为了避免司法权力的滥用和犯罪门槛过低，体现了刑法的谦抑性。但无线电事业发展到今天，一些不法分子认识到了这一领域的价值，他们利用无线电私设电台谋取非法利益，侵入电台、空管、公安甚至军队的专用无线电频率，造成了严重的危害。这导致两方面的问题：一方面，许多非法使用无线电频率的个人及组织具有很强的隐蔽性及流动性，行政机关难以查处，更难责令其停止使用；另一方面,许多违法行为被查处时往往都已造成较为严重的后果,行为的危害性很大,对其责令停止使用已不足以防止危害社会,反而更容易放纵违法和犯罪。在这样的情形下,为打击此类犯罪,最高人民法院、最高人民检察院、公安部、国家安全部于 2014 年 3 月 14 日发布的《关于依法办理非法生产销售使用“伪基站”设备案件的意见》(本附文以下简称《两高两部意见》)规定明确规定:非法使用“伪基站”设备干扰公用电信网络信号,危害公共安全的,依照刑法第一百二十四条第一款的规定,以破坏公用电信设施罪追究刑事责任;同时构成虚假广告罪、非法获取公民个人信息罪、破坏计算机信息系统罪、扰乱无线电通讯管理秩序罪的,依照处罚较重的规定追究刑事责任。除法律、司法解释另有规定外,利用“伪基站”设备实施诈骗等其他犯罪行为,同时构成破坏公用电信设施罪的,依照处罚较重的规定追究刑事责任。鉴于此,2015 年 8 月 29 日通过的刑法修正案(九),对刑法第二百八十八条的规定作了修改。修改后的扰乱无线电通讯管理秩序罪,是指违反国家规定,擅自设置、使用无线电台(站)或者擅自使用无线电频率,干扰无线电通讯秩序,情节严重的行为。然而,由于《两高两部意见》并未失效,司法实践中对于使用“伪基站”的行为如何定性仍然未能统一。一些法院仍然按《两高两部意见》定罪处罚,也有一些法院逐渐认定类似案件为扰乱无线电通讯管理秩序罪。其适用该罪名的主要理由是:(1)擅自设置“伪基站”发送垃圾短信,其主观意图是对电信用户实施诈骗,并非针对公用电信设施进行破坏;(2)其侵犯的客体是无线电通讯秩序,并非公共安全;(3)扰乱无线电通讯管理秩序罪的刑期设置较破坏公用电信设施罪更轻一些,按此罪名处理案件符合罪责刑相适应原则;(4)立法机关修改刑法第二百八十八条,意图就是为司法机关准确适用该条清除障碍,避免司法实践中继续将此类行为认定为破坏公用电信设施罪。基于实践中存在的这些情况,最高人民法院、最高人民检察院、公安部于 2016 年 12 月 19 日发布了《关于办理电信网络诈骗等刑事案件适用法律若干问题的意见》(本附文以下简称《两高一部意见》)。《两高一部意见》明确规定:“在实施电信网络诈骗活动中,非法使用‘伪基站—黑广播’,干扰无线电通讯秩序,符合刑法第二百八十八条规定的,以扰乱无线电通讯管理秩序罪追究刑事责任。同时构成诈骗罪的,依照处罚较重的规定定罪处罚。”在此基础上,2017 年 7 月 1 日起施行的《最高人民法院、最高人民检察院关于办理扰乱无线电通讯管理秩序等刑事案件适用法律若干问题的解释》(本附文以下简称《无线电通讯解释》)第一条明确规定五种情形之一的,应当认定为刑法第二百八十八条第一款规定的“擅自设置、使用无线电台(站),或者擅自使用无线电频率,干扰无线电通讯秩序”。至此,司法实践中的困惑和社会各界的有关争议,通过《无线电通讯解释》得到了统一。被告人李某剑、谢某光、王某飞利用“伪基站”群发短信的行为发生在 2016 年 4 月 2 日。此时,刑法修正案(九)已经开始实施。根据行为时的法律,对上述使用“伪基站”的行为应当以扰乱无线电通讯管理秩序罪定罪处罚。原审法院依照刑法第一百二十四条第一款及《公用电信设施解释》第一条第二项的规定,认定三被告人的行为构成破坏公用电信设施罪,属适用法律错误。本案在二审期间,《两高一部意见》于 2016 年 12 月 19 日发布并于 2016 年 12 月 20 日开始实施。二审法院认为,三被告人的行为并非直接针对公用电信设施本身进行破坏,而主要是破坏无线电通讯秩序,对公用电信设施本身并不会产生危害,符合扰乱无线电通讯管理秩序罪的犯罪构成,遂作出改判三被告人行为构成扰乱无线电通讯管理秩序罪的判决。需要说明的是,二审判决生效后,《无线电通讯解释》于 2017 年 7 月 1 日开始实施。该二审判决的内容与《无线电通讯解释》的相关规定精神是契合的。(参见第 1227 号指导案例,李雄剑等扰乱无线电通讯管理秩序案,载《刑事审判参考》总第 112 集,第 55 ~62 页。撰稿:陆建红 王秀斌)

第二百八十九条　【故意伤害罪】【故意杀人罪】【抢劫罪】聚众“打砸抢”,致人伤残、死亡的,依照本法第二百三十四条、第二百三十二条的规定定罪处罚。毁坏或者抢走公私财物的,除判令退赔外,对首要分子,依照本法第二百六十三条的规定定罪处罚。

■最高人民法院、最高人民检察院关于办理妨害预防、控制突发传染病疫情等灾害的刑事案件具体应用法律若干问题的解释(2003年5月15日)

第九条　在预防、控制突发传染病疫情等灾害期间,聚众"打砸抢",致人伤残、死亡的,依照刑法第二百八十九条、第二百三十四条、第二百三十二条的规定,以故意伤害罪或者故意杀人罪定罪,依法从重处罚。对毁坏或者抢走公私财物的首要分子,依照刑法第二百八十九条、第二百六十三条的规定,以抢劫罪定罪,依法从重处罚。

第十七条　人民法院、人民检察院办理有关妨害预防、控制突发传染病疫情等灾害的刑事案件,对于有自首、立功等悔罪表现的,依法从轻、减轻、免除处罚或者依法作出不起诉决定。

第十八条　本解释所称"突发传染病疫情等灾害",是指突然发生,造成或者可能造成社会公众健康严重损害的重大传染病疫情、群体性不明原因疾病以及其他严重影响公众健康的灾害。

第二百九十条　【聚众扰乱社会秩序罪】聚众扰乱社会秩序,情节严重,致使工作、生产、营业和教学、科研、医疗无法进行,造成严重损失的,对首要分子,处三年以上七年以下有期徒刑;对其他积极参加的,处三年以下有期徒刑、拘役、管制或者剥夺政治权利。(本款是根据《中华人民共和国刑法修正案(九)》之三十一修改的,自2015年11月1日起施行。)

【聚众冲击国家机关罪】聚众冲击国家机关,致使国家机关工作无法进行,造成严重损失的,对首要分子,处五年以上十年以下有期徒刑;对其他积极参加的,处五年以下有期徒刑、拘役、管制或者剥夺政治权利。

【扰乱国家机关工作秩序罪】多次扰乱国家机关工作秩序,经行政处罚后仍不改正,造成严重后果的,处三年以下有期徒刑、拘役或者管制。

【组织、资助非法聚集罪】多次组织、资助他人非法聚集,扰乱社会秩序,情节严重的,依照前款的规定处罚。(本条第三、四款是根据《中华人民共和国刑法修正案(九)》之三十一增加的,自2015年11月1日起施行。)

刑法本条第一款原文:聚众扰乱社会秩序,情节严重,致使工作、生产、营业和教学、科研无法进行,造成严重损失的,对首要分子,处三年以上七年以下有期徒刑;对其他积极参加的,处三年以下有期徒刑、拘役、管制或者剥夺政治权利。

第二百九十一条　【聚众扰乱公共场所秩序、交通秩序罪】聚众扰乱车站、码头、民用航空站、商场、公园、影剧院、展览会、运动场或者其他公共场所秩序,聚众堵塞交通或者破坏交通秩序,抗拒、阻碍国家治安管理工作人员依法执行职务,情节严重的,对首要分子,处五年以下有期徒刑、拘役或者管制。

▽聚众扰乱活动的造意者、煽动者应当认定为聚众扰乱交通秩序罪中的"首要分子"

聚众型犯罪是在首要分子的纠集下实施的一种犯罪类型,参与聚众型犯罪活动的人员可以分为三类,即除了首要分子外,还包括积极参与者和一般参与者。根据不同罪名,刑法规定了不同的刑罚处罚原则:一是规定三类参与人员均需负刑事责任,如煽动分裂国家罪;二是仅规定首要分子和积极参与者需负刑事责任,如聚众淫乱罪;三是仅规定首要分子需负刑事责任,积极参与者和一般参与者均不构成犯罪,本案中的聚众扰乱交通秩序罪即属此类。根据刑法第九十七条之规定,聚众犯罪中的首要分子是指在犯罪中"起组织、策划、指挥作用的犯罪分子"。所谓"组织",是指采用拉帮结派、煽动教唆等方式使他人产生冲动、狂热情绪,并借此将其纠集在一起。"策划"是指在聚众犯罪活动具体实施之前,对犯罪时间地点确定、犯罪采取的手段、各参与人员的分工等犯罪方案进行谋划的活动。"指挥"则是在犯罪实施之前和实施过程中统率调度、协调指使,其在聚众犯罪中处于核心地位。总之,聚众犯罪中的首要分子是聚众犯罪的犯意发动者、参与人员的聚集者、犯罪实施过程的指挥操控者,在整个犯罪中起着关键性作用。"组织、策划、指挥"为选择性要件,只需具备其中之一即可认定为"首要分子"。就本案而言,扰乱交通秩序的犯意发起者为被告人余某某,其借助上海荣欣酒店员工与所在酒店之间的矛盾,煽动、刺激、拉拢他人,应当认定为"组织者";后又与被告人尤某某等人协商堵塞交通的时间、地点、人员分工及具体采取的方式等事宜,属于对犯罪活动实施的策划行为,余某某和尤某某均应当认定为"策划者";尤某某又将犯罪计划传达给酒店员工,进行鼓动唆使、分工布置并现场坐镇指挥,负责扰乱活动现场的沟通协调,应当认定为"指挥者"。故余某某、尤某某均应当认定为本案聚众犯罪中的"首要分子",符合聚众扰乱交通秩序罪的主体特征。[参见第934指导案例,余胜利、尤庆波聚众扰乱交通秩序案,载《刑事审判参考》总第95集(2013年第6集),第96～97页。撰稿:施月玲　葛立刚]

▽聚众扰乱交通秩序罪中"情节严重"的司法认定

"情节严重"是构成聚众扰乱交通秩序罪的必备要件,本案被告人余某某、尤某某聚众堵塞交通的行为已达到"情节严重"的标准,应当以聚众扰乱交通秩序罪定罪处罚。聚众扰乱交通秩序罪不要求"聚众堵塞交通或者破坏交通秩序"达到情节严重的同时"抗拒、阻碍国家治安管理工作人员依法执行职务"也达到情节严重。本案被告人余某某、尤某某聚众堵塞交通,已达到情节严重的程度,且具有"抗拒、阻碍国家治安管理工作人员依法执行职务",故应当以聚众扰乱交通秩序罪追究二被告人的刑事责任。具体分析如下:

1."抗拒、阻碍国家治安管理工作人员依法执行职务"是必须齐备的构成要件行为,但不是必须达到情节严重的程度。根据刑法本条的规定,聚众扰乱交通秩序罪的客观要件中包含两类行为:其一,聚众堵塞交通或者破坏交通秩序,即纠集多人堵塞交通道路使过往车辆、行人不能顺利通过,或者故意以其他方法破坏正常的交通秩序,妨碍车辆、行人通行安全和便利。其二,抗拒、阻碍国家治安管理工作人员依法执行职务,即抗拒、阻碍依法执行治安管理职务的警察或其他国家机关工作人员依法维护交通秩序的行为。上述两种行为必须同时齐备,方可构成犯罪。首先,"抗拒、阻碍国家治安管理工作人员依法执行职务"在本罪中不是选择性行为,故不要求单行为达到情节严重的程度。从"抗拒、阻碍"的对象来看,"国家治安管理工作人员"就是指代表国家机关履行治安管理职责的人民警察以及治安队员、联防队员等,从身份性质角度而言,均属于国家机关工作人员。对于阻碍包括国家治安管理工作人员在内的国家机关工作人员履行职务的行为,刑法第二百七十七条规定的妨害公务罪已作了相关规定,即对这类情形的阻碍情形,行为人使用暴力、威胁方法,情节严重的,可以适用妨害公务罪的罪名。因此,对于"聚众堵塞交通或者破坏交通秩序"的情形,不必要求"抗拒、阻碍国家治安管理工作人员依法执行职务"也达到情节严重。其次,"抗拒、阻碍国家治安管理工作人员依法执行职务"不是复合实行行为,故不要求单行为达到情节严重的程度。复合实行行为是刑法理论界的一种分类。刑法规定的复合实行行为包括牵连式和递进式两类。在牵连式的复合实行行为中,诸要素行为之间存在手段与目的或者原因与结果的关系,且手段、原因行为在前,目的、结果行为在后,后一行为直接导致行为人追求的结果发生。如在抢劫罪中,暴力、胁迫为手段行为,取财为目的行为,正是取财行为直接导致被害人遭受财产损害,而行为人直接获得财产利益。在递进式的复合实行行为中,要素行为之间不存在手段与目的的关系,但要求前后承继、逐步推进,最终形成对客体的损害。典型的如诬告陷害罪,行为人捏造事实后,还必须实施后续的向司法机关等部门控告的行为。而在聚众扰乱交通秩序罪中,"聚众堵塞交通或者破坏交通秩序"与"抗拒、阻碍国家治安管理工作人员依法执行职务"之间显然不具有手段与目的、原因与结果的牵连关系,也不属于当然的递进关系。在排除"抗拒、阻碍国家治安管理工作人员依法执行职务"是复合实行行为的前提下,鉴于"聚众堵塞交通或者破坏交通秩序"行为一经实施就直接侵害到交通秩序这一客体,可以不对"抗拒、阻碍国家治安管理工作人员依法执行职务"的严重程度进行单独评价。即聚众扰乱交通秩序罪不要求"抗拒、阻碍国家治安管理工作人员依法执行职务"达到情节严重的程度。

2.聚众扰乱交通秩序个案中"情节严重"的认定。"情节严重"是一种概括性的定罪情节,体现了刑法对聚众扰乱交通秩序行为在入罪问题上的社会危害性程度要求。由于立法以及相关司法解释对

“情节严重”的认定标准未作出明确规定，司法实践中办案人员往往是通过对犯罪主体、主观恶性、侵害客体、客观行为等内容的综合分析，判断个案中的情节是否足以严重到应受刑事处罚的违法性程度。在聚众扰乱交通秩序案件中，比较通行的做法是，对具有交通堵塞严重、持续时间长、聚集人数多、社会影响恶劣、公私财产损失大、发生人员伤亡等情形的，都可以认定为聚众扰乱交通秩序罪中的“情节严重”。当然，具体个案中还应当根据个案的特殊情况进行个性化和综合性的分析。具体到本案中，认定被告人余某某、尤某某的行为是否达到“情节严重”，可以从以下三个方面进行分析：(1)犯罪动机。本罪的主观方面是故意，且行为人通常是通过聚众堵塞交通或者破坏交通秩序向有关单位或者部门施加压力，寻求解决相关问题。本案中，余某某、尤某某等人以索要6月的工资为由堵塞交通，但经审理查明，荣欣酒店的规章规定次月20日发放上月工资，而案发日为6月28日，还未到发工资日，因此根本不存在荣欣酒店拖欠工资的情况。实际情况是余某某、尤某某等人与荣欣酒店有人事纠纷，进而以讨要工资为名向荣欣酒店施压以实现个人目的。可见，余某某、尤某某等人的行为动机并不正当，相对于为索要被拖欠工资而实施的过激行为来说，体现的主观恶性要大得多。(2)聚集人数。聚众扰乱交通秩序罪为典型的聚众型犯罪，只处罚起组织、策划、指挥作用的首要分子，而对于积极参加者和其他一般参加者一般不以犯罪论处。因此，在客观要件上，不仅要求行为人自己实施扰乱交通秩序的行为，还要求其纠集特定或者不特定的多人于一定时间聚集于一定的地点，共同实施特定的扰乱交通行为。可见，聚集人数的多少是认定情节是否严重的重要因素之一。本案中，余某某、尤某某策划并组织了荣欣酒店厨房内工作人员近四十人截堵交通，从聚集人数分析，可以认定为情节严重。(3)行为影响。具体包括交通被堵塞的严重程度、交通秩序的混乱程度及持续时间、社会影响等方面，这是聚众扰乱交通秩序罪对交通秩序这一客体侵害的最直接体现，也是反映个案情节是否严重的最重要的考量因素。余某某、尤某某等人在上海市四川北路商业街上海市第一人民医院分院门口至四川北路1851号荣欣酒店门口处一字排开，将马路车行道横向截断，造成该时段四川北路沿线海伦西路至溧阳路段严重拥堵，车辆无法通行约十五分钟，造成交通秩序严重混乱，社会影响恶劣。

综上，本案被告人余某某、尤庆渡聚众扰乱交通秩序的行为符合“情节严重”的认定标准，且具有“抗拒、阻碍国家治安管理工作人员依法执行职务”的表现，应当追究其聚众扰乱交通秩序罪的刑事责任。[参见第934指导案例，余胜利、尤庆波聚众扰乱交通秩序案，载《刑事审判参考》总第95集(2013年第6集)，第97～100页。撰稿：施月玲　葛立刚]

第二百九十一条之一　【投放虚假危险物质罪】【编造、故意传播虚假恐怖信息罪】投放虚假的爆炸性、毒害性、放射性、传染病病原体等物质，或者编造爆炸威胁、生化威胁、放射威胁等恐怖信息，或者明知是编造的恐怖信息而故意传播，严重扰乱社会秩序的，处五年以下有期徒刑、拘役或者管制；造成严重后果的，处五年以上有期徒刑。(本条是根据《中华人民共和国刑法修正案(三)》之八增加的，自2001年12月29日起施行)

【编造、故意传播虚假信息罪】编造虚假的险情、疫情、灾情、警情，在信息网络或者其他媒体上传播，或者明知是上述虚假信息，故意在信息网络或者其他媒体上传播，严重扰乱社会秩序的，处三年以下有期徒刑、拘役或者管制；造成严重后果的，处三年以上七年以下有期徒刑。(本款是根据《中华人民共和国刑法修正案(九)》之三十二增加的，自2015年11月1日起施行。)

■最高人民法院关于审理编造、故意传播虚假恐怖信息刑事案件适用法律若干问题的解释(全文)(2013年9月30日)

第一条　编造恐怖信息，传播或者放任传播，严重扰乱社会秩序的，依照刑法第二百九十一条之一的规定，应认定为编造虚假恐怖信息罪。

明知是他人编造的恐怖信息而故意传播，严重扰乱社会秩序的，依照刑法第二百九十一条之一的规定,应认定为故意传播虚假恐怖信息罪。

第二条　编造、故意传播虚假恐怖信息,具有下列情形之一的,应当认定为刑法第二百九十一条之一的“严重扰乱社会秩序”:

(一)致使机场、车站、码头、商场、影剧院、运动场馆等人员密集场所秩序混乱,或者采取紧急疏散措施的;

(二)影响航空器、列车、船舶等大型客运交通工具正常运行的;

(三)致使国家机关、学校、医院、厂矿企业等单位的工作、生产、经营、教学、科研等活动中断的;

(四)造成行政村或者社区居民生活秩序严重混乱的;

(五)致使公安、武警、消防、卫生检疫等职能部门采取紧急应对措施的;

(六)其他严重扰乱社会秩序的。

第三条　编造、故意传播虚假恐怖信息,严重扰乱社会秩序,具有下列情形之一的,应当依照刑法第二百九十一条之一的规定,在五年以下有期徒刑范围内酌情从重处罚:

(一)致使航班备降或返航;或者致使列车、船舶等大型客运交通工具中断运行的;

(二)多次编造、故意传播虚假恐怖信息的;

(三)造成直接经济损失二十万元以上的;

(四)造成乡镇、街道区域范围居民生活秩序严重混乱的;

(五)具有其他酌情从重处罚情节的。

第四条　编造、故意传播虚假恐怖信息,严重扰乱社会秩序,具有下列情形之一的,应当认定为刑法第二百九十一条之一的“造成严重后果”,处五年以上有期徒刑:

(一)造成三人以上轻伤或者一人以上重伤的;

(二)造成直接经济损失五十万元以上的;

(三)造成县级以上区域范围居民生活秩序严重混乱的;

(四)妨碍国家重大活动进行的;

(五)造成其他严重后果的。

第五条　编造、故意传播虚假恐怖信息,严重扰乱社会秩序,同时又构成其他犯罪的,择一重罪处罚。

第六条　本解释所称的“虚假恐怖信息”,是指以发生爆炸威胁、生化威胁、放射威胁、劫持航空器威胁、重大灾情、重大疫情等严重威胁公共安全的事件为内容,可能引起社会恐慌或者公共安全危机的不真实信息。

■最高人民法院、最高人民检察院关于办理妨害预防、控制突发传染病疫情等灾害的刑事案件具体应用法律若干问题的解释(2003年5月15日)

第十条(第一款)　编造与突发传染病疫情等灾害有关的恐怖信息,或者明知是编造的此类恐怖信息而故意传播,严重扰乱社会秩序的,依照刑法第二百九十一条之一的规定,以编造、故意传播虚假恐怖信息罪定罪处罚。

第十七条　人民法院、人民检察院办理有关妨害预防、控制突发传染病疫情等灾害的刑事案件,对于有自首、立功等悔罪表现的,依法从轻、减轻、免除处罚或者依法作出不起诉决定。

第十八条　本解释所称“突发传染病疫情等灾害”,是指突然发生,造成或者可能造成社会公众健康严重损害的重大传染病疫情、群体性不明原因疾病以及其他严重影响公众健康的灾害。

■最高人民法院、最高人民检察院、公安部、司法部关于依法惩治妨害新型冠状病毒感染肺炎疫情防控违法犯罪的意见(2020年2月6日)

二、准确适用法律,依法严惩妨害疫情防控的各类违法犯罪

(六)依法严惩造谣传谣犯罪。编造虚假的疫情信息,在信息网络或者其他媒体上传播,或者明知

是虚假疫情信息,故意在信息网络或者其他媒体上传播,严重扰乱社会秩序的,依照刑法第二百九十一条之一第二款的规定,以编造、故意传播虚假信息罪定罪处罚。

对虚假疫情信息案件,要依法、精准、恰当处置。对恶意编造虚假疫情信息,制造社会恐慌,挑动社会情绪,扰乱公共秩序,特别是恶意攻击党和政府,借机煽动颠覆国家政权、推翻社会主义制度的,要依法严惩。对于因轻信而传播虚假信息,危害不大的,不以犯罪论处。

(十)依法严惩妨害疫情防控的违法行为……

对于在疫情防控期间实施有关违法犯罪的,要作为从重情节予以考量,依法体现从严的政策要求,有力惩治震慑违法犯罪,维护法律权威,维护社会秩序,维护人民群众生命安全和身体健康。

●编造、故意传播虚假恐怖信息罪的认定

编造、故意传播虚假恐怖信息罪是选择性罪名。编造恐怖信息以后向特定对象散布,严重扰乱社会秩序的,构成编造虚假恐怖信息罪。编造恐怖信息以后向不特定对象散布,严重扰乱社会秩序的,构成编造、故意传播虚假恐怖信息罪。

对于实施数个编造、故意传播虚假恐怖信息行为的,不实行数罪并罚,但应当将其作为量刑情节予以考虑。(参见最高人民检察院第3批指导性案例9号,李泽强编造、故意传播虚假恐怖信息案,2013年5月27日发布。)

●编造虚假恐怖信息罪与严重扰乱社会秩序的认定

关于编造虚假恐怖信息造成"严重扰乱社会秩序"的认定,应当结合行为对正常的工作、生产、生活、经营、教学、科研等秩序的影响程度、对公众造成的恐慌程度以及处置情况等因素进行综合分析判断。对于编造、故意传播虚假恐怖信息威胁民航安全,引起公众恐慌,或者致使航班无法正常起降的,应当认定为"严重扰乱社会秩序"。(参见最高人民检察院第3批指导性案例10号,卫学臣编造虚假恐怖信息案,2013年5月27日发布。)

●编造虚假恐怖信息罪择一重罪处断

对于编造虚假恐怖信息造成有关部门实施人员疏散,引起公众极度恐慌的,或者致使相关单位无法正常营业,造成重大经济损失的,应当认定为"造成严重后果"。

以编造虚假恐怖信息的方式,实施敲诈勒索等其他犯罪的,应当根据案件事实和证据情况,择一重罪处断。(参见最高人民检察院第3批指导性案例11号,袁才彦编造虚假恐怖信息案,2013年5月27日发布。)

▽恐怖信息的认定

恐怖信息是指足以使社会公众产生恐慌心理,致使工作、生产、营业、教学和科研活动无法正常进行,引起社会秩序混乱的信息。[参见第398号案例,黄旭、李雁编造虚假恐怖信息案,载《刑事审判参考》总第50集(2006年第3集),法律出版社,第38页。执笔:于同志]

▽编造他人患有"非典型肺炎"症状的虚假事实,应认定为"编造虚假的恐怖信息"

只要足以使社会公众产生恐惧并可能在一定范围内引起公众恐慌,严重扰乱社会秩序的虚假信息,都可以认定为"恐怖信息"。因"非典型肺炎"的传染性和治疗的困难性,在"非典型肺炎"疫情流行期间,编造他人患有"非典型肺炎"症状,在客观上引起了一定范围内有关人员的恐慌心理,严重影响了该区域内的正常社会秩序的,应当认定为"编造虚假的恐怖信息"。[参见第398号案例,黄旭、李雁编造虚假恐怖信息案,载《刑事审判参考》总第50集(2006年第3集),法律出版社,第38~39页。执笔:于同志]

▽恐怖信息的"编造行为"与"传播行为"的关系界定、定罪与处罚

编造、故意传播虚假恐怖信息罪,是选择性罪名,但在罪名适用上具有特殊性。严重扰乱社会秩序是构成编造虚假恐怖信息罪的必要条件,只有编造而无传播行为,显然不可能严重扰乱秩序,也就难以成立犯罪。故根据刑法本条的规定,对于编造虚假恐怖信息并故意传播所编造的虚假恐怖信息行为,只认定编造虚假恐怖信息罪,无须认定编造、故意传播虚假恐怖信息罪。刑法本条规定的“编造虚假恐怖信息罪”和“故意传播虚假恐怖信息罪”是两种不同的犯罪类型。“故意传播虚假恐怖信息罪”中的“传播”,实际上有着确定的含义,即传播他人编造的虚假恐怖信息,也就是说行为人是虚假恐怖信息的传播者,而不是编造者。对既实施了编造并传播所编造的虚假恐怖信息的行为同时又实施了明知是他人编造的虚假恐怖信息而故意予以传播的行为,且已严重扰乱社会秩序的,以“编造、故意传播虚假恐怖信息罪”定罪处罚。[参见第398号案例,黄旭、李雁编造虚假恐怖信息案,载《刑事审判参考》总第50集(2006年第3集),法律出版社,第39~40页。执笔:于同志]

▽编造、故意传播虚假恐怖信息严重扰乱社会秩序的认定

根据刑法、刑事政策综合考虑,对于因行为人编造、故意传播虚假恐怖信息致使国家机关、社会团体、企事业单位正常的工作、生产、经营、教学、科研等秩序被迫停止或者中断一定时间;或者因行为人编造、故意传播虚假恐怖信息引起一定区域内的社会公众心理恐慌,感到自身安全受到威胁,无法正常地生活、学习和工作;或者因行为人编造、故意传播虚假恐怖信息导致公安、武警、卫生检疫等国家职能机关的正常工作秩序受到严重干扰、破坏,如公安机关出动大量警员对可疑区域进行查爆排险的,等等,可以认定编造、故意传播虚假恐怖信息,严重扰乱社会秩序。[参见第398号案例,黄旭、李雁编造虚假恐怖信息案,载《刑事审判参考》总第50集(2006年第3集),法律出版社,第40~41页。执笔:于同志]

▽编造、故意传播虚假恐怖信息造成后果严重的认定

对于是否造成严重后果,一般可以从人员伤亡、财产损失、社会恐慌程度等方面认定。如行为人在公众集会、节日游园会等人群聚集的公共场所编造、故意传播虚假恐怖信息,引起秩序大乱,导致人群相互拥挤、践踏而发生死亡的;行为人实施的编造、故意传播虚假恐怖信息的行为在社会上引起了极度恐慌,致使工作、生产、营业和教学、科研无法正常进行,造成重大经济损失的。对于被害人(单位)提出的财产损失清单及数额应当逐一审查确认,必要时应通过财产价值评估等鉴定程序确认。[参见第398号案例,黄旭、李雁编造虚假恐怖信息案,载《刑事审判参考》总第50集(2006年第3集),法律出版社,第41页。执笔:于同志]

▽编造、故意传播虚假恐怖信息“严重扰乱社会秩序”和“造成严重后果”的认定

从编造虚假恐怖信息罪的犯罪构成上看,此罪并非行为犯,而是结果犯,行为人是否“严重扰乱社会秩序”是区分罪与非罪的重要界限,对于尚未达到严重扰乱社会秩序的编造虚假恐怖信息的行为,不应认定为犯罪,可依照其他法律法规的相关规定予以行政拘留或罚款。编造虚假恐怖信息,引起社会恐慌,致使工作、生产、营业和教学、科研活动无法正常进行,属于“严重扰乱社会秩序”。当造成有关部门实施人员疏散行动时,则行为人的行为不仅侵犯了被害单位的正常工作、生产、营业和教学、科研秩序,也导致公安、消防、卫生防疫等国家职能部门的正常工作秩序被严重干扰、破坏,并耗费了大量的人力、物力,其行为具有更大的社会危害性,造成的后果也更加严重。因此,编造虚假恐怖信息,造成有关部门实施人员疏散行动的,应认定为“造成严重后果”。本案行为人采用编造虚假爆炸威胁的方法,前后共向6家企事业单位勒索钱财,除两家单位未予理睬,尚未造成严重扰乱社会秩序的后果,不单独成立编造虚假恐怖信息罪,但可作为量刑情节予以考虑外,行为人的行为造成其余单位正常的工作、经营秩序被迫中断,公安部门出动大量的人力、物力,对多家单位进行人员疏散,后果严重。需要特别指出的是,编造虚假恐怖信息罪侵犯的客体是社会管理秩序,从犯罪手段上讲一般不足以对公共安全,即不特定人的生命、身体、健康或重大公私财产造成实际的危害。而对于行为人编造虚假恐怖信息在公众场合传播,如在公众集会、节日游园等人群密集场所,编造虚假恐怖信息,引起秩序大乱,造成人员践踏死伤的,属于严重危害公共安全的行为,如果行为人明知或足以认识到自己的行为会造成人员践踏死伤的后果，仍然希望或放任该危害结果发生的，应定性为以危险方法危害公共安全罪。（此项认定与《刑事审判参考》总第50集（2006年第3集），第398号案例认定相矛盾，编著者认为此行为应依法定性为以危险方法危害公共安全罪。——编著者注）[参见第372号案例，袁才彦编造虚假恐怖信息案，载《刑事审判参考》总第47集（2005年第6集），法律出版社，第32～33页。执笔：杲祥华　费琦]

▽以编造爆炸威胁等恐怖信息的方式向有关单位进行敲诈勒索的，属于想象竞合犯，从一重处

以编造虚假恐怖信息的方式实施敲诈勒索的行为中，行为人只实施了一个行为，该行为具有多重属性，触犯了两个罪名，属于想象竞合犯，应按行为所触犯的罪名中的一个重罪论处，即以编造虚假恐怖信息定罪处罚。想象竞合犯，也称想象的数罪、观念的竞合、一行为数法，是指一个行为触犯数个罪名的情况，属于"实质的一罪"。在以编造虚假恐怖信息的方式实施敲诈勒索的行为中，行为人往往就是打了个电话，编造爆炸威胁、投毒威胁等恐怖信息进行敲诈勒索，从一般普通人的观念认识上进行观察和评价，可以得出行为人只实施了打电话一个行为的结论，不能因为该行为具有多重属性，符合编造虚假恐怖信息罪和敲诈勒索罪的犯罪构成，而机械地分割成编造虚假恐怖信息和勒索财物两个行为。与之相比较，假如，行为人通过投放虚假危险物质的方式实施敲诈勒索，那么基于自然的观察，从时间和空间上看，行为人实际上实施了两个行为，即投放虚假危险物质的行为（手段行为）和威胁他人勒索财物的行为（目的行为），分别触犯了投放虚假危险物质罪和敲诈勒索罪，且具有牵连关系，符合牵连犯的特征。因此，以编造虚假恐怖信息的方式实施敲诈勒索的，行为人只实施了一个行为，该行为具有多重属性，触犯了两个罪名，符合想象竞合犯的特征，应按该行为所触犯的罪名中的一个重罪论处。《刑法修正案（三）》不属于特别刑法的范畴，特别刑法是在特定范围内适用的刑法，特别刑法的效力，或者仅及于具有特定身份的人，或者仅及于特定地域，或者仅及于特定犯罪。对于恐怖活动犯罪，我国刑法仅规定建立恐怖组织的犯罪，即对组织、领导、参加恐怖活动组织专门规定为犯罪，对于具体的恐怖活动行为则分别按照刑法相关规定定罪处罚，并没有对恐怖活动犯罪作出特别刑法意义上的特殊规定。针对目前恐怖主义活动在犯罪手段上出现的新特点，《刑法修正案（三）》对刑法作出进一步的完善，其中涉及修改刑法条文的有6条，新增条文2条，并没有改变我国刑法对恐怖活动犯罪的法律规定的形式，即没有针对实施恐怖活动性质的犯罪行为作出具体的规定，依旧分别按照刑法相关规定定罪处罚。《刑法修正案（三）》第八条规定的新增两个罪名投放虚假危险物质罪和编造虚假恐怖信息罪，从形式上来看，属于刑法第二百九十一条的特别条款；从内容上来看，该罪侵犯的客体是社会管理秩序，行为人投放虚假危险物质或编造虚假恐怖信息，在社会上造成恐怖气氛，引起社会秩序的混乱，从犯罪手段上讲一般不足以对公共安全，即不特定人的生命、身体、健康或重大公私财产造成实际的危害，与实施恐怖活动危害公共安全的性质是有区别的。只适用编造虚假恐怖信息罪，而排除适用敲诈勒索罪，在量刑上会造成罪刑不均衡的现象，即不符合罪刑相适应的原则，也不符合对于具体的恐怖活动行为分别按照刑法相关规定定罪处罚的立法精神。[参见第372号案例，袁才彦编造虚假恐怖信息案，载《刑事审判参考》总第47集（2005年第6集），法律出版社，第30～32页。执笔：杲祥华　费琦]

▽编造虚假恐怖信息罪的法律适用

对刑法修正案（三）以后发生的编造虚假恐怖信息行为按修正后的刑法第二百九十一条之一处罚，对发生在刑法修正案（三）第八条颁布实施前的同类行为应依据最高人民法院、最高人民检察院、公安部于2001年11月2日联合作出了《依法严厉打击恐怖犯罪活动的通知》（本附文以下简称《通知》）精神和刑法第十二条第一款和第二百九十一条之一的规定处罚。《通知》对散布、邮寄、投放虚假的炭疽、霍乱等传染病病菌、病毒或者其他危险品，制造、散布恐怖谣言，投寄恐吓信件、物品，拨打恐吓电话，散发恐吓传单，张贴恐怖标语，或者实施其他恐吓行为的，应当如何适用法律分别作出了规定。其中规定制造恐怖气氛，造成公众心理恐慌，危害公共安全的，依照刑法第一百一十四条的规定追究刑事责任。行为人从媒体上得知在美国发生劫机撞毁世贸中心大厦的恐怖事件，其对该事件性质及所造成的损失非常清楚。在这一敏感时期,行为人在明知其拨打电话谎称客机撞毁大厦恐吓电话,将会造成恐怖气氛,导致公众心理恐慌,扰乱社会正常秩序.但其仍然分别向上海、深圳两地公安机关拨打电话,编造有人将劫机撞毁上海金茂大厦、深圳世贸中心大厦的虚假恐怖信息。由于美国“9·11”遭恐怖袭击的事件在世界范围内造成不安定因素,时值上海又面临召开“APEC”高峰会议,行为人的恐怖电话给上海、深圳两地公安机关以及机场安保部门、客机正常运营、旅客出入航空港均造成很大影响。根据《通知》规定的精神,对行为人可依照刑法第一百一十四条规定以危险方法危害公共安全罪在三年以上十年以下有期徒刑幅度内追究其刑事责任。在本案审理过程中,2001年12月29日全国九届人大第25次会议通过并颁布刑法修正案(三),决定在刑法第二百九十一条聚众扰乱公共场所秩序、交通秩序罪后增加一条,作为条文之一,即“投放虚假的爆炸性、毒害性、放射性、传染病病原体等物质,或者编造爆炸威胁、生化威胁、放射威胁等恐怖信息,或者明知是编造的恐怖信息而故意传播,严重扰乱社会秩序的,处五年以下有期徒刑、拘役或者管制;造成严重后果的处五年以上有期徒刑”。根据本案事实及具体情节,按刑法第十二条第一款从旧兼从轻原则及最高人民法院《关于适用刑法第十二条几个问题的解释》(法释〔1997〕12号)的规定,两者相比较,刑法修正案(三)第八条规定的此项犯罪尚未造成严重后果的法定刑比同样犯罪的刑法第一百一十四条处罚要轻,故对于发生在刑法修正案(三)之前若尚未处理,亦未有法定严重后果的案件,应当适用刑法修正案(三)第八条的规定处罚。在本案诉讼过程中,最高人民法院、最高人民检察院联合颁布的《关于执行〈中华人民共和国刑法〉确定罪名的补充规定》于2002年3月26日起施行。司法解释对刑法修正案(三)第八条涉及的罪名确定为“投放虚假危险物质罪”和“编造、故意传播虚假恐怖信息罪”。其中编造、故意传播虚假恐怖信息罪是选择性罪名,可根据具体案情适用,但不实行数罪并罚。行为人不但编造了有人劫机欲撞毁上海金茂大厦、深圳世贸中心等虚假信息,且通过电话分别向上海、深圳两地的公安机关散布,但行为人拨打恐怖电话的对象是特定的公安机关,并未向公众传播,尚未造成大范围的社会公众恐慌,行为人的行为属于编造虚假的恐怖信息,尚未达到向社会散布的程度,故对行为人应依法认定为编造虚假恐怖信息罪。假如行为人是针对不特定的单位或公众传播,则应以编造、故意传播虚假恐怖信息罪处罚。[参见第207号案例,金建平编造虚假恐怖信息案,载《刑事审判参考》总第28辑(2002年第5辑),法律出版社,第64～69页。执笔:张华]

▽虚假地震信息属于虚假恐怖信息

刑法本条明确将具有爆炸威胁、生化威胁、放射威胁虚假内容的信息列为恐怖信息,但刑法并未将恐怖信息限于具有爆炸威胁、生化威胁、放射威胁内容的信息,而是采取了用“等”这一列举加兜底型条款的立法例。据此,从刑法本条保护的法益出发,该条规定的“恐怖信息”并不等于恐怖主义信息,更不能将其等同于恐怖主义。“恐怖”一词,是指“由于生命受到威胁而引起的恐惧”。这里的恐怖信息,应是指足以使社会公众产生生命安全受到威胁的恐慌心理,致使工作、生产、营业、教学和科研活动无法正常进行,引起社会秩序混乱的信息。恐怖信息的恐怖性在于知悉该信息的公众,会产生受到生命安全威胁的恐惧并容易进而采取相应的诸如逃难、不敢从事正常的工作、生产、营业、教学、科研活动,甚至可能会导致公安、武警等国家职能机关采取出警应对行动等,从而使社会正常的生产、生活秩序受到严重干扰、破坏。因此,只要足以使社会公众产生受到威胁的恐惧并可能在一定范围内引起公众恐慌、严重扰乱社会秩序的虚假信息,都可以认定为刑法本条规定的“恐怖信息”。就本案而言,被告人侵入陕西省地震局网站信息发布页面,编造并传播虚假地震信息的时间是2008年5月29日20时53分。此时,距“5·12”汶川特大地震(2008年5月12日发生在四川省的特大地震。——编著者注)发生才17天,陕西省部分地区仍余震不断,地震是否会再次发生及在什么范围内发生是一个不确定但人民群众十分敏感的问题。自5月12日后的一段时期内,政府相关部门一直高度紧张,严阵以待,及时通过多种渠道发布相关地震信息,安抚群众的恐慌情绪,避免社会秩序的混乱,保障公民的正常生产、生活秩序。在这种特殊时期,被告人编造并发布的虚假地震信息使得民众产生了强烈的恐慌心理,扰乱了群众正常的生产、生活秩序,引起了社会秩序的混乱。因此,该虚假的地震信息完全具备虚假恐怖信息的实质特征,属于虚假恐怖信息的范畴。[参见第559号指导案例,贾志攀编造、故意传播虚假恐怖信息案,载《刑事审判参考》总第68集(2009年第3集),第36~37页。撰稿:杨军　高伟　刘民利　张鹏]

▽编造、故意传播虚假恐怖信息罪以"严重扰乱社会秩序"为构罪条件

刑法本条规定,是否"严重扰乱社会秩序"是区分编造、故意传播恐怖信息行为罪与非罪的重要界限。该罪的第二档刑要求"造成严重后果",主要是指由于编造恐怖信息或者明知是编造的恐怖信息在公众场合传播,引起秩序大乱,造成死伤或重大公私财产损失等严重后果发生等情况。据此,从刑法对编造、故意传播虚假恐怖信息罪的规定来看,此罪并非行为犯,而是结果犯,对于一些客观上虽然造成了一定的社会危害,但尚未达到严重扰乱社会秩序程度的编造、故意传播虚假恐怖信息行为不宜认定为本罪。如何判断是否"严重扰乱社会秩序",一般可以根据虚假恐怖信息的恐怖程度、对社会公众的误导程度、传播范围大小以及公众知悉虚假恐怖信息后的反应、引起社会秩序的混乱程度等因素来判断。在司法实践中,对于因行为人编造、故意传播虚假恐怖信息致使国家机关、社会团体、企事业单位正常的工作、生产、经营、教学、科研等秩序被迫停止或中断一定时间;或者因行为人编造、故意传播虚假恐怖信息引起一定区域内的社会公众心理恐慌,感到自身安全受到威胁,无法正常地生活、学习和工作;或者因行为人编造、故意传播虚假恐怖信息导致公安、武警、卫生检疫等国家职能机关的正常工作秩序受到严重干扰、破坏,如公安机关出动大量警力对可疑区域进行查爆排险等,均可以认定为编造、故意传播的虚假恐怖信息已经严重扰乱了社会秩序。本案中的被告人在汶川特大地震发生后、陕西省部分地区余震不断的特殊时期,侵入作为地震权威信息来源的陕西省地震局网站信息发布页面,利用公众对国家事务计算机信息系统的信任,发布了标题为"今晚23:30陕西等地有强烈地震发生"的虚假地震信息,使该信息在传播范围非常广泛的国际互联网传播,仅在信息发布的10分钟内,点击量就达767人次。该信息的编造和传播,借助于互联网和发达的通讯工具载体,使不明真相的人们在得知信息的第一时间内相互转告,引起了人们的极大恐慌,不少市民纷纷采取防震避震措施,甚至出现了一时社会秩序的严重混乱。5月29日深夜,西安、汉中、渭南、宝鸡等陕西各大城市的广场、公园、街道、操场等空旷地带上,挤满了不少出门"避震"的人们,陕西省境内的高速公路上也一度车满为患,交通拥挤,引起了混乱。地震局网站也一度被迫关闭,更是加剧了人们的担忧。政府相关部门为了辟谣,通过网站、短信发布了大量信息,也花费了大量的人力、物力。因此,被告人编造、故意传播虚假地震信息的行为,已经严重地扰乱了人民群众的正常生产、生活秩序,达到了构成犯罪的程度,应予以刑罚处罚。[参见第559号指导案例,贾志攀编造、故意传播虚假恐怖信息案,载《刑事审判参考》总第68集(2009年第3集),第37~38页。撰稿:杨军　高伟　刘民利　张鹏]

▽侵入国家事务领域的计算机信息系统编造虚假地震信息的,以编造虚假恐怖信息罪处罚

被告人为了发布虚假的地震信息,利用所掌握的计算机知识,通过自己的电脑,控制了西安欧亚学院学校机房的网络服务器,对陕西省地震局网站进行网络攻击。在破解了陕西省地震局网站的用户名和密码后,被告人侵入该网站信息发布页面。根据刑法第二百八十五条的规定,其侵入属于国家事务计算机系统的陕西省地震局网站的行为,已经构成了非法侵入计算机信息系统罪。但是,其非法侵入计算机信息系统的行为,是编造、发布虚假恐怖信息的手段行为,与编造、发布虚假恐怖信息的犯罪行为之间属于目的和手段的牵连关系,属于牵连犯。在刑法理论和司法实践中,对于牵连犯的处罚,一般采取"从一重罪"进行处罚的原则。因为编造虚假恐怖信息罪的法定刑比非法侵入计算机信息系统罪的法定刑重,故在本案中应以编造虚假恐怖信息罪对被告人进行定罪量刑。[参见第559号指导案例,贾志攀编造、故意传播虚假恐怖信息案,载《刑事审判参考》总第68集(2009年第3集),第38~39页。撰稿:杨军　高伟　刘民利　张鹏]

▽编造虚假恐怖信息罪中"造成严重后果"的认定

从罪状分析,编造虚假恐怖信息罪是结果犯,行为人实施的编造虚假恐怖信息行为只有造成严重扰乱社会秩序的结果,才能追究刑事责任。正确把握编造虚假恐怖信息罪中"造成严重后果"的认定标准,是处理本案的关键。司法机关在处理此类案件时,应当报据刑法规定、刑事政策,结合案情具体掌握。

"严重扰乱社会秩序",主要是指编造虚假恐怖信息引起社会恐慌,致使工作、生产、经营、教学、科研等活动无法正常进行,这是区分罪与非罪的重要界限。如果行为人编造虚假恐怖信息严重扰乱社会秩序但尚未造成严重后果的,应当在五年有期徒刑以下幅度量刑。司法实践中,具体表现为以下几种情形:(1)致使人员密集场所秩序混乱,或者采取紧急疏散措施的;(2)致使国家机关、社会团体、企事业单位正常的工作、生产、经营、教学、科研等活动被迫中断,如导致商场停止营业、航班无法正常起降的;(3)引起一定范围内的社会公众心理恐慌,感到自身安全受到威胁,无法正常生活,生活秩序严重混乱的,如编造虚假地震信息导致居民举家搬离原住所的;(4)公安、武警、消防、卫生检疫等职能部门正常工作秩序受到严重干扰、破坏,如采取紧急应对措施;等等。

"造成严重后果",是指严重扰乱社会秩序且造成人员伤亡或者公私财产重大损失等情形。司法实践中,认定此类犯罪行为是否"造成严重后果",应当主要考虑对社会秩序的破坏程度,同时结合人员伤亡情况、财产损失状况、社会恐慌程度等方面加以判断。具体而言,行为人编造虚假恐怖信息有以下情形的,可以认定为造成严重后果:

1. 严重扰乱社会秩序,造成人员重大伤亡的,如在人群聚集的公众场所编造虚假恐怖信息,引起秩序大乱,导致人群相互拥挤、践踏而造成人员重大伤亡的。对于人员伤亡程度的把握,司法实践中对将造成重伤、死亡的情形认定为"造成严重后果"无甚争议,但对造成轻伤能否认定为"造成严重后果"存在争议。对法条的解释要考虑本罪与他罪的关系,确保罚当其罪、量刑均衡。以放火罪为例,刑法第一百一十四条规定放火危害公共安全,尚未造成严重后果的,处三年以上十年以下有期徒刑,而第一百一十五条规定放火致人重伤、死亡或者使公私财产遭受重大损失的,处十年以上有期徒刑、无期徒刑或者死刑,可见故意放火致人轻伤在放火罪中不属于"造成严重后果"的情形。根据刑法罪责刑相当以及法律适用平衡的原则,编造虚假恐怖信息造成轻伤也不应认定为"造成严重后果"的情形,因此在五年以上十五年以下有期徒刑幅度内量刑明显是不适当的。当然,编造虚假恐怖信息造成多人轻伤的,可以考虑认定为"造成严重后果"。

2. 严重扰乱社会秩序,造成公私财产遭受重大损失的。对于公私财产重大损失的数额标准的设定,应当体现刑法罪责刑相适应原则,要全面考量可能影响损失认定的相关因素。如国家在打击恐怖活动犯罪方面的刑事政策;案发地区的经济发展水平;与编造虚假恐怖信息类似犯罪所确定的数额标准;等等。同时还要考虑犯罪行为方式、危害对象本身等因素。目前,刑法及司法解释关于公私财产重大损失认定的标准规定不尽一致,但从最高人民检察院、公安部2008年6月25日联合发布的《关于公安机关管辖的刑事案件立案追诉标准的规定(一)》分析,对危害公共安全的具体犯罪,大多将刑法条文中规定的"使公私财产遭受重大损失"界定为"造成公私财产直接经济损失五十万元"。如失火罪、大型群众性活动重大安全事故罪、危险物品肇事罪等。虽然这些犯罪类型不同,适用的刑罚幅度亦有所区别,但从刑法条文将"致人重伤、死亡"与"使公私财产遭受重大损失"并列作为同档量刑情节分析,两者所体现的社会危害性应当相当。而且,虽然编造虚假恐怖信息罪属于妨害社会管理秩序犯罪,从手段上讲一般不可能对生命安全和财产造成实际危害,但往往导致社会公众恐慌、公共秩序混乱,使国家、社会、个人为防止恐怖行为而付出极大的物质和精神代价,其中物质代价就包括不特定多数人的生命健康、财产遭受的损失。从这一角度讲,此类犯罪的危害性质与危害公共安全犯罪相当。正因如此,在刑法修正案(三)增设编造虚假恐怖信息罪之前,对于制造、散布恐怖谣言造成公众心理恐慌等行为,根据《最高人民法院、最高人民检察院、公安部关于依法严厉打击恐怖犯罪活动的通知》的有关规定，应当依照刑法第一百一十四条的规定，以危险方法危害公共安全犯罪追究刑事责任的。因此，在认定编造虚假恐怖信息是否造成公私财产重大损失时，可参照相关司法解释、规范性文件对部分危害公共安全犯罪设定的数额标准五十万元进行考量。此外，需要强调的是，司法机关应当对被害人提出的财产损失清单及数额逐一进行审查确认，必要时还应通过价值评估等鉴定程序，尽可能查实被害人因犯罪行为造成的具体损失数额。在财产损失价值查证不清的情况下，应当坚持有利于被告人的原则，从轻判处。

3. 引起严重社会恐慌，造成一定区域的社会正常秩序受到严重破坏等重大社会影响的。如导致一定区域范围的居民为躲避恐怖危害而举家迁移或者采取其他极端措施，或者导致高考、奥运会等重大活动取消、延期或改变地点进行等。这里的严重社会恐慌是被告人犯罪行为本身给社会公众造成的大面积心理恐慌，如果犯罪对象特定、影响范围有限，仅仅是因为新闻、网络等媒体夸大报道引起大面积公众恐慌的，不能认定为造成严重后果。基于此，最高人民法院新近发布的《关于审理编造、故意传播虚假恐怖信息刑事案件适用法律若干问题的解释》（本附文以下简称《解释》）第二条、第四条分别对“严重扰乱社会秩序”“造成严重后果”作了更为明确、具体的规定。具体到本案，被告人为阻止债主索债而向民航机场编造虚假恐怖信息，造成1个航班紧急备降，9个航班紧急避让，备降机场为此启动二级应急响应程序，调动机场、消防、急救、飞行管制、安检、武警、公安等部门人员200余人、车辆30余台，并给备降航班航空公司造成直接经济损失175 098元、间接经济损失30 673元，总计205 771元。被告人的犯罪行为构成“严重扰乱社会秩序”，但并未达到“造成严重后果”的程度。理由如下：第一，被告人的犯罪行为没有造成人员伤亡。第二，没有在社会公众中引起极度恐慌。本案所造成的社会恐慌程度是较小的，因为被告人仅向深圳机场编造传递了虚假信息，对象特定，且由于相关机场、航空公司及处置部门保密、应对措施及时得当，影响范围仅限于深圳机场、深圳航空公司的管理系统以及航班所行经的空域管制部门和该次航班的机组成员，在飞机安全备降后告知旅客航班上可能有违禁物品时，旅客已基本处于安全状态，后期新闻报道时亦已排除了危险，对公众造成的恐慌心理也是有限的。第三，没有造成重大经济损失。被告人给被害单位深圳航空公司造成的经济损失不足五十万元，而且对于航空行业而言，其本身就是消耗巨大的经济活动，受到安全威胁后备降的经济损失动辄数万元，甚至数十万元，如果认定“严重后果”的数额标准过低，将导致几乎所有的威胁航班飞行的行为都会在五年以上量刑，打击面过大，不符合宽严相济刑事政策的要求。襄阳高新技术产业开发区人民法院认定本案尚未达到“造成严重后果”的程度，在五年有期徒刑以下幅度量刑是正确的。需要指出的是，编造虚假恐怖信息罪的犯罪对象广泛，社会危害性大，但犯罪成本较低、隐蔽性强且易被效仿，近年来发案率呈上升态势，因此必须依法予以严厉打击，特别是针对航班、地铁、学校、医院等人群聚集又不易防范或高危运营的公共场所、设施实施的犯罪，更应依法从严惩处。正因如此，《解释》第三条明确规定，致使航班备降或返航的，应在五年以下有期徒刑范围内酌情从重处罚。故襄阳高新技术产业开发区人民法院在法定量刑幅度内从重判处被告人有期徒刑四年是适当的。［参见第881号指导案例，熊毅编造虚假恐怖信息案，载《刑事审判参考》总第93集（2013年第4集），第63～67页。撰稿：何东青　张昊权］

第二百九十一条之二　【高空抛物罪】从建筑物或者其他高空抛掷物品，情节严重的，处一年以下有期徒刑、拘役或者管制，并处或者单处罚金。

有前款行为，同时构成其他犯罪的，依照处罚较重的规定定罪处罚。（本条是根据《中华人民共和国刑法修正案（十一）》之三十三增加的，自2021年3月1日起施行。）

■最高人民法院关于依法妥善审理高空抛物、坠物案件的意见（2019年10月21日）

二、依法惩处构成犯罪的高空抛物、坠物行为，切实维护人民群众生命财产安全

4. 充分认识高空抛物、坠物行为的社会危害性。高空抛物、坠物行为损害人民群众人身、财产安

全,极易造成人身伤亡和财产损失,引发社会矛盾纠纷。人民法院要高度重视高空抛物、坠物行为的现实危害,深刻认识运用刑罚手段惩治情节和后果严重的高空抛物、坠物行为的必要性和重要性,依法惩治此类犯罪行为,有效防范、坚决遏制此类行为发生。

5. 准确认定高空抛物犯罪。对于高空抛物行为,应当根据行为人的动机、抛物场所、抛掷物的情况以及造成的后果等因素,全面考量行为的社会危害程度,准确判断行为性质,正确适用罪名,准确裁量刑罚。

故意从高空抛弃物品,尚未造成严重后果,但足以危害公共安全的,依照刑法第一百一十四条规定的以危险方法危害公共安全罪定罪处罚;致人重伤、死亡或者使公私财产遭受重大损失的,依照刑法第一百一十五条第一款的规定处罚。为伤害、杀害特定人员实施上述行为的,依照故意伤害罪、故意杀人罪定罪处罚。

6. 依法从重惩治高空抛物犯罪。具有下列情形之一的,应当从重处罚,一般不得适用缓刑:(1)多次实施的;(2)经劝阻仍继续实施的;(3)受过刑事处罚或者行政处罚后又实施的;(4)在人员密集场所实施的;(5)其他情节严重的情形。(注意:刑法修正案(十一)改增加了高空抛物犯罪,涉及其他犯罪时可参考此意见。——编著者注)

第二百九十二条　【聚众斗殴罪】聚众斗殴的,对首要分子和其他积极参加的,处三年以下有期徒刑、拘役或者管制;有下列情形之一的,对首要分子和其他积极参加的,处三年以上十年以下有期徒刑:

(一)多次聚众斗殴的;

(二)聚众斗殴人数多,规模大,社会影响恶劣的;

(三)在公共场所或者交通要道聚众斗殴,造成社会秩序严重混乱的;

(四)持械聚众斗殴的。

【故意伤害罪】【故意杀人罪】聚众斗殴,致人重伤、死亡的,依照本法第二百三十四条、第二百三十二条的规定定罪处罚。

■最高人民检察院、公安部关于公安机关管辖的刑事案件立案追诉标准的规定(一)(2008年6月25日)

第三十六条　[聚众斗殴案(刑法第二百九十二条第一款)]组织、策划、指挥或者积极参加聚众斗殴的,应予立案追诉。

■最高人民法院、最高人民检察院、公安部、司法部、国家卫生和计划生育委员会关于依法惩处涉医违法犯罪维护正常医疗秩序的意见(2014年4月22日)(见本书附录四十二)

■最高人民法院、最高人民检察院关于常见犯罪的量刑指导意见(试行)(2021年7月1日)(见本书附录十三)

▼安徽省高级人民法院、安徽省人民检察院关于二十三种常见犯罪量刑规范的实施细则(试行)(2022年1月16日)(见本书附录十四)

▼最高人民法院研究室关于对参加聚众斗殴受重伤或者死亡的人及其家属提出的民事赔偿请求能否予以支持问题的答复(全文)(2004年11月11日)

根据《刑法》第二百九十二条第一款的规定,聚众斗殴的参加者,无论是否首要分子,均明知自己的行为有可能产生伤害他人以及自己被他人的行为伤害的后果,其仍然参加聚众斗殴的,应当自行承担相应的刑事和民事责任。根据《刑法》第二百九十二条第二款的规定,对于参加聚众斗殴,造成他人重伤或者死亡的,行为性质发生变化,应认定为故意伤害罪或者故意杀人罪。聚众斗殴中受重伤或者死亡的人,既是故意伤害罪或者故意杀人罪的受害人,又是聚众斗殴犯罪的行为人。对于参加聚众斗殴受重伤或者死亡的人或其家属提出的民事赔偿请求,依法应予支持,并适用混合过错责任原则。

▼全国法院维护农村稳定刑事审判工作座谈会纪要(1999 年 10 月 27 日)

二(五)关于村民群体械斗案件处理此类案件要十分注意政策界限。案件经审理并提出处理意见后,要征求当地党委和有关部门的意见。既要严格依法办事,又要做好耐心细致的解释工作,把处理案件与根治械斗发生的原因结合起来,防止发生意外和出现新的矛盾冲突。要查清事实,分清责任,正确适用刑罚。处理的重点应是械斗的组织者、策划者和实施犯罪的骨干分子。一般来说,械斗的组织者和策划者,应对组织、策划的犯罪承担全部责任;直接实施犯罪行为的,应对其实施的犯罪行为负责。要注意缩小打击面,扩大教育面。对积极参与犯罪的从犯,应当依法从轻或者减轻处罚。其中符合缓刑条件的,应当适用缓刑;对被煽动、欺骗、裹挟而参与械斗,情节较轻,经教育确有悔改表现的,可不按犯罪处理。要注意做好被害人的工作。对因参与械斗而受伤的被害人,也应指出其行为的违法性质;对因受害造成生产、生活上困难的,要协助有关部门解决好,努力依法做好善后工作,消除对立情绪,根除伺机再度报复的潜在隐患。

▼安徽省高级人民法院、安徽省人民检察院、安徽省公安厅关于依法打击破坏医疗秩序有关违法犯罪活动的若干意见(2013 年 7 月 26 日)(见本书附录四十三)

▼江苏省高级人民法院、江苏省人民检察院、江苏省公安厅关于办理聚众斗殴案件适用法律若干问题的意见(全文)(2009 年 2 月 23 日)

一、聚众斗殴罪的认定

(一)聚众斗殴罪是指拉帮结伙,人数一般达三人以上,有聚众斗殴故意的互相殴斗的行为。要严格掌握聚众斗殴行为的定罪标准,防止把一些情节显著轻微危害不大的行为以犯罪论处。

(二)聚众斗殴通常表现上为报复他人、争霸一方或其他不正当动机而成帮结伙地斗殴,往往造成严重后果。要与客观方面表现为肆意挑衅、无事生非的寻衅滋事罪区别开来。对于因民事纠纷引发的互相斗殴甚至结伙械斗,规模不大,危害不严重的,不宜以聚众斗殴罪处理,构成其他罪的以其他罪处理。

(三)"聚众"是指为实施斗殴而聚集三人以上的行为。聚众方式既包括有预谋的纠集行为,也包括临时的纠集行为。"三人以上"包括首要分子、积极参加者,也包括其他一般参加者。

(四)双方均有互殴的故意,斗殴时一方达三人以上,一方不到三人的,对达三人以上的一方可以认定为聚众斗殴,对不到三人的一方,如果有聚众行为的,也可以聚众斗殴罪论处,如果没有聚众行为的,不以聚众斗殴罪论处,构成其他罪的,以其他罪论处

(五)一方有互殴的故意,并纠集三人以上,实施了针对对方多人或其中不特定一人的殴斗行为,而对方没有互殴故意的,对有互殴故意的一方也可以认定为聚众斗殴。但要注意区分聚众斗殴与共同伤害和共同杀人的界限,对于一方有明显的伤害或杀入故意的,直接以故意伤害或故意杀人处理。

(六)一方有互殴的故意,纠集三人以上对另一方进行殴斗,另一方开始没有互殴的故意,但在事态发展过程中产生斗殴故意并纠集多人以上进行互殴的,对双方均可以认定为聚众斗殴。但要注意区分聚众斗殴与正当防卫的界限。

二、首要分子和积极参加者的认定

(一)聚众斗殴案件审理中要注意查明首要分子。聚众一斗殴的首要分子是指聚众斗殴的组织者、策划者、指挥者。对于被纠集者又纠集他人的二次纠集行为人是否认定为首要分子,视情节而定。

(二)聚众斗殴的积极参加者是指首要分子以外在聚众斗殴中发挥主要作用或者在斗殴中直接致伤、致死他人者。

(三)在幕后起组织、策划、指挥作用的,不论其是否直接参加斗殴,一般应认定为首要分子;在聚众及准备斗殴中行为积极并起重要作用的,不论其是否直接参加斗殴,一般应认定为积极参加者。

三、聚众件殴罪的加重情节

(一)关于"多次聚众斗殴"的认定

1. 多次聚众斗殴是指实施聚众斗殴三次以上。

2. 如果行为人在一次斗殴中短暂中断后,针对同一对象又继续斗殴的,应认定为一次。

(二)关于"聚众斗殴人数多,规模大,社会影响恶劣"的认定

"人数多,规模大,社会影响恶劣"是指双方参加斗殴的人数达十人以上,并且斗殴场所涉及多处,或者斗殴持续时间较长,或者斗殴手段凶残,或者在当地造成恶劣影响等严重危害社会治安的情形。

(三)关于"在公共场所或者交通要道聚众斗殴,造成社会秩序严重混乱"的认定

"在公共场所或者交通要道聚众斗殴,造成社会秩序严重混乱的"是指在公共场所或者交通要道聚众斗殴,导致社会正常生活、工作、学习、教育、科研等秩序遭到破坏,公共秩序严重混乱等情形。

(四)关于"持械聚众斗殴"的认定

1."械"是指各种枪支、治安管制器具、棍棒等足以致人伤亡的工具。对于持砖块、酒瓶类一般工具进行斗殴的,要结合所持一般工具在斗殴中的使用情况及造成的后果等情节,认定是否为"械"。

2."持械"是指参加聚众斗殴的人员直接使用器械斗殴,或者在斗殴中携带并且显示但实际未使用的情形。

3. 持械既包括事先准备器械并在斗殴中使用,也包括在实施斗殴中临时就地取材获得器械并使用。对于夺取对方所持器械并使用的,以持械聚众斗殴论处。

4. 参与预谋持械聚众斗殴,或者明知本方人员为斗殴而携带器械,即使本人未携带和使用器械,构成共同犯罪的,也均以持械斗殴论处。对于预谋持械聚众斗殴但没有将器械带到斗殴现场或对本方人员为斗殴而携带器械进行积极阻止的,可不以持械聚众斗殴论处。

5. 聚众斗殴中,一方持械而另一方未持械的,对持械一方以持械聚众斗殴论处,对未持械一方不认定为持械聚众斗殴。

四、聚众斗殴致人重伤、死亡的转化定罪

(一)聚众斗殴致人重伤、死亡的,在适用《刑法》第二百三十四条和第二百三十二条时,要结合案件具体情况,遵循主客观相一致的原则,对照故意伤害和故意杀人两个罪名的具体犯罪构成来认定,不能简单地以结果定罪。

(二)聚众斗殴中,行为人对杀人和伤害后果均有预见,并持放任态度的,则可以结果定罪。

(三)构成聚众斗殴罪的转化犯,致人重伤、死亡的危害结果是发生在聚众一斗殴过程中,如果聚众斗殴行为已经结束,行为人又产生杀人、伤害故意并实施行为致他人重伤或死亡的,应以聚众斗殴罪与故意伤害罪或故意杀人罪数罪并罚。

五、聚众斗殴首要分子、积极参加者刑事责任的确定

(一)聚众斗殴的首要分子,应对其组织、策划、指挥的全部犯罪承担责任;对于积极参加者,应按照其参与实施的犯罪进行处罚。

(二)聚众斗殴中,对于积极参加者作用差别明显,能够分清积极参加者的主、次作用的,应当对积极参加者确定主、从犯及应当承担相应的罪责。

(三)对于首要分子在组织、指挥聚众斗殴犯罪过程中虽然要求其他积极参加者不能造成他人伤亡,但没有采取有效措施阻止致人重伤、死亡后果产生的,对首要分子仍应转化定罪。

(四)聚众斗殴中,其他积极参加者致人重伤、死亡,首要分子在组织、指挥犯罪过程中重伤、杀人故意不明显,但有概括故意的,其也要对其他积极参加者致人重伤、死亡的后果承担责任,对首要分子应当转化定罪。

(五)聚众斗殴中,参加者不是首要分子纠集,而系参加者自愿、主动参与斗殴并造成严重后果的,

如首要分子明知又未阻止的，首要分子应当对此积极参加者的行为所造成的后果承担罪责。

（六）聚众斗殴中，部分积极参加者致人重伤、死亡，其他积极参加者对被害人有共同加害行为的，应当认定为共同犯罪中相互配合、支持的行为，对共同加害的其他积极参加者也一并转化定罪，但应根据各共同加害人致人重伤、死亡后果作用及原因力大小等情节，区别适用刑罚。

（七）聚众斗殴中致人重伤、死亡，不能查清直接加害人，但能够查清共同加害人的，对共同加害人均转化定罪。

（八）聚众斗殴中致人重伤、死亡，既不能查清直接加害人，又不能够查清共同加害人的，对首要分子应转化定罪，对其他积极参加者以聚众斗殴罪从重处罚。

（九）在一次聚众斗殴中，部分积极参加者转化定罪，部分积极参加者没有转化定罪，而对首要分子进行转化定罪的，对首要分子不实行数罪并罚。

（十）在一次聚众斗殴中，同一行为人同时既致人重伤又致人死亡的，对行为人的转化定罪，采取重行为吸收轻行为的原则，不实行数罪并罚。

六、聚众斗殴案件中的刑事附带民事诉讼问题

（一）聚众斗殴没有造成重伤或死亡后果的，聚众斗殴的参加者，均明知自己的行为有可能产生伤害他人以及自己被他人的行为伤害的后果，应当各自承担相应的刑事和民事责任。

（二）参加聚众斗殴受重伤或者死亡的，受重伤不构成犯罪的行为人，及死亡行为人的近亲属可以向聚众斗殴的对方被告人提起附带民事诉讼，死亡行为人明显构成犯罪的除外。

（三）聚众斗殴致人重伤或死亡的，提起的附带民事诉讼适用混合过错责任原则确定赔偿数额。犯故意伤害罪或故意杀人罪的被告人承担全部或主要赔偿责任；依法应当承担相应民事赔偿责任的和聚众斗殴的被告人和其他共同致害人承担次要赔偿。同一罪名共同犯罪的被告人之间承担连带赔偿责任。

本意见自下发之日起执行。

▼浙江省高级人民法院关于审理聚众斗殴犯罪案件相关问题的纪要（全文）（2013年10月18日）

一、聚众斗殴罪是1997年刑法修正案从流氓罪分拆而来，聚众斗殴犯罪不仅严重扰乱社会公共秩序，而且严重侵害公民的财产权利和人身权利。由于本罪“聚众”的特点，参与人员多，危害性大，打击的重点是涉黑涉恶、护黄护赌护毒引发的双方或者多方群殴行为。对于因建房、土地权属、用水等民间纠纷引发的双方多人斗殴，中学生或者未成年人之间因为普通矛盾引发的群架，一般不按聚众斗殴对待，但是雇用打手或者纠集闲散人员斗殴的，应以聚众斗殴论处。

二、刑法第292条的聚众斗殴，一般是指双方各纠集三人以上进行斗殴的行为。双方均只有二人以下的，不按聚众斗殴处理。一方在三人以上，一方只有二人以下的，对三人以上一方可按聚众斗殴处理，对二人以下一方可不以聚众斗殴论处，构成其他罪的以其他罪处理。一方虽只有二人以下，但明确与对方约定斗殴的，应按聚众斗殴处理。

因找错斗殴地点、对象而造成无关人员被殴打的，对实施殴打一方应以聚众斗殴论处。

三、聚众斗殴一般参与人数众多，有时达到十数人甚至数十人，必须严格按照宽严相济的刑事政策，既要防止打击不力打击不到位，又要防止扩大打击面。刑法第292条规定构成本罪的是首要分子和积极参加者。对一些虽属积极参加者，但情节较轻，又系初犯、偶犯，认罪态度较好的，可从宽处理，符合缓刑、管制、免刑条件的，可以判处缓刑、管制或者免于刑事处罚。

为主纠集人员，或者在斗殴时负责组织、指挥的，应认定为聚众斗殴的首要分子。

纠集多人斗殴的，提供斗殴凶器的，接送多人赶赴、离开斗殴现场的，在斗殴时行为积极的，一般应认定为聚众斗殴的积极参加者。

四、在斗殴时部分人员持械、部分人员未持械的，对持械者、持械者的纠集者及所在方首要分子均

应认定为“持械聚众斗殴”。

五、聚众斗殴致人重伤或者死亡的,对加害方的首要分子和直接加害人定故意伤害罪或者故意杀人罪,对其他积极参加者以聚众斗殴罪从重处罚。

六、聚众斗殴致人重伤或者死亡,不能明确直接加害人,但能明确加害方的,对加害方的首要分子定故意伤害罪或者故意杀人罪,对另一方的首要分子和其他积极参加者以聚众斗殴罪从重处罚。

七、聚众斗殴致人重伤或者死亡,既不能明确直接加害人,也不能明确加害方的,对双方的首要分子定故意伤害罪或者故意杀人罪,对其他积极参加者以聚众斗殴罪从重处罚。

八、聚众斗殴同时致人重伤、死亡的,或者同时致双方多人重伤、死亡的,分别按照第五、六、七条的原则处理,对同一被告人同时存在按故意伤害罪、故意杀人罪处理情形的,只定故意杀人一罪。

九、致人重伤、死亡的直接加害人是指直接致人重伤、死亡的行为人,或者直接致人重伤、死亡的共同行为人。

十、因聚众斗殴造成人员重伤、死亡的,重伤人员本人或者重伤、死亡人员的法定代理人、近亲属可提起附带民事诉讼。

●参与聚众斗殴的目的并非为了私仇或争霸一方,造成的财产损失及人员伤害均属轻微,并未造成严重后果且两村村委会达成了和解协议,对参与者可依法不起诉

检察机关办理群体性事件引发的犯罪案件,要从促进社会矛盾化解的角度,深入了解案件背后的各种复杂因素,依法慎重处理,积极参与调处矛盾纠纷,以促进社会和谐,实现法律效果与社会效果的有机统一。(参见最高人民检察院第 1 批指导性案例 1 号,施某某等 17 人聚众斗殴案,2010 年 12 月 31 日发布。)

▽单方有聚众斗殴故意的也可以构成聚众斗殴罪

聚众斗殴罪的典型形态是双方均在三人以上,且均有与对方殴斗故意的情形。本案因私仇引发,且只有行为人一方有殴打对方的故意,对此类案件应依照聚众斗殴罪的构成特点,全面分析案件的主客观情况,防止片面强调客观行为条件,忽视行为人主观故意内容而导致简单化的错误倾向,从而准确定罪量刑。在殴斗的理解上,只要双方或一方采用暴力方式进行殴斗,无论采用何种暴力方式都是结伙殴斗行为。从行为人一方的主观故意看,其要实施的行为方式是以殴斗的方式报复“东边人”,其殴打的对象不是特定的“东边人”而是不特定的“东边人”,具有随意性;目的是为“老大”报仇,且明知网吧、街道是公共场所,其所侵害的不仅是他人的人身安全,更主要的是社会公共秩序。客观上行为人一方也按照计议,纠集二十多人结伙持刀等械具在街道、网吧寻找,并随意殴打他们认为的所谓“东边人”,行为人虽一方具有斗殴故意,行为人等九人同样构成聚众斗殴罪。[参见第 350 号案例,倪以刚等聚众斗殴案,载《刑事审判参考》总第 44 集(2005 年第 3 集),法律出版社,第 80 ~82 页。执笔:周猛]

▽聚众斗殴向故意伤害的转化的认定

首要分子对全部犯罪事实负责,所以行为人作为首要分子无论其是否实施实行行为,应转化为故意伤害。在主观上九行为人均对被害人实施了砍打的行为,在主观上具有殴打“东边人”的故意,对于殴打被害人的后果,行为人均持放任心理;在客观上九行为人相互配合,实施拖拽、砍、打的行为,尽管行为人所处的地位、具体分工、参与程度可能不同,但他们行为指向的目标相同,为达到同一个目的,每一个人的行为都是整个加害行为的有机组成部分,因此共同行为人的行为与被害人重伤的结果之间互为因果关系。本案中又难以分清致被害人重伤的直接责任人,所以五行为人参与砍打被害人的行为均应按刑法本条第二款的规定转化为故意伤害罪。而另外三行为人没有对被害人实施拖拽、砍、打的客观行为,故该三行为人只应定聚众斗殴罪。[参见第 350 号案例,倪以刚等聚众斗殴案,载《刑事审判参考》总第 44 集(2005 年第 3 集),法律出版社,第 81 页。执笔:周猛]

▽聚众斗殴转化定罪的前提是主客观条件都发生转化

转化犯,是指行为人在实施某一较轻的犯罪时,由于具备了某种情形,刑法明文规定不再以本罪论处,而是按照刑法另一条文规定的较重的犯罪论处的情况。聚众斗殴转化以故意杀人、故意伤害定罪,就是转化定罪的典型立法例。我国刑法本条第二款规定:"聚众斗殴,致人重伤、死亡的,依照本法第二百三十四条、第二百三十二条的规定定罪处罚。"这是聚众斗殴行为转化定罪的法律依据。即对于在聚众斗殴行为中,致人重伤、死亡的,不再以聚众斗殴罪论处,而以故意伤害罪、故意杀人罪定罪处罚。转化犯是从此罪向彼罪、轻罪向重罪的转化,即犯罪构成的转化。犯罪构成是主观要件和客观要件的统一体,应当按照主客观相一致的原则,全面考察犯罪构成要件的转化。成立聚众斗殴行为中的转化犯不仅要考察行为人的主观故意是否由一般斗殴转化为故意伤害、杀人的故意,还要考虑行为人是否超出了聚众斗殴行为的界限,造成了致人重伤、死亡的后果。即聚众斗殴转化以故意杀人罪、故意伤害罪定罪处罚的,必须同时具备下列条件。(1)客观条件。一是必须存在聚众斗殴的事实。二是必须实施了聚众斗殴性质所要求的致人重伤或者死亡的行为,该行为超出了一般聚众斗殴行为界限,具有可以致人重伤或者死亡的行为特质。三是必须造成了被害人重伤或者死亡的结果。四是超出斗殴性质所要求的行为和致人重伤、死亡的危害结果必须是在聚众斗殴过程中发生,也就是说发生在聚众斗殴的当场或者是没有时间间隔和中断的延续现场。这是转化定罪行为和结果的时空条件要求。否则,在聚众斗殴结束后,因聚众一方发现己方吃亏而实施的对对方部分个体进行的殴打,因时空中断而不再适用转化定罪的规定,应根据其行为的性质直接定罪处罚。(2)主观条件。一是必须具备基本的聚众斗殴的犯罪故意。二是发生了故意内容的转化,即斗殴中首要分子或者积极参加者的主观故意内容由先前的斗殴故意转化为致对方某一个或者某一些人重伤或者死亡的故意。三是行为人犯罪故意内容的转化以发生在斗殴的过程中为必要,这是转化定罪主观条件转化的时空要求。[参见第521号案例,王乾坤故意杀人案,载《刑事审判参考》总第66集(2009年第1集),法律出版社,第17~19页。撰稿:蔡军]

▽聚众斗殴既致人死亡,又致人轻伤的,以故意杀人一罪定罪处罚,而不以故意杀人、故意伤害两罪论处

行为人的行为虽然造成了一人死亡、二人轻伤的不同后果,但致人轻伤行为被聚众斗殴行为吸收,其聚众犯罪已全罪转化为故意杀人罪,因此,应定故意杀人一罪。从对法条的理解上看,刑法本条第二款规定了聚众斗殴,致人重伤、死亡的,依照故意伤害罪、故意杀人罪定罪处罚。也就是说,对于聚众斗殴致人轻伤、轻微伤的,仍认定为聚众斗殴罪,排除了转化为故意伤害罪的可能。聚众斗殴一般都是为私仇、争霸一方或者其他不正当的目的,纠集多人,成帮结伙地互相进行斗殴的行为。这种大规模或者持械进行的殴斗极易造成他人轻伤结果的发生,刑法本条在设定法定刑时考虑到了这种情况,因而一般聚众斗殴罪的法定刑与没有造成重伤的故意伤害罪的法定刑幅度完全相同。从聚众斗殴罪的犯罪构成上看,聚众斗殴行为人主观上具有不确定的概然性故意,聚众斗殴致人轻伤的行为并没有超出聚众斗殴罪的犯罪构成要件之外。因此,致人轻伤的结果完全可以包容在聚众斗殴罪评价之中。因此,行为人持刀捅刺二人轻伤的行为,没有超出聚众斗殴罪客观要件的范围,因此,应认定为聚众斗殴罪;由于其同时故意杀人造成一人死亡的结果,应按照刑法本条第二款的规定转化定罪,所以对其以故意杀人罪一罪定罪处罚即可。[参见第521号案例,王乾坤故意杀人案,载《刑事审判参考》总第66集(2009年第1集),法律出版社,第19~20页。撰稿:蔡军]

▽聚众斗殴转化定罪的主体范围应当根据主客观相一致的原则予以确定

在聚众斗殴中转化犯的认定中,如何确定具体的主体适用范围,理论界和司法实践中不无争议,有"全案转化"和"部分转化"两种不同观点。"全案转化说"认为,凡积极参加聚众斗殴的人员,无论其是否直接造成了重伤、死亡的后果,均应对聚众斗殴造成的重伤、死亡后果承担刑事责任,应全案转化为故意伤害罪或故意杀人罪。如果仅将直接实施伤害、杀害行为的犯罪成员以转化犯对待，而对其他共同犯罪人仍然以聚众斗殴罪处罚，无异于承认行为人具有不同的犯罪故意，进而否认了聚众斗殴的共同犯罪性质，所以，应当将全体共同犯罪人均以转化犯对待。“部分转化说”认为，在聚众斗殴中，部分成员实施了超出全体成员故意的犯罪行为，致人重伤或死亡的，应坚持罪责自负原则，由具体行为人承担故意杀人或故意伤害的刑事责任，仅将直接行为人转化定罪。其实以上两种观点均有片面性。“全案转化说”片面强调了行为的社会危害性，而忽视了罪刑法定的要求。至于“无异于承认行为人具有不同犯罪故意”的观点，不仅违背共同犯罪的基本原理，同时也忽略了转化犯转化定罪的内在根据。“部分转化说”忽视了转化的聚众斗殴罪的转化性本质，忽视了对转化犯本质内容的考察。在司法实践中，应结合案情根据主客观相一致的原则，综合考虑行为人在聚众斗殴中的作用、地位，结合共同犯罪构成的要求，来具体确定转化的主体范围。本案行为人因为电话中的口角，为争强好胜而邀他人参加殴斗，其事前未让他人携带棍棒、刀具等，说明行为人在共同犯意上只是想邀他人进行一般的拳脚殴斗，并且当行为人发现致人伤亡后便埋怨他人不该持刀捅人也说明行为人主观上并不想追求他人重伤、死亡的结果。因此，按照共同犯罪的理论，他人单独持刀捅刺被害人的行为已经超出了共同犯罪的故意范围，属于“实行过限”，根据罪责自负的原则，应仅由他人一人对致人死亡行为承担刑事责任，而行为人对他人的过限行为并不构成共犯，不应对致人死亡承担刑事责任，行为人的行为应认定聚众斗殴罪。[参见第521号案例，王乾坤故意杀人案，载《刑事审判参考》总第66集(2009年第1集)，法律出版社，第20～21页。撰稿：蔡军]

▽聚众斗殴次数的认定

单方有聚众斗殴故意，在时间上有明显的间隔；而在场所上，是相隔在500米远的不同地方；客观上针对的对象，一是无证据证明是“东边人”的被害人，二是东方网络网吧内的人。在时间、地点、针对的对象上均有不同，虽然是同一个故意支配，但在行为上不是持续而是连续，在两地均可以独立地构成聚众斗殴犯罪，故应认定为两次。[参见第350号案例，倪以刚等聚众斗殴案，载《刑事审判参考》总第44集(2005年第3集)，法律出版社，第81～82页。执笔：周猛]

▽聚众斗殴致人死亡，不应一律认定为故意杀人罪

首先，《刑法》本条第二款的规定从字面上理解，本条款对“致人重伤、死亡”与“依照本法第二百三十四条、第二百三十二条的规定定罪处罚”并未规定为严格的一一对应关系，即不能理解为聚众斗殴“致人重伤的，依照本法第二百三十四条的规定定罪处罚；致人死亡的，依照本法第二百三十二条的规定定罪处罚”。从立法本意上讲，刑法本第二款的规定只是表明聚众斗殴中出现重伤或者死亡后果的，不再成立聚众斗殴罪，而应转化定罪，即认定为故意伤害罪或者故意杀人罪，但具体以何罪论处应当根据案件证据结合刑法规定进行确定。其次，根据犯罪故意的具体内容进行定罪是主客观相一致定罪原则的要求。罪状虽是对具体犯罪构成要件的描述，但并非所有罪状都会把全部构成要件详细列明，分则中就存在大量只规定了行为方式或者罪名的简单罪状。刑法本条第二款的罪状部分虽未明示罪过要素，但这并不意味着模糊了罪过认定。在认定犯罪成立与否的过程中，仍应在满足客观要件的基础上对行为人的主观罪过进行考察，才能将犯罪行为或者危害结果归责于行为人，进行准确定罪。聚众斗殴致人死亡时，准确认定行为人的主观故意就成为正确定罪的必然前提，也是主客观相统一的定罪原则的内在要求。具体而言，聚众斗殴中发生致人死亡结果时，应当在判断死亡结果是否是行为人实施的犯罪行为所致的基础上，判断行为人对死亡结果所持的主观心态。行为人只能对有杀人故意(包括直接故意杀人和间接故意杀人)的行为承担故意杀人的罪责；行为人仅有伤害故意时，虽致被害人死亡，也只能承担故意伤害(致死)的罪责。据此，死亡结果虽是行为人所致，但不能仅凭结果发生来认定行为人的犯罪故意内容，也即不能说致人死亡就有杀人故意，没有致人死亡的就没有杀人故意。最后，聚众斗殴致人死亡时，根据行为人所具有的不同的主观故意而分别认定为故意伤害罪或者故意杀人罪，不仅可能而且必要。虽然伤害故意与杀人故意的区分一直以来都是司法实践中认定的难点，这一难点不仅存在于聚众斗殴转化定罪中，也包含在其他共同犯罪和单独犯罪中。只不过，聚众斗殴的多人参与以及互殴性质，势必在一定程度上加大了伤害故意与杀人故意的区分难度。但是，诉讼证明的难易程度不应成为“聚众斗殴致人死亡的一律认定为故意杀人罪”的理由。在一般的故意杀人或者故意伤害案件中，公诉机关必须出示证据证明行为人的具体罪过，行为人可以“无杀人故意或者伤害故意”为由主张无罪或罪轻辩护；但如果在聚众斗殴转化定罪中，公诉机关则无须对罪过进行举证，行为人亦不可以罪过为由进行辩护，这显然是不合理的，也不符合刑事诉讼规则。而且，聚众斗殴致人死亡时，区分故意伤害（致死）罪与故意杀人罪对于量刑意义十分重大。一则二者的法定刑顺序不同（故意杀人罪的法定刑为：死刑、无期徒刑、十年以上有期徒刑；故意伤害致人死亡的法定刑为：十年以上有期徒刑、无期徒刑、死刑），势必导致法官在量刑时的优先考虑顺序不同，难免会出现“同一事实，定罪不同、量刑结果亦不同”的实质不公正。二则虽然故意伤害（致死）罪与故意杀人罪最高法定刑均为死刑，但由于故意伤害（致死）罪的主观罪过轻于故意杀人罪，故意伤害罪在死刑适用标准的把握上会更为严格。如不能正确认定罪名，很可能会导致不当地适用死刑。综上所述，聚众斗殴中出现死亡后果的，应当依照刑法规定的故意伤害罪和故意杀人罪的构成要件，结合具体案件事实，在准确认定行为人主观罪过基础上正确定罪，而不能简单地以结果定罪。［参见第568号指导案例，张化故意伤害案，载《刑事审判参考》总第69集（2009年第4集），第35～37页。撰稿：薛美琴］

▽聚众斗殴案件中，只有伤害的故意，虽致人死亡，仍成立故意伤害罪

首先，被告人主观上具有伤害故意而非杀人故意。区分伤害故意与杀人故意时，不能仅凭被告人口供，而应结合客观证据并综合各种事实因素进行考察。通常我们可以借助于行为人对犯罪工具的选择（是事先准备还是随手取得）、凶器的杀伤力度（杀伤力度较大的枪支、砍刀等还是日常生活所用的棍棒、小刀等）、打击部位（头、胸等要害部位还是四肢等非要害部位）、打击力度（创口大小及深度等）、打击次数（反复多次攻击还是殴打一次立即停止）、案件起因（蓄意报复还是只为逞强好胜）等情况具体分析认定。需要注意的是，聚众斗殴系相互殴斗，一方使用的凶器及暴力手段直接影响对方的行为方式及力度强度。以犯罪工具是否属于致命凶器为例，在普通行凶犯罪中，行为人持砍刀或者枪支等杀伤力度非常大的凶器进行攻击时，杀人故意较为明显；但是在聚众斗殴中，由于斗殴一方除了有攻击意图外，防备对方也是重要因素，因此不能仅凭凶器或者打击力度等部分客观事实就认定行为人有杀人故意。本案中，被告人携带匕首的本意是防备对方前来报复，在之后的事件发展中，莫某纠集了被害人王某等十余人携带钢管前来报复挑衅的事实也间接印证了被告人携带凶器确有防备意图在其中。所以不能简单地以被告人携带了匕首并参与到聚众斗殴中来就认定其具有杀人故意。而且在聚众斗殴的整个过程中，被告有捅刺次数少（不超过两下）、捅刺部位为非要害部位（左腿腘，通常认为腿部并不属于人的致命部位）、捅刺力量不大（创道仅深及腘窝内侧皮下），均反映出被告人只有伤害他人身体健康的主观故意。其次，被告人对被害人的死亡后果持过失心态，符合故意伤害致死的主观特征。本案中，被告人应当承担故意伤害致死的刑事责任，主要理由如下：(1)被告人预见到了死亡结果可能发生。在案证据反映，程某某等人殴打莫某在先，程某某唯恐莫某找人前来报复，故邀约被告人等在发廊等候。程某某为此准备了三把砍刀，被告人也携带一把匕首。从纠集的人数、犯罪工具的选择及凶器的杀伤力度来看，被告人应当预见到如果对方前来报复闹事，双方会产生激烈的暴力冲突，人员伤亡在所难免。当被告人目睹数人手持凶器追赶被害人，并且已有同案被告人手持砍刀将被害人砍倒在地、被害人受伤流血的情况下仍持匕首朝被害人的左腿腘捅刺，就足以反映被告人应当预见到了自己的行为可能致被害人死亡。(2)被告人对死亡结果的发生是出于过于自信的过失（有认识的过失）而非间接故意。过于自信的过失与间接故意在认识因素上均表现为预见到了危害结果可能发生，二者的主要区别在于：过于自信的过失的行为人不仅不希望结果发生，而且认为凭借一定的主客观条件可以避免危害结果的发生,因此在客观上通常表现为犯罪行为有所节制或者行为人有意识地利用了避免结果发生的条件;而间接故意的行为人对危害结果的发生表现为漠不关心、毫不在意,放任其发生。本案中,一方面被告人并非积极主动地追求对被害人的报复、攻击,被告人是在被害人被他人追打到他所处的位置时才动手,捅刺位置距离(聚众)斗殴的主要场所稍远,且没有主动追赶、攻击被害人;另一方面被告人在实施加害行为时是有所节制的。被告人持刀捅刺被害人两刀,其中第一刀是否伤及至被害人尚不能确定,且仅捅两刀后就主动停手;被告人选择的捅刺部位为左腿腘,一般人恐怕都不会认为用刀捅刺腿部会致人死亡;从创道反映其捅刺力度并不大。也正是因为被告人在实行行为时所试图对死亡结果发生的危险的控制,表明了其并不是不计后果的恣意行为,并不希望追求或放任被害人死亡结果的发生。[参见第568号指导案例,张化故意伤害案,载《刑事审判参考》总第69集(2009年第4集),第37~39页。撰稿:薛美琴]

▽聚众斗殴罪转化犯罪的条件

所谓转化犯罪,是指由法律特别规定的,某一犯罪在一定条件下转化成另一种更为严重的犯罪,并且依照后一种犯罪予以定罪量刑的犯罪。聚众斗殴罪的转化犯罪,一般应具备以下三个条件:1.行为人的行为构成聚众斗殴罪。聚众斗殴罪的转化必须要有聚众斗殴性质的事实存在,即行为人要有与对方互殴的犯罪故意,而且聚集了多人(三人以上)与对方斗殴。如果行为人聚集多人只是为了殴打某一人或者随意殴打他人,即缺乏与对方互殴的犯罪故意,则因聚众斗殴的前提条件不存在,不可能发生转化犯的问题。在此情况下,若行为人聚众殴打他人致人重伤或者死亡的,则应根据犯罪构成要件的要求直接认定故意伤害罪或者故意杀人罪;如果行为人聚众寻衅滋事,致他人重伤或者死亡的,则应按照想象竞合犯的理论,择一重罪处罚,直接认定故意伤害罪或者故意杀人罪。2.重伤、死亡的结果必须是在聚众斗殴中发生的。行为人不仅构成聚众斗殴罪,而且在斗殴过程中有致人重伤、死亡的危害结果发生才能转化定罪。致人重伤、死亡的危害结果必须是在聚众斗殴中发生,也就是说发生在聚众斗殴的当场。所谓当场,是指行为人实施聚众斗殴的犯罪现场,当然双方互殴并追逐的过程是现场空间的延续,也应视为当场。此空间的延续不以物理距离的长短为划分标准,犯罪人只要是基于聚众斗殴的打斗、追逐需要而发生的连续性空间变化,即使距离较长也不应构成对"当场"的否定。但是,现场空间的延续不能有时间的间隔和中断,如果出现了时间间隔和中断的过程就不能认定为聚众斗殴的当场。例如,双方的聚众斗殴结束不久,一方的积极参加者在回家途中碰到了对方一人,即上前将其殴打致死。由于聚众斗殴已经结束,在回家途中与双方的先前聚众斗殴的场所在时间、空间上有了中断,所以行为人在公交车上实施致人死亡的行为不属聚众斗殴现场的延续,不能按转化犯进行处罚,应根据其行为性质直接定罪处罚。在该情形下,行为人又故意致他人重伤或者死亡的,可以聚众斗殴罪与故意伤害罪或者故意杀人罪数罪并罚。3.死、伤的人员应当是斗殴双方的人员。"致人重伤、死亡"是聚众斗殴罪转化的结果条件,这里所谓的"致人重伤、死亡"中的"人",应当仅限于参与斗殴的双方人员,只有将参与斗殴的人员造成重伤、死亡的,才适用刑法本条第二款的规定。如果在聚众斗殴中将不相干的旁观者、过路者故意造成重伤或死亡的,则应当直接适用刑法第二百三十四条或者第二百三十二条,以故意伤害罪或故意杀人罪处理。因为将不相干人员造成重伤或死亡乃是典型的伤害或杀人行为,故无须考虑刑法本条的规定,直接适用刑法第二百三十四条或第二百三十二条的规定即可。[参见汪敏:《聚众斗殴转化犯罪若干问题的探讨》,载《刑事审判参考》(实务探讨)总第82集(2011年第5集),第105~107页。]

▽聚众斗殴致人重伤、死亡的转化定罪

聚众斗殴犯罪中一旦发生致使斗殴人员重伤、死亡的结果,就涉及依法转化定罪的问题。聚众斗殴致人重伤、死亡的,在适用刑法第二百三十四条和第二百三十二条时,不能简单地以结果定罪,要结合案件具体情况,遵循主客观相一致的原则,对照故意伤害罪和故意杀人罪的具体犯罪构成来认定。

聚众斗殴中,行为人具有杀人故意的,即使仅造成被害人重伤的,也应按照故意杀人罪定罪处罚。如果行为人仅具有伤害故意,即使造成被害人死亡的,也应按照故意伤害罪定罪处罚;如果行为人对杀人和伤害后果均有预见,并持放任态度的,则可以以结果定罪。[参见汪敏:《聚众斗殴转化犯罪若干问题的探讨》,载《刑事审判参考》(实务探讨)总第82集(2011年第5集),第107~108页。]

▽聚众斗殴同时造成他方人员重伤、死亡结果的处理

对行为的定性应当始终坚持主客观相统一的基本原则。如果行为人对伤亡结果持放任态度,那么在聚众斗殴情况下致人重伤、死亡是在间接故意支配下造成的结果,如果对此一律按照杀人罪论处,则会导致刑法把重伤当作杀人来评价。由于聚众斗殴既造成重伤又造成死亡是在两个间接故意心态下作出的两种不同行为,换言之,此种情况下行为人以两个间接故意心态造成了两个危害结果——重伤与死亡,因此,应当按照数罪并罚原则处理。如果行为人主观方面是伤害的故意,那么聚众斗殴致人重伤和死亡的,应认定仅构成故意伤害(致人死亡)罪;如果行为人主观方面是杀人的故意,那么聚众斗殴致人重伤和死亡的,应一律认定故意杀人罪。[参见汪敏:《聚众斗殴转化犯罪若干问题的探讨》,载《刑事审判参考》(实务探讨)总第82集(2011年第5集),第108页。]

▽聚众斗殴致人重伤、死亡刑事责任的确定

在聚众斗殴犯罪中,首要分子与其他积极参加者刑事责任的确定,主要涉及聚众斗殴中致人重伤死亡的后果由谁来承担相应的刑事责任的问题。聚众斗殴罪是必要的共同犯罪,只要首要分子和积极参加者在主观上具有共同的斗殴故意,在客观上实施了共同的斗殴行为,就应认定相同的罪名。对于实行犯过限和不同的犯罪故意内容的,是否认定故意杀人和故意伤害罪,应视情况而定。

(一)关于首要分子刑事责任的确定。1.聚众斗殴中造成对方人员重伤、死亡结果时,首要分子是否转化定罪的问题。聚众斗殴的首要分子,应对其组织、策划、指挥的全部犯罪承担责任。在聚众斗殴中致对方人员重伤、死亡时,首要分子是否承担刑事责任,应按以下情形分别处理:第一,首要分子本人就是直接致人重伤或者死亡的实施者的,对首要分子按聚众斗殴罪的转化犯处理,以故意伤害罪或者故意杀人罪定罪量刑,对其他积极参加者则按聚众斗殴罪定罪量刑。第二,首要分子明确要求其他参与人不得造成对方人员重伤或者死亡结果的,对直接致人重伤或者死亡的实施者按聚众斗殴罪的转化犯处理,以故意伤害罪或者故意杀人罪定罪量刑,对首要分子和其他积极参加者则按聚众斗殴罪定罪量刑。第三,首要分子在组织、指挥犯罪过程中重伤、杀人的故意不明显(概括故意),其他积极参加者在聚众斗殴中致人重伤或者死亡的,对直接致人重伤或者死亡的实施者和首要分子按聚众斗殴的转化犯处理,以故意伤害罪或者故意杀人罪定罪量刑,对其他积极参加者则按聚众斗殴罪定罪量刑。

2.双方都构成聚众斗殴罪,一方致对方人员重伤、死亡的,对方的首要分子是否转化定罪的问题。刑事责任的承担以犯罪行为与危害结果之间形成刑法上的因果关系为基础,且这种因果关系应具有一定的相当性。首要分子的行为与对方造成本方人员的重伤、死亡结果之间没有相当因果关系,所以首要分子仅对其组织、策划、指挥的共同犯罪成员造成的危害结果承担刑事责任,不应对他方人员造成本方人员的重伤、死亡结果承担刑事责任。

3.聚众斗殴中,自己一方人员造成本方人员重伤、死亡的,本方首要分子是否转化定罪的问题。致本方人员重伤、死亡的积极参加者的确存在对象认识错误的可能,对该行为者按转化定罪有一定的道理。但是,对本方首要分子而言,该严重后果的发生完全超出其首要分子是否转化定罪的问题。刑事案件的处理涉及被告人的自由、生命,所以它的证明标准最为严格,如果没有证据证明危害结果是由何人所为时,不能要求谁来承担相关刑事责任。而且,刑事诉讼中除非法律规定可以推定(如巨额财产来源不明罪)被告人犯罪外,司法者不得设定推定。所以,在此情形下对双方的首要分子均不能转化定罪。

(二)关于积极参加者的刑事责任的确定。对于直接责任人明确的,对直接造成重伤、死亡结果的行为人,应转化定罪按照故意伤害罪或者故意杀人罪害罪处罚。对没有直接造成重伤、死亡结果的积极参加者(或者说直接造成重伤、死亡结果的行为人查不清楚的情形),应如何处理?聚众斗殴中部分积极参加者致人重伤、死亡,其他积极参加者对被害人有共同的加害行为的,应当认定为共同犯罪中相互配合、相互支持的行为,对共同如害的其他积极参加者也一并转化定罪,但应根据各共同加害人致人重伤、死亡后果的作用及原因力大小等情节,区别适用刑罚。[参见汪敏:《聚众斗殴转化犯罪若干问题的探讨》,载《刑事审判参考》(实务探讨)总第 82 集(2011 年第 5 集),第 108～112 页。]

▽驾车撞击聚众斗殴一方的行为应认定为持械聚众斗殴,因被告人不具有杀人的故意,不构成故意杀人罪

(一)从主观故意、客观行为分析,被告人不具有杀人的故意。首先,李某某驾车撞击吴某某除了帮助高某出口气外,还有一个原因就是其头部被砸伤怀疑系吴某某所为,即其仅出于报复目的撞击吴某某,并没有要致吴某某于死地的意思。李某某的历次供述也没有交代其有撞死吴某某的故意,并反复强调其以为吴某某会避让。其次,其他证人证言也基本证实李某某未有撞死吴某某的目的和意图。再次,车速、撞击次数表明李某某未有故意杀人意图。李某某在开车撞人时并没有加速,且其所驾驶车辆排量小,撞击一次后即离开现场。最后,撞击部位显示李某某未有故意杀人意图。根据案发时的监控录像,李某某所撞位置对着被害人的一侧肩膀,而并非直接面对人。综合上述几点,李某某主观上对被害人吴某某的死亡内心持否定和排斥态度,认定李某某故意杀人的证据不足。

(二)利用车辆撞击聚众斗殴一方的人可以认定为"持械聚众斗殴"。依照刑法本条第一款第四项的规定,持械聚众斗殴的,属于聚众斗殴犯罪的四种加重处罚情节之一。"持械聚众斗殴"主要是指参加聚众斗殴的人员使用棍棒、刀具以及各种枪支、武器进行斗殴。根据当前司法实践中的通行观念,持械聚众斗殴中的"持械",是指参加聚众斗殴的人员使用器械或者为斗殴携带器械但实际未使用的情形。这里的"器械"只是各种枪支、刀具、棍棒、砖块等足以致人伤亡的工具。该情形包括为斗殴而准备器械或者持器械参与斗殴,也包括在实施过程中临时获得器械并持器械进行斗殴。已经发动的车辆具有速度快,冲力大,破坏性强的特点,如果在聚众斗殴中以操控方式作为斗殴行凶的工具,其作用等同于传统的棍棒类器械。因此,本案中的奇瑞 QQ 轿车可以视为器械,结合李某某使用的目的、后果和性质,其行为属于持械聚众斗殴。

(三)帮助指认对象,明知行为人持械斗殴而未实施任何阻止的应当认定为持械斗殴的共同故意行为。本案中,被告人高某指认被害人吴某某,在李某某扬言要开车去撞吴某某之后仍与李某某共同上车,坐于副驾驶位置;在李某某撞击吴某某的时候并未实施任何阻止行为,也未实施任何救助,因而二被告人属于共同故意行为。根据刑法规定,参与预谋持械聚众斗殴,或者明知行为人持械斗殴,而帮助指认对象的,即使本人未使用或者携带器械,亦应当以持械聚众斗殴认定。[参见第 882 号指导案例,李天龙、高政聚众斗殴案,载《刑事审判参考》总第 93 集(2013 年第 4 集),第 69～71 页。撰稿:姜琳炜]

第二百九十三条　【寻衅滋事罪】有下列寻衅滋事行为之一,破坏社会秩序的,处五年以下有期徒刑、拘役或者管制:

(一)随意殴打他人,情节恶劣的;

(二)追逐、拦截、辱骂、恐吓他人,情节恶劣的;

(三)强拿硬要或者任意损毁、占用公私财物,情节严重的;

(四)在公共场所起哄闹事,造成公共场所秩序严重混乱的。

纠集他人多次实施前款行为,严重破坏社会秩序的,处五年以上十年以下有期徒刑,可以并处罚金。(本条是根据《中华人民共和国刑法修正案(八)》之四十二修改的,自 2011 年 5 月 1 日起施行。)

刑法本条原文:【寻衅滋事罪】有下列寻衅滋事行为之一,破坏社会秩序的,处五年以下有期徒刑、拘役或者管制:

(一)随意殴打他人,情节恶劣的;

(二)追逐、拦截、辱骂他人,情节恶劣的;

（三）强拿硬要或者任意损毁、占用公私财物，情节严重的；

（四）在公共场所起哄闹事，造成公共场所秩序严重混乱的。

■最高人民检察院、公安部关于公安机关管辖的刑事案件立案追诉标准的规定（一）的补充规定（2017年4月27日）

第三十七条　［寻衅滋事案（刑法第二百九十三条）］随意殴打他人，破坏社会秩序，涉嫌下列情形之一的，应予立案追诉：

（一）致一人以上轻伤或者二人以上轻微伤的；

（二）引起他人精神失常、自杀等严重后果的；

（三）多次随意殴打他人的；

（四）持凶器随意殴打他人的；

（五）随意殴打精神病人、残疾人、流浪乞讨人员、老年人、孕妇、未成年人，造成恶劣社会影响的；

（六）在公共场所随意殴打他人，造成公共场所秩序严重混乱的；

（七）其他情节恶劣的情形。

追逐、拦截、辱骂、恐吓他人，破坏社会秩序，涉嫌下列情形之一的，应予立案追诉：

（一）多次追逐、拦截、辱骂、恐吓他人，造成恶劣社会影响的；

（二）持凶器追逐、拦截、辱骂、恐吓他人的；

（三）追逐、拦截、辱骂、恐吓精神病人、残疾人、流浪乞讨人员、老年人、孕妇、未成年人，造成恶劣社会影响的；

（四）引起他人精神失常、自杀等严重后果的；

（五）严重影响他人的工作、生活、生产、经营的；

（六）其他情节恶劣的情形。

强拿硬要或者任意损毁、占用公私财物，破坏社会秩序，涉嫌下列情形之一的，应予立案追诉：

（一）强拿硬要公私财物价值一千元以上，或者任意损毁、占用公私财物价值二千元以上的；

（二）多次强拿硬要或者任意损毁、占用公私财物，造成恶劣社会影响的；

（三）强拿硬要或者任意损毁、占用精神病人、残疾人、流浪乞讨人员、老年人、孕妇、未成年人的财物，造成恶劣社会影响的；

在车站、码头、机场、医院、商场、公园、影剧院、展览会、运动场或者其他公共场所起哄闹事，应当根据公共场所的性质、公共活动的重要程度、公共场所的人数、起哄闹事的时间、公共场所受影响的范围与程度等因素，综合判断是否造成公共场所秩序严重混乱。

■最高人民法院、最高人民检察院关于办理寻衅滋事刑事案件适用法律若干问题的解释（全文）（2013年7月22日）

第一条　行为人为寻求刺激、发泄情绪、逞强耍横等，无事生非，实施刑法第二百九十三条规定的行为的，应当认定为“寻衅滋事”。

行为人因日常生活中的偶发矛盾纠纷，借故生非，实施刑法第二百九十三条规定的行为的，应当认定为“寻衅滋事”，但矛盾系由被害人故意引发或者被害人对矛盾激化负有主要责任的除外。

行为人因婚恋、家庭、邻里、债务等纠纷，实施殴打、辱骂、恐吓他人或者损毁、占用他人财物等行为的，一般不认定为“寻衅滋事”，但经有关部门批评制止或者处理处罚后，继续实施前列行为，破坏社会秩序的除外。

第二条　随意殴打他人，破坏社会秩序，具有下列情形之一的，应当认定为刑法第二百九十三条第一款第一项规定的“情节恶劣”：

（一）致一人以上轻伤或者二人以上轻微伤的；

(二)引起他人精神失常、自杀等严重后果的;

(三)多次随意殴打他人的;

(四)持凶器随意殴打他人的;

(五)随意殴打精神病人、残疾人、流浪乞讨人员、老年人、孕妇、未成年人,造成恶劣社会影响的;

(六)在公共场所随意殴打他人,造成公共场所秩序严重混乱的;

(七)其他情节恶劣的情形。

第三条　追逐、拦截、辱骂、恐吓他人,破坏社会秩序,具有下列情形之一的,应当认定为刑法第二百九十三条第一款第二项规定的"情节恶劣":

(一)多次追逐、拦截、辱骂、恐吓他人,造成恶劣社会影响的;

(二)持凶器追逐、拦截、辱骂、恐吓他人的;

(三)追逐、拦截、辱骂、恐吓精神病人、残疾人、流浪乞讨人员、老年人、孕妇、未成年人,造成恶劣社会影响的;

(四)引起他人精神失常、自杀等严重后果的;

(五)严重影响他人的工作、生活、生产、经营的;

(六)其他情节恶劣的情形。

第四条　强拿硬要或者任意损毁、占用公私财物,破坏社会秩序,具有下列情形之一的,应当认定为刑法第二百九十三条第一款第三项规定的"情节严重":

(一)强拿硬要公私财物价值一千元以上,或者任意损毁、占用公私财物价值二千元以上的;

(二)多次强拿硬要或者任意损毁、占用公私财物,造成恶劣社会影响的;

(三)强拿硬要或者任意损毁、占用精神病人、残疾人、流浪乞讨人员、老年人、孕妇、未成年人的财物,造成恶劣社会影响的;

(四)引起他人精神失常、自杀等严重后果的;

(五)严重影响他人的工作、生活、生产、经营的;

(六)其他情节严重的情形。

第五条　在车站、码头、机场、医院、商场、公园、影剧院、展览会、运动场或者其他公共场所起哄闹事,应当根据公共场所的性质、公共活动的重要程度、公共场所的人数、起哄闹事的时间、公共场所受影响的范围与程度等因素,综合判断是否"造成公共场所秩序严重混乱"。

第六条　纠集他人三次以上实施寻衅滋事犯罪,未经处理的,应当依照刑法第二百九十三条第二款的规定处罚。

第七条　实施寻衅滋事行为,同时符合寻衅滋事罪和故意杀人罪、故意伤害罪、故意毁坏财物罪、敲诈勒索罪、抢夺罪、抢劫罪等罪的构成要件的,依照处罚较重的犯罪定罪处罚。

第八条　行为人认罪、悔罪,积极赔偿被害人损失或者取得被害人谅解的,可以从轻处罚;犯罪情节轻微的,可以不起诉或者免予刑事处罚。

■最高人民法院、最高人民检察院、公安部、司法部关于办理"套路贷"刑事案件若干问题的意见(2019年4月9日)

(相关内容附在本书刑法第二百六十六条之后附文同名文件中)

■最高人民法院、最高人民检察院关于办理利用信息网络实施诽谤等刑事案件适用法律若干问题的解释(2013年9月10日)

第五条　利用信息网络辱骂、恐吓他人,情节恶劣,破坏社会秩序的,依照刑法第二百九十三条第一款第(二)项的规定,以寻衅滋事罪定罪处罚。

编造虚假信息,或者明知是编造的虚假信息,在信息网络上散布,或者组织、指使人员在信息网络上散布，起哄闹事，造成公共秩序严重混乱的，依照刑法第二百九十三条第一款第（四）项的规定，以寻衅滋事罪定罪处罚。

第八条　明知他人利用信息网络实施诽谤、寻衅滋事、敲诈勒索、非法经营等犯罪，为其提供资金、场所、技术支持等帮助的，以共同犯罪论处。

第九条　利用信息网络实施诽谤、寻衅滋事、敲诈勒索、非法经营犯罪，同时又构成刑法第二百二十一条规定的损害商业信誉、商品声誉罪，第二百七十八条规定的煽动暴力抗拒法律实施罪，第二百九十一条之一规定的编造、故意传播虚假恐怖信息罪等犯罪的，依照处罚较重的规定定罪处罚。

第十条　本解释所称信息网络，包括以计算机、电视机、固定电话机、移动电话机等电子设备为终端的计算机互联网、广播电视网、固定通信网、移动通信网等信息网络，以及向公众开放的局域网络。

■最高人民法院、最高人民检察院关于办理妨害预防、控制突发传染病疫情等灾害的刑事案件具体应用法律若干问题的解释（2003年5月15日）

第十一条　在预防、控制突发传染病疫情等灾害期间，强拿硬要或者任意损毁、占用公私财物情节严重，或者在公共场所起哄闹事，造成公共场所秩序严重混乱的，依照刑法第二百九十三条的规定，以寻衅滋事罪定罪，依法从重处罚。

第十七条　人民法院、人民检察院办理有关妨害预防、控制突发传染病疫情等灾害的刑事案件，对于有自首、立功等悔罪表现的，依法从轻、减轻、免除处罚或者依法作出不起诉决定。

第十八条　本解释所称"突发传染病疫情等灾害"，是指突然发生，造成或者可能造成社会公众健康严重损害的重大传染病疫情、群体性不明原因疾病以及其他严重影响公众健康的灾害。

■最高人民法院、最高人民检察院、公安部、司法部关于依法惩治妨害新型冠状病毒感染肺炎疫情防控违法犯罪的意见（2020年2月6日）

二、准确适用法律，依法严惩妨害疫情防控的各类违法犯罪

（二）依法严惩暴力伤医犯罪……

随意殴打医务人员，情节恶劣的，依照刑法第二百九十三条的规定，以寻衅滋事罪定罪处罚。

采取暴力或者其他方法公然侮辱、恐吓医务人员，符合刑法第二百四十六条、第二百九十三条规定的，以侮辱罪或者寻衅滋事罪定罪处罚。

（六）依法严惩造谣传谣犯罪……

编造虚假信息，或者明知是编造的虚假信息，在信息网络上散布，或者组织、指使人员在信息网络上散布，起哄闹事，造成公共秩序严重混乱的，依照刑法第二百九十三条第一款第四项的规定，以寻衅滋事罪定罪处罚。

对虚假疫情信息案件，要依法、精准、恰当处置。对恶意编造虚假疫情信息，制造社会恐慌，挑动社会情绪，扰乱公共秩序，特别是恶意攻击党和政府，借机煽动颠覆国家政权、推翻社会主义制度的，要依法严惩。对于因轻信而传播虚假信息，危害不大的，不以犯罪论处。

（十）依法严惩妨害疫情防控的违法行为……

对于在疫情防控期间实施有关违法犯罪的，要作为从重情节予以考量，依法体现从严的政策要求，有力惩治震慑违法犯罪，维护法律权威，维护社会秩序，维护人民群众生命安全和身体健康。

■最高人民法院关于审理未成年人刑事案件具体应用法律若干问题的解释（2006年1月23日）

第八条　已满十六周岁不满十八周岁的人出于以大欺小、以强凌弱或者寻求精神刺激，随意殴打其他未成年人、多次对其他未成年人强拿硬要或者任意损毁公私财物，扰乱学校及其他公共场所秩序，情节严重的，以寻衅滋事罪定罪处罚。

第二十条　本解释自公布之日起施行。

《最高人民法院关于办理未成年人刑事案件适用法律的若干问题的解释》（法发〔1995〕9号）自本

解释公布之日起不再执行。

■最高人民法院、最高人民检察院、公安部、司法部、国家卫生和计划生育委员会关于依法惩处涉医违法犯罪维护正常医疗秩序的意见(2014年4月22日)

二、严格依法惩处涉医违法犯罪

……人民法院应当加快审理进度,在全面查明案件事实的基础上依法准确定罪量刑,对于犯罪手段残忍、主观恶性深、人身危险性大的被告人或者社会影响恶劣的涉医犯罪行为,要依法从严惩处。

(一)在医疗机构内……故意杀害医务人员,或者故意伤害医务人员造成轻伤以上严重后果,或者随意殴打医务人员情节恶劣、任意损毁公私财物情节严重,构成故意杀人罪、故意伤害罪、故意毁坏财物罪、寻衅滋事罪的,依照刑法的有关规定定罪处罚。

(二)在医疗机构私设灵堂、摆放花圈、焚烧纸钱、悬挂横幅、堵塞大门或者以其他方式扰乱医疗秩序……造成严重损失或者扰乱其他公共秩序情节严重,构成寻衅滋事罪、聚众扰乱社会秩序罪、聚众扰乱公共场所秩序、交通秩序罪的,依照刑法的有关规定定罪处罚。

在医疗机构的病房、抢救室、重症监护室等场所及医疗机构的公共开放区域违规停放尸体……严重扰乱医疗秩序或者其他公共秩序,构成犯罪的,依照前款的规定定罪处罚。

(三)以不准离开工作场所等方式非法限制医务人员人身自由的,依照治安管理处罚法第四十条的规定处罚;构成非法拘禁罪的,依照刑法的有关规定定罪处罚。

(四)公然侮辱、恐吓医务人员的,依照治安管理处罚法第四十二条的规定处罚;采取暴力或者其他方法公然侮辱、恐吓医务人员情节严重(恶劣),构成侮辱罪、寻衅滋事罪的,依照刑法的有关规定定罪处罚。

(五)非法携带枪支、弹药、管制器具或者爆炸性、放射性、毒害性、腐蚀性物品进入医疗机构的,依照治安管理处罚法第三十条、第三十二条的规定处罚;危及公共安全情节严重,构成非法携带枪支、弹药、管制刀具、危险物品危及公共安全罪的,依照刑法的有关规定定罪处罚。

(六)对于故意扩大事态,教唆他人实施针对医疗机构或者医务人员的违法犯罪行为,或者以受他人委托处理医疗纠纷为名实施敲诈勒索、寻衅滋事等行为的,依照治安管理处罚法和刑法的有关规定从严惩处。

■最高人民法院、最高人民检察院、公安部、司法部、国家卫生和计划生育委员会关于依法惩处涉医违法犯罪维护正常医疗秩序的意见(2014年4月22日)(见本书附录四十二)

■最高人民法院、最高人民检察院关于常见犯罪的量刑指导意见(试行)(2021年7月1日)(见本书附录十三)

▼安徽省高级人民法院、安徽省人民检察院关于二十三种常见犯罪量刑规范的实施细则(试行)(2022年1月16日)(见本书附录十四)

▼安徽省高级人民法院、安徽省人民检察院、安徽省公安厅关于依法打击破坏医疗秩序有关违法犯罪活动的若干意见(2013年7月26日)(见本书附录四十三)

▼浙江省高级人民法院关于印发《全省法院刑事审判疑难问题研讨会纪要》的通知(2012年2月24日)

十二、关于寻衅滋事罪的认定

……

上述第二款所规定的"纠集他人多次实施前款行为",包括多次纠集他人实施寻衅滋事行为和纠集他人实施多次寻衅滋事行为。

对行为人基于寻衅滋事的犯意,在同一时空下实施了多种符合刑法第二百九十三条第一款所列的寻衅滋事行为的,以及在同一地点连续对多人实施寻衅滋事行为的,宜认定为一次。

寻衅滋事致人重伤的案件中,如果行为人事先经预谋或事中形成了伤害他人身体的共同故意,不论谁的行为直接致人重伤,对所有参与者均宜以故意伤害罪定性处罚。

在部分人员先行离开现场、部分人员致人重伤的案件中,如果确有证据证明致人重伤超出共同犯罪故意范围的,对先行离开现场的人员按寻衅滋事罪定性处罚,对直接致人重伤的行为人和组织者按故意伤害罪定性处罚。

▽寻衅滋事过程中殴打他人致人重伤、死亡的一般应定故意伤害罪

寻衅滋事罪的法定情形之一,即表现为随意殴打他人。虽然殴打他人本质上也是一种伤害行为,但作为寻衅滋事罪客观表现之一的"随意殴打他人"与故意伤害罪中的伤害行为还是有显著区别的。区别的要点在于:因寻衅滋事而随意殴打他人的,行为人的动机在于发泄或满足其不良情绪,其特点表现为在殴打他人的起因上、殴打对象上、殴打手段上均具有相当的"随意"性。殴打起因上的随意性,是指行为人为寻求精神刺激,无事生非,毫无理由或者强以微不足道的琐事、不能成立的理由为借口,挑起事端,殴打他人。殴打对象上的随意性反映了行为人殴打他人就是为了取乐、发泄或者谁妨碍了他要威风就殴打谁,寻衅打人的对象具有不特定性。殴打手段、方式的随意性是指殴打他人具有突发性,选择的殴打手段、器物、打击部位和力量因时因事因人随心所欲,但一般情况下,行为人不具有伤害他人至何种程度的明确故意。故意伤害罪在于行为人一般则有直接明确的伤害故意和目的,伤害他人的起因、对象一般都具有特定性。但司法实践中还是经常会出现行为人在寻衅滋事的过程中,因随意殴打他人结果致人轻伤甚至重伤或者死亡的严重情形。从刑法对这两种犯罪的法定刑配置角度来看。通过刑罚的配置上看,对寻衅滋事"随意殴打他人"致人轻伤的刑罚,已经涵盖在寻衅滋事的法定刑之中,仅以寻衅滋事罪论处,不会轻纵行为人,无二罪并罚的必要。如因寻衅滋事"随意殴打他人"致人重伤或死亡的,由于寻衅滋事罪本身不包含致人重伤或死亡的结果,或者说已超出寻衅滋事罪的涵盖范围,对此,一般应直接以故意伤害罪一罪论处,既无并罚的必要,也无并罚的理论依据。其次,如定两罪,势必是对"随意殴打他人"一行为作两次评价,即既将其评价为寻衅滋事,又将其评价为故意伤害,有违刑法禁止对同一行为重复评价的原则。同时,随意殴打他人,致人死亡,严重侵犯了公民的生命健康权利,其行为亦符合故意伤害罪的犯罪构成。在这种情况下,只需定故意伤害罪一罪即可。因为实质上,只是基于一个犯意,实施了一个犯罪行为,结果侵犯了两个刑法所保护的客体,触犯了两个罪名。根据刑法理论,这种情形属于想象竞合犯,应按从一重处断的原则处理,即按其中法定刑之重者处理。[参见第225号案例,杨安等故意伤害案,载《刑事审判参考》总第30集,法律出版社,第43～45页。执笔:于前军　孙孝明]

▽二人以上共同寻衅滋事随意殴打他人致人重伤或死亡的,对直接致人重伤、死亡的行为人,应以故意伤害罪或故意杀人罪论处;对其他参与殴打的人是否应以故意伤害罪或故意杀人罪论处,应具体案情具体分析

二人以上共同寻衅滋事随意殴打他人致人重伤或死亡的,是对直接造成重伤、死亡的一人或数人定故意伤害罪或故意杀人罪,而对其他参与殴打的人应具体情况具体分析。数行为人在寻衅滋事的共同故意支配下共同实施了随意殴打他人的行为,因此致人重伤或死亡的,在能够查明确系其中一人或几人的行为直接造成被害人重伤或死亡的情况下,对这些人应当以故意伤害罪或故意杀人罪来论处。但对其他参与共同殴打的人,须依据具体案情具体考察、分析,则不宜一概而论:对各共同参与随意殴打他人的人而言,参与共同殴打行为本身,仅表明他们具有明确的共同寻衅滋事的故意,尚不能充分肯定他们就一定具有共同伤害的故意。关键是要看各行为人之间在共同殴打过程中所形成的临时共同故意中是否包含伤害的内容以及他们各自的行为与被害人的重伤、死亡是否具有相当的因果关系。如果这两方面条件都满足,就应当以故意伤害罪或故意杀人罪的共犯论处;反之,就只应以寻衅滋事罪论处。由此而产生的定罪各异和适用的法定刑幅度差距也是正常的,因为没有特定的共同故意内容,就不可能形成该故意内容的共同犯罪。对本案所有行为人均以故意伤害(致人死亡)罪论处,应该说是恰当的。理由是:1. 本案所有行为人都自始至终直接参与了对被害人的暴力殴打,具有共同伤害的明确故意;2. 本案被害人系因头部损伤引起硬膜下血肿,脑组织挫裂伤而死,该死因无法查明确系某一人或几人的行为直接所致,因此,本案所有行为人的殴打行为均无法排除与被害人的死亡无因果关系。在共同随意殴打他人过程中,如能明显排除某人的殴打行为与被害人的死亡没有因果关系,则不能要其对被害人的死亡后果承担刑事责任。如被害人的死因系头部损伤,而参与共同殴打的某一行为人仅是踢了被害人下肢一两脚等。[参见第225号案例,杨安等故意伤害案,载《刑事审判参考》总第30集,法律出版社,第45～47页。执笔:于前军　孙孝明]

▽在公众场所用锥子扎人造成恐怖气氛的不构成投放虚假危险物质罪,构成寻衅滋事罪

行为人的行为不构成投放虚假危险物质罪。这是因为:其一,在犯罪主观方面,本案现有证据不能证明行为人明知或应知社会上存在的"扎针"传播艾滋病的传言,不能证明行为人用铁锥扎人的目的是故意制造社会恐慌。行为人系从外地来京打工,而且本案证人也证明行为人平时沉默寡言,较为孤僻,所以行为人不知道社会上存在的"扎针"传闻是完全有可能的。行为人始终否认自己知道社会上流传的"扎针"传播艾滋病的传言,对指控其用锥子扎人是利用该消息制造恐怖气氛一直予以否认。行为人供称之所以扎被害人是因其女友与之分手而产生怨恨心理,而被害人又与其女友相像,经查证又确有其事。在有合理存疑的情况下,法官应当且只能做出有利于行为人的选择,而不能亦不应当作出无证据支持且不利于行为人的推论,即在行为人不明知或应知社会上存在"扎针"传播艾滋病传闻的情况下,不能认定其主观上具有制造社会恐慌的目的。因此,行为人不具备投放虚假危险物质罪的主观要件。其二,在犯罪客观方面,行为人持铁锥扎人的行为不符合刑法修正案(三)第八条规定的投放虚假危险物质罪的"投放"行为。行为人所使用的犯罪工具是一把实心的锥子,不可能存放任何物质,不存在"投放"问题。综上,本案行为人的行为不符合投放虚假危险物质罪的构成要件和立法本意,故不能以此罪定罪处罚。

行为人的行为构成寻衅滋事罪。理由是:第一,行为人的行为具有相当的社会危害性。具有相当的社会危害性是犯罪的一个基本特征。本案行为人在公交车上用锥子扎青年女性的腿部,虽然没有给被害人的身体造成严重的后果,也未达到轻伤的标准。但在当时的特定背景下,行为人的行为不仅给被害人而且对社会的影响甚大。由于当时社会上流传"扎针"传播艾滋病一事,造成社会群体尤其是女性群体产生恐慌心理,生怕自己成为被害人。本案行为人在公交车这一人多拥挤较为敏感的场所用锥子扎人,与社会上传闻的扎针事件极为相似,容易被人误以为是有人"扎针"传播艾滋病。被害人在事发后,虽经澄清,仍承受较大的心理压力,甚至被亲属、朋友、同事误解、疏远。公交车上的乘客事发后向外传播(有些是误传或者添油加醋),作为"扎针"传闻例证,客观上对社会的恐慌心理起到了推波助澜的作用。因此,行为人的行为具有较大的社会危害性。第二,行为人的行为符合寻衅滋事罪的特征。刑法规定了寻衅滋事罪的四种犯罪情形即随意殴打他人;追逐、拦截、辱骂他人;强拿硬要或者任意损毁、占有公私财物;在公共场所起哄闹事,造成公共场所秩序严重混乱的。只要作为人有上述行为之一,且情节恶劣或者后果严重的,就符合寻衅滋事罪的客观要件。本案行为人由于被女友抛弃而产生不健康的心理,无端滋事,用锥子扎伤他人,侵害他人身体,与"随意殴打他人"扰乱社会秩序属同一类型。尽管其伤害后果并不严重,但由于行为人是在特定的背景下,使用特定的方法,并选择在特定的地点——公共汽车这一人员集中的地方作案,不仅给被害人造成了较大的心理压力,在案发时引起公共汽车秩序的混乱,且案发后,客观上产生了恶劣的社会影响,亦属于"情节恶劣。"[参见第206号案例,杨国栋投放虚假危险物质案,载《刑事审判参考》总第28辑(2002年第5辑),法律出版社,第61～62页。执笔:于前军　孙孝明]

▽被告人以轻微暴力强索硬要他人财物的行为应构成寻衅滋事罪

行为人的主观目的不是非法占有被害人的财物,而是报复、教训被害人。本案行为人与被害人系同学,二人不仅相识,而且还曾经非常要好,只是产生的矛盾,找人想“修理”被害人。行为人实施的暴力殴打和强拿硬要手机行为,其主观上并不单纯是为了非法占有被害人的财物,而是通过这些方式以实现教训、报复被害人的目的。行为人实施的暴力、胁迫强度尚未超出寻衅滋事罪所要求的强度标准。基于教训被害人的目的,行为人前去见被害人时没有携带任何凶器,仅对被害人实施了简单的拳打脚踢行为,被害人也没有受伤,属于轻微暴力。被害人当时如欲反抗或者逃跑,都是完全可以的,但是他没有这样做,而只是进行辩解、认错和求饶,并任由行为人拿走他身上的两部手机。手机被拿走后,他也没有当即向公安机关报案,而是采取了事后索要的方式,要回了其中的一部。可见,行为人实施的暴力、胁迫强度很一般,尚未超出寻衅滋事罪中“随意殴打他人”“强拿硬要”的范围。通过以上两方面可以看出,寻衅滋事罪虽然是妨害社会管理秩序犯罪,但有时行为人主观上也具有非法占有他人财物的故意,客观上也实施了强拿硬要他人财物的非法占有行为,侵犯了他人的人身权利和财产权利,与抢劫罪的构成特征有些近似。但是,仔细分析其主客观方面的表现,还是能够找出一定差异的。《最高人民法院关于审理抢劫、抢夺刑事案件适用法律若干问题的意见》第九条中对此作了明确阐述:寻衅滋事罪行为人主观上还具有逞强好胜和通过强拿硬要来填补其精神空虚等目的,客观上一般不以严重侵犯他人人身权利的方法强拿硬要财物。根据罪刑相适应原则,权衡行为人的主观恶性及犯罪行为的社会危害性,认定为寻衅滋事罪才能罚当其罪。抢劫罪在我国刑法中属于重罪,其起刑点就是三年有期徒刑,最高刑是死刑;相对而言,寻衅滋事罪是一种轻罪,只能判处五年以下有期徒刑、拘役或者管制。寻衅滋事罪与抢劫罪的法定刑规定之所以如此轻重悬殊,其中一个非常重要的原因就在于抢劫犯罪的社会危害性、对被害人人身的危险性以及侦破的难度,都远远高于寻衅滋事罪。寻衅滋事罪的行为人在随意殴打、强拿硬要或任意毁损公私财物时,一般不隐瞒自己身份,通常还多发生在熟人之间,其最终或者说最主要的目的在于寻求一种精神刺激,炫耀自己的威能,故此类案件对被害人造成的伤害比较轻微,司法机关查处起来也较容易。但抢劫罪的行为人则往往对被害人隐瞒身份,通常选择陌生人作为作案对象,给被害人造成的人身伤害也往往较为严重,侦破查处起来也更加困难。因此,正确区分抢劫罪和寻衅滋事罪,不仅要考量其犯罪构成的迥异,在行为性质不甚明确时,还要依据罪刑相适应原则,凭借社会一般观念,权衡一下行为人应受处罚的轻重和处刑后可能会产生的社会效果,以期最终准确认定行为人的行为性质和罪名。在抢劫罪与寻衅滋事罪量刑存在巨大差异的情况下,出于保护未成年人的目的,根据《最高人民法院关于审理未成年人刑事案件具体应用法律若干问题的解释》第八条的规定,已满十六周岁不满十八周岁的人出于以大欺小、以强凌弱或者寻求精神刺激,随意殴打其他未成年人、多次对其他未成年人强拿硬要或者任意毁损公私财物,扰乱学校及其他公共场所秩序,只有达到“情节严重”的程度,才以寻衅滋事罪定罪处罚。[参见第517号案例,张彪等寻衅滋事案,载《刑事审判参考》总第65集(2008年第6集),法律出版社,第47~50页。执笔:司明灯　余剑锋　刘思源]

▽未成年人多次强取其他未成年人少量财物的,属于未成年人以轻微暴力强索少量财物的行为,应当认定为寻衅滋事罪

2005年《最高人民法院关于审理抢劫、抢夺刑事案件适用法律若干问题的意见》(本附文以下简称《两抢意见》)规定:“对于未成年人使用或威胁使用轻微暴力强抢少量财物的行为,一般不宜以抢劫罪定罪处罚。其行为符合寻衅滋事罪特征的,可以寻衅滋事罪定罪处罚。”实际上,该司法解释对未成年人实施强抢财物行为性质的认定,也坚持了强拿硬要型寻衅滋事罪和抢劫罪的一般区分标准,其中“使用或威胁使用轻微暴力”系两罪客观行为方面的区分标准,即行为人并未使用严重侵害他人人身安全的暴力、胁迫方式,从而区别于抢劫罪的客观行为:“强抢少量财物”系从强抢的财物数额上推断行为人主观上并非主要出于非法占有公私财物的目的,从而区别于抢劫罪的主观要件。为进一步明确未成年人使用或者威胁使用轻微暴力强取少量财物行为的定罪标准,最高人民法院2006年出台的《关于审理未成年人刑事案件具体应用法律若干问题的解释》(本附文以下简称《未成年人解释》)第七条规定:

"已满十四周岁不满十六周岁的人使用轻微暴力或者威胁,强行索要其他未成年人随身携带的生活、学习用品或者钱财数量不大,且未造成被害人轻微伤以上或者不敢正常到校学习、生活等危害后果的,不认为是犯罪。已满十六周岁不满十八周岁的人具有前款规定情形的,一般也不认为是犯罪。"该条分别从实施暴力的程度和危害后果两方面,对何种情形下未成年人的抢劫行为属于刑法第十三条规定的"情节显著轻微危害不大"作出了解释。

由上述司法解释的规定可以看出,本着对未成年人"教育、感化、挽救"的方针和"教育为主、惩罚为辅"的原则,对未成年人实施的以轻微暴力强索他人少量财物的行为,如果没有造成被害人轻微伤以上后果或者严重扰乱公共场所秩序、社会秩序等其他后果的,一般不以犯罪论处:社会危害大,确有必要追究刑事责任的,也要控制抢劫罪的适用,符合寻衅滋事罪的构成特征的,尽量选择适用寻衅滋事罪。在适用上述司法解释具体认定时,有两个问题需要注意:

一是关于"轻微暴力"和"少量财物"的认定。对是否属于"轻微暴力",可以从实施暴力的方式、强度,以及是否造成被害人身体伤害后果来分析判断,并应注意与成年人相区分。例如,同样是持刀强抢财物情节,成年人和未成年人由此所表现出的主观恶性与对被害人的威胁程度有所不同。成年人实施的持刀强抢行为,即使只是持刀威胁,未实际动刀伤害被害人,一般也应认定超出了"轻微暴力"的范畴,严重侵害了他人的人身安全;而对于未成年人实施的持刀强抢行为,则还要结合是否实际动刀伤人,是否造成被害人轻微伤以上或其他危害后果,综合认定是否属于"轻微暴力"。对于是否属"少量财物",可以参考盗窃罪数额较大的标准,以1000元以下的财物为标准。当然,不是说使用轻微暴力强抢了数额超过1000元的财物即定抢劫罪,根据2013年7月22日最高人民法院、最高人民检察院《关于办理寻衅滋事刑事案件适用法律若干问题的解释》(本附文以下简称《寻衅滋事案件解释》)的规定,强拿硬要公私财物价值1000元以上的,也是寻衅滋事罪的入罪标准之一,因此符合寻衅滋事罪特征的,也可能认定为寻衅滋事罪。

二是对寻衅滋事罪入罪标准的把握。强拿硬要他人财物构成寻衅滋事罪,需要具备"情节严重",《寻衅滋事案件解释》对该类犯罪"情节严重"的标准作了明确,该解释没有区分成年人与未成年人实施强拿硬要财物的定罪标准。鉴于未成年人身心发育不成熟,人生观、价值观尚未定型等因素,上述标准对处理未成年人强索财物案件虽然适用,但仍应坚持有所区别、对未成年人尽量从宽处理的刑事政策精神。比如,如果是未成年人针对老年人、未成年人强拿硬要财物的,就不宜机械适用《寻衅滋事案件解释》上述规定第3项,认定未成年人构成寻衅滋事罪。在办理未成年违法犯罪案件中《未成年人解释》所体现的政策精神应当得到贯彻。应当综合考虑未成年人实施强拿硬要行为的次数、手段、危害后果,是否造成恶劣社会影响,是否认罪悔罪以及是否积极退赃等因素,准确把握其行为是否属于"情节显著轻微危害不大,可不认为是犯罪"的情形。

需要指出的是,处理未成年人强索财物案件,既要坚持宽大原则,还要避免片面从宽,放纵犯罪。《两抢意见》《未成年人解释》关于从宽处理的规定,其适用都是有特定语境和前提条件的,即总体上适用于那些主观恶性不深、人身危险性不大、作案手段一般、危害后果不严重的违法犯罪行为。对那些虽然系未成年人,但强取不特定人员财物的犯意十分明确、坚决,甚至屡教不改,多次持凶器或者暴力殴打、威胁被害人,强行劫取、索要他人财物,严重侵害公民人身、财产安全的行为,应依法以抢劫罪定罪处罚。

三被告人构成寻衅滋事罪。从主观方面看,三被告人具有寻衅动机,认定根据有:从作案时间、地点看,本案7次作案有3次发生在白天,7次作案均发生在校园周边,且有4次选择在同一地点作案;从作案对象看,7次作案对象均为在校未成年学生,其中5次作案对象是同一中学的学生,被害人的未成年学生身份意味着其不可能携带数额较大的财物;从客观行为表现看,被告人强抢陈某某时在未搜到财物后,还对陈某某拳打脚踢后才离开现场。以上均反映出被告人并非以非法占有财物为唯一目的,而具有以大欺小、以强凌弱、寻求精神刺激、逞强耍横的寻衅动机。从客观方面看，被告人李某甲、李某乙均7次实施、王某某5次实施向其他未成年人强拿硬要财物的行为，严重扰乱了校园周边的社会秩序，属于“情节严重”，符合《未成年人解释》第八条的规定，应以寻衅滋事罪追究三被告人的刑事责任。同案李某丙参与作案1次，同案杜某某参与作案2次，二人寻衅滋事行为均不足3次，尚不属于“情节严重”，故按照治安管理处罚法的规定予以行政处罚。综上，人民法院认定三被告人构成寻衅滋事罪，是正确的。[参见第1002号指导案例，李某甲等寻衅滋事案，载《刑事审判参考》总第98集(2014年第3集)，第152～157页。撰稿：肖凤]

第二百九十三条之一　【催收非法债务罪】有下列情形之一，催收高利放贷等产生的非法债务，情节严重的，处三年以下有期徒刑、拘役或者管制，并处或者单处罚金：

（一）使用暴力、胁迫方法的；

（二）限制他人人身自由或者侵入他人住宅的；

（三）恐吓、跟踪、骚扰他人的。（本条是根据《中华人民共和国刑法修正案（十一）》之三十四增加的，自2021年3月1日起施行。）

第二百九十四条　【组织、领导、参加黑社会性质组织罪】组织、领导黑社会性质的组织的，处七年以上有期徒刑，并处没收财产；积极参加的，处三年以上七年以下有期徒刑，可以并处罚金或者没收财产；其他参加的，处三年以下有期徒刑、拘役、管制或者剥夺政治权利，可以并处罚金。

【入境发展黑社会组织罪】境外的黑社会组织的人员到中华人民共和国境内发展组织成员的，处三年以上十年以下有期徒刑。

【包庇、纵容黑社会性质组织罪】国家机关工作人员包庇黑社会性质的组织，或者纵容黑社会性质的组织进行违法犯罪活动的，处五年以下有期徒刑；情节严重的，处五年以上有期徒刑。

犯前三款罪又有其他犯罪行为的，依照数罪并罚的规定处罚。

黑社会性质的组织应当同时具备以下特征：

（一）形成较稳定的犯罪组织，人数较多，有明确的组织者、领导者，骨干成员基本固定；

（二）有组织地通过违法犯罪活动或者其他手段获取经济利益，具有一定的经济实力，以支持该组织的活动；

（三）以暴力、威胁或者其他手段，有组织地多次进行违法犯罪活动，为非作恶，欺压、残害群众；

（四）通过实施违法犯罪活动，或者利用国家工作人员的包庇或者纵容，称霸一方，在一定区域或者行业内，形成非法控制或者重大影响，严重破坏经济、社会生活秩序。（本条是根据《中华人民共和国刑法修正案（八）》之四十三修改的，自2011年5月1日起施行。）

刑法本条原文：【组织、领导、参加黑社会性质组织罪】组织、领导和积极参加以暴力、威胁或者其他手段，有组织地进行违法犯罪活动，称霸一方，为非作恶，欺压、残害群众，严重破坏经济、社会生活秩序的黑社会性质的组织的，处三年以上十年以下有期徒刑；其他参加的，处三年以下有期徒刑、拘役、管制或者剥夺政治权利。

【入境发展黑社会组织罪】境外的黑社会组织的人员到中华人民共和国境内发展组织成员的，处三年以上十年以下有期徒刑。

犯前两款罪又有其他犯罪行为的，依照数罪并罚的规定处罚。

【包庇、纵容黑社会性质组织罪】国家机关工作人员包庇黑社会性质的组织，或者纵容黑社会性质的组织进行违法犯罪活动的，处三年以下有期徒刑、拘役或者剥夺政治权利；情节严重的，处三年以上十年以下有期徒刑。

■全国人民代表大会常务委员会关于《中华人民共和国刑法》第二百九十四条第一款的解释(全文)(2002年4月28日)

全国人民代表大会常务委员会讨论了刑法第二百九十四条第一款规定的“黑社会性质的组织”的含义问题，解释如下：刑法第二百九十四条第一款规定的“黑社会性质的组织”应当同时具备以下特征：

（一）形成较稳定的犯罪组织，人数较多，有明确的组织者、领导者，骨干成员基本固定；

(二)有组织地通过违法犯罪活动或者其他手段获取经济利益,具有一定的经济实力,以支持该组织的活动;

(三)以暴力、威胁或者其他手段,有组织地多次进行违法犯罪活动,为非作恶,欺压、残害群众;

(四)通过实施违法犯罪活动,或者利用国家工作人员的包庇或者纵容,称霸一方,在一定区域或者行业内,形成非法控制或者重大影响,严重破坏经济、社会生活秩序。

■最高人民检察院关于认真贯彻执行全国人大常委会《关于刑法第二百九十四条第一款的解释》和《关于刑法第三百八十四条第一款的解释》的通知(2002年5月13日)

二、……根据《解释》的规定,黑社会性质组织是否有国家工作人员充当"保护伞",即是否要有国家工作人员参与犯罪或者为犯罪活动提供非法保护,不影响黑社会性质组织的认定,对于同时具备《解释》规定的黑社会性质组织四个特征的案件,应依法予以严惩,以体现"打早打小"的立法精神。

■最高人民法院、最高人民检察院、公安部、司法部关于办理黑恶势力犯罪案件若干问题的指导意见(全文)(2018年1月16日)

为贯彻落实《中共中央、国务院关于开展扫黑除恶专项斗争的通知》精神,统一执法思想,提高执法效能,依法、准确、有力惩处黑恶势力犯罪,严厉打击"村霸"、宗族恶势力、"保护伞"以及"软暴力"等犯罪,根据《刑法》《刑事诉讼法》及有关司法解释等规定,针对实践中遇到的新情况、新问题,现就办理黑恶势力犯罪案件若干问题制定如下指导意见:

一、总体要求

1. 各级人民法院、人民检察院、公安机关和司法行政机关应充分发挥职能作用,密切配合,相互支持,相互制约,形成打击合力,加强预防惩治黑恶势力犯罪长效机制建设。正确运用法律规定加大对黑恶势力违法犯罪以及"保护伞"惩处力度,在侦查、起诉、审判、执行各阶段体现依法从严惩处精神,严格掌握取保候审,严格掌握不起诉,严格掌握缓刑、减刑、假释,严格掌握保外就医适用条件,充分运用《刑法》总则关于共同犯罪和犯罪集团的规定加大惩处力度,充分利用资格刑、财产刑降低再犯可能性。对黑恶势力犯罪,注意串并研判、深挖彻查,防止就案办案,依法加快办理。坚持依法办案、坚持法定标准、坚持以审判为中心,加强法律监督,强化程序意识和证据意识,正确把握"打早打小"与"打准打实"的关系,贯彻落实宽严相济刑事政策,切实做到宽严有据,罚当其罪,实现政治效果、法律效果和社会效果的统一。

2. 各级人民法院、人民检察院、公安机关和司法行政机关应聚焦黑恶势力犯罪突出的重点地区、重点行业和重点领域,重点打击威胁政治安全特别是政权安全、制度安全以及向政治领域渗透的黑恶势力;把持基层政权、操纵破坏基层换届选举、垄断农村资源、侵吞集体资产的黑恶势力;利用家族、宗族势力横行乡里、称霸一方、欺压残害百姓的"村霸"等黑恶势力;在征地、租地、拆迁、工程项目建设等过程中煽动闹事的黑恶势力;在建筑工程、交运运输、矿产资源、渔业捕捞等行业、领域,强揽工程、恶意竞标、非法占地、滥开滥采的黑恶势力;在商贸集市、批发市场、车站码头、旅游景区等场所欺行霸市、强买强卖、收保护费的市霸、行霸等黑恶势力;操纵、经营"黄赌毒"等违法犯罪活动的黑恶势力;非法高利放贷、暴力讨债的黑恶势力;插手民间纠纷,充当"地下执法队"的黑恶势力;组织或雇佣网络"水军"在网上威胁、恐吓、侮辱、诽谤、滋扰的黑恶势力;境外黑社会入境发展渗透以及跨国跨境的黑恶势力。同时,坚决深挖黑恶势力"保护伞"。

二、依法认定和惩处黑社会性质组织犯罪

3. 黑社会性质组织应同时具备《刑法》第二百九十四条第五款中规定的"组织特征""经济特征""行为特征""危害性特征"。由于实践中许多黑社会性质组织并非这"四个特征"都很均显,在具体认定时,应根据立法本意,认真审查、分析黑社会性质组织"四个特征"相互间的内在联系,准确评价涉案犯罪组织所造成的社会危害,做到不枉不纵。

4. 发起、创建黑社会性质组织,或者对黑社会性质组织进行合并、分立、重组的行为,应当认定为"组织黑社会性质组织";实际对整个组织的发展、运行、活动进行决策、指挥、协调、管理的行为,应当认定为"领导黑社会性质组织"。黑社会性质组织的组织者、领导者,既包括通过一定形式产生的有明确职务、称谓的组织者、领导者,也包括在黑社会性质组织中被公认的事实上的组织者、领导者。

5. 知道或者应当知道是以实施违法犯罪为基本活动内容的组织,仍加入并接受其领导和管理的行为,应当认定为"参加黑社会性质组织"。没有加入黑社会性质组织的意愿,受雇到黑社会性质组织开办的公司、企业、社团工作,未参与黑社会性质组织违法犯罪活动的,不应认定力"参加黑社会性质组织"。

参加黑社会性质组织并具有以下情形之一的,一般应当认定为"积极参加黑社会性质组织":多次积极参与黑社会性质组织的违法犯罪活动,或者积极参与较严重的黑社会性质组织的犯罪活动且作用突出,以及其他在组织中起重要作用的情形,如具体主管黑社会性质组织的财务、人员管理等事项。

6. 组织形成后,在一定时期内持续存在,应当认定为"形成较稳定的犯罪组织"。

黑社会性质组织一般在短时间内难以形成,而且成员人数较多,但鉴于"恶势力"团伙和犯罪集团向黑社会性质组织发展是一个渐进的过程,没有明显的性质转变的节点,故对黑社会性质组织存在时间、成员人数问题不宜作出"一刀切"的规定。

黑社会性质组织未举行成立仪式或者进行类似活动的,成立时间可以按照足以反映其初步形成非法影响的标志性事件的发生时间认定。没有明显标志性事件的,可以按照本意见中关于黑社会牲质组织违法犯罪活动认定范围的规定,将组织者、领导者与其他组织成员首次共同实施该组织犯罪活动的时间认定为该组织的形成时间。该组织者、领导者因未到案或者因死亡等法定情形未被起诉的,不影响认定。

黑社会性质组织成员既包括已有充分证据证明但尚未归案的组织成员,也包括虽有参加黑社会性质组织的行为但因尚未达到刑事责任年龄或因其他法定情形而未被起诉,或者根据具体情节不作为犯罪处理的组织成员。

7. 在组织的形成、发展过程中通过以下方式获取经济利益的,应当认定为"有组织地通过违法犯罪活动或者其他手段获取经济利益":

(1) 有组织地通过违法犯罪活动或其他不正当手段聚敛;

(2) 有组织地以投资、控股、参股、合伙等方式通过合法的生产、经营活动获取;

(3) 由组织成员提供或通过其他单位、组织、个人资助取得。

8. 通过上述方式获得一定数量的经济利益,应当认定为"具有一定的经济实力",同时也包括调动一定规模的经济资源用以支持该组织活功的能力。通过上述方式获取的经济利益,即使是由部分组织成员个人掌控,也应计入黑社会性质组织的"经济实力"。组织成员主动将个人或者家庭资产中的一部分用于支持该组织活动,其个人或者家庭资产可全部计入"一定的经济实力",但数额明显较小或者仅提供动产、不动产使用权的除外。

由于不同地区的经济发展水平、不同行业的利润空间均存在很大差异,加之黑社会性质组织存在、发展的时间也各有不同,在办案时不能一般性地要求黑社会性质组织所具有的经济实力必须达到特定规模或特定数额。

9. 黑社会性质组织实施的违法犯罪活动包括非暴力性的违法犯罪活动,但暴力或以暴力相威胁始终是黑社会性质组织实施违法犯罪活动的基本手段,并随时可能付诸实施。暴力、威胁色彩虽不明显,但实际是以组织的势力、影响和犯罪能力为依托,以暴力、威胁的现实可能性为基础,足以使他人产生恐惧、恐慌进而形成心理强制或者足以影响、限制人身自由、危及人身财产安全或者影响正常生产、工作、生活的手段,属于《刑法》第二百九十四条第五款第(三)项中的"其他手段",包括但不限于所谓的

“谈判”“协商”“调解”以及滋扰、纠缠、哄闹、聚众造势等手段。

10. 为确立、维护、扩大组织的势力、影响、利益或者按照纪律规约、组织惯例多次实施违法犯罪活动,侵犯不特定多人的人身权利、民主权利、财产权利,破坏经济秩序、社会秩序,应当认定为“有组织地多次进行违法犯罪活动,为非作恶,欺压、残害群众”。

符合以下情形之一的,应当认定为是黑社会性质组织实施的违法犯罪活动:

(1)为该组织争夺势力范围、打击竞争对手、形成强势地位、谋取经济利益、树立非法权威、扩大非法影响、寻求非法保护、增强犯罪能力等实施的;

(2)按照该组织的纪律规约、组织惯例实施的;

(3)组织者、领导者直接组织、策划、推挥、参与实施的;

(4)由组织成员以组织名义实施,并得到组织者、领导者认可或者默许的;

(5)多名组织成员为逞强争霸、插手纠纷、报复他人、替人行凶、非法敛财而共同实施,并得到组织者、领导者认可或者默许的;

(6)其他应当认定为黑社会性质组织实施的。

11. 鉴于黑社会性质组织非法控制和影响的“一定区域”的大小具有相对性,不能简单地要求“一定区域”必须达到某一特定的空间范围,而应当根据具体案情,并结合黑社会性质组织对经济、社会生产秩序的危害程度加以综合分析判断。

通过实施违法犯罪活动,或者利用国家工作人员的包庇或者不依法履行职责,放纵黑社会性质组织进行违法犯罪活动的行为,称霸一方,并具有以下情形之一的,可认定为“在一定区域或者行业内,形成非法控制或者重大影响,严重破坏经济、社会生活秩序”:

(1)致使在一定区域内生活或者在一定行业内从事生产、经营的多名群众,合法利益遭受犯罪或严重违法活动侵害后,不敢通过正当途径举报、控告的;

(2)对一定行业的生产、经营形成垄断,或者对涉及一定行业的准入、经营、竞争等经济活动形成重要影响的;

(3)插手民间纠纷、经济纠纷,在相关区域或者行业内造成严重影响的;

(4)干扰、破坏他人正常生产、经营、生活,并在相关区域或者行业内造成严重影响的;

(5)干扰、破坏公司、企业、事业单位及社会团体的正常生产,经营、工作秩序,在相关区域、行业内造成严重影响,或者致使其不能正常生产、经营、工作的;

(6)多次干扰、破坏党和国家机关、行业管理部门以及村委会、居委会等基层群众自治组织的工作秩序,或者致使上述单位、组织的职能不能正常行使的;

(7)利用组织的势力、影响,帮助组织成员或他人获取政治地位,或者在党政机关、基层群众自治组织中担任一定职务的;

(8)其他形成非法控制或者重大影响,严重破坏经济、社会生活秩序的情形。

12. 对于组织者、领导者和因犯参加黑社会性质组织罪被判处五年以上有期徒刑的积极参加者,可根据《刑法》第五十六条第一款的规定适用附加剥夺政治权利。对于符合《刑法》第三十七条之一规定的组织成员,应当依法禁止其从事相关职业。符合《刑法》第六十六条规定的组织成员,应当认定为累犯,依法从重处罚。

对于因有组织的暴力性犯罪被判处死刑缓期执行的黑社会性质组织犯罪分子,可以根据《刑法》第五十条第二款的规定同时决定对其限制减刑。对于因有组织的暴力性犯罪被判处十年以上有期徒刑、无期徒刑的黑社会性质组织犯罪分子,应当根据《刑法》第八十一条第二款规定,不得假释。

13. 对于组织者、领导者一般应当并处没收个人全部财产。对于确属骨干成员或者为该组织转移、隐匿资产的积极参加者,可以并处没收个人全部财产。对于其他组织成员,应当根据所参与实施违法犯罪活动的次数、性质、地位、作用、违法所得数额以及造成损失的数额等情节，依法决定财产刑的适用。

三、依法惩处恶势力犯罪

14. 具有下列情形的组织，应当认定为“恶势力”：经常纠集在一起，以暴力、威胁或者其他手段，在一定区域或者行业内多次实施违法犯罪活动，为非作恶，欺压百姓，扰乱经济、社会生活秩序，造成较为恶劣的社会影响，但尚未形成黑社会性质组织的违法犯罪组织。恶势力一般为三人以上，纠集者相对固定，违法犯罪活动主要为强迫交易、故意伤害、非法拘禁、敲诈勒索、故意毁坏财物、聚众斗殴、寻衅滋事等，同时还可能伴随实施开设赌场、组织卖淫、强迫卖淫、贩卖毒品、运输毒品、制造毒品、抢劫、抢夺、聚众扰乱社会秩序、聚众扰乱公共场所秩序、交通秩序以及聚众“打砸抢”等。

在相关法律文书中的犯罪事实认定部分，可使用“恶势力”等表述加以描述。

15. 恶势力犯罪集团是符合犯罪集团法定条件的恶势力犯罪组织，其特征表现为：有三名以上的组织成员，有明显的首要分子，重要成员较为固定，组织成员经常纠集在一起，共同故意实施三次以上恶势力惯常实施的犯罪活动或者其他犯罪活动。

16. 公安机关、人民检察院、人民法院在办理恶势力犯罪案件时，应当依照上述规定，区别于普通刑事案件，充分运用《刑法》总则关于共同犯罪和犯罪集团的规定，依法从严惩处。

四、依法惩处利用“软暴力”实施的犯罪

17. 黑恶势力为谋取不法利益或形成非法影响，有组织地采用滋扰、纠缠、哄闹、聚众造势等手段侵犯人身权利、财产权利，破坏经济秩序、社会秩序，构成犯罪的，应当分别依照《刑法》相关规定处理：

(1) 有组织地采用滋扰、纠缠、哄闹、聚众造势等手段扰乱正常的工作、生活秩序，使他人产生心理恐惧或者形成心理强制，分别属于《刑法》第二百九十三条第一款第(二)项规定的“恐吓”、《刑法》第二百二十六规定的“威胁”，同时符合其他犯罪构成条件的，应分别以寻衅滋事罪、强迫交易罪定罪处罚。

《关于办理寻衅滋事刑事案件适用法律若干问题的解释》第二条至第四条中的“多次”一般应当理解为二年内实施寻衅滋事行为三次以上。二年内多次实施不同种类寻衅滋事行为的，应当追究刑事责任。

(2) 以非法占有为目的强行索取公私财物，有组织地采用滋扰、纠缠、哄闹、聚众造势等手段扰乱正常的工作、生活秩序，同时符合《刑法》第二百七十四条规定的其他犯罪构成条件的，应当以敲诈勒索罪定罪处罚。同时由多人实施或者以统一着装、显露文身、特殊标识以及其他明示或者暗示方式，足以使对方感知相关行为的有组织性的，应当认定为《关于办理敲诈勒索刑事案件适用法律若干问题的解释》第二条第(五)项规定的“以黑恶势力名义敲诈勒索”。

采用上述手段，同时又构成其他犯罪的，应当依法按照处罚较重的规定定罪处罚。

雇佣、指使他人有组织地采用上述手段强迫交易、敲诈勒索，构成强迫交易罪、敲诈勒索罪的，对雇佣者、指使者，一般应当以共同犯罪中的主犯论处。为强索不受法律保护的债务或者因其他非法目的，雇佣、指使他人有组织地采用上述手段寻衅滋事，构成寻衅滋事罪的，对雇佣者、指使者，一般应当以共同犯罪中的主犯论处；为追讨合法债务或者因婚恋、家庭、邻里纠纷等民间矛盾而雇佣、指使，没有造成严重后果的，一般不作为犯罪处理，但经有关部门批评制止或者处理处罚后仍继续实施的除外。

18. 黑恶势力有组织地多次短时间非法拘禁他人的，应当认定为《刑法》第二百三十八条规定的“以其他方法非法剥夺他人人身自由”。非法拘禁他人三次以上、每次持续时间在四小时以上，或者非法拘禁他人累计时间在十二小时以上的，应以非法拘禁罪定罪处罚。

五、依法打击非法放贷讨债的犯罪活动

19. 在民间借贷活动中，如有擅自设立金融机构、非法吸收公众存款、骗取贷款、套取金融机构资金发放高利贷以及为强索债务而实施故意杀人、故意伤害、非法拘禁、故意毁坏财物等行为的，应当按照具体犯罪侦查、起诉、审判。依法符合数罪并罚条件的,应当并罚。

20. 对于以非法占有为目的,假借民间借贷之名,通过"虚增债务""签订虚假借款协议""制造资金走账流水""肆意认定违约""转单平账""虚假诉讼"等手段非法占有他人财产,或者使用暴力、威胁手段强立债权、强行索债的,应当根据案件具体事实,以诈骗、强迫交易、敲诈勒索、抢劫、虚假诉讼等罪名侦查、起诉、审判。对于非法占有的被害人实际所得借款以外的虚高"债务"和以"保证金""中介费""服务费"等各种名目扣除或收取的额外费用,均应计入违法所得。对于名义上为被害人所得,但在案证据能够证明实际上却为犯罪嫌疑人、被告人实施后续犯罪所使用的"借款",应予以没收。

21. 对采用讨债公司、"地下执法队"等各种形式有组织地进行上述活动,符合黑社会性质组织、犯罪集团认定标准的,应当按照组织、领导、参加黑社会性质组织罪或者犯罪集团侦查、起诉、审判。

六、依法严惩"保护伞"

22.《刑法》第二百九十四条第三款中规定的"包庇"行为,不要求相关国家机关工作人员利用职务便利。利用职务便利包庇黑社会性质组织的,酌情从重处罚。包庇、纵容黑社会性质组织,事先有通谋的,以具体犯罪的共犯论处。

23. 公安机关、人民检察院、人民法院对办理黑恶势力犯罪案件中发现的涉嫌包庇、纵容黑社会性质组织犯罪、收受贿赂、渎职侵权等违法违纪线索,应当及时移送有关主管部门和其他相关部门,坚决依法严惩充当黑恶势力"保护伞"的职务犯罪。

24. 依法严惩农村"两委"等人员在涉农惠农补贴申领与发放、农村基础设施建设、征地拆迁补偿、救灾扶贫优抚、生态环境保护等过程中,利用职权恃强凌弱、吃拿卡要、侵吞挪用国家专项资金的犯罪,以及放纵、包庇"村霸"和宗族恶势力,致使其坐大成患;或者收受贿赂、徇私舞弊,为"村霸"和宗族恶势力充当"保护伞"的犯罪。

25. 公安机关在侦办黑恶势力犯罪案件中,应当注意及时深挖其背后的腐败问题,对于涉嫌特别重大贿赂犯罪案件的犯罪嫌疑人,及时会同有关机关,执行《刑事诉讼法》第三十七条的相关规定,辩护律师在侦查期间会见在押犯罪嫌疑人的,应当经相关侦查机关许可。

七、依法处置涉案财产

26. 公安机关、人民检察院、人民法院根据黑社会性质组织犯罪案件的诉讼需要,应当依法查询、查封、扣押、冻结全部涉案财产。公安机关侦查期间,要会同工商、税务、国土、住建、审计、人民银行等部门全面调查涉黑组织及其成员的财产状况。

对于不宜查封、扣押、冻结的经营性资产,可以申请当地政府指定有关部门或者委托有关机构代管或者托管。

对黑社会性质组织及其成员聚敛的财产及其孳息、收益的数额,办案单位可以委托专门机构评估;确实无法准确计算的,可以根据有关法律规定及查明的事实、证据合理估算。

27. 对于依法查封、冻结、扣押的黑社会性质组织涉案财产,应当全面收集、审查证明其来源、性质、用途、权属及价值大小的有关证据。符合下列情形之一的,应当依法追缴、没收:

(1)组织及其成员通过违法犯罪活动或其他不正当手段聚敛的财产及其孳息、收益;

(2)组织成员通过个人实施违法犯罪活动聚敛的财产及其孳息、收益;

(3)其他单位、组织、个人为支持该组织活动资助或主动提供的财产;

(4)通过合法的生产、经营活动获取的财产或者组织成员个人、家庭合法资产中,实际用于支持该组织活动的部分;

(5)组织成员非法持有的违禁品以及供犯罪所用的本人财物;

(6)其他单位、组织、个人利用黑社会性质组织及其成员的违法犯罪活动获取的财产及其孳息、收益;

(7)其他应当追缴、没收的财产。

28. 违法所得已用于清偿债务或者转让给他人,具有下列情形之一的,应当依法追缴:

(1)对方明知是通过违法犯罪活动或者其他不正当手段聚敛的财产及其孳息、收益的;

(2)对方无偿或者以明显低于市场价格取得的;

(3)对方是因非法债务或者违法犯罪活动而取得的;

(4)通过其他方式恶意取得的。

29. 依法应当追缴、没收的财产无法找到、被他人善意取得、价值灭失或者与其他合法财产混合且不可分割的,可以追缴、没收其他等值财产。

30. 黑社会性质组织犯罪嫌疑人、被告人逃匿,在通缉一年后不能到案,或者犯罪嫌疑人、被告人死亡的,应当依照法定程序没收其违法所得。

31. 对于依法查封、扣押、冻结的涉案财产,有证据证明确属被害人合法财产,或者确与黑社会性质组织及其违法犯罪活动无关的应予以返还。

八、其他

32. 司法行政机关应当加强对律师办理黑社会性质组织犯罪案件辩护代理工作的指导监督,指导律师事务所建立健全律师办理黑社会性组织犯罪的请示报告、集体研究和检查督导制度。办案机关应当依法保障律师各项诉讼权利,为律师履行辩护代理职责提供便利,防止因妨碍辩护律师依法履行职责,对案件办理带来影响。

对黑恶势力犯罪案件开庭审理时,人民法院应当通知对辩护律师所属事务所具有监督管理权限的司法行政机关派员旁听。

对于律师违反会见规定的;以串联组团,联署签名、发表公开信,组织网上聚集、声援等方式或者借个案研讨之名,制造舆论压力,攻击、诋毁司法机关和司法制度,干扰诉讼活动正常进行的;煽动、教唆和组织当事人或者其他人员到司法机关或者其他国家机关静坐、举牌、打横幅、喊口号等,扰乱公共秩序、危害公共安全的;违反规定披露、散布不公开审理案件的信息、材料,或者本人、其他律师在办案过程中获悉的有关案件重要信息、证据材料的,司法行政机关应当依照有关规定予以处罚,构成犯罪的,依法追究刑事责任。对于律师辩护、代理活动中的违法违规行为,相关办案机关要注意收集固定证据,提出司法建议。

33. 监狱应当从严管理组织、领导、参加黑社会性质组织的罪犯,严格罪犯会见、减刑、假释、暂予监外执行等执法活动。对于判处十年以上有期徒刑、无期徒刑,判处死刑缓期二年执行减为有期徒刑、无期徒刑的黑社会性质组织的组织者、领导者,实行跨省、自治区、直辖市异地关押。积极开展黑恶势力犯罪线索排查,教育引导服刑人员检举揭发。社区矫正机构对拟适用社区矫正的黑恶势力犯罪案件的犯罪嫌疑人、被告人,应当认真开展调查评估,为准确适用非监禁刑提供参考。社区矫正机构对组织、领导、参加黑社会性质组织的社区服刑人员要严格监管教育。公安机关、人民检察院、人民法院、司法行政机关要加强协调联动,完善应急处置工作机制,妥善处理社区服刑人员脱管漏管和重新违法犯罪等情形。

34. 办理黑恶势力犯罪案件,要依法建立完善重大疑难案件会商、案件通报等工作机制,进一步加强政法机关之间的配合,形成打击合力;对群众关注度高、社会影响力大的黑恶势力犯罪案件,依法采取挂牌督办、上提一级、异地管辖、指定管辖以及现场联合督导等措施,确保案件质量。根据办理黑恶势力犯罪案件的实际情况,及时汇总问题,归纳经验,适时出台有关证据标准,切实保障有力打击。

35. 公安机关、人民检察院、人民法院办理黑社会性质组织犯罪案件,应当按照《刑事诉讼法》、《关于办理黑社会性质组织犯罪案件若干问题的规定》、《公安机关办理刑事案件证人保护工作规定》的有关规定,对证人、报案人、控告人、举报人、鉴定人、被害人采取保护措施。

犯罪嫌疑人、被告人,积极配合侦查、起诉、审判工作,在查明黑社会性质组织的组织结构和组织者、领导者的地位作用,组织实施的重大犯罪事实,追缴、没收赃款赃物,打击"保护伞"等方面提供重要线索和证据,经查证属实的,可以根据案件具体情况,依法从轻、减轻或者免除处罚,并对其参照证人保护的有关规定采取保护措施。前述规定,对于确属组织者、领导者的犯罪嫌疑人、被告人应当严格掌握。

对于确有重大立功或者对于认定重大犯罪事实或追缴、没收涉黑财产具有重要作用的组织成员,确有必要通过分案审理予以保护的,公安机关可以与人民检察院、人民法院在充分沟通的基础上作出另案处理的决定。

对于办理黑社会性质组织犯罪案件的政法干警及其近亲属,需要采取保护措施的,可以参照《刑事诉讼法》等关于证人保护的有关规定,采取禁止特定的人员接触、对人身和住宅予以专门性保护等必要的措施,以确保办理案件的司法工作人员及其近亲属的人身安全。

36. 本意见颁布实施后,最高人民法院、最高人民检察院、公安部、司法部联合发布或者单独制定的其他相关规范性文件,内容如与本意见中有关规定不一致的,应当按照本意见执行。

■最高人民法院、最高人民检察院、公安部、司法部关于办理恶势力刑事案件若干问题的意见(全文)(2019年4月9日)

为认真贯彻落实中央开展扫黑除恶专项斗争的部署要求,正确理解和适用最高人民法院、最高人民检察院、公安部、司法部《关于办理黑恶势力犯罪案件若干问题的指导意见》(法发〔2018〕1号,以下简称《指导意见》),根据刑法、刑事诉讼法及有关司法解释、规范性文件的规定,现对办理恶势力刑事案件若干问题提出如下意见:

一、办理恶势力刑事案件的总体要求

1. 人民法院、人民检察院、公安机关和司法行政机关要深刻认识恶势力违法犯罪的严重社会危害,毫不动摇地坚持依法严惩方针,在侦查、起诉、审判、执行各阶段,运用多种法律手段全面体现依法从严惩处精神,有力震慑恶势力违法犯罪分子,有效打击和预防恶势力违法犯罪。

2. 人民法院、人民检察院、公安机关和司法行政机关要严格坚持依法办案,确保在案件事实清楚,证据确实、充分的基础上,准确认定恶势力和恶势力犯罪集团,坚决防止人为拔高或者降低认定标准。要坚持贯彻落实宽严相济刑事政策,根据犯罪嫌疑人、被告人的主观恶性、人身危险性、在恶势力、恶势力犯罪集团中的地位、作用以及在具体犯罪中的罪责,切实做到宽严有据,罚当其罪,实现政治效果、法律效果和社会效果的统一。

3. 人民法院、人民检察院、公安机关和司法行政机关要充分发挥各自职能,分工负责,互相配合,互相制约,坚持以审判为中心的刑事诉讼制度改革要求,严格执行"三项规程",不断强化程序意识和证据意识,有效加强法律监督,确保严格执法、公正司法,充分保障当事人、诉讼参与人的各项诉讼权利。

二、恶势力、恶势力犯罪集团的认定标准

4. 恶势力,是指经常纠集在一起,以暴力、威胁或者其他手段,在一定区域或者行业内多次实施违法犯罪活动,为非作恶,欺压百姓,扰乱经济、社会生活秩序,造成较为恶劣的社会影响,但尚未形成黑社会性质组织的违法犯罪组织。

5. 单纯为牟取不法经济利益而实施的"黄、赌、毒、盗、抢、骗"等违法犯罪活动,不具有为非作恶、欺压百姓特征的,或者因本人及近亲属的婚恋纠纷、家庭纠纷、邻里纠纷、劳动纠纷、合法债务纠纷而引发以及其他确属事出有因的违法犯罪活动,不应作为恶势力案件处理。

6. 恶势力一般为3人以上,纠集者相对固定。纠集者,是指在恶势力实施的违法犯罪活动中起组织、策划、指挥作用的违法犯罪分子。成员较为固定且符合恶势力其他认定条件,但多次实施违法犯罪活动是由不同的成员组织、策划、指挥,也可以认定为恶势力,有前述行为的成员均可以认定为纠集者。

恶势力的其他成员，是指知道或应当知道与他人经常纠集在一起是为了共同实施违法犯罪，仍按照纠集者的组织、策划、指挥参与违法犯罪活动的违法犯罪分子，包括已有充分证据证明但尚未归案的人员，以及因法定情形不予追究法律责任，或者因参与实施恶势力违法犯罪活动已受到行政或刑事处罚的人员。仅因临时雇佣或被雇佣、利用或被利用以及受蒙蔽参与少量恶势力违法犯罪活动的，一般不应认定为恶势力成员。

7.“经常纠集在一起，以暴力、威胁或者其他手段，在一定区域或者行业内多次实施违法犯罪活动”，是指犯罪嫌疑人、被告人于2年之内，以暴力、威胁或者其他手段，在一定区域或者行业内多次实施违法犯罪活动，且包括纠集者在内，至少应有2名相同的成员多次参与实施违法犯罪活动。对于“纠集在一起”时间明显较短，实施违法犯罪活动刚刚达到“多次”标准，且尚不足以造成较为恶劣影响的，一般不应认定为恶势力。

8.恶势力实施的违法犯罪活动，主要为强迫交易、故意伤害、非法拘禁、敲诈勒索、故意毁坏财物、聚众斗殴、寻衅滋事，但也包括具有为非作恶、欺压百姓特征，主要以暴力、威胁为手段的其他违法犯罪活动。

恶势力还可能伴随实施开设赌场、组织卖淫、强迫卖淫、贩卖毒品、运输毒品、制造毒品、抢劫、抢夺、聚众扰乱社会秩序、聚众扰乱公共场所秩序、交通秩序以及聚众“打砸抢”等违法犯罪活动，但仅有前述伴随实施的违法犯罪活动，且不能认定具有为非作恶、欺压百姓特征的，一般不应认定为恶势力。

9.办理恶势力刑事案件，“多次实施违法犯罪活动”至少应包括1次犯罪活动。对于反复实施强迫交易、非法拘禁、敲诈勒索、寻衅滋事等单一性质的违法行为，单次情节、数额尚不构成犯罪，但按照刑法或者有关司法解释、规范性文件的规定累加后应作为犯罪处理的，在认定是否属于“多次实施违法犯罪活动”时，可将已用于累加的违法行为计为1次犯罪活动，其他违法行为单独计算违法活动的次数。

已被处理或者已作为民间纠纷调处，后经查证确属恶势力违法犯罪活动的，均可以作为认定恶势力的事实依据，但不符合法定情形的，不得重新追究法律责任。

10.认定“扰乱经济、社会生活秩序，造成较为恶劣的社会影响”，应当结合侵害对象及其数量、违法犯罪次数、手段、规模、人身损害后果、经济损失数额、违法所得数额、引起社会秩序混乱的程度以及对人民群众安全感的影响程度等因素综合把握。

11.恶势力犯罪集团，是指符合恶势力全部认定条件，同时又符合犯罪集团法定条件的犯罪组织。

恶势力犯罪集团的首要分子，是指在恶势力犯罪集团中起组织、策划、指挥作用的犯罪分子。恶势力犯罪集团的其他成员，是指知道或者应当知道是为共同实施犯罪而组成的较为固定的犯罪组织，仍接受首要分子领导、管理、指挥，并参与该组织犯罪活动的犯罪分子。

恶势力犯罪集团应当有组织地实施多次犯罪活动，同时还可能伴随实施违法活动。恶势力犯罪集团所实施的违法犯罪活动，参照《指导意见》第十条第二款的规定认定。

12.全部成员或者首要分子、纠集者以及其他重要成员均为未成年人、老年人、残疾人的，认定恶势力、恶势力犯罪集团时应当特别慎重。

三、正确运用宽严相济刑事政策的有关要求

13.对于恶势力的纠集者、恶势力犯罪集团的首要分子、重要成员以及恶势力、恶势力犯罪集团共同犯罪中罪责严重的主犯，要正确运用法律规定加大惩处力度，对依法应当判处重刑或死刑的，坚决判处重刑或死刑。同时要严格掌握取保候审，严格掌握不起诉，严格掌握缓刑、减刑、假释，严格掌握保外就医适用条件，充分利用资格刑、财产刑等法律手段全方位从严惩处。对于符合刑法第三十七条之一规定的，可以依法禁止其从事相关职业。

对于恶势力、恶势力犯罪集团的其他成员，在共同犯罪中罪责相对较小、人身危险性、主观恶性相对不大的,具有自首、立功、坦白、初犯等法定或酌定从宽处罚情节,可以依法从轻、减轻或免除处罚。认罪认罚或者仅参与实施少量的犯罪活动且只起次要、辅助作用,符合缓刑条件的,可以适用缓刑。

14. 恶势力犯罪集团的首要分子检举揭发与该犯罪集团及其违法犯罪活动有关联的其他犯罪线索,如果在认定立功的问题上存在事实、证据或法律适用方面的争议,应当严格把握。依法应认定为立功或者重大立功的,在决定是否从宽处罚、如何从宽处罚时,应当根据罪责刑相一致原则从严掌握。可能导致全案量刑明显失衡的,不予从宽处罚。

恶势力犯罪集团的其他成员如果能够配合司法机关查办案件,有提供线索、帮助收集证据或者其他协助行为,并在侦破恶势力犯罪集团案件、查处"保护伞"等方面起到较大作用的,即使依法不能认定立功,一般也应酌情对其从轻处罚。

15. 犯罪嫌疑人、被告人同时具有法定、酌定从严和法定、酌定从宽处罚情节的,量刑时要根据所犯具体罪行的严重程度,结合被告人在恶势力、恶势力犯罪集团中的地位、作用、主观恶性、人身危险性等因素整体把握。对于恶势力的纠集者、恶势力犯罪集团的首要分子、重要成员,量刑时要体现总体从严。对于在共同犯罪中罪责相对较小、人身危险性、主观恶性相对不大,且能够真诚认罪悔罪的其他成员,量刑时要体现总体从宽。

16. 恶势力刑事案件的犯罪嫌疑人、被告人自愿如实供述自己的罪行,承认指控的犯罪事实,愿意接受处罚的,可以依法从宽处理,并适用认罪认罚从宽制度。对于犯罪性质恶劣、犯罪手段残忍、社会危害严重的犯罪嫌疑人、被告人,虽然认罪认罚,但不足以从轻处罚的,不适用该制度。

四、办理恶势力刑事案件的其他问题

17. 人民法院、人民检察院、公安机关经审查认为案件符合恶势力认定标准的,应当在起诉意见书、起诉书、判决书、裁定书等法律文书中的案件事实部分明确表述,列明恶势力的纠集者、其他成员、违法犯罪事实以及据以认定的证据;符合恶势力犯罪集团认定标准的,应当在上述法律文书中明确定性,列明首要分子、其他成员、违法犯罪事实以及据以认定的证据,并引用刑法总则关于犯罪集团的相关规定。被告人及其辩护人对恶势力定性提出辩解和辩护意见,人民法院可以在裁判文书中予以评析回应。

恶势力刑事案件的起诉意见书、起诉书、判决书、裁定书等法律文书,可以在案件事实部分先概述恶势力、恶势力犯罪集团的概括事实,再分述具体的恶势力违法犯罪事实。

18. 对于公安机关未在起诉意见书中明确认定,人民检察院在审查起诉期间发现构成恶势力或者恶势力犯罪集团,且相关违法犯罪事实已经查清,证据确实、充分,依法应追究刑事责任的,应当作出起诉决定,根据查明的事实向人民法院提起公诉,并在起诉书中明确认定为恶势力或者恶势力犯罪集团。人民检察院认为恶势力相关违法犯罪事实不清、证据不足,或者存在遗漏恶势力违法犯罪事实、遗漏同案犯罪嫌疑人等情形需要补充侦查的,应当提出具体的书面意见,连同案卷材料一并退回公安机关补充侦查;人民检察院也可以自行侦查,必要时可以要求公安机关提供协助。

对于人民检察院未在起诉书中明确认定,人民法院在审判期间发现构成恶势力或恶势力犯罪集团的,可以建议人民检察院补充或者变更起诉;人民检察院不同意或者在七日内未回复意见的,人民法院不应主动认定,可仅就起诉指控的犯罪事实依照相关规定作出判决、裁定。

审理被告人或者被告人的法定代理人、辩护人、近亲属上诉的案件时,一审判决认定黑社会性质组织有误的,二审法院应当纠正,符合恶势力、恶势力犯罪集团认定标准,应当作出相应认定;一审判决认定恶势力或恶势力犯罪集团有误的,应当纠正,但不得升格认定;一审判决未认定恶势力或恶势力犯罪集团的,不得增加认定。

19. 公安机关、人民检察院、人民法院应当分别以起诉意见书、起诉书、裁判文书所明确的恶势力、恶势力犯罪集团,作为相关数据的统计依据。

20. 本意见自2019年4月9日起施行。

■最高人民法院、最高人民检察院、公安部、司法部关于办理"套路贷"刑事案件若干问题的意见(2019年4月9日)

(该文件全部内容附在本书刑法第二百六十六条之后附文同名文件中)

■最高人民法院、最高人民检察院、公安部、司法部关于办理黑恶势力刑事案件中财产处置若干问题的意见(全文)(2019年4月9日)

为认真贯彻中央关于开展扫黑除恶专项斗争的重大决策部署,彻底铲除黑恶势力犯罪的经济基础,根据刑法、刑事诉讼法及最高人民法院、最高人民检察院、公安部、司法部《关于办理黑恶势力犯罪案件若干问题的指导意见》(法发〔2018〕1号)等规定,现对办理黑恶势力刑事案件中财产处置若干问题提出如下意见:

一、总体工作要求

1. 公安机关、人民检察院、人民法院在办理黑恶势力犯罪案件时,在查明黑恶势力组织违法犯罪事实并对黑恶势力成员依法定罪量刑的同时,要全面调查黑恶势力组织及其成员的财产状况,依法对涉案财产采取查询、查封、扣押、冻结等措施,并根据查明的情况,依法作出处理。

前款所称处理既包括对涉案财产中犯罪分子违法所得、违禁品、供犯罪所用的本人财物以及其他等值财产等依法追缴、没收,也包括对被害人的合法财产等依法返还。

2. 对涉案财产采取措施,应当严格依照法定条件和程序进行。严禁在立案之前查封、扣押、冻结财物。凡查封、扣押、冻结的财物,都应当及时进行审查,防止因程序违法、工作瑕疵等影响案件审理以及涉案财产处置。

3. 对涉案财产采取措施,应当为犯罪嫌疑人、被告人及其所扶养的亲属保留必需的生活费用和物品。

根据案件具体情况,在保证诉讼活动正常进行的同时,可以允许有关人员继续合理使用有关涉案财产,并采取必要的保值保管措施,以减少案件办理对正常办公和合法生产经营的影响。

4. 要彻底摧毁黑社会性质组织的经济基础,防止其死灰复燃。对于组织者、领导者一般应当并处没收个人全部财产。对于确属骨干成员或者为该组织转移、隐匿资产的积极参加者,可以并处没收个人全部财产。对于其他组织成员,应当根据所参与实施违法犯罪活动的次数、性质、地位、作用、违法所得数额以及造成损失的数额等情节,依法决定财产刑的适用。

5. 要深挖细查并依法打击黑恶势力组织进行的洗钱以及掩饰、隐瞒犯罪所得、犯罪所得收益等转变涉案财产性质的关联犯罪。

二、依法采取措施全面收集证据

6. 公安机关侦查期间,要根据《公安机关办理刑事案件适用查封、冻结措施相关规定》(公通字〔2013〕30号)等有关规定,会同有关部门全面调查黑恶势力及其成员的财产状况,并可以根据诉讼需要,先行依法对下列财产采取查询、查封、扣押、冻结等措施:

(1)黑恶势力组织的财产;

(2)犯罪嫌疑人个人所有的财产;

(3)犯罪嫌疑人实际控制的财产;

(4)犯罪嫌疑人出资购买的财产;

(5)犯罪嫌疑人转移至他人名下的财产;

(6)犯罪嫌疑人涉嫌洗钱以及掩饰、隐瞒犯罪所得、犯罪所得收益等犯罪涉及的财产;

(7)其他与黑恶势力组织及其违法犯罪活动有关的财产。

7. 查封、扣押、冻结已登记的不动产、特定动产及其他财产,应当通知有关登记机关,在查封、扣押、冻结期间禁止被查封、扣押、冻结的财产流转,不得办理被查封、扣押、冻结财产权属变更、抵押等手续。必要时可以提取有关产权证照。

8. 公安机关对于采取措施的涉案财产,应当全面收集证明其来源、性质、用途、权属及价值的有关证据,审查判断是否应当依法追缴、没收。

证明涉案财产来源、性质、用途、权属及价值的有关证据一般包括:

(1)犯罪嫌疑人、被告人关于财产来源、性质、用途、权属、价值的供述;

(2)被害人、证人关于财产来源、性质、用途、权属、价值的陈述、证言;

(3)财产购买凭证、银行往来凭据、资金注入凭据、权属证明等书证;

(4)财产价格鉴定、评估意见;

(5)可以证明财产来源、性质、用途、权属、价值的其他证据。

9. 公安机关对应当依法追缴、没收的财产中黑恶势力组织及其成员聚敛的财产及其孳息、收益的数额,可以委托专门机构评估;确实无法准确计算的,可以根据有关法律规定及查明的事实、证据合理估算。

人民检察院、人民法院对于公安机关委托评估、估算的数额有不同意见的,可以重新委托评估、估算。

10. 人民检察院、人民法院根据案件诉讼的需要,可以依法采取上述相关措施。

三、准确处置涉案财产

11. 公安机关、人民检察院应当加强对在案财产审查甄别。在移送审查起诉、提起公诉时,一般应当对采取措施的涉案财产提出处理意见建议,并将采取措施的涉案财产及其清单随案移送。

人民检察院经审查,除对随案移送的涉案财产提出处理意见外,还需要对继续追缴的尚未被足额查封、扣押的其他违法所得提出处理意见建议。

涉案财产不宜随案移送的,应当按照相关法律、司法解释的规定,提供相应的清单、照片、录像、封存手续、存放地点说明、鉴定、评估意见、变价处理凭证等材料。

12. 对于不宜查封、扣押、冻结的经营性财产,公安机关、人民检察院、人民法院可以申请当地政府指定有关部门或者委托有关机构代管或者托管。

对易损毁、灭失、变质等不宜长期保存的物品,易贬值的汽车、船艇等物品,或者市场价格波动大的债券、股票、基金等财产,有效期即将届满的汇票、本票、支票等,经权利人同意或者申请,并经县级以上公安机关、人民检察院或者人民法院主要负责人批准,可以依法出售、变现或者先行变卖、拍卖,所得价款由扣押、冻结机关保管,并及时告知当事人或者其近亲属。

13. 人民检察院在法庭审理时应当对证明黑恶势力犯罪涉案财产情况进行举证质证,对于既能证明具体个罪又能证明经济特征的涉案财产情况相关证据在具体个罪中出示后,在经济特征中可以简要说明,不再重复出示。

14. 人民法院作出的判决,除应当对随案移送的涉案财产作出处理外,还应当在判决书中写明需要继续追缴尚未被足额查封、扣押的其他违法所得;对随案移送财产进行处理时,应当列明相关财产的具体名称、数量、金额、处置情况等。涉案财产或者有关当事人人数较多,不宜在判决书正文中详细列明的,可以概括叙述并另附清单。

15. 涉案财产符合下列情形之一的,应当依法追缴、没收:

(1)黑恶势力组织及其成员通过违法犯罪活动或者其他不正当手段聚敛的财产及其孳息、收益;

(2)黑恶势力组织成员通过个人实施违法犯罪活动聚敛的财产及其孳息、收益;

(3)其他单位、组织、个人为支持该黑恶势力组织活动资助或者主动提供的财产;

(4)黑恶势力组织及其成员通过合法的生产、经营活动获取的财产或者组织成员个人、家庭合法财

产中,实际用于支持该组织活动的部分;

(5)黑恶势力组织成员非法持有的违禁品以及供犯罪所用的本人财物;

(6)其他单位、组织、个人利用黑恶势力组织及其成员违法犯罪活动获取的财产及其孳息、收益;

(7)其他应当追缴、没收的财产。

16. 应当追缴、没收的财产已用于清偿债务或者转让,或者设置其他权利负担,具有下列情形之一的,应当依法追缴:

(1)第三人明知是违法犯罪所得而接受的;

(2)第三人无偿或者以明显低于市场的价格取得涉案财物的;

(3)第三人通过非法债务清偿或者违法犯罪活动取得涉案财物的;

(4)第三人通过其他方式恶意取得涉案财物的。

17. 涉案财产符合下列情形之一的,应当依法返还:

(1)有证据证明确属被害人合法财产;

(2)有证据证明确与黑恶势力及其违法犯罪活动无关。

18. 有关违法犯罪事实查证属实后,对于有证据证明权属明确且无争议的被害人、善意第三人或者其他人员合法财产及其孳息,凡返还不损害其他利害关系人的利益,不影响案件正常办理的,应当在登记、拍照或者录像后,依法及时返还。

四、依法追缴、没收其他等值财产

19. 有证据证明依法应当追缴、没收的涉案财产无法找到、被他人善意取得、价值灭失或者与其他合法财产混合且不可分割的,可以追缴、没收其他等值财产。

对于证明前款各种情形的证据,公安机关或者人民检察院应当及时调取。

20. 本意见第19条所称"财产无法找到",是指有证据证明存在依法应当追缴、没收的财产,但无法查证财产去向、下落的。被告人有不同意见的,应当出示相关证据。

21. 追缴、没收的其他等值财产的数额,应当与无法直接追缴、没收的具体财产的数额相对应。

五、其他

22. 本意见所称孳息,包括天然孳息和法定孳息。

本意见所称收益,包括但不限于以下情形:

(1)聚敛、获取的财产直接产生的收益,如使用聚敛、获取的财产购买彩票中奖所得收益等;

(2)聚敛、获取的财产用于违法犯罪活动产生的收益,如使用聚敛、获取的财产赌博赢利所得收益、非法放贷所得收益、购买并贩卖毒品所得收益等;

(3)聚敛、获取的财产投资、置业形成的财产及其收益;

(4)聚敛、获取的财产和其他合法财产共同投资或者置业形成的财产中,与聚敛、获取的财产对应的份额及其收益;

(5)应当认定为收益的其他情形。

23. 本意见未规定的黑恶势力刑事案件财产处置工作其他事宜,根据相关法律法规、司法解释等规定办理。

24. 本意见自2019年4月9日起施行。

■最高人民法院、最高人民检察院、公安部、司法部关于办理实施"软暴力"的刑事案件若干问题的意见(全文)(2019年4月9日)

为深入贯彻落实中央关于开展扫黑除恶专项斗争的决策部署,正确理解和适用最高人民法院、最高人民检察院、公安部、司法部《关于办理黑恶势力犯罪案件若干问题的指导意见》(法发〔2018〕1号,以下简称《指导意见》)关于对依法惩处采用"软暴力"实施犯罪的规定,依法办理相关犯罪案件,根据

《刑法》《刑事诉讼法》及有关司法解释、规范性文件,提出如下意见:

一、"软暴力"是指行为人为谋取不法利益或形成非法影响,对他人或者在有关场所进行滋扰、纠缠、哄闹、聚众造势等,足以使他人产生恐惧、恐慌进而形成心理强制,或者足以影响、限制人身自由、危及人身财产安全,影响正常生活、工作、生产、经营的违法犯罪手段。

二、"软暴力"违法犯罪手段通常的表现形式有:

(一)侵犯人身权利、民主权利、财产权利的手段,包括但不限于跟踪贴靠、扬言传播疾病、揭发隐私、恶意举报、诬告陷害、破坏、霸占财物等;

(二)扰乱正常生活、工作、生产、经营秩序的手段,包括但不限于非法侵入他人住宅、破坏生活设施、设置生活障碍、贴报喷字、拉挂横幅、燃放鞭炮、播放哀乐、摆放花圈、泼洒污物、断水断电、堵门阻工,以及通过驱赶从业人员、派驻人员据守等方式直接或间接地控制厂房、办公区、经营场所等;

(三)扰乱社会秩序的手段,包括但不限于摆场架势示威、聚众哄闹滋扰、拦路闹事等;

(四)其他符合本意见第一条规定的"软暴力"手段。

通过信息网络或者通讯工具实施,符合本意见第一条规定的违法犯罪手段,应当认定为"软暴力"。

三、行为人实施"软暴力",具有下列情形之一,可以认定为足以使他人产生恐惧、恐慌进而形成心理强制或者足以影响、限制人身自由、危及人身财产安全或者影响正常生活、工作、生产、经营:

(一)黑恶势力实施的;

(二)以黑恶势力名义实施的;

(三)曾因组织、领导、参加黑社会性质组织、恶势力犯罪集团、恶势力以及因强迫交易、非法拘禁、敲诈勒索、聚众斗殴、寻衅滋事等犯罪受过刑事处罚后又实施的;

(四)携带凶器实施的;

(五)有组织地实施的或者足以使他人认为暴力、威胁具有现实可能性的;

(六)其他足以使他人产生恐惧、恐慌进而形成心理强制或者足以影响、限制人身自由、危及人身财产安全或者影响正常生活、工作、生产、经营的情形。

由多人实施的,编造或明示暴力违法犯罪经历进行恐吓的,或者以自报组织、头目名号、统一着装、显露文身、特殊标识以及其他明示、暗示方式,足以使他人感知相关行为的有组织性的,应当认定为"以黑恶势力名义实施"。

由多人实施的,只要有部分行为人符合本条第一款第(一)项至第(四)项所列情形的,该项即成立。

虽然具体实施"软暴力"的行为人不符合本条第一款第(一)项、第(三)项所列情形,但雇佣者、指使者或者纠集者符合的,该项成立。

四、"软暴力"手段属于《刑法》第二百九十四条第五款第(三)项"黑社会性质组织行为特征"以及《指导意见》第14条"恶势力"概念中的"其他手段"。

五、采用"软暴力"手段,使他人产生心理恐惧或者形成心理强制,分别属于《刑法》第二百二十六条规定的"威胁"、《刑法》第二百九十三条第一款第(二)项规定的"恐吓",同时符合其他犯罪构成要件的,应当分别以强迫交易罪、寻衅滋事罪定罪处罚。

《关于办理寻衅滋事刑事案件适用法律若干问题的解释》第二条至第四条中的"多次"一般应当理解为二年内实施寻衅滋事行为三次以上。三次以上寻衅滋事行为既包括同一类别的行为,也包括不同类别的行为;既包括未受行政处罚的行为,也包括已受行政处罚的行为。

六、有组织地多次短时间非法拘禁他人的,应当认定为《刑法》第二百三十八条规定的"以其他方法非法剥夺他人人身自由"。非法拘禁他人三次以上、每次持续时间在四小时以上,或者非法拘禁他人累计时间在十二小时以上的,应当以非法拘禁罪定罪处罚。

七、以“软暴力”手段非法进入或者滞留他人住宅的，应当认定为《刑法》第二百四十五条规定的“非法侵入他人住宅”，同时符合其他犯罪构成要件的，应当以非法侵入住宅罪定罪处罚。

八、以非法占有为目的，采用“软暴力”手段强行索取公私财物，同时符合《刑法》第二百七十四条规定的其他犯罪构成要件的，应当以敲诈勒索罪定罪处罚。

《关于办理敲诈勒索刑事案件适用法律若干问题的解释》第三条中“二年内敲诈勒索三次以上”，包括已受行政处罚的行为。

九、采用“软暴力”手段，同时构成两种以上犯罪的，依法按照处罚较重的犯罪定罪处罚，法律另有规定的除外。

十、根据本意见第五条、第八条规定，对已受行政处罚的行为追究刑事责任的，行为人先前所受的行政拘留处罚应当折抵刑期，罚款应当抵扣罚金。

十一、雇佣、指使他人采用“软暴力”手段强迫交易、敲诈勒索，构成强迫交易罪、敲诈勒索罪的，对雇佣者、指使者，一般应当以共同犯罪中的主犯论处。

为强索不受法律保护的债务或者因其他非法目的，雇佣、指使他人采用“软暴力”手段非法剥夺他人人身自由构成非法拘禁罪，或者非法侵入他人住宅、寻衅滋事，构成非法侵入住宅罪、寻衅滋事罪的，对雇佣者、指使者，一般应当以共同犯罪中的主犯论处；因本人及近亲属合法债务、婚恋、家庭、邻里纠纷等民间矛盾而雇佣、指使，没有造成严重后果的，一般不作为犯罪处理，但经有关部门批评制止或者处理处罚后仍继续实施的除外。

十二、本意见自2019年4月9日起施行。

■最高人民法院、最高人民检察院、公安部、司法部关于办理利用信息网络实施黑恶势力犯罪刑事案件若干问题的意见(全文)(2019年10月21日)

为认真贯彻中央关于开展扫黑除恶专项斗争的部署要求，正确理解和适用最高人民法院、最高人民检察院、公安部、司法部《关于办理黑恶势力犯罪案件若干问题的指导意见》(法发〔2018〕1号，以下简称《指导意见》)，根据刑法、刑事诉讼法、网络安全法及有关司法解释、规范性文件的规定，现对办理利用信息网络实施黑恶势力犯罪案件若干问题提出以下意见：

一、总体要求

1. 各级人民法院、人民检察院、公安机关及司法行政机关应当统一执法思想、提高执法效能，坚持“打早打小”，坚决依法严厉惩处利用信息网络实施的黑恶势力犯罪，有效维护网络安全和经济、社会生活秩序。

2. 各级人民法院、人民检察院、公安机关及司法行政机关应当正确运用法律，严格依法办案，坚持“打准打实”，认真贯彻落实宽严相济刑事政策，切实做到宽严有据、罚当其罪，实现政治效果、法律效果和社会效果的统一。

3. 各级人民法院、人民检察院、公安机关及司法行政机关应当分工负责，互相配合、互相制约，切实加强与相关行政管理部门的协作，健全完善风险防控机制，积极营造线上线下社会综合治理新格局。

二、依法严惩利用信息网络实施的黑恶势力犯罪

4. 对通过发布、删除负面或虚假信息，发送侮辱性信息、图片，以及利用信息、电话骚扰等方式，威胁、要挟、恐吓、滋扰他人，实施黑恶势力违法犯罪的，应当准确认定，依法严惩。

5. 利用信息网络威胁他人，强迫交易，情节严重的，依照刑法第二百二十六条的规定，以强迫交易罪定罪处罚。

6. 利用信息网络威胁、要挟他人，索取公私财物，数额较大，或者多次实施上述行为的，依照刑法第二百七十四条的规定，以敲诈勒索罪定罪处罚。

7.利用信息网络辱骂、恐吓他人,情节恶劣,破坏社会秩序的,依照刑法第二百九十三条第一款第二项的规定,以寻衅滋事罪定罪处罚。

编造虚假信息,或者明知是编造的虚假信息,在信息网络上散布,或者组织、指使人员在信息网络上散布,起哄闹事,造成公共秩序严重混乱的,依照刑法第二百九十三条第一款第四项的规定,以寻衅滋事罪定罪处罚。

8.侦办利用信息网络实施的强迫交易、敲诈勒索等非法敛财类案件,确因被害人人数众多等客观条件的限制,无法逐一收集被害人陈述的,可以结合已收集的被害人陈述,以及经查证属实的银行账户交易记录、第三方支付结算账户交易记录、通话记录、电子数据等证据,综合认定被害人人数以及涉案资金数额等。

三、准确认定利用信息网络实施犯罪的黑恶势力

9.利用信息网络实施违法犯罪活动,符合刑法、《指导意见》以及最高人民法院、最高人民检察院、公安部、司法部《关于办理恶势力刑事案件若干问题的意见》等规定的恶势力、恶势力犯罪集团、黑社会性质组织特征和认定标准的,应当依法认定为恶势力、恶势力犯罪集团、黑社会性质组织。

认定利用信息网络实施违法犯罪活动的黑社会性质组织时,应当依照刑法第二百九十四条第五款规定的"四个特征"进行综合审查判断,分析"四个特征"相互间的内在联系,根据在网络空间和现实社会中实施违法犯罪活动对公民人身、财产、民主权利和经济、社会生活秩序所造成的危害,准确评价,依法予以认定。

10.认定利用信息网络实施违法犯罪的黑恶势力组织特征,要从违法犯罪的起因、目的,以及组织、策划、指挥、参与人员是否相对固定,组织形成后是否持续进行犯罪活动、是否有明确的职责分工、行为规范、利益分配机制等方面综合判断。利用信息网络实施违法犯罪的黑恶势力组织成员之间一般通过即时通讯工具、通讯群组、电子邮件、网盘等信息网络方式联络,对部分组织成员通过信息网络方式联络实施黑恶势力违法犯罪活动,即使相互未见面、彼此不熟识,不影响对组织特征的认定。

11.利用信息网络有组织地通过实施违法犯罪活动或者其他手段获取一定数量的经济利益,用于违法犯罪活动或者支持该组织生存、发展的,应当认定为符合刑法第二百九十四条第五款第二项规定的黑社会性质组织经济特征。

12.通过线上线下相结合的方式,有组织地多次利用信息网络实施违法犯罪活动,侵犯不特定多人的人身权利、民主权利、财产权利,破坏经济秩序、社会秩序的,应当认定为符合刑法第二百九十四条第五款第三项规定的黑社会性质组织行为特征。单纯通过线上方式实施的违法犯罪活动,且不具有为非作恶、欺压残害群众特征的,一般不应作为黑社会性质组织行为特征的认定依据。

13.对利用信息网络实施黑恶势力犯罪非法控制和影响的"一定区域或者行业",应当结合危害行为发生地或者危害行业的相对集中程度,以及犯罪嫌疑人、被告人在网络空间和现实社会中的控制和影响程度综合判断。虽然危害行为发生地、危害的行业比较分散,但涉案犯罪组织利用信息网络多次实施强迫交易、寻衅滋事、敲诈勒索等违法犯罪活动,在网络空间和现实社会造成重大影响,严重破坏经济、社会生活秩序的,应当认定为"在一定区域或者行业内,形成非法控制或者重大影响"。

四、利用信息网络实施黑恶势力犯罪案件管辖

14.利用信息网络实施的黑恶势力犯罪案件管辖依照《关于办理黑社会性质组织犯罪案件若干问题的规定》和《关于办理网络犯罪案件适用刑事诉讼程序若干问题的意见》的有关规定确定,坚持以犯罪地管辖为主、被告人居住地管辖为辅的原则。

15.公安机关可以依法对利用信息网络实施的黑恶势力犯罪相关案件并案侦查或者指定下级公安机关管辖,并案侦查或者由上级公安机关指定管辖的公安机关应当全面调查收集能够证明黑恶势力犯罪事实的证据,各涉案地公安机关应当积极配合。并案侦查或者由上级公安机关指定管辖的案件,需

要提请批准逮捕、移送审查起诉、提起公诉的，由立案侦查的公安机关所在地的人民检察院、人民法院受理。

16. 人民检察院对于公安机关提请批准逮捕、移送审查起诉的利用信息网络实施的黑恶势力犯罪案件，人民法院对于已进入审判程序的利用信息网络实施的黑恶势力犯罪案件，被告人及其辩护人提出的管辖异议成立，或者办案单位发现没有管辖权的，受案人民检察院、人民法院经审查，可以依法报请与有管辖权的人民检察院、人民法院共同的上级人民检察院、人民法院指定管辖，不再自行移交。对于在审查批准逮捕阶段，上级检察机关已经指定管辖的案件，审查起诉工作由同一人民检察院受理。人民检察院、人民法院认为应当分案起诉、审理的，可以依法分案处理。

17. 公安机关指定下级公安机关办理利用信息网络实施的黑恶势力犯罪案件的，应当同时抄送同级人民检察院、人民法院。人民检察院认为需要依法指定审判管辖的，应当协商同级人民法院办理指定管辖有关事宜。

18. 本意见自2019年10月21日起施行。

■国家监察委员会、最高人民法院、最高人民检察院、公安部、司法部关于在扫黑除恶专项斗争中分工负责、互相配合、互相制约严惩公职人员涉黑涉恶违法犯罪问题的通知(全文)(2019年10月20日)

为认真贯彻党中央关于开展扫黑除恶专项斗争的重大决策部署，全面落实习近平总书记关于扫黑除恶与反腐败结合起来，与基层“拍蝇”结合起来的重要批示指示精神，进一步规范和加强各级监察机关、人民法院、人民检察院、公安机关、司法行政机关在惩治公职人员涉黑涉恶违法犯罪中的协作配合，推动扫黑除恶专项斗争取得更大成效，根据刑法、刑事诉讼法、监察法及最高人民法院、最高人民检察院、公安部、司法部《关于办理黑恶势力犯罪若干问题的指导意见》的规定，现就有关问题通知如下：

一、总体要求

1. 进一步提升政治站位。坚持以习近平新时代中国特色社会主义思想为指导，从增强“四个意识”、坚定“四个自信”、做到“两个维护”的政治高度，立足党和国家工作大局，深刻认识和把握开展扫黑除恶专项斗争的重大意义。深挖黑恶势力滋生根源，铲除黑恶势力生存根基，严惩公职人员涉黑涉恶违法犯罪，除恶务尽，切实维护群众利益，进一步净化基层政治生态，推动扫黑除恶专项斗争不断向纵深发展，推进全面从严治党不断向基层延伸。

2. 坚持实事求是。坚持以事实为依据，以法律为准绳，综合考虑行为人的主观故意、客观行为、具体情节和危害后果，以及相关黑恶势力的犯罪事实、犯罪性质、犯罪情节和对社会的危害程度，准确认定问题性质，做到不偏不倚、不枉不纵。坚持惩前毖后、治病救人方针，严格区分罪与非罪的界限，区别对待、宽严相济。

3. 坚持问题导向。找准扫黑除恶与反腐“拍蝇”工作的结合点，聚焦涉黑涉恶问题突出、群众反映强烈的重点地区、行业和领域，紧盯农村和城乡接合部，紧盯建筑工程、交通运输、矿产资源、商贸集市、渔业捕捞、集资放贷等涉黑涉恶问题易发多发的行业和领域，紧盯村“两委”、乡镇基层站所及其工作人员，严肃查处公职人员涉黑涉恶违法犯罪行为。

二、严格查办公职人员涉黑涉恶违法犯罪案件

4. 各级监察机关、人民法院、人民检察院、公安机关应聚焦黑恶势力违法犯罪案件及坐大成势的过程，严格查办公职人员涉黑涉恶违法犯罪案件。重点查办以下案件：公职人员直接组织、领导、参与黑恶势力违法犯罪活动的案件；公职人员包庇、纵容、支持黑恶势力犯罪及其他严重刑事犯罪的案件；公职人员收受贿赂、滥用职权，帮助黑恶势力人员获取公职或政治荣誉，侵占国家和集体资金、资源、资产，破坏公平竞争秩序，或为黑恶势力提供政策、项目、资金、金融信贷等支持帮助的案件；负有查禁监管职责的国家机关工作人员滥用职权、玩忽职守帮助犯罪分子逃避处罚的案件；司法工作人员徇私枉

法、民事枉法裁判、执行判决裁定失职或滥用职权、私放在押人员以及徇私舞弊减刑、假释、暂予监外执行的案件;在扫黑除恶专项斗争中发生的公职人员滥用职权,徇私舞弊,包庇、阻碍查处黑恶势力犯罪的案件,以及泄露国家秘密、商业秘密、工作秘密,为犯罪分子通风报信的案件;公职人员利用职权打击报复办案人员的案件。

公职人员的范围,根据《中华人民共和国监察法》第十五条的规定认定。

5. 以上情形,由有关机关依规依纪依法调查处置,涉嫌犯罪的,依法追究刑事责任。

三、准确适用法律

6. 国家机关工作人员包庇黑社会性质的组织,或者纵容黑社会性质的组织进行违法犯罪活动的,以包庇、纵容黑社会性质组织罪定罪处罚。

国家机关工作人员既组织、领导、参加黑社会性质组织,又对该组织进行包庇、纵容的,应当以组织、领导、参加黑社会性质组织罪从重处罚。

国家机关工作人员包庇、纵容黑社会性质组织,该包庇、纵容行为同时还构成包庇罪、伪证罪、妨害作证罪、徇私枉法罪、滥用职权罪、帮助犯罪分子逃避处罚罪、徇私舞弊不移交刑事案件罪,以及徇私舞弊减刑、假释、暂予监外执行罪等其他犯罪的,应当择一重罪处罚。

7. 非国家机关工作人员与国家机关工作人员共同包庇、纵容黑社会性质组织,且不属于该组织成员的,以包庇、纵容黑社会性质组织罪的共犯论处。非国家机关工作人员的行为同时还构成其他犯罪,应当择一重罪处罚。

8. 公职人员利用职权或职务便利实施包庇、纵容黑恶势力、伪证、妨害作证,帮助毁灭、伪造证据,以及窝藏、包庇等犯罪行为的,应酌情从重处罚。事先有通谋而实施支持帮助、包庇纵容等保护行为的,以具体犯罪的共犯论处。

四、形成打击公职人员涉黑涉恶违法犯罪的监督制约、配合衔接机制

9. 监察机关、公安机关、人民检察院、人民法院在查处、办理公职人员涉黑涉恶违法犯罪案件过程中,应当分工负责,互相配合,互相制约,通过对办理的黑恶势力犯罪案件逐案筛查、循线深挖等方法,保证准确有效地执行法律,彻查公职人员涉黑涉恶违法犯罪。

10. 监察机关、公安机关、人民检察院、人民法院要建立完善查处公职人员涉黑涉恶违法犯罪重大疑难案件研判分析、案件通报等工作机制,进一步加强监察机关、政法机关之间的配合,共同研究和解决案件查处、办理过程中遇到的疑难问题,相互及时通报案件进展情况,进一步增强工作整体性、协同性。

11. 监察机关、公安机关、人民检察院、人民法院、司法行政机关要建立公职人员涉黑涉恶违法犯罪线索移送制度,对工作中收到、发现的不属于本单位管辖的公职人员涉黑涉恶违法犯罪线索,应当及时移送有管辖权的单位处置。

移送公职人员涉黑涉恶违法犯罪线索,按照以下规定执行:

(1)公安机关、人民检察院、人民法院、司法行政机关在工作中发现公职人员涉黑涉恶违法犯罪中的涉嫌贪污贿赂、失职渎职等职务违法和职务犯罪等应由监察机关管辖的问题线索,应当移送监察机关。

(2)监察机关在信访举报、监督检查、审查调查等工作中发现公职人员涉黑涉恶违法犯罪线索的,应当将其中涉嫌包庇、纵容黑社会性质组织犯罪等由公安机关管辖的案件线索移送公安机关处理。

(3)监察机关、公安机关、人民检察院、人民法院、司法行政机关在工作中发现司法工作人员涉嫌利用职权实施的侵犯公民权利、损害司法公正案件线索的,根据有关规定,经沟通后协商确定管辖机关。

12. 监察机关、公安机关、人民检察院接到移送的公职人员涉黑涉恶违法犯罪线索,应当按各自职

责及时处置、核查，依法依规作出处理，并做好沟通反馈工作；必要时，可以与相关线索或案件并案处理。

对于重大疑难复杂的公职人员涉黑涉恶违法犯罪案件，监察机关、公安机关、人民检察院可以同步立案、同步查处，根据案件办理需要，相互移送相关证据，加强沟通配合，做到协同推进。

13. 公职人员涉黑涉恶违法犯罪案件中，既涉嫌贪污贿赂、失职渎职等严重职务违法或职务犯罪，又涉嫌公安机关、人民检察院管辖的违法犯罪的，一般应当以监察机关为主调查，公安机关、人民检察院予以协助。监察机关和公安机关、人民检察院分别立案调查（侦查）的，由监察机关协调调查和侦查工作。犯罪行为仅涉及公安机关、人民检察院管辖的，由有关机关依法按照管辖职能进行侦查。

14. 公安机关、人民检察院、人民法院对公职人员涉黑涉恶违法犯罪移送审查起诉、提起公诉、作出裁判，必要时听取监察机关的意见。

15. 公职人员涉黑涉恶违法犯罪案件开庭审理时，人民法院应当通知监察机关派员旁听，也可以通知涉罪公职人员所在单位、部门、行业以及案件涉及的单位、部门、行业等派员旁听。

■最高人民法院、最高人民检察院、公安部、司法部关于依法严惩利用未成年人实施黑恶势力犯罪的意见（2020年3月23日）

扫黑除恶专项斗争开展以来，各级人民法院、人民检察院、公安机关和司法行政机关坚决贯彻落实中央部署，严格依法办理涉黑涉恶案件，取得了显著成效。近期，不少地方在办理黑恶势力犯罪案件时，发现一些未成年人被胁迫、利诱参与、实施黑恶势力犯罪，严重损害了未成年人健康成长，严重危害社会和谐稳定。为保护未成年人合法权益，依法从严惩治胁迫、教唆、引诱、欺骗等利用未成年人实施黑恶势力犯罪的行为，根据有关法律规定，制定本意见。

一、突出打击重点，依法严惩利用未成年人实施黑恶势力犯罪的行为

（一）黑社会性质组织、恶势力犯罪集团、恶势力，实施下列行为之一的，应当认定为“利用未成年人实施黑恶势力犯罪”：

1. 胁迫、教唆未成年人参加黑社会性质组织、恶势力犯罪集团、恶势力，或者实施黑恶势力违法犯罪活动的；

2. 拉拢、引诱、欺骗未成年人参加黑社会性质组织、恶势力犯罪集团、恶势力，或者实施黑恶势力违法犯罪活动的；

3. 招募、吸收、介绍未成年人参加黑社会性质组织、恶势力犯罪集团、恶势力，或者实施黑恶势力违法犯罪活动的；

4. 雇用未成年人实施黑恶势力违法犯罪活动的；

5. 其他利用未成年人实施黑恶势力犯罪的情形。

黑社会性质组织、恶势力犯罪集团、恶势力，根据刑法和《最高人民法院、最高人民检察院、公安部、司法部关于办理黑恶势力犯罪案件若干问题的指导意见》《最高人民法院、最高人民检察院、公安部、司法部关于办理恶势力刑事案件若干问题的意见》等法律、司法解释性质文件的规定认定。

（二）利用未成年人实施黑恶势力犯罪，具有下列情形之一的，应当从重处罚：

1. 组织、指挥未成年人实施故意杀人、故意伤害致人重伤或者死亡、强奸、绑架、抢劫等严重暴力犯罪的；

2. 向未成年人传授实施黑恶势力犯罪的方法、技能、经验的；

3. 利用未达到刑事责任年龄的未成年人实施黑恶势力犯罪的；

4. 为逃避法律追究，让未成年人自首、做虚假供述顶罪的；

5. 利用留守儿童、在校学生实施犯罪的；

6. 利用多人或者多次利用未成年人实施犯罪的；

7. 针对未成年人实施违法犯罪的;

8. 对未成年人负有监护、教育、照料等特殊职责的人员利用未成年人实施黑恶势力违法犯罪活动的;

9. 其他利用未成年人违法犯罪应当从重处罚的情形。

(三)黑社会性质组织、恶势力犯罪集团利用未成年人实施犯罪的,对犯罪集团首要分子,按照集团所犯的全部罪行,从重处罚。对犯罪集团的骨干成员,按照其组织、指挥的犯罪,从重处罚。

恶势力利用未成年人实施犯罪的,对起组织、策划、指挥作用的纠集者,恶势力共同犯罪中罪责严重的主犯,从重处罚。

黑社会性质组织、恶势力犯罪集团、恶势力成员直接利用未成年人实施黑恶势力犯罪的,从重处罚。

(四)有胁迫、教唆、引诱等利用未成年人参加黑社会性质组织、恶势力犯罪集团、恶势力,或者实施黑恶势力犯罪的行为,虽然未成年人并没有加入黑社会性质组织、恶势力犯罪集团、恶势力,或者没有实际参与实施黑恶势力违法犯罪活动,对黑社会性质组织、恶势力犯罪集团、恶势力的首要分子、骨干成员、纠集者、主犯和直接利用的成员,即便有自首、立功、坦白等从轻减轻情节的,一般也不予从轻或者减轻处罚。

(五)被黑社会性质组织、恶势力犯罪集团、恶势力利用,偶尔参与黑恶势力犯罪活动的未成年人,按其所实施的具体犯罪行为定性,一般不认定为黑恶势力犯罪组织成员。

■最高人民法院、最高人民检察院、公安部、司法部关于办理"套路贷"刑事案件若干问题的意见(2019年4月9日)

(该文件全部内容附在本书刑法第二百六十六条之后附文同名文件中)

■最高人民法院、最高人民检察院、公安部、司法部关于办理黑社会性质组织犯罪案件若干问题的规定(2012年9月11日)

五、特殊情况的处理

第十四条　参加黑社会性质组织的犯罪嫌疑人、被告人,自动投案,如实供述自己的罪行,或者在被采取强制措施期间如实供述司法机关还未掌握的本人其他罪行的,应当认定为自首。

参加黑社会性质组织的犯罪嫌疑人、被告人,积极配合侦查、起诉、审判工作,检举、揭发黑社会性质组织其他成员与自己共同犯罪以外的其他罪行,经查证属实的,应当认定为有立功表现。在查明黑社会性质组织的组织结构和组织者、领导者的地位作用,追缴、没收赃款赃物,打击"保护伞"方面提供重要线索,经查证属实的,可以酌情从宽处理。

第十五条　对于有本规定第十四条所列情形之一的,公安机关应当根据犯罪嫌疑人的认罪态度以及在侦查工作中的表现,经县级以上公安机关主要负责人批准,提出从宽处理的建议并说明理由。

人民检察院应当根据已经查明的事实、证据和有关法律规定,在充分考虑全案情况和公安机关建议的基础上依法作出起诉或者不起诉决定,或者起诉后向人民法院提出依法从轻、减轻或者免除刑事处罚的建议。

人民法院应当根据已经查明的事实、证据和有关法律规定,在充分考虑全案情况、公安机关和人民检察院建议和被告人、辩护人辩护意见的基础上,依法作出判决。

对参加黑社会性质组织的犯罪嫌疑人、被告人不起诉或者免予刑事处罚的,应当予以训诫或者责令具结悔过并保证不再从事违法犯罪活动。

第十六条　对于有本规定第十四条第二款情形的犯罪嫌疑人、被告人,可以参照第九条至第十二条的规定,采取必要的保密和保护措施。

第三十条　本规定自印发之日起施行。

■最高人民法院关于审理黑社会性质组织犯罪的案件具体应用法律若干问题的解释(全文)(2000年12月10日)

第一条 刑法第二百九十四条规定的"黑社会性质的组织",一般应具备以下特征:

(一)组织结构比较紧密,人数较多,有比较明确的组织者、领导者,骨干成员基本固定,有较为严格的组织纪律;

(二)通过违法犯罪活动或者其他手段获取经济利益,具有一定的经济实力;

(三)通过贿赂、威胁等手段,引诱、逼迫国家工作人员参加黑社会性质组织活动,或者为其提供非法保护;

(四)在一定区域或者行业范围内,以暴力、威胁、滋扰等手段,大肆进行敲诈勒索、欺行霸市、聚众斗殴、寻衅滋事、故意伤害等违法犯罪活动,严重破坏经济、社会生活秩序。

第二条 刑法第二百九十四条第二款规定的"发展组织成员",是指将境内、外人员吸收为该黑社会组织成员的行为。对黑社会组织成员进行内部调整等行为,可视为"发展组织成员"。港、澳、台黑社会组织到内地发展组织成员的,适用刑法第二百九十四条第二款的规定定罪处罚。

第三条 组织、领导、参加黑社会性质的组织又有其他犯罪行为的,根据刑法第二百九十四条第三款的规定,依照数罪并罚的规定处罚;对于黑社会性质组织的组织者、领导者,应当按照其所组织、领导的黑社会性质组织所犯的全部罪行处罚;对于黑社会性质组织的参加者,应当按照其所参与的犯罪处罚。对于参加黑社会性质的组织,没有实施其他违法犯罪活动的,或者受蒙蔽、胁迫参加黑社会性质的组织,情节轻微的,可以不作为犯罪处理。

第四条 国家机关工作人员组织、领导、参加黑社会性质组织的,从重处罚。

第五条 刑法第二百九十四条第四款规定的"包庇",是指国家机关工作人员为使黑社会性质组织及其成员逃避查禁,而通风报信,隐匿、毁灭、伪造证据,阻止他人作证、检举揭发,指使他人作伪证,帮助逃匿,或者阻挠其他国家机关工作人员依法查禁等行为。刑法第二百九十四条第四款规定的"纵容",是指国家机关工作人员不依法履行职责,放纵黑社会性质组织进行违法犯罪活动的行为。

第六条 国家机关工作人员包庇、纵容黑社会性质的组织,有下列情形之一的,属于刑法第二百九十四条第四款规定的"情节严重":

(一)包庇、纵容黑社会性质组织跨境实施违法犯罪活动的;

(二)包庇、纵容境外黑社会组织在境内实施违法犯罪活动的;

(三)多次实施包庇、纵容行为的;

(四)致使某一区域或者行业的经济、社会生活秩序遭受黑社会性质组织特别严重破坏的;

(五)致使黑社会性质组织的组织者、领导者逃匿,或者致使对黑社会性质组织的查禁工作严重受阻的;

(六)具有其他严重情节的。

第七条 对黑社会性质组织和组织、领导、参加黑社会性质组织的犯罪分子聚敛的财物及其收益,以及用于犯罪的工具等,应当依法追缴、没收。

▼最高人民法院、最高人民检察院、公安部办理黑社会性质组织犯罪案件座谈会纪要(全文)(2009年12月9日)

要严格坚持法定标准,切实贯彻落实宽严相济的刑事政策。各级人民法院、人民检察院和公安机关要严格依照刑法、刑事诉讼法及有关法律解释的规定办理案件,确保认定的事实清楚,据以定案的证据确实、充分,黑社会性质组织的认定准确无误。既要防止将已构成黑社会性质组织犯罪的案件"降格"处理,也不能因为强调严厉打击而将不构成此类犯罪的共同犯罪案件"拔高"认定。要严格贯彻落实宽严相济的刑事政策,对黑社会性质组织的组织者、领导者及其他骨干成员要依法从严惩处;对犯罪情节较轻的其他参加人员以及初犯、偶犯、未成年犯,要依法从轻、减轻处罚,以分化、瓦解犯罪分子,减少社会对抗、促进社会和谐,取得法律效果和社会效果的统一。

(一)关于黑社会性质组织的认定

黑社会性质组织必须同时具备《立法解释》中规定的"组织特征"、"经济特征"、"行为特征"和"危害性特征"。由于实践中许多黑社会性质组织并非这"四个特征"都很明显,因此,在具体认定时,应根据立法本意,认真审查、分析黑社会性质组织"四个特征"相互间的内在联系,准确评价涉案犯罪组织所造成的社会危害,确保不枉不纵。

1. 关于组织特征。黑社会性质组织不仅有明确的组织者、领导者,骨干成员基本固定,而且组织结构较为稳定,并有比较明确的层级和职责分工。

当前,一些黑社会性质组织为了增强隐蔽性,往往采取各种手段制造"人员频繁更替、组织结构松散"的假象。因此,在办案时,要特别注意审查组织者、领导者,以及对组织运行、活动起着突出作用的积极参加者等骨干成员是否基本固定、联系是否紧密,不要被其组织形式的表象所左右。

关于组织者、领导者、积极参加者和其他参加者的认定。组织者、领导者,是指黑社会性质组织的发起者、创建者,或者在组织中实际处于领导地位,对整个组织及其运行、活动起着决策、指挥、协调、管理作用的犯罪分子,既包括通过一定形式产生的有明确职务、称谓的组织者、领导者,也包括在黑社会性质组织中被公认的事实上的组织者、领导者;积极参加者,是指接受黑社会性质组织的领导和管理,多次积极参与黑社会性质组织的违法犯罪活动,或者积极参与较严重的黑社会性质组织的犯罪活动且作用突出,以及其他在组织中起重要作用的犯罪分子,如具体主管黑社会性质组织的财务、人员管理等事项的犯罪分子;其他参加者,是指除上述组织成员之外,其他接受黑社会性质组织的领导和管理的犯罪分子。根据《司法解释》第三条第二款的规定,对于参加黑社会性质的组织,没有实施其他违法犯罪活动的,或者受蒙蔽、胁迫参加黑社会性质的组织,情节轻微的,可以不作为犯罪处理。

关于黑社会性质组织成员的主观明知问题。在认定黑社会性质组织的成员时,并不要求其主观上认为自己参加的是黑社会性质组织,只要其知道或者应当知道该组织具有一定规模,且是以实施违法犯罪为主要活动的,即可认定。

对于黑社会性质组织存在时间、成员人数及组织纪律等问题的把握。黑社会性质组织一般在短时间内难以形成,而且成员人数较多,但鉴于普通犯罪集团、"恶势力"团伙向黑社会性质组织发展是一个渐进的过程,没有明显的性质转变的节点,故对黑社会性质组织存在时间、成员人数问题不宜作出"一刀切"的规定。对于那些已存在一定时间,且成员人数较多的犯罪组织,在定性时要根据其是否已具备一定的经济实力,是否已在一定区域或行业内形成非法控制或重大影响等情况综合分析判断。此外,在通常情况下,黑社会性质组织为了维护自身的安全和稳定,一般会有一些约定俗成的纪律、规约,有些甚至还有明确的规定。因此,具有一定的组织纪律、活动规约,也是认定黑社会性质组织特征时的重要参考依据。

2. 关于经济特征。一定的经济实力是黑社会性质组织坐大成势,称霸一方的基础。由于不同地区的经济发展水平、不同行业的利润空间均存在很大差异,加之黑社会性质组织存在、发展的时间也各有不同,因此,在办案时不能一般性地要求黑社会性质组织所具有的经济实力必须达到特定规模或特定数额。此外,黑社会性质组织的敛财方式也具有多样性。实践中,黑社会性质组织不仅会通过实施赌博、敲诈、贩毒等违法犯罪活动攫取经济利益,而且还往往会通过开办公司、企业等方式"以商养黑"、"以黑护商"。因此,无论其财产是通过非法手段聚敛,还是通过合法的方式获取,只要将其中部分或全部用于违法犯罪活动或者维系犯罪组织的生存、发展即可。

"用于违法犯罪活动或者维系犯罪组织的生存、发展",一般是指购买作案工具、提供作案经费,为受伤、死亡的组织成员提供医疗费、丧葬费,为组织成员及其家属提供工资、奖励、福利、生活费用,为组织寻求非法保护以及其他与实施有组织的违法犯罪活动有关的费用支出等。

3. 关于行为特征。暴力性、胁迫性和有组织性是黑社会性质组织行为方式的主要特征,但有时也会采取一些"其他手段"。

根据司法实践经验,《立法解释》中规定的"其他手段"主要包括:以暴力、威胁为基础,在利用组织势力和影响已对他人形成心理强制或威慑的情况下,进行所谓的"谈判"、"协商"、"调解";滋扰、哄闹、聚众等其他干扰、破坏正常经济、社会生活秩序的非暴力手段。

"黑社会性质组织实施的违法犯罪活动"主要包括以下情形:由组织者、领导者直接组织、策划、指挥、参与实施的违法犯罪活动;由组织成员以组织名义实施,并得到组织者、领导者认可或者默许的违法犯罪活动;多名组织成员为逞强争霸、插手纠纷、报复他人、替人行凶、非法敛财而共同实施,并得到组织者、领导者认可或者默许的违法犯罪活动;组织成员为组织争夺势力范围、排除竞争对手、确立强势地位、谋取经济利益、维护非法权威或者按照组织的纪律、惯例、共同遵守的约定而实施的违法犯罪活动;由黑社会性质组织实施的其他违法犯罪活动。

会议认为,在办案时还应准确理解《立法解释》中关于"多次进行违法犯罪活动"的规定。黑社会性质组织实施犯罪活动过程中,往往伴随着大量的违法活动,对此均应作为黑社会性质组织的违法犯罪事实予以认定。但如果仅实施了违法活动,而没有实施犯罪活动的,则不能认定为黑社会性质组织。此外,"多次进行违法犯罪活动"只是认定黑社会性质组织的必要条件之一,最终能否认定为黑社会性质组织,还要结合危害性特征来加以判断。即使有些案件中的违法犯罪活动已符合"多次"的标准,但根据其性质和严重程度,尚不足以形成非法控制或者重大影响的,也不能认定为黑社会性质组织。

4. 关于危害性特征。称霸一方,在一定区域或者行业内,形成非法控制或者重大影响,从而严重破坏经济、社会生活秩序,是黑社会性质组织的本质特征,也是黑社会性质组织区别于一般犯罪集团的关键所在。

对于"一定区域"的理解和把握。区域的大小具有相对性,且黑社会性质组织非法控制和影响的对象并不是区域本身,而是在一定区域中生活的人,以及该区域内的经济、社会生活秩序。因此,不能简单地要求"一定区域"必须达到某一特定的空间范围,而应当根据具体案情,并结合黑社会性质组织对经济、社会生活秩序的危害程度加以综合分析判断。

对于"一定行业"的理解和把握。黑社会性质组织所控制和影响的行业,既包括合法行业,也包括黄、赌、毒等非法行业。这些行业一般涉及生产、流通、交换、消费等一个或多个市场环节。

通过实施违法犯罪活动,或者利用国家工作人员的包庇、纵容,称霸一方,并具有以下情形之一的,可认定为"在一定区域或者行业内,形成非法控制或者重大影响,严重破坏经济、社会生活秩序":对在一定区域内生活或者在一定行业内从事生产、经营的群众形成心理强制、威慑,致使合法利益受损的群众不敢举报、控告的;对一定行业的生产、经营形成垄断,或者对涉及一定行业的准入、经营、竞争等经济活动形成重要影响的;插手民间纠纷、经济纠纷,在相关区域或者行业内造成严重影响的;干扰、破坏他人正常生产、经营、生活,并在相关区域或者行业内造成严重影响的;干扰、破坏公司、企业、事业单位及社会团体的正常生产、经营、工作秩序,在相关区域、行业内造成严重影响,或者致使其不能正常生产、经营、工作的;多次干扰、破坏国家机关、行业管理部门以及村委会、居委会等基层群众自治组织的工作秩序,或者致使上述单位、组织的职能不能正常行使的;利用组织的势力、影响,使组织成员获取政治地位,或者在党政机关、基层群众自治组织中担任一定职务的;其他形成非法控制或者重大影响,严重破坏经济、社会生活秩序的情形。

(二)关于办理黑社会性质组织犯罪案件的其他问题

1. 关于包庇、纵容黑社会性质组织罪主观要件的认定。本罪主观方面要求必须是出于故意,过失不能构成本罪。会议认为,只要行为人知道或者应当知道是从事违法犯罪活动的组织,仍对该组织及其成员予以包庇,或者纵容其实施违法犯罪活动,即可认定本罪。至于行为人是否明知该组织系黑社会性质组织,不影响本罪的成立。

2. 关于黑社会性质组织成员的刑事责任。对黑社会性质组织的组织者、领导者,应根据法律规定和本纪要中关于"黑社会性质组织实施的违法犯罪活动"的规定按照该组织所犯的全部罪行承担刑事责任。组织者、领导者对于具体犯罪所承担的刑事责任,应当根据其在该起犯罪中的具体地位、作用来确定。对黑社会性质组织中的积极参加者和其他参加者,应按照其所参与的犯罪,根据其在具体犯罪中的地位和作用,依照罪责刑相适应的原则,确定应承担的刑事责任。

3. 关于涉黑犯罪财物及其收益的认定和处置。在办案时,要依法运用查封、扣押、冻结、追缴、没收等手段,彻底摧毁黑社会性质组织的经济基础防止其死灰复燃。对于涉黑犯罪财物及其收益以及犯罪工具,均应按照刑法第六十四条和《司法解释》第七条的规定予以追缴、没收。黑社会性质组织及其成员通过犯罪活动聚敛的财物及其收益,是指在黑社会性质组织的形成、发展过程中,该组织及组织成员通过违法犯罪活动或其他不正当手段聚敛的全部财物、财产性权益及其孳息、收益。在办案工作中,应认真审查涉案财产的来源、性质,对被告人及其他单位、个人的合法财产应依法予以保护。

4. 关于认定黑社会性质组织犯罪的证据要求。办理涉黑案件同样应当坚持案件"事实清楚,证据确实、充分"的法定证明标准。但应当注意的是"事实清楚"是指能够对定罪量刑产生影响的事实必须清楚,而不是指整个案件的所有事实和情节都要一一查证属实;"证据确实、充分"是指能够据以定罪量刑的证据确实、充分,而不是指案件中所涉全部问题的证据都要达到确实、充分的程度。对此,一定要准确理解和把握,不要纠缠那些不影响定罪量刑的枝节问题。比如,在可以认定某犯罪组织已将所获经济利益部分用于组织活动的情况下,即使此部分款项的具体数额难以全部查实,也不影响定案。

5. 关于黑社会性质组织成员的立功问题。积极参加者、其他参加者配合司法机关查办案件,有提供线索、帮助收集证据或者其他协助行为,并对侦破黑社会性质组织犯罪案件起到一定作用的,即使依法不能认定立功,一般也应酌情对其从轻处罚。组织者、领导者检举揭发与该黑社会性质组织及其违法犯罪活动有关联的其他犯罪线索即使依法构成立功或者重大立功,在量刑时也应从严掌握。

6. 关于对"恶势力"团伙的认定和处理。"恶势力"是黑社会性质组织的雏形,有的最终发展成为了黑社会性质组织。因此,及时严惩"恶势力"团伙犯罪,是遏制黑社会性质组织滋生,防止违法犯罪活动造成更大社会危害的有效途径。

会议认为,"恶势力"是指经常纠集在一起,以暴力、威胁或其他手段,在一定区域或者行业内多次实施违法犯罪活动,为非作恶,扰乱经济、社会生活秩序,造成较为恶劣的社会影响,但尚未形成黑社会性质组织的犯罪团伙。"恶势力"一般为三人以上,纠集者、骨干成员相对固定,违法犯罪活动一般表现为敲诈勒索、强迫交易、欺行霸市、聚众斗殴、寻衅滋事、非法拘禁、故意伤害、抢劫、抢夺或者黄、赌、毒等。各级人民法院、人民检察院和公安机关在办案时应根据本纪要的精神,结合组织化程度的高低、经济实力的强弱、有无追求和实现对社会的非法控制等特征,对黑社会性质组织与"恶势力"团伙加以正确区分。同时,还要本着实事求是的态度,正确理解和把握"打早打小"方针。在准确查明"恶势力"团伙具体违法犯罪事实的基础上,构成什么罪,就按什么罪处理,并充分运用刑法总则关于共同犯罪的规定,依法惩处。对符合犯罪集团特征的,要按照犯罪集团处理,以切实加大对"恶势力"团伙依法惩处的力度。

▼全国部分法院审理黑社会性质组织犯罪案件工作座谈会纪要(2015年10月13日)

与会代表也一致认为,本次会议所取得的成果是对2009年《座谈会纪要》的继承与发展,原有内容审判时仍应遵照执行;内容有所补充的,审判时应结合执行。纪要如下。

一、准确把握形势、任务,坚定不移地在法治轨道上深入推进打黑除恶专项斗争

(一)毫不动摇地贯彻依法严惩方针

会议认为,受国内国际多种因素影响,我国黑社会性质组织犯罪活跃、多发的基本态势在短期内不

会改变。此类犯罪组织化程度较高,又与各种社会治安问题相互交织,破坏力成倍增加,严重威胁人民群众的生命、财产安全。而且,黑社会性质组织还具有极强的向经济领域、政治领域渗透的能力,严重侵蚀维系社会和谐稳定的根基。各级人民法院必须切实增强政治意识、大局意识、忧患意识和责任意识,进一步提高思想认识,充分发挥审判职能作用,继续深入推进打黑除恶专项斗争,在严格把握黑社会性质组织认定标准的基础上始终保持对于此类犯罪的严惩高压态势。对于黑社会性质组织犯罪分子要依法加大资格刑、财产刑的适用力度,有效运用刑法中关于禁止令的规定,严格把握减刑、假释适用条件,全方位、全过程地体现从严惩处的精神。

(二)认真贯彻落实宽严相济刑事政策

审理黑社会性质组织犯罪案件应当认真贯彻落实宽严相济刑事政策。要依照法律规定,根据具体的犯罪事实、情节以及人身危险性、主观恶性、认罪悔罪态度等因素充分体现刑罚的个别化。同时要防止片面强调从宽或者从严,切实做到区别对待,宽严有据,罚当其罪。对于黑社会性质组织的组织者、领导者、骨干成员及其"保护伞",要依法从严惩处。根据所犯具体罪行的严重程度,依法应当判处重刑的要坚决判处重刑。确属罪行极其严重,依法应当判处死刑的,也必须坚决判处。对于不属于骨干成员的积极参加者以及一般参加者,确有自首、立功等法定情节的,要依法从轻、减轻或免除处罚;具有初犯、偶犯等酌定情节的,要依法酌情从宽处理。对于一般参加者,虽然参与实施了少量的违法犯罪活动,但系未成年人或是只起次要、辅助作用的,应当依法从宽处理。符合缓刑条件的,可以适用缓刑。

(三)正确把握"打早打小"与"打准打实"的关系

"打早打小",是指各级政法机关必须依照法律规定对有可能发展成为黑社会性质组织的犯罪集团、"恶势力"团伙及早打击,绝不能允许其坐大成势,而不应被理解为对尚处于低级形态的犯罪组织可以不加区分地一律按照黑社会性质组织处理。"打准打实",就是要求审判时应当本着实事求是的态度,在准确查明事实的基础上,构成什么罪,就按什么罪判处刑罚。对于不符合黑社会性质组织认定标准的,应当根据案件事实依照刑法中的相关条款处理,从而把法律规定落到实处。由于黑社会性质组织的形成、发展一般都会经历一个从小到大、由"恶"到"黑"的渐进过程,因此,"打早打小"不仅是政法机关依法惩治黑恶势力犯罪的一贯方针,而且是将黑社会性质组织及时消灭于雏形或萌芽状态,防止其社会危害进一步扩大的有效手段。而"打准打实"既是刑事审判维护公平正义的必然要求,也是确保打黑除恶工作实现预期目标的基本前提。只有打得准,才能有效摧毁黑社会性质组织;只有打得实,才能最大限度地体现惩治力度。"打早打小"和"打准打实"是分别从惩治策略、审判原则的角度对打黑除恶工作提出的要求,各级人民法院对于二者关系的理解不能简单化、片面化,要严格坚持依法办案原则,准确认定黑社会性质组织,既不能"降格",也不能"拔高",切实防止以"打早打小"替代"打准打实"。

(四)依法加大惩处"保护伞"的力度

个别国家机关工作人员的包庇、纵容,不仅会对黑社会性质组织的滋生、蔓延起到推波助澜的作用,而且会使此类犯罪的社会危害进一步加大。各级人民法院应当充分认识"保护伞"的严重危害,将依法惩处"保护伞"作为深化打黑除恶工作的重点环节和深入开展反腐败斗争的重要内容,正确运用刑法的有关规定,有效加大对于"保护伞"的惩处力度。同时,各级人民法院还应当全面发挥职能作用,对于审判工作中发现的涉及"保护伞"的线索,应当及时转往有关部门查处,确保实现"除恶务尽"的目标。

(五)严格依照法律履行审判职能

《中华人民共和国刑法修正案(八)》的颁布实施以及刑事诉讼法的再次修正,不仅进一步完善了惩处黑恶势力犯罪的相关法律规定,同时也对办理黑社会性质组织犯罪案件提出了更为严格的要求。面对新的形势和任务,各级人民法院应当以审判为中心,进一步增强程序意识和权利保障意识,严格按照法定程序独立行使审判职权,并要坚持罪刑法定、疑罪从无、证据裁判原则,依法排除非法证据,通过充分发挥庭审功能和有效运用证据审查判断规则,切实把好事实、证据与法律适用关,以令人信服的裁判说理来实现审判工作法律效果与社会效果的有机统一。同时,还应当继续加强、完善与公安、检察等机关的配合协作,保证各项长效工作机制运行更为顺畅。

二、关于黑社会性质组织的认定

(一)认定组织特征的问题

黑社会性质组织存续时间的起点,可以根据涉案犯罪组织举行成立仪式或者进行类似活动的时间来认定。没有前述活动的,可以根据足以反映其初步形成核心利益或强势地位的重大事件发生时间进行审查判断。没有明显标志性事件的,也可以根据涉案犯罪组织为维护、扩大组织势力、实力、影响、经济基础或按照组织惯例、纪律、活动规约而首次实施有组织的犯罪活动的时间进行审查判断。存在、发展时间明显过短、犯罪活动尚不突出的,一般不应认定为黑社会性质组织。

黑社会性质组织应当具有一定规模,人数较多,组织成员一般在10人以上。其中,既包括已有充分证据证明但尚未归案的组织成员,也包括虽有参加黑社会性质组织的行为但因尚未达到刑事责任年龄或因其他法定情形而未被起诉,或者根据具体情节不作为犯罪处理的组织成员。

黑社会性质组织应有明确的组织者、领导者,骨干成员基本固定,并有比较明确的层级和职责分工,一般有三种类型的组织成员,即组织者、领导者与积极参加者、一般参加者(也即"其他参加者")。骨干成员,是指直接听命于组织者、领导者,并多次指挥或积极参与实施有组织的违法犯罪活动或者其他长时间在犯罪组织中起重要作用的犯罪分子,属于积极参加者的一部分。

对于黑社会性质组织的组织纪律、活动规约,应当结合制定、形成相关纪律、规约的目的与意图来进行审查判断。凡是为了增强实施违法犯罪活动的组织性、隐蔽性而制定或者自发形成,并用以明确组织内部人员管理、职责分工、行为规范、利益分配、行动准则等事项的成文或不成文的规定、约定,均可认定为黑社会性质组织的组织纪律、活动规约。

对于参加黑社会性质组织,没有实施其他违法犯罪活动,或者受蒙蔽、威胁参加黑社会性质组织,情节轻微的,可以不作为犯罪处理。对于参加黑社会性质组织后仅参与少量情节轻微的违法活动的,也可以不作为犯罪处理。

以下人员不属于黑社会性质组织的成员:1. 主观上没有加入社会性质组织的意愿,受雇到黑社会性质组织开办的公司、企业、社团工作,未参与或者仅参与少量黑社会性质组织的违法犯罪活动的人员;2. 因临时被纠集、雇佣或受蒙蔽为黑社会性质组织实施违法犯罪活动或者提供帮助、支持、服务的人员;3. 为维护或扩大自身利益而临时雇佣、收买、利用黑社会性质组织实施违法犯罪活动的人员。上述人员构成其他犯罪的,按照具体犯罪处理。

对于被起诉的组织成员主要为未成年人的案件,定性时应当结合"四个特征"审慎把握。

(二)认定经济特征的问题

"一定的经济实力",是指黑社会性质组织在形成、发展过程中获取的,足以支持该组织运行、发展以及实施违法犯罪活动的经济利益。包括:1. 有组织地通过违法犯罪活动或其他不正当手段聚敛的资产;2. 有组织地通过合法的生产、经营活动获取的资产;3. 组织成员以及其他单位、个人资助黑社会性质组织的资产。通过上述方式获取的经济利益,即使是由部分组织成员个人掌控,也应计入黑社会性质组织的"经济实力"。

各高级人民法院可以根据本地区的实际情况,对黑社会性质组织所应具有的"经济实力"在20万～50万元幅度内,自行划定一般掌握的最低数额标准。

是否将所获经济利益全部或部分用于违法犯罪活动或者维系犯罪组织的生存、发展,是认定经济特征的重要依据。无论获利后的分配与使用形式如何变化,只要在客观上能够起到豢养组织成员、维护组织稳定、壮大组织势力的作用即可认定。

(三)认定行为特征的问题

涉案犯罪组织仅触犯少量具体罪名的,是否应认定为黑社会性质组织要结合组织特征、经济特征和非法控制特征(危害性特征)综合判断,严格把握。

黑社会性质组织实施的违法犯罪活动包括非暴力性的违法犯罪活动,但暴力或以暴力相威胁始终是黑社会性质组织实施违法犯罪活动的基本手段,并随时可能付诸实施。因此,在黑社会性质组织所实施的违法犯罪活动中,一般应有一部分能够较明显地体现出暴力或以暴力相威胁的基本特征。否则,定性时应当特别慎重。

属于2009年《座谈会纪要》规定的五种情形之一的,一般应当认定为黑社会性质组织实施的违法犯罪活动,但确与维护和扩大组织势力、实力、影响、经济基础无任何关联,亦不是按照组织惯例、纪律、活动规约而实施,则应作为组织成员个人的违法犯罪活动处理。组织者、领导者明知组织成员曾多次实施起因、性质类似的违法犯罪活动,但并未明确予以禁止的,如果该类行为对扩大组织影响起到一定作用,可以视为是按照组织惯例实施的违法犯罪活动。

(四)认定非法控制特征(危害性特征)的问题

黑社会性质组织所控制和影响的"一定区域",应当具备一定空间范围,并承载一定的社会功能。既包括一定数量的自然人共同居住、生活的区域,如乡镇、街道、较大的村庄等,也包括承载一定生产、经营或社会公共服务功能的区域,如矿山、工地、市场、车站、码头等。对此,应当结合一定地域范围内的人口数量、流量、经济规模等因素综合评判。如果涉案犯罪组织的控制和影响仅存在于一家酒店、一处娱乐会所等空间范围有限的场所或者人口数量、流量、经济规模较小的其他区域,则一般不能视为是对"一定区域"的控制和影响。

黑社会性质组织所控制和影响的"一定行业",是指在一定区域内存在的同类生产、经营活动。黑社会性质组织通过多次有组织地实施违法犯罪活动,对黄、赌、毒等非法行业形成非法控制或重大影响的,同样符合非法控制特征(危害性特征)的要求。

2009年《座谈会纪要》明确了可以认定为"在一定区域或者行业内,形成非法控制或者重大影响,严重破坏经济、社会生活秩序"的八种情形,适用时应当注意以下问题:第1种情形中的"致使合法利益受损的群众不敢举报、控告的",是指致使多名合法利益遭受犯罪或者严重违法活动侵害的群众不敢通过正当途径维护权益;第2种情形中的"形成垄断",是指可以操控、左右、决定与一定行业相关的准入、退出、经营、竞争等经济活动。"形成重要影响",是指对与一定行业相关的准入、退出、经营、竞争等经济活动具有较大的干预和影响能力,或者具有在该行业内占有较大市场份额、通过违法犯罪活动或以其他不正当手段在该行业内敛财数额巨大(最低数额标准由各高院根据本地情况在20万~50万元的幅度内自行划定)、给该行业内从事生产、经营活动的其他单位、组织、个人造成直接经济损失100万元以上等情节之一;第3、4、5种情形中的"造成严重影响",是指具有致人重伤或致多人轻伤、通过违法犯罪活动或以其他不正当手段敛财数额巨大(数额标准同上)、造成直接经济损失100万元以上、多次引发群体性事件或引发大规模群体性事件等情节之一;第6种情形中的"多次干扰、破坏国家机关、行业管理部门以及村委会、居委会等基层群众自治组织的工作秩序",包括以拉拢、收买、威胁等手段多次得到国家机关工作人员包庇或纵容,或者多次对前述单位、组织中正常履行职务的工作人员进行打击、报复的情形;第7种情形中的"获取政治地位",是指当选各级人大代表、政协委员。"担任一定职务",是指在各级党政机关及其职能部门、基层群众自治组织中担任具有组织、领导、监督、管理职权的职务。

根据实践经验,在黑社会性质组织犯罪案件中,2009年《座谈会纪要》规定的八种情形一般不会单独存在,往往是两种以上的情形同时并存、相互交织,从而严重破坏经济、社会生活秩序。审判时,应当充分认识这一特点,准确认定该特征。"四个特征"中其他构成要素均已具备,仅在成员人数、经济实力规模方面未达到本纪要提出的一般性要求,但已较为接近,且在非法控制特征(危害性特征)方面同时具有2009年《座谈会纪要》相关规定中的多种情形,其中至少有一种情形已明显超出认定标准的,也可以认定为黑社会性质组织。

三、关于刑事责任和刑罚适用

(一)已退出或者新接任的组织者、领导者的刑事责任问题

对于在黑社会性质组织形成、发展过程中已经退出的组织者、领导者,或者在加入黑社会性质组织之后逐步发展成为组织者、领导者的犯罪分子,应对其本人参与及其实际担任组织者、领导者期间该组织所犯的全部罪行承担刑事责任。

(二)量刑情节的运用问题

黑社会性质组织的成员虽不具有自首情节,但到案后能够如实供述自己罪行,并具有以下情形之一的,一般应当适用《刑法》第六十七条第三款的规定予以从轻处罚:1. 如实交代大部分尚未被掌握的同种犯罪事实;2. 如实交代尚未被掌握的较重的同种犯罪事实;3. 如实交代犯罪事实,并对收集定案证据、查明案件事实有重要作用的。

积极参加者、一般参加者配合司法机关查办案件,有提供线索、帮助收集证据或者其他协助行为,并在侦破黑社会性质组织犯罪案件、认定黑社会性质组织及其主要成员、追缴黑社会性质组织违法所得、查处"保护伞"等方面起到较大作用的,即使依法不能认定立功,一般也应酌情对其从轻处罚。组织者、领导者、骨干成员以及"保护伞"协助抓获同案中其他重要的组织成员,或者骨干成员能够检举揭发其他犯罪案件中罪行同样严重的犯罪分子,原则上依法应予从轻或者减轻处罚。组织者、领导者检举揭发与该黑社会性质组织及其违法犯罪活动有关联的其他犯罪线索,如果在是否认定立功的问题上存在事实、证据或法律适用方面的争议,应当严格把握。依法应认定为立功或者重大立功的,在决定是否从宽处罚、如何从宽处罚时,应当根据罪责刑相一致原则从严掌握。可能导致全案量刑明显失衡的,不予从宽处罚。

审理黑社会性质组织犯罪案件,应当通过判处和执行民事赔偿以及积极开展司法救助来最大限度地弥补被害人及其亲属的损失。被害人及其亲属确有特殊困难,需要接受被认定为黑社会性质组织成员的被告人赔偿并因此表示谅解的,量刑时应当特别慎重。不仅应当查明谅解是否确属真实意思表示以及赔偿款项与黑社会性质组织违法所得有无关联,而且在决定是否从宽处罚、如何从宽处罚时,也应当从严掌握。可能导致全案量刑明显失衡的,不予从宽处罚。

(三)附加剥夺政治权利的适用问题

对于黑社会性质组织的组织者、领导者,可以适用《刑法》第五十六条第一款的规定附加剥夺政治权利。对于因犯参加黑社会性质组织罪被判处5年以上有期徒刑的积极参加者,也可以适用该规定附加剥夺政治权利。

(四)财产刑的适用问题

对于黑社会性质组织的组织者、领导者,依法应当并处没收财产。黑社会性质组织敛财数额特别巨大,但因犯罪分子转移、隐匿、毁灭证据或者拒不交代涉案财产来源、性质,导致违法所得以及其他应当追缴的财产难以准确查清和追缴的,对于组织者、领导者以及为该组织转移、隐匿资产的积极参加者可以并处没收个人全部财产。对于确属骨干成员的积极参加者一般应当并处罚金或者没收财产。对于其他积极参加者和一般参加者,应当根据所参与实施违法犯罪活动的次数、性质、地位、作用、违法所得数额以及造成损失的数额等情节,依法决定财产刑的适用。

五、关于黑社会性质组织犯罪案件审判工作相关问题

(一)涉案财产的处置问题

审理黑社会性质组织犯罪案件时,对于依法查封、冻结、扣押的涉案财产,应当全面审查证明财产

来源、性质、用途、权属及价值大小的有关证据，调查财产的权属情况以及是否属于违法所得或者依法应当追缴的其他财物。属于下列情形的，依法应当予以追缴、没收：1. 黑社会性质组织形成、发展过程中，该组织及其组织成员通过违法犯罪活动或其他不正当手段聚敛的财产及其孳息、收益，以及合法获取的财产中实际用于支持该组织存在、发展和实施违法犯罪活动的部分；2. 其他单位、个人为支持黑社会性质组织存在、发展以及实施违法犯罪活动而资助或提供的财产；3. 组织成员通过个人实施的违法犯罪活动所聚敛的财产及其孳息、收益，以及供个人犯罪所用的本人财物；4. 黑社会性质组织及其组织成员个人非法持有的违禁品；5. 依法应当追缴的其他涉案财物。

▼全国法院维护农村稳定刑事审判工作座谈会纪要(1999年10月27日)

二(三)关于农村恶势力犯罪案件修订后的刑法将原“流氓罪”分解为若干罪名，分别规定了相应的刑罚，更有利于打击此类犯罪，也便于实践中操作。对实施多种原刑法规定的“流氓”行为，构成犯罪的，应按照修订后刑法的罪名分别定罪量刑，按数罪并罚原则处理。对于团伙成员相对固定，以暴力、威胁手段称霸一方，欺压百姓，采取收取“保护费”、代人强行收债、违规强行承包等手段，公然与政府对抗的，应按照黑社会性质组织犯罪处理；其中，又有故意杀人、故意伤害等犯罪行为的，按数罪并罚的规定处罚。

●认罪认罚制度可适用黑社会性质组织犯罪案件

认罪认罚从宽制度可以适用于所有刑事案件，没有适用罪名和可能判处刑罚的限定，涉黑涉恶犯罪案件依法可以适用该制度。认罪认罚从宽制度贯穿刑事诉讼全过程，适用于侦查、起诉、审判各个阶段。检察机关办理涉黑涉恶犯罪案件，要积极履行主导责任，发挥认罪认罚从宽制度在查明案件事实、提升指控效果、有效追赃挽损等方面的作用。（参见最高人民检察院第22批指导性案例84号，林某彬等人组织、领导、参加黑社会性质组织案，2020年11月24日发布。）

▽组织、领导、参加黑社会性质组织行为的认定

组织、领导和积极参加以暴力、威胁或者其他手段，有组织地进行违法犯罪活动，称霸一方，为非作恶，欺压、残害群众，严重破坏经济、社会生活秩序的黑社会性质组织的行为，是构成组织、领导、参加黑社会性质组织罪的客观表现。其中，“组织”是指为了实现称霸一方的目的，倡导、发起、纠集、组织人员建立黑社会性质组织的行为，如创立、组建黑社会性质的组织，确定该组织的目的、宗旨；确定黑社会性质的组织机构、人员安排、行为规范、活动方式；发展黑社会性质组织的成员等。“领导”是指在黑社会性质组织中处于领导地位，制订犯罪计划，指挥实施犯罪的行为。“积极参加”是指积极、主动加入黑社会性质组织的行为。积极参加者往往在实施具体违法犯罪时表现主动、积极。除积极参加并起主要作用的成员外，其他均为一般参加者。“组织”与“领导”两种行为有可能交叉并存。通常情况下，组织行为包括组织、策划、领导、指挥等行为。组织者在黑社会性质组织建立以后往往成为领导者。在规模较小、成员不多的黑社会性质组织中尤其如此。两种行为的区分一般可以黑社会性质组织形成时间为界限，形成前为促使组织的形成而实行的组织、领导行为称为“组织”，形成以后的组织、领导行为称为“领导”。如果在组建黑社会组织过程中起领导、决定作用的，应认定为“组织”行为。组织、领导、参加黑社会性质组织罪在犯罪形态上属于行为犯，即只要行为人实施了组织、领导、积极参加黑社会性质组织的行为，就构成犯罪既遂。立法者基于黑社会性质组织犯罪的严重社会危害性，并不以组织者、领导者或者参加者实施的行为已实际构成犯罪作为组织、领导、参加黑社会性质组织罪的构成要件。事实上，黑社会性质组织为了获取非法的经济利益以维护其生存与发展所必需的经济能力与经济基础，往往以企业、公司等经济组织为依托，进行一些合法的工商活动。因此，只要实施了组织、领导或者积极参加黑社会性质的组织的行为，就构成犯罪。对于组织、领导、参加黑社会性质的组织又有其他犯罪行为的，根据刑法本条第三款的规定，应当依照数罪并罚的规定处罚。在认定黑社会性质组织成立或者形成的前提下，应当对其中的犯罪分子根据其地位和作用，区分为组织者、领导者、积极参加者及一般参加者。对于组织者和领导者，应当按照其所组织、领导的黑社会性质组织所犯的全部罪行处罚。对于黑社会性质组织的参加者,应当按其实际参加的犯罪处罚。对于参加黑社会性质的组织没有实施违法犯罪活动的,或者受蒙蔽、胁迫参加黑社会性质的组织,情节显著轻微的,依法可不作为犯罪处理。[参见第149号案例,容乃胜等组织、领导、参加黑社会性质组织案,载《刑事审判参考》总第23辑(2001年第12辑),法律出版社,第49～50页。执笔:王志辉　逄锦温]

▽黑社会性质的组织特征的认定

2000年12月4日《最高人民法院关于审理黑社会性质组织犯罪的案件具体应用法律若干问题的解释》(刑法本条附文以下简称《解释》)第一条规定"黑社会性质的组织",一般应具备4个特征。《解释》规定的4个特征,揭示了黑社会性质组织犯罪妄图对抗国家对社会的正常管理活动、控制社会管理权、称霸一方的本质特征。在司法实践中,应从以下4个方面把握黑社会性质组织的特征:1.关于组织结构。黑社会性质组织的组织结构比较紧密,人数较多,有比较明确的组织者、领导者,骨干成员基本固定,有较为严格的组织纪律。"人数较多"的标准,从司法实践看,一般掌握在10人左右或者以上为宜。"有较为严格的组织纪律",是指有较为严格的约束成员行为的规则,表现为"帮规""约定"等,而不要求有明确的组织名称、章程、文字规定等。2.关于经济实力。黑社会性质组织往往通过违法犯罪活动或者其他手段获取经济利益,具有一定的经济实力。黑社会性质组织不论是通过违法犯罪活动还是通过正常经营获取的;不论是先成立黑社会性质组织后具备经济实力,还是先具备经济实力后成立黑社会性质组织;不论目前经济实力是较为雄厚,还是较为薄弱,只要犯罪的主要目的是获取经济利益,实施了获取经济利益的行为,就可认定该特征。3.关于非法保护。黑社会性质组织往往通过贿赂、威胁等手段向国家机关渗透,引诱、逼迫国家工作人员参加黑社会性质组织活动,或者为其提供非法保护,或者直接向国家机关安插成员。具有下列情形之一的,即可认定具备该项特征:(1)组织者、领导者、积极参加者中具有国家工作人员身份的;(2)通过贿赂、威胁等手段向国家工作人员寻求非法保护,非法保护已经形成、正在形成或者未得逞的;(3)黑社会性质组织在国家工作人员不知情的情况下,利用其特定身份掩护该组织非法活动的。4.关于行为方式。黑社会性质组织往往在一定区域诸如某一村、乡、县等,或者在一定行业诸如建筑业、运输业、手工业等范围内,以暴力、威胁、滋扰等手段,大肆进行敲诈勒索、欺行霸市、聚众斗殴、寻衅滋事、故意伤害等违法犯罪活动,称王称霸,欺压、残害群众,严重破坏经济、社会生活秩序。(全国人民代表大会常务委员会2002年4月28日《关于〈中华人民共和国刑法〉第二百九十四条第一款的解释》对2000年12月4日《最高人民法院关于审理黑社会性质组织犯罪的案件具体应用法律若干问题的解释》进行了修正。——编著者注)[参见第142号案例,张畏组织、领导、参加黑社会性质组织、故意伤害、贷款诈骗、虚开增值税专用发票、非法经营、故意毁坏财物、非法拘禁案,载《刑事审判参考》总第22辑(2001年第11辑),法律出版社,第41～42页。执笔:王桂霄]

▽组织、领导、参加黑社会性质组织罪是故意犯罪,但不以行为人明知所组织、领导或者参加的组织是黑社会性质的组织为构成要件

组织、领导、参加黑社会性质组织罪是故意犯罪。但这种故意的内容则表现为以实施违法犯罪活动为目的,并不以行为人明知所组织、领导,或者参加的组织是黑社会性质的组织为构成要件。因为对一个组织是否属于黑社会性质组织的判断是一种法律判断。行为人的主观认识并不影响该组织的实际性质。刑法理论对于直接故意的认定并不要求行为人具有明确的违法性认识。对于组织者和领导者而言,只要其是以实施有组织的违法犯罪活动为目的,成立的组织符合全国人民代表大会常务委员会2002年4月28日《关于〈中华人民共和国刑法〉第二百九十四条第一款的解释》规定的特征,就应当认定为黑社会性质组织。对于参加者而言,行为人虽然不明知所参加的组织是黑社会性质组织,但只要行为人在主观上明知该组织是从事违法犯罪活动的组织,或者当时并不明知是从事违法犯罪活动的组织,但在加入后发现是从事违法犯罪活动的组织,仍不退出并积极从事违法犯罪活动的,就应当认定其主观上具有参加黑社会性质组织的犯罪故意。[参见第149号案例,容乃胜等组织、领导、参加黑社会性质组织

案,载《刑事审判参考》总第 23 辑(2001 年第 12 辑),法律出版社,第 51 页。执笔:王志辉 逄锦温]

▽向政权机关渗透,取得某种政治身份,是黑社会性质组织寻求非法保护的一种手段

行为人没有采取黑社会性质组织通常使用的在政府部门寻找"保护伞"和代理人的方式,寻求"保护伞",而是通过"竞选"使自己成为乡人大代表,从而向政权机关渗透,以寻求政治上的非法保护。一般而言,由于黑社会性质组织具有反社会性,其为了生存与发展,往往采取各种手段,例如司法解释规定的"贿赂、威胁等手段",引诱、威逼国家工作人员加入黑社会性质的组织,或者引诱、威逼国家工作人员为其提供非法保护。但并不排除黑社会性质组织采用其他方式寻求"保护伞"。黑社会组织成员直接混入国家机关,或者通过合法、非法手段取得某种政治身份,向国家机关进行渗透,以寻求非法保护,也是黑社会性质组织寻求"保护伞"的重要方式。行为人为了逃避法律制裁,维护和发展自己的势力,积极向国家机关渗透,通过破坏选举等手段,使自己当选为乡人大代表,以为自己的违法犯罪活动提供非法保护,应当认定获取"非法保护"这一特征。[参见第 149 号案例,容乃胜等组织、领导、参加黑社会性质组织案,载《刑事审判参考》总第 23 辑(2001 年第 12 辑),法律出版社,第 48 ~ 49 页。执笔:王志辉 逄锦温]

▽黑社会性质组织的组织者、领导者的刑事责任的认定

刑法第二十六条第三款规定:"对组织、领导犯罪集团的首要分子,按照集团所犯的全部罪行处罚。"2000 年 12 月 4 日最高人民法院《解释》第三条规定:"对于黑社会性质组织的组织者、领导者,应当按照其所组织、领导的黑社会性质组织所犯的全部罪行处罚。"根据上述规定,黑社会性质组织的组织者、领导者应对其组织、领导的黑社会性质组织所犯的全部罪行承担责任。所谓"其所组织、领导的黑社会性质组织所犯的全部罪行",既包括在其直接组织、策划、指挥下实施的犯罪,也包括其他成员为了该组织的利益策划实施的犯罪,或者其他成员实施犯罪得到其同意或者经其认可的。对于其他成员为报私仇或个人私利而实施的犯罪,其没有起组织、领导作用的,不属于黑社会性质组织所犯的罪行,只应由具体实施犯罪的行为人承担刑事责任。黑社会性质组织的内部组织结构较为严密,一般具有一定的层次性,组织者、领导者之间也有不同的等级。在司法实践中,应当区分组织者、领导者在黑社会性质组织所犯的全部罪行中所处的地位和所起的作用,分别情况确定其应承担的刑事责任。[参见第 142 号案例,张畏组织、领导、参加黑社会性质组织、故意伤害、贷款诈骗、虚开增值税专用发发票、非法经营、故意毁坏财物、非法拘禁案,载《刑事审判参考》总第 22 辑(2001 年第 11 辑),法律出版社,第 41 ~ 42 页。执笔:王桂霄]

▽参加黑社会性质组织案件中的"参加"行为的认定

(一)关于"参加"问题的把握。参加黑社会性质组织,是指成为黑社会性质组织的一员,接受黑社会性质组织领导和管理的行为。参加黑社会性质组织分为积极参加和一般参加。《办理黑社会性质组织犯罪案件座谈会纪要》(刑法本条附文以下简称 2009 年《纪要》)规定:"积极参加者,是指接受黑社会性质组织的领导和管理,多次积极参与黑社会性质组织的违法犯罪活动,或者积极参与较严重的黑社会性质组织的犯罪活动且作用突出,以及其他在组织中起重要作用的犯罪分子;其他参加者,是指除上述组织成员之外,其他接受黑社会性质组织的领导和管理的犯罪分子。"判断行为人是否犯有参加黑社会性质组织罪,关键在于对"参加"行为的认定。关于"参加"行为,实践中可从以下几个方面认定:1. 关于"参加"的主观明知问题的把握。对一个犯罪组织是否属于黑社会性质组织的判断属于法律判断,因此,根据 2009 年《纪要》精神,认定行为人的参加行为构成参加黑社会性质组织罪,不要求行为人在加入犯罪组织时明确知道该组织具有黑社会性质,行为人只要知道或者应当知道所参加的是由多人组成、具有一定层级结构,主要从事违法犯罪活动的组织群体,或者该组织虽有形式合法的生产、经营活动,但仍是以有组织地实施违法犯罪活动为基本行为方式,欺压、残害群众的组织,就可以认定其"参加"行为构成参加黑社会性质组织罪。2. 关于接受黑社会性质组织领导和管理问题的把握。按照 2009 年《纪要》的规定,无论是积极参加者还是一般参加者,都要接受黑社会性质组织的领导和管理。

这不仅是一个必要的主观意志要素,而且是判断"参加"行为是否存在的重要依据。对于那些主观上并无加入意图,客观上也不受犯罪组织领导和管理,因被纠集、雇佣、收买、威逼或者受蒙蔽为黑社会性质组织实施违法犯罪活动或者提供帮助、支持、服务的人员,不应以参加黑社会性质组织罪定罪处罚。3. 关于"参加"行为完成形态问题的把握。从实践情况来看,"参加"行为的完成形态具有复杂性,因为黑社会性质组织在吸纳成员时,很多情况下并不会专门举行仪式或者办理手续,这使"参加"行为难以通过法定证据被客观地反映出来。就本质而言,"参加"行为是否完成应以行为人与黑社会性质组织就加入该组织问题达成意思一致作为判断标准比较合适,而不能以是否履行手续、是否取得组织会籍、是否举行专门仪式等作为认定的标准。对有下列情形之一的,可以认定行为人完成了"参加"行为:一是就加入犯罪组织问题有明确的约定;二是行为人履行了加入组织的仪式;三是行为人要求加入,并经该组织或组织头目的批准或默许;四是虽未履行手续,但已在该组织的领导和管理下实际参加了该组织的各种违法犯罪活动;五是行为人开始不知道加入的是从事违法犯罪活动的黑社会性质组织,了解真相后没有退出,并在该组织的领导和管理下参加了该组织的违法犯罪活动。

(二)关于本案刘某某等八名被告人的行为是否构成参加黑社会性质组织罪问题的把握。本案刘某某、王某某等八名被告人的行为均不构成参加黑社会性质组织罪,理由如下:1. 对被告人刘某某的行为的定性分析。刘某某与陈金豹系"牢友"关系,应陈金豹的邀约,刘某某曾为陈金豹的赌场提供多名"钉子";在故意杀人犯罪过程中,陈金豹为报复他人,请求刘某某为其提供打手,刘某某便指使其"牢友"王某某与陈金豹联系,王某某在受到刘某某的邀约后,又邀约张清平等人参与报复。因此,刘某某在本案中的作用是为陈金豹的赌场提供"钉子"及在故意杀人犯罪中为陈金豹提供打手。刘某某为陈金豹提供"钉子"和打手,主要是基于二人的"牢友"关系和感情因素,其主观上没有任何加入该组织的愿望,未参与该组织的其他违法犯罪活动,未在该组织中担任职务和谋取利益,未受该组织的管理和纪律约束,不受该组织的控制,因此,不能认定其行为构成参加黑社会性质组织罪。2. 对被告人王某某等七人的行为的定性分析。在故意杀人犯罪过程中,王某某在接受刘某某的邀约后,又邀约张清平、徐峰、冯世汉、王卫星、谢波湘、简明华几人参与作案。除刘某某外,王某某等人均不认识陈金豹,只知道陈金豹是开赌场的"老大",王某某等人与该组织未就加入组织的问题达成共识,之前也没有参与该组织的其他活动,未受该组织的管理、纪律约束,未从该组织领取报酬,不受该组织的控制,只是临时受指使参与了故意杀人的行为。因此,王某某等人只是被临时利用的犯罪工具,不能认定其行为构成参加黑社会性质组织罪。综上,刘某某、王某某等八名被告人的行为均不构成参加黑社会性质组织罪。刘某某、王某某等人的行为虽不构成参加黑社会性质组织罪,但刘某某、王某某等人毕竟是受陈金豹指使、间接指使而实施犯罪的,被指使者的行为不构成参加黑社会性质组织罪,不影响黑社会性质组织的组织者、领导者对被指使者实施的犯罪承担相应的共同犯罪责任。[参见第618号指导案例,陈金豹等组织、领导、参加黑社会性质组织案,载《刑事审判参考》总第74集(2010年第3集),第8~11页。撰稿:王婷婷]

▽黑社会性质组织的组织特征的认定

根据《全国人大常委会关于〈中华人民共和国刑法〉第二百九十四条第一款的解释》(刑法本条附文以下简称《立法解释》)的规定,黑社会性质组织应该具备组织特征、经济特征、行为特征和非法控制特征。组织特征是黑社会性质组织的重要特征之一,不具备这一特征不能认定为黑社会性质组织。组织特征是指"黑社会性质组织不仅有明确的组织者、领导者,骨干成员基本固定,而且组织结构较为稳定,并有比较明确的层级和职责分工"。针对当前黑社会性质组织的隐蔽性不断增强的特点最高人民法院、最高人民检察院、公安部《纪要》要求在认定组织特征时"要特别注意审查组织者、领导者,以及对组织运行、活动起着突出作用的积极参加者等骨干成员是否基本固定、联系是否紧密,不要被其组织形式的表象所左右"。根据《纪要》的这一精神,对黑社会性质的组织特征可以从以下几个方面进行理解和把握:(一)审查犯罪组织的目的性。普通共同犯罪、犯罪集团中的各被告人也有可能多次纠集在一起实施违法犯罪活动,其中不乏成员众多、纠集时间长、犯罪次数多的犯罪组织,但在犯罪目的上与黑社会性质组织相比存在一定区别。前者违法犯罪的目的是实现组织成员个人的目标和利益,故犯罪目的比较直接、明显。而后者违法犯罪的目的在于维护其组织的利益,是为了组织的安全、稳定和发展,最终实现其对一定区域或者行业的非法控制。(二)审查核心成员的稳定性。黑社会性质组织为了增强隐蔽性,其外围成员可能会经常更换,甚至会有意地制造“人员频繁更替、组织结构松散”的假象。这就要求办案人员要抓住此类黑社会性质组织“外松内紧”的本质,认真鉴别组织的核心与框架是否具有严密性和稳定性,只要组织头目和对组织的运行、活动起着重要作用的骨干成员相对比较固定、相互之间联系紧密;则不管其组织结构的外在表现是否松散,均不影响组织特征的认定。(三)审查犯罪组织内部的组织性、纪律性。普通犯罪团伙为了更好地实施犯罪、逃避惩罚,在多次违法犯罪活动中也会总结出自己的经验,但更多的是依靠成员之间的相互配合;对于成员个人的行为,尤其是实施犯罪活动之外的行为,不会进行过多的干涉。实践证明,缺乏内部管理的犯罪组织结构上比较松散,很难发挥出组织的能效,难以坐大成势。而黑社会性质组织经历了从普通的犯罪团伙逐步发展壮大的过程,其间必定有一定的组织纪律、活动规约来确保组织自身的生存和发展。因此,《纪要》将“具有一定的组织纪律、活动规约”作为认定黑社会性质组织时的重要参考依据。以上是把握组织特征最基本的三个方面,实践中还可以结合该组织其他方面的特点来对组织特征予以更加全面的认定,如犯罪组织的内部分配机制。普通犯罪团伙通常依据各犯罪人在其体犯罪中的地位、作用来进行分配,且通常在实施每一起具体犯罪后“坐地分赃”,获利后的分配模式相对直接、简单。而对于犯罪所得,黑社会性质组织内部一般会有相对稳定的分配模式,组织成员的收入与各人在犯罪组织中的地位、作用成正比。犯罪所得的分配既包括组织成员的工资、福利支出,也包括组织自身发展资金的支出。结合本案的具体情况分析,被告人邓某某与被告人龚某某、何锦超、鲍海华等人之间已经形成了以邓某某为组织者、领导者的黑社会性质组织,与普通的共同犯罪有着本质的区别:首先,从被告人邓某某等人的违法犯罪活动来看,其一系列的聚众斗殴、敲诈勒索等暴力活动已经不再是社会闲散人员之间的争强斗狠,而是在邓某某等人的指使下,通过一系列有组织、有计划的违法犯罪活动,威慑群众,树立自己的非法权威,确立势力范围,从而非法控制、垄断广州市海珠区的猪肉市场和娱乐场所,确定其对一定行业、一定区域的非法影响力,获得经济利益。该组织已经形成了“以黑护利”“以利养黑”的组织运作模式,这一模式使该组织明显区别于一般的共同犯罪和犯罪集团。其次,从被告人邓某某、龚某某、何某某、鲍某某等人的联系情况看,本案已经逐步形成了以邓某某为组织者、领导者,以龚某某、何某某、鲍某某为骨干,费某某、于某某等人参加的黑社会性质组织。该组织的主要成员之间层级清楚,分工明确,联系紧密。其中,何某某主要负责非法制造、买卖枪支、弹药的犯罪活动,鲍某某主要负责对肉类市场、娱乐市场的非法控制,龚某某负责对人员的管理和培训,三人还分别招募和管理了一批下属成员,供三人在实施违法犯罪活动中驱使。同时,三人也是逐步被邓某某招募、拉拢过来的,三人接受邓某某的管理,在邓某某的授权下负责各自的非法活动。邓某某甚至还在龚某某租住的房顶安装了无线电发射台,为组织联络提供保障。这种联系远非被告人所辩解的普通雇佣、朋友或者共同犯罪的关系可比而是黑社会性质组织内部组织者和参加成员的关系,是领导与被领导、管理与被管理的关系。最后,从被告人邓某某等人对下属成员管理控制而言,其“看场”人员要求穿统一制服、留统一发型,携带统一配发的对讲机和三节伸缩棍,统一食宿,接受统一指挥和调遣,其组织纪律不可谓不严格。从实际效果来看,邓某某等人从2000年下半年开始,大规模地制造枪支、弹药并进行贩卖在所经营的肉类、娱乐场所“遇事”时能够迅速纠集二十余人聚众斗殴,由此反映出,其组织对成员的管理和控制是有效的。各犯罪人员已经不再是松散的“乌合之众”,而是组织严密、纪律严格的黑社会性质组织成员。[参见第619号指导案例,邓伟波等组织、领导、参加黑社会性质组织案,载《刑事审判参考》总第74集(2010年第3集),第17~20

页。撰稿:段凰　司明灯]

▽**包庇、纵容黑社会性质组织罪的主观要件的认定**

包庇、纵容黑社会性质组织罪,是指国家机关工作人员包庇或者纵容黑社会性质的组织进行违法犯罪活动的行为。本罪是1997年刑法增设的新罪名,其构成要件包括:客体是司法机关同黑社会性质组织犯罪作斗争的正常活动;客观方面表现为包庇或者纵容黑社会性质的组织进行违法犯罪活动的行为。根据最高人民法院《解释》,"包庇",是指国家机关工作人员为使黑社会性质组织及其成员逃避查禁,而通风报信,隐匿、毁灭、伪造证据,阻止他人作证、检举揭发,指使他人作伪证,帮助逃匿,或者阻挠其他国家机关工作人员依法查禁等行为。"纵容",是指国家机关工作人员不依法履行职责,放纵黑社会性质组织及其成员进行违法犯罪活动的行为;犯罪主体是特殊主体,必须是国家机关工作人员,即在国家各级党政机关、权力机关、司法机关和军事机关中依法从事公务的人员;主观方面由故意构成,过失不构成本罪。包庇、纵容黑社会性质组织罪的主观要件为故意,其中包庇行为只能出自直接故意;而纵容行为,则可能采取听之任之的态度,即纵容行为的主观方面可以是直接故意,也可以是间接故意。对于"明知"的内容,是否必须包含"明知是黑社会性质的组织,或者明知是黑社会性质组织的违法犯罪活动",司法实践中,黑社会性质组织一般在短时间内难以形成,普通犯罪集团、"恶势力"团伙向黑社会性质组织发展是一个渐进的过程,没有明显的性质转变节点;某些黑社会性质组织为了增强隐蔽性,还会通过开办公司、企业等"合法"方式"以商养黑",且某些黑社会性质组织的领导者、组织者还有特殊的身份作掩护,如以国家工作人员、人大代表、政协委员等身份作保护伞。所以,司法机关认定一个犯罪集团是否构成,何时形成黑社会性质组织,需要结合案件的具体情况综合认定。正是由于黑社会性质组织在认定上的严格性、形式上的多样化,使得实施包庇、纵容行为的行为人很难明确认识到其包庇、纵容的对象是黑社会性质组织及其活动。如果将明知是黑社会性质组织及其活动作为本罪故意成立不可或缺的认识因素,将给司法认定带来相当的困难,也会成为行为人逃避法律制裁的理由,不利于打黑专项斗争工作的开展。有鉴于此,最高人民法院、最高人民检察院、公安部2009年《纪要》明确规定,"只要行为人知道或者应当知道是从事违法犯罪活动的组织,仍对该组织及其成员予以包庇,或者纵容其实施违法犯罪活动,即可认定本罪。至于行为人是否明知该组织系黑社会性质组织,不影响本罪的成立"。[参见第620号指导案例,黄向华等组织、领导、参加黑社会性质组织,陈国阳、张伟洲包庇黑社会性质组织案,载《刑事审判参考》总第74集(2010年第3集),第26~29页。撰稿:肖辉]

▽**参加黑社会性质组织罪不需要以行为人明确知道组织具有黑社会性质为要件**

认定行为人构成参加黑社会性质组织罪不以明确知道组织的黑社会性质为前提,理由是:第一,在现实生活中,一般很少有一个众所周知的黑社会性质组织等待他人参加。在我国,目前多数此类组织一般都不会以"黑社会"自居,对内、对外都不会宣称自己是黑社会性质组织。第二,对于一个组织是否属于黑社会性质组织是一种法律判断,且是一项极为复杂的工作,因此,要求每一个参加者都明确知道所参加的组织的性质是不现实的。但是,这并不是说对行为人的主观认识就没有任何要求,从黑社会性质组织犯罪的特征来看,行为人必须知道或者应当知道自己所参与的是具有一定规模的组织。第三,黑社会性质组织本身有一个形成、发展的过程,实践中很难用一个明确的时间点划分,因此,不可能要求行为人对所参加组织性质的变化有准确的认知。第四,在司法实践中,行为人为逃避法律制裁,往往会以种种借口辩称自己不知道所参加的组织是黑社会性质组织,不能因其口头上的否认就改变其犯罪的性质。当然,如果行为人明确知道是黑社会性质组织而参加,自然构成参加黑社会性质组织罪。但是,如果行为人事先确实不了解情况,不知是黑社会性质组织而参加,发现后即退出;或者行为人确实不知道,也不应当知道其参加的组织是一个主要从事违法犯罪活动、具有一定层次结构的犯罪组织,一般不按参加黑社会性质组织罪论处。根据最高人民法院《解释》第三条第二款的规定,对于参加黑社会性质的组织,没有实施其他违法犯罪活动的,或者受蒙蔽、胁迫参加黑社会性质的组织,情节轻微的,可以不作为犯罪处理。本案中，以张某某为首的犯罪组织人数众多（在案者就有17人，加之在逃者有二三十人之多），有明确的组织者、领导者（张某某），骨干成员稳定（陈忠桥等），多次有组织地实施故意杀人（持枪杀人6起，致5人死亡）、故意伤害、绑架、敲诈勒索等一系列违法犯罪活动，非法控制武汉、缅甸等地的赌博业并涉足、插手武汉的布匹运输线路和市场纠纷，攫取了巨额经济利益（非法所得达千万元之巨）。在案证据足以证实该犯罪组织的社会影响力很大，已严重影响了当地的经济、社会生活秩序，该犯罪组织完全符合我国刑法本条第一款的相关规定，是一个典型的黑社会性质组织。本案中的"老班子"成员明知张某某为实施报复和扩张势力而吸纳人员实施各种违法犯罪活动主动在张某某的直接领导和指挥下积极地实施各种违法犯罪活动，且接受张某某发给的工资、奖金和其他奖励，服从该组织约定俗成的组织纪律，因此，"老班子"成员均构成参加黑社会性质组织罪。在"老班子"成员先后被捕或在逃后，张某某为继续实施犯罪，通过被告人李某某的介绍，吸纳被告人李某到该犯罪组织，后李某又网罗了被告人孙军等一批新成员，形成了该组织的"新班子"，张某某对"新班子"实行"一案一酬"的管理模式，通过对李某、李某某的直接控制、指挥实施犯罪。张某某对"新班子"成员不像对"老班子"成员那样，由其直接控制和指挥，而是直接控制和指挥李某、李某某，再由李某控制和指挥"新班子"中的其他成员。张某某也不直接给"新班子"发放工资、奖金，而是由李某为"新班子"成员发放作案报酬和进行管理。从表面上看，张某某与李某等"新班子"成员确实存在一种"雇佣与被雇佣"的关系，但是，通过现象看本质，根据在案证据，不难分析得出，李某明知张某某是黑社会性质组织的组织者和领导者，其还接受张某某的指挥和管理，并积极参加张某某组织、指挥的枪杀穆仁刚等犯罪活动，对张某某组织、领导的黑社会性质组织的发展壮大起到了至关重要的作用。李某主观上有参加黑社会性质组织的故意，客观上实施了参加黑社会性质组织的行为。至于其之后因与张某某发生矛盾，伙同李某某等人枪杀张某某的行为，只是其组织内部的矛盾，并不能以此否认其行为构成参加黑社会性质组织罪。在案证据还证实，被告人李某某等人案发前知道张某某、李某是黑道人物也知道其所参加的是由多人组成、具有一定层级结构的组织群体，该组织主要是从事违法犯罪活动，但仍接受该组织的领导和管理，按照该组织的纪律、规约行事，因此，足以认定上述"新班子"成员的行为构成参加黑社会性质组织罪。另外，发放工资奖金和"一案一酬"只是该组织的一种内部管理模式，并非区分黑社会性质组织与否的条件。黑社会性质组织的组织结构也未强调所有成员必须直接听从组织、领导者的指挥；相反，为逃避打击，比较成熟的黑社会性质组织往往形成了组织者—骨干成员——般成员这一多层次的结构模式，组织、领导者一般只与骨干成员发生联系，骨干成员一般又有自己的手下和势力范围，一般成员并不与组织、领导者发生直接联系，甚至根本就不知道组织、领导者究竟是何人。故上述"新班子"成员所提双方系雇佣关系的上诉理由亦不能成立。对于被告人邢某某、苏某某、黄某某而言，邢某某在枪杀穆仁刚一起犯罪中受被告人梅某某的指使为被告人李某帮忙，听从李某的安排，构成故意杀人罪的共犯；但邢某某此前并不认识张某某和李某，不知道张某某和李某系黑社会性质组织成员，既无加入意图，也未参加该组织的其他违法犯罪活动，故邢某某的行为不构成参加黑社会性质组织罪。苏某某是广西凭祥人，长期在广西生活，不认识、不知道张某某其人，也不知道李某、孙某在武汉从事的一系列故意杀人犯罪活动，其无参加黑社会性质组织的主观故意和行为，和李某、孙某是单纯的非法买卖枪支的关系，故苏某某的行为也不构成参加黑社会性质组织罪。黄某某虽然在客观上为李某枪杀张某某提供了枪支，但无论是"老班子"成员，还是"新班子"成员，都未供述黄某某知道，也无证据证实黄某某应当知道李某领导的是一个已形成一定规模的、实施违法犯罪活动的组织且无证据证实黄某某直接参与了李某组织的犯罪活动的预谋或收取犯罪所得和为李某提供枪支时明知李某是去枪杀张某某，因此，黄某某的行为不构成参加黑社会性质组织罪。［参见第621号指导案例，李军等参加黑社会性质组织案，载《刑事审判参考》总第74集（2010年第3集），第35～38页。撰稿：陈攀　苗玉红］

▽参加黑社会性质组织案件中积极参加行为的认定

刑法对黑社会性质组织的积极参加者和其他参加者规定了不同的法定刑,因此,在司法实践中有必要区分积极参加者和一般参加者。对此,根据《纪要》精神,应从以下三个方面认定积极参加者:首先,应根据行为人实施具体犯罪的客观方面来判断,对那些多次积极参与黑社会性质组织的违法犯罪活动、积极参与较严重的黑社会性质组织的犯罪活动,且作用突出及其他在黑社会性质组织中起重要作用的犯罪分子,一般应认定为积极参加者;其次,从行为人在黑社会性质组织中的地位、作用,与组织、领导者之间的关系来判断,那些与组织、领导者关系密切,在组织中地位、作用突出的,一般应认定为积极参加者;最后,从行为人所获取的犯罪所得来判断,所获报酬数额较大的组织成员一般应认定为积极参加者。对除上述组织成员之外,其他接受黑社会性质组织的领导和管理的犯罪分子可认定为其他参加者。如对本案被告人陈某某的认定,从其参加的具体犯罪活动来看,其参与了枪杀吕建润和枪杀穆仁刚、潘润生(未遂)两起犯罪,在枪杀吕建润案中接受张某某的指使,具体牵头负责此案,现场指挥其他同案人,是致人死亡的直接凶手之一,在犯罪中积极主动,地位、作用突出;从其与组织者、领导者张某某的关系来看,其长期与张某某在一起从事违法犯罪活动,是张某某的左膀右臂;从其获取的报酬数额来看,张某某为陈某某长期发放工资、奖金,还奖励给陈某某十几万元的房产,获取的报酬超过其他同案人。综合上述三个方面,应当认定陈某某系该黑社会性质组织的积极参加者和骨干成员。[参见第 621 号指导案例,李军等参加黑社会性质组织案,载《刑事审判参考》总第 74 集(2010 年第 3 集),第 38 ~39 页。撰稿:陈攀　苗玉红]

▽黑社会性质组织的非法控制特征的认定

根据《立法解释》的规定,黑社会性质组织应当同时具备组织特征、经济特征、行为特征及非法控制特征。非法控制特征也被称为危害性特征,是指通过实施违法犯罪活动,或者利用国家工作人员的包庇或者纵容,称霸一方,在一定区域或者行业内,形成非法控制或者重大影响,严重破坏经济社会生活秩序。非法控制特征是黑社会性质组织最本质、最核心的特征,正确理解和把握这一特征对于准确认定黑社会性质组织罪具有非常重要的意义。对黑社会性质组织的非法控制特征可从以下三个方面理解和把握:

(一)关于对实现途径的理解和把握。根据《立法解释》的规定,黑社会性质组织所形成的非法控制或者重大影响是通过实施违法犯罪活动或者利用国家工作人员的包庇或者纵容来实现的。即该罪的危害性可以通过"实施违法犯罪"和"寻求非法保护"这两种途径,来实现其对经济、社会生活的非法控制或者重大影响。一是"实施违法犯罪"。通常表现为敲诈勒索、欺行霸市、聚众斗殴、寻衅滋事、故意伤害、故意杀人、绑架、非法拘禁等,有时还表现为以实现非法控制或者造成重大影响为目的而实施抢劫、盗窃、诈骗犯罪以及强行插手民间和经济纠纷等侵权型违法犯罪活动。需要注意的是,这里的"违法",主要是指黑社会性质组织在实施犯罪活动过程中所伴随的违法活动,如果仅仅是实施了违法活动,而未实施犯罪活动,则不能认定为黑社会性质组织。二是"寻求非法保护",即"利用国家工作人员的包庇或者纵容",俗称"保护伞"。"保护伞"并不是黑社会性质组织的必备特征,它只是黑社会性质组织犯罪实现非法控制的途径之一。根据《立法解释》对黑社会性质组织行为特征的规定,对仅有非法保护而没有违法犯罪的组织,不能以"黑"定性。反之,如果存在违法犯罪而没有非法保护的,只要具备其他特征,仍然可以认定为黑社会性质组织。本案以被告人张某某为组织者、领导者的黑社会性质组织在揭西县五经富镇、灰寨镇等地及当地的生猪屠宰、棉纱批发、苦笋销售等行业的非法控制或者重大影响,就是通过强取豪夺、欺行霸市、敲诈勒索、故意伤害、寻衅滋事、强立债权等违法犯罪活动逐渐实现的。例如,为达到在灰寨镇独霸棉纱批发市场的目的,在张某某的指使下,张某财、张某武、张某平等人预谋后,故意制造假交通事故,而后采取殴打、威胁等手段,敲诈勒索竞争对手被害人杨某某十余万元,并最终逼迫杨某某退出了在该地经营的棉纱批发生意。同时,张某某、李某生、张某财等人被捕前均系当地的人大代表，且李某生、张某财同时还担任村委会主任之职，这种身份客观上对该犯罪组织发展壮大起到一定的庇护和纵容作用并对当地的经济、社会秩序造成严重影响。

（二）关于对“一定区域或者行业”的理解和把握。首先，黑社会性质组织的“非法控制”并不表现为对一定区域内领土的占领，而是表现为对这个区域内生活的人以及这个区域内的经济、社会生活秩序有了非法的控制和重大的影响。因此，在理解上，要注意区域的大小和空间范围具有相对性，不能简单地以必须达到某一特定的空间范围为标准。其次，黑社会性质组织的非法控制必将表现为对某一行业的非法控制。经济实力是黑社会性质组织发展成员、巩固和扩大组织、称霸一方的基础，而打、砸、抢等简单暴力性违法犯罪活动所能实现的经济利益毕竟有限且暴露性太强，因此，许多黑社会性质组织均以实现对某个行业的控制作为其实施违法犯罪活动的一个重要目标，而这也正是其反社会性的具体体现，它必将严重影响当地经济、社会的生活秩序。从这个角度分析，黑社会性质组织所控制和影响的行业应当既包括合法行业，也包括“黄、赌、毒”等可以牟取暴利的非法行业。本案以被告人张某某为组织者、领导者的黑社会性质组织盘踞在五经富镇等区域，通过实施一系列违法犯罪活动在该区域内欺压百姓，称霸一方，在当地形成非法控制或重大影响，致使当地百姓安全感降低，社会秩序遭到严重破坏。同时，该组织通过暴力、威胁等手段，欺行霸市，操纵市场，对一定区域内的一定行业形成非法控制或者重大影响，致使当地市场经济秩序遭到严重破坏，如在五经富镇驱赶生猪屠宰承包商、阻截外来生猪资源、禁止百姓到外地购买猪肉，以实现对当地生猪屠宰市场的垄断和控制；在五经富镇强行收取苦笋保护费，攫取巨额的非法经济收益；通过敲诈勒索等方式排挤棉纱商，以实现对灰寨镇棉纱批发市场的控制等。

（三）关于对“非法控制或者重大影响”的理解和把握。“非法控制”和“重大影响”虽然在本质上都是指对经济、社会生活的干预和影响，但在程度上是有区别的。“非法控制”，顾名思义是指干预已经达到足以控制一定范围内的经济、社会生活的程度；而“重大影响”，是指虽然对于一定区域、一定行业内的社会、经济生活尚未达到任意操控的程度，但已有相当的能力进行干预和施加影响。这种“重大影响”是通过一系列的违法犯罪活动形成的，具有一定的深度和广度，而非个别的、一时的。在理解和把握上，要结合违法犯罪活动的次数、性质、后果、侵害对象的个数、造成的社会影响及群众安全感是否下降等因素综合判断，而不能仅仅理解为具体的违法犯罪活动所造成的严重后果或者在社会上所造成的轰动效应。被告人张某某自1999年至2007年，采取“金字塔”结构发展成员，逐渐形成以张某某为首，以被告人邹某某、李某生、张某财等人为骨干的黑社会性质组织。通过张某某本人或者上述骨干及其下属成员共同或者分别结伙作案，通过抢劫、敲诈勒索、寻衅滋事、故意伤害等其他手段欺压当地百姓，为非作恶，使当地群众安全感下降，致使五经富镇、灰寨镇内生活的群众在合法利益受到损害的情况下，不敢举报、控告，而采取忍受、服从、退出、躲避等方式，给当地社会生活秩序造成重大影响；通过殴打、驱赶竞争者等违法犯罪活动，对五经富镇生猪屠宰等行业的经营形成垄断，其他经营者无法进入该行业，当地群众被禁止购买外地猪肉，对区域内的生猪屠宰行业形成非法控制，给当地经济秩序造成重大影响。

综上，应当认定该组织通过长期有组织的违法犯罪活动，对五经富镇、灰寨镇等地的生猪屠宰、棉纱批发、苦笋销售等行业已形成非法控制，并对当地的社会生活秩序形已造成重大不良影响。[参见第622号指导案例，张志超等组织、领导、参加黑社会性质组织案，载《刑事审判参考》总第74集（2010年第3集），第46～49页。撰稿：曹吴清　司明灯]

▽结合具体案情对黑社会性质组织的非法控制特征的认定

非法控制特征（也即危害性特征）是黑社会性质组织的本质特征。黑社会性质组织并非单纯为了实施犯罪而存在，其往往谋求在一定地区范围内或者特定行业内形成一种非法控制或者重大影响，使正常的社会管理和行业管理制度不能得以运行，借以公然对抗主流社会。本案的黑社会性质组织通过两种方式对湖北省仙桃市的经济、社会生活秩序形成了严重危害：一种方式是通过入股加入某一经济实体，使用暴力、威胁等手段，在该行业逐步形成垄断，扰乱正常的市场经济秩序；另一种方式是有组织地通过故意杀人、故意伤害等犯罪行为，或者通过敲诈勒索、寻衅滋事等违法犯罪行为欺压、残害群众，不断扩大该黑社会性质组织的影响力，称霸一方，扰乱正常的社会秩序。(一)对一定行业的非法控制。黑社会性质组织所控制和影响的行业，既包括合法行业，也包括黄、赌、毒等非法行业。实践中，各种批发、零售市场及娱乐、运输、建筑等行业，往往容易成为黑社会性质组织控制和争夺的目标。刘某某所组织、领导的黑社会性质组织自 2003 年起，先后通过入股仙桃市远达物资贸易有限公司、兴发烟花爆竹专营有限公司、九珠食品有限责任公司肉联厂、1 路公交线经营权，垄断了仙桃市的水泥销售市场、烟花爆竹销售市场、生猪屠宰销售市场及 1 号公交线路的运营权，其所使用的违法犯罪手段主要如下：1. 通过入干股或强行以少量股金霸占多数股权的形式加入某一市场运营主体，凭借其犯罪组织树立的恶名不劳而获。如在强行入股兴发烟花爆竹专营有限公司时，刘某某以 5 万元获取了 30 万元的股金，且以暴力、威胁等手段为后盾，通过改组当选公司董事长，操纵了公司事务。在入股其他公司时，均是因经营者看中刘烈勇的“黑”势力背景，以丰厚酬劳拉拢、允诺其入股，为该公司的经营提供黑势力保护，从而获取巨额利润。2. 以暴力、威胁为手段，阻断同类产品进入流通领域或强迫消费者只能选择其提供的产品，从而打压同业竞争者，逼迫对手退出市场，进而垄断该行业。如在控制水泥销售市场时，一方面通过殴打司机、扎破轮胎等方式对外地来的运送水泥的车辆进行拦截，使外地水泥不能进入仙桃市销售；另一方面威胁各水泥销售商只能销售远达公司代理的华新水泥，从而使华新水泥成为在仙桃市唯一能销售的水泥产品。又如，在控制生猪屠宰销售时，一方面多次到竞争对手绿生公司门前闹事，扰乱该公司的生产秩序；另一方面对消费者购买的非九珠肉联厂提供的猪肉制品动辄没收、销毁，非法处罚，并对消费者进行殴打，使消费者不敢行使选择权。3. 利用组织成员组成稽查队或看护队，非法行使政府相关执法部门维护市场秩序的权力，使政府原职权部门职能和威信严重受损。“在一定区域或者行业内形成非法控制或者重大影响”是非法控制特征的具体表述，“非法控制”和“重大影响”均是指黑社会性质组织对经济、社会生活的干预度和影响力，二者没有本质的区别，只是在控制程度上有所不同。具体到个案，应根据具体案情，对黑社会性质组织的危害程度进行区分，准确认定个案是属于“非法控制”还是“重大影响”。联系本案，刘某某黑社会性质组织对仙桃市的水泥销售市场、烟花爆竹销售市场、生猪屠宰销售市场等行业的生产、经营形成了垄断，多数生产企业因产品无法进入而被迫退出当地市场；多数经营者因无法销售其他产品而放弃了经营多年的代理权；多数上游企业因无法购买到质优价廉的原材料及原材料短缺不足，提高了经营成本，蒙受了巨大的经济损失；相关政府职能部门如质量技术监督局、屠管办、建委及运管处，其工作人员均因惧怕刘某某等人的打击报复而不敢维持正常的市场经营秩序。因此，应认定该组织在水泥销售、烟花爆竹销售、生猪屠宰销售及 1 号公交线路运营等行业已形成了非法控制。(二)对社会生活的重大影响。刘某某组织、领导的黑社会性质组织除了在经济上对相关行业进行非法控制外，还多次为了逞强争霸、确立强势地位而实施故意杀人、故意伤害、寻衅滋事等违法犯罪行为，树立该黑社会性质组织的非法权威，严重影响了社会的稳定和人民群众的安全感。通过一系列违法犯罪活动，刘某某所组织、领导的黑社会性质组织在仙桃市妇幼皆知，群众因惧怕报复，在受到欺压时不敢依法行使举报、控告的权利；该组织及其成员屡次在光天化日之下持枪械殴斗，人民群众的安全感受到严重影响；政府相关职能部门或行业管理部门的职能受到严重破坏，无法保证社会秩序的正常运转，甚至公司、企业的正常运行也要寻求该犯罪组织的非法保护才得以平安无事。以上的种种情况说明，在社会秩序方面，刘某某组织、领导的黑社会性质组织已经给当地造成了重大影响，使该市的社会生活秩序受到严重破坏。通过本案我们可以看到，黑社会性质组织，一方面，在通过违法犯罪活动积累经济基础；另一方面，也在社会生活方面不断谋求影响力，并借以削弱合法政权的控制力。这两个方面互为依托、互相促进，不断破坏侵蚀正常的经济、社会生活秩序，并最终形成黑社会性质组织掌控的非法秩序，这正是此类犯罪严重社会危害性的根本所在。[参见第623号指导案例，刘烈勇等组织、领导、参加黑社会性质组织案，载《刑事审判参考》总第74集(2010年第3集)，第57～60页。撰稿：苏敏　冯黔刚]

▽黑社会性质组织犯罪与成员个人犯罪的界分

刑法本条对组织、领导、参加黑社会性质组织罪的认定和处罚仅作了原则性规定，最高人民法院、全国人大常委会相继出台了《解释》《立法解释》，为认定黑社会性质组织犯罪提供了相关法律依据。黑社会性质组织的特征和表现形式决定了组织成员人数较多，实施的犯罪行为多样。必须注意的是，并非涉黑组织成员实施的所有犯罪都属于组织犯罪，准确界分哪些犯罪是组织所为，哪些犯罪是成员个人所为，对于正确评价涉案犯罪组织的性质和社会危害性，确定组织、领导者的刑事责任，准确、有力惩治黑社会性质组织犯罪，有着重要意义。2009年《纪要》在行为特征方面对组织犯罪和组织成员个人犯罪进行了区分并列举了黑社会性质组织实施的违法犯罪活动的几种情形，为正确认定黑社会性质组织犯罪和组织者、领导者的刑事责任提供了更为明确的依据。根据《纪要》的规定，黑社会性质组织实施的违法犯罪活动主要包括以下情形：由组织者、领导者直接组织、策划、指挥、参与实施的违法犯罪活动；由组织成员以组织名义实施，并得到组织者、领导者认可或者默许的违法犯罪活动；多名组织成员为逞强争霸、插手纠纷、报复他人、替人行凶、非法敛财而共同实施，并得到组织者、领导者认可或者默许的违法犯罪活动；组织成员为组织争夺势力范围，排除竞争对手，确立强势地位，谋取经济利益，维护非法权威或者按照组织的纪律、惯例、共同遵守的约定而实施的违法犯罪活动；由黑社会性质组织实施的其他违法犯罪活动。具备上述情形之一的，就能够认定为黑社会性质组织实施的违法犯罪活动。“有组织性”是黑社会性质组织行为方式的主要特征之一，是黑社会性质组织犯罪和组织成员个人犯罪的根本区别所在。根据《纪要》的规定，界分组织犯罪和成员个人犯罪，主要根据以下标准：1.是否由组织者、领导者直接组织、策划、指挥、参与实施。组织、领导者是黑社会性质组织的发起者、创建者，或者在组织中实际处于领导地位，对整个组织及其运行、活动起着决策、指挥、协调、管理作用的犯罪分子，由组织者、领导者直接组织、策划、指挥、参与实施的犯罪行为都应认定为组织犯罪。2.是否基于组织意志实施。黑社会性质组织的犯罪行为应体现组织意志，受组织意志的制约。也就是说，组织成员实施的犯罪行为是得到了组织者、领导者认可或者默许的，抑或按照组织的纪律、惯例、共同遵守的约定而实施的犯罪活动。3.是否为了组织利益实施。实施犯罪活动的目的是为犯罪组织谋取利益，而不是追求个人利益或其他个人目的。对于组织成员为了组织利益而实施的犯罪，并不要求组织者、领导者知情。如组织成员为组织争夺势力范围、排除竞争对手、确立强势地位、谋取经济利益、维护非法权威而实施的违法犯罪活动。反之，如果是组织成员仅仅为了个人利益，在组织意志之外单独实施的违法犯罪活动，组织、领导者并不知情，则不应认定为该黑社会性质组织实施的犯罪活动，而应认定为组织成员个人犯罪。实践中，由于黑社会性质组织犯罪的表现形式多种多样，因此，认定哪些行为是组织犯罪，哪些行为是个人犯罪，还需要结合具体案情进行综合分析判断。结合本案来看，判决书认定的第二部分事实，即被告人区瑞狮所组织、领导的黑社会性质组织成员实施的组织犯罪，均是在该黑社会性质组织意志之内实施的，符合《纪要》列举的黑社会性质组织实施的违法犯罪活动的几种情形。如在金曲卡拉OK故意伤害案中，区瑞狮直接参与实施；抢劫黄国清案中，区瑞狮授意并直接参与实施；玉湖小苑聚众斗殴案，是经区瑞狮同意，组织成员为插手纠纷而共同实施的。判决书认定的第五部分事实，则是非组织成员单独实施的犯罪行为。在梁福强、梁瑞钦、黄勤志、张国利等人实施的山卡拉餐厅寻衅滋事案中，现有证据只能认定各被告人是因嫌餐厅上菜慢而进行滋事并殴打被害人的，其犯罪行为不是为了区瑞狮所组织、领导的黑社会性质组织的利益而实施的，被告人区瑞狮不应对该犯罪行为承担刑事责任。[参见第624号指导案例，区瑞狮等组织、领导、参加黑社会性质组织案，载《刑事审判参考》总第74集(2010年第3集)，第70～73页。撰稿：芦山]

▽黑社会性质组织的经济特征的认定

(一)黑社会性质组织获取经济利益的手段具有选择性。根据《立法解释》第二项的规定,黑社会性质组织既可以通过有组织地实施违法犯罪活动敛财,也可以通过形式合法的经营来获取经济利益。需要注意的是,以暴力、威胁为手段是黑社会性质组织的基本行为方式,但在具体的敛财过程中,并不要求前者中的"违法犯罪活动"都具有暴力性。黑社会性质组织既可以通过抢劫、绑架、敲诈勒索等暴力犯罪获取不法利益,又可以通过赌博、贩毒等非暴力犯罪扩充经济实力。本案中被告人王某领导的黑社会性质组织具有很强的隐蔽性,该组织利用王某、牟某某担任向阳村村主任、书记的职务便利,将村委会这一具有公共事务管理职能的基层群众自治组织作为敛财工具,捞取不法利益。如王某非法行使公安、林业管理部门的职权,动辄对普通村民滥施罚款;伪造政府文件,用集体财产为其本人发放巨额奖金;利用职务之便,侵占财政拨款等。这些违法犯罪活动,虽然是以村委会的名义实施的,但实质是该犯罪组织有组织地攫取不法经济利益的具体表现。随着该犯罪组织的发展壮大,王某又设计了借助有形实体扩充经济实力的"二步走"计划:一是控制向阳村的木材生产和销售,获取暴利。王某还指使其组织成员肆意殴打被其怀疑偷伐林木的村民,并以此完全垄断了该村林木的生产、砍伐和销售,控制了向阳村的这一支柱产业。二是筹划建立嘉丰药业公司,并以该企业为掩护,通过实施经济犯罪聚敛钱财。王某在净资产仅有8.55万元的情况下,使用虚假的银行存单,并虚拟股东发起设立股份有限公司,在工商行政管理部门骗取了注册资本额为5800万元的嘉丰药业公司的工商注册登记。该公司成立后,王某未经土地部门批准,即指使该组织的骨干成员牟某某"代表"向阳村集体与其签订了土地转让协议,侵占基本农田38亩用于建设药厂厂房和车间。为了进一步达到侵吞集体资产的目的,王某将嘉丰药业公司花费的170余万元款项转由向阳村报销或者转为向阳村向嘉丰药业公司的借款,最终导致向阳村欠嘉丰药业公司巨款无力偿还。在此情况下,王某又私自决定将向阳村的固定资产低价转让给嘉丰药业公司,从中侵占集体财产100余万元。从以上情况可以看出王某通过虚报注册资本的手段设立经济实体,其根本目的是更快地扩充经济实力,并借以加强该组织对当地经济生活的非法控制。尽管这种方式具有相当的隐蔽性,但实质上仍是以有计划、有组织地实施经济犯罪、职务犯罪来作为敛财的主要手段,符合《立法解释》对黑社会性质组织经济特征的规定。

(二)所获经济利益应足以支持黑社会性质组织生存、发展和实施违法犯罪活动。《立法解释》对于"经济实力"只作了原则性规定,最高人民法院、最高人民检察院、公安部2009年《纪要》对此也未规定数额标准。考虑到当前我国各地区经济发展的不平衡,不对"经济实力"规定具体数额是符合实践需要的。不过,应当注意的是,没有明确的数额标准并不等于没有要求。对此,要结合不同地区、不同行业的经济发展水平、利润空间等因素,综合评判黑社会性质组织所获经济利益是否足以支持该组织的生存、发展和实施违法犯罪活动。具体到本案,王某所组织、领导的黑社会性质组织已具备了上千万元的强大经济实力,这笔经费即使在发达地区也已相当可观,因此,应认定该组织具有一定的经济实力。

(三)所获经济利益应用于犯罪组织或组织犯罪活动所需。攫取经济利益,具备经济实力,不仅是黑社会性质组织实施违法犯罪活动的主要目标,而且是其非法控制社会并向黑社会组织发展过渡的物质基础。因此,获利之后是否用于支持犯罪组织的生存、发展或者实施违法犯罪活动,历来是认定黑社会性质组织"经济特征"的重要参考指标。同时,由于在发展水平、组织化程度等方面存在差异,不同的黑社会性质组织在分配、使用非法所得时也会有所区别,故根据《纪要》的精神,只要将所获经济利益部分用于组织或者组织犯罪即可,并不要求黑社会性质组织将获利的全部或绝大部分用于"犯罪再生产"。本案中,王某领导的黑社会性质组织在攫取钱财后,将其中一部分直接或间接用于奖励组织成员,最为主要的一部分,用于筹建嘉丰药业公司。尽管该公司的发展尚未步入正轨,尚不具备相对稳定的收入来源,但该公司却是王某所领导的黑社会性质组织进一步扩张和壮大的重要依托。将所获主要经济利益用于嘉丰药业公司正是该组织谋求长久稳固发展的具体表现。

（四）正确把握经济特征与其他特征的相互关系。如前所述，黑社会性质组织攫取经济利益、扩充经济实力并不是其实施违法犯罪活动的终极目标，而只是其非法控制社会的一个必要步骤。司法实践中，许多黑社会性质组织的经济特征并不是十分典型，因此，在认定方法上要特别注意以“非法控制特征”为核心，用辩证的、联系的观点分析“四个特征”的内在联系。以本案为例，王某所领导的黑社会性质组织通过对向阳村林木生产、砍伐、销售的控制和嘉丰药业公司的设立及运作，已经初步把握了该村的经济支柱并形成了由该黑社会性质组织掌控的利益分配格局。在此基础上该组织又进一步实施了故意伤害、非法拘禁、寻衅滋事、妨害公务等违法犯罪行为严重破坏了该地区正常的经济和社会生活秩序，已在向阳村及周边地区形成了非法控制，其特征非常突出。在此情况下，即使本案中犯罪组织的经济特征不是十分典型，也不应影响其黑社会性质组织的认定。[参见第625号指导案例，王平等组织、领导、参加黑社会性质组织案，载《刑事审判参考》总第74集（2010年第3集），第81～84页。撰稿：苏敏]

▽黑社会性质组织成员罪责的认定

被告人张某某、高某某等黑社会性质组织犯罪一案，系新中国成立以来河北省最大的一起黑社会性质组织犯罪案件。张某某、高某某、何某某均系黑社会性质组织的组织者、领导者。被告人殷某、张某玉、刘某涛、张某系黑社会性质组织的积极参加者；被告人李某系黑社会性质组织的一般成员。根据刑法本条、最高人民法院《解释》以及2009年《纪要》的有关规定及精神，应按照下列原则，认定黑社会性质组织成员所应承担的刑事责任。（一）对黑社会性质组织的组织者、领导者，应按照该组织所犯全部罪行承担刑事责任，但对非组织犯罪不应承担刑事责任。本案中，被告人张某某作为黑社会性质组织的首要分子，应对组织所犯全部犯罪承担刑事责任。为维护其黑社会性质组织的利益，张某某指使或认可手下实施故意伤害7起，致彭福明、陈宪国死亡，7人重伤，3人轻伤；在共同犯罪中，均起组织、领导作用，作用最大。其所犯故意伤害罪的后果特别严重，情节特别恶劣，罪行极其严重，且系累犯，应依法从重处罚。一审、二审判处其死刑立即执行，量刑适当。但被告人张某某虽系黑社会性质组织的组织者、领导者，并不意味着其对组织成员实施的所有犯罪均应承担刑事责任，而仅应对其组织成员为组织利益实施的组织犯罪承担刑事责任。在被告人张某、李某故意杀害被害人刘建密、朱佳棋一案中，张某等人案发当天酒后与被害人等人发生争吵引发聚众斗殴，李某等人持铺把击打致朱佳棋死亡；张某等人在逃离过程中打砸过路行人及酒店灯箱，引起酒店老板刘建密不满，张某等人持刀砍击致刘建密死亡。该案的实施者除张某、李某外，王志伟、刘军刚、李文杰、崔扬等人均非黑社会性质组织成员，该起犯罪既非按照组织的惯例、约定而为，也未使用组织名义，更与组织利益、组织意志无关，纯属张某于酒后伙同他人无端滋事而引发，故不应认定为黑社会性质组织实施的犯罪。被告人张某某对此起犯罪事前并不知情，仅在案发后指使同案被告人谭某某提供财物资助张某某等人逃避法律追究，第一审认定张某某的行为构成故意杀人共犯错误；第二审予以纠正，认定张某某构成窝藏罪是正确的。（二）对黑社会性质组织中的积极参加者和其他参加者，应按照其所参与的犯罪，根据其在具体犯罪中的地位和作用，依照罪责刑相适应的原则，确定应承担的刑事责任。被告人殷某积极参加黑社会性质组织，系骨干成员，因文化层次较高，在黑社会性质组织中地位高、作用大。殷某受被告人张某某指使，具体组织、纠集同案被告人故意伤害致被害人彭福明、陈宪国死亡。在彭福明被害一案中，被告人张某某、高某某提出殴打彭福明，殷某积极组织安排，并亲自到场指挥行凶，事后丢弃血衣、凶器以消灭证据、帮助行凶人逃避法律追究，起主要作用；在陈宪国被害一案中，殷某与同案被告人刘某、谭某某共同具体策划预谋，三人均起组织、领导的主要作用，其中谭某某直接参与行凶，作用稍大。被告人殷某所犯故意伤害罪的情节特别恶劣，罪行极其严重，应当依法惩处。但是，从我国“严格控制死刑”的刑事政策出发，虽然殷某系黑社会性质组织的骨干成员，确定其刑事责任时，仍应按照其所参与的犯罪，根据其在具体犯罪中的地位和作用予以认定。总体来看，殷某涉黑时间相对较短（1年），共参与彭福明、陈宪国两起故意伤害犯罪。在彭福明被害一案中，被告人张某某、高某某组织策划，被告人杜某某等三人实行过限共同行凶致被害人死亡;殷某积极执行张某某、高某某意图,与同案被告人裴某某具体组织、指挥杜某某等人实施犯罪,起纽带作用。在组织、策划中,殷某的作用小于张某某、高某某,与裴某某基本相当;在致人死亡过程中,作用小于实行过限的杜某某等三名直接行凶者。在陈宪国被害一案中,殷某的作用小于张某某、同案被告人谭某某,罪责与同案被告人刘某基本相当。谭某某参与故意犯罪5起,致2人死亡、1人重伤、3人轻伤;而刘某参与故意伤害犯罪3起,致2人死亡,1人轻伤。比较而言,殷某犯本起故意伤害罪的严重程度与刘某、谭某某相当或略小,刘某、谭某某二人均未判处死刑立即执行。因此,从量刑均衡的角度来看,对殷某判处死刑,可不立即执行。最高人民法院最终依法改判殷某死刑,缓期二年执行。(三)对黑社会性质组织犯罪中涉案的非黑社会组织成员的被告人,应当按照其在共同犯罪中的地位、作用确定应当承担的刑事责任。在被告人张某某黑社会性质组织犯罪一案中,被告人杜某某、李某果不属于黑社会性质组织成员,二人系被雇佣、指使参与故意伤害犯罪。其中,杜某某受裴某某指使,伙同同案被告人李某磊、相向阳持刀共同砍被害人彭福明要害部位数十刀,致被害人死亡,其行为构成故意杀人罪。杜某某首先动手,犯罪手段残忍,情节特别恶劣,罪行极其严重。李某果受被告人刘某某指使,伙同"浩浩"持刀共同砍被害人孔昭全胸部、背部及四肢十余刀,致被害人死亡,构成故意杀人罪,应承担故意杀人的直接责任,且犯罪手段残忍,情节特别恶劣,罪行极其严重。但是,鉴于二人均非黑社会性质组织成员,无前科劣迹,系偶犯,所参与犯罪涉及被告人较多,系受雇佣参与犯罪,且系与他人共同直接致人死亡,罪责分散,作用相对较小,对其二人判处死刑,可不立即执行。[参见第626号指导案例,张宝义等组织、领导、参加黑社会性质组织案,载《刑事审判参考》总第74集(2010年第3集),第95~98页。撰稿:魏海欢]

▽黑社会性质组织与有违法犯罪行为的单位的区分

黑社会组织或者黑社会性质组织,存在的类型通常有两种:一种是公开的非法组织,如意大利的黑手党等,典型意义上的黑社会组织大多属此类;另一种是以合法形式掩盖非法目的的非法组织。此类犯罪组织表面上具有合法的组织形式,但实质上是以有组织地实施违法犯罪为主要活动。由于后者具有"合法外衣",与那些有违法犯罪行为的单位较为相似,实践中有必要对此进行严格区分。有违法犯罪行为的单位,是指依法成立后在从事生产经营活动过程中实施了某些违法犯罪活动的社会经济实体(单位)。尽管有违法犯罪行为的单位在实施违法犯罪活动过程中也可能"转化"为黑社会性质的犯罪组织,但二者在未转化前,有着明显的区别:1.成立目的不同。有违法犯罪行为的单位,一般都是依法设立的公司、企业等合法经济实体或者社会组织,从事一定的生产经营活动或者履行一定的社会职责。而黑社会性质组织系为了实施违法犯罪而成立的非法组织。虽然二者都有基本的组织架构、职责分工,但前者是为了正常开展生产、经营活动而设立的;而黑社会性质组织,其内部严密的组织结构、细致的职能分工、帮规纪律等,均是为了有组织地实施违法犯罪活动而设立。2.经济特征不同。有违法犯罪行为的单位,自成立开始便有其正当的经营或职能范围以及较为稳定的运作方式和营收模式。违法犯罪行为,对其而言,只是在单位行使职权或者经营过程中出现的偶然"越权行为"或者"寻租行为"违法犯罪所得不会成为其主要的、稳定的收入来源。而黑社会性质组织是以有组织地实施违法犯罪活动或者其他手段获取经济利益,具有一定的经济实力,并以此支持该组织的活动。一言以蔽之,黑社会性质组织是"以黑养黑",其维持犯罪组织日常运作的资金主要来源于违法犯罪活动,或者与违法犯罪活动有关。3.行为特征不同。有违法犯罪行为的单位实施违法犯罪行为一般不具有经常性,违法犯罪并非单位获取经济利益或者解决纠纷的主要手段。与此不同的是,黑社会性质组织实施违法犯罪行为具有经常性、一贯性,而且其所实施的违法犯罪行为具有明显的暴力性特征,通常表现为故意杀人、故意伤害、绑架、抢劫、敲诈勒索、聚众斗殴、寻衅滋事、故意毁坏财物等。4.非法控制特征不同。黑社会性质组织本质上是要通过实施违法犯罪活动称霸一方,在一定区域或者行业内,形成非法控制或者重大影响,从而严重破坏经济、社会生活秩序。非法控制特征是连接其他三个特征的纽带,正是在"非法控制”这一点上,使得黑社会性质的组织犯罪与其他犯罪组织区别开来:在对组织内部进行严格控制的基础上,通过对一定行业或者区域的控制最终实现对社会的控制。由此可以认为,非法控制是黑社会性质组织的本质特征。而有违法犯罪行为的单位,并不具有非法控制社会的意图,亦无法形成对一定区域或行业内社会、经济秩序的严重破坏。[参见第627号指导案例,张更生等故意杀人、敲诈勒索、组织卖淫案,载《刑事审判参考》总第74集(2010年第3集),第106~108页。撰稿:薛美琴]

▽以被告人为首的中社村村委会不属于黑社会性质组织

首先,1997年1月,被告人被选为闻喜县桐城镇中社村村主任。现有证据表明,由被告人等组成的中社村村委会系依据《村民委员会组织法》规定的条件和程序选举产生,具有合法的组织架构及权力运作机制,中社村村委会并不是为了实施违法犯罪而成立的。而且根据本案事实、证据,并不能认定该村委会成立后以实施违法犯罪为主要活动。其次,被告人等通过送匾、闹社火、收取土地补偿费、污染费、道路维修费等方式获取钱财,大多是经村委会或村支委研究决定,所得钱款绝大部分均入了村委会大账,且其中多数是用于村里的公共开支,并非被告人等从事违法犯罪活动的物质保障。再次,被告人等所犯的组织卖淫罪、非法拘禁罪等,均是个人行为,与村委会无关。综合判断全案的犯罪事实,与村委会有关的敲诈勒索犯罪也只有两起,由此说明中社村村委会实施违法犯罪活动并不具有一贯性和经常性。最后,被告人等实施的违法犯罪活动,虽在当地造成一定社会影响,但并没达到在一定区域或行业内形成非法控制或重大影响,严重破坏经济、社会生活秩序的程度。中社村村委会财务管理比较健全,从获利的用途和去向来看,主要还是为了给中社村这个小集体和被告人等组成的小团体谋取利益,并不具有非法控制一定区域或者一定行业内社会、经济秩序的意图。综上,认定被告人等的行为不构成组织、领导、参加黑社会性质组织罪是正确的。[参见第627号指导案例,张更生等故意杀人、敲诈勒索、组织卖淫案,载《刑事审判参考》总第74集(2010年第3集),第108~109页。撰稿:薛美琴]

▽黑社会性质组织构成特征的认定

2002年4月28日,全国人大常委会通过了《立法解释》,明确了黑社会性质组织应当同时具备组织结构、经济实力、非法行为及非法控制四个方面的特征。据此,要认定以被告人王某为首的犯罪集团是否是黑社会性质组织,必须审查其是否符合上述四个方面的特征。1.是否具备黑社会性质组织的组织结构特征。王某团伙成员多达数十人,有一定的规模;组成人员基本稳定,有明确的组织者、领导者,骨干成员固定,内部层次分明。王某和刘永华是组织者、领导者,王某地位最高,刘某华次之,二人对整个组织及其运行起决策、指挥、管理作用;蒋某文、秦某凡等8人是骨干成员,从王某、刘某华处接受任务并指挥和积极参与实施具体犯罪活动;蒋某文等骨干成员手下有郭某麟等第三层次成员,郭某麟等人手下又有第四层次的成员。同时,王某团伙采取“大哥”带“小弟”的管理形式,并有不成文的组织纪律(如服从命令,统一行动,互相包庇,禁止吸毒等),对成员的行动进行约束。由此,可以认为,以王某为首的犯罪集团在组织结构特征上符合黑社会性质组织特征。2.是否具备黑社会性质组织的经济实力特征。这是黑社会性质组织区别于其他一般犯罪集团的明显特征。由于不同地区的经济发展水平、不同行业的利润空间均有很大差异并且黑社会性质组织存在、发展的时间也各有不同,“一定的经济实力”不要求组织所具有的经济实力必须达到特定规模或特定数额,也不要求必须开办经济实体。王某团伙长期通过有组织地开设赌场,聚众赌博,在赌场发放高利贷,向娱乐场收取保护费等违法犯罪活动获取经济利益,凭借组织势力强行入股或以少量投资多占股份等方式参与数家公司经营,还通过垄断景德镇市南环高速公路建设工地的石料供应,对景德镇市供电局及华意电器公司的废旧物品进行控制收购,聚敛大量钱财,具备较强的经济实力。3.是否具备黑社会性质组织的非法行为特征。黑社会性质组织违法犯罪活动具有暴力性特征,除通常使用的暴力、威胁手段外,还会以暴力、威胁为基础,利用组织势力和影响,进行所谓的谈判、协商、调解,或以滋扰、哄闹、聚众等其他形式干扰、破坏正常经济、社会生活秩序。王某等人为争取、维护组织及组织成员的经济利益和其他利益,或插手他人纠纷,或报复与组织及其成员有矛盾的人,或为组织的非法经济活动清除障碍,有组织地实施了故意杀人、故意伤害、聚众斗殴、寻衅滋事等多起违法犯罪活动,欺压、残害当地群众,形成了恐怖氛围,以至于群众"谈王色变"。4.是否具有黑社会性质组织的非法控制特征。这是黑社会性质组织区别于一般犯罪集团的最重要特征。非法控制意味着在一定的地域范围、特定的行业领域内形成一种非法操纵、控制地位;或者施以重大影响,使正常的社会管理和行业管理不能得以运行,严重破坏正常的经济、社会生活秩序。王某团伙虽然没有"保护伞",但通过持刀、枪实施违法犯罪行为,在景德镇市称霸一方,使当地群众产生心理恐惧和不安全感,严重破坏了当地的社会治安秩序;通过强行入股、非法参与公司经营、非法插手废旧物品拍卖,垄断景德镇市南环高速公路的石料供应,对景德镇市供电局和华意电器公司的废旧物品进行控制收购,严重破坏了当地的市场经济秩序。[参见第629号指导案例,王江等组织、领导、参加黑社会性质组织案,载《刑事审判参考》总第74集(2010年第3集),第130~132页。撰稿:李晓光 王飞 舒畅]

▽组织领导者应对其组织成员的杀害行为承担组织、领导责任及主要罪责

在案证据证实,杀害章军是以被告人王某为首的黑社会性质组织所犯的罪行,王某起到了组织、领导作用,应当承担组织、领导责任及主要罪责。具体理由如下:1.秦某凡等人杀害章军的根本目的是维护组织的利益。章军被杀的起因是秦某凡依仗王某为首的黑社会性质组织的势力强行插手曹弘经营的煤炭运输生意,因而与曹弘、章军产生矛盾。王某与秦某凡等人认为章军开枪威胁秦某凡,无视以王某为首的犯罪组织的权威与利益,故有组织地报复章军。秦某凡供称,其与王某是一伙的,其被曹弘、章军持枪威胁后,打电话向王某报告,目的是寻求王某及其组织的支持。王某亦供认,秦某凡和他是一伙的,秦某凡打架输了,他们一伙人都出了丑,社会上的人会看不起他们,他希望秦某凡能把架打赢,挽回团伙的面子,并向秦某凡提供作案枪支。这表明王某支持秦某凡报复章军,不单纯是为了秦某凡的私利,更主要是为了维护王某组织的利益。秦某凡是该黑社会性质组织的骨干成员,而王某是该组织的领导者,应对该起犯罪承担组织、领导责任。2.王某具有杀害章军的故意。秦某凡与刘某华直接枪击章军的头、躯干部位,主观上希望章军死亡;而王某明知秦某凡持枪报复他人会发生致人死亡的结果,仍向秦某凡提供枪支,并带组织成员前往现场支持、援助,故应认定王某主观上有杀害章军的故意。3.王某在该起共同犯罪中起到了主要作用。秦某凡被曹弘、章军开枪威胁后,为寻求组织支持而向王某报告。在王某的主持下,该组织决定报复曹弘、章军。王某不仅参加了商量,而且起到了主持、决定作用。同时,为实施报复,王某还将自己的一支五连发猎枪交给秦某凡使用。案发当天,秦某凡向王某报告要去修理厂报复章军后,王某表示一同前往,并带领万某和胡某赶到现场援助秦某凡。作案后,王某指使秦某凡等人外逃,为秦某凡外逃及赔偿被害人亲属提供资金,为逃避打击与秦某凡、胡某某、蒋某文串供。从王某的上述行为看,其作为该黑社会性质组织的领导者、决策者,召集成员商议并拍板决定报复事宜,向秦某凡提供枪支,带组织成员前往现场援助,其行为和意志对杀害章军起到了决定性作用,故应对其组织、领导的犯罪承担责任。同时,其系该起共同故意杀人犯罪中的主犯,且所起作用大于直接实施杀人行为的秦某凡和刘某华,应承担致人死亡的主要罪责。王某为维护以其为首的黑社会性质组织的利益而杀死章军,又系累犯,最高人民法院依法核准其死刑,体现了宽严相济刑事政策中依法从严惩处首要分子的精神。[参见第629号指导案例,王江等组织、领导、参加黑社会性质组织案,载《刑事审判参考》总第74集(2010年第3集),第132~134页。撰稿:李晓光 王飞 舒畅]

▽在黑社会性质组织犯罪案件中如何贯彻宽严相济的刑事司法政策

在审理黑社会性质组织犯罪案件中贯彻宽严相济刑事政策,需深刻领会"相济"的含义,着重体现"严中有宽,宽以济严"的政策精神。宽严相济刑事政策是惩办与宽大相结合政策在新时期的继承、发展和完善,是我国现阶段的基本刑事政策,贯穿于刑事立法、刑事司法和刑罚执行的全过程。宽严相济,就是要根据犯罪的具体情况,实行区别对待,做到该宽则宽,当严则严,罚当其罪。"严",要求依法严惩严重刑事犯罪,对罪行十分严重、社会危害性极大,依法应当判处重刑或死刑的,要坚决地判处重刑或死刑。“宽”,要求对于情节较轻、社会危害性较小的犯罪,或者罪行虽然严重,但具有法定、酌定从宽处罚情节以及主观恶性相对较小、人身危险性不大的被告人,可以依法从轻、减轻或者免除处罚。宽严相济刑事政策的关键在于“相济”。“济”指救济、协调、结合之意。宽严“相济”是指不仅对于犯罪应当有宽有严,而且在宽与严之间还应当具有一定的平衡,互相衔接,形成良性互动,以避免宽严皆误结果的发生。在宽严相济刑事政策的语境中,既不能宽大无边或严厉过苛,也不能时宽时严,宽严失当。“相济”就是要对各类犯罪依法处罚,综合运用宽和严两种手段,对不同的犯罪和犯罪分子区别对待,做到严中有宽、宽以济严;宽中有严、严以济宽。“相济”不是宽与严的简单相加,而是相互协调、相互配合、相互补充、相互依存。只有同时把握“严中有宽、宽以济严”和“宽中有严、严以济宽”这两个方面,才是对“相济”的全面理解,才能对宽严相济刑事政策精神实质有彻底领悟,进而真正发挥这一政策在实践中的功效和张力。在审理黑社会性质组织犯罪案件时,把握宽严相济刑事政策,需着重体现“严中有宽,宽以济严”的政策精神。“相济”的根本依据是罪责刑相适应原则。无论宽还是严,对被告人最终所处的刑罚,都应当是与其所犯罪行和所承担的刑事责任相适应的,都是在准确认定犯罪社会危害性的前提下,在充分考量犯罪人的主观恶性和人身危险性,准确认定犯罪人罪责大小的前提下,确定是否从宽、从严以及从宽和从严的幅度,确保罚当其罪,最大限度发挥刑罚功能,最大限度实现刑罚目的。黑社会性质组织犯罪严重破坏国家的经济和社会秩序,危害人民群众的生命财产安全,社会危害性大,应当作为严惩的重点,依法从严处罚。因此,在司法实践中,对黑社会性质组织犯罪的处罚在总体上要体现“严”的一面。但是,“总体从严”绝不是对涉案的每个被告人都一概判处重刑。“相济”的核心是刑罚个别化原则。对严重刑事犯罪原则上要依法从严打击,但在具体处罚上,不仅要根据不同时期、不同地区的社会形势治安状况等因素,有区别地把握“严”的尺度,而且对其中主观恶性和人身危险性较小、具有自首、立功、真诚悔罪、积极赔偿等法定、酌定从宽处罚情节的犯罪分子应依法、依政策从宽处理、济之以宽。对于首要分子、骨干分子等主观恶性深、罪行严重的犯罪分子,应体现出“严”的一面,依法从严惩处,该判处重刑或死刑的要坚决依法判处。但对于一般参加者,特别是在犯罪中起次要、辅助作用的从犯,就应侧重于体现“宽”的一面,依法从宽处理,宽以济严。没有区别就没有政策。切实把握好“严中有宽、宽以济严”,对于有效打击黑社会性质组织犯罪、分化瓦解犯罪分子具有重大意义。2010年2月,最高人民法院印发了《关于贯彻宽严相济刑事政策的若干意见》(本附文以下简称《意见》),在提出对黑社会性质组织犯罪整体从严惩处的同时,也强调贯彻宽严相济刑事政策,予以区别对待,即“对犯罪组织或集团中的为首组织、指挥、策划者和骨干分子,要依法从严惩处,该判处重刑或死刑的要坚决判处重刑或死刑;对受欺骗、胁迫参加犯罪组织、犯罪集团或只是一般参加者,在犯罪中起次要、辅助作用的从犯,依法应当从轻或减轻处罚,符合缓刑条件的,可以适用缓刑”。本案虽然发生在《意见》出台之前,但在案件处理的总体把握和对各被告人的具体处罚上,已经充分体现了《意见》相关规定的精神。以被告人范某忠为首的黑社会性质组织造成1人死亡、2人重伤、3人轻伤,后果特别严重;聚众斗殴人数多,规模大,多次实施寻衅滋事行为,情节恶劣,组织多人卖淫,情节严重,社会危害性极大。虽然范某忠具有检举揭发他人犯罪的立功表现,但只是一般立功,并非重大立功,而且其组织、领导黑社会性质组织实施了故意杀人、故意伤害、聚众斗殴、寻衅滋事等多种暴力性犯罪,严重危害了当地社会治安,造成了极其恶劣的社会影响,犯罪后果和罪行极其严重,功远不足以抵罪,应坚决依法从严惩处,因此原审对其判处了死刑。范某忠组织的三名骨干成员宋某源、陈某学、王某,直接听命于范某忠,根据范的指示,组织、指使各自手下人员实施具体犯罪,在犯罪过程中积极、主动,起主要作用,是主犯,也是应当依法从严惩处的对象,原审对3人分别判处了无期徒刑、无期徒刑和有期徒刑20年的重刑。可见,对范某忠、宋某源、陈某学、王某4人的处罚,着重体现了“严”的一面。而其他被告人,虽然具体实施了犯罪行为,甚至实施了杀人行为,但鉴于他们是在范某忠的层层指挥下犯罪,在犯罪中只是充当“打手”,所起的作用、主观恶性与人身危险性都相对较小,对他们应着重体现“宽”的一面,依法、依政策应从宽处罚。原审具体根据这些被告人参与犯罪的不同程度、主观恶性和人身危险性方面的差异，分别判处了不同刑期的有期徒刑，有的还宣告了缓刑，较好地体现了“严中有宽，宽以济严”的精神。[参见第630号指导案例，范泽忠等组织、领导黑社会性质组织案，载《刑事审判参考》总第74集(2010年第3集)，第141~144页。撰稿：徐琛]

▽在黑社会性质组织犯罪案件中，如何准确认定被告人是否为黑社会性质组织的成员

我国刑法采用行为与地位、作用相结合的划分标准，将黑社会性质组织的成员分为组织者、领导者、积极参加者、其他参加者(又称“一般参加者”)等不同类型，并且规定了不同的刑罚。被指控为黑社会性质组织成员的被告人，能否认定其具有组织、领导、参加行为是一个基础性问题，不仅关乎事实认定，更关乎罪与非罪以及如何判处刑罚，必须严格加以区分。2009年《最高人民法院、最高人民检察院、公安部办理黑社会性质组织犯罪案件座谈会纪要》(本附文以下简称2009年《纪要》)对黑社会性质组织的组织者、领导者、积极参加者、其他参加者均作出了较为明确的界定。2015年《全国部分法院审理黑社会性质组织犯罪案件工作座谈会纪要》(本附文以下简称2015年《纪要》)进一步采用反向列举的方式，明确了以下三类人员不属于黑社会性质组织的成员。通观两份《纪要》中关于认定黑社会性质组织成员的相关规定，既强调“主客观相一致”的刑法原则，要求审判时应当着重审查行为人主观上有无参加黑社会性质组织的认识因素和意志因素，同时又从客观方面对认定“组织、领导、参加”行为提出了具体标准。从2009年《纪要》的规定来看，组织者是指黑社会性质组织的发起者、创建者，领导者是指实际居于领导地位，并对整个组织及其运行、活动起着决策、指挥、协调、管理作用的组织成员。由于该定义十分清楚，组织者、领导者所需具有的客观行为也一目了然。对于积极参加者、其他参加者的认定，2009年《纪要》除了要求“明知而参加”之外，还要求行为人“接受黑社会性质组织的领导和管理”。应当说，此处的“接受”一词有着主客观两方面的含义：一方面是指主观上有将自己置于黑社会性质组织管控之下的意愿；另一方面也是指客观上有接受黑社会性质组织领导和管理的事实。2015年《纪要》继承了上述精神，仔细分析后不难发现，所列举的三类人员都是因为在主观或者客观方面尚未达到认定标准而被排除在黑社会性质组织成员之外。司法实践中，认定被告人有无组织行为、领导行为相对容易，而认定被告人是否有参加黑社会性质组织行为时，情况则显得比较复杂。一般来说，可以将是否举行专门的参加仪式作为重要的认定依据。但当前的实践中多数黑社会性质组织在发展成员时并无此类程序，这就要求在审判时要按照两份《纪要》的规定，审慎地结合以下两个方面来判别被告人是否有参加黑社会性质组织的行为：第一，是否参与实施了黑社会性质组织的违法犯罪活动。黑社会性质组织区别于其他犯罪组织的本质特征，就是依靠有组织的违法犯罪活动来达到对经济、社会生活进行非法控制并进而攫取非法利益的目的。黑社会性质组织的生存离不开有组织的违法犯罪活动，而是否参与有组织的违法犯罪活动又是表明被告人与涉案黑社会性质组织之间存在关系的重要标志。因此，这一点自然是判断参加行为的重要依据。第二，与涉案黑社会性质组织之间有无相对固定的从属关系。所谓相对固定的从属关系，是指在黑社会性质组织中组织者、领导者居于核心地位，积极参加者和其他参加者较稳定地处于被领导、被管理的地位。其中，有些人是直接听命于组织者、领导者，更多的则是在分级管理的体系内听命于其他组织成员。但不管怎样，组织成员在黑社会性质组织中均应具有相对固定的位置，如果与黑社会性质组织没有任何从属关系，如只是临时受邀或基于个人意愿参与某起犯罪，即便其参与了有组织的违法犯罪活动，也不能将其认定为是黑社会性质组织的成员。换言之，如果在黑社会性质组织中找不到可以对应的位置，就说明被告人与该犯罪组织没有从属关系；如果与黑社会性质组织的某一成员之间没有服从与被服从、管理与被管理关系，就不能认定被告人有参加黑社会性质组织的行为。

本案检察机关以领导黑社会性质组织罪对被告人文某权提起公诉，并在起诉书中将其列为第二被告人。文某权及其辩护人均不认可该项指控，提出其系“六无人员”(无组织、无纪律、无大哥、无马仔、无仪式、无行为)，不是黑社会性质组织成员的辩解和辩护意见。从审理查明的案情来看，由于受香港地区有组织犯罪亚文化的影响，以陈某东为首的黑社会性质组织在吸收、发展组织成员时一般需要举行一定的仪式，或是敬酒、敬茶，或是奉上红包。如本案骨干成员曾某棠、曾某辉在20世纪90年代中期开始追随陈某东时，就分别采用了前述方式。但是，在案证据并不能证明文某权曾向陈某东或陈的"黑道"前辈举行过"拜大佬"仪式，也不能证明其以其他形式表达过加入意愿。因此，在认定文某权有无领导、参加行为时，还需要结合其是否参与实施黑社会性质组织的违法犯罪活动、是否与黑社会性质组织存在相对固定的从属关系来审查分析。法院经审理后认定了两起与文某权有关的犯罪事实，其中第一起系黑社会性质组织实施的容留他人吸毒犯罪，第二起系文某权个人实施的寻衅滋事犯罪。应该说，除了陈某东曾在公交线路经营初期有过短暂投资(约半年后撤资)之外，第二起犯罪与涉案黑社会性质组织并无其他关联。但是，第一起犯罪却有所不同。陈某东、文某权于1999年与他人共同投资开办创世纪娱乐城。开业之初，凭借陈某东的关系请来香港黑社会组织头面人物及娱乐明星助阵，故当地皆知该娱乐城有陈某东的股份，无人敢来闹事。创世纪娱乐城由文某权出面经营直至2006年，陈某东从中分红获利。这段时间正值以陈某东为首的黑社会性质组织扩张时期，该娱乐城的经营对于该黑社会性质组织壮大声势、扩充经济实力客观上起到了不可低估的作用。那么，是否可以因文某权参与了该起黑社会性质组织的犯罪活动便认定其具有领导或参加行为？从相关证人及各同案被告人的供述来看，文某权与陈某东是相识已久的朋友关系，私交甚好。文某权虽长期与陈某东共同经营生意，且颇受陈某东手下"马仔"尊重，但没有证据证明其接受某一组织成员的管理或者对某一组织成员起着领导作用，也就是在陈某东黑社会性质组织内既无上级，也无下属。虽然文某权经营创世纪娱乐城达7年之久，客观上为陈某东黑社会性质组织的发展提供了重要的帮助、支持，但其主观上并没有为黑社会性质组织存在、发展服务的意图。除了出面经营娱乐城之外，文某权未曾介入陈某东黑社会性质组织的决策、指挥、协调、管理等内部事务，也未参与其他有组织的违法犯罪活动。因此，其与陈某东的经济合作实际上只是二人相互借助、各为其利。这一点，从陈某东与文某权共同投资经营公交路线后因无利可图便很快撤资的事实也可看出。文某权确曾利用陈某东黑社会性质组织的成员为其解决纠纷，但相关同案被告人均否认自己是文某权的下属，且有其他证据表明文某权借助该犯罪组织势力是经过陈某东事先默许的，其既无自行决定的行为，也无自行决定的权力。因此，文某权与该黑社会性质组织之间并不存在相对固定的从属关系，不应认定其领导或者参加了陈某东黑社会性质组织。[参见第1152号指导案例，陈某东等人组织、领导、参加黑社会性质组织案，载《刑事审判参考》总第107集，第6~10页。撰稿：李中原]

▽如何准确认定黑社会性质组织的骨干成员

2015年《全国部分法院审理黑社会性质组织犯罪案件工作座谈会纪要》(本附文以下简称2015年《纪要》)专门对此作出说明："骨干成员，是指直接听命于组织者、领导者，并多次指挥或积极参与实施有组织的违法犯罪活动或者其他长时间在犯罪组织中起重要作用的犯罪分子，属于积极参加者的一部分。"根据这一界定，在认定"骨干成员"时应分以下几个层次来把握：第一，骨干成员是积极参加者中的一部分，应当满足积极参加者的认定条件。2009年《最高人民法院、最高人民检察院、公安部办理黑社会性质组织犯罪案件座谈会纪要》(本附文以下简称2009年《纪要》)已经从主客观两方面明确了积极参加者的认定标准。主观方面是指"明知而接受黑社会性质组织的领导和管理"。客观方面则更为复杂一些，既要有"参加"行为，又要符合三种情形之一。其中，第一种情形是指"多次积极参与黑社会性质组织违法犯罪活动"。要求行为人多次积极参与实施黑社会性质组织的违法犯罪活动，且在其参与实施的违法犯罪活动中一般应起主要作用。第二种情形是指"积极参与较严重的黑社会性质组织的犯罪活动且作用突出"。行为人所参与的"较严重的黑社会性质组织的犯罪"，既包括故意杀人、故意伤害、绑架等性质严重的暴力犯罪，也包括其他一些已造成重大财产损失或者恶劣社会影响的犯罪。

第三种情形是指“在黑社会性质组织中起重要作用”。实际上就是专指那些对黑社会性质组织的人、财、物等重要事项具有“主要管理职权”,且对犯罪组织的维系、运行、活动确实起到重要作用的成员。审判时,对于“骨干成员”应当首先根据上述规定进行初步判断,不符合积极参加者认定条件的应直接被排除在外。第二,“骨干成员”应当是直接听命于组织者、领导者的积极参加者。当时在全国人大法工委工作的黄太云同志在解读 2002 年出台的《全国人大常委会关于〈中华人民共和国刑法〉第二百九十四条第一款的解释》(本附文以下简称《立法解释》)时指出,“骨干成员,通常是指从组织者、领导者那里受领任务又指挥和积极参与实施具体的犯罪活动的人”,这一解读清晰地传达出了立法本意。应当说,这一解读既符合“骨干”一词的文意,又与黑社会性质组织的组织结构相契合。可以试想,在组织者、领导者明确,而由其直接管理的积极参加者又基本固定的情况下,一个两层级的组织结构便已然建立,只要再加上一定数量的其他成员,并有组织纪律、规约作为管理手段,稳定的犯罪组织即可基本成型。因此,审判时应当紧紧把握“直接听命于组织者、领导者”这一限定条件,从积极参加者中准确筛选出“骨干成员”。第三,“骨干成员”在黑社会性质组织中所起的作用应当大于一般的积极参加者。在认定“骨干成员”时,仅仅具备“直接听命于组织者、领导者”这一条件还是不够的。既然是“骨干”,所起的作用自然是要比一般的积极参加者更大。与 2009 年《纪要》中关于积极参加者的规定相比较后不难发现,2015 年《纪要》对于“骨干成员”客观方面的要求,实际上是在积极参加者相关要求基础上的升级。只有是“多次指挥或积极参与实施有组织的违法犯罪活动或者其他长时间在犯罪组织中起重要作用”的积极参加者,才能被认定为“骨干成员”。也就是说,只要未达到“多次”,即便“积极参与实施较严重的黑社会性质组织的犯罪活动,且作用突出”,也不能认定。同理,只要未达到“长时间”,即便是对黑社会性质组织的人、财、物等重要事项具有主要管理职权,亦不能认定。

最后,“骨干成员”与积极参加者之间是包含与被包含关系,不能混为一谈。在我国刑法中,对任意共犯的责任区分主要体现在总则部分(划分主从犯),而对必要共犯的责任区分主要是靠分则来解决。组织、领导、参加黑社会性质组织罪就属于必要共犯,刑法第二百九十四条第一款按照三类成员在黑社会性质组织中的地位、作用直接设置了不同幅度的法定刑。因此,准确认定积极参加者的主要意义就在于对被告人公正定罪量刑。而“骨干成员”出现在刑法第二百九十四条中关于黑社会性质组织构成条件的部分,准确认定“骨干成员”的主要意义,则在于保证黑社会性质组织认定的恰当性。由于两个概念的意义、作用不同,在裁判文书中应当区分情况、准确运用。一般来说,在裁判文书认定的事实部分,对于谁是骨干成员应予明确表述,不属于骨干成员的积极参加者也要单独表述清楚。而在裁判文书的“本院认为”部分,由于需要准确叙述罪状和量刑依据,对确属“骨干成员”的被告人,只表述“被告人某某积极参加黑社会性质组织”即可。因为“骨干成员”并没有与之对应的法定刑,积极参加者的身份才是对被告人定罪量刑的适当依据。[参见第 1153 号指导案例,朱光辉等人组织、领导、参加黑社会性质组织案,载《刑事审判参考》总第 107 集,第 19～23 页。撰稿:金吕钢]

▽如何认定黑社会性质组织形成的时间

2009 年下发的《最高人民法院、最高人民检察院、公安部办理黑社会性质组织犯罪案件座谈会纪要》所指出的,普通犯罪集团、恶势力团伙向黑社会性质组织发展是一个渐进的过程,没有明显的性质转变的节点,审判中也难以判明四个特征何时均已具备,认定标准无法统一。2015 年 9 月 7 日,最高人民法院《全国部分法院审理黑社会性质组织犯罪案件工作座谈会纪要》(本附文以下简称 2015 年《纪要》)规定:“黑社会性质组织存续的起点,可以根据涉案犯罪组织举行成立仪式或者进行类似活动的时间来认定。没有前述活动的,可以根据足以反映其初步形成核心利益或者强势地位的重大事件发布时间进行审查判断。没有明显标志性事件的,也可以根据涉案犯罪组织为维护、扩大组织势力、实力、影响、经济基础或者按照组织惯例、纪律、活动规约而首次实施有组织的犯罪活动的时间进行审查判断。”该规定不仅体现了在审判实践中认定黑社会性质组织形成时间的必要性、重要性,同时也确定了可供操作的具体标准。从司法实践情况来看,尽管举行成立仪式也并不意味着黑社会性质组织的四个特征都已具备,但由于此类活动往往带有明确组织层级、结构、宗旨、目标的性质,故将举行成立仪式作为黑社会性质组织形成时间的起点很步会引起争议。不过,由于黑社会性质组织的成熟程度、严密程度毕竟不同于典型的黑社会组织,通过举行专门仪式来宣告成立的为数很少,故仅此一个判断标准尚不足以应对实践中各类复杂情况。审判时可以发现,有相当多的黑社会性质组织在发展过程中,都存在对其树立非法权威、争夺势力范围、获取稳定经济来源具有重要意义的违法犯罪活动或其他重大事件。这些违法犯罪活动或重大事件的具体情形和后果不尽相同:有的是击垮主要竞争对手、有的是抢得重要资源、还有的是制造重大社会影响并极大提升了犯罪组织的知名度。但其相同之处在于,它们都会对黑社会性质组织的发展、升级产生显著的推动或催化作用。将这些违法犯罪活动或重大事件作为黑社会性质组织的形成起点,不仅易于判断,而且也符合黑社会性质组织的成立宗旨和发展规律。当然,确实也有一些案件中不存在明显的标志性事件。在此情况下,可以按照2015年《纪要》的规定,将首次实施有组织犯罪活动的时间作为形成起点。应当注意的是,"首次实施有组织犯罪活动"并非仅指实施犯罪的方式具有组织性,更重要的是看该犯罪是否为了组织利益、按照组织意志而实施,以及犯罪能否体现该组织追求非法控制的意图。认定黑社会性质组织罪活动,并非只有那些直接体现组织利益和组织意图的违法犯罪活动才能构成,只要符合组织惯例、纪律、活动规约,或者客观上起到维护和扩大组织势力、实力、影响、经济基础作用的也可认定。但是,在判断黑社会性质组织形成时间起点时,由于还没有所谓的惯例、纪律、活动规约可供参照,反映非法控制意图的事实尚不充分,如果作为判断依据的"首次实施有组织犯罪活动"不能体现组织利益、意图,则会失去应有的作用和意义。[参见第1154号指导案例,史锦钟等人组织、领导、参加黑社会性质组织案,载《刑事审判参考》总第107集,第30～33页。撰稿:周素阳]

▽**较长时期内暂停实施违法犯罪活动的,仍可认定该黑社会性质组织持续存在**

对黑社会性质组织的四个特征进行系统化分析,便会发现"较长时期内持续存在"是认定黑社会性质组织的必然要求。从逻辑角度观察,黑社会性质组织不可能像合法组织那样在满足法定要件后成立运作,而只能是在违法犯罪活动中逐步发展、定型与升级。换言之,即便是成立之初就明确以成为黑社会性质组织为目标的犯罪组织,也不可能从其形成之日起就实现对一定区域或者行业的非法控制或重大影响,需要通过多次有组织地实施违法犯罪活动才能得以形成。从司法审查的角度来看,判断是否已形成较稳定的犯罪组织、骨干成员是否基本固定以及是否通过有组织的违法犯罪活动获取经济利益并实现对一定行业或区域的非法控制或形成重大影响,都需要以在较长时期内连续、多次实施有组织的违法犯罪活动作为主要依据。否则,既不能确定犯罪组织具有稳定性,更不能认定其已符合黑社会性质组织的法定认定标准。判断犯罪组织是否在"较长时期内持续存在",主要涉及两方面问题:一是"较长时期"从何时起算、需要持续多久;二是"持续存在"应当如何认定。关于第一个问题,2015年最高人民法院印发的《全国部分法院审理黑社会性质组织犯罪案件工作座谈会纪要》(本附文以下简称2015年《纪要》)已有比较明确的规定,司法实践中遵照执行即可。关于第二个问题,在确定犯罪组织的形成起点后,只要该犯罪组织以组织名义、为组织利益连续多次实施违法犯罪活动的,就可以认定犯罪组织持续存在。实践中,有以下两种情况值得注意:一是有些黑社会性质组织脱离"打打杀杀"的初级阶段后,往往会以合法行业为主要经济来源,并会为逃避打击而自我"洗白",有意减少甚至在一定时期内暂时停止实施违法犯罪活动,给人造成犯罪组织已经"转型"或者"解散"的错觉。当需要打击对手、抢夺市场、攫取资源之时,便会恢复本来面目,继续实施违法犯罪活动。二是有些黑社会性质组织在发展过程中,因某些具体的犯罪案件被公安司法机关查破,原有的组织成员或被抓或潜逃,被迫暂时停止实施违法犯罪活动,由此形成组织"溃散"的假象。但经过一段时间以后,组织成员又会重新聚集,或者又有新的成员加入并继续实施有组织违法犯罪活动。在认定黑社会性质组织是否持续存在时,以上两种情况往往会引发争议。相较而言,在第一种情况下,由于暂停违法犯罪活动期间,组织成员、结构一般不会发生大的变化,故认定起来相对容易。而对于第二种情况,由于组织成员一般会有明显更替,甚至犯罪组织活动的区域、染指的领域也可能发生变化,故认定起来存在一定难度。在第二种情况下,判断黑社会性质组织是否持续存在,应当着重审查组织者、领导者、骨干成员等组织的核心成员是否具有延续性,以及组织的非法影响是否具有延续性。组织的核心成员具有延续性,说明犯罪组织的基本构成是稳定的;非法影响具有延续性,说明犯罪组织的行为方式和犯罪宗旨未发生根本变化。需要说明的是,对于刑法本条第五款第一项中的"骨干成员基本固定",不能理解为骨干成员不变或基本不变。如同正规合法的社会组织,黑社会性质组织也会存在新老交替,当原本的骨干成员受到司法打击或由于死亡、受伤、潜逃、被开除等其他原因脱离组织后,由低层级的成员或新成员填补继位,并不会影响组织结构的稳定性和组织运转的有效性,组织者、领导者依然能够通过对骨干成员的直接指挥来对整个犯罪组织进行稳定的管控。因此,只要不是时聚时散或者频繁地大面积更换,就可以视为"骨干成员基本固定"。正因如此,在判断组织核心成员的延续性时,也并不要求骨干成员全部或者大部分保持不变。[参见第1155号指导案例,汪振等人组织、领导、参加黑社会性质组织案,载《刑事审判参考》总第107集,第40～43页。撰稿:李伟华]

▽如何根据违法犯罪活动的多样性把握黑社会性质组织的认定标准

黑社会性质组织与犯罪集团、恶势力团伙最为显著的区别就在于,黑社会性质组织实施违法犯罪活动的目标不仅是攫取经济利益,同时也追求对经济、生活秩序的非法控制,之后再通过由其掌控的非法秩序来实现经济利益的最大化。也就是说,是否追求非法控制是区分黑社会性质组织与犯罪集团、恶势力团伙的关键标尺。就犯罪集团来说,其犯罪的动机和目的一般都比较单一和明确,就是要通过抢劫、盗窃、走私、贩毒、组织卖淫、拐卖人口等具体犯罪来谋取不法利益,但不追求对经济、社会生活的非法控制,因此,其犯罪活动往往是较隐秘的,与黑社会性质组织公开、半公开地实施违法犯罪活动明显有别。就恶势力团伙来说,其特征与黑社会性质组织相对更为接近,其实施违法犯罪活动不单纯是为了获取经济利益,同时也有在社会上逞强争胜、"扬名立万"的意图。但与黑社会性质组织追求非法控制不同,恶势力团伙好勇斗狠、逞强争胜的目的更多的是满足树立恶名、寻求刺激等心理需要,并没有清晰、明确的追求对经济、社会生活进行非法控制进而攫取更大经济利益的意愿。从某种意义上说,恶势力团伙与黑社会性质组织实际上只隔着一层"窗户纸",一旦恶势力团伙开始有意识、有计划、有组织地通过违法犯罪活动试图在正常社会里建立非法秩序,那么其就跨越了向黑社会性质组织升级转型的鸿沟,剩下的只需要完成量的积累。认定时,对于黑社会性质组织的四个特征不能简单套用,而是应以非法控制为核心,将四个特征作为一个有机整体来判断。2015年最高人民法院印发的《全国部分法院审理黑社会性质组织犯罪案件工作座谈会纪要》(本附文以下简称2015年《纪要》)规定的"涉案犯罪组织仅触犯少量具体罪名的,是否应认定为黑社会性质组织要结合组织特征、经济特征和非法控制特征(危害性特征)综合判断,严格把握",也正是基于这一考虑。从刑法本条第五款中的规定来看,法定的黑社会性质组织的行为特征只要求"暴力性"、"组织性"以及"多次实施",并没有要求触犯多项不同罪名。黑社会性质组织并不是单纯为实施违法犯罪而存在,违法犯罪只是服务于非法控制目的的手段,违法犯罪的性质、次数、严重程度也都是由实现非法控制的需要所决定。对于经济、社会生活的非法控制也不太可能靠一两种犯罪便能实现。若要实现非法控制,首先,就需要实施一定数量的暴力性犯罪,如故意伤害、聚众斗殴、寻衅滋事等;其次,则需要实施妨害公务、聚众扰乱公共秩序、行贿等犯罪;最后,还需要实施强迫交易、敲诈勒索等犯罪。因此,2015年《纪要》中关于犯罪"多样性"的要求,反映了非法控制的内在要求,并不超出法律规定的本意与合理解释的范畴。如果涉案犯罪组织触犯的具体罪名明显偏少,则要考虑其是否属于专门从事某一两种犯罪的犯罪集团,而非黑社会性质组织。本案中,公诉机关指控以焦某涛为首的犯罪组织构成组织、领导、参加黑社会性质组织罪,但指控的具体犯罪事实中仅涉及寻衅滋事罪一个罪名。指控的20起犯罪事实中,有12起是该组织实施的有组织犯罪,包括11起暴力拆迁引发的寻衅滋事和1起因焦某涛为承揽工程而实施的寻衅滋事。截至被公安机关查处之时,其既没有对当地经济、社会生活进行非法控制的意图,也没有以非法控制为目的实施相应的违法犯罪活动,实际上并不具有真正意义上的黑社会性质组织的行为特征。当然,对于黑社会性质组织的四个特征应当进行整体考察,并不是仅凭未触犯多个罪名这一点就可以认定某一犯罪组织是否涉黑,这也是2015年《纪要》中对犯罪"多样性"问题只作提示性规定的初衷,审判时应当充分认识到这一点。[参见第1156号指导案例,焦海涛等人寻衅滋事案,载《刑事审判参考》总第107集,第48~51页。撰稿:张敏娜]

▽如何认定黑社会性质组织行为特征中的暴力性

刑法本条的规定,黑社会性质组织应同时具备组织特征、经济特征、行为特征和非法控制特征。2009年下发的《最高人民法院、最高人民检察院、公安部办理黑社会性质组织犯罪案件座谈会纪要》(本附文以下简称2009年《纪要》)指出,危害性特征(非法控制特征)是黑社会性质组织的本质特征,也是黑社会性质组织区别于一般犯罪集团的关键所在。该纪要同时还指出,黑社会性质组织必须同时具备组织特征、经济特征、行为特征和危害性特征(非法控制特征)。由于实践中许多黑社会性质组织并非"四个特征"都很明显,因此,在具体认定时,应认真审查、分析黑社会性质组织"四个特征"相互间的内在联系,准确评价涉案犯罪组织所造成的社会危害,确保不枉不纵。本案被告人符某友等人通过三友公司和北门劳务组基本垄断了旌德县城北门开发改造范围内的土方工程,并对北门村民组所辖范围内在建工程的砂石、红砖材料供应、运输业务进行了控制。从表面上看,已经初步具备黑社会性质组织的非法控制特征。检察机关以组织、领导、参加黑社会性质组织罪提起公诉,一审法院也认定符某友等人构成黑社会性质组织犯罪。但根据我国刑法的规定和2009年《纪要》的精神,仅仅形成一定程度的非法控制并不能满足认定黑社会性质组织的全部条件。

从组织特征上看,三友公司和北门劳务组的人员虽都服从符某友的管理,组织成员较多,但其层级不清晰,组织体系不明显,并不具备黑社会性质组织的组织特征。与犯罪团伙、犯罪集团相比,黑社会性质组织应具有较强的组织性、稳定性、严密性,组织内部一般存在明确的层级结构、较为严格的帮规戒律,且组织者、领导者明确,骨干分子基本固定,能够对组织资金使用、人员安排、重大违法犯罪活动等事项予以掌控。本案三友公司与北门劳务组采用的都是参与者平等出资、利润平均分配的经营模式。三友公司和北门劳务组的内部人员虽有分工,却无明显的层级结构。既没有比较明确的层级和职责分工,也没有约定俗成的纪律、规约,不能认定三友公司和北门劳务组具备黑社会性质组织的组织特征。

从经济特征看,2009年《纪要》指出,"所获经济利益用于违法犯罪活动或者维系犯罪组织的生存、发展",一般是指购买作案工具、提供作案经费,为受伤、死亡的组织成员提供医疗费、丧葬费,为组织成员及其家属提供工资、奖励、福利、生活费用,为组织寻求非法保护以及其他与实施有组织的违法犯罪活动有关的费用支出等。本案符某友等人通过北门土方工程、砂石供应及实施敲诈,非法获利300余万元,具有一定的经济实力。但三友公司和北门劳务组在经济方面具有"遇事共同筹资、获利坐地分赃"的特点,与黑社会性质组织有组织地攫取经济利益并有组织地将经济利益用于自我发展是迥然有别的。因此,对符某友等人的三友公司、北门劳务组是否构成黑社会性质组织,应结合组织特征、经济特征、行为特征全面审查,尤其是如何把握和认定黑社会性质组织的行为特征是本案定性的关键。

行为特征是黑社会性质组织的"四大特征"之一。刑法本条将黑社会性质组织的行为特征界定为"以暴力、胁迫或者其他手段,有组织地多次进行违法犯罪活动,为非作恶,欺压、残害群众"。分析条文并结合2009年《纪要》、2015年最高人民法院印发的《全国部分法院审理黑社会性质组织犯罪案件工作座谈会纪要》(本附文以下简称2015年《纪要》)的规定,黑社会性质组织的行为应具有以下几个特征:(1)行为的有组织性。行为的有组织性,是指为了黑社会性质组织的组织利益,由组织成员有计划、有安排、有分工地实施违法犯罪活动。司法实践中,为了组织利益,一般而言主要表现是争夺势力范围、排除竞争对手、确立强势地位、谋取经济利益、维护非法权威等。(2)行为的违法性。行为的违法性,是指行为违反法律规定,既包括违反刑法规定的犯罪行为,也包括尚不构成犯罪的其他违法行为。(3)行为危害的严重性。行为危害的严重性,一方面体现在黑社会性质组织存续期间需要多次实施违法犯罪行为,同时,根据实现非法控制目的的需要,一般应触犯多个罪名;另一方面也体现在违法犯罪行为所造成的危害后果应达到一定的严重程度。(4)行为的暴力性。2009 年《纪要》指出,暴力性、胁迫性和有组织性是黑社会性质组织行为方式的主要特征,而"其他手段"主要包括以暴力、威胁为基础,在利用组织势力和影响力对他人形成心理强制和威慑的情况下,进行所谓的"谈判""协商""调解",滋扰、哄闹、聚众等其他干扰、破坏正常经济、社会生活秩序的非暴力手段。可见,暴力性是黑社会性质组织行为特征中的必备属性,即便是黑社会性质组织的非暴力行为,也往往是以暴力或以暴力威胁为后盾的。2015 年《纪要》明确指出,在黑社会性质组织所实施的违法犯罪活动中,一般应有一部分能够较明显地体现出暴力或以暴力相威胁的基本特征。这一点其实不难理解:黑社会性质组织之所以能够实现对人民群众的心理强制或威慑,并进而实现非法控制,依靠的正是暴力血腥的违法犯罪手段。黑社会性质组织并不排斥非暴力性犯罪,甚至当其发展到一定阶段后会以非暴力性的违法犯罪为主要活动,但这并不是说黑社会性质组织会自动放弃使用暴力手段,更不是说在黑社会性质组织发展过程中可以没有明显的暴力性违法犯罪活动。因此,无论黑社会性质组织违法犯罪手段如何变化,暴力或者以暴力相威胁的基本特点都是不会改变的。

本案与那些妄图建立非法秩序,依靠逞强斗狠,通过暴力、威胁手段实施一系列违法犯罪活动达到非法控制为目的的黑社会性质组织有所不同。符某友等人利用三友公司和北门劳务组有组织地在旌德县城北门建设工地上承揽土方工程或沙石材料供应业务,并多次实施强迫交易、敲诈勒索犯罪。仅从触犯的罪名、犯罪的次数以及非法获利数额等方面来看,其行为基本符合黑社会性质组织行为特征中的有组织性、违法性和危害严重性等特点。但符某友等人实施强迫交易、敲诈勒索犯罪的手段的暴力色彩极为微弱,既没有带领组织成员实施打打杀杀的行为,也不是通过暴力在旌德县城对人民群众形成事实上的心理威慑。因此,本案在行为特征方面,与黑社会性质组织应有的行为方式存在明显区别。综上,二审法院不认定三友公司和北门劳务组为黑社会性质组织,并对被告人符某友等人予以改判是正确的。[参见第 1157 号指导案例,符青友等人敲诈勒索,强迫交易,故意销毁会计账簿,对公司、企业人员行贿案,载《刑事审判参考》总第 107 集,第 59 ~63 页。撰稿:周斌　余乃荣]

▽如何认定黑社会性质组织实施的违法犯罪活动

2009 年《最高人民法院、最高人民检察院、公安部办理黑社会性质组织犯罪案件座谈会纪要》(本附文以下简称 2009 年《纪要》)对黑社会性质组织违法犯罪与组织成员个人违法犯罪进行了区分,列举了属于黑社会性质组织违法犯罪活动的五种情形,其中四种情形属于并非由组织者、领导者直接组织、策划、指挥、参与的违法犯罪,即"由组织成员以组织名义实施,并得到组织者、领导者认可或者默许的违法犯罪活动;多名组织成员为逞强争霸、插手纠纷、报复他人、替人行凶、非法敛财而共同实施,并得到组织者、领导者认可或者默许的违法犯罪活动;组织成员为组织争夺势力范围、排除竞争对手、确立强势地位、谋取经济利益、维护非法权威或者按照组织的纪律、惯例、共同遵守的约定而实施违法犯罪活动……"上述情形下,虽然并非由组织者、领导者直接组织、策划、指挥、参与实施,但应认定为组织的违法犯罪,即意味着组织者、领导者要承担相应的罪责。2015 年最高人民法院《全国部分法院审理黑社会性质组织犯罪案件工作座谈会纪要》进一步强调:"属于 2009 年《座谈会纪要》规定的五种情形之一的,一般应当认定为黑社会性质组织实施的违法犯罪活动,但确与维护和扩大组织势力、实力、影响、经济基础无任何关联,亦不是按照组织惯例、纪律、活动规约而实施,则应作为组织成员个人的违法犯罪活动处理。"可以看出,组织者、领导者并非对所有组织成员实施违法犯罪承担责任,纯粹由组织成员个人实施的犯罪,不能视为组织犯罪。组织者、领导者之所以要对一些并非由自己直接组织、策划、指挥、参与的违法犯罪承担责任,一言以蔽之,是与组织意志和组织利益有关。详言之:第一,组织成员以组织名义实施违法犯罪时原本未经组织者、领导者授意,属于"越权"行为。但因组织成员以组织名义实施,不言而喻能扩大组织的影响力,符合组织利益,且因得到了组织者、领导者的认可或默许,体现了组织意志,因而视为组织犯罪。第二,"多名组织成员为逞强争霸、插手纠纷、报复他人、替人行凶、非法敛财而共同实施的违法犯罪"。此类违法犯罪虽然行为人主观动机上不一定是为了组织利益,但因上述行为是黑社会性质组织经常实施的违法犯罪,通常手段上具有暴力、胁迫性,方式上为公开化或半公开化,犯罪的附带后果能扩大组织的影响力和势力,客观上符合组织利益。而且,多名组织成员共同实施,本身在一定程度上能反映组织意志,尤其是得到组织者、领导者的认可或默许,可能体现组织的意志,因而视为组织犯罪。第三,"组织成员为组织争夺势力范围、排除竞争对手、确立强势地位、谋取经济利益、维护非法权威而实施违法犯罪"。显而易见,这几种情形都是为了组织利益而实施的违法犯罪。其中,为组织谋取经济利益较为直接,而为组织争夺势力范围、排除竞争对手、确立强势地位、维护非法权威与组织的潜在利益有关,有利于黑社会性质组织在今后的竞争中取得优势地位,从而谋取更大的经济利益,因而视为组织犯罪。第四,"按照组织的纪律、惯例、共同遵守的约定而实施违法犯罪活动"。所谓组织的纪律、共同遵守的约定,是指组织制定或者自发形成的,并用以明确组织内部人员管理、职责分工、行为规范、利益分配、行动准则等事项的成文或不成文的规定、约定;所谓惯例,是指能够体现组织意志、宗旨的一贯做法。可见,上述四种情形均能体现组织意志或符合组织利益,或者是组织利益和组织意志的统一,如果与组织利益无任何关联,即使有组织者、领导者的认可和默许,也不能视为组织犯罪。[参见第1158号指导案例,刘汉等人组织、领导、参加黑社会性质组织案,载《刑事审判参考》总第107集,第72~75页。撰稿:绳万勋]

▽如何认定黑社会性质组织的组织者、领导者对具体犯罪的罪责

黑社会性质组织的组织者、领导者是组织的发起者、创建者,在组织中处于领导地位,对整个组织的运行起着决策、指挥、管理作用。因此,组织者、领导者不仅应对其直接组织、策划、指挥、参与实施的违法犯罪活动承担责任,而且应当对该组织所犯全部罪行承担刑事责任。但在对具体犯罪承担刑事责任的范围和程度上,概括起来有两个层次的问题:1. 组织者、领导者对具体犯罪承担罪责的范围。组织者、领导者应对黑社会性质组织所犯的全部罪行承担刑事责任,即组织者、领导者与犯罪行为的组织者、策划者、指挥者、实施者构成共犯,应根据其在共同犯罪中的地位和作用对具体犯罪承担刑事责任。理由是:(1)不能错误理解了司法解释的规定,"应当按照其所组织、领导的黑社会性质组织所犯的全部罪行处罚",意在强调组织者、领导者对黑社会性质组织所犯的罪行承担责任,而不能对组织成员个人的罪行承担责任,此处的"组织、领导"限定的是"黑社会性质组织",而不是"罪行"。(2)刑法第二十六条第三款规定:"对组织、领导犯罪集团的首要分子,按照集团所犯的全部罪行处罚。"黑社会性质组织是犯罪集团的高级表现形式,黑社会性质组织的组织者、领导者也是犯罪集团的首要分子,应按照黑社会性质组织所犯的全部罪行处罚。(3)2009年《纪要》进一步规定,对黑社会性质组织的组织者、领导者,应根据法律规定和该纪要中关于"黑社会性质组织实施的违法犯罪活动"的规定,按照该组织所犯的全部罪行承担责任。2. 组织者、领导者对具体犯罪承担罪责的程度。组织者、领导者对黑社会性质组织所犯的全部罪行承担刑事责任,并不意味着组织者、领导者在具体犯罪中承担最重罪责,而要根据其在具体犯罪中的地位和作用来确定罪责。具体来说,在确定组织者、领导者对具体犯罪的罪责时,应把握以下原则:第一,组织者、领导者对于并非由自己直接组织、策划、指挥、参与的犯罪一般不承担最重的责任。2009年《纪要》规定了四种并非由组织者、领导者直接组织、策划、指挥、参与的违法犯罪。上述四种情形下,组织者、领导者对具体犯罪只是一般性地知晓,甚至根本不知晓,只应负一般的责任,而应当由具体犯罪的起意者、组织者、指挥者或者实施者承担最重的责任。第二,组织者、领导者对由其直接组织、策划、指挥、参与实施的犯罪,一般应承担最重的刑事责任。《最高人民法院关于审理故意杀人、故意伤害案件正确适用死刑的指导意见》指出:对于雇凶者与受雇者共同直接实施故意杀人、故意伤害犯罪的,应认定雇凶者为罪行最为严重的主犯;雇凶者没有直接实施故意杀人、故意伤害犯罪行为,但参与了共同犯罪的策划,实施了具体组织、指挥行为的,对雇凶者也应认定为罪行最为严重的主犯;雇凶者只是笼统提出犯意,没有实施具体组织、指挥行为,积极实施犯罪行为的受雇者可以认定为罪行最为严重的主犯。上述意见对黑社会性质组织犯罪案件具有参考意义,但审判时应当结合涉黑犯罪的自身特点来把握,不能机械理解。具体来说,如果组织者、领导者不仅提出犯意,而且具体策划、组织、指挥,或者直接参与实施犯罪的,当然应认定为罪责最为严重的主犯。但是,如果组织者、领导者没有针对具体犯罪进行策划、组织、指挥以及参与实施,只是提出犯意后交由组织成员负责实施,也并不能就此认为组织者、领导者不是罪责最为严重的主犯,还应当结合具体案情进行分析。这是因为,黑社会性质组织犯罪不同于一般共同犯罪、团伙犯罪,组织者、领导者与组织成员的联系更加紧密,具有领导与被领导、管理与被管理的关系,犯罪的组织化程度也更高,分工更明确,隐蔽性更强。基于这些特点,组织者、领导者往往只需要躲在幕后发号施令即可,不必策划、组织、指挥具体的违法犯罪活动,参与实施的情况就更少。实践中,组织者、领导者一旦发出指示,组织成员都会不遗余力地执行,如果简单套用上述意见,无疑会给黑社会性质组织的组织者、领导者逃避处罚以可乘之机。刘汉、刘维组织、领导黑社会性质组织案中,该组织实施的杀害周政、王永成、陈富伟等三起故意杀人犯罪,均由组织者、领导者提起犯意,骨干成员组织实施,其他组织成员具体执行,是自上而下层层安排;组织者、领导者或骨干成员事先准备枪支、车辆等作案工具,对作案人员进行分工,作案后安排作案人员逃避法律追究,充分反映出该犯罪组织有很强的犯罪能力,实施违法犯罪活动时的组织性很强。在故意杀害王永成的犯罪中,刘汉在该起犯罪中并非仅是笼统地提出犯意,其对组织成员的指示较为明确。而且,刘汉在案发后安排孙华君、缪军等人藏匿,并提供资助,符合该犯罪组织实施违法犯罪活动的一贯分工和做法,凸显出刘汉在该起犯罪中发挥着"幕后总指挥"的作用,应当认定为该起故意杀人犯罪中罪责最为严重的主犯,一、二审判决及最高人民法院复核裁定对刘汉判处死刑是正确的。[参见第 1158 号指导案例,刘汉等人组织、领导、参加黑社会性质组织案,载《刑事审判参考》总第 107 集,第 75 ~ 78 页。撰稿:绳万勋]

▽根据"非法控制或重大影响"的内在要求准确认定黑社会性质组织的危害性特征

在刑法本条第五款规定的黑社会性质组织四个特征中,危害性特征(又称非法控制特征)是最为重要的判断标准。以程度的不同来区分,该特征中又包括非法控制和重大影响两种情形。为便于审判时掌握和操作,2009 年《最高人民法院、最高人民检察院、公安部办理黑社会性质组织犯罪案件座谈会纪要》(本附文以下简称 2009 年《纪要》)列举了"通过实施违法犯罪活动,或者利用国家工作人员的包庇、纵容,在一定区域或者行业内形成非法控制或重大影响"的八种情形。2015 年《全国部分法院审理黑社会性质组织犯罪案件工作座谈会纪要》(本附文以下简称 2015 年《纪要》)进一步规定:第 1 种情形中的"致使合法利益受损的群众不敢举报、控告的",是指致使多名合法利益遭受犯罪或者严重违法活动侵害的群众不敢通过正当途径维护权益。第 2 种情形中的"形成垄断",是指可以操控、左右、决定与一定行业相关的准入、退出、经营、竞争等经济活动。"形成重要影响",是指对与一定行业相关的准入、退出、经营、竞争等经济活动具有较大的干预和影响能力,或者具有在该行业内占有较大市场份额、通过违法犯罪活动或以其他不正当手段在该行业内敛财数额巨大(最低数额标准由各高级人民法院根据本地情况在 20 万元至 50 万元的幅度内自行划定)、给该行业内从事生产、经营活动的其他单位、组织、个人造成直接经济损失 100 万元以上等情节之一。第 3、4、5 种情形中的"造成严重影响",是指具有致人重伤或致多人轻伤、通过违法犯罪活动或以其他不正当手段敛财数额巨大(数额标准同上)、造成直接经济损失100万元以上、多次引发群体性事件或引发大规模群体性事件等情节之一。第6种情形中的"多次干扰、破坏国家机关、行业管理部门以及村委会、居委会等基层群众自治组织的工作秩序",包括以拉拢、收买、威胁等手段多次得到国家机关工作人员包庇或纵容,或者多次对前述单位、组织中正常履行职务的工作人员进行打击、报复的情形。第7种情形中的"获取政治地位",是指当选各级人大代表、政协委员。"担任一定职务",是指在各级党政机关及其职能部门、基层群众自治组织中担任具有组织、领导、监督、管理职权的职务。同时,考虑到寻衅滋事、敲诈勒索、强迫交易、聚众扰乱社会秩序等个罪,如果多次实施也有可能造成"干扰、破坏他人正常生产、经营、生活,并在相关区域或者行业内造成严重影响"等后果,故2015年《纪要》还规定:八种情形一般不会单独存在,往往是两种以上的情形同时并存、相互交织,从而严重破坏经济、社会生活秩序。这一重要补充使认定危害性特任的标准更加严密。

以上两个纪要中列举的若干情形;源自对司法实践经验的总结,对于审判时准确把握危害性特征具有重要的指导作用。但应当看到,黑社会性质组织的司法认定具有高度的复杂性。就危害性特征来说,不能仅根据一个或数个孤立事实来认定,而是要通过一系列的违法犯罪事实来反映。而且,对于具体的违法犯罪事实也不能看客观上造成的后果,还要审查行为时的主观意图。换句话说,就是认定时不能够简单堆砌和套用以上两个纪要的规定。为进一步揭示危害性特征的内在要求,有必要对"非法控制"和"重大影响"作进一步分析。按照《现代汉语词曲》释义,"控制",是指使一定对象处于自己的占有、管理和影响之下;"影响",是指对他人的思想和行动所起的作用。由此推论,刑法本条第五款中的非法控制,是指以有组织的违法犯罪手段对一定对象处于自己的占有、管理和影响之下;重大影响,是指以有组织的违法犯罪手段对一定对象的思想的行动产生发生作用。二者有以下共同点:(1)都是有意识地以非法方式主动干涉他人(包括其他单位、组织)的结果;(2)都不是一种偶然、短暂的现象,而是一种持续的状态;(3)控制或影响的对象具有广泛性,控制或影响的程度具有严重性。根据以上几点,在对涉案犯罪组织是否形成非法控制与重大影响进行司法判断时,除了要对照两个纪要的相关规定,还应着重审查涉案犯罪组织是否是基于争抢势力范围、树立非法权威、攫取不法利益等非法控制目的而实施违法犯罪行为;是否在一段较长的时期内连续、多次通过实施违法犯罪行为对他人的自主性造成干扰或破坏:被侵害对象的数量以及所造成的后果是否已达到形成非法控制或重大影响的严重程度。如果以上几点都已齐备,危害性特征一般能够成立。反之,则不能认定。[参见第1159号指导案例,王云娜等人故意伤害、寻衅滋事、非法拘禁、敲诈勒索案,载《刑事审判参考》总第107集,第84~88页。撰稿:石明辉]

▽如何准确认定黑社会性质组织的认定标准

全国人大常委会于2002年4月28日通过了《全国人大常委会关于〈中华人民共和国刑法〉第二百九十四条第一款的解释》(本附文以下简称《立法解释》)明确规定,"黑社会性质的组织"应当同时具备四个特征。由此,认定黑社会性质组织所必备的"四个特征",即组织特征、经济特征、行为特征和非法控制特征正式确立。2011年5月1日起施行的刑法修正案(八),将《立法解释》规定的黑社会性质组织的认定标准直接写入刑法。最高人民法院、最高人民检察院、公安部于2009年12月联合印发了《办理黑社会性质组织犯罪案件座谈会纪要》,重点对过去七八年间司法实践中争议较为集中的黑社会性质组织的认定等问题进行了说明,细化了"四个特征"的具体认定标准,增加了可操作性。为继续推进"打黑除恶"专项斗争,准确适应刑法、刑事诉讼法对涉黑犯罪相关规定的修改,更好地满足依法惩治黑社会性质组织犯罪的需要,最高人民法院又于2015年研究制定了《全国部分法院审理黑社会性质组织犯罪案件工作座谈会纪要》。该纪要对司法实践中反映较为突出,但2009年《纪要》未作规定或者有关规定尚需进一步细化的问题进行了补充和完善,使黑社会性质组织"四个特征"的认定标准更加清晰。鉴于涉黑犯罪的严重社会危害性,必须毫不动摇地依法加以严惩,同时也应认真贯彻落实宽严相济刑事政策,正确把握“打早打小”与“打准打实”的关系,准确区分“涉黑”与“涉恶”的差别。具体而言,在审理涉黑犯罪案件中,应当坚持罪刑法定原则和证据裁判原则,本着实事求是的态度,严格依照刑法的规定和两个座谈会纪要的精神认定黑社会性质组织。对于指控证据尚未达到“确实、充分”的程度,不符合黑社会性质组织认定标准的,应当根据案件事实和证据,依照刑法的相关规定予以处理,对被告人依法定罪处刑,不能勉强认定为黑社会性质组织犯罪。[参见第 1160 号指导案例,牛子贤等人绑架、敲诈勒索、开设赌场、重婚案,载《刑事审判参考》总第 107 集,第 94 ~98 页。撰稿:李晓光 邓克珠]

▽黑社会性质组织的组织者、领导者通过经济赔偿取得被害方谅解的,量刑时应当如何把握

受尊重被害人程序主体地位、恢复性司法等理念的影响,在当前的刑事司法实践中,对于被害方(包括被害人以及特定情况下被害人的近亲属)权益的保护愈加重视,被害方就案件处理所提出的意见,也会成为量刑时所要考虑的因素。2010 年下发的《最高人民法院关于贯彻宽严相济刑事政策的若干意见》第二十三条指出:“被告人案发后对被害人积极进行赔偿,并认罪、悔罪的,依法可以作为酌定量刑情节予以考虑。因婚姻家庭等民间纠纷激化引发的犯罪,被害人及其家属对被告人表示谅解的,应当作为酌定量刑情节予以考虑……”审判时,正确理解并将这一精神准确运用于死刑案件之中,对于贯彻执行“保留死刑,严格控制和慎重适用死刑”刑事政策具有重要意义。应当看到,将被害方的谅解作为酌定量刑情节,要以确保实现刑罚的惩罚、预防功能为前提,否则就可能会导致轻纵犯罪和量刑不公。因此,无论是刑法第六十一条关于量刑依据的规定,还是前述关于宽严相济政策的意见,均强调要根据犯罪的事实、性质、情节和对于社会的危害程度来依法决定犯罪分子的刑罚。对于被告人通过赔偿经济损失取得被害方谅解的,在量刑时应当与案件性质、后果、被告人的主观恶性、人身危险性以及其他量刑情节等因素放在一起综合考虑。也就是说,对于非因民间纠纷而引发,危害对象不特定的严重危害社会治安的暴力犯罪案件,原则上不能因被害人谅解而从轻处罚;对于被告人未能真诚认罪、悔罪,再犯可能性较大,又无法定从轻情节的,也不能因被害方谅解便予以从宽处理。

众所周知,黑社会性质组织犯罪案件的社会危害远大于普通刑事案件,黑社会性质组织头目、骨干分子的人身危险性也往往更大。同时,黑社会性质组织通过违法犯罪活动积聚了较强的经济实力,社会关系也较为广泛,更容易通过经济赔偿来取得被害方谅解。为了不给黑社会性质组织犯罪分子逃避处罚留下可乘之机,2015 年《全国部分法院审理黑社会性质组织犯罪案件工作座谈会纪要》(本附文以下简称 2015 年《纪要》)规定:“审理黑社会性质组织犯罪案件,应当通过判处和执行民事赔偿以及积极开展司法救助来最大限度地弥补被害人及其亲属的损失。被害人及其亲属确有特殊困难,需要接受被认定为黑社会性质组织成员的被告人赔偿并因此表示谅解的,量刑时应当特别慎重。不仅应当查明谅解是否确属真实意思表示以及赔偿款项与黑社会性质组织违法所得有无关联,而且在决定是否从宽处罚、如何从宽处罚时,也应当从严掌握。可能导致全案量刑明显失衡的,不予从宽处罚。”对于 2015 年《纪要》中的前述规定,认定时应从以下几方面来理解和把握:一是被害人谅解必须基于真实意思表示。由于黑社会性质组织体系严密,人员构成复杂,经济实力较强,因此,即便在被司法机关打掉之后,仍有可能残存一定的犯罪能力和社会活动能力。审判时,若被害方对黑社会性质组织犯罪分子表示谅解的,一定要审慎核实背景情况,排除因受到威逼、诱骗而违背真实意愿的情形。二是被告人的赔偿款项应当与黑社会性质组织的违法犯罪所得无关。根据刑法第六十四条的规定,犯罪分子违法所得的一切财物,都应当予以追缴或者责令退赔。但是,在黑社会性质组织犯罪案件中,犯罪分子往往采取各种手段极力掩饰、隐瞒违法犯罪所得的来源、去向,给司法机关的追缴工作制造困难。因此,审判时应当认真甄别赔偿款项的来源,不能让黑社会性质组织犯罪分子利用隐匿的违法犯罪所得在量刑时获利。三是在谅解意思真实、赔偿款项与违法犯罪所得无关的情况下,量刑仍应从严把握。如前所述,黑社会性质组织犯罪具有极大的社会危害,对于此类犯罪分子原则上不能因被害方谅解而予以从宽处罚。如果被害方确因特殊生活困难急需获得经济赔偿的(如丧失劳动能力以及急需支付就学、就医费用等),

在考虑是否从宽以及确定从宽幅度时,要以保证罪责刑相一致、实现刑罚目的以及全案量刑平衡为底线。本案被告人邓某文所犯罪行极其严重,其不仅没有法定从轻情节,且属于缓刑考验期内再犯罪,归案后未能真诚认罪悔罪,家属代赔款项来源存疑,被害人家属虽表示谅解,但不足以据此对邓某文从轻处罚,一、二审法院和最高人民法院的裁判结果是正确的。从案件审结后的各方反应看,本案的审判有力地维护了法律的严肃与公正,实现法律效果与社会效果的统一。[参见第1161号指导案例,邓统文等人组织、领导、参加黑社会性质组织案,载《刑事审判参考》总第107集,第105~108页。撰稿:彭济晓]

▽组织者、领导者检举揭发构成立功,量刑时应如何把握

设立立功制度的实质根据有二:一是从法律上说,刑罚的目的之一在于对罪犯施以改造,犯罪分子揭发他人犯罪,表明其有意积极配合司法机关查处犯罪,说明其主观上发生向好转变,人身危险性有所降低,可以适度降低用于改造的刑罚;二是从政策上说,揭发他人犯罪有利于司法机关发现、侦破案件,可予以必要奖励。如果被告人虽有立功表现,但其主观恶性很大且未发生变化,再犯可能性并未减小,人身危险性并未降低,难以实现改造目的的,则不予从轻处罚。对于因揭发检举而构成立功或重大立功的黑社会性质组织的组织者、领导者是否从宽处罚,除了要综合考虑此类犯罪的特殊危害、被告人所具有的各种量刑情节以及全案的量刑平衡之外,还应着重审查以下两点:一是认罪态度。黑社会性质组织的组织者、领导者若能如实供述罪行,则检举揭发可以表明其人身危险性降低,对其从宽处理不违反立功制度设立初衷。反之,对于在证据面前拒不供认或者避重就轻的,则不宜从宽处理。二是检举线索的来源。由于组织者、领导者在黑社会性质组织中居于核心地位,有获取他人犯罪线索的便利条件,故审判时应当防止组织者、领导者利用这种优势地位获利甚至逃避处罚。2009年《最高人民法院、最高人民检察院、公安部办理黑社会性质组织犯罪案件座谈会纪要》(本附文以下简称2009年《纪要》)指出:黑社会性质组织的组织者、领导者检举揭发与该黑社会性质组织及其违法犯罪活动有关联的其他犯罪线索,即使依法构成立功或重大立功,在量刑时也应从严把握。2015年《全国部分法院审理黑社会性质组织犯罪案件工作座谈会纪要》(本附文以下简称2015年《纪要》)进一步指出:对于组织者、领导者检举揭发与该黑社会性质组织及其违法犯罪活动有关联的其他犯罪线索,如果在认定立功问题方面存在事实、证据或法律适用方面的争议,应严格把握。构成立功的,在决定是否从宽、如何从宽时,要依据罪责刑相一致的原则从严掌握。可能导致全案量刑明显失衡的,不予从宽处罚。审判时,应当根据2009年《纪要》和2015年《纪要》的前述规定对检举揭发线索的来源进行审查。如果线索是利用组织者、领导者的特殊地位而取得,且与该黑社会性质组织及其违法犯罪活动有关联的,则一般不应从宽处罚。至于对检举线索"关联性"的判断,则应当从是否与黑社会性质组织寻求非法保护、实施违法犯罪等活动有关联、是否与该组织的成员、"保护伞"及雇佣、纠集的人员有关联等方面来进行审查。具体到本案,吴某贤在一审、二审期间、死刑复核期间均拒不供认罪行,对于马某进等人的受贿线索,其在一审期间也并未检举,而是等到一审宣判后才向司法机关反映,其目的不言自明。这些情况都可以说明吴某贤并未认罪悔罪,检举揭发只是其妄图逃避处罚的一种手段,其人身危险性并没有丝毫降低。同时,以吴某贤为首的黑社会性质组织在广东省廉江市长期、多处非法采矿,并大量实施其他违法犯罪活动,廉江市公安局局长马某进等人明知该组织从事非法采矿活动,不仅不予查处,还与吴某贤合作采矿办厂,充当该犯罪组织的"保护伞",任由该犯罪组织为非作恶、发展壮大。吴某贤为了与马某进等人搞好关系,除通过人股分红构建利益共同体外,还经常请吃请喝以笼络感情。吴某贤所检举的马某进等人的受贿线索,就是在这些吃喝宴请活动中获知的。该线索与该黑社会性质组织寻求非法保护紧密相关,属于利用组织者、领导者地位获取的"关联性"线索。综上,吴某贤虽有立功情节,但广东省高级人民法院、最高人民法院根据本案的犯罪事实、性质、情节和对社会的危害程度,对吴某贤不予从轻处罚是正确的。[参见第1162号指导案例,吴亚贤等人组织、领导、参加黑社会性质组织案,载《刑事审判参考》总第107集,第113~116页。撰稿:李中原]

▽行为人包庇、纵容黑社会性质组织的犯罪行为跨越刑法修正施行日期的,应当适用修正后的刑法,一并进行追诉

近年来,随着黑社会性质组织犯罪形态的变化,刑法本条关于黑社会性质组织犯罪的规定在各地司法适用中出现了一些新情况、新问题。就包庇、纵容黑社会性质组织罪而言,突出表现为该罪的法定刑较低,与刑法第三百一十条规定的普通包庇罪的法定刑相同,没有体现出对包庇、纵容黑社会性质组织的“保护伞”予以从严惩处的刑事政策精神。因此,刑法修正案(八)提高了本罪的法定刑,即第一档法定最高刑由原来的三年有期徒刑提高到五年,第二档法定最高刑由原来的十年有期徒刑提高到十五年,加大了对“保护伞”的惩处力度。此外,刑法修正案(八)还明确了犯本罪又有其他犯罪行为的,依法实行数罪并罚。对本案被告人刘某军、刘某伟、吕某的包庇、纵容行为适用刑法修正案(八)定罪量刑,且与受贿罪数罪并罚。具体理由分析如下。

1. 被告人刘某军、刘某伟、吕某均实施了包庇、纵容黑社会性质组织的犯罪行为。依据《最高人民法院关于审理黑社会性质组织犯罪的案件具体应用法律若干问题的解释》第五条的规定,包庇、纵容黑社会性质组织罪中的“包庇”,是指国家机关工作人员为使黑社会性质组织及其成员逃避查禁,而通风报信,隐匿、毁灭、伪造证据,阻止他人作证、检举揭发,指使他人作伪证,帮助逃匿,或者阻挠其他国家机关工作人员依法查禁等行为;“纵容”,是指国家机关工作人员不依法履行职责,对黑社会性质组织的违法犯罪活动不依法制止,反而放纵其进行违法犯罪活动的行为。依照上述司法解释的规定,“包庇”一般表现为积极的作为,“纵容”则一般表现为消极的不作为。本案被告人刘某军、刘某伟、吕某的行为可细分为三类:一是意图帮助黑社会性质组织及其成员逃避查禁的积极作为,包括通风报信、隐匿证据等,例如,被告人刘某军故意将公安机关正在侦查刘维的情况泄露给刘维;二是不基于上述意图的其他帮助黑社会性质组织的积极作为,例如,刘某伟帮助要回被公安机关查扣的赌博机主板等;三是不依法履行职责,纵容黑社会性质组织犯罪的消极不作为,例如,明知刘维等人有吸毒、非法持有枪支、杀害陈富伟的犯罪行为而知情不举、不查。上述三类行为均系包庇、纵容黑社会性质组织的具体表现形式,在犯罪形态上,属于连续犯。继续犯是指行为人所实施的实行行为与造成的不法状态(危害后果)在一定时间内同时持续存在,侵害了同一个客体的故意犯罪形态,最为典型的是非法拘禁罪。连续犯是指行为人基于同一的或者概括的犯罪故意,连续实施性质相同的数个行为,触犯同一罪名的犯罪形态。继续犯区别于连续犯的关键点在于:前者仅实施了一个可以单独评价为犯罪的行为;而后者实施了数个犯罪行为,每一个犯罪行为本可以单独评价为犯罪并追究刑事责任,只不过基于上述数个犯罪行为在主观目的上具有同一性或者概括性,客观上又系连续实施,因而在处断上将其作为一罪处理。我国刑法理论及刑法典等均承认连续犯的概念,如刑法第一百五十三条第三款规定:“对多次走私未经处理的,按照累计走私货物、物品的偷逃应缴纳税额处罚。”审判实务中对于连续犯亦按一罪论处。本案单一评价被告人刘某军实施的第三类行为,确实具有继续犯的某些特征,但对犯罪形态的评价,首先应从整体上把握全案犯罪事实,即是实施一个犯罪行为,还是多个犯罪行为。如果是一个犯罪行为,可能存在继续犯或者法条竞合的可能;如果是多个犯罪行为,则或者依法数罪并罚,或者依据刑法理论认定为连续犯、牵连犯、吸收犯等,按一罪论处。继续犯本质上是行为人实施了一个犯罪行为,该犯罪行为所造成的危害后果(不法状态)与行为同时持续存在,属于当然的一罪,不存在数罪并罚的可能性和理论争议。但被告人刘某军先后实施了多次包庇、纵容黑社会性质组织的犯罪行为,且每一起犯罪行为,均应依法予以追究刑事责任;换言之,均达到了刑事追诉的标准。此外,被告人刘某军等人实施上述行为时,其主观目的上具有同一性、概括性,均系包庇、纵容刘汉、刘维黑社会性质组织。因此,将被告人刘某军等人实施的多起包庇、纵容黑社会性质组织的犯罪行为认定为连续犯是适当的。

2. 被告人刘某军等人连续实施的包庇、纵容黑社会性质组织的犯罪行为,应适用修正后的刑法追究刑事责任。被告人刘某军、刘某伟、吕某包庇、纵容黑社会性质组织的事实共有6起,始于1997年左右,终于2013年案发,跨越2011年5月1日刑法修正案(八)施行前后。这就涉及对于连续犯行为跨越刑法修正前后两个时间段的,如何适用刑法的问题以及是否适用从旧兼从轻的原则等问题。这一问题,在1997年刑法修订后已经凸显。针对此一问题,最高人民检察院于1998年作出《关于对跨越修订刑法施行日期的继续犯罪、连续犯罪以及其他同种数罪应如何具体适用刑法问题的批复》(高检发释字〔1998〕6号,本附文以下简称《批复》),该批复针对继续犯、连续犯等犯罪形态跨越修订刑法如何适用刑法的问题作了明确。对于连续犯,原则上仍适用修订后的刑法追诉,如果修订后的刑法所对应的法定刑较重的,仍应当依法适用,只不过在提起公诉时应当提出酌情从轻处理意见。虽然《批复》针对的是1997年修订后的刑法,但其精神符合刑法第十二条的规定,仍应参照适用。本案中,至2011年5月1日《中华人民共和国刑法修正案(八)》施行时,被告人刘某军、吕某对其掌握的刘维等人涉嫌杀害陈富伟,刘某伟对其掌握的刘维非法持有枪支、弹药的重要情况仍隐瞒不报,不依法履行职责,放纵黑社会性质组织进行违法犯罪活动,故三人的包庇、纵容黑社会性质组织的行为应适用修正后的刑法本条。依据《最高人民法院关于审理黑社会性质组织犯罪的案件具体应用法律若干问题的解释》第六条的规定,"多次实施包庇、纵容行为的""致使某一区域或者行业的经济、社会生活秩序遭受黑社会性质组织特别严重破坏的""致使黑社会性质组织的组织者、领导者逃匿,或者致使对黑社会性质组织的查禁工作严重受阻的",均属于包庇、纵容黑社会性质组织罪中"情节严重"。本案三名被告人连续多次实施包庇、纵容行为,不仅致使黑社会性质组织的组织者、领导者刘维逃匿多年,且导致周政被杀案原始案卷材料缺失,给查证命案造成严重障碍,属"情节严重",应依法严惩。一审、二审法院对三名被告人量刑时,同时又酌情考虑了三名被告人犯罪行为跨越刑法修正案(八)施行前后的客观事实,并结合三名被告人各自的罪责,分别从宽判处被告人刘某军有期徒刑八年、刘某伟有期徒刑六年、吕某有期徒刑五年的刑罚。笔者认为,一审、二审法院适用法律正确,对三名被告人的量刑是公正的,体现了罚当其罪。

3. 被告人刘某军等人实施包庇、纵容黑社会性质组织犯罪的同时,又实施受贿犯罪的,应依法数罪并罚。刑法修正案(八)对刑法本条中关于数罪并罚的范围作出调整,规定"犯前三款罪又有其他犯罪行为的,依照数罪并罚的规定处罚",从而明确了犯包庇、纵容黑社会性质组织罪,又有其他犯罪行为的,也应当数罪并罚。刑法修正案(八)的这一修改,并不意味着对于包庇、纵容黑社会性质组织的国家机关工作人员,在刑法修正案(八)作出上述规定前,纵然犯有数罪,亦不应当数罪并罚。事实上,刑法第二百九十四条第三款的规定,属于注意性规定。该条文修改前,司法实践中对行为人实施包庇、纵容黑社会性质组织犯罪,同时又有受贿犯罪事实的,亦普遍采取了数罪并罚的做法。故一审、二审认定被告人刘某军三人均犯包庇、纵容黑社会性质组织罪和受贿罪,并依法数罪并罚是正确的。(参见第1163号指导案例,刘学军、刘忠伟、吕斌包庇、纵容黑社会性质组织案,载《刑事审判参考》总第107集,第120~124页。撰稿:邓海兵)

▽公安机关的内勤人员对黑社会性质组织的犯罪行为知情不举的,属于不依法履行职责

被告人刘某军、刘某伟、吕某长时间包庇、纵容黑社会性质组织犯罪中,吕某在知晓并隐瞒刘维等人杀害陈富伟作案嫌疑时,时任四川省德阳市公安局装备财务处处长。吕某据此提出其系公安机关的内勤人员,没有查禁违法犯罪的职责,依法不构成包庇、纵容黑社会性质组织罪的辩护意见。此点辩解是不能成立的。人民警察法第二条规定了人民警察的任务和范围,同时,该法第六条规定了公安机关不同岗位的人民警察的14项具体职责。依该法第二条的规定,无论人民警察的具体岗位如何,均负有维护国家安全,维护社会治安秩序,保护公民的人身安全、人身自由和合法财产,保护公共财产,预防、制止和惩治违法犯罪活动的任务。该任务是所有人民警察的共同职责,也属于法定义务,内勤岗位上的人民警察也不例外。被告人吕某明知刘维有杀害他人的重大嫌疑,隐瞒不报,不履行人民警察预防、制止和惩治违法犯罪活动的共同职责,属于不依法履行职责。一审、二审法院均未采纳被告人的此点辩护意见,并依法认定被告人吕某构成包庇、纵容黑社会性质组织罪是正确的。[参见第1163号指导

案例,刘学军、刘忠伟、吕斌包庇、纵容黑社会性质组织案,载《刑事审判参考》总第107集,第126页。撰稿:邓海兵]

第二百九十五条 【传授犯罪方法罪】传授犯罪方法的,处五年以下有期徒刑、拘役或者管制;情节严重的,处五年以上十年以下有期徒刑;情节特别严重的,处十年以上有期徒刑或者无期徒刑。(本条是根据《中华人民共和国刑法修正案(八)》之四十四修改的,自2011年5月1日起施行。)

刑法本条原文:【传授犯罪方法罪】传授犯罪方法的,处五年以下有期徒刑、拘役或者管制;情节严重的,处五年以上有期徒刑;情节特别严重的,处无期徒刑或者死刑。

▼安徽省高级人民法院、安徽省人民检察院、安徽省公安厅、安徽省发展和改革委员会关于依法严厉打击窃电和破坏电力设备违法犯罪活动的意见(2004年9月28日)

八、传授窃电方法,构成传授犯罪方法罪的,依照(刑法)第二百九十五条的规定定罪处罚。

▽强迫他人学习犯罪方法后,胁迫其实施犯罪的,依照牵连犯罪处理

(一)被告人的胁迫抢夺行为(目的行为),属于共同犯罪中的教唆犯,应认定构成抢夺罪(未遂)。《刑法》第二十九条第一款规定:"教唆他人犯罪的,应当按照他在共同犯罪中所起的作用处罚……"根据《现代汉语词典》的解释,"教唆"是怂恿、指使的意思。根据刑法学通说,教唆犯,是指以劝说、利诱、授意、怂恿、收买、威胁等方法,将自己的犯罪意图灌输给本来没有犯罪意图的人,使其按教唆人的犯罪意图实施犯罪,实施教唆行为的人,即构成教唆犯。教唆的行为方式通常为唆使、引诱、怂恿、煽动等,有的以金钱、物质、美色以及其他方面的好处引诱他人犯罪,有的以嘲弄、蔑视或者侮辱的手段刺激他人实施犯罪,有的利用封建迷信教唆他人犯罪。通常被教唆人的人身自由和意志不会受到强制,但也存在被教唆人在被逼无奈或受到胁迫接受教唆的情况,如教唆人以暴力或者其他方式胁迫他人犯罪。教唆犯有双重特性,在定罪上具有独立性,只要其主观上有教人犯罪的故意,客观上实施了教唆行为就构成犯罪;但在量刑上却具有从属性,如果被教唆人实施了教唆的犯罪,成立教唆既遂,则按照刑法分则规定的犯罪量刑;如被教唆人没有实施教唆的犯罪,成立教唆未遂,对教唆人可以从轻或者减轻处罚。但是,并非所有教唆他人犯罪的人都属于共同犯罪中的教唆犯,当刑法分则条文将某些特定的教唆行为规定为独立犯罪时,对教唆者不能适用刑法总则关于教唆犯的规定,不能以所教唆的罪来定罪,而应依据分则条文的具体规定定罪处罚。如唆使刑事案件的证人作伪证,表面上完全符合教唆犯的构成要件特征,但是刑法有明确规定,对于证人定伪证罪(刑法分则第三百零五条),对教唆人定妨害作证罪(刑法分则第三百零七条),如果教唆人的身份是辩护律师,则构成辩护人妨害作证罪(刑法分则第三百零六条)。此外,所有的煽动型犯罪,教唆人都不能以所教唆的罪来定罪,对于此类犯罪都不能按教唆犯定罪处罚。本案被告人伙同他人持刀对被害人方某城、朱某旭、吴某豪进行威胁,以胁迫三被害人通过实施抢夺行为进行敛财为目的,以言语讲解的方式向三被害人传授抢夺的犯罪方法。被告人主观上有教唆他人进行抢夺的故意,客观上通过暴力胁迫实施了教唆行为,这些行为并非刑法分则所规定的能够独立成罪的特定情形,因此,被告人的行为属于共同犯罪中的教唆犯,应认定构成抢夺罪(未遂)。

(二)被告人的传授犯罪方法行为(方法行为),应认定构成传授犯罪方法罪。传授犯罪方法罪,是指使用语言、文字、动作、图像或者其他方法,故意向他人传授实施犯罪的具体经验和技能的行为。传授的犯罪方法包括预备犯罪、实行犯罪以及完成犯罪后逃避刑事责任的技术、步骤、办法等。传授犯罪方法是一个新罪名,1983年9月2日第六届全国人民代表大会常务委员会二次会议通过的《关于严惩严重危害社会治安的犯罪分子的决定》开始增设,1997年刑法本条第一次将传授犯罪方法罪引入刑法典。本罪的主观方面必须是直接故意,即以向他人传授犯罪方法为目的。对于生活中行为人无意散布一些道听途说的或者在影视作品中获知的一些犯罪方法的行为,或者在工作中教授格斗术、开锁技能、化学知识(特别是毒品配置方法)的行为,即使这些方法或技巧后来被人利用来犯罪,也因为行为人没有传授犯罪方法的故意,不应以传授犯罪方法罪论处。传授犯罪方法罪属于举动犯,只要客观上有传授犯罪方法的行为,且不属于"情节显著轻微、危害不大,不认为是犯罪"的类型,哪怕是刚刚着手,就应按既遂犯追究刑事责任,不存在犯罪未遂问题,但存在犯罪预备及预备阶段的犯罪中止等犯罪停止形态;至于是否完成所计划的传授行为,被传授的对象是否达到刑事责任年龄,是否掌握了犯罪方法,均不影响本罪的成立。本罪的犯罪主体为普通主体,但在司法实践中,多为具有犯罪经验和技能的人,如曾有盗窃、抢劫、强奸、猥亵等前科的犯罪分子,尤其是惯犯和累犯。但已满14周岁不满16周岁的未成年人不能成为刑法第十七条规定的八类犯罪的传授犯罪方法罪的主体。本案被告人伙同他人,以言语讲解的方式向三被害人传授抢夺的犯罪方法,主观上希望被害人掌握犯罪技巧,顺利完成抢夺犯罪行为,即使被害人最终没有实施其所传授的犯罪,亦完全符合传授犯罪方法罪的构成特征,因而,被告人的传授犯罪方法行为,应认定构成传授犯罪方法罪。

(三)被告人的目的行为和方法行为符合牵连犯的构成特征。牵连犯是指以实施某一犯罪为目的,其方法和结果行为又触犯其他罪名的犯罪形态。通常存在于两种情形:一是手段行为与目的行为的牵连,二是原因行为与结果行为的牵连。一般是手段行为或原因行为在先,目的行为或结果行为在后。在主观上,其在实施先行行为时,对后续行为已有所预见和判断;在客观上,前后者之间联系紧密。根据司法实践规律和司法统计规律,后行为经常会伴随前行为。如受贿罪与徇私枉法罪,受贿作为原因行为,直接导致徇私枉法的后果,受贿行为与徇私枉法行为就构成了原因与结果的牵连犯;再如伪造金融凭证后使用的,伪造是手段行为,使用是目的行为,二者构成伪造金融凭证罪和使用伪造的金融凭证罪的牵连犯。总之,牵连犯是两个行为触犯两个罪名,但鉴于数个行为之间存在的密切关联,刑法理论上和司法实践中将其作为一罪来处理,属于"处断的一罪"的范畴。本案被告人胁迫他人实施抢夺行为,同时传授犯罪方法,传授犯罪方法的意图是将三被害人培育成实施犯罪的工具,即通过培育犯罪工具的方法,实现抢夺的目的,是典型的手段行为与目的行为的牵连。其中,传授犯罪方法的行为已经完成,构成传授犯罪方法罪;实施抢夺的行为没有得逞,其胁迫三被害人尾随多名路人表明已着手实施犯罪,但因为意志以外的原因,即因三被害人的消极怠工、内心抗拒而未得逞,构成抢夺罪的犯罪未遂。根据牵连犯择一重罪处断的原则,传授犯罪方法罪既遂的量刑重于抢夺罪未遂,故应以传授犯罪方法罪定罪处罚。[参见第651号指导案例,李祥英传授犯罪方法案,载《刑事审判参考》总第76集(2010年第5集),第61~65页。撰稿:张春和 杨毅]

▽在互联网上散布关于特定犯罪方法的技术知识,不能构成传授犯罪方法罪的认定

(一)"中性方法"是否属于本罪中的"犯罪方法"。刑法本条规定的传授犯罪方法罪,是指故意用语言、文字、动作、图像或者其他方法,将实施犯罪的具体做法、经验传授给他人的行为。本罪的罪状和法定刑借鉴了1983年9月2日《全国人民代表大会常务委员会关于严惩严重危害社会治安的犯罪分子的决定》第二条的规定。本罪中的"犯罪方法",通常认为,是指犯罪的技能与经验,包括犯罪的手段、步骤、反侦查方法等,并且只能是直接故意犯罪的方法。如果作这样的理解,类似本案中冯某某从正常渠道获悉的并非专门用于犯罪的炸药制造方法,就可能无法认定为"犯罪方法",从而缩小了刑法的打击面。因为炸药制造方法本身是"中性"的,具有两面性,既可以用于犯罪行为,也可以用于正当目的。从实践看,确有一些技能、方法的应用范围只能是违法犯罪,如扒窃技术。对此,只要行为人向他人传授该技术,就应当认定其传授行为具备了传授犯罪方法罪的客观要件。但更多的实际技能、方法都是"中性"的,如同科学技术是"双刃剑"一样,既可以用于违法犯罪,也可以用于正当合法的行为。是否作为"犯罪方法",取决于其实际运用的具体途径和场合。对于传授此类方法的行为如何认定,需要结合整体传授过程,并根据社会通常观念作出恰当判断。在司法实践中应当重点结合以下情况予以认定:(1)行为人的个人情况;(2)向他人传授该种方法的原因;(3)在何种场合下或者利用何种途径传授该方法;(4)被传授人会基于何种原因向行为人学习该种方法;(5)行为人和被传授人言行的倾向性(如有无指明该种方法是实行某种犯罪的方法)等。本案被告人冯某某所收集的主要是炸药制造的方法,从其本身看是中性的,而且能够通过正常渠道获取,并非专门用于某种具体犯罪的技能和经验。如果纯粹把这种炸药制造的方法通过网络传播,也不必然增加社会风险。因此,通常不能以犯罪论处。但是,如果行为人把涉及恐怖的言词穿插于炸药制造方法之中,并将其命名为《恐怖分子手册》,从而使浏览者很自然地将该炸药制造方法与恐怖活动联系起来,这就使原本中性的炸药制造方法类型化为恐怖犯罪、爆炸犯罪的方法。事实上,公众通过正常渠道能够获得的只是一般炸药制造方法,而不是特定的恐怖气氛笼罩下的炸药制造方法。明显带有恐怖、爆炸犯罪倾向性的炸药制造方法,也不可能被允许通过公共媒介予以传播或获取。换言之,本案被告人通过网络不加限制地向公众传播此类信息,具有了传授犯罪方法的实质性内容。

(二)对网络传授对象的不特定性的认定。首先,刑法未限定传授犯罪方法罪的对象必须为特定主体。一般认为,传授犯罪方法罪中的"传授",是指将犯罪的方法教给他人。实践中,传授犯罪方法的方式是多种多样的,可以是口头传授,也可以是书面传授;可以采取公开的方式传授,也可以采取秘密的方式传授;可以用语言、动作传授,即"言传",也可以具体实施犯罪活动来传授,即"身教";可以传授一种犯罪方法,也可以传授多种犯罪方法。其中,公开的方式传授包括通过第三人转达或通讯工具传授,以及通过广播、电视、报刊、互联网等公共媒介进行传授,在此种情况下的传授对象就不可能是特定的个人或特定的少数人,而是特定的多人或不特定的人员。事实上,传授犯罪方法罪是行为犯,即只要实施了向他人传授犯罪方法的行为就可以构成传授犯罪方法罪。所以,该罪所强调的是"传"也即"教"的行为,至于学的人是多是少、特定或不特定、学会与否都不是该罪所强调的内容,不应影响该罪的成立。其次,从社会危害性的比较来看,利用互联网向不特定的人员传授犯罪方法比向特定的人员传授的危害性更大。向特定人员传授犯罪方法的结果是,有限的人员(即使是为数不少)掌握了该犯罪方法,并可能将其应用于实施犯罪行为,从而造成对某些合法利益的侵害或者对社会公共秩序的破坏。但由于学习者是特定的人员,有关部门往往可以通过一定的侦查方式找到他们,有可能在其将所掌握的犯罪方法用于实施具体的犯罪行为之前阻止其行为或者在其实施犯罪行为后很快将其绳之以法。而利用网络向不特定的人员传授犯罪方法,由于其学习者是不特定的,很难将这些人员悉数找出,从而难免会对潜在的犯罪行为疏于防范,亦即这种向不特定的人员传授犯罪方法的行为更容易造成侵害他人合法利益或者破坏社会公共秩序行为的发生,其社会危害性相对更大。最后,利用互联网传授犯罪方法不过是赋予了传授行为一种新的方式或途径,究其实质,与传统的传授行为无异。目前在网络环境下,传授犯罪方法主要表现为:(1)利用QQ等即时通讯软件或者电子邮件等方式进行一对一交流;(2)在BBS、论坛、微博等公共交流平台上发帖,讲解特定犯罪方法;(3)开设专门网站,讲授相关犯罪的技术知识等。对于第一种传授形式,其传授对象是特定的,依法应按照传授犯罪方法罪进行处理,对此已无异议。而对于第二、三种传授形式,虽然其传授对象是不特定的,但在本质上仍符合传统的传授行为的特征,例如,既有传授者,又有被传授者,传授的内容也是属于犯罪方法的技能、经验等,故不能仅因为传授对象的不特定性而否认传授者的行为系"传授"。实际上,这种情形从本质上也可以理解为采取公开课的形式传授犯罪方法。所以,本案被告人利用互联网向不特定的多人传授犯罪方法,并不根本地影响其行为构成传授犯罪方法罪。

(三)构成本罪是否要求犯罪方法必须为被传授者所接受。从实际看,传授的程度确实对行为危害社会的程度有相当的影响。但从行为构成犯罪的角度来看,刚刚着手实行传授犯罪方法的行为,危害社会的程度不一定就达不到构成犯罪的程度;行为人已经完成了传授的行为,甚至被传授人已经接受了传授的内容,其危害社会的程度并不一定就达到构成犯罪的程度。所以,虽然传授的程度是影响传授行为是否构成犯罪的一个重要因素,但不能过于夸大其对犯罪成立的作用。决定传授行为危害社会程度及是否成立犯罪的因素，不仅有传授的程度，还有传授的是何种犯罪的方法、传授的次数、行为人传授意志坚决的程度、被传授人是否接受传授，以及是否利用传授的犯罪方法实施具体的犯罪等因素。只有对这些因素进行综合考察，才能得出传授行为是否构成犯罪的正确结论。在利用互联网传授的情况下，因为受众广泛，且传授的犯罪方法可以不受限制地下载、复制，具有“取之不尽，用之不竭”的特点，其影响范围明显要大于传统的传授行为。一旦被别有用心者利用，危害后果将是非常严重的。所以，对于网络传授犯罪方法的行为，不能仅仅关注其现实危险性，而对于具有抽象危险性的行为就不予刑法规制。

（四）如何认定网络传授者的主观方面。除了决意实施某种特定犯罪的人员之外，利用网络传播犯罪方法的行为人中，有不少类似于本案的被告人。作为普通的网民，其可能并无特别地实施某种犯罪的明确目的或意图，主要是出于“好玩”、“出名”或精神无聊、寻求刺激等，而不具有积极追求他人利用其传授的内容实施犯罪的直接故意，最大可能是具有放任危害后果发生的间接故意。就像本案被告人所供述的，“自己当时没想后果，只是觉得好玩”，“如果有人用这些东西实施犯罪，那就是他自己的事情了”。那么，这种仅具有放任的间接故意情形能够构成传授犯罪方法罪吗？传授犯罪方法罪的主观方面是故意而不是过失，一般不论行为人的目的动机，这已是刑法学界的公论。然而，故意这一罪过形态应包括间接故意，只要明知是犯罪方法故意传授给他人即可成立犯罪，无论行为人是持积极追求还是放任心态。从立法层面看，刑法分则的罪名只区分为故意犯罪和过失犯罪。至于一个犯罪是由何种故意、何种过失构成，则是司法层面的解释和学理层面的理解问题。当然，有些犯罪只能由直接故意构成，这往往限于目的犯的范围之内。而就作为行为犯的传授犯罪方法罪而言，其故意的内容则不宜局限于直接故意。因为在网络环境下，由于信息接受者的不特定性以及传授者与接受者之间联系的非直接性等特点，要求传授者对他人接受其传授的内容全部持积极追求的心态，并不切合实际，必然会存在一些放任的情况。事实上，不限于直接故意构成犯罪，这也是传授犯罪方法罪与教唆犯罪的区别之一。一般认为，教唆犯罪是使无犯意者产生犯意或者使犯意不坚定者决议犯罪，故教唆行为人的主观方面只能是直接故意。而传授犯罪方法罪属于妨害社会管理秩序的行为，它会助长犯罪的发生，危害性在于其使他人犯罪变得易行，而非使他人决议犯罪。他人是否据此实施犯罪，并不影响传授犯罪方法罪的成立。这样，行为人只要对别人据此实施犯罪有认识而持放任心态，就符合了传授犯罪方法罪的主观要件。换言之，间接故意支配下实施传授犯罪方法的行为，也可以成立犯罪。

（五）从政策角度分析网络传授犯罪方法的行为应否受到刑法调整。网络的飞速发展造就了与真实的现实空间截然不同的网络空间，而这一空间在短时间内已成为各种犯罪行为滋生的新土壤。所以，网络空间亦应纳入法律调整范畴，而不能仅仅依靠技术及道德准则加以规范，对于在网络空间中实施的具有相当危害性的行为，应予刑罚处罚。本案被告人冯某钊发布的《恐怖分子手册》是网络不良信息的极端典型，对此如何评判，昭示着刑法的基本立场。如果作为非罪处理，将会使一些潜在的不良信息发布者肆无忌惮，误认为网络上无限自由，从而恶化网络环境。而作为犯罪处理，则能够引导网民的网络观念，正确合理利用网络资源，从而达到净化网络环境的效果。当然，刑法作为最后、最有力的治理手段，在介入网络空间时，还应当处理好积极介入与适度介入的关系。所谓积极介入，即如果行为的社会危害性已达到一定的严重程度，通过行业治理、民事或者行政调整已不足以制止这种危害行为而需要刑法手段介入，且刑法手段的介入不致违背罪刑法定原则，符合社会公众的价值判断和心理预期时，刑法应当及时介入。所谓适度介入，即对于这类新型领域，不仅刑法介入的范围应适当控制，而且刑法介入的强度亦不易过大。因为对于这些新型领域的刑法介入，主要是基于公平正义原则，基于对公共利益保护的考量，通过法律的扩张解释方法而作出的，其介入的程度显然不如传统领域。此外，从刑法的功能来分析，刑法的介入既是对某种合法权益的保护，更是对某种行为规范的引导，对于一些新型领域而言，这种引导需要采取循序渐进的方式，如果一开始就过于强烈，不仅当事人始料未及，社会公众也会觉得过于严苛,难以接受,处理效果自然不好,也就达不到预期的目的。

(六)如何正确办理网络传授犯罪方法案件。从实践中看,利用互联网传授犯罪方法的行为表现形态复杂多样,既有"一对一"型的向特定对象传授犯罪方法,也有"一对多"型的向不特定对象传授犯罪方法;既可以是传授原创的"犯罪方法",也可以是转帖他人的"犯罪方法";既有以牟利为目的的故意传授,也有不以牟利为目的的故意传授,还可能由于过失传播了犯罪方法等。在实际认定中,需要对案件坚持具体情况具体分析,并严格依照刑法规定慎重处理。首先,根据传授对象的特定与否,可分为向特定对象传授犯罪方法的"一对一"型和向不特定对象传授的"一对多"型。如前所述,行为人无论是向特定还是不特定的对象传授犯罪方法,都不影响传授犯罪方法罪的成立。其次,根据行为人所传授的犯罪方法的性质,可分为传授自己编辑、加工的原创型的"犯罪方法"和转帖他人制作的"犯罪方法"。对于传授原创型的犯罪方法的行为,鉴于其是网上犯罪方法泛滥的源泉,应当在罪刑法定原则的范围内予以从严惩治,可认定为传授犯罪方法罪;对于转帖他人制作的"犯罪方法"的行为,应根据其传授行为的性质、途径、方法、次数及其客观危害后果等,综合衡量判断。如果确属情节显著轻微、危害不大的,可依照刑法第十三条的规定,不作为犯罪处理。此外,在司法认定中,还应注意行为人转帖时的加工行为,如果原创者传授的某种实际技能、方法虽然可以不当地被运用于犯罪,但其并没有犯罪倾向,只是作为科学知识传授他人,行为人在转帖时通过加工,使该技能、方法与特定犯罪相连接,从而使其类型化为某种犯罪方法,则只能处罚转帖的行为人。最后,根据行为人是否具有牟利目的,可分为以牟利为目的的传授行为与不以牟利为目的的传授行为。前者如行为人提供有偿浏览、下载服务,利用网络售卖载有犯罪方法的软件、光盘等;后者如行为人提供免费浏览、下载服务。依照我国刑法规定,牟利并非传授犯罪方法罪的构成要件,该罪所关注的只是行为人是否具有传授的故意。因此,无论行为人是否出于牟利目的,也不论实际是否谋取到利益,只要其具有传授方法的故意,并且实施了向他人传授该犯罪方法的行为,就可以构成传授犯罪方法罪。当然,过失导致某种或某些犯罪方法被散布、传播的,应不构成该罪;如成立其他犯罪,则依法定罪处罚。[参见第 688 号指导案例,冯庆钊传授犯罪方法案,载《刑事审判参考》总第 79 集(2011 年第 2 集),第 61 ~69 页。撰稿:于同志]

第二百九十六条　【非法集会、游行、示威罪】举行集会、游行、示威,未依照法律规定申请或者申请未获许可,或者未按照主管机关许可的起止时间、地点、路线进行,又拒不服从解散命令,严重破坏社会秩序的,对集会、游行、示威的负责人和直接责任人员,处五年以下有期徒刑、拘役、管制或者剥夺政治权利。

■中华人民共和国集会游行示威法(2009 年 8 月 27 日修正)

第二条　在中华人民共和国境内举行集会、游行、示威,均适用本法。本法所称集会,是指聚集于露天公共场所,发表意见、表达意愿的活动。本法所称游行,是指在公共道路、露天公共场所列队行进、表达共同意愿的活动本法所称示威,是指在露天公共场所或者公共道路上集会、游行、静坐等方式,表达要求、抗议或者支持、声援等共同意愿的活动。文娱、体育活动,正常的宗教活动,传统的民间习俗活动,不适用本法。

第七条　举行集会、游行、示威,必须依照本法规定向主管机关提出申请并获得许可。下列活动不需申请:

(一)国家举行或者根据国家决定举行的庆祝、纪念等活动;

(二)国家机关、政党、社会团体、企业事业组织依照法律、组织章程举行的集会。

■最高人民检察院、公安部关于公安机关管辖的刑事案件立案追诉标准的规定(一)(2008 年 6 月 25 日)

第三十八条　[非法集会、游行、示威案(刑法第二百九十六条)]举行集会、游行、示威,未依照法律规定申请或者申请未获许可，或者未按照主管机关许可的起止时间、地点、路线进行，又拒不服从解散命令，严重破坏社会秩序的，应予立案追诉。

第二百九十七条　【非法携带武器、管制刀具、爆炸物参加集会、游行、示威罪】违反法律规定，携带武器、管制刀具或者爆炸物参加集会、游行、示威的，处三年以下有期徒刑、拘役、管制或者剥夺政治权利。

■最高人民检察院、公安部关于公安机关管辖的刑事案件立案追诉标准的规定（一）（2008年6月25日）

第三十九条　［非法携带武器、管制刀具、爆炸物参加集会、游行、示威案（刑法第二百九十七条）］违反法律规定，携带武器、管制刀具或者爆炸物参加集会、游行、示威的，应予立案追诉。

第二百九十八条　【破坏集会、游行、示威罪】扰乱、冲击或者以其他方法破坏依法举行的集会、游行、示威，造成公共秩序混乱的，处五年以下有期徒刑、拘役、管制或者剥夺政治权利。

■最高人民检察院、公安部关于公安机关管辖的刑事案件立案追诉标准的规定（一）（2008年6月25日）

第四十条　［破坏集会、游行、示威案（刑法第二百九十八条）］扰乱、冲击或者以其他方法破坏依法举行的集会、游行、示威，造成公共秩序混乱的，应予立案追诉。

第二百九十九条　【侮辱国旗、国徽、国歌罪】在公共场合，故意以焚烧、毁损、涂划、玷污、践踏等方式侮辱中华人民共和国国旗、国徽的，处三年以下有期徒刑、拘役、管制或者剥夺政治权利。

在公共场合，故意篡改中华人民共和国国歌歌词、曲谱，以歪曲、贬损方式奏唱国歌，或者以其他方式侮辱国歌，情节严重的，依照前款的规定处罚。（本款是根据《中华人民共和国刑法修正案（十）》增加的，自2017年11月4日起施行。）

第二百九十九条之一　【侵害英雄烈士名誉、荣誉罪】侮辱、诽谤或者以其他方式侵害英雄烈士的名誉、荣誉，损害社会公共利益，情节严重的，处三年以下有期徒刑、拘役、管制或者剥夺政治权利。（本条是根据《中华人民共和国刑法修正案（十一）》之三十五增加的，自2021年3月1日起施行。）

第三百条　【组织、利用会道门、邪教组织、利用迷信破坏法律实施罪】组织、利用会道门、邪教组织或者利用迷信破坏国家法律、行政法规实施的，处三年以上七年以下有期徒刑，并处罚金；情节特别严重的，处七年以上有期徒刑或者无期徒刑，并处罚金或者没收财产；情节较轻的，处三年以下有期徒刑、拘役、管制或者剥夺政治权利，并处或者单处罚金。

【组织、利用会道门、邪教组织、利用迷信致人重伤、死亡罪】组织、利用会道门、邪教组织或者利用迷信蒙骗他人，致人重伤、死亡的，依照前款的规定处罚。

犯第一款罪又有奸淫妇女、诈骗财物等犯罪行为的，依照数罪并罚的规定处罚。（本条是根据《中华人民共和国刑法修正案（九）》之三十三修改的，自2015年11月1日起施行。）

刑法本条原文：组织和利用会道门、邪教组织或者利用迷信破坏国家法律、行政法规实施的，处三年以上七年以下有期徒刑；情节特别严重的，处七年以上有期徒刑。

组织和利用会道门、邪教组织或者利用迷信蒙骗他人，致人死亡的，依照前款的规定处罚。

组织和利用会道门、邪教组织或者利用迷信奸淫妇女、诈骗财物的，分别依照本法第二百三十六条、第二百六十六条的规定定罪处罚。

■全国人民代表大会常务委员会关于取缔邪教组织、防范和惩治邪教活动的决定（全文）（1999年10月30日）

一、坚决依法取缔邪教组织，严厉惩治邪教组织的各种犯罪活动。邪教组织冒用宗教、气功或者其他名义,采用各种手段扰乱社会秩序,危害人民群众生命财产安全和经济发展,必须依法取缔,坚决惩治。人民法院、人民检察院和公安、国家安全、司法行政机关要各司其职,共同做好这项工作。对组织和利用邪教组织破坏国家法律、行政法规实施,聚众闹事,扰乱社会秩序,以迷信邪说蒙骗他人,致人死亡,或者奸淫妇女、诈骗财物等犯罪活动,依法予以严惩。

二、坚持教育与惩罚相结合,团结、教育绝大多数被蒙骗的群众,依法严惩极少数犯罪分子。在依法处理邪教组织的工作中,要把不明真相参与邪教活动的人同组织和利用邪教组织进行非法活动、蓄意破坏社会稳定的犯罪分子区别开来。对受蒙骗的群众不予追究。对构成犯罪的组织者、策划者、指挥者和骨干分子,坚决依法追究刑事责任;对于自首或者有立功表现的,可以依法从轻、减轻或者免除处罚。

■最高人民法院关于贯彻全国人民代表大会常务委员会《关于取缔邪教组织、防范和惩治邪教活动的决定》和“两院”司法解释的通知(1999 年 11 月 5 日)

二、依法审理组织和利用邪教组织犯罪案件,明确打击重点。各级人民法院要认真贯彻执行《决定》,按照《解释》的规定要求,严格依法办案,正确适用法律,坚决依法打击“法轮功”等邪教组织的犯罪活动。对于组织和利用邪教组织聚众围攻、冲击国家机关、企事业单位,扰乱国家机关、企事业单位的工作、生产、经营、教学和科研等秩序;非法举行集会、游行、示威,煽动、欺骗、组织其成员或者其他聚众围攻、冲击、强占、哄闹公共场所及宗教活动场所,扰乱社会秩序;出版、印刷、复制、发行宣扬邪教内容的出版物、印制邪教组织标识的,坚决依照刑法第三百条第一款的规定,以组织、利用邪教组织破坏法律实施罪定罪处罚。对于组织和利用邪教组织制造、散布迷信邪说,蒙骗其成员或者其他人实施绝食、自残、自虐等行为,或者阻止病人进行正常治疗,致人死亡的,坚决依照刑法第三百条第二款的规定,以组织、利用邪教组织致人死亡罪定罪处罚,对造成特别严重后果的,依法从重处罚。对于邪教组织以各种欺骗手段敛取钱财的,依照刑法第三百条第三款和第二百六十六条的规定,以诈骗罪定罪处罚。对于邪教组织和组织、利用邪教组织破坏法律实施的犯罪分子,以各种手段非法聚敛的财物,用于犯罪的工具、宣传品的,应当依法追缴、没收。

三、正确运用法律和政策,严格区分不同性质的矛盾。各级人民法院在审判工作中必须坚持教育与惩罚相结合,团结教育大多数被蒙骗的群众,坚决依法严惩极少数犯罪分子。在依法惩治构成犯罪的组织者、策划者、指挥者和积极参加者的同时,要注意团结大多数,教育大多数,解脱大多数。要把不明真相参与邪教活动的人同组织和利用邪教组织进行非法活动、蓄意破坏社会稳定的犯罪分子区别开来;要把一般“法轮功”练习者同极少数违法犯罪活动的策划者、组织者区别开来;要把正常的宗教信仰、合法的宗教活动同“法轮功”等邪教组织的活动区别开来。重点打击组织和利用邪教组织进行犯罪活动的组织、策划、指挥者和屡教不改的骨干分子。对有自首、立功表现的,可以依法从轻、减轻或者免除处罚;对于受蒙蔽、胁迫参加邪教组织并已退出和不再参加邪教组织活动的人员,不作为犯罪处理。

■最高人民法院、最高人民检察院关于办理组织、利用邪教组织破坏法律实施等刑事案件适用法律若干问题的解释(全文)(2017 年 2 月 1 日)

第一条　冒用宗教、气功或者以其他名义建立,神化、鼓吹首要分子,利用制造、散布迷信邪说等手段蛊惑、蒙骗他人,发展、控制成员,危害社会的非法组织,应当认定为刑法第三百条规定的“邪教组织”。

第二条　组织、利用邪教组织,破坏国家法律、行政法规实施,具有下列情形之一的,应当依照刑法第三百条第一款的规定,处三年以上七年以下有期徒刑,并处罚金:

(一)建立邪教组织,或者邪教组织被取缔后又恢复、另行建立邪教组织的;

(二)聚众包围、冲击、强占、哄闹国家机关、企业事业单位或者公共场所、宗教活动场所,扰乱社会秩序的；

（三）非法举行集会、游行、示威，扰乱社会秩序的；

（四）使用暴力、胁迫或者以其他方法强迫他人加入或者阻止他人退出邪教组织的；

（五）组织、煽动、蒙骗成员或者他人不履行法定义务的；

（六）使用“伪基站”“黑广播”等无线电台（站）或者无线电频率宣扬邪教的；

（七）曾因从事邪教活动被追究刑事责任或者二年内受过行政处罚，又从事邪教活动的；

（八）发展邪教组织成员五十人以上的；

（九）敛取钱财或者造成经济损失一百万元以上的；

（十）以货币为载体宣扬邪教，数量在五百张（枚）以上的；

（十一）制作、传播邪教宣传品，达到下列数量标准之一的：

1. 传单、喷图、图片、标语、报纸一千份（张）以上的；

2. 书籍、刊物二百五十册以上的；

3. 录音带、录像带等音像制品二百五十盒（张）以上的；

4. 标识、标志物二百五十件以上的；

5. 光盘、U盘、储存卡、移动硬盘等移动存储介质一百个以上的；

6. 横幅、条幅五十条（个）以上的。

（十二）利用通讯信息网络宣扬邪教，具有下列情形之一的：

1. 制作、传播宣扬邪教的电子图片、文章二百张（篇）以上，电子书籍、刊物、音视频五十册（个）以上，或者电子文档五百万字符以上、电子音视频二百五十分钟以上的；

2. 编发信息、拨打电话一千条（次）以上的；

3. 利用在线人数累计达到一千以上的聊天室，或者利用群组成员、关注人员等账号数累计一千以上的通讯群组、微信、微博等社交网络宣扬邪教的；

4. 邪教信息实际被点击、浏览数达到五千次以上的。

（十三）其他情节严重的情形。

第三条 组织、利用邪教组织，破坏国家法律、行政法规实施，具有下列情形之一的，应当认定为刑法第三百条第一款规定的“情节特别严重”，处七年以上有期徒刑或者无期徒刑，并处罚金或者没收财产：

（一）实施本解释第二条第一项至第七项规定的行为，社会危害特别严重的；

（二）实施本解释第二条第八项至第十二项规定的行为，数量或者数额达到第二条规定相应标准五倍以上的；

（三）其他情节特别严重的情形。

第四条 组织、利用邪教组织，破坏国家法律、行政法规实施，具有下列情形之一的，应当认定为刑法第三百条第一款规定的“情节较轻”，处三年以下有期徒刑、拘役、管制或者剥夺政治权利，并处或者单处罚金：

（一）实施本解释第二条第一项至第七项规定的行为，社会危害较轻的；

（二）实施本解释第二条第八项至第十二项规定的行为，数量或者数额达到相应标准五分之一以上的；

（三）其他情节较轻的情形。

第五条 为了传播而持有、携带，或者传播过程中被当场查获，邪教宣传品数量达到本解释第二条至第四条规定的有关标准的，按照下列情形分别处理：

（一）邪教宣传品是行为人制作的，以犯罪既遂处理；

(二)邪教宣传品不是行为人制作,尚未传播的,以犯罪预备处理;

(三)邪教宣传品不是行为人制作,传播过程中被查获的,以犯罪未遂处理;

(四)邪教宣传品不是行为人制作,部分已经传播出去的,以犯罪既遂处理,对于没有传播的部分,可以在量刑时酌情考虑。

第六条　多次制作、传播邪教宣传品或者利用通讯信息网络宣扬邪教,未经处理的,数量或者数额累计计算。

制作、传播邪教宣传品,或者利用通讯信息网络宣扬邪教,涉及不同种类或者形式的,可以根据本解释规定的不同数量标准的相应比例折算后累计计算。

第七条　组织、利用邪教组织,制造、散布迷信邪说,蒙骗成员或者他人绝食、自虐等,或者蒙骗病人不接受正常治疗,致人重伤、死亡的,应当认定为刑法第三百条第二款规定的组织、利用邪教组织"蒙骗他人,致人重伤、死亡"。

组织、利用邪教组织蒙骗他人,致一人以上死亡或者三人以上重伤的,处三年以上七年以下有期徒刑,并处罚金。

组织、利用邪教组织蒙骗他人,具有下列情形之一的,处七年以上有期徒刑或者无期徒刑,并处罚金或者没收财产:

(一)造成三人以上死亡的;

(二)造成九人以上重伤的;

(三)其他情节特别严重的情形。

组织、利用邪教组织蒙骗他人,致人重伤的,处三年以下有期徒刑、拘役、管制或者剥夺政治权利,并处或者单处罚金。

第八条　实施本解释第二条至第五条规定的行为,具有下列情形之一的,从重处罚:

(一)与境外机构、组织、人员勾结,从事邪教活动的;

(二)跨省、自治区、直辖市建立邪教组织机构、发展成员或者组织邪教活动的;

(三)在重要公共场所、监管场所或者国家重大节日、重大活动期间聚集滋事,公开进行邪教活动的;

(四)邪教组织被取缔后,或者被认定为邪教组织后,仍然聚集滋事,公开进行邪教活动的;

(五)国家工作人员从事邪教活动的;

(六)向未成年人宣扬邪教的;

(七)在学校或者其他教育培训机构宣扬邪教的。

第九条　组织、利用邪教组织破坏国家法律、行政法规实施,符合本解释第四条规定情形,但行为人能够真诚悔罪,明确表示退出邪教组织、不再从事邪教活动的,可以不起诉或者免予刑事处罚。其中,行为人系受蒙蔽、胁迫参加邪教组织的,可以不作为犯罪处理。

组织、利用邪教组织破坏国家法律、行政法规实施,行为人在一审判决前能够真诚悔罪,明确表示退出邪教组织、不再从事邪教活动的,分别依照下列规定处理:

(一)符合本解释第二条规定情形的,可以认定为刑法第三百条第一款规定的"情节较轻";

(二)符合本解释第三条规定情形的,可以不认定为刑法第三百条第一款规定的"情节特别严重",处三年以上七年以下有期徒刑,并处罚金。

第十条　组织、利用邪教组织破坏国家法律、行政法规实施过程中,又有煽动分裂国家、煽动颠覆国家政权或者侮辱、诽谤他人等犯罪行为的,依照数罪并罚的规定定罪处罚。

第十一条　组织、利用邪教组织,制造、散布迷信邪说,组织、策划、煽动、胁迫、教唆、帮助其成员或者他人实施自杀、自伤的,依照刑法第二百三十二条、第二百三十四条的规定,以故意杀人罪或者故意伤害罪定罪处罚。

第十二条　邪教组织人员以自焚、自爆或者其他危险方法危害公共安全的,依照刑法第一百一十四条、第一百一十五条的规定,以放火罪、爆炸罪、以危险方法危害公共安全罪等定罪处罚。

第十三条　明知他人组织、利用邪教组织实施犯罪,而为其提供经费、场地、技术、工具、食宿、接送等便利条件或者帮助的,以共同犯罪论处。

第十四条　对于犯组织、利用邪教组织破坏法律实施罪、组织、利用邪教组织致人重伤、死亡罪,严重破坏社会秩序的犯罪分子,根据刑法第五十六条的规定,可以附加剥夺政治权利。

第十五条　对涉案物品是否属于邪教宣传品难以确定的,可以委托地市级以上公安机关出具认定意见。

第十六条　本解释自2017年2月1日起施行。《最高人民法院、最高人民检察院关于办理组织和利用邪教组织犯罪案件具体应用法律若干问题的解释》(法释〔1999〕18号),《最高人民法院、最高人民检察院关于办理组织和利用邪教组织犯罪案件具体应用法律若干问题的解释(二)》(法释〔2001〕19号),以及《最高人民法院、最高人民检察院关于办理组织和利用邪教组织犯罪案件具体应用法律若干问题的解答》(法发〔2002〕7号)同时废止。

▽处理涉及组织和利用邪教组织的违法、犯罪活动政策界限的把握

1999年10月30日,全国人大常委会作出了《关于取缔邪教组织、防范和惩治邪教活动的决定》,最高人民法院、最高人民检察院公布的《关于办理组织和利用邪教组织犯罪案件具体应用法律若干问题的解释》,这些法律、司法解释的制定和实施对有效地打击邪教组织的违法犯罪活动起了重要的保障作用。在处理涉及法轮功邪教组织的案件时要注意掌握政策,严格区分罪与非罪的界限,坚持教育与惩罚相结合,团结、教育、解脱大多数被蒙骗的群众,依法严惩极少数犯罪分子。对于受蒙蔽、胁迫参加法轮功邪教组织的人同利用法轮功邪教组织进行蓄意破坏活动的犯罪分子区别开来,要以团结、教育为主,一般不作为犯罪处理;对组织、利用法轮功邪教组织进行犯罪活动的组织、策划、指挥者和屡教不改的积极参加者要依法惩处。[参见第73号案例,王作武非法经营案,载《刑事审判参考》总第10辑(2000年第5辑),法律出版社,第13～14页。执笔:王海波]

▽以宣扬邪教为目的或者将非法所得资助法轮功邪教组织的印制、出售宣扬法轮功邪教组织书籍、图片及出售宣扬法轮功邪教组织音像制品的行为,发生在1999年7月22日以后,应以组织、利用邪教组织破坏法律实施罪定罪处罚

印制、出售宣扬法轮功邪教组织的书籍、图片及出售宣扬法轮功邪教组织的音像制品的行为,同时触犯了刑法第二百二十五条第(三)项和刑法第三百条规定的两个罪名,属于法规竞合。所谓法规竞合,又称法条竞合,是指一个犯罪行为,因为刑事法律的错综规定,以致同时触犯数个刑事法律条文,但又只适用其中一个条文定罪处刑的情况。我国刑法中法规竞合的法律适用原则主要有:1. 特别法优于普通法;2. 全部法吸收部分法;3. 实害犯法吸收危险犯法;4. 重法优于轻法。根据特别法优于普通法、重法优于轻法的原则,发生在1999年7月22日以后的印制、出售宣扬法轮功邪教组织的书籍、图片及出售宣扬法轮功邪教组织的音像制品的行为,应以组织、利用邪教组织破坏法律实施罪定罪处罚。[参见第73号案例,王作武非法经营案,载《刑事审判参考》总第10辑(2000年第5辑),法律出版社,第29～30页。执笔:王海波]

第三百零一条　【聚众淫乱罪】聚众进行淫乱活动的,对首要分子或者多次参加的,处五年以下有期徒刑、拘役或者管制。

【引诱未成年人聚众淫乱罪】引诱未成年人参加聚众淫乱活动的,依照前款的规定从重处罚。

■最高人民检察院、公安部关于公安机关管辖的刑事案件立案追诉标准的规定（一）（2008年6月25日）

第四十一条　［聚众淫乱案（刑法第三百零一条第一款）］组织、策划、指挥三人以上进行聚众淫乱活动或者参加聚众淫乱活动三次以上的，应予立案追诉。

第四十二条［引诱未成年人聚众淫乱案（刑法第三百零一条第二款）］引诱未成年人参加聚众淫乱活动的，应予立案追诉。

第三百零二条　【盗窃、侮辱、故意毁坏尸体、尸骨、骨灰罪】盗窃、侮辱、故意毁坏尸体、尸骨、骨灰的，处三年以下有期徒刑、拘役或者管制。（本条是根据《中华人民共和国刑法修正案（九）》之三十四修改的，自2015年11月1日起施行。）

刑法本条原文：盗窃、侮辱尸体的，处三年以下有期徒刑、拘役或者管制。

□部分尸体虽已白骨化，但是坟墓并未移动，整具尸身尚未溃散，应当视为完整的尸体

被害人死后仅5个月余，其部分尸体虽已白骨化，但是坟墓并未移动，整具尸身尚未溃散，应当视为完整的尸体。行为人在迷信思想的驱使下掘坟毁尸，客观上已具侮辱尸体的行为特征，实际也以其掘坟毁尸、侮辱尸体行为，伤害了被害人亲属的感情，其行为损害了社会风俗，扰乱了公共秩序，已构成侮辱尸体罪。（参见杨德望侮辱尸体案，载《最高人民法院公报》总第62期，1999年第6期，第203页。）

第三百零三条　【赌博罪】以营利为目的，聚众赌博或者以赌博为业的，处三年以下有期徒刑、拘役或者管制，并处罚金。

【开设赌场罪】开设赌场的，处五年以下有期徒刑、拘役或者管制，并处罚金；情节严重的，处五年以上十年以下有期徒刑，并处罚金。

【组织参与国（境）外赌博罪】组织中华人民共和国公民参与国（境）外赌博，数额巨大或者有其他严重情节的，依照前款的规定处罚。（本条是根据《中华人民共和国刑法修正案（十一）》之三十六修改的，自2021年3月1日起施行。）

刑法修正案（十一）修改前本条原文：【赌博罪】以营利为目的，聚众赌博或者以赌博为业的，处三年以下有期徒刑、拘役或者管制，并处罚金。

【开设赌场罪】开设赌场的，处三年以下有期徒刑、拘役或者管制，并处罚金；情节严重的，处三年以上十年以下有期徒刑，并处罚金。（本条是根据《中华人民共和国刑法修正案（六）》之十八修改的，自2006年6月29日起施行。）

刑法本条原文：【赌博罪】以营利为目的，聚众赌博、开设赌场或者以赌博为业的，处三年以下有期徒刑、拘役或者管制，并处罚金。

■最高人民检察院、公安部关于公安机关管辖的刑事案件立案追诉标准的规定（一）（2008年6月25日）

第四十三条　［赌博案（刑法第三百零三条第一款）］以营利为目的，聚众赌博，涉嫌下列情形之一的，应予立案追诉：

（一）组织三人以上赌博，抽头渔利数额累计五千元以上的；

（二）组织三人以上赌博，赌资数额累计五万元以上的；

（三）组织三人以上赌博，参赌人数累计二十人以上的；

（四）组织中华人民共和国公民十人以上赴境外赌博，从中收取回扣、介绍费的；

（五）其他聚众赌博应予追究刑事责任的情形。

以营利为目的，以赌博为业的，应予立案追诉。

赌博犯罪中用作赌注的款物、换取筹码的款物和通过赌博赢取的款物属于赌资。通过计算机网络实施赌博犯罪的，赌资数额可以按照在计算机网络上投注或者赢取的点数乘以每一点实际代表的金额认定。

第四十四条 ［开设赌场案（刑法第三百零三条第二款）］开设赌场的，应予立案追诉。

在计算机网络上建立赌博网站，或者为赌博网站担任代理，接受投注的，属于本条规定的“开设赌场”。

■最高人民法院、最高人民检察院关于办理赌博刑事案件具体应用法律若干问题的解释（2005年5月13日）

第一条 以营利为目的，有下列情形之一的，属于刑法第三百零三条规定的“聚众赌博”：

（一）组织3人以上赌博，抽头渔利数额累计达到5000元以上的；

（二）组织3人以上赌博，赌资数额累计达到5万元以上的；

（三）组织3人以上赌博，参赌人数累计达到20人以上的；

（四）组织中华人民共和国公民10人以上赴境外赌博，从中收取回扣、介绍费的。

第二条 以营利为目的，在计算机网络上建立赌博网站，或者为赌博网站担任代理，接受投注的，属于刑法第三百零三条规定的“开设赌场”。

第三条 中华人民共和国公民在我国领域外周边地区聚众赌博、开设赌场，以吸引中华人民共和国公民为主要客源，构成赌博罪的，可以依照刑法规定追究刑事责任。

第四条 明知他人实施赌博犯罪活动，而为其提供资金、计算机网络、通讯、费用结算等直接帮助的，以赌博罪的共犯论处。

第五条 实施赌博犯罪，有下列情形之一的，依照刑法第三百零三条的规定从重处罚：

（一）具有国家工作人员身份的；

（二）组织国家工作人员赴境外赌博的；

（三）组织未成年人参与赌博，或者开设赌场吸引未成年人参与赌博的。

第八条 赌博犯罪中用作赌注的款物、换取筹码的款物和通过赌博赢取的款物属于赌资。通过计算机网络实施赌博犯罪的，赌资数额可以按照在计算机网络上投注或者赢取的点数乘以每一点实际代表的金额认定。

赌资应当依法予以追缴；赌博用具、赌博违法所得以及赌博犯罪分子所有的专门用于赌博的资金、交通工具、通讯工具等，应当依法予以没收。

第九条 不以营利为目的，进行带有少量财物输赢的娱乐活动，以及提供棋牌室等娱乐场所只收取正常的场所和服务费用的经营行为等，不以赌博论处。

■最高人民法院、最高人民检察院、公安部关于办理网络赌博犯罪案件适用法律若干问题的意见（全文）（2010年8月31日）

一、关于网上开设赌场犯罪的定罪量刑标准

利用互联网、移动通讯终端等传输赌博视频、数据，组织赌博活动，具有下列情形之一的，属于刑法第三百零三条第二款规定的“开设赌场”行为：

（一）建立赌博网站并接受投注的；

（二）建立赌博网站并提供给他人组织赌博的；

（三）为赌博网站担任代理并接受投注的；

（四）参与赌博网站利润分成的。

实施前款规定的行为，具有下列情形之一的，应当认定为刑法第三百零三条第二款规定的“情节严重”：

（一）抽头渔利数额累计达到3万元以上的；

（二）赌资数额累计达到30万元以上的；

（三）参赌人数累计达到120人以上的；

(四)建立赌博网站后通过提供给他人组织赌博,违法所得数额在3万元以上的;

(五)参与赌博网站利润分成,违法所得数额在3万元以上的;

(六)为赌博网站招募下级代理,由下级代理接受投注的;

(七)招揽未成年人参与网络赌博的;

(八)其他情节严重的情形。

二、关于网上开设赌场共同犯罪的认定和处罚

明知是赌博网站,而为其提供下列服务或者帮助的,属于开设赌场罪的共同犯罪,依照刑法第三百零三条第二款的规定处罚:

(一)为赌博网站提供互联网接入、服务器托管、网络存储空间、通讯传输通道、投放广告、发展会员、软件开发、技术支持等服务,收取服务费数额在2万元以上的;

(二)为赌博网站提供资金支付结算服务,收取服务费数额在1万元以上或者帮助收取赌资20万元以上的;

(三)为10个以上赌博网站投放与网址、赔率等信息有关的广告或者为赌博网站投放广告累计100条以上的。

实施前款规定的行为,数量或者数额达到前款规定标准5倍以上的,应当认定为刑法第三百零三条第二款规定的"情节严重"。

实施本条第一款规定的行为,具有下列情形之一的,应当认定行为人"明知",但是有证据证明确实不知道的除外:

(一)收到行政主管机关书面等方式的告知后,仍然实施上述行为的;

(二)为赌博网站提供互联网接入、服务器托管、网络存储空间、通讯传输通道、投放广告、软件开发、技术支持、资金支付结算等服务,收取服务费明显异常的;

(三)在执法人员调查时,通过销毁、修改数据、账本等方式故意规避调查或者向犯罪嫌疑人通风报信的;

(四)其他有证据证明行为人明知的。

如果有开设赌场的犯罪嫌疑人尚未到案,但是不影响对已到案共同犯罪嫌疑人、被告人的犯罪事实认定的,可以依法对已到案者定罪处罚。

三、关于网络赌博犯罪的参赌人数、赌资数额和网站代理的认定

赌博网站的会员账号数可以认定为参赌人数,如果查实一个账号多人使用或者多个账号一人使用的,应当按照实际使用的人数计算参赌人数。

赌资数额可以按照在网络上投注或者赢取的点数乘以每一点实际代表的金额认定。

对于将资金直接或间接兑换为虚拟货币、游戏道具等虚拟物品,并用其作为筹码投注的,赌资数额按照购买该虚拟物品所需资金数额或者实际支付资金数额认定。

对于开设赌场犯罪中用于接收、流转赌资的银行账户内的资金,犯罪嫌疑人、被告人不能说明合法来源的,可以认定为赌资。向该银行账户转入、转出资金的银行账户数量可以认定为参赌人数。如果查实一个账户多人使用或多个账户一人使用的,应当按照实际使用的人数计算参赌人数。

有证据证明犯罪嫌疑人在赌博网站上的账号设置有下级账号的,应当认定其为赌博网站的代理。

■最高人民法院、最高人民检察院、公安部关于办理利用赌博机开设赌场案件适用法律若干问题的意见(2014年3月26日)

一、关于利用赌博机组织赌博的性质认定

设置具有退币、退分、退钢珠等赌博功能的电子游戏设施设备,并以现金、有价证券等贵重款物作为奖品,或者以回购奖品方式给予他人现金、有价证券等贵重款物(以下简称设置赌博机)组织赌博活

动的，应当认定为刑法第三百零三条第二款规定的“开设赌场”行为。

二、关于利用赌博机开设赌场的定罪处罚标准

设置赌博机组织赌博活动，具有下列情形之一的，应当按照刑法第三百零三条第二款规定的开设赌场罪定罪处罚：

（一）设置赌博机10台以上的；

（二）设置赌博机2台以上，容留未成年人赌博的；

（三）在中小学校附近设置赌博机2台以上的；

（四）违法所得累计达到5000元以上的；

（五）赌资数额累计达到5万元以上的；

（六）参赌人数累计达到20人以上的；

（七）因设置赌博机被行政处罚后，两年内再设置赌博机5台以上的；

（八）因赌博、开设赌场犯罪被刑事处罚后，五年内再设置赌博机5台以上的；

（九）其他应当追究刑事责任的情形。

设置赌博机组织赌博活动，具有下列情形之一的，应当认定为刑法第三百零三条第二款规定的“情节严重”：

（一）数量或者数额达到第二条第一款第一项至第六项规定标准六倍以上的；

（二）因设置赌博机被行政处罚后，两年内再设置赌博机30台以上的；

（三）因赌博、开设赌场犯罪被刑事处罚后，五年内再设置赌博机30台以上的；

（四）其他情节严重的情形。

可同时供多人使用的赌博机，台数按照能够独立供一人进行赌博活动的操作基本单元的数量认定。

在两个以上地点设置赌博机，赌博机的数量、违法所得、赌资数额、参赌人数等均合并计算。

三、关于共犯的认定

明知他人利用赌博机开设赌场，具有下列情形之一的，以开设赌场罪的共犯论处：

（一）提供赌博机、资金、场地、技术支持、资金结算服务的；

（二）受雇参与赌场经营管理并分成的；

（三）为开设赌场者组织客源，收取回扣、手续费的；

（四）参与赌场管理并领取高额固定工资的；

（五）提供其他直接帮助的。

五、关于赌资的认定

本意见所称赌资包括：

（一）当场查获的用于赌博的款物；

（二）代币、有价证券、赌博积分等实际代表的金额；

（三）在赌博机上投注或赢取的点数实际代表的金额。

六、关于赌博机的认定

对于涉案的赌博机，公安机关应当采取拍照、摄像等方式及时固定证据，并予以认定。对于是否属于赌博机难以确定的，司法机关可以委托地市级以上公安机关出具检验报告。司法机关根据检验报告，并结合案件具体情况作出认定。必要时，人民法院可以依法通知检验人员出庭作出说明。

七、关于宽严相济刑事政策的把握办理利用赌博机开设赌场的案件，应当贯彻宽严相济刑事政策，重点打击赌场的出资者、经营者。对受雇佣为赌场从事接送参赌人员、望风看场、发牌坐庄、兑换筹码等活动的人员，除参与赌场利润分成或者领取高额固定工资的以外，一般不追究刑事责任，可由公安机

关依法给予治安管理处罚。对设置游戏机,单次换取少量奖品的娱乐活动,不以违法犯罪论处。

八、关于国家机关工作人员渎职犯罪的处理

负有查禁赌博活动职责的国家机关工作人员,徇私枉法,包庇、放纵开设赌场违法犯罪活动,或者为违法犯罪分子通风报信、提供便利、帮助犯罪分子逃避处罚,构成犯罪的,依法追究刑事责任。

国家机关工作人员参与利用赌博机开设赌场犯罪的,从重处罚。

■最高人民法院、最高人民检察院、公安部办理跨境赌博犯罪案件若干问题的意见(全文)(2020年10月16日)

一、总体要求

近年来,境外赌场和网络赌博集团对我国公民招赌吸赌问题日益突出,跨境赌博违法犯罪活动日益猖獗,严重妨碍社会管理秩序,引发多种犯罪,严重危害我国经济安全和社会稳定。与此同时,互联网领域黑灰产业助推传统赌博和跨境赌博犯罪向互联网迁移,跨境网络赌博违法犯罪活动呈高发态势,严重威胁人民群众人身财产安全和社会公共安全。人民法院、人民检察院、公安机关要针对跨境赌博犯罪特点,充分发挥职能作用,贯彻宽严相济刑事政策,准确认定赌博犯罪行为,严格依法办案,依法从严从快惩处,坚决有效遏制跨境赌博犯罪活动,努力实现政治效果、法律效果、社会效果的高度统一。

二、关于跨境赌博犯罪的认定

(一)以营利为目的,有下列情形之一的,属于刑法第三百零三条第二款规定的“开设赌场”:

1. 境外赌场经营人、实际控制人、投资人,组织、招揽中华人民共和国公民赴境外赌博的;

2. 境外赌场管理人员,组织、招揽中华人民共和国公民赴境外赌博的;

3. 受境外赌场指派、雇佣,组织、招揽中华人民共和国公民赴境外赌博,或者组织、招揽中华人民共和国公民赴境外赌博,从赌场获取费用、其他利益的;

4. 在境外赌场包租赌厅、赌台,组织、招揽中华人民共和国公民赴境外赌博的;

5. 其他在境外以提供赌博场所、提供赌资、设定赌博方式等,组织、招揽中华人民共和国公民赴境外赌博的。

在境外赌场通过开设账户、洗码等方式,为中华人民共和国公民赴境外赌博提供资金担保服务的,以“开设赌场”论处。

(二)以营利为目的,利用信息网络、通讯终端等传输赌博视频、数据,组织中华人民共和国公民跨境赌博活动,有下列情形之一的,属于刑法第三百零三条第二款规定的“开设赌场”:

1. 建立赌博网站、应用程序并接受投注的;

2. 建立赌博网站、应用程序并提供给他人组织赌博的;

3. 购买或者租用赌博网站、应用程序,组织他人赌博的;

4. 参与赌博网站、应用程序利润分成的;

5. 担任赌博网站、应用程序代理并接受投注的;

6. 其他利用信息网络、通讯终端等传输赌博视频、数据,组织跨境赌博活动的。

(三)组织、招揽中华人民共和国公民赴境外赌博,从参赌人员中获取费用或者其他利益的,属于刑法第三百零三条第一款规定的“聚众赌博”。

(四)跨境开设赌场犯罪定罪处罚的数量或者数额标准,参照适用《关于办理赌博刑事案件具体应用法律若干问题的解释》《关于办理利用赌博机开设赌场案件适用法律若干问题的意见》和《关于办理网络赌博犯罪案件适用法律若干问题的意见》的有关规定。

三、关于跨境赌博共同犯罪的认定

(一)三人以上为实施开设赌场犯罪而组成的较为固定的犯罪组织,应当依法认定为赌博犯罪集团。对组织、领导犯罪集团的首要分子,按照集团所犯的全部罪行处罚。对犯罪集团中组织、指挥、策划者和骨干分子,应当依法从严惩处。

(二)明知他人实施开设赌场犯罪,为其提供场地、技术支持、资金、资金结算等服务的,以开设赌场罪的共犯论处。

(三)明知是赌博网站、应用程序,有下列情形之一的,以开设赌场罪的共犯论处:

1. 为赌博网站、应用程序提供软件开发、技术支持、互联网接入、服务器托管、网络存储空间、通讯传输通道、广告投放、会员发展、资金支付结算等服务的;

2. 为赌博网站、应用程序担任代理并发展玩家、会员、下线的。

为同一赌博网站、应用程序担任代理,既无上下级关系,又无犯意联络的,不构成共同犯罪。

(四)对受雇佣为赌场从事接送参赌人员、望风看场、发牌坐庄、兑换筹码、发送宣传广告等活动的人员及赌博网站、应用程序中与组织赌博活动无直接关联的一般工作人员,除参与赌场、赌博网站、应用程序利润分成或者领取高额固定工资的外,可以不追究刑事责任,由公安机关依法给予治安管理处罚。

四、关于跨境赌博关联犯罪的认定

(一)使用专门工具、设备或者其他手段诱使他人参赌,人为控制赌局输赢,构成犯罪的,依照刑法关于诈骗犯罪的规定定罪处罚。

网上开设赌场,人为控制赌局输赢,或者无法实现提现,构成犯罪的,依照刑法关于诈骗犯罪的规定定罪处罚。部分参赌者赢利、提现不影响诈骗犯罪的认定。

(二)通过开设赌场或者为国家工作人员参与赌博提供资金的形式实施行贿、受贿行为,构成犯罪的,依照刑法关于贿赂犯罪的规定定罪处罚。同时构成赌博犯罪的,应当依法与贿赂犯罪数罪并罚。

(三)实施跨境赌博犯罪,同时构成组织他人偷越国(边)境、运送他人偷越国(边)境、偷越国(边)境罪等罪的,应当依法数罪并罚。

(四)实施赌博犯罪,为强行索要赌债,实施故意杀人、故意伤害、非法拘禁、故意毁坏财物、寻衅滋事等行为,构成犯罪的,应当依法数罪并罚。

(五)为赌博犯罪提供资金、信用卡、资金结算等服务,构成赌博犯罪共犯,同时构成非法经营罪、妨害信用卡管理罪、窃取、收买、非法提供信用卡信息罪、掩饰、隐瞒犯罪所得、犯罪收益罪等罪的,依照处罚较重的规定定罪处罚。

为网络赌博犯罪提供互联网接入、服务器托管、网络存储、通讯传输等技术支持,或者提供广告推广、支付结算等帮助,构成赌博犯罪共犯,同时构成非法利用信息网络罪、帮助信息网络犯罪活动罪等罪的,依照处罚较重的规定定罪处罚。

为实施赌博犯罪,非法获取公民个人信息,或者向实施赌博犯罪者出售、提供公民个人信息,构成赌博犯罪共犯,同时构成侵犯公民个人信息罪的,依照处罚较重的规定定罪处罚。

五、关于跨境赌博犯罪赌资数额的认定及处理

赌博犯罪中用作赌注的款物、换取筹码的款物和通过赌博赢取的款物属于赌资。

通过网络实施开设赌场犯罪的,赌资数额可以依照开设赌场行为人在其实际控制账户内的投注金额,结合其他证据认定;如无法统计,可以按照查证属实的参赌人员实际参赌的资金额认定。

对于将资金直接或者间接兑换为虚拟货币、游戏道具等虚拟物品,并用其作为筹码投注的,赌资数额按照购买该虚拟物品所需资金数额或者实际支付资金数额认定。

对于开设赌场犯罪中主要用于接收、流转赌资的银行账户内的资金,犯罪嫌疑人、被告人不能说明合法来源的,可以认定为赌资。

公安机关、人民检察院已查封、扣押、冻结的赌资、赌博用具等涉案财物及孳息,应当制作清单。人民法院对随案移送的涉案财物,依法予以处理。赌资应当依法予以追缴。赌博违法所得、赌博用具以及赌博犯罪分子所有的专门用于赌博的财物等,应当依法予以追缴、没收。

六、关于跨境赌博犯罪案件的管辖

(一)跨境赌博犯罪案件一般由犯罪地公安机关立案侦查，由犯罪嫌疑人居住地公安机关立案侦查更为适宜的，可以由犯罪嫌疑人居住地公安机关立案侦查。犯罪地包括犯罪行为发生地和犯罪结果发生地。

跨境网络赌博犯罪地包括用于实施赌博犯罪行为的网络服务使用的服务器所在地，网络服务提供者所在地，犯罪嫌疑人、参赌人员使用的网络信息系统所在地，犯罪嫌疑人为网络赌博犯罪提供帮助的犯罪地等。

(二)多个公安机关都有权立案侦查的跨境赌博犯罪案件，由最初受理的公安机关或者主要犯罪地公安机关立案侦查。有争议的，应当按照有利于查清犯罪事实、有利于诉讼的原则，协商解决。经协商无法达成一致的，由共同上级公安机关指定有关公安机关立案侦查。

在境外实施的跨境赌博犯罪案件，由公安部商最高人民检察院和最高人民法院指定管辖。

(三)具有下列情形之一的，有关公安机关可以在其职责范围内并案侦查：

1. 一人犯数罪的；

2. 共同犯罪的；

3. 共同犯罪的犯罪嫌疑人实施其他犯罪的；

4. 多个犯罪嫌疑人实施的犯罪存在直接关联，并案处理有利于查明案件事实的。

(四)部分犯罪嫌疑人在逃，但不影响对已到案共同犯罪嫌疑人、被告人的犯罪事实认定的，可以依法先行追究已到案共同犯罪嫌疑人、被告人的刑事责任。

已确定管辖的跨境赌博共同犯罪案件，在逃的犯罪嫌疑人、被告人归案后，一般由原管辖的公安机关、人民检察院、人民法院管辖。

七、关于跨境赌博犯罪案件证据的收集和审查判断

(一)公安机关、人民检察院、人民法院在办理跨境赌博犯罪案件中应当注意对电子证据的收集、审查判断。公安机关应当遵守法定程序，遵循有关技术标准，全面、客观、及时收集、提取电子证据；人民检察院、人民法院应当围绕真实性、合法性、关联性审查判断电子证据。

公安机关、人民检察院、人民法院收集、提取、固定、移送、展示、审查、判断电子证据应当严格依照《最高人民法院、最高人民检察院、公安部关于办理刑事案件收集提取和审查判断电子数据若干问题的规定》《最高人民法院、最高人民检察院、公安部关于办理网络犯罪案件适用刑事诉讼程序若干问题的意见》的规定进行。

(二)公安机关采取技术侦查措施收集的证据材料，能够证明案件事实的，应当随案移送，并移送批准采取技术侦查措施的法律文书。

(三)依照国际条约、刑事司法协助、互助协议或者平等互助原则，请求证据材料所在地司法机关收集，或者通过国际警务合作机制、国际刑警组织启动合作取证程序收集的境外证据材料，公安机关应当对其来源、提取人、提取时间或者提供人、提供时间以及保管移交的过程等作出说明。

当事人及其辩护人、诉讼代理人提供的来自境外的证据材料，该证据材料应当经所在国公证机关证明，所在国中央外交主管机关或者其授权机关认证，并经我国驻该国使、领馆认证。未经证明、认证的，不能作为证据使用。

来自境外的证据材料，能够证明案件事实且符合刑事诉讼法及相关规定的，经查证属实，可以作为定案的根据。

八、关于跨境赌博犯罪案件宽严相济刑事政策的运用

人民法院、人民检察院、公安机关要深刻认识跨境赌博犯罪的严重社会危害性，正确贯彻宽严相济刑事政策，运用认罪认罚从宽制度，充分发挥刑罚的惩治和预防功能。对实施跨境赌博犯罪活动的被

告人，应当在全面把握犯罪事实和量刑情节的基础上，依法从严惩处，并注重适用财产刑和追缴、没收等财产处置手段，最大限度剥夺被告人再犯的能力。

（一）实施跨境赌博犯罪，有下列情形之一的，酌情从重处罚：

1. 具有国家工作人员身份的；

2. 组织国家工作人员赴境外赌博的；

3. 组织、胁迫、引诱、教唆、容留未成年人参与赌博的；

4. 组织、招揽、雇佣未成年人参与实施跨境赌博犯罪的；

5. 采用限制人身自由等手段强迫他人赌博或者结算赌资，尚不构成其他犯罪的；

6. 因赌博活动致 1 人以上死亡、重伤或者 3 人以上轻伤，或者引发其他严重后果，尚不构成其他犯罪的；

7. 组织、招揽中华人民共和国公民赴境外多个国家、地区赌博的；

8. 因赌博、开设赌场曾被追究刑事责任或者二年内曾被行政处罚的。

（二）对于具有赌资数额大、共同犯罪的主犯、曾因赌博犯罪行为被追究刑事责任、悔罪表现不好等情形的犯罪嫌疑人、被告人，一般不适用不起诉、免予刑事处罚、缓刑。

（三）对实施赌博犯罪的被告人，应当加大财产刑的适用。对被告人并处罚金时，应当根据其在赌博犯罪中的地位作用、赌资、违法所得数额等情节决定罚金数额。

（四）犯罪嫌疑人、被告人提供重要证据，对侦破、查明重大跨境赌博犯罪案件起关键作用，经查证属实的，可以根据案件具体情况，依法从宽处理。

■最高人民法院关于对设置圈套诱骗他人参赌又向索还钱财的受骗者施以暴力或暴力威胁的行为应如何定罪问题的批复（全文）（1995 年 11 月 6 日）

行为人设置圈套诱骗他人参赌获取钱财，属赌博行为，构成犯罪的，应当以赌博罪定罪处罚。参赌者识破骗局要求退还所输钱财，设赌者又使用暴力或者以暴力相威胁，拒绝退还的，应以赌博罪从重处罚；致参赌者伤害或者死亡的，应以赌博罪和故意伤害罪或者故意杀人罪，依法实行数罪并罚。

■最高人民法院、最高人民检察院、公安部关于开展集中打击赌博违法犯罪活动专项行动有关工作的通知（2005 年 1 月 10 日）

对以营利为目的聚众赌博、开设赌场的，无论其是否参与赌博，均应以赌博罪追究刑事责任；对以营利为目的以赌博为业的，无论其是否实际营利，也应以赌博罪追究刑事责任。对通过在中国领域内设立办事处、代表处或者散发广告等形式，招揽、组织中国公民赴境外赌博，构成犯罪的，以赌博罪定罪处罚。对具有教唆他人赌博、组织未成年人聚众赌博或者开设赌场吸引未成年人参与赌博以及国家工作人员犯赌博罪等情形的，应当依法从严处理。对实施贪污、挪用公款、职务侵占、挪用单位资金、挪用特定款物、受贿等犯罪，并将犯罪所得的款物用于赌博的，分别依照刑法有关规定从重处罚；同时构成赌博罪的，应依照刑法规定实行数罪并罚。要充分运用没收财产、罚金等财产刑，以及追缴违法所得、没收用于赌博的本人财物和犯罪工具等措施，从经济上制裁犯罪分子，铲除赌博犯罪行为的经济基础。要坚持惩办与宽大相结合的刑事政策，区别对待，宽严相济，最大限度地分化瓦解犯罪分子。对主动投案自首或者有检举、揭发赌博违法犯罪活动等立功表现的，可依法从宽处罚。

要严格区分赌博违法犯罪活动与群众正常文娱活动的界限，对不以营利为目的，进行带有少量财物输赢的娱乐活动，以及提供棋牌室等娱乐场所并只收取固定的场所和服务费用的经营行为等，不得以赌博论处。

▼上海市高级人民法院、上海市人民检察院关于本市办理赌博犯罪案件适用法律若干问题的意见（全文）（2005 年 5 月 16 日）

一、根据刑法第三百零三条的规定，构成赌博犯罪的，必须是聚众赌博、开设赌场、以赌博为常业的。赌博犯罪的主要危害性是扰乱社会管理秩序和社会风尚,诱发其他犯罪。因此,开展集中打击赌博违法犯罪活动专项行动,重点打击的对象是聚众赌博、开设赌场的组织者,包括赌博网站的开办者、经营者;境外赌场、赌博(博彩)公司、赌博网站在境内的代理人以及参与赌博犯罪的党员领导干部、国家公职人员、国有企事业单位负责人,上列人员构成赌博犯罪的,依法应当追究刑事责任。对于参与赌博活动的一般人员,可不以犯罪论处,由行政机关给予相应的处理。

二、有下列情形之一的,属于刑法第三百零三条规定的"聚众赌博":

(一)组织3人以上参与赌博,抽头渔利数额累计达到五千元以上的;

(二)组织3人以上参与赌博,赌资数额累计达到五万元以上的;

(三)组织3人以上赌博,参赌人数累计达到20人以上的;

(四)组织我国公民10人以上赴境外赌博的。

三、有下列情形之一的,属于刑法第三百零三条规定的"开设赌场":

(一)以营利为目的,设立、承包、租赁专门用于赌博活动的场所,提供赌博用具的;

(二)以营利为目的,在计算机网络上建立赌博网站,或者为赌博网站担任代理,接受投注3人以上的。

四、构成赌博犯罪,必须是以营利为目的,实际上是否获利,不影响认定主观目的。为抽头渔利、收取回扣或介绍费而聚众赌博的;为获取非法收益开设赌场的;以赌博所得为生活或者收入主要来源的,均可认定为"以营利为目的"。

五、明知他人实施赌博犯罪活动,实施下列直接帮助行为的,以赌博罪共犯论处:

(一)明知他人聚众赌博、开设赌场,而为其提供资金、场所、经营管理、计算机网络、通讯等帮助的;

(二)明知他人从事赌博活动,而多次或向多人提供赌资,从中渔利达五千元以上,或者提供赌资达五万元以上,或者具有其他严重情节,且接受赌资者已构成赌博罪的;

(三)实施操盘、配码等与赌博直接相关行为,情节严重的。

行为人虽然参与他人聚众赌博、开设赌场等赌博活动,但非聚众赌博和开设赌场的组织者、经营者,主要从事接送、餐饮服务、望风等辅助活动,从中领取工资报酬且情节轻微的,可不以赌博罪共犯论处,由公安机关予以行政处理;构成其他犯罪的,依法追究刑事责任。

六、未经国家批准擅自发行、销售彩票,构成犯罪的,以非法经营罪定罪处罚。

七、利用互联网实施赌博犯罪的案件,赌博网站服务器所在地,被告人对赌博网站实施经营、管理地,投注行为所在地,均可视为犯罪地。

八、实施赌博犯罪,具有下列情形之一的,依照刑法第三百零三条的规定从重处罚:

(一)具有国家工作人员身份的;

(二)明知是国家工作人员而组织其参与赌博或者开设赌场吸引其参与赌博的;

(三)明知是未成年人而组织其参与赌博或者开设赌场吸引其参与赌博的。

九、办理赌博犯罪案件,要依法加大罚金刑适用力度,对于查获的赌资应当予以追缴,赌博用具和犯罪分子所有的用于赌博犯罪的财物和违法所得应当予以没收。

十、本意见自下发之日起施行。司法解释对赌博犯罪另有其他规定的,按规定执行。

●邀请人员加入微信群的方式招揽赌客,设定赌博规则,属于刑法规定的"开设赌场"

以营利为目的,通过邀请人员加入微信群的方式招揽赌客,根据竞猜游戏网站的开奖结果等方式进行赌博,设定赌博规则,利用微信群进行控制管理,在一段时间内持续组织网络赌博活动的,属于刑法第三百零三条第二款规定的"开设赌场"。(参见最高人民法院第20批指导性案例105号,洪小强、洪礼沃、洪清泉、李志荣开设赌场案,2018年12月25日发布。)

●邀请人员加入微信群，利用微信群进行控制管理，以抢红包方式进行赌博，属于刑法规定的"开设赌场"

以营利为目的，通过邀请人员加入微信群，利用微信群进行控制管理，以抢红包方式进行赌博，在一段时间内持续组织赌博活动的行为，属于刑法第三百零三条第二款规定的"开设赌场"。（参见最高人民法院第20批指导性案例106号，谢检军、高垒、高尔樵、杨泽彬开设赌场案，2018年12月25日发布。）

●以"二元期权"交易名义开设赌场罪的认定

以"二元期权"交易的名义，在法定期货交易场所之外利用互联网招揽"投资者"，以未来某段时间外汇品种的价格走势为交易对象，按照"买涨""买跌"确定盈亏，买对涨跌方向的"投资者"得利，买错的本金归网站（庄家）所有，盈亏结果不与价格实际涨跌幅度挂钩的，本质是"押大小、赌输赢"，是披着期权交易外衣的赌博行为。对相关网站应当认定为赌博网站。（参见最高人民法院第26批指导性案例146号，陈庆豪、陈淑娟、赵延海开设赌场案，2020年12月29日发布。）

□在法定期货交易场所之外利用互联网招揽"投资者"，盈亏结果不与价格实际涨跌幅度挂钩的，本质是"押大小、赌输赢"，是披着期权交易外衣的赌博行为

一、未经国务院或证监会批准，游离于监管部门监督管理之外，在法定期货交易场所之外利用互联网招揽投资者，冠以"期权"的交易，属于非法期权交易。

二、交易不以真实的资产为标的，也不以行使、转移或放弃行使权利为内容，仅以未来某段时间外汇品种的价格走势为交易对象，以"买涨"、"买跌"形式确定盈亏，盈亏结果与价格实际涨跌幅度不挂钩，交易结果具有偶然性、投机性和射幸性，其实质是网络平台与投资者之间的对赌，属于赌博行为。

三、明知是赌博网站，仍提供投放广告、发展会员等服务，以及以营利为目的，采用发展会员的方式，为赌博网站担任代理并接受投注的行为，构成开设赌场罪。（参见江西省吉安市人民检察院诉陈庆豪、陈淑娟、赵延海开设赌场案，载《最高人民法院公报》2020年第12期。）

▽开设赌场的犯罪中不参与"分红"，仅领取报酬而实施帮助行为的人应当构成赌博罪的共犯

在网络赌博犯罪中，赌博网站的代理人所实施的赌博犯罪行为一般都是"开设赌场"的行为。在"开设赌场"型的网络赌博犯罪中共同犯罪是一种常见现象，赌博网站的代理人常常对相关人员进行了分工。对开设赌场的赌博犯罪团伙中所有对赌博犯罪起作用的人员追究刑事责任应当区别对待，对于那些在赌博犯罪团伙中，对从事开设赌场的犯罪起着直接的、必不可少的作用的人员应当依法追究刑事责任；对于那些对开设赌场犯罪无足轻重的人员可以不追究刑事责任。受赌博犯罪组织者雇用，为犯罪分子提供后勤保障的服务人员或者偶尔几次为赌博犯罪分子提供帮助的人员等对开设赌场犯罪无足轻重的人员，情节显著轻微的，一般不追究其刑事责任。共同犯罪是一个整体，在多数情况下各犯罪参与人的犯罪主观方面的内容是一致的，其犯罪目的是相同的；但是，也存在共同犯罪人的犯罪主观方面不一致的情况，特别是犯罪目的不相同的情况更为常见。对于一般的故意犯罪来说，共同犯罪人的犯罪目的不同并不影响犯罪行为性质的认定；但是，就目的犯罪而言，共同犯罪人在犯罪目的不同的情况下不影响对行为性质的认定，只要正犯的犯罪目的明确，即使其他共犯的犯罪目的不同也不影响犯罪行为性质的认定。因为，共同犯罪作为一个犯罪整体，正犯的行为及主观方面决定了犯罪行为的类型，共犯只要明知正犯的行为性质及主观意图并实施了帮助行为，就可以构成正犯所犯之罪。所以，本案四行为人在行为人开设赌场的赌博犯罪中只领取"工资"，不参与赌博盈利分红，他们在主观上虽没有"以营利为目的"，但仍具备赌博犯罪构成要件，应以赌博罪论处。[参见第351号案例，陈宝林等赌博案，载《刑事审判参考》总第44集（2005年第3集），法律出版社，第88~89页。执笔：任志中]

▽网络赌博中"开设赌场"的认定

开设赌场是指为了营利而开设赌场，即行为人为赌徒提供场所、赌具、筹码等多种有偿服务，营运商业性赌场。但在网络赌博犯罪中开设赌场的行为与传统赌博犯罪中开设赌场的行为相差十分显著，开设网络赌博场所的行为有三种形式：一是以营利为目的，在计算机网络上建立赌博网站，招引赌博客户或通过发展赌博代理人招引赌博客户，接受投注的行为，这种行为人一般是赌博网站的股东及其经营者；二是以营利为目的，为赌博网站充当地区代理人招引赌博客户或通过发展下级代理人招引赌博客户，接受投注的行为，这种行为人一般是赌博网站的地区代理人；三是以营利为目的，充当赌博网站地区代理人的下级代理人通过发展下级代理人招引赌博客户或同时自己招引赌博客户，接受投注的行为，这种行为人往往是地区代理人的下级代理人。根据刑法的规定结合网络赌博犯罪的实际情况，在网络赌博犯罪中所谓"开设赌场"是指以营利为目的，在计算机网络上建立赌博网站，招引赌博客户或通过发展网络赌博代理人招引赌博客户，接受投注的；或者为赌博网站充当地区代理人招引赌博客户或通过发展下级代理人招引赌博客户，接受投注的；或者充当赌博网站地区代理人的下级代理人通过发展下级代理人招引赌博客户或同时招引赌博客户，接受投注的。将上述第三种行为认定为"开设赌场"的行为与最高人民法院、最高人民检察院《关于办理赌博刑事案件具体应用法律若干问题的解释》第二条"以营利为目的，在计算机网络上建立赌博网站，或者为赌博网站担任代理，接受投注的，属于刑法第三百零三条规定的'开设赌场'"的精神也是相符的。因为第三种"开设赌场"的行为人，表面上看是为赌博网站的地区代理人充当下级代理人，但是实质上该行为人本质上还是为赌博网站充当代理人，只不过中间介入了地区代理人一定程度的管理行为。在网络赌博犯罪中"开设赌场"的前两种行为与"聚众赌博"行为的区分是明显的，第三种"开设赌场"的行为与"聚众赌博"行为的区分不是十分明显。"聚众赌博"行为与"开设赌场"行为的区别在于行为人是否发展了下级代理人，如果行为人只是充当赌博网站地区代理人的下级代理人，通过提供赌博网站的账户和密码招引赌博客户，没有再发展下级代理人的，其行为就应当认定为"聚众赌博"行为。如果不作此区分，那么在网络赌博中就没有"聚众赌博"行为存在的余地。[参见第351号案例，陈宝林等赌博案，载《刑事审判参考》总第44集(2005年第3集)，法律出版社，第89~91页。执笔：任志中]

▽在内地利用香港"六合彩"开奖信息，在庄家与投注者之间进行竞猜对赌的行为，构成赌博罪

三被告人以营利为目的，利用香港"六合彩"开奖信息进行聚众赌博，涉赌金额达68万余元，其行为构成赌博罪，应以赌博罪追究三被告人的刑事责任。利用"六合彩"信息在庄家与参赌者之间进行竞猜对赌，庄家与香港赛马会之间无关联的行为，不属于非法发行、销售彩票的非法经营行为，而是一种赌博行为。

(一)利用"六合彩"信息相互竞猜，以财物下注赌输赢的行为，不属于非法发售彩票的行为。发行、销售彩票与传统的赌博行为有一定的区别，最本质的一个区别在于资金所有权转换的方向不同。正规渠道发行彩票筹集的资金使用是一次有利于社会的再分配：据统计，彩票销售金额的50%左右用于返奖，其余35%左右是政府收入，用于社会公益事业，余者是发行费用；而赌博的赌资则全部为庄家或其他参赌人员所瓜分。非法发行、销售彩票的行为人与赌博行为人所获取的利益来源不同：前者是通过发行、销售彩票，取得除返奖、发行费用后的余额；赌博者的非法获利则是其借助运气、技巧等因素获取对方的钱财，不存在返奖、发行销售费用等开支，这是赌博者非法营利的来源。因彩票的发行涉及面广，数额巨大，且与赌博有相当的类似之处，但适度规范的彩票市场又是一种有利于社会的再分配。因此，在我国内地，国家将发行、销售彩票纳入专营范围，进行规范管理，未经审批擅自发行、销售彩票的行为，必然扰乱国家对彩票发行、销售的正常管理秩序。因此，2005年5月11日最高人民法院、最高人民检察院联合出台的《关于办理赌博刑事案件具体应用法律若干问题的解释》(本附文以下简称《解释》)将这种行为，包括擅自发行、销售香港"六合彩"，构成犯罪的，以非法经营罪定罪处罚。但并非所有利用"六合彩"信息敛财的行为构成犯罪的，都以非法经营罪处理。例如，他人利用"六合彩"的中奖号码进行竞猜，并不与"六合彩"经营机构之间存在关联的行为，就不是一种非法发售彩票的非法经营行为。因为行为人没有利用“彩票”这一物质载体,不具备利用国家有关彩票规定的特定方式去干扰正常的彩票市场的特征;行为人是利用他人发行的“六合彩”,自己以另种方式非法牟利,实际上与香港“六合彩”经营机构之间并不存在任何关联,其非法所得也不上缴香港赛马会。因而,其本质上只是利用了“六合彩”信息的这一形式,为庄家与参赌者之间的赌博提供一个判断输赢的衡量标准,与通过竞猜某场球赛最终的比分确定输赢的赌球行为,在本质上没有什么差别。因此,该行为不属于在内地兜售“六合彩”的经营行为。而是为个人赌博提供一个稳获非法所得的平台,并不是发行、销售“六合彩”的行为。

(二)将利用“六合彩”信息竞猜对赌的行为以赌博定性,符合刑法的相关规定。赌博罪,是指以营利为目的,聚众赌博或者以赌博为业的行为。非法经营罪,是指违反国家规定从事经营活动,扰乱市场秩序,情节严重的行为。从犯罪构成上的区分来说,首先,二者侵犯的客体不同。赌博罪侵犯的是社会管理秩序,而非法经营罪侵犯的客体是国家的市场交易管理秩序。其次,二者在客观方面的表现不同。赌博罪表现为行为人以营利为目的,聚众赌博或以赌博为业的行为。所谓以赌博为业,是指以赌博为常业,即嗜赌成性,以赌博所得为主要生活来源或挥霍来源。对于那些虽有正当职业,却不务正业,把主要精力放在赌博上,长期在工作之余从事赌博活动,输赢数额巨大的,也视为以赌博为业。非法经营罪则表现为行为人违反国家规定,非法从事经营活动,扰乱市场交易管理秩序的行为。我国内地法律严禁赌博,不存在合法的赌博经营服务,也不存在合法的赌博交易市场秩序,因此,被告人聚集多人竞赌,不是扰乱市场秩序的非法经营活动,而是聚众赌博行为,它侵害了正常的社会管理秩序。从客观方面的行为来看,被告人是借用“六合彩”的开奖信息作为评判输赢的标准,以庄家和参赌者结算的方式获取非法利益,其行为不具有非法发行、销售等经营行为的特点,也不是通过非法经营行为获利,不符合非法经营罪客观方面的要件。因此,对其以赌博罪定罪处罚符合刑法相关规定。

(三)将利用“六合彩”信息竞猜对赌的行为以赌博定性,符合民众对赌博的一般理解,更有利于体现罪刑相适应。根据《现代汉语词典》对“赌博”的解释,所谓赌博,就是用斗牌、掷色子等形式,拿财物作注比输赢。新的赌博形式已经不限于用牌、色子等作为载体了:因此,基于这一发展态势的考虑,只要利用一定形式为载体,以财物作注比输赢的,都属于赌博。本案被告人的行为是利用“六合彩”信息进行竞猜,以财物作注比输赢,以赌博定性,符合长期以来民众对赌博本质的理解。综上,本案被告人的行为系利用“六合彩”信息,以钱作注比输赢,其行为应当以赌博罪论处。[参见第752号指导案例,周帮权等赌博案,载《刑事审判参考》总第84集(2012年第1集),第50~53页。撰稿:李鸿林　余德厚]

▽明知是赌博网站而提供资金支付结算便利的行为构成开设赌场罪

根据《最高人民法院、最高人民检察院关于适用刑事司法解释时间效力问题的规定》第一条的规定,司法解释的效力适用于法律施行期间。2006年6月29日颁布施行的刑法修正案(六)将开设赌场犯罪行为从赌博罪中分离出来,单独规定了开设赌场罪。因此,2006年6月29日以后,利用计算机网络技术建立赌博网站并接受投注的行为,不能再依照2005年出台的《解释》的规定认定为赌博罪,而应当依照修订后的刑法规定认定为开设赌场罪。与传统的实体赌场不同,网上开设赌场是利用互联网、移动通讯终端等传输赌博视频、数据,以现代科技为依托建立虚拟场所,通过数字信息交流,组织赌博活动。在网络上开设赌场的整个流程分为两个环节:一是信息流环节,即赌博网站网址、赔率等招赔信息的发布、参赌人员的身份信息注册、银行账户等支付手段信息的确认、投注信息的上传与接收、赌博输赢结果的公布等;二是资金流环节,即利用银行、第三方支付平台等金融机构或者准金融机构,进行赌资的收支结算活动。被告人明知“乐天堂”网站是赌博网站而在资金流环节提供服务,在开设赌场犯罪承担了一定的分工,符合刑法总则关于共同犯罪的规定,应当以开设赌场定罪处罚。最高人民法院、最高人民检察院、公安部2010年8月31日联发布的《关于办理网络赌博犯罪案件适用法律若干问题的意见》(以下简称《网络赌博意见》)第二条第二项将明知是赌博网站,为赌博网站提供资金支付结算务的行为明确为开设赌场罪的共同犯罪。[参见第804号指导案例,萧俊伟开设赌场案,载《刑事审判参考》总第87集(2012年第4集),第104～105页。撰稿:顾建华　纪长波]

▽被告人为赌博网站提供资金支付结算便利的行为应当认定为从犯

明知"乐天堂"网站是赌博网站而提供资金支付方面服务的行为,应当认定被告人在开设赌场共同犯罪中的地位为从犯。具体理由如下:第一,根据刑法的规定,主犯、从犯、胁从犯、教唆犯是以行为人在共同犯罪中的作用为主、分工为辅进行划分的。本案在排除被告人系教唆犯的前提下,其所管理的谷中城公司在开设赌场犯罪中是否实施了开设赌场罪的基本构成要件的行为,是认定其在共同犯罪中地位的重要依据。根据《网络赌博意见》第一条的规定,利用互联网、移动通讯终端等传输赌博视频、数据,组织赌博活动,具有下列情形之一的,属于刑法第三百零三条第二款规定的"开设赌场"行为:(1)建立赌博网站并接受投注的;(2)建立赌博网站并提供给他人组织赌博的;(3)为赌博网站担任代理并接受投注的;(4)参与赌博网站利润分成的。谷中城公司为赌博网站提供资金收支服务的行为,不属于《网络赌博意见》第一条规定的任何一种情形,即未实施开设赌场罪基本构成要件的行为。然而,从具体特征上分析,谷中城公司提供资金结算服务的行为与《网络赌博意见》第一条第二项规定的行为具有一定的关联性,即为"建立赌博网站并提供给他人组织赌博"提供了便利条件,对"乐天堂"赌博网站的开设起到了辅助作用。故《网络赌博意见》第二条第二项仅是将"为赌博网站提供资金支付结算服务"明确规定为开设赌场罪的共同犯罪,而不是单独的开设赌场犯罪行为。第二,谷中城公司与"乐天堂"网站是相互独立的公司,"乐天堂"网站的盈亏情况与谷中城没有直接的利害关系。"乐天堂"网站决定赌资的收支、分配,谷中城公司对赌资没有所有权、支配权。谷中城公司通过其管理的"Ecapay"系统将开设在快钱公司的账号供"乐天堂"网站使用,为赌博网站提供与银行链接的通道,用于收支赌资,同时按资金流转的数额、笔数等标准收取服务费,相当于实体赌场中按照老板指令的数额向赌徒收取、返还赌资,领取报酬的操作人员。从这个角度分析,谷中城公司的行为仅是在互联网上开设赌场的一个中间环节(资金流环节)行为,根据其在共同犯罪中历体现的作用,应当认定其为从犯。[参见第804号指导案例,萧俊伟开设赌场案,载《刑事审判参考》总第87集(2012年第4集),第105～106页。撰稿:顾建华　纪长波]

第三百零四条　【故意延误投递邮件罪】邮政工作人员严重不负责任,故意延误投递邮件,致使公共财产、国家和人民利益遭受重大损失的,处二年以下有期徒刑或者拘役。

第二节　妨害司法罪

第三百零五条　【伪证罪】在刑事诉讼中,证人、鉴定人、记录人、翻译人对与案件有重要关系的情节,故意作虚假证明、鉴定、记录、翻译,意图陷害他人或者隐匿罪证的,处三年以下有期徒刑或者拘役;情节严重的,处三年以上七年以下有期徒刑。

第三百零六条　【辩护人、诉讼代理人毁灭证据、伪造证据、妨害作证罪】在刑事诉讼中,辩护人、诉讼代理人毁灭、伪造证据,帮助当事人毁灭、伪造证据,威胁、引诱证人违背事实改变证言或者作伪证的,处三年以下有期徒刑或者拘役;情节严重的,处三年以上七年以下有期徒刑。

辩护人、诉讼代理人提供、出示、引用的证人证言或者其他证据失实,不是有意伪造的,不属于伪造证据。

▽辩护人、诉讼代理人妨害作证罪中的"证人"应当包括被害人

刑法本条规定的"证人"与刑事诉讼法第四十二条规定的证人概念不同,应当理解为广义的证人,既包括证人,也包括被害人、鉴定人。其理由在于:第一,从刑事诉讼法第四十二条规定的证人范围来分析,虽然我国刑事诉讼法将证人证言与被害人陈述、鉴定结论分列为不同的证据种类,但是,这只是出于证据分类角度作的区分,刑事诉讼法第四十八条在对证人的范围作出规定时并没有把被害人排除在证人范围以外,该法条明确规定"凡是知道案件情况的人,都有作证的义务。生理上、精神上有缺陷或者年幼,不能辨别是非、不能正确表达的人,不能成为证人"。因此,从广义上来讲,从被害人、鉴定人在刑事诉讼中对于案件事实的证明作用角度讲,也应属于证人范畴。第二,从行为的社会危害性来分析,威胁、引诱被害人、鉴定人违背事实改变证言或者作伪证的与威胁、引诱证人违背事实改变证言或者作伪证的行为,同样妨害了刑事诉讼活动的正常进行,危害了司法机关的正常追诉活动,从侵害法益的同质性来看,两种行为均应受到刑罚处罚。第三,从立法本意来分析,刑法本条的立法目的在于通过刑罚手段惩治辩护人、诉讼代理人的妨害作证的行为,来规范刑事辩护制度,确保刑事诉讼的正常进行。如果不将威胁、引诱被害人、鉴定人违背事实改变证言或者作伪证的行为纳入本罪的惩治范围,就会放纵实践中辩护人、诉讼代理人的此类妨害作证的行为,不能全面有效地维护刑事诉讼秩序,这显然有违立法本意。而且,刑法用语有其特定含义,不能简单照搬刑事诉讼法的概念含义,应当放在特定法条中结合立法本意进行甄明。综上,刑法本条规定辩护人、诉讼代理人妨害作证罪中的"证人"应作广义的理解,被害人、鉴定人应当可以成为本罪的犯罪对象。(证人不应包含被害人,参见本条附文三。——编著者注)[参见第444号案例,肖芳泉辩护人妨害作证案,载《刑事审判参考》总第56辑(2007年第3辑),法律出版社,第38~39页。执笔:杨世雄　李平　芦山]

▽辩护人、诉讼代理人妨害作证罪与妨害作证罪区别的认定

刑法第三百零七条规定了妨害作证罪,是指以暴力、威胁、贿买等方法阻止证人作证或者指使他人作伪证的行为。刑法第三百零六条规定了辩护人、诉讼代理人妨害作证罪,是指在刑事诉讼中,辩护人、诉讼代理人威胁、引诱证人违背事实改变证言或者作伪证的行为。两罪有相似之处,都是直接故意犯罪,在客体上都侵犯司法机关正常的诉讼秩序,行为人主观上都有妨害证据的意图,客观行为也有相似之处。但两罪的区别还是比较明显的:(1)发生的诉讼范围不同。前罪可以发生在刑事诉讼、民事诉讼、行政诉讼三大诉讼中;而后罪只能发生在刑事诉讼中。(2)行为发生的时间不同。从时间上看,前罪行为既可以发生在诉讼活动开始之前,也可以发生在诉讼活动开始之后;而后罪行为只能发生在刑事诉讼活动开始之后。(3)行为表现不尽相同。前罪的行为表现为"以暴力、威胁、贿买等方法阻止证人作证""指使他人作伪证"两种;而后罪则为"威胁、引诱证人违背事实改变证言或者作伪证"。(4)主体不同。前罪的主体为一般主体;而后罪的主体为特殊主体,限于辩护人、诉讼代理人。如果辩护人在刑事诉讼中,威胁、引诱证人作伪证,则既触犯了妨害作证罪,又触犯了辩护人妨害作证罪,由于行为人只实施了一个行为,而触犯的这两个罪名的法条在内容上存在包容与被包容的关系,因而属于法条竞合。妨害作证罪的法条是普通法条,辩护人妨害作证罪的法条是特别法条,因此,按照"特别法优于普通法"的处理原则,对这种情况下的行为人应按照辩护人妨害作证罪定罪处罚。[参见第444号案例,肖芳泉辩护人妨害作证案,载《刑事审判参考》总第56辑(2007年第3辑),法律出版社,第39~40页。执笔:杨世雄　李平　芦山]

▽在自己向公安机关报案并作了虚假陈述的情况下,又指使他人作伪证,以证实其虚假陈述的行为构成妨害作证罪

根据刑法第三百零五条的规定,在刑事诉讼中,证人、鉴定人、记录人、翻译人对与案件有重要关系的情节,故意作虚假证明、鉴定、记录、翻译,意图陷害他人或者隐匿罪证的行为,构成伪证罪。伪证罪是特殊主体实施的犯罪,即只能由证人、鉴定人、记录人、翻译人构成。对于被害人在刑事诉讼过程中故意作虚假陈述,夸大已有犯罪事实中的部分情节,意图加重被告人刑事责任的行为,能否以伪证罪追究其刑事责任,关键在于证人是否包括被害人。从证人和被害人这两个概念的内涵来看,被害人是指遭受犯罪行为直接侵害的人,既可以是自然人,还可以是法人或者不具有法人资格的其他组织;证人是指除当事人以外了解案件情况并向司法机关陈述自己知道的案件情况的诉讼参与人,且只能是自然人。从刑事诉讼法的规定来看,证人和被害人是两个独立的概念,二者不存在种属包含关系。也就是说,证人不可能包含作为当事人之一的被害人。即使对证人作广义的理解,也不能将被害人列入证人范畴。被害人属于当事人范畴,证人属于其他诉讼参与人。被告人向公安机关报案的同时又夸大部分犯罪事实,属于被害人向司法机关提供了虚假陈述,而不是伪证罪中的"证人作虚假的证言",因此,其行为不构成伪证罪。行为人的行为不构成诬告陷害罪。根据刑法第二百四十三条的规定,诬告陷害罪是指捏造事实,向国家机关或者有关单位作虚假告发,意图使他人受行使追究的行为。所谓"捏造事实"中的事实,应仅限于构成犯罪的事实。"捏造事实"应仅指无中生有,任意虚构和编造根本不存在的犯罪事实的情形;至于司法实践中常见的行为人借题发挥,扩大事实,将他人的不道德行为、错误行为或违法违纪行为等犯罪事实扩大或上升为犯罪事实;或把构成轻罪的事实夸大成为构成重罪的事实的行为,不宜包括在"捏造事实"之内。首先,刑法规定诬告陷害罪的主要目的是保障无辜的人不受刑事追究,也不使司法机关的正常活动受到虚假告发的影响。刑法第二百四十三条第三款规定的"不是有意诬陷,而是错告,或者检举失实的"不能以诬告陷害定罪处罚。其次,被害人是受到犯罪行为侵害的当事人,在整个诉讼过程中,由于受到各方面因素的影响,其陈述往往带有浓厚的感情色彩,而且由于案件的处理结果与其有直接的利害关系,但只要不是无中生有,不是意图他人无罪于有罪,就不应当以诬告陷害罪追究刑事责任。因此,对诬告陷害中的"捏造事实",应当作严格的限定,不能作扩大解释。行为人的行为性质属于妨害作证。行为人属于盗窃案件的被害人,在其财物被盗后,到公安机关报案。其在向公安机关陈述过程中,为使盗窃犯罪分子受到刑事追究,有意夸大了财产损失的事实。此种情况在被害人陈述中并不少见,同时也是被害人陈述证据本身具有的弱点。排除被害人陈述中不真实或不完全真实的因素,正是司法机关具体办案人员的职责。行为人出于报复的动机,在自己向公安机关报案并作了虚假陈述的情况下,又指使他人作伪证,以证实其虚假陈述,这一行为严重妨害了司法机关的正常诉讼活动。构成犯罪的,应当按照刑法第三百零七第一款的规定,以妨害作证罪定罪处罚。[参见第98(95)号案例,金某伪证案,载《刑事审判参考》总第15辑(2001年第4辑),法律出版社,第37~39页。执笔:刘树德　贾连春]

▽辩护人妨害作证罪的主观故意的认定

刑法本条第二款规定,辩护人提供、出示、引用的证人证言或者其他证据失实,不是有意伪造的,不属于伪造证据。其中,"有意"应理解为仅限于直接故意,即辩护人明知自己的妨害作证行为会妨害刑事诉讼的正常进行,而积极追求这种结果的发生。认定辩护人是否具有妨害作证的主观故意,应注意:要结合个案的外部条件和辩护人的职责义务,判断辩护人是否存在"明知"的充分条件。因此,从主客观两方面分析,凭现有证据认定行为人具有妨害作证的直接故意,根据是不充分的。现有证据也不能排除他人所作证言与事实不符是由于行为人调查取证方式不当所致,或者是由于证人记忆模糊而对证言内容真实性采取放任态度所致。[参见第81号案例,张某妨害作证案,载《刑事审判参考》总第12辑(2001年第1辑),法律出版社,第9~11页。执笔:管友军]

▽辩护人妨害作证罪是不以发生危害后果为构成要件

辩护人妨害作证罪在客观上表现为辩护人在刑事诉讼中实施了威胁、引诱证人违背事实改变证言或者作伪证的行为。其威胁、引诱的对象是知道案件真相的证人。"违背事实改变证言"是指以暴力、恐吓等手段威胁证人或者以金钱、物质利益等好处诱使证人改变过去已按照事实作出的真实证言;威胁、引诱证人"作伪证"是指以暴力、恐吓等手段威胁证人或者以金钱、物质利益等好处诱使证人不按照事实的真相提供证言。只要辩护人在刑事诉讼中,实施了威胁、引诱证人违背事实改变证言或者作伪证的行为,即可以构成犯罪。至于证人在威胁、引诱下改变了证言或者作了伪证,是否足以或者已经导致案件处理或者裁判错误,如是否已造成犯罪嫌疑人、被告人逃避刑事追究或者使无罪的人受到刑事追究等，不影响犯罪的成立。而“情节严重”只是辩护人妨害作证行为已构成犯罪的量刑情节。当然，司法实践中，对于辩护人故意引诱或者威胁证人作伪证、改变证言，但情节显著轻微如证人坚持如实作证，或者辩护人最终没有将取得的虚假证言向司法机关提供的，对辩护人就不应当追究刑事责任。辩护人妨害作证罪是故意犯罪，其目的一般在于减轻、开脱犯罪嫌疑人、被告人的罪责。刑法第三百零六条第二款规定：“辩护人、诉讼代理人提供、出示、引用的证人证言或者其他证据失实，不是有意伪造的，不属于伪造证据。”这一规定把辩护人过失妨害作证的行为排除在了本罪之外。[参见第62号案例，刘某犯辩护人妨害作证案，载《刑事审判参考》总第8辑(2000年第3辑)，法律出版社，第39～40页。审编：张军]

第三百零七条　【妨害作证罪】以暴力、威胁、贿买等方法阻止证人作证或者指使他人作伪证的，处三年以下有期徒刑或者拘役；情节严重的，处三年以上七年以下有期徒刑。

【帮助毁灭、伪造证据罪】帮助当事人毁灭、伪造证据，情节严重的，处三年以下有期徒刑或者拘役。

司法工作人员犯前两款罪的，从重处罚。

□伙同他人提起虚假民事诉讼并指使他人作伪证的，构成妨害作证罪

行为人为逃避债务，伙同他人提起虚假民事诉讼并指使他人作伪证，妨害人民法院正常司法活动的，应当依照刑法第三百零七条的规定，以妨害作证罪定罪处罚。(参见上海市卢湾区人民检察院诉万才华妨害作证案，载《最高人民法院公报》总第194期，2012年第12期，第41页。)

○为犯罪人毁灭罪证的行为是构成帮助毁灭证据罪还是包庇罪

《刑法》本条第二款规定的帮助毁灭证据罪，是指帮助当事人毁灭证据，情节严重的行为。本罪的构成要件为：(1)侵犯的客体是司法机关的正常诉讼活动。(2)客观方面表现为帮助当事人毁灭证据的行为。包括为当事人毁灭证据的行为，受当事人指使而毁灭证据的行为，教唆、指使当事人毁灭证据的行为，为当事人毁灭证据提供各种便利条件或者伙同当事人共同实施毁灭证据的行为，向当事人教授毁灭证据方法的行为等。换言之，这里的“帮助”仅仅意味着不包括当事人本人的毁灭证据的行为和为自身的利害关系而毁灭证据的行为。所谓“当事人”既包括刑事诉讼中的自诉人、犯罪嫌疑人、被告人、被害人、附带民事诉讼原告人和被告人，也包括民事、行政诉讼中的原、被告和第三人等。根据我国刑法规定，这种“帮助当事人毁灭证据”的行为必须是情节严重的才能构成犯罪。所谓“情节严重”，一般是指帮助毁灭证据的行为造成严重后果，帮助毁灭重大案件的重要证据等等。(3)主体为一般主体，但不包括当事人本人和刑事诉讼中的辩护人、诉讼代理人。当事人为本人利益而毁灭证据的不能以本罪追究刑事责任；至于刑事诉讼中的辩护人、诉讼代理人帮助当事人毁灭证据的，根据刑法第三百零六条的规定则应另外构成辩护人、诉讼代理人毁灭证据罪而非本罪。(4)主观方面只能由故意构成。《刑法》第三百一十条规定的包庇罪，是指明知是犯罪的人而为其做假证明，以帮助其逃避刑事追究的行为。本罪的构成要件为：(1)侵犯的客体是司法机关对罪犯的刑事追诉活动。(2)客观方面表现为作假证明以包庇犯罪人的行为，即向司法机关作虚假证明来帮助犯罪人逃避法律追究。所谓作假证明，包括作虚假的书面的或口头的证明。(3)主体为一般主体，在实践中多为犯罪人的亲属、朋友等；犯罪人本人不能成为本罪的主体，共同犯罪人相互之间也不能成为本罪的主体。从以上条文分析中可以看出，两罪的区别主要表现在：1.行为方式不同。帮助毁灭证据罪，表现为帮助当事人实施了毁灭有关证据的行为，包括帮助犯罪的人实施了毁灭罪迹罪证的行为；而包庇罪则仅限于实施了向司法机关作假证明的行为。值得指出的是，由于旧刑法对帮助毁灭证据行为没有单独规定为犯罪，故在旧刑法实施期间，无论是刑法理论还是司法实践，均认为帮助犯罪的人实施毁灭罪迹罪证的行为应构成包庇罪。在新刑法对帮助毁灭证据行为单独规定为犯罪后，再坚持以往的做法，就没有道理了。根据修改后的刑法规定，应当说包庇罪应仅限于向司法机关作假证明的行为，而不应包括帮助犯罪的人毁灭罪证、罪迹以及伪造证据的行为。2. 帮助的对象不同。包庇罪是指明知是犯罪的人而向司法机关作假证明予以帮助,包庇的对象是犯罪的人;帮助毁灭证据罪则是帮助当事人毁灭证据,帮助对象是“当事人”。这里所说的“当事人”,其对象范围要远远大于犯罪人,既包括刑事诉讼中的自诉人、被告人、被害人,也包括民事、行政诉讼中的原告、被告、第三人等。综上所述,已进入刑事诉讼程序中的犯罪嫌疑人、被告人当然属于上述的当事人之列,帮助已进入刑事诉讼程序中的犯罪嫌疑人、被告人毁灭证据,情节严重的,当然也应定帮助毁灭证据罪。但本案被告人赵某帮助王某某等人毁灭罪证的行为,则是发生在王某某等人实施了犯罪行为以后尚未被司法机关发现、立案侦查以前。那么,王某某等人是否属于帮助毁灭证据罪中所说的当事人呢?能否认为赵某的行为就是帮助当事人毁灭证据呢?支持本案应以包庇罪定性的观点认为:帮助毁灭证据罪中的帮助对象是“当事人”。所谓“当事人”应当是一个诉讼中的概念。刑法本条第二款虽没有像第三百零六条那样明确规定帮助犯罪的人毁灭犯罪证据的行为必须发生在刑事诉讼过程中才能构成帮助毁灭证据罪,但其使用“当事人”这一概念就暗含了上述意思。上述观点有偏颇之处。理由是:其一,“当事人”的确是一个诉讼概念,但这并不表示帮助犯罪的人毁灭犯罪证据的行为只有发生在刑事诉讼过程中才能构成帮助毁灭证据罪。刑法本条第二款所使用的“当事人”概念,仅是为了明确帮助毁灭证据的对象的范围,明确帮助那些人毁灭证据的行为才能构成帮助毁灭证据罪。在刑事诉讼开始之前实施了犯罪的人,必然属于将来刑事诉讼中的当事人。其二,刑事诉讼的启动的正式标志固然是侦查机关的立案活动,但对帮助犯罪的人毁灭犯罪证据行为的定性,则不能因是否已立案而转移。即不能对立案前帮助犯罪的人毁灭犯罪证据的定包庇罪,而对立案后帮助犯罪的人毁灭犯罪证据的就定帮助毁灭证据罪。同样的行为因刑事诉讼的正式启动与否而定不同的罪名,道理上是讲不通的。可见,那种认为对帮助犯罪的人毁灭犯罪证据的行为,是定包庇罪还是帮助毁灭证据罪主要看相应的行为是否发生在刑事诉讼过程中的观点,即包庇行为只能发生在刑事诉讼开始之前,帮助毁灭证据的行为只能发生在各类案件的诉讼过程中,是既没有刑法条文依据,也没有充分的逻辑道理的。综上,就本案而言,被告人赵某帮助实施了严重犯罪的王某某等人毁灭罪证的行为,情节严重,尽管其行为系发生在刑事诉讼开始之前,但由于该行为特征是帮助犯罪人毁灭罪证,而不是向司法机关作假证明,因此,对赵某应认定构成帮助毁灭证据罪,而非包庇罪。另外需要说明的是,根据刑法的规定,帮助毁灭证据罪应处三年以下有期徒刑或者拘役,最高法定刑为三年;包庇罪的基本法定刑虽也为三年以下有期徒刑、拘役或者管制,但情节严重的,最高法定刑可为十年。定罪是处断刑罚的前提。定罪在先,处断刑罚在后。一罪的犯罪构成只能根据条文的罪状描述来解释,司法不能为适用重刑而随意扩大或缩小。包庇罪的罪状表明其行为仅限于向司法机关作假证明的包庇行为,而无法包括以毁灭证据、伪造证据等形式实施的包庇行为;帮助毁灭证据罪的罪状表明其行为是帮助当事人毁灭有关证据的行为,既包括帮助犯罪嫌疑人、被告人毁灭罪证、罪迹的行为,也包括帮助自诉人、刑事被害人、附带民事诉讼原告人和被告人以及民事诉讼、行政诉讼中有关当事人毁灭证据的行为。[参见《刑事审判参考》总第34辑(2003年第5辑),法律出版社,第199～203页。]

▽共同犯罪人相互之间不能成立帮助毁灭证据罪的主体

为自己犯罪毁灭证据,自然不存在“帮助”问题,只有犯罪分子包括共同犯罪分子以外的其他人,才谈得上“帮助”问题。犯罪(包括与他人实施共同犯罪)后自行藏匿或者毁灭、伪造证据的行为,实际上是其先行犯罪的自然延伸,二者存在依附从属和阶段性关系,尽管从犯罪阶段来看存在两个犯罪行为,但因属于吸收犯,应当根据重罪吸收轻罪的处理原则,从一重处,不宜按数罪处理。因此,共同犯罪人相互之间也不能成为帮助毁灭证据罪的主体。简言之,行为人之间凡在事前或事中达成共同犯罪的合意;包括事先未通谋的、事中心照不宣的合意,则无论事前、事中或事后的帮助湮灭罪迹的行为,在犯罪性质上都不再属于刑法意义的“帮助毁灭证据”行为,而属与其先前共同犯罪存在依附从属和阶段性关系的吸收犯。反观之,假如行为人未曾在事前或事中与某一犯罪行为的实行人或其他帮助人达成参与或默许帮助其实施某一共同犯罪的合意，则其事后所实施的湮灭罪迹等行为，理所当然地属于帮助毁灭证据罪。[参见第388号案例，于爱银、戴永阳故意杀人案，载《刑事审判参考》总第49集（2006年第2集），法律出版社，第24～25页。执笔：吴光侠]

▽帮助伪造证据罪与帮助犯罪分子逃避处罚罪区别的认定

帮助犯罪分子逃避处罚罪中，所谓"通风报信、提供便利"的行为，参照《人民检察院直接受理立案侦查案件立案标准的规定（试行）》的规定，主要是指：(1)为使犯罪分子逃避处罚，向犯罪分子及其亲属泄漏有关部门查禁犯罪活动的部署、人员、措施、时间、地点等情况的；(2)为使犯罪分子逃避处罚，向犯罪分子及其亲属提供交通工具、通讯设备、隐藏处所等便利条件的；(3)为使犯罪分子逃避处罚，向犯罪分子及其亲属泄漏案情，帮助、指示其隐匿、毁灭、伪造证据及串供、翻供的；(4)其他向犯罪分子通风报信、提供便利，帮助犯罪分子逃避处罚的行为。而根据刑法本条第二款的规定，帮助伪造证据罪，是指帮助当事人伪造证据，情节严重的行为。可见，帮助犯罪分子逃避处罚罪和帮助伪造证据罪，在客观行为上都可以表现为帮助对象实施伪造证据的帮助行为，但两罪也存在许多明显的区别：(1)前者的犯罪主体为特殊主体，只能是有查禁犯罪活动职责的国家机关工作人员。而后者则是诉讼活动中当事人以外的一般主体。(2)客观方面，前罪主要表现为如上所述的向犯罪分子或其亲属通风报信、提供便利的行为。而后罪则表现为当事人伪造证据提供帮助。(3)主观方面，前罪行为人的帮助目的只能是明知是犯罪分子而有意帮助其逃避处罚。而在后罪，无论行为人采取何种帮助方式，其主观上都明知自己的行为是在为当事人伪造证据提供帮助，其故意内容就是想通过妨害司法机关查明真实案情来达到替当事人开脱责任或者嫁祸他人的目的。如果行为人不知道自己的行为是在为当事人伪造证据提供帮助，尽管客观上起到了帮助的效果，也不能构成帮助伪造证据罪。(4)在构成犯罪的情节要求方面，前者刑法条文中对其行为并没有情节严重的要求，也不论被帮助的犯罪分子是否已实际逃避了处罚。而后者的行为人所实施的帮助行为只有达到情节严重的程度才能构成犯罪。所谓"情节严重"通常是指行为人的帮助行为严重干扰了司法、诉讼活动，或者造成了冤假错案等严重后果，或者是帮助重大案犯伪造证据使其逃避法律制裁等。如果行为人实施的帮助行为，情节轻微或者显著轻微则无须以犯罪论处。(5)在帮助对象方面，前罪中的被帮助人只能是犯罪分子，即实施了犯罪行为应予刑罚处罚的人，不管该犯罪分子是否已被采取了强制措施。而后罪的被帮助人即"当事人"，既包括刑事案件中的自诉人、被告人、被害人，也可以包括民事、经济、行政等案件中的原告、被告、第三人等。本案行为人身为人民法院的执行法官，利用工作之便非法获取提审证，在明知犯罪嫌疑人是检察机关正在侦查的在押的重大案件的犯罪嫌疑人的情况下，仍与另一行为人一同擅自使用该提审证以"提审"的名义与犯罪嫌疑人见面，并为其出谋划策，让其改变口供并设法进行串供，且让行为人将犯罪嫌疑人预先写的有关案情及串供的纸条带出看守所，事后造成犯罪嫌疑人翻供，严重干扰了司法机关的正常诉讼活动，在社会上造成了恶劣影响。其本人虽未直接参与伪造证言等串供活动，但其行为已为他人伪造证据提供了帮助，且情节严重，符合帮助伪造证据罪的主客观方面的构成要件。[参见第186号案例，李刚等帮助犯罪分子逃避处罚案，载《刑事审判参考》总第26辑（2002年第3辑），法律出版社，第75～77页。执笔：王小荣　林鸿]

▽被告人以贿买方式指使他人冒名顶罪的行为构成妨害作证罪

妨害作证罪，是指以暴力、威胁、贿买等方法阻止证人作证或者指使他人作伪证。本罪所保护的法益是司法活动的客观公正性。刑事诉讼过程实际上是运用证据证明犯罪事实的过程。从某种意义上说，证据是司法活动的依据，是司法活动客观公正性的保障。证人证言是一种重要类型的证据，因为证人证言可以向司法机关提供发现和收集其他证据的线索，可以用于鉴别其他证据的真伪，因而是认定案件事实的重要根据。如果证人不能作证，或者证人作伪证，就必然妨害司法活动的客观公正性。本案被告人以贿买方式指使他人顶罪、作伪证的行为，妨害司法活动的客观公正性，符合妨害作证罪的构成要件,理由如下:1.符合妨害作证罪的主体要件。妨害作证罪的主体为一般主体,任何年满16周岁且具有刑事责任能力的自然人,都可以成为本罪的主体。我国刑法理论一般认为,当事人也可以成为本罪主体。在司法实践中主要是与案件有利害关系的人,如犯罪嫌疑人、被告人的亲戚、朋友等。如果是犯罪嫌疑人、被告人本人采取非法手段妨害作证的,也构成本罪。但是,对此不能绝对化。被告人本人作虚假陈述的,不能成立伪证罪,也不能成立妨害作证罪。2.符合妨害作证罪的主观要件。妨害作证罪只能由故意构成。行为人明知自己妨害作证的行为会发生妨害司法活动的客观公正性的结果,并且希望或者放任这种结果发生。至于行为人是意图使当事人受到从轻处罚甚至免予处罚,还是意图使当事人受到从重处罚,均不影响本罪的成立。本案被告人对自己以贿买方式指使他人顶罪、作伪证的行为的违法性与危害后果是明知的。被告人的行为目的很明显,因自己无机动车驾驶证,怕被追究刑事责任,在逃离现场后,想由他人代自己承担法律责任,意图妨害司法的客观公正性。被告人为了使公安部门更加确信肇事司机系雷某庆,不仅唆使事发时在场的知情者作伪证,还指使不知情的金某新到公安部门作伪证。由此可见,被告人不仅知道其行为的危害后果,还积极希望这个结果的发生。因此,被告人具备妨害作证罪的主观要件。3.符合妨害作证罪的客观要件。妨害作证罪的行为,表现为以暴力、威胁、贿买等方法阻止证人作证或者指使他人作伪证。“以暴力、威胁、贿买等方法”的规定,既是对阻止证人作证的行为方式的限定,也是对指使他人作伪证的行为方式的限定。如果被告人采取一般的嘱托、请求、劝诱等行为阻止他人作证或者指使他人作伪证的,一般不以妨害作证罪论处。但是,如果被告人采取暴力、威胁、贿买等方法阻止他人作证或者指使他人作伪证的,则应认定为妨害作证罪。根据罪刑法定原则,本案被告人为了逃避法律追究所实施的逃离现场的行为应依据《解释》第三条的规定认定为交通肇事中的“逃逸”,以贿买方式指使他人顶罪、作伪证的行为应依据刑法本条第一款的规定,认定为妨害作证罪。因此,法院以交通肇事罪与妨害作证罪两罪并罚追究被告人的刑事责任是正确的。另外,值得一提的是,本案其他被告人有的构成包庇罪,有的构成伪证罪。这是因为:首先,从主体要件分析,包庇罪的主体范围没有具体限制,要比伪证罪宽泛得多,只要是满足刑事责任年龄条件的人均可以成为包庇罪的行为主体;而伪证罪的主体则限定为刑事诉讼中的证人、鉴定人、记录人和翻译人员,范围较为明确具体。其次,包庇行为可以发生在刑事诉讼之前、之中、之后,而作伪证的行为必须发生在刑事诉讼过程中。具体联系到本案,被告人雷某庆、徐某琴、金某新并不是本案的目击证人,因此不符合伪证罪的主体要件;而从其主观故意及客观行为分析,均符合包庇罪的构成要件,故应以包庇罪追究其刑事责任。被告人蒋某火、周某是本案发生时的现场目击证人,且在刑事诉讼过程中作伪证,无论是主体要件还是客观要件均符合伪证罪的构成要件,故应以伪证罪追究其刑事责任。[参见第681号指导案例,俞耀交通肇事案,载《刑事审判参考》总第79集(2011年第2集),第5~8页。撰稿:李美琴]

▽区分妨害作证罪与帮助伪造证据罪的关键在于行为人能否从虚假证据所涉诉讼的裁判中直接获取利益

妨害作证罪,是指以暴力、威胁、贿买等方法阻止证人作证或者指使他人作伪证的行为;帮助伪造证据罪,是指帮助当事人伪造证据,情节严重的行为。这两个罪名所保护的客体都是诉讼活动的正常秩序,主观上都是故意,而犯罪主体和客观表现则有所不同:1.妨害作证罪的主体可以是诉讼当事人,也可以是其他与当事人有利害关系的人,如当事人的亲属或者受当事人亲属指使的人;而帮助伪造证据罪的主体一般是诉讼当事人以外的人,不要求与当事人之间有利害关系,但可以是受诉讼一方当事人指使的另一方当事人。虚假诉讼中,行为人与诉讼主体的关系可分为两种情形:一种是诉讼一方当事人通过伪造证据的手段实施虚假诉讼,以侵害另一方当事人的合法利益;另一种是诉讼双方当事人串通进行虚假诉讼,以侵害第三方的合法利益。在前一种情况下,比较容易区分。诉讼一方当事人所实施的指使他人作伪证的行为构成妨害作证罪,而帮助其伪造证据的人只能是诉讼当事人以外的人,构成帮助伪造证据罪。在后一种情况下,诉讼双方当事人都可能实施指使对方作伪证或者帮助对方伪造证据的行为,由此可能出现指使他人作伪证中的"他人"与帮助当事人伪造证据中的"当事人"重合的情形。在该情形下,"他人能否认定为当事人,关键在于该行为人能否从虚假诉讼中直接获取利益。刑法对帮助伪造证据罪的罪状规定,决定了帮助伪造证据罪的主体必须是不属于在虚假诉讼中具有重要利益的人,即只能是帮助当事人实现一定非法利益的人,而不能是为自己直接从案件中直接从裁判结果中获利(不包括获得当事人承诺的报酬或者其他利益)而实施行为的人。因此,如果行为人不能从虚假诉讼中直接获取利益,而是在帮助对方当事人获取利益,则其符合帮助伪造证据罪的主体特征;如果其本人能从虚假诉讼中直接获利,则不符合帮助伪造证据罪的主体特征。本案在正常情况下,吴某某的债权难以实现,但其为了多分配债权,与洪某某合谋通过伪造证据虚假诉讼的方式参与房屋拍卖价值的分配,因此,其在虚假诉讼中是主要利益追求者。而洪某某在诉讼中不能直接获得利益,而是为了配合吴某某实现债权而伪造证据。尽管洪某某在伪造欠条时增加了4.90万元,但考虑到法院在分配房屋拍卖价值时,要按照所有债权人的债权比例来确定具体分配数额,最终分配数额肯定会低于4.90万元,并且即使吴某某将所得房屋拍卖款中4.90万元对应的部分给予洪某某,洪某某也因为不能履行原房屋买卖协议,而必将承担相应返还房屋价款以及违约的责任。因此,洪某某在这一虚假诉讼中不能直接获得额外利益。基于以上分析,吴某某属于非法利益的追求者和获得者,符合妨害作证罪的主体特征,而洪某某只是帮助吴某某实现债权,符合帮助伪造证据罪的主体特征。2.妨害作证罪的客观行为表现有两种:一是阻止证人作证,这里的"证人"应当作广义理解,即能够在诉讼过程中提供证据的人,包括证人,被害人,鉴定人,民事原告、被告等;二是指使他人作伪证,这里的"他人"范围更广,包括所有受指使在诉讼中作伪证或者提供虚假物证、书证、鉴定意见、记录、翻译的人。帮助伪造证据罪的客观行为表现是帮助诉讼当事人伪造证据,这里的证据可以是书证、物证、视听资料、鉴定意见等,帮助行为可以是共同伪造,也可以是单独伪造并提供给诉讼当事人使用。这里的"当事人"应当是指诉讼中因帮助行为而直接从裁判中受益的人。在虚假诉讼案件中,妨害作证罪的客观表现主要是指使他人作伪证,有时是通过指使他人作虚伪证言来进行,更多的时候则是指使他人伪造虚假证据提供给法院,而且提交证据的人往往也必须向法院作出虚假的证言来证明证据的形成过程或来源。因此,指使他人伪造证据与指使他人作虚假证言往往会同时发生,二者都属于刑法规定的"指使他人作伪证"的行为方式。这样的理解,既符合诉讼规律,也未超出普通民众的认知范围。虚假诉讼中的帮助伪造证据罪,其客观表现是受指使帮助当事人伪造其他人的虚假证言,或者帮助当事人伪造书证、鉴定等其他证据的行为,对于受指使直接向法院提供虚假证言的人,不符合帮助伪造证据罪的客观特征,而且由于刑法规定仅在刑事诉讼中作伪证才构成伪证罪,因此,发生在民事诉讼中的伪证行为,不构成犯罪。具体联系本案,吴某某指使洪某某伪造欠条以及向法院提供虚假陈述的行为都属于指使他人作伪证的行为,符合妨害作证罪的客观特征。同时,其还具有参与伪造证据的行为,但因是为自己利益而实施,不属于帮助伪造证据行为,而且这一行为也是其指使洪某某向法院作伪证的手段行为,不是有单独评价的必要性。洪某某受吴某某指使并同吴某某一起伪造借条的行为,属于帮助当事人伪造证据的行为,符合帮助伪造证据罪的客观特征,但其向法院提供虚假陈述的行为,不构成犯罪。综上,吴某某与洪某某恶意串通伪造借条实施虚假诉讼,致使人民法院作出错误裁判,二被告人主观上均为故意,客观上妨害了司法诉讼活动的正常秩序。吴某某是虚假诉讼的主要获益者,符合妨害作证罪的主体要件,并具有指使他人作伪证的客观行为,故应当认定为妨害作证罪。洪某某系配合、帮助吴某某通过虚假诉讼获益,符合帮助伪造证据罪的主体特征,并具有帮助吴某某伪造证据的行为,故应当认定为帮助伪造证据罪。[参见第838号指导案例,吴荣平妨害作证、洪善祥帮助伪造证据案,载《刑事审判参考》总第90集(2013年第1集),第87～90页。撰稿:蔡智玉　苏家成]

▽对虚假诉讼案件中所涉妨害作证罪和帮助伪造证据罪的定罪情节和情节严重的认定

妨害作证罪是行为犯,只要行为人实施妨害作证的行为,即构成犯罪,不需要有客观危害后果的发生。但值得注意的是,司法实践中,并非所有的妨害作证行为均要追究刑事责任。妨害作证行为可能发生在刑事、民事或者行政等各种诉讼过程中,行为人主观上可能是出于包庇犯罪分子、诬告他人或者非法侵占他人财产、实现其他非法利益等各种动机;客观上可能采用暴力、威胁、利诱等各种手段;结果上可能造成刑事案件错判,被告人被错押、错判或者错放,抑或民事案件错判,相关利害关系人财产受损或者其他合法权益受损害。总之,各种妨害作证行为因主观、客观表现不同而体现的社会危害性也不同,这就决定了实践中对它的处理要视具体情况而定。民事诉讼法第一百一十一条和行政诉讼法第四十九条都规定,对于诉讼参与人或者其他人所实施的伪造、毁灭证据行为,人民法院要根据情节轻重予以罚款、拘留等司法制裁,对于构成犯罪的,依法追究刑事责任。根据我国刑法第十三条的规定,构成犯罪不但要求行为符合刑法分则具体罪名规定的构成要件,还必须达到应受刑事处罚的程度。罪责不但是刑罚制裁的基础,而且也是刑罚裁量的标准。因此,对于妨害作证,包括帮助毁灭、伪造证据行为,均应当根据具体案情,确定是否达到应受刑罚处罚的程度,进而确定是否构成犯罪。

1. 妨害作证罪一般情节及"情节严重"的判断标准。由于刑事诉讼以被告人被司法机关立案追诉为前提、行政诉讼以行政机关作出影响相对人利益的具体行政行为为前提,所以虚假诉讼一般只能发生在民事诉讼中。在为实施虚假诉讼而实施妨害作证活动的案件中,一般可以从以下几个方面评价犯罪的严重程度:(1)行为动机。即行为人主观上是出于非法实现自己的财产利益的目的,还是出于非法占有他人合法财产的目的。在前一种情况下,行为的目的并没有错,错的是手段,而在后一种情况下,行为目的和手段都是错的,违法程度显然大于前者。(2)实施虚假诉讼标的数额。即行为人希望达到的犯罪目的,诉讼标的数额越大,行为给他人财产利益可能造成的危害或者损失就越大。(3)采用的手段及造成的伤害后果。妨害作证罪是一种教唆性犯罪,行为人可能采用暴力、威胁、利诱或者其他本身不具有非法性的手段。采用不同的手段,其教唆的强度及危害程度是不同的,应当根据社会伦理上的价值判断标准及直接对被害人或者间接对社会大众的损害程度及危险性加以适当的评价。行为强度及危险性越高,罪责就越大。(4)对司法诉讼活动的影响程度。包括对司法公正的影响和司法效率的影响。根据虚假证据是否进入诉讼环节,对司法过程是否已产生影响以及影响的大小等不同情况,可以进一步分为:一是仅有妨害作证行为,但相关虚假证据尚未进入诉讼环节的;二是已经进入诉讼环节,但被鉴别出来,没有影响到判决的公正性的;三是进入诉讼环节,对相关证据的鉴别和认定花费较长时间和较大司法成本,影响了司法效率的;四是虚假证据未能被鉴别出来,司法机关以之为依据作出错误判决的。以上不同情况,行为的社会危害程度也不同,对司法诉讼活动的影响越大,行为的罪责就越大。根据以上分析,对于在虚假诉讼中实施的妨害作证行为,具有以下情形之一的,应当按照妨害作证罪追究刑事责任:(1)为非法占有他人合法财产,而指使他人作伪证实施虚假诉讼,标的数额较大的;(2)为实现自己的财产利益,而指使他人作伪证实施虚假诉讼,标的数额巨大的;(3)使用暴力手段、威胁手段,迫使他人提供虚假证据或者作伪证的;(4)致使诉讼活动受到较长时间拖延的;(5)致使人民法院作出错误裁判的。具有以下情形之一的,属于妨害作证罪"情节严重"的情形:(1)为非法占有他人合法财产,而指使他人作伪证实施虚假诉讼,标的数额巨大的;(2)为实现自己的财产利益,而指使他人作伪证实施虚假诉讼,标的数额特别巨大的;(3)使用暴力手段迫使他人作伪证,造成被害人轻伤后果的;(4)伪造证据实施虚假诉讼,致使人民法院作出错误裁判,并给另一方当事人或者第三方造成重大损失的;(5)多次采用妨害作证的方法实施虚假诉讼的。现在司法实践中有一种观点主张,行为人如为了非法占有他人财产,而实施虚假诉讼的,还可能构成诈骗罪,这种观点越来越得到理论界和实务界的认同。实践中,对于为了非法占有他人财产而参与虚假诉讼的行为,越来越多的法院开始打破"必须是被害人陷入认识错误而自愿交付"的樊篱。对为非法占有他人财产而实施虚假诉讼的行为按照诈骗罪论处,同时构成妨害作证罪和诈骗罪的,按照从一重罪原则处断。当然,如果行为人本身具有正当理由参与诉讼,只是在其争讼标的的基础上意图多占有他人合法财产的,一般不宜以诈骗罪论处;但非法占有他人合法财产在整个诉讼标的中占主要比例的,目前多数法院仍然按照诈骗罪定罪处罚。本案洪某某本来欠吴某某近20万元,通过虚假诉讼仅增加4.90万元,鉴于夸大经济损失、增加民事诉讼标的在民事诉讼中经常出现,符合常情,故本案不宜以诈骗罪论处。

2.帮助伪造证据罪中"情节严重"构成犯罪的判断标准。对于在虚假诉讼中实施的帮助伪造证据行为,刑法规定必须是情节严重的才负刑事责任,根据罪责原则及内容,应当从以下几个方面评价犯罪的严重程度:(1)行为的动机。即行为人系出于从中牟利的动机,还是出于朋友义气、亲属感情,或者被威胁、被暴力胁迫而实施帮助伪造证据的行为,不同的动机反映的被告人的罪责是不同的。(2)所帮助虚假诉讼的标的数额。之所以处罚共同犯罪人,就是因为其与他人引起的法益侵害之间具有因果关系,行为人帮助实施的虚假诉讼标的数额越大,其行为间接给他人财产利益可能造成的危害或损失就越大。(3)帮助的手段。即行为人在伪造证据过程中的作用,是简单的帮助行为还是积极参与实施伪造证据,或者单独完成了证据伪造过程,行为人对证据伪造过程的不同参与程度,反映出行为的危害性不同。(4)对司法诉讼活动的影响程度。包括虚假证据在诉讼中的使用情况及实际效果等,对诉讼的影响越大,行为的危害性就越大。根据以上分析,对于在虚假诉讼中实施的帮助伪造证据行为,具有以下情形之一的,应当认定为情节严重,按帮助伪造证据罪追究刑事责任:(1)为帮助一方当事人非法占有他人合法财产,而伪造证据实施虚假诉讼,标的数额较大的;(2)为帮助一方当事人实现其财产利益,而伪造证据实施虚假诉讼,标的数额巨大的;(3)以牟利为目的,而帮助他人伪造证据实施虚假诉讼的;(4)伪造证据帮助他人实施虚假诉讼,致使诉讼活动受到较长时间拖延的;(5)伪造证据帮助实施虚假诉讼,致使人民法院作出错误裁判的。本案被告人吴某某为实现其债权而实施虚假诉讼,指使他人伪造证据并在庭审中作虚假陈述,妨害了人民法院的正常审判秩序,其诉讼标的数额巨大,并导致人民法院作出错误裁判,已达到应受刑罚处罚的程度,构成妨害作证罪,但未给利害关系人造成实际经济损失,因此,尚不构成"情节严重"的情形;被告人洪某某明知吴某某为实现债权而实施虚假诉讼,仍积极帮助伪造证据,所伪造证据用于标的数额巨大的虚假诉讼中,并导致人民法院作出错误裁判,情节严重,已构成帮助伪造证据罪。因此,本案一审法院对二人分别在三年以下有期徒刑或者拘役的量刑幅度内判处刑罚,是适当的。[参见第838号指导案例,吴荣平妨害作证、洪善祥帮助伪造证据案,载《刑事审判参考》总第90集(2013年第1集),第90~94页。撰稿:蔡智玉　苏家成]

▽共同犯罪并不以各共犯构成同一罪名为前提

刑法第二十五条规定:"共同犯罪是指二人以上共同故意犯罪。二人以上共同过失犯罪,不以共同犯罪论处。"由此规定可知,认定共同犯罪的内核在于二人以上是否存在共同的故意罪过和共同行为,即仅要求在行为上具有共同的故意和客观表现,行为人因身份因素或者具体目的不同完全有可能构成不同犯罪。如甲向丙索要债务100万元未果,遂对乙隐瞒真情,谎称丙乃当地一富豪,起意对丙实施绑架勒索100万元。乙随即附和。甲、乙共同实施了绑架丙的行为。乙构成绑架罪,而甲因勒索的是丙对其的欠款,仅构成非法拘禁罪。虽然甲、乙犯下的具体罪名不同,但很显然构成共同犯罪。在虚假诉讼案件中,原被告双方或者原告与证人经过事先共谋,伪造证据提起诉讼,明知其行为会妨害司法活动的正常秩序,主观上均有妨害司法的概括故意,而客观上各行为人所针对的犯罪对象是同一个诉讼活动,因此属于共同犯罪。在具体定罪过程中,由于各行为人的具体故意内容和客观行为表现不尽相同,可能分别构成不同的罪名。具体联系本案,被告人吴某某和洪某某串通实施虚假诉讼,共同伪造证据,并由吴某某向法院提起诉讼,洪某某配合向法院作虚假陈述,二人有共同实施妨害司法活动的意思和行为,并且均属于故意犯罪,因此属于共同犯罪。在共同行为过程中,吴某某指使洪某某伪造证据,其行为实质上是洪某某所实施帮助伪造证据行为的教唆犯,二被告人在此范围内属于共同犯罪。洪某某系受吴某某指使帮助其伪造证据,其行为在刑法上符合帮助伪造证据罪的犯罪构成,因此对其行为评价为帮助伪造证据罪。在共同犯罪中,吴某某是主谋和主要受益者,行为积极、主动,指使洪某某伪造证据,向法院作虚假陈述,应当认定为主犯;而洪某某系受吴某某指使实施帮助伪造证据的行为,并非主要受益人,在共同犯罪中系从犯。一审法院对吴某某判处有期徒刑七个月,对洪某某判处有期徒刑六个月,在处罚上已经体现了二人在共同犯罪中的不同地位,量刑是妥当的。[参见第838号指导案例,吴荣平妨害作证、洪善祥帮助伪造证据案,载《刑事审判参考》总第90集(2013年第1集),第94～95页。撰稿:蔡智玉　苏家成]

▽民事诉讼中当庭所作的虚假证言属于帮助伪造证据罪中的"证据"

帮助伪造证据罪中,行为人所毁灭、伪造的证据,应当限于物证、书证、鉴定结论、勘验、检查笔录与视听资料,转化为书面或者视听资料的证人证言、被害人陈述、犯罪嫌疑人、被告人的供述和辩解等。该观点强调言词证据的物体化,非物体化的证据不属于本罪的证据范畴。证人当庭所作的虚假证言属于帮助伪造证据罪中的"证据"。1. 证人证言属于民事诉讼的法定证据类型之一,在民事案件对证据采证过程中证人当庭所作的证言效力高于物体化的证人证言,当庭所作虚假陈述对法官判断证据及认定事实的影响一般高于物体化的证人证言,所以帮助伪造物体化的证人证言可能成立犯罪,而当庭作虚假陈述的行为被排除在犯罪之外,不符合立法本意;2. 证人当庭所作的证言是由法庭记录在案的,在经过书记员记录、庭审录音录像后也就转化成为物体化的证人证言,其后庭审过程中当事人及代理人也是对该已转化证人证言进行质证,当庭所作证言与物体化的证人证言在本质上并无区别。本案徐某某、郑某某受当事人蔡某某的指使在民事案件庭审中作虚假证言并在庭审笔录上签字确认,本质上就是受当事人指使实施帮助其伪造证人证言的行为。[参见第935号指导案例,徐云宝、郑献洋帮助伪造证据案,载《刑事审判参考》总第95集(2013年第6集),第103～104页。撰稿:金朝文　唐海波　徐升]

▽在庭审过程中对关键证据进行虚假陈述属于帮助伪造证据"情节严重"

在妨害司法罪这一类型的犯罪中,一般是从行为对法益的侵害程度以及造成的结果等方面评价行为是否属于"情节严重"。一般可以从以下几个方面进行考虑:(1)毁灭、伪造证据是否造成严重后果。(2)帮助毁灭、伪造证据是否是重要证据,在刑事诉讼中足以影响罪与非罪的认定,此罪与彼罪的区分,足以影响量刑档次和量刑幅度的升降;在民事诉讼与行政诉讼中足以影响当事人的诉讼成败或者使其诉讼利益受到重大影响;在司法实践中,只要具备上述情形之一,即可认定为情节严重。上述观点具有一定道理。对关键证据的虚假陈述,往往会严重扰乱人民法院的正常审判秩序,并严重侵害对方当事人的权益,具有较大的社会危害性,应当认定为。情节严重"。本案蔡某某在一审以该借款已超过诉讼时效判决其败诉后,指使徐某某、郑某某等三人在二审中为其作虚假陈述以证明诉讼时效存在中断,二审胜败诉的关键在于诉讼时效,故徐某某、郑某某等人在二审中当庭所作的虚假证言,可以作为诉讼时效中断的事由,对本案的最终裁判结果产生重大影响,故徐某某、郑某某等人所作的虚假证言属于本案定性的关键证据,对庭审秩序造成较大的破坏,严重影响对方当事人的权益,应当认定为帮助伪造证据罪中的"情节严重"。综上,本案被告人徐某某、郑某某受当事人指使,在民事诉讼中当庭作伪证具有较大的社会危害性,对其行为以帮助伪造证据罪定罪处罚是正确的。[参见第935号指导案例,徐云宝、郑献洋帮助伪造证据案,载《刑事审判参考》总第95集(2013年第6集),第104～105页。撰稿:金朝文　唐海波　徐升]

第三百零七条之一　【虚假诉讼罪】以捏造的事实提起民事诉讼,妨害司法秩序或者严重侵害他人合法权益的,处三年以下有期徒刑、拘役或者管制,并处或者单处罚金;情节严重的,处三年以上七年以下有期徒刑,并处罚金。

单位犯前款罪的,对单位判处罚金,并对其直接负责的主管人员和其他直接责任人员,依照前款的规定处罚。

有第一款行为,非法占有他人财产或者逃避合法债务,又构成其他犯罪的,依照处罚较重的规定定罪从重处罚。

司法工作人员利用职权,与他人共同实施前

三款行为的，从重处罚；同时构成其他犯罪的，依照处罚较重的规定定罪从重处罚。（本条是根据《中华人民共和国刑法修正案（九）》之三十五增加的，自2015年11月1日起施行。）

■最高人民检察院、公安部关于公安机关管辖的刑事案件立案追诉标准的规定（二）（2022年5月15日）

第七十八条 〔虚假诉讼案（刑法第三百零七条之一）〕单独或者与他人恶意串通，以捏造的事实提起民事诉讼，涉嫌下列情形之一的，应予立案追诉：

（一）致使人民法院基于捏造的事实采取财产保全或者行为保全措施的；

（二）致使人民法院开庭审理，干扰正常司法活动的；

（三）致使人民法院基于捏造的事实作出裁判文书、制作财产分配方案，或者立案执行基于捏造的事实作出的仲裁裁决、公证债权文书的；

（四）多次以捏造的事实提起民事诉讼的；

（五）因以捏造的事实提起民事诉讼被采取民事诉讼强制措施或者受过刑事追究的；

（六）其他妨害司法秩序或者严重侵害他人合法权益的情形。

（第七十九条至第八十五条内容附在本书刑法第一百二十条之一附文同名文件中）

■最高人民法院、最高人民检察院关于办理虚假诉讼刑事案件适用法律若干问题的解释（全文）（2018年10月1日）

第一条 采取伪造证据、虚假陈述等手段，实施下列行为之一，捏造民事法律关系，虚构民事纠纷，向人民法院提起民事诉讼的，应当认定为刑法第三百零七条之一第一款规定的“以捏造的事实提起民事诉讼”：

（一）与夫妻一方恶意串通，捏造夫妻共同债务的；

（二）与他人恶意串通，捏造债权债务关系和以物抵债协议的；

（三）与公司、企业的法定代表人、董事、监事、经理或者其他管理人员恶意串通，捏造公司、企业债务或者担保义务的；

（四）捏造知识产权侵权关系或者不正当竞争关系的；

（五）在破产案件审理过程中申报捏造的债权的；

（六）与被执行人恶意串通，捏造债权或者对查封、扣押、冻结财产的优先权、担保物权的；

（七）单方或者与他人恶意串通，捏造身份、合同、侵权、继承等民事法律关系的其他行为。

隐瞒债务已经全部清偿的事实，向人民法院提起民事诉讼，要求他人履行债务的，以“以捏造的事实提起民事诉讼”论。

向人民法院申请执行基于捏造的事实作出的仲裁裁决、公证债权文书，或者在民事执行过程中以捏造的事实对执行标的提出异议、申请参与执行财产分配的，属于刑法第三百零七条之一第一款规定的“以捏造的事实提起民事诉讼”。

第二条 以捏造的事实提起民事诉讼，有下列情形之一的，应当认定为刑法第三百零七条之一第一款规定的“妨害司法秩序或者严重侵害他人合法权益”：

（一）致使人民法院基于捏造的事实采取财产保全或者行为保全措施的；

（二）致使人民法院开庭审理，干扰正常司法活动的；

（三）致使人民法院基于捏造的事实作出裁判文书、制作财产分配方案，或者立案执行基于捏造的事实作出的仲裁裁决、公证债权文书的；

（四）多次以捏造的事实提起民事诉讼的；

（五）曾因以捏造的事实提起民事诉讼被采取民事诉讼强制措施或者受过刑事追究的；

（六）其他妨害司法秩序或者严重侵害他人合法权益的情形。

第三条　以捏造的事实提起民事诉讼,有下列情形之一的,应当认定为刑法第三百零七条之一第一款规定的"情节严重":

(一)有本解释第二条第一项情形,造成他人经济损失一百万元以上的;

(二)有本解释第二条第二项至第四项情形之一,严重干扰正常司法活动或者严重损害司法公信力的;

(三)致使义务人自动履行生效裁判文书确定的财产给付义务或者人民法院强制执行财产权益,数额达到一百万元以上的;

(四)致使他人债权无法实现,数额达到一百万元以上的;

(五)非法占有他人财产,数额达到十万元以上的;

(六)致使他人因为不执行人民法院基于捏造的事实作出的判决、裁定,被采取刑事拘留、逮捕措施或者受到刑事追究的;

(七)其他情节严重的情形。

第四条　实施刑法第三百零七条之一第一款行为,非法占有他人财产或者逃避合法债务,又构成诈骗罪,职务侵占罪,拒不执行判决、裁定罪,贪污罪等犯罪的,依照处罚较重的规定定罪从重处罚。

第五条　司法工作人员利用职权,与他人共同实施刑法第三百零七条之一前三款行为的,从重处罚;同时构成滥用职权罪,民事枉法裁判罪,执行判决、裁定滥用职权罪等犯罪的,依照处罚较重的规定定罪从重处罚。

第六条　诉讼代理人、证人、鉴定人等诉讼参与人与他人通谋,代理提起虚假民事诉讼、故意作虚假证言或者出具虚假鉴定意见,共同实施刑法第三百零七条之一前三款行为的,依照共同犯罪的规定定罪处罚;同时构成妨害作证罪,帮助毁灭、伪造证据罪等犯罪的,依照处罚较重的规定定罪从重处罚。

第七条　采取伪造证据等手段篡改案件事实,骗取人民法院裁判文书,构成犯罪的,依照刑法第二百八十条、第三百零七条等规定追究刑事责任。

第八条　单位实施刑法第三百零七条之一第一款行为的,依照本解释规定的定罪量刑标准,对其直接负责的主管人员和其他直接责任人员定罪处罚,并对单位判处罚金。

第九条　实施刑法第三百零七条之一第一款行为,未达到情节严重的标准,行为人系初犯,在民事诉讼过程中自愿具结悔过,接受人民法院处理决定,积极退赃、退赔的,可以认定为犯罪情节轻微,不起诉或者免予刑事处罚;确有必要判处刑罚的,可以从宽处罚。

司法工作人员利用职权,与他人共同实施刑法第三百零七条之一第一款行为的,对司法工作人员不适用本条第一款规定。

第十条　虚假诉讼刑事案件由虚假民事诉讼案件的受理法院所在地或者执行法院所在地人民法院管辖。有刑法第三百零七条之一第四款情形的,上级人民法院可以指定下级人民法院将案件移送其他人民法院审判。

第十一条　本解释所称裁判文书,是指人民法院依照民事诉讼法、企业破产法等民事法律作出的判决、裁定、调解书、支付令等文书。

第十二条　本解释自2018年10月1日起施行。

■最高人民法院、最高人民检察院、公安部、司法部关于进一步加强虚假诉讼犯罪惩治工作的意见(全文)(2021年3月10日)

第一章　总则

第一条　为了进一步加强虚假诉讼犯罪惩治工作,维护司法公正和司法权威,保护自然人、法人和非法人组织的合法权益,促进社会诚信建设,根据《中华人民共和国刑法》《中华人民共和国刑事诉讼法》《中华人民共和国民事诉讼法》和《最高人民法院、最高人民检察院关于办理虚假诉讼刑事案件适用法律若干问题的解释》等规定，结合工作实际，制定本意见。

第二条 本意见所称虚假诉讼犯罪，是指行为人单独或者与他人恶意串通，采取伪造证据、虚假陈述等手段，捏造民事案件基本事实，虚构民事纠纷，向人民法院提起民事诉讼，妨害司法秩序或者严重侵害他人合法权益，依照法律应当受刑罚处罚的行为。

第三条 人民法院、人民检察院、公安机关、司法行政机关应当按照法定职责分工负责、配合协作，加强沟通协调，在履行职责过程中发现可能存在虚假诉讼犯罪的，应当及时相互通报情况，共同防范和惩治虚假诉讼犯罪。

第二章 虚假诉讼犯罪的甄别和发现

第四条 实施《最高人民法院、最高人民检察院关于办理虚假诉讼刑事案件适用法律若干问题的解释》第一条第一款、第二款规定的捏造事实行为，并有下列情形之一的，应当认定为刑法第三百零七条之一第一款规定的"以捏造的事实提起民事诉讼"：

（一）提出民事起诉的；

（二）向人民法院申请宣告失踪、宣告死亡，申请认定公民无民事行为能力、限制民事行为能力，申请认定财产无主，申请确认调解协议，申请实现担保物权，申请支付令，申请公示催告的；

（三）在民事诉讼过程中增加独立的诉讼请求、提出反诉，有独立请求权的第三人提出与本案有关的诉讼请求的；

（四）在破产案件审理过程中申报债权的；

（五）案外人申请民事再审的；

（六）向人民法院申请执行仲裁裁决、公证债权文书的；

（七）案外人在民事执行过程中对执行标的提出异议，债权人在民事执行过程中申请参与执行财产分配的；

（八）以其他手段捏造民事案件基本事实，虚构民事纠纷，提起民事诉讼的。

第五条 对于下列虚假诉讼犯罪易发的民事案件类型，人民法院、人民检察院在履行职责过程中应当予以重点关注：

（一）民间借贷纠纷案件；

（二）涉及房屋限购、机动车配置指标调控的以物抵债案件；

（三）以离婚诉讼一方当事人为被告的财产纠纷案件；

（四）以已经资不抵债或者已经被作为被执行人的自然人、法人和非法人组织为被告的财产纠纷案件；

（五）以拆迁区划范围内的自然人为当事人的离婚、分家析产、继承、房屋买卖合同纠纷案件；

（六）公司分立、合并和企业破产纠纷案件；

（七）劳动争议案件；

（八）涉及驰名商标认定的案件；

（九）其他需要重点关注的民事案件。

第六条 民事诉讼当事人有下列情形之一的，人民法院、人民检察院在履行职责过程中应当依法严格审查，及时甄别和发现虚假诉讼犯罪：

（一）原告起诉依据的事实、理由不符合常理，存在伪造证据、虚假陈述可能的；

（二）原告诉请司法保护的诉讼标的额与其自身经济状况严重不符的；

（三）在可能影响案外人利益的案件中，当事人之间存在近亲属关系或者关联企业等共同利益关系的；

（四）当事人之间不存在实质性民事权益争议和实质性诉辩对抗的；

(五)一方当事人对于另一方当事人提出的对其不利的事实明确表示承认,且不符合常理的;

(六)认定案件事实的证据不足,但双方当事人主动迅速达成调解协议,请求人民法院制作调解书的;

(七)当事人自愿以价格明显不对等的财产抵付债务的;

(八)民事诉讼过程中存在其他异常情况的。

第七条　民事诉讼代理人、证人、鉴定人等诉讼参与人有下列情形之一的,人民法院、人民检察院在履行职责过程中应当依法严格审查,及时甄别和发现虚假诉讼犯罪:

(一)诉讼代理人违规接受对方当事人或者案外人给付的财物或者其他利益,与对方当事人或者案外人恶意串通,侵害委托人合法权益的;

(二)故意提供虚假证据,指使、引诱他人伪造、变造证据、提供虚假证据或者隐匿、毁灭证据的;

(三)采取其他不正当手段干扰民事诉讼活动正常进行的。

第三章　线索移送和案件查处

第八条　人民法院、人民检察院、公安机关发现虚假诉讼犯罪的线索来源包括:

(一)民事诉讼当事人、诉讼代理人和其他诉讼参与人、利害关系人、其他自然人、法人和非法人组织的报案、控告、举报和法律监督申请;

(二)被害人有证据证明对被告人通过实施虚假诉讼行为侵犯自己合法权益的行为应当依法追究刑事责任,且有证据证明曾经提出控告,而公安机关或者人民检察院不予追究被告人刑事责任,向人民法院提出的刑事自诉;

(三)人民法院、人民检察院、公安机关、司法行政机关履行职责过程中主动发现;

(四)有关国家机关移送的案件线索;

(五)其他线索来源。

第九条　虚假诉讼刑事案件由相关虚假民事诉讼案件的受理法院所在地或者执行法院所在地人民法院管辖。有刑法第三百零七条之一第四款情形的,上级人民法院可以指定下级人民法院将案件移送其他人民法院审判。

前款所称相关虚假民事诉讼案件的受理法院,包括该民事案件的一审、二审和再审法院。

虚假诉讼刑事案件的级别管辖,根据刑事诉讼法的规定确定。

第十条　人民法院、人民检察院向公安机关移送涉嫌虚假诉讼犯罪案件,应当附下列材料:

(一)案件移送函,载明移送案件的人民法院或者人民检察院名称、民事案件当事人名称和案由、所处民事诉讼阶段、民事案件办理人及联系电话等。案件移送函应当附移送材料清单和回执,经人民法院或者人民检察院负责人批准后,加盖人民法院或者人民检察院公章;

(二)移送线索的情况说明,载明案件来源、当事人信息、涉嫌虚假诉讼犯罪的事实、法律依据等,并附相关证据材料;

(三)与民事案件有关的诉讼材料,包括起诉书、答辩状、庭审笔录、调查笔录、谈话笔录等。

人民法院、人民检察院应当指定专门职能部门负责涉嫌虚假诉讼犯罪案件的移送。

人民法院将涉嫌虚假诉讼犯罪案件移送公安机关的,同时将有关情况通报同级人民检察院。

第十一条　人民法院、人民检察院认定民事诉讼当事人和其他诉讼参与人的行为涉嫌虚假诉讼犯罪,除民事诉讼当事人、其他诉讼参与人或者案外人的陈述、证言外,一般还应有物证、书证或者其他证人证言等证据相印证。

第十二条　人民法院、人民检察院将涉嫌虚假诉讼犯罪案件有关材料移送公安机关的,接受案件的公安机关应当出具接受案件的回执或者在案件移送函所附回执上签收。

公安机关收到有关材料后,分别作出以下处理:

(一)认为移送的案件材料不全的,应当在收到有关材料之日起三日内通知移送的人民法院或者人

民检察院在三日内补正。不得以材料不全为由不接受移送案件;

(二)认为有犯罪事实,需要追究刑事责任的,应当在收到有关材料之日起三十日内决定是否立案,并通知移送的人民法院或者人民检察院;

(三)认为有犯罪事实,但是不属于自己管辖的,应当立即报经县级以上公安机关负责人批准,在二十四小时内移送有管辖权的机关处理,并告知移送的人民法院或者人民检察院。对于必须采取紧急措施的,应当先采取紧急措施,然后办理手续,移送主管机关;

(四)认为没有犯罪事实,或者犯罪情节显著轻微不需要追究刑事责任的,或者具有其他依法不追究刑事责任情形的,经县级以上公安机关负责人批准,不予立案,并应当说明理由,制作不予立案通知书在三日内送达移送的人民法院或者人民检察院,退回有关材料。

第十三条　人民检察院依法对公安机关的刑事立案实行监督。

人民法院对公安机关的不予立案决定有异议的,可以建议人民检察院进行立案监督。

第四章　程序衔接

第十四条　人民法院向公安机关移送涉嫌虚假诉讼犯罪案件,民事案件必须以相关刑事案件的审理结果为依据的,应当依照民事诉讼法第一百五十条第一款第五项的规定裁定中止诉讼。刑事案件的审理结果不影响民事诉讼程序正常进行的,民事案件应当继续审理。

第十五条　刑事案件裁判认定民事诉讼当事人的行为构成虚假诉讼犯罪,相关民事案件尚在审理或者执行过程中的,作出刑事裁判的人民法院应当及时函告审理或者执行该民事案件的人民法院。

人民法院对于与虚假诉讼刑事案件的裁判存在冲突的已经发生法律效力的民事判决、裁定、调解书,应当及时依法启动审判监督程序予以纠正。

第十六条　公安机关依法自行立案侦办虚假诉讼刑事案件的,应当在立案后三日内将立案决定书等法律文书和相关材料复印件抄送对相关民事案件正在审理、执行或者作出生效裁判文书的人民法院并说明立案理由,同时通报办理民事案件人民法院的同级人民检察院。对相关民事案件正在审理、执行或者作出生效裁判文书的人民法院应当依法审查,依照相关规定做出处理,并在收到材料之日起三十日内将处理意见书面通报公安机关。

公安机关在办理刑事案件过程中,发现犯罪嫌疑人还涉嫌实施虚假诉讼犯罪的,可以一并处理。需要逮捕犯罪嫌疑人的,由侦查该案件的公安机关提请同级人民检察院审查批准;需要提起公诉的,由侦查该案件的公安机关移送同级人民检察院审查决定。

第十七条　有管辖权的公安机关接受民事诉讼当事人、诉讼代理人和其他诉讼参与人、利害关系人、其他自然人、法人和非法人组织的报案、控告、举报或者在履行职责过程中发现存在虚假诉讼犯罪嫌疑的,可以开展调查核实工作。经县级以上公安机关负责人批准,公安机关可以依照有关规定拷贝电子卷或者查阅、复制、摘录人民法院的民事诉讼卷宗,人民法院予以配合。

公安机关在办理刑事案件过程中,发现犯罪嫌疑人还涉嫌实施虚假诉讼犯罪的,适用前款规定。

第十八条　人民检察院发现已经发生法律效力的判决、裁定、调解书系民事诉讼当事人通过虚假诉讼获得的,应当依照民事诉讼法第二百零八条第一款、第二款等法律和相关司法解释的规定,向人民法院提出再审检察建议或者抗诉。

第十九条　人民法院对人民检察院依照本意见第十八条的规定提出再审检察建议或者抗诉的民事案件,应当依照民事诉讼法等法律和相关司法解释的规定处理。按照审判监督程序决定再审、需要中止执行的,裁定中止原判决、裁定、调解书的执行。

第二十条　人民检察院办理民事诉讼监督案件过程中,发现存在虚假诉讼犯罪嫌疑的,可以向民事诉讼当事人或者案外人调查核实有关情况。有关单位和个人无正当理由拒不配合调查核实、妨害民事诉讼的,人民检察院可以建议有关人民法院依照民事诉讼法第一百一十一条第一款第五项等规定处理。

人民检察院针对存在虚假诉讼犯罪嫌疑的民事诉讼监督案件依照有关规定调阅人民法院的民事诉讼卷宗的,人民法院予以配合。通过拷贝电子卷、查阅、复制、摘录等方式能够满足办案需要的,可以不调阅诉讼卷宗。

人民检察院发现民事诉讼监督案件存在虚假诉讼犯罪嫌疑的,可以听取人民法院原承办人的意见。

第二十一条　对于存在虚假诉讼犯罪嫌疑的民事案件,人民法院可以依职权调查收集证据。

当事人自认的事实与人民法院、人民检察院依职权调查并经审理查明的事实不符的,人民法院不予确认。

第五章　责任追究

第二十二条　对于故意制造、参与虚假诉讼犯罪活动的民事诉讼当事人和其他诉讼参与人,人民法院应当加大罚款、拘留等对妨害民事诉讼的强制措施的适用力度。

民事诉讼当事人、其他诉讼参与人实施虚假诉讼,人民法院向公安机关移送案件有关材料前,可以依照民事诉讼法的规定先行予以罚款、拘留。

对虚假诉讼刑事案件被告人判处罚金、有期徒刑或者拘役的,人民法院已经依照民事诉讼法的规定给予的罚款、拘留,应当依法折抵相应罚金或者刑期。

第二十三条　人民检察院可以建议人民法院依照民事诉讼法的规定,对故意制造、参与虚假诉讼的民事诉讼当事人和其他诉讼参与人采取罚款、拘留等强制措施。

第二十四条　司法工作人员利用职权参与虚假诉讼的,应当依照法律法规从严处理;构成犯罪的,依法从严追究刑事责任。

第二十五条　司法行政机关、相关行业协会应当加强对律师、基层法律服务工作者、司法鉴定人、公证员、仲裁员的教育和管理,发现上述人员利用职务之便参与虚假诉讼的,应当依照规定进行行政处罚或者行业惩戒;构成犯罪的,依法移送司法机关处理。律师、基层法律服务工作者、司法鉴定人、公证员、仲裁员利用职务之便参与虚假诉讼的,依照有关规定从严追究法律责任。

人民法院、人民检察院、公安机关在办理案件过程中,发现律师、基层法律服务工作者、司法鉴定人、公证员、仲裁员利用职务之便参与虚假诉讼,尚未构成犯罪的,可以向司法行政机关、相关行业协会或者上述人员所在单位发出书面建议。司法行政机关、相关行业协会或者上述人员所在单位应当在收到书面建议之日起三个月内作出处理决定,并书面回复作出书面建议的人民法院、人民检察院或者公安机关。

第六章　协作机制

第二十六条　人民法院、人民检察院、公安机关、司法行政机关探索建立民事判决、裁定、调解书等裁判文书信息共享机制和信息互通数据平台,综合运用信息化手段发掘虚假诉讼违法犯罪线索,逐步实现虚假诉讼违法犯罪案件信息、数据共享。

第二十七条　人民法院、人民检察院、公安机关、司法行政机关落实"谁执法谁普法"的普法责任制要求,通过定期开展法治宣传、向社会公开发布虚假诉讼典型案例、开展警示教育等形式,增强全社会对虚假诉讼违法犯罪的防范意识,震慑虚假诉讼违法犯罪。

第七章　附则

第二十八条　各省、自治区、直辖市高级人民法院、人民检察院、公安机关、司法行政机关可以根据本地区实际情况,制定实施细则。

第二十九条　本意见自2021年3月10日起施行。

■最高人民法院、最高人民检察院、公安部、司法部关于办理"套路贷"刑事案件若干问题的意见(2019年4月9日)

(相关内容附在本书刑法第二百六十六条之后附文同名文件中)

▼安徽省高级人民法院、安徽省人民检察院、安徽省公安厅关于办理“套路贷”刑事案件的指导意见(2018 年 6 月 15 日)(见本书附录四十七)

●在办理“套路贷”案件时,对虚假诉讼中刑民检察协同类案监督

检察机关办理涉及“套路贷”案件时,应当查清是否存在通过虚假诉讼行为实现非法利益的情形。对虚假诉讼中涉及的民事判决、裁定、调解协议书等,应当依法开展监督。针对办案中发现的非法金融活动和监管漏洞,应当运用检察建议等方式,促进依法整治并及时堵塞行业监管漏洞。(参见最高人民检察院第 23 批指导性案例 87 号,李卫俊等“套路贷”虚假诉讼案,2020 年 12 月 3 日发布。)

第三百零八条　【打击报复证人罪】对证人进行打击报复的,处三年以下有期徒刑或者拘役;情节严重的,处三年以上七年以下有期徒刑。

第三百零八条之一　【泄露不应公开的案件信息罪】司法工作人员、辩护人、诉讼代理人或者其他诉讼参与人,泄露依法不公开审理的案件中不应当公开的信息,造成信息公开传播或者其他严重后果的,处三年以下有期徒刑、拘役或者管制,并处或者单处罚金。

有前款行为,泄露国家秘密的,依照本法第三百九十八条的规定定罪处罚。

【披露、报道不应公开的案件信息罪】公开披露、报道第一款规定的案件信息,情节严重的,依照第一款的规定处罚。

单位犯前款罪的,对单位判处罚金,并对其直接负责的主管人员和其他直接责任人员,依照第一款的规定处罚。(本条是根据《中华人民共和国刑法修正案(九)》之三十六增加的,自 2015 年 11 月 1 日起施行。)

第三百零九条　【扰乱法庭秩序罪】有下列扰乱法庭秩序情形之一的,处三年以下有期徒刑、拘役、管制或者罚金:

(一)聚众哄闹、冲击法庭的;

(二)殴打司法工作人员或者诉讼参与人的;

(三)侮辱、诽谤、威胁司法工作人员或者诉讼参与人,不听法庭制止,严重扰乱法庭秩序的;

(四)有毁坏法庭设施,抢夺、损毁诉讼文书、证据等扰乱法庭秩序行为,情节严重的。(本条是根据《中华人民共和国刑法修正案(九)》之三十七修改的,自 2015 年 11 月 1 日起施行。)

刑法本条原文:聚众哄闹、冲击法庭,或者殴打司法工作人员,严重扰乱法庭秩序的,处三年以下有期徒刑、拘役、管制或者罚金。

第三百一十条　【窝藏、包庇罪】明知是犯罪的人而为其提供隐藏处所、财物,帮助其逃匿或者作假证明包庇的,处三年以下有期徒刑、拘役或者管制;情节严重的,处三年以上十年以下有期徒刑。

犯前款罪,事前通谋的,以共同犯罪论处。

■最高人民法院、最高人民检察院关于办理窝藏、包庇刑事案件适用法律若干问题的解释(全文)(2021 年 8 月 11 日)

第一条　明知是犯罪的人,为帮助其逃匿,实施下列行为之一的,应当依照刑法第三百一十条第一款的规定,以窝藏罪定罪处罚:

(一)为犯罪的人提供房屋或者其他可以用于隐藏的处所的;

(二)为犯罪的人提供车辆、船只、航空器等交通工具,或者提供手机等通讯工具的;

(三)为犯罪的人提供金钱的;

(四)其他为犯罪的人提供隐藏处所、财物,帮助其逃匿的情形。

保证人在犯罪的人取保候审期间,协助其逃匿,或者明知犯罪的人的藏匿地点、联系方式,但拒绝向司法机关提供的,应当依照刑法第三百一十条第一款的规定,对保证人以窝藏罪定罪处罚。

虽然为犯罪的人提供隐藏处所、财物,但不是出于帮助犯罪的人逃匿的目的,不以窝藏罪定罪处罚;对未履行法定报告义务的行为人,依法移送有关主管机关给予行政处罚。

第二条　明知是犯罪的人,为帮助其逃避刑事追究,或者帮助其获得从宽处罚,实施下列行为之一

的,应当依照刑法第三百一十条第一款的规定,以包庇罪定罪处罚:

(一)故意顶替犯罪的人欺骗司法机关的;

(二)故意向司法机关作虚假陈述或者提供虚假证明,以证明犯罪的人没有实施犯罪行为,或者犯罪的人所实施行为不构成犯罪的;

(三)故意向司法机关提供虚假证明,以证明犯罪的人具有法定从轻、减轻、免除处罚情节的;

(四)其他作假证明包庇的行为。

第三条 明知他人有间谍犯罪或者恐怖主义、极端主义犯罪行为,在司法机关向其调查有关情况、收集有关证据时,拒绝提供,情节严重的,依照刑法第三百一十一条的规定,以拒绝提供间谍犯罪、恐怖主义犯罪、极端主义犯罪证据罪定罪处罚;作假证明包庇的,依照刑法第三百一十条的规定,以包庇罪从重处罚。

第四条 窝藏、包庇犯罪的人,具有下列情形之一的,应当认定为刑法第三百一十条第一款规定的"情节严重":

(一)被窝藏、包庇的人可能被判处无期徒刑以上刑罚的;

(二)被窝藏、包庇的人犯危害国家安全犯罪、恐怖主义或者极端主义犯罪,或者系黑社会性质组织犯罪的组织者、领导者,且可能被判处十年有期徒刑以上刑罚的;

(三)被窝藏、包庇的人系犯罪集团的首要分子,且可能被判处十年有期徒刑以上刑罚的;

(四)被窝藏、包庇的人在被窝藏、包庇期间再次实施故意犯罪,且新罪可能被判处五年有期徒刑以上刑罚的;

(五)多次窝藏、包庇犯罪的人,或者窝藏、包庇多名犯罪的人的;

(六)其他情节严重的情形。

前款所称"可能被判处"刑罚,是指根据被窝藏、包庇的人所犯罪行,在不考虑自首、立功、认罪认罚等从宽处罚情节时应当依法判处的刑罚。

第五条 认定刑法第三百一十条第一款规定的"明知",应当根据案件的客观事实,结合行为人的认知能力,接触被窝藏、包庇的犯罪人的情况,以及行为人和犯罪人的供述等主、客观因素进行认定。

行为人将犯罪的人所犯之罪误认为其他犯罪的,不影响刑法第三百一十条第一款规定的"明知"的认定。

行为人虽然实施了提供隐藏处所、财物等行为,但现有证据不能证明行为人知道犯罪的人实施了犯罪行为的,不能认定为刑法第三百一十条第一款规定的"明知"。

第六条 认定窝藏、包庇罪,以被窝藏、包庇的人的行为构成犯罪为前提。

被窝藏、包庇的人实施的犯罪事实清楚,证据确实、充分,但尚未到案、尚未依法裁判或者因不具有刑事责任能力依法未予追究刑事责任的,不影响窝藏、包庇罪的认定。但是,被窝藏、包庇的人归案后被宣告无罪的,应当依照法定程序宣告窝藏、包庇行为人无罪。

第七条 为帮助同一个犯罪的人逃避刑事处罚,实施窝藏、包庇行为,又实施洗钱行为,或者掩饰、隐瞒犯罪所得及其收益行为,或者帮助毁灭证据行为,或者伪证行为的,依照处罚较重的犯罪定罪,并从重处罚,不实行数罪并罚。

第八条 共同犯罪人之间互相实施的窝藏、包庇行为,不以窝藏、包庇罪定罪处罚,但对共同犯罪以外的犯罪人实施窝藏、包庇行为的,以所犯共同犯罪和窝藏、包庇罪并罚。

第九条 本解释自2021年8月11日起施行。

○"犯罪的人"概念及包庇与知情不举区别的认定

"犯罪的人",是指实施犯罪行为的人,既包括未归案的犯罪人,也包括被司法机关羁押而脱逃的未决犯与已决犯。

包庇罪客观上属于积极的作为犯罪,不作为不构成犯罪。在司法实践中,明知是犯罪的人而不向司法机关检举、告发但也未实施积极帮助行为的,属于知情不举,一般不构成犯罪。但是,具有追究犯罪职责的国家工作人员,对犯罪人员和犯罪事实知情而不依法报案或不如实作证,构成犯罪的,可以以玩忽职守罪、徇私枉法罪等追究刑事责任。与包庇行为不同,知情不举属于不行为。对于明知是犯罪的人,因受蒙蔽而作假证明的行为,不能认定为包庇。[参见《刑事审判参考》总第20辑(2001年第9辑),法律出版社,第63~64页。]

▽出于包庇的故意,实施包庇行为和帮助毁灭证据行为,其行为应以包庇罪定罪,而不应数罪并罚

行为人明知他人杀人后,仍受其指使,与其一起转移、隐藏的杀人凶器,并与其共谋逃避处罚的对策,故意制造是其本人杀人后畏罪潜逃的假象,转移侦查视线,上述行为已构成包庇罪。同时,行为人授意他人毁灭杀人的罪证,该行为已构成帮助毁灭证据罪。但行为人是出于帮助他人逃避刑事法律追究这一犯罪目的而实施的上述犯罪行为,只是由于犯罪的手段行为与目的行为分别触犯了帮助毁灭证据罪和包庇罪这两个罪名,因而出现了犯罪的手段行为与目的行为的牵连,此种情形属于刑法理论上的牵连犯。由于刑法在法定刑的设置上,包庇罪的法定刑比帮助毁灭证据罪的法定刑更重,故按照牵连犯从一重罪处罚的处置原则,对行为人包庇行为和帮助毁灭证据的行为只以包庇罪定罪,而不实行数罪并罚。[参见第254号案例,冉国成、冉儒超、冉鸿雁故意杀人、包庇案,载《刑事审判指导》总第33集(2003年第4集),法律出版社,第31~32页。执笔:天天敏　王飞]

▽共同包庇犯罪案件中的共犯可以划分主从犯

刑法以各共同犯罪人在犯罪中所起的作用为标准,将共同犯罪人划分主犯、从犯和胁从犯。因此,从逻辑上讲,凡是共同犯罪,各共犯都存在被划分为主犯或从犯的可能性。在司法实践中,只是由于某些共同犯罪案件(如共同包庇案)中的共犯在共同犯罪中所起的作用往往无明显的主次之分而未划分主从犯而已,但这并不意味着凡是这类共同犯罪案件,对各共同犯罪人都不可以划分主从犯。窝藏、包庇罪是故意犯罪。因此,在共同窝藏、包庇犯罪案件中,可以根据刑法总则关于共同犯罪的规定和具体的案情,按照各行为人在共同犯罪中所起的作用大小对其分别认定为主犯或者从犯。[参见第254号案例,冉国成、冉儒超、冉鸿雁故意杀人、包庇案,载《刑事审判指导》总第33集(2003年第4集),法律出版社,第32~33页。执笔:天天敏　王飞]

▽同案犯之间相互包庇的不构成包庇罪

包庇罪是指明知是犯罪的人而为其作假证明包庇的行为。本罪的犯罪主体为一般主体,即达到刑事责任年龄,具备刑事责任能力的自然人均可构成本罪。本罪侵犯的客体是司法机关对犯罪分子追诉的活动。窝藏、包庇的对象只限于犯罪分子,包括实施了犯罪行为应受刑罚惩罚的人、在逃尚未归案的犯罪嫌疑人和已被采取刑事强制措施或者已被判刑而被剥夺、限制自由的犯罪嫌疑人、刑事被告人、罪犯。本罪的主观方面是故意,表现为明知是犯罪分子而进行窝藏、包庇,如果事先有通谋,事后进行包庇的,应以共同犯罪论处。如果不知是犯罪分子而为其提供便利条件的,客观上帮助犯罪分子逃避法律制裁的,不构成本罪。本罪在客观方面表现为明知是犯罪分子而向司法机关作假证明或帮助其湮灭罪迹、隐匿、毁灭罪证的行为。本案行为人得知他人因涉嫌强奸被抓获又从公安机关脱逃的消息后,即赶去与他人见面,并与他人的父母一起商议帮助其潜逃的方法。其本人被公安机关传讯时,又拒不交代他人的藏匿地点,实施了包庇他人的行为。但其行为在主、客观上与包庇罪的犯罪构成是不同的。首先,行为人在本案中与他人等共同挟持并威胁被害人,后又协助他人对被害人实施奸淫,与他人系共同犯罪,其行为亦应依法追究。行为人包庇他人的行为,实际上是害怕他人被抓后暴露自己而采取的一种自我保护措施,其表面行为是包庇他人,但最终目的是掩盖自己与他人的共同犯罪行为,使自己逃避惩罚。其次,行为人的行为在客观上既侵犯了司法机关对他人的追诉活动,同时也妨害了司法机关对其本人的追诉活动。对这种为了使自己和同案犯共同逃避司法机关追究而实施的包庇同案犯的行为,在定性时应以其行为的主要目的为依据。行为人为掩盖本人罪行而在案发后包庇同案犯他人的行为不适用刑法关于包庇罪的规定。但其包庇他人的行为毕竟妨害了司法机关的侦查活动,故可作为酌定从重情节在量刑时考虑。[参见第 178 号案例,谢茂强等强奸、奸淫幼女案,载《刑事审判参考》总第 26 辑(2002 年第 3 辑),法律出版社,第 25 ~26 页。执笔:朱伟德]

第三百一十一条　【拒绝提供间谍犯罪、恐怖主义犯罪、极端主义犯罪证据罪】明知他人有间谍犯罪或者恐怖主义、极端主义犯罪行为,在司法机关向其调查有关情况、收集有关证据时,拒绝提供,情节严重的,处三年以下有期徒刑、拘役或者管制。(本条是根据《中华人民共和国刑法修正案(九)》之三十八修改的,自 2015 年 11 月 1 日起施行。)

刑法本条原文:明知他人有间谍犯罪行为,在国家安全机关向其调查有关情况、收集有关证据时,拒绝提供,情节严重的,处三年以下有期徒刑、拘役或者管制。

第三百一十二条　【掩饰、隐瞒犯罪所得、犯罪所得收益罪】明知是犯罪所得及其产生的收益而予以窝藏、转移、收购、代为销售或者以其他方法掩饰、隐瞒的,处三年以下有期徒刑、拘役或者管制,并处或者单处罚金;情节严重的,处三年以上七年以下有期徒刑,并处罚金。(本条是根据《中华人民共和国刑法修正案(六)》之十九修改的,自 2006 年 6 月 29 日起施行。)

单位犯前款罪的,对单位判处罚金,并对其直接负责的主管人员和其他直接责任人员,依照前款的规定处罚。(本款是根据《中华人民共和国刑法修正案(七)》之十增加的,自 2009 年 2 月 28 日起施行。)

刑法本条第一款原文:【窝藏、转移、收购、销售赃物罪】明知是犯罪所得的赃物而予以窝藏、转移、收购或者代为销售的,处三年以下有期徒刑、拘役或者管制,并处或者单处罚金。(本款是《刑法修正案(六)》修改前原文)

■全国人民代表大会常务委员会关于《中华人民共和国刑法》第三百四十一条、第三百一十二条的解释(全文)(2014 年 4 月 24 日)

知道或者应当知道是国家重点保护的珍贵、濒危野生动物及其制品,为食用或者其他目的而非法购买的,属于刑法第三百四十一条第一款规定的非法收购国家重点保护的珍贵、濒危野生动物及其制品的行为。

知道或者应当知道是刑法第三百四十一条第二款规定的非法狩猎的野生动物而购买的,属于刑法第三百一十二条第一款规定的明知是犯罪所得而收购的行为。

■最高人民法院关于审理掩饰、隐瞒犯罪所得、犯罪所得收益刑事案件适用法律若干问题的解释(全文)(2021 年 4 月 15 日)

第一条　明知是犯罪所得及其产生的收益而予以窝藏、转移、收购、代为销售或者以其他方法掩饰、隐瞒,具有下列情形之一的,应当依照刑法第三百一十二条第一款的规定,以掩饰、隐瞒犯罪所得、犯罪所得收益罪定罪处罚:

(一)一年内曾因掩饰、隐瞒犯罪所得及其产生的收益行为受过行政处罚,又实施掩饰、隐瞒犯罪所得及其产生的收益行为的;

(二)掩饰、隐瞒的犯罪所得系电力设备、交通设施、广播电视设施、公用电信设施、军事设施或者救灾、抢险、防汛、优抚、扶贫、移民、救济款物的;

(三)掩饰、隐瞒行为致使上游犯罪无法及时查处,并造成公私财物损失无法挽回的;

(四)实施其他掩饰、隐瞒犯罪所得及其产生的收益行为,妨害司法机关对上游犯罪进行追究的。

人民法院审理掩饰、隐瞒犯罪所得、犯罪所得收益刑事案件,应综合考虑上游犯罪的性质、掩饰、隐瞒犯罪所得及其收益的情节、后果及社会危害程度等,依法定罪处罚。

司法解释对掩饰、隐瞒涉及计算机信息系统数据、计算机信息系统控制权的犯罪所得及其产生的收益行为构成犯罪已有规定的,审理此类案件依照该规定。

依照全国人民代表大会常务委员会《关于〈中华人民共和国刑法〉第三百四十一条、第三百一十二条的解释》,明知是非法狩猎的野生动物而收购,数量达到五十只以上的,以掩饰、隐瞒犯罪所得罪定罪处罚。

第二条　掩饰、隐瞒犯罪所得及其产生的收益行为符合本解释第一条的规定,认罪、悔罪并退赃、退赔,且具有下列情形之一的,可以认定为犯罪情节轻微,免予刑事处罚:

(二)为近亲属掩饰、隐瞒犯罪所得及其产生的收益,且系初犯、偶犯的;

第三条　掩饰、隐瞒犯罪所得及其产生的收益,具有下列情形之一的,应当认定为刑法第三百一十二条第一款规定的"情节严重":

(一)掩饰、隐瞒犯罪所得及其产生的收益价值总额达到十万元以上的;

(二)掩饰、隐瞒犯罪所得及其产生的收益十次以上,或者三次以上且价值总额达到五万元以上的;

(三)掩饰、隐瞒的犯罪所得系电力设备、交通设施、广播电视设施、公用电信设施、军事设施或者救灾、抢险、防汛、优抚、扶贫、移民、救济款物,价值总额达到五万元以上的;

(四)掩饰、隐瞒行为致使上游犯罪无法及时查处,并造成公私财物重大损失无法挽回或其他严重后果的;

(五)实施其他掩饰、隐瞒犯罪所得及其产生的收益行为,严重妨害司法机关对上游犯罪予以追究的。

司法解释对掩饰、隐瞒涉及机动车、计算机信息系统数据、计算机信息系统控制权的犯罪所得及其产生的收益行为认定"情节严重"已有规定的,审理此类案件依照该规定。

第四条　掩饰、隐瞒犯罪所得及其产生的收益的数额,应当以实施掩饰、隐瞒行为时为准。收购或者代为销售财物的价格高于其实际价值的,以收购或者代为销售的价格计算。

多次实施掩饰、隐瞒犯罪所得及其产生的收益行为,未经行政处罚,依法应当追诉的,犯罪所得、犯罪所得收益的数额应当累计计算。

第五条　事前与盗窃、抢劫、诈骗、抢夺等犯罪分子通谋,掩饰、隐瞒犯罪所得及其产生的收益的,以盗窃、抢劫、诈骗、抢夺等犯罪的共犯论处。

第六条　对犯罪所得及其产生的收益实施盗窃、抢劫、诈骗、抢夺等行为,构成犯罪的,分别以盗窃罪、抢劫罪、诈骗罪、抢夺罪等定罪处罚。

第七条　明知是犯罪所得及其产生的收益而予以掩饰、隐瞒,构成刑法第三百一十二条规定的犯罪,同时构成其他犯罪的,依照处罚较重的规定定罪处罚。

第八条　认定掩饰、隐瞒犯罪所得、犯罪所得收益罪,以上游犯罪事实成立为前提。上游犯罪尚未依法裁判,但查证属实的,不影响掩饰、隐瞒犯罪所得、犯罪所得收益罪的认定。

上游犯罪事实经查证属实,但因行为人未达到刑事责任年龄等原因依法不予追究刑事责任的,不影响掩饰、隐瞒犯罪所得、犯罪所得收益罪的认定。

第九条　盗用单位名义实施掩饰、隐瞒犯罪所得及其产生的收益行为,违法所得由行为人私分的,依照刑法和司法解释有关自然人犯罪的规定定罪处罚。

第十条　通过犯罪直接得到的赃款、赃物,应当认定为刑法第三百一十二条规定的"犯罪所得"。上游犯罪的行为人对犯罪所得进行处理后得到的孳息、租金等,应当认定为刑法第三百一十二条规定的"犯罪所得产生的收益"。

明知是犯罪所得及其产生的收益而采取窝藏、转移、收购、代为销售以外的方法,如居间介绍买卖,收受,持有,使用,加工,提供资金账户,协助将财物转换为现金、金融票据、有价证券,协助将资金转移、汇往境外等,应当认定为刑法第三百一十二条规定的"其他方法"。

第十一条　掩饰、隐瞒犯罪所得、犯罪所得收益罪是选择性罪名,审理此类案件,应当根据具体犯罪行为及其指向的对象,确定适用的罪名。

■最高人民法院、最高人民检察院、公安部关于办理电信网络诈骗等刑事案件适用法律若干问题的意见(二)(2021年6月17日)

十一、明知是电信网络诈骗犯罪所得及其产生的收益,以下列方式之一予以转账、套现、取现,符合刑法第三百一十二条第一款规定的,以掩饰、隐瞒犯罪所得、犯罪所得收益罪追究刑事责任。但有证据证明确实不知道的除外。

(一)多次使用或者使用多个非本人身份证明开设的收款码、网络支付接口等,帮助他人转账、套现、取现的;

(二)以明显异于市场的价格,通过电商平台预付卡、虚拟货币、手机充值卡、游戏点卡、游戏装备等转换财物、套现的;

(三)协助转换或者转移财物,收取明显高于市场的"手续费"的。

实施上述行为,事前通谋的,以共同犯罪论处;同时构成其他犯罪的,依照处罚较重的规定定罪处罚。法律和司法解释另有规定的除外。

(第十二条至第十七条内容放在本书刑法第二百八十六条之一附文相同文件后)

■最高人民法院、最高人民检察院关于办理妨害文物管理等刑事案件适用法律若干问题的解释(2016年1月1日)

第九条　明知是盗窃文物、盗掘古文化遗址、古墓葬等犯罪所获取的三级以上文物,而予以窝藏、转移、收购、加工、代为销售或者以其他方法掩饰、隐瞒的,依照刑法第三百一十二条的规定,以掩饰、隐瞒犯罪所得罪追究刑事责任。

实施前款规定的行为,事先通谋的,以共同犯罪论处。

■最高人民法院、最高人民检察院关于办理盗窃油气、破坏油气设备等刑事案件具体应用法律若干问题的解释(2007年1月19日)

第五条　明知是盗窃犯罪所得的油气或者油气设备,而予以窝藏、转移、收购、加工、代为销售或者以其他方法掩饰、隐瞒的,依照刑法第三百一十二条的规定定罪处罚。

实施前款规定的犯罪行为,事前通谋的,以盗窃犯罪的共犯定罪处罚。

第八条　本解释所称的"油气",是指石油、天然气。其中,石油包括原油、成品油;天然气包括煤层气。

本解释所称"油气设备",是指用于石油、天然气生产、储存、运输等易燃易爆设备。

■最高人民法院、最高人民检察院关于办理与盗窃、抢劫、诈骗、抢夺机动车相关刑事案件具体应用法律若干问题的解释(2007年5月11日)

第一条　明知是盗窃、抢劫、诈骗、抢夺的机动车,实施下列行为之一的,依照刑法第三百一十二条的规定,以掩饰、隐瞒犯罪所得、犯罪所得收益罪定罪,处三年以下有期徒刑、拘役或者管制,并处或者单处罚金:

(一)买卖、介绍买卖、典当、拍卖、抵押或者用其抵债的;

(二)拆解、拼装或者组装的;

(三)修改发动机号、车辆识别代号的;

(四)更改车身颜色或者车辆外形的;

(五)提供或者出售机动车来历凭证、整车合格证、号牌以及有关机动车的其他证明和凭证的;

(六)提供或者出售伪造、变造的机动车来历凭证、整车合格证、号牌以及有关机动车的其他证明和凭证的。

实施第一款规定的行为涉及盗窃、抢劫、诈骗、抢夺的机动车五辆以上或者价值总额达到五十万元以上的，属于刑法第三百一十二条规定的“情节严重”，处三年以上七年以下有期徒刑，并处罚金。

第四条　实施本解释第一条、第二条、第三条第一款或者第三款规定的行为，事前与盗窃、抢劫、诈骗、抢夺机动车的犯罪分子通谋的，以盗窃罪、抢劫罪、诈骗罪、抢夺罪的共犯论处。

第五条　对跨地区实施的涉及同一机动车的盗窃、抢劫、诈骗、抢夺以及掩饰、隐瞒犯罪所得、犯罪所得收益行为，有关公安机关可以依照法律和有关规定一并立案侦查，需要提请批准逮捕、移送审查起诉、提起公诉的，由该公安机关所在地的同级人民检察院、人民法院受理。

第六条　行为人实施本解释第一条、第三条第三款规定的行为，涉及的机动车有下列情形之一的，应当认定行为人主观上属于上述条款所称“明知”：

（一）没有合法有效的来历凭证；

（二）发动机号、车辆识别代号有明显更改痕迹，没有合法证明的。

■最高人民法院、最高人民检察院、公安部、国家烟草专卖局关于办理假冒伪劣烟草制品等刑事案件适用法律问题座谈会纪要（2003年12月23日）

七、关于窝藏、转移非法制售的烟草制品行为的定罪处罚问题

明知是非法制售的烟草制品而予以窝藏、转移的，依照刑法第三百一十二条的规定，以窝藏、转移赃物罪定罪处罚。

■最高人民法院、最高人民检察院关于办理危害计算机信息系统安全刑事案件应用法律若干问题的解释（2011年9月1日）

第七条　明知是非法获取计算机信息系统数据犯罪所获取的数据、非法控制计算机信息系统犯罪所获取的计算机信息系统控制权，而予以转移、收购、代为销售或者以其他方法掩饰、隐瞒，违法所得五千元以上的，应当依照刑法第三百一十二条第一款的规定，以掩饰、隐瞒犯罪所得罪定罪处罚。

实施前款规定行为，违法所得五万元以上的，应当认定为刑法第三百一十二条第一款规定的“情节严重”。

单位实施第一款规定行为的，定罪量刑标准依照第一款、第二款的规定执行。

第十一条　本解释所称“计算机信息系统”和“计算机系统”，是指具备自动处理数据功能的系统，包括计算机、网络设备、通信设备、自动化控制设备等。

■最高人民法院关于审理洗钱等刑事案件具体应用法律若干问题的解释（2009年11月11日）

第一条　刑法第一百九十一条、第三百一十二条规定的“明知”，应当结合被告人的认知能力，接触他人犯罪所得及其收益的情况，犯罪所得及其收益的种类、数额，犯罪所得及其收益的转换、转移方式以及被告人的供述等主、客观因素进行认定。

具有下列情形之一的，可以认定被告人明知系犯罪所得及其收益，但有证据证明确实不知道的除外：

（一）知道他人从事犯罪活动，协助转换或者转移财物的；

（二）没有正当理由，通过非法途径协助转换或者转移财物的；

（三）没有正当理由，以明显低于市场的价格收购财物的；

（四）没有正当理由，协助转换或者转移财物，收取明显高于市场的“手续费”的；

（五）没有正当理由，协助他人将巨额现金散存于多个银行账户或者在不同银行账户之间频繁划转的；

（六）协助近亲属或者其他关系密切的人转换或者转移与其职业或者财产状况明显不符的财物的；

（七）其他可以认定行为人明知的情形。

第三条　明知是犯罪所得及其产生的收益而予以掩饰、隐瞒，构成刑法第三百一十二条规定的犯罪，同时又构成刑法第一百九十一条或者第三百四十九条规定的犯罪的，依照处罚较重的规定定罪

处罚。

第四条　刑法第一百九十一条、第三百一十二条、第三百四十九条规定的犯罪,应当以上游犯罪事实成立为认定前提。上游犯罪尚未依法裁判,但查证属实的,不影响刑法第一百九十一条、第三百一十二条、第三百四十九条规定的犯罪的审判。

上游犯罪事实可以确认,因行为人死亡等原因依法不予追究刑事责任的,不影响刑法第一百九十一条、第三百一十二条、第三百四十九条规定的犯罪的认定。

上游犯罪事实可以确认,依法以其他罪名定罪处罚的,不影响刑法第一百九十一条、第三百一十二条、第三百四十九条规定的犯罪的认定。

本条所称"上游犯罪",是指产生刑法第一百九十一条、第三百一十二条、第三百四十九条规定的犯罪所得及其收益的各种犯罪行为。

■最高人民法院、最高人民检察院、公安部、国家工商行政管理局关于依法查处盗窃、抢劫机动车案件的规定(1998年5月8日)

二、明知是盗窃、抢劫所得机动车而予以窝藏、转移、收购或者代为销售的,依照《刑法》第三百一十二条的规定处罚。对明知是盗窃、抢劫所得机动车而予以拆解、改装、拼装、典当、倒卖的,视为窝藏、转移、收购或者代为销售,依照《刑法》第三百一十二条的规定处罚。

三、国家指定的车辆交易市场、机动车经营企业(含典当、拍卖行)以及从事机动车修理、零部件销售企业的主管人员或者其他直接责任人员,明知是盗窃、抢劫的机动车而予以窝藏、转移、拆解、改装、拼装、收购或者代为销售的,依照《刑法》第三百一十二条的规定处罚。单位组织实施上述行为的,由工商行政管理机关予以处罚。

四、本规定第二条和第三条中的行为人事先与盗窃、抢劫机动车辆的犯罪分子通谋的,分别以盗窃、抢劫罪的共犯论处。

五、机动车交易必须在国家指定的交易市场或合法经营企业进行,其交易凭证经工商行政管理机关验证盖章后办理登记或过户手续,私下交易机动车辆属于违法行为,由工商行政管理机关依法处理。明知是赃车而购买,以收购赃物罪定罪处罚。单位的主管人员或者其他直接责任人员明知是赃车购买的,以收购赃物罪定罪处罚。明知是赃车而介绍买卖的,以收购、销售赃物罪的共犯论处。

十七、本规定所称的"明知",是指知道或者应当知道。有下列情形之一的,可视为应当知道,但有证据证明确属被蒙骗的除外:

(一)在非法的机动车交易场所和销售单位购买的;

(二)机动车证件手续不全或者明显违反规定的;

(三)机动车发动机号或者车架号有更改痕迹,没有合法证明的;

(四)以明显低于市场价格购买机动车的。

十八、本规定自公布之日起执行。对侵占、抢夺、诈骗机动车案件的查处参照本规定的原则办理。本规定公布后尚未办结的案件,适用本规定。

■最高人民法院、最高人民检察院、公安部、司法部关于依法惩治妨害新型冠状病毒感染肺炎疫情防控违法犯罪的意见(2020年2月6日)

二、准确适用法律,依法严惩妨害疫情防控的各类违法犯罪

(九)依法严惩破坏野生动物资源犯罪……

知道或者应当知道是非法狩猎的野生动物而购买,符合刑法第三百一十二条规定的,以掩饰、隐瞒犯罪所得罪定罪处罚。

(十)依法严惩妨害疫情防控的违法行为……

对于在疫情防控期间实施有关违法犯罪的,要作为从重情节予以考量,依法体现从严的政策要求,

有力惩治震慑违法犯罪,维护法律权威,维护社会秩序,维护人民群众生命安全和身体健康。

■最高人民法院、最高人民检察院、公安部关于办理涉窨井盖相关刑事案件的指导意见(2020年3月16日)

七、知道或者应当知道是盗窃所得的窨井盖及其产生的收益而予以窝藏、转移、收购、代为销售或者以其他方法掩饰、隐瞒的,依照刑法第三百一十二条和《最高人民法院关于审理掩饰、隐瞒犯罪所得、犯罪所得收益刑事案件适用法律若干问题的解释》的规定,以掩饰、隐瞒犯罪所得、犯罪所得收益罪定罪处罚。

十二、本意见所称的"窨井盖",包括城市、城乡结合部和乡村等地的窨井盖以及其他井盖。

■最高人民法院、最高人民检察院关于办理破坏野生动物资源刑事案件适用法律若干问题的解释(2022年4月9日)

第九条　明知是非法捕捞犯罪所得的水产品、非法狩猎犯罪所得的猎获物而收购、贩卖或者以其他方法掩饰、隐瞒,符合刑法第三百一十二条规定的,以掩饰、隐瞒犯罪所得罪定罪处罚。

(第十二条至第二十条内容见本书刑法第三百四十一条附文同名文件中)

■最高人民法院、最高人民检察院、公安部、农业农村部依法惩治长江流域非法捕捞等违法犯罪的意见(2020年12月17日)

二、准确适用法律,依法严惩非法捕捞等危害水生生物资源的各类违法犯罪

(三)依法严惩非法渔获物交易犯罪。明知是在长江流域重点水域非法捕捞犯罪所得的水产品而收购、贩卖,价值一万元以上的,应当依照刑法第三百一十二条的规定,以掩饰、隐瞒犯罪所得罪定罪处罚。

非法收购、运输、出售在长江流域重点水域非法猎捕、杀害的中华鲟、长江鲟、长江江豚或者其他国家重点保护的珍贵、濒危水生野生动物及其制品,价值二万元以上不满二十万元的,应当依照刑法第三百四十一条的规定,以非法收购、运输、出售珍贵、濒危野生动物、珍贵、濒危野生动物制品罪,处五年以下有期徒刑或者拘役,并处罚金;价值二十万元以上不满二百万元的,应当认定为"情节严重",处五年以上十年以下有期徒刑,并处罚金;价值二百万元以上的,应当认定为"情节特别严重",处十年以上有期徒刑,并处罚金或者没收财产。

(四)依法严惩危害水生生物资源的单位犯罪。水产品交易公司、餐饮公司等单位实施本意见规定的行为,构成单位犯罪的,依照本意见规定的定罪量刑标准,对直接负责的主管人员和其他直接责任人员定罪处罚,并对单位判处罚金。

[(六)、(七)两部分内容参见本书刑法第三百四十条附文同名文件之后]

■最高人民法院、最高人民检察院关于常见犯罪的量刑指导意见(试行)(2021年7月1日)(见本书附录十三)

▼安徽省高级人民法院、安徽省人民检察院关于二十三种常见犯罪量刑规范的实施细则(试行)(2022年1月16日)(见本书附录十四)

▼安徽省高级人民法院关于审理掩饰、隐瞒犯罪所得、犯罪所得收益刑事案件执行的数额标准的规定(全文)(2015年9月6日)

根据《最高人民法院关于审理掩饰、隐瞒犯罪所得、犯罪所得收益刑事案件适用法律若干问题的解释》第一条的规定,结合我省经济社会发展状况,并考虑社会治安状况,现对我省审理掩饰、隐瞒犯罪所得、犯罪所得收益罪执行的数额标准规定如下:

掩饰、隐瞒犯罪所得及其产生的收益价值五千元以上的。

▼安徽省高级人民法院、安徽省人民检察院、安徽省公安厅、安徽省发展和改革委员会关于依法严厉打击窃电和破坏电力设备违法犯罪活动的意见(2004年9月28日)

九、明知是犯罪所得的电力设备而予以窝藏、转移、收购或者代为销售的,依照(刑法)第三百一十

二条的规定定罪处罚。

▽帮助非法持有毒品的犯罪分子转移、窝藏毒品的行为,构成窝藏财物罪

刑法本条规定的窝藏赃物罪与第三百四十九条规定的窝藏毒品罪之间实质上存在法条竞合关系,前者是普通法条,后者是特殊法条。本案行为人的行为虽不符合特殊法条,即刑法第三百四十九条规定的窝藏毒品罪的构成,但其行为完全符合普通法条,即《刑法》第三百一十二条规定的窝藏赃物罪的构成。因为一方面从主观上看,行为人对其帮助他人代为保管的是他人非法持有的毒品,即为他人"犯罪所得赃物"这一事实显然是"明知"的;另一方面,在客观上,行为人已经实施了帮助他人代为保管毒品的行为,故依法应认定其构成窝藏赃物罪。有必要补充说明的是,本案行为人也不符合转移赃物罪的构成要件。因为只有帮助他人将赃物从甲地转移至乙地,赃物仍由他人继续占有、控制的行为,方符合转移赃物罪的构成;如果行为人转移赃物的目的是替他人保管赃物。换言之,如果赃物转移后,在一段时间内,由行为人而不是赃物"所有人"占有、控制赃物,则说明行为人所实施的转移赃物行为只是其窝藏赃物的一个必经环节,因此,应当认定其构成窝藏赃物罪。[参见第18号案例,洪某某、李某被控非法持有毒品案,载《刑事审判指导》总第2辑(2004年第2辑),人民法院出版社,第46页。撰稿:武广军 周加海]

▽收购赃物罪主观构成要件中的"明知"的推定

收购赃物罪的构成:客观上,行为人实施了买赃行为,亦即行为人以相应的对价购买了他人通过犯罪所得的赃物;主观上,行为人有买赃故意,亦即行为人明知其所购买的对象是犯罪所得的赃物而仍为购买。而"明知"又属于人内心的主观活动范畴,为其本身性质所决定,其认定与否必须、只能借助于某些客观事实、证据予以印证,因此,这类案件处理的难点和重心往往聚焦于收购赃物罪主观要件,尤其是"明知"的查证和认定上。《关于依法查处盗窃、抢劫机动车案件的规定》第十七条规定了对"明知"认定的四种情形,本案涉案车辆既无经工商行政机关验证盖章的交易凭证,又未办理登记、过户手续,显属"证件手续不全",符合《关于依法查处盗窃、抢劫机动车案件的规定》第十七条第(二)项的规定。这样,适用该条规定、认定本案行为人有买赃"明知"的前提条件已经成就,接下来便应当解决是否有证据证明被告人"属被蒙骗"这一问题。而结合本案案情和证据材料,解决这一问题的关键显然又在于正确审查和判断行为人关于其购车经过的有关辩解的真实性。由于行为人称其是在机动车交易市场、以并不是明显低于市场价格(应当认为,如果行为人确实是以人民币8万元的价格购得该一手桑塔纳2000型轿车,那么,该车的购买价并不是明显低于市场价格的)购得涉案车辆,通常应排除其有"明知"赃物而购买的故意,亦即可以认定有证据证明行为人"属被蒙骗"。经过审查证据后认为,行为人关于其购车经过、价格的辩解,不能成为可证明其"属被蒙骗"的有效反驳;进而,《关于依法查处盗窃、抢劫机动车案件的规定》第十七条但书所规定的除外情形,在本案中就不并存在;有关人民法院适用《关于依法查处盗窃、抢劫机动车案件的规定》第十七条的规定,认定行为人是"明知"赃车而购买,相应就有了充分的事实和法律依据。[参见第265号案例,严静收购赃物案,载《刑事审判指导》总第34集(2003年第5集),法律出版社,第45~48页。执笔:刘娟娟 周加海]

▽在盗窃实行犯不知情的情况下,与销赃人事先约定事后出资收购赃物的行为,不构成盗窃共犯

对于与盗窃实行犯事先进行通谋,事后予以销赃成立盗窃共犯的依据在于,一方面销赃犯与实行犯在主观上形成了共同犯罪的故意;另一方面在于销赃犯的行为对于实行犯决意、实施犯罪起到了鼓励、支持的帮助作用,因此,符合共同犯罪的构成要件,属于共同犯罪中的帮助犯,应当以共犯论处。共同犯罪要求各共同犯罪人之间必须有共同的犯罪故意,即共同犯罪人存在一定的意思联络,认识到其行为会发生危害社会的结果,并决意参与共同犯罪。这种意思联络,必须发生在犯罪既遂前。在犯罪行为前的共同犯罪意思联络,通常称为"事前通谋",即指各共同犯罪人在犯罪行为实施前,就犯意的提起或决定、犯罪行为实施的具体分工、犯罪所得的处理等部分或全部犯罪内容进行的意思沟通。最高人民法院曾在《关于窝藏、包庇罪中“事前通谋的，以共同犯罪论处”如何理解的电话答复》(1985年12月28日)中指出“事前通谋，是指窝藏、包庇犯与被窝藏、包庇的犯罪分子，在犯罪活动之前，就谋划或合谋，答应犯罪分子作案后给以窝藏或者包庇的，应当以共同犯罪处理。只是知道作案人员要去实施犯罪，事后予以窝藏、包庇或者事先知道作案人员要去实施犯罪，未去报案，犯罪发生后又窝藏包庇犯罪分子的，都不应以共同犯罪论处，而单独构成窝藏、包庇罪”。该答复对事前通谋的认定与刑法总则关于共同犯罪主观要件的规定是一致的，因此，该答复的精神也可用于认定销赃犯与盗窃犯的“事前通谋”，即如果销赃行为人在盗窃之前，与盗窃实行犯进行谋划或者合谋，答应在盗窃以后予以窝藏、转移、收购、代为销售赃物或者以其他方式进行掩饰、隐瞒的行为是共同犯罪中的帮助行为，属于共同犯罪中的不同分工，应以盗窃罪的共犯论处。此外，如果有证据证明销赃行为人与盗窃实行犯已经形成长期、稳定、默契的“合作关系”，在盗得财物后按照事先约定或默契，为盗窃实行犯窝藏、转移、收购、代为销售赃物或者以其他方式进行掩饰、隐瞒的，也应当认定为双方事先存在通谋，以共犯论处。在认定销赃行为人与盗窃实行犯是否有事前通谋时，需要特别注意以下三点：一是事前通谋的时点仅限于犯罪既遂之前，销赃行为人必须在盗窃犯罪未完成之前与盗窃实行犯存在意思联络，在盗窃犯罪既遂之后才进行意思联络的，不属事前通谋；二是销赃行为人仅知道盗窃实行犯可能要去实施盗窃，但在盗窃前未与盗窃实行犯形成意思联络，在盗窃完成后才与盗窃实行犯共谋实施销赃等行为的，不属于事前通谋；三是只要销赃行为人在盗窃前向盗窃实行犯承诺，盗窃完成后为实行犯收购、销售盗窃所得的赃物，就可认定双方存在事前通谋，不要求销赃行为人对盗窃犯罪的时间、地点、方法、对象、目标等具体情节都参与共谋或全面了解。要成立共同犯罪中的帮助犯，必须具备两个客观要件，一是实施了帮助行为，这是成立帮助犯的实质要求；二是必须在实行犯犯罪前或犯罪时提供了帮助，这是成立帮助犯的时限要求。所谓帮助行为，是指对实行犯的犯罪行为予以物质或精神支持，使实行犯的犯罪行为或犯罪目的更容易实现的行为。帮助行为有两种：一是心理帮助，又称精神帮助，主要指对实行犯的行为进行激励、助言、约定事后帮助逃跑等，使实行犯的犯罪决意得到强化或使实行犯在作案过程中的心理安全感增强等；二是物理帮助，主要指为实行犯提供犯罪工具、创造犯罪条件等。需要注意的是，帮助行为的时期必须是实行犯犯罪前或犯罪中实施。如果实行犯的犯罪已经实施完毕，危害结果已经发生，则不存在帮助问题。本案行为人没有与盗窃实行犯事前通谋；在实行犯盗窃过程中，行为人的主观上也没有帮助他人实行犯盗窃的犯罪故意；客观上对他人实行犯实施的盗窃行为既没有实施，心理帮助行为，也没有实施物理帮助行为；其收购赃物的行为也不是对实行犯实施盗窃的帮助行为，而是单纯的事后销赃行为，故其行为不属于共同盗窃的帮助行为，不构成盗窃共犯。虽然行为人的行为不构成盗窃罪，但是其明知是他人盗窃所得的赃物而予以收购，其行为已触犯刑法第三百一十二条之规定。由于该行为发生在2006年12月，2006年6月29日生效的《刑法修正案(六)》第十九条将刑法第三百一十二条修改为“明知是犯罪所得及其产生的收益而予以窝藏、转移、收购、代为销售或者以其他方法掩饰、隐瞒的，处三年以下有期徒刑、拘役或者管制，并处或者单处罚金；情节严重的，处三年以上七年以下有期徒刑，并处罚金”。根据《最高人民法院、最高人民检察院关于执行〈中华人民共和国刑法〉确定罪名的补充规定(三)》对上述罪状确定的罪名，应当认定行为人的行为构成隐瞒犯罪所得罪。[参见第483号案例，马俊、陈小灵等盗窃、隐瞒犯罪所得案，载《刑事审判参考》总第61集(2008年第2集)，法律出版社，第31~35页。执笔：冉容]

▽上游犯罪尚未依法裁判，但查证属实的，不影响对掩饰、隐瞒犯罪所得罪的认定

(一)根据相关司法解释的规定，上游犯罪尚未依法裁判，但查证属实的，不影响对下游犯罪的认定。刑法本条的规定，一般认为，掩饰、隐瞒犯罪所得罪的构成要件是：客体是司法机关正常查明犯罪、追缴犯罪所得的活动；客观方面是实施了窝藏、转移、收购、代为销售或者以其他方法掩饰、隐瞒的行为；主体为单位或者年满16周岁、具有刑事责任能力的自然人；主观方面要求行为人明知是犯罪所得，即知道或者应当知道可能是犯罪所得,不要求确切地知道是什么具体犯罪所得、如何所得。对刑法本条中的“犯罪”内涵要进行实质性的理解,而不能仅从形式上理解。该条中的“犯罪”,不应是完全符合犯罪构成四个方面要件的犯罪,而是侵犯客体,造成了危害结果这种客观意义上的犯罪,是一种“实质的犯罪”,不要求其必须完全具备四个方面的犯罪构成要件。最高人民法院 2009 年 11 月 11 日出台的《关于审理洗钱等刑事案件具体应用法律若干问题的解释》(本附文以下简称《洗钱解释》)对此问题作了明确。该解释第四条第一款、第二款规定:“刑法第一百九十一条、第三百一十二条、第三百四十九条规定的犯罪,应当以上游犯罪事实成立为认定前提。上游犯罪尚未依法裁判,但查证属实的,不影响刑法第一百九十一条、第三百一十二条、第三百四十九条规定的犯罪的审判。上游犯罪事实可以确认,因行为人死亡等原因依法不予追究刑事责任的,不影响刑法第一百九十一条、第三百一十二条、第三百四十九条规定的犯罪的认定。”根据上述规定,掩饰、隐瞒犯罪所得罪的成立以上游犯罪事实成立为前提,即只要求上游犯罪构成实质意义上的犯罪,而不要求必须是已经由刑事判决确认的形式意义上的犯罪。掩饰、隐瞒犯罪所得罪的成立与上游犯罪有着特殊的关系,既派生于上游犯罪,又独立于上游犯罪。掩饰、隐瞒犯罪所得罪作为一个独立的罪名,有自己独特的构成要件,掩饰、隐瞒犯罪所得行为与前行为不是一个整体,前行为是否被裁判,对其构成犯罪没有实质影响。前行为尚未依法裁判或者对行为人不予追究刑事责任的,不影响掩饰、隐瞒犯罪所得罪的成立。本案中,作为上游犯罪的盗窃犯罪虽然尚未依法裁判,但已经查证属实,因此不影响对掩饰、隐瞒犯罪所得罪的认定。需要说明的是,本案的上游盗窃行为发生于 2013 年 1 月 19 日之前,掩饰、隐瞒犯罪所得罪的裁判时间为 2013 年 3 月 14 日。无论是盗窃犯罪行为时还是赃物犯罪裁判时,河南省盗窃犯罪数额较大的起点标准均为 1000 元。因此,赃物犯罪裁判时,判断上游盗窃行为是否达到盗窃数额较大标准,均应以 1000 元为最低标准。2013 年 4 月 4 日,最高人民法院、最高人民检察院联合出台《关于办理盗窃刑事案件适用法律若干问题的解释》后,河南省盗窃犯罪数额较大的起点标准为 2000 元。如果上游盗窃行为人日后归案,应当依照从旧兼从轻原则,按照调整后的数额标准认定盗窃手机的行为不构成犯罪。但是,赃物犯罪裁判已经发生法律效力,该裁判作出时适用法律正确。不能以司法解释规定的数额标准发生变化导致盗窃行为不构成犯罪为由认为掩饰、隐瞒犯罪所得的行为也不构成犯罪。

(二)基于节约司法成本的考虑,掩饰、隐瞒犯罪所得罪的认定不应以上游犯罪被裁判为前提。掩饰、隐瞒犯罪所得罪是实践中多发犯罪之一,如果认定掩饰、隐瞒犯罪所得罪要求上游行为被裁判,则会大大增加诉讼成本,浪费司法资源,还可能放纵犯罪。实践中常有上游行为实施者未被抓获或者未经审判,而实施掩饰,隐瞒行为的人已被起诉到法院的情形。如果因为上游行为尚未定罪,而对实施掩饰、隐瞒行为的人作出无罪判决,等到上游行为依法判决后,再对掩饰、隐瞒行为进行侦查、起诉,那么就会重复已经进行过的诉讼程序,可能会因现有证据灭失而导致案件无法得到公正裁判。即便等到上游行为依法判决后,仍有确实充分的证据证明掩饰、隐瞒行为构成犯罪,但对于同一行为,先后作出无罪判决和有罪判决,无疑会削弱司法权威。如果抓获后发现上游行为实施者是不负刑事责任能力人或者因其他原因对其不予追究刑事责任,那么对实施掩饰、隐瞒行为人的审理又回到前文司法解释的范围。因此,无论从哪一角度看,都不宜将上游行为被裁判作为认定掩饰、隐瞒犯罪所得罪的前提条件。就本案而言,被告人韩某某明知是犯罪所得仍予以收购,妨碍了司法机关正常查明犯罪的活动,符合掩饰、隐瞒犯罪所得罪的构成要件。盗窃手机之人未被抓获,盗窃行为未被定罪,不影响掩饰、隐瞒犯罪所得罪的成立,韩某某构成掩饰、隐瞒犯罪所得罪。[参见第 1030 号指导案例,韩亚泽掩饰、隐藏犯罪所得案,载《刑事审判参考》总第 100 集(2014 年第 5 集),第 68 ~71 页。撰稿:李晖　周米娜　樊俊晓　桓旭]

▽司法解释实施后,掩饰、隐瞒犯罪所得、犯罪所得收益罪的入罪数额标准的适用

刑法本条的规定经过刑法修正案(六)、刑法修正案(七)两次重大修改,但是在司法实践中适用时,仍然存在以罚代刑,或者将只需要予以治安处罚的行为予以定罪处罚的现象。究其原因,在于刑法的该条规定与治安管理处罚法第六十条“明知是赃物而窝藏、转移或者代为销售的”,“处五日以上十日以下拘留,并处二百元以上五百元以下罚款”的规定从字面意思来看存在很大程度的重合。由于掩饰、隐瞒犯罪所得、犯罪所得收益罪与行政违法行为的界限不清、存在模糊地带,某些应该作为犯罪处理的案件进入不了司法程序,而一些可以不以犯罪处理的收赃行为,一旦起诉到法院,法院没有明确的依据不能认定为无罪。

根据法律的字面规定,明知是赃物而窝藏、转移或者代为销售的行为,文义上既符合行政不法的构成要件,亦符合掩饰、隐瞒犯罪所得罪的构成要件。在解释论上,不能将一个不法行为同时作为行政违法行为与犯罪行为予以双重评价,并同时给予行政处罚和刑事处罚。因此,虽然刑法本条并未明确规定“数额较大”“情节严重”“情节恶劣”“严重后果”等入罪标准,但要划清该罪与行政违法行为的界限,仍然需要排除一些情节显著轻微危害不大,不认为是犯罪的行为。即应当将治安管理处罚法第六十条规定的行政不法行为解释为“情节显著轻微危害不大”因而不具有刑事可罚性的行为,将刑法本条的规定解释为排除了“情节显著轻微危害不大”的情形。因此,数额对本罪的影响是不可否认的,数额是本罪量刑的主要考虑因素,也是认定情节轻重的关键之一。引入数额标准对行为的危害程度加以区分,能使涉案数额与量刑幅度相互对应,为司法人员在量刑时提供依据,从而使定罪与量刑更为客观、统一。正是基于此种考虑,2015 年 6 月 1 日起实施的《最高人民法院关于审理掩饰、隐瞒犯罪所得、犯罪所得收益刑事案件适用法律若干问题的解释》(已被修改,刑法本条附文以下简称《解释》)将数额作为本罪的一个重要定罪、量刑标准予以规定。在《解释》第一条第一款中,将“三千元至一万元以上”作为本罪的基本入罪数额标准,在第三条第一款第一项中将“十万元以上”作为本罪“情节严重”的基本数额标准。

本案一审宣判时,尚没有相关司法解释对掩饰、隐瞒犯罪所得、犯罪所得收益罪的入罪数额标准作出规定,被告人钟某、周某、高某明知是他人犯罪所得仍代为销售或收购,数额分别为 1960 元、2280 元、2280 元,一审法院因此认定三被告人的行为均构成掩饰、隐瞒犯罪所得罪。在二审审理期间,《解释》正式实施。根据《解释》第一条第一款第一项的规定,“掩饰、隐瞒犯罪所得及其产生的收益价值三千元至一万元以上的”才能构成本罪,钟某、周某、高某明掩饰、隐瞒的犯罪所得收益价值均不满 3000 元的最低入罪数额标准。因此,本案存在依照行为时法律构成犯罪,依照审判时法律和司法解释不构成犯罪应该如何处理的问题。根据从旧兼从轻原则及《最高人民法院、最高人民检察院关于适用刑事司法解释时间效力问题的规定》第二条“对于司法解释实施前发生的行为,行为时没有相关司法解释,司法解释施行后尚未处理或者正在处理的案件,依照司法解释的规定办理”的规定,本案应该适用《解释》的有关规定处理。因此,依照《解释》的规定,本案中,被告人钟某、周某、高某的行为均不构成掩饰、隐瞒犯罪所得罪。

在适用《解释》第一条第一款第一项所规定的入罪数额标准时,应当注意两点:第一,《解释》第一条第一款第二项至第五项规定了四种特殊入罪标准,符合这四种特殊情形时,不要求掩饰、隐瞒犯罪所得及其产生的收益价值要达到第一项规定的数额标准。本案各被告人均没有在一年内曾经因掩饰、隐瞒行为受过行政处罚,所掩饰、隐瞒的赃物均系电动车、摩托车等普通物品,而非《解释》规定的特殊对象,各被告人的掩饰、隐瞒行为也未造成其他严重后果,均不存在规定的四种特殊情形,故而可以根据第一项的入罪数额标准认定三被告人不构成掩饰、隐瞒犯罪所得罪。第二,《解释》第一条第一款规定的基本入罪标准和其他四种特殊入罪标准均需要满足一个前提条件,即掩饰、隐瞒行为的上游行为必须构成犯罪,或者说上游行为要满足入罪的数额标准。一般来说,掩饰、隐瞒犯罪所得、犯罪所得收益罪的入罪数额标准高于盗窃、诈骗等常见的上游犯罪的入罪数额标准,但也不排除掩饰、隐瞒的是其他一些犯罪的所得,此时有可能出现上游行为不符合入罪的数额标准,而掩饰、隐瞒行为符合《解释》的入罪标准的情况,这种情况下不能认定构成掩饰、隐瞒犯罪所得、犯罪所得收益罪。这是因为只有上游行为构成犯罪,才可能以掩饰、隐瞒犯罪所得、犯罪所得收益罪追究下游掩饰、隐瞒行为的刑事责任;在上游行为不构成犯罪的情况下,"犯罪所得"就无从谈起,自然不能认定构成本罪。(参见第1090号指导案例,钟超等盗窃、高卫掩饰、隐瞒犯罪所得案,载《刑事审判参考》总第104集,第4～6页。撰稿:杨华)

▽掩饰、隐瞒犯罪所得系正在使用中的公共电力设备的定罪、量刑

被告人帮助转移的对象是正在使用的电力设备,与一般的收赃对象有所不同,在本罪定罪量刑时应当予以特殊对待。掩饰、隐瞒犯罪所得、犯罪所得收益罪在国际上属于洗钱罪的大范畴,我国刑法通过限定上游犯罪的种类和犯罪手段,将本罪与洗钱罪进行区分。换言之,本罪的上游犯罪范围很广,除刑法有特殊规定的之外,所有犯罪所得及其收益均可能成为本罪的犯罪对象。因此,本罪的财象既可能是常见的手机、手表、电脑、自行车、电动车等日常生活用品,也可能是电力设备、通信电缆、公用安全设施、交通设施等关系到社会公众利益的物品。实施掩饰、隐瞒犯罪的行为人通常对掩饰、隐瞒物品的性质、用途等有所了解,在面对特殊的涉及重大利益的物品时仍予以掩饰、隐瞒的,就成为破坏公共利益、公共安全等受法律特殊保护的利益的助推器。作为整个犯罪链条上的一个环节,本罪行为人不仅帮助上游犯罪行为人实现了获利目的,也妨害了司法机关对上游犯罪正常的追诉活动,某种程度上"保障"了上游犯罪行为人的安全。因此,本罪行为人的存在,特别是职业收赃人的产生,对于上游犯罪行为人实施犯罪起到一定的"推进"作用,即所谓的"没有买卖就没有杀戮"。因此,从阻断犯罪链条、遏制上游犯罪发生的角度出发,对于掩饰、隐瞒特殊犯罪对象的行为要从严打击,不仅在入罪条件上低于一般的掩饰、隐瞒行为,降低入罪门槛,增强打击力度;在加重处罚的适用条件上,掌握的"情节严重"标准也要低于普通的掩饰、隐瞒行为,严密刑事打击法网。

最高人民法院《解释》在入罪标准和加重处罚标准两个层面,均对对象特殊的掩饰、隐瞒行为作出了特别规定。根据《解释》第一条的规定,通常的入罪条件是掩饰、隐瞒犯罪所得及其产生的收益价值3000元至10 000元以上,未达到该入罪条件也不符合特殊规定的,一般不作为犯罪处理。但是,"掩饰、隐瞒的犯罪所得系电力设备、交通设施、广播电视设施、公用电信设施、军事设施或者救灾、抢险、防汛、优抚、扶贫、移民、救灾款物的",则没有设置数额标准,即一般情况下只要是上述特殊犯罪对象,定罪时不考虑涉案对象的价值大小,一律作为犯罪处理。当然,犯罪情节显著轻微危害不大,依法不应作为犯罪处理的,则不能定罪处罚。当然,这里要求本罪的犯罪人对其掩饰、隐瞒对象的特殊性质是明知的,如果不明知,则只能作为一般的掩饰、隐瞒行为定罪处罚。对于本罪"情节严重"的认定标准,根据《解释》第三条第一款的规定,普通的掩饰、隐瞒行为要求"掩饰、隐瞒犯罪所得及其产生的收益价值总额达到十万元以上"或者"掩饰、隐瞒犯罪所得及其产生的收益十次以上,或者三次以上且价值总额达到五万元以上",即从犯罪对象的价值、行为次数方面均予以规定。而对于特殊对象,《解释》规定"掩饰、隐瞒的犯罪所得系电力设备、交通设施、广播电视设施、公用电信设施、军事设施或者救灾、抢险、防汛、优抚、扶贫、移民、救济款物,价值总额达到五万元以上的",就应当认定为本罪的"情节严重"。此条规定不仅没有对犯罪次数作出要求,连犯罪对象的价值也减为普通对象的一半,体现了从严打击的态度。司法实践中大量存在对光缆铜线、电力设施变压器等的收赃、帮助转移行为,助长了破坏公用设施类的犯罪,社会危害性也较其他掩饰、隐瞒行为更大,此类行为应当成为打击的重点,这也是刑法修正案(六)对本罪加重法定刑幅度的一个重要出发点。

本案被告人帮助转移的犯罪对象系同案犯吴某某盗割的地铁供电公司正在使用的电力设备,涉及不特定多数人的交通出行安全和生命财产安全,盗割行为扰乱了"公共生活的平稳与安宁",相较一般的偷盗行为,性质更为严重,危害性更大。被告人明知吴某某盗割的是地铁供电电缆,仍然帮助转移,反映出其主观上对于盗割行为持放任态度,并且以积极作为的方式妨害司法机关对盗割行为的正常追诉,其主观恶性和转移行为的社会危害性均较大。虽然被告人帮助转移的电缆已经灭失,无法准确确定财物价值，但是因二人帮助转移的是电力设备，根据《解释》第一条第一款第三项的规定，已经符合本罪的入罪条件。对于是否认定“情节严重”，因同案犯吴某某盗窃的相同路段的电缆价值为8000元左右，故被告人的转移行为尚不符合“情节严重”的适用标准，对二被告人的行为只能在本罪第一档法定刑，即在“三年以下有期徒刑、拘役或者管制，并处或者单处罚金”以内来量刑。[参见第1091号指导案例，刘小会、于林掩饰、隐瞒犯罪所得案，载《刑事审判参考》总第104集，第8~10页。撰稿：杜某燕]

▽掩饰、隐瞒犯罪所得、犯罪所得收益罪的上游犯罪主要是但并不限于侵财型犯罪

掩饰、隐瞒犯罪所得、犯罪所得收益罪的上游犯罪多为盗窃、抢劫、抢夺、诈骗等侵财型犯罪，但并不限于侵财型犯罪。理由是：

1. 我国刑法的立法体系说明掩饰、隐瞒犯罪所得、犯罪所得收益罪侵犯的法益不限于财产权利，而是复杂客体。在立法体系上，刑法将掩饰、隐瞒犯罪所得、犯罪所得收益罪设置在刑法第六章“妨害社会管理秩序罪”的“妨害司法罪”一节中，目的是凸显本罪妨害司法的性质。在具体条文安排上，又放在窝藏、包庇罪之后，表明本罪是通过维持、存续上游犯罪所导致的财产违法状态妨碍公安、司法机关对上游犯罪追缴赃物、侦查、起诉、审判等刑事诉讼进程的。而这一妨害性质在本质上又会助长、促进上游犯罪的实施。例如，收赃者收购赃物可能使上游犯罪因证据收集问题难以及时查证，甚至因为关键证据丢失导致无法定罪而最终放纵了上游犯罪人；便捷的销赃渠道会免除上游犯罪人无法“变现”赃物之后顾之忧，“激励”其继续实施犯罪，甚至促使犯罪分子强化犯罪手段、由普通盗窃转而实施抢劫等恶性侵财犯罪，还可能使本无犯意者因利益驱动，加入盗窃、抢劫的行列中来。从一定程度上讲，掩饰、隐瞒犯罪所得、犯罪所得收益犯罪的大量存在助长、促进了上游犯罪的持续发生和蔓延，必须依法惩处。

2. 掩饰、隐瞒犯罪所得、犯罪所得收益罪的具体条款内容表明本罪的上游犯罪不限于财产犯罪。我国刑法本条并未对上游犯罪给予任何限制性规定，这是因为并非只有财产性犯罪才能产生犯罪所得及其收益。这一规定，有效地避免了刑法处罚的真空地带。本案中的上游犯罪为破坏交通设施罪，并非财产性犯罪，但上游犯罪的被告人雷某仁、黄某生、黄某平盗割正在使用中的高速公路电缆，并将电缆卖给被告人田某祥，从中非法获利。如果将上游犯罪限于侵财型犯罪，而对掩饰、隐瞒行为实施者不依法惩处，就难以遏制上游犯罪的发生和蔓延，也与刑法的立法本意相悖。

3. 掩饰、隐瞒犯罪所得、犯罪所得收益罪侵犯的客体主要是司法机关对上游犯罪的刑事追诉活动。无论上游犯罪是否系财产性犯罪，只要掩饰、隐瞒行为人对上游犯罪产生的犯罪所得及其收益进行掩饰、隐瞒，就会妨害到对上游犯罪的侦查、起诉甚至审判等刑事追诉活动。就本案而言，被告人田某祥多次收购雷某仁、黄某生、黄某平盗割的正在使用中的高速公路电缆，并把电缆剥皮后将其中的铜线销售，对于公安机关及时查获上述赃物造成了障碍，被告人田某祥收购被告人雷某仁、黄某生、黄某平破坏交通设施犯罪所得的行为已经妨害公安机关的刑事追诉活动。（参见第1092号指导案例，雷某仁、黄某生、黄某平破坏交通设施，田某祥掩饰、隐瞒犯罪所得、犯罪所得收益案，载《刑事审判参考》总第104集，第11~14页。撰稿：张勤）

▽掩饰、隐瞒犯罪所得系交通设施的应从严惩处

刑法虽然对掩饰、隐瞒犯罪所得、犯罪所得收益罪的上游犯罪范围未设任何限制，任何犯罪的犯罪所得及其收益都可以成为本罪的犯罪对象，但在司法实践中，上游犯罪的性质对掩饰、隐瞒行为的恶劣程度会产生影响。2015年6月1日起施行的最高人民法院《解释》基于司法实际，根据上游犯罪的对象不同，在定罪、量刑上均作出了不同的规定，体现了上游犯罪危害大，对掩饰、隐瞒犯罪所得、犯罪所得收益罪惩处力度也大的特点。

在定罪上，《解释》第一条第一款在确定掩饰、隐瞒犯罪所得、犯罪所得收益罪的入罪标准时，对上游犯罪区分为一般性侵财型犯罪和特殊类型的犯罪，作了不同的规定。根据第一款第一项的规定，“掩饰、隐瞒犯罪所得及其产生的收益价值三千元至一万元以上的”才达到构罪标准，而根据第一款第三项的规定，“掩饰、隐瞒的犯罪所得系电力设备、交通设施、广播电视设施、公用电信设施、军事设施或者救灾、抢险、防汛、优抚、扶贫、移民、救济款物的”，无数额限制；也就是说，掩饰、隐瞒的犯罪所得为该项所列对象的，不论数量多少，均应依法追究刑事责任。《解释》之所以这样规定，是因为这部分行为的社会危害性更大，与上游犯罪的关联性非常紧密。有的犯罪分子专门收购他人盗窃所得的电缆线等财物，一定程度上成为了危害公共安全的幕后黑手，只有切断和堵截收赃行为对上游犯罪的支持，才能有效打击和预防上游犯罪。基于掩饰、隐瞒犯罪所得、犯罪所得收益罪对上游犯罪的助长和促进作用，掩饰、隐瞒特殊犯罪对象会导致更为严重的犯罪的滋生和蔓延，比掩饰、隐瞒普通犯罪对象对社会造成的危害也当然更大，故对掩饰、隐瞒的犯罪所得系电力设备、交通设施、广播电视设施，公用电信设施、军事设施或者救灾、抢险、防汛、优抚、移民、救济款物的，就没有设置入罪的数额标准。

在量刑上，《解释》对掩饰、隐瞒犯罪所得的为上述特殊对象的，也体现了从严的原则。根据《解释》第三条第一款第一项的规定，掩饰、隐瞒犯罪所得及其产生的收益为一般性犯罪对象的，价值总额达到10万元以上的才可认定为刑法本条第一款规定的“情节严重”，在三年以上七年以下有期徒刑，并处罚金的幅度内判处刑罚；而根据《解释》第三条第一款第三项的规定，掩饰、隐瞒的犯罪所得系电力设备、交通设施、广播电视设施、公用电信设施、军事设施或者救灾、抢险、防汛、优抚、移民、救济款物的，价值总额只要达到5万元以上，即可认定为刑法本条第一款规定的“情节严重”。

本案被告人田某祥掩饰、隐瞒犯罪所得的上游犯罪系破坏交通设施罪，且对象为正在使用中的高速公路电缆。近年来，我国高速公路不断发展，盗割正在使用中的高速公路电缆，足以使汽车发生倾覆、毁坏危险，造成车毁人亡的严重后果。因此，对于掩饰、隐瞒破坏高速公路设施犯罪所得及其产生的收益的，必须依法严惩。被告人田某祥明知是犯罪所得的高速公路电缆仍予以收购，且收购电缆价值总额达到了94 077元，根据《解释》第三条第一款第三项的规定，应当认定为刑法本条第一款规定的“情节严重”，本应在三年以上七年以下有期徒刑，并处罚金的幅度内判处刑罚。当然，由于本案判决发生在《解释》生效之前，未认定田某祥的行为属“情节严重”，也是符合审判时的情况的。（参见第1092号指导案例，雷某仁、黄某生、黄某平破坏交通设施，田某祥掩饰、隐瞒犯罪所得、犯罪所得收益案，载《刑事审判参考》总第104集，第14～16页。撰稿：张勤）

▽长期从事礼品回收业务的人收购他人骗领的大量购物卡并出售获利的行为不构成掩饰、隐瞒犯罪所得罪和非法经营罪

（一）被告人的行为不构成掩饰、隐瞒犯罪所得罪。被告人所大量收购的购物卡虽然系邵某从商场骗领所得，客观上系犯罪所得的赃物，但是没有证据证明被告人主观上“明知”邵某所出售的购物卡系犯罪所得，其行为不构成掩饰、隐瞒犯罪所得罪。掩饰、隐瞒犯罪所得、犯罪所得收益罪要求行为人主观上明知是犯罪所得及其产生的收益，即对赃物性质有确定性认识。法律对行为人“明知”的推定有严格的规定，以防止裁判者客观归罪。在刑法及其司法解释中针对实施洗钱，隐瞒、掩饰盗抢机动车，销售假冒注册商标的商品的行为人“明知”的情形均有规定。梳理上述规定，可从以下方面综合判断行为人的明知状况：(1)行为或交易时间是否反常；(2)行为或交易地点是否反常；(3)财物交易价格是否反常；(4)财物是否具有特殊标志；(5)行为人对本犯或上游犯罪的知情程度；(6)交易的方式是否反常；(7)行为人是否因此获取了非法利益。认定被告人主观上是否知道其所收购的购物卡是犯罪所得的赃物，除了其本人的辩解外，还可从客观证据入手，即从其收购的数额、时间、交易方式、地点等方面综合考量，分析其主观心态，从而进行明知的推定。本案中，双方的交易有以下细节特点：(1)从交易时间分析，双方交易持续至本案案发，时间跨度长达两年半之久，均在正常时间进行，未有任何异常的迹象。被告人长期从事礼品回收业务，在交易时遵循行业内“两不问”原则，即不问卖主身份和礼品来历，仅需购物卡足额有效即可。(2)从交易地点分析，被告人和邵某的交易地点大都选择在礼品回收店或商场附近，付款往往采取银行卡转账，甚至可以先付款再拿购物卡，交易地点、联络方式均为常态化，不存在隐蔽性。如果被告人明知收购的是赃物，会尽可能避免采用银行转账等能够留下明显痕迹的方式，且先付款再取卡交易风险极大。(3)从交易价格分析，被告人以9折的收购价格收购购物卡，该价格并未明显低于市场价格，根据公安机关的调查，该种类的购物卡在无锡市的平均收购价格在9～9.4折内浮动。司法实践中一般将收购价格低于商品实际价格8折以下视为明显低于市场的价格，因此，9折的收购价属于正常价格。(4)从交易是否具有特殊性分析，被告人收购的购物卡虽系整盒、连号包装，但是双方交易的频率、数量也遵从了从少到多、循序渐进的规律，在建立互相信任之后才逐渐增加交易金额，而非偶发性的一两次的大额交易，未违背正常交易习惯。被告人收购的购物卡虽然数量很大，但就一般人的认识能力而言，即便产生怀疑，也多是局限于购物卡是通过偷、抢、骗等手段取得，但以这些犯罪方法获得的购物卡数量不会如此大、交易次数也不会如此多且稳定。故被告人作为一个普通人，没有特殊的侦查犯罪能力，无法判断大批量交易的购物卡存在异常。(5)从交易价格及获利情况分析，虽然被告人收购的购物卡数量较大，但每张获利仅5元至10元，未超出正常幅度范围，不属于牟取暴利。综上，根据《最高人民法院关于适用〈中华人民共和国刑事诉讼法〉的解释》第六十四条第二款"认定被告人有罪和对被告人从重处罚，应当适用证据确实、充分的证明标准"的规定，对于推定行为人主观上"明知"的要求也应更加严格，须在充分的事实证据基础上进行。正因如此，最高人民法院在对诸如机动车非法来源、盗伐滥伐的林木、假冒的注册商标等涉及需要推定"明知"的罪名上，均以司法解释的形式规定了具体判断的标准，以求认定的准确性。本案中，推定被告人主观上明知或者可能知道自己收购的购物卡系犯罪所得赃物的证据并不能达到确实充分的证明标准，故不能认定被告人的行为构成掩饰、隐瞒犯罪所得罪。

(二)被告人的行为不构成非法经营罪。第一，"非法从事资金支付结算业务"旨在打击较为猖獗的"地下钱庄"，倒卖购物卡的行为不属此列。第二，"其他严重扰乱市场秩序的非法经营行为"系兜底条款，指的是除刑法第二百二十五条第一项至第三项规定以外，其他违反市场准入制度，未经许可从事特定物品或者特定行业的经营行为，如垄断货源、哄抬物价、"黑彩票"等严重扰乱市场经济秩序的行为。"其他严重扰乱市场秩序的非法经营行为"应当从以下三个方面加以界定：首先，该行为是一种经营行为，即发生在生产、经营活动中，存在于经济活动领域中，以营利为目的；其次，该行为是违反国家规定，即国家立法机关制定的法律和决定及国务院制定的行政法规、规定的行政措施、发布的决定和命令；最后，该行为严重扰乱市场秩序，且情节严重，社会危害性已达到需要刑罚干预的程度。根据刑法"法无明文规定不为罪，不处罚"的基本原则，其他非法经营行为的认定应当严格按照法律明文规定进行，依法追究刑事责任。否则，非法经营罪的范围将会被随意扩大。本案被告人从事礼品回收业务并没有违反国家规定，且非需要特许经营许可的行业，属于市场监管的灰色地带。首先，购物卡是用货币购买的，代表货币在一定时间和范围内执行购置商品职能的一种支付凭证。购物卡在限定的时间和范围内可执行购买、支付职能，具有与记载物权的不可分离性、债务人特定性、债务人见卡即付的单方支付义务等特征。根据刑法谦抑性原则，不宜用刑法手段规制回收购物卡的行为，否则将造成打击面过于宽泛。故被告人的行为不宜认定为非法经营罪。

(三)被告人的行为不宜认定为犯罪。有别于自然犯在侵害法益的同时明显违反伦理道德的特点，掩饰、隐瞒犯罪所得、犯罪所得收益罪和非法经营罪均属于法定犯，以违反一定的经济法规或行政法规为前提，因此在认定此类犯罪时应更加严格地贯彻罪刑法定原则。本案被告人的行为属于交易行为，受经济法律调整，根据经济犯罪法定的原则，刑法未规定为犯罪的行为即不能认定为犯罪。行为人交易对象是购物卡，在现有证据无法确定其明知是赃物的情况下，购物卡应视为市场流通领域中的一种代货币，其发行量、流通范围、买卖主体仅需通过民事法律或行政法规调整即可。公诉机关申请撤回起诉，原审法院裁定准许撤诉并当庭释放被告人的做法是适当的。当然，根据治安管理处罚法第五十九条之规定,收购有赃物嫌疑的物品,可处罚款或者拘留,该法较刑法效力层级更低,且较掩饰、隐瞒犯罪所得、犯罪所得收益罪对行为人主观故意的认定标准也相应降低,故对被告人的行为可以进行行政处罚。(参见第1093号指导案例,闻福生掩饰、隐瞒犯罪所得案,载《刑事审判参考》总第104集,第18~22页。撰稿:范莉 范凯)

▽掩饰、隐瞒犯罪所得、犯罪所得收益罪的从轻处罚条件的掌握

掩饰、隐瞒犯罪所碍、犯罪所得收益罪,是指明知是犯罪所得及其产生的收益而予以窝藏、转移、收购、代为销售或以其他方法掩饰、隐瞒的行为。该罪以上游犯罪的犯罪所得及其收益为犯罪对象,上游犯罪是原生罪,本罪系派生罪,只有在上游犯罪成立的前提下才能讨论本罪的定罪量刑问题。从刑法评价角度来讲,上游犯罪是打击重点,打击下游犯罪的主要目的是切断上游犯罪的后续延伸,扫除司法追诉的障碍,以便及时有效地惩治上游犯罪,故在行为的社会危害性和行为人的主观恶性方面,下游犯罪均要小于上游犯罪,通常下游犯罪的刑期不能高于上游犯罪。另外,因上下游犯罪间具有事实状态上密切相关的联系,下游犯罪人通常不仅明知处理的对象系犯罪所得,而且还可能掌握上游犯罪人的犯罪过程,故从刑事政策角度来讲,对于主动自首、立功的下游犯罪人予以从轻处罚,有利于分化瓦解其与上游犯罪人形成的攻守联盟,从而获取重要证据,实现打击上游犯罪的目的,并能有效节约司法资源,降低诉讼成本,提高诉讼效率。

基于刑法的谦抑性要求和实现有效追诉的目的,对于本罪的从宽处罚条件,最高人民法院《解释》第二条第一款作了明确规定。对掩饰、隐瞒犯罪所得、犯罪所得收益行为适用免予刑事处罚必须同对具备两个条件:第一个条件是"行为人认罪、悔罪并退赃、退赔",反映出行为人主观恶性较小,事后恢复性措施到位,挽回了被害人的损失,基本修复了被上游犯罪破坏的社会关系。第二个条件规定了三种情形,具体到本案就是具有法定从宽处罚情节,包括自首、立功、未成年人犯罪、犯罪中止、犯罪未遂、从犯等。当然,适用免予刑事处罚,只能针对本罪情节一般的行为,对于情节严重的行为,一般情况下不宜适用。

被告人沈某、朱某波明知是犯罪所得的赃物摩托车而予以介绍买卖和收购,其行为均已构成掩饰、隐瞒犯罪所得罪。沈某实施4起犯罪,涉案金额为16 430元,朱某波实施3起犯罪,涉案金额为9800元,二人的罪行均属于本罪情节一般的行为。案发后,二人或积极主动投案,如实供述犯罪行为,构成自首;或被抓获后如实供述犯罪行为,构成坦白,均具有法定从轻处罚情节。二人在如实供述自己犯罪事实的同时,对于证实同案犯朱某峰的盗窃行为也有一定作用;此外,根据二人的供述,公安机关才能顺利将赃物追回并返还被害人,减少了被害人的损失。依据《解释》第二条第一款第一项的规定,对二人免予刑事处罚是完全可以的。尽管本案审判时《解释》尚未出台,但原审法院对二被告人判处缓刑的考虑与《解释》上述规定的出发点是一致的。

综上,在《解释》出台前,湖南省慈利县人民法院认定被告人沈某、朱某波的行为构成掩饰、隐瞒犯罪所得罪,并对二人判处缓刑是适当的。(参见第1094号指导案例,沈鹏、朱鑫波掩饰、隐瞒犯罪所得案,载《刑事审判参考》总第104集,第25~27页。撰稿:杜某燕)

▽"亲亲相隐",且系初犯、偶犯,又认罪、悔罪并退赃、退赔的,可免予刑事处罚

被告人张某某是为丈夫袁某某掩饰、隐瞒信用卡诈骗犯罪所得,即"亲亲相隐",量刑时可从轻考虑。"亲亲相隐"是我国春秋战国时期儒家提出的主张,后逐渐发展为古代刑律的一项原则,主要包含以下三点内容:第一,亲属有罪相隐,不论罪或减刑;第二,控告应相隐的亲属要处刑;第三,国事重罪例外。"亲亲相隐"原则在我国刑法史上具有重要地位,及至近代法制变革仍被保留。新中国成立后,该原则在我国刑法典中被清除。我国现行刑法虽然没有关于"亲亲相隐"的规定,但相关司法解释也有与其精神相似的规定。2013年4月4日起施行的《最高人民法院关于办理盗窃刑事案适用注律若干问题的解释》第八条规定:"偷拿家庭成员或者近亲属的财物,获得谅解的,一般可以不认为是犯罪;追究刑事责任的,应当酌情从宽。"2011 年 4 月 8 日起施行的《最高人民法院、最高人民检察院关于办理诈骗刑事案件具体应用法律若干问题的解释》第四条规定:"诈骗近亲属的财物,近亲属谅解的,一般可不按犯罪处理。诈骗近亲属的财物,确有追究刑事责任必要的,具体处理也应酌情从宽。"这两条规定体现了针对近亲属的犯罪可以从宽处罚的精神,但尚不是严格意义上的"亲亲相隐"。2012 年修订的刑事诉讼法第一百八十八条的规定被誉为新中国成立后第一次对"亲亲相隐"从法律上作出的规定,有利于对亲情的保护,也有利于社会的和谐与稳定。

掩饰、隐瞒犯罪所得、犯罪所得收益罪以上游犯罪的成立为前提,且要求行为人明知掩饰、隐瞒的是犯罪所得及其产生的收益。从行为对象、主观故意来看,该罪很容易发生在亲属之间。犯罪人只有在面对自己的亲人时,才不担心被告发,而能相告处理的财物系犯罪所得;行为人在得知亲属犯罪后,为使自己的亲人免受牢狱之灾一般会密而不告,甚至帮助亲人隐匿罪证。以往法律没有对亲属之间的"相隐"行为作出特殊规定,法官在量刑时又会考虑亲情因素,因此裁判时往往左右为难。2015 年 6 月 1 日起施行的最高人民法院《解释》吸收了"亲亲相隐"的合理内核,在第二条第一款规定:"掩饰、隐瞒犯罪所得及其产生的收益行为符合本解释第一条的规定,认罪、悔罪并退赃、退赔,且具有下列情形之一的,可以认定为犯罪情节轻微,免予刑事处罚:……(二)为近亲属掩饰、隐瞒犯罪所得及其产生的收益,且系初犯、偶犯的……"该规定进一步明确了司法实践中对亲缘关系的特殊处理,使司法更人性化,有利于维护社会的基本伦理关系。需要说明的是,对亲属"相隐"行为适用免予刑事处罚,必须同时具备两个条件:一是行为人认罪、悔罪,并退赃、退赔;二是行为人与本犯行为人为近亲属关系,且系初犯、偶犯。这既体现了对近亲属犯掩饰、隐瞒犯罪所得、犯罪所得收益罪的宽大原则,又设置了初犯、偶犯的条件,防止被滥用。

本案被告人张某某是信用卡诈骗犯罪被告人袁某某的妻子,系近亲属,又系初犯、偶犯,且在案发后,主动向公安机关投案,将赃款全部退还给了被害人。符合《解释》中关于近亲属犯本罪,可免予刑事处罚的相关规定。怀化市鹤城区人民法院对张某某免予刑事处罚的处理是适当的。(参见第 1095 号指导案例,袁某某信用卡诈骗、张某某掩饰、隐瞒犯罪所得案,载《刑事审判参考》总第 104 集,第 29 ~ 31 页。撰稿:张勤)

▽掩饰、隐瞒犯罪所得、犯罪所得收益罪属于单一式选择性罪名

1997 年刑法实施后,最高人民法院发布了《关于执行〈中华人民共和国刑法〉确定罪名的规定》,将刑法本条的罪名确定为窝藏、转移、收购、销售赃物罪。2006 年刑法修正案(六)实施后,最高人民法院、最高人民检察院发布了《关于执行〈中华人民共和国刑法〉确定罪名的补充规定(三)》,确定将刑法本条的罪名由窝藏、转移、收购、销售赃物罪更改为掩饰、隐瞒犯罪所得、犯罪所得收益罪。本罪名属于单一式选择性罪名,即只有犯罪对象之间存在选择关系,而掩饰与隐瞒之间不存在选择关系,可根据案件事实认定为掩饰、隐瞒犯罪所得、犯罪所得收益罪,掩饰、隐瞒犯罪所得罪,掩饰、隐瞒犯罪所得收益罪。"掩饰"与"隐瞒"都是使真相不让他人知晓,系近义词,其含义往往难以准确区分,司法实践中的掩饰、隐瞒行为五花八门,非常复杂,难以一一界定,若在审判中对所有的掩饰、隐瞒行为都加以区分,更容易造成分歧,也不好操作,而从犯罪对象上看,犯罪所得和犯罪所得收益是完全可以区分的。

《解释》对掩饰、隐瞒犯罪所得、犯罪所得罪罪名的选择性适用问题予以明确,在第十一条中规定:"掩饰、隐瞒犯罪所得、犯罪所得收益罪是选择性罪名,审理此类案件,应当根据具体犯罪行为及其指向的对象,确定适用的罪名。"即根据案件情况,选择适用掩饰、隐瞒把罪所得罪,掩饰、隐瞒犯罪所得收益罪,或掩饰、隐瞒犯罪所得、犯罪所得收益罪罪名。必须明确,当犯罪对象既有犯罪所得,又有犯罪所得收益时,只定掩饰、隐瞒犯罪所得、犯罪所得收益罪一罪,而不能认定为掩饰、隐瞒犯罪所得罪和掩饰、隐瞒犯罪所得收益罪两罪予以并罚。

本案被告人张某某掩饰、隐瞒的对象是被告人袁某某信用卡诈骗所得的赃款,属于犯罪所得。故怀化市鹤城区人民法院对被告人张某某以掩饰、隐瞒犯罪所得罪定罪是准确的。(参见第 1095 号指导案例,袁某某信用卡诈骗、张某某掩饰、隐瞒犯罪所得案,载《刑事审判参考》总第 104 集,第 31 ~32 页。撰稿:张勤)

▽被告人主观上明知其购买的车辆系犯罪所得的认定

掩饰、隐瞒犯罪所得、犯罪所得收益罪必须以"明知"系犯罪所得、犯罪所得收益为前提。此处"明知"的基本含义包括"知道和应当知道"。"知道"是指直接认定行为人明知掩饰、隐瞒的对象是犯罪所得及其收益的情形。一般来说,是指被告人在供述时明确承认知道的情形。而"应当知道"是指被告人虽然实施了掩饰、隐瞒行为,却不承认对犯罪所得及其收益的"明知",司法机关根据被告人的供述,结合其表现于外的行为过程,综合判断所认定的"明知"。对于"应当知道"的情形,司法机关可以根据案件事实的具体情况分析,从行为人已经实施的行为及其相关情节中,综合判断论证其是否明知。只要有充分的间接证据能够证实其知道,或者不可能不知,否则不会实施特定的客观行为,仍然可以认定"明知"。

最高人民法院、最高人民检察院、公安部、国家工商行政管理局联合发布的《关于依法查处盗窃、抢劫机动车案件的规定》第十七条的规定就是采用推定的方式来认定掩饰、隐瞒犯罪所得、犯罪所得收益罪的"明知"。本案被告人在购买车辆之前虽然通过公安部门的网络查询过车辆情况,未查询到车辆系盗抢的信息,但是被告人系在非法的汽车销售市场购买该汽车,在购买时明知该汽车是套牌车辆,而以 5 万元的价格购买价值 19 万余元的汽车,属于以明显低于市场价格的价格购买机动车,同时符合上述规定四种情形中的三种情形,又没有证据证明自己确属被蒙骗而购买,因此能够推定其主观上应当知道所购买的车辆是犯罪所得。被告人明知是犯罪所得的车辆而购买的行为构成掩饰、隐瞒犯罪所得罪。(参见第 1096 号指导案例,张兴泉掩饰、隐瞒犯罪所得案,载《刑事审判参考》总第 104 集,第 35 ~36 页。撰稿:杨华)

▽综合被告人的犯罪情节、主观恶性、认罪态度等,对适用免予刑事处罚的认定

最高人民法院《解释》第二条第一款对掩饰、隐瞒犯罪所得、犯罪所得收益罪免予刑事处罚的情形设置专门条款,是考虑到掩饰、隐瞒犯罪所得、犯罪所得收益罪的社会危害性与上游犯罪相比较小,司法实践中适用非监禁刑的比例很高,为便于审判实践中适用,《解释》将免予刑事处罚的情形从数额、罪中情节、罪后情节等方面进行了全面规定。根据《解释》第二条第一款的规定,对掩饰、隐瞒犯罪所得、犯罪所得收益行为适用免予刑事处罚必须同时具备三个条件:

1. 前提条件。适用免予刑事处罚,只能是掩饰、隐瞒犯罪所得及其产生的收益犯罪情节一般的行为,情节严重的,依法应当在三年以上七年以下有期徒刑的幅度内量刑的,不适用免予刑事处罚。

2. 行为人认罪、悔罪并且退赃、退赔。认罪、悔罪和退赃、退赔是并列关系,必须同时具备。这样规定主要是考虑到实践当中大多数掩饰、隐瞒犯罪所得、犯罪所得收益犯罪在妨害司法秩序的同时,也侵犯了财产权益,行为人能够积极退赃、退赔,对于保护上游犯罪被害人的合法权益具有积极和现实的意义。如果行为人只是口头表示认罪、悔罪,而没有实际退赃、退赔行为,或者虽然退赃、退赔,但拒不认罪、态度恶劣,仍需要判处刑罚的,都不适宜免予刑事处罚。

3. 具有《解释》规定的三种情形之一。(1)具有法定从宽处罚情节。根据刑法总则的规定,法定从宽处罚情节包括自首、立功、未成年人犯罪、又聋又哑的人或者盲人犯罪、犯罪中止、犯罪未遂、从犯、坦白等。(2)为近亲属掩饰、隐瞒犯罪所得及其产生的收益,且系初犯、偶犯。该项规定体现了"亲亲相隐"的精神。近年来"亲亲相隐"的正面价值逐渐受到立法者和学者的重视,2012 年修改的刑事诉讼法第一百八十八条第一款规定的"经人民法院通知,证人没有正当理由不出庭作证的,人民法院可以强制其到庭,但是被告人的配偶、父母、子女除外",就是例证。亲情是人类基于血缘关系、婚姻关系而自然产生的情感,亲情是人无法割舍的联系。维护亲情关系能够促进家庭稳定,促进社会和谐与稳定,因此在一定程度上对家庭成员之间的亲情加以特殊考虑是必要的。《解释》对于近亲属之间犯本罪的处理作特殊规定，明确了司法实践中对亲缘关系的特殊处理精神，有利于刑法发挥维护社会秩序的功能。同时，《解释》还设置了初犯、偶犯的条件，可以防止该项规定被滥用。此外，还应注意对"近亲属"的认定范围不宜过窄。除了刑事诉讼法第一百零六条第六项规定的近亲属，即夫、妻、父、母、子、女、同胞兄弟姊妹外，祖父母、外祖父母、孙子女、外孙子女也属于此处规定的"近亲属"。但是，叔、伯、姑、侄子（女）或姨、舅、外甥（女）或表（堂）兄弟姐妹等关系，除非具有抚养赡养关系，不宜认定为"近亲属"。(3)其他情节轻微、危害不大的情形。这是兜底条款，目的是应对司法实践中出现的新情况，即不符合前两项条件，但又确实需要对行为人免予刑事处罚的。

本案在《解释》出台前判决，但是二审法院对被告人适用免予刑事处罚，也是符合《解释》精神的。首先，被告人明知是他人犯罪所得的车辆而购买，被盗车辆价值 197 820 元，构成掩饰、隐瞒犯罪所得罪。根据《最高人民法院、最高人民检察院关于办理与盗窃、抢劫、诈骗、抢夺机动车相关刑事案件具体应用法律若干问题的解释》第一条第二款的规定，掩饰、隐瞒的机动车达到 5 辆以上或者价值总额达到 50 万元以上的，属于"情节严重"，因此被告人所犯掩饰、隐瞒犯罪所得罪不属于"情节严重"，符合适用免予刑事处罚的前提条件。其次，案发后，被告人认罪、悔罪并主动退还所购买的车辆，符合了免予刑事处罚的第二个条件"认罪、悔罪并退赃、退赔"。最后，案发后被告人主动到公安机关投案，如实供述犯罪事实，构成自首，具有法定从宽处罚情节，同时具备了上述三个条件。此外，《解释》第二条第二款的规定："行为人为自用而掩饰、隐瞒犯罪所得，财物价值刚达到本解释第一条第一款第（一）项规定的标准，认罪、悔罪并退赃、退赔的，一般可不认为是犯罪；依法追究刑事责任的，应当酌情从宽。"被告人所掩饰、隐瞒的财物价值并非刚达到入罪数额标准，不能适用该款规定。但是该款规定所体现的对掩饰、隐瞒行为人买赃自用从轻处罚的原则在本案中仍然适用。本案证据证实被告人购买赃车确系自己生活所用，虽然小轿车不像自行车、手机等生活用品一样常见，但相对于购买赃车转卖牟利，或者用于生产经营等的行为人来讲，被告人买赃车自用的主观恶性相对较小，在量刑时也需要一并考虑。综上，一、二审法院认定被告人犯掩饰、隐瞒犯罪所得罪，二审法院综合被告人的犯罪情节、认罪悔罪态度、主观恶性、自首等情节，改判其免予刑事处罚是适当的。（参见第 1096 号指导案例，张兴泉掩饰、隐瞒犯罪所得案，载《刑事审判参考》总第 104 集，第 36 ~ 39 页。撰稿：杨华）

▽明知是盗窃所得的手机而购买自用的行为，如何定罪量刑

对行为人为自用而实施掩饰、隐瞒犯罪所得及其收益行为的，应综合考虑涉案财物价值、退赃退赔等情节，酌情从宽处罚。2015 年 6 月 1 日起施行的最高人民法院《解释》第二条第二款规定："行为人为自用而掩饰、隐瞒犯罪所得，财物价值刚达到本解释第一条第一款第（一）项规定的标准，认罪、悔罪并退赃、退赔的，一般可不认为是犯罪；依法追究刑事责任的，应当酌情从宽。"在《解释》出台前，没有司法解释涉及该问题，司法实践中也很少对行为人是自用还是转售牟利等进行区别量刑。《解释》之所以对"自用"的情形专门作出规定，主要是基于刑法谦抑性原则并根据这类行为人主观恶性小的特点。司法实践中实施掩饰、隐瞒犯罪所得及其收益的行为人基本分为三种：第一种是职业收赃者转卖牟利的；第二种是为了帮助上游犯罪分子逃避司法机关追诉的；第三种则是贪图便宜、自己使用的。掩饰、隐瞒犯罪所得、犯罪所得收益罪主要打击的对象是职业收赃者及严重妨害司法秩序者，正是由于这些掩饰、隐瞒行为，使上游犯罪分子在实施盗窃、抢劫、抢夺等犯罪时无所顾忌，进而极大地妨碍了司法机关对上游犯罪的追诉。而对于收赃自用的行为人，虽然客观上也帮助犯罪分子逃避司法机关追诉，但其主观恶性比职业收赃者小得多。司法实践中，收购的对象主要是被盗窃、抢劫等没有合法手续的摩托车、电动车及日常用品等，购买者一般都是低收入人群，他们或是贪图便宜，或是法律意识淡薄，一些行为人仅收购一辆电动自行车或者家用电器自己使用，价值刚刚达到 3000 元，没有必要一律作为犯罪处理。《解释》对"自用"作出出罪和从宽处理的规定就是要体现对此类犯罪处罚时"轻其轻、重其重"

的原则。

适用《解释》的上述规定应当注意两点:一是行为人为自用而实施掩饰、隐瞒行为的,在本质上是构成犯罪的,但因犯罪情节较轻、行为人主观恶性较小,事后恢复性措施到位,而不作犯罪处理或者虽然追究刑事责任但酌情从宽处理。这与行为本身不构成犯罪是有本质区别的。在不作犯罪处理的情况下,需要适用刑法第十三条的“但书”规定,即”情节显著轻微危害不大的,不认为是犯罪”,而不能仅适用《解释》第二条第二款。二是为自用而收购不以犯罪论处,必须同时符合以下三个条件:(1)行为人购买赃物的目的是“自用”,即主要是出于生活中使用的目的而购买,如购买自行车、摩托车等用来自己出行,购买高压锅用来做饭等。一般情况下,购买生产资料,如机器设备等用于生产经营的,不能认定为自用,自用的范围应严格掌握在生活用品范围内。(2)所购买赃物的价值刚达到《解释》第一条第一款第一项规定的3000元至10 000元的数额。“刚达到”,不能机械地理解为正好达到,而是超过不多。如某省制定的标准是3000元,那么,3000元至4000元一般都可以理解为刚达到,但如果数额超过50%,即在4500元以上,一般不能认定为“刚达到”。(3)行为人认罪、悔罪并且退赃、退赔的。本案被告人汤某明知涉案的苹果牌iPhone 4S手机没有销售发票等,属于来路不明的物品,且iPhone 4S在案发当时上市不足1年,仍以1000元的明显低价购得该手机,能够认定其主观上明知是犯罪所得而予以收购。根据汤某本人的供述,其购买该手机是为了自己使用,在案证据也没有显示汤某有转卖牟利的可能,汤某亦没有实施掩饰、隐瞒违法犯罪行为的前科,可以排除其系职业收赃者的可能性。因此,应该认定汤某是为了自用而实施掩饰、隐瞒行为。本案虽然在《解释》出台前判决,但由于汤某是为自用而购买赃物手机,又考虑到其有自首、退赃等情节,认定其犯罪情节轻微,免予刑事处罚,这与《解释》第二条第二款体现的对“买赃自用”从宽处罚的原则是一致的。当然,本案手机经鉴定价值人民币4180元,而《解释》对掩饰、隐瞒犯罪所得罪规定的最低入罪数额是3000元,因此,本案如果发生在《解释》实施之后,可以根据《解释》第二条第二款的规定,认定涉案财物价值刚达到《解释》第一条第一款第一项规定的标准(3000元),认罪、悔罪并退赃、退赔,可不以犯罪论处。此外,如果本案发生在《解释》实施后,而浙江省对掩饰、隐瞒犯罪所得、犯罪所得收益罪的入罪数额标准为4180元以上,那么,被告人汤某的行为应当直接根据《解释》第一条第一款第一项的规定,认定不构成掩饰、隐瞒犯罪所得罪。综上,本案发生在《解释》实施前,认定被告人汤某犯掩饰、隐瞒犯罪所得罪,免予刑事处罚是适当的。(参见第1097号指导案例,汤某掩饰、隐瞒犯罪所得案,载《刑事审判参考》总第104集,第41～43页。撰稿:杨华)

▽掩饰、隐瞒犯罪所得、犯罪所得收益罪与上游犯罪的量刑均衡的认定

刑法修正案(六)将原刑法本条窝藏、转移、收购、销售赃物罪修改为掩饰、隐瞒犯罪所得、犯罪所得收益罪,并增加了一个法定刑幅度,规定“情节严重的,处三年以上七年以下有期徒刑,并处罚金”,以此来震慑犯罪分子,体现了立法机关从严打击本罪的决心。刑法修正案(六)之后陆续有多个司法解释针对掩饰、隐瞒犯罪所得、犯罪所得收益罪的“情节严重”做出了明确规定,尤其是最高人民法院《解释》第三条规定了“情节严重”的五种情形。其中数额和次数是两个主要的标准,掩饰、隐瞒犯罪所得的价值在10万元以上,或者行为次数在10次以上的(属于“职业收赃人”),体现出社会危害性达到了相当严重的程度,应当作为打击的重点。本案一、二审判决均在《解释》出台之前作出,但判案法官对“情节严重”的把握完全契合了新规定的原则和精神。认定掩饰、隐瞒犯罪所得罪的“情节严重”不能唯数额论。虽然被告人朱某某掩饰、隐瞒犯罪所得的数额只有2万余元,但是其行为次数达22次之多,其作为上游犯罪人汤某某、庄某某的固定下线,对上游犯罪起到了持续、稳定的支持和帮助作用,甚至对汤某某、庄某某盗窃犯意的进一步扩大都具有刺激和鼓励作用。朱某某的行为构成掩饰、隐瞒犯罪所得罪,应依法认定为“情节严重”。但是掩饰、隐瞒犯罪所得、犯罪所得收益罪毕竟属于上游犯罪的事后帮助犯,在增加了一个法定刑幅度后,其最高刑期也就只是七年有期徒刑,整体上具有“罪小刑轻”的特点。对本罪的量刑不仅要符合刑法本条及相关司法解释的规定,同时当然要受到上游犯罪量刑情况的约束。这是因为,一方面,本罪对上游犯罪有依附性,没有上游犯罪非法取得的财物,就没有下游犯罪可言;另一方面,本罪惩罚的重点在于妨害司法秩序,即妨碍了公安、检察、审判等司法机关以犯罪所得为线索查处和破获上游犯罪的活动。就给被害人造成的财产损失而言,下游行为人在实施掩饰、隐瞒行为时,并没有增加或扩大这种损失。与事先参与犯罪共谋的情形相比,本罪的社会危害性当然要小得多。因此,在掌握本罪与上游犯罪的量刑时,应当统筹把握。对符合《解释》第三条规定的五种情形的,依法认定"情节严重",以此发挥本罪的堵截性作用,遏制和预防上游犯罪的持续和扩大势头。同时在量刑上要与上游犯罪之间取得平衡。具体而言,在掩饰、隐瞒犯罪所得、犯罪所得收益罪和上游犯罪指向同一笔财物的情况下,对掩饰、隐瞒犯罪所得行为人的量刑必须要比上游犯罪人量刑轻一些,而且要适当拉开档次。启东市人民法院一审认定被告人朱某某属于掩饰、隐瞒犯罪所得罪的"情节严重",对其判处有期徒刑六年,而上游犯罪人中罪责较大的主犯汤某某也只是被判处有期徒刑六年六个月,罪责相对小一点的主犯庄某某被判处有期徒刑四年六个月,对朱某某的判刑已经超过了庄某某,明显量刑失衡,二审在仍然认定朱某某属"情节严重"的情况下对其改判三年有期徒刑,是适当的。(参见第1098号指导案例,汤雨华、庄瑞军盗窃,朱瑞银掩饰、隐瞒犯罪所得案,载《刑事审判参考》总第104集,第45~47页。撰稿:曹东方)

▽掩饰、隐瞒犯罪所得罪中的"情节严重"的认定

刑法本条规定"情节严重",此前的法律和司法解释未作明确的界定,概念的内涵和外延界定不够清晰,只有《最高人民法院、最高人民检察院关于办理与盗窃、抢劫、诈骗、抢夺机动车相关刑事案件具体应用法律若干问题的解释》(本附文以下简称《机动车司法解释》)第一条和《最高人民法院、最高人民检察院关于办理危害计算机信息系统安全刑事案件应用法律若干问题的解释》第七条有所提及。认定标准的缺失造成一些法院不敢适用"情节严重",与从严打击此类犯罪的立法意图不符。最高人民法院《解释》对"情节严重"的标准做了进一步的明确。对掩饰、隐瞒犯罪所得罪"情节严重"的把握要根据犯罪情节和量刑情节的多种因素综合考量,结合有关司法解释的具体规定认定。本案中,被告人明知是他人盗窃所得的摩托车而予以收购并销售5辆以上,应认定为"情节严重"。理由如下:(一)《机动车司法解释》对"情节严重"的规定属于选择关系,而非并列关系。本案的犯罪对象系机动车。由于机动车具有交通工具的属性,对于针对机动车所实施的盗窃、抢劫等上游犯罪来讲,机动车作为犯罪对象更容易转移,这就导致侦查机关对上游犯罪的查证也相对比较困难,在侦查过程中需要投入较大的人力、物力和财力,因此,掩饰、隐瞒的对象系机动车的,其行为所涉及的上游犯罪的社会危害性相对较大。此外,不少行为人在实施掩饰、隐瞒犯罪所得的机动车的过程中,为了掩盖真相,会对机动车进行拆情况,就应认定为"情节严重"。(二)《机动车司法解释》与《解释》特别法与一般法的关系。《解释》第三条第一款将掩饰、隐瞒犯罪所得、犯罪所得收益罪的"情节严重"标准设定为价值总额达到10万元以上,或者行为10次以上,或者行为3次以上且价值总额达到5万元以上。本案发生在《掩饰、隐瞒解释》生效之前,不存在与《机动车司法解释》选择适用的问题。但是如果在《解释》生效之后,发生类似的案件,应当适用《机动车司法解释》。对于掩体、隐瞒的对象为盗窃、抢劫、诈骗、抢夺所得的机动车如何认定"情节严重"作了专门规定,而《解释》是对掩饰、隐瞒犯罪所得、犯罪所得收益罪的相关问题进行统一的解释,其中关于"情节严重"的规定也是针对所有掩饰、隐瞒犯罪行为的,故而相对于《解释》来讲,《机动车司法解释》属于特别规定,是针对特殊犯罪对象所作出的特殊规定,按照特别法优于一般法的基本原则,应当适用特别法即《机动车司法解释》。《解释》第三条第二款规定:"司法解释对掩饰、隐瞒涉及机动车、计算机信息系统数据、计算机信息系统控制权的犯罪所得及其产生的收益行为认定'情节严重'已有规定的,审理此类案件依照该规定。"这一规定也体现了特别法优于一般法的原则,在掩饰、隐瞒的对象为机动车时,应当适用《机动车司法解释》。此外,在司法实践中还应当注意的是,如果掩饰、隐瞒的对象为犯罪所得的机动车,只要没有达到《机动车司法解释》“五辆以上或者价值总额达到五十万元以上”的标准,即使达到了《掩饰、隐瞒解释》规定的“情节严重”的标准,如掩饰、隐瞒价值总额10万元以上,或者行为10次以上,或者行为3次以上且价值总额达到5万元的,仍然不能认定为“情节严重”。(三)对掩饰、隐瞒犯罪所得及其收益的犯罪,在量刑时,除了以数额、次数等为主要标准,还应考虑其他犯罪情节。本案认定为“情节严重”后,在具体量刑时,除了以数额、次数等为主要标准,还应当考虑被告人的具体犯罪情节,并依照量刑规范化的有关规定量刑。被告人虽不是累犯,但其共购买、销售来历不明的各类摩托车达26辆,显然在主观恶性上与初犯、偶犯相比明显较深,人身危险性大。其在半年的时间里就连续作案多次,购买、贩卖来历不明的摩托车数量大,属于多次作案,犯罪活动猖獗;被抓获后虽然如实供述犯罪,但仍有5辆摩托车未能追回,且没有积极主动缴纳罚金。

综上,判断被告人掩饰、隐瞒犯罪所得的犯罪行为是否属于“情节严重”,应当坚持以法律、司法解释规定的“情节严重”为标准,在量刑时,根据被告人的主观恶性、犯罪对象、上游犯罪的社会危害性、作案手段、作案次数、犯罪数额等情节综合考量。虽然本案被告人认罪,但其半年内疯狂作案,购销来历不明的各类摩托车达26辆,主观恶性较深,人身危险性大。二审法院在充分考虑被告人的各种从重、从轻处罚情节后,依据《机动车司法解释》的规定,认定被告人属于“情节严重”,一审适用法律不当,量刑错误,以掩饰、隐瞒犯罪所得罪改判被告人有期徒刑三年,并处罚金6000元是恰当的。(参见第1099号指导案例,李林掩饰、隐瞒犯罪所得罪案,载《刑事审判参考》总第104集,第50～53页。撰稿:张剑)

▽明知财物系上游犯罪人犯罪所得,事先承诺收购,事后在上游犯罪现场收购赃物的,可以认定为与上游犯罪人通谋犯罪

掩饰、隐瞒犯罪所得、犯罪所得收益的行为是事后的帮助行为,“犯罪所得及其产生的收益”中的“犯罪”是指既遂犯罪。对于事前与盗窃、抢劫、抢夺等犯罪分子通谋,实施掩饰、隐瞒犯罪所得、犯罪所得收益行为的,主观上明知盗窃、抢劫、抢夺等犯罪内容、危害后果而与其通谋,形成共同的犯罪故意,客观上对盗窃、抢劫、抢夺等犯罪分子实施犯罪予以配合,应当以共同犯罪论处。此时,其掩饰、隐瞒行为就成了盗窃、抢劫、抢夺等犯罪的共同犯罪行为的组成部分。当然,在共同犯罪中的地位、作用可以根据其实际所处的地位、作用认定。这方面的立法例有不少,如刑法本条第二款规定:犯窝藏、包庇罪,事前通谋的,以共同犯罪论处。《最高人民法院、最高人民检察院关于办理与盗窃、抢劫、诈骗、抢夺机动车相关刑事案件具体应用法律若干问题的解释》第四条明确规定,事前与盗窃、抢劫、诈骗、抢夺机动车的犯罪分子通谋的,以盗窃罪、抢劫罪、诈骗罪、抢夺罪的共犯论处。《最高人民法院、最高人民检察院关于办理盗窃油气、破坏油气设备等刑事案件具体应用法律若干问题的解释》第五条规定,明知是盗窃犯罪所得的油气或者油气设备,而予以窝藏、转移、收购、加工、代为销售或者以其他方法掩饰、隐瞒的,依照刑法本条的规定定罪处罚;实施前述犯罪行为,事前通谋的,以盗窃罪的共犯定罪处罚。最高人民法院《解释》在总结立法和司法解释经验的基础上,也作了类似的规定。《解释》第五条规定:“事前与盗窃、抢劫、诈骗、抢夺等犯罪分子通谋,掩饰、隐瞒犯罪所得及其产生的收益的,以盗窃、抢劫、诈骗、抢夺等犯罪的共犯论处。”

结合法理和司法实践,认定掩饰、隐瞒犯罪所得行为人是否与盗窃、抢劫、诈骗、抢夺等上游犯罪分子通谋,一般从以下几个方面把握:(1)从主观上分析判断,一看其是否明知上游犯罪人实施犯罪行为。如果有证据证明掩饰、隐瞒行为人误认为上游犯罪所得是正常所得,那么,掩饰、隐瞒行为人虽然客观上起到了帮助上游犯罪人的作用,但因缺乏主观要件而不能对其定罪。二看其是否明知上游犯罪人犯罪的时间。如果上游犯罪既遂后才知道上游犯罪行为的,自然不能认定为与上游犯罪人通谋,如果事先知道(包括事中知道)上游犯罪行为,且在客观上协助上游犯罪人完成犯罪的行为的,就可以认定为与上游犯罪人通谋。(2)从客观上分析判断,即其实施的掩饰、隐瞒行为是在上游犯罪完成后还是在上游犯罪实施前或者实施中。如果掩饰、隐瞒行为是在上游犯罪完成后介入的,需要结合掩饰、隐瞒行为人主观是否存在事先通谋故意进行综合判断,如果掩饰、隐瞒行为在事先、事中就起到了对上游犯罪参与、配合、协助的作用,那么应可以认定其掩饰、隐瞒的故意产生于上游犯罪实施前或实施中。本案收赃人孙某某明知其拟要收购的物品应该系通过非法手段获得的,仍指定相应的型号并允诺低价收购,应认定为事前通谋盗窃行为,以盗窃罪定罪量刑。理由如下:

1. 被告人孙某某事先明知微型扬声器、受话器系被告人刘某、朱某犯罪所得。对此,有被告人孙某某、刘某、朱某的供述一致证实。更为重要的是,本案涉及的受话器、扬声器等手机配件具有专业性、定制性、定向性等特点。受话器也叫听筒,是一种在无声音泄漏条件下将音频电信号转化成声音信号的电声器件,广泛用于移动电话、固定电话及助听器等通信终端设备中。可见,受话器等系具有极强专业性的物品,除被害单位瑞声公司本身或者关联企业,一般单位和个人,尤其是个人,难以大批量拥有此类产品。一般来说,该类物品仅在手机配件生产公司或手机组装公司等小范围内流转,一般人不会接触到也不需要该类物品。另外,本案涉及的受话器等系由苹果公司、三星公司等大型手机公司委托被害单位瑞声公司定制生产,瑞声公司向苹果公司、三星公司定向配货,根本不可能在市场上流通,而孙某某曾在瑞声公司工作过,知道瑞声公司生产的电子元件可以销售给手机修理店牟利。综上,孙某某对本案所涉受话器等系犯罪所得是应当明知的。

2. 被告人孙某某的行为属于与被告人刘某、朱某事先通谋的行为。首先,孙某某故意在瑞声公司附近张贴回收电子元件广告,致刘某通过该广告与其取得联系。孙某某张贴广告的行为实质上起到了引诱犯意的作用。其次,刘某在瑞声公司附近向孙某某提供样品时,孙某某看完样品,根据其收购经验和其在瑞声公司工作过的经历,应当知道刘某向其提供的手机配件样品不可能合法取得,但仍向刘某指定相应的型号予以收购。虽然孙某某没有明确说让刘某等人去盗窃,但其承诺收购,就是对刘某等人盗窃行为的支持。因此,孙某某事先承诺收购受话器等的行为,是刘某、朱某盗窃预谋内容中不可或缺的组成部分。

3. 孙某某收购行为在犯罪现场或者非正常收购地点。本案孙某某收购刘某、朱某盗窃所得的受话器等共三次,都是在刘某、朱某盗窃得手后立即就收购的。尤其是第一次和第三次,都是刘某及朱某盗窃得手后当即联系孙某某,孙某某遂到盗窃犯罪现场即被害单位瑞声公司,在该公司的围墙外将刘某、朱康所盗物品运走并低价收购。特别是 2013 年 1 月 13 日傍晚,孙某某在装载刘某盗窃所得的受话器时被瑞声公司巡查保安发现,却携带已经装车的 3 箱受话器逃离现场。而第二次(2013 年 1 月的一天)孙某某虽然未到盗窃现场收购,但也是在朱某盗窃得手后立即与朱某约定一个偏僻地点,即武进区南故里墅街道吴黄寺附近低价收购。孙某某到盗窃现场或指定地点低价收赡赃物的行为,客观上直接帮助刘某、朱某完成了盗窃犯罪活动。

综上,被告人孙某某明知刘某出售给其的受话器等为瑞声公司所有,不可能为刘某、朱某个人合法持有,仍在事前商定收购的型号,事后至瑞声公司围墙外或者指定地点接收赃物,其行为性质属事前预谋,事后辅助,在共同犯罪中负责收赃环节。因此,应当认定孙某某为刘某、朱某盗窃犯罪的共犯。当然,在量刑时,考虑到孙某某非实行犯,在共同犯罪中所起作用并非最主要的,应认定为从犯。(参见第 1100 号指导案例,孙善凯、刘军、朱康盗窃案,载《刑事审判参考》总第 104 集,第 57～60 页。撰稿:陆建红　张静)

▽事前与职务侵占罪的犯罪分子通谋,帮助掩饰、隐瞒犯罪所得的,犯罪过程中实施了帮助行为,应以职务侵占罪的共犯论处

其一,孙某江身为黎光石化厂的工作人员,利用职务便利买通门卫和工人,用空油罐车私自运走石化厂的一批白油,卖给孙某亮获利,其行为属于监守自盗,已构成职务侵占罪。其二,根据现有证据足以证实孙某亮与犯职务侵占罪的犯罪分子孙某江事前有通谋行为:孙某亮之前因为送油而多次从黎光石化厂拉油,其知道正规买油、拉油的手续和过程,当孙某江向其提出私下以低价“卖”给其一批白油时,其明白该价格明显低于市场正常价格,应当知道孙某江所卖的白油是违法所得,在此情况下其同意购买这批白油,并提供了空的油罐车作为犯罪工具。在作案当晚动手之前,孙某江又告知孙某亮已经跟厂里的门卫、工人讲好了,命令门卫关掉监控,让孙某亮放心。孙某亮作为一个智力正常的成年人,应当知道"关掉监控"意味着什么,足以说明孙某亮在事前就知道孙某江是通过违法犯罪手段获取白油,而其仍在事先与孙某江商量相关事宜,表明二人有共同的意思联络。因此,孙某亮事前与职务侵占罪的犯罪分子通谋,并实施了掩饰、隐瞒犯罪所得的行为,应当以职务侵占罪的共犯论处。原审法院认定孙某亮构成职务侵占罪的共犯,并考虑其并非犯意提起者,在共同犯罪中的作用相对于利用职务侵占公司财产的孙某江来说较小,依法减轻处罚,对其判处有期徒刑三年,缓刑三年是适当的。(参见第 1101 号指导案例,孙洪亮职务侵占案,载《刑事审判参考》总第 104 集,第 62 ~63 页。撰稿:洪永祥　任远航)

▽对掩饰、隐瞒犯罪所得罪中列举的"收购"和"代为销售"两种行为方式的准确认定

计算机信息系统数据作为一种具有财产性质的虚拟载体,可以成为非法获取的对象,同时也可以成为掩饰、隐瞒犯罪所得罪的行为对象。掩饰、隐瞒的行为方式主要是转移、收购、代为销售,其中收购和代为销售中可能会包含转移行为。在收购和代为销售他人非法获取的计算机信息系统数据的犯罪活动中,行为人和上游犯罪人之间大多不当面联系,而是通过网上数据传输、网上银行转账等方式来完成交易。"收购"和"代为销售"是刑法本条列举的掩饰、隐瞒的行为方式,应准确认定"收购"和"代为销售"行为方式。本案陈某、欧阳某的行为构成掩饰、隐瞒犯罪所得罪,但是其行为方式并非"代为销售"而是"收购"。分析其中到底是符合哪一种具体行为方式,涉及罪行表述精确和法网严密问题。

关于"收购",在《现代汉语词典》中的解释是"从各处购买",主要的词条是"收购粮食""完成收购计划"等,强调物品来源的广泛性和扩张性。如果严格按照语义解释的话,单独一次的收赃行为或者固定地从同一个来源收赃的行为就应排除在犯罪圈以外了,这明显与立法原意矛盾,在解释时从法理上无法对收赃行为附加"来源广泛"的要求。所以,此处应当进行限缩解释,"收"和"购"两个字之间是语义的重复,解释为"购买"就可以了。同时也无须对"收购"附加"销售营利"的目的,单纯为了自用而收购的,也是掩饰、隐瞒行为。"收购"的行为类型中包含着"先购后卖"这种情况,根据掩饰、隐瞒犯罪所得罪的立法旨意,法律在这时惩罚的侧重点仍在于"购",因为明知是他人犯罪所得及其收益而仍然购买,无论其目的是不是再次出售,购买行为都体现出行为人为上游犯罪人掩饰、隐瞒的主观故意,可能是直接故意,也可以是间接故意,这是本罪打击的重点。后面再出售的行为就只是实现其个人利益而已,所以刑法条文在这里没有列举"销售"一项,而是在"收购"之后列举了"代为销售"。所谓"代为销售",是指行为人代犯罪分子出售犯罪所得的行为。"代为销售"与"收购"不同,它是替犯罪分子销售犯罪所得,中间过程中并没有以自有资金取得对犯罪所得的所有权。"代为销售"既可以表现为行为人以卖主身份替上游犯罪人销售犯罪所得的行为;也包括在犯罪分子与购赃人之间进行斡旋介绍的行为。行为人先将犯罪所得进行窝藏,然后以卖主身份寻找买赃人售出的行为,仍是一种代为销售行为。根据以上分析,本案中被告人陈某、欧阳某的行为属于"先购后卖",应当解释为刑法第三百一十二条规定的"收购"而非"代为销售"。(参见第 1102 号指导案例,陈某、欧阳某等掩饰、隐瞒犯罪所得案,载《刑事审判参考》总第 104 集,第 65 ~67 页。撰稿:曹东方)

▽上游犯罪经查证属实,即使未经司法裁判亦不影响掩饰、隐瞒犯罪所得罪的处理

最高人民法院《解释》第四条规定:刑法本条规定的犯罪,应当以上游犯罪事实成立为认定前提。上游犯罪尚未依法裁判,但查证属实的,不影响刑法本条规定的犯罪的审判。《解释》再次重申了该处理原则。本案中,向被告人陈某、欧阳某出售计算机信息系统数据的上游犯罪人尚未抓获,上游犯罪尚未经司法程序查证,但现有证据包括 QQ 聊天记录,支付宝交易记录,银行卡交易记录,依法保全的电子数据,被告人陈某、欧阳某的供述等,已经能够证实该案中的 QQ 账号和密码等电子数据系犯罪人非法侵入他人计算机信息系统而获取的,上游犯罪事实成立,只是还没有将犯罪嫌疑人抓获,此时并不影响对下游的掩饰、隐瞒犯罪所得罪定罪处罚。(参见第 1102 号指导案例,陈某、欧阳某等掩饰、隐瞒犯

罪所得案,载《刑事审判参考》总第104集,第67页。撰稿:曹东方)

▽认定掩饰、隐瞒犯罪所得及其收益的行为人是否"明知",应当根据全案事实综合分析

认定掩饰、隐瞒犯罪所得及其收益的行为人是否"明知",应当结合被告人的认知能力,接触他人犯罪所得及其收益的情况,犯罪所得及其收益的种类、数额,犯罪所得及其收益的转移方式以及被告人的供述等主客观因素进行认定。换言之,认定被告人明知是犯罪所得,不能仅凭被告人的口供。司法实践中往往采用推定的方法,同时允许被告人提出反证,如果被告人能够提出证据证实自己确实不知道的,则不构成本罪。而且,本罪的主观方面是故意,包括确定的故意和不确定的故意,只要行为人根据有关情况,主观上认识到或应当认识到掩饰、隐瞒的对象是或可能是他人的犯罪所得或者收益即可,不要求其对上游犯罪的犯罪人究竟是何人、上游犯罪的行为时间、地点及触犯的罪名等有具体的认知。本案中涉及的QQ账户及密码的电子数据数量巨大,普通人通过合法正规途径根本不可能获取和拥有,也不可能买卖如此大量的数据信息。被告人陈某、欧阳某具有较高的计算机操作能力,从二人通过低价从上游犯罪行为人手中买进大量计算机信息系统数据后以高价卖出的方式,可以推定其明知该部分数据是或可能是犯罪所得。因此,被告人陈某、欧阳某辩称对于QQ号码系他人犯罪所得并不明知,不能成立。(参见第1102号指导案例,陈某、欧阳某等掩饰、隐瞒犯罪所得案,载《刑事审判参考》总第104集,第67~68页。撰稿:曹东方)

▽明知系他人受贿犯罪所得的现金而提供场所藏匿,应认定为掩饰、隐瞒犯罪所得罪还是洗钱罪及两罪区别的认定

认定为掩饰、隐瞒犯罪所得罪。洗钱罪与掩饰、隐瞒犯罪所得、犯罪所得收益罪的区分并不仅仅以上游犯罪的范围为准,还应当兼顾犯罪客体及行为方式、主观明知内容等因素综合判断。《最高人民法院关于审理洗钱等刑事案件具体应用法律若干问题的解释》第三条规定:"明知是犯罪所得及其产生的收益而予以掩饰、隐瞒,构成刑法第三百一十二条规定的犯罪,同时又构成刑法第一百九十一条或者第三百四十九条规定的犯罪的,依照处罚较重的规定定罪处罚。"该规定明确了洗钱罪与掩饰、隐瞒犯罪所得、犯罪所得收益罪之间是特别法与一般法的竞合关系。两罪同属于传统意义上的赃物犯罪范畴,性质上同为事后帮助犯,法条在行为方式的列举上也都使用了"掩饰、隐瞒"这样的字眼。1979年刑法只有"销赃罪"一罪,1997年修订后的刑法第一百九十一条中首次专门设立了洗钱罪,此后,洗钱罪成为普通赃物犯罪(掩饰、隐瞒犯罪所得、犯罪所得收益罪)的特别规定。近20年间,立法者越来越充分地认识到赃物犯罪助长、刺激财产犯罪、经济犯罪等上游犯罪多发、高发,非常重视严密赃物犯罪的刑事法网,使洗钱罪及掩饰、隐瞒犯罪所得、犯罪所得收益罪两个罪名在立法上的变动相对较为频繁。刑法修正案(三)和刑法修正案(六)两次扩大了洗钱罪的打击范围,刑法修正案(六)和刑法修正案(七)又加大了对掩饰、隐瞒犯罪所得、犯罪所得收益罪的打击力度(犯罪对象、行为方式的扩张和法定刑幅度的提高)。事实上,国际刑法中的洗钱罪的概念就是包含了我国刑法的洗钱罪和掩饰、隐瞒犯罪所得、犯罪所得收益罪的集合。但是在我国已经形成了洗钱罪与掩饰、隐瞒犯罪所得、犯罪所得收益罪两罪并立的格局下,无论洗钱罪的上游犯罪范围再怎么扩大,也不能改变在治理赃物犯罪的罪名体系中,掩饰、隐瞒犯罪所得、犯罪所得收益罪所占有主体地位;而且虽然两罪的主要区分点是犯罪对象,在行为方式和行为性质上的差异已经十分淡化,但这种差异性还是存在的。

第一,两罪的主要区分点是犯罪对象,也即上游犯罪的性质不同。洗钱罪的上游犯罪只限于刑法第一百九十一条规定的毒品犯罪、黑社会性质的组织犯罪、恐怖活动犯罪、走私犯罪、贪污贿赂犯罪、破坏金融管理秩序犯罪、金融诈骗犯罪这七类犯罪,掩饰、隐瞒犯罪所得、犯罪所得收益罪的上游犯罪则是除此之外的有"犯罪所得"及其收益的所有犯罪。

第二,两罪的犯罪客体有所不同。洗钱罪位列刑法分则第三章第四节破坏金融管理秩序罪中,该罪侵犯的客体是国家的金融管理秩序,同时也侵害了司法机关的职能活动,兼具妨害司法的性质。掩饰、隐瞒犯罪所得、犯罪所得收益罪位列刑法分则第六章第二节妨害司法罪中,该罪侵犯的客体主要是司法机关追诉犯罪的职能活动,也包含上游犯罪中的被害人对财物的合法权益。从立法旨趣来看,之所以把洗钱罪独立出来单列在破坏金融管理秩序罪中,设置了相较于掩饰、隐瞒犯罪所得、犯罪所得收益罪更高的法定刑,是从保障金融安全的实际需要出发,对某些特定的通常可能有巨大犯罪所得的严重犯罪而为其洗钱的行为,作出的特别规定,而在诸如恐怖活动犯罪、毒品犯罪、走私犯罪中,洗钱行为对于上游犯罪规模的扩大和犯罪的持续发生有着比普通犯罪更大的促进作用,社会危害性更大。

第三,两罪的行为方式有所差异。洗钱罪和掩饰、隐瞒犯罪所得罪的行为方式均是"掩饰、隐瞒",但洗钱罪的表述是"掩饰、隐瞒犯罪所得及其收益的来源和性质的",掩饰、隐瞒犯罪所得、犯罪所得收益罪的表述是"掩饰、隐瞒的"。从字面意义上看,两者有所区别。洗钱罪由于其涉及妨害金融管理秩序和破坏国家经济安全的性质,所以侧重点在于掩饰、隐瞒犯罪所得及其收益的来源和性质,也就是俗话说的把"赃钱洗白",披上合法的外衣;而掩饰、隐瞒犯罪所得、犯罪所得收益罪的行为方式包括掩饰、隐瞒犯罪所得及其收益的来源和性质,但又不局限于此,还包括掩饰、隐瞒犯罪所得及其收益的处所等其他情况。因此,两罪之间就发生了交叉,即使上游犯罪属于洗钱罪规定的七类上游犯罪之一,但是不涉及掩饰、隐瞒犯罪所得及其收益自来源和性质的,按照罪刑法定的要求和立法本意,仍应该定掩饰、隐瞒犯罪所得、犯罪所得收益罪而非洗钱罪。

对"掩饰、隐瞒来源及性质"理解,刑法第一百九十一条规定了洗钱罪的五种行为方式,即提供资金账户;协助将财产转换为现金、金融票据、有价证券;通过转账或者其他结算方式协助资金转移;协助将资金汇往境外;以其他方式掩饰、隐瞒犯罪所得及其收益的来源和性质第五种行为方式作为兜底条款,是对列举式规定的补充归纳,应该与前四项所列举的方式具有相当性。《最高人民法院关于审理洗钱等刑事案件具体应用法律若干问题的解释》第二条的列举式规定,在刑法第一百九十一条的基础上,又进一步明确洗钱行为可以通过商业银行等银行类的金融性机构证券公司、保险公司等非银行类金融机构,商品变易、企业收购、投资等非金融机构以及地下钱庄、赌博等非法途径实施,意图在于淡化洗钱罪在行为方式上的特殊要求。据此,"掩饰、隐瞒来源及性质"不需要局限在金融领域或通过金融机构来实现,应当将其落脚点放在资金形式的"转换"上而非"金融机构"上。洗钱罪要求行为人借助一定的金融手段或非金融手段来实现对犯罪所得及其收益的转换,它一定有一个类似交易、兑换等的转换过程。例如,行为人明知系他人受贿犯罪所得的一个名贵花瓶而为其保管,因为不涉及资金形式的"转换",只能构成掩饰、隐瞒犯罪所得罪;同理,行为人明知系他人受贿犯罪所得的现金港币而提供场所藏匿,只是物理意义上的转移、窝藏行为,行为的落脚点在于掩饰、隐瞒实物本身,而非犯罪所得的性质和来源,不涉及资金形式的"转换",仍应定掩饰、隐瞒犯罪所得罪。本案被告人姜某明知系他人受贿犯罪所得的现金而藏匿在别墅房中,后又交给他人转移,但姜某只是对其丈夫受贿所得的现金、银行卡等实施了物理意义上的窝藏、转移行为,行为的实质在于掩饰、隐瞒犯罪所得的实物本身,而非掩饰、隐瞒犯罪所得的性质和来源,不涉及资金形式的转换或转移,如将现金转换为他人名下的银行卡等,故姜某的行为仍应限定在掩饰、隐瞒犯罪所得罪这一普通赃物犯罪的范畴里。综上,利津县人民法院认定被告人姜某犯掩饰、隐瞒犯罪所得罪,判处有期徒刑三年,缓刑三年,并处罚金人民币二十万元是适当的。(参见第 1103 号指导案例,姜某掩饰、隐瞒犯罪所得案,载《刑事审判参考》总第 104 集,第 70 ~73 页。撰稿:曹东方)

▽上游犯罪事实上成立未经审判的,应认定掩饰、隐瞒犯罪所得罪的成立

被告人奥姆托绍等 4 人为他人诈骗所得进行收存、转移的行为应认定为掩饰、隐瞒犯罪所得罪。掩饰、隐瞒犯罪所得、犯罪所得收益罪与上游犯罪的关系密不可分,以上游犯罪的成立为前提。如果上游犯罪不成立,司法机关不能进行追诉,那么掩饰、隐瞒的行为也就不存在妨害司法活动的刑法否定评价的前提,因此不能认定为犯罪。例如,行为人收购了其他 10 人分别偷来的 10 辆电动车,每辆电动车的价值为500元，尚未达到盗窃犯罪的数额认定标准，因此偷车的10个人均不构成犯罪。收赃人的收赃总额虽达5000元，但是因上游行为尚未构成犯罪，故收赃人的收购对象并非犯罪所得，因不满足犯罪构成要件而无法认定犯罪。然而，不构成犯罪并不意味着收赃行为不必接受惩罚，公安部门完全可以依照治安管理处罚法的相关规定对收赃行为进行处罚。

上游犯罪的成立是指事实成立而不是经法律评价成立。通常情况下应当理解为上游犯罪经依法裁判确定。司法审判是认定犯罪最终、最正当的程序，经过司法审判认定上游行为构成犯罪，对该犯罪行为所得及其产生的收益进行掩饰、隐瞒的行为，当然构成本罪。在一些特殊情况下，对于上游犯罪尚未依法裁判，但查证属实的，同样可以认定掩饰、隐瞒犯罪所得、犯罪所得收益罪。即有一定证据证实上游犯罪实际发生且事实上成立犯罪，如此才能确定掩饰、隐瞒的对象是犯罪所得及其收益继而对其行为进行评价。犯罪事实的成立，并不以犯罪行为人被发现或抓获归案为前提。例如我国刑事诉讼法将有犯罪事实发生作为刑事案件立案的条件，而通常刑事立案后才开始追捕犯罪嫌疑人。由此可见，在相当一部分案件中，犯罪行为人未被查获并不影响司法机关认定犯罪事实的成立。另外，上游犯罪虽与本罪存在前后相连的事实状态，但两者在案件状态、查处难度及审判进程上均有所不同，如果一律要求对本罪的处理必须以侦破上游犯罪为前提，势必导致一部分案件无法及时处理，这与打击针对犯罪所得及其收益的下游犯罪的立法目的相悖。此外，犯罪所得及其收益是追查上游犯罪的重要证据在有证据证明上游犯罪事实确实存在的情况下，对本罪的判决认定对于维护国家正常的司法秩序，打击、遏制上游犯罪也是有益的。

最高人民法院为明确上游犯罪认定与本罪认定之间的关系，在《解释》第八条明确了一个基本原则，即认定掩饰、隐瞒犯罪所得、犯罪所得收益罪，应当以上游犯罪事实成立为前提。这一原则包含两层意见：一是上游犯罪事实必须成立，既指上游犯罪事实有充分证据证明，也指上游犯罪事实达到犯罪程度。二是对掩饰、隐瞒犯罪所得、犯罪所得收益罪事实的认定，原则上应当在对上游犯罪依法裁判确定后进行。作为一种例外，在极少数情况下，由于上游犯罪人还有其他犯罪事实一时难以查清或者因为其他原因尚未依法裁判，为依法及时审判掩饰、隐瞒犯罪所得及其收益案件，才在上游犯罪查证属实的情况下先行认定本罪。就本案而言，2011年8月至11月，上海市多家公司负责人报案称与公司有贸易往来的数家境外公司的货款被骗，被骗金额高达210多万元人民币。公安机关根据报案人的报案材料，调取电子邮件等相关证据，能够确认诈骗犯罪事实的存在。但是因上游诈骗犯罪发生在境外，且系利用网络“黑客”实施，在取证、抓捕方面确实存在一定困难。公安机关通过查询被骗货款汇入的银行账号，发现均系使用伪造护照开设，且自收到汇款之日起被骗货款连续多次在多家银行被提取。被告人奥姆托绍等4人归案后也供认知道这些钱的来源是非法的，系根据他人指示将钱款提取并汇往境外，因此奥姆托绍等4人利用伪造护照开设银行账户，为他人诈骗所得进行收存、提取、转移，其行为已构成掩饰、隐瞒犯罪所得罪。我国司法机关在未查获诈骗行为人的情况下，对掩饰、隐瞒行为进行定罪处罚。需要指出的是，本案中奥姆托绍等人非法开设的银行账户内收存和提取、转移的钱款，其数额远远超过被害单位被骗的数额。从上述账户内资金的流向来看，该超出部分很可能系未报案的被骗单位汇入该账户内的被骗货款，但由于该部分钱款没有具体的被骗单位报案，尚不能确定为犯罪所得，故不能计入奥姆托绍等人掩饰、隐瞒犯罪所得的犯罪数额。综上，原审法院认定被告人奥姆托绍等4人均构成掩饰、隐瞒犯罪所得罪，且系情节严重，并考虑各被告人在共同犯罪中的地位、作用，分别判处六年到一年六个月的有期徒刑，并处罚金及驱逐出境是适当的。（参见第1104号指导案例，奥姆托绍等四人掩饰、隐瞒犯罪所得案，载《刑事审判参考》总第104集，第76～79页。撰稿：余剑　林哲骏）

▽有证据证实上游犯罪事实存在，但上游犯罪的嫌疑人尚未被抓获，可认定上游犯罪事实成立

（一）相关司法解释所规定的“上游犯罪事实成立”是指上游犯罪行为确实存在，不要求必须是由刑事判决确认的犯罪。最高人民法院《解释》第八条规定：“认定掩饰、隐瞒犯罪所得、犯罪所得收益罪,以上游犯罪事实成立为前提。上游犯罪尚未依法裁判,但查证属实的,不影响掩饰、隐瞒犯罪所得、犯罪所得收益罪的认定。上游犯罪事实经查证属实,但因行为人未达到刑事责任年龄等原因依法不予追究刑事责任的,不影响掩饰、隐瞒犯罪所得、犯罪所得收益罪的认定。”本案审判时,《解释》尚未实施。但是,2009 年 11 月 11 日起施行的《最高人民法院关于审理洗钱等刑事案件具体应用法律若干问题的解释》第四条规定:“刑法第一百九十一条、第三百一十二条、第三百四十九条规定的犯罪,应当以上游犯罪事实成立为认定前提。上游犯罪尚未依法裁判,但查证属实的,不影响刑法第一百九十一条、第三百一十二条、第三百四十九条规定的犯罪的审判。上游犯罪事实可以确认,因行为人死亡等原因依法不予追究刑事责任的,不影响刑法第一百九十一条、第三百一十二条、第三百四十九条规定的犯罪的认定。”因此,“上游犯罪事实成立”是认定掩饰、隐瞒犯罪所得、犯罪所得收益罪的前提条件这一原则,在《解释》实施前就已经存在。

上游犯罪事实成立指的是上游犯罪行为确实存在,不要求必须是已经由刑事判决确认的犯罪,亦即无论上游犯罪的嫌疑人是否归案、是否被判处刑罚,均不影响上游犯罪事实的成立,更不影响掩饰、隐瞒犯罪所得、犯罪所得收益罪的认定。在司法实践中,多数情况下赃物犯罪的被告人与上游犯罪的被告人是同案处理的。少数情况下,由于上游犯罪嫌疑人还有其他犯罪事实一时难以查清或者因为其他原因尚未依法裁判,为依法及时审判赃物犯罪案件,才在上游犯罪查证属实的情况下先行认定赃物犯罪。本案就存在这种情况。被告人所购买的摩托车,系何某源被盗的摩托车,这一事实是清楚的,有失主的陈述、购买摩托车证明、提取的被盗摩托车等证据证实,完全可以认定被告人销售的摩托车是赃物;同时,被告人供认其明知该摩托车是赃物而予以销售,故可以认定其主观上明知是犯罪所得的赃物,其行为构成掩饰、隐瞒犯罪所得罪。虽然上游犯罪的犯罪嫌疑人未被抓获,更未依法裁判,但现有的证据足以认定该犯罪事实的存在,可以认定属于“上游犯罪尚未依法裁判,但查证属实”的情形,故不影响对被告人掩饰、隐瞒犯罪所得罪的认定和量刑。

(二)掩饰、隐瞒犯罪所得、犯罪所得收益罪是实践多发犯罪之一,如果要求认定该罪必须以上游行为被定罪为前提,会大大增加诉讼成本,浪费司法资源,还可能放纵犯罪。上游犯罪嫌疑人尚未被抓获或者未经审判,而实施掩饰、隐瞒行为的被告人已被法院审判的情形,在实践中大量存在。如果因上游行为未定罪,就对实施掩饰、隐瞒犯罪的行为人作出无罪判决,等到上游犯罪嫌疑人被抓获并依法判决有罪后,再对实施掩饰、隐瞒犯罪的行为人重新侦查、起诉、审判,会浪费司法资源,还有可能因现有证据灭失等原因加大审判难度。综上,本案被告人明知是他人盗窃所得的摩托车而代为销售,其行为已构成掩饰、隐瞒犯罪所得罪。盗窃摩托车的犯罪嫌疑人尚未被抓获,其盗窃行为未被定罪,不影响被告人所犯掩饰、隐瞒犯罪所得罪的成立,临武县人民法院认定被告人犯掩饰、隐瞒犯罪所得罪是准确的。需要说明的是,本案判决形成于《解释》之前,因此,对掩饰、隐瞒的数额达到多少才构成犯罪并无统一的规定,被告人的行为依照行为时的法律认定为掩饰、隐瞒犯罪所得罪,在法律适用上并无障碍。(参见第 1105 号指导案例,谭西松掩饰、隐瞒犯罪所得案,载《刑事审判参考》总第 104 集,第 81 ~83 页。撰稿:张剑)

▽上游犯罪行为人在逃不影响掩饰、隐瞒犯罪所得、犯罪所得收益罪的认定

上游犯罪存在是掩饰、隐瞒犯罪所得、犯罪所得收益罪成立的前提条件。对上游犯罪中的“犯罪”的理解,这里的“犯罪”是指实质意义上的犯罪。《最高人民法院关于审理洗钱等刑事案件具体应用法律若干问题的解释》第四条已作出明确规定:“刑法第一百九十一条、第三百一十二条、第三百四十九条规定的犯罪,应当以上游犯罪事实成立为认定前提。上游犯罪尚未依法裁判,但查证属实的,不影响刑法第一百九十一条、第三百一十二条、第三百四十九条规定的犯罪的审判。”2015 年 6 月 1 日起施行的最高人民法院《解释》第八条也对此予以明确。这就表明掩饰、隐瞒犯罪所得、犯罪所得收益罪的成立以上游犯罪事实成立为前提,是实质意义上的犯罪,而不要求必须是已经由刑事判决确认的形式意义上的犯罪。上游犯罪事实成立既指上游犯罪事实有充分证据证明,也指上游犯罪事实达到了犯罪的程度。如果上游行为经查证依法不构成犯罪,则掩饰、隐瞒行为也不构成犯罪;相反,如果上游犯罪事实经查证属实,则即便上游犯罪行为人因未达到刑事责任年龄等原因依法不被追究刑事责任,也不影响掩饰、隐瞒犯罪所得、犯罪所得收益罪的认定。当然,上游犯罪尚未依法裁判,但查证属实的,也不影响掩饰、隐瞒犯罪所得、犯罪所得收益罪的认定。本案上游盗窃行为人在逃,其姓名、住址均不详,无法对盗窃犯罪事实进行审判,但从现有证据看,该行为人盗窃了价值46 000元的皮卡车,该事实必然构成犯罪,故虽然上游犯罪行为人不在案,或者以后归案后发现存在实施盗窃行为时其未达刑事责任年龄等依法不予追究刑事责任的情况,也不影响对掩饰、隐瞒该赃物的犯罪事实的认定。(参见第1106号指导案例,唐某中、唐某波掩饰、隐瞒犯罪所得案,载《刑事审判参考》总第104集,第85～87页。撰稿:张勤)

▽犯罪所得的数额,应当以实施掩饰、隐瞒行为时为准

掩饰、隐瞒犯罪所得、犯罪所得收益罪虽不是数额犯,但其上游犯罪多为侵财性犯罪,故数额对于判断本罪的社会危害性大小是极为重要的。为此,最高人民法院《解释》第一条第一款第一项规定了掩饰、隐瞒犯罪所得、犯罪所得收益罪的入罪标准原则上为掩饰、隐瞒犯罪所得及其产生的收益价值3000元至1万元以上的;第三条第一款则对"情节严重"的数额标准予以明确、细化,其中第一项规定:掩饰、隐瞒犯罪所得及其产生的收益价值总额达到10万元以上的属于"情节严重"。在大多数情况下,掩饰、隐瞒犯罪所得、犯罪所得收益罪的犯罪对象都是赃物,要判断该行为是否构成犯罪,或者犯罪情节是否严重,就首先需要确定赃物的价值。在现代社会中,财物价格变动较快,除了折旧等因素外,必须确定计价时间点。《解释》在第四条第一款中也予以明确:"掩饰、隐瞒犯罪所得及其产生的收益的数额,应当以实施掩饰、隐瞒行为时为准。收购或者代为销售财物的价格高于其实际价值的,以收购或者代为销售的价格计算。"该规定主要是结合之前有关盗窃罪等财产型犯罪的计价方法,以行为时的市场价为基准,以收购或者销赃价格为补充。市场价的确定应当以价格鉴定机构作出的鉴定意见为准。总体而言,物价水平处于上涨的趋势,案件被查处时赃物的价格通常会高于行为时的价格,故依照行为时的价格计算犯罪数额,有利于保护被告人的合法权益。但也不排除有的案件查处时赃物价格低于行为时的价格,此时,仍应以行为时的价格计算犯罪数额。但是,查处时的价格明显低于行为时的价格的,则应在量刑时予以酌情考虑。本案被告人唐某中于2010年11月购买赃车,被告人唐某波于2012年7月28日代为贩卖赃车,二被告人实施掩饰、隐瞒行为的时间不完全一致,故掩饰、隐瞒犯罪所得的数额也应根据各自实施行为时为准。因此,原则上来讲,应对涉案皮卡车进行两次鉴定,从而确定二被告人各自掩饰、隐瞒的犯罪数额。但本案审判时,《解释》尚未出台,根据《最高人民法院、最高人民检察院关于办理与盗窃、抢劫、诈骗、抢夺机动车相关刑事案件具体用法律若干问题的解释》第一条第二款的规定,掩饰、隐瞒行为涉及盗窃、劫、诈骗、抢夺的机动车5辆以上或者价值总额达到50万元以上的,属于刑法第三百一十二条规定的"情节严重",而即便按照唐某中购买赃车时间做的鉴定价格,显然也达不到"情节严重"的标准,故依照当时的规定不做两次鉴定并无不当。综上,临武县人民法院在上游犯罪行为人未归案的情况下认定被告唐某中、唐某波犯掩饰、隐瞒犯罪所得罪,结合二人的犯罪事实、性质、社危害程度及自首情节对二人分别判处有期徒刑六个月,缓刑一年,并处罚人民币一万元是适当的。(参见第1106号指导案例,唐某中、唐某波掩饰、隐瞒犯罪所得案,载《刑事审判参考》总第104集,第87～88页。撰稿:张勤)

▽上游犯罪查证属实但行为人系未成年人依法不追究刑事责任的,不影响掩饰、隐瞒犯罪所得罪成立

在最高人民法院《解释》明确规定:"上游犯罪事实经查证属实,但因行为人未达到刑事责任年龄等原因依法不予追究刑事责任的,不影响掩饰、隐瞒犯罪所得、犯罪所得收益罪的认定。"《解释》第八条的规定包含两层意思:(一)掩饰、隐瞒犯罪所得、犯罪所得收益罪,应当以上游犯罪事实成立为前提。

掩饰、隐瞒犯罪所得、犯罪所得收益罪的构成前提是上游犯罪事实必须成立。此处的“上游犯罪事实成立”既指上游犯罪事实有充分证据证明,也指上游犯罪事实达到了犯罪的程度。如果上游行为虽然存在,但依法不构成犯罪的,则掩饰、隐瞒行为也不构成犯罪。(二)上游犯罪事实成立,但因主体不适格而不予追究刑事责任的,仍然以掩饰、隐瞒犯罪所得、犯罪所得收益罪对掩饰、隐瞒的行为人定罪处罚。掩饰、隐瞒犯罪所得、犯罪所得收益罪的成立以上游犯罪事实成立为前提,此处的“上游犯罪事实”是指客观上的上游犯罪行为,而不是应当负刑事责任的刑法一般意义上的犯罪。理由如下:

1. 将立法条文中的“犯罪”理解为“犯罪行为”,符合掩饰、隐瞒犯罪所得、犯罪所得收益罪的本质特征。根据我国刑法理论,行为具有相当程度的社会危害性是犯罪的本质特征,掩饰、隐瞒行为能够作为犯罪处理的本质在于这种行为妨害了司法机关追诉犯罪的活动,以及多数掩饰、隐瞒行为还同时侵犯了公私财产权益。而上游犯罪行为人是否负刑事责任并不影响掩饰、隐瞒行为本身的社会危害性,即行为人所掩饰、隐瞒的犯罪所得是来源于应当负刑事责任的人的犯罪还是不应当负刑事责任的人的犯罪行为,并不影响掩饰、隐瞒行为本身的社会危害性。

2. 将立法条文中的“犯罪”理解为“犯罪行为”,能够实现刑法条文的整体协调。从刑法条文整体协调的角度,也即对刑法进行体系解释的角度可以看出,我国刑法条文中所使用的“罪”与“犯罪”概念,并不全都是指构成要件齐备的犯罪,不少条文中所称的“罪”与“犯罪”只是指符合客观要件的犯罪行为。例如,刑法第一百一十五条第一款规定:“放火、决水、爆炸以及投放毒害性、放射性、传染病病原体等物质或者以其他危险方法致人重伤、死亡或者使公私财产遭受重大损失的,处十年以上有期徒刑、无期徒刑或者死刑。”第二款规定:“过失犯前款罪的,处三年以上七年以下有期徒刑;情节较轻的,处三年以下有期徒刑或者拘役。”显然,第二款的“前款罪”,仅指客观上符合第一款规定的客观要件及其性质的行为(实施了引起火灾、水灾等行为并造成了致人重伤、死亡或者使公私财产遭受重大损失的结果,且具有危害公共安全的性质);而不要求行为人像第一款那样出于故意。如果说这里的“罪”是指完全符合犯罪构成所有要件的犯罪,那么就无法理解该条第二款。又如,刑法第二十条第三款规定:“对正在进行行凶、杀人、抢劫、强奸、绑架以及其他严重危及人身安全的暴力犯罪,采取防卫行为,造成不法侵害人伤亡的,不属于防卫过当,不负刑事责任。”此处的“暴力犯罪”显然并不限于达到法定年龄、具有责任能力的人实施的暴力犯罪,而是指暴力犯罪行为,对于不满14周岁的人实施的杀人、抢劫、强奸等严重危害人身安全的行为,也可以进行正当防卫。再如,刑法第二百六十九条“犯盗窃、诈骗、抢夺罪”中的“罪”、第三百一十条“明知是犯罪的人”中的“犯罪”、第三百九十九条“明知是有罪的人”中的“罪”等表述,均是指客观上的犯罪行为。同样,刑法第三百一十二条中的“犯罪所得”也是指客观上的犯罪行为。

本案黎某某实施抢劫行为获取了价值9371元的金项链两条。虽然黎某某因不满14周岁而不负刑事责任,也不构成犯罪,但并不能因此而否认黎某某实施的抢劫行为本身是违法的,该行为符合抢劫罪的客观方面要件,也侵犯了他人的财产权益,因此,抢劫犯罪行为是客观存在的,两条金项链应当属于“犯罪所得”。被告人元某某是从事金银加工的从业者,熟知黄金饰品的价格,仍以明显低于市场价格的5700元收购了两条断裂损坏的黄金项链,据此认定元某某明知该金项链系犯罪所得而予以收购,其收购行为具有掩饰、隐瞒犯罪所得罪所要求的社会危害性。黎某某是否负刑事责任并不影响元某某收购行为本身的社会危害性,对元某某应以掩饰、隐瞒犯罪所得罪定罪处罚。综上,原审法院认定被告人元某某犯掩饰、隐瞒犯罪所得罪,判处拘役四个月,缓刑八个月,并处罚金人民币一万元是适当的。(参见第1107号指导案例,元某某掩饰、隐瞒犯罪所得案,载《刑事审判参考》总第104集,第90～93页。撰稿:杨华)

▽单位犯掩饰、隐瞒犯罪所得罪的处理方法

根据刑法第三十条的规定,公司、企业、事业单位、机关、团体实施的危害社会的行为,法律规定为单位犯罪的，应当负刑事责任。据此，对单位而言，必须法律明文规定构成犯罪的行为才能依法追究单位刑事责任。这是罪刑法定原则的重要体现。1997年修订的刑法，对单位掩饰、隐瞒犯罪所得、犯罪所得收益的行为，是不以单位犯罪处理的。但是，刑法修正案（七）增加了单位犯罪的规定，即刑法本条第二款规定了单位犯此罪的处理办法。本案被告单位第十七收购站作为一个独立经营的企业，其主体符合单位犯罪的构成要件。被告人朱某某作为收购站职员，具有直接决定收购物资的职权，其虽然不是收购站的负责人，但其对外收购物资时代表的是收购站，所获利益亦归收购站。因此，其收购行为体现的是收购站的意志，也就是说，收购行为体现的是单位利益。第十七收购站主客观均符合单位犯罪的构成要件。根据刑法第三十一条规定的双罚制原则，应当对被告单位第十七收购站和直接责任人朱某某判处刑罚。对被告人朱某某仅单处罚金而没有判处三年以下有期徒刑、拘役或者管制的自由刑，主要是考虑到以下因素：（1）犯罪数额刚好达到犯罪构成的数额。本案审判时，最高人民法院《解释》虽然尚未公布实施，但根据被告人所在省份的有关规定，本案犯罪数额为7885元，属于刚达到犯罪构成数额标准的情况。而根据2015年6月1日起实施的《解释》第一条第一款第一项的规定，掩饰、隐瞒犯罪所得及其产生的收益价值3000元至10 000元以上的，应当以掩饰、隐瞒犯罪所得、犯罪所得收益罪定罪处罚。（2）被告单位及朱某某在案发后积极退赃，未给被害人造成经济损失，认罪态度较好，可以酌情从轻处罚。

关于单位犯掩饰、隐瞒犯罪所得、犯罪所得收益罪，在司法实践中，经常遇到一些貌似单位犯罪而实质上属于自然人犯罪的情况。因此，《解释》第九条规定盗用单位名义实施此种犯罪的处理办法。盗用单位名义实施掩饰、隐瞒犯罪所得、犯罪所得收益的行为，违法所得由行为人私分的，本质上仍属于自然人犯罪，应适用自然人犯罪的规定定罪处罚。适用该条解释时需要明确：（1）犯罪主体是自然人而不是单位。单位只是名义被盗用，但实质上并未成为犯罪主体，包括经法定代表人同意盖了单位的公章，经单位管理组织研究等，但实质上是为了个人利益而不是为了单位利益的。构成单位犯罪，必须利用单位名义，但不能由此得出凡是利用单位名义实施的犯罪都是单位犯罪。（2）犯罪是为了参与犯罪的自然人的利益，而不是单位利益。区分单位犯罪与自然人犯罪的重要界限就是犯罪所得利益归属单位还是归属参与犯罪的自然人。犯罪所得由单位所得，纳入单位财务体系和分配体系中的，可以认定为犯罪所得归属单位，其他条件符合的，可以认定为单位犯罪。仅仅由参与行为人包括决策人员对犯罪所得进行分配的，不能认定为犯罪所得归属单位，因而就不能认定为单位犯罪，只能依照自然人犯罪的规定定罪处罚。（参见第1109号指导案例，牡丹江再生资源开发有限责任公司第十七收购站及朱富良掩饰、隐瞒犯罪所得案，载《刑事审判参考》总第104集，第101～102页。撰稿：陆建红　肖林玲）

▽明知是犯罪所得的赃车，予以改装并介绍买卖的行为，应认定为掩饰、隐瞒犯罪所得的行为

关于掩饰、隐瞒的“其他方法”的认定，必须坚持以下几点：一是行为人的目的是出于掩饰、隐瞒上游犯罪人的犯罪所得及其收益；二是这些方法与窝藏、转移、收购和代为销售在罪质上具有相当性；三是这些方法在客观上扰乱了司法秩序，妨害了司法机关对上游犯罪行为的追究。本案被告人陈某明知该车系“疯子”盗窃犯罪所得，仍向被告人刘某及袁某介绍买卖，并将发动机号码和大架号磨损，且刻上假的发动机号，符合上述三个条件，可以认定为掩饰、隐瞒的“其他方法”。根据《最高人民法院、最高人民检察院关于办理与盗窃、抢劫、诈骗、抢夺机动车相关刑事案件具体应用法律若干问题的解释》第一条第一款第三项的规定，明知是盗窃、抢劫、诈骗、抢夺的机动车而予以修改发动机号的，依照刑法第三百一十二条的规定，以掩饰、隐瞒犯罪所得罪定罪处罚。同时，居间介绍买卖的行为，依照最高人民法院《解释》第十条第二款的规定，应该认定为刑法本条规定的“其他方法”。综上，陈某实施了两种掩饰、隐瞒犯罪所得的行为，即居间介绍、修改发动机号和大架号，均属于刑法本条规定的“其他方法”。另外，被告人刘某明知是犯罪所得的车辆，却以明显低于市场价的价格购买了3辆踏板车，其行为应认定为掩饰、隐瞒犯罪所得罪。刘某未实施销售行为，但一个月内购买的数量达到3辆，显然不能认定为自用而购买,因而也不能以“自用”的理由对其从轻处罚。(参见第1110号指导案例,陈飞、刘波掩饰、隐瞒犯罪所得案,载《刑事审判参考》总第104集,第104~105页。撰稿:陆建红)

▽对具有法定、酌定从宽处罚情节的,量刑时应依法从宽处罚

被告人陈某的行为,已构成掩饰、隐瞒犯罪所得罪,且情节严重,依法应当在三年以上七年以下有期徒刑,并处罚金的法定刑幅度内判处刑罚。被告人刘某的行为,已构成掩饰、隐瞒犯罪所得罪,依法应当在三年有期徒刑以下有期徒刑、拘役或者管制,并处或者单处罚金的法定刑幅度内判处刑罚。但是对陈某、刘某的量刑需要综合考虑。1. 陈某掩饰、隐瞒犯罪所得的手段比较恶劣,且手段本身也是违法行为。陈某居间介绍买卖赃车,又将发动机号码和大架号磨损,且刻上假的发动机号,其行为又违反了交通安全法。也就是说,陈某通过实施违法行为掩饰、隐瞒犯罪所得的赃车,性质恶劣,在量刑时应从严考虑。2. 陈某、刘某具有酌定从宽处罚情节。陈某、刘某如实供述犯罪事实、认罪态度好,被盗车辆大部分已追回发还被害人,表明了陈某、刘某的犯罪行为所造成的社会危害性有所减轻。3. 陈某、刘某的犯罪对象系摩托车,不同于一般的汽车。陈某掩饰、隐瞒5辆摩托车的行为,依照《最高人民法院、最高人民检察院关于办理与盗窃、抢劫、诈骗、抢夺机动车相关刑事案件具体应用法律若干问题的解释》的规定,达到了情节严重的程度。但是,其价值却不高,除2辆无法进行价格鉴定外,其余3辆价值才16 000余元,在这种情况下,量刑时应当考虑到犯罪对象摩托车不同于汽车的特殊性,酌情予以考虑。因此,古蔺县人民法院根据上述犯罪情节综合考虑,以掩饰、隐瞒犯罪所得罪判处被告人陈某有期徒刑三年,并处罚金人民币二万元;判处被告人刘某有期徒刑一年六个月,并处罚金一万元是妥当的。(参见第1110号指导案例,陈飞、刘波掩饰、隐瞒犯罪所得案,载《刑事审判参考》总第104集,第106页。撰稿:陆建红)

▽掩饰、隐瞒犯罪所得、犯罪所得收益罪中“以其他方法”的认定

认定“其他方法”,首先,要坚持罪刑法定原则。罪刑法定原则是刑法的基本原则,任何司法活动均应在法律设定的框架内进行,正确解释法律就应当严格依据法律规定的内容,寻求立法者的本意。本罪的立法本意是通过打击掩饰、隐瞒犯罪所得及其收益行为来恢复被破坏的正常司法秩序。因此,只要能实际上起到对犯罪所得及其收益掩饰、隐瞒的效果,妨碍正常刑事追诉活动的行为,均可成立此罪。其次,要重视犯罪行为罪质的相当性。罪质的相当性,也作“同质性”,要求兜底性条款认定的行为必须与同一条款明文规定的行为类型在法律性质等方面具有相同或者类似的价值。如此进行解释,是基于刑法体系性解释的要求,也是刑法公正的基本价值追求。既然兜底性条款与明文规定的其他条款规定在同一法律条文中,设置相同的法定刑,故而推断立法者认为两者在刑法评价上基本相当。因此,掩饰、隐瞒犯罪所得、犯罪所得收益罪中的“其他方法”应当是指与窝藏、转移、收购、代为销售四种行为方式相类似的方法,而非任何“其他方法”,不能随意扩大其适用范围。最后,从因果关系来说,以“其他方式”掩饰、隐瞒的行为与他人的上游犯罪行为难以被司法机关追诉具有因果关系,且这种难以被追诉的效果是行为人追求或者放任的结果。最高人民法院《解释》第十条第二款对“其他方法”作出了明确规定。(参见第1111号指导案例,李涛、曹某某掩饰、隐瞒犯罪所得案,载《刑事审判参考》总第104集,第108~109页。撰稿:杜某燕)

▽“其他方法”单独构成掩饰、隐瞒犯罪所得、犯罪所得收益罪的定罪方法

行为人“以其他方法”掩饰、隐瞒犯罪所得,如果“其他方法”也构成犯罪的,应当如何定罪处罚,《解释》第七条对此作出了规定。也即行为人基于一个犯罪故意,实施的一个犯罪行为触犯了数个罪名,且规定该数个罪名的不同法律条文之间没有重合关系,即刑法理论中的想象竞合犯。例如,行为人基于掩饰、隐瞒犯罪所得的故意而将犯罪所得的财物损毁,触犯了掩饰、隐瞒犯罪所得罪和故意毁坏财物罪两个罪名,就属于想象竞合犯。想象竞合犯的形成是因切入角度不同,即一行为具有多重社会危害性,触犯不同罪名,侵犯了多个法益。但是毕竟只有一个行为,而行为是区分罪数最主要的依据,因此对想象竞合犯不能进行数罪并罚。通行的做法是从一重罪处罚,即选择其中一个法定刑最重的罪名进行定罪处罚,这是符合罪责刑相适应原则要求的。对于掩饰、隐瞒犯罪所得罪和故意毁坏财物罪的想象竞合犯,从入罪条件和法定刑设置来看,掩饰、隐瞒犯罪所得罪的刑事责任更重,因此应当以掩饰、隐瞒犯罪所得罪来定罪处罚。本案被告人李某、曹某某明知加工的原油系非法收购所得,但仍采用将原油炼制为土柴油的方式出售获利,该行为使犯罪所得的原油性质发生了改变,妨碍了司法机关对窃取原油犯罪行为的有效追诉,从侵犯的法益来看符合本罪立法本意。从具体行为方式来看,李某、曹某某采取了加工的方式,虽不同于本罪罗列的窝藏、转移、收购、代为销售的方式,但系基于妨碍司法追诉的目的,对犯罪所得采用了一种积极处置方式,使犯罪所得的性状发生了变化,使司法机关难以追查被盗赃物或者难以认定赃物价值,影响刑事追诉活动的正常开展,故李某、曹某某的行为与前述窝藏、转移、收购、代为销售行为具有同质性,同样都应受到刑法的否定性评价。最后从行为效果来看,该行为客观上扰乱了司法秩序,对正常的司法追诉产生了妨碍,处置行为与处置效果间具有因果关系。因此,李某、曹某某加工的方式可以认定为本罪的"其他方法"。综上,被告人李涛、曹某某加工的原油经鉴定价值人民币6000多元,符合《解释》规定的一般情节,李某、曹某某系自首,赃物已返还被害方,加之李某有累犯情节,大同区人民法院综合上述量刑因素,判处被告人李某有期徒刑六个月,并处罚金人民币一万元;判处被告人曹某某拘役四个月,并处罚金人民币一万元是妥当的。(参见第1111号指导案例,李涛、曹某某掩饰、隐瞒犯罪所得案,载《刑事审判参考》总第104集,第109~110页。撰稿:杜某燕)

▽帮助更换被盗电动车锁的行为属于掩饰、隐瞒犯罪所得、犯罪所得收益罪中的"其他方法"

帮助更换被盗电动车锁的行为属于掩饰、隐瞒犯罪所得、犯罪所得收益罪中的"其他方法"。1979年刑法第一百七十二条规定,明知是犯罪所得的赃物而予以窝藏或者代为销售的,处三年以下有期徒刑、拘役或者管制,可以并处或者单处罚金。1997年刑法修订时在第三百一十二条规定,明知是犯罪所得的赃物而予以窝藏、转移、收购或者代为销售的,处三年以下有期徒刑、拘役或者管制,并处或者单处罚金。这两种规定对犯罪行为方式均采取了列举式的立法模式。随着经济的快速发展,新的犯罪手段层出不穷,上述列举模式显然不能有效打击犯罪,故刑法修正案(六)在将原规定的赃物扩大为犯罪所得、犯罪所得收益的基础上,对犯罪的行为方式采取了"列举+概括"的立法模式,增加了以其他方法掩饰、隐瞒的兜底性规定。掩饰、隐瞒的"其他方法"是指以窝藏、转移、收购、代为销售以外的其他方法掩盖犯罪所得及其收益的来源、性质、存在等的行为。认定一个行为属于以"其他方法"掩饰、隐瞒,必须同时具备下列要素:一是行为人主观上明知是犯罪所得及其收益;二是该行为与窝藏、转移、收购、代为销售在罪质上具有相当性;三是该行为在客观上扰乱了司法秩序,妨害了司法机关对赃物及其收益的正常追缴活动和对违法犯罪案件的追查活动。为了进一步严密刑事法网,最高人民法院《解释》第十条第二款对"其他方法"作了明确规定。必须指出,《解释》也不可能穷尽其他掩饰、隐瞒方法,故用"等"字再予以兜底,这表明在上述列举行为之外,仍有未被涵盖的其他掩饰、隐瞒方法,这就需要结合案件事实进行判断认定。

根据上述规定,本案被告人傅某为张某、方某某更换被盗电动车锁的行为应认定为"其他方法"。理由是:其一,傅某明知是盗窃犯罪所得的车辆仍帮其更换车锁,其目的显然是掩饰、隐瞒上游犯罪人的犯罪所得;其二,傅某更换被盗电动车锁的行为是张某、方某某销赃过程的重要一环,更换了车锁即掩盖了电动车系盗窃所得的真相,才可能将电动车转卖给他人,因此换锁行为与刑法所列举的窝藏、转移、收购、代为销售等行为在罪质上具有相当性,与《解释》所列举的"加工"行为更是具有同质性;其三,傅某的行为严重妨害了公安、司法机关的追诉活动,助长了他人继续实施盗窃犯罪。综上,原审法院认定被告人傅某帮助更换被盗电动车锁的行为系掩饰、隐瞒犯罪所得的"其他方法",由此认定被告人傅某犯掩饰、隐瞒犯罪所得罪,判处有期徒刑七个月,缓刑一年二个月,并处罚金人民币10 000元是适当的。(参见第1112号指导案例,张晗、方建策、傅鹰掩饰、隐瞒犯罪所得案,载《刑事审判参考》总第

104集,第112～114页。撰稿:张勤)

▽拆解农用车、居间介绍买卖的行为均属于掩饰、隐瞒的"其他方法"

掩饰、隐瞒的"其他方法"的具体认定,根据最高人民法院《解释》第十条第二款所列举的"其他方法"虽然无法穷尽实践当中各种各样的掩饰、隐瞒方法,但是认定为掩饰、隐瞒犯罪所得、犯罪所得收益的"其他方法",应遵循以下两点:一是"其他方法"的样态虽然各种各样,但是必须与窝藏、转移、收购和代为销售在罪质上具有相当性,如居间介绍买卖、收受、持有、使用、加工等行为,没有被刑法第三百一十二条所列的四种行为所涵盖,但与四种行为性质相当的,都应属于"其他方法";二是这些方法在客观上扰乱了司法秩序,妨害了司法机关对上游犯罪行为的追究。本案被告人吴某实施的拆解农用车的行为,主观上是为了将盗窃来的赃车进行分解,从而便于售卖零件,客观上扰乱了司法秩序,妨害了司法机关对上游盗窃犯罪赃物的追缴。拆解虽然不是《解释》所直接列举的"其他方法",但是与刑法规定的窝藏、转移、收购和代为销售在罪质上具有相当性,即都是为了扰乱司法机关的追诉活动,便于上游犯罪分子转移、销售赃物,应当认定为掩饰、隐瞒的"其他方法"。这样认定也与已经出台的《最高人民法院、最高人民检察院关于办理与盗窃、抢劫、诈骗、抢夺机动车相关刑事案件具体应用法律若干问题的解释》(刑法本条附文以下简称《机动车解释》)第一条第一款第二项的规定相符。认为被告人吴某的行为构成故意毁坏财物罪是不妥当的。吴某的行为虽然在客观上也造成了农用车毁坏的结果,但其拆解车辆的主观目的不是使财物的效用丧失或者减少,而是便于将赃车转卖牟利。吴某基于掩饰、隐瞒犯罪所得的故意而将犯罪所得的财物损毁,触犯了掩饰、隐瞒犯罪所得罪和故意毁坏财物罪两个罪名。行为人基于一个犯罪故意,实施的一个犯罪行为触犯了数个罪名,且规定该数个罪名的不同法律条文之间没有重合关系,即构成想象竞合犯。按照想象竞合犯从一重罪处罚的原则,掩饰、隐瞒犯罪所得罪和故意毁坏财物罪从法定刑设置来比较,掩饰、隐瞒犯罪所得罪的刑事责任更重,因此应当以掩饰、隐瞒犯罪所得罪来定罪处罚。被告人胡某明知涉案的农用三轮车、四轮车没有手续、来路不明,还介绍给被告人吴某购买,是典型的"居间介绍买卖"的行为,根据《解释》第十条第二款的规定,属于掩饰、隐瞒的"其他方法"。原审法院作出判决时,《解释》还没有出台,但原审法院认定胡某的行为是"介绍他人购买",从而认定构成掩饰、隐瞒犯罪所得罪,这与《解释》的规定是完全一致的。需要注意的是,居间介绍买卖犯罪所得及其收益的,只要行为人主观上明知是犯罪所得及其收益,客观上实施了居间介绍买卖行为,他人通过其居间介绍行为对赃物等进行了交易,则无论该行为人是否因为居间介绍获取佣金、报酬,都可以认定为掩饰、隐瞒犯罪所得及其收益的行为。(参见第1113号指导案例,吴某等掩饰、隐瞒犯罪所得案,载《刑事审判参考》总第104集,第116～118页。撰稿:杨华)

▽农用车属于机动车,但入罪数额标准仍应适用掩饰、隐瞒犯罪所得罪相关司法解释

《中华人民共和国道路交通安全法》第一百一十九条规定,"机动车"是指以动力装置驱动或者牵引,上道路行驶的供人员乘用或者用于运送物品以及进行工程专项作业的轮式车辆。而"非机动车"是指以人力或者畜力驱动,上道路行驶的交通工具,以及虽有动力装置驱动但设计最高时速、空车质量、外形尺寸符合有关国家标准的残疾人机动轮椅车、电动自行车等交通工具。涉案的农用车均是以动力装置驱动的三轮或四轮车辆,且不属于残疾人机动轮椅车、电动自行车等交通工具,应当认定为机动车。由于本案犯罪对象系机动车,就涉及适用最高人民法院《解释》还是适用《机动车解释》的问题。《解释》出台之后,对掩饰、隐瞒犯罪所得、犯罪所得收益罪的入罪、"情节严重"均规定了具体的数额和次数标准。《解释》与《机动车解释》、《最高人民法院、最高人民检察院关于办理危害计算机信息系统安全刑事案件应用法律若干问题的解释》(本附文以下简称《计算机解释》)在入罪、"情节严重"的标准上是有不同。但《解释》第一条第三款和第三条第二款已明确作出规定,"司法解释对掩饰、隐瞒涉及计算机信息系统数据、计算机信息系统控制权的犯罪所得及其产生的收益行为构成犯罪已有规定的,审理此类案件依照该规定";"司法解释对掩饰、隐瞒涉及机动车、计算机信息系统数据、计算机信息系统控制权的犯罪所得及其产生的收益行为认定'情节严重'已有规定的，审理此类案件依照该规定"。上述规定表明，《解释》第一条第一款规定的入罪标准、第三条第一款规定的"情节严重"标准均属于一般标准，在其他司法解释有特殊规定的情况下优先适用其他司法解释，在其他司法解释没有规定的情况下适用《解释》。如涉及机动车、计算机信息系统数据、计算机信息系统控制权的掩饰、隐瞒行为，在认定是否属于"情节严重"时就应当适用《机动车解释》或者《计算机解释》，而不适用《解释》。但是，由于《机动车解释》中只规定了掩饰、隐瞒的机动车达到5辆以上或者价值总额达到50万元以上的，属于"情节严重"，并没有规定掩饰、隐瞒机动车的入罪数额标准，因此，对于行为人掩饰、隐瞒机动车的行为是否构成掩饰、隐瞒犯罪所得罪，仍应当适用《解释》第一条关于入罪数额标准的一般规定，即如果行为人掩饰、隐瞒的机动车价值没有达到《解释》第一条第一款第一项所规定的最低数额标准，同时也不符合第一款其他几项构罪标准，则不构成掩饰、隐瞒犯罪所得罪。具体到本案，被告人吴某掩饰、隐瞒的两辆农用车均属机动车，价值共计16 000元，没有达到《机动车解释》关于"情节严重"的标准，但达到了《解释》第一条第一款第一项的基本入罪数额标准，即"三千元至一万元以上"，应当认定构成掩饰、隐瞒犯罪所得罪。如果吴某掩饰、隐瞒的机动车价值没有达到3000元，则不能认定构成本罪。综上，一、二审法院认定被告人吴某犯掩饰、隐瞒犯罪所得罪，判处拘役五个月，并处罚金人民币二万元；被告人胡某犯掩饰、隐瞒犯罪所得罪，判处拘役四个月，并处罚金人民币三万元是适当的。（参见第1113号指导案例，吴某等掩饰、隐瞒犯罪所得案，载《刑事审判参考》总第104集，第118～120页。撰稿：杨华）

▽保安将巡逻时抓获的盗窃犯罪分子盗窃所得物据为己有的行为，属于贪污或者职务侵占性质，不能以掩饰、隐瞒犯罪所得罪处理

（一）对侯某某的行为不能以掩饰、隐瞒犯罪所得罪处理。掩饰、隐瞒犯罪所得罪虽然在大多数情况下也具有一定的谋取利益的主观属性，但刑法却将该罪列在第六章"妨害社会管理秩序罪"的第二节"妨害司法罪"中，说明该罪侵犯的客体是司法秩序，具体地说是妨害司法机关对上游犯罪的刑事追究。因此，该罪的主观意图必须具有帮助上游犯罪人掩饰、隐瞒犯罪所得、犯罪所得收益的直接故意。本案侯某某将刘某盗窃所得的一部iPhone 5(16G)手机据为己有的行为，虽然在客观上起到了转移他人犯罪所得的效果，但是基于侯某某没有替上游犯罪行为人掩饰、隐瞒的主观意思，而仅仅是出于将手机据为己有的目的；且盗窃行为人刘某也没有将赃物手机交由侯某某让其掩饰、隐瞒酌意思，刘某是因为被身为保安的侯某某抓获而被迫将手机交予侯某某等人的，侯某某与刘某之间没有此方面的合意。因而，侯某某的行为不构成掩饰、隐瞒犯罪所得罪。

（二）侯某某的行为属于贪污或者职务侵占性质，但属于情节显著轻微。侯某某身为大学保安，"看家护院"、维护大学校园的治安，是其基本职责。其在履行职责过程中，抓获盗窃手机的刘某，按理应当将手机上缴，交由公安机关处理，但却伙同他人将手机据为己有，该行为主要是侵犯了公职的廉洁性。由于我国刑法根据行为人主体身份不同而将利用职务之便非法占有财物的行为分为贪污罪和职务侵占罪两种，因此，对侯某某行为的定性应当根据其主体身份、职务性质来确定。但是，不论该行为定性为贪污还是职务侵占，均因其数额达不到构罪标准而只能以情节显著轻微而作无罪处理。（参见第1114号指导案例，侯某某掩饰、隐瞒犯罪所得案，载《刑事审判参考》总第104集，第122～123页。撰稿：陆建红）

▽掩饰、隐瞒犯罪所得罪的罪与非罪、此罪与彼罪区分的认定

（一）认定谭某旗、谭某的行为构成非法经营罪或者生产、销售伪劣产品罪的证据不充分。认定谭某旗、谭某的行为是否构成非法经营罪或者生产、销售伪劣产品罪需要建立在证据分析的基础上。从谭某旗、谭某二人在帮助刘某锋运输假冒"苏烟"时接受刘某锋的专用手机并按照刘某锋要求使用手机、按照指定线路运输等事实看，谭某旗、谭某确实应该怀疑刘某锋所要求运输的可能是违禁品，但并不明知到底为何物，谭某旗曾经询问过所运为何物，但因刘某锋未告知而无果。在此种情况下，谭某旗、谭某仍然答应帮助运输货物,符合一般货物运输行业从业人员的正常心理;况且,在跨省运输的情况下,9000元的运费比正常运费是高一些,但还称不上是明显的高额运费。因此,可以认定二谭可能知道所运货物是违禁品,但无法认定二谭知道所运具体为何物。在整个装货过程中,货主都避开二谭。如果明确知道是假冒香烟,从谭某旗曾经询问过所运货物为何物的情况来看,二谭未必会帮助运输。因此,无论是非法经营罪或者生产、销售伪劣产品罪,认定二谭主观故意方面的证据都是不充分的。同样,认定谭某旗、谭某的行为构成掩饰、隐瞒犯罪所得罪,既缺乏充分证据,也缺乏必要的犯罪构成要件。综上,如果有确实、充分的证据证明谭某旗、谭某可能知道所运货物为假冒"苏烟"的,那么可认定谭某旗、谭某的行为构成生产、销售伪劣产品罪的共犯,但由于货主生产、销售假冒"苏烟"的犯罪活动尚在进行中,犯罪尚未达到完全完成状态,犯罪所得还未形成,二谭的行为不可能构成掩饰、隐瞒犯罪所得罪。(参见第1115号指导案例,谭某旗、谭某掩饰、隐瞒犯罪所得案,载《刑事审判参考》总第104集,第125～127页。撰稿:陆建红)

▽掩饰、隐瞒犯罪所得、犯罪所得收益罪"情节严重"的"次数要件"的认定

(一)被告人代为销售非法捕捞的水产品行为,不构成掩饰、隐瞒犯罪所得罪的"情节严重"。被告人刘某山60余次代被告人杜某军销售他们非法捕捞的太湖青虾,共1500千克,销售得款9万余元,刘某山从中赚取手续费3000余元;被告人严某富20余次代被告人杜锡某销售他们非法捕捞的太湖青虾,共450千克,销售得款4万余元,刘某山从中赚取手续费800余元。被告人刘某山、严某富代为销售非法捕捞的太湖青虾的行为不应认定为掩饰、隐瞒犯罪所得"情节严重"的情形,主要理由如下:《最高人民法院关于审理掩饰、隐瞒犯罪所得、犯罪所得收益刑事案件适用法律若干问题的解释》(本附文以下简称《解释》)在第三条从犯罪所得、犯罪所得收益的价值总额、种类、犯罪的次数、上游犯罪的性质及对司法机关追查犯罪的妨害程度等方面,对"情节严重"的情形作出了具有可操作性的解释。其中第一款第二项规定,掩饰、隐瞒犯罪所得及其产生的收益10次以上的,应当认定为掩饰、隐瞒犯罪所得及收益罪的"情节严重"。具体理由如下:1.正确理解《解释》第三条第一款第二项"掩饰、隐瞒犯罪所得及其产生的收益十次以上"的规定。《解释》将"掩饰、隐瞒犯罪所得及其产生的收益十次以上"作为认定"情节严重"的情形之一,是考虑到行为人的掩饰、隐瞒次数多,社会危害性大,行为人属于"职业收赃人",因而应严厉打击。但是,在适用该项情形时,特别要注意"次数"的认定。刑法中涉及"次数"的主要有两类规定:第一类是将次数作为法定加重情节。第二类是将多次实施违法行为作为构成犯罪的入罪门槛,如刑法第二百六十四条规定的"多次盗窃"、第二百六十七条规定的"多次抢夺"等,这类规定中,行为人的每次行为可能在数额上(或行为危害性上)都达不到该罪的最低标准,甚至多次相加的犯罪数额也达不到该罪的最低标准,但由于次数上达到了"多次",因而符合犯罪构成的客观要件。《解释》中涉及的掩饰、隐瞒犯罪所得、犯罪所得收益罪中的次数,不属于前述第一种情形,不要求每一次掩饰、隐瞒的行为都独立构成犯罪,既不像"多次抢劫"的认定,要求每次抢劫都独立地构成犯罪;也不属于第二种情形,即以"多次"作为构成犯罪的入罪门槛,而是指每次掩饰、隐瞒行为既可能都达到了独立构罪的标准,也可能都没有达到构罪的标准。在适用《解释》的"十次以上"情形时,要把握好以下几点:(1)每一次掩饰、隐瞒的行为,必须是一个独立的行为,即具有独立的主观意图,独立的掩饰、隐瞒行为,独立的行为结果,但如果基于同一个故意,在同一时间、同一地点,同时或者连续对多起上游犯罪实施掩饰、隐瞒行为的,一般应认定为一次掩饰、隐瞒行为。为同一个上游犯罪人同一起犯罪事实的犯罪所得及其产生的收益而分多次予以窝藏、转移、收购、代为销售或者以其他方法掩饰、隐瞒的,由于其犯罪对象的同一性,因而也应认定为一次掩饰、隐瞒犯罪所得及其产生的收益行为。(2)每一次掩饰、隐瞒的行为,不以都构成犯罪为前提。(3)即使认定为一次掩饰、隐瞒犯罪所得及其产生的收益行为的,仍然必须注意同时适用《解释》第四条第二款的规定并注意有关治安处罚时效和刑事追诉时效的规定。单次掩饰、隐瞒行为不构成犯罪,且超过治安处罚时效的,不再累计次数;单次掩饰、隐瞒行为构成犯罪,但超过刑事追诉时效的,也不再累计次数。(4)每一次掩饰、隐瞒行为都应由相应的证据证明,而不是模糊地认定次数。特别是在9次还是10次的关键节点,更是要求每一次掩饰、隐瞒行为都达到事实清楚,证据充分。(5)每一次掩饰、隐瞒的上游行为都必须以构成犯罪为前提。理由是,《解释》第八条明确规定,认定掩饰、隐瞒犯罪所得、犯罪所得收益罪,以上游犯罪事实成立为前提。如果上游犯罪不成立,司法机关不能进行追诉,那么掩饰、隐瞒的行为也就不存在妨害司法活动进而需要在刑法上予以否定评价的前提,因而不能认定为犯罪。当然,不构成犯罪不意味着收赃行为不必接受处罚,公安机关完全可以依照治安管理处罚法的相关规定对收赃行为进行处罚。因此,认定其构成非法捕捞水产品"情节严重",是结合犯罪事实进行综合评价的结果,而不是每次非法捕捞水产品的行为都构成犯罪。所谓的60余次、40余次非法捕捞水产品,则是综合评价的主要依据。如果拆分开来,可能每一次的捕捞行为都尚未达到犯罪追诉的标准。相应地,对上述水产品实施掩饰、隐瞒行为,如果拆分开来以单次来统计,则会陷入因每次上游行为都不构成犯罪,因而每次掩饰、隐瞒行为的对象都不是犯罪所得,从而不能以掩饰、隐瞒犯罪所得罪来定罪处罚的尴尬境地。因此,刘某山、严某富的掩饰、隐瞒行为,针对的均是经过综合评价了犯罪事实的犯罪所得,犯罪主体是同一个人(同一个共同犯罪主体),犯罪事实是同一个综合犯罪事实。在这种情况下,刘某山、严某富出于同一个主观故意,为同一个上游犯罪人的同一个综合犯罪所得而分多次予以代为销售,由于其犯罪对象的不可分割性,因而可以认定为一次掩饰、隐瞒犯罪所得行为,而不能机械地将其为同一个综合犯罪事实代为销售的每次行为都单独认定为一次掩饰、隐瞒犯罪所得的行为。如此,刘某山、严某富的掩饰、隐瞒犯罪所得行为就不能认定为"情节严重"的法定加重情形。

2. 掩饰、隐瞒犯罪所得、犯罪所得收益罪的量刑,一般应当轻于上游犯罪。上游犯罪的主犯杜某军、杜锡某的量刑分别为有期徒刑一年,有期徒刑十个月,因而,下游犯罪的刘某山量刑为有期徒刑九个月,并处罚金二千元;严某富的量刑为有期徒刑六个月,缓刑一年,并处罚金二千元,就是适当的,体现了罪责刑相适应原则。当然,实践中也存在下游犯罪行为人实际被判处刑罚高于上游犯罪行为人被判处刑罚的情况,如上游犯罪行为人具有自首、立功等情节或者下游犯罪行为人具有累犯等情节。需要说明的是,在上游犯罪最高刑只有三年有期徒刑的情形下,下游犯罪(掩饰、隐瞒犯罪所得、犯罪所得收益罪)行为人仍然可能构成"情节严重"。例如,上游犯罪为非法捕捞水产品犯罪,下游犯罪行为人对不同的犯罪主体实施代为销售等掩饰、隐瞒行为,数额确实达到"情节严重"的标准或者达到"十次以上"的标准时,就可以认定为掩饰、隐瞒"情节严重"。这是因为,在这种情形下,掩饰、隐瞒犯罪行为人与上游犯罪行为人的犯罪对象并不指向同一对象。在数个上游犯罪行为人之间没有共同犯罪的情况下,分别单独实施了非法捕捞水产品的犯罪行为,但都委托同一个人实施代为销售水产品的掩饰、隐瞒行为,此时,掩饰、隐瞒行为人实际上已经成了"职业销赃人",而"职业销赃人"对上游犯罪犯意的进一步扩大具有刺激和鼓励作用,社会危害性比单纯为一个犯罪事实的犯罪所得实施掩饰、隐瞒行为要大,甚至大得多,其犯罪对象是数个经综合评价后犯罪事实的犯罪所得,应当依照犯罪构成的数量来计算其掩饰、隐瞒的次数。(参见第1219号指导案例,杜某军、杜锡某非法捕捞水产品、刘训山、严荣富掩饰、隐瞒犯罪所得案,载《刑事审判参考》总第111集,第111~117页。撰稿:陆建红　周科)

▽上游犯罪行为人对犯罪所得实施收购、销售等掩饰、隐瞒行为的,不能以掩饰、隐瞒犯罪所得罪定罪处罚

被告人杜某军先后结伙其他多名被告人,被告人杜锡某先后结伙另外几名被告人,违反水产资源保护法规,多次在禁渔期内使用禁用的工具、方法捕捞水产品,情节严重,其行为均已构成非法捕捞水产品罪。但是,杜某军、杜锡某分别在非法捕捞水产品后,收购同伙非法捕捞的水产品,并将上述水产品分别交由被告人刘某山、严某富代为销售的行为,对其不能以掩饰、隐瞒犯罪所得罪定罪处罚。主要理由是:1. 犯罪分子对自己的犯罪所得实施掩饰、隐瞒的行为,因不具有期待可能性,因而不具备刑法上的可罚性。通说认为,期待可能性是指根据具体情况,有可能期待行为人不实施违法行为而实施其他适法行为。期待可能性理论认为,如果不能期待行为人实施其他适法行为,就不能对其进行法的非难,因而不存在刑法上的责任。被告人杜某军组织张某洲等人,杜锡某组织陆某伟等人非法捕捞水产品行为的目的就是获得非法利益。因此,在实施非法捕捞水产品犯罪行为后,必然要对犯罪所得进行处理,如出售、赠送等。而这些行为,从其性质来说,属于共罚的事后行为,也称不可罚的事后行为(不能独立定罪的事后行为)。共罚的事后行为,其实质属于吸收的一罪(数个不同的行为,一行为吸收其他行为,仅成立吸收行为一个罪名的犯罪),即在状态犯罪的场合,利用该犯罪行为的结果的行为,如果孤立地看,符合其他犯罪的犯罪构成,具有可罚性,但由于被综合评价在该状态犯中,故没有必要另行认定为其他犯罪。这一刑事法理,既适用于单个犯罪人对自己犯罪所得的处理,也适用于共同犯罪人对共同犯罪所得的处理。因为刑法作出共同犯罪的规定,实际上是基于将共同犯罪人作为一个整体,视同于一个人犯罪,基于共同的犯罪故意内容,视同于一个人的犯罪故意。在此基础上,根据各参与人的行为对法益侵害(危险)结果所起的作用不同,责任程度与范围也不同,因而作出了区别对待。因此,共同犯罪人之间互相掩饰、隐瞒犯罪所得的行为,应视同对自己犯罪所得的掩饰、隐瞒行为,因而不再另行定罪处罚。2. 掩饰、隐瞒犯罪所得、犯罪所得收益罪的主体应该是本犯以外的人,掩饰、隐瞒者是本犯的,则不具有掩饰、隐瞒犯罪所得、犯罪所得收益罪的主体资格。掩饰、隐瞒犯罪所得、犯罪所得收益罪属于加入犯,而不是本犯。如果与本犯事先通谋或事中加入而不是事后加入的,则成为共同犯罪人。共同犯罪人根据他们在犯罪过程中的关系,在主观上有共同的犯罪故意,客观上有共同的犯罪行为,以他们所实施的共同犯罪行为和在共同犯罪中的作用来定罪处罚,而不能以掩饰、隐瞒犯罪所得、犯罪所得收益罪定罪处罚。因为,共同犯罪人实施的掩饰、隐瞒行为,是共同犯罪行为的组成部分,而且,共同犯罪人之间有意思联络,而事后加入的掩饰、隐瞒行为人与共同犯罪人的本犯之间没有意思联络。3. 从刑法条文的内在逻辑分析,共同犯罪人不属于掩饰、隐瞒犯罪所得、犯罪所得收益罪的犯罪主体。刑法第三百一十二条第一款描述掩饰、隐瞒犯罪所得、犯罪所得收益罪的罪状时,规定了"明知是犯罪所得及其产生的收益而……"的主观要件。这就说明,明知只能对本犯以外的犯罪人而言,而对本犯而言,使用"明知"一词则毫无意义,因为他自己是本犯的犯罪行为人,当然是明知的。另外,从"窝藏、转移、收购、代为销售或者以其他方法掩饰、隐瞒"的客观要件来看,掩饰、隐瞒犯罪所得、犯罪所得收益罪的主体也是指本犯以外的犯罪人。综上所述,二审法院维持一审法院对被告人杜某军、张某洲、李某强、盛某昌、杜锡某、陆某伟、马某华犯非法捕捞水产品罪,被告人刘某山、严某富犯掩饰、隐瞒犯罪所得罪的定罪量刑,是适当的。(参见第1219号指导案例,杜某军、杜锡某非法捕捞水产品、刘训山、严荣富掩饰、隐瞒犯罪所得案,载《刑事审判参考》总第111集,第117～118页。撰稿:陆建红　周科)

第三百一十三条　【拒不执行判决、裁定罪】对人民法院的判决、裁定有能力执行而拒不执行,情节严重的,处三年以下有期徒刑、拘役或者罚金;情节特别严重的,处三年以上七年以下有期徒刑,并处罚金。

单位犯前款罪的,对单位判处罚金,并对其直接负责的主管人员和其他直接责任人员,依照前款的规定处罚。(本条是根据《中华人民共和国刑法修正案(九)》之三十九修改的,自2015年11月1日起施行。)

刑法本条原文:对人民法院的判决、裁定有能力执行而拒不执行,情节严重的,处三年以下有期徒刑、拘役或者罚金。

■全国人大常委会关于刑法第三百一十三条的解释(全文)(2002年8月29日)

全国人民代表大会常务委员会讨论了刑法第三百一十三条规定的"对人民法院的判决、裁定有能力执行而拒不执行,情节严重"的含义问题,解释如下:

刑法第三百一十三条规定的“人民法院的判决、裁定”,是指人民法院依法作出的具有执行内容并已发生法律效力的判决、裁定。人民法院为依法执行支付令、生效的调解书、仲裁裁决、公证债权文书等所作的裁定属于该条规定的裁定。

下列情形属于刑法第三百一十三条规定的“有能力执行而拒不执行,情节严重”的情形:

(一)被执行人隐藏、转移、故意毁损财产或者无偿转让财产、以明显不合理的低价转让财产,致使判决、裁定无法执行的;

(二)担保人或者被执行人隐藏、转移、故意毁损或者转让已向人民法院提供担保的财产,致使判决、裁定无法执行的;

(三)协助执行义务人接到人民法院协助执行通知书后,拒不协助执行,致使判决、裁定无法执行的;

(四)被执行人、担保人、协助执行义务人与国家机关工作人员通谋,利用国家机关工作人员的职权妨害执行,致使判决、裁定无法执行的;

(五)其他有能力执行而拒不执行,情节严重的情形。

国家机关工作人员有上述第四项行为的,以拒不执行判决、裁定罪的共犯追究刑事责任。国家机关工作人员收受贿赂或者滥用职权,有上述第四项行为的,同时又构成刑法第三百八十五条、第三百九十七条规定之罪的,依照处罚较重的规定定罪处罚。

■最高人民法院关于审理拒不执行判决、裁定刑事案件适用法律若干问题的解释(全文)(2015年7月22日)

第一条 被执行人、协助执行义务人、担保人等负有执行义务的人对人民法院的判决、裁定有能力执行而拒不执行,情节严重的,应当依照刑法第三百一十三条的规定,以拒不执行判决、裁定罪处罚。

第二条 负有执行义务的人有能力执行而实施下列行为之一的,应当认定为全国人民代表大会常务委员会关于刑法第三百一十三条的解释中规定的“其他有能力执行而拒不执行,情节严重的情形”:

(一)具有拒绝报告或者虚假报告财产情况、违反人民法院限制高消费及有关消费令等拒不执行行为,经采取罚款或者拘留等强制措施后仍拒不执行的;

(二)伪造、毁灭有关被执行人履行能力的重要证据,以暴力、威胁、贿买方法阻止他人作证或者指使、贿买、胁迫他人作伪证,妨碍人民法院查明被执行人财产情况,致使判决、裁定无法执行的;

(三)拒不交付法律文书指定交付的财物、票证或者拒不迁出房屋、退出土地,致使判决、裁定无法执行的;

(四)与他人串通,通过虚假诉讼、虚假仲裁、虚假和解等方式妨害执行,致使判决、裁定无法执行的;

(五)以暴力、威胁方法阻碍执行人员进入执行现场或者聚众哄闹、冲击执行现场,致使执行工作无法进行的;

(六)对执行人员进行侮辱、围攻、扣押、殴打,致使执行工作无法进行的;

(七)毁损、抢夺执行案件材料、执行公务车辆和其他执行器械、执行人员服装以及执行公务证件,致使执行工作无法进行的;

(八)拒不执行法院判决、裁定,致使债权人遭受重大损失的。

第三条 申请执行人有证据证明同时具有下列情形,人民法院认为符合刑事诉讼法第二百零四条第三项规定的,以自诉案件立案审理:

(一)负有执行义务的人拒不执行判决、裁定,侵犯了申请执行人的人身、财产权利,应当依法追究刑事责任的;

(二)申请执行人曾经提出控告,而公安机关或者人民检察院对负有执行义务的人不予追究刑事责任的。

第四条 本解释第三条规定的自诉案件,依照刑事诉讼法第二百零六条的规定,自诉人在宣告判决前,可以同被告人自行和解或者撤回自诉。

第五条 拒不执行判决、裁定刑事案件,一般由执行法院所在地人民法院管辖。

第六条 拒不执行判决、裁定的被告人在一审宣告判决前,履行全部或部分执行义务的,可以酌情从宽处罚。

第七条 拒不执行支付赡养费、扶养费、抚育费、抚恤金、医疗费用、劳动报酬等判决、裁定的,可以酌情从重处罚。

第八条 本解释自发布之日起施行。此前发布的司法解释和规范性文件与本解释不一致的,以本解释为准。

■最高人民法院、最高人民检察院、公安部关于依法严肃查处拒不执行判决、裁定和暴力抗拒法院执行犯罪行为有关问题的通知(2007年8月30日)

一、对下列拒不执行判决、裁定的行为,依照刑法第三百一十三条的规定,以拒不执行判决、裁定罪论处。

(一)被执行人隐藏、转移、故意毁损财产或者无偿转让财产、以明显不合理的低价转让财产,致使判决、裁定无法执行的;

(二)担保人或者被执行人隐藏、转移、故意毁损或者转让已向人民法院提供担保的财产,致使判决、裁定无法执行的;

(三)协助执行义务人接到人民法院协助执行通知书后,拒不协助执行,致使判决、裁定无法执行的;

(四)被执行人、担保人、协助执行义务人与国家机关工作人员通谋,利用国家机关工作人员的职权妨害执行,致使判决、裁定无法执行的;

(五)其他有能力执行而拒不执行,情节严重的情形。

▼北京市高级人民法院、北京市人民检察院、北京市公安局关于依法打击拒不执行判决、裁定犯罪行为的通知(全文)(2003年9月17日)

一、具有下列情形之一的,依照《中华人民共和国刑法》第三百一十三条的规定追究刑事责任:

(一)被执行人隐藏、转移、故意毁损财产或者无偿转让财产、以明显不合理的低价转让财产,致使判决、裁定无法执行的;

(二)担保人或者被执行人隐藏、转移、故意毁损或者转让已向人民法院提供担保的财产,致使判决、裁定无法执行的;

(三)协助执行义务人接到人民法院协助执行通知书后,拒不协助执行,致使判决、裁定无法执行的;

(四)被执行人、担保人、协助执行义务人与国家机关工作人员通谋,利用国家机关工作人员的职权妨害执行,致使判决、裁定无法执行的;

(五)其他有能力执行而拒不执行,情节严重的情形。

二、人民法院在执行判决、裁定过程中,发现犯罪嫌疑人实施了本通知第一条所列行为之一的,将案件依法移送公安机关立案侦查。

对于需要追究刑事责任的犯罪嫌疑人或被告人,公安机关要依法立案侦查,人民检察院要依法审查逮捕、审查起诉,人民法院要依法审理。

三、人民法院、人民检察院和公安机关要认真学习和理解全国人民代表大会常务委员会《关于〈中华人民共和国刑法〉第三百一十三条的解释》的内涵和外延,深入领会其精神,并在司法和执法过程中予以正确适用。

●拒不执行判决、裁定罪的认定

有能力执行而拒不执行判决、裁定的时间从判决、裁定发生法律效力时起算。具有执行内容的判决、裁定发生法律效力后，负有执行义务的人有隐藏、转移、故意毁损财产等拒不执行行为，致使判决、裁定无法执行，情节严重的，应当以拒不执行判决、裁定罪定罪处罚。（参见最高人民法院第15批指导性案例71号，毛建文拒不执行判决、裁定案，2016年12月28日发布。）

▽"致使判决、裁定无法执行"的认定

"致使判决、裁定无法执行"是指债务人逃避或者抗拒执行的行为造成人民法院执行机构无法运用法律规定的执行措施，或者虽运用了法律规定的各种执行措施，但仍无法执行的情形。拒不执行判决、裁定罪所侵犯的法益主要是司法秩序和司法权威，故应当从影响人民法院执行工作的角度来理解"致使判决、裁定无法执行"，而不能从债权人是否最终实现债权角度来分析。当债务人的行为导致债权人权利最终无法得以实现时，固然表明债务人"拒不执行"行为达到了"情节严重"的程度，应定罪处罚；但不能将本罪的定罪范围局限于此。对于债务人逃避或者抗拒执行的行为导致人民法院执行机构通过法定执行措施无法继续执行或者根本无法运用法定执行措施时，即使债权人通过再次起诉等途径最终实现了债权，也仍应认定出现了"致使判决、裁定无法执行"的结果，可以追究债务人的刑事责任。如果把"致使判决、裁定无法执行"狭隘地理解为债权最终无法实现，则背离了刑法规定拒不执行判决、裁定罪所要保护的法益初衷。需要指出的是，虽然被执行人"致使判决、裁定无法执行"是构成拒不执行判决、裁定罪的常见情形和重要条件，但不是所有此类案件中追究被告人刑事责任的必备条件。因为全国人大常委会2002年公布的《关于〈中华人民共和国刑法〉第三百一十三条的解释》（刑法本条附文以下简称《立法解释》）第五项的兜底条款也留下了灵活余地，即对"其他有能力执行而拒不执行，情节严重的情形"应当认定构成本罪。因为拒不执行法院判决、裁定的行为的社会危害性反映在行为的各个方面，如涉及的财产数额、行为的社会影响、行为给债权人造成的财产损失以及行为本身的恶劣程度等，其中某一个方面危害严重的，综合全案情况达到"有能力执行而拒不执行，情节严重的"，也可以依法追究刑事责任。[参见第478号案例，马素英、杨保全拒不执行判决、裁定案，载《刑事审判参考》总第60集（2008年第1集），法律出版社，第55～58页。执笔：姜先良]

▽以暴力、威胁方法妨害或者抗拒人民法院执行判决、裁定的行为，不再适用最高人民法院的相关司法解释，而适用相关立法解释以妨害公务罪定罪处罚

最高人民法院于1998年4月发布了《关于拒不执行判决、裁定案件具体应用法律若干问题的解释》（刑法本条附文以下简称《司法解释》），将暴力抗拒、以威胁方法妨害执行、聚众哄闹、冲击执行现场，围困、扣押、殴打执行人员等具有一定暴力、胁迫内容的抗拒行为，以拒不执行判决、裁定罪定罪处罚，而将严重暴力抗拒执行有杀害、重伤情形的，以故意杀人罪、故意伤害罪论处。该司法解释的规定在当时有一定的理论依据和指导意义。但在适用法律过程中，这种针对执行人员具有明显的暴力、胁迫内容的妨害执行判决、裁定的行为与仅针对被执行财产的非暴力的拒不执行行为，如隐藏、转移、故意毁损财产或者无偿转让财产、以明显不合理的低价转让财产等相比具有显著不同的社会危害性，犯罪人的主观恶性深重程度、再犯可能性也有区别，呈现在犯罪构成上也不一样，应当将其区分开来。所以，2002年8月29日全国人大常委会作出的《立法解释》，对刑法第三百一十三条规定的"有能力执行而拒不执行，情节严重"的情形，作了立法解释，此解释中不再包含最高人民法院相关解释中的以暴力、威胁方法妨害或者抗拒执行，致使执行工作无法进行；聚众哄闹、冲击执行现场，围困、扣押、殴打执行人员，致使执行工作无法进行；以及毁损、抢夺执行案件材料、执行公务车辆和其他执行器械、执行人员服装、执行公务证件，造成严重后果等内容。严格来讲，这些拒不执行生效法律文书的行为严重妨害了司法执行人员执行公务，性质上属于以暴力、威胁方法阻碍国家机关工作人员依法执行职务的行为，符合妨害公务罪的构成特征。根据我国的立法体系,上位法优于下位法,下位法不得与上位法相抵触。据此,立法解释的效力要高于司法解释的效力,适用到具体案件时,应当优先适用立法解释。因此,本案在定性上就不再适用最高人民法院发布的《司法解释》,不适用刑法第三百一十三条拒不执行判决、裁定罪,而应以刑法第二百七十七条规定的妨害公务罪定罪处罚。[参见第302号案例,朱荣根、朱梅华等妨害公务案,载《刑事审判参考》总第38集(2004年第3集),法律出版社,第130～131页。执笔:郇习顶　孙旭东]

▽非法处置查封、扣押、冻结的财产罪与拒不执行判决、裁定罪区分的认定

司法机关查封、扣押、冻结财产的活动是司法机关在诉讼过程中,为了保证诉讼的正常进行,对有关的财产采取的诉讼保全措施或强制执行措施。当行为人实施隐藏、转移、变卖、毁损已被司法机关查封、扣押、冻结的财产的行为时,非法处置查封、扣押、冻结的财产罪和拒不执行判决、裁定罪会发生一定的竞合关系。非法处置查封、扣押、冻结的财产罪和拒不执行判决、裁定罪在构成要件上的区别:首先,在客观行为表现上,前罪行为只限于非法隐藏、转移、变卖、故意毁损已被司法机关查封、扣押、冻结的财产,而后罪则不限于此类行为,包括任何有能力而拒不执行的行为。其次,在犯罪主体上前罪是一般主体,而后罪是特殊主体,即负有执行法院判决、裁定义务的人。再次,在行为发生时段上,前罪可以发生在整个诉讼过程中,而后罪则只能发生在法院的判决、裁定进入执行程序之后。最后,在犯罪故意上,前罪不要求特殊目的,而后罪则具有拒不执行法院裁判的目的。根据以上两罪的区别,司法实践中对于非法处置被司法机关查封、扣押、冻结的财产的行为定性应当区分以下几种情况:如果非法隐藏、转移、变卖、故意毁损已被司法机关查封、扣押、冻结的财产的行为发生在诉讼保全程序中,而没有进入执行程序,那么应当以非法处置查封、扣押、冻结的财产罪定罪;如果此种行为发生在执行程序中,但行为人并不是负有执行法院判决、裁定义务的人,亦应以非法处置查封、扣押、冻结的财产罪定罪;如果在执行程序中负有执行生效裁判义务的人实施了此种行为,但并没有拒不执行法院生效裁判目的的,也应当以非法处置查封、扣押、冻结的财产罪定罪;如果在执行程序中负有执行生效裁判义务的人实施了此种行为,且具有拒不执行法院生效裁判的目的,因为该行为系作为拒不执行法院裁判的手段实施的,两罪法定刑相同,以拒不执行判决、裁定罪定罪更为适当。[参见第404号案例,陆惠忠、刘敏非法处置扣押的财产案,载《刑事审判参考》总第51辑(2006年第4辑),法律出版社,第31～32页。执笔:陈靖宇　陈利]

▽拒不执行判决、裁定"情节严重"的认定

严重对抗生效裁判的行为,一方面使债权人的合法权益无法受到公权力的支持,扰乱市场经济的健康发展;另一方面严重损害司法的严肃性和权威性,社会公众逐步失去对司法的信赖。刑法因此将情节严重的拒不执行判决、裁定的行为纳入刑事法规制的范围。根据最高人民法院于1998年出台的《司法解释》、全国人民代表大会常务委员会2002年制发的《立法解释》、2007年最高人民法院、最高人民检察院、公安部联合下发的《关于依法严肃查处拒不执行判决、裁定和暴力抗拒法院执行犯罪行为有关问题的通知》(本附文以下简称《联合通知》)中规定了五种情形之一,可以认定为拒不执行判决、裁定罪中的"情节严重"。上述规范性文件确立的认定标准基本上是采取"行为+结果"模式,由于规定得比较原则,故在实践中可操作性空间有限。判断是否达到拒不执行判决、裁定"情节严重",可以从以下三个方面人手分析:

(一)从行为人的行为特征分析。一是看行为持续时间,即行为危害社会的持续度。拒不执行判决、裁定的持续时间越久,则对社会的危害程度就越大。本案宜兴市人民法院于2008年11月作出民事判决,判令行为人朱某某偿还186万元及利息。因朱不履行还款义务,案件进入执行程序。其间宜兴市人民法院采取了一系列执行措施,直至2013年本案审理中以执行和解方式解决,前后持续近5年。二是看执行标的金额和类型,即行为危害社会的程度。无法执行的标的额及与申请执行标的额间的比例,亦是衡量该罪社会危害性的标尺之一。本案行为人朱某某不履行民事判决和执行通知的金额达186万余元,属于金额巨大。目前,已有不少地方的高级人民法院出台了拒不执行判决、裁定罪“情节严重”的认定细则,将一定的无法执行的标的金额作为入罪标准。如浙江省将5万元作为认定拒不执行判决、裁定罪“情节严重”的起点数额,而贵州省则将3万元作为认定拒不执行判决、裁定罪“情节严重”的起点数额。另外,裁判款项若属于特殊类型,如影响权利人基本生活来源的赡养费、抚养费、医疗费、劳动报酬等,维持基本生产生活所需的劳动和社会保险费、劳动补偿金等,关系民生的禁放污水、禁止噪声等,行为人拒不执行亦可认定为情节严重。例如,尹某无证驾驶某建筑公司货车碰撞陈某致截肢,人民法院判决尹某赔偿医药费等14万余元,建筑公司负连带责任。因公司法定代表人张某抽逃出资80万元,被追加为被执行人。执行期间张某撕毁封条,转移公司账户50余万元并长期躲避人民法院执行。人民法院认定张某拒不执行给付救治权利人的医药费用的行为,属于情节严重。三是看行为方式。行为方式比较恶劣的,可以认定为情节严重。当前,从各地反映的实际情况看,通过以下方式实施拒不执行判决、裁定的,可以认定为情节严重:(1)擅自撕毁法院张贴的封条等针对执行措施的行为;(2)以虚假诉讼等违法方式抗拒法院执行;(3)实施无偿或者明显不合理低价转移等针对执行财产的行为;(4)撕毁执行笔录等针对执行活动的行为;(5)采用纠集人员围堵执行法官方式拒不履行配合义务。本案中,行为人隐瞒财产致使判决、裁定无法执行,属于《立法解释》关于“有能力执行而拒不执行,情节严重”的第一项情形。判断是否隐瞒,应当结合被执行人财务状况公开程度,即公权力获知财产情况的难易,加以判断。

(二)从行为人的罪过程度分析。除了从前述行为特征所体现的罪过外,还可以从以下方面分析:一是看行为人是否不管不顾人民法院的积极敦促。倘若行为人在人民法院的督促下,尽其所能逐步执行生效判决,不能完全执行的原因确实在于执行能力不足,则不宜入罪。本案朱某某在人民法院反复多次敦促的情况下仍然拒不履行生效判决。判决执行阶段,人民法院送达了执行通知书、被执行人报告财产民事裁定书、财产申报表,可以说手续齐全、内容详尽。无论是从普通人的认知,还是从具体纠纷债务人的认知,朱某某都应当知道作为司法机关确认的债务人,其应当在裁判指定的期限内履行法律义务。但在人民法院要求其申报财产时,其拒绝申报;在人民法院要求履行判决确定义务时,其以无执行能力为由逃避履行:在人民法院反复向其了解财产状况时,其隐瞒用财产购买其他物品的事实;在人民法院向其送达督促限期履行令后,仍拒绝履行生效判决且不如实申报财产。二是看是否因拒不执行判决、裁定受过司法强制措施。因拒不执行判决、裁定受过司法强制措施,即表明拒不执行判决、裁定的行为达到一定的严重程度,如其拒不悔改仍有执行能力而不执行,表明行为人主观恶性较大,应当属于“情节严重”。本案中,朱某某因拒不履行本案所涉生效法律文书,已于2009年4月被人民法院决定司法拘留,仍毫无悔改,通过借用他人名义规避法院执行,主观恶性大。

(三)从行为人的行为后果分析。“致使判决、裁定无法执行”既包括最终无法执行的情况,也包括在执行中受到严重阻碍,需要法院采取各种措施,排除阻碍后才最终得以执行的情况。例如,人民法院判决行为人归还非法占有的车辆及行驶证,但行为人以各种理由拖延、搪塞,藏匿该车辆,拒不说明车辆的真实去向,还向人民法院提供虚假地址,人民法院无法执行判决,即可认定为“致使裁判无法执行”。又如,被执行人经人民法院多次传唤协商还款事宜拒不到庭,却将其名下的房屋设定300余万元的高额抵押,使人民法院的执行工作难以获得实质进展,此外,拒不执行判决、裁定的行为后果还体现在两个方面:一是对于权利人而言,行为人的拒不执行判决、裁定的行为导致追索关系申请人生命健康的赡养费、抚养费、医疗费等的权利受到严重损害,或者导致生效裁判权利人精神失常、自杀等严重后果;行为人将财产转移并用于个人挥霍,造成裁判彻底不能执行等情形,均属于情节严重。二是对于司法而言,该行为妨害人民法院的正常执行活动或者损害人民法院形象达到一定严重程度。每一件执行案件在未审结前都牵涉诸多人力、物力和财力,持续时间越长,司法成本投入就越巨大。因拒不执行判决、裁定而浪费的司法成本越大,情节就越严重。本案执行前后持续近5年,人民法院投入了大量人力、物力和财力,可以认定朱某某拒不执行判决、裁定的行为属于情节严重。

综上,行为人朱某某有执行能力,拒不执行判决、裁定的行为持续时间长、行为方式隐蔽、标的额巨大,且因拒不履行本案所涉生效裁判被司法拘留后仍拒不执行人民法院裁判,属于"情节严重",构成拒不执行判决、裁定罪。虽然本案审理阶段,行为人最终执行了人民法院裁判,取得了债权人谅解,但综合考虑其客观行为、主观罪过程度等,严重妨害了司法秩序,损害了司法权威和严肃性,故宜兴市人民法院对其不适用缓刑是正确的。[参见第 968 号指导案例,朱荣南拒不执行判决、裁定案,载《刑事审判参考》总第 97 集(2014 年第 2 集),第 73 ~77 页。撰稿:范莉]

▽拒不执行判决、裁定罪中的"有能力执行"的认定

(一)认定"有能力执行"的时间从判决、裁定生效时起算,不限于执行期间或刑事案件审理期间。"有能力执行"的时间节点应为判决、裁定发生法律效力时。主要理由在于:1. 判决、裁定生效时,双方当事人的权利义务关系才得以明确,被执行人的法定义务才得以确立。在判决、裁定未生效的情况下,双方当事人的权利义务尚未明确,判决、裁定处于不确定的状态,判决、裁定尚未开始执行。2. 判决、裁定生效时,行为人的法定义务就已经确立,应当自觉、及时履行判决、裁定所要求的内容。只要行为人收到了人民法院的判决、裁定,就应当认定其知晓了判决、裁定的内容,执行案件是否立案、执行文书是否送达并不影响判决、裁定确定的义务。3. 符合拒不执行判决、裁定罪的立法本意。《全国人民代表大会常务委员会关于〈中华人民共和国刑法〉第三百一十三条的解释》对本罪中的人民法院判决、裁定加以明确,"是指人民法院依法作出的具有执行内容并已发生法律效力的判决、裁定"。本罪侵犯的客体是人民法院生效判决、裁定的权威性,那么作为本罪构成要件的"有能力执行"应当与犯罪客体相适应,即对生效的判决、裁定有执行能力,故应以判决、裁定生效时作为认定行为人是否"有能力执行"的时间节点。4. 符合最高人民法院指导性案例的要旨。最高人民法院指导案例 71 号(毛建文拒不执行判决、裁定案)的裁判要旨为:"有能力执行而拒不执行判决、裁定的时间从判决、裁定发生法律效力时起算。具有执行内容的判决、裁定发生法律效力后,负有执行义务的人有隐瞒、转移、故意毁损财产等拒不执行行为,致使判决、裁定无法执行,情节严重的,应当以拒不执行判决、裁定罪定罪处罚。"指导性案例应当作为司法审判的参照依据。自判决、裁定生效至被控犯拒不执行判决、裁定罪的刑事案件立案审理期间,行为人在任何时间点有履行生效判决、裁定能力的,均可以认定"有能力执行",而非限于执行期间或刑事案件审理期间,这样理解既符合法律规定,也利于打击拒不执行判决、裁定的犯罪行为。本案被告人龙某某辩称其在案件审理期间没有执行能力,法院审理中查明,在案证据足以证明龙某某自判决生效至刑事案件立案前,有一定的经济收入,能够执行生效判决确定的给付义务,其未履行义务,亦未申报财产。虽然在刑事案件审理期间,可能如其所述,没有给付能力,但"有能力执行"的时间起点为判决生效时,自判决生效后被告人只要有执行的能力就应当自觉履行执行义务,刑事案件审理期间是否有执行能力不影响本罪的成立。

(二)"有能力执行"是客观事实,不以行为人的主观认识为要件,且不受执行情况的制约。1998 年《最高人民法院关于审理拒不执行判决、裁定案件具体应用法律若干问题的解释》第二条规定:"对人民法院发生法律效力的判决、裁定'有能力执行',是指根据查实的证据证明,负有执行人民法院判决、裁定义务的人有可供执行的财产或者具有履行特定行为义务的能力。"据此,"有能力执行"应是一种客观事实,行为人主观上认为其不具有执行能力的不影响认定。认定行为人"有能力执行"应当综合全部案情加以判断,要考虑行为人自身的收入、支出情况等。对给付的执行义务,则要考虑行为人实施给付行为的能力及现实的可能性等。需要指出的是,认定行为人是否"有能力执行"不应受执行情况的影响。拒不执行判决、裁定案件中,尤其是自诉程序中,执行机构可能出具执行终结裁定书,以被执行人名下无可供执行的财产为由,裁定终结本次执行程序。执行终结裁定书通常是以被执行人名下无"显性"财产为根据的,如名下存款、不动产等,而刑事程序中行为人是否"有能力执行"不仅要考虑行为人

"显性"财产，而且要考虑其"隐性"财产，需要依据综合情节认定行为人是否"有能力执行"。举例而言，行为人名下无存款、无不动产或高额动产，但确实存在高消费、高支出的，仍可认定其"有能力执行"。简言之，除了行为人及其家庭生活必需外，如果行为人有非必要性支出的，即使名下无财产，仍可视情认定其"有能力执行"。本案被告人龙某某辩称其没有执行能力，系其主观认识，不影响法院对客观事实的认定。在案证据显示，在生效判决执行期间，龙某某名下有车辆，且有一定的经济收入，还自述曾出境旅游、赌博，故法院审理认为其有执行能力，且执行部门裁定终结民事赔偿判决的执行程序也不影响对被告人是否"有能力执行"的认定。

（三）"有能力执行"包括部分执行能力。在对财产的执行中，"有能力执行"是指有可供执行的财产，既包括有可供全部执行的财产，也包括可供部分执行的财产。即使行为人没有能力一次性全部履行执行义务，但有能力分次履行、部分履行执行义务的，可以认定行为人"有能力执行"。这样理解是为了防止行为人以不能全部履行义务为由，拒不履行法定义务。当然，在执行只具备部分执行能力的被告人时，需要在实现债权和尊重人权之间、在执行目的和执行手段之间、在债权人与债务人法律地位之间找到一个最佳的平衡点。简言之，在财产给付中，行为人能够通过自己的行为获得生活来源并能够维持一般人的生活水平的，就能分批给付小额财产，具有了部分履行的能力，如系低保人员、家庭严重困难、失业无收入来源等则除外。本案被告人龙某某辩称其不能履行给付义务，法院审查后认为其有一定的收入，即使该收入不足以一次性履行全部给付义务，仍可以分时段、分批次履行部分给付义务，但自判决生效后，被告人始终分文不付，属于"对人民法院的判决、裁定有能力执行而拒不执行"。鉴于被告人在近十年的时间里拒不执行判决，且在因拒不履行生效判决确定的义务被法院决定司法拘留的情况下仍未执行判决，自诉人因伤严重残疾，生活不能自理，亟须救治资金时，持生效判决书却不能得到应得的赔偿，被告人拒不执行判决的行为情节严重，且属于2015年7月20日公布的《最高人民法院关于审理拒不执行判决、裁定刑事案件适用法律若干问题的解释》第七条规定的拒不执行支付医疗费用等判决而可以酌情从重处罚的情况，故法院以拒不执行判决罪对被告人定罪处罚，是适当的。[参见第1204号指导案例，龙某某拒不执行判决案，载《刑事审判参考》总第110集，第72～76页。撰稿：付想兵　王向阳]

第三百一十四条　【非法处置查封、扣押、冻结的财产罪】隐藏、转移、变卖、故意毁损已被司法机关查封、扣押、冻结的财产，情节严重的，处三年以下有期徒刑、拘役或者罚金。

□不能因被告人的亲属已将出售款交回，被害单位的债权已经实现，就认为被告人非法处置查封财产的行为不属情节严重，从而认为其不构成犯罪

被告人的亲属能将出售法院查封木材所得款交到公安机关，一是因为法院工作人员察觉得早并报案及时，被告人及其亲属来不及和不敢转移、挥霍该款，从而使他们有条件这样做；二是因为在报案后，公安机关及时采取了果断的侦查强制措施，使被告人及其亲属及时感受到法律的威慑力量，认识到继续抗法的严重后果，从而才能做出这样的决定。可以说，如果不是公安机关及时以非法处置查封财产案立案侦查，则不会有被告人的亲属自动交回出售款的举动。因此，不能因被告人的亲属已将出售款交回，被害单位的债权已经实现，就认为被告人非法处置查封财产的行为不属情节严重，从而认为其不构成犯罪。被告人亲属的行为确实使拖欠货款纠纷一案的判决得以顺利执行，这一事实可作为对被告人从轻处罚的情节考虑。（参见新疆维吾尔自治区克拉玛依市克拉玛依区人民检察院诉李志强非法处置查封财产案，载《最高人民法院公报》总第72期，2001年第4期，第134页。）

▽非法处置查封、扣押、冻结的财产罪既遂的认定

非法处置查封、扣押、冻结的财产罪属于情节犯。我国刑法中的情节犯包括行为犯、结果犯、危险犯等类型，故对于情节犯是否存在未遂的问题不能一概而论，而要具体看案件所属的犯罪类型然后根据刑法条文规定的既遂标准来判断。从刑法的规定看,非法处置查封、扣押、冻结的财产罪属于行为犯,其既遂应以行为人是否实行了非法处置有关财产这一法定构成要件行为为标准。行为人已经与买方签订了房屋买卖合同,并且收取了预付款,其行为已经齐备非法处置查封的财产罪的全部构成要件,应当认定为犯罪既遂。当然,同其他行为犯在实行行为未达到一定程度时仍属未遂一样,本罪同样存在犯罪未遂形态。如果行为人在与买方进行洽谈阶段即案发,尚未签订房屋买卖合同,对其非法处置的行为则应认定为未遂。[参见第428号案例,罗扬非法处置查封的财产案,载《刑事审判参考》总第54辑(2007年第1辑),法律出版社,第50~51页。执笔:刘鑫]

▽盗取自己被公安机关扣押的车辆的行为,构成非法处置扣押的财产罪

(一)本人所有的财物在他人合法占有、控制期间,能够成为自己盗窃的对象。在刑法理论和司法实践中,关于盗窃罪侵犯法益的学说主要有所有权说、占有说和中间说三种。所有权说认为,盗窃罪侵犯的客体是公私财物的所有权,如果没有侵犯所有权,基本上就可以排除盗窃罪的成立。占有说认为,盗窃罪侵犯的客体是他人对财物事实上的占有本身,即使所有权人也不得任意侵犯他人的合法占有,否则就应当承担相应的刑事责任。中间说则主要是对所有权说加以扩张或对占有说加以限制,旨在弥补二者的不足,既不扩大也不缩小盗窃罪的处罚范围。中间说比较有代表性的一种观点认为,“侵犯财产罪的法益首先是财产所有权及其他本权(主要是合法的他物权及债权),其次是需要通过法定程序改变现状(恢复应有状态)的占有;但在非法占有的情况下,相对于本权者恢复权利的行为而言,该占有不是财产罪的法益,即将被害人恢复权利的行为排除在财产犯罪之外”。纯粹的所有权说过于缩小了盗窃罪的处罚范围,与我国社会经济发展的现状不相符,不利于维护正常的财产秩序。纯粹的占有说扩大了盗窃罪的处罚范围,如对于盗窃罪的被害人窃取被盗财物的行为,难以自圆其说,中间说更符合目前司法实践的需要。本案中涉案车辆系何某及其丈夫翁某祥共同购买,二人对该车辆有所有权。根据刑事诉讼法第一百四十三条的规定,对扣押的财物,经查明确实与案件无关的,应当解除扣押,予以退还。《最高人民法院关于适用〈中华人民共和国刑事诉讼法〉的解释》第三百六十九条亦规定,扣押的财物属于被告人合法所有的,应当在赔偿被害人损失、执行财产刑后及时返还被告人。从上述规定可见,被司法机关依法扣押的车辆,并没有改变所有权归属,仍属于原所有人所有,公安机关只是暂时保管涉案车辆,对涉案车辆不具有所有权,但依照法律规定具有合法占有权。如前所述,本案中的涉案车辆系何某和翁某祥共同所有的财物,但在司法机关合法占有、控制期间,能够成为何某盗窃的对象。

(二)主观上没有非法占有的目的,不构成盗窃罪。涉案车辆能够成为被告人何某自己盗窃的对象,并不意味着被告人的行为就构成盗窃罪。盗窃罪的犯罪构成要求行为人主观上必须具有非法占有的目的。如果行为人具有非法占有的目的,在司法机关合法占有、控制期间秘密取回车辆并索赔的,其行为构成盗窃罪,如果同时妨害了司法机关的正常诉讼活动,情节严重的,又构成非法处置扣押的财产罪,属于一个自然行为触犯数罪名的想象竞合犯,应从一重罪处断。如果行为人不具有非法占有的目的,则虽有秘密取回车辆的行为,但不能构成盗窃罪,亦不存在构成想象竞合犯的前提。

(三)二被告人的行为构成非法处置扣押的财产罪。非法处置扣押的财产罪与盗窃罪在司法实践中一般不易混淆,但是当盗窃的对象是司法机关依法查封、扣押、冻结的财产时,两罪在犯罪的具体外在表现上存在一定的交叉,易造成定性上的混淆。应从以下几方面进行深入分析,可对两罪的异同有清晰的认识:第一,从犯罪客体方面来看,两罪在刑法上有不同的保护重心和针对对象。盗窃罪的客体主要是为了保护稳定的财产关系和合法的财产利益;非法处置扣押的财产罪侵犯的客体为司法机关的正常活动。第二,从犯罪对象上来看,盗窃罪的犯罪对象是不特定的,包括有体物和无体物;而非法处置扣押的财产罪的犯罪对象必须是特定的,是已被司法机关扣押的财产。第三,两罪的客观方面表现不同。盗窃罪主要表现为以秘密窃取手段进行的侵犯公私财产的行为;而非法处置扣押的财产罪主要表现为隐藏、转移、变卖、故意毁损四种行为方式,且必须达到情节严重的程度。第四,两罪主观方面不同。以非法占有为目的是盗窃罪构成的必备主观要件;而非法处置扣押的财产罪的主观方面必须是出于故意,即应明知侵害的是已被司法机关扣押的财产,其主观目的的内容更为宽泛,可能包含逃避法律制裁、破坏司法机关的正常活动、获取其他非法利益等,但其犯罪目的是否明确并不影响该罪的成立,不是构成该罪的必备要件。第五,两罪的犯罪主体不同。非法处置扣押的财产罪的犯罪主体只限于被查封、扣押、冻结的财产的所有人;而盗窃罪的犯罪主体主要是被查封、扣押、冻结的财产的所有人、保管人以外的其他人采取秘密手段窃取被司法机关查封、扣押的财产,当然也不排除被查封、扣押、冻结的财产的所有人以事后获取赔偿为目的而秘密窃取被查封、扣押的财产的情形。二被告人的行为不构成盗窃罪,亦不构成想象竞合犯,仅构成非法处置扣押的财产罪一罪。即二被告人的行为妨害了司法机关的正常诉讼活动,造成了极坏的社会影响,根据主客观相统一和罪责刑相适应的原则,一、二审法院对二被告人的行为定性为非法处置扣押的财产罪并依法判处相应刑罚,是适当的。[参见第1177号指导案例,何某、汪顺太非法处置扣押的财产案,载《刑事审判参考》总第108集,第86~89页。撰稿:王长河　罗明华]

第三百一十五条　【破坏监管秩序罪】依法被关押的罪犯,有下列破坏监管秩序行为之一,情节严重的,处三年以下有期徒刑:

(一)殴打监管人员的;

(二)组织其他被监管人破坏监管秩序的;

(三)聚众闹事,扰乱正常监管秩序的;

(四)殴打、体罚或者指使他人殴打、体罚其他被监管人的。

第三百一十六条　【脱逃罪】依法被关押的罪犯、被告人、犯罪嫌疑人脱逃的,处五年以下有期徒刑或者拘役。

【劫夺被押解人员罪】劫夺押解途中的罪犯、被告人、犯罪嫌疑人的,处三年以上七年以下有期徒刑;情节严重的,处七年以上有期徒刑。

▽无罪被错捕羁押的人伙同他人共同脱逃构成脱逃罪

本案发生在修订后的刑法施行以前,根据刑法第十二条第一款的规定,应适用1979年刑法。1979年刑法第一百六十一条规定:"依法被逮捕、关押的犯罪分子脱逃的,除按其原犯罪行判处或者按其原判刑期执行外,加处五年以下有期徒刑或者拘役。以暴力、威胁方法犯前款罪的,处二年以上七年以下有期徒刑。"按此规定,当时的脱逃罪主体只能是"依法被逮捕、关押的犯罪分子"。所谓"依法被逮捕、关押的犯罪分子",是指依法定程序被逮捕、关押的且实际具有犯罪行为的未决犯和已被判处刑罚的已决犯。实际无罪但被怀疑有罪而被逮捕、关押的人,是不能成为本罪主体的。本案行为人脱逃的前因确实是被司法机关无罪错捕,长期关押,但司法机关对其逮捕、关押是司法机关依法定程序进行的。构成脱逃罪必须是特殊主体,修订前的刑法第一百六十一条规定的脱逃罪必须是依法被逮捕、关押的犯罪分子。按照刑法理论,行为人具有特定的身份,是成立真正身份犯的要件,不具有特定身份的人不能单独构成这种犯罪,无身份的人与具有特定身份的人可以共同构成这种犯罪。无身份者与有身份者共同实施犯罪,既可以成为真正身份犯的教唆犯、协从犯或者从犯,也可以成为主犯,甚至成为犯罪的首要分子,这种案例在审判实践中并不少见。值得指出的是,1979年刑法第一百六十一条的规定没有将"犯罪嫌疑人"与"犯罪分子"区分开来,根据1997年刑法本条规定,尚未经人民法院审判定罪而被司法机关依法关押的犯罪嫌疑人脱逃的,也构成脱逃罪。行为人是未经审判的犯罪嫌疑人,按照1997年刑法规定构成脱逃罪的真正身份犯。但本案发生在刑法修订前,故只能认定行为人为共同犯罪中的共犯。[参见第93(90)号案例,陈维仁等脱逃案,载《刑事审判参考》总第14辑(2001年第3辑),法律出版社,第39~41页。执笔:天平]

▽单独持械将被羁押的犯罪嫌疑人劫出的行为,构成脱逃罪共犯

刑法本条第一款的规定虽然只提到"依法被关押的罪犯、被告人、犯罪嫌疑人",但并没有规定脱逃罪只能由被关押的罪犯、被告人、犯罪嫌疑人构成;根据刑法第二十五条第一款规定,共同犯罪是指二人以上共同故意犯罪,刑法分则除对必要共同犯罪作了明确规定外,对于既可由一人单独完成,也可由二人以上共同实施的非必要共同犯罪,没有分别作出规定。实际上,由于非必要共同犯罪的主体十分复杂,刑法立法不可能也无必要对非必要共同犯罪的主体都作出详细规定。脱逃罪是非必要的共同犯罪,既可单独构成,也可由二人以上共同故意实施;既可以由被羁押的人共同实施,也可以由被羁押的人与羁押场所以外的人共同实施,如被关押的罪犯、被告人、犯罪嫌疑人的家属与在押人员周密部署、策划,利用探监之机,帮助在押人员脱逃的,就构成脱逃罪的共犯。本案行为人基于使另一行为人逃避刑罚处罚的目的,实施了两个犯罪行为:破坏监管设施、冒充警察,将在押犯罪嫌疑另一行为人从看守所劫出;提供钱财、交通工具和隐藏场所等,帮助另一行为人逃匿。触犯了两个罪名:脱逃罪和窝藏罪。但是,将另一行为人从看守所劫出的行为是实现其帮助另一行为人逃匿的手段。这种情形在刑法理论上被称为牵连犯。对于牵连犯,除刑法分则对其定罪处刑有特别规定外,司法实践中一般实行"择一重罪从重处断"的处罚原则,不实行数罪并罚。[参见第76号案例,魏荣香、王招贵、郑建德故意杀人、抢劫、脱逃、窝藏案,载《刑事审判参考》总第11辑(2000年第6辑),法律出版社,第6～8页。执笔:刘尔华]

第三百一十七条　【组织越狱罪】组织越狱的首要分子和积极参加的,处五年以上有期徒刑;其他参加的,处五年以下有期徒刑或者拘役。

【暴动越狱罪】【聚众持械劫狱罪】暴动越狱或者聚众持械劫狱的首要分子和积极参加的,处十年以上有期徒刑或者无期徒刑;情节特别严重的,处死刑;其他参加的,处三年以上十年以下有期徒刑。

第三节　妨害国(边)境管理罪

第三百一十八条　【组织他人偷越国(边)境罪】组织他人偷越国(边)境的,处二年以上七年以下有期徒刑,并处罚金;有下列情形之一的,处七年以上有期徒刑或者无期徒刑,并处罚金或者没收财产:

(一)组织他人偷越国(边)境集团的首要分子;

(二)多次组织他人偷越国(边)境或者组织他人偷越国(边)境人数众多的;

(三)造成被组织人重伤、死亡的;

(四)剥夺或者限制被组织人人身自由的;

(五)以暴力、威胁方法抗拒检查的;

(六)违法所得数额巨大的;

(七)有其他特别严重情节的。

犯前款罪,对被组织人有杀害、伤害、强奸、拐卖等犯罪行为,或者对检查人员有杀害、伤害等犯罪行为的,依照数罪并罚的规定处罚。

■公安部关于妨害国(边)境管理犯罪案件立案标准及有关问题的通知(2000年3月31日)

(一)组织他人偷越国(边)境案

1. 组织他人偷越国(边)境的,应当立案侦查。

2. 组织他人偷越国(边)境,具有下列情形之一的,应当立为重大案件:

(1)一次组织20～49人偷越国(边)境的;

(2)组织他人偷越国(边)境3～4次的;

(3)造成被组织人重伤1～2人的;

(4)剥夺或者限制被组织人人身自由的;

(5)以暴力、威胁方法抗拒检查的;

(6)违法所得人民币5万～20万元的;

(7)有其他严重情节的。

3. 组织他人偷越国(边)境,具有下列情形之一的,应当立为特别重大案件:

(1)一次组织50人以上偷越国(边)境的;

(2)组织他人偷越国(边)境5次以上的;

(3)造成被组织人重伤3人以上或者死亡1人以上的;

(4)违法所得20万元以上的;

(5)有其他特别严重情节的。

在组织、运送他人偷越国(边)境中,对被组织人、被运送人有杀害、伤害、强奸、拐卖等犯罪行为,或者对检查人员有杀害、伤害等犯罪行为的,应当分别依照杀人、伤害、强奸、拐卖等案件一并立案侦查。

违法所得外币的,应当按当时汇率折合人民币,单独或者合计计算违法所得数额。

以上规定中的"以上",均包括本数在内。

■最高人民法院、最高人民检察院关于办理妨害国(边)境管理刑事案件应用法律若干问题的解释(2012年12月20日)

第一条　领导、策划、指挥他人偷越国(边)境或者在首要分子指挥下,实施拉拢、引诱、介绍他人偷越国(边)境等行为的,应当认定为刑法第三百一十八条规定的"组织他人偷越国(边)境"。

组织他人偷越国(边)境人数在十人以上的,应当认定为刑法第三百一十八条第一款第(二)项规定的"人数众多";违法所得数额在二十万元以上的,应当认定为刑法第三百一十八条第一款第(六)项规定的"违法所得数额巨大"。

以组织他人偷越国(边)境为目的,招募、拉拢、引诱、介绍、培训偷越国(边)境人员,策划、安排偷越国(边)境行为,在他人偷越国(边)境之前或者偷越国(边)境过程中被查获的,应当以组织他人偷越国(边)境罪(未遂)论处;具有刑法第三百一十八条第一款规定的情形之一的,应当在相应的法定刑幅度基础上,结合未遂犯的处罚原则量刑。

第七条　以单位名义或者单位形式组织他人偷越国(边)境、为他人提供伪造、变造的出入境证件或者运送他人偷越国(边)境的,应当依照刑法第三百一十八条、第三百二十条、第三百二十一条的规定追究直接负责的主管人员和其他直接责任人员的刑事责任。

第八条　实施组织他人偷越国(边)境犯罪,同时构成骗取出境证件罪、提供伪造、变造的出入境证件罪、出售出入境证件罪、运送他人偷越国(边)境罪的,依照处罚较重的规定定罪处罚。

第九条　对跨地区实施的不同妨害国(边)境管理犯罪,符合并案处理要求,有关地方公安机关依照法律和相关规定一并立案侦查,需要提请批准逮捕、移送审查起诉、提起公诉的,由该公安机关所在地的同级人民检察院、人民法院依法受理。

第十条　本解释发布实施后,《最高人民法院关于审理组织、运送他人偷越国(边)境等刑事案件适用法律若干问题的解释》(法释〔2002〕3号)不再适用。

▼浙江省高级人民法院关于印发《全省法院刑事审判疑难问题研讨会纪要》的通知(2012年2月24日)

六、关于组织他人偷越国(边)境罪的认定

判断行为人是否构成组织他人偷越国(边)境罪的关键在于考察其是否实施了组织行为。偷越是否成功、偷越的次数以及偷越者是否到达最终目的地等因素,不影响组织行为的成立。

对组织他人偷越国(边)境行为次数的判定,应当从行为人的主观故意内容及客观行为特征等角度综合加以考量。如果行为人主观上具有组织他人偷越国(边)境的故意,客观上所实施的组织行为在时间、地点上具有前后连贯等特点,宜认定为一次犯罪。

行为人已经着手实施组织他人偷越国(边)境犯罪行为,因意志以外原因未得逞的,宜认定为一次犯罪。

▽偷越国(边)境罪中的“偷越”的内涵

“偷越”,是指不具备合法出入境资格而出入境,侵犯我国国(边)境管理秩序的行为。“偷越”的方法和手段多种多样,主要表现为:不在规定的口岸、关卡秘密越(边)境的;以假证件或者其他蒙骗手段在关口蒙混出入境的;骗取出入证件,以所谓的“合法”的形式非法越境的。[参见第17号案例,顾国均、王建忠组织他人偷越国境案,载《刑事审判指导》总第2辑(2004年第2辑),人民法院出版社,第37页;第304号案例,顾国均、王建忠组织他人偷越国境案,载《刑事审判参考》总第38集(2004年第3集),法律出版社,第148页。执笔:许利飞　陈广宇　顾峰峰]

▽组织他人偷越国(边)境罪中“组织”行为与共同犯罪中组织犯的组织行为的区别

在刑法理论上,根据共同犯罪中各犯罪人的分工不同,常将他们分为四类,即组织犯、教唆犯、实行犯和帮助犯。其中,组织犯是指在犯罪集团中实施组织、策划、指挥行为的犯罪人,即犯罪集团的首要分子。组织偷越国(边)境罪中的组织行为与共同犯罪中组织犯的组织行为,二者虽然名称完全相同,且均具有组织性,但存在本质区别:前者是针对与其不构成共同犯罪关系的偷越国(边)境者而言的,亦即其组织性体现在对偷越国(边)境者偷渡行为的领导、策划、指挥;后者则针对与其同属某一犯罪集团其他共同犯罪人而言的,亦即其组织性体现在对犯罪集团中教唆犯、实行犯、帮助犯的犯罪活动进行统一组织、策划、指挥上。由于二组织行为存在上述本质差异,导致偷越国(边)境罪具有如下一些特点:该罪是任意共同犯罪,而非必要共同犯罪。即该罪可由二人或者二人以上以共同犯罪的形式实施,但并不以此为必要,一人单独组织他人偷越国(边)境的,也构成该罪。现行立法和司法解释的规定都没有明确限制组织他人偷越国(边)境罪中的组织行为必须是以犯罪集团的形式实施。只有在以组建犯罪集团的方式实施组织偷越国(边)境犯罪的案件中才存在前述之组织犯。[参见第9号案例,陈其纯组织他人偷越国境案,载《刑事审判指导》总第1辑(2004年第1辑),人民法院出版社,第49～50页。执笔:张春雷]

▽组织他人偷越国(边)境行为的认定

2002年2月6日最高人民法院颁布的《关于审理组织、运送他人偷越国(边)境等刑事案件适用法律若干问题的解释》(此解释2012年12月20日起不再适用。——编著者注)第一条规定:组织他人偷越国(边)境包括两种形式:一是领导、策划、指挥他人偷越国(边)境;二是在首要分子指挥下,实施拉拢、引诱、介绍他人偷越国(边)境等行为的。行为人事先向偷渡者传授偷越国(边)境的具体方法、策划办理登机手续和通过边检的方案,并在机场用电话指挥偷越国(边)境者依次办理登机手续等一系列行为应认定为领导、策划、指挥他人偷越国(边)境的行为。[参见第9号案例,陈其纯组织他人偷越国境案,载《刑事审判指导》总第1辑(2004年第1辑),人民法院出版社,第49～50页。执笔:张春雷]

▽对行为人既组织又运送他人偷越国(边)境的行为的不同处理

如果运送行为是组织他人偷越国(边)境行为的组成部分,被运送者与组织者具有同一性的,即既组织又运送的,且组织和运送又是针对同一对象的,则应认定成立组织他人偷越国(边)境罪一罪,即运送行为被组织行为吸收,不单独构罪;如果运送行为不是组织行为的组成部分,被运送者与组织者不具有同一性,即组织和运送是两个独立行为,组织和运送对象又不是同一对象的,则构成运送他人偷越国(边)境罪和组织他人偷越国(边)境罪两罪,应当实行数罪并罚。[参见第9号案例,陈其纯组织他人偷越国境案,载《刑事审判指导》总第1辑(2004年第1辑),人民法院出版社,第50～51页。执笔:张春雷]

▽对行为人的实施了组织他人偷越国(边)境行为与提供伪造、变造的出入境证件行为的处理

行为人因对同一对象实施了组织他人偷越国(边)境行为与提供伪造、变造的出入境证件两个行为,由于提供伪造、变造的出入境证件行为和组织他人偷越国(边)境行为之间存在牵连关系,即前后两行为为手段与目的行为关系，应按组织他人偷越国（边）境罪一罪论处。[参见第9号案例，陈其纯组织他人偷越国境案，载《刑事审判指导》总第1辑（2004年第1辑），人民法院出版社，第52页。执笔：张春雷]

▽组织他人偷越国（边）境罪既遂的认定

“构成要件齐备说”是通行的犯罪既遂理论，在司法实践中，这一理论也一直被普遍地接受和运用，根据该犯罪既遂理论，对组织他人偷越国（边）境罪，应当以行为人的组织行为是否实施完毕作为判定其是否构成既遂的标准。从刑法本条罪状的表述可以看出，组织他人偷越国（边）境罪属于刑法理论上的行为犯，故应当以法定的犯罪行为，即组织他人偷越国（边）境行为的完成，作为本罪既遂的标志。凡行为人的组织行为已经实施完毕，即使其后被组织者并未成功偷越国（边）境的，也不影响本罪既遂的成立。[参见第9号案例，陈其纯组织他人偷越国境案，载《刑事审判指导》总第1辑（2004年第1辑），人民法院出版社，第52~53页。执笔：张春雷]

▽以旅游名义骗取出境证件，非法组织他人出境劳务，构成组织他人偷越国（边）境罪

行为人以赴马来西亚旅游为名骗取出境证件的行为，依法构成骗取出境证件罪；利用骗取的证件组织他人出境非法滞留马来西亚打工，该行为是组织他人偷越国（边）境的行为，构成组织他人偷越国（边）境罪。鉴于前后两行为为手段与目的行为关系，成立牵连犯，根据“从一重罪处罚”原则，本案应以组织他人偷越国（边）境罪论处。[参见第17号案例，顾国均、王建忠组织他人偷越国境案，载《刑事审判指导》总第2辑（2004年第2辑），人民法院出版社，第37页；第304号案例，顾国均、王建忠组织他人偷越国境案，载《刑事审判参考》总第38集（2004年第3集），法律出版社，第143~152页。执笔：许利飞　陈广宇　顾峰峰]

▽被组织者偷越国境线后尚在偷越过程中被抓获的，应认定组织者组织他人偷越国境犯罪未遂

（一）从相关规范性指导文件规定分析，被告人的行为应当认定为犯罪未遂。2002年2月6日，最高人民法院出台的《关于审理组织、运送他人偷越国（边）境等刑事案件适用法律若干问题的解释》（已失效，本附文以下简称《2002年解释》）未对组织他人偷越国境的未遂情节进行明确规定。起草人在相关理解与适用一文中提出了组织他人偷越国（边）境组织行为一经实施就应当认定为既遂的观点。此后十年间的司法实践，也基本是按照这一原则把握的。2012年12月20日，最高人民法院、最高人民检察院联合出台了《关于办理妨害国（边）境管理刑事案件应用法律若干问题的解释》（刑法本条附文以下简称《2012年解释》），《2002年解释》的相关规定不再适用。《2012年解释》第一条第三款对组织他人偷越国境的未遂情节作了原则性规定。根据该条规定，组织他人偷越国（边）境的组织行为并非一经实施就认定为既遂。如果被组织者在偷越国境之前或者偷越国境过程中被查获的，应当认定组织者组织他人偷越国境罪未遂。在未遂的认定上，存在两个并列情形：一是被组织者偷越国境之前；二是被组织者偷越国境过程中被查获。“偷越国（边）境过程中”是指他人已经偷越国境线，但尚未完成偷越行为，依然在偷越过程中。从《2012年解释》的规定分析，“偷越国境之前”与“偷越国（边）境过程中”是两个并列情形。如果“偷越国（边）境过程中”是指被组织者在尚未跨越国（边）境线的过程中，那么《2012年解释》就完全没有必要再规定“偷越国（边）境过程中”的情形，因为后着完全可以被前者包含。由此从解释初衷而论，“偷越国（边）境过程中”应当是“偷越国境之前”所不能包含的情形。即“偷越国（边）境过程中”是指被组织者虽已经越过国（边）境，但尚未完成偷越行为，依然在偷越过程中。该过程在时间上具有持续性，即是持续不间断的；在空间上具有区域性，即虽以界划线，但还设置了一个整体管理的区域，是偷越国境不可绕道的部分。至于如何认定边境管理区域，以实际设置为据。在毗邻中越边境地区，通常乡镇设有武警边防派出所进行治安管理，口岸附近设有武警边防检查站，在距边境10公里左右的内地还设有武警边防检查站，具体以何种界线划分，可以当地边境管理区域的设置标准加以确定。本案中，农某兴、农某报组织他人偷越国境，从在越南境内组织人员，到被组织者越境，再到界碑附近上车,最后在车开到边境巡逻道路段时被查获。被组织者的偷越行为在时间上具有接续性,在空间上具有连接性,即被组织者依然在边境管理区域内,属于“偷越国(边)境过程中”。根据《2012年解释》的相关规定,被组织者在此期间被查获,应当认定组织者组织他人偷越国境罪未遂。

(二)从中越边境地理风情分析,被告人的行为宜认定为犯罪未遂。中越两国依山傍水,由于经济发展原因,两国边民来往频繁,前几年集中在经贸往来与非法婚姻。近年来,由于我国边境的青壮年劳力大多到广东沿海一带打工,边境地区的农村人工短缺,每到农忙季节吸引了较多的越南劳力越境短期务工。鉴于上述现实情况,如果对当地农村招募越南人务工的边民处以重刑,社会效果可能不好。本案中,被告人农某兴在当地种植有百余亩的甘蔗。由于在当地难以找到工人,只好请当时在中国边境地区务工的越南人农某报帮忙找越南劳力来做工,故其主观恶性较小。同时,值得说明的是,现有证据仅证实农某报是务工人员之一,其虽然具有帮助招工的行为,但其没有获得额外利益,且综合边民之间农忙时节越境务工现象比较普遍这一实际情况,故对农某报不宜以犯罪论处。[参见第883号指导案例,农海兴组织他人偷越国境案,载《刑事审判参考》总第93集(2013年第4集),第74~76页。撰稿:梁蓬勃　管星明]

▽组织他人偷越边境罪与运送他人偷越边境罪区分的认定

组织他人偷越边境罪,是指领导、策划、指挥他人偷越边境或者在首要分子指挥下,实施拉拢、引诱、介绍他人偷越边境等行为。运送他人偷越边境罪,是指使用车、船等交通工具或者徒步带领,将他人非法送出或者接入边境的行为。1979年刑法规定的是组织、运送他人偷越国(边)境罪,1994年《全国人民代表大会常务委员会关于严惩组织、运送他人偷越国(边)境犯罪的补充规定》(已失效,本附文以下简称《补充规定》)第一条、第四条将其拆分为组织他人偷越国(边)境罪与运送他人偷越国(边)境罪,1997年刑法沿用了《补充规定》的做法。组织他人偷越国(边)境罪与运送他人偷越国(边)境罪在侵犯的客体、主体、主观方面均相同,客观方面亦有重合之处,如组织他人偷越边境的环节中也可能包含运送他人偷越边境行力。但两罪的法定刑相差较大:组织他人偷越边境的,处二年以上七年以下有期徒刑,并处罚金:有特别情形的,处七年以上有期徒刑或者无期徒刑,并处罚金或者没收财产。运送他人偷越边境的,处五年以下有期徒刑、拘役或者管制,并处罚金;有特别情形的,处五年以上十年以下有期徒刑,并处罚金。因此,有必要对两罪严格区分,以确保罪责刑相适应。

区分组织他人偷越边境罪与运送他人偷越边境罪的关键在于判断行为是否具有组织性。组织他人偷越边境罪之所以是妨害国(边)境管理系列罪中法定刑最重的罪,原因在于其聚集分散的偷渡人员,使偷渡活动具有系统性、整体性,更容易实施犯罪、妨害侦查,还容易衍生其他犯罪,其组织行为带来的社会危害性更大。根据最高人民法院、最高人民检察院《2012年解释》第一条的规定,组织他人偷越边境罪的“组织”行为,主要有两种方式:一是领导、策划、指挥他人偷越边境的行为;二是在首要分子指挥下,实施拉拢、引诱、介绍他人偷越边境等行为。由于组织他人偷越边境犯罪环节较多,参与人员情况复杂,对于拉拢、引诱、介绍三种方式以外的其他协助行为,一般不宜认定为“组织”行为。明知他人组织他人偷越边境,而参与购买、联系、安排船只、汽车等交通工具,提供运输服务,将非法出境人员送至离境口岸、指引路线,甚至是积极对偷渡人员进行英语培训以应付通关的需要,转交与出境人员身份不符的虚假证件,安排食宿、送取机票等行为,均是为组织他人偷越边境提供帮助,且由于主观目的及行为缺乏组织性,不能认定为组织他人偷越边境罪的共同犯罪,而应认定为运送他人偷越边境罪。本案被告人凌某某预谋组织人员偷渡,向29名偷渡人员收取偷渡费用,组织偷渡人员入境中国,安排偷渡人员住宿,指使同案被告人购买偷渡船只及导航仪,安排偷渡人员登船及驾驶船只,使偷渡活动具有系统性、整体性,其行为具有明显的组织性,构成组织他人偷越边境罪。值得强调的是,“国境”是指我国与外国的国界,而“边境”则是指我国大陆与港澳台地区的边界。由于29名越南籍人员从广西友谊关口岸进入中国内地,办理有合法进入中国国境的手续,意图偷越边境前往我国台湾地区,所以凌某某是组织他人偷越边境而不是偷越国境。凌某某在实施组织他人偷越边境犯罪行为的过程中又实施了运送行为,应当视为组织行为的方式之一,不实行数罪并罚。一审法院认定凌某某构成组织他人偷越边境罪是正确的。被告人韦某某、何某某受凌某某指使,帮助购买偷渡用船只、导航仪,与被告人陈某某、邓某某受凌某某指使在帮助他人偷越边境时驾驶船只的行为性质一致,均属于为运送他人偷越边境提供帮助,在主观目的和客观行为方面不具有聚集分散的偷渡人员使偷渡活动具有系统性、整体性的特征,二审法院撤销一审对韦某某、何某某的组织偷越边境罪定罪,改判其犯运送他人偷越边境罪,是正确的。[参见第1031号指导案例,凌文勇组织他人偷越边境、韦德其等运送他人偷越边境案,载《刑事审判参考》总第100集(2014年第5集),第75~77页。撰稿:曾鸣]

第三百一十九条 【骗取出境证件罪】以劳务输出、经贸往来或者其他名义,弄虚作假,骗取护照、签证等出境证件,为组织他人偷越国(边)境使用的,处三年以下有期徒刑,并处罚金;情节严重的,处三年以上十年以下有期徒刑,并处罚金。

单位犯前款罪的,对单位判处罚金,并对其直接负责的主管人员和其他直接责任人员,依照前款的规定处罚。

■公安部关于妨害国(边)境管理犯罪案件立案标准及有关问题的通知(2000年3月31日)

(二)骗取出境证件案

1.以劳务输出、经贸往来或者其他名义弄虚作假,骗取护照、通行证、旅行证、海员证、签证(注)等出境证件(以下简称出境证件),为他人偷越国(边)境使用的,应当立案侦查。

2.骗取出境证件,具有下列情形之一的,应当立为重大案件:

(1)骗取出境证件5~19本(份、个)的;

(2)为违法犯罪分子骗取出境证件的;

(3)违法所得10万~20万元的;

(4)有其他严重情节的。

3.骗取出境证件,具有下列情形之一的,应当立为特别重大案件:

(1)骗取出境证件20本(份、个)以上的;

(2)违法所得20万元以上的;

(3)有其他特别严重情节的。

■最高人民法院、最高人民检察院关于办理妨害国(边)境管理刑事案件应用法律若干问题的解释(2012年12月20日)

第二条 为组织他人偷越国(边)境,编造出境事由、身份信息或者相关的境外关系证明的,应当认定为刑法第三百一十九条第一款规定的"弄虚作假"。

刑法第三百一十九条第一款规定的"出境证件",包括护照或者代替护照使用的国际旅行证件,中华人民共和国海员证,中华人民共和国出入境通行证,中华人民共和国旅行证,中国公民往来香港、澳门、台湾地区证件,边境地区出入境通行证,签证、签注,出国(境)证明、名单,以及其他出境时需要查验的资料。

具有下列情形之一的,应当认定为刑法第三百一十九条第一款规定的"情节严重":

(一)骗取出境证件五份以上的;

(二)非法收取费用三十万元以上的;

(三)明知是国家规定的不准出境的人员而为其骗取出境证件的;

(四)其他情节严重的情形。

第八条 实施组织他人偷越国(边)境犯罪,同时构成骗取出境证件罪、提供伪造、变造的出入境证件罪、出售出入境证件罪、运送他人偷越国(边)境罪的,依照处罚较重的规定定罪处罚。

第九条　对跨地区实施的不同妨害国(边)境管理犯罪,符合并案处理要求,有关地方公安机关依照法律和相关规定一并立案侦查,需要提请批准逮捕、移送审查起诉、提起公诉的,由该公安机关所在地的同级人民检察院、人民法院依法受理。

第十条　本解释发布实施后,《最高人民法院关于审理组织、运送他人偷越国(边)境等刑事案件适用法律若干问题的解释》(法释〔2002〕3号)不再适用。

第三百二十条　【提供伪造、变造的出入境证件罪】【出售出入境证件罪】为他人提供伪造、变造的护照、签证等出入境证件,或者出售护照、签证等出入境证件的,处五年以下有期徒刑,并处罚金;情节严重的,处五年以上有期徒刑,并处罚金。

■公安部关于妨害国(边)境管理犯罪案件立案标准及有关问题的通知(2000年3月31日)

(三)提供伪造、变造的出入境证件案

1. 为他人提供伪造、变造的护照、通行证、旅行证、海员证、签证(注)等出入境证件(以下简称出入境证件)的,应当立案侦查。

2. 为他人提供伪造、变造的出入境证件,具有下列情节之一的,应当立为重大案件:

(1)为他人提供伪造、变造的出入境证件5～19本(份、个)的;

(2)为违法犯罪分子提供伪造、变造的出入境证件的;

(3)违法所得10万～20万元的;

(4)有其他严重情节的。

3. 为他人提供伪造、变造的出入境证件,具有下列情形之一的,应当立为特别重大案件:

(1)为他人提供伪造、变造的出入境证件20本(份、个)以上的;

(2)违法所得20万元以上的;

(3)有其他特别严重情节的。

(四)出售出入境证件案

1. 出售出入境证件的,应当立案侦查。

2. 出售出入境证件,具有下列情形之一的,应当立为重大案件:

(1)出售出入境证件5～19本(份、个)的;

(2)给违法犯罪分子出售出入境证件的;

(3)违法所得10万～20万元的;

(4)有其他严重情节的。

3. 出售出入境证件,具有下列情形之一的,应当立为特别重大案件:

(1)出售出入境证件20本(份、个)以上的;

(2)违法所得20万元以上的;

(3)有其他特别严重情节的。

■最高人民法院、最高人民检察院关于办理妨害国(边)境管理刑事案件应用法律若干问题的解释(2012年12月20日)

第三条　刑法第三百二十条规定的"出入境证件",包括本解释第二条第二款所列的证件以及其他入境时需要查验的资料。

具有下列情形之一的,应当认定为刑法第三百二十条规定的"情节严重":

(一)为他人提供伪造、变造的出入境证件或者出售出入境证件五份以上的;

(二)非法收取费用三十万元以上的;

(三)明知是国家规定的不准出入境的人员而为其提供伪造、变造的出入境证件或者向其出售出入境证件的；

（四）其他情节严重的情形。

第七条　以单位名义或者单位形式组织他人偷越国（边）境、为他人提供伪造、变造的出入境证件或者运送他人偷越国（边）境的，应当依照刑法第三百一十八条、第三百二十条、第三百二十一条的规定追究直接负责的主管人员和其他直接责任人员的刑事责任。

第八条　实施组织他人偷越国（边）境犯罪，同时构成骗取出境证件罪、提供伪造、变造的出入境证件罪、出售出入境证件罪、运送他人偷越国（边）境罪的，依照处罚较重的规定定罪处罚。

第九条　对跨地区实施的不同妨害国（边）境管理犯罪，符合并案处理要求，有关地方公安机关依照法律和相关规定一并立案侦查，需要提请批准逮捕、移送审查起诉、提起公诉的，由该公安机关所在地的同级人民检察院、人民法院依法受理。

第十条　本解释发布实施后，《最高人民法院关于审理组织、运送他人偷越国（边）境等刑事案件适用法律若干问题的解释》（法释〔2002〕3号）不再适用。

第三百二十一条　【运送他人偷越国（边）境罪】运送他人偷越国（边）境的，处五年以下有期徒刑、拘役或者管制，并处罚金；有下列情形之一的，处五年以上十年以下有期徒刑，并处罚金：

（一）多次实施运送行为或者运送人数众多的；

（二）所使用的船只、车辆等交通工具不具备必要的安全条件，足以造成严重后果的；

（三）违法所得数额巨大的；

（四）有其他特别严重情节的。

在运送他人偷越国（边）境中造成被运送人重伤、死亡，或者以暴力、威胁方法抗拒检查的，处七年以上有期徒刑，并处罚金。

犯前两款罪，对被运送人有杀害、伤害、强奸、拐卖等犯罪行为，或者对检查人员有杀害、伤害等犯罪行为的，依照数罪并罚的规定处罚。

■公安部关于妨害国（边）境管理犯罪案件立案标准及有关问题的通知（2000年3月31日）

（五）运送他人偷越国（边）境案

1. 运送他人偷越国（边）境的，应当立案侦查。

2. 运送他人偷越国（边）境，具有下列情形之一的，应当立为重大案件：

（1）一次运送20～49人偷越国（边）境的；

（2）运送他人偷越国（边）境3～4次的；

（3）使用简陋、破旧、报废、通气状况很差的船只或者车辆等不具备必要安全条件的交通工具运送他人偷越国（边）境），足以造成严重后果的；

（4）违法所得5万～20万元的；

（5）造成被运送人重伤1～2人的；

（6）以暴力、威胁方法抗拒检查的；

（7）有其他严重情节的。

3. 运送他人偷越国（边）境，具有下列情形之一的，应当立为特别重大案件：

（1）一次运送50人以上偷越国（边）境的；

（2）运送他人偷越国（边）境5次以上的；

（3）造成被运送人重伤3人以上或者死亡1人以上的；

（4）违法所得20万元以上的；

（5）有其他特别严重情节的。

在组织、运送他人偷越国（边）境中，对被组织人、被运送人有杀害、伤害、强奸、拐卖等犯罪行为，或者对检查人员有杀害、伤害等犯罪行为的，应当分别依照杀人、伤害、强奸、拐卖等案件一并立案侦查。

违法所得外币的,应当按当时汇率折合人民币,单独或者合计计算违法所得数额。

以上规定中的“以上”,均包括本数在内。

■最高人民法院、最高人民检察院关于办理妨害国(边)境管理刑事案件应用法律若干问题的解释(2012 年 12 月 20 日)

第四条　运送他人偷越国(边)境人数在十人以上的,应当认定为刑法第三百二十一条第一款第(一)项规定的“人数众多”;违法所得数额在二十万元以上的,应当认定为刑法第三百二十一条第一款第(三)项规定的“违法所得数额巨大”。

第七条　以单位名义或者单位形式组织他人偷越国(边)境、为他人提供伪造、变造的出入境证件或者运送他人偷越国(边)境的,应当依照刑法第三百一十八条、第三百二十条、第三百二十一条的规定追究直接负责的主管人员和其他直接责任人员的刑事责任。

第八条　实施组织他人偷越国(边)境犯罪,同时构成骗取出境证件罪、提供伪造、变造的出入境证件罪、出售出入境证件罪、运送他人偷越国(边)境罪的,依照处罚较重的规定定罪处罚。

第九条　对跨地区实施的不同妨害国(边)境管理犯罪,符合并案处理要求,有关地方公安机关依照法律和相关规定一并立案侦查,需要提请批准逮捕、移送审查起诉、提起公诉的,由该公安机关所在地的同级人民检察院、人民法院依法受理。

第十条　本解释发布实施后,《最高人民法院关于审理组织、运送他人偷越国(边)境等刑事案件适用法律若干问题的解释》(法释〔2002〕3 号)不再适用。

▽运送他人偷越边境罪既遂与未遂的认定

就犯罪构成而言,运送他人偷越边境罪系行为犯还是结果犯,只有发生了将偷渡者实际运出入边境的危害后果才能构成该罪的既遂。在司法解释未明确规定运送他人偷越边境罪既未遂认定标准的情况下,2012 年 12 月 20 日《最高人民法院、最高人民检察院关于办理妨害国(边)境管理刑事案件应用法律若干问题的解释》第一条第三款的规定,组织他人偷越边境,在他人偷越边境之前或者偷越边境过程中被查获的,应当以组织他人偷越边境罪(未遂)论处。可见,司法解释明确规定只有发生了将被组织的偷渡者实际运出入边境的危害后果才能构成组织他人偷越边境罪的既遂。而运送他人偷越边境犯是组织他人偷越边境犯的环节之一,从刑法规定的量刑幅度也可看出运送他人偷越边境罪的社会危害性低于组织他人偷越边境罪,根据举重以明轻的解释原理,亦应以运送的偷渡人员是否越过边境线作为区分运送他人偷越边境罪既未遂的认定标准。本案被告人陈某某、邓某某、韦某某、何某某运送的偷渡人员,因船舶出现故障,在偷越边境之前被查获,对各被告人应以运送他人偷越边境罪(未遂)论处,依法可以比照既遂犯从轻或者减轻处罚。二审法院据此改判,认定陈某某、邓某某亦属运送他人偷越边境犯罪未遂,是正确的。[参见第 1031 号指导案例,凌文勇组织他人偷越边境、韦德其等运送他人偷越边境案,载《刑事审判参考》总第 100 集(2014 年第 5 集),第 77 页。撰稿:曾鸣]

第三百二十二条　【偷越国(边)境罪】违反国(边)境管理法规,偷越国(边)境,情节严重的,处一年以下有期徒刑、拘役或者管制,并处罚金;为参加恐怖活动组织、接受恐怖活动培训或者实施恐怖活动,偷越国(边)境的,处一年以上三年以下有期徒刑,并处罚金。(本条是根据《中华人民共和国刑法修正案(九)》之四十修改的,自 2015 年 11 月 1 日起施行。)

刑法本条原文:违反国(边)境管理法规,偷越国(边)境,情节严重的,处一年以下有期徒刑、拘役或者管制,并处罚金。

■公安部关于妨害国(边)境管理犯罪案件立案标准及有关问题的通知(2000 年 3 月 31 日)

(六)偷越国(边)境案

1. 偷越国(边)境,具有下列情形之一的,应当立案侦查:

(1)偷越国(边)境3次以上,屡教不改的;

(2)实施违法行为后偷越国(边)境的;

(3)在偷越国(边)境时对执法人员施以暴力、威胁手段的;

(4)造成重大涉外事件和恶劣影响的;

(5)有其他严重情节的。

2. 偷越国(边)境,具有下列情形之一的,应当立为重大案件:

(1)为逃避刑罚偷越国(边)境的;

(2)以走私、贩毒等犯罪为目的偷越国(边)境的;

(3)有其他特别严重情节的。

■最高人民法院、最高人民检察院关于办理妨害国(边)境管理刑事案件应用法律若干问题的解释(2012年12月20日)

第五条 偷越国(边)境,具有下列情形之一的,应当认定为刑法第三百二十二条规定的"情节严重":

(一)在境外实施损害国家利益行为的;

(二)偷越国(边)境三次以上或者三人以上结伙偷越国(边)境的;

(三)拉拢、引诱他人一起偷越国(边)境的;

(四)勾结境外组织、人员偷越国(边)境的;

(五)因偷越国(边)境被行政处罚后一年内又偷越国(边)境的;

(六)其他情节严重的情形。

第六条 具有下列情形之一的,应当认定为刑法第六章第三节规定的"偷越国(边)境"行为:

(一)没有出入境证件出入国(边)境或者逃避接受边防检查的;

(二)使用伪造、变造、无效的出入境证件出入国(边)境的;

(三)使用他人出入境证件出入国(边)境的;

(四)使用以虚假的出入境事由、隐瞒真实身份、冒用他人身份证件等方式骗取的出入境证件出入国(边)境的;

(五)采用其他方式非法出入国(边)境的。

第八条 实施组织他人偷越国(边)境犯罪,同时构成骗取出境证件罪、提供伪造、变造的出入境证件罪、出售出入境证件罪、运送他人偷越国(边)境罪的,依照处罚较重的规定定罪处罚。

第九条 对跨地区实施的不同妨害国(边)境管理犯罪,符合并案处理要求,有关地方公安机关依照法律和相关规定一并立案侦查,需要提请批准逮捕、移送审查起诉、提起公诉的,由该公安机关所在地的同级人民检察院、人民法院依法受理。

第十条 本解释发布实施后,《最高人民法院关于审理组织、运送他人偷越国(边)境等刑事案件适用法律若干问题的解释》(法释〔2002〕3号)不再适用。

第三百二十三条 【破坏界碑、界桩罪】【破坏永久性测量标志罪】故意破坏国家边境的界碑、界桩或者永久性测量标志的,处三年以下有期徒刑或者拘役。

■公安部关于妨害国(边)境管理犯罪案件立案标准及有关问题的通知(2000年3月31日)

(七)破坏界碑、界桩案

1. 采取盗取毁坏、拆除、掩埋、移动等手段破坏国家边境的界碑、界桩的,应当立案侦查。

2. 破坏3个以上界碑、界桩的,或者造成严重后果的,应当立为重大案件。

(八)破坏永久性测量标志案

1. 采取盗取拆毁、损坏、改变、移动、掩埋等手段破坏永久性测量标志,使其失去原有作用的,应当立案侦查。

2. 破坏3个以上永久性测量标志的,或者造成永久性测量标志严重损毁等严重后果的,应当立为重大案件。

■中华人民共和国测量标志保护条例(2011年1月8日修订)

第四条　本条例所称测量标志,是指:

(一)建设在地上、地下或者建筑物上的各种等级的三角点、基线点、导线点、军用控制点、重力点、天文点、水准点的木质觇标、钢质觇标和标石标志,全球卫星定位控制点,以及用于地形测图、工程测量和形变测量的固定标志和海底大地点设施等永久性测量标志;

(二)测量中正在使用的临时性测量标志。

第二十二条　测量标志受国家保护,禁止下列有损测量标志安全和使测量标志失去使用效能的行为:

(一)损毁或者擅自移动地下或者地上的永久性测量标志以及使用中的临时性测量标志的;

(二)在测量标志占地范围内烧荒、耕作、取土、挖沙或者侵占永久性测量标志用地的;

(三)在距永久性测量标志50米范围内采石、爆破、射击、架设高压电线的;

(四)在测量标志的占地范围内,建设影响测量标志使用效能的建筑物的;

(五)在测量标志上架设通讯设施、设置观望台、搭帐篷、拴牲畜或者设置其他有可能损毁测量标志的附着物的;

(六)擅自拆除设有测量标志的建筑物或者拆除建筑物上的测量标志的;

(七)其他有损测量标志安全和使用效能的。

第四节　妨害文物管理罪

第三百二十四条　【故意损毁文物罪】故意损毁国家保护的珍贵文物或者被确定为全国重点文物保护单位、省级文物保护单位的文物的,处三年以下有期徒刑或者拘役,并处或者单处罚金;情节严重的,处三年以上十年以下有期徒刑,并处罚金。

【故意损毁名胜古迹罪】故意损毁国家保护的名胜古迹,情节严重的,处五年以下有期徒刑或者拘役,并处或者单处罚金。

【过失损毁文物罪】过失损毁国家保护的珍贵文物或者被确定为全国重点文物保护单位、省级文物保护单位的文物,造成严重后果的,处三年以下有期徒刑或者拘役。

■最高人民检察院、公安部关于公安机关管辖的刑事案件立案追诉标准的规定(一)(2008年6月25日)

第四十六条　[故意损毁文物案(刑法第三百二十四条第一款)]故意损毁国家保护的珍贵文物或者被确定为全国重点文物保护单位、省级文物保护单位的文物的,应予立案追诉。

第四十七条　[故意损毁名胜古迹案(刑法第三百二十四条第二款)]故意损毁国家保护的名胜古迹,涉嫌下列情形之一的,应予立案追诉:

(一)造成国家保护的名胜古迹严重损毁的;

(二)损毁国家保护的名胜古迹三次以上或者三处以上,尚未造成严重毁损后果的;

(三)损毁手段特别恶劣的;

(四)其他情节严重的情形。

第四十八条　[过失损毁文物案(刑法第三百二十四条第三款)]过失损毁国家保护的珍贵文物或者被确定为全国重点文物保护单位、省级文物保护单位的文物,涉嫌下列情形之一的,应予立案追诉:

（一）造成珍贵文物严重损毁的；

（二）造成被确定为全国重点文物保护单位、省级文物保护单位的文物严重损毁的；

（三）造成珍贵文物损毁三件以上的；

（四）其他造成严重后果的情形。

■最高人民法院、最高人民检察院关于办理妨害文物管理等刑事案件适用法律若干问题的解释（2016年1月1日）

第三条　全国重点文物保护单位、省级文物保护单位的本体，应当认定为刑法第三百二十四条第一款规定的“被确定为全国重点文物保护单位、省级文物保护单位的文物”。

故意损毁国家保护的珍贵文物或者被确定为全国重点文物保护单位、省级文物保护单位的文物，具有下列情形之一的，应当认定为刑法第三百二十四条第一款规定的“情节严重”：

（一）造成五件以上三级文物损毁的；

（二）造成二级以上文物损毁的；

（三）致使全国重点文物保护单位、省级文物保护单位的本体严重损毁或者灭失的；

（四）多次损毁或者损毁多处全国重点文物保护单位、省级文物保护单位的本体的；

（五）其他情节严重的情形。

实施前款规定的行为，拒不执行国家行政主管部门作出的停止侵害文物的行政决定或者命令的，酌情从重处罚。

第四条　风景名胜区的核心景区以及未被确定为全国重点文物保护单位、省级文物保护单位的古文化遗址、古墓葬、古建筑、石窟寺、石刻、壁画、近代现代重要史迹和代表性建筑等不可移动文物的本体，应当认定为刑法第三百二十四条第二款规定的“国家保护的名胜古迹”。

故意损毁国家保护的名胜古迹，具有下列情形之一的，应当认定为刑法第三百二十四条第二款规定的“情节严重”：

（一）致使名胜古迹严重损毁或者灭失的；

（二）多次损毁或者损毁多处名胜古迹的；

（三）其他情节严重的情形。

实施前款规定的行为，拒不执行国家行政主管部门作出的停止侵害文物的行政决定或者命令的，酌情从重处罚。

故意损毁风景名胜区内被确定为全国重点文物保护单位、省级文物保护单位的文物的，依照刑法第三百二十四条第一款和本解释第三条的规定定罪量刑。

第五条　过失损毁国家保护的珍贵文物或者被确定为全国重点文物保护单位、省级文物保护单位的文物，具有本解释第三条第二款第一项至第三项规定情形之一的，应当认定为刑法第三百二十四条第三款规定的“造成严重后果”。

第十一条　单位实施走私文物、倒卖文物等行为，构成犯罪的，依照本解释规定的相应自然人犯罪的定罪量刑标准，对直接负责的主管人员和其他直接责任人员定罪处罚，并对单位判处罚金。

公司、企业、事业单位、机关、团体等单位实施盗窃文物，故意损毁文物、名胜古迹，过失损毁文物，盗掘古文化遗址、古墓葬等行为的，依照本解释规定的相应定罪量刑标准，追究组织者、策划者、实施者的刑事责任。

第十三条　案件涉及不同等级的文物的，按照高级别文物的量刑幅度量刑；有多件同级文物的，五件同级文物视为一件高一级文物，但是价值明显不相当的除外。

第十四条　依照文物价值定罪量刑的，根据涉案文物的有效价格证明认定文物价值；无有效价格证明，或者根据价格证明认定明显不合理的，根据销赃数额认定，或者结合本解释第十五条规定的鉴定意见、报告认定。

第十五条　在行为人实施有关行为前,文物行政部门已对涉案文物及其等级作出认定的,可以直接对有关案件事实作出认定。

对案件涉及的有关文物鉴定、价值认定等专门性问题难以确定的,由司法鉴定机构出具鉴定意见,或者由国务院文物行政部门指定的机构出具报告。其中,对于文物价值,也可以由有关价格认证机构作出价格认证并出具报告。

第十六条　实施本解释第一条、第二条、第六条至第九条规定的行为,虽已达到应当追究刑事责任的标准,但行为人系初犯,积极退回或者协助追回文物,未造成文物损毁,并确有悔罪表现的,可以认定为犯罪情节轻微,不起诉或者免予刑事处罚。

实施本解释第三条至第五条规定的行为,虽已达到应当追究刑事责任的标准,但行为人系初犯,积极赔偿损失,并确有悔罪表现的,可以认定为犯罪情节轻微,不起诉或者免予刑事处罚。

第十七条　走私、盗窃、损毁、倒卖、盗掘或者非法转让具有科学价值的古脊椎动物化石、古人类化石的,依照刑法和本解释的有关规定定罪量刑。

第十八条　本解释自2016年1月1日起施行。本解释公布施行后,《最高人民法院、最高人民检察院关于办理盗窃、盗掘、非法经营和走私文物的案件具体应用法律的若干问题的解释》[法(研)发〔1987〕32号]同时废止;之前发布的司法解释与本解释不一致的,以本解释为准。

■最高人民法院、最高人民检察院、国家文物局、公安部、海关总署涉案文物鉴定评估管理办法(2018年6月20日)(见本书附录四十九)

●故意损毁名胜古迹罪及其情节严重的认定及专家意见的性质

1. 风景名胜区的核心景区属于刑法第三百二十四条第二款规定的“国家保护的名胜古迹”。对核心景区内的世界自然遗产实施打岩钉等破坏活动,严重破坏自然遗产的自然性、原始性、完整性和稳定性的,综合考虑有关地质遗迹的特点、损坏程度等,可以认定为故意损毁国家保护的名胜古迹“情节严重”。

2. 对刑事案件中的专门性问题需要鉴定,但没有鉴定机构的,可以指派、聘请有专门知识的人就案件的专门性问题出具报告,相关报告在刑事诉讼中可以作为证据使用。(参见最高人民法院第26批指导性案例147号,张永明、毛伟明、张鹭故意损毁名胜古迹案,2020年12月29日发布。)

第三百二十五条　【非法向外国人出售、赠送珍贵文物罪】违反文物保护法规,将收藏的国家禁止出口的珍贵文物私自出售或者私自赠送给外国人的,处五年以下有期徒刑或者拘役,可以并处罚金。

单位犯前款罪的,对单位判处罚金,并对其直接负责的主管人员和其他直接责任人员,依照前款的规定处罚。

■最高人民法院、最高人民检察院、国家文物局、公安部、海关总署涉案文物鉴定评估管理办法(2018年6月20日)(见本书附录四十九)

第三百二十六条　【倒卖文物罪】以牟利为目的,倒卖国家禁止经营的文物,情节严重的,处五年以下有期徒刑或者拘役,并处罚金;情节特别严重的,处五年以上十年以下有期徒刑,并处罚金。

单位犯前款罪的,对单位判处罚金,并对其直接负责的主管人员和其他直接责任人员,依照前款的规定处罚。

■最高人民法院、最高人民检察院关于办理妨害文物管理等刑事案件适用法律若干问题的解释(2016年1月1日)

第六条　出售或者为出售而收购、运输、储存《中华人民共和国文物保护法》规定的“国家禁止买卖的文物”的,应当认定为刑法第三百二十六条规定的“倒卖国家禁止经营的文物”。

倒卖国家禁止经营的文物,具有下列情形之一的,应当认定为刑法第三百二十六条规定的“情节严重”:

(一)倒卖三级文物的;

(二)交易数额在五万元以上的;

(三)其他情节严重的情形。

实施前款规定的行为,具有下列情形之一的,应当认定为刑法第三百二十六条规定的“情节特别严重”:

(一)倒卖二级以上文物的;

(二)倒卖三级文物五件以上的;

(三)交易数额在二十五万元以上的;

(四)其他情节特别严重的情形。

第十一条 单位实施走私文物、倒卖文物等行为,构成犯罪的,依照本解释规定的相应自然人犯罪的定罪量刑标准,对直接负责的主管人员和其他直接责任人员定罪处罚,并对单位判处罚金。

公司、企业、事业单位、机关、团体等单位实施盗窃文物,故意损毁文物、名胜古迹,过失损毁文物,盗掘古文化遗址、古墓葬等行为的,依照本解释规定的相应定罪量刑标准,追究组织者、策划者、实施者的刑事责任。

第十二条 针对不可移动文物整体实施走私、盗窃、倒卖等行为的,根据所属不可移动文物的等级,依照本解释第一条、第二条、第六条的规定定罪量刑:

(一)尚未被确定为文物保护单位的不可移动文物,适用一般文物的定罪量刑标准;

(二)市、县级文物保护单位,适用三级文物的定罪量刑标准;

(三)全国重点文物保护单位、省级文物保护单位,适用二级以上文物的定罪量刑标准。

针对不可移动文物中的建筑构件、壁画、雕塑、石刻等实施走私、盗窃、倒卖等行为的,根据建筑构件、壁画、雕塑、石刻等文物本身的等级或者价值,依照本解释第一条、第二条、第六条的规定定罪量刑。建筑构件、壁画、雕塑、石刻等所属不可移动文物的等级,应当作为量刑情节予以考虑。

(第十三条至第十八条内容参见刑法第三百二十四条之后所附本解释相关内容)

■最高人民法院、最高人民检察院、国家文物局、公安部、海关总署涉案文物鉴定评估管理办法(2018年6月20日)(见本书附录四十九)

□明知他人盗掘文物,居中促成非法文物交易的,其行为构成倒卖文物罪定罪

行为人明知文物系他人盗掘所得,为从中牟取非法利益而帮助他人积极联系买主,居中促成非法文物交易的,其行为不构成销赃罪,应以倒卖文物罪定罪处罚。(参见天津市人民检察院第一分院诉刘大力、曹振庆、赵殿永等盗掘古文化遗址、倒卖文物、转移赃物案,载《最高人民法院公报》总第151期,2009年第5期,第43页。)

第三百二十七条 【非法出售、私赠文物藏品罪】违反文物保护法规,国有博物馆、图书馆等单位将国家保护的文物藏品出售或者私自送给非国有单位或者个人的,对单位判处罚金,并对其直接负责的主管人员和其他直接责任人员,处三年以下有期徒刑或者拘役。

■最高人民法院、最高人民检察院关于办理妨害文物管理等刑事案件适用法律若干问题的解释(2016年1月1日)

第七条 国有博物馆、图书馆以及其他国有单位,违反文物保护法规,将收藏或者管理的国家保护的文物藏品出售或者私自送给非国有单位或者个人的,依照刑法第三百二十七条的规定,以非法出售、私赠文物藏品罪追究刑事责任。

第十一条　单位实施走私文物、倒卖文物等行为，构成犯罪的，依照本解释规定的相应自然人犯罪的定罪量刑标准，对直接负责的主管人员和其他直接责任人员定罪处罚，并对单位判处罚金。

公司、企业、事业单位、机关、团体等单位实施盗窃文物，故意损毁文物、名胜古迹，过失损毁文物，盗掘古文化遗址、古墓葬等行为的，依照本解释规定的相应定罪量刑标准，追究组织者、策划者、实施者的刑事责任。

(第十三条至第十八条内容参见刑法第三百二十四条之后所附本解释相关内容)

■最高人民法院、最高人民检察院、国家文物局、公安部、海关总署涉案文物鉴定评估管理办法(2018 年 6 月 20 日)(见本书附录四十九)

第三百二十八条　【盗掘古文化遗址、古墓葬罪】盗掘具有历史、艺术、科学价值的古文化遗址、古墓葬的，处三年以上十年以下有期徒刑，并处罚金；情节较轻的，处三年以下有期徒刑、拘役或者管制，并处罚金；有下列情形之一的，处十年以上有期徒刑或者无期徒刑，并处罚金或者没收财产：

(一)盗掘确定为全国重点文物保护单位和省级文物保护单位的古文化遗址、古墓葬的；

(二)盗掘古文化遗址、古墓葬集团的首要分子；

(三)多次盗掘古文化遗址、古墓葬的；

(四)盗掘古文化遗址、古墓葬，并盗窃珍贵文物或者造成珍贵文物严重破坏的。(本条第一款是根据《中华人民共和国刑法修正案(八)》之四十五修改的，自 2011 年 5 月 1 日起施行。)

【盗掘古人类化石、古脊椎动物化石罪】盗掘国家保护的具有科学价值的古人类化石和古脊椎动物化石的，依照前款的规定处罚。

刑法本条第一款原文：【盗掘古文化遗址、古墓葬罪】盗掘具有历史、艺术、科学价值的古文化遗址、古墓葬的，处三年以上十年以下有期徒刑，并处罚金；情节较轻的，处三年以下有期徒刑、拘役或者管制，并处罚金；有下列情形之一的，处十年以上有期徒刑、无期徒刑或者死刑，并处罚金或者没收财产：

(一)盗掘确定为全国重点文物保护单位和省级文物保护单位的古文化遗址、古墓葬的；

(二)盗掘古文化遗址、古墓葬集团的首要分子；

(三)多次盗掘古文化遗址、古墓葬的；

(四)盗掘古文化遗址、古墓葬，并盗窃珍贵文物或者造成珍贵文物严重破坏的。

■最高人民法院、最高人民检察院关于办理妨害文物管理等刑事案件适用法律若干问题的解释(2016 年 1 月 1 日)

第八条　刑法第三百二十八条第一款规定的“古文化遗址、古墓葬”包括水下古文化遗址、古墓葬。“古文化遗址、古墓葬”不以公布为不可移动文物的古文化遗址、古墓葬为限。

实施盗掘行为，已损害古文化遗址、古墓葬的历史、艺术、科学价值的，应当认定为盗掘古文化遗址、古墓葬罪既遂。

采用破坏性手段盗窃古文化遗址、古墓葬以外的古建筑、石窟寺、石刻、壁画、近代现代重要史迹和代表性建筑等其他不可移动文物的，依照刑法第二百六十四条的规定，以盗窃罪追究刑事责任。

第十一条　单位实施走私文物、倒卖文物等行为，构成犯罪的，依照本解释规定的相应自然人犯罪的定罪量刑标准，对直接负责的主管人员和其他直接责任人员定罪处罚，并对单位判处罚金。

公司、企业、事业单位、机关、团体等单位实施盗窃文物，故意损毁文物、名胜古迹，过失损毁文物，盗掘古文化遗址、古墓葬等行为的，依照本解释规定的相应定罪量刑标准，追究组织者、策划者、实施者的刑事责任。

(第十三条至第十八条内容参见刑法第三百二十四条之后所附本解释相关内容)

▽盗掘古文化遗址罪中“古文化遗址”和“盗掘”的认定

“古文化遗址”,应作广义上的理解,其应当包括石窟寺、石刻、古建筑、地下城等。《中华人民共和国文物保护法》(本附文以下简称文物保护法)将“古文化遗址”与“石窟寺”并列表述。其中所称的“古文化遗址”,是指除古墓葬、古建筑、石窟寺、石刻、壁画、近现代重要史迹和代表性建筑等之外的不可移动文物的一个种类,是不可移动文物种类上的专业细分,故其含义相对较窄。主要是指古代的建筑废墟以及古人类社会活动的所遗留下来的遗迹。石窟寺,简称石窟,则主要指是古代一种在崖体开凿而成,内有佛像或佛教故事的壁画、石刻等的佛教建筑。考虑到刑法规范与相关行政管理法规范所要规制的目的不同,有时二者虽使用同一术语,但在含义上却有所不同,或者说需要作出不同的解释,这也是常见的现象。比如,刑法中所使用的伪劣商品就不能等同于产品质量管理法中所称的伪劣商品,前者是狭义的,后者是广义的。“古文化遗址”也有广义、狭义之分。广义的“古文化遗址”可以用来泛指一切古代文化活动的遗迹或遗物,也就是说,在不可移动文物中,除近现代重要史迹和代表性建筑因不属于古文化范畴,古墓葬因刑法另由单独规定外,其他如石窟寺、石刻、古建筑、地下城等,都可以视为是广义的“古文化遗址”。文物保护法使用的是狭义上的“古文化遗址”,目的是尽可能地列举不可移动文物所包含的种类、形态,明确文物保护范围。而对于刑法本条所称的“古文化遗址”,其含义应当是广义的,或者说有必要作与文物保护法所不同的广义上的理解。也只有如此解释,才能将石窟寺、石刻、古建筑、地下城等不可移动文物(文物保护单位)纳入刑法的保护范围,才更加合乎刑事立法的意旨。所谓“盗掘”既包括私自开挖,挖掘地下埋藏的文物的行为,也应包括将不可移动文物的一部分从其整体中挖掘,凿割下来的行为。“掘”乃挖掘之意,将完全于地下埋藏的文物如古墓葬开挖出来,是“掘”;将半埋于地下(一部分在地下,一部分在地上)的不可移动文物挖出也是“掘”。此外,那种将不可移动文物的一部分从其整体中挖掘,凿割下来的行为,同样也是“掘”。可见,“掘”既包括朝地下垂直式的挖掘,也包括水平面上的挖掘。[参见第266号案例,李生跃盗掘古文化遗址案,载《刑事审判指导》总第34集(2003年第5集),法律出版社,第56~58页。执笔:沈元祥]

▽盗割石窟寺内壁刻头像的行为构成盗掘古文化遗址罪

以占有出售为目的,盗凿已被确定为省级文物保护单位的石窟寺内壁刻头像的行为,符合盗掘古文化遗址罪的特征,对其应以盗掘古文化遗址罪定罪,且得在十年以上有期徒刑、无期徒刑或者死刑,并处罚金或没收财产的法定刑幅度内处断刑罚。行为人在实施上述行为时,虽主观上具有损毁省级文物保护单位文物的放任故意,客观上已造成省级文物保护单位文物部分毁损的后果,但其直接故意并非损毁文物,因此,不能定故意损毁文物罪。即便说行为人的上述行为系一行为同时触犯两罪名,由于盗掘古文化遗址罪的法定刑重于故意损毁文物罪,根据择一重处断的原则,也应以盗掘古文化遗址罪定罪。针对不可移动文物(文物保护单位)的犯罪行为,其主要形式是盗掘和损毁,是否属于国家或省级重点文物保护单位是其定罪量刑的重要依据之一。不可移动文物和可移动文物是文物的基本分类之一,前者作为一个完整的整体,具有不可分割性,实践中很难整体被盗走,而对其任何一个部分进行涂、画、刻、凿、割等行为,都是对整体文物价值的破坏,应按其行为性质分别确定为是损毁还是盗掘。将不可移动文物的一部分凿割下来盗走的行为,属于盗掘,被盗掘走的部分,有的可能再被看作一个独立的文物(从办案角度看,需要事后另作文物鉴定),有的也可能构不成一个独立的文物或者文物价值完全丧失。而盗窃可移动文物的行为一般是秘密径直窃走,无须针对文物本身采取如挖、掘、凿、敲、钻等行为方式。本案的犯罪对象是省级文物保护单位石窟寺,属不可移动文物,行为方式是挖掘,不符合盗窃罪的犯罪对象和行为方式特征。此外,本案被盗凿下来的壁刻头像,是否具有独立的文物价值,能否再被看作一个独立的文物,也没有鉴定,若认定为盗窃(文物)罪,在量刑上也将无法适从。且盗掘古文化遗址罪与盗窃(文物)罪法定最高刑一致,将本案认定为盗掘古文物遗址罪,既符合该罪构成和行为人的行为特征,又能体现罪责刑相一致的原则,对行为人处以相应的刑罚。[参见第266号案例,李

生跃盗掘古文化遗址案,载《刑事审判指导》总第34集(2003年第5集),法律出版社,第58~59页。执笔:沈元祥]

▽盗掘古墓葬的既遂、未遂的认定

盗掘古墓葬罪属于以完成一定的行为作为构成犯罪的行为犯,只要行为人有盗掘古墓葬的主观故意,客观上实施了一定的盗掘行为,就可认定既遂,这是符合我国刑法本条盗掘古墓葬罪的立法精神的。从刑法该条规定可以看出,立法规定成立该罪并不以实际盗得文物为构成要件,仅要求主观上为故意,客观上实施了盗掘具有历史、艺术、科学价值的古文化遗址、古墓葬的行为即可。这是因为,刑法设置该罪旨在保护在历史、艺术、科学等方面都具有很高的文物价值的古墓葬及其内部文物,但以目前的科技水平,对多数文物最好的保护方法仍是埋藏在地下,一旦挖掘出土,就可能对其造成不可逆转的破坏或毁坏,甚至迫使国家不得不对其进行抢救性的挖掘,其损失很可能是无法估量的,更遑论那些非法私自采取破坏性手段的盗掘行为了。盗掘古墓葬罪作为行为犯,其既遂是以一定行为的实施为标准,但一般来说,盗掘古墓葬行为在实践中会有一个实行过程,不能认为一着手实施即可构成犯罪,应当结合承担刑事责任所要求行为的社会危害程度进行具体分析,严格把握盗掘行为是否达到符合刑法规定的界限,如果盗掘行为刚刚开始,并未触及墓室或未对该墓葬的历史、艺术、科学价值造成一定影响的,可以不以犯罪论处。行为人连续多次对古墓葬进行盗掘,除在小白山、五福村墓中掘得文物外,盗掘其他古墓葬均未掘得物品,但从行为人的行为来看,违反相关国家规定私自挖掘古墓葬,并且分别掘及墓室的主体或侧墓,已经对古墓葬造成了不可恢复的破坏,从其行为程度看,不仅已着手犯罪,而且其行为已造成了对古墓葬的破坏结果,严重侵犯了国家文物管理秩序,应当说符合刑法本条规定的行为要件,应属既遂。[参见第485号案例,孙立平等盗掘古墓葬案,载《刑事审判参考》总第61集(2008年第2集),法律出版社,第48~49页。执笔:蒋育琴]

▽盗掘古墓葬的次数认定

刑法条款中的"多次"一般来讲是3次,如《最高人民法院关于审理抢劫、抢夺刑事案件适用法律若干问题的意见》(本附文以下简称《抢劫抢夺意见》)中对多次抢劫规定为抢劫3次以上;再如,《最高人民法院关于审理盗窃案件具体应用法律若干问题的解释》中规定,"对于一年内入户盗窃或者在公共场所扒窃三次以上的,应当认定为'多次'盗窃,以盗窃罪定罪处罚"。因此,从一般意义上来理解,结合刑法其他罪名对多次认定的惯行标准,可以将3次以上盗掘古墓葬的认定为多次盗掘。

刑法意义上的"次"的认定。刑法本条第(三)项规定对多次盗掘的最高可处死刑。关于这一问题,可参照《抢劫抢夺意见》对于"多次"与"一次"抢劫的认定问题的明确解释:"对于多次的认定,应以行为人实施的每一次抢劫行为均已构成犯罪为前提,综合考虑犯罪故意的产生、犯罪行为实施的时间、地点等因素,客观分析、认定。对于行为人基于一个犯意实施犯罪的,如在同一地点同时对在场的多人实施抢劫的;或基于同一犯意在同一地点实施连续抢劫犯罪的,如在同一地点连续地对途经此地的多人进行抢劫的;或在一次犯罪中对一栋居民楼房中的几户居民连续实施入户抢劫的,一般应认定为一次犯罪。"行为人基于一个犯罪故意,针对同一古墓葬,分次实施盗掘行为,还是应认定一次犯罪。即对于针对同一古墓葬的分次挖掘,不能简单地以多次重复的机械动作和行为作为次数的标准,而应以盗掘不同的古墓葬为标准,否则在间隔时间、参与人员等方面亦很难把握。具体到本案中的第一起盗掘犯罪,根据三行为人的供述,该起犯罪所得赃物59件文物并非一次盗掘得来,而是在一段时间内,行为人对该古墓葬进行了较长时间的连续盗掘,参照上述司法解释,从"基于同一犯意"的角度考虑,不宜对行为人在这起犯罪中的每一次盗掘作独立的刑法评价。因此,对这一问题总的把握原则是,一般来讲,对行为人出于同一个犯意针对同一古墓葬连续分次盗掘的,如果每次盗掘间隔时间不长,从罪刑均衡角度出发,不宜认定为"多次"。[参见第485号案例,孙立平等盗掘古墓葬案,载《刑事审判参考》总第61集(2008年第2集),法律出版社,第49~50页。执笔:蒋育琴]

▽盗掘古墓葬罪要求行为人应当明知所盗掘的是古墓葬,但不要求行为人确切认识到所盗掘古墓葬的历史、艺术、科学价值

盗掘古墓葬罪是指违反文物保护法规,私自挖掘具有历史、艺术、科学价值的古墓葬的行为。盗掘古墓葬罪在主观方面表现为故意,如果是出于过失行为挖掘了古墓葬,如建筑施工作业中误挖到古墓葬,则不成立本罪。对于本罪犯罪故意的明知内容的认定,行为人只要明知其盗掘的是古墓葬即可,主要考虑是:首先,盗掘古墓葬罪的行为人一般不可能确切明知所盗掘古墓葬的历史、艺术、科学价值。由于古墓葬往往被掩埋于地下,其历史、艺术、科学价值的鉴定,需要由专业人员借助专门设备作出。即使是专业人员,在古墓葬被完全发掘、其中文物被出土前,也很难对其相关价值作出准确评估。司法实践中的盗掘者绝大多数是没有受过专门培训的非专业人员,他们所具有的认知能力和技术装备一般不足以使其确切判断所盗掘古墓葬的历史、艺术、科学价值。据此,在盗掘之前就要求行为人确切明知所盗掘古墓葬的历史、艺术、科学价值既不可能也不合理。其次,从司法操作的角度讲,如果在诉讼中必须证明行为人明知其所盗掘的是具有历史、艺术、科学价值的古墓葬,难度较大,不利于对盗掘古墓葬行为的惩治。最后,随着社会文明的发展和文物基本常识的普及,当前社会一般人对于古墓葬属于受国家保护、禁止私自挖掘的常识应当均有所明知,也即只要行为人明知了其盗掘的属于古墓葬,那么就充分了主观违法性认识要件,且从实际情况看,绝大多数盗掘古墓葬的行为人并不是本着对古墓葬历史、艺术、科学价值的追求而实施盗掘行为的,他们关心的主要是文物的经济价值,即他们可能对古墓葬的历史、艺术、科学价值不甚了解,但一般都认识到古墓葬里"有值钱的东西"。因此,只要行为人明知其盗掘的是古墓葬,就足以反映出其应受惩罚的主观恶性。基于以上考虑,构成刑法本条规定的盗掘古墓葬罪,古墓葬的历史、艺术、科学价值,不属于行为人必须主观认知的内容。只要行为人明知盗掘的对象是古墓葬,即使对该古墓葬的历史、艺术、科学价值没有充分认识,且事实上盗掘了具有历史、艺术、科学价值的古墓葬,就可认定为本罪。六名被告人在板桥镇古城村北侧浙江玻璃厂的施工工地,看见施工的推土机推出了不少古墓葬的青砖和古钱币,便知道施工工地有古墓葬。六名被告人以非法占有为目的,在没有相关部门批准的情况下,持铁锹私自对古墓葬进行了挖掘。虽然国家文物部门对该古墓葬没有进行保护,但被告人明知自己私自挖掘的是古墓葬,并实施了具体的挖掘行为,而被盗掘的古墓葬经相关部门鉴定确是具有重要的历史、艺术、科学价值的春秋时期的古墓。六被告人的盗掘行为客观上扰乱了国家对古墓葬的管理秩序、侵犯了国家对古墓葬文化遗产的所有权,构成了盗掘古墓葬罪。[参见第560号指导案例,卞长军等盗掘古墓葬案,载《刑事审判参考》总第68集(2009年第3集),第43~45页。撰稿:陈石松]

▽盗掘古墓葬罪构成要件中的"盗掘"的认定

认定盗掘古墓葬罪的另一个难点在于本罪的客观行为,即所谓"盗掘",究竟是要求"既掘又盗"还是只要存在单一的非法挖掘行为即可。一般情况下,行为人盗掘古墓葬,就是要从中窃取文物,但不排除在某些情况下,行为人未实际窃得文物。这种情况下,行为人虽未窃走文物,但古墓葬作为一种人类文化遗存,本身就是一种文物,具有一定历史、艺术、科学价值,盗掘者在未得到许可、不具有专业知识能力、缺少必要设备和保护措施的条件下,擅自挖掘古墓葬,往往会给古墓葬带来毁灭性的破坏、造成不可挽回的损失,该行为本身就具有严重的社会危害性。因此,并非只有盗得文物才构成盗掘古墓葬罪,"盗掘"之"盗"主要表明了挖掘的非法性,即以非法占有为目的、未经批准的擅自秘密挖掘。盗掘者只要实施了非法挖掘具有历史、艺术、科学价值的古墓葬的行为,不论是否实际盗得文物,即可构成本罪。[参见第560号指导案例,卞长军等盗掘古墓葬案,载《刑事审判参考》总第68集(2009年第3集),第45页。撰稿:陈石松]

▽认定"盗窃珍贵文物"情节,并不在于私自挖掘古墓葬时挖掘到了珍贵文物,就可适用加重法定情节

盗掘中同时窃取文物,尤其窃取珍贵文物的,将直接导致文物在没有完善保护措施的情况下出土,往往会进一步造成文物的毁损、流失,这较之单一的盗掘行为危害性更大,应在量刑中加以考虑。刑法第本条第(四)项规定的“盗掘古文化遗址、古墓葬,并盗窃珍贵文物或者造成珍贵文物严重破坏的”即属于盗掘古墓葬罪的加重量刑情节,应当处十年以上有期徒刑、无期徒刑或者死刑,并处罚金。认定“盗窃珍贵文物”情节,并不是在私自挖掘古墓葬时挖掘到了珍贵文物,就可适用加重法定情节,同样必须遵循主客观相一致的原则。从主观方面讲,行为人必须具有盗窃珍贵文物的故意。这种故意可以是基于对所盗掘古墓葬价值一定认识基础上的相对明确的故意,至少应当是一种不确定的概括故意,即行为人对结果的具体范围及其性质没有确定的认识,而希望、放任这种结果发生的心理态度。简言之,就是“能挖什么是什么,挖了多少算多少”的概括故意。司法实践中大多数盗掘古墓葬行为人对古墓葬中是否有珍贵文物及具体品级很难形成明确的认知,其所持一般是概括故意。本案六名被告人盗掘出的青铜编钟一组为国家一级文物,青铜编钟一组为国家二级文物,青铜斧、青铜豆为国家三级文物,以上均属珍贵文物。但综合本案具体情况分析,对这六名被告人不应适用刑法第本条第(四)项规定的“盗窃珍贵文物”加重处罚条款,理由主要是:1.被告人主观上没有盗窃珍贵文物的意图。本案案发地点是一个建筑工地,由于施工过程中,挖掘机已经推出古墓的青砖和古钱币,政府没有保护,导致当地农民也经常在工地拾找古钱币,而被告人只是想在工地上私挖古钱币,对于古钱币的认识,也是停留在自己留着玩或换一点小钱的想法上,被告人对于挖掘到珍贵文物的客观事实完全出乎其预料。2.被告人客观上未实施盗窃珍贵文物的行为。被告人以非法占有古钱币为目的私自挖掘古墓葬,开始挖掘到粘着泥土的碎罐碎碗,作为文化程度较低的农民,根据其自身素质很难对珍贵文物作出正确的判断,六名被告人在不知是珍贵文物的情况下,不断挖掘出青铜器十余件,当挖掘到编钟时,才意识到这可能是国家保护的文物,在完全有能力继续挖掘的情况下,马上停止挖掘并报警上交。该行为也证实被告人确实以较小价值的古钱币为盗掘目标,对盗窃珍贵文物既不具备明确的故意,也没有“有什么文物就偷什么文物”的概括故意。值得指出的是,本案中被告人盗掘古墓葬既遂后,在完全有能力继续挖掘的情况下,主动放弃继续犯罪,停止挖掘并向公安机关自首、将所挖文物全部主动上交,这与通常盗掘古墓葬既遂后继续不计后果偷盗文物的行为相比,社会危害性明显小很多,也反映出被告人的主观恶性不大,量刑中应酌予从轻处罚。综上,被告人以非法占有古钱币为目的,违反国家文物保护法,私自挖掘具有历史、艺术、科学价值的春秋时代的古墓葬,其行为构成盗掘古墓葬罪。在盗掘古墓葬的过程中,因对珍贵文物的价值产生错误认识,虽然导致了十余件珍贵文物的出土,但不能认定被告人具有“盗窃珍贵文物”的加重处罚情节。二审法院据此改判,对被告人适用盗掘古墓葬罪基本犯的一般条款进行量刑是正确的。[参见第560号指导案例,卞长军等盗掘古墓葬案,载《刑事审判参考》总第68集(2009年第3集),第45~47页。撰稿:陈石松]

▽在确定为全国重点文物保护单位的区域内盗掘古文化遗址的行为,依法应当以盗掘古文化遗址罪定罪处罚

古文化遗址、古墓葬,作为人类活动的实物遗存,从不同的侧面和领域揭示了一定的历史现象,体现了我国祖先的思想道德和科学文化水平,其价值和作用是永恒的,是连接过去、现在和未来的历史文化纽带。这些前人给我们留下的珍贵宝藏,不可再生、无法复制,一旦受损则无法挽回。盗掘古文化遗址、古墓葬的违法犯罪活动会使大量未出土的文物脱离特定的环境而失去珍贵的科学价值,也为非法倒卖文物提供了文物源,因此,刑法设立盗掘古文化遗址、古墓葬罪,是保护文物、制止倒卖文物犯罪活动的有效手段。根据刑法本条的规定,盗掘具有历史、艺术、科学价值的古文化遗址、古墓葬的行为,构成盗掘古文化遗址、古墓葬罪。这里的盗掘,是指以出卖或者非法占有为目的,私自秘密挖掘古文化遗址和古墓葬的行为。古文化遗址是指在人类历史发展中由古代人类创造并留下的表明其文化发展水平的地区,如周口店;古墓葬是指古代(一般指清代以前,含清代)人类将逝者及其生前遗物按一定方式置于特定场所并建造的固定设施。辛亥革命以后,与著名历史事件有关的名人墓葬、遗址和纪念地,也视同古墓葬、古遗址，受国家保护。对于盗掘古文化遗址罪，一般可以从以下几个方面进行分析认定：

1. 从主观方面进行判断。本罪在主观上表现为故意，并且以非法出卖或者非法占有为目的。犯罪的故意由认识因素和意志因素组成，对本罪来说，认识因素表现为明知，最重要的是要求行为人明知自己盗掘的是具有历史、艺术、科学价值的古文化遗址；意志因素表现为希望。由于盗掘古文化遗址罪是以非法出卖或者非法占有为目的的犯罪，因此只能出于直接故意。国家文物主管部门对本案所涉及的江西省吉州窑遗址属于全国重点文物保护单位已予以立碑公布，被告人谢某某、曾某某长期生活在当地，凭借其知识、经验，应当能够鉴别其挖掘目标的价值。从被告人谢某某和曾某某的供述可以看出，二人不仅明知挖掘地属于吉州窑遗址范围内，还具有盗掘古文化遗址并非法占有、非法出卖遗址中文物的目的。

2. 从客观方面进行判断。本罪客观方面中的"盗掘"应是单一行为而不是复合行为，即盗掘行为不包含盗窃文物行为，即只要行为人客观上实施挖掘古文化遗址行为就足以构成本罪。首先，从立法规定来看，刑法本条将"盗掘古文化遗址、古墓葬，并盗窃珍贵文物或者造成珍贵文物严重损坏"的情形作为本罪的加重处罚情节，而不是规定为犯罪构成要件。其次，在实践中，有些破坏古文化遗址的案件，尽管情况严重，却未窃得文物或者因文物被毁无法窃取，但对古文化遗址本身的破坏是显然存在的。可见，是否盗窃珍贵文物或者造成珍贵文物严重被破坏，是决定对犯罪分子在哪一个法定刑幅度内量刑的依据，而不是判断其行为是否构成犯罪的依据。本案被告人谢某某供述其为盗掘文物事先准备挖掘工具，曾某某到达之前其一个人在洞内横向挖掘洞壁，挖了一尺深左右，挖到几块带花纹的碗碎片。曾某某到达现场进洞后沿着其挖掘的洞壁用手、码钉继续深挖，二人协作将洞壁又掘了一尺余深。二被告人挖掘行为持续了一个多小时，对古文化遗址已经造成破坏，客观上完成了盗掘国家重点保护的古文化遗址的行为。其仅挖到几块带花纹的碗碎片，只是犯罪情节的内容，而不是行为是否构成犯罪的判断依据。

3. 将本罪与盗窃罪区别开来。盗掘古文化遗址罪，是指盗掘具有历史、艺术、科学价值的古文化遗址的行为。在刑法规定本罪之前，我国法律对于私自挖掘古文化遗址的行为，一般以盗窃罪论处。由于盗掘古文化遗址的犯罪活动猖獗，给国家珍贵历史文化遗产造成无法估量的损失，从保护文物的角度出发，1991 年 6 月 29 日第七届全国人民代表大会常务委员会第二十次会议通过了《关于惩治盗掘古文化遗址古墓葬犯罪的补充规定》（已废止）对刑法补充规定了盗掘古文化遗址罪，由此正式确立了相关保护古文化遗址的罪名、罪状及严厉的法定刑。1997 年刑法基本沿用了该补充规定。因此两罪很容易混淆。两罪相比较，区别主要在于：首先，侵犯的客体不同。盗掘古文化遗址罪侵犯的客体是复杂客体，即国家对古文化遗址的管理秩序和国家财产所有权；而盗窃罪侵犯的是单一客体，即公私财产所有权。其次，侵犯的对象不同。盗掘古文化遗址罪侵犯的对象是古文化遗址，是不可再生物，一般不能以金额计算，一旦遭到破坏，损失无法挽回；而盗窃罪侵犯的对象为公私财物。最后，客观表现不同。盗掘古文化遗址罪表现为秘密或者公开地私自掘取行为，不论是否窃得财物，只要实施了盗掘行为就构成该罪。盗掘既不是单纯的盗窃，也不是单纯的损毁，而是指未经国家文物主管部门批准，私自挖掘，盗掘可谓集盗窃与损毁于一体，其侵害程度相当重。而且，盗掘并不限于挖掘埋藏于地下的古文化遗址、古墓葬，打捞被水淹没的古文化遗址、古墓葬的，掘出掩埋于其他物体中的古文化遗址、古墓葬的，也应认定为盗掘。［参见第 1129 号指导案例，谢志喜、曾和平盗掘古文化遗址案，载《刑事审判参考》总第 105 集，第 88～91 页。撰稿：王长河　张超平］

▽盗掘确定为全国重点文物保护单位的古文化遗址，犯罪情节较轻，依法决定在法定刑以下判处刑罚的，可以根据犯罪情节、悔罪表现等因素决定是否适用缓刑

刑法本条第一款规定，只要实施了盗掘具有历史、艺术、科学价值的古文化遗址、古墓葬行为的，就构成盗掘古文化遗址、古墓葬罪。而盗掘确定为全国重点文物保护单位和省级文物保护单位的古文化遗址的,则应当处十年以上有期徒刑、无期徒刑,并处罚金或者没收财产。本案二被告人盗掘确定为全国重点文物保护单位的古文化遗址的,则应当在十年以上有期徒刑或者无期徒刑的法定刑幅度内处罚。但根据本案的具体情节,可以在法定刑以下判处刑罚,并适用缓刑。首先,二被告人有别于有预谋、有准备、携带专业挖掘工具流窜作案的专业盗掘文物人员,系临时起意。二被告人不是刻意去寻找挖掘对象,而是在政府为绿化而挖的树洞内实施盗掘行为,因而主观恶性相对较小。其次,二被告人的挖掘持续时间不长,既未给吉州窑遗址造成实质性的严重破坏,也未盗得有价值的文物,与采取捣毁、损坏、拆除、焚烧、爆炸等不计后果的破坏性手段盗掘古文化遗址,大肆倒卖、走私文物的犯罪相比,犯罪情节相对较轻。再次,二被告人归案后均如实供述犯罪事实,且悔罪态度较好。最后,二被告人平时表现较好,无前科劣迹,均系初犯,归案后认罪悔罪,能够坦白罪行。综上,吉安市中级人民法院经综合评估,认为二被告人的犯罪情节较轻,有悔罪表现,且没有再犯罪的危险,宣告缓刑对所居住社区没有重大不良影响,故对被告人谢某某、曾某某分别以盗掘古文化遗址罪判处有期徒刑三年,缓刑三年,并处罚金五千元,是妥当的。[参见第1129号指导案例,谢志喜、曾和平盗掘古文化遗址案,载《刑事审判参考》总第105集,第91页。撰稿:王长河 张超平]

▽行为人未直接挖掘古墓葬的墓室,而是以非法占有为目的,偷挖古墓葬墓室以外墓道上的石像生,应认定为"盗掘古墓葬"行为

(一)石像生是古墓葬的重要组成部分,具有重要的历史、艺术、科学价值。盗掘古墓葬罪规定在刑法第六章第四节"妨害文物管理"中,表明盗掘古墓葬罪侵犯的是复杂客体,不仅侵犯了国家对古墓葬的所有权,还侵犯了国家对古墓葬的管理秩序。古墓葬的所有权归属于国家,未经批准盗掘古墓葬的行为,无论是否窃得古墓葬中的可移动文物,都是对国家所有权的侵犯。同时,盗掘古墓葬的行为不但会造成文物的严重流失,而且使许多文物因缺乏保护而丧失其历史、艺术、科学价值,有时甚至造成文物的直接毁坏,因而这种行为还侵犯了国家对古墓葬的管理秩序。刑法本条对盗掘古墓葬罪规定了三年以上有期徒刑,最高可处无期徒刑的刑罚,只有情节较轻的,处三年以下有期徒刑、拘役或者管制。刑法之所以将盗掘古墓葬罪作为重罪惩处,不仅是为了保护古墓葬的所有权和古墓葬中的珍贵文物,更重要的是古墓葬及其文物中所蕴含的重要历史、艺术、科学价值。因此,判断石像生是否为"古墓葬",不能仅从其是位于墓室内还是墓室外来判断分析,更应当从本质属性上分析是否具有古墓葬的重要历史、艺术和科学价值。

石像生又称石像、石俑、翁仲,指的是用巨石琢成的仿动物或人物的石像,如古代帝陵神道两侧的石兽、石人等。石像生的设置始于秦汉时期,以后历代帝王、重臣沿用不衰。石兽有麒麟、狮子、辟邪、龙马、象、虎、牛、羊、玄鸟等,石人分文、武、勋三臣,以象征文武百官。我国唐乾陵、明孝陵、明十三陵、清东陵、清西陵等均有大型石像生雕塑群。因此,石像生实际已经成为古墓葬不可分割的一部分,古墓葬由地上遗迹和地下遗迹组成,古墓葬的墓室、葬具、随葬品、壁画、神道、石像生、碑刻、地面建筑等形成一个有机整体,离开了其中任何一部分,古墓葬都是不完整的。因此,上述对象都应当成为盗掘古墓葬罪所要保护的对象。石像生的作用主要是显示墓主人的身份等级地位,也有驱邪、镇墓的作用。我国古代墓葬大多是通过随葬品来判断墓主人的身份,从明清时代开始,墓葬的墓室内部已经不是主要放置随葬品了,主要还是通过摆放在外面的一些物品来反映墓主人的身份和地位。石像生一般只有在帝王陵或者等级极高的大臣墓才有,因而相对于其他附属物而言,石像生具有更高的研究价值。在文物保护手段还不够成熟、考古发掘还存在一定技术性障碍的情况下,古墓葬附属物的完整保存对研究一定地区的历史事件、经济发展水平、丧葬习俗及民俗等具有重要价值。对那些年代和墓主身份难以认定的古墓,石像生对判明墓主人的身份等具有重要的参考价值。本案中,镇江市博物馆的专家发现现场还有其他坟丘、石刻存在,通过考察查扣的石马的工艺水平、雕刻方式等,结合证人证言提到的此前在此曾有石碑刻有"大明开国世公"字样,在没有挖掘墓室的情况下,主要根据被偷挖的石马最终认定这是一处品级很高的明朝开国功臣之墓，对研究镇江南山风景区的历史、文化具有极高的价值。由此可见，涉案的石马完全具有古墓葬所体现出的重要历史、艺术和科学价值，应当认定为古墓葬。

（二）偷挖石像生的行为属于“盗掘”古墓葬行为。对于盗掘古墓葬罪中的“盗掘”的含义。从字面上看，“掘”是由“手”和“屈”两部分组合而成，意为弓着身体用手掏挖，在现代汉语中“掘”是指刨、挖，即通过清除土的方式实现行为的既定目的。但对刑法语词的解释不能仅限于文义解释。由于我国幅员辽阔，民族众多，各地的丧葬风俗也各不相同，有土葬、火葬、水葬、塔葬、天葬、树葬、崖葬等多种，很多墓葬并非位于地面以下，如果将“掘”仅作狭义理解，势必使刑法保护的古墓葬范围大大缩小，不利于对散落于全国各地不同种类古墓葬的保护。因此，对什么是刑法上的“盗掘”，不能完全拘泥于“掘”的字面含义，即狭义地理解为“向下挖掘”“刨开泥土”或者是“在地面以下挖掘”，而应作广义的理解。从盗掘古墓葬罪所要保护的法益的角度出发，凡是具备以下两个特征的“破坏性手段”，都可以视为盗掘古墓葬罪的行为方式：(1)行为人秘密实施的行为，旨在破坏古墓葬及其附属物的完整性或者使其离开原处；(2)行为客观上破坏了古墓葬及其附属物所蕴含的历史、艺术、科学价值。本案被告人偷挖石马的行为就属于秘密实施的使古墓葬的附属物离开原处的行为，符合“盗掘”古墓葬的行为特征。

（三）对偷挖石像生的行为不宜以盗窃罪定罪处罚，而应当以盗掘古墓葬罪定罪处罚。在1997年之前，盗掘古墓葬的行为一般以盗窃罪定罪处罚，1997年刑法将盗掘古墓葬罪作为一个单独的罪名予以规定，旨在加强对具有历史、艺术、科学价值的古墓葬及其附属物的保护，故而对盗掘古墓葬罪设置的法定刑明显重于盗窃罪的法定刑。鉴于盗挖石像生的行为人大多是以转卖牟利为目的，在多数情况下，可以将盗挖石像生的行为理解为行为人以非法占有为目的，秘密窃取属于国家所有的文物，这种行为同时构成盗窃罪和盗掘古墓葬罪，属于想象竞合犯。根据想象竞合犯“从一重处断”的原则，应以盗掘古墓葬罪定罪处罚。另外，从司法实践来看，如果将盗挖石像生的行为认定为盗掘古墓葬罪，该罪作为行为犯，其定罪标准容易掌握。如果以盗窃罪定罪处罚则会面临两个难题：一是盗窃罪必须以窃得文物的数量、等级作为定罪量刑的依据，而实践中因盗掘行为导致文物毁坏、缺损、灭失而无法进行等级鉴定的比比皆是。二是根据《最高人民法院、最高人民检察院关于办理盗窃刑事案件适用法律若干问题的解释》的规定，按照等级来定罪量刑的仅限于国有馆藏文物，民间文物需要按照评估价格来确定盗窃数额。但实践中，文物管理部门往往对民间文物只鉴定等级而不鉴定价格，物价部门也往往以无专业知识为由拒绝对文物价格进行鉴定；同时我国文物市场还不健全，文物交易也不够规范，文物交易价格根据市场行情往往波动较大，因此按照文物的销赃价格来认定盗窃数额也不够准确。

综上，对盗挖石像生的行为以盗掘古墓葬罪定罪处罚既符合法理，又便于司法实践操作，更有利于对古墓葬的保护。本案被告人以非法占有为目的，盗掘属于国家三级文物的明代古墓葬，原审法院以盗掘古墓葬罪对两被告人定罪处罚是正确的。[参见第1130号指导案例，韩涛、胡如俊盗掘古墓葬案，载《刑事审判参考》总第105集，第93～97页。撰稿：岳益民　余波]

第三百二十九条　【盗窃、抢夺国有档案罪】抢夺、窃取国家所有的档案的，处五年以下有期徒刑或者拘役。

【擅自出卖、转让国有档案罪】违反档案法的规定，擅自出卖、转让国家所有的档案，情节严重的，处三年以下有期徒刑或者拘役。

有前两款行为，同时又构成本法规定的其他犯罪的，依照处罚较重的规定定罪处罚。

■中华人民共和国档案法(2020年6月20日修订)

第二条　从事档案收集、整理、保护、利用及其监督管理活动，适用本法。

本法所称档案，是指过去和现在的机关、团体、企业事业单位和其他组织以及个人从事经济、政治、文化、社会、生态文明、军事、外事、科技等方面活动直接形成的对国家和社会具有保存价值的各种文字、图表、声像等不同形式的历史记录。

第二十二条　非国有企业、社会服务机构等单位和个人形成的档案,对国家和社会具有重要保存价值或者应当保密的,档案所有者应当妥善保管。对保管条件不符合要求或者存在其他原因可能导致档案严重损毁和不安全的,省级以上档案主管部门可以给予帮助,或者经协商采取指定档案馆代为保管等确保档案完整和安全的措施;必要时,可以依法收购或者征购。

前款所列档案,档案所有者可以向国家档案馆寄存或者转让。严禁出卖、赠送给外国人或者外国组织。

向国家捐献重要、珍贵档案的,国家档案馆应当按照国家有关规定给予奖励。

第二十三条　禁止买卖属于国家所有的档案。

国有企业事业单位资产转让时,转让有关档案的具体办法,由国家档案主管部门制定。

档案复制件的交换、转让,按照国家有关规定办理。

□诉讼卷宗属于国有档案

档案,是指过去和现在由国家机构、社会组织以及每个人从事政治、军事、科学、技术、文化、宗教等活动直接形成的对国家和社会有保存价值的各种文字、图表、声像等不同形式的历史记录。《中华人民共和国档案法》规定,国家所有的档案,是指由国家档案部门、国家机关、国有公司、企业、事业单位、人民团体和其他组织保管的、所有权属于国家的档案。人民法院作为国家审判机关,其在诉讼活动中形成的案卷对国家和社会均有保存价值,是所有权属于国家的诉讼档案。[新疆维吾尔自治区哈密市人民检察院诉兰成仕、李兆斌窃取国有档案案,载《最高人民法院公报》总第77期(2002年第3期),第88页。]

第五节　危害公共卫生罪

第三百三十条　【妨害传染病防治罪】违反传染病防治法的规定,有下列情形之一,引起甲类传染病以及依法确定采取甲类传染病预防、控制措施的传染病传播或者有传播严重危险的,处三年以下有期徒刑或者拘役;后果特别严重的,处三年以上七年以下有期徒刑:

(一)供水单位供应的饮用水不符合国家规定的卫生标准的;

(二)拒绝按照疾病预防控制机构提出的卫生要求,对传染病病原体污染的污水、污物、场所和物品进行消毒处理的;

(三)准许或者纵容传染病病人、病原携带者和疑似传染病病人从事国务院卫生行政部门规定禁止从事的易使该传染病扩散的工作的;

(四)出售、运输疫区中被传染病病原体污染或者可能被传染病病原体污染的物品,未进行消毒处理的;

(五)拒绝执行县级以上人民政府、疾病预防控制机构依照传染病防治法提出的预防、控制措施的。(本条第一款是根据《中华人民共和国刑法修正案(十一)》之三十七修改的,自2021年3月1日起施行。)

单位犯前款罪的,对单位判处罚金,并对其直接负责的主管人员和其他直接责任人员,依照前款的规定处罚。

甲类传染病的范围,依照《中华人民共和国传染病防治法》和国务院有关规定确定。

刑法本条第一款原文:【妨害传染病防治罪】违反传染病防治法的规定,有下列情形之一,引起甲类传染病传播或者有传播严重危险的,处三年以下有期徒刑或者拘役;后果特别严重的,处三年以上七年以下有期徒刑:

(一)供水单位供应的饮用水不符合国家规定的卫生标准的;

(二)拒绝按照卫生防疫机构提出的卫生要求,对传染病病原体污染的污水、污物、粪便进行消毒处理的;

(三)准许或者纵容传染病病人、病原携带者和疑似传染病病人从事国务院卫生行政部门规定禁止从事的易使该传染病扩散的工作的;

(四)拒绝执行卫生防疫机构依照传染病防治法提出的预防、控制措施的。

■最高人民检察院、公安部关于公安机关管辖的刑事案件立案追诉标准的规定(一)(2008年6月25日)

第四十九条 [妨害传染病防治案(刑法第三百三十条)]违反传染病防治法的规定,引起甲类或者按甲类管理的传染病传播或者有传播严重危险,涉嫌下列情形之一的,应予立案追诉:

(一)供水单位供应的饮用水不符合国家规定的卫生标准的;

(二)拒绝按照疾病预防控制机构提出的卫生要求,对传染病病原体污染的污水、污物、粪便进行消毒处理的;

(三)准许或者纵容传染病病人、病原携带者和疑似传染病病人从事国务院卫生行政部门规定禁止从事的易使该传染病扩散的工作的;

(四)拒绝执行疾病预防控制机构依照传染病防治法提出的预防、控制措施的。

本条和本规定第五十条规定的"甲类传染病",是指鼠疫、霍乱;"按甲类管理的传染病",是指乙类传染病中传染性非典型肺炎、炭疽中的肺炭疽、人感染高致病性禽流感以及国务院卫生行政部门根据需要报经国务院批准公布实施的其他需要按甲类管理的乙类传染病和突发原因不明的传染病。

■中华人民共和国传染病防治法(2013年6月29日)

第三条 本法规定的传染病分为甲类、乙类和丙类。

甲类传染病是指:鼠疫、霍乱。

乙类传染病是指:传染性非典型肺炎、艾滋病、病毒性肝炎、脊髓灰质炎、人感染高致病性禽流感、麻疹、流行性出血热、狂犬病、流行性乙型脑炎、登革热、炭疽、细菌性和阿米巴性痢疾、肺结核、伤寒和副伤寒、流行性脑脊髓膜炎、百日咳、白喉、新生儿破伤风、猩红热、布鲁氏菌病、淋病、梅毒、钩端螺旋体病、血吸虫病、疟疾。

丙类传染病是指:流行性感冒、流行性腮腺炎、风疹、急性出血性结膜炎、麻风病、流行性和地方性斑疹伤寒、黑热病、包虫病、丝虫病,除霍乱、细菌性和阿米巴性痢疾、伤寒和副伤寒以外的感染性腹泻病。

国务院卫生行政部门根据传染病暴发、流行情况和危害程度,可以决定增加、减少或者调整乙类、丙类传染病病种并予以公布。

第二十七条 对被传染病病原体污染的污水、污物、场所和物品,有关单位和个人必须在疾病预防控制机构的指导下或者按照其提出的卫生要求,进行严格消毒处理;拒绝消毒处理的,由当地卫生行政部门或者疾病预防控制机构进行强制消毒处理。

■最高人民法院、最高人民检察院、公安部、司法部关于依法惩治妨害新型冠状病毒感染肺炎疫情防控违法犯罪的意见(2020年2月6日)

二、准确适用法律,依法严惩妨害疫情防控的各类违法犯罪

(一)依法严惩抗拒疫情防控措施犯罪。故意传播新型冠状病毒感染肺炎病原体,具有下列情形之一,危害公共安全的,依照刑法第一百一十四条、第一百一十五条第一款的规定,以以危险方法危害公共安全罪定罪处罚:

1. 已经确诊的新型冠状病毒感染肺炎病人、病原携带者,拒绝隔离治疗或者隔离期未满擅自脱离隔离治疗,并进入公共场所或者公共交通工具的;

2. 新型冠状病毒感染肺炎疑似病人拒绝隔离治疗或者隔离期未满擅自脱离隔离治疗,并进入公共场所或者公共交通工具,造成新型冠状病毒传播的。

其他拒绝执行卫生防疫机构依照传染病防治法提出的防控措施,引起新型冠状病毒传播或者有传播严重危险的,依照刑法第三百三十条的规定,以妨害传染病防治罪定罪处罚。

(十)依法严惩妨害疫情防控的违法行为……

对于在疫情防控期间实施有关违法犯罪的,要作为从重情节予以考量,依法体现从严的政策要求,有力惩治震慑违法犯罪,维护法律权威,维护社会秩序,维护人民群众生命安全和身体健康。

第三百三十一条　【传染病菌种、毒种扩散罪】从事实验、保藏、携带、运输传染病菌种、毒种的人员,违反国务院卫生行政部门的有关规定,造成传染病菌种、毒种扩散,后果严重的,处三年以下有期徒刑或者拘役;后果特别严重的,处三年以上七年以下有期徒刑。

■最高人民检察院、公安部关于公安机关管辖的刑事案件立案追诉标准的规定(一)(2008年6月25日)

第五十条　[传染病菌种、毒种扩散案(刑法第三百三十一条)]从事实验、保藏、携带、运输传染病菌种、毒种的人员,违反国务院卫生行政部门的有关规定,造成传染病菌种、毒种扩散,涉嫌下列情形之一的,应予立案追诉:

(一)导致甲类和按甲类管理的传染病传播的;

(二)导致乙类、丙类传染病流行、暴发的;

(三)造成人员重伤或者死亡的;

(四)严重影响正常的生产、生活秩序的;

(五)其他造成严重后果的情形。

■最高人民法院、最高人民检察院、公安部、司法部关于依法惩治妨害新型冠状病毒感染肺炎疫情防控违法犯罪的意见(2020年2月6日)

二、准确适用法律,依法严惩妨害疫情防控的各类违法犯罪

(七)依法严惩疫情防控失职渎职、贪污挪用犯罪……

从事实验、保藏、携带、运输传染病菌种、毒种的人员,违反国务院卫生行政部门的有关规定,造成新型冠状病毒毒种扩散,后果严重的,依照刑法第三百三十一条的规定,以传染病毒种扩散罪定罪处罚。

(十)依法严惩妨害疫情防控的违法行为……

对于在疫情防控期间实施有关违法犯罪的,要作为从重情节予以考量,依法体现从严的政策要求,有力惩治震慑违法犯罪,维护法律权威,维护社会秩序,维护人民群众生命安全和身体健康。

第三百三十二条　【妨害国境卫生检疫罪】违反国境卫生检疫规定,引起检疫传染病传播或者有传播严重危险的,处三年以下有期徒刑或者拘役,并处或者单处罚金。

单位犯前款罪的,对单位判处罚金,并对其直接负责的主管人员和其他直接责任人员,依照前款的规定处罚。

■最高人民检察院、公安部关于公安机关管辖的刑事案件立案追诉标准的规定(一)(2008年6月25日)

第五十一条　[妨害国境卫生检疫案(刑法第三百三十二条)]违反国境卫生检疫规定,引起检疫传染病传播或者有传播严重危险的,应予立案追诉。

本条规定的"检疫传染病",是指鼠疫、霍乱、黄热病以及国务院确定和公布的其他传染病。

■中华人民共和国国境卫生检疫法(2018年4月27日)

第三条　本法规定的传染病是指检疫传染病和监测传染病。

检疫传染病,是指鼠疫、霍乱、黄热病以及国务院确定和公布的其他传染病。

第四条　入境、出境的人员、交通工具、运输设备以及可能传播检疫传染病的行李、货物、邮包等物品,都应当接受检疫,经国境卫生检疫机关许可,方准入境或者出境。具体办法由本法实施细则规定。

第五条　国境卫生检疫机关发现检疫传染病或者疑似检疫传染病时,除采取必要措施外,必须立即通知当地卫生行政部门,同时用最快的方法报告国务院卫生行政部门,最迟不得超过二十四小时。

邮电部门对疫情报告应当优先传送。

中华人民共和国与外国之间的传染病疫情通报，由国务院卫生行政部门会同有关部门办理。

■最高人民法院、最高人民检察院、公安部、司法部、海关总署关于进一步加强国境卫生检疫工作依法惩治妨害国境卫生检疫违法犯罪的意见(2020年3月13日)

二、依法惩治妨害国境卫生检疫的违法犯罪行为

(二)依法惩治妨害国境卫生检疫犯罪。根据刑法第三百三十二条规定，违反国境卫生检疫规定，实施下列行为之一的，属于妨害国境卫生检疫行为：

1. 检疫传染病染疫人或者染疫嫌疑人拒绝执行海关依照国境卫生检疫法等法律法规提出的健康申报、体温监测、医学巡查、流行病学调查、医学排查、采样等卫生检疫措施，或者隔离、留验、就地诊验、转诊等卫生处理措施的；

2. 检疫传染病染疫人或者染疫嫌疑人采取不如实填报健康申明卡等方式隐瞒疫情，或者伪造、涂改检疫单、证等方式伪造情节的；

3. 知道或者应当知道实施审批管理的微生物、人体组织、生物制品、血液及其制品等特殊物品可能造成检疫传染病传播，未经审批仍逃避检疫，携运、寄递出入境的；

4. 出入境交通工具上发现有检疫传染病染疫人或者染疫嫌疑人，交通工具负责人拒绝接受卫生检疫或者拒不接受卫生处理的；

5. 来自检疫传染病流行国家、地区的出入境交通工具上出现非意外伤害死亡且死因不明的人员，交通工具负责人故意隐瞒情况的；

6. 其他拒绝执行海关依照国境卫生检疫法等法律法规提出的检疫措施的。

实施上述行为，引起鼠疫、霍乱、黄热病以及新冠肺炎等国务院确定和公布的其他检疫传染病传播或者有传播严重危险的，依照刑法第三百三十二条的规定，以妨害国境卫生检疫罪定罪处罚。

对于单位实施妨害国境卫生检疫行为，引起鼠疫、霍乱、黄热病以及新冠肺炎等国务院确定和公布的其他检疫传染病传播或者有传播严重危险的，应当对单位判处罚金，并对其直接负责的主管人员和其他直接责任人员定罪处罚。

第三百三十三条　【非法组织卖血罪】【强迫卖血罪】非法组织他人出卖血液的，处五年以下有期徒刑，并处罚金；以暴力、威胁方法强迫他人出卖血液的，处五年以上十年以下有期徒刑，并处罚金。

【故意伤害罪】有前款行为，对他人造成伤害的，依照本法第二百三十四条的规定定罪处罚。

■最高人民检察院、公安部关于公安机关管辖的刑事案件立案追诉标准的规定(一)(2008年6月25日)

第五十二条　[非法组织卖血案(刑法第三百三十三条第一款)]非法组织他人出卖血液，涉嫌下列情形之一的，应予立案追诉：

(一)组织卖血三人次以上的；

(二)组织卖血非法获利累计二千元以上的；

(三)组织未成年人卖血的；

(四)被组织卖血的人的血液含有艾滋病病毒、乙型肝炎病毒、丙型肝炎病毒、梅毒螺旋体等病原微生物的；

(五)其他非法组织卖血应予追究刑事责任的情形。

第五十三条　[强迫卖血案(刑法第三百三十三条第一款)]以暴力、威胁方法强迫他人出卖血液的，应予立案追诉。

刑事办案指导一书通

◇第三版◇

下册

丁银舟　编著

法律出版社
LAW PRESS · CHINA
北京

下 册 目 录

中华人民共和国刑事诉讼法

第三百三十四条　【非法采集、供应血液、制作、供应血液制品罪】非法采集、供应血液或者制作、供应血液制品，不符合国家规定的标准，足以危害人体健康的，处五年以下有期徒刑或者拘役，并处罚金；对人体健康造成严重危害的，处五年以上十年以下有期徒刑，并处罚金；造成特别严重后果的，处十年以上有期徒刑或者无期徒刑，并处罚金或者没收财产。

【采集、供应血液、制作、供应血液制品事故罪】经国家主管部门批准采集、供应血液或者制作、供应血液制品的部门，不依照规定进行检测或者违背其他操作规定，造成危害他人身体健康后果的，对单位判处罚金，并对其直接负责的主管人员和其他直接责任人员，处五年以下有期徒刑或者拘役。

■最高人民检察院、公安部关于公安机关管辖的刑事案件立案追诉标准的规定(一)(2008年6月25日)

第五十四条　[非法采集、供应血液、制作、供应血液制品案(刑法第三百三十四条第一款)]非法采集、供应血液或者制作、供应血液制品，涉嫌下列情形之一的，应予立案追诉：

(一)采集、供应的血液含有艾滋病病毒、乙型肝炎病毒、丙型肝炎病毒、梅毒螺旋体等病原微生物的；

(二)制作、供应的血液制品含有艾滋病病毒、乙型肝炎病毒、丙型肝炎病毒、梅毒螺旋体等病原微生物，或者将含有上述病原微生物的血液用于制作血液制品的；

(三)使用不符合国家规定的药品、诊断试剂、卫生器材，或者重复使用一次性采血器材采集血液，造成传染病传播危险的；

(四)违反规定对献血者、供血浆者超量、频繁采集血液、血浆，足以危害人体健康的；

(五)其他不符合国家有关采集、供应血液或者制作、供应血液制品的规定，足以危害人体健康或者对人体健康造成严重危害的情形。

未经国家主管部门批准或者超过批准的业务范围，采集、供应血液或者制作、供应血液制品的，属于本条规定的“非法采集、供应血液或者制作、供应血液制品”。

本条和本规定第五十二条、第五十三条、第五十五条规定的“血液”，是指全血、成分血和特殊血液成分。

本条和本规定第五十五条规定的“血液制品”，是指各种人血浆蛋白制品。

第五十五条　[采集、供应血液、制作、供应血液制品事故案(刑法第三百三十四条第二款)]经国家主管部门批准采集、供应血液或者制作、供应血液制品的部门，不依照规定进行检测或者违背其他操作规定，涉嫌下列情形之一的，应予立案追诉：

(一)造成献血者、供血浆者、受血者感染艾滋病病毒、乙型肝炎病毒、丙型肝炎病毒、梅毒螺旋体或者其他经血液传播的病原微生物的；

(二)造成献血者、供血浆者、受血者重度贫血、造血功能障碍或者其他器官组织损伤导致功能障碍等身体严重危害的；

(三)其他造成危害他人身体健康后果的情形。

经国家主管部门批准的采供血机构和血液制品生产经营单位，属于本条规定的“经国家主管部门批准采集、供应血液或者制作、供应血液制品的部门”。采供血机构包括血液中心、中心血站、中心血库、脐带血造血干细胞库和国家卫生行政主管部门根据医学发展需要批准、设置的其他类型血库、单采血浆站。

具有下列情形之一的，属于本条规定的“不依照规定进行检测或者违背其他操作规定”：

(一)血站未用两个企业生产的试剂对艾滋病病毒抗体、乙型肝炎病毒表面抗原、丙型肝炎病毒抗体、梅毒抗体进行两次检测的；

（二）单采血浆站不依照规定对艾滋病病毒抗体、乙型肝炎病毒表面抗原、丙型肝炎病毒抗体、梅毒抗体进行检测的；

（三）血液制品生产企业在投料生产前未用主管部门批准和检定合格的试剂进行复检的；

（四）血站、单采血浆站和血液制品生产企业使用的诊断试剂没有生产单位名称、生产批准文号或者经检定不合格的；

（五）采供血机构在采集检验标本、采集血液和成分血分离时，使用没有生产单位名称、生产批准文号或者超过有效期的一次性注射器等采血器材的；

（六）不依照国家规定的标准和要求包装、储存、运输血液、原料血浆的；

（七）对国家规定检测项目结果呈阳性的血液未及时按照规定予以清除的；

（八）不具备相应资格的医务人员进行采血、检验操作的；

（九）对献血者、供血浆者超量、频繁采集血液、血浆的；

（十）采供血机构采集血液、血浆前，未对献血者或者供血浆者进行身份识别，采集冒名顶替者、健康检查不合格者血液、血浆的；

（十一）血站擅自采集原料血浆，单采血浆站擅自采集临床用血或者向医疗机构供应原料血浆的；

（十二）重复使用一次性采血器材的；

（十三）其他不依照规定进行检测或者违背操作规定的。

■最高人民法院、最高人民检察院关于办理非法采供血液等刑事案件具体应用法律若干问题的解释（全文）（2008年9月23日）

第一条　对未经国家主管部门批准或者超过批准的业务范围，采集、供应血液或者制作、供应血液制品的，应认定为刑法第三百三十四条第一款规定的“非法采集、供应血液或者制作、供应血液制品”。

第二条　对非法采集、供应血液或者制作、供应血液制品，具有下列情形之一的，应认定为刑法第三百三十四条第一款规定的“不符合国家规定的标准，足以危害人体健康”，处五年以下有期徒刑或者拘役，并处罚金：

（一）采集、供应的血液含有艾滋病病毒、乙型肝炎病毒、丙型肝炎病毒、梅毒螺旋体等病原微生物的；

（二）制作、供应的血液制品含有艾滋病病毒、乙型肝炎病毒、丙型肝炎病毒、梅毒螺旋体等病原微生物，或者将含有上述病原微生物的血液用于制作血液制品的；

（三）使用不符合国家规定的药品、诊断试剂、卫生器材，或者重复使用一次性采血器材采集血液，造成传染病传播危险的；

（四）违反规定对献血者、供血浆者超量、频繁采集血液、血浆，足以危害人体健康的；

（五）其他不符合国家有关采集、供应血液或者制作、供应血液制品的规定标准，足以危害人体健康的。

第三条　对非法采集、供应血液或者制作、供应血液制品，具有下列情形之一的，应认定为刑法第三百三十四条第一款规定的“对人体健康造成严重危害”，处五年以上十年以下有期徒刑，并处罚金：

（一）造成献血者、供血浆者、受血者感染乙型肝炎病毒、丙型肝炎病毒、梅毒螺旋体或者其他经血液传播的病原微生物的；

（二）造成献血者、供血浆者、受血者重度贫血、造血功能障碍或者其他器官组织损伤导致功能障碍等身体严重危害的；

（三）对人体健康造成其他严重危害的。

第四条　对非法采集、供应血液或者制作、供应血液制品，具有下列情形之一的，应认定为刑法第三百三十四条第一款规定的“造成特别严重后果”，处十年以上有期徒刑或者无期徒刑，并处罚金或者没收财产：

(一)因血液传播疾病导致人员死亡或者感染艾滋病病毒的；

(二)造成五人以上感染乙型肝炎病毒、丙型肝炎病毒、梅毒螺旋体或者其他经血液传播的病原微生物的；

(三)造成五人以上重度贫血、造血功能障碍或者其他器官组织损伤导致功能障碍等身体严重危害的；

(四)造成其他特别严重后果的。

第五条　对经国家主管部门批准采集、供应血液或者制作、供应血液制品的部门，具有下列情形之一的，应认定为刑法第三百三十四条第二款规定的"不依照规定进行检测或者违背其他操作规定"：

(一)血站未用两个企业生产的试剂对艾滋病病毒抗体、乙型肝炎病毒表面抗原、丙型肝炎病毒抗体、梅毒抗体进行两次检测的；

(二)单采血浆站不依照规定对艾滋病病毒抗体、乙型肝炎病毒表面抗原、丙型肝炎病毒抗体、梅毒抗体进行检测的；

(三)血液制品生产企业在投料生产前未用主管部门批准和检定合格的试剂进行复检的；

(四)血站、单采血浆站和血液制品生产企业使用的诊断试剂没有生产单位名称、生产批准文号或者经检定不合格的；

(五)采供血机构在采集检验标本、采集血液和成分血分离时，使用没有生产单位名称、生产批准文号或者超过有效期的一次性注射器等采血器材的；

(六)不依照国家规定的标准和要求包装、储存、运输血液、原料血浆的；

(七)对国家规定检测项目结果呈阳性的血液未及时按照规定予以清除的；

(八)不具备相应资格的医务人员进行采血、检验操作的；

(九)对献血者、供血浆者超量、频繁采集血液、血浆的；

(十)采供血机构采集血液、血浆前，未对献血者或供血浆者进行身份识别，采集冒名顶替者、健康检查不合格者血液、血浆的；

(十一)血站擅自采集原料血浆，单采血浆站擅自采集临床用血或者向医疗机构供应原料血浆的；

(十二)重复使用一次性采血器材的；

(十三)其他不依照规定进行检测或者违背操作规定的。

第六条　对经国家主管部门批准采集、供应血液或者制作、供应血液制品的部门，不依照规定进行检测或者违背其他操作规定，具有下列情形之一的，应认定为刑法第三百三十四条第二款规定的"造成危害他人身体健康后果"，对单位判处罚金，并对其直接负责的主管人员和其他直接责任人员，处五年以下有期徒刑或者拘役：

(一)造成献血者、供血浆者、受血者感染艾滋病病毒、乙型肝炎病毒、丙型肝炎病毒、梅毒螺旋体或者其他经血液传播的病原微生物的；

(二)造成献血者、供血浆者、受血者重度贫血、造血功能障碍或者其他器官组织损伤导致功能障碍等身体严重危害的；

(三)造成其他危害他人身体健康后果的。

第七条　经国家主管部门批准的采供血机构和血液制品生产经营单位，应认定为刑法第三百三十四条第二款规定的"经国家主管部门批准采集、供应血液或者制作、供应血液制品的部门"。

第八条　本解释所称"血液"，是指全血、成分血和特殊血液成分。

本解释所称"血液制品"，是指各种人血浆蛋白制品。

本解释所称"采供血机构"，包括血液中心、中心血站、中心血库、脐带血造血干细胞库和国家卫生行政主管部门根据医学发展需要批准、设置的其他类型血库、单采血浆站。

第三百三十四条之一 【非法采集人类遗传资源、走私人类遗传资源材料罪】违反国家有关规定，非法采集我国人类遗传资源或者非法运送、邮寄、携带我国人类遗传资源材料出境，危害公众健康或者社会公共利益，情节严重的，处三年以下有期徒刑、拘役或者管制，并处或者单处罚金；情节特别严重的，处三年以上七年以下有期徒刑，并处罚金。（本条是根据《中华人民共和国刑法修正案（十一）》之三十八增加的，自2021年3月1日起施行。）

第三百三十五条 【医疗事故罪】医务人员由于严重不负责任，造成就诊人死亡或者严重损害就诊人身体健康的，处三年以下有期徒刑或者拘役。

■最高人民检察院、公安部关于公安机关管辖的刑事案件立案追诉标准的规定（一）（2008年6月25日）

第五十六条 ［医疗事故案（刑法第三百三十五条）］医务人员由于严重不负责任，造成就诊人死亡或者严重损害就诊人身体健康的，应予立案追诉。

具有下列情形之一的，属于本条规定的"严重不负责任"：

（一）擅离职守的；

（二）无正当理由拒绝对危急就诊人实行必要的医疗救治的；

（三）未经批准擅自开展试验性医疗的；

（四）严重违反查对、复核制度的；

（五）使用未经批准使用的药品、消毒药剂、医疗器械的；

（六）严重违反国家法律法规及有明确规定的诊疗技术规范、常规的；

（七）其他严重不负责任的情形。

本条规定的"严重损害就诊人身体健康"，是指造成就诊人严重残疾、重伤、感染艾滋病、病毒性肝炎等难以治愈的疾病或者其他严重损害就诊人身体健康的后果。

■医疗事故处理条例（2002年9月1日）

第二条 本条例所称医疗事故，是指医疗机构及其医务人员在医疗活动中，违反医疗卫生管理法律、行政法规、部门规章和诊疗护理规范、常规，过失造成患者人身损害的事故。

第四条 根据对患者人身造成的损害程度，医疗事故分为四级：

一级医疗事故：造成患者死亡、重度残疾的；

二级医疗事故：造成患者中度残疾、器官组织损伤导致严重功能障碍的；

三级医疗事故：造成患者轻度残疾、器官组织损伤导致一般功能障碍的；

四级医疗事故：造成患者明显人身损害的其他后果的。

具体分级标准由国务院卫生行政部门制定。

第三十三条 有下列情形之一的，不属于医疗事故：

（一）在紧急情况下为抢救垂危患者生命而采取紧急医学措施造成不良后果的；

（二）在医疗活动中由于患者病情异常或者患者体质特殊而发生医疗意外的；

（三）在现有医学科学技术条件下，发生无法预料或者不能防范的不良后果的；

（四）无过错输血感染造成不良后果的；

（五）因患方原因延误诊疗导致不良后果的；

（六）因不可抗力造成不良后果的。

第二十条 卫生行政部门接到医疗机构关于重大医疗过失行为的报告或者医疗事故争议当事人要求处理医疗事故争议的申请后，对需要进行医疗事故技术鉴定的，应当交由负责医疗事故技术鉴定工作的医学会组织鉴定；医患双方协商解决医疗事故争议，需要进行医疗事故技术鉴定的，由双方当事人共同委托负责医疗事故技术鉴定工作的医学会组织鉴定。

第二十一条　设区的市级地方医学会和省、自治区、直辖市直接管辖的县(市)地方医学会负责组织首次医疗事故技术鉴定工作。省、自治区、直辖市地方医学会负责组织再次鉴定工作。

必要时,中华医学会可以组织疑难、复杂并在全国有重大影响的医疗事故争议的技术鉴定工作。

第二十二条　当事人对首次医疗事故技术鉴定结论不服的,可以自收到首次鉴定结论之日起 15 日内向医疗机构所在地卫生行政部门提出再次鉴定的申请。

▽未取得执业医师资格的人不符合医疗事故罪的主体身份

医疗事故罪的主体是特殊主体,即医务人员。所谓医务人员是指有合法执业资格的医疗工作者,即其行医具有合法性。医务工作,是一项专业性、技术性极强的工作。为确保人民的生命、健康安全,国家对医务人员的任职资格作了严格规定。根据 1999 年 5 月 1 日实施的《执业医师法》的规定,在我国从事医师执业工作,必须具备两个基本条件:一是取得医师资格,二是进行注册,领取医师执业证书。未经医师注册取得执业证书,不得从事医师执业活动。行为人未取得医师资格,亦未进行注册,取得医师执业证书,其虽取得《乡村保健医生资格证书》,但该证书载明"本证书是医疗技术水平的证明,不得凭此证流动行医和个体开业"。因此,行为人行医不具有合法性,不符合医疗事故罪的主体特征,不应以医疗事故罪追究其刑事责任。[参见第 262 号案例,王之兰过失致人死亡案,载《刑事审判参考》总第 34 集(2003 年第 5 集),法律出版社,第 22 ~23 页。执笔:张澎]

▽具有执业资格的医生在诊疗过程中,出于医治病患的目的,使用民间验方、偏方致人伤亡的行为,构成医疗事故罪

行为人的行为符合医疗事故罪的基本特征:从主体上看,行为人作为一名个体医师,具有医师的行医资格和执业许可证,是依法取得执业医师资格并经注册执业的专业医务人员,其身份符合《执业医师法》关于执业医师资格的有关规定,属于刑法本条规定的"医务人员"。从客体上看,医疗事故犯罪不仅会严重损害就诊人的身体健康甚至造成就诊人死亡,而且直接侵害公共卫生秩序,破坏了医疗管理制度。医疗事故罪属于过失犯罪,这种过失当然也包括疏忽大意和过于自信的过失两种。医务人员应当预见到自己违反规章制度或诊疗护理常规的行为,可能造成就诊人死亡或严重损害就诊人身体健康的后果,但由于疏忽大意而没有预见到,以致这种结果发生,属疏忽大意的过失;医务人员已经预见到自己违反规章制度或诊疗护理常规的行为,有造成就诊人死亡或严重损害就诊人身体健康的可能,但基于对自身技术水平或其他客观条件的信赖而轻信能够避免,以致这种结果发生,属过于自信的过失。医疗事故罪在客观方面表现为医护人员在合法、正常的诊疗护理过程当中因严重不负责任,造成就诊人死亡或严重损害就诊人身体健康的行为。要符合这一要件,必须同时具备两个方面:首先,上述严重不负责任的行为必须发生在合法、正常的诊疗护理过程当中,其行为必须发生在有关部门对医务人员的职务授权范围内;其次,这种严重不负责任的行为,与就诊人死亡或身体健康被严重损害的结果之间,必须具有刑法意义上的因果关系。本案行为人作为取得执业资格的注册个体医师,按照注册的执业地点、执业类别、执业范围执业,从事相应的医疗业务,并在此过程中,违反医疗规章制度,没有经过国家卫生行政部门批准私自配制药品用于诊疗,是严重不负责任的表现,造成就诊人死亡,在客观方面也完全符合医疗事故罪的特征。但需要指出的是,司法实践中对于这类利用民间验方、偏方实施诊疗致人伤亡的行为,在定性时要严格把握,应对主体资格、主观心态、因果关系和行为发生的客观环境等具体条件进行严格审查,只有类似本案这种在有限的范围内,针对特定的病症个体,采用未经有关机构认可和授权使用的偏方、验方,致就诊人伤亡的情形,才可以定医疗事故罪。如果主体资格不符,则可以非法行医罪追究刑事责任。如果是利用未经有关机构认可和授权的民间验方、偏方制成药物,大规模生产,或者公开在药店、医疗机构等医药市场上向不特定的患者或公众大范围销售,足以严重危害人体健康的,则应以生产、销售假药罪定罪处罚。[参见第 429 号案例,孟广超医疗事故案,载《刑事审判参考》总第 54 辑(2007 年第 1 辑),法律出版社,第 57 ~59 页。执笔:赵宇明　左永娟　孙江]

第三百三十六条　【非法行医罪】未取得医生执业资格的人非法行医，情节严重的，处三年以下有期徒刑、拘役或者管制，并处或者单处罚金；严重损害就诊人身体健康的，处三年以上十年以下有期徒刑，并处罚金；造成就诊人死亡的，处十年以上有期徒刑，并处罚金。

【非法进行节育手术罪】未取得医生执业资格的人擅自为他人进行节育复通手术、假节育手术、终止妊娠手术或者摘取宫内节育器，情节严重的，处三年以下有期徒刑、拘役或者管制，并处或者单处罚金；严重损害就诊人身体健康的，处三年以上十年以下有期徒刑，并处罚金；造成就诊人死亡的，处十年以上有期徒刑，并处罚金。

■最高人民检察院、公安部关于公安机关管辖的刑事案件立案追诉标准的规定（一）（2008年6月25日）

第五十七条　［非法行医案（刑法第三百三十六条第一款）］未取得医生执业资格的人非法行医，涉嫌下列情形之一的，应予立案追诉：

（一）造成就诊人轻度残疾、器官组织损伤导致一般功能障碍，或者中度以上残疾、器官组织损伤导致严重功能障碍，或者死亡的；

（二）造成甲类传染病传播、流行或者有传播、流行危险的；

（三）使用假药、劣药或不符合国家规定标准的卫生材料、医疗器械，足以严重危害人体健康的；

（四）非法行医被卫生行政部门行政处罚两次以后，再次非法行医的；

（五）其他情节严重的情形。

具有下列情形之一的，属于本条规定的“未取得医生执业资格的人非法行医”：

（一）未取得或者以非法手段取得医师资格从事医疗活动的；

（二）个人未取得《医疗机构执业许可证》开办医疗机构的；

（三）被依法吊销医师执业证书期间从事医疗活动的；

（四）未取得乡村医生执业证书，从事乡村医疗活动的；

（五）家庭接生员实施家庭接生以外的医疗行为的。

本条规定的“轻度残疾、器官组织损伤导致一般功能障碍”、“中度以上残疾、器官组织损伤导致严重功能障碍”，参照卫生部《医疗事故分级标准（试行）》认定。

第五十八条　［非法进行节育手术案（刑法第三百三十六条第二款）］未取得医生执业资格的人擅自为他人进行节育复通手术、假节育手术、终止妊娠手术或者摘取宫内节育器，涉嫌下列情形之一的，应予立案追诉：

（一）造成就诊人轻伤、重伤、死亡或者感染艾滋病、病毒性肝炎等难以治愈的疾病的；

（二）非法进行节育复通手术、假节育手术、终止妊娠手术或者摘取宫内节育器五人次以上的；

（三）致使他人超计划生育的；

（四）非法进行选择性别的终止妊娠手术的；

（五）非法获利累计五千元以上的；

（六）其他情节严重的情形。

■最高人民法院关于审理非法行医刑事案件具体应用法律若干问题的解释（全文）（2016年12月20日）

第一条　具有下列情形之一的，应认定为刑法第三百三十六条第一款规定的“未取得医生执业资格的人非法行医”：

（一）未取得或者以非法手段取得医师资格从事医疗活动的；

（二）被依法吊销医师执业证书期间从事医疗活动的；

（三）未取得乡村医生执业证书，从事乡村医疗活动的；

(四)家庭接生员实施家庭接生以外的医疗行为的。

第二条　具有下列情形之一的,应认定为刑法第三百三十六条第一款规定的“情节严重”:

(一)造成就诊人轻度残疾、器官组织损伤导致一般功能障碍的;

(二)造成甲类传染病传播、流行或者有传播、流行危险的;

(三)使用假药、劣药或不符合国家规定标准的卫生材料、医疗器械,足以严重危害人体健康的;

(四)非法行医被卫生行政部门行政处罚两次以后,再次非法行医的;

(五)其他情节严重的情形。

第三条　具有下列情形之一的,应认定为刑法第三百三十六条第一款规定的“严重损害就诊人身体健康”:

(一)造成就诊人中度以上残疾、器官组织损伤导致严重功能障碍的;

(二)造成三名以上就诊人轻度残疾、器官组织损伤导致一般功能障碍的。

第四条　非法行医行为系造成就诊人死亡的直接、主要原因的,应认定为刑法第三百三十六条第一款规定的“造成就诊人死亡”。

非法行医行为并非造成就诊人死亡的直接、主要原因的,可不认定为刑法第三百三十六条第一款规定的“造成就诊人死亡”。但是,根据案件情况,可以认定为刑法第三百三十六条第一款规定的“情节严重”。

第五条　实施非法行医犯罪,同时构成生产、销售假药罪,生产、销售劣药罪,诈骗罪等其他犯罪的,依照刑法处罚较重的规定定罪处罚。

第六条　本解释所称“医疗活动”“医疗行为”,参照《医疗机构管理条例实施细则》中的“诊疗活动”“医疗美容”认定。

本解释所称“轻度残疾、器官组织损伤导致一般功能障碍”“中度以上残疾、器官组织损伤导致严重功能障碍”,参照《医疗事故分级标准(试行)》认定。

■最高人民法院、最高人民检察院关于办理妨害预防、控制突发传染病疫情等灾害的刑事案件具体应用法律若干问题的解释(2003年5月15日)

第十二条　未取得医师执业资格非法行医,具有造成突发传染病病人、病原携带者、疑似突发传染病病人贻误诊治或者造成交叉感染等严重情节的,依照刑法第三百三十六条第一款的规定,以非法行医罪定罪,依法从重处罚。

第十七条　人民法院、人民检察院办理有关妨害预防、控制突发传染病疫情等灾害的刑事案件,对于有自首、立功等悔罪表现的,依法从轻、减轻、免除处罚或者依法作出不起诉决定。

第十八条　本解释所称“突发传染病疫情等灾害”,是指突然发生,造成或者可能造成社会公众健康严重损害的重大传染病疫情、群体性不明原因疾病以及其他严重影响公众健康的灾害。

■卫生部关于对非法行医罪犯罪条件征询意见函的复函(全文)(2001年8月8日)

一、关于非法行医罪犯罪主体的概念

1998年6月26日第九届全国人民代表大会常务委员会第三次会议通过了《执业医师法》,根据该法规定,医师是取得执业医师资格,经注册在医疗、预防、保健机构中执业的医学专业人员。医师分为执业医师和执业助理医师,《刑法》中的“医生执业资格的人”应当是按照《执业医师法》的规定,取得执业医师资格并经卫生行政部门注册的医学专业人员。

二、关于《执业医师法》颁布以前医师资格认定问题

《执业医师法》第四十三条规定:“本法颁布之日前按照国家有关规定取得医学专业技术职称和医学专业技术职务的人员,由所在机构报请县级以上人民政府卫生行政部门认定,取得相应的医师资格。”

卫生部(现为卫计委)、人事部下发了《具有医学专业技术职务任职资格人员认定医师资格及执业

注册办法》。目前各级卫生行政部门正在对《执业医师法》颁布之前,按照国家有关规定已取得医学专业技术职务任职资格的人员认定医师资格,并为仍在医疗、预防、保健机构执业的医师办理执业注册。

三、关于在"未被批准行医的场所"行医问题

具有医生执业资格的人在"未被批准行医的场所"行医属非法行医。其中,"未被批准行医的场所"是指没有卫生行政部门核发的《医疗机构执业许可证》的场所。但是,下列情况不属于非法行医:

(一)随急救车出诊或随采血车出车采血的;

(二)对病人实施现场急救的;

(三)经医疗、预防、保健机构批准的家庭病床、卫生支农、出诊、承担政府交办的任务和卫生行政部门批准的义诊等。

四、关于乡村医生及家庭接生员的问题

《执业医师法》规定,不具备《执业医师法》规定的执业医师资格或者执业助理医师资格的乡村医生,由国务院另行制定管理办法。经过卫生行政部门审核的乡村医生应当在注册的村卫生室执业。除第三条所列情况外,其他凡超出其申请执业地点的,应视为非法行医。

根据《母婴保健法》的规定"不能住院分娩的孕妇应当经过培训合格的接生人员实行消毒接生","从事家庭接生的人员,必须经过县级以上地方人民政府卫生行政部门的考核,并取得相应的合格证书"。取得合法资格的家庭接生人员为不能住院分娩的孕妇接生,不属于非法行医。

▽非法行医罪主体的认定

1997年刑法增设非法行医罪的立法本意是惩治社会上一些根本不具有医学专门知识,在社会上打着治病救人的幌子,骗取钱财,坑害人民的生命健康的行为。刑法本条所惩罚的对象仅是未取得执业医师资格而从事非法行医的人。凡是具有执业医师资格的人,就不属于刑法本条第一款非法行医罪的主体范围。至于具有医师执业资格的人未经注册(没有取得执业医师资格),或超出注册执业地点、执业类别、执业范围为患者看病的,都不可视为刑法上的"非法行医",其行为的性质仅属于行政违法,属于广义上的"非法行医"。值得一提的是,民间的一些"土医生"偶尔利用验方、偏方为群众治病,并未开办诊所以此为业,不属于违法犯罪。[参见第10号案例,周兆钧被控非法行医案,载《刑事审判指导》总第1辑(2004年第1辑),人民法院出版社。第57~58页;第283号案例,周兆钧被控非法行医案,载《刑事审判参考》总第36集(2004年第1集),法律出版社,第46~57页。执笔:黄太云]

▽乡村医生的行医资格的不确定性,不能成为非法行医罪的主体

非法行医罪是指未取得医生执业资格的人非法行医,情节严重的行为。行为人对非法行医行为的心理态度是直接故意,即明知自己未取得医生执业资格,而仍实施非法行医行为。行为人所在的村卫生室成立于20世纪70年代,行为本人也在村卫生室工作了近30年,其间一直从事医疗、保健、预防等工作。行为人曾取得《乡村保健医生资格证书》,一直作为乡村医生行医。1999年5月1日实施的《执业医师法》(已失效)第十四条规定:"未经医师注册取得执业证书,不得从事医师执业活动。"但第四十五条规定:"不具备本法规定的执业医师资格或者执业助理医师资格的乡村医生,由国务院另行制定管理办法。"可至本案案发时,国务院尚未制定相关管理办法以规范乡村医生的行医资格。综上,考虑到乡村卫生室从事诊疗服务的历史延续性以及乡村医生行医资格无法律明文规定的特殊性,可以认定行为人主观上不具备非法行医的故意,对其行为以不定非法行医罪为宜。[参见第262号案例,王之兰过失致人死亡案,载《刑事审判参考》总第34集(2003年第5集),法律出版社,第22~23页。执笔:张澎]

▽非法行医罪的"情节严重"的认定

非法行医罪的"情节严重",主要是指未取得"执业医师资格"的人非法行医经处理后仍不改正的;在非法行医过程中,造成了就诊人的死亡或者对就诊人的身体健康造成严重损害的;由于乱医乱治,贻

误病情,致使患者病情加重的;以野蛮方法医病治病的;非法行医骗取钱财数额较大的;使用伪劣药品蒙骗患者的;非法行医过程中调戏、侮辱、猥亵妇女、儿童的;等等。[参见第10号案例,周兆钧被控非法行医案,载《刑事审判指导》总第1辑(2004年第1辑),人民法院出版社,第62页;第283号案例,周兆钧被控非法行医案,载《刑事审判参考》总第36集(2004年第1集),法律出版社,第56页。执笔:黄太云]

▽对被害人的承诺阻却犯罪成立的条件认定

刑法理论一般认为,被害人的承诺,符合一定条件的,可阻却犯罪的成立。此属于非法定地或者说超法规地排除犯罪事由。总体而言,只有在以违反被害人意志为前提的犯罪(如强奸罪、非法侵入住宅罪等罪)中,被害人的承诺才可能排除犯罪性;而在其他一些不以违反被害人意志为成立条件的犯罪(如拐卖妇女、儿童罪)中,被害人的承诺并不能排除行为人的犯罪性。具体而言,被害人的承诺只有齐备以下条件时,才能阻却犯罪的成立:第一,承诺只能是对自己具有处分权限的利益承诺他人侵害;第二,承诺者必须具有承诺能力;第三,承诺必须基于承诺者的真实意志;第四,事实上必须存在承诺;第五,基于承诺所实施的侵害行为不得超过承诺者的处分权限,也不能违反法秩序。[参见第316号案例,周某某非法行医案,载《刑事审判参考》总第40集(2004年第5集),法律出版社,第24～27页。执笔:鸿雁　刘进才]

▽患者"自愿"求医,不能阻却非法行医罪的成立

在非法行医案件中,即使行为人非法行医时得到患者的承诺,也不能阻却其犯罪的成立,这是因为:第一,非法行医属于危害公共卫生的犯罪,侵害的是社会法益;任何人对社会法益都没有承诺权限,故患者的承诺是无效的。第二,对治疗行为的承诺,只能是一种具体的承诺,而且这种承诺只是对医疗行为本身的承诺,不包括对不当医疗行为致死致伤结果的承诺。在行为人非法行医的情况下,患者只是承诺行为人为其治疗,这是一种抽象的承诺。在被害人并不了解非法行医者的具体治疗方案的情况下,非法行医者的具体治疗行为并没有得到承诺。患者求医当然是希望医治疾病,因此不可能承诺对自己造成伤亡。所以,非法行医者致患者伤亡的行为,也不可能因为被害人承诺而阻却犯罪的成立。第三,在许多情况下,患者是因为不了解非法行医者的内情才去求医的,即非法行医者或者谎称自己具有医生执业资格,或者谎称自己具有高明的医术,使患者信以为真,从而在不了解真相的情况下向非法行医人求医。这显然不能认为是患者的真实意志。由于患者求医是基于误解,因而其承诺也是无效的。第四,非法行医行为违反了法秩序,即使非法行医行为取得了患者的同意,也是法律所禁止的。由此可见,在非法行医案件中,如果行为人隐瞒其未取得医生执业资格的事实,从而致使被害人错误作出同意其对自己实施医疗行为的"承诺"的,则因该项"承诺"并非出自被害人的真实意志,故而不能构成可以排除行为人犯罪性的承诺;即便在行为人已告知被害人其未取得医生执业资格的事实,被害人仍然同意或者请求其为自己医疗的情况下,由于被害人的同意或者请求(承诺)仅是对医疗行为本身的抽象承诺,并不包括对非法医疗行为可能引致的伤亡结果的承诺,也不能构成可以排除行为人犯罪性的承诺;甚至,在行为人已告知被告人其未取得医生执业资格的事实,被害人仍然同意或者请求其为自己医疗,并明确表示自愿承担医疗"风险"的情况下,由于被害人对公共卫生这一社会法益并无承诺权限,其承诺仍然是无效的,仍然不能因此排除行为人非法行医行为的犯罪性。根据以上分析,在本案中,未取得医生执业资格的行为人固然是应孕妇亲属之邀出诊为孕妇接生的,但其违规用药,引起孕妇强烈宫缩致胎死宫内,应当认为其行为已至少达到刑法本条规定的"情节严重"的程度,故认定其构成非法行医罪是正确的;行为人系因他人之邀为孕妇接生一节,并不能排除其非法行医行为的犯罪性。[参见第316号案例,周某某非法行医案,载《刑事审判参考》总第40集(2004年第5集),法律出版社,第24～27页。执笔:鸿雁　刘进才]

▽非法行医造成就诊人死亡的因果关系及刑事责任判断

刑法本条对严重损害就诊人健康以及造成其死亡的规定,属于刑法理论上的“结果加重犯”。只要行为人在实施基本犯罪时对加重结果“有过失”或者“能预见”,就应对加重结果负刑事责任。行为人非法行医多年,其行为已构成非法行医罪。根据刑法的规定,行为人的非法行医行为造成就诊人死亡的依法应当判处十年以上有期徒刑。行为人长期非法行医,具有一定的医学知识,应当预见到产妇在分娩过程中随时可能发生各种分娩并发症,其明知一旦产妇在分娩过程中发生并发症,凭借自己的医疗设施、医疗技术难以实施救助,但由于追求非法利益,对产妇存在的危险存在侥幸心理,其主观上对产妇死亡结果的发生存在过于自信的过失,故其应当对产妇的死亡结果承担刑事责任,依法应当判处十年以上有期徒刑。[参见第421号案例,贺淑华非法行医案,载《刑事审判参考》总第53辑(2006年第6辑),法律出版社,第52~58页。执笔:冉容]

▽非法行医罪“严重损害就诊人身体健康”的认定标准,应当适用于非法进行节育手术罪

刑法关于非法行医罪、非法进行节育手术罪的规定,除了在客观行为方面有区别外,在犯罪主体、犯罪后果、法定刑幅度等方面均完全相同。实际上,非法进行节有手术的行为,广义上也是一种非法行医的行为,只是为了突出保障计划生育政策的执行,刑法专门设立非法进行节育手术罪。就罪质而言,非法行医罪与非法进行节育手术罪之间是一般与特殊的关系。特殊法有特别规定的,依特殊法;没有特别规定的,依一般法。基于这一原理,由于法律、司法解释没有对非法进行节育手术罪作出特别解释,对该罪中“严重损害就诊人身体健康”的认定标准应当参照非法行医罪的相关认定标准。此外,从系统解释角度分析,同一部刑法、同一个刑法条文、同样的用语,在没有特别规定的情况下,其内涵、外延应该是一致的。关于“严重损害就诊人身体健康”的含义,《最高人民法院关于审理非法行医刑事案件具体应用法律若干问题的解释》(刑法本条附文以下简称《解释》)第三条规定:“具有下列情形之一的,应认定为刑法第三百三十六条第一款规定的‘严重损害就诊人身体健康’:(一)造成就诊人中度以上残疾、器官组织损伤导致严重功能障碍的;(二)造成三名以上就诊人轻度残疾、器官组织损伤导致一般功能障碍的。”《解释》第五条还规定:“本解释所称‘轻度残疾、器官组织损伤导致一般功能障碍’、‘中度以上残疾、器官组织损伤导致严重功能障碍’,参照卫生部《医疗事故分级标准(试行)》认定。”需要说明的是,根据《标准》第五十六条第二款的规定,“严重损害就诊人身体健康”是指造成就诊人严重残疾、重伤、感染艾滋病、病毒性肝炎等难以治愈的疾病或者其他严重损害就诊人身体健康的后果。这一规定与《解释》存在一定的冲突。然而,这种冲突并不在实质上影响法院对非法进行节育手术案件中“严重损害就诊人身体健康”的认定,主要理由如下:(1)两者解释的目的不同。《标准》所列举的严重残疾、重伤、感染艾滋病、病毒性肝炎等难以治愈的疾病或者其他严重损害就诊人身体健康的后果,是指应予立案追诉的几种情形;而《解释》第三条对“严重损害就诊人身体健康”的规定是审判时确定量刑情节和量刑幅度的具体法律依据。(2)“重伤”的表述过于笼统,新的伤残认定标准已没有这种表述。如卫生部《医疗事故分级标准(试行)中没有以重伤、轻伤来区分医疗事故等级,而是列举了残疾、器官组织损伤、功能障碍等具体损害健康的情形。《解释》融入了这一最新研究成果,更接近于这一科学分类。(3)《标准》将“重伤”与“艾滋病、病毒性肝炎”规定在同一种情形,在内在逻辑上要求三者具有同质性或相当性,这一同质性或相当性具体体现在“难以治愈的疾病”上。基于这一分析,此处的“重伤”应当是能够导致“难以治愈的疾病”的“重伤”,而不是指所有的“重伤”。综上,根据《解释》来认定非法行医罪“严重损害就诊人身体健康”的标准更为适宜。[参见第732号指导案例,徐如涵非法进行节育手术案,载《刑事审判参考》总第82集(2011年第5集),第64~66页。撰稿:马君珺　蒋征宇]

▽不能简单地将“致人重伤”完全等同于“严重损害就诊人身体健康”

非法行医造成的“损害就诊人身体健康”的后果认定的标准应是行医行为和伤害行为明显不同,重伤标准不能涵盖所有损害健康的情形。主要理由如下:(1)非法行医罪客观方面的核心是非法行医,行为人对就诊人实施的是诊疗行为而不是伤害行为。(2)医疗事故罪和非法行医罪的后果之一均为“严重损害就诊人身体健康”,因此不能将两罪后果的判断标准完全割裂开。如果医疗事故罪“严重损害就诊人身体健康”的标准是造成医疗事故,而非法行医罪“严重损害就诊人身体健康”是造成重伤,则显然不符合立法原意。(3)《人体重伤鉴定标准》主要针对外力伤害,并不能全面反映医疗活动中对人体健康所造成的损害程度。例如,一些智能障碍、功能损害等,无法用重伤标准来衡量。(4)据卫生行政部门有关资料表明,《医疗事故分级标准(试行)》在起草过程中,已经参照了《人体重伤鉴定标准》、《人体轻伤鉴定标准(试行)》、《交通事故伤残等级标准》、职工工伤标准等,对应伤残等级一级至十级,涵盖了上述标准的内容,是目前最全面和权威的一个标准,参照《医疗事故分级标准(试行)》认定损害就诊人身体健康更为科学。因此,“重伤”与“严重损害就诊人身体健康”是损害后果的两个不同认定标准。刑法已明确将“严重损害就诊人身体健康”规定为医疗事故罪、非法行医罪和非法进行节育手术罪的损害后果之一,而非“重伤”。另外,从罪刑相适应原则的视角分析。故意伤害致人重伤的,处三年以上十年以下有期徒刑;非法进行节育手术,严重损害就诊人身体健康的,处三年以上十年以下有期徒刑,并处罚金。比较两罪的刑罚可以发现,若将“重伤”等同于“严重损害就诊人身体健康”认定,则会出现相同的犯罪后果,故意伤害罪的刑罚反而轻于非法进行节育手术罪,这显然不合理,不符合罪刑相适应原则。因为故意伤害犯罪的行为人实施的是故意加害行为,对造成被害人损害后果主观上是故意;而非法进行节育手术犯罪的行为人实施的是诊疗行为,对造成被害人损害后果主观上是过失。比较两罪的客观行为、主观心态、社会危害性,故意伤害罪要重于非法进行节育手术罪。如果将“重伤”等同于“严重损害就诊人身体健康的”则会导致故意伤害罪刑罚轻于非法进行节育手术罪,使罪刑不相适应。[参见第 732 号指导案例,徐如涵非法进行节育手术案,载《刑事审判参考》总第 82 集(2011 年第 5 集),第 66 ~67 页。撰稿:马君珺 蒋征宇]

▽“严重损害就诊人身体健康”的犯罪后果程度的认定

根据《解释》的规定,“严重损害就诊人身体健康”是指:(1)造成就诊人中度以上残疾、器官组织损伤导致严重功能障碍的;(2)造成三名以上就诊人轻度残疾、器官组织损伤导致一般功能障碍的。具体参照卫生部《医疗事故分级标准(试行)》认定。根据《医疗事故分级标准(试行)》的规定,其中的医疗事故一级乙等至三级戊等对应伤残等级一级至十级。一级医疗事故系指死亡、重度残疾。二级医疗事故系指中度残疾、器官组织损伤导致严重功能障碍,对应伤残等级为二级至五级。三级医疗事故系指轻度残疾、器官组织损伤导致一般功能障碍,对应伤残等级为六级至十级。伤残十级,实际对应的只是“器官部分缺损或畸形,有轻微功能障碍”。本案被害人的损伤程度被评定为十级伤残(3 处),未达到中度残疾、器官组织损伤导致严重功能障碍。需要强调的是,《解释》规定的“造成三名以上就诊人轻度残疾、器官组织损伤导致一般功能障碍”中,三人伤残不能等同于三处伤残认定。在伤残等级中,十级伤残是最低一级,属于“轻微功能障碍”的伤残,不能将一名就诊人的三处十级伤残累加升格为“器官组织损伤导致严重功能障碍”,从而认定为严重损害身体健康。本案中被害人何某的三处十级伤残不能视为“器官组织损伤导致严重功能障碍”。综上,被告人的犯罪行为致使就诊人“重伤”,但未达到“严重损害就诊人身体健康”的程度。[参见第 732 号指导案例,徐如涵非法进行节育手术案,载《刑事审判参考》总第 82 集(2011 年第 5 集),第 67 ~68 页。撰稿:马君珺 蒋征宇]

第三百三十六条之一 【非法植入基因编辑、克隆胚胎罪】将基因编辑、克隆的人类胚胎植入人体或者动物体内,或者将基因编辑、克隆的动物胚胎植入人体内,情节严重的,处三年以下有期徒刑或者拘役,并处罚金;情节特别严重的,处三年以上七年以下有期徒刑,并处罚金。(本条是根据《中华人民共和国刑法修正案(十一)》之三十九增加的,自 2021 年 3 月 1 日起施行。)

第三百三十七条 【妨害动植物防疫、检疫罪】违反有关动植物防疫、检疫的国家规定,引起重大动植物疫情的,或者有引起重大动植物疫情危险,情节严重的,处三年以下有期徒刑或者拘役,并处或者单处罚金。(本款是根据《中华人民共和国刑法修正案(七)》之十一修改的,自2009年2月28日起施行。)

单位犯前款罪的,对单位判处罚金,并对其直接负责的主管人员和其他直接责任人员,依照前款的规定处罚。

刑法原文:【逃避动植物检疫罪】违反进出境动植物检疫法的规定,逃避动植物检疫,引起重大动植物疫情的,处三年以下有期徒刑或者拘役,并处或者单处罚金。

■最高人民检察院、公安部关于公安机关管辖的刑事案件立案追诉标准的规定(一)的补充规定(2017年4月27日)

第五十九条　[妨害动植物防疫、检疫案(刑法第三百三十七条)]违反有关动植物防疫、检疫的国家规定,引起重大动植物疫情的,应予立案追诉。

违反有关动植物防疫、检疫的国家规定,有引起重大动植物疫情危险,涉嫌下列情形之一的,应予立案追诉:

(一)非法处置疫区内易感动物或者其产品,货值金额五万元以上的;

(二)非法处置因动植物防疫、检疫需要被依法处理的动植物或者其产品,货值金额二万元以上的;

(三)非法调运、生产、经营感染重大植物检疫性有害生物的林木种子、苗木等繁殖材料或者森林植物产品的;

(四)输入《中华人民共和国进出境动植物检疫法》规定的禁止进境物逃避检疫,或者对特许进境的禁止进境物未有效控制与处置,导致其逃逸、扩散的;

(五)进境动植物及其产品检出有引起重大动植物疫情危险的动物疫病或者植物有害生物后,非法处置导致进境动植物及其产品流失的;

(六)一年内携带或者寄递《中华人民共和国禁止携带、邮寄进境的动植物及其产品名录》所列物品进境逃避检疫两次以上,或者窃取、抢夺、损毁、抛洒动植物检疫机关截留的《中华人民共和国禁止携带、邮寄进境的动植物及其产品名录》所列物品的;

(七)其他情节严重的情形。

本条规定的"重大动植物疫情",按照国家行政主管部门的有关规定认定。

■最高人民检察院、公安部、海关总署关于办理进境携带物和寄递物动植物检疫监管领域刑事案件适用立案追诉标准若干问题的通知(全文)(2019年12月6日)

就《补充规定》适用进境携带物和寄递物动植物检疫监管领域的有关问题通知如下:

一、《补充规定》①第五十九条第二款第(六)项中的术语解释

(一)"逃避检疫"情形是指行为人知道或者应当知道携带、寄递的动植物及其产品属于《中华人民共和国禁止携带、邮寄进境的动植物及其产品名录》所列物品,仍然携带、寄递进境,且未向海关申报或者未如实向海关申报的行为。

(二)"留截"是指海关对依法截留的携带物已出具截留凭证或者虽未出具截留凭证,但海关执法人员已经向行为人明确口头或者书面告知(通知)其携带或者寄递进境的物品属于《中华人民共和国禁止携带、邮寄进境的动植物及其产品名录》所列物品,须作截留处理的。

二、《补充规定》第九条第二款第(七)项规定的"其他情节严重的情形"包括以下情形

(一)在国家行政主管部门公告(通告)采取紧急预防措施期间,携带或寄递公告(通告)所列禁止进境的动植物及其产品进境,逃避检疫的。

(二)携带《中华人民共和国禁止携带、邮寄进境的动植物及其产品名录》所列物品进境,拒绝接受

---

① 《最高人民检察院、公安部关于公安机关管辖的刑事案件立案追诉标准的规定(一)的补充规定》(公通字〔2017〕12号,以下简称《补充规定》)——编著者注

海关关员现场执法,且所携物品检出有引起重大动植物疫情危险的动物疫病或者植物有害生物的。

■中华人民共和国进出境动植物检疫法(2009年8月27日修正)

第二条　进出境的动植物、动植物产品和其他检疫物,装载动植物、动植物产品和其他检疫物的装载容器、包装物,以及来自动植物疫区的运输工具,依照本法规定实施检疫。

■中华人民共和国进出境动植物检疫法实施条例(1997年1月1日)

第二条　下列各物,依照进出境动植物检疫法和本条例的规定实施检疫:

(一)进境、出境、过境的动植物、动植物产品和其他检疫物;

(二)装载动植物、动植物产品和其他检疫物的装载容器、包装物、铺垫材料;

(三)来自动植物疫区的运输工具;

(四)进境拆解的废旧船舶;

(五)有关法律、行政法规、国际条约规定或者贸易合同约定应当实施进出境动植物检疫的其他货物、物品。

第六节　破坏环境资源保护罪

第三百三十八条　【污染环境罪】违反国家规定,排放、倾倒或者处置有放射性的废物、含传染病病原体的废物、有毒物质或者其他有害物质,严重污染环境的,处三年以下有期徒刑或者拘役,并处或者单处罚金;情节严重的,处三年以上七年以下有期徒刑,并处罚金;有下列情形之一的,处七年以上有期徒刑,并处罚金:

(一)在饮用水水源保护区、自然保护地核心保护区等依法确定的重点保护区域排放、倾倒、处置有放射性的废物、含传染病病原体的废物、有毒物质,情节特别严重的;

(二)向国家确定的重要江河、湖泊水域排放、倾倒、处置有放射性的废物、含传染病病原体的废物、有毒物质,情节特别严重的;

(三)致使大量永久基本农田基本功能丧失或者遭受永久性破坏的;

(四)致使多人重伤、严重疾病,或者致人严重残疾、死亡的。

有前款行为,同时构成其他犯罪的,依照处罚较重的规定定罪处罚。(本条是根据《中华人民共和国刑法修正案(十一)》之四十修改的,自2021年3月1日起施行。)

刑法修正案(十一)修改前本条原文:【污染环境罪】违反国家规定,排放、倾倒或者处置有放射性的废物、含传染病病原体的废物、有毒物质或者其他有害物质,严重污染环境的,处三年以下有期徒刑或者拘役,并处或者单处罚金;后果特别严重的,处三年以上七年以下有期徒刑,并处罚金。(本条是根据《中华人民共和国刑法修正案(八)》之四十六修改的,自2011年5月1日起施行。)

刑法本条原文:【重大环境污染事故罪】违反国家规定,向土地、水体、大气排放、倾倒或者处置有放射性的废物、含传染病病原体的废物、有毒物质或者其他危险废物,造成重大环境污染事故,致使公私财产遭受重大损失或者人身伤亡的严重后果的,处三年以下有期徒刑或者拘役,并处或者单处罚金;后果特别严重的,处三年以上七年以下有期徒刑,并处罚金。

■最高人民检察院、公安部关于公安机关管辖的刑事案件立案追诉标准的规定(一)的补充规定(2017年4月27日)

第六十条　[污染环境案(刑法第三百三十八条)]违反国家规定,排放、倾倒或者处置有放射性的废物、含传染病病原体的废物、有毒物质或者其他有害物质,涉嫌下列情形之一的,应予立案追诉:

(一)在饮用水水源一级保护区、自然保护区核心区排放、倾倒、处置有放射性的废物、含传染病病原体的废物、有毒物质的;

(二)非法排放、倾倒、处置危险废物三吨以上的;

（三）排放、倾倒、处置含铅、汞、镉、铬、砷、铊、锑的污染物，超过国家或者地方污染物排放标准三倍以上的；

（四）排放、倾倒、处置含镍、铜、锌、银、钒、锰、钴的污染物，超过国家或者地方污染物排放标准十倍以上的；

（五）通过暗管、渗井、渗坑、裂隙、溶洞、灌注等逃避监管的方式排放、倾倒、处置有放射性的废物、含传染病病原体的废物、有毒物质的；

（六）二年内曾因违反国家规定，排放、倾倒、处置有放射性的废物、含传染病病原体的废物、有毒物质受过两次以上行政处罚，又实施前列行为的；

（七）重点排污单位篡改、伪造自动监测数据或者干扰自动监测设施，排放化学需氧量、氨氮、二氧化硫、氮氧化物等污染物的；

（八）违法减少防治污染设施运行支出一百万元以上的；

（九）违法所得或者致使公私财产损失三十万元以上的；

（十）造成生态环境严重损害的；

（十一）致使乡镇以上集中式饮用水水源取水中断十二小时以上的；

（十二）致使基本农田、防护林地、特种用途林地五亩以上，其他农用地十亩以上，其他土地二十亩以上基本功能丧失或者遭受永久性破坏的；

（十三）致使森林或者其他林木死亡五十立方米以上，或者幼树死亡二千五百株以上的；

（十四）致使疏散、转移群众五千人以上的；

（十五）致使三十人以上中毒的；

（十六）致使三人以上轻伤、轻度残疾或者器官组织损伤导致一般功能障碍的；

（十七）致使一人以上重伤、中度残疾或者器官组织损伤导致严重功能障碍的；

（十八）其他严重污染环境的情形。

本条规定的“有毒物质”，包括列入国家危险废物名录或者根据国家规定的危险废物鉴别标准和鉴别方法认定的具有危险特性的废物，《关于持久性有机污染物的斯德哥尔摩公约》附件所列物质，含重金属的污染物，以及其他具有毒性可能污染环境的物质。

本条规定的“非法处置危险废物”，包括无危险废物经营许可证，以营利为目的，从危险废物中提取物质作为原材料或者燃料，并具有超标排放污染物、非法倾倒污染物或者其他违法造成环境污染情形的行为。

本条规定的“重点排污单位”，是指设区的市级以上人民政府环境保护主管部门依法确定的应当安装、使用污染物排放自动监测设备的重点监控企业及其他单位。

本条规定的“公私财产损失”，包括直接造成财产损毁、减少的实际价值，为防止污染扩大、消除污染而采取必要合理措施所产生的费用，以及处置突发环境事件的应急监测费用。

本条规定的“生态环境损害”，包括生态环境修复费用，生态环境修复期间服务功能的损失和生态环境功能永久性损害造成的损失，以及其他必要合理费用。

本条规定的“无危险废物经营许可证”，是指未取得危险废物经营许可证，或者超出危险废物经营许可证的经营范围。

■最高人民法院、最高人民检察院关于办理环境污染刑事案件适用法律若干问题的解释（全文）（2017年1月1日）

第一条　实施刑法第三百三十八条规定的行为，具有下列情形之一的，应当认定为“严重污染环境”：

（一）在饮用水水源一级保护区、自然保护区核心区排放、倾倒、处置有放射性的废物、含传染病病原体的废物、有毒物质的；

（二）非法排放、倾倒、处置危险废物三吨以上的；

（三）排放、倾倒、处置含铅、汞、镉、铬、砷、铊、锑的污染物，超过国家或者地方污染物排放标准三倍以上的；

（四）排放、倾倒、处置含镍、铜、锌、银、钒、锰、钴的污染物，超过国家或者地方污染物排放标准十倍以上的；

（五）通过暗管、渗井、渗坑、裂隙、溶洞、灌注等逃避监管的方式排放、倾倒、处置有放射性的废物、含传染病病原体的废物、有毒物质的；

（六）二年内曾因违反国家规定，排放、倾倒、处置有放射性的废物、含传染病病原体的废物、有毒物质受过两次以上行政处罚，又实施前列行为的；

（七）重点排污单位篡改、伪造自动监测数据或者干扰自动监测设施，排放化学需氧量、氨氮、二氧化硫、氮氧化物等污染物的；

（八）违法减少防治污染设施运行支出一百万元以上的；

（九）违法所得或者致使公私财产损失三十万元以上的；

（十）造成生态环境严重损害的；

（十一）致使乡镇以上集中式饮用水水源取水中断十二小时以上的；

（十二）致使基本农田、防护林地、特种用途林地五亩以上，其他农用地十亩以上，其他土地二十亩以上基本功能丧失或者遭受永久性破坏的；

（十三）致使森林或者其他林木死亡五十立方米以上，或者幼树死亡二千五百株以上的；

（十四）致使疏散、转移群众五千人以上的；

（十五）致使三十人以上中毒的；

（十六）致使三人以上轻伤、轻度残疾或者器官组织损伤导致一般功能障碍的；

（十七）致使一人以上重伤、中度残疾或者器官组织损伤导致严重功能障碍的；

（十八）其他严重污染环境的情形。

第二条　实施刑法第三百三十九条、第四百零八条规定的行为，致使公私财产损失三十万元以上，或者具有本解释第一条第十项至第十七项规定情形之一的，应当认定为“致使公私财产遭受重大损失或者严重危害人体健康”或者“致使公私财产遭受重大损失或者造成人身伤亡的严重后果”。

第三条　实施刑法第三百三十八条、第三百三十九条规定的行为，具有下列情形之一的，应当认定为“后果特别严重”：

（一）致使县级以上城区集中式饮用水水源取水中断十二小时以上的；

（二）非法排放、倾倒、处置危险废物一百吨以上的；

（三）致使基本农田、防护林地、特种用途林地十五亩以上，其他农用地三十亩以上，其他土地六十亩以上基本功能丧失或者遭受永久性破坏的；

（四）致使森林或者其他林木死亡一百五十立方米以上，或者幼树死亡七千五百株以上的；

（五）致使公私财产损失一百万元以上的；

（六）造成生态环境特别严重损害的；

（七）致使疏散、转移群众一万五千人以上的；

（八）致使一百人以上中毒的；

（九）致使十人以上轻伤、轻度残疾或者器官组织损伤导致一般功能障碍的；

（十）致使三人以上重伤、中度残疾或者器官组织损伤导致严重功能障碍的；

（十一）致使一人以上重伤、中度残疾或者器官组织损伤导致严重功能障碍，并致使五人以上轻伤、轻度残疾或者器官组织损伤导致一般功能障碍的；

（十二）致使一人以上死亡或者重度残疾的；

（十三）其他后果特别严重的情形。

第四条　实施刑法第三百三十八条、第三百三十九条规定的犯罪行为，具有下列情形之一的，应当从重处罚：

（一）阻挠环境监督检查或者突发环境事件调查，尚不构成妨害公务等犯罪的；

（二）在医院、学校、居民区等人口集中地区及其附近，违反国家规定排放、倾倒、处置有放射性的废物、含传染病病原体的废物、有毒物质或者其他有害物质的；

（三）在重污染天气预警期间、突发环境事件处置期间或者被责令限期整改期间，违反国家规定排放、倾倒、处置有放射性的废物、含传染病病原体的废物、有毒物质或者其他有害物质的；

（四）具有危险废物经营许可证的企业违反国家规定排放、倾倒、处置有放射性的废物、含传染病病原体的废物、有毒物质或者其他有害物质的。

第五条　实施刑法第三百三十八条、第三百三十九条规定的行为，刚达到应当追究刑事责任的标准，但行为人及时采取措施，防止损失扩大、消除污染，全部赔偿损失，积极修复生态环境，且系初犯，确有悔罪表现的，可以认定为情节轻微，不起诉或者免予刑事处罚；确有必要判处刑罚的，应当从宽处罚。

第六条　无危险废物经营许可证从事收集、贮存、利用、处置危险废物经营活动，严重污染环境的，按照污染环境罪定罪处罚；同时构成非法经营罪的，依照处罚较重的规定定罪处罚。

实施前款规定的行为，不具有超标排放污染物、非法倾倒污染物或者其他违法造成环境污染的情形的，可以认定为非法经营情节显著轻微危害不大，不认为是犯罪；构成生产、销售伪劣产品等其他犯罪的，以其他犯罪论处。

第七条　明知他人无危险废物经营许可证，向其提供或者委托其收集、贮存、利用、处置危险废物，严重污染环境的，以共同犯罪论处。

第八条　违反国家规定，排放、倾倒、处置含有毒害性、放射性、传染病病原体等物质的污染物，同时构成污染环境罪、非法处置进口的固体废物罪、投放危险物质罪等犯罪的，依照处罚较重的规定定罪处罚。

第十一条　单位实施本解释规定的犯罪的，依照本解释规定的定罪量刑标准，对直接负责的主管人员和其他直接责任人员定罪处罚，并对单位判处罚金。

第十二条　环境保护主管部门及其所属监测机构在行政执法过程中收集的监测数据，在刑事诉讼中可以作为证据使用。

公安机关单独或者会同环境保护主管部门，提取污染物样品进行检测获取的数据，在刑事诉讼中可以作为证据使用。

第十三条　对国家危险废物名录所列的废物，可以依据涉案物质的来源、产生过程、被告人供述、证人证言以及经批准或者备案的环境影响评价文件等证据，结合环境保护主管部门、公安机关等出具的书面意见作出认定。

对于危险废物的数量，可以综合被告人供述，涉案企业的生产工艺、物耗、能耗情况，以及经批准或者备案的环境影响评价文件等证据作出认定。

第十四条　对案件所涉的环境污染专门性问题难以确定的，依据司法鉴定机构出具的鉴定意见，或者国务院环境保护主管部门、公安部门指定的机构出具的报告，结合其他证据作出认定。

第十五条　下列物质应当认定为刑法第三百三十八条规定的“有毒物质”：

（一）危险废物，是指列入国家危险废物名录，或者根据国家规定的危险废物鉴别标准和鉴别方法认定的，具有危险特性的废物；

（二）《关于持久性有机污染物的斯德哥尔摩公约》附件所列物质；

(三)含重金属的污染物;

(四)其他具有毒性,可能污染环境的物质。

第十六条　无危险废物经营许可证,以营利为目的,从危险废物中提取物质作为原材料或者燃料,并具有超标排放污染物、非法倾倒污染物或者其他违法造成环境污染的情形的行为,应当认定为“非法处置危险废物”。

第十七条　本解释所称“二年内”,以第一次违法行为受到行政处罚的生效之日与又实施相应行为之日的时间间隔计算确定。

本解释所称“重点排污单位”,是指设区的市级以上人民政府环境保护主管部门依法确定的应当安装、使用污染物排放自动监测设备的重点监控企业及其他单位。

本解释所称“违法所得”,是指实施刑法第三百三十八条、第三百三十九条规定的行为所得和可得的全部违法收入。

本解释所称“公私财产损失”,包括实施刑法第三百三十八条、第三百三十九条规定的行为直接造成财产损毁、减少的实际价值,为防止污染扩大、消除污染而采取必要合理措施所产生的费用,以及处置突发环境事件的应急监测费用。

本解释所称“生态环境损害”,包括生态环境修复费用,生态环境修复期间服务功能的损失和生态环境功能永久性损害造成的损失,以及其他必要合理费用。

本解释所称“无危险废物经营许可证”,是指未取得危险废物经营许可证,或者超出危险废物经营许可证的经营范围。

第十八条　本解释自2017年1月1日起施行。本解释施行后,《最高人民法院、最高人民检察院关于办理环境污染刑事案件适用法律若干问题的解释》(法释〔2013〕15号)同时废止;之前发布的司法解释与本解释不一致的,以本解释为准。

■最高人民法院、最高人民检察院关于办理妨害预防、控制突发传染病疫情等灾害的刑事案件具体应用法律若干问题的解释(2003年5月15日)

第十三条　违反传染病防治法等国家有关规定,向土地、水体、大气排放、倾倒或者处置含传染病病原体的废物、有毒物质或者其他危险废物,造成突发传染病传播等重大环境污染事故,致使公私财产遭受重大损失或者人身伤亡的严重后果的,依照刑法第三百三十八条的规定,以重大环境污染事故罪定罪处罚。

第十七条　人民法院、人民检察院办理有关妨害预防、控制突发传染病疫情等灾害的刑事案件,对于有自首、立功等悔罪表现的,依法从轻、减轻、免除处罚或者依法作出不起诉决定。

第十八条　本解释所称“突发传染病疫情等灾害”,是指突然发生,造成或者可能造成社会公众健康严重损害的重大传染病疫情、群体性不明原因疾病以及其他严重影响公众健康的灾害。

▼最高人民法院、最高人民检察院、公安部、司法部、生态环境部关于办理环境污染刑事案件有关问题座谈会纪要(全文)(2019年2月20日)

会议要求,各部门要正确理解和准确适用刑法和《最高人民法院、最高人民检察院关于办理环境污染刑事案件适用法律若干问题的解释》(法释〔2016〕29号,以下称《环境解释》)的规定,坚持最严格的环保司法制度、最严密的环保法治理念,统一执法司法尺度,加大对环境污染犯罪的惩治力度。

1. 关于单位犯罪的认定

会议针对一些地方存在追究自然人犯罪多,追究单位犯罪少,单位犯罪认定难的情况和问题进行了讨论。会议认为,办理环境污染犯罪案件,认定单位犯罪时,应当依法合理把握追究刑事责任的范围,贯彻宽严相济刑事政策,重点打击出资者、经营者和主要获利者,既要防止不当缩小追究刑事责任的人员范围,又要防止打击面过大。

为了单位利益，实施环境污染行为，并具有下列情形之一的，应当认定为单位犯罪：(1)经单位决策机构按照决策程序决定的；(2)经单位实际控制人、主要负责人或者授权的分管负责人决定、同意的；(3)单位实际控制人、主要负责人或者授权的分管负责人得知单位成员个人实施环境污染犯罪行为，并未加以制止或者及时采取措施，而是予以追认、纵容或者默许的；(4)使用单位营业执照、合同书、公章、印鉴等对外开展活动，并调用单位车辆、船舶、生产设备、原辅材料等实施环境污染犯罪行为的。

单位犯罪中的"直接负责的主管人员"，一般是指对单位犯罪起决定、批准、组织、策划、指挥、授意、纵容等作用的主管人员，包括单位实际控制人、主要负责人或者授权的分管负责人、高级管理人员等；"其他直接责任人员"，一般是指在直接负责的主管人员的指挥、授意下积极参与实施单位犯罪或者对具体实施单位犯罪起较大作用的人员。

对于应当认定为单位犯罪的环境污染犯罪案件，公安机关未作为单位犯罪移送审查起诉的，人民检察院应当退回公安机关补充侦查。对于应当认定为单位犯罪的环境污染犯罪案件，人民检察院只作为自然人犯罪起诉的，人民法院应当建议人民检察院对犯罪单位补充起诉。

2. 关于犯罪未遂的认定

会议针对当前办理环境污染犯罪案件中，能否认定污染环境罪(未遂)的问题进行了讨论。会议认为，当前环境执法工作形势比较严峻，一些行为人拒不配合执法检查、接受检查时弄虚作假、故意逃避法律追究的情形时有发生，因此对于行为人已经着手实施非法排放、倾倒、处置有毒有害污染物的行为，由于有关部门查处或者其他意志以外的原因未得逞的情形，可以污染环境罪(未遂)追究刑事责任。

3. 关于主观过错的认定

会议针对当前办理环境污染犯罪案件中，如何准确认定犯罪嫌疑人、被告人主观过错的问题进行了讨论。会议认为，判断犯罪嫌疑人、被告人是否具有环境污染犯罪的故意，应当依据犯罪嫌疑人、被告人的任职情况、职业经历、专业背景、培训经历、本人因同类行为受到行政处罚或者刑事追究情况以及污染物种类、污染方式、资金流向等证据，结合其供述，进行综合分析判断。

实践中，具有下列情形之一，犯罪嫌疑人、被告人不能作出合理解释的，可以认定其故意实施环境污染犯罪，但有证据证明确系不知情的除外：(1)企业没有依法通过环境影响评价，或者未依法取得排污许可证，排放污染物，或者已经通过环境影响评价并且防治污染设施验收合格后，擅自更改工艺流程、原辅材料，导致产生新的污染物质的；(2)不使用验收合格的防治污染设施或者不按规范要求使用的；(3)防治污染设施发生故障，发现后不及时排除，继续生产放任污染物排放的；(4)生态环境部门责令限制生产、停产整治或者予以行政处罚后，继续生产放任污染物排放的；(5)将危险废物委托第三方处置，没有尽到查验经营许可的义务，或者委托处置费用明显低于市场价格或者处置成本的；(6)通过暗管、渗井、渗坑、裂隙、溶洞、灌注等逃避监管的方式排放污染物的；(7)通过篡改、伪造监测数据的方式排放污染物的；(8)其他足以认定的情形。

4. 关于生态环境损害标准的认定

会议针对如何适用《环境解释》第一条、第三条规定的"造成生态环境严重损害的""造成生态环境特别严重损害的"定罪量刑标准进行了讨论。会议指出，生态环境损害赔偿制度是生态文明制度体系的重要组成部分。党中央、国务院高度重视生态环境损害赔偿工作，党的十八届三中全会明确提出对造成生态环境损害的责任者严格实行赔偿制度。2015 年，中央办公厅、国务院办公厅印发《生态环境损害赔偿制度改革试点方案》(中办发〔2015〕57 号)，在吉林等 7 个省市部署开展改革试点，取得明显成效。2017 年，中央办公厅、国务院办公厅印发《生态环境损害赔偿制度改革方案》(中办发〔2017〕68 号)，在全国范围内试行生态环境损害赔偿制度。

会议指出，《环境解释》将造成生态环境损害规定为污染环境罪的定罪量刑标准之一，是为了与生态环境损害赔偿制度实现衔接配套，考虑到该制度尚在试行过程中，《环境解释》作了较原则的规定。

司法实践中,一些省市结合本地区工作实际制定了具体标准。会议认为,在生态环境损害赔偿制度试行阶段,全国各省(自治区、直辖市)可以结合本地实际情况,因地制宜,因时制宜,根据案件具体情况准确认定"造成生态环境严重损害"和"造成生态环境特别严重损害"。

5.关于非法经营罪的适用

会议针对如何把握非法经营罪与污染环境罪的关系以及如何具体适用非法经营罪的问题进行了讨论。会议强调,要高度重视非法经营危险废物案件的办理,坚持全链条、全环节、全流程对非法排放、倾倒、处置、经营危险废物的产业链进行刑事打击,查清犯罪网络,深挖犯罪源头,斩断利益链条,不断挤压和铲除此类犯罪滋生蔓延的空间。

会议认为,准确理解和适用《环境解释》第六条的规定应当注意把握两个原则:一要坚持实质判断原则,对行为人非法经营危险废物行为的社会危害性作实质性判断。比如,一些单位或者个人虽未依法取得危险废物经营许可证,但其收集、贮存、利用、处置危险废物经营活动,没有超标排放污染物、非法倾倒污染物或者其他违法造成环境污染情形的,则不宜以非法经营罪论处。二要坚持综合判断原则,对行为人非法经营危险废物行为根据其在犯罪链条中的地位、作用综合判断其社会危害性。比如,有证据证明单位或者个人的无证经营危险废物行为属于危险废物非法经营产业链的一部分,并且已经形成了分工负责、利益均沾、相对固定的犯罪链条,如果行为人或者与其联系紧密的上游或者下游环节具有排放、倾倒、处置危险废物违法造成环境污染的情形,且交易价格明显异常的,对行为人可以根据案件具体情况在污染环境罪和非法经营罪中,择一重罪处断。

6.关于投放危险物质罪的适用

会议强调,目前我国一些地方环境违法犯罪活动高发多发,刑事处罚威慑力不强的问题仍然突出,现阶段在办理环境污染犯罪案件时必须坚决贯彻落实中央领导同志关于重典治理污染的指示精神,把刑法和《环境解释》的规定用足用好,形成对环境污染违法犯罪的强大震慑。

会议认为,司法实践中对环境污染行为适用投放危险物质罪追究刑事责任时,应当重点审查判断行为人的主观恶性、污染行为恶劣程度、污染物的毒害性危险性、污染持续时间、污染结果是否可逆、是否对公共安全造成现实、具体、明确的危险或者危害等各方面因素。对于行为人明知其排放、倾倒、处置的污染物含有毒害性、放射性、传染病病原体等危险物质,仍实施环境污染行为放任其危害公共安全,造成重大人员伤亡、重大公私财产损失等严重后果,以污染环境罪论处明显不足以罚当其罪的,可以按投放危险物质罪定罪量刑。实践中,此类情形主要是向饮用水水源保护区,饮用水供水单位取水口和出水口,南水北调水库、干渠、涵洞等配套工程,重要渔业水体以及自然保护区核心区等特殊保护区域,排放、倾倒、处置毒害性极强的污染物,危害公共安全并造成严重后果的情形。

7.关于涉大气污染环境犯罪的处理

会议针对涉大气污染环境犯罪的打击处理问题进行了讨论。会议强调,打赢蓝天保卫战是打好污染防治攻坚战的重中之重。各级人民法院、人民检察院、公安机关、生态环境部门要认真分析研究全国人大常委会大气污染防治法执法检查发现的问题和提出的建议,不断加大对涉大气污染环境犯罪的打击力度,毫不动摇地以法律武器治理污染,用法治力量保卫蓝天,推动解决人民群众关注的突出大气环境问题。

会议认为,司法实践中打击涉大气污染环境犯罪,要抓住关键问题,紧盯薄弱环节,突出打击重点。对重污染天气预警期间,违反国家规定,超标排放二氧化硫、氮氧化物,受过行政处罚后又实施上述行为或者具有其他严重情节的,可以适用《环境解释》第一条第十八项规定的"其他严重污染环境的情形"追究刑事责任。

8.关于非法排放、倾倒、处置行为的认定

会议针对如何准确认定环境污染犯罪中非法排放、倾倒、处置行为进行了讨论。会议认为,司法实践中认定非法排放、倾倒、处置行为时，应当根据《固体废物污染环境防治法》和《环境解释》的有关规定精神，从其行为方式是否违反国家规定或者行业操作规范、污染物是否与外环境接触、是否造成环境污染的危险或者危害等方面进行综合分析判断。对名为运输、贮存、利用，实为排放、倾倒、处置的行为应当认定为非法排放、倾倒、处置行为，可以依法追究刑事责任。比如，未采取相应防范措施将没有利用价值的危险废物长期贮存、搁置，放任危险废物或者其有毒有害成分大量扬散、流失、泄漏、挥发，污染环境的。

9. 关于有害物质的认定

会议针对如何准确认定刑法第三百三十八条规定的“其他有害物质”的问题进行了讨论。会议认为，办理非法排放、倾倒、处置其他有害物质的案件，应当坚持主客观相一致原则，从行为人的主观恶性、污染行为恶劣程度、有害物质危险性毒害性等方面进行综合分析判断，准确认定其行为的社会危害性。实践中，常见的有害物质主要有：工业危险废物以外的其他工业固体废物；未经处理的生活垃圾；有害大气污染物、受控消耗臭氧层物质和有害水污染物；在利用和处置过程中必然产生有毒有害物质的其他物质；国务院生态环境保护主管部门会同国务院卫生主管部门公布的有毒有害污染物名录中的有关物质等。

10. 关于从重处罚情形的认定

会议强调，要坚决贯彻党中央推动长江经济带发展的重大决策，为长江经济带共抓大保护、不搞大开发提供有力的司法保障。实践中，对于发生在长江经济带十一省（直辖市）的下列环境污染犯罪行为，可以从重处罚：(1)跨省（直辖市）排放、倾倒、处置有放射性的废物、含传染病病原体的废物、有毒物质或者其他有害物质的；(2)向国家确定的重要江河、湖泊或者其他跨省（直辖市）江河、湖泊排放、倾倒、处置有放射性的废物、含传染病病原体的废物、有毒物质或者其他有害物质的。

11. 关于严格适用不起诉、缓刑、免予刑事处罚

会议针对当前办理环境污染犯罪案件中如何严格适用不起诉、缓刑、免予刑事处罚的问题进行了讨论。会议强调，环境污染犯罪案件的刑罚适用直接关系加强生态环境保护打好污染防治攻坚战的实际效果。各级人民法院、人民检察院要深刻认识环境污染犯罪的严重社会危害性，正确贯彻宽严相济刑事政策，充分发挥刑罚的惩治和预防功能。要在全面把握犯罪事实和量刑情节的基础上严格依照刑法和刑事诉讼法规定的条件适用不起诉、缓刑、免予刑事处罚，既要考虑从宽情节，又要考虑从严情节；既要做到刑罚与犯罪相当，又要做到刑罚执行方式与犯罪相当，切实避免不起诉、缓刑、免予刑事处罚不当适用造成的消极影响。

会议认为，具有下列情形之一的，一般不适用不起诉、缓刑或者免予刑事处罚：(1)不如实供述罪行的；(2)属于共同犯罪中情节严重的主犯的；(3)犯有数个环境污染犯罪依法实行并罚或者以一罪处理的；(4)曾因环境污染违法犯罪行为受过行政处罚或者刑事处罚的；(5)其他不宜适用不起诉、缓刑、免予刑事处罚的情形。

会议要求，人民法院审理环境污染犯罪案件拟适用缓刑或者免予刑事处罚的，应当分析案发前后的社会影响和反映，注意听取控辩双方提出的意见。对于情节恶劣、社会反映强烈的环境污染犯罪，不得适用缓刑、免予刑事处罚。人民法院对判处缓刑的被告人，一般应当同时宣告禁止令，禁止其在缓刑考验期内从事与排污或者处置危险废物有关的经营活动。生态环境部门根据禁止令，对上述人员担任实际控制人、主要负责人或者高级管理人员的单位，依法不得发放排污许可证或者危险废物经营许可证。

12. 关于管辖的问题

会议针对环境污染犯罪案件的管辖问题进行了讨论。会议认为，实践中一些环境污染犯罪案件属于典型的跨区域刑事案件，容易存在管辖不明或者有争议的情况，各级人民法院、人民检察院、公安机

关要加强沟通协调,共同研究解决。

会议提出,跨区域环境污染犯罪案件由犯罪地的公安机关管辖。如果由犯罪嫌疑人居住地的公安机关管辖更为适宜的,可以由犯罪嫌疑人居住地的公安机关管辖。犯罪地包括环境污染行为发生地和结果发生地。"环境污染行为发生地"包括环境污染行为的实施地以及预备地、开始地、途经地、结束地以及排放、倾倒污染物的车船停靠地、始发地、途经地、到达地等地点;环境污染行为有连续、持续或者继续状态的,相关地方都属于环境污染行为发生地。"环境污染结果发生地"包括污染物排放地、倾倒地、堆放地、污染发生地等。

多个公安机关都有权立案侦查的,由最初受理的或者主要犯罪地的公安机关立案侦查,管辖有争议的,按照有利于查清犯罪事实、有利于诉讼的原则,由共同的上级公安机关协调确定的公安机关立案侦查,需要提请批准逮捕、移送审查起诉、提起公诉的,由该公安机关所在地的人民检察院、人民法院受理。

13. 关于危险废物的认定

会议针对危险废物如何认定以及是否需要鉴定的问题进行了讨论。会议认为,根据《环境解释》的规定精神,对于列入《国家危险废物名录》的,如果来源和相应特征明确,司法人员根据自身专业技术知识和工作经验认定难度不大的,司法机关可以依据名录直接认定。对于来源和相应特征不明确的,由生态环境部门、公安机关等出具书面意见,司法机关可以依据涉案物质的来源、产生过程、被告人供述、证人证言以及经批准或者备案的环境影响评价文件等证据,结合上述书面意见作出是否属于危险废物的认定。对于需要生态环境部门、公安机关等出具书面认定意见的,区分下列情况分别处理:(1)对已确认固体废物产生单位,且产废单位环评文件中明确为危险废物的,根据产废单位建设项目环评文件和审批、验收意见、案件笔录等材料,可对照《国家危险废物名录》等出具认定意见。(2)对已确认固体废物产生单位,但产废单位环评文件中未明确为危险废物的,应进一步分析废物产生工艺,对照判断其是否列入《国家危险废物名录》。列入名录的可以直接出具认定意见;未列入名录的,应根据原辅材料、产生工艺等进一步分析其是否具有危险特性,不可能具有危险特性的,不属于危险废物;可能具有危险特性的,抽取典型样品进行检测,并根据典型样品检测指标浓度,对照《危险废物鉴别标准》(GB 5085.1-7)出具认定意见。(3)对固体废物产生单位无法确定的,应抽取典型样品进行检测,根据典型样品检测指标浓度,对照《危险废物鉴别标准》(GB 5085.1-7)出具认定意见。对确需进一步委托有相关资质的检测鉴定机构进行检测鉴定的,生态环境部门或者公安机关按照有关规定开展检测鉴定工作。

14. 关于鉴定的问题

会议指出,针对当前办理环境污染犯罪案件中存在的司法鉴定有关问题,司法部将会同生态环境部,加快准入一批诉讼急需、社会关注的环境损害司法鉴定机构,加快对环境损害司法鉴定相关技术规范和标准的制定、修改和认定工作,规范鉴定程序,指导各地司法行政机关会同价格主管部门制定出台环境损害司法鉴定收费标准,加强与办案机关的沟通衔接,更好地满足办案机关需求。

会议要求,司法部应当根据《关于严格准入严格监管提高司法鉴定质量和公信力的意见》(司发〔2017〕11号)的要求,会同生态环境部加强对环境损害司法鉴定机构的事中事后监管,加强司法鉴定社会信用体系建设,建立黑名单制度,完善退出机制,及时向社会公开违法违规的环境损害司法鉴定机构和鉴定人行政处罚、行业惩戒等监管信息,对弄虚作假造成环境损害鉴定评估结论严重失实或者违规收取高额费用、情节严重的,依法撤销登记。鼓励有关单位或者个人向司法部、生态环境部举报环境损害司法鉴定机构的违法违规行为。

会议认为,根据《环境解释》的规定精神,对涉及案件定罪量刑的核心或者关键专门性问题难以确定的,由司法鉴定机构出具鉴定意见。实践中,这类核心或者关键专门性问题主要是案件具体适用的定罪量刑标准涉及的专门性问题,比如公私财产损失数额、超过排放标准倍数、污染物性质判断等。对案件的其他非核心或者关键专门性问题，或者可鉴定也可不鉴定的专门性问题，一般不委托鉴定。比如，适用《环境解释》第一条第二项"非法排放、倾倒、处置危险废物三吨以上"的规定对当事人追究刑事责任的，除可能适用公私财产损失第二档定罪量刑标准的以外，则不应再对公私财产损失数额或者超过排放标准倍数进行鉴定。涉及案件定罪量刑的核心或者关键专门性问题难以鉴定或者鉴定费用明显过高的，司法机关可以结合案件其他证据，并参考生态环境部门意见、专家意见等作出认定。

15. 关于监测数据的证据资格问题

会议针对实践中地方生态环境部门及其所属监测机构委托第三方监测机构出具报告的证据资格问题进行了讨论。会议认为，地方生态环境部门及其所属监测机构委托第三方监测机构出具的监测报告，地方生态环境部门及其所属监测机构在行政执法过程中予以采用的，其实质属于《环境解释》第十二条规定的"环境保护主管部门及其所属监测机构在行政执法过程中收集的监测数据"，在刑事诉讼中可以作为证据使用。

●刑事附带民事公益诉讼的办理

检察机关办理环境污染民事公益诉讼案件，可以在查清事实明确责任的基础上，遵循自愿、合法和最大限度保护公共利益的原则，积极参与调解。造成环境污染公司的控股股东自愿加入诉讼，愿意承担连带责任并提供担保的，检察机关可以依申请将其列为第三人，让其作为共同赔偿主体，督促其运用现金赔偿、替代性修复等方式，承担生态损害赔偿的连带责任。对办案中发现的带有普遍性的问题，检察机关可以通过提出检察建议、立法建议等方式，促进社会治理创新。（参见最高人民检察院第23批指导性案例86号，盛开水务公司污染环境刑事附带民事公益诉讼案，2020年12月3日发布。）

□向引黄干渠排入挥发酚等有毒物质，造成重大环境污染的，构成重大环境污染事故罪，并对造成的损失承担全部赔偿责任

天马纸厂自投产以来，一直没有配置污水处理设备，生产过程中产生的含有挥发酚等有毒物质的污水，都积存在工厂附近的坑里，靠自然蒸发、渗入地下或者排入引黄干渠。天马纸厂因向引黄干渠中排放污水，曾经受到引黄管理局的经济处罚。庭审查证，流入樊村水库的有毒污染物源于天马纸厂积存污水的壕沟中。被告人违反国家关于水污染防治的法律规定，将含有有毒物质的污水排入引黄干渠，严重污染了水体，致使公共财产遭受重大损失，造成重大环境污染事故，其行为已构成重大环境污染事故罪，依法应负刑事责任。引黄管理局、水库管委会和供水公司三家附带民事诉讼原告人所遭受的经济损失，都与被告人的犯罪行为有因果关系，被告人的犯罪行为给引黄管理局、水库管委会和供水公司造成的经济损失，被告人应承担全部赔偿责任。（参见杨军武重大环境污染事故案，载《最高人民法院公报》总第58期，1999年第2期，第63页。）

▽重大环境污染事故罪的定罪量刑标准

"违反国家规定"，是指违反国家有关环境保护的法律、法规的规定，如《环境保护法》《大气污染防治法》《水污染防治法》《海洋环境保护法》《固体废物污染环境防治法》等。"土地"是指耕地、林地、草地、荒地、山岭、滩涂、河滩地和其他陆地。"水体"是指中华人民共和国领域的江河、湖泊、运河、渠道、水库等地表水体和地下水体，以及内海、领海等水域。"大气"是指覆盖我国领土、领水的空气层总体。"排放"是指废物排入水体的行为，包括泵出、溢出、泄出、喷出等。"倾倒"是指通过船舶、航空器、平台或者其他运载工具，向土地、水体、大气倾卸危险废物。"处置"是指将废物予以填埋，或者采取焚烧等改变危险废物属性的方式处理危险废物，或者将废物弃置于特定场所或者设施。"危险废物"是指被列入国家危险废物名录或者根据国家规定的危险废物鉴别标准和鉴别方法认定的具有危险性的废物（参照1998年2月国家环保局、国家经贸委、外经贸部和公安部联合制定并发布的《国家危险废物名录》），具体包括有放射性的废物（放射性核素超过国家规定限值的固体、液体和气体废物的统称，如含有镭、钴等放射性元素的物质）、含传染病病原体的废物（含有传染病病菌的污水、粪便等废物的统称）、有毒物质(凡对有机体发生化学或物理的作用,因而损害机体,引起功能障碍、疾病、甚至死亡的物质,如氰化钾等)或者其他对人体有害的危险废物等。从刑法的规定来看,重大环境污染事故罪属于结果犯,即只有"造成重大环境污染事故,致使公私财产遭受重大损失或者人身伤亡的严重后果的",才构成犯罪,"处三年以下有期徒刑或者拘役,并处或者单处罚金";"后果特别严重",应在"三年以上七年以下有期徒刑,并处罚金"的量刑档次和幅度内处罚。对于具体犯罪的定罪量刑标准,需要司法解释而没有解释的,如果其他法律解释的内容有参考价值的,可以参考其他法律解释去处理案件;没有其他法律解释可参考的,如果行政法规或者部门规章的相关内容有参考价值的,可以参考行政法规或者部门规章去处理案件。对于重大环境污染事故案件的处理,就可以参考国家环保局于1987年9月10日发布的《报告环境污染与破坏事故的暂行办法》第五条的有关规定。《报告环境污染与破坏事故的暂行办法》第五条按照环境污染事故的危害程度,将环境污染事故分为一般环境污染事故、较大环境污染事故、重大环境污染事故和特大环境污染事故。其中,具有"1. 造成直接经济损失5万元以上不满10万元的;2. 人员发生明显中毒症状、辐射伤害或可能导致伤残后果的;3. 人群发生中毒症状的;4. 因环境污染使社会安定受到影响的;5. 对环境造成较大危害的"情形之一的,属于重大环境污染事故。具有"1. 由于污染行为造成直接经济损失10万元以上的;2. 人群发生明显中毒症状或辐射伤害的;3. 人员中毒死亡的;4. 因环境造成污染使当地经济、社会的正常活动受到严重影响的;5. 对环境造成严重危害的"情形之一的,属于特大环境污染事故。这一规定虽然是对环境污染事故的认定标准,不是承担刑事责任的依据,但由于其规定详细、具体,具有可操作性,在没有司法解释前,人民法院可在认定和处理重大环境污染事故案件时予以参考。即具有《报告环境污染与破坏事故的暂行办法》第五条规定的重大环境污染事故情形之一的,可以认定为"严重后果";具有特大环境污染事故情形之一的,可以认定为"后果特别严重"。[参见第99(96)号案例,吴自柱、王启、姜翠兰重大环境污染事故案,载《刑事审判参考》总第15辑(2001年第4辑),法律出版社,第41~44页。执笔:潘昌锋 宋峰]

▽焚烧工业垃圾,向空气排放大量苯并[a]芘、氯化氢等气体污染物的行为属于《解释》第一条第十四项规定的"其他严重污染环境的情形"

(一)污染环境不以造成重大环境事故为构成犯罪的必要条件。刑法修正案(八)将1997年刑法第三百三十八条规定的"造成重大环境污染事故,致使公私财产遭受重大损失或者人身伤亡的严重后果"修改为"严重污染环境",修改后,罪名由原来的"重大环境污染事故罪"调整为"污染环境罪",降低了破坏环境犯罪的入罪标准。实践中,大部分环境污染后果一般均由量变到质变,逐渐显现,具有滞后性,故以实际发生环境污染后果定罪的案件偏少,而以行为情节来推定严重污染环境结果发生的案件为主。2013年《最高人民法院、最高人民检察院关于办理环境污染刑事案件适用法律若干问题的解释》(刑法本条附文以下简称《解释》)(该解释2017年1月1日起废止。——编著者注)第一条第一项至第五项列举了几种具体的行为类型,以此指导司法人员认定"是否严重污染环境",从《解释》的规定来看,造成实害结果不是构成污染环境罪必须具备的条件。

(二)被告人的行为不属于《解释》第一条第二项规定的情形。本案被告人梁某某焚烧的工业垃圾系台州友兴金属回收有限公司对进口的工业垃圾进行拆解后,产生的废弃塑料、橡胶、金属等固体废物。对于这些固体废物,按照规定本应由拆解企业送至定点处理单位进行无害化处理,但向友兴公司承包固体废物运输业务的李某却默许货车司机宋某(另案处理)运至他处非法倾倒。宋某经与梁某某联系,由梁某某带至案发地点倾倒,梁从宋某处获取报酬200元。在宋某到现场卸载垃圾后,梁某某点燃了倾倒在现场的近20吨工业垃圾。因此,梁某某伙同他人在非规定地点倾倒、焚烧20余吨工业垃圾的行为,表面上似乎符合《解释》第一条第二项规定的"非法倾倒、处置危险废物三吨以上"的"严重污染环境"的情形。然而,在环保领域,"危险废物"和"固体废物"是两个不同的概念,相互之间既有交叉,又有区别。部分"固体废物"同时属于"危险废物",但也有部分"固体废物"并不属于"危险废物"。

同理,在“危险废物”中,不仅有固体状态的“危险废物”,同时也有液体、气体状态的“危险废物”。对于“危险废物”的认定,《解释》第十条第一项有明确的规定,即“包括列入国家危险废物名录的废物,以及根据国家规定的危险废物鉴别标准和鉴别方法认定的具有危险特性的废物”。因此,在实践中适用《解释》第一条第二项规定进行裁判的,其前提之一是行为人非法排放、倾倒、处置的废物属于“固体废物”,不属“危险废物”的,不能适用该项规定进行裁判。本案友兴公司拆解所产生的橡胶、塑料、金属等工业垃圾本身没有多大的毒害性,但如果在不当的地点对这些工业垃圾以不当的方式进行处理,就有可能产生较大的毒害性,鉴于这些工业垃圾虽然属于“固体废物”,但不属于“危险废物”,因此,对被告人梁某某的行为不能适用《解释》第一条第二项的规定进行裁判。

(三)被告人的行为不属于《解释》第一条第三项规定的情形。从目前浙江省审结的污染环境案件来看,大部分被告人系电镀加工企业的生产经营人员,在生产经营过程中没有对加工产生的废水作无害化处理,导致排放的废水中重金属超过国家或者省级主管部门规定的污染物排放标准的3倍以上,因而构成污染环境罪。本案被告人梁某某非法倾倒、焚烧的两堆工业垃圾,燃烧残渣中的苯并[a]芘含量高达12.6Wg/kg和78.4lcg/kg。案发后,环保部门、侦查机关依法进行了侦查实验,证明相似条件下,焚烧相同工业垃圾产生的有毒有害气体中,氯化氢、苯并[a]芘的排放量均超过《大气污染物综合排放标准》(CB 16297—1996)中相应物质排放量的3倍以上。因此,梁某某伙同他人在非规定地点倾倒、焚烧20余吨工业垃圾,排放含有超标氯化氢、苯并[a]芘等大气污染物的行为,表面上看似乎符合《解释》第一条第三项规定的“非法排放严重危害环境、损害人体健康的污染物超过国家污染物排放标准或者省、自治区、直辖市人民政府根据法律授权制定的污染物排放标准三倍以上”的情形。然而,《解释》第一条第三项在“严重危害环境、损害人体健康的污染物”前限制性地规定了“含重金属、持久性有机污染物等”的前置性条件。因此,《解释》中“严重危害环境、损害人体健康的污染物”应当是“重金属”“持久性有机污染物”或者与“重金属、持久性有机污染物”毒害性相当的污染物。《解释》第十条第三项、第四项对“重金属”“持久性有机污染物”进行了规定,此类污染物具有长期性、累积性、潜伏性、不可逆转性等特点,很难降解。而本案中因焚烧工业垃圾而排放的氯化氢、苯并[a]芘等有毒物质,主要是有害气体,对皮肤、眼睛等有刺激作用,易清除、降解,因此,梁某某非法倾倒、焚烧的两堆工业垃圾不属于与《解释》第一条第三项规定的“重金属”“持久性有机污染物”毒害性相当的污染物,对梁某某的行为不能适用该项规定进行裁判。

(四)被告人的行为符合《解释》第一条第十四项规定的“其他严重污染环境的情形”。《解释》第一条第二项或者第三项的规定,一方面可能导致因适用该两项的规定而造成法律适用错误的不当裁判;另一方面也可能因认为不属于《解释》第一条第一项至第十三项规定的情形,而错误认为梁某某无罪。造成前一个问题的原因主要是对法律规定的理解不够透彻,而造成后一个问题的原因则主要是兜底条款具有“内容不够明确、往往需要法官自由裁量”的特点,如果法官对兜底条款不能准确把握,则可能导致其不敢适用兜底条款进行裁判。被告人梁某某违法焚烧20余吨工业垃圾,向大气排放大量有毒有害物质的行为,显然已经造成严重污染环境的后果,符合《解释》第一条第十四项规定的“其他严重污染环境的情形”,应当适用《解释》的该项规定进行裁判。具体理由是:

1. 认定梁某某的行为已严重污染环境符合基本生活常识。本案梁某某的行为虽然与《解释》第一条第一项至第十三项规定的情形不相符,但梁某某在村庄、工厂聚集的人口稠密区焚烧20余吨工业垃圾,垃圾焚烧时间持续近两天两夜,因此造成方圆两公里内的居民因烟气散发的剧烈刺激性恶臭而不敢开窗呼吸,显然已经严重污染了大气环境,只要具有正常生活常识的人都会认为梁某某严重污染了环境。

2. 本案犯罪对象的特殊性决定了难以根据实际产生的污染后果来定罪。土壤、水体因为在物理性状上具有相对稳定性,相对容易测定特定土壤、水体受污染的程度,并可据此判定犯罪行为的危害程度。而大气因为容易飘散、稀释,在物理性状上并不稳定,难以将一定环境下、一定范围内的大气特定化,故实践中较难测定特定空气的受污染程度。这也是《解释》第一条第六项至第八项只对水源、土地、林木等造成严重污染后果的情形进行了规定,而没有规定大气被严重污染情形的一个重要原因。同时,正是由于前述原因,当特定范围的土壤、水体因为被严重污染时,还有必要疏散被污染地区的周边群众,而当特定范围的大气被严重污染时,进行紧急疏散的情况就没有土壤、水体受污染时那么多。这也是本案案发后当地政府有关部门没有紧急疏散周边群众的部分原因。上述原因,决定了本案一方面无法适用类似《解释》第一条第六项至第八项污染水源、土地、林木数量等类似的规定;另一方面也无法适用《解释》第一条第十项关于"疏散群众数量"的规定。

3. 侦查实验数据及相关证据可以从侧面证实被告人的行为对环境污染的严重性。因为本案案发现场没有相应的检测性设备,环保部门和公安机关只检测了现场遗留的工业垃圾燃烧残渣的苯并[a]芘含量,而没有提取现场污染物排放的相关数据。因此,环保部门和公安机关专门进行了侦查实验。被告人梁某某的行为可以说间接排放了危险废物,但排放的危险废物数量无法测定,无法适用《解释》第一条第二项的规定,而侦查实验数据和在案证据可以从侧面证实梁某某的行为对环境污染的严重性。

4. 正确适用兜底条款是弥补法律、司法解释条文列举规定周延性不足的重要途径。对于法律、司法解释的兜底条款,固然不能过多适用,以免因过度扩张法官的自由裁量权而造成兜底条款喧宾夺主,违背立法、司法解释的本意,从而在一定程度上违反罪刑法定基本原则。但是,也不能虚化兜底条款的存在,使兜底条款成为法律、司法解释的摆设性规定。合理适用兜底条款,可以使法律、司法解释的明确性规定与兜底条款的包容性互为补充,相得益彰。就本案被告人梁某某焚烧的工业垃圾数量、工业垃圾燃烧持续的时长、气体污染物排放的超量数值及当前惩治污染环境行为的形势而言.适用司法解释的兜底性条款,是必要的。

综上,在本案中,台州市路桥区人民法院援引刑法本条和《解释》第一条第十四项的规定,认定被告人梁某某的行为属于"其他严重污染环境的情形",对其以污染环境罪定罪量刑是正确的。[参见第969指导案例,梁连平污染环境案,载《刑事审判参考》总第97集(2014年第2集),第79~84页。撰稿:梁健　阮铁军]

▽行为人擅自向河中倾倒大量煤焦油分离液的行为构成污染环境罪

(一)煤焦油分离液属于"有毒物质"。污染环境罪所针对的对象包括"有放射性的废物、含传染病病原体的废物、有毒物质或者其他有害物质"。其中,"有放射性的废物"主要指放射性核素含量超过国家规定限值的固体、液体和气体废弃物;"含传染病病原体的废物"是指含有传染病病菌的废弃物。实践中可以根据放射性污染防治法、传染病防治法的规定对两类物质进行认定。而"有毒物质"的范围,最高人民法院、最高人民检察院《解释》第十条进行了明确规定。具体包括:(1)危险废物;(2)剧毒化学品、列入重点环境管理危险化学品名录的化学品,以及含有上述化学品的物质;(3)含有铅、汞、镉、铬等重金属的物质;(4)《关于持久性有机污染物的斯德哥尔摩公约》附件所列物质;(5)其他具有毒性,可能污染环境的物质。其中第一项的"危险废物",具体包括列入《国家危险废物名录》的废物,以及根据国家规定的危险废物鉴别标准和鉴别方法认定的具有危险特性的废物。值得注意的是,刑法修正案(八)对刑法本条的一处重要修改是将有关污染物的兜底规定"其他危险废物"修改为"其他有害物质"。"其他有害物质"涵盖了"有放射性的废物、含传染病病原体的废物、有毒物质"以外包括生活垃圾在内的一切对人体健康或者其他生物机能产生不良影响的普通废物和危险废物。本案所涉煤焦油分离废液,含有大量的挥发酚和油类物质,以及大量的氨氮、硫氰化物、氰化物、各种单环或者多环芳香族化合物和杂环有机化合物,属于较难处理的工业废水,系《国家危险废物名录》中"HW11精(蒸)馏残渣"一类,即属于有毒物质。关于环境污染专门性问题的确定,《解释》第十一条第二款规定:"县级以上环境保护部门及其所属监测机构出具的数据，经省级以上环境保护部门认可的，可以作为证据使用。"本案中，为确定污染物的成分与含量，江阴市环境监测站出具了相应的监测报告。该报告得到了江苏省环保厅的认可，是江苏省环境科学研究院、江苏省环科院环境科技有限责任公司专家论证的依据，可以作为诉讼证据使用。

（二）本案二被告人倾倒煤焦油分离液造成的后果属于"严重污染环境"。刑法修正案（八）对刑法本条所作的另一处重要修改是将"造成重大环境污染事故，致使公私财产遭受重大损失或者人身伤亡的严重后果"修改为"严重污染环境"。由于"严重污染环境"的概念较为抽象，污染环境行为损害结果的发生具有一定滞后性，而且认定污染环境行为与损害结果之间的因果关系也存在较大难度，故《解释》第一条就"严重污染环境"的认定标准界定了14种情形，实现了"结果犯"向"情节犯"甚至是"行为犯"的转变，其中第一种至第五种情形均是对特定行为或者特定情节的规定。《解释》第九条关于"公私财产损失"的计算标准沿用了最高人民法院于2006年出台的《关于审理环境污染刑事案件具体应用法律若干问题的解释》的规定，包括"污染环境行为直接造成财产损毁、减少的实际价值，以及为防止污染扩大、消除污染而采取必要合理措施所产生的费用"。本案二被告人将煤焦油分离废液共计30.24吨倾倒入河中，致使水体大面积被污染，远超过倾倒危险废物"三吨以上"的入罪标准。同时，江阴市环保局为防止污染扩大、消除污染，根据江苏省环境科学研究院、江苏省环科院环境科技有限责任公司设计的应急处置方案，对该污染事件进行了筑坝拦截、调水稀释、活性炭吸附、污水处理、污泥清淤、干化焚烧等相应处置，处置费用共计60万余元。该费用均应当计入污染行为造成的公私财产损失，故本案造成的财产损失也超过了"三十万元以上"的数额要求。当然，就本案而言，二被告人倾倒煤焦油分离液的行为即使未造成损失，或者造成的损失短时间内无法计算，或者难以证明损害结果与污染行为之间的因果联系，仅根据二被告人倾倒煤焦油分离液的数量，也可认定其行为构成污染环境罪。

（三）对污染环境犯罪的处罚应当贯彻落实宽严相济刑事政策。刑法修正案（八）、《解释》的出台向社会传递了依法惩处污染环境犯罪的信号。在依法惩处污染环境犯罪的过程中贯彻宽严相济刑事政策，本案具有一定代表性。本案被告人王某某、马某某均具有较多的法定、酌定量刑情节。王某某构成自首；马某某在共同犯罪中系从犯，且能如实供述罪行。同时，二被告人均能主动赔偿，具备《解释》第五条规定的酌情从宽处罚情节。考虑到二被告人倾倒工业废水的数量以及所造成的损失，江阴市人民法院对主犯王某某判处有期徒刑一年九个月，对从属地位明显的马某某判处缓刑，体现了罪责刑相适应原则，符合宽严相济刑事政策的要求。[参见第970指导案例，王文峰、马正勇污染环境案，载《刑事审判参考》总第97集(2014年第2集)，第86～89页。撰稿：黄辛]

第三百三十九条　【非法处置进口的固体废物罪】违反国家规定，将境外的固体废物进境倾倒、堆放、处置的，处五年以下有期徒刑或者拘役，并处罚金；造成重大环境污染事故，致使公私财产遭受重大损失或者严重危害人体健康的，处五年以上十年以下有期徒刑，并处罚金；后果特别严重的，处十年以上有期徒刑，并处罚金。

【擅自进口固体废物罪】未经国务院有关主管部门许可，擅自进口固体废物用作原料，造成重大环境污染事故，致使公私财产遭受重大损失或者严重危害人体健康的，处五年以下有期徒刑或者拘役，并处罚金；后果特别严重的，处五年以上十年以下有期徒刑，并处罚金。

【走私废物罪】以原料利用为名，进口不能用作原料的固体废物、液态废物和气态废物的，依照本法第一百五十二条第二款、第三款的规定定罪处罚。（本款是根据《中华人民共和国刑法修正案（四）》之五修改的，自2002年12月28日起施行。）

本条第三款刑法原文：【走私固体废物罪】以原料利用为名，进口不能用作原料的固体废物的，依照本法第一百五十五条的规定定罪处罚。

■最高人民检察院、公安部关于公安机关管辖的刑事案件立案追诉标准的规定(一)(2008年6月25日)

第六十一条 [非法处置进口的固体废物案(刑法第三百三十九条第一款)]违反国家规定,将境外的固体废物进境倾倒、堆放、处置的,应予立案追诉。

第六十二条 [擅自进口固体废物案(刑法第三百三十九条第二款)]未经国务院有关主管部门许可,擅自进口固体废物用作原料,造成重大环境污染事故,涉嫌下列情形之一的,应予立案追诉:

(一)致使公私财产损失三十万元以上的;

(二)致使基本农田、防护林地、特种用途林地五亩以上,其他农用地十亩以上,其他土地二十亩以上基本功能丧失或者遭受永久性破坏的;

(三)致使森林或者其他林木死亡五十立方米以上,或者幼树死亡二千五百株以上的;

(四)致使一人以上死亡、三人以上重伤、十人以上轻伤,或者一人以上重伤并且五人以上轻伤的;

(五)致使传染病发生、流行或者人员中毒达到《国家突发公共卫生事件应急预案》中突发公共卫生事件分级Ⅲ级以上情形,严重危害人体健康的;

(六)其他致使公私财产遭受重大损失或者严重危害人体健康的情形。

■最高人民法院、最高人民检察院关于办理环境污染刑事案件适用法律若干问题的解释(2017年1月1日)

(全部内容见本书刑法第三百三十八条之后附文同名文件)

第三百四十条 【非法捕捞水产品罪】违反保护水产资源法规,在禁渔区、禁渔期或者使用禁用的工具、方法捕捞水产品,情节严重的,处三年以下有期徒刑、拘役、管制或者罚金。

■最高人民检察院、公安部关于公安机关管辖的刑事案件立案追诉标准的规定(一)(2008年6月25日)

第六十三条 [非法捕捞水产品案(刑法第三百四十条)]违反保护水产资源法规,在禁渔区、禁渔期或者使用禁用的工具、方法捕捞水产品,涉嫌下列情形之一的,应予立案追诉:

(一)在内陆水域非法捕捞水产品五百公斤以上或者价值五千元以上,或者在海洋水域非法捕捞水产品二千公斤以上或者价值二万元以上的;

(二)非法捕捞有重要经济价值的水生动物苗种、怀卵亲体或者在水产种质资源保护区内捕捞水产品,在内陆水域五十公斤以上或者价值五百元以上,或者在海洋水域二百公斤以上或者价值二千元以上的;

(三)在禁渔区内使用禁用的工具或者禁用的方法捕捞的;

(四)在禁渔期内使用禁用的工具或者禁用的方法捕捞的;

(五)在公海使用禁用渔具从事捕捞作业,造成严重影响的;

(六)其他情节严重的情形。

■中华人民共和国渔业法(2013年12月28日)

第三十条 禁止使用炸鱼、毒鱼、电鱼等破坏渔业资源的方法进行捕捞。禁止制造、销售、使用禁用的渔具。禁止在禁渔区、禁渔期进行捕捞。禁止使用小于最小网目尺寸的网具进行捕捞。捕捞的渔获物中幼鱼不得超过规定的比例。在禁渔区或者禁渔期内禁止销售非法捕捞的渔获物。

重点保护的渔业资源品种及其可捕捞标准,禁渔区和禁渔期,禁止使用或者限制使用的渔具和捕捞方法,最小网目尺寸以及其他保护渔业资源的措施,由国务院渔业行政主管部门或者省、自治区、直辖市人民政府渔业行政主管部门规定。

■最高人民法院、最高人民检察院关于办理破坏野生动物资源刑事案件适用法律若干问题的解释(2022年4月9日)

第三条 在内陆水域,违反保护水产资源法规,在禁渔区、禁渔期或者使用禁用的工具、方法捕捞水产品,具有下列情形之一的,应当认定为刑法第三百四十条规定的“情节严重”,以非法捕捞水产品罪定罪处罚:

(一)非法捕捞水产品五百公斤以上或者价值一万元以上的;

(二)非法捕捞有重要经济价值的水生动物苗种、怀卵亲体或者在水产种质资源保护区内捕捞水产品五十公斤以上或者价值一千元以上的;

(三)在禁渔区使用电鱼、毒鱼、炸鱼等严重破坏渔业资源的禁用方法或者禁用工具捕捞的;

(四)在禁渔期使用电鱼、毒鱼、炸鱼等严重破坏渔业资源的禁用方法或者禁用工具捕捞的;

(五)其他情节严重的情形。

实施前款规定的行为,具有下列情形之一的,从重处罚:

(一)暴力抗拒、阻碍国家机关工作人员依法履行职务,尚未构成妨害公务罪、袭警罪的;

(二)二年内曾因破坏野生动物资源受过行政处罚的;

(三)对水生生物资源或者水域生态造成严重损害的;

(四)纠集多条船只非法捕捞的;

(五)以非法捕捞为业的。

实施第一款规定的行为,根据渔获物的数量、价值和捕捞方法、工具等,认为对水生生物资源危害明显较轻的,综合考虑行为人自愿接受行政处罚、积极修复生态环境等情节,可以认定为犯罪情节轻微,不起诉或者免予刑事处罚;情节显著轻微危害不大的,不作为犯罪处理。

(第十二条至第二十条内容见本书刑法第三百四十一条附文同名文件中)

■最高人民法院、最高人民检察院、公安部、农业农村部依法惩治长江流域非法捕捞等违法犯罪的意见(2020年12月17日)

二、准确适用法律,依法严惩非法捕捞等危害水生生物资源的各类违法犯罪

(一)依法严惩非法捕捞犯罪。违反保护水产资源法规,在长江流域重点水域非法捕捞水产品,具有下列情形之一的,依照刑法第三百四十条的规定,以非法捕捞水产品罪定罪处罚:

1. 非法捕捞水产品五百公斤以上或者一万元以上的;

2. 非法捕捞具有重要经济价值的水生动物苗种、怀卵亲体或者在水产种质资源保护区内捕捞水产品五十公斤以上或者一千元以上的;

3. 在禁捕区域使用电鱼、毒鱼、炸鱼等严重破坏渔业资源的禁用方法捕捞的;

4. 在禁捕区域使用农业农村部规定的禁用工具捕捞的;

5. 其他情节严重的情形。

(四)依法严惩危害水生生物资源的单位犯罪。水产品交易公司、餐饮公司等单位实施本意见规定的行为,构成单位犯罪的,依照本意见规定的定罪量刑标准,对直接负责的主管人员和其他直接责任人员定罪处罚,并对单位判处罚金。

(六)依法严惩危害水生生物资源的违法行为。实施上述行为,不构成犯罪的,由农业农村(渔政)部门等依据《渔业法》等法律法规予以行政处罚;构成违反治安管理行为的,由公安机关依法给予治安管理处罚。

(七)贯彻落实宽严相济刑事政策。多次实施本意见规定的行为构成犯罪,依法应当追诉的,或者二年内二次以上实施本意见规定的行为未经处理的,数量数额累计计算。

实施本意见规定的犯罪,具有下列情形之一的,从重处罚:(1)暴力抗拒、阻碍国家机关工作人员依

法履行职务,尚未构成妨害公务罪的;(2)二年内曾因实施本意见规定的行为受过处罚的;(3)对长江生物资源或水域生态造成严重损害的;(4)具有造成重大社会影响等恶劣情节的。具有上述情形的,一般不适用不起诉、缓刑、免予刑事处罚。

非法捕捞水产品,根据渔获物的数量、价值和捕捞方法、工具等情节,认为对水生生物资源危害明显较轻的,可以认定为犯罪情节轻微,依法不起诉或者免予刑事处罚,但是曾因破坏水产资源受过处罚的除外。

非法猎捕、收购、运输、出售珍贵、濒危水生野生动物,尚未造成动物死亡,综合考虑行为手段、主观罪过、犯罪动机、获利数额、涉案水生生物的濒危程度、数量价值以及行为人的认罪悔罪态度、修复生态环境情况等情节,认为适用本意见规定的定罪量刑标准明显过重的,可以结合具体案件的实际情况依法作出妥当处理,确保罪责刑相适应。

▽非法捕捞水产品罪"情节严重"的司法认定

本罪中的"情节严重",可以从以下三个层面逐层分析,只要其中一个层面符合条件即可认定为"情节严重":

(一)从数量层面认定"情节严重"。作为破坏环境资源保护的犯罪之一,通常情况下,非法捕捞水产品的行为只有达到一定的数量才足以侵害到刑法保护的相应法益,即达到刑法评价的程度。鉴于目前尚无司法解释或者相关法律法规对此作出明确规定,司法实践中可以参照执行《最高人民检察院、公安部关于公安机关管辖的刑事案件立案追诉标准的规定(一)》(本附文以下简称《追诉标准(一)》)第六十三条的规定。本案中,行为人在长江江阴市临港街道利港新河闸口西侧长江堤岸边共捕得长江小川条、鲫鱼等水产品共计1公斤,价值人民币44元。参照《追诉标准(一)》的规定,行为人的行为在数量方面显然尚未达到"情节严重"的程度。因此,可以从下个一层面审查判断被告人的行为是否达到情节严重。

(二)从时间、地点、工具、方法层面认定"情节严重"。根据刑法本条的规定,非法捕捞水产品犯罪行为是指在禁渔区、禁渔期或者使用禁用的工具、方法捕捞水产品,情节严重的行为。从本罪罪状分析,本罪犯罪行为大致有四种情形:一是在禁渔区(地点条件)捕捞水产品,如在某些主要鱼、虾、蟹、贝、藻类以及其他主要水生生物产卵场、索饵场、越冬场和洄游通道划定的禁止区内捕捞;二是在禁渔期(时间条件)捕捞水产品,如在根据主要水生生物幼体出现的不同盛期划定的禁止期限内捕捞;三是使用禁用的工具(工具条件)捕捞水产品,如使用超过国家按不同捕捞对象所分别规定的最小网眼尺寸的渔具或其他禁止使用的渔具捕捞;四是使用禁用的方法(方法条件)捕捞水产品,如使用禁止使用的损害水产资源正常繁殖、生长的方法,例如炸鱼、毒鱼捕鱼等。上述四种情形之间是并列选择的关系,如果行为符合其中一种情形,数量达到情节严重程度的即可构成本罪;如果行为符合其中两种或者两种以上情形,但数量均未达到情节严重程度的,是否可以构成本罪,分析如下:

1. 应当认定为"情节严重"的情形。参照《追诉标准(一)》第六十三条第(三)项、第(四)项的规定,在禁渔区内使用禁用的工具或者禁用的方法捕捞的,以及在禁渔期内使用禁用的工具或者禁用的方法捕捞的,均应当立案追诉,即均达到"情节严重"的程度。同时,鉴于非法捕捞水产品罪与非法狩猎罪在罪质上相似,对非法捕捞水产罪情节严重的认定也可参考非法狩猎罪司法解释的规定。《最高人民法院关于审理破坏野生动物资源刑事案件具体应用法律若干问题的解释》(已失效,本附文以下简称《解释》)第六条规定:"违反狩猎法规,在禁猎区、禁猎期或者使用禁用的工具、方法狩猎,具有下列情形之一的,属于非法狩猎'情节严重':(一)非法狩猎野生动物二十只以上的;(二)违反狩猎法规,在禁猎区或者禁猎期使用禁用的工具、方法狩猎的;(三)具有其他严重情节的。"综合《追诉标准(一)》和《解释》的规定,时间+工具或者方法(禁渔期+禁用工具或者禁用方法)、地点+工具或者方法(禁渔区+禁用工具或者禁用方法),这四种具体情形,即便数量均未达到情节严重的认定标准,也应当认定为“情节严重”。

2. 不应认定为“情节严重”的情形。刑法本条规定的并列条件有四种，既然禁渔区 + 禁用工具或者禁用方法、禁渔期 + 禁用工具或者禁用方法可以认定为“情节严重”，那么是否任何两个并列条件的叠加，都可以认定为非法捕捞水产罪中的“情节严重”。首先，相关规定对“情节严重”的规定采用了列举式模式，禁渔区 + 禁渔期、禁用工具 + 禁用方法情形未被列入其中，不属于明文列举的内容，且规定中并未留有关于此行为方式组合的兜底条款，故一般不应作扩大解释。其次，虽然四种情形系并列关系，但禁渔区、禁渔期是宏观层面的规定，不因行为的不同而有任何变化，禁用工具和禁用方法是徽观层面的规定，从本质上分析，禁渔区和禁渔期具有同质性，禁用工具和禁用方法具有同质性，故禁渔区 + 禁渔期、禁用工具 + 禁用方法情形原则不应直接认定为情节严重。当然，个别情形中，如使用的禁用工具和禁用方法，破坏性极大，给水产资源造成或者足以造成严重影响的，可以适用《追诉标准（一）》第六十三条兜底项规定，认定为情节严重。基于上述分析，本案被告人在长江禁渔期内，使用电瓶、逆变器等工具，采用国家禁止的电鱼方式捕捞鱼类，其行为属于禁渔期 + 禁用工具或者禁用方法情形，已然达到“情节严重”的程度，应当以非法捕捞水产品罪定罪处罚。

（三）从兜底条款层面认定“情节严重”。若行为的涉案数量未达到上述标准，行为方式亦不属于上述组合情形，则应当进一步审查行为是否属于其他情节严重的情形。《追诉标准（一）》和《解释》均规定了兜底条款，即“其他情节严重的情形”。“其他情节严重的情形”主要包括“非法捕捞次数”、“共同非法捕捞中的地位作用”、对水产资源造成的影响等方面。所谓非法捕捞次数，是指在禁渔区、禁渔期，采用禁用的工具或者方法的捕捞次数。虽然非法捕捞水产品行为的社会危害性主要表现在水产品的数量上，但行为的次数也在一定程度体现了行为人的主观恶性和人身危险性，因此，以侦查困难排除非法捕捞次数在出入罪中的门槛作用，则难免失之偏颇。借鉴刑法及司法解释中一般以三次作为情节犯的通行惯例，行为人在一年内实施非法捕捞水产品三次以上的，应当认定为“情节严重”。之所以将共同非法捕捞中地位突出作为认定情节严重的参考要素，是因为聚众犯罪涉及人员多、影响范围广，历来是我国刑法打击的重点，首要分子在其中更是起到关键作用。在多人参与的共同非法捕捞水产品行为中，组织者和其他积极参加者对于水产品危害的危害后果应当负主要责任，适当降低其入罪标准符合刑事理念和政策精神。此外，本罪的法益是水产资源以及相关管理制度，因此，对水产资源的影响理应成为重要的参考指标。《追诉标准（一）》第六十三条第（五）项仅规定了“在公海使用禁用渔具从事捕捞作业，造成严重影响的”可以认定为情节严重，但从法益和规范技术层面分析，在存在兜底条项的前提下，这种有限列举是一种提示和强调性的，因为如果在内陆水域使用禁用工具捕捞导致水资源污染或者造成极其严重后果的，举重以名轻，也应具有刑罚惩罚性，应当纳入刑法评价范围。综上，江阴市人民法院以被告人犯非法捕捞水产品罪是正确的。［参见第 953 号指导案例，耿志全非法捕捞水产品案，载《刑事审判参考》总第 96 集（2014 年第 1 集），第 101 ~ 104 页。撰稿：王星光 庄绪龙］

第三百四十一条 【危害珍贵、濒危野生动物罪】非法猎捕、杀害国家重点保护的珍贵、濒危野生动物的，或者非法收购、运输、出售国家重点保护的珍贵、濒危野生动物及其制品的，处五年以下有期徒刑或者拘役，并处罚金；情节严重的，处五年以上十年以下有期徒刑，并处罚金；情节特别严重的，处十年以上有期徒刑，并处罚金或者没收财产。

【非法狩猎罪】违反狩猎法规，在禁猎区、禁猎期或者使用禁用的工具、方法进行狩猎，破坏野生动物资源，情节严重的，处三年以下有期徒刑、拘役、管制或者罚金。

【非法猎捕、收购、运输、出售陆生野生动物罪】违反野生动物保护管理法规，以食用为目的非法猎捕、收购、运输、出售第一款规定以外的在野外环境自然生长繁殖的陆生野生动物，情节严重的，依照前款的规定处罚。（本条第三款是根据《中华人民共和国刑法修正案（十一）》之四十一增加的，自 2021 年 3 月 1 日起施行。）

■全国人民代表大会常务委员会关于《中华人民共和国刑法》第三百四十一条、第三百一十二条的解释(全文)(2014年4月24日)

知道或者应当知道是国家重点保护的珍贵、濒危野生动物及其制品,为食用或者其他目的而非法购买的,属于刑法第三百四十一条第一款规定的非法收购国家重点保护的珍贵、濒危野生动物及其制品的行为。

知道或者应当知道是刑法第三百四十一条第二款规定的非法狩猎的野生动物而购买的,属于刑法第三百一十二条第一款规定的明知是犯罪所得而收购的行为。

■最高人民检察院、公安部关于公安机关管辖的刑事案件立案追诉标准的规定(一)(2008年6月25日)

第六十四条 [非法猎捕、杀害珍贵、濒危野生动物案(刑法第三百四十一条第一款)]非法猎捕、杀害国家重点保护的珍贵、濒危野生动物的,应予立案追诉。

本条和本规定第六十五条规定的"珍贵、濒危野生动物",包括列入《国家重点保护野生动物名录》的国家一、二级保护野生动物、列入《濒危野生动植物种国际贸易公约》附录一、附录二的野生动物以及驯养繁殖的上述物种。

第六十五条 [非法收购、运输、出售珍贵、濒危野生动物、珍贵、濒危野生动物制品案(刑法第三百四十一条第一款)]非法收购、运输、出售国家重点保护的珍贵、濒危野生动物及其制品的,应予立案追诉。

本条规定的"收购",包括以营利、自用等为目的的购买行为;"运输",包括采用携带、邮寄、利用他人、使用交通工具等方法进行运送的行为;"出售",包括出卖和以营利为目的的加工利用行为。

第六十六条 [非法狩猎案(刑法第三百四十一条第二款)]违反狩猎法规,在禁猎区、禁猎期或者使用禁用的工具、方法进行狩猎,破坏野生动物资源,涉嫌下列情形之一的,应予立案追诉:

(一)非法狩猎野生动物二十只以上的;

(二)在禁猎区内使用禁用的工具或者禁用的方法狩猎的;

(三)在禁猎期内使用禁用的工具或者禁用的方法狩猎的;

(四)其他情节严重的情形。

■最高人民法院、最高人民检察院关于办理破坏野生动物资源刑事案件适用法律若干问题的解释(2022年4月9日)

第四条 刑法第三百四十一条第一款规定的"国家重点保护的珍贵、濒危野生动物"包括:

(一)列入《国家重点保护野生动物名录》的野生动物;

(二)经国务院野生动物保护主管部门核准按照国家重点保护的野生动物管理的野生动物。

第五条 刑法第三百四十一条第一款规定的"收购"包括以营利、自用等为目的的购买行为;"运输"包括采用携带、邮寄、利用他人、使用交通工具等方法进行运送的行为;"出售"包括出卖和以营利为目的的加工利用行为。

刑法第三百四十一条第三款规定的"收购""运输""出售",是指以食用为目的,实施前款规定的相应行为。

第六条 非法猎捕、杀害国家重点保护的珍贵、濒危野生动物,或者非法收购、运输、出售国家重点保护的珍贵、濒危野生动物及其制品,价值二万元以上不满二十万元的,应当依照刑法第三百四十一条第一款的规定,以危害珍贵、濒危野生动物罪处五年以下有期徒刑或者拘役,并处罚金;价值二十万元以上不满二百万元的,应当认定为"情节严重",处五年以上十年以下有期徒刑,并处罚金;价值二百万元以上的,应当认定为"情节特别严重",处十年以上有期徒刑,并处罚金或者没收财产。

实施前款规定的行为,具有下列情形之一的,从重处罚:

（一）属于犯罪集团的首要分子的；

（二）为逃避监管，使用特种交通工具实施的；

（三）严重影响野生动物科研工作的；

（四）二年内曾因破坏野生动物资源受过行政处罚的。

实施第一款规定的行为，不具有第二款规定的情形，且未造成动物死亡或者动物、动物制品无法追回，行为人全部退赃退赔，确有悔罪表现的，按照下列规定处理：

（一）珍贵、濒危野生动物及其制品价值二百万元以上的，可以认定为"情节严重"，处五年以上十年以下有期徒刑，并处罚金；

（二）珍贵、濒危野生动物及其制品价值二十万元以上不满二百万元的，可以处五年以下有期徒刑或者拘役，并处罚金；

（三）珍贵、濒危野生动物及其制品价值二万元以上不满二十万元的，可以认定为犯罪情节轻微，不起诉或者免予刑事处罚；情节显著轻微危害不大的，不作为犯罪处理。

第七条　违反狩猎法规，在禁猎区、禁猎期或者使用禁用的工具、方法进行狩猎，破坏野生动物资源，具有下列情形之一的，应当认定为刑法第三百四十一条第二款规定的"情节严重"，以非法狩猎罪定罪处罚：

（一）非法猎捕野生动物价值一万元以上的；

（二）在禁猎区使用禁用的工具或者方法狩猎的；

（三）在禁猎期使用禁用的工具或者方法狩猎的；

（四）其他情节严重的情形。

实施前款规定的行为，具有下列情形之一的，从重处罚：

（一）暴力抗拒、阻碍国家机关工作人员依法履行职务，尚未构成妨害公务罪、袭警罪的；

（二）对野生动物资源或者栖息地生态造成严重损害的；

（三）二年内曾因破坏野生动物资源受过行政处罚的。

实施第一款规定的行为，根据猎获物的数量、价值和狩猎方法、工具等，认为对野生动物资源危害明显较轻的，综合考虑猎捕的动机、目的、行为人自愿接受行政处罚、积极修复生态环境等情节，可以认定为犯罪情节轻微，不起诉或者免予刑事处罚；情节显著轻微危害不大的，不作为犯罪处理。

第八条　违反野生动物保护管理法规，以食用为目的，非法猎捕、收购、运输、出售刑法第三百四十一条第一款规定以外的在野外环境自然生长繁殖的陆生野生动物，具有下列情形之一的，应当认定为刑法第三百四十一条第三款规定的"情节严重"，以非法猎捕、收购、运输、出售陆生野生动物罪定罪处罚：

（一）非法猎捕、收购、运输、出售有重要生态、科学、社会价值的陆生野生动物或者地方重点保护陆生野生动物价值一万元以上的；

（二）非法猎捕、收购、运输、出售第一项规定以外的其他陆生野生动物价值五万元以上的；

（三）其他情节严重的情形。

实施前款规定的行为，同时构成非法狩猎罪的，应当依照刑法第三百四十一条第三款的规定，以非法猎捕陆生野生动物罪定罪处罚。

第十一条　对于"以食用为目的"，应当综合涉案动物及其制品的特征，被查获的地点，加工、包装情况，以及可以证明来源、用途的标识、证明等证据作出认定。

实施本解释规定的相关行为，具有下列情形之一的，可以认定为"以食用为目的"：

（一）将相关野生动物及其制品在餐饮单位、饮食摊点、超市等场所作为食品销售或者运往上述场所的；

(二)通过包装、说明书、广告等介绍相关野生动物及其制品的食用价值或者方法的;

(三)其他足以认定以食用为目的的情形。

第十二条 二次以上实施本解释规定的行为构成犯罪,依法应当追诉的,或者二年内实施本解释规定的行为未经处理的,数量、数额累计计算。

第十三条 实施本解释规定的相关行为,在认定是否构成犯罪以及裁量刑罚时,应当考虑涉案动物是否系人工繁育、物种的濒危程度、野外存活状况、人工繁育情况、是否列入人工繁育国家重点保护野生动物名录,行为手段、对野生动物资源的损害程度,以及对野生动物及其制品的认知程度等情节,综合评估社会危害性,准确认定是否构成犯罪,妥当裁量刑罚,确保罪责刑相适应;根据本解释的规定定罪量刑明显过重的,可以根据案件的事实、情节和社会危害程度,依法作出妥当处理。

涉案动物系人工繁育,具有下列情形之一的,对所涉案件一般不作为犯罪处理;需要追究刑事责任的,应当依法从宽处理:

(一)列入人工繁育国家重点保护野生动物名录的;

(二)人工繁育技术成熟、已成规模,作为宠物买卖、运输的。

第十四条 对于实施本解释规定的相关行为被不起诉或者免予刑事处罚的行为人,依法应当给予行政处罚、政务处分或者其他处分的,依法移送有关主管机关处理。

第十五条 对于涉案动物及其制品的价值,应当根据下列方法确定:

(一)对于国家禁止进出口的珍贵动物及其制品、国家重点保护的珍贵、濒危野生动物及其制品的价值,根据国务院野生动物保护主管部门制定的评估标准和方法核算;

(二)对于有重要生态、科学、社会价值的陆生野生动物、地方重点保护野生动物、其他野生动物及其制品的价值,根据销赃数额认定;无销赃数额、销赃数额难以查证或者根据销赃数额认定明显偏低的,根据市场价格核算,必要时,也可以参照相关评估标准和方法核算。

第十六条 根据本解释第十五条规定难以确定涉案动物及其制品价值的,依据司法鉴定机构出具的鉴定意见,或者下列机构出具的报告,结合其他证据作出认定:

(一)价格认证机构出具的报告;

(二)国务院野生动物保护主管部门、国家濒危物种进出口管理机构或者海关总署等指定的机构出具的报告;

(三)地、市级以上人民政府野生动物保护主管部门、国家濒危物种进出口管理机构的派出机构或者直属海关等出具的报告。

第十七条 对于涉案动物的种属类别、是否系人工繁育,非法捕捞、狩猎的工具、方法,以及对野生动物资源的损害程度等专门性问题,可以由野生动物保护主管部门、侦查机关依据现场勘验、检查笔录等出具认定意见;难以确定的,依据司法鉴定机构出具的鉴定意见、本解释第十六条所列机构出具的报告,被告人及其辩护人提供的证据材料,结合其他证据材料综合审查,依法作出认定。

第十八条 餐饮公司、渔业公司等单位实施破坏野生动物资源犯罪的,依照本解释规定的相应自然人犯罪的定罪量刑标准,对直接负责的主管人员和其他直接责任人员定罪处罚,并对单位判处罚金。

第十九条 在海洋水域,非法捕捞水产品,非法采捕珊瑚、砗磲或者其他珍贵、濒危水生野生动物,或者非法收购、运输、出售珊瑚、砗磲或者其他珍贵、濒危水生野生动物及其制品的,定罪量刑标准适用《最高人民法院关于审理发生在我国管辖海域相关案件若干问题的规定(二)》(法释〔2016〕17号)的相关规定。

第二十条 本解释自2022年4月9日起施行。本解释公布施行后,《最高人民法院关于审理破坏野生动物资源刑事案件具体应用法律若干问题的解释》(法释〔2000〕37号)同时废止;之前发布的司法解释与本解释不一致的,以本解释为准。

■最高人民法院、最高人民检察院、公安部、农业农村部依法惩治长江流域非法捕捞等违法犯罪的意见(2020年12月17日)

二、准确适用法律,依法严惩非法捕捞等危害水生生物资源的各类违法犯罪

(二)依法严惩危害珍贵、濒危水生野生动物资源犯罪。在长江流域重点水域非法猎捕、杀害中华鲟、长江鲟、长江江豚或者其他国家重点保护的珍贵、濒危水生野生动物,价值二万元以上不满二十万元的,应当依照刑法第三百四十一条的规定,以非法猎捕、杀害珍贵、濒危野生动物罪,处五年以下有期徒刑或者拘役,并处罚金;价值二十万元以上不满二百万元的,应当认定为"情节严重",处五年以上十年以下有期徒刑,并处罚金;价值二百万元以上的,应当认定为"情节特别严重",处十年以上有期徒刑,并处罚金或者没收财产。

(四)依法严惩危害水生生物资源的单位犯罪。水产品交易公司、餐饮公司等单位实施本意见规定的行为,构成单位犯罪的,依照本意见规定的定罪量刑标准,对直接负责的主管人员和其他直接责任人员定罪处罚,并对单位判处罚金。

((六)、(七)两部分内容参见本书刑法第三百四十条附文同名文件之后)

■国家林业局、公安部关于森林和陆生野生动物刑事案件管辖及立案标准(2001年5月9日)

二、(八)非法猎捕、杀害国家重点保护珍贵、濒危陆生野生动物案

凡非法猎捕、杀害国家重点保护的珍贵、濒危陆生野生动物的应当立案,重大案件、特别重大案件的立案标准详见附表。

非法收购、运输、出售国家重点保护的珍贵、濒危陆生野生动物的应当立案,重大案件、特别重大案件的立案标准见附表。

非法收购、运输、出售国家重点保护的珍贵、濒危陆生野生动物制品的,应当立案;制品价值在10万元以上或者非法获利5万元以上的,为重大案件;制品价值在20万元以上或非法获利10万元以上的,为特别重大案件。

(十)非法狩猎案

违反狩猎法规,在禁猎区、禁猎期或者使用禁用的工具、方法狩猎,具有下列情形之一的,应予立案:

1. 非法狩猎陆生野生动物20只以上的;

2. 在禁猎区或者禁猎期使用禁用的工具、方法狩猎的;

3. 具有其他严重破坏野生动物资源情节的。

违反狩猎法规,在禁猎区、禁猎期或者使用禁用的工具、方法狩猎,非法狩猎陆生野生动物50只以上的,为重大案件;非法狩猎陆生野生动物100只以上或者具有其他恶劣情节的,为特别重大案件。

三、其他规定(见本书刑诉法第十八条后附文)

■最高人民法院、最高人民检察院、公安部、司法部关于依法惩治非法野生动物交易犯罪的指导意见(全文)(2020年12月18日)

为依法惩治非法野生动物交易犯罪,革除滥食野生动物的陋习,有效防范重大公共卫生风险,切实保障人民群众生命健康安全,根据有关法律、司法解释的规定,结合侦查、起诉、审判实践,制定本意见。

一、依法严厉打击非法猎捕、杀害野生动物的犯罪行为,从源头上防控非法野生动物交易。

非法猎捕、杀害国家重点保护的珍贵、濒危野生动物,符合刑法第三百四十一条第一款规定的,以非法猎捕、杀害珍贵、濒危野生动物罪定罪处罚。

违反狩猎法规,在禁猎区、禁猎期或者使用禁用的工具、方法进行狩猎,破坏野生动物资源,情节严

重,符合刑法第三百四十一条第二款规定的,以非法狩猎罪定罪处罚。

违反保护水产资源法规,在禁渔区、禁渔期或者使用禁用的工具、方法捕捞水产品,情节严重,符合刑法第三百四十条规定的,以非法捕捞水产品罪定罪处罚。

二、依法严厉打击非法收购、运输、出售、进出口野生动物及其制品的犯罪行为,切断非法野生动物交易的利益链条。

非法收购、运输、出售国家重点保护的珍贵、濒危野生动物及其制品,符合刑法第三百四十一条第一款规定的,以非法收购、运输、出售珍贵、濒危野生动物、珍贵、濒危野生动物制品罪定罪处罚。

走私国家禁止进出口的珍贵动物及其制品,符合刑法第一百五十一条第二款规定的,以走私珍贵动物、珍贵动物制品罪定罪处罚。

三、依法严厉打击以食用或者其他目的非法购买野生动物的犯罪行为,坚决革除滥食野生动物的陋习。

知道或者应当知道是国家重点保护的珍贵、濒危野生动物及其制品,为食用或者其他目的而非法购买,符合刑法第三百四十一条第一款规定的,以非法收购珍贵、濒危野生动物、珍贵、濒危野生动物制品罪定罪处罚。

四、二次以上实施本意见第一条至第三条规定的行为构成犯罪,依法应当追诉的,或者二年内二次以上实施本意见第一条至第三条规定的行为未经处理的,数量、数额累计计算。

五、明知他人实施非法野生动物交易行为,有下列情形之一的,以共同犯罪论处:

(一)提供贷款、资金、账号、车辆、设备、技术、许可证件的;

(二)提供生产、经营场所或者运输、仓储、保管、快递、邮寄、网络信息交互等便利条件或者其他服务的;

(三)提供广告宣传等帮助行为的。

六、对涉案野生动物及其制品价值,可以根据国务院野生动物保护主管部门制定的价值评估标准和方法核算。对野生动物制品,根据实际情况予以核算,但核算总额不能超过该种野生动物的整体价值。具有特殊利用价值或者导致动物死亡的主要部分,核算方法不明确的,其价值标准最高可以按照该种动物整体价值标准的80%予以折算,其他部分价值标准最高可以按整体价值标准的20%予以折算,但是按照上述方法核算的价值明显不当的,应当根据实际情况妥当予以核算。核算价值低于实际交易价格的,以实际交易价格认定。

根据前款规定难以确定涉案野生动物及其制品价值的,依据下列机构出具的报告,结合其他证据作出认定:

(一)价格认证机构出具的报告;

(二)国务院野生动物保护主管部门、国家濒危物种进出口管理机构、海关总署等指定的机构出具的报告;

(三)地、市级以上人民政府野生动物保护主管部门、国家濒危物种进出口管理机构的派出机构、直属海关等出具的报告。

七、对野生动物及其制品种属类别,非法捕捞、狩猎的工具、方法,以及对野生动物资源的损害程度、食用涉案野生动物对人体健康的危害程度等专门性问题,可以由野生动物保护主管部门、侦查机关或者有专门知识的人依据现场勘验、检查笔录等出具认定意见。难以确定的,依据司法鉴定机构出具的鉴定意见,或者本意见第六条第二款所列机构出具的报告,结合其他证据作出认定。

八、办理非法野生动物交易案件中,行政执法部门依法收集的物证、书证、视听资料、电子数据等证据材料,在刑事诉讼中可以作为证据使用。

对不易保管的涉案野生动物及其制品,在做好拍摄、提取检材或者制作足以反映原物形态特征或者内容的照片、录像等取证工作后,可以移交野生动物保护主管部门及其指定的机构依法处置。对存在或者可能存在疫病的野生动物及其制品,应立即通知野生动物保护主管部门依法处置。

九、实施本意见规定的行为,在认定是否构成犯罪以及裁量刑罚时,应当考虑涉案动物是否系人工繁育、物种的濒危程度、野外存活状况、人工繁育情况、是否列入国务院野生动物保护主管部门制定的人工繁育国家重点保护野生动物名录,以及行为手段、对野生动物资源的损害程度、食用涉案野生动物对人体健康的危害程度等情节,综合评估社会危害性,确保罪责刑相适应。相关定罪量刑标准明显不适宜的,可以根据案件的事实、情节和社会危害程度,依法作出妥当处理。

十、本意见自下发之日起施行。

■最高人民法院、最高人民检察院、国家林业局、公安部、海关总署关于破坏野生动物资源刑事案件中涉及的CITES附录Ⅰ和附录Ⅱ所列陆生野生动物制品价值核定问题的通知(2012年9月17日)(见本书附录二十一)

■最高人民法院、最高人民检察院、公安部、司法部关于依法惩治妨害新型冠状病毒感染肺炎疫情防控违法犯罪的意见(2020年2月6日)

二、准确适用法律,依法严惩妨害疫情防控的各类违法犯罪

(九)依法严惩破坏野生动物资源犯罪。非法猎捕、杀害国家重点保护的珍贵、濒危野生动物的,或者非法收购、运输、出售国家重点保护的珍贵、濒危野生动物及其制品的,依照刑法第三百四十一条第一款的规定,以非法猎捕、杀害珍贵、濒危野生动物罪或者非法收购、运输、出售珍贵、濒危野生动物、珍贵、濒危野生动物制品罪定罪处罚。

违反狩猎法规,在禁猎区、禁猎期或者使用禁用的工具、方法进行狩猎,破坏野生动物资源,情节严重的,依照刑法第三百四十一条第二款的规定,以非法狩猎罪定罪处罚。

……

知道或者应当知道是国家重点保护的珍贵、濒危野生动物及其制品,为食用或者其他目的而非法购买,符合刑法第三百四十一条第一款规定的,以非法收购珍贵、濒危野生动物、珍贵、濒危野生动物制品罪定罪处罚。

(十)依法严惩妨害疫情防控的违法行为。……

对于在疫情防控期间实施有关违法犯罪的,要作为从重情节予以考量,依法体现从严的政策要求,有力惩治震慑违法犯罪,维护法律权威,维护社会秩序,维护人民群众生命安全和身体健康。

■野生动物及其产品(制品)价格认定规则(全文)(2015年1月1日)

第一条　为了规范野生动物及其产品(制品)价格认定工作,统一操作方法和标准,保证价格认定结论客观、公正,根据国家相关法律、法规和规范性文件,结合野生动物及其产品(制品)价格认定工作实际,制定本规则。

第二条　本规则适用于各级价格主管部门设立的价格认定机构依法对以野生动物及其产品(制品)价值为标准定罪量刑或处罚的案件中价格不明或价格有争议的野生动物及其产品(制品)的价格认定。

第三条　本规则所称"野生动物",是指经办案机关确认,依法受保护的陆生、水生野生动物和驯养繁殖的上述物种。本规则所称"野生动物产品(制品)",是指野生动物的任何部分及其衍生物。

第四条　认定野生动物及其产品(制品)价格,应要求办案机关书面明确以下事项,并提供相关资料:(一)明确野生动物学名、保护级别及获取渠道;(二)驯养繁殖的野生动物需明确其驯养繁殖的基本情况;(三)明确野生动物产品(制品)名称、基本状况及来源的合法性;(四)其他非国家重点保护野生动物及其产品(制品),需按种、属、科、目、纲(门)的顺序,明确其可比照的国家重点保护野生动物所属的分类单元;(五)价格认定工作需要明确的其他事项。办案机关未能明确相关事项的,

可不予受理。

第五条　国家重点保护野生动物,依法获得出售、收购行政许可的,按野生动物许可交易市场的中等价格认定。未依法获得出售、收购行政许可的,按国家野生动物价值标准相关规定进行价格认定。

第六条　《濒危野生动植物种国际贸易公约》附录Ⅰ中非原产于我国的野生动物,比照与国家一级重点保护野生动物同一分类单元的野生动物进行价格认定。《濒危野生动植物种国际贸易公约》附录Ⅱ、Ⅲ中非原产于我国的野生动物,比照与国家二级重点保护野生动物同一分类单元的野生动物进行价格认定。

第七条　地方重点保护野生动物,依法获得出售、收购行政许可的,按野生动物许可交易市场的中等价格认定。未依法获得出售、收购行政许可的,地方制定野生动物价值标准的,按地方标准进行价格认定。无地方标准的,比照与国家重点保护野生动物同一分类单元中价值标准最低的野生动物进行价格认定。

第八条　有益的或有重要经济、科学研究价值的陆生野生动物,依法获得出售、收购行政许可的,按野生动物许可交易市场的中等价格认定。未依法获得出售、收购行政许可的,地方制定野生动物价值标准的,按地方标准进行价格认定。无地方标准的,比照与国家重点保护野生动物同一分类单元中价值标准最低的野生动物进行价格认定。

第九条　野生动物产品(制品),依法获得出售、收购行政许可的,按野生动物产品(制品)许可交易市场的中等价格认定。未依法获得出售、收购行政许可的,按国家野生动物产品(制品)价值标准相关规定进行价格认定。犀牛角、象牙等国家有特别规定的野生动物(产品)制品,按国家特别规定的价值标准进行价格认定。

第十条　国家重点保护野生动物标本,按国家野生动物价值标准相关规定进行价格认定。其他非国家重点保护野生动物标本,比照国家重点保护野生动物标本进行价格认定。

第十一条　新发现的且没有市场交易的野生动物,可经办案机关确认,比照与国家重点保护野生动物同一分类单元的野生动物进行价格认定。

第十二条　办案机关已查明实际交易价格的,原则上不进行价格认定。

第十三条　野生动物及其产品(制品)非法市场交易价格不作为价格认定依据。

第十四条　同一案件中缴获的同一野生动物个体的不同部分的价值总和,不得超过该种野生动物个体的价值。

第十五条　在价格认定结论书中,价格认定机构应根据办案机关提供的资料以及实物勘验的情况,对案件涉及的野生动物及其产品(制品)的基本情况进行描述,并对价格认定结论所对应的价格认定目的、基准日期、价格定义、所处市场区域等前提条件进行限定说明。

第十六条　法律、法规另有规定的,从其规定。

第十七条　本规则由国家发展和改革委员会价格认证中心负责解释。

第十八条　本规则自2015年1月1日起执行。

●虽罪行较重,但无社会危险性不批捕,起诉后判处实刑

虽罪行较重,但无社会危险性不批捕,起诉后判处实刑。(参见最高人民法院关于印发检察机关贯彻少捕慎诉慎押刑事司法政策典型案例(第一批)的通知,案例3廖某危害珍贵、濒危野生动物、非法狩猎案,2021年11月29日。)

□行为人只要实施了非法猎浦或者非法收购、运输、出售国家重点保护的野生动物的行为,即构成犯罪

对野生动物的乱捕滥猎、非法交易破坏物链的完整性和生物多样性,进而破坏整个生态环境,需要加大对野生动物的刑事司法保护。行为人只要实施了非法猎浦或者非法收购、运输、出售国家重点保护的野生动物的行为，即构成犯罪。（参见张爱民、李楠等非法猎捕、收购、运输、出售珍贵濒危野生动物案，载《最高人民法院公报》2018年第2期，第38页。）

▽“珍贵、濒危野生动物制品”的认定

珍贵、濒危野生动物制品，应是指通过对珍贵、濒危野生动物的活体或者死体进行加工后所形成的物品，包括毛皮、骨骼、肌体、脏器、体液、标本等成品或者半成品。[参见第215号案例，严叶成、周建伟等非法收购、运输、出售珍贵、濒危野生动物、珍贵、濒危野生动物动物制品案，载《刑事审判参考》总第29辑（2002年第6辑），法律出版社，第38页。执笔：陆漫]

▽骗领珍贵、濒危野生动物运输证明的行为，构成非法运输珍贵、濒危野生动物罪

行为人以黑龙江北方大型驯兽马戏团的东北虎驯养证骗取了野生动物保护主管部门出具的有关“东北虎运往福建省泉州市”的证明，将其提供给另一行为人，并收取了少量费用，可以认定为买卖国家机关证件，依照《最高人民法院关于审理破坏野生动物资源刑事案件具体应用法律若干问题的解释》第九条第一款关于“伪造、变造、买卖国家机关颁发的野生动物允许进出口证明书、特许猎捕证、狩猎证、驯养繁殖许可证等公文、证件构成犯罪的，依照刑法第二百八十条第一款的规定以伪造、变造、买卖国家机关公文、证件罪定罪处罚”的规定，行为人的行为已构成买卖国家机关证件罪。但行为人在主观上具有帮助另一行为人非法运输珍贵、濒危野生动物的故意，在客观上行为人提供虚假东北虎运输证明的行为为另一行为人实施非法运输珍贵、濒危野生动物犯罪创造了条件，根据《刑法》第二十五条第一款和第二十七条第一款关于共同犯罪的规定，行为人应为非法运输珍贵、濒危野生动物的共犯，已构成非法运输珍贵、濒危野生动物罪。对于这种实施一个犯罪行为同时触犯数个罪名的想象竞合犯，应当适用择一重处的原则。由于非法运输珍贵、濒危野生动物情节特别严重，根据刑法本条第一款的规定，应“处十年以上有期徒刑，并处罚金或者没收财产”。比较刑法本条第一款和《刑法》第二百八十条第一款的规定，对行为人应当以非法运输珍贵、濒危野生动物罪定罪处罚。[参见第215号案例，严叶成、周建伟等非法收购、运输、出售珍贵、濒危野生动物、珍贵、濒危野生动物动物制品案，载《刑事审判参考》总第29辑（2002年第6辑），法律出版社，第39～40页。执笔：鸿雁　刘进才]

▽珍贵、濒危野生动物制品的核定价值高于实际交易价格的，应按核定价值认定珍贵、濒危野生动物制品的价值

依照《最高人民法院关于审理破坏野生动物资源刑事案件具体应用法律若干问题的解释》（已失效，本附文以下简称《解释》）第十一条的规定，“珍贵、濒危野生动物制品的价值，依照国家野生动物保护主管部门的规定核定；核定价值低于实际交易价格的，以实际交易价格认定”。依据《解释》第十一条的规定得出的必然结论是，一般情况下，应当按照国家野生动物保护主管部门核定的价值认定珍贵、濒危野生动物制品的价值，唯一的例外是当核定价值低于实际交易价格的，才能以实际交易价格认定。[参见第215号案例，严叶成、周建伟等非法收购、运输、出售珍贵、濒危野生动物、珍贵、濒危野生动物动物制品案，载《刑事审判参考》总第29辑（2002年第6辑），法律出版社，第40～41页。执笔：鸿雁　刘进才]

▽收购珍贵、濒危野生动物制品时不属于犯罪行为，出售时依法应追究刑事责任，构成非法出售珍贵、濒危野生动物制品罪

行为人的行为构成非法出售珍贵、濒危野生动物制品罪。根据本条规定，非法收购、运输、出售珍贵、濒危野生动物制品罪的构成要件：1. 主观方面，行为人必须明知是珍贵、濒危野生动物制品而故意收购、运输、出售。由于本罪侵犯的是对国家重点保护的珍贵、濒危野生动物的保护，因此本罪的行为对象必须是“珍贵、濒危野生动物”，而其范围的确定，根据《最高人民法院关于审理破坏野生动物资源刑事案件具体应用法律若干问题的解释》（刑法本条附文以下简称《解释》）第一条的规定，是指列入国家重点保护野生动物名录的国家一、二级保护野生动物、列入《濒危野生动植物种国际贸易公约》附录一、附录二的野生动物以及驯养繁殖的上述物种。2. 客观方面,个人或者单位实施了非法收购、运输、出售珍贵、濒危野生动物的行为。这里的非法,是指违反1989年3月1日开始实施的《野生动物保护法》(2004年8月28日修订)的规定。关于收购、运输、出售行为的认定,《解释》第二条对“收购”“运输”“出售”行为作了规定。本罪是选择性罪名,只要行为人实施了收购、运输、出售中的一种行为,即构成本罪。本案行为人收购雪豹皮的行为不构成非法收购珍贵、濒危野生动物制品罪。其收购行为发生于1985年、1987年,而非法收购、运输、加工、出售国家重点保护的珍贵、濒危野生动物及其制品的行为,在1979年刑法中没有明确规定。1989年3月1日开始实施的《关于惩治捕杀国家重点保护的珍贵濒危野生动物犯罪的补充规定》(已失效)才规定为犯罪,即按投机倒把罪处刑。根据1997年刑法第十二条关于溯及力的规定,对于行为时的法律不认为是犯罪的,适用行为时的法律。故不能以之后的《关于惩治捕杀国家重点保护的珍贵濒危野生动物犯罪的补充规定》及现行刑法的规定,追究行为人收购雪豹皮行为的刑事责任。雪豹属于国家重点保护的珍贵、濒危野生动物,其2005年出售雪豹皮的行为,属于非法出售珍贵、濒危野生动物制品的行为。本罪属于行为犯,只要行为人实施了非法出售珍贵、濒危野生动物制品的行为即构成犯罪。至于是否出售成功,不是判断罪与非罪的界限。本案行为人虽然在出售3张雪豹皮时被当场抓获,出售并未成功,还未获得实际经济利益,但仍应该认定为构成犯罪。根据最高人民法院《解释》第五条的规定,非法出售珍贵、濒危野生动物制品价值在20万元以上,或者非法获利10万元以上,或者具有其他特别严重情节的,均属于“情节特别严重”。本案行为人出售的3张雪豹皮价值达人民币37.5万元,超过了上述解释规定的20万元的最低标准,属于出售珍贵、濒危野生动物制品情节特别严重的行为,依法应当在10年以上有期徒刑并处罚金或者没收财产的量刑幅度内量刑。行为人出售野生动物保护法实施前就已经持有的雪豹皮,且未造成严重社会危害,认罪态度较好,可以在法定刑以下减轻处罚。本案行为人非法出售珍贵、濒危野生动物制品的犯罪行为,虽然应当依法认定为情节特别严重,但从本案的具体情况看,如果对其处以十年以上有期徒刑刑罚,于法、于理、于情,明显过重。1. 从立法目的层面分析,非法出售珍贵、濒危野生动物制品的行为,不是刑法惩治的重点。立法目的是立法者制定法律所希望实现的预期目的,刑法作为保障法,本条设定非法出售珍贵、濒危野生动物犯罪的目的,是对严重违反野生动物保护法行为的惩治。可以看出,虽然行为人的行为已经构成非法出售珍贵、濒危野生动物罪,但其行为不属刑法惩治的重点。刑法设立该罪的主要目的及野生动物保护法的最核心目的,是保护、拯救现有的珍贵、濒危野生动物。因此,非法猎捕、杀害珍贵、濒危野生动物的行为,是刑法重点要惩治的对象。但是,作为猎捕、杀害行为的延伸,收购、运输、出售珍贵、濒危野生动物及其制品的行为也必须予以严惩才能有效遏制非法猎捕、杀害珍贵、濒危野生动物的行为。刑法设立收购、运输、出售珍贵、濒危野生动物罪的目的,还是为了有效遏制猎捕、杀害珍贵、濒危野生动物的犯罪行为。而本案行为人收购的珍贵、濒危野生动物制品行为发生在刑法设立该罪之前(指《全国人大常委会关于惩治国家重点保护的珍贵、濒危野生动物犯罪的补充规定》实施之前),由于3只雪豹已经死亡,已无法受到法律保护。因此,虽然其后来实施了对刑法设立该罪之前已经死亡的珍贵、濒危野生动物制品进行出售的行为,并按照刑法应当定罪处罚,但是在处罚上应与那些出售刑法设立该罪之后才被非法捕杀的珍贵、濒危野生动物制品的行为有所区别。2. 行为人非法出售珍贵、濒危野生动物制品的行为,未造成严重的危害后果。行为人非法出售珍贵、濒危野生动物制品的行为,虽然侵犯了国家对珍贵、濒危野生动物制品的管理秩序,但无更严重的危害后果。体现在:(1)没有危及刑法设立非法猎捕、杀害珍贵、濒危野生动物罪之后的国家重点保护的珍贵、濒危野生动物的安全;(2)没有为刑法设立该罪之后的猎捕、杀害行为提供实际上的后续帮助;(3)在出售过程中即被抓获,非法交易并未成功。另外,行为人归案后认罪态度较好,有悔罪表现。综上,本案中具有法定情节之外的特殊情况,考虑到其实际社会危害性程度,为实现罪责刑相均衡,可以对行为人在法定刑以下减轻处罚,故原审法院作出判决并依照法定程序逐级上报后,最高人民法院依法作出了核准的裁定是正确的。[参见第518号案例,达瓦加甫非法出售珍贵、濒危野生动物制品案,载《刑事审判参考》总第65集(2008年第6集),法律出版社,第52~56页。执笔:陆建红]

▽私设电网非法猎捕野生动物的行为,符合非法狩猎罪的构成要件

(1)二被告人对自己私拉电网狩猎行为的违法性是明知的。二被告人狩猎的区域是林区,根据《森林法》的规定,林区内列为国家保护的野生动物,禁止猎捕。不得非法狩猎的观念在当地村民间已经普及,二被告人在庭审中也承认知道国家禁止在当地狩猎的规定。因此,二被告人具备非法狩猎罪的主观要件。(2)二被告人私设电网捕杀野生动物符合非法狩猎罪的犯罪对象特征。非法狩猎罪侵害的客体是国家保护野生动物资源、管理秩序,犯罪对象是处于禁猎区或者禁猎期的珍禽、珍兽或者其他野生动物。根据野生动物资源的珍贵程度,有关动物保护法规将野生动物分为三类,并分别规定了批准捕猎的权限。第一类包括金丝猴、大熊猫、虎、亚洲象、野牛、梅花鹿等三十八种和亚种,严禁猎捕,如需猎捕,必须经国家林业主管部门的批准;第二类包括蜂猴、百合、大小天鹅、鸳鸯等六十五种和亚种,禁止猎捕,如需猎捕,必须经省、自治区、直辖市林业主管部门的批准,并报国家林业主管部门备案。第三类包括金鸡、穿山甲等四十七种和亚种,由省、自治区、直辖市根据资源情况,确定禁猎或者严格控制猎捕量。在把握本罪的犯罪对象时要注意以下三点:一是本罪的犯罪对象不包括国家重点保护的珍贵、濒危野生动物,即《国家重点保护野生动物名录》中列明的国家一、二级保护野生动物和《濒危野生动植物种国际贸易公约》附录一、附录二中的野生动物以及驯养繁殖的上述物种。如果行为人捕猎的是上述动物,则属于非法猎捕珍贵、濒危野生动物罪的犯罪对象。二是如果狩猎者猎捕的动物不是野生动物,并且不属于《濒危野生动植物种国际贸易公约》附录一、附录二中野生动物的驯养繁殖物种的,不属于非法狩猎罪的犯罪对象。三是如果狩猎者取得狩猎证,在非禁猎区、非禁猎期,采用法律规定的捕猎手段捕获的不属于珍贵、濒危野生动物的,也不属于非法狩猎罪的犯罪对象。本案二被告人狩猎捕获的野猪等野生动物既不属于《国家重点保护野生动物名录》中列明的国家一级、二级保护野生动物,也不属于《濒危野生动植物种国际贸易公约》附录一、附录二的野生动物的驯养繁殖物种,因此其猎捕的对象符合非法狩猎罪的犯罪对象特征。(3)二被告人的行为符合非法狩猎罪的客观要件。本罪的客观特征具体表现在三个方面:一是必须以违反狩猎法规的禁止性规定为前提。《野生动物保护法》第十八条规定,猎捕非国家重点保护野生动物的,必须取得狩猎证,并且服从猎捕量限额管理。二是行为人在禁猎区、禁猎期,或者以禁用的工具、方法进行狩猎。所谓"禁用的工具、方法",根据《陆生野生动物保护实施条例》第十八条的规定,是指使用军用武器、气枪、毒药、炸药、地枪、排镜、非人为直接操作并危害人畜安全的狩猎装置、夜间照明行猎、歼灭性围猎、火攻、烟熏以及县级以上各级人民政府或者其野生动物行政主管部门规定禁止使用的其他狩猎工具和方法狩猎。三是非法狩猎行为必须达到情节严重。根据《最高人民法院关于审理破坏野生动物资源刑事案件具体应用法律若干问题的解释》(以下简称《解释》)第六条的规定,"情节严重"包括的情形有:非法狩猎野生动物二十只以上的;违反狩猎法规,在禁猎区或者禁猎期使用禁用的工具、方法狩猎的;具有其他严重情节的。本案二被告人违反狩猎法规的禁止性规定,未取得狩猎证,在禁猎区进行捕猎,其从1998年至2003年在林区私设电网非法狩猎,属于在禁猎区使用以"非人为直接操作并危害人畜安全的狩猎装置"的方式进行狩猎,已达到《解释》第六条所规定的第二种"情节严重"的标准,构成非法狩猎罪。[参见第603号指导案例,曾巩义、陈月容非法狩猎案,载《刑事审判参考》总第72集(2010年第1集),第49~51页。撰稿:肖凤]

▽非法收购、出售《濒危野生动植物神国际贸易公约》保护动物的情节认定

(一)非法收购、出售珍贵、濒危野生动物罪的情节认定标准。根据《解释》对"珍贵、濒危野生动物"的具体划分,认定犯罪情节的标准也有所不同。《解释》第一条规定,本罪中"珍贵、濒危野生动物"

既包括列入国家重点保护野生动物名录的国家一级、二级保护野生动物,还包括列入《公约》附录一、附录二的野生动物,以及驯养繁殖的上述名录或附录中野生动物的物种。针对这两类情况,认定情节的标准分别是:1. 如果是列入国家重点保护野生动物名录的国家一级、二级保护野生动物以及驯养繁殖的物种,应按照《解释》附表所列相应数量标准来认定情节。例如,对于蟒(Python molurus),非法猎捕、杀害、收购、运输、出售2条的属于"情节严重",非法猎捕、杀害、收购、运输、出售4条的属于"情节特别严重"。2. 如果是列入《公约》附录一、附录二的野生动物以及驯养繁殖的物种,根据《解释》第十条规定,非原产于我国的野生动物"情节严重""情节特别严重"的认定标准,参照该解释第三条、第四条以及附表所列与其同属的国家一级、二级保护野生动物的认定标准执行;没有与其同属的国家一级、二级保护野生动物的,参照与其同科的国家一级、二级保护野生动物的认定标准执行。换言之,列入《公约》附录一、附录二的野生动物必须与我国国家一级、二级保护野生动物具有同属或同科的关系,才能根据《解释》附表所列的相应数量标准来认定情节,否则没有参照依据,应当按照该罪的一般情节认定。

(二)本案的情节认定分析。本案所涉的红尾蚺、杜氏蚺系列入《公约》的野生动物,无法在《解释》附表所列的国家一级、二级保护野生动物名录中找到相应的同科或同属的物种,缺少认定"情节严重"或"情节特别严重"的参照标准。但本罪的一般情节(基本构罪标准)不需要参照标准,只要非法收购、出售列入《公约》附录一、附录二中的珍贵、濒危野生动物,便可构成本罪。因此,被告人徐某非法收购、出售国家重点保护的珍贵、濒危野生动物的行为,系一般情节,不属于情节特别严重,应处五年以下有期徒刑或者拘役,并处罚金。《解释》第五条适用的罪名系非法收购、运输、出售珍贵、濒危野生动物制品罪,而不是非法收购、运输、出售珍贵、濒危野生动物罪。以非法收购、运输、出售珍贵、濒危野生动物制品罪的"情节严重""情节特别严重"的认定标准作为非法收购、运输、出售珍贵、濒危野生动物罪的"情节严重""情节特别严重"的认定标准,实属适用法律错误,有违罪刑法定原则。未考虑到本案所涉的红尾蚺、杜氏蚺无法在《解释》附表所列的国家一级、二级保护野生动物名录中找到相应的同科或同属的物种,无法参照《解释》第三条、第四条以及附表所列的认定标准执行。值得注意的是,虽然认定本案构成"情节严重"或"情节特别严重"没有法律依据,但是仍可按照本罪的一般情节进行定罪量刑。[参见第1067号指导案例,徐峰非法收购、出售珍贵、濒危野生动物案,载《刑事审判参考》总第102集(2015年第1集),第78~81页。撰稿:王永兴]

▽对野生动物制品的鉴定意见的审查

《最高人民法院关于适用〈中华人民共和国刑事诉讼法〉的解释》第八十四条(现为第九十七条)规定,对鉴定意见应当着重审查以下内容:"(一)鉴定机构和鉴定人是否具有法定资质……(五)鉴定程序是否符合法律、有关规定……(十)鉴定意见是否依法及时告知相关人员,当事人对鉴定意见有无异议。"下面分别进行分析:1. 对涉案动物制品进行鉴定的机构无须在司法行政机关编制的鉴定机构名册内。全国人民代表大会常务委员会发布的《关于司法鉴定管理问题的决定》(本附文以下简称《决定》)第二条规定:"国家对从事下列司法鉴定业务的鉴定人和鉴定机构实行登记管理制度:(一)法医类鉴定;(二)物证类鉴定;(三)声像资料鉴定;(四)根据诉讼需要由国务院司法行政部门商最高人民法院、最高人民检察院确定的其他应当对鉴定人和鉴定机构实行登记管理的鉴定事项。法律对前款规定事项的鉴定人和鉴定机构的管理另有规定的,从其规定。"《决定》的释义指出,对于《决定》第二条规定以外的其他鉴定种类,不实行登记制度。之所以这样规定,主要是考虑到司法鉴定涉及的专门性问题十分广泛,将各行各业的技术部门全部纳入登记管理范围不现实也不可能。实践中如果有的案件涉及的专门性问题需要鉴定,而登记范围以内的鉴定人或鉴定机构不能进行鉴定的,可以要求登记范围以外的技术部门或人员进行鉴定,并不妨碍司法鉴定工作。此外,对于这类特殊性质鉴定,最高人民法院2011年对山东省高级人民法院关于司法鉴定的复函和2015年对黑龙江省司法鉴定管理意见的复函均表明,《决定》规定的三大类鉴定以外的特殊鉴定,目前不受司法行政登记管理的限制。对本案扣押的疑似豹皮、羚羊角及象牙制品等动物制品种属、保护级别及价值认定不属于《决定》规定的需要实行登记制度的鉴定种类，故进行鉴定的机构并非必须在《决定》规定的范围内。本案涉案野生动物制品的鉴定机构和鉴定人——国家林业局（现为国家林业和草原局）森林公安司法鉴定中心的鉴定机构资格证书及两名鉴定人资格证书系公安部颁发，济南市价格认证中心的价格鉴证机构资质证和两名鉴定人资格证书均是国家发展和改革委员会颁发，均具有相应的鉴定资质，因此本案鉴定主体合法。2. 涉案野生动物制品价值鉴定的过程和方法符合相关规范要求。关于野生动物制品的价值认定依据，国家发展和改革委员会价格认证中心制定的《野生动物及其产品（制品）价格认定规则》第五条规定，野生动物产品（制品），依法获得出售、收购行政许可的，按野生动物产品（制品）许可交易市场的中等价格认定；未依法获得出售、收购行政许可的，按国家野生动物产品（制品）价值标准相关规定进行价格认定。国家林业局、卫生部（卫计委）、国家工商行政管理总局（已撤销）、国家食品药品监督管理局（已撤销）、国家中医药管理局于 2007 年 11 月 12 日下发的《关于加强赛加羚羊、穿山甲、稀有蛇类资源保护和规范其产品人药管理的通知》要求："为确保对资源消耗总量的宏观控制，今后所有赛加羚羊、穿山甲原材料仅限用于定点医院临床使用和中成药生产，并不得在定点医院外以零售方式公开出售……因中成药生产需要利用赛加羚羊角、穿山甲片和稀有蛇类原材料的，必须是已取得国家食品药品监督管理部门相应药品生产批准文号的企业。"关于涉案野生动物制品价值的计算方法，林业部发布的《关于在野生动物案件中如何确定国家重点保护野生动物及其产品价值标准的通知》规定，国家一级保护陆生野生动物的价值标准，按照该种动物资源保护管理费的12.5倍执行；国家重点保护陆生野生动物具有特殊利用价值或者导致野生动物死亡的主要部分，其价值标准按照该种动物价值标准的80%予以折算。林业部、财政部、国家物价局发布的《陆生野生动物资源保护管理费收费办法》附录 2 规定，高鼻羚羊（赛加羚羊）保护管理费 6000 元/只。本案中，涉案赛加羚羊角属具有特殊利用价值部分，其价值为：4 根 × 6000 元 × 12.5 倍 × 0.8 ÷ 2 = 120 000 元。此外，《最高人民法院关于审理破坏野生动物资源刑事案件具体应用法律若干问题的解释》第十一条规定，珍贵、濒危野生动物制品的价值，依照国家野生动物保护主管部门的规定核定；核定价值低于实际交易价格的，以实际交易价格认定。本案中，根据供证情况，郑锴出售 2 根赛加羚羊角的价格为 3000 元左右，低于核定价值 6 万元，故应按核定价值认定。综上，本案扣押的疑似豹皮、羚羊角及象牙制品等动物制品种属、价值及保护级别先经国家林业局森林公安司法鉴定中心进行鉴定，后二审法院为稳妥起见，又对其中价值认定存在争议的 4 根赛加羚羊角送济南市价格认证中心进行鉴定，所认定的价值与国家林业局森林公安司法鉴定中心的认定一致。因此，上述鉴定意见应当采信。［参见第 1178 号指导案例，郑锴非法运输、出售珍贵、濒危野生动物制品案，载《刑事审判参考》总第 108 集，第 94～97 页。撰稿：李晓光　邓克珠］

▽对被告人所犯非法运输、出售珍贵、濒危野生动物制品罪，可以在法定刑以下判处刑罚

非法运输、出售珍贵、濒危野生动物制品罪的具体量刑标准，目前仍在适用的《最高人民法院关于审理破坏野生动物资源刑事案件具体应用法律若干问题的解释》第五条的规定。为适应社会经济的发展变化，走私珍贵动物、珍贵动物制品罪的数额标准自 2014 年 9 月以来已经大幅度提高，而非法运输、出售珍贵、濒危野生动物制品罪的量刑标准却没有及时作出相应调整。由此，原则上非法运输、出售珍贵、濒危野生动物制品罪仍须依照原数额标准量刑。但是，在走私珍贵动物、珍贵动物制品罪的数额标准已大幅度提高的情况下，如果仍然按照原数额标准对非法运输、出售珍贵、濒危野生动物制品罪予以量刑，势必与走私珍贵动物、珍贵动物制品罪的量刑存在明显差异，有违罪责刑相适应原则。因此，根据这一特殊情况，为实现罪责刑相均衡，对于此类案件，可以考虑在法定刑以下判处刑罚。本案即是适例。本案被告人所涉犯罪数额为 31 万余元，依照前述司法解释的规定，则应判处十年以上有期徒刑。但本案具有特殊性：一方面，本案具有需要体现从严的情节，包括被告人所犯非法运输珍贵、濒危野生动物制品罪系既遂，而非法出售的 2 根赛加羚羊角包含在运输的涉案物品之中，不能因非法出售珍贵、濒危野生动物制品罪系未遂而对被告人减轻处罚;被告人非法运输珍贵、濒危野生动物制品的种类较多,社会危害性相对较大;被告人在侦查后期开始部分翻供,认罪态度不好。但另一方面,本案需要体现从宽处罚的情节更为突出:(1)涉案野生动物制品全部被查获。由于被人举报,被告人与逯某正在交易赛加羚羊角时即被公安人员抓获,被告人持有的豹类毛皮、羚羊角、象牙雕件等野生动物制品当场被查获,没有进一步流入社会,被告人的犯罪行为未造成严重危害。(2)被告人非法出售珍贵、濒危野生动物制品的行为属未遂。(3)被告人欲出售赛加羚羊角的价格明显低于鉴定价值。虽然被告人非法运输珍贵、濒危野生动物制品价值31万余元,非法出售珍贵、濒危野生动物制品(赛加羚羊角2根)价值6万元,但在案证据证实,对于准备非法出售的赛加羚羊角,被告人要价每克30元或20元,逯某还价每克17元,且根据被告人供述,每根羚羊角重五六十克(鉴定意见书表明未对羚羊角进行称重),按此计算,二人交易的赛加羚羊角的价格3000元左右。虽然鉴定意见认定的赛加羚羊角价值6万元于法有据,但实际交易价格较低在一定程度上反映被告人主观恶性相对较小。根据本案的上述特殊情况,一审、二审法院对被告人在法定刑有期徒刑十年以下判处有期徒刑五年,基本上实现了罪责刑相适应,故最高人民法院依法裁定予以核准。[参见第1178号指导案例,郑锴非法运输、出售珍贵、濒危野生动物制品案,载《刑事审判参考》总第108集,第97~99页。撰稿:李晓光 邓克珠]

第三百四十二条 【非法占用农用地罪】违反土地管理法规,非法占用耕地、林地等农用地,改变被占用土地用途,数量较大,造成耕地、林地等农用地大量毁坏的,处五年以下有期徒刑或者拘役,并处或者单处罚金。(本条是根据《中华人民共和国刑法修正案(二)》修改的,自2001年8月31日起施行。)

刑法本条原文:【非法占用耕地罪】违反土地管理法规,非法占用耕地改作他用,数量较大,造成耕地大量毁坏的,处五年以下有期徒刑或者拘役,并处或者单处罚金。

■全国人民代表大会常务委员会关于《中华人民共和国刑法》第二百二十八条、第三百四十二条、第四百一十条的解释(全文)(2001年8月31日)

刑法第二百二十八条、第三百四十二条、第四百一十条规定的“违反土地管理法规”,是指违反土地管理法、森林法、草原法等法律以及有关行政法规中关于土地管理的规定。

■全国人民代表大会常务委员会关于修改部分法律的决定(2009年8月27日)

二、对下列法律和法律解释中关于“征用”的规定作出修改

(一)将下列法律和法律解释中的“征用”修改为“征收、征用”

14.全国人民代表大会常务委员会关于《中华人民共和国刑法》第二百二十八条、第三百四十二条、第四百一十条的解释。

■最高人民检察院、公安部关于公安机关管辖的刑事案件立案追诉标准的规定(一)(2008年6月25日)

第六十七条 [非法占用农用地案(刑法第三百四十二条)]违反土地管理法规,非法占用耕地、林地等农用地,改变被占用土地用途,造成耕地、林地等农用地大量毁坏,涉嫌下列情形之一的,应予立案追诉:

(一)非法占用基本农田五亩以上或者基本农田以外的耕地十亩以上的;

(二)非法占用防护林地或者特种用途林地数量单种或者合计五亩以上的;

(三)非法占用其他林地数量十亩以上的;

(四)非法占用本款第(二)项、第(三)项规定的林地,其中一项数量达到相应规定的数量标准的百分之五十以上,且两项数量合计达到该项规定的数量标准的;

(五)非法占用其他农用地数量较大的情形。

违反土地管理法规,非法占用耕地建窑、建坟、建房、挖沙、采石、采矿、取土、堆放固体废弃物或者进行其他非农业建设,造成耕地种植条件严重毁坏或者严重污染,被毁坏耕地数量达到以上规定的,属于本条规定的"造成耕地大量毁坏"。

违反土地管理法规,非法占用林地,改变被占用林地用途,在非法占用的林地上实施建窑、建坟、建房、挖沙、采石、采矿、取土、种植农作物、堆放或者排泄废弃物等行为或者进行其他非林业生产、建设,造成林地的原有植被或者林业种植条件严重毁坏或者严重污染,被毁坏林地数量达到以上规定的,属于本条规定的"造成林地大量毁坏"。

■最高人民法院关于审理破坏草原资源刑事案件应用法律若干问题的解释(2012年11月22日)

第一条　违反草原法等土地管理法规,非法占用草原,改变被占用草原用途,数量较大,造成草原大量毁坏的,依照刑法第三百四十二条的规定,以非法占用农用地罪定罪处罚。

第二条　非法占用草原,改变被占用草原用途,数量在二十亩以上的,或者曾因非法占用草原受过行政处罚,在三年内又非法占用草原,改变被占用草原用途,数量在十亩以上的,应当认定为刑法第三百四十二条规定的"数量较大"。

非法占用草原,改变被占用草原用途,数量较大,具有下列情形之一的,应当认定为刑法第三百四十二条规定的"造成耕地、林地等农用地大量毁坏":

(一)开垦草原种植粮食作物、经济作物、林木的;

(二)在草原上建窑、建房、修路、挖砂、采石、采矿、取土、剥取草皮的;

(三)在草原上堆放或者排放废弃物,造成草原的原有植被严重毁坏或者严重污染的;

(四)违反草原保护、建设、利用规划种植牧草和饲料作物,造成草原沙化或者水土严重流失的;

(五)其他造成草原严重毁坏的情形。

第四条　以暴力、威胁方法阻碍草原监督检查人员依法执行职务,构成犯罪的,依照刑法第二百七十七条的规定,以妨害公务罪追究刑事责任。

煽动群众暴力抗拒草原法律、行政法规实施,构成犯罪的,依照刑法第二百七十八条的规定,以煽动暴力抗拒法律实施罪追究刑事责任。

第五条　单位实施刑法第三百四十二条规定的行为,对单位判处罚金,并对其直接负责的主管人员和其他直接责任人员,依照本解释规定的定罪量刑标准定罪处罚。

第六条　多次实施破坏草原资源的违法犯罪行为,未经处理,应当依法追究刑事责任的,按照累计的数量、数额定罪处罚。

第七条　本解释所称"草原",是指天然草原和人工草地,天然草原包括草地、草山和草坡,人工草地包括改良草地和退耕还草地,不包括城镇草地。

■中华人民共和国土地管理法(2020年1月1日)

第七十五条　违反本法规定,占用耕地建窑、建坟或者擅自在耕地上建房、挖砂、采石、采矿、取土等,破坏种植条件的,或者因开发土地造成土地荒漠化、盐渍化的,由县级以上人民政府自然资源主管部门、农业农村主管部门等按照职责责令限期改正或者治理,可以并处罚款;构成犯罪的,依法追究刑事责任。

■最高人民法院关于审理破坏土地资源刑事案件具体应用法律若干问题的解释(2000年6月22日)

第三条　违反土地管理法规,非法占用耕地改作他用,数量较大,造成耕地大量毁坏的,依照刑法第三百四十二条的规定,以非法占用耕地罪定罪处罚:

(一)非法占用耕地"数量较大",是指非法占用基本农田五亩以上或者非法占用基本农田以外的耕地十亩以上。

(二)非法占用耕地"造成耕地大量毁坏",是指行为人非法占用耕地建窑、建坟、建房、挖沙、采石、采矿、取土、堆放固体废弃物或者进行其他非农业建设,造成基本农田五亩以上或者基本农田以外的耕地十亩以上种植条件严重毁坏或者严重污染。

第八条　单位犯非法转让、倒卖土地使用权罪、非法占有耕地罪的定罪量刑标准,依照本解释第一条、第二条、第三条的规定执行。

第九条　多次实施本解释规定的行为依法应当追诉的,或者一年内多次实施本解释规定的行为未经处理的,按照累计的数量、数额处罚。

■最高人民法院关于审理破坏林地资源刑事案件具体应用法律若干问题的解释(2005年12月30日)

第一条　违反土地管理法规,非法占用林地,改变被占用林地用途,在非法占用的林地上实施建窑、建坟、建房、挖沙、采石、采矿、取土、种植农作物、堆放或排泄废弃物等行为或者进行其他非林业生产、建设,造成林地的原有植被或林业种植条件严重毁坏或者严重污染,并具有下列情形之一的,属于《中华人民共和国刑法修正案(二)》规定的"数量较大,造成林地大量毁坏",应当以非法占用农用地罪判处五年以下有期徒刑或者拘役,并处或者单处罚金:

(一)非法占用并毁坏防护林地、特种用途林地数量分别或者合计达到五亩以上;

(二)非法占用并毁坏其他林地数量达到十亩以上;

(三)非法占用并毁坏本条第(一)项、第(二)项规定的林地,数量分别达到相应规定的数量标准的百分之五十以上;

(四)非法占用并毁坏本条第(一)项、第(二)项规定的林地,其中一项数量达到相应规定的数量标准的百分之五十以上,且两项数量合计达到该项规定的数量标准。

第六条　单位实施破坏林地资源犯罪的,依照本解释规定的相关定罪量刑标准执行。

第七条　多次实施本解释规定的行为依法应当追诉且未经处理的,应当按照累计的数量、数额处罚。

●非法占用农用地罪的认定

行为人违反土地管理法规,在耕地上建设"大棚房""生态园""休闲农庄"等,非法占用耕地数量较大,造成耕地等农用地大量毁坏的,应当以非法占用农用地罪追究实际建设者、经营者的刑事责任。(参见最高人民检察院第16批指导性案,检例第60号,刘强非法占用农用地案,2019年12月20日发布。)

▽非法占用园地,擅自改变土地用途,数量较大的构成非法占用农用地罪

2004年《土地管理法》第四条的规定,农用地是指直接用于农业生产的土地,包括耕地、林地、草地、农田水利用地、养殖水面等。因此,作为非法占用农用地的犯罪对象,农用地并非仅指耕地和林地两种,根据上述法律的规定,"农用地"还应包括草地、农田水利地、养殖水面等其他用于农业生产的土地。因此,本案中受到非法占用的园地作为农业生产用地应当能够成为刑法本条的犯罪对象。非法占用农用地罪客观表现为违反土地管理法规,非法占用耕地、林地等农用地,改变被占用土地用途,数量较大,造成耕地、林地等农用地大量毁坏的行为。"非法占用耕地、林地等农用地"是指违法土地利用总体规划,未经批准擅自占用耕地、林地等农用地,或者采取欺骗手段骗取审批手续等行为;"改变被占用土地用途"是指改变土地利用总体规划规定的农用地的原用途,如占用耕地建设度假村,开垦林地、草地种植庄稼,占用林地挖掘鱼塘养鱼、养虾等;"造成耕地、林地等农用地大量毁坏"是指非法占用农用地后非法改变农用地用途,致使耕地、林地等农用地原有的农用条件遭到严重破坏,原有的农用地效用功能丧失,无法或者短期内难以恢复原有功能等情形。非法占用农用地的行为,必须达到"数量较大"的才构成犯罪。对于本罪中的"数量较大",2000年《最高人民法院关于审理破坏土地资源刑事案件具体运用法律若干问题的解释》(本附文以下简称《解释》)可作参照。《解释》将破坏耕地的有关数量标准予以了明确,根据《解释》,非法占用耕地"数量较大",是指非法占用基本农田5亩以上或者非法占用基本农田以外的耕地10亩以上;非法占用耕地"造成耕地大量毁坏",是指行为人非法占用耕地建窑、建坟、建房、挖砂、采石、采矿、取土、堆放固体废弃物或者进行其他非农业建设,造成基本农田5亩以上或者基本农田以外的耕地10亩以上种植条件严重毁坏或者严重污染。由于不同种类的土地存在用途上的不同和稀缺程度以及对社会经济发展的重要程度的差异,体现在刑法保护程度上就有不同,对此《解释》中已经体现出这种精神。如根据《解释》第一条的规定,违反土地管理法规,非法转让、倒卖土地使用权,"情节严重"的构成非法转让、倒卖土地使用权罪的数量标准,就区分了不同土地规定了三种标准:(1)非法转让、倒卖基本农田5亩以上的;(2)非法转让、倒卖基本农田以外的耕地10亩以上的;(3)非法转让、倒卖其他土地20亩以上的。因此,对于非法占用耕地以外的林地等其他农用地依照刑法本条进行定罪处罚的有关数量标准,在目前尚没有有关司法解释明确规定的情况下,可以参照《解释》的规定,将非法占用耕地以外的其他农用地"数量较大"掌握在20亩以上,"造成耕地以外的其他农用地大量毁坏"的标准掌握在20亩以上。[参见第445号案例,廖渭良等非法占用农用地、非法转让土地使用权案,载《刑事审判参考》总第56辑(2007年第3辑),法律出版社,第45~48页。执笔:肖伟]

第三百四十二条之一 【破坏自然保护地罪】违反自然保护地管理法规,在国家公园、国家级自然保护区进行开垦、开发活动或者修建建筑物,造成严重后果或者有其他恶劣情节的,处五年以下有期徒刑或者拘役,并处或者单处罚金。

有前款行为,同时构成其他犯罪的,依照处罚较重的规定定罪处罚。(本条是根据《中华人民共和国刑法修正案(十一)》之四十二增加的,自2021年3月1日起施行。)

第三百四十三条 【非法采矿罪】违反矿产资源法的规定,未取得采矿许可证擅自采矿,擅自进入国家规划矿区、对国民经济具有重要价值的矿区和他人矿区范围采矿,或者擅自开采国家规定实行保护性开采的特定矿种,情节严重的,处三年以下有期徒刑、拘役或者管制,并处或者单处罚金;情节特别严重的,处三年以上七年以下有期徒刑,并处罚金。(本条第一款是根据《中华人民共和国刑法修正案(八)》之四十七修改的,自2011年5月1日起施行。)

【破坏性采矿罪】违反矿产资源法的规定,采取破坏性的开采方法开采矿产资源,造成矿产资源严重破坏的,处五年以下有期徒刑或者拘役,并处罚金。

刑法本条第一款:【非法采矿罪】违反矿产资源法的规定,未取得采矿许可证擅自采矿的,擅自进入国家规划矿区、对国民经济具有重要价值的矿区和他人矿区范围采矿的,擅自开采国家规定实行保护性开采的特定矿种,经责令停止开采后拒不停止开采,造成矿产资源破坏的,处三年以下有期徒刑、拘役或者管制,并处或者单处罚金;造成矿产资源严重破坏的,处三年以上七年以下有期徒刑,并处罚金。

■最高人民检察院、公安部关于公安机关管辖的刑事案件立案追诉标准的规定(一)的补充规定(2017年4月27日)

第六十八条 [非法采矿案(刑法第三百四十三条第一款)]违反矿产资源法的规定,未取得采矿许可证擅自采矿,或者擅自进入国家规划矿区、对国民经济具有重要价值的矿区和他人矿区范围采矿,或者擅自开采国家规定实行保护性开采的特定矿种,涉嫌下列情形之一的,应予立案追诉:

(一)开采的矿产品价值或者造成矿产资源破坏的价值在十万元至三十万元以上的;

(二)在国家规划矿区、对国民经济具有重要价值的矿区采矿,开采国家规定实行保护性开采的特定矿种,或者在禁采区、禁采期内采矿,开采的矿产品价值或者造成矿产资源破坏的价值在五万元至十五万元以上的;

(三)二年内曾因非法采矿受过两次以上行政处罚,又实施非法采矿行为的;

(四)造成生态环境严重损害的;

(五)其他情节严重的情形。

在河道管理范围内采砂,依据相关规定应当办理河道采砂许可证而未取得河道采砂许可证,或者应当办理河道采砂许可证和采矿许可证,既未取得河道采砂许可证又未取得采矿许可证,具有本条第一款规定的情形之一,或者严重影响河势稳定危害防洪安全的,应予立案追诉。

采挖海砂,未取得海砂开采海域使用权证且未取得采矿许可证,具有本条第一款规定的情形之一,或者造成海岸线严重破坏的,应予立案追诉。

具有下列情形之一的,属于本条规定的"未取得采矿许可证":

(一)无许可证的;

(二)许可证被注销、吊销、撤销的;

(三)超越许可证规定的矿区范围或者开采范围的;

(四)超出许可证规定的矿种的(共生、伴生矿种除外);

(五)其他未取得许可证的情形。

多次非法采矿构成犯罪,依法应当追诉的,或者二年内多次非法采矿未经处理的,价值数额累计计算。

非法开采的矿产品价值,根据销赃数额认定;无销赃数额,销赃数额难以查证,或者根据销赃数额认定明显不合理的,根据矿产品价格和数量认定。

矿产品价值难以确定的,依据价格认证机构,省级以上人民政府国土资源、水行政、海洋等主管部门,或者国务院水行政主管部门在国家确定的重要江河、湖泊设立的流域管理机构出具的报告,结合其他证据作出认定。

■最高人民法院、最高人民检察院关于办理盗窃油气、破坏油气设备等刑事案件具体应用法律若干问题的解释(2007年1月19日)

第六条 违反矿产资源法的规定,非法开采或者破坏性开采石油、天然气资源的,依照刑法第三百四十三条以及《最高人民法院关于审理非法采矿、破坏性采矿刑事案件具体应用法律若干问题的解释》的规定追究刑事责任。

■中华人民共和国矿产资源法(2009年8月27日修正)

第三条 矿产资源属于国家所有,由国务院行使国家对矿产资源的所有权。地表或者地下的矿产资源的国家所有权,不因其所依附的土地的所有权或者使用权的不同而改变。

国家保障矿产资源的合理开发利用。禁止任何组织或者个人用任何手段侵占或者破坏矿产资源。各级人民政府必须加强矿产资源的保护工作。

勘查、开采矿产资源,必须依法分别申请、经批准取得探矿权、采矿权,并办理登记;但是,已经依法申请取得采矿权的矿山企业在划定的矿区范围内为本企业的生产而进行的勘查除外。

国家保护探矿权和采矿权不受侵犯,保障矿区和勘查作业区的生产秩序、工作秩序不受影响和破坏。

从事矿产资源勘查和开采的,必须符合规定的资质条件。

■最高人民法院、最高人民检察院关于办理非法采矿、破坏性采矿刑事案件适用法律若干问题的解释(全文)(2016年12月1日)

第一条 违反《中华人民共和国矿产资源法》《中华人民共和国水法》等法律、行政法规有关矿产资源开发、利用、保护和管理的规定的,应当认定为刑法第三百四十三条规定的"违反矿产资源法的规定"。

第二条 具有下列情形之一的,应当认定为刑法第三百四十三条第一款规定的"未取得采矿许可证":

(一)无许可证的;

(二)许可证被注销、吊销、撤销的;

(三)超越许可证规定的矿区范围或者开采范围的;

(四)超出许可证规定的矿种的(共生、伴生矿种除外);

(五)其他未取得许可证的情形。

第三条　实施非法采矿行为,具有下列情形之一的,应当认定为刑法第三百四十三条第一款规定的"情节严重":

(一)开采的矿产品价值或者造成矿产资源破坏的价值在十万元至三十万元以上的;

(二)在国家规划矿区、对国民经济具有重要价值的矿区采矿,开采国家规定实行保护性开采的特定矿种,或者在禁采区、禁采期内采矿,开采的矿产品价值或者造成矿产资源破坏的价值在五万元至十五万元以上的;

(三)二年内曾因非法采矿受过两次以上行政处罚,又实施非法采矿行为的;

(四)造成生态环境严重损害的;

(五)其他情节严重的情形。

实施非法采矿行为,具有下列情形之一的,应当认定为刑法第三百四十三条第一款规定的"情节特别严重":

(一)数额达到前款第一项、第二项规定标准五倍以上的;

(二)造成生态环境特别严重损害的;

(三)其他情节特别严重的情形。

第四条　在河道管理范围内采砂,具有下列情形之一,符合刑法第三百四十三条第一款和本解释第二条、第三条规定的,以非法采矿罪定罪处罚:

(一)依据相关规定应当办理河道采砂许可证,未取得河道采砂许可证的;

(二)依据相关规定应当办理河道采砂许可证和采矿许可证,既未取得河道采砂许可证,又未取得采矿许可证的。

实施前款规定行为,虽不具有本解释第三条第一款规定的情形,但严重影响河势稳定,危害防洪安全的,应当认定为刑法第三百四十三条第一款规定的"情节严重"。

第五条　未取得海砂开采海域使用权证,且未取得采矿许可证,采挖海砂,符合刑法第三百四十三条第一款和本解释第二条、第三条规定的,以非法采矿罪定罪处罚。

实施前款规定行为,虽不具有本解释第三条第一款规定的情形,但造成海岸线严重破坏的,应当认定为刑法第三百四十三条第一款规定的"情节严重"。

第六条　造成矿产资源破坏的价值在五十万元至一百万元以上,或者造成国家规划矿区、对国民经济具有重要价值的矿区和国家规定实行保护性开采的特定矿种资源破坏的价值在二十五万元至五十万元以上的,应当认定为刑法第三百四十三条第二款规定的"造成矿产资源严重破坏"。

第七条　明知是犯罪所得的矿产品及其产生的收益,而予以窝藏、转移、收购、代为销售或者以其他方法掩饰、隐瞒的,依照刑法第三百一十二条的规定,以掩饰、隐瞒犯罪所得、犯罪所得收益罪定罪处罚。

实施前款规定的犯罪行为,事前通谋的,以共同犯罪论处。

第八条　多次非法采矿、破坏性采矿构成犯罪,依法应当追诉的,或者二年内多次非法采矿、破坏性采矿未经处理的,价值数额累计计算。

第九条　单位犯刑法第三百四十三条规定之罪的,依照本解释规定的相应自然人犯罪的定罪量刑标准,对直接负责的主管人员和其他直接责任人员定罪处罚,并对单位判处罚金。

第十条　实施非法采矿犯罪,不属于"情节特别严重",或者实施破坏性采矿犯罪,行为人系初犯,全部退赃退赔,积极修复环境,并确有悔改表现的,可以认定为犯罪情节轻微,不起诉或者免予刑事处罚。

第十一条　对受雇佣为非法采矿、破坏性采矿犯罪提供劳务的人员,除参与利润分成或者领取高额固定工资的以外,一般不以犯罪论处,但曾因非法采矿、破坏性采矿受过处罚的除外。

第十二条　对非法采矿、破坏性采矿犯罪的违法所得及其收益,应当依法追缴或者责令退赔。

对用于非法采矿、破坏性采矿犯罪的专门工具和供犯罪所用的本人财物,应当依法没收。

第十三条　非法开采的矿产品价值,根据销赃数额认定;无销赃数额,销赃数额难以查证,或者根据销赃数额认定明显不合理的,根据矿产品价格和数量认定。

矿产品价值难以确定的,依据下列机构出具的报告,结合其他证据作出认定:

(一)价格认证机构出具的报告;

(二)省级以上人民政府国土资源、水行政、海洋等主管部门出具的报告;

(三)国务院水行政主管部门在国家确定的重要江河、湖泊设立的流域管理机构出具的报告。

第十四条　对案件所涉的有关专门性问题难以确定的,依据下列机构出具的鉴定意见或者报告,结合其他证据作出认定:

(一)司法鉴定机构就生态环境损害出具的鉴定意见;

(二)省级以上人民政府国土资源主管部门就造成矿产资源破坏的价值、是否属于破坏性开采方法出具的报告;

(三)省级以上人民政府水行政主管部门或者国务院水行政主管部门在国家确定的重要江河、湖泊设立的流域管理机构就是否危害防洪安全出具的报告;

(四)省级以上人民政府海洋主管部门就是否造成海岸线严重破坏出具的报告。

第十五条　各省、自治区、直辖市高级人民法院、人民检察院,可以根据本地区实际情况,在本解释第三条、第六条规定的数额幅度内,确定本地区执行的具体数额标准,报最高人民法院、最高人民检察院备案。

第十六条　本解释自2016年12月1日起施行。本解释施行后,《最高人民法院关于审理非法采矿、破坏性采矿刑事案件具体应用法律若干问题的解释》(法释〔2003〕9号)同时废止。

▼安徽省高级人民法院关于非法采矿、破坏性采矿数额认定标准问题的规定(全文)(2003年8月12日)

一、非法采矿"造成矿产资源破坏"的价值数额,以8万元为起点;

二、非法采矿"造成矿产资源严重破坏"的价值数额,以40万元为起点;

三、破坏性采矿"造成矿产资源严重破坏"的价值数额,以40万元为起点。

▼安徽省水利厅安徽省河道非法采砂砂产品价值和危害防洪安全认定办法(全文)(2019年8月30日)

第一条　为规范河道(含湖泊、水库、人工水道、行蓄洪区等)非法采砂砂产品价值认定和危害防洪安全鉴定工作,依法惩处违法犯罪活动,根据《最高人民法院　最高人民检察院关于办理非法采矿、破坏性采矿刑事案件适用法律若干问题的解释》(法释〔2016〕25号)及有关规定,制定本办法。

第二条　在本省行政区域内,市县水行政主管部门以及厅直水工程管理单位(以下简称申请单位)向省水利厅申请进行河道非法采砂砂产品价值或者危害防洪安全认定的,适用本办法。

法院、检察院、公安部门需要进行河道非法采砂砂产品价值或者危害防洪安全认定的,参照适用本办法。

第三条　申请单位向省水利厅提出河道非法采砂砂产品价值或者危害防洪安全认定申请,应当提交下列材料:

(一)申请书;

(二)非法采砂情况调查报告;

（三）非法采砂相关的影像或图片资料；

（四）当事人陈述申辩笔录及证人证言等；

（五）其他有关证明非法采砂行为的材料。

第四条 申请河道非法采砂砂产品价值认定的，除提交第三条规定材料外，还应当提交砂产品量和市场价格。

第五条 申请单位可按以下方式直接认定砂产品量：

（一）根据以往发生的非法采砂销售记录；

（二）根据现场堆场存量计量；

（三）根据地形（包括水下地形）测量对比分析计算；

（四）能够确定非法采砂运输设备的，可用运输设备运输次数及载重量进行计算；

（五）其他具有法定依据的计算。

申请单位难以直接确定砂产品量的，可以委托具备相应技术能力的机构进行测量和计算。

第六条 砂产品市场价格按照当地价格认证机构提供的市场价格确定。

第七条 申请河道非法采砂危害防洪安全认定的，申请人除提交第三条规定材料外，还应当提交危害防洪安全技术评估报告及专家评审意见。危害防洪安全技术评估报告应当按照附件编制。

第八条 省水利厅接到申请后，按以下程序办理：

（一）自收到书面申请之日起5日内，对申请材料进行审查，并作出是否受理决定。不予受理的，说明理由并将有关材料退回。需要补充材料的，应当在5日内一次性告知申请单位提交补充材料。

（二）同意受理的，自受理之日起20日内，组织对河道非法采砂砂产品价值或者对危害防洪安全进行认定。对重大案件作出认定的，由厅长办公会议研究确定。

（三）向申请单位出具河道非法采砂砂产品价值或者河道非法采砂危害防洪安全认定报告。

第九条 河道非法采砂砂产品价值和危害防洪安全认定工作应当以事实为依据，以法律为准绳，出具认定报告必须真实、客观、公正。

受委托的机构应当独立开展测量或者论证工作，并对其提交的成果承担法律责任。

第十条 省水利厅在作出河道非法采砂砂产品价值或者危害防洪安全认定报告过程中，可以组织专家咨询或论证，咨询或论证费用列入厅年度专项预算。

第十一条 市县水行政主管部门和厅直水工程管理单位在开展河道非法采砂砂产品价值或者危害防洪安全认定工作中的有关费用列入部门专项预算。

第十二条 法院、检察院、公安部门申请河道非法采砂砂产品价值和危害防洪安全认定的，可以商请当地水行政主管部门配合。

第十三条 本办法自下发之日起施行。

附件：安徽省河道非法采砂危害防洪安全技术评估报告编制规则

《安徽省河道非法采砂危害防洪安全技术评估报告》（以下简称《技术评估报告》）应根据以下要求编制：

一、《技术评估报告》应根据采砂河段的水文泥沙特性及河势演变情况、堤防和岸坡稳定等要素，充分论证非法采砂行为对采砂河段（含采砂可能涉及影响的河段）的河势变化、防洪安全的影响，提出科学的论证结论。对河势变化敏感、有重要防洪工程的河段，应开展相应专题研究（含数学模型计算分析），必要时还应进行物理模型试验研究。

二、《技术评估报告》编制大纲与技术要求

（一）基本情况

1. 阐述非法采砂河段的河道基本情况、河床地质组成、国民经济设施分布情况、防洪及河道整治情

况等;

2. 阐述非法采砂河段的河道水文泥沙特性;

3. 阐述非法采砂分布情况、采砂量,以及对采砂河段断面变化的影响及相应参数;

4. 简述报告编制的主要依据。

(二)河道演变分析

阐述非法采砂河段的河道历史演变和近期演变,分析非法采砂河道演变规律和发展趋势,论证非法采砂行为对河势稳定的影响。主要包括河道主流线变化、岸线变化、深槽变化、洲滩变化以及河床冲淤变化等。

(三)防洪安全分析

结合河势稳定、堤防和岸坡稳定等对防洪安全、防汛道路及其他水利工程等方面的影响进行分析论证,提出相应结论。

1. 河势稳定分析

根据非法采砂区分布、非法采砂量和河势稳定要求三个要素,综合分析非法采砂行为对河段流速、流态及河势稳定的影响。对河势变化敏感的重要河段,必要时应进行物理模型试验研究。

2. 防洪安全影响分析

根据非法采砂区分布、非法采砂量和防洪安全要求三个要素,综合分析非法采砂行为对河段堤防和岸坡稳定等防洪工程安全的影响。

3. 防汛道路及其他水利工程的影响分析

根据非法采砂河段防汛道路及其他水利工程设施的分布情况,分析非法采砂行为对有关工程与设施的影响。

(四)结论

总结归纳综合分析论证的主要结论。

第三百四十四条　【危害国家重点保护植物罪】违反国家规定,非法采伐、毁坏珍贵树木或者国家重点保护的其他植物的,或者非法收购、运输、加工、出售珍贵树木或者国家重点保护的其他植物及其制品的,处三年以下有期徒刑、拘役或者管制,并处罚金;情节严重的,处三年以上七年以下有期徒刑,并处罚金。(此条是根据《中华人民共和国刑法修正案(四)》之六修改的,自2002年12月28日起施行。)

刑法本条原文:【非法采伐、毁坏珍贵树木罪】违反森林法的规定,非法采伐、毁坏珍贵树木的,处三年以下有期徒刑、拘役或者管制,并处罚金;情节严重的,处三年以上七年以下有期徒刑,并处罚金。

■最高人民法院、最高人民检察院关于适用《中华人民共和国刑法》第三百四十四条有关问题的批复(全文)(2020年3月21日)

适用刑法第三百四十四条的有关问题。经研究,批复如下:

一、古树名木以及列入《国家重点保护野生植物名录》的野生植物,属于刑法第三百四十四条规定的"珍贵树木或者国家重点保护的其他植物"。

二、根据《中华人民共和国野生植物保护条例》的规定,野生植物限于原生地天然生长的植物。人工培育的植物,除古树名木外,不属于刑法第三百四十四条规定的"珍贵树木或者国家重点保护的其他植物"。非法采伐、毁坏或者非法收购、运输人工培育的植物(古树名木除外),构成盗伐林木罪、滥伐林木罪、非法收购、运输盗伐、滥伐的林木罪等犯罪的,依照相关规定追究刑事责任。

三、对于非法移栽珍贵树木或者国家重点保护的其他植物,依法应当追究刑事责任的,依照刑法第三百四十四条的规定,以非法采伐国家重点保护植物罪定罪处罚。

鉴于移栽在社会危害程度上与砍伐存在一定差异,对非法移栽珍贵树木或者国家重点保护的其他植物的行为,在认定是否构成犯罪以及裁量刑罚时,应当考虑植物的珍贵程度、移栽目的、移栽手段、移栽数量、对生态环境的损害程度等情节,综合评估社会危害性,确保罪责刑相适应。

四、本批复自2020年3月21日起施行,之前发布的司法解释与本批复不一致的,以本批复为准。

■最高人民检察院、公安部关于公安机关管辖的刑事案件立案追诉标准的规定(一)(2008年6月25日)

第七十条　[非法采伐、毁坏国家重点保护植物案(刑法第三百四十四条)]违反国家规定,非法采伐、毁坏珍贵树木或者国家重点保护的其他植物的,应予立案追诉。

本条和本规定第七十一条规定的"珍贵树木或者国家重点保护的其他植物",包括由省级以上林业主管部门或者其他部门确定的具有重大历史纪念意义、科学研究价值或者年代久远的古树名木,国家禁止、限制出口的珍贵树木以及列入《国家重点保护野生植物名录》的树木或者其他植物。

第七十一条　[非法收购、运输、加工、出售国家重点保护植物、国家重点保护植物制品案(刑法第三百四十四条)]违反国家规定,非法收购、运输、加工、出售珍贵树木或者国家重点保护的其他植物及其制品的,应予立案追诉。

■国家林业局、公安部关于森林和陆生野生动物刑事案件管辖及立案标准(2001年5月9日)

二、(四)非法采伐、毁坏珍贵树木案

非法采伐、毁坏珍贵树木的应当立案;采伐珍贵树木2株、2立方米以上或者毁坏珍贵树木致死3株以上的,为重大案件;采伐珍贵树木10株、10立方米以上或者毁坏珍贵树木致死15株以上的,为特别重大案件。

三、其他规定(见本书刑诉法第十八条后附文)

■最高人民法院关于审理破坏森林资源刑事案件具体应用法律若干问题的解释(2000年12月11日)

第一条　刑法第三百四十四条规定的"珍贵树木",包括由省级以上林业主管部门或者其他部门确定的具有重大历史纪念意义、科学研究价值或者年代久远的古树名木,国家禁止、限制出口的珍贵树木以及列入国家重点保护野生植物名录的树木。

第二条　具有下列情形之一的,属于非法采伐、毁坏珍贵树木行为"情节严重":

(一)非法采伐珍贵树木二株以上或者毁坏珍贵树木致使珍贵树木死亡三株以上的;

(二)非法采伐珍贵树木二立方米以上的;

(三)为首组织、策划、指挥非法采伐或者毁坏珍贵树木的;

(四)其他情节严重的情形。

第七条　对于一年内多次盗伐、滥伐少量林木未经处罚的,累计其盗伐、滥伐林木的数量,构成犯罪的,依法追究刑事责任。

第八条　盗伐、滥伐珍贵树木,同时触犯刑法第三百四十四条、第三百四十五条规定的,依照处罚较重的规定定罪处罚。

第十一条　具有下列情形之一的,属于在林区非法收购盗伐、滥伐的林木"情节严重":

(一)非法收购盗伐、滥伐的林木二十立方米以上或者幼树一千株以上的;

(二)非法收购盗伐、滥伐的珍贵树木二立方米以上或者五株以上的;

(三)其他情节严重的情形。

具有下列情形之一的,属于在林区非法收购盗伐、滥伐的林木"情节特别严重":

(一)非法收购盗伐、滥伐的林木一百立方米以上或者幼树五千株以上的;

(二)非法收购盗伐、滥伐的珍贵树木五立方米以上或者十株以上的;

(三)其他情节特别严重的情形。

第十六条 单位犯刑法第三百四十四条、第三百四十五条规定之罪,定罪量刑标准按照本解释的规定执行。

第十七条 本解释规定的林木数量以立木蓄积计算,计算方法为:原木材积除以该树种的出材率。

本解释所称"幼树",是指胸径五厘米以下的树木。

滥伐林木的数量,应在伐区调查设计允许的误差额以上计算。

第十八条 盗伐、滥伐以生产竹材为主要目的的竹林的定罪量刑问题,有关省、自治区、直辖市高级人民法院可以参照上述规定的精神,规定本地区的具体标准,并报最高人民法院备案。

第十九条 各省、自治区、直辖市高级人民法院可以根据本地区的实际情况,在本解释第四条、第六条规定的数量幅度内,确定本地区执行的具体数量标准,并报最高人民法院备案。

第三百四十四条之一 【非法引进、释放、丢弃外来入侵物种罪】违反国家规定,非法引进、释放或者丢弃外来入侵物种,情节严重的,处三年以下有期徒刑或者拘役,并处或者单处罚金。(本条是根据《中华人民共和国刑法修正案(十一)》之四十三增加的,自2021年3月1日起施行。)

第三百四十五条 【盗伐林木罪】盗伐森林或者其他林木,数量较大的,处三年以下有期徒刑、拘役或者管制,并处或者单处罚金;数量巨大的,处三年以上七年以下有期徒刑,并处罚金;数量特别巨大的,处七年以上有期徒刑,并处罚金。

【滥伐林木罪】违反森林法的规定,滥伐森林或者其他林木,数量较大的,处三年以下有期徒刑、拘役或者管制,并处或者单处罚金;数量巨大的,处三年以上七年以下有期徒刑,并处罚金。

【非法收购、运输盗伐、滥伐的林木罪】非法收购、运输明知是盗伐、滥伐的林木,情节严重的,处三年以下有期徒刑、拘役或者管制,并处或者单处罚金;情节特别严重的,处三年以上七年以下有期徒刑,并处罚金。(本款是根据《中华人民共和国刑法修正案(四)》之七修改的,自2002年12月28日起施行。)

盗伐、滥伐国家级自然保护区内的森林或者其他林木的,从重处罚。

刑法本条第三款原文:【非法收购盗伐、滥伐的林木罪】以牟利为目的,在林区非法收购明知是盗伐、滥伐的林木,情节严重的,处三年以下有期徒刑、拘役或者管制,并处或者单处罚金;情节特别严重的,处三年以上七年以下有期徒刑,并处罚金。

■最高人民检察院、公安部关于公安机关管辖的刑事案件立案追诉标准的规定(一)(2008年6月25日)

第七十二条 [盗伐林木案(刑法第三百四十五条第一款)]盗伐森林或者其他林木,涉嫌下列情形之一的,应予立案追诉:

(一)盗伐二至五立方米以上的;

(二)盗伐幼树一百至二百株以上的。

以非法占有为目的,具有下列情形之一的,属于本条规定的"盗伐森林或者其他林木":

(一)擅自砍伐国家、集体、他人所有或者他人承包经营管理的森林或者其他林木的;

(二)擅自砍伐本单位或者本人承包经营管理的森林或者其他林木的;

(三)在林木采伐许可证规定的地点以外采伐国家、集体、他人所有或者他人承包经营管理的森林或者其他林木的。

本条和本规定第七十三条、第七十四条规定的林木数量以立木蓄积计算,计算方法为:原木材积除以该树种的出材率;"幼树",是指胸径五厘米以下的树木。

第七十三条 [滥伐林木案(刑法第三百四十五条第二款)]违反森林法的规定,滥伐森林或者其他林木,涉嫌下列情形之一的,应予立案追诉:

（一）滥伐十至二十立方米以上的；

（二）滥伐幼树五百至一千株以上的。

违反森林法的规定，具有下列情形之一的，属于本条规定的“滥伐森林或者其他林木”：

（一）未经林业行政主管部门及法律规定的其他主管部门批准并核发林木采伐许可证，或者虽持有林木采伐许可证，但违反林木采伐许可证规定的时间、数量、树种或者方式，任意采伐本单位所有或者本人所有的森林或者其他林木的；

（二）超过林木采伐许可证规定的数量采伐他人所有的森林或者其他林木的。

违反森林法的规定，在林木采伐许可证规定的地点以外，采伐本单位或者本人所有的森林或者其他林木的，除农村居民采伐自留地和房前屋后个人所有的零星林木以外，属于本条第二款第（一）项“未经林业行政主管部门及法律规定的其他主管部门批准并核发林木采伐许可证”规定的情形。

林木权属争议一方在林木权属确权之前，擅自砍伐森林或者其他林木的，属于本条规定的“滥伐森林或者其他林木”。

滥伐林木的数量，应在伐区调查设计允许的误差额以上计算。

第七十四条　［非法收购、运输盗伐、滥伐的林木案（刑法第三百四十五条第三款）］非法收购、运输明知是盗伐、滥伐的林木，涉嫌下列情形之一的，应予立案追诉：

（一）非法收购、运输盗伐、滥伐的林木二十立方米以上或者幼树一千株以上的；

（二）其他情节严重的情形。

本条规定的“非法收购”的“明知”，是指知道或者应当知道。具有下列情形之一的，可以视为应当知道，但是有证据证明确属被蒙骗的除外：

（一）在非法的木材交易场所或者销售单位收购木材的；

（二）收购以明显低于市场价格出售的木材的；

（三）收购违反规定出售的木材的。

■最高人民法院关于在林木采伐许可证规定的地点以外采伐本单位或者本人所有的森林或者其他林木的行为如何适用法律问题的批复（全文）（2004年4月1日）

违反森林法的规定，在林木采伐许可证规定的地点以外，采伐本单位或者本人所有的森林或者其他林木的，除农村居民采伐自留地和房前屋后个人所有的零星林木以外，属于《最高人民法院关于审理破坏森林资源刑事案件具体应用法律若干问题的解释》第五条第一款第（一）项“未经林业行政主管部门及法律规定的其他主管部门批准并核发林木采伐许可证”规定的情形，数量较大的，应当依照刑法第三百四十五条第二款的规定，以滥伐林木罪定罪处罚。

■国家林业局、公安部关于森林和陆生野生动物刑事案件管辖及立案标准（2001年5月9日）

二、森林和陆生野生动物刑事案件的立案标准

（一）盗伐林木案

盗伐森林或者其他林木，立案起点为2立方米至5立方米或者幼树100株至200株；盗伐林木20立方米至50立方米或者幼树1000株至2000株，为重大案件立案起点；盗伐林木100立方米至200立方米或者幼树5000株至10000株，为特别重大案件立案起点。

（二）滥伐林木案

滥伐森林或者其他林木，立案起点为10立方米至20立方米或者幼树500株至1000株；滥伐林木50立方米以上或者幼树2500株以上，为重大案件；滥伐林木100立方米以上或者幼树5000株以上，为特别重大案件。

（三）非法收购盗伐、滥伐的林木案

以牟利为目的，在林区非法收购明知是盗伐、滥伐的林木在20立方米或者幼树1000株以上的，以

及非法收购盗伐、滥伐的珍贵树木 2 立方米以上或者 5 株以上的应当立案；非法收购林木 100 立方米或者幼树 5000 株以上的，以及非法收购盗伐、滥伐的珍贵树木 5 立方米以上或者 10 株以上的为重大案件；非法收购林木 200 立方米或者幼树 1000 株以上的，以及非法收购盗伐、滥伐的珍贵树木 10 立方米以上或者 20 株以上的为特别重大案件。

三、其他规定（见本书刑诉法第十八条后附文）

■最高人民法院关于审理破坏森林资源刑事案件具体应用法律若干问题的解释（2000 年 12 月 11 日）

第三条　以非法占有为目的，具有下列情形之一，数量较大的，依照刑法第三百四十五条第一款的规定，以盗伐林木罪定罪处罚：

（一）擅自砍伐国家、集体、他人所有或者他人承包经营管理的森林或者其他林木的；

（二）擅自砍伐本单位或者本人承包经营管理的森林或者其他林木的；

（三）在林木采伐许可证规定的地点以外采伐国家、集体、他人所有或者他人承包经营管理的森林或者其他林木的。

第四条　盗伐林木"数量较大"，以二至五立方米或者幼树一百至二百株为起点；盗伐林木"数量巨大"，以二十至五十立方米或者幼树一千至二千株为起点；盗伐林木"数量特别巨大"，以一百至二百立方米或者幼树五千至一万株为起点。

第五条　违反森林法的规定，具有下列情形之一，数量较大的，依照刑法第三百四十五条第二款的规定，以滥伐林木罪定罪处罚：

（一）未经林业行政主管部门及法律规定的其他主管部门批准并核发林木采伐许可证，或者虽持有林木采伐许可证，但违反林木采伐许可证规定的时间、数量、树种或者方式，任意采伐本单位所有或者本人所有的森林或者其他林木的；

（二）超过林木采伐许可证规定的数量采伐他人所有的森林或者其他林木的。

林木权属争议一方在林木权属确权之前，擅自砍伐森林或者其他林木，数量较大的，以滥伐林木罪论处。

第六条　滥伐林木"数量较大"，以十至二十立方米或者幼树五百至一千株为起点；滥伐林木"数量巨大"，以五十至一百立方米或者幼树二千五百至五千株为起点。

第七条　对于一年内多次盗伐、滥伐少量林木未经处罚的，累计其盗伐、滥伐林木的数量，构成犯罪的，依法追究刑事责任。

第八条　盗伐、滥伐珍贵树木，同时触犯刑法第三百四十四条、第三百四十五条规定的，依照处罚较重的规定定罪处罚。

第十条　刑法第三百四十五条规定的"非法收购明知是盗伐、滥伐的林木"中的"明知"，是指知道或者应当知道。具有下列情形之一的，可以视为应当知道，但是有证据证明确属被蒙骗的除外：

（一）在非法的木材交易场所或者销售单位收购木材的；

（二）收购以明显低于市场价格出售的木材的；

（三）收购违反规定出售的木材的。

第十一条　具有下列情形之一的，属于在林区非法收购盗伐、滥伐的林木"情节严重"：

（一）非法收购盗伐、滥伐的林木二十立方米以上或者幼树一千株以上的；

（二）非法收购盗伐、滥伐的珍贵树木二立方米以上或者五株以上的；

（三）其他情节严重的情形。

具有下列情形之一的，属于在林区非法收购盗伐、滥伐的林木"情节特别严重"：

（一）非法收购盗伐、滥伐的林木一百立方米以上或者幼树五千株以上的；

（二）非法收购盗伐、滥伐的珍贵树木五立方米以上或者十株以上的；

（三）其他情节特别严重的情形。

第十六条　单位犯刑法第三百四十四条、第三百四十五条规定之罪，定罪量刑标准按照本解释的规定执行。

第十七条　本解释规定的林木数量以立木蓄积计算，计算方法为：原木材积除以该树种的出材率。

本解释所称"幼树"，是指胸径五厘米以下的树木。

滥伐林木的数量，应在伐区调查设计允许的误差额以上计算。

第十八条　盗伐、滥伐以生产竹材为主要目的的竹林的定罪量刑问题，有关省、自治区、直辖市高级人民法院可以参照上述规定的精神，规定本地区的具体标准，并报最高人民法院备案。

第十九条　各省、自治区、直辖市高级人民法院可以根据本地区的实际情况，在本解释第四条、第六条规定的数量幅度内，确定本地区执行的具体数量标准，并报最高人民法院备案。

■最高人民法院关于盗伐、滥伐幼竹或竹笋行为定罪量刑的数量标准如何确定问题的答复（全文）（1996年9月11日）

根据最高人民法院、最高人民检察院《关于办理盗伐、滥伐林木案件应用法律的几个问题的解释》第十一条规定的精神，对盗伐、滥伐幼竹或非食用性竹笋的定罪量刑的数量，可以参考盗伐、滥伐幼树的定罪量刑的数量标准。

■最高人民法院关于滥伐自己所有权的林木其林木应如何处理的问题的批复（全文）（1993年7月24日）

属于个人所有的林木，也是国家森林资源的一部分。被告人滥伐属于自己所有权的林木，构成滥伐林木罪的，其行为已违反国家保护森林法规，破坏了国家的森林资源，所滥伐的林木即不再是个人的合法财产，而应当作为犯罪分子违法所得的财物，依照刑法（1979年刑法——编著者注）第六十条的规定予以追缴。

▼安徽省高级人民法院关于盗伐、滥伐林木罪数额认定标准问题的规定（全文）（2002年3月6日）

一、盗伐林木"数量较大"，以2立方米或者幼树100株为起点；盗伐林木"数量巨大"，以20立方米或者幼树1000株为起点；盗伐林木"数量特别巨大"，以100立方米或者幼树5000株为起点。

二、滥伐林木"数量较大"以10立方米或者幼树500株为起点；滥伐林木"数量巨大"，以50立方米或者幼树2500株为起点。

▼北京市高级人民法院关于审理盗伐林木、滥伐林木刑事案件犯罪数量认定试行标准的通知（全文）（2001年6月26日）

一、盗伐林木"数量较大"，以二立方米或者幼树一百株为起点；盗伐林木"数量巨大"，以二十立方米或者幼树一千株为起点；盗伐林木"数量特别巨大"，以一百立方米或者幼树五千株为起点。

二、滥伐林木"数量较大"，以十立方米或者幼树五百株为起点；滥伐林木"数量巨大"，以五十立方米或者幼树二千五百株为起点。

□根据被滥伐的林木或者滥伐林木现场遗留的伐桩，去测算被滥伐林木的立木蓄积量，在被滥伐的林木已经灭失、滥伐现场的伐桩无法查清的情况下，按销售林木的明细账去测算被滥伐林木的立木蓄积量，是符合实际的计算方法

在滥伐林木案件中，通常根据被滥伐的林木或者滥伐林木现场遗留的伐桩，去测算被滥伐林木的立木蓄积量。但是在被滥伐的林木已经灭失、滥伐现场的伐桩无法查清的情况下，按销售林木的明细账去测算被滥伐林木的立木蓄积量，是符合实际的计算方法。因为在当地没有其他林木来源的实际情况下,被销售的林木只能是滥伐的,而且被销售的林木数量只能小于实际被滥伐的林木数量。以这种方法测算被滥伐林木的立木蓄积量,客观公正。(参见江苏省宜兴市人民检察院诉丁锡方徇私舞弊不移交刑事案件案,载《最高人民法院公报》总第86期,2003年第6期,第18页。)

▽以出售为目的,盗挖价值数额较大的行道树的行为,构成盗窃罪,不构成盗伐林木罪

(一)城市道路两旁的行道树不是区分盗伐林木罪和盗窃罪的构成要件要素。盗伐林木罪,是指盗伐森林或者其他林木,数量较大的行为。本案中城市道路两旁栽植的成行的香樟树是行道树。城市道路两旁的行道树属于盗伐林木罪状中"其他林木"的范畴。2000年1月国务院制定施行的《森林法实施条例》第二条第三款明确规定,林木包括树木和竹子。可见,相关森林法律法规中"林木"的外延比较广泛。行道树是专门种植于道旁的树木。1987年9月5日,最高人民法院、最高人民检察院发布的《关于办理盗伐、滥伐林木案件应用法律的几个问题的解释》对林区和非林区规定了不同的入罪林木数量,对非林区林木规定了较林区林木低的入罪门槛,城乡道旁等非林区的行道树、他人自留山上的成片林木可以成为盗伐、滥伐的犯罪对象。虽然该解释已被废止,但其对盗伐、滥伐犯罪对象范围的规定依然值得借鉴、参考。城市行道树作为城市绿化有机组成部分。同时受到相关法律法规的保护。森林法第三十二条第一款规定:"采伐林木必须申请采伐许可证,按许可证的规定进行采伐……"《城市绿化条例》第二十一条第二款规定:"砍伐城市树木,必须经城市人民政府城市绿化行政主管部门批准,并按照国家有关规定补植树木或者采取其他补救措施。"该条例第二十七条第二项进一步明确,违反本条例规定,擅自修剪或者砍伐城市树木,构成犯罪的,依法追究刑事责任。该项规定为对擅自修剪或者砍伐城市树木行为追究刑事责任提供了行政法上的指引。由上述规范可知,行道树属于"其他林木"的范畴,可以成为盗伐林木犯罪的对象,因此,仅从行道树的角度,不能认定本案不构成盗伐林木罪。

(二)本案被告人的行为属于"盗挖",而非"盗伐",不构成盗伐林木罪。实践中,针对树木的窃取行为一般有三种情形:一是将栽于土地上的活体树木砍下后占为己有;二是将他人已经伐倒的树木,或将已经采挖离地的活体树木直接窃为已有;三是将栽于土地上的活体树木挖出后占为己有,保持树木的活体性。第一种情形是典型的"盗伐",除了盗伐自留地的零星树木,都属于盗伐林木罪调整的范围。第二种情形《最高人民法院关于审理破坏森林资源刑事案件具体应用法律若干问题的解释》第九条已作明确规定,以盗窃罪定罪处罚。第三种情形与前两者不同,系"盗挖"。被告人为了达到转手香樟树获利的目的,让人盗挖后出售,属于第三种情形——"盗挖"。"盗伐"与"盗挖"存在明显的区别:一是行为方式不同。"伐"是用刀、斧、锯等把东西断开。伐木,就是用锯、斧等工具把树木弄断。实施"伐"的行为后,树木主干与其赖以生存的根部分离,根部留存于土中。而"挖"则是用工具或手从物体的表面向里用力,取出其一部分或其中包藏的东西的意思。挖木,就是用锄、铲、锹等工具把树木及其树根的主要部分从泥土中取出,将树整体与泥土分离。二是行为后果不同。"伐"后树木必然死亡,而"挖"的目的是移走栽种的树木。因此,国家林业局2003年下发的《关于规范树木采挖管理有关问题的通知》(以下简称《通知》)特别强调林业主管部门在核发许可证的同时"应当对批准的采挖作业进行监督管理,并主动提供有关技术服务,以提高采挖树木的成活率"。三是行为本质不同。"伐"的行为直接导致活立木的死亡,行为实施当场就对森林资源和生态环境造成破坏。而"挖"的行为虽然也可能由于采挖水平、后期环境、养护技术等因素最终导致树木死亡,造成与"伐"的行为类似的后果,但这种结果是非典型的,而且随着科技的迅猛发展,机械制造、林木养护水平日益提升,这种结果越来越少,所以"伐"与"挖"对林木资源和生态环境造成的影响存在本质的区别。《通知》第八条规定:"未经批准擅自采挖、运输、收购采挖树木,或者因采挖树木造成林地、植被破坏的,要依照法律法规关于林木采伐、林地管理、木材运输和收购的规定进行处罚。"盗伐林木的罪状就不应当涵盖盗挖行为。该规定是为了严格规范现实生活中日益增多的,但森林法等法律法规又未涉及的采挖林木行为,但对乱采乱挖、行为的行政处罚则必须由法律、行政法规予以规定,不能由国家林业局通过下发通知的形式予以确定。在刑事法律领域,语义的相对确定性是法律可预测性的客观要求。盗伐林木罪所确定的核心行为"伐",即便是基于社会发展需要对"伐"作适度扩张性解释,也无法将"挖"的行为囊括进来。况且,正是由于采挖行为与采伐行为是本质上不同的两类行为,行政管理机关才有必要专门制定规定进行政策调整。

(三)盗挖行为侵犯的客体主要是财产权利和环境资源。森林和其他林木等活立木能调节气候、净化空气、防风降噪,为人类提供优美的生存环境。盗伐林木罪被列在刑法妨害社会管理秩序章中的"破坏环境资源保护"一节,是鉴于活体树木对人类的特殊贡献,国家给予特别保护。盗伐行为造成的破坏不可逆转、无法恢复,所以其最终必然破坏生态环境。而本案被告人的盗挖行为虽然未经绿化行政主管部门审批,在一定程度上违反了有关城市绿化管理制度,但毕竟未终结树木生命,尚未对生态环境造成无法挽救的后果,因此其行为危害最主要体现在侵害了树木所有人的财产所有权。随着社会经济发展和人民生活水平的不断提高,人们对生态环境日益重视,花木价格在绿化热潮中逐年攀升。活体树的价值不能再简单地以立木材积数量来衡量,树木的珍贵程度和效用、绿化工程的特殊要求、树木的生熟等因素更多地被纳入考虑范围。而一些不法分子正是看中了活体树木本身的经济价值,而不是作为木材所体现的价值,实施违法犯罪活动。本案被告人已经盗挖的10棵香樟树虽然林木蓄积量仅有5.1475立方米,但价值达35 496元,正在实施盗挖的17棵香樟树蓄积量只有6.901立方米,价值却达53 250元。可见,本案被告人主观上追求的和行为最终实现的都是活体树木的经济价值,而非立木材积的经济价值,其行为危害主要体现在对树木所有权人的财产所有权的侵害。

综上,法院对本案被告人以出售为目的,盗挖行道树的行为,以盗窃罪定罪处罚是正确的。[参见第785号指导案例,李波盗伐林木案,载《刑事审判参考》总第86集(2012年第3集),第82~85页。撰稿:孙炜 范莉]

第三百四十六条 【单位犯本节之罪的处罚规定】单位犯本节第三百三十八条至第三百四十五条规定之罪的,对单位判处罚金,并对其直接负责的主管人员和其他直接责任人员,依照本节各该条的规定处罚。

▼最高人民法院、最高人民检察院、公安部、司法部、生态环境部关于办理环境污染刑事案件有关问题座谈会纪要(2019年2月20日)(相关内容见本书刑法第三百三十八条附文)

第七节 走私、贩卖、运输、制造毒品罪

第三百四十七条 【走私、贩卖、运输、制造毒品罪】走私、贩卖、运输、制造毒品,无论数量多少,都应当追究刑事责任,予以刑事处罚。

走私、贩卖、运输、制造毒品,有下列情形之一的,处十五年有期徒刑、无期徒刑或者死刑,并处没收财产:

(一)走私、贩卖、运输、制造鸦片一千克以上、海洛因或者甲基苯丙胺五十克以上或者其他毒品数量大的;

(二)走私、贩卖、运输、制造毒品集团的首要分子;

(三)武装掩护走私、贩卖、运输、制造毒品的;

(四)以暴力抗拒检查、拘留、逮捕,情节严重的;

(五)参与有组织的国际贩毒活动的。

走私、贩卖、运输、制造鸦片二百克以上不满一千克、海洛因或者甲基苯丙胺十克以上不满五十克或者其他毒品数量较大的,处七年以上有期徒刑,并处罚金。

走私、贩卖、运输、制造鸦片不满二百克、海洛因或者甲基苯丙胺不满十克或者其他少量毒品的,处三年以下有期徒刑、拘役或者管制,并处罚金;情节严重的,处三年以上七年以下有期徒刑,并处罚金。

单位犯第二款、第三款、第四款罪的,对单位判处罚金,并对其直接负责的主管人员和其他直接责任人员,依照各该款的规定处罚。

利用、教唆未成年人走私、贩卖、运输、制造毒品,或者向未成年人出售毒品的,从重处罚。

对多次走私、贩卖、运输、制造毒品,未经处理的,毒品数量累计计算。

■最高人民检察院、公安部关于公安机关管辖的刑事案件立案追诉标准的规定(三)(2012年5月16日)

第一条　[走私、贩卖、运输、制造毒品案(刑法第三百四十七条)]走私、贩卖、运输、制造毒品,无论数量多少,都应予立案追诉。

本条规定的"走私"是指明知是毒品而非法将其运输、携带、寄递进出国(边)境的行为。直接向走私人非法收购走私进口的毒品,或者在内海、领海、界河、界湖运输、收购、贩卖毒品的,以走私毒品罪立案追诉。

本条规定的"贩卖"是指明知是毒品而非法销售或者以贩卖为目的而非法收买的行为。

有证据证明行为人以牟利为目的,为他人代购仅用于吸食、注射的毒品,对代购者以贩卖毒品罪立案追诉。不以牟利为目的,为他人代购仅用于吸食、注射的毒品,毒品数量达到本规定第二条规定的数量标准的,对托购者和代购者以非法持有毒品罪立案追诉。明知他人实施毒品犯罪而为其居间介绍、代购代卖的,无论是否牟利,都应以相关毒品犯罪的共犯立案追诉。

本条规定的"运输"是指明知是毒品而采用携带、寄递、托运、利用他人或者使用交通工具等方法非法运送毒品的行为。

本条规定的"制造"是指非法利用毒品原植物直接提炼或者用化学方法加工、配制毒品,或者以改变毒品成分和效用为目的,用混合等物理方法加工、配制毒品的行为。为了便于隐蔽运输、销售、使用、欺骗购买者,或者为了增重,对毒品掺杂使假,添加或者去除其他非毒品物质,不属于制造毒品的行为。

为了制造毒品而采用生产、加工、提炼等方法非法制造易制毒化学品的,以制造毒品罪(预备)立案追诉。购进制造毒品的设备和原材料,开始着手制造毒品,尚未制造出毒品或者半成品的,以制造毒品罪(未遂)立案追诉。明知他人制造毒品而为其生产、加工、提炼、提供醋酸酐、乙醚、三氯甲烷等制毒物品的,以制造毒品罪的共犯立案追诉。

走私、贩卖、运输毒品主观故意中的"明知",是指行为人知道或者应当知道所实施的是走私、贩卖、运输毒品行为。具有下列情形之一,结合行为人的供述和其他证据综合审查判断,可以认定其"应当知道",但有证据证明确属被蒙骗的除外:

(一)执法人员在口岸、机场、车站、港口、邮局和其他检查站点检查时,要求行为人申报携带、运输、寄递的物品和其他疑似毒品物,并告知其法律责任,而行为人未如实申报,在其携带、运输、寄递的物品中查获毒品的;

(二)以伪报、藏匿、伪装等蒙蔽手段逃避海关、边防等检查,在其携带、运输、寄递的物品中查获毒品的;

(三)执法人员检查时,有逃跑、丢弃携带物品或者逃避、抗拒检查等行为,在其携带、藏匿或者丢弃的物品中查获毒品的;

(四)体内或者贴身隐秘处藏匿毒品的;

(五)为获取不同寻常的高额或者不等值的报酬为他人携带、运输、寄递、收取物品,从中查获毒品的;

(六)采用高度隐蔽的方式携带、运输物品,从中查获毒品的;

(七)采用高度隐蔽的方式交接物品,明显违背合法物品惯常交接方式,从中查获毒品的;

(八)行程路线故意绕开检查站点,在其携带、运输的物品中查获毒品的;

（九）以虚假身份、地址或者其他虚假方式办理托运、寄递手续，在托运、寄递的物品中查获毒品的；

（十）有其他证据足以证明行为人应当知道的。

制造毒品主观故意中的“明知”，是指行为人知道或者应当知道所实施的是制造毒品行为。有下列情形之一，结合行为人的供述和其他证据综合审查判断，可以认定其“应当知道”，但有证据证明确属被蒙骗的除外：

（一）购置了专门用于制造毒品的设备、工具、制毒物品或者配制方案的；

（二）为获取不同寻常的高额或者不等值的报酬为他人制造物品，经检验是毒品的；

（三）在偏远、隐蔽场所制造，或者采取对制造设备进行伪装等方式制造物品，经检验是毒品的；

（四）制造人员在执法人员检查时，有逃跑、抗拒检查等行为，在现场查获制造出的物品，经检验是毒品的；

（五）有其他证据足以证明行为人应当知道的。

走私、贩卖、运输、制造毒品罪是选择性罪名，对同一宗毒品实施了两种以上犯罪行为，并有相应确凿证据的，应当按照所实施的犯罪行为的性质并列适用罪名，毒品数量不重复计算。对同一宗毒品可能实施了两种以上犯罪行为，但相应证据只能认定其中一种或者几种行为，认定其他行为的证据不够确实充分的，只按照依法能够认定的行为的性质适用罪名。对不同宗毒品分别实施了不同种犯罪行为的，应对不同行为并列适用罪名，累计计算毒品数量。

第十三条　本规定中的毒品是指鸦片、海洛因、甲基苯丙胺（冰毒）、吗啡、大麻、可卡因以及国家规定管制的其他能够使人形成瘾癖的麻醉药品和精神药品。具体品种以国家食品药品监督管理局、公安部、卫生部发布的《麻醉药品品种目录》、《精神药品品种目录》为依据。

本规定中的“制毒物品”是指刑法第三百五十条第一款规定的醋酸酐、乙醚、三氯甲烷或者其他用于制造毒品的原料或者配剂，具体品种范围按照国家关于易制毒化学品管理的规定确定。

第十四条　本规定中未明确立案追诉标准的毒品，有条件折算为海洛因的，参照有关麻醉药品和精神药品折算标准进行折算。

第十五条　本规定中的立案追诉标准，除法律、司法解释另有规定的以外，适用于相关的单位犯罪。

第十六条　本规定中的“以上”，包括本数。

第十七条　本规定自印发之日起施行。

■最高人民法院关于审理毒品犯罪案件适用法律若干问题的解释（2016年4月11日）

第一条　走私、贩卖、运输、制造、非法持有下列毒品，应当认定为刑法第三百四十七条第二款第一项、第三百四十八条规定的“其他毒品数量大”：

（一）可卡因五十克以上；

（二）3,4－亚甲二氧基甲基苯丙胺（MDMA）等苯丙胺类毒品（甲基苯丙胺除外）、吗啡一百克以上；

（三）芬太尼一百二十五克以上；

（四）甲卡西酮二百克以上；

（五）二氢埃托啡十毫克以上；

（六）哌替啶（度冷丁）二百五十克以上；

（七）氯胺酮五百克以上；

（八）美沙酮一千克以上；

（九）曲马多、γ－羟丁酸二千克以上；

（十）大麻油五千克、大麻脂十千克、大麻叶及大麻烟一百五十千克以上；

（十一）可待因、丁丙诺啡五千克以上；

(十二)三唑仑、安眠酮五十千克以上;

(十三)阿普唑仑、恰特草一百千克以上;

(十四)咖啡因、罂粟壳二百千克以上;

(十五)巴比妥、苯巴比妥、安钠咖、尼美西泮二百五十千克以上;

(十六)氯氮卓、艾司唑仑、地西泮、溴西泮五百千克以上;

(十七)上述毒品以外的其他毒品数量大的。

国家定点生产企业按照标准规格生产的麻醉药品或者精神药品被用于毒品犯罪的,根据药品中毒品成分的含量认定涉案毒品数量。

第二条　走私、贩卖、运输、制造、非法持有下列毒品,应当认定为刑法第三百四十七条第三款、第三百四十八条规定的"其他毒品数量较大":

(一)可卡因十克以上不满五十克;

(二)3,4-亚甲二氧基甲基苯丙胺(MDMA)等苯丙胺类毒品(甲基苯丙胺除外)、吗啡二十克以上不满一百克;

(三)芬太尼二十五克以上不满一百二十五克;

(四)甲卡西酮四十克以上不满二百克;

(五)二氢埃托啡二毫克以上不满十毫克;

(六)哌替啶(度冷丁)五十克以上不满二百五十克;

(七)氯胺酮一百克以上不满五百克;

(八)美沙酮二百克以上不满一千克;

(九)曲马多、γ-羟丁酸四百克以上不满二千克;

(十)大麻油一千克以上不满五千克、大麻脂二千克以上不满十千克、大麻叶及大麻烟三十千克以上不满一百五十千克;

(十一)可待因、丁丙诺啡一千克以上不满五千克;

(十二)三唑仑、安眠酮十千克以上不满五十千克;

(十三)阿普唑仑、恰特草二十千克以上不满一百千克;

(十四)咖啡因、罂粟壳四十千克以上不满二百千克;

(十五)巴比妥、苯巴比妥、安钠咖、尼美西泮五十千克以上不满二百五十千克;

(十六)氯氮卓、艾司唑仑、地西泮、溴西泮一百千克以上不满五百千克;

(十七)上述毒品以外的其他毒品数量较大的。

第三条　在实施走私、贩卖、运输、制造毒品犯罪的过程中,携带枪支、弹药或者爆炸物用于掩护的,应当认定为刑法第三百四十七条第二款第三项规定的"武装掩护走私、贩卖、运输、制造毒品"。枪支、弹药、爆炸物种类的认定,依照相关司法解释的规定执行。

在实施走私、贩卖、运输、制造毒品犯罪的过程中,以暴力抗拒检查、拘留、逮捕,造成执法人员死亡、重伤、多人轻伤或者具有其他严重情节的,应当认定为刑法第三百四十七条第二款第四项规定的"以暴力抗拒检查、拘留、逮捕,情节严重"。

第四条　走私、贩卖、运输、制造毒品,具有下列情形之一的,应当认定为刑法第三百四十七条第四款规定的"情节严重":

(一)向多人贩卖毒品或者多次走私、贩卖、运输、制造毒品的;

(二)在戒毒场所、监管场所贩卖毒品的;

(三)向在校学生贩卖毒品的;

(四)组织、利用残疾人、严重疾病患者、怀孕或者正在哺乳自己婴儿的妇女走私、贩卖、运输、制造毒品的；

（五）国家工作人员走私、贩卖、运输、制造毒品的；

（六）其他情节严重的情形。

第十五条　本解释自2016年4月11日起施行。《最高人民法院关于审理毒品案件定罪量刑标准有关问题的解释》（法释〔2000〕13号）同时废止；之前发布的司法解释和规范性文件与本解释不一致的，以本解释为准。

■最高人民法院、最高人民检察院、公安部、农业部、国家食品药品监督管理总局关于进一步加强麻黄草管理严厉打击非法买卖麻黄草等违法犯罪活动的通知（2013年5月21日）

三、依法查处非法采挖、买卖麻黄草等犯罪行为

（一）以制造毒品为目的，采挖、收购麻黄草的，依照刑法第三百四十七条的规定，以制造毒品罪定罪处罚。

（三）明知他人制造毒品或者走私、非法买卖制毒物品，向其提供麻黄草或者提供运输、储存麻黄草等帮助的，分别以制造毒品罪、走私制毒物品罪、非法买卖制毒物品罪的共犯论处。

（五）实施以上行为，以制造毒品罪、走私制毒物品罪、非法买卖制毒物品罪定罪处罚的，涉案制毒物品的数量按照三百千克麻黄草折合一千克麻黄碱计算；以制造毒品罪定罪处罚的，无论涉案麻黄草数量多少，均应追究刑事责任。

■最高人民法院、最高人民检察院、公安部关于办理走私、非法买卖麻黄碱类复方制剂等刑事案件适用法律若干问题的意见（全文）（2012年6月18日）

一、关于走私、非法买卖麻黄碱类复方制剂等行为的定性

以加工、提炼制毒物品制造毒品为目的，购买麻黄碱类复方制剂，或者运输、携带、寄递麻黄碱类复方制剂进出境的，依照刑法第三百四十七条的规定，以制造毒品罪定罪处罚。

非法买卖麻黄碱类复方制剂或者运输、携带、寄递麻黄碱类复方制剂进出境，没有证据证明系用于制造毒品或者走私、非法买卖制毒物品，或者未达到走私制毒物品罪、非法买卖制毒物品罪的定罪数量标准，构成非法经营罪、走私普通货物、物品罪等其他犯罪的，依法定罪处罚。

实施第一款、第二款规定的行为，同时构成其他犯罪的，依照处罚较重的规定定罪处罚。

二、关于利用麻黄碱类复方制剂加工、提炼制毒物品行为的定性

以制造毒品为目的，利用麻黄碱类复方制剂加工、提炼制毒物品的，依照刑法第三百四十七条的规定，以制造毒品罪定罪处罚。

以走私或者非法买卖为目的，利用麻黄碱类复方制剂加工、提炼制毒物品的，依照刑法第三百五十条第一款、第三款的规定，分别以走私制毒物品罪、非法买卖制毒物品罪定罪处罚。

三、关于共同犯罪的认定

明知他人利用麻黄碱类制毒物品制造毒品，向其提供麻黄碱类复方制剂，为其利用麻黄碱类复方制剂加工、提炼制毒物品，或者为其获取、利用麻黄碱类复方制剂提供其他帮助的，以制造毒品罪的共犯论处。

明知他人走私或者非法买卖麻黄碱类制毒物品，向其提供麻黄碱类复方制剂，为其利用麻黄碱类复方制剂加工、提炼制毒物品，或者为其获取、利用麻黄碱类复方制剂提供其他帮助的，分别以走私制毒物品罪、非法买卖制毒物品罪的共犯论处。

四、关于犯罪预备、未遂的认定

实施本意见规定的行为，符合犯罪预备或者未遂情形的，依照法律规定处罚。

五、关于犯罪嫌疑人、被告人主观目的与明知的认定

对于本意见规定的犯罪嫌疑人、被告人的主观目的与明知，应当根据物证、书证、证人证言以及犯

罪嫌疑人、被告人供述和辩解等在案证据,结合犯罪嫌疑人、被告人的行为表现,重点考虑以下因素综合予以认定:

1. 购买、销售麻黄碱类复方制剂的价格是否明显高于市场交易价格;

2. 是否采用虚假信息、隐蔽手段运输、寄递、存储麻黄碱类复方制剂;

3. 是否采用伪报、伪装、藏匿或者绕行进出境等手段逃避海关、边防等检查;

4. 提供相关帮助行为获得的报酬是否合理;

5. 此前是否实施过同类违法犯罪行为;

6. 其他相关因素。

六、关于制毒物品数量的认定

实施本意见规定的行为,以走私制毒物品罪、非法买卖制毒物品罪定罪处罚的,应当以涉案麻黄碱类复方制剂中麻黄碱类物质的含量作为涉案制毒物品的数量。

实施本意见规定的行为,以制造毒品罪定罪处罚的,应当将涉案麻黄碱类复方制剂所含的麻黄碱类物质可以制成的毒品数量作为量刑情节考虑。

多次实施本意见规定的行为未经处理的,涉案制毒物品的数量累计计算。

七、关于定罪量刑的数量标准

实施本意见规定的行为,以走私制毒物品罪、非法买卖制毒物品罪定罪处罚的,涉案麻黄碱类复方制剂所含的麻黄碱类物质应当达到以下数量标准:麻黄碱、伪麻黄碱、消旋麻黄碱及其盐类五千克以上不满五十千克;去甲麻黄碱、甲基麻黄碱及其盐类十千克以上不满一百千克;麻黄浸膏、麻黄浸膏粉一百千克以上不满一千千克。达到上述数量标准上限的,认定为刑法第三百五十条第一款规定的"数量大"。

实施本意见规定的行为,以制造毒品罪定罪处罚的,无论涉案麻黄碱类复方制剂所含的麻黄碱类物质数量多少,都应当追究刑事责任。

八、关于麻黄碱类复方制剂的范围

本意见所称麻黄碱类复方制剂是指含有《易制毒化学品管理条例》(国务院令第445号)品种目录所列的麻黄碱(麻黄素)、伪麻黄碱(伪麻黄素)、消旋麻黄碱(消旋麻黄素)、去甲麻黄碱(去甲麻黄素)、甲基麻黄碱(甲基麻黄素)及其盐类,或者麻黄浸膏、麻黄浸膏粉等麻黄碱类物质的药品复方制剂。

■最高人民法院、最高人民检察院、公安部办理毒品犯罪案件适用法律若干问题的意见(2007年12月18日)

二、关于毒品犯罪嫌疑人、被告人主观明知的认定问题

走私、贩卖、运输、非法持有毒品主观故意中的"明知",是指行为人知道或者应当知道所实施的行为是走私、贩卖、运输、非法持有毒品行为。具有下列情形之一,并且犯罪嫌疑人、被告人不能做出合理解释的,可以认定其"应当知道",但有证据证明确属被蒙骗的除外:

(一)执法人员在口岸、机场、车站、港口和其他检查站检查时,要求行为人申报为他人携带的物品和其他疑似毒品物,并告知其法律责任,而行为人未如实申报,在其所携带的物品内查获毒品的;

(二)以伪报、藏匿、伪装等蒙蔽手段逃避海关、边防等检查,在其携带、运输、邮寄的物品中查获毒品的;

(三)执法人员检查时,有逃跑、丢弃携带物品或逃避、抗拒检查等行为,在其携带或丢弃的物品中查获毒品的;

(四)体内藏匿毒品的;

(五)为获取不同寻常的高额或不等值的报酬而携带、运输毒品的;

(六)采用高度隐蔽的方式携带、运输毒品的;

(七)采用高度隐蔽的方式交接毒品,明显违背合法物品惯常交接方式的;

(八)其他有证据足以证明行为人应当知道的。

三、关于办理氯胺酮等毒品案件定罪量刑标准问题

(一)走私、贩卖、运输、制造、非法持有下列毒品,应当认定为刑法第三百四十七条第二款第(一)项、第三百四十八条规定的"其他毒品数量大":

1. 二亚甲基双氧安非他明(MDMA)等苯丙胺类毒品(甲基苯丙胺除外)100克以上;

2. 氯胺酮、美沙酮1千克以上;

3. 三唑仑、安眠酮50千克以上;

4. 氯氮卓、艾司唑仑、地西泮、溴西泮500千克以上;

5. 上述毒品以外的其他毒品数量大的。

(二)走私、贩卖、运输、制造、非法持有下列毒品,应当认定为刑法第三百四十七条第三款、第三百四十八条规定的"其他毒品数量较大":

1. 二亚甲基双氧安非他明(MDMA)等苯丙胺类毒品(甲基苯丙胺除外)20克以上不满100克的;

2. 氯胺酮、美沙酮200克以上不满1千克的;

3. 三唑仑、安眠酮10千克以上不满50千克的;

4. 氯氮卓、艾司唑仑、地西泮、溴西泮100千克以上不满500千克的;

5. 上述毒品以外的其他毒品数量较大的。

(三)走私、贩卖、运输、制造下列毒品,应当认定为刑法第三百四十七条第四款规定的"其他少量毒品":

1. 二亚甲基双氧安非他明(MDMA)等苯丙胺类毒品(甲基苯丙胺除外)不满20克的;

2. 氯胺酮、美沙酮不满200克的;

3. 三唑仑、安眠酮不满10千克的;

4. 氯氮卓、艾司唑仑、地西泮、溴西泮不满100千克的;

5. 上述毒品以外的其他少量毒品的。

(四)上述毒品品种包括其盐和制剂。毒品鉴定结论中毒品品名的认定应当以国家食品药品监督管理局、公安部、卫生部最新发布的《麻醉药品品种目录》、《精神药品品种目录》为依据。

四、关于死刑案件的毒品含量鉴定问题

可能判处死刑的毒品犯罪案件,毒品鉴定结论中应有含量鉴定的结论。

■最高人民法院、最高人民检察院、公安部关于规范毒品名称表述若干问题的意见(全文)(2014年8月20日)

为进一步规范毒品犯罪案件办理工作,现对毒品犯罪案件起诉意见书、起诉书、刑事判决书、刑事裁定书中的毒品名称表述问题提出如下规范意见。

一、规范毒品名称表述的基本原则

(一)毒品名称表述应当以毒品的化学名称为依据,并与刑法、司法解释及相关规范性文件中的毒品名称保持一致。刑法、司法解释等没有规定的,可以参照《麻醉药品品种目录》《精神药品品种目录》中的毒品名称进行表述。

(二)对于含有二种以上毒品成分的混合型毒品,应当根据其主要毒品成分和具体形态认定毒品种类、确定名称。混合型毒品中含有海洛因、甲基苯丙胺的,一般应当以海洛因、甲基苯丙胺确定其毒品种类;不含海洛因、甲基苯丙胺,或者海洛因、甲基苯丙胺的含量极低的,可以根据其中定罪量刑数量标准较低且所占比例较大的毒品成分确定其毒品种类。混合型毒品成分复杂的,可以用括号注明其中所含的一至二种其他毒品成分。

(三)为体现与犯罪嫌疑人、被告人供述的对应性,对于犯罪嫌疑人、被告人供述的毒品常见俗称,可以在文书中第一次表述该类毒品时用括号注明。

二、几类毒品的名称表述

(一)含甲基苯丙胺成分的毒品

1. 对于含甲基苯丙胺成分的晶体状毒品,应当统一表述为甲基苯丙胺(冰毒),在下文中再次出现时可以直接表述为甲基苯丙胺。

2. 对于以甲基苯丙胺为主要毒品成分的片剂状毒品,应当统一表述为甲基苯丙胺片剂。如果犯罪嫌疑人、被告人供述为"麻古""麻果"或者其他俗称的,可以在文书中第一次表述该类毒品时用括号注明,如表述为甲基苯丙胺片剂(俗称"麻古")等。

3. 对于含甲基苯丙胺成分的液体、固液混合物、粉末等,应当根据其毒品成分和具体形态进行表述,如表述为含甲基苯丙胺成分的液体、含甲基苯丙胺成分的粉末等。

(二)含氯胺酮成分的毒品

1. 对于含氯胺酮成分的粉末状毒品,应当统一表述为氯胺酮。如果犯罪嫌疑人、被告人供述为"K粉"等俗称的,可以在文书中第一次表述该类毒品时用括号注明,如表述为氯胺酮(俗称"K粉")等。

2. 对于以氯胺酮为主要毒品成分的片剂状毒品,应当统一表述为氯胺酮片剂。

3. 对于含氯胺酮成分的液体、固液混合物等,应当根据其毒品成分和具体形态进行表述,如表述为含氯胺酮成分的液体、含氯胺酮成分的固液混合物等。

(三)含MDMA等成分的毒品

对于以MDMA、MDA、MDEA等致幻性苯丙胺类兴奋剂为主要毒品成分的丸状、片剂状毒品,应当根据其主要毒品成分的中文化学名称和具体形态进行表述,并在文书中第一次表述该类毒品时用括号注明下文中使用的英文缩写简称,如表述为3,4-亚甲二氧基甲基苯丙胺片剂(以下简称MDMA片剂)、3,4-亚甲二氧基苯丙胺片剂(以下简称MDA片剂)、3,4-亚甲二氧基乙基苯丙胺片剂(以下简称MDEA片剂)等。如果犯罪嫌疑人、被告人供述为"摇头丸"等俗称的,可以在文书中第一次表述该类毒品时用括号注明,如表述为3,4-亚甲二氧基甲基苯丙胺片剂(以下简称MDMA片剂,俗称"摇头丸")等。

(四)"神仙水"类毒品

对于俗称"神仙水"的液体状毒品,应当根据其主要毒品成分和具体形态进行表述。毒品成分复杂的,可以用括号注明其中所含的一至二种其他毒品成分,如表述为含氯胺酮(咖啡因、地西泮等)成分的液体等。如果犯罪嫌疑人、被告人供述为"神仙水"等俗称的,可以在文书中第一次表述该类毒品时用括号注明,如表述为含氯胺酮(咖啡因、地西泮等)成分的液体(俗称"神仙水")等。

(五)大麻类毒品

对于含四氢大麻酚、大麻二酚、大麻酚等天然大麻素类成分的毒品,应当根据其外形特征分别表述为大麻叶、大麻脂、大麻油或者大麻烟等。

■最高人民法院、最高人民检察院关于常见犯罪的量刑指导意见(试行)(2021年7月1日)(见本书附录十三)

▼安徽省高级人民法院、安徽省人民检察院关于二十三种常见犯罪量刑规范的实施细则(试行)(2022年1月16日)(见本书附录十四)

▼最高人民法院全国法院毒品犯罪审判工作座谈会纪要(2015年5月18日)

二、关于毒品犯罪法律适用的若干具体问题

会议认为,2008年印发的《全国部分法院审理毒品犯罪案件工作座谈会纪要》(以下简称《大连会议纪要》)较好地解决了办理毒品犯罪案件面临的一些突出法律适用问题,其中大部分规定在当前的审判实践中仍有指导意义，应当继续参照执行。同时，随着毒品犯罪形势的发展变化，近年来出现了一些新情况、新问题，需要加以研究解决。与会代表对审判实践中反映较为突出，但《大连会议纪要》没有作出规定，或者规定不尽完善的毒品犯罪法律适用问题进行了认真研究讨论，就下列问题取得了共识。

（一）罪名认定问题

贩毒人员被抓获后，对于从其住所、车辆等处查获的毒品，一般均应认定为其贩卖的毒品。确有证据证明查获的毒品并非贩毒人员用于贩卖，其行为另构成非法持有毒品罪、窝藏毒品罪等其他犯罪的，依法定罪处罚。

吸毒者在购买、存储毒品过程中被查获，没有证据证明其是为了实施贩卖毒品等其他犯罪，毒品数量达到刑法第三百四十八条规定的最低数量标准的，以非法持有毒品罪定罪处罚。吸毒者在运输毒品过程中被查获，没有证据证明其是为了实施贩卖毒品等其他犯罪，毒品数量达到较大以上的，以运输毒品罪定罪处罚。

行为人为吸毒者代购毒品，在运输过程中被查获，没有证据证明托购者、代购者是为了实施贩卖毒品等其他犯罪，毒品数量达到较大以上的，对托购者、代购者以运输毒品罪的共犯论处。行为人为他人代购仅用于吸食的毒品，在交通、食宿等必要开销之外收取“介绍费”“劳务费”，或者以贩卖为目的收取部分毒品作为酬劳的，应视为从中牟利，属于变相加价贩卖毒品，以贩卖毒品罪定罪处罚。

购毒者接收贩毒者通过物流寄递方式交付的毒品，没有证据证明其是为了实施贩卖毒品等其他犯罪，毒品数量达到刑法第三百四十八条规定的最低数量标准的，一般以非法持有毒品罪定罪处罚。代收者明知是物流寄递的毒品而代购毒者接收，没有证据证明其与购毒者有实施贩卖、运输毒品等犯罪的共同故意，毒品数量达到刑法第三百四十八条规定的最低数量标准的，对代收者以非法持有毒品罪定罪处罚。

行为人利用信息网络贩卖毒品、在境内非法买卖用于制造毒品的原料或者配剂、传授制造毒品等犯罪的方法，构成贩卖毒品罪、非法买卖制毒物品罪、传授犯罪方法罪等犯罪的，依法定罪处罚。行为人开设网站、利用网络聊天室等组织他人共同吸毒，构成引诱、教唆、欺骗他人吸毒罪等犯罪的，依法定罪处罚。

（二）共同犯罪认定问题

办理贩卖毒品案件，应当准确认定居间介绍买卖毒品行为，并与居中倒卖毒品行为相区别。居间介绍者在毒品交易中处于中间人地位，发挥介绍联络作用，通常与交易一方构成共同犯罪，但不以牟利为要件；居中倒卖者属于毒品交易主体，与前后环节的交易对象是上下家关系，直接参与毒品交易并从中获利。居间介绍者受贩毒者委托，为其介绍联络购毒者的，与贩毒者构成贩卖毒品罪的共同犯罪；明知购毒者以贩卖为目的购买毒品，受委托为其介绍联络贩毒者的，与购毒者构成贩卖毒品罪的共同犯罪；受以吸食为目的的购毒者委托，为其介绍联络贩毒者，毒品数量达到刑法第三百四十八条规定的最低数量标准的，一般与购毒者构成非法持有毒品罪的共同犯罪；同时与贩毒者、购毒者共谋，联络促成双方交易的，通常认定与贩毒者构成贩卖毒品罪的共同犯罪。居间介绍者实施为毒品交易主体提供交易信息、介绍交易对象等帮助行为，对促成交易起次要、辅助作用的，应当认定为从犯；对于以居间介绍者的身份介入毒品交易，但在交易中超出居间介绍者的地位，对交易的发起和达成起重要作用的被告人，可以认定为主犯。

两人以上同行运输毒品的，应当从是否明知他人带有毒品，有无共同运输毒品的意思联络，有无实施配合、掩护他人运输毒品的行为等方面综合审查认定是否构成共同犯罪。受雇于同一雇主同行运输毒品，但受雇者之间没有共同犯罪故意，或者虽然明知他人受雇运输毒品，但各自的运输行为相对独立，既没有实施配合、掩护他人运输毒品的行为，又分别按照各自运输的毒品数量领取报酬的，不应认定为共同犯罪。受雇于同一雇主分段运输同一宗毒品,但受雇者之间没有犯罪共谋的,也不应认定为共同犯罪。雇用他人运输毒品的雇主,及其他对受雇者起到一定组织、指挥作用的人员,与各受雇者分别构成运输毒品罪的共同犯罪,对运输的全部毒品数量承担刑事责任。

(三)毒品数量认定问题

走私、贩卖、运输、制造、非法持有两种以上毒品的,可以将不同种类的毒品分别折算为海洛因的数量,以折算后累加的毒品总量作为量刑的根据。对于刑法、司法解释或者其他规范性文件明确规定了定罪量刑数量标准的毒品,应当按照该毒品与海洛因定罪量刑数量标准的比例进行折算后累加。对于刑法、司法解释及其他规范性文件没有规定定罪量刑数量标准,但《非法药物折算表》规定了与海洛因的折算比例的毒品,可以按照《非法药物折算表》折算为海洛因后进行累加。对于既未规定定罪量刑数量标准,又不具备折算条件的毒品,综合考虑其致瘾癖性、社会危害性、数量、纯度等因素依法量刑。在裁判文书中,应当客观表述涉案毒品的种类和数量,并综合认定为数量大、数量较大或者少量毒品等,不明确表述将不同种类毒品进行折算后累加的毒品总量。

对于未查获实物的甲基苯丙胺片剂(俗称"麻古"等)、MDMA片剂(俗称"摇头丸")等混合型毒品,可以根据在案证据证明的毒品粒数,参考本案或者本地区查获的同类毒品的平均重量计算出毒品数量。在裁判文书中,应当客观表述根据在案证据认定的毒品粒数。

对于有吸毒情节的贩毒人员,一般应当按照其购买的毒品数量认定其贩卖毒品的数量,量刑时酌情考虑其吸食毒品的情节;购买的毒品数量无法查明的,按照能够证明的贩卖数量及查获的毒品数量认定其贩毒数量;确有证据证明其购买的部分毒品并非用于贩卖的,不应计入其贩毒数量。

办理毒品犯罪案件,无论毒品纯度高低,一般均应将查证属实的毒品数量认定为毒品犯罪的数量,并据此确定适用的法定刑幅度,但司法解释另有规定或者为了隐蔽运输而临时改变毒品常规形态的除外。涉案毒品纯度明显低于同类毒品的正常纯度的,量刑时可以酌情考虑。

制造毒品案件中,毒品成品、半成品的数量应当全部认定为制造毒品的数量,对于无法再加工出成品、半成品的废液、废料则不应计入制造毒品的数量。对于废液、废料的认定,可以根据其毒品成分的含量、外观形态,结合被告人对制毒过程的供述等证据进行分析判断,必要时可以听取鉴定机构的意见。

(四)死刑适用问题

当前,我国毒品犯罪形势严峻,审判工作中应当继续坚持依法从严惩处毒品犯罪的指导思想,充分发挥死刑对于预防和惩治毒品犯罪的重要作用。要继续按照《大连会议纪要》的要求,突出打击重点,对罪行极其严重、依法应当判处死刑的被告人,坚决依法判处。同时,应当全面、准确贯彻宽严相济刑事政策,体现区别对待,做到罚当其罪,量刑时综合考虑毒品数量、犯罪性质、情节、危害后果、被告人的主观恶性、人身危险性及当地的禁毒形势等因素,严格审慎地决定死刑适用,确保死刑只适用于极少数罪行极其严重的犯罪分子。

1. 运输毒品犯罪的死刑适用

对于运输毒品犯罪,应当继续按照《大连会议纪要》的有关精神,重点打击运输毒品犯罪集团首要分子,组织、指使、雇用他人运输毒品的主犯或者毒枭、职业毒犯、毒品再犯,以及具有武装掩护运输毒品、以运输毒品为业、多次运输毒品等严重情节的被告人,对其中依法应当判处死刑的,坚决依法判处。

对于受人指使、雇用参与运输毒品的被告人,应当综合考虑毒品数量、犯罪次数、犯罪的主动性和独立性、在共同犯罪中的地位作用、获利程度和方式及其主观恶性、人身危险性等因素,予以区别对待,慎重适用死刑。对于有证据证明确属受人指使、雇用运输毒品,又系初犯、偶犯的被告人,即使毒品数量超过实际掌握的死刑数量标准,也可以不判处死刑;尤其对于其中被动参与犯罪,从属性、辅助性较强，获利程度较低的被告人，一般不应当判处死刑。对于不能排除受人指使、雇用初次运输毒品的被告人，毒品数量超过实际掌握的死刑数量标准，但尚不属数量巨大的，一般也可以不判处死刑。

一案中有多人受雇运输毒品的，在决定死刑适用时，除各被告人运输毒品的数量外，还应结合其具体犯罪情节、参与犯罪程度、与雇用者关系的紧密性及其主观恶性、人身危险性等因素综合考虑，同时判处二人以上死刑要特别慎重。

2. 毒品共同犯罪、上下家犯罪的死刑适用

毒品共同犯罪案件的死刑适用应当与该案的毒品数量、社会危害及被告人的犯罪情节、主观恶性、人身危险性相适应。涉案毒品数量刚超过实际掌握的死刑数量标准，依法应当适用死刑的，要尽量区分主犯间的罪责大小，一般只对其中罪责最大的一名主犯判处死刑；各共同犯罪人地位作用相当，或者罪责大小难以区分的，可以不判处被告人死刑；二名主犯的罪责均很突出，且均具有法定从重处罚情节的，也要尽可能比较其主观恶性、人身危险性方面的差异，判处二人死刑要特别慎重。涉案毒品数量达到巨大以上，二名以上主犯的罪责均很突出，或者罪责稍次的主犯具有法定、重大酌定从重处罚情节，判处二人以上死刑符合罪刑相适应原则，并有利于全案量刑平衡的，可以依法判处。

对于部分共同犯罪人未到案的案件，在案被告人与未到案共同犯罪人均属罪行极其严重，即使共同犯罪人到案也不影响对在案被告人适用死刑的，可以依法判处在案被告人死刑；在案被告人的罪行不足以判处死刑，或者共同犯罪人归案后全案只宜判处其一人死刑的，不能因为共同犯罪人未到案而对在案被告人适用死刑；在案被告人与未到案共同犯罪人的罪责大小难以准确认定，进而影响准确适用死刑的，不应对在案被告人判处死刑。

对于贩卖毒品案件中的上下家，要结合其贩毒数量、次数及对象范围，犯罪的主动性，对促成交易所发挥的作用，犯罪行为的危害后果等因素，综合考虑其主观恶性和人身危险性，慎重、稳妥地决定死刑适用。对于买卖同宗毒品的上下家，涉案毒品数量刚超过实际掌握的死刑数量标准的，一般不能同时判处死刑；上家主动联络销售毒品，积极促成毒品交易的，通常可以判处上家死刑；下家积极筹资，主动向上家约购毒品，对促成毒品交易起更大作用的，可以考虑判处下家死刑。涉案毒品数量达到巨大以上的，也要综合上述因素决定死刑适用，同时判处上下家死刑符合罪刑相适应原则，并有利于全案量刑平衡的，可以依法判处。

一案中有多名共同犯罪人、上下家针对同宗毒品实施犯罪的，可以综合运用上述毒品共同犯罪、上下家犯罪的死刑适用原则予以处理。

办理毒品犯罪案件，应当尽量将共同犯罪案件或者密切关联的上下游案件进行并案审理；因客观原因造成分案处理的，办案时应当及时了解关联案件的审理进展和处理结果，注重量刑平衡。

3. 新类型、混合型毒品犯罪的死刑适用

甲基苯丙胺片剂（俗称“麻古”等）是以甲基苯丙胺为主要毒品成分的混合型毒品，其甲基苯丙胺含量相对较低，危害性亦有所不同。为体现罚当其罪，甲基苯丙胺片剂的死刑数量标准一般可以按照甲基苯丙胺（冰毒）的2倍左右掌握，具体可以根据当地的毒品犯罪形势和涉案毒品含量等因素确定。

涉案毒品为氯胺酮（俗称“K粉”）的，结合毒品数量、犯罪性质、情节及危害后果等因素，对符合死刑适用条件的被告人可以依法判处死刑。综合考虑氯胺酮的致瘾癖性、滥用范围和危害性等因素，其死刑数量标准一般可以按照海洛因的10倍掌握。

涉案毒品为其他滥用范围和危害性相对较小的新类型、混合型毒品的，一般不宜判处被告人死刑。但对于司法解释、规范性文件明确规定了定罪量刑数量标准，且涉案毒品数量特别巨大，社会危害大，不判处死刑难以体现罚当其罪的，必要时可以判处被告人死刑。

（五）缓刑、财产刑适用及减刑、假释问题

对于毒品犯罪应当从严掌握缓刑适用条件。对于毒品再犯，一般不得适用缓刑。对于不能排除多

次贩毒嫌疑的零包贩毒被告人,因认定构成贩卖毒品等犯罪的证据不足而认定为非法持有毒品罪的被告人,实施引诱、教唆、欺骗、强迫他人吸毒犯罪及制毒物品犯罪的被告人,应当严格限制缓刑适用。

办理毒品犯罪案件,应当依法追缴犯罪分子的违法所得,充分发挥财产刑的作用,切实加大对犯罪分子的经济制裁力度。对查封、扣押、冻结的涉案财物及其孳息,经查确属违法所得或者依法应当追缴的其他涉案财物的,如购毒款、供犯罪所用的本人财物、毒品犯罪所得的财物及其收益等,应当判决没收,但法律另有规定的除外。判处罚金刑时,应当结合毒品犯罪的性质、情节、危害后果及被告人的获利情况、经济状况等因素合理确定罚金数额。对于决定并处没收财产的毒品犯罪,判处被告人有期徒刑的,应当按照上述确定罚金数额的原则确定没收个人部分财产的数额;判处无期徒刑的,可以并处没收个人全部财产;判处死缓或者死刑的,应当并处没收个人全部财产。

对于具有毒枭、职业毒犯、累犯、毒品再犯等情节的毒品罪犯,应当从严掌握减刑条件,适当延长减刑起始时间、间隔时间,严格控制减刑幅度,延长实际执行刑期。对于刑法未禁止假释的前述毒品罪犯,应当严格掌握假释条件。

(六)累犯、毒品再犯问题

累犯、毒品再犯是法定从重处罚情节,即使本次毒品犯罪情节较轻,也要体现从严惩处的精神。尤其对于曾因实施严重暴力犯罪被判刑的累犯、刑满释放后短期内又实施毒品犯罪的再犯,以及在缓刑、假释、暂予监外执行期间又实施毒品犯罪的再犯,应当严格体现从重处罚。

对于因同一毒品犯罪前科同时构成累犯和毒品再犯的被告人,在裁判文书中应当同时引用刑法关于累犯和毒品再犯的条款,但在量刑时不得重复予以从重处罚。对于因不同犯罪前科同时构成累犯和毒品再犯的被告人,量刑时的从重处罚幅度一般应大于前述情形。

(七)非法贩卖麻醉药品、精神药品行为的定性问题

行为人向走私、贩卖毒品的犯罪分子或者吸食、注射毒品的人员贩卖国家规定管制的能够使人形成瘾癖的麻醉药品或者精神药品的,以贩卖毒品罪定罪处罚。

行为人出于医疗目的,违反有关药品管理的国家规定,非法贩卖上述麻醉药品或者精神药品,扰乱市场秩序,情节严重的,以非法经营罪定罪处罚。

▼全国部分法院审理毒品犯罪案件工作座谈会纪要(2008年12月22日)

一、毒品案件的罪名确定和数量认定问题

刑法第三百四十七条规定的走私、贩卖、运输、制造毒品罪是选择性罪名,对同一宗毒品实施了两种以上犯罪行为并有相应确凿证据的,应当按照所实施的犯罪行为的性质并列确定罪名,毒品数量不重复计算,不实行数罪并罚。对同一宗毒品可能实施了两种以上犯罪行为,但相应证据只能认定其中一种或者几种行为,认定其他行为的证据不够确实充分的,则只按照依法能够认定的行为的性质定罪。如涉嫌为贩卖而运输毒品,认定贩卖的证据不够确实充分的,则只定运输毒品罪。对不同宗毒品分别实施了不同种犯罪行为的,应对不同行为并列确定罪名,累计毒品数量,不实行数罪并罚。对被告人一人走私、贩卖、运输、制造两种以上毒品的,不实行数罪并罚,量刑时可综合考虑毒品的种类、数量及危害,依法处理。

罪名不以行为实施的先后、毒品数量或者危害大小排列,一律以刑法条文规定的顺序表述。如对同一宗毒品制造后又走私的,以走私、制造毒品罪定罪。下级法院在判决中确定罪名不准确的,上级法院可以减少选择性罪名中的部分罪名或者改动罪名顺序,在不加重原判刑罚的情况下,也可以改变罪名,但不得增加罪名。

对于吸毒者实施的毒品犯罪,在认定犯罪事实和确定罪名时要慎重。吸毒者在购买、运输、存储毒品过程中被查获的,如没有证据证明其是为了实施贩卖等其他毒品犯罪行为,毒品数量未超过刑法第三百四十八条规定的最低数量标准的,一般不定罪处罚;查获毒品数量达到较大以上的,应以其实际实

施的毒品犯罪行为定罪处罚。

对于以贩养吸的被告人，其被查获的毒品数量应认定为其犯罪的数量，但量刑时应考虑被告人吸食毒品的情节，酌情处理；被告人购买了一定数量的毒品后，部分已被其吸食的，应当按能够证明的贩卖数量及查获的毒品数量认定其贩毒的数量，已被吸食部分不计入在内。

有证据证明行为人不以牟利为目的，为他人代购仅用于吸食的毒品，毒品数量超过刑法第三百四十八条规定的最低数量标准的，对托购者、代购者应以非法持有毒品罪定罪。代购者从中牟利，变相加价贩卖毒品的，对代购者应以贩卖毒品罪定罪。明知他人实施毒品犯罪而为其居间介绍、代购代卖的，无论是否牟利，都应以相关毒品犯罪的共犯论处。

盗窃、抢夺、抢劫毒品的，应当分别以盗窃罪、抢夺罪或者抢劫罪定罪，但不计犯罪数额，根据情节轻重予以定罪量刑。盗窃、抢夺、抢劫毒品后又实施其他毒品犯罪的，对盗窃罪、抢夺罪、抢劫罪和所犯的具体毒品犯罪分别定罪，依法数罪并罚。走私毒品，又走私其他物品构成犯罪的，以走私毒品罪和其所犯的其他走私罪分别定罪，依法数罪并罚。

二、毒品犯罪的死刑适用问题

审理毒品犯罪案件，应当切实贯彻宽严相济的刑事政策，突出毒品犯罪的打击重点。必须依法严惩毒枭、职业毒犯、再犯、累犯、惯犯、主犯等主观恶性深、人身危险性大、危害严重的毒品犯罪分子，以及具有将毒品走私入境，多次、大量或者向多人贩卖，诱使多人吸毒，武装掩护、暴力抗拒检查、拘留或者逮捕，或者参与有组织的国际贩毒活动等情节的毒品犯罪分子。对其中罪行极其严重依法应当判处死刑的，必须坚决依法判处死刑。

毒品数量是毒品犯罪案件量刑的重要情节，但不是唯一情节。对被告人量刑时，特别是在考虑是否适用死刑时，应当综合考虑毒品数量、犯罪情节、危害后果、被告人的主观恶性、人身危险性以及当地禁毒形势等各种因素，做到区别对待。近期，审理毒品犯罪案件掌握的死刑数量标准，应当结合本地毒品犯罪的实际情况和依法惩治、预防毒品犯罪的需要，并参照最高人民法院复核的毒品死刑案件的典型案例，恰当把握。量刑既不能只片面考虑毒品数量，不考虑犯罪的其他情节，也不能只片面考虑其他情节，而忽视毒品数量。

对虽然已达到实际掌握的判处死刑的毒品数量标准，但是具有法定、酌定从宽处罚情节的被告人，可以不判处死刑；反之，对毒品数量接近实际掌握的判处死刑的数量标准，但具有从重处罚情节的被告人，也可以判处死刑。毒品数量达到实际掌握的死刑数量标准，既有从重处罚情节，又有从宽处罚情节的，应当综合考虑各方面因素决定刑罚，判处死刑立即执行应当慎重。

具有下列情形之一的，可以判处被告人死刑：(1)具有毒品犯罪集团首要分子、武装掩护毒品犯罪、暴力抗拒检查、拘留或者逮捕、参与有组织的国际贩毒活动等严重情节的；(2)毒品数量达到实际掌握的死刑数量标准，并具有毒品再犯、累犯，利用、教唆未成年人走私、贩卖、运输、制造毒品，或者向未成年人出售毒品等法定从重处罚情节的；(3)毒品数量达到实际掌握的死刑数量标准，并具有多次走私、贩卖、运输、制造毒品，向多人贩毒，在毒品犯罪中诱使、容留多人吸毒，在戒毒监管场所贩毒，国家工作人员利用职务便利实施毒品犯罪，或者职业犯、惯犯、主犯等情节的；(4)毒品数量达到实际掌握的死刑数量标准，并具有其他从重处罚情节的；(5)毒品数量超过实际掌握的死刑数量标准，且没有法定、酌定从轻处罚情节的。

毒品数量达到实际掌握的死刑数量标准，具有下列情形之一的，可以不判处被告人死刑立即执行：(1)具有自首、立功等法定从宽处罚情节的；(2)已查获的毒品数量未达到实际掌握的死刑数量标准，到案后坦白尚未被司法机关掌握的其他毒品犯罪，累计数量超过实际掌握的死刑数量标准的；(3)经鉴定毒品含量极低，掺假之后的数量才达到实际掌握的死刑数量标准的，或者有证据表明可能大量掺假但因故不能鉴定的；(4)因特情引诱毒品数量才达到实际掌握的死刑数量标准的；(5)以贩养吸的被告人,被查获的毒品数量刚达到实际掌握的死刑数量标准的;(6)毒品数量刚达到实际掌握的死刑数量标准,确属初次犯罪即被查获,未造成严重危害后果的;(7)共同犯罪毒品数量刚达到实际掌握的死刑数量标准,但各共同犯罪人作用相当,或者责任大小难以区分的;(8)家庭成员共同实施毒品犯罪,其中起主要作用的被告人已被判处死刑立即执行,其他被告人罪行相对较轻的;(9)其他不是必须判处死刑立即执行的。

有些毒品犯罪案件,往往由于毒品、毒资等证据已不存在,导致审查证据和认定事实困难。在处理这类案件时,只有被告人的口供与同案其他被告人供述吻合,并且完全排除诱供、逼供、串供等情形,被告人的口供与同案被告人的供述才可以作为定案的证据。仅有被告人口供与同案被告人供述作为定案证据的,对被告人判处死刑立即执行要特别慎重。

三、运输毒品罪的刑罚适用问题

对于运输毒品犯罪,要注意重点打击指使、雇佣他人运输毒品的犯罪分子和接应、接货的毒品所有者、买家或者卖家。对于运输毒品犯罪集团首要分子,组织、指使、雇佣他人运输毒品的主犯或者毒枭、职业毒犯、毒品再犯,以及具有武装掩护、暴力抗拒检查、拘留或者逮捕、参与有组织的国际毒品犯罪、以运输毒品为业、多次运输毒品或者其他严重情节的,应当按照刑法、有关司法解释和司法实践实际掌握的数量标准,从严惩处,依法应判处死刑的必须坚决判处死刑。

毒品犯罪中,单纯的运输毒品行为具有从属性、辅助性特点,且情况复杂多样。部分涉案人员系受指使、雇佣的贫民、边民或者无业人员,只是为了赚取少量运费而为他人运输毒品,他们不是毒品的所有者、买家或者卖家,与幕后的组织、指使、雇佣者相比,在整个毒品犯罪环节中处于从属、辅助和被支配地位,所起作用和主观恶性相对较小,社会危害性也相对较小。因此,对于运输毒品犯罪中的这部分人员,在量刑标准的把握上,应当与走私、贩卖、制造毒品和前述具有严重情节的运输毒品犯罪分子有所区别,不应单纯以涉案毒品数量的大小决定刑罚适用的轻重。

对有证据证明被告人确属受人指使、雇佣参与运输毒品犯罪,又系初犯、偶犯的,可以从轻处罚,即使毒品数量超过实际掌握的死刑数量标准,也可以不判处死刑立即执行。

毒品数量超过实际掌握的死刑数量标准,不能证明被告人系受人指使、雇佣参与运输毒品犯罪的,可以依法判处重刑直至死刑。

涉嫌为贩卖而自行运输毒品,由于认定贩卖毒品的证据不足,因而认定为运输毒品罪的,不同于单纯的受指使为他人运输毒品行为,其量刑标准应当与单纯的运输毒品行为有所区别。

四、制造毒品的认定与处罚问题

鉴于毒品犯罪分子制造毒品的手段复杂多样、不断翻新,采用物理方法加工、配制毒品的情况大量出现,有必要进一步准确界定制造毒品的行为、方法。制造毒品不仅包括非法用毒品原植物直接提炼和用化学方法加工、配制毒品的行为,也包括以改变毒品成分和效用为目的,用混合等物理方法加工、配制毒品的行为,如将甲基苯丙胺或者其他苯丙胺类毒品与其他毒品混合成麻古或者摇头丸。为便于隐蔽运输、销售、使用、欺骗购买者,或者为了增重,对毒品掺杂使假,添加或者去除其他非毒品物质,不属于制造毒品的行为。

已经制成毒品,达到实际掌握的死刑数量标准的,可以判处死刑;数量特别巨大的,应当判处死刑。已经制造出粗制毒品或者半成品的,以制造毒品罪的既遂论处。购进制造毒品的设备和原材料,开始着手制造毒品,但尚未制造出粗制毒品或者半成品的,以制造毒品罪的未遂论处。

五、毒品含量鉴定和混合型、新类型毒品案件处理问题

鉴于大量掺假毒品和成分复杂的新类型毒品不断出现,为做到罪刑相当、罚当其罪,保证毒品案件的审判质量,并考虑目前毒品鉴定的条件和现状,对可能判处被告人死刑的毒品犯罪案件,应当根据最高人民法院、最高人民检察院、公安部 2007 年 12 月颁布的《办理毒品犯罪案件适用法律若干问题的意

见》,作出毒品含量鉴定;对涉案毒品可能大量掺假或者系成分复杂的新类型毒品的,亦应当作出毒品含量鉴定。

对于含有二种以上毒品成分的毒品混合物,应进一步作成分鉴定,确定所含的不同毒品成分及比例。对于毒品中含有海洛因、甲基苯丙胺的,应以海洛因、甲基苯丙胺分别确定其毒品种类;不含海洛因、甲基苯丙胺的,应以其中毒性较大的毒品成分确定其毒品种类;如果毒性相当或者难以确定毒性大小的,以其中比例较大的毒品成分确定其毒品种类,并在量刑时综合考虑其他毒品成分、含量和全案所涉毒品数量。对于刑法、司法解释等已规定了量刑数量标准的毒品,按照刑法、司法解释等规定适用刑罚;对于刑法、司法解释等没有规定量刑数量标准的毒品,有条件折算为海洛因的,参照国家食品药品监督管理局制定的《非法药物折算表》,折算成海洛因的数量后适用刑罚。

对于国家管制的精神药品和麻醉药品,刑法、司法解释等尚未明确规定量刑数量标准,也不具备折算条件的,应由有关专业部门确定涉案毒品毒效的大小、有毒成分的多少、吸毒者对该毒品的依赖程度,综合考虑其致瘾癖性、戒断性、社会危害性等依法量刑。因条件限制不能确定的,可以参考涉案毒品非法交易的价格因素等,决定对被告人适用的刑罚,但一般不宜判处死刑立即执行。

六、特情介入案件的处理问题

运用特情侦破毒品案件,是依法打击毒品犯罪的有效手段。对特情介入侦破的毒品案件,要区别不同情形予以分别处理。

对已持有毒品待售或者有证据证明已准备实施大宗毒品犯罪者,采取特情贴靠、接洽而破获的案件,不存在犯罪引诱,应当依法处理。

行为人本没有实施毒品犯罪的主观意图,而是在特情诱惑和促成下形成犯意,进而实施毒品犯罪的,属于"犯意引诱"。对因"犯意引诱"实施毒品犯罪的被告人,根据罪刑相适应原则,应当依法从轻处罚,无论涉案毒品数量多大,都不应判处死刑立即执行。行为人在特情既为其安排上线,又提供下线的双重引诱,即"双套引诱"下实施毒品犯罪的,处刑时可予以更大幅度的从宽处罚或者依法免予刑事处罚。

行为人本来只有实施数量较小的毒品犯罪的故意,在特情引诱下实施了数量较大甚至达到实际掌握的死刑数量标准的毒品犯罪的,属于"数量引诱"。对因"数量引诱"实施毒品犯罪的被告人,应当依法从轻处罚,即使毒品数量超过实际掌握的死刑数量标准,一般也不判处死刑立即执行。

对不能排除"犯意引诱"和"数量引诱"的案件,在考虑是否对被告人判处死刑立即执行时,要留有余地。

对被告人受特情间接引诱实施毒品犯罪的,参照上述原则依法处理。

十、主观明知的认定问题

毒品犯罪中,判断被告人对涉案毒品是否明知,不能仅凭被告人供述,而应当依据被告人实施毒品犯罪行为的过程、方式、毒品被查获时的情形等证据,结合被告人的年龄、阅历、智力等情况,进行综合分析判断。

具有下列情形之一,被告人不能做出合理解释的,可以认定其"明知"是毒品,但有证据证明确属被蒙骗的除外:(1)执法人员在口岸、机场、车站、港口和其他检查站点检查时,要求行为人申报为他人携带的物品和其他疑似毒品物,并告知其法律责任,而行为人未如实申报,在其携带的物品中查获毒品的;(2)以伪报、藏匿、伪装等蒙蔽手段,逃避海关、边防等检查,在其携带、运输、邮寄的物品中查获毒品的;(3)执法人员检查时,有逃跑、丢弃携带物品或者逃避、抗拒检查等行为,在其携带或者丢弃的物品中查获毒品的;(4)体内或者贴身隐秘处藏匿毒品的;(5)为获取不同寻常的高额、不等值报酬为他人携带、运输物品,从中查获毒品的;(6)采用高度隐蔽的方式携带、运输物品,从中查获毒品的;(7)采用高度隐蔽的方式交接物品,明显违背合法物品惯常交接方式,从中查获毒品的;(8)行程路线故意绕开检查站点,在其携带、运输的物品中查获毒品的;(9)以虚假身份或者地址办理托运手续,在其托运的物品中查获毒品的;(10)有其他证据足以认定行为人应当知道的。

十二、特定人员参与毒品犯罪问题

近年来,一些毒品犯罪分子为了逃避打击,雇佣孕妇、哺乳期妇女、急性传染病人、残疾人或者未成年人等特定人员进行毒品犯罪活动,成为影响我国禁毒工作成效的突出问题。对利用、教唆特定人员进行毒品犯罪活动的组织、策划、指挥和教唆者,要依法严厉打击,该判处重刑直至死刑的,坚决依法判处重刑直至死刑。对于被利用、被诱骗参与毒品犯罪的特定人员,可以从宽处理。

要积极与检察机关、公安机关沟通协调,妥善解决涉及特定人员的案件管辖、强制措施、刑罚执行等问题。对因特殊情况依法不予羁押的,可以依法采取取保候审、监视居住等强制措施,并根据被告人具体情况和案情变化及时变更强制措施;对于被判处有期徒刑或者拘役的罪犯,符合刑事诉讼法第二百一十四条规定情形的,可以暂予监外执行。

▼公安部禁毒局关于非法制造贩卖安钠咖立案问题的答复(全文)(2002年11月5日)

安钠咖属于《刑法》规定的毒品。根据《刑法》第三百四十七条第一款的规定,贩卖、制造毒品,无论数量多少,都应当追究刑事责任,予以刑事处罚。因此,对于非法制造、贩卖安钠咖的,不论查获的数量多少,公安机关都应当按照非法制造、贩卖毒品罪立案侦查。

▼安徽省高级人民法院、安徽省人民检察院、安徽省公安厅关于办理毒品犯罪案件具体适用法律若干问题的指导意见(2015年3月11日)

一、办理毒品犯罪案件的一般规定

1. 办理毒品犯罪案件,侦查人员、检察人员、审判人员应当严格执行刑法和刑事诉讼法,切实做到事实清楚,证据确实、充分,程序合法,适用法律正确,确保毒品犯罪案件质量。

2. 办理毒品犯罪案件,应当认真贯彻宽严相济刑事政策,坚持区别对待。对社会危害严重、主观恶性深、人身危险性大的毒品犯罪分子,依法严厉打击、从严惩处。同时,对于具有自首、立功、从犯等法定、酌定从宽处罚情节的毒品犯罪分子,依法从宽处罚、体现政策,分化瓦解犯罪分子。

3. 办理毒品犯罪案件,应当充分发挥刑罚手段惩治毒品犯罪活动的职能作用。既要严惩走私、制造、非法买卖制毒物品等源头性毒品犯罪和大宗贩卖毒品犯罪,也要对零包贩卖毒品犯罪尤其是多次贩卖毒品的犯罪分子从严惩治。同时,加大对引诱、教唆、欺骗、强迫、容留他人吸毒等末端毒品犯罪的处罚力度,对末端毒品犯罪分子在决定适用缓刑、管制和免予刑事处罚时,应从严掌握。

4. 办理毒品犯罪案件,对犯罪分子适用刑罚尤其是在决定判处死刑时,应当按照数量加情节的原则,结合本地毒品犯罪的实际情况和依法惩治、预防毒品犯罪的需要,参照最高人民法院复核死刑案件作出的裁判及公布的典型案例,恰当把握毒品犯罪适用刑罚尤其是死刑的标准。在量刑时,既不能只片面考虑毒品数量,不考虑犯罪的其他情节,也不能只片面考虑其他情节,而忽视毒品数量。

三、走私、贩卖、运输、制造毒品犯罪的认定与处罚问题

11. 走私毒品罪是指明知是毒品而非法运输、携带、寄递进出国(边)境的行为。直接向走私人非法收购走私进口的毒品,或者在内海、领海、界河、界湖运输、收购、贩卖毒品的,以走私毒品罪论处。

走私毒品在海关监管现场被查获的,应当认定为犯罪既遂;通过海关走私毒品的,只要毒品进入口岸的任何一个环节即以既遂论处;通过其他方式走私毒品的,只要毒品越过国(边)境即以既遂论处。

12. 贩卖毒品罪是指明知是毒品而非法销售或者以贩卖为目的而非法收买的行为。明知他人贩卖毒品而居间介绍、代购代卖的,无论是否牟利,都应当以贩卖毒品罪的共犯论处。为他人代购用于吸食、注射的毒品,从中牟利或者变相加价的,对代购者以贩卖毒品罪论处。

毒品交易双方就毒品的种类、价格、数量、交易时间和地点等内容磋商达成合意,并已着手实施交易行为,即以贩卖毒品罪既遂论处。

13.运输毒品罪是指明知是毒品而采用携带、寄递、托运、体内藏毒或者使用交通工具等方法非法运送的行为。毒品发生空间位移,应当结合被告人主观目的、行为方式、起始地点、空间位移距离等因素综合认定其行为性质。

对于采用携带、体内藏毒等方式运输毒品的,毒品进入运输环节,即以运输毒品罪既遂论处;对于采用寄递、托运等人货分离方式运输毒品的,毒品交付运输行为实施完毕,即以运输毒品罪既遂论处。

14.制造毒品罪是指非法利用毒品原植物直接提炼或者用化学方法加工、配制毒品,或者以改变毒品成分和效用为目的,用混合等物理方法加工、配制毒品的行为。为了便于隐蔽运输、销售、使用、欺骗购买者,或者为了增重,对毒品掺杂使假、添加或者去除其他非毒品物质的,不属于制造毒品的行为。

已经制造出粗制毒品或者半成品的,以制造毒品罪的既遂论处。购进制造毒品的设备和原材料,开始着手制造毒品,但尚未制造出粗制毒品或者半成品的,以制造毒品罪的未遂论处。

15.办理毒品犯罪案件,应当突出打击重点,对具有下列情形之一的毒品犯罪分子依法应予严惩,对其中罪行极其严重的,可依法判处死刑立即执行:

(1)具有毒品犯罪集团首要分子、武装掩护毒品犯罪、暴力抗拒检查、拘留或者逮捕、参与有组织的国际贩毒活动等严重情节的;

(2)毒品犯罪数量达到实际掌握的死刑数量标准,并具有毒品再犯、累犯,利用、教唆未成年人走私、贩卖、运输、制造毒品,或者向未成年人出售毒品等法定从重处罚情节的;

(3)毒品犯罪数量达到实际掌握的死刑数量标准,并具有多次走私、贩卖、运输、制造毒品,向多人贩毒,在毒品犯罪中诱使、容留多人吸毒,在戒毒监管场所贩毒,国家工作人员利用职务便利实施毒品犯罪,或者职业犯、惯犯、主犯等从重情节的;

(4)毒品犯罪数量超过实际掌握的死刑数量标准,且没有法定、酌定从轻处罚情节的。

16.毒品犯罪数量达到实际掌握的死刑数量标准,具有下列量刑情节之一的,可以不判处被告人死刑立即执行:

(1)具有自首、立功等法定从宽处罚情节的;

(2)已查获的毒品数量未达到实际掌握的死刑数量标准,到案后坦白尚未被司法机关掌握的其他毒品犯罪,累计数量超过实际掌握的死刑数量标准的;

(3)经鉴定毒品含量极低,掺假之后的数量才达到实际掌握的死刑数量标准的,或者有证据表明可能大量掺假且因故不能鉴定的;

(4)因特情引诱毒品犯罪数量才达到实际掌握的死刑数量标准的;

(5)有吸毒情节的贩毒人员,被查获的毒品数量刚达到实际掌握的死刑数量标准的;

(6)毒品犯罪数量刚达到实际掌握的死刑数量标准,有证据证明确属初次犯罪即被查获,未造成严重危害后果的;

(7)家庭成员共同实施毒品犯罪,其中起主要作用的被告人已被判处死刑立即执行,其他被告人罪行相对较轻的;

(8)其他不是必须判处死刑立即执行的。

17.毒品犯罪数量达到实际掌握的死刑数量标准,被告人同时存在多种量刑情节,法定、酌定和从轻、从重情节并存的,在量刑尤其是决定适用死刑时,要具体分析各量刑情节对刑罚的影响,以及量刑情节之间的相互作用,权衡法定、酌定从轻、从重情节在案件中的比重,结合刑罚适用的法律效果和社会效果恰当决定对被告人适用的刑罚,并在裁判文书中充分阐明理由。

18.运输毒品是毒品犯罪的中间环节,与走私、贩卖、制造毒品相比,情况较为复杂,在对运输毒品的被告人适用刑罚时,应当注意把握以下问题:

(1)对于运输毒品犯罪集团的首要分子,组织、指使、雇佣他人运输毒品的主犯或者毒枭、职业毒犯、毒品再犯,以及具有武装掩护、暴力抗拒检查或者抗拒抓捕、参与有组织的国际毒品犯罪、以运输毒品为业、多次运输毒品或者其他严重情节的,应当从严惩处;

(2)对有证据证明被告人确属受人指使、雇佣参与运输毒品犯罪,又系初犯、偶犯的,可以从轻处罚,即使毒品犯罪数量超过实际掌握的死刑数量标准,也可以不判处死刑立即执行;

(3)毒品犯罪数量超过实际掌握的死刑数量标准,不能证明被告人系受人指使、雇佣参与运输毒品犯罪的,在量刑时从严掌握;

(4)涉嫌为贩卖而自行运输毒品,由于认定贩卖毒品的证据不足,从而认定为运输毒品罪的,其行为不同于单纯的受指使为他人运输毒品,在适用刑罚时应当从严掌握。

19. 毒品犯罪数量超过实际掌握的死刑数量标准,对共同犯罪或者毒品上下家关联交易的一案多名被告人适用刑罚尤其是死刑时,应当注意把握以下问题:

(1)毒品共同犯罪中,应当以各被告人在犯罪中的地位和作用为根据,正确区分主犯和从犯。其中,起意、策划、纠集、组织、雇佣、指使他人参与犯罪或者毒品所有者、为主出资者以及其他起主要作用的是主犯;受雇佣、受指使实施毒品犯罪的,根据其在犯罪中实际发挥的作用认定为主犯或者从犯。对于确有证据证明在共同犯罪中起次要或者辅助作用的,不因其他共同犯罪人未到案而将其认定为主犯或者按照主犯处罚;

(2)死刑只适用于罪行极其严重的主犯,共同犯罪中有多名主犯的,适用刑罚时应做到区别对待。在充分考虑各被告人在共同犯罪中地位和作用上的区别,以及在主观恶性和人身危险性方面差异的基础上,根据事实和证据能够区分出主从犯的,都应当认定主从犯。有多名主犯的,要在主犯中进一步区分出罪行极其严重者,准确认定各被告人的罪责轻重并裁量适用刑罚,不能因为涉案毒品数量特别巨大,就不分主从犯而将被告人都认定为主犯,一律判处重刑甚至死刑立即执行;

(3)没有实施毒品犯罪的共同故意,仅在客观上为相互关联的毒品犯罪上下家,不构成共同犯罪,但为了诉讼便利可并案审理。对毒品犯罪关联交易的上下家被告人适用刑罚时,应当综合考虑其在毒品犯罪中实际发挥作用的差别,主观恶性和人身危险性方面的差异,对罪责或者人身危险性更大的被告人依法判处更重的刑罚。

20. 被告人实施毒品犯罪未遂,在对其确定是否可因犯罪未遂而从宽处罚时,应当把未遂情况置于全案情节中统筹考虑。未遂行为的危害性与既遂相比较轻或者显著较轻,而且未遂情节在全部情节中居于举足轻重的地位,从而影响甚至是显著影响了案件的危害程度时,可以决定对被告人基于或者主要基于其犯罪未遂而予以从宽处罚,反之则不应基于未遂而从宽处罚。

对犯罪未遂的被告人确定从宽处罚幅度时,应当注意把握以下问题:

(1)未遂形态距离犯罪完成的远近程度;

(2)犯罪未遂所属的类型;

(3)被告人在未遂形态下表现出犯罪意志的坚决程度。

八、毒品犯罪案件财产刑的适用和执行问题

37. 对于毒品犯罪被告人可能被判处财产刑的案件应当对被告人财产进行预调查。公安机关在侦查阶段应当对毒品犯罪嫌疑人的银行存款、对外投资股权工商登记、房地产交易登记、股票债券交易登记、车辆登记等财产信息进行专项调查,对毒品犯罪分子来源不明的巨额财产,依法及时采取查封、扣押、冻结等措施,防止犯罪分子及其亲属转移、隐匿、变卖财产或者洗钱,逃避刑罚执行;财产调查和查扣情况单独形成"犯罪嫌疑人财产情况调查卷",随案移送检察机关公诉部门审查,被告人财产情况在开庭审理时当庭出示、质证,法庭作为判处财产刑的依据。

38. 对走私、贩卖、运输、制造毒品的被告人被判处死刑的,应当并处没收全部财产;被告人被判处无期徒刑以下刑罚的,应当根据罪刑相适应原则,结合其犯罪情节及案件具体情况决定没收全部或者部分财产。

对被告人判处罚金刑时,以被告人实际或者可能非法获利情况等情节为主,适当兼顾被告人的经济状况,综合被告人的全部犯罪情节确定适当的罚金数额,既充分发挥罚金刑对被告人的惩戒作用,又确保罚金刑能及时有效的执行。

39. 被告人积极预交罚金的,可视为其有认罪悔罪表现,在决定刑罚时可以作为酌定从宽处罚情节,但是不能以各种理由与被告人或者其亲属就财产刑的数额设定条件。

40. 毒品犯罪案件的刑事判决、裁定生效后,第一审人民法院刑事审判庭应当在十日内将财产刑交付本院负责裁判执行的机构立案执行。

41. 在审理减刑假释案件时,应当把罪犯财产刑执行情况作为与自由刑执行情况并列的审理范围,把罪犯履行财产刑情况纳入减刑假释考核范围,把罪犯履行财产刑情况作为认定罪犯是否认罪悔罪的重要依据。对于有能力履行财产刑而隐匿、转移财产,拒不履行的罪犯,应视为其没有悔改表现,减刑或者假释从严掌握。对于经济能力不足以全部履行财产刑的罪犯,也应督促其尽可能履行财产刑。充分发挥法院依法审理减刑假释案件的职能作用,把财产刑履行与自由刑改造有机联系起来,促使罪犯自动履行财产刑。

42. 本意见自印发之日起施行。

▼安徽省高级人民法院、安徽省人民检察院、安徽省公安厅关于办理氯胺酮毒品犯罪案件适用法律有关问题的意见(2005 年 9 月 14 日)

一、走私、贩卖、运输、制造、非法持有氯胺酮一千克以上的,应认定为刑法第三百四十七条第二款第(一)项、第三百四十八条规定的"其他毒品数量大"的行为。

二、走私、贩卖、运输、制造、非法持有氯胺酮一百克以上不满一千克的,应认定为刑法第三百四十七条第三款、第三百四十八条规定的"其他毒品数量较大"的行为。

三、走私、贩卖、运输、制造氯胺酮不满一百克的,应认定为刑法第三百四十七条第四款规定的"其他少量毒品"的行为。

四、单位从事走私、贩卖、运输、制造氯胺酮犯罪活动的,依照刑法第三百四十七条第五款的规定追究刑事责任。

本意见自下发之日起执行。本意见下发后尚未审结的一审案件,依照本意见执行。

▼北京市高级人民法院关于如何适用刑法第 347 条第 4 款"情节严重"的意见(全文)(1998 年 12 月 18 日)

刑法第 347 条第 4 款规定:"走私、贩卖、运输、制造鸦片不满 200 克、海洛因或甲基苯丙胺不满 10 克或者其他少量毒品的,处 3 年以下有期徒刑、拘役或管制,并处罚金;情节严重的,处 3 年以上 7 年以下有期徒刑,并处罚金。"鉴于审判实践中对如何掌握"情节严重"认识不一,为统一全市执法,我们认为,具有以下情形之一的,可视为"情节严重":

1. 缉毒人员或其他国家机关人员利用职务便利走私、贩卖、运输、制造海洛因的;
2. 曾因犯罪受到过刑事处罚或涉毒行为受过行政处罚的;
3. 向未成年人贩卖毒品或利用未成年人走私、贩卖、运输、制造毒品的;
4. 向被监管人或强制戒毒人员贩卖毒品的;
5. 多次或向多人贩卖毒品的;
6. 以暴力手段抗拒检查、拘捕的;
7. 有其他严重情节的。

▼上海市高级人民法院量刑指南——毒品犯罪之一(试行)(2005 年 3 月 8 日)

第二条 走私、贩卖、运输、制造海洛因或甲基苯丙胺四百克以上或者其他数量相当毒品,又无法定从轻、减轻情节或者酌定情节不足以从轻、减轻处罚的,可以判处死刑(立即执行),并处没收个人全部财产。

走私、贩卖、运输、制造海洛因或甲基苯丙胺三百克以上或者其他数量相当毒品,且有法定从重情节的,可以判处死刑(立即执行),并处没收个人全部财产。

毒品数量是判处死刑的重要标准,但不是唯一标准。是否判处死刑,还要根据案件的具体情节,综合考虑犯罪的社会危害性。

第三条　符合第二条情形,但有下列情形之一的,一般不判处死刑(立即执行):

(一)受人指使、雇佣且非毒品所有人;

(二)因特情介入,犯罪行为在公安机关的控制下,没有造成毒品流向社会等严重危害后果的;

(三)单犯运输毒品罪或兼犯走私、贩卖、制造毒品罪、但系根据运输毒品的数量量刑的;

具有上述第(一)、(二)、(三)项规定的情形,一般不判处死刑(立即执行),但涉及的毒品数量超过第二条规定三倍的除外。

(四)被告人被查证属实的毒品数量未达到第二条规定的标准,但加上坦白交代的毒品数量后,才达到或超过第二条规定的标准的;

(五)因特情引诱毒品数量才达到或超过本指南规定量刑段(格)最低数量标准的;或者有证据证明有前述引诱犯罪的可能,尚不能排除的;

(六)认定被告人毒品犯罪的数量主要根据被告人的口供与同案犯(包括上、下家)的供述互相印证,尚无其他证据佐证的;

(七)认定主要犯罪事实的证据有瑕疵,量刑上需要留有余地的;

(八)有证据证明涉案的海洛因含量低于25%的,但折合成含量为25%后,其数量仍达到或超过第二条规定的除外;

(九)涉及的毒品系法律或司法解释没有规定量刑数量标准的;

(十)共同犯罪不能区分主、从犯,但根据案件具体情况,可以不全部判处死刑(立即执行)的;

(十一)其他不宜判处死刑(立即执行)的。

第四条　走私、贩卖、运输、制造海洛因或甲基苯丙胺二百克以上不满四百克或者其他数量相当毒品的,一般判处无期徒刑或死刑(缓期二年执行),并处没收个人财产五万元以上或没收个人全部财产。

具有法定从轻情节或者有本指南第二十六条规定情形之一的,一般判处十五年有期徒刑或无期徒刑,并处没收个人财产三万元以上或五万元以上。

第五条　走私、贩卖、运输、制造海洛因或甲基苯丙胺五十克以上不满二百克或者其他数量相当毒品的,一般判处十五年有期徒刑,并处没收个人财产三万元以上。

具有法定从重处罚情节的,可以判处无期徒刑,并处没收个人财产五万元以上。

第六条　走私、贩卖、运输、制造海洛因或甲基苯丙胺十克以上不满二十五克或者其他数量相当毒品的,一般判处七年以上十年以下有期徒刑。

第七条　走私、贩卖、运输、制造海洛因或甲基苯丙胺二十五克以上不满四十克或者其他数量相当毒品的,一般判处十年以上十三年以下有期徒刑。

第八条　走私、贩卖、运输、制造海洛因或甲基苯丙胺四十克以上不满五十克或者其他数量相当毒品的,一般判处十三年以上十五年以下有期徒刑。

第九条　走私、贩卖、运输、制造海洛因或甲基苯丙胺三点五克以上不满七克或者其他数量相当毒品的,一般判处一年六个月以上三年以下有期徒刑。

第十条　走私、贩卖、运输、制造海洛因或甲基苯丙胺一克以上不满三点五克或者其他少量毒品的,一般判处六个月以上一年六个月以下有期徒刑或者管制。

第十一条　走私、贩卖、运输、制造海洛因或甲基苯丙胺不满一克或者其他少量毒品的，一般判处拘役或者管制。

第十二条　走私、贩卖、运输、制造海洛因或甲基苯丙胺不满零点一克或者其他微量毒品的，比照第十一条规定从轻处罚。

第十三条　走私、贩卖、运输、制造海洛因或甲基苯丙胺或者其他毒品，情节严重的标准，适用司法解释第三条规定，一般判处三年以上五年以下有期徒刑；具有下列情形之一的，一般判处五年以上七年以下有期徒刑：

（一）走私、贩卖、运输、制造海洛因或甲基苯丙胺八点五克以上不满十克或者其他数量相当毒品的；

（二）贩卖毒品超过六人或六人次以上的；

（三）有法定从重情节或有两个以上酌定从重情节的；

（四）具有司法解释规定的两种以上情节严重情形的；

（五）其他需要酌情从重处罚的。

第十四条　单位犯刑法第三百四十七条第二、三、四款罪，对直接负责的主管人员和其他直接责任人员按照本指南的量刑段（格）适用刑罚，并以直接负责的主管人员和其他直接责任人员判处的最高罚金数额为标准，判处单位三倍以上的罚金。

对直接负责的主管人员和其他直接责任人员判处死刑（立即执行）的，涉及的毒品数量，一般要达到第二条规定的三倍以上。

第二十三条　审理法律、司法解释没有规定数量标准的上列毒品犯罪案件时，可以根据案件具体情况采用下列方法对被告人适用刑罚：

（一）参照《非法药物折算表》，确定涉案毒品折算成海洛因的数量后，依照本指南的相关规定适用刑罚。

（二）具有刑法第三百四十七条第四款、第三百四十八条规定的“情节严重”的行为，可以依照本指南的相关规定适用刑罚。

（三）被告人实施的上列毒品犯罪，如果涉及的毒品既有法律或司法解释明文规定的量刑数量标准，也有未规定数量标准的，两者不能累计；亦不能将未规定数量标准的毒品折算后，与有规定数量标准的毒品予以累计。如果有规定数量标准的毒品的量刑，能吸收未规定数量标准的毒品的量刑，对于后者可以不单独量刑，作情节考虑；反之，应按本条第（一）、（二）项规定处理，并将前者的毒品数量，作情节考虑。

第二十五条　犯走私、贩卖、运输、制造、非法持有毒品罪、容留他人吸毒罪，应当并处没收财产或者罚金：

（一）判处死刑（包括死刑，缓期二年执行）的，一般并处没收个人全部财产；

（二）判处无期徒刑的，一般并处没收财产或者罚金五万元以上；

（三）判处十五年有期徒刑的，一般并处没收财产或者罚金三万元以上；

（四）判处有期徒刑一年的，一般并处罚金二千元，每增判一年有期徒刑的，一般并处罚金增加二千元；

（五）判处有期徒刑不满一年、拘役或者管制的，一般并处罚金一千元以上。

第二十六条　具有下列情形之一的，可以酌情从轻处罚：

（一）具有本指南第三条、第二十三条第（一）项规定情形之一的；

（二）以贩养吸的，但走私、贩卖、运输毒品超过刑法第三百四十七条第二款第（一）项规定数量标准的除外；

(三)已经出售和尚未出售的毒品,应一并计入贩卖毒品的总数量,适用本指南相应的量刑段(格),如已经出售的毒品低于本指南相应的量刑段(格)的最低数量标准,可以酌情从轻处罚,但连同查获的毒品数量超过第二条规定三倍的除外;

(四)认罪悔罪的;

(五)其他可以酌情从轻处罚的。

第二十七条　具有酌定从轻情节的,根据法律规定,可以参照本指南的量刑段(格)选择较轻的刑种或者刑格中较轻的刑罚。

第二十八条　具有下列情形之一,但又不属法定从重情节的,可以酌情从重处罚:

(一)走私、贩卖、运输、制造毒品三次以上或者向三人以上贩卖毒品的;

(二)因从事毒品违法活动被行政处罚两次以上的;

(三)因故意犯罪被判处有期徒刑以上刑罚的;

(四)缓刑、假释考验期内又实施毒品犯罪的;

(五)国家工作人员犯走私、贩卖、运输、制造毒品罪,适用刑法第三百四十七条第二、三款的;

(六)对同宗毒品实施两种以上犯罪行为的;

(七)其他可以酌情从重处罚的。

第二十九条　具有酌定从重情节的,根据法律规定,可以参照本指南的量刑段(格)选择较重的刑种或者刑格中较重的刑罚。

第三十条　具有法定从轻情节的,根据法律规定,按照本指南的量刑段选择较轻的刑种或较轻的刑格或者刑格中较轻的刑罚。

第三十一条　具有法定减轻情节的,依照法律规定,在法定刑以下,按照本指南的量刑段选择相应的刑种、刑格适用刑罚。

第三十二条　具有累犯、毒品再犯或利用、教唆未成年人走私、贩卖、运输、制造毒品或者向未成年人出售毒品等法定从重情节的,根据法律规定,按照本指南的量刑段选择较重的刑种或较重的刑格或者刑格中较重的刑罚。

第三十三条　具有多种量刑情节的,按照上海法院量刑指南(总则部分)的有关规定处理。

第三十四条　本指南中的量刑段是指法定刑;刑格是指在一个法定刑内,将刑期分为几个量刑档次,每一档次为一个刑格。

第三十五条　本指南所称以上、以下包括本数。

第三十六条　审理上列毒品犯罪案件,一般可以适用本指南对被告人适用刑罚,但根据案件具体情况,确需对被告人从严或从宽处罚的,可以不适用本指南,依照法律规定,对被告人适用刑罚。

▼江苏省高级人民法院关于审理毒品犯罪案件有关问题的意见(全文)(1999年10月27日)

一、认定非法持有毒品罪应当慎重。对有证据证明行为人构成走私、贩卖、运输、制造毒品罪或窝藏毒品罪的,应依法定罪,对确无证据认定行为人已构成该类犯罪的,可认定为非法持有毒品罪。

二、行为人"以贩养吸",既有贩卖毒品行为,又有吸毒行为的,应对行为人已卖出的毒品和查获的全部毒品一并认定为贩卖毒品罪,不应认定非法持有毒品罪。

三、行为人本身有吸毒行为,如从异地购进数量较大的毒品,在运输途中或回到居住地后即被查获的,应认定为运输毒品罪,不应因其有吸毒行为认定为非法持有毒品罪。

四、具有下列情形之一的,应属于刑法第三百四十七条第四款规定的"情节严重":

1. 走私、贩卖、运输、制造鸦片一百四十克以上不满二百克、海洛因或甲基苯丙胺七克以上不满十克或者其他毒品数量与前述毒品数量相当的;

2. 国家工作人员走私、贩卖、运输、制造毒品的;

3. 多次走私、贩卖、运输、制造毒品或向多人贩卖毒品的；

4. 在戒毒、监管场所贩毒的；

5. 有其他严重情节的。

五、本意见自下发之日起执行，如最高人民法院、最高人民检察院有新的司法解释按新规定执行。

▼广东省高级人民法院、广东省人民检察院、广东省公安厅关于审理新型毒品犯罪案件定罪量刑问题的指导意见（2005 年 11 月 22 日）

二、走私、贩卖、运输、制造、非法持有下列毒品，应当认定为刑法第三百四十七条第二款第（一）项、第三百四十八条以及最高人民法院《关于审理毒品案件定罪量刑标准有关问题的解释》第一条第（九）项规定的“其他毒品数量大”的情形：

（一）美沙酮 100 克以上；

（二）氯胺酮 500 克以上；

（三）安眠酮 8000 克以上。

三、走私、贩卖、运输、制造、非法持有下列毒品，应当认定为刑法第三百四十七条第三款、第三百四十八条以及最高人民法院《关于审理毒品案件定罪量刑标准有关问题的解释》第二条第（九）项规定的“其他毒品数量较大”的情形：

（一）美沙酮 20 克以上不满 100 克；

（二）氯胺酮 100 克以上不满 500 克；

（三）安眠酮 1600 克以上不满 8000 克。

四、走私、贩卖、运输、制造下列毒品的，应认定为刑法第三百四十七条第四款的规定的“其他少量毒品”的情形：

（一）美沙酮不满 20 克；

（二）氯胺酮不满 100 克；

（三）安眠酮不满 1600 克。

五、对于含甲基苯丙胺等多种毒品成分的粒状（丸状）或者粉末状毒品，应当做含量鉴定。甲基苯丙胺的含量在 25% 以上的，可视为刑法中规定的甲基苯丙胺，按照我院粤高法〔2003〕133 号《关于毒品犯罪案件有关数量量刑标准的参考意见》第三、第四点的规定处理。但适用死刑时，应当慎重掌握。

六、对于刑法、司法解释和本意见没有明确规定数量标准的其他新类型毒品，应充分考虑其隐癖性、戒断性、社会危害性等因素酌情量刑。对这类案件一般不判处死刑立即执行。

本意见自下发之日起执行，本意见下发后尚未审结的案件，依照本意见执行。今后法律、司法解释作出新规定的，按法律、司法解释的规定执行。

○雇用未成年人从事毒品犯罪的法律适用问题

刑法之所以对利用未成年人从事毒品犯罪规定为从重处罚情节，主要是出于对未成年人的特殊保护。未成年人辨别能力差，往往容易被犯罪分子所利用，进行毒品犯罪活动，从而影响他们的健康成长。利用未成年人从事毒品犯罪，便于隐蔽、伪装，不易暴露，因此，不少毒品犯罪分子，经常利用未成年人从事毒品犯罪，以达到他们进行毒品犯罪并逃避追究和制裁的目的。因此，为有利于打击毒品犯罪，加强对未成年人的保护，刑法第三百四十七条将此种情况单列一款，作为从重处罚情节加以特别强调。“利用未成年人走私、贩卖、运输、制造毒品”，既包括被利用者未参与共同犯罪的情形，也包括被利用者参与共同犯罪的情形；既包括被利用者未达到刑事责任年龄的情形，也包括被利用者已经达到刑事责任年龄但尚未满 18 周岁的情形；既包括被利用者没有参与犯罪所得分赃或者没有得到其他好处的情形，也包括被利用者参与犯罪所得分赃或者得到其他好处的情形。利用的形式是多种的，雇用就是其中一种常见的形式。只要未成年人处于被利用者地位，不论未成年人是否构成共同犯罪，也不论未成年人在从事毒品犯罪中所起的作用如何,利用者均应以"利用未成年人走私、贩卖、运输、制造毒品"论处。雇用已满14周岁未满18周岁的未成年人贩卖毒品的,对于主犯,首先应当依照刑法第二十六条的规定,按照其所参与或者组织、指挥的全部犯罪处罚,同时,根据《刑法》第三百四十七条第六款的规定,应当将雇用未成年人贩卖毒品的行为,作为利用未成年人贩卖毒品的情节,从重处罚。需要指出的是,利用未成年人从事毒品犯罪的,对于主犯依照刑法第二十六条的规定,按照其所参与或者组织、指挥的全部犯罪处罚,是指对毒品犯罪行为本身处罚;又适用刑法第三百四十七条第六款的规定对主犯从重处罚,是指对其利用未成年人贩卖毒品这一特定行为进行从重处罚。因此,不存在对一个行为作两次处罚评价的问题。[参见《刑事审判参考》总第50辑(2006年第3辑),法律出版社,第138～139页。]

▽"贩卖"表现形式的认定

1994年《最高人民法院关于适用〈全国人民代表大会常务委员会关于禁毒的决定〉的若干问题的解释》曾规定,贩卖毒品是指明知是毒品而非法销售或者以贩卖为目的而非法收买毒品的行为。[参见第379号案例,刘建场、李向华倒卖车票案,载《刑事审判参考》总第48集(2006年第1集),法律出版社,第14页。执笔:杨才清]

▽贩卖毒品罪中"贩卖""销售"的刑法意义进行界定

对我国刑法中贩卖毒品罪中"贩卖""销售"的刑法意义进行界定时,必须根据我国的立法状况结合国家对毒品犯罪的刑事政策,进行实质意义上的合目的性解释,而非仅仅从字面意义上理解。从实质上而言,贩卖的本质就是一种有偿的转让行为,即毒品的交易存在对价,但这种对价的体现形式,不应仅仅局限于金钱,也可以是以毒品易货,或是以毒品抵债等,因为这些转让形式实质上均属于有偿转让,转让人都通过国家法律禁止的不法行为取得了经济上的利益,毒品都流入了社会,其社会危害与典型的换取金钱的贩卖行为在法益侵害上没有本质的区别,应当成立贩卖毒品行为。[参见第463号案例,庄木根、刘平平、郑斌非法买卖枪支、贩卖毒品案,载《刑事审判参考》总第59集(2007年第6集),法律出版社,第3～5页。执笔:朱铁军]

▽犯罪数额累计计算的前提条件"未经处理的"的认定

1989年11月6日《最高人民法院、最高人民检察院关于执行〈关于惩治贪污罪贿赂罪的补充规定〉若干问题的解答》曾规定:多次贪污未经处理,是指两次以上(含两次)的贪污行为,既没有受过刑事处罚(包括免予起诉、免予刑事处分),也没有受过行政处理。可见,未经处理,是指未经刑事处罚,也未经行政处理过。最高人民法院、最高人民检察院、公安部、国家烟草专卖局2003年12月23日印发的《关于办理假冒伪劣烟草制品刑事案件适用法律问题座谈会纪要》第三条第(三)项明确规定:曾因非法经营烟草制品行为受过二次以上行政处罚又非法经营的,非法经营数额在二万元以上的,构成犯罪。这其中暗含了业已经过行政处罚的数额不计入犯罪数额的精神,但行政机关超越职权范围以罚代刑的违法数额应计入犯罪数额。[参见第378号案例,郭金元、肖东海非法经营案,载《刑事审判参考》总第48集(2006年第1集),法律出版社,第8～9页。执笔:赵合理]

▽具有运输毒品的目的且实施独立性的运输毒品的行为才构成运输毒品罪

运输毒品罪,是指明知是毒品而采用携带、邮寄、利用他人或者使用交通工具等方法非法运输毒品,或明知是毒品而受雇为他人运输的行为。运输毒品的行为人在运输毒品的同时也持有毒品,因而,非法运输毒品与非法持有毒品在表现形式上有相似之处。在毒品犯罪中,运输毒品的行为也是比较特殊的,即一般是作为走私、贩卖、制造毒品的一个环节。如果个案中运输毒品的行为不具有独立性,也就是说,运输毒品的行为是作为走私、贩卖、制造毒品的一部分时,运输毒品的行为即被走私、贩卖、制造毒品的行为吸收,不单独以运输毒品罪论。但是,如果运输毒品的行为人仅仅具有运输毒品的目的,不具有其他目的,如走私、贩卖、制造毒品的目的,而且,实施了运输毒品的行为,行为人的行为则构成运输毒品罪。也就是说,运输毒品罪的构成需具备两个基本条件:其一,行为人具有运输毒品的目的,除此以外,无其他目的;其二,行为人实施了运输毒品的行为。显然,在行为人不具有运输毒品的目的的情况下,就不可能构成运输毒品罪。[参见第375号案例,张玉英非法持有毒品案,载《刑事审判参考》总第47集(2005年第6集),法律出版社,第56页。执笔:张杰]

▽运输毒品罪的认定

运输毒品,是指明知是毒品而采用携带、邮寄、利用他人或者使用交通工具等方法非法运输毒品的行为,也包括明知是毒品而受雇为他人运输。运输毒品通常表现为行为人非法持有毒品。但两罪同样是有本质区别的。区别的关键,一是有足够的证据证明,毒品持有人对该宗毒品具有运输故意,即行为人明知是毒品而进行运输;二是具有运输的行为,即行为人将毒品空间移位如运送、接送、中转等。运输毒品的方式包括携带毒品,但不能说,凡携带毒品都构成运输毒品罪。例如,为本人吸食而携带毒品就不能构成运输毒品罪。刑法中所讲的运输毒品,一般而言,是作为贩卖、走私、制造毒品的一个环节而存在的。以贩卖为例,运输毒品作为贩毒分子异地贩卖毒品的一个必经步骤和重要环节,必须具有相对的独立性。也就是说,无论是贩毒分子本人还是他人受雇运输毒品,凡构成运输毒品罪,其运输毒品的行为应构成一个独立的事实。如果贩毒分子基于窝藏、隐匿毒品所需转移毒品,则属于为改变毒品藏匿场所而采取的方式,并非为异地贩卖毒品所需,不构成一个独立的运输毒品的事实。另外,运输毒品,通常距离相对较长。如果携带毒品的距离较短,且不宜看做一个独立的运输事实,也不宜认定为运输毒品罪。当然,运输距离的长短,一般而言,并非区分运输毒品罪和非法持有毒品罪的关键。比如,贩毒分子雇佣他人将欲贩卖的毒品从某城区携带到另一城区,再由本人或指定的他人与购毒者进行交易。就携带毒品的人而言,其本人虽不参与毒品交易,但对所携带的是毒品以及对该宗毒品的来源和去向均明知或应知的话,就应认定为其具有独立的运输毒品的事实,对其定运输毒品罪。[参见第284号案例,黄学东非法持有毒品案,载《刑事审判参考》总第36集(2004年第1集),法律出版社,第60~61页。执笔:翰林]

▽以甲基苯丙胺、咖啡因等为主要原料加工、生产混合型毒品"麻古"的行为应认定为制造毒品罪

"麻古"系泰语的音译,是以甲基苯丙胺和咖啡因等为主要原料,根据一定的配比度,通过物理加工的方式生产出来的一种混合型毒品。实践中,由于生产人员、生产地点等不同,"麻古"中含有的甲基苯丙胺、咖啡因及其他的辅助成分和构成比例会有所差别。虽然生产"麻古"是一种物理加工过程,但并非是几种毒品的简单混合,也不同于在毒品中掺杂、掺假,而是含有一定技术含量,需要经反复的含量配比试验和质量把关才能制造成功以满足特定人群的吸食要求,因此其加工、生产的行为应该认定为制造毒品罪。主要理由为:关于制造毒品的定义,我国刑法中并无明确规定,1994年12月20日《最高人民法院关于执行全国人民代表大会常务委员会关于禁毒的决定的若干问题的解释》(已失效,本附文以下简称《解释》)对制造毒品内涵的界定在目前情况下看并不周延。《解释》将制造毒品界定为"非法用毒品原植物或者用化学方法加工、配制毒品的行为"。该解释未提及运用物理的方法加工、生产毒品的行为可以构成制造毒品罪。将以物理方法加工、生产毒品的行为认定为制造毒品罪,在世界范围内有例可循。目前,世界上许多国家从严厉打击毒品犯罪的角度考虑界定了制造毒品的范畴,如有的国家对于毒品制造定的罪名是生产毒品罪,其范围非常广泛,凡是混合加工生产成的毒品,即使分子结构没有变化,如从粉末状加工成水质的针剂形态,也定为生产毒品罪。我国理论界大部分观点认为,制造毒品可归纳为以下几种情形:一是将毒品以外的物作为原料,提取或制作成毒品,如将罂粟制成为鸦片;二是毒品的精制,即去掉毒品中的不纯物,使之成为纯毒品或纯度更高的毒品,如去除海洛因中所含的不纯物;三是使用化学方法使一种毒品变为另一种毒品,如使用化学方法将吗啡制作成海洛因;四是使用化学方法以外的方法使一种毒品变为另一种毒品,如将盐酸吗啡加入蒸馆水,使之成为注射液;五是非法按照一定的处方针对特定人的特定情况调制毒品。根据一定的配方以符合特定人群吸食要求而配制混合型毒品“麻古”的过程,可以归入上述第五种的情形。在审判实践中,如排除通过物理方式加工、生产混合型毒品为制造毒品行为,势必会放纵此类犯罪,有违严厉打击毒品犯罪的基本政策。实践中,加工、生产混合型毒品的情况很多,危害性很大,制造混合型毒品“麻古”的过程并不是简单地在毒品中掺杂、掺假,也不仅仅是简单的几种毒品的混合,而是具有一定规模和技术含量的加工、配制过程。本案行为人专门雇佣了相关人员进行加工、生产,并请来具有专门制造“麻古”技术的人员对被雇佣者进行技术上的指导,运用自动压片机等机器设备,利用其他行为人提供的甲基苯丙胺和咖啡因为主要原料,根据一定的配方和配比度经过反复试验,并由其他行为人对生产出来的“麻古”进行质量把关后多次返工才制造成功,这个过程具有相当的技术性。虽然在此过程中并没有产生化学变化,但并非是几种毒品的简单混合,变化也不仅仅是毒品的口味,混合型毒品服用后会使人体产生不同于单一型毒品的药瘾性反应。此外,在实践中专门雇人生产混合型毒品的情况很普遍,被雇人员往往只是参与了加工、生产过程,并不参与毒品的运输、贩卖等过程,因此,如果加工、生产混合型毒品不认定为制造毒品罪,那么对这部分被雇人员无法追究刑事责任,不能使他们承受刑罚的震慑力。即使原来的雇主因贩卖毒品等罪名被追究刑事责任,而他们由于受现实利益的牵引,可能还会投向其他的雇主,继续从事生产、加工混合型毒品的活动,这无疑不利于打击毒品犯罪。[参见第501号案例,高国亮、李永望等贩卖、制造毒品案,载《刑事审判参考》总第63集(2008年第4集),法律出版社,第50～53页。执笔:宋楚潇、嵇晶晶]

▽以毒品冲抵部分买卖枪支价款的行为构成贩卖毒品罪且贩卖毒品行为与非法买卖枪支行为之间不存在牵连关系,应予数罪并罚

以毒品冲抵部分买卖枪支价款的行为能否构成贩卖毒品罪。贩卖毒品行为与非法买卖枪支行为之间不存在牵连关系,应予数罪并罚。[参见第463号案例,庄木根、刘平平、郑斌非法买卖枪支、贩卖毒品案,载《刑事审判参考》总第59集(2007年第6集),法律出版社,第3～6页。执笔:朱铁军]

▽在集团性毒品犯罪案件中,对受雇专门从事交接毒品的行为人的定罪方法

在集团性毒品犯罪案件中,大毒枭未归案,对其他归案的行为人怎样定罪,应当根据具体案件进行具体分析。要分析行为人具体实施了何种行为,对于受雇运输,且没有在犯罪过程中实行过限,即超出原雇用范围而进行了其他毒品犯罪行为的,宜以运输毒品罪定性;对于受雇为毒品买主或者卖主交换毒品或者毒资,即使未参与商定毒品价格,也宜以贩卖毒品罪定性;对于无法认定其是运输还是贩卖的,则宜就低认定为非法持有毒品罪。本案二行为人分别受不同毒贩的雇用而专门从事交接毒品活动,二人分属于不同的雇主,行为人属于卖方人员,另一行为人属于买方人员,他们之间不存在共同犯罪问题,而各自分别与其雇主构成贩卖毒品罪的共犯,因此,应认定贩卖毒品罪。[参见第373号案例,梁国雄、周观杰等贩卖毒品案,载《刑事审判参考》总第47集(2005年第6集),法律出版社,第39～40页。执笔:薛淑兰、蔡金芳]

▽在集团性毒品犯罪案件中,对受雇专门从事交接毒品的行为人主从犯的认定

对受雇从事毒品犯罪活动的人员,不能一概认定为从犯。至于何种情况下认定为主犯,何种情况下认定为从犯,则应根据案件情况具体分析。本案二行为人所实施的行为看,他们交接毒品的行为是贩卖毒品罪中的重要一环,没有他们的行为,毒枭的毒品交易就无法完成。虽然是受雇用进行毒品交接犯罪,但他们在毒品交接中均起主要作用,且即使他们是专门受雇进行毒品交接的人,也不是仅仅只是交接这一次,因为在他们的住处均查获了大量毒品,故应认定他们系主犯。[参见第373号案例,梁国雄、周观杰等贩卖毒品案,载《刑事审判参考》总第47集(2005年第6集),法律出版社,第41页。执笔:薛淑兰、蔡金芳]

▽行为人有无贩卖目的及贩卖经历,是认定贩卖毒品罪的关键

正确区分非法持有毒品的行为究竟是贩卖毒品还是非法持有毒品,关键看行为人的目的。如果行为人拿着毒品进行贩卖的时候被抓获，行为人贩卖毒品的事实清楚，证据充分，认定贩卖毒品罪不存在任何障碍。在查获的毒品尚未交易，且数量较大的情况下，认定行为人的行为性质关键看有无证据证明行为人有贩卖目的及贩卖经历。如果有证据表明行为人有贩卖毒品经历，虽然所查获的部分毒品尚未交易，在排除行为人用于吸食的情况下，亦可以贩卖毒品定罪。也就是说，如果行为人有贩卖毒品的故意，且有证据证明行为人以往有贩卖毒品的经历，那么，行为人持有毒品的行为可以认定为贩卖毒品的一个环节，最终以贩卖毒品罪定罪处刑。[参见第375号案例，张玉英非法持有毒品案，载《刑事审判参考》总第47集(2005年第6集)，法律出版社，第58~59页。执笔：张杰]

▽被告人既运输毒品又贩卖毒品行为，构成贩卖、运输毒品罪

行为人运输毒品又贩卖毒品，构成贩卖、运输毒品罪。关于毒品犯罪案件的定罪问题，《最高人民法院关于全国法院审理毒品犯罪案件工作座谈会纪要》(刑法本条附文以下简称《南宁会议纪要》现已废止)明确说明，刑法本条规定的"走私、贩卖、运输、制造毒品罪"是选择性罪名。在新的司法解释出台以前，认定以上犯罪，原则上仍应按照《最高人民法院关于适用〈全国人民代表大会常务委员会关于禁毒的决定〉的若干问题的解释》(已失效)确定罪名。对行为人对同一宗毒品实施了两种以上犯罪行为并有确凿证据的，应当按照所实施的犯罪行为的性质并列确定罪名。罪名不以行为实施的先后、危害后果的大小排列，一律以刑法条文规定的顺序表述，但不实行并罚。本案行为人从广东省惠来县将海洛因运输到福建省厦门市贩卖的行为，不仅构成了贩卖毒品罪，也构成了运输毒品罪，原判仅认定行为人构成了贩卖毒品罪不当。鉴于原审法院以行为人主要犯罪行为确定了罪名，根据《南宁会议纪要》(现已废止——编著者注)规定的如一审法院根据主要犯罪行为确定罪名的，二审法院可不再变动的规定精神，二审法院和本院在复核本案时没有再改判定性。(本案有关对同一宗毒品既贩卖，又运输行为的定罪判决旨意与《刑事审判参考》总第47集中第375号案例，张玉英非法持有毒品案判决旨意相矛盾，编者认为，第375号案例，张玉英非法持有毒品案判决旨意较符合立法精神和刑法有关理论，即按贩卖毒品罪定罪。——编著者注)[参见第364号案例，李惠元贩卖毒品案，载《刑事审判参考》总第46集(2005年第5集)，法律出版社，第43~44页。执笔：张思敏]

▽贩卖海洛因数量大，但海洛因含量较低的量刑原则

最高人民法院《毒品座谈会纪要》中明确说明，根据刑法的规定，对于毒品的数量不以纯度折算。但对于查获的毒品有证据证明大量掺假，经鉴定查明毒品含量极少，确有大量掺假成分的，在处刑时应酌情考虑。特别是掺假之后毒品数量才达到判处死刑的标准的，对行为人可不判处死刑立即执行。本案行为人贩卖海洛因的次数多、数量大，又系再犯，本应依法从重处罚。但本案查获的302克海洛因经鉴定含量仅为3.98%，由他人经手贩卖、行为人存放在其租住处的146克海洛因亦来作含量鉴定，另外150克海洛因被行为人贩卖销售，因其购买的海洛因均系从同一地点向同一人购买的，从有利于行为人的权益考虑，未作含量鉴定的和被其销售的海洛因亦应按被查获的经鉴定的海洛因含量3.98%计算。那么，行为人贩卖的海洛因共计598.2克，经计算，不足纯海洛因24克，这与法律规定和最高法院掌握的判处死刑的标准有较大差距。鉴于行为人贩卖的毒品含量较低，对其判处死刑，可不立即执行。[参见第364号案例，李惠元贩卖毒品案，载《刑事审判参考》总第46集(2005年第5集)，法律出版社，第44页。执笔：张思敏]

▽不能按纯度折算后认定其贩卖的毒品数量

《刑法》第三百五十七条第二款明确规定"毒品的数量以查证属实的走私、贩卖、运输、制造、非法持有毒品的数量计算，不以纯度折算。"实践中，犯罪分子为获得更多非法利润，在毒品中掺杂、掺假，是一种常见现象。吸毒人员所购得用于吸食的毒品，含量有较大差异，有的仅为千分之几，甚至万分之几。本案就是毒品含量极低的一个典型案件，海洛因含量平均仅为0.064%。鉴于纯度高的毒品可以通过掺杂方法实现数量由少变多，增加了社会上的毒品总量，其危害整体上要大于纯度低的毒品，故对于贩卖纯度极低毒品的案件,司法机关在量刑时不能不考虑纯度因素,这是准确理解和贯彻罪责刑相适应原则,实现刑罚公正的要求。但是,刑法已经明确规定毒品数量不以纯度折算,这一规定必须执行。无论行为人贩卖的毒品纯度多低,只要经鉴定确认是毒品,就应当以查获的或者有证据证实的毒品数量来认定其毒品犯罪的数量,而不能以纯度折算后的毒品来认定其毒品犯罪的数量。本案行为人贩卖的是海洛因针剂,含量极低,总计318克针剂中的纯海洛因只有0.205克,但不能据此认定行为人贩卖的毒品数量为海洛因0.205克,否则就违反了法律的明文规定,有违罪刑法定原则。[参见第500号案例,赵廷贵贩卖毒品案,载《刑事审判参考》总第63集(2008年第4集),法律出版社,第44～45页。执笔:竹莹莹]

▽贩卖海洛因含量低的毒品,不能适用《刑法》第六十三条第二款在法定刑以下量刑,但可以在法定刑幅度内酌情从轻处罚

《刑法》第六十三条第二款规定:"犯罪分子虽然不具有本法规定的减轻处罚情节,但是根据案件的特殊情况,经最高人民法院核准,也可以在法定刑以下判处刑罚。"该款是关于特殊减轻处罚的规定。刑事案件情况复杂,当某些行为符合某一犯罪的构成要件,但如果按照对应的法定刑来处罚会导致量刑过重时,为了避免处罚过重,刑法规定了法院对某些特殊案件的被告人在不具备法定减轻处罚情节时,也可以在法定刑以下量刑的权利,以确保裁判真正做到罪责刑相适应。毒品犯罪案件,属于法律规定和刑事政策上应予严厉打击的犯罪类型,一般不适用刑法第六十三条第二款的规定予以减轻处罚。如果除毒品含量极低外,还有其他酌定从轻处罚情节,如行为人贩卖的毒品数量更少,犯罪动机也具有一定的可宽宥性等,则存在减轻处罚的余地。但本案的实际情况是,行为人仅有贩卖毒品含量低这一酌定从轻处罚情节,仅此尚不足以成为对其在法定刑以下减轻处罚的理由。实际上,本案毒品含量虽低,但其危害社会应重视。这种海洛因针剂被人体吸收的效果大于口服,易使人产生欣快感,其对人体的危害并不因其含量低而必然小;同时,这种海洛因针剂价格低廉,适合低收入人群尤其是青少年使用,易造成海洛因的扩散和蔓延。如果对此类案件的行为人减轻处罚,客观上会降低刑罚遏制此类严重犯罪的功效,对于严厉打击毒品犯罪整体不利。只不过,考虑到本案毒品含量极低,其危害性相对小于含量高的毒品,根据2000年《毒品座谈会纪要》"对于查获的毒品有证据证明大量掺假,经鉴定查明毒品含量极少,确有大量掺假成分的,在处刑时应酌情考虑"的规定,对行为人可以在法定刑幅度内酌情从轻处罚。[参见第500号案例,赵廷贵贩卖毒品案,载《刑事审判参考》总第63集(2008年第4集),法律出版社,第45～46页。执笔:竹莹莹]

▽毒品犯罪中主犯、从犯的认定及刑罚适用原则

对于毒品共同犯罪应当区分主犯和从犯。在共同犯罪中起意贩毒、为主出资、毒品所有者以其他起主要作用的是主犯;在共同犯罪中起次要或者辅助作用的是从犯。对于确有证据证明在共同犯罪中起次要或者辅助作用的,不能因为其他共同犯罪人未归案而不认定为从犯,甚至将其认定为主犯或者按主犯处罚。只要认定了从犯,无论主犯是否到案,均应依照并援引刑法关于从犯的规定从轻、减轻或者免除处罚。对于无法区分主、从犯的,要根据行为人在共同犯罪中的作用和罪责大小确定刑罚。共同犯罪中能分清主、从犯的,不能因为涉案的毒品数量特别巨大,就一律将行为人认定为主犯并判处重刑甚至死刑。受雇于他人实施毒品犯罪的,应根据其在犯罪中的作用具体认定为主犯或者从犯。受他人指使实施毒品犯罪并在犯罪中起次要作用的,一般应认定为从犯。[参见第367号案例,张玉梅、刘玉堂、李永生贩卖毒品案,载《刑事审判参考》总第46集(2005年第5集),法律出版社,第63～64页。执笔:聂洪勇]

▽毒品犯罪中主犯、从犯的认定及其刑罚适用

行为人既不是贩毒犯意的提起者,也不是出资者和毒品的所有者,在共同犯罪中不是处于主犯的地位,在购买毒品的犯罪过程中起的是次要和辅助作用,应认定为从犯。但是,行为人虽然是受他人的邀约为其运输毒品,但他明知是毒品而为他人检验毒品质量,并参与运输毒品,且他人4次购买的毒品都是由行为人携带运回福建的。行为人在运输毒品的过程中起的作用较大,应认定其为主犯。虽然行为人在共同犯罪的运输毒品过程中起主要作用,且运输毒品数量大,应依法惩处。但考虑到行为人不是毒品货主,只是应购毒人他人的邀约为其检验毒品质量,在他人的指使下携带从广东购买的毒品与他人一起返回福建,归案后认罪态度较好,对其判处死刑,可不立即执行。故以贩卖、运输毒品罪改判行为人死刑,缓期二年执行,剥夺政治权利终身,并处没收个人全部财产。[参见第366号案例,黄德全、韦武全、韦红坚贩卖毒品案,载《刑事审判参考》总第46集(2005年第5集),法律出版社,第53~54页。执笔:任宪成]

▽死刑复核案件中,对于毒品大量掺假的情况,量刑时应予以考虑

刑法本条第二款明确规定,毒品的数量以查证属实的走私、贩卖、运输、制造、非法持有毒品的数量计算,不以纯度折算。对于不是判处死刑的毒品犯罪案件,严格遵照这一规定是不存在问题的。因为即使行为人因毒品犯罪被判处较重的刑罚,但毕竟不是判处死刑,既体现立法从严惩治毒品犯罪的精神,又不会违背罪责刑相适应的刑罚原则。而对于判处死刑的案件,不分具体情况,机械地执行这一规定,就可能产生较大的偏差,有失刑罚的公正。在司法实践中,有的毒品犯罪案件中查获的毒品数量很大,但含量极少,甚至有含量为零点几、零点零几的情况。如果按纯度折算后,有的案件中毒品的数量根本达不到判处死刑的数量标准。如果不按纯度折算,仅仅以毒品的数量作为标准,则其数量可能大大超过判处死刑的数量标准。在判处死刑的毒品犯罪案件中,不按纯度折算,只要在查获的毒品中,经刑事科学技术鉴定,检出了毒品的成分,不管含量多少、纯度高低,只要达到判处死刑的标准,就判处死刑,这种做法失之过严。虽然立法有明确规定,毒品的数量以查证属实的走私、贩卖、运输、制造、非法持有毒品的数量计算,不以纯度折算,但是如果不考虑实践中的客观情况,一概而论,是存在很大问题的。从公平正义的角度而言,同样是贩卖海洛因50克的行为,100%的海洛因含量和0.01%的海洛因含量,其社会危害性是不能同日而语的。因为50克100%含量的海洛因,如果要稀释成0.01%含量的海洛因,则可以稀释成上百克。在绝对数量上增加了很多,但在社会危害性上,却仍然相当于50克海洛因的社会危害性。正因为如此,最高人民法院在2000年4月4日公布的《南宁会议纪要》(现已废止——编著者注)中指出:"根据刑法规定,对于毒品的数量不以纯度折算。但对于查获的毒品有证据证明大量掺假,经鉴定查明毒品含量极少,确有大量掺假成分的,在处刑时应酌情考虑。特别是掺假之后毒品的数量才达到判处死刑的标准的,对被告人可不判处死刑立即执行。为掩护运输而将毒品融入其他物品中,不应将其他物品计入毒品的数量。"这一规定清楚地表明,虽然立法上有明确的规定,毒品犯罪不以纯度折算,但在司法实践中是不能一概而论的,尤其是对于判处死刑的案件。当然,《纪要》规定的是"经鉴定查明毒品含量极少",在处刑时应酌情考虑。司法实践中,对"毒品含量极少"的认定,这完全属于法官自由裁量权的范畴,应结合案件具体作具体的分析。但根据《南宁会议纪要》(现已废止——编著者注),有一点是可以肯定的,那就是不管毒品含量是否属于极少,行为人在掺假之后毒品的数量才达到判处死刑的标准的,对行为人一般是不判处死刑立即执行。[参见第367号案例,张玉梅、刘玉堂、李永生贩卖毒品案,载《刑事审判参考》总第46集(2005年第5集),法律出版社,第61~63页。执笔:聂洪勇]

▽贩卖毒品罪与非法持有毒罪区别的关键是是否具有贩卖的主观目的

贩卖毒品,固然在一定的阶段可以表现为非法持有毒品,但两罪是有本质区别的。区别的要点在于,是否有足够的证据证明毒品持有人对该宗毒品具有贩卖的主观目的。[参见第284号案例,黄学东非法持有毒品案,载《刑事审判参考》总第36集(2004年第1集),法律出版社,第58~63页。执笔:翰林]

▽贩卖毒品犯罪中的居间介绍行为的处理方法

毒品买卖活动中的居间介绍人和居间介绍行为是比较普遍的。根据居间介绍人在毒品买卖活动中的作用,大体可分为以下三种基本形式:一是为购毒者寻找介绍毒品卖主;二是为卖毒者寻找介绍毒品买主;三是兼具有为购毒者寻找介绍毒品卖主和为卖毒者寻找介绍毒品买主两种行为。就毒品买卖中的购毒者而言,其购买毒品的目的大体上有两种:一是自己吸食;二是为贩卖而购买。为个人吸食而购买毒品的,除特定情况下可以非法持有毒品罪追究刑事责任外,一般不作为犯罪处理,但为贩卖而购买毒品的以及出卖毒品的,只要具有其一,均须以贩卖毒品罪论处。对毒品买卖中的居间介绍行为也应分别情况而论:(1)居间介绍人为吸毒者介绍卖毒者,帮助吸毒者购买毒品的。在这种情况下,居间介绍人的行为在客观上虽然对卖毒者的贩毒活动起到了帮助作用,促成了毒品交易,具有一定的社会危害性,但从主观上看,居间介绍人并没有帮助卖毒者进行贩卖毒品的故意,而仅是为了帮助吸毒者能够买到毒品,使其达到消费毒品的目的。因此,原则上不能以贩卖毒品罪的共犯论处。对此,最高人民法院2000年下发的《南宁会议纪要》(现已废止——编著者注)中也明确指出:有证据证明行为人不是以营利为目的,为他人代买仅用于吸食的毒品,毒品数量未超过刑法第三百四十八条规定数量最低标准,构成犯罪的,托购者、代购者均构成非法持有毒品罪。该规定表明,即便是为吸毒者向贩毒者代购毒品的,只要不是以从中加价牟利为目的,都不能以贩卖毒品罪的共犯论处。如需定罪处罚的,也只能以非法持有毒品罪追究刑事责任。(2)居间介绍人为以贩卖毒品为目的的购毒者介绍卖毒者,帮助其购买毒品的。在这种情况下,只要居间介绍人明知他人购买毒品的目的是贩卖,仍为之介绍卖毒者,帮助其购买毒品的,无论其是否从中获利,都表明其与以贩卖毒品为目的的购毒者之间存在共同故意,并成为后者的帮助犯,应以贩卖毒品罪的共犯论处。反之,如果居间介绍人确实不知他人购买毒品的目的是贩卖,虽然其居间介绍行为客观上促成了交易双方的毒品贩卖活动,但既不能成立以贩卖毒品为目的的购毒者的帮助犯,也不能成立卖毒者的帮助犯,即不应以贩卖毒品罪的共犯论处。(3)居间介绍人为卖毒者介绍买毒人,在二者之间牵线搭桥,促成毒品交易的,不论居间介绍是否从中获利,只要居间介绍人明知是出卖毒品,就得成立卖毒者的帮助犯,应当以贩卖毒品罪的共犯论处。[参见第248号案例,马盛坚等贩卖毒品案,载《刑事审判参考》总第32辑(2003年第3辑),法律出版社,第63~65页。审编:沈亮]

▽贩卖毒品罪既遂的认定

最高人民法院在1994年颁布的《关于适用全国人民代表大会常务委员会关于禁毒决定的若干问题的解释》中,曾将“贩卖毒品”,解释为是指“明知是毒品而非法销售或者以贩卖为目的而非法收买毒品的行为”。据此,司法实践中对以下三种行为,均按刑法第三百四十七条的规定以贩卖毒品罪的既遂论处:一是为贩卖而非法购买毒品的行为,此类犯罪,不以行为人买入毒品后是否来得及转手倒卖为条件;二是非法出售毒品的行为,此类犯罪,不以行为人所出售毒品的来源是否查清为必要(主要针对定罪而言);三是购买毒品或者以其他方法获得毒品后再非法出售的行为。尽管从严格的语义分析看,典型的“贩卖”(尤其是既遂)似应指前述的第三种情况,但上述司法解释对“贩卖”所作的“扩张解释”是符合毒品犯罪特征和打击毒品犯罪实际的。这是因为,对为贩卖而非法购买毒品而言,由于贩卖毒品所致的严重的社会危害性,不可能等到行为人转手出卖以后才予以打击;而对非法出售毒品而言,实践中又常常很难查清毒品的来源。根据最高人民法院对“贩卖毒品”所作的解释以及司法实践,如果毒品交易的卖方不是公安特情和公安机关,而是其他真正的毒贩,由于交易双方已就毒品交易种类、数量、价格、时间、地点等基本交易事项达成一致,那么,即使交易双方未能实际完成毒品交易而被公安机关当场抓获的,对毒品交易的双方都应以“能犯的”既遂处理。这一点是认定贩卖毒品罪与其他刑事犯罪既未遂问题的一项重要区别。但本案的特殊性在于,出面与行为人进行所谓“毒品交易”,充当毒品“卖方”的实际上是公安特情和公安机关。公安特情和公安机关没有也不可能真正将毒品卖给行为人。即本案行为人事实上从一开始就不可能实现其为贩毒而购毒的犯罪目的。对这种因犯罪分子意志以外的因素而不可能实现其贩毒目的的情形,应当根据刑法第二十三条第二款的规定,对其比照既遂犯予以从轻或减轻处罚,以真正贯彻、落实刑法第五条规定的"刑罚的轻重,应当与犯罪分子所犯的罪行和承担的刑事责任相适应",即所谓的罪责刑相适应原则。[参见第208号案例,苏永清贩卖毒品案,载《刑事审判参考》总第28辑(2002年第5辑),法律出版社,第72~73页。]

▽走私目的不影响走私毒品罪的成立

走私毒品罪,是指逃避海关监管,非法运输、携带、邮寄毒品进出国边境的行为。行为人走私毒品通常是以继续贩卖牟利为目的,但也不排除行为人可以另有其他目的,包括可能是用以个人吸食或部分吸食等等。就走私毒品罪的构成而言,只要行为人明知是毒品,主观上具有非法运输、携带、邮寄毒品进出国边境的故意,客观上实施了逃避海关监管,非法运输、携带、邮寄毒品进出国边境的行为,即符合走私毒品罪的构成,至于其将毒品运出(入)国边境是何目的,并不影响本罪的成立。[参见第163号案例,郑大昌走私毒品案,载《刑事审判参考》总第24辑(2002年第1辑),法律出版社,第89页。执笔:常朝晖]

▽应以查获的毒品数量认定为行为人走私毒品的数量

行为人是吸毒者,且现有证据不能排除行为人走私毒品是用于个人吸食或部分吸食。在这种情况下,认定行为人走私毒品的数量不应刨除其可能用于个人吸食的毒品数量。第一,行为人虽有将其走私的毒品用于个人吸食或部分吸食的可能,但并不能确定其走私的365克海洛因中,究竟有多少是用于自己吸食。也就是说,在不能排除其将走私毒品用于个人吸食的同时,也不能排除其将走私毒品的全部或部分用于贩卖的可能。第二,《南宁会议纪要》(现已废止——编著者注)中规定:对以贩(毒)养吸(毒)的被告人,被查获的毒品数量应认定其为犯罪的数量,但量刑时应考虑被告人吸食毒品的情节。行为人一方面走私毒品数量很大,另一方面又是吸毒者,虽不同于以贩养吸,但亦可参照上述规定精神办理。特别是,无论行为人走私毒品是基于何种目的,但全部因走私被查获是不争的事实。因此,认定行为人走私毒品的数量,应该以查获的海洛因数量为准,而无须考虑其走私、吸食的海洛因数量各有多少。[参见第163号案例,郑大昌走私毒品案,载《刑事审判参考》总第24辑(2002年第1辑),法律出版社,第90页。执笔:常朝晖]

▽吸毒者实施毒品犯罪,有可能部分用于个人吸食的,在量刑时一般应当予以考虑

刑法本条规定,走私毒品,无论数量多少,都应当追究刑事责任。走私海洛因50克以上的,判处十五年有期徒刑、无期徒刑或者死刑,并处没收财产。刑法第六十一条规定,决定犯罪分子刑罚的时候,应当根据犯罪的事实、犯罪的性质、情节和对于社会的危害程度,依照本法的有关规定判处。这是刑法第五条"罪刑相适应原则"的具体体现,也是人民法院正确定罪量刑的依据。《南宁会议纪要》(现已废止——编著者注)中明确指出:毒品犯罪数量对毒品犯罪的定罪,特别是量刑具有重要作用。但毒品数量只是依法惩处毒品犯罪的一个重要情节而不是全部情节。在决定量刑时,对毒品数量标准不能简单化。特别是对行为人可能判处死刑的案件,确定刑罚必须综合考虑行为人的犯罪情节、危害后果、主观恶性等多种因素。因此,《南宁会议纪要》(现已废止——编著者注)规定:对以贩养吸的被告人在决定量刑时,既要考虑涉案毒品数量,又要考虑被告人吸毒的情节。对于毒品数量虽已达到实际掌握判处死刑的标准,但可能有部分毒品是用于自己吸食而非全部用于出售的,在决定是否判处死刑立即执行时,更要慎重对待。对危害后果不是特别严重,或者被告人的主观恶性不是特别大,或者具有可酌情从轻处罚等情节的,可不判处死刑立即执行。[参见第163号案例,郑大昌走私毒品案,载《刑事审判参考》总第24辑(2002年第1辑),法律出版社,第90~91页。执笔:常朝晖]

▽正确认定藏匿、储存毒品行为的性质,关键要看行为人的主观故意

如果有证据证明行为人以走私、贩卖毒品为目的,那么,行为人藏匿或储存毒品的行为就是走私、贩卖毒品行为的组成部分,构成走私、贩卖毒品罪;如果行为人不具有走私、贩卖毒品的目的,或者未掌握这方面的证据,那么,行为人的行为则构成非法持有毒品罪。如行为人贩卖毒品的事实清楚、证据充分,而被查获的部分毒品处于尚未交易,即非法持有的状态。对这类犯罪行为,应把行为人的犯罪事实作为一个整体看待。如果行为人主观上有贩卖毒品的故意,客观上有贩卖毒品的经历,并且,行为人本人不吸毒或者行为人虽然吸毒,但藏匿或储存的毒品数量明显超过个人吸食所需数量,那么,行为人非法持有毒品的行为应视为是为贩卖毒品做准备,是贩卖毒品行为的组成部分,应以贩卖毒品罪定罪。[参见第108(105)号案例,张敏贩卖毒品案,载《刑事审判参考》总第16集(2001年第5辑),法律出版社,第39页。执笔:宋楚潇]

▽以贩卖为目的而藏匿海洛因的行为构成贩卖毒品罪

犯罪目的存在于行为人的主观方面。在行为人拒不供认的情况下,不能主观臆测,但也不能简单地因为行为人拒不供认,便以指控的罪名认定,放纵可能严重的犯罪。必须依据客观行为来综合分析判断。首先,没有证据证明行为人有吸毒行为,而且,如果行为人单纯为了吸毒也不可能持有这样大量的毒品。所以,其藏匿23914克海洛因的行为与走私、贩卖、运输或者制造毒品有关。从本案发案地在大城市、又有毒品消费人群来看,行为人藏匿毒品的行为有可能是为了贩卖,或者与他人共同贩卖。其次,行为人的妻子高某证实,1997年6月,行为曾因贩卖毒品被新疆公安机关刑事拘留并罚款。后两人商量过到上海贩卖海洛因,其曾在住处见到过藏匿的海洛因。最后,新疆伊犁地区公安处证实,1997年6月行为因向他人出售海洛因被刑事拘留,抓获时只查获海洛因2.5克,故只处罚款2000元。这与其妻的证明结合在一起,足以证明其有贩卖毒品的历史。而新疆伊犁地区公安处提供的证人证言均证实,从行为人手中多次买过海洛因。因路途遥远,无法当庭质证,但可在使用其他证据时参考。将这些证据结合起来考虑,再综合查获本案的情节,认定行为人以贩卖为目的而藏匿海洛因是有充分依据的。[参见第54号案例,李伊斯麻贩卖毒品案,载《刑事审判参考》总第7辑(2000年第2辑),法律出版社,第47～48页。审编:王玉琦]

▽对于有立功表现的毒品犯罪分子适用刑罚原则

司法实践中有的法院对有检举、揭发同案犯共同犯罪行为表现的犯罪分子,往往以虽有从轻处罚情节,但贩卖毒品数量特别巨大,不足以从轻处罚为由,对行为人不予从轻处罚,这种做法是不符合法律规定的。[参见第27号案例,金铁万、李光石贩卖毒品案,载《刑事审判参考》总第4辑(1999年第4辑),法律出版社,第23页。审编:裴显鼎]

▽运输毒品犯罪的处刑原则

对运输毒品案件行为人的处刑,应当根据刑法第六十一条规定的量刑原则,结合案件的具体情况,如行为人运输毒品的数量、对所运输毒品的明知程度以及其他情节,依法判处刑罚。毒品数量是确定毒品犯罪案件行为人刑罚的重要法定情节,但不是处刑的唯一标准。在司法实践中,不能只强调毒品数量,而忽视案件的其他情节,而应当结合案件的具体情况,根据行为人的主观恶性程度,判处的刑罚应当与犯罪分子所犯罪行相适应。运输毒品的犯罪人多为他人雇佣而实施犯罪,其主观恶性因案各异:有的运输之前就知道是毒品、有的在运输中才推测出是毒品、有的意识到自己运输的只是违禁品,这反映出同是运输毒品,而不同案件的行为人主观恶性不同,对此,应当作为酌定情节在处刑时予以考虑。[参见第28号案例,马俊海运输毒品案,载《刑事审判参考》总第4辑(1999年第4辑),法律出版社,第27页。审编:黄尔梅]

▽走私毒品大麻处刑的标准

1997年刑法只对以鸦片、海洛因、甲基苯丙胺为对象的毒品犯罪规定了处刑的毒品数量标准,而对吗啡、大麻、可卡因以及其他麻醉药品和精神药品处刑的数量标准没有规定。对以吗啡、大麻、可卡因以及其他麻醉药品和精神药品为对象的毒品犯罪,根据特定毒品与海洛因的相当值确定处刑的数量标准。根据我国目前存在的吸食毒品现象中,基本以吸食海洛因和鸦片为主的实际情况,参照毒品犯罪比较严重的有关国家对几类毒品的换算表(如大麻的相当值为1克海洛因=1000克大麻),制定了国际上几种常见毒品与海洛因的换算值,供处理毒品案件时参考。其中,1 克海洛因 =1000 克大麻,即 1 克大麻 =0.001 克海洛因。为适应打击毒品犯罪的迫切需要,在司法实践中可以参照这一相当值,对以大麻为对象的毒品犯罪予以惩处。[参见第 11 号案例,黄赏等走私毒品案,载《刑事审判参考》总第 2 辑(1999 年第 2 辑),法律出版社,第 24~25 页。审编:任卫华]

▽毒品数量不是决定行为人处刑的唯一标准

《刑法》第六十一条规定,"对于犯罪分子决定刑罚的时候,应当根据犯罪事实、犯罪的性质、情节和对于社会的危害程度,依照本法的有关规定判处"。犯罪情节是处刑的一个重要依据。有法定情节的,应当依法处刑;没有法定情节,但有酌定情节的,一般也可以作为处刑的依据。酌定情节是法定情节的必要补充。就酌定从轻情节而言,根据不同案件可以从犯罪动机、悔罪表现、社会危害程度、退赃、赔偿损失情况等方面综合考虑。行为人具有酌定情节,可以从轻处罚的,即应对其从轻处刑。行为人为非法牟利而运输海洛因的行为,已构成运输毒品罪,且数量大,论罪应当判处死刑,但其也有以下酌定从轻处罚的情节:1. 运输毒品系初犯。犯罪分子的一贯表现,如是初犯、偶犯,还是惯犯、累犯,对于量刑有重要的参考作用。2. 认罪态度较好。犯罪分子认罪态度的好坏,反映出犯罪分子人身危害性的大小及改造的难易程度,是量刑的一个酌定情节。3. 主观恶性很小,运输的毒品没有扩散到社会。对社会的危害程度,对定罪和处刑的轻重都具有重要意义。综上,当前对毒品犯罪应当从重从快予以"严打",但具体判处毒品犯罪时,涉案毒品数量不是判处死刑的唯一标准。确定包括毒品犯罪在内的任何犯罪的刑罚,都应当综合犯罪事实、犯罪性质、情节和对于社会的危害程度,决定具体处刑。死刑依法只"适用于罪行极其严重的犯罪分子",而"罪行"的轻重,要从犯罪主体、客体、犯罪后果等方面综合考虑判定,不能仅根据毒品数量大就一律判处法定最高刑死刑。[参见第 12 号案例,唐友珍运输毒品案,载《刑事审判参考》总第 2 辑(1999 年第 2 辑),法律出版社,第 28~31 页。审编:张军]

▽行为人基于制造毒品的故意,因意志以外的原因未能制造出毒品的行为,构成制造毒品罪(未遂)

制造毒品罪,是指非法利用毒品原材料加工、提炼、配制毒品的行为,包括从毒品原植物中提炼毒品和利用化学合成方法加工、配制毒品的行为。根据刑法本条第一款的规定,制造毒品,无论数量多少,都应当追究刑事责任。该条第二、三、四款根据毒品数量的多少,配置了相应的法定刑。根据刑法该条规定,对"无论数量多少",应理解为首先是有"数量",因为没有"数量",就不存在"多"与"少"的问题。因此,只有制造出具有一定"数量"的毒品,才构成制造毒品罪的既遂。如果制造毒品失败,即行为人已购入制毒原材料并已开始制造但没有制造出成品的,因缺乏毒品数量要素,制毒行为没有产生法定的犯罪结果,根据刑法总则的相关规定,该行为应认定制造毒品罪的未遂。对于此种行为应如何量刑,应结合客观情况进行分析:(1)制造毒品失败的行为系由于制毒原材料大量掺假或制毒工艺存在无法弥补的缺陷等原因,客观上制毒不能成功的情况下,属于不能犯的未遂,因缺乏数量量刑依据,故可结合具体的犯罪情节比照既遂犯从轻或减轻处罚;(2)制造毒品失败的行为系由于制毒手法不熟练等原因,而客观上能够制毒成功的情况下,属于能犯的未遂,该行为的毒品数量能够推算出来,故可结合犯罪数量比照既遂从轻或减轻处罚。具体的毒品数量应根据行为人使用的制毒方法,按照"就低不就高"的原则来推算。行为人出于牟取暴利的目的,相约制造毒品氯胺醇,行为人还专门学习了制造方法,并邮购了制造氯胺醇的原材料,行为人购买了制造氯胺醇所需的无水乙醇(酒精)、盐酸、电子天平秤等工具和物品。虽然制造氯胺醇前期均以失败告终,没有制造出法律要求的毒品,但因被告人已经着手实施了制造毒品的行为,后续制毒成功的结果说明该行为可以制造出毒品,制毒失败的行为同样具有社会危害性,应以制造毒品罪(未遂)定罪处罚。具体的量刑数额,应当按照被告人的制毒方法,结合购买的制毒原材料数量(500 克氯胺酣碱),推算出可能制造出的毒品,并扣除后来制造出的 150 克 K 粉,以此确定既遂犯应适用的法定刑幅度,然后依照未遂的处罚原则量刑。[参见第 486 号案例,朱海斌等制造、贩卖毒品案,载《刑事审判参考》总第61集(2008年第2集),法律出版社,第54~56页。执笔:杜军燕 诸葛美容]

▽因制造出的毒品已经丢弃,无法进行检验,制毒原材料也无法提取的,对毒品的认定应具体分析

司法实践中,确定制造出的物品是否为刑法规定的毒品,通常需要进行毒品鉴定,这是认定毒品犯罪的依据,也是追究刑事责任的前提。对于制毒行为已经完成,成品却已灭失,如被丢弃或吸食,制毒原材料也无法提取的情形,因缺乏必要的毒品鉴定结论,亦没有充分的证据证实所制造出的物品即为刑法规定的毒品的,可分为以下几种情况处理:(1)在毒品灭失的情况下,仅有行为人供述的,亦缺乏其他相关证据证实行为人实施制毒犯罪的,如没有提取到制毒工具,亦没有证人证实购买制毒原材料的,不能仅依靠行为人的供述确定毒品数量并予以定案。根据刑事诉讼法第四十六条的规定,只有被告人供述,没有其他证据的,不能认定被告人有罪和处以刑罚。(2)在毒品灭失的情况下,毒品交易双方或者毒品共犯的行为人均供认已经制造出"毒品",且根据其他证据能够逻辑地推定制造出毒品的,应当认定犯罪既遂。毒品的数量可以根据双方一致的供认予以认定,若双方的供述不一致,则采取"就低不就高"有利被告的原则进行认定。(3)在毒品灭失的情况下,毒品交易双方或者毒品共犯的行为人均供认制造毒品,但对毒品的品质有疑义,因成品灭失致使无法鉴定,也缺乏证据证明制毒原材料为何物的,按照排除合理怀疑的证明标准,可以认定为犯罪未遂。具体的毒品数量应当根据行为人的供述,结合"就低不就高"原则来确定。根据2000年《南宁会议纪要》(现已废止——编著者注)的规定,对刑法本条规定的选择性罪名,当行为人同一宗毒品实施了两种以上犯罪行为并有相应确凿证据的,应当按照所实施的犯罪行为的性质并列确定罪名。罪名不以行为实施的先后、危害结果的大小排列,一律以刑法条文规定的顺序表述,如对同一宗毒品,既制造又走私的则以"走私、制造毒品罪"定罪,但不实行并罚。本案行为人虽然先实施的制造毒品犯罪行为,后实施的贩卖毒品犯罪行为,但根据上述《南宁会议纪要》的规定,罪名一律应以刑法条文规定的顺序表述,应为"贩卖、制造毒品罪"。[参见第486号案例,朱海斌等制造、贩卖毒品案,载《刑事审判参考》总第61集(2008年第2集),法律出版社,第56~57页。执笔:杜军燕 诸葛美容]

▽对毒枭是否适用死刑,应当考虑案件的具体情节予以确定

毒品数量是毒品犯罪量刑的重要情节或者说是量刑的基本情节,但不是量刑的唯一情节,对行为人判处刑罚,包括是否判处死刑,应当根据主客观相一致、罪刑相适应的原则,综合考虑案件的各种具体情节,在十五年有期徒刑、无期徒刑或是死刑间进行合理量刑。首先要考虑的是涉案毒品的种类。咖啡因,是从茶叶、咖啡果中提炼出来的一种生物碱,适度地使用有消除疲劳、兴奋神经的作用,临床上用于治疗神经衰弱和昏迷复苏。大剂量或长期使用则会对人体造成损害,且具有成瘾性,一旦停用会出现精神委顿、浑身困乏疲软等各种戒断症状。咖啡因的成瘾性较弱,戒断症状也不十分严重,其作为毒品的危害性较之苯丙胺类、吗啡等毒品都要小得多。我国根据精神药品使人体产生的依赖性和危害人体健康的程度,分为第一类精神药品和第二类精神药品。1996年1月卫生部公布的《精神药品品种目录》中,将咖啡因列入了第一类管制的精神药品之中,而国家食品药品监督管理局、公安部、卫生部公布的于2005年11月1日起施行的《麻醉药品和精神药品品种目录》中将咖啡因列为第二类精神药品。咖啡因作为第二类精神药品,与麻醉药品中的海洛因、第一类精神药品中的苯丙胺类、吗啡等毒品相比,危害性要小一些,故在以咖啡因为涉案物的毒品犯罪案件中,对行为人量刑时相对于涉案物为海洛因、苯丙胺类的适用的刑罚相应也要轻一些。其次要考虑的是毒品数量。毒品数量的多少在一定程度上决定了毒品犯罪危害性的大小,数量标准是正确适用死刑的重要情节,但并非唯一情节。2000年4月《南宁会议纪要》(现已废止——编著者注)中强调,"毒品数量只是依法惩处毒品犯罪的一个重要情节而不是全部情节。因此,执行量刑的数量标准不能简单化。特别是对行为人可能判处死刑的案件,确定刑罚必须综合考虑行为人的犯罪情节、危害后果、主观恶性等多种因素"。2008年9月《全国部分法院审理毒品犯罪案件工作座谈会纪要》(《大连会议纪要》)指出:“毒品数量是毒品犯罪案件量刑的重要情节,但不是唯一情节。对被告人量刑时,特别是在考虑是否适用死刑时,应当综合考虑毒品数量、犯罪情节、危害后果、被告人的主观恶性、人身危险性以及当地禁毒形势等各种因素,做到区别对待……量刑既不能只片面考虑毒品数量,不考虑犯罪的其他情节,也不能只片面考虑其他情节,而忽视毒品数量。”根据上述纪要精神,行为人贩卖或运输毒品咖啡因的数量已到实际掌握的从十五年有期徒刑到死刑的数量标准,但是在行为人没有法定加重、从重情节的情形下,应当是按照“从轻到重”的顺序,在十五年有期徒刑到死刑间的量刑幅度内选择合理的刑种,对于贩卖、运输咖啡因数量达到200千克以上的罪犯,首先应该考虑适用的是十五年有期徒刑;如果数量远远超过200千克,才逐渐递增考虑适用无期徒刑;最后才是考虑适用死刑。在选择刑种时,尤其是适用死刑时,绝不能仅考虑毒品数量问题,还得考虑其他犯罪情节。最后应综合考虑案件中的其他情节来确定适当的刑罚,如行为人有无自首、立功或者累犯等。《大连会议纪要》中强调:“对虽然已达到实际掌握的判处死刑的毒品数量标准,但是具有法定、酌定从宽处罚情节的被告人,可以不判处死刑……毒品数量达到实际掌握的死刑数量标准,具有下列情形之一的,可以不判处被告人死刑立即执行:(1)具有自首、立功等法定从宽处罚情节的……”本案行为人归案后,积极协助公安机关抓获同案犯,属重大立功表现,具有法定减轻处罚的情节。这里需要明确的是,死缓不是独立的刑种,而是死刑的一种执行制度,其适用的对象必须是应当判处死刑的犯罪分子。本案行为人贩卖、运输毒品咖啡因的行为论罪应判处死刑,但由于其具有减轻处罚的情节,适用刑罚时则需在死刑基础上降一格,即不得适用死刑,包括不应适用死缓。综合考虑本案情况,涉案毒品咖啡因与海洛因、甲基苯丙胺等毒品相比较,危害性相对要小一些,行为人具有法定或酌定从轻、减轻处罚的情节,因此虽然其涉案毒品数量均达到了刑法本条第二款第(一)项规定的数量标准,但并非罪行极其严重,可不判处死刑(包括死缓)。[参见第528号案例,武汉同济药业有限公司等四单位及孙伟民等人贩卖、运输、制造、转移毒品案,载《刑事审判参考》总第67集(2009年第2集),法律出版社,第9~13页。撰稿:杜伟夫　彭凌]

▽在家族式毒品共同犯罪中,行为人论罪当判死刑,但在共同犯罪中所起作用相对较小、所居地位相对较低,可酌情从轻处刑罚

根据《刑法》第六十一条,对于犯罪分子决定刑罚的时候,应当根据犯罪的事实、犯罪的性质、情节和对于社会的危害程度。在毒品犯罪案件中,毒品数量是决定行为社会危害性大小的重要标准。但毒品数量不是也不能成为定罪量刑的唯一标准,特别是对于共同毒品犯罪案件,更要考虑各行为人在共同犯罪中的地位作用,这是准确适用刑罚的前提。同理,对于家族式毒品共同犯罪的主犯,量刑时不应只看涉案的毒品数量,也要看在共同犯罪中的地位、作用。在司法实践中,一案有多个主犯的,量刑时应当具体分析各主犯所起作用大小、所居地位高低,做到区别对待。对于在共同犯罪中所居地位重要、所起作用大的主犯,量刑上应该重处;反之,对于在共同犯罪中所居地位较低、所起作用小的主犯,量刑上应有所区别,以体现罪刑的均衡。且量刑时不仅要按照行为人参与的犯罪所涉毒品数量,还要综合考量行为人在共同犯罪中的地位、作用,犯意的提出、毒资的筹集、毒源的寻找、毒品的出售、毒品是否流入社会造成实际危害等情节;同时,也要审查行为人是否具备法定的或其他酌定的从重、从轻、减轻处罚的情节。对于同属毒品共同犯罪的主犯,论罪当判死刑,但在对地位更高、作用更大的主犯判处死刑立即执行的情况下,对在共同犯罪中所起作用较小、所居地位较低的,尤其是本案这种家族式毒品共同犯罪中,从人道的角度出发,可以酌情从轻判处刑罚。[参见第530号案例,侯占齐、李文书、侯金山等人走私、贩卖毒品案,载《刑事审判参考》总第67集(2009年第2集),法律出版社,第25~27页。撰稿:张剑]

▽运输毒品罪适用死刑的一般标准的把握

对于运输毒品罪,既要看到其不同于走私、贩卖、制造毒品罪的特殊性,在量刑时予以区别对待,也要注重其一般性,对没有从宽处罚情节的行为人要依法判处刑罚。运输毒品罪的特殊性主要体现在,单纯的运输毒品只是毒品犯罪的中间环节,是走私、贩卖、制造毒品犯罪的辅助行为;并且,实践中运输毒品的行为人多是受人指使、雇佣的农民、边民或者无业人员,并非毒品所有者,犯罪目的只是赚取少量运费,主观恶性一般不大,社会危害性也相对较小。因此,最高人民法院 2008 年 12 月印发《大连会议纪要》提出,对于运输毒品犯罪中的这部分人员,在量刑标准的把握上,应当与走私、贩卖、制造毒品和具有严重情节的运输毒品犯罪分子有所区别,不应单纯以涉案毒品数量的大小决定刑罚适用的轻重;对有证据证明行为人确属受人指使、雇佣参与运输毒品犯罪,又系初犯、偶犯的,可以从轻处罚,即使毒品数量超过实际掌握的死刑数量标准,也可以不判处死刑立即执行。但是,如此规定并非意味着对于任何运输毒品犯罪均需要区别对待,对此,《大连会议纪要》同时指出,对于毒品数量超过实际掌握的死刑数量标准,不能证明行为人系受人指使、雇佣参与运输毒品犯罪的,可以依法判处重刑直至死刑。[参见第 531 号案例,赵扬运输毒品案,载《刑事审判参考》总第 67 集(2009 年第 2 集),法律出版社,第 30 ~31 页。撰稿:李彤 林涛]

▽运输毒品案件中毒品数量与死刑适用的关系

对毒品案件尤其是运输毒品案件量刑时,不能仅以数量标准为依据,而要结合其他量刑情节全面考虑,慎重决定是否适用死刑。毒品数量对毒品犯罪的刑罚适用起着至关重要的作用,不仅是区分某些毒品犯罪(如非法持有毒品罪)罪与非罪的界限,也是对同一毒品犯罪适用不同刑罚幅度的重要标准。特别是对走私、贩卖、运输、制造毒品罪,毒品数量直接关系到对犯罪分子能否适用死刑的问题。但是,如果单纯以毒品数量作为对毒品犯罪适用刑罚的标准,则不能完整、切实贯彻罪责刑相适应原则的要求。最高人民法院 2000 年印发的《南宁会议纪要》(现已废止——编著者注)明确指出:"毒品犯罪数量对毒品犯罪的定罪,特别是量刑具有重要作用。但毒品数量只是依法惩处毒品犯罪的一个重要情节而不是全部情节。因此,执行量刑的数量标准不能简单化。特别是对被告人可能判处死刑的案件,确定刑罚必须综合考虑被告人的犯罪情节、危害后果、主观恶性等多种因素。"最高人民法院 2008 年印发的《大连会议纪要》重申了这一精神,并完善了相关规定。对于运输毒品罪,尤其要强调"数量加情节"的量刑原则。由于刑法将运输毒品罪与走私、贩卖、制造毒品罪并列规定,配置了相同的法定刑,各地法院在审理运输毒品案件时,基本上是按照与走私、贩卖、制造毒品罪相同的量刑标准掌握的。但运输毒品罪有其特殊性,不能仅以运输毒品数量的大小决定刑罚适用的轻重。这主要是基于以下两点考虑:第一,走私、制造毒品是毒品犯罪的源头,贩卖毒品则直接造成毒品向社会扩散,而单纯的运输毒品只是这些犯罪的辅助行为,居于从属地位,社会危害性上有区别;第二,运输毒品的行为人绝大多数为受雇的农民、边民或无业人员,人体携毒者更有许多是妇女,并非毒品所有者。其犯罪原因往往是经济困难或受人利诱,动机只是出于赚取少量运费,主观恶性一般不大。鉴于此,本着罪责刑相适应原则,对这部分运输毒品犯罪分子的处刑,应当与走私、贩卖、制造毒品犯罪分子有所区别。《大连会议纪要》指出,对于运输毒品犯罪,要注意重点打击指使、雇用他人运输毒品的犯罪分子和接应、接货的毒品所有者、买家或者卖家;而对于有证据证明行为人确实受人指使、雇用参与运输毒品犯罪,又系初犯、偶犯的,可以从轻处罚,即使毒品数量超过实际掌握的死刑数量标准,也可以不判处死刑立即执行。[参见第 532 号案例,吉火木子扎运输毒品案,载《刑事审判参考》总第 67 集(2009 年第 2 集),法律出版社,第 34 ~36 页。撰稿:韩克]

▽现有证据不能排除行为人系为获取少量运费而受他人雇用运输毒品,对其不宜判处死刑立即执行

现有证据不能排除行为人系为赚取少量运费而受雇佣、指使运输毒品。卷中证据表明,另一行为人确有其人,且与行为人系亲戚关系。在侦查初期,另一行为人因其行为反常和经济方面的异常表现,首先被纳入侦查视线。在公安机关监控另一行为人的过程中,行为人因与其接触,而与其一起被锁定为毒品犯罪嫌疑人。公安机关实施拦截抓捕时,与行为人共同运输毒品的犯罪人逃跑,另一行为人也恰在行为人被抓后在逃。行为人始终稳定供述,其是为了获得500元报酬,受其亲戚邀约,与其一起运输毒品,公安人员实施抓捕时,在前面骑摩托车逃走的就是其亲戚。鉴于行为人与另一行为人一直处于侦查人员的监控之中,设卡拦截也是专门针对他们二人的。确信行为人是与另一行为人共同运输毒品。目前,另一行为人在逃,仅有行为人的供述在案,故无法完全查明行为人与另一行为人在运输毒品共同犯罪中各自的地位、作用。但结合本案的相关证据,从另一行为人与行为人在案发前的一贯表现及家庭经济情况综合分析,行为人系为赚取少量运费而受另一行为人雇佣、指使运输毒品的可能性极大。对行为人不宜判处死刑立即执行。首先,对受雇运输毒品的犯罪分子判处刑罚时,一般应与走私、贩卖、制造毒品和有严重情节的运输毒品犯罪分子有所区别,因为运输毒品与走私、贩卖、制造毒品相比,作为毒品犯罪的中间环节,社会危害性相对较低;同时,运输毒品罪的涉案人员大多是一些受指使或受雇佣的农民、边民或无业人员,犯罪动机往往只是因经济困难或受人利诱赚取少量运费,在犯罪中的地位、作用较轻,主观恶性也较小。根据最高人民法院2008年12月印发的《大连会议纪要》精神,对其可以不判处死刑立即执行。其次,毒品数量是毒品犯罪案件量刑的一个基本的、重要的情节,但不是唯一标准。在对毒品犯罪分子量刑时,特别是在考虑是否适用死刑时,应当综合考虑毒品数量、犯罪情节、危害后果、被告人的主观恶性、人身危险性等各种因素,做到区别对待。对虽然已达到实际掌握的判处死刑的毒品数量标准,但是涉案毒品数量不是特别大,且确属初次犯罪即被查获,未造成严重危害后果的,可以考虑不判处被告人死刑立即执行。[参见第533号案例,李补都运输毒品案,载《刑事审判参考》总第67集(2009年第2集),法律出版社,第39~42页。撰稿:李静然]

▽制造的毒品被贩卖,没有查获的,毒品数量的认定

制造的毒品被贩卖,没有查获的,应根据相关证据和案件的具体情况来认定毒品的数量。毒品数量是毒品犯罪案件的一个重要事实,也是定罪量刑的一个重要情节。在毒品犯罪案件中,毒品没有被查获的,毒品的数量一般是根据被告人的供述,按照"就低不就高"、有利于被告人的原则来认定,即在毒品没有被查获的情况下,毒品的数量一般根据被告人一致的供述来认定,若供述不一致的,则按照"就低不就高"、有利于被告人的原则来认定。但在制造毒品尤其是被告人多次制造毒品的案件中,如果被告人对某一起制造的毒品数量的供述不一致的,则还要根据案件的具体情况来确定制造毒品的数量。这些具体情况通常包括制毒原材料和设备是否相同、制毒方法是否一致、制毒过程中是否出现差错导致没有制造出毒品或者只制造出少量毒品等因素,同时参照另外几起所制造的毒品数量等因素综合判定。[参见第534号案例,王丹俊贩卖、制造毒品案,载《刑事审判参考》总第67集(2009年第2集),法律出版社,第46~47页。撰稿:丁成飞]

▽如何把握新型毒品案件的法律适用标准

在处理新型毒品案件时,应根据毒品的数量、社会危害性、犯罪情节、行为人的主观恶性和人身危险性等因素,确定对行为人应适用的刑罚。毒品数量的大小反映毒品犯罪行为社会危害性的大小,是毒品犯罪定罪量刑的重要情节。对于毒品案件量刑的标准,刑法本条规定了鸦片、海洛因、甲基苯丙胺三种毒品的数量标准。2000年6月10日起施行的《最高人民法院关于审理毒品案件定罪量刑标准有关问题的解释》(该解释已于2016年4月11日废止。——编著者注)规定了苯丙胺类(甲基苯丙胺除外)、大麻类、可卡因等八种毒品的"毒品数量大""毒品数量较大"的数量标准,最高人民法院、最高人民检察院、公安部于2007年12月18日联合下发的《办理毒品犯罪案件适用法律若干问题的意见》(本附文以下简称《意见》)规定了二亚甲基双氧安非他明(MDMA)等苯丙胺类、氯胺酮、美沙酮等九种毒品的"毒品数量大""毒品数量较大""少量毒品"的数量标。毒品的社会危害性,则要根据毒品的滥用程度、毒品的依赖性、对人体的危害程度来确定。氯胺酮俗称"K粉",是目前滥用较严重的兴奋剂药物,服用后产生兴奋、麻醉等感觉,可以抑制中枢神经系统,在娱乐场所较为泛滥,其依赖性较海洛因、甲基苯丙胺相对要小，所以，《意见》规定走私、贩卖、运输、制造氯胺酮1000克为“数量大”的起点，大大高于海洛因、甲基苯丙胺“数量大”的起点，为打击氯胺酮等新型毒品犯罪提供了法律依据。需要强调的是，在处理毒品犯罪案件时，要切实贯彻宽严相济的刑事政策，综合考虑毒品数量、犯罪情节、危害后果、被告人主观恶性、人身危险性以及当地的禁毒形势等各种因素，做到区别对待，突出打击重点，重点打击毒枭、职业毒犯、再犯、累犯、惯犯、主犯等主观恶性深、人身危险性大、危害严重的毒品犯罪分子，以及具有将毒品走私入境，多次走私、贩卖、运输、制造毒品，多次、大量或者向多人贩卖，诱使他人吸毒，武装掩护、暴力抗拒检查、拘留、逮捕，或者参与有组织的国际贩毒活动等情节的犯罪分子。对其中罪行极其严重依法应当判处死刑的，必须坚决依法判处死刑。根据《意见》的规定，对于可能判处死刑的毒品犯罪案件，毒品鉴定结论中应有含量鉴定的结论。同时，对于新型毒品犯罪案件判处死刑的，仍应当坚持特别慎重掌握的原则。[参见第534号案例，王丹俊贩卖、制造毒品案，载《刑事审判参考》总第67集(2009年第2集)，法律出版社，第47～49页。撰稿：丁成飞]

▽运输氯胺酮死刑适用标准的把握

氯胺酮俗称“K粉”，本是一种注射于静脉或是肌肉的麻醉剂，常用于不需要肌肉松弛的小型手术中。但是，因氯胺酮粉末便于吸食，且人体吸入氯胺酮粉末后短时间内即可导致心血管极度兴奋，其功效与毒品并无二致，从而受到吸毒者和毒品犯罪分子的青睐。特别是在歌厅、舞厅等娱乐场所，滥用氯胺酮现象十分普遍。为有效打击以氯胺酮为对象的毒品犯罪，国家把氯胺酮列为第一类精神药品进行严格管制。行为人运输氯胺酮16 161克、甲基苯丙胺16.9克，鉴于行为人运输的氯胺酮数量大，含量高，社会危害性大，其本人亦无法定或者酌定从宽处罚情节，最高人民法院依法核准死刑。[参见第535号案例，李昭均运输毒品案，载《刑事审判参考》总第67集(2009年第2集)，法律出版社，第52～54页。撰稿：章政]

▽对新类型毒品未进行含量鉴定的案件量刑方法

“麻果”成分复杂，不能简单等同于甲基苯丙胺，应进行含量鉴定。甲基苯丙胺是一种白色透明的不规则结晶，外形与冰相似，故俗称“冰毒”。而“麻果”也称“麻古”(泰语的音译)，是一种含甲基苯丙胺和咖啡因并杂以其他物质制成的混合型新类型毒品。“麻果”不仅外观与甲基苯丙胺差异明显，也因成分复杂，很难确定“麻果”中甲基苯丙胺的确切含量。“麻果”的成瘾性及对人造成的危害与甲基苯丙胺也有较大区别，它是一种新型软性毒品，成瘾性不明显，而“冰毒”则对人体具有强烈的兴奋及致幻作用，且持久力强，一次便可上瘾，被称为“毒品之王”。毒品数量虽然直接反映了行为人犯罪对社会的危害，刑法也规定以毒品的数量作为量刑的主要依据，但是如果不同毒品的定罪量刑数量标准过度差异，仍有损于刑罚的公正。如果仅以查获“麻果”的重量作为认定甲基苯丙胺的数量对行为人量刑，显然对行为人不公，也会有失刑罚的衡平，涉及适用死刑则更需慎重。本案查获的红色片状“麻果”虽含有甲基苯丙胺成分，但在已知杂以其他成分的情况下未做含量鉴定，适用死刑更应慎重，且本案毒品全部查获，未流入社会，故最高人民法院未核准被告人死刑。2007年12月，最高人民法院、最高人民检察院、公安部会签了《办理毒品犯罪案件适用法律若干问题的意见》(公通字〔2007〕84号)，其中明确规定“可能判处死刑的毒品犯罪案件，毒品鉴定结论中应有含量鉴定的结论。”2008年12月，最高人民法院印发的《大连会议纪要》(法〔2008〕324号)进一步重申，鉴于大量掺假毒品和成分复杂的新类型毒品不断出现，为做到罪行相当、罚当其罪，保证毒品案件的审判质量，并考虑目前毒品鉴定的条件和现状，对可能判处行为人死刑的毒品犯罪案件，应当作出毒品含量鉴定；对涉案毒品可能大量掺假或者系成分复杂的新类型毒品的，亦应当作出毒品含量鉴定。根据上述规定，今后遇到类似案件，应当严格执行，对规定应当进行毒品含量鉴定的案件，必须进行含量鉴定，并综合考虑该毒品致瘾癖性、戒断性及社会危害性等依法量刑，做到罚当其罪，尤其是成分复杂的新型毒品犯罪案件。需要说明的是，最高人民法院对本案作出判决时，《最高人民法院关于复核死刑案件若干问题的规定》(法释〔2007〕4号)尚未颁布，故本案以改判的形式结案。但2007年2月28日《最高人民法院关于复核死刑案件若干问题的规定》（此规定已被最高人民法院法释〔2015〕2号废止。——编著者注）施行后再遇此类情况，最高人民法院应当作出不核准死刑，发回重审的裁定。［参见第536号案例，赵敏波贩卖、运输毒品案，载《刑事审判参考》总第67集（2009年第2集），法律出版社，第57～59页。撰稿：刘香］

▽特情引诱的认定及对有特情介入毒品犯罪案件的量刑原则

特情引诱包括"犯意引诱"和"数量引诱"。"犯意引诱"是指行为人本没有实施毒品犯罪的主观意图，而是在特情诱惑和促成下形成犯意，进而实施了毒品犯罪；"数量引诱"是指行为人本来只有实施数量较小的毒品犯罪的故意，在特情引诱下实施了数量较大甚至达到可判处死刑数量的毒品犯罪。最高人民法院2008年12月印发的《大连会议纪要》指出对特情介入侦破的毒品案件，要区别不同情形予以分别处理。对已持有毒品待售或者有证据证明已准备实施大宗毒品犯罪者，采取特情贴靠、接洽而破获的案件，不存在犯罪引诱，应当依法处理。对因"犯意引诱"实施毒品犯罪的被告人，根据罪刑相适应原则，应当依法从轻处罚，无论涉案毒品数量多大，都不应判处死刑立即执行。行为人在特情既为其安排上线，又提供下线的双重引诱，即"双套引诱"下实施毒品犯罪的，处刑时可予以更大幅度的从宽处罚或者依法免予刑事处罚。对因"数量引诱"实施毒品犯罪的行为人，应当依法从轻处罚，即使毒品数量超过实际掌握的死刑数量标准，一般也不判处死刑立即执行。对不能排除"犯意引诱"和"数量引诱"的案件，在考虑是否对行为人判处死刑立即执行时，要留有余地。［参见第537号案例，王佳友、刘泽敏贩卖毒品案，载《刑事审判参考》总第67集（2009年第2集），法律出版社，第62～64页。撰稿：王光坤］

▽毒品犯罪案件中数量引诱的认定

由于数量引诱情节是否存在，直接关系到能否对行为人适用死刑立即执行。最高人民法院2000年4月印发的《南宁会议纪要》（现已废止——编著者注）曾作出规定，2008年12月印发的《大连会议纪要》又进行了重申和强调。《大连会议纪要》指出："行为人本来只有实施数量较小的毒品犯罪的故意，在特情引诱下实施了数量较大甚至达到实际掌握的死刑数量标准的毒品犯罪的，属于'数量引诱'。对因'数量引诱'实施毒品犯罪的行为人，应当依法从轻处罚，即使毒品数量超过实际掌握的死刑数量标准，一般也不判处死刑立即执行。"数量引诱的具体分析：首先，行为人并非"本来只有实施数量较小的毒品犯罪的故意"。《大连会议纪要》所说的毒品"数量较小"形式上是相对于特情人员提出的毒品数量而言的，但实质上主要是指行为人可能受到的惩罚的严厉性而言，也就是其打算实施的毒品犯罪数量所应适用的刑罚幅度或刑种轻于特情人员提出的数量所应适用的刑罚，典型的是指行为人本来打算实施的毒品犯罪的数量不会导致对他判处死刑。如果行为人打算实施的毒品犯罪的数量原本就会导致对其判处死刑，即便特情提出的毒品数量相对大一点，也不能认为行为人"本来只有实施数量较小的毒品犯罪的故意"。反之，如果行为人本没有实施可判处重刑甚至死刑的毒品犯罪的犯意，因受特情引诱而增加毒品数量，导致达到被判处重刑特别是死刑的标准，则行为人的主观恶性、人身危险性和行为的社会危害性相对于没有"数量引诱"的情形而言要小，故而才对其从轻处罚。这样理解才符合罪责刑相适应原则，也是《大连会议纪要》有关规定的真实意旨。［参见第538号案例，申时雄、汪宗智贩卖毒品案，载《刑事审判参考》总第67集（2009年第2集），法律出版社，第68～70页。撰稿：章政］

▽行为人以高度隐蔽的方式运输毒品，被抓获后否认其明知携带了毒品的，对其主观故意的认定

运输毒品罪是故意犯罪，要求行为人主观上明知所运输的物品系毒品。司法实践中，行为人到案后常常否认明知所运输的物品是毒品。在此情况下，判断行为人主观上是否明知就成为定案的关键，对此不能仅凭行为人辩解，而应当依据行为人实施毒品犯罪行为的过程、方式、毒品被查获时的情形等证据，结合行为人的年龄、阅历、智力等情况，进行综合分析判断。在符合推定的条件时，也可以根据案件具体情形推定行为人主观上系明知。为有效打击毒品犯罪，防止因行为人到案后否认明知而逃避刑事处罚，2007年最高人民法院、最高人民检察院、公安部联合下发了《办理毒品犯罪案件适用法律若干问题的意见》,其中规定了可以推定行为人主观明知的七种具体情形。2008年12月最高人民法院印发的《大连会议纪要》列举了九种可推定行为人主观明知的具体情形:具有下列情形之一,行为人不能作出合理解释的,可以认定其“明知”是毒品,但有证据证明确属被蒙骗的除外。行为人到案后辩称不知道自己所携带的木箱中藏有毒品,也没有同案犯、证人、书证等证据证明其主观明知所运输的物品是毒品,但根据案件的具体事实,可以推定其主观上系明知。体现在:第一,行为人携带的毒品藏匿于木箱的夹层之内,属于采用高度隐蔽的方式携带、运输毒品。这符合《大连会议纪要》中“采用高度隐蔽的方式携带、运输物品,从中查获毒品的”情形,可以进行推定。第二,行为人携带的木箱内并无贵重物品,根据其本人供述,交付木箱的人约定给其4000元报酬,且另付500元路费。这符合《大连会议纪要》中“为获取不同寻常的高额、不等值报酬为他人携带、运输物品,从中查获毒品的”情形。第三,在云南边境地区,雇人运输毒品的情况比较普遍,一般人都能辨别此种高报酬的运输很可能就是运输毒品,在边防检查站的常规检查中,行为人并没有主动向执法人员申报此种情况,这些情形都表明被告人“明知”木箱内藏有毒品。同时,行为人对上述情形未能作出合理解释,也不能提供自己被蒙骗的证据。因此,根据本案毒品藏匿方式、查获时的状况、行为人的年龄、阅历等情况综合分析,可以认定其主观上明知自己携带的木箱中有毒品,其行为构成运输毒品罪。[参见第548号案例,李良顺运输毒品案,载《刑事审判参考》总第67集(2009年第2集),法律出版社,第119～121页。撰稿:黄鹏。另参见第549、550号案例]

▽被告人以高度隐蔽的方式运输毒品,归案后否认明知运输的系毒品,如何认定其主观明知

本案是一宗“零口供”案件,被告人归案后一直否认其有贩卖毒品海洛因的行为,否认其明知被查获的香烟里装有毒品。对于贩卖毒品部分,由于有两名吸毒人员的稳定指证及手机通话记录等相关证据佐证,因此认定依据是充分的。但对于被告人是否明知其所运输的物品系毒品这一情节,在认定上存在一定的难度。运输毒品罪属于直接故意犯罪,要求行为人主观上必须明知是毒品而运输,否则不构成本罪。实践中,犯罪嫌疑人为逃避罪责,到案后常以其主观上不知道所运输的物品是毒品而进行辩解,拒不认罪。如何综合在案证据分析判断被告人主观上是否明知,就成了司法实践中的难点。为此,最高人民法院2008年12月印发的《大连会议纪要》第十条列举规定了十种可以推定被告人主观明知的具体情形。具有该十种情形之一,被告人不能作出合理解释的,可以认定其“明知”是毒品,但有证据证明确属被蒙骗的除外。司法实践中,应根据被告人实施毒品犯罪行为的过程、方式、毒品被查获时的情形等证据,结合被告人的年龄、阅历、智力、前科等情况,进行综合分析判断,以做到不枉不纵。具体到本案,虽然被告人归案后一直否认其明知被查获的香烟盒中所装的物品是毒品,也缺乏目击证人、同案犯等其他证据来认定被告人明知所运输的物品是毒品。但是,由于在案证据显示被告人是以高度隐蔽的方式运输毒品,且其对此不能作出合理的解释,因此应推定其明知所运输的物品是毒品,理由如下:1. 从归案情况看,案发前公安机关通过侦查已获悉被告人将于案发当天上午进行毒品交易,遂对其活动进行布控,并在将其抓获后,当场从其所驾驶的摩托车护架内缴获内藏毒品的红双喜香烟盒一条。需要指出的是,公安机关在设伏前考虑到抓捕现场系省道车流量大、车速快,因此为了麻痹犯罪嫌疑人,并防止出现犯罪嫌疑人弃车逃窜等意外,遂同时联系交通部门以查货车为由设置路障,提高抓捕成功率。2. 从包装看,涉案的509.8克毒品海洛因均被分装在51个透明小袋中,然后被装入10个香烟盒中,再装入整条香烟盒中。该香烟盒也并非是一条外包装完好无缺的香烟,而是一条一端薄膜外包装已被拆封的旧烟盒。从放置位置看,该条装有毒品的香烟盒是以黑色塑料袋包裹后放置于摩托车护架铁筒中,然后再以雨衣覆盖之。综上,从毒品的分装、包装方式以及放置位置分析,可以认定被告人系采用高度隐蔽的方式运输毒品。3. 在案证据显示被告人经常更换手机号码。众所周知,频繁更换手机号码是毒贩的惯用伎俩。对于更换手机号码的问题,被告人的多次供述并不一致,如其原在侦查阶段供述称其之所以换号码,是因为其与人吵架,不想人找到他。但对与谁吵架,被告人又不能回答。案至庭审阶段,被告人供述称其之所以经常更换手机号码,是因为其职业是开摩托车载客,平时有些“烂仔”常叫他载但又不还钱,所以其只好经常更换手机号码以让对方找不到他。但被告人的这一辩解显然不合常理,因为作为一个靠开摩托车载客为生的人来说,出于载熟客及扩大、巩固客源的考虑,他一般应以保持固定的手机号码为常态,以经常更换手机号码为例外,更不用说无缘无故经常更换手机号码了。此外,对于被告人频繁更换手机号码的另一种原因,证人周某雄给出了另外一个说法:周某雄证实其曾问被告人为何换手机号,其说他关系太杂,不想人找他。综上可见,被告人对其经常更换手机号码一事无法给出合理的解释,其经常更换手机号码的行为更符合毒贩的特征。4. 被告人的家庭经济状况与其家庭收入明显不成正比。在案证据证实,被告人家拥有价值近 10 万元的小汽车一辆、摩托车两辆,还有等离子电视、空调、冰箱等高档电器,案发前不久刚刚购置了新房子并装修入住。而据被告人供述,其刑满释放后以开摩托车载客为生,其妻子也证实被告人平时在开摩托车载客,其本人有空就在家做点手工,每月有二三百元收入;女儿在私人电器厂打工,每月 600 多元。综合上述证据分析可知,被告人家庭所拥有的财产与其以开摩托车载客为业、其妻女月收入仅有几百元的家庭收入情况是不相符的。5. 被告人的辩解不能成立:(1)被告人归案后在第一份笔录中辩称其是没事去澄海玩,在返回潮州的路上捡到该条香烟的(该条香烟中所藏的毒品按市价每克 300 元计算高达 15.3 万元),但其后又辩称其是载一客人到澄海后在返回的路上捡到该条香烟的,但这均缺乏其他证据印证。(2)相片显示被查获的香烟当时并非是外包装完好无缺的香烟,而是一条一端薄膜外包装已被拆封的旧烟盒,故即使如被告人所言真的是捡到的,按常理他也会查看烟盒的内容物。(3)据调查,一条香烟盒(10 包)的正常重量是 5 两 4 钱或 5 两 5 钱,而被缴获烟盒内藏有毒品海洛因 509.8 克,相当于 1 市斤多,这个重量显然不是一条正常的香烟的重量。对此,作为自称曾开过 10 年烟酒铺的被告人而言,按常理他也应当知道该烟盒内所装的物品绝非是香烟。6. 本案没有证据证明被告人是被蒙骗的,且其有过毒品犯罪的前科,属于累犯。综上,鉴于被告人采用高度隐蔽的方式运输毒品,其对该毒品的来源既不能作出合理解释,也没有提出证据证明其属于被蒙骗的,据此可推定被告人应当知道其所运输的香烟盒内藏有毒品,具有运输毒品的主观故意和客观行为,其行为已构成运输毒品罪。[参见第 592 号指导案例,许实义贩卖、运输毒品案,载《刑事审判参考》总第 71 集(2009 年第 6 集),第 44 ~ 47 页。撰稿:吴铁成　汪瑾]

▽行为人拒不承认其主观上明知走私的物品是毒品时,应当综合案件的客观实际,根据常识、常理和逻辑来分析判断其主观上是否明知

走私毒品罪是故意犯罪,要求行为人必须对犯罪对象有明确认识,即要求行为人主观上明知是毒品而走私。由于毒品犯罪隐蔽性强,有的犯罪分子其有较充分的反侦查能力和心理准备,因而在司法实践中,经常会出现行为人以其主观上不明知其携带、运输、走私的物品是毒品而辩解其行为不是犯罪或不构成毒品犯罪的情况。在行为人拒不如实供述主观明知和故意的情况下,极难取得证明其明知犯罪对象系毒品的证据,从而给毒品犯罪的认定带来困难。在这种情况下,应当综合考虑案件中的各种客观实际情况,依据实施毒品犯罪行为的过程、行为方式、毒品被查获时的情形和环境等证据,结合被告人的年龄、阅历、智力及掌握相关知识情况,进行综合分析判断,只要能够推定行为人应当知道其携带、运输、走私的物品可能是毒品,即可认定行为人主观上明知。认定本案被告人主观上明知其携带的药品是毒品的理由如下:首先,被告人是一个心智正常的成年人,而且是阅历较为丰富的中年人,应当具有正常的辨认能力。其次,被告人供称“阿东”告诉其要带的物品是戒毒药,而且“阿东”将挎包交给他时,其看到了包内是一排排的药丸。再次,“阿东”叫被告人帮他带一些戒毒药入境,并承诺酬劳为港币 300 元。但“阿东”并非自己不到深圳,而是让被告人帮其把戒毒药带到深圳后“阿东”再打电话取货,意即“阿东”自己也由香港到深圳,但是这批物品他自己不带,却花钱“雇用”被告人来携带。被告人应当意识到“阿东”是在利用其持港澳居民来往内地通行证,从皇岗海关旅检大厅走无申报通道入境的便利条件,“阿东”托其带此药片的目的就是逃避海关检查,该药片必定是违禁品。最后,海关检查被告人时,不仅从其挎包内查获了美沙酮药片,而且还在其上衣口袋发现藏有美沙酮药片。综上,虽然被告人辩称自己不知道携带的物品系毒品,但是根据一般的常识、常理和逻辑及本案的诸多细节进行分析判断,可以认定被告人明知走私的物品美沙酮药片系毒品。[参见第638号指导案例,傅伟光走私毒品案,载《刑事审判参考》总第75集(2010年第4集),第59～61页。撰稿:陈剑　黄超荣]

▽购毒者在侦查人员控制下,以非真实交易意思,明显超出其往常交易数额向贩毒者示意购买毒品,属于数量引诱

毒品犯罪具有较强的隐蔽性,且犯罪手段不断翻新,调查取证难度较大。针对毒品犯罪的特点和现实状况,世界各国普遍采用了特情侦破毒品案件的有效手段。实践中许多毒品案件的侦破,均存在不同程度的特情介入因素。从最高人民法院2008年12月印发的《大连会议纪要》有关"特情介入案件"的内容看,特情介入有三种情况:一是对已持有毒品待售或者有证据证明已准备实施大宗毒品犯罪者,采取特情贴靠、接洽而破获的案件的情形。这就是通常所说的"机会引诱"。二是"犯意引诱",行为人本没有实施毒品犯罪的主观意图,而是在特情诱惑和促成下形成犯意,进而实施毒品犯罪。《大连会议纪要》中所说的"双套引诱"属于"犯意引诱"的一种特殊形式,是指行为人在特情既为其安排上线,又提供下线的双重引诱的情况下实施的毒品犯罪。三是"数量引诱",行为人本来只有实施数量较小的毒品犯罪的故意,在特情引诱下实施了数量较大甚至达到实际掌握的死刑数量标准的毒品犯罪。"机会引诱"与"犯意引诱""数量引诱"不同,"机会引诱"仅毒品犯罪行为人提供一个实施毒品犯罪的机会,不存在实质性犯罪引诱,原则上不属于特情引诱,而"犯意引诱"和"数量引诱"均存在实质性引诱,属于特情引诱的两种情形。区分"机会引诱"与"犯意引诱"的关键在于特情介入之前行为人是否已经具有实施毒品犯罪的主观意图。如果行为人在特情介入之前就已经具有实施毒品犯罪的主观意图,且已持有毒品待售或者有证据证明已准备实施大宗毒品犯罪,即可认定为"机会引诱";反之,如果行为人的犯意是在特情诱惑和促成下形成的,并在这个犯意下实施了毒品犯罪,就可认定为"犯意引诱"。如何认定行为人在实施毒品犯罪前就具有毒品犯罪的故意,是审判实践当中的难点。对于有相关证据直接表明行为人具有毒品犯罪的主观故意的,如行为人持有毒品待售,可以直接认定行为人具有毒品犯罪的故意。但对于那些没有直接证据表明行为人具有毒品犯罪故意的,要综合行为人与具体案情予以分析判断认定。结合有关理论和司法实践,可以从以下几方面进行综合分析认定:(1)行为人在特情介入而实施犯罪前是否有毒品犯罪行为,据以初步判断其是否有实施毒品犯罪的意图和倾向;(2)侦查机关在特情介入前,是否有足够的线索或合理的理由确信行为人有正在实施或即将、可能实施毒品犯罪的迹象,从而对其采用特情介入手段;(3)行为人实施毒品、犯罪的犯意系出自其本意、自发地产生,还是侦查机关刻意地诱惑、促成的。"数量引诱"系行为人在特情引诱之前就已经具有实施毒品犯罪的主观故意,这种故意是一种概括性的故意,无论最终交易的毒品数量是多少,都没有超出行为人的故意范畴。在该情形下,"特情引诱"不是使行为人产生新的犯意,只是使其犯意暴露出来。"数量引诱"与"犯意引诱"的根本区别在于"数量引诱"系行为人在特情介入之前就已经具有毒品犯罪的主观故意,而"犯意引诱"系行为人在特情介入之前没有实施毒品犯罪的主观意图。"数量引诱"与"机会引诱"的相同点是在特情介入之前行为人已经具有实施毒品犯罪的主观故意;区别在于,"机会引诱"只是提供机会,不存在实质性引诱,而"数量引诱"不仅提供机会,而且存毒品数量上还存在从小到大的实质性引诱。本案系侦查机关利用霍某军作为特情介入破获的案件。同案被告人霍某军因贩卖毒品被侦查人员抓获后,供述了毒品的来源,并配合侦查机关抓获被告人包某龙。霍某军在侦查机关控制下给包占龙打电话,称要大量毒品,越多越好。在接到霍建军电话约一个半小时后,包占龙携带大量毒品至约定地点,被侦查人员抓获,且在包占龙家中搜出0.7克小包海洛因、戥子以及64万元现金等物。从具体情况分析,本案不属于"机会引诱",也不存在"犯意引诱",但不能排除"数量引诱"的可能性,主要理由是:第一,被告人包某龙此前因犯贩卖毒品罪于1999年3月17日被判处有期徒刑九年,具有毒品犯罪前科,系毒品再犯,具有毒品交易的倾向性。第二,根据霍某军的供述,其之前曾从包某龙处多次购买毒品,且供述非常稳定,由此证明包某龙之前曾有贩卖毒品的行为。第三,包某龙在接到霍某军电话约一个半小时后,携带大量毒品至约定地点进行交易。在这么短的时间内提供大量毒品进行交易,说明包某龙有毒品待售或者有毒品来源渠道(包供述从一名为马某忠的人那里购得毒品),其贩卖毒品的行为是十分积极的。第四,包某龙被抓获后,侦查人员在包某龙家中搜出0.7克小包海洛因、戥子以及64万元现金等物。根据审判实践经验,无论包某龙是持毒待售还是临时从第三人处购得毒品进行贩卖,均可以由此认定包某龙本来就有贩卖毒品的故意。第五,根据包某龙和霍某军的供述,霍某军供称其之前经常多次通过电话联系,从包某龙处购买毒品,每次数量从10克到50克,但均未超过50克。但这次霍某军跟包某龙说要多一些毒品,越多越好。包某龙供称霍某军在电话中明确要购300克毒品。从现有证据看,一方面,由于包某龙所供毒品来源未查清,不能证明包某龙持有这300克毒品待售;另一方面,也没有证据证明包某龙已准备实施大宗毒品犯罪,因此,本案不属于"机会引诱"的情形。从包某龙的供述看,霍某军要求购买300克毒品的数量是确定的,但霍某军这次购买毒品的数量远远超过其所供之前经常从包某龙处购买的数量,不能排除霍某军为了立功而要求购买毒品越多越好的可能性,包某龙是在霍某军的要求下才贩卖了数量如此之大的毒品,故本案不能排除存在"数量引诱"。本案在讨论过程中,就包某龙本次毒品犯罪而言,并非被告人主动而为,其犯意是因为霍某军要求购买毒品而产生的,属于"犯意引诱"。这种观点孤立地分析被告人的犯意,不符合认定毒品犯罪的实践经验和一般规律。毒品犯罪不同于一般的犯罪,犯意的产生往往有一个持续的过程,要结合行为人本身的情况以及案件的具体情况予以综合分析认定。[参见第639号指导案例,包占龙贩卖毒品案,载《刑事审判参考》总第75集(2010年第4集),第67~70页。撰稿:王亚凯]

▽对被告人是否判处死刑立即执行,应当充分考虑"数量引诱"的因素

最高人民法院2008年12月印发的《大连会议纪要》强调,毒品数量是毒品犯罪案件量刑的重要情节,但不是唯一情节。对被告人量刑时,特别是在考虑是否适用死刑时,应当综合考虑毒品数量、犯罪情节、危害后果、被告人的主观恶性、人身危险性以及当地禁毒形势等各种因素,做到区别对待。对虽然已达到实际掌握的判处死刑的毒品数量标准,但是具有法定、酌定从宽处罚情节的被告人,可以不判处死刑;反之,对毒品数量接近实际掌握的判处死刑的数量标准,但具有从重处罚情节的被告人,也可以判处死刑。毒品数量达到实际掌握的死刑数量标准,既有从重处罚情节,又有从宽处罚情节的,应当综合考虑各方面因素决定是否判处死刑立即执行。特情介入是影响量刑的重要因素。根据《大连会议纪要》的规定,对于特情介入侦破的案件,应当区别不同情形予以分别处理。对因"机会引诱"实施毒品犯罪的被告人,不存在犯罪引诱的因素,应当依法处理;对因"犯意引诱"实施毒品犯罪的被告人,根据罪责刑相适应原则,应当依法从轻处罚,无论涉案毒品数量多大,都不应判处死刑立即执行。对因"数量引诱"实施毒品犯罪的被告人,应当依法从轻处罚,即使毒品数量超过实际掌握的死刑数量标准,一般也不判处死刑立即执行。对不能排除"数量引诱"的案件,在考虑是否对被告人判处死刑立即执行时,要留有余地。本案中,被告人包某龙所贩卖毒品数量300.7克,已达到判处死刑的数量标准,且包某龙系毒品再犯,又系累犯,依法应从重处罚,论罪可判处死刑立即执行。但根据《大连会议纪要》的规定,考虑本案由于特情介入,存在"数量引诱"的因素,且毒品交易系在侦查机关控制下进行,毒品尚未流入社会,社会危害性相对较低,故可以从轻处罚,对被告人包某龙判处死刑,可不立即执行。一审、二审判处被告人包某龙死刑立即执行不当,不予核准。[参见第639号指导案例,包占龙贩卖毒品案,载《刑事审判参考》总第75集(2010年第4集),第70~71页。撰稿:王亚凯]

▽司法机关查获部分毒品后,被告人主动交代了实际贩毒数量,并达到当地实际掌握的死刑数量标准的,可以不判处死刑立即执行

根据刑法的相关规定和司法实践,毒品数量是决定死刑适用的重要情节之一。由于毒品犯罪隐蔽性很强,在不少案件中,司法机关查获的毒品数量并没有达到实际掌握的死刑数量标准,但被告人到案以后,在坦白从宽刑事政策的感召下,主动坦白交代了司法机关尚未掌握的其他毒品犯罪事实,由此使毒品犯罪数量累计达到或者超过实际掌握的死刑数量标准。经总结实践经验,2008年12月1日最高人民法院印发的《大连会议纪要》提出对此种情形的处理意见:已查获的毒品数量未达到实际掌握的死刑数量标准,到案后坦白尚未被司法机关掌握的其他毒品犯罪,累计数量超过实际掌握的死刑数量标准的,可以不判处被告人死刑立即执行。这是坦白从宽、宽严相济刑事政策的重要体现。据此规定,对于查获的毒品数量未达到实际掌握的死刑数量标准,被告人到案以后主动交代了尚未被司法机关掌握的其他毒品犯罪,毒品数量累计达到或者超过实际掌握的死刑数量标准的,一般不判处被告人死刑立即执行。这样把握,有利于鼓励犯罪分子悔过自新,也有利于深挖余罪,节约司法成本。反之,如果对这种情形不加以区别对待,会给人以坦白越多刑罚越重的印象,不利于深挖和打击犯罪。但是,值得注意的是,对这种情形并非一律不能判处死刑立即执行,对于毒品犯罪数量大,且具有累犯、毒品再犯、武装掩护实施毒品犯罪等从重处罚情节,被告人罪行极其严重,主观恶性深、人身危险性大的案件,仍然可以对被告人判处死刑立即执行。本案被告人被抓获时,公安机关查获的毒品数量为258.6克海洛因,包括从谷茂大酒店315房间查获的同案被告人提藏匿的海洛因235.4克,从被告人身上查获的海洛因3.6克,以及从帮助被告人贩卖毒品的同案被告人哈丽旦·买合苏木身上查获的海洛因19.6克。由于古丽波斯坦·巴吐尔汗出售给被告人的全部毒品中已有部分毒品被后者售出,公安机关当时并未掌握古丽波斯坦·巴吐尔汗贩卖毒品的实际数量。在侦查讯问过程中,古丽波斯坦·巴吐尔汗主动坦白交代,其卖给被告人海洛因的实际数量为415克。被告人在随后的供述中印证了这一数量。直至一审、二审法庭审理中,二人仍然一致供述,交易毒品的数量为415克。由此,一审、二审法院认定,古丽波斯坦·巴吐尔汗贩卖给被告人的海洛因数量为415克,这已达到当地实际掌握的判处死刑毒品数量标准。可见,在古丽波斯坦·巴吐尔汗主动交代其实际贩毒数量之前,公安机关查获的毒品数量并没有达到当地实际掌握的判处死刑数量标准,在古丽波斯坦·巴吐尔汗主动交代其实际贩毒数量后,法院认定的其贩毒数量才达到当地实际掌握的判处死刑数量标准。故该情形完全符合最高人民法院有关指导意见规定的精神。[参见第742号指导案例,古丽波斯坦·巴吐尔汗贩卖毒品案,载《刑事审判参考》总第83集(2011年第6集),第59~61页。撰稿:何泽宏]

▽被告人拒不承认系制造毒品犯罪的"幕后老板",且同案被告人在一审庭审中均翻供的,如何准确认定被告人在共同制毒犯罪中的地位、作用

制造毒品属于源头性毒品犯罪,具有严重的社会危害性,历来是司法机关打击的重点。制造毒品涉及招募制毒人员、购买制毒原料和设备、租赁制毒场所、加工配制毒品等诸多环节,人员组成常常较为复杂。居于制毒链条终端的"幕后老板",往往只是选定制毒组织者,提供制毒资金、原料和设备,传授制毒方法,通过"代理人"来掌控整个制毒活动。而直接实施制毒的人员多系临时纠集,彼此间原来并不相识,多以绰号相称,很多环节又系单线联系,加上"幕后老板"很少亲自实施制毒行为,也不直接出面向具体制毒者发布指令,具体制毒者多不知道在为谁制造毒品,故具有极强的隐蔽性。同时,与走私、贩卖毒品类似,制造毒品的犯罪分子多为职业性犯罪,每一次作案都会精心策划,并具有一定的反侦查能力。尤其是"幕后老板"在被抓获后,常以没有组织、指使他人制造毒品为由进行辩解,以逃脱应有的法律制裁。因此,准确认定"幕后老板"及其在制造毒品犯罪中的地位、作用,对于严惩严重毒品犯罪至关重要。对于"幕后老板"拒不认罪或者翻供的,要结合案件的具体情况,从各证据与待证事实的关联程度、各证据之间的联系等方面进行综合审查判断,做到不枉不纵。众所周知,任何一个死刑案件事实赖以支持的众多证据并不是孤立存在的,彼此间必然发生一定的联系,其中最主要的联系就是证据与证据之间的相互支持、相互依托、相互印证。通过排除不真实的证据,补强遗漏的证据,可以准确判断全案证据是否已经形成完整链条,是否能够排除合理怀疑。根据2010年最高人民法院会同最高人民检察院、公安部、国家安全部、司法部联合制定的《关于办理死刑案件审查判断证据若干问题的规定》(以下简称《规定》)第三十三条的规定,对于没有直接证据证明犯罪行为系被告人实施,但同时符合下列条件的,可以认定被告人有罪:(1)据以定案的间接证据已经查证属实;(2)据以定案的间接证据之间相互印证,不存在无法排除的矛盾和无法解释的疑问;(3)据以定案的间接证据已经形成完整的证明体系;(4)依据间接证据认定的案件事实,结论是唯一的,足以排除一切合理怀疑;(5)运用间接证据进行的推理符合逻辑和经验判断。办理死刑案件,必须严格执行这些规定,确保全面准确认定案件事实。本案是一起多人参与实施、在四川省有重大影响的制造毒品犯罪案件。公安机关在工作中获悉夏某军、何某全、徐某平等人制毒、贩毒的犯罪线索并立案侦查,后在制毒现场抓获何某全、徐某平、何某明、杨某彬、陈某、游某等人,当场查获所制造的246.2千克氯胺酮成品、1018千克氯胺酮半成品和制毒所用的仪器设备、化工原料及部分制造氯胺酮的主要原料羟亚胺,又从何某全的暂住处查获第三次制造的37.138千克氯胺酮。后公安人员根据何某全等人所供制毒仪器设备和化工原料,寻找夏某军为制毒团伙主犯的线索,先后将王某和夏某军抓获归案。何某全、徐某平、何某明、杨某彬、陈某、游某等人均供认在何某全邀约和具体组织、指挥下先后4次制造氯胺酮320余千克的犯罪事实,口供之间相吻合,并与在案的其他证据相印证。但是,对于夏某军是否为"幕后老板",同案被告人的供述有反复,夏某军本人也否认,给认定带来一定难度。在侦查阶段,何某全、徐某平等人均供认"李凯"("凯哥""帅哥")系组织、策划制毒的"幕后老板",并辨认出夏某军系他们所称的"李凯"("凯哥""帅哥")。夏某军多次供认其平时叫"李凯",绰号"凯哥""帅哥",其提供制毒所用羟亚胺;也曾多次供认到鑫新科公司找王某购买过化学仪器设备和化工原料,并向王某提议制毒且出资与王某共同制造氯胺酮2千克左右。此供述得到王某和相关证人的印证。同时,夏某军也曾多次供认明知羟亚胺系制造氯胺酮的主要原料而贩卖给何某全30桶,与何某全关于4次制毒所需的泾亚胺系夏某军提供的供述吻合。但夏某军从侦查阶段最后一次讯问开始翻供,辩称不认识王某,也没有卖给何某全美羟亚胺,在一审、二审庭审中均否认其是"李凯""凯哥",同时否认与王某相识及共同制毒,否认亲自或介绍何某全从王某处购买化学设备和配剂,否认组织何某全制毒、提供制毒资金和传授制毒技术及到过制毒现场。一审庭审中,同案被告人均不指认夏某军,也不供述夏某军参与制毒。二审庭审中,何某全、徐某平、何某明、陈某、杨某彬等人又一致指认夏某军,并供称因夏某军在一审开庭前曾要求他们不要在法庭上指认其而在一审庭审中翻供。上述情况表明,被告人夏某军有一个从部分供认犯罪到全面否认犯罪的变化过程,加上同案被告人对夏某军是否参与制毒的供述不稳定,增加了对夏某军在制造毒品共同犯罪中的地位、作用的审查认定难度。因此,应仔细甄别全案证据,通过证据间的相互印证来准确认定夏某军在制毒活动中的地位和作用。具体可以从下面三个角度分析认定:一是关于夏某军是否通过同案被告人何某全组织、指挥整个制毒活动。何某全供述,夏某军是其社会上的"大哥",向其提议制毒,提供制毒工艺流程和制毒主要原料羟亚胺,带其结识王某并向王某交代以后由其直接找王某购买制毒设备和化工原料;狱友张某和游某系夏某军介绍参与制毒,负责销售所制毒品,其听从夏某军的安排。该供述内容得到同案被告人及其他同案犯供述的印证。二是关于制毒技术是否系被告人夏某军传授。同案被告人何某全、何某明、杨某彬、陈某供称,制毒前何某全约何某明、杨某彬、陈某到一家茶房与夏某军见面,夏某军与何某全谈论制造氯胺酮的事,并将工艺流程写在纸上交给了何某全,其后4次制造氯胺酮均是按夏提供的工艺流程进行。三是关于被告人夏某军是否出资制毒并贩卖获利。同案被告人何某全供述,夏某军提供制毒资金并获得出售毒品的大部分利润,前两次制造的40千克氯胺酮主要由夏某军贩卖。部分同案被告人供述,听何某全说租赁厂房和开工资都是夏某军出的钱。尽管夏志军对此予以否认,但其辩解难以令人信服。理由在于:第一,公安人员抓获夏某军时从其挎包搜出现金人民币(以下币种均为人民币)4.64万元,并从其暂住处保险柜中搜出现金5.1万余元,夏某军曾供认这些现金是其贩卖羟亚胺所得,后又称其中的51万余元是同居女友张某的,复核提讯时又供称不知道51万余元是怎么回事。第二,夏某军的银行卡上有存款97万余元,其曾供称其中70余万元是一个叫“三哥”的朋友借给其的,但提供不出该人的姓名、住址和联系方式,而复核提讯时又供称其中50万元是借的,另40多万元是打牌赢的和个人存款。这种自相矛盾的供述明显缺乏可信性。第三,从夏某军银行卡交易记录看,自2006年5月至2007年5月有多笔数万元甚至50万元的现金交易,而其被抓获前并无正当职业,资金数额及其流动异常情况表明其出资制造氯胺酮并贩卖获利的可能性较大。第四,夏某军称其与张某共同居住的豪宅和家中的克莱斯勒300e汽车、奔驰汽车是张某出资近300万元购买的,而张某也称其2006年3月结识夏某军时自有五六百万元资金,这些资金系自己做生意获利200余万元及所结识的台湾籍男友“林生”赠给200余万元,但这种说法无法印证,不排除其有意隐瞒、企图掩盖夏某军制贩毒品的犯罪事实。综上,夏某军关于其拥有的巨额资金来源的辩解不成立,根据在案证据可以认定系其出资制毒并贩卖获利。通过上述分析可见,被告人夏某军出资制毒并贩卖获利,传授制毒方法,通过何某全掌控制毒活动,可以认定其系制毒团伙的组织、指挥者即“幕后老板”,是共同犯罪中地位、作用最大的主犯。二审法院通过全面细致审查案件事实,仔细甄别证据间的关联性和指向的同一性,准确认定夏某军系制造毒品犯罪的“幕后老板”,并依法判处死刑。最高人民法院复核后确认了二审法院的这种事实认定,核准了二审法院对被告人夏某军的死刑判决。这种处理结果表明,证据间的印证并不是少数几个证据间的相互印证,而是把所有证据都放到整个案件事实的大环境下去系统、综合地分析,以判断证据的关联性、真实性和证明力,衡量证据链的完整性和闭合性。这种分析的范围更广,视角更宽,因而得出的结果也更为准确。本案虽然在《规定》出台前已审理完毕,但在证据审查判断方面所体现的证据裁判原则,充分体现了《规定》的精神。[参见第743号指导案例,夏志军制造毒品、非法持有枪支案,载《刑事审判参考》总第83集(2011年第6集),第67～72页。撰稿:李晓光 任能能]

▽明知他人从事贩卖毒品活动而代为保管甲基苯丙胺的行为,构成贩卖毒品罪

保管行为系他人实施贩卖毒品活动的一个部分或者一个环节。蒋某源明知吴某系贩毒分子,仍应其要求先后两次代为保管262克甲基苯丙胺,实际上对吴某的犯罪行为起到了配合、帮助作用,据此应当认定蒋某源与吴某形成毒品犯罪的共犯关系,构成贩卖毒品罪。窝藏毒品罪和非法持有毒品罪的客观方面都可以表现为对毒品的非法持有,贩卖毒品罪的客观方面也往往包含非法持有毒品的行为表现。对于替他人藏匿毒品的行为,不能一概认定为窝藏毒品罪或非法持有毒品罪,而应当根据具体情况分析被告人的主观意图,准确适用法律。(一)蒋某源的行为不构成非法持有毒品罪。非法持有毒品罪,是指明知是毒品而无合法根据的持有,并且没有证据证明其具有其他毒品犯罪目的的行为。对于在贩卖毒品过程中的非法持有毒品行为,不能认定为非法持有毒品罪。因为贩卖毒品行为往往包含持有毒品的行为表现,持有行为被贩卖行为吸收,应当以吸收之罪(贩卖毒品罪)论处。如果非法持有毒品的目的是帮助他人贩卖毒品,应当构成贩卖毒品罪的共犯;如果非法持有(藏匿)毒品的目的是帮助他人逃避司法机关的追查,则应构成窝藏毒品罪;依照刑法第三百四十九条第三款的规定,犯窝藏毒品罪,事先与贩毒分子通谋的,以贩卖毒品罪的共犯论处。本案中,无论是从被告人蒋某源藏匿毒品的时间还是从藏匿毒品时主观明知分析,其藏匿毒品不是为了帮助吴某逃避司法机关的追查,而是为吴某顺利实施贩卖毒品的行为提供帮助,这种对毒品的持有被贩卖毒品行为所包含吸收,依照刑法有关规定,应当以贩卖毒品罪论处。综上,本案被告人蒋某源客观上实施了贩卖毒品的帮助行为,主观上具气有帮助他人贩卖毒品的故意,不构成非法持有毒品罪,应当以贩卖毒品罪的共犯论处。(二)蒋某源的行为不构成窝藏毒品罪。窝藏毒品罪是明知是走私、贩卖、运输、制造毒品的犯罪分子的毒品而加以窝藏的行为。窝藏毒品罪属于赃物犯罪,与掩饰、隐瞒犯罪所得、犯罪所得收益罪之间属于特殊法与一般法的关系,窝藏毒品罪的主观目的是帮助走私、贩卖、运输、制造毒品的犯罪分子逃避司法机关的查处。贩卖毒品罪的帮助犯也可能通过实施窝藏毒品的行为,帮助主犯顺利实施贩卖毒品的行为。区分窝藏毒品罪与贩卖毒品罪的关键在于行为人主观目的的认定。如果行为人是为了帮助贩毒分子顺利实施贩毒行为,则其行为构成贩卖毒品罪的共犯;如果行为人是为了帮助犯罪分子逃避司法机关的处罚,则其行为构成窝藏毒品罪。在具体案件中,对行为人主观目的的认定非常复杂,一般是通过行为人与贩毒分子有无通谋进行判断。实践中,窝藏毒品的行为人与贩毒分子有无通谋,很难从行为人与贩毒分子的口供中得到印证。鉴于通谋既可以体现为口头上的相互联络,也可以体现为彼此默契的配合行为,判断行为人与贩毒分子有无通谋,一般需要综合参考以下因素:1. 藏匿毒品的时间。窝藏毒品罪的藏匿行为一般发生在贩毒分子已经察觉司法机关对贩毒行为开始追查之后。如果贩毒分子未察觉司法机关已对贩毒行为开始追查,或者未将其察觉告知藏匿行为人,藏匿行为人不是为了帮助贩毒分子逃避司法机关的追查而藏匿毒品的,则应认定藏匿行为人是为了帮助贩毒分子顺利实施贩毒行为,二者构成贩卖毒品罪的共犯。如果司法机关未对贩毒行为开始追查但贩毒分子怀疑司法机关已开始追查,且将这一怀疑告知藏匿行为人,窝藏行为人是为了帮助贩毒分子逃避追查而藏匿毒品的,则藏匿行为与贩毒行为不构成共犯,藏匿行为仅构成窝藏毒品罪。但如果藏匿行为人后来知晓贩毒分子继续实施贩毒行为,仍帮助贩毒分子藏匿毒品的,则藏匿行为与贩毒行为形成共犯关系。本案蒋某源为吴某保管毒品的行为发生在吴某实施贩毒行为的过程中,当时公安机关还没有对吴某的贩毒行为进行立案侦查,吴某本人也不是因为怀疑公安机关已经发现其贩毒而让蒋某源为其藏匿毒品,而是为了顺利完成贩毒行为让蒋某源帮其藏匿毒品。蒋某源明知吴某贩卖毒品,在一周左右的时间内,先后两次应吴某请求代为保管262克甲基苯丙胺,为吴某贩卖毒品的行为提供了便利条件,与吴某构成贩卖毒品罪的共犯。2. 窝藏毒品的主观状态。一是要求藏匿行为人的主观明知。这种明知包括明知藏匿的是毒品,明知该毒品是他人贩卖的毒品,这是构成贩卖毒品罪的共犯和窝藏毒品罪都必须具备的条件。二是要求藏匿行为人的主观目的。即必须是帮助贩毒分子逃避司法监管。藏匿行为人如果明知公安机关已经对贩毒分子进行追查,而为贩毒分子藏匿毒品的,从常识、常情判断,将藏匿行为人的主观目的认定为帮助毒贩分子逃避处罚更为符合客观实际。本案被告人蒋某源既明知吴某是贩毒分子,又明知公安机关尚未就该批毒品进行追查,而应吴某的请求代为藏匿毒品,主观上明显不是为了帮助吴某逃避司法机关的处罚,因此其行为不能认定为窝藏毒品罪。[参见第767号指导案例,蒋某源贩卖毒品案,载《刑事审判参考》总第85集(2012年第2集),第73~75页。撰稿:徐振华　朱芪　蒋璟]

▽被告人拒不供认毒品来源,又不能证明其系受人指使、雇佣参与运输毒品犯罪的,运用证据进行认定

(一)根据案件具体情况准确认定被告人的主观明知。运输毒品罪是一种故意犯罪。就本罪而言,行为人要认识到自己行为会发生危害社会的结果,必须首先认识到自己运输的对象是毒品。司法实践中,被告人常以不明知行为对象是毒品为由进行辩解,对此审查认定往往成为定案关键。最高人民法院、最高人民检察院、公安部2007年联合发布的《办理毒品犯罪案件适用法律若干问题的意见》(以下简称《意见》)列举了7种具体情形,最高人民法院2008年印发《大连会议纪要》列举了9种具体情形,对上述16种情形,被告人不能作出合理解释,且没有证据证实确属被蒙骗的,可以认定被告人主观上明知是毒品。如果有其他证据足以认定被告人应当知道的,可以认定被告人主观上明知。本案被告人辩称不知道自己驾驶的轿车内有毒品,又无同案犯供述或者其他证据直接证实其主观上明知。但根据本案的具体情形,足以认定其明知运输的是毒品:第一,被告人独自驾驶变速箱挡板内藏匿有毒品甲基苯丙胺("麻古")的轿车,选择县际公路、避开高速公路和地州城市,从云南省西双版纳州边境向内地行驶;绿春县公安边防检查站缉查盘问时,被告人称没有携带违禁物,但神情慌张;边防武警检查车辆查获毒品时,被告人便意欲逃跑。从这些情形足以推定其主观上明知。第二,公安边检站证实:之所以严格盘查被告人,是因为在其车内闻到疑似"麻古"的香味;车内查获的三包毒品中,在两包最内层透明塑料包装袋上提取到被告人的指纹,说明被告人直接接触过毒品内包装。从被告人的嗅觉、视觉能力分析,参照正常人的常识、心智判断,被告人应当知道其接触的是毒品。第三,案发时途经检查站的两位群众证实,被告人被查获后想逃跑,被抓住后不停地大哭,说明其对运输毒品的行为及严重法律后果是有认识的,该表现也有助于推定其主观上明知。

(二)运输毒品,拒不供认毒品来源,不能证明系受人指使、雇佣参与运输毒品的,应予严惩。被告人归案后,拒不供述毒品来源。被告人从四川到云南边境地区购买了作案所用的轿车,拆开车内挡板藏匿毒品,选择隐蔽路线,独立长途驾驶运输,拒不供述毒品、毒资来源和归属,所持银行卡有大额资金流动,并非单纯运输毒品者,应当核准被告人死刑。这既体现了刑法严厉打击毒品犯罪的精神,又体现了在运输毒品犯罪案件中应当区别不同情形适用宽严相济刑事政策的导向,是可取的。

刑法本条将运输毒品和走私、贩卖、制造毒品相并列,设置同一幅度的法定刑,表明刑法对这四种行为的危害性作等量评价。原因在于,运输毒品罪的"运输"行为是毒品从生产、制造领域或者走私、贩卖等源头,进入国内毒品市场或者流通领域的枢纽环节,对促进毒品在国内非法流通、交易起到重要作用。就该类犯罪的社会危害而言,一般不次于其他毒品犯罪。因此,刑法对运输毒品罪在罪状描述、法定刑设置两方面均体现了严厉打击的态度。在罪状表述上,刑法本条第一款特别提示,运输毒品"无论数量多少,都应当追究刑事责任";在法定刑设置上,配置了严厉的、最高直至死刑的法定刑。就个案来说,具体的运输毒品犯罪行为社会危害性差异悬殊,行为人的主观恶性也差异较大,因而对运输毒品犯罪行为不能不加区分一概从严处罚,特别是在判处死刑的问题上要区别对待。根据《大连会议纪要》精神,对两种运输毒品的情形要区别对待,不能一概从严。一是确实不进入流通环节的运输毒品行为,不以运输毒品罪论处。对于吸毒者在购买、运输、存储毒品过程中被查获的,如果没有证据证实其是为了实施贩卖等其他毒品犯罪行为,毒品数量也未超过非法持有毒品罪的最低数量标准的,一般不定罪处罚。另外,对于以贩养吸的涉毒犯罪,已被吸食的部分不计入毒品犯罪数额;有证据证明不以牟利为目的,为他人代购仅用于吸食的毒品,数量达到非法持有毒品罪标准的,以非法持有毒品定罪。上述规定说明,运输毒品罪针对的是客观上可能导致毒品流向社会的运输行为,对有证据足以认定所运输的毒品不会进入贩卖、流通领域的,不能作为本罪惩处、打击的对象。二是对有证据证明确属受人指使、雇佣参与运输毒品犯罪,又系初犯、偶犯的,可以从轻处罚。这类单纯的运输毒品行为多系走私、贩卖、制造毒品等严重犯罪的从属行为,具有从属性、辅助性的特点,行为人受雇佣从事运输行为,不直接连接毒品的源头和流通环节,其社会危害性比在毒品犯罪上下游之间起居间作用的运输毒品行为要轻。实践中,对运输毒品犯罪,同样坚持贯彻宽严相济刑事政策,根据犯罪的具体情况,区别对待,做到该宽则宽,当严则严,宽严相济,罚当其罪,打击和孤立极少数,教育、感化和挽救大多数。单纯的运输毒品行为,是指"有证据证明确属受人指使、雇佣参与运输毒品犯罪,又系初犯、偶犯"。单纯的运输毒品行为,其行为人不是毒品的所有者、买家或卖家,不少是贫困边民、下岗工人或者无业人员等弱势人群,只为赚取少量运费而为他人运输毒品,这些人的社会危害性和人身危险性相对不大,如果对该类行为主体不加区别一律与走私、贩卖、制造毒品的行为主体同样处刑,就违背了罪责刑相适应原则,也与宽严相济刑事政策不符。

对并非上述单纯的运输毒品的行为,实践中体现出从严打击的精神,也即对于运输毒品数量超过实际掌握的死刑数量标准,又不能证明系受人指使、雇佣参与运输毒品的,可以判处重刑直至死刑。这种判罚完全符合立法严惩毒品犯罪的目的,也符合打击该类犯罪的司法实践需要。运输毒品犯罪具有隐蔽性、中转性、跨地域性的特征,司法实践中很多案件只能查获"掐头去尾"的运输毒品这一环节,如果被告人不如实供述毒品、毒资的来源和归属,则难以查获毒品从源头到市场的整条犯罪产业链,也难以查明被告人在产业链中的地位和作用。一些被告人试图借此避重就轻、逃避打击。因此,在确定运输毒品犯罪分子的量刑时,应当区分单纯运输毒品的案件和仅因证据不够充分而就低认定为运输毒品的案件,确保对运输毒品罪的量刑不枉不纵。[参见第782号指导案例,王平运输毒品案,载《刑事审判参考》总第86集(2012年第3集),第66~69页。撰稿:汪斌 杨军]

▽毒品共犯地位、作用的认定

毒品共同犯罪的社会危害比个人犯罪更大,表现为贩运的数量更大,有明确的分工合作,更容易逃避侦查,毒品更容易流入社会,且在被发现后共犯之间容易订立攻守同盟,所以对毒品共犯要坚持从严打击的方针,特别是对于贩卖毒品罪的主犯,依法应当判处死刑的,要坚决判处死刑。当然,对毒品共犯的处理也要严格贯彻宽严相济刑事政策,在存在多名主犯的犯罪案件中,要准确认定共犯的地位和作用,确定罪责轻重。对于地位和作用相对较小,属于可杀可不杀的,对其判处死刑可不立即执行。本案刘某某供述其本人系出资人,并有下线供认的资金往来及银行查询情况相印证,并且刘某某积极联系毒品上、下线,通过"马仔"贩卖毒品,是共同犯罪中地位、作用最为突出的主犯。刘某某曾因犯贩卖毒品罪被判刑,属毒品再犯,且系累犯,依法应当从重处罚,因此,适用死刑是适当的。被告人凌某某与刘某某共同策划、组织、实施贩卖毒品,在共同犯罪中均系主犯,但凌某某始终辩解在贩毒过程中没有出资行为。由于凌某某归案后一直拒不认罪,导致对其地位、作用层次的认定存在一定困难,但通过下线、"马仔"的供述,结合刘某某的供述及案件事实的分析,凌某某在贩卖毒品共同犯罪中的地位、作用应当次于刘某某。具体理由分析如下:(1)从共同出资情况分析。关于共同出资只有刘某某的供述,凌某某始终辩解没有出资,而刘某某也称一直没有获取分配收益。复核阶段,公安机关出具"情况说明"称,目前无法获取更多证据证实凌某某、刘某某共同贩卖毒品最初毒资的来源,故认定凌某某出资的依据不够充分。(2)从财产情况对比分析。刘某某有车辆、会开车,另有住房,且住房中摆放大量毒品。而凌某某既没有车,又要租房住。(3)毒品下线及"马仔"的供述等证实,凌某某与刘某某是同学、老乡关系,在刘某某前罪刑满释放后参与了刘某某的贩毒活动,一开始跟着刘某某贩毒并亲自运送毒品,在与刘某某一起雇用周某某、邓某某作为"马仔"之后,在共同犯罪中的地位不断提升,逐渐不再亲自运送毒品,不再在自己住处大量藏匿毒品。(4)刘某某系毒品再犯及累犯。由于没有充分证据证实凌某某与刘某某系共同出资,结合毒品下线及"马仔"的供述,可以认定凌某某地位、作用小于刘某某。本案查获的毒品数量折算后为1500余克,在同一起犯罪中应当严格控制死刑,在判处地位、作用更大的刘某某立即执行死刑的基础上,对同案犯凌某某判处死刑,可不立即执行。[参见第800号指导案例,凌万春、刘光普贩卖、制造毒品案,载《刑事审判参考》总第87集(2012年第4集),第77~78页。撰稿:李俊　曹东方]

▽在毒品中添加非毒品物质不构成制造毒品罪

刘某某等人把毒品"麻古""摇头丸""Y仔"等混合的行为,不是为了制造出一类新毒品,也没有制造出新毒品,其目的是混合后加入咖啡中以便于贩卖,因此不属于制造毒品。《大连会议纪要》第四条规定,"制造毒品不仅包括非法用毒品原植物直接提炼和用化学方法加工、配置毒品的行为,也包括以改变毒品成分和效用为目的,用混合等物理方法加工、配制毒品的行为,如用甲基苯丙胺或者其他苯丙胺类毒品与其他毒品混合成麻古或者摇头丸"。主张本案被告人的行为构成制造毒品罪的观点,主要是根据该条规定。然而,《大连会议纪要》提到的物理方法制造毒品有明确的指向,即制造"麻古""摇头丸"等成分相对固定、毒品性能有所变化的新型毒品。本案中,刘某某、凌某某等人将"摇头丸"、"Y仔"与"K粉"混合后加入袋装"雀巢"咖啡内贩卖,主观目的并不是制造出一种新类型的毒品,而是通过这种混合的形式达到表面上似乎是贩卖咖啡以掩人耳目的目的,其主观目的是贩卖毒品。在客观行为上,这种物理混合的方式只是简单地把一些毒品和咖啡掺杂起来,既没有严格的比例配置规范要求,也没有专业化的配比工艺程序,还不足以达到改变毒品成分和效用的程度,没有形成新的混合型毒品,不属于制造毒品的行为。对被告人的这种行为以贩卖毒品罪论处,既符合客观事实,也符合其主观意愿,因此,一审、二审将其认定为制造毒品罪不准确,最高人民法院经复核后予以纠正。[参见第800号指导案例,凌万春、刘光普贩卖、制造毒品案,载《刑事审判参考》总第87集(2012年第4集),第78~79页。撰稿:李俊　曹东方]

▽办理毒品犯罪案件,应当深入贯彻宽严相济刑事政策,突出打击重点,体现区别对待

要深入贯彻宽严相济刑事政策,认真执行《大连会议纪要》等指导文件的规定,做到宽严相济、罚当其罪。一方面,突出打击重点,对严重毒品犯罪及毒枭、职业毒犯、累犯、毒品再犯等主观恶性深、人身危险性大的毒品犯罪分子,依法予以严惩。该判处重刑的坚决判处重刑,符合判处死刑条件的,依法判处死刑。同时,根据案件的具体情节予以区别对待,对于罪行较轻,或者具有自首、立功、从犯等从宽处罚情节的,原则应当依法予以从宽处罚。根据《刑法》本条的规定,走私、贩卖、运输、制造毒品罪的法定最高刑为死刑。其中,走私、制造毒品属于源头性犯罪,贩卖毒品导致毒品向社会扩散,均属于依法严厉打击的犯罪类型。但实践中贩卖毒品环节众多、涉案人员复杂,在办案中不能一味从严惩处,而应当综合考虑毒品数量、犯罪情节、危害后果、被告人的主观恶性、人身危险性等因素,重点打击职业毒犯、累犯、再犯、主犯以及具有出资购毒、走私、制造毒品后进行贩卖或者多次、大量向多人贩卖毒品等严重情节的毒品犯罪分子。对其中罪行极其严重的,应当依法判处死刑。但对初犯、偶犯、从犯以及具有受雇贩卖毒品、以贩养吸等情节的毒品犯罪分子,一般应当依法体现从宽精神,慎重适用死刑。如果是共同犯罪案件,则要根据行为人在共同犯罪中的作用和罪责大小确定刑罚。对于能够分清主从犯的,不能因为涉案的毒品数量特别巨大,就不分主从犯而一律将被告人认定为主犯或者实际上都按主犯处罚,从而判处重刑甚至死刑。对于共同犯罪中有多个主犯或者共同犯罪人的,处罚上也应当做到区别对待。应当全面考察各主犯或者共同犯罪人在共同犯罪中实际发挥作用的差别以及主观恶性和人身危险性方面的差异,对于实际发挥作用、主观恶性和人身危险性更大的主犯依法判处更重的刑罚。本案属于一起从严与从宽情节并存的贩卖毒品案件。从严情节方面,李某贩卖海洛因 1732 克,涉案毒品数量大,已超过当地实际掌握的判处死刑的数量标准,且贩卖对象系外省买家,社会危害大。从宽情节方面,李某作案时年仅 19 周岁,无前科劣迹,归案后坦白认罪,不属于主观恶性极深、人身危险性极大的毒品犯罪分子。而且,李某归案后始终辩称系受他人雇用贩卖毒品,其辩解能否成立,关系到本案是否属于共同犯罪以及李某在共同犯罪中的地位、作用。若李某不是毒品出资者、所有人,而是受雇为他人贩卖毒品赚取报酬,则李某在共同犯罪中的地位、作用要次于雇用者、出资者,主观恶性和社会危害性也相对较小,如能认定为从犯,则应当依法从宽处罚。因此,本案处理的重点在于查明李某是否系受人雇用贩卖毒品。[参见第 821 号指导案例,李某贩卖毒品案,载《刑事审判参考》总第 89 集(2012 年第 6 集),第 79 ~ 80 页。撰稿:李静然]

▽被告人在共同犯罪中的地位作用属于死刑案件的证明对象,应当达到"证据确实、充分"的证明标准

死刑案件的证明标准,最高人民法院 2010 年会同相关部门制定的《关于办理死刑案件审查判断证据若干问题的规定》(本附文以下简称《规定》)作了详细的规定。《规定》第五条第三款所列举的必须达到"确实、充分"要求的证明对象中,就包括"是否共同犯罪及被告人在共同犯罪中的地位、作用"。修改后的刑事诉讼法第五十三条第二款对"证据确实、充分"的证明准作了进一步细化,规定"证据确实、充分"要同时符合三项条件。2012 年出台的《最高人民法关于适用〈中华人民共和国刑事诉讼法〉的解释》(本附文以下简称《解释》)第六十四条第二款规定,认定被告人有罪和对被告人从重处罚,应当适用证据确实、充分的证明标准;《解释》第三百四十八条规定,复核死刑案件应当进行全面审查,包括被告人有无法定、酌定从重、从轻或者减轻处罚情节。根据上述规定,在办理毒品犯罪死刑案件时,"是否共同犯罪及被告人在共同犯罪中的地位、作用"属于必然的证明对象,且对该事实的证明必须达到最高的证明标准。如果认定该项事实的证据不能达到排除合理怀疑的标准,以致影响准确判定被告人罪责的,则不能判处死刑立即执行。本案中,公安机关先抓获为买家运输毒品的谢某、温某,当场查获涉案毒品,并在谢某的协助下抓获贩卖毒品的李某,三被告人均对犯罪事实予以供认,认定李某向谢某、温某贩卖 1732 克海洛因的事实清楚,证据确实、充分。但是,李某是否受他人雇用贩卖毒品,涉及本案是否属于共同犯罪及李某在共同犯罪中的地位、作用，影响到对全案事实的准确认定以及能否对李某适用死刑。根据在案证据，李某是否受雇贩卖毒品的事实不清，且有关情节存在疑点，无法排除合理怀疑。具体体现在：第一，涉案毒品的来源不清。李某作案时年仅19岁，其本人没有固定职业，家庭经济情况一般，没有购入大量毒品的经济能力。李某无吸毒史，也没有毒品犯罪前科，从其年龄、阅历及社会关系来看，其缺乏从境内外联系大宗毒源的途径和能力。李某无法说清涉案毒品从何处购得，在案证据均不能证实涉案毒品的具体来源。第二，涉案巨额毒资及剩余毒品的去向不明。李某、谢某及温某供述，本次交易的毒资达44万元，李某归案后公安人员仅从其身上查获4万余元现金，并没有查询其银行账户或者对其住处进行搜查，而李某则始终交代涉案毒资已全部交给雇主，缴获的4万余元是其劳务报酬。同时，李某及谢某证实交易后剩余2块毒品，公安人员也未能从李某处查获剩余毒品，李某供称剩余毒品已交给雇主。目前没有证据证实涉案毒资和剩余毒品的下落。第三，何人与买家联系交易的事实不清。谢某、温某均供称系受"高佬"雇用向李某购毒，"高佬"已事先与卖家谈妥购毒数量及交易价格，故二人均未再与李某商谈毒品的数量和价格。但李某否认认识"高佬"，坚称系其雇主与买家商定毒品数量和价格，且其通话清单中也没有与"高佬"的通话记录。目前没有证据证实李某与"高佬"事先商定毒品交易事宜，也无法查明系何人与买家联系交易毒品。上述情况表明，不能排除李某受人雇用参与贩卖毒品的可能性。因此，有必要在审判过程中加大这方面的证据审查判断力度。应当说，一审、二审法院在李某不如实供述受何人雇用的情况下作出这种事实认定，并无明显不当。在最高人民法院复核期间，李某称此前因害怕家人遭到报复，没有如实供述毒品货主的真实身份，雇用其贩卖毒品的是"农"姓男子，当天与其共同贩卖毒品的还有许某，并提供了二人的身份、住址、联系方式及相关证据线索。最高人民法院据此进行了证据补查，并主要从以下三个方面对李某受雇贩卖毒品的供述进行了审查：第一，李某交代的共同犯罪人身份是否真实。经查，李某交代的雇用其贩卖毒品的"农"姓男子的身份、住址等情况与李某的交代相符，李某还对农的照片进行了混合辨认确认。许某亦系涉毒人员，因吸食海洛因目前正在被强制戒毒。据此，李某提供的共同犯罪人身份得到证实，且二人均系涉毒人员。第二，李某交代受雇贩卖毒品的情节是否有证据印证。李某在复核阶段交代，许某与其共同贩毒，案发当天许曾在交易前到饭店房间给谢某送毒品样品，交易时许某在房间外等候并与其一起离开。经查，谢某证实，交易前确有另一名年轻男子到饭店房间送样品，交易后该男子与李某一起离开现场，温某也证实另一名男子在交易前送来样品，虽因时间过长无法辨认，但印证了李某供述的与他人共同贩卖毒品的情节。另经查询，李某作案时使用的手机号码与其所称的"农"姓男子的手机号码在交易日前后通话异常频繁，也印证了李某交代的受雇贩毒期间与雇主频繁联系的情节。第三，李某的经济情况及账户资金往来情况。经查，李某的家庭经济情况一般，没有异常暴富的情况。通过对李某居住地的多家银行进行调查，均未发现李某的开户信息。目前，没有证据证实，李某有异常收支情况及大额账户资金往来。综上，本案涉案海洛因的来源及巨额毒资、剩余毒品的去向均不清楚：李某交代雇用其贩卖毒品的农某及与其共同贩卖毒品的许某确有其人，且均系涉毒人员；李某交代的部分受雇贩卖毒品的情节得到在案证据印证。因此，可以确认，李某受他人雇用贩卖毒品的可能性很大。鉴于有关共同犯罪的事实仍需进一步查证，全案证据尚未达到死刑案件的证据标准，为查明全案犯罪事实，深挖共同犯罪，依法准确适用死刑，最高人民法院依法裁定不核准李某死刑，将本案发回重审。[参见第821号指导案例，李某贩卖毒品案，载《刑事审判参考》总第89集(2012年第6集)，第80～83页。撰稿：李静然]

▽在走私、贩卖、运输、制造毒品的过程中以暴力抗拒检查、拘留、逮捕，造成执法人员重伤、死亡后果的，属于走私、贩卖、运输、制造毒品的加重情节之一，不能单独构成其他犯罪

(一)走私、贩卖、运输、制造毒品过程中，以暴力抗拒检查、拘留、逮捕，情节严重的情形，刑法立法明确规定不实行数罪并罚，而是作为走私、贩卖、运输、制造毒品犯罪的加重处罚情节。刑法理论及司法实践通常认为,行为人犯罪过程中实施的数个行为,如果分别符合数个犯罪的构成要件,应成立数罪,实行并罚。然而,有些犯罪过程经常伴随其他犯罪行为,从而凸显该类犯罪的社会危害性,刑法立法遂将伴随行为特别规定为该类犯罪的加重处罚情节,不实行数罪并罚,以体现从严打击该类犯罪的立法目的。从《刑法》本条的立法精神来看,走私、贩卖、运输、制造毒品无论数量多少,都应进行刑罚处罚,但加重处罚的情节中,除毒品数量较大的标准外,还包含其他加重情节。其中,在走私、贩卖、运输、制造毒品犯罪过程中,以暴力抗拒检查、拘留、逮捕,情节严重的,第四项明确将其规定为加重处罚的情节之一,不实行数罪并罚。本案被告人开车运输毒品被警方拦下检查时,驾车撞伤警察的行为,属于运输毒品过程中以暴力抗拒检查、逮捕,情节严重的情形,根据刑法本条的规定,无论其运输数量的多少,都应处以十五年有期徒刑、无期徒刑或者死刑,并处没收财产。(二)如何理解"以暴力抗拒检查、拘留、逮捕,情节严重的"中的"情节严重"。我国刑法条文中采用"情节严重"作为犯罪成立条件或加重处罚条件的情况非常多,相对"后果严重"等用语而言,其内涵更加抽象、广泛。《刑法》第六十一条规定,对于犯罪分子决定刑罚的时候,应当根据犯罪的事实、犯罪的性质、情节和对于社会的危害程度,依照有关规定判处。"对于社会的危害程度"就是犯罪的危害后果。因此,从刑法的这一规定看,这里所说的"情节"是与犯罪的事实、犯罪的性质、犯罪的后果相并列的一个概念,可以称为情节的狭义概念。但刑法分则中情节加重犯的"情节",并没有与犯罪的事实、犯罪的性质、犯罪的后果相并列,因此,其外延显然不是仅指狭义上的情节。根据《刑法》第六十一条的规定,这里的"情节"应是包括了犯罪的事实、犯罪的性质、犯罪的后果和狭义的犯罪情节在内的全部影响量刑的因素,可称为广义上的情节。刑法立法应力求表述准确,如果仅以"后果严重"作为构成犯罪或加重法定刑的条件,则难以涵盖犯罪的事实、犯罪的性质、狭义的犯罪情节等犯罪后果之外的因素。换句话说,刑法立法中的"情节严重",而不采用"后果严重",是因为单纯以后果论不足以体现相关立法用意。因此,无论从字面含义还是立法精神来看,刑法分则中的"情节严重"都应包含"后果严重"的情形。走私、贩卖、运输、制造毒品犯罪过程中,经常伴随一些轻微的暴力抵抗行为,如果都作为加重处罚情节,难以体现罪刑均衡原则。因此,刑法在规定以暴力抗拒检查、拘留、逮捕作为加重处罚情节时,又附加了"情节严重"的限制。准确理解这里的"情节严重",需要结合走私、贩卖、运输、制造毒品犯罪过程中,犯罪分子暴力抗拒执法的具体情况而定。现实生活中,毒品犯罪分子暴力抗拒检查、拘留、逮捕,造成执法人员伤亡的严重后果,是较为常见的,是"情节严重"的通常情况。因此,本案中被告人在运输毒品过程中暴力抗拒检查、抓捕造成执法人员重伤的行为,理解为运输毒品加重处罚情节,既符合立法精神,也足以体现该行为的社会危害性与罪刑均衡原则。综上,一审、二审法院认为,被告人在运输毒品过程中暴力抗拒检查量抓捕,造成执法人员重伤的行为,只构成运输毒品罪,适用法律正确;对被告人判处无期徒刑,剥夺政治权利终身,并处没收个人全部财产,量刑适当。[参见第822号指导案例,易大元运输毒品案,载《刑事审判参考》总第89集(2012年第6集),第85~88页。撰稿:徐海]

▽走私、运输毒品数量大,罪行严重,且有累犯情节,但有证据表明被告人系受雇走私、运输毒品,且非独立实施走私、运输毒品行为的,不适用死刑立即执行

被告人邱某某、吉某某某走私、运输毒品海洛因的数量高达5645克,同某某系累犯,在共同犯罪中地位、作用与吉某某某基本相当,如无特殊情节依法应当对邱某某判处死刑立即执行。但基于以下几个方面的原因,可对其不判处死刑立即执行。(一)被告人系受人雇佣且非独立实施走私、运输毒品行为。被告人邱某某和同案被告人吉某某某详细稳定的供述相互印证,另确电话通讯勘查笔录、车票、吸毒检测报告等佐证,证实在逃的初布日格等三名彝族毒贩,出资56万元从缅甸购买毒品,临时雇用赌博欠债的邱某某和找工作未果的吉某某某充当运毒"马仔",从出发地到缅甸再走山路到国内,五人始终在一起,且系由初布日格指挥、出资。(二)被告人本质上是单纯的受雇走私、运输毒品行为。被告人邱某某虽然被认定为走私、运输毒品,但其并不是毒品的所有者、买家或者卖家,本质上是单纯地受雇走私、运输毒品行为。《大连会议纪要》明确规定，毒品犯罪中，单纯的运输毒品行为具有从属性、辅助性特点，且情况复杂多样。部分涉案人员系受指使、雇佣的贫民、边民或者无业人员，只是为了赚取少量运费而为他人运输毒品，他们不是毒品的所有者、买家或者卖家，与幕后的组织、指使、雇佣者相比，在整个毒品犯罪环节中处于从属、辅助和被支配地位，所起作用和主观恶性相对较小，社会危害性也相对较小。因此，对于运输毒品犯罪中的这部分人员，在量刑标准的把握上，应当与走私、贩卖、制造毒品和前述具有严重情节的运输毒品犯罪分子有所区别，不应单纯以涉案毒品数量的大小决定刑罚适用的轻重。（三）被告人邱某某在共同犯罪中的地位、作用明显次于在逃的三名同案犯。根据《大连会议纪要》的规定，在毒品共同犯罪中，主要出资者、毒品所有者或者起意、策划、纠集、组织、雇佣、指使他人参与犯罪以及其他起主要作用的是主犯；起次要或者辅助作用的是从犯。受雇佣、受指使实施毒品犯罪的，应当根据其在犯罪中实际发挥的作用具体认定为主犯或者从犯。对于确有证据证明在共同犯罪中起次要或者辅助作用的，不能因为其他共同犯罪人未到案而不认定为从犯，甚至将其认定为主犯或者按主犯处罚。同时，共同犯罪中能分清主从犯的，不能因为涉案的毒品数量特别巨大，就不分主从犯而一律将被告人认定为主犯或者实际上都按主犯处罚，一律判处重刑甚至死刑。因此，按照《大连会议纪要》的规定，只要认定为从犯，无论主犯是否到案，均应当依照刑法关于从犯的规定，对被告人从轻、减轻或者免除处罚。本案中，如果核准邱某某死刑，既与作用更大的三个在逃同案犯的量刑失衡，也与其作用基本相当但仅判处无期徒刑的同案被告人吉某某某的量刑失衡。（四）被告人邱某某认罪态度好且归案后具有积极协助司法机关的表现。被告人邱某某认罪态度好，且归案后能够积极协助公安机关诱捕毒品货主。虽然最终没有抓捕成功，但公安、检察机关均认可其为此所做的努力。（五）在具体案件中应当区别累犯情形量刑。被告人邱某某的前科并非毒品犯罪，前科是其跟着多人共同抢劫，当时持刀的同案犯拿着抢来的一部手机跑了，只邱某某一人因眼睛有残疾且未持凶器，被当场抓住，其在抢劫共同犯罪中所起作用不大。本案中，尽管邱某某系累犯，但并非要从重并一律严厉到适用死刑立即执行，这样的量刑过于机械，不利于宽严相济政策在具体案件的贯彻执行。综上，最高人民法院综合具体案情，准确把握宽严相济政策精神，严格区别毒品犯罪主、从犯，不核准邱某某死刑是正确的。［参见第852号指导案例，邱绿清等走私、运输毒品案，载《刑事审判参考》总第91集（2013年第2集），第76～78页。撰稿：黄嵩］

▽对于以贩养吸的被告人，应当按照其卖出及查获的毒品数量认定其贩卖毒品的数量，对于查获的毒品在量刑时应当酌情考虑其吸食毒品的情节

对于以贩养吸的被告人贩卖毒品数量的认定，是司法实践中办理此类案件的一个难点。问题主要在于两个方面：一是从以贩养吸的被告人处查获的毒品是否计入其贩卖毒品的数量，在量刑时是否考虑其中部分毒品可能被吸食的情节。二是有证据证明以贩养吸的被告人购买了毒品，但没有证据证明该毒品被其贩卖，亦未被查获，该毒品是否计入其贩卖毒品的数量。对于既吸食又贩卖毒品的被告人，其购买的毒品部分可能用于吸食，故不应将其购买的毒品全部计入其贩卖毒品的数量，而应当将有证据证明其卖出的毒品数量和实际查获的毒品数量认定为其贩毒数量，但对于实际查获的毒品在量刑时也应酌情考虑被其吸食毒品的情节。根据最高人民法院2008年印发的《大连会议纪要》的规定，对于以贩养吸的被告人，其被查获的毒品数量应当认定为其犯罪的数量，但量刑时应考虑被告人吸食毒品的情节，酌情处理；被告人购买了一定数量的毒品后，部分已被其吸食的，应当按照能够证明的贩卖数量及查获的毒品数量认定其贩毒的数量，已被吸食部分不计入在内。《大连会议纪要》的上述内容解决了实践中办理此类案件的两个难点问题：第一，查获毒品的数量认定及对量刑的影响。在办理毒品犯罪案件时，对于贩卖毒品的被告人，可以推定其被查获的毒品亦系用于贩卖，故应当将查获的毒品数量认定为其贩卖毒品的数量。但在办理以贩养吸的被告人贩卖毒品的案件时，则应视具体情况而区别处理。对于以贩养吸的被告人，其被查获的毒品数量原则上应当计入其贩毒数量，但被告人既吸食又贩卖毒品,查获的毒品中部分可能系其准备用于吸食,故从有利于被告人的角度,对于查获的这部分毒品在量刑时应当考虑被告人吸食毒品的情节,酌情予以从宽处罚。第二,可能被吸食的毒品是否计入贩卖毒品的数量。根据《大连会议纪要》精神,以贩养吸的被告人购买一定数量的毒品后,吸食掉其中一部分的,已被吸食部分不计入其贩卖毒品的数量。同样,对于有证据证明以贩养吸的被告人已经买入毒品,但没有证据证明该毒品被其贩卖,亦未被查获,如该毒品的数量在个人合理吸食量范围之内的,也存在被被告人吸食的可能性,这部分毒品不应计入其贩卖毒品的数量。本案被告人高某既贩卖又吸食甲基苯丙胺,属于以贩养吸的毒品犯罪分子。二审法院不予认定的主要理由是,没有证据证明这部分毒品被高某贩卖,且这部分毒品已经灭失,毒品数量又在个人合理吸食量范围之内,存在被高某自行吸食的可能性,故对这部分毒品不应计入其贩毒数量。应当说,这种处理符合《大连会议纪要》规定的精神。但特别需要注意的是,对于个人合理吸食量的把握,既要考虑被告人购买毒品的数量,也要考虑这些毒品用于吸食的周期,不宜将毒品吸食数量标准定得过高,否则极有可能造成定罪不准确,不利于有效打击毒品犯罪。[参见第853号指导案例,高某贩卖毒品、宋某非法持有毒品案,载《刑事审判参考》总第91集(2013年第2集),第81～83页。撰稿:尹晓涛]

▽走私毒品犯罪中,被告人拒不供认其主观明知是毒品的,如何根据在案证据定罪

办理毒品犯罪案件中,对被告人主观明知的认定常有一定难度。主要原因有以下两点:一是毒品犯罪比较隐蔽,毒枭和指使者往往自己并不出面,而是通过指使、雇佣马仔从事走私、运输等具体行为,取证工作难度较大,证据数量通常也较少。二是毒品犯罪的涉案人员往往有逃避制裁的思想准备,特别是用箱包运输毒品的被告人,即使当场在其身边查获毒品,亦往往以"为他人运输和携带,并不知道有毒品"进行辩解。有的在被查获时虽然承认明知是毒品,但到了审查起诉和审判阶段又翻供。如果仅以涉案行为人本人是否承认明知为标准,办案工作就会非常被动,相当一部分案件难以认定被告人的主观明知,影响对毒品犯罪的打击力度。

针对这种状况,为解决司法实践中毒品犯罪被告人主观明知的认定问题,最高人民法院、最高人民检察院、公安部2007年联合制定的《办理毒品犯罪案件适用法律若干问题的意见》(本附文以下简称《意见》)对明知的认定作了专门的规定。根据《意见》的规定,走私、贩卖、运输、非法持有毒品犯罪主观故意中的"明知",是指行为人知道或者应当知道所实施的行为是走私、贩卖、运输、非法持有毒品行为。《意见》明确的一个认定原则就是在犯罪嫌疑人、被告人否认明知的情况下,可以通过刑事推定来认定主观明知。所谓刑事推定,是指在认定刑事案件事实的过程中,根据法律规定或者经验法则,在没有相反证据推翻的情况下,从已知的基础事实推导出另一未知事实的证明方法。近年来,刑事推定在司法实践中越来越受关注,在毒品案件审理过程中时有运用。本案中,机场海关人员在被告人巴拉姆和木尔塔扎携带的手提公文箱夹层中起获了大量冰毒,但二被告人从侦查阶段到庭审中,都坚称不知所携带的手提公文箱中有夹层,更不知内中藏有毒品。除二被告人的供述外,其他证据只能证实毒品的查获过程,不能证实二被告人对其走私毒品犯罪的主观明知。本案情形符合《意见》第六项的规定,即根据现有证据,可以认定二被告人采用高度隐蔽的方式携带、运输毒品,且未能做出合理解释,故可以认定二被告人明知所携带的手提公文箱中藏有毒品,依法构成走私毒品罪。首先,在手提公文箱的夹层中藏匿毒品属于高度隐蔽的方式。其次,二被告人虽然否认明知手提箱中藏有毒品,但均未对其行为作出"合理解释",且存在多处矛盾。值得注意的是,刑事推定是一种不得已的证明方法,有"末位的证明方式"之称。只有在相关事实确实难以用直接证据来证明时才允许采取这种方式进行认定。由于推定被告人明知不是以确凿证据来证明,而是根据基础事实与待证事实的常态联系,运用情理判断和逻辑推理得出的,不排除有例外情况,所以推定若运用不当,则很有可能导致错误定罪。依据《意见》的有关规定来认定毒品犯罪被告人的主观明知时,特别要注意两点:(1)判断是否明知应当以客观真实的在案证据为基础。尽管"明知"是被告人知道或者应当知道行为对象是毒品的心理状态,但判断被告人主观是否明知,不能仅凭被告人的供述,而应当综合案件中的其他证据,依据实施毒品犯罪行为的过程、行为方式、毒品被查获时的环境等证据,结合被告人的年龄、阅历、智力及掌握相关知识情况,进行综合分析判断。本案中,二被告人在广州汉风酒店的住宿行踪、二人的机票、火车票、出境申报单及现场照片、鉴定结论等证据,都是作出判断的重要基础,若缺乏这些证据,则很难定罪。(2)应当准许被告人提出反证,以对其行为作出合理解释或者证实其确系被蒙骗。并且,如果被告人在审判阶段只能提出相关的证据线索,无法提出具体证据,法院可以进行调查取证。如经调查核实,发现被告人提出的证据线索确实存在,被告人的辩解有事实根据或者合乎情理,足以推翻推定事实的,则不能认定其明知。本案中,二被告人未能就此提供任何证据或者证据线索,故起诉书指控二人犯走私毒品罪均成立。[参见第954号指导案例,巴拉姆·马利克·阿吉达利、木尔塔扎·拉克走私毒品案,载《刑事审判参考》总第96集(2014年第1集),第106~110页。撰稿:黄小明]

▽对临时结伙贩卖、运输毒品起组织作用,但本人实际贩卖毒品数量相对较少的主犯如何量刑

《刑法》规定,对于毒品共同犯罪中的主犯,应当按照其所参与或者组织、指挥的全部犯罪处罚。毒品共同犯罪有一定的特点,虽然涉案毒品数量是影响量刑的主要因素,但不能唯涉案毒品数量量刑。在对主犯量刑时,既要考虑涉案毒品数量,又要考虑各被告人在共同犯罪中的地位、作用,如犯意提起、具体分工、毒资筹集、毒品实际控制等。此外,毒品是否流入社会造成实际危害等也应作为考虑情节。本案被告人阿力日呷积极联系毒贩,向毒贩支付毒资并接收全部毒品,安排贩卖、运输毒品的路线和行程,在共同犯罪中起组织、策划作用,系主犯,应当对查获的全部1037克毒品承担刑事责任。最高人民法院2008年12月印发的《大连会议纪要》明确要求:“要从犯意提起、具体行为分工、出资和实际分得毒赃以及共犯之间相互关系等方面,比较各共同犯罪人在共同犯罪中的地位和作用。”本案中,阿力日呷与阿牛木史牛合买的344克海洛因,二人出资额相同,且系共同取款,共同将款交给毒贩,二人均起主要作用,鉴于系阿力日呷指使阿牛木史牛携带海洛因,故阿力日呷的作用略大于阿牛木史牛,阿力日呷帮阿布木拉尾购买的693克毒品,阿布木拉尾主动出资让阿力日呷帮助购买毒品,并雇第三人直接运输毒品,阿力日呷没有从中加价牟利,故二人均起主要作用,但阿布木拉尾的作用要大于阿力日呷。根据《大连会议纪要》的规定,对于“共同犯罪毒品数量刚达到实际掌握的数量标准,但各共同犯罪人作用相当,或者责任大小难以区分的”,可不判处被告人死刑立即执行。本案中,各共同犯罪人之间存在亲属、熟人关系,因有贩卖毒品的故意而临时结伙,三名主犯均系积极主动参与犯罪,且阿力日呷对同案被告人和毒品的控制力较弱,在各共同犯罪人责任相对分散的情况下,考虑到阿力日呷系初犯,毒品未流入社会造成实际危害,根据宽严相济刑事政策精神,对阿力日呷判处死刑,可不立即执行。[参见第955号指导案例,阿力日呷贩卖、运输毒品案,载《刑事审判参考》总第96集(2014年第1集),第113~114页。撰稿:郑鹏　韩景慧]

▽不以牟利为目的,为他人代购用于吸食的毒品,毒品数量未达到非法持有毒品罪定罪标准的,不应认定为犯罪

为他人代购用于吸食的毒品,且没有从中牟利的,不能认定为贩卖毒品罪。关于为吸毒者代购毒品行为的定性,2000年4月印发的《南宁会议纪要》(现已废止——编著者注)指出:“有证据证明行为人不是以营利为目的,为他人代买仅用于吸食的毒品,毒品数量超过刑法第三百四十八条规定的数量最低标准,构成犯罪的,托购者、代购者均构成非法持有毒品罪。”2008年印发的《大连会议纪要》,在《南宁会议纪要》(现已废止——编著者注)的基础上,对为吸毒人员代购毒品行为的定性等问题作出了更为详细、完善的规定。《大连会议纪要》指出:“有证据证明行为人不以牟利为目的,为他人代购仅用于吸食的毒品,毒品数量超过刑法第三百四十八条规定的最低数量标准的,对托购者、代购者应以非法持有毒品罪定罪。代购者从中牟利、变相加价贩卖毒品的,对代购者应以贩卖毒品罪定罪。明知他人实施毒品犯罪而为其居间介绍、代购代卖的,无论是否牟利,都应以其实施的毒品犯罪的共犯论处。”

根据《大连会议纪要》的规定,对于为他人代购毒品的行为,不能一律认定为犯罪,构成犯罪的也不是都要按照贩卖毒品罪处理,而应当具体分析、区别对待。上述规范性文件之所以专门对为吸毒者代购毒品行为的定性作出规定,是由于在我国吸毒行为本身以及为吸毒而购买或者持有少量毒品的行为均不构成犯罪。而不以牟利为目的,为吸毒者代购用于吸食的毒品的行为,与吸毒者自身购买用于吸食的毒品的行为在本质上相似。这种情况下,代购者只是充当了吸毒者购买毒晶行为的代理人,吸毒者和代购者的目的均在于吸食和消费毒品,而不是促进毒品流通和贩卖。因此,对于为吸毒者代购毒品的行为应当结合具体情况作出处理,为他人代购仅供吸食的毒品且未牟利的,不应认定为贩卖毒品罪。由于毒品属于国家严格管制的麻醉药品和精神药品范畴,严禁个人非法持有,《刑法》第三百四十八条对此也作了明文规定,故对于托购者和代购者购买的毒品数量较大,达到非法持有毒品罪的定罪数量标准的,应当依法定罪处罚。本案被告人刘某某两次为杨某某代购毒品的行为不构成犯罪,由此认定刘某某存在多次贩卖毒品的情节,不能成立。[参见第1014号指导案例,刘继芳贩卖毒品案,载《刑事审判参考》总第99集(2014年第4集),第91~96页。撰稿:刘世明　丛日新　牛传勇　李静然]

▽对于因犯意引诱而实施毒品犯罪的被告人,应当依法定罪,但在量刑时应当体现从宽处罚

证据证实,公诉机关指控被告人刘某某实施的第三起贩卖毒品犯罪,系刘某某在没有贩卖毒品故意的情况下,受侦查机关安排的特情引诱而产生犯意,进而实施了贩卖毒品犯罪,属于典型的犯意引诱。对于存在犯意引诱情况下的证据采信及被告人量刑问题,在犯意引诱的情况下,取得的证实行为人实施毒品交易的证据,只要不属于刑事诉讼法第五十四条规走的非法证据,就可以作为定案的根据,证据达到确实、充分标准的,应当依法定罪,但在量刑时应当考虑犯意引诱的情节,对被告人依法从轻处罚。

毒品犯罪的隐蔽性和复杂性导致此类案件的取证工作难度较大,因而利用特情手段侦破毒品犯罪案件在实践中较为常见。但是,特情手段的运用也给毒品犯罪案件的处理带来一些问题,对特情介入侦破的毒品案件,要区别不同情形予以分别处理。《大连会议纪要》规定,对已持有毒品待售或者有证据证明已准备实施大宗毒品犯罪者,采取特情贴靠、接洽而破获的案件,不存在犯罪引诱,应当依法处理。行为人本没有主动实施毒品犯罪的主观意图,而是在特情诱惑和促成下形成犯意,进而实施毒品犯罪的,属于犯意引诱。对因犯意引诱实施毒品犯罪的被告人,根据罪刑相适应原则,应当依法从轻处罚,无论涉案毒品数量多大,都不应判处死刑立即执行。《大连会议纪要》的上述规定既体现了刑法对毒品犯罪依法从严惩处的总体指导思想,又体现了对因犯意引诱而实施毒品犯罪的被告人的区别对待。概括而言,《大连会议纪要》对存在犯意引诱的毒品犯罪案件的处理原则是"定罪轻罚"。首先,由于毒品犯罪的特殊性,利用特情介入或者使用秘密侦查手段、特殊技术手段侦破案件,是打击毒品犯罪的现实需要,只要特情使用规范,不能仅以此为由否定侦查及其取证手段的合法性。如果行为人是在特情引诱包括犯意引诱下实施毒品犯罪的,尽管特情行为失范,但毕竟行为人的犯罪行为是在其主观意志支配下所为,故仍应认定其行为构成犯罪。其次,在犯意引诱情况下实施毒品犯罪的行为人,犯罪相对被动,与那些积极主动实施毒品犯罪者相比,社会危害性和主观恶性均较小,根据罪责刑相适应原则,应当从轻处罚。《最高人民法院关于常见犯罪的量刑指导意见》规定,存在数量引诱情形的,可以减少基准刑的30%以下。本案中,二审法院综合考虑被告人刘某某的犯罪事实与情节,在刑法规定的量刑幅度内对其判处有期徒刑一年,符合法律规定和政策精神。[参见第1014号指导案例,刘继芳贩卖毒品案,载《刑事审判参考》总第99集(2014年第4集),第96~97页。撰稿:刘世明　丛日新　牛传勇　李静然]

▽当场查获毒品的案件,被告人拒不认罪的,其主观明知证据的认定

运输毒品罪要求被告人客观上有运输毒品的行为,主观上有明知是毒品并运输的故意。对当场查获毒品的案件,要重点审查被告人的主观明知,包括对是否是毒品的明知和运输对象的明知两个方面,不能仅凭现场查获毒品就客观归罪,当然地认定被告人具有运输毒品的故意。对此,最高人民法院

2008年12月1日印发的《大连会议纪要》规定:"判断被告人对涉案毒品是否明知,不能仅凭被告人供述,而应当根据被告人实施毒品犯罪行为的过程、方式、毒品被查获时的情形等证据,结合被告人的年龄、阅历、智力等情况,进行综合分析判断。"对于运输毒品罪而言,即使被告人否认自己对毒品的明知,但如果根据其行为的过程、方式、毒品被查获时的情形能够推定其主观上是明知的,也不影响定罪。其实质就是要确定犯罪人与毒品之间的一种主客观统一的对应关系,也就是人与毒的对应关系。对于可能判处死刑的运输毒品犯罪而言,自然也要遵循一般的死刑案件证据标准,主要体现在所有的犯罪事实必须均有证据证实,证据之间不能出现无法排除的矛盾,最终得出唯一确定的结论。反观本案,从在案证据无法认定被告人对毒品的主观明知。具体可以从以下几个方面来分析:

(一)根据在案证据,无法确立人与毒的主客观对应关系。毒品案件往往直接证据较少,尤其是在犯罪人未作有罪供述的情况下,故实践中公安机关经常以人毒俱获作为案件是否破获的标准。但"人毒俱获"并不是简单地在现场抓获犯罪嫌疑人并从其处查获毒品,人与毒不是简单的并存关系,而是内在的主客观相统一的整体。必须要有充分证据证实犯罪人明知是毒品,明知自己实施的是毒品犯罪行为,而且客观上毒品确实是行为人实施的本次犯罪行为所获得的或者与之相关的物品。只有通过证据实现了人与毒的完全对应,才能称之为"人毒俱获"。而本案中,虽然公安机关在被告人骆某某的轿车内发现了毒品,但骆某某始终否认自己明知车上装有毒品。而从骆某某行为的过程、方式以及毒品被查获时的情形分析,毒品是在其车门夹层内查获的,其又是车辆的驾驶者,车内没有其他人,其是一个人从云南省孟连县返回四川省成都市,这些情况是最有可能推定其具有主观明知的证据。但是,这些证据无法直接推定其主观上对车上藏有毒品是明知的,要准确认定骆某某主观上明知,还必须有其他具有排他性的客观性证据。但是,本案缺乏的恰恰就是这种客观性证据。首先,被查获的毒品上没有骆某某的指纹,这就无法证实其直接接触过这些毒品。其次,对于骆某某为什么会运输毒品、毒品来自何处、要运往何处以及其他相关情节等也均无证据证实。由此难以确定骆某某与毒品的关系。最后,骆某某辩称自己是被人租车,其间车还被人单独使用过,其在途中还接触过哪些人等。而这些辩解如成立,则不能排除其他人在车内藏毒的可能性。这些辩解公安机关都没有核实其真伪,均无相反证据能够否定骆某某的辩解。在这种情况下,显然无法仅通过在骆某某驾驶的车内查获毒品这一客观事实就推定骆某某明知车内有毒品。因此,本案定罪的主观要件缺失。

(二)证据之间存在无法排除的矛盾。2010年6月"两院三部"共同制定的《关于办理死刑案件审查判断证据若干问题的规定》第五条明确规定:"办理死刑案件,对被告人犯罪事实的认定,必须达到证据确实、充分。证据确实、充分是指:(1)定罪量刑的事实都有证据证明;(2)每一个定案的证据均已经法定程序查证属实;(3)证据与证据之间,证据与案件事实之间不存在矛盾或者矛盾得以合理排除;(4)共同犯罪案件中,被告人的地位、作用均已经查清;(5)根据证据推断案件事实的过程符合逻辑和经验规则,由证据得出的结论为唯一结论。办理死刑案件,对于以下事实的证明必须达到证据确实、充分:(1)被指控的犯罪事实的发生;(2)被告人实施了犯罪行为与被告人实施犯罪行为的时间、地点、手段、后果以及其他情节;(3)影响被告人定罪的身份情况;(4)被告人有刑事责任能力;(5)被告人的罪过;(6)是否共同犯罪及被告人在共同犯罪中的地位、作用;(7)对被告人从重处罚的事实。"因此,办理死刑案件,包括毒品死刑案件,必须做到证据与证据之间不存在矛盾或者矛盾得以合理排除。而本案中,指控骆某某运输毒品的主要证据是公安机关在被告人骆某某独自驾驶的车后门夹层内发现了藏匿的毒品。然而,骆某某始终供述是一个叫"二哥"的人在四川省租其车来云南省,并借用自己的车出去接过人,自己并不知道车里有毒品,自己担心家里地震情况于是先回四川省。骆某某的上述辩解符合常理,与上述客观性证据存在无法排除的矛盾。另外,骆某某因超速行驶被交警大队处罚的照片上显示车上有四人,这也与骆某某供述的当时车上有四人的情况一致;而在毒品的外包装上也确实没有提取到骆某某的指纹。该两项证据进一步加剧了证据之间的矛盾。这些矛盾无法得到合理排除,证据之间没有形成完整的定罪锁链。

(三)在案证据无法得出唯一结论。根据"两院三部"的上述规定,根据证据推断案件事实的过程必须符合逻辑和经验规则,由证据得出的结论必须是唯一的,不能出现其他合理的可能性。由于公安机关未能将其他犯罪嫌疑人抓获,亦未查明骆某某与其他三人的联系情况,故不能完全排除"二哥"等人在车内藏匿毒品进行运输的可能。即根据本案现有证据,存在骆某某独立作案、与其他人共同参与作案、其他人独立作案三种可能。而第三种可能直接影响到骆某某是否构成犯罪的问题。综上,本案在案证据无法证实被告人骆某某对运输毒品具有主观上的明知,无法排除其他人作案的合理怀疑,不能得出骆某某运输毒品的唯一结论,因此,不能对骆某某定罪,更不能以运输毒品罪判处其死刑。[参见第 1015 号指导案例,骆小林运输毒品案,载《刑事审判参考》总第 99 集(2014 年第 4 集),第 100 ~ 102 页。撰稿:秦鹏]

▽毒品犯罪中,有地位、作用突出的嫌疑人在逃的,对被告人慎重适用死刑,改判死缓,更为妥当

(一)对跑某某某慎重适用死刑,有利于体现司法公正。根据现有证据,足以认定以下事实:2011 年 1 月走私、贩卖、运输 7630 克海洛因这一起犯罪,是以阿某某某为主筹集毒资后亲自出境购毒,其女婿叶某某某根据父亲叶布某某留下的联系方式组织货源并在家支付毒资,翁婿两人是整起犯罪的最初造意者。因此,阿某某某、叶某某某翁婿两人的行为贯穿犯罪全程,是为主出资者、毒品所有者和起意、策划、纠集、组织、雇用、指使他人参与犯罪的人,地位、作用大于跑某某某。另外,有证据显示,阿某某某可能还参与了 2010 年 8 月的毒品犯罪,且是出资者。《大连会议纪要》第九条规定:"毒品犯罪中,部分共同犯罪人未到案,如现有证据能够认定已到案被告人为共同犯罪,或者能够认定为主犯或者从犯的,应当依法认定。"《大连会议纪要》第九条第二款还规定:"对于确有证据证明在共同犯罪中起次要或者辅助作用的,不能因为其他共同犯罪人未到案而不认定为从犯,甚至将其认定为主犯或者按主犯处罚。"根据上述规定,即便确有证据证明是主犯,在对其按主犯所参与的或者组织、指挥的全部犯罪处罚时,特别是适用死刑时,从"慎刑"的角度出发,也有必要和其他未到案共同犯罪人进行地位、作用的比较,以确认其是否是地位、作用最为突出的主犯,是否需要对全部罪行按照最严厉的刑罚予以惩处,甚至判处死刑。本案中,专虑到在逃的阿某某某系毒品犯罪提议者,出资和筹资明显多于跑某某某,直接与境外毒贩当面洽谈毒品交易,安排叶某某某汇款,指挥毒品运输,在共同犯罪中的地位、作用比跑某某某更为突出,在阿某某某未归案的情况下,对跑某某某的处理应当留有余地。

综上,对在案、不在案的共同犯罪人地位、作用进行了全面、细致的审查后,提出了改判被告人跑某某某的意见。一方面,对已到案的跑某某某依法认定主犯;另一方面,因为其他共同犯罪人未到案,对到案的主犯跑某某某,也要进行地位、作用的准确认定,而不机械执行"按主犯处罚"。这种做法,首先,体现了证据裁判的原则。在复核审判中查明,有手机通话清单、查获叶某某某记账所用笔记本、银行账户明细及被告人一致证实阿某某某参与犯罪的供述。虽然阿某某某在逃,但是,通过客观审查全案证据,全面比较评价阿某某某和跑某某某的地位、作用大小,准确认定案件事实。其次,体现了平等公正原则。虽然认定跑某某某在共同犯罪中系主犯,但是,对于其提出还有主犯在逃、地位作用不清的辩解,也应给予充分、慎重的审查和考虑,对跑某某某的地位、作用做出正确认定并据以量刑,确保其受到与其罪行、责任相适应的处罚,使其服判。据此,努力做到个案公正,确保在每一个案件中都体现出公平正义。最后,体现了司法公开的原则。对于有证据证实的在逃共同犯罪人阿某某某的罪行,在公开的裁判文书中进行申明,并在此基础上依法对在案的跑某某某裁判,敢于担当,勇于通过公开促进公正,彰显了司法的公信和权威。

(二)对跑某某某慎重适用死刑,有利于做到区别对待。根据《大连会议纪要》第九条的规定,"对于共同犯罪中有多个主犯或者共同犯罪人的,处罚上也应做到区别对待"。当然,如前所述,"多个主犯"包括未到案的主犯。《大连会议纪要》在"区别对待"之后随即明确规定,"应当全面考察各主犯或者共同犯罪人在共同犯罪中实际发挥作用的差别，主观恶性和人身危险性方面的差异，对罪责或者人身危险性更大的主犯或者共同犯罪人依法判处更重的刑罚”。《大连会议纪要》的这一规定，和《最高人民法院关于贯彻落实宽严相济刑事政策的若干意见》第一条“贯彻宽严相济刑事政策，要根据犯罪的具体情况，实行区别对待，做到该宽则宽，当严则严，宽产相济，罚当其罪”的规定是一脉相承的，体现了刑罚价值观向科学、进步的方向发展演进。传统刑法主张报应刑论，现代刑法则同时考虑了目的刑论与报应刑论，刑罚不再是出于报复和惩罚目的的一味从严，而是综合考虑惩处、改造两方面的需要，该宽则宽，当严则严。罪行本身的轻重由犯罪的主客观事实决定；刑事责任的轻重虽然主要由犯罪的主客观事实决定，但同时也要根据具体案件案情内外反映被告人人身危险性程度的事实和情节考量。本案被告人跑某某某参与结伙走私、贩卖、运输海洛因多达7630克，又系主犯，是否必须核准死刑？从具体案情考虑，本案具有两个显著特征：一是叶某某某的行为危害性和人身危险性明显大于跑某某某，叶某某某连续参与了全案两起罪行，均系主犯，涉毒次数、数量，所起地位、作用都明显大于跑某某某。二是地位、作用大于跑某某某的阿某某某在逃。因此，不能将案件简单类比，认为涉案毒品7630克数量大，就必须判处包括跑某某某在内的两个被告人死刑，就不分主次而一律将认定为主犯的被告人均判处重刑甚至死刑。要实事求是地根据被告人在共同犯罪中的作用和罪责大小确定刑罚，对跑某某某，既要看到其实施实行、组织、指挥、协调走私、贩卖、运输毒品的客观行为，也要看到其是在阿某某某翁婿的提议、带领、指挥下实施罪行，和阿某某某、叶某某某相比，地位、作用较次，尚属于可以改造的犯罪分子。

综上，对被告人跑某某某改判死刑，缓期二年执行，体现了慎重适用死刑、“少杀、慎杀”的刑事政策，体现了刑法宽和人道的一面。在同一个案件中，对被告人叶某某某适用死刑，对跑某某某改判死缓，做到区别对待，形成鲜明对比。从特别预防的角度，促使跑某某某和其他同案被告人认罪服法，积极改过自新；从一般预防的角度，促使人们趋利避害，远离毒品犯罪，促使其他毒品犯罪分子适时止步，不致实施更为严重的毒品犯罪行为，取得分化瓦解之效，做到打击和孤立极少数，教育、感化和挽救大多数，最大限度减少社会对立面，促进社会和谐，维护国家长治久安。[参见第1033号指导案例，叶布比初、跑此次尔走私、贩卖、运输毒品案，载《刑事审判参考》总第100集(2014年第5集)，第86~90页。撰稿：杨军]

▽对毒品运输方将毒品交给接应方后否认涉案的，应结合在案证据认定其所涉的犯罪事实并准确定性

涉案毒品的接应方被告人傅某、石某某归案后，均指证被告人朱某某是毒品的运输方，公安机关根据该线索将朱某某抓获归案。朱某某归案后辩称，案发期间其不在杭州，不认识傅某等人，没有实施指控的贩卖、运输毒品行为。

1. 在案证据能够认定朱某某与该起毒品犯罪事实的关联。具体分析如下：第一，傅某供称，案发当晚其接到朱某某电话称，朱某某带货从广东来到杭州，车在服务区抛锚，让傅某找人开车接应，傅某随即指使石某某、郭俊富前往接应，并将朱某某的手机号码告诉石某某二人。二人接应毒品返回途中，路遇交警查酒驾，石某某将毒品扔在路边围墙内，后被警方抓获，其间石某某电话告知傅某丢弃毒品的位置等情况，傅某和严勇、郭俊富等人返回现场查找毒品过程中被抓获归案。傅某的供述能够直接建立朱某某与该起毒品犯罪事实的关联。傅某归案后经辨认确认朱某某的身份。第二，石某某供述的内容与傅某的供述相符，石某某归案后辨认出朱某某，并辨认出与朱某某会合的地点和丢弃涉案毒品的具体位置。第三，证人杨成证实，其之前为朱某某开过一次车，案发当日杨成驾车与朱某某从东莞前往杭州。当晚到达杭州，因车子跑不快，朱某某打电话让朋友帮忙，朱某某随后将一箱红牛饮料交给对方，当晚杨成和朱某某入住临平宾馆，用杨成的身份证登记入住。杨成经辨认确认朱某某的身份。第四，证人沈希丹证实，案发当晚其接到朱某某电话在临平宾馆见面，其到达宾馆房间后见到朱某某，着见茶几上有冰毒和吸毒工具便吸食。沈希丹经辨认确认朱某某的身份。第五,武警官兵和办案警察证实,案发当晚,石某某将装有大包白色晶体的红牛纸箱扔进武警三中队营房南门,武警官兵发现内有可疑白色晶体,交警随即将石某某抓获。武警官兵在现场守候,抓获前来寻找毒品的傅某等人。第六,涉案毒品经鉴定重 999.6 克,检出甲基苯丙胺成分。第七,旅客住宿登记表证实,2013 年 2 月 21 日 2 时 7 分,杨成登记入住杭州临平宾馆,2 月 22 日 22 时 56 分离开。第八,车辆运行轨迹及照片证实,涉案车辆在案发当日的行驶路线,与被告人傅某、石某某和证人杨成证实的情况吻合。第九,手机通话清单证实,朱某某案发当日与傅某等人的手机联络情况。上述证据能够证实,朱某某案发当日与杨成驾车来到杭州,与傅某联络接应后,将涉案毒品交给前来接应的石某某等人。尽管朱某某始终不认罪,但在案证据足以认定朱某某携带毒品来到杭州的犯罪事实。

2. 结合案情和在案证据能够认定朱某某主观上具有贩卖毒品的目的。具体分析如下:结合案情和在案证据,能够认定朱某某主观上具有贩卖毒品的目的,进而认定其构成贩卖、运输毒品罪。第一,本案中有多人指证朱某某系毒贩。傅某供称,其曾向朱某某购买大量毒品,公安机关在其暂住处查获的冰毒、海洛因及麻古即是从朱某某处购买。傅某对朱某某毒贩身份的指认具有相当的可信度。同时,与朱某某熟识的广东籍吸毒人员均指证朱某某系毒贩。朱某某在广东东莞的宾馆房间内被公安机关抓获时,同时被抓获的伍海林、钱直生、杨垒均与朱某某较为熟悉、来往频密。上述人员均证实,朱某某日常提供毒品供几人吸食;另证人伍海林证明一个重要细节,即其曾听见朱某某在接听、拨打电话时谈到贩卖毒品事宜,伍海林与朱某某无利害关系,无诬告陷害之嫌,其证言的可信度较高。第二,根据朱某某的客观行为能够推断认定朱某某具有贩卖毒品的主观目的。本案朱某某携带毒品从广东前往杭州,从其运输毒品的方式,联系傅某接应毒品的过程等方面,显然不是单纯运输毒品。首先,该宗毒品数量大,达 999.6 克,明显超出个人在合理时段内的正常吸食量。其次,朱某某因运输毒品的车辆发生故障,随即联系傅某接应毒品,并将毒品交给傅某指派前来接应的石某某等人。如朱某某仅是负责运输毒品,在毒品交接完成后,通常会立即返回广东,但朱某某继续驱车前往余杭临平,并邀集沈希丹等人在宾馆房间吸毒,反映出朱某某并非首次踏足临平,在当地已有熟悉的涉毒人员圈。再次,傅某一直供称其是接到朱某某电话才去接应毒品,现无证据证实傅某是该宗毒品的下家,也无证据显示另有他人是该宗毒品的上家。朱某某仅因运输毒品的车辆发生故障,就联系傅某等人接应,并直接让傅某派来接应的人将毒品运走,此举显然并非单纯地运输毒品者所能为之。此外,石某某受傅某指使接应毒品后返回途中被交警拦截,石某某随即向傅某报告该情况,傅某随即与朱某某通话联络,傅某甚至以身犯险从临平赶至现场寻找毒品,这反映出朱某某对该宗毒品密切关注,并始终控制傅某等人接应毒品的行为。最后,公安机关从朱某某住处查获毒品甲基苯丙胺 36.94 克,进一步印证傅某等人指证朱某某系毒贩的情况。

结合案情和在案证据,可以认定朱某某不是单纯的运输毒品者,主观上具有贩卖该宗毒品的目的,对朱某某的行为应当认定为贩卖、运输毒品罪。[参见第 1053 号指导案例,傅勇、朱小勇贩卖毒品、运输毒品,石远德运输毒品案,载《刑事审判参考》总第 101 集(2014 年第 6 集),第 130 ~ 133 页。撰稿:俞振　沈励]

▽对于毒品接应方,在没有证据证实其是毒品下家或者贩卖毒品共犯的情况下,其行为宜以运输毒品罪论处

结合案情和在案证据,足以认定被告人傅某、石某某接应运输毒品的犯罪事实。对傅某而言,如能认定其是涉案毒品的下家,或者与朱某某具有共同贩卖毒品的故意,则其行为构成贩卖、运输毒品罪。虽然从案情分析,傅某有可能是朱某某所运毒品的下家,或者是与朱某某共网贩毒的同伙,但朱某某拒不认罪(缺乏指证傅某购买该宗毒品的直接证据),傅某、石某某等人始终供称是因朱某某的车辆发生故障而接应毒品,没有证据证实傅某是该宗毒品的下家或者傅某与朱某某共同贩卖该宗毒品,且从朱某某在当地的活动情况看,朱某某在当地并非仅认识傅某一人。因此,仅凭傅某的接应毒品行为,不能认定其构成贩卖毒品罪。当然,对公安机关从傅某身上及暂住处查获的大宗毒品甲基苯丙胺,可以认定傅某的行为构成运输毒品罪。

综上,结合案情和在案证据,对该宗毒品犯罪事实,认定被告人朱某某构成贩卖、运输毒品罪,认定被告人傅某、石某某构成运输毒品罪,是正确的。[参见第1053号指导案例,傅勇、朱小勇贩卖毒品、运输毒品,石远德运输毒品案,载《刑事审判参考》总第101集(2014年第6集),第133页。撰稿:俞振　沈励]

▽吸毒者在运输毒品途中被查获,没有证据证明其是为了实施贩卖毒品等其他犯罪,且毒品数量达到较大以上的,应认定为运输毒品罪

(一)从严厉打击毒品犯罪的刑事政策来看,为了有效打击毒品的流转与扩散行为,在运输毒品犯罪中不应人为地设置主观目的要件。传统观点认为,我国刑法将运输毒品罪作为与走私、贩卖、制造毒品罪并列的选择性罪名而设置于同一个条文中,在该罪的构成上没有数量的限制,且在刑罚的设置上最高可至死刑,由此表明,运输毒品罪所表现出来的社会危害性与走私、贩卖、制造毒品罪是相当的,其只有作为制造、走私、贩卖毒品当中的一个环节,即为了制造、走私、贩卖而运输时,才能认定为运输毒品罪。反之,如果无法查清毒品的来源和去向,又没有确凿证据证明行为人实施了走私、贩卖、制造毒品等犯罪行为的,即使数量大,也只能认定为非法持有毒品罪。对此,2000年印发的《南宁会议纪要》(现已废止——编著者注)规定,吸毒者在购买、运输、存储毒品过程中被抓获的,如没有证据证明其实施了其他毒品犯罪行为,查获的毒品数量较大的,应当以非法持有毒品罪定罪。然而,从实践情况来看,有相当一部分从事运输毒品的行为人对整个毒品犯罪不甚知情,到案后能够提供的抓获上下家的线索非常有限,导致运送毒品行为人被抓获后很难再抓获其上下家。在上下家未到案的情况下,如果要求证明毒品的来源、去向,要求证明行为人系为了制造、走私、贩卖或者为了获取高额利益而运输的,将造成大量运毒案件无法定案,与当前从严打击毒品犯罪的刑事政策不符。制造毒品是毒品的生产环节,贩卖则是毒品流向不特定消费者的终端环节,而在其中起承上启下作用的是毒品运输行为,正是运输毒品的犯罪活动将毒品由生产领域向消费终端作出了实质性推进。为此,打击毒品犯罪不仅需要打击毒品源头,也需要切断由生产到消费之间的流转环节。司法实践中,运输者在运输毒品过程中一旦被查获,往往会辩称其系吸毒者,所运输的毒品系用于吸食,由于毒品上、下家很难抓获归案,无法证实运输者还有贩卖毒品等其他目的,故只能认定为非法持有毒品罪。可见,正是由于运输毒品目的性要求的设置,导致司法实践中有些案件的被告人携带大量毒品被抓获,也只能认定为非法持有毒品罪。这在无形之中降低了毒品运输的风险成本,加快了毒品的流转与扩散。从当前毒品犯罪的严峻形势以及严厉打击毒品犯罪的刑事政策需要来看,应当避免在运输毒品构成要件之外再设置主观目的要件。

(二)对吸毒者在运输数量较大毒品过程中被查获的情形,认定为运输毒品罪符合"运输"的本义。运输毒品目的性要件的设置,不仅容易导致放纵犯罪现象的发生,同时也与运输毒品罪的构成要件不符。所谓运输毒品,是指明知是毒品而采用携带、邮寄、利用他人或者使用交通工具等方法非法运送毒品的行为。故只要行为人主观上明知是毒品,客观上实施了携带毒品,利用交通工具运载、邮寄等行为的,就构成运输毒品罪,犯罪动机和目的并不是构成运输毒品罪主观方面的必备条件。根据我国刑法理论,在由故意形态构成的犯罪中,除赌博罪与制作、复制、出版、贩卖、传播淫秽物品牟利罪等少数几种犯罪主观上需要具备特定的营利或牟利目的外,其他犯罪不论出于何种动机、目的,均可以构成。尽管运输毒品的行为人一般都具有贪利性目的,出于贪图高额报酬而替他人运输毒品,或者其本身就是为贩卖毒品而进行运输,但这种目的并不是运输毒品罪成立的必要条件,即使是出于为亲属、朋友帮忙而无偿进行运输,只要明知所运输的是毒品,就不影响运输毒品罪的成立。此外,将运输数量较大毒品的行为一律认定为运输毒品罪,也符合司法实践中的常态。从生活经验来看,运输毒品过程中落网的犯罪分子往往都是为了赚取高额报酬而铤而走险的人,或者其本身就是毒品贩卖、走私、制造者。上述人员为了将毒品从生产环节推向终端消费市场,需要通过流通环节进行运输。反之,作为终端消费者的毒品吸食人员在购得毒品之后,往往会将毒品置于家中或其他住处,故其对毒品的持有更多地表现为一种静止状态或短距离运输。尽管司法实践中确实存在吸毒人员长途运输用于自己吸食的毒品的情况,但这毕竟是少数。考虑到毒品犯罪的隐蔽性强、取证难度大,根据毒品的运输状态直接认定为运输毒品罪,更有利于打击猖獗的毒品犯罪。

(三)将吸毒者运输毒品的行为认定为运输毒品罪,符合最新司法文件的精神。在司法实践中,吸毒者实施毒品犯罪的情况大量存在,若对吸毒者购买、存储、运输较大数量毒品的行为一律以非法持有毒品罪处理,无疑会放纵吸毒者实施的毒品犯罪,削弱惩治毒品犯罪的力度。在执行《南宁会议纪要》(现已废止——编著者注)相关规定的过程中,就屡屡出现吸毒者运输千克以上海洛因或冰毒的情形,由于无法证明其具有实施其他毒品犯罪的目的与行为,只能按照非法持有毒品罪定罪处罚,这在一定程度上导致对吸毒人员实施的毒品犯罪打击力度不够。鉴于此,2008年印发的《大连会议纪要》对《南宁会议纪要》的相关规定作出了修正,规定吸毒者在购买、运输、存储毒品过程中被查获的,如没有证据证明其是为了实施贩卖等其他毒品犯罪行为,查获的毒品数量达到较大以上的,应以其实际实施的毒品犯罪行为定罪处罚。然而,由于《大连会议纪要》的上述规定仍然过于原则,实践中对于何为"实际实施的毒品犯罪行为"应理解为,吸毒者在购买、存储等静态持有数量较大毒品的过程中被查获的,应当以非法持有毒品罪定罪处罚;在运输过程中被查获的,应当以运输毒品罪定罪处罚。理由是:第一,刑法在设置非法持有毒品罪的定罪标准时,实际考虑了吸毒者合理吸食量的因素,故可以把数量较大视为合理吸食量的界限,超过数量较大标准的应视为超出了合理吸食量。吸毒者在运输毒品过程中被当场抓获,毒品数量达到较大以上的,如没有证据证明其是为了实施贩卖毒品等其他犯罪,可以根据其客观行为状态认定为运输毒品罪。第二,我国吸毒人员数量庞大,仅登记在册的吸毒人员就达到近300万人,而隐性未登记的吸毒人员更多。如此庞大的吸毒人群是毒品犯罪的重要诱因。为从源头上遏制毒品犯罪,减少毒品的流通,应当加大对吸毒者实施的毒品犯罪的打击力度。在数量较大标准之上设定更高的合理吸食量标准,虽然有一定的合理性,但容易轻纵吸毒者实施的毒品犯罪。第三,"合理时段内的正常吸食量"难以界定,容易造成实践认定标准的不统一,而直接以毒品数量较大作为区分标准更便于操作。也正是考虑到上述问题,2015年5月18日印发的《全国法院毒品犯罪审判工作座谈会纪要》(刑法本条附文以下简称《武汉会议纪要》)明确规定:"吸毒者在运输毒品过程中被查获,没有证据证明其是为了实施贩毒等其他犯罪,毒品数量达到较大以上的,以运输毒品罪定罪处罚。"据此规定,只要吸毒者运输毒品达到较大以上,就构成运输毒品罪,而无须在数量较大之上再考虑是否超过合理吸食量问题。本案中,被告人张某某在运输毒品过程中被当场抓获,尽管其系吸毒人员,且现有证据无法证明其具有实施走私、贩卖、制造毒品等目的,亦无法证实其具有为他人运输的目的,但由于被查获的毒品处于运输状态之中,且数量达到较大以上,故法院直接认定其行为构成运输毒品罪。本案的裁判虽然发生在《武汉会议纪要》印发之前,但裁判结果完全符合该纪要的规定。[参见第1069号指导案例,张应宜运输毒品案,载《刑事审判参考》总第102集(2015年第1集),第87～91页。撰稿:聂昭伟]

▽对非法携带恰特草入境我国的行为,应以走私毒品罪论处

恰特草又称东非罂粟,俗称阿拉伯茶、巧茶,形似苋菜,广泛分布于热带非洲、阿拉伯半岛。恰特草中含有兴奋物质卡西酮,对人体中枢神经具有刺激作用,并容易成瘾,具有社会危害性。世界卫生组织将恰特草归类为Ⅱ类软性毒品,但埃塞俄比亚、也门、英国、荷兰等少数国家未将其列为毒品进行管制。鉴于恰特草在我国有一定的滥用人群且呈蔓延趋势,国家食品药品监督管理总局、公安部、国家卫生和计划生育委员会在2013年11月11日新公布的《精神药品品种目录(2013年版)》中,将恰特草作为第一类精神药品进行管制。该目录自2014年1月1日起施行,故此后对于非法种植、非法持有、贩卖、走私、服食恰特草的行为均可按照违法犯罪行为处理。本案发生在2014年1月,恰特草在我国刚刚被作为第一类精神药品进行管制,而在本案被告人的国籍国埃塞俄比亚,恰特草则是可以合法交易和食用的,因此需要考察行为人对其行为的社会危害性及违法性是否存在认识。同时,因我国法律及相关司法解释尚未对恰特草的定罪量刑数量标准作出规定,需对被告人定罪量刑进行探讨。

被杭州海关查获的恰特草尽管在我国已经被作为第一类精神药品进行管制,但在被告人易卜拉欣·阿卜杜西默德·阿布多什(以下简称易卜拉欣)的国籍国埃塞俄比亚却未被列入毒品范畴,是可以合法交易和食用的。在这种情况下,能否将被告人携带恰特草入境我国的行为认定为走私毒品罪?答案是肯定的。我国《刑法》在第八条中规定了保护管辖原则:"外国人在中华人民共和国领域外对中华人民共和国国家或者公民犯罪,而按本法规定的最低刑为三年以上有期徒刑的,可以适用本法,但是按照犯罪地的法律不受处罚的除外。"该条表明,外国人在其本国针对中国国家或者公民实施的犯罪,如果根据其本国法律不作为犯罪处理的,在我国亦不得作为犯罪处理。这就意味着,针对外国人在其本国实施的行为,需要考察其国籍国是否作为犯罪处理。然而,本案的犯罪行为发生在我国境内,故不能适用保护管辖原则,而应当直接适用属地管辖原则。根据我国《刑法》第六条第一款的规定:"凡在中华人民共和国领域内犯罪的,除法律有特别规定的以外,都适用本法。"这里的"犯罪"的认定依据当然是我国刑法及相关规定,而并非被告人国籍国的法律规定。因此,针对发生在我国领域内的犯罪行为,无须考察该行为在行为人的国籍国是否构成犯罪,即使在行为人国籍国不认为是犯罪,在我国仍然应当作为犯罪处理。

此外,我们还需要审查行为人是否具有违法性认识,因为这在一定程度上会影响到行为人对其行为社会危害性的认识,进而影响到主观故意要件的成立与否。在我国犯罪构成主观要件中,行为人只需要认识到其行为具有社会危害性即可,并不要求其对行为的违法性有认识。具体来说,就是不需要行为人认识到自己的行为在刑法上构成犯罪,即"不知法亦不赦"。当然,对于传统自然犯来说,由于这些行为长期被作为犯罪处理,普通民众不仅能够认识到行为的社会危害性,对其刑事违法性同样也具有认识,因此无论是在社会危害性还是违法性认识上都不存在问题。但对于行政犯,由于某种行为长期以来并未被作为犯罪处理,行为人就有理由相信实施这样的行为不具有社会危害性。而随着新法的颁布,这种行为被纳入犯罪中,由于法制宣传不到位等原因,一些行为人难以很快认识到这种行为的违法性,进而会影响到其对行为社会危害性的判断。因此,对于此类行为,在司法实践中有必要审查行为人是否具有违法性认识及其可能性的大小。

恰特草在我国一直未被列入毒品范畴,直到2013年11月11日才首次被列管,并自2014年1月1日开始实施。构成走私毒品罪,主观上不仅要求行为人认识到自己的行为属于走私行为,还要求行为人明知其走私的物品系毒品。本案发生在2014年1月,是恰特草在我国被作为精神药品列管后查获的第一起案件,加之恰特草在埃塞俄比亚非常普遍,销售和使用均为合法,故被告人携带恰特草入境我国时主观上是否已经认识到恰特草是毒品,即是否具有社会危害性与违法性认识,对于认定其行为是否构成走私毒品罪尤为重要。本案被告人知道其走私的恰特草系毒品。具体理由如下:

首先,被告人易卜拉欣曾于2013年1月6日从杭州萧山机场入境我国,当时即被查获并没收5.73千克恰特草。尽管当时恰特草尚不属于毒品,但海关人员已经明确告知易卜拉欣恰特草系违禁品,并予以没收。2014年1月13日,易卜拉欣再度携带630克恰特草入境,其主观上应明知恰特草是违禁品,携带入境属于违法行为。其次,在查验行李的X光机前贴有《禁止进境物品表》,其中第五条明确规定,鸦片、吗啡、海洛因、大麻以及其他能使人成瘾的麻醉品、精神药物禁止进境。海洛因、大麻等属于众人皆知的毒品,其他能使人成瘾的麻醉品、精神药物与海洛因、大麻等并列,可知这类物品也属于毒品行列。易卜拉欣自己长期食用恰特草,完全知道恰特草具有使人兴奋、易于上瘾等特性。再次,在查验行李的X光机前,还贴有禁止携带恰特草的标识,海关关员也数次提醒、询问易卜拉欣是否带有恰特草,易卜拉欣均予以否认。易卜拉欣被带至查验房后,还趁海关关员不备,欲将恰特草予以隐匿,其逃避惩处的意图明显。最后,易卜拉欣选择无申报通道入关,未向海关申报任何物品。综上,易卜拉欣在明知恰特草系毒品的情况下,仍意图携带入境,法院据此认定其构成走私毒品罪是正确的。[参见第1132号指导案例,易卜拉欣·阿卜杜西默德·阿布多什走私毒品案,载《刑事审判参考》总第105集,第104~107页。撰稿:聂昭伟 刘云]

▽对于没有定罪量刑数量标准的毒品,应综合考虑其致瘾癖性、社会危害性、数量、纯度、非法交易价格等因素依法量刑

在本案审理期间,我国法律及相关司法解释尚未对走私恰特草的定罪量刑数量标准作出规定。对尚未明确规定量刑数量标准的毒品,最高人民法院在2008年印发的《大连会议纪要》第五条中规定,"对于国家管制的精神药品和麻醉药品,刑法、司法解释等尚未明确规定量刑数量标准,也不具备折算条件的,应由有关专业部门确定涉案毒品毒效的大小、有毒成分的多少、吸毒者对该毒品的依赖程度,综合考虑其致瘾癖性、戒断性、社会危害性等依法量刑。因条件限制不能确定的,可以参考涉案毒品非法交易的价格因素等,决定对被告人适用的刑罚"。最高人民法院2015年印发的《武汉会议纪要》也规定:"对于既未规定定罪量刑数量标准,又不具备折算条件的毒品,综合考虑其致瘾癖性、社会危害性、数量、纯度等因素依法量刑。"

在本案审理过程中,针对恰特草的毒性问题,一审法院向浙江省公安司法鉴定中心进行了咨询,鉴定中心的鉴定人员表示,该中心目前只能检测出恰特草所含物质,对于其具体毒性等无法测算;作为新类型毒品,1克恰特草相当于多少大麻或者相当于多少甲基苯丙胺等,需要公安部组织专家收集资料、研讨认证。在这种情况下,只能参考恰特草的社会危害性、数量、非法交易价格等因素,来决定对被告人适用的刑罚。本案中,630克恰特草本身价值不高,在毒品地下交易市场价格为人民币600元左右,而按照被告人供述,其在埃塞俄比亚的购买价格仅为300埃塞俄比亚比尔,折合人民币约为90元。此外,恰特草作为植株形态,既可以直接像吃生菜一样嚼食,又可以将其晒干做成茶叶或者研磨成粉冲服,属于天然毒品。根据已有的定罪量刑数量标准,传统的天然毒品如罂粟壳达到50千克以上、大麻叶达到30千克以上的,才能认定为"数量较大",而本案涉案恰特草仅630克。综合考虑上述因素,本案毒品数量应认定为"少量毒品",量刑档次上应选择在三年以下有期徒刑、拘役或者管制幅度内量刑。考虑到本案被告人从埃塞俄比亚入境我国,目的是进货,携带少量恰特草主要是供自己食用,没有证据证明其有贩卖恰特草的目的,其主观恶性小于其他走私毒品的犯罪分子;加之恰特草在被告人的国籍国属于合法物品,在我国也是2014年年初刚刚被列入管制范围,且涉案恰特草全部被缴获,没有流入社会,综合考虑上述因素,对被告人易卜拉欣可以从宽处罚。

值得注意的是,2016年4月11日起施行的《最高人民法院关于审理毒品犯罪案件适用法律若干问题的解释》,新规定了芬太尼等12类新类型毒品的定罪量刑数量标准,其中就包括恰特草。该解释第二条规定:"走私、贩卖、运输、制造、非法持有下列毒品,应当认定为刑法第三百四十七条第三款、第三百四十八条规定的'其他毒品数量较大':……(十三)阿普唑仑、恰特草二十千克以上不满一百千克……"本案虽然在该解释实施前审理,但判决结果和该解释的规定是一致的。(参见第1132号指导案例,易卜拉欣·阿卜杜西默德·阿布多什走私毒品案,载《刑事审判参考》总第105集,第107~108页。撰稿:聂昭伟 刘云)

▽对居间介绍买卖、居中倒卖毒品行为区分的认定

毒品交易是典型的买卖对合犯罪,一宗非法的毒品交易,除毒品买方与卖方之外,现实中常见多层级的毒品交易上下家,以及处于毒品买方与卖方之间形形色色的"中间人"。其中,既有居间介绍者,也有居中倒卖者。对于毒品交易的居间介绍者,早在1994年最高人民法院印发的《关于适用〈全国人民代表大会常务委员会关于禁毒的决定〉的若干问题的解释》中便作了初步规定。该《解释》第二条第四款规定:"居间介绍买卖毒品的,无论是否获利,均以贩卖毒品罪的共犯论处。"2008年最高人民法院印发的《大连会议纪要》从行为人是否牟利、主观上是否明知他人实施毒品犯罪两方面，进一步对居间介绍行为的性质认定作出规定："明知他人实施毒品犯罪而为其居间介绍、代购代卖的，无论是否牟利，都应以相关毒品犯罪的共犯论处。"司法实践中，相当一部分贩毒者尤其是一些毒品倒卖者，为获取较轻的刑事处罚，到案后往往辩称自己是居间介绍者，将居间介绍买卖毒品和直接贩卖毒品混淆起来。2015年最高人民法院印发的《武汉会议纪要》在总结以往经验的基础上指出，办理贩卖毒品案件，应当准确认定居间介绍买卖毒品行为，并与居中倒卖毒品行为相区别。关于居间介绍与居中倒卖的区分，《武汉会议纪要》提出可从交易地位与作用、共同犯罪形式、是否牟利三个方面进行。本案中，特情人员罗某某以毒品买家代理人的身份出现，其首先联系的是被告人庄某思，还将准备用于交易的现金、银行取款回执的照片发送给庄某思。从形式上看，庄某思似乎是罗某某的直接交易对象。但本案证据证实，真正与罗某某交易的是被告人陈某有。庄某思并不是本次毒品交易中独立的一方主体，而是陈某有、罗某某之间的居间介绍人。陈某有是毒品交易链中单独的一环，其获利方式是通过在上下家之间转卖获得差价。故陈某有在毒品交易中具有独立主体地位，应认定其属于在本案中居中倒卖毒品。（参见第1179号指导案例，陈维有、庄凯思贩卖毒品案，载《刑事审判参考》总第108集，第102～103页。撰稿：胡晓明）

▽对居间介绍买卖毒品的共同犯罪及其主犯的认定

《武汉会议纪要》对于居间介绍者共同犯罪的认定，作了如下规定："居间介绍者受贩毒者委托，为其介绍联络购毒者的，与贩毒者构成贩卖毒品罪的共同犯罪；明知购毒者以贩卖为目的购买毒品，受委托为其介绍联络贩毒者的，与购毒者构成贩卖毒品罪的共同犯罪；受以吸食为目的的购毒者委托，为其介绍联络贩毒者，毒品数量达到刑法第三百四十八条规定的最低数量标准的，一般与购毒者构成非法持有毒品罪的共同犯罪；同时与贩毒者、购毒者共谋，联络促成双方交易的，通常认定与贩毒者构成贩卖毒品罪的共同犯罪。"这一规定依据我国刑法共同犯罪理论，对司法实践中典型的居间介绍买卖毒品行为的共同犯罪认定予以规范，体现出居间介绍人并不具有独立地位，在犯意和犯罪行为上依附于交易一方的本质特征。无论居间介绍者与购毒者还是贩毒者构成共同犯罪，其实质在于与另一方比较，居间介绍者与其中一方更具有共同的犯罪故意和共同的犯罪行为。本案被告人庄某思、陈某有系同乡、朋友关系，此前庄某思就知道陈某有贩卖甲基苯丙胺。庄某思与陈某有之间具有密切的犯意联络，形成了贩卖毒品的共同故意，并一起实施了贩卖毒品的共同行为，两人也因此构成贩卖毒品的共同犯罪。这一认定，符合前述《武汉会议纪要》中"同时与贩毒者、购毒者共谋，联络促成双方交易的，通常认定与贩毒者构成贩卖毒品罪的共同犯罪"的精神。由于陈某有是独立的一方交易主体，其与上家之间并不存在共同犯罪的认定问题。在主从犯认定上，《武汉会议纪要》规定："居间介绍者实施为毒品交易主体提供交易信息、介绍交易对象等帮助行为，对促成交易起次要、辅助作用的，应当认定为从犯；对于以居间介绍者的身份介入毒品交易，但在交易中超出居间介绍者的地位，对交易的发起和达成起重要作用的被告人，可以认定为主犯。"本案中，被告人庄某思的作用主要体现在为双方牵线介绍，虽然介入到交易的具体过程之中，但其作用在根本上仍属于帮助性质，故本案将其认定为从犯，予以减轻处罚。被告人陈某有作为一方独立的交易主体，对交易达成起主要作用，应认定为主犯。（参见第1179号指导案例，陈维有、庄凯思贩卖毒品案，载《刑事审判参考》总第108集，第103～104页。撰稿：胡晓明）

▽对在公安特情参与下的居间介绍、居中倒卖者如何量刑

《大连会议纪要》对特情介入案件的处理作了较为详细的规定，明确了犯意引诱的基本特征，以及该情节对量刑尤其是死刑适用的影响。对因"犯意引诱"实施毒品犯罪的被告人，根据罪刑相适应原则，应当依法从轻处罚，无论涉案毒品数量多大，都不应判处死刑立即执行。但"对已持有毒品待售或者有证据证明已准备实施大宗毒品犯罪者，采取特情贴靠、接洽而破获的案件，不存在犯罪引诱，应当依法处理"。本案被告人陈某有这种随时具有实施大宗毒品犯罪的能力，且有一定证据显示其曾经贩卖毒品的犯罪分子,公安机关实际是运用了特情接洽的方式抓获贩毒分子,并缴获大量毒品,故不属于犯意引诱。但考虑到陈某有、庄某思的贩卖毒品行为处于特情人员及其他公安人员密切监控之下,其行为的社会危害性被限制在特定范围之内,故在量刑上对两人均予以从宽处罚,未对实施大量贩卖毒品行为的陈某有判处死刑立即执行,是适当的。(参见第1179号指导案例,陈维有、庄凯思贩卖毒品案,载《刑事审判参考》总第108集,第104~105页。撰稿:胡晓明)

▽贩卖毒品案件中,如何区分上下家的罪责并准确适用死刑

在办理毒品犯罪案件过程中,为更好地区分各犯罪人在整个毒品犯罪中的地位与作用,准确认定其罪责大小,通常会将具有密切关联的上下游案件进行并案审理。对于买卖同宗毒品的上下家,由于涉案毒品总量并没有增加,毒品数量刚刚超过实际掌握的死刑数量标准的,一般不同时判处死刑。对上下家死刑的适用,最高人民法院2015年5月18日印发的《武汉会议纪要》中给予了明确规定。本案中,被告人贺某波与被告人张某建系买卖毒品的上下家关系,且就二人交易的3300克甲基苯丙胺而言,二人属于买卖同宗毒品的上下家。从判决认定的贩卖毒品数量来看,贺某波与张某建二人贩毒数量基本相当,且均已达到了实际掌握的死刑数量标准,但尚未达到数量巨大的程度,故根据《武汉会议纪要》上述规定的精神,不宜对两人同时判处死刑。关于应当对上家还是下家适用死刑的问题,一审、二审法院及最高人民法院复核均认为,尽管张某建系毒品下家,但其在与上家贺某波的毒品交易中更为积极主动,所起的作用、主观恶性及人身危险性均大于贺某波,故最终决定判处张某建死刑立即执行。具体理由分析如下:(一)被告人张某建贩卖毒品的数量、次数多于被告人贺某波,贩卖毒品的对象范围也大于贺某波。首先,从贩卖毒品的数量来看,判决书中认定张某建贩卖毒品的数量为3335.521克,贺某波贩卖毒品的数量为3321.182克,张某建要略多于贺某波。其次,从毒品贩卖的次数及对象范围来看,根据现有证据,被告人贺某波除贩卖毒品给被告人匡小林(10克)和被告人洪达(2克)之外,另外4次都是贩卖给被告人张某建,贩卖的次数相对较少,且贩卖对象仅限于上述3人。(二)在毒品交易中,被告人张某建比被告人贺某波更为积极主动,对促成交易所起的作用更大。从本案中张某建与贺某波之间的毒品交易过程来看,张某建始终处于积极、主动地位,而贺某波则处于相对消极、被动的地位。尽管贺某波系毒品买卖的上家,但其并未事先购入大量毒品持毒待售,也没有积极、主动联系下家张某建,向张某建不仅如此,从毒品上下家之间的依赖关系来看,被告人贺某波购入的毒品除少量贩卖给被告人匡小林、洪达之外,绝大部分都贩卖给被告人张某建,张某建系其最主要的毒品下家。(三)从实际危害后果来看,涉案毒品通过被告人张某建进一步流向社会上不特定的吸贩毒人员,张某建贩毒行为的危害后果更为直接。尽管本案毒品系从被告人贺某波处流向被告人张某建,但张某建所购买的毒品并非用于自己吸食,而是用于贩卖给人数众多的下游吸、贩毒人员。张某建并非毒品流转环节中最末端的吸食者,在与毒品吸食者的交易关系中又居于毒品上家地位。同样,贺某波在本案中虽系毒品上家,但其并非毒品的制造者或走私入境者,相对于毒品源头来说,其又处于下家的地位。可见,处于毒品交易中间环节的上下家,仅是一个相对的概念,在社会危害性上并不具有绝对的衡量价值,不能简单地认为毒品上家的地位、作用及社会危害性就一定高于毒品下家,对其量刑也并非一律要重于毒品下家,仍要坚持具体案件具体分析。(四)被告人张某建的主观恶性较被告人贺某波更深,其人身危险性也明显要大于贺某波。从被告人张某建的主观恶性及人身危险性来看,其先后有三次犯罪前科,分别于1996年因犯抢劫罪、2003年因犯寻衅滋事罪被判处刑罚,2011年又因犯贩卖毒品罪被判处有期徒刑十五年。综上,在本案被告人贺某波与被告人张某建的上下家关系中,无论是从毒品交易的数量、次数、对象范围以及危害后果,还是从毒品交易过程中的主动性及对促成交易所发挥的作用,以及被告人的主观恶性和人身危险性来看,张某建的罪行均较贺某波更为严重,故判处下家张某建死刑立即执行是适当的。(参见第1194号指导案例,张建成等贩卖毒品案,载《刑事审判参考》总第110集,第13~17页。撰稿:聂昭伟)

▽**制造毒品行为以及制毒数量的认定**

（一）关于制造毒品行为的认定。依据现有证据可以认定被告人的行为构成制造毒品罪。理由如下：第一，利用被告人供述的制毒“原料”能够制造出甲基苯丙胺（冰毒）。甲基苯丙胺，又名甲基安非他明、去氧麻黄碱，是一种无味或微有苦味的透明结晶体。甲基苯丙胺属于化学合成毒品，制造工艺相对简单。现在犯罪分子利用天然植物麻黄草提炼麻黄碱类物质，或者是利用溴代苯丙酮化学合成麻黄碱类物质，再制造甲基苯丙胺。其中，含有麻黄碱类物质的药品是用于治疗感冒和咳嗽的常用药，常见的如新康泰克胶囊、麻黄碱苯海拉明片、消咳宁等。通过加工、提炼等方法，可以从这类药物中提取麻黄碱类物质，因而也使之成为犯罪分子争相获取的对象。本案被告人曾供述，其通过从互联网上搜索“新康泰克”“冰毒”查询到制造甲基苯丙胺的方法，将康泰克胶囊（复方盐酸伪麻黄碱缓释胶囊）与其他化学品混合后制造甲基苯丙胺，案发后公安人员不但从被告人的租房内查获了甲基苯丙胺，也查获了大量含有麻黄碱成分的液体。据此，可以认定被告人供述的利用含麻黄碱类物质的药物制造甲基苯丙胺的情况属实。第二，根据现场查获物证情况，结合被告人供述，足以认定其实施了制造毒品犯罪行为。办理制造毒品犯罪案件时，确有必要对犯罪嫌疑人、被告人制造毒品的方法、过程进行详细讯问，以查明其是否确实实施了制造毒品犯罪行为。但实践中，一些犯罪分子出于逃避罪责等考虑，并不如实供述自己制造毒品的具体方法和过程；也有一些犯罪分子受自身知识水平所限，并不了解也难以表述清楚自己制造毒品的具体技术原理，由此给司法人员查明案件相关事实带来了一定困难。如果根据在案查获的制毒原料、工具、技术配方及毒品成品、半成品等情况，结合犯罪嫌疑人、被告人对基本制毒方法、原理的供述，足以认定其实施了制造毒品犯罪行为的话，则不需要通过侦查实验来进行核实验证。况且，即使侦查实验表明犯罪嫌疑人、被告人供述的制毒方法不完全真实，亦不能得出其未实施制造毒品犯罪的结论。本案公安人员从被告人的租房内查获了其供述的酒精、氯化铵、含麻黄碱成分的液体等制毒原料，酒精灯、电子秤等制毒工具，以及含甲基苯丙胺成分的白色晶体、液体等毒品成品或含毒品物质。案发后，公安人员从被告人租房内搜查到其供称的记载制毒方法的笔记本，上面确实记载了“甲基苯丙胺”“麻黄草”“红磷”等字样。被告人亦曾供认，其将康泰克胶囊与其他化学品混合、加热后制造甲基苯丙胺。结合上述证据，足以认定被告人实施了制造毒品行为，故无须通过侦查实验进一步核实，并且，即使被告人后期翻供，亦不足以推翻上述认定。第三，被告人实施的行为属于利用化学方法加工、配制毒品的制造毒品行为。为厘清制造毒品的概念，最高人民法院在2008年印发的《大连会谈纪要》中对此作了具体规定。本案被告人曾供述，其将康泰克胶囊、酒精、氯化铵、氢氧化钠及其他化学品在铁桶内混合，进行加热、冷却，后在桶壁上提取到白色晶体（甲基苯丙胺）。虽如前分析，被告人可能并未全部如实供述制毒原料和方法、过程，但甲基苯丙胺只能通过化学方法加工合成，不能通过物理方法制造；且被告人供述的制毒方法，符合将不同化学品混合后使之发生化学反应的基本原理。故可以认定被告人实施了利用化学方法加工、配制毒品的行为，其行为属于《大连会谈纪要》规定的制造毒品行为。综上，根据现有证据足以认定被告人从互联网上查询制毒方法后，以含麻黄碱类物质的药品和其他化学品为原料，采用化学方法制造合成甲基苯丙胺，其行为构成制造毒品罪。

（二）关于制造毒品的数量认定。本案中，公安机关从被告人的租房内查获40余克白色晶体和大量不同颜色的液体。其中，49.8克白色晶体经鉴定检出甲基苯丙胺成分，系甲基苯丙胺成品，应认定为被告人贩卖、制造毒品的数量。对于9428.6克检出麻黄碱成分的褐色液体，因未检出毒品成分，故不计入毒品数量。对于制造毒品的数量认定，最高人民法院2015年印发的《武汉会议纪要》予以明确规定，对于制造毒品案件中查获的含有毒品成分，但外观明显有别于成品的非常态物质，除结合被告人对制毒过程的供述、物品的外观、提取状况等进行分析外，主要根据其毒品含量判断属于半成品还是废液、废料，必要时可以听取鉴定机构的意见。而国内有关技术专家提出，对于制造毒品现场查获的毒品含量在0.2%以下的物质，犯罪分子因受技术水平所限，通常难以再加工出毒品，且从成本角度考虑，犯罪分子也不太可能再对含量如此之低的物质进行加工、提纯,故 0.2% 的含量标准可以作为认定废液、废料时的参考。根据有关法律规定及通常做法,结合本案具体情况,对于查获的 1326.3 克褐色液体和 572.7 克黄色液体,应当认定为制毒过程中产生的废液,不应计入被告人刘守红制造毒品的数量。综上,苏州市吴兴区人民法院将本案中现场查获的甲基苯丙胺含量极低的液体认定为废液,不计入被告人制造毒品的数量,符合《武汉会议纪要》的相关规定,体现了罪责刑相适应的刑法原则,是合理的。(参见第 1196 号指导案例,刘守红贩卖、制造毒品案,载《刑事审判参考》总第 110 集,第 24 ~28 页。撰稿:李静然　沈丽)

▽明知债务人系贩毒分子而唆使其贩卖毒品以偿还债务,构成贩卖毒品罪的教唆犯

根据刑法理论和《刑法》第二十九条的规定,教唆犯是故意唆使他人实行犯罪的人。构成教唆犯,需要具备两个条件:一是主观方面必须有教唆他人犯罪的故意。二是客观方面必须有教唆他人犯罪的行为。教唆行为必须引起他人实施犯罪行为的意思,进而使之实行犯罪。教唆行为的方式没有限制,既可以是口头的,也可以是书面的,还可以是暗示性的眼色、手势等动作。教唆的方法也是多种多样的,如劝告、请求、指示、怂恿、命令、胁迫等。具体到本案,被告人章某故意教唆、控制他人实施贩卖毒品的活动,应以贩卖毒品罪的教唆犯论处,理由如下:第一,被告人章某怂恿、控制他人贩卖毒品,收取毒赃以抵销债务,具有唆使他人贩卖毒品的客观行为和主观故意。被告人章某指使李某恩、潘某将邵某带到宾馆逼要债务,并限制其人身自由。章某索债未果,便怂恿邵某贩卖毒品"赚"钱还债,并安排李某恩、潘某跟随、控制邵某多次实施贩卖毒品的活动,收取毒赃归其所有。章某的行为客观上使他人产生了实施毒品犯罪的故意,并实施了毒品犯罪行为,造成了相应的社会危害。主观上,章某以怂恿、胁迫的方式唆使邵某实施贩卖毒品活动,其应当认识到自己的教唆行为会使他人产生贩卖毒品的犯罪意图进而实施犯罪,同时亦认识到贩卖毒品行为会发生危害社会的结果,但对他人实施贩卖毒品行为及该行为产生的社会危害结果持希望或放任的态度,能够认定章某主观上具有教唆他人犯罪的故意。综上,章某具有唆使他人贩卖毒品的客观行为和主观故意,构成贩卖毒品罪的教唆犯。第二,索要合法债务的犯罪动机,不影响对被告人章某贩卖毒品罪的认定。犯罪动机不属于犯罪构成的要件,而是量刑时考虑的重要因素。本案被告人章某的犯罪动机虽然是向邵某索要个人合法债务,具有通过实施毒品犯罪获取非法利益来实现其债权的目的,与牟取非法利益的贩卖毒品行为没有本质上的区别。第三,被告人章某教唆债务人贩卖毒品,对章某应当依照贩卖毒品罪的教唆犯量刑。被告人章某虽未直接实施贩卖毒品的行为,但其教唆邵某贩卖毒品,因此,章某系邵某贩卖毒品的共同犯罪人,并构成教唆犯,对章某的教唆行为应当根据《刑法》本条第三款的规定,依法在七年以上有期徒刑的幅度内量刑。章某具有累犯的从重处罚情节,依法应当从重处罚。章某教唆邵某贩卖毒品的动机是实现自身的合法债务,这与一般贩卖毒品系为了获取暴利的动机有所区别,与一般贩卖毒品犯罪的主观恶性相比较轻。综合考虑上述情况,二审法院对章某的教唆贩卖毒品行为处以七年有期徒刑并处一万元罚金是适当的。(参见第 1197 号指导案例,章远贩卖毒品、容留他人吸毒案,载《刑事审判参考》总第 110 集,第 31 ~33 页。撰稿:李沈岐)

▽在贩毒人员住地查获毒品的所有人不能查明时,不影响确定被告人的刑事责任

被告人章某与邵某均供述涉案毒品系对方所有,证人李篆恩、潘某根据推测判断查获的毒品系章某所有;由于缺少宾馆监控视频、指纹痕迹鉴定等客观证据,根据本案现有证据难以确定查获的毒品是章某的还是邵某的。根据最高人民法院 2015 年 5 月印发的《武汉会议纪要》的规定,对于从贩毒人员住所查获的毒品,一般均应认定为其贩卖的毒品。基于章某、邵某具有共同贩卖毒品的主观故意和客观行为,即便不能确认涉案毒品的所有人,也不影响章某的行为构成贩卖毒品罪。当然,在量刑时可结合毒品数量与情节予以适当考虑。(参见第 1197 号指导案例,章远贩卖毒品、容留他人吸毒案,载《刑事审判参考》总第 110 集,第 33 页。撰稿:李沈岐)

▽**共同贩卖毒品案件中死刑政策的把握**

最高人民法院于2008年印发的《大连会议纪要》中明确提出：共同犯罪中能分清主从犯的，不能因为涉案的毒品数量特别巨大，就不分主从犯而一律将被告人认定为主犯或者实际上都按主犯处罚，一律判处重刑甚至死刑；对于共同犯罪中有多个主犯或者共同犯罪人的，要全面考察各主犯或者共同犯罪人在共同犯罪中实际发挥作用的差别，主观恶性和人身危险性方面的差异，对罪责或者人身危险性更大的主犯或者共同犯罪人判处更重的刑罚。如果共同犯罪毒品数量刚达到实际掌握的死刑数量标准，但各共同犯罪人作用相当，或者责任大小难以区分的，可以不判处死刑立即执行。由此可见，毒品共同犯罪中，一方面需要考虑毒品数量，另一方面需要认真审查各被告人的地位、作用，要注意从犯意的提起、与毒品源头的紧密程度、出资额、分工等方面进行审查，区分罪责大小。同时，由毒品犯罪的特殊性所决定，在一些毒品犯罪案件中，只抓获部分涉毒人员，甚至有相当一部分案件主犯在逃。此时仍要根据在案证据比较在案被告人与在逃人员的罪责，若在案证据足以证明被告人地位、作用明显大于在逃同案犯或者地位、作用基本相当时，仍可依法核准在案被告人死刑。最高人民法院于2015年印发的《武汉会议纪要》中明确指出："对于部分共同犯罪人未到案的案件，在案被告人与未到案共同犯罪人均属罪行极其严重，即使共同犯罪人到案也不影响对在案被告人适用死刑的，可以依法判处在案被告人死刑……"（参见第1229号指导案例，陈恒武、李祥光贩卖、运输毒品案，载《刑事审判参考》总第112集，第73～75页。撰稿：薛美琴）

▽**毒品案件中代购者与托购者的罪责认定**

办理毒品犯罪案件时，要注意对"居间介绍"或者"代购代卖"的准确认定。《大连会议纪要》明确指出："明知他人实施毒品犯罪而为其居间介绍、代购代卖的，无论是否牟利，都应以相关毒品犯罪的共犯论处。"一般而言，"居间者"或者"托购者"的罪责相对较小。但上述情况不是绝对的，仍要结合具体案情和证据问题具体分析。本案被告人李某光的供述及手机通话请单证明，此次贩毒系陈某武主动联系李某光；李某光、陈某武、陈恒某友的供述以及卷中其他证据材料证明，李某光通过电话委托陈某武代为购买毒品；李某光的供述、李某光之妻的证言以及银行转账凭证证明李某光汇款16万元至陈某武指定账户；李某光购买毒品实物被公安人员查获。因此现有证据可以证明李某光委托陈某武代为购买毒品，李某光与陈某武等人构成贩卖毒品罪的共犯。但是由于各被告人供述以及卷中其他证据材料关于李某光毒资及购买毒品数量说法不一，就现有证据而言，不好确定李某光到底购买了多少毒品。对李某光量刑时，首先需要平衡其与在案的陈某武及在逃的陈某、陈某权的罪责大小。在案证据证明，李某光将毒资汇至陈某武指定账户，未亲自到云南或者境外购买毒品，未参与运输毒品；李某光不是幕后指挥操纵贩毒的主犯，而是在陈某武打电话告知的情况下委托陈某武代为购买，属于受邀约参与犯罪。故可以认定李某光的罪责小于陈某武以及在逃的陈某、陈某权。同时也需要考虑，现有证据只能确定李某光出资16万元，不能确定李某光购买毒品种类和毒品数量，在作为量刑最重要标准之一的毒品数量不确定的情况下，也不宜核准李某光死刑。综上，权衡全案事实和各被告人量刑，最高人民法院作出了核准被告人陈某武死刑，不核准被告人李某光死刑并改判李某光死刑缓期二年执行的刑事判决。（参见第1229号指导案例，陈恒武、李祥光贩卖、运输毒品案，载《刑事审判参考》总第112集，第75～76页。撰稿：薛美琴）

▽**居间介绍买卖毒品与居中倒卖毒品的区分**

最高人民法院于2015年5月18日印发的《武汉会议纪要》规定，办理贩卖毒品案件，应当准确认定居间介绍买卖毒品行为，并与居中倒卖毒品行为相区别。居间介绍者在毒品交易中处于中间人地位，发挥介绍联络作用，通常与交易一方构成共同犯罪，但不以牟利为要件；居中倒卖者属于毒品交易主体，与前后环节的交易对象是上下家关系，直接参与毒品交易并从中获利。二者区分的关键在于在毒品交易中所处的地位和作用不同。居间介绍者不是毒品交易的一方主体，在交易中处于中间人地位,对毒品交易起帮助、促成作用;居中倒卖者虽然也处于毒品交易链条的中间环节,但在每一个具体的交易环节中都是一方交易主体,对交易的发起和达成起决定性作用。就量刑而言,对居中倒卖毒品者的处罚一般要重于居间介绍者。(参见第1230号指导案例,孙奇志等贩卖毒品案,载《刑事审判参考》总第112集,第82~83页。撰稿:管延青)

▽**毒品上下家的作用区分及死刑适用**

办理毒品犯罪案件,对毒品上家还是下家判处死刑,是审判实践中比较突出和较难把握的问题。对此,《武汉会议纪要》特别规定:"对于贩卖毒品案件中的上下家,要结合其贩毒数量、次数及对象范围、犯罪的主动性、对促成交易所发挥的作用、犯罪行为的危害后果等因素,综合考虑其主观恶性和人身危险性,慎重、稳妥地决定死刑适用……上家主动联络销售毒品,积极促成毒品交易的,通常可以判处上家死刑;下家积极筹资,主动向上家约购毒品,对促成毒品交易起更大作用的;可以考虑判处下家死刑。"上述规定明确了两点:其一,在对贩卖毒品上下家决定死刑适用时,犯罪的主动性和对促成交易所发挥的作用,是应着重考虑的因素;其二,并非一律"杀上家不杀下家",下家对促成交易起更大作用的,也可以考虑判处下家死刑。本案能否对被告人孙某志判处死刑立即执行,需要准确比较、判定其与被告人王某林等人对促成交易所发挥的作用、罪责大小。本案的一审、二审判决均认为,被告人孙某志与王某林、梁某久、马某华作用相当,但鉴于孙某志系毒品来源,又系毒品再犯,故应对其判处死刑立即执行。但从本案查明的事实和在案证据来看,在孙某志与王某林的上下家关系中,下家王某林行为更加积极、主动,对促成交易所起作用更大,处罚应当更重。在判处王某林死刑缓期二年执行的情况下,对孙某志适用死刑立即执行,显得量刑不够均衡。最高人民法院于2008年印发的《大连会议纪要》明确规定,对于共同犯罪中有多个主犯或者共同犯罪人的,要全面考察各主犯或者共同犯罪人在共同犯罪中实际发挥作用的差别,主观恶性和人身危险性方面的差异,对罪责或者人身危险性更大的主犯或者共同犯罪人判处更重的刑罚。如果共同犯罪中毒品数量刚达到实际掌握的死刑数量标准,但各共同犯罪人作用相当,或者责任大小难以区分的,可以不判处死刑立即执行。《武汉会议纪要》进一步规定,在对毒品犯罪从严惩处的同时,亦应全面、准确贯彻宽严相济刑事政策,体现区别对待,做到罚当其罪,量刑时综合考虑毒品数量、犯罪性质、情节、危害后果、被告人的主观恶性、人身危险性及当地的禁毒形势等因素,严格审慎地决定死刑适用,确保死刑只适用于极少数罪行极其严重的犯罪分子。被告人孙某志贩卖毒品数量较大,在与同伙段某的共同犯罪中起主要作用,系主犯,属罪行极其严重,并系毒品再犯,依法应当从重处罚。但孙某志同时具有以下从轻处罚的情节:第一,购毒犯意、数量均是下家王某林提起,王某林对促成交易所起作用更大;王某林贩卖毒品的数量(贩卖冰毒、海洛因共计1427.6克及其他毒品210余克)、次数(2次)均多于孙某志。第二,孙某志涉案冰毒、海洛因数量共计1 268克,且只卖出858.25克;涉案毒品均被收缴,没有造成实际社会危害。第三,孙某志虽有毒品犯罪前科,但前罪仅贩卖约1.5克海洛因,数量相对较少。第四,孙某志归案后认罪态度较好,如实供述犯罪,依法可以从轻处罚。根据《大连会议纪要》和《武汉会议纪要》的规定精神,综合上述量刑情节,最高人民法院经复核审理后裁定不核准对被告人孙某志的死刑判决。(参见第1230号指导案例,孙奇志等贩卖毒品案,载《刑事审判参考》总第112集,第83~85页。撰稿:管延青)

▽**已被被告人吸食的部分毒品,不应计入被告人贩卖毒品的数量,但必须"确有证据证明"该部分毒品已被被告人吸食**

被告人姚某跃短期内购入205克毒品,且其贩毒行为持续发生于购毒期间。但是,有证据证明姚某跃向他人贩卖毒品的数量仅为20.35克,姚某跃辩称其余184.65克系自己吸食。对此,本案中大量证据证明不知去向的大量毒品不是被姚某跃吸食而是被其贩卖,故应当认定姚某跃贩卖毒品的数量为205克。理由如下:

1. 对具有吸毒情节的贩毒分子,已经被被告人吸食的毒品,不应计入贩卖毒品数量。这是因为,根据刑法规定,吸毒不构成犯罪。如果对被告人已经吸食或者根据在案证据确定被告人将用于吸食的毒品计入贩卖毒品数量,等于变相对吸毒行为追究刑事责任。因此,无论是《大连会议纪要》还是《武汉会议纪要》都明确规定,已被具有吸毒情节的被告人吸食的部分,不计算在其毒品犯罪数量内。但是,对于吸毒者持有毒品的,也不是一律不追究刑事责任。不追究其刑事责任的吸毒者持有毒品数量的最高限度是《刑法》第三百四十八条规定的非法持有毒品罪的构成最低数量,即鸦片200克,海洛因或者甲基苯丙胺10克。超过这个数量的,即使没有证据证明其是为了实施贩卖毒品等其他犯罪,也应以非法持有毒品罪或运输毒品罪等处罚。例如,《大连会议纪要》规定,吸毒者在购买、运输、存储毒品过程中被查获的,如没有证据证明其是为了实施贩卖毒品等其他犯罪行为,毒品数量未超过《刑法》第三百四十八条规定的最低数量标准的,一般不定罪处罚;查获毒品数量达到较大以上的,应当以其实际实施的毒品犯罪行为定罪处罚。《武汉会议纪要》则更加明确规定:吸毒者在购买、存储过程中被查获的,没有证据证明其是为了实施贩卖毒品等其他犯罪,毒品数量达到《刑法》第三百四十八条规定的最低数量标准的,以非法持有毒品罪定罪处罚;在运输毒品过程中被查获的,以运输毒品罪定罪处罚。

2. 认定"已经被吸食"必须有确实的证据证明,而不能仅仅依据被告人供述和辩解。实践中,吸毒者购买了一定数量的毒品后,有证据证明已经卖出了部分毒品,又从其身边或者住处查获了部分毒品,但是,查获的毒品与贩卖的毒品数量之和明显少于其购买的毒品数量,即"购买的毒品数量=能够证明的卖出的毒品数量+查获的毒品数量+去向不明的毒品数量"。从实践看,对去向不明的这部分毒品,被告人往往辩称已被自己吸食。在这种情况下,如何认定已被吸食的毒品数量?特别是,近年来我国吸毒人数不断上升,吸毒者实施的毒品犯罪也在大量增加,一些毒品犯罪分子利用其吸毒人员的身份逃避应有的惩处。为避免变相鼓励暖毒人员实施毒品犯罪活动,应当坚持严格的证据证明规则,同时根据去向不明的毒品数量等情况,认定去向不明的毒品数量是否属于"已经被吸食的毒品"。

第一种情况:去向不明的毒品数量不是很大,被告人辩解称该部分毒品已经被其吸食,而这部分毒品没有明显超出被告人一段时期内的合理吸食量。在这种情况下,司法实践中一般采取宽松的证据标准。也就是说,没有相反证据的,认定被告人辩解成立,从而认定这部分毒品已经被被告人吸食,这是有利于被告人原则的具体体现。但是在量刑时,应当考虑被吸食的这部分毒品的因素。也就是说,在证明标准上从宽,在处罚上从严。

第二种情况:去向不明的毒品数量很大,明显超出一段时间的合理吸食量。在这种情况下,如果仍然把这部分毒品都认定为已被被告人吸食,不计入贩毒数量,明显不利于打击吸毒者实施的毒品犯罪。《大连会议纪要》虽然没有明确在这种情况下如何确定"已经被吸食的毒品数量",但在司法实践中,一般采用严格的证明标准,即认定"已经被吸食的毒品数量",必须有充分的证据证明,而不仅仅是被告人的供述和辩解。而《武汉会议纪要》则明确规定要"确有证据证明"被告人购买的部分毒品并非用于贩卖的,才不计入贩毒数量。实际上,"确有证据证明"的证明标准,包含了推定为贩卖毒品的意思,也具有举证责任倒置性质。也就是说,要求被告人提供确切证据证明去向不明的毒品并非用于贩卖,仅有被告人本人供述和辩解,没有其他证据印证的,不属于"确有证据证明"。这一规定实际是从证明标准方面加大了对此类犯罪的打击力度。

另外,所谓"并非用于贩卖",不仅是指已经被吸食,也包括已经消耗的,还包括查获了实物但能够甄别的,具体有以下几种情况:(1)该部分毒品已经被被告人吸食或者已经被其赠与他人吸食的;(2)查获的毒品中有少量不同种类的毒品(如主要为冰毒,少量毒品为海洛因),而被告人正是吸食此类少量不同种类毒品(海洛因);(3)不以牟利为目的为吸食者代购少量毒品的;等等。但是,有证据证明是已经丢失或者销毁的毒品,或者被盗抢的毒品,则不能简单认定为这里的"并非用于贩卖",因为被告人购买的这部分毒品虽有可能用于吸食,但也完全可能用于贩卖,故无论是否卖出,均应计入其贩卖毒品的数量。当然,如果灭失的这部分毒品数量很大,特别是占总数量的比重很大时,应在量刑时予以考虑,对死刑适用也将产生影响。

3.《武汉会议纪要》与《大连会议纪要》的总体精神是一致的,但是《武汉会议纪要》更加明确了证明要求。根据《大连会议纪要》的规定,具有吸食毒品情节的,在计算其贩卖毒品数量时,对于已被吸食部分可不计入贩卖毒品数量。但对于如何认定吸食毒品的数量以及在证明方面的要求,《大连会议纪要》没有明确提出解决方案。为此,《武汉会议纪要》作了完善:一是对于有吸毒情节的贩毒人员,一般应当按照其购买的毒品数量认定其贩卖毒品的数量,量刑时酌情考虑其吸食毒品的情节。也就是说,在一般情况下,不考虑减去毒贩自己吸食毒品的数量,仅在量刑时予以考虑。二是购买毒品的数量无法查明的,按照能够证明的贩卖数量及查获的毒品数量认定其贩毒数量。也就是说,以购买毒品数量作为其贩毒数量的依据是原则,只有在购买毒品数量无法查明时,才按照"贩卖数量 + 查获数量 = 贩毒数量"的方式确定。三是确有证据证明其购买的毒品中有部分并非用于贩卖,而是用于吸食或者赠与他人吸食等的,不应计入其贩毒数量。本案案件审理时,《武汉会议纪要》尚未公布,但审理法院并非机械地套用《大连会议纪要》的原则性规定,而是根据毒品案件自身的规律作出符合事实和法律精神的裁判。主要体现在以下几个方面:一是认定姚某跃系具有吸毒情节的贩毒人员。二是按照姚某跃购买毒品的数量作为其贩卖毒品的数量。三是认定姚某跃辩解的吸毒数量不成立。四是在量刑上考虑其有吸毒情节的因素。上述裁判认定本案中不知去向的大量毒品不是被姚某跃吸食而是被其贩卖。本案中,姚某跃委托虞某代为购买毒品,若仅仅对作为代购者的虞某购买毒品的行为进行评价,本身就违反了共犯理论。而对于共同犯罪,仅处罚其中的代购者,对托购者却不予以处罚,明显失当。综上,虽然本案的一审、二审判决均在《武汉会议纪要》发布之前作出,但其裁判结果与《武汉会议纪要》的相关规定是相契合的。(参见第 1231 号指导案例,姚明跃等贩卖毒品案,载《刑事审判参考》总第 112 集,第 88 ~93 页。撰稿:王宗冉　沈怡侃)

第三百四十八条　【非法持有毒品罪】非法持有鸦片一千克以上、海洛因或者甲基苯丙胺五十克以上或者其他毒品数量大的,处七年以上有期徒刑或者无期徒刑,并处罚金;非法持有鸦片二百克以上不满一千克、海洛因或者甲基苯丙胺十克以上不满五十克或者其他毒品数量较大的,处三年以下有期徒刑、拘役或者管制,并处罚金;情节严重的,处三年以上七年以下有期徒刑,并处罚金。

■最高人民检察院、公安部关于公安机关管辖的刑事案件立案追诉标准的规定(三)(2012 年 5 月 16 日)

第二条　[非法持有毒品案(刑法第三百四十八条)]明知是毒品而非法持有,涉嫌下列情形之一的,应予立案追诉:

(一)鸦片二百克以上、海洛因、可卡因或者甲基苯丙胺十克以上;

(二)二亚甲基双氧安非他明(MDMA)等苯丙胺类毒品(甲基苯丙胺除外)、吗啡二十克以上;

(三)度冷丁(杜冷丁)五十克以上(针剂 100mg/支规格的五百支以上,50mg/支规格的一千支以上;片剂 25mg/片规格的二千片以上,50mg/片规格的一千片以上);

(四)盐酸二氢埃托啡二毫克以上(针剂或者片剂 20ug/支、片规格的一百支、片以上);

(五)氯胺酮、美沙酮二百克以上;

(六)三唑仑、安眠酮十千克以上;

(七)咖啡因五十千克以上;

(八)氯氮卓、艾司唑仑、地西泮、溴西泮一百千克以上;

(九)大麻油一千克以上,大麻脂二千克以上,大麻叶及大麻烟三十千克以上;

（十）罂粟壳五十千克以上；

（十一）上述毒品以外的其他毒品数量较大的。

非法持有两种以上毒品，每种毒品均没有达到本条第一款规定的数量标准，但按前款规定的立案追诉数量比例折算成海洛因后累计相加达到十克以上的，应予立案追诉。

本条规定的“非法持有”，是指违反国家法律和国家主管部门的规定，占有、携带、藏有或者以其他方式持有毒品。

非法持有毒品主观故意中的“明知”，依照本规定第一条第八款的有关规定予以认定。

（第十三条、第十四条、第十五条、第十六条、第十七条的内容见刑法第三百四十七条附文中该规定相关各条的内容）

■最高人民法院关于审理毒品犯罪案件适用法律若干问题的解释（2016年4月11日）

第五条　非法持有毒品达到刑法第三百四十八条或者本解释第二条规定的“数量较大”标准，且具有下列情形之一的，应当认定为刑法第三百四十八条规定的“情节严重”：

（一）在戒毒场所、监管场所非法持有毒品的；

（二）利用、教唆未成年人非法持有毒品的；

（三）国家工作人员非法持有毒品的；

（四）其他情节严重的情形。

第十五条　本解释自2016年4月11日起施行。《最高人民法院关于审理毒品案件定罪量刑标准有关问题的解释》（法释〔2000〕13号）同时废止；之前发布的司法解释和规范性文件与本解释不一致的，以本解释为准。

■最高人民法院、最高人民检察院、公安部办理毒品犯罪案件适用法律若干问题的意见（2007年12月18日）

二、关于毒品犯罪嫌疑人、被告人主观明知的认定问题

走私、贩卖、运输、非法持有毒品主观故意中的“明知”，是指行为人知道或者应当知道所实施的行为是走私、贩卖、运输、非法持有毒品行为。具有下列情形之一，并且犯罪嫌疑人、被告人不能做出合理解释的，可以认定其“应当知道”，但有证据证明确属被蒙骗的除外：

（一）执法人员在口岸、机场、车站、港口和其他检查站检查时，要求行为人申报为他人携带的物品和其他疑似毒品物，并告知其法律责任，而行为人未如实申报，在其所携带的物品内查获毒品的；

（二）以伪报、藏匿、伪装等蒙蔽手段逃避海关、边防等检查，在其携带、运输、邮寄的物品中查获毒品的；

（三）执法人员检查时，有逃跑、丢弃携带物品或逃避、抗拒检查等行为，在其携带或丢弃的物品中查获毒品的；

（四）体内藏匿毒品的；

（五）为获取不同寻常的高额或不等值的报酬而携带、运输毒品的；

（六）采用高度隐蔽的方式携带、运输毒品的；

（七）采用高度隐蔽的方式交接毒品，明显违背合法物品惯常交接方式的；

（八）其他有证据足以证明行为人应当知道的。

三、关于办理氯胺酮等毒品案件定罪量刑标准问题

（一）走私、贩卖、运输、制造、非法持有下列毒品，应当认定为刑法第三百四十七条第二款第（一）项、第三百四十八条规定的“其他毒品数量大”：

1. 二亚甲基双氧安非他明（MDMA）等苯丙胺类毒品（甲基苯丙胺除外）100克以上；

2. 氯胺酮、美沙酮1千克以上；

3. 三唑仑、安眠酮50千克以上;

4. 氯氮卓、艾司唑仑、地西泮、溴西泮500千克以上;

5. 上述毒品以外的其他毒品数量大的。

(二)走私、贩卖、运输、制造、非法持有下列毒品,应当认定为刑法第三百四十七条第三款、第三百四十八条规定的"其他毒品数量较大":

1. 二亚甲基双氧安非他明(MDMA)等苯丙胺类毒品(甲基苯丙胺除外)20克以上不满100克的;

2. 氯胺酮、美沙酮200克以上不满1千克的;

3. 三唑仑、安眠酮10千克以上不满50千克的;

4. 氯氮卓、艾司唑仑、地西泮、溴西泮100千克以上不满500千克的;

5. 上述毒品以外的其他毒品数量较大的。

(三)走私、贩卖、运输、制造下列毒品,应当认定为刑法第三百四十七条第四款规定的"其他少量毒品":

1. 二亚甲基双氧安非他明(MDMA)等苯丙胺类毒品(甲基苯丙胺除外)不满20克的;

2. 氯胺酮、美沙酮不满200克的;

3. 三唑仑、安眠酮不满10千克的;

4. 氯氮卓、艾司唑仑、地西泮、溴西泮不满100千克的;

5. 上述毒品以外的其他少量毒品的。

(四)上述毒品品种包括其盐和制剂。毒品鉴定结论中毒品品名的认定应当以国家食品药品监督管理局、公安部、卫生部最新发布的《麻醉药品品种目录》、《精神药品品种目录》为依据。

四、关于死刑案件的毒品含量鉴定问题

可能判处死刑的毒品犯罪案件,毒品鉴定结论中应有含量鉴定的结论。

■最高人民法院、最高人民检察院关于常见犯罪的量刑指导意见(试行)(2021年7月1日)(见本书附录十三)

▼安徽省高级人民法院、安徽省人民检察院关于二十三种常见犯罪量刑规范的实施细则(试行)(2022年1月16日)(见本书附录十四)

▼安徽省高级人民法院、安徽省人民检察院、安徽省公安厅关于办理毒品犯罪案件具体适用法律若干问题的指导意见(2015年3月11日)

一、办理毒品犯罪案件的一般规定

1. 办理毒品犯罪案件,侦查人员、检察人员、审判人员应当严格执行刑法和刑事诉讼法,切实做到事实清楚,证据确实、充分,程序合法,适用法律正确,确保毒品犯罪案件质量。

2. 办理毒品犯罪案件,应当认真贯彻宽严相济刑事政策,坚持区别对待。对社会危害严重、主观恶性深、人身危险性大的毒品犯罪分子,依法严厉打击、从严惩处。同时,对于具有自首、立功、从犯等法定、酌定从宽处罚情节的毒品犯罪分子,依法从宽处罚、体现政策,分化瓦解犯罪分子。

3. 办理毒品犯罪案件,应当充分发挥刑罚手段惩治毒品犯罪活动的职能作用。既要严惩走私、制造、非法买卖制毒物品等源头性毒品犯罪和大宗贩卖毒品犯罪,也要对零包贩卖毒品犯罪尤其是多次贩卖毒品的犯罪分子从严惩治。同时,加大对引诱、教唆、欺骗、强迫、容留他人吸毒等末端毒品犯罪的处罚力度,对末端毒品犯罪分子在决定适用缓刑、管制和免予刑事处罚时,应从严掌握。

4. 办理毒品犯罪案件,对犯罪分子适用刑罚尤其是在决定判处死刑时,应当按照数量加情节的原则,结合本地毒品犯罪的实际情况和依法惩治、预防毒品犯罪的需要,参照最高人民法院复核死刑案件作出的裁判及公布的典型案例,恰当把握毒品犯罪适用刑罚尤其是死刑的标准。在量刑时,既不能只片面考虑毒品数量,不考虑犯罪的其他情节,也不能只片面考虑其他情节,而忽视毒品数量。

四、非法持有毒品犯罪的认定与处罚问题

21. 非法持有毒品罪是指明知是鸦片、海洛因、甲基苯丙胺或者其他毒品，而非法以占有、携带、藏有或者其他方式持有毒品且数量较大的行为。有证据证明非法持有毒品是为了进行走私、贩卖等其他毒品犯罪的，应当按照行为人的实际行为性质定罪处罚。

22. 对吸毒人员的涉毒行为在适用法律时，应当注意把握以下问题：

(1)有证据证明吸毒人员购买、运输、存储毒品是为了走私、贩卖等其他毒品犯罪活动，应当以其实际实施的毒品犯罪行为定罪处罚，被查获的毒品数量应认定为其犯罪数量；

(2)吸毒人员购买、运输、存储海洛因或者其他毒品折算后数量未达到非法持有毒品罪规定的最低数量标准，没有证据证明吸毒人员是为了实施贩卖等其他毒品犯罪的，一般不定罪处罚；

(3)吸毒人员购买、存储海洛因或者其他毒品折算后数量达到非法持有毒品罪规定的最低数量标准，没有证据证明吸毒人员是为了实施贩卖等其他毒品犯罪，有运输毒品行为的，以运输毒品罪定罪处罚，没有运输毒品行为的，以非法持有毒品罪定罪处罚。

23. 行为人不以牟利为目的，为吸毒人员代购仅用于吸食的毒品，毒品数量达到非法持有毒品罪规定的最低数量标准的，对托购者、代购者以非法持有毒品罪论处。

24. 非法持有海洛因或者甲基苯丙胺十克以上不满五十克或者其他毒品折算后数量相当的案件，具有下列情节之一的，可视为“情节严重”：

(1)非法持有海洛因或者甲基苯丙胺三十五克以上不满五十克或者其他毒品折算后数量相当的；

(2)国家工作人员及戒毒医疗机构工作人员利用职务便利非法持有毒品的；

(3)在戒毒监管场所非法持有毒品的；

(4)曾因毒品违法活动被行政处罚二次以上又非法持有毒品的；

(5)缓刑、假释考验期内及暂予监外执行期间又非法持有毒品的；

(6)其他情节严重的行为。

八、毒品犯罪案件财产刑的适用和执行问题

37. 对于毒品犯罪被告人可能被判处财产刑的案件应当对被告人财产进行预调查。公安机关在侦查阶段应当对毒品犯罪嫌疑人的银行存款、对外投资股权工商登记、房地产交易登记、股票债券交易登记、车辆登记等财产信息进行专项调查，对毒品犯罪分子来源不明的巨额财产，依法及时采取查封、扣押、冻结等措施，防止犯罪分子及其亲属转移、隐匿、变卖财产或者洗钱，逃避刑罚执行；财产调查和查扣情况单独形成“犯罪嫌疑人财产情况调查卷”，随案移送检察机关公诉部门审查，被告人财产情况在开庭审理时当庭出示、质证，法庭作为判处财产刑的依据。

38. 对走私、贩卖、运输、制造毒品的被告人被判处死刑的，应当并处没收全部财产；被告人被判处无期徒刑以下刑罚的，应当根据罪刑相适应原则，结合其犯罪情节及案件具体情况决定没收全部或者部分财产。

对被告人判处罚金刑时，以被告人实际或者可能非法获利情况等情节为主，适当兼顾被告人的经济状况，综合被告人的全部犯罪情节确定适当的罚金数额，既充分发挥罚金刑对被告人的惩戒作用，又确保罚金刑能及时有效的执行。

39. 被告人积极预交罚金的，可视为其有认罪悔罪表现，在决定刑罚时可以作为酌定从宽处罚情节，但是不能以各种理由与被告人或者其亲属就财产刑的数额设定条件。

40. 毒品犯罪案件的刑事判决、裁定生效后，第一审人民法院刑事审判庭应当在十日内将财产刑交付本院负责裁判执行的机构立案执行。

41. 在审理减刑假释案件时，应当把罪犯财产刑执行情况作为与自由刑执行情况并列的审理范围，把罪犯履行财产刑情况纳入减刑假释考核范围，把罪犯履行财产刑情况作为认定罪犯是否认罪悔罪的重要依据。对于有能力履行财产刑而隐匿、转移财产,拒不履行的罪犯,应视为其没有悔改表现,减刑或者假释从严掌握。对于经济能力不足以全部履行财产刑的罪犯,也应督促其尽可能履行财产刑。充分发挥法院依法审理减刑假释案件的职能作用,把财产刑履行与自由刑改造有机联系起来,促使罪犯自动履行财产刑。

42. 本意见自印发之日起施行。

▼安徽省高级人民法院、安徽省人民检察院、安徽省公安厅关于办理氯胺酮毒品犯罪案件适用法律有关问题的意见(2005年9月14日)

一、走私、贩卖、运输、制造、非法持有氯胺酮一千克以上的,应认定为刑法第三百四十七条第二款第(一)项、第三百四十八条规定的“其他毒品数量大”的行为。

二、走私、贩卖、运输、制造、非法持有氯胺酮一百克以上不满一千克的,应认定为刑法第三百四十七条第三款、第三百四十八条规定的“其他毒品数量较大”的行为。

本意见自下发之日起执行。本意见下发后尚未审结的一审案件,依照本意见执行。今后法律、司法解释有新规定的,按新规定执行。

▼上海市高级人民法院量刑指南——毒品犯罪之一(试行)(2005年3月8日)

第十五条　非法持有海洛因或甲基苯丙胺六百克以上或者其他数量相当毒品的,一般判处十五年有期徒刑;有法定从重情节或者非法持有海洛因或甲基苯丙胺一千克以上的,可以判处无期徒刑。

第十六条　非法持有海洛因或甲基苯丙胺四百克以上不满六百克或者其他数量相当毒品的,一般判处十三年以上十五年以下有期徒刑。

第十七条　非法持有海洛因或甲基苯丙胺二百克以上不满四百克或者其他数量相当毒品的,一般判处十年以上十三年以下有期徒刑。

第十八条　非法持有海洛因或甲基苯丙胺五十克以上不满二百克或者其他数量相当毒品的,一般判处七年以上十年以下有期徒刑。

第十九条　非法持有海洛因或甲基苯丙胺十克以上不满二十五克或者其他数量相当毒品的,一般判处一年六个月以下有期徒刑、拘役或者管制。

第二十条　非法持有海洛因或甲基苯丙胺二十五克以上不满三十五克或者其他数量相当毒品的,一般判处一年六个月以上三年以下有期徒刑。

第二十一条　具有下列情形之一的,可以认定为刑法第三百四十八条规定的“情节严重”:

(一)非法持有海洛因或甲基苯丙胺三十五克以上不满五十克或者其他数量相当毒品的;

(二)国家工作人员非法持有毒品的;

(三)其他情节严重的行为。

第二十二条　非法持有毒品情节严重的,一般判处三年以上五年以下有期徒刑;具有下列情形之一的,判处五年以上七年以下有期徒刑:

(一)非法持有海洛因或甲基苯丙胺四十二点五克以上不满五十克的;

(二)有法定从重情节的;

(三)有两个以上酌定从重情节的。

第二十三条　审理法律、司法解释没有规定数量标准的上列毒品犯罪案件时,可以根据案件具体情况采用下列方法对被告人适用刑罚:

(一)参照《非法药物折算表》,确定涉案毒品折算成海洛因的数量后,依照本指南的相关规定适用刑罚。

(二)具有刑法第三百四十七条第四款、第三百四十八条规定的“情节严重”的行为,可以依照本指南的相关规定适用刑罚。

（三）被告人实施的上列毒品犯罪，如果涉及的毒品既有法律或司法解释明文规定的量刑数量标准，也有未规定数量标准的，两者不能累计；亦不能将未规定数量标准的毒品折算后，与有规定数量标准的毒品予以累计。如果有规定数量标准的毒品的量刑，能吸收未规定数量标准的毒品的量刑，对于后者可以不单独量刑，作情节考虑；反之，应按本条第（一）、（二）项规定处理，并将前者的毒品数量，作情节考虑。

第二十五条　犯走私、贩卖、运输、制造、非法持有毒品罪、容留他人吸毒罪，应当并处没收财产或者罚金：

（一）判处死刑（包括死刑，缓期二年执行）的，一般并处没收个人全部财产；

（二）判处无期徒刑的，一般并处没收财产或者罚金五万元以上；

（三）判处十五年有期徒刑的，一般并处没收财产或者罚金三万元以上；

（四）判处有期徒刑一年的，一般并处罚金二千元，每增判一年有期徒刑的，一般并处罚金增加二千元；

（五）判处有期徒刑不满一年、拘役或者管制的，一般并处罚金一千元以上。

第二十六条　具有下列情形之一的，可以酌情从轻处罚：

（一）具有本指南第三条、第二十三条第（一）项规定情形之一的；

（二）以贩养吸的，但走私、贩卖、运输毒品超过刑法第三百四十七条第二款第（一）项规定数量标准的除外；

（三）已经出售和尚未出售的毒品，应一并计入贩卖毒品的总数量，适用本指南相应的量刑段（格），如已经出售的毒品低于本指南相应的量刑段（格）的最低数量标准，可以酌情从轻处罚，但连同查获的毒品数量超过第二条规定三倍的除外；

（四）认罪悔罪的；

（五）其他可以酌情从轻处罚的。

第二十七条　具有酌定从轻情节的，根据法律规定，可以参照本指南的量刑段（格）选择较轻的刑种或者刑格中较轻的刑罚。

第二十八条　具有下列情形之一，但又不属法定从重情节的，可以酌情从重处罚：

（一）走私、贩卖、运输、制造毒品三次以上或者向三人以上贩卖毒品的；

（二）因从事毒品违法活动被行政处罚两次以上的；

（三）因故意犯罪被判处有期徒刑以上刑罚的；

（四）缓刑、假释考验期内又实施毒品犯罪的；

（五）国家工作人员犯走私、贩卖、运输、制造毒品罪，适用刑法第三百四十七条第二、三款的；

（六）对同宗毒品实施两种以上犯罪行为的；

（七）其他可以酌情从重处罚的。

第二十九条　具有酌定从重情节的，根据法律规定，可以参照本指南的量刑段（格）选择较重的刑种或者刑格中较重的刑罚。

第三十条　具有法定从轻情节的，根据法律规定，按照本指南的量刑段选择较轻的刑种或较轻的刑格或者刑格中较轻的刑罚。

第三十一条　具有法定减轻情节的，依照法律规定，在法定刑以下，按照本指南的量刑段选择相应的刑种、刑格适用刑罚。

第三十二条　具有累犯、毒品再犯或利用、教唆未成年人走私、贩卖、运输、制造毒品或者向未成年人出售毒品等法定从重情节的，根据法律规定，按照本指南的量刑段选择较重的刑种或较重的刑格或者刑格中较重的刑罚。

第三十三条 具有多种量刑情节的,按照上海法院量刑指南(总则部分)的有关规定处理。

第三十四条 本指南中的量刑段是指法定刑;刑格是指在一个法定刑内,将刑期分为几个量刑档次,每一档次为一个刑格。

第三十五条 本指南所称以上、以下包括本数。

第三十六条 审理上列毒品犯罪案件,一般可以适用本指南对被告人适用刑罚,但根据案件具体情况,确需对被告人从严或从宽处罚的,可以不适用本指南,依照法律规定,对被告人适用刑罚。

▽非法持有毒品罪的认定

1994年12月20日最高人民法院颁布的《关于执行〈全国人大常委会关于禁毒的决定〉的若干问题的解释》第三条规定:根据《决定》第三条的规定,非法持有毒品罪,是指明知是鸦片、海洛因或者其他毒品,而非法持有且数量较大的行为。……"持有"是指占有、携带、藏有或者其他方式持有毒品的行为。……根据已查获的证据,不能认定非法持有较大数量毒品是为了进行走私、贩卖、运输或者窝藏毒品犯罪的,才构成本罪。如果有证据证明非法持有毒品是为了进行走私、贩卖、运输或者窝藏毒品犯罪的,则应当定走私、贩卖、运输或者窝藏毒品罪。上述司法解释明确了认定非法持有毒品罪的前提,是首先无法认定非法持有毒品的行为是走私、贩卖、运输或窝藏毒品犯罪的一部分。在认定非法持有毒品的行为不构成上述犯罪时才能将非法持有毒品的行为认定为非法持有毒品罪。这一基本精神在非法持有毒品罪正式被纳入刑法典中后并未得到改变。如何认定行为人持有毒品的行为,关键要看行为人的主观目的。如果行为人非法持有毒品的目的在于走私、贩卖、运输,行为人的行为就相应构成走私毒品罪、贩卖毒品罪、运输毒品罪等。比如,行为人为贩卖而购买海洛因,在海洛因未卖出时被抓获,如果行为人的贩卖目的得到证明,那么,行为人持有毒品的行为就属于贩卖毒品行为的一个环节,构成贩卖毒品罪。但是,当没有证据证明行为人具有上述走私、贩卖、运输等目的时,立法规定行为人的行为就构成非法持有毒品罪。最高人民法院2000年《全国法院审理毒品犯罪工作座谈会纪要》(刑法本条附文以下简称《南宁会议纪要》,现已废止。——编著者注)明确指出,非法持有毒品达到刑法本条规定的构成犯罪的数量标准,没有证据证明实施了走私、贩卖、运输、制造等犯罪行为的,以非法持有毒品罪定罪。[参见第375号案例,张玉英非法持有毒品案,载《刑事审判参考》总第47集(2005年第6集),法律出版社,第55~56页。执笔:张杰]

▽帮助非法持有毒品的犯罪分子转移、窝藏毒品的行为,不构成非法持有毒品罪

非法持有毒品罪是一种补漏性、堵截型罪名。根据立法精神,该罪名的适用只能以案件证据不足以证明行为人的行为符合其他犯罪构成为前提。如果有证据证明行为人的行为符合其他犯罪构成,则不论该其他罪行是重罪行(如走私、贩卖、运输、制造毒品罪),还是轻罪行(如包庇毒品犯罪分子罪);也不论其是毒品犯罪,还是非毒品犯罪,均应当对行为人以该其他犯罪论处。行为人的行为完全符合普通窝藏赃物罪的构成,故对行为人不应以非法持有毒品罪论处。需说明的是,若对行为人以非法持有毒品罪论处,还将明显违背罪责刑相适应的刑法基本原则。按照《刑法》第三百四十九条第一款,对于为走私、贩卖、运输、制造毒品的犯罪分子窝藏毒品的行为应当以窝藏毒品罪论处,最高可处10年有期徒刑;而若认定为非法持有毒品的犯罪分子窝藏毒品的毒品罪应构成非法持有毒品罪,则意味着此种危害程度明显轻于窝藏毒品的行为反倒要受到更为严厉的刑法评价——根据《刑法》本条规定,非法持有毒品罪的最高法定刑是无期徒刑,这显然不符合罪责刑相适应的刑法基本原则。[参见第18号案例,洪某某、李某被控非法持有毒品案,载《刑事审判指导》总第2辑(2004年第2辑),人民法院出版社,第45~46页。撰稿人:武广军]

▽对吸毒者实施毒品犯罪时的定罪原则

最高人民法院2000年印发的《南宁会议纪要》(现已废止——编著者注)中规定:对被查获的毒品非法持有者,只有在确实没有证据证明其实施了走私、贩卖、运输、制造毒品等犯罪行为的情况下,才能适用《刑法》本条的规定,以非法持有毒品罪定罪处刑。对于吸毒者实施的毒品犯罪,在认定犯罪事实和确定罪名时,一定要慎重。吸毒者在购买、运输、存储毒品过程中被抓获的,如没有证据证明行为人实施了其他毒品犯罪行为,且毒品数量较小的,一般不应定罪处罚。但查获的毒品数量较大的,应当以非法持有毒品罪定罪处罚。[参见第163号案例,郑大昌走私毒品案,载《刑事审判参考》总第24辑(2002年第1辑),法律出版社,第89~90页。执笔:常朝晖]

▽所持有毒品足以超出个人吸食所需数量,在无证据证明参与其他犯罪行为的情况下,应认定为非法持有毒品罪

我国刑罚并未将吸食毒品的行为规定为犯罪,吸毒者为吸食目的而持有一定量的毒品不构成犯罪。所以,并非所有持有毒品的行为均受到刑罚处罚。但是,行为人持有毒品而不受刑罚处罚的情况是非常有限的,即仅限于吸毒者为吸食目的而持有供吸食用毒品。如果吸毒者持有毒品非为吸食之用,同样应受到刑罚处罚。实践中,吸毒者以贩养吸的情况很普遍。当吸毒者以贩卖为目的持有毒品时,吸毒者行为就触犯了刑法,构成贩卖毒品罪。一般来讲,如果吸毒者持有毒品数量过大,其持有的毒品就不可能是为吸食之用。在这种情况下,如果查明行为人有其他目的,则应依据行为人的目的确定罪责。但是,如果无证据证明行为人有走私、贩卖等目的,就需以非法持有毒品定罪处刑。对此,《南宁会议纪要》(现已废止——编著者注)明确指出,吸毒者在购买、运输、存储过程中被抓获的,如没有证据证明被告人实施了其他毒品犯罪行为的,一般不应定罪处罚,但查获的毒品数量大的,应当以非法持有毒品罪定罪;毒品数量未超过刑法本条规定的最低数量标准的,不定罪处罚。对于以贩养吸的行为人,被查获的毒品数量应认定为其犯罪的数量,但量刑时应考虑行为人吸食毒品的情节。所以,对于吸食毒品的人来讲,是否处罚及如何处罚其持有毒品的行为,要综合考虑其持有毒品的目的和数量。如果持有毒品数量较小,在吸食范围之内,无其他目的,法律未规定为犯罪。但是,如果持有毒品数量大,超过吸食数量,在无证据证明参与其他犯罪行为的情况下,应认定为非法持有毒品罪。[参见第375号案例,张玉英非法持有毒品案,载《刑事审判参考》总第47集(2005年第6集),法律出版社,第59~60页。执笔:张杰]

▽贩卖毒品罪与非法持有毒品罪区别的认定

贩卖毒品罪是指在境内非法转手倒卖或者销售鸦片、海洛因、甲基苯丙胺及其他毒品的行为。非法持有毒品罪则是指明知是鸦片、海洛因、甲基苯丙胺或者其他毒品,而非法持有且数量较大的行为。贩卖毒品罪与非法持有毒品罪,侵害的都是国家对毒品的管理制度,侵犯的客体是相同的。对于贩卖毒品中转手倒卖毒品的与非法持有毒品中购买较大以上数量毒品,以满足自身或者他人吸毒需要的,客观行为表现亦有相似之处,即形式上同样都是向他人购买而取得毒品。两罪不同点是贩卖毒品罪对涉毒的数量和犯罪主体没有要求,而非法持有毒品罪必须是达到非法持有鸦片200克以上、海洛因或者甲基苯丙胺10克以上或者其他毒品数量较大的,并且已满16周岁的自然人。区分贩卖毒品罪与非法持有毒品罪,重要的不在于对数量和犯罪主体的要求上,关键在于行为人的主观故意。如果行为人购买毒品的目的是出于贩卖,或者有证据证明行为人是为了贩卖而去购买毒品的,构成贩卖毒品罪;如果行为人是因为沾染吸毒恶习后,为满足其吸毒需要,非法购买较大以上数量毒品的,或者有证据证明行为人不是以营利为目的,为他人代买仅用于吸食的毒品,数量达到较大以上数量的,则构成非法持有毒品罪。贩卖毒品罪与非法持有毒品罪,都存在非法持有毒品的状态,两者有时往往容易混淆。但在实践中,贩卖毒品罪行为人非法持有毒品的目的是明确的,就是为了进行贩卖。而非法持有毒品罪的行为人持有毒品的故意,既可能是自己或给他人吸食,也可能是为了走私、贩卖、运输、窝藏毒品,但是现有证据尚不足以证实其非法持有毒品是出于走私、贩卖、运输、窝藏毒品目的。此外,贩卖毒品罪中非法持有毒品的行为,是整个贩卖毒品犯罪中的一个重要组成部分,不能成立独立的犯罪。而非法持有毒品罪的行为人只要实施了非法持有毒品的行为,即构成犯罪。[参见第365号案例,宋国华贩卖毒

品案,载《刑事审判参考》总第46集(2005年第5集),法律出版社,第48~49页。执笔:周峰]

▽行为人是毒品再犯,且在其租赁的房屋内查获加工毒品的工具,因行为人吸毒,认定其具有贩卖毒品故意的证据尚不充分,应认定构成非法持有毒品罪

行为人出资向他人购买海洛因900克以及从其租赁的房屋内查获加工毒品的工具均是事实。但行为人辩称器具是于1999年左右帮一个叫钱某的朋友保管的,烟酰胺是其原来的同事刘某委托其购买的,据说是用于制作冰糕的添加剂,但与二人已失去联系。公安机关出具的材料表明没有找到该二人。此外,公安机关证实所查获的器具锈蚀严重,无法进行检验。推断行为人存在将购买的毒品加工后出售的可能性虽然有一定的依据,但仅仅依靠上述理由,即认定其具有贩卖毒品故意的证据尚不充分,而且不能排除合理怀疑。理由是:第一,行为人属毒品再犯(曾因贩卖2克海洛因被判处十个月有期徒刑)不假,但公安机关在其刑满释放后至案发长达5年的时间里,并没有掌握其曾有过贩毒的有关情况。此外,从公安机关出具的侦破报告看,也仅仅只是证实行为人是购买毒品的下家,不能证明其还准备进行贩卖,因而不能得出此次购买海洛因的目的,必然是为了贩卖的结论。第二,从行为人处查获的铁器具锈蚀严重,公安机关证明已失去了检验条件,表明这些器具已长期闲置,这与行为人的辩解相一致,故无法得出行为人使用上述器具加工毒品进行贩卖的结论。而烟酰胺是一种维生素类营养剂(维生素PP),它能促进生物氧化和组织的新陈代谢,对维持正常组织特别是皮肤、消化道和神经系统的完整有重要作用。可用于治疗糙皮病、缺血性心脏病、日光性皮炎等疾病。既可作为食品添加剂,亦可掺杂在毒品中使用。由于刘某不在案,无法印证行为人关于烟酰胺是帮他人购买的辩解是否真实可信,但在没有相反的证据能够驳斥行为人的辩解的情况下,只能从有利于行为人的原则出发,采信其辩解。第三,证据证明行为人及其儿子宋某确实吸毒成瘾,即便购买的毒品数量大仍不能排除购买海洛因是用于吸食的可能性。因此,在没有充分的证据足以证明行为人购买毒品是为了以贩养吸的情况下,认定行为人构成贩卖毒品罪的证据不足,而其购买海洛因用于吸食的证据较为充分,应认定构成非法持有毒品罪。[参见第365号案例,宋国华贩卖毒品案,载《刑事审判参考》总第46集(2005年第5集),法律出版社,第49~50页。执笔:周峰]

▽不以牟利为目的,为他人代购数量较大的用于吸食的毒品并在同城内运送的行为,构成非法持有毒品罪

根据最高人民法院2008年印发的《全国部分法院审理毒品犯罪案件工作座谈会纪要》(刑法本条附文以下简称《大连会议纪要》)规定,有证据证明行为人不以牟利为目的,为他人代购仅用于吸食的毒品,毒品数量超过刑法本条规定的最低数量标准的,对托购者、代购者应当以非法持有毒品罪定罪;代购者从中牟利,变相加价贩卖毒品的,对代购者应当以贩卖毒品罪定罪;明知他人实施毒品犯罪而为其居间介绍、代购代卖的,无论是否牟利,都应当以相关毒品犯罪的共犯论处。因此,对代购毒品者认定为毒品犯罪的共犯,以明知托购者实施毒品犯罪为前提。对于确实不明知的,即使对托购者认定构成贩卖毒品罪等犯罪,对代购者也不应认定为共犯。代购者符合非法持有毒品罪、运输毒品罪等构成特征的,可以依法以非法持有毒品罪、运输毒品罪等定罪处罚。本案被告人宋某某受被告人高某指使,携带高某给付的毒资,前往指定地点向高某事先联系好的贩毒人员购买毒品,属于为他人代购毒品的行为。对于宋某某的行为,一审、二审法院认定为非法持有毒品罪是正确的。主要理由在于:第一,宋某某的行为不构成贩卖毒品罪的共犯。高某既贩卖毒品又吸食毒品,但在案证据证实宋某某主观上确实不明知高某有贩毒行为,故宋某某的行为不属于明知他人贩卖毒品而为其代购毒品的情形,不具备按照贩卖毒品罪共犯论处的条件。第二,宋某某的行为不构成贩卖毒品罪。现有证据表明,宋某某为高某代购毒品并未从中牟利,不属于变相加价贩卖毒品的行为,且宋某某知道高某系吸毒人员,自认为高某购买毒品的目的是用于吸食,故其行为不构成贩卖毒品罪。第三,宋某某的行为符合非法持有毒品罪的构威要件。宋某某不以牟利为目的,在不明知高某有贩卖毒品行为的情况下,认为高某购买毒品仅用于吸食,所代购的毒品数量超过了刑法本条规定的最低数量标准,符合非法持有毒品罪的构成要件,应当以非法持有毒品罪定罪。另外,值得注意的是,非法持有毒品罪通常被视为一种状态犯,一般情况下,只有对被告人实际持有的毒品才能认定为非法持有毒品的数量。本案中,只能将已查获的11.9克甲基苯丙胺认定为宋某某非法持有毒品的数量,宋某某在2010年3月初代购的11.9克甲基苯丙胺去向不明,属于已经灭失的毒品,不宜计入其非法持有毒品的数量。对于宋某某在代购毒品过程中同城内运送毒品的行为,及被告人高某指使宋某某接取、运送毒品的行为,公诉机关指控为运输毒品罪。当前,司法实践中,对于构成运输毒品罪是否有距离要求、是否应当具有获得运输报酬的目的,存在认识分歧。为防止不当扩大打击面,认定运输毒品罪还是应当适当考虑运输距离和目的。运输毒品罪侵犯的客体国家毒品管理制度中有关毒品运输的法律制度,其客观方面表现为通过自身或者利用他人将毒品从甲地携带、运输、邮寄、快递至乙地的行为。从犯罪构成来看,构成运输毒品罪通常要具备两个要件:主观要件必须明知是毒品,客观要件方面包括起运地和实际到达地之间有一定的空间距离。对于在不同城市之间运送毒品的,一般可以认定为运输毒品罪。但对于同城内的运送,因空间距离较短,通常不宜认定为运输毒品罪。即使特殊情况下可以认定,也应当考虑被告人是否存在通过运送毒品获得运输报酬的目的。本案中,宋某某受高某指使为其代购毒品后,携带毒品前往同城之内相距仅十分钟左右车程的地点将毒品交给高某,运送毒品的距离较短,且没有证据证实宋某某由此赚取了运费,故不宜认定为运输毒品罪。实际上,对宋某某短距离运送购得的毒品并交给高某的行为,可视为其代购毒品行为的一部分,故无须将其代购毒品行为中的运送毒品环节割裂开来单独认定为运输毒品罪。[参见第853号指导案例,高某贩卖毒品、宋某非法持有毒品案,载《刑事审判参考》总第91集(2013年第2集),第83~85页。撰稿:尹晓涛]

▽从吸毒人员住处查获数量较大的毒品,但认定其曾贩卖毒品的证据不足的,可认定为非法持有毒品罪

根据行为人持有毒品的目的不同,其行为触犯的罪名也不同。如果行为人持有毒品是为了贩卖,其行为构成贩卖毒品罪;如果是为了自己吸食或者不能证实其有实施贩卖、运输、走私等其他犯罪的故意,毒品数量达到较大以上的,其行为构成非法持有毒品罪。故行为人持有毒品的主观目的,是区分贩卖毒品罪与非法持有毒品罪的重要标准。如何准确认定行为人的主观目的,是实践中的难题。如果行为人承认其具有贩卖毒品的目的,通常可以据此直接认定其持有毒品的行为构成贩卖毒品罪。但现实中持有毒品的行为人一般不会承认有贩卖毒品的主观故意,而往往辩解是出于吸食毒品的目的而持有毒品或者是帮他人保管毒品,这时就需要分析行为人的客观行为表现,以认定其主观目的。本案中,从一审判决认定的事实来看,被告人欧阳某某的行为是,其向证人欧阳绮云贩卖0.51克甲基苯丙胺后随即被查获,公安人员从其住处又查获了数量较大的毒品。对于这种情形如何认定,最高人民法院2008年印发的《大连会议纪要》没有作出明确规定,实践中一般采取推定贩卖的方法予以认定。这种事实推定所遵循的认定逻辑是,当某种基础事实存在时,便可以推定另一种事实也存在。例如,行为人曾经实施贩卖毒品的行为或者正在实施贩卖毒品的行为,后从其身上或者住处查获毒品,一般便可以认定行为人对从其身上或者住处查获的毒品也具有贩卖的故意,从而一并计入贩卖毒品的数量之中。2015年5月18日印发的《全国法院毒品犯罪审判工作座谈会纪要》即《武汉会议纪要》在总结实践经验的基础上,认可了这种推定方法,明确规定:"贩毒人员被抓获后,对于从其住所、车辆等处查获的毒品,一般均应认定为其贩卖的毒品。确有证据证明查获的毒品并非贩毒人员用于贩卖,其行为另构成非法持有毒品罪、窝藏毒品罪等其他犯罪的,依法定罪处罚。"对这一指导性文件的理解要注意两点:一是允许被告人提出反证。因为基础事实与推定事实之间只是常态联系,而不是必然联系,如果被告人的辩解成立,则推定不成立,故在运用推定的方法认定行为人是否具有贩卖毒品的故意时,应当细致审查被告人的辩解和理由。二是要准确查明据以推定的基础事实。如果认定被告人曾经贩卖毒品或者正在贩卖毒品的基础事实存在诸多疑点，证据没有达到确实、充分的程度，且现有证据不能排除被告人提出的被查获的毒品是其准备用于自己吸食的辩解的真实性和合理性的，就不能推定被告人对其被查获的毒品存在贩卖的故意。在此情况下，如果没有证据证实被告人对其被查获的毒品具有实施走私、贩卖、运输等其他犯罪故意的情况下，对被告人持有该部分毒品的行为应当认定为非法持有毒品罪。

本案中，公诉机关与原审法院均认定被告人欧阳某某实施了贩卖0.51克甲基苯丙胺给证人欧阳绮云的行为，从而认定欧阳某某具有贩卖毒品的故意，进而将公安人员从其住处查获的25.3克甲基苯丙胺等毒品也计入其贩卖毒品的数量之中。但仔细分析本案的案情与证据，就会发现上述认定难以成立：其一，被告人欧阳某某从其持有的毒品中拿出0.51克甲基苯丙胺给证人欧阳绮云，完全是受欧阳绮云的引诱行为所导致。案发当天下午，欧阳绮云请求欧阳某某代购7克毒品用于吸食，欧阳某某在欧阳绮云的频繁电话催促下最终答应帮她向贩毒人员"一万"询问有否毒品出售，但"一万"一直没有回复欧阳某某。后欧阳某某不堪欧阳绮云频繁的电话纠缠，只好答应从其自己持有的毒品中拿出0.51克甲基苯丙胺给欧阳绮云吸食，欧阳绮云便在报警后来到欧阳某某的住处收取该0.51克甲基苯丙胺，欧阳某某刚将0 51克甲基苯丙胺交给欧阳绮云，便被预伏的公安人员抓获。从上述事实可以看出，欧阳某某只有帮欧阳绮云联系其他贩毒人员代购毒品用于吸食的故意，但其自己没有直接贩卖毒品给欧阳绮云的故意，而现有证据不能证实欧阳某某帮欧阳绮云代购毒品是出于牟利目的，故对其代购行为不能认定为贩卖毒品罪。而且，公诉机关也没有指控其代购行为构成贩卖毒品罪。至于欧阳某某之所以会在案发当天23时许从其自己持有的毒品中拿出0.51克甲基苯丙胺给证人欧阳绮云吸食，完全是由于欧阳绮云为了协助公安人员抓捕欧阳某某而不断使用电话骚扰欧阳某某的引诱行为所致，不能据此认定欧阳某某具有贩卖毒品的故意。其二，认定涉案200元现金是证人欧阳绮云向被告人欧阳某某购买0.51克甲基苯丙胺的交易对价款，证据不足。欧阳绮云称其于案发当天23时许交给欧阳某某的200元现金是她向欧阳某某购买0.51克甲基苯丙胺的毒资，但欧阳某某称该200元现金是欧阳绮云归还给其的欠款，而欧阳某某与欧阳绮云相识且交往多年，欧阳绮云的证言和欧阳某某的供述均证实欧阳某某在案发之前的确借过钱给欧阳绮云及她的丈夫，且尚未归还。另外，公安人员并没有在欧阳某某处查获该200元现金，欧阳某某如果是为了逃避侦查，他完全可以称案发当天23时许并没有收取过证人欧阳绮云给付的200元现金，而欧阳某某却一直没有否认收取该200元现金的事实。从这些情况分析，不能排除欧阳某某所提出的案发当晚他收取欧阳绮云给付的200元现金，是她归还给其的欠款的辩解意见的真实性，故认定该200元现金属于本案毒资的证据不足。其三，认定被告人欧阳某某具有贩毒故意，存在不合理性。如果被告人欧阳某某具有贩毒的故意，其完全没有必要为贩卖0.51克甲基苯丙胺而与证人欧阳绮云在案发当天通话20多次，欧阳某某完全可以一口答应交付毒品给欧阳绮云，从而免予承受欧阳绮云频繁的电话骚扰。而且，欧阳某某既然持有25.81克甲基苯丙胺等涉案毒品，其也完全没有必要在欧阳绮云要求购买7克毒品的情况下最后才答应贩卖0.51克毒品给欧阳绮云，欧阳某某完全可以满足欧阳绮云购买7克毒品的愿望，从而赚取更多的毒资。可见，如果认定欧阳某某具有贩卖毒品的故意，便无法合理地解释欧阳某某在本案中的上述种种表现，故认定欧阳某某具有贩卖毒品的故意无法排除合理怀疑。

综上所述，现有证据不足以证实被告人欧阳某某具有贩卖毒品的行为和故意，从而也就不能简单推定欧阳某某对公安人员在其住处查获的涉案毒品存在贩卖的故意。而欧阳某某的确是吸毒人员，根据现有的证据情况，公安人员从欧阳某某住处查获的毒品是欧阳某某用于吸食的可能性很大，故认定欧阳某某的行为构成贩卖毒品罪的证据不足。但欧阳某某非法持有25.81克甲基苯丙胺等涉案毒品，数量较大，其行为构成非法持有毒品罪。二审法院的依法改判是正确的，符合证据裁判原则特别是"事实存疑时作有利于被告人的处理"原则。[参见第1070号指导案例，欧阳永生非法持有毒品案，载《刑事审判参考》总第102集(2015年第1集)，第93～96页。撰稿：古加锦]

第三百四十九条　【包庇毒品犯罪分子罪】【窝藏、转移、隐瞒毒品、毒赃罪】包庇走私、贩卖、运输、制造毒品的犯罪分子的，为犯罪分子窝藏、转移、隐瞒毒品或者犯罪所得的财物的，处三年以下有期徒刑、拘役或者管制；情节严重的，处三年以上十年以下有期徒刑。

【包庇毒品犯罪分子罪】缉毒人员或者其他国家机关工作人员掩护、包庇走私、贩卖、运输、制造毒品的犯罪分子的，依照前款的规定从重处罚。

【走私、贩卖、运输、制造毒品罪】犯前两款罪，事先通谋的，以走私、贩卖、运输、制造毒品罪的共犯论处。

■最高人民检察院、公安部关于公安机关管辖的刑事案件立案追诉标准的规定(三)(2012年5月16日)

第三条　[包庇毒品犯罪分子案(刑法第三百四十九条)]包庇走私、贩卖、运输、制造毒品的犯罪分子，涉嫌下列情形之一的，应予立案追诉：

(一)作虚假证明，帮助掩盖罪行的；

(二)帮助隐藏、转移或者毁灭证据的；

(三)帮助取得虚假身份或者身份证件的；

(四)以其他方式包庇犯罪分子的。

第四条　[窝藏、转移、隐瞒毒品、毒赃案(刑法第三百四十九条)]为走私、贩卖、运输、制造毒品的犯罪分子窝藏、转移、隐瞒毒品或者犯罪所得的财物的，应予立案追诉。

实施前款规定的行为，事先通谋的，以走私、贩卖、运输、制造毒品罪的共犯立案追诉。

(第十三条、第十四条、第十五条、第十六条、第十七条的内容见刑法第三百四十七条附文中该规定相关各条的内容)

■最高人民法院关于审理毒品犯罪案件适用法律若干问题的解释(2016年4月11日)

第六条　包庇走私、贩卖、运输、制造毒品的犯罪分子，具有下列情形之一的，应当认定为刑法第三百四十九条第一款规定的"情节严重"：

(一)被包庇的犯罪分子依法应当判处十五年有期徒刑以上刑罚的；

(二)包庇多名或者多次包庇走私、贩卖、运输、制造毒品的犯罪分子的；

(三)严重妨害司法机关对被包庇的犯罪分子实施的毒品犯罪进行追究的；

(四)其他情节严重的情形。

为走私、贩卖、运输、制造毒品的犯罪分子窝藏、转移、隐瞒毒品或者毒品犯罪所得的财物，具有下列情形之一的，应当认定为刑法第三百四十九条第一款规定的"情节严重"：

(一)为犯罪分子窝藏、转移、隐瞒毒品达到刑法第三百四十七条第二款第一项或者本解释第一条第一款规定的"数量大"标准的；

(二)为犯罪分子窝藏、转移、隐瞒毒品犯罪所得的财物价值达到五万元以上的；

(三)为多人或者多次为他人窝藏、转移、隐瞒毒品或者毒品犯罪所得的财物的；

(四)严重妨害司法机关对该犯罪分子实施的毒品犯罪进行追究的；

(五)其他情节严重的情形。

包庇走私、贩卖、运输、制造毒品的近亲属，或者为其窝藏、转移、隐瞒毒品或者毒品犯罪所得的财物，不具有本条前两款规定的"情节严重"情形，归案后认罪、悔罪、积极退赃，且系初犯、偶犯，犯罪情节轻微不需要判处刑罚的，可以免予刑事处罚。

第十五条　本解释自2016年4月11日起施行。《最高人民法院关于审理毒品案件定罪量刑标准有关问题的解释》(法释〔2000〕13号)同时废止；之前发布的司法解释和规范性文件与本解释不一致的，以本解释为准。

■最高人民法院关于审理洗钱等刑事案件具体应用法律若干问题的解释(2009年11月11日)

第三条　明知是犯罪所得及其产生的收益而予以掩饰、隐瞒,构成刑法第三百一十二条规定的犯罪,同时又构成刑法第一百九十一条或者第三百四十九条规定的犯罪的,依照处罚较重的规定定罪处罚。

第四条　刑法第一百九十一条、第三百一十二条、第三百四十九条规定的犯罪,应当以上游犯罪事实成立为认定前提。上游犯罪尚未依法裁判,但查证属实的,不影响刑法第一百九十一条、第三百一十二条、第三百四十九条规定的犯罪的审判。

上游犯罪事实可以确认,因行为人死亡等原因依法不予追究刑事责任的,不影响刑法第一百九十一条、第三百一十二条、第三百四十九条规定的犯罪的认定。

上游犯罪事实可以确认,依法以其他罪名定罪处罚的,不影响刑法第一百九十一条、第三百一十二条、第三百四十九条规定的犯罪的认定。

本条所称"上游犯罪",是指产生刑法第一百九十一条、第三百一十二条、第三百四十九条规定的犯罪所得及其收益的各种犯罪行为。

▼安徽省高级人民法院、安徽省人民检察院、安徽省公安厅关于办理毒品犯罪案件具体适用法律若干问题的指导意见(2015年3月11日)

一、办理毒品犯罪案件的一般规定

1. 办理毒品犯罪案件,侦查人员、检察人员、审判人员应当严格执行刑法和刑事诉讼法,切实做到事实清楚,证据确实、充分,程序合法,适用法律正确,确保毒品犯罪案件质量。

2. 办理毒品犯罪案件,应当认真贯彻宽严相济刑事政策,坚持区别对待。对社会危害严重、主观恶性深、人身危险性大的毒品犯罪分子,依法严厉打击、从严惩处。同时,对于具有自首、立功、从犯等法定、酌定从宽处罚情节的毒品犯罪分子,依法从宽处罚、体现政策,分化瓦解犯罪分子。

3. 办理毒品犯罪案件,应当充分发挥刑罚手段惩治毒品犯罪活动的职能作用。既要严惩走私、制造、非法买卖制毒物品等源头性毒品犯罪和大宗贩卖毒品犯罪,也要对零包贩卖毒品犯罪尤其是多次贩卖毒品的犯罪分子从严惩治。同时,加大对引诱、教唆、欺骗、强迫、容留他人吸毒等末端毒品犯罪的处罚力度,对末端毒品犯罪分子在决定适用缓刑、管制和免予刑事处罚时,应从严掌握。

4. 办理毒品犯罪案件,对犯罪分子适用刑罚尤其是在决定判处死刑时,应当按照数量加情节的原则,结合本地毒品犯罪的实际情况和依法惩治、预防毒品犯罪的需要,参照最高人民法院复核死刑案件作出的裁判及公布的典型案例,恰当把握毒品犯罪适用刑罚尤其是死刑的标准。在量刑时,既不能只片面考虑毒品数量,不考虑犯罪的其他情节,也不能只片面考虑其他情节,而忽视毒品数量。

五、包庇毒品犯罪分子犯罪和窝藏、转移、隐瞒毒品、毒赃犯罪的认定与处罚问题

25. 包庇毒品犯罪分子罪是指明知走私、贩卖、运输、制造毒品的犯罪分子,而向司法机关作假证明掩盖其罪行,或者帮助其湮灭罪证,使其逃避法律制裁的行为;窝藏、转移、隐瞒毒品、毒赃罪是指明知走私、贩卖、运输、制造的毒品或者毒品犯罪所得的财物而为犯罪分子窝藏、转移、向司法机关隐瞒其非法性质和来源的行为。

26. 包庇走私、贩卖、运输、制造毒品的犯罪分子,帮助走私、贩卖、运输、制造毒品的犯罪分子窝藏、转移、隐瞒毒品、毒赃的,具有下列情节之一,可视为"情节严重":

(1)包庇可能被判处十五年有期徒刑以上刑罚的走私、贩卖、运输、制造毒品的犯罪分子;

(2)窝藏、转移、隐瞒海洛因或者甲基苯丙胺五十克以上或者其他毒品折算后数量相当的毒品的;

(3)窝藏、转移、隐瞒毒赃数额达到当时当地海洛因五十克以上交易价值的;

(4)被窝藏、包庇的走私、贩卖、运输、制造毒品犯罪分子继续实施毒品犯罪的;

(5)其他情节严重的行为。

八、毒品犯罪案件财产刑的适用和执行问题

37. 对于毒品犯罪被告人可能被判处财产刑的案件应当对被告人财产进行预调查。公安机关在侦查阶段应当对毒品犯罪嫌疑人的银行存款、对外投资股权工商登记、房地产交易登记、股票债券交易登记、车辆登记等财产信息进行专项调查,对毒品犯罪分子来源不明的巨额财产,依法及时采取查封、扣押、冻结等措施,防止犯罪分子及其亲属转移、隐匿、变卖财产或者洗钱,逃避刑罚执行;财产调查和查扣情况单独形成"犯罪嫌疑人财产情况调查卷",随案移送检察机关公诉部门审查,被告人财产情况在开庭审理时当庭出示、质证,法庭作为判处财产刑的依据。

38. 对走私、贩卖、运输、制造毒品的被告人被判处死刑的,应当并处没收全部财产;被告人被判处无期徒刑以下刑罚的,应当根据罪刑相适应原则,结合其犯罪情节及案件具体情况决定没收全部或者部分财产。

对被告人判处罚金刑时,以被告人实际或者可能非法获利情况等情节为主,适当兼顾被告人的经济状况,综合被告人的全部犯罪情节确定适当的罚金数额,既充分发挥罚金刑对被告人的惩戒作用,又确保罚金刑能及时有效的执行。

39. 被告人积极预交罚金的,可视为其有认罪悔罪表现,在决定刑罚时可以作为酌定从宽处罚情节,但是不能以各种理由与被告人或者其亲属就财产刑的数额设定条件。

40. 毒品犯罪案件的刑事判决、裁定生效后,第一审人民法院刑事审判庭应当在十日内将财产刑交付本院负责裁判执行的机构立案执行。

41. 在审理减刑假释案件时,应当把罪犯财产刑执行情况作为与自由刑执行情况并列的审理范围,把罪犯履行财产刑情况纳入减刑假释考核范围,把罪犯履行财产刑情况作为认定罪犯是否认罪悔罪的重要依据。对于有能力履行财产刑而隐匿、转移财产,拒不履行的罪犯,应视为其没有悔改表现,减刑或者假释从严掌握。对于经济能力不足以全部履行财产刑的罪犯,也应督促其尽可能履行财产刑。充分发挥法院依法审理减刑假释案件的职能作用,把财产刑履行与自由刑改造有机联系起来,促使罪犯自动履行财产刑。

42. 本意见自印发之日起施行。

▽帮助非法持有毒品的犯罪分子转移、窝藏毒品的行为,不构成窝藏、转移毒品罪

《刑法》本条第一款应理解为:只有为走私、贩卖、运输、制造毒品的犯罪分子窝藏、转移、隐瞒毒品或者犯罪所得的财物的行为,才构成窝藏、转移、隐瞒毒品、毒赃罪。其理由是:(1)包庇毒品犯罪分子罪和窝藏、转移、隐瞒毒品、毒赃罪在性质上类似,均属于毒品犯罪的事后帮助行为。虽然立法仅明确限定,对于前者所包庇的对象必须是"走私、贩卖、运输、制造毒品的犯罪分子",而对后者未作类似限定,但在解释上,应当认为,立法作如上规定,只是出于文法表述简洁的考虑——两罪在同条同款中紧接规定,如果在前罪已作限定的情况下,在后罪中再作相同表述,则会出现不必要的重复,使条文用语显得累赘而不够精练;否则,就会出现性质类似的罪行,因构成条件重大差异而失协调的情形,这显然不符合法律的基本解释原理,有违立法精神。(2)从《刑法》本条第三款规定可明显地看出,认为窝藏、转移、隐瞒毒品、毒赃罪中的"犯罪分子"不以"走私、贩卖、运输、制造毒品的犯罪分子"为限的不合理性。该款规定:"犯前两款罪(包庇毒品犯罪分子罪和窝藏、转移、隐瞒毒品、毒赃罪。——编著者注),事先通谋的,以走私、贩卖、运输、制造毒品罪的共犯论处"。如果按照不以"走私、贩卖、运输、制造毒品的犯罪分子"为限的观点,只要事先通谋的,行为人即便是为非法持有毒品的人窝藏、转移毒品的,也要以走私、贩卖、运输、制造毒品论处,这显然严重违背了共同犯罪的基本原理。综上,行为人为非法持有毒品的另一行为人窝藏、转移毒品,其行为不符合刑法本条规定的窝藏、转移毒品罪的构成要件,不能以该罪论处。[参见第18号案例,洪某某、李某被控非法持有毒品案,载《刑事审判指导》总第2辑(2004年第2辑),人民法院出版社,第44~45页。执笔:武广军]

▽推定明知毒品,行为人受雇从他人住处取出毒品的行为,构成转移毒品罪

行为人一直坚持说黄某没有对他说明要拿的东西是什么,他本人不吸毒,对毒品没有认识,而黄某没有归案,刘某供述称没有仔细听黄某是如何交代行为人的,他本人没有对行为人说过是去取毒品,故现有证据不能直接证明行为人在事前就明知黄某让他去取的是毒品。但是,从现有证据可以推断行为人人明知是毒品而帮助转移。因为行为人是正常的成年人,且以为歌舞厅拉客为常业,经常在娱乐场所厮混,对毒品应当有一定程度的认知。当黄某出1.2万元的高价要其将一只背包从楼上取下来,且交待他如房子被封了就不要进去,他上楼后,在楼上打开背包时已看到内有白色粉末,为此打电话问黄某是不是这包东西。从上述情况分析,行为人应当意识到黄某要其取的是毒品。但是,因现有证据无法证实行为人知道刘某和黄某有交易毒品的情况,也无法证实或推断出行为人明知黄某取得毒品后的目的是走私、贩卖还是运输,故不宜认定行为人和黄某是共犯。从行为人应当明知是毒品而为黄某将毒品从原藏放的地点取出拿走,其主观故意和客观行为都符合刑法本条规定的为犯罪分子转移毒品罪的特征。因此,对行为人应定转移毒品罪。[参见第373号案例,梁国雄、周观杰等贩卖毒品案,载《刑事审判参考》总第47集(2005年第6集),法律出版社,第41~42页。执笔:薛涉兰　蔡金芳]

▽曾参与贩卖毒品,后又单方面帮助他人窝藏、转移毒品的,应认定窝藏、转移毒品罪

最高人民法院2008年印发的《大连会议纪要》中"对于以贩养吸的被告人,其被查获的毒品数量应认定为其犯罪的数量"的规定,被告人蒋某峰从被告人智某梅住处取走的88.5克海洛因,应当计入智某梅贩卖毒品的数量。被告人蒋某峰取走88.5克海洛因的行为,不构成贩卖毒品罪,而构成窝藏、转移毒品罪。具体分析如下:首先,被告人蒋某峰取走88.5克海洛因的行为不构成贩卖毒品罪。蒋某峰的犯罪事实有一定特殊性,其曾经从被告人智某梅处拿取少量毒品进行贩卖。这对于认定其携带88.5克海洛因行为的性质有一定影响。客观地说,如不被查获,不能排除蒋某峰今后可能将这些海洛因予以出售牟利。但是,犯罪是主客观相统一的整体,对行为性质的认定应以有确切证据证明的事实为根据,不能因蒋某峰曾经从智某梅处拿取少量海洛因进行贩卖,就推定其取走88.5克海洛因必然也用于贩卖。在案证据表明,被查获的88.5克海洛因系智某梅被抓获前一天独自从上海购进的,现无证据证明智某梅和蒋某峰事先对这88.5克海洛因的处理有过通谋。《刑法》本条也规定,为犯罪分子窝藏、转移、隐瞒毒品或者犯罪所得的财物,事先通谋的,以走私、贩卖、运输、制造毒品罪的共犯论处。这说明,如果被告人没有事先通谋,则不构成共同犯罪。从二人分居两地且往来较少的情况看,二人未事先通谋也符合情理,故对于蒋某峰取走88.5克海洛因的行为,不能认定为贩卖毒品的共同犯罪行为。同时,也没有证据证实蒋某峰是在他人表示希望购买毒品后才去取这些毒品的。相反,蒋某峰被查获后始终辩称,其取走毒品的目的或是扔掉或是隐藏,以帮助智某梅减轻罪责,而从未承认过是准备供自己日后贩卖。这种辩解具有一定合理性,在案证据无法推翻这种辩解。在此情况下,对蒋某峰取走88.5克海洛因的行为不能认定为贩卖毒品罪。其次,被告人蒋某峰取走88.5克海洛因的行为符合窝藏、转移毒品罪的构成要件,且属于情节严重。《刑法》本条第一款规定,为犯罪分子窝藏、转移、隐瞒毒品或者犯罪所得的财物的,处三年以下有期徒刑、拘役或者管制;情节严重的,处三年以上十年以下有期徒刑。这表明,窝藏、转移毒品罪是行为犯,对行为人窝藏、转移的毒品没有数量上的要求,只要实施了窝藏、转移毒品行为的,就构成该罪。"情节严重"在本罪中属于法定刑升格条件,但关于如何认定"情节严重",已经公布的相关司法解释和规范性文件(如《关于审理毒品案件定罪量刑标准有关问题的解释》《办理毒品犯罪案件适用法律若干问题的意见》《大连会议纪要》等),均没有作出规定。参照实践中把握的认定"情节严重"的惯常标准,对于具有窝藏、转移毒品数量大(如海洛因50克以上),多次窝藏、转移毒品等情形的,可以认定为窝藏、转移毒品"情节严重"。被告人蒋某峰获悉被告人智某梅被抓获后,为防止智某梅藏于家中的毒品被查获而受到更重处罚,前往智某梅住处转移毒品,其行为完全符合窝藏、转移毒品罪的构成要件,应认定构成窝藏、转移毒品罪。同时,其窝藏、转移的海洛因达88.5

克,数量大,可以认定为窝藏、转移毒品"情节严重",应在3~10年的法定刑幅度内量刑。一审法院对蒋某峰以窝藏、转移毒品罪判处有期徒刑四年,定罪准确,量刑适当。

上述分析表明,审判工作中遇到案件有定性分歧,而不同罪名的法定刑差别很大时,准确定罪十分重要。对被告人蒋某峰被查获携带88.5克海洛因,如果认定为贩卖毒品罪,则对应的法定刑为15年以上有期徒刑、无期徒刑或者死刑。虽然这些海洛因的含量极低,仅为0.04%,但刑法规定对走私、贩卖、运输、制造、非法持有毒品罪的毒品数量,不以纯度折算,故即使适当考虑毒品纯度极低的因素,量刑也不能低于15年有期徒刑。反之,如果认定为窝藏、转移毒品罪,即使情节严重,对应的法定刑才3~10年有期徒刑,处罚明显较轻。在这种情况下,根据案件的具体事实,准确认定被告人蒋某峰犯罪的性质,将直接决定其所受处罚的公正性与合理性,对于有效发挥刑罚的惩罚和教育功能,有积极的现实意义。[参见第617号指导案例,智某梅、蒋某峰贩卖、窝藏、转移毒品案,载《刑事审判参考》总第73集(2010年第2集),第67~69页。撰稿:徐振华 韩锋 蒋景]

第三百五十条 【非法生产、买卖、运输制毒物品、走私制毒物品罪】违反国家规定,非法生产、买卖、运输醋酸酐、乙醚、三氯甲烷或者其他用于制造毒品的原料、配剂,或者携带上述物品进出境,情节较重的,处三年以下有期徒刑、拘役或者管制,并处罚金;情节严重的,处三年以上七年以下有期徒刑,并处罚金;情节特别严重的,处七年以上有期徒刑,并处罚金或者没收财产。

【制造毒品罪】明知他人制造毒品而为其生产、买卖、运输前款规定的物品的,以制造毒品罪的共犯论处。(本条第一、二款是根据《中华人民共和国刑法修正案(九)》之四十一修改的,自2015年11月1日起施行。)

单位犯前两款罪的,对单位判处罚金,并对其直接负责的主管人员和其他直接责任人员,依照前两款的规定处罚。

刑法本条第一、二款原文:违反国家规定,非法运输、携带醋酸酐、乙醚、三氯甲烷或者其他用于制造毒品的原料或者配剂进出境的,或者违反国家规定,在境内非法买卖上述物品的,处三年以下有期徒刑、拘役或者管制,并处罚金;数量大的,处三年以上十年以下有期徒刑,并处罚金。

明知他人制造毒品而为其提供前款规定的物品的,以制造毒品罪的共犯论处。

■最高人民检察院、公安部关于公安机关管辖的刑事案件立案追诉标准的规定(三)(2012年5月16日)

第五条 [走私制毒物品案(刑法第三百五十条)]违反国家规定,非法运输、携带制毒物品进出国(边)境,涉嫌下列情形之一的,应予立案追诉:

(一)1-苯基-2-丙酮五千克以上;

(二)麻黄碱、伪麻黄碱及其盐类和单方制剂五千克以上,麻黄浸膏、麻黄浸膏粉一百千克以上;

(三)3,4-亚甲基二氧苯基-2-丙酮、去甲麻黄素(去甲麻黄碱)、甲基麻黄素(甲基麻黄碱)、羟亚胺及其盐类十千克以上;

(四)胡椒醛、黄樟素、黄樟油、异黄樟素、麦角酸、麦角胺、麦角新碱、苯乙酸二十千克以上;

(五)N-乙酰邻氨基苯酸、邻氨基苯甲酸、哌啶一百五十千克以上;

(六)醋酸酐、三氯甲烷二百千克以上;

(七)乙醚、甲苯、丙酮、甲基乙基酮、高锰酸钾、硫酸、盐酸四百千克以上;

(八)其他用于制造毒品的原料或者配剂相当数量的。

非法运输、携带两种以上制毒物品进出国(边)境,每种制毒物品均没有达到本条第一款规定的数量标准,但按前款规定的立案追诉数量比例折算成一种制毒物品后累计相加达到上述数量标准的,应予立案追诉。

为了走私制毒物品而采用生产、加工、提炼等方法非法制造易制毒化学品的,以走私制毒物品罪

(预备)立案追诉。

实施走私制毒物品行为,有下列情形之一,且查获了易制毒化学品,结合行为人的供述和其他证据综合审查判断,可以认定其“明知”是制毒物品而走私或者非法买卖,但有证据证明确属被蒙骗的除外:

(一)改变产品形状、包装或者使用虚假标签、商标等产品标志的;

(二)以藏匿、夹带、伪装或者其他隐蔽方式运输、携带易制毒化学品逃避检查的;

(三)抗拒检查或者在检查时丢弃货物逃跑的;

(四)以伪报、藏匿、伪装等蒙蔽手段逃避海关、边防等检查的;

(五)选择不设海关或者边防检查站的路段绕行出入境的;

(六)以虚假身份、地址或者其他虚假方式办理托运、寄递手续的;

(七)以其他方法隐瞒真相,逃避对易制毒化学品依法监管的。

明知他人实施走私制毒物品犯罪,而为其运输、储存、代理进出口或者以其他方式提供便利的,以走私制毒物品罪的共犯立案追诉。

第六条 [非法买卖制毒物品案(刑法第三百五十条)]违反国家规定,在境内非法买卖制毒物品,数量达到本规定第五条第一款规定情形之一的,应予立案追诉。

非法买卖两种以上制毒物品,每种制毒物品均没有达到本条第一款规定的数量标准,但按前款规定的立案追诉数量比例折算成一种制毒物品后累计相加达到上述数量标准的,应予立案追诉。

违反国家规定,实施下列行为之一的,认定为本条规定的非法买卖制毒物品行为:

(一)未经许可或者备案,擅自购买、销售易制毒化学品的;

(二)超出许可证明或者备案证明的品种、数量范围购买、销售易制毒化学品的;

(三)使用他人的或者伪造、变造、失效的许可证明或者备案证明购买、销售易制毒化学品的;

(四)经营单位违反规定,向无购买许可证明、备案证明的单位、个人销售易制毒化学品的,或者明知购买者使用他人的或者伪造、变造、失效的许可证明或者备案证明,向其销售易制毒化学品的;

(五)以其他方式非法买卖易制毒化学品的。

易制毒化学品生产、经营、使用单位或者个人未办理许可证明或者备案证明,购买、销售易制毒化学品,如果有证据证明确实用于合法生产、生活需要,依法能够办理只是未及时办理许可证明或者备案证明,且未造成严重社会危害的,可不以非法买卖制毒物品罪立案追诉。

为了非法买卖制毒物品而采用生产、加工、提炼等方法非法制造易制毒化学品的,以非法买卖制毒物品罪(预备)立案追诉。

非法买卖制毒物品主观故意中的“明知”,依照本规定第五条第四款的有关规定予以认定。

明知他人实施非法买卖制毒物品犯罪,而为其运输、储存、代理进出口或者以其他方式提供便利的,以非法买卖制毒物品罪的共犯立案追诉。

(第十三条、第十四条、第十五条、第十六条、第十七条的内容见刑法第三百四十七条附文中该规定相关各条的内容)

■最高人民法院关于审理毒品犯罪案件适用法律若干问题的解释(2016年4月11日)

第七条 违反国家规定,非法生产、买卖、运输制毒物品、走私制毒物品,达到下列数量标准的,应当认定为刑法第三百五十条第一款规定的“情节较重”:

(一)麻黄碱(麻黄素)、伪麻黄碱(伪麻黄素)、消旋麻黄碱(消旋麻黄素)一千克以上不满五千克;

(二)1-苯基-2-丙酮、1-苯基-2-溴-1-丙酮、3,4-亚甲基二氧苯基-2-丙酮、羟亚胺二千克以上不满十千克;

(三)3-氧-2-苯基丁腈、邻氯苯基环戊酮、去甲麻黄碱(去甲麻黄素)、甲基麻黄碱(甲基麻黄素)四千克以上不满二十千克;

（四）醋酸酐十千克以上不满五十千克；

（五）麻黄浸膏、麻黄浸膏粉、胡椒醛、黄樟素、黄樟油、异黄樟素、麦角酸、麦角胺、麦角新碱、苯乙酸二十千克以上不满一百千克；

（六）N－乙酰邻氨基苯酸、邻氨基苯甲酸、三氯甲烷、乙醚、哌啶五十千克以上不满二百五十千克；

（七）甲苯、丙酮、甲基乙基酮、高锰酸钾、硫酸、盐酸一百千克以上不满五百千克；

（八）其他制毒物品数量相当的。

违反国家规定，非法生产、买卖、运输制毒物品、走私制毒物品，达到前款规定的数量标准最低值的百分之五十，且具有下列情形之一的，应当认定为刑法第三百五十条第一款规定的“情节较重”：

（一）曾因非法生产、买卖、运输制毒物品、走私制毒物品受过刑事处罚的；

（二）二年内曾因非法生产、买卖、运输制毒物品、走私制毒物品受过行政处罚的；

（三）一次组织五人以上或者多次非法生产、买卖、运输制毒物品、走私制毒物品，或者在多个地点非法生产制毒物品的；

（四）利用、教唆未成年人非法生产、买卖、运输制毒物品、走私制毒物品的；

（五）国家工作人员非法生产、买卖、运输制毒物品、走私制毒物品的；

（六）严重影响群众正常生产、生活秩序的；

（七）其他情节较重的情形。

易制毒化学品生产、经营、购买、运输单位或者个人未办理许可证明或者备案证明，生产、销售、购买、运输易制毒化学品，确实用于合法生产、生活需要的，不以制毒物品犯罪论处。

第八条　违反国家规定，非法生产、买卖、运输制毒物品、走私制毒物品，具有下列情形之一的，应当认定为刑法第三百五十条第一款规定的“情节严重”：

（一）制毒物品数量在本解释第七条第一款规定的最高数量标准以上，不满最高数量标准五倍的；

（二）达到本解释第七条第一款规定的数量标准，且具有本解释第七条第二款第三项至第六项规定的情形之一的；

（三）其他情节严重的情形。

违反国家规定，非法生产、买卖、运输制毒物品、走私制毒物品，具有下列情形之一的，应当认定为刑法第三百五十条第一款规定的“情节特别严重”：

（一）制毒物品数量在本解释第七条第一款规定的最高数量标准五倍以上的；

（二）达到前款第一项规定的数量标准，且具有本解释第七条第二款第三项至第六项规定的情形之一的；

（三）其他情节特别严重的情形。

第十五条　本解释自2016年4月11日起施行。《最高人民法院关于审理毒品案件定罪量刑标准有关问题的解释》（法释〔2000〕13号）同时废止；之前发布的司法解释和规范性文件与本解释不一致的，以本解释为准。

■最高人民法院、最高人民检察院、公安部、农业部、国家食品药品监督管理总局关于进一步加强麻黄草管理严厉打击非法买卖麻黄草等违法犯罪活动的通知（2013年5月21日）

三、依法查处非法采挖、买卖麻黄草等犯罪行为

（二）以提取麻黄碱类制毒物品后进行走私或者非法贩卖为目的，采挖、收购麻黄草，涉案麻黄草所含的麻黄碱类制毒物品达到相应定罪数量标准的，依照刑法第三百五十条第一款、第三款的规定，分别以走私制毒物品罪、非法买卖制毒物品罪定罪处罚。

（三）明知他人制造毒品或者走私、非法买卖制毒物品，向其提供麻黄草或者提供运输、储存麻黄草等帮助的，分别以制造毒品罪、走私制毒物品罪、非法买卖制毒物品罪的共犯论处。

(五)实施以上行为,以制造毒品罪、走私制毒物品罪、非法买卖制毒物品罪定罪处罚的,涉案制毒物品的数量按照三百千克麻黄草折合一千克麻黄碱计算;以制造毒品罪定罪处罚的,无论涉案麻黄草数量多少,均应追究刑事责任。

■最高人民法院、最高人民检察院、公安部关于办理制毒物品犯罪案件适用法律若干问题的意见(全文)(2009 年 6 月 23 日)

一、关于制毒物品犯罪的认定

(一)本意见中的"制毒物品",是指刑法第三百五十条第一款规定的醋酸酐、乙醚、三氯甲烷或者其他用于制造毒品的原料或者配剂,具体品种范围按照国家关于易制毒化学品管理的规定确定。

(二)违反国家规定,实施下列行为之一的,认定为刑法第三百五十条规定的非法买卖制毒物品行为:

1. 未经许可或者备案,擅自购买、销售易制毒化学品的;

2. 超出许可证明或者备案证明的品种、数量范围购买、销售易制毒化学品的;

3. 使用他人的或者伪造、变造、失效的许可证明或者备案证明购买、销售易制毒化学品的;

4. 经营单位违反规定,向无购买许可证明、备案证明的单位、个人销售易制毒化学品的,或者明知购买者使用他人的或者伪造、变造、失效的购买许可证明、备案证明,向其销售易制毒化学品的;

5. 以其他方式非法买卖易制毒化学品的。

(三)易制毒化学品生产、经营、使用单位或者个人未办理许可证明或者备案证明,购买、销售易制毒化学品,如果有证据证明确实用于合法生产、生活需要,依法能够办理只是未及时办理许可证明或者备案证明,且未造成严重社会危害的,可不以非法买卖制毒物品罪论处。

(四)为了制造毒品或者走私、非法买卖制毒物品犯罪而采用生产、加工、提炼等方法非法制造易制毒化学品的,根据刑法第二十二条的规定,按照其制造易制毒化学品的不同目的,分别以制造毒品、走私制毒物品、非法买卖制毒物品的预备行为论处。

(五)明知他人实施走私或者非法买卖制毒物品犯罪,而为其运输、储存、代理进出口或者以其他方式提供便利的,以走私或者非法买卖制毒物品罪的共犯论处。

(六)走私、非法买卖制毒物品行为同时构成其他犯罪的,依照处罚较重的规定定罪处罚。

二、关于制毒物品犯罪嫌疑人、被告人主观明知的认定

对于走私或者非法买卖制毒物品行为,有下列情形之一,且查获了易制毒化学品,结合犯罪嫌疑人、被告人的供述和其他证据,经综合审查判断,可以认定其"明知"是制毒物品而走私或者非法买卖,但有证据证明确属被蒙骗的除外:

1. 改变产品形状、包装或者使用虚假标签、商标等产品标志的;

2. 以藏匿、夹带或者其他隐蔽方式运输、携带易制毒化学品逃避检查的;

3. 抗拒检查或者在检查时丢弃货物逃跑的;

4. 以伪报、藏匿、伪装等蒙蔽手段逃避海关、边防等检查的;

5. 选择不设海关或者边防检查站的路段绕行出入境的;

6. 以虚假身份、地址办理托运、邮寄手续的;

7. 以其他方法隐瞒真相,逃避对易制毒化学品依法监管的。

三、关于制毒物品犯罪定罪量刑的数量标准

(一)违反国家规定,非法运输、携带制毒物品进出境或者在境内非法买卖制毒物品达到下列数量标准的,依照刑法第三百五十条第一款的规定,处三年以下有期徒刑、拘役或者管制,并处罚金:

1. 1 - 苯基 - 2 - 丙酮五千克以上不满五十千克;

2. 3,4 - 亚甲基二氧苯基 - 2 - 丙酮、去甲麻黄素(去甲麻黄碱)、甲基麻黄素(甲基麻黄碱)、羟亚

胺及其盐类十千克以上不满一百千克；

3. 胡椒醛、黄樟素、黄樟油、异黄樟素、麦角酸、麦角胺、麦角新碱、苯乙酸二十千克以上不满二百千克；

4. N－乙酰邻氨基苯酸、邻氨基苯甲酸、哌啶一百五十千克以上不满一千五百千克；

5. 甲苯、丙酮、甲基乙基酮、高锰酸钾、硫酸、盐酸四百千克以上不满四千千克；

6. 其他用于制造毒品的原料或者配剂相当数量的。

（二）违反国家规定，非法买卖或者走私制毒物品，达到或者超过前款所列最高数量标准的，认定为刑法第三百五十条第一款规定的"数量大的"，处三年以上十年以下有期徒刑，并处罚金。

■最高人民法院、最高人民检察院、公安部关于办理走私、非法买卖麻黄碱类复方制剂等刑事案件适用法律若干问题的意见（全文）（2012年6月18日）

一、关于走私、非法买卖麻黄碱类复方制剂等行为的定性

以加工、提炼制毒物品为目的，购买麻黄碱类复方制剂，或者运输、携带、寄递麻黄碱类复方制剂进出境的，依照刑法第三百五十条第一款、第三款的规定，分别以非法买卖制毒物品罪、走私制毒物品罪定罪处罚。

将麻黄碱类复方制剂拆除包装、改变形态后进行走私或者非法买卖，或者明知是已拆除包装、改变形态的麻黄碱类复方制剂而进行走私或者非法买卖的，依照刑法第三百五十条第一款、第三款的规定，分别以走私制毒物品罪、非法买卖制毒物品罪定罪处罚。

非法买卖麻黄碱类复方制剂或者运输、携带、寄递麻黄碱类复方制剂进出境，没有证据证明系用于制造毒品或者走私、非法买卖制毒物品，或者未达到走私制毒物品罪、非法买卖制毒物品罪的定罪数量标准，构成非法经营罪、走私普通货物、物品罪等其他犯罪的，依法定罪处罚。

实施第一款、第二款规定的行为，同时构成其他犯罪的，依照处罚较重的规定定罪处罚。

二、关于利用麻黄碱类复方制剂加工、提炼制毒物品行为的定性

以制造毒品为目的，利用麻黄碱类复方制剂加工、提炼制毒物品的，依照刑法第三百四十七条的规定，以制造毒品罪定罪处罚。

以走私或者非法买卖为目的，利用麻黄碱类复方制剂加工、提炼制毒物品的，依照刑法第三百五十条第一款、第三款的规定，分别以走私制毒物品罪、非法买卖制毒物品罪定罪处罚。

三、关于共同犯罪的认定

明知他人利用麻黄碱类制毒物品制造毒品，向其提供麻黄碱类复方制剂，为其利用麻黄碱类复方制剂加工、提炼制毒物品，或者为其获取、利用麻黄碱类复方制剂提供其他帮助的，以制造毒品罪的共犯论处。

明知他人走私或者非法买卖麻黄碱类制毒物品，向其提供麻黄碱类复方制剂，为其利用麻黄碱类复方制剂加工、提炼制毒物品，或者为其获取、利用麻黄碱类复方制剂提供其他帮助的，分别以走私制毒物品罪、非法买卖制毒物品罪的共犯论处。

四、关于犯罪预备、未遂的认定

实施本意见规定的行为，符合犯罪预备或者未遂情形的，依照法律规定处罚。

五、关于犯罪嫌疑人、被告人主观目的与明知的认定

对于本意见规定的犯罪嫌疑人、被告人的主观目的与明知，应当根据物证、书证、证人证言以及犯罪嫌疑人、被告人供述和辩解等在案证据，结合犯罪嫌疑人、被告人的行为表现，重点考虑以下因素综合予以认定：

1. 购买、销售麻黄碱类复方制剂的价格是否明显高于市场交易价格；

2. 是否采用虚假信息、隐蔽手段运输、寄递、存储麻黄碱类复方制剂；

3. 是否采用伪报、伪装、藏匿或者绕行进出境等手段逃避海关、边防等检查;

4. 提供相关帮助行为获得的报酬是否合理;

5. 此前是否实施过同类违法犯罪行为;

6. 其他相关因素。

六、关于制毒物品数量的认定

实施本意见规定的行为,以走私制毒物品罪、非法买卖制毒物品罪定罪处罚的,应当以涉案麻黄碱类复方制剂中麻黄碱类物质的含量作为涉案制毒物品的数量。

实施本意见规定的行为,以制造毒品罪定罪处罚的,应当将涉案麻黄碱类复方制剂所含的麻黄碱类物质可以制成的毒品数量作为量刑情节考虑。

多次实施本意见规定的行为未经处理的,涉案制毒物品的数量累计计算。

七、关于定罪量刑的数量标准

实施本意见规定的行为,以走私制毒物品罪、非法买卖制毒物品罪定罪处罚的,涉案麻黄碱类复方制剂所含的麻黄碱类物质应当达到以下数量标准:麻黄碱、伪麻黄碱、消旋麻黄碱及其盐类五千克以上不满五十千克;去甲麻黄碱、甲基麻黄碱及其盐类十千克以上不满一百千克;麻黄浸膏、麻黄浸膏粉一百千克以上不满一千千克。达到上述数量标准上限的,认定为刑法第三百五十条第一款规定的"数量大"。

实施本意见规定的行为,以制造毒品罪定罪处罚的,无论涉案麻黄碱类复方制剂所含的麻黄碱类物质数量多少,都应当追究刑事责任。

八、关于麻黄碱类复方制剂的范围

本意见所称麻黄碱类复方制剂是指含有《易制毒化学品管理条例》(国务院令第445号)品种目录所列的麻黄碱(麻黄素)、伪麻黄碱(伪麻黄素)、消旋麻黄碱(消旋麻黄素)、去甲麻黄碱(去甲麻黄素)、甲基麻黄碱(甲基麻黄素)及其盐类,或者麻黄浸膏、麻黄浸膏粉等麻黄碱类物质的药品复方制剂。

□制毒物品的认定须有法律依据

一、判断某种物品是否为制毒物品,应当依据国家相关法律、行政法规的规定。国家相关法律、行政法规未规定为制毒物品的,即使该物品可以用于制造毒品,亦不能将其认定为制毒物品。(参见海南省洋浦经济开发区初级检察院诉谢杰威、梁雁玲走私制毒物品案,载《最高人民法院公报》总第131期,2007年第9期,第30页。)

□构成走私制毒物品罪要求行为人必须具有明知是制毒物品而走私的犯罪故意

二、根据《刑法》第三百五十条的规定,构成走私制毒物品罪必须要求行为人具有明知是制毒物品而走私的犯罪故意。如果行为人确实不知道所走私的物品是制毒物品,且其走私目的系用于正当生产经营,即使该物品可以用于制毒,亦不能认定行为人具有走私制毒物品的犯罪故意。(参见海南省洋浦经济开发区初级检察院诉谢杰威、梁雁玲走私制毒物品案,载《最高人民法院公报》总第131期,2007年第9期,第30页。)

▽非法买卖制毒物品罪行为人对制毒物品明知的认定

行为人是否明知制毒物品,应当结合具体案情、综合审查各方面证据后予以认定。根据《刑法》规定,涉及买卖制毒物品的犯罪有两类。一类是直接以制造毒品为目的的犯罪,包括自己制造毒品而购买制毒物品,以及明知他人制造毒品而为其提供制毒物品两种情况,这两种情况下的行为人对制毒物品的明知比较好认定,因为其犯罪目的就是自己制造毒品或为他人制造毒品提供帮助。另一类是不以制造毒品为目的,纯粹以获取利益为目的,违反国家规定,非法买卖制毒物品的行为,在证明这类犯罪行为人主观明知非法买卖的对象是制毒物品上具有一定复杂性。在一般情况下,行为人是否明知买卖的对象是制毒物品,可以根据行为人的口供,结合案件其他证据分析认定。但在相当多的情况下,行为人不承认其非法买卖制毒物品的犯罪行为,往往以正常买卖为辩解理由。而正当、合法买卖该类物品,是不受刑罚追究的,如经许可购买、销售易制毒化学品。因此,行为人是否"明知"是制毒物品而非法买卖,成为认定行为人买卖行为罪与非罪的界限。对行为人主观明知的认定,不能仅凭被告人的口供,而应当结合具体案情、综合审查各方而证据。如果基于一定的客观事实,根据行为人的认知水平、文化程度、社会阅历能够认识到的一般可以推定主观上具有"明知"。对此,2009年6月26日,最高人民法院、最高人民检察院、公安部联合颁布的《关于办理制毒物品犯罪案件适用法律若干问题的意见》第二条规定了七种明显不正常、意图掩盖其行为或逃避监管的情形,对具有该七种情形之一,且查获了易制毒化学品的,再结合被告人供述和其他证据,一般可认定"明知"是制毒物品而走私或者非法买卖但有证据证明确属被蒙骗的除外。而考察这七种情形,均有一个共同特征,就是在买卖过程中故意采取一定欺瞒手段隐瞒真相,逃避对易制毒物品的监管。本案被告人房某某系宁夏回族自治区灵武市灵州工贸公司的法人代表。2000年经有关部门核准,灵州工贸公司承包了灵武制药厂的麻黄素车间。2002年8月,因资金短缺,经宁夏回族自治区食品、药品监督管理局批准,房某某以公司名义用3吨麻黄素为抵押,向宁夏粮油医保公司借款80万元。后宁夏粮油医保公司多次催还,房某某无力偿还,遂萌生了将抵押的3吨麻黄素卖掉以归还借款之念。但由于正规化学品市场上麻黄素的价格很低,房某某找到被告人许某某联系非法渠道的买主。经许某某联络,2006年7月、8月分别卖给香港籍黄某某的1吨麻黄素、卖给台湾籍叶某2吨麻黄素。房某某作为从事麻黄素生产的专业人员,对麻黄素属于国家限制流通物,经营麻黄素应当查验购买许可证并到相关部门备案应当是知晓的,但其却为牟取暴利、非法出售数量巨大的麻黄素。从房某某两次运输麻黄素的手段看,卖给香港籍黄某某的1吨麻黄素是以化工原料的名义运输的,卖给台湾籍叶某的2吨麻黄素是掺杂到事先准备好的8吨玉米蛋白精和淀粉中、以饲料的名义托运的。以上事实足以证明房某某对非法买卖制毒物品主观上是明知的。至于被告人许某某,其虽一直辩称未参与房某某与黄某某、叶某商谈交易,且其以为该两笔交易都在商谈办理准购证手续。但从其两次为房某某介绍来历不明的非法的麻黄素买家,且房某某也未供述两笔交易中谈及准购证事宜与之印证,其从中获得巨额报酬的事实也可以认定许某某对其居间介绍的非法的麻黄素交易是明知的。需要说明的是,本案涉案人员黄某某与叶某通过非法交易从二被告人处巨资购买数量巨大的制毒物品麻黄素,该批麻黄素流入非法渠道没有追回、用于制造毒品或走私的可能性是很大的。但由于房某某、许某某均不承认知晓黄某革与叶某购买制毒物品的目的,亦无其他证据能够证实二被告人"明知他人制造毒品",加之黄某某与叶某均未归案,其购买制毒物品的具体目的现已无法查清。特别是房某某,其之前与黄某某、叶某不相识,对该二人背景、职业等不了解,其非法出售麻黄素的动因是正规市场价格太低,其对购买人是否用于制造毒品或其他目的不关心且不知晓是合理、正常的。因此,在无法认定房某某、许某某明知他人购买毒品的确切目的的情况下,应以非法买卖制毒物品罪追究其刑事责任。[参见第606号指导案例,房立安、许世财非法买卖制毒物品案,载《刑事审判参考》总第72集(2010年第1集),第69~71页。撰稿:潘洁]

▽非法买卖制毒物品交易中起居间作用的应当认定为非法买卖制毒物品罪的共犯

毒品犯罪中,常常在购买人和出售者之间有居间人的存在,在毒品买卖双方之间介绍、撮合,促成毒品交易。这种居间介绍行为与一般的共同犯罪表面上有区别,但从实质看并无不同,属于毒品交易的帮助行为,居间人是非法交易的共犯。2009年6月26日,最高人民法院、最高人民检察院、公安部联合颁布的《关于办理制毒物品犯罪案件适用法律若干问题的意见》针对为走私或者非法买卖易制毒化学品犯罪提供便利的行为作了专门规定,即明知他人实施走私或者非法买卖易制毒化学品犯罪,而为其运输、储存、代理进出口或者以其他方式提供便利的,以走私或者非法买卖制毒物品罪的共犯论处。因为居间介绍人所实施的中介犯罪行为在整个犯罪中起着重要作用,积极促成毒品交易的完成,处于"承上启下"的地位,并起着不可替代的重要作用,是毒品犯罪中不可缺少的环节因此居间人在毒品犯罪中一般应认定为主犯。许某某在本案中起主要作用,应为主犯,主要理由是:许某某两次为房某某联系非法出售麻黄素,积极安排房某某与非法买主黄某某、叶某会面。不论是房某某与黄某某、叶某商谈非法交易、房某某送麻黄素样品给叶某,还是黄某某、叶某给付货款给房某某,许某某均在场。甚至连黄某某的预付款都是通过许某某交给房某某的。许某某在整个制毒物品交易中积极参与,并起着不可或缺的作用。若不是许某某的居间行为,则本案的非法麻黄素交易无法进行。另外,从房某某与许某某六四分成赃款也可见许某某在本案的非法制毒物品交易中的地位之突出、作用之大,认定主犯是正确的。[参见第606号指导案例,房立安、许世财非法买卖制毒物品案,载《刑事审判参考》总第72集(2010年第1集),第71~72页。撰稿:潘洁]

▽非法买卖制毒物品罪的量刑标准的把握

《刑法》本条未规定构成非法买卖制毒物品罪的数量标准,但这不意味着一经实施非法买卖制毒物品的行为即构成犯罪。非法买卖制毒物品必须达到一定的数量才能构成犯罪,这与刑法规定的走私、贩卖、运输、制造毒品罪不论数量多少,都应当追究刑事责任是有区别的。这种区别的主要原因在于毒品属于国家禁止流通物,其危害性是现实存在的;而制毒物品属于国家限制流通物,具有易制毒及一般化学原料的双重属性,其危害性是潜在的、不确定的。很多制毒物品既可以作为毒品制造原料,但同时又是一般工农业生产和科研常用的化学原料。比如本案非法买卖的麻黄碱,既是制造"冰"毒的主要原料,同时又是医药上常用的支气管扩张剂(咳嗽药)。非法买卖制毒物品最终可能流入毒品加工、制造渠道,也可能仅仅成为普通的化工原料。另外,一些在日常生产、生活中应用广泛的易制毒化学品,或者属于制造毒品配剂的化学品,若只是少量非法交易,尚未达到严重社会危害程度的,属于情节显著轻微,危害不大,可不认为是犯罪。由于刑法本条未规定非法买卖制毒物品罪定罪、量刑的具体数额,为统一规范有关制毒犯罪惩治标准,2000年《最高人民法院关于审理毒品案件定罪量刑标准有关问题的解释》专门规定了麻黄素、醋酸酐、乙醚、三氯甲烷四种易制毒化学品犯罪的定罪量刑标准。2009年6月26日,最高人民法院、最高人民检察院、公安部联合颁布的《关于办理制毒物品犯罪案件适用法律若干问题的意见》对除麻黄素、醋酸酐、乙醚、三氯甲烷以外、国务院《易制毒化学品管理条例》规定的其他易制毒化学品的定罪量刑标准作出了规定。这些都是制毒物品类案件法律适用的重要依据。根据以上规定,麻黄碱、伪麻黄碱及其盐类和单方制剂五千克以上不满五十千克的,处三年以下有期徒刑、拘役或者管制,并处罚金;超过五十千克的,处三年以上十年以下有期徒刑。本案房某某与许某某非法买卖盐酸伪麻黄碱的数量达到三千千克,远远高于上述解释对刑法本条第一款规定的"数量大"规定的标准,另外考虑到3吨制毒物品均已流入非法渠道无法追回,极有可能被用于毒品制造,潜在的社会危害性极大,且二被告人在共同犯罪中均起主要作用,法院据此以非法买卖制毒物品罪均判处房某某、许某某有期徒刑九年,量刑适当。[参见第606号指导案例,房立安、许世财非法买卖制毒物品案,载《刑事审判参考》总第72集(2010年第1集),第72~73页。撰稿:潘洁]

▽以非法贩卖为目的,利用麻黄碱类复方制剂加工、提炼制毒物品的,应当认定为非法买卖制毒物品罪

麻黄碱类物质是制造甲基苯丙胺等苯丙胺类合成毒品的主要原料,属于《易制毒化学品管理条例》品种目录列管的第一类易制毒化学品,即刑法中规定的制毒物品。麻黄碱类复方制剂是含有麻黄碱类物质和其他药物成分的药品复方制剂,常见的如新康泰克胶囊、麻黄碱苯海拉明片等。通过加工、提炼甚至手工分离的方法,就可以从麻黄碱类复方制剂中提取麻黄碱类物质。近年来,制造甲基苯丙胺等合成毒品犯罪在我国迅速蔓延,由于麻黄碱类物质及其单方制剂在我国被作为易制毒化学品进行严格管控,犯罪分子难以获得,于是转而寻求相对易于获取的麻黄碱类复方制剂作为制毒原料。利用麻黄碱类复方制剂加工、提炼制毒物品,实际上是一种非法制造制毒物品的行为。实践中,此类行为已成为关联上游走私、非法买卖麻黄碱类复方制剂和下游制造毒品、走私、非法买卖制毒物品犯罪的关键环节,必须依法惩治。然而,《刑法》本条规定了走私制毒物品罪和非法买卖制毒物品罪,没有将非法制造制毒物品的行为规定为犯罪。因此，对于行为人尚未实施或者没有证据证明其实施走私、非法买卖制毒物品或者制造毒品犯罪的情形中利用麻黄碱类复方制剂加工、提炼制毒物品的行为定性，一度是困扰办案人员的一个难题。麻黄碱类物质的性质特殊，仅限于以下三种特定用途：一是制药；二是制造苯丙胺类毒品；三是作为化工生产中的一种拆分剂（此类用途少之又少）。利用麻黄碱类复方制剂提炼出麻黄碱类物质后，再用于制药或者工业生产不但有悖常理，而且成本过高，目前，实践中还不存在这样的个案。根据实践情况分析，利用麻黄碱类复方制剂加工、提炼麻黄碱类物质，其目的通常有三个：一是制造毒品；二是非法买卖制毒物品；三是走私制毒物品。行为人或是为本人制造毒品、走私、非法买卖制毒物品创造条件，或者是为他人制造毒品、走私、非法买卖制毒物品提供帮助。由于刑法未将非法制造制毒物品的行为规定为犯罪，对于利用麻黄碱类复方制剂加工、提炼制毒物品的行为，应当立足现有法律规定，根据行为人实施加工、提炼行为的具体目的，从该行为与制造毒品或者制毒物品犯罪的关系来认定。根据2012年6月18日最高人民法院、最高人民检察院、公安部联合发布的《关于办理走私、非法买卖麻黄碱类复方制剂等刑事案件适用法律若干问题的意见》（本附文以下简称《意见》）的规定，以制造毒品或者走私、非法买卖制毒物品为目的，利用麻黄碱类复方制剂加工、提炼制毒物品的，分别按照制造毒品罪、走私制毒物品罪或者非法买卖制毒物品罪定罪处罚；明知他人制造毒品或者走私、非法买卖制毒物品，为其利用麻黄碱类复方制剂加工、提炼制毒物品的，分别以制造毒品罪、走私制毒物品罪或者非法买卖制毒物品罪的共犯论处。本案中，复方茶碱麻黄碱片属于麻黄碱类复方制剂，是一种止咳平喘的常用药品，其中所含盐酸麻黄碱是国家列管的麻黄碱类制毒物品。被告人杨某某以非法贩卖麻黄碱类制毒物品为目的，购买复方茶碱麻黄碱片后，租用厂房、雇用人员为其加工、提炼麻黄碱，并贩卖牟利。其行为包括非法制造制毒物品和非法贩卖制毒物品两部分。由于刑法未规定非法制造制毒物品罪，对非法制造制毒物品的行为，要结合行为人的目的来定性。综合在案证据分析，杨某某制造制毒物品的目的是用于贩卖，故对其制造制毒物品的行为应当认定为非法买卖制毒物品罪。被告人曾某某、刘林某、刘某辉虽未直接实施非法买卖制毒物品犯罪，但三被告人明知杨某某非法贩卖麻黄碱类制毒物品牟利，而为其利用麻黄碱类复方制剂加工、提炼制毒物品或者为其提供其他帮助，应当以非法买卖制毒物品罪的共犯论处。[参见第802号指导案例，王小情、杨平先等非法买卖制毒物品案，载《刑事审判参考》总第87集（2012年第4集），第89～91页。撰稿：李静然　奉钦]

▽向他人贩卖制毒物品，没有证据证实行为人明知他人用于制造毒品的，不应认定为制造毒品罪的共犯

杨某某制造出麻黄碱后贩卖给王某某，王某某又倒卖给他人。对于杨某某、王某某等人的行为，公诉机关指控构成制造毒品罪的主要理由是，麻黄碱系制毒物品已为公众知悉，杨某某、王某某等人非法贩卖麻黄碱，销售价格高于市场合法交易价格数十倍，购买者不可能再用于制药，各被告人对其生产、贩卖的麻黄碱必将被他人用于制造毒品应当明知，属于明知他人制造毒品而为其提供制毒物品，依法应当按照制造毒品罪的共犯论处。但在犯罪形态上，由于未实际查获毒品，可认定为犯罪预备。对此类非法买卖制毒物品的行为应当以非法买卖制毒物品罪定罪处罚。主要理由有以下两点：第一，王某某等人的行为不符合按照制造毒品罪共犯论处的条件。根据共同犯罪理论，构成共同犯罪必须具备共同的犯罪故意和共同的犯罪行为。共同的犯罪故意要求各共同犯罪人之间有"意思联络"，即共同犯罪人在犯意上相互沟通。共同的犯罪行为包括实行行为、组织行为、教唆行为、帮助行为。《刑法》本条第二款规定："明知他人制造毒品而为其提供前款规定的物品的，以制造毒品罪的共犯论处。"可见，适用该款规定，应当同时具备主客观两个要件。主观要件方面，行为人应当明知他人实施制造毒品犯罪。这里的"明知"是指"确切地知道"，"他人"是指"相对确定的某人"，即要求行为人具有与相对确定的他人制造毒品的共同犯罪故意，即有与相对确定的他人共同实施制造毒品犯罪的意思联络。客观要件方面，行为人应当有为制毒人员实施制造毒品犯罪提供制毒原料的帮助行为。例如，向制毒人员贩卖制毒物品;向制毒人员提供制毒物品交换毒品或者抵账;以提供制毒物品作为出资形式参与制造毒品共同犯罪等。本案中,没有证据证实王某某、杨某某等人具有与相对确定的他人制造毒品的共同犯罪故意,也没有证据证实王某某、杨某某等人实施了向制毒人员贩卖制毒物品的行为。据查,直接或者间接从王某某等人处购买制毒物品的人员均系非法买卖制毒物品的犯罪分子,并非制毒人员。如果将处在中间环节倒卖制毒物品的人员都认定为制造毒品罪,既不符合刑法的规定,也会导致打击面过大。因此,本案各被告人的行为不应认定构成制造毒品罪的共犯。当然,如果王某某等人的直接"下家"在购买这些制毒物品后用于制造毒品,且王某某等人对此明知,则可以认定王等人为制造毒品罪的共犯。第二,各被告人的行为符合非法买卖制毒物品罪的构成条件。根据《刑法》本条第一款的规定,违反国家规定,在境内非法买卖醋酸酐、乙醚、三氯甲烷或者其他用于制造毒品的原料或者配剂的,构成非法买卖制毒物品罪。其中的"国家规定"主要是指国务院2005年发布的《易制毒化学品管理条例》(国务院令第445号)。该条例所附《易制毒化学品的分类和品种目录》将麻黄碱、伪麻黄碱、消旋麻黄碱、去甲麻黄碱、甲基麻黄碱及其盐类和麻黄浸膏、麻黄浸膏粉(包括原料药及其单方制剂)等7类麻黄碱类物质列为第一类易制毒化学品进行严格管控。麻黄碱类物质属于相关国家规定明确列管的制毒物品,国家对上述物质生产、经营、购买、运输和进出口实行分类管理和许可制度。如前所述,杨某某雇佣曾某某、刘林某、刘某辉等人生产麻黄碱,并贩卖给王某某,王某某又多次组织王殷某、张某、王某林、王某龙等人进行倒卖,数量均远远超过《最高人民法院关于审理毒品案件定罪量刑标准有关问题的解释》和《意见》规定的非法买卖制毒物品"数量大"的标准,依法应当以非法买卖制毒物品罪定罪处罚。[参见第802号指导案例,王小情、杨平先等非法买卖制毒物品案,载《刑事审判参考》总第87集(2012年第4集),第91～93页。撰稿:李静然　奉钦]

▽将麻黄碱类复方制剂拆解成粉末进行买卖的,应当认定为非法买卖制毒物品罪

麻黄碱类复方制剂是含有麻黄碱类物质和其他药物成分的药品复方制剂,是用于治疗感冒和咳嗽的常用药品,除新康泰克外,常见的还有白加黑感冒片、麻黄碱苯海拉明片、消咳宁等。麻黄碱类复方制剂具有双重属性:一方面,为日常生活中的常用药品,且大多为非处方药,故不属于国家列管的制毒物品范围。对于非法买卖麻黄碱类复方制剂的,不能直接将其作为非法买卖易制毒化学品的行为来处理。另一方面,通过物理提炼甚至手工分离的方法,可以从麻黄碱类复方制剂中提炼出麻黄碱类物质,而麻黄碱类物质是当前境内制造甲基苯丙胺等苯丙胺类合成毒品的主要原料。将麻黄碱类物质从复方制剂中剥离出来,改变了麻黄碱类复方制剂的药品属性,可以作为制毒物品处理。本案中麻黄碱类复方制剂是新康泰克,通用名称为复方盐酸伪麻黄碱缓释胶囊,其主要成分为盐酸伪麻黄碱,可用于制造冰毒。被告人解某某、梁某、解某明知新康泰克胶囊中所含盐酸伪麻黄碱系国家列管的易制毒化学品,为获取非法利益,雇人将所购新康泰克药品拆封,并将胶囊内的粉末装入塑料袋后向外非法出售,其行为改变了新康泰克胶囊的药品属性,即解某某、梁某、解某所贩卖的不再是药品,而是制剂内的麻黄碱类物质。从所获高额利润分析,解某某、梁某、解某已明知其未将新康泰克作为日常用药来出售,而是作为制毒物品出售。根据《最高人民法院、最高人民检察院、公安部关于办理走私、非法买卖麻黄碱类复方制剂等刑事案件适用法律若干问题的意见》第一条第三款的规定,将麻黄碱类复方制剂拆除包装、改变形态后进行走私或者非法买卖,或者明知是已拆除包装、改变形态的麻黄碱类复方制剂而进行走私或者非法买卖的,依照刑法本第一款、第三款的规定,分别以走私制毒物品罪、非法买卖制毒物品罪定罪处罚。[参见第803号指导案例,解群英等非法买卖制毒物品、张海明等非法经营案,载《刑事审判参考》总第87集(2012年第4集),第97～98页。撰稿:胡爱军　杜金星]

▽非法买卖麻黄碱类复方制剂,没有证据证明系用于非法买卖制毒物品的,不应认定为非法买卖制毒物品罪

被告人田某某、王某谦通过熟人介绍,从国内一些大型医药公司大批购入新康泰克卖给被告人张某某,张某某再倒手卖给梁某等人。此三人行为均属于在没有药品经营许可证的情况下经营药品,且经营数额在5万元以上,故其行为均构成非法经营罪。主要理由如下:第一,麻黄碱类复方制剂本身不属于列管的易制毒物品,对买卖麻黄碱类复方制剂的,不能直接依据刑法本条定罪处罚。田某某、王某谦系医药公司的业务员,二人违规购买新康泰克后,将部分卖给张某某,张某某又转而卖给解某某等三人,田某某、王某某、张某某三人未改变新康泰克的药品属性,贩卖目的在于通过差价获取利润,故不能将其行为认定为非法买卖制毒物品罪,否则就等于将新康泰克等同于制毒物品,不符合法律规定。同时,没有具体证据证明张某某明知解某某等人将所购新康泰克胶囊拆解后作为制毒物品出售。尽管客观上张某某的行为为解某某等人贩卖制毒物品提供了帮助,但因缺乏共同犯罪的故意,故不能对张某某、田某某、王某谦以非法买卖制毒物品罪的共犯论处。第二,田某某、王某谦、张某某的行为符合非法经营罪的犯罪构成。根据刑法第二百二十五条第一项,违反国家规定,未经许可经营法律、行政法规规定的专营、专卖物品或者其他限制买卖的物品,扰乱市场秩序,情节严重的,构成非法经营罪。国家对新康泰克实行经营管制,消费者每人每次最多购买5个最小包装。除个人合法购买外,禁止使用现金进行含麻黄碱类复方制剂交易。同时,相关法律法规规定,药品生产、经营企业不得在药品监督管理部门核准的地址以外的场所储存或者现货销售药品;药品生产、经营企业或者委派的药品销售人员,在没有签订药品销售合同的情况下,带药品现货以流动的方式在其他地区向药品经营、使用单位或者病患者、消费者销售药品的,视为异地经营,按无证经营处理。张某某、田某某的行为属于无证经营;王某谦虽有证据表明其有经营许可证及委托函,但其携带药品现货在药品监督管理部门核准地址以外的场所向个人出售,视为异地经营,按无证经营处理。其中,张某某非法经营数额为137万余元,田某某非法经营数额为105万余元,王某谦的异地非法经营数额为63万余元,均属于扰乱市场秩序情节严重,应当以非法经营罪论处。这样处理也符合《最高人民法院、最高人民检察院、公安部关于办理走私、非法买卖麻黄碱类复方制剂等刑事案件适用法律若干问题的意见》第一条第四款规定,非法买卖麻黄碱类复方制剂,没有证据证明系用于非法买卖制毒物品,构成非法经营罪等其他犯罪的,依法定罪处罚。[参见第803号指导案例,解群英等非法买卖制毒物品、张海明等非法经营案,载《刑事审判参考》总第87集(2012年第4集),第98~100页。撰稿:胡爱军　杜金星]

▽对于非法买卖麻黄碱类复方制剂构成非法买卖制毒物品罪的,制毒物品数量的认定

麻黄碱类复方制剂是由麻黄碱类物质和其他成分混合而成的药品制剂,其中的麻黄碱类物质才是制毒物品,直接按照涉案麻黄碱类复方制剂数量定罪量刑缺乏科学性,也会导致处罚过于严厉,有违罪刑相适应原则。因此,在对相关行为以走私或者非法买卖制毒物品罪定罪处罚时,应当将涉案麻黄碱类复方制剂所含麻黄碱类物质的数量认定为制毒物品的数量。《最高人民法院、最高人民检察院、公安部关于办理走私、非法买卖麻黄碱类复方制剂等刑事案件适用法律若干问题的意见》(本附文以下简称《意见》)第六条第二款规定:“实施本意见规定的行为,以走私制毒物品罪、非法买卖制毒物品罪定罪处罚的,应当以涉案麻黄碱类复方制剂中麻黄碱类物质的含量作为涉案制毒物品的数量。”实践中,关于数量计算方法,对于正规厂家出产的成品药剂,可以按照其药品批准证明文件中列明的成分、含量进行计算;对于已拆除包装、改变形态的麻黄碱类复方制剂,则需要进行含量鉴定。本案中,每粒感冒药新康泰克含有90毫克盐酸伪麻黄碱。被告人解某非法买卖的75箱新康泰克,其中所含盐酸伪麻黄碱的数量为:75箱×200盒×10粒×0.09克=13.5千克。据此计算方法,被告人解某非法买卖的新康泰克中所含盐酸伪麻黄碱的数量至少为111.6千克,被告人梁某非法买卖的数量至少为125.1千克。依照《最高人民法院关于审理毒品案件定罪量刑标准有关问题的解释》和《意见》的相关规定,非法买卖麻黄碱、伪麻黄碱及其盐类和单方制剂5千克以上不满50千克的,构成非法买卖制毒物品罪,处三年以下有期徒刑、拘役或者管制,并处罚金;达到50千克以上的,为数量大,处三年以上十年以下有期徒刑,并处罚金。[参见第803号指导案例,解群英等非法买卖制毒物品、张海明等非法经营案,载《刑事

审判参考》总第87集(2012年第4集),第100～101页。撰稿:胡爱军　杜金星]

第三百五十一条　【非法种植毒品原植物罪】非法种植罂粟、大麻等毒品原植物的,一律强制铲除。有下列情形之一的,处五年以下有期徒刑、拘役或者管制,并处罚金:

(一)种植罂粟五百株以上不满三千株或者其他毒品原植物数量较大的;

(二)经公安机关处理后又种植的;

(三)抗拒铲除的。

非法种植罂粟三千株以上或者其他毒品原植物数量大的,处五年以上有期徒刑,并处罚金或者没收财产。

非法种植罂粟或者其他毒品原植物,在收获前自动铲除的,可以免除处罚。

■最高人民检察院、公安部关于公安机关管辖的刑事案件立案追诉标准的规定(三)(2012年5月16日)

第七条　[非法种植毒品原植物案(刑法第三百五十一条)]非法种植罂粟、大麻等毒品原植物,涉嫌下列情形之一的,应予立案追诉:

(一)非法种植罂粟五百株以上的;

(二)非法种植大麻五千株以上的;

(三)非法种植其他毒品原植物数量较大的;

(四)非法种植罂粟二百平方米以上、大麻二千平方米以上或者其他毒品原植物面积较大,尚未出苗的;

(五)经公安机关处理后又种植的;

(六)抗拒铲除的。

本条所规定的"种植",是指播种、育苗、移栽、插苗、施肥、灌溉、割取津液或者收取种子等行为。非法种植毒品原植物的株数一般应以实际查获的数量为准。因种植面积较大,难以逐株清点数目的,可以抽样测算每平方米平均株数后按实际种植面积测算出种植总株数。

非法种植罂粟或者其他毒品原植物,在收获前自动铲除的,可以不予立案追诉。

(第十三条、第十四条、第十五条、第十六条、第十七条的内容见刑法第三百四十七条附文中该规定相关各条的内容)

■最高人民法院关于审理毒品犯罪案件适用法律若干问题的解释(2016年4月11日)

第九条　非法种植毒品原植物,具有下列情形之一的,应当认定为刑法第三百五十一条第一款第一项规定的"数量较大":

(一)非法种植大麻五千株以上不满三万株的;

(二)非法种植罂粟二百平方米以上不满一千二百平方米、大麻二千平方米以上不满一万二千平方米,尚未出苗的;

(三)非法种植其他毒品原植物数量较大的。

非法种植毒品原植物,达到前款规定的最高数量标准的,应当认定为刑法第三百五十一条第二款规定的"数量大"。

第三百五十二条　【非法买卖、运输、携带、持有毒品原植物种子、幼苗罪】非法买卖、运输、携带、持有未经灭活的罂粟等毒品原植物种子或者幼苗,数量较大的,处三年以下有期徒刑、拘役或者管制,并处或者单处罚金。

■最高人民检察院、公安部关于公安机关管辖的刑事案件立案追诉标准的规定(三)(2012年5月16日)

第八条　[非法买卖、运输、携带、持有毒品原植物种子、幼苗案(刑法第三百五十二条)]非法买

卖、运输、携带、持有未经灭活的罂粟等毒品原植物种子或者幼苗,涉嫌下列情形之一的,应予立案追诉:

(一)罂粟种子五十克以上、罂粟幼苗五千株以上;

(二)大麻种子五十千克以上、大麻幼苗五万株以上;

(三)其他毒品原植物种子、幼苗数量较大的。

(第十三条、第十四条、第十五条、第十六条、第十七条的内容见刑法第三百四十七条附文中该规定相关各条的内容)

■最高人民法院关于审理毒品犯罪案件适用法律若干问题的解释(2016年4月11日)

第十条　非法买卖、运输、携带、持有未经灭活的毒品原植物种子或者幼苗,具有下列情形之一的,应当认定为刑法第三百五十二条规定的"数量较大":

(一)罂粟种子五十克以上、罂粟幼苗五千株以上的;

(二)大麻种子五十千克以上、大麻幼苗五万株以上的;

(三)其他毒品原植物种子或者幼苗数量较大的。

第十五条　本解释自2016年4月11日起施行。《最高人民法院关于审理毒品案件定罪量刑标准有关问题的解释》(法释〔2000〕13号)同时废止;之前发布的司法解释和规范性文件与本解释不一致的,以本解释为准。

第三百五十三条　【引诱、教唆、欺骗他人吸毒罪】引诱、教唆、欺骗他人吸食、注射毒品的,处三年以下有期徒刑、拘役或者管制,并处罚金;情节严重的,处三年以上七年以下有期徒刑,并处罚金。

【强迫他人吸毒罪】强迫他人吸食、注射毒品的,处三年以上十年以下有期徒刑,并处罚金。

引诱、教唆、欺骗或者强迫未成年人吸食、注射毒品的,从重处罚。

■最高人民检察院、公安部关于公安机关管辖的刑事案件立案追诉标准的规定(三)(2012年5月16日)

第九条　[引诱、教唆、欺骗他人吸毒案(刑法第三百五十三条)]引诱、教唆、欺骗他人吸食、注射毒品的,应予立案追诉。

第十条　[强迫他人吸毒案(刑法第三百五十三条)]违背他人意志,以暴力、胁迫或者其他强制手段,迫使他人吸食、注射毒品的,应予立案追诉。

(第十三条、第十四条、第十五条、第十六条、第十七条的内容见刑法第三百四十七条附文中该规定相关各条的内容)

■最高人民法院关于审理毒品犯罪案件适用法律若干问题的解释(2016年4月11日)

第十一条　引诱、教唆、欺骗他人吸食、注射毒品,具有下列情形之一的,应当认定为刑法第三百五十三条第一款规定的"情节严重":

(一)引诱、教唆、欺骗多人或者多次引诱、教唆、欺骗他人吸食、注射毒品的;

(二)对他人身体健康造成严重危害的;

(三)导致他人实施故意杀人、故意伤害、交通肇事等犯罪行为的;

(四)国家工作人员引诱、教唆、欺骗他人吸食、注射毒品的;

(五)其他情节严重的情形。

第十五条　本解释自2016年4月11日起施行。《最高人民法院关于审理毒品案件定罪量刑标准有关问题的解释》(法释〔2000〕13号)同时废止;之前发布的司法解释和规范性文件与本解释不一致的,以本解释为准。

▼安徽省高级人民法院、安徽省人民检察院、安徽省公安厅关于办理毒品犯罪案件具体适用法律若干问题的指导意见(2015年3月11日)

一、办理毒品犯罪案件的一般规定

1.办理毒品犯罪案件,侦查人员、检察人员、审判人员应当严格执行刑法和刑事诉讼法,切实做到事实清楚,证据确实、充分,程序合法,适用法律正确,确保毒品犯罪案件质量。

2.办理毒品犯罪案件,应当认真贯彻宽严相济刑事政策,坚持区别对待。对社会危害严重、主观恶性深、人身危险性大的毒品犯罪分子,依法严厉打击、从严惩处。同时,对于具有自首、立功、从犯等法定、酌定从宽处罚情节的毒品犯罪分子,依法从宽处罚、体现政策,分化瓦解犯罪分子。

3.办理毒品犯罪案件,应当充分发挥刑罚手段惩治毒品犯罪活动的职能作用。既要严惩走私、制造、非法买卖制毒物品等源头性毒品犯罪和大宗贩卖毒品犯罪,也要对零包贩卖毒品犯罪尤其是多次贩卖毒品的犯罪分子从严惩治。同时,加大对引诱、教唆、欺骗、强迫、容留他人吸毒等末端毒品犯罪的处罚力度,对末端毒品犯罪分子在决定适用缓刑、管制和免予刑事处罚时,应从严掌握。

4.办理毒品犯罪案件,对犯罪分子适用刑罚尤其是在决定判处死刑时,应当按照数量加情节的原则,结合本地毒品犯罪的实际情况和依法惩治、预防毒品犯罪的需要,参照最高人民法院复核死刑案件作出的裁判及公布的典型案例,恰当把握毒品犯罪适用刑罚尤其是死刑的标准。在量刑时,既不能只片面考虑毒品数量,不考虑犯罪的其他情节,也不能只片面考虑其他情节,而忽视毒品数量。

六、引诱、教唆、欺骗他人吸毒犯罪、强迫他人吸毒罪和容留他人吸毒犯罪的认定与处罚问题

27.引诱、教唆他人吸毒,是指通过向他人宣扬吸食、注射毒品后的感受等方法,诱使、唆使他人吸食、注射毒品的行为。欺骗他人吸毒,是指用隐瞒事实真相或者制造假象等方法使他人吸食、注射毒品的行为。本罪是选择性罪名,实施了引诱、教唆、欺骗他人吸食、注射毒品行为之一的,即以实际行为确定罪名。实施了其中两种以上行为的,将所实施行为罪名并列,不实行并罚。

强迫他人吸毒罪,是指违背他人意志,使用暴力、胁迫或者其他方法,迫使他人吸食、注射毒品的行为。

28.对引诱、教唆、欺骗他人吸食、注射毒品和强迫他人吸食、注射毒品的,在适用法律时,应当注意把握以下问题:

(1)引诱、教唆、欺骗和强迫他人吸毒,导致他人吸食、注射毒品的,不论吸毒人员是否产生毒瘾,均构成本罪的既遂;

(2)引诱、教唆、欺骗多人吸食、注射毒品以及致使他人吸毒成瘾,或者造成其他严重后果的,可视为被告人具有引诱、教唆、欺骗他人吸毒罪"情节严重"的情形;

(3)引诱、教唆、欺骗不能辨认和控制自己行为的精神病患者等吸食、注射毒品的,应认定为强迫他人吸毒罪;

(4)引诱、教唆、欺骗或者强迫未成年人吸食、注射毒品的,从重处罚。

29.容留他人吸毒罪是指为他人吸食、注射毒品提供场所或者允许他人在自己管理的场所内吸食、注射毒品的行为。容留既可以是主动实施,也可以是被动实施;既可以是有偿的,也可以是无偿的。

30.容留他人吸食、注射毒品,具有下列情节之一的,应当以容留他人吸毒罪定罪处罚:

(1)容留他人吸食、注射毒品两次以上的;

(2)一次容留三人以上吸食、注射毒品的;

(3)因容留他人吸食、注射毒品被行政处罚,又容留他人吸食、注射毒品的;

(4)容留未成年人吸食、注射毒品的;

(5)以牟利为目的容留他人吸食、注射毒品的;

(6)容留他人吸食、注射毒品造成严重后果或者其他情节严重的。

八、毒品犯罪案件财产刑的适用和执行问题

37. 对于毒品犯罪被告人可能被判处财产刑的案件应当对被告人财产进行预调查。公安机关在侦查阶段应当对毒品犯罪嫌疑人的银行存款、对外投资股权工商登记、房地产交易登记、股票债券交易登记、车辆登记等财产信息进行专项调查，对毒品犯罪分子来源不明的巨额财产，依法及时采取查封、扣押、冻结等措施，防止犯罪分子及其亲属转移、隐匿、变卖财产或者洗钱，逃避刑罚执行；财产调查和查扣情况单独形成“犯罪嫌疑人财产情况调查卷”，随案移送检察机关公诉部门审查，被告人财产情况在开庭审理时当庭出示、质证，法庭作为判处财产刑的依据。

38. 对走私、贩卖、运输、制造毒品的被告人被判处死刑的，应当并处没收全部财产；被告人被判处无期徒刑以下刑罚的，应当根据罪刑相适应原则，结合其犯罪情节及案件具体情况决定没收全部或者部分财产。

对被告人判处罚金刑时，以被告人实际或者可能非法获利情况等情节为主，适当兼顾被告人的经济状况，综合被告人的全部犯罪情节确定适当的罚金数额，既充分发挥罚金刑对被告人的惩戒作用，又确保罚金刑能及时有效的执行。

39. 被告人积极预交罚金的，可视为其有认罪悔罪表现，在决定刑罚时可以作为酌定从宽处罚情节，但是不能以各种理由与被告人或者其亲属就财产刑的数额设定条件。

40. 毒品犯罪案件的刑事判决、裁定生效后，第一审人民法院刑事审判庭应当在十日内将财产刑交付本院负责裁判执行的机构立案执行。

41. 在审理减刑假释案件时，应当把罪犯财产刑执行情况作为与自由刑执行情况并列的审理范围，把罪犯履行财产刑情况纳入减刑假释考核范围，把罪犯履行财产刑情况作为认定罪犯是否认罪悔罪的重要依据。对于有能力履行财产刑而隐匿、转移财产，拒不履行的罪犯，应视为其没有悔改表现，减刑或者假释从严掌握。对于经济能力不足以全部履行财产刑的罪犯，也应督促其尽可能履行财产刑。充分发挥法院依法审理减刑假释案件的职能作用，把财产刑履行与自由刑改造有机联系起来，促使罪犯自动履行财产刑。

42. 本意见自印发之日起施行。

▼安徽省高级人民法院、安徽省人民检察院、安徽省公安厅关于办理氯胺酮毒品犯罪案件适用法律有关问题的意见(2005年9月14日)

五、引诱、教唆、欺骗、强迫、容留他人吸食氯胺酮的，分别依照刑法第三百五十三条、第三百五十四条的规定追究刑事责任。

六、依法从事生产、运输、管理、使用氯胺醋的单位和个人，违反国家规定向他人提供氯胺酮的，依照刑法第三百五十五条的规定追究刑事责任。

本意见自下发之日起执行。本意见下发后尚未审结的一审案件，依照本意见执行。今后法律、司法解释有新规定的，按新规定执行。

第三百五十四条　【容留他人吸毒罪】容留他人吸食、注射毒品的，处三年以下有期徒刑、拘役或者管制，并处罚金。

■最高人民检察院、公安部关于公安机关管辖的刑事案件立案追诉标准的规定(三)(2012年5月16日)

第十一条　［容留他人吸毒案(刑法第三百五十四条)］提供场所，容留他人吸食、注射毒品，涉嫌下列情形之一的，应予立案追诉：

(一)容留他人吸食、注射毒品两次以上的；

(二)一次容留三人以上吸食、注射毒品的；

(三)因容留他人吸食、注射毒品被行政处罚,又容留他人吸食、注射毒品的;

(四)容留未成年人吸食、注射毒品的;

(五)以牟利为目的容留他人吸食、注射毒品的;

(六)容留他人吸食、注射毒品造成严重后果或者其他情节严重的。

(第十三条、第十四条、第十五条、第十六条、第十七条的内容见刑法第三百四十七条附文中该规定相关各条的内容)

■最高人民法院关于审理毒品犯罪案件适用法律若干问题的解释(2016年4月11日)

第十二条 容留他人吸食、注射毒品,具有下列情形之一的,应当依照刑法第三百五十四条的规定,以容留他人吸毒罪定罪处罚:

(一)一次容留多人吸食、注射毒品的;

(二)二年内多次容留他人吸食、注射毒品的;

(三)二年内曾因容留他人吸食、注射毒品受过行政处罚的;

(四)容留未成年人吸食、注射毒品的;

(五)以牟利为目的容留他人吸食、注射毒品的;

(六)容留他人吸食、注射毒品造成严重后果的;

(七)其他应当追究刑事责任的情形。

向他人贩卖毒品后又容留其吸食、注射毒品,或者容留他人吸食、注射毒品并向其贩卖毒品,符合前款规定的容留他人吸毒罪的定罪条件的,以贩卖毒品罪和容留他人吸毒罪数罪并罚。

容留近亲属吸食、注射毒品,情节显著轻微危害不大的,不作为犯罪处理;需要追究刑事责任的,可以酌情从宽处罚。

第十五条 本解释自2016年4月11日起施行。《最高人民法院关于审理毒品案件定罪量刑标准有关问题的解释》(法释〔2000〕13号)同时废止;之前发布的司法解释和规范性文件与本解释不一致的,以本解释为准。

■最高人民法院、最高人民检察院关于常见犯罪的量刑指导意见(试行)(2021年7月1日)(见本书附录十三)

▼安徽省高级人民法院、安徽省人民检察院关于二十三种常见犯罪量刑规范的实施细则(试行)(2022年1月16日)(见本书附录十四)

▼安徽省高级人民法院、安徽省人民检察院、安徽省公安厅关于办理氯胺酮毒品犯罪案件适用法律有关问题的意见(2005年9月14日)

五、引诱、教唆、欺骗、强迫、容留他人吸食氯胺酮的,分别依照刑法第三百五十三条、第三百五十四条的规定追究刑事责任。

六、依法从事生产、运输、管理、使用氯胺醋的单位和个人,违反国家规定向他人提供氯胺酮的,依照刑法第三百五十五条的规定追究刑事责任。

本意见自下发之日起执行。本意见下发后尚未审结的一审案件,依照本意见执行。今后法律、司法解释有新规定的,按新规定执行。

▼上海市高级人民法院量刑指南——毒品犯罪之一(试行)(2005年3月8日)

第二十四条 容留他人吸食、注射毒品三次以上或三人次以上的,以容留他人吸毒罪追究刑事责任,一般判处一年六个月以下有期徒刑、拘役或者管制。

具有下列情形之一的,一般判处一年六个月以上三年以下有期徒刑:

(一)具有法定从重情节或两个以上酌定从重情节的;

(二)国家工作人员容留他人吸食、注射毒品的;

（三）容留他人吸食、注射毒品，造成严重危害后果的；

（四）容留未成年人吸食、注射毒品的；

（五）其他容留他人吸食、注射毒品，情节严重的。

容留他人吸食、注射毒品未达到三次以上或三人次以上，具有上列情形的，亦可以按照本条规定定罪处罚。

第二十五条　犯走私、贩卖、运输、制造、非法持有毒品罪、容留他人吸毒罪，应当并处没收财产或者罚金：

（一）判处死刑（包括死刑，缓期二年执行）的，一般并处没收个人全部财产；

（二）判处无期徒刑的，一般并处没收财产或者罚金五万元以上；

（三）判处十五年有期徒刑的，一般并处没收财产或者罚金三万元以上；

（四）判处有期徒刑一年的，一般并处罚金二千元，每增判一年有期徒刑的，一般并处罚金增加二千元；

（五）判处有期徒刑不满一年、拘役或者管制的，一般并处罚金一千元以上。

第二十六条　具有下列情形之一的，可以酌情从轻处罚：

（一）具有本指南第三条、第二十三条第（一）项规定情形之一的；

（二）以贩养吸的，但走私、贩卖、运输毒品超过刑法第三百四十七条第二款第（一）项规定数量标准的除外；

（三）已经出售和尚未出售的毒品，应一并计入贩卖毒品的总数量，适用本指南相应的量刑段（格），如已经出售的毒品低于本指南相应的量刑段（格）的最低数量标准，可以酌情从轻处罚，但连同查获的毒品数量超过第二条规定三倍的除外；

（四）认罪悔罪的；

（五）其他可以酌情从轻处罚的。

第二十七条　具有酌定从轻情节的，根据法律规定，可以参照本指南的量刑段（格）选择较轻的刑种或者刑格中较轻的刑罚。

第二十八条　具有下列情形之一，但又不属法定从重情节的，可以酌情从重处罚：

（一）走私、贩卖、运输、制造毒品三次以上或者向三人以上贩卖毒品的；

（二）因从事毒品违法活动被行政处罚两次以上的；

（三）因故意犯罪被判处有期徒刑以上刑罚的；

（四）缓刑、假释考验期内又实施毒品犯罪的；

（五）国家工作人员犯走私、贩卖、运输、制造毒品罪，适用刑法第三百四十七条第二、三款的；

（六）对同宗毒品实施两种以上犯罪行为的；

（七）其他可以酌情从重处罚的。

第二十九条　具有酌定从重情节的，根据法律规定，可以参照本指南的量刑段（格）选择较重的刑种或者刑格中较重的刑罚。

第三十条　具有法定从轻情节的，根据法律规定，按照本指南的量刑段选择较轻的刑种或较轻的刑格或者刑格中较轻的刑罚。

第三十一条　具有法定减轻情节的，依照法律规定，在法定刑以下，按照本指南的量刑段选择相应的刑种、刑格适用刑罚。

第三十二条　具有累犯、毒品再犯或利用、教唆未成年人走私、贩卖、运输、制造毒品或者向未成年人出售毒品等法定从重情节的，根据法律规定，按照本指南的量刑段选择较重的刑种或较重的刑格或者刑格中较重的刑罚。

第三十三条 具有多种量刑情节的,按照上海法院量刑指南(总则部分)的有关规定处理。

第三十四条 本指南中的量刑段是指法定刑;刑格是指在一个法定刑内,将刑期分为几个量刑档次,每一档次为一个刑格。

第三十五条 本指南所称以上、以下包括本数。

第三十六条 审理上列毒品犯罪案件,一般可以适用本指南对被告人适用刑罚,但根据案件具体情况,确需对被告人从严或从宽处罚的,可以不适用本指南,依照法律规定,对被告人适用刑罚。

▽旅馆经营者发现容人在房间内吸毒不予制止,构成容留他人吸毒罪

(一)容留他人吸毒罪的主观方面包括间接故意。根据《刑法》第三百五十四条的规定,容留他人吸毒罪是指容留他人吸食注射毒品的行为。对于此处的容留,应当理解为允许他人在自己管理的场所吸食、注射毒品或者为他人吸食、注射毒品提供场所的行为。容留他人吸毒罪属于行为犯,主观方面只能由故意构成,包括间接故意,即放任型的容留他人吸毒行为是否构成本罪。直接故意与间接故意虽然存在区别,但二者并非对立关系,而是具有统一性。在刑法分则中,凡是由故意构成的犯罪刑法分则条文均未排除间接故意。在适用法律时,一般不宜将间接故意排除在某一故意犯罪的构成要件之外。具体到本罪,立法原意皆在打击为他人吸食、注射毒品提供场所的行为,实质是处罚吸毒违法行为的"帮助犯",以最大限度地遏制吸毒行为的发生。因此,容留他人吸毒罪的主观方面包括间接故意,这样的理解既不违反立法原意和刑法理论,也符合我国厉行禁毒的一贯立场和坚决主张。换言之,容留他人吸毒行为,既可以主动实施,也可以被动实施。需要说明的是,虽然容留他人吸毒罪的主观方面包括间接故意,但并非对于所有放任型的容留他人吸毒行为都要追究刑事责任。在个案处理上,要根据案件的具体情况区别对待。例如,房主出租房屋后,偶然发现他人在房屋内吸食、注射毒品未予制止或者报案的,一般不成立本罪;行为人放任共同生活的家庭成员在自家住所吸食、注射毒品的,一般也不成立本罪。根据2012年最高人民检察院、公安部联合制定的《关于公安机关管辖的刑事案件立案追诉标准的规定(三)》,并非对所有容留他人吸毒行为都要追究刑事责任。该规定第十一条规定了容留他人吸毒案件的立案追诉标准,即提供场所,容留他人吸食、注射毒品的六种情形。在最高人民法院出台容留他人吸毒案件的定罪量刑标准之前,审理此类案件时可以参照该立案追诉标准。

(二)旅馆经营者对于入住客人的吸毒行为有义务制止或者向公安机关报告。根据《禁毒法》第十五条的规定,飞机场、火车站、长途汽车站、码头以及旅店、娱乐场所等公共场所的经营者、管理者,负责本场所的禁毒宣传教育,落实禁毒防范措施,预防毒品违法犯罪行为在本场所内发生。根据《治安管理处罚法》第五十六条的规定,旅馆业的工作人员对住宿的旅客不按规定登记姓名、身份证件种类和号码的,或者明知住宿的旅客将危险物质带入旅馆,不予制止的,处200元以上500元以下罚款。经国务院批准,公安部发布的《旅馆业治安管理办法》第九条规定,旅馆工作人员发现违法犯罪分子,形迹可疑的人员和被公安机关通缉的罪犯,应当立即向当地公安机关报告,不得知情不报或隐瞒包庇。该办法第十二条规定,旅馆内严禁卖淫、嫖宿、赌博、吸毒、传播淫秽物品等违法犯罪活动。由此可见,依照相关法律法规的规定,旅馆经营者对于入住客人在房间内的吸毒行为,有义务予以制止或者向公安机关报告。本案被告人聂某某作为案发旅馆的实际经营者,其对于旅馆房间拥有场所上的管理权和支配权。5名吸毒人员(含1名未成年人)先后人住聂某某经营的旅馆,并在房间内吸食毒品。尽管聂某某事先并不明知该5名客人入住的真实目的是吸食毒品,但其在到房间送毛巾等物品时,发现这5名客人吸食毒品的行为后,既未作制止,也未向公安机关报告,放任吸毒行为的继续发生,其行为客观上为他人吸食毒品提供了场所,符合容留他人吸毒罪的构成要件。参照上述立案追诉标准,本案同时具有容留他人吸食毒品2次以上、容留未成年人吸食毒品等情形,依法应当追究刑事责任。需要说明的是,对于旅馆经营者发现入住客人在房间内吸食毒品不予制止的,尽管可以以容留他人吸毒罪追究刑事责任,但此种情形毕竟不同于事先明知他人吸食毒品而提供场所的行为,旅馆经营者也没有从吸毒人员处收取除应收房费外的其他费用,故量刑时可以酌情从轻处罚,这也是贯彻执行宽严相济刑事政策的必然要求。四会市人民法院根据本案事实,结合被告人聂某某的坦白情节,以容留他人吸毒罪判处其拘役五个月,并处罚金人民币一千元,定罪准确,量刑适当。[参见第1032号指导案例,聂凯凯容留他人吸毒案,载《刑事审判参考》总第100集(2014年第5集),第79~82页。撰稿:吴笛]

第三百五十五条 【非法提供麻醉药品、精神药品罪】依法从事生产、运输、管理、使用国家管制的麻醉药品、精神药品的人员,违反国家规定,向吸食、注射毒品的人提供国家规定管制的能够使人形成瘾癖的麻醉药品、精神药品的,处三年以下有期徒刑或者拘役,并处罚金;情节严重的,处三年以上七年以下有期徒刑,并处罚金。向走私、贩卖毒品的犯罪分子或者以牟利为目的,向吸食、注射毒品的人提供国家规定管制的能够使人形成瘾癖的麻醉药品、精神药品的,依照本法第三百四十七条的规定定罪处罚。

单位犯前款罪的,对单位判处罚金,并对其直接负责的主管人员和其他直接责任人员,依照前款的规定处罚。

■最高人民检察院、公安部关于公安机关管辖的刑事案件立案追诉标准的规定(三)(2012年5月16日)

第十二条 [非法提供麻醉药品、精神药品案(刑法第三百五十五条)]依法从事生产、运输、管理、使用国家管制的麻醉药品、精神药品的个人或者单位,违反国家规定,向吸食、注射毒品的人员提供国家规定管制的能够使人形成瘾癖的麻醉药品、精神药品,涉嫌下列情形之一的,应予立案追诉:

(一)非法提供鸦片二十克以上、吗啡二克以上、度冷丁(杜冷丁)五克以上(针剂100mg/支规格的五十支以上,50mg/支规格的一百支以上;片剂25mg/片规格的二百片以上,50mg/片规格的一百片以上)、盐酸二氢埃托啡零点二毫克以上(针剂或者片剂20ug/支、片规格的十支、片以上)、氯胺酮、美沙酮二十克以上、三唑仑、安眠酮一千克以上、咖啡因五千克以上、氯氮卓、艾司唑仑、地西泮、溴西泮十千克以上,以及其他麻醉药品和精神药品数量较大的;

(二)虽未达到上述数量标准,但非法提供麻醉药品、精神药品两次以上,数量累计达到前项规定的数量标准百分之八十以上的;

(三)因非法提供麻醉药品、精神药品被行政处罚,又非法提供麻醉药品、精神药品的;

(四)向吸食、注射毒品的未成年人提供麻醉药品、精神药品的;

(五)造成严重后果或者其他情节严重的。

依法从事生产、运输、管理、使用国家管制的麻醉药品、精神药品的人员或者单位,违反国家规定,向走私、贩卖毒品的犯罪分子提供国家规定管制的能够使人形成瘾癖的麻醉药品、精神药品的,或者以牟利为目的,向吸食、注射毒品的人提供国家规定管制的能够使人形成瘾癖的麻醉药品、精神药品的,以走私、贩卖毒品罪立案追诉。

(第十三条、第十四条、第十五条、第十六条、第十七条的内容见刑法第三百四十七条附文中该规定相关各条的内容)

■最高人民法院关于审理毒品犯罪案件适用法律若干问题的解释(2016年4月11日)

第十三条 依法从事生产、运输、管理、使用国家管制的麻醉药品、精神药品的人员,违反国家规定,向吸食、注射毒品的人提供国家规定管制的能够使人形成瘾癖的麻醉药品、精神药品,具有下列情形之一的,应当依照刑法第三百五十五条第一款的规定,以非法提供麻醉药品、精神药品罪定罪处罚:

(一)非法提供麻醉药品、精神药品达到刑法第三百四十七条第三款或者本解释第二条规定的"数量较大"标准最低值的百分之五十,不满"数量较大"标准的;

(二)二年内曾因非法提供麻醉药品、精神药品受过行政处罚的;

(三)向多人或者多次非法提供麻醉药品、精神药品的;

(四)向吸食、注射毒品的未成年人非法提供麻醉药品、精神药品的;

(五)非法提供麻醉药品、精神药品造成严重后果的;

(六)其他应当追究刑事责任的情形。

具有下列情形之一的,应当认定为刑法第三百五十五条第一款规定的“情节严重”:

(一)非法提供麻醉药品、精神药品达到刑法第三百四十七条第三款或者本解释第二条规定的“数量较大”标准的;

(二)非法提供麻醉药品、精神药品达到前款第一项规定的数量标准,且具有前款第三项至第五项规定的情形之一的;

(三)其他情节严重的情形。

第十五条　本解释自 2016 年 4 月 11 日起施行。《最高人民法院关于审理毒品案件定罪量刑标准有关问题的解释》(法释〔2000〕13 号)同时废止;之前发布的司法解释和规范性文件与本解释不一致的,以本解释为准。

▼最高人民检察院法律政策研究室关于安定注射液是否属于刑法第三百五十五条规定的精神药品问题的答复(全文)(2002 年 10 月 24 日)

根据《精神药品管理办法》等国家有关规定,“能够使人形成瘾癖”的精神药品,是指使用后能使人的中枢神经系统兴奋或者抑制连续使用能使入产生依赖性的药品。安定注射液属于刑法第三百五十五条第一款规定的“国家规定管制的能够使人形成瘾癖的”精神药品。鉴于安定注射液属于《精神药品管理办法》规定的第二类精神药品,医疗实践中使用较多,在处理此类案件时,应当慎重掌握罪与非罪的界限。对于明知他人是吸毒人员而多次向其出售安定注射液,或者贩卖安定注射液数量较大的,可以依法追究行为人的刑事责任。

第三百五十五条之一　【妨害兴奋剂管理罪】引诱、教唆、欺骗运动员使用兴奋剂参加国内、国际重大体育竞赛,或者明知运动员参加上述竞赛而向其提供兴奋剂,情节严重的,处三年以下有期徒刑或者拘役,并处罚金。

组织、强迫运动员使用兴奋剂参加国内、国际重大体育竞赛的,依照前款的规定从重处罚。(本条是根据《中华人民共和国刑法修正案(十一)》之四十四增加的,自 2021 年 3 月 1 日起施行。)

第三百五十六条　【毒品再犯从重处罚】因走私、贩卖、运输、制造、非法持有毒品罪被判过刑,又犯本节规定之罪的,从重处罚。

▼全国部分法院审理毒品犯罪案件工作座谈会纪要(2008 年 12 月 22 日)

八、毒品再犯问题

根据刑法第三百五十六条规定,只要因走私、贩卖、运输、制造、非法持有毒品罪被判过刑,不论是在刑罚执行完毕后,还是在缓刑、假释或者暂予监外执行期间,又犯刑法分则第六章第七节规定的犯罪的,都是毒品再犯,应当从重处罚。

因走私、贩卖、运输、制造、非法持有毒品罪被判刑的犯罪分子,在缓刑、假释或者暂予监外执行期间又犯刑法分则第六章第七节规定的犯罪的,应当在对其所犯新的毒品犯罪适用刑法第三百五十六条从重处罚的规定确定刑罚后,再依法数罪并罚。

对同时构成累犯和毒品再犯的被告人,应当同时引用刑法关于累犯和毒品再犯的条款从重处罚。

▽犯贩卖毒品罪被判刑,前罪刑罚尚未执行完毕以前又犯贩卖、运输毒品罪,数罪并罚后不需要适用《刑法》第三百五十六条的规定从重处罚

从刑法关于毒品再犯的规定看,前罪刑罚尚未执行完毕以前重新犯罪,不能认定为毒品再犯。毒品再犯,就其实质来说,是累犯的一种特殊情形。因此,对毒品再犯的认定和处理,既要遵循毒品再犯的特殊规则,也要遵循累犯认定的一般规则。我国《刑法》第六十五条规定,被判处有期徒刑以上刑罚的犯罪分子,刑罚执行完毕或者赦免以后,在五年以内再犯应当判处有期徒刑以上刑罚之罪的,是累犯,应当从重处罚,但是过失犯罪除外。《刑法》第三百五十六条规定,因走私、贩卖、运输、制造、非法持有毒品罪被判过刑,又犯本节规定之罪的,从重处罚。从形式上看,行为人因贩卖毒品罪被判过刑,又犯贩卖、运输毒品罪,似乎符合毒品再犯的构成要求。但是,这种理解忽略了毒品再犯是累犯的特殊情形这一本质特点。毒品再犯条款中的"被判过刑",虽然没有明确说明是"刑罚执行完毕或赦免以后又重新犯罪",也没有说明在刑罚执行过程中又犯毒品犯罪的情形是否属于被判过刑的范畴。但构成累犯的条件,除了被判过刑外,还必须具备刑罚执行完毕或者赦免以后,在五年以内再犯应当判处有期徒刑以上刑罚之罪的条件。刑法关于毒品再犯的规定,除其自身的特别规定外,其他要件必须受刑法关于累犯规定的制约。前罪与后罪的相隔期限,毒品再犯有自身的特别规定,不受累犯关于"五年以内"这一普遍规定的制约。也就是说,行为人不管在五年以内或者五年以后,只要再犯应当判处有期徒刑以上刑罚的毒品犯罪,就构成毒品再犯。虽然毒品再犯的"被判过刑",法律没有明确的特别规定,但作为累犯的特殊情形,应当受"刑罚执行完毕或者赦免以后"规定的制约。如果行为人在原判刑罚尚未执行完毕以前重新犯罪的,因其不属于"刑罚执行完毕或者赦免以后"的情形,不能认定为毒品再犯,而只能依法实行数罪并罚。[参见第 392 号案例,李靖贩卖、运输毒品案,载《刑事审判参考》总第 49 集(2006 年第 2 集),法律出版社,第 49 ~ 50 页。执笔:张思敏]

▽保外就医期间再犯毒品犯罪,应当认定为毒品再犯

首先,刑法将一般累犯和危害国家安全罪累犯的构成条件和处罚原则放在刑法总则部分予以规定,而将毒品再犯的构成条件和处罚原则放在刑法分则有关毒品犯罪的章节部分加以规定。这种在刑法不同体系内予以规定的区分,体现了一般累犯、危害国家安全罪累犯与毒品再犯具有不同的地位,表明立法上并未将毒品再犯视为类似于危害国家安全罪累犯的特殊累犯的一种。否则就难以解释,对于同样从犯罪对象和犯罪客体角度划分的特殊累犯,在立法上为何不同等地置于刑法总则部分加以规定。其次,从文义解释来看,刑法对于一般累犯和危害国家安全累犯均规定"在刑罚执行完毕或者赦免以后"的构成条件,对于一般累犯还规定了前后两罪必须发生在五年内,对危害国家安全罪的特殊累犯则不再要求两罪之间的时间间隔。但对于毒品再犯规定的构成条件则是"被判过刑"。显然,这两种表述的内涵和外延是不同的。"被判过刑"既包含"刑罚执行完毕或者赦免以后五年内"这一与一般累犯相同的情形,也包括"刑罚宣判后尚未开始执行、已经开始执行但尚未执行完毕以及执行完毕或赦免五年以后"等不同于一般累犯构成条件的情形。可以说,"被判过刑"这样的表述本身就表明了立法者严格区分总则规定的一般累犯、特别累犯与分则规定的毒品再犯的本意。最后,从立法意图来看,将毒品再犯的构成条件规定为"被判过刑",既不要求前罪的刑罚已经执行完毕或者赦免,也不要求本次犯罪与前次犯罪之间有固定的时间间隔,使毒品再犯的限制条件比总则规定的一般累犯和特殊累犯都要少,反映出立法者对于毒品犯罪这种严重犯罪从严打击的意图和决心。虽然刑法本身对毒品犯罪规定了较为严厉的刑罚,但因此类犯罪可以使犯罪分子在短时间内牟取暴利,具有高回报的特点,诱惑力大,再犯率也较高,因此,应当对毒品再犯行为加大打击力度,遏制犯罪分子再次铤而走险的犯意。对于在刑罚尚未开始执行或尚未执行完毕期间以及刑罚执行完毕或赦免五年后再犯毒品犯罪的犯罪分子,显然其前罪所判处的刑罚对其尚未起到应有的震慑效果,刑罚未能实现特殊预防的目的,犯罪分子再次以身试法,反映其主观恶性较深,人身危险性高,因此应当予以从重处罚。将刑法本条理解为毒品再犯而非毒品累犯,更能符合和体现立法原意。2008 年《全国部分法院审理毒品犯罪案件工作座谈会的会议纪要》中明确规定,"根据刑法本条规定,只要因走私、贩卖、运输、制造、非法持有毒品罪被判过刑,不论是在刑罚执行完毕后,还是在缓刑、假释或者暂予监外执行期间,又犯刑法分则第六章第七节规定的犯罪的,都是毒品再犯,应当从重处罚。因走私、贩卖、运输、制造、非法持有毒品罪被判刑的犯罪分子,在缓刑、假释或者暂予监外执行期间又犯刑法分则第六章第七节规定的犯罪的,应当在对其所犯新的毒品犯罪适用刑法本条从重处罚的规定确定刑罚后,再依法数罪并罚”。[参见第542号案例,贺建军贩卖、运输毒品案,载《刑事审判参考》总第67集(2009年第2集),法律出版社,第89~91页。撰稿:魏磊]

▽对刑罚尚未开始执行或者尚未执行完毕的毒品再犯进行数罪并罚,不违背禁止重复评价的原则

对于刑罚尚未开始执行或者尚未执行完毕的毒品再犯,适用刑法本条从重处罚后,再与前罪尚未执行完毕的刑罚进行数罪并罚,并不存在重复评价的问题。一方面,毒品再犯与数罪并罚是在处罚犯罪时基于不同层面的刑罚裁量视角,二者同时适用是对两种不同罪责的评价,与重复评价无涉。所谓禁止重复评价原则,本质上是禁止将反映同一罪责内容的同一情节重复考量,导致实体上对行为人不利的结果。毒品再犯只针对毒品犯罪,是国家为严厉打击毒品犯罪而设立的法定的量刑情节,而数罪并罚是通用于各种一人犯数罪的刑罚裁量制度,二者分属不同的层面,具有不同的适用条件和原则。毒品再犯着眼于犯罪分子再次实施毒品犯罪所反映出的主观恶性和人身危险性而设立,是对于犯罪分子再次所犯毒品犯罪量刑时应把握的从重处罚情节,即毒品再犯是针对再犯的个罪进行量刑时适用的量刑情节;而数罪并罚,其本质上是均是对一人所犯数罪进行合并处罚的制度。在一人犯数罪的情况下,审判机关不仅要根据犯罪分子的数个罪行裁量出与之相应的数个宣告刑,还必须最终将数个宣告刑合并为一个执行刑,也即数罪并罚是针对数罪进行综合裁量的量刑制度。对缓刑、假释及暂予监外执行等刑罚尚未执行或尚未执行完毕期间再犯毒品犯罪的犯罪分子,对其后罪依照毒品再犯的规定从重处罚,本质上与所有其他刑法分则规定的法定从重处罚情节没有任何区别。在对后罪依法从重处罚后,再与前罪所余刑罚数罪并罚,是基于其又犯新罪导致同时被判处对应于数个犯罪的数个宣告刑,因此必须按照法定的数罪并罚标准,决定对其实际应执行的刑罚。在数罪并罚之时,已不再考量犯罪分子是否系毒品再犯这一情节,而仅仅依据法定的并罚原则及刑期计算方法进行裁量,决定最终的执行刑。另一方面,在一定意义上,数罪并罚是有利于犯罪分子的制度,因为我国实行的并罚原则,除了对附加刑适用并科原则外,其余均采用吸收原则或者限制加重原则,在绝大多数的情况下,因为并罚导致执行刑的严厉程度轻于数罪宣告刑的总和。虽然客观上对发现新罪实行“先减后并”,可能导致实际执行的刑期超过数罪并罚的法定最高刑期二十年,基于此,普遍的观点认为“先减后并”较“先并后减”的并罚方法更为严厉,从这个角度来说,对重新犯罪的适用“先减后并”,而对于发现漏罪的适用“先并后减”,反映出立法者认为在刑罚尚未执行完毕之时又重新犯罪的犯罪分子的主观恶性和人身危险性较之前尚有漏罪未被发现者为大,这也是导致许多人认为对缓刑、假释或者暂予监外执行等刑罚尚未开始执行或尚未执行完毕者同时适用毒品再犯和数罪并罚有重复评价之嫌的主要原因之一。但是,“先减后并”是作为数罪并罚的法定方式而非作为针对某个犯罪的法定从重处罚情节而存在,如前已述,数罪并罚与毒品再犯是不同层面的刑罚裁量视角,数罪并罚本身已经降低了原本对犯罪分子各个犯罪行为判处的刑罚总和,体现了对犯罪分子处刑的宽宥,因此,不应将毒品再犯作为对毒品犯罪法定的从重处罚情节,与对犯罪分子在前罪刑罚尚未执行完毕之前重新犯罪导致的数罪并罚混为一谈,对二者同时适用也不构成重复评价。[参见第542号案例,贺建军贩卖、运输毒品案,载《刑事审判参考》总第67集(2009年第2集),法律出版社,第91~94页。撰稿:魏磊]

▽对毒品数量达到实际掌握的死刑数量标准的毒品再犯,并非一律判处死刑立即执行

《刑法》本条规定,因犯毒品犯罪被判过刑,又犯毒品犯罪的,属于毒品再犯,应当从重处罚。《全国部分法院审理毒品犯罪案件工作座谈会纪要》则进一步明确提出,毒品数量达到实际掌握的死刑数量标准,并具有毒品再犯、累犯,利用、教唆未成年人走私、贩卖、运输、制造毒品,或者向未成年人出售毒品等法定从重处罚情节的,可以判处被告人死刑。据此规定,对毒品数量达到实际掌握的死刑数量标准,并具有毒品再犯等法定从重处罚情节的,一般可以判处死刑立即执行。因为此类毒品犯罪社会危害性大,被告人的主观恶性和人身危险性也较大,有必要进行严惩。但是,实践中案件的具体情况十分复杂,即使具有毒品再犯等法定从重处罚情节,这些情节之间在体现被告人的主观恶性和人身危险性上也有区别。前罪越重,所判处刑罚越重,所体现的被告人的主观恶性和人身危险性就越大;反之,就相对较小。此外,对于具有自首、立功等法定从宽处罚情节或者酌定从宽处罚情节的累犯、毒品再犯,也需要在量刑时综合考虑,需要体现从宽的,则不能判处死刑立即执行。本案被告人古丽波斯坦·巴吐尔汗1997年3月18日因犯贩卖毒品罪被判处有期徒刑二年,并处罚金人民币一千五百元,1999年1月12日刑满释放,属于毒品再犯,应当依法从重处罚。但是,其再犯情节中的前罪系在十年前贩卖海洛因3.2克,与那些贩卖毒品数量大、判刑重的毒品再犯相比,其再犯情节有所不同。特别是,鉴于其归案后主动坦白交代了司法机关尚未掌握的实际贩卖毒品的数量,才使其毒品犯罪数量达到当地实际掌握的判处死刑数量标准,符合最高人民法院有关指导意见提出的可以不判处死刑立即执行的情形,故对其可以不判处死刑立即执行。[参见第742号指导案例,古丽波斯坦·巴吐尔汗贩卖毒品案,载《刑事审判参考》总第83集(2011年第6集),第61~62页。撰稿:何泽宏]

▽被告人未满十八周岁时曾因毒品犯罪被判刑,在《刑法修正案(八)》实施后构成毒品再犯

《刑法修正案(八)》仅规定不满十八周岁的人犯罪不构成累犯,并未涉及毒品再犯。毒品再犯制度是我国刑法针对毒品犯罪的特殊规定,与累犯制度有所区别。被告人符合现行法律规定的构成毒品再犯的情形,依法应当构成毒品再犯。具体理由如下:

(一)《刑法修正案(八)》第六条并未涉及毒品再犯的修改规定,认定被告人系毒品再犯符合现行刑法规定。《刑法修正案(八)》施行后,普通累犯的构成要件相应修改为:(1)前罪和后罪都是年满十八周岁以上的人所犯;(2)前罪和后罪都是故意犯罪;(3)前罪被判处的刑罚和后罪应当判处的刑罚都是有期徒刑以上的刑罚;(4)后罪发生在前罪刑罚执行完毕或者赦免以后五年内。累犯和再犯是两个虽有关联,却又不同的量刑情节。刑法本条规定:"因走私、贩卖、运输、制造、非法持有毒品罪被判过刑,又犯本节规定之罪的,从重处罚。"这是刑法对毒品再犯的规定。毒品再犯的上位概念是再犯,再犯是理论上的概念。从逻辑上讲,累犯属于再犯的一种,但累犯又具有自己的特质,二者存在以下区别:(1)罪质不同。毒品再犯的前罪与后罪仅限于毒品犯罪,累犯的前罪与后罪只需故意犯罪即可。(2)时限不同。毒品再犯的前后罪没有时间限制,而累犯要求必须是在前罪刑罚执行完毕或者赦免后的法定期限内实施。(3)后果不同。对于毒品再犯,刑法要求从重处罚,但可以使用缓刑、假释。累犯则不得适用缓刑与假释。故毒品再犯与累犯虽然同源于再犯且存在竞合,但在我国现行刑法规定中,毒品再犯已经是独立于累犯制度的一种特殊规定,二者不存在隶属关系,那种认为毒品再犯是一种特殊累犯的观点,已经与现行刑法立法相违背,缺乏法律基础与理论依据。因此,2008年12月1日最高人民法院发布的《全国部分法院审理毒品犯罪案件工作座谈会纪要》规定:"对同时构成累犯和毒品再犯的被告人,应当同时引用刑法关于累犯和毒品再犯的条款从重处罚。"由此在一定角度表明《刑法修正案(八)》对累犯规定的修改,其效力不能当然适用于毒品再犯。

(二)认定被告人构成毒品再犯符合宽严相济刑事政策。毒品再犯与累犯虽然不是同一概念,但是二者所体现的价值取向具有相似性,都体现出行为人主观恶性较深、人身危险性较大,具有从严惩治的必要性,应当贯彻宽严相济刑事政策从严的精神。《刑法修正案(八)》是立法机关在新形势下,基于进一步落实宽严相济刑事政策的需要,充分衡量"宽""严"情节,对刑法作出的重大修改。虽然《刑法修正案(八)》基于更好地使未成年人接受改造、融入社会的考虑,将"不满十八周岁的人"排除在累犯之外,但并未对毒品再犯也作出与累犯同步的修改。毒品犯罪是当前最严重的犯罪之一,不仅严重危及人民群众的生命与健康,造成社会财富的巨大损失,并引发日益严重的治安问题和广泛的社会问题,严重破坏社会管理、经济秩序的稳定,其危害之深、影响之广,是其他普通犯罪无法比拟的。立法机关对毒品再犯未作修改,表明立法者基于对毒品再犯主观恶性和人身危险性的考虑,对毒品再犯从严惩处的态度没有改变,反映刑事立法对宽严相济刑事政策把握的度在毒品再犯方面没有改变。因此,根据《刑法修正案(八)》的规定,本案被告人虽然在未满十八周岁时犯运输毒品罪不能认定为累犯,但是不能由此推论得出被告人也不构成毒品再犯的论断,否则既没有法律依据,也不符合立法者对宽严相济刑事政策的把握。[参见第839号指导案例,李光耀等贩卖、运输毒品案,载《刑事审判参考》总第90集(2013年第1集),第98~100页。撰稿:汪斌　李伟]

编著者按:上述附文与下一条附文观点相悖,《刑法修正案(八)》,在刑法第一百条中增加一款作为第二款:"犯罪的时候不满十八周岁被判处五年有期徒刑以下刑罚的人,免除前款规定的报告义务。"其实,我国的未成年人犯罪记录封存制度,其功能已经相当于前科消灭制度。故未满十八周岁时犯犯毒品罪不能认定为累犯,也不构成毒品再犯。

▽不满18周岁的人因毒品犯罪被判处五年有期徒刑以下刑罚,其再次实施毒品犯罪的,不能认定为毒品再犯而予以从重处罚

(一)符合立法精神和本意。《刑法修正案(八)》,在《刑法》第一百条中增加一款作为第二款:"犯罪的时候不满十八周岁被判处五年有期徒刑以下刑罚的人,免除前款规定的报告义务。"2012年修改后的刑事诉讼法第二百七十五条规定:"犯罪的时候不满十八周岁,被判处五年有期徒刑以下刑罚的,应当对相关犯罪记录予以封存。犯罪记录被封存的,不得向任何单位和个人提供,但司法机关为办案需要或者有关单位根据国家规定进行查询的除外。依法进行查询的单位,应当对被封存的犯罪记录的情况予以保密。"2012年5月10日,最高人民法院、最高人民检察院、公安部、国家安全部、司法部发布了《关于建立犯罪人员犯罪记录制度的意见》(法发〔2012〕10号)。以上法律规定被视为是未成年人犯罪记录封存制度在我国程序法与实体法上正式确立的标志。实现未成年人轻罪犯罪记录的消灭是改革和立法的本意,未成年人轻罪犯罪记录封存制度的建立不仅仅是为了使犯罪记录暂时处于保密状态,不允许查询、限制查询,更是为了在实质上禁止对未成年人轻罪犯罪记录的重复使用,从而避免其以罪犯身份出现在公众面前,帮助未成年人尽快回归社会,健康成长。

(二)符合未成年人轻罪犯罪记录封存制度的本质特征和设立目的。被封存的犯罪记录应当保密这一前提决定了该犯罪记录所反映的犯罪行为应当免于被重复利用和评价,否则保密便无从谈起。如果被封存的犯罪记录能够被重复利用和评价,封存制度实际上就被虚化,制度设立的目的也难以实现。即使未成年犯罪人再犯罪,司法机关也不得引用其前科犯罪记录,其前科亦不能作为适用累犯或者再犯的原因而对其从重或者加重处罚。因此,在实体法上,被封存的犯罪记录所反映的犯罪行为不能作为累犯或者再犯的认定依据,不然就是对被封存犯罪记录的重复利用和评价,就是对保密义务的置若罔闻,就与犯罪记录封存制度背道而驰。在此种意义上而言,我国的未成年人犯罪记录封存制度,其功能已经相当于前科消灭制度。

(三)符合国际司法规则的相关要求。《儿童权利公约》规定,"其隐私在诉讼的所有阶段均得到充分尊重"。《联合国少年司法最低限度标准规则》第八条明确规定:"应在各个阶段尊重少年犯享有隐私的权利,以避免由于不当的宣传或加以点名而对其造成伤害;原则上不应公布可能导致认出某一少年犯的资料。"第二十一条规定:"对少年罪犯的档案应严格保密,不得让第三方利用;应仅限于与处置手头案件直接相关的人员或其他经正式授权的人员才可以接触这些档案。少年罪犯的档案不得在其后的成人诉案中加以利用。"

(四)符合我国宽严相济刑事政策中对未成年人的保护原则。刑法及刑事诉讼法对未成年人犯罪历来坚持教育、感化、挽救的方针及"教育为主、惩罚为辅"的原则。修改后的刑法及刑事诉讼法都直接体现了对未成年犯罪人的倾斜保护原则,使未成年犯罪人免受因犯罪记录的终身伴随,而在个人学习、入伍、就业等方面遭受不利影响,使其能顺利回归社会,改过自新,重新做人。虽然对于毒品犯罪我国历来都是坚持从严整治,严厉打击,但是结合我国刑法对于未成年人保护的原则,在宽严相济的刑事政策的大前提下,对于未成年人轻罪犯罪记录封存后,再犯毒品犯罪,不宜认定为毒品再犯。同时,从价值衡量上看,对未成年时期所实施较轻犯罪行为进行犯罪记录封存,不予重复利用和评价,也更有利于未成年人的成长与发展,更能体现我国处理未成年人犯罪的立法精神。

(五)符合相关司法解释和"从旧兼从轻"的基本原则。《最高人民法院关于适用〈中华人民共和国刑事诉讼法〉的解释》第四百九十条第二款规定:"2012 年 12 月 31 日以前审结的案件符合前款规定的,相关犯罪记录也应当封存。"我国刑法历来贯彻从旧兼从轻原则。具体到本案中,从被告人姚某的角度看,适用 2013 年 1 月 1 日起施行的新修正的《刑事诉讼法》第二百七十五条的规定,不再考虑其第一次的贩卖毒品行为,仅就 2013 年 1 月 16 日的贩卖毒品行为进行单独评价和认定,处罚结果明显比适用刑法本条的规定所得出的处罚结果轻。因此,基于从旧兼从轻原则,不应将姚某认定为毒品犯罪再犯。综上所述,不满 18 周岁的人因毒品犯罪被判处五年有期徒刑以下刑罚,因犯罪记录被封存,不应被重复利用和评价,不得作为毒品犯罪再犯认定的依据。[参见第 1034 号指导案例,姚某贩卖毒品案,载《刑事审判参考》总第 100 集(2014 年第 5 集),第 92~96 页。撰稿:陈胜友]

第三百五十七条　【毒品概念及数量计算】本法所称的毒品,是指鸦片、海洛因、甲基苯丙胺(冰毒)、吗啡、大麻、可卡因以及国家规定管制的其他能够使人形成瘾癖的麻醉药品和精神药品。

毒品的数量以查证属实的走私、贩卖、运输、制造、非法持有毒品的数量计算,不以纯度折算。

■最高人民法院、最高人民检察院、公安部办理毒品犯罪案件适用法律若干问题的意见(2007 年 12 月 18 日)

四、关于死刑案件的毒品含量鉴定问题

可能判处死刑的毒品犯罪案件,毒品鉴定结论中应有含量鉴定的结论。

■公安部关于认定海洛因有关问题的批复(全文)(2002 年 6 月 28 日)

一、海洛因是以"二乙酰吗啡"或"盐酸二乙酰吗啡"为主要成分的化学合成的精制鸦片类毒品,"单乙酰吗啡"和"单乙酰可待因"是只有在化学合成海洛因过程中才会衍生的化学物质,属于同一种类的精制鸦片类毒品。海洛因在运输、贮存过程中,因湿度、光照等因素的影响,会出现"二乙酰吗啡"自然降解为"单乙酰吗啡"的现象,即"二乙酰吗啡"含量呈下降趋势,"单乙酰吗啡"含量呈上升趋势,甚至出现只检出"单乙酰吗啡"成分而未检出"二乙酰吗啡"成分的检验结果。因此,不论是否检出"二乙酰吗啡"成分,只要检出"单乙酰吗啡"或"单乙酰吗啡和单乙酰可待因"的,根据化验部门出具的检验报告,均应当认定送检样品为海洛因。

二、根据海洛因的毒理作用,海洛因进入吸毒者的体内代谢后,很快由"二乙酰吗啡"转化为"单乙酰吗啡",然后再代谢为吗啡。在海洛因滥用者或中毒者的尿液或其他检材检验中,只能检出少量"单乙酰吗啡"及吗啡成分,无法检出"二乙酰吗啡"成分。因此,在尿液及其他检材中,只要检验出"单乙酰吗啡",即证明涉嫌人员服用了海洛因。

■国家食品药品监督管理局、公安部、卫生部麻醉药品品种目录 123 种(2007 年 10 月 30 日)(见本书附录二十三)

■国家食品药品监督管理局、公安部、卫生部精神药品品种目录 132 种(2007 年 10 月 30 日)(见本书附录二十四)

■国家食品药品监督管理局办公室关于麻醉药品精神药品品种归类和分级意见的复函(食药监办函〔2004〕84 号,2004 年 10 月 25 日)(见本书附录二十五)

■公安部、国家卫生健康委员会、国家药品监督管理局非药用类麻醉药品和精神药品管制品种增补目录(2018 年 9 月 1 日)(见本书附录二十六)

■最高人民检察院关于《非药用类麻醉药品和精神药品管制品种增补目录》能否作为认定毒品依据的批复(2019 年 4 月 30 日)

……《非药用类麻醉药品和精神药品管制品种增补目录》,是根据国务院《麻醉药品和精神药品管理条例》第三条第二款授权制定的,《非药用类麻醉药品和精神药品管制品种增补目录》可以作为认定毒品的依据。

■办理毒品犯罪案件毒品提取、扣押、称量、取样和送检程序若干问题的规定(2016年7月1日)(见本书附录二十七)

■国务院易制毒化学品管理条例(2018年9月18日)(见本书附录三十二)

▼安徽省高级人民法院、安徽省人民检察院、安徽省公安厅关于办理毒品犯罪案件具体适用法律若干问题的指导意见(2015年3月11日)

一、办理毒品犯罪案件的一般规定

1. 办理毒品犯罪案件,侦查人员、检察人员、审判人员应当严格执行刑法和刑事诉讼法,切实做到事实清楚,证据确实、充分,程序合法,适用法律正确,确保毒品犯罪案件质量。

2. 办理毒品犯罪案件,应当认真贯彻宽严相济刑事政策,坚持区别对待。对社会危害严重、主观恶性深、人身危险性大的毒品犯罪分子,依法严厉打击、从严惩处。同时,对于具有自首、立功、从犯等法定、酌定从宽处罚情节的毒品犯罪分子,依法从宽处罚、体现政策,分化瓦解犯罪分子。

3. 办理毒品犯罪案件,应当充分发挥刑罚手段惩治毒品犯罪活动的职能作用。既要严惩走私、制造、非法买卖制毒物品等源头性毒品犯罪和大宗贩卖毒品犯罪,也要对零包贩卖毒品犯罪尤其是多次贩卖毒品的犯罪分子从严惩治。同时,加大对引诱、教唆、欺骗、强迫、容留他人吸毒等末端毒品犯罪的处罚力度,对末端毒品犯罪分子在决定适用缓刑、管制和免予刑事处罚时,应从严掌握。

4. 办理毒品犯罪案件,对犯罪分子适用刑罚尤其是在决定判处死刑时,应当按照数量加情节的原则,结合本地毒品犯罪的实际情况和依法惩治、预防毒品犯罪的需要,参照最高人民法院复核死刑案件作出的裁判及公布的典型案例,恰当把握毒品犯罪适用刑罚尤其是死刑的标准。在量刑时,既不能只片面考虑毒品数量,不考虑犯罪的其他情节,也不能只片面考虑其他情节,而忽视毒品数量。

二、毒品犯罪数量的认定及毒品鉴定问题

5. 毒品是指鸦片、海洛因、甲基苯丙胺(冰毒)、吗啡、大麻、可卡因,以及国家规定管制的其他能够使人形成瘾癖的麻醉药品和精神药品。

认定毒品品名,应当以法律、司法解释的规定及《麻醉药品品种目录》、《精神药品品种目录》为依据,规范表述。

6. 认定毒品犯罪数量应当以查证属实的毒品数量计算。被告人实施毒品犯罪,其被查获的毒品数量应当认定为其犯罪的数量。对于刑法、司法解释等已规定量刑数量标准的毒品,按照刑法、司法解释等规定适用刑罚。对于刑法、司法解释等没有规定量刑数量标准的毒品,有条件折算为海洛因的,折算成海洛因的数量后适用刑罚。

毒品犯罪数量以克或者千克为计量单位,不以纯度折算。

7. 对于国家管制的精神药品和麻醉药品,刑法、司法解释等尚未明确规定量刑数量标准,也不具备折算条件的,应当由专业鉴定部门确定涉案毒品毒效的大小、有毒成分的多少、吸毒者对该毒品的依赖程度,综合其致瘾癖性、戒断性、社会危害性等因素适用刑罚。因条件限制不能确定的,可以参考涉案毒品非法交易的价格等因素,决定对被告人适用的刑罚,但一般不宜判处死刑立即执行。

8. 对一案涉及多件不同品种毒品的,应当以折算后累计计算的数量决定对被告人适用刑罚;在法律文书中只表述不同品种毒品的品名和数量,不需具体写明折算关系和折算过程。

对多次实施毒品犯罪,未经处理的,毒品数量累计计算。

9. 侦查机关对查获的毒品应当及时委托鉴定部门鉴定。涉案毒品为含有二种以上毒品成分的毒品混合物的,侦查机关应当进一步作成分鉴定,确定所含的不同毒品成分及比例。毒品中含有海洛因、甲基苯丙胺的,应当以海洛因、甲基苯丙胺分别确定其毒品种类;不含海洛因、甲基苯丙胺的,应当以其中毒性较大的毒品成分确定其毒品种类；毒性相当或者难以确定毒性大小的，以其中比例较大的毒品成分确定其毒品种类，并在量刑时综合考虑其他毒品成分、含量和全案所涉毒品数量。

认定毒品混合物的数量以查证属实的数量计算，对毒品混合物不按照不同毒品成分的比例进行折算。

10. 被告人可能被判处死刑的案件，侦查机关应当对涉案毒品进行含量鉴定。涉案毒品经鉴定含量极低，在对被告人量刑尤其是在考虑适用死刑时，应当综合涉案毒品种类、数量、含量及其他量刑情节确定，做到罪责相当，罚当其罪。

八、毒品犯罪案件财产刑的适用和执行问题

37. 对于毒品犯罪被告人可能被判处财产刑的案件应当对被告人财产进行预调查。公安机关在侦查阶段应当对毒品犯罪嫌疑人的银行存款、对外投资股权工商登记、房地产交易登记、股票债券交易登记、车辆登记等财产信息进行专项调查，对毒品犯罪分子来源不明的巨额财产，依法及时采取查封、扣押、冻结等措施，防止犯罪分子及其亲属转移、隐匿、变卖财产或者洗钱，逃避刑罚执行；财产调查和查扣情况单独形成“犯罪嫌疑人财产情况调查卷”，随案移送检察机关公诉部门审查，被告人财产情况在开庭审理时当庭出示、质证，法庭作为判处财产刑的依据。

38. 对走私、贩卖、运输、制造毒品的被告人被判处死刑的，应当并处没收全部财产；被告人被判处无期徒刑以下刑罚的，应当根据罪刑相适应原则，结合其犯罪情节及案件具体情况决定没收全部或者部分财产。

对被告人判处罚金刑时，以被告人实际或者可能非法获利情况等情节为主，适当兼顾被告人的经济状况，综合被告人的全部犯罪情节确定适当的罚金数额，既充分发挥罚金刑对被告人的惩戒作用，又确保罚金刑能及时有效的执行。

39. 被告人积极预交罚金的，可视为其有认罪悔罪表现，在决定刑罚时可以作为酌定从宽处罚情节，但是不能以各种理由与被告人或者其亲属就财产刑的数额设定条件。

40. 毒品犯罪案件的刑事判决、裁定生效后，第一审人民法院刑事审判庭应当在十日内将财产刑交付本院负责裁判执行的机构立案执行。

41. 在审理减刑假释案件时，应当把罪犯财产刑执行情况作为与自由刑执行情况并列的审理范围，把罪犯履行财产刑情况纳入减刑假释考核范围，把罪犯履行财产刑情况作为认定罪犯是否认罪悔罪的重要依据。对于有能力履行财产刑而隐匿、转移财产，拒不履行的罪犯，应视为其没有悔改表现，减刑或者假释从严掌握。对于经济能力不足以全部履行财产刑的罪犯，也应督促其尽可能履行财产刑。充分发挥法院依法审理减刑假释案件的职能作用，把财产刑履行与自由刑改造有机联系起来，促使罪犯自动履行财产刑。

42. 本意见自印发之日起施行。

▼上海市高级人民法院、上海市人民检察院、上海市公安局、上海市司法局关于对部分毒品案件进行含量鉴定的若干规定(2005年5月11日)

为依法惩治毒品犯罪，统一执法，确保办案质量，规范毒品鉴定，结合目前本市毒品鉴定的条件和现状，现对因毒品犯罪可能判处死刑案件中的含量鉴定作出如下规定：

一、侦查机关在办理走私、贩卖、运输、制造毒品犯罪案件过程中，对于被查获的海洛因或甲基苯丙胺达300克以上，犯罪嫌疑人有可能被判处死刑的，应当对该毒品进行含量鉴定。

二、检察机关在对毒品犯罪案件审查批捕、起诉过程中，发现被告人走私、贩卖、运输、制造毒品海洛因或甲基苯丙胺，涉毒数量达到本规定第一条标准，有可能被判处死刑，而侦查机关未对已被查获的毒品作含量鉴定的，应当将案件退回侦查机关补充侦查或者要求侦查机关进行毒品含量鉴定，侦查机关应当及时对被查获的毒品重新进行含量鉴定。

三、人民法院在审理毒品犯罪案件过程中,发现被告人走私、贩卖、运输、制造毒品海洛因或甲基苯丙胺,涉毒数量达到本规定第一条标准,有可能被判处死刑,而侦查机关、检察机关未对已被查获的毒品作含量鉴定的,可以建议检察机关补充侦查。检察机关应当补充侦查,并要求侦查机关进行毒品含量鉴定,侦查机关应当及时对被查获的毒品重新进行含量鉴定。

四、由于查获的毒品成分复杂或其他技术原因等难以作出含量鉴定的,鉴定机关应作出相关的说明。

▼广东省高级人民法院、广东省人民检察院、广东省公安厅关于审理新型毒品犯罪案件定罪量刑问题的指导意见(2005年11月22日)

一、毒品是指鸦片、海洛因、甲基苯丙胺(冰毒)、吗啡、大麻、可卡因以及国家规定管制的其他能够使人形成瘾癖的麻醉药品和精神药品。对于不是国家规定管制的麻醉药品和精神药品,不能作为毒品。

国家规定管制的麻醉药品和精神药品,包括国家有权部门发布的《麻醉药品品种目录》中列举的麻醉药品和《精神药品品种目录》中列举的精神药品以及国家有权部门新发布列入管制的麻醉药品和精神药品。

▽以非常规形式出现的毒品的认定

每种毒品都有通常存在的形式,如海洛因通常是以压成块状的白色粉末状存在,也有部分案件直接以粉末状出现。但是个别时候某类毒品会以较为特殊的形式出现,致使它的成分、含量发生变化,会对量刑产生影响。因此,在毒品犯罪案件中,尤其是在审理行为人可能被判处死刑的毒品犯罪案件时,要特别注意此种情况。本案公安机关查获的毒品是"海洛因"针剂,而不是海洛因通常存在的形式,因此,该毒品是混合型毒品还是新型毒品、其主要成分是什么、海洛因含量是多少,都需要通过鉴定加以认定。省公安厅鉴定中心第一次作的毒品检验鉴定是对针剂的数量、重量、成分进行的检验,即海洛因针剂8150支,总重量为815克。一审也是按照针剂的重量来计算海洛因的数量,即海洛因815克,并以此作为量刑的依据。二审期间,为了查清毒品的成分和含量,省高级人民法院又请省公安厅鉴定中心作了一份毒品含量的补充鉴定,检出每支海洛因针剂(100毫克)中海洛因含量为9.19毫克。根据权威机构的科学试验,海洛因针剂中其他杂质均能溶于水,只有海洛因不溶于水,而其他物质溶入水中又未发生化学变化,没有生成新的毒品,所以本案中的海洛因针剂既不是混合型毒品,也不是新型毒品,只是以非常规形式(液态针剂)出现的海洛因,海洛因针剂中所含的海洛因就是较纯的海洛因。可以看出,这种液体海洛因和常见的固体海洛因不一样,有其自身的特殊性,是依托于大量的水和其他杂质存在的,因此,对这种液体毒品应该作含量鉴定,对毒品含量过低的在量刑时应予适当考虑,不能简单地以重量来认定数量。本案中海洛因的总重量虽已达到815克,但每支针剂(100毫克)中的海洛因的含量仅为9.19毫克,即9.19%。含量很低,这一点在量刑时应予以适当考虑。[参见第430号案例,王某贩卖毒品案,载《刑事审判参考》总第54辑(2007年第1辑),法律出版社,第62~63页。执笔:宋楚潇 姜永义]

▽摇头丸的认定

摇头丸是犯罪分子非法加工的含有二亚甲基双氧安非他明(MDA)、替苯丙胺(MDMA)或其他毒品成分的药丸(其中前两类为苯丙胺类毒品),是一种混合型毒品。摇头丸所含的成分不同,成瘾性和对人体危害性的程度是不同的,因此,必须对其成分、含量作出鉴定,以确定其社会危害性。省公安厅鉴定中心所作的鉴定是对摇头丸的数量、成分、重量进行了检验,即摇头丸2777粒,重833.1克。后省公安厅鉴定中心又对摇头丸的成分、含量作了补充鉴定,检出摇头丸片剂中MDA含量为33.79%。院根据此鉴定认定摇头丸数量为2777粒、重833.1克,MDA含量为33.79%。摇头丸本身并不是一种毒品名称,目前尚没有量刑标准,所以,在办理摇头丸案件时,重点是对其成分进行鉴定,也就是定性分析。当确定主要成分是何种毒品后,摇头丸就应认定为该种毒品,对其中含量较高的,可以将摇头丸的数量认定为此种毒品的数量，再根据此种毒品的量刑标准考虑量刑。本案中摇头丸的主要成分是替苯丙胺（MDA），属于苯丙胺类毒品，且含量较高，量刑时可按查获摇头丸的数量认定毒品数量，根据苯丙胺类毒品的量刑标准量刑。［参见第430号案例，王某贩卖毒品案，载《刑事审判参考》总第54辑（2007年第1辑），法律出版社，第63～64页。执笔：宋楚潇　姜永义］

▽涉及多种毒品的犯罪案件的量刑

行为人多次走私、贩卖、运输、制造多种类毒品，在对行为人适用死刑立即执行时，应如何把握死刑量刑数量标准。有的毒品种类规定了适用死刑的数量标准，有的没有规定，因此，在量刑时，通常应当首先考虑危害性大（包括毒性和数量）并有明确量刑数量标准的毒品，其他种类毒品的数量可作为量刑的从重情节加以考虑。需要注意的是，对于量刑标准不一样的不同种类毒品的数量，不能简单累加。本案行为人贩卖的毒品种类有海洛因、杜冷丁和替苯丙胺（MDA），其中海洛因毒性最大又有死刑量刑数量标准，而杜冷丁和替苯丙胺（MDA）没有明确的死刑量刑数量标准，那么，量刑时首先要考虑海洛因的数量，再把杜冷丁和替苯丙胺（MDA）的数量作为量刑的从重情节加以考虑。行为人贩卖海洛因针剂8150支，虽然总重量达到815克，但海洛因含量仅为9.19%，属于含量极低。根据最高人民法院2000年印发的《关于全国法院审理毒品犯罪工作座谈会纪要》（现已废止——编著者注）的精神，对毒品含量极低的，处刑时应酌情考虑，一般情况下不宜判处死刑。对于杜冷丁，根据《最高人民法院关于审理毒品案件定罪量刑标准有关问题的解释》的规定，贩卖杜冷丁250克以上（针剂100mg支规格的2500支以上）、苯丙胺类毒品100克，属于刑法第三百四十七条第二款第（一）项规定的"其他毒品数量大"，可以判处十五年有期徒刑、无期徒刑或者死刑。该案杜冷丁3000支（100mg支）重300克，超过了此量刑幅度的起刑点不多；替苯丙胺（MDA）重833.1克，虽大大超过了此量刑幅度的起刑点，但在司法实践中，替苯丙胺（MDA）尚没有明确的判处死刑的数量标准，一般不宜判处死刑立即执行。据此，最高人民法院复核认为，考虑到行为人贩卖的海洛因含量极低，杜冷丁数量刚刚超过"其他毒品数量大"的标准，替苯丙胺（MDA）缺乏死刑量刑的数量标准，综合涉案三种毒品的犯罪情况，尚未达到罪行极其严重的程度，一般不应判处死刑，同时考虑到行为人具有检举他人重大犯罪已查证属实的情节，在量刑时还应进一步从轻，所以最高人民法院对行为人改判无期徒刑，准确掌握贩卖多种毒品犯罪案件的量刑原则。［参见第430号案例，王某贩卖毒品案，载《刑事审判参考》总第54辑（2007年第1辑），法律出版社，第64～65页。执笔：宋楚潇　姜永义］

▽案发时盐酸氯胺酮注射液并未被规定为毒品和制毒物品，非法买卖、运输盐酸氯胺酮注射液的行为不构成贩卖、运输毒品罪

案发时盐酸氯胺酮注射液并未被规定为毒品，非法买卖、运输盐酸氯胺酮注射液的行为不构成贩卖、运输毒品罪。案发时盐酸氯胺酮注射液不是制毒物品，非法买卖盐酸氯胺酮注射液的行为不构成非法买卖制毒物品罪。2004年4月30日，最高人民法院研究室发布的《关于非法买卖盐酸氯胺酮行为法律适用问题的答复》规定："行为人在2003年2月原国家药品监督管理局发布《关于氯胺酮管理问题的补充通知》以前非法买卖盐酸氯胺酮，构成犯罪的，按照非法买卖制毒物品罪追究刑事责任。"该规定也仅仅是明确了2003年2月以前盐酸氯胺酮按照制毒物品处理，而并未涉及盐酸氯胺酮注射液的性质。从上述分析可以看出，本案案发时，没有任何法律、法规及司法解释将盐酸氯胺酮注射液规定为制毒物品。［参见第448号案例，古展群等非法经营案，载《刑事审判参考》总第57辑（2007年第4辑），法律出版社，第13～16页。执笔：倪亚琴　章政］

▽被告人走私的美沙酮片剂虽然规格和含量明确，而且含量较低，但不能以含量折算毒品数量

一是刑法明确规定走私毒品的数量不以纯度折算。1990年12月《全国人大常委会关于禁毒的决定》（以下简称《决定》）（2008年6月1日废止）是我国第一部系统规定禁毒的法律，其中对毒品犯罪的定罪和处罚进行了系统规定，成为1997年刑法修订以前毒品犯罪案件刑事审判的重要依据。1994年

12月印发的《最高人民法院关于执行〈全国人大常委会关于禁毒的决定〉的若干问题的解释》第19条规定:“海洛因的含量在25%以上的,可视为《决定》和本解释中所指的海洛因。含量不够25%的,应当折合成含量为25%的海洛因计算数量。”应当说,当时的法律和司法解释规定毒品的数量应当以含量进行折算。但是1997年刑法对全国人大常委会《决定》中关于毒品犯罪的内容予以了吸收,在保留全国人大常委会《决定》主要条款的基础上,在本条第二款中规定:“毒品的数量以查证属实的走私、贩卖、运输、制造、非法持有毒品的数量计算,不以纯度折算。”立法上由规定毒品数量以含量折算到不以含量折算毒品数量,发生了巨大转变。究其原因,一般认为系因为毒品犯罪日益猖獗,出于严厉打击毒品犯罪的目的,体现了“严打”的精神,也便于司法机关调查取证,操作起来简便易行。二是美沙嗣片剂不能参照执行杜冷丁、盐酸二氢埃托啡的针剂和片剂以含量折算后确定数量的特殊规则。2000年4月20日发布的《最高人民法院关于审理毒品案件定罪量刑标准有关问题的解释》规定,杜冷丁、盐酸二氢埃托啡的针剂和片剂均是以含量折算后确定数量。之所以对这两类毒品的针剂、片剂要折算含量的原因在于:第一,毒品案件中杜冷丁和盐酸二氢埃托啡绝大部分是从药品生产、使用单位流入非法渠道的针剂和片剂,而针剂、片剂中杜冷丁或盐酸二氢埃托啡的含量很小,总重量中其他成分(如淀粉、蒸馆水)及针剂的容器占了相当的比重,因此,如果规定以总重量为毒品数量,势必同杜冷丁和盐酸二氢埃托啡的实际数量有明显差距。第二,在生产杜冷丁和盐酸二氢埃托啡的针剂、片剂时,这两种物质的含量是有严格标准的,对其他成分的量则没有严格的要求。司法实践中可能出现总重量相同而毒品含量不同,或是总重量不同而含量相同的情况。如以查获毒品的总重量作为数量标准,则无论出现上述任何一种情况都可能造成量刑失衡。第三,对这两种毒品规定以含量为毒品数量,并不会涉及毒品的鉴定问题,因而也就不会给司法实践带来操作上的困难。由于杜冷丁和盐酸二氢埃托啡的规格是确定的,根据规格很容易计算出杜冷丁和盐酸二氢埃托啡的含量。但美沙酮片剂却不可参照执行上述规定,原因在于:美沙酮是一种人工合成的麻醉药品。美沙酮替代疗法在海洛因开始泛滥的时期,成为戒毒脱瘾治疗的一种治疗模式,是阿片类依赖的主要脱瘾治疗和维持治疗方法。虽然本案中美沙酮药片的规格和含量是确定的,但是并非所有美沙酮制剂的规格和含量都是固定的,而是不同的美沙酮制剂有着不同的规格和含量,与杜冷丁和盐酸二氢埃托啡的以上三种特殊情况并不相同。三是司法解释对美沙酮毒品犯罪的量刑规定了明确的标准。最高人民法院、最高人民检察院、公安部2007年12月18日印发的《办理毒品犯罪案件适用法律若干问题的意见》第三条第二项规定美沙酮200克以上不满1千克属“毒品数量较大”,第四项规定“上述毒品品种包括盐和制剂”。可见,司法解释明确规定,对美沙酮片剂的数量是不以含量折算的。综上所述,被告人走私的毒品美沙酮片剂虽然规格和含量固定,而且根据规格计算含量为3.33%,含量较低,但不能以含量折算毒品数量。[参见第638号指导案例,傅伟光走私毒品案,载《刑事审判参考》总第75集(2010年第4集),第61~63页。撰稿:陈剑 黄超荣]

▽走私的毒品美沙酮片剂含量低,量刑时可以酌情从轻处罚

虽然刑法明确规定“毒品的数量以查证属实的走私、贩卖、运输、制造、非法持有毒品的数量计算,不以纯度折算”,但是毒品纯度却是一项重要的量刑情节,这是不同纯度毒品社会危害性差异的要求,更是罪责刑相适应原则的要求。一是不同纯度毒品社会危害性差异的要求。一般认为,纯度高的毒品社会危害性大,而纯度低的毒品社会危害性相对较小。首先,毒品的纯度越高,其毒理作用越强,对人体的危害越严重。其次,高纯度的毒品易稀释成低纯度的毒品。一份高纯度的毒品,经过简单加工就可以稀释成几十份低纯度的毒品,数量呈几十倍的增长,流入社会面更广,危害性更大。最后,纯度的高低反映了距离毒品源的远近。一般而言,距离毒品源越近,毒品的纯度越高。毒品犯罪分子为获取更大的经济利益,不断稀释或掺假,毒品源越往下层发展毒品的纯度越低,最后到达吸毒人员手中供直接吸食的毒品纯度则十分低了。由此可见,毒品纯度的不同反映出距离毒品源远近的不同,进而反映出其社会危害性的不同。二是罪责刑相适应原则的要求。罪责刑相适应原则是刑法的一项基本原则。

《刑法》第五条明确规定:“刑罚的轻重,应当与犯罪分子所犯罪行和承担的刑事责任相适应。”如前所述,不同纯度的毒品社会危害性从多个角度而言均大不一样。如果仅仅以毒品的绝对重量来确定刑罚,完全不考虑毒品的纯度问题则势必导致量刑的不均衡,与罪责刑相适应原则背道而驰。本案被告人走私的毒品美沙酮片剂一般作为“戒毒替代药”,其社会危害性较单纯用于吸食的毒品要低;而且药片的规格和含量也是确定的,根据本案涉案毒品美沙酮片剂的规格,计算出美沙酮含量约为3.33%,含量较低,因此,对被告人量刑时可以酌情从轻处罚。被告人走私毒品美沙酮383.5克,根据最高人民法院、最高人民检察院、公安部2007年12月18日印发的《办理毒品犯罪案件适用法律若干问题的意见》第三条第二项的规定,美沙酮200克以上不满1千克属“毒品数量较大”,依法应判处七年以上有期徒刑,并处罚金。一审法院对其酌情从轻处罚,以走私毒品罪判处其有期徒刑七年,并处罚金人民币五千元,充分体现了罪责刑相适应原则。[参见第638号指导案例,傅伟光走私毒品案,载《刑事审判参考》总第75集(2010年第4集),第63~64页。撰稿:陈剑 黄超荣]

▽制造毒品案件中,公安机关缴获的含甲基苯丙胺的液态毒品与含甲基苯丙胺的晶体状毒品在毒品性质、毒品含量及社会危害性上均有区别,判处死刑应当特别慎重

(一)制造毒品案件中缴获的含有甲基苯丙胺成分的液体或固液混合毒品与毒品消费、流通环节能直接吸食的成品毒品,在毒品性质上并不完全一样。我国法律对毒品的概念有明确的规定。1997年《刑法》第三百五十七条及2008年6月1日起施行的《禁毒法》规定,毒品是指鸦片、海洛因、甲基苯丙胺(冰毒)、吗啡、大麻、可卡因,以及国家规定管制的其他能够使人形成瘾癖的麻醉药品和精神药品。1961年联合国大会通过了《麻醉品单一公约》,1971年通过了《精神药物公约》,1988年又通过了《禁止非法贩运麻醉药品和精神药物公约》,以上三个公约对毒品作出了统一释义。根据上述国际公约,所谓“毒品”,是指国际公约规定的受控制的麻醉品和精神药品。我国作为以上三个公约的缔约国,刑法中的毒品概念与国际公认的毒品概念基本吻合。2014年8月20日,最高人民法院、最高人民检察院、公安部联合印发了《关于规范毒品名称表述若干问题的意见》,其中规定:“对于含甲基苯丙胺成分的晶体状毒品,应当统一表述为甲基苯丙胺(冰毒)……对于含甲基苯丙胺成分的液体、固液混合物、粉末等,应当根据其毒品成分和具体形态进行表述,如表述为含甲基苯丙胺成分的液体、含甲基苯丙胺成分的粉末等。”市场流通环节中的冰毒,主体化学成分是甲基苯丙胺,但实质为甲基苯丙胺盐酸盐,因此冰毒并不能完全等同于甲基苯丙胺。然而,实践中遇到的问题复杂多变。制定法律、解释法律时,立法机关、司法机关面对的多数是固体海洛因、晶体冰毒等常见形态,故而确定毒品性质时以常见形态来确定。但随着制毒技术、工艺的发展、普及,制造毒品案件出现了大量的新情况、新问题。如在制造甲基苯丙胺案件中,除查获毒品成品外,往往还会查获大量含有甲基苯丙胺成分的液体、固液混合物、块状物、粉末状物等非常态物质。这些物质通常是制毒过程中产生的半成品,甚至是废液废料,也可能是用于加工其他毒品的原料。如何认定这些半成品的物质性质?由于毒品具有滥用性、依赖性、危害性、管制性四大特征,因此,在定义毒品成品时,通常是指可以直接用于销售和滥用的毒品,而毒品半成品通常是指未制成成品前的中间产品。通过化学方法制造毒品的,一般已经全部或者部分完成化学反应,但对于以制造甲基苯丙胺为最终目的的犯罪,制成含有甲基苯丙胺成分的晶体的,才能视为制出成品,制出含甲基苯丙胺成分的液体、固液混合物等的,应视为制出半成品。本案被告人购买的是含有甲基苯丙胺成分的液体,不属于毒品成品。被告人对其中的部分液体进行加工后,虽然甲基苯丙胺含量有所提高,但并未结晶,仍不具有可直接被吸食和消费的属性,故其加工产物不是毒品成品,而是半成品。毒品半成品不能直接被吸食消费,销售环节中也只有那些需要继续加工的人会购买,否则销售不出去,因此不存在滥用性。而成品毒品是可以直接吸食的,容易被滥用并有明确的社会危害性。

(二)含甲基苯丙胺的液态毒品的定量(转化率)问题。1997年《刑法》第三百五十七条第二款规定,毒品的数量以查证属实的走私、贩卖、运输、制造、非法持有毒品的数量计算,不以纯度折算。2015

年5月20日,最高人民法院印发的《武汉会议纪要》明确规定了毒品数量的认定,强调对于无法再加工出成品、半成品的废液、废料则不应计入制造毒品的数量。根据国家毒品实验室有关专家给出的意见,对于毒品含量在0.2%以下的物质即可以视为废液、废料。毒品的纯度大小表明了毒品内含有毒性成分的大小,吸食量和吸食效果主要取决于毒品中的有效成分,也就是毒品的含量。纯度高的毒品,流入社会后其危害性必然大于纯度低的毒品。因此,2007年12月,最高人民法院、最高人民检察院、公安部联合出台了《办理毒品犯罪案件适用法律若干问题的意见》,其中规定:"可能判处死刑的毒品犯罪案件,毒品鉴定结论中应有含量鉴定的结论。"本案在二审期间,合议庭曾就液态毒品的定量(转化率)问题咨询有关专家。有关专家表示,用液体的重量乘以毒品含量得出一个数值来对液态毒品比照固态毒品进行定量是不妥的。因为液态毒品的转化率受很多因素影响,包括制毒原材料、制毒工艺、使用的反应釜、制毒频率等。另外,转化过程中还存在损耗问题。由于液态毒品(毒品半成品)在转化(为毒品成品)过程中受很多不确定因素的影响,因此无法定量。假设该液态毒品能够完成生产流程,如想要定量,需要收集上述制造毒品的原材料、工艺、规律、频率甚至发货单、进货单、用电量、用水量等证据,并根据有关专业知识进行实验确定。像本案被告人这样,买回半成品,根据道听途说的制毒方法试制冰毒,但一直未能结晶的,客观上很难定量。本案被告人经加工,制造出10余千克甲基苯丙胺含量14.74%。至37.54%不等的液体,对该10余千克含甲基苯丙胺成分的液体,应当全部认定为其制造毒品的数量。被告人对查获的另外8.55千克含甲基苯丙胺成分的黑色液体,虽然尚未实施加工行为,也可一并认定为其制造毒品的数量,但在量刑时应酌情考虑。至于涉案半成品最终能制造出多少成品,受诸多因素影响,目前不能根据含量简单推算。

(三)含甲基苯丙胺的液态毒品的社会危害性相对较小,对缴获的毒品均呈液态的制造毒品案件,判处死刑应当特别慎重。《大连会议纪要》规定,已经制成毒品,达到实际掌握的死刑数量标准的,可以判处死刑;数量特别巨大的,应当判处死刑。根据上述规定,在决定能否对被告人判处死刑时,制出成品的数量是更为重要的考虑因素。认定的制造毒品数量虽已达到实际掌握的死刑数量标准,但尚未制造出成品的,或者仅制造出少量成品,绝大多数为粗制毒品或者半成品的,由于其社会危害与已经制成成品待售的情形有明显不同,故一般不宜对被告人适用死刑。这样考虑的原因在于,毒品半成品因无法被直接吸食、消费,与毒品成品的危害紧迫性不一样,其客观危害没那么紧迫。此外,毒品犯罪的数量虽然能反映毒品犯罪行为社会危害性的大小,对定罪量刑有非常重要的意义,但它仍只是依法惩处毒品犯罪的一个基础情节,而不是唯一情节。因此,在执行毒品犯罪数量标准时不能将之简单化、绝对化,特别是对被告人可能判处死刑的案件,更不能简单地将数量标准作为判处死刑的唯一尺度。是否判处死刑还必须综合考虑被告人犯罪情节、危害后果、主观恶性等多种因素。本案被告人购八原料即为毒品半成品,由于加工工艺等问题,被告人始终未能制出成品。从被告人的犯罪手段来看,其制毒所用工具均来自普通家庭厨房所用,并非专门用来加工毒品的器皿,说明其非长期制毒人员,其应不属于制毒惯犯,且其采取的加工工艺简单,也并未实际制造出毒品成品。综合考虑被告人的犯罪情节、危害后果及主观恶性,并考虑其归案后能够如实供述主要犯罪事实,依法可以从轻处罚,故最高人民法院裁定依法不核准被告人死刑。(参见第1228号指导案例,林清泉制造毒品案,载《刑事审判参考》总第112集,第64~69页。撰稿:罗敏 罗华)

第八节 组织、强迫、引诱、容留、介绍卖淫罪

第三百五十八条 【组织卖淫罪】【强迫卖淫罪】组织、强迫他人卖淫的,处五年以上十年以下有期徒刑,并处罚金;情节严重的,处十年以上有期徒刑或者无期徒刑,并处罚金或者没收财产。

组织、强迫未成年人卖淫的,依照前款的规定从重处罚。

犯前两款罪,并有杀害、伤害、强奸、绑架等犯罪行为的,依照数罪并罚的规定处罚。

【协助组织卖淫罪】为组织卖淫的人招募、运送人员或者有其他协助组织他人卖淫行为的,处五年以下有期徒刑,并处罚金;情节严重的,处五年以上十年以下有期徒刑,并处罚金。(本条是根据《中华人民共和国刑法修正案(九)》之四十二修改的,自2015年11月1日起施行。)

刑法本条原文:组织他人卖淫或者强迫他人卖淫的,处五年以上十年以下有期徒刑,并处罚金;有下列情形之一的,处十年以上有期徒刑或者无期徒刑,并处罚金或者没收财产:

(一)组织他人卖淫,情节严重的;

(二)强迫不满十四周岁的幼女卖淫的;

(三)强迫多人卖淫或者多次强迫他人卖淫的;

(四)强奸后迫使卖淫的;

(五)造成被强迫卖淫的人重伤、死亡或者其他严重后果的。

有前款所列情形之一,情节特别严重的,处无期徒刑或者死刑,并处没收财产。

为组织卖淫的人招募、运送人员或者有其他协助组织他人卖淫行为的,处五年以下有期徒刑,并处罚金;情节严重的,处五年以上十年以下有期徒刑,并处罚金。(本条第三款是根据《中华人民共和国刑法修正案(八)》之四十八修改的,自2011年5月1日起施行。)

刑法本条第三款:【协助组织卖淫罪】协助组织他人卖淫的,处五年以下有期徒刑,并处罚金;情节严重的,处五年以上十年以下有期徒刑,并处罚金。(此款为刑法修正案(八)前原文)

■最高人民检察院、公安部关于公安机关管辖的刑事案件立案追诉标准的规定(一)(2008年6月25日)

第七十五条　[组织卖淫案(刑法第三百五十八条第一款)]以招募、雇佣、强迫、引诱、容留等手段,组织他人卖淫的,应予立案追诉。

第七十六条　[强迫卖淫案(刑法第三百五十八条第一款)]以暴力、胁迫等手段强迫他人卖淫的,应予立案追诉。

■最高人民检察院、公安部关于公安机关管辖的刑事案件立案追诉标准的规定(一)的补充规定(2017年4月27日)

第七十七条　[协助组织卖淫案(刑法第三百五十八条第四款)]在组织卖淫的犯罪活动中,帮助招募、运送、培训人员三人以上,或者充当保镖、打手、管账人等,起帮助作用的,应予立案追诉。

■最高人民法院、最高人民检察院关于办理组织、强迫、引诱、容留、介绍卖淫刑事案件适用法律若干问题的解释(2017年7月25日)

第一条　以招募、雇佣、纠集等手段,管理或者控制他人卖淫,卖淫人员在三人以上的,应当认定为刑法第三百五十八条规定的"组织他人卖淫"。

组织卖淫者是否设置固定的卖淫场所、组织卖淫者人数多少、规模大小,不影响组织卖淫行为的认定。

第二条　组织他人卖淫,具有下列情形之一的,应当认定为刑法第三百五十八条第一款规定的"情节严重":

(一)卖淫人员累计达十人以上的;

(二)卖淫人员中未成年人、孕妇、智障人员、患有严重性病的人累计达五人以上的;

(三)组织境外人员在境内卖淫或者组织境内人员出境卖淫的;

(四)非法获利人民币一百万元以上的;

(五)造成被组织卖淫的人自残、自杀或者其他严重后果的;

(六)其他情节严重的情形。

第三条　在组织卖淫犯罪活动中,对被组织卖淫的人有引诱、容留、介绍卖淫行为的,依照处罚较重的规定定罪处罚。但是,对被组织卖淫的人以外的其他人有引诱、容留、介绍卖淫行为的,应当分别定罪,实行数罪并罚。

第四条　明知他人实施组织卖淫犯罪活动而为其招募、运送人员或者充当保镖、打手、管账人等的,依照刑法第三百五十八条第四款的规定,以协助组织卖淫罪定罪处罚,不以组织卖淫罪的从犯论处。

在具有营业执照的会所、洗浴中心等经营场所担任保洁员、收银员、保安员等,从事一般服务性、劳务性工作,仅领取正常薪酬,且无前款所列协助组织卖淫行为的,不认定为协助组织卖淫罪。

第五条　协助组织他人卖淫,具有下列情形之一的,应当认定为刑法第三百五十八条第四款规定的"情节严重":

(一)招募、运送卖淫人员累计达十人以上的;

(二)招募、运送的卖淫人员中未成年人、孕妇、智障人员、患有严重性病的人累计达五人以上的;

(三)协助组织境外人员在境内卖淫或者协助组织境内人员出境卖淫的;

(四)非法获利人民币五十万元以上的;

(五)造成被招募、运送或者被组织卖淫的人自残、自杀或者其他严重后果的;

(六)其他情节严重的情形。

第六条　强迫他人卖淫,具有下列情形之一的,应当认定为刑法第三百五十八条第一款规定的"情节严重":

(一)卖淫人员累计达五人以上的;

(二)卖淫人员中未成年人、孕妇、智障人员、患有严重性病的人累计达三人以上的;

(三)强迫不满十四周岁的幼女卖淫的;

(四)造成被强迫卖淫的人自残、自杀或者其他严重后果的;

(五)其他情节严重的情形。

行为人既有组织卖淫犯罪行为,又有强迫卖淫犯罪行为,且具有下列情形之一的,以组织、强迫卖淫"情节严重"论处:

(一)组织卖淫、强迫卖淫行为中具有本解释第二条、本条前款规定的"情节严重"情形之一的;

(二)卖淫人员累计达到本解释第二条第一、二项规定的组织卖淫"情节严重"人数标准的;

(三)非法获利数额相加达到本解释第二条第四项规定的组织卖淫"情节严重"数额标准的。

第七条　根据刑法第三百五十八条第三款的规定,犯组织、强迫卖淫罪,并有杀害、伤害、强奸、绑架等犯罪行为的,依照数罪并罚的规定处罚。协助组织卖淫行为人参与实施上述行为的,以共同犯罪论处。

根据刑法第三百五十八条第二款的规定,组织、强迫未成年人卖淫的,应当从重处罚。

第十五条　本解释自2017年7月25日起施行。

■最高人民法院、最高人民检察院、公安部、司法部关于依法惩治性侵害未成年人犯罪的意见(2013年10月23日)

一、基本要求

1.本意见所称性侵害未成年人犯罪,包括刑法第二百三十六条、第二百三十七条、第三百五十八条、第三百五十九条、第三百六十条第二款规定的针对未成年人实施的强奸罪,强制猥亵、侮辱妇女罪,猥亵儿童罪,组织卖淫罪,强迫卖淫罪,引诱、容留、介绍卖淫罪,引诱幼女卖淫罪,嫖宿幼女罪等。

2.对于性侵害未成年人犯罪,应当依法从严惩治。

三、准确适用法律

26.组织、强迫、引诱、容留、介绍未成年人卖淫构成犯罪的,应当从重处罚。强迫幼女卖淫、引诱幼女卖淫的，应当分别按照刑法第三百五十八条第一款第（二）项、第三百五十九条第二款的规定定罪处罚。

对未成年人负有特殊职责的人员、与未成年人有共同家庭生活关系的人员、国家工作人员，实施组织、强迫、引诱、容留、介绍未成年人卖淫等性侵害犯罪的，更要依法从严惩处。

▼浙江省高级人民法院、浙江省人民检察院关于办理组织卖淫及相关刑事案件适用法律问题的纪要（全文）（2014年10月27日）

一、组织卖淫罪，是指以招募、雇佣、引诱、容留、强迫等手段。控制多人从事卖淫的行为。控制多人从事卖淫是本罪的本质特征，是本罪与引诱、容留、介绍卖淫罪、引诱幼女卖淫罪的主要区别。“控制”包括对卖淫人员的控制和对卖淫活动的控制。限制卖淫人员人身自由，限制或者禁止卖淫人员与外界进行联系，扣押证件、扣留行李、财物等卖淫人员物品，使得卖淫人员不得不持续卖淫的，属于对卖淫人员的控制。对卖淫活动进行指挥、安排、调度、指派、卖淫人员对何时卖淫、向何人卖淫、如何收费等卖淫事项无自主决定权的，属于对卖淫活动的控制。

旅馆业、饮食服务业、文化娱乐业、出租汽车业等单位的人员，利用本单位的条件，控制多人从事卖淫活动的，构成组织卖淫罪。单位主要负责人构成本罪的，从重处罚。

二、强迫卖淫罪，是指以暴力、胁迫或者其他手段，迫使他人卖淫的行为。

强迫幼女与自己发生性行为，即使支付性交易对价的，也应认定为强奸罪。强奸幼女后迫使卖淫的，应认定为强迫卖淫罪并从重处罚。

组织卖淫罪着重点在控制多人卖淫，强迫卖淫罪没有“多人”的要求，只要以暴力、胁迫等手段，迫使他人卖淫，即可构成。控制2人以下卖淫，既有招募、雇佣、引诱、容留行为，又有强迫行为的，只定强迫卖淫一罪；只有招募、雇佣、引诱、容留行为的，定引诱、容留卖淫罪。控制3人以上卖淫，既有招募、雇佣、引诱、容留行为，又有强迫行为的，只定组织卖淫一罪。

三、协助组织卖淫罪，是指明知他人组织卖淫，而协助招募、运送人员，或者充当保镖、打手、管账人等协助组织卖淫的行为。被协助的行为不构成组织卖淫罪，只构成强迫卖淫罪的，对协助行为人以强迫卖淫罪论处。

四、组织卖淫罪、强迫卖淫罪、协助组织卖淫罪，如果可以明显区分共同犯罪中的主从犯的，可以按照各行为人在共同犯罪中地位和作用的大小，予以区分主从犯。

五、在我国刑法分则中，引诱、容留、介绍卖淫，既可以是独立的犯罪行为，也可以是组织卖淫罪的具体手段，在审判实践中要注意区分此罪与彼罪。无论有无营利目的，只实施了引诱、容留、介绍卖淫行为，对卖淫人员、卖淫活动没有实施组织控制的，不构成组织卖淫罪，而应依其具体实施的行为构成选择性罪名即引诱、容留、介绍卖淫罪。

旅馆业、饮食服务业、文化娱乐业、出租汽车业等单位的人员，利用本单位的条件，允许或者放任他人在自己经营的场所内卖淫的，构成容留卖淫罪。明知他人系卖淫活动而在自己经营的场所内放置名片、标签、传单等进行广告宣传的，可以构成介绍卖淫罪。

网站、移动通讯终端等的建立者、管理人员，明知他人系卖淫活动而在自己管理、经营的平台上发布广告宣传的，可以构成介绍卖淫罪。

六、组织卖淫，具有下列情形之一的，可以认定为情节严重，处十年以上有期徒刑或者无期徒刑，并处罚金或者没收财产：

1. 组织10人以上不满30人卖淫的；

2. 组织多人卖淫300次以上的；

3. 组织3名以上不满10名不满十四周岁的未成年人、孕妇或者患有艾滋病、严重性病的人卖淫的；

4. 造成被组织卖淫的人重伤或者其他严重后果的;

5. 情节严重的其他情形。

具有下列情形之一的,可以认定为情节特别严重,处无期徒刑或者死刑,并处没收财产:

1. 组织30人以上卖淫的;

2. 组织10名以上不满十四周岁的未成年人、孕妇或者患有艾滋病、严重性病的人卖淫的;

3. 情节特别严重的其他情形。

七、协助组织卖淫,具有下列情形之一的,可以认定为情节严重,处五年以上十年以下有期徒刑,并处罚金:

1. 协助组织10人以上卖淫的;

2. 协助组织多人卖淫300次以上的;

3. 协助组织3名以上不满10名不满十四周岁的未成年人、孕妇或者患有艾滋病、严重性病的人卖淫的;

4. 使用暴力、胁迫或者其他威胁手段协助组织他人卖淫,造成被组织卖淫的人轻微伤以上后果的;

5. 造成被组织卖淫的人重伤、死亡或者其他严重后果的;

6. 情节严重的其他情形。

八、引诱、容留、介绍卖淫,具有下列情形之一的,处五年以下有期徒刑、拘役或者管制,并处罚金:

1. 引诱、容留、介绍卖淫2人次以上不满20人次的;

2. 引诱、容留、介绍已满十四周岁不满十八周岁的未成年人卖淫的;

3. 容留、介绍不满十四周岁的幼女卖淫的;

4. 引诱、容留、介绍孕妇卖淫的;

5. 引诱、容留、介绍患有艾滋病、严重性病的人卖淫的;

6. 利用网络发布招嫖信息、散发小广告等介绍卖淫的;

7. 引诱、容留、介绍卖淫构成犯罪的其他情形。

具有下列情形之一的,可以认定为情节严重,处五年以上有期徒刑,并处罚金:

1. 引诱、容留、介绍卖淫20人次以上的;

2. 引诱、容留、介绍卖淫3人次以上,且其中1次具有前款第2项至第5项规定情形之一的;

3. 引诱、介绍他人到境外卖淫或者引诱、容留、介绍境外人员到境内卖淫的;

4. 情节严重的其他情形。

▼浙江省高级人民法院关于印发《全省法院刑事审判疑难问题研讨会纪要》的通知(2012年2月24日)

十一、关于卖淫类犯罪的处理

行为人明知他人从事组织卖淫犯罪活动而共同出资,即使没有参与实施卖淫组织管理等具体行为,也应认定为组织卖淫犯罪的共犯。对出资比例较小且没有参与卖淫组织决策、日常管理的,可认定为从犯。

对以相应的管理制度或者管理手段对卖淫女实施控制的行为人,以及在卖淫组织中起管理作用的"领班"、"经理"等受雇人员,应以组织卖淫罪定性处罚。对仅起辅助作用的工作人员,如收银员、服务员等,确有追究刑事责任必要的,应以协助组织卖淫罪定性处罚。

○"多次强迫他人卖淫"的司法认定

强迫卖淫罪是指以暴力、胁迫或者其他手段,违背他人意志,强行迫使他人不得不从事卖淫活动。强迫卖淫罪的核心就是强迫他人违背自己的意愿不得不从事卖淫活动,因此,构成本罪的关键是:一、行为人对被害人实施了暴力、胁迫以及其他准强迫行为;二、行为人强迫的内容必须是要求被害人去从事卖淫活动而非其他。强迫卖淫罪是一种以侵犯他人人身权利尤其是性的不可侵犯的权利为主要客体的严重犯罪,其法定最低刑即为5年有期徒刑。为充分保护被害人的人身权利,本罪应当属于行为犯,即只要行为人完成了法条所要求的旨在迫使他人违背意愿接受从事卖淫活动的强迫行为,就应当认定为犯罪既遂。至于强迫卖淫成功与否,被强迫人是否已完成卖淫活动、强迫人是否因此从中获利与否,均不影响本罪既遂的成立。众所周知,在行为人实施完毕强迫被害人卖淫行为之后,受害人违背自己意愿单独与嫖客接触时,出于自我保护的考虑,往往又会拒绝卖淫或者借机脱逃,也有可能因为嫖客的因素或者其他外在的客观因素,使卖淫活动未能进行或完成。凡此种种情形下,由于行为人强迫他人卖淫的行为已经实施完毕,其强迫行为的预期效果也已达到,仅是强迫的内容与目的未能如愿实现,不影响强迫卖淫罪既遂的成立。强迫他人卖淫的行为在实践中是多样的。有的可能是实施了1次总括的强迫行为,就已迫使他人就范,连续实施多次卖淫活动。也有的可能每次卖淫前都要重复实施1次强迫行为。至于始初一次、二次强迫不成功,而后强迫成功也是十分常见的。因此,准确认定强迫他人卖淫的次数,应当符合司法实际,遵循既有利于严厉打击强迫他人卖淫的犯罪人,也有利于充分保护被害人的合法权益。基于此,无论行为人强迫他人(1人)卖淫成功与否,只要对1人强迫次数达3次以上或者强迫他人(1人)卖淫3次以上的,均应认定为多次强迫他人卖淫。[参见《刑事审判参考》总第26辑(2002年第3辑),法律出版社,第206~207页。]

▽"卖淫"的内涵

"卖淫"的内涵,包括:女性以营利为目的,与不特定男性从事性交易的行为;男性以营利为目的,与不特定女性从事性交易的行为;以营利为目的,与不特定同性从事性交易的行为。其本质特征是以营利为目的,向不特定的人出卖肉体的行为。[参见第19号案例,李宁组织卖淫案,载《刑事审判指导》总第2辑(2004年第2辑),人民法院出版社,第49~50页;第303号案例,李宁组织卖淫案,载《刑事审判参考》总第38集(2004年第3集),法律出版社,第140页。执笔:薛剑祥、郇习顶、周加海]

▽组织男性从事同性性交易的行为,构成组织卖淫罪

行为人的行为符合组织卖淫罪的特征。(1)行为人通过张贴广告、登报的方式招聘多名男青年作"公关人员",并为他们制定了严格的《管理制度》进行约束。从《管理制度》的内容看,这些所谓"公关人员"的活动均由行为人及其同伙安排、布置、调度,即均在行为人的控制之下。可见,行为人的行为明显属于组织行为。(2)行为人组织的虽是男性"公关人员",但刑法及其相关立法、司法解释均未曾对刑法中"卖淫"一词的内涵作出过明确界定,均未曾明确限定"卖淫"仅限于异性之间的性交易行为,显然组织卖淫罪对象也应包括男性。因为卖淫的本质特征是以营利为目的,向不特定的人出卖肉体的行为。需要说明的是,绝不能以辞典,尤其是非专业性辞典来对某一刑法用语作字义解释,这往往会造成与刑法规范解释不尽一致,甚至会产生与刑法本身规定相冲突。另外,根据刑法解释原理,对刑法用语,应当适应社会发展,结合现实语境,作出符合同时代一般社会观念和刑法精神的解释,这并不违背罪刑法定原则,相反是贯彻罪刑法定原则的当然要求。[参见第19号案例,李宁组织卖淫案,载《刑事审判指导》总第2辑(2004年第2辑),人民法院出版社,第49~51页。第303号案例,李宁组织卖淫案,载《刑事审判参考》总第38集(2004年第3集),法律出版社,第139~140页。执笔:薛剑祥、郇习顶、周加海]

▽是否有组织性是区分组织卖淫罪和容留卖淫罪的关键

组织卖淫罪,是指以招募、雇佣、强迫、引诱、容留等手段,控制多人从事卖淫的行为。该罪的本质特征在于组织多人进行卖淫,这也是组织卖淫罪与一般引诱、容留卖淫罪的重要区别。从司法实践来看,组织卖淫罪有两种客观表现形式:第一种是有固定卖淫场所的组织卖淫行为;第二种是无固定场所的组织卖淫行为,即组织者操纵、控制多名卖淫人员有组织地进行卖淫活动。无论哪一种形式,组织者都要有组织行为。判定行为人是否有组织行为和居于组织地位应把握以下几个方面:(1)是否建立了卖淫组织。无论是否具有固定的卖淫场所,组织卖淫罪必然要建立相应的卖淫组织。卖淫组织的建立一般首先是组织者采取各种手段纠集卖淫人员,纠集的方法有多种,如招募、雇佣、强迫、引诱、为多次组织其卖淫而容留等。其次,其实施的行为既可能是暴力性、欺骗性的,也可能是非暴力、非欺骗性的,特别是在一些色情行业泛滥的地区,社会上存在数量较多的自愿从事或已经从事卖淫活动的人员,组织者只需提供相应的条件,如设立变相从事卖淫的发廊、歌舞厅、洗浴按摩场所,就很容易纠集到卖淫人员,再进一步发展成地下妓院。在纠集卖淫人员的过程中,组织者是处于发起、负责的地位,其目的是掌握一定的卖淫人员,以实现组织卖淫,从中牟利的目的。(2)是否对卖淫者进行管理。在纠集到多名从事卖淫活动的人员后,组织者要实施一定的管理行为,支配、监督卖淫人员,使之服从、接受管理安排。组织者通过制定、确立相关的人、财、物管理方法,与卖淫人员之间形成组织和被组织、管理和被管理的关系。需要注意的是,组织者对卖淫人员进行人身和财产控制,是组织卖淫罪的一种典型行为,但并不是该罪的构成要件。凡是组织者采取招募、雇佣、强迫、引诱、容留等手段,使卖淫人员处于自己的管理、支配之下,将其卖淫纳入卖淫组织的约束中,均应视为对卖淫者进行管理。(3)是否组织、安排卖淫活动。主要是指组织者在卖淫组织中有无参与组织、安排具体的卖淫活动,具体方式有推荐、介绍卖淫女进行卖淫活动,招揽嫖客,为卖淫活动安排相关服务、保障人员,提供物质便利条件等。容留卖淫罪是仅为卖淫人员提供进行卖淫活动的处所的行为。与组织卖淫罪相比较,容留卖淫罪没有形成卖淫组织,行为人没有组织、管理卖淫活动。组织卖淫的行为人有引诱、容留卖淫行为的,均应作为组织卖淫的手段之一,可作为量刑情节考虑,不实行数罪并罚。但是,根据《刑法》第三百六十一条的规定,旅馆业、饮食服务业、文化娱乐业、出租汽车业等单位的人员,利用本单位的条件,引诱、容留、介绍他人卖淫的,以组织卖淫罪定罪处罚。[参见第78号案例,高洪霞、郑海本等组织卖淫、协助组织卖淫案,载《刑事审判参考》总第11辑(2000年第6辑),法律出版社,第22~24页。执笔:钟宣]

▽对组织卖淫案件的行为人判处重刑的标准

虽然刑法对组织卖淫罪规定了死刑,但从我国一贯坚持少杀、慎杀的刑事政策和刑事法律严格控制死刑来看,对组织卖淫"情节特别严重"的行为人判处死刑,应特别慎重。首先,应严格把握判处死刑的条件。根据《刑法》本条第二款的规定:"情节特别严重",是对组织卖淫犯罪的行为人判处死刑的必要条件。对于"情节特别严重"的掌握,在没有新的司法解释之前,可参照执行1992年12月《最高人民法院、最高人民检察院关于执行〈全国人民代表大会常务委员会关于严禁卖淫嫖娼的决定〉的若干问题的解答》第五条第一款的规定,即"组织他人卖淫的首要分子情节特别严重的;组织他人卖淫情节特别恶劣的;对被组织卖淫者造成特别严重后果的;组织多人多次卖淫具有极大的社会危害性的"。其次,具有上述特别严重的情节,不一定就一律对行为人判处死刑。因为组织卖淫"情节特别严重",仅是对行为人判处死刑的必要条件,而非充分条件。在组织卖淫犯罪行为中,被组织卖淫者是否被强迫、组织者强迫他人卖淫的手段是否残酷等,都与行为人的行为社会危害性大小密切相关。因此,只有罪行极其严重,如造成被组织卖淫者伤残甚至死亡等,不杀不足以平民愤的案件,才可以考虑适用死刑。[参见第78号案例,高洪霞、郑海本等组织卖淫、协助组织卖淫案,载《刑事审判参考》总第11辑(2000年第6辑),法律出版社,第24~25页。执笔:钟宣]

▽组织卖淫罪中的"情节严重"和"情节特别严重"的认定

1992年12月11日最高人民法院、最高人民检察院联合发布的《关于执行〈全国人民代表大会常务委员会关于严禁卖淫嫖娼的决定〉的若干问题的解答》(已失效,本附文以下简称《解答》)的相关规定,组织卖淫可以理解为"以招募、雇佣、强迫、引诱、容留等手段,控制多人从事卖淫的行为",其中的"多人"是指"三"以上的数(含本数)。组织卖淫罪中的"情节特别严重",主要是指组织他人卖淫的首要分子情节特别严重的、组织他人卖淫手段特别恶劣的、对被组织卖淫者造成特别严重后果的、组织多人多次卖淫具有极大的社会危害性的等。从现有判例来看,一些法院在审理组织卖淫案件时,往往只是关注被组织卖淫者的人数和卖淫次数，将这两项指标作为评价组织卖淫罪社会危害性大小的主要标准，而忽略其他量刑情节的作用，形成"唯数量论"。按照本案所在省审判实践中掌握的标准，构成组织卖淫罪"情节严重"的一般是指组织他人卖淫10～20人次，其余情形虽然包括组织未满14周岁幼女卖淫、组织明知有性病的人卖淫、组织精神病患者卖淫等，但往往将组织卖淫的人次作为是否构成"情节严重"的主要评价标准。然而，从实践中查处的情况看，法院最后认定该类案件的组织卖淫人次，动辄成百上千次，甚至达到万次，往往大大超过10～20人次的"情节严重"的标准。虽然从刑法对数额犯设置法定刑的一般原则分析，每上升一个法定刑档次，涉案数额会上升3倍或者5倍。但如按照这一原则，现有的组织卖淫犯罪被告人多半都能认定为"情节特别严重"。如此就会带来很大的实践问题。组织卖淫罪中"情节特别严重"的起点刑为无期徒刑，在一个组织卖淫案件当中，老板、总经理、主管、领班等人实施组织行为，无疑要对全部罪行承担刑事责任，如均在无期徒刑以上刑罚量刑，显然量刑过重。而且，老板是出资者，作用一般大于总经理和主管等人。如果仅因人数、次数众多而没有造成其他严重后果，就对老板判处死刑，容易造成罪刑不相适应；如果对老板判处无期徒刑，则与其余被判处无期徒刑的经理、主管等人相比，无法体现出行为人作用、地位的不同，容易造成罪刑不均衡。组织卖淫罪是一种侵犯社会治安管理秩序和良好社会风尚的犯罪，其重刑设置有着特殊的时代背景。随着社会形势的发展变化，在立法没有变动的情况下，人民法院应当妥善把握量刑情节的适用，以适应现实情况的变化，实现裁判法律效果与社会效果的统一。对于组织卖淫罪中"情节严重"和"情节特别严重"的认定，既要看到组织卖淫的次数、人数对社会造成的危害，又不能将规模、人次作为量刑的唯一标准，而应综合考虑各种因素，包括组织卖淫的手段、后果，行为人在共同犯罪中的地位、作用，有无组织未成年人尤其是未满14周岁的未成年人卖淫，有无组织患有严重性病的卖淫者卖淫，有无强奸被组织的卖淫者，有无对被组织的卖淫者造成严重后果等，加以综合分析判断。其中，对犯罪"情节特别严重"的被告人适用死刑，应当特别慎重。只有罪行极其严重，如手段极其恶劣，造成被组织卖淫者伤残甚至死亡等，社会影响极坏的，才考虑适用死刑。另外，从法律适用层面看，新修订的《刑法》在附则第四百五十二条规定，《全国人民代表大会常务委员会关于严禁卖淫嫖娼的决定》中有关刑事责任的规定已纳入本法，自本法施行之日起，适用本法规定。根据1997年3月25日最高人民法院颁布的《关于认真学习贯彻修订的〈中华人民共和国刑法〉的通知》第五条的规定，对最高人民法院原作出的，对已明令废止的全国人大常委会有关决定和补充规定的司法解释，如果修订的刑法有关条文实质内容没有变化的，人民法院在刑事审判工作中，在没有新的司法解释前，可参照执行。《解答》是在1997年刑法修订之前发布的，根据上述规定，在没有新的司法解释出台之前，人民法院可以参照执行。从具体的实务操作层面看，《解答》只规定了"组织多人多次卖淫具有极大的社会危害性的"属于犯罪"情节特别严重"，没有具体区分"情节严重"和"情节特别严重"的量刑标准，在司法实践中可操作性不强。从前文所提的司法实践中的情况看，对组织卖淫"情节严重"中多人多次的认定应当设置比较高的标准，对"情节特别严重"的认定应当设置更高的标准。鉴于以上原因，在办理组织卖淫类案件时，对《解答》内容不能机械照搬，对《解答》规定的"多人多次"情节也不能机械适用。该道理同样适用于引诱、容留、介绍卖淫罪等罪名的相关司法解释的适用。对于组织卖淫罪中的"情节严重"和"情节特别严重"的认定，应当综合考虑行为人组织卖淫的手段、后果，在共同犯罪中的地位、作用，有无强迫、强奸行为，有无对被组织卖淫者造成严重后果等情节，同时结合组织卖淫的规模、人次，对行为人作出罪责刑相适应的判决。本案中，被告人王某某作为杭州玉皇山庄休闲中心的承包人，首先提起犯意并聘请被告人陈某某担任休闲中心桑拿部总经理，负责管理桑拿部的全部事项。王某某和陈某某之下，还设立了经理和主管，即俗称的"妈咪"，由被告人李某、李某某等人担任，负责招募、培训及管理"按摩小姐"。2006年9月至2010年1月，王某某、陈某某通过广告等形式共招聘了60余名卖淫女，组织卖淫10 000余次，得款560万元以上。李某和李某某根据参与犯罪的时间，分别组织卖淫2100余次和890余次。从各被告人的地位、作用看,王某某是起组织、领导作用的出资人,其制定了卖淫活动流程、收费标准及一系列规章制度,由陈某某、李某、李某某等负责实施。陈某某虽然是总经理,负责管理桑拿部的全部事项,但不具体负责管理该部的"按摩小姐",因此,其作用和李某、李某某相当。陈某某、李某、李某某均是组织卖淫活动的积极参与者,在组织卖淫活动中的作用相对小于王某某。因此,综合本案组织卖淫的持续时间、危害后果、组织卖淫的次数和"按摩小姐"的人数以及各被告人在共同犯罪中的地位、作用等因素;一审、二审法院依法认定王某某、陈某某、李某、李某某犯组织卖淫罪,并认定王某某的犯罪情节特别严重,陈某某、李某、李某某的犯罪情节严重是适当的。[参见第722号指导案例,王剑平等组织卖淫、耿劲松等协助组织卖淫案,载《刑事审判参考》总81集(2011年第4集),第51~55页。撰稿:管延青　聂庆]

▽协助组织卖淫罪中的"情节严重"及主从犯的认定

协助组织卖淫罪,一般是指在组织他人卖淫的共同犯罪中实施协助活动的行为,如帮助招募、运送人员、充当保镖、打手、管账人等。《刑法修正案(八)》第四十八条规定:"将刑法第三百五十八条第三款修改为:'为组织卖淫的人招募、运送人员或者有其他协助组织卖淫行为的,处五年以下有期徒刑,并处罚金;情节严重的,处五年以上十年以下有期徒刑,并处罚金。'"协助组织卖淫罪中也有"情节严重"的法定刑设置,对于该情节的把握,目前也没有相关的法律和司法解释予以明确。有的法院在制定的司法性文件中将协助组织他人卖淫三人次的情形作为"情节严重"的一个标准。该标准容易导致在办理此类案件过程中多数被告人的犯罪行为被认定为"情节严重",从而实质上不适当地提高被告人的刑罚,造成罪责刑不相适应或不均衡,损害司法公信力。在认定协助组织卖淫罪中的"情节严重"时,也不能仅强调协助组织卖淫的次数和人数,要综合考虑各种因素,包括协助组织卖淫的作用大小,有无协助组织未成年人尤其是未满十四周岁的未成年人卖淫,有无协助组织患有严重性病的卖淫者卖淫,是否兼有多种协助组织行为,是否曾因协助组织卖淫受过行政处罚等。要准确认定协助组织卖淫行为的刑事责任,还涉及协助组织卖淫罪主从犯的认定问题。协助组织卖淫,顾名思义,是组织卖淫行为的帮助犯。协助组织卖淫者在有组织的卖淫活动中,依附并受命于组织者,不具有组织卖淫活动的主导权、决策权。在主观上具有协助的明知和故意,在客观上所发挥的只是一种辅助性作用,抑或为组织卖淫的外围行为。协助组织卖淫罪作为一种故意犯罪,从理论上讲,具有与一般犯罪相同的特征,应当可以区分主从犯。如同实行犯有主要实行犯和次要实行犯一样,帮助犯也应有主要帮助犯和次要帮助犯的区别。因此,从理论上讲,协助组织卖淫罪及组织卖淫罪中都是可以区分主从犯的。对协助组织卖淫罪中"情节严重"的认定,也应当以被告人在协助行为中所起作用的大小作为落脚点,必要时应当区分主从犯,对具有"情节严重"情形的一般认定为主犯。本案被告人何某某于2008年2月受聘担任杭州玉皇山庄休闲中心桑拿部的收银员,负责收费、记录卖淫人次和制作卖淫收益日报表等;被告人耿某某于2008年12月受聘担任该桑拿部的吧台服务员,被告人彭某某于2009年8月受聘担任该桑拿部的吧台服务员,负责、为卖淫计时并开具收费凭证、播放淫秽录像及遇有执法部门检查开启遥控报警灯等。何某某、彭某某、耿某某的行为均是为被告人王某某、陈某某、李某、李某某等人的组织卖淫活动提供外围帮助的协助性行为,因此,三被告人依法均构成协助组织卖淫罪。鉴于三被告人参与犯罪的时间不长,作用一般,均为受聘打工的行为,依法不应认定为"情节严重"。且何某某具有自首情节,依法可从轻处罚。[参见第722号指导案例,王剑平等组织卖淫、耿劲松等协助组织卖淫案,载《刑事审判参考》总第81集(2011年第4集),第55~56页。撰稿:管延青　聂庆]

▽卖淫活动的组织者,其行为构成组织卖淫罪而非协助组织卖淫罪

卖淫活动的管理者,直接参与组织卖淫事项,组织卖淫女在该浴场内向他人卖淫,应当认定为组织卖淫罪的共犯。具体理由如下:在组织卖淫案件中,组织行为是一个比较复杂的过程,涉及方方面面的管理,加上被组织人员众多,依靠单个人的行为很难完成,绝大多数组织卖淫犯罪都是由犯罪团伙完成的。在组织者与被组织者之间往往有着明确的分工,他们往往有自己特定的职责,如有老板、经理、经理助理、领班、服务生、技师、收银、记账、保镖、打手等复杂的角色分工,各自发挥着不同的角色作用。由于组织卖淫罪比协助组织卖淫罪罪行更重,因此,在具体案件中,如何区分组织卖淫罪和协助组织卖淫罪是司法实践中经常遇到的问题。有观点认为,协助组织卖淫罪是从组织卖淫犯罪中分离出来的一个罪名,在区分两罪时可将组织卖淫活动作为一个整体看待,将起主要作用的人认定为组织卖淫罪,对于起次要作用的人则以协助组织卖淫罪论处。在实践中,仅将首要分子认定为组织卖淫罪,而对于参与管理的均认定为协助组织卖淫罪的现象并不少见。这种观点和做法是对法律规定的误读。从组织卖淫罪与协助组织卖淫罪的罪名与罪状分析,两罪是以组织卖淫活动过程中行为的分工来划分的,因此在认定"组织卖淫"与"协助组织卖淫"行为时不能简单地以作用大小为标准,而应根据组织与协助组织行为的分工来认定。关于组织卖淫与协助组织卖淫的含义,最高人民法院、最高人民检察院1992年联合印发的《关于执行〈全国人民代表大会常务委员会关于严禁卖淫嫖娼的决定〉的若干问题的解答》(本附文以下简称《两高解答》)第二条、第三条分别明确,组织卖淫罪是指以招募、雇佣、强迫、引诱、容留等手段控制多人从事卖淫的行为,协助组织卖淫是指在组织他人卖淫的共同犯罪中起帮助作用的行为,如充当保镖、打手、管账人等。要准确《两高解答》第三条中的"帮助作用",必须结合刑法总则的相关规定。《刑法》第二十七条规定,在共同犯罪中起次要或者辅助作用的是从犯。根据当前刑法理论界和实务界的一般理解,"次要作用"和"辅助作用"在具体认定时的分别是,前者本质上是一种主行为,而后者是辅行为。虽然关于"辅助作用"的表述在刑事领域不尽相同,刑法本条使用的是"协助",第二十七条使用的是"辅助",而《两高解答》使用的是"帮助",但在本质的含义上并无不同,均明显有别于实行行为的"次要作用"。基于这一分析,将协助组织卖淫行为理解为帮助犯,应当是准确、科学的。帮助犯与主行为实施者即实行犯是按照分工不同划分的,二者的根本区别在于,帮助犯不实施主行为。就组织卖淫罪而言,帮助犯所实施的行为不能是组织行为,否则应当以组织卖淫罪论处。综上,在组织卖淫活动中对卖淫者的卖淫活动直接进行安排、调度的,属于组织卖淫罪的行为人,应当以组织卖淫罪论处。其中起主要作用的是主犯,起次要作用的是从犯,从犯当然应当以组织卖淫罪论处。并且从犯的犯罪行为也是组织行为,即对卖淫者的卖淫行为直接进行策划、管理、指派,只是这种组织行为相对于主要组织者而言处于辅助地位。如果不是对卖淫者的卖淫活动直接进行安排、调度,而是在外围协助组织者实施其他行为,如充当保镖、打手、管账人或为直接组织者招募、雇佣、运送卖淫者,为卖淫者安排住处,为组织者充当管账人、提供反调查信息等行为的,则都不构成组织卖淫罪,而仅构成协助组织卖淫罪。2011年5月1日起施行的《刑法修正案(八)》对协助组织卖淫罪的罪状作了一定修改,把以往的"协助组织他人卖淫的,处……"修改为"为组织卖淫的人招募、运送人员或者有其他协助组织他人卖淫行为的,处……"其中所列举的具体协助组织卖淫行为,与上述对协助组织卖淫的理解和认定标准基本是一致的。在具体案件中,组织他人卖淫场所中的老板、领班、直接管理人员一般系组织者,其行为应当以组织卖淫罪论处。而保镖、打手、管账人、服务生一般系协助组织者,应当以协助组织卖淫罪论处。本案被告人蔡某某为新天龙休闲浴场的经营者,其行为构成组织卖淫罪自不待言。被告人戴某某虽系蔡某某所雇佣,且由蔡某某招募卖淫女,但戴某某直接参与卖淫事项,并参与制定卖淫场所规则,且系组织卖淫女在该浴场内向他人卖淫的管理者,因此,其行为属于组织卖淫行为,构成组织卖淫罪。[参见第768号指导案例,蒋轶等组织卖淫、协助组织卖淫案,载《刑事审判参考》总第85集(2012年第2集),第78~81页。撰稿:聂昭伟]

▽组织卖淫罪与容留卖淫罪的区分

组织卖淫罪,是指以招募、雇佣、强迫、引诱、容留等手段,控制多人从事卖淫的行为。容留卖淫罪,是指为他人卖淫提供场所或其他便利条件的行为。两罪属于同类客体犯罪,在犯罪构成要件特征上有诸多相似之处。如犯罪客观方面,两罪均可表现为容留,都有为他人卖淫提供场所或者条件的行为,手段上有重合之处。但两者的法定刑相差较大:组织卖淫罪为五年以上有期徒刑,情节特别严重的可判处无期徒刑乃至死刑;容留卖淫罪为五年以下有期徒刑、拘役或者管制,情节严重的可判处五年以上有期徒刑。因此,有必要作严格区分,确保罪责刑相适应。区分组织卖淫罪与容留卖淫罪,关键在于判断行为人是否控制了多人进行卖淫活动,其行为是否具有组织性。所谓"组织",就是安排分散的人或者物,使这些人或者物具有一定的系统性、整体性,表现方式为组织、策划、指挥。具体到组织卖淫罪,"组织"是指对卖淫人员加以安排、调度,使卖淫活动有组织、有计划地进行。组织卖淫罪法定刑之所以更重,在于其组织行为所带来的社会危害程度更大。具体而言,将分散的卖淫活动聚集起来,更容易实施犯罪、妨碍侦查,还容易衍生其他犯罪,具有更大的社会危害性。在组织卖淫犯罪中,行为人与卖淫人员之间形成管理与被管理的关系,卖淫人员的人身、财产或者卖淫活动受控于行为人,接受行为人安排、调度以及分配卖淫所得。如果行为人仅为卖淫人员提供场所,对其卖淫活动没有进行管理、控制,则不属于组织行为,应当定性为容留卖淫。具体到本案,被告人的行为具有明显的组织性,构成组织卖淫罪。理由如下:第一,被告人组织卖淫活动。虽然卖淫女均系经人介绍到"新不了情"按摩店卖淫,但被告人除了提供卖淫场所外,还确定了较为固定的卖淫区域,容留多名卖淫女卖淫,并提供食宿,雇佣被告人肖某为卖淫女做饭、打扫卫生及代收嫖资,对人员分工进行了明确安排,使卖淫活动具有系统性、整体性。第二,被告人控制卖淫活动。具体表现在对卖淫活动统一安排、调度,并确立利润提成比例,统一收取卖淫女店内卖淫所得,再按提成比例发放钱款。卖淫女的卖淫活动均受控于被告人,双方形成了管理与被管理、领导与服从的关系。第三,被告人组织卖淫的人数多,数量稳定。值得强调的是,虽然被告人在组织卖淫过程中,对被组织的严某等人有容留行为,但应当视为组织行为的方式之一,可以作为组织卖淫罪的量刑情节予以考虑,不实行数罪并罚。因此,一审、二审法院认定被告人构成组织卖淫罪是正确的。[参见第870号指导案例,郑小明等组织卖淫、协助组织卖淫案,载《刑事审判参考》总第92集(2013年第3集),第95~97页。撰稿:曾鸣 何东青]

▽协助组织卖淫罪中"情节严重"的认定

协助组织卖淫罪,是指在组织卖淫的共同犯罪中实施协助活动的行为,如帮助招募、运送人员、充当保镖、打手、管账人等,行为人系组织卖淫共同犯罪中的帮助犯,即起辅助作用的从犯。帮助犯不实施安排、调度卖淫活动的组织行为,仅为组织卖淫行为提供帮助。如果行为人实施的是安排、调度卖淫活动的实行行为,即便是起次要作用的从犯,也应当按照组织卖淫罪的从犯定罪处罚。为了量刑均衡及强化评价,1991年9月4日通过的《全国人民代表大会常务委员会关于严禁卖淫嫖娼的决定》(现已废止)将协助组织卖淫行为从组织卖淫行为中分离出来,规定了独立的法定刑;最高人民法院1997年12月16日出台的《关于执行〈中华人民共和国刑法〉确定罪名的规定》又明确了独立的罪名——协助组织卖淫罪;2011年2月25日颁布的《刑法修正案(八)》对协助组织卖淫罪的罪状作了更为明确的规定:"为组织卖淫的人招募、运送人员或者有其他协助组织卖淫行为的,处五年以下有期徒刑,并处罚金;情节严重的,处五年以上十年以下有期徒刑,并处罚金。"对于协助组织卖淫罪中"情节严重"的认定,法律及司法解释均未予明确。在司法实践中,部分地方法院参照最高人民法院、最高人民检察院1992年12月11日联合发布的《关于执行〈全国人民代表大会常务委员会关于严禁卖淫嫖娼的决定〉的若干问题的解答》(本附文以下简称《解答》,现已废止)关于引诱、容留、介绍卖淫罪"情节严重"规定的认定标准,即将三次以上(包括本数)引诱、容留、介绍他人卖淫的行为认定为"情节严重",将协助组织他人卖淫三人次以上的情形认定为"情节严重"。在处理此类案件实践中,应当根据刑法规定、刑事政策,结合案件具体情况,综合认定行为人协助组织卖淫的行为是否属于"情节严重",不能"唯数量论"。具体理由如下:1.这是由协助组织卖淫罪的特性决定的。协助组织卖淫的行为,是组织卖淫共同犯罪中实施协助活动的行为,行为人系组织卖淫共同犯罪中起辅助作用的从犯,组织卖淫罪是协助组织卖淫罪存在的前提。组织卖淫罪的本质特征在于组织性,即控制多人进行卖淫,组织多人(次)卖淫。因此,多人(次)卖淫是组织卖淫罪的基本构成要件,自然也是协助组织卖淫罪的构成要件。如果将协助组织多人、多次卖淫的行为认定为"情节严重"，那么所有构成协助组织卖淫罪的行为都属于"情节严重"，应当在五年以上十年以下有期徒刑幅度内量刑。这就必然导致协助组织卖淫罪的起点刑与组织卖淫罪相同，既严重违反了主、从犯区别对待、分别处罚的原则，又违背了两罪区别处罚的立法本意。2. 这是由协助组织卖淫罪的特点决定的。虽然《解答》明确将三次以上（包括本数）引诱、容留、介绍他人卖淫的行为认定为"情节严重"，但《解答》的重刑设置有着特殊的时代背景。如果无视社会形势的发展变化，机械照搬、适用《解答》规定的认定标准，将协助组织多人、多次卖淫的行为作为"情节严重"加重处罚，不符合宽严相济刑事政策，也不能适应现实情况的变化。从实践查处的情况看，无论是组织卖淫、容留卖淫还是协助组织卖淫，人民法院最后认定该类案件的卖淫人次，动辄数十次，甚至上千次。如果将协助组织三人（次）以上卖淫认定为"情节严重"，势必造成打击面过大，导致罪刑严重失衡。基于上述考虑，对于协助组织卖淫罪中"情节严重"的认定，不能将人次作为量刑的唯一标准，应当结合案情、综合考虑各种因素进行认定。既要考虑协助组织卖淫的次数、人数以及对社会造成的客观危害程度，又要考虑作案手段、持续时间、发挥作用、犯罪后果、社会影响等情节，特别是审查有无协助组织未成年人尤其是未满十四周岁的未成年人卖淫、有无协助组织患有严重性病或者精神病的人员卖淫、有无多种协助组织行为等特殊情节以及是否曾因协助组织卖淫受过行政处罚等。值得一提的是，协助组织卖淫的行为虽然系组织卖淫共同犯罪中的帮助犯，是起辅助作用的从犯，但仍然有主要帮助犯和次要帮助犯的区别。因此，从理论上讲，独立定罪后仍然应当区分主、从犯，对于在协助组织卖淫活动中起重要作用的行为人，应当认定为主犯，在综合评价其行为社会危害性的基础上判断是否构成"情节严重"。本案被告人肖某受雇于组织者被告人，为被告人代收嫖资的行为构成协助组织卖淫罪；但其为卖淫女做饭、打扫卫生与组织卖淫的关联性不大，不应纳入刑法评价。肖某虽然多次协助收取嫖资，为组织卖淫提供服务，但肖某参与犯罪时间不长，协助组织卖淫的手段、发挥的作用一般，更多的是为卖淫女的生活提供服务，亦未造成恶劣的社会影响，不应认定其犯罪"情节严重"。一审、二审法院未认定肖某的行为"情节严重"，在五年以下有期徒刑幅度内量刑是准确的。[参见第870号指导案例，郑小明等组织卖淫、协助组织卖淫案，载《刑事审判参考》总第92集（2013年第3集），第97～99页。撰稿：曾鸣　何东青]

▽组织卖淫罪与引诱、容留、介绍卖淫罪的区分与认定

组织、强迫、引诱、容留、介绍卖淫犯罪中如何理解"组织"一词。最高人民法院、最高人民检察院于1992年12月11日印发的《关于执行〈全国人民代表大会常务委员会关于严禁卖淫嫖娼的决定〉的若干问题的解答》（本附文以下简称《解答》，现已失效，但新的司法解释尚未出台）规定："怎样认定组织他人卖淫罪？根据《决定》第一条第一款的规定，组织他人卖淫罪，是指以招募、雇佣、强迫、引诱、容留等手段，控制多人从事卖淫的行为。本罪的主体必须是卖淫的组织者，既可以是几个人，也可以是一个人，关键要看其在卖淫活动中是否起组织者的作用。"多年来，全国各级法院一直以此为标准认定组织卖淫罪。但《解答》对于组织卖淫罪概念的解释存在的缺陷也是明显的，即侧重强调组织的形式，而对组织的内质解释不够明确，导致各地法院在审判此类案件时，将组织卖淫与强迫、引诱、容留多人卖淫相混淆。有的法院将一般的引诱、容留卖淫案以组织卖淫罪判处，导致轻罪重判；而有的法院则将组织卖淫案以引诱、容留卖淫罪判处，导致重罪轻判。虽然《解答》已经失去效力，但由于新的司法解释没有出台，不少地方法院实际上仍然在不同程度上参照适用。因此，有必要从内涵上、罪质上对组织卖淫罪作进一步界定。

理解组织卖淫罪的概念，关键在于理解"组织"一词的内涵。在组织卖淫罪的认定上要从严掌握，但在认定组织卖淫罪后的处罚上要明显重于一般的引诱、容留、介绍卖淫罪。也正因如此，刑法在吸收了《决定》和《解答》基本合理内涵的基础上，对组织卖淫罪配置了比引诱、容留、介绍卖淫罪更重的刑罚。行为人的行为是否构成组织卖淫罪可以从以下三个要件去判断：一是组织行为特征。所谓组织，是指安排分散的人或者事物使之具有一定的系统性、整体性，它有安排、筹划、指示、指控等含义。我国刑法在两种不同意义上使用"组织"一词：一种是在总则中规定的；另一种是分则中所规定的犯罪行为。

《刑法》第二十六条规定,组织、领导犯罪集团进行犯罪活动的,是主犯。而刑法分则规定一些具体犯罪中的组织行为,如组织、领导、参加黑社会性质组织罪,组织卖淫罪等。二是场所要件。在一般情况下,组织卖淫行为人是设置卖淫场所或者变相设置卖淫场所的,如以宾馆、洗浴中心、会所为固定场所或者以经营宾馆、洗浴中心、会所等为名,行卖淫之实。但现实中,面对严厉的"扫黄"活动,一些不法分子则采取"流动作战"方式,即不建立固定的卖淫窝点,而是利用现代化的交通与通信设施,指挥、控制着多名人员从事卖淫活动。这种动态管理模式,将组织卖淫行为化整为零,或者将分散的单个卖淫行为组织起来,既能扩大卖淫的范围,又便于躲避公安人员的追查,已经为一些卖淫组织所采用。这类没有固定场所的组织卖淫行为,卖淫者并非作为单个个体而存在,而是受制于组织者,随时接受他们的指示去办事,有一定的组织性和纪律性。综上,组织卖淫的场所特征体现为有固定的场所或者虽无固定场所但实际掌控、管理卖淫人员,有组织地进行卖淫活动。三是手段及规模要件。《解答》规定,组织他人卖淫罪,是指以招募、雇佣、强迫、引诱、容留等手段,控制多人从事卖淫的行为,这一概念界定基本合理。一是手段上。包括了招募、雇佣、强迫、引诱、容留等手段,并且采取控制、管理的手段。值得一提的是,组织行为,不仅仅限于使用控制手段,还包括管理手段。因为,司法实践表明,由于受生活方式影响和价值观的扭曲,卖淫人员中,不仅有被强迫、引诱的,还有相当数量的是自愿卖淫。自愿卖淫人员被组织的行为,称为"管理",或许更为准确。二是规模上。刑法本条并未明确规定组织多少人或者多少次才能算是组织卖淫行为。《解答》规定的是"多人"(一般理解为三人以上)。这一规定依然可以适用。因为,如果只是控制单个人从事卖淫,那么无论多少次都称不上"组织",既然被称为"组织",就有一个数量的最低限度。

综上,区分组织卖淫罪和引诱、容留、介绍卖淫罪的关键是行为人是否对卖淫者具有管理、控制等组织行为。如果行为人只是实施了容留、介绍甚至引诱卖淫的行为,没有对卖淫活动进行组织的,就不能以组织卖淫罪处罚。本案被告人张某某、冯某某共同容留多名卖淫女从事卖淫活动,张某某租用了广州市番禺区大石街大山村大涌路 275 号之七及番禺区大石街大山村富山二街 5 号之一的出租屋作为卖淫场所,亲自招徕嫖客,还雇请同案人为卖淫女拉客,规定卖淫价格及分成比例,并收取嫖资。冯某某则拉拢、收买辖区派出所的辅警,通过辅警打探公安机关的清查活动,为组织卖淫活动寻求非法保护。因此,张某某、冯某某虽然没有从人身自由上对卖淫女实施严格的控制行为,但均实施了对多名卖淫女卖淫活动的管理行为,均构成组织卖淫罪。具体体现在:(1)提供固定卖淫场所;(2)规定上班时间和地点;(3)雇佣人员负责拉客,为卖淫女提供客源;(4)规定卖淫收入的分配比例,先由被告人收取嫖资后分配;(5)为卖淫活动寻求保护。这些特征,均为单一的引诱、容留、介绍卖淫罪所不能涵括。[参见第 1054 号指导案例,张桂芳、冯晓明组织卖淫案,载《刑事审判参考》总第 101 集(2014 年第 6 集),第 136～138 页。撰稿:杨华　吴海涛　周晶]

▽组织卖淫犯罪"情节严重"的认定

《刑法》本条对组织卖淫罪配置了三个量刑档次,即基本犯判处五年以上十年以下有期徒刑,并处罚金;情节严重的,处十年以上有期徒刑或者无期徒刑,并处罚金或者没收财产;情节特别严重的,处无期徒刑或者死刑,并处没收财产。这与强迫卖淫罪的罪刑配置是一致的。在司法实践中,对组织卖淫罪"情节严重"的理解应当严于强迫卖淫罪。但刑法仅规定了强迫卖淫罪"情节严重""情节特别严重"的情形,并未明确组织卖淫罪"情节严重"和"情节特别严重"的情形。从司法实践的情况看,以管理、控制卖淫的人数、造成被组织卖淫者伤亡后果及被组织者中是否有不满 14 周岁的幼女等来认定是否构成"情节严重",比单纯用组织卖淫的次数衡量是否"情节严重"更合理、更具可操作性。组织卖淫的次数,可以作为量刑幅度内的量刑情节予以考虑,但不宜作为量刑升格的情节,因为组织卖淫的次数少,也可构成"情节严重"。如 2003 年 9 月 16 日至 18 日发生的"珠海买春"案,被告人一次性组织卖淫女达到 300 余人,法院认为各被告人均已构成组织卖淫罪,且情节严重。理由是,各被告人的行为虽系临时一次性地组织,但组织卖淫人数众多、造成恶劣的社会影响。由此可见,被组织的卖淫女人数,是认定"情节严重"的重要依据之一,而次数则不能成为认定"情节严重"的依据。一方面,次数问题取证困难,规定次数给实际操作带来许多不便;另一方面,次数与人数相比,显然人数多的危害比次数多的危害大得多。以下三种情形,应当认定为组织卖淫罪"情节严重"的情形:一是从组织卖淫的人数看,组织卖淫罪人罪标准为3人,"情节严重"以基本犯起点人数的5倍即15人作为最低限度较为适宜;二是从被组织者是否因被组织卖淫造成伤亡的后果来考量,依照一般侵犯人身犯罪的标准,以是否造成重伤、死亡为界限确定是否构成"情节严重";三是从被组织者中是否有幼女来考察。只要有幼女被组织卖淫的,一律以"情节严重"论,以切实严格保护幼女的权益。

就本案而言,有充分证据证明,被告人张某某组织了13名卖淫女从事卖淫活动,但其主要手段是容留,没有对被组织卖淫者进行人身控制,没造成严重的伤亡后果或者恶劣的社会影响,也没有其他情节严重的情形存在,其犯罪情节一般。二审法院不认定张某某、冯某某的组织卖淫犯罪"情节严重"是正确的。[参见第1054号指导案例,张桂芳、冯晓明组织卖淫案,载《刑事审判参考》总第101集(2014年第6集),第138~140页。撰稿:杨华　吴海涛　周晶]

第三百五十九条　【引诱、容留、介绍卖淫罪】引诱、容留、介绍他人卖淫的,处五年以下有期徒刑、拘役或者管制,并处罚金;情节严重的,处五年以上有期徒刑,并处罚金。

【引诱幼女卖淫罪】引诱不满十四周岁的幼女卖淫的,处五年以上有期徒刑,并处罚金。

■最高人民检察院、公安部关于公安机关管辖的刑事案件立案追诉标准的规定(一)(2008年6月25日)

第七十八条　[引诱、容留、介绍卖淫案(刑法第三百五十九条第一款)]引诱、容留、介绍他人卖淫,涉嫌下列情形之一的,应予立案追诉:

(一)引诱、容留、介绍二人次以上卖淫的;

(二)引诱、容留、介绍已满十四周岁未满十八周岁的未成年人卖淫的;

(三)被引诱、容留、介绍卖淫的人患有艾滋病或者患有梅毒、淋病等严重性病的;

(四)其他引诱、容留、介绍卖淫应予追究刑事责任的情形。

第七十九条　[引诱幼女卖淫案(刑法第三百五十九条第二款)]引诱不满十四周岁的幼女卖淫的,应予立案追诉。

■最高人民法院、最高人民检察院关于办理组织、强迫、引诱、容留、介绍卖淫刑事案件适用法律若干问题的解释(2017年7月25日)

第八条　引诱、容留、介绍他人卖淫,具有下列情形之一的,应当依照刑法第三百五十九条第一款的规定定罪处罚:

(一)引诱他人卖淫的;

(二)容留、介绍二人以上卖淫的;

(三)容留、介绍未成年人、孕妇、智障人员、患有严重性病的人卖淫的;

(四)一年内曾因引诱、容留、介绍卖淫行为被行政处罚,又实施容留、介绍卖淫行为的;

(五)非法获利人民币一万元以上的。

利用信息网络发布招嫖违法信息,情节严重的,依照刑法第二百八十七条之一的规定,以非法利用信息网络罪定罪处罚。同时构成介绍卖淫罪的,依照处罚较重的规定定罪处罚。

引诱、容留、介绍他人卖淫是否以营利为目的,不影响犯罪的成立。

引诱不满十四周岁的幼女卖淫的,依照刑法第三百五十九条第二款的规定,以引诱幼女卖淫罪定罪处罚。

被引诱卖淫的人员中既有不满十四周岁的幼女,又有其他人员的,分别以引诱幼女卖淫罪和引诱卖淫罪定罪,实行并罚。

第九条　引诱、容留、介绍他人卖淫,具有下列情形之一的,应当认定为刑法第三百五十九条第一款规定的"情节严重":

(一)引诱五人以上或者引诱、容留、介绍十人以上卖淫的;

(二)引诱三人以上的未成年人、孕妇、智障人员、患有严重性病的人卖淫,或者引诱、容留、介绍五人以上该类人员卖淫的;

(三)非法获利人民币五万元以上的;

(四)其他情节严重的情形。

第十条　组织、强迫、引诱、容留、介绍他人卖淫的次数,作为酌定情节在量刑时考虑。

第十五条　本解释自 2017 年 7 月 25 日起施行。

■最高人民法院、最高人民检察院、公安部、司法部关于依法惩治性侵害未成年人犯罪的意见(2013 年 10 月 23 日)

一、基本要求

1. 本意见所称性侵害未成年人犯罪,包括刑法第二百三十六条、第二百三十七条、第三百五十八条、第三百五十九条、第三百六十条第二款规定的针对未成年人实施的强奸罪,强制猥亵、侮辱妇女罪,猥亵儿童罪,组织卖淫罪,强迫卖淫罪,引诱、容留、介绍卖淫罪,引诱幼女卖淫罪,嫖宿幼女罪等。

2. 对于性侵害未成年人犯罪,应当依法从严惩治。

三、准确适用法律

26. 组织、强迫、引诱、容留、介绍未成年人卖淫构成犯罪的,应当从重处罚。强迫幼女卖淫、引诱幼女卖淫的,应当分别按照刑法第三百五十八条第一款第(二)项、第三百五十九条第二款的规定定罪处罚。

对未成年人负有特殊职责的人员、与未成年人有共同家庭生活关系的人员、国家工作人员,实施组织、强迫、引诱、容留、介绍未成年人卖淫等性侵害犯罪的,更要依法从严惩处。

■最高人民法院、最高人民检察院关于常见犯罪的量刑指导意见(试行)(2021 年 7 月 1 日)(见本书附录十三)

▼安徽省高级人民法院、安徽省人民检察院关于二十三种常见犯罪量刑规范的实施细则(试行)(2022 年 1 月 16 日)(见本书附录十四)

○介绍卖淫和介绍嫖娼行为区分的认定

所谓介绍卖淫,是指为卖淫人员介绍嫖客的淫媒行为,表现为替卖淫者寻找、招保、介绍嫖客,在卖淫者和嫖客之间牵线搭桥、沟通撮合,使卖淫嫖娼活动得以实现的行为。所谓介绍嫖娼,严格意义上讲,主要是指为嫖客介绍何处有暗娼、如何联系或者直接将嫖客带往卖淫地点等。介绍卖淫和介绍嫖娼,总体来说都是了种淫媒行为,但二者也是有区别的。介绍卖淫者是直接为卖淫人员服务的,甚至干脆就是受雇于卖淫人员,常常会从卖淫人员那里收取介绍费或者借助其他方式获取利益,如娱乐服务业等介绍卖淫以招揽生意从中获取更多利润等。一般而言,介绍卖淫者与卖淫人员关系更为密切、利益相关,介绍卖淫者对卖淫者的情况更为知情,有固定联系,有的甚至对卖淫者有相当的操控能力,可以招之即来。而单纯地介绍嫖娼行为,介绍嫖娼者往往不具备上述营利性、固定性、经常性等特点,多是偶发的。根据《治安管理处罚条例》(已失效)第三十条"严厉禁止卖淫、嫖宿暗娼以及介绍或者容留卖淫、嫖宿暗娼,违者处 15 日以下拘留、警告、责令具结悔过或者依照规定实行劳动教养,可以并处 5000 元以下罚款"的规定,尽管介绍卖淫与介绍嫖宿暗娼都是一种行政违法行为,但根据刑法规定,介绍他人卖淫同时还是妨害社会管理秩序、妨害社会风化的一种犯罪行为,依法应予刑事惩处。而单纯地介绍嫖娼行为则没有被规定为犯罪。介绍嫖娼行为尽管在客观上也会促进卖淫业,对社会管理秩序和社会风化也有一定的妨害性,但其危害程度远未达到动用刑罚进行处罚的必要,因此,立法者将介绍卖淫行为规定为犯罪,而没有将介绍嫖娼行为犯罪化。故一般的介绍嫖娼行为不能作为犯罪处理,但也不排除实践中存在的貌似介绍嫖娼,但实为介绍卖淫者的帮助者,可以成为介绍卖淫罪共犯的情况。现实生活中,介绍嫖娼行为中的介绍嫖娼者与介绍卖淫者之间关系可能是复杂多样的,正确的方法是判清介绍卖淫者和介绍嫖娼者之间的关系以及是否存在介绍卖淫的共同故意。具体来说,如果介绍卖淫和介绍嫖娼由二人以上经预谋或勾结在一起分工协作完成,不论是否以营利为目的,(介绍卖淫罪不需要以营利为目的的结论,可以从立法的前后变化中得出,1979年《刑法》第一百六十九条规定:"以营利为目的,引诱、容留妇女卖淫的,处五年以下有期徒刑、拘役或者管制;情节严重的,处五年以上有期徒刑,可以并处罚金或者没收财产。"1991年全国人大常务委员会将此修改为"引诱、容留、介绍他人卖淫的,处五年以下有期徒刑或者拘役,并处五千元以下罚金;情节严重的,处五年以上有期徒刑,并处一万元以下罚金。"新刑法基本上吸收了后一规定的内容。其中的重要修改之一就是:在增加介绍卖淫行为的同时,取消了以营利为目的这一构成条件。)营利后分成与否,均可构成共同介绍卖淫犯罪,反之双方没有任何关系,两个行为是完全分开、独立的,则对介绍嫖娼者而言,不能认为是犯罪。[参见《刑事审判参考》总第26辑(2002年第3辑),法律出版社,第202~205页。]

▽介绍卖淫罪与介绍嫖娼行为的认定

《刑法》本条规定,介绍卖淫罪是指为卖淫人员寻找、招揽、介绍嫖客,在卖淫人员与嫖客之间牵线搭桥、沟通撮合,从而使卖淫嫖娼活动得以实现的行为。介绍卖淫罪的行为人往往同卖淫者之间存有关系,行为人的目的在于通过行为的实施使卖淫者的卖淫行为能够实现。刑法所规定的介绍卖淫罪往往与行政处罚中规定的介绍嫖娼行为既有联系又有区别,两者的联系在于为使卖淫嫖娼活动最终得以实现,行为人为卖淫者与嫖娼者牵线搭桥,也就是行为人与卖淫者与嫖娼者都可能存在联系。需要指出的是,介绍他人卖淫与介绍嫖娼行为往往容易有重叠和混淆的现象。在处理介绍卖淫嫖娼的案件时,正确区分某一行为到底是介绍卖淫行为还是介绍嫖娼行为。介绍嫖娼行为通常表现为以下一些情形特征:(1)行为人往往临时起意为他人介绍嫖娼,自己与卖淫者并不相识。(2)行为人根据市场信息,自己介绍嫖客到某处进行嫖娼。(3)行为人根据自己曾经嫖娼的经历所熟悉处所,带领或者介绍嫖客到该处所进行嫖娼。(4)行为人基于其与卖淫人员的约定,介绍嫖客与该卖淫人员进行卖淫嫖娼活动。(5)行为人基于其与某介绍卖淫者的约定,介绍嫖客通过该介绍卖淫者与卖淫人员进行卖淫嫖娼活动。依上述情形特征,一般而言,前三种情形应认定行为人不构成犯罪,而后两种情形实际上是介绍嫖娼者与介绍卖淫者二者合二为一,行为人表现为具有双重身份,行为人的行为构成介绍卖淫罪。(参见第376号案例,吴祥海介绍卖淫案,载《刑事审判参考》总第47辑,法律出版社,第62~63页。执笔:程敬文、徐伟、孟猛)

▽通过电脑、利用互联网发布卖淫信息,其行为构成介绍卖淫罪

以计算机、互联网为犯罪工具、手段而实施的犯罪,主要表现为通过登录互联网,在自设的网页或相关网站上,或者通过向众多特定或不特定的人发送电子邮件、发布公告,以发布或窃取各种信息的形式,实施某种犯罪。2000年12月第九届全国人民代表大会常务委员会通过的《关于维护互联网安全的决定》(已于2009年修正)第三条规定:"为了维护社会主义市场经济秩序和社会管理秩序,对有下列行为之一,构成犯罪的,依照刑法有关规定追究刑事责任……(五)在互联网上建立淫秽网站、网页,提供淫秽站点链接服务,或者传播淫秽书刊、影片、音像、图片。"第五条规定:"利用互联网实施本决定第一条、第二条、第三条、第四条所列行为以外的其他行为,构成犯罪的,依照刑法有关规定追究刑事责任。"我国《刑法》第二百八十七条规定:"利用计算机实施金融诈骗、盗窃、贪污、挪用公款、窃取国家秘密或者其他犯罪的,依照本法有关规定定罪处罚。"上述规定表明,不管是利用计算机,还是互联网,只要其行为触犯了我国刑法规定构成犯罪的,同样应依其行为所构成之具体犯罪追究刑事责任。所谓介绍卖淫,是指行为人采取积极为卖淫者和嫖娼者牵线搭桥、撮合沟通等居间介绍的手段使他人的卖淫得以实现的行为。行为人以非法牟利为目的,通过互联网在2000年11月到2001年5月的半年多的时间内,在数个网站为两个卖淫女向社会发布卖淫信息,致使多人到郭某某、石某某处进行嫖娼活动,个人从中收取"好处费"4000余元。行为人虽然在行为方式方面,因未与特定的"嫖客"直接接触而与传统的介绍卖淫行为有所不同,但其通过互联网为不特定的"嫖客"提供信息,起到了介绍卖淫的实际作用,其行为性质并无不同,故应认定构成介绍卖淫罪。[参见第193号案例,林庆介绍卖淫案,载《刑事审判参考》总第27辑(2002年第4辑),法律出版社,第43～45页。执笔:贾冬梅]

▽介绍卖淫罪的既遂与未遂标准的认定

犯罪未遂是指已着手实行犯罪,由于犯罪分子意志以外的原因而未得逞的。犯罪未遂的特征包括三个方面:一是行为人已着手实行犯罪;二是犯罪未完成而停止下来;三是犯罪停止在未完成形态是犯罪分子意志以外的原因所致。其中,犯罪是否已经完成,需通过某一具体犯罪的构成要件是否充足来加以判断,具体还要根据行为犯、结果犯、目的犯等罪状设计而定。根据《刑法》本条的罪状规定,介绍卖淫罪当属行为犯。对于行为犯既、未遂的判断,应以法定的犯罪行为是否完成作为区分标准,并不要求发生特定的结果,更不需要特定目的的实现。当然,这并不等于说行为犯不存在未遂的问题,如果行为刚着手实施,尚未完成即停止下来的,也应认定为未遂。行为人利用家中电脑登录互联网上的黄色网站,并发布卖淫女信息,这些信息通过信号传输,使凡登录该网站的人都能接收到卖淫女的信息。随着他发布信息行为的完成,行为人介绍卖淫的行为亦已完成,并不存在因其意志以外的原因而导致犯罪停止在未完成形态上的情况。因此,行为人的行为不应认定为犯罪未遂。[参见第193号案例,林庆介绍卖淫案,载《刑事审判参考》总第27辑(2002年第4辑),法律出版社,第45～46页。执笔:贾冬梅]

▽通过互联网向社会公众发布卖淫信息,并致使多人前往嫖娼,具有严重的社会危害性,应认定为情节严重

对于介绍卖淫罪情节严重的认定问题,最高人民法院、最高人民检察院于1992年发布的《关于执行〈全国人民代表大会常务委员会关于严禁卖淫嫖娼的决定〉的若干问题的解答》(现已废止)第七条规定:"引诱、容留、介绍他人卖淫,情节严重的,一般有以下几种情形:(一)多次引诱、容留、介绍他人卖淫的;(二)引诱、容留、介绍多人卖淫的……"第九条第(二)项规定:"对《决定》和本《解答》中的'多人'、'多次'的'多',是指'三'以上的数(含本数)"。鉴于全国人民代表大会常务委员会《关于严禁卖淫嫖娼的决定》已在1997年刑法修订后纳入刑法典中,有关条文的实质内容没有变化,因此,根据《最高人民法院关于认真学习贯彻修订后〈中华人民共和国刑法〉的通知》第五条的规定,对于现行刑法中关于介绍卖淫罪的"情节严重"的认定问题,仍可参照适用该解释的内容。本案行为人的介绍卖淫行为是在互联网上完成的,互联网具有传播信息面大,可接受信息人员众多,人数不确定的特点;从公安人员抓获的嫖客情况来看,有5名证人(嫖客)证明是在互联网上阅读到了卖淫女的信息后,前来嫖娼,而这5名证人登录的网站、阅读的信息与行为人发布信息的站点和信息的内容相吻合。所以,认定行为人介绍卖淫的情节达到严重的程度是有事实证据的,并且符合刑法及有关司法解释的规定。[参见第193号案例,林庆介绍卖淫案,载《刑事审判参考》总第27辑(2002年第4辑),法律出版社,第46页。执笔:贾冬梅]

▽明知他人在出租房内从事卖淫活动仍出租房屋的行为,应认定为容留卖淫罪

"容留"是指行为人为他人卖淫提供场所,包括提供固定的或者不固定的、短期的或者长期的卖淫场所。"容留"既包括在自己所有的、管理的、使用的、经营的固定场所(如私人住宅、宾馆、饭店、餐厅、歌厅、理发店等)容留他人卖淫,也包括在流动场所(如汽车、轮船)中容留他人卖淫。至于容留行为是主动实施,还是应卖淫者或嫖客之请实施,不影响行为性质的认定。容留卖淫行为的主观方面表现为故意,即行为人明知自己是为他人从事卖淫活动提供了场所,仍希望或放任这一危害结果的发生。实践中，大多数此类案件的行为人具有营利目的，但也不排除出于其他目的而容留卖淫的情况，如为了破坏他人家庭，为了报复社会等。不论行为人出于何种目的、动机，只要实施了容留他人卖淫的行为，均可构成本罪。当前，社会生活中常有承租他人房屋从事卖淫活动的情况。有的出租者对此明知，有的未必明知。对于此类行为如何准确定性，涉及出租者对出租房屋行为应承担的责任程度和范围。《治安管理处罚法》第五十七条规定："房屋出租人将房屋出租给无身份证件的人居住的，或者不按规定登记承租人姓名、身份证件种类和号码的，处二百元以上五百元以下罚款。房屋出租人明知承租人利用出租房屋进行犯罪活动，不向公安机关报告的，处二百元以上五百元以下罚款；情节严重的，处五日以下拘留，可以并处五百元以下罚款。"《租赁房屋治安管理规定》亦规定了房屋出租者的法律责任。上述规定均不属于刑事责任，能否追究房屋出租者的刑事责任，需要结合具体案情分析而定。房屋出租者容留卖淫的情形有一定特殊性，即出租者事先未必知道承租者卖淫，而常常是在居住一段时间以后，才发现承租者从事卖淫活动。在此情况下，认定出租者是否构成容留卖淫罪，关键是要严格把握出租者的主观心态，即是否明知承租人从事卖淫活动而为其提供场所。如果出租者明知他人在出租房内从事卖淫活动，为获得房租而出租房屋的，特别是收取的房租偏高时，可以认定为容留卖淫罪。如果出租者并不知道承租者在出租房内从事卖淫活动，或者出租者虽知道承租者从事卖淫活动，但卖淫场所并不在出租房内的，均不能认定出租者构成容留卖淫罪。在分析具体案件时，既要避免不当地运用推定来认定主观明知，以免导致客观归罪；也不能轻信犯罪嫌疑人、被告人不明知的辩解，以致放纵犯罪，而应当综合全案的证据情况进行分析认定。对于本案被告人，根据现有证据，可以认定其对承租者在出租房内从事卖淫活动是明知的。具体体现在：第一，二被告人在出租房屋的初期，确实无从知晓承租者要在该房屋内从事卖淫活动，但二被告人与承租者共同居住在一个大院，多名承租人长期从事卖淫活动，二被告人对此已耳闻目睹，经常看到陌生男子进出卖淫女的房屋，且时间较短，被告人在公安机关也供称"她们应该是卖淫的"。第二，被告人出租房屋给卖淫者的租金明显高于其他承租人。对此，被告人供称是考虑到有风险，故抬高房价。第三，同住一院的其他承租人证明他们知道卖淫女在出租房内从事卖淫活动，而承租房屋的多名卖淫女也直接证实本案被告人知道她们在从事卖淫活动。第四，民警于 2006 年 8 月和 10 月曾两次告知被告人出租房内有卖淫嫖娼嫌疑，被告人本应加强对出租房屋的照管义务，但实际上仍置若罔闻，继续将房屋出租给卖淫女。可见，被告人系明知他人在出租房内从事卖淫活动而出租房屋，并收取较高租金，其行为符合容留卖淫罪的构成条件，应当认定为该罪。不过，值得注意的是，实践中房东出租房屋并疏于管理的现象较为普遍，对于承租者从事违法犯罪活动的，房东一般承担行政违法责任，尚不至于追究刑事责任，以免不当扩大打击面。只有对于确实明知他人利用出租房从事违法犯罪活动，且出租者的行为符合刑法规定的具体犯罪构成要件，才能追究刑事责任。[参见第 689 号指导案例，杨某、米某容留卖淫案，载《刑事审判参考》总第 79 集(2011 年第 2 集)，第 72～74 页。撰稿：吴小军]

▽容留卖淫罪中的"情节严重"的认定

"情节严重"不是本罪成立要件，而是加重法定刑的条件。对于如何认定容留卖淫罪的"情节严重"，司法实践中一般参照 1992 年《最高人民法院、最高人民检察院关于执行〈全国人民代表大会常务委员会关于严禁卖淫嫖娼的决定〉的若干问题的解答》(现已废止)第七条的规定。该条规定，"引诱、容留、介绍他人卖淫，情节严重的，一般有以下几种情形：(一)多次引诱、容留、介绍他人卖淫的；(二)引诱、容留、介绍多人卖淫的；(三)引诱、容留、介绍明知是有严重性病的人卖淫的；(四)容留、介绍不满十四周岁的幼女卖淫的；(五)引诱、容留、介绍他人卖淫具有其他严重情节的"。"多人"和"多次"的"多"，是指"三"以上的数(含本数)。但在具体认定时，不应简单地把人数和次数作为唯一标准，还应当综合考虑犯罪手段、犯罪后果和社会影响等因素。就本案而言，被告人杨某、米某夫妇长期出租自有住房为卖淫者提供场所，相对于临时的、偶发的、一次性的容留行为，被告人的容留卖淫行为具有更强的隐蔽性和更大的危害性。因为公民个人住所具有私密性和封闭性,不受非法侵犯,外人很难知晓内幕,以出租房屋为名行容留卖淫之实,给公安机关打击卖淫嫖娼行为带来了较大的障碍。本案正是因为杨某夫妇对出租房屋疏于管理,只租不管,知情不报,容留多人多次从事卖淫活动,致使2006年4月至10月长达半年多的时间内,多次发生卖淫嫖娼行为,屡禁不止,给当地造成了恶劣的影响,犯罪后果严重。从涉案人员看,2006年4月至10月,承租人经常变更,有多名卖淫女在此承租房屋,公安机关三次查获的卖淫女均不同,且都是各自寻找对象,并没有明确的组织者。综合本案的这些情节,可以认定被告人杨某夫妇的容留卖淫行为属于"情节严重"。[参见第689号指导案例,杨某、米某容留卖淫案,载《刑事审判参考》总第79集(2011年第2集),第74~75页。撰稿:吴小军]

▽容留卖淫三人次是否应当认定为容留卖淫罪的"情节严重"

(一)本案被告人的行为不应认定为"情节严重"。对于《刑法》本条中"情节严重"的认定标准,目前尚无法律或者司法解释予以明确。但从刑法罪刑体系构建原理分析,此类犯罪中的"情节严重",主要针对的是娱乐会所、洗浴中心等公共场所中大规模、有组织的卖淫行为,立法原意旨在重点打击那些长期性、职业性引诱、容留、介绍卖淫等严重破坏社会风尚的犯罪行为。本案被告人徐某并非以容留卖淫为业,容留的对象仅陈某一人,容留卖淫行为共持续两日三次,也不存在容留幼女卖淫、容留明知患有严重性病的人卖淫等恶劣情节。另经社区调查,徐某在所在社区从事理发业多年,此前并无不良治安记录,又系残疾人(单目失明)。徐某诱使陈某卖淫虽有牟利目的,但与以容留卖淫为生活主要来源的行为明显不同。因此,基于罪刑体系构建原理和立法原意分析,徐某的行为不应认定属于引诱、容留、介绍卖淫罪中"情节严重"的情形。

(二)《解答》关于三人次属于情节严重的规定不应机械适用。检察机关提出抗诉的理由是《最高人民法院、最高人民检察院关于执行〈全国人民代表大会常务委员会关于严惩卖淫嫖娼的决定〉的若干问题的解答》(本附文以下简称《解答》)明确规定引诱、容留、介绍他人卖淫三人次,应当认定为情节严重。《解答》第七条规定:"引诱、容留、介绍他人卖淫,情节严重的,一般有以下几种情形:(一)多次引诱、容留、介绍他人卖淫的……"《解答》第九条进一步明确了"多次"的认定标准,即多次引诱、容留、介绍他人卖淫的应当认定为情节严重,"多次"是指三次以上(含本数)。在《解答》未被废止前,一般认为,对引诱、容留、介绍他人淫罪的情节严重,可以参照上述规定认定。1997年刑法在附则部分规定,《全国人民代表大会常务委员会关于严禁卖淫嫖娼的决定》中有关刑事责任的规定已纳入新刑法,自新刑法施行之日起,适用新刑法规定。最高人民法院1997年发布的《关于认真学习贯彻修订的〈中华人民共和国刑法〉的通知》第五条规定,对最高人民法院原作出的,对已明令废止的全国人大常委会有关决定和补充规定的司法解释,如果修订刑法有关条文实质内容没有变化的,人民法院在刑事审判工作中,在没有新的司法解释前,可以参照执行。据此,在具体案件中参照适用《解答》的规定,具有明确的法律依据。既然对《解答》的定位是一种可以参照性适用依据,那么也就决定了在具体案件中对其的适用不是刚性的,即可以保留一定的例外。如《最高人民法院关于在经济犯罪审判中参照适用〈最高人民检察院、公安部关于公安机关管辖的刑事案件立案追诉标准的规定(二)〉的通知》第二条明确规定:"各级人民法院在参照适用《标准二》的过程中,如认为《标准二》的有关规定不能适应案件审理需要的,要结合案件具体情况和本地实际,依法审慎稳妥处理好案件的法律适用和政策把握,争取更好的社会效果。"比照这一规定,《解答》条款是否参照适用、哪些条款应当参照适用,必须结合具体情况进行审视。《解答》是在二十多年前作出的,当时人民群众对卖淫、嫖娼等丑恶现象深恶痛绝,对该类行为社会危害性的认识带有很强的感情因素。因此,《解答》将引诱、容留、介绍三人次卖淫规定为加重处罚情节,吸纳了一定的社会形势和民意考虑。但是二十年后,将引诱、容留、介绍卖淫行为置于整个违法犯罪体系中考察,《解答》有关引诱、容留、介绍卖淫三人次的行为属于情节严重的规定,不但导致罪刑严重失衡,而且会产生不好的社会效果。2006年施行的《治安管理处罚法》第六十七条规定:"引诱、容留、介绍他人卖淫的,处十日以上十五日以下拘留,可以并处五千元以下罚款;情节较轻的,处五日以下拘留或者五百元以下罚款。"根据此规定,即便按照最严厉的处罚标准,引诱、容留、介绍卖淫一人次的,只能处以行政处罚,而不能追究行为人的刑事责任。2008 年施行的《最高人民检察院、公安部关于公安机关管辖的刑事案件立案追诉标准的规定(一)》第七十八条规定:"引诱、容留、介绍他人卖淫,涉嫌下列情形之一的,应予立案追诉:(一)引诱、容留、介绍二人次以上卖淫的……"按照《解答》第九条的规定,引诱、容留、介绍他人卖淫三人次的,构成加重情节,应当在五年以上有期徒刑这个幅度判处刑罚。对上述三个文件的处罚标准进行梳理,即从一人次开始,每增加一人次,分别处以行政处罚、五年有期徒刑以下刑罚和五年以上有期徒刑。这一处罚体系,一方面容易导致法官对被告人的量刑只能唯人数或者次数论,无法在人数、次数与其他情节之间寻求一个综合平衡;另一方面进一步凸显了罪刑失衡问题。同样是引诱、容留、介绍卖淫二人次的被告人,法官对其量刑幅度从最高五年有期徒刑到管制;相反,对达到三人次的被告人,则面临五年以上的有期徒刑。这样极有可能产生甲引诱一人卖淫二次被判处管制一年,乙引诱一人卖淫三次将被判处有期徒刑五年。这种量刑之差异过大。实践中,引诱、容留、介绍卖淫行为绝大部分是秘密进行的,且系无被害人犯罪,一人次之差产生如此之大的量刑差异违背了定罪量刑原理。

综上,若机械套用《解答》规定,固守达到三人次就属于情节严重的标准,对那些刚达到三人次标准的被告人,既不能做到罪责刑相适应,又不会产生良好的社会效果。应当综合全案各种情节,对被告人处以适当的刑罚。故本案一审法院对被告人徐某的量刑是准确的,二审法院驳回抗诉是正确的。最后,需要说明的是,最高人民法院、最高人民检察院 2013 年 1 月 4 日在《关于废止 1980 年 1 月 1 日至 1997 年 6 月 30 日期间制发的部分司法解释和司法解释性质文件的决定》中,以"制定依据已被刑法吸收,刑法对相关问题已有规定"为由,将《解答》予以废止。今后对此类案件的审理,不再参照适用《解答》的规定。[参见第 854 号指导案例,徐某引诱、容留、介绍卖淫案,载《刑事审判参考》总第 91 集(2013 年第 2 集),第 88 ~90 页。撰稿:万亿]

▽介绍他人卖淫的行为具有严重的社会危害性,不属于"情节显著轻微危害不大"的范畴,已构成介绍卖淫罪

介绍卖淫,俗称"拉皮条",是指在卖淫者和嫖客之间牵线搭桥、沟通撮合,促使他人的卖淫活动即"性交易"得以实现的行为。刑法本条第一款规定了介绍卖淫罪。同时,《治安管理处罚法》第六十七条也规定:"引诱、容留、介绍他人卖淫的,处十日以上十五日以下拘留,可以并处五千元以下罚款;情节较轻的.处五日以下拘留或者五百元以下罚款。"从上述规定可知,介绍他人卖淫既可能是一般违法行为,也可能是犯罪行为。仅仅从刑法、治安管理处罚法的规定,难以将介绍卖淫罪与介绍卖淫的一般违法行为准确区别开来。只有结合我国的立法历程、犯罪的概念和基本特征以及刑事案件的立案追诉标准,才能正确理解介绍卖淫犯罪与介绍卖淫一般违法行为之间的界限。

从我国的立法历程来看,介绍卖淫罪是 1991 年增设的罪名。1979 年刑法没有关于介绍卖淫的规定,该法第一百六十九条只规定了引诱、容留妇女卖淫罪。1986 年 9 月 5 日,全国人大常委会通过了治安管理处罚条例。该条例第三十条第一款规定:"严厉禁止卖淫、嫖宿暗娼以及介绍或者容留卖淫、嫖宿暗娼,违者处十五日以下拘留、警告、责令具结悔过或者依照规定实行劳动教养,可以并处五千元以下罚款;构成犯罪的,依法追究刑事责任。"该条例明确将介绍卖淫规定为应当严厉禁止的一般违法行为,虽然条款中含有"构成犯罪的,依法追究刑事责任"的表述,但因 1979 年刑法以及其他刑事法律没有将介绍卖淫的行为作为犯罪予以明确规定,故事实上对介绍卖淫的行为只能作为一般违法行为予以治安处罚,而不能追究行为人的刑事责任。鉴于从 20 世纪 80 年代开始,卖淫、嫖娼活动在我国绝迹数十年后又死灰复燃,并迅速席卷全国,为了严禁卖淫、嫖娼,严惩组织、强迫、引诱、容留、介绍他人卖淫的犯罪分子,维护社会治安秩序和良好的社会风气,1991 年 9 月 4 日全国人大常委会通过了《关于严禁卖淫嫖娼的决定》(本附文以下简称《决定》)。《决定》第三条第一款规定:“引诱、容留、介绍他人卖淫的,处五年以下有期徒刑或者拘役,并处五千元以下罚金;情节严重的,处五年以上有期徒刑,并处一万元以下罚金;情节较轻的,依照治安管理处罚条例第三十条的规定处罚。”至此,介绍他人卖淫正式入刑。1992 年 12 月 11 日,最高人民法院、最高人民检察院又联合公布了《关于执行〈全国人大常委会关于严禁卖淫嫖娼的决定〉的若干问题的解答》(本附文以下简称《解答》)。《解答》对《决定》规定的四个新罪名即组织他人卖淫罪、协助组织他人卖淫罪、介绍他人卖淫罪、传播性病罪作了比较详细的解释。1997 年刑法进一步在第六章妨害社会管理秩序罪中专设一节即第八节规定组织、强迫、引诱、容留、介绍卖淫罪,介绍卖淫罪即规定于该节中的第三百五十九条第一款。与《决定》的规定相比较,1997 年刑法规定的罪名和量刑均略有变化,罪名由“介绍他人卖淫罪”简化为“介绍卖淫罪”,在量刑方面则增加了一个主刑种类即拘役,同时删除了对附加刑罚金的数额限制。此后,2005 年 8 月 28 日通过的治安管理处罚法仍然将介绍他人卖淫规定为一般违法行为,但简化了处罚的种类,将治安管理处罚条例规定的五种处罚种类减少到拘留和罚款两种。对行为社会危害性的严重程度的认定,主要参考的因素有:行为侵犯的客体,行为方式、手段、动机、目的、对象、后果、重量、时间、地点,行为人的主观恶性、年龄、身份等。具体到本案中,被告人聂某某作为成年女性,以营利为目的,在不到半年的时间内,先后四次介绍成年女性卖淫,共获利 400 元,其行为具有严重的社会危害性,已不属于“情节显著轻微危害不大”的范畴,应当以介绍卖淫罪追究其刑事责任。

从刑事案件的立案追诉标准分析,被告人聂某某的行为也涉嫌犯介绍卖淫罪,应当予以立案追诉。刑事案件的立案追诉标准虽然不属于司法解释的范畴,但它从侦查机关、公诉机关的角度,以更加容易操作的方式将罪与非罪明确区分开来,人民法院在具体审判实践中一般也会参照适用。最高人民检察院、公安部 2008 年 6 月 25 日公布的《关于公安机关管辖的刑事案件立案追诉标准的规定(一)》第七十八条规定:“引诱、容留、介绍他人卖淫,涉嫌下列情形之一的,应予立案追诉:(一)引诱、容留、介绍二人次以上卖淫的;(二)引诱、容留、介绍已满十四周岁未满十八周岁的未成年人卖淫的;(三)被引诱、容留、介绍卖淫的人患有艾滋病或者梅毒、淋病等严重性病的;(四)其他引诱、容留、介绍卖淫应予追究刑事责任的情形。”从上述立案追诉标准来看,介绍他人卖淫 2 人次以上,就应当作为刑事案件立案以追究行为人的刑事责任。本案中,聂某某共介绍他人卖淫 4 人次,已经达到了刑事案件的立案标准,应当立案依法追究其刑事责任。[参见第 973 指导案例,聂姣莲介绍卖淫案,载《刑事审判参考》总第 97 集(2014 年第 2 集),第 105～107 页。撰稿:周孚林]

▽介绍卖淫罪中的“情节严重”的认定

最高人民法院、最高人民检察院又联合公布了《关于执行〈全国人大常委会关于严禁卖淫嫖娼的决定〉的若干问题的解答》(本附文以下简称《解答》)已经于 2013 年 1 月 18 日被废止,综合本案犯罪情节不宜认定被告人介绍卖淫行为达到“情节严重”。《刑法》本条对介绍卖淫罪规定了两个量刑幅度:第一个是“五年以下有期徒刑、拘役或者管制,并处罚金”;第二个是“五年以上有期徒刑,并处罚金”。在认定介绍卖淫的行为构成犯罪的前提下,是否认定介绍卖淫行为“情节严重”,关系到量刑问题。如果认定行为人系“情节严重”,则应当在第二个量刑幅度内量刑;如果不认定系“情节严重”,则应当在第一个量刑幅度内量刑。刑法没有规定哪些情形属于“情节严重”,仅《解答》对此作了明确规定。《解答》第七条规定:“引诱、容留、介绍他人卖淫,情节严重的,一般有以下几种情形:(一)多次引诱、容留、介绍他人卖淫的;(二)引诱、容留、介绍多人卖淫的;(三)引诱、容留、介绍明知是有严重性病的人卖淫的;(四)容留、介绍不满十四周岁的幼女卖淫的;(五)引诱、容留、介绍他人卖淫具有其他严重情节的。”《解答》第九条还规定:“《决定》和本解答中的‘多人’、‘多次’的‘多’,是指‘三’以上的数(含本数)。”

1997 年刑法修订以后,特别是近年来,随着人们对有关性的观念的发展变化,实践中对于是否继续适用《解答》的相关规定,存在较大的争议。当然,在《解答》没有被明文废止之前,人民法院在审理介绍卖淫案件时往往是依据《解答》的规定认定"情节严重",这也是本案一审法院认定被告人聂某某介绍卖淫系"情节严重"的原因。从时间上看,一审法院对本案作出判决的时间是2012年12月27日,当时《解答》还没有被废止,仍然是生效的司法文件,从这个角度来说,一审判决是正确的,并不存在"适用法律错误,量刑过重"的问题。但是,在聂某某不服一审判决提出上诉以后,由于最高人民法院、最高人民检察院于2013年1月4日公布了《关于废止1980年1月1日至1997年6月30日期间制发的部分司法解释与司法解释性质文件的决定》(法释〔2013〕11号),明文废止了包括《解答》在内的44件司法解释和司法解释性质文件,并且该决定自2013年1月18日起施行,故本案二审时《解答》已经被废止,不能继续适用。在此情况下,聂某某介绍他人卖淫4次能否认定为"情节严重",应当综合聂某某的犯罪情节、犯罪后果、主观恶性、人身危险性等方面进行认定。从审理查明的事实来看,聂某某虽然介绍卖淫的行为有4人次,但4次嫖客系张某同一人,卖淫女仅涉及肖某和杨某,收取的介绍费不高,4次共计400元,且所实施的犯罪手段非常普通,无恶劣表现,也未造成严重犯罪后果,故不宜认定聂某某介绍卖淫行为达到情节严重程度。湘潭市中级人民法院维持一审法院定罪部分,改判量刑部分的做法是正确的。

值得注意的是,不能认为《解答》被明文废止后,引诱、容留、介绍卖淫罪就不存在情节严重的情形。当然,由于《解答》被废止,实践中对引诱、容留、介绍卖淫罪情节严重情形的把握会更加审慎、严格,不排除个别地方存在引诱、容留、介绍卖淫罪第二个量刑幅度被架空的可能。对此,最高人民法院有必要尽快通过出台新的司法解释性文件对引诱、容留、介绍卖淫罪的定罪量刑标准进行明确。在新的司法解释性文件出台之前,参照《最高人民检察院、公安部关于公安机关管辖的刑事案件立案追诉标准的规定(一)》(公通字〔2008〕第36号)第七十八条的规定,对于具有以下情形之一的,可以认定为刑法本条第一款规定的"情节严重":引诱、容留、介绍卖淫人次达10人次以上的;引诱、容留、介绍已满14周岁未满18周岁的未成年人卖淫达5人次以上的;容留、介绍不满14周岁的未成年人卖淫的;引诱、容留、介绍明知是患有艾滋病或者梅毒、淋病等严重性病的人卖淫,或者造成上述严重性病感染的;其他情节严重的情形。[参见第973指导案例,聂姣莲介绍卖淫案,载《刑事审判参考》总第97集(2014年第2集),第107~109页。撰稿:周孚林]

第三百六十条　【传播性病罪】明知自己患有梅毒、淋病等严重性病卖淫、嫖娼的,处五年以下有期徒刑、拘役或者管制,并处罚金。

刑法本条第二款原文:【嫖宿幼女罪】嫖宿不满十四周岁的幼女的,处五年以上有期徒刑,并处罚金。(本款是根据《中华人民共和国刑法修正案(九)》之四十三删除的,自2015年11月1日起施行。)

■最高人民检察院、公安部关于公安机关管辖的刑事案件立案追诉标准的规定(一)(2008年6月25日)

第八十条　[传播性病案(刑法第三百六十条第一款)]明知自己患有梅毒、淋病等严重性病卖淫、嫖娼的,应予立案追诉。

具有下列情形之一的,可以认定为本条规定的"明知":

(一)有证据证明曾到医疗机构就医,被诊断为患有严重性病的;

(二)根据本人的知识和经验,能够知道自己患有严重性病的;

(三)通过其他方法能够证明是"明知"的。

■最高人民法院、最高人民检察院关于办理组织、强迫、引诱、容留、介绍卖淫刑事案件适用法律若干问题的解释(2017年7月25日)

第十一条　具有下列情形之一的,应当认定为刑法第三百六十条规定的"明知":

(一)有证据证明曾到医院或者其他医疗机构就医或者检查,被诊断为患有严重性病的;

(二)根据本人的知识和经验,能够知道自己患有严重性病的;

(三)通过其他方法能够证明行为人是“明知”的。

传播性病行为是否实际造成他人患上严重性病的后果,不影响本罪的成立。

刑法第三百六十条规定所称的“严重性病”,包括梅毒、淋病等。其他性病是否认定为“严重性病”,应当根据《中华人民共和国传染病防治法》《性病防治管理办法》的规定,在国家卫生与计划生育委员会规定实行性病监测的性病范围内,依照其危害、特点与梅毒、淋病相当的原则,从严掌握。

第十二条　明知自己患有艾滋病或者感染艾滋病病毒而卖淫、嫖娼的,依照刑法第三百六十条的规定,以传播性病罪定罪,从重处罚。

具有下列情形之一,致使他人感染艾滋病病毒的,认定为刑法第九十五条第三项“其他对于人身健康有重大伤害”所指的“重伤”,依照刑法第二百三十四条第二款的规定,以故意伤害罪定罪处罚:

(一)明知自己感染艾滋病病毒而卖淫、嫖娼的;

(二)明知自己感染艾滋病病毒,故意不采取防范措施而与他人发生性关系的。

第十三条　犯组织、强迫、引诱、容留、介绍卖淫罪的,应当依法判处犯罪所得二倍以上的罚金。共同犯罪的,对各共同犯罪人合计判处的罚金应当在犯罪所得的二倍以上。

对犯组织、强迫卖淫罪被判处无期徒刑的,应当并处没收财产。

第十五条　本解释自2017年7月25日起施行。

■最高人民法院、最高人民检察院、公安部、司法部关于依法严厉打击传播艾滋病病毒等违法犯罪行为的指导意见(2019年6月3日)

二、准确认定行为性质

(一)故意伤害罪。明知自己感染艾滋病病毒或者患有艾滋病而卖淫、嫖娼或者故意不采取防范措施与他人发生性关系,致人感染艾滋病病毒的,依照刑法第二百三十四条第二款的规定,以故意伤害罪定罪处罚。

故意采取针刺等方法,致人感染艾滋病病毒的,依照刑法第二百三十四条第二款的规定,以故意伤害罪定罪处罚;未致人感染艾滋病病毒,但造成他人身体轻伤以上伤害的,依照刑法第二百三十四条的规定,以故意伤害罪定罪处罚。

明知他人感染艾滋病病毒或者患有艾滋病而隐瞒情况,介绍与其他人发生性关系,致人感染艾滋病病毒的,以故意伤害罪的共犯论处。

告知对方自己感染艾滋病病毒或者患有艾滋病,或者对方明知他人感染艾滋病病毒或者患有艾滋病,双方仍自愿发生性关系的,不作为犯罪处理。

(二)传播性病罪。明知自己感染艾滋病病毒或者患有艾滋病而卖淫、嫖娼,未致人感染艾滋病病毒的,依照刑法第三百六十条的规定,以传播性病罪定罪,并从重处罚。

明知他人感染艾滋病病毒或者患有艾滋病,介绍其卖淫,同时构成介绍卖淫罪、故意伤害罪的,依照处罚较重的规定定罪处罚。

(三)寻衅滋事罪。假冒或者利用艾滋病病毒感染者或者病人身份,以谎称含有或者含有艾滋病病毒的血液为工具,追逐、拦截、恐吓他人,情节恶劣,破坏社会秩序的,依照刑法第二百九十三条第一款第二项的规定,以寻衅滋事罪定罪处罚。

编造致人感染艾滋病病毒等虚假信息,或者明知是编造的虚假信息,在信息网络上散布,或者组织、指使人员在信息网络上散布,起哄闹事,造成公共秩序严重混乱的,依照刑法第二百九十三条第一款第四项的规定,以寻衅滋事罪定罪处罚。

对前款中“明知”的认定,应当结合行为人的主观认知、行为表现、案件的具体情节等综合分析,准确认定。对无确实、充分的证据证明主观明知的,不得以犯罪论处。

(四)敲诈勒索罪。假冒或者利用艾滋病病毒感染者或者病人身份,以谎称含有或者含有艾滋病病毒的血液为工具,敲诈勒索公私财物数额较大或者多次敲诈勒索的,依照刑法第二百七十四条的规定,以敲诈勒索罪定罪处罚。

(五)诈骗罪。出售谎称含有艾滋病病毒的血液,骗取他人财物,数额较大的,依照刑法第二百六十六条的规定,以诈骗罪定罪处罚。

(六)抢劫罪。假冒或者利用艾滋病病毒感染者或者病人身份,以谎称含有或者含有艾滋病病毒的血液为工具,以暴力、胁迫或者其他方法抢劫公私财物的,依照刑法第二百六十三条的规定,以抢劫罪定罪处罚。

(七)传授犯罪方法罪。通过语言、文字、动作或者其他方式传授能够致人感染艾滋病病毒的具体方法的,依照刑法第二百九十五条的规定,以传授犯罪方法罪定罪处罚。

(八)以危险方法危害公共安全罪。采用危险方法,意图使不特定多数人感染艾滋病病毒,危害公共安全,尚未造成严重后果的,依照刑法第一百一十四条的规定,以以危险方法危害公共安全罪定罪处罚;致人重伤、死亡或者使公私财产遭受重大损失的,依照刑法第一百一十五条的规定定罪处罚。

(九)非法买卖危险物质罪。非法买卖含有艾滋病病毒的血液,危害公共安全的,依照刑法第一百二十五条第二款的规定,以非法买卖危险物质罪定罪处罚。

(十)非法采集、供应血液罪。非法采集、供应血液,含有艾滋病病毒的,依照刑法第三百三十四条第一款的规定,以非法采集、供应血液罪定罪处罚。

(十一)非法利用信息网络罪。设立网站、通讯群组,用于销售谎称含有或者含有艾滋病病毒的血液等违法犯罪活动,情节严重的,依照刑法第二百八十七条之一的规定,以非法利用信息网络罪定罪处罚。

(十二)治安管理处罚或者其他行政处罚。实施本条第一项至第十一项规定的行为,不构成犯罪、依法不起诉或者免予刑事处罚的,依法予以治安管理处罚或者其他行政处罚。

▽嫖宿幼女罪与奸淫幼女型强奸罪区分的认定

嫖宿幼女罪已被2015年11月1日起施行的《刑法修正案(九)》之四十三删除了。[参见第589号指导案例,冯支洋等嫖宿幼女案,载《刑事审判参考》总第71集(2009年第6集),第26~27页。撰稿:徐琛]

▽嫖宿幼女行为的司法认定

嫖宿幼女罪已被2015年11月1日起施行的《刑法修正案(九)》之四十三删除了。[参见第589号指导案例,冯支洋等嫖宿幼女案,载《刑事审判参考》总第71集(2009年第6集),第27~29页。撰稿:徐琛]

▽共同犯罪人先后嫖宿同一幼女的,既要区别于一人嫖宿又要区别于轮奸情节

嫖宿幼女罪已被2015年11月1日起施行的《刑法修正案(九)》之四十三删除了。[参见第990号指导案例,赵祺勇、蒋明科嫖宿幼女案,载《刑事审判参考》总第98集(2014年第3集),第78~79页。撰稿:肖凤]

▽明知自己系艾滋病病毒携带者,仍从事卖淫活动的行为,构成传播性病罪

艾滋病是一种人类免疫缺陷病毒(艾滋病病毒)引起的获得性免疫缺陷综合征,极大威胁人类的健康、生命,目前尚无有效的治疗手段。同时,艾滋病还具有较强的传染性,自从被发现以来已在全球蔓延。近年来,性传播成为其扩散的主要途径,卖淫嫖娼人员作为高危人群,一旦感染艾滋病病毒,极易在卖淫嫖娼活动中将病毒传染给他人,因此有必要采取法律等手段对此类不安全性行为进行严格管控。

(一)无论从医学角度还是法律角度分析,艾滋病均属于危害性与梅毒、淋病相当的严重性病。所谓性病,是以性接触为主要传播途径的疾病。艾滋病主要有性接触、母婴传播、血液传播等传播途径.其中通过性接触传染艾滋病病毒已成为最主要的传播途径。因此,1991年8月12日施行的《性病防治管理办法》(本附文以下简称《办法》)第二条规定:"本办法所称性病包括:(一)《中华人民共和国传染病防治法》乙类传染病中的艾滋病、淋病和梅毒……"根据该规定,艾滋病是与淋病、梅毒同一等级的性病。同年9月4日施行的《全国人民代表大会常务委员会关于严禁卖淫嫖娼的决定》(本附文以下简称《决定》,已废止)第五条第一款规定,"明知自己患有梅毒、淋病等严重性病卖淫、嫖娼的,处……"从而创设了传播性病罪的立法例。从刑事法律与行政法律的衔接关系来看,当时艾滋病显然属于传播性病罪中的"严重性病"。1997年刑法沿袭了《决定》对传播性病罪的规定,艾滋病仍属于刑法意义上的"严重性病"。随着对艾滋病的危害及防治措施的认识不断深入,国家意识到艾滋病防治工作已不仅仅是卫生行政管理部门的职能,而是需要全社会共同参与的系统工程,单纯依靠作为部门规章的《办法》开展相关工作,已不能满足实践需要,必须制定比《办法》层级更高的行政法规,以整合所有与艾滋病防治工作相关的行政部门的职能,有效遏制艾滋病蔓延,增强预防措施的针对性。在此背景下,2006年国务院出台了《艾滋病防治条例》(本附文以下简称《条例》),对艾滋病防治管理工作作出规定,充分体现了国家对艾滋病防治工作的高度重视。因此,2013年施行的新《办法》中未明确规定艾滋病系性病,而是将艾滋病单列出来,规定其防治管理工作依照《条例》的有关规定执行,以理顺《条例》与《办法》的关系。新《办法》缩小了调整范围,不再规定艾滋病的防治管理问题,这并不意味着艾滋病在医学和法律层面上被排除出性病的范畴,而是将其视为特殊性病。这种行政法层面上的立法变动并不影响刑法上"严重性病"的认定范围,更不能否定艾滋病作为性病的医学属性。同时,从疾病的传染性、危害程度看,艾滋病与淋病、梅毒同属于《传染病防治法》规定的乙类传染病,对健康的危害更是远远大于淋病、梅毒的,理应视为"严重性病"。

(二)HIV-1抗体呈阳性的行为人符合传播性病罪的主体要件。梅毒、淋病等性病潜伏期较短,感染病菌后短时间内即会出现相应症状,因此通过化验及诊断症状,较容易判定行为人是否患有性病。艾滋病与梅毒、淋病相比有一定的特殊性:艾滋病病毒侵入人体后,一般要经过七年至十年的潜伏期感染者才会发病,成为艾滋病患者。因此,从医学上说,HTV-1抗体呈阳性只是表明该人系艾滋病病毒携带者,如无相应症状,还不能将其视为艾滋病患者。刑法规定传播性病罪的主要目的是遏制严重性病以性交易的方式传播、蔓延,保护公民健康,维护公共卫生秩序。考虑到艾滋病病毒携带者(HIV-1抗体呈阳性)具有较强的传染性,其携带的病毒可以通过血液、性接触或者母婴进行传播、传染,将艾滋病病毒携带者视为严重性病患者,运用刑法手段遏制艾滋病以性交易的方式传播、蔓延,符合传播性病罪的立法目的,也是十分必要的。本案中,被告人王某经检测,体内HTV-1抗体呈阳性,说明其系艾滋病病毒携带者,虽无证据证明其已发病,但仍可认定其患有严重性病,符合传播性病罪的主体要件。

(三)明知自己携带艾滋病病毒而卖淫的,可以构成传播性病罪。根据前面的分析,被告人王某明知自己携带艾滋病病毒而卖淫,符合刑法关于传播性病罪的规定,可以认定其构成传播性病罪。从司法实践来看,艾滋病病毒携带者或艾滋病患者进行卖淫嫖娼活动,对他人人身权利可能造成不同程度的损害,甚至危害公共安全,同时行为人的犯意亦有不同,根据案件的具体情况,认定行为人构成故意伤害罪或者以危险方法危害公共安全罪并无问题。但基于本案中查明的事实和确认的证据,认定王某构成传播性病罪较为稳妥。主要理由是:(1)王某不构成故意伤害罪。故意伤害罪是结果犯,构成该罪必须造成被害人轻伤以上的后果。王某从事卖淫活动,与嫖娼人员并无仇怨,对可能发生的致使嫖娼人员感染艾滋病病毒的结果只持放任心态,同时无证据证实嫖娼人员陆某因与王某进行性交易而感染艾滋病病毒。出于间接故意实施的犯罪行为未发生危害结果的,不构成犯罪,故王某不构成故意伤害罪。如果王某出于希望或放任他人感染艾滋病病毒的心理进行卖淫嫖娼活动,并使对方感染艾滋病病毒(或发病死亡),可以认定其构成故意伤害(致死)罪。(2)王某不构成以危险方法危害公共安全罪。从主观上看,王某供称其知道自己携带的艾滋病病毒可能会传染给他人,也学习了相关知识,知道女性艾滋病病毒携带者传染的可能性相对于男性而言较小;进行性交易时其会要求对方使用安全套,如果对方不愿意使用,考虑到自己的艾滋病病毒传染给对方的可能性较小,也会同意。可见王某并无恶意传播艾滋病病毒以报复社会的意图,只是为了牟利而在一定程度上放任危害结果的发生。从客观上看,虽然王某供述称其知道自己携带艾滋病病毒后仍进行卖淫活动长达三年,但该情节无其他证据佐证,亦不能证实其与多少人进行过性交易,现有证据仅能证实其与嫖娼人员陆某有一次性交易。因此,根据在案证据尚不足以认定王某的行为造成了广泛的社会危害,故王某也不构成以危险方法危害公共安全罪。如有充分证据证实其得知自己系艾滋病病毒携带者后仍长期卖淫,与其进行性交易的人员众多,甚至导致艾滋病的进一步扩散,可认定其构成以危险方法危害公共安全罪。综上,东莞市第一人民法院认定被告人王某构成传播性病是正确的。[参见第1133号指导案例,王某传播性病案,载《刑事审判参考》总第105集,第110~113页。撰稿:陈雯]

第三百六十一条 【组织卖淫罪】【强迫卖淫罪】【引诱、容留、介绍卖淫罪】【引诱幼女卖淫罪】旅馆业、饮食服务业、文化娱乐业、出租汽车业等单位的人员,利用本单位的条件,组织、强迫、引诱、容留、介绍他人卖淫的,依照本法第三百五十八条、第三百五十九条的规定定罪处罚。

前款所列单位的主要负责人,犯前款罪的,从重处罚。

▽被告人对卖淫活动形成了有效管理与控制,并非仅仅为卖淫者提供卖淫场所,不能认定为容留卖淫罪

引诱、容留、介绍卖淫行为往往和组织卖淫行为交织在一起,几乎所有的组织卖淫行为都伴随有容留卖淫行为,对组织卖淫过程中的容留行为是认定组织卖淫罪还是容留卖淫罪,实践中存在争议。本案各被告人均辩称新天龙休闲浴场里的按摩"小姐"是自己来的,不存在招募、雇佣行为,四被告人仅为客人卖淫嫖娼提供了浴场,故四被告人的行为构成容留卖淫罪,而非组织卖淫罪。容留卖淫罪中的容留是一种单纯地为他人提供场所,容留者与卖淫者没有控制与调度的关系。具体表现为行动上的两个自由:一是来去自由;二是选择自由。来去自由体现在卖淫者有是否接受容留者提供场所的自由,选择自由体现在卖淫者本人有权决定何时卖淫、向何人卖淫、如何收费等事项。对这种不存在人身控制和依附关系,仅提供场所的行为,一般以容留卖淫罪论处。但现实中情况往往比较复杂,卖淫者虽有来去自由,但没有选择自由。即卖淫者到一些娱乐场所卖淫是完全自愿的,娱乐场所的经营者为其提供卖淫场所和食宿,不干涉具体卖淫事项。但卖淫者通常不能决定何时卖淫、向何人卖淫,尤其是不能决定如何收费。娱乐场所对卖淫行为采取统一定价、统一收费,再按照事先定好的比例将报酬分发给卖淫者。在这种情况下,卖淫行为处于被管理、控制的状态,因此,管理控制者提供的容留行为应当构成组织卖淫罪,而非容留卖淫罪。这一结论可以在相关文件中找到法律依据。本案新天龙休闲浴场内部对"小姐"制定了严格的规定,"小姐"卖淫一次收费人民币100元,每人每天上交人民币50元,卖淫时用毛巾将包厢的玻璃遮住,卖淫后"小姐"的工号牌移到最后,并轮流负责望风。这些规定和做法表明,新天龙浴场对"小姐"的卖淫活动已经形成有效管理与控制,而这正好体现了组织卖淫罪中"控制多人从事卖淫"的特征,故法院根据其具体分工对各被告人的行为分别认定为组织卖淫罪与协助组织卖淫罪,而不认定为容留卖淫罪是正确的。[参见第768号指导案例,蒋轶等组织卖淫、协助组织卖淫案,载《刑事审判参考》总第85集(2012年第2集),第80~81页。撰稿:聂昭伟]

第三百六十二条 【包庇罪】旅馆业、饮食服务业、文化娱乐业、出租汽车业等单位的人员,在公安机关查处卖淫、嫖娼活动时,为违法犯罪分子通风报信,情节严重的,依照本法第三百一十条的规定定罪处罚。

■最高人民法院、最高人民检察院关于办理组织、强迫、引诱、容留、介绍卖淫刑事案件适用法律若干问题的解释(2017年7月25日)

第十四条　根据刑法第三百六十二条、第三百一十条的规定,旅馆业、饮食服务业、文化娱乐业、出租汽车业等单位的人员,在公安机关查处卖淫、嫖娼活动时,为违法犯罪分子通风报信,情节严重的,以包庇罪定罪处罚。事前与犯罪分子通谋的,以共同犯罪论处。

具有下列情形之一的,应当认定为刑法第三百六十二条规定的"情节严重":

(一)向组织、强迫卖淫犯罪集团通风报信的;

(二)二年内通风报信三次以上的;

(三)一年内因通风报信被行政处罚,又实施通风报信行为的;

(四)致使犯罪集团的首要分子或者其他共同犯罪的主犯未能及时归案的;

(五)造成卖淫嫖娼人员逃跑,致使公安机关查处犯罪行为因取证困难而撤销刑事案件的;

(六)非法获利人民币一万元以上的;

(七)其他情节严重的情形。

第十五条　本解释自2017年7月25日起施行。

第九节　制作、贩卖、传播淫秽物品罪

第三百六十三条　【制作、复制、出版、贩卖、传播淫秽物品牟利罪】以牟利为目的,制作、复制、出版、贩卖、传播淫秽物品的,处三年以下有期徒刑、拘役或者管制,并处罚金;情节严重的,处三年以上十年以下有期徒刑,并处罚金;情节特别严重的,处十年以上有期徒刑或者无期徒刑,并处罚金或者没收财产。

【为他人提供书号出版淫秽书刊罪】为他人提供书号,出版淫秽书刊的,处三年以下有期徒刑、拘役或者管制,并处或者单处罚金;

【出版淫秽物品牟利罪】明知他人用于出版淫秽书刊而提供书号的,依照前款的规定处罚。

■最高人民检察院、公安部关于公安机关管辖的刑事案件立案追诉标准的规定(一)(2008年6月25日)

第八十二条　[制作、复制、出版、贩卖、传播淫秽物品牟利案(刑法第三百六十三条第一款、第二款)]以牟利为目的,制作、复制、出版、贩卖、传播淫秽物品,涉嫌下列情形之一的,应予立案追诉:

(一)制作、复制、出版淫秽影碟、软件、录像带五十至一百张(盒)以上,淫秽音碟、录音带一百至二百张(盒)以上,淫秽扑克、书刊、画册一百至二百副(册)以上,淫秽照片、画片五百至一千张以上的;

(二)贩卖淫秽影碟、软件、录像带一百至二百张(盒)以上,淫秽音碟、录音带二百至四百张(盒)以上,淫秽扑克、书刊、画册二百至四百副(册)以上,淫秽照片、画片一千至二千张以上的;

(三)向他人传播淫秽物品达二百至五百人次以上,或者组织播放淫秽影、像达十至二十场次以上的;

(四)制作、复制、出版、贩卖、传播淫秽物品,获利五千至一万元以上的。

以牟利为目的,利用互联网、移动通讯终端制作、复制、出版、贩卖、传播淫秽电子信息,涉嫌下列情形之一的,应予立案追诉:

(一)制作、复制、出版、贩卖、传播淫秽电影、表演、动画等视频文件二十个以上的;

(二)制作、复制、出版、贩卖、传播淫秽音频文件一百个以上的;

(三)制作、复制、出版、贩卖、传播淫秽电子刊物、图片、文章、短信息等二百件以上的;

(四)制作、复制、出版、贩卖、传播的淫秽电子信息,实际被点击数达到一万次以上的;

(五)以会员制方式出版、贩卖、传播淫秽电子信息,注册会员达二百人以上的;

（六）利用淫秽电子信息收取广告费、会员注册费或者其他费用，违法所得一万元以上的；

（七）数量或者数额虽未达到本款第（一）项至第（六）项规定标准，但分别达到其中两项以上标准的百分之五十以上的；

（八）造成严重后果的。

利用聊天室、论坛、即时通信软件、电子邮件等方式，实施本条第二款规定行为的，应予立案追诉。

以牟利为目的，通过声讯台传播淫秽语音信息，涉嫌下列情形之一的，应予立案追诉：

（一）向一百人次以上传播的；

（二）违法所得一万元以上的；

（三）造成严重后果的。

明知他人用于出版淫秽书刊而提供书号、刊号的，应予立案追诉。

第八十三条 ［为他人提供书号出版淫秽书刊案（刑法第三百六十三条第二款）］为他人提供书号、刊号出版淫秽书刊，或者为他人提供版号出版淫秽音像制品的，应予立案追诉。

■最高人民法院、最高人民检察院关于办理利用互联网、移动通讯终端、声讯台制作、复制、出版、贩卖、传播淫秽电子信息刑事案件具体应用法律若干问题的解释（2004年9月6日）

第一条 以牟利为目的，利用互联网、移动通讯终端制作、复制、出版、贩卖、传播淫秽电子信息，具有下列情形之一的，依照刑法第三百六十三条第一款的规定，以制作、复制、出版、贩卖、传播淫秽物品牟利罪定罪处罚：

（一）制作、复制、出版、贩卖、传播淫秽电影、表演、动画等视频文件二十个以上的；

（二）制作、复制、出版、贩卖、传播淫秽音频文件一百个以上的；

（三）制作、复制、出版、贩卖、传播淫秽电子刊物、图片、文章、短信息等二百件以上的；

（四）制作、复制、出版、贩卖、传播的淫秽电子信息，实际被点击数达到一万次以上的；

（五）以会员制方式出版、贩卖、传播淫秽电子信息，注册会员达二百人以上的；

（六）利用淫秽电子信息收取广告费、会员注册费或者其他费用，违法所得一万元以上的；

（七）数量或者数额虽未达到第（一）项至第（六）项规定标准，但分别达到其中两项以上标准一半以上的；

（八）造成严重后果的。

利用聊天室、论坛、即时通信软件、电子邮件等方式，实施第一款规定行为的，依照刑法第三百六十三条第一款的规定，以制作、复制、出版、贩卖、传播淫秽物品牟利罪定罪处罚。

第二条 实施第一条规定的行为，数量或者数额达到第一条第一款第（一）项至第（六）项规定标准五倍以上的，应当认定为刑法第三百六十三条第一款规定的"情节严重"；达到规定标准二十五倍以上的，应当认定为"情节特别严重"。

第四条 明知是淫秽电子信息而在自己所有、管理或者使用的网站或者网页上提供直接链接的，其数量标准根据所链接的淫秽电子信息的种类计算。

第五条 以牟利为目的，通过声讯台传播淫秽语音信息，具有下列情形之一的，依照刑法第三百六十三条第一款的规定，对直接负责的主管人员和其他直接责任人员以传播淫秽物品牟利罪定罪处罚：

（一）向一百人次以上传播的；

（二）违法所得一万元以上的；

（三）造成严重后果的。

实施前款规定行为，数量或者数额达到前款第（一）项至第（二）项规定标准五倍以上的，应当认定为刑法第三百六十三条第一款规定的"情节严重"；达到规定标准二十五倍以上的，应当认定为"情节特别严重"。

第六条 实施本解释前五条规定的犯罪,具有下列情形之一的,依照刑法第三百六十三条第一款、第三百六十四条第一款的规定从重处罚:

(一)制作、复制、出版、贩卖、传播具体描绘不满十八周岁未成年人性行为的淫秽电子信息的;

(二)明知是具体描绘不满十八周岁的未成年人性行为的淫秽电子信息而在自己所有、管理或者使用的网站或者网页上提供直接链接的;

(三)向不满十八周岁的未成年人贩卖、传播淫秽电子信息和语音信息的;

(四)通过使用破坏性程序、恶意代码修改用户计算机设置等方法,强制用户访问、下载淫秽电子信息的。

第七条 明知他人实施制作、复制、出版、贩卖、传播淫秽电子信息犯罪,为其提供互联网接入、服务器托管、网络存储空间、通讯传输通道、费用结算等帮助的,对直接负责的主管人员和其他直接责任人员,以共同犯罪论处。

第八条 利用互联网、移动通讯终端、声讯台贩卖、传播淫秽书刊、影片、录像带、录音带等以实物为载体的淫秽物品的,依照《最高人民法院关于审理非法出版物刑事案件具体应用法律若干问题的解释》的有关规定定罪处罚。

■最高人民法院、最高人民检察院关于办理利用互联网、移动通讯终端、声讯台制作、复制、出版、贩卖、传播淫秽电子信息刑事案件具体应用法律若干问题的解释(二)(2010年2月4日)

第一条 以牟利为目的,利用互联网、移动通讯终端制作、复制、出版、贩卖、传播淫秽电子信息的,依照《最高人民法院、最高人民检察院关于办理利用互联网、移动通讯终端、声讯台制作、复制、出版、贩卖、传播淫秽电子信息刑事案件具体应用法律若干问题的解释》第一条、第二条的规定定罪处罚。

以牟利为目的,利用互联网、移动通讯终端制作、复制、出版、贩卖、传播内容含有不满十四周岁未成年人的淫秽电子信息,具有下列情形之一的,依照刑法第三百六十三条第一款的规定,以制作、复制、出版、贩卖、传播淫秽物品牟利罪定罪处罚:

(一)制作、复制、出版、贩卖、传播淫秽电影、表演、动画等视频文件十个以上的;

(二)制作、复制、出版、贩卖、传播淫秽音频文件五十个以上的;

(三)制作、复制、出版、贩卖、传播淫秽电子刊物、图片、文章等一百件以上的;

(四)制作、复制、出版、贩卖、传播的淫秽电子信息,实际被点击数达到五千次以上的;

(五)以会员制方式出版、贩卖、传播淫秽电子信息,注册会员达一百人以上的;

(六)利用淫秽电子信息收取广告费、会员注册费或者其他费用,违法所得五千元以上的;

(七)数量或者数额虽未达到第(一)项至第(六)项规定标准,但分别达到其中两项以上标准一半以上的;

(八)造成严重后果的。

实施第二款规定的行为,数量或者数额达到第二款第(一)项至第(七)项规定标准五倍以上的,应当认定为刑法第三百六十三条第一款规定的"情节严重";达到规定标准二十五倍以上的,应当认定为"情节特别严重"。

第四条 以牟利为目的,网站建立者、直接负责的管理者明知他人制作、复制、出版、贩卖、传播的是淫秽电子信息,允许或者放任他人在自己所有、管理的网站或者网页上发布,具有下列情形之一的,依照刑法第三百六十三条第一款的规定,以传播淫秽物品牟利罪定罪处罚:

(一)数量或者数额达到第一条第二款第(一)项至第(六)项规定标准五倍以上的;

(二)数量或者数额分别达到第一条第二款第(一)项至第(六)项两项以上标准二倍以上的;

(三)造成严重后果的。

实施前款规定的行为，数量或者数额达到第一条第二款第（一）项至第（七）项规定标准二十五倍以上的，应当认定为刑法第三百六十三条第一款规定的“情节严重”；达到规定标准一百倍以上的，应当认定为“情节特别严重”。

第六条　电信业务经营者、互联网信息服务提供者明知是淫秽网站，为其提供互联网接入、服务器托管、网络存储空间、通讯传输通道、代收费等服务，并收取服务费，具有下列情形之一的，对直接负责的主管人员和其他直接责任人员，依照刑法第三百六十三条第一款的规定，以传播淫秽物品牟利罪定罪处罚：

（一）为五个以上淫秽网站提供上述服务的；

（二）为淫秽网站提供互联网接入、服务器托管、网络存储空间、通讯传输通道等服务，收取服务费数额在二万元以上的；

（三）为淫秽网站提供代收费服务，收取服务费数额在五万元以上的；

（四）造成严重后果的。

实施前款规定的行为，数量或者数额达到前款第（一）项至第（三）项规定标准五倍以上的，应当认定为刑法第三百六十三条第一款规定的“情节严重”；达到规定标准二十五倍以上的，应当认定为“情节特别严重”。

第七条　明知是淫秽网站，以牟利为目的，通过投放广告等方式向其直接或者间接提供资金，或者提供费用结算服务，具有下列情形之一的，对直接负责的主管人员和其他直接责任人员，依照刑法第三百六十三条第一款的规定，以制作、复制、出版、贩卖、传播淫秽物品牟利罪的共同犯罪处罚：

（一）向十个以上淫秽网站投放广告或者以其他方式提供资金的；

（二）向淫秽网站投放广告二十条以上的；

（三）向十个以上淫秽网站提供费用结算服务的；

（四）以投放广告或者其他方式向淫秽网站提供资金数额在五万元以上的；

（五）为淫秽网站提供费用结算服务，收取服务费数额在二万元以上的；

（六）造成严重后果的。

实施前款规定的行为，数量或者数额达到前款第（一）项至第（五）项规定标准五倍以上的，应当认定为刑法第三百六十三条第一款规定的“情节严重”；达到规定标准二十五倍以上的，应当认定为“情节特别严重”。

第八条　实施第四条至第七条规定的行为，具有下列情形之一的，应当认定行为人“明知”，但是有证据证明确实不知道的除外：

（一）行政主管机关书面告知后仍然实施上述行为的；

（二）接到举报后不履行法定管理职责的；

（三）为淫秽网站提供互联网接入、服务器托管、网络存储空间、通讯传输通道、代收费、费用结算等服务，收取服务费明显高于市场价格的；

（四）向淫秽网站投放广告，广告点击率明显异常的；

（五）其他能够认定行为人明知的情形。

第九条　一年内多次实施制作、复制、出版、贩卖、传播淫秽电子信息行为未经处理，数量或者数额累计计算构成犯罪的，应当依法定罪处罚。

第十条　单位实施制作、复制、出版、贩卖、传播淫秽电子信息犯罪的，依照《中华人民共和国刑法》、《最高人民法院、最高人民检察院关于办理利用互联网、移动通讯终端、声讯台制作、复制、出版、贩卖、传播淫秽电子信息刑事案件具体应用法律若干问题的解释》和本解释规定的相应个人犯罪的定罪量刑标准，对直接负责的主管人员和其他直接责任人员定罪处罚，并对单位判处罚金。

第十一条 对于以牟利为目的,实施制作、复制、出版、贩卖、传播淫秽电子信息犯罪的,人民法院应当综合考虑犯罪的违法所得、社会危害性等情节,依法判处罚金或者没收财产。罚金数额一般在违法所得的一倍以上五倍以下。

第十二条 《最高人民法院、最高人民检察院关于办理利用互联网、移动通讯终端、声讯台制作、复制、出版、贩卖、传播淫秽电子信息刑事案件具体应用法律若干问题的解释》和本解释所称网站,是指可以通过互联网域名、IP地址等方式访问的内容提供站点。

以制作、复制、出版、贩卖、传播淫秽电子信息为目的建立或者建立后主要从事制作、复制、出版、贩卖、传播淫秽电子信息活动的网站,为淫秽网站。

第十三条 以前发布的司法解释与本解释不一致的,以本解释为准。

■最高人民法院关于审理非法出版物刑事案件具体应用法律若干问题的解释(1998年12月23日)

第八条 以牟利为目的,实施刑法第三百六十三条第一款规定的行为,具有下列情形之一的,以制作、复制、出版、贩卖、传播淫秽物品牟利罪定罪处罚:

(一)制作、复制、出版淫秽影碟、软件、录像带五十至一百张(盒)以上,淫秽音碟、录音带一百至二百张(盒)以上,淫秽扑克、书刊、画册一百至二百副(册)以上,淫秽照片、画片五百至一千张以上的;

(二)贩卖淫秽影碟、软件、录像带一百至二百张(盒)以上,淫秽音碟、录音带二百至四百张(盒)以上,淫秽扑克、书刊、画册二百至四百副(册)以上,淫秽照片、画片一千至二千张以上的;

(三)向他人传播淫秽物品达二百至五百人次以上,或者组织播放淫秽影、像达十至二十场次以上的;

(四)制作、复制、出版、贩卖、传播淫秽物品,获利五千至一万元以上的。

以牟利为目的,实施刑法第三百六十三条第一款规定的行为,具有下列情形之一的,应当认定为制作、复制、出版、贩卖、传播淫秽物品牟利罪"情节严重":

(一)制作、复制、出版淫秽影碟、软件、录像带二百五十至五百张(盒)以上,淫秽音碟、录音带五百至一千张(盒)以上,淫秽扑克、书刊、画册五百至一千副(册)以上,淫秽照片、画片二千五百至五千张以上的;

(二)贩卖淫秽影碟、软件、录像带五百至一千张(盒)以上,淫秽音碟、录音带一千至二千张(盒)以上,淫秽扑克、书刊、画册一千至二千副(册)以上,淫秽照片、画片五千至一万张以上的;

(三)向他人传播淫秽物品达一千至二千人次以上,或者组织播放淫秽影、像达五十至一百场次以上的;

(四)制作、复制、出版、贩卖、传播淫秽物品,获利三万至五万元以上的。

以牟利为目的,实施刑法第三百六十三条第一款规定的行为,其数量(数额)达到前款规定的数量(数额)五倍以上的,应当认定为制作、复制、出版、贩卖、传播淫秽物品牟利罪"情节特别严重"。

第九条 为他人提供书号、刊号,出版淫秽书刊的,依照刑法第三百六十三条第二款的规定,以为他人提供书号出版淫秽书刊罪定罪处罚。

为他人提供版号,出版淫秽音像制品的,依照前款规定定罪处罚。

明知他人用于出版淫秽书刊而提供书号、刊号的,依照刑法第三百六十三条第一款的规定,以出版淫秽物品牟利罪定罪处罚。

第十六条 出版单位与他人事前通谋,向其出售、出租或者以其他形式转让该出版单位的名称、书号、刊号、版号,他人实施本解释第二条、第四条、第八条、第九条、第十条、第十一条规定的行为,构成犯罪的,对该出版单位应当以共犯论处。

▼安徽省高级人民法院关于审理非法出版物刑事案件具体应用法律有关问题的规定(2002年3月6日)

第一条　以牟利为目的,实施刑法第三百六十三条第一款规定的行为,具有下列情形之一的,以制作、复制、出版、贩卖、传播淫秽物品牟利罪定罪处罚:

(一)制作、复制、出版淫秽影碟、软件、录像带五十张(盒)以上,淫秽音碟、录音带一百张(盒)以上,淫秽扑克、书刊、画册一百副(册)以上,淫秽照片、画片五百张以上的;

(二)贩卖淫秽影碟、软件、录像带一百张(盒)以上,淫秽音碟、录音带二百张(盒)以上,淫秽扑克、书刊、画册二百副(册)以上,淫秽照片、画片一千张以上的;

(三)向他人传播淫秽物品达二百人次以上,或者组织播放淫秽影、像达十场次以上的;

(四)制作、复制、出版、贩卖、传播淫秽物品,获利五千元以上的。

以牟利为目的,实施刑法第三百六十三条第一款规定的行为,具有下列情形之一的,应当认定为制作、复制、出版、贩卖、传播淫秽物品牟利罪"情节严重":

(一)制作、复制、出版淫秽影碟、软件、录像带二百五十张(盒)以上,淫秽音碟、录音带五百张(盒)以上;淫秽扑克、书刊、画册五百副(册)以上,淫秽照片、画片二千五百张以上的;

(二)贩卖淫秽影碟、软件、录像带五百张(盒)以上,淫秽音碟、录音带一千张(盒)以上,淫秽扑克、书刊、画册一千副(册)以上,淫秽照片、画片五千张以上的;

(三)向、他人传播淫秽物品达一千人次以上,或者组织播放淫秽影、像达五十场次以上的;

(四)制作;复制、出版、贩卖、传播淫秽物品,获利三万元以上的。

以牟利为目的,实施刑法第三百六十三条第一款规定的行为,其数量(数额)达到前款规定的数量(数额)五倍以上的,应当认定为制作、复制、出版、贩卖、传播淫秽物品牟利罪"情节特别严重"。

▼浙江省高级人民法院关于印发《全省法院刑事审判疑难问题研讨会纪要》的通知(2012年2月24日)

七、关于制作、复制、出版、传播淫秽物品牟利罪和传播淫秽物品罪中淫秽视频、音频文件"个"数和淫秽电子刊物、图片、文章、短信等"件"数的认定

根据司法解释和省公、检、法《关于办理利用计算机信息网络制作复制贩卖传播淫秽物品等刑事案件具体应用法律若干问题的意见》等规定,在计算机信息网络上,通过一次点击打开后连续播放或显示的淫秽影片、软件、书刊、录音,不论时间长短、字数多少,均计为一份;淫秽图片一张为一份。据此,淫秽视频、音频文件"个"数的认定及淫秽电子刊物、图片、文章、短信等"件"数的认定,宜根据自然观察下,按视频、音频文件的个数及电子刊物、图片、文章、短信等件数来计数、认定,对视频、音频文件中的内容是否由多个视频、音频文件拼接而成以及电子刊物、图片、文章、短信的内容是否由多件电子刊物、图片、文章、短信拼接而成等可不予审查。

▽传播淫秽物品牟利罪中传播行为的认定

"传播"淫秽物品,是指以公开、半公开的方式在社会上广为散布或者流传的行为。传统意义上的传播淫秽物品一般表现为播放、放映、出租、出借、承运、邮寄等形式。随着计算机技术的发展和网络技术的应用,以网络系统为工具的犯罪的出现,淫秽物品的传播行为也呈现出新的特点:一些不法分子出于各种目的,在互联网上建立淫秽网站、网页、提供淫秽站点链接服务,在网上提供淫秽色情信息、淫秽色情行业中介服务、发布淫秽色情广告或者在互联网上刊载淫秽小说、书刊、影片、音像制品、图片等。为了惩治利用互联网实施的犯罪行为,全国人民代表大会常务委员会于2000年12月28日通过了《关于维护互联网安全的决定》(本附文以下简称《决定》),其第四条第(五)项明确规定,"在互联网上建立淫秽网站、网页,提供淫秽站点链接服务,或者传播淫秽书刊、影片、音像、图片",构成犯罪的,依照刑法有关规定追究刑事责任。但是,《决定》只是明确在互联网上哪些行为是违法犯罪行为,如果实施,就要

承担刑事责任、受到行政处罚或者承担民事责任,没有规定具体罚则,在决定对构成犯罪的行为如何追究刑事责任时,还必须依照刑法的有关规定。对本案行为人在互联网上刊载淫秽图片、小说、电影的行为的定性,关键在于查明和了解色情网站中的淫秽内容的整个形成过程。行为人在互联网上利用网络服务提供者的免费个人空间设置色情网站,并实施有关淫秽物品犯罪行为。在提供个人专业、网上论坛等个人网络空间的服务方式下,网络服务商仅仅给自己的用户提供了一个网络空间,由用户自行上载信息,发表言论,网络服务商并不为其提供信息,也不对用户上载的信息进行编辑和筛选。因此,色情网站中的淫秽物品内容必须经过网络用户的制作或复制之后才能够予以刊载。至于淫秽物品的最初来源,既可能是网络用户自己制作的,如自行编写淫秽小说,也可能是网络用户从另外的色情网站中下载、剪贴、编辑、加工、复制等而来。本行为人在国际互联网上利用申请的免费主页空间,分别在商丘、武汉、安阳等信息港和国外服务器上建立色情网站六个,刊载了淫秽图片7200余幅、小说94篇、小电影2部,以便众多的网络用户来访问,实质上是刑法意义上的传播淫秽物品的行为。[参见第123(120)号案例,何肃黄、杨柯传播淫秽物品牟利案,载《刑事审判参考》总第19辑(2001年第8辑),法律出版社,第41~42页。执笔:贾剑敏]

▽以赚取广告收入为目的,在互联网上刊载淫秽物品的行为,应当认定为"以牟利为目的"传播淫秽物品

构成传播淫秽物品牟利罪,行为人必须具有牟利目的,没有牟利目的的,不构成传播淫秽物品牟利罪。《最高人民法院关于审理非法出版物刑事案件具体应用法律若干问题的解释》(刑法本条附文以下简称《非法出版物解释》)第八条第一款第(三)项对传播淫秽物品牟利罪的最低构成标准作了规定,即以牟利为目的,"向他人传播淫秽物品达二百至五百人次以上,或者组织播放淫秽影、像达十至二十场次以上的",不论牟利多少,是否实际获利,应以传播淫秽物品牟利罪定罪处罚;或者传播的人次、场次没有达到这一条件,但行为人通过传播淫秽物品,非法获利五千至一万元以上的,也应以传播淫秽物品牟利罪定罪处罚。而不以牟利目的为构成要件的传播淫秽物品罪,以"情节严重"作为罪与非罪的界限,根据《非法出版物解释》第十条的规定,向他人传播淫秽的书刊、影片、音像、图片等出版物达三百至六百人次以上或者造成恶劣社会影响的,属于"情节节严重",以传播淫秽物品罪定罪处罚。对本案的定性,关键在于对行为人所赚取广告收入能否认定为牟利。互联网用户访问网站和网页一般是不支付费用的,网站、网页经营者的主要收入来自国内外公司支付的广告费用,而广告的多少、广告费用的高低又取决于用户对该网站、网页的访问量。因此,一些网站、网页的经营者为了获取广告收入,采用各种方法以吸引用户,增加访问人数,从而赚取广告收入。也就是说,网站、网页经营者的广告收入,实际上就是其经营所获得的利润。行为人以获取广告收入为目的,在互联网上刊载淫秽物品吸引网民、增加访问人数的行为,应当认定为以牟利为目的传播淫秽物品。[参见第123(120)号案例,何肃黄、杨柯传播淫秽物品牟利案,载《刑事审判参考》总第19辑(2001年第8辑),法律出版社,第42~44页。执笔:贾剑敏]

▽以牟利为目的,与多人进行网络视频裸聊的行为,以传播淫秽物品牟利罪定罪处罚

(一)"点对面"式网络裸聊所传递出来的信息具有淫秽性,侵害了社会善良道德风俗,具有严重的社会危害性,需要刑法予以规制。所谓网络"裸聊",是指用户通过专门的网络视频聊天工具(如"话通"、"碧聊"、QQ等),除去脸部外其他身体部位全部裸露在摄像头下,并以大胆文字和动作通过网络视频传给聊天对象的聊天方式。根据网络裸聊指向对象的不同,网络裸聊可分为"点对点"的裸聊、"点对面"的裸聊。所谓"点对点"的裸聊,是指两个特定个体之间通过网络聊天室进行的不具有公开性的裸聊;所谓"点对面"的裸聊,是指网络裸聊参与一方为特定的个体,另一方则为不特定或多数的个体。对上述两种网络裸聊行为,能否以传播淫秽物品罪定罪处罚,首先要考察这种行为是否具有淫秽性,其次还要求其符合"传播"特征,将淫秽信息广泛扩散。首先,同其他淫秽物品一样,网络裸聊行为所传递出来的信息具有强烈的淫秽性。淫秽性是淫秽物品的本质属性,在具体判断时可以参照国家新闻出版署1988年《关于认定淫秽色情物的暂行规定》第二条的规定。该条规定下列情形应当认定具有淫秽性:(1)淫秽性地具体描写性行为、性交及其心理感受;(2)公然宣扬色情淫荡形象;(3)淫秽性地描述或传授性技巧;(4)具体描写乱伦、强奸或者其他性犯罪的手段、过程或者细节,足以诱发犯罪的;(5)具体描写少年儿童的性行为;(6)淫秽性地具体描写同性恋的性行为或者其他性变态行为,或者具体描写与性变态有关的暴力、虐待、侮辱行为;(7)其他令普通人不能容忍的对性行为的淫秽性描述。网络裸聊是一种通过网络聊天室、摄像头,向特定或不特定的他人展示自己裸体的行为,由此向观众所传递出来的信息显然具有强烈的淫秽性。其次,传播淫秽物品犯罪还要求犯罪行为符合"传播"的特点,将淫秽信息广为扩散,从而影响公众对于性的感情,具有严重的社会危害性,需要动用刑罚加以惩罚。所谓"传播",一般是指散布或者使他人可以得到或获取;也就是说,传播必须具有一定范围的公然性,或者说必须使不特定多数人能够获取或使用。在此意义上,网络裸聊并不能一概视为传播行为。其中,对于"点对点"式裸聊,其最突出的特点就是私密性,裸聊在双方之间秘密进行,并不会影响到公众对于性的感情,这种行为不符合传播淫秽物品犯罪的要求,因而这种通常发生于夫妻、情侣之间或者为填补精神空虚的陌生人之间裸聊,仅仅是公民私德范畴内的行为,应该依靠道德约束而不应该动用刑法调整。与之相反,对于"点对面"式的裸聊,情况有本质区别。这种裸聊方式使人类的各种性行为公开化,违背了人类的性羞耻感,严重侵害了社会风尚中的善良性风尚和性道德。一些不法分子利用这种裸聊方式,在互联网视频聊天室设立主持人、招揽会员,大肆组织网上淫秽表演,传播淫秽色情信息,非法牟利,严重影响青少年的身心健康,还诱发其他犯罪,具有严重的社会危害性,需要刑法予以规制。

(二)合理扩张"淫秽物品"一词的外延,符合社会发展以及维护社会善良风俗的实际需要,同时也是刑法解释的要求所在,并不违背罪刑法定原则。对于"淫秽物品"的认定,应当坚持发展的观点。随着科技的发展、材料的更新,淫秽信息本身以及淫秽信息的载体均在不断变化。在这种情况下,刑法应当根据保护法益的本质及时进行调整。事实上,我国刑事立法文件、司法解释也在根据社会的发展变化不断地对"淫秽物品"的认定范围进行相应调整一定程度上拓宽了"淫秽物品"的外延,有效地应对了淫秽物品犯罪的实际需要,充分发挥了刑法对于社会善良风俗的保护功能。在1979年的刑法中,"淫秽物品"仅限于淫书、淫画两类,这两类物品无论是作为载体的书画还是附着于其上的淫秽信息,均可以通过肉眼直观地加以识别。这样的规定尽管符合当时的实际情况,但随着淫秽影片、录像带、录音带的出现,附着于载体上的淫秽信息必须借助于其他设备才能认识判断。这类淫秽物品无法纳入"淫书淫画"的范围,但其对社会善良风俗的破坏作用更大。鉴此,1990年全国人大常委会通过的《关于惩治走私、制作、贩卖、传播淫秽物品的犯罪分的决定》,将淫秽影片、录像带、录音带纳入"淫秽物品"之中,并被1997年刑法所吸收。随着电子网络技术的发展,作为淫秽信息载体的淫秽物品再次发生了重大变化,即不再具有直观的形式,而是通过网络在虚拟空间进行传播,速度更快,范围更广,对社会的危害更大。为规制此类行为,2000年12月28日全国人大常委会通过的《关于维护互联网安全的决定》规定,在互联网上建立淫秽网站、网页,提供淫秽站点链接服务,或者传播淫秽书刊、影片、音像、图片的,都属于淫秽物品犯罪。在此基础上,2004年9月6日施行的《最高人民法院、最高人民检察院关于办理利用互联网、移动通讯终端、声讯台制作、复制、出版、贩卖、传播淫秽电子信息刑事案件具体应用法律若干问题的解释》(刑法本条附文以下简称《解释一》)将"淫秽物品"的外延扩大到包括具体描绘性行为或者露骨宣扬色情的淫秽性的视频文件、音频文件、电子刊物、图片、文章、短信息等互联网、移动通信终端电子信息和声讯台语音信息。2010年2月2日最高人民法院、最高人民检察院又公布了《关于办理利用互联网、移动通讯终端、声讯台制作、复制、出版、贩卖、传播淫秽电子信息刑事案件具体应用法律若干法律问题的解释(二)》(刑法本条附文以下简称《解释二》),重点斩断淫秽电子信息犯罪的利益链条。这些立法文件、司法解释对“淫秽物品”的界定坚持了发展的观点,有利于依法及时惩治相关犯罪。由上可见,尽管淫秽信息与淫秽信息载体存在区别,但是对法益造成侵害影响的是淫秽信息本身,而不是信息载体,因此刑法对信息载体的形式要求在不断淡化,淫秽信息载体的外延在不断扩大。但不管怎样,这些变化仍然没有彻底摆脱传统载体的局限。在传统的淫秽物品犯罪中,载体与所载信息往往是集于一体的,很难将所载信息同载体剥离开来,如淫秽文字信息同纸张的结合,淫秽声音同盒带的结合等。在这种情况下,信息载体本身就可以视为淫秽物品,刑法通过对淫秽物品载体本身进行限制、禁止即可起到抑制淫秽信息发挥作用的目的。受此影响,对于电子淫秽信息,《解释一》仍然要求以视频、音频、文字、图片等文件的形式存在。在这里,淫秽电子信息的载体要求仍然存在,只不过由以前的有形载体扩大到现在的无形载体。然而,由网络视频聊天的技术特性所决定,视频信息往往是以动态的视频流形式而存在,而并不附着于静态的文件载体之上,《解释一》对淫秽信息的载体要求,使其难以有效应对此类电子淫秽信息带来的危害。事实上,随着电子技术的发展,信息与信息载体的关系已经摆脱了传统模式的局限,二者之间产生了分离,信息对现实生活的作用无须借助于载体,可以单独直接进行。在这种情况下,不应纠缠于信息有无载体这个问题,而应重点关注信息本身的内容是否具有淫秽性。某种行为,只要其向社会大众传递出来的信息具有强烈的淫秽性,就应当以传播淫秽物品犯罪论处。针对淫秽物品犯罪,关注的应当是信息的淫秽性,至于信息是否附着于何种载体之上并不重要。综上所述,网络裸聊完全具备淫秽物品的基本属性,能够成为传播淫秽物品的犯罪对象。对于本案被告人的行为,应当以传播淫秽物品牟利罪定罪处罚。法院鉴于被告人犯罪行为尚不属于“情节严重”,且到案后认罪、悔罪,对其依法适用缓刑,体现了刑罚的惩戒教育功能,符合宽严相济刑事政策的要求。[参见第641号指导案例,方惠茹传播淫秽物品牟利案,载《刑事审判参考》总第75集(2010年第4集),第81~86页。撰稿:聂昭伟]

▽编写添加淫秽色情内容的手机网站建站程序并贩卖的,以制作、贩卖淫秽物品牟利罪定罪处罚

《刑法》本条规定了制作、复制、出版、贩卖、传播淫秽物品牟利罪,客观方面表现为行为人实施了制作、复制、出版、贩卖、传播淫秽物品的行为。本罪属选择性罪名,行为人只要实施制作、复制、出版、贩卖、传播中的一种行为即成立本罪。行为人实施其中两种以上行为的,应将所实施的行为并列为一个罪名(如制作、贩卖淫秽物品牟利罪),不实行数罪并罚。“制作”一词在现代汉语词典中被解释为“用人工使原材料成为可供使用的物品”,其概念相当宽泛,包括生产、录制、摄制、编写、改写、加工、剪辑、绘制、刻印、排版、印刷、洗印、修订等行为,通过上述行为使淫秽物品产生的行为,都构成制作淫秽物品罪。制作行为最大的特征是具有创造性,使淫秽物品从无到有。制作淫秽物品大致包括以下几种情形:一是原始的制作,即首先出现关于特定淫秽物品的外观特征、内容、行为的描述;二是二度创作,在原始创作的基础上予以加工、取舍,从而形成以原始制作为基础,但又不同于原始创作的新的淫秽物品;三是合成,即行为人将多个淫秽物品的部分内容进行拼凑,从而形成一种新的淫秽物品。但随着信息科学技术的进步,在理解制作淫秽物品牟利罪时,原有对制作行为的理解并不能包含所有司法实践中遇到的情况。如本案中被告人编写手机网站建站程序,后向该程序内添加淫秽色情小说等内容,就与通常理解的制作淫秽物品有所不同。故在对该罪客观行为及行为对象理解时,既不能超出刑法用语语义的最大范围,也应当立足于司法实践,根据立法目的予以解释,并在必要时进行扩大解释。首先,对制作行为的准确界定,离不开对其行为对象“淫秽物品”的解释。“淫秽物品”成为刑法的禁止对象,在于该物品的“淫秽”性,即内容实质在于“具体描绘性行为或露骨宣扬色情”,并具有淫秽性。至于其内容以何种形式表现出来,并不影响该物品的性质。正是基于此,淫秽物品的范围从刑法中所列举的比较传统的载体形式“书刊、影片、录像带、录音带、图片”,到随着网络普及所出现的各种电子信息的形式,如2004年《解释一》中所列举的以电影、表演、动画形式出现的视频文件、音频文件、电子刊物、图片、文章、短信息等多种形式。可以预见,随着科技的发展,信息会以今日很难想象的形式出现,但无论其采取何种形式，只要其内容具备构成“淫秽”所需要素，便有可能成为刑法所禁止的对象。正是由于淫秽物品的形式从传统的书籍、录音录像带等实体形式发展出多种音频、视频文件及其他电子信息的形式，制作行为的范围也越来越广泛，在理解制作淫秽物品时，我们应把握其内涵。制作淫秽物品本质上具有两个特点：一是行为的过程具有创作性，行为人将自己的观念、情感、思想通过构思、取舍、选择、安排、设计在淫秽物品中表现出来；二是行为的结果是淫秽物品的产生，行为人通过创作性的行为产生了有形的淫秽物品，淫秽的内容必须有一定的载体，否则，就无法认定淫秽物品的客观存在。载体的形式包含多种，可以是文字形式的，如书刊、报纸以及剧本等；可以是图画形式的，如图片；可以是摄影形式的，如照片；可以是音像形式的，如电影、电视、录音；可以是实物形式的，如雕塑、淫药、淫具等。随着淫秽物品内容的扩大，视频文件、音频文件、电子刊物、图片、文章、短信息等淫秽电子信息的出现，国际互联网、手机WA网同样可以作为表现淫秽物品的一种形式。本案被告人编写了开设WA手机网站的建站程序，并向该程序内添加了淫秽色情小说。被告人编写建站程序的行为本身并不具有可罚性，该程序只是提供了能够生成网页的工具，但其向该程序内添加淫秽色情小说，行为实质是改变了淫秽小说的内容载体，使得该小说能够以网页的形式显示，通过手机网站传播，故其行为属于制作淫秽物品。被告人制作淫秽物品后，最终目的是通过该程序牟利，其以不同价格将该程序出售给多人的行为是贩卖行为，故其针对同一添加有淫秽内容的建站程序实施了制作、贩卖行为。被告人通过制作、贩卖行为获得的非法利润已经超过一万元，达到《解释一》第一条第一款第六项所规定的数额标准，故应依法对其以制作、贩卖淫秽物品牟利罪定罪处罚。此外，在把握该罪名时，应根据行为人的客观行为依法予以定罪。制作、复制、出版、贩卖、传播淫秽物品牟利罪是一个选择性罪名，行为人可能实施五种行为中的一个或多个，依据所实施行为的不同而具体罪名不同，但均为本罪的一个罪名。本案被告人针对其编写的手机建站程序既有制作行为，又有贩卖行为，故应定为制作、贩卖淫秽物品牟利罪。但如果被告人在编写添加有淫秽色情小说的建站程序后仅用于个人建站，通过他人浏览网站收取会员费或通过收取广告费用等手段牟利，则构成制作、传播淫秽物品牟利罪。［参见第664号指导案例，唐小明制作、贩卖淫秽物品牟利案，载《刑事审判参考》总第78集(2011年第1集)，第11～14页。撰稿：王亚凯　肖辉］

▽选择性罪名的概念及其罪名的确定

所谓选择性罪名，是指刑法分则条文把两种以上具有独立意义但又紧密联系的犯罪行为、犯罪主体或者犯罪对象规定在一起而形成的罪名，只要符合其中之一即可构成犯罪，如符合两种或两种以上条件，仍为一罪，不实行数罪并罚。我国现行刑法中共有选择性罪名140余个，占全部罪名的33%。选择性罪名大概包括以下七种类型：行为选择性罪名(如出售、购买、运输假币罪)，对象选择性罪名(如倒卖车票、船票罪)，手段选择性罪名(如组织、利用会道门、邪教组织、利用迷信破坏法律实施罪)，主体选择性罪名(如国有公司、企业、事业单位人员滥用职权罪)，行为与对象同时选择性罪名(如非法制造、买卖、运输、寄、储存枪支、弹药、爆炸物罪)，手段与对象同时选择性罪名(如非法携带武器、管制刀具、爆炸物参加集会、游行、示威罪)，主体与行为同时选择性罪名(如辩护人、诉讼代理人毁灭证据、伪造证据、妨害作证罪)。［参见第665号指导案例，陈乔华复制、贩卖淫秽物品牟利案，载《刑事审判参考》总第78集(2011年第1集)，第17～18页。撰稿：肖辉　王亚凯］

▽被告人以牟利为目的，将手机存储卡作为载体复制淫秽物品，应以复制、贩卖淫秽物品牟利罪定罪处罚

被告人通过向顾客的手机存储卡内复制淫秽视频，赚取了30元钱，实施了复制、贩卖两种行为，定复制、贩卖淫秽物品牟利罪可以准确地体现出被告人的行为特征。且选择性罪名都为一罪，将两个行为并列并不会加重行为人的罪责，故应将体现被告人行为特点、行为特征的罪名在法律文书中予以引用，依法以复制、贩卖淫秽物品牟利罪对被告人定罪量刑。［参见第665号指导案例，陈乔华复制、贩卖淫秽物品牟利案，载《刑事审判参考》总第78集(2011年第1集)，第17～18页。撰稿：肖辉　王亚凯］

▽被告人电脑硬盘中查获的淫秽物品的数量应计入犯罪数量

被告人因向他人的手机存储卡内复制了254个淫秽视频文件而被抓获,公安机关当场从其电脑中查获淫秽视频文件346个。将被告人电脑中储存的淫秽视频文件计入复制淫秽物品的数量。原因在于:第一,被告人作为手机网点经营者,其电脑并不是放在私人场所,而是置于营业场所中,其电脑中储存的淫秽视频文件是为了通过复制的方式牟取利润,并不是为了个人欣赏。行为人储存于电脑内的淫秽物品,可推定为属于准备向他人复制淫秽物品的一部分。第二,虽然以手机存储卡为载体复制淫秽物品的传播范围较通过公共网络传播范围小,对象也是特定的购买、维修手机或手机存储卡的人,但在实践中已出现了多宗以此行为方式进行牟利的案件,这种行为方式不仅隐蔽性强、潜在的社会危害性大,而且因手机存储卡的容量有限,一般实际复制的淫秽视频文件并不多,如只以抓获时复制在手机存储卡中的视频文件数量来量刑,而电脑中储存的不计入犯罪数量,则放纵了犯罪,不能更好地运用刑法来规制此类行为,也不能体现罪行相适应原则。在量刑时,除被告人向他人手机存储卡内复制的淫秽视频文件数量外,电脑中储存的也应计入犯罪数量。本案被告人复制淫秽物品的数量,就是以公安机关从被告人电脑中查获的346个淫秽视频文件作为量刑的数量标准。[参见第665号指导案例,陈乔华复制、贩卖淫秽物品牟利案,载《刑事审判参考》总第78集(2011年第1集),第18~19页。撰稿:肖辉 王亚凯]

▽在他人手机存储卡内复制淫秽物品的数量作为定罪量刑标准的依据

淫秽物品的数量标准,现行法律中有两个司法解释涉及:一个是1998年12月23日施行的《最高人民法院关于审理非法出版物刑事案件具体应用法律若干问题的解释》(刑法本条附文以下简称《非法出版物解释》),其中规定了制作、复制、出版淫秽影碟、软件、录像带、淫秽音碟、录音带、淫秽扑克、书刊、画册、淫秽照片、画片的定罪量刑标准;另一个是2004年9月6日施行的《解释一》,其中规定了利用互联网、移动通讯终端制作、复制、出版、贩卖、传播淫秽电子信息、通过声讯台传播淫秽语音信息的定罪量刑标准,其中淫秽电子信息包括淫秽电影、表演、动画等视频文件,淫秽音频文件,淫秽电子刊物、图片、文章、短信息等。对本案被告人的犯罪行为应以《非法出版物解释》规定的数量作为定罪量刑的标准。原因如下:第一,《解释一》只适用于通过特定途径,即通过互联网、移动通讯终端、声讯台实施的淫秽物品犯罪。其规定的"利用移动通讯终端"实施淫秽物品犯罪,主要是指通过手机等通讯终端的通讯功能,发送淫秽文字短信或带有影像、声音、图片、文字的淫秽多媒体信息的情形。手机属于移动通讯终端,但本案的被告人并未利用手机的通讯功能,而是利用手机的附属设备手机存储卡的存储功能,采用复制方式出卖淫秽物品。所以本案被告人的行为方式,更贴近于《非法出版物解释》规定的复制以实物为载体的淫秽物品的行为。第二,《解释一》制定的目的是"为依法惩治利用互联网、移动通讯终端制作、复制、出版、贩卖、传播淫秽物品、通过声讯台传播淫秽语音信息等犯罪活动",从该司法解释的目的来看,打击的对象系通过公共网络传播淫秽信息的行为人,因为该类犯罪具有传播的广泛性、迅速性和对象不特定性等特征,所以司法解释规定了较低的定罪量刑数额起点,增加了打击力度。如《解释一》复制淫秽视频文件20个即可定罪处罚,而《非法出版物解释》复制淫秽影碟50张至100张以上的才可定罪处罚。从本案复制淫秽物品牟利的数量、传播对象、危害后果等来看,适用《非法出版物解释》也有利于实现罪刑均衡。故通过向他人手机存储卡内复制淫秽视频短片的方式贩卖淫秽物品牟利的,应按《非法出版物解释》的规定定罪量刑。本案被告人复制淫秽视频254个,电脑中储存淫秽视频346个,以其电脑中储存的视频数量作为量刑依据,根据《非法出版物解释》第八条第一款之规定,被告人依法被判处有期徒刑二年,缓刑三年。[参见第665号指导案例,陈乔华复制、贩卖淫秽物品牟利案,载《刑事审判参考》总第78集(2011年第1集),第19~21页。撰稿:肖辉 王亚凯]

▽以牟利为目的利用互联网贩卖淫秽视频链接的行为构成贩卖淫秽物品牟利罪

首先,指向淫秽电子信息的链接本身不是淫秽物品,其只是一种指向淫秽物品的介质,根据相关法律、司法解释的精神,指向淫秽视频的链接应按照淫秽物品处理。根据我国《刑法》第三百六十七条第一款的规定，具体描绘性行为或者露骨宣扬色情，并具有淫秽性，是判断淫秽物品的法定标准。该标准不以淫秽物品的载体形式如何而有所区别，无论载体形式是实物化的，还是电子化的，只要符合该法定标准，就属于淫秽物品。最高人民法院、最高人民检察院公布的《解释一》未直接采用淫秽物品的提法，而是为了更符合利用互联网、移动通讯终端、声讯台实施的淫秽物品犯罪的特征，采用了淫秽电子信息的提法。其中第九条第一款规定："刑法第三百六十七条第一款规定的'其他淫秽物品'，包括具体描绘性行为或者露骨宣扬色情的诲淫性的视频文件、音频文件、电子刊物、图片、文章、短信息等互联网、移动通讯终端电子信息和声讯台语音信息。"在"其他淫秽物品"的列举性规定中，包含了淫秽视频等淫秽电子信息。指向淫秽电子信息的链接应按淫秽物品处理。链接也称超链接，是指从一个网页指向另一个目标的连接关系，所指向的目标可以是另一个网页，也可以是相同网页上的不同位置，还可以是图片、电子邮件地址、文件。指向淫秽电子信息的链接通过互联网、移动通讯终端直接指向淫秽电子信息，任何人只要点击有关链接，就可以浏览、下载相应的淫秽电子信息，因此，提供淫秽电子信息的链接与提供淫秽电子信息没有本质的不同。同时《解释一》第四条对提供指向淫秽电子信息的链接作了专门规定，"明知是淫秽电子信息而在自己所有、管理或者使用的网站或者网页上提供直接链接的，其数量标准根据所链接的淫秽电子信息的种类计算"。该条规定的网站或网页与电子邮件、即时通信软件等方式有所区别，但根据该司法解释的精神，对提供直接链接的载体可作适当扩大解释，只要是借助互联网来提供指向淫秽电子信息的直接链接的，就可以适用本《解释一》，故本案被告人通过电子邮件、即时通信软件等方式传送指向淫秽物品的链接可参照该规定。该条规定既考虑了可以有力打击提供直接指向淫秽电子信息的链接的犯罪行为，又规定必须具备"明知是指向淫秽电子信息的链接"的主观要件，从而防止打击的扩大化。从中可以看出，淫秽电子信息的链接已被该司法解释纳入制作、复制、出版、贩卖、传播淫秽电子信息的犯罪对象范围内，因此指向淫秽电子信息的链接应按照淫秽物品处理。本案被告人将指向淫秽物品的链接当作商品通过淘宝网以每笔30元或30元以下的价格予以销售，其牟利目的明确。其贩卖的是指向淫秽视频的链接，根据上述分析，指向淫秽视频的链接应按淫秽物品处理，该种形式的贩卖较以往淫秽物品的贩卖方式具有一定的隐蔽性和新颖性。"贩卖"通常指低价购进再高价卖出的行为，按此理解贩卖包含买进和卖出两个环节，但我们认为本罪中的"贩卖"主要指销售淫秽物品的行为。现有证据无法证实被告人是如何获得这些指向淫秽视频的链接的，但不管其是从何处及有偿还是无偿获得这些链接，其通过有偿转让的方式将这些淫秽视频连接予以销售，符合我国刑法贩卖淫秽物品牟利罪规定的贩卖淫秽物品的客观方面二该种形式不同于在自己管理的网站或网页上提供直接链接，虽然其面向特定人销售压缩的淫秽视频链接的传播范围有限，但仍具有很大的社会危害性。其社会危害性体现在：因每次销售的压缩文件中包含上百条淫秽视频链接，淫秽视频链接指向的不只是一个淫秽视频文件，有可能是淫秽网站，只要点击进入就能下载到更多的淫秽视频及其他淫秽文件。同时，虽购买的人群特定，但买家有可能将文件再传给他人，传播的对象就扩大为不特定人群，其所造成的社会危害远超过传统形式的贩卖淫秽物品。所以，一审、二审法院认定被告人利用互联网贩卖指向淫秽视频的链接行为构成贩卖淫秽物品牟利罪是适当的。[参见第666号指导案例，李志雷贩卖淫秽物品牟利案，载《刑事审判参考》总第78集(2011年第1集)，第23～25页。撰稿：张琦　杨承芙　陈新旺]

▽被告人贩卖淫秽电子信息的数量应以贩卖的压缩文件数来认定

《刑法》本条罪的情节严重情况决定了量刑的档次。我国刑法并未对情节严重和情节特别严重的标准予以明确。1998年《非法出版物解释》第八条明确了贩卖淫秽物品牟利罪的数量标准，该解释规定的淫秽物品仍以传统的影碟、软件、录像带为载体，规定了以牟利为目的，贩卖淫秽影碟、软件、录像带等构成"情节严重"的数量标准；实施刑法本条第一款规定的行为，其数量(数额)达到前款规定的数量(数额)五倍以上的，应当认定为贩卖淫秽物品牟利罪的"情节特别严重"。淫秽电子信息犯罪不同于传统的以实物为载体的淫秽物品犯罪，其具有包含淫秽信息量大、对象人群不特定等特点，其行为方式和造成的社会危害都更为严重。但考虑到淫秽电子信息更易复制，淫秽电子信息的犯罪涉及数量一般都很大，如果按照传统的数量和情节标准把握，则会出现打击过重、罪责刑不相适应的情况，所以淫秽电子信息犯罪在数量和情节严重程度的把握上相比传统淫秽物品犯罪应从宽处理。因此，《解释一》第八条规定，利用互联网、移动通讯终端、声讯台贩卖、传播淫秽书刊、影片、录像带、录音带等以实物为载体的淫秽物品的，依照《非法出版物解释》的有关规定定罪处罚。本案涉及利用互联网贩卖指向淫秽视频的链接，不宜适用原有关淫秽物品犯罪的标准追究刑事责任，而应该适用符合淫秽电子信息犯罪特点的标准来追究刑事责任。所以，本案应按照《解释一》第一条、第二条及第四条的规定来定罪量刑。《解释一》第四条规定，提供直接链接的，其数量标准根据所链接的淫秽电子信息的种类计算。该解释明确了淫秽链接的计算标准，要根据链接直接指向的淫秽电子信息的种类的标准计算，若提供的非直接链接，则不能根据该标准计算。本案被告人所贩卖的是直接链接，该直接链接指向的绝大部分是淫秽视频文件，究其实质，买卖双方交易的对象仍属淫秽视频文件，应按照淫秽视频文件的标准计算。《解释一》第一条规定，以牟利为目的，利用互联网、移动通讯终端制作、复制、出版、贩卖、传播淫秽电子信息，具有下列情形之一的，依照刑法本条第一款的规定，以制作、复制、出版、贩卖、传播淫秽物品牟利罪定罪处罚：(1)制作、复制、出版、贩卖、传播淫秽电影、表演、动画等视频文件二十个以上的……第二条规定，实施第一条规定的行为，数量或者数额达到第一条第一款第一项至第六项规定标准五倍以上的，应当认定为刑法本第一款规定的"情节严重"；达到规定标准二十五倍以上的，应当认定为"情节特别严重"。本案被告人通过互联网向他人贩卖内含淫秽色情视频链接的压缩文件共计 326 个，从其电脑里查获的用于销售的压缩文件中发现 1130 条视频链接；根据《解释一》的规定，淫秽视频文件构罪的标准为 20 个以上，情节严重的标准为 100 个以上，情节特别严重的标准为 500 个以上。被告人贩卖的压缩文件虽内含上千个淫秽视频的链接，但其一直以一个压缩文件为单位进行贩卖，因此应以压缩文件的数量作为视频文件数量，认定其贩卖 326 个淫秽视频文件属于情节严重，应处三年以上十年以下有期徒刑。本案被告人贩卖淫秽视频的数量达到规定标准的五倍以上，应属情节严重。具体理由如下：1. 本案被告人贩卖淫秽视频的准确数量应以其贩卖的链接指向的淫秽视频的数量来计算，但本案链接指向包含部分淫秽网站，指向种类复杂，难以界定，无法按照具体种类的数量标准计算。考虑到被告人实际获利较少，从有利于被告人的角度出发，宜以其贩卖的压缩文件数来认定。2. 被告人在"淘宝网"上开设店铺贩卖内含上千淫秽视频链接的压缩文件，其每次贩卖均以该压缩文件为最小单位，压缩文件所含内容亦基本相同，购买者无法选择里面的视频链接内容，只能以该压缩文件为一件商品进行购买，故以内含淫秽视频链接的压缩文件为单位计算淫秽视频文件数量更符合被告人的客观行为。3. 由于《解释一》第四条规定的是"在自己所有、管理或者使用的网站或者网页上提供直接链接的"情形，该情形因为是面向不特定多数人，只要登陆该网站的人就有可能点击下载，传播的范围比较广。而本案被告人在其贩卖的压缩文件中提供指向淫秽视频的链接，该链接仅供购买了该压缩文件的买家或其周围人使用，与公开在网站、网页上提供的指向淫秽电子信息的链接相比，其传播范围窄，传播速度慢，影响力小，社会危害性也较之更轻。因此，若按照同种方式计算数量，量刑上明显不均衡。从罪责刑相适应的角度看，一审、二审法院认定被告人利用互联网贩卖淫秽物品属情节严重是适当的。综上，被告人以牟利为目的，贩卖内含上千条淫秽视频链接的压缩文件 326 个，已构成贩卖淫秽物品牟利罪，且情节严重；同时考虑到其通过贩卖共获利 9000 余元，实际获利金额较少，法院判处其有期徒刑六年，并处罚金人民币八千元，定性准确，量刑适当。[参见第 666 号指导案例，李志雷贩卖淫秽物品牟利案，载《刑事审判参考》总第 78 集(2011 年第 1 集)，第 25～29 页。撰稿：张琦　杨承芙　陈新旺]

▽被告人以牟利为目的向淫秽网站投放广告的行为，依法应认定为传播淫秽物品牟利罪

最高人民法院、最高人民检察院出台了《关于办理利用互联网、移动通讯终端、声讯台制作、复制、出版、贩卖、传播淫秽电子信息刑事案件具体应用法律若干问题的解释(二)》(刑法本条附文以下简称

《解释(二)》),该解释第七条规定,明知是淫秽网站,以牟利为目的,通过投放广告等方式向其直接或者间接提供资金,或者提供费用结算服务,符合特定情形的,依照《刑法》本条第一款的规定,以制作、复制、出版、贩卖、传播淫秽物品牟利罪的共同犯罪处罚。《解释(二)》将那些以牟利为目的向淫秽网站投放广告的行为纳入刑法规范的范畴,通过依法打击向淫秽网站投放广告的行为,使淫秽网站无法获得广告收入,以缩减淫秽网站的存在空间。为依法打击以牟利为目的在淫秽网站上投放广告的行为,进而打击淫秽网站,维护网络秩序,同时避免刑罚权不当扩张,需要在实践中关注以下几个方面的问题:第一,行为人投放广告的网站必须是淫秽网站。这是《解释(二)》以传播淫秽物品牟利罪的共犯追究广告投放者的刑事责任的基本前提。法律和司法解释并未明确规定淫秽网站的定义,但分别规定了淫秽物品和网站的定义,因此可以结合对后两者的界定来阐释淫秽网站的含义。《刑法》第三百六十七条规定,淫秽物品是指具体描绘性行为或者露骨宣扬色情的淫秽性书刊、影片、录像带、图片及其他淫秽物品。《解释(二)》第十二条规定,网站是指可以通过互联网域名、IP地址等方式访问的内容提供站点。相应地,淫秽网站应当是指包含淫秽物品的内容提供站点。1993年1月19日,新闻出版署和公安部联合发布了《关于鉴定淫秽录像带、淫秽图片有关问题的通知》,其中规定对于那些需要审查认定为淫秽物品的,国内出版单位正式出版发行的录像带、图片等出版物由省级以上新闻出版管理部门、音像归口管理部门负责鉴定,其他由地、市以上公安机关治安部门负责鉴定。实践中,对于淫秽网站和淫秽电子信息的鉴定,办案部门也都是参照上述规定执行。因此,只有经过专门鉴定机构依照法定程序进行鉴定,确定特定的网站具有淫秽性,才能认定该网站为淫秽网站。同时,对淫秽网站的认定,必须要有网站的截图和具体内容以及鉴定机构的鉴定结论予以证实。本案中,公诉机关向法庭提供了被告人戚某某投放广告的淫秽网站及其在上述淫秽网站投放成人用品的广告图片的截图,经戚某某本人辨认无误。同时,鉴定机构对公安机关提交的"鹿城娱乐网"(域名:lcyl98.com)网站发布的视频、图片和文章进行鉴定,经鉴定,上述内容符合《刑法》第三百六十七条第一款的规定,具有淫秽性。另外,公安机关还将戚某某支付过广告费用的近50个色情网站的内容提交鉴定机构进行鉴定,截至2010年3月15日鉴定时,有32个网站的域名可以正常登录(点击这些网站后出现"爱芝林成人用品"网站广告),网站内容经鉴定具有淫秽性。基于以上证据,能够认定戚某某在本案中投放广告的网站均为淫秽网站。第二,行为人必须明知自己投放广告的网站为淫秽网站。随着网络营销模式的兴起,通过网站发布产品广告已成为一种重要的市场营销策略。鉴于《解释(二)》将明知是淫秽网站而以牟利为目的投放广告的行为规定为传播淫秽物品牟利罪的共同犯罪,因此,广告投放者选择投放广告的网站时必须保持应有的审慎。在一些案件中,广告投放者可能辩解自己并不明知投放广告的网站为淫秽网站。为准确认定行为人是否明知自己投放广告的网站为淫秽网站,《解释(二)》第八条明确规定了几种认定行为人明知的情形,其中就包含向淫秽网站投放广告,广告点击率明显异常的情形。实践中,还可以结合以下几个方面的因素对广告投放者的明知作出认定:首先,网站标题及内容本身显示出的淫秽性。对于一些淫秽网站,普通人基于自己的知识水平和社会经验就可以判断网站内容具有淫秽性。当然,对于一些假借医学、教育和研究之名传播淫秽电子信息的淫秽网站,如果广告投放者在此类网站上技放医疗器械等方面的广告,则需要结合案件实际情况审慎确定广告投放者是否明知该网站为淫秽网站。如果有证据证明行为人确实不知道该网站为淫秽网站,则不能认定行为人明知。其次,广告投放者的资质及广告内容本身。广告投放者通常选择点击率高的网站投放广告,以便取得较好的宣传效果。但具备资质尤其是知名的广告投放者一般不会选择内容不健康的网站尤其是淫秽网站投放广告,因为此类网站有损企业和产品的形象。实践中,在淫秽网站上投放的广告通常为,不法广告投放者投放的成人性用品广告或者色情服务广告等。最后,广告投放者与淫秽网站管理者的聊天记录等证据。在通常情况下,广告投放者都是通过网络聊天室与淫秽网站的管理者取得联系,进而商定在淫秽网站上投放广告的具体事宜。因此,通过调取上述聊天记录,能够证实广告投放者对淫秽网站是否明知。总之,明知涉及行为人的主观认知状态,除行为人的供述之外,还应当结合全案其他相关证据作出准确的认定。本案中,被告人戚某某向多家淫秽网站投放过广告,其中一些网站如“鹿岛娱乐”网站的视频、图片和文章明显具有淫秽性。同时,戚某某并没有销售成人性用品的经营许可证,因此其无法通过正式途径发布广告,只能通过淫秽网站投放广告来促进产品销售,并借此逃避有关部门的监管。戚某某与各淫秽网站的聊天记录能够证实其了解上述淫秽网站的淫秽性,其所选择的网站均为淫秽网站,这也反映出其专门选择此类网站投放广告。戚某某的供述能够进一步印证其在主观上明知其所投放广告的网站均为淫秽网站。第三,行为人必须有以牟利为目的向淫秽网站投放广告的行为。首先,广告本身的认定。《广告法》第二条规定,广告是指商品经营者或者服务提供者承担费用,通过一定媒介和形式直接或者间接地介绍自己所推销的商品或者所提供的服务的商业广告。只要行为人以牟利为目的在淫秽网站上投放宣传广告促销产品(或者提供服务),无论广告属于文字式广告、图片式广告还是动画式广告,无论行为人的广告内容所涉及的产品是在实体店经营还是在网络店经营,都不影响广告本身的认定。如果行为人在淫秽网站上投放的广告内容本身违反《广告法》的有关规定,则应依法承担相应的法律责任。其次,行为人在淫秽网站上投放广告必须以牟利为目的。如果行为人并不确定特定的网站是否是淫秽网站,并基于公益目的在该网站上投放公益广告,则其行为并不构成本罪。行为人是否具有牟利的目的,可以通过广告的性质、广告投放的范围、广告费用以及最终的收益等情况来加以认定。最后,行为人向淫秽网站投放广告的行为尤其是与淫秽网站进行资金结算的行为必须有相应的证据予以证实。实践中,在淫秽网站上投放的广告通常在网站页面尤其是首页建立链接,只要点击网站页面内容,就会自动弹出广告页面,并且只有点击或者关闭广告页面才能进入网站浏览内容。同时,行为人上网所使用的私人电脑中一般也存有登录上述淫秽网站的记录信息,能够建立行为人与上述淫秽网站之间的关联。因此,通过淫秽网站广告截图、网站管理者和广告投放者的资金结算单据(包括网上结算)以及网站管理者和广告投放者的日常联络情况(包括聊天记录)等证据,能够证实行为人向淫秽网站投放广告的行为。戚某某自2010年1月28日至2010年3月9日向被告人魏大巍的淫秽网站支付了3000~4000元广告费用,还向30余个淫秽网站支付了4万~5万元广告费用。通过向上述淫秽网站投放广告,戚某某销售成人性用品一共获利8万~9万元。综上,被告人戚某某明知是淫秽网站,仍然以非法销售成人性用品牟利为目的,在33个淫秽网站上投放广告,向淫秽网站提供资金并提供资金结算,其行为应认定为传播淫秽物品牟利罪。[参见第667号指导案例,魏在巍、戚本厚传播淫秽物品牟利案,载《刑事审判参考》总第78集(2011年第1集),第32~37页。撰稿:刘静坤]

▽投放广告的链接淫秽网站数量应单独计算

在依法认定行为人以牟利为目的向淫秽网站投放广告的行为构成传播淫秽物品牟利罪的基础上,还需要综合考虑犯罪情节判处相应的刑罚,确保罪刑相适应。根据《解释(二)》第七条的规定,投放广告的淫秽网站的数量和向淫秽网站投放广告的数量都是影响量刑的重要情节,并且是法定刑升格的条件。其中,行为人投放广告的淫秽网站的数量是最为关键的量刑情节,因为这关系到淫秽电子信息的传播范围和淫秽网站谋取的非法利益,进而影响到传播淫秽电子信息犯罪社会危害性的大小。为准确计算行为人投放广告的淫秽网站的数量,首先必须明确网站的界定。根据《解释(二)》第十二条的规定,网站是指可以通过互联网域名、IP地址等方式访问的内容提供站点,每一个独立的内容提供站点均为一个网站。对于符合该条规定的内容提供站点,如果其中所涉及的内容被鉴定为具有淫秽性,就应当被视为一个独立的淫秽网站。需要指出的是,一些淫秽网站的建立者为了谋取更多的非法利益,可能会尽量扩大淫秽网站的数量,登记注册不同的网站域名,在这些网站之间建立链接,并在不同域名的网站内发布完全相同或者大致相同的内容,增加浏览人员数和网站的点击率。由于这些淫秽网站的建立者是同一人或同一伙人,网站后台程序相同,网站内容完全相同或者大致相同,因此有观点认为此类链接淫秽网站的数量应当被认定为一家网站。但立足于实践,此类链接淫秽网站的内容虽然完全相同或者大致相同,不过因其网站域名不同,故可以通过不同的域名登录淫秽网站,更加有利于淫秽电子信息在网络上的传播,同时由于链接淫秽网站的数量成倍增加,网站的点击率也随之成倍增加,淫秽网站谋取的非法利益也相应地随之增加,因此,此类链接淫秽网站相比单个淫秽网站具有更大的社会危害性。从传播淫秽物品牟利罪的社会危害性着眼,对于此类链接淫秽网站,应当分别计算网站的数量。以上介绍了链接淫秽网站的计算原则,实践中,广告投放者为了更好地达到促销产品的目的,也通常在多个链接淫秽网站上同时投放广告。因此,对于投放广告的链接淫秽网站的数量,也应当分别予以计算。同时,无论广告投放者在淫秽网站上投放广告的时间长短,也不论广告投放者现在是否已经与淫秽网站解除了广告关系,只要广告投放者与淫秽网站建立(曾经建立过)了广告关系,并且已经(曾经)在淫秽网站上投放了广告,该淫秽网站就应当被视为广告投放者投放广告的淫秽网站。为准确认定投放广告的淫秽网站的数量,需要提供相应的证据予以证实。实践中,淫秽网站页面上的广告截图、广告费用结算情况以及广告投放者与淫秽网站的联系记录等,均应作为证据提交给法庭。本案被告人戚某某为了在淫秽网站投放广告来非法销售产品,在多个淫秽网站投放广告,向投放广告的淫秽网站支付费用,并提供资金结算,从中谋取非法利益。戚某某所投放广告的部分淫秽网站为链接淫秽网站,每个域名下的网站内容一样,后台程序相同,网站建设者是同一个人,但考虑到此类犯罪的社会危害性,应当分别计算此类链接淫秽网站的数量,并在此基础上分别计算戚某某投放广告的淫秽网站的数量。[参见第667号指导案例,魏在巍、戚本厚传播淫秽物品牟利案,载《刑事审判参考》总第78集(2011年第1集),第37~39页。撰稿:刘静坤]

▽利用互联网、移动通讯终端实施的淫秽电子信息犯罪的行为方式与罪名认定

《刑法》本条第一款规定的制作、复制、出版、贩卖、传播淫秽物品牟利罪,是指以牟利为目的,制作、复制、出版、贩卖、传播淫秽物品的行为。该条是一个选择性罪名,客观上表现为制作、复制、出版、贩卖、传播淫秽物品的行为。如果行为人单独实施其中一种行为,则以该行为确定罪名。如果行为人同时实施其中几种行为,则要注意区分。例如,出于牟利目的,既制作又贩卖、传播的,则只定制作、贩卖、传播淫秽物品牟利罪,不实行数罪并罚;如果既复制又传播,但复制并非单独实现牟利,而是为了传播,是实现传播牟利的途径或方式,则宜单独定传播淫秽物品牟利罪。该条涉及的罪名必须以牟利为目的,至于行为人是否已经实际取得利益,则不影响该罪名的成立。相对于传统的制作、复制、出版、贩卖、传播淫秽物品牟利犯罪,利用互联网、移动通讯终端实施淫秽电子信息犯罪的行为方式具有特殊性,种类更为丰富,主要表现为对淫秽电子信息的加工、合成、分拆、压缩、下载、上传、张贴、发送、发布等。根据2004年9月6日最高人民法院、最高人民检察院公布实施的《解释一》第一条第一款的规定,以牟利为目的,利用互联网、移动通讯终端制作、复制、出版、贩卖、传播淫秽电子信息,具有规定的七种情形之一的,依照《刑法》本条第一款的规定,以制作、复制、出版、贩卖、传播淫秽物品牟利罪定罪处罚。可见,《解释一》仍然采用了刑法本条第一款规定的制作、复制、出版、贩卖、传播五种行为方式,从而体现利用互联网、移动通讯终端实施的新型淫秽电子信息犯罪行为方式的非法性特征。当然,《解释一》规定的制作、复制、出版、贩卖、传播五种行为方式与传统淫秽物品犯罪的行为方式有所区别。其中,"制作",主要指录制、摄制、加工、分拆、改编、压缩等产生新的淫秽电子信息的行为。如拍摄一部新的视频,将一部视频分拆成多部,将若干淫秽图片加工成一部动画等,这些新的淫秽电子信息无论在内容上还是形式上都与原有的淫秽电子信息不同。"复制",主要指通过拷贝、下载、转存等方式将原已存在的淫秽电子信息制作成一份或多份的行为,原有淫秽电子信息在内容和形式上都未发生改变。如将互联网上的淫秽视频、图片下载到计算机中,将计算机中的淫秽图片转存到移动硬盘中等。"出版",主要指将淫秽电子作品编辑、加工后,通过复制向公众发行的行为,多表现为将选择、编辑加工好的作品登载在互联网上或通过互联网发送到用户端,供公众浏览、下载或使用的在线传播行为。"贩卖",主要指通过互联网有偿转让淫秽电子信息,以获取物质利益的行为。如通过向网站会员收取费用,让会员在线观看淫秽视频或下载淫秽图片等。“传播”,主要指通过在互联网上建立淫秽网站、网页等方式使淫秽电子信息让不特定或者多数人感知到,以扩大淫秽电子信息的影响范围。例如,将淫秽网站链接发送到论坛,将淫秽图片群发到邮箱,在聊天室里发布淫秽文章,在网站上发布淫秽视频、图片以供下载等。实践中,绝大多数利用互联网、移动通讯终端实施的淫秽电子信息犯罪都采用了传播的方式,并且同样的淫秽电子信息可以采用制作、复制、出版、贩卖、传播等不同的行为方式。本案被告人张某某在其网站上提供淫秽视频、图片文件,吸收包月会员和影币会员,并采取收费或点击广告获取其网站“影币”的下载方式,使其网站上的淫秽视频、图片共被下载、浏览7万多次,淫秽视频、图片的影响范围大大扩大,张某某非法获利3000余元。张某某传播淫秽电子信息的行为特征明显,其主观上具有牟利目的,客观上也实际取得了非法利益,故认定被告人犯传播淫秽物品牟利罪正确。当然,张某某在向其网站上传淫秽视频、图片文件之前,必然会有下载、拷贝、转存等“复制”淫秽视频、图片的行为,其也让用户交纳会员费或点击广告获取“影币”,以便用户在线观看或下载淫秽视频、图片,具有“贩卖”的一些行为特征。但本质上,张某某“复制”淫秽视频、图片的行为是为了实现其“传播”该类淫秽电子信息牟利的目的,是实现“传播”牟利的手段或途径,应被传播行为所吸收;张某某所经营网站上的收费制会员仅13名,并未达到《解释一》第一条第一款第五项规定的构罪标准,其让网站浏览者通过点击广告获取网站“影币”成为“影币”会员,进而利用“影币”在线观看或下载淫秽视频、图片,实质上是通过增加广告点击量及扩大淫秽电子信息的影响范围,来实现其传播淫秽电子信息牟利的目的。其并未直接向会员收取费用,而是靠增加广告点击量赚取广告商的费用,故本质上还属于“传播”的行为方式。因此,一审法院对被告人张某某以传播淫秽物品牟利罪定罪准确。[参见第668号指导案例,张方耀传播淫秽物品牟利案,载《刑事审判参考》总第78集(2011年第1集),第42～45页。撰稿:管延青]

▽利用互联网、移动通讯终端实施的淫秽电子信息犯罪的数量的认定

2004年9月6日最高人民法院、最高人民检察院公布实施的《解释一》第一条、第二条规定了以牟利为目的实施的淫秽电子信息犯罪的定罪标准和量刑标准。《解释一》第二条规定,实施第一条规定的行为,数量或者数额达到第一条第一款第一项至第六项规定标准五倍以上的,应当认定为刑法本条第一款规定的“情节严重”;达到规定标准二十五倍以上的,应当认定为“情节特别严重”。对于淫秽电子信息的数量标准,根据上述两条的规定,可作以下理解:1.(1)第一条第一款第一项规定了制作、复制、出版、贩卖、传播淫秽电影、表演、动画等视频文件的定罪标准。淫秽电影、表演、动画等视频文件都具有综合了画面、声音、文字等多种表现形式的特点,其相互之间应该是并列关系,因此规定了统一的数量标准,即应达到20个以上。(2)第三项规定的淫秽电子刊物、图片、文章、短信息等都具有通过静态的形式反映淫秽电子信息内容的特点,其相互之间也应是并列关系,因此也规定了统一的数量标准,即应达到200件以上。(3)无论淫秽电影、表演、动画等视频文件的持续时间长短,只要属于该类视频文件,就可共同计算数量。1件淫秽电子刊物可能包括许多淫秽图片、文章等,但仍然按照1件计算。按件计算的淫秽电子刊物,与单独成张前淫秽图片、单独成篇的淫秽文章共同计算数量。(4)淫秽电子信息的被点击数应尽量以可查实的实际被点击数为准。实践中,有些网站为了造势,将计数器设置为从某一个数字(如1万次或10万次)开始;有人出于恶意,在短时间内疯狂点击他人的淫秽电子信息,使被点击数猛增。在计算被点击数时,那些有证据证实确为虚增的、不正常的数量应从被点击总数中扣除。(5)以会员制方式出版、贩卖、传播淫秽电子信息,注册会员数都会在相应的计算机系统数据库中有所记录,因此,该类数量的证据相对容易取证,以取得的记录数据来证明犯罪事实、衡量犯罪的危害程度,可靠性较高。(6)如果行为人涉案的数量或数额未达到第一条第一项至第六项规定的标准,但分别达到其中两项以上标准一半以上的,应当追究其刑事责任。假设行为人以牟利为目的,传播了60个音频文件,所经营网站上淫秽图片的实际被点击数达到7000次,其数量虽未达到第二项、第四项的标准,但分别达到了该两项标准的一半以上,应以传播淫秽物品牟利罪定罪处罚。2.制作、复制、出版、贩卖、传播五种行为方式之间是并列关系，第一条第一项几类淫秽视频文件和第三项几类淫秽电子信息之间也是并列关系，在计算淫秽电子信息的数量时，要综合考虑这些并列关系，具体分析。如行为人制作了20个动画视频文件，又将其传播的，视频文件的数量不能重复计算，只计算20个即可；如行为人复制了100张淫秽图片，又传播了150篇淫秽文章的，该二类淫秽电子信息的数量应累计计算，行为人共计复制、传播了250件淫秽电子信息。即对同一类文件不重复计算，并列的不同类文件累计计算。3. 根据第二条的规定，数量或者数额达到第一条第一款第一项至第六项规定标准五倍以上的，应当认定为刑法本条第一款规定的“情节严重”；达到规定标准二十五倍以上的，应当认定为“情节特别严重”。4. 第一条第一款规定的各项之间属于并列关系，均系法律评价该类犯罪情节的要素，只要其中一项达到相应的法定标准，就应以相应的罪名定罪处罚。同理，只要其中一项达到第二条规定的法定标准，就应当依法定罪，并依法认定为“情节严重”或者“情节特别严重”。有关淫秽电子信息数量的证据均系电子证据，在收集、固定的方式上具有特殊性。在办理利用互联网、移动通讯终端实施的淫秽电子信息犯罪案件时，一定要注意结合电子证据的特点，对相关证据尤其是鉴定结论进行严格审查，相关鉴定结论一定要由具备鉴定资质的鉴定机构作出，要对鉴定的程序、依据、结论及鉴定文书的形式要件等进行严格审查，以做到对该类犯罪中被告人的罪与非罪、是否属于“情节严重”及“情节特别严重”的正确认定。本案被告人在其色情网站上提供视频文件共计1024件，图片文件共计2112个，经鉴定，其中淫秽视频文件共计929件，淫秽图片文件共计1677件。其网站上包月会员共计13名，影币会员共计27 394人。截至2009年4月20日，其网站上淫秽视频、图片共被下载、浏览73 537次，被告人非法获利3000余元。被告人以牟利为目的，传播淫秽电子信息的数量分别达到《解释一》第一条第一款第一项、第四项、第五项的法定标准和第二条的法定标准，其行为构成传播淫秽物品牟利罪。其中，传播淫秽视频文件929件，应当被认定为“情节特别严重”。据此，一审法院对被告人以传播淫秽物品牟利罪判处有期徒刑十一年，并处罚金一万一千元的定罪准确，量刑适当，审判程序合法。[参见第668号指导案例，张方耀传播淫秽物品牟利案，载《刑事审判参考》总第78集(2011年第1集)，第45~48页。撰稿：管延青]

▽淫秽电子信息的实际被点击数的正确认定

(一)“点击数”概念的提出及现行司法解释关于传播淫秽物品类犯罪依照点击数定罪量刑标准的规定。2004年9月6日，为了打击网上制造、贩卖、传播淫秽物品犯罪，“两高”出台了《解释一》，第一次提出了“点击数”这一概念，明确可以以点击数作为定罪量刑的标准。规定：以牟利为目的，利用互联网、移动通讯终端制作、复制、出版、贩卖、传播淫秽电子信息，实际被点击数达到一万次以上的，构成制作、复制、出版、贩卖、传播淫秽物品牟利罪，处三年以下有期徒刑、拘役或者管制，并处罚金；实际被点击数达到五万次以上，认定为情节严重，处三年以上十年以下有期徒刑，并处罚金；实际被点击数达到二个五万次以上，认定为情节特别严重，处十年以上有期徒刑或者无期徒刑，并处罚金或者没收财产。不以牟利为目的，利用互联网、移动通讯终端传播淫秽电子信息，实际被点击数达到二万次以上的，构成传播淫秽物品罪，处二年以下有期徒刑、拘役或者管制。2010年年初，“两高”在制定《解释(二)》时肯定并沿用了这一概念，为了体现对未成年人的特殊保护，《解释(二)》规定，以牟利为目的，利用互联网、移动通讯终端制作、复制、出版、贩卖、传播内容含有不满十四周岁未成年人的淫秽电子信息，以及不以牟利为目的，传播内容含有不满十四周岁未成年人的淫秽电子信息行为的定罪量刑标准，均在《解释一》的基础上下调一半，以显示对未成年人的特殊保护。由此可见，点击数的确定不仅涉及对被告人的定罪问题，而且关乎着被告人的量刑幅度。

(二)淫秽电子信息的点击数是否可以作为定罪量刑的标准。随着手机WAP上网的人越来越多以及网络传播淫秽电子信息犯罪的猖獗，实践中需要用点击数甚至单用点击数对被告人定罪量刑的案件越来越多。本案是全国第一起进入司法程序的利用手机WAP技术传播淫秽电子信息而依据点击数定案的案例，但本案在进入司法程序后仍引起法律界对点击数能否作为定罪量刑依据的讨论。司法解释以点击数作为定罪量刑标准,是因为点击数类似于传统介质淫秽物品的传播人次,能客观反映淫秽物品的传播范围,体现对社会的危害程度,因此,以点击数作为定罪量刑标准是合理的。首先,对电子信息点击数的规定应考虑电子信息传播时的实际情况而高于传统介质淫秽物品的传播人次,这点司法解释已采纳。根据最高人民法院1998年颁发的《非法出版物解释》第八条第一款第三项的规定,以牟利为目的,向他人传播淫秽物品达200~500人次以上的,就构成制作、复制、出版、贩卖、传播淫秽物品牟利罪。而《解释一》对点击数的规定却为1万次,是传统介质的20~50倍,已经考虑了网络传播中常见的无效点击、重复点击等情况。此外,对于不考虑上传淫秽电子信息的数量而单算点击数这一问题,以牟利为目的传播淫秽电子信息,一般是为了借淫秽电子信息的被点击数提高页面的知名度,借以赚取广告费、会员费等,传播者对点击数本身有积极追求的目的,点击数越高,其所谋取的利益越大,现在很多网站也以点击广告为获取淫秽电子信息的前提,所以牟利多少与点击数密切相关。因此,在传播淫秽物品牟利罪中,不考虑上传淫秽电子信息的数量,单考虑点击数是有道理的。在不以牟利为目的的情况下,《解释一》设置的点击数定罪标准为2万次,应当说,对被告人更为宽松和有利。其次,实践中点击数确有很多不正常的、虚置的情况,因此,应当以"实际被点击数"为标准来计算,并应当为计算实际被点击数给出指导性意见,并对实际被点击数这一证据予以初步规范。

(三)如何计算实际被点击数。实践中通常是通过网站服务器的Web访问日志来统计淫秽电子信息的数量,但是这一数字只代表了淫秽电子信息的内容请求数,并不代表实际的点击数。此外,还需要区分普通Web网站和手机WAP网站,二者因为技术不同在计算时稍有差异。简言之,因为手机屏幕小,可能会导致浏览同一淫秽电子信息需要多次点击才能阅读完成的情况;另外,手机上网按流量计费,费用较高,所以为了节省用户上网费用,很多手机WAP网站可能会在同一页面设置多张图片,从而导致单个图片无法下载,只能作为页面的一部分被浏览,而在此情况下,一个页面被点击一次,显示在服务器上,却是其中的所有图片均被点击一次,服务器得出的点击数是图的点击量而非页的点击量。在手机WAP上网存在上述两种情况时,均应先得出一个基本的请求数测算值。比如,需要多次点击页面才能完成同一电子信息的阅读时,如果有证据显示这是该篇电子信息的本身设置,则可采纳有利于被告人的证据,在计算请求数时按照设置倍数相应下调。在存在一页多图的情况下,也不应按照服务器显示的图的点击量,而是按照一页所载的图的数量测算出整页的请求数。在本案中,已采用了这种多图折页的算法,认为由于点击一个页面产生的图片请求是集中发送的,所以在60秒内所有的由同一移动终端设备通过同一IP地址向服务器发送的图片请求数可以被界定为由一次页面点击产生,先将图的请求数转化为页的请求数再来计算实际点击数。在得出基本的请求数测算值后,无论是Web网站还是手机WAP网站,在计算实际点击数时,均需要排除以下方面虚增的、不正常的点击数。1. 人为设置的计数方式差异。如前所述不从1开始计数,还有计数方式呈典型倍数增长等,如果有证据显示存在这些情况,均应予以合理扣除。2. 自点击数。根据行业披露,自点击现象大量存在,一是为了增加点击数量,二是为了进行系统测试。比如,本案中被告律师披露的公司自点击数高达10%,因为运营商联通公司规定,内容提供商后10位实行末位淘汰,而人气旺、业务量大、排名靠前的公司,将得到联通公司诸多优惠政策。所以,自点击行为在行业内由来已久,屡禁不止,在计算时应予以合理考虑。本案中,鉴定机构对自点击数进行了统计并作出如下说明:互联网内网E地址访问,这些地址与中国联通无关,不涉及淫秽图片传播;同一设备(特定手机型号和特定互联网E地址)对同一页面非以正常浏览方式高密集度访问,为检验设备及网页性能的页面点击数,如通过同一互联网E地址24小时内向同一网页发送页面请求50次以上的,为公司内网网页测试的自点击,不涉及淫秽图片传播。上述产生的点击数为自点击数,应予扣除。3. 有确实证据证实并可以明确区分的无效点击数。我们计算的实际被点击数,应当指成功有效的点击数,对于无效链接和不成功的访问所产生的点击数,如果有证据证明并且能够区分,应当予以扣除。这里需要注意的是,这种无效访问必须有证据证实,不能以网页访问成功率推算可能存在的无效访问数。在本案和近期审理的几起利用手机 WAP 上网传播淫秽电子信息的案例中,被告方均提出中国联通制定的《中国联通增值业务提供商运行维护管理要求》中要求增值业务提供商所提供的增值业务的最低页面访问成功率是 60%,所以实际被点击数应当按照内容请求数 ×60% 来计算。但这些辩解均未被法官采纳,因为页面最低访问成功率只是一个下限,实际成功访问率可能远远超过该比率,依照该比率得出的不成功访问数仅是推算,并没有确实的证据可以证实,故不能依照最低页面访问成功率来作为排除不成功点击数的依据。除前述手机 WAP 上网因屏幕小而普遍产生的阅读一篇电子信息需要多次点击外,其他的因为个人需要而产生的多次点击数不应当扣除。首先,是因为《解释一》在设置点击数为一万次的时候已经考虑到了网络特性,从而高配了点击数。其次,实践中,除了有人搞恶意点击等特殊情况发生外,一般情况下,是不会有很多人反复观看同一淫秽电子信息的,而且在手机 WAP 上网费用不菲的限制下,这种情况更难发生。最后,同一人的反复多次点击在手机上网的情况下尚容易固定,因为手机终端设备使用人相对固定,而在普通网站则无法固定。比如,在同一局域网内,如一个上千人的单位或者一个拥有数百台电脑的网吧,无论多少客户,无论在线观看淫秽电子信息多少次,也只反映一个 E 地址,如将这些全折算为一个人,显然不够科学。当然,如果有确实、充分的证据证实有人搞恶意点击,在短时间内疯狂点击他人上传的淫秽电子信息,造成点击数不正常大量上升,则应当按照实际情况认定恶意点击,并对恶意点击数予以排除。综上,在计算实际被点击数时主要需要考虑的是排除人为设置的虚假计数、网站的自点击数、有证据证实的无效点击数以及因为手机 WAP 上网的特性导致的对同一电子文件设置的重复计数,从而得出实际被点击数。对于其他需要排除的计数方式,必须有必要和充分的证据证实才能予以排除,而且实践中这种排除的范围不能过大。一是排除的范围越精确,则法定的点击数越接近甚至等同于传播人数,这样定罪标准与传统介质相比显然过低,不利于对此犯罪行为的打击。二是计算的标准越复杂,越增加法律的适用成本,加大法律适用的难度,实践中难以把握,且易引起不必要的争议。

(四)对实际被点击数证据的审查判断。由于点击数对处理传播淫秽电子信息犯罪案件起着重要作用,是定罪量刑的重要依据,所以,点击数如何认定往往会成为案件审理中各方争辩的焦点。对于争议不大的较简单的案件,裁判者可以根据司法解释的内涵结合本文上述的方法予以判断。对于案情比较复杂的案件以及控辩双方意见分歧较大的案件,一时难以认定的,应当根据刑事诉讼法和 2005 年全国人大常委会通过的《关于司法鉴定管理问题的决定》,委托在省级以上人民政府司法行政登记注册的具有声像资料特别是电子数据司法鉴定资质的机构作出鉴定。在对实际点击数这一鉴定结论进行审查时,应注意三个方面的内容:一是保存被鉴定数据的载体(如服务器)的来源、取得、保管、送检是否符合法律及有关规定,与相关提取笔录、扣押物品清单等记载的内容是否相符,保证被鉴定数据的来源真实、可靠。二是鉴定的程序、方法、分析过程是否符合本专业的检验鉴定规程和技术方法要求。鉴定中采用的技术方法和原理是否得到行业的普遍认可,检测数据的观察、记录是否真实可靠,排除数据的原因是否符合法律规定,是否符合行业普遍认可的标准,排除的依据是否充分合理、符合逻辑规则,结论是否可信等。三是综合考虑鉴定结论与其他证据有无矛盾,应注重与被告人供述、相关网站管理人员的证言等证据综合考查,以排除矛盾,形成完整的证据链条,保证对被告人准确量刑,不枉不纵。本案曾反复进行过三次鉴定,每次关于实际点击数的结论均不一致,最终原审法院在对点击数的确定上没有采纳公诉机关依据原鉴定而指控的数字,也没有完全采纳重新鉴定后的结论,仅采纳了鉴定结论的部分内容,而对依据页面访问成功率推算成功点击数的内容并没有采纳。鉴定意见只是证据的一种,尚需法官通过专业知识对结论的可靠性和准确性进行审查后才能适用,鉴定意见是否真实、准确,法官有权作出最后的判断。本案一审、二审法院采纳鉴定意见的部分内容认定实际被点击数的做法是正确的。[参见第 669 号指导案例,罗刚等传播淫秽物品牟利案,载《刑事审判参考》总第 78 集(2011 年第 1 集),第 51～58 页。撰稿:苏敏 于同志]

▽设立淫秽网站的行为应以传播淫秽物品牟利罪定罪处罚

2010年2月最高人民法院、最高人民检察院联合发布的《解释(二)》第十二条第一款将"网站"明确界定为"可以通过互联网域名、IP地址等方式访问的内容提供站点",包括两个方面的要素:一是网站可以通过互联网域名、IP地址等方式访问,即网站在互联网上是相对固定的,具有相对确定的互联网域名、IP地址,司法机关可以据此调查取证、固定证据;二是网站是提供内容的站点,即网站可以提供文本、图片、视频、音频等类型文件的信息,人们可以通过访问网站来获取自己需要的资讯。实践中,网站包括门户网站、论坛、社区、博客、播客、群组等具体表现形式。第二款对"淫秽网站"作了界定,即以制作、复制、出版、贩卖、传播淫秽电子信息为目的建立或者建立后主要从事制作、复制、出版、贩卖、传播淫秽电子信息活动的网站,是淫秽网站。实践中,网站包括多个网页、栏目、频道或者板块,不宜仅因其中某一部分包含淫秽电子信息就认定整个网站为淫秽网站,而应结合其建立的目的和建立后主要从事的活动加以认定。同时,如果其中的某个网页、栏目、频道或者板块以制作、复制、出版、贩卖、传播淫秽电子信息为目的建立或者建立后主要从事制作、复制、出版、贩卖、传播淫秽电子信息活动,仍应就此认定该网页、栏目、频道或者板块为"淫秽网站"。设立淫秽网站的行为,包括编写设立网站所需程序、网站设立后的维护、更新、上传淫秽信息至网站等一系列内容。设立淫秽网站,目的在于通过传播淫秽电子信息牟利,应以传播淫秽物品牟利罪定罪处罚。2004年9月3日最高人民法院、最高人民检察院联合发布的《解释一》明确了对此类行为定罪量刑的具体标准。根据《解释一》第一条、第二条的规定,以牟利为目的,利用互联网、移动通讯终端制作、复制、出版、贩卖、传播淫秽电子信息,制作、复制、出版、贩卖、传播淫秽电子刊物、图片、文章、短信息等二百件以上的,或利用淫秽电子信息收取广告费、会员注册费或者其他费用,违法所得一万元以上,即构成制作、复制、出版、贩卖、传播淫秽物品牟利罪,应处以三年以下有期徒刑、拘役或管制,并处罚金;如所制作、复制、出版、贩卖、传播淫秽电子刊物、图片、文章、短信息等一千件以上,或违法所得五万元以上,即属"情节严重",应判处三年以上十年以下有期徒刑,并处罚金;如所制作、复制、出版、贩卖、传播淫秽电子刊物、图片、文章、短信息等五千件以上,或违法所得二十五万元以上,属"情节特别严重",应处十年以上有期徒刑或者无期徒刑,并处罚金或者没收财产。同时,从《解释一》第一条规定可以看出,构成本罪客观上须实施制作、复制、出版、贩卖、传播淫秽电子信息的行为,淫秽电子信息可以以音频文件、视频文件、电子刊物、图片、文章、短信息等多种形式出现;主观上要求具备牟利目的,该牟利目的是否实现并不影响犯罪构成,但因采取的牟利手段不同会影响到犯罪的定量因素。如该条规定以会员制方式出版、贩卖、传播淫秽电子信息,注册会员达二百人以上的即构成犯罪,如违法所得达到一万元的也构成犯罪。本案被告人设立网站的目的便是通过传播淫秽电子信息牟利,且网站设立后即以传播此类信息为活动内容,所设网站系淫秽网站。陈某某采用被告人张波A编写的新程序软件更改域名,雇用被告人陆进祥从其他色情网站上下载色情图片、小说等上传至该网站,雇用被告人张波B为该网站进行维护、更新,其设立网站的行为及收集淫秽图片上传至所设立网站的行为,构成传播淫秽物品牟利罪。编写程序、维护网站的行为均系淫秽网站得以设立、维持所必需系传播淫秽物品牟利罪的共同犯罪行为,因此,两名张波均应以传播淫秽物品牟利罪定罪处罚。陆某某直接收集淫秽信息上传至该网站,虽是受陈某某雇用,也是直接实施传播淫秽信息的行为,应以传播淫秽物品牟利罪定罪处罚。[参见第690号指导案例,陈锦鹏等传播淫秽物品牟利案,载《刑事审判参考》总第79集(2011年第2集),第79~81页。撰稿:王亚凯]

▽为淫秽网站提供接入服务的行为应以传播淫秽物品牟利罪定罪处罚

为淫秽网站提供服务器接入实质上是对传播淫秽信息的一种帮助行为。2004年9月3日最高人民法院、最高人民检察院联合发布的《解释一》第七条对该种行为应视为共同犯罪作出规定:"明知他人实施制作、复制、出版、贩卖、传播淫秽电子信息犯罪,为其提供互联网接入、服务器托管、网络存储空间、通讯传输通道、费用结算等帮助的,对直接负责的主管人员和其他直接责任人员,以共同犯罪论处。"在以共同犯罪论处的情况下，帮助者的行为是否构成犯罪及其处罚，一般应以对直接实施实行行为的实行犯的定罪处罚为前提。但这种帮助行为与直接的传播行为毕竟有所不同，故2010年2月最高人民法院、最高人民检察院联合发布的《解释（二）》第六条则对此类帮助行为构成传播淫秽物品牟利罪的标准进一步明确：电信业务经营者、互联网信息服务提供者明知是淫秽网站，为其提供互联网接入、服务器托管、网络存储空间、通讯传输通道、代收费等服务，并收取服务费，具有四种情形之一的，对直接负责的主管人员和其他直接责任人员，依照刑法本条第一款的规定，以传播淫秽物品牟利罪定罪处罚。依照《解释（二）》的规定，实施该条规定情形的帮助行为可直接以传播淫秽物品牟利罪处理，并规定了明确的构成犯罪的数额标准，认定"情节严重"及"情节特别严重"的标准，对此类行为有了独立的定罪量刑标准，不再以主犯的定罪量刑为前提和依据。[参见第690号指导案例，陈锦鹏等传播淫秽物品牟利案，载《刑事审判参考》总第79集（2011年第2集），第81～83页。撰稿：王亚凯]

▽租用淫秽网站广告位及为淫秽网站提供资金的行为应以传播淫秽物品牟利罪定罪处罚

淫秽网站的存活发展，离不开为其提供资金的广告主和广告联盟。这种提供资金的行为虽与直接的传播行为有所区别，但实质上也是制作、复制、出版、贩卖、传播淫秽信息的一种帮助行为，是淫秽网站牟利的重要途径。2010年2月最高人民法院、最高人民检察院联合发布的《解释（二）》第七条规定：明知是淫秽网站，以牟利为目的，通过投放广告等方式向其直接或者间接提供资金，或者提供费用结算服务，对直接负责的主管人员和其他直接责任人员，依照刑法本条第一款的规定，以制作、复制、出版、贩卖、传播淫秽物品牟利罪的共同犯罪处罚。该条首次明确了广告主、广告商、第三方支付平台的刑事责任，同时明确了对此种行为独立的定罪量刑标准。但因其以制作、复制、出版、贩卖、传播淫秽物品牟利罪的共同犯罪处理，广告主、广告经营者、第三方支付平台的具体罪名仍应依据实行犯的具体罪名而定。需要注意的是，无论是为淫秽网站提供网络接入等技术支持者，还是广告主等提供资金支持者，其入罪标准虽与实行犯不同但仍旧是共同犯罪，主观上均与实行行为者存在意思联络，即"知道或应当知道"所提供服务或提供资金支持的网站是或者可能是淫秽网站。"明知"是对主观心理状态的一种推定，《解释（二）》第八条明确规定如存在五种情形之一即可认定行为人主观上"明知"。该条前四项规定是对实践的总结，存在这四种事实即可推定行为人主观明知所服务的网站或所提供资金的网站是或可能是淫秽网站，但由于是对主观状态的推定，必然会存在例外情况，故该条规定"有证据证明确实不知道的"仍不构成本罪，以防打击面过宽。本案被告人虽另案处理，其租用另一被告人所设淫秽网站的广告位并向其支付费用，该行为亦构成传播淫秽物品牟利罪的共同犯罪，应以传播淫秽物品牟利罪定罪处罚。[参见第690号指导案例，陈锦鹏等传播淫秽物品牟利案，载《刑事审判参考》总第79集（2011年第2集），第83～84页。撰稿：王亚凯]

▽利用手机WAP网传播淫秽电子图片牟利的，构成传播淫秽物品牟利罪

从文义的角度看，"物品"一词具有广泛的含义，在当前的社会环境下，信息已经成为社会生活中客观存在的物品。淫秽电子信息完全具备传统淫秽物品的特点，只是表现形式不同而已。即使是淫秽书刊这样典型的淫秽物品，也是以其传递的信息来影响社会的。把淫秽电子信息排除在淫秽物品之外，是受制于生活观念中对"物品"的固有认识，没有充分考虑社会发展变化对语词含义的影响。对于该问题，相关法律与司法解释已经作出了解答。全国人民代表大会常务委员会2000年通过的《关于维护互联网安全的决定》规定，在互联网上建立淫秽网站、网页，提供淫秽站点链接服务，或者传播淫秽书刊、影片、音像、图片，构成犯罪的，依照刑法有关规定追究刑事责任。该规定为将淫秽电子信息解释为淫秽物品提供了法律依据。2004年公布的《解释一》则明确规定，利用互联网、移动通讯终端制作、复制、出版、贩卖、传播淫秽电子信息牟利，达到一定程度的，以制作、复制、出版、贩卖、传播淫秽物品牟利罪定罪处罚。据此，本案被告单位掌中时尚公司以营利为目的，利用移动通讯终端向手机上网用户传播淫秽电子图片100余件，被点击数近8万次，依法可以认定为传播淫秽物品牟利罪；被告人谢某和张某分别作为单位负直接责任的主管人员和直接责任人员,同样构成传播淫秽物品牟利罪,应依法追究刑事责任。值得一提的是,本案被告单位掌中时尚公司所传播的淫秽图品,系由该公司收集、制作后向公众传播,是认定为制作、传播淫秽物品牟利罪还是传播淫秽物品牟利罪,值得研究。《解释一》第一条第一款第三项规定,制作淫秽电子图片200件以上的,可以定罪。但被告单位掌中时尚公司制作淫秽电子图片仅为100余件,未达到定罪标准。有意见认为,因该公司制作的淫秽电子图片被点击1万次以上,可根据《解释一》第一条第一款第四项的规定,认定构成制作淫秽物品牟利罪。但是《刑法》本条规定的制作、复制、出版、贩卖、传播淫秽物品罪是一个选择性罪名,而制作与传播不是同一种行为,被点击行为属于传播行为,不能因传播行为构成犯罪反过来论证其制作行为也构成犯罪,否则,就背离了选择性罪名的定罪规则,也会造成重复评价。故本案定传播淫秽物品牟利罪是正确的。[参见第691号指导案例,北京掌中时尚科技有限公司等传播淫秽物品牟利案,载《刑事审判参考》总第79集(2011年第2集),第88~89页。撰稿:臧德胜]

▽被告单位自行点击的现象不影响认定其犯传播淫秽物品牟利罪"情节严重"

为在市场竞争中取得优势,有的经营者甚至不惜代价,发布淫秽电子信息,并自行点击以增加点击量,这种自行点击行为,并非向他人传播,不符合传播淫秽物品的特征,一旦查实,应从点击数中扣除。根据在案证据,被告单位掌中时尚公司为提高排名和进行测试,确实存在自行点击的现象。但根据现有的技术条件,鉴定机构无法区分自行点击与客户点击。也就是说,被鉴定出的近8万次点击数中有多少属于被告单位自行点击,无法查实。根据本案的案情,认定被告单位犯传播淫秽物品牟利罪情节严重,有充足的理由。具体分析如下:第一,被告单位传播的淫秽物品实际被点击数远大于鉴定意见所认定的近8万次。根据在案证据,被告单位从2006年年底至2007年4月,一直存在传播淫秽物品的行为。而鉴定机构由于技术条件限制,只能对案发当月即2007年4月的点击数进行鉴定,无法对2007年1~3月的点击数进行鉴定。但从被告单位的财务收入看,2007年1~4月各月收入差距不大,说明这四个月中的业务量相当。照此推算,被告单位传播淫秽物品的实际点击量至少应在20万次以上。法院在审理本案时,按照鉴定机构鉴定出的2007年4月这一个月的点击数(79 598次)来认定犯罪事实,实际上已经充分体现了有利于被告人的处理原则。第二,被告人单位自行点击现象虽然存在,但数量必然有限。被告单位作为一个经营企业,营利是其根本目的。由于自行点击同客户点击一样,每点击一次,也需要向移动通讯公司缴费2元,如果自行点击数量过多,势必使被告单位的此项业务无法盈利。这就决定了被告单位的自行点击数量是很有限的。根据《解释一》的规定,传播淫秽物品被点击5万次以上的属于犯罪情节严重。本案鉴定结论确定的点击数近8万次,超出"情节严重"的标准近3万次,即使不考虑被告单位2007年前3个月的业务量,也为其自行点击留出了近3万次的数量空间。可见,认定被告单位犯罪"情节严重"是十分稳妥的,不会加重其刑事责任。相反,如果因为存在被告单位自行点击的现象,就以点击数不清为由否认本案被告单位犯传播淫秽物品牟利罪"情节严重",则会造成罚不当罪,不利于依法有效打击此类犯罪行为。[参见第691号指导案例,北京掌中时尚科技有限公司等传播淫秽物品牟利案,载《刑事审判参考》总第79集(2011年第2集),第89~91页。撰稿:臧德胜]

▽为获取广告收入传播淫秽电子信息的行为,应当认定为传播淫秽物品牟利罪

不以牟利为目的,利用互联网或者移动通讯终端传播淫秽电子信息,符合特定的三种情形的,依照《刑法》第三百六十四条第一款的规定,以传播淫秽物品罪定罪处罚。因此,是否以牟利为目的,涉及此罪与彼罪的区分,同时由于两罪的起刑点不同。该问题还涉及罪轻与罪重的处理。为了正确理解制作、复制、出版、贩卖、传播淫秽物品牟利罪中的"以牟利为目的",需要把握以下两个方面的问题:1.制作、复制、出版、贩卖、传播淫秽物品牟利罪中的"以牟利为目的"涉及被告人主观犯罪目的的认定。被告人的主观犯罪目的反映其在犯罪之前以及犯罪当时的主观心理状态,除被告人本人之外,其他人无法明确深入被告人的内心世界予以查知,但由于犯罪活动总要外化为客观的行为并产生特定的结果,因此,可以通过被告人的犯罪行为及其结果分析推定被告人的主观犯罪目的。对于被告人主观目的的证明,需要综合全案证据进行客观分析,不能仅仅依靠被告人的口供。在实践中,如果仅以被告人本人所供述的主观犯罪目的为标准,就会导致"唯口供论";一旦被告人虚假供述,或者拒绝供述,就必将导致被告人主观故意难以准确认定的结果,进而影响到判决的公正,甚至可能导致错案。被告人是否具有牟利目的,需要从被告人制作、复制、出版、贩卖、传播淫秽物品的数量、涉案人员的数量、获利的数额等方面进行判断。既要分析被告人的犯罪行为及其结果,又要分析被告人在犯罪之前的准备行为和犯罪之后的后续行为;既要认真分析被告人的供述,又要全面调查其他证据材料。2. 制作、复制、出版、贩卖、传播淫秽物品牟利罪中的"以牟利为目的"涉及"牟利"一词的界定。顾名思义,牟利就是谋取私利。刑法规定的财产型犯罪大多涉及牟利问题。根据《刑法》本条第一款和《解释一》第一条的规定,制作、复制、出版、贩卖、传播淫秽物品牟利罪,不仅包括通过制作、复制、出版、贩卖、传播淫秽物品本身而直接牟利,而且包括以制作、复制、出版、贩卖、传播淫秽物品为手段而间接牟利。前者如通过制作、复制、出版、贩卖、传播淫秽书刊、影片、录像带、录音带、图片及其他淫秽物品而直接获取非法利益,后者如以制作、复制、出版、贩卖、传播淫秽电影、表演、动画等视频文件、淫秽音频文件、淫秽电子刊物、图片、文章非短信息等手段收取广告费、会员注册费或者其他费用而间接获取非法利益。在网络时代,以制作、复制、出版、贩卖、传播淫秽物品为手段间接牟利的犯罪模式变得更加普遍。鉴于此,《解释一》才将利用互联网、移动通讯终端制作、复制、出版、贩卖、传播淫秽电子信息牟利的行为纳入刑法规范的范畴。本案被告人最初从 2008 年 7 月开始在网上推销广告获取广告收入,2008 年 11 月 30 日开始在所建网站上链接大量淫秽电子信息并在互联网和移动通信网络中传播,并在加入广告联盟后利用淫秽电子信息增加广告点击量。被告人在实施犯罪行为之前就已将网上推销广告作为牟利手段,其以建立网站传播淫秽电子信息为手段增加广告点击量,并通过银行卡转账方式获取广告运营商支付的广告费 2000 余元,结合其供述因经济困难而在网上投放广告获利的情况,可以认定被告人的行为是"以牟利为目的"。同时,被告人获得的广告费收入是通过非法的途径获取的,属于实质上非法的收入;尽管被告人并未从淫秽物品中直接谋取利益,但其获取的广告费收入主要是通过加入广告联盟后利用淫秽电子信息增加广告点击量,进而间接谋取的非法利益,并非其通过正当途径为广告商推销广告获取的合法收入。因此,依照《解释一》第一条的规定,被告人的行为构成传播淫秽物品牟利罪。[参见第 723 号指导案例,杨勇传播淫秽物品牟利案,载《刑事审判参考》总第 81 集(2011 年第 4 集),第 59~61 页。撰稿:刘静坤]

▽网站淫秽电子信息实际被点击数和注册会员数不能笼统认定,应结合案件情况综合评估其对案件定罪量刑的作用

淫秽电子信息实际被点击数和注册会员数反映出淫秽电子信息犯罪社会危害性的大小,是对该类犯罪定罪量刑的重要依据。由于网络自身的复杂性和技术手段的制约,淫秽电子信息实际被点击数和注册会员数有时难以准确计算。在司法实践中,科学、合理地认定淫秽电子信息的实际被点击数,需要注意以下两个方面的问题:1. 要区分包含淫秽信息的普通网站与淫秽网站。包含淫秽信息的普通网站与淫秽网站提供的内容存在本质差异。淫秽网站的内容全部或者主要是淫秽信息,其比包含少数淫秽信息的普通网站危害更大。2010 年 2 月 4 日出台的《解释(二)》进一步对普通网站和淫秽网站作了界分。根据《解释(二)》的界定,淫秽网站是指以制作、复制、出版、贩卖、传播淫秽电子信息为目的建立或者建立后主要从事制作、复制、出版、贩卖、传播淫秽电子信息活动的网站。如果认定某个网站为淫秽网站,且该网站内的电子信息均为淫秽信息,那么,淫秽电子信息的实际被点击数就等同于截至案发当日该网站的实际被点击数。如果淫秽网站内的电子信息主要是淫秽信息,同时存在少量普通信息,那么淫秽电子信息的实际被点击数就可能略低于截至案发当日该网站的实际被点击数。相比之下,如果普通网站的某些版块存在淫秽电子信息,由于该网站同时存在普通信息与淫秽信息,在认定淫秽电子信息的实际被点击数时,就应当区分普通电子信息与淫秽电子信息的被点击数,不能笼统地将整个网站的实际被点击数认定为淫秽电子信息的实际被点击数。2.要区分“点击数”与“实际被点击数”。网站经营者出于牟利目的,通常会想方设法提高网站点击率,从而扩大网站影响,获取更多的广告费收入。因此,淫秽网站的点击数能够反映其社会危害性的大小。但在实践中,一些淫秽网站为了营造声势或者获取更多的非法利益,故意将点击率计数器的初始值设为10万次甚至更多,或者将点击率计数器计数办法设置为点击一次计数10次甚至更多,还有些网站管理者亲自或者指使、雇用少数人持续点击淫秽电子信息,从而导致网站的点击数呈现虚增状态,不能真实反映淫秽网站的实际危害。为贯彻罪责刑相适应原则,准确认定淫秽网站的实际危害,在计算淫秽电子信息的实际被点击数时,如查明确实存在虚增点击数的情况,就应当扣除上述虚增的点击数。在司法实践中,淫秽网站可能同时存在淫秽电影等视频文件、淫秽音频文件和淫秽电子刊物、图片、文章、短消息等,上述淫秽电子信息的数量比较容易认定,而淫秽电子信息的实际被点击数却无法准确认定,但该淫秽电子信息实际被点击数同时又成为法定刑升格的条件。对于此类案件,一般可以依照就低不就高的认定原则,以其他淫秽电子信息数量作为定罪量刑的基础,同时将淫秽电子信息实际被点击数作为量刑情节予以考虑。本案被告人最初在网上推销广告,后建立网站并在所建网站上链接大量淫秽电子信息,将广告信息以淫秽诱导性词语为标识的方式链接在同一网站上,进而增加广告点击量。但其所建网站并非专门从事制作、复制、出版、贩卖、传播淫秽电子信息活动,故该网站虽包含大量的淫秽电子信息,但有别于纯粹的淫秽网站,该网站淫秽电子信息的实际被点击数应当低于截至案发当日该网站的实际被点击数。二审以一审并未区分普通电子信息与淫秽电子信息的被点击数,导致淫秽电子信息实际被点击数事实不清为由不予认定,这种做法是正确的。为准确认定淫秽网站的注册会员数,需要区分收费注册网站和免费注册网站。收费注册网站的注册会员一般为固定会员,会员所交的费用是网站收入的重要来源;因为会员每次登录网站都需要付费,因此,会员每次都会通过相同的注册号登录网站,通常不会出现重复注册的情况。而免费注册网站的注册会员一般并非固定会员,通常存在多次注册和重复注册的情况,且非会员也能免费浏览网站信息。因免费注册网站的会员对网站的收入没有实质性影响,故从本质上讲,此类网站的会员制度对于网站的管理以及网站信息浏览者的范围控制并无实际意义,不能作为该类网站社会危害性的参考因素。本案被告人所建网站虽有注册会员六千余人,但注册会员和点击网站均不收取费用,被告人并非通过收取注册会员费谋取经济利益,且非会员也能浏览该网站的淫秽电子信息,该注册会员数量对其利用淫秽电子信息,增加广告点击量进而牟利并不产生实质影响,故不属于“以会员制方式传播淫秽电子信息”的情形,不宜将注册会员数作为定罪量刑的标准。一审法院将被告人所建网站的注册会员数作为定罪量刑标准是不准确的。二审以该注册会员数对其牟利目的无实质影响,不宜按照注册会员数定罪量刑为由不予认定,这种做法是妥当的。[参见第723号指导案例,杨勇传播淫秽物品牟利案,载《刑事审判参考》总第81集(2011年第4集),第59～61页。撰稿:刘静坤]

▽不以牟利为目的,仅为提高浏览权限而担任淫秽网站版主行为的定罪处罚

(一)对建立淫秽网站牟利行为的定罪处罚。“利用互联网,以会员制方式传播淫秽电子信息”一般是淫秽网站的建立者或管理者所实施的行为。根据最高人民法院、最高人民检察院2010年联合印发的《解释(二)》第十二条的规定,网站是指可以通过互联网域名、IP地址等方式访问的内容提供站点;以制作、复制、出版、贩卖、传播淫秽电子信息为目的建立或者建立后主要从事制作、复制、出版、贩卖、传播淫秽电子信息活动的网站,为淫秽网站。认定淫秽网站,应注意两方面的问题:一方面,对淫秽物品的认定要重在对实质内容的把握。《刑法》第三百六十七条第一款明确规定了“淫秽物品”的定义,即“具体描绘性行为或者露骨宣扬色情的淫秽性的书刊、影片、录像带、录音带、图片及其他淫秽物品”。从立法原意分析,对《刑法》第三百六十七条规定的淫秽物品是重在对实质内容的把握,无论载体形式是实物化的,还是电子化的,只要是具体描绘性行为或者露骨宣扬色情,就应当认定为淫秽物品。因此,淫秽电子信息当然属于淫秽物品。另一方面,对淫秽网站的认定要从网站建立目的和建立后从事的主要活动来把握。实践中,一个网站包括多个网页、栏目、频道或者板块,不应仅因其中某一部分包含淫秽电子信息而认定整个网站为淫秽网站而应结合网站建立的目的和建立后主要从事的活动加以认定。同时,如果其中的某个网页、栏目、频道或者板块以制作、复制、出版、贩卖、传播淫秽电子信息为目的建立或者建立后主要从事制作、复制、出版、贩卖、传播淫秽电子信息活动,仍应认定该网页、栏目、频道或者板块为"淫秽网站"。本案中,被告人陈某某创建了"开心休闲论坛"网站,系网站的建立者,其通过发展会员的方式传播淫秽电子信息,后通过收取色情场所广告费的方式牟利。在从该网站所提取的431张图片、5篇文章中,经鉴定,有344张图片、5篇文章属淫秽物品。因此,陈某某以牟利为目的,建立淫秽网站,以会员制方式传播淫秽电子信息,符合传播淫秽物品牟利罪的主客观要件。至本案案发,该网站的会员数达到70 968名。根据最高人民法院、最高人民检察院2004年联合印发的《解释一》第一条、第二条的规定,以牟利为目的,利用互联网,以会员制方式传播淫秽电子信息,注册会员达二百人以上的,以传播淫秽物品牟利罪定罪处罚。达到《解释一》第一条规定的标准五倍以上的,应当认定为刑法本条第一款规定的"情节严重";达到第一条规定标准二十五倍以上的,应当认定为刑法本条第一款规定的"情节特别严重"。因此,被告人陈某某传播淫秽物品牟利的犯罪行为属于"情节特别严重"的情形,一审法院按照刑法本条的规定,以传播淫秽物品牟利罪对其判处有期徒刑十年六个月,剥夺政治权利一年,并处罚金5万元的定罪量刑是适当的。

(二)对明知是创建淫秽网站收取广告费而帮助其维护管理行为的定罪处罚。被告人史某某、盛某某明知陈某某创建淫秽网站从中收取广告费牟利,为了获得权限以便浏览更多的淫秽信息,从"开心休闲论坛"网站普通的注册会员申请成为管理人员。二被告人共同对该网站进行管理、编辑和维护,其中史某某申请为超级版主,盛某某申请为东莞版实习版主。二被告人虽无牟利目的,客观上也未获得报酬,但在明知陈某某建立淫秽网站收取广告费牟利,仍申请成为网站的版主,对网站进行管理、编辑和维护,从而吸引更多的网民进行点击和浏览,其行为对陈某某的行为起到了帮助作用,应当构成传播淫秽物品牟利罪的共犯。被告人史某某、盛某某与被告人陈某某系共同犯罪。具体理由如下:按照共同犯罪人的作用不同,共犯可以分为主犯、从犯、胁从犯、教唆犯。根据《刑法》第二十七条的规定,在共同犯罪中起次要或辅助作用的,是从犯。所谓辅助所用,按照主流观点的理解,是指为犯罪分子实行犯罪创造条件。辅助可表现为有形的帮助,如提供工具、排除障碍等;也可表现为无形的帮助,如指点实施犯罪的时机、协助制订计划等。刑法上的起辅助作用的从犯,一般是指帮助犯。本案被告人史某某、盛某某对网站中描绘嫖娼过程过于简单的帖子或没有上传色情图片的帖子进行删除,而对详细描绘整个嫖娼过程并上传色情图片的帖子进行加分和回复。二被告人虽然主观上意识到其管理、编辑行为必然会吸引更多的网民进行点击和浏览,大大提升网站的"人气",对陈某某利用网站牟利的行为起到积极帮助作用,但是仍积极申请成为网站管理人员,对淫秽网站进行管理、编辑和维护。同时,陈某某也明知史某某、盛某某的管理行为对其行为会起到帮助作用,而接受二被告人的申请,同意其参加网站管理、编辑和维护。可见,史某某、盛某某与陈某某属于共同犯罪,史某某、盛某某的行为完全符合帮助犯的构成要件。综上,由于史某某、盛某某系从犯,一审法院综合考虑二被告人的犯罪情节,按照罪刑相适应的原则,对二被告人减轻处罚是妥当的。[参见第769号指导案例,陈某某等传播淫秽物品牟利案,载《刑事审判参考》总第85集(2012年第2集),第85~87页。撰稿:罗敏　王婷婷]

▽贩卖淫秽物品牟利罪既遂、未遂的认定标准的认定

被告人在货运站内领取其妻联系购买并从广州发送至北京的2996张淫秽光盘,当场被抓获归案。现有证据能够认定被告人的行为构成贩卖淫秽物品牟利罪。但该犯罪行为因被告人"被当场抓获"这一意志以外的原因未能得逞,故应当认定为犯罪未遂。鉴于"淫秽物品"在社会上传播后将对公众身心健康和社会风气造成不良影响,而贩卖淫秽物品牟利罪并无具体、有形、可衡量的损害后果,因此,出于牟利目的对淫秽物品的买卖行为都应当认定为对社会管理秩序造成了损害。据此,贩卖淫秽物品牟利罪不属于结果犯,而属于行为犯。行为犯通常以法律规定的犯罪行为的完成作为既遂认定标准,但行为犯中的犯罪行为并不是一着手实行即告完成。有的行为犯,犯罪行为有一个实行过程,通常要达到一定阶段(或者程度),才能视为行为的完成。具体到贩卖淫秽物品牟利罪,其中的"贩卖"本义是一种市场交易行为,通常是指出于牟利目的以低价购进淫秽物品再以高价卖出的行为,但也包括有偿转让淫秽物品的行为。立足该类犯罪的发案特点和常见情形,以下四种行为均应认定为贩卖淫秽物品牟利罪中的"贩卖行为":一是为牟利欲低价购进、高价出售,在购买时被查获的行为;二是为牟利低价购进后,正在进行出售(代售)被查获的行为;三是为牟利低价购进后,已出售并获利的行为;四是不能查明系低价购进,但确为牟利正在出售(代售)或已出售并获利的行为。实践中,基于公安机关对此类犯罪的严厉打击,行为人往往具有较强的反侦查意识,此类犯罪多是行为人为牟利而低价购买淫秽物品后在运输途中被查获,或者在摆摊、店铺进行代售或零星销售时被查获。已经出售获利或者大量购买时被查获的情形较为少见。

对于上述不同类型的贩卖行为,是否认定既遂,应当考察行为所处的阶段(或者程度),不能一概以行为着手作为认定既遂的标准。例如,对于前述第一种情形,虽然为牟利而购买淫秽物品的行为也妨害了社会管理秩序,依法已经构成犯罪,但是不能认定行为人只要购买淫秽物品就成立犯罪既遂,通常还要求行为人实际取得所购买的淫秽物品,毕竟"购买型"犯罪与"出售型"犯罪的社会危害存在一定差异。本案被告人曾与卖家联系,此次由妻与卖家联系好发货,货到后被告人去货运站办理提货手续,尚未取到货物时即被抓获。尽管被告人已经着手实施购买行为,既有购买的主观意思,又有购买、付款、取货的行为,但由于其尚未验货和取到货物,犯罪行为未达到既遂状态。且在案证据表明,公安机关已经掌握被告人的犯罪线索,进行蹲点守候,被告人的犯罪行为已经处于公安机关控制之下,不可能得逞。据此,本案应认定为犯罪未遂。[参见第1086号指导案例,张正亮贩卖淫秽物品牟利案,载《刑事审判参考》总第103集,第82~83页。撰稿:崔光同　陈新旺]

第三百六十四条　【传播淫秽物品罪】传播淫秽的书刊、影片、音像、图片或者其他淫秽物品,情节严重的,处二年以下有期徒刑、拘役或者管制。

【组织播放淫秽音像制品罪】组织播放淫秽的电影、录像等音像制品的,处三年以下有期徒刑、拘役或者管制,并处罚金;情节严重的,处三年以上十年以下有期徒刑,并处罚金。

制作、复制淫秽的电影、录像等音像制品组织播放的,依照第二款的规定从重处罚。

向不满十八周岁的未成年人传播淫秽物品的,从重处罚。

■最高人民检察院、公安部关于公安机关管辖的刑事案件立案追诉标准的规定(一)(2008年6月25日)

第八十四条　[传播淫秽物品案(刑法第三百六十四条第一款)]传播淫秽的书刊、影片、音像、图片或者其他淫秽物品,涉嫌下列情形之一的,应予立案追诉:

(一)向他人传播三百至六百人次以上的;

(二)造成恶劣社会影响的。

不以牟利为目的,利用互联网、移动通讯终端传播淫秽电子信息,涉嫌下列情形之一的,应予立案追诉:

(一)数量达到本规定第八十二条第二款第(一)项至第(五)项规定标准二倍以上的;

(二)数量分别达到本规定第八十二条第二款第(一)项至第(五)项两项以上标准的;

(三)造成严重后果的。

利用聊天室、论坛、即时通信软件、电子邮件等方式,实施本条第二款规定行为的,应予立案追诉。

第八十五条　[组织播放淫秽音像制品案(刑法第三百六十四条第二款)]组织播放淫秽的电影、

录像等音像制品，涉嫌下列情形之一的，应予立案追诉：

（一）组织播放十五至三十场次以上的；

（二）造成恶劣社会影响的。

■最高人民法院、最高人民检察院关于办理利用互联网、移动通讯终端、声讯台制作、复制、出版、贩卖、传播淫秽电子信息刑事案件具体应用法律若干问题的解释（2004年9月6日）

第三条　不以牟利为目的，利用互联网或者移动通讯终端传播淫秽电子信息，具有下列情形之一的，依照刑法第三百六十四条第一款的规定，以传播淫秽物品罪定罪处罚：

（一）数量达到第一条第一款第（一）项至第（五）项规定标准二倍以上的；

（二）数量分别达到第一条第一款第（一）项至第（五）项两项以上标准的；

（三）造成严重后果的。

利用聊天室、论坛、即时通信软件、电子邮件等方式，实施第一款规定行为的，依照刑法第三百六十四条第一款的规定，以传播淫秽物品罪定罪处罚。

第四条　明知是淫秽电子信息而在自己所有、管理或者使用的网站或者网页上提供直接链接的，其数量标准根据所链接的淫秽电子信息的种类计算。

第六条　实施本解释前五条规定的犯罪，具有下列情形之一的，依照刑法第三百六十三条第一款、第三百六十四条第一款的规定从重处罚：

（一）制作、复制、出版、贩卖、传播具体描绘不满十八周岁未成年人性行为的淫秽电子信息的；

（二）明知是具体描绘不满十八周岁的未成年人性行为的淫秽电子信息而在自己所有、管理或者使用的网站或者网页上提供直接链接的；

（三）向不满十八周岁的未成年人贩卖、传播淫秽电子信息和语音信息的；

（四）通过使用破坏性程序、恶意代码修改用户计算机设置等方法，强制用户访问、下载淫秽电子信息的。

第七条　明知他人实施制作、复制、出版、贩卖、传播淫秽电子信息犯罪，为其提供互联网接入、服务器托管、网络存储空间、通讯传输通道、费用结算等帮助的，对直接负责的主管人员和其他直接责任人员，以共同犯罪论处。

第八条　利用互联网、移动通讯终端、声讯台贩卖、传播淫秽书刊、影片、录像带、录音带等以实物为载体的淫秽物品的，依照《最高人民法院关于审理非法出版物刑事案件具体应用法律若干问题的解释》的有关规定定罪处罚。

■最高人民法院、最高人民检察院关于办理利用互联网、移动通讯终端、声讯台制作、复制、出版、贩卖、传播淫秽电子信息刑事案件具体应用法律若干问题的解释（二）（2010年2月4日）

第二条　利用互联网、移动通讯终端传播淫秽电子信息的，依照《最高人民法院、最高人民检察院关于办理利用互联网、移动通讯终端、声讯台制作、复制、出版、贩卖、传播淫秽电子信息刑事案件具体应用法律若干问题的解释》第三条的规定定罪处罚。

利用互联网、移动通讯终端传播内容含有不满十四周岁未成年人的淫秽电子信息，具有下列情形之一的，依照刑法第三百六十四条第一款的规定，以传播淫秽物品罪定罪处罚：

（一）数量达到第一条第二款第（一）项至第（五）项规定标准二倍以上的；

（二）数量分别达到第一条第二款第（一）项至第（五）项两项以上标准的；

（三）造成严重后果的。

第三条　利用互联网建立主要用于传播淫秽电子信息的群组，成员达三十人以上或者造成严重后果的，对建立者、管理者和主要传播者，依照刑法第三百六十四条第一款的规定，以传播淫秽物品罪定罪处罚。

第五条　网站建立者、直接负责的管理者明知他人制作、复制、出版、贩卖、传播的是淫秽电子信息,允许或者放任他人在自己所有、管理的网站或者网页上发布,具有下列情形之一的,依照刑法第三百六十四条第一款的规定,以传播淫秽物品罪定罪处罚:

(一)数量达到第一条第二款第(一)项至第(五)项规定标准十倍以上的;

(二)数量分别达到第一条第二款第(一)项至第(五)项两项以上标准五倍以上的;

(三)造成严重后果的。

第八条　实施第四条至第七条规定的行为,具有下列情形之一的,应当认定行为人"明知",但是有证据证明确实不知道的除外:

(一)行政主管机关书面告知后仍然实施上述行为的;

(二)接到举报后不履行法定管理职责的;

(三)为淫秽网站提供互联网接入、服务器托管、网络存储空间、通讯传输通道、代收费、费用结算等服务,收取服务费明显高于市场价格的;

(四)向淫秽网站投放广告,广告点击率明显异常的;

(五)其他能够认定行为人明知的情形。

第九条　一年内多次实施制作、复制、出版、贩卖、传播淫秽电子信息行为未经处理,数量或者数额累计计算构成犯罪的,应当依法定罪处罚。

第十条　单位实施制作、复制、出版、贩卖、传播淫秽电子信息犯罪的,依照《中华人民共和国刑法》、《最高人民法院、最高人民检察院关于办理利用互联网、移动通讯终端、声讯台制作、复制、出版、贩卖、传播淫秽电子信息刑事案件具体应用法律若干问题的解释》和本解释规定的相应个人犯罪的定罪量刑标准,对直接负责的主管人员和其他直接责任人员定罪处罚,并对单位判处罚金。

第十一条　对于以牟利为目的,实施制作、复制、出版、贩卖、传播淫秽电子信息犯罪的,人民法院应当综合考虑犯罪的违法所得、社会危害性等情节,依法判处罚金或者没收财产。罚金数额一般在违法所得的一倍以上五倍以下。

第十二条　《最高人民法院、最高人民检察院关于办理利用互联网、移动通讯终端、声讯台制作、复制、出版、贩卖、传播淫秽电子信息刑事案件具体应用法律若干问题的解释》和本解释所称网站,是指可以通过互联网域名、IP地址等方式访问的内容提供站点。

以制作、复制、出版、贩卖、传播淫秽电子信息为目的建立或者建立后主要从事制作、复制、出版、贩卖、传播淫秽电子信息活动的网站,为淫秽网站。

第十三条　以前发布的司法解释与本解释不一致的,以本解释为准。

■最高人民法院关于审理非法出版物刑事案件具体应用法律若干问题的解释(1998年12月23日)

第十条　向他人传播淫秽的书刊、影片、音像、图片等出版物达三百至六百人次以上或者造成恶劣社会影响的,属于"情节严重",依照刑法第三百六十四条第一款的规定,以传播淫秽物品罪定罪处罚。

组织播放淫秽的电影、录像等音像制品达十五至三十场次以上或者造成恶劣社会影响的,依照刑法第三百六十四条第二款的规定,以组织播放淫秽音像制品罪定罪处罚。

第十六条　出版单位与他人事前通谋,向其出售、出租或者以其他形式转让该出版单位的名称、书号、刊号、版号,他人实施本解释第二条、第四条、第八条、第九条、第十条、第十一条规定的行为,构成犯罪的,对该出版单位应当以共犯论处。

▼安徽省高级人民法院关于审理非法出版物刑事案件具体应用法律有关问题的规定(2002年3月6日)

第二条　向他人传播淫秽的书刊、影片、音像、图片等出版物达三百人次以上或者造成恶劣社会影响的,属于“情节严重”,依照刑法第三百六十四条第一款的规定,以传播淫秽物品罪定罪处罚。

组织播放淫秽的电影、录像等音像制品达十五场次以上或者造成恶劣社会影响的,依照刑法第三百六十四条第二款的规定,以组织播放淫秽音像制品罪定罪处罚。

▼浙江省高级人民法院、浙江省人民检察院、浙江省公安厅关于办理利用计算机信息网络制作复制贩卖传播淫秽物品等刑事案件具体应用法律若干问题的意见(2004年8月13日)

第四条　具有下列情形之一的,属于刑法第三百六十四条第一款规定的“情节严重”:

(一)在互联网上建立淫秽网站、网页,提供淫秽站点链接服务时间长达三个月以上或者提供淫秽站点的有效链接十个以上的;

(二)在计算机信息网络上制作、复制、传播淫秽影片、软件等二百五十份以上或淫秽书刊、录音等五百份以上或者淫秽图片、短信息等二千五百份以上的;

(三)在计算机信息网络上制作、复制、传播淫秽影片、软件、书刊、录音、图片、短信息等,被点击三万次或者下载总数达六百次以上的。

第六条　行为虽未达到本意见第一条和第四条规定的追诉标准,但两个以上行为接近追诉标准的,应当追究刑事责任。

第七条　在计算机信息网络上,通过一次点击打开后连续播放或显示的淫秽影片、软件、书刊、录音,不论时间长短、字数多少,均计为一份;淫秽图片一张为一份。

第八条　本意见中规定的点击数和下载数按计数设施中的数据认定,另有证据证明计数设施不准确的除外。

第九条　本意见中的“计算机信息网络”是指互联网、局域网。

本意见下发后,如有新的司法解释或有新的规定,以新的司法解释或新的规定为准。执行中遇有问题,请及时上报。

▽利用网络群组传播淫秽物品犯罪的认定

网络群一般是指具有相同兴趣爱好的人聚在一起聊天,在群空间中,用户可以使用论坛、相册、共享文件等多种交流方式。目前,虽然具有网络聊天功能的网站均推出了群应用,但影响最广泛的还是腾讯公司的QQ群。组(讨论组)则是群内的更小单位,是独立于该群之外的临时性会话组,组具有群的基本聊天和文件共享功能。为适应打击犯罪的需要,有必要专门对利用群组犯罪的问题进行规定。最高人民法院、最高人民检察院制定的《关于办理利用互联网、移动通讯终端、声讯台制作、复制、出版、贩卖、传播淫秽电子信息刑事案件具体应用法律若干问题的解释(二)》(刑法本条附文以下简称《解释(二)》)第三条对利用群组传播淫秽物品的行为应如何定罪处罚进行了明确的规定,这也是《解释(二)》的一大亮点。(一)群组的特点和社会危害性。传统的利用网络传播淫秽物品的犯罪,一般是个人将其所有的淫秽电子信息发布至网络,供不特定的人下载、浏览,这种方式受众以获取淫秽信息为主要特点。后来涌现的论坛等评论方式突破了这一特点,使受众不仅可以获取信息,更可以主动发帖交流。再后来,一些具有相同低级趣味爱好的人不满足于上述方式,为了能及时分享经验、交流感受,这些人聚在一起,产生了以传播淫秽物品、散布色情信息为主的群组。至此,可以看出,群组具有封闭性、即时性、交流性三大特点。所谓封闭性,是指传播淫秽电子信息的群组一般是为了传播淫秽电子信息的目的而设立,或者设立后主要用于传播淫秽电子信息,加入该群组的人一般也具有主动获取淫秽信息并与他人交流分享的目的,还需要通过该群组管理员的验证通过,取得群组资格。此外,一般的群组为保持其特性,规模不会太大,人员相对固定,相互之间比较了解、信任,群组之间的交流具有一定的私密性。所谓即时性,是指群组具有的网络聊天的特性,为了适应这一特性,信息口语化,视频、音频聊天,即时传输图片等应运而生,极大地满足了聊天者的感观需要。所谓交流性,是群组的根本特性,群组的成员具有相同的兴趣爱好,在群内资源共享、经验互分,容易形成更直观的主观感受,也容易受他人教唆和影响产生犯罪冲动。当前,(淫秽色情)群组最大的危害在于群组成员之间互相交流犯罪经验,继而实施强奸、猥亵等犯罪行为,引发恶性案件,极大地影响了社会的稳定。

(二)利用群组传播淫秽物品的定罪标准。《解释(二)》第三条规定:利用互联网建立主要用于传播淫秽电子信息的群组,成员达三十人以上或者造成严重后果的,对建立者、管理者和主要传播者,依照刑法第三百六十四条第一款的规定,以传播淫秽物品罪定罪处罚。该条确立了利用群组传播淫秽物品的定罪标准,要求具备两个条件:一是该群组的设立主要用于传播淫秽电子信息;二是要求成员具有三十人以上或者造成严重后果,二者缺一不可。需要注意的是,利用群组传播淫秽电子信息的定罪标准不同于《解释(二)》第二条的规定,不以计算传播电子信息的数量、点击数作为定罪量刑的标准,而是只要符合本条规定的两个要件,即构成犯罪。1.该群组的设立主要用于传播淫秽电子信息。根据2004年"两高"制定的《关于办理利用互联网、移动通讯终端、声讯台制作、复制、出版、贩卖、传播淫秽电子信息刑事案件具体应用法律若干问题的解释》(刑法本条附文以下简称《解释一》)第九条的规定,淫秽电子信息包括具体描绘性行为或者露骨宣扬色情的诲淫性的视频文件、音频文件、电子刊物、图片、文章、短信息等互联网、移动通讯终端电子信息。其中,视频文件又包括电影、表演、动画等形式。群组受即时聊天特性和受众获取信息需求的影响,主要以传播淫秽图片和短信聊天沟通交流淫秽色情内容为主,形式相对简单。群组的设立要求主要用于传播淫秽电子信息,传播淫秽电子信息这一主题要求具备长期性和居于主导地位,如果该群组具备多个聊天主题,并不以淫秽话题、传播淫秽电子信息为主,或者虽在某一时段内以淫秽话题、传播淫秽电子信息为主要内容,但后来又转移至其他主题,则必须综合判断,不能一概认定该群组的设立主要是用于传播淫秽电子信息。在具体判断一个群组是不是主要用于传播淫秽电子信息时,可以从申请加入该群组的留言、历史聊天记录、资源共享内容、群组内通告等方式来判断。本案被告人在创建该群时即抱有与他人共享淫秽视频的目的。其他被告人如胡某、高某平加入和充当管理员都是为了与他人共享淫秽信息并提高权限,群内成员还经常喊话要求群成员上传淫秽视频,据此,可判定该群设立的目的即是主要用于传播淫秽电子信息。2.要求成员具有三十人以上或者造成严重后果的。《解释(二)》对利用群组传播淫秽信息的犯罪行为没有按照《解释(二)》第二条的规定以计算传播电子信息的数量、点击数作为定罪量刑的标准,而是另辟蹊径,以成员数量和严重后果来定罪,这主要是基于如下考虑:群组具有人员的封闭性和受众的特定性,在线聊天和传播淫秽电子信息时,如果不屏蔽消息,受众都可以接收,如果以传播电子信息的数量计算,从传播者的角度考虑过于放纵,从受众的角度考虑又太严苛。比如,在一个成员为50人的群组中,如果从受众的角度来计算,只需要传播者发8张图片,即可达到传播淫秽图片400件的要求,构成传播淫秽物品罪;而这不符合罪责刑相适应的原则,因为上述行为与在互联网上发布可供普通上网用户查看的淫秽图片相比,前者的社会危害性不会更大,但处罚却更为严厉。但是,如果对传播者按照其传播的实际图片数量计算,传播者必须上传400张图片才能构成犯罪又会导致对此类行为打击不力。再以点击数为例,《解释一》第三条要求实际点击数达到二万次以上才构成传播淫秽物品罪,而群组一般只有几十人,最多也就几百人,这样的人员规模一般难以达到法定的点击数标准,如果以点击数定罪处罚,将导致对实际已严重危害社会的此类犯罪行为打击不力。《解释(二)》规定以成员数来确定定罪的标准,符合群组的特性,也具有较强的可操作性。从司法实务来看,大部分群组的成员数不超过50人。建立主要用于传播淫秽电子信息的群组,其发展成员超过30人即具有较大的社会危害性。当然群的成员越多,意味着其社会危害性越大,实践中,以成员数来作为评判该群社会危害性的一个标准,在量刑幅度内酌情从重处罚。举例说明,QQ群分为普通群、高级群、超级群3类,人数上限分别为100人、200人、500人,除了人数上的规定外,群的级别越高,共享空间越大,群的排名越靠前,知名度越高,被搜索加入的可能性也越大,因此,从群的级别上也可以判断出该群的影响和社会危害性。以本案为例,被告人陈某所创建的群至案发时,已达到300余人,已具有相当规模和社会危害性,应依法予以定罪处罚。此外,需要注意的是,30人是法定下限标准,如果没有造成严重后果而低于此数则不构成犯罪。因为本罪侵犯的客体是社会管理秩序和社会主义道德风尚,其传播行为具备将淫秽信息在社会上广为散播的特征,如果向特定的人转移淫秽物品或者在小规模的群内如亲朋好友的群内散播则不构成犯罪。在以群内成员达到30人以上认定犯罪时还有一个证据上的问题,即应是该30人是群内头像图标显示的30人,不要求公安机关找到图标本人即在现实中能够找到匹配的30人。因为网络本就是天南海北的人聚在一起,要求现实中找到这些人会涉及实际的取证困难,浪费司法资源,不具有可行性。但这里需要注意两个问题:一是重复注册的问题,一般而言,不会有人为了获得相同的信息而去重复注册,如果群组的规模已经上百人,即使有重复注册,也可以忽略不计。但如果群组的规模在定罪的临界线上,而公安机关在侦查时发现或者被告人提出群内成员有重复注册的情况经查证属实从而影响到对被告人的定罪时,则应当对查证属实的重复注册数予以扣除。二是有些成员虽然注册,但仅上过几次,后来不再参与该群组而头像仍然保留,对于这些人数不能扣除。因为虽然这些人在案发时可能已经虚置,但曾经在该群内获取并交流过淫秽信息,淫秽物品对其业已产生影响,何况这些虚置的人随时可以"复活",只要再次登录该群,仍可获取先前该群已散播的淫秽物品信息,淫秽信息对其潜在影响并没有消失。从另外一个角度讲,群组犯罪的处罚对象是群的建立者、管理者和主要传播者,群内一般成员并不处罚,建立者、管理者和主要传播者在传播淫秽物品时对群内成员的人数是一种概括的故意,不论该成员是否在线、是否长期参与群活动均不影响其故意的成立,所以从受罚对象的角度来讲,也不应当对虚置的头像数予以扣除。构成本罪的另一个选择性客观要件是"造成严重后果"。"造成严重后果",是指利用群组传播淫秽电子信息对社会危害严重、需要追究刑事责任的情形。目前,已经发现一些以未满十四周岁未成年人的淫秽信息为主要内容的群组。不法分子通过这些群组获取和交换淫秽图片,交流奸淫猥亵幼童的经验,刺激更多的人在现实社会中实施奸淫猥亵幼童的行为,对未成年人造成了严重的侵害。还有一些群组要求成员加入该群组的条件即为本人实施的性侵犯照片(所谓的"原创图片"),这些以本人现实犯罪或不法行为为前提条件的网络传播淫秽物品犯罪,更要予以严厉打击,构成数罪的,应当依法数罪并罚。

(三)利用群组传播淫秽物品的处罚对象。《解释(二)》明确规定,利用群组传播淫秽电子信息的处罚对象是群的建立者、管理者和主要传播者。作为群的"主人",群的创建者拥有群内的最高权限,可以决定群的去留、解散或者恢复群,还可以任命群内成员为管理员,替其行使管理群的责任。管理员与创建者基本具有相同的权限,可以验证其他成员加入该群,对不符合群要求的成员予以删除,负责群的日常管理,发布群内公告,引导群内讨论话题,活跃群内气氛,可以删除帖子、照片、文件等,以维护群众的宗旨或目的,并使群得到长久发展。也正是因为群创建者、管理者与犯罪集团总的组织、领导者的地位、作用类似,所以,即使群组的创建者、管理者本人不上传淫秽信息或不参与讨论淫秽话题,也应当对整个群的讨论内容和刊载信息负责。本案被告人陈某作为创建者并没有上传淫秽视频,被告人胡某作为管理员也没有上传淫秽视频,但其二人却均定罪判刑,正是基于其二人所具有的群的创建者和管理者的身份。《解释(二)》还规定了对主要传播者定罪处罚,这是因为传播者具体实施了将其占有的淫秽电子信息文件上传至群,并具有将这些文件在群内成员传播、共享的目的,理应处罚,此不赘述。需要注意的是,主要传播者在实施了犯罪行为后退出该群是否还需要处罚,只要上传了淫秽电子信息,能够认定为主要传播者,不论案发时是否还为该群成员,其实际传播行为早已完成,恶劣影响也已产生,均应依法予以处罚。本案对被告人高某平、陈某哲的处罚即是如此,该群共享空间内的主要淫秽视频文件为该二人所上传,虽案发时二人均已退出,仍然构成传播淫秽物品罪。[参见第670号指导案例,胡鹏等传播淫秽物品案,载《刑事审判参考》总第78集(2011年第1集),第61~66页。撰稿:苏敏]

▽淫秽电子信息通过网络论坛传播,论坛版主的刑事责任的认定

目前,不仅出现了大量专门的淫秽网站、淫秽论坛,而且一些门户网站、知名论坛也频繁出现涉及淫秽内容的帖子。在这样的形势下,对论坛的建立者、版主在网络上的行为进行规范,无疑是打击淫秽物品犯罪、掐断淫秽物品网上传播链条的一项重要内容。(一)版主的职责和权限。论坛一般由站长(创始人)创建,并设立各级管理人员对论坛进行管理,维护论坛的日常事务。这些管理者根据不同的级别大致分为超级版主(有的称“总版主”)、版主、子版主等,不同级别的管理者拥有不同的管理权限。超级版主是低于站长(创始人)的第二权限人,一般来说,可以管理所有的论坛板块,普通版主、版主只能管理特定的板块。版主的产生一般有几种方式:成员申请、经站长或高级别的版主的审批;站长或高级别版主根据成员的日常表现,将表现积极踊跃者提升为版主。版主们是网页版面和即时通信的实际监控者,主要职责在于维护网站发帖秩序并监督其所辖子板块版主的工作。其中,维护网站发帖秩序主要通过四种途径:(1)分类,即对会员的帖子进行甄别,将帖子移动至合适板块;(2)审查回复帖,即发现灌水、互相谩骂、诋毁女性、反动等内容的回复帖,就予以删除;(3)鉴别主题帖,即发现与论坛内容无关的主题帖,可以予以删除;(4)加精,即发现其认为内容精彩、值得推荐的帖子,就以设置高亮、置顶、给发帖者加分等方式进行奖励。同时,版主们也在论坛中享有更多的权利,如可以自由下载论坛中的资源、拥有更多的浏览权限等。应当说,一个论坛、一个板块的主题基调和主要内容是其创建者在建立之初即已设定的;而该论坛、板块在运营中能否保持创建者的初衷,将会表现出怎样的价值取向,则离不开版主们的日常工作。本案被告人正是因为在“幼香阁”淫秽论坛网站点击频率高而升级成为版主的,并负责管理该网站中的“幼男电影下载区”“幼男图片上传区”两个淫秽板块。(二)版主构成传播淫秽物品罪的定罪标准。《解释(二)》第五条规定:网站建立者、直接负责的管理者明知他人制作、复制、出版、贩卖、传播的是淫秽电子信息,允许或者放任他人在自己所有、管理的网站或网页上发布,达到一定数量标准或造成严重后果的,依照刑法本条第一款的规定,以传播淫秽物品罪定罪处罚。根据这一规定,版主的行为能否构成传播淫秽物品罪要从几个方面进行考量,必须同时满足以下条件:1.主观上明知是淫秽信息,客观上存在允许或放任的行为传播淫秽物品罪是故意犯罪,要求行为人明知是淫秽物品而传播,并且不以牟利为目的。普通网民利用网络传播淫秽电子信息的方式,主要是上传、下载、实时传送淫秽图片、视频、文字,或者创建淫秽电子信息的超链接。而对于版主来说,他们享有特殊的权限,能够接触到更广泛的资源,因此,他们可以通过对所管理网站、论坛、板块行使管理权限,为淫秽信息制造和维护传播环境。具体表现为:明知所管理的网站、论坛、板块是淫秽网站、论坛、板块,仍从事管理工作,维护该淫秽网站、论坛、板块的正常运行;虽然其所管理的网站、论坛、板块并非专门的淫秽网站、论坛、板块,但其明知存在含有淫秽电子信息的主题帖,仍对该主题帖进行编辑、加精等操作,为淫秽信息的传播提供环境,鼓励淫秽信息上传者;明知所管理的网站、论坛、板块中存在淫秽电子信息,但对涉及淫秽信息的主题帖不予及时删除,对淫秽信息的传播持纵容、默许的态度。实践中存在这样的情况:行为人虽然担任网站、论坛、板块的版主,但其长期未登录行使管理职责。那么对于其未实际行使管理职责期间该论坛、板块所传播的淫秽信息,应当视行为人所管理的网站、论坛、板块的性质不同而区别对待:对于淫秽网站、论坛、板块,行为人担任版主的时候即明知其所管理的网站、论坛、板块是以传播淫秽信息为主要目的和内容的,即使其不实际履行管理职责,也应视为其对所传播的淫秽信息采取了默许的态度,追究其刑事责任;对于一般的网站、板块、论坛,因版主未及时进行管理而导致淫秽信息大量传播的,如果确有证据证明版主在此期间未登录、对淫秽信息传播的情况并不了解,则不应要求其对传播淫秽信息承担刑事责任。本案被告人明知“幼香阁”网站是以传播淫秽信息为主要内容和目的的淫秽网站,仍担任该网站两个板块的版主,对板块进行管理,其行为符合构成传播淫秽物品罪的主客观要件。2.涉及的淫秽电子信息数量达到司法解释所规定的数量标准版主并非主动上传、发送淫秽电子信息的主体,而是由于其具有对网站和论坛进行维护、管理的权限和职责,因此,其相对于论坛中的普通网民也具有更多的义务。与传播淫秽物品牟利罪相比,本罪不以牟利为目的,因此,《解释(二)》在规定版主构成传播淫秽物品罪时对数量标准放宽了要求,将标准相应上调。具体来说,版主所管理的网站、论坛、板块上的淫秽电子信息数量达到五个标准之一,即可对版主以传播淫秽物品罪定罪处罚。应当注意,计算淫秽电子信息的数量应有一定的时间、空间界限:空间上,应以行为人参与管理的板块为限。由于版主的级别不同,所管理的板块层次也有所差别。对于最低层次的版主,其所涉及的淫秽电子信息数量自然只计算其所实际参与管理的板块;而对于较高层次的版主、总版主,则应既计算其直接管理的板块,也计算其通过监督下设子版主工作而间接参与管理的子板块的淫秽电子信息数量。时间上,应以行为人担任版主的期间作为计算区间。既要计算行为人在此期间由其本人上传和编辑的淫秽电子信息数量,也要计算在此期间虽然不是其主动上传和编辑,但因其采取默许态度而上传到其管理论坛中的淫秽电子信息。本案中被告人属于较低层次的版主,其直接管理"幼男电影下载区""幼男图片上传区"两个板块,没有下设子板块。这两个板块涉及的淫秽色情图片数量达到1233张,达到了司法解释所要求的定罪标准。对于网络传播淫秽电子信息,《解释一》《解释(二)》的区别在于:《解释一》是针对直接制作、复制、传播淫秽电子信息等行为,而《解释(二)》专门规定了网站管理者的刑事责任。比较而言,《解释一》规定的定罪标准较低,如《解释一》规定不以牟利为目的传播淫秽图片达到四百件以上即可定罪,而《解释(二)》对管理者的要求是淫秽图片达到一千件以上。需要指出的是,本案被告人传播淫秽色情图片1233张,其中既有其主动发布的,也有其行使版主职权时他人上传的。但由于本案生效于2009年,《解释(二)》当时尚未出台,香坊区人民法院未将上述两种情况加以区分而笼统地计算淫秽电子信息的数量,并依据《解释一》的标准定罪量刑,适用法律正确,量刑适当。《解释(二)》出台后,法院在审理此类案件时应将行为人直接制作、复制、传播淫秽物品与其担任网站管理者这两种情况区分开来,分别按照两个司法解释的数量标准进行认定。[参见第671号指导案例,冷继超等传播淫秽物品案,载《刑事审判参考》总第78集(2011年第1集),第68~73页。撰稿:张若瑶]

▽自己与他人性交的视频构成淫秽物品

《刑法》第三百六十七条规定:"本法所称淫秽物品,是指具体描绘性行为或者露骨宣扬色情的诲淫性的书刊、影片、录像带、录音带、图片及其他淫秽物品。有关人体生理、医学知识的科学著作不是淫秽物品。包含有色情内容的有艺术价值的文学、艺术作品不视为淫秽物品。"其中,"淫秽"被解释为"具体描绘性行为或露骨宣扬色情"。一般认为,我国最完备、最具体、最有影响的关于淫秽物品的非刑事法律专门性文件是1988年12月新闻出版署制定的《关于认定淫秽及色情出版物的暂行规定》,根据此暂行规定,淫秽的具体内容有以下几个方面:(1)淫亵性地具体描写性行为、性交及其心理感受;(2)公开宣扬色情淫荡形象;(3)淫亵性描述或者传授性技巧;(4)具体描写少年儿童的性行为;(5)淫亵性地具体描写同性恋的性行为或者其他性变态行为,或者具体描写与性变态有关的暴力、虐待、侮辱行为;(6)其他令普通人不能容忍的对性行为的淫亵性描写。另外,此规定称的普通人是指生理和精神正常的成年人。我国法律文件中虽对淫秽的规定采取了具体列举不同情形的表述,方式,但结合刑法的相关规定,并参照上述美国最高法院的判例对淫秽物品的界定,可以看到对淫秽物品的判断需从以下几个方面进行:第一,某一作品是否系淫秽物品,应当从作品整体的判断。淫秽作品必然描写性,但并非描写性的作品即为淫秽作品。我国刑法也规定,"包含有色情内容的有艺术价值的文学、艺术作品不视为淫秽物品"。第二,对性的描写具有"淫亵性",其且的仅仅在于刺激人的性欲而不具有任何文学或艺术价值,甚至是以令人厌恶的方式进行描写。《关于认定淫秽及色情出版物的暂行规定》中上述定义第一、三、五、六项均使用"淫亵性"这一限定词,正是从描写性行为的动机角度所作的限制。第三,普通人标准。《关于认定淫秽及色情出版物的暂行规定》第六条所称淫秽物品包括"其他令普通人不能容忍的对性行为的淫亵性描写"。这一条既是兜底条款,对前述五项不曾列举的情况作一概括,也是对前面五项行为性质的总结,即前五项所列举的各种内容均同时具有"令普通人不能容忍"的性质。该规定还称"普通人是指生理和精神正常的成年人"。未成年人因其生理和心理发育尚不成熟,更容易受到对性行为描写的影响,认定被刑法所禁止的淫秽物品的标准要高于对未成年人的影响,应当以普通人为标准。正是淫秽物品描写性的方式“令普通人无法忍受”这一重要判断标准,表明淫秽物品的危害在于对他人产生的不良影响,可以说这一标准隐含着淫秽物品的一个基本特性:淫秽物品必然是已经进入他人视野或以此为目的,必然与社会成员发生联系,已经或可能对他人发生影响。如果该物品仅仅是个人私有,除所有人外根本不可能有他人接触到,物品便不进入法的领域,不涉及法律上的评价,不会产生淫秽物品的问题。本案被告人用手机拍摄自己与被害人高某某的性行为的片段,这一视频的内容系对性行为的直接描述。如果这一视频仅是个人私藏,根本不进入公众视野,自然不会涉及淫秽物品的问题。但被告人将该视频片段置于网络,任何访问该网址的人皆可看到,这样的视频是对社会公序良俗的违背,法律必然要对该视频的性质作出评定。那么,作为直接描述性行为的视频片段,其性质无疑是淫秽物品。[参见第672号指导案例,宋文传播淫秽物品、敲诈勒索案,载《刑事审判参考》总第78集(2011年第1集),第76~78页。撰稿:王亚凯]

▽将性交的视频片段上传至其个人博客上的行为构成传播行为

个人博客是一种通常由个人管理,不定期张贴电子信息,并可被不特定人随意浏览的网页,浏览者也可对博客内容进行转载、传播。博客上面的内容虽是个人发表,但并不仅仅是纯粹个人思想的表达和生活琐事的记录,而是私人性和公共性的有效结合,所提供的内容可用来交流,可包容整个互联网。个人博客的网页,除非个人设定仅可本人浏览,否则即是面对不特定的多数人,博客上的内容便具有传播的可能性。博客主人将某一文件上传至博客的行为,本身便是一种传播行为。本案被告人将其与高某某的性行为的视频片段上传至博客,并将网址告知他人,导致该网址在短时间内点击量超过3万次,在客观上也造成了在不特定人群中传播的后果。根据2004年最高人民法院、最高人民检察院联合发布的《解释一》第三条的规定,不以牟利为目的,利用互联网或者移动通讯终端传播淫秽电子信息,淫秽电子信息被点击量达到2万次以上的,构成传播淫秽物品罪。在本案中,从客观行为来看,被告人客观上实施了将淫秽视频上传至互联网,通过网络进行传播的行为,并且该淫秽信息点击量已超过3万次,已达到上述《解释一》所规定的数量标准,其犯罪行为已经既遂。即使被告人随后将该视频删除,也只是既遂后的行为,不影响犯罪构成,仅可作为量刑情节考虑。这种将淫秽视频上传至博客供他人点击的传播行为是一种持续行为,当点击量达到法律规定的标准时已构成犯罪既遂,在构成既遂后行为仍可继续下去,而仍然只构成一罪。从主观心态来看,被告人对传播行为持故意的心理状态,即明知道自己行为会产生传播淫秽信息的结果而积极实施该行为。至于被告人主观上是否还有报复或其他目的,不影响对故意的认定。综上,被告人的行为完全满足了传播淫秽物品罪的构成要件。在传播淫秽物品罪已既遂的情况下,被告人以删除该淫秽视频为要挟,要求被害人向其支付人民币30万元,其行为又构成敲诈勒索罪,应数罪并罚。但因宋某意志以外的原因未能得到该笔钱财系犯罪未遂。一审法院对被告人以传播淫秽物品罪判处有期徒刑八个月,以敲诈勒索罪(未遂)判处有期徒刑二年,决定执行有期徒刑二年六个月是适当的。[参见第672号指导案例,宋文传播淫秽物品、敲诈勒索案,载《刑事审判参考》总第78集(2011年第1集),第78~79页。撰稿:王亚凯]

第三百六十五条　【组织淫秽表演罪】组织进行淫秽表演的,处三年以下有期徒刑、拘役或者管制,并处罚金;情节严重的,处三年以上十年以下有期徒刑,并处罚金。

■最高人民检察院、公安部关于公安机关管辖的刑事案件立案追诉标准的规定(一)(2008年6月25日)

第八十六条　[组织淫秽表演案(刑法第三百六十五条)]以策划、招募、强迫、雇用、引诱、提供场地、提供资金等手段,组织进行淫秽表演,涉嫌下列情形之一的,应予立案追诉:

(一)组织表演者进行裸体表演的;

(二)组织表演者利用性器官进行诲淫性表演的;

（三）组织表演者半裸体或者变相裸体表演并通过语言、动作具体描绘性行为的；

（四）其他组织进行淫秽表演应予追究刑事责任的情形。

▽单位组织人员通过网络视频进行淫秽表演的行为构成组织淫秽表演罪

各被告单位和被告人以牟利为目的，利用网络视频多次组织淫秽表演的行为，构成组织淫秽表演罪，且情节严重，依据刑法本条规定的组织淫秽表演罪，追究淫秽表演组织者的刑事责任。该罪的客观方面包含两个核心要素：一是组织行为，包括但不限于策划表演过程，招募、管理表演者，提供表演场地和设备等行为。如果仅仅进行淫秽表演，缺乏相应的组织行为，则不构成该罪。二是淫秽表演行为，包括但不限于性交、手淫、口淫、诲淫性的裸体和脱衣舞表演等关于性行为或者露骨宣扬色情的淫秽性表演行为。如果组织人员进行表演，但表演的内容不包含淫秽性内容，也不构成该罪。根据《刑法》本条的规定，单位亦可构成该罪。《刑法》第三百六十三条规定的传播淫秽物品牟利罪追究的是淫秽物品传播者的刑事责任，在客观方面表现为以牟利为目的传播淫秽物品的行为。根据《最高人民法院、最高人民检察院关于办理利用互联网、移动通讯终端、声讯台制作、复制、出版、贩卖、传播淫秽电子信息刑事案件具体应用法律若干问题的解释》（刑法本条附文以下简称《解释一》）第一条的规定，以牟利为目的，利用互联网、移动通讯终端传播淫秽电子信息，符合特定情形的，也以传播淫秽物品牟利罪定罪处罚。该罪的客观方面包括两个核心要素：一是传播行为，具体的传播手段既可以是传统的人工发送，也可以是现代的网络传输。二是传播的对象为淫秽物品，根据《解释一》第一条的规定，淫秽物品既包括传统的淫秽书刊、光盘，也包括淫秽电影、表演、动画等视频文件和淫秽音频文件以及淫秽电子刊物、图片、文章、短信息等淫秽电子信息。根据《刑法》第三百六十六条的规定，单位亦可构成该罪。组织淫秽表演罪和传播淫秽物品牟利罪同属妨害社会管理秩序类犯罪，但两罪在犯罪主体和客观方面均存在差异：组织淫秽表演罪的关注点在于组织行为和淫秽表演行为，追究的是淫秽表演组织者的刑事责任；而传播淫秽物品牟利罪的关注点则在于与淫秽物品相关的传播行为，追究的是淫秽物品传播者的刑事责任。在网络媒体发达的现代社会，犯罪手段和方法不断更新，许多犯罪分子开始利用网络实施相应的犯罪行为，这给网络犯罪罪名的准确认定带来了一定的挑战。实践中，对于新型的网络犯罪，需要立足犯罪构成要件仔细甄别各类犯罪，确保定罪准确。本案被告单位和被告人通过网络视频组织淫秽表演的犯罪行为就属于组织淫秽表演的一种新型表现形式。随着娱乐场所管理的规范化，传统类型的组织淫秽表演犯罪很容易遭到查处，犯罪风险较大，而通过一对一收费型网络视频方式组织淫秽表演，仅针对网站付费会员提供服务，由于组织表演者、表演者和观看者均处于不同的场所和空间，向会员收费和相应的表演行为均通过网络进行，犯罪活动更加具有隐蔽性，因此这种犯罪手段颇受违法犯罪分子的青睐。无论是传统的组织人员进行“现场面对面式”淫秽表演，还是现代的借助网络媒体组织人员进行“视频面对面式”淫秽表演，均为组织淫秽表演的表现形式均应构成组织淫秽表演罪。通过网络视频组织人员进行淫秽表演，观看者（网站付费会员）观看的实际上是表演者淫秽表演行为的同步视频电子信息。需要指出的是，以牟利为目的组织人员通过网络视频进行淫秽表演，此种淫秽表演行为与观看行为系同步进行，且表演者的淫秽表演内容要视观看者（网站付费会员）在网站上充值购买的虚拟礼物价值而定。因此，尽管观看者实际上观看的是表演者的淫秽表演视频电子信息，但表演者这种即时性的同步淫秽表演行为应被视为表演行为，而不应被视为传播（作为淫秽物品的）淫秽电子信息的传播行为，因为后者通常是以既有的淫秽电子信息为传播对象。所以，通过网络视频组织人员进行淫秽表演的行为，不应认定为传播淫秽物品牟利罪。就本案的定罪而言，三被告单位基于合作协议设立视频聊天网站，按照协议经营与管理网站，进行系统的开发和持续维护更新，并提供固定的办公场所和上网电脑。被告人张某、何某作为单位成员，负责组织招募和管理专职、兼职女主播，并约定女主播的收入分配方式和额度，其行为显然属于分工明确的组织行为。各被告人招募的女主播利用一对一收费型聊天室方式在网络视频上进行各种内衣秀、脱衣秀、丝袜秀、自摸秀或者用性玩具模拟性交动作等表演活动,其行为显然属于淫秽表演。因此,上述各被告单位和被告人利用网络视频组织人员进行淫秽表演的行为,应认定为组织淫秽表演罪。本案中各被告单位和被告人以牟利为目的,通过网络视频组织淫秽表演,网站注册用户记录达5 703 830条,进入聊天室的网民向郑某、戴某条在网站上提供的银行账户汇款达232 320笔,金额达人民币14 931 089.39元,注册用户数量和涉案财产数额特别巨大。同时,由于网站采用的是一对一收费型聊天室方式,面向的对象是不特定的网民公众,极有可能危害未成年人的身心健康。此外,本案涉案人员多,持续时间长,严重危害网络秩序,社会影响极为恶劣,属于情节严重的情形。[参见第673号指导案例,重庆访问科技有限公司等单位及郑立等人组织淫秽表演案,载《刑事审判参考》总第78集(2011年第1集),第84~87页。撰稿:刘静坤]

▽招募模特和摄影者要求模特暴露生殖器、摆出淫秽姿势供摄影者拍摄的,构成组织淫秽表演罪

在被告人组织的人体摄影活动中,模特为配合摄影者的拍摄而裸露生殖器、摆出淫秽姿势,这是通过其形体、动作等可感受的形式将相关信息传递给现场的拍摄者,满足了拍摄者感官上的需求,在性质上不仅属于表演行为,而且也会给作为观看者的摄影者带来不正当的性刺激、性兴奋,进而危害社会的健康性风尚,属于刑法上的淫秽表演,对被告人的行为应以组织淫秽表演罪论处。具体分析如下:第一,模特在摄影者镜头前的行为系表演行为。所谓表演,根据《现代汉语词典》的解释,是指戏剧、舞蹈、杂技等演出,亦指把情节或技艺表演出来。表演概念的内涵是表演者通过自己的形体、动作、声音等可感受的形式将某种信息传递、展示给受众,从而满足受众感官上的感受。从表演形式看,表演有狭义和广义之分。狭义的表演,如舞台剧,是指表演者与受众之间能够直接接触或互动的表演,表演行为与观看行为同步,表演者的表演是受众接受的最后形象。而广义的表演,不仅包括狭义的表演,还包括另一种表演形式,如电影、电视表演,即表演者的信息通过图片、影像等介质进行了储存,受众通过这些介质接受信息,表演行为与观看行为不同步,相关主体可能对这些介质进行加工、创造,表演者的表演并不是受众接受的最后形象。该种表演形式属于表演概念的扩展。本案中,模特在摄影镜头前裸露身体、摆出各种淫秽姿势,表面上是为摄影者提供拍摄素材,但同时也是将自身的人体形象展示给拍摄者,即通过不断变化的肢体动作,将人体形象展示给摄影者,满足摄影者感官上的需求,故模特的行为也明显具有表演性质。而且,摄影者是现场手动摄影,即通过照相机取景器来观察模特的动作姿势,然后再按动快门获取需要的图像,可以说摄影者是通过相机取景器来观看模特的表演,观看行为和表演行为同步,故模特的行为不仅是表演,而且是狭义的表演。不能以表演的静态性而否定表演本身,因为表演的形式各种各样,可以是动态的,也可以是静态的,且随着时代的变迁,表演形式也在不断发展变化,不能以表演的动静与否作为判断是否属于表演的标准。如健美表演,就是表演者摆出各种体态姿势来展示肌肉线条之美,其动作静止的瞬间正是健美表演的精华所在,不能以其静止形态而否认其属于表演行为。因此,本案中的模特在摄影者镜头前的行为是以体态性的动作向摄影者传递感官可以接受的信息,完全可以认定为表演行为,且属于表演行为和观看行为同步的狭义表演。第二,模特在摄影者面前的表演属于淫秽表演。刑法意义上的"淫秽表演",是指公然以体态性的动作露骨宣扬色情,如跳脱衣舞、裸体舞、性交表演、手淫、口淫表演等。淫秽表演有两个特征:一是诲淫性,即行为必须具有客观上挑起他人不正常性刺激、性兴奋的作用。如果表演行为不具有这种作用,就不会危害社会的健康性风尚,也就没有运用刑罚进行惩治的正当根据。二是公开性,即必须在多数人或者不特定人面前进行表演。如果淫秽表演只在特定少数人面前进行,其所产生的危害也只局限于这些特定的少数人,就不会对社会的健康性风尚产生不良影响。相反,淫秽表演如果在多数人或者不特定人面前进行,其影响范围就会超出特定受众,危害社会的健康性风尚。本案中,模特在摄影者镜头前的表演,完全符合淫秽表演的上述两个特征。首先,从诲淫性看,模特在摄像过程中不仅有暴露性器官的行为,而且还当众作出很多淫秽的姿势,客观上能够引起他人的性刺激、性兴奋,属于以体态动作露骨宣扬色情,有关部门也因此将该表演鉴定为淫秽表演节目。其次,从公开性看,尽管模特进行淫秽表演的受众并非类似电影观众那样一般意义上的观众，而是拍摄淫秽图像的摄影者，但这些摄影者是被告人董某尧从互联网上公开招募而来，只要缴纳拍摄费用，携带较为高端的相机，就能参与拍摄活动，成为该淫秽表演活动的受众。由此可见，参与摄影活动的人具有不特定性，且随着拍摄场次的增多，这类受众的人数也增多。因此，本案中的模特属于在不特定多数受众面前露骨宣扬色情，其表演行为属于刑法意义上的淫秽表演。第三，被告人董某尧对整个淫秽表演活动存在组织行为。组织淫秽表演罪中的组织行为是指策划、指挥、安排淫秽表演的行为，如招聘、雇佣他人进行淫秽表演，联系演出、提供场所，组织多人观看等。董某尧以人体摄影为名，从互联网上招募模特和摄影者，为整个拍摄活动预定场地，且要求、鼓励模特配合摄影者的需要进行淫秽表演，在整个淫秽表演活动中董某尧都处于一种绝对主导地位，属于典型的淫秽表演组织者。[参见第770导案例，董志尧组织淫秽表演案，载《刑事审判参考》总第85集(2012年第2集)，第89～91页。撰稿：徐世亮]

▽"一对一"式的表演亦属于淫秽表演

尽管这种淫秽表演的受众只有一人，但该受众是被告人董某尧从网上公开招募而来，具有不特定性，该表演活动仍会危害社会的健康性风尚。具体理由如下：第一，在"一对一"式的表演活动中，受众具有不特定性。在该类表演中，尽管表演者和受众都是一个人，但该受众是董某尧从网上公开招募而来，其进入现场拍摄、观看表演并没有被设定较高的门槛，受众在身份和来源上具有不特定性。对该类表演性质的认定，与对组织"一对一"式的网络裸聊的定性有共同之处。当行为人以营利为目的，组织他人在互联网上与不特定的个体进行点对点式的裸聊，并以体态性的动作露骨宣扬色情，进而挑动聊天对象不正当的性刺激、性兴奋时，司法实践中普遍认同对组织裸聊者认定组织淫秽表演罪。如果以每次表演时受众只有一人，没有危害到社会的健康性风尚为由，就认定不构成组织淫秽表演罪，显然不利于对该类犯罪的打击。因此，在认定组织淫秽表演罪时，不仅要关注受众人数的多少，而且要关注受众特定与否。第二，"一对一"式的表演次数多，受众人数达到多数。尽管从单个场次看，"一对一"式淫秽表演中的受众是单个个体，但董某尧反复多次组织该类淫秽表演活动，就其受众的覆盖面而言，数量上亦构成多数，且系不特定多数，符合淫秽表演的公开性特征。更为重要的是，该类形式的表演仅是董某尧组织的淫秽表演的一部分，对该类形式的表演的定性要与其他形式的表演结合起来，而不应割裂开来单独评价。因此，在认定董某尧的犯罪事实时，应当将"一对一"式的淫秽表演计入其组织淫秽表演的场次。何为组织淫秽表演罪的情节严重，目前尚无司法解释对此予以明确，只能依据司法经验把握。从各地司法机关把握的一般情况看，主要是指多次组织淫秽表演，以暴力、胁迫或者其他手段强迫他人进行淫秽表演，组织未成年人参与或者观看淫秽表演，观看淫秽表演人数多、表演时间长，造成恶劣社会影响等情形。被告人董某尧组织淫秽表演20余场次，应当认定为情节严重，对应的法定刑为三年以上十年以下有期徒刑，并处罚金。法院鉴于其到案后认罪态度较好，具有坦白情节，根据《刑法修正案(八)》第六十七条第三款和相关司法解释的规定，对其从轻处罚，判处有期徒刑四年，并处罚金八千元，适用法律正确，量刑适当。[参见第770导案例，董志尧组织淫秽表演案，载《刑事审判参考》总第85集(2012年第2集)，第91～93页。撰稿：徐世亮]

第三百六十六条　【单位犯本节罪的处罚规定】单位犯本节第三百六十三条、第三百六十四条、第三百六十五条规定之罪的，对单位判处罚金，并对其直接负责的主管人员和其他直接责任人员，依照各该条的规定处罚。

▽网络视频缓存加速服务提供者构成传播淫秽物品牟利罪的认定

(一)快播公司及各被告人的行为构成传播淫秽物品牟利罪。1. 客观上，快播公司已经成为淫秽视频的实际传播者。快播公司是一家流媒体应用开发和服务供应企业，其免费发布快播资源服务器程序和播放器程序，使快播资源服务器、用户播放器、中心调度服务器、缓存调度服务器和上千台缓存服务器共同构建起了一个庞大的基于P2P技术提供视频信息服务的网络平台。用户使用快播播放器客户端点播视频,或者"站长"使用快播资源服务器程序发布视频,快播公司中心调度服务器均参与其中。中心调度服务器为使用资源服务器程序的"站长"提供视频文件转换、链接地址发布服务,为使用播放器程序的用户提供搜索、下载、上传服务,进而通过其缓存服务器提供视频存储和加速服务。快播公司缓存服务器内存储的视频文件,也是在中心调度服务器、缓存调度服务器控制下,根据视频被用户的点击量自动存储下来的,只要在一定周期内点击量达到设定值,就能存储并随时提供给用户使用。具体而言,快播公司的P2P技术不仅使用户在下载视频的同时提供了上传视频的服务,而且在用户与用户之间还介入了自己控制、管理的缓存服务器。快播用户在点播视频过程中,在拥有视频的"站长"(或"客户端")、缓存服务器、观看视频的客户端之间形成三角关系,快播调度服务器不仅拉拽淫秽视频文件存储在缓存服务器里,而且也向客户端提供缓存服务器里的淫秽视频文件。这让缓存服务器实际上起到了淫秽视频的下载、储存、分发的作用。快播公司并不制作或购买合法的视频资源产品,但其以搜索点击数量决定"缓存"哪些视频的技术特点,决定了其缓存服务器中存储的视频文件必然包括被搜索点击频率较高的淫秽视频。正是快播公司提供的这种介入了缓存服务器的视频点播服务,以及设立的这种"缓存"技术规则,决定了其实质介入了淫秽视频的传播行为。传播淫秽物品牟利罪的传播,是指通过播放、陈列、建立淫秽网站、网页等方式使淫秽物品让不特定人感知,以及通过出借、赠送等方式散布、流传淫秽物品的行为。实施传播行为者,不仅包括最初的视频内容提供者,也包括在整个传播链条中介入其中任何一个环节的内容提供者。查获的4台涉案缓存服务器内的淫秽视频文件均是快播用户一周内点播达到一定次数后被缓存服务器下载、存储下来的完整视频,并处于提供给光通公司用户在其个人选定的时间和地点获取的状态。技术是快播公司研发的,技术服务是快播公司提供的,技术服务规则是快播公司设定的,调度服务器均是快播公司所有并控制的,缓存服务器是在快播公司调度服务器的远程控制和维护下根据快播公司研发的技术和设定的技术规则下载、存储淫秽视频并提供给用户使用的。调度服务器和缓存服务器的运转是快播公司主观意志的体现,调度服务器和缓存服务器对淫秽视频的下载、存储、上传供用户使用等活动,应视为快播公司介入传播的行为,缓存服务器内存储的淫秽视频客观上应当认定为属于快播公司占有之下。快播公司放任其缓存服务器存储淫秽视频,使公众可以观看并随时得到下载加速服务的方式,属于通过互联网陈列等方式提供淫秽物品的传播行为。比较而言,在单纯的P2P传播模式下,对在用户之间建立链接渠道程序的提供者,难以认定是淫秽视频的内容提供者;但在运用缓存服务器提供加速服务的传播模式下,缓存服务器一旦从网络上下载、存储并根据用户需要上传了淫秽视频,快播公司便成为淫秽视频的内容提供者,而不仅仅是技术服务的提供者。

2. 主观上,快播公司及各被告人对介入淫秽视频传播存在明知,而且具有非法牟利目的。构成传播淫秽物品牟利罪要求行为人对传播淫秽物品行为具有明知,且要有牟利目的。本案中,快播公司及各被告人已经具备了以上两个主观要件。具体为:(1)快播公司及各被告人对已经介入淫秽视频传播活动具有明知。刑法上的"明知",司法实践中一般可以从两个角度证明:一是直接证明行为人知道或者因他人告知而知道;二是基于行为人的特定身份、职业、经验等特点推定其知道。对于单位犯罪而言,要求直接责任人员对于单位传播淫秽物品行为具有明知,并不要求对于单位传播淫秽物品的具体方法、技术等完全知晓。具体到本案,并不要求各被告人对于快播公司缓存服务器在调度服务器的支配下传播淫秽视频的具体方法、技术具有认知,只要求各被告人对于快播公司传播淫秽视频这一基本事实具有明知即可。在案证据证明,被告人王某、张某东、牛某举对于快播缓存服务器实质上介入淫秽视频传播均已知晓,王某、张某东对于介入传播的具体技术原理更有深入了解。2012年8月,深圳网监针对快播公司未建立信息安全保护管理制度、未落实安全保护技术措施的情况给予行政处罚警告,快播公司接受整改的主要内容就是审核和过滤淫秽视频。2013年8月,南山区广播电视局执法人员对快播公司现场执法检查,确认快播公司网络上存在淫秽视频内容,随后作出行政处罚决定。如果说在第一次接受行政处罚并作出整改时,快播公司的经营者、管理者对快播网络服务系统介入淫秽视频传播并导致淫秽视频在互联网上大量传播还存在不知情的可能,那么,在事隔一年之后快播公司再次接受行政处罚并作出整改,而且先后两次整改的内容都是针对快播公司传播淫秽视频这一事实,此时,快播公司的经营者、管理者仍然坚称对此并不知情,显然不足采信。(2)快播公司传播淫秽物品具有牟利目的。传播淫秽物品牟利罪要求以牟利为目的,即行为人主观上具有牟取非法利益的目的。这里的利益,既包括直接利益,也包括间接利益。司法实践中认定以牟利为目的,既包括通过制作、复制、出版、贩卖、传播淫秽物品直接获取对价的目的,也包括通过广告、流量、用户数量等获得间接收入的目的。淫秽视频被搜索、点播、下载的数量越多,淫秽视频网站的用户数量越多,网页访问量越大,广告收入越高,淫秽视频的网络传播者所获取的间接利益就越大。所以,以获取广告费等间接利益为目的,为吸引网络用户、增加网站网页访问量、提高用户数量而在互联网上发布、陈列、播放淫秽视频的行为,应当认定为"以牟利为目的"传播淫秽物品的行为。快播公司综合管理中心财务总监的证言及其提供的财务报表显示,快播公司盈利主要来源于快播事业部,而快播事业部的主要收入来源于网络营销服务,其中资讯快播和第三方软件捆绑是最主要的盈利方式,这部分盈利收入即直接来自快播播放器的安装和使用。快播资源服务器程序发布的视频经过快播技术手段加密,只能用快播播放器播放,快播公司因此对于使用快播软件播放快播视频过程中的第三方软件捆绑和广告资讯等盈利具有独占性。快播公司正是利用这种独占性特点,不断通过提供缓存技术支持等方法改善用户体验,增加用户数量和市场占有率,进而提升快播资讯广告或捆绑推广软件的盈利能力,增加收入。使用快播资源服务器程序发布、经由快播网络平台传播的淫秽视频的点击数量直接影响了快播播放器的用户数量,与快播公司的广告和软件捆绑收益密切关联。快播公司明知其快播软件和快播网络平台被用于传播淫秽视频而不予监管,反而用缓存服务器加速传播,致使淫秽视频在互联网上大量传播,快播播放器软件借此得到推广,快播公司也因此大量获利。快播公司和各被告人明知其网络系统上淫秽视频的传播和公司盈利增长之间的因果关系,仍放任其网络系统被用于传播淫秽视频,应当认定为具有非法牟利目的。

(二)对快播公司并不适用"技术中立"的责任豁免。司法实践对于"技术中立"的肯定,意在鼓励技术创新和发展,但技术是人类利用自然规律的成果,在一定程度上受到技术提供者和使用者意志的控制和影响,并体现技术提供者和使用者的目的和利益。技术本身的中立性与技术使用者的社会责任、法律责任的关系,主要取决于技术使用方式对社会发展起到了推动还是阻碍作用。依据"技术中立"原则给予法律责任豁免的情形,通常限于技术提供者,对于技术的实际使用者,则应视其具体行为是否符合法律规定进行判断。恶意使用技术危害社会或他人的行为,应受法律制裁。本案中,快播公司并不单纯是技术的提供者,"站长"或用户发布或点播视频时,快播公司的调度服务器、缓存服务器参与其中,快播公司构建的P2P网络平台和缓存加速服务都让其成为技术的使用者,同时也是网络视频信息服务的内容提供者。快播公司在提供P2P视频技术服务和缓存技术服务时,虽然客观上没有对视频内容进行选择,但当其明知自己的P2P视频技术服务被他人用于传播淫秽视频,自己的缓存技术服务被利用成为大量淫秽视频的加速传播工具,本身有义务、有能力阻止而不阻止时,快播公司就不可能再获得"技术中立"的责任豁免。快播公司出于牟利目的,拒不履行网络安全管理义务,放任他人利用快播网络系统大量传播淫秽视频,且放任自己的缓存服务器介入淫秽视频的传播,在使用技术的过程中明显存在恶意,应当承担相应的法律责任。

基于技术中立原则的要求,在信息网络传播权保护领域,技术的提供者需要尽到合理的注意义务,从而产生所谓"避风港"规则。这一规则在《信息网络传播权保护条例》中规定为,当网络用户利用网络服务实施侵权行为时,被侵权人有权通知网络服务提供者采取删除、屏蔽、断开链接等必要措施,网络服务提供者如果并不明知作品、表演、录音录像制品系侵权时,接到通知后,未采取必要措施的,网络服务提供者应当承担责任;网络服务提供者接到通知后采取了必要措施的,则不需要承担责任。设立该项规则的目的在于,保护单纯的网络服务提供者不因网络中海量的作品、表演、录音录像制品中存在侵权内容而被追究侵权赔偿责任,以促进网络服务的发展。本案中,辩护人认为基于"避风港"规则,快播公司作为网络服务提供者,可以适用《信息网络传播权保护条例》的规定免除责任。然而,《信息网络传播权保护条例》第三条明确规定:"依法禁止提供的作品、表演、录音录像制品,不受本条例保护。权利人行使信息网络传播权,不得违反宪法和法律、行政法规,不得损害公共利益。"也就是说,"避风港"规则保护的对象是合法的作品、表演、录音录像制品,而淫秽视频内容严重危害青少年身心健康和社会管理秩序,属于依法禁止提供的对象,不属于信息网络传播权保护的范围,当然不适用著作权法意义上的"避风港"规则。关于缓存服务器内存储视频的"缓存"状态是否适用"避风港"规则免责的问题,经查,知识产权法领域基于"避风港"规则免责的"缓存"是指"断电即被清除的临时存储"。而本案中快播公司4台涉案缓存服务器内存储的淫秽视频,均系根据视频点击量自动存储下来,只要在设定的周期内点击量达到要求,就能长期存储并随时提供用户使用。即其并非计算机信息系统中通常意义上"断电即被清除的临时存储",而是对符合设定条件内容的硬盘(服务器)存储,不属于适用"避风港"规则免责的"缓存"类型。

(三)对于快播公司传播淫秽视频牟利的行为,应当认定为"情节严重"。1. 快播公司的行为不属于相关司法解释规定的传播淫秽物品牟利罪"情节特别严重"的情形。2010年公布的《最高人民法院、最高人民检察院关于办理利用互联网、移动通讯终端、声讯台制作、复制、出版、贩卖、传播淫秽电子信息刑事案件具体应用法律若干问题的解释(二)》(本附文以下简称《2010年解释》)第四条规定,以牟利为目的,网站建立者、直接负责的管理者明知他人制作、复制、出版、贩卖、传播的是淫秽电子信息,允许或者放任他人在自己所有、管理的网站或者网页上发布,达到相应定罪标准的,以传播淫秽物品牟利罪定罪处罚。根据上述司法解释的规定,传播淫秽视频的数量达到1000个,即属"情节特别严重",应在十年有期徒刑以上量刑。本案中,快播公司的行为在放任传播、不作为犯罪、平台责任等方面与上述司法解释的规定虽有一定相似之处,但在规制对象、行为表现形式等方面仍存在区别。相对于《2010年解释》第四条规定的情形,快播公司的放任传播行为具有非直观性和更大的技术介入性,不能直接适用该条的规定认定为传播淫秽物品牟利"情节特别严重"。具体分析如下:第一,快播公司对于特定视频是否属于淫秽视频缺乏事先的明知。"事先明确知道是淫秽电子信息"与"明知其网络平台上存在淫秽电子信息"所表达的主观明知内容并不相同,前者通常是针对特定视频文件的上传、下载、传播,后者则是笼统地针对网络平台所传播的内容包括哪类信息。本案中,快播公司在提供视频发布、点对点链接、缓存加速等服务时,并没有事先设置有效的内容审查技术环节或监管措施。因此,快播公司主观上虽然明知自己的网络平台上存在淫秽视频,但就本案缓存服务器内检验出的淫秽视频而言,没有证据表明快播公司事先明确知道其中不特定的任一视频是否属于淫秽视频(服务器目录中均以特征码作为文件名)。虽然本案能够认定快播公司控制下的缓存服务器参与了淫秽视频的传播,但无法认定快播公司有针对性地实施了上传、下载和存储、提供淫秽视频的行为。第二,快播公司不具有传播淫秽视频的直接故意。一方面,从行为人的意志因素上说,现有证据并不能证明快播公司"希望"淫秽视频通过快播网络平台大量传播。实际上,缓存服务器提供加速服务符合淫秽网站"站长"的直接传播故意和点播用户的自主选择意愿,快播公司则是采取了听之任之的放任态度。另一方面,本案没有证据证明快播公司与淫秽网站的"站长"或者其他发布淫秽视频的用户之间存在共谋。快播公司无论是提供快播视频客户端软件、服务器软件,抑或提供缓存服务器的储存、加速服务,无论是针对服务对象还是服务内容,都没有进行区分或选择,故无法认定快播公司与淫秽网站等具有直接故意的淫秽视频传播者之间具有犯意联络。缓存服务器内大量淫秽视频的存在,是淫秽网站、用户(每一个用户既是下载者也是上传者)的直接故意和快播公司的间接故意交织在一起共同作用的结果。第三,快播公司的放任传播与技术介入的非直观性是本案的重要特征。传统的淫秽视频传播行为,一般由淫秽网站"站长"或用户以直观陈列的方式实施,传播者直接将淫秽视频链接放到网上供他人点播,或直接展示播放,或直接提供下载服务。而本案是在P2P传播模式下,快播公司放任其缓存服务器参与淫秽视频的传播,而没有开展有效的事前审查或后台审查。并且,缓存服务器介入视频传播的方式,不是直接提供缓存服务器的链接,而是用户点击淫秽网站上的链接后,快播公司的缓存服务器才根据调度服务器的指挥提供加速服务,其实现方式更多地体现出网络技术的后台传输特点,技术介入性和非直观性特征明显。考虑到快播公司的放任传播方式的非直观性与传统直观陈列传播方式的区别,以及技术介入性特点,单纯以缓存服务器内实际存储的淫秽视频数量来评价快播公司及各被告人的刑事责任,未免过于严苛。第四,快播公司放任淫秽视频传播的直接获利数额难以认定。根据现有证据可以认定,快播公司及各被告人之所以放任淫秽视频传播,目的是利用淫秽视频传播带动快播播放器的用户数量和市场占有率得到提高,从而提升快播资讯和捆绑软件的盈利能力,且实际获利巨大。但应当看到,没有证据证明快播公司经营的网络平台通过传播淫秽视频直接收取费用,快播公司的盈利方式具有间接性。实际上,快播公司及各被告人在经营视频点播业务过程中,主观上兼有合法经营目的和非法牟利目的,客观上难以即时区分合法视频点播服务和非法视频点播服务,因而也就无法区分快播公司现有营业收入中具体有哪些属于传播淫秽视频所得,哪些是合法经营所得。这种合法经营和非法经营的混同存在,反映出的快播公司行为的社会危害性和主观恶性,比纯粹以淫秽物品传播为专营业务的淫秽网站要小。第五,对快播公司犯罪情节的认定应充分考量网络信息平台传播特点。点对点视频传播技术更新速度快,也促使传播能力迅速攀升。缓存服务器参与下的P2P视频点播技术使淫秽物品传播产生了超高速率、超大范围的传播效果,缓存服务器提供存储服务的淫秽视频数量动辄数以万计。这种新技术传播模式与传播淫秽物品牟利罪的刑法条文和相关司法解释制定时的情形存在较大差别,故不宜按照相关司法解释的规定单纯根据传播淫秽视频的数量标准来确定刑罚。科学技术的应用必须符合法律规范,法律也应当鼓励优先运用技术措施解决技术问题,从而使科学技术具有更大的发展空间。本案量刑时应当充分考量科技发展的特殊性,不宜简单地将对传统传播淫秽物品行为的量刑标准适用于新类型网络传播淫秽物品犯罪,以体现时代变迁条件下刑法的谦抑性,更好实现罪责刑相统一。综上,快播公司传播淫秽物品牟利的情形与相关司法解释规定的情形在主客观方面均有所不同,故不宜直接根据相关司法解释规定的数量标准认定为"情节特别严重"。2. 快播公司放任淫秽视频大量传播并获取巨额非法利益,应当认定为传播淫秽物品牟利"情节严重"。"情节严重",是出于立法技术的考虑而对犯罪情形的综合表述。一方面,立法者无法预见所有情节严重的情形,而作出明确、具体的规定;另一方面,即使有所预见,也不能使用冗长表述而使刑法丧失简明价值。传播淫秽物品牟利罪中的"情节严重",是法定刑升格的依据。司法实践中,这种情节可以根据具体案情综合判定。就本案而言,深圳网监和南山区广播电视局先后两次针对快播公司存在的网络信息安全问题给予行政处罚,快播公司及各被告人明知这些执法活动的具体指向就是其涉嫌传播淫秽视频,侵权等网络违法犯罪行为,仍消极对待整改,以作为的形式掩盖不作为的实质,继续放任自己控制的缓存服务器为淫秽视频传播提供加速服务,放任快播网络平台大量传播淫秽视频,其主观恶性和社会危害性显然大于一般的传播淫秽物品牟利行为。综合考虑快播公司拒不履行其作为视频信息服务企业的网络安全管理义务,放任其网络系统被用于传播淫秽信息,两次受到行政处罚后仍不积极履行安全管理责任,造成淫秽视频大量传播,间接获取巨额非法利益,故应当依据《刑法》第三百六十三条第一款的规定,认定为传播淫秽物品"情节严重"。[参见第1192号指导案例,深圳市快播科技有限公司、王欣等人传播淫秽物品牟利案,载《刑事审判参考》总第109集,第84~92页。撰稿:范君　游涛　李静然]

第三百六十七条　【淫秽物品的范围】本法所称淫秽物品,是指具体描绘性行为或者露骨宣扬色情的诲淫性的书刊、影片、录像带、录音带、图片及其他淫秽物品。

有关人体生理、医学知识的科学著作不是淫秽物品。

包含有色情内容的有艺术价值的文学、艺术作品不视为淫秽物品。

■最高人民法院、最高人民检察院关于办理利用互联网、移动通讯终端、声讯台制作、复制、出版、贩卖、传播淫秽电子信息刑事案件具体应用法律若干问题的解释(2004年9月6日)

第九条　刑法第三百六十七条第一款规定的"其他淫秽物品",包括具体描绘性行为或者露骨宣扬色情的诲淫性的视频文件、音频文件、电子刊物、图片、文章、短信息等互联网、移动通讯终端电子信息和声讯台语音信息。

有关人体生理、医学知识的电子信息和声讯台语音信息不是淫秽物品。包含色情内容的有艺术价值的电子文学、艺术作品不视为淫秽物品。

第七章　危害国防利益罪

第三百六十八条　【阻碍军人执行职务罪】以暴力、威胁方法阻碍军人依法执行职务的,处三年以下有期徒刑、拘役、管制或者罚金。

【阻碍军事行动罪】故意阻碍武装部队军事行动,造成严重后果的,处五年以下有期徒刑或者拘役。

第三百六十九条　【破坏武器装备、军事设施、军事通信罪】破坏武器装备、军事设施、军事通信的,处三年以下有期徒刑、拘役或者管制;破坏重要武器装备、军事设施、军事通信的,处三年以上十年以下有期徒刑;情节特别严重的,处十年以上有期徒刑、无期徒刑或者死刑。

【过失损坏武器装备、军事设施、军事通信罪】过失犯前款罪,造成严重后果的,处三年以下有期徒刑或者拘役;造成特别严重后果的,处三年以上七年以下有期徒刑。

战时犯前两款罪的,从重处罚。(本条是根据《中华人民共和国刑法修正案(五)》之三修改的,增加一款作为第二款,2005年2月28日起施行。)

刑法本条原文:【破坏武器装备、军事设施、军事通信罪】破坏武器装备、军事设施、军事通信的,处三年以下有期徒刑、拘役或者管制;破坏重要武器装备、军事设施、军事通信的,处三年以上十年以下有期徒刑;情节特别严重的,处十年以上有期徒刑、无期徒刑或者死刑。战时从重处罚。

■最高人民法院关于审理危害军事通信刑事案件具体应用法律若干问题的解释(全文)(2007年6月29日)

第一条　故意实施损毁军事通信线路、设备,破坏军事通信计算机信息系统,干扰、侵占军事通信电磁频谱等行为的,依照刑法第三百六十九条第一款的规定,以破坏军事通信罪定罪,处三年以下有期徒刑、拘役或者管制;破坏重要军事通信的,处三年以上十年以下有期徒刑。

第二条　实施破坏军事通信行为,具有下列情形之一的,属于刑法第三百六十九条第一款规定的"情节特别严重",以破坏军事通信罪定罪,处十年以上有期徒刑、无期徒刑或者死刑:

(一)造成重要军事通信中断或者严重障碍,严重影响部队完成作战任务或者致使部队在作战中遭受损失的;

(二)造成部队执行抢险救灾、军事演习或者处置突发性事件等任务的通信中断或者严重障碍,并因此贻误部队行动,致使死亡3人以上、重伤10人以上或者财产损失100万元以上的;

(三)破坏重要军事通信三次以上的;

(四)其他情节特别严重的情形。

第三条　过失损坏军事通信,造成重要军事通信中断或者严重障碍的,属于刑法第三百六十九条第二款规定的"造成严重后果",以过失损坏军事通信罪定罪,处三年以下有期徒刑或者拘役。

第四条 过失损坏军事通信，具有下列情形之一的，属于刑法第三百六十九条第二款规定的“造成特别严重后果”，以过失损坏军事通信罪定罪，处三年以上七年以下有期徒刑：

（一）造成重要军事通信中断或者严重障碍，严重影响部队完成作战任务或者致使部队在作战中遭受损失的；

（二）造成部队执行抢险救灾、军事演习或者处置突发性事件等任务的通信中断或者严重障碍，并因此贻误部队行动，致使死亡3人以上、重伤10人以上或者财产损失100万元以上的；

（三）其他后果特别严重的情形。

第五条 建设、施工单位直接负责的主管人员、施工管理人员，明知是军事通信线路、设备而指使、强令、纵容他人予以损毁的，或者不听管护人员劝阻，指使、强令、纵容他人违章作业，造成军事通信线路、设备损毁的，以破坏军事通信罪定罪处罚。

建设、施工单位直接负责的主管人员、施工管理人员，忽视军事通信线路、设备保护标志，指使、纵容他人违章作业，致使军事通信线路、设备损毁，构成犯罪的，以过失损坏军事通信罪定罪处罚。

第六条 破坏、过失损坏军事通信，并造成公用电信设施损毁，危害公共安全，同时构成刑法第一百二十四条和第三百六十九条规定的犯罪的，依照处罚较重的规定定罪处罚。

盗窃军事通信线路、设备，不构成盗窃罪，但破坏军事通信的，依照刑法第三百六十九条第一款的规定定罪处罚；同时构成刑法第一百二十四条、第二百六十四条和第三百六十九条第一款规定的犯罪的，依照处罚较重的规定定罪处罚。

违反国家规定，侵入国防建设、尖端科学技术领域的军事通信计算机信息系统，尚未对军事通信造成破坏的，依照刑法第二百八十五条的规定定罪处罚；对军事通信造成破坏，同时构成刑法第二百八十五条、第二百八十六条、第三百六十九条第一款规定的犯罪的，依照处罚较重的规定定罪处罚。

违反国家规定，擅自设置、使用无线电台、站，或者擅自占用频率，经责令停止使用后拒不停止使用，干扰无线电通讯正常进行，构成犯罪的，依照刑法第二百八十八条的规定定罪处罚；造成军事通信中断或者严重障碍，同时构成刑法第二百八十八条、第三百六十九条第一款规定的犯罪的，依照处罚较重的规定定罪处罚。

第七条 本解释所称“重要军事通信”，是指军事首脑机关及重要指挥中心的通信，部队作战中的通信，等级战备通信，飞行航行训练、抢险救灾、军事演习或者处置突发性事件中的通信，以及执行试飞试航、武器装备科研试验或者远洋航行等重要军事任务中的通信。

本解释所称军事通信的具体范围、通信中断和严重障碍的标准，参照中国人民解放军通信主管部门的有关规定确定。

■中华人民共和国军事设施保护法（2021年8月1日修订）

第二条 本法所称军事设施，是指国家直接用于军事目的的下列建筑、场地和设备：

（一）指挥机关、地面和地下的指挥工程、作战工程；

（二）军用机场、港口、码头；

（三）营区、训练场、试验场；

（四）军用洞库、仓库；

（五）军用信息基础设施，军用侦察、导航、观测台站，军用测量、导航、助航标志；

（六）军用公路、铁路专用线，军用输电线路，军用输油、输水、输气管道；

（七）边防、海防管控设施；

（八）国务院和中央军事委员会规定的其他军事设施。

第三百七十条 【故意提供不合格武器装备、军事设施罪】明知是不合格的武器装备、军事设施而提供给武装部队的，处五年以下有期徒刑或者拘役；情节严重的，处五年以上十年以下有期徒刑;情节特别严重的,处十年以上有期徒刑、无期徒刑或者死刑。

【过失提供不合格武器装备、军事设施罪】过失犯前款罪,造成严重后果的,处三年以下有期徒刑或者拘役;造成特别严重后果的,处三年以上七年以下有期徒刑。

单位犯第一款罪的,对单位判处罚金,并对其直接负责的主管人员和其他直接责任人员,依照第一款的规定处罚。

■最高人民检察院、公安部关于公安机关管辖的刑事案件立案追诉标准的规定(一)(2008年6月25日)

第八十七条　[故意提供不合格武器装备、军事设施案(刑法第三百七十条第一款)]明知是不合格的武器装备、军事设施而提供给武装部队,涉嫌下列情形之一的,应予立案追诉:

(一)造成人员轻伤以上的;

(二)造成直接经济损失十万元以上的;

(三)提供不合格的枪支三支以上、子弹一百发以上、雷管五百枚以上、炸药五千克以上或者其他重要武器装备、军事设施的;

(四)影响作战、演习、抢险救灾等重大任务完成的;

(五)发生在战时的;

(六)其他故意提供不合格武器装备、军事设施应予追究刑事责任的情形。

第八十八条　[过失提供不合格武器装备、军事设施案(刑法第三百七十条第二款)]过失提供不合格武器装备、军事设施给武装部队,涉嫌下列情形之一的,应予立案追诉:

(一)造成死亡一人以上或者重伤三人以上的;

(二)造成直接经济损失三十万元以上的;

(三)严重影响作战、演习、抢险救灾等重大任务完成的;

(四)其他造成严重后果的情形。

第三百七十一条　【聚众冲击军事禁区罪】聚众冲击军事禁区,严重扰乱军事禁区秩序的,对首要分子,处五年以上十年以下有期徒刑;对其他积极参加的,处五年以下有期徒刑、拘役、管制或者剥夺政治权利。

【聚众扰乱军事管理区秩序罪】聚众扰乱军事管理区秩序,情节严重,致使军事管理区工作无法进行,造成严重损失的,对首要分子,处三年以上七年以下有期徒刑;对其他积极参加的,处三年以下有期徒刑、拘役、管制或者剥夺政治权利。

■最高人民检察院、公安部关于公安机关管辖的刑事案件立案追诉标准的规定(一)(2008年6月25日)

第八十九条　[聚众冲击军事禁区案(刑法第三百七十一条第一款)]组织、策划、指挥聚众冲击军事禁区或者积极参加聚众冲击军事禁区,严重扰乱军事禁区秩序,涉嫌下列情形之一的,应予立案追诉:

(一)冲击三次以上或者一次冲击持续时间较长的;

(二)持械或者采取暴力手段冲击的;

(三)冲击重要军事禁区的;

(四)发生在战时的;

(五)其他严重扰乱军事禁区秩序应予追究刑事责任的情形。

第九十条　[聚众扰乱军事管理区秩序案(刑法第三百七十一条第二款)]组织、策划、指挥聚众扰乱军事管理区秩序或者积极参加聚众扰乱军事管理区秩序,致使军事管理区工作无法进行,造成严重损失,涉嫌下列情形之一的,应予立案追诉:

（一）造成人员轻伤以上的；

（二）扰乱三次以上或者一次扰乱时间较长的；

（三）造成直接经济损失五万元以上的；

（四）持械或者采取暴力手段的；

（五）扰乱重要军事管理区秩序的；

（六）发生在战时的；

（七）其他聚众扰乱军事管理区秩序应予追究刑事责任的情形。

■中华人民共和国军事设施保护法（2021年8月1日修订）

第十六条　军事禁区管理单位应当根据具体条件，按照划定的范围，为陆地军事禁区修筑围墙、设置铁丝网等障碍物，为水域军事禁区设置障碍物或者界线标志。

水域军事禁区的范围难以在实际水域设置障碍物或者界线标志的，有关海事管理机构应当向社会公告水域军事禁区的位置和边界。海域的军事禁区应当在海图上标明。

第十七条　禁止陆地、水域军事禁区管理单位以外的人员、车辆、船舶等进入军事禁区，禁止航空器在陆地、水域军事禁区上空进行低空飞行，禁止对军事禁区进行摄影、摄像、录音、勘察、测量、定位、描绘和记述。但是，经有关军事机关批准的除外。

禁止航空器进入空中军事禁区，但依照国家有关规定获得批准的除外。

使用军事禁区的摄影、摄像、录音、勘察、测量、定位、描绘和记述资料，应当经有关军事机关批准。

第三百七十二条　【冒充军人招摇撞骗罪】冒充军人招摇撞骗的，处三年以下有期徒刑、拘役、管制或者剥夺政治权利；情节严重的，处三年以上十年以下有期徒刑。

第三百七十三条　【煽动军人逃离部队罪】【雇用逃离部队军人罪】煽动军人逃离部队或者明知是逃离部队的军人而雇用，情节严重的，处三年以下有期徒刑、拘役或者管制。

■最高人民检察院、公安部关于公安机关管辖的刑事案件立案追诉标准的规定（一）（2008年6月25日）

第九十一条　［煽动军人逃离部队案（刑法第三百七十三条）］煽动军人逃离部队，涉嫌下列情形之一的，应予立案追诉：

（一）煽动三人以上逃离部队的；

（二）煽动指挥人员、值班执勤人员或者其他负有重要职责人员逃离部队的；

（三）影响重要军事任务完成的；

（四）发生在战时的；

（五）其他情节严重的情形。

第九十二条　［雇用逃离部队军人案（刑法第三百七十三条）］明知是逃离部队的军人而雇用，涉嫌下列情形之一的，应予立案追诉：

（一）雇用一人六个月以上的；

（二）雇用三人以上的；

（三）明知是逃离部队的指挥人员、值班执勤人员或者其他负有重要职责人员而雇用的；

（四）阻碍部队将被雇用军人带回的；

（五）其他情节严重的情形。

第三百七十四条　【接送不合格兵员罪】在征兵工作中徇私舞弊，接送不合格兵员，情节严重的，处三年以下有期徒刑或者拘役；造成特别严重后果的，处三年以上七年以下有期徒刑。

▽**接送不合格兵员罪的认定**

接送不合格兵员罪,是指在征兵工作中徇私舞弊,接送不合格兵员,情节严重的行为。"征兵",是指依照兵役法的规定,征集公民到部队服现役。"在征兵工作中徇私舞弊,接送不合格兵员",是指在征兵工作的兵役登记、体格检查、政治审查、审定新兵、交接兵员等过程中,徇私舞弊,弄虚作假,欺骗组织,将不符合政治、身体、年龄、文化等条件的公民接受或者输送到部队。这里的"徇私",不仅包括谋取私利,还应包括为徇私情。对那些虽没有明显谋取私利,但为了个人、亲属、朋友等私情的,也应算作徇私的范畴。根据本条刑法的规定,"情节严重"是构成接送不合格兵员罪的必要构成要件。"情节严重",司法实践中主要是指接送不合格兵员人数较多;接送的兵员身体或政治条件严重不合格的;因接送不合格兵员影响部队完成重要任务或者造成其他严重后果及恶劣影响的等情形。本案行为人明知陈某是涉嫌严重盗窃犯罪的犯罪嫌疑人,在陈某的户籍所在地文山县南桥派出所认为其不符合入伍条件,不给其办理政审手续的情况下,为徇私情,受常之托,给南桥派出所所长打电话,让派出所把政审意见"办了",使陈某这样一个有严重盗窃罪行的犯罪嫌疑人政审"合格",混入部队,影响了征兵的质量,造成部队将兵员退回的严重后果,应当认定情节严重。行为人的行为,已构成接送不合格兵员。[参见第237号案例,李永宾徇私枉法、接送不合格兵员案,载《刑事审判指导》总第31集,法律出版社,第71~72页。执笔:李祥明]

第三百七十五条　【伪造、变造、买卖武装部队公文、证件、印章罪】【盗窃、抢夺武装部队公文、证件、印章罪】伪造、变造、买卖或者盗窃、抢夺武装部队公文、证件、印章的,处三年以下有期徒刑、拘役、管制或者剥夺政治权利;情节严重的,处三年以上十年以下有期徒刑。

【非法生产、买卖武装部队制式服装罪】非法生产、买卖武装部队制式服装,情节严重的,处三年以下有期徒刑、拘役或者管制,并处或者单处罚金。(本款是根据《中华人民共和国刑法修正案(七)》之十二修改的,2009年2月28日起施行。)

【伪造、盗窃、买卖、非法提供、非法使用武装部队专用标志罪】伪造、盗窃、买卖或者非法提供、使用武装部队车辆号牌等专用标志,情节严重的,处三年以下有期徒刑、拘役或者管制,并处或者单处罚金;情节特别严重的,处三年以上七年以下有期徒刑,并处罚金。(本款是根据《中华人民共和国刑法修正案(七)》之十二增加的,2009年2月28日起施行。)

单位犯第二款、第三款罪的,对单位判处罚金,并对其直接负责的主管人员和其他直接责任人员,依照各该款的规定处罚。(本款是根据《中华人民共和国刑法修正案(七)》之十二修改的,2009年2月28日起施行。)

刑法本条原文:【非法生产、买卖军用标志罪】非法生产、买卖武装部队制式服装、车辆号牌等专用标志,情节严重的,处三年以下有期徒刑、拘役或者管制,并处或者单处罚金。

单位犯第二款罪的,对单位判处罚金,并对其直接负责的主管人员和其他直接责任人员,依照该款的规定处罚。

■最高人民检察院、公安部关于公安机关管辖的刑事案件立案追诉标准的规定(一)的补充规定(2017年4月27日)

第九十四条　[非法生产、买卖武装部队制式服装案(刑法第三百七十五条第二款)]非法生产、买卖武装部队制式服装,涉嫌下列情形之一的,应予立案追诉:

(一)非法生产、买卖成套制式服装三十套以上,或者非成套制式服装一百件以上的;

(二)非法生产、买卖帽徽、领花、臂章等标志服饰合计一百件(副)以上的;

(三)非法经营数额二万元以上的;

(四)违法所得数额五千元以上的;

(五)其他情节严重的情形。

买卖仿制的现行装备的武装部队制式服装，情节严重的，应予立案追诉。

第九十四条之一　［伪造、盗窃、买卖、非法提供、非法使用武装部队专用标志案（刑法第三百七十五条第三款）］伪造、盗窃、买卖或者非法提供、使用武装部队车辆号牌等专用标志，涉嫌下列情形之一的，应予立案追诉：

（一）伪造、盗窃、买卖或者非法提供、使用武装部队军以上领导机关车辆号牌一副以上或者其他车辆号牌三副以上的；

（二）非法提供、使用军以上领导机关车辆号牌之外的其他车辆号牌累计六个月以上的；

（三）伪造、盗窃、买卖或者非法提供、使用军徽、军旗、军种符号或者其他军用标志合计一百件（副）以上的；

（四）造成严重后果或者恶劣影响的。

盗窃、买卖、提供、使用伪造、变造的武装部队车辆号牌等专用标志，情节严重的，应予立案追诉。

■最高人民法院、最高人民检察院关于办理妨害武装部队制式服装、车辆号牌管理秩序等刑事案件具体应用法律若干问题的解释（全文）（2011 年 8 月 1 日）

第一条　伪造、变造、买卖或者盗窃、抢夺武装部队公文、证件、印章，具有下列情形之一的，应当依照刑法第三百七十五条第一款的规定，以伪造、变造、买卖武装部队公文、证件、印章罪或者盗窃、抢夺武装部队公文、证件、印章罪定罪处罚：

（一）伪造、变造、买卖或者盗窃、抢夺武装部队公文一件以上的；

（二）伪造、变造、买卖或者盗窃、抢夺武装部队军官证、士兵证、车辆行驶证、车辆驾驶证或者其他证件二本以上的；

（三）伪造、变造、买卖或者盗窃、抢夺武装部队机关印章、车辆牌证印章或者其他印章一枚以上的。

实施前款规定的行为，数量达到第（一）至（三）项规定标准五倍以上或者造成严重后果的，应当认定为刑法第三百七十五条第一款规定的“情节严重”。

第二条　非法生产、买卖武装部队现行装备的制式服装，具有下列情形之一的，应当认定为刑法第三百七十五条第二款规定的“情节严重”，以非法生产、买卖武装部队制式服装罪定罪处罚：

（一）非法生产、买卖成套制式服装三十套以上，或者非成套制式服装一百件以上的；

（二）非法生产、买卖帽徽、领花、臂章等标志服饰合计一百件（副）以上的；

（三）非法经营数额二万元以上的；

（四）违法所得数额五千元以上的；

（五）具有其他严重情节的。

第三条　伪造、盗窃、买卖或者非法提供、使用武装部队车辆号牌等专用标志，具有下列情形之一的，应当认定为刑法第三百七十五条第三款规定的“情节严重”，以伪造、盗窃、买卖、非法提供、非法使用武装部队专用标志罪定罪处罚：

（一）伪造、盗窃、买卖或者非法提供、使用武装部队军以上领导机关车辆号牌一副以上或者其他车辆号牌三副以上的；

（二）非法提供、使用军以上领导机关车辆号牌之外的其他车辆号牌累计六个月以上的；

（三）伪造、盗窃、买卖或者非法提供、使用军徽、军旗、军种符号或者其他军用标志合计一百件（副）以上的；

（四）造成严重后果或者恶劣影响的。

实施前款规定的行为，具有下列情形之一的，应当认定为刑法第三百七十五条第三款规定的“情节特别严重”：

（一）数量达到前款第（一）、（三）项规定标准五倍以上的；

(二)非法提供、使用军以上领导机关车辆号牌累计六个月以上或者其他车辆号牌累计一年以上的;

(三)造成特别严重后果或者特别恶劣影响的。

第四条　买卖、盗窃、抢夺伪造、变造的武装部队公文、证件、印章的,买卖仿制的现行装备的武装部队制式服装情节严重的,盗窃、买卖、提供、使用伪造、变造的武装部队车辆号牌等专用标志情节严重的,应当追究刑事责任。定罪量刑标准适用本解释第一至第三条的规定。

第五条　明知他人实施刑法第三百七十五条规定的犯罪行为,而为其生产、提供专用材料或者提供资金、账号、技术、生产经营场所等帮助的,以共犯论处。

第六条　实施刑法第三百七十五条规定的犯罪行为,同时又构成逃税、诈骗、冒充军人招摇撞骗等犯罪的,依照处罚较重的规定定罪处罚。

第七条　单位实施刑法第三百七十五条第二款、第三款规定的犯罪行为,对单位判处罚金,并对其直接负责的主管人员和其他直接责任人员,分别依照本解释的有关规定处罚。

第三百七十六条　【战时拒绝、逃避征召、军事训练罪】预备役人员战时拒绝、逃避征召或者军事训练,情节严重的,处三年以下有期徒刑或者拘役。

【战时拒绝、逃避服役罪】公民战时拒绝、逃避服役,情节严重的,处二年以下有期徒刑或者拘役。

■最高人民检察院、公安部关于公安机关管辖的刑事案件立案追诉标准的规定(一)(2008年6月25日)

第九十五条　[战时拒绝、逃避征召、军事训练案(刑法第三百七十六条第一款)]预备役人员战时拒绝、逃避征召或者军事训练,涉嫌下列情形之一的,应予立案追诉:

(一)无正当理由经教育仍拒绝、逃避征召或者军事训练的;

(二)以暴力、威胁、欺骗等手段,或者采取自伤、自残等方式拒绝、逃避征召或者军事训练的;

(三)联络、煽动他人共同拒绝、逃避征召或者军事训练的;

(四)其他情节严重的情形。

第九十六条　[战时拒绝、逃避服役案(刑法第三百七十六条第二款)]公民战时拒绝、逃避服役,涉嫌下列情形之一的,应予立案追诉:

(一)无正当理由经教育仍拒绝、逃避服役的;

(二)以暴力、威胁、欺骗等手段,或者采取自伤、自残等方式拒绝、逃避服役的;

(三)联络、煽动他人共同拒绝、逃避服役的;

(四)其他情节严重的情形。

第三百七十七条　【战时故意提供虚假敌情罪】战时故意向武装部队提供虚假敌情,造成严重后果的,处三年以上十年以下有期徒刑;造成特别严重后果的,处十年以上有期徒刑或者无期徒刑。

第三百七十八条　【战时造谣扰乱军心罪】战时造谣惑众,扰乱军心的,处三年以下有期徒刑、拘役或者管制;情节严重的,处三年以上十年以下有期徒刑。

第三百七十九条　【战时窝藏逃离部队军人罪】战时明知是逃离部队的军人而为其提供隐蔽处所、财物,情节严重的,处三年以下有期徒刑或者拘役。

■最高人民检察院、公安部关于公安机关管辖的刑事案件立案追诉标准的规定(一)(2008年6月25日)

第九十七条　[战时窝藏逃离部队军人案(刑法第三百七十九条)]战时明知是逃离部队的军人而为其提供隐蔽处所、财物,涉嫌下列情形之一的,应予立案追诉:

(一)窝藏三人次以上的;

(二)明知是指挥人员、值班执勤人员或者其他负有重要职责人员而窝藏的;

(三)有关部门查找时拒不交出的;

(四)其他情节严重的情形。

第三百八十条 【战时拒绝、故意延误军事订货罪】战时拒绝或者故意延误军事订货,情节严重的,对单位判处罚金,并对其直接负责的主管人员和其他直接责任人员,处五年以下有期徒刑或者拘役;造成严重后果的,处五年以上有期徒刑。

■最高人民检察院、公安部关于公安机关管辖的刑事案件立案追诉标准的规定(一)(2008年6月25日)

第九十八条 [战时拒绝、故意延误军事订货案(刑法第三百八十条)]战时拒绝或者故意延误军事订货,涉嫌下列情形之一的,应予立案追诉:

(一)拒绝或者故意延误军事订货三次以上的;

(二)联络、煽动他人共同拒绝或者故意延误军事订货的;

(三)拒绝或者故意延误重要军事订货,影响重要军事任务完成的;

(四)其他情节严重的情形。

第三百八十一条 【战时拒绝军事征收、征用罪】战时拒绝军事征用,情节严重的,处三年以下有期徒刑或者拘役。

■全国人民代表大会常务委员会关于修改部分法律的决定(2009年8月27日)

二、对下列法律和法律解释中关于"征用"的规定作出修改

(一)将下列法律和法律解释中的"征用"修改为"征收、征用"

12.《中华人民共和国刑法》第三百八十一条、第四百一十条。

■最高人民检察院、公安部关于公安机关管辖的刑事案件立案追诉标准的规定(一)的补充规定(2017年4月27日)

第九十九条 [战时拒绝军事征收、征用案(刑法第三百八十一条)]战时拒绝军事征收、征用,涉嫌下列情形之一的,应予立案追诉:

(一)无正当理由拒绝军事征收、征用三次以上的;

(二)采取暴力、威胁、欺骗等手段拒绝军事征收、征用的;

(三)联络、煽动他人共同拒绝军事征收、征用的;

(四)拒绝重要军事征收、征用,影响重要军事任务完成的;

(五)其他情节严重的情形。

■最高人民检察院、公安部关于公安机关管辖的刑事案件立案追诉标准的规定(一)(2008年6月25日)

附则

第一百条 本规定中的立案追诉标准,除法律、司法解释另有规定的以外,适用于相关的单位犯罪。

第一百零一条 本规定中的"以上",包括本数。

第一百零二条 本规定自印发之日起施行。

第八章 贪污贿赂罪

第三百八十二条 【贪污罪】国家工作人员利用职务上的便利,侵吞、窃取、骗取或者以其他手

段非法占有公共财物的，是贪污罪。

受国家机关、国有公司、企业、事业单位、人民团体委托管理、经营国有财产的人员，利用职务上的便利，侵吞、窃取、骗取或者以其他手段非法占有国有财物的，以贪污论。

与前两款所列人员勾结，伙同贪污的，以共犯论处。

■最高人民法院、最高人民检察院关于办理国家出资企业中职务犯罪案件具体应用法律若干问题的意见(2010年11月26日)

一、关于国家出资企业工作人员在改制过程中隐匿公司、企业财产归个人持股的改制后公司、企业所有的行为的处理

国家工作人员或者受国家机关、国有公司、企业、事业单位、人民团体委托管理、经营国有财产的人员利用职务上的便利，在国家出资企业改制过程中故意通过低估资产、隐瞒债权、虚设债务、虚构产权交易等方式隐匿公司、企业财产，转为本人持有股份的改制后公司、企业所有，应当依法追究刑事责任的，依照刑法第三百八十二条、第三百八十三条的规定，以贪污罪定罪处罚。贪污数额一般应当以所隐匿财产全额计算；改制后公司、企业仍有国有股份的，按股份比例扣除归于国有的部分。

所隐匿财产在改制过程中已为行为人实际控制，或者国家出资企业改制已经完成的，以犯罪既遂处理。

第一款规定以外的人员实施该款行为的，依照刑法第二百七十一条的规定，以职务侵占罪定罪处罚；第一款规定以外的人员与第一款规定的人员共同实施该款行为的，以贪污罪的共犯论处。

二、……

改制后的公司、企业中只有改制前公司、企业的管理人员或者少数职工持股，改制前公司、企业的多数职工未持股的，依照本意见第一条的规定，以贪污罪定罪处罚。

四、……

国家出资企业中的国家工作人员在公司、企业改制或者国有资产处置过程中徇私舞弊，将国有资产低价折股或者低价出售给特定关系人持有股份或者本人实际控制的公司、企业，致使国家利益遭受重大损失的，依照刑法第三百八十二条、第三百八十三条的规定，以贪污罪定罪处罚。贪污数额以国有资产的损失数额计算。

五、关于改制前后主体身份发生变化的犯罪的处理

国家工作人员在国家出资企业改制前利用职务上的便利实施犯罪，在其不再具有国家工作人员身份后又实施同种行为，依法构成不同犯罪的，应当分别定罪，实行数罪并罚。

国家工作人员利用职务上的便利，在国家出资企业改制过程中隐匿公司、企业财产，在其不再具有国家工作人员身份后将所隐匿财产据为己有的，依照刑法第三百八十二条、第三百八十三条的规定，以贪污罪定罪处罚。

国家工作人员在国家出资企业改制过程中利用职务上的便利为请托人谋取利益，事先约定在其不再具有国家工作人员身份后收受请托人财物，或者在身份变化前后连续收受请托人财物的，依照刑法第三百八十五条、第三百八十六条的规定，以受贿罪定罪处罚。

六、关于国家出资企业中国家工作人员的认定

经国家机关、国有公司、企业、事业单位提名、推荐、任命、批准等，在国有控股、参股公司及其分支机构中从事公务的人员，应当认定为国家工作人员。具体的任命机构和程序，不影响国家工作人员的认定。

经国家出资企业中负有管理、监督国有资产职责的组织批准或者研究决定，代表其在国有控股、参股公司及其分支机构中从事组织、领导、监督、经营、管理工作的人员，应当认定为国家工作人员。

国家出资企业中的国家工作人员，在国家出资企业中持有个人股份或者同时接受非国有股东委托

的，不影响其国家工作人员身份的认定。

七、关于国家出资企业的界定

本意见所称“国家出资企业”，包括国家出资的国有独资公司、国有独资企业，以及国有资本控股公司、国有资本参股公司。

是否属于国家出资企业不清楚的，应遵循“谁投资、谁拥有产权”的原则进行界定。企业注册登记中的资金来源与实际出资不符的，应根据实际出资情况确定企业的性质。企业实际出资情况不清楚的，可以综合工商注册、分配形式、经营管理等因素确定企业的性质。

八、关于宽严相济刑事政策的具体贯彻

办理国家出资企业中的职务犯罪案件时，要综合考虑历史条件、企业发展、职工就业、社会稳定等因素，注意具体情况具体分析，严格把握犯罪与一般违规行为的区分界限。对于主观恶意明显、社会危害严重、群众反映强烈的严重犯罪，要坚决依法从严惩处；对于特定历史条件下、为了顺利完成企业改制而实施的违反国家政策法律规定的行为，行为人无主观恶意或者主观恶意不明显，情节较轻，危害不大的，可以不作为犯罪处理。

对于国家出资企业中的职务犯罪，要加大经济上的惩罚力度，充分重视财产刑的适用和执行，最大限度地挽回国家和人民利益遭受的损失。不能退赃的，在决定刑罚时，应当作为重要情节予以考虑。

■最高人民法院、最高人民检察院关于办理妨害预防、控制突发传染病疫情等灾害的刑事案件具体应用法律若干问题的解释(2003年5月15日)

第十四条　贪污、侵占用于预防、控制突发传染病疫情等灾害的款物或者挪用归个人使用，构成犯罪的，分别依照刑法第三百八十二条、第三百八十三条、第二百七十一条、第三百八十四条、第二百七十二条的规定，以贪污罪、侵占罪、挪用公款罪、挪用资金罪定罪，依法从重处罚。

挪用用于预防、控制突发传染病疫情等灾害的救灾、优抚、救济等款物，构成犯罪的，对直接责任人员，依照刑法第二百七十三条的规定，以挪用特定款物罪定罪处罚。

第十七条　人民法院、人民检察院办理有关妨害预防、控制突发传染病疫情等灾害的刑事案件，对于有自首、立功等悔罪表现的，依法从轻、减轻、免除处罚或者依法作出不起诉决定。

第十八条　本解释所称“突发传染病疫情等灾害”，是指突然发生，造成或者可能造成社会公众健康严重损害的重大传染病疫情、群体性不明原因疾病以及其他严重影响公众健康的灾害。

■最高人民法院、最高人民检察院、公安部、司法部关于依法惩治妨害新型冠状病毒感染肺炎疫情防控违法犯罪的意见(2020年2月6日)

相关内容附在本书刑法第二百七十一条之后附文同名文件中

■最高人民法院关于审理贪污、职务侵占案件如何认定共同犯罪几个问题的解释(2000年7月8日)

第一条　行为人与国家工作人员勾结，利用国家工作人员的职务便利，共同侵吞、窃取、骗取或者以其他手段非法占有公共财物的，以贪污罪共犯论处。

第三条　公司、企业或者其他单位中，不具有国家工作人员身份的人与国家工作人员勾结，分别利用各自的职务便利，共同将本单位财物非法占为己有的，按照主犯的犯罪性质定罪。

▼全国法院审理经济犯罪案件工作座谈会纪要(2003年11月13日)

二、关于贪污罪

(一)贪污罪既遂与未遂的认定

贪污罪是一种以非法占有为目的的财产性职务犯罪，与盗窃、诈骗、抢夺等侵犯财产罪一样，应当以行为人是否实际控制财物作为区分贪污罪既遂与未遂的标准。对于行为人利用职务上的便利，实施了虚假平账等贪污行为，但公共财物尚未实际转移，或者尚未被行为人控制就被查获的，应当认定为贪污未遂：行为人控制公共财物后，是否将财物据为自有，不影响贪污既遂的认定。

(二)"受委托管理、经营国有财产"的认定

刑法第三百八十二条第二款规定的"受委托管理、经营国有财产",是指因承包、租赁、临时聘用等管理、经营国有财产。

(三)国家工作人员与非国家工作人员勾结共同非法占有单位财物行为的认定

对于国家工作人员与他人勾结,共同非法占有单位财物的行为,应当按照《最高人民法院关于审理贪污、职务侵占案件如何认定共同犯罪几个问题的解释》的规定定罪处罚。对于在公司、企业或者其他单位中,非国家工作人员与国家工作人员勾结,分别利用各自的职务便利,共同将本单位财物非法占有的,应当尽量区分主从犯,按照主犯的犯罪性质定罪。司法实践中,如果根据案件的实际情况。各共同犯罪人在共同犯罪中的地位、作用相当,难以区分主从犯的,可以贪污罪定罪处罚。

(四)共同贪污犯罪中"个人贪污数额"的认定

刑法第三百八十三条第一款规定的"个人贪污数额",在共同贪污犯罪案件中应理解为个人所参与或者组织、指挥共同贪污的数额,不能只按个人实际分得的赃款数额来认定。对共同贪污犯罪中的从犯,应当按照其所参与的共同贪污的数额确定量刑幅度,并依照刑法第二十七条第二款的规定,从轻、减轻处罚或者免除处罚。

▼最高人民法院研究室关于对行为人通过伪造国家机关公文、证件担任国家工作人员职务并利用职务上的便利侵占本单位财物、收受贿赂、挪用本单位资金等行为如何适用法律问题的答复(全文)(2004 年 3 月 20 日)

行为人通过伪造国家机关公文、证件担任国家工作人员职务以后,又利用职务上的便利实施侵占本单位财物、收受贿赂、挪用本单位资金等行为,构成犯罪的,应当分别以伪造国家机关公文、证件罪和相应的贪污罪、受贿罪、挪用公款罪等追究刑事责任,实行数罪并罚。

●职务便利骗取土地使用权

1. 贪污罪中的"利用职务上的便利",是指利用职务上主管、管理、经手公共财物的权力及方便条件,既包括利用本人职务上主管、管理公共财物的职务便利,也包括利用职务上有隶属关系的其他国家工作人员的职务便利。

2. 土地使用权具有财产性利益,属于刑法第三百八十二条第一款规定中的"公共财物",可以成为贪污的对象。(参见最高人民法院第三批指导性案例 11 号,杨延虎等贪污案,2012 年 9 月 18 日发布。)

□将国有、集体联营企业的公共财产转移至自己及亲属控股的个人股份制企业并非法占有,应认定构成贪污罪

在企业改制过程中,国有企业工作人员利用受委派在国有、集体联营企业中从事公务的职务便利,将国有、集体联营企业的公共财产转移至自己及亲属控股的个人股份制企业并非法占有,应认定构成贪污罪。(上海市人民检察院第二分院诉王一兵贪污案,载《最高人民法院公报》总第 91 期,2004 年第 5 期,第 24 页。)

□挪用公款潜逃,拒不归还,主观上具有非法占有故意的行为,构成贪污罪

国有银行工作人员,利用职务便利挪用公款,携带公司银行账户凭证和全部炒股手续潜逃,将其中的公款置于自己控制之下,有能力归还拒不归还,主观上具有非法占有的故意,其行为构成贪污罪。(参见重庆市人民检察院诉陈新贪污、挪用公款案,载《最高人民法院公报》总第 87 期,2004 年第 1 期,第 18 页。)

□国家机关工作人员受委派在集体所有制企业任职后,又经所在企业职工代表大会选举继续任职,并由企业上级行政主管部门批复同意的,仍应以国家工作人员论

国家机关工作人员受委派在集体所有制企业任职后,又经所在企业职工代表大会选举继续任职,并由企业上级行政主管部门批复同意的,仍应以国家工作人员论。其利用职务便利,采取指使他人做

假账、通过转账划款、提取现金等手段侵吞公款的行为,构成贪污罪。(重庆市人民检察院第一分院诉严先贪污案,载《最高人民法院公报》总第98期,2004年第12期,第14页。)

□国家工作人员截留并侵吞本单位违法收取的不合理费用,以贪污罪论处

国有事业单位工作人员利用职务便利,截留并侵吞本单位违法收取的不合理费用,应根据《刑法》第三百八十二条的规定,以贪污罪论处。(参见成都市人民检察院诉尚荣多等人贪污案,载《最高人民法院公报》总第98期,2004年第12期,第22页。)

□在国有事业单位改制中,利用职务便利隐瞒国有资产,贪污的数额应按照被告人在改制后的公司中所占投资份额的比例认定

根据《刑法》第三百八十二条第一款的规定,被告人在国有事业单位改制中,利用职务便利隐瞒国有资产,并将其转移到改制后自己占有投资份额的公司中,构成贪污罪,但贪污的数额应按照被告人在改制后的公司中所占投资份额的比例认定。(参见无锡市北塘区人民检察院诉束兆龙贪污案,载《最高人民法院公报》总第105期,2005年第7期,第36页。)

□在期货交易活动中,用国有企业亏损来弥补个人损失的手段占有国有财物,是非法占有的一种行为

国有企业的工作人员,在为各自单位从事期货交易活动中,利用职务便利,采取欺骗手段,将私人账户上的期货合约在价格下跌时分别转入国有企业的账户,造成国有企业在转入当天的持仓亏损数额巨大。这种向国有企业转嫁个人损失的做法,虽然没有表现为直接地占有国有财物,但实质是以用国有企业亏损来弥补个人损失的手段占有国有财物,是非法占有的一种行为,构成贪污罪。(参见上海市黄浦区人民检察院诉窦沛颖、冼晓玲贪污案,载《最高人民法院公报》总第82期,2003年第2期,第31页。)

□"受委托管理、经营国有财产的人员"的认定

构成受委托管理、经营国有财产的人员必须符合下述三个条件:其一,委托主体必须是国家机关、国有公司、企业、事业单位、人民团体;其二,必须存在委托和被委托关系;其三,委托内容必须是特定的事务,即从事对国有财产的管理、经营这样一种特殊的事务。贪污罪是国家工作人员利用职务上的便利,侵吞、窃取、骗取或者以其他手段非法占有公共财物的行为。根据《刑法》第九十三条的规定,从事公务是国家工作人员的本质特征。既然刑法将不具有国家工作人员身份但受委托管理、经营国有财产的人员与国家工作人员并列为贪污罪的主体,那么,两者之间就应当具有某种内在一致的本质属性,这就是公务性。一切公务都直接或间接地表现为对国家和社会公共事务的管理活动,国有财产属于公共财产。因此,受委托对国有财产进行的管理、经营活动就带有一定的公务性,也就是说,受委托管理、经营国有财产的人员也是从事公务的人员。其与国家工作人员的区别仅仅在于从事公务的依据不同,前者是受委托,而后者或者是依职权、或者是受委派、或者是依法律,而非公务本身。受委托管理、经营国有财产的这种公务性,是刑法对利用职务上的便利非法占有受委托管理、经营的国有财物行为规定以贪污论处的主要原因。但是,受委托管理、经营国有财产的人员毕竟不是国家工作人员,"以贪污论"毕竟不是"以国家工作人员论",在司法实践中,应当严格掌握其认定标准。首先,受委托管理、经营国有财产不同于国有单位对其内部工作人员的任命、聘任或者委派。国有单位任命、聘任其工作人员担任一定职务,在本单位从事经营、管理活动的人员,以及基于投资或者领导关系委派到非国有单位从事经营、管理、监督活动的人员,在性质上均属于国有单位的内部人员,国有单位对其所作的任命、聘任或者委派,属于单位内部的工作安排,从这一点来讲,双方不是平等的关系。根据《刑法》第九十三条第二款的规定,这些人员属于依法律、依职权或者授权从事的公务,应当以国家工作人员论。受委托管理、经营国有财产则不同,委托是基于信任或者合同等其他关系而产生的权利义务关系,被委托人与委托单位是一种平等的关系。受委托最典型的,就是公民个人与国有企业签订承包、租赁合同,依照合同约定对国有企业进行管理、经营。1999年《最高人民检察院关于人民检察院直接受理立案侦查案件立案标准的规定(试行)》对“‘受委托管理、经营国有财产’解释为是指因承包、租赁、聘用等而管理、经营国有财产”。2003年最高人民法院印发的《全国法院审理经济犯罪案件工作座谈会纪要》中,对“受委托管理、经营国有财产”也明确是指“因承包、租赁、临时聘用等管理、经营国有财产”。需要注意的是,聘用虽然亦可成立委托关系,但不是一般劳动关系意义上的聘用,而是管理、经营国有财产意义上的聘用。因此,单纯从聘用形式来看,还不足以将国有公司、企业中以国家工作人员论的人员与受委托管理、经营国有财产的人员区分开来,必须联系聘用的内容是基于内部劳动关系所作的工作安排,还是基于信任或者合同等其他关系而作出的委托,加以判断。其次,受委托管理、经营国有财产也不同于国有单位非国家工作人员从事的不具有公务性质的生产、服务等劳务活动。委托的内容必须限于对国有资产进行管理、经营。所谓管理,是指依委托行使监守或保管国有资产职权的活动;所谓经营,是指行为人在对国有资产具有管理职权的前提下,将国有资产投入市场,作为资本使其增值的商业活动,也就是对国有财物具有处分权。显然,管理、经营国有财产与经手国有财物是有区别的。新刑法也正是出于这一考虑,将1988年全国人大常委会颁布的《关于惩治贪污罪贿赂罪的补充规定》第一条关于“其他经手、管理公共财物的人员”的规定修改限缩为“受……委托管理、经营国有财产的人员”。如果受委托的事项不是管理、经营国有财产,而是从事具体的保管、经手、生产、服务等劳务活动,不能适用《刑法》第三百八十二条第二款的规定。比如国有企业的承包、租赁经营者受国有企业的委托,在生产或经营过程中依照合同约定对国有财产行使管理和经营权,因此,应视为“受委托管理、经营国有财产的人员”。在承包企业里的一般职工,则不能视为“受委托管理、经营国有财产的人员”。[参见福建省厦门市人民检察院诉张珍贵、黄文章职务侵占案,载《最高人民法院公报》总第77期,2002年第3期,第86页;参见第274号案例,张珍贵、黄文章职务侵占案,载《刑事审判参考》总第35集(2003年第6集),法律出版社,第55~63页。执笔:刘一守]

▽对贪污罪中非法占有的认定

对行为人主观故意的认定,不能仅凭行为人供述,又要防止客观归罪,应当以客观事实为基础综合全案进行考察,才能作出正确判断。刑法规定的贪污罪,作为侵占型财产犯罪,在客观行为上,总是能够体现出一定程度的秘密性或欺骗性,因为只有不为他人或所在单位所知悉或确切知悉,行为人才能达到非法占有公共财物的目的。本案行为人将公款挪出为己私用,并未达到秘密进行的程度,烟草公司通过查账完全可以发现,事实上也确因单位发现而有后来的催款行为。在烟草公司发现行为人私自动用香烟销售款后,行为人不仅没有否认,也没有携款潜逃的行为,而是写下了欠条,只是编造客户远、钱未收回作为没能及时还款的理由。但是,行为人的此种欺诈手段主观上是为了拖延还款时间,客观上也不能达到侵吞公司资金的后果,不属于刑法规定的贪污罪中的“骗取”。综观全案,行为人在行为过程中没有表现出秘密进行的特征,事后没有掩盖否认的行为,对款项的使用也没有挥霍、携款潜逃的表现,所以不能认定行为人主观上具有非法占有的故意,其这种一段时间内占用国有单位资金的行为不能认定为贪污罪。[参见第406号案例,刘某挪用公款案,载《刑事审判参考》总第51辑(2006年第4辑),法律出版社,第41~42页。执笔:康瑛]

▽“委托”的认定

最高人民检察院于1999年9月19日下发的《关于人民检察院直接受理立案侦查案件立案标准的规定(试行)》作出了如下规定:“受委托管理、经营国有财产”是指因承包、租赁、聘用等而管理、经营国有财产。2003年11月13日,最高人民法院下发的《全国法院审理经济犯罪案件工作座谈会纪要》(刑法本条附文以下简称《纪要》)中规定:“受委托管理、经营国有财产”是指因承包、租赁、临时聘用等管理、经营国有财产。可见,承包、租赁和聘用是“受委托”的主要方式,不同之处在于《纪要》对聘用的范围限制在“临时聘用”。因为长期受聘用的人员直接可视为国家工作人员,对于其利用职务上便利侵吞国有财产的，可以直接适用《刑法》第三百八十二条第一款的规定处罚，而临时聘用人员由于尚未与国有单位形成固定的劳动关系，难以认定其为国家工作人员。因此，将临时聘用的人员纳入《刑法》第三百八十二条第二款规定的受委托人员范畴，符合刑法的立法精神和保护国有资产的价值取向。实践中除了承包、租赁和临时聘用以外，不排除其他形式存在的可能，但其共同的特征在于，委托双方属于平等的民事主体关系，这种委托是国有单位以平等主体身份就国有财产的管理、经营与被委托者达成的协议，本质上是民事委托关系，因此有别于《刑法》第九十三条规定的"委派"。委派的实质是任命，具有一定的行政性，被委派者在委派事项及是否接受委派方面，与委派方不是处于平等地位而是具有行政隶属性质，两者间的关系具有隶属性和服从性。[参见第355号案例，朱洪岩贪污案，载《刑事审判参考》总第45集(2005年第4集)，法律出版社，第21~22页。执笔：叶巍、刘怀]

▽"二次委派"的概念以及虽然形式上由市供销合作总社(事业单位)行文任命，但实质上系受中共市委财贸政治部委派，故应认定其为受国家机关委派在非国有公司从事公务的人员

按照我国现行干部制度的党管干部原则，市供销合作总社仅具形式上的任命权，拥有决定权的是中共市委财贸政治部，行为人能否继任市农资公司的总经理，最终将取决于中共市委财贸政治部同意与否；市供销合作总社虽然在体制改革之后列为事业编制，但根据相关体制改革的政策规定，总社及其下属公司的人员，原属全民所有制的干部、职工的身份和待遇并未因体制改革而改变。行为人第三次任职的情况，不同于通常人们所说的"二次委派"。"二次委派"通常指的是在一些特殊行业的非国有单位中，其高层管理决策人员(比如董事会成员)由行政主管部门委派，而具体的执行人员(比如经理人员)又由管理决策层决定任命。通常把这些公司管理决策层自主决定任命的人员称为"二次委派"。前者属于刑法中的委派，而后者因非行政主管部门决定任命，且非国有单位享有任命与否的自主决定权，故不应认定为受国家机关委派从事公务的人员。司法实践中，要特别注意的是，随着政企分开和干部管理制度的改革，国家机关、国有公司、企业、事业单位向非国有公司、企业、事业单位、社会团体委任、派遣从事公务人员的形式可能多种多样，如任命、指派、提名、批准等。因此，认定是否属于受委派，不能仅看形式，必须结合具体案件的情况，充分把握是否属于代表国家机关、国有公司、企业、事业单位行使公共权力的实质，准确加以界定。行为人在1994年第三次任职市农资公司总经理时，形式上是由其上属单位市供销合作总社(事业单位)行文任命的，但原中共市委财贸政治部的同意，才是其在非国有公司中行使公共事务管理职权的真正权力来源。很显然，行为人不属于"二次委派"，而是国家机关(通过党的干部机构)对特殊行业的非国有单位高层管理决策人员的直接委派。因此，应当认定其为受国家机关委派在非国有公司从事公务的人员，以国家工作人员论。[参见第275号案例，胡启能贪污案，载《刑事审判参考》总第35集(2003年第6集)，法律出版社，第75~76页。执笔：姚裕知、刘一守]

▽截留并非法占有本单位利润款的贪污行为与收受回扣的受贿行为区分的认定

一般而言，通过犯罪对象，可以对贪污与受贿作出清楚的界定。行为人所取得的财物系他人(包括单位)的财物，即为受贿；所取得的财物系本单位的公共财物(包括本单位管理、使用或者运输中的私人财物)，即为贪污。但是，在经济往来中，国家工作人员利用签订、履行合同的职务便利，经由交易对方以各种名义的回扣、手续费等形式给付其个人的财物，不能不加区别地一概认定为《刑法》第三百八十五条第二款规定的受贿行为，而应当结合交易的真实情况，具体分析行为人所获得的财物实际上是属于经济往来的对方单位，还是行为人单位，审慎加以区分，然后准确认定其行为的性质。在购销活动中，如果购入行为人收受的各种名义的回扣、手续费等实际上源于虚增标的金额，或者卖出方行为人收受的各种名义的回扣、手续费，实际上源于降低标的金额者，因该回扣或者手续费实质上属于本单位的额外支出或者应得利益，实际上侵犯的是本单位的财产权利，就应当特别注意是否是一种变相的贪污行为。[参见第275号案例，胡启能贪污案，载《刑事审判参考》总第35集(2003年第6集)，法律出版社，第76~77页。执笔：姚裕知、刘一守]

▽挪用公款用于炒股败露后,低价抛售股票款予以隐匿,并携款潜逃的行为,全案构成贪污罪

行为人(国家工作人员)挪用公款30万元用于炒股败露后,低价抛售股票导致17.15万元公款不能退还。用抛售股票所得款12.35万元和再从单位提取的4.8万元,将其中的1万元用于偿还个人债务,将其中的13万元化名"任可"存入银行,将存折委托他人转交给其家属作为家用(行为人家属在未知存折详情时,主动将存折交司法机关处理),并携余款潜逃的。由于客观上不能退还的亏损部分公款,是行为人恶意处分公款的直接结果,结合将股票抛售款予以隐匿并携款潜逃的情节,足以推定行为人对亏损部分公款亦具有非法占有的目的,故认定全案构成贪污罪。[参见第007号刑案判例,张育平贪污、挪用公款案,载《刑事办案指导》总第1辑(2005年第1辑),中国人民公安大学出版社,第54～55页。执笔:牛克乾]

▽国有企业法定代表人利用职务上的便利,在国有企业进行改制过程中,隐瞒国有净资产,使该笔资产流失到了改制后行为人占有股份的公司中,其行为构成贪污罪

行为人利用职务便利,实施了私自隐瞒国有净资产人民币39万余元的一个行为,但其主观上有为个人谋利益的思想动机和非法占有目的,客观上其作为改制以后的有限责任公司的股东,实际非法占有了被隐瞒的净资产的25%(股份比例),共计9.97万余元,这一行为已完全符合贪污罪的法定构成要件。同时,行为人作为国有企业的工作人员,滥用职权致使被隐瞒的国有净资产的其余65%(股份比例)流失,造成国有企业严重损失,其行为又触犯了国有企业人员滥用职权罪。因此,行为人的行为构成贪污罪与国有企业人员滥用职权罪的想象竞合犯,应以两罪中法定刑较重的贪污罪一罪定罪处罚。[参见第012号刑案判例,束兆龙贪污案,载《刑事办案指导》总第2辑(2005年第2辑),中国人民公安大学出版社,第30页。执笔:徐振华]

▽认定贪污数额应以行为人在改制后企业所占股份比例来确定,其余部分国有财物损失作为量刑情节

行为人在国有企业改制过程中具有非法占有国有资产的目的,但其隐瞒的全部合同应收款项均在资产评估基准日后相继进入企业的账目,这些瞒报的合同应收款仅逃避了资产评估机构的审核和国家职能部门的监管,仍然处于改制后的股份企业所有股东的监控之下,其对上述瞒报的全部资产不可能全部占为己有。就国家而言,在原单位改制过程中,国家对上述被隐瞒的资产中的90%失去了控制(因另外的10%仍然被国有企业控制),而行为人个人实际控制了上述被隐瞒的资产中的25%。因此,以行为人在改制后的股份企业中所持的股份比例来确定其非法占有的犯罪数额是比较合理的。同时,应将其余65%的被隐瞒的国有资产作为行为人为实现个人非法占有的目的而给国家造成的其他财产损失,在量刑时一并予以考虑。[参见第012号刑案判例,束兆龙贪污案,载《刑事办案指导》总第2辑(2005年第2辑),中国人民公安大学出版社,第31页。执笔:徐振华]

▽证券营业部工作人员利用职务便利透支客户资金违规自营炒股并私分盈利款的行为构成贪污罪

国有证券营业部违规自营炒股的盈利款属于公共财产。对其自营炒股盈利款的性质,可从以下三个方面理解:一是从盈利款的来源看,该盈利款是国有证券营业部违规自营炒股所得。行为人以单位名义筹措资金进行炒股,虽然自营炒股违反了国家规定,但并不因此改变盈利款属于国有证券营业部所有的性质。二是从炒股所用的资金看,既有国有证券营业部透支代理股民证券交易的资金,又有营业部自有资金和行为人以本单位名义借的1000万元国债资金。所透支的代理股民证券交易的资金虽然在量上占主要部分,并且在最终的所有权上属于股民个人所有,但是,根据《刑法》第九十一条第二款的规定,"在国家机关、国有公司、企业、集体企业和人民团体管理、使用或者运输中的私人财产,以公共财产论",该股民资金亦应认定为公共财产。国有证券营业部自营炒股所用的资金属于公共财产,其孳息即炒股盈利款显然属于公共财产。三是从最终归属看,该盈利款亦应认定为公共财产。《证券法》第一百三十四条规定,证券公司自营业务必须以自己的名义进行,不得假借他人名义或者以个人名义进行。第一百九十一条规定,证券公司违反规定,假借他人名义或者以个人名义从事自营业务的,责令改正,没收违法所得,并处以违法所得一倍以上五倍以下的罚款;情节严重的,停止其自营业务。第一百四十一条第二款规定,证券公司接受委托买人证券必须以客户资金账户上实有的资金支付,不得为客户融资交易。第一百八十六条规定,证券公司违反规定,为客户融资买人证券的,没收违法所得,并处以非法买卖证券等值的罚款。构成犯罪的,依法追究刑事责任。该国有证券营业部作为从事证券经营业务的公司,不仅假借他人名义和以个人名义非法从事证券自营业务,还通过虚增客户资金账户上资金的方式,非法从事融资交易,其盈利款当属《证券法》第一百九十一条和第一百八十六条规定的非法所得,应当予以没收,上缴国库。但在没有依法对其非法经营行为进行处理前,该盈利款暂由该国有证券营业部管理,仍然属于公共财产。行为人私分本单位违规自营炒股盈利款500万元的行为构成贪污罪。行为人系该国有证券营业部的总经理,私分盈利款的行为发生在1998年4~5月,根据《刑法》第九十三条第二款的规定,属于国有公司中从事公务的人员,行为人的主体身份应当认定为国家工作人员。行为人私分自营炒股盈利款的行为实际上有两次,一是以非法占有为目的,通过私下秘密商议,将公共财物即单位自营炒股盈利款中的500万元予以私分;二是为掩盖私分500万元的事实,又以房补的名义与其他职工私分盈利款230万元。两次私分的区别在于:虽然私分的决定由行为人同时作出,但前者私分的决定者与实际受益人具有同一性、私分行为具有秘密性等特征,而后者还包括单位其他职工,私分的受益人具有多数性、私分行为具有相对公开性等特征,因而前者私分的决定属于个人行为,而后者则体现了单位意志,具有私分国有资产的性质。当然,由于检察机关未对该私分行为提起公诉,人民法院不能主动予以追究。行为人私分自营炒股盈利款500万元的行为符合《刑法》第三百八十二条之规定,均构成贪污罪。[参见第383号案例,郭如鳌、张俊琴、赵茹贪污、挪用公款案,载《刑事审判参考》总第48集(2006年第1集),法律出版社,第53~55页。执笔:文丑、杨金华]

▽对于国家工作人员利用职务上的便利,以本单位的名义向具有被其职权制约的相关单位索要财物并占为己有的行为,在索要人的真实意图和被索要人的行为指向不相对应时,应认定为贪污

行为人系以单位名义向苏某索要财物,苏某不具备向行为人个人行以贿赂的主客观要件。受贿罪本质上体现为一种钱权交易关系。在具体的受贿犯罪中,国家工作人员(受贿或索贿主体)与"他人"(行贿主体)间,应当具有主观认知上的对应性和客观行为上的互动性。本案行为人没有利用职务上的便利直接占有本单位原有的公共财物,而是将以单位名义向其他单位索要的财物占为己有。由于被告人是以市场协会需投资为名向苏某拉"赞助",而作为其相对方的苏某,也是考虑到苏某系市场协会的会员,行为人作为省体改委的领导及市场协会对苏某一向多有帮助,故向市场协会提供赞助亦属情理之中,遂按行为人的要求为市场协会办理了80万元的付款转账手续。因此,苏某既无对行为人个人索贿的主观认知,亦无向行为人个人行贿的主观故意和客观行为,不具有行为的违法性。在此情形下,如果将行为人的行为认定为索贿性质,势必相应地形成对苏某的行为具有向行为人个人行贿性质的法律评价,其结论显然与事实和法律不符。行为人伙同另一被告人钱某开设的单位账户是市场协会的有效账户,其占有的80万元系市场协会的公款。由于贪污罪侵犯的客体主要是公共财产所有权,受贿罪侵犯的客体主要是国家的廉政制度。对本案80万元赞助款的权属是否已经合法转移至市场协会事实的认定,是确认行为人行为性质的关键。行为人利用职务之便开设并被其控制的单位账户,就其本质而言无异于单位使用的其他银行账户,因而是有效的市场协会之账户。苏某依其真实的意思表示将赞助市场协会的80万元转账至该账户后,该款的所有权即转移至市场协会,故行为人伙同钱某占有该80万元系非法占有本单位财产的行为。综上,行为人利用职务上的便利,伙同被告人钱某将其从苏交所拉来的80万元赞助款予以侵吞的行为,符合贪污罪的构成特征,应当以贪污罪定罪处罚。[参见第334号案例,阎怀民、钱玉芳贪污、受贿案,载《刑事审判参考》总第42集(2005年第1集),法律出版社,第

58~61页。执笔:高军]

▽以“奖金”名义私分学校违规收取的“点招费”行为,构成贪污罪

在奖金的分配权限方面,学校并没有赋予二行为人将“点招费”作为奖金进行分配的权限。第二,在行为方式方面,二行为人有意隐瞒“点招费”实际收支情况并将所截留的20万元“点招费”在少数人范围内进行私分,与单位行为的基本要求不符。单位行为与个人行为的区分,关键在于行为人是以单位意志还是个人意志行事。尽管行为人无代表单位意志的权限并不必然意味系个人行为,但是作为单位意志行为,单位首先应当是知情的,至少应当在事后让有权代表单位的机构或者人员知悉实情。第三,二行为人主观方面具有明显的个人非法占有目的。二行为人先采取隐蔽手段化公为私,在所谓的分配“奖金”之前即将所截留的20万元“点招费”转入其子名下的个人账户;再自行决定在少数参与人范围内进行私分,其他招生人员既不在“奖励”范围之列,也不知情;然后行为人将公款私分之后,为逃避追查,商定统一口径,订立攻守同盟,约定谁都不许对外提私分一事。[参见第312号案例,尚荣多等贪污案,载《刑事审判参考》总第39集(2004年第4集),法律出版社,第60~61页。执笔:刘一守]

▽私分国有资产罪与共同贪污罪的认定

私分国有资产罪与共同贪污罪在以下几个构成方面的差别是明显的:第一,实施主体方面。私分国有资产罪是单位犯罪,贪污罪则是自然人犯罪。私分国有资产罪是单位犯罪,认定是否单位犯罪的关键在于行为的实施是否以单位的名义,代表单位的意志。这一点,最高人民法院印发的《全国法院审理金融犯罪案件工作座谈会纪要》已有明确规定。第二,行为方式方面。私分国有资产罪一般表现为本单位领导集体研究决定并由单位统一组织实施,尽管往往需要采取一定的欺骗手段以逃避有关部门的监管,但就本单位内部而言是相对公开的,因而具有较大程度和较大范围的公开性;贪污罪表现为行为人利用职务便利,以侵吞、窃取、骗取等不为人所知或者他人不知实情的方式实施,除了行为人或者共同行为人之外,其他人并不知情,因而具有相当的秘密性和隐蔽性。第三,受益人员的数量、构成方面。私分国有资产属于集体私分行为,表现为单位多数员工甚至所有员工均实际分取了财物,在受益人员的数量上具有多数性特征,而且,一般不以某一特定层面为限,在受益人员的构成上具有广泛性特征。在私分国有资产行为当中,决策和具体执行的人员可以不是实际受益人,但是,实际受益人员不能仅仅局限在决策和具体执行等少数人员。贪污罪属于个人侵占行为,分取赃物人与贪污行为人是直接对应的,具有一致性。在共同贪污犯罪中,分取赃物人仅限于参与决策、具体实施贪污行为以及为贪污行为提供帮助等共同犯罪人。实践中也存在部分共同贪污犯罪人未分取赃物或者将赃物交给共同犯罪人之外的其他人的情形,但这属于赃物的事后分割和处理问题。[参见第313号案例,杨代芳贪污、受贿案,载《刑事审判参考》总第39集(2004年第4集),法律出版社,第67~69页。执笔:马红梅 刘一守]

▽偷盖其他工作人员保管的印鉴,不是利用职务上的便利条件,而是利用工作上的便利条件

行为人的职务是银行出纳员,向储户吸纳存款的业务并非其职权范围,况且其所在银行并未开展高额利率存款业务,“高额利率定单”完全是其自造的。根据银行内部储蓄规定,存单须有出纳、会计共同审核盖章并加盖银行储蓄专用章后方能生效。行为人系出纳,只负责保管本人印鉴和银行储蓄专用章,并不负责保管其他工作人员的印鉴。“高额利率定单”上的公、私章均是行为人在同班人员疏忽大意完全不知的情况下利用工作上的便利条件偷盖的,使定单看起来像银行的存单,让亲朋好友误以为是银行存单。可见,行为人的行为不是利用职务上的便利条件,而是利用工作上的便利条件,也不符合贪污罪的客观要件。[参见第301号案例,田亚平诈骗案,载《刑事审判参考》总第38集(2004年第3集),法律出版社,第124~125页。执笔:宋楚潇]

▽形式上的“侵占”行为与贪污罪中以非法占有为目的的侵吞行为区分的认定

贪污罪中的非法占有目的需结合公款的具体去向及行为人的处置意思来加以综合认定,实践中应注意区分形式上的“侵占”行为与贪污罪中以非法占有为目的的侵吞行为，以免客观归罪。利用职务便利、采取虚构事实或者隐瞒真相等手段、将公司经营利润予以截留，并藏匿于他公司。同时，在无相反证据、事实的情况下，根据上述行为通常足以推定行为人具有非法占有所截留、隐匿公款的主观目的：此种情形中，或者通过平账或者通过不入账，公司的账物账簿已经反映不出该笔公款，公司已经实际失去了对该公款的支配和控制。但是作为一种客观推定（事实推定），就需遵循证据推理的一般规则，一方面据以推定的证据必须是真实的、一致的，相反证据须得到合理排除；另一方面推定的结论必须是确定的、唯一的并且是可靠的。本案的特殊性在于：第一，作为公司的总经理，行为人事实上具有代表公司对公司资产作出处置的实际权力，在为公还是为私问题的判断上具有不确定性。这一点不同于公司的一般财务人员或者公司财产的经手人员，后者一般无权自行处置公司的财产，因而可径行推定成立非法占有目的要件。第二，行为人截留公款事出有因，其与上属公司苏州物资集团公司（以下简称苏物贸）在经营理念及个人关系上均存在分歧和矛盾，不能对其关于摆脱上属公司的掣肘，另起炉灶成就一番事业，个人并无非法占有所截留公款的供述予以合理排除。可见，尽管行为人采取不入账或者平账等手段，私自截留公款并予以藏匿，但因相反证据不能得到合理排除，且推定结论不具有确定性，故单纯地就其截留公款并予以藏匿的行为不足以认定其主观上的非法占有目的。在根据相关证据尚不足以判断行为人截留公款行为时的主观目的的情形中，就须结合公款的去向及行为人对于公款的具体处置行为等进一步行为来进行认定。如本案行为人分别用于办理美国运通卡、外国护照及支付他人购车款的168万余元公款，因相关证据充分证明系个人目的使用、处置行为，故推定其对于该部分公款主观上具有非法占有目的是可靠的、完全可以成立的。[参见第292号案例，胡滋玮贪污案，载《刑事审判参考》总第37集（2004年第2集），法律出版社，第70～71页。执笔：刘一守]

▽贪污罪与挪用公款罪区别的认定

贪污罪和挪用公款罪都是国家工作人员利用职务上的便利实施的犯罪，在构成特征上有许多共同之处，如犯罪主体都是国家工作人员，犯罪对象都可以是公款，客观上都必须是利用职务上的便利，尤其是对于行为人以挪用公款的手段进行贪污和挪用公款后因无法归还而畏罪潜逃的情形，两罪很容易混淆。但贪污罪是以非法占有公共财物为目的，而挪用公款罪则是以非法使用公款为目的。两罪有本质区别，区别的关键在于行为人主观上是否以非法占有为目的，客观上是否实施了侵吞公款的行为。因此，正确界定行为人的主观故意对区分其行为是贪污还是挪用的性质至关重要。非法占有的目的是主观要件，应当根据主客观相一致的原则，不仅要考虑行为人的供述，而且要从行为人的客观行为分析认定。就行为特征而言，贪污和挪用公款犯罪在将公款转移到行为人控制之下这一过程是相似的，但由于主观目的的不同，其客观行为也会有不尽相同之处。贪污行为由于行为人的主观意图在于永久占有公款，其必然尽其所能掩盖、隐匿公款的真实去向，尽量在有关账目上不留痕迹；挪用公款行为由于行为人的初衷只是临时性地使用公款，所以一般总要给使用的款项留个“后门”，使其在有条件的情况下可以顺利归还。司法实践中，应根据以下客观事实判定是否构成贪污：其一，行为人是否采取弄虚作假的手段，使自己占有公款的事实在账目上难以发现。如使用虚假发票、对账单等会计凭证的，使其占用的公款已难以在单位财务账目上反映出来的，一般应当认定为贪污行为。对于行为人采取了弄虚作假的手段平账，但由于受到某种条件的制约，不能完全平账的，也不能仅以账未做平作为不定贪污罪的理由。本案行为人用虚假对账单、现金交款单给会计做账，单位账目是平的，但单位账目与银行存款有缺口，即所谓“大账”不平。行为人虽然没有将账目完全做平，但其有采取弄虚作假手段的做账行为，达到了从单位账目上难以发现其占用公款的目的，是以骗取手段贪污的行为。其二，行为人销毁有关账目的。该行为不仅仅是逃避侦查的行为，也是掩饰公款去向，试图隐匿公款的行为，反映出行为人主观上有非法占有的目的，是侵吞公款的贪污行为。其三，行为人截取收入不入账的。行为人利用职务上的便利，将本单位的收入直接截留，使账目上不能反映该款项，是直接侵吞公款的贪污行为。[参见第

236号案例,彭国军贪污、挪用公款案,载《刑事审判参考》总第31集(2003年第2辑),法律出版社,第62~63页。执笔:钟宣]

▽行为人案发前归还公款行为性质的认定

行为人案发前有归还公款的行为,一般被认为是其主观上有归还公款的意愿,没有非法占有的目的。但是,不能一概而论,不能凡有归还行为就一概以挪用公款论。归还行为是与挪用行为相对应的,正是因为行为人出于挪用的目的,而不是非法占有的目的,才会发生归还行为,因此,这种归还行为一般具有主动性、自觉性的特征。在有些案件中,行为人虽然"归还"了部分公款,但不是主动、自觉地归还,而是出于其他目的,如本案行为人曾多次"归还"了部分公款,但行为人部分"归还"的款项不是主动归还。行为人私自支取巨额公款,造成单位账上实际资金与账面资金之间形成巨大差额,账面显示有足够的资金支付单位用款,但账上实际资金已不足支付。当单位发生用款事项而账上实际资金已不足支付时,为了不暴露其犯罪事实,行为人不得已自己支付了单位的部分用款,这不是为减少给国家造成的损失而归还的行为,而是为了使其犯罪行为不被发现的一种掩盖行为,所以其所谓的"归还"行为实质上是掩盖其犯罪的行为,不能据此认定其没有非法占有的目的。但是已"归还"的部分不应再计算为侵吞公款的数额。[参见第236号案例,彭国军贪污、挪用公款案,载《刑事审判指导》总第31集,法律出版社,第63页。执笔:钟宣]

▽已经挪用但未携带的部分公款性质的认定

不能仅因行为人潜逃而简单地推定其对全部公款都具有非法占有的目的。大多数情况下,行为人潜逃是因为其实施了挪用公款的犯罪行为且畏惧承担刑事法律责任而潜逃,是一种畏罪行为,其主观上是出于畏惧的心理。行为人挪用公款已属犯罪既遂,其畏惧案发而潜逃不影响其犯罪行为的性质,也就是说对未携带的公款,其主观上不一定转化为不打算归还该公款,该公款仍是客观上不能归还。当然,对于行为人潜逃时携带的挪用的公款,以及如果查明行为人有能力归还挪用的公款而拒不归还,如采取隐匿、转移挪用的公款的手段拒不归还,则说明行为人的主观犯意已由非法使用公款转化为非法占有公款,应当以贪污罪定罪处罚。本案行为人利用其职务上的便利,将其所管理的巨额公款借给他人和供自己进行赌博活动,客观上已无法归还,案发前又携带公款潜逃,说明其主观故意已经发生变化,从不能归还转变为不打算归还,不仅对携带的公款不打算归还,而且对所有挪用未归还的公款,亦不打算归还,其行为已构成对公共财产的非法占有,因此,对全案以贪污罪定罪。[参见第236号案例,彭国军贪污、挪用公款案,载《刑事审判指导》总第31集,法律出版社,第64页。执笔:钟宣]

▽不动产应为贪污罪的犯罪对象

公有房屋可以成为贪污犯罪的对象,不应以房屋属于不动产为由,而将公有房屋排除在贪污罪的犯罪对象之外。依照《刑法》第九十一条的规定,"公共财产"包括国有财产、劳动群众集体所有的财产、用于扶贫和其他公益事业的社会捐助或者专项基金以及在国家机关、国有公司、企业、事业单位和人民团体管理、使用或者运输中的私人财产。刑法本条规定的贪污罪对象的"公共财物"与《刑法》第九十一条规定的"公共财产"的内涵与外延应当是相同的,均未将不动产排除在公共财产或者公共财物之外。在司法实践中,财产犯罪中的抢劫罪、抢夺罪因以"当场"为要件,盗窃罪、聚众哄抢罪因一般需以对象物的物理移动方可完成、挪用类犯罪因立法上明确规定其对象为资金或者公款而不可能以不动产作为犯罪对象,除此之外,诈骗罪、(职务)侵占罪、敲诈勒索罪、故意毁坏财物罪等均可以不动产作为其侵害的对象。例如,行为人完全可以通过诈骗手段,实现对他人所有的不动产的事实上的占有,甚至是以产权变更登记的形式实现"法律上"的占有。作为职务性的财产犯罪,就实施及完成犯罪行为方面而言,贪污罪与诈骗罪、侵占罪等一般财产犯罪并无两样,而且,较之于后者,贪污行为人因其有着职务上的便利可资利用,故通常情况下更易于得逞。因此,有必要运用刑法手段对不动产予以保护。[参见第216号案例,于继红贪污案,载《刑事审判参考》总第29辑(2002年第6辑),法律出版社,第47页。

执笔:刘为波]

▽对于非法侵占公有房产的贪污行为,即使客观上尚未办理产权变更登记,也可以通过其所采取的欺骗手段等行为事实,认定其具有非法占有的目的

作为侵占类财产犯罪,贪污罪的构成需以行为人主观上具有非法占有目的为其要件,这也是区分贪污罪与挪用类犯罪的一个重要方面。贪污的对象为公有房屋,公有房屋属于不动产,不动产所有权的取得以办理产权登记为标志。对于侵害对象为不动产的,办理产权变更登记是行为人非法占有目的的客观实现,但在很多情况下,行为人对于侵占的不动产往往由于取得方式的非法性而不敢去办理产权变更登记,因此,不能以没有办理产权变更登记来证明行为人主观上不具有非法占有的目的。在通常情况下,非法占有目的形成于产权变更登记之前,根据行为人客观上所采取的欺骗手段等行为事实,是可以认定其主观上具有非法占有目的的。本案行为人利用负责还迁房屋职务上的便利,通过少下台账、虚增面积等行为,将其他公司归还房管所的商企房予以截留,而且该被截留的商企房在房管所的相关文件中不再有任何体现,证明行为人主观上具有将该商企房脱离房管所管理非法据为已有的故意;行为人将该截留的商企房用于个人出租谋利,说明行为人已经在事实上将该房产视同为个人财产行使使用权、收益权。[参见第216号案例,于继红贪污案,载《刑事审判参考》总第29辑(2002年第6辑),法律出版社,第48页。执笔:刘为波]

▽利用职务上的便利,截留公有房屋并实际占有使用,虽未办理私有产权证,亦应认定为贪污既遂

不能将刑法上的非法占有的认定标准完全等同于民法上的合法所有的认定标准,非法占有目的的实现并不以得到法律上的确认为条件,是否在法律上取得了对物的所有权,并不能对事实上占有某物的认定构成障碍。这一点,与我国刑法将赃款赃物、违禁品作为财产犯罪的对象是同样的道理。故作为以非法占有为目的的直接故意犯罪,贪污罪存在未遂形态;其既、未遂的判断标准,与盗窃、诈骗、抢夺等财产犯罪一样,应当视行为人是否实际取得财物而定。具体到贪污不动产犯罪,只要行为人利用职务之便,采取欺骗等非法手段,使公有不动产脱离了公有产权人的实际控制,并被行为人现实地占有的,或者行为人已经就所有权的取得进行了变更登记的,即可认定为贪污罪的既遂,而且,在办理不动产转移登记之后,即使不动产尚未实现事实上的转移,也不影响贪污罪既遂的成立。本案行为人虽未就其所截留的公有房屋进行私有产权登记,但因该截留行为系在房屋移交过程中、房屋的所有权人不知情的情况下实施的,房屋所有权的代表人——房管所在一般情况下是不可能对该房屋主张权利的,行为人弄虚作假、欺瞒所在单位截留公房的行为本身即意味着行为人实现了对该公房事实上的占有。由于该公房已经实际脱离了房管所的控制,因此,行为人将来是否进行私有产权登记,并不影响对其已经将该公房据为已有事实的认定。[参见第216号案例,于继红贪污案,载《刑事审判参考》总第29辑(2002年第6辑),法律出版社,第49～50页。执笔:刘为波]

▽村民委员会等村基层组织成员利用职务上的便利非法占有的财物既包括国有财产也包括村集体所有财产的,应当分别定罪处罚

行为人以村民委员会名义从市征地拆迁事务所领取的“油茶林补偿费”和“迁坟补偿费”,实际是乡人民政府对国家征用土地后所发给的土地补偿费,村民委员会是受乡人民政府委托协助进行管理和发放,属于依照法律从事公务。行为人利用职务便利予以侵吞,应以贪污罪定罪。但“施工作业上坝公路用地补偿费”和“租用运输道路泥沙冲进稻田补偿费”,则是湘潭电厂依合同约定支付给清水村的使用土地补偿费用,不属于国家土地征用补偿费用。管理和发放“施工作业上坝公路用地补偿费”和“租用运输道路泥沙冲进稻田补偿费”,属于村民委员会对农村集体所有土地的经营和管理范围,是村民自治范围内的公共事务,不是依照法律从事公务。行为人利用职务便利对这部分属于村集体所有的款项予以侵吞,不应以贪污罪定罪,而应依照《刑法》第二百七十一条的规定,以职务侵占罪定罪。应当注意的是,由于村民委员会等村基层组织成员不是国家工作人员,也不享有国家工作人员的待遇,因此,对其适用《刑法》第九十三条第二款应当严格掌握,慎重对待。如果在处理具体案件时,难以区分村民委员会等村基层组织成员是利用协助人民政府从事行政管理工作的职务便利,还是利用管理村公共事务的职务便利的,即在对主体的认定存在难以确定的疑问时,一般应当认定为利用管理村公共事务的职务便利,因为他们本身毕竟是村民委员会等村基层组织成员,而并非政府公务人员。[参见第136(133)号案例,宾四春、郭利、戴自立贪污案,载《刑事审判参考》总第21辑(2001年第10辑),法律出版社,第39～40页。执笔:贺小电]

▽在国有企业改制中隐瞒资产真实情况造成巨额国有资产损失的行为构成贪污罪

乘国有公司改制之机,利用职务上的便利,采用隐瞒真相的手段将应当上缴的国有资产转入以其自己为股东的新公司中,形式上属于徇私舞弊、滥用职权的行为,也造成了国有资产的流失,但行为人的最终目的是将这部分国有资产转入自己作为股东的公司,其行为在性质上应认定为非法占有国有资产,而不是徇私舞弊、滥用职权。所谓徇私舞弊,是指为了个人利益或徇私情而弄虚作假,不正当地行使职权的行为。徇私舞弊是一种渎职行为,从词义上讲不外乎徇私情和徇私利,其中的徇私利包括徇行为人本人之私利。因而在逻辑上,徇私舞弊行为不排除以非法占有为表现形式。但是,当非法占有的数额已达到有关贪利型犯罪(如贪污罪)的处罚标准时,应以贪利型犯罪定罪处罚,而不能再认定为单纯的渎职犯罪。因此,对于本案行为人的行为不宜以《刑法修正案》第二条第三款规定的"徇私舞弊,滥用职权"来评价,行为人的行为构成贪污罪。第一,关于贪污行为通常具有的隐秘性问题。职工大会后,评估结论中的水分已为全体职工所知悉,行为人不可能通过隐秘的方法实行贪污,但评估中隐瞒的资产真实情况对于国有资产管理部门而言仍然属于未知,具有隐秘性;行为人虽然在职工大会上提出将该笔资产要么冲抵亏损,要么上缴国资,但他们一直没有向国有资产管理部门报告;对于广大职工来说,此笔国有资产问题已经解决,即此次大会后,行为人的行为客观上违背了原来在职工大会上的诺言,不仅说明其有非法侵吞该笔资产的故意,也使其行为具有了不为职工所知的隐秘性。第二,关于二行为人的共同犯罪故意问题。对于共同故意的成立,要求具备两个条件,一是各共犯都出于故意,二是各行为人的故意之间有联络,即共同犯罪人不但认识到自己在实施故意犯罪,而且认识到其在配合其他共同犯罪人实施故意犯罪。因此,认定共同故意时,不需要证明共犯之间有积极的共谋行为。本案中,虽然没有证据证明二行为人曾经商量过要占有该47万余元资产,但二行为人在隐瞒真相的前提下于2000年9月7日缴清国资款,并后来共同积极办理资产转移手续,足以表明其有非法占有的共同故意。二行为人的行为属于贪污罪的未遂形态。贪污罪属于直接故意犯罪,是结果犯,存在未遂形态。一般而言,贪污罪应以行为人是否实际取得财物为区分既遂与未遂的标准。本案路桥燃料有限公司于2000年9月7日缴清国资款后,该47万余元资产即脱离国资部门的控制。此后,资产转移手续一直在办理之中,该笔资产尚未到达改制后的路桥燃料有限公司账上,即没有为二行为人所实际控制,因此,可以认定二行为人的行为构成贪污犯罪未遂。[参见第124(121)号案例,徐华、罗永德贪污案,载《刑事审判参考》总第19辑(2001年第8辑),法律出版社,第50～52页。执笔:叶福生]

▽律师事务所主任将名为国有实为个体的律师事务所的财产据为己有不构成贪污罪

天元律师事务所是特定历史时期的产物,当时除少数地方进行合作律师事务所试点外,绝大多数地方仍依照《律师暂行条例》审批律师事务所,有相当一部分自筹资金、自我管理、自负盈亏的律师事务所被登记为全民事业单位,本案即属此类情况。该所设立时,由行为人自筹资金、自行解决办公场所、办公用品。该所在运作过程中,实行独立核算,自负盈亏。常州市天宁区司法局作为主管部门也未对该所实行全民事业单位管理。在司法实践中,认定单位经济性质,应在工商行政管理机关核定的基础上,综合考虑注册资金来源、人员管理、利润分配等情况,实事求是地确定所有制形式。因此,天元律师事务所在性质上名为"国办",实为"个体"。也就是说,天元律师事务所的财产不属于的"公共财物"。因此本案的"贪污罪"主体要件缺失。行为人身份是律师,是司法局任命的律师事务所主任,这可以视为一种委托,但因其经营、管理的不是公共财物,所以,其不具备贪污罪的主体资格。[参见第83号案例,陆建中被控贪污案,载《刑事审判参考》总第12辑(2001年第1辑),法律出版社,第21页。执笔:李亚飞]

▽定额承包者占有或支配本人上缴定额利润后的营利部分不构成贪污罪

贪污罪在客观方面必须具备两个要件:一是利用职务上的便利;二是实施了非法占有公共财物的行为。本案不具备上述两个要件:行为人根据原所在单位决定兴办的经济实体,具有集体所有制企业的营业执照,该经济实体虽然由行为人本人自筹资金,自聘人员,自主经营,但其所办公司是其所在单位执行上级有关文件精神、享受某些特殊优惠政策下的产物,受其原所在司法局管理,上缴费用。在具体经营管理上,其虽为总经理,但实质是行为人本人承包经营,不具有集体承包特征。行为人创办公司后,已交出其原任司法局副局长全部分管的工作,只是按当时有关文件"职级不变"的规定,上级主管部门没有免去她副局长的职务,但事实上她已不行使副局长的职权。故行为人不存在利用副局长的职务上的便利侵吞公款的问题。行为人与司法局签订承包协议,约定实行定额上缴利润承包,即所谓大包干。当所在单位清理整顿所办实体时,行为人按承包协议足额上缴了利润。免税部分虽然没有用于发展基金购置资产,但也足额上交了。对剩余的所创利润14万元,按承包协议规定,应由承包人——行为人自主分配,行为人有权处分。这一最基本的事实,决定了这笔款项不是公共财产。因此,不论行为人以什么方式,公开的、秘密的、合法的、"非法的"方式占有,均不构成贪污罪。综上,行为人是作为一个经营者而不是副局长同司法局签订了承包协议;协议采取的承包方式决定了在上缴足额利润后不存在可贪污的公共财产;定额承包者占有或支配本人承包经营应得利润不构成贪污罪。[参见第63号案例,肖中华贪污、挪用公款案,载《刑事审判参考》总第8辑(2000年第3辑),法律出版社,第44~46页。审编:张军]

▽贪污罪主体不再以"干部身份"确定国家工作人员

1997年《刑法》施行以后,1995年2月28日全国人大常委会《关于惩治违反公司法的犯罪的决定》规定的侵占罪名由于司法解释规定为职务侵占罪,而贪污罪的主体也有所扩大,即不再以"干部身份"确定国家工作人员,而以其是否从事管理职责,即在国有企业中是否从事公务来判断。行为人(办事处出纳员,计划内临时工)、另一行为人(办事处会计,计划内临时工)在国有公司、企业中承担管理、经营国有财产的职务,系从事公务的国家工作人员,可以构成贪污罪的主体。[参见第29号案例,陈贵杰等贪污案,载《刑事审判参考》总第4辑(1999年第4辑),法律出版社,第33页。审编:王玉琦]

▽在"党委扩大会"上共谋"集资购房",将公款用于单位多人购买私房,构成共同贪污,不构成私分国有资产罪

办事处多名领导在办事处"党委扩大会"上,商量并决定动用拆迁补偿费公款为参加会议的领导及服务公司财务人员共9人"集资购房"构成贪污罪。集体共同贪污与私分国有资产在客观表现上有一定相似之处,但两罪在犯罪主体、主观故意、行为对象、行为方式方面均存在明显不同,区分两罪的关键是在客观行为方式和主体方面:首先,在客观行为方式上,集体共同贪污一般是少数人以侵吞、窃取、骗取或者其他手段秘密进行的,而对单位内部其他多数成员则是不公开的,多会采取作假账或平账的手法以掩人耳目;私分国有资产一般是在本单位内部以公开、表面合法的形式进行的,比如以发红包、发福利、发奖金的形式进行私分,一般在财务账上不会隐瞒私分的国有资产,只是会采取不按规定规范记账的方法来应付各种监督。其次,在主体方面,集体共同贪污属于个人共同犯罪,一般是利用职务便利非法占有公共财产的个别单位成员,因此承担刑事责任的主体是参与贪污犯罪的自然人;私分国有资产属于单位犯罪,参与私分国有资产的一般是单位的一定层次、规模的所有人或大多数人,其中大多数人是被动分到国有资产的,承担刑事责任的主体只是对私分国有资产直接负责的主管人员和其他直接责任人员。[参见第462号案例,高建华等贪污案,载《刑事审判参考》总第58辑(2007年第5辑),法

律出版社,第66~67页。执笔:张云周]

▽行为人是否实际办理不动产的私有产权证,不影响贪污既遂的认定

对于贪污罪既遂与未遂的标准问题,最高人民法院在2003年1月13日印发的《全国法院审理经济犯罪案件工作座谈会纪要》中指出"贪污罪是一种以非法占有为目的的财产性职务犯罪,与盗窃、诈骗、抢夺等侵犯财产罪一样,应当以行为人是否实际控制财物作为区分贪污罪既遂与未遂的标准。对于行为人利用职务上的便利,实施了虚假平账等贪污行为,但公共财物尚未实际转移,或者尚未被行为人控制就被查获的,应当认定为贪污未遂;行为人控制公共财物后,是否将财物据为己有,不影响贪污既遂的认定。"《纪要》中将"实际控制说"作为贪污犯罪既遂与未遂的标准。不动产的转让行为在民法上是一种要式法律行为,只有办理房屋产权证书后,买受人才拥有该房屋的合法所有权,但是,民事法律上所有权的转移与贪污罪构成要件中的"非法占有"是不同的概念,将刑法上的非法占有的认定标准完全等同于民法上的合法所有的认定标准是不妥当的。刑法上非法占有的实现并不以得到民事法律上的确认为充足,是否在法律上取得了对物的所有权,并不能对事实上占有某物的认定构成障碍。贪污不动产与贪污动产在既遂、未遂的认定标准上是一样的,就是看行为人是否实际控制公有财物,如果单位已经失去对公有财物的实际控制,而行为人已经实际控制财物,就应当认定为既遂。行为人是否实际办理不动产的私有产权证,不影响贪污既遂的认定。在实践中,有的行为人控制公有不动产后,为逃避责任,有可能一直不办理私有产权证,如果因此就认定为未遂,则会放纵对该行为的惩治,有违刑法本意。因此,对于行为人贪污房产的行为,只要行为人对房产已经达到实际控制状态,即使产权证尚未办理,也不影响贪污犯罪既遂的成立。[参见第462号案例,高建华等贪污案,载《刑事审判参考》总第58辑(2007年第5辑),法律出版社,第68~70页。执笔:张云周]

▽私自截留公款以单位的名义买房,由个人非法占有,构成贪污罪

行为人利用职务便利,指使局长助理直接将应给本单位的公款21万余元用于买房,剩余款项用于装修房屋,并私盖公章,以房管局的名义签订购房协议,并在案发时办理了公房租赁手续的行为,是贪污犯罪。虽然行为人利用职务之便,私盖单位印章,以单位名义签订购房协议,但并不意味着实质上该房屋的实际控制就由单位掌控了。从客观行为上看,在购房协议上所盖的单位公章,是行为人私自偷盖,签的经办人局长助理也系高伪冒,单位并不知情,并不代表单位本意,以单位名义买房的目的是事发后能混淆视听、掩盖真相。从客观结果上看,这套房在单位除了行为人和助理外,无其他人知晓,行为人离任时也未给原单位领导或主管部门登记或说明,也就是说,该笔款项从1997年3月起就已经脱离了单位的控制,而被行为人实际控制和占有,其私自以单位名义买房的行为实质,是为实施掩盖个人贪污公款的本质。如果不案发,则该笔款项以及该房则将一直被行为人所实际控制。从主观上看,行为人1997年3月指使局长助理买房时,侵吞公款的意图十分明确,就是想自己在中亨花园买商品房自己去住,让助理去将拆迁办给的拆迁补偿款直接交到中亨公司,并交代助理这事不要跟其他人说,单位其他人并不知道此房的存在,没有为单位购买公房的意图,在案发前长达近4年的时间内,该房事实上也是一直由行为人前妻实际居住。综上,行为人已经完成了将公款侵吞、由个人非法占有的贪污行为,已构成贪污罪,而不仅是一般的住房违纪行为。至于案发时行为人将房屋办理公房租赁手续,此时距公款被其私吞已近4年之久,单位早已完全丧失对该公款的控制,其贪污行为已全部实施完毕,显然属于贪污既遂后的事后退赃,并不能改变其4年前侵吞公款的行为性质。因此,行为人利用职务之便,私自侵吞公款,假以单位名义购买并长期占有所购房屋的行为已构成贪污罪。[参见第462号案例,高建华等贪污案,载《刑事审判参考》总第58辑(2007年第5辑),法律出版社,第70~71页。执笔:张云周]

▽刑法仅惩罚现实危害或危险性,并不惩罚危害或危险的可能性

被告人在事先征得医药供应商同意的情况下,以其他单位的等额银行承兑汇票代替医院付款从而清偿欠款,同时使医院资金流向其他单位。药商取得汇票后并未立即贴现,不存在贴现利息的损失问题。刑法并不惩罚危害可能性。汇票不仅能作为信用工具,而且是一种支付工具。当汇票通过背书等票据行为用于交易时,与等额现款、支票具有相同的清结债务的作用。而认为的票据贴现只是一种假设,假设持票人可能会立即贴现,而不是通过背书等其他票据行为使用该票据,持票人也即药商会损失贴现利息,但这是一种将可能性代替必然性和现实性的思维模式。刑法仅惩罚现实危害或危险性,并不惩罚可能会存在的危害或危险性。事实上,被告人提供的由旺庄医院背书转让给医药供应商的真实汇票,经医药供应商背书转让后均已由银行全额兑付,药商并未损失任何所谓贴息。据此,本案没有人受到贴息损失,也就是说,被告人也就没有占有这部分贴息。[参见第574号指导案例,杨培珍挪用公款案,载《刑事审判参考》总第69集(2009年第4集),第86页。撰稿:孙炜　范莉]

▽贪污罪的行为对象是本单位的钱款

被告人在事先征得医药供应商同意的情况下,以其他单位的等额银行承兑汇票代替医院付款从而清偿欠款,同时使医院资金流向其他单位。本案银行承兑汇票交付给医药供应商后,医院债务清结。即使假定药商将银行承兑汇票立即贴现,被告人通过某种方式侵占了贴息,但该部分贴息也是医药供应商受到的损失,在该医院与药商之间债权债务关系结清后,医院不会就此承担任何损失,也即受到侵害的是药商的利益,故作为医院副院长的被告人不构成贪污罪。[参见第574号指导案例,杨培珍挪用公款案,载《刑事审判参考》总第69集(2009年第4集),第86页。撰稿:孙炜　范莉]

▽受税务机关的委托代征税款,利用征收管理税收的职务便利侵吞税款,其行为构成贪污罪

被告人受税务机关委托代为行使征收税款的权力,属于《刑法》第九十三条第二款规定的"其他依照法律从事公务的人员",其利用职务便利侵吞代收税款的行为构成贪污罪。理由如下:第一,认为被告人黄某某无罪的理由不能成立。其一,在司法实践中,判断黄某某的行为是否构成犯罪,应首先找到黄某某的行为所可能符合的犯罪构成,然后归纳案件事实,进行相符性判断。其二,主张本案无罪的论据之一,是黄某某侵占税款的行为只是违反了通安食品购销站与税务机关的协议,仅能按照协议约定追究黄某某的违约责任,而不应追究其刑事责任。显然,这种观点难以成立。虽然协议约定对违约者"追究违约方的责任",但这并不意味着违约责任只是民事违约责任,当违约行为严重影响到国家公共利益和社会管理秩序时,不能排除国家公权力的介入和调整。第二,被告人黄某某不符合偷税罪(《刑法修正案(七)》颁布前罪名。——编著者注)的主体身份,其行为不构成偷税罪。黄某某与苏州市国家税务局新区分局签订的《委托代征税款协议书》约定,黄某某是生猪零售环节增值税税款的代征人,而非扣缴义务人。根据《税收征收管理法》第四条的规定,扣缴义务人是指"法律、行政法规规定负有代扣代缴、代收代缴义务的单位和个人",对于法律、行政法规没有规定负有代扣、代售义务的单位和个人,税务机关不得要求其履行代扣、代收税款义务。而税款代征人,是税务机关依照《税收征收管理法实施细则》第四十四条的规定,根据有利于税收控管和方便纳税的原则,按照国家有关规定委托有关单位和人员代征零星分散和异地缴纳的税收,并发给委托代征证书,受委托单位和人员按照代征证书的要求,以税务机关的名义依法征收税款,纳税人不得拒绝;纳税人拒绝的,受委托单位和个人应当及时报告税务机关。可见,税款代征人与税款扣缴义务人具有本质区别:首先,成立前提不同。代征人资格的取得,是源于税务机关依法进行的行政委托;而扣缴义务人的资格的取得,是以法定义务为前提。其次,行为的法律性质有别。代征人在法律地位上等同于受委托代表税务机关征收税款的非税务工作人员,代征人以税务机关的名义并代表税务机关向纳税人、扣缴义务人征收税款时,应向缴付税款的纳税人、扣缴义务人开具相应的完税凭证或交付税票,而纳税人、扣缴义务人一旦向代征人交付税款,即视为已向税务机关履行了纳税义务;而扣缴义务人在法律地位上等同于纳税人,扣缴义务人代扣、代缴税款并非以税务机关的名义进行,代扣、代缴的税款未上交税务机关前,仍然是税务机关征税的对象,税收征纳关系尚未终结。最后,违法行为侵害的客体不同。纳税人、扣缴义务人一旦向代征人交付税款,即视为已向税务机关履行了纳税义务,代征人收缴的税款在法律权属上已属于国家财产,截留、侵占该款项,侵犯的是国家财产所有权和代征职务的廉洁性;而扣缴义务人所代扣、代缴的税款未上交税务机关前,不能视为税务机关已经完成税收征纳,代扣代缴的款项还未转移为国家所有,侵吞、截留有关款项只是侵犯了税收征管秩序。至于《1992年偷税解释》中有关代征人不缴或少缴应收税款,以偷税罪论处的规定,是由于当时刑法及有关司法解释对于贪污罪主体尚未有科学明晰的界定。但之后1997年刑法对国家工作人员范围已作明确规定,且在刑法及相关司法解释已将其他依照法律从事公务活动的人员明确为国家工作人员范围的情况下,以《1992年偷税解释》的相关规定为依据主张代征人不具有国家工作人员身份,其不将代征的税款上缴的行为仅构成偷税罪的观点难以成立。这一结论,可以从2002年《最高人民法院关于审理偷税抗税刑事案件具体应用法律若干问题的解释》不再规定代征人不缴或少缴应收税款可以偷税罪论处得以佐证。第三,被告人黄某某的行为不构成侵占罪。《刑法》第二百七十条规定的侵占罪,是指以非法占有为目的,将代为他人保管的财物或者他人的遗忘物、埋藏物占为已有,数额较大且拒不退还或拒不交出的行为。本案中,税务机关并没有将国有财产委托给黄某某保管,只是委托黄某某代征税款。黄某某在征收税款后,尚未交付税务机关前,税务机关并不知道已征收税款的存在,因而也谈不上要求退还的问题,因此黄某某侵吞代为征收税款的行为不符合侵占罪的构成要件,不能以侵占罪定罪处罚。第四,被告人黄某某不属于刑法本条第二款规定的受委托管理、经营国有财产的人员。对于《刑法》本条第二款规定的受委托管理、经营国有财产的人员,2003年《全国法院审理经济犯罪案件工作座谈会纪要》规定"刑法第三百八十二条第二款规定的受委托管理经营国有财产是指承包、租赁、临时聘用等管理、经营国有财产。"也就是说,受委托经营、管理国有财产的人员在司法实践中主要是指承包经营国有企业、国有公司,租赁国有公司以及临时聘用管理经营国有财产等人员。由上可见,该条规定的受委托是有特定含义的:首先,委托人对于委托事项必须有委托权限。无论是民事委托还是行政委托如果委托人对委托事项没有委托权限,则不能成立委托。《税收征收管理法》第二章明确规定了税务机关从事税务管理活动的范围为税务登记、账簿、凭证管理和纳税申报管理,所征税款的经营、管理依法由财政部门负责,不属于税务机关的权限范围,因此,税务机关无权委托他人(单位)对税款进行经营、管理。其次,《刑法》本条第二款规定的委托,实质上属于民事委托,受托人受托从事的经营、管理国有财产的行为是民商事行为委托方和受托方之间是平等主体间的委托法律关系。而代征人接受税务机关委托,所从事的是代为征收税款的行政管理活动,在代征税款期间,代征人必须接受委托人税务机关的监督管理。因此,代征人与委托人的税务机关之间并非平等的民事法律关系,而是一种行政委托关系。据此,代征人并未包括在受委托管理经营国有财产的人员之中,如果以《刑法》本条第二款对代征人定罪处罚,与代征人及其受委托从事的代征活动的本质特征不符因而不能适用该法条。第五,被告人黄某某属于《刑法》第九十三条第二款规定的"其他依照法律从事公务的人员",其私自截留、侵吞税款的行为,应根据《刑法》本条第一款定罪处罚。征税权是国家权力的当然组成部分,税收征管活动也是国家行政管理活动的重要组成部分,属于一种公务执行活动。根据《税收征收管理法实施细则》第四十四条的规定,税务机关根据有利于税收控管和方便纳税的原则,可以按照国家有关规定委托有关单位和人员代征零星分散和异地缴纳的税收,并发给委托代征证书。受委托代征税款的单位和人员应当按照代征证书的要求,以税务机关的名义依法征收税款,纳税人不得拒绝;纳税人拒绝的,受委托单位和个人应当及时报告税务机关。由该规定不难分析,受国家税务机关委托代征税款的单位和人员代为征收相关税款的行为,实质上就是代表国家税务机关征收税款,是一种依照《税收征收管理法实施细则》从事公务的行为。本案中,黄某某及其经营的食品站在与税务机关签订《委托代征税款协议》、接受税务机关依法作出的代征税款的委托之后,以税务机关的名义进行的代征生猪流通环节增值税的行为,属于在特定条件下行使国家税收征管权,符合《刑法》第九十三条第二款规定的"依照法律从事公务活动"。黄某某在从事代征税款时,应以国家工作人员论。黄某某在受委托代征税款期间,以非法占有为目的,利用代征税款的职务便利,私自截留、侵吞代征的税款,不但侵犯了国有财产所有权,而且侵犯了代征税款职务的廉洁性,其行为触犯了《刑法》本条第一款的规定,应构成贪污罪。[参见第692号指导案例,黄明惠贪污案,载《刑事审判参考》总第79集(2011年第2集),第94~99页。撰稿:王志辉]

▽对国有公司改制中利用职务便利隐匿并实际控制固有资产的行为构成贪污罪

1.贪污罪以主观上具有非法占有公共财产为目的。占有是一个民事法律概念,是指对物的实际控制和掌握。对刑法中的"非法占有"应从两方面理解:一是非法占有侵犯的是刑法保护的财产所有权和对该财产实际掌握和控制的状态;二是非法占有不能狭义地理解为据为己有。虽然刑法对贪污罪是以个人贪污数额来认定,但个人贪污数额应理解为个人非法控制和掌握的公共财物数额。本案被告人王某某在长征镇担任主要领导职务期间,以长征镇政府等名义开设了多个账外账户,但该账户只由王某某等少数人员控制和管理,并不公开。在新长征集团改制成非国有公司后,王某某已不再具有公职人员身份,此时其应当将控制和管理的上述所有账户移交给长征镇政府管理,或者向长征镇政府作出说明。然而,王某某非但继续隐匿账户,而且将属于长征镇政府所有的资金9700万元秘密转入其隐匿账户,实际控制了该隐匿账户中的9700万元资金,长征镇政府实际上失去了对该资产的控制,王某某的行为应当认定为刑法中的非法占有。2.贪污罪在主观上必须具有使公共财产遭受损失的直接故意。这里的直接故意是指明知自己的行为会造成公共财产损失,并且积极追求或者希望国有资产损失的一种心理态度。在国有公司改制过程中,固有公司出售所得的资产应收归国家所有,作为改制后的非国有公司除了可以享受国家有关优惠政策外,不能再占用该国有资产,否则就会出现国有资产流失的情形。本案被告人王某某在明知的情况下,利用职务便利,将改制前新长征集团的国有资产予以隐匿并转移到改制后的非国有公司,故完全可以认定王某某对该国有资产流失具有直接故意。3.贪污罪和国有公司人员滥用职权罪虽然都可由国有公司人员构成,但存在明显区别:一是在造成国有资产损失的主观心理状态上,贪污罪是由直接故意构成,而国有公司人员滥用职权罪对国有资产造成的损失往往是非直接故意所致;二是在主观目的上,贪污罪是以非法占有为目的,而国有公司人员滥用职权罪一般不具有非法占有的目的;三是在客观表现上,贪污罪是以侵吞、窃取、骗取等方法非法占有公共财产,而国有公司人员滥用职权罪是以超越职权或者不适当行使职权,造成国有公司严重损失。本案被告人王某某职务便利隐匿国有资产的行为虽然也是一种滥用职权的具体表现,但因其在主观上具有非法占有该国有资产的直接故意和目的,客观上已经实际控制和掌握了该国有资产,这与国有公司人员滥用职权罪中主客观特征不同。2010年《最高人民法院、最高人民检察院关于办理国家出资企业中职务犯罪案件具体应用法律若干问题的意见》第一条规定,"国家工作人员或者受国家机关、国有公司、企业、事业单位、人民团体委托管理、经营国有财产的人员利用职务上的便利,在国家出资企业改制过程中故意通过低估资产、隐瞒债权、虚设债务、虚构产权交易等方式隐匿公司、企业财产,转为本人持有股份的改制后公司、企业所有,应当依法追究刑事责任的,依照《刑法》第三百八十二条、第三百八十三条的规定,以贪污罪定罪处罚"。因此,对王某某的行为以贪污罪定罪处罚具有充足的法律依据。[参见第734号指导案例,王妙兴贪污、受贿、职务侵占案,载《刑事审判参考》总第82集(2011年第5集),第80~82页。撰稿:徐松青 费晔]

▽犯罪数额应当以隐匿的全部国有资产金额认定

第一,这种非法占有公共财产的行为不是指改制后非国有公司占有国有资产的行为,而是被告人王某某隐匿国有资产并实际控制的行为,非国有公司占有的国有资产也是王某某实际占有后的一种处分。因此,以王某某在改制后的非国有公司所占股份比例认定,明显缺乏依据。第二,如果按照王某某在非国有公司所占股份比例认定,也会给司法实践带来困惑。因为王某某隐匿的国有资产是资金,而不是股权,改制后的非国有公司占有该资金不能说明王某某实际占有。第三,以王某某本应按股份比例支付的国有股份转让款,却因低价受让国有股份而少付的这部分资金来认定其贪污金额,完全是将刑法中个人贪污数额理解为个人据为己有的金额,这在理解上存在偏差,且这样认定对除王某某之外的其他股东占有的国有资产无法定性。2003年下发的《全国法院审理经济犯罪案件工作座谈会纪要》对贪污罪的犯罪数额作了专门规定,即个人贪污数额"在共同贪污犯罪案件中应理解为个人所参与或者组织、指挥共同贪污的数额,不能只按个人实际分得的赃款数额来认定"。《最高人民法院、最高人民检察院关于办理国家出资企业中职务犯罪案件具体应用法律若干问题的意见》第一条也规定,贪污数额一般应当以所隐匿财产全额计算。本案被告人王某某在担任长征镇政府镇长期间秘密设立了账外账户,且该账户由其个人控制和管理,后王某某在镇政府投资的新长征集团改制时又秘密将国有资产9700万元转移至该账外账户隐匿,意味着长征镇政府已失去了对该资金的控制。所以,对王某某实际非法控制的9700万元应全额作为贪污犯罪数额认定。[参见第734号指导案例,王妙兴贪污、受贿、职务侵占案,载《刑事审判参考》总第82集(2011年第5集),第82~83页。撰稿:徐松青　费晔]

▽**以行为人是否实际控制财物作为区分贪污罪既遂与未遂的标准**

《全国法院审理经济犯罪案件工作座谈会纪要》明确规定,贪污罪是一种以非法占有为目的的财产性职务犯罪,与盗窃、诈骗、抢夺等侵犯财产罪一样,应当以行为人是否实际控制财物作为区分贪污罪既遂与未遂的标准……公共财物尚未实际转移或者尚未被行为人控制就被查获的,应当认定为贪污未遂。行为人控制公共财物后,是否将财物据为已有,不影响贪污既遂的认定。对此,《最高人民法院、最高人民检察院关于办理国家出资企业中职务犯罪案件具体应用法律若干问题的意见》第一条第二款也专门明确"所隐匿财产在改制过程中已为行为人实际控制,或者国家出资企业改制已经完成的,以犯罪既遂处理。"自本案被告人王某某将隐匿的9700万元国有资产秘密转移到由其个人控制和管理的账外账户时起,王某某就已经非法占有了该国有资产,应当认定为贪污既遂,此后王某某将非法占有的该国有资产转移到非国有公司,并不影响对其贪污罪既遂的认定。[参见第734号指导案例,王妙兴贪污、受贿、职务侵占案,载《刑事审判参考》总第82集(2011年第5集),第83页。撰稿:徐松青　费晔]

▽**表象为虚开发票,实质为侵吞公款**

被告人徐某利用担任某国有企业厂长的职务便利,在没有真实货物贸易的情况下,向其女友个人经营的公司开具税额人民币(以下币种均为人民币)13万余元的增值税专用发票。此后,该国有企业作为开票方按规定向税务机关缴纳13万余元的增值税。其女友个人经营的公司作为受票方,持有该张进项增值税专用发票,申报抵扣了本应向税务机关缴纳的相应税款。检察机关以虚开增值税专用发票罪起诉本案,法院在仔细斟酌之后,最终改变定性,以贪污罪定罪处罚。这样定性的主要理由在于:虽然被告人徐某实施了虚开增值税专用发票的手段行为,但其造成的实际危害结果并非国家的税款损失。因为,上述国有企业在虚开发票之后,已按开票者必须缴税的规定,向税务机关缴纳了13万余元的增值税。然而,国家税务机关并未因此多收税款。按照受票者可以凭据自己的进项(增值税专用)发票抵扣相应税款的规定,该笔税款随后即被徐某女友个人经营的公司如数予以抵扣,从而逃避了本应依法履行的缴税义务。从实质层面看,被告人徐某系利用职务便利,使上述国有企业无端为其女友个人经营的公司代缴了13万余元的增值税。虚开增值税专用发票是徐某化公为私的划款手段,实际遭受损失的是国有企业。危害行为在形式或外观上符合某一特定的犯罪构成,但在罪质层面却呈现较大的差异性,有必要转换定罪,以体现罪刑相当原则的基本要求。被告人徐某仅实施了一个危害行为,即虚开增值税专用发票,且完成了虚开发票与非法抵扣税款的行为过程。就事实与规范(或曰危害行为与犯罪构成)比对的一般情形而言,徐某的主观故意内容和客观行为表现均与虚开增值税专用发票罪的犯罪构成要素相一致,认定本罪似无疑问。但是,当我们进一步追问徐某的虚开行为是否真正造成了国家的税款损失,或者是否存在骗取国家税款的危险性时,答案则是否定的。由此表明,徐某的外部行为表现确属"故意虚开行为",但其侵害的主要客体或法益并非国家的税收征管制度,与虚开增值税专用发票罪的主要犯罪客体并不符合,从而不完全符合本罪的犯罪构成特征。[参见黄祥青:《罪质分析法与转换定罪规则的适用》，载《刑事审判参考》（实务探讨）总第75集（2010年第4集），第173～178页。]

▽社保工作人员骗取企业为非企业人员缴纳养老保险费，同时收取参保人员缴纳的养老保险费，或利用企业“空名户”名额收取参保人员已被抵缴的养老保险费，并占为己有的行为的定性

（一）将非企业员工挂靠企业参保后收取参保费并占为已有的行为定性。李某某利用职务便利，将代为保管的他人所上交的养老保险费据为已有，其行为完全符合贪污罪的构成特征。诈骗罪与贪污罪的行为人在客观方面都可能采取虚构事实、隐瞒真相的方法，但诈骗罪的主体是一般主体，客观上要求行为人未利用职务上的便利条件。本案被告人李某某身为国家工作人员，利用职务上的便利非法占有公共财物，应当认定构成贪污罪。理由如下：1. 李某某非法取得的42万余元钱款性质属于社会养老保险基金。要厘清这个问题首先要关注本案存在的行政法律关系。本案被告人李某某在经手办理社保关系时，对电脑上设档的单位投保人员名单进行修改，虚增非企业人员为企业人员，企业已经缴纳了虚增人员的参保费，在此情况下，各参保人员、被挂靠企业与管理养老保险费的社会保障机构已经形成行政法上的法律关系，在这种行政法律关系存在的前提下，各参保人员基于对李某某（劳保所所长）职务身份的信任，交给李某某42万余元参保费，李某某是以社保经办人的身份收取参保费的，因此该笔参保费理所当然属于社会养老保险基金。无论李某某收取的程序违法还是收取的目的非法，均不影响该笔钱款的属性。2. 社会养老保险基金属于公共财物。社会养老保险是按国家统一政策规定强制实施的社会统筹与个人账户相结合的养老保险制度。按照相关法律、法规规定，社会养老保险基金由以下几个部分构成：(1)用人单位和职工、城镇个体劳动者缴纳的基本养老保险费；(2)基本养老保险基金的利息等增值收益；(3)基本养老保险费滞纳金；(4)社会捐赠；(5)财政补贴。社会养老保险基金中的国家财政补贴部分当然属于国有财产，用人单位的缴费（除去纳入个人账户的部分）在一定范围内进行社会统筹，进入统筹的部分显然属于集体财产。然而，社会养老保险基金中个人账户部分（包括职工个人缴费和企业缴费纳入职工个人账户的部分）的性质，法律、法规没有明确规定。由于这部分资金在个人符合法定的领取条件时可以领取，个人享有实际的支配权，个人死亡的，个人账户中的余额还可以全部继承，因此个人账户中的养老保险基金从本质上说属于个人财产。但是根据《刑法》第九十一条的规定，“在国家机关、国有公司、企业、集体企业和人民团体管理、使用或者运输中的私人财物”也属于“公共财物”的范畴。社会养老保险基金中个人账户部分虽然是私人所有，但在个人不符合领取条件时一直由劳动保障行政部门负责管理、使用，在此期间损毁灭失风险由国家机关承担，因而应以公共财物论。3. 李某某系利用职务上的便利非法占有公共财物。李某某系瑞安市劳动和社会保障局湖岭劳保所所长，湖岭劳保所系瑞安市劳动和社会保障局下设机构，因此李某某的身份属于国家机关工作人员。根据瑞安市劳动和社会保障局的相关规定，劳保所具有“负责所在辖区内机关、事业单位、社会团体、企业、个体工商户的养老保险、医疗保险、工伤保险、生育保险、失业保险的管理及各险种的宣传、扩面工作”等八项职责。李某某在主管和经手办理社保关系时，对电脑上设档的单位投保人员名单进行修改，虚增非企业人员为企业人员，再要求企业缴纳虚增人员的参保费。可见，李某某利用其职务上的便利条件，骗取企业多缴纳参保费（由地税代扣），同时利用他人对其身份的信任，承诺为他人建立保险关系并收取参保人的参保费，其行为应当认定为利用职务上的便利非法占有公共财物。

（二）利用“空名户”收取参保人保险费及套取保险费的定性。李某某实施的第二种行为，即利用“空名户”继续保持保险关系，使参保人员因“空名户”而无须向国家缴纳参保费（因为企业已为“空名户”向社保统筹账户缴纳了保险预征款），同时又私自收取参保户已被抵缴了的保险费。与第一种行为一样，李某某向这批占用“空名户”名额的参保人员收取的参保费本应该是向国家补交的保险费，属于社会养老保险基金，具有公共财物的性质。虽然从表面上看，社会养老保险基金并没有损失，因为企业已经缴纳了用以充当保险费的预征款。但实际上，社会养老保险基金受到了损失，因为这批参保人员不符合抵充“空名户”保险费的资格,应该另行向国家缴纳与其保险类别相应的参保费。就犯罪手段而言,李某某利用“空名户”的漏洞,能够顺利将应缴未缴的参保费占为己有,与其职务上的便利离不开关系,属于利用职务便利侵吞公共财物的行为。李某某实施的第三种行为,即将非企业人员替代“空名户”后立即停保套取国家作为保险费的部分预征款。进入社保统筹账户的预征款,其公共财物的性质毋庸置疑,依规定只能由企业实有人员占用“空名户”并停保后才可以退还约1/3给参保个人。李某某编造虚假的企业人员,能够顺利套领这笔退款,与其职务上的便利也密切相关,属于利用职务骗取公共财物的行为。总之,李某某通过职务上的便利,利用上述两种方式侵吞、骗取公共财物的行为,符合贪污罪的构成特征,应当以贪污罪论处。原审法院以贪污罪判处被告人李某某有期徒刑十一年,定罪准确,量刑适当。[参见第771号指导案例,李成兴贪污案,载《刑事审判参考》总第85集(2012年第2集),第95~98页。撰稿:彭丁云 游浩然]

▽国家工作人员成立第三方公司套取单位公款,将其中部分公款用于支付原单位业务回扣费用,该部分公款是不应当计入贪污犯罪数额

(一)本案中,套取的公款用于支付原单位业务回扣费用的部分,不属于各被告人贪污的对象,不应计入贪污数额。通说认为,国家工作人员套取公款后,再将部分钱款用于原单位公务支出,无论出于何种原因,均应全额计入贪污数额,理由是该行为属于犯罪既遂后的赃款处置行为。本案与上述“套取公款后用于单位业务开支”的情形有以下本质区别:第一,各被告人自始至终均无占有该部分用于支付业务回扣费用的钱款的主观故意。在各被告人产生贪污犯意之前,支付业务回扣费用的做法在原单位早已存在,且已成惯例,后因审计部门及上级主管单位明令禁止该项支出,切断了直接支付路径,各被告人才决定另立第三方公司解决业务回扣费的走账问题,将无法直接从原单位支出的该部分费用经由第三方公司中转支付,以规避审计和调查,并在走账过程中谋取个人私利。可见,本案各被告人在贪污犯意产生之际,已商定将套取公款中的部分钱款用于支付原单位业务回扣费用,并无侵吞该部分钱款的故意。这与一般案件中,行为人最初对套取的全部公款具有非法占有的故意,在套取公款后因各种原因才临时将部分钱款用于单位开支的情况存在本质差异。第二,各被告人客观上对该部分用于支付业务回扣费用的钱款并无自由支配权。一般案件中,行为人套取公款后便实际掌握该笔公款,并有权决定该笔公款的用途,包括是否拿出部分用于单位业务支出、拿出多少、用于何种支出等,均由行为人决定。本案中,各被告人套取公款之前,关于从第三方公司领取该部分钱款用于支付业务回扣费用一事,原单位及第三方公司其他人员均已知情,且钱款的支出方式、数量、用途等相关内容在双方协议中也已注明,各被告人无权自由变更,因此,原单位将该笔钱款转至各被告人控制的第三方公司账户时,各被告人对该笔钱款仅起到暂为保管、中转的作用,并无自由支配权,也未实际占有。第三,在实际操作中,第三方公司成立后,确如各被告人事前商议的,由原单位业务员按照之前的惯例报送本月应支付的业务回扣费用,第三方公司从截留的利润中支付该项费用。各被告人并未侵吞该部分钱款。综上,各被告人对第三方公司替原单位支付的业务回扣费用,在主观上没有非法占有的故意,在客观上也未实际控制和占有;同时,该部分业务费用支出客观上有利于原单位开展业务,各被告人实施的贪污犯罪未造成原单位的财产损失。鉴于此,第三方公司代原单位支出的上述违规业务费用不属贪污对象,不应计入相关被告人的贪污数额。

(二)从贪污数额中扣除该部分费用,并不意味着放纵或默许业务回扣的行为。本案中,支付回扣费用的做法在相关被告人原单位由来已久,各被告人也确是出于单位利益的考虑而决定继续沿用惯例。这种支付业务回扣费用的做法固然应予取缔,但从行业惯例和现实的角度评判,不能将全部责任归于相关被告人。如将该部分费用计入各被告人的贪污数额,将会导致罪刑不相适应。从贪污数额中扣除该部分费用,只是表明相关被告人对该部分钱款不用承担贪污罪的责任,并不意味着放纵或默许业务回扣的行为。至于业务回扣行为是属于违法违规还是构成行贿犯罪、是个人行贿还是单位行贿等,均需另行评判。[参见第1071号指导案例,陈强等贪污、受贿案,载《刑事审判参考》总第102集(2015年第1集),第100~102页。撰稿:张琦]

▽非法经营同类营业罪和贪污罪区分的认定

非法经营同类营业罪与贪污罪的主体有重合之处,国有公司、企业的董事、经理都可以成为两罪的主体,客观方面都要求利用职务上的便利并获取一定数额的非法利益,主观方面均为直接故意。在司法实践中,对于获取购销差价的非法经营同类营业行为与增设中间环节截留国有财产的贪污行为,由于两行为存在相似之处,区分起来有一定难度。虽然获取购销差价的非法经营同类营业行为与增设中间环节截留国有财产的贪污行为在增设中间环节、获取购销差价上具有共同性,但同时存在以下区别:(一)对增设的中间环节是否客观存在要求不同。两种犯罪行为都人为地增设了中间环节,使国有公司、企业原本与业务单位的直接购销关系变成了有其他公司、企业参与的间接购销关系,这个中间环节不是因经营的客观需要而自然产生的,本来不应存在,属于行为人故意设置。但是对获取购销差价的非法经营同类营业行为而言,由于需要从事同类营业,故增设的中间环节通常是客观所需,且中间环节所涉及的公司、企业往往成立并从事同类或者类似的经营行为已有一定时日。而对增设中间环节截留国有财产的贪污行为而言,由于虚设的中间环节不是用于正常的经营活动,故增设的中间环节通常是为了截留国有资产的目的而虚构的。在经济活动中,尽管有时增设的中间环节涉及的公司、企业真实存在,但这些公司、企业往往是为了承揽相关业务而成立,并无从事同类或者类似经营行为的经历。本案中,虽然恒威佳信公司客观存在,但其是各被告人为了在万商大厦公司和中复电讯公司之间的租赁关系增设中间环节而突击成立。中复电讯公司之前一直与万商大厦公司接洽租赁万商大厦底商事宜,直到签订合同时,才得知必须与恒威佳信公司签订合同而不是直接与万商大厦签订合同,中复电讯公司从未接洽过恒威佳信公司。而恒威佳信公司与万商大厦公司签订承租万商大厦底商的合同,恒威佳信公司向中复电讯公司转租底商的合同,万商大厦出具的同意转租书面意见均在同一天时间内完成。恒威佳信公司此时刚刚成立,之前并无从事同类或者相似经营行为的经历。(二)对增设的中间环节是否具有经营能力要求不同。如果增设的中间环节都是客观存在的,则要看增设的中间环节是否具有经营能力。一般而言,贪污罪中为截留国有财产而增设的中间环节的经营,往往是无经营投资、无经营场地和无经营人员,即属于"三无"经营;而非法经营同类营业罪中增设的中间环节的经营,是有投资、有经营场所、有经营人员的经营,即具有经营同类营业的完全能力。司法实践中,一些国有公司、企业的董事、经理为了截留国有财产而增设的中间环节系"三无"经营公司、企业,不具有经营能力,只是为变相贪污国有财产掩人耳目。(三)对增设的中间环节是否进行了实际经营活动并承担一定的经营责任风险要求不同。如果增设的中间环节都客观存在且具有经营能力,则要看增设的中间环节是否进行了实际经营活功并承担一定的经营责任风险。有经营就有风险,就可能存在盈亏。如果增设的中间环节进行了实际经营活动并承担了一定的经营责任风险,则行为人所获取的购销差价系通过利用国有公司、企业让渡的商业机会所进行的经营所得,属于获取购销差价的非法经营同类营业行为。如果增设的中间环节没有进行实际经营活动,而是由国有公司、企业一手操办,或者进行了相关的经营活动,但只管盈利,而由国有公司、企业承担经营责任风险的,则此时行为人所获取的购销差价不是经营所得而是截留的国有财产,属于增设中间环节截留国有财产的贪污行为。从本案的事实分析,四被告人人实际上并无严格受其所签订合同约束的意愿。2006年年底,在恒威佳信公司与万商大厦、恒威佳信与中复电讯合同正常履行的情况下,一被告人仅凭个人意愿就将恒威佳信公司注销,让王某某以瑞源通泰公司接下恒威佳信转租万商大厦底商的业务,并对中复电讯公司谎称恒威佳信公司改组更名为瑞源通泰公司,原租赁合同均以瑞源通泰公司继续履行。可见,四被告人并不认为恒威佳信公司严格受其与万商大厦、中复电讯签订合同的限制,恒威佳信公司无论是转租万商大厦底商,还是退出承租业务自行注销,均是由四被告人利用其职务便利行使职权所致,而非市场行为,其根本没有承担相应的经营风险。此外,恒威佳信公司的成立、注销、由其他公司代为承接业务、减少股东等均极其随意,未经过正常、必要的程序,从中反映出四被告人只是将恒威佳信公司作为截留公款的工具,而非将恒威佳信公司视为真正的经营实体。而承接万商大厦底商转租的瑞源通泰公司也无实际的经营项目,账目混乱,对获取的转租款中的将近50万无法合理说明具体去向。(四)对所获取的购销差价是否合理要求不同。如果增设的中间环节不仅客观存在、具有经营能力,而且进行了实际经营活动并承担了一定的经营责任风险,则要看所获取的购销差价是否合理。获取的购销差价合理的,属于获取购销差价的非法经营同类营业行为;不合理的,则为增设中间环节截留国有财产的贪污行为,因为此时的差价不再是经营行为的对价。当然,在法律没有明确规定的情况下,其合理范围需要司法人员根据经验具体把握。一言以蔽之,区分获取购销差价的非法经营同类营业行为与增设中间环节截留国有财产的贪污行为的关键,在于行为人是采取何种方式取得非法利益的。如果行为人直接通过非法手段将国有公司、企业的财产转移到兼营公司、企业中,属于截留国有财产的贪污行为,构成贪污罪。如果行为人没有直接转移财产,而是利用职务便利将任职国有公司、企业的盈利性商业机会交由兼营公司、企业经营,获取数额巨大的非法利益的,则构成非法经营同类营业罪。因为国有公司、企业让渡给兼营公司、企业的是商业机会,商业机会本身并非财物,不能成为贪污罪的对象。而且兼营公司、企业所获取的非法利益,系利用让渡的商业机会所进行的经营所得,这种经营行为本身就存在一定的风险,并不意味着百分之百地获利,与采取非法手段将国有公司、企业的财产直接转移到兼营公司、企业中去的贪污行为方式不同。综上,本案四被告人的行为实际上是将国有公司本可直接获得的房租收入转移给其个人成立的没有实际经营能力的公司,属于截留国有财产的贪污行为,构成贪污罪。(参见第1087号指导案例,祝贵财等贪污案,载《刑事审判参考》总第103集,第86～90页。撰稿:林辛建)

▽认定"小金库"性质的公司,应当从其设置的知情面、设置的目的、公司的管理、经费的使用及受益方等方面进行综合考量

关于"小金库"的界定,中央纪委发布的《关于设立"小金库"和使用"小金库"款项违纪行为适用〈中国共产党纪律处分条例〉若干问题的解释》中将"小金库"定义为"违反法律法规及其他有关规定,应列入而未列入符合规定的单位账簿的各项资金(含有价证券)及其形成的资产"。《关于在党政机关和事业单位开展"小金库"专项治理工作的实施办法》中沿用了上述定义并将"小金库"总结为7种表现形式:违规收费、罚款及摊派设立"小金库";用资产处置、出租收入设立"小金库";以会议费、劳务费、培训费和咨询费等名义套取资金设立"小金库";经营收入未纳入规定账簿核算设立"小金库";虚列支出转出资金设立"小金库";以假发票等非法票据骗取资金设立"小金库";上下级单位之向相互转移资金设立"小金库"等。综观上述规定,可以看出"小金库",在设立、管理、使用过程中均应经过单位的集体决策程序,体现单位意志,任何个人决定或者以个人名义截留公共款项设立的所谓"小金库",均属于违纪、违法甚至犯罪行为,不应认定为本单位的"小金库"。转制后的通阳公司以及厚缘公司并非青浦区农机站下属的"小金库"性质公司,而是由被告人实际控制的私营企业,是被告人利用职务之便侵吞神牛公司公款的工具。被告人私自将净资产22万元的通阳公司无偿转让给马雪元并由被告人实际控制,属于典型的利用职务便利侵吞国有资产的行为;其又利用职务便利私自将昊巢公司本应支付给神牛公司的服务费分别由通阳公司、厚缘公司收取,这一行为亦具有非法占有公共财物的性质,其行为构成贪污罪。主要理由是:1. 从公司设立知情面来看,虽然从表面上知情面较窄,具有一定隐蔽性,但由于"小金库"性质公司的设立体现的是单位意志,单位的决策管理层应当对该公司的设立知情,而绝非仅个别领导知情。本案中,转制前的通阳公司由神牛公司出资设立,此时神牛公司管理层对通阳公司的设立是知情的。2011年4月,被告人利用职务便利私自将通阳公司转让给马雪元并办理了工商变更登记,此后神牛公司的管理层对通阳公司的存在及运营状况毫不知情,完全由被告人一人实际控制。至于厚缘公司,从设立之初就与神牛公司没有任何关联,神牛公司也并不知情。2. 从公司设置目的来看，单位设立“小金库”一般用于安置单位违规收费、罚款、摊派的资金、以会议费等名义套取的资金、虚列支出转出的资金等，以便单位逃避监管违规发放工资、福利、接待等，也不排除部分资金用于弥补正常公务支出的差额。就本案来讲，被告人控制通阳公司、厚缘公司的目的完全是供个人套现、消费、截留神牛公司的业务款项，与神牛公司安置、支出资金无关，不符合单位设置“小金库”的目的性要求。3. 从公司管理来看，“小金库”及“小金库”性质公司的管理同样应体现单位意志，在“小金库”资金的收入、支出，或者“小金库”性质公司的人、财、物管理等方面都应体现出单位的集体决策。因为从本质来讲，单位“小金库”中的资金仍属于单位财产，即使成立了独立的“小金库”性质公司，该公司的财产也属于设立该公司的单位所有，公司事务也应由设立其的单位管理。本案中，转制后的通阳公司以及厚缘公司均由被告人个人实际控制，公司性质已变更为私营企业，神牛公司与该两家公司之间客观上并无管理与被管理的关系。4. 从经费的使用及受益方来看，“小金库”或者“小金库”性质公司中的资金由设立其的单位支配、使用，受益方也是设立该“小金库”的单位，这是由“小金库”的性质决定的。本案中，改制后的通阳公司及厚缘公司的资产全部由被告人等人支配、使用，受益方也无疑是被告人个人。即使有部分资金用于神牛公司的公务性支出，也与神牛公司支配、使用资金具有本质区别。综上，通阳公司、厚缘公司并非“小金库”性质的公司，被告人利用职务便利将昊燊公司支付给神牛公司的服务费通过上述其个人控制的公司进行截留，并个人套现消费使用，其行为应认定为贪污罪。（参见第1142号指导案例，王雪龙挪用公款、贪污案，载《刑事审判参考》总第106集，第42～44页。撰稿：王宗光　夏稷栋　关敬杨）

▽公务性支出不能从贪污数额中扣除

本案涉案款项进入通阳公司、厚缘公司以后，被告人的行为即成立贪污罪的既遂，此后即使被告人将部分款项用于公务性支出，也属于对赃款的处分行为，该部分款项不能从贪污数额中扣除。主要理由是：1. 被告人的贪污犯罪行为已经既遂。根据贪污罪既遂标准的通说“控制说”，只要行为人取得对公共财物的实际控制与支配，既构成贪污罪的既遂。最高人民法院2003年11月13日印发的《全国法院审理经济犯罪案件工作座谈会纪要》第二条第一项专门就“贪污罪既遂与未遂的认定”做出规定：“贪污罪是一种以非法占有为目的的财产性职务犯罪，与盗窃、诈骗、抢夺等侵犯财产罪一样，应当以行为人是否实际控制财物作为区分贪污罪既遂与未遂的标准……行为人控制公共财物后，是否将财物据为己有，不影响贪污既遂的认定。”本案中，通阳公司、厚缘公司属于财务独立核算的私营企业，被告人将本应由神牛公司收取的款项转由两家公司分别收取以后，便实际实现了对这部分款项的控制、支配，其贪污犯罪行为已经既遂。2. 行为人将赃款用于公务性支出的，不影响对其贪污行为的认定，用于公务支出的部分不能从贪污数额中扣除。根据犯罪既遂理论，犯罪既遂即代表着行为人的行为已经齐备了某种犯罪的全部构成要件，对其应以既遂状态下的行为及其结果定罪处罚。此后行为人对赃款、赃物的处分以及退赃、退赔等情形，不影响对其行为的定性，也不影响对犯罪数额的认定。这些事后行为只能在量刑时酌情考虑。对此，2016年4月18日《最高人民法院、最高人民检察院关于办理贪污贿赂刑事案件适用法律若干问题的解释》第十六条第一款明确规定：“国家工作人员出于贪污、受贿的故意，非法占有公共财物、收受他人财物之后，将赃款赃物用于单位公务支出或者社会捐赠的，不影响贪污罪、受贿罪的认定，但量刑时可以酌情考虑。”该解释对贪污、贿赂犯罪既遂后，行为人出于各种目的将赃款用于公务性支出或者社会公益事业如何认定犯罪数额的问题进行了明确规定，统一了法律适用。综上，被告人将部分赃款用于单位公务性支出，对该部分赃款不能从其贪污数额中扣除，只能在量刑时酌情考虑。（参见第1142号指导案例，王雪龙挪用公款、贪污案，载《刑事审判参考》总第106集，第44～46页。撰稿：王宗光　夏稷栋　关敬杨）

第三百八十三条　【贪污罪的处罚规定】对犯贪污罪的，根据情节轻重，分别依照下列规定处罚：

（一）贪污数额较大或者有其他较重情节的，处三年以下有期徒刑或者拘役，并处罚金。

（二）贪污数额巨大或者有其他严重情节的，

处三年以上十年以下有期徒刑,并处罚金或者没收财产。

(三)贪污数额特别巨大或者有其他特别严重情节的,处十年以上有期徒刑或者无期徒刑,并处罚金或者没收财产;数额特别巨大,并使国家和人民利益遭受特别重大损失的,处无期徒刑或者死刑,并处没收财产。

对多次贪污未经处理的,按照累计贪污数额处罚。

犯第一款罪,在提起公诉前如实供述自己罪行、真诚悔罪、积极退赃,避免、减少损害结果的发生,有第一项规定情形的,可以从轻、减轻或者免除处罚;有第二项、第三项规定情形的,可以从轻处罚。

犯第一款罪,有第三项规定情形被判处死刑缓期执行的,人民法院根据犯罪情节等情况可以同时决定在其死刑缓期执行二年期满依法减为无期徒刑后,终身监禁,不得减刑、假释。(本条是根据《中华人民共和国刑法修正案(九)》之四十四修改的,2015年11月1日起施行。)

刑法本条原文:对犯贪污罪的,根据情节轻重,分别依照下列规定处罚:

(一)个人贪污数额在十万元以上的,处十年以上有期徒刑或者无期徒刑,可以并处没收财产;情节特别严重的,处死刑,并处没收财产。

(二)个人贪污数额在五万元以上不满十万元的,处五年以上有期徒刑,可以并处没收财产;情节特别严重的,处无期徒刑,并处没收财产。

(三)个人贪污数额在五千元以上不满五万元的,处一年以上七年以下有期徒刑;情节严重的,处七年以上十年以下有期徒刑。个人贪污数额在五千元以上不满一万元,犯罪后有悔改表现、积极退赃的,可以减轻处罚或者免予刑事处罚,由其所在单位或者上级主管机关给予行政处分。

(四)个人贪污数额不满五千元,情节较重的,处二年以下有期徒刑或者拘役;情节较轻的,由其所在单位或者上级主管机关酌情给予行政处分。

对多次贪污未经处理的,按照累计贪污数额处罚。

■最高人民法院、最高人民检察院关于办理贪污贿赂刑事案件适用法律若干问题的解释(2016年4月18日)

第一条　贪污或者受贿数额在三万元以上不满二十万元的,应当认定为刑法第三百八十三条第一款规定的"数额较大",依法判处三年以下有期徒刑或者拘役,并处罚金。

贪污数额在一万元以上不满三万元,具有下列情形之一的,应当认定为刑法第三百八十三条第一款规定的"其他较重情节",依法判处三年以下有期徒刑或者拘役,并处罚金:

(一)贪污救灾、抢险、防汛、优抚、扶贫、移民、救济、防疫、社会捐助等特定款物的;

(二)曾因贪污、受贿、挪用公款受过党纪、行政处分的;

(三)曾因故意犯罪受过刑事追究的;

(四)赃款赃物用于非法活动的;

(五)拒不交待赃款赃物去向或者拒不配合追缴工作,致使无法追缴的;

(六)造成恶劣影响或者其他严重后果的。

受贿数额在一万元以上不满三万元,具有前款第二项至第六项规定的情形之一,或者具有下列情形之一的,应当认定为刑法第三百八十三条第一款规定的"其他较重情节",依法判处三年以下有期徒刑或者拘役,并处罚金:

(一)多次索贿的;

(二)为他人谋取不正当利益,致使公共财产、国家和人民利益遭受损失的;

(三)为他人谋取职务提拔、调整的。

第二条　贪污或者受贿数额在二十万元以上不满三百万元的,应当认定为刑法第三百八十三条第一款规定的"数额巨大",依法判处三年以上十年以下有期徒刑,并处罚金或者没收财产。

贪污数额在十万元以上不满二十万元,具有本解释第一条第二款规定的情形之一的,应当认定为刑法第三百八十三条第一款规定的“其他严重情节”,依法判处三年以上十年以下有期徒刑,并处罚金或者没收财产。

受贿数额在十万元以上不满二十万元,具有本解释第一条第三款规定的情形之一的,应当认定为刑法第三百八十三条第一款规定的“其他严重情节”,依法判处三年以上十年以下有期徒刑,并处罚金或者没收财产。

第三条　贪污或者受贿数额在三百万元以上的,应当认定为刑法第三百八十三条第一款规定的“数额特别巨大”,依法判处十年以上有期徒刑、无期徒刑或者死刑,并处罚金或者没收财产。

贪污数额在一百五十万元以上不满三百万元,具有本解释第一条第二款规定的情形之一的,应当认定为刑法第三百八十三条第一款规定的“其他特别严重情节”,依法判处十年以上有期徒刑、无期徒刑或者死刑,并处罚金或者没收财产。

受贿数额在一百五十万元以上不满三百万元,具有本解释第一条第三款规定的情形之一的,应当认定为刑法第三百八十三条第一款规定的“其他特别严重情节”,依法判处十年以上有期徒刑、无期徒刑或者死刑,并处罚金或者没收财产。

第四条　贪污、受贿数额特别巨大,犯罪情节特别严重、社会影响特别恶劣、给国家和人民利益造成特别重大损失的,可以判处死刑。

符合前款规定的情形,但具有自首,立功,如实供述自己罪行、真诚悔罪、积极退赃,或者避免、减少损害结果的发生等情节,不是必须立即执行的,可以判处死刑缓期二年执行。

符合第一款规定情形的,根据犯罪情节等情况可以判处死刑缓期二年执行,同时裁判决定在其死刑缓期执行二年期满依法减为无期徒刑后,终身监禁,不得减刑、假释。

第十二条　贿赂犯罪中的“财物”,包括货币、物品和财产性利益。财产性利益包括可以折算为货币的物质利益如房屋装修、债务免除等,以及需要支付货币的其他利益如会员服务、旅游等。后者的犯罪数额,以实际支付或者应当支付的数额计算。

第十三条　具有下列情形之一的,应当认定为“为他人谋取利益”,构成犯罪的,应当依照刑法关于受贿犯罪的规定定罪处罚:

(一)实际或者承诺为他人谋取利益的;

(二)明知他人有具体请托事项的;

(三)履职时未被请托,但事后基于该履职事由收受他人财物的。

国家工作人员索取、收受具有上下级关系的下属或者具有行政管理关系的被管理人员的财物价值三万元以上,可能影响职权行使的,视为承诺为他人谋取利益。

第十五条　对多次受贿未经处理的,累计计算受贿数额。

国家工作人员利用职务上的便利为请托人谋取利益前后多次收受请托人财物,受请托之前收受的财物数额在一万元以上的,应当一并计入受贿数额。

第十六条　国家工作人员出于贪污、受贿的故意,非法占有公共财物、收受他人财物之后,将赃款赃物用于单位公务支出或者社会捐赠的,不影响贪污罪、受贿罪的认定,但量刑时可以酌情考虑。

特定关系人索取、收受他人财物,国家工作人员知道后未退还或者上交的,应当认定国家工作人员具有受贿故意。

第十七条　国家工作人员利用职务上的便利,收受他人财物,为他人谋取利益,同时构成受贿罪和刑法分则第三章第三节、第九章规定的渎职犯罪的,除刑法另有规定外,以受贿罪和渎职犯罪数罪并罚。

第十八条　贪污贿赂犯罪分子违法所得的一切财物,应当依照刑法第六十四条的规定予以追缴或者责令退赔,对被害人的合法财产应当及时返还。对尚未追缴到案或者尚未足额退赔的违法所得,应当继续追缴或者责令退赔。

第十九条　对贪污罪、受贿罪判处三年以下有期徒刑或者拘役的,应当并处十万元以上五十万元以下的罚金;判处三年以上十年以下有期徒刑的,应当并处二十万元以上犯罪数额二倍以下的罚金或者没收财产;判处十年以上有期徒刑或者无期徒刑的,应当并处五十万元以上犯罪数额二倍以下的罚金或者没收财产。

对刑法规定并处罚金的其他贪污贿赂犯罪,应当在十万元以上犯罪数额二倍以下判处罚金。

第二十条　本解释自2016年4月18日起施行。最高人民法院、最高人民检察院此前发布的司法解释与本解释不一致的,以本解释为准。

■最高人民检察院关于贪污养老、医疗等社会保险基金能否适用《最高人民法院、最高人民检察院关于办理贪污贿赂刑事案件适用法律若干问题的解释》第一条第二款第一项规定的批复(全文)(2017年8月7日)

养老、医疗、工伤、失业、生育等社会保险基金可以认定为《最高人民法院、最高人民检察院关于办理贪污贿赂刑事案件适用法律若干问题的解释》第一条第二款第一项规定的"特定款物"。

根据刑法和有关司法解释规定,贪污罪和挪用公款罪中的"特定款物"的范围有所不同,实践中应注意区分,依法适用。

▼最高人民检察院研究室对《关于界定"退耕还林补助款"性质的请示》的答复(全文)(2017年2月17日)

1.《最高人民法院、最高人民检察院关于办理贪污贿赂刑事案件适用法律若干问题的解释》(以下简称《解释》)第一条二款(一)项规定的"特定款物"应当严格适用范围,不能随意做扩大解释。除了明确规定的救灾、抢险、防汛、优抚、扶贫、移民、救济、防疫、社会捐助九种特定款物以外,只有与所列举的特定款物具有实质相当性的款物才可以认定为本条规定的"特定款物",具体可以从事项重要性、用途特定性以及时间紧迫性等方面进行判断。

2.来函请示的退耕还林补助款不属于中央财政转移支付体系中的"财政专项扶贫资金",不具有与《解释》所列九种款物的实质相当性,不宜认定为《解释》所规定的"特定款物"。

▼安徽省高级人民法院关于审理贪污、受贿、挪用公款犯罪案件依法正确适用缓刑和免予刑事处罚的意见(全文)(2004年6月1日)

一、国家工作人员贪污、受贿数额五千元以上不满五万元,犯罪情节较轻,能如实供述、积极退赃,确有悔改表现的,可以适用缓刑。

二、国家工作人员贪污、受贿数额五万元以上不满十万元,除同时具有投案自首或者立功表现等法定减轻处罚情节和积极退赃等酌定从轻处罚情节的,一般不适用缓刑。

三、国家工作人员贪污、受贿数额十万元以上,适用刑法第六十三条第一款减轻处罚在有期徒刑三年以下量刑的,不适用缓刑。对其中犯罪情节较轻,主动、积极退赃,且在重大生产、科研项目中起关键性作用,有特殊需要,或者有其他特殊情况,需适用缓刑的,必须从严掌握。

四、国家工作人员贪污、受贿、挪用公款具有下列情形之一的,不适用缓刑:

(一)犯罪行为使国家、集体和人民利益遭受重大损失的;

(二)没有退赃,无悔改表现的;

(三)犯罪动机、手段等情节恶劣,或者将赃款用于非法活动的;

(四)属于共同犯罪中情节严重的主犯,或者犯有数罪的;

(五)曾因经济违法犯罪行为受过行政处分或刑事处罚的;

(六)犯罪涉及的财物属于国家救灾、抢险、防汛、优抚、扶贫、移民、救济款物,情节严重的。

五、国家工作人员贪污、受贿数额在五千元以上不满一万元,犯罪后有悔改表现、积极退赃的,可以减轻或者免予刑事处罚。

国家工作人员贪污、受贿数额在一万元以上,除具有法定免除处罚情节的,不得免予刑事处罚。

六、人民法院审理贪污、受贿、挪用公款犯罪案件适用缓刑和免予刑事处罚,具有下列情形之一的,应报经审判委员会讨论决定:

(一)第一审人民法院审理贪污、受贿犯罪案件,依据本意见第一条、第二条、第三条、第五条适用缓刑或者免予刑事处罚的;

(二)第一审人民法院审理挪用公款犯罪案件适用缓刑或者免予刑事处罚的;

(三)第二审人民法院改判适用缓刑或者免予刑事处罚的。

七、本意见自2004年6月1日起施行。

▽《最高人民法院、最高人民检察院关于办理贪污贿赂刑事案件适用法律若干问题的解释》中规定的"特定款物"的认定

在司法解释对特殊款物做了相应规定的情况下,认定贪污罪犯罪对象是否为特定款物就具有了实质意义。如果贪污数额在1万元以上3万元以下,是否属于特定款物会决定罪与非罪。如果贪污数额在3万元以上,贪污对象是否属于特定款物不会影响定罪,但会影响量刑。虽然司法解释没有规定贪污特定款物从重处罚,但是在入罪标准上的差别就决定了在数额相同的情况下,贪污特定款物量刑应当重于贪污一般款物。也就是说,司法解释中蕴含着贪污特定款物从重处罚的量刑原则。按照量刑规范化的基本原理,对贪污特定款物的案件,在确定量刑起点和基准刑时,应区别于一般案件。例如,同样是贪污100万元,在对象是一般款物时,应以贪污20万元确定量刑起点,以超出的80万元增加刑罚量确定基准刑。由于贪污一般款物20万元以上300万元以下,对应的法定刑为有期徒刑三年以上十年以下,相当于在20万元的基础上数额每增加40万元即增加基准刑一年,贪污100万元对应的基准刑为有期徒刑五年。而如果贪污特定款物100万元,应当以10万元确定量刑起点,以超出的90万元增加刑罚量确定基准刑。贪污特定款物10万元以上150万元以下,对应的法定刑为有期徒刑三年以上十年以下,相当于在10万元的基础上,数额每增加20万元即增加基准刑一年,贪污特定款物100万元对应的基准刑为有期徒刑七年六个月。所以,犯罪对象是否属于特殊款物,对被告人的定罪量刑具有实质意义。在办案的过程中,需要对犯罪对象进行准确界定。

本案二被告人贪污的是养老(助残)服务券,从服务券本身的特点来看属于特定款物。《解释》第一条第二款第一项对贪污特定款物的表述为:"贪污救灾、抢险、防汛、优抚、扶贫、移民、救济、防疫、社会捐助等特定款物的",在列举了九种类型的特定款物之后,又用了"等"的表述方式。判断一种款物是否属于特定款物,首先要看其是否属于解释明确规定的类型,如果符合条文列举的九种类型则当然属于特定款物。如果不属于前述九种类型,则看其是否与列举的款物具有同样的性质。当然,这种解释应当贯彻谦抑原则,审慎对待。养老(助残)服务,是社会福利制度发展的体现,服务券是对老年人和残疾人这一特殊群体进行救助而发放的具有一定面额的纸质券,领取对象具有特定性。从这一角度看,服务券可以理解为救济款物的一种。即使其不属于典型的救济款,也可以通过对"等"的解释将其纳入特定款物。但是,判断一种款物是否属于特定款物,不仅要看其外在的表现形式,还要看其代表事项的重要性、用途的特定性以及时间的紧迫性。服务券由政府向老年人、残疾人发放,相关人员领取到服务券后可以到政府指定的服务商处消费或者接受服务。本案的二被告人是社区工作人员,其工作职责是向政府报告辖区内符合领取服务券人员的数量和金额,并代为领取,领取后向符合条件的人员发放。但是在实际工作中,二被告人采取虚报人数的方式,从政府多领取服务券,然后按照实有人数发放,这样就产生了差额,差额部分由二被告人截留,然后套现。从中可以看出,二被告人是以虚报的手段,骗取政府多付的资金,而非截留侵吞政府按实际名额发放的资金,其行为性质和贪污政府的一般公款并无二致。反过来看,如果二被告人根据实有符合条件人数领取服务券后,没有发放给相应的老年人或者残疾人,自己截留,从而使社会救济对象没有得到社会救济,则其行为对象已定型化为特定款物,应认定为特定款物。在这种情况下,行为人的行为使特定群体不能得到救济,危害性更大。而本案中二被告人的行为,没有侵犯特定的老年人或者残疾人的受救济权利,没有妨害国家的救济制度,只是导致了财政款的流失,所以犯罪对象应当认定为普通款物。

综上所述,司法解释蕴含了贪污特定款物从重处罚的原则,在办案过程中区分犯罪对象是否属于特定款物直接影响着对被告人的定罪量刑。司法实践中认定犯罪对象是否属于特定款物,不仅要看具体款物的表现形式,还要通过贪污方式看其本质特征,只有在公款已经类型化为特定款物且妨害了特定事项办理或者特殊群体权利的情况下,才认定为特定款物。(参见第1139号指导案例,周爱武、周晓贪污案,载《刑事审判参考》总第106集,第21~23页。撰稿:臧德胜)

▽贪污养老(助残)服务券的,贪污服务券类财物的应以其贪污的票面金额确定犯罪金额

服务券由政府印制,具有票面金额。持有人只能在政府指定的服务商处按照票面额持券消费,而不能在社会上流通。服务商收取服务券后,凭服务券到政府相应部门兑换钱款,政府收回服务券、支付对价款,服务商即可收回应得款。本案中二被告人将虚报冒领的服务券交付服务商,服务商凭服务券兑现后扣除一定的费用,剩余部分返给二被告人。据此,二被告人实际获取的钱款数额会低于其截留的服务券的票面金额。但是,认定其贪污数额只能以服务券票面金额认定,而不能以其实际获取钱款的金额认定。因为在服务券流转的过程中,政府是按照票面金额向服务商支付钱款的,被告人的贪污行为造成的公款损失数额与票面金额相等,至于服务商和被告人之间如何分配,不影响贪污数额的认定。

本案二被告人截留服务券金额为90余万元,实际通过服务商兑换了80余万元,尚有10万余元在案发前未交付服务商兑换。公诉机关认为应当以其截留的票面金额认定,而辩护人认为应当以实际完成兑换的部分认定。对此,应当结合服务券的自身特点来分析。二被告人通过虚报多领的方式,从政府机关领取了面值达90余万元的服务券,而且对多领部分没有下发的打算,具有截留的直接故意。其犯罪针对的就是90余万元金额的服务券,应以90余万元作为犯罪数额。政府部门印制的服务券是不记名的票券,从政府部门流出后,即处于不可控状态,持有人随时可以到指定服务商处消费。二被告人意图占有90余万元的金额,也实际取得了可以支配使用的服务券,从主客观角度看,应当将全部票面金额认定为犯罪数额。(参见第1139号指导案例,周爱武、周晓贪污案,载《刑事审判参考》总第106集,第23~24页。撰稿:臧德胜)

▽《刑法修正案(九)》及其相关司法解释对贪污罪的犯罪对象以及附加刑适用都作出了新的规定,适用新法对被告人量刑时,应当附加判处罚金刑

《刑法修正案(九)》颁布以前,刑法对贪污罪没有设置罚金刑。《刑法修正案(九)》对贪污罪设立了罚金刑,《最高人民法院、最高人民检察院关于办理贪污贿赂刑事案件适用法律若干问题的解释》又进一步明确了罚金的数额,从而让贪污犯罪分子受到经济上的严厉制裁。这一立法变化,使贪污罪的刑罚从单一主刑转变为主刑、附加刑同时科处。对于《刑法修正案(九)》实施之前的犯罪行为,适用罚金刑,这主要涉及从旧兼从轻原则的理解问题,即对于行为时原本没有罚金刑的案件,适用新法后判处罚金刑是否违背从旧兼从轻的原则。《刑法》第十二条规定确立了从旧兼从轻的刑法适用原则。在新旧法交替时期,从旧兼从轻原则对案件中的法律适用问题具有重大指导意义。《最高人民法院关于适用刑法第十二条几个问题的解释》进一步明确:"刑法第十二条规定的'处刑较轻',是指刑法对某种犯罪规定的刑罚即法定刑比修订前刑法轻。"同时规定:"如果刑法规定的某一犯罪有两个以上的法定刑幅度,法定最高刑或者最低刑是指具体犯罪行为应当适用的法定刑幅度的最高刑或者最低刑。"这一司法解释规定了比较法定刑轻重的方法。即比较法定刑轻重,主要看同样的犯罪行为,在新旧法中所对应的法定刑幅度,从中选取较轻的法定刑幅度适用。如果新法较轻的,则适用新法。适用新法,当然要适用新法规定的全部法定刑。如果旧法未规定附加刑,而新法增设了附加刑,比较法定刑的轻重,首要的标准在于主刑的轻重，而不在于刑种的多少。在两个主刑存在轻重之分的情况下，有无附加刑不影响法定刑轻重的判断。主刑重的，属于处刑较重的；主刑轻的，属于处刑较轻的。这是因为，在我国的刑罚体系中，主刑与附加刑具有不同的地位，主刑的适用范围广、惩罚力度大，而附加刑只能附加适用，或者作为一种轻刑独立适用于轻罪。当然，如果两个条文对应的主刑相同，而一个有附加刑，另一个没有附加刑，则有附加刑的重于没有附加刑的。此外，从法定刑的性质来看，在同时规定有主刑和附加刑的情况下，二者是一个有机整体。适用某一法律条文，必须做到完整适用，而不能割裂开来。如果主刑用新法，附加刑用旧法，新法旧法同时适用，则违背了从旧兼从轻原则，造成法律适用上的混乱。适用附加刑还有一个价值判断的问题，即主刑的降低与附加刑的平衡问题，主刑减少的刑期与附加刑增加、罚金经济价值的比较，不同地区是有差别的，应综合判断适用附加刑的数量，附加刑的判处还要考虑被告人的执行能力、过错等。具体到本案中，二被告人贪污90余万元，按照旧刑法，对应的法定刑幅度为有期徒刑十年以上的刑罚。而按照新刑法，对应的法定刑幅度为三年以上十年以下有期徒刑，并处罚金。新法的法定刑幅度在整体上轻于旧法，可以直接选择新法的法定刑幅度作为量刑依据，新法的法定刑中就包括了罚金刑。这一做法，既符合从旧兼从轻的原则，也是《刑法》第十二条所规定的"适用本法"的当然要求。相反，选择适用新法的主刑，而不适用罚金刑，则是缺乏法律依据的做法。（参见第1139号指导案例，周爱武、周晓贪污案，载《刑事审判参考》总第106集，第24～25页。撰稿：臧德胜）

第三百八十四条　【挪用公款罪】国家工作人员利用职务上的便利，挪用公款归个人使用，进行非法活动的，或者挪用公款数额较大、进行营利活动的，或者挪用公款数额较大、超过三个月未还的，是挪用公款罪，处五年以下有期徒刑或者拘役；情节严重的，处五年以上有期徒刑。挪用公款数额巨大不退还的，处十年以上有期徒刑或者无期徒刑。

挪用用于救灾、抢险、防汛、优抚、扶贫、移民、救济款物归个人使用的，从重处罚。

■最高人民法院、最高人民检察院关于办理贪污贿赂刑事案件适用法律若干问题的解释（2016年4月18日）

第五条　挪用公款归个人使用，进行非法活动，数额在三万元以上的，应当依照刑法第三百八十四条的规定以挪用公款罪追究刑事责任；数额在三百万元以上的，应当认定为刑法第三百八十四条第一款规定的"数额巨大"。具有下列情形之一的，应当认定为刑法第三百八十四条第一款规定的"情节严重"：

（一）挪用公款数额在一百万元以上的；

（二）挪用救灾、抢险、防汛、优抚、扶贫、移民、救济特定款物，数额在五十万元以上不满一百万元的；

（三）挪用公款不退还，数额在五十万元以上不满一百万元的；

（四）其他严重的情节。

第六条　挪用公款归个人使用，进行营利活动或者超过三个月未还，数额在五万元以上的，应当认定为刑法第三百八十四条第一款规定的"数额较大"；数额在五百万元以上的，应当认定为刑法第三百八十四条第一款规定的"数额巨大"。具有下列情形之一的，应当认定为刑法第三百八十四条第一款规定的"情节严重"：

（一）挪用公款数额在二百万元以上的；

（二）挪用救灾、抢险、防汛、优抚、扶贫、移民、救济特定款物，数额在一百万元以上不满二百万元的；

（三）挪用公款不退还，数额在一百万元以上不满二百万元的；

（四）其他严重的情节。

第二十条　本解释自2016年4月18日起施行。最高人民法院、最高人民检察院此前发布的司法解释与本解释不一致的，以本解释为准。

■全国人民代表大会常务委员会关于《中华人民共和国刑法》第三百八十四条第一款的解释(全文)(2002年4月28日)

全国人民代表大会常务委员会讨论了刑法第三百八十四条第一款规定的国家工作人员利用职务上的便利,挪用公款"归个人使用"的含义问题,解释如下:

有下列情形之一的,属于挪用公款"归个人使用":

(一)将公款供本人、亲友或者其他自然人使用的;

(二)以个人名义将公款供其他单位使用的;

(三)个人决定以单位名义将公款供其他单位使用,谋取个人利益的。

■最高人民法院、最高人民检察院关于办理妨害预防、控制突发传染病疫情等灾害的刑事案件具体应用法律若干问题的解释(2003年5月15日)

第十四条　贪污、侵占用于预防、控制突发传染病疫情等灾害的款物或者挪用归个人使用,构成犯罪的,分别依照刑法第三百八十二条、第三百八十三条、第二百七十一条、第三百八十四条、第二百七十二条的规定,以贪污罪、侵占罪、挪用公款罪、挪用资金罪定罪,依法从重处罚。

挪用用于预防、控制突发传染病疫情等灾害的救灾、优抚、救济等款物,构成犯罪的,对直接责任人员,依照刑法第二百七十三条的规定,以挪用特定款物罪定罪处罚。

第十七条　人民法院、人民检察院办理有关妨害预防、控制突发传染病疫情等灾害的刑事案件,对于有自首、立功等悔罪表现的,依法从轻、减轻、免除处罚或者依法作出不起诉决定。

第十八条　本解释所称"突发传染病疫情等灾害",是指突然发生,造成或者可能造成社会公众健康严重损害的重大传染病疫情、群体性不明原因疾病以及其他严重影响公众健康的灾害。

■最高人民法院、最高人民检察院、公安部、司法部关于依法惩治妨害新型冠状病毒感染肺炎疫情防控违法犯罪的意见(2020年2月6日)

相关内容附在本书刑法第二百七十一条之后附文同名文件中

■最高人民法院关于审理挪用公款案件具体应用法律若干问题的解释(全文)(1998年5月9日)

第一条　刑法第三百八十四条规定的,"挪用公款归个人使用",包括挪用者本人使用或者给他人使用。

挪用公款给私有公司、私有企业使用的,属于挪用公款归个人使用。

第二条　对挪用公款罪,应区分三种不同情况予以认定:

(一)挪用公款归个人使用,数额较大、超过三个月未还的,构成挪用公款罪。

挪用正在生息或者需要支付利息的公款归个人使用,数额较大,超过三个月但在案发前全部归还本金的,可以从轻处罚或者免除处罚。给国家、集体造成的利息损失应予追缴。挪用公款数额巨大,超过三个月,案发前全部归还的,可以酌情从轻处罚。

(二)挪用公款数额较大,归个人进行营利活动的,构成挪用公款罪,不受挪用时间和是否归还的限制。在案发前部分或者全部归还本息的,可以从轻处罚;情节轻微的,可以免除处罚。

挪用公款存入银行、用于集资、购买股票、国债等,属于挪用公款进行营利活动。所获取的利息、收益等违法所得,应当追缴,但不计入挪用公款的数额。

(三)挪用公款归个人使用,进行赌博、走私等非法活动的,构成挪用公款罪,不受"数额较大"和挪用时间的限制。

挪用公款给他人使用,不知道使用人用公款进行营利活动或者用于非法活动,数额较大、超过三个月未还的,构成挪用公款罪;明知使用人用于营利活动或者非法活动的,应当认定为挪用人挪用公款进行营利活动或者非法活动。

第三条　挪用公款归个人使用,"数额较大、进行营利活动的",或者"数额较大、超过三个月未还的",以挪用公款一万元至三万元为"数额较大"的起点,以挪用公款十五万元至二十万元为"数额巨大”的起点。挪用公款“情节严重”，是指挪用公款数额巨大，或者数额虽未达到巨大，但挪用公款手段恶劣；多次挪用公款；因挪用公款严重影响生产、经营，造成严重损失等情形。

“挪用公款归个人使用，进行非法活动的”，以挪用公款五千元至一万元为追究刑事责任的数额起点。挪用公款五万元至十万元以上的，属于挪用公款归个人使用，进行非法活动，“情节严重”的情形之一。挪用公款归个人使用，进行非法活动，情节严重的其他情形，按照本条第一款的规定执行。

各高级人民法院可以根据本地实际情况，按照本解释规定的数额幅度，确定本地区执行的具体数额标准，并报最高人民法院备案。

挪用救灾、抢险、防汛、优抚、扶贫、移民、救济款物归个人使用的数额标准，参照挪用公款归个人使用进行非法活动的数额标准。

第四条　多次挪用公款不还，挪用公款数额累计计算；多次挪用公款，并以后次挪用的公款归还前次挪用的公款，挪用公款数额以案发时未还的实际数额认定。

第五条　“挪用公款数额巨大不退还的”，是指挪用公款数额巨大，因客观原因在一审宣判前不能退还的。

第六条　携带挪用的公款潜逃的，依照刑法第三百八十二条、第三百八十三条的规定定罪处罚。

第七条　因挪用公款索取、收受贿赂构成犯罪的，依照数罪并罚的规定处罚。

挪用公款进行非法活动构成其他犯罪的，依照数罪并罚的规定处罚。

第八条　挪用公款给他人使用，使用人与挪用人共谋，指使或者参与策划取得挪用款的，以挪用公款罪的共犯定罪处罚。

■最高人民检察院关于国家工作人员挪用非特定公物能否定罪的请示的批复（全文）（2000年3月6日）

刑法第384条规定的挪用公款罪中未包括挪用非特定公物归个人使用的行为，对该行为不以挪用公款罪论处。如构成其他犯罪的，依照刑法的相关规定定罪处罚。

■最高人民检察院关于挪用国库券如何定性问题的批复（全文）（1997年10月13日）

国家工作人员利用职务上的便利，挪用公有或本单位的国库券的行为以挪用公款论；符合刑法第384条、第272条第2款规定的情形构成犯罪的，按挪用公款罪追究刑事责任。

■最高人民检察院关于挪用失业保险基金和下岗职工基本生活保障资金的行为适用法律问题的批复（全文）（2003年1月30日）

挪用失业保险基金和下岗职工基本生活保障资金属于挪用救济款物。挪用失业保险基金和下岗职工基本生活保障资金，情节严重，致使国家和人民群众利益遭受重大损害的，对直接责任人员，应当依照刑法第二百七十三条的规定，以挪用特定款物罪追究刑事责任；国家工作人员利用职务上的便利，挪用失业保险基金和下岗职工基本生活保障资金归个人使用，构成犯罪的，应当依照刑法第三百八十四条的规定，以挪用公款罪追究刑事责任。

■最高人民法院关于挪用公款犯罪如何计算追诉期限问题的批复（全文）（2003年10月10日）

根据刑法第八十九条、第三百八十四条的规定，挪用公款归个人使用，进行非法活动的，或者挪用公款数额较大、进行营利活动的，犯罪的追诉期限从挪用行为实施完毕之日起计算；挪用公款数额较大、超过三个月未还的，犯罪的追诉期限从挪用公款罪成立之日起计算。挪用公款行为有连续状态的，犯罪的追诉期限应当从最后一次挪用行为实施完毕之日或者犯罪成立之日起计算。

▼全国法院审理经济犯罪案件工作座谈会纪要（2003年11月13日）

四、关于挪用公款罪

（一）单位决定将公款给个人使用行为的认定

经单位领导集体研究决定将公款给个人使用，或者单位负责人为了单位的利益，决定将公款给个人使用的,不以挪用公款罪定罪处罚。上述行为致使单位遭受重大损失,构成其他犯罪的,依照刑法的有关规定对责任人员定罪处罚。

(二)挪用公款供其他单位使用行为的认定

根据全国人大常委会《关于〈中华人民共和国刑法〉第三百八十四条第一款的解释》的规定,"以个人名义将公款供其他单位使用的"、"个人决定以单位名义将公款供其他单位使用谋取个人利益的",属于挪用公款"归个人使用",在司法实践中,对于将公款供其他单位使用的,认定是否属于"以个人名义",不能只看形式,要从实质上把握。对于行为人逃避财务监管,或者与使用人约定以个人名义进行,或者借款、还款都以个人名义进行,将公款给其他单位使用的,应认定为"以个人名义"。"个人决定"既包括行为人在职权范围内决定,也包括超越职权范围决定。"谋取个人利益",既包括行为人与使用人事先约定谋取个人利益实际尚未获取的情况,也包括虽未事先约定但实际已获取了个人利益的情况、其中的"个人利益",既包括不正当利益,也包括正当利益;既包括财产性利益,也包括非财产性利益,但这种非财产性利益应当是具体的实际利益,如升学、就业等。

(三)国有单位领导向其主管的具有法人资格的下级单位借公款归个人使用的认定

国有单位领导利用职务上的便利指令具有法人资格的下级单位将公款供个人使用的,属于挪用公款行为,构成犯罪的,应以挪用公款罪定罪处罚。

(四)挪用有价证券、金融凭证用于质押行为性质的认定

挪用金融凭证、有价证券用于质押,使公款处于风险之中,与挪用公款为他人提供担保没有实质的区别,符合刑法关于挪用公款罪规定的,以挪用公款罪定罪处罚挪用公款数额以实际或者可能承担的风险数额认定。

(五)挪用公款归还个人欠款行为性质的认定

挪用公款归还个人欠款的,应当根据产生欠款的原因分别认定属于挪用公款的何种情形。归还个人进行非法活动或者进行营利活动产生的欠款,应当认定为挪用公款进行非法活动或者进行营利活动。

(六)挪用公款用于注册公司、企业行为性质的认定

申报注册资本是为进行生产经营活动作准备,属于成立公司、企业进行营利活动的组成部分。因此,挪用公款归个人用于公司、企业注册资本验资证明的,应当认定为挪用公款进行营利活动。

(七)挪用公款后尚未投入实际使用的行为性质的认定

挪用公款后尚未投入实际使用的,只要同时具备"数额较大"和"超过三个月未还"的构成要件,应当认定为挪用公款罪,但可以酌情从轻处罚。

(八)挪用公款转化为贪污的认定

挪用公款罪与贪污罪的主要区别在于行为人主观上是否具有非法占有公款的目的,挪用公款是否转化为贪污,应当按照主客观相一致的原则,具体判断和认定行为人主观上是否具有非法占有公款的目的。在司法实践中,具有以下情形之一的可以认定行为人具有非法占有公款的目的:

1. 根据《最高人民法院关于审理挪用公款案件具体应用法律若干问题的解释》第六条的规定行为人"携带挪用的公款潜逃的",对其携带挪用的公款部分,以贪污罪定罪处罚。

2. 行为人挪用公款后采取虚假发票平账、销毁有关账目等手段,使所挪用的公款已难以在单位财务账目上反映出来,且没有归还行为的,应当以贪污罪定罪处罚。

3. 行为人截取单位收入不入账,非法占有,使所占有的公款难以在单位财务账目上反映出来,且没有归还行为的,应当以贪污罪定罪处罚。

4. 有证据证明行为人有能力归还所挪用的公款而拒不归还,并隐瞒挪用的公款去向的,应当以贪污罪定罪处罚。

▼最高人民法院研究室关于对行为人通过伪造国家机关公文、证件担任国家工作人员职务并利用职务上的便利侵占本单位财物、收受贿赂、挪用本单位资金等行为如何适用法律问题的答复(全文)(2004年3月20日)

行为人通过伪造国家机关公文、证件担任国家工作人员职务以后,又利用职务上的便利实施侵占本单位财物、收受贿赂、挪用本单位资金等行为,构成犯罪的,应当分别以伪造国家机关公文、证件罪和相应的贪污罪、受贿罪、挪用公款罪等追究刑事责任,实行数罪并罚。

附:部分省(自治区、直辖市)关于挪用公款罪数额的处罚标准

	数额较大	数额巨大	数额特别巨大
北京	3万元或1万元非法活动	20万元	10万元非法活动情节严重之一
天津	2万元或1万元非法活动	20万元以上	10万元非法活动情节严重之一
河北	1万元或5000元非法活动	15万元	5万元非法活动情节严重之一
内蒙古	1.5万元或6000元非法活动	16万元	6万元非法活动情节严重之一
吉林	3万元或8000元非法活动	20万元	8万元非法活动为情节严重之一
江苏	1.5万元或8000元非法活动	20万元	5万元非法活动为情节严重之一
安徽	2万元或1万元(非法活动)	15万元	5万元非法活动为情节严重之一
江西	2万元或1万元非法活动	20万元	5万元非法活动为情节严重之一
山东	2万元或1万元非法活动		
河南	3万元或1万元非法活动	20万元	10万元非法活动情节严重之一
陕西	2万元或7000元非法活动	15万元	5万元非法活动为情节严重

▼安徽省高级人民法院关于审理贪污、受贿、挪用公款犯罪案件依法正确适用缓刑和免予刑事处罚的意见(2004年6月1日)

四、国家工作人员贪污、受贿、挪用公款具有下列情形之一的,不适用缓刑:

(一)犯罪行为使国家、集体和人民利益遭受重大损失的;

(二)没有退赃,无悔改表现的;

(三)犯罪动机、手段等情节恶劣,或者将赃款用于非法活动的;

(四)属于共同犯罪中情节严重的主犯,或者犯有数罪的;

(五)曾因经济违法犯罪行为受过行政处分或刑事处罚的;

(六)犯罪涉及的财物属于国家救灾、抢险、防汛、优抚、扶贫、移民、救济款物,情节严重的。

六、人民法院审理贪污、受贿、挪用公款犯罪案件适用缓刑和免予刑事处罚,具有下列情形之一的,应报经审判委员会讨论决定:

(二)第一审人民法院审理挪用公款犯罪案件适用缓刑或者免予刑事处罚的;

(三)第二审人民法院改判适用缓刑或者免予刑事处罚的。

七、本意见自2004年6月1日起施行。

□因单位经营需要,划拨公款给其他企业使用,没有从中谋取私利的,不构成挪用公款罪

国有企业工作人员因单位经营需要,根据集体决定的意见,将公款划拨至名为个体实为集体的其他企业使用,没有从中谋取私人利益的,其行为不构成挪用公款罪。(参见河南省新郑市人民检察院诉国有企业工作人员挪用公款案,载《最高人民法院公报》总第103期,2005年第5期,第35页。)

□名为个体实为集体企业性质的认定

工商行政管理机关核发的营业执照标明的企业性质,与企业的实际情况不一致时,应当根据企业的成立过程、资金来源、利润分配、管理经营方式等情况,如实认定企业性质。[参见河南省新郑市人民检察院诉歹进学挪用公款案,载《最高人民法院公报》总第103期,2005年第5期,第35页;参见第004号刑案判例,歹进学挪用公款案,载《刑事办案指导》总第1辑(2005年第1辑),中国人民公安大学出版社,第24~37页。参见第326号案例,歹进学挪用公款案,载《刑事审判参考》总第41集(2004年第6集),法律出版社,第50~62页。执笔:牛克乾]

○挪用公款存单为本人或者他人质押贷款的行为构成挪用公款罪

国家工作人员利用职务上的便利,挪用公款存单为本人或者他人质押贷款的,属于挪用公款行为,构成犯罪的,应当依照刑法本条的规定定罪处罚。理由如下:(一)公款包括公款存单等财产权利凭证,公款通常是处于货币状态,但是公款不仅限于货币状态,还应当包括其他财产权利凭证。刑法规定的挪用公款,从立法原意分析,虽然在许多情形下可能都是指货币状态下的公款,但是绝对没有排除其他形式或者状态的公款。(二)挪用公款存单进行质押属于财产权利的使用根据《担保法》第七十五条的规定,汇票、支票、本票、债券、存款单、仓单、提单、依法可以转让的股份、股票、依法可以转让的商标专用权、专利权、著作权中的财产权以及依法可以质押的其他权利可以质押。正是由于担保法规定存款单可以进行权利质押,因此实践中存在以存单进行质押的情况。若是挪用公款存单质押贷款,虽然没有直接使用存单上的公款进行经济活动,但是用于经济活动的钱款毕竟是因为公款存单的质押而贷出的,正是凭借挪用的公款存单的质押,才换来银行的贷款。从民法的角度看,使用存单进行质押,表明该存单作为财产权利,正发挥着其担保物权的功能,属于该财产权利的使用。而且,挪用公款存单质押,公款的使用权丧失,处分权也受到了限制,使公款处于风险之中,可能发生被扣兑的风险,与挪用货币状态下的公款为他人提供担保没有实质性的区别,符合刑法关于挪用公款罪的规定,应以挪用公款罪定罪处罚。需要说明的是,挪用公款存单进行质押,不能完全认定为挪用公款进行营利活动。挪用公款的用途,应视贷款的具体情况而定。挪用人使用贷款,可能进行集资、购买股票、经商等各种营利活动,可能进行赌博、走私等非法活动,还可能进行买房、交学费、看病等合法活动。因此,不能将挪用公款存单质押仅限定为挪用公款进行营利活动。(三)"按期归还贷款"是否构成挪用公款罪。在存单质押的情形下,虽然贷款人使用的款项并非存单上的公款,而是银行贷款,但是挪用人毕竟是挪用了公款存单进行质押,在利用存单进行质押这一点上还是挪用了公款;并且以此为基础,利用质押得到的贷款进行其他活动。因此,不管挪用人是否按期归还贷款,挪用存单为自己和他人质押贷款的,都属于挪用公款行为,不因是否按期归还或者是否造成损失而改变其挪用行为的性质。挪用公款罪并非结果犯罪,不以造成后果作为构成犯罪的要件,而是以实施挪用行为为构成要件。[参见《刑事审判参考》总第27辑(2002年第4辑),法律出版社,第208~210页。]

○为他人贷款提供保证担保的行为不构成挪用公款罪

保证担保属于信用担保,在保证担保期间,公款仍处在本单位控制、支配之下,公款的占有权、使用权和收益权并未因担保行为而发生改变,为他人贷款提供保证担保的行为不符合挪用公款的基本行为特征。理由如下:以公款使用权为侵犯客体的挪用公款罪,其行为特征表现为公款私用,即以个人使用为目的,非法改变单位公款的占有状态,将公款置于个人控制、支配之下。所以,成立挪用公款罪,必须具备以下两个方面的要件:一是前提要件,即公款的特定化;二是实质要件,即公款占有关系的转移。那么,保证担保行为不具备了该方面的特征。根据担保法规定,保证担保是指保证人和债权人约定,当债务人不履行其债务时,保证人将按照约定代为履行债务或者承担责任的一种担保方式。作为担保的一种具体形式,保证担保的特征在于:第一,保证担保中用作担保标的的主要是保证人的信用,提供保证担保,只需签订一份保证合同即可,无须指定具体的担保财产,可能用于清偿担保债务的财产是不确定的;第二,保证担保期间,即保证责任发生之前,保证人无须向债权人移交财产,可能用于清偿担保债务的财产仍然处于保证人完全的控制、支配之下,财产的占有权、使用权和收益权及正常处置不会因保证担保的存在而受到任何影响。保证担保所体现出来的财产的非特定化和财产占有、使用的完整性特征，正好与前述挪用公款的两方面要件形成鲜明对比，所以，不应将为个人提供保证担保的行为认定为挪用行为。需要说明的是，保证担保行为不属于挪用行为，并不意味着所有形式的担保行为均不构成挪用公款罪。以特定公款为抵偿债权标的的担保，符合前述挪用公款的两方面要件要求的，同样可以构成挪用公款罪。比如，在直接挪用公款为个人支付定金以及挪用可以直接兑换确定金额的货币的票据、股票、债券等权利凭证为个人提供质押担保的情形中，用于担保的公款占有关系均已经移转，公款的使用权已经受到实际侵犯，故应认定为挪用公款行为。正是基于此，最高人民法院印发的《全国法院审理经济犯罪案件工作座谈会纪要》规定，“挪用金融凭证、有价证券用于质押，使公款处于风险之中，与挪用公款为他人提供担保没有实质的区别，符合刑法关于挪用公款罪规定的，以挪用公款罪定罪处罚，挪用公款数额以实际或者可能承担的风险数额认定。”（福建省高级人民法院刑二庭林英华供稿）[参见《刑事审判参考》总第39辑（2004年第4辑），法律出版社，第213～214页。]

▽国有企业管理使用中的职工私人筹集资金应视为公款

根据《刑法》第九十一条的规定，在国家机关、国有公司、企业、集体企业和人民团体管理、使用或者运输中的私人财产，以公共财产论。本案太原铁路分局原平工务段依照其上级太原铁路公局的指示，并在其领导下，成立了并运作双退职工福利基金会和双退职工互助储金会。太原铁路分局对两个组织及其资金使用，规定了相应的管理制度，要求原平工务段退管办对福利基金和互助储蓄金的使用进行有效的控制与管理。双退职工福利基金会的资金大部分是使用国有资产的盈利捐，小部分由私人捐助；双退职工互助储金会的资金由双退职工私人自愿汇集，是一种自愿进行互助的组织。太原铁路分局原平工务段属国有企业，在其管理、控制、使用中的双退职工福利基金会的资金和双退职工互助储金会的资金，应以公共财产论，即认定为公款。[参见第005号刑案判例，马腾霄挪用公款案，载《刑事办案指导》总第1辑（2005年第1辑），中国人民公安大学出版社，第41～43页。执笔：满京伟]

▽单位负责人将公款借给自己参股的企业使用，构成挪用公款罪

行为人个人决定以单位名义贷款，并将贷款用于自己参股企业的经营活动，谋取个人利益的行为，应认定为挪用公款罪。行为人（国有企业内玻厂副厂长）出借给由内玻厂厂级领导、内玻厂部分中层干部和其他个人集资入股成立的私营企业——金玻公司的钱，是行为人个人决定（没有证据证明是厂长安排）并亲自办理的以内玻厂名义从金融机构贷的款，该款未入内玻厂账户，却记入行为人在金玻公司的个人往来账户上。行为人将内玻厂的公款借给其参股的金玻公司使用，属于挪用公款归个人进行营利活动。表面上是行为人将公款以出借的方式给金玻公司使用，但该公司有行为人本人的股权，且行为人在出借公款长达两年多的时间内从金玻公司领取了明显高于信用社贷款的利息，并将其中部分款项用于家庭开支。[参见第006号刑案判例，杨均常挪用公款案，载《刑事办案指导》总第1辑（2005年第1辑），中国人民公安大学出版社，第47～49页。执笔：陈莉]

▽国有企业改制过程中，原国企中国家工作人员的主体身份的认定

行为人在国有公司改制为国有控股公司过程中仍然具有国家工作人员身份。本案土综公司第一次改制完成（2004年1月13日申请变更注册）前，因属国有独资公司，行为人作为该公司的总经理，属于在国有公司中从事公务的人员，符合《刑法》第九十三条第二款的规定，应以国家工作人员论。第一次改制后至2005年7月第二次改制完成前，土综公司改制为国有控股公司，在此阶段实际具有了双重身份：一方面，他在改制后的公司中实际占有35%的股份。成为土综公司的第二大股东；另一方面，在由政府部门召开的相关会议上，南通市委组织部决定由经营管理60%国有股权的众和公司出面推荐行为人任董事长，然后通过股东大会选举履行相关手续，再由董事会聘任其担任总经理的职务。虽然形式上看其的职务有董事会的聘任，但其实质源于国有单位即南通市委组织部和众和公司的委派，因此可以认定行为人是受国有众和控股公司的委派，负有对占土综公司60%股权的国有资产行使监督、管理职权。而且，根据本案的实际情况，行为人原本就是南通市国土局任命的土综公司总经理，该职务一直未免,其职务具有连续性,所以行为人在此阶段的身份实质还兼有在国有资本控股的股份有限公司中受国有公司委派管理、经营国有资产的职责,应以国家工作人员论。需要指出的是,至2005年7月土综公司第二次改制结束后,国有股完全退出,土综公司彻底改制脱离国有性质,至此行为人才彻底不具备国家工作人员身份。[参见第510号案例,马平华挪用公款案,载《刑事审判参考》总第64集(2008年第5集),法律出版社,第58页。执笔:高洪江]

▽公款使用人在什么情况下构成挪用公款罪的共犯

公款使用人与挪用人共谋,指使或者参与策划取得挪用款的,成立挪用公款罪的共犯。司法实践中,挪用公款的共同犯罪主要表现为三种情形:第一种是两人以上共谋,共同利用职务上的便利实施挪用行为,所得公款共同使用、分别使用或者归其他人使用,每个人都具备挪用公款罪的主体资格;第二种是两人以上共谋,利用其中一人或一部分人的职务便利挪用公款,所得公款共同使用、分别使用或归参与的另一部分人使用;第三种是两人以上共谋,利用其中一人或一部分人的职务便利挪用公款,所得公款归未参与挪用的其他人使用。对于第一种情形,比较容易认定。对于第二、三种情形,办案中的难点是公款使用人何种情况下构成挪用公款罪的共犯问题。1989年"两高"《关于执行〈关于惩治贪污罪贿赂罪的补充规定〉若干问题的解答》(本附文以下简称《解答》)第2条第(六)项曾规定,"在挪用公款给其他个人使用的案件中,使用人与挪用人共谋,指使或者参与策划取得挪用款的,是共同犯罪"。刑法修订后,最高人民法院1998年发布的《关于审理挪用公款案件具体应用法律若干问题的解释》吸收了上述《解答》的精神,第8条明确规定:"挪用公款给他人使用,使用人与挪用人共谋,指使或者参与策划取得挪用款的,以挪用公款罪的共犯定罪处罚。"据此,使用人构成挪用公款罪的共犯,必须是在共谋的前提下,实施了指使或者参与策划取得挪用款的行为。对于实践中发生比较多的使用人虽未指使和参与策划挪用公款,但明知是挪用的公款仍然使用的行为,由于缺乏成立挪用公款罪共犯的要件,而且这种情况下一般都是国家工作人员为利益驱动,积极主动实施的挪用行为,所以对使用人不能按共同犯罪来处理。值得注意的是,这里的"共谋",不一定要求是周密细致的预谋,只要双方就挪用公款事宜进行了合意,就可以认定"共谋"成立。本案行为人作为公款使用人,一方面,亲自或者通过郑某某利诱余某某挪用300万元公款;另一方面,伙同郑某某亲自办理了公款转账手续,可以说具备了"共谋"的主观条件,实施了具体行为,构成挪用公款罪共犯。(参见第014号刑案判例,余家俊等挪用公款案,载《刑事办案指导》总第2辑,中国人民公安大学出版社,第51~52页。执笔:牛克乾)

▽公款挪用人和使用人之外的第三人介绍挪用公款的能成立挪用公款罪的共犯

行为人作为公款挪用人和使用人之外的第三人,是否构成挪用公款罪的共犯,取决于其行为是否符合共同犯罪的原理。综合全案情况看行为人与余某某、李某某一样,对农保基金不得擅自挪用是明知的,正因如此,公款使用人李某某才肯许以高利以取得公款使用权,余某某在有可观非法利益的前提下才愿意动用公款,而行为人也是因为有利可图才积极穿针引线促成此事。在公款整个挪用过程中行为人为了获得高额的"中介费、好处费"等,积极唆使余某某挪用公款给李某某使用,促使余某某产生挪用公款的犯意,并且亲自从余某某手中取得动用公款必需的公章、私章,伙同李某某到银行将公款转入李某某私人控制的账户,行为人实施了挪用公款的教唆行为和实行行为。按照主客观相一致的定罪原则,行为人虽非国家工作人员,也非公款的使用人,但其在国家工作人员和公款使用人之间进行积极撮合,并配合双方最终完成挪用公款的行为,无疑成立挪用公款罪共犯。[参见第014号刑案判例,余家俊等挪用公款案,载《刑事办案指导》总第2辑,中国人民公安大学出版社,第53页。执笔:牛克乾]

▽公款表现形式的认定

公款的表现形式,一般是指处于货币形态的公有资金,如库存现金、银行存款等。但这并不意味着货币是我国公款的唯一形式。根据《刑法》规定,作为挪用公款罪犯罪对象的公款,包括以下四个方面内容:一是《刑法》第九十一条规定的公共财产中的款项;二是《刑法》第三百八十四条第二款规定的特定款物；三是《刑法》第一百八十五条及其修正案规定的非国有金融机构自身及客户的资金，四是《刑法》第二百七十二条第二款规定的非国有、集体性质公司、企业或者其他单位的资金。因此，在现行刑法中，公款并非只有货币资金一种形式，还包括特定款物。在认定公款时，应当从挪用公款行为通过利用货币的结算、支付职能侵犯“公共财产使用收益权”的角度，准确把握挪用公款罪中公款的特征，即公款首先代表公共财产所有权，并且具有可以流动及进行结算、支付等特点。因此，对公款的理解不能仅仅局限于货币，如国家所有的外汇是国家财力的表现之一，应当认定为公款。根据1997年修正的《外汇管理条例》（已于2008年修订）第三条之规定，我国的外汇形式有以下几种：(1)外国货币，包括纸币、铸币；(2)外币支付凭证，包括票据、银行存款凭证、邮政储蓄凭证等；(3)外币有价证券，包括政府债券、公司债券、股票等；(4)特别提款权、欧洲货币单位；(5)其他外汇资产。支票、股票、国库券、债券等有价证券直接代表一定数额的货币，是财产的书面表现形式，可据以提取或换取现金，在司法实践中，有价证券可以成为盗窃罪的犯罪对象。作为有价证券之一的国债不仅能够成为盗窃的对象，也应当能够成为贪污、挪用等犯罪行为的对象。国债即政府证券，是政府为了筹集财政资金或者建设资金，以其信誉作为担保，按照一定程序向社会公众投资者募集资金并发行的债权债务凭证。我国的政府证券仅指中央政府债券，包括国库券、国家重点建设债券、财政债券及特种国债。国债以人民币为计算单位，到期还本付息。虽不能直接作为货币使用，但可在二级市场流通转让，自由买卖，随时变现为人民币。同时，国债具有储蓄和投资等功能。作为法律保护的财产权利，国债在一定程度上具有货币的某些特征。因此，国债是一种特殊形态的公款。另外，《最高人民检察院关于挪用国库券如何定性问题的批复》也可以印证单位国债的公款性质。根据该批复，国家工作人员利用职务上的便利，挪用公有或本单位的国库券的行为以挪用公款论；符合《刑法》第三百八十四条、第二百七十二条第二款规定的情形构成犯罪的，按挪用公款罪追究刑事责任。[参见第383号案例，郭如鳌、张俊琴、赵茹贪污、挪用公款案，载《刑事审判参考》总第48集(2006年第1集)，法律出版社，第55～56页。执笔：文丑、杨金华]

▽营利型的挪用公款犯罪，不需要“超过三个月未还”的时间限制

对于营利型的挪用公款犯罪，不需要“超过三个月未还”的时间限制，只要行为人实施了挪用数额较大的公款供他人使用进行营利活动的行为，即可追究其刑事责任。[参见第383号案例，郭如鳌、张俊琴、赵茹贪污、挪用公款案，载《刑事审判参考》总第48集(2006年第1集)，法律出版社，第57页。执笔：文丑、杨金华]

▽约定的利益属于“谋取个人利益”

在挪用公款50万元给一制衣有限责任公司使用的犯罪事实中，行为人虽未实际获取好处，但在实施挪用行为之前，其与用款人已经约定了获得一个商品楼门市房的利益，此行为应认定属于“挪用公款归个人使用”。[参见第385号案例，鞠胤文挪用公款、受贿案，载《刑事审判参考》总第48集(2006年第1集)，法律出版社，第75页。执笔：牛克乾]

▽账外资金应视为公款

实践中，不少单位违反财经纪律私设“小金库”“账外账”，这些“小金库”“账外账”的资金主要还是与单位的职责关联，往往是国家投资等正当渠道的资金，辗转被改头换面变成体现部门利益或者团体利益的“小金库”“账外账”。因此，国家工作人员利用职务便利，挪用或侵吞“小金库”“账外账”的资金，本质上仍是对国有财产权益的侵犯，“小金库”“账外账”的资金应视为公款。[参见第385号案例，鞠胤文挪用公款、受贿案，载《刑事审判参考》总第48集(2006年第1集)，法律出版社，第75～76页。执笔：牛克乾]

▽行为人因挪用公款而收受、索取贿赂，另一行为人因挪用公款而行贿，应分别以挪用公款罪和受贿罪、挪用公款罪和行贿罪两罪并罚

因挪用公款而构成其他犯罪的，属于牵连犯。对于牵连犯，一般认为应采取从一重罪从重论处的原则,但法律和司法解释明确规定实行数罪并罚的除外。最高人民法院1998年《关于审理挪用公款案件具体应用法律若干问题的解释》第七条规定,因挪用公款索取、收受贿赂构成犯罪的,依照数罪并罚的规定处罚。受贿罪和行贿罪是刑法意义上的对合犯,往往相伴相生,既然司法解释对挪用公款罪与受贿罪的牵连犯规定两罪并罚,对于挪用公款罪与行贿罪的牵连犯,也应按照这个原则处理,否则将可能出现一个案件中挪用公款罪的共犯,一方行贿另一方受贿,受贿者构成挪用公款罪和受贿罪两罪,而行贿者只构成挪用公款罪或者行贿罪一罪的不平等现象。[参见第385号案例,鞠胤文挪用公款、受贿案,载《刑事审判参考》总第48集(2006年第1集),法律出版社,第76~77页。执笔:牛克乾]

▽利用信用卡透支本单位资金的行为构成挪用公款罪

与银行等金融机构中的国家工作人员相勾结,利用国家工作人员的职务之便,违规进行信用卡透支的行为,究竟构成信用卡诈骗罪、贪污罪还是挪用公款罪,主要取决于行为人对银行资金的主观心态是"非法占有"还是"非法占用"。如果行为人以非法占有为目的,以信用卡透支获取银行资金的,根据《刑法》第三百八十三条第二款和《最高人民法院关于审理贪污、职务侵占案件如何认定共同犯罪几个问题的解释》第一条的规定,应构成贪污罪的共犯,而不是构成信用卡诈骗罪的共犯,不能忽略内外勾结犯罪的职务因素。如果行为人通过信用卡透支只是为了暂时使用银行公款,并无非法占有银行公款的目的,则其行为符合挪用公款罪的犯罪构成,应以挪用公款罪定罪处罚。本案行为人擅自授权情况均能从卡部电脑系统得到反映,行为人只是暂时非法得到透支款项的使用权,且须归还透支部分款项本金及支付利息。可见,两行为人只是利用其的职务的便利,对公款非法占有、使用,并从中获得收益,并非以非法占有为目的,本案中两行为人构成挪用公款罪。[参见第356号案例,冯安华、张高祥挪用公款案,载《刑事审判参考》总第45集(2005年第4集),法律出版社,第26~27页。执笔:牛克乾]

▽多次挪用的公款数额应以案发时未还的实际数额认定

对于多次挪用公款数额如何计算的问题,刑法没有明确规定。1998年《最高人民法院关于审理挪用公款案件具体应用法律若干问题的解释》第四条规定,分两种情况对此予以明确:多次挪用公款不还,挪用公款的数额累计计算;多次挪用公款,并以后次挪用的公款归还前次挪用的公款,挪用的公款数额以案发时未还的实际数额认定。司法解释考虑到以后次挪用款项归还前次挪用款项,毕竟与多次挪用公款不归还不同,所以规定对此种情况以案发时未还的实际数额计算。理解司法解释的上述规定,要注意三个问题:一是挪用公款的时间以挪用公款达到构成犯罪的标准那天开始计算。二是解释规定的"案发时未还的实际数额",实际上是指的案发时,行为人挪用公款的总额扣除了已归还的数额,不能简单理解为如果案发时行为人全还了就不定罪。三是正确认定"以后次挪用的公款归还前次挪用的公款"的情形。如行为人第一次挪用公款5万元,第二次又挪用了5万元,挪用5万元以后不是挪用后次还前次,而是挪用以后做生意,赚了钱后把前面那次还了。这种情况挪用公款的数额还是要累计计算,因为他是通过赚来的钱还前一次,不属于"拆东墙补西墙"的情形,其主观恶性与社会危害性与司法解释规定的情形有较大差别,数额应当累计计算。[参见第356号案例,冯安华、张高祥挪用公款案,载《刑事审判参考》总第45集(2005年第4集),法律出版社,第27~28页。执笔:牛克乾]

▽利用职务上的便利"借"用下属单位公款用于炒期货的行为,构成挪用公款罪

"利用职务上的便利",是指国家工作人员职务活动的一切便利,包括利用本人对下属单位领导、管理关系中的各种便利。担任单位领导职务的国家工作人员通过自己主管的下级部门的国家工作人员实施违法犯罪活动的,应当认定为"利用职务上的便利"。从我国国有企业的实际情况来看,大量的国有企业是由上级国有企业出资设立的,下级企业的主要领导也是由上级企业任命的,上下级企业虽然都具备公司法规定的独立法人资格,但实质上仍有较强的行政领导的特点。这就意味着上下级企业间的行政关系可以超越一般意义上独立法人之间相对平等的财产关系,使上级法人享有对下级法人人事和经营活动的监督、管理的权力。由于这种隶属关系的存在,在司法实践中对《刑法》本条第一款规定的“利用职务上的便利”,应当作出实事求是的理解,对那些担任领导职务的国家工作人员,即使其是通过属于自己主管的本单位或者下级单位的国家工作人员的职务挪用公款的,也应当认定为“利用职务上的便利”。与此相应,挪用公款罪中的公款,应指国家工作人员利用职务便利能够挪用的所有公款,既包括国家工作人员依职务直接经管、支配的公款,也包括国家工作人员职务或者职权便利所涉及的下属单位经管、支配的公款。需要指出的是,下级单位人员受上级单位的领导指使挪用公款,不一定都构成挪用公款罪的共犯。如果下级单位人员与上级单位领导共谋,给上级领导挪用公款出谋划策,帮助上级单位领导完成挪用公款的,下级单位人员已具有帮助上级单位领导挪用公款的主观故意和行为,应以挪用公款罪共犯论处;如果下级单位人员不知道上级单位领导划拨款项的真实意图,仅仅出于执行上级单位领导的指示而办理划拨手续的,下级单位人员不应承担刑事责任;如果上级单位的领导将挪用公款的意图告诉下级单位人员,下级单位人员迫于上级单位领导的压力而挪用公款归上级领导使用的,一般也不宜以挪用公款罪论处,构成犯罪的,可依照刑法其他有关规定处理。[参见第217号案例,万国英受贿、挪用公款案,载《刑事审判参考》总第29辑(2002年第6辑),法律出版社,第56~57页。执笔:李祥民]

▽是否平账只是判断构成贪污罪还是挪用公款罪的一般标准,而不是唯一标准

挪用公款罪与贪污罪在构成要件上虽然相似,但还是有实质性的不同:(1)犯罪主体上,挪用公款罪只能由国家工作人员构成,而贪污罪除了国家工作人员外,受国家机关、国有公司、企业、事业单位、人民团体委托管理、经营国有财产的人员也可以构成;(2)主观目的上,挪用公款罪是以非法使用公款为目的,而贪污罪是以非法占有公共财物为目的,这是两罪最本质的区别;(3)客观行为上,挪用公款罪的行为人通常采取的是不经批准或许可,擅自改变公款用途,将公款归本人或他人使用,而未采取转移公款所有权的伪造单据、销毁账目等手段,挪用公款的行为一般在单位账上可体现出来;贪污罪的行为人往往通过直接侵吞、秘密窃取或骗取的方法,使财产的所有权发生转移,通常采用伪造单据、涂改账目、销毁凭证等手段,以达到其行为从账目上不被发现,从而占有公共财物的目的;(4)侵犯的客体上,虽然两罪都侵犯了公务活动的廉洁性和公共财产关系,但对公共财产所有权的侵犯程度不同。挪用公款罪侵犯国家对公款的使用权,是对所有权的不完全侵犯,贪污罪从根本上侵犯了公共财产的所有权,是对财产权的完全侵犯。司法实践中,两罪的区分通常是看行为人有无平账的行为。是否平账只是判断构成贪污罪还是挪用公款罪的一般标准,而不是唯一标准。例如,行为人挪用公款后为应付查账而暂时平账,不能因其暂时平账改变挪用公款的定性;又如行为人直接侵吞公款并挥霍殆尽,即使未平账也应认定其构成贪污罪。因此,对行为人行为的定性的关键还在于看其主观上对于公共财物是具有非法占有还是非法使用的故意。[参见第194号案例,梁某挪用公款、张某挪用公款、盗窃案,载《刑事审判参考》总第27辑(2002年第4辑),法律出版社,第51~52页。执笔:韩晋萍]

▽挪用公款罪的构成要件的认定

行为人主观目的的内容是判定行为性质的重要依据。挪用公款罪,是一种故意犯罪,行为人必须有挪用公款的故意才能构成本罪。本案没有证据证明,行为主观故意的内容是将公款挪借给他人或自己使用。因而,不能认定行为人具有挪用公款的故意。公款的控制权是否转移,是判定挪用公款行为能否成立的关键因素。挪用公款行为,侵犯的是公款的使用权、收益权,一定时间内也侵犯公款的占有权和处分权。通常情况下,使用公款必须首先占有公款、取得对公款的控制权。只有对特定的公款进行了实际上的控制才能谈得上使用。本案尽管银行进账单的收款人是信通公司,但其实质是欺骗公司登记机关的虚假证明,该笔公款的控制权始终在黄金公司。虽然注册公司的活动也属于《刑法》第三百八十四条中所指的“经营活动”,但款项是否被“挪用”,关键在于公款的控制权是否发生转移。因公款的使用权并未被非法侵犯。因此,行为人的行为不符合挪用公款罪的行为特征。对公款的收益是否造成实际损失,不是判定挪用公款行为罪与非罪的标准。挪用公款,在侵犯公款使用权的同时,通常也必然对公款的收益造成损害。公款的收益是否受到损失,是该行为构成挪用公款后的情节因素,而不是区分罪与非罪的标准,有的情况下,挪用公款人在归还本金时甚至还多付一定的利息或使用费,也不能影响挪用公款罪的成立。对损失的判定,一方面,不能以公款客观上有了实际损失,就认为是构成了挪用公款罪;另一方面,对损失应从本质上加以揭示,它实际上是行为人滥用职权行为造成的损失,并非公款自身在被挪用过程中形成的损失。[参见第130(127)号案例,薛玉泉虚报注册资本案,载《刑事审判参考》总第21辑(2001年第10辑),法律出版社,第4~5页。执笔:刘玉安]

▽国家工作人员挪用本公司公物予以变现归个人使用的行为构成挪用公款罪

侵犯财产使用权的挪用性质犯罪,在我国刑法中共有三种,分属侵犯财产罪和贪污贿赂罪,前者为挪用资金罪、挪用特定款物罪,后者为挪用公款罪。对国家工作人员挪用公物的行为,一般认为,如果挪用救灾、抢险、防汛、优抚、扶贫、移民、救济等特定物品归非个人使用的,可以按照《刑法》第二百七十三条规定的挪用特定款物罪追究刑事责任,如果挪用特定款物归个人包括私有公司、企业使用的,则按照刑法本条规定的挪用公款罪定罪处刑。由于1997年《刑法》没有规定挪用一般公物罪,所以挪用一般公物的,不能以犯罪论处。实践中,往往有国家工作人员挪用公物然后予以变卖,使用所得款项的情况发生,这种行为从形式上看,与纯粹的挪用公款或者挪用公物行为不同,有一定的特殊性。挪用公物予以变现归个人使用的行为,其本质与一般的挪用公款行为是一致的,构成犯罪的,应以挪用公款罪论处。[参见第75号案例,王正言挪用公款案,载《刑事审判参考》总第10辑(2000年第5辑),法律出版社,第45~47页。执笔:孙炜、郑焯琼]

▽以假贷款合同掩盖挪用公款不能归还的行为,应定挪用公款罪

行为人为了掩盖亏空现金55万元的事实,让他人办理假贷款55万元,以平广海办事处的账。表面看,他把账搞平了。但是,行为人却欠下了银行55万元的贷款,银行终究是要按贷款协议收回贷款的。事实也是如此,银行发现这么多贷款没有归还后,即找行为人,要他们归还贷款。实际上为了掩盖挪用公款的事实,让他人搞假贷款并入账,并不能算真正把账搞平。可见,行为人的行为不是侵吞,是较典型的挪用公款行为。对于挪用公款不退还的,1997年刑法实施以后,挪用公款不能退还的不再以贪污论处的法律规定,以假贷款55万元的合同掩盖挪用同样数额公款的行为,实际仍是原挪用公款55万元不能归还,实际并未增加挪用或者贪污的数额。行为人只是为了应付支行的检查,找到他人,让他们签订了假贷款合同,办理了假贷款55万元,以冲减现金的亏空,使账面与现金平衡。但这样以来,银行账上仍存在应收回的贷款55万元,这55万元应纳入未归还的数额,即原已挪用的公款数额,实际并未增加或者减少。综上,从该案行为人的主观故意、作案手段、赃款去向等方面看,行为人以虚假贷款合同掩盖55万元的行为属于挪用公款的性质。[参见第55号案例,陈超龙挪用公款案,载《刑事审判参考》总第7辑(2000年第2辑),法律出版社,第53~54页。审编:王玉琦]

▽当款项领取凭证和事由与核销凭证出现矛盾时,应依据财务核销凭证来认定公款用途及行为性质

行为人预领票据或预支款项的预支事由与实际支出事由不完全一致时,由于核销、平账凭证比预支凭证更真实地反映款项的实际用途,按照财务惯例,一般应以财务核销、平账凭证为准来认定款项的最终用途和行为的真实性质。[参见第422号案例,王铮贪污、挪用公款案,载《刑事审判参考》总第53辑(2006年第6辑),法律出版社,第65~66页。执笔:陈苹]

▽在未经村委会开会研究情况下,先行将征地补偿款借给学校使用的行为不构成挪用公款罪

个人决定以单位名义将公款借给其他单位使用,没有谋取个人利益的不构成挪用公款罪。行为人系西峰乡新村村委会主任,不属于国家工作人员,然而其利用职权借给三正世纪学校的是人民政府发放给村民的征地补偿款,根据《全国人大常委会关于〈中华人民共和国刑法〉第九十三条第二款的解释》的规定,其作为村委会主任管理征地补偿款的行为属于村基层组织人员协助人民政府从事土地征用补偿费用的管理和发放的行政管理工作,因此应当认定为《刑法》第九十三条第二款规定的“其他依照法律从事公务的人员”,以国家工作人员论,所以,行为人可以构成挪用公款罪的主体。在此前提下,认定行为人利用职权借给三正世纪学校210万元征地补偿款的行为是否构成挪用公款罪,根据罪刑法定原则,应主要考察其行为是否符合刑法本条规定的三种情形之一。结合本案案情,不难发现,行为人将公款借给三正世纪学校使用,三正世纪学校将该款用于正当的办学行为,显然不是进行非法活动,那么,行为人借出公款给三正世纪学校使用不属于挪用公款进行营利活动。首先,三正世纪学校是带有公益性质、具有法人资格的全日制学校,属于合法民办非企业单位,从本案证据情况看,行为人借款给三正世纪学校,是在三正世纪学校贷款没有办下来的情况下,单位之间相互救急的行为,不应认定将公款借给私立学校进行筹建工作就是进行营利活动。私立学校具有公益性和营利性双重性质,单纯地扩大某一方面属性都不合适,应当具体分析所借公款的用途,毕竟将公款用于筹建学校与将公款直接投入经营营利活动不是一回事。其次,挪用公款的本质是公款私用、谋取私利,而本案行为人借款给三正世纪学校,主要是为了给公款的所有权单位即新村村委会谋取利益,解决村委会4年没有提留资金紧张的问题,没有任何证据证明行为人主观上是为了谋取个人私利而借出公款,也没有任何证据证明行为人谋取了个人私利,这与公款私用、以公款谋取个人私利的挪用公款行为,具有本质上的区别,因此其行为亦不属于挪用公款进行营利活动。在排除了行为人借出公款的行为属于挪用公款进行非法活动和进行营利活动的情况下,就要判断其行为是否属于挪用公款归个人使用的情形,对此,《全国人民代表大会常务委员会关于〈中华人民共和国刑法〉第三百八十四条第一款的解释》将挪用公款“归个人使用”解释为三种情形:(1)将公款供本人、亲友或者其他自然人使用的;(2)以个人名义将公款供其他单位使用的;(3)个人决定以单位名义将公款供其他单位使用,谋取个人利益的。由于本案公款使用方为单位,故只要考察其行为是否符合上述解释规定的后两种情形,就可作出其是否构成挪用公款罪的判断。首先,行为人决定出借的征地补偿款,是以村委会名义借出的,不是以个人名义借出的。行为人在村委会开会研究借出公款给三正世纪学校使用之前,就已将公款借给了三正世纪学校。此款虽然是被告人个人决定借出,没有向村委会说明,却不能认定是以个人名义借款。这是因为,从210万元转账的凭证上看,付款人均写明是新村村委会,收款人是三正世纪学校;从三正世纪学校的收据上看,亦均写明收到的是新村村委会借款;从办理借款及还款的程序来看,行为人并不是私下将公款借给了三正世纪学校,而是通过村委会成员文书兼出纳的柴某某经手办理,使该款始终控制在村委会名下,直至到期还款,三正世纪学校也是直接将款还给了新村村委会,而不是还给行为人个人。可见,没有证据证明行为人是以个人名义借款给三正世纪学校。个人决定借出公款和以个人名义将公款借出是完全不同的两回事,二者之间的根本区别在于公款的所有权单位对公款的真实去向是否知情,借款人是否隐瞒了款项的真实用途,借出的款项是由单位直接控制还是由借款人背着单位私下控制,借款人是否用公款谋取了个人私利。其次,行为人决定借出210万元后,经村委会讨论决定,向三正世纪学校借出600万元,行为人虽在村委会研究时对先前借出的210万元未作说明,但在与三正世纪学校履行合同时实际上包含了这210万元,且没有任何证据证明行为人因此谋取了个人利益,故其行为不属于《全国人大常委会关于〈中华人民共和国刑法〉第三百八十四条第一款的解释》中第(三)项规定的“个人决定以单位名义将公款供其他单位使用,谋取个人利益的”情形。综上,行为人将公款借给三正世纪学校,既不是“以个人名义将公款挪给他人使用”,也不是“个人决定以单位名义将公款供其他单位使用,谋取个人利益”,所以行为人个人决定借出公款给三正世纪学校使用的行为不符合立法解释规定的挪用公款“归个人使用”,因此不构成挪用公款罪。[参见第502号案例,张威同挪用公款案,载《刑事审判参考》总第63集(2008年第4集),法律出版社,第56~59页。执笔:郭彦东]

▽国家工作人员个人决定以本单位名义将公款供其他单位使用,并在事先或者事后收受使用单位给予的贿赂,应以挪用公款罪和受贿罪择一重罪处罚

2002年4月《全国人大常委会关于〈中华人民共和国刑法〉第三百八十四条第一款的解释》规定,

个人决定以单位名义将公款供其他单位使用,谋取个人利益的,属于挪用公款"归个人使用"。按照全国人大常委会的这一立法解释,此处的"谋取个人利益"属于挪用公款罪的构成要件之一,如果对国家工作人员收受公款使用单位的贿赂的行为认定为受贿罪,同时又把收受贿赂的行为作为挪用公款罪中的"谋取个人利益"认定而以受贿罪和挪用公款罪数罪并罚,属于对行为的重复评价,因此,在这种情况下应当择一重罪处罚,而不应当数罪并罚。[参见上海市高级人民法院刑二庭调研报告,《贿赂犯罪法律适用问题解答》,载《刑事审判参考》(经验交流)总第75集(2010年第4集),第159页。]

▽利用职务便利将关系单位未到期的银行承兑汇票背书转让用于清偿本单位的债务,同时将本单位等额的银行转账支票出票给关系单位的行为,不构成挪用公款罪

(一)挪用公款犯罪侵害公款的本质特征在于使单位公款失控、处于风险之中,而本案被告人的行为不符合该特征。挪用公款罪行为的危害性本质上体现为:一是使公款脱离应有控制,二是使公款处于风险之中。首先,挪用公款犯罪中,公款的所有权归于单位,该公款理应由享有所有权的单位控制,正是由于犯罪人的挪用行为,使公款脱离应有的公共控制,转为私人控制。行为人对这种公款控制权的非法侵犯,是挪用公款罪成罪原因之一。而本案是以支付药款为目的向外流转款项,是旺庄医院与医药供应商交接款项控制权的过程。作为该款项合法的继任控制权人,医药供应商有权行使,包括事先指定该款项向哪个方向流转。因此,被告人在事先征得医药供应商同意的情况下,以其他单位的等额银行承兑汇票代替医院付款从而清偿欠款,同时使医院资金流向其他单位的行为,实质上是在行使医药供应商对该款的控制权,因此,谈不上使该部分公款脱离单位的控制。其次,惩罚使公款处于风险之中的行为,也是设置挪用公款罪的题中之义。公共财产作为社会公共物质基础,严格的保护和合理安排使用具有重大意义。挪用公款罪正是基于此,对非法将"公用"转为"私用"、使公共财产处于风险之中的行为给予刑事制裁,避免公共财产因私用遭受损失。根据对公款造成的风险大小,刑法区分私用之挪用公款进行一般活动、营利活动和非法活动三种形式,并设置了不同的成立挪用公款犯罪的时间及数额标准。即一般活动,要求数额较大且超过3个月未还;营利活动,要求数额较大;非法活动,没有时间及数额要求,也就是风险系数越大,对成立犯罪的时间及数额要求越低,行为构成犯罪"门槛"越低。而本案中,医院药款并未处于风险之中:(1)支付药款是医院履行药品买卖合同的义务,合同项下确定数额的药款从医院流出是必然且必需的;(2)药商作为接受药款的权利人,事先同意以银行承兑汇票清结药款,即同意该交付手段的改变;(3)关系单位转让的银行承兑汇票和医院转让的银行转账支票同时进行,且数额相等。虽然本案医院的款项形式上并未直接用于清偿该单位债务,但经药商事先同意,并以等额汇票作为偿付替代手段的情况下,药款不存在危险,医院债务实际上已经得到及时清结,与直接将款项给付药商没有本质差别。

(二)侵犯本单位公款使用权是挪用公款罪的必备要件,本案被告人的行为未侵犯医院公款使用权,不构成挪用公款罪。使用权,源自民法所有权权能的概念,意指利用财产以满足某种需求,达到某一目的的权利。刑法意义上的侵犯使用权,其实质是行为人的行为使权利人不能达到利用财产预期所能产生的效果,造成权利人使用财产的目的落空。挪用公款罪侵犯公款使用权体现为,将原本应当始终用于公用的公款归于个人使用,使单位无法有效行使所有权权能,将公款公用的目的转化为公款私用的目的,即挪用公款"归个人使用"。为了明确侵犯公款使用权行为的外部表现,立法与司法解释,如《全国人民代表大会常务委员会关于〈中华人民共和国刑法〉第二百八十四条第一款的解释》《最高人民法院关于如何认定挪用公款归个人使用有关问题的解释》《纪要》等对"归个人使用"进行了具体规定。本案中,医院70余万元的药款在向外流转时,正常使用目的在于清偿医院债务,消灭医院与药商之间的因药品买卖而产生的债权债务关系。虽然由于被告人行为的实施,使药款形式上流向了关系单位,但是关系单位银行承兑汇票的介入,并经医院背书转让给药商的过程,同样达到消灭医院与药商之间债权债务关系的效果,起到了替代医院药款实现公用的目的,也即公款使用权行使目的并未落空。

此时,就清偿医院债务的作用而言,关系单位的银行承兑汇票背书转让予药商,与医院支付等额现金或者银行转账支票于药商是完全相同的。因此,被告人在支付药款时预先征得医药供应商同意后,将真实的银行承兑汇票由医院背书转让用于支付药款,然后让财务开具等额转账支票给其丈夫所在公司的过程中,医院作为付款方支付药款是一种单向的付款行为或清偿债务的行为,被告人无论是将转账支票,还是将等额的银行承兑汇票交付给医药供应商,其导致的最终结果都是医院药款的结清或债务的消除,医院的公款不会因这种支付方式的转换而受到损害或承受任何风险,被告人的行为没有侵犯本单位公款的使用权,其行为仅是支付方式的转换,影响的仅是医药供应商对承兑汇票载明款项实现的期限。

(三)归还可能性是挪用公款罪的成立前提。挪用公款罪是国家工作人员利用职务上的便利,挪用公款归个人使用的行为。侵犯的是以使用权为核心的,包括占有权、收益权在内的本单位对公共财产的利益。虽然上述三种权益均归属于所有权的权能,但该罪的行为并不从根本上动摇公共财产的完整所有权。挪用公款罪的"有挪必有还",与贪污罪"有吞无还"有本质的区别。主观上,挪用之人具有的是临时使用、暂时占有的意图,使用一定期限后将来准备归还。归还的意图非常明确,而且"准备归还"这一主观故意须贯穿行为全过程,倘若之后产生永久占有、侵吞之故意,即使行为初始仅有挪用的故意,也应当以贪污罪追究刑事责任。客观上,成立挪用公款罪,所挪用的公款亦具备归还的可能性。我国刑法通过规定对挪用数额巨大且不退还的予以较重处罚,意在督促和鼓励实施挪用公款犯罪的行为人积极退还公款,尽量减轻公共财产的损失,该规定是以存在归还可能性为逻辑前提的。即使因客观原因在挪用之后事实上无法归还,但在实施挪用行为当时应当存在归还的可能性。本案中,旺庄医院出账款项的用途在于支付应付款,达到清结债务的目的,是旺庄医院资金向外流动的过程,而且事实上债务的确得以清偿,因此在客观上该款项没有归还回转的必要性和可能性。被告人虽然利用职务便利,转变了该资金流动方向,但其以等额的其他形式资金代之发挥清偿债务之作用的行为,主观上也不可能存在暂时使用并在今后归还医院该款项的意图,同样也不具有侵吞医院药款的故意。综上,刑法保护的挪用公款的主要客体是所有权人对公款的使用权、控制权及公款的安全性。而本案中,被告人利用职务便利在清偿所在单位债务的过程中,出于便利其丈夫所在公司资金周转的动机,擅自决定改变公款支付方式,其行为未对单位控制和使用公款权利产生实质影响,也未导致公款面临损失风险,未侵犯挪用公款罪所保护的客体。虽然被告人事先征得医药供应商的同意与其利用职务便利不无关系,在一定程度上具有渎职性,且在不具有真实交易关系和债权债务关系等基础关系的情况下,实施出票、背书等票据行为也违反了相关的财经纪律。但该行为不符合挪用公款罪的行为本质和构成要件,并不构成挪用公款罪。[参见第574号指导案例,杨培珍挪用公款案,载《刑事审判参考》总第69集(2009年第4集),第82~85页。撰稿:孙炜 范莉]

▽挪用公款罪中"归个人使用"的认定

挪用公款罪犯罪侵犯的是单位对于公款的使用权,其实质是将单位公款置于个人的支配下,也就是公款私用。这里所说的私用,不是看最终的公款使用者是个人还是单位,而是指个人非法支配、使用单位公款,侵犯了本单位对于公款的正常使用权。对挪用公款罪保护的法益,以及理解法律的原则,采取实质的解释论。1. 对"以个人名义将公款供其他单位使用的"理解。"以个人名义"应当从实质上来理解,对于行为人超越职权逃避财务监管,或者与使用人约定以个人名义进行的,应认定为"以个人名义"。这些都是公款私用的形式,而且,如果仅将形式上"以个人名义"挪用公款的行为作为犯罪处理,那么行为人盗用单位名义挪用公款的,反倒不能作为挪用公款罪处理,从逻辑上说不通。最高人民法院已经有明确的意见,这是符合立法解释的精神的,应当在司法实践中遵照执行。其他单位,应当包括国有单位、集体单位和具有法人资格的私有企业。有意见认为,"企业不论是否私营,毕竟不是个人",不具有法人资格的私营合伙企业和私营独资企业仍属单位。不具备法人资格的私有企业,应当作为自然人对待。原因有三:第一,私营独资企业,是企业主一人投资、一人经营、独享收益,不具有法人资格的经济组织,从实质上讲,企业资产与企业主的个人财产之间没有严格的界限,企业人格与企业主的个人人格是同一的,企业也不具备独立的利益和意志。因此这类企业应当认定为个人。第二,从民法的角度看,私营合伙企业以其财产的相对独立性、民事责任的相对独立性、企业利益的相对独立性和决策的团体意志性,因而具有相对独立的人格。但是,民法与刑法的目的并不一致,认定企业性质的标准自然不能完全通用。刑法中的单位,须单位利益与个人利益、单位人格与个人人格分离,因此单位犯罪除了对责任人员予以处罚外,对单位亦处以财产刑。从本质上讲,合伙企业的利益与人格的独立性并没有脱离自然人之窠臼,而与法人相差甚远。不能因为从民法上看与自然人稍有区别就作为单位对待。第三,最高人民法院《关于审理单位犯罪案件具体应用法律有关问题的解释》中规定"具有法人资格的独资、私营等公司、企业、事业单位"为法人犯罪的主体,不具备法人资格的私有企业因此不能构成单位犯罪,在挪用公款罪中有必要与之统一。2. 对个人决定以单位名义将公款供其他单位使用谋取个人利益的理解。个人决定,一般是指单位负责人或法定代表人或者部门负责人决定。理由是:首先,如果从实质的角度来理解立法解释的第 2 条,所有非单位负责人私自动用公款的行为均可以包含到此种情形,无适用第 3 条之必要。其次,根据立法解释机关的意思,这条解释的设置主要是为了防止将单位之间的非法拆借资金行为作为挪用公款罪来处理。单位非法拆借资金行为,一般是由单位负责人或者部门负责人作出的。最后,对这条解释应当结合"以单位名义"来理解既然是"个人决定",显然本条中的"以单位名义"是从形式上来讲的,即行为人以本单位名义与他人(单位)签订合同,或者口头约定作为单位借款的。一般单位负责人或部门负责人才有可能以单位名义作出行为。这样,挪用公款罪的构成,已经符合市场经济的两个实质要求。它给司法适用带来的变化是,只要公款被行为人非法挪用给其他单位或个人,本单位的公款使用权受到了侵犯,一般均构成挪用公款罪。与以前的历次司法解释相比,立法解释对公有经济提供了更全面的保护,处罚范围比以前大、宽。[参见陈靖宇:《挪用公款罪与挪用资金罪中"归个人使用"问题研究》,载《刑事审判要览》(专题研究)总第 11 集(2005 年第 1 集),第 160 ~162 页。]

▽个人决定以单位名义将公款借给其他单位使用,虽然在事后收受对方财物,但难以证实借款当时具有谋取个人利益目的的行为不构成挪用公款罪

被告人的供述、证人王某某的证言及借款协议均证实,被告人决定以吉林省慈善总会名义借款给吉林省大力实业公司的时间是 1999 年,吉林省大力实业公司还款的时间是 2000 年 6 月至 2001 年 8 月。被告人因上述借款事宜收受王某某贿赂的 10 万元的时间是 2003 年春节期间。由于被告人的行为属于个人决定以单位名义将公款借给其他单位使用情形,要认定构成挪用公款罪,必须是被告人主观上具有谋取个人利益的目的。然而,被告人借款当时谋取个人利益的意图并不明显,在案证据也难以证实被告人与王某某具有事后收受贿赂的合意或者默契,故被告人以个人名义借款吉林省大力实业公司的行为,不属于《全国人大常委会关于(中华人民共和国刑法)第三百八十四条第一款的解释》第三项所规定的"个人决定以单位名义将公款供其他单位使用,谋取个人利益的"情形,其行为不构成挪用公款罪。[参见第 805 号指导案例,姚太文贪污、受贿案,载《刑事审判参考》总第 87 集(2012 年第 4 集),第 109 页。撰稿:邵坤　董屹红]

▽《挪用公款立法解释》中第三种"挪用公款归个人使用"情形不适用挪用公款罪和受贿罪并罚的规定

《全国人大常委会关于〈中华人民共和国刑法〉第三百八十四条第一款的解释》(本附文以下简称《挪用公款司法解释》)将"挪用公款归个人使用"的含义分为三种类型:一是将公款供本人、亲友或者其他自然人使用的;二是以个人名义将公款供其他单位使用的;三是个人决定以单位名义将公款供其他单位使用,谋取个人利益的。如果挪用公款的行为属于前述第一、二种情形,则挪用公款罪的构成不以行为人谋取个人利益为要件,即无论是否收受他人财物,均不影响挪用公款罪的成立。如果在此过程中,行为人又趁机索要或者收受他人财物的,则行为人已超出挪用公款罪的犯罪故意,即产生新的受贿罪的犯意,根据《挪用公款司法解释》第七条的规定,因挪用公款索取、收受贿赂构成犯罪的,依照数罪并罚的规定处罚。如果行为人挪用公款的行为属于前述第三种情形,则挪用公款罪的构成必须以行为人谋取个人利益为要件,该情形下收受贿赂的行为,可能同时被认定为谋取个人利益,即一行为同时构成挪用公款罪和受贿罪,应当按照想象竞合犯从一重罪处断原则,以受贿罪定罪处罚。如果在此种情况下仍然机械照搬适用《挪用公款司法解释》第七条的规定,对行为人以挪用公款罪和受贿罪实行并罚,则实质上是对谋取个人利益的事实(包括挪用公款的事实)进行了双重评价,违反了刑法禁止重复评价的原则。[参见第805号指导案例,姚太文贪污、受贿案,载《刑事审判参考》总第87集(2012年第4集),第109~110页。撰稿:邵坤　董屹红]

▽对采取虚列支出手段进行平账的犯罪事实,不宜直接推定被告人犯罪故意转化为非法占有目的

采取虚假发票等方式虚列支出是挪用公款罪转化为贪污罪的常见手段,《全国法院审理经济犯罪案件工作座谈会纪要》(本附文以下简称《纪要》)中"挪用公款转化为贪污的认定"第二项规定:"行为人挪用公款后采取虚假发票平账、销毁有关账目等手段,使所挪用的公款已难以在单位财务账目上反映出来,且没有归还行为的,应当以贪污罪定罪处罚。"本案被告人作为公司会计,以"虚列支出"形式掩盖自己挪用公司款项的犯罪事实,能否由此推断其主观上犯罪故意发生了转化,由非法占用转化为非法占有,成为审理本案的关键。非法占有目的是对被告人主观心态的评价,审判实践中一定要避免把虚开票据、虚列支出平账的客观行为与非法占有主观目的之间直接挂钩。平账是指把各个分类账户的金额与其汇总账户的金额互相核算,将原本不相等的情况调整为相等,只是账目处理的一种技术性手段,不能取代对被告人的主观心态评价。在缺乏直接证据印证时,推定被告人具有非法占有目的,需要结合被告人实施犯罪过程中的具体行为,以对被告人的内心想法和真实目的作出综合性判断。合理评价实施虚开票据的平账行为,应当遵循以下审查标准:第一,平账行为是否造成挪用的公款从单位账目上难以反映出来。本案被告人在公司账目上虚列支出与现金取款的次数及数额并不一一对应,反映其虚列的支出并不针对某一笔挪用的款项,对于"现金取款人是赵明本人"这一事实,被告人在账目票据中没有作假和隐瞒,因此虚列支出仅能从宏观上反映出"收支平衡"的假象,仔细查账立刻就能查出问题。第二,对财务账目的处理能否达到掩盖涉案款项去向效果。本案被告人虚列支出的收款单位均与本单位有业务往来且本单位有到期付款义务,天津城建隧道股份公司所欠业务单位的款项均有相关证人证言可以证实。被告人虚列支出处理财务账目的行为,尽管从表面上掩盖了公司总账目的差额,但这种账目平衡仅仅是账目总额结果的收支平衡,只能起到暂时性掩饰作用。从账目本身上看,各明细条目中并未实现一一对应,虚列支出项目在工程结算时无法核销,相关单位在盾构管片项目工程结束后结款清算时必然能够查出被告人挪用公款的行为。被告人不可能通过这种虚列支出行为实现侵吞公款目的,不符合挪用转化贪污案件中"平账为了永久占有公款"的特征。第三,从有无归还行为上判断被告人是否有非法占有目的。被告人在挪用公款的每一年度均有相同方式的还款行为,与挪用转化贪污案件相关司法解释中"且没有归还行为"的要件相矛盾。特别是在2009年被告人是以环美混凝土制造有限公司的名义现金还款,反映出其主观上明知其虚列支出的行为造成本单位与债权单位的债务额发生变化,其通过债权单位给付现金避免账目混乱,因此还款行为进一步证明其主观故意没有发生转化。(参见第1088号指导案例,赵明贪污、挪用公款案,载《刑事审判参考》总第103集,第94~95页。撰稿:熊灿　白云飞)

第三百八十五条　【受贿罪】国家工作人员利用职务上的便利,索取他人财物的,或者非法收受他人财物,为他人谋取利益的,是受贿罪。

国家工作人员在经济往来中,违反国家规定,收受各种名义的回扣、手续费,归个人所有的,以受贿论处。

■最高人民法院、最高人民检察院关于办理贪污贿赂刑事案件适用法律若干问题的解释(2016年4月18日)

第十二条　贿赂犯罪中的“财物”,包括货币、物品和财产性利益。财产性利益包括可以折算为货币的物质利益如房屋装修、债务免除等,以及需要支付货币的其他利益如会员服务、旅游等。后者的犯罪数额,以实际支付或者应当支付的数额计算。

第十三条　具有下列情形之一的,应当认定为“为他人谋取利益”,构成犯罪的,应当依照刑法关于受贿犯罪的规定定罪处罚:

(一)实际或者承诺为他人谋取利益的;

(二)明知他人有具体请托事项的;

(三)履职时未被请托,但事后基于该履职事由收受他人财物的。

国家工作人员索取、收受具有上下级关系的下属或者具有行政管理关系的被管理人员的财物价值三万元以上,可能影响职权行使的,视为承诺为他人谋取利益。

第十六条　国家工作人员出于贪污、受贿的故意,非法占有公共财物、收受他人财物之后,将赃款赃物用于单位公务支出或者社会捐赠的,不影响贪污罪、受贿罪的认定,但量刑时可以酌情考虑。

特定关系人索取、收受他人财物,国家工作人员知道后未退还或者上交的,应当认定国家工作人员具有受贿故意。

第二十条　本解释自2016年4月18日起施行。最高人民法院、最高人民检察院此前发布的司法解释与本解释不一致的,以本解释为准。

■最高人民法院、最高人民检察院关于办理受贿刑事案件适用法律若干问题的意见(全文)(2007年7月9日)

一、关于以交易形式收受贿赂问题

国家工作人员利用职务上的便利为请托人谋取利益,以下列交易形式收受请托人财物的,以受贿论处:

(1)以明显低于市场的价格向请托人购买房屋、汽车等物品的;

(2)以明显高于市场的价格向请托人出售房屋、汽车等物品的;

(3)以其他交易形式非法收受请托人财物的。

受贿数额按照交易时当地市场价格与实际支付价格的差额计算。

前款所列市场价格包括商品经营者事先设定的不针对特定人的最低优惠价格。根据商品经营者事先设定的各种优惠交易条件,以优惠价格购买商品的,不属于受贿。

二、关于收受干股问题

干股是指未出资而获得的股份。国家工作人员利用职务上的便利为请托人谋取利益,收受请托人提供的干股的,以受贿论处。进行了股权转让登记,或者相关证据证明股份发生了实际转让的,受贿数额按转让行为时股份价值计算,所分红利按受贿孳息处理。股份未实际转让,以股份分红名义获取利益的,实际获利数额应当认定为受贿数额。

三、关于以开办公司等合作投资名义收受贿赂问题

国家工作人员利用职务上的便利为请托人谋取利益,由请托人出资,“合作”开办公司或者进行其他“合作”投资的,以受贿论处。受贿数额为请托人给国家工作人员的出资额。

国家工作人员利用职务上的便利为请托人谋取利益,以合作开办公司或者其他合作投资的名义获取“利润”,没有实际出资和参与管理、经营的,以受贿论处。

四、关于以委托请托人投资证券、期货或者其他委托理财的名义收受贿赂问题

国家工作人员利用职务上的便利为请托人谋取利益,以委托请托人投资证券、期货或者其他委托

理财的名义,未实际出资而获取"收益",或者虽然实际出资,但获取"收益"明显高于出资应得收益的,以受贿论处。受贿数额,前一情形,以"收益"额计算;后一情形,以"收益"额与出资应得收益额的差额计算。

五、关于以赌博形式收受贿赂的认定问题

根据《最高人民法院、最高人民检察院关于办理赌博刑事案件具体应用法律若干问题的解释》第七条规定,国家工作人员利用职务上的便利为请托人谋取利益,通过赌博方式收受请托人财物的,构成受贿。

实践中应注意区分贿赂与赌博活动、娱乐活动的界限。具体认定时,主要应当结合以下因素进行判断:(1)赌博的背景、场合、时间、次数;(2)赌资来源;(3)其他赌博参与者有无事先通谋;(4)输赢钱物的具体情况和金额大小。

六、关于特定关系人"挂名"领取薪酬问题

国家工作人员利用职务上的便利为请托人谋取利益,要求或者接受请托人以给特定关系人安排工作为名,使特定关系人不实际工作却获取所谓薪酬的,以受贿论处。

七、关于由特定关系人收受贿赂问题

国家工作人员利用职务上的便利为请托人谋取利益,授意请托人以本意见所列形式,将有关财物给予特定关系人的,以受贿论处。

特定关系人与国家工作人员通谋,共同实施前款行为的,对特定关系人以受贿罪的共犯论处。特定关系人以外的其他人与国家工作人员通谋,由国家工作人员利用职务上的便利为请托人谋取利益,收受请托人财物后双方共同占有的,以受贿罪的共犯论处。

八、关于收受贿赂物品未办理权属变更问题

国家工作人员利用职务上的便利为请托人谋取利益,收受请托人房屋、汽车等物品,未变更权属登记或者借用他人名义办理权属变更登记的,不影响受贿的认定。

认定以房屋、汽车等物品为对象的受贿,应注意与借用的区分。具体认定时,除双方交代或者书面协议之外,主要应当结合以下因素进行判断:(1)有无借用的合理事由;(2)是否实际使用;(3)借用时间的长短;(4)有无归还的条件;(5)有无归还的意思表示及行为。

九、关于收受财物后退还或者上交问题

国家工作人员收受请托人财物后及时退还或者上交的,不是受贿。

国家工作人员受贿后,因自身或者与其受贿有关联的人、事被查处,为掩饰犯罪而退还或者上交的,不影响认定受贿罪。

十、关于在职时为请托人谋利,离职后收受财物问题

国家工作人员利用职务上的便利为请托人谋取利益之前或者之后,约定在其离职后收受请托人财物,并在离职后收受的,以受贿论处。

国家工作人员利用职务上的便利为请托人谋取利益,离职前后连续收受请托人财物的,离职前后收受部分均应计入受贿数额。

十一、关于"特定关系人"的范围

本意见所称"特定关系人",是指与国家工作人员有近亲属、情妇(夫)以及其他共同利益关系的人。

十二、关于正确贯彻宽严相济刑事政策的问题

依照本意见办理受贿刑事案件,要根据刑法关于受贿罪的有关规定和受贿罪权钱交易的本质特征,准确区分罪与非罪、此罪与彼罪的界限,惩处少数,教育多数。在从严惩处受贿犯罪的同时,对于具有自首、立功等情节的,依法从轻、减轻或者免除处罚。

■最高人民法院、最高人民检察院关于办理商业贿赂刑事案件适用法律若干问题的意见(2008年11月20日)

一、商业贿赂犯罪涉及刑法规定的以下八种罪名:(1)非国家工作人员受贿罪(刑法第一百六十三条);(2)对非国家工作人员行贿罪(刑法第一百六十四条);(3)受贿罪(刑法第三百八十五条);(4)单位受贿罪(刑法第三百八十七条);(5)行贿罪(刑法第三百八十九条);(6)对单位行贿罪(刑法第三百九十一条);(7)介绍贿赂罪(刑法第三百九十二条);(8)单位行贿罪(刑法第三百九十三条)。

四、医疗机构中的国家工作人员,在药品、医疗器械、医用卫生材料等医药产品采购活动中,利用职务上的便利,索取销售方财物,或者非法收受销售方财物,为销售方谋取利益,构成犯罪的,依照刑法第三百八十五条的规定,以受贿罪定罪处罚。

……

五、学校及其他教育机构中的国家工作人员,在教材、教具、校服或者其他物品的采购等活动中,利用职务上的便利,索取销售方财物,或者非法收受销售方财物,为销售方谋取利益,构成犯罪的,依照刑法第三百八十五条的规定,以受贿罪定罪处罚。

……

六、……

依法组建的评标委员会、竞争性谈判采购中谈判小组、询价采购中询价小组中国家机关或者其他国有单位的代表有前款行为的,依照刑法第三百八十五条的规定,以受贿罪定罪处罚。

七、商业贿赂中的财物,既包括金钱和实物,也包括可以用金钱计算数额的财产性利益,如提供房屋装修、含有金额的会员卡、代币卡(券)、旅游费用等。具体数额以实际支付的资费为准。

八、收受银行卡的,不论受贿人是否实际取出或者消费,卡内的存款数额一般应全额认定为受贿数额。使用银行卡透支的,如果由给予银行卡的一方承担还款责任,透支数额也应当认定为受贿数额。

十、办理商业贿赂犯罪案件,要注意区分贿赂与馈赠的界限。主要应当结合以下因素全面分析、综合判断:(1)发生财物往来的背景,如双方是否存在亲友关系及历史上交往的情形和程度;(2)往来财物的价值;(3)财物往来的缘由、时机和方式,提供财物方对于接受方有无职务上的请托;(4)接受方是否利用职务上的便利为提供方谋取利益。

十一、非国家工作人员与国家工作人员通谋,共同收受他人财物,构成共同犯罪的,根据双方利用职务便利的具体情形分别定罪追究刑事责任:

(1)利用国家工作人员的职务便利为他人谋取利益的,以受贿罪追究刑事责任。

(2)利用非国家工作人员的职务便利为他人谋取利益的,以非国家工作人员受贿罪追究刑事责任。

(3)分别利用各自的职务便利为他人谋取利益的,按照主犯的犯罪性质追究刑事责任,不能分清主从犯的,可以受贿罪追究刑事责任。

■最高人民法院、最高人民检察院关于办理国家出资企业中职务犯罪案件具体应用法律若干问题的意见(2010年12月2日)

四、关于国家工作人员在企业改制过程中的渎职行为的处理

国家出资企业中的国家工作人员在公司、企业改制或者国有资产处置过程中严重不负责任或者滥用职权,致使国家利益遭受重大损失的,依照刑法第一百六十八条的规定,以国有公司、企业人员失职罪或者国有公司、企业人员滥用职权罪定罪处罚。

国家出资企业中的国家工作人员在公司、企业改制或者国有资产处置过程中徇私舞弊,将国有资产低价折股或者低价出售给其本人未持有股份的公司、企业或者其他个人,致使国家利益遭受重大损失的,依照刑法第一百六十九条的规定,以徇私舞弊低价折股、出售国有资产罪定罪处罚。

……

国家出资企业中的国家工作人员因实施第一款、第二款行为收受贿赂，同时又构成刑法第三百八十五条规定之罪的，依照处罚较重的规定定罪处罚。

（五、六、七、八部分的内容见刑法第三百八十二条附文中本意见相关部分内容）

■最高人民法院关于发布第一批指导性案例的通知（全文）（2011年12月20日）

潘玉梅、陈宁受贿案旨在为处理利用新形式、新手段收受贿赂的案件提供指导：国家工作人员以“合办”公司的名义或以交易形式收受贿赂的，承诺“为他人谋取利益”未谋取利益而受贿的，以及为掩饰受贿犯罪而退赃的，不影响受贿罪的认定。这对于依法惩治受贿犯罪，有效查处新形势下出现的新类型受贿案件，推进反腐败斗争深入开展，具有重要意义。

■最高人民法院、最高人民检察院、公安部、国家工商行政管理局关于依法查处盗窃、抢劫机动车案件的规定（1998年5月8日）

八、公安、工商行政管理人员利用职务上的便利，索取或者非法收受他人财物，为赃车入户、过户、验证构成犯罪的，依照《刑法》第三百八十五条、第三百八十六条的规定处罚。

▼全国法院审理经济犯罪案件工作座谈会纪要（2003年11月13日）

三、关于受贿罪

（一）关于“利用职务上的便利”的认定

刑法第三百八十五条第一款规定的“利用职务上的便利”，既包括利用本人职务上主管、负责、承办某项公共事务的职权，也包括利用职务上有隶属、制约关系的其他国家工作人员的职权。担任单位领导职务的国家下作人员通过不属自己主管的下级部门的国家工作人员的职务为他人谋取利益的，应当认定为“利用职务上的便利”为他人谋取利益。

（二）“为他人谋取利益”的认定

为他人谋取利益包括承诺、实施和实现三个阶段的行为。只要具有其中一个阶段的行为，如国家工作人员收受他人财物时，根据他人提出的具体请托事项，承诺为他人谋取利益的，就具备了为他人谋取利益的要件。明知他人有具体请托事项而收受其财物的，视为承诺为他人谋取利益。

（三）“利用职权或地位形成的便利条件”的认定

刑法第三百八十八条规定的“利用本人职权或者地位形成的便利条件”，是指行为人与被其利用的国家工作人员之间在职务上虽然没有隶属、制约关系，但是行为人利用了本人职权或者地位产生的影响和一定的工作联系，如单位内不同部门的国家工作人员之间、上下级单位没有职务上隶属、制约关系的国家工作人员之间、有工作联系的不同单位的国家工作人员之间等。

（四）离职国家工作人员收受财物行为的处理

参照《最高人民法院关于国家工作人员利用职务上的便利为他人谋取利益离退休后收受财物行为如何处理问题的批复》规定的精神，国家工作人员利用职务上的便利为请托人谋取利益，并与请托人事先约定，在其离职后收受请托人财物，构成犯罪的，以受贿罪定罪处罚。

（五）共同受贿犯罪的认定

根据刑法关于共同犯罪的规定，非国家工作人员与国家工作人员勾结伙同受贿的，应当以受贿罪的共犯追究刑事责任。非国家工作人员是否构成受贿罪共犯，取决于双方有无共同受贿的故意和行为，国家工作人员的近亲属向国家工作人员代为转达请托事项，收受请托人财物并告知该国家工作人员。或者国家工作人员明知其近亲属收受了他人财物，仍按照近亲属的要求利用职权为他人谋取利益的，对该国家工作人员应认定为受贿罪，其近亲属以受贿罪共犯论处；近亲属以外的其他人与国家工作人员通谋，由国家工作人员利用职务上的便利为请托人谋取利益，收受请托人财物后双方共同占有的，构成受贿罪共犯，国家工作人员利用职务上的便利为他人谋取利益，并指定他人将财物送给其他人。构成犯罪的，应以受贿罪定罪处罚。

(六)以借款为名索取或者非法收受财物行为的认定

国家工作人员利用职务上的便利以借为名向他人索取财物,或者非法收受财物为他人谋取利益的.应当认定为受贿。具体认定时,不能仅仅看是否有书面借款手续,应当根据以下因素综合判定:(1)有无正当、合理的借款事由;(2)款项的去向;(3)双方平时关系如何、有无经济往来;(4)出借方是否要求国家工作人员利用职务上的便利为其谋取利益;(5)借款后是否有归还的意思表示及行为;(6)是否有归还的能力;(7)未归还的原因;等等。

(七)涉及股票受贿案件的认定

在办理涉及股票的受贿案件时,应当注意:(1)国家工作人员利用职务上的便利,索取或非法收受股票,没有支付股本金,为他人谋取利益,构成受贿罪的,其受贿数额按照收受股票时的实际价格计算。(2)行为人支付股本金而购买较有可能升值的股票,由于不是无偿收受请托人财物,不以受贿罪论处。(3)股票已上市且已升值,行为人仅支付股本金,其"购买"股票时的实际价格与股本金的差价部分应认定为受贿。

▼最高人民法院研究室关于对行为人通过伪造国家机关公文、证件担任国家工作人员职务并利用职务上的便利侵占本单位财物、收受贿赂、挪用本单位资金等行为如何适用法律问题的答复(全文)(2004年3月20日)

行为人通过伪造国家机关公文、证件担任国家工作人员职务以后,又利用职务上的便利实施侵占本单位财物、收受贿赂、挪用本单位资金等行为,构成犯罪的,应当分别以伪造国家机关公文、证件罪和相应的贪污罪、受贿罪、挪用公款罪等追究刑事责任,实行数罪并罚。

●"合办"公司受贿认定中的相关问题

1.国家工作人员利用职务上的便利为请托人谋取利益,并与请托人以"合办"公司的名义获取"利润",没有实际出资和参与经营管理的,以受贿论处。

2.国家工作人员明知他人有请托事项而收受其财物,视为承诺"为他人谋取利益",是否已实际为他人谋取利益或谋取到利益,不影响受贿的认定。

3.国家工作人员利用职务上的便利为请托人谋取利益,以明显低于市场的价格向请托人购买房屋等物品的,以受贿论处,受贿数额按照交易时当地市场价格与实际支付价格的差额计算。

4.国家工作人员收受财物后,因与其受贿有关联的人、事被查处,为掩饰犯罪而退还的,不影响认定受贿罪。(参见最高人民法院第一批指导性案例3号,潘玉梅、陈宁受贿案,2011年12月20日发布。)

□收受他人的银行卡并改动密码,虽未实际支取卡中存款,应视为收受财物的行为实施终了

国家工作人员,利用职务上的便利,为他人谋取利益,收受他人的银行卡并改动密码,至案发时虽未实际支取卡中存款,但主观上明显具有非法占有的故意,应视为收受钱款的行为已经实施终了,构成受贿罪。(参见北京市第二检察分院诉程绍志受贿案,载《最高人民法院公报》总第87期,2004年第1期,第30页。)

□明知他人有具体请托事项,利用职务之便收受其财物的,虽尚未为他人谋取实际利益,其行为亦构成受贿罪

国家工作人员明知他人有具体请托事项,仍利用职务之便收受其财物的,虽尚未为他人谋取实际利益,其行为亦构成受贿罪。(参见成都市人民检察院诉刘爱东贪污、受贿案,载《最高人民法院公报》总第95期,2004年第9期,第22页。)

□收受钱款在谋利之前还是在谋利之后,不影响受贿性质认定

收受钱款在谋利之前还是在谋利之后,不影响对受贿性质认定。(北京市人民检察院第二分院诉李嘉廷受贿案,载《最高人民法院公报》总第85期,2003年第5期,第23页。)

□未经手收受钱款，不掌握收受的准确数额是正常的，不影响对受贿性质的认定

行为人与其子收受钱款有预谋，且其子在收受钱款后明确告知了行为人，行为人明确表示，所收钱款都是家庭共同财产。因行为人未经手收受钱款，不掌握收受的准确数额是正常的，不影响对行为人受贿性质的认定，也不能成为对其从轻处罚的情节。（参见北京市人民检察院第二分院诉李嘉廷受贿案，载《最高人民法院公报》总第85期，2003年第5期，第23页。）

□谋取正当利益，不能成为从轻处罚情节和理由

谋取不正当利益，可以是酌定从重处罚的情节，但谋取正当利益，不能成为从轻情节的理由。（参见北京市人民检察院第二分院诉李嘉廷受贿案，载《最高人民法院公报》总第85期，2003年第5期，第23页。）

□共同受贿犯罪中，特定关系人收受款物，未由被告人经手收受和保管，并不影响对被告人受贿犯罪的认定

成某某与特定关系人李某共谋为各自离婚后结婚聚敛钱财，由李某出面与请托人联系请托事项并收取贿赂款，由成某某利用职务上的便利，为请托人在承接工程、解决资金、职务晋升等事项上谋取利益，成某某主观上具有与李某共同收受贿赂的故意，客观上具有利用职务便利为请托人谋取利益并与李某共同收受贿赂的行为，因此，被告人成某某的行为具备了共同受贿犯罪的主客观要件。成某某、李某共同受贿的款物由李某保管，其中大部分款物由李某经手收受，这是二人共同受贿犯罪的分工，这些款物未由被告人成某某经手收受和保管，并不影响对被告人成某某受贿犯罪的认定。（参见北京市人民检察院第一分院诉成克杰犯受贿罪案，载《最高人民法院公报》总第67期，2000年第5期，第161页。）

□国有医疗机构中，从事医疗数据统计、传输、维护等信息管理工作的事业编制人员，其工作内容具有公务性质，应以国家工作人员论

国有医疗机构中，从事医疗数据统计、传输、维护等信息管理工作的事业编制人员，其统计、传输、维护的信息和数据系国有医疗机构对医疗业务进行管理、监督、决策的重要依据，属于医保信息，工作内容具有公务性质，该人员系国有事业单位中从事公务的人员，应以国家工作人员论。该类人员利用从事信息管理的职务便利，非法收受医药营销人员财物，向其提供本医疗机构药品使用情况统计数据等信息，为相关药品生产、销售企业以不正当手段销售药品提供便利的行为，应当依照《中华人民共和国刑法》第三百八十五条第一款的规定，以受贿罪定罪处罚。（参见上海市嘉定区人民检察院诉丁利康受贿案，载《最高人民法院公报》2014年卷，第474页。）

▽受贿与收取合理劳务报酬的界限在于国家工作人员是利用职务便利为他人谋取利益收受财物还是利用个人技术换取报酬

受贿行为的社会危害本质在于职务便利与金钱交易（通常表述为权钱交易），侵犯国家工作人员的职务廉洁性。对于国家工作人员利用职务之便，为他人谋取利益收受财物的，应认定为受贿；对于国家工作人员没有利用职务便利，仅仅是利用个人的技术、管理专长为他人提供服务，收取相应报酬的，因为没有职权与金钱交易性质，故该报酬属于合理收入，不应认定为受贿。可见，受贿与收取合理劳务报酬的区分关键就在于国家工作人员是利用职务便利为他人谋取利益而收受的财物，还是利用个人技术为他人提供服务取得相应报酬。在贿赂犯罪的实行过程中，为了达到掩人耳目逃避法律追究的目的，行贿人与受贿人之间往往以某些合法形式来掩盖权钱交易的非法实质。如双方在行送财物过程中均无提出有关服务的意思表示，案发后行为人无中生有地以所谓劳务报酬名义进行辩解，自当认定为受贿；双方在行送财物过程中有过提供服务的意思表示并达成一致，但客观上国家工作人员并未按约提供有关服务，而是利用职务便利为他人谋利益，收取所谓的劳务报酬，这是借劳务之名收取贿赂，当然应认定为受贿。国家工作人员，尤其是专业部门的工作人员，一般会具有相关行业的技术、管理等方面的知识专长和经验,在请托人向其行贿以利用其职权谋取利益时,也可能同时要求其提供技术、管理等方面的服务,而应允请托的国家工作人员确也接受了提供某方面服务的要求或者其主动提出要为请托人提供某方面的服务,收受了请托人给予的报酬,这时往往行贿财物与所谓劳务报酬表现为同一笔款项,买权(卖权)与买(卖)技术服务交织在一起,对这种情况应是,国家工作人员如果利用职务上的便利为他人谋取利益,收受他人财物,本质上符合权钱交易的特征,应当属于受贿,在此过程中行为人出于某种考虑也会有向行贿方提供个人技术服务的活动,这在原则上不能对定罪产生影响,如果是为掩饰受贿提供了少量的技术服务,对量刑都不应当产生影响。只有在利用职务便利为他人所谋利益较小,而收受财物同时掺杂了较大量的提供个人技术服务因素的情形下,才可能成为影响量刑的酌定情节。对于这种具有技术服务内容的受贿,行为人均会以其提供了技术服务为名逃避法律追究,这显然不利于惩治腐败,也不符合刑法的立法原意。对于单纯利用个人技术、管理专长为他人提供服务而收取合理数额报酬的,不宜认定为受贿。这里所说的合理数额报酬,是说收受的劳务报酬在数额上应与其提供服务的正常市场价值相当,如果明显超出市场同类服务报酬数额的,这种行为的性质就发生了转化,超出了正常劳务报酬的范畴,因为如果没有国家工作人员的身份职权影响,这种情况是不可能发生的,这明显属于利用合法报酬之名掩盖非法权钱交易之实,应当全额认定为受贿。由以上可以看出,在纷繁复杂的个案中,如何正确区分正当的劳务报酬与非法的行贿受贿的界限,司法中应当注意从以下几个方面进行综合把握:1. 国家工作人员是利用职务便利为他人谋取利益收受财物还是利用个人技术换取报酬;2. 是否确实提供了有关服务;3. 接受的财物是否与提供的服务等值。[参见第407号案例,方俊受贿案,载《刑事审判参考》总第51辑(2006年第4辑),法律出版社,第50~52页。执笔:陆漫]

▽受贿与正当馈赠区分的认定

受贿与正当馈赠的区分,通常可以从下列三个方面把握:一是双方关系。根据亲友之间有无礼尚往来的情况,判断其是否具有馈赠的友谊和感情基础。二是财物价值。结合当时当地的礼节习俗和亲友双方的友谊、感情状况,根据礼品价值大小,判断国家工作人员是否收受了不合常规的巨额的所谓馈赠。三是请托事项。如果馈赠者对国家工作人员提出了明确的请托事项,或者国家工作人员在接受亲友馈赠前后有利用职务便利为亲友谋取利益的行为的,一般应认定为受贿。上述三个因素都不是绝对的,其中孤立的一个因素一般不能单独确定受贿行为是否成立,需要与其他因素结合起来考虑,才能确定其行为性质。[参见第399号案例,钱政德受贿案,载《刑事审判参考》总第50集(2006年第3集),法律出版社,第47页。执笔:周军　陈德日]

▽亲友间的正当馈赠与受贿的区别认定

国家工作人员与其亲友之间是否存在行贿、受贿关系,有两种不同情况。一种是在财产上有共有关系的亲属,如夫妻之间,父母与经济上未独立的子女之间,不存在行贿、受贿的问题。另一种是在财产上没有共有关系的亲属和朋友之间,可以存在行贿、受贿关系。区分亲友间经济往来是正当馈赠还是受贿,可以从以下几方面条件予以判断:(1)双方关系。根据双方之间有无经济往来及往来次数的多少,判断双方之间是否存在馈赠的基础。(2)经济往来的价款。结合当时当地的习俗和双方的友谊、感情状况,根据经济往来的价款的大小,区分是受贿还是馈赠。(3)往来的事由。如果授予方基于具体的请托事项给予国家工作人员财物,国家工作人员在接受财物前后有利用职务便利为对方谋取利益的行为的,一般应对双方认定为行贿、受贿关系。[参见第217号案例,万国英受贿、挪用公款案,载《刑事审判参考》总第29辑(2002年第6辑),法律出版社,第54~55页。执笔:李祥明]

▽国家工作人员利用职务上便利索要高额投资回报的行为构成受贿罪

在他人收购华联商厦过程中,行为人向华联商厦所在地区委书记两次电话打招呼,并提出明确意见。收购后办理有关手续过程中,还向有关部门打招呼,其行为均利用了其任市政府常务副市长的职务便利，使得他人在收购华联商厦当中谋取到了利益，即已具备了受贿罪的前提条件。行为人以合伙经营为名，利用职务便利强要他人支付高额投资回报，属于索贿行为。现在收受贿赂的方式由赤裸裸直接地收受财物，演变为间接地收受物品只付少量现金，或者赌博时光赢不输，或者以合伙经营的形式收受"高额回报"等方式。无论收受贿赂的方式如何变化，贿赂的本质，即国家工作人员利用职权索取或非法收受他人财物，为他人谋取利益的性质没有变。只要符合这一本质特征，就是贿赂犯罪。[参见第384号案例，胡发群受贿巨额财产来源不明案，载《刑事审判参考》总第48集(2006年第1集)，法律出版社，第64～66页。执笔：欧阳南平　漆爱君]

▽国家机关党委研究决定的任命应认定为国家机关委派

党管干部是我国干部管理体制的一项重要组织原则，济南市交通局党委的决定就是代表济南市交通局所作的决定，而济南市交通局作为汽修厂的上级主管单位，对汽修厂厂长的任命，正是国家机关委派行为的具体方式。因此，行为人属于《刑法》第九十三条第二款规定的国家机关委派到非国有企业中从事公务的人员，应当"以国家工作人员论"，具有受贿犯罪的主体资格。[参见第340号案例，李葳受贿案，载《刑事审判参考》总第43集(2005年第2集)，法律出版社，第48页。执笔：刘玉安]

▽行为人在合作开发房地产过程中，要求房地产集团公司为其亲属提供低价住宅，实质上属于利用职务便利索要财物

行为人作为汽修厂厂长，对本单位与房地产公司合作开发住宅小区具有重要作用，其要求对方为其弟购房在价格上给予"优惠"，就是利用了职务上的便利。通常情况下，房地产公司在房屋销售方面都会有一定幅度的价格优惠，如果行为人要求对方提供这种正常范围内的价格优惠，虽然利用了职务上的便利，一般也不构成索贿。但本案行为人提出价格优惠要求后，还亲自看房、选房，经手签订购房协议，代缴购房款5万元。行为人对所购房屋的实际价值及购买该套住房实际付款之间存在的巨大差价是明知的，要求该种"优惠"实际上属于变相索要财物，表明其主观上具有索贿的故意。房地产公司基于行为人的厂长身份及其在双方合作中的重要作用，同意给予价格"优惠"，实际售价仅为人民币5万元。经鉴定该套房屋时价为28.5万元，"优惠"23.5万元之巨，显然不是一般的民事行为。房地产公司虽然在行为人提出价格优惠后积极迎合行为人的要求，但这并不影响行为人索贿行为的性质。[参见第340号案例，李葳受贿案，载《刑事审判参考》总第43集(2005年第2集)，法律出版社，第48～49页。执笔：刘玉安]

▽索取的财物是否为行为人自己占有，不影响受贿罪的成立

受贿犯罪案件中，存在利用职务便利为请托人谋取利益的行为人没有直接占有受贿款物的情形，如本案行为人是为其弟索要住房，巨额差价款个人也没有直接所得，而是由其弟所得，但这并不影响其受贿罪的成立。2003年11月13日最高人民法院印发的《全国法院审理经济犯罪案件工作座谈会纪要》(刑法本条附文以下简称《经济犯罪纪要》)关于受贿罪中共同受贿犯罪的认定规定："国家工作人员利用职务上的便利为他人谋取利益，并指定他人将财物送给其他人，构成犯罪的，应以受贿罪定罪处罚。"行为人利用本人职务上的便利，直接要求房地产公司以"优惠"价格卖一套住房给其弟，符合规定中"指定他人将财物送给其他人"的特征，对其应以受贿罪论处。[参见第340号案例，李葳受贿案，载《刑事审判参考》总第43集(2005年第2集)，法律出版社，第49～50页。执笔：刘玉安]

▽行为人支付少量购房款用以掩盖索贿犯罪行为的，其受贿数额应为房屋当时的实际价值与实际支付价款的差额

对于国家工作人员利用职务上的便利，索要财物后支付少量现金的行为，能否以受贿犯罪追究刑事责任，以及认定为受贿犯罪的，犯罪数额如何计算，司法实践早已有比较成熟的做法。如1985年7月8日最高人民法院、最高人民检察院联合发布的《关于当前办理经济犯罪案件中具体应用法律的若干问题的解答(试行)》在关于国家工作人员利用职务上的便利，为他人谋取利益，接受对方物品，只付少量现金,可否定为受贿以及受贿金额应如何计算的问题中指出:“国家工作人员利用职务上的便利,为他人谋取利益,收受物品,只付少量现金,这往往是行贿、受贿双方为掩盖犯罪行为的一种手段,情节严重,数量较大的,应认定为受贿罪。受贿金额以行贿人购买物品实际支付的金额扣除受贿人已支付现金额计算。行贿人的物品未付款或无法计算行贿人支付金额的,应以受贿人收受物品当时当地的市场零售价格扣除受贿人已支付现金额来计算。”这一规定仍具有现实意义。参照这一规定的精神,本案对房屋当时的实际价值与实际支付价款之差额,认定为受贿数额。本案的特殊之处还在于,行为人与房地产公司之间存在一个购房协议,协议金额远远高于实际支付金额。那么,扣除实际支付金额,其与协议金额的差价属于民事欠款还是受贿金额,就成为本案争议的一个焦点问题。从审理查明的事实看,房地产公司在商量行为人购房之事时,确定让行为人先交上 5 万元,定 10.1 万元的购房合同,余款能给就给,不给就不要了。合同订立后,房地产公司收到了行为人经手交纳的 5 万元房款,并将公司开具的收款收据交给了行为人。此后直到案发数年间,行为人及其弟均无再交款的行为及表示,房地产公司对此交易已作平账处理,没有打算再向行为人的弟追要剩余房款。由此可见,本案中所谓的购房合同只是双方掩盖贿赂真相的手段,并非当事人真实的意思表示,未交足的购房款不能按民事欠款处理。参照上述规定的精神,不应将未交纳的协议房款从行为人的受贿数额中扣除。另外,在办理房屋所有权证过程中,房地产公司代为交纳了 3 万余元的办证费用。由于行为人只是要求房地产公司为其弟购房提供价格上的优惠,并未要求办证事宜。且从审理查明的事实看,行为人并不知道房地产公司为其弟交纳了办理房屋产权证的费用,事后其弟及其他人也未告诉过她,在这种情况下,由于其主观上没有受贿故意,不能将该笔费用认定为贿赂。[参见第 340 号案例,李葳受贿案,载《刑事审判参考》总第 43 集(2005 年第 2 集),法律出版社,第 50 ~51 页。执笔:刘玉安]

▽在春节收受下级单位的“慰问金”,因不具有为下级单位谋取利益的主观故意,故所收受的“慰问金”部分不应计入受贿数额

在社会生活中,下级单位逢年过节期间出于各种不同的目的,以给上级单位及其工作人员发放所谓的“奖金”“福利”“慰问金”等名义送钱送物的情况较为普遍。对此,应当区分不同情况,结合受贿犯罪的构成要件即是否具有为他人谋取利益这一点来加以具体认定。仅仅出于人情往来,不具有为他人谋取利益的意图及行为,属于不正之风,应按一般的违纪处理,不应认定为受贿犯罪;如借逢年过节这些传统节日之机,明知他人有具体请托事项,或者根据他人提出的具体请托事项、承诺为他人谋取利益而收受他人财物的,则无论是单位还是个人,均应认定为受贿行为。本案行为人于春节前的一天,先后两次收受人民币 2500 元。这些款项系基层派出所经集体研究在春节之际慰问干警家属时将时任局长的行为人一并作为慰问对象所发放的“慰问金”,相关基层派出所在送钱给行为人时并无特定的目的和动机,仅仅是出于一般的联络感情的考虑,不具有权钱交易性质。故不宜将该笔“慰问金”数额认定为受贿数额。[参见第 218 号案例,姜杰受贿案,载《刑事审判参考》总第 29 辑(2002 年第 6 辑),法律出版社,第 61 页。执笔:卓洋]

▽国有公司法律顾问处律师受本公司委派担任非国有公司的诉讼代理人时可以成为受贿罪的主体

行为人在担任中钢公司诉讼代理人期间,利用职务上的便利,帮助对方当事人伪造证据,非法收受人民币 8 万元的行为,能否以受贿罪追究刑事责任,关键在于:一是行为人在担任中钢公司诉讼代理人时是否属于国家工作人员;二是他人伪造证据的行为是否利用了国家工作人员的职务便利。首先,根据《刑法》本条的规定,受贿罪只能由国家工作人员构成,非国家工作人员,只能成为受贿罪的共犯,不能单独构成受贿罪。本案行为人所在的法律顾问处是武钢集团的内设组织,行为人作为国有公司武钢集团法律顾问处工作人员,系国有公司中从事公务的人员,属于国家工作人员。虽然行为人担任中钢公司诉讼代理人与一般的律师代理并无不同,但当武钢集团指定法律顾问处代理与公司有关的诉讼业务活动,维护本公司利益,武钢集团法律顾问处指派本处工作人员行为人为完成武钢集团委派的任务而进行诉讼代理活动时,行为人的此次代理活动实际上是为了完成武钢集团分配的工作任务,其受单位委派到非国有的中钢公司从事代理诉讼活动,根据《刑法》第九十三条第二款的规定,属于国有公司委派到非国有公司从事公务的人员,应以国家工作人员论,符合受贿罪的主体特征。其次,受贿罪的成立还必须以行为人利用国家工作人员的职务便利,为他人谋取利益为条件。行为人没有国家工作人员的职务,或者虽有国家工作人员的职务,但在为他人谋取利益时没有利用自己的职务或职务上的便利的,均不构成受贿罪。本案虽然在中钢公司和鑫鹰公司的民事诉讼中,行为人是中钢公司的诉讼代理人,其任务是依法维护中钢公司的合法权益,但其之所以受武钢集团委派担任中钢公司的二审诉讼代理人,是因为武钢集团是中钢公司的债权人,中钢公司的诉讼结果直接关系武钢集团债权的实现。因此,行为人在诉讼过程中实际上具有双重身份、负有双重职责:一方面作为中钢公司的诉讼代理人,要维护中钢公司的合法权益;另一方面作为受武钢集团委派从事公务的人员,其职务活动同时是在维护武钢集团自身的利益。也就是说,行为人的诉讼代理活动,不仅是一种诉讼代理行为,也是一种执行武钢集团的职务活动,即公务活动。行为人利用职务上的便利,伪造证据,收受中钢公司 8 万元钱款的行为,符合受贿罪客观方面的特征,应当以受贿罪追究刑事责任。[参见第 113(110)号案例,王海峰受贿、伪造证据案,载《刑事审判参考》总第 17 辑(2001 年第 6 辑),法律出版社,第 27～28 页。执笔:王志辉]

▽非法收受他人财物,为他人谋取非法利益,同时又构成其他犯罪的,应当数罪并罚

非法收受他人财物,构成受贿罪,以为他人谋取利益为条件。没有为他人谋取利益的,不构成受贿罪。至于所谋取的是合法利益还是非法利益,不影响受贿罪的成立。但由于 1997 年刑法删除了《全国人大常委会关于惩治贪污罪贿赂罪的补充规定》(已失效)第五条第二款"因受贿而进行违法活动构成其他罪的,依照数罪并罚的规定处罚"的规定,并且在第四百五十二条"附件一"中明令宣布废止《关于惩治贪污罪贿赂罪的补充规定》,不再适用,那么,1997 年刑法施行以后,对于为他人谋取非法利益的行为已依法构成犯罪的,是否需要按照《刑法》第六十九条第一款的规定实行数罪并罚,实践中有争议。虽然《刑法》第三百八十六条删除了《关于惩治贪污罪贿赂罪的补充规定》第五条第二款"因受贿而进行违法活动构成其他罪的,依照数罪并罚的规定处罚"的规定,是从立法技术角度考虑的,并不是说对这种情况不再适用数罪并罚的规定,而是由于刑法总则中对数罪并罚问题已有明确规定,没有必要在刑法分则具体条文中再作规定。在没有新的法律规定或者司法解释规定之前,只要行为人的行为构成了数罪,符合刑法关于数罪并罚的规定,就应当按照《刑法》第六十九条第一款的规定实行数罪并罚。除非法律有特别规定,如《刑法》第三百九十九条第三款规定,司法工作人员贪赃枉法,有徇私枉法或者枉法裁判犯罪行为,同时又构成受贿罪的,"依照处罚较重的规定定罪处罚",不按照数罪并罚的规定处罚。[参见第 113(110)号案例,王海峰受贿、伪造证据案,载《刑事审判参考》总第 17 辑(2001 年第 6 辑),法律出版社,第 28～29 页。执笔:王志辉]

▽事后收受财物构成受贿罪

事后收受财物行为与主动索取财物、收受财物后违法行使职权等相比,其主观恶性、对公务活动的危害要小,但这种行为同样侵犯了受贿罪的客体——国家机关的廉政建设制度。无论是主动索取钱财、收受贿赂后违法行使职权还是事后收受财物,都是对廉洁制度的危害,构成犯罪的,应依法追究刑事责任。根据《刑法》本条的规定,受贿犯罪在客观上表现为:利用职务之便,索取他人财物,或者非法收受他人财物,使他人获取了利益。利用职务上的便利,参照《最高人民法院、最高人民检察院关于执行〈关于惩治贪污罪贿赂罪的补充规定〉若干问题的解答》(已失效,本附文以下简称《解答》),是指利用职权或者与职务有关的便利条件。索取他人财物,是指行为人利用职务之便主动勒索他人财物。收受他人财物,是指行为人利用职务之便,以许诺或实际为他人谋利作为交换条件,接受他人交付的财物。为他人谋取利益,按《解答》的规定,谋取的利益不仅限于非法利益,它也包括行为人应当取得的合法利益。刑法中表述的“收受他人财物,为他人谋取利益”,将收受行为置于谋利行为之前,这只是表述问题,也是典型的受贿方式,但并不意味着只有先收受财物,后谋取利益才是受贿,而先谋利后收受财物就不构成受贿。受贿罪是故意犯罪,且通常为直接故意,即明知对方送财物的目的与自己的职务行为有关而予以收受。行为人对他人所送钱款的性质是明知的,从收受情况看,也没有进行任何推诿。因此,行为人的行为同样具备了受贿罪主观方面的要件,系直接故意。受贿罪中的行为可以由手段行为和目的行为两部分组成,前者就是指利用职务上的便利,为他人谋取利益,而后者则是指收受他人贿赂,二者联系紧密。由于收受财物时双方均明知是基于受贿方此前利用职务便利为行贿方谋取利益的行为,因此,两个阶段的行为与后来表现出来的故意构成了一个有机的整体。处理此类案件,还有一个重要的适用刑法原则:如果对于事后收受财物,且在行使权力为行贿方谋利时双方无暗示、约定以后给予好处,就属于受贿证据不足,不能认定犯罪,那么,刑法规定的受贿罪将会被稍有智慧的行为人予以规避,受贿将大行其道地、光明磊落地进行,这显然不是立法的本意。也就是说,对某一类行为是否应依法追究刑事责任,在充分论证其犯罪构成的基础上,还必须考虑裁判的后果:是促进了社会正常秩序的维护,还是敞开了大门,使稍做手脚者均可“绕过”法律规定,使立法的某一条文实际上被废止。本案的处理就是这样,如果行为人的行为可不受追究,作为一个案例,社会广为知晓后,哪一个潜在的受贿人还会“事前”“事中”受贿?原本廉洁的国家工作人员怎么不可以“事后”得到好处、报答,从而规避刑罚处罚?这样,受贿罪将不复存在。因此,对所谓的“事后受贿”,也应当依法定罪处刑。出于以上考虑,对于特殊形式可能与典型犯罪方法、手段不同的行为,决定适用刑法追究行为人刑事责任的前提是:根据刑法分则条文规定,实践中,某一具体行为具有特殊性,是否适用刑法定罪有争议;而若不予追究,这种特殊行为方式就会被广为效仿,成为一种带有普遍性的行为,刑法明确规定的典型犯罪行为都会照此模仿,那么这一类犯罪就等于被废止,这显然是不能被允许的。[参见第64号案例,陈晓受贿案,载《刑事审判参考》总第8辑(2000年第3辑),法律出版社,第39~40页。审编:裴显鼎]

▽受贿犯罪分子退赃不能与盗窃犯罪分子退赃一样都可无条件作为酌情从轻处罚的理由

行为人是否积极退赃以及案发后赃款是否全部追回、有无造成实际经济损失等,历来也都是考虑量刑轻重的酌定情节之一。对于论罪应当判处死刑,但赃款全部追回,没有给国家和人民利益造成实际经济损失的具有酌定从轻处罚情节的行为人,宣告死刑缓期二年执行,正是充分体现我国刑法规定的罪刑相适应的原则。对于普通经济犯罪,在对行为人决定具体处刑时掌握以上原则是完全正确的。但是对于受贿犯罪,仅仅按以上原则掌握还是不够的。因为受贿犯罪不是一般的贪污、诈骗等普通经济犯罪,而是渎职型经济犯罪,其社会危害性主要不是表现为侵犯他人(包括单位)财产。因为行贿人一般都是自愿贿赂他人,只有被索贿者除外。因此,行贿人的财产“损失”不是受贿罪社会危害性的基本内容。受贿罪的社会危害性主要表现在行为人渎职给国家和社会利益带来的严重危害。其侵犯的客体是国家机关、国有企事业等单位的正常管理活动,国家廉政建设制度,以及其犯罪行为给国家经济、政治、国家机关形象带来的可计算和无法计算的损害。因此,受贿犯罪分子退赃不能与盗窃犯罪分子退赃一样都可无条件作为酌情从轻处罚的理由。对于受贿犯罪分子,更主要的是看其利用职务便利的受贿行为,是否给国家经济、政治等带来实际损害及损害的大小。这是在决定受贿犯罪分子刑罚时应当更为充分考虑的。[参见第32号案例,余永恒受贿案,载《刑事审判参考》总第4辑(1999年第4辑),法律出版社,第50页。审编:裴显鼎]

▽索要正当合伙承包经营的利润分成不构成受贿罪

行为人参与了另一行为人的业务活动。二人之间共同经营关系虽然没有书面协议,但能够认定。行为人的行为是参与另一行为人的业务,而不是“只参与行政管理,业务协调和对业务员进行业务指导。”业务指导是宏观行为,参与业务活动是微观行为,是具体的活动。行为人从联系业务、制定价格、签订合同、供货直到货款回收全过程都参加了,这就大大超出了行政管理、业务协调和对业务员进行业务指导的范畴。行为人参与另一行为人的业务活动，得到了公司领导与公司职工认可，本公司又有开展承包活动的规定，因而是合法的。行为人参与了业务活动，付出了劳动，应当取得相应的报酬。综上，行为人参与另一行为人承包经营，向另一行为人索要11.9万元，不是索贿，不构成受贿罪。[参见第15号案例，刘群祥被控受贿案，载《刑事审判参考》总第2辑（1999年第2辑），法律出版社，第46～47页。审编：任卫华]

▽受贿罪中的“财物”的认定

《最高人民法院、最高人民检察院关于办理商业贿赂刑事案件适用法律若干问题的意见》（本条附文以下简称《商业贿赂的意见》）第七条规定“商业贿赂中的财物，既包括金钱和实物，也包括可以用金钱计算数额的财产性利益，如提供房屋装修、含有金额的会员卡、代币卡（券）、旅游费用等。具体数额以实际支付的资费为准”。该规定将商业贿赂罪中“财物”的外延解释为，既包括金钱和实物，也包括可以用金钱计算数额的财产性利益。虽然该规定是针对商业贿赂案件作出的，但我们在处理受贿罪时遇到类似问题时，也可参照执行上述司法解释。理由是：首先，商业贿赂犯罪与国家工作人员的贿赂犯罪是同类型犯罪，其犯罪的本质特征具有共通性，是发生在不同领域的贿赂行为，只是因为实施的主体不同，刑法将其分别规定为不同的罪名而已，两种犯罪的客观构成要件相同，即均要求行为人利用职务便利，索取或收受他人财物，为他人谋取利益，具备适用同一解释的前提；其次，国家工作人员的贿赂犯罪的社会危害性比商业贿赂犯罪的危害性大，商业贿赂侵犯的只是公司、企业正常的经营活动秩序，但国家工作人员的贿赂犯罪侵犯的是整个国家的公务管理秩序和公务行为的廉洁性。从法定刑看，非国家工作人员受贿罪和对非国家工作人员行贿罪法定最高刑分别为十五年有期徒刑和十年以下有期徒刑，而受贿罪和行贿罪的最高法定刑分别为死刑和无期徒刑。根据举轻以明重的原理，既然非国家工作人员受贿罪中的“财物”可以解释为包括“可以用金钱计算数额的财产性利益”，受贿罪中的“财物”当然也应当适用这样的解释。综上，在处理受贿案件时，参照适用关于商业贿赂的解释规定，并不违背罪刑法定原则。[参见第562号指导案例，梁晓琦受贿案，载《刑事审判参考》总第68集（2009年第3集），第56～57页。撰稿：吴雯　华伟]

▽收受无具体金额的会员卡的受贿数额应当如何计算

无具体金额的会员卡不等于不含有金额，其与含有金额的会员卡没有本质区别。《商业贿赂的意见》所指的“会员卡”系含有金额的会员卡，本案涉及的会员卡虽未设定金额，但并不等于不含有金额、不能实现消费功能，实际上此类持卡人可以正常持卡消费，所产生的全部资费由请托人承担，与含有金额的会员卡在使用功能方面没有本质区别。因此，国家工作人员利用职务上的便利，索取或者非法收受无具体金额的会员卡后消费，为他人谋取利益，该消费金额由对方负担的行为，应当构成受贿罪，法院认定被告人梁某某持无具体金额的会员卡免费消费的行为构成受贿罪是正确的。根据《商业贿赂的意见》第七条的规定，对“含有金额的会员卡、消费券”以“实际支付的资费”作为计算受贿数额的标准，主要原因在于，实践中许多含有金额的会员卡、代币卡（券）所标注的金额通常要高于该卡（券）实际可消费的金额，如果以标注金额认定被告人的受贿金额，与被告人实际所获利益不符，有违评价的客观准确；另外，有的案件中，也可能出现行贿人与受贿人为规避法律制裁，往往卡（券）面标注金额远远低于实际可消费金额，甚至不标注金额而让持卡（券）人无限制地消费，这时如果仍以标注金额计算受贿金额明显不符合案件的客观事实，给犯罪分子留下逃避处罚的机会，因此，解释以“以实际支付的资费为准”计算具体受贿数额，符合刑法主客观一致的定罪原则。本案中，重庆国际高尔夫俱乐部有限公司总经理送给被告人一张该高尔夫俱乐部荣誉会员卡，承诺持卡人所有消费均享受免费待遇，由于该俱乐部所有会员卡均没有实际对外销售，办案部门走访了有关鉴定机构，无法对该卡价值进行鉴定和价格评估，该会员卡的价值无法确定，故应以梁某某夫妇持该卡在俱乐部签单免费消费的12 292元来计算其本次受贿金额。[参见第562号指导案例，梁晓琦受贿案，载《刑事审判参考》总第68集（2009年第3

集),第 57 ~58 页。撰稿:吴雯　华伟]

▽低价购买商品房,虽未签订商品房买卖合同且未验收,但买卖双方履行完毕主要买卖义务的应当认定为受贿

被告人夫妇与浦辉公司之间未签订房屋买卖合同,也未办理交房手续,但在被告人利用职务便利为请托人浦辉司董事长谋取了利益的情况下,其妻子按照低于市场价格即每平方米 3000 元价格向浦辉公司全额支付了房款,浦辉公司亦向其开具了《重庆市销售不动产专用发票》。依据《合同法》(已失效)第三十六条的规定"法律、行政法规规定或者当事人约定采用书面形式订立合同,当事人未采用书面形式但一方已经履行主要义务,对方接受的,该合同成立。"据此,被告人与浦辉公司之间的房屋买卖关系已经成立,理由如下:(1)虽然法律规定房屋买卖合同应当采用书面形式,但是,由于被告人考虑到自己的购买价格明显低于市场价格,为规避法律追究,不留下书面证据,其只与浦辉公司达成口头的房屋买卖合意,并支付了全额房款,应当视为被告人已经履行了主要义务;(2)浦辉公司出具了销售不动产专用发票,并在其销控表等销售资料上载明该房产已经销售,注明不得再对外销售。浦辉公司董事长和公司销售部经理也证实,被告人已认购的房屋不能再进行销售,事实上浦辉公司直至案发时也未再出售该房,这表明浦辉公司已经同意了与被告人口头订立的买卖合同并也履行了卖方义务。而浦辉公司之所以愿意以如此低的价格卖给被告人,就是因为被告人利用手中的权力为其谋取了利益。根据《最高人民法院关于办理受贿刑事案件适用法律若干问题的意见》(本条附文以下简称《办理受贿意见》)第一条规定"国家工作人员利用职务上的便利为请托人谋取利益,以下列交易形式收受请托人财物的,以受贿论处:……以明显低于市场的价格向请托人购买房屋汽车等物品的……以受贿论处。受贿数额按照交易时当地市场价格与实际支付价格的差额计算。"被告人在本案中以明显低于市场的价格向请托人浦辉公司购买房屋的行为,应以受贿论处。经估价鉴定,被告人所付房款与交易时当地市场价格的差额为 100.187 万元,因此,可以认定被告人此项受贿数额即为 100.187 万元。[参见第 562 号指导案例,梁晓琦受贿案,载《刑事审判参考》总第 68 集(2009 年第 3 集),第 58 ~59 页。撰稿:吴雯　华伟]

▽未出资而委托他人购买股票获利的应当认定为受贿

国家工作人员借委托请托人投资证券、期货或者其他委托理财的名义收受请托人财物的情况时有发生。为打击此类犯罪,《商业贿赂的意见》第四条对此作了规定"国家工作人员利用职务上的便利为请托人谋取利益,以委托请托人投资证券、期货或者其他委托理财的名义,未实际出资而获取'收益',或者虽然实际出资,但获取'收益'明显高于出资应得收益的,以受贿论处。据此,前一情形的受贿数额,以'收益'额计算;后一情形,以'收益'额与出资应得收益额的差额计算。"实践中,以投资理财名义收受贿赂的情形十分复杂,在计算受贿数额时,应当区分具体情况进行处理:(1)国家工作人员未实际出资,由请托人出资以国家工作人员名义购买记名股票等证券,其受贿数额应当为请托人为购买该记名股票等证券的出资额。至于国家工作人员所得的股票等证券的收益,应按受贿孳息处理。(2)国家工作人员未实际出资,由请托人出资为其购买无记名股票等证券,如果股票等证券获利后,请托人收回购买股票等证券的出资额,应以国家工作人员所持股票等证券的实际收益计算其受贿数额;如果请托人没有收回购买股票等证券的出资额,应以请托人购买股票等证券的出资额加上国家工作人员所持股票的实际收益计算受贿数额;案发时股票等证券还未转让出售的,应以案发时该股票等证券的市场行情计算受贿数额。(3)国家工作人员并未实际出资,而委托请托人购买股票等证券,请托人也未交付股票等证券,而是直接将收益交付国家工作人员,在这种情况下,无论请托人是否真正购买股票等证券,其交付给国家工作人员的资金即为受贿数额。本案中被告人利用职务上的便利,为请托人重庆中渝物业发展有限公司谋取利益,在始终未出资的情况下,委托该公司的总经理在香港为其购买股票,并获取收益 50 万元,其行为应以受贿论处。[参见第 562 号指导案例,梁晓琦受贿案,载《刑事审判参考》总第 68 集(2009 年第 3 集),第 59 ~60 页。撰稿:吴雯　华伟]

▽"其他共同利益关系的人"的认定

"其他共同利益关系的人"关键在于该人是否与国家工作人员有共同利益关系。对于共同利益关系的理解,应注意把握两点:一是共同利益关系主要是指经济利益关系,纯粹的同学、同事、朋友关系不属于共同利益关系,因为受贿罪的本质是权钱交易,没有经济利益往来的不符合受贿本质特征;二是共同利益关系不限于共同财产关系,除共同财产关系外,情夫情妇等关系亦属于特定关系。[参见第584号指导案例,周小华受贿案,载《刑事审判参考》总第70集(2009年第5集),第70页。撰稿:陈克娥　潘勤勤]

▽被告人向房产销售老板提出购房优惠要求后,老板给予其妻子表弟购房优惠的,不能认定被告人的行为构成受贿

对于被告人妻子的表弟沈某某购房享受3万元优惠的事实,不能认定为被告人受贿。具体理由如下:国家工作人员收受他人财物成立受贿,主要有三种情形:一是本人直接收取并归本人所有;二是本人直接收取后直接交给其指定的第三人;三是本人不直接收取,而是授意他人将有关财物直接交给其指定的第三人。对于前两种情形,根据法律规定应认定为国家工作人员收受财物。对于第三种情形,较为复杂,2007年《办理受贿意见》第七条规定了处理原则。据此,对于上述第三种情形是否认定受贿,在判断时应当首先区分实际收受财物的人是否属于特定关系人。根据《办理受贿意见》的规定,特定关系人是指"与国家工作人员有近亲属、情妇(夫)以及其他共同利益关系的人"。近亲属是个法律术语,具有特定含义,根据我国《刑事诉讼法》第八十二条第(六)项的规定,近亲属是指"夫、妻、父、母、子、女、同胞兄弟姐妹"。本案被告人妻子的表弟沈某某购买商品房,被告人利用自己的身份和职务便利,向房产销售老板提出购房优惠的要求。老板明知购房人为沈某某,但为了与被告人搞好关系,在被告人提出优惠的要求下被迫答应,主动提出并落实了3万元优惠。沈某某因被告人的身份而获利,被告人实际并未获得利益,被告人的行为应属于上述第三种情形。沈某某因为被告人的出面说情而得到了3万元的购房优惠,其系被告人妻子的表弟,显然与被告人并非近亲属关系,沈某某购买房屋,并实际付款和居住,在事前事后被告人均未和沈某某商量其要从这优惠的3万元中得到什么利益,事实上也确实没有得到任何经济利益。因此,沈某某不属于被告人的特定关系人,也不属于双方通谋后,对收受财物共同占有的情形,根据《办理受贿意见》的有关规定,被告人的行为不构成受贿罪。需要指出的是,2009年2月28日全国人大常委会通过的《刑法修正案(七)》第十三条增加了一条新罪——利用影响力受贿罪,根据该条规定,国家工作人员的近亲属或者其他与该国家工作人员关系密切的人,通过该国家工作人员职务上的行为,或者利用该国家工作人员职权或者地位形成的便利条件,通过其他国家工作人员职务上的行为,为请托人谋取不正当利益,索取请托人财物或者收受请托人财物的,应当成立利用影响力受贿罪。据此,如果本案发生在《刑法修正案(七)》实施之后,则被告人妻子的表弟沈某某作为与被告人关系密切的人,通过被告人利用其职务便利条件向房产销售老板索要购房优惠的行为,在一定条件下可以构成利用影响力受贿罪。同时,司法实践中应当注意的是,在《刑法修正案(七)》实施之后,由于增加了新的罪名,在认定国家工作人员与其近亲属及关系密切的人是否构成受贿罪共犯的问题上有所不同。[参见第584号指导案例,周小华受贿案,载《刑事审判参考》总70集(2009年第5集),第69~71页。撰稿:陈克娥　潘勤勤]

▽国家工作人员利用职务便利要求给特定关系人安排工作,但特定关系人实际付出相应劳动的,不属于挂名领取薪酬的情形,不能认定被告人受贿

被告人通过东迁建筑有限公司总经理,安排其妻子的妹妹张某某到东迁分公司担任会计,东迁分公司先后两次以工资名义交付给被告人现金人民币共计3万元,被告人拿到钱后将钱交给其妻,其妻将其中的一部分给予其妹张某某,对此行为不能认定为《办理受贿意见》第六条规定的所谓特定关系人"挂名"领取薪酬的受贿情形。根据《办理受贿意见》第六条的规定,国家工作人员利用职务上的便利为请托人谋取利益,要求或者接受请托人以给特定关系人安排工作为名,使特定关系人不实际工作却获取所谓薪酬的,才以受贿论处。反之,如果特定关系人系从事了正常工作并领取相应正常薪酬的,所领取薪酬为合法劳动所得,不存在非法收受财物问题,不能以受贿处理,当然,虽从事了一定实际工作,如果薪酬明显不成比例的则另当别论。本案中东迁分公司原有会计做账,但因工作不能令人满意而遭到辞退。被告人通过东迁建筑有限公司总经理安排其妻子的妹妹张某某担任会计,虽然张某某没有会计从业资格,但张某某在其有会计证的姐姐的帮助和指导下,完成了东迁分公司2006年度及2007年度的会计工作,应当视为实际进行了工作。东迁建筑有限公司总经理给原来的会计每年几千元,但是给被告人妻妹的工资分别是2万元和1万元,工资交给被告人,由被告人转交。虽然领取的薪酬高于该单位相应职位的过去薪酬水平,但在本案中,不能认定为是变相受贿。因为当前一些企业,特别是私营企业,薪酬发放标准仍不规范,完全由老板说了算,认定该职位正常应发放多少薪酬才属合理没有统一标准,较难把握,原来的会计薪酬发放标准可以参考,但又不能完全按照原来的发放标准,因为两者在工作能力上有所区别,原来的会计并不能胜任该工作,因而被辞退。综上,在不能认定本案所领取薪酬明显不成比例,而特定关系人从事了实际相应工作的情况下,不能认定该3万元系被告人受贿所得。[参见第584号指导案例,周小华受贿案,载《刑事审判参考》总第70集(2009年第5集),第71～72页。撰稿:陈克娥　潘勤勤]

▽国家工作人员和特定关系人共谋后,特定关系人直接接受请托事项并收受财物,国家工作人员利用自己的职务行为,为请托人谋取利益,应当认定为国家工作人员和特定关系人共同受贿

受贿罪中国家工作人员收受财物的具体方式主要有三种:一是本人直接收受并归本人使用;二是本人直接收受但交给他人使用;三是对于他人明确送给本人的财物,本人不直接收取而是指示送财物的人将财物交给其指定的特定关系人。前两种情形属于受贿不言自明,对于第三种情形,最高人民法院、最高人民检察院2007年印发的《办理受贿意见》也明确规定应认定为受贿罪中国家工作人员收受财物的表现形式,并规定,特定关系人与国家工作人员通谋共同实施有关收受财物行为的,应认定为受贿罪的共犯。本案中唐某直接收受请托人的请托事项,并以收取费用为名收取请托人支付的款项,不符合上述三种情形中的任何一种,但可认定为国家工作人员收受财物。因为前述三种情形只是国家工作人员直接收受财物的常见表现形式,实践中的情形并不局限于此。国家工作人员收受财物的方式还可表现为间接收受,主要有两种:一是特定关系人或其他第三人收受财物后告知国家工作人员,由国家工作人员为请托人谋取利益;二是国家工作人员与特定关系人或其他第三人共谋后,由特定关系人或其他第三人直接收受财物。这两种间接收受财物方式,前一种的特定关系人或其他第三人收受财物得到了国家工作人员的事后认可,后一种是出于国家工作人员的事前安排或认可。这两种方式表面上虽然不是国家工作人员直接出面收受财物,但本质上也是国家工作人员收受财物,国家工作人员和特定关系人及其他第三人也应构成共同受贿。本案被告人唐某系被告人蒋某的情妇,根据《办理受贿意见》规定的"特定关系人"范围,唐某属于蒋某的"特定关系人"。蒋某、唐某确立情人关系后,经过共谋,由唐某出面接受请托人有关规划方面的请托事项,并告知蒋某,由蒋某利用职务之便为他人谋取利益,最后由唐某收受财物。这种由特定关系人直接出面接受请托事项,并由特定关系人直接收受财物的方式,虽然形式上不属于国家工作人员直接收受财物,但蒋某与唐某有共同的受贿故意,客观上相互配合实施了为他人谋取利益和收受贿赂的行为,二人的行为应当认定为共同受贿。虽然请托人并不明知利用职务之便为其谋取利益的国家工作人员是蒋某,但并不影响唐某作为蒋某特定关系人的认定,也不影响蒋某与唐某二人实施共同受贿行为的认定。[参见第585号指导案例,蒋勇、唐薇受贿案,载《刑事审判参考》总第70集(2009年第5集),第78～79页。撰稿:袁胜强　陈霞]

▽国家工作人员和特定关系人共谋后,特定关系人直接接受请托事项并收受财物,国家工作人员利用下属的职务行为,为请托人谋取利益,应当认定为国家工作人员和特定关系人共同受贿

国家工作人员利用职务之便,主要包括两种形式,一是直接利用自己的职务之便,二是利用本人职权或者地位形成的便利条件，由其他国家工作人员实施职务上的行为，即《刑法》第三百八十八条规定的斡旋受贿情形。根据2003年印发的《经济犯罪纪要》的规定，利用职务上有隶属、制约关系的其他国家工作人员的职权，属于"利用职务上的便利"，而不是"利用职务或地位形成的便利条件"，即不属于斡旋受贿。本案中唐某在蒋某的帮助下成立重庆嘉汇置业顾问有限公司，为让该公司顺利开展代办规划"业务"，蒋某要求下属陈某关照唐某的"业务"，陈某表示同意。之后，唐某多次直接通过陈某的职务行为为他人谋取利益并收受财物。就利用陈某的职务行为而言，陈某系蒋某的下属，蒋某指使陈某实施职务行为，为请托人谋取利益，属于直接利用自己的职务之便，故此点不影响对蒋某、唐某二人构成共同受贿的认定。问题的特殊性在于，被告人蒋某要求下属陈某关照唐某的行为发生在唐某接受请托事项之前，而蒋某对唐某通过陈某的职务行为为他人谋取利益并收受财物的6起事实的具体经过并不知情，这种情况下也应当认定蒋某与唐某构成共同受贿。因为受贿罪的本质是权钱交易，只要国家工作人员的行为符合权钱交易的本质，并不要求利用职务之便为他人谋取利益的行为必须在接受请托人请托事项之后。虽然蒋某对唐某通过陈某职务行为收受贿赂的具体过程不知情，但蒋某与唐某事前有通谋，二人主观上形成了利用蒋某的职务之便为他人谋取利益、由唐某收受财物的共同故意，并且蒋某在利用下属的职务行为为请托人谋取利益的主观目的支配下，客观上也实施了让下属陈某为唐某的"业务"提供便利的行为。唐某之后接受请托事项，并通过陈明的职务行为收受他人财物的行为均不超出蒋某、唐某二人共谋的故意范围，也不超出蒋某利用职务之便的范围。因此，在此种情形下的蒋勇、唐某二人的行为符合受贿罪权钱交易的本质，构成受贿共犯。[参见第585号指导案例，蒋勇、唐薇受贿案，载《刑事审判参考》总第70集(2009年第5集)，第79～80页。撰稿：袁胜强　陈霞]

▽国家工作人员和特定关系人共谋后，特定关系人和请托人"合作"投资，国家工作人员利用职务之便为该投资项目谋取利益，以较少投资获取高额利润的应当认定为国家工作人员和特定关系人共同受贿

最高人民法院、最高人民检察院2007年印发的《办理受贿意见》根据司法实践中审理受贿案件遇到的一些新情况，明确列举了受贿罪中国家工作人员直接收受财物的具体方式.。但这些收受财物的具体方式也可能通过特定关系人和其他第三人来实施，如收受干股，以开办公司等合作投资名义受贿，以委托请托人投资证券、期货或者其他委托理财的名义受贿，以赌博形式受贿等。本案中唐某与柏某某合作开发经济适用房"瑜然星座"项目获取利润，蒋某利用职务之便为该项目的实施提供便利，主要涉及是否符合《办理受贿意见》规定的以开办公司等合作投资名义收受贿赂问题。《办理受贿意见》规定的"以开办公司等合作投资名义收受贿赂"的方式中明确了两种行为：一是国家工作人员利用职务上的便利为请托人谋取利益，由请托人出资，"合作"开办公司或者进行其他"合作"投资的，以受贿论处。受贿数额为请托人给国家工作人员的出资额。二是国家工作人员利用职务上的便利为请托人谋取利益，以合作开办公司或者其他合作投资的名义获取"利润"，没有实际出资和参与管理、经营的，以受贿论处。也就是说，国家工作人员没有实际出资或参与管理、经营的，应当将接受"出资额"或"利润"认定为受贿中国家工作人员收受财物的方式。本案被告人蒋某、唐某在共谋后，由唐某与他人合作开发项目，蒋某为该项目提供便利，唐某以较小出资获得高额利润，行为方式与《办理受贿意见》规定的"以开办公司等合作投资名义收受贿赂"也不完全相同。此时能否认定蒋某、唐某是共同受贿，仍然要根据其行为是否符合受贿罪权钱交易的本质来判断。具体来看，被告人唐某与他人合作开发经济适用房"瑜然星座"项目，签订了《房地产开发项目联合投资建设合同书》，约定唐某除出资100万元，享有49%的利润分配比例。唐某以实际占该项目5%的出资比例却获取49%的利润，明显不合常理，而之所以柏某某同意并与唐某签订该合同，就是其明知唐某是蒋某情人，希望借助其特殊身份取得蒋某的支持，在联系项目、土地及办理项目有关手续等方面得到蒋某某的职务帮助，才与唐某合作开发"瑜然星座"项目，并违反常理约定唐某以较少出资而获得高额利润。因此，蒋某和唐某共谋由唐某与他人

"合作"开发"瑜然星座"项目,蒋某利用职务为该项目的实施提供便利,并由唐某获得高额利润的行为符合受贿罪权钱交易的本质,对二人应当认定为受贿共犯。关于此项事实的受贿数额,虽然唐某享有 49% 的利润分配比例,但是考虑到唐某在该项目中毕竟实际有 5% 的出资,故不能直接以该项目 49% 的利润作为蒋某、唐某的受贿数额,二人共同受贿的数额应当是唐某在该项目中占有的高于实际出资比例的那部分利润。[参见第 585 号指导案例,蒋勇、唐薇受贿案,载《刑事审判参考》总第 70 集(2009 年第 5 集),第 78 ~82 页。撰稿:袁胜强　陈霞]

▽国有媒体记者以威胁曝光为由向有关单位索要钱财的行为,符合受贿罪的构成特征

(一)记者从事的新闻报道等业务活动属于职务行为,利用采访等实现舆论监督的手段索要财物的,属于"利用职务上的便利"。在我国,记者并不是"独立人士"或者"自由职业者",而是以所属新闻媒体等单位的名义从事业务活动。记者从事的采访报道等活动属于职务行为,在相关法律法规中有明确的规定。根据《中华人民共和国著作权法》第十六条的规定,公民为完成法人或者非法人单位工作任务所创作的作品是职务作品。据此,记者经过采访撰写的新闻报道理应属于职务作品。《最高人民法院关于审理名誉权案件若干问题的解答》第六条规定,作者(当然主要是指新闻记者)与新闻出版单位为隶属关系,涉案作品系履行职务所形成的,只列新闻出版单位为被告。新闻出版总署 2005 年《新闻记者证管理办法》第十四条规定,不得用记者证从事非职务行为。新闻出版总署 2008 年《关于进一步做好新闻采访活动保障工作的通知》第五条更是明文指出"新闻采访活动是新闻记者的职务行为"。这表明记者持记者证进行的正常采访活动就是职务行为。由上可见,记者从事的新闻报道等业务活动,绝不是单纯的"个体性的劳务",而是以所属新闻媒体单位名义进行的职务活动,属于一种职务行为。本案中,广西壮族自治区粮食局为将粮食直补工作政策落到实处,决定邀请新闻媒体进行新闻采访报道,其目的就是要通过媒体监督的形式检查该工作的落实情况。2005 年 8 月 25 日,广西区粮食局邀请《广西日报》、新华社广西分社、《经济日报社农村版》广西记者站等新闻单位参加在象州县、来宾市的直补工作现场会,并为相关新闻单位记者的具体采访活动提供各种帮助。二被告人正是作为《经济日报农村版》报社广西记者站的工作人员受邀进行采访李万在采访过程中出示给粮食部门的名片也是"《经济日报农村版》报社广西记者站李万站长、首席记者"。二被告人之所以能够介入粮食直补工作和发现被采访的粮食部门所存在的问题,并且以在采访中所发现的问题相要挟,向 5 家粮食局成功勒索钱财,正是基于其《经济日报农村版》报社的记者身份而拥有的采访权和报道权,而不是基于其记者身份之外的其他个人影响和因素。在案证据证实,二被告人曾多次向粮食部门施加压力,称如果不按要求提供"赞助费",他们所撰写的文章将要登报并上《内参》,甚至上报国务院,不仅可能取消当地的粮食直补资格,甚至地方党政领导的职位也会受到影响。有关粮食部门迫于压力,不得不给予所谓"赞助费"以满足二被告人的要求。显然,不具有记者身份的普通人,是难以做到这一点的。换句话说,二被告人正是利用了记者的身份及具有的采访报道职务之便实现了勒索钱财的非法目的。索贿行为与敲诈勒索区别的关键,就是被告人是否利用了职务之便实现对他人的要挟。利用职务便利去强索财物,应构成受贿犯罪。其中,利用从事公务的职务便利强索财物,构成受贿罪;利用非从事公务的职务便利强索财物,则构成非国家工作人员受贿罪。(二)国有媒体记者对公共事务行使舆论监督权,属于从事公务活动,其利用舆论监督权索取他人财物的,符合受贿罪权钱交易的本质特征。对于《刑法》第九十三条中从事公务的认定,2003 年的《经济犯罪纪要》中规定"从事公务,是指代表国家机关、国有公司、企业、事业单位、人民团体等履行组织、领导、监督、管理等职责。"根据我国新闻媒体的具体情形应将国有媒体记者履行对公共事务的舆论监督职责界定为"从事公务"。本案二被告人是国有媒体《经济日报农村版》报社派出机构广西记者站的工作人员,符合从事公务的身份条件。同时,二人采访的广西壮族自治区的粮食直补工作,是落实中央"三农"政策的重要措施,也是广西政府掌握粮源情况、确保粮食安全工作的重要组成部分,涉及面广,意义重大,属于公共事务。二被告人受所在单位委派进行的相关采访报道工作完全符合从事公务的实质特征，因此，二被告人属于在从事公务活动中索取钱财。综上，被告人身为《经济日报农村版》报社广西记者站的副站长和工作人员，利用作为国有媒体工作人员的采访、组稿及通联的职务便利，在受邀检查、监督广西壮族自治区粮食直补工作的过程中，以曝光被采访单位所存在的问题进行要挟，索取被采访单位人民币22万元的行为，依法构成受贿罪。[参见第608号指导案例，李万、唐自成受贿案，载《刑事审判参考》总第72集(2010年第1集)，第83～88页。撰稿：王玉琦　牛克乾]

▽国有企业改制期间，国家工作人员与企业解除劳动关系后，还能被认定为国家工作人员，从而构成受贿罪

(一)判断被告人是否属于国家工作人员，应以其是否从事公务为依据。根据我国《刑法》第九十三条的规定，国家工作人员的本质特征是从事公务，认定国家工作人员也应以是否从事公务为依据。基于签订劳动关系解除协议就否定黄某某是国家工作人员的结论是不妥当的。第一，国有企业在改制期间仍然是国有企业，其资产仍然是国有资产，其中从事监督、管理国有资产等公务的人员依然应认定为国家工作人员。认为签订了解除劳动关系协议，办理了失业登记，黄某某就不能再认定为国家工作人员的观点，过于看重形式，忽视国家工作人员的本质特征，因而不可取。20世纪90年代后期，关于国家工作人员的认定，曾经存在"身份论"和"职责论"的激烈争论。1997年《刑法》修订后，理论界和实务界的主流观点均认为，国家工作人员的认定，应采纳"职责论"，即不是单纯通过被告人的"身份"(一般是审查有无干部履历表)来认定，而应结合被告人是否从事公务未判断其是否属于国家工作人员。因此，被告人是否为国家工作人员，不是取决于其形式上是否与电表厂解除劳动关系，而是取决于其实质上是否仍然在电表厂从事监督、管理国有资产等公务。第二，电表厂改制期间，被告人作为厂长和改制领导小组组长，是电表厂的"一把手"，对电表厂国有资产的监督和管理负第一位的责任，应属国有企业中从事公务的人员。在案证据证实，被告人虽然于2002年1月与电表厂签订了解除劳动关系的协议并进行了失业登记，但其并非一般职工，其厂长职务并未免除，仍然是厂长和改制领导小组组长。被告人作为改制期间的留守人员之一，其仍在电表厂领取薪酬，对国有资产仍负有监督、管理等职责，应认定其为国家工作人员。(二)被告人在电表厂的土地转让和土地拆迁过程中均利用职务之便为新纪元公司谋取了利益，主张被告人不构成受贿罪的观点认为被告人在电表厂的土地转让和土地拆迁过程中没有利用职务之便。这种看法是没有事实根据的。被告人的口供与证人程发明、肖智军的证言和在案书证相印证，不仅证明在电表厂的土地转让过程中，被告人为新纪元公司提供了职务上的帮助，而且证明职工搬迁是土地转让方电表厂的事务，被告人在动员职工搬迁以便新纪元公司顺利完成拆迁的过程中，为新纪元公司提供了职务上的帮助。需要说明的是，被告人在检察机关掌握其从新纪元公司程发明处取得2万元和1万元银行现金支票的情况下，主动交代了其向程发明索取现金8万元的犯罪事实。天门市人民法院经审理查明，检察机关所掌握的被告人从程发明处受贿3万元的事实，证据不足，不能成立。2009年3月12日发布的《最高人民法院、最高人民检察院关于办理职务犯罪案件认定自首、立功等量刑情节若干问题的意见》第一条规定"……没有自动投案，但具有以下情形之一的，以自首论……(2)办案机关所掌握线索针对的犯罪事实不成立，在此范围外犯罪分子交代同种罪行的……"因此，被告人主动交代其向程发明索取现金8万元的犯罪事实，应以自首论。综上，被告人虽在电表厂改制期间与电表厂解除了劳动关系，但其身为电表厂厂长和改制领导小组组长，利用职务之便在电表厂的土地转让和土地拆迁过程中为新纪元公司谋取利益，并索取新纪元公司8万元的行为，依法构成受贿罪。[参见第693号指导案例，黄长斌受贿案，载《刑事审判参考》总第79集(2011年第2集)，第103～106页。撰稿：牛克乾　刘旭]

▽利用职务便利为他人谋取利益后，仅有投资之名但不承担投资风险，在项目获得利润后收受投资本金和收益的，应认定为受贿

被告人朱某某与苏某某一起购买日月城小区22号商务楼，然后加价180万元卖给邱某某，朱某某因此共收受110万余元,其中投资50万元,其余为投资收益。朱某某的行为构成受贿罪。具体理由如下:1.朱某某利用职务便利,为苏某某谋取利益,具备了受贿罪的前提条件。受贿罪的客观方面表现为两种情况:一种是行为人利用职务上的便利,索取他人财物;另一种是行为人利用职务上的便利非法收受他人财物,为他人谋取利益。前者为索贿,后者为普通受贿。本案开发商日月公司对环洛乡西自鱼潭地块进行城建开发,朱某某身为湖州市吴兴区织里镇政府机关的工作人员,负责拆迁工作。朱某某为苏某某厂房的赔偿数额问题,利用自身职务便利,与日月公司进行协商,经过多次谈判,最终确定赔偿数额。朱某某与苏某某等人经过协商,还借用他人姓名,与苏某某签订虚假的房屋转让协议,以达到在拆迁时享受安置房的目的,虽然未能得逞,但在最终的安置补偿中,苏某某所在的融达公司通过签订虚假协议得到了240万元的赔偿。因此,朱某某已经实施了利用职务上的便利为他人谋取利益的行为。2.朱某某以"合作投资"为名;却未实际投资,在项目获得利润后收受"合作者"苏某某的投资本金,属于非法收受他人财物。国家工作人员利用职务上的便利为他人谋取利益,以合作开办公司或者进行合作投资的名义收受他人财物,是近几年来司法实践中出现的新情况。对此种情形能否认定为收受贿赂或索取贿赂,2007年7月8日最高人民法院、最高人民检察院联合发布的《办理受贿意见》明确规定:国家工作人员利用职务上的便利为请托人谋取利益,由请托人出资,"合作"开办公司或者进行其他"合作"投资的,以受贿论处;国家工作人员利用职务上的便利为请托人谋取利益,以合作开办公司或者其他合作投资的名义获取"利润",没有实际出资和参与管理、经营的,以受贿论处。据此,以合作开办公司或者进行其他合作投资的名义收受财物,是否构成受贿,关键在于国家工作人员本人有无实际出资。本案中,从表面来看,朱某某曾经付给苏某某30万元,但实质上,其在合作投资房产中并未出资,也未参与管理和经营,更未承担投资风险,其行为不属于真正意义上的出资合作投资行为。3.朱某某主观上具有受贿的故意。本案中,苏某某在日月公司陆续支付240万元补偿款后,为感谢朱某某、朱某某的帮助,提出对朱某某、朱某某日后购房时各补贴30万元,朱某某未予拒绝。之后,苏某某看到日月城商务楼比较好,认为如果买得便宜肯定有钱赚,于是想借机分给朱某某利润,以感谢朱某某的帮助。通过朱某某与日月公司谈价,苏某某以较低的价格购得商务楼,从而转手倒卖获利。朱某某明知苏某某与其"共同投资"、分享利润,是感谢其曾经利用职务上的便利为苏某某谋取利益,仍多次向苏某某催要"利润"款,符合权钱交易的本质特征。[参见第724号指导案例,朱永林受贿案,载《刑事审判参考》总第81集(2011年第4集),第68~70页。撰稿:陈克娥]

▽以"合作投资"为名实际由他人出资的,受贿数额应为他人给国家工作人员的出资额

朱某某的受贿数额应认定为50万元。理由如下:1.《办理受贿意见》第三条第一款明确规定,国家工作人员利用职务上的便利为请托人谋取利益,由请托人出资,"合作"开办公司或者进行其他"合作"投资的,以受贿论处。受贿数额为请托人给国家工作人员的出资额。本案中,朱某某从苏某某处共收受110万元,其中50万元是苏某某为朱某某支付的"合作"资金,其余60万元是"投资"所得利润,故朱某某受贿数额应为50万元。认定受贿数额为80万元,即将犯罪所得收益也作为受贿数额的一部分,与《办理受贿意见》规定不符。朱某某所得的60万元利润作为犯罪所得的收益,应予追缴,并在量刑时酌情考虑,但不能认定为受贿数额。2.朱某某曾经付给苏某某的30万元不应从受贿总额中扣除,因此,受贿数额不应认定为20万元。如前所述,朱某某返还给苏某某30万元定金时,苏某某与下家邱某某已谈妥加价转卖,邱某某还写下欠朱某某60万元的欠条,之后朱某某才拿出30万元。因此,朱某某是在毫无投资风险的情况下拿出30万元的。此时朱某某出资的30万元,不能认定为投资。之后,在苏某某尚未实际拿到利润款时,朱某某又从苏某某处将30万元要回,并拿到了另外实际未出资的20万元投资款。朱某某所支付的30万元,不符合投资款在投资中承担风险的本质特征,实质上是苏某某为感谢朱某某而给予的好处费。另外,从行贿方的主观故意来看,双方行贿的数额也是以出资额即50万元为基础的。综上,法院以受贿罪对朱某某判处有期徒刑十三年是适当的。[参见第724号指导案

例,朱永林受贿案,载《刑事审判参考》总第81集(2011年第4集),第70~71页。撰稿:陈克娥]

▽家属在共同受贿中地位的认定

(1)在共同受贿犯罪中,家属可以帮助国家工作人员而成为法律要求犯罪主体具有特定身份的犯罪的帮助犯,这是刑法学界的通说,也为我国司法实践所采纳。主要表现在,家属用各种方法为国家工作人员收受贿赂创造必要的条件。如:为国家工作人员受贿积极出谋献策;事先与国家工作人员通谋,事后帮助国家工作人员转移赃物,掩盖罪行;帮助国家工作人员向他人索取贿赂等。即使是国家工作人员与其家属共同受贿的情形,家属收受财物的行为,也只能视为帮助行为,且必须是在国家工作人员同意收受财物并利用职务便利为他人谋取利益的基础之上,才可能构成共同受贿犯罪。这样认定,既符合我国刑法理论,也符合最高人民法院2000年发布的《关于审理贪污、职务侵占案件如何认定共同犯罪几个问题的解释》的精神。(2)家属教唆国家工作人员受贿的,应如何认定其所属地位。家属作为教唆犯,一般表现在诱导、劝说、指使,甚至胁迫国家工作人员利用职务便利,索贿或收受贿赂,并为他人谋取利益。如:家属积极鼓励、唆使国家工作人员利用职务上的便利,向他人索贿,或收受贿赂为他人谋取利益,该国家工作人员按其家属教唆的内容实施的;或者家属事先收受了贿赂,然后告知国家工作人员,并怂恿国家工作人员利用职务便利为他人谋取利益的。在这种情况下,家属单独是不可能构成受贿罪的。家属应以法律要求犯罪主体具有特定身份的犯罪的教唆犯论处。如果家属在共同受贿犯罪中起主要作用,则可以成为主犯。明确没有特定身份的人教唆具有特定身份的人实施法律要求犯罪主体具有特定身份的犯罪,没有特定身份的人可以成为这种犯罪的教唆犯,对于审判实践具有一定的现实意义。[参见朱晓军:《浅析国家工作人员与其家属共同受贿》,载《刑事审判要览》(法官释法)总第6集(2003年第6集),第163~164页。]

▽对于社区卫生服务中心的网络管理员收受医药销售代表及供货单位人员贿赂的行为,构成受贿罪

(一)经过客观、全面地分析证据,应当认定新港卫服中心和嘉兴卫服中心系国有事业单位。根据《刑法》第九十三条的规定,被告人并非受委派,也非依照法律担任网络管理员,因此对其是否能以国家工作人员论处,首先要确认其所在的新港卫服中心和嘉兴卫服中心的性质。控方认为新港卫服中心和嘉兴卫服中心的性质系国有事业单位依据的证据主要有两家单位的《事业单位法人证书》、《组织机构代码证》、《医疗机构执业许可证》、上海市虹口区编制委员会出具的《关于事业单位依法登记情况的说明》、上海市虹口区卫生局出具的《关于社区卫生服务中心相关事宜情况》以及新港卫服中心、嘉兴卫服中心主任许祖芳的证言等。对上述证据的审查、判断应当从以下两个方面入手:一是审查证据的证据能力,这是解决证据适格性的问题,即证据必须合法取得才具有证据资格,才能作为案件事实的认定依据;二是判断证据的证明力,即证据对案件事实有无证明作用以及证明程度如何。在同一案件的适格证据中,既有对被告人有利的证据,也有对被告人不利的证据。本案即属于此种情形。在此种情况下,审判人员应当客观、全面地分析证据的证明力。如果只简单采信对被告人不利或者有利的证据,都可能偏离客观事实。基于上述认识,上海第二中级人民法院专门发函至上海市卫生局,请该局告知《信息》的来源及依据。上海市卫生局复函称,该局所提供的信息录入所涉医疗机构的主管部门是虹口区卫生局,相关情况的确认由虹口区卫生局负责。鉴于虹口区卫生局出具的情况说明与《"嘉兴卫服中心"医疗机构执业登记信息》反映的内容截然相反,故审判人员找到虹口区卫生局的相关管理人员,让其作出解答。该管理人员的证言证实,2000年之后,全民事业单位和集体事业单位已不再作区分,已没有集体事业单位的概念。新港卫服中心和嘉兴卫服中心系差额拨款的事业单位,资产性质属于国有资产。由于上海市机构编制委员会办公室没有下发正式文件要求对所有制形式进行规范,故虹口区对登记的相关信息未作变更。(二)国家工作人员应当以是否从事公务为依据,被告人从事的活动具有公务性质,应当认定为国家工作人员。根据《刑法》第九十三条的规定以及《全国人民代表大会常务委员会关于〈中华人民共和国刑法〉第九章渎职罪主体适用问题的解释》的相关规定,虽未列入国家机关人员编制但在国家机关中从事公务的人员,在代表国家机关行使职权时,有渎职行为,构成犯罪的,依照刑法关于渎职罪的规定追究刑事责任。可见,国家工作人员的本质特征是从事公务,认定是否是国家工作人员也应当以是否从事公务为依据。本案中,对被告人能否认定为国家工作人员并不取决于其"身份"(是临时工还是正式工),而取决于其职责,应当结合被告人是否从事公务来判断其是否属于国家工作人员。本案的审理过程中,对被告人负责采购计算机及其设备系从事公务没有争议,但对于被告人对社区卫生服务中心的信息进行维护是否属于从事公务争议较大。经查,被告人对社区卫生服务中心的网络信息予以维护的范围包括对医生的工作量、业务总金额、看病人次、人均费用、药品所占业务总金额的比例等进行统计、汇总,监控医生超量或者异常用药情况,及时向院办公室汇报,并确保统计数据的真实性、安全性和保密性。可见,被告人在事业单位中履行了对国有资产的管理及对公共事务的监督职责,从事的活动具有公务性质,应当将其认定为国家工作人员。值得注意的是,应当将被告人利用网络管理员的职务便利,收受供货单位相关人员以及医药销售代表给予的财物,并在采购计算机及配件和提供医生药品用量信息等方面为他们谋取利益的行为与医生利用开处方的职务便利,收受药品、医疗器械、医用卫生材料等医药产品销售方财物的行为,以及医生收受红包的行为相区分。医生开处方的行为属于不具备职权内容的劳务活动、技术服务工作,应当以非国家工作人员论。当其利用处方权收受医药产品销售方给予的回扣时,由于其处方权具有对医药购销的实质性影响,能够被贿赂所左右,可以构成非国家工作人员受贿罪;而当其利用自身的专业技能为患者进行诊疗时,此时的医生与患者是一种平等的医疗服务关系,医生需要遵循专业知识和工作规则为患者服务,不存在受到贿赂影响的职务行为,故医生收受患者红包的行为属于行业不正之风,不能以犯罪论处,可对其进行批评教育或者纪律处分。本案被告人基于其具有公务性质的职务行为获取了不正当的报酬,依法构成受贿罪。[参见第806号指导案例,吕辉受贿案,载《刑事审判参考》总第87集(2012年第4集),第113～117页。撰稿:沈言]

▽分别在国有独资公司委派到国有参股公司、国有参股公司改制为非国家出资企业任职期间收受贿赂的行为的定性及其处罚

被告人在银龙公司担任经理期间收受的贿赂构成受贿罪;而在银力公司担任经理期间收受的贿赂则构成非国家工作人员受贿罪。本案关键在于被告人在银龙公司、银力公司担任经理期间主体身份的认定。

(一)被告人担任银龙公司经理的身份属于委派型国家工作人员。《刑法》第九十三条第二款规定的国有公司、企业仅限于国有独资公司、企业。本案中尤溪县电力公司系国有独资公司,也就是刑法意义上的国有公司。根据最高人民法院2003年发布的《经济犯罪纪要》的规定"所谓委派,即委任、派遣,其形式多种多样,如任命、指派、提名、批准等。"银龙公司系尤溪县电力公司的参股公司,虽然国有股份占34%,不具有国有控股地位,但其经营的业务范围属于特种行业,在很大程度上受尤溪县电力公司的监督管理,因此,尤溪县电力公司有权向银龙公司委派工作人员参与经营管理。根据《经济犯罪纪要》相关规定,被告人作为国有公司尤溪县电力公司的职工,接受尤溪县电力公司任命,代表国有公司在国有参股公司银龙公司出任经理职务,从事组织、领导、监督、管理等工作,应当以国家工作人员论。被告人作为国家工作人员在银龙公司从事的管理行为系监督、管理国有财产的职务活动,根据《经济犯罪纪要》的相关规定,应当认定为"从事公务"。因此,被告人在银龙公司任职期间,具备国家工作人员身份,进行的管理活动是从事公务行为,其利用担任经理的职务便利,在办理电器电工配件采购与货款结算、电力线路架设、变压器安装工程等过程中收受他人贿赂30 000元,构成受贿罪。

(二)被告人担任银力公司经理的身份不属于国家工作人员。根据最高人民法院、最高人民检察院2010年联合发布的《关于办理国家出资企业中职务犯罪案件具体应用法律若干问题的意见》(本附文以下简称《意见》)的规定,被告人的身份是否属于国家工作人员,主要从三个方面予以认定:一是被告人所在公司本身的性质;二是被告人职务任命的形式;三是被告人从事的工作性质。以下分而论之:1.被告人所在的银力公司不属于国家出资企业。根据《意见》规定,"国家出资企业"包括国家出资的国有独资公司、国有独资企业以及国有资本控股公司、国有资本参股公司。银龙公司进行了改制,国有股份全部撤出,改制后成立的银力公司系尤溪县电力公司职工个人出资,被告人个人亦出资6.3万元,该公司没有国有股份,不属于国家出资企业。2.被告人担任银力公司经理是该公司全体股东大会研究决定的。改制后的银力公司与尤溪县电力公司已经没有任何隶属或者控制关系,被告人担任银力公司经理,是经该公司全体股东大会研究决定的,而不是由尤溪县电力公司委派任命。银力公司股东大会任命被告人为公司经理,主要基于其经营管理公司的业务能力与水平,与其个人的尤溪县电力公司职工身份以及与尤溪县屯力公司本身没有任何关联。3.被告人行使的职权不具有公务的性质。根据《经济犯罪纪要》规定,从事公务,是指代表国家机关、国有公司、企业事业单位、人民团体等履行组织、领导、监督、管理等职责。公务主要表现为与职权相联系的公共事务以及监督、管理国有财产的职务活动。如国家机关工作人员依法履行职责,国有公司的董事、经理、监事、会计、出纳人员等管理、监督国有财产等活动,属于从事公务。被告人在银力公司行使经理职权,管理电力公司职工个人出资的资金,其行为不具有公务性质。被告人利用担任银力公司经理的职务便利,收受他人贿赂30 000元,为他人牟利,其行为构成非国家工作人员受贿罪。

(三)被告人在改制前后身份发生变化的犯罪应当数罪并罚。根据《意见》关于改制前后主体身份发生变化的犯罪的处理规定:"国家工作人员在国家出资企业改制前后利用职务上的便利实施犯罪,在其不再具有国家工作人员身份后又实施同种行为,依法构成不同犯罪的,应当分别定罪,实行数罪并罚。"被告人在银龙公司任职期间系国家工作人员,在银力公司任职期间不具有国家工作人员身份,其在改制前后接受贿赂的行为,因身份发生变化,分别构成受贿罪和非国家工作人员受贿罪,应当数罪并罚。[参见第855号指导案例,杨孝理受贿、非国家工作人员受贿案,载《刑事审判参考》总第91集(2013年第2集),第93～95页。撰稿:傅树朝　吴振泉]

▽非特定关系人凭借国家工作人员的关系"挂名"取酬并将财物分与国家工作人员的,构成共同受贿

(一)周某某、虞某某的行为不属于"由特定关系人收受贿赂"的情形。根据最高人民法院、最高人民检察院2007年7月8日联合印发的《办理受贿意见》的规定,特定关系人是指与国家工作人员有近亲属、情妇(夫)以及其他共同利益关系的人。被告人虞某某是周某某妻子的舅舅,不属于近亲属,因此,认定虞某某是否属于周某某的特定关系人,要看虞某某是否与周某某有共同利益关系。综合案情看,在虞某某找周某某帮忙承接工程之前,虞某某与周某某家以及周某某岳父母家之间没有任何人情往来,可以基本断定二人之间无共同财产关系,也无其他经济利益关系,故二被告人之间不具有共同利益关系,虞某某不属于周某某的特定关系人。

(二)周某某、虞某某的行为符合共同受贿的特征。从现有证据分析,周某某在帮忙虞某某承接工程之初没有通过虞某某收取朱某某钱财而与虞某某共同占有的主观预谋,其帮助虞某某主要是念及其和虞某某的亲戚关系,而不是从中谋取其个人利益。不过,虞某某后来给了周某某5万元,客观上造成了共同占有请托人所送财物的事实。这种情形下,周某某、虞某某的行为是否构成共同受贿,要借助对《办理受贿意见》第七条的准确理解。《办理受贿意见》第七条规定了三种受贿情形,其中第三种情形是指特定关系人以外的其他人与国家工作人员通谋,由国家工作人员利用职务上的便利为请托人谋取利益,收受请托人财物后双方共同占有的,以受贿罪的共犯论处。根据该规定,结合上述事实,判断周某某和虞某某是否构成共同受贿,必须明确以下两点:第一,二被告人是否具有通谋;第二,二被告人是否共同占有请托人所送的财物。关于第一点,如果虞某某与建新公司朱某某的合作是正常合作,即双方都参与投资、管理,且经营利润按照投资比例分配,即使周某某为虞某某参与合作打过招呼,朱某某是基于周某某的职权和地位影响才让虞某某参与合作,也不应将虞某某基于周某某的行为获取的所得认定为受贿。然而,本案中,虞某某与朱某某的合作显然是非正常的。朱某某首先提出如让虞某某参与合作,工程利润就会遭受损失,周某某当即明确表示其会向大昌公司提出让大昌公司减少管理费,尽可能保证工程利润。在此情况下,朱某某遂答应了周某某的要求。再者,由建新公司出面承接工程,虞某某不参与实际投资、管理,仅分取利润,也是周某某提出的,只是具体利润分多少是由虞某某和朱某某两人商谈的。可见,周某某、虞某某、朱某某三人均明知本案的这种合作模式是基于周某某系临城新区公司综合开发处处长这一职务的影响,三人均对权钱交易主观上明知,二被告人事前具有通谋这一点也是明确的。关于第二点,虽然表面上看周某某本人没有直接获得财物,但朱某某送给虞某某"利润"完全是基于周某某的授意,而虞某某之所以获利,完全是源于周某某与朱某某之间的权钱交易和周某某对交易对象的处分。虞某某在未实际参与投资、管理的情况下分取利润是周某某提出的,虽然其对虞某某具体分取多少利润未必明知,但周某某向朱某某提出虞某某分配利润时,并未提出数额限制,即不管虞某某具体分多少,都不违背周某某的意志。事后,虞某某在收取50万元利润款后将其中的5万元交给周某某的妻子,周某某在获知后,既未对虞某某的分配数额提出限制,也未向虞某某要求将分配利润返还朱某某。因此,周某某应当对虞某某收受的50万元承担刑事责任。虞某某将5万元交给周某某的妻子,只是赃物处理的一个具体环节。换言之,即便周某某不收取虞某某的5万元,周某某利用职务便利为朱某某谋取利益,朱某某则将利润交给由周某某指定的虞某某,也完全符合权钱交易的本质特征。最高人民法院2003年印发的《经济犯罪纪要》明确指出,国家工作人员利用职务上的便利为他人谋取利益,并指定他人将财物送给其他人,构成犯罪的,应当以受贿罪定罪处罚。

综上,周某某利用职务便利为朱某某谋取利益,而由周某某指定虞某某在既不出资,也不参与管理经营的情况下,收取50万元,事后其又收取虞某某给的5万元,其行为构成受贿罪,虞某某成立受贿罪的共犯,共同受贿数额应当认定为50万元。[参见第884号指导案例,周龙苗等受贿案,载《刑事审判参考》总第93集(2013年第4集),第80～82页。撰稿:郑晓红　周敏虎]

▽利用职务便利为他人谋取利益,授意他人向第三人出借款项,还款义务最终被免除的,属于受贿

一、免除债务能否成为受贿罪的对象。免除债务能成为受贿对象。受贿罪犯罪对象应是财产性利益,具体理由如下:一是虽然以财物说认定受贿对象是我国刑法学界的传统观点,但是随着受贿犯罪手段的不断翻新,行受贿犯罪变得更为隐蔽、复杂,财产性利益事实上已经成为贿赂的一种常见形式,财物说已不能适应打击职务犯罪的形势要求。二是利益说是对现行法律规定的"财物"的无限扩大解释,这种无限扩大解释背离了立法本意。三是财产性利益说既符合现实的需要也不违背立法精神。根据相关司法解释的规定,贪污贿赂犯罪中的"财物"已不局限于传统意义上的金钱和物品。2007年《办理受贿意见》出台后,对"财物"的解释有所扩张,"财物"不再限于金钱和物品。2008年最高人民法院、最高人民检察院联合发布的《商业贿赂意见》第七条明确规定:"商业贿赂中的财物,既包括金钱和实物,也包括可以用金钱计算数额的财产性利益,如提供房屋装修、含有金额的会员卡、代币卡(券)、旅游费用等。"可见,在相关指导性规范文件中,受贿对象已不限于有形的财物,在特定场合,受贿对象也可以是财产性利益,如免除债务、免费旅游、提供劳务等可以直接用货币计算的利益。

二、免除第三人债务能否成为受贿罪的对象。基于前述分析,免除债务能够成为受贿罪的对象,但免除第三人债务,能否成为受贿的对象,仍有争议。刑法本条没有明确规定国家工作人员索取或者收受他人贿赂必须是自己直接占有,因此行为人索取或者收受贿赂,由第三人占有的,也可以成立受贿罪。《办理受贿意见》第七条规定:"国家工作人员利用职务上的便利为请托人谋取利益,授意请托人以本意见所列形式,将有关财物给予特定关系人的,以受贿论。"既然免除债务可以作为一种财产性利益解释为刑法本条规定的"财物",且索取或者收受贿赂包括请托人向第三人提供贿赂的情形,那么免除第三人债务理所当然可以成为受贿罪的对象。本案中,被告人雷某某利用职务便利为明某智谋取利益,授意明某智向肖某出借款项,还款义务被免除的,构成受贿罪。具体分析如下:(1)雷某某利用职务之便为明某智谋取了利益。明某智与证人邓某、廖某、梁某的证言、雷某某在侦查阶段的供述、相关会议记录等,均证实雷某某在勇智公司承接工程及工程提前回购、支付工程款等事项中为勇智公司谋取了利益。雷某某的供述、明某智的陈述还证实,明某智得到雷某某的帮助后,曾向雷许诺会表示感谢。(2)明某智"出借"给肖某的钱款是基于雷某某的要求及其所需实际等同于"出借"给雷某某,免除肖某的债务实际等同于免除雷某某的债务,更何况明某智是在雷某某自揽还款责任后免除,即实质上免除的是雷某某本人的还款义务。(3)明某智出借300万元以及后来免除该债务都是基于雷某某的职务影响。雷某某之所以在受到肖某要挟时联系明某智"借款",原因在于勇智公司此前在承接工程等事项上得到雷的帮助,并希望继续得到关照,为此明某智还向雷某某许诺会表示感谢。(4)明某智表示免除债务时双方即达成行受贿合意。肖某提出"借款"300万元时,是以"借款"的名义行敲诈之实。雷某某虽然明知肖某敲诈,授意明某支付巨额资金给肖某,但其主观上是希望肖某归还的,之后还为肖某介绍工程,为肖某还款提供条件。明某智此时是基于雷某某的职务影响才出借300万元,但双方尚未达成行受贿的合意。在"借款"到期后,明某智多次向肖某催收,肖某以资金紧张为由予以搪塞。明某智告知雷某某后,雷某某主动表明由自己承担还款义务,明某智遂提出无须归还,即对肖某的债务予以免除,雷某某也予以认可。可见,双方就肖某300万元"借款"不用归还的合意,实质上是雷某某与明某智达成了行受贿合意。明某智免除肖某的债务,放弃通过诉讼等正当程序向肖某及其公司主张权利,是基于雷某某职务的影响,明某智放弃对该款的追索,获益的是雷某某本人,其实质是雷某某与明某智的权钱交易。

综上,本案300万元"借款"实际上是明某智通过出借资金的方式,为肖某敲诈雷某某的款项买单,无论是明某智答应借款给肖某,还是放弃对该"借款"的追索,目的是出于对雷之前对其公司关照的感谢,并希望继续得到雷的关照,都是基于雷某某的职权。至于明某智是否知道雷牵涉到不雅视频,不影响对案件性质的认定。本案表面上看雷某某本人没有获得财物,但请托人的行贿指向是明确的,最后免除第三人肖某的债务,完全是基于国家工作人员雷某某的意思,而第三人之所以获利,完全源于雷某某与明某智之间的权钱交易和雷某某最终对该财产的处分意思。该笔款项名为肖某公司与明某智公司的民间借贷款,实为明某智与雷某某之间的权钱交易款,属于贿赂款的性质。[参见第885号指导案例,雷政富受贿案,载《刑事审判参考》总第93集(2013年第4集),第87~90页。撰稿:袁胜强　蒋佳芸]

▽国家出资企业中的国家工作人员受贿罪的认定

(一)2010年《最高人民法院、最高人民检察院关于办理国家出资企业中职务犯罪案件具体应用法律若干问题的意见》(本附文以下简称《意见》)出台前相关法律、规范文件对"国有公司、企业""国家工作人员"的界定以及《意见》的出台背景。《意见》出台前,对"国家工作人员"进行认定的主要依据有《刑法》第九十三条以及2001年《最高人民法院关于在国有资本控股、参股的股份有限公司中从事管理工作的人员利用职务便利非法占有本公司财物如何定罪问题的批复》(本附文以下简称《批复》)、2005年《最高人民法院关于如何认定国有控股、参股股份有限公司中的国有公司、企业人员的解释》(本附文以下简称《解释》)的相关规定。《刑法》第九十三条明确规定国家工作人员包括两类:一类是国家机关中从事公务的人员;另一类是国有公司、企业、事业单位、人民团体中从事公务的人员和国家机关、国有公司、企业、事业单位委派到非国有公司、企业、事业单位、社会团体中从事公务的人员。但是,该条规定对于"国有公司、企业"是否仅指"国有独资公司、企业"并未明确。为此,《批复》和《解释》对"国家工作人员"以及"国有公司、企业"的范围作了进一步明确的界定,《批复》规定:"在国有资本控股、参股的股份有限公司中从事管理工作的人员,除受国家机关、国有公司、企业、事业单位委派从事公务的以外,不属于国家工作人员。"《解释》规定:"国有公司、企业委派到国有控股、参股公司从事公务的人员,以国有公司、企业人员论。"近年来,随着我国国有企业改制的不断推进,国有资本控股、参股的公司逐步成为公有制经济的主要实现形式。为惩治国家出资企业中的职务犯罪活动,维护国有资产的安全,最高人民法院、最高人民检察院于2010年11月26日联合下发了《意见》。该意见就国有企业改制和国家出资企业这一特定领域中的职务犯罪案件的法律适用问题作出了规定,界定了"国家出资企业"和"国家出资企业中国家工作人员"的范围,将部分"间接委派"人员有条件地纳入"国家工作人员"的范畴。

(二)《意见》对"国家出资企业"和"国家出资企业中国家工作人员"的界定。《意见》规定:"本意见所称'国家出资企业',包括国家出资的国有独资公司、国有独资企业,以及国有资本控股公司、国有资本参股公司。是否属于国家出资企业不清楚的,应遵循'谁投资、谁拥有产权'的原则进行界定。企业注册登记中的资金来源与实际出资不符的,应根据实际出资情况确定企业的性质。企业实际出资情况不清楚的,可以综合工商注册、分配形式、经营管理等因素确定企业的性质。"根据上述规定,无论是国家直接投资还是间接投资,只要企业中含有国有资本的成分,无论国有资本所占份额的大小,均应认定为国家出资企业,不能仅将国家直接投资的企业认定为国家出资企业。在司法实践中,国家出资企业的认定与国家工作人员的认定是两个层面的问题,国家出资企业概念的扩大并不必然导致对国家工作人员打击范围的扩大。因为,国家出资企业的认定仅为国家工作人员的认定提供一定的基础条件,不能当然认为只要是国家出资企业的工作人员就一定是国家工作人员,认定是否国家工作人员,关键要看该企业人员从事的工作是否具有公务的性质,不能仅以国有资本所占比例大小作为认定国家工作人员的标准。《意见》将国家出资企业中的国家工作人员分为两种类型:一种是"经国家机关、国有公司、企业、事业单位提名、推荐、任命、批准等,在国有控股、参股公司及其分支机构中从事公务的人员。具体的任命机构和程序,不影响国家工作人员的认定"。此种类型与《刑法》第九十三条第二款的规定是一致的,司法实践中出现的频率较高,易于认定。另一种是"经国家出资企业中负有管理、监督国有资产职责的组织批准或者研究决定,代表其在国有控股、参股公司及其分支机构中从事组织、领导、监督、经营、管理工作的人员"。此种类型对委派主体作了适度的扩张解释,又称为"间接委派",在认定时需要从严把握两个方面的问题:一是对于"负有管理、监督国有资产职责的组织"的界定;二是对于"组织、领导、监督、经营、管理工作"的理解,不能肆意扩大国家工作人员的范围。首先,"负有管理、监督国有资产职责的组织"如何界定。根据《意见》的精神,这里所谓的"组织",除国家资产监督管理机构、国有公司、企业、事业单位外,主要是指上级或者本级国家出资企业内部的党委、党政联席会。因为,根据党管干部的组织原则,国家出资企业中一般设有党委,以国家也资企业中负有管理、监督国有资产职责的组织作为委派主体,既反映了当前国家出资企业的经营管理实际,又体现了从事公务活动这一认定国家工作人员的实质要求,可以保证认定范围的正当性、确定性和内敛性。其次,"代表其从事组织、领导、监督、经营、管理工作"如何理解。在认定国家工作人员身份时,不仅要审查"党委任命"这一形式要件,还要审查行为人是否具有"代表性",以及所从事工作的性质是否属于"从事公务"这两个实质要件。一方面,行为人必须对任命其的组织具有一定的"代表性",行为人虽经有关组织研究决定任命,但是如果该任职与委派组织没有必然的联系,行为人对委派组织亦无职责义务关系的,则不应认定为国家工作人员。另一方面,行为人必须要在国家出资企业中"从事公务"。关于"从事公务"如何理解,2003年《经济犯罪纪要》明确规定:"从事公务,是指代表国家机关、国有公司、企业事业单位、人民团体等履行组织、领导、监督、管理等职责。公务主要表现为与职权相联系的公共事务以及监督、管理国有财产的职务活动。如国家机关工作人员依法履行职责,国有公司的董事、经理、监事、会计、出纳人员等管理、监督国有财产等活动,属于从事公务。那些不具备职权内容的劳务活动、技术服务工作,如售货员、售票员等所从事的工作,一般不认为是公务。"《经济犯罪纪要》的规定将公务与劳务区别开来,更加有针对性地强调公务与职权的关联性,突出公务的管理性特征。一般认为,在国家出资企业中,中层以上的管理人员可以被视为代表管理、监督国有资产职责的组织从事公务,中层以下的管理人员如果主要从事事务性、技术性、业务性等方面的工作,则一般不宜认定为从事公务。

(三)被告人章某某属于国家工作人员,其利用职务之便,非法收受他人财物,为他人谋取利益的行为构成受贿罪。首先,交通银行属于"国家出资企业"。交通银行章程显示,交通银行的股本结构中,中华人民共和国财政部作为发起人持有26.5%的股份,因财政部所持有的股份来源为国有资产,故交通银行属于国有资本参股公司。根据《意见》的规定,国有资本参股公司属于国家出资企业的一种,故交通银行属于国家出资企业。其次,章某某属于"国家出资企业中的国家工作人员"。第一,章某某受交通银行湖州分行党委任命。根据《交通银行浙江省分行辖属分行党委工作规则》的规定,交通银行湖州分行党委负责"研究决定干部管理权限内及其后备干部的选拔、培养、任免、考核、调配、各类奖惩等事项",以及"研究决定本单位授权职能部门以上的重大资产、服务和业务合作项目等方面的资金和财务支出安排"等有关人事、财物方面的工作,从该行党委的职能来看,该行党委系该行"负有管理、监督国有资产职责的组织",而且,根据该行党委组织部出具的情况说明,该行干部的任免均由该行党委研究决定后下文公布。章某某自2008年8月至2011年3月担任新天地支行业务管理经理(副科级),自2011年3月至2012年2月担任新天地支行行长助理,其职务任免均由交通银行湖州分行党委研究决定,委派主体符合《意见》的规定,章某某系代表交通银行湖州分行党委从事对国有资产的监督、经营、管理,对于委派主体来说,其具有"代表性"。第二,章某某代表交通银行湖州分行党委从事公务。实践中,国家出资企业中的受委派人员本质上往往存在两种身份的融合,即国家工作人员身份和公司管理人员身份,身份的融合也随之导致工作性质的融合,换言之,受委派人员在国家出资企业中不仅要从事最本质的公务性工作,也要从事一般的事务性工作。本案中,章某某作为新天地支行的业务管理经理和行长助理,其工作职责可以分为两部分:一部分是对客户经理的日常考核和管理,以及协助行长从事一般的管理工作,该部分工作可以理解为是一般的事务性工作。而另一部分则是其工作的重点,即对贷款的审查和监管,通过对贷款客户进行评估和初审等贷前审查,确定贷款客户的经济状况和信誉度,再将贷款申报到授信部和审贷会进行最终的贷款审批。章某某在供述中也提到,通常情况下,只要贷款客户能够通过其负责的贷前审查,基本上都是可以通过贷款审批取得贷款的,而如果贷款客户经济状况较差,其也会在调查报告中帮助企业作出相应的调整,使企业能够贷到款,行贿人之所以送予其财物主要是为了得到其的关照和帮助,能够顺利取得贷款。章某某在贷款客户的贷款审批通过之后,再根据贷款通知书具体和企业进行放贷操作,并在贷款发放后,通过对贷款的贷后监控与实地查访,考察贷款客户的经济状况是否正常稳定,以确保国有资产的保值增值。章某某对贷款审查和监管的工作职责属于对国有资产的管理、监督,属于"从事公务",系代表委派组织从事监督、经营、管理工作,符合国家工作人员的本质要求。

综上,被告人章某某身为国家工作人员,利用职务上的便利,非法收受他人财物,为他人谋取利益,其行为构成受贿罪。[参见第974号指导案例,章国钧受贿案,载《刑事审判参考》总第97集(2014年第2集),第111～116页。撰稿:赵芳　陆克娥]

▽国家工作人员以优惠价格购买商品房与以交易形式收受贿赂区分的认定

最高人民法院、最高人民检察院2007年印发的《办理受贿意见》规定:国家工作人员利用职务上的便利为请托人谋取利益,以明显低于市场价格向请托人购买房屋等物品的,以受贿论处。受贿的数额按照交易时的市场价与实际支付价格的差额计算。《办理受贿意见》的出台,使交易型受贿这一新类型受贿行为受到刑法的规制。然而,在市场经济条件下,优惠让利也是一种正常而普遍的销售方式,作为消费者的国家工作人员同样可以"砍价",要求得到"优惠",不能将获得正常优惠的行为认定为受贿。因此,必须严格区分交易中的正常优惠与以交易形式受贿的界限。对此,《办理受贿意见》也作出了明确规定:“前款所列市场价格包括商品经营者事先设定的不针对特定人的最低优惠价格。根据商品经营者事先设定的各种优惠条件,以优惠价格购买商品的,不属于受贿。”据此,应当从以下两个方面来区分国家工作人员以优惠价格购买商品房与以交易形式收受贿赂:

(一)从受贿罪权钱交易的本质进行区分。交易型受贿仍然具有受贿罪权钱交易的本质特征。在交易型受贿中,从形式上看,行贿人和受贿人双方存在一般市场交易行为,以金钱和物品的对价进行支付,通常包含打折、让利等优惠,但是上述优惠并不是一般商品买卖活动中为了促销而进行的正常销售手段,而是为了通过这种优惠换取国家工作人员手中的公权力。所谓市场交易只不过是权钱交易的幌子,权钱交易才是交易型受贿的本质特征。具体到本案中,民建公司在常山县天马镇东苑小区A－2地块开发商住楼,2002年11月1日胡某某的妻子徐敏向民建公司预定的购房联系单上载明的优惠幅度仅为1%,胡某某后来在其本人和弟弟购房时向民建公司提出再给予一定优惠本属正常,也符合普通购房人普遍心理。但在民建公司提出给予5万元优惠时,因其本人购房的总房款也仅为157 155元,即便加上其弟弟胡伟贵的房屋,总房款也仅为31万余元,该5万元的优惠相对于房款幅度太大。对于长期与房地产企业具有业务联系,时任城市规划管理所副所长的胡某某来说,其熟知本地的房地产市场的行情,正常购房是不可能达到如此之高的优惠幅度的,民建公司给予其这样的优惠,且提出采用在购房合同外让胡某某用其他发票向民建公司报销的方式给予优惠,唯一的解释就是因为胡担任城市规划管理所副所长职务,对工程建设项目具有审批、验收等权利,对民建公司具有职务上的监管权力。胡某某对此是心知肚明的,故主观上具有利用职权,采用超过正常的最大优惠幅度购房,以交易方式占有4万余元购房差价款的故意。胡某某与民建公司商定采用先按市场基准价签订购房合同并付清房款,再向民建公司提供购货发票予以报销,最终得到了所谓的5万元“优惠”,整个购房及报销发票的过程本质上具有权钱交易的特征。相形之下,胡某某在向晨源公司购房的过程中,是听妻子徐敏说以前工作过的晨源公司有便宜的尾房销售,且销售主管汪素芳以7.5折的价格购买了房产,同意妻子以同样折扣从晨源公司购房,其并无明显的利用职务便利在购房时寻求额外优惠的主观故意。在该起购房中胡某某也没有实施积极的行为,以追求获得额外优惠。虽然晨源公司的缪建勋、茅建如陈述如果不考虑胡某某的职务因素,仅考虑徐敏本身在公司做过销售,最多只能给7.9折的优惠,但这只是侦查机关事后取证,且是证人主观上如此认为。购房当时相关人员并未将此情况告诉徐敏,胡某某更不知情,故该起购房中没有体现出明显的权钱交易特征。

(二)从“优惠价格”的本质特征进行区分。根据《办理受贿意见》的规定,交易型受贿中的“市场价格”包括“事先设定的不针对特定人的优惠价格”。应当从是否“事先设定”和“不针对特定人”两个基本方面,结合案件实际来判断国家工作人员所享受的“优惠价格”是正常市场优惠还是交易型受贿。“事先设定”是指在正常的市场优惠购房中,交易价格通常是由经营者预先设定的,事先确定折扣幅度,按照事先制定的程序进行销售和结算,而交易型受贿犯罪中的房产优惠价格往往具有较大的随机性和任意性,经营者会根据交易对象(国家工作人员)的具体情况来临时确定房产价格优惠幅度、结算方式等,因而难以事先确定优惠幅度。“不针对特定人”是指在正常的市场优惠购房中,能够以优惠条件购买房产的人是不特定的多数人,所有愿意支付相关对价的(符合相关法律政策规定的)人均可参与优惠购买房产。而在交易型受贿犯罪中,优惠房价仅针对特定的国家工作人员等个别对象,社会上的不特定多数人是不可能享受到同等优惠的。本案被告人胡某某和其弟弟胡伟贵从民建公司购买的两套房共计优惠达5.3万余元(包括购房合同中按1%优惠的部分),而从公诉机关提供的证据——其他多份购房合同来看,民建公司售房的最大优惠幅度仅为3%,也就是说,按该公司出售给不特定对象的最低优惠价格,仅能优惠不足1万元。显而易见,3%的优惠幅度是民建公司事先确定的购房最低折扣,面向不特定的人,而胡某某所享受的优惠幅度达总房款的13 010元以上,是民建公司根据胡某某个人身份临时确定的优惠幅度,仅针对胡某某个人,故胡某某在该起购房中所享受的优惠不是正常的市场优惠，而是变相收受贿赂。胡某某、徐敏夫妇向晨源公司以7.5折的优惠价购买一套商品房，在胡某某、徐敏夫妇购房前，晨源公司已向汪素芳、郑某按同等或更优惠的价格出售过房产，7.5折的优惠属于晨源公司事先设定的优惠幅度，且不仅仅针对胡某某个人，将胡某某在该起购房中享受的优惠认定为正常的市场优惠购房更为准确。综上，本案一审、二审法院认定被告人胡某某与民建公司在房产交易中得到额外优惠的4万余元为受贿款，不认定其在购买晨源公司房产过程中收受贿赂是正确的。采用贵重物品交易的方式收受贿赂是一种新型的受贿手段，具有隐蔽性高，不易查处等特征，但其本质特征仍是权钱交易。实践中，对此类行为的认定，要严格按照《意见》规定的精神，准确厘清罪与非罪的界限，做到不枉不纵。[参见第975号指导案例，胡伟富受贿案，载《刑事审判参考》总第97集(2014年第2集)，第119～122页。撰稿：唐海波　王行云]

▽行为人在案发前主动退还贿赂款的行为的处理

被告人具备受贿的主观故意和客观行为，其在案发前主动退还贿赂款，属于退赃行为，不属于《办理受贿意见》规定的"及时退还"，不影响受贿罪定性；被告人并没有为请托人谋取任何利益，且在案发前主动退还贿赂款，案发后如实供述犯罪，主观恶性较小，确有悔改表现，可依照《刑法》第六十三条第二款的规定在法定最低刑以下判处刑罚。行为人在案发前主动退还贿赂款的行为，应当区分三种情形进行处理。

1. 案发前退还财物的三种情形。《办理受贿意见》第九条规定："国家工作人员收受请托人财物后及时退还或者上交的，不是受贿。国家工作人员受贿后，因自身或者与其受贿有关联的人、事被查处，为掩饰犯罪而退还或者上交的，不影响认定受贿罪。"《办理受贿意见》列举了案发前退还(上交)财物的两种情形：一种是"及时退还或者上交的"，可简称为"及时退还"；另一种是"为掩饰犯罪而退还或者上交的"，可简称为"被动退还"。其中"及时退还"情形，要求行为人主观上没有受贿的故意，客观上表现为及时退还或者上交，不存在犯罪故意，故不构成犯罪。值得注意的是，判断行为人是否具有受贿故意，不能仅根据其本人供述，还应当结合其收受和退还财物的具体行为进行综合分析。首先，"及时退还"情形的行为人收受他人财物并非本人意愿，往往受当时的时空条件限制不得已接收或者"误收"，如请托人放下财物即离开，无法追及的；掺夹到正常物品中当时无法发现的；等等。其次，退还必须"及时"，在条件允许的情况下，一般是指即时退还。如将礼盒拿回家后发现里面放有现金，第二天即退还的。实践中，对"及时"不能作绝对化理解，只要在客观障碍条件消除后退还都算"及时"。如行为人因病无法即时退还，待数月后身体痊愈退还也应视为"及时"。而"被动退还"情形，行为人在接受财物时存在受贿故意，后因自身或者与受贿相关联的人、事被查处，为了掩饰犯罪，才被动退还或者上交。这种情形下，行为人退还的时间距离接受财物的时间相对较长，距离被正式查处的时间相对较短，行为人对犯罪并没有真实悔意，一般不影响受贿罪的认定和处罚。另外，因请托人索要财物而不得已退还的，也应属于"被动退还"情形。除《办理受贿意见》列举的两种退还情形外，在实践中还有一种情形，即行为人虽未及时退还或者上交，但在收受财物后至案发前的期间内主动退还或者上交的。此种情形可以简称为"主动退还"。在该情形下，行为人在接受财物时存在受贿的故意，但经过一定时间段后，因主客观原因等诸多因素的变化，自己主动退还或者上交收受的财物。从法理分析，行为人既具有受贿的故意，又具有受贿的行为，且犯罪过程已经完成，因此，应当构成受贿罪(既遂)。至于后面的退还行为，应当视为犯罪后的"退赃"，可以作为处罚时的量刑情节，但不能改变已然犯罪的性质。本案中，被告人周某利用职务上的便利，收受他人现金24万元，既有收受他人贿赂的主观故意，又有接受并使用他人贿赂款的具体行为，只是因考虑到无法给请托人谋取利益，出于害怕犯罪暴露而主动向请托人退还贿赂款，虽然属于"主动退还"情形，但不属于《办理受贿意见》规定的"及时退还"情形，故对其行为应当依法以受贿罪论处。

2. "主动退还"情形的处理。对于"主动退还"情形，可以结合收受财物的时间长短、数额大小以及是否谋利等具体情况,选择适用不以犯罪论处,依法从轻、减轻或者免除处罚。(1)如上所述,“主动退还”一般不会影响构成犯罪,但在少数情况下,行为人虽然接受财物时存在受贿故意,但在较短时间内即出现悔悟,且未为对方谋取利益即主动退还财物,情节显著轻微危害不大的,可不以犯罪论处。如某公职人员收受他人财物回家后,经亲属规劝或者自己权衡利害得失,旋即将财物退还。这种情形,就不应以犯罪论处。(2)在构成犯罪的前提下,考虑到行为人“主动退还”虽然属于“退赃”情节,但表明其有悔罪表现,主观恶性较小,对职务廉洁性的损害也相应减小,故对其从宽处罚往往能获得民众认同。另对不同退赃行为比较分析,在实践中,被告人到案后的“积极退赃”行为尚可作为从轻处罚的情节,“主动退还”与“积极退赃”相比,行为人体现的主观恶性更小,社会危害更低,举重以明轻,对“主动退还”情形更应当从宽处罚。可见,对案发前“主动退还”的行为从宽处罚有一定的法理基础、司法基础和民意基础。反之,如果无视。“主动退还”与“积极退赃”的区别,则容易产生“白退不如抓住再说”的不良引导作用,不利于激励行为人及时悔罪,也与宽严相济的刑事政策背道而驰。

在具体案件中,对从宽处罚幅度的把握应当考虑以下三个方面的因素:(1)从退还的时间来看,“主动退还”一般介于“及时退还”和“被动退还”之间,退还时间的迟早反映了悔罪程度的大小,一般而言,越接近“及时退还”情形的,从宽处罚的幅度就越大;越接近“被动退还”情形,退还越晚的,从宽处罚的幅度就越小;(2)从是否为请托人谋取利益来看,“主动退还”时已为请托人谋取了利益,尤其是非法利益的,从宽的幅度就越小,没有或者不愿为请托人谋取利益的,从宽的幅度就越大;(3)收受财物数额的大小,也影响从宽的幅度。根据以上三个方面的因素,结合行为人到案后的认罪态度等情况,分别确定从轻、减轻或免予刑事处罚。对案发前“主动退还”的,首先应当考虑从轻处罚:对数额不大,且没有为他人谋利,退还时间早,犯罪情节轻微的,可免予刑事处罚;根据案件的实际情况,如果在法律规定的幅度内处罚仍明显偏重的,可以依照《刑法》第六十三条第二款的规定,在法定刑以下判处刑罚。本案中,鉴于被告人周某在接受贿赂五个月后、被司法机关查处一年前,主动退还所收财物,且未为他人谋取利益,到案后如实供述犯罪,体现出的社会危害程度和主观恶性较小,同时具有悔罪表现,如果按照受贿数额对其判处十年以上有期徒刑,仍然明显偏重,所以万宁县人民法院依照《刑法》第六十三条第二款的规定,对其减轻处罚。[参见第1017号指导案例,周标受贿案,载《刑事审判参考》总第99集(2014年第4集),第113~116页。撰稿:尚骄阳]

▽明知他人有与自己职务相关的请托事项,仍然将自己房屋以明显高于市场的价格租给请托人的,视为承诺为他人谋取利益

利用职务便利为他人谋取利益是收受型受贿犯罪的构成要件之一,包含两个方面:为他人谋取利益以及谋取利益与行为人职务相关。首先,要准确理解“为他人谋取利益”。为他人谋取利益是一个行为过程,包括主观故意的发生即行贿、受贿双方形成合意,具体的谋取利益行为即利用职务便利实际为他人谋取利益和最终的结果即行贿人因受贿人的职务行为谋取到了利益三个部分。只要具备其中一个部分,就可以认定具备了为他人谋取利益的构成要件。最高人民法院2003年印发的《经济犯罪纪要》明确指出,为他人谋取利益包括承诺、实施和实现三个阶段的行为,只要具有其中一个阶段的行为,就应认定为他人谋取利益。值得注意的是,实施谋利行为并不一定要经过承诺或者合意阶段。国家工作人员在正常工作中,通过职务行为为他人谋利后,获利人为感谢而送与财物,国家工作人员予以收受的,尽管事前获利人没有专门请托国家工作人员利用职务为其谋利,双方没有就谋利和收送财物进行共谋,也不影响受贿罪的成立。之前国家工作人员正常的履职行为同样符合受贿罪中“利用职务便利为他人谋取利益”的构成要件。承诺既可以是明示的方式,也可以是默示的方式。明示的方式就是当请托人请托时,明确答应帮忙办事。默示的方式是当请托人请托时,国家工作人员不明确表态是否帮忙,但通过行为可以判断出其态度,如收下了请托人的财物。按照前述《全国法院审理经济犯罪工作座谈会纪要》的规定,“明知他人有具体请托事项而收受其财物的,视为承诺为他人谋取利益”。其次,要全面把握谋取利益与职务行为的相关性。受贿罪的一个典型特征就是权钱交易。"权"就是"职务",整个受贿犯罪行为都是围绕国家工作人员的职务行为展开的。受贿人为行贿人谋取的利益必须与其职权有关,也就是利用了职务上的便利,但职务便利不要求必须在自己工作的职责范围内具体主管、负责、承办某项公共事务,也不必是自己的本职工作。如果处在职权的控制、制约、影响范围内,也可以认定为存在职务便利;通过自己职权控制、制约、影响的其他国家工作人员的行为来完成,也属于利用职务便利为他人谋取利益。如担任单位领导职务的,通过单位内部的下属(不论是否属于自己的主管部门)或者下级单位的国家工作人员的职务为他人谋取利益。

谋取利益的行为方式可以是积极的作为,也可以是消极的不作为。作为就是按照请托人的请托,利用职务便利,为请托人实施牟利行为;不作为就是发现请托人的行为存在违规之处,负有调查处理责任的国家工作人员有意不履行自己的职责,不查处请托人的违规行为,从而实现请托人的利益。谋取利益的行为可以是非正常履职行为,即谋取不正当利益,也可以是正常履职行为;可以是决定性行为,也可以是非决定性行为。国家工作人员的职务行为可能只是请托人谋取利益过程中所经的一个环节,如需要层层审批的行政事务,最终的批准权可能在于某个领导,但在交由领导审批前,也需要经过各部门相关人员的审查。虽然这种审查只是工作程序中的一个环节,并不能最终决定事项是否批准,但这一审查程序同样是这些人员的职务行为。本案中,当作为请托方的扶余华侨农场提出让被告人凌某某帮忙申请补贴的请托事项时,凌某某当时未明确表态。当归侨、难侨与离退人员生活补贴下发至扶余华侨农场后,扶余华侨农场未按要求用于发放离退人员的养老金,而是将上述补贴违规用于缴纳在职职工的养老保险。凌某某作为负责农垦企业(包括扶余华侨农场)参加养老保险有关政策的制定和后续专项资金分配工作的人员,负有监管资金使用的职责,发现问题后应当及时纠正。但在此过程中,凌某某明知扶余华侨农场有与其职权相关的请托事项,仍然以明显高于市场的价格向扶余华侨农场出租自己的房屋,实质上是收受请托人的财物,可以视为凌某某默示同意为扶余华侨农场谋取利益。[参见第 1019 号指导案例,凌吉敏受贿案,载《刑事审判参考》总第 99 集(2014 年第 4 集),第 128~129 页。撰稿:谭劲松]

▽以明显高于市场的价格让请托人租赁其房屋,实质上是一种变相收受请托人财物的行为,属于采取交易形式变相收受贿赂

最高人民法院、最高人民检察院于 2007 年联合下发的《办理受贿意见》明确了实践中出现的几种新类型收受财物的方式及数额认定标准,其中在"关于以交易形式收受贿赂问题"中,明确了三种交易方式:以明显低于市场的价格向请托人购买房屋、汽车等物品的;以明显高于市场的价格向请托人出售房屋、汽车等物品的;以其他交易形式非法收受请托人财物的。对于前两种方式比较容易理解,明显低于市场价格购买和明显高于市场价格出售这两种行为形式上是一种市场买卖行为,系双方自愿处置财产,看似合法合理,但从内容看,这两种行为明显违背市场交易规律,低价买入和高价卖出对买卖的相对方都是不利的,在正常的市场交易中都不会出现。因此,这两种行为表面上是平等的交易,实质上包含了一种权钱交易。请托人之所以接受这样的交易价格,不是因为物有所值,而是因为其中包含了国家工作人员利用职务便利为请托人谋取利益的对价,超出市场价格的差额就是"权钱交易"的价格。对于"以其他交易形式非法收受请托人财物",《办理受贿意见》虽然没有如前两种行为方式限制"明显低于""明显高于"的条件,但在具体认定时,仍然需要比较具体交易行为与正常市场交易行为的差距。对于明显违背市场交易规律,国家工作人员由此获取了非法利益的,可以认定为"以其他交易形式非法收受请托人财物"。而收受财物的具体数额,应当为实际支付的价格与交易时当地市场价格的差额。本案中,2003 年至 2011 年,被告人凌某某将房屋出租给扶余华侨农场,其中 2003 年至 2009 年每年租金 10 万元,2010 年和 2011 年每年租金 12 万元,9 年间共计收取租金 94 万元。而按照价格认证中心的鉴定意见,该房屋在上述时间段的市场租金总计只有 306 136 元。凌某某实际收取的租金是市场同期租金的3倍多,明显高于市场价格,故这种"租赁"表面是一种市场交易行为,实际属于"以其他交易形式非法收受请托人财物",非法收受的财物数额为实际支付价格与交易时当地市场价格的差额,即633 864元。综上,被告人凌某某在明知扶余华侨农场有与其职权相关的请托事项,以明显高于市场价格的租金向请托人出租房屋,属于变相收受请托人的财物,其行为构成受贿罪,受贿数额为实际收取的租金与市场租金的差额。[参见第1019号指导案例,凌吉敏受贿案,载《刑事审判参考》总第99集(2014年第4集),第130~131页。撰稿:谭劲松]

▽受贿犯罪未遂的认定

刑法理论通说认为,成立犯罪未遂应同时具备以下条件:(1)被告人着手实行犯罪。这是犯罪未遂区别于犯罪预备的主要标准。着手标志着犯罪预备阶段的结束,并进入犯罪实行阶段,它是实行行为的起点。着手实行犯罪,是指被告人已经开始实施刑法分则规定的某种具体犯罪构成客观方面的行为。(2)犯罪未得逞。这是区别犯罪未遂与犯罪既遂的主要标准。被告人的行为没有具备刑法分则规定的某种具体犯罪构成的全部要件的,为犯罪未遂;已经具备的,为犯罪既遂。(3)犯罪未得逞,是由于犯罪分子意志以外的原因。这是犯罪未遂区别于犯罪中止的主要标准。所谓意志以外的原因,是指违背被告人意志的,客观上使犯罪不可能既遂的原因,即对犯罪分子完成犯罪的意志具有抑制作用的原因。本案被告人利用职务便利,隐瞒湾田煤业公司所属的金隆煤矿重大劳动安全事故后,向湾田煤业公司索要贿赂400万元。为了得到该400万元,被告人将其所有的60万元转账至湾田煤业公司作虚假"入股"。后因被告人涉嫌犯滥用职权罪被调查,该400万元才未实际取得。由此可见,被告人提出索贿要求并经对方答应后,用自己的60万元作虚假"入股",其已经着手实行犯罪,但由于意志以外的原因——因涉嫌滥用职权被调查——而未得逞。被告人向他人索贿400万元的行为符合受贿犯罪钱权交易的本质特征,构成受贿罪,但系犯罪未遂,依照《刑法》第二十三条第二款的规定,可以比照既遂犯从轻或者减轻处罚。(参见第1089号指导案例,杨德林滥用职权、受贿案,载《刑事审判参考》总第103集,第103~104页。撰稿:孔德伦)

▽受贿犯罪既遂与未遂并存的处罚原则

在受贿犯罪中,可能存在既遂、未遂或者既有既遂又有未遂三种情况。对于只有既遂或者未遂的定罪处罚,当无疑问。但是对于既遂与未遂并存的定罪处罚,则相对较复杂。2010年3月,《最高人民法院、最高人民检察院关于办理非法生产、销售烟草专卖品等刑事案件具体应用法律若干问题的解释》第二条第二款规定:"销售金额和未销售货值金额分别达到不同的法定刑幅度或者均达到同一法定刑幅度的,在处罚较重的法定刑幅度内酌情从重处罚。"2011年4月,《最高人民法院、最高人民检察院关于办理诈骗刑事案件具体应用法律若干问题的解释》第六条规定:"诈骗既有既遂,又有未遂,分别达到不同量刑幅度的,依照处罚较重的规定处罚;达到同一量刑幅度的,以诈骗罪既遂处罚。"上述司法解释为受贿犯罪既有既遂又有未遂的处罚提供了重要参考,实践中,可以借鉴并参照上述规则进行处理。具体言之,首先要分别根据被告人受贿的既遂数额和未遂数额判定其各自所对应的法定刑幅度;之后,如果既遂部分所对应的量刑幅度较重或者既遂、未遂部分所对应的量刑幅度相同的,则以既遂部分对应的量刑幅度为基础,酌情从重处罚;如果未遂部分对应的量刑幅度较重的,则以该量刑幅度为基础,酌情从重处罚。本案被告人受贿既遂500万元,其中300万元系索贿;其受贿未遂400万元。被告人受贿既遂、未遂所对应的量刑幅度相同,即按照《刑法》第三百八十三条第一款第一项[《刑法修正案(九)》实施前]的规定,应判处十年以上有期徒刑或者无期徒刑,可以并处没收财产;情节特别严重的,处死刑,并处没收财产。据此,一审、二审法院以被告人受贿既遂500万元所对应的法定量刑幅度——十年以上有期徒刑或者无期徒刑,可以并处没收财产为基础,酌情从重处罚,并综合考虑其索贿的从重处罚情节及坦白、退赃的从轻处罚情节,以受贿罪(既遂)判处被告人有期徒刑十五年,并处没收个人财产五十万元是适当的。(参见第1089号指导案例,杨德林滥用职权、受贿案,载总第103集,第104~

105 页。撰稿:孔德伦)

▽**特定关系人与国家工作人员构成受贿罪共犯的认定**

国家工作人员受贿犯罪案件中,特定关系人参与犯罪的现象越发突出,如不少国家工作人员的配偶、子女、情人或是代请托人转达请托事项并直接收受财物,或是积极帮助收受财物,或是帮助保管、隐匿受贿所得财物。这些特定关系人的行为对国家工作人员的受贿犯罪起不可忽视的推波助澜作用,而对其是否追究刑事责任以及如何定罪处罚。本案被告人罗某多次收受杨某某所送财物的事实客观存在,虽然在案证据不足以认定罗某有代杨某某向张某某转达请托事项的行为,但在案证据证实,罗某在明知杨某某系为感谢和讨好张某某而给予其财物,明知张某某利用职务便利为杨某某谋取了利益的情况下,仍收受杨某某给予的财物并于事先征得张某某的同意或事后告知了张某某,足以认定其具有与张某某共同受贿的故意,并参与实施了共同受贿的行为,符合共同犯罪的构成要件,应当作为受贿罪的共犯论处,具体理由如下:

共同故意既包括事前通谋的情况,也包括事中通谋的情况。同时,同一犯罪可以由不同行为环节构成,各行为人在共同犯罪故意的支配下分别实施了构成共同犯罪整体行为的某一部分行为,即可认定为共同参与了犯罪实施。就受贿罪而言,受贿行为由两部分组成:一是为他人谋利;二是收受他人财物。据此,特定关系人只要主观上与国家工作人员形成受贿的通谋,客观上实施了部分受贿行为,对其以受贿罪共犯论处是符合刑法规定和共同犯罪理论的。对于特定关系人成立受贿罪共犯的认定,虽然根据 2003 年《经济犯罪纪要》的有关规定,国家工作人员的近亲属收受请托人财物构成受贿罪共犯的前提条件是其向国家工作人员代为转达请托事项,但司法实践中不能将此规定作为认定特定关系人成立受贿罪共犯的排他性标准。因为这一规定主要针对的是当时司法实践中较为突出的一类情形,为了统一认识,才予以例示性写入《经济犯罪纪要》,属于注意规定而非创设新的共犯认定标准。而关于非国家工作人员成立受贿罪共犯的条件,《经济犯罪纪要》同时也有总则性规定,即"根据刑法关于共同犯罪的规定,非国家工作人员与国家工作人员勾结伙同受贿的,应当以受贿罪的共犯追究刑事责任。非国家工作人员是否构成受贿罪共犯,取决于双方有无共同受贿的故意和行为"。据此,虽不具有代为转达请托事项行为,但特定关系人与国家工作人员具有受贿通谋和行为的,仍构成受贿罪共犯。因此,《经济犯罪纪要》并未改变刑法关于受贿罪共同犯罪认定的基本标准,那种将向国家工作人员代为转达请托事项认定为国家工作人员的近亲属构成受贿罪共犯的必要条件的认识是对《经济犯罪纪要》有关规定的片面理解,实际是对受贿罪限定了较一般共同犯罪更为严格的条件,与刑法共同犯罪理论不符,不能适应当前打击腐败犯罪形势的需要,在实践中更会造成放纵部分特定关系人的负面效果。对此,2007 年《办理受贿意见》中就专门予以强调,"特定关系人与国家工作人员通谋,共同实施前款行为(国家工作人员利用职务上的便利为请托人谋取利益,授意请托人将有关财物给予特定关系人。——笔者注)的,对特定关系人以受贿罪的共犯论处"。该规定就未再提及代为转达请托事项这一条件,符合刑法共同犯罪理论的一般要求,进一步明确了受贿罪共犯"通谋+行为"的认定标准。这里的"通谋"指的是双方对于受贿故意的意思联络、沟通。从"通谋"发生的时段上看,既包括事先通谋,也包括事中通谋,即虽然特定关系人与国家工作人员事先未就为请托人谋利并收受财物形成共同的犯意联络,但其在对国家工作人员利用职务便利为他人谋利的事实明知的情况下仍代国家工作人员收受财物,应认定与国家工作人员具有通谋。从"通谋"的形式上看,既有特定关系人与国家工作人员之间明示性的谋议,也有心照不宣的默契配合,当然,后一种情况要求相互对对方行为和意思具有确定性明知。从"通谋"的内容上看,特定关系人与国家工作人员不仅对收受请托人财物具有共同意思沟通,而且对由国家工作人员利用职务便利为请托人谋利具有共同意思联络。需要指出的是,对于特定关系人没有事先与国家工作人员通谋,仅是在请托人给予国家工作人员财物时在场的,一般不宜认定为受贿罪共犯。

此外,2016 年 4 月 18 日公布实施的《最高人民法院、最高人民检察院关于办理贪污贿赂刑事案件适用法律若干问题的解释》第十六条第二款规定:“特定关系人索取、收受他人财物,国家工作人员知道后未退还或者上交的,应当认定国家工作人员具有受贿的故意。”此规定实际上将认定“通谋”成立的时段进一步予以延伸,因为该规定针对的情况,往往是国家工作人员已经利用职务便利为请托人谋取了利益,其特定关系人收受请托人财物的行为已经完成,只不过国家工作人员在为请托人谋利时对其特定关系人收受财物并不知情(此时如果案发,则特定关系人可能构成利用影响力受贿罪,国家工作人员可能构成渎职犯罪,但因为彼此缺乏受贿犯意的沟通而并不构成受贿罪共犯),如果事后特定关系人将其收受请托人财物的情况告知了国家工作人员,则国家工作人员具有退还或上交财物的法定义务,否则就视为其与特定关系人之间具有了受贿的共同故意,双方就应均以受贿罪共犯论处。

本案被告人罗某系国家工作人员张某某的特定关系人。在案证据证实,罗某对于请托人杨某某与张某某之间具有请托谋利关系知情,即罗某明知杨某某系为感谢和讨好张某某并得到张的职务上的帮助、关照而给予其财物,明知张某某利用职务便利为杨某某谋取了利益的情况下,仍收受杨某某给予的财物并于事先征得张某某的同意或事后告知了张某某,张某某对之予以认可,足以认定其与张某某形成了受贿“通谋”,二人具有共同受贿的故意,罗某收受杨某某财物的行为系张某某受贿行为的组成部分,因此,法院对罗某以受贿罪共犯定罪处罚是正确的。至于被告人罗某事后对杨某某给其的款物予以消费、使用、存入银行账户,并在张某某案发后将部分财物转移,虽具有掩饰、隐瞒犯罪所得的故意,但鉴于其之前收受财物的行为已作为受贿行为评价,与张某某成立受贿罪共犯,其上述行为属于事后不可罚的行为,依法只应以受贿一罪处理。(参见第1143号指导案例,罗菲受贿案,载《刑事审判参考》总第106集,第49~52页。撰稿:康瑛)

▽合法的债权债务关系与非法收受他人财物的区分认定

行为人为了逃避侦查,常常将行贿、受贿行为伪装成合法的债权债务关系,常见的有欠条形式、交易形式、收受干股、合作投资、委托理财等。对此,应当结合具体案情,对涉案行为进行实质审查,符合权钱交易本质的,应当认定为受贿。所谓“权”指的就是国家工作人员的“职权”。这种职权既包括本人职务上主管、负责、承办某项公共事务的职权,也包括利用职务上有隶属、制约关系的其他国家工作人员的职权,还包括担任单位领导职务的国家工作人员通过不属自己主管的下级部门的国家工作人员的职务而获得的“间接职权”。因而,当国家工作人员收受的财物与其职权密切相关时,即可认定是“非法收受”。本案孙某某提议刘某某用房屋买卖合同加高倍违约金的方式支付贿赂款。孙某某起草了房屋买卖协议,协议约定刘某某同意自协议签订之日起7个工作日内支付孙某某首付款100万元,每延迟1天付款,刘某某需支付房屋出售价的1%的违约金。孙某某办理好有关房屋产权手续后7个工作日内通知刘某某支付尾款并协助刘某某办理过户手续。刘某某接到孙某某支付尾款通知之日起7个工作日内支付尾款,每延迟1天付款,刘某某需支付房屋出售价的1%的违约金,若刘某某在1个月内未足额付清尾款,则孙某某不再将本房屋出售给刘某某,且已经收取的房屋首付款100万元不退还。如果孙某某未能在2013年6月底前办理好本房屋产权手续,孙某某须将所收刘某某100万元首付扣掉刘某某首付违约金后退还。事实上,孙某某的房子是单位集体盖的,无法过户,合同实质上无法履行。事过半年后,孙某某因得知有人因类似问题被查处之后,找到刘某某补写了一张30万元的欠条,但欠条上未署还款日期。孙某某在法庭审理中提出30万元房款系民事债务,不应当认定为受贿。对此,一审、二审法院均认为:第一,从购房协议的内容看,双方存在不对等的权利义务关系,即刘某某违约时需支付高额的违约金,而孙某某违约时不但无须承担任何责任,在退还首付款时还要扣除刘某某需支付的违约金,这些约定有悖于正常的市场交易。第二,孙某某所售房屋不能过户,协议不具备实际履行的条件。第三,从借条可以看出,孙某某在返还刘某某首付款时,未就差额部分出具欠条,而是在半年后为了逃避审查才补写欠条,且未就还款情况作出约定,孙某某在客观上也没有偿还刘某某款项的具体行为。第四,案中证据反映,长丰房地产开发公司在向总包方和分包人支付工程款方面处于主导地位,孙某某作为长丰房地产开发公司的董事长,在支付工程款方面具有决定权。长丰房地产开发公司支付工程款的进度直接决定了恒安消防工程公司获得工程款的时间。刘某某的证言也证明正基于此,其才会与孙某某签订一份不可能履行的房屋买卖合同。根据上述因素综合判断,孙某某与刘某某并不存在真实的债权债务关系,而是以借款为名,非法收受他人财物。

需要注意的是《最高人民法院、最高人民检察院关于办理贪污贿赂刑事案件适用法律若干问题的解释》(以下简称《解释》)第十二条规定:"贿赂犯罪中的'财物',包括货币、物品和财产性利益。财产性利益包括可以折算为货币的物质利益如房屋装修、债务免除等,以及需要支付货币的其他利益如会员服务、旅游等。后者的犯罪数额,以实际支付或者应当支付的数额计算。"实践中经常出现的财产性利益主要有两种:一是行贿人支付货币购买后转送给受贿人消费;二是行贿人在社会上作为商品销售的自有利益,免费提供给受贿人消费。两种情况实质相同,均应作为贿赂犯罪处理。本案中,虽然"合同"中写明孙某某不履行合同义务的情况下不退还刘某某违约金,表面上符合"债务免除"的规定,但究其本质,其合同乃至合同规定的债务关系都是虚拟的,而"财产性利益"中"债务免除"的前提是双方存在真实的债权债务关系,因而涉案的30万元钱款属于被告人非法收受的货币,而不是财产性利益。实践中,财产性利益也经常表现为某种债权债务关系,包括积极财产的增加和消极财产的减少,如使自己或第三人取得债权、使他人免除自己或第三人的债务、债务延期履行等。准确界定贿赂犯罪的界限,认定行为是受贿还是正常的债权债务关系,关键还是要把握"权钱交易"这个本质特征。首先要判断行为人是否利用了职务上的便利为对方谋取了利益,其次要判断债权债务关系是否符合正常的市场交易规则。对于明显有违公平原则、加重一方义务的合同要注意审查双方订立合同的本意,依法打击以"合同"之名行贿赂之实的行为。(参见第1144号指导案例,孙昆明受贿案,载《刑事审判参考》总第106集,第56~58页。撰稿:周维平 张静 段凰)

▽国家工作人员和特定关系人在事先未通谋的情况下,利用职务上的便利为请托人谋取利益,在知道特定关系人索取、收受请托人财物后虽有退还的意思表示,但发现特定关系人未退还予以默认的,应当认定国家工作人员具有受贿故意,构成受贿罪

司法实践中,国家工作人员办事,特定关系人收钱的情况屡见不鲜,一些行贿人甚至将"攻克领导干部的身边人"作为一条事半功倍的捷径。在国家工作人员和特定关系人事先有通谋的情形下,实施上述行为,构成受贿罪的共犯。2003年《经济犯罪纪要》第三条第五项明确规定:"国家工作人员的近亲属向国家工作人员代为转达请托事项,收受请托人财物并告知该国家工作人员,或者国家工作人员明知其近亲属收受了他人财物,仍按照近亲属的要求利用职权为他人谋取利益的,对该国家工作人员应认定为受贿罪,其近亲属以受贿罪共犯论处。"2007年《办理受贿意见》第七条第二款亦明确:"特定关系人与国家工作人员通谋,共同实施前款行为的,对特定关系人以受贿罪的共犯论处。"但是,如果国家工作人员和特定关系人没有事前通谋,特定关系人利用或通过国家工作人员的职权或职务上的便利条件为他人谋取利益,单独索取、收受请托人财物,这种情况下能否以受贿罪追究国家工作人员的刑事责任?结合本案看,被告人朱某某在收受刘某所送第一笔500克金条事实中,其本人与刘某并不相识,妻子金某和刘某在业务交往中相识。刘某在得知金某系朱某某的妻子后,欲让金某通过朱某某向相关人员打招呼,以帮助自己承接土石方工程。朱某某应妻子金某要求,为刘某承接土石方工程向相关人员打招呼,后妻子金某收受刘某所送的500克金条。金某将上述金条带回家后告知朱某某,朱某某因担心刘某不可靠,遂让金某退还该金条,但金某并未退还,此后朱某某发现金某未退还金条,未再继续要求金某退还。[本案在起诉、审判时,2016年《最高人民法院、最高人民检察院关于办理贪污贿赂刑事案件适用法律若干问题的解释》(本附文以下简称《解释》)尚未出台]。国家工作人员和特定关系人没有事前通谋,国家工作人员利用职务上的便利为请托人谋取利益,特定关系人索取或收受请托人财物的,判定国家工作人员是否具有受贿的故意,关键看其对收钱一事是否知情以及知情后的态度。具

体可以分为以下几种情形:

第一种情形,特定关系人索取、收受请托人财物后一直未告知国家工作人员,直至案发国家工作人员才知道其收钱的事实。为了弥补可罚性漏洞,《刑法修正案(七)》增设了利用影响力受贿罪。在上述情形中,对于收受财物的特定关系人,若其为请托人谋取的系不正当利益,可能构成《刑法》第三百八十八条之一规定的利用影响力受贿罪。本案金某在被告人朱某某要求其将金条还给刘某后,不仅没有退还金条,后又再次收受刘某所送500克金条,但其因为害怕朱某某说她而未再告诉朱某某。对再次收受刘某所送金条的事实,因朱某某并不知晓,不能认定其具有受贿的故意,故检察机关未列入其受贿事实中加以指控。而此时,金某收受第二根金条的行为有可能构成利用影响力受贿罪。

第二种情形,特定关系人索取、收受他人财物,国家工作人员知道后及时退还或者上交。国家工作人员在知晓特定关系人收受财物后,及时退还或者上交的,表明国家工作人员对收受请托人财物持反对、否定的态度,主观上没有受贿的故意,不能以受贿罪追究其刑事责任。《办理受贿意见》第九条规定:"国家工作人员收受请托人财物后及时退还或者上交的,不是受贿。"根据该意见,既然国家工作人员本人收受财物后及时退还或者上交的不是受贿,那么,国家工作人员知道特定关系人收受财物后及时退还或者上交的,也应坚持同一标准,不应评价为受贿。需要注意的是,这种情况下特定关系人仍有可能构成利用影响力受贿罪,"及时退还或者上交"仅仅作为利用影响力受贿罪的一个酌定量刑情节予以考虑。

第三种情形,国家工作人员知道特定关系人索取、收受请托人财物后,虽有退还的意思表示,但发现特定关系人未退还后予以默认的。此种情形也就是朱某某一案中存在的情况,应当认定国家工作人员主观上具有受贿的故意。结合本案看,具体有以下几点理由:首先,被告人朱某某应妻子金某的要求为请托人刘某承接工程提供帮助,事后得知妻子收受刘某所送金条。从主观上看,朱某某对所收受财物的性质有明确的认识,知道该金条是其先前利用职权为刘某谋利行为的回报。其次,被告人朱某某得知妻子收受金条后,的确有要求妻子退还的意思表示,但不能简单地根据这种言语表达来否定朱某某主观上具有受贿的意思。朱某某要求妻子退还金条的动机,是朱某某和刘某不熟悉,担心刘某不可靠,害怕随便收"生人"的钱容易出事。要求妻子退还金条,反映了朱某某对收受财物一开始是持担忧、疑虑和否定态度的。但最终,朱某某发现妻子并未按其要求退还金条后,未再坚持让妻子退还,亦未将金条上交,说明朱某某经一番权衡考虑之后,还是心存侥幸,对收受请托人财物持默许、认可和接受的态度。对受贿故意的考察判断,不能孤立地看国家工作人员得知特定关系人收受他人财物这一时间节点的个别言语和行为,而要综合考察国家工作人员知情后,是否积极敦促、要求特定关系人退还财物,最终对收受他人财物是否持认可、默许的态度。国家工作人员和特定关系人处于同一利益共同体,共同体中的任何一方收受他人财物的行为,客观上应视为"利益共同体"的整体行为。当国家工作人员发现特定关系人未按要求退还财物仍然默许的,表明其对共同体另一方收受财物的行为总体上持认可态度,当然应对这种客观上未退还的不法后果担责。本案中,检察机关对该笔事实以受贿罪追究朱某某的刑事责任(对其妻子金某另案处理),也得到了法院裁判的认可。《解释》第十六条第二款明确规定:"特定关系人索取、收受他人财物,国家工作人员知道后未退还或者上交的,应当认定国家工作人员具有受贿故意。"可见,《解释》亦明确了此种情形下应当认定国家工作人员具有受贿的故意。

第四种情形,国家工作人员知道特定关系人索取、收受请托人财物后,要求特定关系人退还,特定关系人欺骗国家工作人员财物已经退还。在这种情形下,客观上财物未退还或者上交,能否依据《解释》认定符合"国家工作人员知道后未退还或者上交"的要求,还是应当从案件实际情况出发谨慎判断受贿故意的有无。若国家工作人员知道特定关系人收受财物后强烈反对,坚决要求特定关系人及时退还财物并多次提醒、督促,特定关系人欺骗国家工作人员财物已经退还,根据案件的具体情况,确有合理理由相信国家工作人员被蒙蔽,确信财物已经退还的,不宜认定其主观上具有受贿的故意。

第五种情形，国家工作人员知道特定关系人索取、收受请托人财物后，口头要求特定关系人退还财物，事后不再过问此事，特定关系人实际未退还财物的。司法实践中第五种情形并不少见，办案机关也经常听到国家工作人提出类似辩解，“开始我不知道她收了钱，她告诉我后，我让她赶紧还掉，谁知道居然没有还”。这种情形比较复杂，需要结合具体案情，包括国家工作人员有无积极监督、督促特定关系人退还财物，国家工作人员事后有无接触并问询请托人，有无亲自向请托人退还财物的条件，有无上交财物的条件等，综合判断国家工作人员要求特定关系人退还财物的意思表示是随口说说，还是确有此意。如果国家工作人员对退还财物本无真心，实际上持“还不还根本无所谓”的心态，事后也不再过问财物是否退还，甚至在得知特定关系人再次索要、收受请托人财物后仍默许和收受的，应当认定其主观上具有受贿的故意。

第六种情形，国家工作人员知道特定关系人索取、收受请托人财物后，坚决要求特定关系人退还，而特定关系人始终不肯退还并和国家工作人员就此发生矛盾、冲突，最终财物未退还或者上交。在此种情形中，国家工作人员要求退还财物的态度是明确的，表明收受财物实质上违背了国家工作人员的意愿，但由于在利益共同体内部，国家工作人员和特定关系人就是否退还财物发生了激烈的对抗冲突，此时能否将特定关系人收受财物的结果归责于国家工作人员？由于国家工作人员和特定关系人利益的一致性和关系的亲密性，法律对国家工作人员提出了“退还或者上交财物”的严格要求，只要客观上财物未退还或者上交的，在考察国家工作人员是否具有受贿意图时通常会做出不利于国家工作人员的推断，但这种情形也不能一概而论。例如，国家工作人员的情妇收受请托人一块翡翠，国家工作人员知道后坚决要求情妇退还，情妇不肯退还并和国家工作人员发生争吵甚至大打出手，情妇将翡翠藏匿并以揭发其与国家工作人员的特殊关系相要挟，拒绝退还翡翠，国家工作人员为此和情妇断交。在此情况下，国家工作人员坚持要求退还、和情妇断交等一系列的行为，反映其主观上并没有受贿的故意，但由于情妇藏匿翡翠，国家工作人员客观上无法退还和上交翡翠，又因情妇以告发关系相威胁，我们很难期待国家工作人员主动揭发情妇、鱼死网破。在类似案例中，我们应从案件的基本情况出发，客观、公正地认定国家工作人员是否具有受贿故意，谨慎地判断是否以受贿罪追究国家工作人员的刑事责任。（参见第1145号指导案例，朱渭平受贿案，载《刑事审判参考》总第106集，第60～65页。撰稿：黄勇　余枫霜）

▽国家工作人员收受请托人所送房产，后请托人又将该房产用于抵押贷款的，应当认定构成受贿的既遂

被告人朱某某收受吴某某所送房产之后，吴某某由于资金周转困难，又将该房产用于抵押贷款以解决资金周转问题，那么被告人朱某某的行为已构成受贿罪的既遂。朱某某利用职务上的便利，为吴某某收购上海某酒店式公寓项目提供融资帮助，吴某某在该项目成功收购后，将该项目中一套价值人民币1400余万元的房产过户至朱某某实际控制的公司名下并代缴了买方应缴税费。因该公司办理年检等手续均由吴某某代办，后吴某某在经营资金周转困难时，将该房产抵押以获取贷款供自己经营使用，案发后吴某某还清上述贷款并解除该房产的抵押。朱某某通过吴某某将该套房产转移至自己实际控制的公司名下，受贿已经既遂，理由如下：首先，被告人朱某某利用职务上的便利为吴某某收购房地产项目提供融资帮助，后其为掩人耳目，与吴某某商定，将欲收受的房产过户至其实际控制的上海某公司名下，其行为已构成受贿罪。其次，在该房产完成交易过户至被告人朱某某实际控制的公司名下之日起，受贿已经既遂，即便朱某某并不实际居住该房产甚至钥匙亦在吴某某手中，亦不影响对其受贿行为既遂的认定。因为朱某某与吴某某商定的上述方式正是为了掩人耳目、逃避打击，当房产过户至其实际控制的公司之日起，其权钱交易行为的实质危害性已经实现。最后，吴某某因资金周转困难，利用代办被告人朱某某实际控制的上海某公司年检等事项的便利，将该房产用于抵押，获取贷款以解决自己资金周转困难的行为并不影响朱某某受贿犯罪的形态。表面上看，吴某某用该房产抵押贷款的行为似乎表明房产尚未实际交付给朱某某，因为行贿人尚能行使该房产的抵押权，但上述行为是受贿事实完成后吴某某利用其代管公司公章等便利条件行使部分物权的行为,其本质上属于受贿完成后的事后行为,不能据此否定朱某某的受贿故意、吴某某的行贿心态和客观上已经完成的变更产权所有人的行为。

《办理受贿意见》第八条明确规定:"国家工作人员利用职务上的便利为请托人谋取利益,收受请托人房屋、汽车等物品,未变更权属登记或者借用他人名义办理权属变更登记的,不影响受贿的认定。"司法实务中,针对行贿、受贿双方为逃避打击而采取不断变化的方式、手段、方法所进行的特殊形式的权钱交易行为,要根据上述意见中的精神,结合行贿、受贿双方主观心态和客观行为的隐蔽性、实质性进行综合判定。本案中,朱某某收受吴某某所送房产的事实应当认定为犯罪既遂。(参见第1145号指导案例,朱渭平受贿案,载《刑事审判参考》总第106集,第65~66页。撰稿:黄勇　余枫霜)

▽以虚构事实、隐瞒真相的欺骗方式主动让行贿人交付财物的,构成索贿

被告人得知徐某某有意承揽工程后,通过虚构有"领导的朋友"介入的事实给徐某某施加压力,在徐某某表示愿意支付好处费后即提出100万元的补偿要求,最终通过赵某某等人收取该笔贿款,构成索贿,应酌情从重处罚。具体分析如下:首先,必须准确把握"索贿""索取他人财物"的含义。根据《刑法》本条第一款的规定,受贿罪的行为方式分为"索取他人财物"和"非法收受他人财物"两种,《刑法》第三百八十六条又规定"索贿的从重处罚"。"索贿"是指"索取他人财物"。刑法及相关司法解释未对"索贿"或"索取他人财物"的含义作出规定,在司法实践中可以按照上述用语的通常含义来认定索贿。依据《现代汉语词典》(第5版)的解释,索取即"向人要(钱或东西)",索贿即"索取贿赂",可见,只要行为人主动向他人索要财物,即属于"索取他人财物","索贿"只是刑法对"索取他人财物"的简便表述,二者含义相同。因此,认定行为人是否构成索贿关键看其是否主动要求对方交付财物作为对价。本案被告人表面上似乎并未直接向行贿人徐某某索要财物,而是以要给"领导的朋友"好处费为由主动要求徐某某交付财物给第三人。被告人虽然采取欺骗手段使徐某某相信确有"领导的朋友"介入并"自愿"向"领导的朋友"支付好处费,但被告人在徐某某"自愿"交付之前已向其传递出明确的信号,即徐某某不付出一定代价不可能顺利承揽业务,徐某某面对这种情况并无多少选择余地。在徐某某表示愿意给对方好处费后,被告人立即提出100万元的数额要求。该起受贿事实中,被告人与徐某某的沟通过程符合索贿犯罪中受贿人积极地主导权钱交易进程,而行贿人比较被动地按照受贿人的要求给付财物的特点,犯罪情节较一般的被动接受贿赂的受贿犯罪更为恶劣,理应认定为索贿并酌情从重处罚。至于被告人使用的欺骗手段,并不改变其主动向徐某某索要巨额贿赂的实质。其次,对索贿行为必须结合行为人利用职务上的便利实施犯罪的背景准确定性。单纯地看该起事实,形式上似乎也符合诈骗罪的犯罪构成,但被告人实施上述行为时充分利用了职务上的便利,徐某某也是基于对被告人职权的信任交付财物,后在被告人的帮助下承接了相关业务。徐某某虽误以为其所送财物交给了"领导的朋友",但其对送出财物以满足被告人的要求,进而借助被告人的权力谋取利益有清晰的认识,其关注的重点不在于何人收取贿赂,而在于能否用贿赂换取利益,事实上徐某某也确实通过行贿获得了巨额利益。因此,以索贿而不是诈骗来评价被告人在本起事实中的行为性质更为准确。综上,以虚构事实、隐瞒真相的方式向行贿人施加压力进而索要财物,并利用职务上的便利为行贿人谋取利益的行为,属于索贿。一审、二审认定被告人的本起事实属于索贿是正确的。(参见第1147号指导案例,吴六徕受贿案,载《刑事审判参考》总第106集,第76~77页。撰稿:陈健)

▽社区卫生服务中心办公室信息管理员,利用"拉统方"非法收受医药销售代表财物的行为构成受贿罪

(一)从事公务是判断行为人是否具备受贿犯罪主体的基本标准。受贿罪的犯罪主体是特殊主体,只有国家工作人员才能构成该罪。但是,无论是刑法学界还是司法实务界,对国家工作人员的认定标准都经历了从"身份论"到"公务论"的演变过程。《刑法》第九十三条规定体现了从事公务是判断行为人是否属于国家工作人员和能否以国家工作人员论,即是否具备受贿犯罪主体条件的基本标准。由此可见,认定行为人是否系国家工作人员,并非以其所在单位的性质或者人事编制性质作为唯一标准,而应考虑行为人是否具有"从事公务"这一本质特征。换言之,无论行为人是否在国有单位工作,无论其工作是被任命还是受委派或委托的,也无论其是否系编制内员工或者具有其他身份,当且仅当行为人系依法从事公务时,方能被认定为国家工作人员。具体而言:

1. 国家机关中从事公务的人员。国家机关中从事公务的人员是国家工作人员的主体成员。在判断国家机关中的工作人员是否为从事公务的人员时,若该行为人本身系各级国家权力机关、行政机关、司法机关中的公务员和军事机关中的现役军官、文职干部,此时,其资格身份和公务身份便具有统一性,其职务行为理应视为"公务"。当行为人取得了公务员或者现役军官、文职干部的资格身份之时,便意味着具备了履行国家公务的职能,其资格身份的取得是公务职能取得的前提条件。也就是说,在肯定"公务论"的同时,并没有彻底否认"身份论"的主张。所谓的"公务论",严格来说,是"身份 + 公务论"。从事公务在本质上不应受取得从事公务资格的方式的限制,也不应受在何种单位从事公务的限制。但是,这种不受限制的特性只有在判断本身不具有国家工作人员资格身份的准国家机关工作人员是否系从事公务的人员时才显得有意义和有必要性。因此,"公务论"在一定程度上是对"身份论"的扩大解释,本身具有资格身份的国家机关中的工作人员理应视为从事公务的人员。在判断这类人是否构成受贿罪时,根据其享有的资格身份已经可以认定其为国家机关中从事公务的人员,因而重点考量的应当是其受贿行为与职务的关联性。

2. 公司、企业、事业单位、社会团体中从事公务的人员。根据《刑法》第九十三条的规定,这类人员从事的职务具有国家代表性和管理性的特征。对于具有资格身份的行为人,其资格身份即是界定从事公务的标准;而对于不具有资格身份的行为人,准确把握其工作职责是否符合从事公务的内涵和特性就显得更为重要和关键。《经济犯罪纪要》指出:"从事公务,是指代表国家机关、国有公司、企业事业单位、人民团体等履行组织、领导、监督、管理等职责。公务主要表现为与职权相联系的公共事务以及监督、管理国有财产的职务活动。如国家机关工作人员依法履行职责,国有公司的董事、经理、监事、会计、出纳人员等管理、监督国有财产等活动,属于从事公务。那些不具备职权内容的劳务活动、技术服务工作,如售货员、售票员等所从事的工作,一般不认为是公务。"因此,从事公务的内涵即在于代表国家行使国家管理职能,且不受取得从事公务资格的方式的限制,也不受在何种单位从事公务的限制。同时,公务直接或间接地体现国家对社会的管理,对于保证社会稳定、有序的发展具有重要的意义,关系到多数人或不特定人的利益,具有裁量、判断、决定性质,由国家机关或者其他法定的公共机构或者公共团体组织或者安排。公务的性质可以归纳为两个方面:一是国家代表性,即公务的行使代表着国家权力,这一点使其与私务区别开来。二是管理性,即公务是一种组织、领导、监督、管理、协调活动,这一点使其与劳务区别开来。

3. 其他依照法律从事公务的人员。根据《刑法》第九十三条的规定,其他依照法律从事公务的人员,以国家工作人员论。这一规定,包含两方面内容:一是行为人既不是国家机关工作人员,也不是国有公司、企业、事业单位、人民团体中从事公务的人员;二是行为人的行为是依照法律从事公务的行为。这方面最典型的是《全国人民代表大会常务委员会关于〈中华人民共和国刑法〉第九十三条第二款的解释》的规定:"村民委员会等村基层组织人员协助人民政府从事下列行政管理工作,属于刑法第九十三条第二款规定的'其他依照法律从事公务的人员':(一)救灾、抢险、防汛、优抚、扶贫、移民、救济款物的管理;(二)社会捐助公益事业款物的管理;(三)国有土地的经营和管理;(四)土地征收、征用补偿费用的管理;(五)代征、代缴税款;(六)有关计划生育、户籍、征兵工作;(七)协助人民政府从事的其他行政管理工作。"本案被告人系国有事业单位中不具有行政职务身份的工作人员,但对其工作性质是否符合公务的认定,仍应当从以上三个方面来考量。

(二)信息管理员代表国家对医保信息、国有资产行使管理权,应以国家工作人员论。被告人系国有事业单位办公室的信息管理员，在考量其是否系从事公务的人员时，应当从其工作职责是否符合国家代表性和管理性这两个公务的特性上出发。1. 信息管理员的工作具有国家代表性。根据国务院1998年发布的《事业单位登记管理暂行条例》(2004年修正)的规定，事业单位是指国家为了社会公益目的，由国家机关举办或者其他组织利用国有资产举办的，从事教育、科技、文化、卫生等活动的社会服务组织。事业单位主要从事公共服务活动，尤其是从某一具体的专业领域、利用其工作人员的特定专长为社会提供公共服务，其存在和发展的根本目的是社会公益，从事的事业多是政府职能的延伸和具体化。本案中，社区卫生服务中心属于国有医疗机构，和其他国有事业单位一样，基本上是依靠国家投资建设起来的，接受国家财政拨款，是国家的公共福利机构，承担的就是代表国家为社会公众提供公共医疗服务、保障公民生命健康的职能。被告人系该单位的事业编制人员，其所在的办公室是该中心对业务科室开展日常管理、监督的重要综合部门。根据《事业单位岗位说明书》《信息科系统管理员岗位职责》等规章制度，作为办公室信息管理员，被告人代表本单位行使对公共医疗服务信息的管理、监督职责和对计算机等国有资产的维护管理职责，因而具有公务所体现的国家代表性。

2. 被告人享有对国家事务的管理权。被告人在卫生服务中心担任计算机与网络管理工作，负责业务数据传输及医保接口的操作，完善计算机相关数据管理及保密制度等，对国有资产负有管理职责。其工作职责除了计算机和网络系统维护等技术性工作外，还包括监控信息数据库使用情况、管理用户权限、协助相关部门进行医保数据的统计、传输等信息管理工作，并对数据的真实性、准确性和安全性负责。这些信息是卫生服务中心对医疗业务进行管理、监督、决策的重要依据，关系到多数人或不特定人的利益，且具有非公开性，只有享有管理权限的相关人员才能获取。因此，被告人的工作职责具备技术性和管理性相结合的双重属性，其管理、监控用药数据等医保信息，实质上是履行公共事务管理、监督的职责，体现了裁量、判断、决定等性质。所以，应当认定被告人从事的工作具有公务性，其属于事业单位中从事公务的人员，应以国家工作人员论。

(三)被告人“拉统方”是利用其职务上的便利，应以受贿罪论处。被告人的工作职责具有技术性和管理性的双重属性，因此，在认定其“拉统方”行为是否构成受贿罪时，还应考虑该行为是否与其所从事的公务具有关联性。何谓“统方”？“统方”是指医院对医生用药信息量的统计。为商业目的的“统方”即“拉统方”，则是指医院中个人或部门为医药营销人员提供医生或部门一定时期内临床用药量信息，以便医药营销人员据此向用药医生支付药品回扣的行为。本案中，被告人利用医院赋予的信息管理的职务便利，私自向医药销售代表提供相关用药数据，收受钱款，为医药销售代表谋取利益。这些用药数据正是基于被告人日常负责、承办的信息管理事务的职权所获取的，系利用了其本人职务上的便利。医药销售代表之所以给被告人钱财，系在于其提供的相关用药数据，可使医药销售代表在市场竞争中获得优势地位，本质上属于通过非正当手段获取经济利益，符合受贿罪的本质。此外，被告人利用其对单位电脑采购方面具有建议权的职务便利，在计算机网络日常维护管理工作中，即履行国有资产管理职责的过程中，收取电脑设备供应商的礼券、消费卡，也符合受贿罪的构成要件。

综上所述，被告人作为国有事业单位的编制人员，其从事信息管理工作符合从事公务的本质特征，应当以国家工作人员论。其“拉统方”系利用本人职务上的便利，谋取不正当利益，应以受贿罪论处。二审法院改判被告人犯受贿罪，并考虑其有自首等从轻处罚情节，判处有期徒刑三年，缓刑三年是适当的。(参见第1148号指导案例，丁利康受贿案，载《刑事审判参考》总第106集，第81~85页。撰稿：陈姣莹 周嫣)

▽行为人出于受贿故意，非法收受他人财物后，部分赃款交存于国有单位后大部分用于公务支出，仍以受贿论处

受贿罪作为故意犯罪，只要国家工作人员具有受贿故意，利用职务上的便利，为他人谋取利益，或者利用本人职权或者地位形成的便利条件，通过其他国家工作人员职务上的行为，为请托人谋取不正当利益,并实际索取、收受他人财物的,即应认定为受贿既遂。《办理受贿意见》第九条第一款"国家工作人员收受请托人财物后及时退还或者上交的,不是受贿"的规定,是针对实践中国家工作人员主观上没有受贿故意,但客观上收受了他人财物,并及时退还或者上交,并非针对受贿既遂后退还或者上交的情形。该款明确表述为"收受请托人财物后",而非第二款表述的"受贿后",并强调"及时退还或者上交",索贿情形被排除在外即为此意。第二款所明确的不影响认定受贿罪的行为,与第一款规定的行为性质迥异,旨在避免第一款在司法实践中被错用、滥用,不能错误理解为行为人受贿后,在自身或者与其受贿有关联的人、事被查处前,主动上交、退还的,视为第一款规定的不构成受贿的及时退交。就本案所查明的全部犯罪事实而言,被告人均具有受贿故意,并为他人实际谋取或承诺谋取利益,部分谋利行为积极主动,甚至置法律、组织原则于不顾,不惜严重损害国家利益。就被告人交存款项的数额、时间及来源看,2003 年至 2005 年分文未交,2009 年收少交多,其他年份收多交少,并非及时、全部交存且差异明显,部分源于所查明的受贿事实和非法礼金,部分并不在查明事实之列而是源于其他收入甚至非法收入。从交存款物的部门、知情范围及处分情况来看,也能证明被告人有受贿故意及心存侥幸:一是交存款物的部门既非纪律检查部门,亦非廉政专用账户,而是被告人主管、便于控制的县招商局和县委办;二是知情者极少且知情内容有限,通报相关情况系迫于压力;三是交存款物的支取,必须经过被告人同意或安排,被告人具有绝对的控制、处分权。因此,被告人案发前退还、交存部分款物,不属于《办理受贿意见》第九条"及时退还或者上交",而是借此混淆视听,逃避查处,相应数额不应从受贿数额中扣除。

被告人交存款物后主要用于公共支出,系其受贿犯罪既遂后对赃款、赃物的处置,属自由行使处分权的范畴,不影响受贿犯罪的性质及故意犯罪完成形态的认定,仅作为量刑情节酌情考虑。因为贪污、受贿犯罪既已实施完毕,赃款赃物的事后处分不影响刑事定罪。对赃款赃物去向与贪污、受贿故意的认定关系问题,2016 年 4 月 18 日起施行的《最高人民法院、最高人民检察院关于办理贪污贿赂刑事案件适用法律若干问题的解释》第十六条第一款进一步明确:"国家工作人员出于贪污、受贿的故意,非法占有公共财物、收受他人财物之后,将赃款赃物用于单位公务支出或者社会捐赠的,不影响贪污罪、受贿罪的认定,但量刑时可以酌情考虑。"(参见第 1149 号指导案例,毋保良受贿案,载《刑事审判参考》总第 106 集,第 88~91 页。撰稿:陈华舒)

▽请托人无请托事项时,数次给予数额较少的财物,有明确请托事项时另行给予数额较大甚至巨大财物,受请托前收受的财物应计入受贿数额

受贿犯罪普遍具有长期性、隐蔽性、连续性特点,给予财物者无请托事项时,数次给予数额较少的财物以联络感情,在有明确请托事项时另行给予数额较大甚至巨大财物,行贿人长期连续给予受贿人财物,且超出正常人情往来,其间只要发生过具体请托事项,则可以把这些连续收受的财物视为一个整体,全额认定为受贿数额。在认定时应当注意以下两点:一是收受的连续性,这是得以在法律上将之作为整体行为对待的事实基础;二是排除人情往来因素。本案被告人收受财物在时间上较为连贯,权钱交易性质明显,故不能将前期无请托事项时给予财物的行为与之后的关照、提拔割裂开来,而应作为同一整体对待,将多次收受的财物累计计算,以受贿论处。

值得注意的是,《最高人民法院、最高人民检察院关于办理贪污贿赂刑事案件适用法律若干问题的解释》对国家工作人员利用职务上的便利为请托人谋取利益,受请托之前收受的应计入受贿数额的财物数额予以了明确,即在 1 万元以上的,应当一并计入受贿数额。(参见第 1149 号指导案例,毋保良受贿案,载《刑事审判参考》总第 106 集,第 91 页。撰稿:陈华舒)

▽索取、收受具有上下级关系的下属或者具有行政管理关系的被管理人员价值较大的财物,可能影响职权行使的,视为承诺为他人谋取利益

在行为人收受具有上下级关系的下属或者具有行政管理关系的被管理人员财物时,如何把握受贿犯罪与“感情投资”的界限,是正确认定这一类型受贿犯罪的关键。对于日常意义上的“感情投资”,通常分为两种情形:一种是与行为人当前职务无关的感情投资;另一种是与当前行为人职务行为有着具体关联的所谓的“感情投资”。对于后者,由于双方行为人在日常职务活动中的紧密关系,谋利事项要么已经通过具体的职务行为得以体现,要么可以直接推断出给付金钱有对对方职务行为施加影响的图谋,在这种情况下只要能够排除正常人情往来的,即可认定为受贿。综观本案,给予被告人数额较大甚至巨大财物者,或为已在或欲在萧县境内从事经营活动的商人,或为与被告人存在职务隶属关系的萧县乡镇、科局干部,这些人员除了商业经营、工作需要可能与被告人发生联系外,并无证据证明他们与被告人存在长期的、深厚的亲情、友情等特殊关系;被告人既没有给予他们大体相当的款物,也不能作出合理解释。上述人员无一不是谋求与被告人处好关系,由被告人对现行或将来请托事项给予帮助,而实际上被告人亦实际给予或承诺给予帮助,实质仍为权钱交易,并非正常的人情往来,故相应款物依法应计入受贿数额。

《最高人民法院、最高人民检察院关于办理贪污贿赂刑事案件适用法律若干问题的解释》(本附文以下简称《解释》)为适应惩治受贿犯罪的实践需要,进一步统一了在“礼金型”受贿犯罪类型中“为他人谋取利益”要件的理解,第十三条第二款规定:“国家工作人员索取、收受具有上下级关系的下属或者具有行政管理关系的被管理人员的财物价值三万元以上,可能影响职权行使的,视为承诺为他人谋取利益。”其中,“价值三万元以上”是为了便于实践掌握而对非正常人情往来作出的量化规定。本案于2014年5月20日作出终审裁定,裁判中对几个焦点问题的判决依据,完全符合2016年4月18日颁布施行的《解释》的相关规定。这在一定程度上,也说明《解释》客观反映司法实际需求,将实务中反腐败的做法和经验成文化、制度化,为法治反腐提供了坚实基础。(参见第1149号指导案例,毋保良受贿案,载《刑事审判参考》总第106集,第91～92页。撰稿:陈华舒)

▽出于受贿故意非法收受他人财物后又退还部分钱款的,退还的部分不能从受贿数额中扣除

《办理受贿意见》第九条第一款所规定的“国家工作人员收受请托人财物后及时退还或者上交的,不是受贿”仅限于国家工作人员客观上虽然收受了他人财物,但主观上没有受贿故意的情形。这里只能从行为人是否具有受贿故意的角度判断“及时”与否,不可能有一个具体明确的期限或者期间。不能一概认为,1个月之内退还或者上交的,就不是受贿;也不能一概认为,3个月之后退还或者上交,就肯定是受贿。一般而言,能够表明国家工作人员没有受贿故意的上交与退还,都属于《办理受贿意见》第九条第一款的“及时”。而国家工作人员是否具有受贿故意,又不能仅凭退还或者上交的时间作出判断,国家工作人员在什么状态下客观收受了请托人的财物,是重要的判断依据。而且,在不同的案件中,收受请托人财物的具体情况与退还或者上交的时间,对判断国家工作人员是否具有受贿故意所起的作用可能并不完全相同。

要准确把握对退还的财物是否从受贿数额中扣除,还要对《办理受贿意见》第九条第一款与第二款的关系作进一步分析。《办理受贿意见》第九条第二款规定:“国家工作人员受贿后,因自身或者与其受贿有关联的人、事被查处,为掩饰犯罪而退还或者上交的,不影响认定受贿罪。”《办理受贿意见》第九条第一款只是为了说明客观上收受他人财物,但主观上没有受贿故意的,不成立犯罪。《办理受贿意见》第九条第二款,只是对常见的行为人具有受贿故意应当以受贿罪论处的一种列举,因此,只要行为人客观上利用职务上的便利收受了他人财物,主观上具有受贿故意,即使不符合《办理受贿意见》第九条第二款的规定,也要直接根据刑法本条的规定认定为受贿既遂。概言之,《办理受贿意见》第九条第一款与第二款所规定的并不是A与非A的关系,或者说不是完全的对立关系。属于《办理受贿意见》第九条第二款规定的情形的,当然应认定为受贿罪。然而,虽然不属于《办理受贿意见》第九条第二款规定的情形,但基于非法占有的目的收受贿赂既遂后退还的,也应认定为受贿罪。

本案沈某某利用担任上飞公司安全保障部部长的职务便利,在上飞公司接收、安装百利公司上海分公司运送的办公家具过程中，为百利公司上海分公司提供配合和帮助，于2013年和2014年9月、10月三次共收受彭某升11万元，足以反映出沈某某具有受贿的故意，已经构成受贿既遂。即使其于2014年11月至12月因彭某升父亲生病而给了彭某升2万元，因其受贿犯罪已经实施完毕，赃款的事后处分不影响其受贿数额的认定，故不能从沈某某的受贿数额中扣除2万元。综上，被告人沈某某身为国家工作人员，利用职务上的便利，为他人谋取利益，非法收受他人给予的贿赂共计11万元，其行为构成受贿罪。鉴于二审法院审理期间，《刑法修正案（九）》施行，根据从旧兼从轻的刑法溯及力原则，对沈某某的行为应当适用《刑法修正案（九）》的相关规定。上海市第二中级人民法院对沈某某以受贿罪改判有期徒刑一年三个月，并处罚金十万元是正确的。（参见第1151号指导案例，沈海平受贿案，载《刑事审判参考》总第106集，第106～108页。撰稿：沈言）

第三百八十六条 【受贿罪的处罚规定】对犯受贿罪的，根据受贿所得数额及情节，依照本法第三百八十三条的规定处罚。索贿的从重处罚。

■最高人民法院、最高人民检察院、公安部、国家工商行政管理局关于依法查处盗窃、抢劫机动车案件的规定(1998年5月8日)

八、公安、工商行政管理人员利用职务上的便利，索取或者非法收受他人财物，为赃车入户、过户、验证构成犯罪的，依照《刑法》第三百八十五条、第三百八十六条的规定处罚。

▽以"感情投资"方式多次收受数额巨大的财物，最后行为人接受具体请托为请托人谋利的，应当将多次收受的财物数额予以累计，以受贿犯罪论处

受贿罪的本质在于"权钱交易"，即国家工作人员利用手中职权换取行贿方给予的财物。对于单纯收受型受贿罪（相对于索贿）而言，成立受贿罪要求行为人收受贿赂时主观上应当具有为他人谋利的意思。这里的"为他人谋利"不能仅仅理解为客观上实施了为他人谋利的行为，应当包括承诺、实施、实现三个阶段，只要具有其中一个阶段的行为，如国家工作人员收受他人财物时，根据他人提出的具体请托事项，承诺为他人谋取利益的，就具备了为他人谋取利益的要件。对于明知他人有具体请托事项而收受其财物，亦应当视为承诺为他人谋取利益。因此，"为他人谋取利益"的时间是在非法收受他人财物的同时还是之前或者之后，均不影响受贿罪的成立，只要受贿人明知所收受的财物具有与之相对的具体请托事项，也即受贿人明知收受的财物与具体的请托事项具有因果关系的，就成立受贿罪。也就是说，从一开始，本案的行、受贿双方就清楚地知道这种财物的给予是建立在"权钱交易"的基础之上的，行贿人正是看重这样的"投资"具有可期待的利益，受贿人亦通过明示或暗示承诺以日后利用职务之便为行贿人谋利作为"回报"，一旦行贿人提出具体请托，收受人接受具体请托为"投资人"谋利，那么这种"投资"就实现了"回报"，行贿、受贿双方的"权饯交易"就告完成。这种接受先期"感情投资"的受贿方式是当前贿赂犯罪不断演化的一个新形式，具有更大的隐蔽性和危害性，完全符合受贿罪的构成要件，应当依照刑法以受贿论处。对于受贿数额，应当将历次收受的财物予以累计计算。［参见第470号案例，马平、沈建萍受贿案，载《刑事审判参考》总第59集（2007年第6集），法律出版社，第51～52页。执笔：卢君、邹小莉］

▽以房产交易形式收受贿赂的，受贿数额应当按照交易时该房产的市场价格与实际支付价格的差额计算

以明显低价购买行贿方开发的住宅、商业大厦商铺和天龙广场门面的行为，较之于直接收受财物的典型受贿手法虽有所不同，但只不过是以形式上支付一定数额的价款来掩盖其受贿犯罪行为的一种手段，并不能改变双方权钱交易的实质，应以受贿论处。最高人民法院、最高人民检察院于1985年7月18日发布的《关于当前办理经济犯罪案件中具体应用法律的若干问题的解答（试行）》（本附文以下简称《解答》）第二条第（二）项中就规定："国家工作人员利用职务上的便利，为他人谋取利益，收受物品,只付少量现金,这往往是行贿、受贿双方为掩盖犯罪行为的一种手段,情节严重,数量较大的,应认定为受贿罪。"2007年7月8日最高人民法院、最高人民检察院发布的《关于办理受贿刑事案件适用法律若干问题的意见》(本附文以下简称《办理受贿意见》)亦明确规定:"国家工作人员利用职务上的便利为请托人谋取利益,以下列交易形式收受请托人财物的,以受贿论处:(1)以明显低于市场的价格向请托人购买房屋、汽车等物品的;(2)以明显高于市场的价格向请托人出售房屋、汽车等物品的。"需要指出的是,根据《办理受贿意见》的规定,这里的市场价格包括商品经营者事先设定的不针对特定人的最低优惠价格,如果根据商品经营者事先设定的各种优惠交易条件,以优惠价格购买商品的,不属于受贿。关于受贿数额的认定,《解答》规定,"受贿金额以行贿人购买物品实际支付的金额扣除受贿人已付的金额来计算,行贿人的物品未付款或无法计算行贿人支付金额的,应以受贿人收受物品当时当地的市场零售价格扣除受贿人已付现金额来计算"。《办理受贿意见》规定,"受贿数额按照交易时当地市场价格与实际支付价格的差额计算"。从上述规定可以看出,对于以房产交易形式收受贿赂如何认定受贿数额的基本原则,两个解释的精神是一致的,司法实践中一般应当按照交易时当地市场价格与实际支付价格的差额计算。这里的"交易时当地市场价格",指的是交易双方签订房产买卖合同并开始依约支付价款之时的价格。本案涉及的房产交易中,由于行为人取得产权证时或实际处分房地产时与签订房屋买卖合同、支付对价时存在较长的时间差异,导致同一房产在这些时点之间的市场价格差异甚大,根据《办理受贿意见》的规定,应当将每笔房产交易签订合同并按约支付对价时的市场价格认定为"交易时当地市场价格",其与实际支付价格的差额认定为受贿数额。这是因为,从签订合同并履约时起,以后房产价格的涨跌幅度属于市场规律起作用的范畴,既有可能上涨,亦有可能下跌,并非行、受贿人所能控制,究竟应以哪个时点的价格认定不能统一,难以操作;另外,从主客观相一致的定罪原则出发,以签约并支付对价时的市场价格与实际支付价格之差认定为受贿数额符合行贿、受贿双方的客观认识,更具实质合理性。[参见第470号案例,马平、沈建萍受贿案,载《刑事审判参考》总第59集(2007年第6集),法律出版社,第53～56页。执笔:卢君、邹小莉]

▽对受贿犯罪分子适用刑罚的原则

对于受贿罪的量刑,特别是对死刑的掌握,应根据犯罪的事实、犯罪的性质、情节和对社会的危害程度,全面衡量来决定刑罚,主要应注意以下几个方面的问题:(一)受贿数额的大小。受贿数额客观地反映了案件事实,同时也反映行为人主观恶性的大小,它是体现犯罪情节的一个重要方面。受贿数额大,反映行为人主观恶性深,社会危害大,量刑时就应判处较重刑罚。受贿数额小,在一般情况下反映主观恶性及社会危害较小,量刑时应判处较轻刑罚。(二)受贿情节的轻重。受贿数额的大小是受贿情节的重要组成部分,但并不是全部情节。行为人在受贿中的具体表现,有无索贿以及其他一些相关的情节,也是表现之一。(三)给国家造成的损失。给国家造成损失的大小,是受贿情节的一个重要方面,因此,也是决定刑罚的一个重要的因素。特别是因受贿而给国家造成的经济损失有时往往要大于贪污犯罪,这也是我们认为受贿罪罪数额不能简单与贪污数额比较而确定刑罚的重要原因。(四)是否具有法定的从轻、从重处罚的情节。罪犯是否主犯,认罪态度如何,有无自首、立功表现,也是量刑要掌握的重要方面。(参见第38号案例,张德元受贿案,载《刑事审判参考》总第5辑(1999年第5辑),法律出版社,第43～45页。审编:王玉琦)

第三百八十七条　【单位受贿罪】国家机关、国有公司、企业、事业单位、人民团体,索取、非法收受他人财物,为他人谋取利益,情节严重的,对单位判处罚金,并对其直接负责的主管人员和其他直接责任人员,处五年以下有期徒刑或者拘役。

前款所列单位,在经济往来中,在帐外暗中收受各种名义的回扣、手续费的,以受贿论,依照前款的规定处罚。

▼最高人民检察院法律政策研究室关于国有单位的内设机构能否构成单位受贿罪主体问题的答复(全文)(2006年9月12日)

国有单位的内设机构利用其行使职权的便利,索取、非法收受他人财物并归该内设机构所有或者支配,为他人谋取利益,情节严重的,依照刑法第三百八十七条的规定以单位受贿罪追究刑事责任。

上述内设机构在经济往来中,在账外暗中收受各种名义的回扣、手续费的,以受贿论。

▽税务机关直接负责的主管人员,利用职务便利索取他人财物部分归单位、部分归个人,不征应征税款的行为构成受贿罪、单位受贿罪和徇私舞弊不征税款罪的牵连犯,应按照受贿罪、单位受贿罪两罪并罚,并依法从重处罚

税务机关直接负责的主管人员,利用职务便利索取他人财物部分归单位、部分归个人,不征应征税款的行为构成受贿罪、单位受贿罪和徇私舞弊不征税款罪,符合牵连犯特征。本案的牵连犯形态应该说有一定的特殊性,主要在于行为人追求的是受贿、单位受贿两个犯罪目的,不同于一般意义上牵连犯追求的是一个犯罪目的,但这并不影响受贿罪、单位受贿罪两罪(本罪)与徇私舞弊不征税款罪(他罪)之间的目的与手段的牵连关系。对于牵连犯,除了现行刑法及有效司法解释明确规定应实行数罪并罚的以外,应采取"择一重罪从重处罚"的原则,选择行为人行为所触犯的法条中法定刑规定较重的法条定罪并从重处罚。对于因受贿而进行其他犯罪活动的行为,亦应择一重罪从重处罚。如前所述,本案牵连犯的牵连关系具有不同于一般牵连犯的特征,是两个目的犯罪与一个手段犯罪的牵连,或者说是两个本罪与一个他罪的牵连。在适用牵连犯"择一重罪从重处罚"的原则时,应以受贿罪、单位受贿罪两个本罪的刑罚与徇私舞弊不征税款罪一个他罪刑罚轻重相比较,因此,行为人的行为构成受贿罪、单位受贿罪,应该两罪并罚,并应按照牵连犯的处罚原则依法从重处罚。[参见第257号案例,蒙某受贿案,载《刑事审判参考》总第33集(2003年第4集),法律出版社,第51~52页。执笔:牛克乾]

第三百八十八条　【受贿罪】国家工作人员利用本人职权或者地位形成的便利条件,通过其他国家工作人员职务上的行为,为请托人谋取不正当利益,索取请托人财物或者收受请托人财物的,以受贿论处。

▽行为人通过上级的职务行为,为请托人谋取不正当利益,索取或收受财物,属于利用本人职权或者地位形成的便利条件受贿

在主观要件上,第三百八十五条一般受贿以"为他人谋取利益"为要件,而第三百八十八条斡旋受贿则必须以"谋取不正当利益"为要件。对于索取型受贿而言,第三百八十五条只要"索取他人财物"即可构成犯罪,不必"为他人谋取利益";而第三百八十八条斡旋受贿无论是"索取"型还是"收受"型,都必须具备为请托人谋取不正当利益的要件,才能构成犯罪。从立法意图分析,立法者是为严密法网,加大对受贿犯罪的打击力度,将斡旋受贿列入刑法惩治的范围。同时,修订后的刑法为防止不适当地扩大打击面,又把斡旋受贿的惩处对象限制在谋取不正当利益的范围之内。按"制约关系说",只有在行为人的职务对第三人的职务存在制约关系的情况下,收受贿赂的行为才纳入斡旋受贿的范畴,其结果必然是减小了对受贿罪的打击力度,使原本按一般受贿惩处的行为只能按斡旋受贿处理。通常情况下,职务越高,越不需要具体的部署、审批等行为,只需要指示、原则安排甚至暗示即可。按"制约关系说",还容易导致对职务越高的领导干部受贿越难按一般受贿惩处的现象发生。可见,无论是从立法意图还是从罪刑责任分析,"制约关系说"都不符合司法实践?"制约关系和工作联系说"面临"制约关系说"同样的问题。"非制约关系说"更符合立法原意,也更有利于依法打击受贿犯罪。"利用本人职权或者地位形成的便利条件"应理解为行为人对被其利用的国家工作人员在职务上没有制约关系,但是行为人利用了本人职权或者地位产生的影响。本案中,刘某是陆某的上级领导,陆某的职务对刘某的职务不具有制约关系,但陆某与刘某之间存在工作联系,陆某的职权和地位可以对刘某的职务行为产生一定的影响,陆通过刘某职务上的行为,为请托人谋取不正当利益,应当属于利用本人职权或者地位形成的便利条件受贿的情形。[参见第754号指导案例,陆某受贿案,载《刑事审判参考》总第84集(2012年第1集),第61~62页。撰稿:刘扬]

▽行为人既是国家工作人员,又与被其利用的其他国家工作人员之间具有不正当男女关系,其利用本人职权或者地位形成的便利条件的行为应适用《刑法》第三百八十八条的规定,而不是第三百八十八条之一的规定

陆某除了是刘某的下属,有工作上的联系外,其还与刘某有不正当的男女关系。一方面,其与刘某有工作联系,可以利用本人职权形成的便利条件,通过刘某职务上的行为为请托人谋取不正当利益;另一方面,其与刘某有情人关系,不能排除其可通过"枕边风"影响刘某,进而通过刘某职务上的行为为请托人谋取不正当利益。正确区分《刑法》第三百八十八条规定的受贿与《刑法》第三百八十八条之一规定的利用影响力受贿的界限,不能忽视立法演变所体现的立法原意。1979年刑法只规定了国家工作人员利用职务上的便利收受贿赂,应追究刑事责任。1997年刑法修订时,增设了应当追究国家工作人员利用本人职权或者地位形成的便利条件受贿的情形。随着近年来,与国家工作人员有亲属关系、亲密关系的人利用国家工作人员职务行为这样或那样的影响实施的受贿行为增多,2009年《刑法修正案(七)》增设了利用影响力受贿的情形。这种立法变化反映立法者严密法网,不断加大受贿犯罪惩治力度的立法初衷。在利用影响力受贿过程中,行为人对国家工作人员(或者离职的国家工作人员)是用亲属、友情、同乡等关系施加影响,并无权力制约关系或者职权或者地位形成的便利条件,社会危害性相对较低,故刑法规定适用相对轻缓的刑罚。因此,具有国家工作人员身份,又具有情人身份的行为人利用第三人的职务行为受贿的定性,往往会面临《刑法》第三百八十五条与第三百八十八条,第三百八十八条与第三百八十八条之一的适用争议。然而,如果我们能够注意到立法的前后变化,准确把握立法意图和司法政策精神,就不难确立上述争议的解决原则。究竟以哪个罪名进行处断,只要国家工作人员同时具备本人的职权或者地位形成的便利条件和其与其他国家工作人员的密切关系,原则上应当依照《刑法》第三百八十八条的规定,以受贿罪论处;但确有证据证实国家工作人员仅利用了其与被其利用的其他国家工作人员的密切关系的,应当依照《刑法》第三百八十八条之一的规定,以利用影响力受贿罪论处。[参见第754号指导案例,陆某受贿案,载《刑事审判参考》总第84集(2012年第1集),第62~63页。撰稿:刘扬]

第三百八十八条之一　【利用影响力受贿罪】国家工作人员的近亲属或者其他与该国家工作人员关系密切的人,通过该国家工作人员职务上的行为,或者利用该国家工作人员职权或者地位形成的便利条件,通过其他国家工作人员职务上的行为,为请托人谋取不正当利益,索取请托人财物或者收受请托人财物,数额较大或者有其他较重情节的,处三年以下有期徒刑或者拘役,并处罚金;数额巨大或者有其他严重情节的,处三年以上七年以下有期徒刑,并处罚金;数额特别巨大或者有其他特别严重情节的,处七年以上有期徒刑,并处罚金或者没收财产。

离职的国家工作人员或者其近亲属以及其他与其关系密切的人,利用该离职的国家工作人员原职权或者地位形成的便利条件实施前款行为的,依照前款的规定定罪处罚。(本条是根据《中华人民共和国刑法修正案(七)》之十三增加的,2009年2月28日起施行。)

■最高人民法院、最高人民检察院关于办理贪污贿赂刑事案件适用法律若干问题的解释(2016年4月18日)

第十条　刑法第三百八十八条之一规定的利用影响力受贿罪的定罪量刑适用标准,参照本解释关于受贿罪的规定执行。

刑法第三百九十条之一规定的对有影响力的人行贿罪的定罪量刑适用标准,参照本解释关于行贿罪的规定执行。

单位对有影响力的人行贿数额在二十万元以上的,应当依照刑法第三百九十条之一的规定以对有影响力的人行贿罪追究刑事责任。

第二十条 本解释自2016年4月18日起施行。最高人民法院、最高人民检察院此前发布的司法解释与本解释不一致的,以本解释为准。

■最高人民法院关于国家工作人员利用职务上的便利为他人谋取利益离退休后收受财物行为如何处理问题的批复(全文)(2000年7月21日)

国家工作人员利用职务上的便利为请托人谋取利益,并与请托人事先约定,在其离退休后收受请托人财物,构成犯罪的,以受贿罪定罪处罚。

第三百八十九条 【行贿罪】为谋取不正当利益,给予国家工作人员以财物的,是行贿罪。

【行贿罪】在经往来中,违反国家规定,给予国家工作人员以财物,数额较大的,或者违反国家规定,给予国家工作人员以各种名义的回扣、手续费的,以行贿论处。

因被勒索给予国家工作人员以财物,没有获得不正当利益的,不是行贿。

■最高人民法院、最高人民检察院关于在办理受贿犯罪大要案的同时要严肃查处严重行贿犯罪分子的通知(1999年3月4日)

二、对于为谋取不正当利益而行贿,构成行贿罪、向单位行贿罪、单位行贿罪的,必须依法追究刑事责任。“谋取不正当利益”是指谋取违反法律、法规、国家政策和国务院各部门规章规定的利益,以及要求国家工作人员或者有关单位提供违反法律、法规、国家政策和国务院各部门规章规定的帮助或者方便条件。

对于向国家工作人员介绍贿赂,构成犯罪的案件,也要依法查处。

三、当前要特别注意依法严肃惩处下列严重行贿犯罪行为:

1. 行贿数额巨大、多次行贿或者向多人行贿的;

2. 向党政干部和司法工作人员行贿的;

3. 为进行走私、偷税、骗税、骗汇、逃汇、非法买卖外汇等违法犯罪活动,向海关、工商、税务、外汇管理等行政执法机关工作人员行贿的;

4. 为非法办理金融、证券业务,向银行等金融机构、证券管理机构工作人员行贿,致使国家利益遭受重大损失的;

5. 为非法获取工程、项目的开发、承包、经营权,向有关主管部门及其主管领导行贿,致使公共财产、国家和人民利益遭受重大损失的;

6. 为制售假冒伪劣产品,向有关国家机关、国有单位及国家工作人员行贿,造成严重后果的;

7. 其他情节严重的行贿犯罪行为。

■中华人民共和国反不正当竞争法(2019年4月23日修正)

第七条 经营者不得采用财物或者其他手段贿赂下列单位或者个人,以谋取交易机会或者竞争优势:

(一)交易相对方的工作人员;

(二)受交易相对方委托办理相关事务的单位或者个人;

(三)利用职权或者影响力影响交易的单位或者个人。

经营者在交易活动中,可以以明示方式向交易相对方支付折扣,或者向中间人支付佣金。经营者向交易相对方支付折扣、向中间人支付佣金的,应当如实入账。接受折扣、佣金的经营者也应当如实入账。

经营者的工作人员进行贿赂的,应当认定为经营者的行为;但是,经营者有证据证明该工作人员的行为与为经营者谋取交易机会或者竞争优势无关的除外。

■最高人民法院、最高人民检察院关于办理赌博刑事案件具体应用法律若干问题的解释(2005年5月13日)

第七条 通过赌博或者为国家工作人员赌博提供资金的形式实施行贿、受贿行为,构成犯罪的,依照刑法关于贿赂犯罪的规定定罪处罚。

▽《刑法》本条第二款对经济往来中的行贿行为的规定和《刑法》本条第一款不同,没有规定"谋取不正当利益"的主观要件,并不意味着在经济往来中的行贿行为构成行贿罪不必具备"以谋取不正当利益"这一主观要件

《刑法》本条第二款规定的在经济往来中的行贿行为构成行贿罪同样必须以"谋取不正当利益"为主观要件。理由如下:第一,《刑法》本条第一款是关于行贿罪的基本规定,本条第二款与该条第一款的关系应当理解为是注意规定而不是法律拟制的关系,在经济往来中的行贿行为构成行贿罪不能脱离第一款的基本要件。第二,鉴于在经济往来中给予对方好处的复杂性和普遍性,如果不作"谋取不正当利益"的限制,将导致把一些违规违法行为均作为犯罪来处理,使打击的范围过于宽泛,不符合刑法谦抑原则。第三,《刑法》本条第一款规定的行贿行为,其社会危害性一般要大于在经济往来中给予国家工作人员财物或者回扣、手续费的行为,举重以明轻,前者构成犯罪既然必须具备"谋取不正当利益"这一主观要件,后者自然更必须具备。第四,《刑法》第一百六十四条规定的对非国家工作人员行贿罪必须具备"谋取不正当利益"这一主观要件,而对非国家工作人员的行贿行为很大一部分就发生在经济往来中。一般认为,行贿罪和对非国家工作人员行贿罪的区别体现在行贿对象的不同,其余要件是相同的。同样是在经济往来中,如果对非国家工作人员行贿构成行贿罪必须具备"谋取不正当利益"这一主观要件,而对国家工作人员行贿构成行贿罪不必具备这一主观要件,这样的理解既不合理,也不符合刑法系统解释的基本原理。[参见上海市高级人民法院刑二庭调研报告,《贿赂犯罪法律适用问题解答》,载《刑事审判参考》(经验交流)总第75集(2010年第4集),第160~161页。]

▽行贿人如果不供认其行贿行为,而受贿人因为有其他证据而被追究受贿罪的刑事责任,对行贿人是否可以伪证罪进行追诉

伪证罪的主体是证人、鉴定人、记录人、翻译人,行贿人是当事人,不符合伪证罪的犯罪主体,故不能以伪证罪论处。如认定行贿人行贿的证据确实、充分,可直接以行贿罪追究其刑事责任。[参见上海市高级人民法院刑二庭调研报告,《贿赂犯罪法律适用问题解答》,载《刑事审判参考》(经验交流)总75集(2010年第4集),第161页。]

▽通过给予国家工作人员财物以达到规避竞争而取得特殊利益的目的,属于谋取不正当利益,构成行贿罪

"为谋取不正当利益"范围的界定。《最高人民法院、最高人民检察院关于在办理受贿犯罪大要案的同时要严肃查处严重行贿犯罪分子的通知》(本附文以下简称《通知》)第二条规定,"谋取不正当利益"是指谋取违反法律、法规、国家政策和国务院各部门规章规定的利益,以及要求国家工作人员或者有关单位提供违反法律、法规、国家政策和国务院各部门规章规定的帮助或者方便条件。《商业贿赂的意见》第九条第一款对此作了进一步规定:"在行贿犯罪中,谋取不正当利益',是指行贿人谋取违反法律、法规、规章或者政策规定的利益,或者要求对方违反法律、法规、规章、政策、行业规范的规定提供帮助或者方便条件。"这里不能对"谋取不正当利益"进行狭义的理解,认为只有谋取的利益本身是非法的,才构成行贿罪。根据《通知》《办理受贿意见》对"讨取不正当利益"的界定,"谋取不正当利益"既包括谋取各种形式的不正当利益,也包括以不正当手段谋取合法利益;既包括实体违规,也包括程序违规。实体违规是指行贿人企图谋取的利益本身违反有关规定,即利益本身不正当,通常表现为国家禁止性的利益和特定义务的不当免除两种情形；前者如通过行贿使公路管理人员对超载货车放行，后者如通过行贿使本应依法履行的纳税、缴纳罚款等义务得以减免。程序违规是指国家工作人员或有关单位为行贿人提供违法、违规或违反国家政策的帮助或者便利条件，即利益取得方式不正当，其可罚性基础并不在于利益本身的违法，而是基于为谋取利益所提供的“帮助或者方便条件”是违规的。即便行为人获取的利益本身可能是合法的，但其通过行贿手段要求国家工作人员或者有关单位为获取该利益所提供的“帮助或者方便条件”是违反相关法律法规等规定的，就属于在程序上不符合规定，仍然应当被认定为程序违法所导致的“谋取不正当利益”。具体而言，其主要包括两种情况：一是本不具备获取某种利益的条件，通过行贿而取得该利益，如贷款、提干、招干等；二是需要经过竞争才可能取得的利益，如行贿人虽然符合晋级、晋升的条件，但为了使自己优于他人晋级、晋升而给予国家工作人员财物以获得帮助。根据《中华人民共和国招标投标法》第三条的规定，全部或者部分使用国有资金投资或者国家融资的工程建设项目包括项目的勘察、设计、施工、监理以及与工程建设有关的重要设备、材料等的采购，必须进行招标。本案就是属于原本需要进行招标投标程序的竞争才可能获得利益，被告人却通过行贿手段规避招投标程序而直接获得工程项目的情形。对此，《办理受贿意见》第九条第二款专门规定：“在招标投标、政府采购等商业活动中，违背公平原则，给予相关人员财物以谋取竞争优势的，属于‘谋取不正当利益’。”本案被告人是从业多年的国家注册建筑师，应当知道由国有资金投资的拆迁安置房项目依据招标投标法的上述规定必须进行招标，却通过行贿手段，非法获得本应当通过招投标竞争方可能取得的规划设计项目。被告人虽然以挂靠单位同济大学建筑设计研究院（集团）有限公司的名义承揽规划设计项目，但其是承揽泰州市迎春东路安置小区海曙颐园规划设计项目的直接负责人和主要受益者，其行贿行为不但严重违反国家规定，而且明显具有谋取不正当利益的目的，故法院认定其构成行贿罪是正确的。[参见第787号指导案例，袁珏行贿案，载《刑事审判参考》总第86集（2012年第3集），第92～93页。撰稿：卞婧娴]

第三百九十条　【行贿的处理】对犯行贿罪的，处五年以下有期徒刑或者拘役，并处罚金；因行贿谋取不正当利益，情节严重的，或者使国家利益遭受重大损失的，处五年以上十年以下有期徒刑，并处罚金；情节特别严重的，或者使国家利益遭受特别重大损失的，处十年以上有期徒刑或者无期徒刑，并处罚金或者没收财产。

行贿人在被追诉前主动交待行贿行为的，可以从轻或者减轻处罚。其中，犯罪较轻的，对侦破重大案件起关键作用的，或者有重大立功表现的，可以减轻或者免除处罚。（本条是根据《中华人民共和国刑法修正案（九）》之四十五修改的，2015年11月1日起施行。）

刑法本条原文：对犯行贿罪的，处五年以下有期徒刑或者拘役；因行贿谋取不正当利益，情节严重的，或者使国家利益遭受重大损失的，处五年以上十年以下有期徒刑；情节特别严重的，处十年以上有期徒刑或者无期徒刑，可以并处没收财产。

行贿人在被追诉前主动交待行贿行为的，可以减轻处罚或者免除处罚。

■最高人民法院、最高人民检察院关于办理贪污贿赂刑事案件适用法律若干问题的解释（2016年4月18日）

第七条　为谋取不正当利益，向国家工作人员行贿，数额在三万元以上的，应当依照刑法第三百九十条的规定以行贿罪追究刑事责任。

行贿数额在一万元以上不满三万元，具有下列情形之一的，应当依照刑法第三百九十条的规定以行贿罪追究刑事责任：

（一）向三人以上行贿的；

（二）将违法所得用于行贿的；

（三）通过行贿谋取职务提拔、调整的；

(四)向负有食品、药品、安全生产、环境保护等监督管理职责的国家工作人员行贿,实施非法活动的;

(五)向司法工作人员行贿,影响司法公正的;

(六)造成经济损失数额在五十万元以上不满一百万元的。

第八条　犯行贿罪,具有下列情形之一的,应当认定为刑法第三百九十条第一款规定的“情节严重”:

(一)行贿数额在一百万元以上不满五百万元的;

(二)行贿数额在五十万元以上不满一百万元,并具有本解释第七条第二款第一项至第五项规定的情形之一的;

(三)其他严重的情节。

为谋取不正当利益,向国家工作人员行贿,造成经济损失数额在一百万元以上不满五百万元的,应当认定为刑法第三百九十条第一款规定的“使国家利益遭受重大损失”。

第九条　犯行贿罪,具有下列情形之一的,应当认定为刑法第三百九十条第一款规定的“情节特别严重”:

(一)行贿数额在五百万元以上的;

(二)行贿数额在二百五十万元以上不满五百万元,并具有本解释第七条第二款第一项至第五项规定的情形之一的;

(三)其他特别严重的情节。

为谋取不正当利益,向国家工作人员行贿,造成经济损失数额在五百万元以上的,应当认定为刑法第三百九十条第一款规定的“使国家利益遭受特别重大损失”。

第十四条　根据行贿犯罪的事实、情节,可能被判处三年有期徒刑以下刑罚的,可以认定为刑法第三百九十条第二款规定的“犯罪较轻”。

根据犯罪的事实、情节,已经或者可能被判处十年有期徒刑以上刑罚的,或者案件在本省、自治区、直辖市或者全国范围内有较大影响的,可以认定为刑法第三百九十条第二款规定的“重大案件”。

具有下列情形之一的,可以认定为刑法第三百九十条第二款规定的“对侦破重大案件起关键作用”:

(一)主动交待办案机关未掌握的重大案件线索的;

(二)主动交待的犯罪线索不属于重大案件的线索,但该线索对于重大案件侦破有重要作用的;

(三)主动交待行贿事实,对于重大案件的证据收集有重要作用的;

(四)主动交待行贿事实,对于重大案件的追逃、追赃有重要作用的。

第二十条　本解释自2016年4月18日起施行。最高人民法院、最高人民检察院此前发布的司法解释与本解释不一致的,以本解释为准。

■最高人民法院、最高人民检察院关于办理行贿刑事案件具体应用法律若干问题的解释(全文)(2013年1月1日)

第一条　为谋取不正当利益,向国家工作人员行贿,数额在一万元以上的,应当依照刑法第三百九十条的规定追究刑事责任。

第二条　因行贿谋取不正当利益,具有下列情形之一的,应当认定为刑法第三百九十条第一款规定的“情节严重”:

(一)行贿数额在二十万元以上不满一百万元的;

(二)行贿数额在十万元以上不满二十万元,并具有下列情形之一的:

1. 向三人以上行贿的;

2. 将违法所得用于行贿的;

3. 为实施违法犯罪活动，向负有食品、药品、安全生产、环境保护等监督管理职责的国家工作人员行贿，严重危害民生、侵犯公众生命财产安全的；

4. 向行政执法机关、司法机关的国家工作人员行贿，影响行政执法和司法公正的；

（三）其他情节严重的情形。

第三条　因行贿谋取不正当利益，造成直接经济损失数额在一百万元以上的，应当认定为刑法第三百九十条第一款规定的"使国家利益遭受重大损失"。

第四条　因行贿谋取不正当利益，具有下列情形之一的，应当认定为刑法第三百九十条第一款规定的"情节特别严重"：

（一）行贿数额在一百万元以上的；

（二）行贿数额在五十万元以上不满一百万元，并具有下列情形之一的：

1. 向三人以上行贿的；

2. 将违法所得用于行贿的；

3. 为实施违法犯罪活动，向负有食品、药品、安全生产、环境保护等监督管理职责的国家工作人员行贿，严重危害民生、侵犯公众生命财产安全的；

4. 向行政执法机关、司法机关的国家工作人员行贿，影响行政执法和司法公正的；

（三）造成直接经济损失数额在五百万元以上的；

（四）其他情节特别严重的情形。

第五条　多次行贿未经处理的，按照累计行贿数额处罚。

第六条　行贿人谋取不正当利益的行为构成犯罪的，应当与行贿犯罪实行数罪并罚。

第七条　因行贿人在被追诉前主动交待行贿行为而破获相关受贿案件的，对行贿人不适用刑法第六十八条关于立功的规定，依照刑法第三百九十条第二款的规定，可以减轻或者免除处罚。

单位行贿的，在被追诉前，单位集体决定或者单位负责人决定主动交待单位行贿行为的，依照刑法第三百九十条第二款的规定，对单位及相关责任人员可以减轻处罚或者免除处罚；受委托直接办理单位行贿事项的直接责任人员在被追诉前主动交待自己知道的单位行贿行为的，对该直接责任人员可以依照刑法第三百九十条第二款的规定减轻处罚或者免除处罚。

第八条　行贿人被追诉后如实供述自己罪行的，依照刑法第六十七条第三款的规定，可以从轻处罚；因其如实供述自己罪行，避免特别严重后果发生的，可以减轻处罚。

第九条　行贿人揭发受贿人与其行贿无关的其他犯罪行为，查证属实的，依照刑法第六十八条关于立功的规定，可以从轻、减轻或者免除处罚。

第十条　实施行贿犯罪，具有下列情形之一的，一般不适用缓刑和免予刑事处罚：

（一）向三人以上行贿的；

（二）因行贿受过行政处罚或者刑事处罚的；

（三）为实施违法犯罪活动而行贿的；

（四）造成严重危害后果的；

（五）其他不适用缓刑和免予刑事处罚的情形。

具有刑法第三百九十条第二款规定的情形的，不受前款规定的限制。

第十一条　行贿犯罪取得的不正当财产性利益应当依照刑法第六十四条的规定予以追缴、责令退赔或者返还被害人。

因行贿犯罪取得财产性利益以外的经营资格、资质或者职务晋升等其他不正当利益，建议有关部门依照相关规定予以处理。

第十二条　行贿犯罪中的"谋取不正当利益"，是指行贿人谋取的利益违反法律、法规、规章、政策规定,或者要求国家工作人员违反法律、法规、规章、政策、行业规范的规定,为自己提供帮助或者方便条件。

违背公平、公正原则,在经济、组织人事管理等活动中,谋取竞争优势的,应当认定为"谋取不正当利益"。

第十三条 刑法第三百九十条第二款规定的"被追诉前",是指检察机关对行贿人的行贿行为刑事立案前。

▽行为人主动交代部分行贿犯罪,检举其行贿对象不构成自首、立功

行为人交代了他本人的其他行贿事实及受贿人,其中一部分事实司法机关已掌握。对司法机关尚不掌握的部分,属于行为人交代自己的余罪。对于主动交代的这部分余罪,首先不构成自首。《最高人民法院关于处理自首和立功具体应用法律若干问题的解释》第四条的规定"被采取强制措施的犯罪嫌疑人、被告人和已宣判的罪犯,如实供述司法机关尚未掌握的罪行,与司法机关已掌握的或者判决确定的罪行属同种罪行的,可以酌情从轻处罚",但不属自首。行为人作为行贿人,毫无疑问应当交代自己的行贿对象,其检举行贿对象的情况即使经查属实,依法也只能对行为人所犯行贿罪予以从轻处罚,而不构成立功。本条第二款有明确规定:"行贿人在被追诉前主动交代行贿行为的,可以减轻处罚或者免除处罚。"对该行贿罪的从轻或者减轻处罚,无疑不能成为对行为人所犯走私普通货物罪予以从轻或者减轻处罚的理由。[参见第18号案例,林春华等走私普通货物案,载《刑事审判参考》总第3辑(1999年第3辑),法律出版社,第15~16页。审编:白富忠]

▽行贿人因其他犯罪被司法机关追诉,主动交代行贿行为,受贿人构成受贿罪的,行贿人是否构成立功

如果行贿人的行贿行为不构成行贿罪,其主动交代行贿行为,从而使受贿人的受贿犯罪事实得以侦破的,行贿人的行为符合立功的条件,构成立功。如果行贿人的行为构成行贿罪,且已被司法机关追诉的,对其主动交代的行贿行为,可以直接援引《刑法》本条第二款的规定,对行贿人的行贿罪减轻或者免除处罚,不能再认定行贿人构成立功。[参见上海市高级人民法院刑二庭调研报告,《贿赂犯罪法律适用问题解答》,载《刑事审判参考》(经验交流)总第75集(2010年第4集),第161页。]

▽在检察机关对其立案前交代行贿事实,属于被追诉前主动交代的情形

基于受贿行为所侵害的法益一般情况下比行贿行为更为严重,为鼓励行贿者揭发、举报犯罪,打破同盟关系,刑法在对行贿犯罪的处理上给了行为人更多从宽处理的机会。《刑法》本条第二款规定:"行贿人在被追诉前主动交代行贿行为的,可以减轻处罚或者免除处罚。"(《刑法修正案(九)》已此条作了修改。——编著者注)通过给行贿人以减轻或免除处罚的机会,换取行贿人主动交代行贿行为,揭发受贿犯罪,本质上符合维护国家公权力的廉洁性这一打击贿赂犯罪的根本目的,有利于司法机关获取贿赂犯罪证据,重点打击受贿行为,同时还能够贯彻和体现我国刑事司法中宽严相济的刑事政策精神。

对是否属于被追诉前主动交代行贿行为情形的认定,关键在于对"被追诉"的理解。追诉是指司法机关依照法定程序进行的追究犯罪分子刑事责任的一系列司法活动,包括立案侦查、审查起诉、开庭审判等诉讼过程。1996年《刑事诉讼法》第八十三条规定:"公安机关或者人民检察院发现犯罪事实或者犯罪嫌疑人,应当按照管辖范围,立案侦查。"从该规定分析,立案侦查是司法机关进行刑事追诉活动的开始。此外,1996年《刑事诉讼法》第六十一条规定:"公安机关对于一些特定情形的现行犯和重大嫌疑分子,可以先行拘留。"因而,司法机关在立案前的某些紧急情况下依法采取的强制措施和讯问犯罪嫌疑人等活动也属于追诉活动的一部分,但这只能视为一种例外情形。因此,"被追诉前"通常是指司法机关立案侦查之前,行贿罪是否"被追诉"应当以检察机关是否立案为准。行贿人向纪检监察部门、司法机关举报受贿人的受贿行为,显然属于被追诉前主动交代行贿行为的情形。行贿人在纪检监察部门查处他人受贿案件时,交代(承认)向他人行贿的事实,亦应属于被追诉前主动交代行贿行为的情形。

即使检察机关已经对受贿人立案查处,行贿人作为证人接受检察机关调查,只要检察机关对行贿人尚未立案查处,行贿人承认其向受贿人行贿的事实,也应当认定为被追诉前主动交代行贿行为的情形。本案公诉机关未认定被告人具有被追诉前主动交代行贿行为的情形,但法院根据被告人在检察机关对其行贿行为立案查处前已经交代了向受贿人行贿的事实证据,认定被告人具有被追诉前主动交代行贿行为的情形,并结合本案的具体情况,决定对被告人免予刑事处罚是妥当的。[参见第787号指导案例,袁珏行贿案,载《刑事审判参考》总第86集(2012年第3集),第94~95页。撰稿:卞婧娴]

第三百九十条之一　【对有影响力的人行贿罪】为谋取不正当利益,向国家工作人员的近亲属或者其他与该国家工作人员关系密切的人,或者向离职的国家工作人员或者其近亲属以及其他与其关系密切的人行贿的,处三年以下有期徒刑或者拘役,并处罚金;情节严重的,或者使国家利益遭受重大损失的,处三年以上七年以下有期徒刑,并处罚金;情节特别严重的,或者使国家利益遭受特别重大损失的,处七年以上十年以下有期徒刑,并处罚金。

单位犯前款罪的,对单位判处罚金,并对其直接负责的主管人员和其他直接责任人员,处三年以下有期徒刑或者拘役,并处罚金。(本条是根据《中华人民共和国刑法修正案(九)》之四十六增加的,2015年11月1日起施行。)

■最高人民法院、最高人民检察院关于办理贪污贿赂刑事案件适用法律若干问题的解释(2016年4月18日)

第十条　刑法第三百八十八条之一规定的利用影响力受贿罪的定罪量刑适用标准,参照本解释关于受贿罪的规定执行。

刑法第三百九十条之一规定的对有影响力的人行贿罪的定罪量刑适用标准,参照本解释关于行贿罪的规定执行。

单位对有影响力的人行贿数额在二十万元以上的,应当依照刑法第三百九十条之一的规定以对有影响力的人行贿罪追究刑事责任。

第二十条　本解释自2016年4月18日起施行。最高人民法院、最高人民检察院此前发布的司法解释与本解释不一致的,以本解释为准。

第三百九十一条　【对单位行贿罪】为谋取不正当利益,给予国家机关、国有公司、企业、事业单位、人民团体以财物的,或者在经济往来中,违反国家规定,给予各种名义的回扣、手续费的,处三年以下有期徒刑或者拘役,并处罚金。(本款是根据《中华人民共和国刑法修正案(九)》之四十七修改的,2015年11月1日起施行。)

单位犯前款罪的,对单位判处罚金,并对其直接负责的主管人员和其他直接责任人员,依照前款的规定处罚。

刑法本条第一款原文:为谋取不正当利益,给予国家机关、国有公司、企业、事业单位、人民团体以财物的,或者在经济往来中,违反国家规定,给予各种名义的回扣、手续费的,处三年以下有期徒刑或者拘役。

第三百九十二条　【介绍贿赂罪】向国家工作人员介绍贿赂,情节严重的,处三年以下有期徒刑或者拘役,并处罚金。(本款是根据《中华人民共和国刑法修正案(九)》之四十八修改的,2015年11月1日起施行。)

介绍贿赂人在被追诉前主动交待介绍贿赂行为的,可以减轻处罚或者免除处罚。

刑法本条第一款原文:向国家工作人员介绍贿赂,情节严重的,处三年以下有期徒刑或者拘役。

■最高人民法院、最高人民检察院关于在办理受贿犯罪大要案的同时要严肃查处严重行贿犯罪分子的通知(1999年3月4日)

四、在查处严重行贿、介绍贿赂犯罪案件中,既要坚持从严惩处的方针,又要注意体现政策。行贿人、介绍贿赂人具有刑法第三百九十条第二款、第三百九十二条第二款规定的在被追诉前主动交代行贿、介绍贿赂犯罪情节的,依法分别可以减轻或者免除处罚;行贿人、介绍贿赂人在被追诉后如实交待行贿、介绍贿赂行为的,也可以酌情从轻处罚。

□在行贿人与受贿人之间实施了引见、沟通、撮合的行为,构成介绍贿赂罪

被告人孙某某在刘某某托其帮忙介绍开发单位时,介绍并引见刘某某与朱某某、周某二人相识。促成他们之间的联合开发后,被告人孙某某收受了刘某某所送的现金,并分别转送给朱、周等人。孙某某事先没有与朱某某、周某共谋收取刘某某的好处,也没有与刘某某共谋给朱、周二人送礼。因此其主观上,既不具有与他人共同受贿的故意,也不具有与他人共同行贿的故意。客观上,被告人孙某某只是在行贿人与受贿人之间实施了引见、沟通、撮合的行为,既不是共同行贿,也不是共同受贿,而是介绍贿赂。(参见江苏省镇江市京口区人民检察院诉孙爱勤介绍贿赂案,载《最高人民法院公报》总第80期,2002年第6期,第193页。)

▽介绍贿赂罪不以相应受贿罪和行贿罪的成立为前提

介绍贿赂罪具有独立的犯罪构成,介绍贿赂行为并不是行贿罪或受贿罪的帮助行为,其与行贿罪或者受贿罪并不形成共犯关系。从社会危害性角度而言,介绍贿赂者在行贿者与受贿者之间进行撮合,促成贿赂的成功,是导致贿赂现象蔓延的一个重要因素,其社会危害性独立于受贿罪和行贿罪,有进行独立评价的必要。从法律规定来看,我国刑法本条规定,向国家工作人员介绍贿赂,情节严重的,构成介绍贿赂罪。《最高人民检察院关于人民检察院直接受理立案侦查案件立案标准的规定(试行)》将"介绍贿赂"界定为"在行贿人和受贿人之间沟通关系、撮合条件,使贿赂行为得以实现的行为"。从该规定看不出介绍贿赂必须以相应的行贿、受贿构成犯罪为前提。因此,在行贿人和受贿人分别不构成行贿罪和受贿罪的情况下,如果介绍贿赂行为达到"情节严重"的程度,如职业贿赂掮客多次介绍贿赂,仍然可以构成介绍贿赂罪。[参见上海市高级人民法院刑二庭调研报告,《贿赂犯罪法律适用问题解答》,载《刑事审判参考》(经验交流)总第75集(2010年第4集),第159~160页。]

第三百九十三条 【单位行贿罪】单位为谋取不正当利益而行贿,或者违反国家规定,给予国家工作人员以回扣、手续费,情节严重的,对单位判处罚金,并对其直接负责的主管人员和其他直接责任人员,处五年以下有期徒刑或者拘役,并处罚金。因行贿取得的违法所得归个人所有的,依照本法第三百八十九条、第三百九十条的规定定罪处罚。(本条是根据《中华人民共和国刑法修正案(九)》之四十九修改的,2015年11月1日起施行。)

刑法本条原文:单位为谋取不正当利益而行贿,或者违反国家规定,给予国家工作人员以回扣、手续费,情节严重的,对单位判处罚金,并对其直接负责的主管人员和其他直接责任人员,处五年以下有期徒刑或者拘役。

■最高人民法院、最高人民检察院关于办理商业贿赂刑事案件适用法律若干问题的意见(2008年11月20日)

一、商业贿赂犯罪涉及刑法规定的以下八种罪名:(1)非国家工作人员受贿罪(刑法第一百六十三条);(2)对非国家工作人员行贿罪(刑法第一百六十四条);(3)受贿罪(刑法第三百八十五条);(4)单位受贿罪(刑法第三百八十七条);(5)行贿罪(刑法第三百八十九条);(6)对单位行贿罪(刑法第三百九十一条);(7)介绍贿赂罪(刑法第三百九十二条);(8)单位行贿罪(刑法第三百九十三条)。

九、在行贿犯罪中,"谋取不正当利益",是指行贿人谋取违反法律、法规、规章或者政策规定的利益,或者要求对方违反法律、法规、规章、政策、行业规范的规定提供帮助或者方便条件。

在招标投标、政府采购等商业活动中,违背公平原则,给予相关人员财物以谋取竞争优势的,属于"谋取不正当利益"。

第三百九十四条 【贪污罪】国家工作人员在国内公务活动或者对外交往中接受礼物，依照国家规定应当交公而不交公，数额较大的，依照本法第三百八十二条、第三百八十三条的规定定罪处罚。

■国家行政机关及其工作人员在国内公务活动中不得赠送和接受礼品的决定(1988年12月1日)

第九条："对接收的礼品必须在1月内交出并上交国库。所收礼品不按期交出的，按贪污论处。"

■国务院关于在对外公务活动中赠送和接受礼品的规定(1993年12月5日)

第七条：在对外公务活动中接受礼物，应当妥善处理。价值按我国市价折合人民币200元以上的，自接受之日起(在国外接受礼物的，自回国之日起)1个月内填写礼品申报单并将应上缴的礼物上缴礼品管理部门或受礼所在单位。……

第三百九十五条 【巨额财产来源不明罪】国家工作人员的财产、支出明显超过合法收入，差额巨大的，可以责令该国家工作人员说明来源，不能说明来源的，差额部分以非法所得论，处五年以下有期徒刑或者拘役；差额特别巨大的，处五年以上十年以下有期徒刑。财产的差额部分予以追缴。(本条是据《中华人民共和国刑法修正案(七)》之十四修改，2009年2月28日起施行。)

【隐瞒境外存款罪】国家工作人员在境外的存款，应当依照国家规定申报。数额较大、隐瞒不报的，处二年以下有期徒刑或者拘役；情节较轻的，由其所在单位或者上级主管机关酌情给予行政处分。

刑法第一款原文：【巨额财产来源不明罪】国家工作人员的财产或者支出明显超过合法收入，差额巨大的，可以责令说明来源。本人不能说明其来源是合法的，差额部分以非法所得论，处五年以下有期徒刑或者拘役，财产的差额部分予以追缴。

▼全国法院审理经济犯罪案件工作座谈会纪要(2003年11月13日)

五、关于巨额财产来源不明罪

(一)行为人不能说明巨额财产来源合法的认定刑法第三百九十五条第一款规定的"不能说明"，包括以下情况：(1)行为人拒不说明财产来源；(2)行为人无法说明财产的具体来源；(3)行为人所说的财产来源经司法机关查证并不属实；(4)行为人所说的财产来源因线索不具体等原因，司法机关无法查实，但能排除存在来源合法的可能性和合理性的。

(二)"非法所得"的数额计算

刑法第三百九十五条规定的"非法所得"，一般是指行为人的全部财产与能够认定的所有支出的总和减去能够证实的有真实来源的所得。在具体计算时，应注意以下问题：(1)应把国家工作人员个人财产和与其共同生活的家庭成员的财产、支(+)等一并计算，而且一并减去他们所有的合法收入以及确属与其共同生活的家庭成员个人的非法收入；(2)行为人所有的财产包括房产、家具、生活用品、学习用品及股票、债券、存款等动产和不动产；行为人的支出包括合法支出和不合法的支出，包括日常生活、工作、学习费用、罚款及向他人行贿的财物等；行为人的合法收入包括工资、奖金、稿酬、继承等法律和政策允许的各种收入；(3)为了便于计算犯罪数额，对于行为人的财产和合法收入，一般可以从行为人有比较确定的收入和财产时开始计算。

▼安徽省高级人民法院关于巨额财产来源不明罪量刑指导意见(全文)(2007年1月1日)

第一条 巨额财产来源不明犯罪数额在30万元以上不满40万元的，一般可以判处拘役或者免予刑事处罚，或者判处有期徒刑六个月。

第二条 巨额财产来源不明犯罪数额在40万元以上不满80万元的，可以判处有期徒刑六个月。

第三条 巨额财产来源不明犯罪数额在80万元以上，每递增40万元，可以提高量刑有期徒刑六个月。

第四条　巨额财产来源不明犯罪数额在400万元以上的,可以判处有期徒刑五年。

第五条　具有法定从轻或减轻处罚情节的,可以结合本意见依法从轻或减轻处罚。

第六条　本意见自二〇〇七年一月一日起执行。如与新的法律、司法解释规定不一致的,按照新的法律、司法解释规定执行。

第三百九十六条　【私分国有资产罪】国家机关、国有公司、企业、事业单位、人民团体,违反国家规定,以单位名义将国有资产集体私分给个人,数额较大的,对其直接负责的主管人员和其他直接责任人员,处三年以下有期徒刑或者拘役,并处或者单处罚金;数额巨大的,处三年以上七年以下有期徒刑,并处罚金。

【私分罚没财物罪】司法机关、行政执法机关违反国家规定,将应当上缴国家的罚没财物,以单位名义集体私分给个人的,依照前款的规定处罚。

■最高人民法院、最高人民检察院关于办理国家出资企业中职务犯罪案件具体应用法律若干问题的意见(2010年12月2日)

二、关于国有公司、企业在改制过程中隐匿公司、企业财产归职工集体持股的改制后公司、企业所有的行为的处理

国有公司、企业违反国家规定,在改制过程中隐匿公司、企业财产,转为职工集体持股的改制后公司、企业所有的,对其直接负责的主管人员和其他直接责任人员,依照刑法第三百九十六条第一款的规定,以私分国有资产罪定罪处罚。

(五、六、七、八部分的内容见刑法第三百八十二条附文中本意见相关部分内容)

▽私分国有资产罪的认定

私分国有资产罪,在构成上有如下特征:一是犯罪对象仅限于国有资产。私分集体所有制财产或其他混合所有制单位财产的行为,不能构成私分国有资产罪。这体现了刑法对国有资产的特殊保护。二是客观上表现为违反国家规定,以单位名义将国有资产私分给个人。"违反国家规定",是构成本罪的前提条件,在这里是指违反国家有关国有资产管理方面的法律、法规。"以单位名义",是指由单位的决策机构按照单位的决策程序实施,即以"合法"的方式进行,如单位领导集体决定,或者由单位负责人决定的,以"发奖金""发红包"的方式发放。"集体私分",是指参与私分的是单位的所有人或是大部分人,或者是一个部门的所有人或大多数人。三是私分国有资产罪是单位犯罪,依法只处罚对私分国有资产直接负责的主管人员和其他直接责任人员,不仅不能追究被动分得国有资产人员的刑事责任,也不能追究单位的刑事责任。以单位名义集体私分给个人,是私分国有资产罪最本质的特征。不能仅根据参与私分国有资产的人数多少来区分共同贪污与私分国有资产。私分国有资产的范围是单位的所有人或大多数人,这是构成本罪的一个重要条件。但是不能机械地将此处的"单位"理解为本单位的全体或者大多数职工。他们也可以是一个单位内部某一层次的所有人或者大多数人。只要其行为符合私分国有资产罪的构成特征,即使私分的范围是单位全体职工中的相对少数人,亦应以私分国有资产罪追究刑事责任。理由如下:第一,由于单位的领导层、管理层的意志、行为所起的决定作用,单位领导集体作出决定或者由负责人决定,违反国家规定给本单位集体或者一定层次以上的领导、管理层"发奖金""发红包"与共同贪污犯罪在犯意的形成、行为特征上有明显不同。这种行为的社会危害性比单位少数人暗中非法占有公款的贪污行为也有区别。将这种行为以贪污罪处理,不仅扩大了打击面,社会效果也不好。第二,单位违反国家规定,经领导集体或负责人决定,在一定层次的所有人或者大多数人范围内"发奖金""发红包",决策者不仅仅是为了个人的利益,因此,符合单位犯罪的特征。综上,违反国家规定,以单位名义,在一定规模、一定层次以上的多人(如中层干部或者某一管理层的层面上)范围内集体私分国有资产的,应以私分国有资产罪定罪处罚。[参见第125(122)号案例,刘忠伟私分国有资产案,载

《刑事审判参考》总第19辑(2001年第8辑),法律出版社,第59~61页。执笔:金飚　陈靖宇]

▽"违反国家规定"、"以单位名义"和"集体私分给个人"的认定

"违反国家规定"是指违反全国人民代表大会及其常务委员会制定的法律和决定,国务院制定的行政法规、规定的行政措施、发布的决定和命令中有关国有资产管理、保护、使用、处理的规定。"以单位名义"是指经单位领导、负责人或者集体研究,或者是单位全体成员共同商议后,由单位统一组织进行私分。"集体私分给个人"是指参与私分的是单位所有人或者大部分人,或者是一个部门的所有人或大多数人。[参见第377号案例,李祖清等被控贪污案,载《刑事审判参考》总第47集(2005年第6集),法律出版社,第70页。执笔:李晓庆　张立新]

▽私分国有资产罪与违反财经纪律行为的认定

在对私分国有资产犯罪中的违反国家规定的具体理解和掌握上,一定要具体情况具体分析,实事求是、合情合理地予以认定。在具体判断上,要从资产的来源和私分的依据两个方面进行评价。第一,私分对象的来源。国有公司、企业在依法上交利税后,国家行政事业单位利用非经营性资产转经营性资金获取的收入按规定上交后,将其所获利润部分用于发放奖金、福利的,是正当合法的行为。如果发放奖金、福利超过标准和范围的,则应认定为违反财经纪律行为,不构成犯罪。因为该资产来源有私分者的劳动报酬的成分在内,按劳取酬是合理合法的,虽然有超过标准和范围发放的违规行为,但属于行政法规调整的对象,不宜使用刑法调整,以避免刑事打击面过大。如果在单位没有经营营利甚至亏损的情况下,变卖国有财产进行私分或者将应当上缴国家的国有资产予以隐匿并留存分配的,则可以认定为私分国有资产。第二,私分的法律、政策依据。即单位对所分财产是否具有自主支配权也是一个重要的评价要素。如果单位把能够自主支配的钱款违规分配给了单位职工,其社会危害性相对较小,可以作为财经违规行为处理。相反,单位将无权自主支配、分配的钱款通过巧立名目、违规做账等手段从财务上套出,或者将应依法上缴财务入账的收入予以截留,以奖金、福利等形式分配给单位个人,则严重背离了国有资产的经营、管理、使用权限,应认定为私分国有资产行为。[参见第377号案例,李祖清等被控贪污案,载《刑事审判参考》总第47集(2005年第6集),法律出版社,第71页。执笔:李晓庆　张立新]

▽私分国有资产罪与共同贪污行为的认定

从立法的精神和私分国有资产案件在审判实践中反映的特点来看,二者的区别主要在主观故意和行为方式两个方面。第一,从主观故意方面看,贪污罪中的共同贪污要求每个成员均有非法占有公共财物的贪污故意,且犯罪动机主要是以权谋私。而私分国有资产罪的主观故意则表现为单位的主管人员明知私分国有资产违反国家规定,但为了达到占有国有资产的目的,而抱着法不责众的侥幸心理,以单位集体的名义实施私分行为。其动机一方面是为了提高单位工作人员的工作积极性,改善福利待遇,另一方面也是为了自己获取私利找借口。因此,其主观故意不是单纯为个人私利,而是在单位全体成员或者绝大多数成员的许可或要求的背景下,更多地体现了单位的整体犯意和利益归属的团体性。第二,从行为方式上来看,二者的表现方式不同。共同贪污通常表现为非法占有公共财物的人共同利用职务上的便利,共同实施,一般是秘密进行的,并且想方设法将有关账目抹平,以掩盖非法占有公共财物的事实。而私分国有资产行为则表现为在单位意志的支配下,集体共同私分,而大多数分得财产的人对是否私分没有决定权,并且在单位内部往往是公开的,有的还作了详细的财务记录。从证据体系的角度来看,该行为特征客观地印证了行为人的主观故意。[参见第377号案例,李祖清等被控贪污案,载《刑事审判参考》总第47集(2005年第6集),法律出版社,第72页。执笔:李晓庆、张立新;参见第125(122)号案例,刘忠伟私分国有资产案,载《刑事审判参考》总第19辑(2001年第8辑),法律出版社,第59页。执笔:金飚　陈靖宇]

▽国家机关内部科室集体私分违法收入的行为构成私分国有资产罪

行为人所得的款项都是人事科负责人决定或经商量,并以补助、年终福利等名义发放的,二行为人

在笔记本上作了详细记录,且有领款签名条和负责人保留的现金账页,在科室内部完全是公开的。从主观方面看,三行为人不具有共同利用职务便利,采取盗窃、欺骗等手段贪污公款的意思联络和主观故意,而是一种相对公开的私分故意。从参与主体看,人事科的所有人都参与了而且都是以科里名义平均分发,应视为单位集体行为。按照最高人民法院印发的《全国法院审理金融犯罪案件工作座谈会纪要》第二条第(一)项的规定精神,大悟县教育局人事科属于国家机关内设机构,符合单位犯罪的主体资格。[参见第377号案例,李祖清等被控贪污案,载《刑事审判参考》总第47集(2005年第6集),法律出版社,第73页。执笔:李晓庆　张立新]

▽国有资产的认定

国有资产的范围,一般认为,广义的国有资产分为经营性资产、行政事业性资产和资源性资产。狭义的国有资产就是指经营性的国有资产,即国家作为出资者在企业依法拥有的资本及其收益。1993年《国家国有资产管理局国有资产产权界定和产权纠纷处理暂行办法》第二条对"国有资产"作了明确定义,即国有资产是指国家依法取得和认定的,或者国家以各种形式对企业投资和投资收益、国家向行政事业单位拨款等形成的财产。1999年8月《最高人民检察院关于人民检察院直接受理立案侦查案件立案标准的规定(试行)》附则部分对国有资产界定为:"国家依法取得和认定的,或者国家以各种形式对企业投资和投资收益、国家向行政事业单位拨款等形成的资产。"可见,私分国有资产罪中的国有资产,是指广义的国有资产。根据上述规定,国有资产主要有三大类:一是国家依法取得和认定的国有资产;二是国家以各种形式对国有公司、企业投资形成的财产和投资收益;三是国家向行政事业单位拨款等形成的财产。其中第一类主要指:国家依法赋予各行政管理机关强制收取的各种税费;国家通过刑事处罚、行政处罚等取得的财产;国家通过强制征收取得的其他财产。根据上述规定,行政事业单位违反行政法规,滥用职权而乱收费、乱摊派、乱罚款所得的款项,应认定为国有资产,构成私分国有资产罪的犯罪对象。其理由是:第一,从所有权的取得方式看。国家从社会的公共利益出发,凭借其依法享有的公共权力,采用征税、国有化、没收、征收等强制手段取得的财产所有权,这是国家财产取得的主要来源。"三乱"收入从表现形式上符合国有资产取得的法定形式,其法律效力在有关部门查处之前是毋庸置疑的。因此,行政机关各种违法收取的费用符合国有资产取得的规定,属于国有资产。第二,根据我国法律规定,一切违法所得都应没收上缴国库,收款单位根本没有支配、处分权。同时,这些款项都是收款单位以国家名义强制收取的,被收款方也认为是国有单位收取的,如要举报控告也是控告国有单位,最终由国家负责清退和赔偿。同时,根据《刑法》第九十一条第二款规定的精神,对于国家实际上占有、使用、处分的资产,应视为国有资产。第三,财产犯罪的对象范围不以合法所有或者持有的财物为限。因此,刑法上的财产,更多强调的是财产的经济价值性,而非合法性。即便是不受民法保护或者为相关行政法规所明文禁止的财物,如赌资、赃物、违禁品等,只要具有一定的经济价值,并且与刑法的基本保护精神不相违背,则同样可以成为财产犯罪的对象,并应当受到刑法的保护。[参见第377号案例,李祖清等被控贪污案,载《刑事审判参考》总第47集(2005年第6集),法律出版社,第74～75页。执笔:李晓庆　张立新]

▽假借奖金、福利等名义变相集体私分国有资产行为与超标准、超范围发放奖金、福利等一般财经违纪行为区分的认定

集体私分国有资产行为一般都以单位的名义进行,因此往往是打着合法的幌子,通过发"奖金"、发"补助"、"岗位津贴"、"分红"或者发放福利商品等各种形式公开进行。如何正确区分私分国有资产行为特别是方式方法上表现为发放奖金、津贴、福利补贴等变相私分行为与一般财经违纪行为的界限。正确区分两者的界限,应当依照《刑法》本条第一款关于私分国有资产罪的规定,结合是否违反国家规定和数额是否较大两个方面的构成要件来加以理解和把握。私分国有资产行为首先是一种违反国家规定的行为。根据《刑法》第九十六条的规定,违反国家规定,是指违反全国人民代表大会及其常务委员会制定的法律和决定,国务院制定的行政法规、规定的行政措施、发布的决定和命令。据此,国家机关、国有公司、企业、事业单位、人民团体依照相关国家规定发放奖金、津贴、福利等行为，如国家机关、事业单位、社会团体等依照预算法和有关预算外资金管理法规规定用预算外资金发放奖金、津贴、补贴以及国有公司依照公司法相关规定将所提取的法定公益金用于本公司职工集体福利等，因属合法行为，当然不能认为是变相私分国有资产。鉴于我国国有单位尤其是国有企业在改革、改制过程中出现了一些财务管理不够规范和不够完善的现实状况，在私分国有资产罪中的违反国家规定的具体理解和掌握上，一定要具体情况具体分析，实事求是、合情合理地予以认定。不宜将违反规定超标准、超范围等乱发、滥发奖金、福利的财经违纪行为，一概认定为集体私分行为，以避免刑事打击面过大。具体判断方面，可参照单位经营利润情况、单位对所分资产是否具有自主支配、分配权等情况综合分析。对于在单位财力状况允许的范围内以及将单位具有一定自主支配权的钱款违反规定分配给单位成员，未造成严重社会危害后果的行为，一般不宜认定为私分行为。相反，下列情形一般可以认定为私分国有资产行为：第一，在单位没有经营效益甚至经营亏损的情况下，变卖分配国有财产等严重违背国有财产的经营管理职责，妨害国有公司、企业的正常生产、经营活动的；第二，单位将无权自主支配、分配的钱款通过巧立名目、违规做账等手段从财务账上支出，或者将应依法上缴财务入账的正常或者非正常收入予以截留，变造各种栏目进行私分发放等，严重破坏国家财政收支政策的贯彻落实的。［参见第293号案例，张金康、夏琴私分国有资产案，载《刑事审判参考》总第37集（2004年第2集），法律出版社，第75～77页。执笔：朱妙　征伟杰］

▽国有控股、参股公司、企业不属于私分国有资产罪中的“国有公司、企业”

对私分国有资产罪与单位受贿罪中的“国有公司、企业”均应作限制解释，即仅指国有独资公司、企业。主要理由如下：（1）从资产性质分析，将私分国有资产罪中的“国有公司、企业”限制解释为“国有独资公司、企业”更符合立法原意。私分国有资产罪的犯罪主体是国家机关、国有公司、企业、事业单位、人民团体，犯罪对象是国有资产，从同一罪名罪质分析，私分国有资产罪中单位主体的资产性质应当保持大致同一。本罪中“国家机关、国有公司、企业、事业单位、人民团体”是并列主体，国家机关的资产是纯国有资产，国有公司、企业、事业单位、人民团体的资产也应当是纯国有资产，而上述单位主体中符合该条件要求的，只有国有独资公司、企业。（2）从罪名设置分析，将私分国有资产罪中的“国有公司、企业”作限制解释更符合立法原意。刑法将私分国有资产罪设置在第八章“贪污贿赂罪”中，且仅与同章中单位受贿罪的犯罪主体、对单位行贿罪的犯罪对象一样，都是国家机关、国有公司、企业、事业单位、人民团体，故对私分国有资产罪中的“国有公司、企业”参照单位受贿罪中的犯罪主体、对单位行贿罪的犯罪对象来解释具有一定立法依据。作为单位受贿罪的犯罪主体、对单位行贿罪的犯罪对象，国有公司、企业仅指国有独资公司、企业，这一点基本无异议。因此，参照单位受贿罪犯罪主体、对单位行贿罪犯罪对象的范围，对私分国有资产罪中的“国有公司、企业”应当限制解释为“国有独资公司、企业”。（3）从法益保护角度分析，将私分国有资产罪中的“国有公司、企业”作限制解释不会影响国有资产的保护。虽然国有控股、参股公司、企业集体私分国有资产的行为不能认定构成私分国有资产罪，但是并不意味着不构成其他犯罪。如果国有控股、参股公司、企业的工作人员违反国家规定，以单位名义将国有资产集体私分给个人，造成公司严重损失，致使国家利益遭受重大损失的，依然可以构成国有公司、企业人员滥用职权罪。因此，国有独资公司、企业和国有控股、参股公司、企业中私分国有资产的行为都可以通过刑法予以规制，国有公司、企业改制前、改制过程中以及改制完成后三个阶段中，任一阶段发生私分国有资产的行为都可以通过刑法规制，不会出现国有资产刑法保护的“真空地带”。因此，对私分国有资产罪中的“国有公司、企业”限制解释为“国有独资公司、企业”可能导致对国有资产保护不利的顾虑没有必要，以此为由主张对该罪中“国有公司、企业”作扩大解释的理由不足。（参见第1234号指导案例，工商银行神木支行、童某等国有公司人员滥用职权案，载《刑事审判参考》总第112集，第110～113页。撰稿：刘晓虎　许建华）

第九章　渎　职　罪

■全国人大常委会关于刑法第九章渎职罪主体适用问题的解释(全文)(2002 年 12 月 28 日)

在依照法律、法规规定行使国家行政管理职权的组织中从事公务的人员,或者在受国家机关委托代表国家机关行使职权的组织中从事公务的人员,或者虽未列入国家机关人员编制但在国家机关中从事公务的人员,在代表国家机关行使职权时,有渎职行为,构成犯罪的,依照刑法关于渎职罪的规定追究刑事责任。

■最高人民检察院关于企业事业单位的公安机构在机构改革过程中其工作人员能否构成渎职侵权犯罪主体问题的批复(全文)(2002 年 5 月 16 日)

企业事业单位的公安机构在机构改革过程中虽尚未列入公安机关建制,其工作人员在行使侦查职责时,实施渎职侵权行为的,可以成为渎职侵权犯罪的主体。

■最高人民检察院对《关于中国保险监督管理委员会主体认定的请示》的答复(全文)(2000 年 10 月 8 日)

对于中国保险监督管理委员会(已撤销)可参照对国家机关的办法进行管理。据此,中国保险监督管理委员会干部应视同国家机关工作人员。

■最高人民检察院对《关于中国证监会主体认定的请示》的答复函(全文)(2000 年 4 月 30 日)

“中国证券监督管理委员会为国务院直属事业单位,是全国证券期货市场的主管部门。其主要职责是统一管理证券期货市场,按规定对证券期货监管机构实行垂直领导,所以,它是具有行政职责的事业单位。据此,北京证券监督管理委员会干部应视同为国家机关工作人员。”请你们按中编办答复意见办。

■最高人民法院、最高人民检察院关于办理渎职刑事案件适用法律若干问题的解释(一)(全文)(2013 年 1 月 9 日)

第一条　国家机关工作人员滥用职权或者玩忽职守,具有下列情形之一的,应当认定为刑法第三百九十七条规定的“致使公共财产、国家和人民利益遭受重大损失”:

(一)造成死亡 1 人以上,或者重伤 3 人以上,或者轻伤 9 人以上,或者重伤 2 人、轻伤 3 人以上,或者重伤 1 人、轻伤 6 人以上的;

(二)造成经济损失 30 万元以上的;

(三)造成恶劣社会影响的;

(四)其他致使公共财产、国家和人民利益遭受重大损失的情形。

具有下列情形之一的,应当认定为刑法第三百九十七条规定的“情节特别严重”:

(一)造成伤亡达到前款第(一)项规定人数 3 倍以上的;

(二)造成经济损失 150 万元以上的;

(三)造成前款规定的损失后果,不报、迟报、谎报或者授意、指使、强令他人不报、迟报、谎报事故情况,致使损失后果持续、扩大或者抢救工作延误的;

(四)造成特别恶劣社会影响的;

(五)其他特别严重的情节。

第二条　国家机关工作人员实施滥用职权或者玩忽职守犯罪行为,触犯刑法分则第九章第三百九十八条至第四百一十九条规定的,依照该规定定罪处罚。

国家机关工作人员滥用职权或者玩忽职守,因不具备徇私舞弊等情形,不符合刑法分则第九章第三百九十八条至第四百一十九条的规定,但依法构成第三百九十七条规定的犯罪的,以滥用职权罪或者玩忽职守罪定罪处罚。

第三条　国家机关工作人员实施渎职犯罪并收受贿赂，同时构成受贿罪的，除刑法另有规定外，以渎职犯罪和受贿罪数罪并罚。

第四条　国家机关工作人员实施渎职行为，放纵他人犯罪或者帮助他人逃避刑事处罚，构成犯罪的，依照渎职罪的规定定罪处罚。

国家机关工作人员与他人共谋，利用其职务行为帮助他人实施其他犯罪行为，同时构成渎职犯罪和共谋实施的其他犯罪共犯的，依照处罚较重的规定定罪处罚。

国家机关工作人员与他人共谋，既利用其职务行为帮助他人实施其他犯罪，又以非职务行为与他人共同实施该其他犯罪行为，同时构成渎职犯罪和其他犯罪的共犯的，依照数罪并罚的规定定罪处罚。

第五条　国家机关负责人员违法决定，或者指使、授意、强令其他国家机关工作人员违法履行职务或者不履行职务，构成刑法分则第九章规定的渎职犯罪的，应当依法追究刑事责任。

以"集体研究"形式实施的渎职犯罪，应当依照刑法分则第九章的规定追究国家机关负有责任的人员的刑事责任。对于具体执行人员，应当在综合认定其行为性质、是否提出反对意见、危害结果大小等情节的基础上决定是否追究刑事责任和应当判处的刑罚。

第六条　以危害结果为条件的渎职犯罪的追诉期限，从危害结果发生之日起计算；有数个危害结果的，从最后一个危害结果发生之日起计算。

第七条　依法或者受委托行使国家行政管理职权的公司、企业、事业单位的工作人员，在行使行政管理职权时滥用职权或者玩忽职守，构成犯罪的，应当依照《全国人民代表大会常务委员会关于〈中华人民共和国刑法〉第九章渎职罪主体适用问题的解释》的规定，适用渎职罪的规定追究刑事责任。

第八条　本解释规定的"经济损失"，是指渎职犯罪或者与渎职犯罪相关联的犯罪立案时已经实际造成的财产损失，包括为挽回渎职犯罪所造成损失而支付的各种开支、费用等。立案后至提起公诉前持续发生的经济损失，应一并计入渎职犯罪造成的经济损失。

债务人经法定程序被宣告破产，债务人潜逃、去向不明，或者因行为人的责任超过诉讼时效等，致使债权已经无法实现的，无法实现的债权部分应当认定为渎职犯罪的经济损失。

渎职犯罪或者与渎职犯罪相关联的犯罪立案后，犯罪分子及其亲友自行挽回的经济损失，司法机关或者犯罪分子所在单位及其上级主管部门挽回的经济损失，或者因客观原因减少的经济损失，不予扣减，但可以作为酌定从轻处罚的情节。

第九条　负有监督管理职责的国家机关工作人员滥用职权或者玩忽职守，致使不符合安全标准的食品、有毒有害食品、假药、劣药等流入社会，对人民群众生命、健康造成严重危害后果的，依照渎职罪的规定从严惩处。

第十条　最高人民法院、最高人民检察院此前发布的司法解释与本解释不一致的，以本解释为准。

第三百九十七条　【滥用职权罪】【玩忽职守罪】国家机关工作人员滥用职权或者玩忽职守，致使公共财产、国家和人民利益遭受重大损失的，处三年以下有期徒刑或者拘役；情节特别严重的，处三年以上七年以下有期徒刑。本法另有规定的，依照规定。

国家机关工作人员徇私舞弊，犯前款罪的，处五年以下有期徒刑或者拘役；情节特别严重的，处五年以上十年以下有期徒刑。本法另有规定的，依照规定。

■全国人大常委会关于惩治骗购外汇、逃汇和非法买卖外汇犯罪的决定(1998 年 12 月 29 日起施行)

六、海关、外汇管理部门的工作人员严重不负责任，造成大量外汇被骗购或者逃汇，致使国家利益遭受重大损失的，依照刑法第三百九十七条的规定定罪处罚。

■最高人民检察院关于人民检察院立案侦查司法工作人员相关职务犯罪案件若干问题的规定(2018年11月24日)

附:十四个罪名的立案标准

六、滥用职权罪(仅限司法工作人员)

1.国家机关工作人员滥用职权,涉嫌下列情形之一的,属于"致使公共财产、国家和人民利益遭受重大损失",处三年以下有期徒刑或者拘役:

(1)造成死亡1人以上,或者重伤3人以上,或者轻伤9人以上,或者重伤2人、轻伤3人以上,或者重伤1人、轻伤6人以上的;

(2)造成经济损失30万元以上的;

(3)造成恶劣社会影响的;

(4)其他致使公共财产、国家和人民利益遭受重大损失的情形。

2.涉嫌下列情形之一的,属于"情节特别严重",处三年以上七年以下有期徒刑:

(1)造成伤亡达到前款第1项规定人数3倍以上的;

(2)造成经济损失150万元以上的;

(3)造成前款规定的损失后果,不报、迟报、谎报或者授意、指使、强令他人不报、迟报、谎报事故情况,致使损失后果持续、扩大或者抢救工作延误的;

(4)造成特别恶劣社会影响的;

(5)其他特别严重的情节。

3.国家机关工作人员滥用职权,有下列情形之一,致使盗窃、抢劫、诈骗、抢夺的机动车被办理登记手续,数量达到3辆以上或者价值总额达到30万元以上的,以滥用职权罪定罪,处三年以下有期徒刑或者拘役:

(1)明知是登记手续不全或者不符合规定的机动车而办理登记手续的;

(2)指使他人为明知是登记手续不全或者不符合规定的机动车办理登记手续的;

(3)违规或者指使他人违规更改、调换车辆档案的;

(4)其他滥用职权的行为。

国家机关工作人员实施前款行为,致使盗窃、抢劫、诈骗、抢夺的机动车被办理登记手续,达到前款规定数量、数额标准5倍以上的,或者明知是盗窃、抢劫、诈骗、抢夺的机动车而办理登记手续的,属于"情节特别严重",处三年以上七年以下有期徒刑。

国家机关工作人员徇私舞弊,实施上述行为,构成犯罪的,依照刑法第三百九十七条第二款的规定定罪处罚。

七、玩忽职守罪(仅限司法工作人员)

1.国家机关工作人员滥用职权,涉嫌下列情形之一的,属于"致使公共财产、国家和人民利益遭受重大损失",处三年以下有期徒刑或者拘役:

(1)造成死亡1人以上,或者重伤3人以上,或者轻伤9人以上,或者重伤2人、轻伤3人以上,或者重伤1人、轻伤6人以上的;

(2)造成经济损失30万元以上的;

(3)造成恶劣社会影响的;

(4)其他致使公共财产、国家和人民利益遭受重大损失的情形。

2.涉嫌下列情形之一的,属于"情节特别严重",处三年以上七年以下有期徒刑:

(1)造成伤亡达到前款第1项规定人数3倍以上的;

(2)造成经济损失150万元以上的;

(3)造成前款规定的损失后果,不报、迟报、谎报或者授意、指使、强令他人不报、迟报、谎报事故情况,致使损失后果持续、扩大或者抢救工作延误的;

(4)造成特别恶劣社会影响的;

(5)其他特别严重的情节。

3.国家机关工作人员疏于审查或者审查不严,致使盗窃、抢劫、诈骗、抢夺的机动车被办理登记手续,数量达到5辆以上或者价值总额达到50万元以上的,以玩忽职守罪定罪,处三年以下有期徒刑或者拘役。

国家机关工作人员实施前款行为,致使盗窃、抢劫、诈骗、抢夺的机动车被办理登记手续,达到前款规定数量、数额标准5倍以上的,或者明知是盗窃、抢劫、诈骗、抢夺的机动车而办理登记手续的,属于"情节特别严重",处三年以上七年以下有期徒刑。

国家机关工作人员徇私舞弊,实施上述行为,构成犯罪的,依照刑法第三百九十七条第二款的规定定罪处罚。

■最高人民法院、最高人民检察院关于办理扰乱无线电通讯管理秩序等刑事案件适用法律若干问题的解释(2017年7月1日)

第七条(第一款)　负有无线电监督管理职责的国家机关工作人员滥用职权或者玩忽职守,致使公共财产、国家和人民利益遭受重大损失的,应当依照刑法第三百九十七条的规定,以滥用职权罪或者玩忽职守罪追究刑事责任。

第十条　本解释自2017年7月1日起施行。

■最高人民法院、最高人民检察院关于办理妨害预防、控制突发传染病疫情等灾害的刑事案件具体应用法律若干问题的解释(2003年5月15日)

第十五条　在预防、控制突发传染病疫情等灾害的工作中,负有组织、协调、指挥、灾害调查、控制、医疗救治、信息传递、交通运输、物资保障等职责的国家机关工作人员,滥用职权或者玩忽职守,致使公共财产、国家和人民利益遭受重大损失的,依照刑法第三百九十七条的规定,以滥用职权罪或者玩忽职守罪定罪处罚。

第十七条　人民法院、人民检察院办理有关妨害预防、控制突发传染病疫情等灾害的刑事案件,对于有自首、立功等悔罪表现的,依法从轻、减轻、免除处罚或者依法作出不起诉决定。

第十八条　本解释所称"突发传染病疫情等灾害",是指突然发生,造成或者可能造成社会公众健康严重损害的重大传染病疫情、群体性不明原因疾病以及其他严重影响公众健康的灾害。

■最高人民法院、最高人民检察院、公安部、司法部关于依法惩治妨害新型冠状病毒感染肺炎疫情防控违法犯罪的意见(2020年2月6日)

二、准确适用法律,依法严惩妨害疫情防控的各类违法犯罪

(七)依法严惩疫情防控失职渎职、贪污挪用犯罪。在疫情防控工作中,负有组织、协调、指挥、灾害调查、控制、医疗救治、信息传递、交通运输、物资保障等职责的国家机关工作人员,滥用职权或者玩忽职守,致使公共财产、国家和人民利益遭受重大损失的,依照刑法第三百九十七条的规定,以滥用职权罪或者玩忽职守罪定罪处罚。

(十)依法严惩妨害疫情防控的违法行为。……

对于在疫情防控期间实施有关违法犯罪的,要作为从重情节予以考量,依法体现从严的政策要求,有力惩治震慑违法犯罪,维护法律权威,维护社会秩序,维护人民群众生命安全和身体健康。

■最高人民法院、最高人民检察院、公安部关于办理涉窨井盖相关刑事案件的指导意见(2020年3月16日)

八、在窨井盖采购、施工、验收、使用、检查过程中负有决定、管理、监督等职责的国家机关工作人员

玩忽职守或者滥用职权,致使公共财产、国家和人民利益遭受重大损失的,依照刑法第三百九十七条的规定,分别以玩忽职守罪、滥用职权罪定罪处罚。

九、在依照法律、法规规定行使窨井盖行政管理职权的公司、企业、事业单位中从事公务的人员以及在受国家机关委托代表国家机关行使窨井盖行政管理职权的组织中从事公务的人员,玩忽职守或者滥用职权,致使公共财产、国家和人民利益遭受重大损失的,依照刑法第三百九十七条和《全国人民代表大会常务委员会关于〈中华人民共和国刑法〉第九章渎职罪主体适用问题的解释》的规定,分别以玩忽职守罪、滥用职权罪定罪处罚。

十一、国家机关工作人员利用职务上的便利,收受他人财物,为他人谋取与窨井盖相关利益,同时构成受贿罪和刑法分则第九章规定的渎职犯罪的,除刑法另有规定外,以受贿罪和渎职犯罪数罪并罚。

十二、本意见所称的"窨井盖",包括城市、城乡结合部和乡村等地的窨井盖以及其他井盖。

■最高人民法院、最高人民检察院、公安部、国家工商行政管理局关于依法查处盗窃、抢劫机动车案件的规定(1998年5月8日)

九、公安、工商行政管理人员或者其他国家机关工作人员滥用职权或者玩忽职守、徇私舞弊,致使赃车入户、过户、验证的,给予行政处分;致使公共财产、国家和人民利益遭受重大损失的,依照《刑法》第三百九十七条的规定处罚。

■最高人民检察院关于镇财政所所长是否适用国家机关工作人员的批复(全文)(2000年5月4日)

对于属行政执法事业单位的镇财政所中按国家机关在编干部管理的工作人员,在履行政府行政公务活动中,滥用职权或玩忽职守构成犯罪的,应以国家机关工作人员论。

■最高人民检察院关于合同制民警能否成为玩忽职守罪主体问题的批复(全文)(2000年10月9日)

根据刑法第九十三条第二款的规定,合同制民警在依法执行公务期间,属其他依照法律从事公务的人员,应以国家机关工作人员论。对合同制民警在依法执行公务活动中的玩忽职守行为,符合刑法第三百九十七条规定的玩忽职守罪构成条件的,依法以玩忽职守罪追究刑事责任。

■最高人民检察院关于属工人编制的乡(镇)工商所所长能否依照刑法第397条的规定追究刑事责任问题的批复(全文)(2000年10月31日)

根据刑法第93条第2款的规定,经人事部门任命,但为工人编制的乡(镇)工商所所长,依法履行工商行政管理职责时,属其他依照法律从事公务的人员,应以国家机关工作人员论。如果玩忽职守,致使公共财产、国家和人民利益遭受重大损失,可适用刑法第397条的规定,以玩忽职守罪追究刑事责任。

■最高人民法院、最高人民检察院关于办理非法制造、买卖、运输、储存毒鼠强等禁用剧毒化学品刑事案件具体应用法律若干问题的解释(2003年10月1日)

第四条　对非法制造、买卖、运输、储存毒鼠强等禁用剧毒化学品行为负有查处职责的国家机关工作人员,滥用职权或者玩忽职守,致使公共财产、国家和人民利益遭受重大损失的,依照刑法第三百九十七条的规定,以滥用职权罪或者玩忽职守罪追究刑事责任。

■最高人民法院、最高人民检察院、公安部关于严格执行刑事诉讼法,切实纠防超期羁押的通知(2003年11月12日)

五、严格执行超期羁押责任追究制度。……造成犯罪嫌疑人、被告人超期羁押,情节严重的,对于直接负责的主管人员和其他直接责任人员,依照刑法第三百九十七条的规定,以玩忽职守罪或者滥用职权罪追究刑事责任。

■最高人民法院、最高人民检察院关于办理盗窃油气、破坏油气设备等刑事案件具体应用法律若干问题的解释(2007年1月19日)

第七条　国家机关工作人员滥用职权或者玩忽职守,实施下列行为之一,致使公共财产、国家和人民利益遭受重大损失的，依照刑法第三百九十七的规定，以滥用职权罪或者玩忽职守罪定罪处罚：

（一）超越职权范围，批准发放石油、天然气勘查、开采、加工、经营等许可证的；

（二）违反国家规定，给不符合法定条件的单位、个人发放石油、天然气勘查、开采、加工、经营等许可证的；

（三）违反《石油天然气管道保护条例》等国家规定，在油气设备安全保护范围内批准建设项目的；

（四）对发现或者经举报查实的未经依法批准、许可擅自从事石油、天然气勘查、开采、加工、经营等违法活动不予查封、取缔的。

第八条　本解释所称的"油气"，是指石油、天然气。其中，石油包括原油、成品油；天然气包括煤层气。

本解释所称"油气设备"，是指用于石油、天然气生产、储存、运输等易燃易爆设备。

■最高人民法院、最高人民检察院关于办理与盗窃、抢劫、诈骗、抢夺机动车相关刑事案件具体应用法律若干问题的解释（2007年5月11日）

第三条　国家机关工作人员滥用职权，有下列情形之一，致使盗窃、抢劫、诈骗、抢夺的机动车被办理登记手续，数量达到三辆以上或者价值总额达到三十万元以上的，依照刑法第三百九十七第一款的规定，以滥用职权罪定罪，处三年以下有期徒刑或者拘役：

（一）明知是登记手续不全或者不符合规定的机动车而办理登记手续的；

（二）指使他人为明知是登记手续不全或者不符合规定的机动车办理登记手续的；

（三）违规或者指使他人违规更改、调换车辆档案的；

（四）其他滥用职权的行为。

国家机关工作人员疏于审查或者审查不严，致使盗窃、抢劫、诈骗、抢夺的机动车被办理登记手续，数量达到五辆以上或者价值总额达到五十万元以上的，依照刑法第三百九十七条第一款的规定，以玩忽职守罪定罪，处三年以下有期徒刑或者拘役。

国家机关工作人员实施前两款规定的行为，致使盗窃、抢劫、诈骗、抢夺的机动车被办理登记手续，分别达到前两款规定数量、数额标准五倍以上的，或者明知是盗窃、抢劫、诈骗、抢夺的机动车而办理登记手续的，属于刑法第三百九十七条第一款规定的"情节特别严重"，处三年以上七年以下有期徒刑。

国家机关工作人员徇私舞弊，实施上述行为，构成犯罪的，依照刑法第三百九十七条第二款的规定定罪处罚。

第四条　实施本解释第一条、第二条、第三条第一款或者第三款规定的行为，事前与盗窃、抢劫、诈骗、抢夺机动车的犯罪分子通谋的，以盗窃罪、抢劫罪、诈骗罪、抢夺罪的共犯论处。

第五条　对跨地区实施的涉及同一机动车的盗窃、抢劫、诈骗、抢夺以及掩饰、隐瞒犯罪所得、犯罪所得收益行为，有关公安机关可以依照法律和有关规定一并立案侦查，需要提请批准逮捕、移送审查起诉、提起公诉的，由该公安机关所在地的同级人民检察院、人民法院受理。

第六条　行为人实施本解释第一条、第三条第三款规定的行为，涉及的机动车有下列情形之一的，应当认定行为人主观上属于上述条款所称"明知"：

（一）没有合法有效的来历凭证；

（二）发动机号、车辆识别代号有明显更改痕迹，没有合法证明的。

■最高人民检察院关于对林业主管部门工作人员在发放林木采伐许可证之外滥用职权玩忽职守致使森林遭受严重破坏的行为适用法律问题的批复（全文）（2007年5月16日）

林业主管部门工作人员违法发放林木采伐许可证，致使森林遭受严重破坏的，依照刑法第四百零七条的规定，以违法发放林木采伐许可证罪追究刑事责任；以其他方式滥用职权或者玩忽职守，致使森林遭受严重破坏的，依照刑法第三百九十七条的规定，以滥用职权罪或者玩忽职守罪追究刑事责任，立案标准依照《最高人民检察院关于渎职侵权犯罪案件立案标准的规定》第一部分渎职犯罪案件第十八条第三款的规定执行。

■最高人民法院关于审理走私、非法经营、非法使用兴奋剂刑事案件适用法律若干问题的解释(2020年1月1日)

第六条　国家机关工作人员在行使反兴奋剂管理职权时滥用职权或者玩忽职守，造成严重兴奋剂违规事件，严重损害国家声誉或者造成恶劣社会影响，符合刑法第三百九十七条规定的，以滥用职权罪、玩忽职守罪定罪处罚。

依法或者受委托行使反兴奋剂管理职权的单位的工作人员，在行使反兴奋剂管理职权时滥用职权或者玩忽职守的，依照前款规定定罪处罚。

第七条　实施本解释规定的行为，涉案物质属于毒品、制毒物品等，构成有关犯罪的，依照相应犯罪定罪处罚。

第八条　对于是否属于本解释规定的“兴奋剂”“兴奋剂目录所列物质”“体育运动”“国内、国际重大体育竞赛”等专门性问题，应当依据《中华人民共和国体育法》《反兴奋剂条例》等法律法规，结合国务院体育主管部门出具的认定意见等证据材料作出认定。

■最高人民法院、最高人民检察院关于办理破坏野生动物资源刑事案件适用法律若干问题的解释(2022年4月9日)

第十条(第一款)　负有野生动物保护和进出口监督管理职责的国家机关工作人员，滥用职权或者玩忽职守，致使公共财产、国家和人民利益遭受重大损失的，应当依照刑法第三百九十七条的规定，以滥用职权罪或者玩忽职守罪追究刑事责任。

第十二条至第二十条内容见本书刑法第三百四十一条附文同名文件中。

■最高人民法院、最高人民检察院、公安部、农业农村部依法惩治长江流域非法捕捞等违法犯罪的意见(2020年12月17日)

二、准确适用法律，依法严惩非法捕捞等危害水生生物资源的各类违法犯罪

(五)依法严惩危害水生生物资源的渎职犯罪。对长江流域重点水域水生生物资源保护负有监督管理、行政执法职责的国家机关工作人员，滥用职权或者玩忽职守，致使公共财产、国家和人民利益遭受重大损失的，应当依照刑法第三百九十七条的规定，以滥用职权罪或者玩忽职守罪定罪处罚。

▼全国法院审理经济犯罪案件工作座谈会纪要(2003年11月13日)

六、关于渎职罪

(一)渎职犯罪行为造成的公共财产重大损失的认定

根据刑法规定，玩忽职守、滥用职权等渎职犯罪是以致使公共财产、国家和人民利益遭受重大损失为构成要件的。其中，公共财产的重大损失，通常是指渎职行为已经造成的重大经济损失。在司法实践中，有以下情形之一的，虽然公共财产作为债权存在，但已无法实现债权的，可以认定为行为人的渎职行为造成了经济损失：(1)债务人已经法定程序被宣告破产；(2)债务人潜逃，去向不明；(3)因行为人责任，致使超过诉讼时效；(4)有证据证明债权无法实现的其他情况。

(二)玩忽职守罪的追诉时效

玩忽职守行为造成的重大损失当时没有发生，而是玩忽职守行为之后一定时间发生的，应从危害结果发生之日起计算玩忽职守罪的追诉期限。

(三)国有公司、企业人员渎职犯罪的法律适用

对于1999年12月24日《中华人民共和国刑法修正案》实施以前发生的国有公司、企业人员渎职行为(不包括徇私舞弊行为)，尚未处理或者正在处理的不能按照刑法修正案追究刑事责任。

(四)关于“徇私”的理解

徇私舞弊型渎职犯罪的“徇私”应理解为徇个人私情、私利—国家机关工作人员为了本单位的利

益.实施滥用职权、玩忽职守行为,构成犯罪的,依照刑法第三百九十七条第一款的规定定罪处罚。

▼最高人民检察院研究室关于买卖尚未加盖印章的空白《边境证》行为如何适用法律问题的答复(全文)(2002年9月25日)

对买卖尚未加盖发证机关的行政印章或者通行专用章印鉴的空白《中华人民共和国边境管理区通行证》的行为,不宜以买卖国家机关证件罪追究刑事责任。国家机关工作人员实施上述行为,构成犯罪的,可以按滥用职权等相关犯罪依法追究刑事责任。

▼最高人民检察院法律政策研究室关于对海事局工作人员如何适用法律问题的答复(全文)(2003年1月13日)

根据国办发〔1999〕90号、中编办函〔2000〕184号等文件的规定,海事局负责行使国家水上安全监督和防止船舶污染及海上设施检验、航海保障的管理职权,是国家执法监督机构。海事局及其分支机构工作人员在从事上述公务活动中,滥用职权或者玩忽职守,致使公共财产、国家和人民利益遭受重大损失的,应当依照刑法第三百九十七条的规定,以滥用职权罪或者玩忽职守罪追究刑事责任。

●村基层组织人员构成渎职罪主体的认定

随着我国城镇建设和社会主义新农村建设逐步深入推进,村民委员会、居民委员会等基层组织协助人民政府管理社会发挥越来越重要的作用。实践中,对村民委员会、居民委员会等基层组织人员协助人民政府从事行政管理工作时,滥用职权、玩忽职守构成犯罪的,应当依照刑法关于渎职罪的规定追究刑事责任。(参见最高人民检察院第2批指导性案例5号,陈根明、林福娟、李德权滥用职权案,2012年11月15日发布。)

●滥用职权罪中重大损失与恶劣社会影响的认定

根据刑法规定,滥用职权罪是指国家机关工作人员滥用职权,致使"公共财产、国家和人民利益遭受重大损失"的行为。实践中,对滥用职权"造成恶劣社会影响的",应当依法认定为"致使公共财产、国家和人民利益遭受重大损失"。(参见最高人民检察院第2批指导性案例6号,罗建华、罗镜添、朱炳灿、罗锦游滥用职权案,2012年11月15日发布。)

●玩忽职守罪与徇私枉法罪的认定

本案要旨有两点:一是渎职犯罪因果关系的认定。如果负有监管职责的国家机关工作人员没有认真履行其监管职责,从而未能有效防止危害结果发生,那么,这些对危害结果具有"原因力"的渎职行为,应认定与危害结果之间具有刑法意义上的因果关系。二是渎职犯罪同时受贿的处罚原则。对于国家机关工作人员实施渎职犯罪并收受贿赂,同时构成受贿罪的,除《刑法》第三百九十九条有特别规定的外,以渎职犯罪和受贿罪数罪并罚。(参见最高人民检察院第2批指导性案例8号,杨周武玩忽职守、徇私枉法、受贿案,2012年11月15日发布。)

□烟草专卖局的工作人员在代表国家机关行使职权时,有渎职行为构成犯罪的,应当依照刑法关于渎职罪的规定追究刑事责任

一、根据全国人大常委会《关于〈中华人民共和国刑法〉第九章渎职罪主体适用问题的解释》的规定,在依照法律、法规规定行使国家行政管理职权的组织中从事公务的人员,或者在受国家机关委托代表国家机关行使职权的组织中从事公务的人员,或者虽未列入国家机关人员编制但在国家机关中从事公务的人员,在代表国家机关行使职权时,有渎职行为,构成犯罪的,依照刑法关于渎职罪的规定追究刑事责任。烟草专卖局系接受有关国家行政机关的委托,代表有关国家机关依法行使烟草专卖市场稽查和查处违反烟草专卖行为等行政执法权的组织。因此,烟草专卖局的工作人员在代表国家机关行使职权时,有渎职行为,构成犯罪的,应当依照刑法关于渎职罪的规定追究刑事责任。(参见上海市静安区人民检察院诉黄春海帮助犯罪分子逃避处罚、销售假冒注册商标的商品案,载《最高人民法院公报》总第152期,2009年第6期,第44页。)

▽在执行公务中超越职权造成他人伤亡的行为构成滥用职权罪

行为人在执行公务中超越职权造成他人伤亡的行为构成了犯罪。根据《全国人大常委会关于〈中华人民共和国刑法〉第九章渎职罪主体适用问题的解释》(刑法本章以下附文简称《渎职罪主体立法解释》)的规定了渎职罪的主体。在代表国家机关行使职权时,有渎职行为,构成犯罪的,应依照刑法关于渎职罪的规定追究刑事责任。公路稽查人员虽然不是国家机关工作人员,但是在受国家机关委托代表国家行使职权的组织中从事公务的人员,在执行公务时就应依法行政,不能滥用职权,如滥用职权同样可以构成滥用职权罪。我国法律、法规对逃避检查的逃逸车辆,公路稽查人员能否进行追赶的确没有明确规定,正因为没有明文规定,作为执法的公路稽查人员对逃避检查的逃逸车辆就不能"追赶",因为法律、法规没有授权你"追赶",如"追赶"就是超越职权的滥用职权行为。根据《刑法》本条第一款的规定,滥用职权,致使公共财产、国家和人民利益遭受重大损失的就要追究刑事责任。也就是说,作为执法者,在执法中不能超越法律的授权,否则就构成了违法,造成严重后果的就构成了犯罪。行为人滥用职权的行为造成了车毁人亡的严重后果,且发现车翻后见死不救,扬长而去,案发后又订立攻守同盟,情节特别严重,已构成犯罪,应依法追究刑事责任。

行为人在执行公务中超越职权的行为构成了滥用职权罪而不构成过失致人死亡罪。1. 滥用职权罪侵犯的客体是国家的正常管理活动,而过失致人死亡罪侵犯的客体是公民的人身权利。行为人在上路检查车辆规费缴纳情况时,违反高陵县交通运输管理站高交管字〔1997〕14号《关于认真做好运政执法工作的若干规定》第四条"上路巡查时……对不接受检查逃逸、强冲不停的车辆,严禁追、撵、堵、截"的规定,滥用职权,擅自追赶逃避检查的车辆,其行为侵犯了国家机关的正常管理活动。2. 滥用职权罪的主体是特殊主体,即必须是国家机关工作人员,而过失致人死亡罪的主体是一般主体。行为人虽然不是国家机关工作人员,但其所在的高陵县交通运输管理站受该县交通局的委托,行使部分行政执法权,且本案是在其行使行政执法权的过程中发生的,根据《渎职罪主体立法解释》的规定,二行为人具有滥用职权罪的主体资格。3. 滥用职权罪在主观上对滥用职权是故意的,对危害后果是过失的。行为人故意违反本站的有关规定,其行为符合滥用职权罪的主观要件。4. 滥用职权罪在客观上实施了超越职权或不正当行使职权的行为,而过失致人死亡罪在客观上没有实施滥用职权的行为。综上,二行为人的行为符合滥用职权罪的特征,故应以滥用职权罪追究其刑事责任。[参见第345号案例,王刚强、王鹏飞过失过失致人死亡案,载《刑事审判参考》总第44集(2005年第3集),法律出版社,第46～48页。执笔:张思敏]

▽渎职犯罪因果关系的认定

在判断行为与结果之间是否存在刑法上的因果关系时,应以行为时客观存在的一切事实为基础,依据一般人的经验进行判断。在存在介入因素的场合下,判断介入因素是否对因果关系的成立产生阻却影响时,一般是通过是否具有"相当性"的判断来加以确定的。在"相当性"的具体判断中,一般可从以下三个方面来进行:(1)最早出现的实行行为导致最后结果发生的概率的高低。概率高者,因果关系存在;反之,不存在。(2)介入因素异常性的大小。介入因素过于异常的,实行行为和最后结果之间的因果关系不存在;反之,因果关系存在。(3)介入因素对结果发生的影响力。影响力大者,因果关系不存在;反之,因果关系存在。当然,如果介入行为与此前行为对于结果的发生作用相当或者互为条件时,均应视为原因行为,同时成立因果关系。[参见第294号案例,龚晓玩忽职守案,载《刑事审判参考》总第37集(2004年第2集),法律出版社,第81～82页。执笔:于天敏　王飞]

▽行为人的玩忽职守行为与特大交通事故之间没有刑法上的因果关系

与"8·20"特大交通事故有联系的因素有三个:一是行为人在换证时的体检失职行为;二是换证以后二年度审验中的他人审验失职行为;三是驾驶员蒋某的违章驾驶行为。从行为与结果联系的紧密程度看,在上述三个因素中,最后一个因素是导致事故发生的直接原因,前两个因素不可能单独导致交通事故的发生,其只有依附于最后一个因素,才能产生本案的结果。在不存在第二个因素的情况下,判断行为人的行为与交通事故之间是否存在因果关系并不困难。正是由于其介入在行为人的失职行为与本案的损害后果之间,使得判断行为人的失职行为与损害结果之间是否存在因果关系的问题变得较为困难和复杂。由于行为人为蒋某出具的虚假体检结论的效力只有1年,如果蒋某驾驶的汽车在其换证的当年度由于其本人的原因而发生了交通事故,毫无疑问,该损害结果与行为人的玩忽职守行为之间存在刑法上的因果关系,其应对损害结果负责。在行为人出具虚假体检结论之后的年度审验中,蒋某能够通过审验,完全是由于他人体检失职行为所致,而非行为人的失职行为所致,因为他人的体检行为在1年之后已经归于无效。在其后的二年度审验中,相关人员如果认真履行了职责,则蒋某不可能通过审验,其当然也就不可能合法地从事驾驶工作,"8·20"特大交通事故也可能就不会发生。就行为人的失职行为和其后的失职行为对交通事故发生的影响力而言,前者对结果的发生在法律上已经不具有影响力。故此,行为人的失职行为与交通事故之间不存在刑法上的因果关系。尽管行为人客观上存在失职行为,可依照其他有关规定予以行政处分,但其行为不构成玩忽职守罪。[参见第294号案例,龚晓玩忽职守案,载《刑事审判参考》总第37集(2004年第2集),法律出版社,第82~83页。执笔:于天敏 王飞]

▽玩忽职守罪与滥用职权罪区分的认定

滥用职权罪是1997年修订刑法的新设罪名,但不能据此认为,滥用职权行为在修订前刑法中不受处罚,只不过当时是以玩忽职守罪定罪处罚而已。修订后的刑法将滥用职权行为从玩忽职守行为中分离出来,予以独立规定,主要是考虑到滥用职权行为其本身的特殊性。滥用职权主观方面系过失。司法实践中,滥用职权通常表现为故意不正确行使职权或者超越职权,但行为人对行为本身的故意,并不意味着行为人对行为结果所持的态度是希望或者放任。确定罪过形式的基准是行为人对行为结果的态度,而非行为本身。滥用职权中的过失一般表现为轻信过失,基于国家机关工作人员的特殊职责,对其滥用职权行为所可能造成的危害后果一般均存在明知。另外,行为的客观方面也是区分滥用职权与玩忽职守的一个重要方面。滥用职权是指超越权限,不法行使职权的行为,即就形式上属于国家机关工作人员一般职务权限的事项,以不当目的或者以不法方法,实施违反职务行为宗旨的活动,如越权行使,故滥用职权在行为形式上一般表现为积极的作为;玩忽职守是指严重不负责任,不履行职责或者不正确履行职责,其中这里的不正确履行职责当理解为违反职责规定,未能按照职责要求去履行,故玩忽职守在行为形式上属于消极的不作为。需说明的是,以个人决定将公款转存、为他公司向银行提供质押的具体担保而给本单位造成重大损失行为,由于是以单位名义实施的,在没有证据证明被告从中谋取个人具体利益的情况下,依照相关司法解释及立法解释的规定,不能以挪用公款罪论处。因此,这一行为也应当认定为行为人滥用职权的行为。[参见第196号案例,陆飞荣玩忽职守案,载《刑事审判参考》总第27辑(2002年第4辑),法律出版社,第72~74页。执笔:刘一守]

▽玩忽职守罪和滥用职权罪中重大经济损失的认定

玩忽职守(滥用职权)罪的构成需以公共财产、国家和人民利益遭受重大损失为条件,故玩忽职守罪、滥用职权罪均属结果犯。即玩忽职守罪、滥用职权罪在客观方面除需实施具体的滥用职权、玩忽职守行为之外,还需因该行为致使公共财产、国家和人民利益遭受重大损失。其中,公共财产的重大损失,指的是滥用职权、玩忽职守等渎职行为所造成的重大经济损失。如何确认本案经济损失及本案的滥用职权行为与经济损失之间是否存在因果关系,成为一个不容回避的问题。首先,作为刑法中犯罪结果的经济损失,指的是一种事实性损害后果,只要案发时对被害人来说这种损害后果客观存在即可认定,至于事后救济的情况如何,不影响对已经发生的损害后果的认定,唯有行为人确已挽回的部分,可以相互折抵,不再计入实际经济损失。[参见第196号案例,陆飞荣玩忽职守案,载《刑事审判参考》总第27辑(2002年第4辑),法律出版社,第74~75页。执笔:刘一守]

▽对于新刑法实施前的滥用职权行为,应适用1979年《刑法》以玩忽职守罪定罪处罚

行为实施于1994年3月、危害后果发生在1995年9月,如适用修订前的刑法,本案当以玩忽职守罪定罪处罚;如适用修订后的刑法,本案则当以滥用职权罪定罪处罚。故本案存在一个新旧刑法的选择适用问题。根据《刑法》第十二条所规定的从旧兼从轻原则,在滥用职权行为的法律适用中,既要作通常的新旧刑法之间的纵向比较,同时又有必要对新刑法关于滥用职权与玩忽职守之间的横向比较加以适当考虑。在新、旧刑法规定的具体量刑幅度之间进行纵向比较,首先应当确定案件适用的具体量刑幅度。修订前的《刑法》第一百八十七条对玩忽职守罪仅规定了一个量刑幅度,即"五年以下有期徒刑或者拘役";修订后的刑法对滥用职权规定了两个量刑幅度(至于徇私舞弊,因本案仅有徇私无舞弊行为,故不作讨论),即"三年以下有期徒刑或者拘役"及"三年以上七年以下有期徒刑",其中,情节特别严重的,适用第二个量刑幅度。虽然目前尚无"情节特别严重"方面的司法解释,但结合滥用职权罪的起刑点为直接经济损失20万元,及本案所造成的直接经济损失高达190万元,当可判断本案属情节特别严重。这样,新、旧刑法之间法定刑幅度的比较以旧刑法为轻,应当适用旧刑法。从修订后的刑法作横向比较,主要是考虑到修订刑法将玩忽职守行为拆解为滥用职权与玩忽职守两个罪名。立法作这种拆解,反映了对滥用职权行为作出了较玩忽职守行为程度更高的否定性评价。尽管这一立法意图在两者的法定刑中未予体现,但从《最高人民检察院关于人民检察院直接受理立案侦查案件立案标准的规定(试行)》可以清楚地看到,比如,重伤人数方面,滥用职权罪的立案标准为2人以上,玩忽职守则为3人以上;所造成的直接经济损失方面,滥用职权罪为20万元以上,玩忽职守则为30万元以上。这将意味着,危害后果虽相同,但有可能因为适用罪名的不同而直接导致刑的轻重各不相同,甚至直接影响到罪与非罪。所以凡是刑法修订之前的滥用职权行为,通常情况下均应适用旧法,以玩忽职守罪定罪处罚。[参见第196号案例,陆飞荣玩忽职守案,载《刑事审判参考》总第27辑(2002年第4辑),法律出版社,第75~76页。执笔:刘一守]

▽玩忽职守罪的徇私舞弊是加重处罚情节

玩忽职守罪是过失犯罪,只要国家机关工作人员在工作中不负责任,不履行或者不正确履行自己应尽的职责,并因此造成公共财产、国家和人民利益重大损失的,就构成犯罪。其中,是否"致使公共财产、国家和人民利益遭受重大损失"是区分罪与非罪的界限。而国家机关工作人员徇私舞弊,犯玩忽职守罪的,依照《刑法》本条第二款的规定,应加重处罚。这里的"徇私舞弊",是指国家机关工作人员在公务活动中基于私情,为了谋取私利,而故意弄虚作假或者故意不履行自己应尽的职责,致使公共财产、国家和人民利益遭受重大损失的行为。[参见第46号案例,林世元等、受贿玩忽职守罪案,载《刑事审判参考》总第6辑(2000年第1辑),法律出版社,第40~41页。审编:高贵君]

▽行政机关的行政罚没款应认定为玩忽职守造成的经济损失

玩忽职守行为是否致使公共财产、国家和人民利益遭受重大损失,是认定玩忽职守罪的必要构成条件,也是区分罪与非罪的重要标准。玩忽职守罪的经济损失,是指玩忽职守行为造成的公共财产的减少或毁损。1986年6月20日《最高人民检察院二厅关于正确认定和处理玩忽职守罪的意见》第三条第九项(74)规定:单位主管人员擅自批准经营、购买国家不允许经营、购买的物资,受到没收、罚款,给国家、集体经济造成重大损失的,应认定玩忽职守罪。按照这一规定,具有主体资格的人,擅自决定本单位经营、购买国家不允许经营、购买的物资,受到没收、罚款处理的数额,属于行为人玩忽职守致使公共财产造成损失的数额。如果这一数额达到一定限度,行为人就构成玩忽职守罪。[参见第16号案例,王文强玩忽职守案,载《刑事审判参考》总第2辑(1999年第2辑),法律出版社,第50~52页。审编:白富忠]

▽滥用职权罪与挪用公款罪主要区别的认定

滥用职权罪属于职务犯罪,挪用公款罪从性质上讲也属于一种渎职行为,两种犯罪主要区别在犯罪构成尤其是客观方面的行为表现上:一是两罪侵犯的客体不同。挪用公款罪不但侵犯了国家工作人员职务的廉洁性,还侵犯了公共财产的使用收益权,而滥用职权罪侵犯的是国家机关的正常活动。为保证国家机关工作人员正当、合理地行使职权,国家有关机关制定、颁布了一系列法律、法规和规章来规范、约束其工作人员的职务行为。这些规定既是国家机关工作人员行使和运用各自职权的法律依据和保障,也是其职务行为的界限、范围和行动的准则,因而是每一个国家机关工作人员的法定责任和义务。职权的不正当运用尤其是滥用,不仅违反了这些规定中关于正当、合理运用职权的基本要求,从而妨害国家机关的正常管理活动和秩序,而且还会给公共财产、国家和人民利益造成不可估量甚至无法弥补的损害。二是两罪主体都是特殊主体,但又有所不同。挪用公款罪的犯罪主体是国家工作人员,其范围《刑法》第九十三条有明确规定。滥用职权罪的犯罪主体是国家机关工作人员,关于其范围的界定,2002 年《渎职罪主体立法解释》亦作出规定,两类人员具有包容关系,即国家工作人员包括了国家机关工作人员。三是两罪客观方面不同。挪用公款罪是利用职务之便,擅自决定将公款挪归个人使用的行为,具体而言有三种行为表现。滥用职权罪表现为违反法律规定的权限和程序,滥用职权,致使公共财产、国家和人民利益遭受重大损失的行为。滥用职权的行为在客观上表现为两种情形:第一种是不认真地运用权力,即在履行职务的过程中,未尽到注意义务,在其职务范围内随便、随意或马虎地行使权力;第二种是过度地运用权力,即在履行职务的过程中,超越职务范围去行使权力,或者在职务范围内超越权力运用的前提、条件、程序、内容等要求而行使权力。前者是不认真履行职责,后者则是超越限度或没有限度地履行职责,均以作为的方式表现出来。四是两罪的主观方面不同。挪用公款罪只能由故意构成,滥用职权罪主观方面一般由过失构成,特殊情况下也不排除间接故意的存在。判断故意还是过失,应当以行为人对其所实施行为的危害结果所持的心理态度,而不是行为人对行为本身的心理态度为标准。作为国家机关工作人员,对其职权的法律依据、行使范围与程序以及职权滥用的危害后果,通常具有一定明知,不管是出于何种动机而滥用职权,一般较难以认定行为人是在希望或积极追求公共财产、国家和人民利益遭受重大损失之危害后果的发生;但实践中确实存在行为人明知违反职责义务的行为会造成危害结果,但为了某种利益而对危害结果的发生采取放任态度,则其主观心态就不再出于过失而应当属于故意了。本案被告人作为单位财会人员,擅自决定将公款借给地方公司使用,但因其是以单位名义借款,且用款单位也是向被告人所在单位出具借条,不能认定被告人是"以个人名义将公款供其他单位使用";被告人与借款单位约定了利息,借款单位也支付了 45 万余元的利息款,因此款并非被告人获得,而是入了被告人所在单位的账户,而本案中也没有证据显示其谋取其他个人利益,因此也不符合"个人决定以单位名义将公款供其他单位使用,谋取个人利益"的情形,故本案就不符合挪用公款罪要求的"挪用公款归个人使用"的本质特征。《人大解释》第(二)、(三)项规定情形是有前提条件或限制的,即"以个人名义"或者"个人决定以单位名义……谋取个人利益"。其意义在于突出挪用公款罪"公款私用"的本质,将实践中这两种变相公款私用的行为进行明确解释规定,便于统一司法,但并未突破"归个人使用"的立法定位,更不意味着"归单位使用"也是挪用公款罪的客观构成要件。具体而言,"以个人名义将公款供其他单位使用",其实质是先将公款挪给自己使用,然后自己再处分公款;"个人决定以单位名义将公款供其他单位使用,谋取个人利益的",实际上是个人将公款作为谋取利益的手段。因此,两种行为本质上仍然属于挪用公款"归个人使用"。被告人为给单位赚取利息谋取利益,违反国家和单位财务管理规定,未经请示单位领导,擅自决定并实施了多次从单位财务账户支取转账支票出借资金,借给地方公司使用,属于过度行使自己的职权,且最终给单位造成 500 余万元的损失,符合滥用职权罪的构成要件,法院以滥用职权罪对被告人定罪处罚是正确的。[参见第 563 号指导案例,张群生滥用职权案,载《刑事审判参考》总第 68 集(2009 年第 3 集),第 63~65 页。撰稿:包遵耀]

▽滥用职权同时又受贿的实行数罪并罚

(一)本案被告人的行为构成滥用职权罪。明确国家工作人员的职责是解决滥用职权定性问题的前提条件,被告人的行为符合滥用职权罪的构成特征:首先,被告人对福利企业的设立开办具有监督管理职责。被告人身为洞头县民政局福利中心主任,每年均率县福利企业年检年审检查小组到浙江恒博电气制造有限公司检查,这种检查是履行职责的表现,表明被告人对该公司具有监督管理职责,符合滥用职权罪关于"职权"的条件特征。其次,被告人主观上明知企业存在虚报情况,具有滥用职权的主观故意。被告人率县福利企业年检年审检查小组到恒博公司检查期间,多次发现该企业在正常员工人数上弄虚作假,瞒报企业的正常员工人数,但被告人依然让该企业顺利通过年检年审,享受福利企业退税的优惠政策。再次,被告人客观上实施了滥用职权行为,符合滥用职权罪的客观特征。被告人明知企业虚报正常员工人数,仍不履行自己的监督管理职责,且滥用职权,在2002年至2005年年检年审表上填上"符合福利企业年检要求",并在"安置比例"一栏中按照企业虚报的数据予以填写。最后,被告人的行为与损失结果具有因果关系。年检年审小组的其他人员是根据企业提供的"四表一册"进行检查,在主观上不明知虚报的事实,而福利企业退还增值税税额申请表上有年检年审是否合格一栏,年检年审合格才符合退税标准,虽然上一年度的税收已经退回,但如果年检年审不符合要求,那么对企业所退回的税收将予以追缴。如果被告人能正确履行职责,制止该企业瞒报、虚报,该企业享受福利的资格就要被取消,从而就不能享受国家的退税优惠政策。可见,正是被告人的滥用职权行为使得该企业能顺利退税,致使7 513 284.90元的国家税收流失。

(二)行为人在实施滥用职权等渎职犯罪行为的同时又收受贿赂齐备两个犯罪的构成要件,除刑法有特别规定的以外,应当认定为两罪,实行数罪并罚。对此类案件仅以一罪论处,会造成轻纵犯罪、削弱此类犯罪打击力度的不好效果。对于本案被告人的行为,法院应认定构成滥用职权罪、受贿罪两罪实行并罚。理由如下:首先,判断罪数应以犯罪构成为基准。行为具备一个犯罪构成要件的,认定一罪;行为之间相互独立,具备数个犯罪构成要件的,原则上应认定数罪。这一法则是在司法实践中贯彻罪刑法定原则的基本要求,又是实现罪刑相适应原则的必然要求。本案被告人主观上具有滥用职权和受贿两个故意,客观上既实施了受贿行为又实施了滥用职权行为,是两个独立的犯罪行为。从客体上讲,由于被告人不正确履行职责、滥用职权使国家税收等利益遭受重大损失,侵犯的客体是国家机关的正常活动;而被告人受贿犯罪侵犯的主要客体是国家工作人员职务行为的廉洁性。由此可见,被告人的行为符合两个独立的犯罪构成特征。其次,认定罪数应当遵循罪刑相适应基本原则。在罪数的把握上应当遵循罪刑相适应的刑法基本原则。根据罪刑相适应原则,刑罚的轻重,应当与犯罪分子所犯罪行和承担的刑事责任相适应。实践中,因受贿而为行贿人谋取利益又触犯其他罪名的情况较为普遍,如掌握国家秘密的国家机关工作人员因受贿向外商泄露国家对外贸易秘密;司法工作人员因受贿而故意枉法追诉、枉法裁判、私放在押的罪犯、违法减刑、假释、暂予监外执行;林业主管部门的工作人员因受贿而滥发林木采伐许可证;银行工作人员因受贿违法发放贷款造成重大损失等。对此类案件除刑法有特别规定的以外,原则上实行数罪并罚,有利于实现量刑上的均衡。再次,牵连犯理论难以有效解决受贿型渎职案件的罪数认定问题。构成牵连犯必须具备以下条件:行为人必须基于一个犯罪目的,这是构成牵连犯的主观要件,是认定各行为之间具有牵连关系的主要标准;行为人必须实施了两个以上的相对独立的犯罪行为;数行为之间必须具有牵连关系,具体表现为手段行为与目的行为的牵连关系或原因行为与结果行为的牵连关系;数个行为必须触犯不同罪名,如果数个行为只触犯一个罪名则不能成立牵连犯。必须注意的是,牵连犯的处断原则,并非一律适用从一重处断原则。究竟是适用从一重处断原则,还是实行数罪并罚,应进一步考量罪刑是否实现均衡。"为他人谋取利益"仅作为主观要件,并不能涵盖所有受贿犯罪,受贿与滥用职权之间并不必然存在牵连关系。受贿罪可分为索取型受贿和收受型受贿,索贿型犯罪并不要求"为他人谋取利益",只要行为人利用职权索贿,即构成受贿既遂。滥用职权罪也不以为他人谋取利益为要件,这一点使受贿滥用职权案件与受贿挪用公款案件有本质的区别。如2002年4月《全国人大常委会关于〈中华人民共和国刑法〉第三百八十四条第一款的解释》规定,个人决定以单位名义将公款供其他单位使用,谋取个人利益的,属于挪用公款"归个人使用"。按照全国人大常委会的这一立法解释,此处的"谋取个人利益"属于挪用公款罪的构成要件之一,如果把国家工作人员收受公款使用单位的贿赂的行为认定为受贿罪,同时又把收受贿赂的行为作为挪用公款罪中的"谋取个人利益"认定而以受贿罪和挪用公款罪数罪并罚,属于对行为的重复评价因此在这种情况下应当择一重罪处罚,而不应当数罪并罚。但在受贿型滥用职权案件中,为他人谋取利益并非滥用职权罪的主观构成要件,因此,不必然涉及重复评价的问题。通过审查的事实,可以看出被告人与浙江恒博电气制造有限公司董事长本来就私交密切,被告人滥用职权的行为不以收受贿赂为条件或目的,因此该两罪不必然存在牵连关系。又次,实行数罪并罚与《刑法》第三百九十九条第四款的规定并不矛盾。上述行为一方面构成了受贿犯罪另一方面又触犯了刑法规定的其他罪名,对于这些行为人是定一罪还是按照数罪来定罪处罚？在 1997 年刑法修订前,争议还是比较少的,类似情况被明确规定为两罪,并均按数罪并罚原则处理。如 1988 年《全国人大常委会关于惩治贪污贿赂罪的补充规定》明确规定"因受贿而进行违法犯罪活动构成其他犯罪的,按照数罪并罚的规定处罚。"问题的产生主要与修订刑法增加了对徇私枉法、民事、行政枉法裁判罪的特别规定有关。《刑法》第三百九十九条第四款规定"司法工作人员收受贿赂,有前三款行为的,同时又构成本法第三百八十五条规定之罪的,依照处罚较重的规定定罪处罚。"有人据此提出,这是刑法取消了上述规定,对因受贿而进行违法活动构成其他犯罪的,也应依照处罚较重的规定定罪处罚。这是对刑法规定的误解,《刑法》第三百九十九条第四款对司法工作人员作此规定有特殊的考虑,属于特别规定,仅限于该条所涉的四个罪名,不是刑法总则条文不具有普遍适用的意义。最后,实行数罪并罚与有关指导性意见相协调一致。2001 年,最高人民法院刑一庭审判长会议达成了以下意见:受贿兼有徇私舞弊减刑、假释的,同时符合两个罪的构成,应当认定为两罪,实行数罪并罚(《关于被告人受贿后徇私舞弊为服刑罪犯减刑、假释的行为应定一罪还是数罪的研究意见》,载《刑事审判参考》2001 年第 3 辑)。该意见虽然不是司法解释,但对审理好同类案件有指导意义。2002 年 7 月 8 日最高人民法院、最高人民检察院、海关总署联合印发的《关于办理走私刑事案件适用法律若干问题的意见》第 16 条规定"海关工作人员收受贿赂又放纵走私的,应以受贿罪和放纵走私罪数罪并罚。"虽然这是对走私类犯罪所作的规定,但也有指导意义。正是基于上述几方面的考虑,浙江省高级人民法院刑二庭于 2006 年 6 月 29 日印发的《全省法院经济犯罪疑难问题研讨会纪要(二)》对此作了统一规定,即"行为人因受贿实施徇私舞弊不移交刑事案件等渎职犯罪行为,同时符合两个犯罪构成的,除有特别规定的以外,应数罪并罚"。综上,浙江省洞头县人民法院以受贿罪、滥用职权罪两罪并罚追究被告人黄某某的刑事责任是正确的。[参见第 652 号指导案例,黄德林滥用职权、受贿案,载《刑事审判参考》总第 76 集(2010 年第 5 集),第 68～73 页。撰稿:陈增宝　林中琪]

▽滥用职权造成恶劣社会影响的认定

滥用职权行为,只有致使公共财产、国家和人民利益遭受重大损失的,才成立犯罪。一般认为,国家机关工作人员滥用职权造成的损失可以分为有形损失和无形损失。实践中,对有形损失如造成的经济损失、人员伤亡情况等的认定较为容易;但对无形损失的认定则相对难以把握。2013 年 1 月,《最高人民法院、最高人民检察院关于办理渎职刑事案件适用法律若干问题的解释(一)》(本附文以下简称《渎职解释一》)第一条第一款规定了滥用职权罪的入罪门槛,即明确了《刑法》本条第一款中滥用职权"致使公共财产、国家和人民利益遭受重大损失"的认定,具体包括四种情形。其中,第三项"造成恶劣社会影响"就属于无形损失。对无形损失的认定,应当根据被告人滥用职权行为造成的危害后果、社会影响等客观实际,结合滥用职权行为的性质、手段等因素综合分析判断。

本案金隆煤矿发生事故后,被告人未履行职责,且授意他人不将煤矿事故上报、不到现场救援,安排他人提供虚假材料,作虚假调查,要求他人隐瞒事故真相。因事故真相被隐瞒,一方面,致使事故调查、处理工作延误,相关责任人员未被追究责任;另一方面,煤矿存在重大安全隐患而未整改,仍组织矿工冒险下井生产作业,致使煤矿得以继续违法开采。同时,事故真相被隐瞒期间,数名记者以调查金隆煤矿安全事故为由,向金隆煤矿敲诈勒索财物共计数十万元,在当地造成的社会影响极坏,致使政府公信力受到人民群众的质疑。据此,一审、二审法院认定被告人滥用职权,依照《刑法》本条第一款、《渎职解释一》第一条第一款第三项的规定,被告人的行为构成滥用职权罪。综上,司法实践中对国家机关工作人员渎职犯罪"造成恶劣社会影响"的认定,在正确认识渎职犯罪行为侵犯的是国家机关公务的合法、公正、有效执行以及人民群众对此的信赖这一法益的基础上,一般可从以下方面予以把握:(1)渎职行为严重损害国家机关形象,致使政府公信力下降的;(2)渎职行为引发新闻媒体广泛关注,引起强烈社会反响的;(3)渎职行为造成大规模上访、暴力冲突等事件,影响国家机关正常职能活动的;(4)渎职行为诱发民族矛盾纠纷,严重影响民族团结、社会稳定的;(5)渎职行为造成其他恶劣社会影响的。[参见第1089号指导案例,杨德林滥用职权、受贿案,载《刑事审判参考》总第103集,第100~101页。撰稿:孔德伦]

第三百九十八条　【故意泄露国家秘密罪】【过失泄露国家秘密罪】国家机关工作人员违反保守国家秘密法的规定,故意或者过失泄露国家秘密,情节严重的,处三年以下有期徒刑或者拘役;情节特别严重的,处三年以上七年以下有期徒刑。

非国家机关工作人员犯前款罪的,依照前款的规定酌情处罚。

□律师在担任刑事辩护人期间,将通过合法程序获得的案件证据材料让被告人亲属查阅的行为不构成故意泄露国家秘密罪

律师在担任刑事被告人的辩护人期间,将通过合法程序获得的案件证据材料让当事人的亲属查阅,不构成故意泄露国家秘密罪。(参见河南省沁阳市人民检察院诉于萍故意泄露国家秘密案,载《最高人民法院公报》总第88期,2004年第2期,第33页。)

▽利用参加中考命题工作的便利将考前辅导内容作为正式试题,情节严重的,构成故意泄露国家秘密罪

《中华人民共和国保守国家秘密法》第二条规定:"国家秘密是关系国家的安全和利益,依照法定程序确定,在一定时间内只限一定范围的人员知悉的事项。"第十条规定:"国家秘密及其密级的具体范围,由国家保密工作部门分别会同外交、公安、国家安全和其他中央有关机关规定。"1989年12月13日,国家保密局和国家教委联合发布了《教育工作中国家秘密及其密级具体范围的规定》,明确国家秘密包括"地区(市)级以上政府教育行政部门及其所属考试机构组织的各类高等及中等教育统一考试在启用之前的试题(包括副题)、参考答案和评分标准,命题工作及其人员的有关情况"。因此,故意使中等教育统一考试试题、参考答案、评分标准、命题工作及其人员的有关情况被不应知悉者知悉的,属于故意泄露国家秘密。由于中等教育统一考试的特点,中等教育统一考试的试题、参考答案、评分标准、命题工作及其人员的有关情况作为国家秘密,有一定的保密期限。依照《国家保守秘密期限的规定》,孝感市2002年中等教育统一考试试题的保密期限应从2002年5月22日起至6月2日止。从形式上看,行为人在保密期限内并没有故意使国家秘密被不应知悉者知悉,或者故意使国家秘密超出了限定的接触范围,而是利用参加孝感市2002年中考政治命题工作的便利,在保密期限内将在考前的辅导内容直接作为孝感市2002年中考政治试题。作为孝感市教育局教研室教研员,行为人与有关中学教师探讨教学重点,介绍答题方法,属于正常的教学研究活动。但是,行为人对于孝感市的中考命题工作通常由孝感市教育局教研室教研员承担这一惯例是心知肚明的,孝感市各中学的教师对此也非常清楚。事实上,孝感市一些中学的政治教师正是由于行为人在通常情况下仍将承担2002年中考政治试题的命题工作才找到其探听试题的。行为人在明知自己很可能被任命为中考政治试卷命题人员的情况下,当有关学校政治教师向其打听中考试题内容时,将自己的命题方案先行透露给他们;在被正式通知为中考政治试卷命题人后,虽然未直接向他人泄露考试内容,但又违反命题规则和保密纪律,故意有针对性地将其曾透露给有关教师的内容作为中考政治试卷的主干命题。主观上,行为人明知自己的先行透露行为及后续的命题行为会造成属国家机密的中考试题泄露的后果,仍实施了上述行为,其具有泄露国家秘密的故意。客观上,行为人先行透露了“命题”内容,使该内容广为传播,后又利用命题人的身份将该内容作为正式试题,造成了参加孝感市2002年中考的考生政治成绩全部作废的严重后果。其先行透露加后续命题行为与造成的严重后果具有直接的因果关系。上述行为的性质与先命题后透露的典型泄密行为并无实质的差异。行为人的行为符合故意泄露国家秘密罪的构成要件,构成故意泄露国家秘密罪。[参见第258号案例,李宝安、昝旺木、李兴安故意泄露国家秘密案,载《刑事审判参考》总第33集(2003年第4集),法律出版社,第57~58页。执笔:王志辉　陈琴]

▽辩护律师将在法院复制的案件证据材料让被告人亲属查阅的行为不构成故意泄露国家秘密罪

首先,从犯罪对象来分析。故意泄露国家秘密罪的犯罪对象是国家秘密,而本案中行为人(辩护律师)让马某(贪污案被告人)亲属查阅的在法院复制的案件证据材料不属于国家秘密。理由如下:(1)检察部门的保密规定(1996年1月15日起生效的《检察工作中国家秘密及其密级具体范围的规定》及其附件《确定检察诉讼文书密级和保密期限的规定》)将检察机关直接受理案件中的“讯问被告人笔录”和“询问证人证言”确定为机密级国家秘密,其目的主要是为保障案件侦查的顺利进行,约束检察人员,禁止其泄漏这些材料。根据《刑事诉讼法》第三十六条第一款的规定,辩护律师在人民检察院审查起诉阶段可以查阅、摘抄、复制案件的诉讼文书和技术鉴定材料,但不包括“讯问被告人笔录”和“询问证人证言”在内的指控犯罪事实的材料。由于在这一阶段,律师不可能接触到涉及犯罪事实的材料,因此,检察部门的保密规定并不适用于辩护律师。除非辩护律师通过非正常渠道知悉这些材料(这本身就表明国家秘密已被泄露)后再将其透露给其他人。(2)当案件移送到法院后,这些材料是否还属于国家秘密则取决于该案件是否属于涉及国家秘密的案件,或者该材料是否确定并标明密级和保密期以及法院系统的现行保密规定。从本案涉及的马某贪污案来看,该案只是一起普通的贪污案件,并非涉及国家秘密的案件。再从法院系统的现行保密规定来看,并未将涉及国家秘密案件以外的案件包括“讯问被告人笔录”和“询问证人证言”在内的指控犯罪事实的材料规定为国家秘密。因此,辩护律师将在起诉后、开庭前和开庭中将依法查阅、摘抄、复制的有关“讯问被告人笔录”和“询问证人证言”的证据材料,向外传播、泄露的,并不能构成泄露国家秘密罪。当然,如果辩护人利用这些知悉的材料,引诱有关证人违背事实改变证言或作伪证的,因而涉嫌犯妨害作证罪的,则是另外一回事。(3)检察部门的保密规定虽将“讯问被告人笔录”和“询问证人证言”的保密期限规定为“庭审前”,但是这个规定与刑事诉讼法的规定相背离。《刑事诉讼法》第二十六条第二款规定:“辩护律师自人民法院受理案件之日起,可以查阅、摘抄、复制本案所指控的犯罪事实的材料,可以同在押的被告人会见和通信。其他辩护人包括被告人的亲属经人民法院许可,同样也可以查阅、摘抄、复制上述材料,同在押的被告人会见和通信。”其中,所谓“犯罪事实的材料”主要是指包括被告人供述、证人证言在内的各种证据材料。这是因为,案件一旦起诉,包括被告人供述、证人证言等所有的证据材料都必须在庭上公开出示、宣读并经质证,不再有任何秘密可言,已不再属于国家秘密,故法律并不禁止律师或其他辩护人将其交予他人阅知。可见,将上述材料的保密期限表述为“庭审前”的并不正确,应当说,上述所谓的“犯罪事实材料”包括被告人供述、证人证言在内的各种证据材料,一经起诉并移送到法院,即告失密。[参见第210号案例,于萍故意泄露国家秘密案,载《刑事审判参考》总第28辑(2002年第5辑),法律出版社,第85~88页。执笔:罗国良]

第三百九十九条　【徇私枉法罪】司法工作人员徇私枉法、徇情枉法,对明知是无罪的人而使他受追诉、对明知是有罪的人而故意包庇不使他受追诉,或者在刑事审判活动中故意违背事实和法律作枉法裁判的,处五年以下有期徒刑或者拘役;情节严重的,处五年以上十年以下有期徒刑;情节特别严重的,处十年以上有期徒刑。

【民事、行政枉法裁判罪】在民事、行政审判活动中故意违背事实和法律作枉法裁判，情节严重的，处五年以下有期徒刑或者拘役；情节特别严重的，处五年以上十年以下有期徒刑。

【执行判决、裁定失职罪】【执行判决、裁定滥用职权罪】在执行判决、裁定活动中，严重不负责任或者滥用职权，不依法采取诉讼保全措施、不履行法定执行职责，或者违法采取诉讼保全措施、强制执行措施，致使当事人或者其他人的利益遭受重大损失的，处五年以下有期徒刑或者拘役；致使当事人或者其他人的利益遭受特别重大损失的，处五年以上十年以下有期徒刑。(此款是根据《中华人民共和国刑法修正案(四)》之八增加的一款，2002年12月28日起施行。)

司法工作人员收受贿赂，有前三款行为的，同时又构成本法第三百八十五条规定之罪的，依照处罚较重的规定定罪处罚。(此款是根据《中华人民共和国刑法修正案(四)》之八修改的，2002年12月28日起施行。)

刑法第四款原文：司法工作人员贪赃枉法，有前两款行为的，同时又构成本法第三百八十五条规定之罪的，依照处罚较重的规定定罪处罚。

■最高人民检察院关于人民检察院立案侦查司法工作人员相关职务犯罪案件若干问题的规定(2018年11月24日)

附：十四个罪名的立案标准

八、徇私枉法罪

司法工作人员徇私枉法、徇情枉法，对明知是无罪的人而使他受追诉、对明知是有罪的人而故意包庇不使他受追诉，或者在刑事审判活动中故意违背事实和法律作枉法裁判的行为，涉嫌下列情形之一的，应予立案：

1. 对明知是没有犯罪事实或者其他依法不应当追究刑事责任的人，采取伪造、隐匿、毁灭证据或者其他隐瞒事实、违反法律的手段，以追究刑事责任为目的立案、侦查、起诉、审判的；

2. 对明知是有犯罪事实需要追究刑事责任的人，采取伪造、隐匿、毁灭证据或者其他隐瞒事实、违反法律的手段，故意包庇使其不受立案、侦查、起诉、审判的；

3. 采取伪造、隐匿、毁灭证据或者其他隐瞒事实、违反法律的手段，故意使罪重的人受较轻的追诉，或者使罪轻的人受较重的追诉的；

4. 在立案后，采取伪造、隐匿、毁灭证据或者其他隐瞒事实、违反法律的手段，应当采取强制措施而不采取强制措施，或者虽然采取强制措施，但中断侦查或者超过法定期限不采取任何措施，实际放任不管，以及违法撤销、变更强制措施，致使犯罪嫌疑人、被告人实际脱离司法机关侦控的；

5. 在刑事审判活动中故意违背事实和法律，作出枉法判决、裁定，即有罪判无罪、无罪判有罪，或者重罪轻判、轻罪重判的；

6. 其他徇私枉法应予追究刑事责任的情形。

九、民事、行政枉法裁判罪

审判人员在民事、行政审判活动中，故意违背事实和法律作枉法裁判，情节严重的行为。涉嫌下列情形之一的，应予立案：

1. 枉法裁判，致使当事人或者其近亲属自杀、自残造成重伤、死亡，或者精神失常的；

2. 枉法裁判，造成个人财产直接经济损失10万元以上，或者直接经济损失不满10万元，但间接经济损失50万元以上的；

3. 枉法裁判，造成法人或者其他组织财产直接经济损失20万元以上，或者直接经济损失不满20万元，但间接经济损失100万元以上的；

4. 伪造、变造有关材料、证据，制造假案枉法裁判的；

5. 串通当事人制造伪证，毁灭证据或者篡改庭审笔录而枉法裁判的；

6. 徇私情、私利，明知是伪造、变造的证据予以采信，或者故意对应当采信的证据不予采信，或者故

意违反法定程序,或者故意错误适用法律而枉法裁判的;

7. 其他情节严重的情形。

十、执行判决、裁定失职罪

司法工作人员在执行判决、裁定活动中,严重不负责任,不依法采取诉讼保全措施、不履行法定执行职责,或者违法采取保全措施、强制执行措施,致使当事人或者其他人的利益遭受重大损失的行为。涉嫌下列情形之一的,应予立案:

1. 致使当事人或者其近亲属自杀、自残造成重伤、死亡,或者精神失常的;

2. 造成个人财产直接经济损失15万元以上,或者直接经济损失不满15万元,但间接经济损失75万元以上的;

3. 造成法人或者其他组织财产直接经济损失30万元以上,或者直接经济损失不满30万元,但间接经济损失150万元以上的;

4. 造成公司、企业等单位停业、停产1年以上,或者破产的;

5. 其他致使当事人或者其他人的利益遭受重大损失的情形。

十一、执行判决、裁定滥用职权罪

司法工作人员在执行判决、裁定活动中,滥用职权,不依法采取诉讼保全措施、不履行法定执行职责,或者违法采取保全措施、强制执行措施,致使当事人或者其他人的利益遭受重大损失的行为。涉嫌下列情形之一的,应予立案:

1. 致使当事人或者其近亲属自杀、自残造成重伤、死亡,或者精神失常的;

2. 造成个人财产直接经济损失10万元以上,或者直接经济损失不满10万元,但间接经济损失50万元以上的;

3. 造成法人或者其他组织财产直接经济损失20万元以上,或者直接经济损失不满20万元,但间接经济损失100万元以上的;

4. 造成公司、企业等单位停业、停产6个月以上,或者破产的;

5. 其他致使当事人或者其他人的利益遭受重大损失的情形。

▼最高人民检察院法律政策研究室关于非司法工作人员是否可以构成徇私枉法罪共犯问题的答复(全文)(2003年4月16日)

非司法工作人员与司法工作人员勾结,共同实施徇私枉法行为,构成犯罪的,应当以徇私枉法罪的共犯追究刑事责任。

▽徇私枉法罪中“徇利枉法、徇情枉法”的认定

本罪的本质特征是司法工作人员刑事诉讼行为的枉法性。“徇利枉法、徇情枉法”具体表现为三种行为:一是对明知是无罪的人而使他受追诉。通常是指负有侦查、检察职责的司法工作人员知道或者应当知道他人是无罪的,仍然为徇私情、私利,采取伪造、隐匿证据或者其他隐瞒事实、违背法律的手段,以追究刑事责任为目的对其进行立案、侦查(含采取强制措施)和起诉。二是对明知是有罪的人而故意包庇不使他受追诉。通常是指司法工作人员对明知有犯罪事实需要追究刑事责任的人,采取伪造、隐匿、毁灭证据或者其他隐瞒事实、违背法律的手段,故意包庇使其不受立案追究,或者在立案后,故意违背事实和法律,应该采取强制措施而不采取强制措施,或者虽然采取强制措施,但无正当理由中断侦查或者超过法定期限不采取任何措施,实际放任不管,以及违法撤销、变更强制措施,致使犯罪嫌疑人、被告人实际脱离司法机关侦控等行为。故意包庇不使其被追究刑事责任的事实,既可以是全部犯罪事实,也可以是部分犯罪事实;既可以是构成犯罪的事实,也可以是从重处罚的事实。三是在刑事审判活动中,故意违背事实和法律作枉法裁判的。这是指在刑事审判活动中故意违背事实和法律,作出枉法判决、裁定,即有罪判无罪、无罪判有罪,或者重罪轻判、轻罪重判的情形。[参见第237号案例,

李永宾徇私枉法、接送不合格兵员案,载《刑事审判指导》总第31集,法律出版社,第69～70页。执笔:李祥明]

▽徇私枉法"情节严重"的认定

徇私枉法罪是行为犯,一般不以是否发生行为人所追求的后果为条件,只要行为人在刑事诉讼过程中实施了上述其中的一种徇私枉法或者徇情枉法行为,且不属于"情节显著轻微危害不大的"情形,应当认定构成犯罪,"处五年以下有期徒刑或者拘役";对于徇私枉法行为"情节严重的,处五年以上十年以下有期徒刑;情节特别严重的,处十年以上有期徒刑"。由此看出,徇私枉法罪的成立,是不以"情节严重"为必要条件的。"情节严重"和"情节特别严重"只是本罪加重处罚的情节,直接影响着对行为人犯徇私枉法罪的量刑。虽然刑法和有关司法解释没有规定徇私枉法"情节严重"和"情节特别严重"的具体情形,但参照实践经验,对于刑法规定的情节犯和情节加重犯,一般应当从行为人的手段是否恶劣、后果是否严重、是否造成恶劣社会影响等方面综合分析认定。就徇私枉法罪而言,对于因行为人的徇私枉法或者徇情枉法行为,致使无辜的人被追究刑事责任,或者使已经构成犯罪的人逃脱了刑事追究,或者重罪轻判、轻罪重判,严重损害社会主义法制尊严的,应当根据具体犯罪事实、性质、情节和对于社会的危害程度认定为徇私枉法"情节严重"或者"情节特别严重"。[参见第237号案例,李永宾徇私枉法、接送不合格兵员案,载《刑事审判指导》总第31集,法律出版社,第70页。执笔:李祥明]

▽徇私枉法罪和帮助犯罪分子逃避处罚罪的认定

徇私枉法罪和帮助犯罪分子逃避处罚罪,在主观上都要求明知行为对象是犯罪的人(徇私枉法罪还包括明知是无罪的人的情形),就枉法不追诉的情形而言,二者又都表现为明知是犯罪分子而帮助其逃避刑事追究,但二者的区别还是比较明显的:一是主体方面,徇私枉法罪的主体是司法工作人员,而帮助犯罪分子逃避处罚罪的主体则是负有查禁犯罪活动职责的国家机关工作人员;二是主客观方面,徇私枉法罪表现为对明知是无罪的人而使他受到追诉,对明知是有罪的人而故意包庇不使他受到追诉,或者在刑事审判活动中故意违背事实和法律作枉法裁判三种情形,且要求具有徇私、徇情的动机,而帮助犯罪分子逃避处罚罪的客观行为仅表现为向犯罪分子通风报信、提供便利以帮助其逃避处罚,且主观上并不特别要求必须具徇私、徇情的动机。本案行为人实施了向两名犯罪分子通风报信的行为,符合帮助犯罪分子逃避处罚罪的行为特征,但深入分析就会发现,帮助犯罪分子逃避处罚只是行为人行为的一个次要方面,而不是主要方面,更非全部。首先,行为人在1998年10月至11月,参与办理铁某某等奸淫幼女一案,对付某某进行了传唤,也就是说其已明知付某某为犯罪嫌疑人,但在接受请托人宴请及2700元现金后,即放弃了对付的抓捕,亦未向治安科领导汇报付的情况。行为人的行为从表面上看是向犯罪分子通风报信,提供逃避追诉的便利,但其目的却是防止二人被抓获后供出付某某,使付受到追诉。因为付某某归案后,就会使行为人收受钱财的事情暴露,这才是行为人行为的动机所在。因此,行为人的行为中虽包含为犯罪分子通风报信的成分,但其主要方面仍是为了个人私利,而包庇付某某不受追诉。依照刑法理论,这是一行为触犯两罪名,应按重罪即徇私枉法罪定罪处罚。[参见第129(126)号案例,杨有才帮助犯罪分子逃避处罚案,载《刑事审判参考》总第20辑(2001年第9辑),法律出版社,第27～29页。执笔:蔡智玉]

▽认定"徇私、徇情"在司法实践中应注意把握两点

第一,本罪中的"徇私、徇情"不仅仅指司法工作人员徇个人之私情,同时也包括那些为了小集团、小团体不正当的利益而徇单位、集体之私的行为。那些打着为"公"的名义而徇单位、集体之私的行为,其实质上是为了局部利益而损害国家整体利益的枉法行为,理应以徇私枉法罪追究刑事责任。第二,本罪中的"徇私、徇情"作为行为人的犯罪动机,是本罪的构成要件之一,在认定本罪时,除查明行为人主观上具有直接故意以外,还须查明其动机是出于徇私、徇情。[参见刘志高:《徇私枉法罪中的"徇私、徇情"探析》,载《刑事审判要览》(法官释法)总第3集(2003年第3集),第39页。]

第三百九十九条之一　【枉法仲裁罪】依法承担仲裁职责的人员，在仲裁活动中故意违背事实和法律作枉法裁决，情节严重的，处三年以下有期徒刑或者拘役；情节特别严重的，处三年以上七年以下有期徒刑。（本条是据《中华人民共和国刑法修正案（六）》之二十增加的，2006年6月29日起施行。）

第四百条　【私放在押人员罪】司法工作人员私放在押的犯罪嫌疑人、被告人或者罪犯的，处五年以下有期徒刑或者拘役；情节严重的，处五年以上十年以下有期徒刑；情节特别严重的，处十年以上有期徒刑。

【失职致使在押人员脱逃罪】司法工作人员由于严重不负责任，致使在押的犯罪嫌疑人、被告人或者罪犯脱逃，造成严重后果的，处三年以下有期徒刑或者拘役；造成特别严重后果的，处三年以上十年以下有期徒刑。

■最高人民检察院关于人民检察院立案侦查司法工作人员相关职务犯罪案件若干问题的规定（2018年11月24日）

附：十四个罪名的立案标准

十二、私放在押人员罪

司法工作人员私放在押（包括在羁押场所和押解途中）的犯罪嫌疑人、被告人或者罪犯的行为。涉嫌下列情形之一的，应予立案：

1. 私自将在押的犯罪嫌疑人、被告人、罪犯放走，或者授意、指使、强迫他人将在押的犯罪嫌疑人、被告人、罪犯放走的；

2. 伪造、变造有关法律文书、证明材料，以使在押的犯罪嫌疑人、被告人、罪犯逃跑或者被释放的；

3. 为私放在押的犯罪嫌疑人、被告人、罪犯，故意向其通风报信、提供条件，致使该在押的犯罪嫌疑人、被告人、罪犯脱逃的；

4. 其他私放在押的犯罪嫌疑人、被告人、罪犯应予追究刑事责任的情形。

十三、失职致使在押人员脱逃罪

司法工作人员由于严重不负责任，不履行或者不认真履行职责，致使在押（包括在羁押场所和押解途中）的犯罪嫌疑人、被告人、罪犯脱逃，造成严重后果的行为。涉嫌下列情形之一的，应予立案：

1. 致使依法可能判处或者已经判处10年以上有期徒刑、无期徒刑、死刑的犯罪嫌疑人、被告人、罪犯脱逃的；

2. 致使犯罪嫌疑人、被告人、罪犯脱逃3人次以上的；

3. 犯罪嫌疑人、被告人、罪犯脱逃以后，打击报复报案人、控告人、举报人、被害人、证人和司法工作人员等，或者继续犯罪的；

4. 其他致使在押的犯罪嫌疑人、被告人、罪犯脱逃，造成严重后果的情形。

■最高人民检察院关于工人等非监管机关在编监管人员私放在押人员行为和失职致使在押人员脱逃行为适用法律问题的解释（全文）（2001年3月2日）

工人等非监管机关在编监管人员在被监管机关聘用受委托履行监管职责的过程中私放在押人员的，应当依照刑法第四百条第一款的规定，以私放在押人员罪追究刑事责任；由于严重不负责任，致使在押人员脱逃，造成严重后果的，应当依照刑法第四百条第二款的规定，以失职致使在押人员脱逃罪追究刑事责任。

第四百零一条　【徇私舞弊减刑、假释、暂予监外执行罪】司法工作人员徇私舞弊，对不符合减刑、假释、暂予监外执行条件的罪犯，予以减刑、假释或者暂予监外执行的，处三年以下有期徒刑或者拘役；情节严重的，处三年以上七年以下有期徒刑。

■最高人民检察院关于人民检察院立案侦查司法工作人员相关职务犯罪案件若干问题的规定(2018年11月24日)

附:十四个罪名的立案标准

十四、徇私舞弊减刑、假释、暂予监外执行罪

司法工作人员徇私舞弊,对不符合减刑、假释、暂予监外执行条件的罪犯予以减刑、假释、暂予监外执行的行为。涉嫌下列情形之一的,应予立案:

1. 刑罚执行机关的工作人员对不符合减刑、假释、暂予监外执行条件的罪犯,捏造事实,伪造材料,违法报请减刑、假释、暂予监外执行的;

2. 审判人员对不符合减刑、假释、暂予监外执行条件的罪犯,徇私舞弊,违法裁定减刑、假释或者违法决定暂予监外执行的;

3. 监狱管理机关、公安机关的工作人员对不符合暂予监外执行条件的罪犯,徇私舞弊,违法批准暂予监外执行的;

4. 不具有报请、裁定、决定或者批准减刑、假释、暂予监外执行权的司法工作人员利用职务上的便利,伪造有关材料,导致不符合减刑、假释、暂予监外执行条件的罪犯被减刑、假释、暂予监外执行的;

5. 其他徇私舞弊减刑、假释、暂予监外执行应予追究刑事责任的情形。

●司法工作人员收受贿赂,对不符合减刑、假释、暂予监外执行条件的罪犯,予以减刑、假释或者暂予监外执行的,构成徇私舞弊暂予监外执行罪

司法工作人员收受贿赂,对不符合减刑、假释、暂予监外执行条件的罪犯,予以减刑、假释或者暂予监外执行的,应根据案件的具体情况,依法追究刑事责任。(参见最高人民检察院第1批指导性案例3号,林志斌徇私舞弊暂予监外执行案,2010年12月31日发布。)

○最高人民法院刑一庭审判长会议关于被告人受贿后徇私舞弊为服刑犯减刑、假释的行为实行两罪并罚纪要

被告人受贿后徇私舞弊为服刑犯判刑、假释的行为,同时符合受贿罪和徇私舞弊减刑、假释罪的犯罪构成,应当认定为受贿罪和徇私舞弊减刑、假释罪,实行两罪并罚。[参见《刑事审判参考》总第14集(2001年第3集),法律出版社,第74页。]

第四百零二条　【徇私舞弊不移交刑事案件罪】行政执法人员徇私舞弊,对依法应当移交司法机关追究刑事责任的不移交,情节严重的,处三年以下有期徒刑或者拘役;造成严重后果的,处三年以上七年以下有期徒刑。

■行政执法机关移送涉嫌犯罪案件的规定(2020年8月7日修订)

第十六条　行政执法机关违反本规定,逾期不将案件移送公安机关的,由本级或者上级人民政府,或者实行垂直管理的上级行政执法机关,责令限期移送,并对其正职负责人或者主持工作的负责人根据情节轻重,给予记过以上的处分;构成犯罪的,依法追究刑事责任。

行政执法机关违反本规定,对应当向公安机关移送的案件不移送,或者以行政处罚代替移送的,由本级或者上级人民政府,或者实行垂直管理的上级行政执法机关,责令改正,给予通报;拒不改正的,对其正职负责人或者主持工作的负责人给予记过以上的处分;构成犯罪的,依法追究刑事责任。

对本条第一款、第二款所列行为直接负责的主管人员和其他直接责任人员,分别比照前两款的规定给予处分;构成犯罪的,依法追究刑事责任。

第十七条　公安机关违反本规定,不接受行政执法机关移送的涉嫌犯罪案件,或者逾期不作出立案或者不予立案的决定的,除由人民检察院依法实施立案监督外,由本级或者上级人民政府责令改正,对其正职负责人根据情节轻重,给予记过以上的处分;构成犯罪的,依法追究刑事责任。

对前款所列行为直接负责的主管人员和其他直接责任人员，比照前款的规定给予处分；构成犯罪的，依法追究刑事责任。

●徇私舞弊不移交刑事案件罪的发现及处理

诉讼监督，是人民检察院依法履行法律监督的重要内容。实践中，检察机关和办案人员应当坚持办案与监督并重，建立健全行政执法与刑事司法有效衔接的工作机制，善于在办案中发现各种职务犯罪线索；对于行政执法人员徇私舞弊，不移送有关刑事案件构成犯罪的，应当依法追究刑事责任。（参见最高人民检察院第2批指导性案例7号，胡宝刚、郑伶徇私舞弊不移交刑事案件案，2012年11月15日发布。）

□上级机关工作人员参与过此案的调查、写出过调查报告甚至宣读过行政处罚决定，都不能改变只有下级机关才是滥伐林木一案的行政执法主体的实质

《行政处罚决定书》证实，对上坝村进行林业行政处罚的执法主体是宜兴市林副业局。因此，尽管宜兴市林副业局对上坝村滥伐林木一案未办立案手续，尽管顾某某作为上级机关工作人员参与过此案的调查、写出过调查报告甚至宣读过行政处罚决定，都不能改变只有宜兴市林副业局才是上坝村滥伐林木一案的行政执法主体的实质。被告人作为行政执法机关查办案件的直接责任人员，符合《刑法》第四百零二条规定的“行政执法人员”这一主体条件。（江苏省宜兴市人民检察院诉丁锡方徇私舞弊不移交刑事案件案，载《最高人民法院公报》总第86期，2003年第6期，第18页。）

▽徇私舞弊不移交刑事案件罪的认定

徇私舞弊不移交刑事案件罪是1997年《刑法》新增设的罪名，根据《刑法》第四百零二条的规定，是指行政执法人员徇私舞弊，对依法应当移交司法机关追究刑事责任的案件不移交，情节严重的行为。本罪主体是特殊主体，只能是行政执法人员。所谓行政执法人员，根据行政处罚法的有关规定以及国务院《行政执法机关移送涉嫌犯罪案件的规定》第二条的规定，具体是指具有行政处罚权的行政机关或者法律、法规授权的具有管理公共事务职能，在法定授权范围内实施行政处罚的组织的工作人员。实践中，该罪的主体一般为负责查处某种行政违法案件的行政机关或部门负责人及案件承办人员。本罪的客观方面表现为行为人在行政执法过程中，发现自己查处的行政违法人（或单位）的行为已构成犯罪，依据有关法律规定应当移交司法机关追究刑事责任，但从中予以舞弊，不移交司法机关，情节严重的行为。最高人民检察院发布的《人民检察院直接受理立案侦查案件立案标准的规定（试行）》（本附文以下简称《高检试行规定》）中规定，所谓“舞弊”，是指“伪造材料，隐瞒情况，弄虚作假”；所谓“情节严重”，主要是指具有以下情形之一：对依法可能判处三年以上有期徒刑、无期徒刑、死刑的案件不移交的；3次以上不移交的犯罪案件，或者一次不移交涉及3名以上犯罪嫌疑人的；司法机关发现并提出意见后，无正当理由仍然不予移交的；以罚代刑，放纵犯罪嫌疑人，致使犯罪嫌疑人继续进行违法犯罪活动的；行政执法部门主管领导阻止移交的；隐瞒、毁灭证据，伪造材料，改变刑事案件性质的；直接负责的主管人员和其他直接责任人员为谋取本单位私利而不移交刑事案件，情节严重的；其他情节严重的情形。本罪在主观上应当是出于故意，即明知行政违法人（或单位）的行为已构成犯罪，应当移交司法机关而故意不移交，并且具有“徇私”的动机。所谓“徇私”，参照《高检试行规定》，具体是指“徇私情、私利”。综上，构成本罪的核心是：1.“依法应当移交”而未予移交；2.未予移交是因为行为人从中实施了徇私舞弊的行为。徇私舞弊不移交刑事案件罪的客观构成行为是一种复合行为，包含作为与不作为。行为人在客观上既实施了“伪造材料、隐瞒情况、弄虚作假”的以作为形式表现的“舞弊”行为，又具有“依法应当移交”而“不移交”的不作为行为。但更主要的是不作为。虽有“伪造材料、隐瞒情况、弄虚作假”的行为，但无“不移交”的行为，仍不能按本罪论处，可能构成其他犯罪。可见“依法应当移交”这一要素，是认定行为人能否构成徇私舞弊不移交刑事案件罪的一个关键要素。根据国务院2001年颁布的《行政执法机关移送涉嫌犯罪案件的规定》第三条“行政执法机关在依法查处违法行为过程中，发现违法事实涉及的金额、违法事实的情节、违法事实造成的后果等，根据刑法关于破坏社会主义市场经济秩序罪、妨害社会管理秩序罪等罪的司法解释以及最高人民检察院、公安部关于经济犯罪案件的追诉标准等规定,涉嫌构成犯罪,依法需要追究刑事责任的,必须依照本规定向公安机关移送”的规定,判断是否“依法应当移交”的标准,只能是依照上述刑事实体法律规范的要求,涉案行为的性质必须符合犯罪构成要件的规定。值得指出的是,“依法应当移交”中的所谓“依法”除指根据刑法及其相关的司法解释的规定,某种涉案的行为已经触犯了刑律,超出了行政执法机关的查处职权范围,必须实行移送作刑事立案查处外,还包括应当依照刑事诉讼法及相关司法解释的规定,必须是向有刑事侦查管辖权的公安机关、检察机关或监察机关移送的案件。即“移交”应当是从行政执法机关向刑事侦查机关移交,而不是向被害人或者其他诉讼主体移交。因此,如果根据有关程序法律的规定,某种案件虽然涉嫌触犯了刑律,但法律规定不是必须经由公诉程序追究行为人刑事责任的,行政执法人员未向公安机关、检察机关或者监察机关移交案件的,就不应认为其实施了“依法应当移交”而不移交的不作为行为。例如,《最高人民法院关于执行〈中华人民共和国刑事诉讼法〉若干问题的解释》第一条第二项规定,生产、销售伪劣商品案、侵犯知识产权案等案件,除严重危害社会秩序和国家利益的之外,被害人可以自诉。根据上述规定,行政执法人员在查处涉及生产、销售伪劣商品的案件或者侵犯知识产权的案件时,除对严重危害社会秩序和国家利益的案件,才“应当移送公安机关方案侦查”外,对于涉嫌犯罪情节一般的案件,则既可以通过公诉程序,也可以通过自诉程序启动诉讼,即属于“两可”案件。从法理上分析,“两可”与“应当”是不同的。“两可”是一种授权性规范,行为主体是有一定的选择权的;而“应当”是一种强制性规范,行为主体只能遵循和执行,是没有选择权的。因此,当行政执法人员对此类“两可”的案件作了行政处罚而未予以移送公安机关作刑事立案查处的,是不应追究有关责任人员不移送刑事案件的刑事责任的。[参见第209号案例,丁锡方徇私舞弊不移交刑事案件案,载《刑事审判参考》总第28辑(2002年第5辑),法律出版社,第76～79页。执笔:张亚静]

▽认定徇私舞弊不移交刑事案件罪不以未移交的犯罪嫌疑人已被生效判决确定有罪为前提

对“应当移交而不移交的刑事案件”中的“刑事案件”,要求的仅是进行实体上的预断,即是否涉嫌构成犯罪,而并未要求必须对此作出有罪的生效判决为前提。根据《行政执法机关移送涉嫌犯罪案件的规定》第三条,只能由行政执法机关按照已发现的违法事实所涉及的金额、违法事实的情节、违法事实造成的后果等,根据刑法关于破坏社会主义市场经济秩序罪、妨害社会管理秩序罪等的规定和最高人民法院、最高人民检察院关于破坏社会主义市场经济秩序罪、妨害社会管理秩序罪等的司法解释以及最高人民检察院、公安部关于经济犯罪案件的追诉标准等实体规范,进行预断,看是否涉嫌构成犯罪。如果涉嫌构成犯罪,该行政执法机关及其执法人员就负有应当移送的义务。如徇私舞弊不履行该义务的,即应当承担徇私舞弊不移交刑事案件的责任。那种将“涉嫌构成犯罪”理解为必须是已作出有罪的生效判决,对犯徇私舞弊不移交刑事案件罪行为人的侦查、起诉、审判要在其“未移交的刑事案件”审结后才能进行的理解,显然违背了立法原意。否则,假如出现犯罪嫌疑人因未移交而逃匿或死亡等情况时,岂不是对徇私舞弊不移交刑事案件的行为人无法追究刑事责任了吗?另外,对行政执法人员徇私舞弊未予移交的刑事案件中的犯罪嫌疑人“可能判处三年以上有期徒刑”也应当理解为是指该犯罪嫌疑人所涉嫌的犯罪依法应当适用的法定刑档次,而不是指实际判处的刑罚。如果该犯罪嫌疑人所涉嫌的犯罪应当适用的量刑档次在有期徒刑三年以上,但因其具有自首、立功等情况减轻处罚致实际判处的刑罚低于三年有期徒刑,不影响徇私舞弊不移交刑事案件罪的构成。综上,司法机关在办理徇私舞弊不移交刑事案件过程中,只要根据已经掌握的事实,依据相应的刑事实体规范,足以判定徇私舞弊“未予移交的案件”已经涉嫌构成犯罪,且其犯罪嫌疑人有可能被判处三年以上有期徒刑的,即可对徇私舞弊不移交刑事案件行为人进行刑事追究,而不需要等待该“未移交的案件”的审结。[参见第209号案例,丁锡方徇私舞弊不移交刑事案件案,载《刑事审判参考》总第28辑(2002年第5辑),法律出版社,第80～82页。执笔:张亚静]

第四百零三条 【滥用管理公司、证券职权罪】国家有关主管部门的国家机关工作人员，徇私舞弊，滥用职权，对不符合法律规定条件的公司设立、登记申请或者股票、债券发行、上市申请，予以批准或者登记，致使公共财产、国家和人民利益遭受重大损失的，处五年以下有期徒刑或者拘役。

上级部门强令登记机关及其工作人员实施前款行为的，对其直接负责的主管人员，依照前款的规定处罚。

第四百零四条 【徇私舞弊不征、少征税款罪】税务机关的工作人员徇私舞弊，不征或者少征应征税款，致使国家税收遭受重大损失的，处五年以下有期徒刑或者拘役；造成特别重大损失的，处五年以上有期徒刑。

▽徇私舞弊不征税款罪的构成要件的认定

徇私舞弊不征、少征税款罪，是指税务机关的工作人员徇私舞弊，不征或者少征应征税款，致使国家税收遭受重大损失的行为。其构成特征为：1. 主体必须是税务机关的工作人员，包括各级税务局、税务分局以及税务所的工作人员。非税务机关人员不能构成本罪。2. 主观方面必须是故意，并出于徇私的动机。所谓"徇私"，即徇个人私情、私利，徇单位之私不能理解为"徇私"。3. 客观方面实施了不征或少征应征税款，并使国家税收遭受重大损失的行为。具体表现为擅自决定税收的停征、减征或者免征，即为徇私情对应当征收税款的不征收，对应当征收的税款少征收；或者对纳税人欠缴税款的，本应通知银行或者其他金融机构从纳税人存款中扣缴，而不通知不扣缴；对应当扣押、查封、拍卖价值与欠税人应纳税款相当的物品的，而不扣押、不查封或不拍卖等。另外，税务机关的工作人员实施的前述行为，必须是使国家税收遭受重大损失的才能构成犯罪，这是区分罪与非罪的界限，如果不征或者少征应征税款数额较小，没有使国家的税收遭受重大损失，就不能按本罪处理，而应当追究行为人的行政责任。[参见第 257 号案例，蒙某受贿案，载《刑事审判参考》总第 33 集(2003 年第 4 集)，法律出版社，第 48 ~ 49 页。执笔：牛克乾]

▽渎职犯罪中"重大损失"的认定

在以"重大损失"为构成要件的渎职犯罪中，"损失"如何认定，直接关系到罪与非罪以及刑罚的轻重。不同的渎职犯罪，"损失"的范围、认定方法并不完全一致，司法机关在办理案件时，应根据不同犯罪不同案情具体分析、判定。在"损失"数额因追缴、退赔等原因在案件侦办、审理过程中发生变化的情况下，司法机关应该在实事求是原则的基础上以一定的时间点作为计算界限，以利于准确侦办、指控犯罪和定罪量刑。首先，在认定是否构成犯罪时，"犯罪损失数额"应统一于侦查机关的立案标准，以侦查机关立案时为时间界限，如果至此损失尚未挽回，并达到立案追诉标准的，侦查机关应依法立案侦查。当然，侦查、起诉机关在办案过程中可以根据行为人的主观罪过、认罪态度、数额大小、追缴、退赔情况等因素综合判定，对情节显著轻微的作撤销案件或不起诉处理。公、检、法分别承担不同的司法职能，从工作协调的角度出发，司法机关在认定犯罪的标准上应该统一，以免出现因认定数额的时间变化公诉机关起诉时构成犯罪而人民法院宣判时认定无罪的矛盾。其次，在对行为人依法量刑时，"犯罪损失数额"的认定，应以人民法院审判时为时间界限。如果行为人犯罪所造成损失数额在立案时达到"造成特别重大损失"的数额标准，但在审判时由于退赔、追缴等原因只达到"造成重大损失"的数额标准，则对行为人应在"造成重大损失"相应的量刑幅度内追究其刑事责任。1997 年《刑法》第六十四条规定，"犯罪分子违法所得的一切财物，应当予以追缴或者责令退赔"。追缴和责令退赔是司法机关在公私财物遭受犯罪行为侵害后采取的一种补救措施，而由此而生的"追缴数额"和"退赔数额"一般不影响行为的定性，但可以减少因犯罪行为而造成的物质损失，因此对行为人的量刑有着重要意义。[参见第 257 号案例，蒙某受贿案，载《刑事审判参考》总第 33 集(2003 年第 4 集)，法律出版社，第 49 ~ 50 页。执笔：牛克乾]

▽徇私舞弊不征税款罪的对象要件——所涉财产属于应征税款

个人转让股权所得属于税法规定的应征税款的范围。《中华人民共和国个人所得税法实施条例》

第八条(修改后为第六条)对各项个人所得的范围作了明确规定,其中第九项规定:"财产转让所得,是指个人转让有价证券、股权、建筑物、土地使用权、机器设备、车船以及其他财产取得的所得。"《国家税务总局关于加强股权转让所得征收个人所得税管理的通知》(已失效)(国税函〔2009〕1285号)第一条规定:"股权交易各方在签订股权转让协议并完成股权转让交易以后至企业变更股权登记之前,负有纳税义务或代扣代缴义务的转让方或受让方,应到主管税务机关办理纳税(扣缴)申报……"可见,相关税法已经明确个人转让股权所得属于征税范围。但这里的征税对象应当理解为转让股权后获得的实际收益,即股权转让所得与实际投资的差额。本案中,周某某最初以20万元取得江苏全能机械公司20%的股权(200万元),后公司先后三次增资至7000万元,周某某仍占有20%股权,价值1400万元,后周某某以1200万元的价格转让其股权。个人终止投资并将股权转让给他人,其股权转让所得与实际出资的差额部分,属于个人应纳税所得。周某某转让所得为1200万元,实际出资额为20万元(周某某在公司三次增资中均未实际出资),在未补充出资及缴纳相关税费的情况下,两者之间的差额即为应纳税所得。至于周某某对其他股东是否负有补充缴纳出资义务,并不影响其个人所得税的缴纳。[参见第809号指导案例,杜战军徇私舞弊不征税款、受贿案,载《刑事审判参考》总第89集(2012年第6集),第16~17页。撰稿:楼炯燕]

▽徇私舞弊不征税款罪的行为要件——是否利用职务之便徇私舞弊

税务工作人员的徇私舞弊行为必须利用职务之便进行,即税务工作人员必须利用职权或者与职务有关的便利条件。徇私舞弊不征应征税款的行为可能出现在税收征管的各个环节,如税务登记、账簿凭证管理、纳税申报、税款征收以及税务检查等环节,税务工作人员只要在上述环节中违背事实和法律,滥用征管职权,擅自减少应纳税额等,都是徇私舞弊行为。值得注意的是,徇私舞弊不征税款罪的行为方式属于不作为。本案杜某某作为江苏省宜兴市地税局第二税务分局管理一股的股长,其工作职责包括对辖区内的企业及个人进行纳税评估,即检查纳税人有无未进行纳税申报的情况。如果在评估企业税务情况过程中,发现纳税人在企业账面上反映的情况与实际情况不符,税务评估人员应当约谈纳税当事人,要求他们作出解释,如果不能排除疑点,应当移送当地地税稽查局处理。杜某某事先已经知悉周某某在股权转让过程中有实际收益的情况,但为徇私情、私利,其安排下属工作人员到会司例行检查账面时,未将该情况告知下属,且在下属未发现疑点时,并未告知下属作进一步核查,最终导致国家税收遭受重大损失。可见,杜某某利用职务之便以不作为形式实现其不征税款目的的行为,符合徇私舞弊不征税款罪的特征。[参见第809号指导案例,杜战军徇私舞弊不征税款、受贿案,载《刑事审判参考》总第89集(2012年第6集),第17页。撰稿:楼炯燕]

▽徇私舞弊不征税款罪的税收损失数额认定——以实际取得额为计算基础

根据相关规定,股权转让合同履行完毕、股权已作变更登记,且所得已经实现的,转让人取得的股权转让收入应当依法缴纳个人所得税。在计算徇私舞弊不征税款罪造成的税款损失时,要以纳税人已经实现的实际所得额作为基础。本案周某某转让股权时双方约定的转让款为1200万元,但至本案案发时周某某实际取得转让款为800万元,尚有400万元未实际取得。公诉机关指控杜某某徇私舞弊不征应征税款236万元,其计算基础是周某某应当得到的股权转让款1200万元与周某某实际投入的20万元的差额,即(1200-20)万元×20%(税率)=236万元。而一审法院认为,应当以周某某已经实现的转让所得数额800万元扣减20万元出资额的差额来计算其应纳税额更为科学合理,故周某某实际造成国家损失的税款应当扣除其未取得的400万元应纳税额部分,由此计算的实际损失为156万元,即(800-20)万元×20%=156万元。一审法院所认定的损失数额是正确的。[参见第809号指导案例,杜战军徇私舞弊不征税款、受贿案,载《刑事审判参考》总第89集(2012年第6集),第17~18页。撰稿:楼炯燕]

第四百零五条 【徇私舞弊发售发票、抵扣税款、出口退税罪】税务机关的工作人员违反法律、行政法规的规定，在办理发售发票、抵扣税款、出口退税工作中，徇私舞弊，致使国家利益遭受重大损失的，处五年以下有期徒刑或者拘役；致使国家利益遭受特别重大损失的，处五年以上有期徒刑。

【违法提供出口退税证罪】其他国家机关工作人员违反国家规定，在提供出口货物报关单、出口收汇核销单等出口退税凭证的工作中，徇私舞弊，致使国家利益遭受重大损失的，依照前款的规定处罚。

第四百零六条 【国家机关工作人员签订、履行合同失职被骗罪】国家机关工作人员在签订、履行合同过程中，因严重不负责任被诈骗，致使国家利益遭受重大损失的，处三年以下有期徒刑或者拘役；致使国家利益遭受特别重大损失的，处三年以上七年以下有期徒刑。

第四百零七条 【违法发放林木采伐许可证罪】林业主管部门的工作人员违反森林法的规定，超过批准的年采伐限额发放林木采伐许可证或者违反规定滥发林木采伐许可证，情节严重，致使森林遭受严重破坏的，处三年以下有期徒刑或者拘役。

■最高人民法院关于审理破坏森林资源刑事案件具体应用法律若干问题的解释（2000 年 12 月 11 日）

第十二条 林业主管部门的工作人员违反森林法的规定，超过批准的年采伐限额发放林木采伐许可证或者违反规定滥发林木采伐许可证，具有下列情形之一的，属于刑法第四百零七条规定的“情节严重，致使森林遭受严重破坏”，以违法发放林木采伐许可证罪定罪处罚：

（一）发放林木采伐许可证允许采伐数量累计超过批准的年采伐限额，导致林木被采伐数量在十立方米以上的；

（二）滥发林木采伐许可证，导致林木被滥伐二十立方米以上的；

（三）滥发林木采伐许可证，导致珍贵树木被滥伐的；

（四）批准采伐国家禁止采伐的林木，情节恶劣的；

（五）其他情节严重的情形。

第十七条 本解释规定的林木数量以立木蓄积计算，计算方法为：原木材积除以该树种的出材率。

本解释所称“幼树”，是指胸径五厘米以下的树木。

滥伐林木的数量，应在伐区调查设计允许的误差额以上计算。

第十八条 盗伐、滥伐以生产竹材为主要目的的竹林的定罪量刑问题，有关省、自治区、直辖市高级人民法院可以参照上述规定的精神，规定本地区的具体标准，并报最高人民法院备案。

第十九条 各省、自治区、直辖市高级人民法院可以根据本地区的实际情况，在本解释第四条、第六条规定的数量幅度内，确定本地区执行的具体数量标准，并报最高人民法院备案。

▽构成违法发放林木采伐许可证罪在客观方面需要具备两个条件

根据刑法本条的规定，违法发放林木采伐许可证罪，是指林业主管部门的工作人员违反森林法的规定，超过批准的年采伐限额发放林木采伐许可证或者违反规定滥发林木采伐许可证，情节严重，致使森林遭受严重破坏的行为。“违反森林法的规定”，是指违反森林法关于发放林木采伐许可证的规定，具体包括两种行为：（1）超过批准的年采伐限额发放林木采伐许可证。年采伐林木的限额由林业主管部门依据森林法规作出具体规定，并列入林业生产的年度计划。林业工作人员擅自在年度计划之外向申请者发放林木采伐许可证，即属此种情形。（2）违反规定滥发林木采伐许可证，即林业工作人员违反关于发放对象的范围或者发放限额的规定，对不应当发放林木采伐许可证的申请人擅自决定发放许可证，或者超过规定的一定时期内采伐许可证的发放限额而擅自发放。根据《最高人民法院关于审理破坏森林资源刑事案件具体应用法律若干问题的解释》第十二条的规定，“情节严重，致使森林遭受严重破坏”包括下列情形:(1)发放林木采伐许可证允许采伐数量累计超过批准的年采伐限额导致林木被采伐数量在十立方米以上的;(2)滥发林木采伐许可证,导致林木被滥伐二十立方米以上的;(3)滥发林木采伐许可证,导致珍贵树木被滥伐的;(4)批准采伐国家禁止采伐的林木,情节恶劣的;(5)其他情节严重的情形。综上,可以看出,构成违法发放林木采伐许可证罪在客观上必须同时具备两个要件:第一,行为人实施了违反森林法,超过批准的年采伐限额发放林木采伐许可证或者违反规定滥发林木采伐许可证的危害行为;第二,情节严重,致使森林遭受严重破坏,包括造成一定数量的林木被采伐或滥伐,或者珍贵树木被滥伐,或者批准采伐国家禁止采伐的林木等。需要强调的是,“致使”在此处的含义是,行为人的危害行为导致了森林遭受严重破坏的危害结果的发生,也即二者之间应当具有刑法上的因果关系。[参见第694号指导案例,李明违法发放林木采伐许可证案,载《刑事审判参考》总第79集(2011年第2集),第110~111页。撰稿:胡宏林]

▽要通过对介入因素的考察,认定发放林木采伐许可证的行为与森林遭受严重破坏后果之间是否具有刑法上的因果关系

刑法中的因果关系体现了我国刑法的基本原则——罪责自负,它的基本含义是:行为人只能对其危害行为及其造成的危害结果承担刑事责任。当危害结果发生时,要使行为人对该结果负责任,就必须查明其所实施的危害行为与该结果之间具有因果关系,这种因果关系是在危害结果发生时行为人负刑事责任的必要条件。在司法实践中,危害行为与危害结果之间的因果关系通常并不难确定,但在“一果多因”“一因多果”等情况中因果关系的认定往往变得异常复杂。认定因果关系,应当以行为时客观存在的一切事实为基础,依据一般人的经验进行判断,特别是在“一果多因”的情况下,危害后果的发生是在行为人实施行为后多个因素的介入下而产生的,应当通过考察行为人的行为导致结果发生的可能性大小、介入因素对结果发生的作用大小、介入因素的异常程度等来判断行为人的行为与结果之间是否存在因果关系。如果行为人的行为导致最后结果发生的可能性越高,则认定因果关系存在的理由越足,反之则不然;介入因素对结果发生的作用越大,认定因果关系存在的理由越不足,反之则不然;介入因素的异常程度越高,认定因果关系存在的理由越足,反之则不然。具体联系本案,被告人李某核发林木采伐许可证的行为虽具有一定违法性,但导致龙泉山林场林木被滥伐致森林遭受严重破坏的主要因素是李某核发林木采伐许可证后的其他情况:(1)桥头集镇政府在组织实施过程中改变采伐方式,由间伐变为皆伐;(2)桥头集林业站相关人员在组织实施采伐过程中缺乏监管,存在渎职行为,以及超越采伐期限、超强度、超出范围滥伐。因此,在李某核发林术采伐许可证后,其他多种因素的介入造成了龙泉山林场林木被滥伐致森林遭受严重破坏的后果发生。而这些因素与李某的行为相比,显然对结果的发生起了更大的作用,故李某的行为与林木被滥伐致森林遭受严重破坏的后果之间不具有刑法意义上的因果关系。综上,被告人李某的行为不属于违反规定滥发林木采伐许可证的行为,也未造成林木被滥伐致森林遭受严重破坏的后果,其行为不构成违法发放林木采伐许可证罪。[参见第694号指导案例,李明违法发放林木采伐许可证案,载《刑事审判参考》总第79集(2011年第2集),第112~113页。撰稿:胡宏林]

第四百零八条　【环境监管失职罪】负有环境保护监督管理职责的国家机关工作人员严重不负责任,导致发生重大环境污染事故,致使公私财产遭受重大损失或者造成人身伤亡的严重后果的,处三年以下有期徒刑或者拘役。

■最高人民法院、最高人民检察院关于办理环境污染刑事案件适用法律若干问题的解释(2017年1月1日)

第二条　实施刑法第三百三十九条、第四百零八条规定的行为,致使公私财产损失三十万元以上,或者具有本解释第一条第十项至第十七项规定情形之一的,应当认定为“致使公私财产遭受重大损失或者严重危害人体健康”或者“致使公私财产遭受重大损失或者造成人身伤亡的严重后果”。

●渎职罪主体国有事业单位工作人员环境监管失职罪

实践中，一些国有公司、企业和事业单位经合法授权从事具体的管理市场经济和社会生活的工作，拥有一定管理公共事务和社会事务的职权，这些实际行使国家行政管理职权的公司、企业和事业单位工作人员，符合渎职罪主体要求；对其实施渎职行为构成犯罪的，应当依照刑法关于渎职罪的规定追究刑事责任。（参见最高人民检察院第2批指导性案例4号，崔建国环境监管失职案，2012年11月15日发布。）

第四百零八条之一　【食品、药品监管渎职罪】负有食品药品安全监督管理职责的国家机关工作人员，滥用职权或者玩忽职守，有下列情形之一，造成严重后果或者有其他严重情节的，处五年以下有期徒刑或者拘役；造成特别严重后果或者有其他特别严重情节的，处五年以上十年以下有期徒刑：

（一）瞒报、谎报食品安全事故、药品安全事件的；

（二）对发现的严重食品药品安全违法行为未按规定查处的；

（三）在药品和特殊食品审批审评过程中，对不符合条件的申请准予许可的；

（四）依法应当移交司法机关追究刑事责任不移交的；

（五）有其他滥用职权或者玩忽职守行为的。（本条第一款是据《中华人民共和国刑法修正案（十一）》之四十五修改的，2021年3月1日起施行。）

徇私舞弊犯前款罪的，从重处罚。

刑法本条第一款原文：【食品监管渎职罪】负有食品安全监督管理职责的国家机关工作人员，滥用职权或者玩忽职守，导致发生重大食品安全事故或者造成其他严重后果的，处五年以下有期徒刑或者拘役；造成特别严重后果的，处五年以上十年以下有期徒刑。

●食品监管渎职罪的认定

负有食品安全监督管理职责的国家机关工作人员，滥用职权或玩忽职守，导致发生重大食品安全事故或者造成其他严重后果的，应当认定为食品监管渎职罪。在渎职过程中受贿的，应当以食品监管渎职罪和受贿罪实行数罪并罚。（参见最高人民检察院第4批指导性案例16号，赛跃、韩成武受贿、食品监管渎职案，2014年2月20日发布。）

▽食品、药品监管渎职罪的认定

2011年2月25日，全国人大常委会通过的刑法修正案（八）中，增设了《刑法》第四百零八条之一规定了食品监管渎职罪的罪状，同年4月28日，最高人民法院、最高人民检察院发布了《关于执行〈中华人民共和国刑法〉确定罪名的补充规定（五）》，正式将第四百零八条之一确定为食品监管渎职罪。所谓食品监管渎职罪，是指负有食品安全监督管理职责的国家机关工作人员，滥用职权或者玩忽职守，导致发生重大食品安全事故或者造成其他严重后果的行为。本案是刑法修正案（八）实施以来，人民法院较早审结的食品监管渎职案。根据刑法和相关司法解释的规定，任某某等被告人的行为均构成食品监管渎职罪，理由如下：

（一）三被告人均应以负有食品安全监督管理职责的国家机关工作人员论。根据刑法规定，食品监管渎职罪的犯罪主体，是负有食品安全监督管理职责的国家机关工作人员。《食品安全法》（本附文以下简称《食品安全法》）第六条第二款规定："县级以上地方人民政府依照本法和国务院的规定，确定本级食品药品监督管理、卫生行政部门和其他有关部门的职责。有关部门在各自职责范围内负责本行政区域的食品安全监督管理工作。"具体来说，食品监管渎职罪的犯罪主体主要是县级以上的食品药品监督管理、卫生行政部门和其他有关部门中负有食品安全监督管理职责的国家机关工作人员。具体到本案，三被告人是否属于国家机关工作人员，是本案能否认定为食品监管渎职犯罪的关键和前提。在卷证据表明，本案三被告人均为罗山县卫生监督执法所的工作人员。根据罗山县机构编制委员会提供的文件,罗山县卫生监督执法所系财政全供事业编制;根据该执法所提供的文件,三被告人的职责是罗山县城关西城区餐饮环保卫生监督工作。三被告人的身份虽然是事业编制,但所履行的职责为国家行政执法机关的职责。《最高人民法院、最高人民检察院关于办理渎职刑事案件适用法律若干问题的解释(一)》第七条规定:"依法或者受委托行使国家行政管理职权的公司、企业、事业单位的工作人员,在行使行政管理职权时滥用职权或者玩忽职守,构成犯罪的,应当依照全国人民代表大会常务委员会《渎职罪主体解释》的规定,适用渎职罪的规定追究刑事责任。"《渎职罪主体解释》规定:"在依照法律、法规规定行使国家行政管理职权的组织中从事公务的人员,或者在受国家机关委托代表国家机关行使职权的组织中从事公务的人员,或者虽未列入国家机关人员编制但在国家机关中从事公务的人员,在代表国家机关行使职权时,有渎职行为,构成犯罪的,依照刑法关于渎职罪的规定追究刑事责任。"三被告人应当以负有食品安全监督管理职责的国家机关工作人员论,均能够成为食品监管渎职罪的犯罪主体。

(二)三被告人具有玩忽职守的行为。食品监管渎职罪要求行为人必须有"滥用职权或者玩忽职守"的行为。"滥用职权"是指负有食品安全监督管理职责的人员超越职权,违法决定、处理其无权决定、处理的事项,或者违反规定处理公务的行为。"玩忽职守",是指负有食品安全监督管理职责的人员严重不负责任,不履行或者不认真履行其职责的行为。就本案而言,三被告人的行为属于玩忽职守的行为。被告人是否存在玩忽职守行为,要根据在案证据分析判断。本案中罗山县新都国际大酒店厨师长李作勇证实,罗山县卫生监督执法所来检查,主要是检查健康证及卫生条件,看冰箱生、熟食品是否分开;新都国际大酒店负责酒店采购工作的廖广新证实,罗山县卫生监督执法所来检查,主要是检查调味品是否过期变质,购物登记簿填写及相关购物票证是否保存。任某某、杨某均供认对新都国际大酒店的食品没有进行定期或不定期抽样检查,在案亦没有其他证据显示三被告人曾对该酒店的食品进行过抽样检查。《食品安全法》第八十七条规定:"县级以上人民政府食品药品监督管理部门应当对食品进行定期或者不定期的抽样检验,并依据有关规定公布检验结果,不得免检。"本案证据充分表明被告人任某某等没有认真履行其食品安全监督管理的职责,在工作中从未依法对新都国际大酒店进行过食品抽检,可以认定三被告人的行为属于玩忽职守行为。

(三)本案致79人食物中毒的严重后果,属于刑法规定的"重大食品安全事故"。根据《刑法》第四百零八条之一的规定,"发生重大食品安全事故或者造成其他严重后果",是食品监管渎职罪成立的必备要件,即负有监督管理职责的国家机关工作人员,不仅要有滥用职权或者玩忽职守的行为,而且还要发生重大食品安全事故或者造成其他严重后果,才能构成本罪。如果存在滥用职权或者玩忽职守的行为,但未发生重大食品安全事故或者造成其他严重后果,是不能认定构成犯罪的。关于"重大食品安全事故"的具体认定标准,现有司法解释确实没有明确规定。从食品监管渎职罪与一般滥用职权罪和玩忽职守罪的关系来看,前者是从后者分离出来而单设的新罪名,两者是特殊罪名与一般罪名的关系。从两者的法定刑配置来看,食品监管渎职罪与《刑法》第三百九十七条第二款规定的徇私舞弊情节下的滥用职权罪和玩忽职守罪的量刑幅度相同。因此,前述《立案标准》第一条的立案标准是具有参考价值的。既然前述《立案标准》以玩忽职守"导致20人以上严重中毒"为刑事立案标准,那么,食品监管渎职导致79人中毒这一结果远远超过《立案标准》的20人以上的标准,当然就可以认定为"重大食品安全事故"。具有中毒人员死亡情形的,属于"重大食品安全事故",但是"中毒人员死亡"不是认定"重大食品安全事故"的必要条件。本案发生之后,最高人民法院、最高人民检察院出台的《关于办理渎职刑事案件适用法律若干问题的解释(一)》(自2013年1月9日起施行)也体现了重大食品安全事故不以出现中毒人员死亡为必需条件。该解释第一条对《刑法》第三百九十七条滥用职权罪、玩忽职守罪中"致使公共财产、国家和人民利益遭受重大损失"的认定作了具体的规定,第九条还规定:"负有监督管理职责的国家机关工作人员滥用职权或者玩忽职守,致使不符合安全标准的食品、有毒有害食品、假药、劣药等流入社会,对人民群众生命、健康造成严重危害后果的,依照渎职罪的规定从严惩处。"此外,被告人任某某的辩护人提出应参照《河南省食品安全事故应急预案》的规定来认定食品监管渎职罪是不妥当的,将地方性法规作为犯罪构成标准来适用,必然导致各地标准不统一,有悖公平正义。

(四)三被告人的玩忽职守行为与重大食品安全事故的发生具有刑法上的因果关系。在食品监管渎职罪中,行为人对重大食品安全事故或者其他严重后果承担刑事责任的前提是该严重后果是其实施的滥用职权行为或者玩忽职守行为造成的。也就是说,行为人的渎职行为与该严重后果必须具有刑法上的因果关系,否则行为人的行为不构成食品监管渎职罪,自然也不能承担刑事责任。《食品安全法》第一百零七条规定:"调查食品安全事故,除了查明事故单位的责任,还应当查明有关监督管理部门、食品检验机构、认证机构及其工作人员的责任。"该条规定表明,重大食品安全事故或者其他严重后果固然是由食品生产者或者经营者的不法行为直接造成的,但是负有食品监管职责的国家机关工作人员的渎职行为"纵容"了食品生产者或者经营者的不法行为,基于这种"共同作用力",才导致发生重大食品安全事故或者造成其他严重后果。相对于食品生产者或者经营者而言,国家机关工作人员的渎职行为对于食品安全事故的发生具有某种"间接性"的特点,但仍然属于刑法上的因果关系。如果负有食品监管职责的国家机关工作人员尽职尽责,正确、合法地履行了监督管理职责,食品安全事故就能最大限度地避免,使人民群众免受其害。因此,只要重大食品安全事故或者其他严重后果是由行为人的渎职行为引起的,无论是直接造成的还是间接造成的,其对该结果的发生是起决定作用还是起非决定作用,行为人的行为与结果之间就具有刑法上的因果关系。本案中,上级部门没有在被告人所在工作单位配备专职的检验人员和相应的检验设备,这在一定程度上确实限制了三被告人开展食品监管的有效性,但这一因素并不足以对刑法上的因果关系产生本质影响,三名被告人从未对涉案酒店的食品进行过抽检,因而导致发生重大食品安全事故,其玩忽职守行为与重大食品安全事故的发生仍然具有刑法上的因果关系。

综上,本案对任某某等三被告人以食品监管渎职罪定罪,同时考虑具体案情及三人认罪悔罪态度,免予刑事处罚是适当的。本案宣判后,对食品监管人员认真履行职责起到了督促作用,同时也有效促进了餐饮服务行业等食品生产者和经营者加强食品安全管理,提高食品安全质量,收到了较好的法律效果和社会效果。(参见第1135号指导案例,任尚太等三人食品监管渎职案,载《刑事审判参考》总第105集,第122~127页。撰稿:董王超)

第四百零九条 【传染病防治失职罪】从事传染病防治的政府卫生行政部门的工作人员严重不负责任,导致传染病传播或者流行,情节严重的,处三年以下有期徒刑或者拘役。

■最高人民法院、最高人民检察院关于办理妨害预防、控制突发传染病疫情等灾害的刑事案件具体应用法律若干问题的解释(2003年5月15日)

第十六条 在预防、控制突发传染病疫情等灾害期间,从事传染病防治的政府卫生行政部门的工作人员,或者在受政府卫生行政部门委托代表政府卫生行政部门行使职权的组织中从事公务的人员,或者虽未列入政府卫生行政部门人员编制但在政府卫生行政部门从事公务的人员,在代表政府卫生行政部门行使职权时,严重不负责任,导致传染病传播或者流行,情节严重的,依照刑法第四百零九条的规定,以传染病防治失职罪定罪处罚。

在国家对突发传染病疫情等灾害采取预防、控制措施后,具有下列情形之一的,属于刑法第四百零九条规定的"情节严重":

(一)对发生突发传染病疫情等灾害的地区或者突发传染病病人、病原携带者、疑似突发传染病病人,未按照预防、控制突发传染病疫情等灾害工作规范的要求做好防疫、检疫、隔离、防护、救治等工作,或者采取的预防、控制措施不当,造成传染范围扩大或者疫情、灾情加重的;

(二)隐瞒、缓报、谎报或者授意、指使、强令他人隐瞒、缓报、谎报疫情、灾情,造成传染范围扩大或

者疫情、灾情加重的;

(三)拒不执行突发传染病疫情等灾害应急处理指挥机构的决定、命令,造成传染范围扩大或者疫情、灾情加重的;

(四)具有其他严重情节的。

第十七条 人民法院、人民检察院办理有关妨害预防、控制突发传染病疫情等灾害的刑事案件,对于有自首、立功等悔罪表现的,依法从轻、减轻、免除处罚或者依法作出不起诉决定。

第十八条 本解释所称"突发传染病疫情等灾害",是指突然发生,造成或者可能造成社会公众健康严重损害的重大传染病疫情、群体性不明原因疾病以及其他严重影响公众健康的灾害。

■最高人民法院、最高人民检察院、公安部、司法部关于依法惩治妨害新型冠状病毒感染肺炎疫情防控违法犯罪的意见(2020年2月6日)

二、准确适用法律,依法严惩妨害疫情防控的各类违法犯罪

(七)依法严惩疫情防控失职渎职、贪污挪用犯罪。……

卫生行政部门的工作人员严重不负责任,不履行或者不认真履行防治监管职责,导致新型冠状病毒感染肺炎传播或者流行,情节严重的,依照刑法第四百零九条的规定,以传染病防治失职罪定罪处罚。

(十)依法严惩妨害疫情防控的违法行为。……

对于在疫情防控期间实施有关违法犯罪的,要作为从重情节予以考量,依法体现从严的政策要求,有力惩治震慑违法犯罪,维护法律权威,维护社会秩序,维护人民群众生命安全和身体健康。

第四百一十条 【非法批准征收、征用、占用土地罪】【非法低价出让国有土地使用权罪】国家机关工作人员徇私舞弊,违反土地管理法规,滥用职权,非法批准征用、占用土地,或者非法低价出让国有土地使用权,情节严重的,处三年以下有期徒刑或者拘役;致使国家或者集体利益遭受特别重大损失的,处三年以上七年以下有期徒刑。

■全国人民代表大会常务委员会关于《中华人民共和国刑法》第二百二十八条、第三百四十二条、第四百一十条的解释(全文)(2001年8月31日)

刑法第二百二十八条、第三百四十二条、第四百一十条规定的"违反土地管理法规",是指违反土地管理法、森林法、草原法等法律以及有关行政法规中关于土地管理的规定。

刑法第四百一十条规定的"非法批准征用、占用土地",是指非法批准征用、占用耕地、林地等农用地以及其他土地。

■全国人民代表大会常务委员会关于修改部分法律的决定(2009年8月27日)

二、对下列法律和法律解释中关于"征用"的规定作出修改

(一)将下列法律和法律解释中的"征用"修改为"征收、征用"

12.《中华人民共和国刑法》第三百八十一条、第四百一十条

14.全国人民代表大会常务委员会关于《中华人民共和国刑法》第二百二十八条、第三百四十二条、第四百一十条的解释

■最高人民法院关于审理破坏林地资源刑事案件具体应用法律若干问题的解释(全文)(2005年12月30日)

第一条 违反土地管理法规,非法占用林地,改变被占用林地用途,在非法占用的林地上实施建窑、建坟、建房、挖沙、采石、采矿、取土、种植农作物、堆放或排泄废弃物等行为或者进行其他非林业生产、建设,造成林地的原有植被或林业种植条件严重毁坏或者严重污染,并具有下列情形之一的,属于《中华人民共和国刑法修正案(二)》规定的"数量较大,造成林地大量毁坏",应当以非法占用农用地罪

判处五年以下有期徒刑或者拘役,并处或者单处罚金:

(一)非法占用并毁坏防护林地、特种用途林地数量分别或者合计达到五亩以上;

(二)非法占用并毁坏其他林地数量达到十亩以上;

(三)非法占用并毁坏本条第(一)项、第(二)项规定的林地,数量分别达到相应规定的数量标准的百分之五十以上;

(四)非法占用并毁坏本条第(一)项、第(二)项规定的林地,其中一项数量达到相应规定的数量标准的百分之五十以上,且两项数量合计达到该项规定的数量标准。

第二条　国家机关工作人员徇私舞弊,违反土地管理法规,滥用职权,非法批准征用、占用林地,具有下列情形之一的,属于刑法第四百一十条规定的"情节严重",应当以非法批准征用、占用土地罪判处三年以下有期徒刑或者拘役:

(一)非法批准征用、占用防护林地、特种用途林地数量分别或者合计达到十亩以上;

(二)非法批准征用、占用其他林地数量达到二十亩以上;

(三)非法批准征用、占用林地造成直接经济损失数额达到三十万元以上,或者造成本条第(一)项规定的林地数量分别或者合计达到五亩以上或者本条第(二)项规定的林地数量达到十亩以上毁坏。

第三条　实施本解释第二条规定的行为,具有下列情形之一的,属于刑法第四百一十条规定的"致使国家或者集体利益遭受特别重大损失",应当以非法批准征用、占用土地罪判处三年以上七年以下有期徒刑:

(一)非法批准征用、占用防护林地、特种用途林地数量分别或者合计达到二十亩以上;

(二)非法批准征用、占用其他林地数量达到四十亩以上;

(三)非法批准征用、占用林地造成直接经济损失数额达到六十万元以上,或者造成本条第(一)项规定的林地数量分别或者合计达到十亩以上或者本条第(二)项规定的林地数量达到二十亩以上毁坏。

第四条　国家机关工作人员徇私舞弊,违反土地管理法规,非法低价出让国有林地使用权,具有下列情形之一的,属于刑法第四百一十条规定的"情节严重",应当以非法低价出让国有土地使用权罪判处三年以下有期徒刑或者拘役:

(一)林地数量合计达到三十亩以上,并且出让价额低于国家规定的最低价额标准的百分之六十;

(二)造成国有资产流失价额达到三十万元以上。

第五条　实施本解释第四条规定的行为,造成国有资产流失价额达到六十万元以上的,属于刑法第四百一十条规定的"致使国家和集体利益遭受特别重大损失",应当以非法低价出让国有土地使用权罪判处三年以上七年以下有期徒刑。

第六条　单位实施破坏林地资源犯罪的,依照本解释规定的相关定罪量刑标准执行。

第七条　多次实施本解释规定的行为依法应当追诉且未经处理的,应当按照累计的数量、数额处罚。

■最高人民法院关于审理破坏土地资源刑事案件具体应用法律若干问题的解释(2000年6月22日)

第四条　国家机关工作人员徇私舞弊,违反土地管理法规,滥用职权,非法批准征用、占用土地,具有下列情形之一的,属于非法批准征用、占用土地"情节严重",依照刑法第四百一十条的规定,以非法批准征用、占用土地罪定罪处罚:

(一)非法批准征用、占用基本农田十亩以上的;

(二)非法批准征用、占用基本农田以外的耕地三十亩以上的;

(三)非法批准征用、占用其他土地五十亩以上的;

(四)虽未达到上述数量标准,但非法批准征用、占用土地造成直接经济损失三十万元以上;造成耕地大量毁坏等恶劣情节的。

第五条　实施第四条规定的行为,具有下列情形之一的,属于非法批准征用、占用土地"致使国家或者集体利益遭受特别重大损失":

(一)非法批准征用、占用基本农田二十亩以上的;

(二)非法批准征用、占用基本农田以外的耕地六十亩以上的;

(三)非法批准征用、占用其他土地一百亩以上的;

(四)非法批准征用、占用土地,造成基本农田五亩以上,其他耕地十亩以上严重毁坏的;

(五)非法批准征用、占用土地造成直接经济损失五十万元以上等恶劣情节的。

第六条　国家机关工作人员徇私舞弊,违反土地管理法规,非法低价出让国有土地使用权,具有下列情形之一的,属于"情节严重",依照刑法第四百一十条的规定,以非法低价出让国有土地使用权罪定罪处罚:

(一)出让国有土地使用权面积在三十亩以上,并且出让价额低于国家规定的最低价额标准的百分之六十的;

(二)造成国有土地资产流失价额在三十万元以上的。

第七条　实施第六条规定的行为,具有下列情形之一的,属于非法低价出让国有土地使用权,"致使国家和集体利益遭受特别重大损失":

(一)非法低价出让国有土地使用权面积在六十亩以上,并且出让价额低于国家规定的最低价额标准的百分之四十的;

(二)造成国有土地资产流失价额在五十万元以上的。

第八条　单位犯非法转让、倒卖土地使用权罪、非法占有耕地罪的定罪量刑标准,依照本解释第一条、第二条、第三条的规定执行。

第九条　多次实施本解释规定的行为依法应当追诉的,或者一年内多次实施本解释规定的行为未经处理的,按照累计的数量、数额处罚。

■最高人民法院关于审理破坏草原资源刑事案件应用法律若干问题的解释(2012年11月22日)

第三条　国家机关工作人员徇私舞弊,违反草原法等土地管理法规,具有下列情形之一的,应当认定为刑法第四百一十条规定的"情节严重":

(一)非法批准征收、征用、占用草原四十亩以上的;

(二)非法批准征收、征用、占用草原,造成二十亩以上草原被毁坏的;

(三)非法批准征收、征用、占用草原,造成直接经济损失三十万元以上,或者具有其他恶劣情节的。

具有下列情形之一,应当认定为刑法第四百一十条规定的"致使国家或者集体利益遭受特别重大损失":

(一)非法批准征收、征用、占用草原八十亩以上的;

(二)非法批准征收、征用、占用草原,造成四十亩以上草原被毁坏的;

(三)非法批准征收、征用、占用草原,造成直接经济损失六十万元以上,或者具有其他特别恶劣情节的。

第六条　多次实施破坏草原资源的违法犯罪行为,未经处理,应当依法追究刑事责任的,按照累计的数量、数额定罪处罚。

第七条　本解释所称"草原",是指天然草原和人工草地,天然草原包括草地、草山和草坡,人工草地包括改良草地和退耕还草地,不包括城镇草地。

第四百一十一条　【放纵走私罪】海关工作人员徇私舞弊,放纵走私,情节严重的,处五年以下有期徒刑或者拘役;情节特别严重的,处五年以上有期徒刑。

■最高人民法院、最高人民检察院、海关总署关于办理走私刑事案件适用法律若干问题的意见(2002年7月8日)

十六、关于放纵走私罪的认定问题

依照刑法第四百一十一条的规定,负有特定监管义务的海关工作人员徇私舞弊,利用职权,放任、纵容走私犯罪行为,情节严重的,构成放纵走私罪。放纵走私行为,一般是消极的不作为。如果海关工作人员与走私分子通谋,在放纵走私过程中以积极的行为配合走私分子逃避海关监管或者在放纵走私之后分得赃款的,应以共同走私犯罪追究刑事责任。

海关工作人员收受贿赂又放纵走私的,应以受贿罪和放纵走私罪数罪并罚。

▼广东省高级人民法院关于办理破坏社会主义市场经济秩序犯罪案件若干具体问题的指导意见(2002年7月2日,2006年4月11日修正实施)

一、关于走私犯罪案件

7.《刑法》第411条规定的放纵走私罪,是处罚海关工作人员徇私舞弊,利用职权放任、纵容走私活动、情节严重的行为,其客观表现一般是不作为。如果海关工作人员与走私分子事前通谋,为其提供便利,约定事后分赃,则属于走私共犯。

海关工作人员放纵走私并收受贿赂的,应在受贿罪和放纵走私罪中择一重罪处罚。

第四百一十二条　【商检徇私舞弊罪】国家商检部门、商检机构的工作人员徇私舞弊,伪造检验结果的,处五年以下有期徒刑或者拘役;造成严重后果的,处五年以上十年以下有期徒刑。

【商检失职罪】前款所列人员严重不负责任,对应当检验的物品不检验,或者延误检验出证、错误出证,致使国家利益遭受重大损失的,处三年以下有期徒刑或者拘役。

第四百一十三条　【动植物检疫徇私舞弊罪】动植物检疫机关的检疫人员徇私舞弊,伪造检疫结果的,处五年以下有期徒刑或者拘役;造成严重后果的,处五年以上十年以下有期徒刑。

【动植物检疫失职罪】前款所列人员严重不负责任,对应当检疫的检疫物不检疫,或者延误检疫出证、错误出证,致使国家利益遭受重大损失的,处三年以下有期徒刑或者拘役。

第四百一十四条　【放纵制售伪劣商品犯罪行为罪】对生产、销售伪劣商品犯罪行为负有追究责任的国家机关工作人员,徇私舞弊,不履行法律规定的追究职责,情节严重的,处五年以下有期徒刑或者拘役。

■最高人民法院、最高人民检察院关于办理生产、销售伪劣商品刑事案件具体应用法律若干问题的解释(2001年4月10日)

第八条　国家机关工作人员徇私舞弊,对生产、销售伪劣商品犯罪不履行法律规定的查处职责,具有下列情形之一的,属于刑法第四百一十四条规定的“情节严重”:

(一)放纵生产、销售假药或者有毒、有害食品犯罪行为的;

(二)放纵依法可能判处二年有期徒刑以上刑罚的生产、销售伪劣商品犯罪行为的;

(三)对三个以上有生产、销售伪劣商品犯罪行为的单位或者个人不履行追究职责的;

(四)致使国家和人民利益遭受重大损失或者造成恶劣影响的。

第九条　知道或者应当知道他人实施生产、销售伪劣商品犯罪,而为其提供贷款、资金、帐号、发票、证明、许可证件,或者提供生产、经营场所或者运输、仓储、保管、邮寄等便利条件,或者提供制假生产技术的,以生产、销售伪劣商品犯罪的共犯论处。

第十二条　国家机关工作人员参与生产、销售伪劣商品犯罪的,从重处罚。

第四百一十五条　【办理偷越国(边)境人员出入境证件罪】【放行偷越国(边)境人员罪】负责办理护照、签证以及其他出入境证件的国家机关工作人员,对明知是企图偷越国(边)境的人员,予以办理出入境证件的,或者边防、海关等国家机关工作人员,对明知是偷越国(边)境的人员,予以放行的,处三年以下有期徒刑或者拘役;情节严重的,处三年以上七年以下有期徒刑。

▽办理偷越国(边)境人员出入境证件罪的认定

办理偷越国(边)境人员出入境证件罪,是指负责办理护照、签证以及其他出入境证件的国家机关工作人员,对明知是企图偷越国(边)境的人员,予以办理、发放出入境证件的行为。这里的"出入境证件",包括护照、签证以及其他出入境证件。"护照"是指一国的政府主管机关发给本国出国履行公务、旅行或者在外拘留的公民,用以证明其国籍和身份的证件,包括外交护照、公务护照和普通护照。"签证"是指一国国内或驻国外主管机关在本国或者外国公民所持的护照或者其他旅行证件上签证、盖章,表示准许其出入本国国(边)境或者过境的手续。"其他出入境证件"是指除护照以外其他用于出入境或过境的证明性文件,包括边防证、海员证、过境证等。根据有关出境入境管理法规的规定,我国有权办理出入境证件的机关有外交部或者外交部授权的地方外事部门以及中国驻外国的外交代表机关、领事机关或者外交部授权的其他驻外机关、公安部或者公安部授权的地方公安机关、港务监督局或者港务监督局授权的港务监督,而我国在对外开放的港口、航空站、车站和边境通道等口岸设立的出境入境边防检查站,只负责对出境、入境的人员及其行李物品、交通运输工具及其载运的货物实施边防检查,无权办理出入境证件。边防检查机构工作人员在出入境证件上加盖验讫章并作有关记录的行为,不属于办理出入境证件。[参见第100(97)号案例,张东升放行偷越国(边)境人员案,载《刑事审判参考》总第15辑(2001年第4辑),法律出版社,第48页。执笔:康海滨]

▽边防检查员伪造入境记录的行为符合放行偷越国(边)境人员罪的构成特征

放行偷越国(边)境人员罪,是指边防、海关等国家机关工作人员,对明知是偷越国(边)境的人员,予以放行的行为。该罪只能由负责对出入境人员的出入境证件查验核准的边防、海关等国家机关工作人员构成。《中华人民共和国出境入境边防检查条例》第七条规定:"出境、入境的人员必须按照规定填写出境、入境登记卡,向边防检查站交验本人的有效护照或者其他出境、入境证件(本附文以下简称出境、入境证件),经查验核准后,方可出境、入境"。也就是说,对出入境人员的出入境证件查验核准,是边防检查人员的职责。本案行为人作为北京出入境检查总站入境检查一队的检查员,负有对出入境人员的证件进行查验核准的职责,却利用职务上的便利,在无人入境的情况下,在他人提供的护照上加盖入境验讫章、伪造入境记录,致使持该护照的偷越国(边)境人员可不受相关规定的限制,较为顺利的出境,实质上是一种滥用职权的放行行为,完全符合《刑法》第四百一十五条规定的放行偷越国(边)境人员罪的构成特征,应以放行偷越国(边)境人员罪定罪处罚。需要说明的是,行为人的放行行为不是直接针对企图偷越国(边)境的人员本身,而是为提供护照的人[既可能是组织他人偷越国(边)境的人,也可能是运送他人偷越国(边)境的人等]提供有关的方便,是一种间接放行的行为。此种间接放行的行为只有在没有证据证实行为人与提供护照的人存在共同犯组织他人偷越国(边)境罪或运送他人偷越国(边)境罪的前提下,才能按放行偷越国(边)境人员罪处理,否则,只能按组织他人偷越国(边)境罪或运送他人偷越国(边)境罪的共犯处理。[参见第100(97)号案例,张东升放行偷越国(边)境人员案,载《刑事审判参考》总第15辑(2001年第4辑),法律出版社,第48～49页。执笔:康海滨]

▽偷越国(边)境人员是否实际偷越国(边)境是区分放行偷越国(边)境人员罪既遂与未遂的标志

行为人实施的行为,不是一种直接将偷越国(边)境人员予以放行的行为,而是一种通过为提供护照的人[既可能是组织他人偷越国(边)境的人,也可能是运送他人偷越国(边)境的人等]提供有关帮助从而有利于偷越国(边)境者偷越国(边)境,属于间接的放行行为。从犯罪未遂形态的认定来看,直接放行行为与间接放行行为构成偷越国(边)境人员罪是存在区别的。就前种情形而言,只要偷越国(边)境者因各种原因(不包括行为人自身的阻止)最终未偷越过国(边)境,就应认定为放行偷越国(边)境人员罪的未遂。就后种情形而言,行为人只要着手实施了间接放行偷越国(边)境的行为,就已完成"放行",但是此种"放行"行为是否实施完毕(例如,本案行为人将八本护照的有关记录都已录入完毕)并不是放行偷越国(边)境人员罪未遂的决定因素,仍只能以是否存在实际的偷越者偷越国(边)境的结果发生为界限,都应认定为放行偷越国(边)境人员罪的未遂。总之,放行偷越国(边)境人员罪的犯罪既遂应以被放行的偷越者实际偷越过国(边)境为标志。就本案而言,行为人的行为为企图偷越国(边)境者提供了必要的条件,即行为人利用职务上的便利,在他人提供的护照上加盖入境验讫章、伪造入境记录,已经完成了他可能完成的对将来使用护照人的放行行为。本案的特殊性在于,护照的使用者必须持护照入境,才算放行偷越国(边)境行为实施终了。而在此前,即行为人在录入第五本护照的入境资料时被查获,实际偷越国(边)境的行为人未能完成偷越国(边)境行为,因此,行为人放行他人偷越国(边)境的行为没有完成。对于这种已经着手实行犯罪,由于犯罪分子意志以外的原因而未发生犯罪分子所预期的危害后果的情形,根据《刑法》第二十三条第一款的规定,属于犯罪未遂,并且属于实施终了的犯罪未遂。[参见第100(97)号案例,张东升放行偷越国(边)境人员案,载《刑事审判参考》总第15辑(2001年第4辑),法律出版社,第49~50页。执笔:康海滨]

第四百一十六条　【不解救被拐卖、绑架妇女、儿童罪】对被拐卖、绑架的妇女、儿童负有解救职责的国家机关工作人员,接到被拐卖、绑架的妇女、儿童及其家属的解救要求或者接到其他人的举报,而对被拐卖、绑架的妇女、儿童不进行解救,造成严重后果的,处五年以下有期徒刑或者拘役。

【阻碍解救被拐卖、绑架妇女、儿童罪】负有解救职责的国家机关工作人员利用职务阻碍解救的,处二年以上七年以下有期徒刑;情节较轻的,处二年以下有期徒刑或者拘役。

第四百一十七条　【帮助犯罪分子逃避处罚罪】有查禁犯罪活动职责的国家机关工作人员,向犯罪分子通风报信、提供便利,帮助犯罪分子逃避处罚的,处三年以下有期徒刑或者拘役;情节严重的,处三年以上十年以下有期徒刑。

■最高人民法院、最高人民检察院关于办理扰乱无线电通讯管理秩序等刑事案件适用法律若干问题的解释(2017年7月1日)

第七条(第二款)　有查禁扰乱无线电管理秩序犯罪活动职责的国家机关工作人员,向犯罪分子通风报信、提供便利,帮助犯罪分子逃避处罚的,应当依照刑法第四百一十七条的规定,以帮助犯罪分子逃避处罚罪追究刑事责任;事先通谋的,以共同犯罪论处。

第十条　本解释自2017年7月1日起施行。

■最高人民法院、最高人民检察院、公安部、国家工商行政管理局关于依法查处盗窃、抢劫机动车案件的规定(1998年5月8日)

十、公安人员对盗窃、抢劫的机动车辆,非法提供机动车牌证或者为其取得机动车牌证提供便利,帮助犯罪分子逃避处罚的,依照《刑法》第四百一十七条规定处罚。

■最高人民法院、最高人民检察院关于办理破坏野生动物资源刑事案件适用法律若干问题的解释(2022年4月9日)

第十条(第二款)　负有查禁破坏野生动物资源犯罪活动职责的国家机关工作人员,向犯罪分子通风报信、提供便利,帮助犯罪分子逃避处罚的,应当依照刑法第四百一十七条的规定,以帮助犯罪分子逃避处罚罪追究刑事责任。

第十二条至第二十条内容见本书刑法第三百四十一条附文同名文件中。

■最高人民法院、最高人民检察院、公安部、农业农村部依法惩治长江流域非法捕捞等违法犯罪的意见(2020年12月17日)

二、准确适用法律,依法严惩非法捕捞等危害水生生物资源的各类违法犯罪

(五)……

负有查禁破坏水生生物资源犯罪活动职责的国家机关工作人员,向犯罪分子通风报信、提供便利,帮助犯罪分子逃避处罚的,应当依照刑法第四百一十七条的规定,以帮助犯罪分子逃避处罚罪定罪处罚。

□烟草专卖局稽查队的工作人员在履职过程中,采用通风报信的手法,多次将突击检查假烟销售行动的部署安排透露给销售假烟的犯罪分子,致使犯罪分子逃避刑事处罚的,构成帮助犯罪分子逃避处罚罪

一、根据《全国人大常委会关于〈中华人民共和国刑法〉第九章渎职罪主体适用问题的解释》的规定,在依照法律、法规规定行使国家行政管理职权的组织中从事公务的人员,或者在受国家机关委托代表国家机关行使职权的组织中从事公务的人员,或者虽未列入国家机关人员编制但在国家机关中从事公务的人员,在代表国家机关行使职权时,有渎职行为,构成犯罪的,依照刑法关于渎职罪的规定追究刑事责任。烟草专卖局系接受有关国家行政机关的委托,代表有关国家机关依法行使烟草专卖市场稽查和查处违反烟草专卖行为等行政执法权的组织。因此,烟草专卖局的工作人员在代表国家机关行使职权时,有渎职行为,构成犯罪的,应当依照刑法关于渎职罪的规定追究刑事责任。

二、根据《刑法》第四百一十七条的规定,帮助犯罪分子逃避处罚罪是指有查禁犯罪活动职责的国家机关工作人员,向犯罪分子通风报信、提供便利,帮助犯罪分子逃避处罚的行为。该条规定的"查禁犯罪活动职责",不仅是指司法机关依法负有的刑事侦查、检察、审判、刑罚执行等职责,也包括法律赋予相关行政机关的查禁犯罪活动的职责。烟草专卖局接受有关国家行政机关的委托,代表有关国家行政机关依法行使烟草专卖市场稽查和查处违反烟草专卖行为等行政执法权。根据国家烟草专卖局《烟草专卖行政处罚程序规定》第二十九条的规定,发现违反烟草专卖规定的违法行为构成犯罪时,相关工作人员应当依法将案件移送司法机关处理。据此,烟草专卖局及其工作人员具有查禁违反烟草专卖的犯罪活动的职责。烟草专卖局稽查队的工作人员在履职过程中,采用通风报信的手法,多次将突击检查假烟销售行动的部署安排透露给销售假烟的犯罪分子,致使犯罪分子逃避刑事处罚的,构成帮助犯罪分子逃避处罚罪。(参见上海市静安区人民检察院诉黄春海帮助犯罪分子逃避处罚、销售假冒注册商标的商品案,载《最高人民法院公报》总第152期,2009年第6期,第44页。)

▽"犯罪分子"的认定

我国刑法条文中有许多关于"犯罪分子"的规定,其指称包括犯罪嫌疑人、刑事被告人或罪犯。如《刑法》第二十三条规定:"已经着手实行犯罪,由于犯罪分子意志以外的原因而未得逞的,是犯罪未遂。"这里的"犯罪分子"指犯罪嫌疑人。《刑法》第六十一条规定:"对于犯罪分子决定刑罚的时候,应当……"这里的"犯罪分子"指刑事被告人。《刑法》第七十一条规定:"判决宣告以后,刑罚执行完毕以前,被判刑的犯罪分子又犯罪的,应当对新犯的罪作出判决……"这里的"犯罪分子"则指罪犯。由此可见,"犯罪分子"是一个泛指的概念,其含义需要结合具体的条文加以分析。帮助犯罪分子逃避处罚罪中的"犯罪分子",不需要以法院已经作出生效刑事判决为必要条件。因为刑法并未作这种限定,并且在罪刑关系确定以后,负有查禁犯罪活动职责的国家工作人员便无法再帮助其逃避处罚。如果将"犯罪分子"机械地理解为已经法院判决的人,将会导致检察机关虽发现行为人有帮助犯罪分子逃避处罚的犯罪事实存在,却因该犯罪分子尚未判决而不能对该行为人进行立案侦查的后果,这与刑法的立法精神是相悖的。帮助犯罪分子逃避处罚罪中的"犯罪分子",只能是正在实行犯罪或者有证据证明涉嫌犯罪的犯罪嫌疑人,不包括一般违法分子。即只要行为对象已被司法机关立案查处,进入实质性刑事追究程序,就可以称为"犯罪分子"。[参见第357号案例,潘楠博帮助犯罪分子逃避处罚、受贿案,载

《刑事审判参考》总第45集(2005年第4集),法律出版社,第35~36页。执笔:包雁芬　朱铁军]

▽负有查禁犯罪活动职责的国家机关工作人员,向违法行为人通风报信,帮助逃避行政处罚的,不构成帮助犯罪分子逃避处罚罪

行为人身为负有查禁犯罪活动职责的公安人员,符合帮助犯罪分子逃避处罚罪的犯罪主体资格,其在公安机关对马球会俱乐部进行查禁前打电话给李某,实施的亦属通风报信的行为,但根据本案有关证人的证言,此次行动是公安机关针对俱乐部有卖淫嫖娼活动而进行查禁,且行为人对当天行动是否针对李某和马球会俱乐部是否涉嫌犯罪并不明知。也就是说,行为人是在不明知李某系犯罪分子或马球会俱乐部存在犯罪活动的前提下,实施了通风报信的行为,该行为的帮助对象以及实施该行为的主观方面,均与帮助犯罪分子逃避处罚罪的犯罪构成不符。因此,行为人利用职务便利,帮助他人逃避处罚的行为不能以帮助犯罪分子逃避处罚罪定罪处罚。[参见第357号案例,潘楠博帮助犯罪分子逃避处罚、受贿案,载《刑事审判参考》总第45集(2005年第4集),法律出版社,第29~36页。执笔:包雁芬　朱铁军]

▽执行法官一般不能成为帮助犯罪分子逃避处罚罪的主体

根据刑法本条的规定,帮助犯罪分子逃避处罚罪,是指有查禁犯罪活动职责的国家机关工作人员,向犯罪分子通风报信,提供便利,帮助犯罪分子逃避处罚的行为。所谓"有查禁犯罪活动职责的国家机关工作人员",参照最高人民检察院颁布的《人民检察院直接受理立案侦查案件立案标准的规定(试行)》的规定,主要是指司法及公安、国家安全机关、海关、税务等国家机关的工作人员。通常而言,作为行使刑事审判权的人民法院,虽也负有打击犯罪活动的职责。"打击犯罪职责",主要是从法院最后对被告人定罪量刑的角度上讲的。由于审判权在刑事程序上的中立性和最后性,人民法院一般不直接参与或担负或履行查禁犯罪活动的职责。从广义的司法概念来看,法院和检察院虽然都属于司法机关,但不能说司法机关所有的工作人员都有查禁犯罪活动的职责。帮助犯罪分子逃避处罚罪,属于渎职罪范畴,渎职罪前提是必须有"职"可渎。帮助犯罪分子逃避处罚罪的条文中,虽没有明确指出构成本罪必须是利用职务便利,但这是不言而喻的。因此,只有那些直接负有查禁犯罪活动职责(包括领导职责)或因工作需要临时参与到查禁某项犯罪活动中来的司法机关工作人员,才有为帮助犯罪分子逃避处罚而向他们或亲属通风报信、提供便利的可能,也才有构成本罪的余地。至于司法机关内那些根本不负有上述职责且也没有实际参与到查禁某项犯罪活动中来的工作人员,是不能单独成为本罪的主体的。就本案而言,尽管行为人基于帮助犯罪分子逃避处罚的目的,利用其工作便利,如搞来提审证进入看守所等,并对挪用公款犯罪嫌疑人提供了一些帮助,但其利用的毕竟不是查禁犯罪活动的职责。其身份只是人民法院的一名执行法官,其日常所从事的职务只是承办执行案件,也根本不具有查禁犯罪活动的职责,也没有因工作需要而实际参与到查禁某项犯罪活动中来,显然是不能单独成为帮助犯罪分子逃避处罚罪的主体。[参见第186号案例,李刚等帮助犯罪分子逃避处罚案,载《刑事审判参考》总第26辑(2002年第3辑),法律出版社,第74~75页。执笔:王小荣　林鸿]

第四百一十八条　【招收公务员、学生徇私舞弊罪】国家机关工作人员在招收公务员、学生工作中徇私舞弊,情节严重的,处三年以下有期徒刑或者拘役。

○最高人民法院刑二庭审判长会议关于教师不能成为招收学生徇私舞弊罪主体纪要

《刑法》第四百一十八条所规定的招收学生徇私舞弊罪的主体是国家机关工作人员,学校的教师属于文教事业单位人员,不属于国家机关工作人员,因此不能成为招收学生徇私舞弊罪的构成主体;老师接受委托或者聘请临时担任考试监考员等与招收学生相关职务的,并不具有国家机关工作人员身份,同样不能成为招收学生徇私舞弊罪的犯罪主体。[参见《刑事审判参考》总第13辑(2001年第2辑),法律出版社,第861页。]

第四百一十九条　【失职造成珍贵文物损毁、流失罪】国家机关工作人员严重不负责任,造成珍贵文物损毁或者流失,后果严重的,处三年以下有期徒刑或者拘役。

■最高人民法院、最高人民检察院关于办理妨害文物管理等刑事案件适用法律若干问题的解释(2016年1月1日)

第十条　国家机关工作人员严重不负责任,造成珍贵文物损毁或者流失,具有下列情形之一的,应当认定为刑法第四百一十九条规定的"后果严重":

(一)导致二级以上文物或者五件以上三级文物损毁或者流失的;

(二)导致全国重点文物保护单位、省级文物保护单位的本体严重损毁或者灭失的;

(三)其他后果严重的情形。

第十三条　案件涉及不同等级的文物的,按照高级别文物的量刑幅度量刑;有多件同级文物的,五件同级文物视为一件高一级文物,但是价值明显不相当的除外。

第十四条　依照文物价值定罪量刑的,根据涉案文物的有效价格证明认定文物价值;无有效价格证明,或者根据价格证明认定明显不合理的,根据销赃数额认定,或者结合本解释第十五条规定的鉴定意见、报告认定。

第十五条　在行为人实施有关行为前,文物行政部门已对涉案文物及其等级作出认定的,可以直接对有关案件事实作出认定。

对案件涉及的有关文物鉴定、价值认定等专门性问题难以确定的,由司法鉴定机构出具鉴定意见,或者由国务院文物行政部门指定的机构出具报告。其中,对于文物价值,也可以由有关价格认证机构作出价格认证并出具报告。

第十七条　走私、盗窃、损毁、倒卖、盗掘或者非法转让具有科学价值的古脊椎动物化石、古人类化石的,依照刑法和本解释的有关规定定罪量刑。

第十八条　本解释自2016年1月1日起施行。本解释公布施行后,《最高人民法院、最高人民检察院关于办理盗窃、盗掘、非法经营和走私文物的案件具体应用法律的若干问题的解释》[法(研)发〔1987〕32号]同时废止;之前发布的司法解释与本解释不一致的,以本解释为准。

第十章　军人违反职责罪

第四百二十条　【军人违反职责罪的概念】军人违反职责,危害国家军事利益,依照法律应当受刑罚处罚的行为,是军人违反职责罪。

■军人违反职责罪案件立案标准的规定(2013年3月28日)

第三十四条　本规定中的"违反职责",是指违反国家法律、法规,军事法规、军事规章所规定的军人职责,包括军人的共同职责,士兵、军官和首长的一般职责,各类主管人员和其他从事专门工作的军人的专业职责等。

第四百二十一条　【战时违抗命令罪】战时违抗命令,对作战造成危害的,处三年以上十年以下有期徒刑;致使战斗、战役遭受重大损失的,处十年以上有期徒刑、无期徒刑或者死刑。

■军人违反职责罪案件立案标准的规定(2013年3月28日)

第一条　战时违抗命令案(刑法第四百二十一条)

战时违抗命令罪是指战时违抗命令,对作战造成危害的行为。

违抗命令,是指主观上出于故意,客观上违背、抗拒首长、上级职权范围内的命令,包括拒绝接受命令、拒不执行命令,或者不按照命令的具体要求行动等。

战时涉嫌下列情形之一的,应予立案:

(一)扰乱作战部署或者贻误战机的;

(二)造成作战任务不能完成或者迟缓完成的;

(三)造成我方人员死亡一人以上,或者重伤二人以上,或者轻伤三人以上的;

(四)造成武器装备、军事设施、军用物资损毁,直接影响作战任务完成的;

(五)对作战造成其他危害的。

第三十四条　本规定中的"违反职责",是指违反国家法律、法规,军事法规、军事规章所规定的军人职责,包括军人的共同职责,士兵、军官和首长的一般职责,各类主管人员和其他从事专门工作的军人的专业职责等。

第三十五条　本规定所称"以上",包括本数;有关犯罪数额"不满",是指已达到该数额百分之八十以上。

第三十六条　本规定中的"直接经济损失",是指与行为有直接因果关系而造成的财产损毁、减少的实际价值;"间接经济损失",是指由直接经济损失引起和牵连的其他损失,包括失去在正常情况下可能获得的利益和为恢复正常管理活动或者为挽回已经造成的损失所支付的各种费用等。

第三十七条　本规定中的"武器装备",是实施和保障军事行动的武器、武器系统和军事技术器材的统称。

第三十八条　本规定中的"军用物资",是除武器装备以外专供武装力量使用的各种物资的统称,包括装备器材、军需物资、医疗物资、油料物资、营房物资等。

第三十九条　本规定中财物价值和损失的确定,由部队驻地人民法院、人民检察院和公安机关指定的价格事务机构进行估价。武器装备、军事设施、军用物资的价值和损失,由部队军以上单位的主管部门确定;有条件的,也可以由部队驻地人民法院、人民检察院和公安机关指定的价格事务机构进行估价。

第四十条　本规定自2013年3月28日起施行。2002年10月31日原总政治部发布的《关于军人违反职责罪案件立案标准的规定(试行)》同时废止。

第四百二十二条　【隐瞒、谎报军情罪】【拒传、假传军令罪】故意隐瞒、谎报军情或者拒传、假传军令,对作战造成危害的,处三年以上十年以下有期徒刑;致使战斗、战役遭受重大损失的,处十年以上有期徒刑、无期徒刑或者死刑。

■军人违反职责罪案件立案标准的规定(2013年3月28日)

第二条　隐瞒、谎报军情案(刑法第四百二十二条)

隐瞒、谎报军情罪是指故意隐瞒、谎报军情,对作战造成危害的行为。

涉嫌下列情形之一的,应予立案:

(一)造成首长、上级决策失误的;

(二)造成作战任务不能完成或者迟缓完成的;

(三)造成我方人员死亡一人以上,或者重伤二人以上,或者轻伤三人以上的;

(四)造成武器装备、军事设施、军用物资损毁,直接影响作战任务完成的;

(五)对作战造成其他危害的。

第三条　拒传、假传军令案(刑法第四百二十二条)

拒传军令罪是指负有传递军令职责的军人,明知是军令而故意拒绝传递或者拖延传递,对作战造成危害的行为。

假传军令罪是指故意伪造、篡改军令,或者明知是伪造、篡改的军令而予以传达或者发布,对作战造成危害的行为。

涉嫌下列情形之一的,应予立案:

(一)造成首长、上级决策失误的;

(二)造成作战任务不能完成或者迟缓完成的;

(三)造成我方人员死亡一人以上,或者重伤二人以上,或者轻伤三人以上的;

(四)造成武器装备、军事设施、军用物资损毁,直接影响作战任务完成的;

(五)对作战造成其他危害的。

(本规定第三十二条至第四十条的规定参见刑法第四百二十一条后附文)

第四百二十三条　【投降罪】在战场上贪生怕死,自动放下武器投降敌人的,处三年以上十年以下有期徒刑;情节严重的,处十年以上有期徒刑或者无期徒刑。

投降后为敌人效劳的,处十年以上有期徒刑、无期徒刑或者死刑。

■军人违反职责罪案件立案标准的规定(2013年3月28日)

第四条　投降案(刑法第四百二十三条)

投降罪是指在战场上贪生怕死,自动放下武器投降敌人的行为。

凡涉嫌投降敌人的,应予立案。

(本规定第三十二条至第四十条的规定参见刑法第四百二十一条后附文)

第四百二十四条　【战时临阵脱逃罪】战时临阵脱逃的,处三年以下有期徒刑;情节严重的,处三年以上十年以下有期徒刑;致使战斗、战役遭受重大损失的,处十年以上有期徒刑、无期徒刑或者死刑。

■军人违反职责罪案件立案标准的规定(2013年3月28日)

第五条　战时临阵脱逃案(刑法第四百二十四条)

战时临阵脱逃罪是指在战斗中或者在接受作战任务后,逃离战斗岗位的行为。

凡战时涉嫌临阵脱逃的,应予立案。

(本规定第三十二条至第四十条的规定参见刑法第四百二十一条后附文)

第四百二十五条　【擅离、玩忽军事职守罪】指挥人员和值班、值勤人员擅离职守或者玩忽职守,造成严重后果的,处三年以下有期徒刑或者拘役;造成特别严重后果的,处三年以上七年以下有期徒刑。

战时犯前款罪的,处五年以上有期徒刑。

■军人违反职责罪案件立案标准的规定(2013年3月28日)

第六条　擅离、玩忽军事职守案(刑法第四百二十五条)

擅离、玩忽军事职守罪是指指挥人员和值班、值勤人员擅自离开正在履行职责的岗位,或者在履行职责的岗位上,严重不负责任,不履行或者不正确履行职责,造成严重后果的行为。

指挥人员,是指对部队或者部属负有组织、领导、管理职责的人员。专业主管人员在其业务管理范围内,视为指挥人员。

值班人员,是指军队各单位、各部门为保持指挥或者履行职责不间断而设立的、负责处理本单位、本部门特定事务的人员。

值勤人员,是指正在担任警卫、巡逻、观察、纠察、押运等勤务,或者作战勤务工作的人员。

涉嫌下列情形之一的,应予立案:

(一)造成重大任务不能完成或者迟缓完成的;

(二)造成死亡一人以上,或者重伤三人以上,或者重伤二人、轻伤四人以上,或者重伤一人、轻伤七人以上，或者轻伤十人以上的；

（三）造成枪支、手榴弹、爆炸装置或者子弹十发、雷管三十枚、导火索或者导爆索三十米、炸药一千克以上丢失、被盗，或者不满规定数量，但后果严重的，或者造成其他重要武器装备、器材丢失、被盗的；

（四）造成武器装备、军事设施、军用物资或者其他财产损毁，直接经济损失三十万元以上，或者直接经济损失、间接经济损失合计一百五十万元以上的；

（五）造成其他严重后果的。

（本规定第三十二条至第四十条的规定参见刑法第四百二十一条后附文）

第四百二十六条　【阻碍执行军事职务罪】以暴力、威胁方法，阻碍指挥人员或者值班、值勤人员执行职务的，处五年以下有期徒刑或者拘役；情节严重的，处五年以上十年以下有期徒刑；情节特别严重的，处十年以上有期徒刑或者无期徒刑。战时从重处罚。（本条是根据《中华人民共和国刑法修正案（九）》之五十修改的，2015 年 11 月 1 日起施行。）

刑法本条原文：以暴力、威胁方法，阻碍指挥人员或者值班、值勤人员执行职务的，处五年以下有期徒刑或者拘役；情节严重的，处五年以上有期徒刑；致人重伤、死亡的，或者有其他特别严重情节的，处无期徒刑或者死刑。战时从重处罚。

■军人违反职责罪案件立案标准的规定（2013 年 3 月 28 日）

第七条　阻碍执行军事职务案（刑法第四百二十六条）

阻碍执行军事职务罪是指以暴力、威胁方法，阻碍指挥人员或者值班、值勤人员执行职务的行为。

凡涉嫌阻碍执行军事职务的，应予立案。

（本规定第三十二条至第四十条的规定参见刑法第四百二十一条后附文）

第四百二十七条　【指使部属违反职责罪】滥用职权，指使部属进行违反职责的活动，造成严重后果的，处五年以下有期徒刑或者拘役；情节特别严重的，处五年以上十年以下有期徒刑。

■军人违反职责罪案件立案标准的规定（2013 年 3 月 28 日）

第八条　指使部属违反职责案（刑法第四百二十七条）

指使部属违反职责罪是指指挥人员滥用职权，指使部属进行违反职责的活动，造成严重后果的行为。

涉嫌下列情形之一的，应予立案：

（一）造成重大任务不能完成或者迟缓完成的；

（二）造成死亡一人以上，或者重伤二人以上，或者重伤一人、轻伤三人以上，或者轻伤五人以上的；

（三）造成武器装备、军事设施、军用物资或者其他财产损毁，直接经济损失二十万元以上，或者直接经济损失、间接经济损失合计一百万元以上的；

（四）造成其他严重后果的。

（本规定第三十二条至第四十条的规定参见刑法第四百二十一条后附文）

第四百二十八条　【违令作战消极罪】指挥人员违抗命令，临阵畏缩，作战消极，造成严重后果的，处五年以下有期徒刑；致使战斗、战役遭受重大损失或者有其他特别严重情节的，处五年以上有期徒刑。

■军人违反职责罪案件立案标准的规定（2013 年 3 月 28 日）

第九条　违令作战消极案（刑法第四百二十八条）

违令作战消极罪是指指挥人员违抗命令，临阵畏缩，作战消极，造成严重后果的行为。

违抗命令，临阵畏缩，作战消极，是指在作战中故意违背、抗拒执行首长、上级的命令，面临战斗任务而畏难怕险,怯战怠战,行动消极。

涉嫌下列情形之一的,应予立案:

(一)扰乱作战部署或者贻误战机的;

(二)造成作战任务不能完成或者迟缓完成的;

(三)造成我方人员死亡一人以上,或者重伤二人以上,或者轻伤三人以上的;

(四)造成武器装备、军事设施、军用物资或者其他财产损毁,直接经济损失二十万元以上,或者直接经济损失、间接经济损失合计一百万元以上的;

(五)造成其他严重后果的。

(本规定第三十二条至第四十条的规定参见刑法第四百二十一条后附文)

第四百二十九条　【拒不救援友邻部队罪】在战场上明知友邻部队处境危急请求救援,能救援而不救援,致使友邻部队遭受重大损失的,对指挥人员,处五年以下有期徒刑。

■军人违反职责罪案件立案标准的规定(2013年3月28日)

第十条　拒不救援友邻部队案(刑法第四百二十九条)

拒不救援友邻部队罪是指指挥人员在战场上,明知友邻部队面临被敌人包围、追击或者阵地将被攻陷等危急情况请求救援,能救援而不救援,致使友邻部队遭受重大损失的行为。

能救援而不救援,是指根据当时自己部队(分队)所处的环境、作战能力及所担负的任务,有条件组织救援却没有组织救援。

涉嫌下列情形之一的,应予立案:

(一)造成战斗失利的;

(二)造成阵地失陷的;

(三)造成突围严重受挫的;

(四)造成我方人员死亡三人以上,或者重伤十人以上,或者轻伤十五人以上的;

(五)造成武器装备、军事设施、军用物资损毁,直接经济损失一百万元以上的;

(六)造成其他重大损失的。

(本规定第三十二条至第四十条的规定参见刑法第四百二十一条后附文)

第四百三十条　【军人叛逃罪】在履行公务期间,擅离岗位,叛逃境外或者在境外叛逃,危害国家军事利益的,处五年以下有期徒刑或者拘役;情节严重的,处五年以上有期徒刑。

驾驶航空器、舰船叛逃的,或者有其他特别严重情节的,处十年以上有期徒刑、无期徒刑或者死刑。

■军人违反职责罪案件立案标准的规定(2013年3月28日)

第十一条　军人叛逃案(刑法第四百三十条)

军人叛逃罪是指军人在履行公务期间,擅离岗位,叛逃境外或者在境外叛逃,危害国家军事利益的行为。

涉嫌下列情形之一的,应予立案:

(一)因反对国家政权和社会主义制度而出逃的;

(二)掌握、携带军事秘密出境后滞留不归的;

(三)申请政治避难的;

(四)公开发表叛国言论的;

(五)投靠境外反动机构或者组织的;

(六)出逃至交战对方区域的;

（七）进行其他危害国家军事利益活动的。

（本规定第三十二条至第四十条的规定参见刑法第四百二十一条后附文）

第四百三十一条　【非法获取军事秘密罪】以窃取、刺探、收买方法，非法获取军事秘密的，处五年以下有期徒刑；情节严重的，处五年以上十年以下有期徒刑；情节特别严重的，处十年以上有期徒刑。

【为境外窃取、刺探、收买、非法提供军事秘密罪】为境外的机构、组织、人员窃取、刺探、收买、非法提供军事秘密的，处五年以上十年以下有期徒刑；情节严重的，处十年以上有期徒刑、无期徒刑或者死刑。（本条第二款是据《中华人民共和国刑法修正案（十一）》之四十六修改的，2021 年 3 月 1 日起施行。）

刑法本条第二款原文：【为境外窃取、刺探、收买、非法提供军事秘密罪】为境外的机构、组织、人员窃取、刺探、收买、非法提供军事秘密的，处十年以上有期徒刑、无期徒刑或者死刑。

■军人违反职责罪案件立案标准的规定（2013 年 3 月 28 日）

第十二条　非法获取军事秘密案（刑法第四百三十一条第一款）

非法获取军事秘密罪是指违反国家和军队的保密规定，采取窃取、刺探、收买方法，非法获取军事秘密的行为。

军事秘密，是关系国防安全和军事利益，依照规定的权限和程序确定，在一定时间内只限一定范围的人员知悉的事项。内容包括：

（一）国防和武装力量建设规划及其实施情况；

（二）军事部署，作战、训练以及处置突发事件等军事行动中需要控制知悉范围的事项；

（三）军事情报及其来源，军事通信、信息对抗以及其他特种业务的手段、能力，密码以及有关资料；

（四）武装力量的组织编制，部队的任务、实力、状态等情况中需要控制知悉范围的事项，特殊单位以及师级以下部队的番号；

（五）国防动员计划及其实施情况；

（六）武器装备的研制、生产、配备情况和补充、维修能力，特种军事装备的战术技术性能；

（七）军事学术和国防科学技术研究的重要项目、成果及其应用情况中需要控制知悉范围的事项；

（八）军队政治工作中不宜公开的事项；

（九）国防费分配和使用的具体事项，军事物资的筹措、生产、供应和储备等情况中需要控制知悉范围的事项；

（十）军事设施及其保护情况中不宜公开的事项；

（十一）对外军事交流与合作中不宜公开的事项；

（十二）其他需要保密的事项。

凡涉嫌非法获取军事秘密的，应予立案。

第十三条　为境外窃取、刺探、收买、非法提供军事秘密案（刑法第四百三十一条第二款）

为境外窃取、刺探、收买、非法提供军事秘密罪是指违反国家和军队的保密规定，为境外的机构、组织、人员窃取、刺探、收买、非法提供军事秘密的行为。

凡涉嫌为境外窃取、刺探、收买、非法提供军事秘密的，应予立案。

（本规定第三十二条至第四十条的规定参见刑法第四百二十一条后附文）

第四百三十二条　【故意泄露军事秘密罪】【过失泄露军事秘密罪】违反保守国家秘密法规，故意或者过失泄露军事秘密，情节严重的，处五年以下有期徒刑或者拘役；情节特别严重的，处五年以上十年以下有期徒刑。

战时犯前款罪的，处五年以上十年以下有期徒刑；情节特别严重的，处十年以上有期徒刑或者无期徒刑。

■军人违反职责罪案件立案标准的规定(2013年3月28日)

第十四条　故意泄露军事秘密案(刑法第四百三十二条)

故意泄露军事秘密罪是指违反国家和军队的保密规定,故意使军事秘密被不应知悉者知悉或者超出了限定的接触范围,情节严重的行为。

涉嫌下列情形之一的,应予立案:

(一)泄露绝密级或者机密级军事秘密一项(件)以上的;

(二)泄露秘密级军事秘密三项(件)以上的;

(三)向公众散布、传播军事秘密的;

(四)泄露军事秘密造成严重危害后果的;

(五)利用职权指使或者强迫他人泄露军事秘密的;

(六)负有特殊保密义务的人员泄密的;

(七)以牟取私利为目的泄露军事秘密的;

(八)执行重大任务时泄密的;

(九)有其他情节严重行为的。

第十五条　过失泄露军事秘密案(刑法第四百三十二条)

过失泄露军事秘密罪是指违反国家和军队的保密规定,过失泄露军事秘密,致使军事秘密被不应知悉者知悉或者超出了限定的接触范围,情节严重的行为。

涉嫌下列情形之一的,应予立案:

(一)泄露绝密级军事秘密一项(件)以上的;

(二)泄露机密级军事秘密三项(件)以上的;

(三)泄露秘密级军事秘密四项(件)以上的;

(四)负有特殊保密义务的人员泄密的;

(五)泄露军事秘密或者遗失军事秘密载体,不按照规定报告,或者不如实提供有关情况,或者未及时采取补救措施的;

(六)有其他情节严重行为的。

(本规定第三十二条至第四十条的规定参见刑法第四百二十一条后附文)

第四百三十三条　【战时造谣惑众罪】战时造谣惑众,动摇军心的,处三年以下有期徒刑;情节严重的,处三年以上十年以下有期徒刑;情节特别严重的,处十年以上有期徒刑或者无期徒刑。(本条是根据《中华人民共和国刑法修正案(九)》之五十一修改的,2015年11月1日起施行。)

刑法本条原文:战时造谣惑众,动摇军心的,处三年以下有期徒刑;情节严重的,处三年以上十年以下有期徒刑。

勾结敌人造谣惑众,动摇军心的,处十年以上有期徒刑或者无期徒刑;情节特别严重的,可以判处死刑。

■军人违反职责罪案件立案标准的规定(2013年3月28日)

第十六条　战时造谣惑众案(刑法第四百三十三条)

战时造谣惑众罪是指在战时造谣惑众,动摇军心的行为。

造谣惑众,动摇军心,是指故意编造、散布谣言,煽动怯战、厌战或者恐怖情绪,蛊惑官兵,造成或者足以造成部队情绪恐慌、士气不振、军心涣散的行为。

凡战时涉嫌造谣惑众,动摇军心的,应予立案。

(本规定第三十二条至第四十条的规定参见刑法第四百二十一条后附文)

第四百三十四条 【战时自伤罪】战时自伤身体，逃避军事义务的，处三年以下有期徒刑；情节严重的，处三年以上七年以下有期徒刑。

■军人违反职责罪案件立案标准的规定(2013年3月28日)

第十七条 战时自伤案(刑法第四百三十四条)

战时自伤罪是指在战时为了逃避军事义务，故意伤害自己身体的行为。

逃避军事义务，是指逃避临战准备、作战行动、战场勤务和其他作战保障任务等与作战有关的义务。

凡战时涉嫌自伤致使不能履行军事义务的，应予立案。

(本规定第三十二条至第四十条的规定参见刑法第四百二十一条后附文)

第四百三十五条 【逃离部队罪】违反兵役法规，逃离部队，情节严重的，处三年以下有期徒刑或者拘役。

战时犯前款罪的，处三年以上七年以下有期徒刑。

■军人违反职责罪案件立案标准的规定(2013年3月28日)

第十八条 逃离部队案(刑法第四百三十五条)

逃离部队罪是指违反兵役法规，逃离部队，情节严重的行为。

违反兵役法规，是指违反国防法、兵役法和军队条令条例以及其他有关兵役方面的法律规定。

逃离部队，是指擅自离开部队或者经批准外出逾期拒不归队。

涉嫌下列情形之一的，应予立案：

(一)逃离部队持续时间达三个月以上或者三次以上或者累计时间达六个月以上的；

(二)担负重要职责的人员逃离部队的；

(三)策动三人以上或者胁迫他人逃离部队的；

(四)在执行重大任务期间逃离部队的；

(五)携带武器装备逃离部队的；

(六)有其他情节严重行为的。

(本规定第三十二条至第四十条的规定参见刑法第四百二十一条后附文)

■最高人民法院、最高人民检察院关于对军人非战时逃离部队的行为能否定罪处罚问题的批复(2000年12月8日)

军人违反兵役法规，在非战时逃离部队，情节严重的，应当依照刑法第四百三十五条第一款的规定定罪处罚。

第四百三十六条 【武器装备肇事罪】违反武器装备使用规定，情节严重，因而发生责任事故，致人重伤、死亡或者造成其他严重后果的，处三年以下有期徒刑或者拘役；后果特别严重的，处三年以上七年以下有期徒刑。

■军人违反职责罪案件立案标准的规定(2013年3月28日)

第十九条 武器装备肇事案(刑法第四百三十六条)

武器装备肇事罪是指违反武器装备使用规定，情节严重，因而发生责任事故，致人重伤、死亡或者造成其他严重后果的行为。

情节严重，是指故意违反武器装备使用规定，或者在使用过程中严重不负责任。

涉嫌下列情形之一的，应予立案：

(一)影响重大任务完成的；

(二)造成死亡一人以上，或者重伤二人以上，或者轻伤三人以上的；

（三）造成武器装备、军事设施、军用物资或者其他财产损毁，直接经济损失三十万元以上，或者直接经济损失、间接经济损失合计一百五十万元以上的；

（四）严重损害国家和军队声誉，造成恶劣影响的；

（五）造成其他严重后果的。

（本规定第三十二条至第四十条的规定参见刑法第四百二十一条后附文）

第四百三十七条　【擅自改变武器装备编配用途罪】违反武器装备管理规定，擅自改变武器装备的编配用途，造成严重后果的，处三年以下有期徒刑或者拘役；造成特别严重后果的，处三年以上七年以下有期徒刑。

■军人违反职责罪案件立案标准的规定（2013年3月28日）

第二十条　擅自改变武器装备编配用途案（刑法第四百三十七条）

擅自改变武器装备编配用途罪是指违反武器装备管理规定，未经有权机关批准，擅自将编配的武器装备改作其他用途，造成严重后果的行为。

涉嫌下列情形之一的，应予立案：

（一）造成重大任务不能完成或者迟缓完成的；

（二）造成死亡一人以上，或者重伤三人以上，或者重伤二人、轻伤四人以上，或者重伤一人、轻伤七人以上，或者轻伤十人以上的；

（三）造成武器装备、军事设施、军用物资或者其他财产损毁，直接经济损失三十万元以上，或者直接经济损失、间接经济损失合计一百五十万元以上的；

（四）造成其他严重后果的。

（本规定第三十二条至第四十条的规定参见刑法第四百二十一条后附文）

第四百三十八条　【盗窃、抢夺武器装备、军用物资罪】盗窃、抢夺武器装备或者军用物资的，处五年以下有期徒刑或者拘役；情节严重的，处五年以上十年以下有期徒刑；情节特别严重的，处十年以上有期徒刑、无期徒刑或者死刑。

【盗窃、抢夺枪支、弹药、爆炸物罪】盗窃、抢夺枪支、弹药、爆炸物的，依照本法第一百二十七条的规定处罚。

■军人违反职责罪案件立案标准的规定（2013年3月28日）

第二十一条　盗窃、抢夺武器装备、军用物资案（刑法第四百三十八条）

盗窃武器装备罪是指以非法占有为目的，秘密窃取武器装备的行为。

抢夺武器装备罪是指以非法占有为目的，乘人不备，公然夺取武器装备的行为。

凡涉嫌盗窃、抢夺武器装备的，应予立案。

盗窃军用物资罪是指以非法占有为目的，秘密窃取军用物资的行为。

抢夺军用物资罪是指以非法占有为目的，乘人不备，公然夺取军用物资的行为。

凡涉嫌盗窃、抢夺军用物资价值二千元以上，或者不满规定数额，但后果严重的，应予立案。

（本规定第三十二条至第四十条的规定参见刑法第四百二十一条后附文）

第四百三十九条　【非法出卖、转让武器装备罪】非法出卖、转让军队武器装备的，处三年以上十年以下有期徒刑；出卖、转让大量武器装备或者有其他特别严重情节的，处十年以上有期徒刑、无期徒刑或者死刑。

■军人违反职责罪案件立案标准的规定（2013年3月28日）

第二十二条　非法出卖、转让武器装备案（刑法第四百三十九条）

非法出卖、转让武器装备罪是指非法出卖、转让武器装备的行为。

出卖、转让,是指违反武器装备管理规定,未经有权机关批准,擅自用武器装备换取金钱、财物或者其他利益,或者将武器装备馈赠他人的行为。

涉嫌下列情形之一的,应予立案:

(一)非法出卖、转让枪支、手榴弹、爆炸装置的;

(二)非法出卖、转让子弹十发、雷管三十枚、导火索或者导爆索三十米、炸药一千克以上,或者不满规定数量,但后果严重的;

(三)非法出卖、转让武器装备零部件或者维修器材、设备,致使武器装备报废或者直接经济损失三十万元以上的;

(四)非法出卖、转让其他重要武器装备的。

(本规定第三十二条至第四十条的规定参见刑法第四百二十一条后附文)

第四百四十条　【遗弃武器装备罪】违抗命令,遗弃武器装备的,处五年以下有期徒刑或者拘役;遗弃重要或者大量武器装备的,或者有其他严重情节的,处五年以上有期徒刑。

■军人违反职责罪案件立案标准的规定(2013年3月28日)

第二十三条　遗弃武器装备案(刑法第四百四十条)

遗弃武器装备罪是指负有保管、使用武器装备义务的军人,违抗命令,故意遗弃武器装备的行为。

涉嫌下列情形之一的,应予立案:

(一)遗弃枪支、手榴弹、爆炸装置的;

(二)遗弃子弹十发、雷管三十枚、导火索或者导爆索三十米、炸药一千克以上,或者不满规定数量,但后果严重的;

(三)遗弃武器装备零部件或者维修器材、设备,致使武器装备报废或者直接经济损失三十万元以上的;

(四)遗弃其他重要武器装备的。

(本规定第三十二条至第四十条的规定参见刑法第四百二十一条后附文)

第四百四十一条　【遗失武器装备罪】遗失武器装备,不及时报告或者有其他严重情节的,处三年以下有期徒刑或者拘役。

■军人违反职责罪案件立案标准的规定(2013年3月28日)

第二十四条　遗失武器装备案(刑法第四百四十一条)

遗失武器装备罪是指遗失武器装备,不及时报告或者有其他严重情节的行为。

其他严重情节,是指遗失武器装备严重影响重大任务完成的;给人民群众生命财产安全造成严重危害的;遗失的武器装备被敌人或者境外的机构、组织和人员或者国内恐怖组织和人员利用,造成严重后果或者恶劣影响的;遗失的武器装备数量多、价值高的;战时遗失的,等等。

凡涉嫌遗失武器装备不及时报告或者有其他严重情节的,应予立案。

(本规定第三十二条至第四十条的规定参见刑法第四百二十一条后附文)

第四百四十二条　【擅自出卖、转让军队房地产罪】违反规定,擅自出卖、转让军队房地产,情节严重的,对直接责任人员,处三年以下有期徒刑或者拘役;情节特别严重的,处三年以上十年以下有期徒刑。

■军人违反职责罪案件立案标准的规定(2013年3月28日)

第二十五条　擅自出卖、转让军队房地产案(刑法第四百四十二条)

擅自出卖、转让军队房地产罪是指违反军队房地产管理和使用规定,未经有权机关批准,擅自出卖、转让军队房地产,情节严重的行为。

军队房地产,是指依法由军队使用管理的土地及其地上地下用于营房保障的建筑物、构筑物、附属设施设备,以及其他附着物。

涉嫌下列情形之一的,应予立案:

(一)擅自出卖、转让军队房地产价值三十万元以上的;

(二)擅自出卖、转让军队房地产给境外的机构、组织、人员的;

(三)擅自出卖、转让军队房地产严重影响部队正常战备、训练、工作、生活和完成军事任务的;

(四)擅自出卖、转让军队房地产给军事设施安全造成严重危害的;

(五)有其他情节严重行为的。

(本规定第三十二条至第四十条的规定参见刑法第四百二十一条后附文)

第四百四十三条 【**虐待部属罪**】滥用职权,虐待部属,情节恶劣,致人重伤或者造成其他严重后果的,处五年以下有期徒刑或者拘役;致人死亡的,处五年以上有期徒刑。

■**军人违反职责罪案件立案标准的规定(2013年3月28日)**

第二十六条 虐待部属案(刑法第四百四十三条)

虐待部属罪是指滥用职权,虐待部属,情节恶劣,致人重伤、死亡或者造成其他严重后果的行为。

虐待部属,是指采取殴打、体罚、冻饿或者其他有损身心健康的手段,折磨、摧残部属的行为。

情节恶劣,是指虐待手段残酷的;虐待三人以上的;虐待部属三次以上的;虐待伤病残部属的,等等。

其他严重后果,是指部属不堪忍受虐待而自杀、自残造成重伤或者精神失常的;诱发其他案件、事故的;导致部属一人逃离部队三次以上,或者二人以上逃离部队的;造成恶劣影响的,等等。

凡涉嫌虐待部属,情节恶劣,致人重伤、死亡或者造成其他严重后果的,应予立案。

(本规定第三十二条至第四十条的规定参见刑法第四百二十一条后附文)

第四百四十四条 【**遗弃伤病军人罪**】在战场上故意遗弃伤病军人,情节恶劣的,对直接责任人员,处五年以下有期徒刑。

■**军人违反职责罪案件立案标准的规定(2013年3月28日)**

第二十七条 遗弃伤病军人案(刑法第四百四十四条)

遗弃伤病军人罪是指在战场上故意遗弃我方伤病军人,情节恶劣的行为。

涉嫌下列情形之一的,应予立案:

(一)为挟嫌报复而遗弃伤病军人的;

(二)遗弃伤病军人三人以上的;

(三)导致伤病军人死亡、失踪、被俘的;

(四)有其他恶劣情节的。

(本规定第三十二条至第四十条的规定参见刑法第四百二十一条后附文)

第四百四十五条 【**战时拒不救治伤病军人罪**】战时在救护治疗职位上,有条件救治而拒不救治危重伤病军人的,处五年以下有期徒刑或者拘役;造成伤病军人重残、死亡或者有其他严重情节的,处五年以上十年以下有期徒刑。

■**军人违反职责罪案件立案标准的规定(2013年3月28日)**

第二十八条 战时拒不救治伤病军人案(刑法第四百四十五条)

战时拒不救治伤病军人罪是指战时在救护治疗职位上,有条件救治而拒不救治危重伤病军人的行为。

有条件救治而拒不救治，是指根据伤病军人的伤情或者病情，结合救护人员的技术水平、医疗单位的医疗条件及当时的客观环境等因素，能够给予救治而拒绝抢救、治疗。

凡战时涉嫌拒不救治伤病军人的，应予立案。

（本规定第三十二条至第四十条的规定参见刑法第四百二十一条后附文）

第四百四十六条　【战时残害居民、掠夺居民财物罪】战时在军事行动地区，残害无辜居民或者掠夺无辜居民财物的，处五年以下有期徒刑；情节严重的，处五年以上十年以下有期徒刑；情节特别严重的，处十年以上有期徒刑、无期徒刑或者死刑。

■军人违反职责罪案件立案标准的规定（2013年3月28日）

第二十九条　战时残害居民、掠夺居民财物案（刑法第四百四十六条）

战时残害居民罪是指战时在军事行动地区残害无辜居民的行为。

无辜居民，是指对我军无敌对行动的平民。

战时涉嫌下列情形之一的，应予立案：

（一）故意造成无辜居民死亡、重伤或者轻伤三人以上的；

（二）强奸无辜居民的；

（三）故意损毁无辜居民财物价值五千元以上，或者不满规定数额，但手段恶劣、后果严重的。

战时掠夺居民财物罪是指战时在军事行动地区抢劫、抢夺无辜居民财物的行为。

战时涉嫌下列情形之一的，应予立案：

（一）抢劫无辜居民财物的；

（二）抢夺无辜居民财物价值二千元以上，或者不满规定数额，但手段恶劣、后果严重的。

（本规定第三十二条至第四十条的规定参见刑法第四百二十一条后附文）

第四百四十七条　【私放俘虏罪】私放俘虏的，处五年以下有期徒刑；私放重要俘虏、私放俘虏多人或者有其他严重情节的，处五年以上有期徒刑。

■军人违反职责罪案件立案标准的规定（2013年3月28日）

第三十条　私放俘虏案（刑法第四百四十七条）

私放俘虏罪是指擅自将俘虏放走的行为。凡涉嫌私放俘虏的，应予立案。

（本规定第三十二条至第四十条的规定参见刑法第四百二十一条后附文）

第四百四十八条　【虐待俘虏罪】虐待俘虏，情节恶劣的，处三年以下有期徒刑。

■军人违反职责罪案件立案标准的规定（2013年3月28日）

第三十一条　虐待俘虏案（刑法第四百四十八条）

虐待俘虏罪是指虐待俘虏，情节恶劣的行为。

涉嫌下列情形之一的，应予立案：

（一）指挥人员虐待俘虏的；

（二）虐待俘虏三人以上，或者虐待俘虏三次以上的；

（三）虐待俘虏手段特别残忍的；

（四）虐待伤病俘虏的；

（五）导致俘虏自杀、逃跑等严重后果的；

（六）造成恶劣影响的；

（七）有其他恶劣情节的。

（本规定第三十二条至第四十条的规定参见刑法第四百二十上条后附文）

第四百四十九条 【战时缓刑】在战时，对被判处三年以下有期徒刑没有现实危险宣告缓刑的犯罪军人，允许其戴罪立功，确有立功表现时，可以撤销原判刑罚，不以犯罪论处。

第四百五十条 【本章适用对象】本章适用于中国人民解放军的现役军官、文职干部、士兵及具有军籍的学员和中国人民武装警察部队的现役警官、文职干部、士兵及具有军籍的学员以及文职人员、执行军事任务的预备役人员和其他人员。（本条是根据《中华人民共和国刑法修正案（十一）》之四十七修改的，2021年3月1日起施行。）

刑法本条原文：【本章适用对象】本章适用于中国人民解放军的现役军官、文职干部、士兵及具有军籍的学员和中国人民武装警察部队的现役警官、文职干部、士兵及具有军籍的学员以及执行军事任务的预备役人员和其他人员。

■军人违反职责罪案件立案标准的规定（2013年3月28日）

第三十二条 本规定适用于中国人民解放军的现役军官、文职干部、士兵及具有军籍的学员和中国人民武装警察部队的现役警官、文职干部、士兵及具有军籍的学员以及执行军事任务的预备役人员和其他人员涉嫌军人违反职责犯罪的案件。

第四百五十一条 【战时的概念】本章所称战时，是指国家宣布进入战争状态、部队受领作战任务或者遭敌突然袭击时。

部队执行戒严任务或者处置突发性暴力事件时，以战时论。

■军人违反职责罪案件立案标准的规定（2013年3月28日）

第三十三条 本规定所称“战时”，是指国家宣布进入战争状态、部队受领作战任务或者遭敌突然袭击时。部队执行戒严任务或者处置突发性暴力事件时，以战时论。

附 则

第四百五十二条 【施行日期】本法自1997年10月1日起施行。

列于本法附件一的全国人民代表大会常务委员会制定的条例、补充规定和决定，已纳入本法或者已不适用，自本法施行之日起，予以废止。

列于本法附件二的全国人民代表大会常务委员会制定的补充规定和决定予以保留，其中，有关行政处罚和行政措施的规定继续有效；有关刑事责任的规定已纳入本法，自本法施行之日起，适用本法规定。

附件一：

全国人民代表大会常务委员会制定的下列条例、补充规定和决定，已纳入本法或者已不适用，自本法施行之日起，予以废止：

1. 中华人民共和国惩治军人违反职责罪暂行条例
2. 关于严惩严重破坏经济的罪犯的决定
3. 关于严惩严重危害社会治安的犯罪分子的决定
4. 关于惩治走私罪的补充规定
5. 关于惩治贪污罪贿赂罪的补充规定
6. 关于惩治泄露国家秘密犯罪的补充规定
7. 关于惩治捕杀国家重点保护的珍贵、濒危野生动物犯罪的补充规定
8. 关于惩治侮辱中华人民共和国国旗国徽罪的决定

9. 关于惩治盗掘古文化遗址古墓葬犯罪的补充规定
10. 关于惩治劫持航空器犯罪分子的决定
11. 关于惩治假冒注册商标犯罪的补充规定
12. 关于惩治生产、销售伪劣商品犯罪的决定
13. 关于惩治侵犯著作权的犯罪的决定
14. 关于惩治违反公司法的犯罪的决定
15. 关于处理逃跑或者重新犯罪的劳改犯和劳教人员的决定

附件二：

全国人民代表大会常务委员会制定的下列补充规定和决定予以保留，其中，有关行政处罚和行政措施的规定继续有效；有关刑事责任的规定已纳入本法，自本法施行之日起，适用本法规定：

1. 关于禁毒的决定
2. 关于惩治走私、制作、贩卖、传播淫秽物品的犯罪分子的决定
3. 关于严惩拐卖、绑架妇女、儿童的犯罪分子的决定
4. 关于严禁卖淫嫖娼的决定
5. 关于惩治偷税、抗税犯罪的补充规定
6. 关于严惩组织、运送他人偷越国(边)境犯罪的补充规定
7. 关于惩治破坏金融秩序犯罪的决定
8. 关于惩治虚开、伪造和非法出售增值税专用发票犯罪的决定

中华人民共和国刑事诉讼法

（1979年7月1日第五届全国人民代表大会第二次会议通过，根据1996年3月17日第八届全国人民代表大会第四次会议《关于修改〈中华人民共和国刑事诉讼法〉的决定》第一次修正，根据2012年3月14日第十一届全国人民代表大会第五次会议《关于修改〈中华人民共和国刑事诉讼法〉的决定》第二次修正，根据2018年10月26日第十三届全国人民代表大会常务委员会第六次会议《关于修改〈中华人民共和国刑事诉讼法〉的决定》第三次修正。）

第一编 总 则

第一章 任务和基本原则

第一条 【制定目的与根据】为了保证刑法的正确实施，惩罚犯罪，保护人民，保障国家安全和社会公共安全，维护社会主义社会秩序，根据宪法，制定本法。

■人民检察院刑事诉讼规则（2019年12月30日）

第一条 为保证人民检察院在刑事诉讼中严格依照法定程序办案，正确履行职权，实现惩罚犯罪与保障人权的统一，根据《中华人民共和国刑事诉讼法》《中华人民共和国人民检察院组织法》和有关法律规定，结合人民检察院工作实际，制定本规则。

第二条 【刑诉法的任务】中华人民共和国刑事诉讼法的任务，是保证准确、及时地查明犯罪事实，正确应用法律，惩罚犯罪分子，保障无罪的人不受刑事追究，教育公民自觉遵守法律，积极同犯罪行为作斗争，维护社会主义法制，尊重和保障人权，保护公民的人身权利、财产权利、民主权利和其他权利，保障社会主义建设事业的顺利进行。

■人民检察院刑事诉讼规则（2019年12月30日）

第二条 人民检察院在刑事诉讼中的任务，是立案侦查直接受理的案件、审查逮捕、审查起诉和提起公诉、对刑事诉讼实行法律监督，保证准确、及时查明犯罪事实，正确应用法律，惩罚犯罪分子，保障无罪的人不受刑事追究，保障刑事法律的统一正确实施，维护社会主义法制，尊重和保障人权，保护公民的人身权利、财产权利、民主权利和其他权利，保障社会主义建设事业的顺利进行。

第三条 人民检察院办理刑事案件，应当严格遵守《中华人民共和国刑事诉讼法》以及其他法律的有关规定，秉持客观公正的立场，尊重和保障人权，既要追诉犯罪，也要保障无罪的人不受刑事追究。

■公安机关办理刑事案件程序规定（2020年9月1日）

第二条 公安机关在刑事诉讼中的任务，是保证准确、及时地查明犯罪事实，正确应用法律，惩罚犯罪分子，保障无罪的人不受刑事追究，教育公民自觉遵守法律，积极同犯罪行为作斗争，维护社会主义法制，尊重和保障人权，保护公民的人身权利、财产权利、民主权利和其他权利，保障社会主义建设事业的顺利进行。

■最高人民检察院关于在检察工作中贯彻宽严相济刑事司法政策的若干意见（2007年1月15日）

4.检察机关贯彻宽严相济的刑事司法政策应当坚持以下原则：

——全面把握。宽严相济刑事司法政策中的宽与严是一个有机统一的整体，二者相辅相成，必须全面理解，全面把握，全面落实。既要防止只讲严而忽视宽，又要防止只讲宽而忽视严，防止一个倾向掩盖另一个倾向。

——区别对待。宽严相济刑事司法政策的核心是区别对待。应当综合考虑犯罪的社会危害性（包括犯罪侵害的客体、情节、手段、后果等）、犯罪人的主观恶性（包括犯罪时的主观方面、犯罪后的态度、平时表现等）以及案件的社会影响，根据不同时期、不同地区犯罪与社会治安的形势，具体情况具体分析，依法予以从宽或者从严处理。

——严格依法。贯彻宽严相济的刑事司法政策，必须坚持罪刑法定、罪刑相适应、法律面前人人平等原则，实现政策指导与严格执法的有机统一，宽要有节，严要有度，宽和严都必须严格依照法律，在法律范围内进行，做到宽严合法，于法有据。

——注重效果。贯彻宽严相济的刑事司法政策，应当做到惩治犯罪与保障人权的有机统一，法律效果与社会效果的有机统一，保护犯罪嫌疑人、被告人的合法权利与保护被害人的合法权益的有机统一，特殊预防与一般预防的有机统一，执法办案与化解矛盾的有机统一，以有利于维护稳定，化解矛盾，减少对抗，促进和谐。

第三条　【公检法三机关的职责分工】对刑事案件的侦查、拘留、执行逮捕、预审，由公安机关负责。检察、批准逮捕、检察机关直接受理的案件的侦查、提起公诉，由人民检察院负责。审判由人民法院负责。除法律特别规定的以外，其他任何机关、团体和个人都无权行使这些权力。

人民法院、人民检察院和公安机关进行刑事诉讼，必须严格遵守本法和其他法律的有关规定。

■公安机关办理刑事案件程序规定（2020年9月1日）

第三条　公安机关在刑事诉讼中的基本职权，是依照法律对刑事案件立案、侦查、预审；决定、执行强制措施；对依法不追究刑事责任的不予立案，已经追究的撤销案件；对侦查终结应当起诉的案件，移送人民检察院审查决定；对不够刑事处罚的犯罪嫌疑人需要行政处理的，依法予以处理或者移送有关部门；对被判处有期徒刑的罪犯，在被交付执行刑罚前，剩余刑期在三个月以下的，代为执行刑罚；执行拘役、剥夺政治权利、驱逐出境。

第四条　【国家安全机关的职权】国家安全机关依照法律规定，办理危害国家安全的刑事案件，行使与公安机关相同的职权。

第五条　【审判权、检察权独立行使】人民法院依照法律规定独立行使审判权，人民检察院依照法律规定独立行使检察权，不受行政机关、社会团体和个人的干涉。

■人民检察院刑事诉讼规则（2019年12月30日）

第十二条　人民检察院办理刑事案件的活动依照规定接受人民监督员监督。

第六条　【刑事诉讼的基本原则】人民法院、人民检察院和公安机关进行刑事诉讼，必须依靠群众，必须以事实为根据，以法律为准绳。对于一切公民，在适用法律上一律平等，在法律面前，不允许有任何特权。

■公安机关办理刑事案件程序规定（2020年9月1日）

第四条　公安机关进行刑事诉讼，必须依靠群众，以事实为根据，以法律为准绳。对于一切公民，在适用法律上一律平等，在法律面前，不允许有任何特权。

有

第七条 【公检法三机关的关系】人民法院、人民检察院和公安机关进行刑事诉讼,应当分工负责,互相配合,互相制约,以保证准确有效地执行法律。

■公安机关办理刑事案件程序规定(2020年9月1日)

第五条 公安机关进行刑事诉讼,同人民法院、人民检察院分工负责,互相配合,互相制约,以保证准确有效地执行法律。

第八条 【对刑事诉讼的法律监督】人民检察院依法对刑事诉讼实行法律监督。

■人民检察院刑事诉讼规则(2019年12月30日)

第四条 人民检察院办理刑事案件,由检察官、检察长、检察委员会在各自职权范围内对办案事项作出决定,并依照规定承担相应司法责任。

检察官在检察长领导下开展工作。重大办案事项,由检察长决定。检察长可以根据案件情况,提交检察委员会讨论决定。其他办案事项,检察长可以自行决定,也可以委托检察官决定。

本规则对应当由检察长或者检察委员会决定的重大办案事项有明确规定的,依照本规则的规定。本规则没有明确规定的,省级人民检察院可以制定有关规定,报最高人民检察院批准。

以人民检察院名义制发的法律文书,由检察长签发;属于检察官职权范围内决定事项的,检察长可以授权检察官签发。

重大、疑难、复杂或者有社会影响的案件,应当向检察长报告。

第五条 人民检察院办理刑事案件,根据案件情况,可以由一名检察官独任办理,也可以由两名以上检察官组成办案组办理。由检察官办案组办理的,检察长应当指定一名检察官担任主办检察官,组织、指挥办案组办理案件。

检察官办理案件,可以根据需要配备检察官助理、书记员、司法警察、检察技术人员等检察辅助人员。检察辅助人员依照法律规定承担相应的检察辅助事务。

第六条 人民检察院根据检察工作需要设置业务机构,在刑事诉讼中按照分工履行职责。

业务机构负责人对本部门的办案活动进行监督管理。需要报请检察长决定的事项和需要向检察长报告的案件,应当先由业务机构负责人审核。业务机构负责人可以主持召开检察官联席会议进行讨论,也可以直接报请检察长决定或者向检察长报告。

第七条 检察长不同意检察官处理意见的,可以要求检察官复核,也可以直接作出决定,或者提请检察委员会讨论决定。

检察官执行检察长决定时,认为决定错误的,应当书面提出意见。检察长不改变原决定的,检察官应当执行。

第八条 对同一刑事案件的审查逮捕、审查起诉、出庭支持公诉和立案监督、侦查监督、审判监督等工作,由同一检察官或者检察官办案组负责,但是审查逮捕、审查起诉由不同人民检察院管辖,或者依照法律、有关规定应当另行指派检察官或者检察官办案组办理的除外。

人民检察院履行审查逮捕和审查起诉职责的办案部门,本规则中统称为负责捕诉的部门。

第九条 最高人民检察院领导地方各级人民检察院和专门人民检察院的工作,上级人民检察院领导下级人民检察院的工作。检察长统一领导人民检察院的工作。

上级人民检察院可以依法统一调用辖区的检察人员办理案件,调用的决定应当以书面形式作出。被调用的检察官可以代表办理案件的人民检察院履行出庭支持公诉等各项检察职责。

第十条 上级人民检察院对下级人民检察院作出的决定,有权予以撤销或者变更;发现下级人民检察院办理的案件有错误的,有权指令下级人民检察院予以纠正。

下级人民检察院对上级人民检察院的决定应当执行。如果认为有错误的,应当在执行的同时向上级人民检察院报告。

……

第六百六十四条　人民检察院负责案件管理的部门对检察机关办理案件的受理、期限、程序、质量等进行管理、监督、预警。

第六百六十五条　人民检察院负责案件管理的部门发现本院办案活动具有下列情形之一的，应当及时提出纠正意见：

（一）查封、扣押、冻结、保管、处理涉案财物不符合有关法律和规定的；

（二）法律文书制作、使用不符合法律和有关规定的；

（三）违反羁押期限、办案期限规定的；

（四）侵害当事人、辩护人、诉讼代理人的诉讼权利的；

（五）未依法对立案、侦查、审查逮捕、公诉、审判等诉讼活动以及执行活动中的违法行为履行法律监督职责的；

（六）其他应当提出纠正意见的情形。

情节轻微的，可以口头提示；情节较重的，应当发送案件流程监控通知书，提示办案部门及时查明情况并予以纠正；情节严重的，应当同时向检察长报告。

办案部门收到案件流程监控通知书后，应当在十日以内将核查情况书面回复负责案件管理的部门。

第六百六十六条　人民检察院负责案件管理的部门对以本院名义制发法律文书实施监督管理。

第六百六十七条　人民检察院办理的案件，办结后需要向其他单位移送案卷材料的，统一由负责案件管理的部门审核移送材料是否规范、齐备。负责案件管理的部门认为材料规范、齐备，符合移送条件的，应当立即由办案部门按照规定移送；认为材料不符合要求的，应当及时通知办案部门补送、更正。

第六百六十八条　监察机关或者公安机关随案移送涉案财物及其孳息的，人民检察院负责案件管理的部门应当在受理案件时进行审查，并及时办理入库保管手续。

第六百六十九条　人民检察院负责案件管理的部门对扣押的涉案物品进行保管，并对查封、扣押、冻结、处理涉案财物工作进行监督管理。对违反规定的行为提出纠正意见；涉嫌违法违纪的，报告检察长。

第六百七十条　人民检察院办案部门需要调用、移送、处理查封、扣押、冻结的涉案财物的，应当按照规定办理审批手续。审批手续齐全的，负责案件管理的部门应当办理出库手续。

■公安机关办理刑事案件程序规定（2020年9月1日）

第六条　公安机关进行刑事诉讼，依法接受人民检察院的法律监督。

第十条　公安机关办理刑事案件，应当向同级人民检察院提请批准逮捕、移送审查起诉。

■最高人民检察院、公安部关于健全完善侦查监督与协作配合机制的意见（2021年10月31日）

三、机制完善

（一）健全完善监督制约机制

1. 依法履行监督职责。人民检察院要依法开展立案监督、侦查监督工作，及时发现和纠正应当立案而不立案、不应当立案而立案、长期“挂案”和以刑事手段插手经济纠纷等违法情形；及时发现和纠正刑讯逼供、非法取证等侦查违法行为，从源头上防范冤假错案发生；规范强制措施和侦查手段适用，切实保障人权。

2. 规范开展监督工作。人民检察院要严格按照法律规定开展立案监督、侦查监督工作，坚决防止不应当监督而监督、应当监督而未监督、不当升格或者降格监督等情况发生。开展监督工作过程中，不得干涉侦查人员依法办案，不得干扰和妨碍侦查活动正常进行。

3. 切实保障监督效果。人民检察院接到报案、控告、举报或者工作中发现监督线索,需要进行调查核实的,应当及时通知公安机关,公安机关应当予以支持配合。人民检察院在调查核实过程中,应当加强与公安机关沟通,充分听取办案意见。经依法调查核实后,需要监督纠正的,应当及时向公安机关提出监督意见、检察建议。公安机关对人民检察院提出的监督意见和检察建议,应当及时纠正整改并将纠正整改情况通知或回复人民检察院。

4. 加强内外监督衔接。人民检察院、公安机关应当建立刑事案件侦查监督与执法监督相衔接机制,强化对侦查活动内外部监督的衔接配合,推动检察机关法律监督与公安机关执法监督有机贯通、相互协调。必要时,人民检察院、公安机关可以联合就不批捕不起诉案件开展案件质量评查,针对同时涉及公安机关和人民检察院办案、监督工作的突出问题开展专项检查、监督。

5. 规范落实制约机制。公安机关对人民检察院的不批捕不起诉决定、立案监督意见、纠正侦查违法等监督意见有异议的,可以依据法律规定要求说明理由或者要求复议、提请复核、申请复查,人民检察院应当认真审查并及时回复或者作出决定。人民检察院在审查过程中应当加强与公安机关的沟通,必要时,可以以联席会议等形式充分听取办案人员意见。经复议、复核、复查认为原监督意见确有错误的,应当及时将变更决定通知公安机关或及时撤销原纠正意见。

(二)健全完善协作配合机制

1. 重大疑难案件听取机制。公安机关办理重大、疑难案件,可以商请人民检察院派员通过审查证据材料等方式,就案件定性、证据收集、法律适用等提出意见建议。

对于人民检察院派员审查提出意见的案件,公安机关应当全面介绍案件情况,提供相关文书和证据材料,及时向检察机关通报案件侦查进展情况,配合人民检察院的审查工作;根据人民检察院提出的意见建议,进一步收集、固定证据,完善证据体系;对人民检察院提出的证据瑕疵或取证、强制措施适用违反规定程序等确实存在的问题,应当及时进行补正、纠正。人民检察院应当指派具有丰富刑事法律实务经验的检察官对重大疑难案件审查提出意见建议,就公安机关开展侦查取证等工作提出的意见建议应当必要、明确、可行。

办理社会关注度高、敏感性强的刑事案件时,人民检察院、公安机关应当落实刑事案件应急处置协调机制要求,共同做好依法办理、舆论引导和社会面管控工作。

2. 建立联合督办机制。对于重大、疑难案件,必要时可由上级人民检察院和公安机关联合挂牌督办。承办案件的人民检察院和公安机关应当严格按照督办要求,做好案件办理工作,在案件办理关键节点和取得重大进展时应当及时报告。

3. 加强办案衔接配合。人民检察院、公安机关要加强刑事侦查与审查逮捕、审查起诉等诉讼环节的衔接配合,统一执法司法理念标准。对于公安机关移送的案件,人民检察院应当及时接收。对于违反相关规定拒不收卷的,公安机关可以提请负责办理案件的人民检察院或者其上级人民检察院纠正。人民检察院在审查逮捕、审查起诉过程中,应当加强与公安机关的沟通,认为需要补充侦查、拟作不批准逮捕或者不起诉决定的,应当充分听取办案人员意见,加强不批捕不起诉说理,规范制发必要、明确、可行的补充侦查文书。公安机关应当按照人民检察院补充侦查文书的要求及时、规范、有效开展补充侦查。人民检察院自行补充侦查、要求公安机关补充证据材料的,公安机关应当积极配合。庭审阶段,经人民检察院提请人民法院通知有关侦查人员出庭就证据收集的合法性说明情况的,侦查人员应当出庭。

4. 建立健全刑事案件统一对口衔接机制。公安机关要深化完善刑事案件法制部门统一审核、统一处扣工作机制。向人民检察院提请批准逮捕、移送审查起诉、要求说明理由、要求复议、提请复核、申请复查等重要事项,由公安机关法制部门统一向人民检察院相关部门提出;人民检察院在审查批准逮捕、审查起诉、法律监督工作中需要与公安机关对接的事项,由公安机关法制部门统一接收与回复。人民检察院、公安机关应当加强沟通协调、理顺衔接流程、健全工作机制、形成工作合力，确保刑事诉讼活动依法、规范进行。

5. 建立业务研判通报制度。人民检察院、公安机关应当加强对刑事办案业务信息的研判、共享，建立健全业务信息、简报、通报的共享交换机制，定期或不定期互相通报交流各自部门就犯罪形势、刑事立案、强制措施适用、类案办理、侦查监督等方面业务分析研判情况。

6. 建立完善联席会议制度。人民检察院和公安机关应当建立联席会议制度，定期或根据工作需要适时召开联席会议，共同分析研判执法办案中出现的新情况、新问题，加强对刑事案件特别是重大、疑难案件和新型案件的证据收集、法律适用、刑事政策等问题的研究，强化类案指导，必要时以制定会议纪要、指导意见等方式明确执法、司法标准；开展案件质量分析，梳理侦查活动和侦查监督、批捕起诉工作中存在的突出问题并分析原因，制定整改方案；分析研判一段时期内刑事案件规律、特点，研究专项打击、防范对策和措施，就专项活动相关事宜进行会商。

7. 共同提升业务能力。人民检察院和公安机关可以通过组织庭审观摩评议、开展联合调研、举办同堂培训、共同编发办案指引、典型案例和指导性案例等方式，统一更新执法监督理念标准，共同促进双方业务能力提升。

（三）健全完善信息共享机制

1. 加快推进跨部门大数据协同办案机制。人民检察院、公安机关要协同加强信息化、智能化建设，运用大数据、区块链等技术推进政法机关跨部门大数据协同办案，实现案件的网上办理、流转，按照有关规定推动实现案件信息共享的常态化、制度化、规范化。

2. 健全完善办案数据信息共享保障机制。依照有关规定，严格规范检察人员、公安民警获取、使用刑事办案、监督相关数据信息的权限。在严格规范信息查询程序、保障办案信息安全、明确失泄密责任的基础上，以信息化手段保障侦查监督职能全面有效发挥。同步健全完善检察机关监督办案数据与公安机关共享的制度机制。实现数据双向交换、共享，保障侦查监督与协作配合机制长期、稳定、有效运行。

四、设立侦查监督与协作配合办公室

人民检察院刑事检察部门与公安机关法制部门共同牵头设立侦查监督与协作配合办公室。办公室依托公安机关执法办案管理中心，由人民检察院指派的常驻检察官和公安机关法制部门指定的专门人员共同负责。办公室应当明确责任分工，建立健全办公室制度规范和工作台账，主要职责：

（一）组织协调。组织协调人民检察院、公安机关相关部门、所队依法开展侦查监督、协作配合等相关工作，组织保障执法办案和侦查监督数据的共享通报。

（二）监督协作。根据办公室人员配置和地方实际，积极开展侦查监督和协作配合相关工作；协调人民检察院、公安机关相关部门加强对重大、疑难案件的会商指导。

（三）督促落实。负责对检察机关补充侦查意见的跟踪指导和督促落实；对联合督办案件的沟通协调、信息通报、督促办理；对监督意见和检察建议整改落实情况的跟踪督促；对公安机关要求说明理由、要求复议、提请复核、申请复查和提出意见建议的跟踪督促和及时反馈；对庭审阶段侦查人员出庭的协调督促。

（四）咨询指导。对公安机关、人民检察院办理刑事案件过程中遇到的疑难复杂问题，以及轻微刑事案件犯罪嫌疑人是否需要提请批准逮捕、移送审查起诉等问题及时提供法律咨询和指导解答。

（五）其他职责。充分发挥协作沟通的平台机制优势，积极推进人民检察院与公安机关加强监督制约、协作配合、信息共享等其他相关制度机制的健全完善和贯彻落实。

第九条　【用本民族语言文字进行诉讼】各民族公民都有用本民族语言文字进行诉讼的权利。人民法院、人民检察院和公安机关对于不通晓当地通用的语言文字的诉讼参与人，应当为他们翻译。

在少数民族聚居或者多民族杂居的地区，应当用当地通用的语言进行审讯，用当地通用的文字发布判决书、布告和其他文件。

■**公安机关办理刑事案件程序规定(2020年9月1日)**

第十一条　公安机关办理刑事案件，对不通晓当地通用的语言文字的诉讼参与人，应当为他们翻译。

在少数民族聚居或者多民族杂居的地区，应当使用当地通用的语言进行讯问。对外公布的诉讼文书，应当使用当地通用的文字。

第十条　【两审终审制】人民法院审判案件，实行两审终审制。

第十一条　【公开审判和获辩护权】人民法院审判案件，除本法另有规定的以外，一律公开进行。被告人有权获得辩护，人民法院有义务保证被告人获得辩护。

▽一审庭审结束后、审结前才委托辩护人参与一审诉讼的，人民法院依法应当准许

1. 除特别规定外，被告人有权在一审的任何诉讼阶段委托辩护人。《宪法》第一百二十五条(修改后为第一百三十条)及1996年《刑事诉讼法》第十一条，2012年《刑事诉讼法》第十一条、第十四条都规定了被告人有权获得辩护的原则。该原则包含两层含义：一是被告人有权为自己辩护；二是被告人有权委托律师或者其他公民为自己辩护。实践中，司法机关贯彻保障被告人有权获得辩护原则，最重要的就是不得随意剥夺和限制被告人委托辩护人的权利。1996年《刑事诉讼法》对于一审案件中，被告人委托辩护人参与诉讼的时间没有限制性规定。最高人民法院1998年发布的《关于执行〈中华人民共和国刑事诉讼法〉若干问题的解释》(本附文以下简称《1998年解释》)对不予准许情况作了比较详细的规定。《1998年解释》第一百六十五条规定："被告人当庭拒绝辩护人为其辩护，要求另行委托辩护人的，应当同意，并宣布延期审理。被告人要求人民法院另行指定辩护律师，合议庭同意的，应当宣布延期审理。重新开庭后，被告人再次当庭拒绝重新委托的辩护人或者人民法院指定的辩护律师为其辩护的，合议庭应当分别情形作出处理：(一)被告人是成年人的，可以准许。但被告人不得再另行委托辩护人，人民法院也不再另行指定辩护律师，被告人可以自行辩护；(二)被告人具有本解释第三十六条规定情形之一的，不予准许。"根据该规定可以看出，只有出现以下情形的辩护人，在参与一审诉讼的时间上才受到限制：被告人当庭拒绝辩护人为其辩护后，其另行委托的辩护人或者法院另行指定的辩护律师(本附文以下简称新辩护人)，在出庭辩护时，又遭被告人当庭拒绝为其辩护的，如果该被告人是成年人且不属于《1998年解释》第三十六条规定情形的(被告人系盲、聋、哑或者限制行为能力人，开庭时不满十八周岁的未成年人，可能被判处死刑的人)，法庭可以准许其拒绝辩护，但不准许其再更换辩护人。简言之，通常情况下，被告人只享受一次更换辩护人的权利，其如果第二次更换辩护人的，法庭将不准许重新更换的辩护人参与诉讼。除此之外，法律、法规、司法解释对辩护人何时参加一审诉讼，再无限制性规定。2012年修正的刑事诉讼法对此未作修改。最高人民法院2012年发布的《关于适用〈中华人民共和国刑事诉讼法〉的解释》(本附文以下简称《解释》)第二百五十四条的规定也保留了《1998年解释》的规定，只是在第四十二条将应当提供法律援助的适用对象中增加了可能被判处无期徒刑的被告人。因此，2013年1月1日后审理的案件，如果被告人不属于盲、聋、哑、限制行为能力人，不属于开庭时不满十八周岁的未成年人，也不属于可能被判处无期徒刑或者死刑的，其在更换辩护人后，又再次更换辩护人的，法庭将不允许再次更换的辩护人参与诉讼。本案谢某在一审开庭审理前没有委托过辩护人，一审法院也没有为其指定过辩护律师，不存在前述限制性规定的情形，故其在一审任何阶段都可以委托辩护人。

2. 被告人在一审庭审结束后委托的辩护人，必须在一审审结前参与一审诉讼。虽然在一审庭审结束后委托的辩护人享有参与一审诉讼的权利，但考虑到案件审理期限的规定、诉讼资源的节约、被告人辩护权的充分行使、被告人经济利益不受损害、辩护人的辩护质量和效果得到保障等因素，有必要对被告人在庭审结束后委托辩护人的时间规定一个截止性的期限。这个时间临界点应当以案件审结时间为标准，否则案件已经审结，辩护人才参与诉讼就失去其应有之义，不仅会损害司法权威，而且会造成司法资源的严重浪费。因此，应当结合案件的具体情况，确定不同的审结时间临界点：(1)当庭宣判的案件，以宣判时间为临界点。(2)开庭后定期宣判的案件，不需要审判委员会讨论的，以法律文书签发的时间为临界点。(3)开庭后定期宣判的案件，需要经审判委员会讨论的，以审判委员会研究作出决定的时间为临界点。被告人在庭审结束后才提出委托辩护人的，人民法院可以区分不同情形确定案件审结时间，以决定是否同意被告人委托的辩护人参与诉讼。

3. 对辩护人在一审庭审结束后、审结前的辩护权行使及辩护意见的具体处理。审判实践中，辩护人一般都是在开庭之前就参与了诉讼，具有充分的条件开展辩护。在庭审后接受委托参加诉讼的辩护人，虽然在结案前仍依法享有阅卷、调查取证、会见及与被告人通信，提交辩护意见，申请延期审理，提出被告人无罪、罪轻的辩护意见等权利(前述权利有的只有辩护律师才享有)，但如果其没有提交新的能够证明被告人无罪或者罪轻证据的，法院考虑到审理期限、诉讼效益、案件实际等具体因素，一般不会再重新开庭审理。因此，辩护人在开庭后才开展的辩护活动必然会受到一定程度的限制，辩护质量也会难免有所降低。因此，为了更好地保障被告人辩护权的行使，一审法院可以采取以下方式处理：(1)对于没有委托辩护人的被告人，一审开庭审理时可以再次提醒，询问其是否委托辩护人。如果其当庭表示需要委托辩护人的，法庭应当宣布休庭，延期审理。待其委托辩护人参与诉讼后，再决定重新开庭日期。(2)如果被告人在一审开庭审理结束后、审结前才委托辩护人的，法庭可以根据开庭审理的具体情况，分以下几种情况处理：一是如果经合议庭评议认为，公诉机关指控的事实可能不构成犯罪或者指控事实不清、证据不足的，应当准许被告人委托的辩护人在此阶段参与诉讼。如果被告人没有委托辩护人的，人民法院还应当依照《解释》第四十三条第(四)项的规定可以通知法律援助机构为其指派辩护律师。该项规定："具有下列情形之一，被告人没有委托辩护人的，人民法院可以通知法律援助机构指派律师为其提供辩护：……(四)被告人的行为可能不构成犯罪……"如果只是提出无罪或者罪轻辩护意见，没有提交新证据的，可以将辩护意见写入裁判文书，不必重新开庭；如果提交了证明被告人无罪或者罪轻的新证据，合议庭认为这些证据无独立证明能力或者证明力不大，且不影响到认定被告人无罪的，可以征求公诉机关的意见，记录在案，不必重新开庭质证。如果提交的证据可能推翻公诉机关的指控，或者可能证明被告人无罪或者罪轻的，应当重新开庭质证、认证。二是如果经合议庭评议认为，指控证据中存在疑点，可能影响到指控犯罪事实是否成立的，应当准许被告人委托辩护人并要求辩护人尽快参与一审诉讼，给辩护人一定的调查、收集证据的时间。如果辩护人在法庭指定时间内提交了可能影响被告人定罪量刑的新证据，或者辩护人提出申请人民法院调取的证据，足以影响定罪量刑的，法庭应当重新开庭对新证据进行质证。如果没有新证据，则无须重新开庭审理，但应当将辩护人的辩护意见写入裁判文书。三是如果经合议庭评议认为，指控证据确实、充分，指控事实成立，辩护人在庭审结束后才参与诉讼对案件实体认定的意义不大，法庭可告知被告人最好到二审程序再委托辩护人，以保护其辩护权不受损害。但如果其仍坚持要委托辩护人的，应当准许。辩护人的辩护意见写入裁判文书，其提交的证据如果不影响被告人的定罪量刑的，无须重新开庭审理。本案被告人谢某的亲属在一审庭审结束后才委托辩护律师。从卷内材料来看，辩护律师到H区人民法院递交委托函时，该案的法律文书并未签发。因此，一审法院不准许谢某委托的律师参与一审诉讼的决定，在一定程度上限制了被告人的辩护权，违反了相关程序，应予纠正。[参见第845号指导案例，谢某抢劫案，载《刑事审判参考》总第91集(2013年第2集)，第31～35页。撰稿：冉容]

第十二条 【无罪推定原则】未经人民法院依法判决，对任何人都不得确定有罪。

■最高人民法院、最高人民检察院、公安部、国家安全部、司法部关于推进以审判为中心的刑事诉讼制度改革的意见(2016年10月11日)

一、未经人民法院依法判决,对任何人都不得确定有罪。人民法院、人民检察院和公安机关办理刑事案件,应当分工负责,互相配合,互相制约,保证准确、及时地查明犯罪事实,正确应用法律,惩罚犯罪分子,保障无罪的人不受刑事追究。

第十三条 【陪审制度】人民法院审判案件,依照本法实行人民陪审员陪审的制度。

第十四条 【保障诉讼权利】人民法院、人民检察院和公安机关应当保障犯罪嫌疑人、被告人和其他诉讼参与人依法享有的辩护权和其他诉讼权利。

诉讼参与人对于审判人员、检察人员和侦查人员侵犯公民诉讼权利和人身侮辱的行为,有权提出控告。

■公安机关办理刑事案件程序规定(2020年9月1日)

第九条 公安机关在刑事诉讼中,应当保障犯罪嫌疑人、被告人和其他诉讼参与人依法享有的辩护权和其他诉讼权利。

第十五条 【认罪认罚从宽处罚】犯罪嫌疑人、被告人自愿如实供述自己的罪行,承认指控的犯罪事实愿意接受处罚的,可以依法从宽处理。

■人民检察院刑事诉讼规则(2019年12月30日)

第十一条 犯罪嫌疑人、被告人自愿如实供述自己的罪行,承认指控的犯罪事实,愿意接受处罚的,可以依法从宽处理。

认罪认罚从宽制度适用于所有刑事案件。人民检察院办理刑事案件的各个诉讼环节,都应当做好认罪认罚的相关工作。

■最高人民法院关于适用《中华人民共和国刑事诉讼法》的解释(2021年3月1日)

第三百四十七条 刑事诉讼法第十五条规定的"认罪",是指犯罪嫌疑人、被告人自愿如实供述自己的罪行,对指控的犯罪事实没有异议。

刑事诉讼法第十五条规定的"认罚",是指犯罪嫌疑人、被告人真诚悔罪,愿意接受处罚。

被告人认罪认罚的,可以依照刑事诉讼法第十五条的规定,在程序上从简、实体上从宽处理。

第三百四十八条 对认罪认罚案件,应当根据案件情况,依法适用速裁程序、简易程序或者普通程序审理。

第三百四十九条 对人民检察院提起公诉的认罪认罚案件,人民法院应当重点审查以下内容:

(一)人民检察院讯问犯罪嫌疑人时,是否告知其诉讼权利和认罪认罚的法律规定;

(二)是否随案移送听取犯罪嫌疑人、辩护人或者值班律师、被害人及其诉讼代理人意见的笔录;

(三)被告人与被害人达成调解、和解协议或者取得被害人谅解的,是否随案移送调解、和解协议、被害人谅解书等相关材料;

(四)需要签署认罪认罚具结书的,是否随案移送具结书。

未随案移送前款规定的材料的,应当要求人民检察院补充。

第三百五十条 人民法院应当将被告人认罪认罚作为其是否具有社会危险性的重要考虑因素。被告人罪行较轻,采用非羁押性强制措施足以防止发生社会危险性的,应当依法适用非羁押性强制措施。

第三百五十一条 对认罪认罚案件,法庭审理时应当告知被告人享有的诉讼权利和认罪认罚的法律规定,审查认罪认罚的自愿性和认罪认罚具结书内容的真实性、合法性。

第三百五十二条 对认罪认罚案件,人民检察院起诉指控的事实清楚,但指控的罪名与审理认定的罪名不一致的，人民法院应当听取人民检察院、被告人及其辩护人对审理认定罪名的意见，依法作出判决。

第三百五十三条　对认罪认罚案件，人民法院经审理认为量刑建议明显不当，或者被告人、辩护人对量刑建议提出异议的，人民检察院可以调整量刑建议。人民检察院不调整或者调整后仍然明显不当的，人民法院应当依法作出判决。

适用速裁程序审理认罪认罚案件，需要调整量刑建议的，应当在庭前或者当庭作出调整；调整量刑建议后，仍然符合速裁程序适用条件的，继续适用速裁程序审理。

第三百五十四条　对量刑建议是否明显不当，应当根据审理认定的犯罪事实、认罪认罚的具体情况，结合相关犯罪的法定刑、类似案件的刑罚适用等作出审查判断。

第三百五十五条　对认罪认罚案件，人民法院一般应当对被告人从轻处罚；符合非监禁刑适用条件的，应当适用非监禁刑；具有法定减轻处罚情节的，可以减轻处罚。

对认罪认罚案件，应当根据被告人认罪认罚的阶段早晚以及认罪认罚的主动性、稳定性、彻底性等，在从宽幅度上体现差异。

共同犯罪案件，部分被告人认罪认罚的，可以依法对该部分被告人从宽处罚，但应当注意全案的量刑平衡。

第三百五十六条　被告人在人民检察院提起公诉前未认罪认罚，在审判阶段认罪认罚的，人民法院可以不再通知人民检察院提出或者调整量刑建议。

对前款规定的案件，人民法院应当就定罪量刑听取控辩双方意见，根据刑事诉讼法第十五条和本解释第三百五十五条的规定作出判决。

第三百五十七条　对被告人在第一审程序中未认罪认罚，在第二审程序中认罪认罚的案件，应当根据其认罪认罚的具体情况决定是否从宽，并依法作出裁判。确定从宽幅度时应当与第一审程序认罪认罚有所区别。

第三百五十八条　案件审理过程中，被告人不再认罪认罚的，人民法院应当根据审理查明的事实，依法作出裁判。需要转换程序的，依照本解释的相关规定处理。

■最高人民法院、最高人民检察院、公安部、国家安全部、司法部关于适用认罪认罚从宽制度的指导意见(2019年10月11日)(见本书附录五十)

第十六条　【不追究刑事责任的六种情形】有下列情形之一的，不追究刑事责任，已经追究的，应当撤销案件，或者不起诉，或者终止审理，或者宣告无罪：

(一)情节显著轻微、危害不大，不认为是犯罪的；

(二)犯罪已过追诉时效期限的；

(三)经特赦令免除刑罚的；

(四)依照刑法告诉才处理的犯罪，没有告诉或者撤回告诉的；

(五)犯罪嫌疑人、被告人死亡的；

(六)其他法律规定免予追究刑事责任的。

▽犯罪行为超过追诉时效的，在诉讼程序上应如何处理

对于犯罪行为超过追诉期限但是已经进入刑事诉讼程序的案件，根据1979年《刑事诉讼法》第十一条的规定，应当撤销案件，或者不起诉，或者宣告无罪。具体来说，在侦查阶段由进行侦查的检察机关或者公安机关撤销案件；在审查起诉阶段由检察机关作出不起诉决定；案件经人民法院受理后的，应当宣告无罪。对此，1979年《刑事诉讼法》没有规定终止审理的处理方式。这种对于在审判环节仅采取宣告无罪一种处理方式的规定，是不尽科学的，也与刑事诉讼理论相悖。犯罪超过追诉时效，不予追究刑事责任，其实质是刑事诉讼中的一个程序问题。这里所说的“犯罪”，准确地说应是一种犯罪嫌疑，因为行为人尚未经过人民法院审判，还处于是否有罪的不确定状态，由于行为人的行为已超过追诉时效,无论其是有罪还是无罪,都不再予以追究。不再予以追究是指诉讼程序不再继续往下进行,并不是说该行为就不构成犯罪。因此,超过追诉时效的情形,无论出现在刑事诉讼的哪一个阶段,都应当由正在负责追究的司法机关终止诉讼程序,不再往下一个诉讼阶段移送。由于人民法院是刑事诉讼的最后一个环节,因此,终止诉讼程序的方式只能是终止审理,而不是宣告无罪。1996年《刑事诉讼法》第十五条亦规定:“有下列情形之一的,不追究刑事责任,已经追究的,应当撤销案件,或者不起诉,或者终止审理,或者宣告无罪。……(二)犯罪已超过追诉时效期限的……”《最高人民法院关于执行〈中华人民共和国刑事诉讼法〉若干问题的解释》第一百七十六条第(八)项进一步明确规定,对于案件审理中发现或出现犯罪已超过追诉时效期限的,应裁定终止审理。由于诉讼法不存在溯及力问题,人民法院审理案件应适用现行的刑事诉讼法来处理程序上的问题。[参见第175号案例,朱晓志交通肇事案,载《刑事审判参考》总第26辑(2002年第3辑),法律出版社,第5～6页。执笔:刘德山　刑会峰　汪鸿滨]

第十七条　【外国人犯罪的追究】对于外国人犯罪应当追究刑事责任的,适用本法的规定。

对于享有外交特权和豁免权的外国人犯罪应当追究刑事责任的,通过外交途径解决。

■最高人民法院关于适用《中华人民共和国刑事诉讼法》的解释(2021年3月1日)

第四百七十五条　本解释所称的涉外刑事案件是指:

(一)在中华人民共和国领域内,外国人犯罪或者我国公民对外国、外国人犯罪的案件;

(二)符合刑法第七条、第十条规定情形的我国公民在中华人民共和国领域外犯罪的案件;

(三)符合刑法第八条、第十条规定情形的外国人犯罪的案件;

(四)符合刑法第九条规定情形的中华人民共和国在所承担国际条约义务范围内行使管辖权的案件。

第四百七十六条　第一审涉外刑事案件,除刑事诉讼法第二十一条至第二十三条规定的以外,由基层人民法院管辖。必要时,中级人民法院可以指定辖区内若干基层人民法院集中管辖第一审涉外刑事案件,也可以依照刑事诉讼法第二十四条的规定,审理基层人民法院管辖的第一审涉外刑事案件。

第四百七十七条　外国人的国籍,根据其入境时持用的有效证件确认;国籍不明的,根据公安机关或者有关国家驻华使领馆出具的证明确认。

国籍无法查明的,以无国籍人对待,适用本章有关规定,在裁判文书中写明“国籍不明”。

第四百七十八条　在刑事诉讼中,外国籍当事人享有我国法律规定的诉讼权利并承担相应义务。

第四百七十九条　涉外刑事案件审判期间,人民法院应当将下列事项及时通报同级人民政府外事主管部门,并依照有关规定通知有关国家驻华使领馆:

(一)人民法院决定对外国籍被告人采取强制措施的情况,包括外国籍当事人的姓名(包括译名)、性别、入境时间、护照或者证件号码、采取的强制措施及法律依据、羁押地点等;

(二)开庭的时间、地点、是否公开审理等事项;

(三)宣判的时间、地点。

涉外刑事案件宣判后,应当将处理结果及时通报同级人民政府外事主管部门。

对外国籍被告人执行死刑的,死刑裁决下达后执行前,应当通知其国籍国驻华使领馆。

外国籍被告人在案件审理中死亡的,应当及时通报同级人民政府外事主管部门,并通知有关国家驻华使领馆。

第四百八十条　需要向有关国家驻华使领馆通知有关事项的,应当层报高级人民法院,由高级人民法院按照下列规定通知:

(一)外国籍当事人国籍国与我国签订有双边领事条约的,根据条约规定办理;未与我国签订双边领事条约，但参加《维也纳领事关系公约》的，根据公约规定办理；未与我国签订领事条约，也未参加《维也纳领事关系公约》，但与我国有外交关系的，可以根据外事主管部门的意见，按照互惠原则，根据有关规定和国际惯例办理；

（二）在外国驻华领馆领区内发生的涉外刑事案件，通知有关外国驻该地区的领馆；在外国领馆领区外发生的涉外刑事案件，通知有关外国驻华使馆；与我国有外交关系，但未设使领馆的国家，可以通知其代管国家驻华使领馆；无代管国家、代管国家不明的，可以不通知；

（三）双边领事条约规定通知时限的，应当在规定的期限内通知；没有规定的，应当根据或者参照《维也纳领事关系公约》和国际惯例尽快通知，至迟不得超过七日；

（四）双边领事条约没有规定必须通知，外国籍当事人要求不通知其国籍国驻华使领馆的，可以不通知，但应当由其本人出具书面声明。

高级人民法院向外国驻华使领馆通知有关事项，必要时，可以请人民政府外事主管部门协助。

第四百八十一条　人民法院受理涉外刑事案件后，应当告知在押的外国籍被告人享有与其国籍国驻华使领馆联系，与其监护人、近亲属会见、通信，以及请求人民法院提供翻译的权利。

第四百八十二条　涉外刑事案件审判期间，外国籍被告人在押，其国籍国驻华使领馆官员要求探视的，可以向受理案件的人民法院所在地的高级人民法院提出。人民法院应当根据我国与被告人国籍国签订的双边领事条约规定的时限予以安排；没有条约规定的，应当尽快安排。必要时，可以请人民政府外事主管部门协助。

涉外刑事案件审判期间，外国籍被告人在押，其监护人、近亲属申请会见的，可以向受理案件的人民法院所在地的高级人民法院提出，并依照本解释第四百八十六条的规定提供与被告人关系的证明。人民法院经审查认为不妨碍案件审判的，可以批准。

被告人拒绝接受探视、会见的，应当由其本人出具书面声明。拒绝出具书面声明的，应当记录在案；必要时，应当录音录像。

探视、会见被告人应当遵守我国法律规定。

第四百八十三条　人民法院审理涉外刑事案件，应当公开进行，但依法不应公开审理的除外。

公开审理的涉外刑事案件，外国籍当事人国籍国驻华使领馆官员要求旁听的，可以向受理案件的人民法院所在地的高级人民法院提出申请，人民法院应当安排。

第四百八十四条　人民法院审判涉外刑事案件，使用中华人民共和国通用的语言、文字，应当为外国籍当事人提供翻译。翻译人员应当在翻译文件上签名。

人民法院的诉讼文书为中文本。外国籍当事人不通晓中文的，应当附有外文译本，译本不加盖人民法院印章，以中文本为准。

外国籍当事人通晓中国语言、文字，拒绝他人翻译，或者不需要诉讼文书外文译本的，应当由其本人出具书面声明。拒绝出具书面声明的，应当记录在案；必要时，应当录音录像。

第四百八十五条　外国籍被告人委托律师辩护，或者外国籍附带民事诉讼原告人、自诉人委托律师代理诉讼的，应当委托具有中华人民共和国律师资格并依法取得执业证书的律师。

外国籍被告人在押的，其监护人、近亲属或者其国籍国驻华使领馆可以代为委托辩护人。其监护人、近亲属代为委托的，应当提供与被告人关系的有效证明。

外国籍当事人委托其监护人、近亲属担任辩护人、诉讼代理人的，被委托人应当提供与当事人关系的有效证明。经审查，符合刑事诉讼法、有关司法解释规定的，人民法院应当准许。

外国籍被告人没有委托辩护人的，人民法院可以通知法律援助机构为其指派律师提供辩护。被告人拒绝辩护人辩护的，应当由其出具书面声明，或者将其口头声明记录在案；必要时，应当录音录像。被告人属于应当提供法律援助情形的，依照本解释第五十条规定处理。

第四百八十六条 外国籍当事人从中华人民共和国领域外寄交或者托交给中国律师或者中国公民的委托书,以及外国籍当事人的监护人、近亲属提供的与当事人关系的证明,必须经所在国公证机关证明,所在国中央外交主管机关或者其授权机关认证,并经中华人民共和国驻该国使领馆认证,或者履行中华人民共和国与该所在国订立的有关条约中规定的证明手续,但我国与该国之间有互免认证协定的除外。

第四百八十七条 对涉外刑事案件的被告人,可以决定限制出境;对开庭审理案件时必须到庭的证人,可以要求暂缓出境。限制外国人出境的,应当通报同级人民政府外事主管部门和当事人国籍国驻华使领馆。

人民法院决定限制外国人和中国公民出境的,应当书面通知被限制出境的人在案件审理终结前不得离境,并可以采取扣留护照或者其他出入境证件的办法限制其出境;扣留证件的,应当履行必要手续,并发给本人扣留证件的证明。

需要对外国人和中国公民在口岸采取边控措施的,受理案件的人民法院应当按照规定制作边控对象通知书,并附有关法律文书,层报高级人民法院办理交控手续。紧急情况下,需要采取临时边控措施的,受理案件的人民法院可以先向有关口岸所在地出入境边防检查机关交控,但应当在七日以内按照规定层报高级人民法院办理手续。

第四百八十八条 涉外刑事案件,符合刑事诉讼法第二百零八条第一款、第二百四十三条规定的,经有关人民法院批准或者决定,可以延长审理期限。

第四百八十九条 涉外刑事案件宣判后,外国籍当事人国籍国驻华使领馆要求提供裁判文书的,可以向受理案件的人民法院所在地的高级人民法院提出,人民法院可以提供。

第四百九十条 涉外刑事案件审理过程中的其他事项,依照法律、司法解释和其他有关规定办理。

■公安机关办理刑事案件程序规定(2020年9月1日)

第十二章 外国人犯罪案件的办理

第三百五十七条 办理外国人犯罪案件,应当严格依照我国法律、法规、规章,维护国家主权和利益,并在对等互惠原则的基础上,履行我国所承担的国际条约义务。

第三百五十八条 外国籍犯罪嫌疑人在刑事诉讼中,享有我国法律规定的诉讼权利,并承担相应的义务。

第三百五十九条 外国籍犯罪嫌疑人的国籍,以其在入境时持用的有效证件予以确认;国籍不明的,由出入境管理部门协助予以查明。国籍确实无法查明的,以无国籍人对待。

第三百六十条 确认外国籍犯罪嫌疑人身份,可以依照有关国际条约或者通过国际刑事警察组织、警务合作渠道办理。确实无法查明的,可以按其自报的姓名移送人民检察院审查起诉。

第三百六十一条 犯罪嫌疑人为享有外交或者领事特权和豁免权的外国人的,应当层报公安部,同时通报同级人民政府外事办公室,由公安部商请外交部通过外交途径办理。

第三百六十二条 公安机关办理外国人犯罪案件,使用中华人民共和国通用的语言文字。犯罪嫌疑人不通晓我国语言文字的,公安机关应当为他翻译;犯罪嫌疑人通晓我国语言文字,不需要他人翻译的,应当出具书面声明。

第三百六十三条 外国人犯罪案件,由犯罪地的县级以上公安机关立案侦查。

第三百六十四条 外国人犯中华人民共和国缔结或者参加的国际条约规定的罪行后进入我国领域内的,由该外国人被抓获地的设区的市一级以上公安机关立案侦查。

第三百六十五条 外国人在中华人民共和国领域外对中华人民共和国国家或者公民犯罪,应当受刑罚处罚的,由该外国人入境地或者入境后居住地的县级以上公安机关立案侦查;该外国人未入境的,由被害人居住地的县级以上公安机关立案侦查;没有被害人或者是对中华人民共和国国家犯罪的,由公安部指定管辖。

第三百六十六条 发生重大或者可能引起外交交涉的外国人犯罪案件的，有关省级公安机关应当及时将案件办理情况报告公安部，同时通报同级人民政府外事办公室。必要时，由公安部商外交部将案件情况通知我国驻外使馆、领事馆。

第三百六十七条 对外国籍犯罪嫌疑人依法作出取保候审、监视居住决定或者执行拘留、逮捕后，应当在四十八小时以内层报省级公安机关，同时通报同级人民政府外事办公室。

重大涉外案件应当在四十八小时以内层报公安部，同时通报同级人民政府外事办公室。

第三百六十八条 对外国籍犯罪嫌疑人依法作出取保候审、监视居住决定或者执行拘留、逮捕后，由省级公安机关根据有关规定，将其姓名、性别、入境时间、护照或者证件号码、案件发生的时间、地点，涉嫌犯罪的主要事实，已采取的强制措施及其法律依据等，通知该外国人所属国家的驻华使馆、领事馆，同时报告公安部。经省级公安机关批准，领事通报任务较重的副省级城市公安局可以直接行使领事通报职能。

外国人在公安机关侦查或者执行刑罚期间死亡的，有关省级公安机关应当通知该外国人国籍国的驻华使馆、领事馆，同时报告公安部。

未在华设立使馆、领事馆的国家，可以通知其代管国家的驻华使馆、领事馆；无代管国家或者代管国家不明的，可以不予通知。

第三百六十九条 外国籍犯罪嫌疑人委托辩护人的，应当委托在中华人民共和国的律师事务所执业的律师。

第三百七十条 公安机关侦查终结前，外国驻华外交、领事官员要求探视被监视居住、拘留、逮捕或者正在看守所服刑的本国公民的，应当及时安排有关探视事宜。犯罪嫌疑人拒绝其国籍国驻华外交、领事官员探视的，公安机关可以不予安排，但应当由其本人提出书面声明。

在公安机关侦查羁押期间，经公安机关批准，外国籍犯罪嫌疑人可以与其近亲属、监护人会见、与外界通信。

第三百七十一条 对判处独立适用驱逐出境刑罚的外国人，省级公安机关在收到人民法院的刑事判决书、执行通知书的副本后，应当指定该外国人所在地的设区的市一级公安机关执行。

被判处徒刑的外国人，主刑执行期满后应当执行驱逐出境附加刑的，省级公安机关在收到执行监狱的上级主管部门转交的刑事判决书、执行通知书副本或者复印件后，应当通知该外国人所在地的设区的市一级公安机关或者指定有关公安机关执行。

我国政府已按照国际条约或者《中华人民共和国外交特权与豁免条例》的规定，对实施犯罪，但享有外交或者领事特权和豁免权的外国人宣布为不受欢迎的人，或者不可接受并拒绝承认其外交或者领事人员身份，责令限期出境的人，无正当理由逾期不自动出境的，由公安部凭外交部公文指定该外国人所在地的省级公安机关负责执行或者监督执行。

第三百七十二条 办理外国人犯罪案件，本章未规定的，适用本规定其他各章的有关规定。

第三百七十三条 办理无国籍人犯罪案件，适用本章的规定。

▽国籍身份的确定

1. 被告人入境时使用的证件于案发后被确认无效，而被告人又主张自己是证件签署国公民的，如何确定国籍？

应当根据下列查证情况分别处理：(1) 如果证件签署国大使馆或者领事馆书面确认被告人为本国公民的，以确认证明为认定国籍的依据。(2) 如果证件签署国否定被告人为本国公民的，以公安机关会同外事部门查明的为准，如果查明被告人为第三国公民的，认定被告人为第三国公民，确实无法查明的，对被告人应当以无国籍人员对待。(3) 如果证件签署国与我国无外交关系，也无与我国有外交关系的利益代管国,既无法确认也无法排除被告人的国籍主张的,应当按被告人自报国籍作客观表述。

2. 被告人否定自己为证件签署国公民,主张为第三国公民的,如何确定国籍?

应当根据下列情况分别处理:(1)如果第三国确认被告人为本国公民,以确认证明为认定国籍的依据。(2)如果第三国否定被告人为本国公民,而证件签署国确认其为本国公民的,以证件为认定国籍的依据。(3)如果第三国和证件签署国均确认被告人为本国公民的,认定被告人具有双重国籍。(4)如果第三国和证件签署国均否认被告人为本国公民,而且也无法确认被告人为其他国家公民的,对被告人应当以无国籍人员论。(5)如果第三国与我国无外交关系,也无与我国有外交关系的利益代管国,而证件签署国又否认被告人为本国公民,因而既无法确认也无法排除被告人之国籍主张的,按照被告人自报国籍作客观表述。(6)如果第三国与证件签署国均与我国无外交关系,也无与我国有外交关系的利益代管国,应查明被告人否定自己为证件签署国公民的理由是否成立,然后根据具体情况分别按被告人自报国籍作客观表述,或者确认为证件国国籍。

3. 被告人无法提供任何能够证明其国籍的有效证件,但又主张自己是某国公民的,如何确定国籍?

应当根据下列查证结果分别处理:(1)如果被主张国确认被告人为本国公民,以确认证明为认定国籍的依据。(2)如果被主张国否定被告人为本国公民,对被告人应当以无国籍人员论。(3)如果被主张国与我国无外交关系,也无与我国有外交关系的利益代管国,因而既无法确认也无法排除被告人之国籍主张的,按被告人自报国籍作客观表述。

4. 被告人持《中华人民共和国旅行证》以我国台湾地区居民的身份入境,同时又持有其他国家护照的,如何确定国籍?

根据2001年4月《外交部、最高人民法院、最高人民检察院、公安部、国家安全部、司法部〈关于处理涉外案件若干问题的规定〉执行情况讨论会会议纪要》的规定,如被告人同时持有外国(甚至多国)有效护照和我国有效身份证件,应当以其入境时持有的证件为准,即被告人持《中华人民共和国旅行证》以我国台湾地区居民的身份入境,则视为中国公民。如果持外国护照入境的,则以护照确定身份。如果被告人多次入境的,以最后一次入境时所持的有效证件确定被告人身份。如对被告人的身份确有疑问的,由公安机关出入境管理部门协助予以查明,并通报同级人民政府外事部门。[参见上海市高级人民法院刑二庭调研报告,《涉外刑事案件法律适用问题解答》,载《刑事审判参考》(经验交流)总第75集(2010年第4集),第162～164页。]

▽翻译人员的费用的承担

《刑诉法解释》第三百一十九条第一款规定"人民法院审判涉外刑事案件,使用中华人民共和国通用的语言、文字,应当为外国籍被告人提供翻译。如果外国籍被告人通晓中国语言、文字,拒绝他人翻译的,应当由本人出具书面声明,或者将他的口头声明记录在卷。诉讼文书为中文本,应当附有被告人通晓的外文译本,译本不加盖人民法院印章,以中文本为准。翻译费用由被告人承担。"只有诉讼文本的翻译费用才能由被告人承担,翻译人员出庭翻译等费用,均不应当由被告人承担。如果被告人经济困难,则文本翻译费也可免除。因为保障外国籍被告人在法庭上获得翻译的权利是其有效地参与诉讼,获得公正审判的前提条件。而且,为外国籍被告人免费提供翻译也是国际上通行的做法,如《公民权利和政治权利国际公约》第十四条规定,如他(指被告人)不懂或不会说法庭上所用的语言,能免费获得译员的援助。[参见上海市高级人民法院刑二庭调研报告,《涉外刑事案件法律适用问题解答》,载《刑事审判参考》(经验交流)总第75集(2010年第4集),第167页。]

第十八条　【刑事司法协助】根据中华人民共和国缔结或者参加的国际条约,或者按照互惠原则,我国司法机关和外国司法机关可以相互请求刑事司法协助。

■全国人民代表大会常务委员会关于对中华人民共和国缔结或者参加的国际条约所规定的罪行行使刑事管辖权的决定(1987年6月23日)

第六届全国人民代表大会常务委员会第二十一次会议决定:对于中华人民共和国缔结或者参加的国际条约所规定的罪行,中华人民共和国在所承担条约义务的范围内,行使刑事管辖权。

附件:几个公约的有关条款

一、《关于防止和惩处侵害应受国际保护人员包括外交代表的罪行的公约》

第三条第二款 每一缔约国应同样采取必要措施,于嫌疑犯在本国领土内,而本国不依第八条规定将罪犯引渡至本条第一款所指明的国家时,对这些罪行确定其管辖权。

第七条 缔约国于嫌疑犯在其领土内时,如不予以引渡,则应毫无例外,并不得不当稽延,将案件交付主管当局,以便依照本国法律规定的程序提起刑事诉讼。

二、《海牙公约》

第四条第二款 当被指称的罪犯在缔约国领土内,而该国未按第八条的规定将此人引渡给本条第一款指的任一国家时,该缔约国应同样采取必要措施,给这种罪行实施管辖权。

第七条 在其境内发现被指称的罪犯的缔约国,如不将此人引渡,则不论罪行是否在其境内发生,应无例外地将此案件提交其主管当局以便起诉,该当局按照本国法律以对待任何严重性质的普通罪行案件的同样方式作出决定。

三、《蒙特利尔公约》

第五条第二款 当被指称的罪犯在缔约国领土内,而该国未按第八条的规定将此人引渡给本条第一款所指的任一国家时,该缔约国应同样采取必要措施,对第一条第一款(甲)、(乙)和(丙)项所指的罪行,以及对第一条第二款所列与这些款项有关罪行实施管辖权。

第七条与《海牙公约》第七条相同。

四、《核材料实体保护公约》

第八条第二款 每一缔约国应同样采取必要措施,以便在被控犯人在该国领土内款按第十一条规定将其引渡给第一款所述任何国家时,对这些罪行确立其管辖权。

五、《反对劫持人质国际公约》

第五条第二款 每一缔约国于嫌疑犯在本国领土内,而不将该嫌疑犯引渡至本条第一款所指国家时,也应采取必要措施,对第一条所称的罪行确立其管辖权。

第八条第一款 领土内发现嫌疑犯的缔约国,如不将该人引渡,应毫无例外地而且不论罪行是否在其领土内发生,通过该国法律规定的程序,将案件送交该国主管机关,以便提起公诉。此等机关应按该国法律处理任何普通严重罪行的方式作出判决。

■人民检察院刑事诉讼规则(2019年12月30日)

第六百七十一条 人民检察院依据国际刑事司法协助法等有关法律和有关刑事司法协助条约进行刑事司法协助。

第六百七十二条 人民检察院刑事司法协助的范围包括刑事诉讼文书送达,调查取证,安排证人作证或者协助调查,查封、扣押、冻结涉案财物,返还违法所得及其他涉案财物,移管被判刑人以及其他协助。

第六百七十三条 最高人民检察院是检察机关开展国际刑事司法协助的主管机关,负责审核地方各级人民检察院向外国提出的刑事司法协助请求,审查处理对外联系机关转递的外国提出的刑事司法协助请求,审查决定是否批准执行外国的刑事司法协助请求,承担其他与国际刑事司法协助相关的工作。

办理刑事司法协助相关案件的地方各级人民检察院应当向最高人民检察院层报需要向外国提出

的刑事司法协助请求,执行最高人民检察院交办的外国提出的刑事司法协助请求。

第六百七十四条　地方各级人民检察院需要向外国请求刑事司法协助的,应当制作刑事司法协助请求书并附相关材料。经省级人民检察院审核同意后,报送最高人民检察院。

刑事司法协助请求书应当依照相关刑事司法协助条约的规定制作;没有条约或者条约没有规定的,可以参照国际刑事司法协助法第十三条的规定制作。被请求方有特殊要求的,在不违反我国法律的基本原则的情况下,可以按照被请求方的特殊要求制作。

第六百七十五条　最高人民检察院收到地方各级人民检察院刑事司法协助请求书及所附相关材料后,应当依照国际刑事司法协助法和有关条约进行审查。对符合规定、所附材料齐全的,最高人民检察院是对外联系机关的,应当及时向外国提出请求;不是对外联系机关的,应当通过对外联系机关向外国提出请求。对不符合规定或者材料不齐全的,应当退回提出请求的人民检察院或者要求其补充、修正。

第六百七十六条　最高人民检察院收到外国提出的刑事司法协助请求后,应当对请求书及所附材料进行审查。对于请求书形式和内容符合要求的,应当按照职责分工,将请求书及所附材料转交有关主管机关或者省级人民检察院处理;对于请求书形式和内容不符合要求的,可以要求请求方补充材料或者重新提出请求。

外国提出的刑事司法协助请求明显损害我国主权、安全和社会公共利益的,可以直接拒绝提供协助。

第六百七十七条　最高人民检察院在收到对外联系机关转交的刑事司法协助请求书及所附材料后,经审查,分别作出以下处理:

(一)根据国际刑事司法协助法和刑事司法协助条约的规定,认为可以协助执行的,作出决定并安排有关省级人民检察院执行;

(二)根据国际刑事司法协助法或者刑事司法协助条约的规定,认为应当全部或者部分拒绝协助的,将请求书及所附材料退回对外联系机关并说明理由;

(三)对执行请求有保密要求或者有其他附加条件的,通过对外联系机关向外国提出,在外国接受条件并且作出书面保证后,决定附条件执行;

(四)需要补充材料的,书面通过对外联系机关要求请求方在合理期限内提供。

第六百七十八条　有关省级人民检察院收到最高人民检察院交办的外国刑事司法协助请求后,应当依法执行,或者交由下级人民检察院执行。

负责执行的人民检察院收到刑事司法协助请求书和所附材料后,应当立即安排执行,并将执行结果及有关材料报经省级人民检察院审查后,报送最高人民检察院。

对于不能执行的,应当将刑事司法协助请求书和所附材料,连同不能执行的理由,通过省级人民检察院报送最高人民检察院。

因请求书提供的地址不详或者材料不齐全,人民检察院难以执行该项请求的,应当立即通过最高人民检察院书面通知对外联系机关,要求请求方补充提供材料。

第六百七十九条　最高人民检察院应当对执行结果进行审查。对于符合请求要求和有关规定的,通过对外联系机关转交或者转告请求方。

■最高人民法院关于适用《中华人民共和国刑事诉讼法》的解释(2021年3月1日)

第四百九十一条　请求和提供司法协助,应当依照《中华人民共和国国际刑事司法协助法》、我国与有关国家、地区签订的刑事司法协助条约、移管被判刑人条约和有关法律规定进行。

对请求书的签署机关、请求书及所附材料的语言文字、有关办理期限和具体程序等事项,在不违反中华人民共和国法律的基本原则的情况下,可以按照刑事司法协助条约规定或者双方协商办理。

第四百九十二条　外国法院请求的事项有损中华人民共和国的主权、安全、社会公共利益以及违反中华人民共和国法律的基本原则的,人民法院不予协助;属于有关法律规定的可以拒绝提供刑事司法协助情形的，可以不予协助。

第四百九十三条　人民法院请求外国提供司法协助的，应当层报最高人民法院，经最高人民法院审核同意后交由有关对外联系机关及时向外国提出请求。

外国法院请求我国提供司法协助，有关对外联系机关认为属于人民法院职权范围的，经最高人民法院审核同意后转有关人民法院办理。

第四百九十四条　人民法院请求外国提供司法协助的请求书，应当依照刑事司法协助条约的规定提出；没有条约或者条约没有规定的，应当载明法律规定的相关信息并附相关材料。请求书及其所附材料应当以中文制作，并附有被请求国官方文字的译本。

外国请求我国法院提供司法协助的请求书，应当依照刑事司法协助条约的规定提出；没有条约或者条约没有规定的，应当载明我国法律规定的相关信息并附相关材料。请求书及所附材料应当附有中文译本。

第四百九十五条　人民法院向在中华人民共和国领域外居住的当事人送达刑事诉讼文书，可以采用下列方式：

（一）根据受送达人所在国与中华人民共和国缔结或者共同参加的国际条约规定的方式送达；

（二）通过外交途径送达；

（三）对中国籍当事人，所在国法律允许或者经所在国同意的，可以委托我国驻受送达人所在国的使领馆代为送达；

（四）当事人是自诉案件的自诉人或者附带民事诉讼原告人的，可以向有权代其接受送达的诉讼代理人送达；

（五）当事人是外国单位的，可以向其在中华人民共和国领域内设立的代表机构或者有权接受送达的分支机构、业务代办人送达；

（六）受送达人所在国法律允许的，可以邮寄送达；自邮寄之日起满三个月，送达回证未退回，但根据各种情况足以认定已经送达的，视为送达；

（七）受送达人所在国法律允许的，可以采用传真、电子邮件等能够确认受送达人收悉的方式送达。

第四百九十六条　人民法院通过外交途径向在中华人民共和国领域外居住的受送达人送达刑事诉讼文书的，所送达的文书应当经高级人民法院审查后报最高人民法院审核。最高人民法院认为可以发出的，由最高人民法院交外交部主管部门转递。

外国法院通过外交途径请求人民法院送达刑事诉讼文书的，由该国驻华使馆将法律文书交我国外交部主管部门转最高人民法院。最高人民法院审核后认为属于人民法院职权范围，且可以代为送达的，应当转有关人民法院办理。

■公安机关办理刑事案件程序规定（2020年9月1日）

第十三条　根据《中华人民共和国引渡法》《中华人民共和国国际刑事司法协助法》，中华人民共和国缔结或者参加的国际条约和公安部签订的双边、多边合作协议，或者按照互惠原则，我国公安机关可以和外国警察机关开展刑事司法协助和警务合作。

第三百七十四条　公安部是公安机关进行刑事司法协助和警务合作的中央主管机关，通过有关法律、国际条约、协议规定的联系途径、外交途径或者国际刑事警察组织渠道，接收或者向外国提出刑事司法协助或者警务合作请求。

地方各级公安机关依照职责权限办理刑事司法协助事务和警务合作事务。

其他司法机关在办理刑事案件中，需要外国警方协助的，由其中央主管机关与公安部联系办理。

第三百七十五条　公安机关进行刑事司法协助和警务合作的范围，主要包括犯罪情报信息的交流与合作，调查取证，安排证人作证或者协助调查，查封、扣押、冻结涉案财物，没收、返还违法所得及其他涉案财物,送达刑事诉讼文书,引渡、缉捕和递解犯罪嫌疑人、被告人或者罪犯,以及国际条约、协议规定的其他刑事司法协助和警务合作事宜。

第三百七十六条　在不违背我国法律和有关国际条约、协议的前提下,我国边境地区设区的市一级公安机关和县级公安机关与相邻国家的警察机关,可以按照惯例相互开展执法会晤、人员往来、边境管控、情报信息交流等警务合作,但应当报省级公安机关批准,并报公安部备案;开展其他警务合作的,应当报公安部批准。

第三百七十七条　公安部收到外国的刑事司法协助或者警务合作请求后,应当依据我国法律和国际条约、协议的规定进行审查。对于符合规定的,交有关省级公安机关办理,或者移交其他有关中央主管机关;对于不符合条约或者协议规定的,通过接收请求的途径退回请求方。

对于请求书的签署机关、请求书及所附材料的语言文字、有关办理期限和具体程序等事项,在不违反我国法律基本原则的情况下,可以按照刑事司法协助条约、警务合作协议规定或者双方协商办理。

第三百七十八条　负责执行刑事司法协助或者警务合作的公安机关收到请求书和所附材料后,应当按照我国法律和有关国际条约、协议的规定安排执行,并将执行结果及其有关材料报经省级公安机关审核后报送公安部。

在执行过程中,需要采取查询、查封、扣押、冻结等措施或者返还涉案财物,且符合法律规定的条件的,可以根据我国有关法律和公安部的执行通知办理有关法律手续。

请求书提供的信息不准确或者材料不齐全难以执行的,应当立即通过省级公安机关报请公安部要求请求方补充材料;因其他原因无法执行或者具有应当拒绝协助、合作的情形等不能执行的,应当将请求书和所附材料,连同不能执行的理由通过省级公安机关报送公安部。

第三百七十九条　执行刑事司法协助和警务合作,请求书中附有办理期限的,应当按期完成。未附办理期限的,调查取证应当在三个月以内完成;送达刑事诉讼文书,应当在十日以内完成。不能按期完成的,应当说明情况和理由,层报公安部。

第三百八十条　需要请求外国警方提供刑事司法协助或者警务合作的,应当按照我国有关法律、国际条约、协议的规定提出刑事司法协助或者警务合作请求书,所附文件及相应译文,经省级公安机关审核后报送公安部。

第三百八十一条　需要通过国际刑事警察组织查找或者缉捕犯罪嫌疑人、被告人或者罪犯,查询资料、调查取证的,应当提出申请层报国际刑事警察组织中国国家中心局。

第三百八十二条　公安机关需要外国协助安排证人、鉴定人来中华人民共和国作证或者通过视频、音频作证,或者协助调查的,应当制作刑事司法协助请求书并附相关材料,经公安部审核同意后,由对外联系机关及时向外国提出请求。

来中华人民共和国作证或者协助调查的证人、鉴定人离境前,公安机关不得就其入境前实施的犯罪进行追究;除因入境后实施违法犯罪而被采取强制措施的以外,其人身自由不受限制。

证人、鉴定人在条约规定的期限内或者被通知无需继续停留后十五日内没有离境的,前款规定不再适用,但是由于不可抗力或者其他特殊原因未能离境的除外。

第三百八十三条　公安机关提供或者请求外国提供刑事司法协助或者警务合作,应当收取或者支付费用的,根据有关国际条约、协议的规定,或者按照对等互惠的原则协商办理。

第三百八十四条　办理引渡案件,依照《中华人民共和国引渡法》等法律规定和有关条约执行。

■外交部、最高人民法院、最高人民检察院、公安部、国家安全部、司法部关于处理涉外案件若干问题的规定(全文)(1995年6月20日)

一、总则

(一)本规定中“涉外案件”是指在我国境内发生的涉及外国、外国人(自然人及法人)的刑事、民事、经济、行政、治安等案件及死亡事件。

（二）处理涉外案件，必须维护我国主权和利益，维护我国国家、法人、公民及外国国家、法人、公民在华合法权益，严格依照我国法律、法规，做到事实清楚，证据确凿，适用法律正确，法律手续完备。

（三）处理涉外案件，在对等互惠原则的基础上，严格履行我国所承担的国际条约义务。当国内法或者我内部规定同我国所承担的国际条约义务发生冲突时，应当适用国际条约的有关规定（我国声明保留的条款除外）。各主管部门不应当以国内法或者内部规定为由拒绝履行我国所承担的国际条约规定的义务。

（四）处理涉外案件，必须依照有关规定和分工，密切配合，互相协调，严格执行请示报告、征求意见和通报情况等制度。

（五）对应当通知外国驻华使、领馆的涉外案件，必须按规定和分工及时通知。

（六）与我国无外交关系的，按对等互惠原则办理。

二、关于涉外案件的内部通报问题

（一）遇有下列情况之一，公安机关、国家安全机关、人民检察院、人民法院，以及其他主管机关应当将有关案情、处理情况，以及对外表态口径于受理案件或采取措施的四十八小时内报上一级主管机关，同时通报同级人民政府外事办公室。

1. 对外国人实行行政拘留、刑事拘留、司法拘留、拘留审查、逮捕、监视居住、取保候审、扣留护照、限期出境、驱逐出境的案件；

2. 外国船舶因在我国内水或领海损毁或搁浅，发生海上交通、污染等事故、走私及其他违法或违反国际公约的行为，被我主管部门扣留或采取其他强制措施的案件；

3. 外国渔船在我管辖水域违法捕捞，发生碰撞或海事纠纷，被我授权执法部门扣留的案件；

4. 外国船舶因经济纠纷被我法院扣留、拍卖的案件；

5. 外国人在华死亡事件或案件；

6. 涉及外国人在华民事和经济纠纷的案件；

7. 其他认为应当通报的案件。

同级人民政府外事办公室在接到通报后应当立即报外交部。案件了结后，也应当尽快向外交部通报结果。

（二）重大涉外案件，或外国政府已向我驻外使、领馆提出交涉或已引起国内外新闻界关注的涉外案件，在案件受理、办理、审理过程中，以及在判决公布前，中央一级主管部门经商外交部后，应当单独或者会同外交部联名将案件进展情况、对外表态口径等及时通报我驻外使、领馆，并答复有关文电。

三、关于通知外国驻华使、领馆问题

（一）凡与我国订有双边领事条约的，按条约的规定办理；未与我签订双边领事条约，但参加《维也纳领事关系公约》的，按照《维也纳领事关系公约》的规定办理；未与我国签订领事条约，也未参加《维也纳领事关系公约》，但与我国有外交关系的，可按互惠和对等原则，根据有关规定和国际惯例办理。

在外国驻华领事馆领区内发生的涉外案件，应通知有关外国驻该地区的领事馆；在外国领事馆领区外发生的涉外案件应通知有关外国驻华大使馆。与我国有外交关系，但未设使、领馆的国家，可通知其代管国家驻华使、领馆。无代管国家或代管国家不明的，可不通知。当事人本人要求不通知的，可不通知，但应当由其本人提出书面要求。

（二）通知内容

外国人的外文姓名、性别、入境时间、护照或证件号码、案件发生的时间、地点及有关情况，当事人违章违法犯罪的主要事实，已采取的法律措施及法律依据，各有关主管部门可根据需要制定固定的通知格式。

(三)通知时限

双边领事条约明确规定期限的(四天或七天),应当在条约规定的期限内通知;如无双边领事条约规定,也应当根据或者参照《维也纳领事关系公约》和国际惯例尽快通知,不应超过七天。

(四)通知机关

1. 公安机关、国家安全机关对外国人依法作出行政拘留、刑事拘留、拘留审查、监视居住、取保候审的决定的,由有关省、自治区、直辖市公安厅(局)、国家安全厅(局)通知有关外国驻华使、领馆。

公安机关、国家安全机关对外国人执行逮捕的,由有关省、自治区、直辖市公安厅(局)、国家安全厅(局)通知有关外国驻华使、领馆。

人民法院对外国人依法作出司法拘留、监视居住、取保候审决定的,人民检察院依法对外国人作出监视居住、取保候审决定的,由有关省、自治区、直辖市高级人民法院、人民检察院通知有关外国驻华使、领馆。

依照本规定应予通报并决定开庭审理的涉外案件,人民法院在一审开庭日期确定后,应即报告高级人民法院,由高级人民法院在开庭七日以前,将开庭审理日期通知有关外国驻华使、领馆。

2. 外国船舶因在我国内水或领海损毁、搁浅或发生重大海上交通、污染等事故,各港务监督局应立即报告中华人民共和国港务监督局,由该局通知有关外国驻华使馆。

3. 外国船舶在我国内水或领海走私或有其他违法行为,被我海关、公安机关扣留,有关海关、公安机关应当立即逐级上报海关总署和公安部,由所在省、自治区、直辖市海关或者公安厅(局)通知有关外国驻华使、领馆。

4. 外国渔船在我管辖水域违法捕捞,被我授权执法部门扣留,由公安边防部门监护,渔政渔港监督管理部门处理。有关情况应立即上报国家渔政渔港监督管理局,由该局通知有关外国驻华使馆。

5. 外国船舶因经济纠纷被我海事法院扣留、拍卖的,由海事法院通知有关外国驻华使、领馆。如船籍国与我有外交关系,不论是否订有双边领事条约,均应通知。

6. 外国人在华正常死亡,由接待或者聘用单位通知有关外国驻华使、领馆。如死者在华无接待或者聘用单位,由有关省、自治区、直辖市公安厅(局)通知。

外国人在华非正常死亡,由有关省、自治区、直辖市公安厅(局)通知有关外国驻华使、领馆;在羁押期间或者案件审理中死亡,分别由受理案件的省、自治区、直辖市公安厅(局)、国家安全厅(局)、人民检察院或者高级人民法院通知;在监狱服刑期间死亡的,由省、自治区、直辖市司法厅(局)通知。

外国人在灾难性事故(包括陆上交通事故,空、海难事故)中死亡的,由当事部门通知有关外国驻华使、领馆。省、自治区、直辖市外事办公室予以协助。

7. 在对无有效证件证实死者或者被取保候审、监视居住、拘留审查、拘留、逮捕的人犯的国籍,或者其主要证件存在明显伪造、变造疑点的情况下,我主管机关可以通过查询的方式通告有关外国驻华使、领馆。

外国边民在我边境地区死亡或者被取保候审、监视居住、拘留审查、拘留、逮捕的,按双边条约规定办理。如无双边条约规定的,也可考虑通过边防会晤的方式通知有关国家。

四、外国驻华使、领馆索要材料、交涉等问题

(一)外国驻华使、领馆如向我索要其公民被取保候审、拘留审查、监视居住、拘留或逮捕等有关材料,请其向省、自治区、直辖市高级人民法院、人民检察院、公安厅(局)、国家安全厅(局)或司法厅(局)提出。凡公开的材料或者法律规定可以提供的材料,我应予提供。地方外事办公室或者外交部予以协助。

(二)如外国驻华使、领馆索要一审和终审判决书副本,可请其向省、自治区、直辖市高级人民法院提出,我可以提供。

（三）外国驻华使馆就有关案件进行交涉，可请其向外交部或者省级外事办公室提出，或者向中央或者省级主管部门直接提出。外国驻华使馆向主管部门提出的重要交涉，主管部门商外交部后答复外国驻华使馆。外国驻华领馆只同其领区内省级主管部门联系。外事办公室与主管部门之间互通情况，共商对外表态口径及交涉事宜。

五、关于探视被监视居住、拘留审查、拘留、逮捕或正在监狱服刑的外国公民以及与其通信问题

（一）外国驻华外交、领事官员要求探视被监视居住、拘留、拘留审查、逮捕或正在服刑的本国公民，我主管部门应在双边领事条约规定的时限内予以安排，如无条约规定，亦应尽快安排。如当事人拒绝其所属国家驻华外交、领事官员探视的，我可拒绝安排，但应由其本人提出书面意见。探视要求可请其向省、自治区、直辖市高级人民法院、人民检察院、公安厅（局）、国家安全厅（局）、司法厅（局）提出。地方外事办公室或者外交部可予以协助。外国驻华外交、领事官员探视时应遵守我有关探视规定。

（二）在侦查终结前的羁押期间，探视的有关事宜由立案侦查的公安机关、国家安全机关或者人民检察院安排；侦查终结后移送人民检察院审查起诉的羁押期间，探视的有关事宜由审查起诉的人民检察院安排；人民法院受理案件后在作出终审判决前的羁押期间，探视的有关事宜由审理案件的人民法院安排；人民法院将案件退回人民检察院，或者人民检察院将案件退回公安机关、国家安全机关补充侦查的羁押期间，探视的有关事宜由补充侦查的人民检察院、公安机关、国家安全机关安排；经人民法院判决后在监狱服刑期间，探视的有关事宜由司法行政机关安排。

（三）主办机关需要就探视事宜同有关外国驻华使、领馆联系时，应当分别经过各省、自治区、直辖市高级人民法院、人民检察院、公安厅（局）、国家安全厅（局）、司法厅（局）进行。地方外事办公室或者外交部予以协助。

（四）外国驻华外交、领事官员与其本国在华被监视居住、拘留审查、拘留、逮捕或者正在服刑的本国公民往来信件，我主管部门应按有关领事条约及《维也纳领事关系公约》的规定迅速转交。

六、旁听、新闻报道、司法协助、扣留护照等问题

（一）外国驻华使、领馆官员要求旁听涉外案件的公开审理，应向各省、自治区、直辖市高级人民法院提出申请，有关法院应予安排。旁听者应遵守人民法院的法庭规则。

对于依法不公开审理的涉外案件，外国驻华使、领馆官员要求旁听的，如有关国家与我国已签订的领事条约中明确承担有关义务的，应履行义务；未明确承担有关义务的，应根据我国法律规定，由主管部门商同级外事部门解决。

（二）主管部门就重大涉外案件发布新闻或者新闻单位对于上述案件进行报道，要从严掌握，应当事先报请省级主管机关审核，征求外事部门的意见。对危害国家安全的涉外案件的新闻报道，由主管部门商外交部后定。对于应通知外国驻华使、领馆的案件，应当在按规定通知有关外国驻华使、领馆后，再公开报道。

（三）对与我国订有双边司法协助协定、条约或者我与其共同参加载有司法协助条款的公约的国家，我中央机关和各主管部门应按照协定、条约或者公约的有关规定办理。未签订上述协定或条约、也未共同参加上述公约的，在对等互惠的基础上通过外交途径解决。

（四）扣留外国人护照问题

根据《中华人民共和国外国人入境出境管理法》和最高人民法院、最高人民检察院、公安部、国家安全部《关于依法限制外国人和中国公民出境问题的若干规定》（〈87〉公发16号），除我公安机关、国家安全机关、司法机关以及法律明确授权的机关外，其他任何单位或者个人都无权扣留外国人护照，也不得以任何方式限制外国人的人身自由；公安机关、国家安全机关、司法机关以及法律明确授权的机关扣留外国人护照，必须按照规定的权限报批，履行必要的手续，发给本人扣留护照的证明，并把有关情况及时上报上级主管部门，通报同级人民政府外事办公室，有关外事办公室应当及时报告外交部。

七、本规定自发文之日起生效。以前有关规定凡与本规定相抵的,一律以本规定为准。一九八七年《关于处理涉外案件若干问题的规定》(外发〔1987〕54号)同时废止。

附件:一、《外国人在华死亡后的处理程序》

二、《维也纳领事关系公约》有关条款(略)

三、参加《维也纳领事关系公约》国家名单(略)

四、中国与有关国家签订的领事条约中关于死亡、拘留、逮捕通知时限表(略)

五、中国与有关国家签订的司法协助条约一览表(略)

六、外国驻华领馆领区一览表(略)

1995年6月20日

附件一:

外国人在华死亡后的处理程序

一、死亡的确定

死亡分正常死亡和非正常死亡。因健康原因自然死亡的,谓正常死亡;因意外事故或突发事件死亡的,谓非正常死亡。

发现外国人在华死亡,发现人(包括个人或单位)应立即报告死者接待或聘用单位或当地公安机关、人民政府外事办公室。如属正常死亡,善后处理工作由接待或聘用单位负责。无接待或聘用单位的(包括零散游客),由公安机关会同有关部门共同处理。如属非正常死亡,应保护好现场,由公安机关进行取证并处理。

尸体在处理前应妥为保存(如防腐、冷冻):

二、通知外国驻华使、领馆及死者家属

根据《维也纳领事关系公约》或双边领事条约的规定,以及国际惯例,外国人在华死亡后应尽快通知死者家属及其所属国家驻华使、领馆。

外国人在华正常死亡,在通报公安机关和地方外办后,由接待或聘用单位负责通知;如死者在华无接待或聘用单位,由有关省、自治区、直辖市公安厅(局)负责通知。

凡属非正常死亡的,由案件查处机关负责通知,在案件审理中死亡的,由案件审理机关负责通知,在监狱服刑过程中死亡的,由司法行政机关负责通知。

通知时限。如死者所属国家已同我国签订领事条约,应按条约规定办;如条约中没有规定,或无双边领事条约,应按《维也纳领事关系公约》的规定和国际惯例尽快通知,但不应超过七天。

通知内容应简单明了。如死因不明,需要调查后方能确定的,可先通知死亡事,同时告死因正在调查中。

三、尸体解剖

正常死亡者或死因明确的非正常死亡者,一般不需作尸体解剖。若死者家属或其所属国家驻华使、领馆要求解剖,我可同意,但必须有死者家属或其所属国家驻华使、领馆有关官员签字的书面要求。

死因不明的非正常死亡者,为查明死因,需进行解剖时由公安、司法机关按有关规定办理。

四、出具证明

正常死亡,由县级或县级以上医院出具"死亡证明书"。如死者生前曾住医院治疗或抢救,应其家属要求,医院可提供"诊断书"或"病历摘要"。

非正常死亡,由公安机关的法医出具"死亡鉴定书"。案件审理中正常死亡,由案件审理机关的法医出具"死亡鉴定书"。在监狱服刑中死亡,由司法行政机关的法医出具"死亡鉴定书"。如案件审理机关或司法行政机关没有法医,可由公安机关代为出具。

"死亡证明书"、"死亡鉴定书"交死者家属或死者所属国家驻华使、领馆。对外公布死因要慎重。

如死因尚不明确，或有其他致死原因，待查清或内部意见统一后，再向外公布和提供证明。

外国人死在我村、镇或公民家中，县级或县级以上医院无法出具“死亡证明书”，或者死者所属国家要求或者有关驻华使、领馆提出办理“死亡公证书”时，则应办理“死亡公证书”等公证文件。

“诊断证书”、“病历摘要”、“死亡证明书”、“死亡鉴定书”、“防腐证明书”等证明，如办理认证手续，必须先在死者居所地公证处申办公证，而后办理外交部领事司或外国驻华领馆领区内我地方外办的认证和有关外国驻华使、领馆认证。在“死亡证明书”或“死亡鉴定书”中注明尸体已进行防腐处理的，可不再另行办理“防腐证明书”。

五、对尸体的处理

在华死亡外国人的尸体，可在当地火化，亦可运回其国内。处理时，应尊重死者家属或所属国家驻华使、领馆的意愿。

尸体火化应由死者家属或所属国家驻华使、领馆提出书面要求并签字，由当地殡仪馆负责火化，骨灰由他们带回或运回其国内。

如外方不愿火化，可将尸体运回其国内。运输（尸体及骨灰）手续和费用原则上均由外方自理。接待或聘用单位可在办理手续等方面给予必要的协助。

为做好外方工作和从礼节上考虑，对受聘或有接待单位的死者，在尸体火化或运回其国内前，可由聘用或接待单位酌情为死者举行简单的追悼仪式。有关单位可送花圈。可将追悼仪式拍照送死者家属。

如外方要求举行宗教仪式，应视当地条件，如有教堂和相应的神职人员，条件允许，可安排举行一个简单的宗教仪式。宗教仪式应在我规定的宗教场所举行。

如外方要求将死者在我国土葬，可以我国殡葬改革，提倡火葬为由，予以婉拒。

如外方要求将骨灰埋或撒在我国土地上，一般亦予以婉拒。但如死者是对我国作出特殊贡献的友好知名人士，应报请省级或中央民政部门决定。

六、骨灰和尸体运输出境

1. 骨灰运输：托运人必须提供医院出具的“死亡证明书”或法医出具的“死亡鉴定书”，及殡葬部门出具的“火化证明书”。各证明书一式二份，一份留始发站，一份附在货运单后，随骨灰盒带往目的站。

骨灰应装在封妥的罐内或盒内，外面用木箱套装。

骨灰自带出境，亦需备妥上述证明。

2. 尸体运输：可由中国国际运尸网络服务中心办理（见民事发〈1993〉2号文），也可由其他适当途径办理。尸体运输的包装要求是：首先应做防腐处理，然后装入厚塑料袋中密封，放入金属箱内。箱内应放木屑或碎木炭等吸湿物。连接处用锌焊牢，以防气味或液体外溢。金属箱应套装木棺，木棺两侧应装有便于搬运的把手。

尸体、棺柩出境须备以下证明：（1）由医院或公安、司法机关出具的“死亡证明书”或者“死亡鉴定书”，亦可由有关涉外公证处出具的“死亡公证书”代替上述证明书；（2）由殡仪部门出具的“防腐证明书”；（3）由防疫部门出具的“尸体检疫证明书”；（4）海关凭检疫机关出具的“尸体、棺柩出境许可证明书”放行。

七、遗物的清点和处理

清点死者遗物应有死者家属或其所属国家驻华使、领馆官员和我方人员在场。如家属或者驻华使、领馆官员明确表示不能到场时，可请公证处人员到场，并由公证员将上述人员不能到场的事实和原因注明。遗物清点必须造册，列出清单，清点人均应签字。移交遗物要开出移交书，一式二份，注明移交时间、地点、在场人、物品件数、种类和特征等。签字后办理公证手续。如死者有遗嘱，应将遗嘱拍照或复制，原件交死者家属或其所属国家驻华使、领馆。

八、写出《死亡善后处理情况报告》

死者善后事宜处理结束后，由接待或聘用单位写出《死亡善后处理情况报告》。无接待或聘用单位的，由处理死者善后事宜的公安机关或者司法机关写出。《死亡善后处理情况报告》，内容应包括死亡原因、抢救措施、诊断结果、善后处理情况，以及外方反应等。上述死亡报告应报上级主管单位、地方外办、公安厅(局)，抄外交部。

■最高人民法院、最高人民检察院、公安部关于办理电信网络诈骗等刑事案件适用法律若干问题的意见(2016年12月19日)

六、证据的收集和审查判断

(三)依照国际条约、刑事司法协助、互助协议或平等互助原则，请求证据材料所在地司法机关收集，或通过国际警务合作机制、国际刑警组织启动合作取证程序收集的境外证据材料，经查证属实，可以作为定案的依据。公安机关应对其来源、提取人、提取时间或者提供人、提供时间以及保管移交的过程等作出说明。

对其他来自境外的证据材料，应当对其来源、提供人、提供时间以及提取人、提取时间进行审查。能够证明案件事实且符合刑事诉讼法规定的，可以作为证据使用。

■最高人民法院、最高人民检察院关于适用犯罪嫌疑人、被告人逃匿、死亡案件违法所得没收程序若干问题的规定(2017年1月5日)

第二十二条　违法所得或者其他涉案财产在境外的，负责立案侦查的公安机关、人民检察院等侦查机关应当制作查封、扣押、冻结的法律文书以及协助执行查封、扣押、冻结的请求函，层报公安、检察院等各系统最高上级机关后，由公安、检察院等各系统最高上级机关依照刑事司法协助条约、多边公约，或者按照对等互惠原则，向违法所得或者其他涉案财产所在地国(区)的主管机关请求协助执行。

被请求国(区)的主管机关提出，查封、扣押、冻结法律文书的制发主体必须是法院的，负责立案侦查的公安机关、人民检察院等侦查机关可以向同级人民法院提出查封、扣押、冻结的申请，人民法院经审查同意后制作查封、扣押、冻结令以及协助执行查封、扣押、冻结令的请求函，层报最高人民法院后，由最高人民法院依照刑事司法协助条约、多边公约，或者按照对等互惠原则，向违法所得或者其他涉案财产所在地国(区)的主管机关请求协助执行。

请求函应当载明以下内容：

(一)案由以及查封、扣押、冻结法律文书的发布主体是否具有管辖权；

(二)犯罪嫌疑人、被告人涉嫌犯罪的事实及相关证据，但可能妨碍正在或者即将进行的刑事侦查的证据除外；

(三)已发布公告的，发布公告情况、通知利害关系人参加诉讼以及保障诉讼参与人依法行使诉讼权利等情况；

(四)请求查封、扣押、冻结的财产的种类、数量、价值、所在地等情况以及相关法律手续；

(五)请求查封、扣押、冻结的财产属于违法所得及其他涉案财产的相关事实及证据材料；

(六)请求查封、扣押、冻结财产的理由和法律依据；

(七)被请求国(区)要求载明的其他内容。

第二十三条　违法所得或者其他涉案财产在境外，受理没收违法所得申请案件的人民法院经审理裁定没收的，应当制作没收令以及协助执行没收令的请求函，层报最高人民法院后，由最高人民法院依照刑事司法协助条约、多边公约，或者按照对等互惠原则，向违法所得或者其他涉案财产所在地国(区)的主管机关请求协助执行。

请求函应当载明以下内容：

(一)案由以及没收令发布主体具有管辖权；

（二）属于生效裁定；

（三）犯罪嫌疑人、被告人涉嫌犯罪的事实及相关证据，但可能妨碍正在或者即将进行的刑事侦查的证据除外；

（四）犯罪嫌疑人、被告人逃匿、被通缉、脱逃、死亡的基本情况；

（五）发布公告情况、通知利害关系人参加诉讼以及保障诉讼参与人依法行使诉讼权利等情况；

（六）请求没收违法所得及其他涉案财产的种类、数量、价值、所在地等情况以及查封、扣押、冻结相关法律手续；

（七）请求没收的财产属于违法所得及其他涉案财产的相关事实及证据材料；

（八）请求没收财产的理由和法律依据；

（九）被请求国（区）要求载明的其他内容。

第二十四条　单位实施本规定第一条规定的犯罪后被撤销、注销，单位直接负责的主管人员和其他直接责任人员逃匿、死亡，导致案件无法适用刑事诉讼普通程序进行审理的，依照本规定第四条的规定处理。

第二十五条　本规定自2017年1月5日起施行。之前发布的司法解释与本规定不一致的，以本规定为准。

■最高人民法院关于人民法院办理海峡两岸送达文书和调查取证司法互助案件的规定（2011年6月25日）（见本书附录二十）

□被请求引渡人提出的不引渡理由缺少依据，应依照引渡法的规定准予引渡

被请求引渡人在引渡请求国涉嫌实施强奸和强奸未遂的犯罪，依照我国刑法和引渡请求国刑法均可判处一年以上有期徒刑或其他更重的刑罚，且被请求引渡人提出的不引渡理由缺少依据，应依照引渡法的规定准予引渡。（参见法兰西共和国申请引渡马尔丹·米歇尔案，载《最高人民法院公报》总第95期，2004年第9期，第16页。）

□向我国请求引渡犯罪人，必须符合双重犯罪原则；为执行刑罚而向我国请求引渡的，在提出引渡请求时，被请求引渡人尚未服完的刑期应当不少于六个月

根据《中华人民共和国引渡法》和《中华人民共和国和大韩民国引渡条约》的有关规定，大韩民国向我国请求引渡犯罪人，必须符合双重犯罪原则，即引渡请求所指的被请求引渡人的行为按照《大韩民国刑法典》和《中华人民共和国刑法》的规定均构成犯罪。大韩民国为执行刑罚而向我国请求引渡的，在提出引渡请求时，被请求引渡人尚未服完的刑期应当不少于六个月。如果大韩民国是根据缺席判决提出引渡请求的，必须承诺在引渡后对被请求引渡人给予在其出庭的情况下进行重新审判的机会，否则将被我国拒绝引渡。本案最高人民法院已做出符合引渡条约的裁定，并说明我国司法机关正在对卞仁镐涉嫌在我国境内犯合同诈骗罪进行刑事诉讼，对卞仁镐是否引渡或者准予引渡但同时决定暂缓引渡，由我国国务院决定。（参见大韩民国向中华人民共和国请求引渡犯罪人、大韩民国公民卞仁镐案，载《最高人民法院公报》总第130期，2007年第8期，第25页。）

▽引渡案件的管辖

引渡是指一国依据条约、互惠或者睦谊，应有管辖权的他国的请求，将犯罪的个人，解交给有管辖权的请求国，使罪犯受到刑事追诉或者处罚的法律制度。请求引渡及是否准予引渡，其目的是履行国际法的“或起诉或引渡”的基本原则，加强国际刑事司法合作，有效地惩治国际社会公认的犯罪及请求国和被请求国均认为的犯罪。请求引渡及是否准予引渡均是国家主权的行为，被请求国可依法实施庇护权。是否准予引渡，被请求国要进行审查。目前国际上通行的有三种审查制度，即行政审查制、司法审查制和双重审查制。我国实行的是世界上大多数国家采用的双重审查制，即由司法机关和行政机关分别进行司法审查和行政审查的制度。首先由司法机关对引渡请求的合法性进行审查，审查后，如果认为引渡请求不符合引渡条约或国内法的规定,可作出不予引渡的决定,该决定具有确定力,行政机关无权改变;如果认为引渡请求符合引渡条约或国内法的规定,可作出符合引渡条件的裁定,但该裁定不具有确定力,需移送行政机关审查,行政机关审查后,可以同意引渡,也可以拒绝引渡,行政机关对予以引渡具有最终决定权。引渡案件司法审查的管辖,分为职能管辖和级别管辖。在职能管辖方面,根据我国引渡法的规定,我国的人民检察院和人民法院是引渡请求合法性审查的主体。人民检察院对引渡请求所指的犯罪或者被请求引渡人的其他犯罪,是否应由我国司法机关追诉进行审查。对应由我国司法机关追诉但尚未提起刑事诉讼的,应当在1个月内,分别告知最高人民法院和外交部。但经最高人民检察院审查后,对不应由我国司法机关追诉的,应及时通知最高人民法院和外交部,以利于人民法院引渡审查程序的开始和进行。人民法院是引渡案件司法审查的重要主体。人民法院审查引渡案件,实行一审终审复核制。即审查一次即终结,然后上报复核。根据我国引渡法的规定,人民法院审查引渡案件的管辖原则,一是在级别管辖方面,规定由高级人民法院进行审查,由最高人民法院进行复核;二是在地域管辖方面,实行指定原则,即由最高人民法院指定的高级人民法院审查。从法律上讲,最高人民法院可以指定任何一个高级人民法院审查。但在目前,最高人民法院指定管辖的原则是,在便利审查的基础上,由少数高级人民法院负责审查。马尔丹·米歇尔涉嫌强奸案,法国政府根据1990年12月14日联合国大会通过的《引渡示范条约》第五条关于引渡请求"应通过外交途径在司法部或缔约国指定的任何其他当局之间直接传递"的规定,向我国外交部提出了引渡请求书。我国外交部对引渡请求书及其所附文件、材料是否符合我国引渡法和引渡条约的规定进行初步审查后,认为该案可进入司法审查程序,遂转最高人民检察院和最高人民法院。最高人民法院鉴于马尔丹·米歇尔被采取强制措施后,羁押在云南省昆明市,且云南省高级人民法院具有一定涉外刑事案件的审理经验和条件,故指定被请求引渡人被羁押地的云南省高级人民法院负责对该案进行审查。[参见第227号案例,马尔丹·米歇尔涉嫌强奸引渡案,载《刑事审判参考》总第30集,法律出版社,第57~59页。执笔:薛淑兰]

▽引渡案件的审查程序

(1)人民法院审查程序从何时开始问题。根据我国刑事诉讼的先诉后审原则,一般情况下,最高人民法院的审查程序,应从收到最高人民检察院关于是否应由我国司法机关追诉的通知书之日起开始。但引渡法只规定,最高人民检察院经审查,对应由我国司法机关追诉,但尚未提起刑事诉讼的,应当自收到引渡请求书及其所附文件和材料之日起1个月内,通知最高人民法院和外交部。但对不应由我国司法机关追诉的,是否通知最高人民法院和外交部,以及何时通知未作规定。最高人民检察院认为不应由我国司法机关追诉的也应通知,以便法院及时进入审查程序。在审查法国政府请求引渡的马尔丹·米歇尔涉嫌强奸案时,为使此案尽快进入审查程序,提高诉讼效率,最高人民法院和最高人民检察院同时对本案进行审查。在人民法院作出裁定前,最高人民检察院如作出应由我国司法机关追诉的决定,人民法院可予采纳,作出不符合引渡条件的裁定;如果在人民法院已作出符合引渡条件的裁定后,最高人民检察院作出应由我国司法机关追诉的决定的,法院不再改变原裁定。

(2)引渡案件的审理方式问题。引渡案件不同于一般刑事案件,对引渡案件的审查程序,世界各国采取的方式有所不同。一般情况下都公开进行。且必须有被请求引渡人到庭,被请求引渡人的律师、翻译亦可出庭给予帮助,同时请求国的检察官可代表其国家到庭举证,还有的国家准许请求国的代理人出庭。法庭上,被请求引渡人和请求引渡国代表可就能否引渡问题展开法庭辩论。所以,引渡审理亦被称之为引渡诉讼。所谓公开听证,世界各国的做法也不尽一致,有的国家是由被请求引渡人及其委托的律师、请求国的代理人、被请求国的检察官到庭,各自就能否引渡进行举证,开展法庭辩论,以充分保护被请求引渡人的合法权益。我国引渡法未对审理方式作出规定,云南省高级人民法院审理法国政府请求引渡的马尔丹·米歇尔涉嫌强奸案时,采取了开庭审查方式。首先,由3名法官组成合议庭,负责该案的审查工作;其次,经被请求引渡人同意为其指定了中国律师为其提供法律服务,并为其聘请了翻译提供语言帮助;法庭上,合议庭3名法官均到庭,先由法官宣读法国政府的引渡请求书,然后听取被请求引渡人马尔丹·米歇尔及其委托的律师根据中法两国法律,就是否具备引渡条件,有无应当或可以拒绝引渡情形发表的意见。然后,由马尔丹·米歇尔作最后陈述。在宣告裁定时,应告知被请求引渡人及其律师,本裁定需报最高人民法院复核,如不服有权向最高人民法院提出意见。最高人民法院复核时采取书面审的方式,对被请求引渡人及其律师向一审和复核审提出的意见认真分析研究,依法作出是否符合引渡条件的裁定。对马尔丹·米歇尔涉嫌强奸案的审查方式仅属个案采取的方式,今后,我国审查引渡案件应采取何种方式,是一个有待进一步研究和探索的问题。如何审理这类案件,关系到国际影响和司法形象。可借鉴西方一些国家采取的公开听证的方式。在具体操作上,可采取:在法官的主持下,将被请求引渡人提到法庭,由检察官发表是否应由我国公诉机关提起诉讼的意见和理由(有的国家是代表请求国的利益提出请求引渡的理由和相关证据);由请求引渡国的代表发表请求引渡的理由和根据;由被请求引渡人及其委托的律师就引渡请求提出抗辩,最后由法庭宣告是否符合引渡条件的裁定。

(3)被请求引渡人委托律师问题。国际社会要求保障被请求引渡人聘请律师的权利。根据我国《引渡法》第二十三条的规定,被请求引渡人有权委托中国律师为其提供法律帮助。为了维护被请求引渡人的合法权益,人民法院要确实保障被请求引渡人获得律师的帮助。聘请律师的方式,可先采取委托办法,即由被请求引渡人自行委托或由其所属国驻华使领馆代为委托,费用由其自行承担;如果其自己无经济能力聘请,其所属国驻华使领馆也未为其聘请,人民法院应指定中国律师为其提供法律帮助。[参见第227号案例,马尔丹·米歇尔涉嫌强奸引渡案,载《刑事审判参考》总第30集,法律出版社,第59~61页。执笔:薛淑兰]

▽引渡案件审查的内容

引渡案件审查的内容,一般包括审查可引渡性、可追诉性和可罚性。所谓可引渡性,是指根据国际条约和被请求引渡国的法律,审查被请求引渡人的身份,引渡请求中所指控的犯罪是否具备必要的证据,是否符合双重犯罪原则,被请求引渡人是否属于政治犯或被请求国的国民,有无应当拒绝引渡的情况等;所谓可追诉性,是指被请求引渡人涉嫌所犯罪行是否应由被请求国的司法机关追诉,是否在追诉时效内等;所谓可罚性是指根据请求国和被请求国的法律,被请求引渡人涉嫌所犯罪行,是否构成犯罪,能否予以刑罚处罚。大陆法系国家一般不审查可罚性和可追诉性,只就请求引渡书及所附法律文件的形式要件如身份文件、判决和拘留逮捕证件及必要的证据等是否出自请求国司法机关进行审查,而对引渡请求书所附法律文件的实质效力不存质疑;而英美法系的国家一般要求与国内刑事诉讼基本相同,不仅要作形式要件的审查,而且要对拘留逮捕的原因及有关罪证进行必要的调查,根据所提供的证据看是否属于可引渡之罪。虽不调查可罚性,但至少应调查可追诉性。我国引渡法对引渡审查的内容未作具体规定,但在第十二条请求国请求引渡时需提供的材料中,规定了需提供必要的犯罪证据或者证据材料。要求请求引渡国提供必要的犯罪证据或者证据材料,目的在于审查被请求引渡人的涉嫌罪行,是否符合双重犯罪原则,是否可能判处一年以上有期徒刑,是否应由我国司法机关追诉等。这并不意味着要进行可罚性审查。即不一定审查被请求引渡人是否真的有罪,最终能否受到一年以上有期徒刑的处罚。因此,在审查马尔丹·米歇尔涉嫌强奸案时,只就是否符合我国引渡法规定的引渡条件进行了审查,对马尔丹·米歇尔及其委托的中国律师以马尔丹·米歇尔的行为不构成犯罪及未经审判不能定罪处罚为由,请求法院拒绝引渡的请求未予采纳。当然,如果出现被请求引渡人被引渡后,经请求国审判不构成犯罪的情形,由此产生的引渡错误及对被请求引渡人造成损害的责任,应由请求引渡国承担。[参见第227号案例,马尔丹·米歇尔涉嫌强奸引渡案,载《刑事审判参考》总第30集(2003年第1辑),法律出版社,第61~62页。执笔:薛淑兰]

▽对我国引渡法规定的拒绝引渡条件的理解与适用

根据我国《引渡法》第八条、第九条的规定,我国不予引渡的情形可分为应当拒绝的和可以拒绝的两类:

(1)应当拒绝的情形。一是本国公民不引渡原则。这一原则被大陆法系国家的立法所承认,坚持这一原则的国家,对本国人的域外犯罪多采取属人原则,从而扩大本国法的适用范围。我国刑法采取了这一原则,充分体现了我国的司法主权。二是政治犯罪不引渡原则。因政治犯罪而请求引渡的,或者中华人民共和国已经给予被请求引渡人受庇护权利的不予引渡。这一原则是现代引渡制度的一项重要原则,为国际社会普遍接受和采纳。政治犯不引渡,是实现政治庇护权的需要。但对政治犯的界定,国际上尚无统一标准,由被请求引渡国根据其司法主权决定。三是一事不再理原则。中华人民共和国的司法机关对于引渡请求所指的犯罪已经作出生效判决,或者已经终止刑事诉讼程序的不予引渡;对已过追诉时效期限或被请求引渡人已被赦免等原因不应追究被请求引渡人刑事责任的不予引渡。四是军事犯罪不引渡原则。只要请求国或被请求国有一方的法律认为是纯军事犯罪的,即可拒绝引渡。五是被请求引渡人可能因种族、宗教、国籍、性别、政治见解或者身份等方面的原因而被提起刑事诉讼或者执行刑罚,或者在司法程序中因上述原因可能受到不公正待遇的,不予引渡。六是被请求引渡人在请求国曾经遭受或者可能遭受酷刑或者其他残忍、不人道或者有辱人格的待遇或者处罚的不予引渡。

(2)可以拒绝引渡的情形。根据我国《引渡法》第九条的规定,对我国具有刑事管辖权且正在进行刑事诉讼或准备提起刑事诉讼的,一般不予引渡;由于被请求引渡人年龄、健康等原因,根据人道主义原则不宜引渡的,一般不予引渡。人民法院在审查马尔丹·米歇尔涉嫌强奸引渡案时,马尔丹·米歇尔及其委托的中国律师提出,马尔丹·米歇尔在中国与中国公民奚某同居并生有一女,如其被引渡回法国,会造成其与中国“妻子”及女儿无法团聚,会损害他们的合法权益,此外还提出法国马赛监狱管理不善,其在那儿可能受到同监人犯的残忍对待。最高人民法院审查本案时,对此十分关注。首先,对于可能受到马赛监狱同监人犯的残忍对待问题,我国引渡法规定的“被请求引渡人在请求国曾经遭受或者可能遭受的酷刑、其他残忍、不人道待遇或处罚”,仅限于来自请求国政府及其所属机构的,不宜包括来自羁押场所中其他人犯或其他公民个人的,对来自其他公民个人方面的,不能作为拒绝引渡的条件。同时,“不人道待遇”也应作狭义理解,即限于对被请求引渡人一个人的,而不包括因引渡而对被请求引渡人亲属方面造成的不人道情况。对于马尔丹·米歇尔及其律师提出的如将其引渡回国,会造成其与中国未正式办理结婚手续的“妻子”及女儿无法团聚问题,虽不属于应当拒绝或可以拒绝引渡的法定情形,但事关被请求引渡人及其亲属的合法权益的保护,为此,最高人民法院向法国驻华使馆提出,根据人道主义原则,这一问题能否妥善解决将可能影响到是否予以引渡,并要求法国方面予以澄清。法国方面积极配合,为马尔丹·米歇尔的女儿作了公证,证明其为法国公民,并承诺会尽一切可能创造能够使他们团聚的条件,随着这一“障碍”的排除,最高人民法院最终作出了符合引渡条件的裁定。[参见第227号案例,马尔丹·米歇尔涉嫌强奸引渡案,载《刑事审判参考》总第30集,法律出版社,第62~64页。执笔:薛淑兰]

▽引渡的举证责任问题

当被请求引渡人及其委托律师提出具有应当或可以拒绝引渡情形时,人民法院应如何认定该情形是否存在?首先应坚持谁主张谁举证原则。被请求引渡人及其律师对其所提意见负有举证责任,即应提出相应的证据,但人民法院对这方面证据的要求不能太严格,只要能够证明存在可能性即可,审理法院再根据其提出的意见及证据,请请求国作出说明(答辩)。[参见第227号案例,马尔丹·米歇尔涉嫌强奸引渡案,载《刑事审判参考》总第30集,法律出版社,第64页。执笔:薛淑兰]

▽对境外证据的审查与认定应根据提供证据的主体不同而加以区分

证据是人民法院在审理案件中确认案件事实的基础。在涉外刑事案件中,由于案件当事人涉及外国人、外国企业或组织,行为人的犯罪行为地或结果地、刑事证据所在地、证人所在地可能在境外,则不可避免地会发生司法机关、当事人、辩护人、诉讼代理人向境外取证,有些证据在我国境外形成的事实。这些证据产生、形成于境外,使法院无论是对证据的形式要件还是实质内容的审查都存在一定的难度。《最高人民法院关于执行〈中华人民共和国刑事诉讼法〉若干问题的解释》(本附文以下简称《刑诉法解释》)(1998 年颁布的。——编著者注)第三百二十条第三款规定“在中华人民共和国领域外居住的外国人寄给中国律师或者中国公民的授权委托书,必须经所在国公证机关证明、所在国外交部或者其授权机关认证,并经中国驻该国使、领馆认证,才具有法律效力。但中国与该国之间有互免认证协定的除外。”该条文规定了外国人委托中国律师或公民参加刑事诉讼的授权委托书应当办理有关公证、认证手续,但其规定所指对象仅为授权委托书,而我国刑事诉讼法以及《刑诉法解释》均未对涉外刑事案件中涉及案件事实的境外证据材料的审查与认定作特别规定,这就需要我们在审判实践中结合现有法律规定,依据刑事证据审查的基本原理,总结出一套审查、认定规则。

1. 对于我国司法机关通过刑事司法协助获取的境外证据的审查与认定。国际刑事司法协助是主权国之间依照有关国际条约或双向互惠原则,协助或代为履行一定的刑事诉讼程序或实现刑事实体权力的活动。刑诉法本条规定确认了我国司法机关在国际刑事司法协助中的主体地位和主导作用。根据国际刑事司法协助的内容、使用的条件和程序,可以将国际刑事司法协助的范围归纳为六大类:文书送达、信息通报、调查取证、引渡、刑事案件的诉讼转移、外国刑事判决的承认和执行。其中,调查取证具体是指各种物证、书证、视听资料的收集、保全;对证人的询问;与犯罪有关的场所、物品、人员的勘验、检查、搜查;与犯罪有关的财物的查封、扣押等。由于我国请求刑事司法协助的相对方是外国的司法机关,因此,对于由外国司法机关进行的调查取证,只要其具备了完整的证据属性,即客观性、关联性和合法性,即可对该证据进行认定。但是对该证据的证明内容是否采纳,人民法院应当结合案件的其他证据作出判断,不能因为该证据是外国司法机关提供的就直接确认其效力。值得注意的是,公安机关、检察机关在请求国际刑事司法协助工作中必须严格遵守相关程序规定。我国《公安机关办理刑事案件程序规定》(以下简称《规定》)(1998 年颁布的。——编著者注)第三百四十九条规定“地方公安机关需要请求外国警方提供刑事司法协助或者警务合作的,应当按照有关条约或者合作协议的规定提出刑事司法协助或者警务合作请求书,所附文件及相应译文,经省、自治区、直辖市公安机关审核后报送公安部审批。”该《规定》第三百五十条规定:“地方公安机关需要通过国际刑警组织缉捕罪犯或者犯罪嫌疑人、查询资料、调查取证的,应当提出申请层报公安部审批。”我国《人民检察院刑事诉讼规则》(以下简称《规则》)(1999 年颁布的。——编著者注)第四百五十九条规定:“地方各级人民检察院需要向缔约的外国一方请求提供司法协助,应当按有关条约的规定提出司法协助请求书、调查提纲及所附文件和相应的译文,经省级人民检察院审核后,报送最高人民检察院。”该《规则》第四百六十条规定:“最高人民检察院收到地方各级人民检察院请求缔约的外国一方提供司法协助的材料后,应当依照有关条约进行审查。对符合条约有关规定、所附材料齐全的,应当连同上述材料一并转递缔约另一方的中央机关,或者交由其他中方中央机关办理;对不符合条约规定或者材料不齐全的,应当退回提出请求的人民检察院补充或者修正。”人民法院在审理案件中应当审查公安、检察机关是否遵守上述程序请求国际刑事司法协助。因为这关系提供、收集证据的法定程序问题,公安、检察机关在请求国际刑事司法协助工作中应当遵循程序合法的原则。本案是由于被告人沈某某系韩国人,涉案的 SIMPSON 商社系在韩国成立的公司,关于 SIMPSON 商社的成立、经营情况需要由韩国方面提供;沈某某代表 SIMPSON 商社向菲西尔公司采购女式羽绒服和女式魔皮绒夹克后将货物销售给了美国的 Pacifc Wale Textile Corporation,沈某某辩称 Pacifc Whale Textile Cororation 未付清全部货款,故其也未向菲西尔公司付清货款。关于美国的 Pacifc Whale Textile Cororation 是否向 SIMPSON 商社付清了全部货款,需要向美国的 Pacifc Whale Textile Cororation 取证。上海市公安局遂请求韩国警方和美国警方提供司法协助,并按照该《规定》中规定的程序,提供了调查提纲及译文,经公安部审批后递交给了韩国和美国警方。韩国和美国警方根据我国警方的要求进行了调查取证,提供了"关于复韩警方协查沈容焕合同诈骗案事""关于协查沈容焕涉嫌合同诈骗案"的函等证据,上述证据符合客观性、关联性、合法性的要求,一审法院予以认定,并结合被告人沈某某的供述,对韩国警方所调查的SIMPSON商社成立于2005年5月2日,具有正常经营活动,沈某某系该商社营业董事,负责处理所有业务等内容予以采信;对Pacifc Wale Textile Cororation的负责人James Le向美国警方所作的Pacifc Wale Textile Cororation已向韩国SIMPSON商社付清全部货款的陈述,并结合沈某某出具的收到货款的收条,一审法院对美国警方的调查内容予以采信。

2. 对于当事人、辩护人、诉讼代理人提供的境外证据的审查与认定。对于当事人、辩护人、诉讼代理人向人民法院提供的在我国领域外形成的证据如何审查与认定,可以借鉴民事诉讼程序中的相关规定。2002年4月1日起施行的《最高人民法院关于民事诉讼证据的若干规定》(本附文以下简称《民事诉讼证据规定》)第十一条规定:"当事人向人民法院提供的证据系在中华人民共和国领域外形成的,该证据应当经所在国公证机关予以证明,并经中华人民共和国驻该国使领馆予以认证,或者履行中华人民共和国与该所在国订立的有关条约中规定的证明手续。当事人向人民法院提供的证据是在香港、澳门、台湾地区形成的,应当履行相关的证明手续。"该条款弥补了1991年4月9日通过的我国民事诉讼法中境外证据规定的空白。因为我国《民事诉讼法》在第四编"涉外民事诉讼程序的特别规定"中仅规定了外国当事人参加诉讼的授权委托书应当办理有关公证认证手续,对涉及案件事实的证据材料的审查认定未作规定。从条文内容看,《民事诉讼证据规定》第十一条的规定与《民事诉讼法》第二百四十二条的规定基本相同,但是将所指对象的范围从授权委托书扩大到了证据。《民事诉讼证据规定》第十一条的规定目的在于,如果证明案件事实的某些证据形成于我国境外,确认这些证据的有效性存在很大风险,因此对境外提供证据的本身施加了程序及手续上的限制,以增强其真实性和合法性,消除司法权的地域局限给民事诉讼带来的不利影响。在刑事诉讼中,对于当事人、辩护人、诉讼代理人提供的在我国领域外形成的证据,由于该证据不是通过国际刑事司法协助途径取得,同样存在法院确认这些证据的有效性、真实性问题,因此法院对这些证据的审查与认定可以借鉴《民事诉讼证据规定》中的相关规定,同时也要充分注意到刑事诉讼的证明标准要求高于民事诉讼的证明标准的问题。民事诉讼法对于外国当事人参加诉讼的授权委托书规定需经所在国公证机关证明,并经我国驻该国使领馆认证;刑事诉讼法对于外国当事人参加诉讼的授权委托书除了由民事诉讼法规定的要经所在国公证机关证明,并经我国驻该国使领馆认证外,还需要由所在国外交部或者其授权机关认证。因此,对于在刑事诉讼过程中,当事人、辩护人、诉讼代理人向法院提供的在我国领域外形成的证据也应经所在国公证机关证明、所在国外交部或者其授权机关认证,并经我国驻该国使、领馆认证。对履行了上述证明手续的证据,法院才能予以认定。但并不是说只要经过了公证、认证手续的证据材料,其真实效力即得到了确认,其证明力相等于公证文件,对该证据的证明内容是否采纳,人民法院仍应当结合案件的其他证据进行审查后才能作出判断。另外,虽然刑事诉讼法中未列明提交外文书证必须附有中文译文,但是根据我国刑事诉讼中使用中国通用语言文字的原则,无论是公安、检察机关通过司法协助取得的外文书证,还是当事人、辩护人、诉讼代理人提供的外文书证,都应由证据提供者将外文书证交有资质的翻译机构进行翻译。在翻译无误的情况下,法院只需对中文译文进行审查,控辩双方只需对中文译文进行质证即可,而不必引用外文书证的原文。但是,如果控辩双方对译文的用词产生争议,而关键词语的翻译对案件处理结果有影响的情况下,法院还是应当慎重审查外文书证原件,并作出正确认定。[参见第578号指导案例,沈容焕合同诈骗案,载《刑事审判参考》总第70集,第26~31页。撰稿:沈言]

▽跨国犯罪案件证据的审查

就跨国犯罪案件而言,有些证据、证人可能在一国境外,因此在调查取证中需要相关国家给予司法协助,包括代为询问证人、被害人、鉴定人及其他犯罪嫌疑人,代为进行搜查、扣押、勘验、检查,代为送达诉讼文书,移交物证、书证及赃款赃物等活动。此外,还包括为侦破跨国犯罪进行的联合调查、执法合作等措施。我国《刑事诉讼法》第十七条规定"根据中华人民共和国缔结或者参加的国际条约,或者按照互惠原则,我国司法机关和外国司法机关可以相互请求刑事司法协助"。有关反腐败、毒品犯罪、跨国有组织犯罪的国际公约均对相互法律协助、加强国际合作作了规定,我国也与包括菲律宾在内的多个国家签订了刑事司法协助条约。在司法实践中,对跨国犯罪案件的证据,要重点审查证据的来源是否正当、合法,尤其是相关国家提供的证据材料。对于通过司法协助渠道由被请求国提供的证据材料,可以作为定案的证据使用。本案中一部分证据包括证人证言、书证、被告人供述等是在我国境内由我国司法机关收集的,而查获的物品清单、毒品性质鉴定等部分证据则由菲律宾警方提供。根据菲律宾毒品法执行署向我国公安部禁毒局、福建省公安厅出具的函件,这部分证据材料是菲律宾警方应我国公安部禁毒局去函提供的,而我国公安机关也出具材料证实,这些材料是菲律宾毒品法执行署当场交付我国公安人员的。事实表明,这些证据材料来源正当、合法,可以作为本案的证据使用。顺便指出,被告人系在我国境内被抓获,本起跨国犯罪由我国管辖并应适用我国法律,因此不涉及引渡问题。[参见第640号指导案例,邵春天制造毒品案,载《刑事审判参考》总第75集(2010年第4集),第78~79页。撰稿:王军强　冯姗]

▽外国法院的民商事判决在中国刑事审判中的审查认定

外国法院判决的承认与执行一般限于民商事领域。刑事判决和行政法方面的判决具有惩罚性或较强的公法性质,不能在他法域内生效,因此,判决的民商事性质是承认与执行的前提。中国内地法院承认与执行外国民商事法院判决的案例并不多见,多是对外国离婚判决的承认,较少外国商事判决案例。中国与日本国之间没有缔结或者参加相互承认和执行法院判决、裁定的国际条约,亦未建立相应的互惠关系,因此,中国对于日本国法院判决可以不予承认和执行。本案认定桥本浩伪造桥本郁子署名离婚无效、桥本郁子恢复与桥本浩夫妻关系致桥本浩构成重婚的重要依据是日本国京都家庭裁判所、大阪高等裁判所的一审、二审民事判决,该判决并非要求中国承认和执行,中国刑事审判对于外国法院的此类民商事判决如何审查认定,实践中尚未见相关案例。

在涉外司法实践中,出于本国审判的需要,对于并非承认身份关系、无给付内容或者不需要执行的外国法院民商事判决,适用公证认证程序证明其真实性,可视正在审理的案件具体情况,作为证据中的书证,其所查明的事实在我国刑事判决中予以确认。[参见第748号指导案例,自诉人桥本郁子诉被告人桥本浩重婚案,载《刑事审判参考》总第84集(2012年第1集),第31页。撰稿:张华松]

▽域外证据在刑事审判中的审核与采信

本案对被告人桥本浩定罪量刑的绝大部分证据包括日本国的居民票(类似于户籍证明)、全部事项证明、离婚登记文书、裁判所(日本国法院)的判决书等均来自日本国。对于当事人、辩护人、诉讼代理人向人民法院提供的在我国领域外形成的证据如何审查与认定,我国刑事法律、法规尚无相关规定,需要我们在司法实践中探索和总结。

1. 关于域外证据审查的规定和审判实践。从民事、行政法律、法规的相关规定可知,民事、行政审判实践对域外证据的审核采信,从起初要求所有证据都必须履行公证认证程序否则不予认定,发展到实际操作过程中灵活合理地区分证据情况适用公证认证程序。1991年4月9日全国人民代表大会通过的《民事诉讼法》(2007年10月修正)第四编"涉外民事诉讼程序的特别规定"第二百四十条规定:"在中华人民共和国领域内没有住所的外国人、无国籍人、外国企业和组织委托中华人民共和国律师或者其他人代理诉讼,从中华人民共和国领域外寄交或者托交的授权委托书,应当经所在国公证机关证明,并经中华人民共和国驻该国使领馆认证,或者履行中华人民共和国与该所在国订立的有关条约中规定的证明手续后,才具有效力。"该条款规定了外国当事人参加民事诉讼的授权委托书应当办理有关公证认证程序,但对涉及案件事实的证据材料的审查认定未作规定。2002年4月1日起施行的《最高人民法院关于民事诉讼证据的若干规定》(本附文以下简称《民事证据规定》)第十一条规定:"当事人向人民法院提供的证据系在中华人民共和国领域外形成的,该证据应当经所在国公证机关予以证明,并经中华人民共和国驻该国使领馆予以认证,或者履行中华人民共和国与该所在国订立的有关条约中规定的证明手续。当事人向人民法院提供的证据是在香港、澳门、台湾地区形成的,应当履行相关的证明手续。"该条款规定了域外证据应履行与授权委托书相同的公证认证手续,是因为证明案件事实的某些证据形成于国外,人民法院的司法权无法达到,对境外形成的证据的调查又存在现实的诸多障碍,依据这些证据来判断案件事实自然又多了一层误判的风险。因此,有必要对境外提供证据的本身施加程序或手续上的限制,尽可能消除司法权的地域性给民事诉讼带来的不利影响。该条款第一次明确规定了域外证据要适用公证、认证程序。同年10月1日起施行的《最高人民法院关于行政诉讼证据若干问题的规定》第十六条第一款规定:"当事人向人民法院提供的在中华人民共和国领域外形成的证据,应当说明来源,经所在国公证机关证明,并经中华人民共和国驻该国使领馆认证,或者履行中华人民共和国与证据所在国订立的有关条约中规定的证明手续。"至此,中国司法机关以司法解释的形式规定了民事、行政审判中域外证据应当适用公证、认证证明程序,所形成的制度常被国内学者称为"域外证据公证证明制度(规则)"。域外证据公证证明制度主要包括两种方式:公证和认证。公证,是指公证机关对法律行为、有法律意义的文书和事实的真实性和合法性进行证明的活动。根据国家主权和平等原则,国家之间相互没有管辖权,因而发生于一国之内的公证事务应当由该国的公证机关公证证明,所以域外证据由所在国公证机关予以证明。认证,是指外交领事机关对公证文书上印章和签字的真实性进行证明的活动。因为一个国家有权进行公证的机关可能为数甚众,他们所出具的公证文书如果不经过认证,对于外国而言极难辨其真伪,而经由外交或领事机关进行认证,则其真实性可以得到确认。认证的目的是使一国公证机关所制作的公证文书能为使用国有关当局确信和承认,其作用在于向文书使用国证实文书的真实性。但域外证据公证证明制度的规定较为原则和生硬,有较多弊病:第一,公证和认证程序是作为证据能力的要件还是确定证明力的要件不明确。如是前者,则未经公证和认证程序的域外证据材料根本不能作为证据使用。如是后者,则本身就是法官自由心证的裁量范畴。第二,忽视了各国公证制度的差异。公证制度是国家根据本国的有关制度、文化传统和现实生活需要而决定是否设定的,不是所有国家都有法定的公证制度,且各国之间的具体公证制度并不相同。大陆法系国家的公证文书具有准司法功能和法定证据效力,而英美法系国家的公证文书仅负责形式真实性,不审查内容的真实性,不具备法定证据效力。第三,履行证明手续的证据范围过于宽泛。中国民事诉讼法规定了一些证据形式,即使用中国的《公证法》去衡量,亦难以操作,但对所有的域外证据都要求公证应是不太科学的。鉴于域外证据公证证明制度理论上存在重大弊端,给案件审理设置了大量障碍,近年来中国审判实践对该制度进行了纠正。如在五矿钢铁有限责任公司诉伟嘉船务有限公司等海上货物运输合同货差纠纷案中,广州海事法院在一审判决书中明确,对域外证据公证认证是为了证明其真实性,未经公证认证的证据并不是不应被采信,而只是因无法确认其真实性而不能被采信。对该案中未经公证认证的三份提单(外资SKAB公司出具),因可与其他证据相互印证,故对提单的真实性及所载明的内容予以确认。广东省高级人民法院更是在二审判决书中对未经公证认证的商业发票(一审法院未认定其真实性)亦予以确认。2005年11月《最高人民法院第二次全国涉外商事海事审判工作会议纪要》(本附文以下简称《纪要》)第三十九条规定:"对当事人提供的在我国境外形成的证据,人民法院应根据不同情况分别作如下处理:(1)对证明诉讼主体资格的证据,应履行相关的公证、认证或者其他证明手续;(2)对其他证据,由提供证据的一方当事人选择是否办理相关的公证、认证或者其他证明手续,但人民法院认为确需办理的除外。对在我国境外形成的证据,不论是否已办理公证、认证或者其他证明手续,人民法院均应组织当事人进行质证,并结合当事人的质证意见进行审核认定。"2007年最高人民法院民事审判第四庭在《涉外商事海事审判实务问题解答》(本附文以下简称《解答》)第十六条明确:"当事人向人民法院提供的证据系在我国领域外形成的,该证据应当经所在国公证机关予以证明,并经我国驻该国使领馆予以认证,或者履行我国与该所在国订立的有关条约中规定的证明手续。但如果其所在国与我国没有外交关系,则该证据应经与我国有外交关系的第三国驻该国使领馆认证,再转由我国驻该第三国使领馆认证。但是,对于用于国际流通的商业票据、我国驻外使领馆取得的证据材料、通过双边司法协助协定或者外交途径取得的证据材料以及当事人没有异议的证据材料,则无须办理公证、认证或者其他证明手续。"在知识产权审判领域,最高人民法院在2007年1月11日公布的《关于全面加强知识产权审判工作为建设创新型国家提供司法保障的意见》(本附文以下简称《意见》)中也对该问题有所涉及:"对于域外形成的公开出版物等可以直接初步确认其真实性的证据材料,除非对方当事人对其真实性能够提出有效质疑而举证方又不能有效反驳,无须办理公证认证等证明手续。"《纪要》规定,根据证据的种类不同适用公证、认证程序,赋予当事人选择权,给予法官自由裁量权,更为灵活、合理、可行。《解答》进一步规定7国际流通的商业票据等四种证据材料无须适用公证、认证程序,更利于审判实践操作。《意见》表明,域外证据的公证认证特别证明程序并不必然具有强制性。《纪要》、《解答》和《意见》虽然只是人民法院的规范性文件,但对于审判实践有重要的指导作用,即公证认证仅是证明证据真实性的一种方式。除此之外,还可以通过当事人质证等其他方式加以证明。

2. 关于域外证据审核与采信的刑事审判实践。对于中国司法机关通过刑事司法协助请求外国司法机关调查取得的证据,法院无须就该证据本身在程序及手续上进行限制,只要其具备了完整的证据属性,即可以认定。1998年6月《最高人民法院关于执行〈中华人民共和国刑事诉讼法〉若干问题的解释》(1998年颁布的。——编著者注)第三百二十条第三款规定:"在中华人民共和国领域外居住的外国人寄给中国律师或者中国公民的授权委托书,必须经所在国公证机关证明、所在国外交部或者其授权机关认证,并经中国驻该国使、领馆认证,才具有法律效力。但中国与该国之间有互免认证协定的除外。"该条款规定了外国人委托中国律师或公民参加刑事诉讼的授权委托书应当办理有关公证、认证手续,但规定所指对象仅为授权委托书。有种观点认为,《民事证据规定》第十一条规定与《民事诉讼法》第二百四十条规定基本相同,将授权委托书扩大到了证据。对域外证据可借鉴《民事证据规定》中的相关规定,同时注意到刑事诉讼的证明标准要求高于民事诉讼的证明标准,因此在刑事诉讼过程中对于当事人在向人民法院提供的在我国领域外形成的证据也应经所在国公证机关证明、所在国外交部或者其授权机关认证,并经我国驻该国使、领馆认证。这种观点不能成立。刑事诉讼法、民事诉讼法有关授权委托书的相关规定均是审查诉讼代理人身份是否真实,其目的是防止无权代理人代当事人出庭参加诉讼活动的情况,但该规定不能作为审查域外证据的法律依据。首先,授权委托书不是刑事诉讼法、民事诉讼法规定的证据,只对诉讼过程产生程序上的影响,而不会像证据那样对案件实体产生影响。其次,证据具有不可替换性和重复性,不能撤回或更改,但授权委托书可由当事人在诉讼过程中随时撤销或更换。最后,授权委托书的性质是法律文书,将对一种法律文书的要求扩大到所有证据,并无逻辑和法律上的依据。刑事诉讼中应区分证据适用公证认证程序。《刑事诉讼法》(1996年修订的。——编著者注)第四十二条规定:"证据有下列七种:(一)物证、书证;(二)证人证言;(三)被害人陈述;(四)犯罪嫌疑人、被告人供述和辩解;(五)鉴定结论;(六)勘验、检查笔录;(七)视听资料。"判断域外证据是否需要适用公证认证程序,既要维护我国的国家主权,也要根据不同的证据类型,从刑事诉讼的基本原则、证据合法性及真实性的判断标准等上位原则及制度出发,不应一概而论。域外证据通常使用涉外公证、领事认证的方式,其针对的仅是涉外书证,特别是公文书。公文书,是指外国有关权力机关颁布的具有明确法律意义的文书,如一国的法律条文、判决书、行政裁定书、政府函件、身份证明等,其形式上的真实性应当根据证据形成国的法律加以判定,内国法院囿于司法权的限制无法判断文书的真伪,由证据形成国有关机关对公文书形式的真实性予以证明,有利于诉讼的便捷和公正。书证以外的其他证据,有的因为无法公证认证,有的因为公证认证没有实际意义,而未被要求必须公证认证。[参见第748号指导案例,自诉人桥本郁子诉被告人桥本浩重婚案,载《刑事审判参考》总第84集(2012年第1集),第26~31页。撰稿:张华松]

▽通过两岸司法协助途径调取的涉台刑事证据,依据现行证据规则能够采信的,可作为定案证据

《海峡两岸共同打击犯罪及司法互助协议》第八条规定:"双方同意依已方规定相互协助调查取证,包括取得证言及陈述;提供书证、物证及视听资料;确定关系人所在地或确认其身份;勘验、鉴定、检查、访视、调查;搜索及扣押等。"《最高人民法院关于人民法院办理海峡两岸送达文书和调查取证司法互助案件的规定》第十五条亦规定:"人民法院办理海峡两岸调查取证司法互助业务,限于与台湾地区法院相互协助调取与诉讼有关的证据,包括取得证言及陈述;提供书证、物证及视听资料;确定关系人所在地或者确认其身份、前科等情况;进行勘验、检查、扣押、鉴定和查询等。"上述两个文件为刑事司法领域的海峡两岸调查取证互助工作提供了依据。本案被害人均为台湾地区居民,并且在案证据显示,实际被骗的被害人远不止一审、二审认定的19人。而这19人中除一名被害人陈张阿凉是亲自到东莞市公安机关报案并制作笔录外,其余18名被害人均是向台湾当地警方报案并制作笔录、提交书证。台湾警方收到大陆公安机关的办案协调函后,通过广东省公安厅港澳台事务工作办公室将上述18名被害人的陈述及相关书证转交给大陆公安机关,这些证据的调取过程符合现行规定。上述被害人陈述及相关书证在本案中能否采信,关键是该组证据能否与其他证据相互印证。因不能排除其他犯罪团伙使用同种方式实施诈骗的可能性,故如果取自被害方的证据为孤证,则不能作为定案依据。本案中,台湾警方收集的19份"被害人陈述"及相关书证与在案其他证据可相互印证,形成证据链。首先,从现场扣押的语音自动报读系统及电脑主机中存储了已诈骗成功的被害人信息,公安机关从中提取到被害人的身份证号码。其次,现场提取的范某某等人制作的15份虚假法律公文的电子文档中,记载了部分被害人姓名、身份证号码、被骗日期及金额。最后,奇盛公司的部分电话清单中,记载了奇盛公司与其中10名被害人通话的情况。以上证据充分证实陈张阿凉及其余18名被害人所述的被骗事实与范某某等人实施的诈骗犯罪有关。综上,一审、二审法院认定范某某等人实施诈骗共19起的证据是确实、充分的。[参见第951指导案例,范裕榔等诈骗案,载《刑事审判参考》总第96集(2014年第1集),第92~93页。撰稿:蒋小美]

第二章　管　　辖

第十九条　【公检法三机关管辖分工】刑事案件的侦查由公安机关进行,法律另有规定的除外。

人民检察院在对诉讼活动实行法律监督中发现的司法工作人员利用职权实施的非法拘禁、刑讯逼供、非法搜查等侵犯公民权利、损害司法公正的犯罪,可以由人民检察院立案侦查。对于公安机关管辖的国家机关工作人员利用职权实施的重大犯罪案件,需要由人民检察院直接受理的时候,经省级以上人民检察院决定,可以由人民检察院立案侦查。

自诉案件,由人民法院直接受理。

■全国人民代表大会常务委员会法制工作委员会关于对"隐匿、销毁会计凭证、会计账簿、财务会计报告构成犯罪的主体范围"问题的答复意见(全文)(2002年1月14日)

根据刑事诉讼法第十八条关于刑事案件侦查管辖的规定,除法律规定的特定案件由人民检察院立案侦查以外,其他刑事案件的侦查应由公安机关进行。隐匿、销毁会计凭证、会计账簿、财务会计报告,构成犯罪的,应当由公安机关立案侦查。

■人民检察院刑事诉讼规则(2019年12月30日)

第十三条　人民检察院在对诉讼活动实行法律监督中发现的司法工作人员利用职权实施的非法

拘禁、刑讯逼供、非法搜查等侵犯公民权利、损害司法公正的犯罪,可以由人民检察院立案侦查。

对于公安机关管辖的国家机关工作人员利用职权实施的重大犯罪案件,需要由人民检察院直接受理的,经省级以上人民检察院决定,可以由人民检察院立案侦查。

第十四条　人民检察院办理直接受理侦查的案件,由设区的市级人民检察院立案侦查。基层人民检察院发现犯罪线索的,应当报设区的市级人民检察院决定立案侦查。

设区的市级人民检察院根据案件情况也可以将案件交由基层人民检察院立案侦查,或者要求基层人民检察院协助侦查。对于刑事执行派出检察院辖区内与刑事执行活动有关的犯罪线索,可以交由刑事执行派出检察院立案侦查。

最高人民检察院、省级人民检察院发现犯罪线索的,可以自行立案侦查,也可以将犯罪线索交由指定的省级人民检察院或者设区的市级人民检察院立案侦查。

第十五条　对本规则第十三条第二款规定的案件,人民检察院需要直接立案侦查的,应当层报省级人民检察院决定。

报请省级人民检察院决定立案侦查的案件,应当制作提请批准直接受理书,写明案件情况以及需要由人民检察院立案侦查的理由,并附有关材料。

省级人民检察院应当在收到提请批准直接受理书后十日以内作出是否立案侦查的决定。省级人民检察院可以决定由设区的市级人民检察院立案侦查,也可以自行立案侦查。

第十六条　上级人民检察院在必要的时候,可以直接立案侦查或者组织、指挥、参与侦查下级人民检察院管辖的案件。下级人民检察院认为案情重大、复杂,需要由上级人民检察院立案侦查的案件,可以请求移送上级人民检察院立案侦查。

第十七条　人民检察院办理直接受理侦查的案件,发现犯罪嫌疑人同时涉嫌监察机关管辖的职务犯罪线索的,应当及时与同级监察机关沟通。

经沟通,认为全案由监察机关管辖更为适宜的,人民检察院应当将案件和相应职务犯罪线索一并移送监察机关;认为由监察机关和人民检察院分别管辖更为适宜的,人民检察院应当将监察机关管辖的相应职务犯罪线索移送监察机关,对依法由人民检察院管辖的犯罪案件继续侦查。

人民检察院应当及时将沟通情况报告上一级人民检察院。沟通期间不得停止对案件的侦查。

第十八条　人民检察院办理直接受理侦查的案件涉及公安机关管辖的刑事案件,应当将属于公安机关管辖的刑事案件移送公安机关。如果涉嫌的主罪属于公安机关管辖,由公安机关为主侦查,人民检察院予以配合;如果涉嫌的主罪属于人民检察院管辖,由人民检察院为主侦查,公安机关予以配合。

对于一人犯数罪、共同犯罪、共同犯罪的犯罪嫌疑人还实施其他犯罪、多个犯罪嫌疑人实施的犯罪存在关联,并案处理有利于查明案件事实和诉讼进行的,人民检察院可以在职责范围内对相关犯罪案件并案处理。

第十九条　本规则第十三条规定的案件,由犯罪嫌疑人工作单位所在地的人民检察院管辖。如果由其他人民检察院管辖更为适宜的,可以由其他人民检察院管辖。

第二十条　对管辖不明确的案件,可以由有关人民检察院协商确定管辖。

■最高人民法院关于适用《中华人民共和国刑事诉讼法》的解释(2021年3月1日)

第一条　人民法院直接受理的自诉案件包括:

(一)告诉才处理的案件:

1. 侮辱、诽谤案(刑法第二百四十六条规定的,但严重危害社会秩序和国家利益的除外);

2. 暴力干涉婚姻自由案(刑法第二百五十七条第一款规定的);

3. 虐待案(刑法第二百六十条第一款规定的,但被害人没有能力告诉或者因受到强制、威吓无法告诉的除外);

4. 侵占案(刑法第二百七十条规定的)。

(二)人民检察院没有提起公诉,被害人有证据证明的轻微刑事案件:

1. 故意伤害案(刑法第二百三十四条第一款规定的);

2. 非法侵入住宅案(刑法第二百四十五条规定的);

3. 侵犯通信自由案(刑法第二百五十二条规定的);

4. 重婚案(刑法第二百五十八条规定的);

5. 遗弃案(刑法第二百六十一条规定的);

6. 生产、销售伪劣商品案(刑法分则第三章第一节规定的,但严重危害社会秩序和国家利益的除外);

7. 侵犯知识产权案(刑法分则第三章第七节规定的,但严重危害社会秩序和国家利益的除外);

8. 刑法分则第四章、第五章规定的,可能判处三年有期徒刑以下刑罚的案件。

本项规定的案件,被害人直接向人民法院起诉的,人民法院应当依法受理。对其中证据不足,可以由公安机关受理的,或者认为对被告人可能判处三年有期徒刑以上刑罚的,应当告知被害人向公安机关报案,或者移送公安机关立案侦查。

(三)被害人有证据证明对被告人侵犯自己人身、财产权利的行为应当依法追究刑事责任,且有证据证明曾经提出控告,而公安机关或者人民检察院不予追究被告人刑事责任的案件。

■公安机关办理刑事案件程序规定(2020年9月1日)

第七条　公安机关进行刑事诉讼,应当建立、完善和严格执行办案责任制度、执法过错责任追究制度等内部执法监督制度。

在刑事诉讼中,上级公安机关发现下级公安机关作出的决定或者办理的案件有错误的,有权予以撤销或者变更,也可以指令下级公安机关予以纠正。

下级公安机关对上级公安机关的决定必须执行,如果认为有错误,可以在执行的同时向上级公安机关报告。

第十二条　公安机关办理刑事案件,各地区、各部门之间应当加强协作和配合,依法履行协查、协办职责。

上级公安机关应当加强监督、协调和指导。

第十四条　根据刑事诉讼法的规定,除下列情形外,刑事案件由公安机关管辖:

(一)监察机关管辖的职务犯罪案件;

(二)人民检察院管辖的在对诉讼活动实行法律监督中发现的司法工作人员利用职权实施的非法拘禁、刑讯逼供、非法搜查等侵犯公民权利、损害司法公正的犯罪,以及经省级以上人民检察院决定立案侦查的公安机关管辖的国家机关工作人员利用职权实施的重大犯罪案件;

(三)人民法院管辖的自诉案件。对于人民法院直接受理的被害人有证据证明的轻微刑事案件,因证据不足驳回起诉,人民法院移送公安机关或者被害人向公安机关控告的,公安机关应当受理;被害人直接向公安机关控告的,公安机关应当受理;

(四)军队保卫部门管辖的军人违反职责的犯罪和军队内部发生的刑事案件;

(五)监狱管辖的罪犯在监狱内犯罪的刑事案件;

(六)海警部门管辖的海(岛屿)岸线以外我国管辖海域内发生的刑事案件。对于发生在沿海港岙口、码头、滩涂、台轮停泊点等区域的,由公安机关管辖;

(七)其他依照法律和规定应当由其他机关管辖的刑事案件。

第五十六条　辩护人或者其他任何人在刑事诉讼中,违反法律规定,实施干扰诉讼活动行为的,应当依法追究法律责任。

辩护人实施干扰诉讼活动行为,涉嫌犯罪,属于公安机关管辖的,应当由办理辩护人所承办案件的公安机关报请上一级公安机关指定其他公安机关立案侦查，或者由上一级公安机关立案侦查。不得指定原承办案件公安机关的下级公安机关立案侦查。辩护人是律师的，立案侦查的公安机关应当及时通知其所在的律师事务所、所属的律师协会以及司法行政机关。

■最高人民法院、最高人民检察院、公安部、国家安全部、司法部、全国人大常委会法制工作委员会关于实施刑事诉讼法若干问题的规定(2013年1月1日)

1. 公安机关侦查刑事案件涉及人民检察院管辖的贪污贿赂案件时，应当将贪污贿赂案件移送人民检察院；人民检察院侦查贪污贿赂案件涉及公安机关管辖的刑事案件，应当将属于公安机关管辖的刑事案件移送公安机关。在上述情况中，如果涉嫌主罪属于公安机关管辖，由公安机关为主侦查，人民检察院予以配合；如果涉嫌主罪属于人民检察院管辖，由人民检察院为主侦查，公安机关予以配合。

3. 具有下列情形之一的，人民法院、人民检察院、公安机关可以在其职责范围内并案处理：

(一)一人犯数罪的；

(二)共同犯罪的；

(三)共同犯罪的犯罪嫌疑人、被告人还实施其他犯罪的；

(四)多个犯罪嫌疑人、被告人实施的犯罪存在关联，并案处理有利于查明案件事实的。

■最高人民检察院、公安部关于公安机关办理经济犯罪案件的若干规定(2018年1月1日)**(见本书附录四十六)**

■最高人民法院、最高人民检察院、公安部、司法部关于办理黑社会性质组织犯罪案件若干问题的规定(2012年9月11日)

一、管辖

第一条 公安机关侦查黑社会性质组织犯罪案件时，对黑社会性质组织及其成员在多个地方实施的犯罪，以及其他与黑社会性质组织犯罪有关的犯罪，可以依照法律和有关规定一并立案侦查。对案件管辖有争议的，由共同的上级公安机关指定管辖。

并案侦查的黑社会性质组织犯罪案件，由侦查该案的公安机关所在地同级人民检察院一并审查批准逮捕、受理移送审查起诉，由符合审判级别管辖要求的人民法院审判。

第二条 公安机关、人民检察院、人民法院根据案件情况和需要，可以依法对黑社会性质组织犯罪案件提级管辖或者指定管辖。

提级管辖或者指定管辖的黑社会性质组织犯罪案件，由侦查该案的公安机关所在地同级人民检察院审查批准逮捕、受理移送审查起诉，由同级或者符合审判级别管辖要求的人民法院审判。

第三条 人民检察院对于公安机关提请批准逮捕、移送审查起诉的黑社会性质组织犯罪案件，人民法院对于已进入审判程序的黑社会性质组织犯罪案件，被告人及其辩护人提出管辖异议，或者办案单位发现没有管辖权的，受案人民检察院、人民法院经审查，可以依法报请与有管辖权的人民检察院、人民法院共同的上级人民检察院、人民法院指定管辖，不再自行移交。对于在审查批准逮捕阶段，上级检察机关已经指定管辖的案件，审查起诉工作由同一人民检察院受理。

第四条 公安机关侦查黑社会性质组织犯罪案件过程中，发现人民检察院管辖的贪污贿赂、渎职侵权犯罪案件线索的，应当及时移送人民检察院。人民检察院对于公安机关移送的案件线索应当及时依法进行调查或者立案侦查。人民检察院与公安机关应当相互及时通报案件进展情况。

第三十条 本规定自印发之日起施行。

■最高人民法院、最高人民检察院、公安部、司法部、民政部、原总政治部印发《关于处理移交政府管理的军队离休干部犯罪案件若干问题的规定》的通知(1991年10月17日)

一、案件的管辖与刑罚的执行

已移交政府管理的军队离休干部的犯罪案件，由地方公安机关、人民检察院、人民法院按照案件管辖范围受理。办案中,需要了解其在部队期间有关情况的,原部队应予以协助。对军队和地方互涉的案件,按照最高人民法院、最高人民检察院、公安部、原总政治部《关于军队和地方互涉案件几个问题的规定》(〈1982〉政联字8号)以及有关的补充规定办理。……

■最高人民检察院办公厅关于转发内蒙古自治区人民检察院《关于对集通铁路发生的刑事案件管辖问题补充请示的批复》的通知(全文)(2006年2月22日)

集通铁路系铁道部和内蒙古自治区人民政府共同投资兴建的全国最长的一条合资铁路。由于铁路点多线长,地区跨度较大,有关职务犯罪案件管辖问题较为复杂。经呼和浩特铁路运输检察分院请示,内蒙古自治区人民检察院商自治区高级人民法院后,批复同意集通铁路发生的属于检察机关直接受理侦查的案件由呼和浩特铁路运输检察机关管辖。

■最高人民法院、最高人民检察院、海关总署关于办理走私刑事案件适用法律若干问题的意见(2002年7月8日)

一、关于走私犯罪案件的管辖问题

根据刑事诉讼法的规定,走私犯罪案件由犯罪地的走私犯罪侦查机关立案侦查。走私犯罪案件复杂,环节多,其犯罪地可能涉及多个犯罪行为发生地,包括货物、物品的进口(境)地、出口(境)地、报关地、核销地等。如果发生刑法第一百五十四条、第一百五十五条规定的走私犯罪行为的,走私货物、物品的销售地、运输地、收购地和贩卖地均属于犯罪行为的发生地。对有多个走私犯罪行为发生地的,由最初受理的走私犯罪侦查机关或者由主要犯罪地的走私犯罪侦查机关管辖。对管辖有争议的,由共同的上级走私犯罪侦查机关指定管辖。

对发生在海(水)上的走私犯罪案件由该辖区的走私犯罪侦查机关管辖,但对走私船舶有跨辖区连续追缉情形的,由缉获走私船舶的走私犯罪侦查机关管辖。

人民检察院受理走私犯罪侦查机关提请批准逮捕、移送审查起诉的走私犯罪案件,人民法院审理人民检察院提起公诉的走私犯罪案件,按照《最高人民法院、最高人民检察院、公安部、司法部、海关总署关于走私犯罪侦查机关办理走私犯罪案件适用刑事诉讼程序若干问题的通知》(署侦〔1998〕742号)的有关规定执行。

■最高人民法院关于铁路运输法院案件管辖范围的若干规定(全文)(2012年8月1日)

第一条　铁路运输法院受理同级铁路运输检察院依法提起公诉的刑事案件。

下列刑事公诉案件,由犯罪地的铁路运输法院管辖:

(一)车站、货场、运输指挥机构等铁路工作区域发生的犯罪;

(二)针对铁路线路、机车车辆、通讯、电力等铁路设备、设施的犯罪;

(三)铁路运输企业职工在执行职务中发生的犯罪。

在列车上的犯罪,由犯罪发生后该列车最初停靠的车站所在地或者目的地的铁路运输法院管辖;但在国际列车上的犯罪,按照我国与相关国家签订的有关管辖协定确定管辖,没有协定的,由犯罪发生后该列车最初停靠的中国车站所在地或者目的地的铁路运输法院管辖。

第二条　本规定第一条第二、三款范围内发生的刑事自诉案件,自诉人向铁路运输法院提起自诉的,铁路运输法院应当受理。

第四条　铁路运输基层法院就本规定第一条至第三条所列案件作出的判决、裁定,当事人提起上诉或铁路运输检察院提起抗诉的二审案件,由相应的铁路运输中级法院受理。

第六条　各高级人民法院指定铁路运输法院受理案件的范围,报最高人民法院批准后实施。

第七条　本院以前作出的有关规定与本规定不一致的,以本规定为准。

本规定施行前,各铁路运输法院依照此前的规定已经受理的案件,不再调整。

■最高人民法院、最高人民检察院、中国海警局关于海上刑事案件管辖等有关问题的通知(全文)(2020年2月20日)

一、对海上发生的刑事案件,按照下列原则确定管辖:

(一)在中华人民共和国内水、领海发生的犯罪,由犯罪地或者被告人登陆地的人民法院管辖,如果由被告人居住地的人民法院审判更为适宜的,可以由被告人居住地的人民法院管辖;

(二)在中华人民共和国领域外的中国船舶内的犯罪,由该船舶最初停泊的中国口岸所在地或者被告人登陆地、入境地的人民法院管辖;

(三)中国公民在中华人民共和国领海以外的海域犯罪,由其登陆地、入境地、离境前居住地或者现居住地的人民法院管辖;被害人是中国公民的,也可以由被害人离境前居住地或者现居住地的人民法院管辖;

(四)外国人在中华人民共和国领海以外的海域对中华人民共和国国家或者公民犯罪,根据《中华人民共和国刑法》应当受到处罚的,由该外国人登陆地、入境地、入境后居住地的人民法院管辖,也可以由被害人离境前居住地或者现居住地的人民法院管辖;

(五)对中华人民共和国缔结或者参加的国际条约所规定的罪行,中华人民共和国在所承担的条约义务的范围内行使刑事管辖权的,由被告人被抓获地、登陆地或者入境地的人民法院管辖。

前款第一项规定的犯罪地包括犯罪行为发生地和犯罪结果发生地。前款第二项至第五项规定的入境地,包括进入我国陆地边境、领海以及航空器降落在我国境内的地点。

二、海上发生的刑事案件的立案侦查,由海警机构根据本通知第一条规定的管辖原则进行。

依据第一条规定确定的管辖地未设置海警机构的,由有关海警局商同级人民检察院、人民法院指定管辖。

三、沿海省、自治区、直辖市海警局办理刑事案件,需要提请批准逮捕或者移送起诉的,依法向所在地省级人民检察院提请或者移送。

沿海省、自治区、直辖市海警局下属海警局,中国海警局各分局、直属局办理刑事案件,需要提请批准逮捕或者移送起诉的,依法向所在地设区的市级人民检察院提请或者移送。

海警工作站办理刑事案件,需要提请批准逮捕或者移送起诉的,依法向所在地基层人民检察院提请或者移送。

四、人民检察院对于海警机构移送起诉的海上刑事案件,按照刑事诉讼法、司法解释以及本通知的有关规定进行审查后,认为应当由其他人民检察院起诉的,应当将案件移送有管辖权的人民检察院。

需要按照刑事诉讼法、司法解释以及本通知的有关规定指定审判管辖的,海警机构应当在移送起诉前向人民检察院通报,由人民检察院协商同级人民法院办理指定管辖有关事宜。

五、对人民检察院提起公诉的海上刑事案件,人民法院经审查认为符合刑事诉讼法、司法解释以及本通知有关规定的,应当依法受理。

六、海警机构办理刑事案件应当主动接受检察机关监督,与检察机关建立信息共享平台,定期向检察机关通报行政执法与刑事司法衔接,刑事立案、破案,采取强制措施等情况。

海警机构所在地的人民检察院依法对海警机构的刑事立案、侦查活动实行监督。

海警机构办理重大、疑难、复杂的刑事案件,可以商请人民检察院介入侦查活动,并听取人民检察院的意见和建议。人民检察院认为确有必要时,可以派员介入海警机构的侦查活动,对收集证据、适用法律提出意见,监督侦查活动是否合法,海警机构应当予以配合。

■最高人民法院、最高人民检察院、公安部、中国证监会关于办理证券期货违法犯罪案件工作若干问题的意见(全文)(2011年4月27日)

一、证券监管机构依据行政机关移送涉嫌犯罪案件的有关规定,在办理可能移送公安机关查处的证券期货违法案件过程中,经履行批准程序,可商请公安机关协助查询、复制被调查对象的户籍、出入境信息等资料,对有关涉案人员按照相关规定采取边控、报备措施。证券监管机构向公安机关提出请求时,应当明确协助办理的具体事项,提供案件情况及相关材料。

二、证券监管机构办理证券期货违法案件,案情重大、复杂、疑难的,可商请公安机关就案件性质、证据等问题提出参考意见;对有证据表明可能涉嫌犯罪的行为人可能逃匿或者销毁证据的,证券监管机构应当及时通知公安机关;涉嫌犯罪的,公安机关应当及时立案侦查。

三、证券监管机构与公安机关建立和完善协调会商机制。证券监管机构依据行政机关移送涉嫌犯罪案件的有关规定,在向公安机关移送重大、复杂、疑难的涉嫌证券期货犯罪案件前,应当启动协调会商机制,就行为性质认定、案件罪名适用、案件管辖等问题进行会商。

四、公安机关、人民检察院和人民法院在办理涉嫌证券期货犯罪案件过程中,可商请证券监管机构指派专业人员配合开展工作,协助查阅、复制有关专业资料。证券监管机构可以根据司法机关办案需要,依法就案件涉及的证券期货专业问题向司法机关出具认定意见。

五、司法机关对证券监管机构随案移送的物证、书证、鉴定结论、视听资料、现场笔录等证据要及时审查,作出是否立案的决定;随案移送的证据,经法定程序查证属实的,可作为定案的根据。

六、证券监管机构依据行政机关移送涉嫌犯罪案件的有关规定向公安机关移交证据,应当制作证据移交清单,双方经办人员应当签字确认,加盖公章,相关证据随证据移交清单一并移交。

七、对涉众型证券期货犯罪案件,在已收集的证据能够充分证明基本犯罪事实的前提下,公安机关可在被调查对象范围内按一定比例收集和调取书证、被害人陈述、证人证言等相关证据。

八、以证券交易所、期货交易所、证券登记结算机构、期货保证金监控机构以及证券公司、期货公司留存的证券期货委托记录和交易记录、登记存管结算资料等电子数据作为证据的,数据提供单位应以电子光盘或者其他载体记录相关原始数据,并说明制作方法、制作时间及制作人等信息,并由复制件制作人和原始电子数据持有人签名或盖章。

九、发行人、上市公司或者其他信息披露义务人在证券监管机构指定的信息披露媒体、信息披露义务人或证券交易所网站发布的信息披露公告,其打印件或据此制作的电子光盘,经核对无误后,说明其来源、制作人、制作时间、制作地点等的,可作为刑事证据使用,但有其他证据证明打印件或光盘内容与公告信息不一致的除外。

十、涉嫌证券期货犯罪的第一审案件,由中级人民法院管辖,同级人民检察院负责提起公诉,地(市)级以上公安机关负责立案侦查。

■最高人民法院、最高人民检察院关于贯彻执行《关于办理证券期货违法犯罪案件工作若干问题的意见》有关问题的通知(2012年3月14日)

一、《意见》第十条中的“证券期货犯罪”,是指刑法第一百六十条、第一百六十一条、第一百六十九条之一、第一百七十八条第二款、第一百七十九条、第一百八十条、第一百八十一条、第一百八十二条、第一百八十五条之一第一款规定的犯罪。

■最高人民法院、最高人民检察院、公安部关于信用卡诈骗犯罪管辖有关问题的通知(全文)(2011年8月8日)

对以窃取、收买等手段非法获取他人信用卡信息资料后在异地使用的信用卡诈骗犯罪案件,持卡人信用卡申领地的公安机关、人民检察院、人民法院可以依法立案侦查、起诉、审判。

■最高人民法院、最高人民检察院、公安部、国家安全监管总局关于依法加强对涉嫌犯罪的非法生产经营烟花爆竹行为刑事责任追究的通知(2012年9月6日)

二、各相关行政执法部门在查处非法生产、经营烟花爆竹行为过程中,发现涉嫌犯罪,依法需要追究刑事责任的,应当依照《行政执法机关移送涉嫌犯罪案件的规定》(国务院令第310号)向公安机关移送,并配合公安机关做好立案侦查工作。公安机关应当依法对相关行政执法部门移送的涉嫌犯罪案件进行审查,认为有犯罪事实,需要追究刑事责任的,应当依法立案,并书面通知移送案件的部门;认为不需要追究刑事责任的,应当说明理由,并书面通知移送案件的部门。公安机关在治安管理工作中,发现非法生产、经营烟花爆竹行为涉嫌犯罪的,应当依法立案侦查。

■最高人民法院、最高人民检察院、公安部、国土资源部关于在查处国土资源违法犯罪工作中加强协作配合的若干意见(2008年9月28日)

五、……国土资源行政主管部门发现国家机关工作人员有非法批准征用、占用土地、非法低价出让国有土地使用权以及其他贪污贿赂、渎职等行为,达到刑事追诉标准、涉嫌犯罪的,要依法及时向人民检察院移送;发现单位或者个人有非法转让、倒卖土地使用权、非法占用农用地、非法采矿、破坏性采矿等行为,达到刑事追诉标准、涉嫌犯罪的,要依法及时向公安机关移送。

■国家林业局、公安部关于森林和陆生野生动物刑事案件管辖及立案标准(全文)(2001年5月9日)

一、森林公安机关管辖在其辖区内发生的刑法规定的下列森林和陆生野生动物刑事案件

(一)盗伐林木案件(第三百四十五条第一款);

(二)滥伐林木案件(第三百四十五条第二款);

(三)非法收购盗伐、滥伐的林木案件(第三百四十五条第三款);

(四)非法采伐、毁坏珍贵树木案件(第三百四十四条);

(五)走私珍稀植物、珍稀植物制品案件(第一百五十一条第三款);

(六)放火案件中,故意放火烧毁森林或者其他林木的案件(第一百一十四条、第一百一十五条第一款);

(七)失火案件中,过失烧毁森林或者其他林木的案件(第一百一十五条第二款);

(八)聚众哄抢案件中,哄抢林木的案件(第二百六十八条);

(九)破坏生产经营案件中,故意毁坏用于造林、育林、护林和木材生产的机械设备或者以其他方法破坏林业生产经营的案件(第二百七十六条);

(十)非法猎捕、杀害珍贵、濒危陆生野生动物案件(第三百四十一条第一款);

(十一)非法收购、运输、出售珍贵、濒危陆生野生动物、珍贵、濒危陆生野生动物制品案件(第三百四十一条第一款);

(十二)非法狩猎案件(第三百四十一条第二款);

(十三)走私珍贵陆生野生动物、珍贵陆生野生动物制品案件(第一百五十一条第二款);

(十四)非法经营案件中,买卖《允许进口证明书》《允许出口证明书》《允许再出口证明书》、进出口原产地证明及国家机关批准的其他关于林业和陆生野生动物的经营许可证明文件的案件(第二百二十五条第二项);

(十五)伪造、变造、买卖国家机关公文、证件案件中,伪造、变造、买卖林木和陆生野生动物允许进出口证明书、进出口原产地证明、狩猎证、特许猎捕证、驯养繁殖许可证、林木采伐许可证、木材运输证明、森林、林木、林地权属证书、征用或者占用林地审核同意书、育林基金等缴费收据以及由国家机关批准的其他关于林业和陆生野生动物公文、证件的案件(第二百八十条第一、二款);

(十六)盗窃案件中,盗窃国家、集体、他人所有并已经伐倒的树木、偷砍他人房前屋后、自留地种植的零星树木、以谋取经济利益为目的非法实施采种、采脂、挖笋、掘根、剥树皮等以及盗窃国家重点保护陆生野生动物或其制品的案件(第二百六十四条);

(十七)抢劫案件中,抢劫国家重点保护陆生野生动物或其制品的案件(第二百六十三条);

(十八)抢夺案件中,抢夺国家重点保护陆生野生动物或其制品的案件(第二百六十七条);

(十九)窝藏、转移、收购、销售赃物案件中,涉及被盗伐滥伐的木材、国家重点保护陆生野生动物或其制品的案件(第三百一十二条);

未建立森林公安机关的地方,上述案件由地方公安机关负责查处。

二、(十二)盗窃、抢夺、抢劫案、窝藏、转移、收购、销售赃物案、破坏生产经营案、聚众哄抢案、非法经营案、伪造变造买卖国家机关公文、证件案,执行相应的立案标准。

三、其他规定

(一)林区与非林区的划分,执行各省、自治区、直辖市人民政府的规定。

(二)林木的数量,以立木蓄积计算。

(三)对于一年内多次盗伐、滥伐少量林木未经处罚的,累计其盗伐林木、滥伐林木的数量。

(四)被盗伐、滥伐林木的价值,有国家规定价格的,按国家规定价格计算;没有国家规定价格的,按主管部门规定的价格计算;没有国家或者主管部门规定价格的,按市场价格计算;进入流通领域的,按实际销售价格计算;实际销售价格低于国家或者主管部门规定价格的,按国家或者主管部门规定的价格计算;实际销售价格低于市场价格,又没有国家或者主管部门规定价格的,按市场价格计算,不能按低价销赃的价格计算。

(五)非法猎捕、杀害、收购、运输、出售、走私《濒危野生动植物种国际贸易公约》附录一、附录二所列陆生野生动物的,其立案标准参照附表中同属或者同科的国家一、二级保护野生动物的立案标准执行。

(六)珍贵、濒危陆生野生动物制品的价值,依照国家野生动物行政主管部门的规定核定;核定价值低于实际交易价格的,以实际交易价格认定。

(七)单位作案的,执行本规定的立案标准。

(八)本规定中所指的"以上",均包括本数在内。

(九)各省、自治区、直辖市公安厅、局和林业主管部门可根据本地的实际情况,在本规定的幅度内确定本地区盗伐林木案、滥伐林木案和非法狩猎案的立案起点及重大、特别重大案件的起点。

(十)盗伐、滥伐竹林或者其他竹子的立案标准,由各省、自治区、直辖市公安厅、局和林业主管部门根据竹子的经济价值参照盗伐、滥伐林木案的立案标准确定。

(十一)本规定自发布之日起执行。1986年8月20日发布的《林业部、公安部关于森林案件管辖范围及森林刑事案件立案标准的暂行规定》和1994年5月25日发布的《林业部、公安部关于陆生野生动物刑事案件的管辖及其立案标准的规定》同时废止。

■最高人民检察院关于走私犯罪侦查机关提请批准逮捕和移送审查起诉的案件由分、州、市级人民检察院受理的通知(全文)(1999年2月3日)

一、根据《通知》〔《最高人民法院、最高人民检察院、公安部、司法部、海关总署关于走私犯罪侦查机关办理走私犯罪案件适用刑事诉讼程序若干问题的通知》(本附文以下简称《通知》)〕关于走私犯罪侦查分局(设在直属海关)、走私犯罪侦查支局(设在隶属海关)负责向人民检察院提请批准逮捕和移送起诉工作的规定,走私犯罪侦查分局、支局所在地的分、州、市级人民检察院负责受理走私犯罪侦查机关向人民检察院提请批准逮捕和移送起诉的案件。

二、走私犯罪侦查中队(设在隶属海关下一级海关)侦查的案件,应当报请走私犯罪侦查支局或者分局向所在地的分、州、市级人民检察院提请批准逮捕和移送起诉,受理的人民检察院应当将有关法律文书送达移送案件的走私犯罪侦查分局或者支局。

三、走私犯罪侦查局直接办理的案件,交由案件发生地的走私犯罪侦查分局向所在地的分、州、市级人民检察院提请批准逮捕和移送审查起诉,受理的人民检察院应当将有关法律文书送达移送案件的走私犯罪侦查分局。

四、人民检察院对走私犯罪侦查机关移送起诉的案件经审查决定起诉的，应当向本地中级人民法院提起公诉。

五、人民检察院对于走私犯罪侦查机关移送起诉的走私案件，经审查决定不起诉的，应当依照《中华人民共和国刑事诉讼法》的规定移送相应的海关处理，同时将不起诉决定书送达移送案件的走私犯罪侦查机关。

六、走私犯罪侦查机关建立有看守所的，由看守所所在地的分、州、市级人民检察院履行法律监督职责。

七、省级人民检察院根据办案需要，可以按照与审判管辖相适应的原则，指定本地区有关分、州、市级人民检察院受理走私犯罪侦查机关提请批准逮捕和移送起诉的案件。

■最高人民法院关于在审理经济纠纷案件中涉及经济犯罪嫌疑若干问题的规定(2020年12月29日)

第十条　人民法院在审理经济纠纷案件中，发现与本案有牵连，但与本案不是同一法律关系的经济犯罪嫌疑线索、材料，应将犯罪嫌疑线索、材料移送有关公安机关或检察机关查处，经济纠纷案件继续审理。

第十一条　人民法院作为经济纠纷受理的案件，经审理认为不属经济纠纷案件而有经济犯罪嫌疑的，应当裁定驳回起诉，将有关材料移送公安机关或检察机关。

第十二条　人民法院已立案审理的经济纠纷案件，公安机关或检察机关认为有经济犯罪嫌疑，并说明理由附有关材料函告受理该案的人民法院的，有关人民法院应当认真审查。经过审查，认为确有经济犯罪嫌疑的，应当将案件移送公安机关或检察机关，并书面通知当事人，退还案件受理费；如认为确属经济纠纷案件的，应当依法继续审理，并将结果函告有关公安机关或检察机关。

■行政执法机关移送涉嫌犯罪案件的规定(2020年8月7日修订)

第十九条　行政执法机关在依法查处违法行为过程中，发现公职人员有贪污贿赂、失职渎职或者利用职权侵犯公民人身权利和民主权利等违法行为，涉嫌构成职务犯罪的，应当依照刑法、刑事诉讼法、监察法等法律规定及时将案件线索移送监察机关或者人民检察院处理。

■安全生产行政执法与刑事司法衔接工作办法(全文)(2019年4月16日)

第一章　总则

第一条　为了建立健全安全生产行政执法与刑事司法衔接工作机制，依法惩治安全生产违法犯罪行为，保障人民群众生命财产安全和社会稳定，依据《中华人民共和国刑法》《中华人民共和国刑事诉讼法》《中华人民共和国安全生产法》《中华人民共和国消防法》和《行政执法机关移送涉嫌犯罪案件的规定》《生产安全事故报告和调查处理条例》《最高人民法院最高人民检察院关于办理危害生产安全刑事案件适用法律若干问题的解释》等法律、行政法规、司法解释及有关规定，制定本办法。

第二条　本办法适用于应急管理部门、公安机关、人民法院、人民检察院办理的涉嫌安全生产犯罪案件。

应急管理部门查处违法行为时发现的涉嫌其他犯罪案件，参照本办法办理。

本办法所称应急管理部门，包括煤矿安全监察机构、消防机构。

属于《中华人民共和国监察法》规定的公职人员在行使公权力过程中发生的依法由监察机关负责调查的涉嫌安全生产犯罪案件，不适用本办法，应当依法及时移送监察机关处理。

第三条　涉嫌安全生产犯罪案件主要包括下列案件：

(一)重大责任事故案件；

(二)强令违章冒险作业案件；

(三)重大劳动安全事故案件；

(四)危险物品肇事案件;

(五)消防责任事故、失火案件;

(六)不报、谎报安全事故案件;

(七)非法采矿,非法制造、买卖、储存爆炸物,非法经营,伪造、变造、买卖国家机关公文、证件、印章等涉嫌安全生产的其他犯罪案件。

第四条　人民检察院对应急管理部门移送涉嫌安全生产犯罪案件和公安机关有关立案活动,依法实施法律监督。

第五条　各级应急管理部门、公安机关、人民检察院、人民法院应当加强协作,统一法律适用,不断完善案件移送、案情通报、信息共享等工作机制。

第六条　应急管理部门在行政执法过程中发现行使公权力的公职人员涉嫌安全生产犯罪的问题线索,或者应急管理部门、公安机关、人民检察院在查处有关违法犯罪行为过程中发现行使公权力的公职人员涉嫌贪污贿赂、失职渎职等职务违法或者职务犯罪的问题线索,应当依法及时移送监察机关处理。

第二章　日常执法中的案件移送与法律监督

第七条　应急管理部门在查处违法行为过程中发现涉嫌安全生产犯罪案件的,应当立即指定2名以上行政执法人员组成专案组专门负责,核实情况后提出移送涉嫌犯罪案件的书面报告。应急管理部门正职负责人或者主持工作的负责人应当自接到报告之日起3日内作出批准移送或者不批准移送的决定。批准移送的,应当在24小时内向同级公安机关移送;不批准移送的,应当将不予批准的理由记录在案。

第八条　应急管理部门向公安机关移送涉嫌安全生产犯罪案件,应当附下列材料,并将案件移送书抄送同级人民检察院。

(一)案件移送书,载明移送案件的应急管理部门名称、违法行为涉嫌犯罪罪名、案件主办人及联系电话等。案件移送书应当附移送材料清单,并加盖应急管理部门公章;

(二)案件调查报告,载明案件来源、查获情况、嫌疑人基本情况、涉嫌犯罪的事实、证据和法律依据、处理建议等;

(三)涉案物品清单,载明涉案物品的名称、数量、特征、存放地等事项,并附采取行政强制措施、现场笔录等表明涉案物品来源的相关材料;

(四)附有鉴定机构和鉴定人资质证明或者其他证明文件的检验报告或者鉴定意见;

(五)现场照片、询问笔录、电子数据、视听资料、认定意见、责令整改通知书等其他与案件有关的证据材料。

对有关违法行为已经作出行政处罚决定的,还应当附行政处罚决定书。

第九条　公安机关对应急管理部门移送的涉嫌安全生产犯罪案件,应当出具接受案件的回执或者在案件移送书的回执上签字。

第十条　公安机关审查发现移送的涉嫌安全生产犯罪案件材料不全的,应当在接受案件的24小时内书面告知应急管理部门在3日内补正。

公安机关审查发现涉嫌安全生产犯罪案件移送材料不全、证据不充分的,可以就证明有犯罪事实的相关证据要求等提出补充调查意见,由移送案件的应急管理部门补充调查。根据实际情况,公安机关可以依法自行调查。

第十一条　公安机关对移送的涉嫌安全生产犯罪案件,应当自接受案件之日起3日内作出立案或者不予立案的决定;涉嫌犯罪线索需要查证的,应当自接受案件之日起7日内作出决定;重大疑难复杂案件,经县级以上公安机关负责人批准,可以自受案之日起30日内作出决定。依法不予立案的,应当说明理由,相应退回案件材料。

对属于公安机关管辖但不属于本公安机关管辖的案件,应当在接受案件后24小时内移送有管辖权的公安机关,并书面通知移送案件的应急管理部门,抄送同级人民检察院。对不属于公安机关管辖的案件,应当在24小时内退回移送案件的应急管理部门。

第十二条　公安机关作出立案、不予立案决定的,应当自作出决定之日起3日内书面通知应急管理部门,并抄送同级人民检察院。

对移送的涉嫌安全生产犯罪案件,公安机关立案后决定撤销案件的,应当将撤销案件决定书送达移送案件的应急管理部门,并退回案卷材料。对依法应当追究行政法律责任的,可以同时提出书面建议。有关撤销案件决定书应当抄送同级人民检察院。

第十三条　应急管理部门应当自接到公安机关立案通知书之日起3日内将涉案物品以及与案件有关的其他材料移交公安机关,并办理交接手续。

对保管条件、保管场所有特殊要求的涉案物品,可以在公安机关采取必要措施固定留取证据后,由应急管理部门代为保管。应急管理部门应当妥善保管涉案物品,并配合公安机关、人民检察院、人民法院在办案过程中对涉案物品的调取、使用及鉴定等工作。

第十四条　应急管理部门接到公安机关不予立案的通知书后,认为依法应当由公安机关决定立案的,可以自接到不予立案通知书之日起3日内提请作出不予立案决定的公安机关复议,也可以建议人民检察院进行立案监督。

公安机关应当自收到提请复议的文件之日起3日内作出复议决定,并书面通知应急管理部门。应急管理部门对公安机关的复议决定仍有异议的,应当自收到复议决定之日起3日内建议人民检察院进行立案监督。

应急管理部门对公安机关逾期未作出是否立案决定以及立案后撤销案件决定有异议的,可以建议人民检察院进行立案监督。

第十五条　应急管理部门建议人民检察院进行立案监督的,应当提供立案监督建议书、相关案件材料,并附公安机关不予立案通知、复议维持不予立案通知或者立案后撤销案件决定及有关说明理由材料。

第十六条　人民检察院应当对应急管理部门立案监督建议进行审查,认为需要公安机关说明不予立案、立案后撤销案件的理由的,应当要求公安机关在7日内说明理由。公安机关应当书面说明理由,回复人民检察院。

人民检察院经审查认为公安机关不予立案或者立案后撤销案件理由充分,符合法律规定情形的,应当作出支持不予立案、撤销案件的检察意见。认为有关理由不能成立的,应当通知公安机关立案。

公安机关收到立案通知书后,应当在15日内立案,并将立案决定书送达人民检察院。

第十七条　人民检察院发现应急管理部门不移送涉嫌安全生产犯罪案件的,可以派员查询、调阅有关案件材料,认为应当移送的,应当提出检察意见。应急管理部门应当自收到检察意见后3日内将案件移送公安机关,并将案件移送书抄送人民检察院。

第十八条　人民检察院对符合逮捕、起诉条件的犯罪嫌疑人,应当依法批准逮捕、提起公诉。

人民检察院对决定不起诉的案件,应当自作出决定之日起3日内,将不起诉决定书送达公安机关和应急管理部门。对依法应当追究行政法律责任的,可以同时提出检察意见,并要求应急管理部门及时通报处理情况。

第三章　事故调查中的案件移送与法律监督

第十九条　事故发生地有管辖权的公安机关根据事故的情况,对涉嫌安全生产犯罪的,应当依法立案侦查。

第二十条　事故调查中发现涉嫌安全生产犯罪的,事故调查组或者负责火灾调查的消防机构应当及时将有关材料或者其复印件移交有管辖权的公安机关依法处理。

事故调查过程中,事故调查组或者负责火灾调查的消防机构可以召开专题会议,向有管辖权的公安机关通报事故调查进展情况。

有管辖权的公安机关对涉嫌安全生产犯罪案件立案侦查的,应当在3日内将立案决定书抄送同级应急管理部门、人民检察院和组织事故调查的应急管理部门。

第二十一条　对有重大社会影响的涉嫌安全生产犯罪案件,上级公安机关采取挂牌督办、派员参与等方法加强指导和督促,必要时,可以按照有关规定直接组织办理。

第二十二条　组织事故调查的应急管理部门及同级公安机关、人民检察院对涉嫌安全生产犯罪案件的事实、性质认定、证据采信、法律适用以及责任追究有意见分歧的,应当加强协调沟通。必要时,可以就法律适用等方面问题听取人民法院意见。

第二十三条　对发生一人以上死亡的情形,经依法组织调查,作出不属于生产安全事故或者生产安全责任事故的书面调查结论的,应急管理部门应当将该调查结论及时抄送同级监察机关、公安机关、人民检察院。

第四章　证据的收集与使用

第二十四条　在查处违法行为的过程中,有关应急管理部门应当全面收集、妥善保存证据材料。对容易灭失的痕迹、物证,应当采取措施提取、固定;对查获的涉案物品,如实填写涉案物品清单,并按照国家有关规定予以处理;对需要进行检验、鉴定的涉案物品,由法定检验、鉴定机构进行检验、鉴定,并出具检验报告或者鉴定意见。

在事故调查的过程中,有关部门根据有关法律法规的规定或者事故调查组的安排,按照前款规定收集、保存相关的证据材料。

第二十五条　在查处违法行为或者事故调查的过程中依法收集制作的物证、书证、视听资料、电子数据、检验报告、鉴定意见、勘验笔录、检查笔录等证据材料以及经依法批复的事故调查报告,在刑事诉讼中可以作为证据使用。

事故调查组依照有关规定提交的事故调查报告应当由其成员签名。没有签名的,应当予以补正或者作出合理解释。

第二十六条　当事人及其辩护人、诉讼代理人对检验报告、鉴定意见、勘验笔录、检查笔录等提出异议,申请重新检验、鉴定、勘验或者检查的,应当说明理由。人民法院经审理认为有必要的,应当同意。人民法院同意重新鉴定申请的,应当及时委托鉴定,并将鉴定意见告知人民检察院、当事人及其辩护人、诉讼代理人;也可以由公安机关自行或者委托相关机构重新进行检验、鉴定、勘验、检查等。

第五章　协作机制

第二十七条　各级应急管理部门、公安机关、人民检察院、人民法院应当建立安全生产行政执法与刑事司法衔接长效工作机制。明确本单位的牵头机构和联系人,加强日常工作沟通与协作。定期召开联席会议,协调解决重要问题,并以会议纪要等方式明确议定事项。

各省、自治区、直辖市应急管理部门、公安机关、人民检察院、人民法院应当每年定期联合通报辖区内有关涉嫌安全生产犯罪案件移送、立案、批捕、起诉、裁判结果等方面信息。

第二十八条　应急管理部门对重大疑难复杂案件,可以就刑事案件立案追诉标准、证据的固定和保全等问题咨询公安机关、人民检察院;公安机关、人民检察院可以就案件办理中的专业性问题咨询应急管理部门。受咨询的机关应当及时答复;书面咨询的,应当在7日内书面答复。

第二十九条　人民法院应当在有关案件的判决、裁定生效后,按照规定及时将判决书、裁定书在互联网公布。适用职业禁止措施的,应当在判决、裁定生效后10日内将判决书、裁定书送达罪犯居住地的县级应急管理部门和公安机关，同时抄送罪犯居住地的县级人民检察院。具有国家工作人员身份的，应当将判决书、裁定书送达罪犯原所在单位。

第三十条 人民检察院、人民法院发现有关生产经营单位在安全生产保障方面存在问题或者有关部门在履行安全生产监督管理职责方面存在违法、不当情形的，可以发出检察建议、司法建议。有关生产经营单位或者有关部门应当按规定及时处理，并将处理情况书面反馈提出建议的人民检察院、人民法院。

第三十一条 各级应急管理部门、公安机关、人民检察院应当运用信息化手段，逐步实现涉嫌安全生产犯罪案件的网上移送、网上受理和网上监督。

第六章 附则

第三十二条 各省、自治区、直辖市的应急管理部门、公安机关、人民检察院、人民法院可以根据本地区实际情况制定实施办法。

第三十三条 本办法自印发之日起施行。

■公安部关于妨害国(边)境管理犯罪案件立案标准及有关问题的通知(2000年3月31日)

二、案件管辖分工

(一)《刑法》规定的组织他人偷越国(边)境案、运送他人偷越国(边)境案、偷越国(边)境案和破坏界碑、界桩案由公安机关边防部门管辖。边境管理区和沿海地区(限于地、市行政辖区)以外发生的上述案件由刑事侦查部门管辖。刑事侦查部门管辖骗取出境证件案、提供伪造、变造的出入境证件案、出售出入境证件案和破坏永久性测量标志案。

(二)县(市)级公安机关边防大队、刑事侦查部门在所属公安机关的领导下，按管辖分工具体承办发生在本管辖区域内的妨害国(边)境管理犯罪案件；地(市)级域上公安机关边防支队、刑事侦查部门及海警支队负责侦查重大涉外妨害国(边)境管理犯罪案件、重大集团犯罪案件和下级单位侦查有困难的犯罪案件，其中，省级以上公安机关边防部门、刑事侦查部门主要负责协调、组织、指挥侦查跨区域妨害国(边)境管理犯罪案件。

(三)办理案件的单位要及时将妨害国(边)境管理人员情况通报其户籍所在地县(市)公安边防大队，妨害国(边)境管理人员的户口在边境管理区和沿海地区以外的，办案单位要通报其户籍所在地县(市)公安局。

■最高人民检察院关于新疆生产建设兵团各级人民检察院案件管辖权的规定(全文)(2001年6月21日)

一、兵团所属的国家工作人员职务犯罪案件，属检察机关管辖的，由兵团检察机关立案侦查。

二、兵团各级检察机关的案件管辖范围，由兵团人民检察院依照《刑事诉讼法》、《人民检察院刑事诉讼规则》以及最高人民检察院其他有关案件管辖问题的规定另行规定。

三、兵团检察机关直接立案侦查的案件侦查终结后，依照刑事诉讼法有关管辖的规定，由与审判管辖相适应的兵团检察机关或者地方检察机关审查起诉。

四、对于兵团所属的国家工作人员与地方国家工作人员共同实施的职务犯罪案件，依据主要犯罪地或者在共同犯罪中起主要作用的犯罪嫌疑人工作单位所在地确定侦查管辖。侦查终结后，由与审判管辖相适应的兵团检察机关或者地方检察机关审查起诉。

五、发生在垦区内的案件，由兵团检察机关依照刑事诉讼法关于管辖的规定审查起诉。

六、兵团单位发生贪污贿赂、渎职等职务犯罪案件以外的其他刑事案件，所在城区未设兵团检察分院和基层检察院的，由地方人民检察院依照刑事诉讼法的有关规定审查逮捕、审查起诉。

七、根据宪法和法律关于上级检察机关领导下级检察机关的规定，兵团检察机关与新疆地方检察机关对案件管辖有争议的，由自治区人民检察院决定。

■**最高人民法院关于新疆生产建设兵团人民法院案件管辖权问题的若干规定(2005年6月6日)**

第一条 新疆生产建设兵团基层人民法院和中级人民法院分别行使地方基层人民法院和中级人民法院的案件管辖权,管辖兵团范围内的各类案件。

新疆维吾尔自治区高级人民法院生产建设兵团分院管辖原应当由高级人民法院管辖的兵团范围内的第一审案件、上诉案件和其他案件,其判决和裁定是新疆维吾尔自治区高级人民法院的判决和裁定。但兵团各中级人民法院判处死刑(含死缓)的案件的上诉案件以及死刑复核案件由新疆维吾尔自治区高级人民法院管辖。

第二条 兵团人民检察院提起公诉的第一审刑事案件,由兵团人民法院管辖。

兵团人民法院对第一审刑事自诉案件、第二审刑事案件以及再审刑事案件的管辖,适用刑事诉讼法的有关规定。

第五条 兵团人民法院管辖兵团范围内发生的涉外案件。新疆维吾尔自治区高级人民法院生产建设兵团分院根据最高人民法院的有关规定确定管辖涉外案件的兵团法院。

第六条 兵团各级人民法院与新疆维吾尔自治区地方各级人民法院之间因管辖权发生争议的,由争议双方协商解决;协商不成的,报请新疆维吾尔自治区高级人民法院决定管辖。

第七条 新疆维吾尔自治区高级人民法院生产建设兵团分院所管辖第一审案件的上诉法院是最高人民法院。

第八条 对于新疆维吾尔自治区高级人民法院生产建设兵团分院审理再审案件所作出的判决、裁定,新疆维吾尔自治区高级人民法院不再进行再审。

第九条 本规定自发布之日起实施。人民法院关于兵团人民法院案件管辖的其他规定与本规定不一致的,以本规定为准。

■**公安部、审计署关于建立案件移送制度和加强工作协作配合的通知(全文)(2000年4月27日)**

一、建立健全案件移送制度。审计机关在审计过程中,发现被审计单位或者有关责任人员有犯罪嫌疑,属于公安机关管辖刑事案件范围(见附件1)的,应当填写《审计机关移送处理书》(见附件2),连同案件有关证据材料一并及时移送同级公安机关。公安机关对于审计机关移送的犯罪案件线索,应当填写《审计机关移送处理书送达回执》(见附件3),予以接受,并迅速进行审查。审查后,及时将立案的决定或者不立案的理由通知移送犯罪案件线索的审计机关,并将不立案的案件有关材料退还审计机关。经审查,对于属于其他公安机关管辖范围的犯罪案件,应当在24小时内,转送有关公安机关,并告知移送犯罪案件线索的审计机关。接受转送的公安机关经过审查后,应当将是否立案的决定及时通知移送犯罪案件线索的审计机关。审计机关对公安机关不立案的决定有异议的,可以提请公安机关进行复查;公安机关应当复查,并将复查结果通知审计机关。

公安机关对接受的犯罪案件线索立案侦查终结,移送检察机关审查起诉后,应当及时通知移送犯罪案件线索的审计机关。

公安机关在侦查活动中,发现有关单位有违反国家规定的财政、财务收支行为,属于审计机关的审计监督范围(见附件4)的,应当将违法行为线索移送审计机关处理。审计机关应当及时向公安机关通报处理结果。

二、加强办案协调与配合。审计机关和公安机关在查处经济违法犯罪案件工作中,要本着各司其职、通力合作的原则,互相支持,互相配合。为加强联系,有利工作,各级审计机关和公安机关要经常交流、通报情况,也可以根据需要建立联席会议制度,研究解决工作中存在的问题。审计机关在审计过程中,发现被审计单位或者有关责任人员有犯罪的重大嫌疑,并且有毁灭、伪造证据或者串供可能,或者企图自杀、逃跑或者在逃等情况,需要采取紧急措施的,应当立即报告公安机关,公安机关应当及时予以处置。公安机关在查处经济犯罪案件过程中,需要审计机关协助查证的,审计机关应当予以配合。

三、突出重点，加强对大案要案的查处。各级审计机关和公安机关应当充分发挥各自的优势，加强协作配合，加大打击力度，重点揭露走私，妨害对公司、企业的管理秩序，破坏金融管理秩序，金融诈骗，危害税收征管，扰乱市场秩序和侵犯财产等类案件，并依法进行严肃处理。审计机关对涉嫌犯罪的，要及时移送有管辖权的公安机关处理。各级公安机关对审计机关移送的犯罪案件线索，要集中优势警力，运用多种侦查手段，快侦快破，及时查处。

四、严格依法办案。在查处经济违法犯罪案件过程中，各级审计机关和公安机关应当严格依照法定的职责、权限和程序，严格区分罪与非罪，既要防止以罚代刑，降格处理，又要防止扩大打击面。

五、各级审计机关和公安机关应当严格按照本通知的规定执行。在执行过程中遇到的问题，请分别报审计署、公安部。

■最高人民检察院、公安部、国土资源部、海关总署、国家税务总局、国家环境保护总局、国家工商行政管理局、国家林业局、国家质量技术监督局、国家保密局关于在查办渎职案件中加强协调配合建立案件移送制度的意见（全文）（1999年12月30日）

一、在查办渎职案件工作中，检察机关与各部门之间要加强联系、协调和配合，根据情况可采取不同形式互通信息，研究问题，交换意见。

二、公安、国土资源等部门发现或经调查，认为本部门工作人员触犯《中华人民共和国刑法》分则第九章中有关条款的规定，涉嫌渎职犯罪，需要追究刑事责任的案件，应将有关材料移送相应的检察机关，发现其他国家机关工作人员的渎职犯罪案件线索，也应将有关材料移送相应的检察机关。

三、检察机关对公安、国土资源等部门移送的材料要及时审查，决定是否立案。对决定立案的案件，检察机关应及时将立案情况通知移送单位。对决定不予立案的，应制作不立案通知书，写明不立案的原因和法律依据，送达移送单位，并退还有关材料。移送单位对不立案决定有异议的，可以在收到不立案通知书的十日以内向检察机关申请复议，检察机关应当在收到复议申请的三十日以内作出复议决定，并将复议决定书送达申请复议单位。

四、检察机关接受群众举报或侦查中自行发现的公安、国土资源等部门工作人员的渎职案件，经查认为涉嫌渎职犯罪的，应向有关单位通报，并请求提供相关材料和协助侦查，有关单位应当协助。

五、检察机关对经过初查或侦查，认为不需要追究刑事责任，未予立案或在立案后作出撤销或不起诉决定的案件，可与相关单位交换意见。对认为应当追究党纪政纪责任的，应提出检察建议连同有关材料一起移送相应单位的纪检监察部门处理。对其中涉及领导干部的渎职案件，应按干部管理权限的规定，将检察建议和有关材料移送相应主管机关处理。对需要给予行政处罚、行政处分或者需要没收其违法所得的，应提出检察意见，移送有关主管机关处理。移送情况应向发案单位通报。

六、检察机关在查办公安、国土资源等部门工作人员的渎职犯罪案件中，如发现发案单位和相关部门在管理和制度等方面存在漏洞，需要进行整改的，应提出检察建议。发案单位和相关部门在接到检察机关提出的检察意见或检察建议后，应认真处理或整改，并将处理和整改情况向检察机关反馈。

七、检察机关与联合制定本意见之外的其他部门在查办渎职案件工作中的协调配合和案件的移送，参照此规定执行。

■最高人民法院、最高人民检察院、公安部关于旅客列车上发生的刑事案件管辖问题的通知（2001年8月23日）

一、旅客列车上发生的刑事案件，由负责该车乘务的乘警队所属的铁路公安机关立案，列车乘警应及时收集案件证据，填写有关法律文书。对于已经查获犯罪嫌疑人的，列车乘警应对犯罪嫌疑人认真盘查，制作盘查笔录。对被害人、证人要进行询问，制作询问笔录，或者由被害人、证人书写被害经过、证言。取证结束后，列车乘警应当将犯罪嫌疑人及盘查笔录、被害人、证人的证明材料以及其他与案件有关证据一并移交前方停车站铁路公安机关。对于未查获犯罪嫌疑人的案件，列车乘警应当及时收集案件线索及证据，并由负责该车乘务的乘警队所属的铁路公安机关继续侦查。

二、车站铁路公安机关对于法律手续齐全并附有相关证据材料的交站处理案件应当受理。经审查和进一步侦查，认为需要逮捕犯罪嫌疑人或者移送审查起诉的，应当依法向同级铁路运输检察院提请批准逮捕或者移送审查起诉。

三、铁路运输检察院对同级公安机关提请批准逮捕或者移送审查起诉的交站处理案件应当受理。经审查符合逮捕条件的，应当依法批准逮捕；符合起诉条件的，应当依法提起公诉或者将案件移送有管辖权的铁路运输检察院审查起诉。

四、铁路运输法院对铁路运输检察院提起公诉的交站处理案件，经审查认为符合受理条件的，应当受理并依法审判。

■最高人民法院、最高人民检察院、公安部关于公安部证券犯罪侦查局直属分局办理经济犯罪案件适用刑事诉讼程序若干问题的通知（全文）（2010年1月1日）

根据《国务院办公厅关于印发公安部主要职责内设机构和人员编制规定的通知》（国办发〔2008〕59号）要求，公安部证券犯罪侦查局设立第一、第二、第三分局，分别派驻北京、上海、深圳，按管辖区域承办需要公安部侦查的有关经济犯罪案件。为了规范公安部证券犯罪侦查局第一、第二、第三分局（本附文以下简称"直属分局"）的办案工作，进一步加大打击经济犯罪的力度，现就直属分局办理经济犯罪案件适用刑事诉讼程序的若干问题通知如下：

一、直属分局行使《刑事诉讼法》赋予公安机关的刑事侦查权，按管辖区域立案侦查公安部交办的证券领域以及其他领域重大经济犯罪案件。

二、直属分局管辖区域分别是：

第一分局：北京、天津、河北、山西、内蒙古、辽宁、吉林、黑龙江、陕西、甘肃、青海、宁夏、新疆（含生产建设兵团）；

第二分局：上海、江苏、浙江、安徽、福建、江西、山东、河南、湖北、湖南；

第三分局：广东、广西、海南、重庆、四川、贵州、云南、西藏。

经公安部指定，直属分局可以跨区域管辖案件。

三、直属分局依法对本通知第一条规定的案件立案、侦查、预审。对犯罪嫌疑人分别依法决定传唤、拘传、取保候审、监视居住、拘留；认为需要逮捕的，提请人民检察院审查批准；对依法不追究刑事责任的不予立案，已经立案的予以撤销案件；对侦查终结应当起诉的案件，移送人民检察院审查决定。

四、直属分局依照《刑事诉讼法》和《公安机关办理刑事案件程序规定》等有关规定出具和使用刑事法律文书，冠以"公安部证券犯罪侦查局第×分局"字样，加盖"公安部证券犯罪侦查局第×分局"印章，需要加盖直属分局局长印章的，加盖直属分局局长印章。

五、直属分局在侦查办案过程中，需要逮捕犯罪嫌疑人的，应当按照《刑事诉讼法》及《公安机关办理刑事案件程序规定》的有关规定，制作相应的法律文书，连同有关案卷材料、证据，一并移送犯罪地的人民检察院审查批准。如果由犯罪嫌疑人居住地的人民检察院办理更为适宜的，可以移送犯罪嫌疑人居住地的人民检察院审查批准。

六、直属分局对于侦查终结的案件，犯罪事实清楚，证据确实、充分的，应当按照《刑事诉讼法》的有关规定，制作《起诉意见书》，连同案卷材料、证据，一并移送犯罪地的人民检察院审查决定。如果由犯罪嫌疑人居住地的人民检察院办理更为适宜的，可以移送犯罪嫌疑人居住地的人民检察院审查决定。

七、人民检察院认为直属分局移送的案件，犯罪事实已经查清，证据确实、充分，依法应当追究刑事责任的，应当依照《刑事诉讼法》有关管辖的规定向人民法院提起公诉。人民法院应当依法作出判决。

八、案情重大、复杂或者确有特殊情况需要改变管辖的，人民法院可以依照《刑事诉讼法》第二十三条、第二十六条的规定决定。

九、对经侦查不构成犯罪和人民检察院依法决定不起诉或者人民法院依法宣告无罪、免予刑事处罚的刑事案件，需要追究行政责任的，依照有关行政法规的规定，移送有关部门处理。

十、本通知自2010年1月1日起施行。2005年2月28日下发的《关于公安部证券犯罪侦查局直属分局办理证券期货领域刑事案件适用刑事诉讼程序若干问题的通知》（公通字［2005］11号）同时废止。

■公安部关于印发《公安部刑事案件管辖分工规定》的通知（2020年9月1日）

二、关于管辖的几类特殊情况

（一）关于并案管辖。各业务部门在办理本部门管辖的案件过程中，发现其他业务部门管辖的犯罪，符合《公安机关办理刑事案件程序规定》有关并案侦查规定的，可以一并办理，不再移交；对没有直接关联的案件，应当移交主管的业务部门办理。

（二）关于行业公安机关管辖。根据《公安机关办理刑事案件程序规定》和行业公安机关管理体制调整情况，本规定明确了铁路公安局、海关总署缉私局和中国民用航空局公安局的管辖范围。其中，铁路公安局管辖铁路运营安全事故案，中国民用航空局公安局管辖重大飞行事故案；海关总署缉私局增加管辖逃避商检案、妨害国境卫生检疫案、妨害动植物检疫案。此外，在治安管理局管辖案件范围中规定，治安管理局指导长江航运公安机关，办理长江干线跨区域的中央管理水域发生的刑事案件。

（三）关于专案和专项打击工作。各业务部门牵头办理专案或者开展专项打击工作，根据有关工作专门要求办理或者指导办理相关案件。

（四）关于与其他机关共同管辖的案件。根据《刑事诉讼法》《监察法》《监狱法》等法律和有关文件的规定，部分罪名存在公安机关与监察机关、人民法院、检察机关、国家安全机关、军队保卫部门、海警机构、监狱等共同管辖的情况，工作中要根据不同的犯罪主体、发生区域、危害后果等情形，区分、确定管辖权，必要时征求有关机关意见。

三、有关工作要求

（一）明确本地管辖分工。各地公安机关根据本通知要求，结合自身机构设置情况和职责任务，抓紧确定刑事案件内部管辖分工，报上级公安机关备案，并认真贯彻执行。

（二）加强办案协作配合。要正确处理管辖分工与相互配合的关系，形成打击犯罪的有效合力。各业务部门要依法积极履职，对本业务部门管辖的案件加强政策、法律研究，强化犯罪预防与打击查处。对业务部门提出的办案协助、配合请求，相关业务部门和技术部门要依照职权及时予以办理。

（三）协商解决管辖争议。各级公安机关业务部门之间对案件管辖发生争议的，要从有利于打击犯罪、维护社会稳定、保护公民合法权益的角度出发，予以协商解决；达不成一致意见的，由所属公安机关确定管辖部门。本通知自印发之日起施行。执行中遇到的问题，请及时报公安部。

■公安部刑事案件管辖分工规定（全文）（总汇2015年）

根据《中华人民共和国刑法》（以下简称《刑法》）、《中华人民共和国刑法修正案》（以下简称《修正案》）、《中华人民共和国刑法修正案（二）》（以下简称《修正案（二）》）、《中华人民共和国刑法修正案（三）》（以下简称《修正案（三）》）、《中华人民共和国刑法修正案（四）》（以下简称《修正案（四）》）、《中华人民共和国刑法修正案（五）》（以下简称《修正案（五）》）、《中华人民共和国刑法修正案（六）》（以下简称《修正案（六）》）、《中华人民共和国刑法修正案（七）》（以下简称《修正案（七）》）、《中华人民共和国刑法修正案（八）》（以下简称《修正案（八）》）、《中华人民共和国刑法修正案（九）》（以下简称《修正案（九）》）、全国人民代表大会常务委员会《关于惩治骗购外汇、逃汇和非法买卖外汇犯罪的决定》（以下简称《决定》）、《公安部刑事案件管辖分工规定》（公通字〔1998〕80号）、公安部《关于计算机犯罪案件管辖分工问题的通知》(公通字〔2000〕63 号)、《关于调整部分妨害国(边)境管理犯罪案件管辖分工的通知》(公通字〔2002〕7 号)、《公安部刑事案件管辖分工补充规定》(公通字〔2008〕9 号)、《公安部刑事案件管辖分工补充规定(二)》(公通字〔2012〕10 号)、《公安部刑事案件管辖分工补充规定(三)》(公通字〔2015〕36 号)的规定,现行公安机关刑事案件管辖分工如下:

一、国内安全保卫局管辖《刑法》规定的下列案件:(共 32 种)

1. 背叛国家案(第 102 条)

2. 分裂国家案(第 103 条第 1 款)

3. 煽动分裂国家案(第 103 条第 2 款)

4. 武装叛乱、暴乱案(第 104 条)

5. 颠覆国家政权案(第 105 条第 1 款)

6. 煽动颠覆国家政权案(第 105 条第 2 款)

7. 资助危害国家安全犯罪活动案(第 107 条)

8. 投敌叛变案(第 108 条)

9. 叛逃案(第 109 条)

10. 间谍案[主要为发生在未设国家安全机关的县(市)的案件,第 110 条]

11. 为境外窃取、刺探、收买、非法提供国家秘密、情报案(第 111 条)

12. 资敌案(第 112 条)

13. 宣扬极端主义案(与反邪教局共同管辖,《刑法》第 120 条之三,《修正案(九)》第 7 条)

14. 利用极端主义破坏法律实施案(与反邪教局共同管辖,《刑法》第 120 条之四,《修正案(九)》第 7 条)

15. 强制穿戴宣扬极端主义服饰、标志案(与反邪教局共同管辖,《刑法》第 120 条之五,《修正案(九)》第 7 条)

16. 非法持有宣扬极端主义物品案(与反邪教局共同管辖,《刑法》第 120 条之六,《修正案(九)》第 7 条)

17. 诽谤案(告诉才处理的除外,第 246 条)

18. 煽动民族仇恨、民族歧视案(第 249 条)

19. 出版歧视、侮辱少数民族作品案(第 250 条)

20. 非法剥夺公民宗教信仰自由案(第 251 条)

21. 侵犯少数民族风俗习惯案(第 251 条)

22. 非法获取国家秘密案(第 282 条第 1 款)

23. 非法持有国家绝密、机密文件、资料、物品案(第 282 条第 2 款)

24. 非法生产、销售专用间谍器材案(第 283 条,《修正案(九)》第 24 条,取消非法生产、销售间谍专用器材案)

25. 非法使用窃听、窃照专用器材案(第 284 条)

26. 侮辱国旗、国徽案(第 299 条)

27. 组织、利用会道门、邪教组织、利用迷信破坏法律实施案(利用迷信破坏法律实施的由治安管理局管辖,第 300 条第 1 款)

28. 组织、利用会道门、邪教组织、利用迷信致人重伤、死亡案(与反邪教局共同管辖,利用迷信致人重伤、死亡的由治安管理局管辖,《刑法》第 300 条第 2 款,《修正案(九)》第 33 条第 2 款,取消组织、利用会道门、邪教组织、利用迷信致人死亡案)

29. 拒绝提供间谍犯罪证据案(第 311 条)

30. 拒绝提供极端主义犯罪证据案(与反邪教局共同管辖,《刑法》第311条,《修正案(九)》第38条)

31. 战时故意提供虚假敌情案(第377条)

32. 战时造谣扰乱军心案(第378条)

二、经济犯罪侦查局管辖《刑法》规定的下列案件:(共89种)

1. 帮助恐怖活动案(以资助方式实施的帮助行为,《刑法》第120条之一第1款,《修正案(九)》第6条,取消资助恐怖活动案)

刑事侦查部门和国内安全保卫部门、反恐怖部门在办理组织、领导、参加恐怖组织案件过程中,发现帮助恐怖活动案的,应当一并办理,不再移交,经济犯罪侦查部门应当积极协助、配合。

2. 走私假币案(第151条第1款)

3. 虚报注册资本案(第158条)

4. 虚假出资、抽逃出资案(第159条)

5. 欺诈发行股票、债券案(第160条)

6. 违规披露、不披露重要信息案(《刑法》第161条,《修正案(六)》第5条,取消提供虚假财会报告案)

7. 妨害清算案(第162条)

8. 隐匿、故意销毁会计凭证、会计账簿、财务会计报告案(《刑法》第162条之一,《修正案》第1条)

9. 虚假破产案(《刑法》第162条之二,《修正案(六)》第6条)

10. 非国家工作人员受贿案(《刑法》第163条,《修正案(六)》第7条,取消公司、企业人员受贿案)

11. 对非国家工作人员行贿案(《刑法》第164条第1款,《修正案(六)》第8条,取消对公司、企业人员行贿案)

12. 对外国公职人员、国际公共组织官员行贿案(《刑法》第164条第2款,《修正案(八)》第29条第2款)

13. 非法经营同类营业案(第165条)

14. 为亲友非法牟利案(第166条)

15. 签订、履行合同失职被骗案(第167条)

16. 国有公司、企业、事业单位人员失职案(《刑法》第168条,《修正案》第2条,取消徇私舞弊造成破产、亏损案)

17. 国有公司、企业、事业单位人员滥用职权案(《刑法》第168条,《修正案》第2条,取消徇私舞弊造成破产、亏损案)

18. 徇私舞弊低价折股、出售国有资产案(第169条)

19. 背信损害上市公司利益案(《刑法》第169条之一,《修正案(六)》第9条)

20. 伪造货币案(第170条)

21. 出售、购买、运输假币案(第171条第1款)

22. 金融工作人员购买假币、以假币换取货币案(第171条第2款)

23. 持有、使用假币案(第172条)

24. 变造货币案(第173条)

25. 擅自设立金融机构案(第174条第1款)

26. 伪造、变造、转让金融机构经营许可证、批准文件案(《刑法》第174条第2款,《修正案》第3条)

27. 高利转贷案(第175条)

28. 骗取贷款、票据承兑、金融票证案(《刑法》第 175 条之一,《修正案(六)》第 10 条)

29. 非法吸收公众存款案(第 176 条)

30. 伪造、变造金融票证案(第 177 条)

31. 妨害信用卡管理案(《刑法》第 177 条之一第 1 款,《修正案(五)》第 1 条第 1 款)

32. 窃取、收买、非法提供信用卡信息案(《刑法》第 177 条之一第 2 款,《修正案(五)》第 1 条第 2 款)

33. 伪造、变造国家有价证券案(第 178 条第 1 款)

34. 伪造、变造股票、公司、企业债券案(第 178 条第 2 款)

35. 擅自发行股票、公司、企业债券案(第 179 条)

36. 内幕交易、泄露内幕信息案(第 180 条第 1 款、第 2 款、第 3 款)

37. 利用未公开信息交易案(《刑法》第 180 条第 4 款,《修正案(七)》第 2 条第 2 款)

38. 编造并传播证券、期货交易虚假信息案(《刑法》第 181 条第 1 款,《修正案》第 5 条第 1 款)

39. 诱骗投资者买卖证券、期货合约案(《刑法》第 181 条第 2 款,《修正案》第 5 条第 2 款)

40. 操纵证券、期货市场案(《刑法》第 182 条,《修正案》第 6 条,《修正案(六)》第 11 条,取消操纵证券、期货交易价格案)

41. 骗购外汇案(《决定》第 1 条)

42. 背信运用受托财产案(《刑法》第 185 条之一第 1 款,《修正案(六)》第 12 条第 1 款)

43. 违法运用资金案(《刑法》第 185 条之一第 2 款,《修正案(六)》第 12 条第 2 款)

44. 违法发放贷款案(《刑法》第 186 条,《修正案(六)》第 13 条,取消违法向关系人发放贷款案)

45. 吸收客户资金不入账案(《刑法》第 187 条,《修正案(六)》第 14 条,取消用账外客户资金非法拆借、发放贷款案)

46. 违规出具金融票证案(《刑法》第 188 条,《修正案(六)》第 15 条,取消非法出具金融票证案)

47. 对违法票据承兑、付款、保证案(第 189 条)

48. 逃汇案(第 190 条)

49. 洗钱案(第 191 条)

50. 集资诈骗案(第 192 条)

51. 贷款诈骗案(第 193 条)

52. 票据诈骗案(第 194 条第 1 款)

53. 金融凭证诈骗案(第 194 条第 1 款)

54. 信用证诈骗案(第 195 条)

55. 信用卡诈骗案(第 196 条)

56. 有价证券诈骗案(第 197 条)

57. 保险诈骗案(第 198 条)

58. 逃税案(《刑法》第 201 条,《修正案(七)》第 3 条,取消偷税案)

59. 抗税案(第 202 条)

60. 逃避追缴欠税案(第 203 条)

61. 骗取出口退税案(第 204 条第 1 款)

62. 虚开增值税专用发票、用于骗取出口退税、抵扣税款发票案(第 205 条)

63. 虚开发票案(《刑法》第 205 条之一,《修正案(八)》第 33 条)

64. 伪造、出售伪造的增值税专用发票案(第 206 条)

65. 非法出售增值税专用发票案(第 207 条)

66. 非法购买增值税专用发票、购买伪造的增值税专用发票案（第 208 条第 1 款）
67. 非法制造、出售非法制造的用于骗取出口退税、抵扣税款发票案（第 209 条第 1 款）
68. 非法制造、出售非法制造的发票案（第 209 条第 2 款）
69. 非法出售用于骗取出口退税、抵扣税款发票案（第 209 条第 3 款）
70. 非法出售发票案（第 209 条第 4 款）
71. 持有伪造的发票案（《刑法》第 210 条之一，《修正案（八）》第 35 条）
72. 假冒注册商标案（第 213 条）
73. 销售假冒注册商标的商品案（第 214 条）
74. 非法制造、销售非法制造的注册商标标识案（第 215 条）
75. 假冒专利案（第 216 条）
76. 侵犯商业秘密案（第 219 条）
77. 损害商业信誉、商品声誉案（第 221 条）
78. 虚假广告案（第 222 条）
79. 串通投标案（第 223 条）
80. 合同诈骗案（第 224 条）
81. 组织、领导传销活动案（《刑法》第 224 条之一，《修正案（七）》第 4 条）
82. 非法经营案（第 225 条）
83. 非法转让、倒卖土地使用权案（第 228 条）
84. 提供虚假证明文件案（《刑法》第 229 条第 1 款、第 2 款，取消中介组织人员提供虚假证明文件案）
85. 出具证明文件重大失实案（《刑法》第 229 条第 3 款，取消中介组织人员出具证明文件重大失实案）
86. 逃避商检案（第 230 条）
87. 职务侵占案（第 271 条第 1 款）
88. 挪用资金案（第 272 条第 1 款）
89. 挪用特定款物案（第 273 条）

三、刑事侦查局管辖《刑法》规定的下列案件：（共 125 种）

1. 放火案（第 114 条、第 115 条第 1 款）
2. 决水案（第 114 条、第 115 条第 1 款）
3. 爆炸案（第 114 条、第 115 条第 1 款）
4. 投放危险物质案（《刑法》第 114 条、第 115 条第 1 款，《修正案（三）》第 1 条、第 2 条，取消投毒案）
5. 以危险方法危害公共安全案（第 114 条、第 115 条第 1 款）
6. 过失决水案（第 115 条第 2 款）
7. 过失爆炸案（第 115 条第 2 款）
8. 过失投放危险物质案（《刑法》第 115 条第 2 款，《修正案（三）》第 1 条、第 2 条，取消过失投毒案）
9. 过失以危险方法危害公共安全案（第 115 条第 2 款）
10. 破坏交通工具案（第 116 条、第 119 条第 1 款）
11. 破坏交通设施案（第 117 条、第 119 条第 1 款）
12. 破坏电力设备案（第 118 条、第 119 条第 1 款）

13. 破坏易燃易爆设备案(第118条、第119条第1款)

14. 过失损坏交通工具案(第119条第2款)

15. 过失损坏交通设施案(第119条第2款)

16. 过失损坏电力设备案(第119条第2款)

17. 过失损坏易燃易爆设备案(第119条第2款)

18. 劫持航空器案(第121条)

19. 劫持船只、汽车案(第122条)

20. 暴力危及飞行安全案(第123条)

21. 破坏广播电视设施、公用电信设施案(第124条第1款)

22. 过失损坏广播电视设施、公用电信设施案(第124条第2款)

23. 非法制造、买卖、运输、邮寄、储存枪支、弹药、爆炸物案(第125条第1款)

24. 盗窃、抢夺枪支、弹药、爆炸物、危险物质案(《刑法》第127条第1款、第2款,《修正案(三)》第6条第1款、第2款)

25. 抢劫枪支、弹药、爆炸物、危险物质案(《刑法》第127条第2款,《修正案(三)》第6条第2款)

26. 走私武器、弹药案(第151条第1款)

27. 走私核材料案(第151条第1款)

28. 走私文物案(第151条2款)

29. 走私贵重金属案(第151条第2款)

30. 走私珍贵动物、珍贵动物制品案(第151条第2款)

31. 走私国家禁止进出口的货物、物品案(《刑法》第151条第3款,《修正案(七)》第1条,取消走私珍稀植物、珍稀植物制品案)

32. 走私废物案(《刑法》第152条第2款,《修正案(四)》第2条,取消走私固体废物案)

33. 故意杀人案(第232条)

34. 过失致人死亡案(第233条)

35. 故意伤害案(第234条)

36. 组织出卖人体器官案(《刑法》第234条之一第1款,《修正案(八)》第37条第1款)

37. 过失致人重伤案(第235条)

38. 强奸案(第236条第1款)

39. 奸淫幼女案(第236条第2款)

40. 强制猥亵、侮辱案(《刑法》第237条第1款、第2款,《修正案(九)》第13条第1款、第2款,取消强制猥亵、侮辱妇女案)

41. 猥亵儿童案(第237条第3款)

42. 非法拘禁案(国家机关工作人员利用职权犯本罪的除外,第238条)

43. 绑架案(第239条)

44. 拐卖妇女、儿童案(第240条、第241条第5款)

45. 收买被拐卖的妇女、儿童案(第241条第1款)

46. 聚众阻碍解救被收买的妇女、儿童案(第242条)

47. 诬告陷害案(国家机关工作人员利用职权犯本罪的除外,第243条)

48. 非法搜查案(司法工作人员利用职权犯本罪的除外,第245条)

49. 非法侵入住宅案(第245条)

50. 侮辱案(告诉才处理的除外,第246条)

51. 侵犯通信自由案(第252条)

52. 私自开拆、隐匿、毁弃邮件、电报案(第253条第1款)

53. 侵犯公民个人信息案(《刑法》第253条之一,《修正案(九)》第17条,取消出售、非法提供公民个人信息案和非法获取公民个人信息案)

经济犯罪侦查部门、治安管理部门在办理案件中,发现侵犯公民个人信息案的,应当一并办理,不再移交,刑事侦查部门应当积极协助、配合。

54. 打击报复会计、统计人员案(第255条)

55. 破坏选举案(国家机关工作人员利用职权犯本罪的除外,第256条)

56. 暴力干涉婚姻自由案(告诉才处理的除外,第257条)

57. 重婚案(第258条)

58. 破坏军婚案(第259条第1款)

59. 虐待案(告诉才处理的除外,第260条)

60. 虐待被监护、看护人案(《刑法》第260条之一,《修正案(九)》第19条)

61. 遗弃案(第261条)

62. 拐骗儿童案(第262条)

63. 组织残疾人、儿童乞讨案(《刑法》第262条之一,《修正案(六)》第17条)

治安管理部门在办理妨害社会管理秩序案件工作中,发现组织残疾人、儿童乞讨案的,应当一并办理,不再移交,刑事侦查部门应当积极协助、配合。

64. 组织未成年人进行违反治安管理活动案(《刑法》第262条之二,《修正案(七)》第8条)

治安管理部门在办理妨害社会管理秩序案件中,发现组织未成年人进行违反治安管理活动案的,应当一并办理,不再移交,刑事侦查部门应当积极协助、配合。

65. 抢劫案(第263条)

66. 盗窃案(第264条)

67. 诈骗案(第266条)

68. 抢夺案(第267条第1款)

69. 聚众哄抢案(第268条)

70. 敲诈勒索案(第274条)

71. 妨害公务案(第277条)

72. 煽动暴力抗拒法律实施案(第278条)

73. 招摇撞骗案(第279条)

74. 伪造、变造、买卖国家机关公文、证件、印章案(第280条第1款)

75. 盗窃、抢夺、毁灭国家机关公文、证件、印章案(第280条第1款)

76. 伪造公司、企业、事业单位、人民团体印章案(第280条第2款)

77. 伪造、变造、买卖身份证件案(《刑法》第280条第3款,《修正案(九)》第22条第3款,取消伪造、变造居民身份证案)

78. 使用虚假身份证件、盗用身份证件案(《刑法》第280条之一,《修正案(九)》第23条)

79. 非法生产、销售窃听、窃照专用器材案(《刑法》第283条,《修正案(九)》第24条)

80. 扰乱无线电通讯管理秩序案(第288条)

81. 投放虚假危险物质案(《刑法》第291条之一第1款,《修正案(三)》第8条)

82. 编造、故意传播虚假恐怖信息案(《刑法》第291条之一第1款,《修正案(三)》第8条)

83. 编造、故意传播虚假信息案(《刑法》第291条之一第2款,《修正案(九)》第32条)

84. 组织、领导、参加黑社会性质组织案(第294条第1款)

85. 入境发展黑社会组织案(第294条第2款)

86. 包庇、纵容黑社会性质组织案(第294条第4款)

87. 传授犯罪方法案(第295条)

88. 盗窃、侮辱、故意毁坏尸体、尸骨、骨灰案(《刑法》第302条,《修正案(九)》第34条,取消盗窃、侮辱尸体案)

89. 伪证案(第305条)

90. 辩护人、诉讼代理人毁灭证据、伪造证据、妨害作证案(第306条)

91. 妨害作证案(第307条第1款)

92. 帮助毁灭、伪造证据案(第307条第2款)

93. 虚假诉讼案(《刑法》第307条之一,《修正案(九)》第35条)

94. 打击报复证人案(第308条)

95. 泄露不应公开的案件信息案(《刑法》第308条之一第1款,《修正案(九)》第36条第1款)

96. 披露、报道不应公开的案件信息案(《刑法》第308条之一第3款,《修正案(九)》第36条第3款)

97. 扰乱法庭秩序案(第309条)

98. 窝藏、包庇案(第310条、第362条)

99. 掩饰、隐瞒犯罪所得、犯罪所得收益案(《刑法》第312条,《修正案(六)》第19条,取消窝藏、转移、收购、销售赃物案)

100. 拒不执行判决、裁定案(第313条)

101. 非法处置查封、扣押、冻结的财产案(第314条)

102. 破坏监管秩序案(看守所、拘役所内发生的案件,第315条)

103. 脱逃案(看守所、拘役所内发生的案件,第316条第1款)

104. 劫夺被押解人员案(第316条第2款)

105. 组织越狱案(看守所、拘役所内发生的案件,第317条第1款)

106. 暴动越狱案(看守所、拘役所内发生的案件,第317条第2款)

107. 聚众持械劫狱案(看守所、拘役所内发生的案件,第317条第2款)

108. 骗取出境证件案(第319条)

109. 提供伪造、变造的出入境证件案(第320条)

110. 出售出入境证件案(第320条)

[骗取出境证件案(第319条),提供伪造、变造的出入境证件案(第320条),出售出入境证件案(第320条),边境地区和沿海地区(限于地、市行政辖区)以外发生的组织他人偷越国(边)境案(第318条),运送他人偷越国(边)境案(第321条)调整为公安刑事侦查局和出入境管理局共同管辖。公安部《关于调整部分妨害国(边)境管理犯罪案件管辖分工的通知》(公通字〔2002〕7号)]

111. 破坏永久性测量标志案(第323条)

112. 非法向外国人出售、赠送珍贵文物案(第325条)

113. 倒卖文物案(第326条)

114. 非法出售、私赠文物藏品案(第327条)

115. 盗掘古文化遗址、古墓葬案(第328条第1款)

116. 盗掘古人类化石、古脊椎动物化石案(第328条第2款)

117. 抢夺、窃取国有档案案(第329条第1款)

118. 擅自出卖、转让国有档案案(第329条第2款)

119. 阻碍军人执行职务案(第368条第1款)

120. 阻碍军事行动案(第368条第2款)

121. 破坏武器装备、军事设施、军事通信案(第369条)

122. 过失损坏武器装备、军事设施、军事通信案(《刑法》第369条第2款,《修正案(五)》第3条第2款)

123. 冒充军人招摇撞骗案(第372条)

124. 伪造、变造、买卖武装部队公文、证件、印章案(第375条第1款)

125. 盗窃、抢夺武装部队公文、证件、印章案(第375条第1款)

四、禁毒局管辖《刑法》规定的下列案件:(共11种)

1. 走私、贩卖、运输、制造毒品案(第347条)

2. 非法持有毒品案(第348条)

3. 包庇毒品犯罪分子案(第349条第1款、第2款)

4. 窝藏、转移、隐瞒毒品、毒赃案(第349条第1款)

5. 非法生产、买卖、运输制毒物品、走私制毒物品案(《刑法》第350条,《修正案(九)》第41条,取消走私制毒物品案和非法买卖制毒物品案)

边防管理部门在边境管理区和沿海地区查获的非法生产、买卖、运输制毒物品、走私制毒物品案,由边防管理部门办理。

6. 非法种植毒品原植物案(第351条)

7. 非法买卖、运输、携带、持有毒品原植物种子、幼苗案(第352条)

8. 引诱、教唆、欺骗他人吸毒案(第353条第1款)

9. 强迫他人吸毒案(第353条第2款)

10. 容留他人吸毒案(第354条)

11. 非法提供麻醉药品、精神药品案(第355条)

五、治安管理局管辖《刑法》规定的下列案件:(共107种)

1. 非法制造、买卖、运输、储存危险物质案(《刑法》第125条第2款,《修正案(三)》第5条,取消非法买卖、运输核材料案)

2. 违规制造、销售枪支案(第126条)

3. 非法持有、私藏枪支、弹药案(第128条第1款)

4. 非法出租、出借枪支案(第128条第2款、第3款)

5. 丢失枪支不报案(第129条)

6. 非法携带枪支、弹药、管制刀具、危险物品危及公共安全案(第130条)

7. 重大责任事故案(第134条)

8. 强令违章冒险作业案(《刑法》第134条第2款,《修正案(六)》第1条第2款)

9. 重大劳动安全事故案(第135条)

10. 大型群众性活动重大安全事故案(《刑法》第135条之一,《修正案(六)》第3条)

11. 危险物品肇事案(第136条)

12. 工程重大安全事故案(第137条)

13. 教育设施重大安全事故案(第138条)

14. 不报、谎报安全事故案(《刑法》第139条之一,《修正案(六)》第4条)

15. 生产、销售伪劣产品案(第140条)

16. 生产、销售假药案(第141条)

17. 生产、销售劣药案(第142条)

18. 生产、销售不符合安全标准的食品案(《刑法》第143条,《修正案(八)》第24条,取消生产、销售不符合卫生标准的食品案)

19. 生产、销售有毒、有害食品案(第144条)

20. 生产、销售不符合标准的医用器材案(第145条)

21. 生产、销售不符合安全标准的产品案(第146条)

22. 生产、销售伪劣农药、兽药、化肥、种子案(第147条)

23. 生产、销售不符合卫生标准的化妆品案(第148条)

24. 走私淫秽物品案(第152条)

25. 侵犯著作权案(第217条)

26. 销售侵权复制品案(第218条)

27. 强迫交易案(第226条)

28. 伪造、倒卖伪造的有价票证案(第227条第1款)

29. 倒卖车票、船票案(第227条第2款)

30. 强迫劳动案(《刑法》第244条,《修正案(八)》第38条,取消强迫职工劳动案)

31. 雇用童工从事危重劳动案(《刑法》第244条之一,《修正案(四)》第4条)

32. 故意毁坏财物案(第275条)

33. 破坏生产经营案(第276条)

34. 拒不支付劳动报酬案(《刑法》第276条之一,《修正案(八)》第41条)

经济犯罪侦查部门在办理破坏社会主义市场经济秩序案件中,发现拒不支付劳动报酬案的,应当一并办理,不再移交,治安管理部门应当积极协助、配合。

35. 非法生产、买卖警用装备案(第281条)

36. 组织考试作弊案(《刑法》第284条之一第1款、第2款,《修正案(九)》第25条第1款、第2款)

37. 非法出售、提供试题、答案案(《刑法》第284条之一第3款,《修正案(九)》第25条第3款)

38. 代替考试案(《刑法》第284条之一第4款,《修正案(九)》第25条第4款)

39. 聚众扰乱社会秩序案(第290条第1款)

40. 聚众冲击国家机关案(第290条第2款)

41. 扰乱国家机关工作秩序案(《刑法》290条第3款,《修正案(九)》第31条第2款)

42. 组织、资助非法聚集案(《刑法》第290条第4款,《修正案(九)》第31条第3款)

43. 聚众扰乱公共场所秩序、交通秩序案(第291条)

44. 聚众斗殴案(第292条第1款)

45. 寻衅滋事案(第293条)

46. 非法集会、游行、示威案(第296条)

47. 非法携带武器、管制刀具、爆炸物参加集会、游行、示威案(第297条)

48. 破坏集会、游行、示威案(第298条)

49. 聚众淫乱案(第301条第1款)

50. 引诱未成年人聚众淫乱案(第301条第2款)

51. 赌博案(第303条)

52. 开设赌场案(《刑法》第303条第2款,《修正案(六)》第18条第2款)

53. 故意延误投递邮件案(第304条)

54. 故意损毁文物案(第324条第1款)

55. 故意损毁名胜古迹案(第324条第2款)

56. 过失损毁文物案(第324条第3款)

57. 妨害传染病防治案(第330条)

58. 传染病菌种、毒种扩散案(第331条)

59. 妨害国境卫生检疫案(第332条)

60. 非法组织卖血案(第333条第1款)

61. 强迫卖血案(第333条第1款)

62. 非法采集、供应血液、制作、供应血液制品案(第334条第1款)

63. 采集、供应血液、制作、供应血液制品事故案(第334条第2款)

64. 医疗事故案(第335条)

65. 非法行医案(第336条第1款)

66. 非法进行节育手术案(第336条第2款)

67. 妨害动植物防疫、检疫案(《刑法》第337条第1款,《修正案(七)》第11条,取消逃避动植物检疫案)

68. 污染环境案(《刑法》第338条,《修正案(八)》第46条,取消重大环境污染事故案)

69. 非法处置进口的固体废物案(第339条第1款)

70. 擅自进口固体废物案(第339条第2款)

71. 非法捕捞水产品案(第340条)

72. 非法猎捕、杀害珍贵、濒危野生动物案(林业公安机关辖区外的,第341条第1款)

73. 非法收购、运输、出售珍贵、濒危野生动物、珍贵、濒危野生动物制品案(林业公安机关辖区外的,第341条第1款)

74. 非法狩猎案(林业公安机关辖区外的,第341条第2款)

75. 非法占用农用地案(《刑法》第342条,《修正案(二)》,取消非法占用耕地案)

其中,非法占用林地的,在已设立森林公安机关的地方由森林公安机关管辖。

76. 非法采矿案(第343条第1款)

77. 破坏性采矿案(第343条第2款)

78. 非法采伐、毁坏国家重点保护植物案(未设立森林公安机关的,《刑法》第344条,《修正案(四)》第6条,取消非法采伐、毁坏珍贵树木案)

79. 非法收购、运输、加工、出售国家重点保护植物、国家重点保护植物制品案(未设立森林公安机关的,《刑法》第344条,《修正案(四)》第6条)

80. 盗伐林木案(林业公安机关辖区外的,第345条第1款)

81. 滥伐林木案(林业公安机关辖区外的,第345条第2款)

82. 非法收购、运输盗伐、滥伐的林木案(未设立森林公安机关的,《刑法》第345条第3款,《修正案(四)》第7条第3款,取消非法收购盗伐、滥伐的林木案)

83. 组织卖淫案(第358条第1款、第2款,《修正案(九)》第42条第1款、第2款)

84. 强迫卖淫案(第358条第1款、第2款,《修正案(九)》第42条第1款、第2款)

85. 协助组织卖淫案(第358条第4款,《修正案(九)》第42条第4款)

86. 引诱、容留、介绍卖淫案(第359条第1款)

87. 引诱幼女卖淫案(第359条第2款)

88. 传播性病案(第360条第1款)

取消原由治安管理部门管辖的嫖宿幼女案(《修正案(九)》第43条)

89. 制作、复制、出版、贩卖、传播淫秽物品牟利案(第363条第1款)

90. 为他人提供书号出版淫秽书刊案(第363条第2款)

91. 传播淫秽物品案(第364条第1款)

92. 组织播放淫秽音像制品案(第364条第2款)

93. 组织淫秽表演案(第365条)

94. 故意提供不合格武器装备、军事设施案(第370条第1款)

95. 过失提供不合格武器装备、军事设施案(第370条第2款)

96. 聚众冲击军事禁区案(第371条第1款)

97. 聚众扰乱军事管理区秩序案(第371条第2款)

98. 煽动军人逃离部队案(第373条)

99. 雇用逃离部队军人案(第373条)

100. 接送不合格兵员案(第374条)

101. 非法生产、买卖武装部队制式服装案(《刑法》第375条第2款,《修正案(七)》第12条第1款,取消非法生产、买卖军用标志案)

102. 伪造、盗窃、买卖、非法提供、非法使用武装部队专用标志案(《刑法》第375条第3款,《修正案(七)》第12条第2款)

103. 战时拒绝、逃避征召、军事训练案(第376条第1款)

104. 战时拒绝、逃避服役案(第376条第2款)

105. 战时窝藏逃离部队军人案(第379条)

106. 战时拒绝、故意延误军事订货案(第380条)

107. 战时拒绝军事征收、征用案(《刑法》第381条,《全国人民代表大会常务委员会关于修改部分法律的决定》第2条,取消战时拒绝军事征用案)

六、边防管理局管辖《刑法》规定的下列案件:(共4种)

1. 组织他人偷越国(边)境案(第318条)

2. 运送他人偷越国(边)境案(第321条)

3. 偷越国(边)境案(第322条)

4. 破坏界碑、界桩案(第323条)

七、消防局管辖《刑法》规定的下列案件:(共2种)

1. 失火案(第115条第2款)

2. 消防责任事故案(第139条)

八、网络安全保卫局管辖《刑法》规定的下列案件:(共7种)

1. 非法侵入计算机信息系统案(第285条)

2. 非法获取计算机信息系统数据、非法控制计算机信息系统案(《刑法》第285条第2款,《修正案(七)》第9条第1款)

3. 提供侵入、非法控制计算机信息系统程序、工具案(《刑法》第285条第3款,《修正案(七)》第9条第2款)

4. 破坏计算机信息系统案(第286条)

[非法侵入计算机信息系统案(第285条)和破坏计算机信息系统案(第286条)交由部公共信息网络安全保卫局管辖。在有条件的省级以下公安机关,上述案件交由公共信息网络安全保卫部门管

辖,刑事侦查部门应予以配合和支持;公共信息网络安全保卫部门暂不具备接受上述案件条件的,仍由刑事侦查部门管辖,公共信息网络安全保卫部门应积极协助、配合。公安部《关于计算机犯罪案件管辖分工问题的通知》(公通字〔2000〕63号)]

5. 拒不履行信息网络安全管理义务案(《刑法》第286条之一,《修正案(九)》第28条)

6. 非法利用信息网络案(《刑法》第287条之一,《修正案(九)》第29条)

7. 帮助信息网络犯罪活动案(《刑法》第287条之二,《修正案(九)》第29条)

网络安全保卫部门发现主要犯罪行为通过网络实施的宣扬恐怖主义、极端主义、煽动实施恐怖活动案,非法持有宣扬恐怖主义、极端主义物品案,组织考试作弊案,非法出售、提供试题、答案案,代替考试案,编造、故意传播虚假信息案,侵犯公民个人信息案以及非法生产、销售窃听、窃照专用器材案的,可以立案侦查,其他有关办案部门应当积极协助、配合。

九、交通管理局管辖《刑法》规定的下列案件:(共2种)

1. 交通肇事案(第133条)

2. 危险驾驶案(《刑法》第133条之一,《修正案(八)》第22条)

十、反恐怖局管辖《刑法》规定的下列案件:(共7种)

1. 组织、领导、参加恐怖组织案(第120条)

[原由刑事侦查部门管辖的组织、领导、参加恐怖组织案(第120条),一并交由反恐怖部门管辖。《公安部刑事案件管辖分工补充规定(三)》(公通字〔2015〕36号)]

2. 帮助恐怖活动案(以培训招募、运送人员方式实施的帮助行为,《刑法》第120条之一第2款,《修正案(九)》第6条)

3. 准备实施恐怖活动案(《刑法》第120条之二,《修正案(九)》第7条)

4. 宣扬恐怖主义、煽动实施恐怖活动案(《刑法》第120条之三,《修正案(九)》第7条)

5. 强制穿戴宣扬恐怖主义服饰、标志案(《刑法》第120条之五,《修正案(九)》第7条)

6. 非法持有宣扬恐怖主义物品案(《刑法》第120条之六,《修正案(九)》第7条)

7. 拒绝提供恐怖主义犯罪证据案(《刑法》第311条,《修正案(九)》第38条)

办案部门在办理案件过程中,发现由其他部门管辖的案件,符合《公安机关办理刑事案件程序规定》第18条第2款规定的并案侦查情形的,可以一并办理,不再移交,其他有关办案部门应当积极协助、配合。

各地公安机关应当按照《公安部刑事案件管辖分工规定》《公安部刑事案件管辖分工补充规定》《公安部刑事案件管辖分工补充规定(二)》和《公安部刑事案件管辖分工补充规定(三)》的要求,确定本级公安机关内部对刑事案件的管辖分工;对情况特殊的案件,可以综合考虑当地有关部门办案力量、机构设置等实际情况,合理确定案件的管辖部门。

■公安部关于公安消防机构办理刑事案件有关问题的通知(1999年4月5日)

二、公安消防机构办理刑事案件,可由火灾事故调查部门和人员来承担,有关部门配合。在现行的消防编制序列没有调整之前,县级以上公安消防机构应当在原有火灾事故调查部门和人员的基础上,予以充实和加强。办案人员可内部调整,也可用地方公安编制解决。

三、在最高人民法院、最高人民检察院、公安部等对失火罪、消防责任事故罪作出定罪量刑标准或立案标准的规定之前,各省、自治区、直辖市公安厅、局可以根据《刑法》的规定,并结合当地的实际情况,征求同级人民法院、人民检察院意见后制定立案标准。

四、各地要按照"分级管理、分级负担"的原则,保证办案专项业务经费。公安消防机构办理刑事案件的业务经费,要实报实销,并纳入当地财政预算;对大要案所需经费实行专项报批。

五、办理刑事案件要重证据、重调查研究,严格执行《公安机关办理刑事案件程序规定》。失火案、消防责任事故案由县级公安消防机构负责侦查,地(市)级以上公安消防机构主要承担重大涉外犯罪和下级公安消防机构侦破有困难的重大刑事案件的侦查,并负责组织、协调和指导侦查工作。

六、公安消防机构办理刑事案件以其所属公安机关的名义作出决定,并适用《公安机关刑事法律文书》。

■最高人民法院关于走私犯罪侦查机关办理走私犯罪案件适用刑事诉讼程序若干问题的通知(全文)(1998年12月3日)

一、走私犯罪侦查机关在中华人民共和国海关关境内,依法查缉涉税走私犯罪案件和发生在海关监管区内的走私武器、弹药、核材料、伪造的货币、文物、贵重金属、珍贵动物及其制品、珍稀植物及其制品、淫秽物品、固体废物和毒品等非涉税走私犯罪案件,接受海关调查部门、地方公安机关(包括公安边防部门)和工商行政等执法部门查获移送的走私犯罪案件。

二、走私犯罪侦查机关在侦办走私犯罪案件过程中,依法采取通缉、边控、拘留、执行逮捕、监视居住等措施,以及核实走私罪嫌疑人身份和犯罪经历时,需地方公安机关配合的,应通报有关地方公安机关,地方公安机关应予配合。其中在全国范围通缉、边控走私犯罪嫌疑人,请求国际刑警组织或者境外警方协助的,以及追捕走私犯罪嫌疑人需要地方公安机关调动警力的,应层报公安部批准。

走私犯罪侦查机关决定对走私犯罪嫌疑人采取取保候审的,应通知并移送走私犯罪嫌疑人居住地公安机关执行。罪犯因走私罪被人民法院判处剥夺政治权利、管制以及决定暂予监外执行、假释或者宣告缓刑的,由地方公安机关执行。

走私犯罪侦查机关因办案需要使用技术侦察手段时,应严格遵照有关规定,按照审批程序和权限报批后,由有关公安机关实施。

三、走私犯罪侦查分局、支局在查办走私犯罪案件过程中进行侦查、拘留、执行逮捕、预审等工作,按《公安机关办理刑事案件程序规定》(以下简称《程序规定》)办理。

四、走私犯罪侦查机关依照刑事诉讼法的规定出具和使用刑事法律文书,适用公安部统一制定的文书格式,冠以"……走私犯罪侦查(分、支)局"字样并加盖"……走私犯罪侦查(分、支)局"印章。

五、走私犯罪侦查机关在侦办走私犯罪案件过程中,需要提请批准逮捕走私犯罪嫌疑人时,应按《程序规定》制作相应的法律文书,连同有关案卷材料、证据,直接移送走私犯罪侦查机关所在地的分、州、市级人民检察院审查决定。

六、走私犯罪侦查机关对犯罪事实清楚,证据确实、充分,已侦查终结的案件,应当制作《起诉意见书》,连同案卷材料、证据,一并移送走私犯罪侦查机关所在地的分、州、市级人民检察院审查决定。

七、人民检察院认为走私犯罪嫌疑人的犯罪事实已经查清,证据确实、充分,依法应当追究刑事责任的,应当依法提起公诉。对于基层人民法院管辖的案件,可以依照刑事诉讼法第二十三条的规定,向当地中级人民法院提起公诉,人民法院应当依法作出判决。

八、律师参加刑事诉讼活动,应严格按《中华人民共和国刑事诉讼法》、《中华人民共和国律师法》、《最高人民法院、最高人民检察院、公安部、国家安全部、司法部、全国人大常委会法制工作委员会关于刑事诉讼法实施中若干问题的规定》以及本通知等有关规定办理。

九、对走私犯罪案件的侦查、提起公诉、审判的其他程序,依照《中华人民共和国刑事诉讼法》以及其他相关法律的规定办理。

十、对经侦查不构成走私罪和人民检察院依法不起诉或者人民法院依法免予刑事处罚的走私案件,依照《中华人民共和国海关法》的规定,移送海关调查部门处理。

十一、海关调查部门、地方公安机关(包括公安边防部门)和工商行政等执法部门对于查获的需移送走私犯罪侦查机关的案件,应当就近移送。走私犯罪侦查机关应及时接受,出具有关手续,并将案件处理结果书面通报移送部门。

▼最高人民法院、最高人民检察院、公安部办理骗汇、逃汇犯罪案件联席会议纪要(1999年6月7日)

三、公安机关侦查骗汇、逃汇犯罪案件中涉及人民检察院管辖的贪污贿赂、渎职犯罪案件的，应当将贪污贿赂、渎职犯罪案件材料移送有管辖权的人民检察院审查。对管辖交叉的案件，可以分别立案，共同工作。如果涉嫌主罪属于公安机关管辖，由公安机关为主侦查，人民检察院予以配合；如果涉嫌主罪属于人民检察院管辖，由人民检察院为主侦查，公安机关予以配合。双方意见有较大分歧的，要协商解决，并及时向当地党委、政法委和上级主管机关请示。

六、各地在办理骗汇、逃汇犯罪案件中遇到的有关问题以及侦查、起诉、审判的信息要及时向各自上级主管机关报告。上级机关要加强对案件的督办、检查和指导协调工作。

▼安徽省高级人民法院、安徽省人民检察院、安徽省公安厅关于办理合同诈骗等犯罪案件工作座谈会纪要(2014年12月31日)

一、合同诈骗案件

(三)关于刑民交叉案件

对于正在侦查、起诉、审判的合同诈骗刑事案件，有关单位或者个人就同一事实向人民法院提起民事诉讼或者申请执行涉案财物的，人民法院应当不予受理，并将有关材料移送公安机关或者检察机关。

人民法院在审理民事案件或者执行过程中，发现有合同诈骗犯罪嫌疑的，应当裁定驳回起诉或者中止执行，并及时将有关材料移送公安机关或者检察机关。

对于正在侦查、起诉、审理的合同诈骗刑事案件，发现与人民法院正在审理的民事案件属于同一事实，或者被申请执行的财物属于涉案财物的，应当及时通报相关人民法院。人民法院经审查属实的，应当依照上述规定处理。

▼安徽省高级人民法院、安徽省人民检察院、安徽省公安厅、安徽省司法厅关于市辖区一审未成年人刑事案件管辖的规定(全文)(2006年1月1日)

一、凡辖两个区以上的市(含辖一个县)的一审未成年人刑事案件，应指定一个区集中办理。

二、未成年人刑事案件的侦查，由公安机关依照法律规定进行。未成年人刑事案件的审查批准逮捕和审查起诉，由指定区的人民检察院进行，公安机关应向指定区的人民检察院提请批准逮捕或移送审查起诉。未成年人刑事案件的一审，由指定区的人民法院进行，由指定区的人民检察院向指定区的人民法院提起公诉。可能判处无期徒刑的案件除外。刑事自诉案件中涉及未成年被告人的，自诉人可直接向指定区的人民法院起诉。如果自诉人坚持向其辖区人民法院起诉的，该法院应先予受理，再将案件移送至指定区的人民法院。

三、指定区的人民法院对提起公诉的未成年人刑事案件，认为不符合指定管辖案件范围的，应当依法决定退回人民检察院。

四、对未成年被告人需要指定辩护的，由指定区的人民法院发指定函至市级法律援助机构由其指派承担法律援助义务的律师提供辩护。

五、本规定所称的未成年人刑事案件是指：

1. 犯罪嫌疑人(被告人)犯所涉罪名时不满十八周岁的案件。

2. 犯罪嫌疑人(被告人)涉嫌几个罪名的，犯所涉法定刑最高的罪名时不满十八周岁的案件。

3. 共同犯罪案件中，首要分子或者主犯不满十八周岁或超出半数的犯罪嫌疑人(被告人)不满十八周岁的案件。其他共同犯罪案件有未成年犯罪嫌疑人(被告人)的，或者其他涉及未成年人的刑事案件是否由指定区的人民法院审理，由市中级人民法院根据案件实际情况决定。

4. 刑事自诉案件中自诉人、被告人双方或一方不满十八周岁的案件。

六、本规定自2006年1月1日起施行。本规定施行前，检察机关正在审查起诉或一审法院正在审理的未成年人刑事案件,不执行本规定。

▽对于未建立森林公安机关的地方,森林和陆生野生动物刑事案件由地方公安机关负责查处

国家林业局、公安部制定的《关于森林和陆生野生动物刑事案件管辖及立案标准》(本附文以下简称《管辖及立案标准》)规定,对于未建立森林公安机关的地方,森林和陆生野生动物刑事案件由地方公安机关负责查处。槐荫区分局营市街派出所出具书面说明称,2013年6月22日案发时,该派出所即向山东省公安厅森林警察总队请示有关涉林案件管辖权问题。山东省公安厅森林警察总队答复:济南市槐荫区无森林警察机构,涉林案件一直由各区公安机关自行侦办。2014年9月18日,该派出所派员赴山东省公安厅森林警察总队请示有关涉林案件管辖权问题。山东省公安厅森林警察总队答复:涉林侦查管辖属于公安机关内部工作分工;在未设置森林公安机构的地区,由各分局自行侦办涉林案件。济南市森林公安局出具书面说明称,本案可由济南市公安局槐荫区分局管辖。可见,本案由济南市公安局槐荫区分局侦查有相关规范性文件作为依据,且槐荫区分局营市街派出所在案发时及侦办过程中两次请示上级森林公安机关以确定其是否有侦查权限,均得到肯定答复。故本案侦查管辖合法,槐荫区分局营市街派出所收集到的材料可作为证据使用。综上,一审、二审法院认定济南市公安局槐荫区分局对本案具有侦查管辖权,其收集相关证据合法有效,是正确的。(参见第1178号指导案例,郑锴非法运输、出售珍贵、濒危野生动物制品案,载《刑事审判参考》总第108集,第93~94页。撰稿:李晓光 邓克珠)

第二十条 【基层法院管辖】基层人民法院管辖第一审普通刑事案件,但是依照本法由上级人民法院管辖的除外。

■最高人民法院、最高人民检察院、公安部、国家安全部、司法部关于外国人犯罪案件管辖问题的通知(2013年1月17日)

一、第一审外国人犯罪案件,除刑事诉讼法第二十条至第二十二条规定的以外,由基层人民法院管辖。外国人犯罪案件较多的地区,中级人民法院可以指定辖区内一个或者几个基层人民法院集中管辖第一审外国人犯罪案件;外国人犯罪案件较少的地区,中级人民法院可以依照刑事诉讼法第二十三条的规定,审理基层人民法院管辖的第一审外国人犯罪案件。

三、辖区内集中管辖第一审外国人犯罪案件的基层人民法院,应当由中级人民法院商同级人民检察院、公安局、国家安全局、司法局综合考虑办案质量、效率、工作衔接配合等因素提出,分别报高级人民法院、省级人民检察院、公安厅(局)、国家安全厅(局)、司法厅(局)同意后确定,并报最高人民法院、最高人民检察院、公安部、国家安全部、司法部备案。

各高级人民法院、省级人民检察院、公安厅(局)、国家安全厅(局)要切实加强对基层人民法院、人民检察院、公安机关、国家安全机关办理外国人犯罪案件工作的监督、指导。司法行政机关要加强对外国人犯罪案件中律师辩护、代理工作的指导、监督。对于遇到的法律适用等重大问题要及时层报最高人民法院、最高人民检察院、公安部、国家安全部、司法部。

第二十一条 【中级法院管辖】中级人民法院管辖下列第一审刑事案件:

(一)危害国家安全、恐怖活动案件;

(二)可能判处无期徒刑、死刑的案件。

■最高人民法院关于适用《中华人民共和国刑事诉讼法》的解释(2021年3月1日)

第十四条 人民检察院认为可能判处无期徒刑、死刑,向中级人民法院提起公诉的案件,中级人民法院受理后,认为不需要判处无期徒刑、死刑的,应当依法审判,不再交基层人民法院审判。

■最高人民法院关于规范上下级人民法院审判业务关系的若干意见(2010年12月28日)

第十条 中级人民法院通过审理案件、总结审判经验、组织法官培训等形式,对基层人民法院的审判业务工作进行指导。

■最高人民法院、最高人民检察院关于贯彻执行《关于办理证券期货违法犯罪案件工作若干问题的意见》有关问题的通知(全文)(2012年3月14日)

一、《意见》第十条中的"证券期货犯罪",是指刑法第一百六十条、第一百六十一条、第一百六十九条之一、第一百七十八条第二款、第一百七十九条、第一百八十条、第一百八十一条、第一百八十二条、第一百八十五条之一第一款规定的犯罪。

二、2012年1月1日以后,证券期货犯罪的第一审案件,适用《意见》第十条的规定,由中级人民法院管辖,同级人民检察院负责提起公诉。

三、2011年12月31日以前已经提起公诉的证券期货犯罪案件,不适用《意见》第十条关于级别管辖的规定。

第二十二条　【高级法院管辖】高级人民法院管辖的第一审刑事案件,是全省(自治区、直辖市)性的重大刑事案件。

■最高人民法院关于规范上下级人民法院审判业务关系的若干意见(2010年12月28日)

第九条　高级人民法院通过审理案件、制定审判业务文件、发布参考性案例、召开审判业务会议、组织法官培训等形式,对辖区内各级人民法院和专门人民法院的审判业务工作进行指导。

高级人民法院制定审判业务文件,应当经审判委员会讨论通过。最高人民法院发现高级人民法院制定的审判业务文件与现行法律、司法解释相抵触的,应当责令其纠正。

第二十三条　【最高法院管辖】最高人民法院管辖的第一审刑事案件,是全国性的重大刑事案件。

■最高人民法院关于规范上下级人民法院审判业务关系的若干意见(2010年12月28日)

第八条　最高人民法院通过审理案件、制定司法解释或者规范性文件、发布指导性案例、召开审判业务会议、组织法官培训等形式,对地方各级人民法院和专门人民法院的审判业务工作进行指导。

第二十四条　【上下级法院变更管辖】上级人民法院在必要的时候,可以审判下级人民法院管辖的第一审刑事案件;下级人民法院认为案情重大、复杂需要由上级人民法院审判的第一审刑事案件,可以请求移送上一级人民法院审判。

■最高人民法院关于适用《中华人民共和国刑事诉讼法》的解释(2021年3月1日)

第十五条　一人犯数罪、共同犯罪或者其他需要并案审理的案件,其中一人或者一罪属于上级人民法院管辖的,全案由上级人民法院管辖。

第十六条　上级人民法院决定审判下级人民法院管辖的第一审刑事案件的,应当向下级人民法院下达改变管辖决定书,并书面通知同级人民检察院。

第十七条　基层人民法院对可能判处无期徒刑、死刑的第一审刑事案件,应当移送中级人民法院审判。

基层人民法院对下列第一审刑事案件,可以请求移送中级人民法院审判:

(一)重大、复杂案件;

(二)新类型的疑难案件;

(三)在法律适用上具有普遍指导意义的案件。

需要将案件移送中级人民法院审判的,应当在报请院长决定后,至迟于案件审理期限届满十五日以前书面请求移送。中级人民法院应当在接到申请后十日以内作出决定。不同意移送的,应当下达不同意移送决定书,由请求移送的人民法院依法审判;同意移送的,应当下达同意移送决定书,并书面通知同级人民检察院。

第十八条　有管辖权的人民法院因案件涉及本院院长需要回避或者其他原因,不宜行使管辖权的,可以请求移送上一级人民法院管辖。上一级人民法院可以管辖,也可以指定与提出请求的人民法院同级的其他人民法院管辖。

■最高人民法院关于规范上下级人民法院审判业务关系的若干意见(全文)(2010年12月28日)

第一条　最高人民法院监督指导地方各级人民法院和专门人民法院的审判业务工作。上级人民法院监督指导下级人民法院的审判业务工作。监督指导的范围、方式和程序应当符合法律规定。

第二条　各级人民法院在法律规定范围内履行各自职责,依法独立行使审判权。

第三条　基层人民法院和中级人民法院对于已经受理的下列第一审案件,必要时可以根据相关法律规定,书面报请上一级人民法院审理:

(1)重大、疑难、复杂案件;

(2)新类型案件;

(3)具有普遍法律适用意义的案件;

(4)有管辖权的人民法院不宜行使审判权的案件。

第四条　上级人民法院对下级人民法院提出的移送审理请求,应当及时决定是否由自己审理,并下达同意移送决定书或者不同意移送决定书。

第五条　上级人民法院认为下级人民法院管辖的第一审案件,属于本意见第三条所列类型,有必要由自己审理的,可以决定提级管辖。

第二十五条　【地域管辖】刑事案件由犯罪地的人民法院管辖。如果由被告人居住地的人民法院审判更为适宜的,可以由被告人居住地的人民法院管辖。

■最高人民法院关于适用《中华人民共和国刑事诉讼法》的解释(2021年3月1日)

第二条　犯罪地包括犯罪行为地和犯罪结果地。

针对或者主要利用计算机网络实施的犯罪,犯罪地包括用于实施犯罪行为的网络服务使用的服务器所在地,网络服务提供者所在地,被侵害的信息网络系统及其管理者所在地,犯罪过程中被告人、被害人使用的信息网络系统所在地,以及被害人被侵害时所在地和被害人财产遭受损失地等。

第三条　被告人的户籍地为其居住地。经常居住地与户籍地不一致的,经常居住地为其居住地。经常居住地为被告人被追诉前已连续居住一年以上的地方,但住院就医的除外。

被告单位登记的住所地为其居住地。主要营业地或者主要办事机构所在地与登记的住所地不一致的,主要营业地或者主要办事机构所在地为其居住地。

第四条　在中华人民共和国内水、领海发生的刑事案件,由犯罪地或者被告人登陆地的人民法院管辖。由被告人居住地的人民法院审判更为适宜的,可以由被告人居住地的人民法院管辖。

第五条　在列车上的犯罪,被告人在列车运行途中被抓获的,由前方停靠站所在地负责审判铁路运输刑事案件的人民法院管辖。必要时,也可以由始发站或者终点站所在地负责审判铁路运输刑事案件的人民法院管辖。

被告人不是在列车运行途中被抓获的,由负责该列车乘务的铁路公安机关对应的审判铁路运输刑事案件的人民法院管辖;被告人在列车运行途经车站被抓获的,也可以由该车站所在地负责审判铁路运输刑事案件的人民法院管辖。

第六条　在国际列车上的犯罪,根据我国与相关国家签订的协定确定管辖;没有协定的,由该列车始发或者前方停靠的中国车站所在地负责审判铁路运输刑事案件的人民法院管辖。

第七条　在中华人民共和国领域外的中国船舶内的犯罪,由该船舶最初停泊的中国口岸所在地或者被告人登陆地、入境地的人民法院管辖。

第八条 在中华人民共和国领域外的中国航空器内的犯罪,由该航空器在中国最初降落地的人民法院管辖。

第九条 中国公民在中国驻外使领馆内的犯罪,由其主管单位所在地或者原户籍地的人民法院管辖。

第十条 中国公民在中华人民共和国领域外的犯罪,由其登陆地、入境地、离境前居住地或者现居住地的人民法院管辖;被害人是中国公民的,也可以由被害人离境前居住地或者现居住地的人民法院管辖。

第十一条 外国人在中华人民共和国领域外对中华人民共和国国家或者公民犯罪,根据《中华人民共和国刑法》应当受处罚的,由该外国人登陆地、入境地或者入境后居住地的人民法院管辖,也可以由被害人离境前居住地或者现居住地的人民法院管辖。

第十二条 对中华人民共和国缔结或者参加的国际条约所规定的罪行,中华人民共和国在所承担条约义务的范围内行使刑事管辖权的,由被告人被抓获地、登陆地或者入境地的人民法院管辖。

第十三条 正在服刑的罪犯在判决宣告前还有其他罪没有判决的,由原审地人民法院管辖;由罪犯服刑地或者犯罪地的人民法院审判更为适宜的,可以由罪犯服刑地或者犯罪地的人民法院管辖。

罪犯在服刑期间又犯罪的,由服刑地的人民法院管辖。

罪犯在脱逃期间又犯罪的,由服刑地的人民法院管辖。但是,在犯罪地抓获罪犯并发现其在脱逃期间犯罪的,由犯罪地的人民法院管辖。

■公安机关办理刑事案件程序规定(2020年9月1日)

第十五条 刑事案件由犯罪地的公安机关管辖。如果由犯罪嫌疑人居住地的公安机关管辖更为适宜的,可以由犯罪嫌疑人居住地的公安机关管辖。

法律、司法解释或者其他规范性文件对有关犯罪案件的管辖作出特别规定的,从其规定。

第十六条 犯罪地包括犯罪行为发生地和犯罪结果发生地。犯罪行为发生地,包括犯罪行为的实施地以及预备地、开始地、途经地、结束地等与犯罪行为有关的地点;犯罪行为有连续、持续或者继续状态的,犯罪行为连续、持续或者继续实施的地方都属于犯罪行为发生地。犯罪结果发生地,包括犯罪对象被侵害地、犯罪所得的实际取得地、藏匿地、转移地、使用地、销售地。

居住地包括户籍所在地、经常居住地。经常居住地是指公民离开户籍所在地最后连续居住一年以上的地方,但住院就医的除外。单位登记的住所地为其居住地。主要营业地或者主要办事机构所在地与登记的住所地不一致的,主要营业地或者主要办事机构所在地为其居住地。

第十七条 针对或者主要利用计算机网络实施的犯罪,用于实施犯罪行为的网络服务使用的服务器所在地,网络服务提供者所在地,被侵害的网络信息系统及其管理者所在地,以及犯罪过程中犯罪嫌疑人、被害人使用的网络信息系统所在地,被害人被侵害时所在地和被害人财产遭受损失地公安机关可以管辖。

第十八条 行驶中的交通工具上发生的刑事案件,由交通工具最初停靠地公安机关管辖;必要时,交通工具始发地、途经地、目的地公安机关也可以管辖。

第十九条 在中华人民共和国领域外的中国航空器内发生的刑事案件,由该航空器在中国最初降落地的公安机关管辖。

第二十条 中国公民在中国驻外使、领馆内的犯罪,由其主管单位所在地或者原户籍地的公安机关管辖。

中国公民在中华人民共和国领域外的犯罪,由其入境地、离境前居住地或者现居住地的公安机关管辖;被害人是中国公民的,也可由被害人离境前居住地或者现居住地的公安机关管辖。

第三百四十六条 公安机关在异地执行传唤、拘传、拘留、逮捕,开展勘验、检查、搜查、查封、扣押、冻结、讯问等侦查活动,应当向当地公安机关提出办案协作请求,并在当地公安机关协助下进行,或者委托当地公安机关代为执行。

开展查询、询问、辨认等侦查活动或者送达法律文书的,也可以向当地公安机关提出办案协作请求,并按照有关规定进行通报。

第三百四十七条　需要异地公安机关协助的,办案地公安机关应当制作办案协作函件,连同有关法律文书和人民警察证复印件一并提供给协作地公安机关。必要时,可以将前述法律手续传真或者通过公安机关有关信息系统传输至协作地公安机关。

请求协助执行传唤、拘传、拘留、逮捕的,应当提供传唤证、拘传证、拘留证、逮捕证;请求协助开展搜查、查封、扣押、查询、冻结等侦查活动的,应当提供搜查证、查封决定书、扣押决定书、协助查询财产通知书、协助冻结财产通知书;请求协助开展勘验、检查、讯问、询问等侦查活动的,应当提供立案决定书。

第三百四十八条　公安机关应当指定一个部门归口接收协作请求,并进行审核。对符合本规定第三百四十七条规定的协作请求,应当及时交主管业务部门办理。

异地公安机关提出协作请求的,只要法律手续完备,协作地公安机关就应当及时无条件予以配合,不得收取任何形式的费用或者设置其他条件。

第三百四十九条　对协作过程中获取的犯罪线索,不属于自己管辖的,应当及时移交有管辖权的公安机关或者其他有关部门。

第三百五十条　异地执行传唤、拘传的,协作地公安机关应当协助将犯罪嫌疑人传唤、拘传到本市、县公安机关执法办案场所或者到他的住处进行讯问。

异地执行拘留、逮捕的,协作地公安机关应当派员协助执行。

第三百五十一条　已被决定拘留、逮捕的犯罪嫌疑人在逃的,可以通过网上工作平台发布犯罪嫌疑人相关信息、拘留证或者逮捕证。各地公安机关发现网上逃犯的,应当立即组织抓捕。

协作地公安机关抓获犯罪嫌疑人后,应当立即通知办案地公安机关。办案地公安机关应当立即携带法律文书及时提解,提解的侦查人员不得少于二人。

办案地公安机关不能及时到达协作地的,应当委托协作地公安机关在拘留、逮捕后二十四小时以内进行讯问。

第三百五十二条　办案地公安机关请求代为讯问、询问、辨认的,协作地公安机关应当制作讯问、询问、辨认笔录,交被讯问、询问人和辨认人签名、捺指印后,提供给办案地公安机关。

办案地公安机关可以委托协作地公安机关协助进行远程视频讯问、询问,讯问、询问过程应当全程录音录像。

第三百五十三条　办案地公安机关请求协查犯罪嫌疑人的身份、年龄、违法犯罪经历等情况的,协作地公安机关应当在接到请求后七日以内将协查结果通知办案地公安机关;交通十分不便的边远地区,应当在十五日以内将协查结果通知办案地公安机关。

办案地公安机关请求协助调查取证或者查询犯罪信息、资料的,协作地公安机关应当及时协查并反馈。

第三百五十四条　对不履行办案协作程序或者协作职责造成严重后果的,对直接负责的主管人员和其他直接责任人员,应当给予处分;构成犯罪的,依法追究刑事责任。

第三百五十五条　协作地公安机关依照办案地公安机关的协作请求履行办案协作职责所产生的法律责任,由办案地公安机关承担。但是,协作行为超出协作请求范围,造成执法过错的,由协作地公安机关承担相应法律责任。

第三百五十六条　办案地和协作地公安机关对于案件管辖、定性处理等发生争议的,可以进行协商。协商不成的,提请共同的上级公安机关决定。

■最高人民法院、最高人民检察院、公安部、国家安全部、司法部、全国人大常委会法制工作委员会关于实施刑事诉讼法若干问题的规定(2013年1月1日)

2. 刑事诉讼法第二十四条中规定:“刑事案件由犯罪地的人民法院管辖。”刑事诉讼法规定的“犯罪地”,包括犯罪的行为发生地和结果发生地。

■最高人民法院、最高人民检察院、国家安全部、工业和信息化部、中国人民银行、中国银行业监督管理委员会关于办理流动性团伙性跨区域性犯罪案件有关问题的意见(2011年5月1日)

第一条　流动性、团伙性、跨区域性犯罪案件,由犯罪地的公安机关、人民检察院、人民法院管辖。如果由犯罪嫌疑人、被告人居住地的公安机关、人民检察院、人民法院管辖更为适宜的,可以由犯罪嫌疑人、被告人居住地的公安机关、人民检察院、人民法院管辖。犯罪地包括犯罪行为发生地和犯罪结果发生地。犯罪嫌疑人、被告人居住地包括经常居住地、户籍所在地。前款中所称“犯罪行为发生地”包括被害人接到诈骗、敲诈勒索电话、短信息、电子邮件、信件、传真等犯罪信息的地方,以及犯罪行为持续发生的开始地、流转地、结束地;“犯罪结果发生地”包括被害人向犯罪嫌疑人、被告人指定的账户转账或存款的地方,以及犯罪所得的实际取得地、藏匿地、转移地、使用地、销售地。

第三条　有下列情形之一的,主办地公安机关可以依照法律和有关规定对全部人员和全部案件一并立案侦查,需要提请批准逮捕、移送审查起诉、提起公诉的,由该公安机关所在地的同级人民检察院、人民法院受理:(一)一人在两个以上县级行政区域作案的;(二)一人在一地利用电话、网络、信件等通讯工具和媒介以非接触性的方式作案,涉及两个以上县级行政区域的被害人的;(三)两人以上结伙在两个以上县级行政区域共同作案的;(四)两人以上结伙在一地利用电话、网络、信件等通讯工具和媒介以非接触性的方式共同作案,涉及两个以上县级行政区域的被害人的;(五)三人以上时分时合,交叉结伙在两个以上县级行政区域作案的;(六)夸区域实施的涉及同一犯罪对象的盗窃、抢劫、抢夺、诈骗、敲诈勒索以及掩饰、隐瞒犯罪所得、犯罪所得收益行为的。

第五条　办案地公安机关跨区域查询、调取银行账户、网站等信息,或者跨区域查询、冻结涉案银行存款、汇款,可以通过公安机关信息化应用系统传输加盖电子签章的办案协作函和相关法律文书及凭证,或者将办案协作函和相关法律文书及凭证电传至协作地县级以上公安机关。办理跨区域查询、调取电话信息的,由地市以上公安机关办理。协作地公安机关接收后,经审查确认,在传来法律文书上加盖本地公安机关印章,到银行、电信等部门查询、调取相关证据或者查询、冻结银行存款、汇款,银行、电信等部门应当予以配合。

第六条　办案地公安机关夸区域调取犯罪嫌疑人、被告人的户籍证明,可以通过公安机关信息化应用系统获取,加盖本地公安机关印章。调取时不得少于二人,并应当记载调取的时间、使用的电脑等相关信息,经审核证明真实的,可以作为诉讼证据。有下列情形之一的,应当调取原始户籍证明,但犯罪嫌疑人、被告人没有户籍或者真实姓名无法查明的除外:(一)犯罪嫌疑人、被告人可能是未满十八周岁或者已满七十五周岁人的;(二)可能判处五年有期徒刑以上刑罚的;(三)犯罪嫌疑人、被告人、被害人、辩护人和诉讼代理人对采取本条第一款规定方式所调取的户籍证明提出异议的。

第七条　对部分共同犯罪嫌疑人、被告人在逃的案件,现有证据能够认定已到案犯罪嫌疑人、被告人为共同犯罪的,可以先行追究已到案犯罪嫌疑人、被告人的刑事责任。

第八条　本意见所称的“流动性犯罪案件”,是指跨县级行政区域连续作案,或者在居住地作案后逃跑到其他县级行政区域继续作案;“团伙性犯罪案件”,是指二人以上共同作案或者三人以上交叉结伙作案;“跨区域性犯罪案件”,是指犯罪案件涉及两个以上县级行政区域。

第九条　本意见所称以上、以下,包括本数在内。

第十条　国家安全机关侦办流动性、团伙性、跨区域性犯罪案件适用本意见。涉及跨区域调取有关犯罪嫌疑人户籍证明的,公安机关应予以配合。

第十一条 本意见自二〇一一年五月一日起施行。

■最高人民法院、最高人民检察院、公安部关于办理电信网络诈骗等刑事案件适用法律若干问题的意见(二)(2021年6月17日)

一、电信网络诈骗犯罪地,除《最高人民法院、最高人民检察院、公安部关于办理电信网络诈骗等刑事案件适用法律若干问题的意见》规定的犯罪行为发生地和结果发生地外,还包括:

(一)用于犯罪活动的手机卡、流量卡、物联网卡的开立地、销售地、转移地、藏匿地;

(二)用于犯罪活动的信用卡的开立地、销售地、转移地、藏匿地、使用地以及资金交易对手资金交付和汇出地;

(三)用于犯罪活动的银行账户、非银行支付账户的开立地、销售地、使用地以及资金交易对手资金交付和汇出地;

(四)用于犯罪活动的即时通讯信息、广告推广信息的发送地、接受地、到达地;

(五)用于犯罪活动的"猫池"(Modem Pool)、GOIP设备、多卡宝等硬件设备的销售地、入网地、藏匿地;

(六)用于犯罪活动的互联网账号的销售地、登录地。

■最高人民法院、最高人民检察院、公安部、司法部关于办理"套路贷"刑事案件若干问题的意见(2019年4月9日)

三、依法确定"套路贷"刑事案件管辖

11."套路贷"犯罪案件一般由犯罪地公安机关侦查,如果由犯罪嫌疑人居住地公安机关立案侦查更为适宜的,可以由犯罪嫌疑人居住地公安机关立案侦查。犯罪地包括犯罪行为发生地和犯罪结果发生地。

"犯罪行为发生地"包括为实施"套路贷"所设立的公司所在地、"借贷"协议或相关协议签订地、非法讨债行为实施地、为实施"套路贷"而进行诉讼、仲裁、公证的受案法院、仲裁委员会、公证机构所在地,以及"套路贷"行为的预备地、开始地、途经地、结束地等。

"犯罪结果发生地"包括违法所得财物的支付地、实际取得地、藏匿地、转移地、使用地、销售地等。

除犯罪地、犯罪嫌疑人居住地外,其他地方公安机关对于公民扭送、报案、控告、举报或者犯罪嫌疑人自首的"套路贷"犯罪案件,都应当立即受理,经审查认为有犯罪事实的,移送有管辖权的公安机关处理。

黑恶势力实施的"套路贷"犯罪案件,由侦办黑社会性质组织、恶势力或者恶势力犯罪集团案件的公安机关进行侦查。

12.具有下列情形之一的,有关公安机关可以在其职责范围内并案侦查:

(1)一人犯数罪的;

(2)共同犯罪的;

(3)共同犯罪的犯罪嫌疑人还实施其他犯罪的;

(4)多个犯罪嫌疑人实施的犯罪存在直接关联,并案处理有利于查明案件事实的。

13.本意见自2019年4月9日起施行。

■最高人民法院、最高人民检察院、公安部、国家安全部、司法部关于外国人犯罪案件管辖问题的通知(2013年1月17日)

二、外国人犯罪案件的侦查,由犯罪地或者犯罪嫌疑人居住地的公安机关或者国家安全机关负责。需要逮捕犯罪嫌疑人的,由负责侦查的公安机关或者国家安全机关向所在地同级人民检察院提请批准逮捕;侦查终结需要移送审查起诉的案件,应当向侦查机关所在地的同级人民检察院移送。人民检察院受理同级侦查机关移送审查起诉的案件，按照刑事诉讼法的管辖规定和本通知要求，认为应当由上级人民检察院或者同级其他人民检察院起诉的，应当将案件移送有管辖权的人民检察院审查起诉。

三、辖区内集中管辖第一审外国人犯罪案件的基层人民法院，应当由中级人民法院商同级人民检察院、公安局、国家安全局、司法局综合考虑办案质量、效率、工作衔接配合等因素提出，分别报高级人民法院、省级人民检察院、公安厅（局）、国家安全厅（局）、司法厅（局）同意后确定，并报最高人民法院、最高人民检察院、公安部、国家安全部、司法部备案。

各高级人民法院、省级人民检察院、公安厅（局）、国家安全厅（局）要切实加强对基层人民法院、人民检察院、公安机关、国家安全机关办理外国人犯罪案件工作的监督、指导。司法行政机关要加强对外国人犯罪案件中律师辩护、代理工作的指导、监督。对于遇到的法律适用等重大问题要及时层报最高人民法院、最高人民检察院、公安部、国家安全部、司法部。

■最高人民法院、最高人民检察院、公安部关于办理侵犯知识产权刑事案件适用法律若干问题的意见（2011年1月10日）

一、关于侵犯知识产权犯罪案件的管辖问题

侵犯知识产权犯罪案件由犯罪地公安机关立案侦查。必要时，可以由犯罪嫌疑人居住地公安机关立案侦查。侵犯知识产权犯罪案件的犯罪地，包括侵权产品制造地、储存地、运输地、销售地，传播侵权作品、销售侵权产品的网站服务器所在地、网络接入地、网站建立者或者管理者所在地，侵权作品上传者所在地，权利人受到实际侵害的犯罪结果发生地。对有多个侵犯知识产权犯罪地的，由最初受理的公安机关或者主要犯罪地公安机关管辖。多个侵犯知识产权犯罪地的公安机关对管辖有争议的，由共同的上级公安机关指定管辖，需要提请批准逮捕、移送审查起诉、提起公诉的，由该公安机关所在地的同级人民检察院、人民法院受理。

对于不同犯罪嫌疑人、犯罪团伙跨地区实施的涉及同一批侵权产品的制造、储存、运输、销售等侵犯知识产权犯罪行为，符合并案处理要求的，有关公安机关可以一并立案侦查，需要提请批准逮捕、移送审查起诉、提起公诉的，由该公安机关所在地的同级人民检察院、人民法院受理。

■最高人民法院、最高人民检察院、公安部关于办理网络赌博犯罪案件适用法律若干问题的意见（2010年8月31日）

四、关于网络赌博犯罪案件的管辖

网络赌博犯罪案件的地域管辖，应当坚持以犯罪地管辖为主、被告人居住地管辖为辅的原则。

"犯罪地"包括赌博网站服务器所在地、网络接入地，赌博网站建立者、管理者所在地，以及赌博网站代理人、参赌人实施网络赌博行为地等。

公安机关对侦办跨区域网络赌博犯罪案件的管辖权有争议的，应本着有利于查清犯罪事实、有利于诉讼的原则，认真协商解决。经协商无法达成一致的，报共同的上级公安机关指定管辖。对即将侦查终结的跨省（自治区、直辖市）重大网络赌博案件，必要时可由公安部商最高人民法院和最高人民检察院指定管辖。

为保证及时结案，避免超期羁押，人民检察院对于公安机关提请审查逮捕、移送审查起诉的案件，人民法院对于已进入审判程序的案件，犯罪嫌疑人、被告人及其辩护人提出管辖异议或者办案单位发现没有管辖权的，受案人民检察院、人民法院经审查可以依法报请上级人民检察院、人民法院指定管辖，不再自行移送有管辖权的人民检察院、人民法院。

■最高人民法院、最高人民检察院、公安部关于办理电信网络诈骗等刑事案件适用法律若干问题的意见（2016年12月19日）

五、依法确定案件管辖

（一）电信网络诈骗犯罪案件一般由犯罪地公安机关立案侦查，如果由犯罪嫌疑人居住地公安机关立案侦查更为适宜的,可以由犯罪嫌疑人居住地公安机关立案侦查。犯罪地包括犯罪行为发生地和犯罪结果发生地。

"犯罪行为发生地"包括用于电信网络诈骗犯罪的网站服务器所在地,网站建立者、管理者所在地,被侵害的计算机信息系统或其管理者所在地,犯罪嫌疑人、被害人使用的计算机信息系统所在地,诈骗电话、短信息、电子邮件等的拨打地、发送地、到达地、接受地,以及诈骗行为持续发生的实施地、预备地、开始地、途经地、结束地。

"犯罪结果发生地"包括被害人被骗时所在地,以及诈骗所得财物的实际取得地、藏匿地、转移地、使用地、销售地等。

(二)电信网络诈骗最初发现地公安机关侦办的案件,诈骗数额当时未达到"数额较大"标准,但后续累计达到"数额较大"标准,可由最初发现地公安机关立案侦查。

(三)具有下列情形之一的,有关公安机关可以在其职责范围内并案侦查:

1. 一人犯数罪的;

2. 共同犯罪的;

3. 共同犯罪的犯罪嫌疑人还实施其他犯罪的;

4. 多个犯罪嫌疑人实施的犯罪存在直接关联,并案处理有利于查明案件事实的。

■最高人民法院、最高人民检察院、公安部关于旅客列车上发生的刑事案件管辖问题的通知(全文)(2001年8月23日)

一、旅客列车上发生的刑事案件,由负责该车乘务的乘警队所属的铁路公安机关立案,列车乘警应及时收集案件证据,填写有关法律文书。对于已经查获犯罪嫌疑人的,列车乘警应对犯罪嫌疑人认真盘查,制作盘查笔录。对被害人、证人要进行询问,制作询问笔录,或者由被害人、证人书写被害经过、证言。取证结束后,列车乘警应当将犯罪嫌疑人及盘查笔录、被害人、证人的证明材料以及其他与案件有关证据一并移交前方停车站铁路公安机关。对于未查获犯罪嫌疑人的案件,列车乘警应当及时收集案件线索及证据,并由负责该车乘务的乘警队所属的铁路公安机关继续侦查。

二、车站铁路公安机关对于法律手续齐全并附有相关证据材料的交站处理案件应当受理。经审查和进一步侦查,认为需要逮捕犯罪嫌疑人或者移送审查起诉的,应当依法向同级铁路运输检察院提请批准逮捕或者移送审查起诉。

三、铁路运输检察院对同级公安机关提请批准逮捕或者移送审查起诉的交站处理案件应当受理。经审查符合逮捕条件的,应当依法批准逮捕;符合起诉条件的,应当依法提起公诉或者将案件移送有管辖权的铁路运输检察院审查起诉。

四、铁路运输法院对铁路运输检察院提起公诉的交站处理案件,经审查认为符合受理条件的,应当受理并依法审判。

■最高人民法院、最高人民检察院、公安部关于办理海上发生的违法犯罪案件有关问题的通知(2007年9月17日)

二、对省、自治区、直辖市公安边防总队及其下设的海警支队管辖海域的划分,应当充分考虑执法办案工作的需要,可以不受行政区划海域划分的限制。

海警支队的管辖海域由其隶属的省、自治区、直辖市公安边防总队划定,报公安部边防管理局和所在省、自治区、直辖市公安厅、局备案,并抄送所在地省、自治区、直辖市高级人民法院、人民检察院。

沿海省、自治区、直辖市公安边防总队的管辖海域由公安部边防管理局划定,并抄送最高人民法院、最高人民检察院。

三、……

海上发生的刑事案件,由犯罪行为发生海域海警支队管辖;如果由犯罪嫌疑人居住地或者主要犯罪行为发生地公安机关管辖更为适宜的,可以由犯罪嫌疑人居住地或者主要犯罪行为发生地的公安机关管辖;对管辖有争议或者情况特殊的刑事案件,可报请上级公安机关指定管辖。

同一省、自治区、直辖市内跨海警支队管辖海域的行政案件和刑事案件,由违法犯罪行为发生海域海警支队协商确定管辖;协商不成的,由省、自治区、直辖市公安边防总队指定管辖。

跨省、自治区、直辖市管辖海域的行政案件和刑事案件,由违法犯罪行为发生海域省、自治区、直辖市公安边防总队协商确定管辖;协商不成的,由公安部边防管理局指定管辖。

四、海警支队办理刑事案件,需要提请批准逮捕或者移送审查起诉的,依法向所在地人民检察院提请或者移送,人民检察院应当依法进行审查并作出决定。

人民检察院提起公诉的海上犯罪案件,同级人民法院依法审判。人民法院判处管制、剥夺政治权利以及决定暂予监外执行、缓刑、假释的,由罪犯居住地公安机关执行。

■最高人民法院、最高人民检察院、公安部办理毒品犯罪案件适用法律若干问题的意见(2007年12月18日)

一、关于毒品犯罪案件的管辖问题

根据刑事诉讼法的规定,毒品犯罪案件的地域管辖,应当坚持以犯罪地管辖为主、被告人居住地管辖为辅的原则。

"犯罪地"包括犯罪预谋地,毒资筹集地,交易进行地,毒品生产地,毒资、毒赃和毒品的藏匿地、转移地,走私或者贩运毒品的目的地以及犯罪嫌疑人被抓获地等。

"被告人居住地"包括被告人常住地、户籍地及其临时居住地。

对怀孕、哺乳期妇女走私、贩卖、运输毒品案件,查获地公安机关认为移交其居住地管辖更有利于采取强制措施和查清犯罪事实的,可以报请共同的上级公安机关批准,移送犯罪嫌疑人居住地公安机关办理,查获地公安机关应继续配合。

公安机关对侦办跨区域毒品犯罪案件的管辖权有争议的,应本着有利于查清犯罪事实,有利于诉讼,有利于保障案件侦查安全的原则,认真协商解决。经协商无法达成一致的,报共同的上级公安机关指定管辖。对即将侦查终结的跨省(自治区、直辖市)重大毒品案件,必要时可由公安部商最高人民法院和最高人民检察院指定管辖。

为保证及时结案,避免超期羁押,人民检察院对于公安机关移送审查起诉的案件,人民法院对于已进入审判程序的案件,被告人及其辩护人提出管辖异议或者办案单位发现没有管辖权的,受案人民检察院、人民法院经审可以依法报请上级人民检察院、人民法院指定管辖,不再自行移送有管辖权的人民检察院、人民法院。

■最高人民法院、最高人民检察院、公安部关于依法严肃查处拒不执行判决、裁定和暴力抗拒法院执行犯罪行为有关问题的通知(2007年8月30日)

五、拒不执行判决、裁定案件由犯罪行为发生地的公安机关、人民检察院、人民法院管辖。如果由犯罪嫌疑人、被告人居住地的人民法院管辖更为适宜的,可以由犯罪嫌疑人、被告人居住地的公安机关、人民检察院、人民法院管辖。

六、以暴力、威胁方法妨害或者抗拒执行的,公安机关接到报警后,应当立即出警,依法处置。

七、人民法院在执行判决、裁定过程中,对拒不执行判决、裁定情节严重的人,可以先行司法拘留;拒不执行判决、裁定的行为人涉嫌犯罪的,应当将案件依法移送有管辖权的公安机关立案侦查。

八、人民法院、人民检察院和公安机关在办理拒不执行判决、裁定和妨害公务案件过程中,应当密切配合、加强协作。对于人民法院移送的涉嫌拒不执行判决、裁定罪和妨害公务罪的案件,公安机关应当及时立案侦查,检察机关应当及时提起公诉,人民法院应当及时审判。

在办理拒不执行判决、裁定和妨害公务案件过程中,应当根据案件的具体情况,正确区分罪与非罪的界限,认真贯彻"宽严相济"的刑事政策。

■公安部关于受害人居住地公安机关可否对诈骗犯罪案件立案侦查问题的批复(全文)(2000年10月16日)

《公安机关办理刑事案件程序规定》第十五条规定:"刑事案件由犯罪地的公安机关管辖。如果由犯罪嫌疑人居住地的公安机关管辖更为适宜的,可以由犯罪嫌疑人居住地的公安机关管辖。"根据《中华人民共和国刑法》第六条第三款的规定,犯罪地包括犯罪行为地和犯罪结果地。根据上述规定,犯罪行为地、犯罪结果地以及犯罪嫌疑人居住地的公安机关可以依法对属于公安机关管辖的刑事案件立案侦查。诈骗犯罪案件的犯罪结果地是指犯罪嫌疑人实际取得财产地。因此,除诈骗行为地、犯罪嫌疑人实际取得财产的结果发生地和犯罪嫌疑人居住地外,其他地方公安机关不能对诈骗犯罪案件立案侦查,但对于公民扭送、报案、控告、举报或者犯罪嫌疑人自首的,都应当立即受理,经审查认为有犯罪事实的,移送有管辖权的公安机关处理。

■最高人民法院、最高人民检察院、公安部、国家工商行政管理局关于依法查处盗窃、抢劫机动车案件的规定(1998年5月8日)

十五、盗窃、抢劫机动车案件,由案件发生地公安机关立案侦查,赃车流入地公安机关应当予以配合。跨地区系列盗窃、抢劫机动车案件,由最初受理的公安机关立案侦查;必要时,可由主要犯罪地公安机关立案侦查,或者由上级公安机关指定立案侦查。

■最高人民法院、最高人民检察院、公安部、司法部关于依法惩治拐卖妇女儿童犯罪的意见(2010年3月15日)

二、管辖

4. 拐卖妇女、儿童犯罪案件依法由犯罪地的司法机关管辖。拐卖妇女、儿童犯罪的犯罪地包括拐出地、中转地、拐入地以及拐卖活动的途经地。如果由犯罪嫌疑人、被告人居住地的司法机关管辖更为适宜的,可以由犯罪嫌疑人、被告人居住地的司法机关管辖。

■最高人民法院、最高人民检察院、国家安全部、公安部关于依法办理非法生产销售使用"伪基站"设备案件的意见(2014年3月14日)

三、合理确定管辖

(一)案件一般由犯罪地公安机关管辖,犯罪嫌疑人居住地公安机关管辖更为适宜的,也可以由犯罪嫌疑人居住地公安机关管辖。对案件管辖有争议的,可以由共同的上级公安机关指定管辖;情况特殊的,上级公安机关可以指定其他公安机关管辖。

(二)上级公安机关指定下级公安机关立案侦查的案件,需要逮捕犯罪嫌疑人的,由侦查该案件的公安机关提请同级人民检察院审查批准,人民检察院应当依法作出批准逮捕或者不批准逮捕的决定;需要移送审查起诉的,由侦查该案件的公安机关移送同级人民检察院审查起诉。

(三)人民检察院对于审查起诉的案件,按照《刑事诉讼法》的管辖规定,认为应当由上级人民检察院或者同级其他人民检察院起诉的,将案件移送有管辖权的人民检察院,或者报上级检察机关指定管辖。

(四)符合最高人民法院、最高人民检察院、公安部、国家安全部、司法部、全国人大法工委《关于实施刑事诉讼法若干问题的规定》有关并案处理规定的,人民法院、人民检察院、公安机关可以在职责范围内并案处理。

四、加强协作配合

人民法院、人民检察院、公安机关、国家安全机关要认真履行职责,加强协调配合,形成工作合力。国家安全机关要依法做好相关鉴定工作;公安机关要全面收集证据,特别是注意做好相关电子数据的收集、固定工作,对疑难、复杂案件,及时向人民检察院、人民法院通报情况,对已经提请批准逮捕的案件，积极跟进、配合人民检察院的审查批捕工作，认真听取意见；人民检察院对于公安机关提请批准逮捕、移送审查起诉的案件，符合批捕、起诉条件的，应当依法尽快予以批捕、起诉；人民法院应当加强审判力量，制订庭审预案，并依法及时审结。

▼全国部分法院审理毒品犯罪案件工作座谈会纪要（2008年12月22日）

十一、毒品案件的管辖问题

毒品犯罪的地域管辖，应当依照刑事诉讼法的有关规定，实行以犯罪地管辖为主、被告人居住地管辖为辅的原则。考虑到毒品犯罪的特殊性和毒品犯罪侦查体制，"犯罪地"不仅可以包括犯罪预谋地、毒资筹集地、交易进行地、运输途经地以及毒品生产地，也包括毒资、毒赃和毒品藏匿地、转移地、走私或者贩运毒品目的地等。"被告人居住地"，不仅包括被告人常住地和户籍所在地，也包括其临时居住地。

对于已进入审判程序的案件，被告人及其辩护人提出管辖异议，经审查异议成立的，或者受案法院发现没有管辖权，而案件由本院管辖更适宜的，受案法院应当报请与有管辖权的法院共同的上级法院依法指定本院管辖。

▼安徽省高级人民法院、安徽省人民检察院、安徽省公安厅关于办理合同诈骗等犯罪案件工作座谈会纪要（2014年12月31日）

二、非法集资案件

（一）关于案件管辖

非法集资刑事案件的地域管辖，应当依照刑事诉讼法的有关规定，实行以犯罪地管辖为主、被告人居住地管辖为辅的原则。犯罪地包括非法集资活动的组织策划地、指挥操纵地、宣传推介地、发展参与集资人员地、涉案财物收支地、藏匿转移地以及其他重要的行为实施地和危害结果发生地。

▼浙江省高级人民法院、浙江省人民检察院、浙江省公安厅、浙江省司法厅关于办理涉毒案件适用法律有关问题的意见（2005年2月5日）

二、公安机关发现涉毒犯罪线索，应当立案侦查；检察机关对罪该逮捕的，应当批准逮捕，并依法起诉；人民法院应当依法审判。

办理涉毒犯罪案件的地域管辖必须坚持以犯罪地管辖为主，被告人居住地管辖为辅的原则。但根据此类犯罪的特殊性及当前毒品犯罪的侦查体制，涉毒犯罪的"犯罪地"既可以包括毒资筹集地、犯罪预谋地以及交易进行地等犯罪实施地，也包括毒资、毒赃、毒品藏匿地、转移地以及贩运目的地等结果发生地。"被告人居住地"，既包括被告人常住地和户籍所在地，也包括临时居住地。

对已起诉到人民法院的案件，遇有管辖异议的或者自己发现没有管辖权的，受案法院应当报请上级法院指定管辖，不再自行移送有管辖权的法院。

□组织、策划等实施犯罪的准备工作，均发生在内地，内地法院对本案依法享有管辖权

本案有些犯罪行为虽然是在香港实施，但是组织、策划等实施犯罪的准备工作，均发生在内地；实施犯罪所使用的枪支、爆炸物及主要的作案工具均是从内地非法购买后走私运到香港，依照《中华人民共和国刑事诉讼法》第二十四的规定，内地法院对本案依法享有管辖权。（参见张子强等非法买卖、运输爆炸物、抢劫、绑架、走私武器、弹药、非法买卖、运输枪支、弹药、私藏枪支、弹药上诉案，载《最高人民法院公报》总第57期，1999年第1期，第27页。）

▽利用互联网实施犯罪的地域管辖的确定

地域管辖，是指同级人民法院之间对第一审刑事案件的审判权限上的分工。我国刑事案件的地域管辖，实行以犯罪地人民法院管辖为主，以被告人居住地人民法院管辖为辅的原则。所谓犯罪地，是指包括犯罪预备地、犯罪行为实施地、犯罪结果发生地、销赃地等在内的与犯罪直接有关的一切场所；所谓被告人居住地，一般指起诉时被告人的户籍所在地、居所地或工作学习的地方。利用计算机实施犯罪的地域管辖,原则上也应遵循上述的刑事诉讼法规定。但是,基于通过计算机实施的犯罪的自身特点,确定地域管辖也应有所区别对待。本案中行为人在国际互联网上利用网络服务提供者的免费主页空间,设置色情网站,刊载淫秽物品,其中,网络服务提供者网站所在地、下载淫秽物品的网站所在地、行为人操作计算机所在地都可以视为犯罪地,原则上这些地区的人民法院都有权管辖。但是,网络服务提供者网站所在地、下载淫秽物品的网站所在地、网络用户上网所在地的众多性(甚至包括国外的)和不确定性,难免出现众多法院都可管辖或者没有法院管辖(国外的网站)的局面。因此,从便于收集证据和审理的角度来看,由行为人操作计算机所在地的人民法院管辖更适宜。本案中行为人是在郑州家中利用互联网的免费主页空间,链接到国内的一些网站和国外的服务器之上,建立色情网站,因此,本案宜由行为人居住地,亦即其操作计算机所在地这一犯罪地人民法院管辖。[参见第123(120)号案例,何肃黄、杨柯传播淫秽物品谋利案,载《刑事审判参考》总第19辑(2001年第8辑),法律出版社,第44～45页。执笔:贾剑敏]

▽对共同犯罪案件和集团犯罪案件应坚持一案审判的原则

根据最高人民法院、最高人民检察院、公安部1984年6月15日《关于当前办理集团犯罪案件中具体应用法律的若干问题的解答》第三条的规定,对集团犯罪案件要坚持全案审判的原则。否则,不仅可能造成定罪不准,量刑失当,而且会造成死无对证,容易漏掉同案成员的罪行,甚至漏掉罪犯。对于确实需要分案审判的,也必须做到统一事实,统一定罪,统一量刑,确保案件的审判质量。张某抢劫、故意杀人犯罪集团的被告人分别居住于湖南、重庆、云南等地,其犯罪地涉及湖南、重庆、湖北、广西、云南等地,根据《中华人民共和国刑事诉讼法》第二十四条的规定,上述地区的人民法院均具有管辖权。鉴于湖南、重庆为主要犯罪地和居住地,且主要被告人在两地被抓获、被拘捕、被关押,以及由两地公安机关分别侦查取证,如由一地法院审判,涉及案犯押解、案件移交等诸多工作,耗时费力。为保证案件及时交付审判,便于诉讼,决定全案由重庆市和湖南省两地法院分案审判。同时决定两地在同一时间起诉,同一时间开庭,同一时间宣判,做到事实、定罪、量刑“三统一”。由于两地公安机关、检察机关、法院协调一致,相互配合,密切协作,较好地保证了案件的审判质量。这种分案审理是针对特殊案件的特殊办法。一般情况下,对共同犯罪案件、集团犯罪案件,应坚持一案审理。[参见第116(113)号案例,张君等抢劫、杀人犯罪集团案,载《刑事审判参考》总第18辑(2001年第7辑),法律出版社,第35页。执笔:任宪成]

▽我国公民在我国领域外犯罪,依照我国刑法追究被告人刑事责任的,应由被告人居住地或户籍所在地的基层人民法院管辖

我国公民在我国领域外犯我国刑法规定之罪,应依照我国刑法追究被告人刑事责任的刑事案件,虽然不属于涉外刑事案件,但在审判管辖上,与发生在我国领域内的刑事案件有一定的区别,即不能依照“由犯罪地的人民法院管辖”的原则,确定地域管辖。此类案件如何确定地域管辖,刑事诉讼法没有明确规定,但《最高人民法院关于执行〈中华人民共和国刑事诉讼法〉若干问题的解释》(已失效)第十二条规定:“中国公民在中华人民共和国领域外的犯罪,由该公民离境前的居住地或者户籍所在地的人民法院管辖。”据此,本案应由被告人离境前的居住地或者户籍所在地的人民法院管辖。由于被告人离境前的居住地和户籍所在地均在四川省金堂县,且被告人所犯聚众扰乱社会秩序罪,依照《刑法》第二百九十条第一款的规定,最高法定刑为三年有期徒刑,依照刑事诉讼法有关级别管辖的规定,应由基层人民法院管辖。因此,本案由四川省金堂县人民法院作第一审法院是正确的。[参见第61号案例,陈先贵聚众扰乱社会秩序案,载《刑事审判参考》总第8辑(2000年第3辑),法律出版社,第35页。审编:黄尔梅]

▽以传真方式进行经济合同诈骗案审判管辖的确定

《最高人民法院关于执行〈中华人民共和国刑事诉讼法〉若干问题的解释》(已失效)第二条对“犯

罪地”作了明确规定,即“犯罪地是指犯罪行为发生地。以非法占有为目的的财产犯罪,犯罪地包括犯罪行为发生地和犯罪分子实际取得财产的犯罪结果发生地”。被告人为了非法占有他人财物所实施的诈骗行为全部在四川省绵阳市,案件中以传真方式订立的经济合同,虽然接收传真的一方在湖南,但犯罪分子本人未在湖南实施犯罪,取得骗款也未在湖南,而是由湖南将款汇至被告人的公司所在地。由此不能仅以本案被骗单位在湖南,即认为案件的犯罪地涉及湖南。被告人的犯罪地在四川省绵阳市,其居住地也在绵阳市,因此,根据上述法律和司法解释,本案应由四川省绵阳市的法院管辖。[参见第6号案例,蓝海诈骗案,载《刑事审判参考》总第1辑(1999年第1辑),法律出版社,第40页。审编:任卫华]

▽**毒品犯罪案件的地域管辖的确定**

《刑事诉讼法》第二十四条(现为第二十五条)规定“刑事案件由犯罪地的人民法院管辖。如果由被告人居住地的人民法院审判更为适宜的,可以由被告人居住地的人民法院管辖”。毒品犯罪的地域管辖,也应当依照刑事诉讼法的有关规定,实行以犯罪地管辖为主、被告人居住地为辅的原则。考虑到毒品犯罪的特殊性和毒品犯罪侦查体制,“犯罪地”不仅可以包括犯罪预谋地、毒资筹集地、交易进行地、运输途经地以及毒品生产地,也包括毒资、毒赃和毒品藏匿地、转移地、走私或者贩运毒品目的地等。“被告人居住地”不仅包括被告人常住地和户籍所在地,也包括其临时居住地。[参见第551号案例,闵光辉、马占霖、帕丽旦木·买森木贩卖毒品案,载《刑事审判参考》总第67集(2009年第2集),法律出版社,第134~135页。撰稿:洪清沪]

▽**对已进入审判程序的没有管辖权的毒品犯罪案件的处理**

最高人民法院印发的《全国部分法院审理毒品犯罪案件工作座谈会纪要》(法〔2008〕324号)第十一条提出明确意见“对于已进入审判程序的案件,被告人及其辩护人提出管辖异议,经审查异议成立的,或者受案法院发现没有管辖权,而案件由本院管辖更适宜的,受案法院应当报请与有管辖权的法院共同的上级法院依法指定本院管辖。”[参见第551号案例,闵光辉、马占霖、帕丽旦木·买森木贩卖毒品案,载《刑事审判参考》总第67集(2009年第2集),法律出版社,第136页。撰稿:洪清沪]

▽**经常居住地法院对重婚罪具有刑事管辖权**

本案系一起较为复杂的外籍被告人重婚刑事案件,重婚罪从犯罪形态上属于继续犯,重婚犯罪行为在一定时间内处于继续状态,但期间内可能会发生犯罪地的移动和变化,外籍被告人在中国经常居住地的人民法院具有刑事管辖权。外籍被告人与陈某某在上海租房工作和生活已满一年,上海法院具有刑事管辖权。刑法学界通说认为,重婚罪属于继续犯。继续犯,是指犯罪行为自着手实行之时直至其构成既遂,且通常在既遂之后至犯罪行为终了的一定时间内,该犯罪行为及其所引起的不法状态同时处于持续过程中的犯罪形态,又称持续犯。继续犯具有两个主要特征:第一,犯罪行为的继续性。犯罪行为的继续性应理解为自犯罪行为的着手实行到实行终了,直至不法状态解除的过程中,犯罪行为一直呈现一种持续状态。第二,犯罪行为及其所引起的不法状态同时继续。犯罪行为所引起的不法状态,是指犯罪行为对客体造成损害所形成的一种持续结果或状态。继续犯的持续实施与客体遭侵害之结果或状态的持续是同时或同步的,重婚罪完全符合上述特征:婚姻既是一种行为,也是一种状态。重婚者在重婚之时,其犯罪行为已经既遂,但重婚状态的持续也是犯罪行为的继续,而不仅仅是不法状态的继续。重婚罪的本质是重婚行为侵犯了一夫一妻的婚姻家庭法律关系。重婚者的婚姻登记行为表明其重婚行为开始。只要其重婚关系存续,其重婚行为就没有中止。因此,不应把重婚者的婚姻登记行为和此后以夫妻关系非法同居的行为割裂开来,两者是完整统一的重婚行为。虽然重婚行为在一定时间和空间内处于继续状态,但期间内犯罪地可能会发生移动和变化。外籍被告人与陈某某于重庆登记结婚,但在上海租房工作和生活已满一年,上海作为其经常居住地亦是犯罪地,故上海法院可以行使刑事管辖权。犯罪行为发生于中国,根据中国《刑法》第六条第三项之规定“犯罪的行为或者结果有一项发生在中华人民共和国领域内的,就认为是在中华人民共和国领域内犯罪”,中国法院具有刑事管辖权。[参见第748号指导案例,自诉人桥本郁子诉被告人桥本浩重婚案,载《刑事审判参考》总第84集(2012年第1集),第24~26页。撰稿:张华松]

第二十六条　【同级法院管辖】几个同级人民法院都有权管辖的案件,由最初受理的人民法院审判。在必要的时候,可以移送主要犯罪地的人民法院审判。

■人民检察院刑事诉讼规则(2019年12月30日)

第二十一条　几个人民检察院都有权管辖的案件,由最初受理的人民检察院管辖。必要时,可以由主要犯罪地的人民检察院管辖。

■最高人民法院关于适用《中华人民共和国刑事诉讼法》的解释(2021年3月1日)

第十九条　两个以上同级人民法院都有管辖权的案件,由最初受理的人民法院审判。必要时,可以移送主要犯罪地的人民法院审判。

管辖权发生争议的,应当在审理期限内协商解决;协商不成的,由争议的人民法院分别层报共同的上级人民法院指定管辖。

■公安机关办理刑事案件程序规定(2020年9月1日)

第二十一条　几个公安机关都有权管辖的刑事案件,由最初受理的公安机关管辖。必要时,可以由主要犯罪地的公安机关管辖。

具有下列情形之一的,公安机关可以在职责范围内并案侦查:

(一)一人犯数罪的;

(二)共同犯罪的;

(三)共同犯罪的犯罪嫌疑人还实施其他犯罪的;

(四)多个犯罪嫌疑人实施的犯罪存在关联,并案处理有利于查明犯罪事实的。

■最高人民法院、最高人民检察院、国家安全部、工业和信息化部、中国人民银行、中国银行业监督管理委员会关于办理流动性团伙性跨区域性犯罪案件有关问题的意见(2011年5月1日)

第二条　几个公安机关都有管辖权的案件,由最初受理的公安机关管辖。对管辖有争议的,应当本着有利于查清犯罪事实,有利于诉讼的原则,协商解决。经协商无法达成一致的,报共同的上级公安机关指定管辖。

■最高人民法院、最高人民检察院、公安部、司法部关于依法惩治拐卖妇女儿童犯罪的意见(2010年3月15日)

二、管辖

5. 几个地区的司法机关都有权管辖的,一般由最先受理的司法机关管辖。犯罪嫌疑人、被告人或者被拐卖的妇女、儿童人数较多,涉及多个犯罪地的,可以移送主要犯罪地或者主要犯罪嫌疑人、被告人居住地的司法机关管辖。

6. 相对固定的多名犯罪嫌疑人、被告人分别在拐出地、中转地、拐入地实施某一环节的犯罪行为,犯罪所跨地域较广,全案集中管辖有困难的,可以由拐出地、中转地、拐入地的司法机关对不同犯罪分子分别实施的拐出、中转和拐入犯罪行为分别管辖。

■最高人民法院、最高人民检察院、公安部、国家工商行政管理局关于依法查处盗窃、抢劫机动车案件的规定(1998年5月8日)

十五、盗窃、抢劫机动车案件,由案件发生地公安机关立案侦查,赃车流入地公安机关应当予以配合。跨地区系列盗窃、抢劫机动车案件,由最初受理的公安机关立案侦查;必要时,可由主要犯罪地公安机关立案侦查,或者由上级公安机关指定立案侦查。

■公安部关于办理利用经济合同诈骗案件有关问题的通知(1997年1月9日)

三、关于案件的管辖

利用经济合同诈骗案件由犯罪地的公安机关办理,犯罪地包括犯罪行为地和犯罪结果地。如果由犯罪嫌疑人居住地的公安机关办理更为适宜,可以由犯罪嫌疑人居住地的公安机关负责办理。几个地方的公安机关都有管辖权的案件,由上一级的公安机关办理。管辖权有争议的或者管辖不明的案件,由争议双方的上级公安机关办理。

第二十七条 【指定管辖】上级人民法院可以指定下级人民法院审判管辖不明的案件,也可以指定下级人民法院将案件移送其他人民法院审判。

■人民检察院刑事诉讼规则(2019年12月30日)

第二十二条 对于下列案件,上级人民检察院可以指定管辖:

(一)管辖有争议的案件;

(二)需要改变管辖的案件;

(三)需要集中管辖的特定类型的案件;

(四)其他需要指定管辖的案件。

对前款案件的审查起诉指定管辖的,人民检察院应当与相应的人民法院协商一致。对前款第三项案件的审查逮捕指定管辖的,人民检察院应当与相应的公安机关协商一致。

■最高人民法院关于适用《中华人民共和国刑事诉讼法》的解释(2021年3月1日)

第二十条 管辖不明的案件,上级人民法院可以指定下级人民法院审判。

有关案件,由犯罪地、被告人居住地以外的人民法院审判更为适宜的,上级人民法院可以指定下级人民法院管辖。

第二十一条 上级人民法院指定管辖,应当将指定管辖决定书送达被指定管辖的人民法院和其他有关的人民法院。

第二十二条 原受理案件的人民法院在收到上级人民法院改变管辖决定书、同意移送决定书或者指定其他人民法院管辖的决定书后,对公诉案件,应当书面通知同级人民检察院,并将案卷材料退回,同时书面通知当事人;对自诉案件,应当将案卷材料移送被指定管辖的人民法院,并书面通知当事人。

第二十三条 第二审人民法院发回重新审判的案件,人民检察院撤回起诉后,又向原第一审人民法院的下级人民法院重新提起公诉的,下级人民法院应当将有关情况层报原第二审人民法院。原第二审人民法院根据具体情况,可以决定将案件移送原第一审人民法院或者其他人民法院审判。

第二十四条 人民法院发现被告人还有其他犯罪被起诉的,可以并案审理;涉及同种犯罪的,一般应当并案审理。

人民法院发现被告人还有其他犯罪被审查起诉、立案侦查、立案调查的,可以参照前款规定协商人民检察院、公安机关、监察机关并案处理,但可能造成审判过分迟延的除外。

根据前两款规定并案处理的案件,由最初受理地的人民法院审判。必要时,可以由主要犯罪地的人民法院审判。

第二十五条 第二审人民法院在审理过程中,发现被告人还有其他犯罪没有判决的,参照前条规定处理。第二审人民法院决定并案审理的,应当发回第一审人民法院,由第一审人民法院作出处理。

■公安机关办理刑事案件程序规定(2020年9月1日)

第二十二条 对管辖不明确或者有争议的刑事案件,可以由有关公安机关协商。协商不成的,由共同的上级公安机关指定管辖。

对情况特殊的刑事案件,可以由共同的上级公安机关指定管辖。

提请上级公安机关指定管辖时,应当在有关材料中列明犯罪嫌疑人基本情况、涉嫌罪名、案件基本事实、管辖争议情况、协商情况和指定管辖理由,经公安机关负责人批准后,层报有权指定管辖的上级公安机关。

第二十三条　上级公安机关指定管辖的,应当将指定管辖决定书分别送达被指定管辖的公安机关和其他有关的公安机关,并根据办案需要抄送同级人民法院、人民检察院。

原受理案件的公安机关,在收到上级公安机关指定其他公安机关管辖的决定书后,不再行使管辖权,同时应当将犯罪嫌疑人、涉案财物以及案卷材料等移送被指定管辖的公安机关。

对指定管辖的案件,需要逮捕犯罪嫌疑人的,由被指定管辖的公安机关提请同级人民检察院审查批准;需要提起公诉的,由该公安机关移送同级人民检察院审查决定。

■最高人民法院、最高人民检察院、国家安全部、工业和信息化部、中国人民银行、中国银行业监督管理委员会关于办理流动性团伙性跨区域性犯罪案件有关问题的意见(2011 年 5 月 1 日)

第四条　人民检察院对于公安机关移送审查起诉的案件,人民法院对于已进入审判程序的案件,当事人、法定代理人、诉讼代理人、辩护人提出管辖异议的,或者办案单位发现没有管辖权的,受案的人民检察院、人民法院经审查,可以报请与有管辖权的人民检察院、人民法院共同的上级人民检察院、人民法院指定管辖。

■最高人民法院、最高人民检察院、公安部、司法部关于依法惩治拐卖妇女儿童犯罪的意见(2010 年 3 月 15 日)

7. 对管辖权发生争议的,争议各方应当本着有利于迅速查清犯罪事实,及时解救被拐卖的妇女、儿童,以及便于起诉、审判的原则,在法定期间内尽快协商解决;协商不成的,报请共同的上级机关确定管辖。

正在侦查中的案件发生管辖权争议的,在上级机关作出管辖决定前,受案机关不得停止侦查工作。

■最高人民法院、最高人民检察院、公安部关于办理电信网络诈骗等刑事案件适用法律若干问题的意见(2016 年 12 月 19 日)

(四)对因网络交易、技术支持、资金支付结算等关系形成多层级链条、跨区域的电信网络诈骗等犯罪案件,可由共同上级公安机关按照有利于查清犯罪事实、有利于诉讼的原则,指定有关公安机关立案侦查。

(五)多个公安机关都有权立案侦查的电信网络诈骗等犯罪案件,由最初受理的公安机关或者主要犯罪地公安机关立案侦查。有争议的,按照有利于查清犯罪事实、有利于诉讼的原则,协商解决。经协商无法达成一致的,由共同上级公安机关指定有关公安机关立案侦查。

(六)在境外实施的电信网络诈骗等犯罪案件,可由公安部按照有利于查清犯罪事实、有利于诉讼的原则,指定有关公安机关立案侦查。

(七)公安机关立案、并案侦查,或因有争议,由共同上级公安机关指定立案侦查的案件,需要提请批准逮捕、移送审查起诉、提起公诉的,由该公安机关所在地的人民检察院、人民法院受理。

对重大疑难复杂案件和境外案件,公安机关应在指定立案侦查前,向同级人民检察院、人民法院通报。

(八)已确定管辖的电信诈骗共同犯罪案件,在逃的犯罪嫌疑人归案后,一般由原管辖的公安机关、人民检察院、人民法院管辖。

▼浙江省高级人民法院、浙江省人民检察院、浙江省公安厅关于简化刑事案件管辖对接问题的意见(2014 年 12 月 23 日)

二、具有下列情形之一的,人民法院、人民检察院、公安机关可以在其职责范围内并案处理:

(一)一人犯数罪的;

(二)共同犯罪的;

（三）共同犯罪的犯罪嫌疑人、被告人还实施其他犯罪的；

（四）多个犯罪嫌疑人、被告人实施的犯罪存在关联，并案处理有利于查明案件事实的。

其中“多个犯罪嫌疑人、被告人实施的犯罪存在关联”，主要是指犯罪行为存在对合、牵连或上下游关系等关联情形。

对符合上列（一）、（二）、（三）情形的，可直接并案处理；对符合第（四）种情形且无管辖争议的，也可以直接并案处理。

公安机关对不符合并案处理的，或者符合第（四）种情形但存在管辖争议的，应移送有管辖权的公安机关管辖或层报共同的上级公安机关指定管辖，指定管辖决定书应以上级公安机关单位名义出具。

三、对公安机关并案处理、指定管辖的案件，涉及提请逮捕、移送起诉或提起公诉事项的，同级人民检察院、人民法院予以受理。

四、公安部指定省公安厅管辖的案件，省公安厅自收到指定管辖文书之日起10日内，明确具体管辖的公安机关，并将指定管辖事项、指定管辖理由和案件基本情况函告省人民检察院、省高级人民法院。

省人民检察院收到指定管辖函件后，应当及时对案件管辖问题进行研究。对确需指定管辖案件，经口头请示最高人民检察院同意后，逐级转告被指定管辖的人民检察院可以受案。被指定管辖的人民检察院受案后，依据《人民检察院刑事诉讼规则》有关规定，层报最高人民检察院指定管辖。

省高级人民法院收到指定管辖函件后，应逐级转告被指定管辖的人民法院。被指定管辖的人民法院收到相关案件后应逐级层报。

五、省公安厅或设区市公安局指定管辖的案件，省公安厅或设区市公安局在下发指定管辖文书后，应及时将指定管辖事项、理由、案件基本情况函告同级人民检察院、人民法院。

六、对刑事案件管辖问题的未尽事宜，由省高级人民法院、省人民检察院、省公安厅依照相关规定研究解决。

七、本意见下发后，各级人民法院、人民检察院、公安机关应认真贯彻执行，如有新的规定，按照新的规定执行。

▽指定管辖只适用于两种案件

第一种是管辖不明的案件，即由于特殊情形所致，难以确认应由何地人民法院管辖的案件。对这种案件，需要上级人民法院指定下级人民法院管辖。第二种是根据案件的具体情由，需要指定移送管辖的案件。所谓“具体情由”，主要是指可能影响案件公正审判等特殊情况。例如，某一法院院长为刑事案件的当事人的，如果案件由该院审判，就可能妨碍作出公正裁决，因此，对该案应指定移送其他法院管辖。［参见第6号案例，蓝海诈骗案，载《刑事审判参考》总第1辑（1999年第1辑），法律出版社，第40～41页。审编：任卫华］

第二十八条　【专门管辖】专门人民法院案件｜的管辖另行规定。

■人民检察院刑事诉讼规则（2019年12月30日）

第二十三条　军事检察院等专门人民检察院的管辖以及军队与地方互涉刑事案件的管辖，按照有关规定执行。

■最高人民法院关于适用《中华人民共和国刑事诉讼法》的解释（2021年3月1日）

第二十六条　军队和地方互涉刑事案件，按照有关规定确定管辖。

■公安机关办理刑事案件程序规定（2020年9月1日）

第二十四条　县级公安机关负责侦查发生在本辖区内的刑事案件。

设区的市一级以上公安机关负责下列犯罪中重大案件的侦查:

(一)危害国家安全犯罪;

(二)恐怖活动犯罪;

(三)涉外犯罪;

(四)经济犯罪;

(五)集团犯罪;

(六)跨区域犯罪。

上级公安机关认为有必要的,可以侦查下级公安机关管辖的刑事案件;下级公安机关认为案情重大需要上级公安机关侦查的刑事案件,可以请求上一级公安机关管辖。

第二十五条 公安机关内部对刑事案件的管辖,按照刑事侦查机构的设置及其职责分工确定。

第二十六条 铁路公安机关管辖铁路系统的机关、厂、段、院、校、所、队、工区等单位发生的刑事案件,车站工作区域内、列车内发生的刑事案件,铁路沿线发生的盗窃或者破坏铁路、通信、电力线路和其他重要设施的刑事案件,以及内部职工在铁路线上工作时发生的刑事案件。

铁路系统的计算机信息系统延伸到地方涉及铁路业务的网点,其计算机信息系统发生的刑事案件由铁路公安机关管辖。

对倒卖、伪造、变造火车票的刑事案件,由最初受理案件的铁路公安机关或者地方公安机关管辖。必要时,可以移送主要犯罪地的铁路公安机关或者地方公安机关管辖。

在列车上发生的刑事案件,犯罪嫌疑人在列车运行途中被抓获的,由前方停靠站所在地的铁路公安机关管辖;必要时,也可以由列车始发站、终点站所在地的铁路公安机关管辖。犯罪嫌疑人不是在列车运行途中被抓获的,由负责该列车乘务的铁路公安机关管辖;但在列车运行途经的车站被抓获的,也可以由该车站所在地的铁路公安机关管辖。

在国际列车上发生的刑事案件,根据我国与相关国家签订的协定确定管辖;没有协定的,由该列车始发或者前方停靠的中国车站所在地的铁路公安机关管辖。

铁路建设施工工地发生的刑事案件由地方公安机关管辖。

第二十七条 民航公安机关管辖民航系统的机关、厂、段、院、校、所、队、工区等单位、机场工作区域内、民航飞机内发生的刑事案件。

重大飞行事故刑事案件由犯罪结果发生地机场公安机关管辖。犯罪结果发生地未设机场公安机关或者不在机场公安机关管辖范围内的,由地方公安机关管辖,有关机场公安机关予以协助。

第二十八条 海关走私犯罪侦查机构管辖中华人民共和国海关关境内发生的涉税走私犯罪和发生在海关监管区内的非涉税走私犯罪等刑事案件。

第二十九条 公安机关侦查的刑事案件的犯罪嫌疑人涉及监察机关管辖的案件时,应当及时与同级监察机关协商,一般应当由监察机关为主调查,公安机关予以协助。

第三十条 公安机关侦查的刑事案件涉及人民检察院管辖的案件时,应当将属于人民检察院管辖的刑事案件移送人民检察院。涉嫌主罪属于公安机关管辖的,由公安机关为主侦查;涉嫌主罪属于人民检察院管辖的,公安机关予以配合。

公安机关侦查的刑事案件涉及其他侦查机关管辖的案件时,参照前款规定办理。

第三十一条 公安机关和军队互涉刑事案件的管辖分工按照有关规定办理。

公安机关和武装警察部队互涉刑事案件的管辖分工依照公安机关和军队互涉刑事案件的管辖分工的原则办理。

第三章 回 避

第二十九条 【办案人员应当回避的情形】审判人员、检察人员、侦查人员有下列情形之一的，应当自行回避，当事人及其法定代理人也有权要求他们回避：

（一）是本案的当事人或者是当事人的近亲属的；

（二）本人或者他的近亲属和本案有利害关系的；

（三）担任过本案的证人、鉴定人、辩护人、诉讼代理人的；

（四）与本案当事人有其他关系，可能影响公正处理案件的。

■人民检察院刑事诉讼规则（2019年12月30日）

第二十四条 检察人员在受理举报和办理案件过程中，发现有刑事诉讼法第二十九条或者第三十条规定的情形之一的，应当自行提出回避；没有自行提出回避的，人民检察院应当决定其回避，当事人及其法定代理人有权要求其回避。

第二十五条 检察人员自行回避的，应当书面或者口头提出，并说明理由。口头提出的，应当记录在案。

第二十六条 人民检察院应当告知当事人及其法定代理人有依法申请回避的权利，并告知办理相关案件的检察人员、书记员等人员的姓名、职务等有关情况。

第二十七条 当事人及其法定代理人要求检察人员回避的，应当书面或者口头向人民检察院提出，并说明理由。口头提出的，应当记录在案。根据刑事诉讼法第三十条的规定要求检察人员回避的，应当提供有关证明材料。

人民检察院经过审查或者调查，认为检察人员符合回避条件的，应当作出回避决定；不符合回避条件的，应当驳回申请。

■最高人民法院关于适用《中华人民共和国刑事诉讼法》的解释（2021年3月1日）

第二十七条 审判人员具有下列情形之一的，应当自行回避，当事人及其法定代理人有权申请其回避：

（一）是本案的当事人或者是当事人的近亲属的；

（二）本人或者其近亲属与本案有利害关系的；

（三）担任过本案的证人、鉴定人、辩护人、诉讼代理人、翻译人员的；

（四）与本案的辩护人、诉讼代理人有近亲属关系的；

（五）与本案当事人有其他利害关系，可能影响公正审判的。

第二十九条 参与过本案调查、侦查、审查起诉工作的监察、侦查、检察人员，调至人民法院工作的，不得担任本案的审判人员。

在一个审判程序中参与过本案审判工作的合议庭组成人员或者独任审判员，不得再参与本案其他程序的审判。但是，发回重新审判的案件，在第一审人民法院作出裁判后又进入第二审程序、在法定刑以下判处刑罚的复核程序或者死刑复核程序的，原第二审程序、在法定刑以下判处刑罚的复核程序或者死刑复核程序中的合议庭组成人员不受本款规定的限制。

■公安机关办理刑事案件程序规定（2020年9月1日）

第三十二条 公安机关负责人、侦查人员有下列情形之一的，应当自行提出回避申请，没有自行提出回避申请的，应当责令其回避，当事人及其法定代理人也有权要求他们回避：

（一）是本案的当事人或者是当事人的近亲属的；

（二）本人或者他的近亲属和本案有利害关系的；

(三)担任过本案的证人、鉴定人、辩护人、诉讼代理人的;

(四)与本案当事人有其他关系,可能影响公正处理案件的。

■最高人民法院关于审判人员在诉讼活动中执行回避制度若干问题的规定(2011年6月13日)

第一条　审判人员具有下列情形之一的,应当自行回避,当事人及其法定代理人有权以口头或者书面形式申请其回避:

(一)是本案的当事人或者与当事人有近亲属关系的;

(二)本人或者其近亲属与本案有利害关系的;

(三)担任过本案的证人、翻译人员、鉴定人、勘验人、诉讼代理人、辩护人的;

(四)与本案的诉讼代理人、辩护人有夫妻、父母、子女或者兄弟姐妹关系的;

(五)与本案当事人之间存在其他利害关系,可能影响案件公正审理的。

本规定所称近亲属,包括与审判人员有夫妻、直系血亲、三代以内旁系血亲及近姻亲关系的亲属。

第十三条　本规定所称审判人员,包括各级人民法院院长、副院长、审判委员会委员、庭长、副庭长、审判员和助理审判员。

本规定所称法院其他工作人员,是指审判人员以外的在编工作人员。

第十四条　人民陪审员、书记员和执行员适用审判人员回避的有关规定,但不属于本规定第十三条所规定人员的,不适用本规定第八条、第九条的规定。

第十五条　自本规定施行之日起,《最高人民法院关于审判人员严格执行回避制度的若干规定》(法发〔2000〕5号)即行废止;本规定施行前本院发布的司法解释与本规定不一致的,以本规定为准。

第三十条　【办案纪律】审判人员、检察人员、侦查人员不得接受当事人及其委托的人的请客送礼,不得违反规定会见当事人及其委托的人。

审判人员、检察人员、侦查人员违反前款规定的,应当依法追究法律责任。当事人及其法定代理人有权要求他们回避。

■最高人民法院关于适用《中华人民共和国刑事诉讼法》的解释(2021年3月1日)

第二十八条　审判人员具有下列情形之一的,当事人及其法定代理人有权申请其回避:

(一)违反规定会见本案当事人、辩护人、诉讼代理人的;

(二)为本案当事人推荐、介绍辩护人、诉讼代理人,或者为律师、其他人员介绍办理本案的;

(三)索取、接受本案当事人及其委托的人的财物或者其他利益的;

(四)接受本案当事人及其委托的人的宴请,或者参加由其支付费用的活动的;

(五)向本案当事人及其委托的人借用款物的;

(六)有其他不正当行为,可能影响公正审判的。

第三十三条　当事人及其法定代理人依照刑事诉讼法第三十条和本解释第二十八条的规定申请回避的,应当提供证明材料。

■公安机关办理刑事案件程序规定(2020年9月1日)

第三十三条　公安机关负责人、侦查人员不得有下列行为:

(一)违反规定会见本案当事人及其委托人;

(二)索取、接受本案当事人及其委托人的财物或者其他利益;

(三)接受本案当事人及其委托人的宴请,或者参加由其支付费用的活动;

(四)其他可能影响案件公正办理的不正当行为。

违反前款规定的,应当责令其回避并依法追究法律责任。当事人及其法定代理人有权要求其回避。

■最高人民法院关于审判人员在诉讼活动中执行回避制度若干问题的规定(2011年6月13日)

第二条　当事人及其法定代理人发现审判人员违反规定,具有下列情形之一的,有权申请其回避:

（一）私下会见本案一方当事人及其诉讼代理人、辩护人的；

（二）为本案当事人推荐、介绍诉讼代理人、辩护人，或者为律师、其他人员介绍办理该案件的；

（三）索取、接受本案当事人及其受托人的财物、其他利益，或者要求当事人及其受托人报销费用的；

（四）接受本案当事人及其受托人的宴请，或者参加由其支付费用的各项活动的；

（五）向本案当事人及其受托人借款，借用交通工具、通讯工具或者其他物品，或者索取、接受当事人及其受托人在购买商品、装修住房以及其他方面给予的好处的；

（六）有其他不正当行为，可能影响案件公正审理的。

第十三条　本规定所称审判人员，包括各级人民法院院长、副院长、审判委员会委员、庭长、副庭长、审判员和助理审判员。

本规定所称法院其他工作人员，是指审判人员以外的在编工作人员。

第十四条　人民陪审员、书记员和执行员适用审判人员回避的有关规定，但不属于本规定第十三条所规定人员的，不适用本规定第八条、第九条的规定。

第十五条　自本规定施行之日起，《最高人民法院关于审判人员严格执行回避制度的若干规定》（法发〔2000〕5号）即行废止；本规定施行前本院发布的司法解释与本规定不一致的，以本规定为准。

第三十一条　【回避的决定及复议申请】审判人员、检察人员、侦查人员的回避，应当分别由院长、检察长、公安机关负责人决定；院长的回避，由本院审判委员会决定；检察长和公安机关负责人的回避，由同级人民检察院检察委员会决定。

对侦查人员的回避作出决定前，侦查人员不能停止对案件的侦查。

对驳回申请回避的决定，当事人及其法定代理人可以申请复议一次。

■人民检察院刑事诉讼规则（2019年12月30日）

第二十八条　在开庭审理过程中，当事人及其法定代理人向法庭申请出庭的检察人员回避的，在收到人民法院通知后，人民检察院应当作出回避或者驳回申请的决定。不属于刑事诉讼法第二十九条、第三十条规定情形的回避申请，出席法庭的检察人员应当建议法庭当庭驳回。

第二十九条　检察长的回避，由检察委员会讨论决定。检察委员会讨论检察长回避问题时，由副检察长主持，检察长不得参加。

其他检察人员的回避，由检察长决定。

第三十条　当事人及其法定代理人要求公安机关负责人回避，向同级人民检察院提出，或者向公安机关提出后，公安机关移送同级人民检察院的，由检察长提交检察委员会讨论决定。

第三十一条　检察长应当回避，本人没有自行回避，当事人及其法定代理人也没有申请其回避的，检察委员会应当决定其回避。

其他检察人员有前款规定情形的，检察长应当决定其回避。

第三十二条　人民检察院作出驳回申请回避的决定后，应当告知当事人及其法定代理人如不服本决定，有权在收到驳回申请回避的决定书后五日以内向原决定机关申请复议一次。

第三十三条　当事人及其法定代理人对驳回申请回避的决定不服申请复议的，决定机关应当在三日以内作出复议决定并书面通知申请人。

第三十四条　对人民检察院直接受理的案件进行侦查的人员或者进行补充侦查的人员在回避决定作出以前和复议期间，不得停止对案件的侦查。

第三十五条　参加过同一案件侦查的人员，不得承办该案的审查逮捕、审查起诉、出庭支持公诉和诉讼监督工作，但在审查起诉阶段参加自行补充侦查的人员除外。

第三十六条　被决定回避的检察长在回避决定作出以前所取得的证据和进行的诉讼行为是否有效,由检察委员会根据案件具体情况决定。

被决定回避的其他检察人员在回避决定作出以前所取得的证据和进行的诉讼行为是否有效,由检察长根据案件具体情况决定。

被决定回避的公安机关负责人在回避决定作出以前所进行的诉讼行为是否有效,由作出决定的人民检察院检察委员会根据案件具体情况决定。

■最高人民法院关于适用《中华人民共和国刑事诉讼法》的解释(2021年3月1日)

第三十条　依照法律和有关规定应当实行任职回避的,不得担任案件的审判人员。

第三十一条　人民法院应当依法告知当事人及其法定代理人有权申请回避,并告知其合议庭组成人员、独任审判员、法官助理、书记员等人员的名单。

第三十二条　审判人员自行申请回避,或者当事人及其法定代理人申请审判人员回避的,可以口头或者书面提出,并说明理由,由院长决定。

院长自行申请回避,或者当事人及其法定代理人申请院长回避的,由审判委员会讨论决定。审判委员会讨论时,由副院长主持,院长不得参加。

第三十四条　应当回避的审判人员没有自行回避,当事人及其法定代理人也没有申请其回避的,院长或者审判委员会应当决定其回避。

第三十五条　对当事人及其法定代理人提出的回避申请,人民法院可以口头或者书面作出决定,并将决定告知申请人。

当事人及其法定代理人申请回避被驳回的,可以在接到决定时申请复议一次。不属于刑事诉讼法第二十九条、第三十条规定情形的回避申请,由法庭当庭驳回,并不得申请复议。

第三十六条　当事人及其法定代理人申请出庭的检察人员回避的,人民法院应当区分情况作出处理:

(一)属于刑事诉讼法第二十九条、第三十条规定情形的回避申请,应当决定休庭,并通知人民检察院尽快作出决定;

(二)不属于刑事诉讼法第二十九条、第三十条规定情形的回避申请,应当当庭驳回,并不得申请复议。

第三十七条　本章所称的审判人员,包括人民法院院长、副院长、审判委员会委员、庭长、副庭长、审判员和人民陪审员。

第三十八条　法官助理、书记员、翻译人员和鉴定人适用审判人员回避的有关规定,其回避问题由院长决定。

■公安机关办理刑事案件程序规定(2020年9月1日)

第三十四条　公安机关负责人、侦查人员自行提出回避申请的,应当说明回避的理由;口头提出申请的,公安机关应当记录在案。

当事人及其法定代理人要求公安机关负责人、侦查人员回避,应当提出申请,并说明理由;口头提出申请的,公安机关应当记录在案。

第三十五条　侦查人员的回避,由县级以上公安机关负责人决定;县级以上公安机关负责人的回避,由同级人民检察院检察委员会决定。

第三十六条　当事人及其法定代理人对侦查人员提出回避申请的,公安机关应当在收到回避申请后二日以内作出决定并通知申请人;情况复杂的,经县级以上公安机关负责人批准,可以在收到回避申请后五日以内作出决定。

当事人及其法定代理人对县级以上公安机关负责人提出回避申请的,公安机关应当及时将申请移送同级人民检察院。

第三十七条　当事人及其法定代理人对驳回申请回避的决定不服的，可以在收到驳回申请回避决定书后五日以内向作出决定的公安机关申请复议。

公安机关应当在收到复议申请后五日以内作出复议决定并书面通知申请人。

第三十八条　在作出回避决定前，申请或者被申请回避的公安机关负责人、侦查人员不得停止对案件的侦查。

作出回避决定后，申请或者被申请回避的公安机关负责人、侦查人员不得再参与本案的侦查工作。

第三十九条　被决定回避的公安机关负责人、侦查人员在回避决定作出以前所进行的诉讼活动是否有效，由作出决定的机关根据案件情况决定。

■最高人民法院关于审判人员在诉讼活动中执行回避制度若干问题的规定(2011年6月13日)

第四条　审判人员应当回避，本人没有自行回避，当事人及其法定代理人也没有申请其回避的，院长或者审判委员会应当决定其回避。

第十三条　本规定所称审判人员，包括各级人民法院院长、副院长、审判委员会委员、庭长、副庭长、审判员和助理审判员。

本规定所称法院其他工作人员，是指审判人员以外的在编工作人员。

第十四条　人民陪审员、书记员和执行员适用审判人员回避的有关规定，但不属于本规定第十三条所规定人员的，不适用本规定第八条、第九条的规定。

第十五条　自本规定施行之日起，《最高人民法院关于审判人员严格执行回避制度的若干规定》(法发〔2000〕5号)即行废止；本规定施行前本院发布的司法解释与本规定不一致的，以本规定为准。

▽被告人以翻译人员参加过侦查、审查起诉或一审程序为由，申请翻译人员回避的处理

我国《刑事诉讼法》和《最高人民法院关于执行〈中华人民共和国刑事诉讼法〉若干问题的解释》(已失效)(本附文以下简称《刑诉法解释》)及其他司法解释均没有规定翻译人员参加过侦查、审查起诉或一审程序的，应当在其他诉讼阶段回避。根据《刑诉法解释》第三十一条的规定，参加过本案侦查、起诉的侦查人员、检察人员，或者在一个审判程序中参与过本案审判工作的合议庭组成人员，不得参与本案的其他阶段或者程序的工作。翻译人员系以其专业知识参与到诉讼中从事技术性工作的人员，其虽系诉讼参与人，但不属于侦查人员、检察人员和合议庭组成人员，因此，被告人以翻译人员参加过侦查、审查起诉或一审程序为由，申请翻译人员回避的，应当驳回申请，不予准许。[参见上海市高级人民法院刑二庭调研报告，《涉外刑事案件法律适用问题解答》，载《刑事审判参考》(经验交流)总第75集(2010年第4集)，第166～167页。]

第三十二条　【其他人员的回避】本章关于回避的规定适用于书记员、翻译人员和鉴定人。

辩护人、诉讼代理人可以依照本章的规定要求回避、申请复议。

■人民检察院刑事诉讼规则(2019年12月30日)

第三十七条　本规则关于回避的规定，适用于书记员、司法警察和人民检察院聘请或者指派的翻译人员、鉴定人。

书记员、司法警察和人民检察院聘请或者指派的翻译人员、鉴定人的回避由检察长决定。

辩护人、诉讼代理人可以依照刑事诉讼法及本规则关于回避的规定要求回避、申请复议。

■最高人民法院关于适用《中华人民共和国刑事诉讼法》的解释(2021年3月1日)

第三十九条　辩护人、诉讼代理人可以依照本章的有关规定要求回避、申请复议。

■公安机关办理刑事案件程序规定(2020年9月1日)

第四十条　本章关于回避的规定适用于记录人、翻译人员和鉴定人。

记录人、翻译人员和鉴定人需要回避的,由县级以上公安机关负责人决定。

第四十一条　辩护人、诉讼代理人可以依照本章的规定要求回避、申请复议。

第四章　辩护与代理

第三十三条　【辩护权和辩护人的条件】犯罪嫌疑人、被告人除自己行使辩护权以外,还可以委托一至二人作为辩护人。下列的人可以被委托为辩护人:

(一)律师;

(二)人民团体或者犯罪嫌疑人、被告人所在单位推荐的人;

(三)犯罪嫌疑人、被告人的监护人、亲友。

正在被执行刑罚或者依法被剥夺、限制人身自由的人,不得担任辩护人。

被开除公职和被吊销律师、公证员执业证书的人,不得担任辩护人,但系犯罪嫌疑人、被告人的监护人、近亲属的除外。

■最高人民法院关于适用《中华人民共和国刑事诉讼法》的解释(2021年3月1日)

第四十条　人民法院审判案件,应当充分保障被告人依法享有的辩护权利。

被告人除自己行使辩护权以外,还可以委托辩护人辩护。下列人员不得担任辩护人:

(一)正在被执行刑罚或者处于缓刑、假释考验期间的人;

(二)依法被剥夺、限制人身自由的人;

(三)被开除公职或者被吊销律师、公证员执业证书的人;

(四)人民法院、人民检察院、监察机关、公安机关、国家安全机关、监狱的现职人员;

(五)人民陪审员;

(六)与本案审理结果有利害关系的人;

(七)外国人或者无国籍人;

(八)无行为能力或者限制行为能力的人。

前款第三项至第七项规定的人员,如果是被告人的监护人、近亲属,由被告人委托担任辩护人的,可以准许。

第四十一条　审判人员和人民法院其他工作人员从人民法院离任后二年内,不得以律师身份担任辩护人。

审判人员和人民法院其他工作人员从人民法院离任后,不得担任原任职法院所审理案件的辩护人,但系被告人的监护人、近亲属的除外。

审判人员和人民法院其他工作人员的配偶、子女或者父母不得担任其任职法院所审理案件的辩护人,但系被告人的监护人、近亲属的除外。

第四十二条　对接受委托担任辩护人的,人民法院应当核实其身份证明和授权委托书。

第四十三条　一名被告人可以委托一至二人作为辩护人。

一名辩护人不得为两名以上的同案被告人,或者未同案处理但犯罪事实存在关联的被告人辩护。

第五十二条(第一款)　审判期间,辩护人接受被告人委托的,应当在接受委托之日起三日以内,将委托手续提交人民法院。

■最高人民法院、最高人民检察院、公安部、国家安全部、司法部、全国人大常委会法制工作委员会关于实施刑事诉讼法若干问题的规定(2013年1月1日)

4. 人民法院、人民检察院、公安机关、国家安全机关、监狱的现职人员,人民陪审员,外国人或者无国籍人,以及与本案有利害关系的人,不得担任辩护人。但是,上述人员系犯罪嫌疑人、被告人的监护人或者近亲属,犯罪嫌疑人、被告人委托其担任辩护人的,可以准许。无行为能力或者限制行为能力的人,不得担任辩护人。

一名辩护人不得为两名以上的同案犯罪嫌疑人、被告人辩护,不得为两名以上的未同案处理但实施的犯罪存在关联的犯罪嫌疑人、被告人辩护。

▽律师在侦查阶段先后接受有利害关系的两名同案犯委托,在审判阶段又为其中一人辩护情况的处理

律师在侦查阶段先后为有利害关系的两名同案犯罪嫌疑人提供法律服务,又在一审、二审阶段继续为有利益冲突的另一被告人提供辩护,在事实上干扰了侦查、审判活动。这种做法甚至比没有辩护人辩护产生的危害还要大,陈某的辩护权没有得到充分行使。一审、二审法院未能发现并予以纠正,使本案程序违法由侦查阶段延续到审判阶段。一审、二审法院在失去程序公正保障的情况下对实体作出裁判,可能影响案件的公正审判。应当以程序违法为由,撤销一审、二审裁判,发回一审法院重新审判。主要理由如下:(一)同一律师为同案的有利害关系的两名以上的犯罪嫌疑人辩护,不仅为世界大多数国家的法律所禁止,也为我国法律所禁止。在我国,虽然刑事诉讼法对辩护人存在利益冲突的情况如何处理没有明确规定,但相关法律、法规和司法解释均作了明确的禁止性规定。如《律师法》第三十九条、《律师办理刑事案件规范》第七条和《律师和律师事务所违法行为处罚办法》第七条均规定律师不得在同一刑事案件中同时为两名以上的犯罪嫌疑人、被告人担任辩护人。《公安机关办理刑事案件程序规定》第四十条也规定"同案的犯罪嫌疑人不得聘请同一名律师。"《人民检察院刑事诉讼规则》第三百一十七条、《最高人民法院关于执行〈中华人民共和国刑事诉讼法〉若干问题的解释》(已失效)第三十五条亦有相关规定。从以上规定可知,我国法律、法规和司法解释对律师为同案犯罪嫌疑人辩护进行了严格的限制,不仅有利害关系的同案犯不允许聘请同一律师,即使无利害关系的同案犯罪嫌疑人或被告人也不允许聘请同一律师,而且这种禁止性规定贯穿于侦查、起诉和审判的整个刑事诉讼过程。(二)同一律师在侦查和审判阶段先后接受同一案件中有利害关系的两名犯罪嫌疑人、被告人的委托,参与刑事诉讼活动,对公正审判的影响非常明显。1. 侵犯犯罪嫌疑人、被告人的合法权益。侦查阶段,律师为犯罪嫌疑人提供法律帮助时,往往从会见犯罪嫌疑人等活动中了解、到与侦查活动有关的秘密,而律师绝对不得泄露、传播或公开任何涉及侦查秘密的事项。对刑事诉讼中的被追诉者来说,其认可律师的法律帮助,并在寻求律师帮助期间一般会告知律师相关案情,包括不利于自己的犯罪事实和其他信息;而一旦律师在执业过程中不当利用或泄露上述信息,对被追诉者会产生十分不利的法律后果。如果律师接受两名以上犯罪嫌疑人的委托提供法律帮助,律师利用或泄露侦查秘密(尤其是对犯罪嫌疑人不利的事项)的空间进一步加大,该犯罪嫌疑人的供述就很难避免串通的嫌疑,甚至可能在委托的犯罪嫌疑人之间产生利益输送,从而不正当地侵犯其中一名犯罪嫌疑人的合法权益。即使律师严格保守了执业过程中获取的秘密,也有违反律师对当事人的忠诚义务之嫌。本案中,律师祁某在侦查阶段先后接受有利害关系的同案嫌疑人王某、陈某的委托后,王某被取保候审并释放;一审、二审阶段,律师祁某又继续担任陈某的辩护人,并对王某和陈某的行为提出了相互冲突的辩护意见。该律师先后两次提供的法律服务都是站在另一位犯罪嫌疑人对立的角度,甚至站在追诉者的角度,大大地降低了辩护的分量和力度,不仅不能尽到律师应尽的辩护责任,而且因为律师的介入使犯罪嫌疑人陷入更加不利的境地。因此,祁某的这种行为违背了设置律师辩护制度的初始目的,犯罪嫌疑人所得到的仅仅是一种名义上的帮助,实际上其利益不仅得不到维护,还可能因此承担不利的后果,本质上是合法权益受到侵犯。2. 可能干扰司法机关查明事实真相的正常活动。律师参与刑事诉讼活动,一方面,承担着维护犯罪嫌疑人、被告人合法的诉讼权利和实体权益的责任;另一方面,作为法律和正义的维护者,还承担着通过参与诉讼活动查明事实真相的责任。刑事诉讼中,侦查阶段是基础,审判阶段质证的证据大多形成于这一阶段。本案侦查阶段,犯罪嫌疑人王某否认自己参与犯罪,陈某本人及其他同案被告人除供述王某参与了陈某贩卖3000克甲基苯丙胺的事实(该事实检察机关未起诉)外,均没供述王某参与本案起诉的事实。在侦查阶段,陈某只是提到其贩毒是受“周公”指使,而到了一审、二审及死刑复核阶段,陈某供称“周公”即王某,在案的其他被告人在死刑复核阶段也指向王某系幕后指挥者。可见,祁某在侦查阶段同时为同案犯罪嫌疑人王某和陈某提供法律帮助,后又在一审、二审阶段为陈某提出受王某指使犯罪的辩护意见,容易使人产生共犯串供的质疑进而使法官对各被告人供述的真实性产生怀疑,影响了法官对案件事实的准确判断。一审、二审法院在失去程序公正保障的情况下对案件事实以及各被告人在共同犯罪中地位、作用作出的裁判结果存在不公正的可能,进而可能影响对实体的公正审判。3. 影响司法的公信力。司法公信力赖以产生的基础是司法过程中实现了程序公正和实体公正。在刑事诉讼中,只有被追诉者的主张和异议得到充分表达,相互冲突的各种层次的利益得到综合考虑,才可能尽量缩小对诉讼结果的事后怀疑,使各方充分信任程序的公正性和诉讼结果的公正性。同一律师在侦查和审判阶段先后接受两名以上有利害关系的同案犯罪嫌疑人的委托,参与刑事诉讼活动,社会公众就会对该诉讼过程形成负面评价,并合理质疑程序违法下形成的裁判,甚至与司法腐败、司法不公联系起来,影响司法公信力。本案中,从陈某的犯罪情节、后果和对社会的危害性看,确实应对其依法惩处。但如果简单地为了实现实体公正而牺牲程序公正,在程序违法未纠正的情况下,核准陈某死刑,就会使社会公众对司法的公正性产生怀疑,从而影响司法公信力和司法权威。综上,最高人民法院作出不予核准、发回重审的裁定是正确的。[参见第733号指导案例,陈某贩卖毒品案,载《刑事审判参考》总第82集(2011年第5集),第73~76页。撰稿:李希 李莹莹]

▽如何理解同一辩护人不得为两名以上犯罪事实存在关联的被告人辩护的限制性规定

(一)在共同犯罪案件中,一名辩护人不得为两名以上的同案被告人辩护。1998年《刑诉法解释》第三十五条规定:“一名被告人委托辩护人不得超过两人。在共同犯罪的案件中,一名辩护人不得为两名以上的同案被告人辩护。”这是基于避免利益冲突,维护犯罪嫌疑人或被告人的辩护权,确保司法公正的目的而作出的规定。辩护权是法律赋予刑事案件被告人的一项重要诉讼权利,是被告人维护自己合法权益而采用的主要手段。辩护人的责任,是根据事实和法律,提出证明犯罪嫌疑人、被告人无罪、罪轻或者减轻、免除其刑事责任的材料和意见,维护犯罪嫌疑人、被告人的诉讼权利和其他合法权益。在共同犯罪案件中,各被告人之间往往存在程度不同的利害关系,如果一名辩护人为两名以上同案被告人辩护,就可能损害其中一名被告人的合法权益。因此,“一名辩护人不得为两名以上的同案被告人辩护”,不能仅仅理解为不得“在同一案件的同一诉讼程序中同时为两名以上同案被告人辩护”,即使是在同一案件的不同审级中,这一限制性规定也同样应当适用。在同一案件的不同审级中,一名辩护人如果在一审为一名被告人辩护,在二审又为其他同案被告人辩护,也极有可能形成利益冲突,不利于维护同案被告人的合法权益,也不利于准确判断各被告人的罪责。本案被告人刘某贵二审期间委托原审同案被告人刘某龙一审期间的辩护人周某作为自己的辩护人,违反了1998年《刑诉法解释》第三十五条的相关规定。二审法院没有认真审查,导致二审违反了法定诉讼程序,不利于保障被告人的合法权益,可能影响公正审判,只能通过不核准被告人死刑,发回重审的方式予以纠正。因此,法院在审理案件的过程中,应当严格审核辩护人资格,以避免出现“一名辩护人为两名以上的同案被告人辩护”的情形。

(二)一名辩护人不得为两名以上的同案被告人,或者未同案处理但犯罪事实存在关联的被告人辩护。1998年《刑诉法解释》第三十五条的规定,虽然对于保障被告人的诉讼权利具有重要意义,但它的适用范围毕竟局限在“共同犯罪”和“同案被告人”之中。因此,司法实践中仍有许多问题难以解决。如毒品买卖的“上下家”,彼此之间的关联极为密切,但并不构成共同犯罪;有些案件虽然系共同犯罪案件,但分案处理。那么,同一辩护人可否在不同审级中分别担任毒品犯罪“上下家”的辩护人?2012年《中华人民共和国刑事诉讼法》修正后,2012年《刑诉法解释》第三十八条第二款规定:“一名辩护人不得为两名以上的同案被告人,或者未同案处理但犯罪事实存在关联的被告人辩护。”这一规定是对

1998年《刑诉法解释》第三十五条极具重要的补充。它将限制的范围扩大到“犯罪事实存在关联的被告人”。也就是说，只要犯罪事实存在关联，无论被告人之间是否构成共同犯罪，无论案件处于哪一审级，无论案件是否并案处理，同一辩护人均不得为两名以上此类情形下的被告人辩护。这一规定中关于保护被告人诉讼权利的思路更加明晰。首先，规定了凡是同案被告人，均不得由同一辩护人辩护。如此，1998年《刑诉法解释》中不甚明确的关于共同犯罪、审级等问题均得到了解决。其次，规定“未同案处理但犯罪事实存在关联的被告人”也不得由同一辩护人辩护，有利于避免审判过程中因利益冲突产生的损害被告人诉讼权利的问题。如毒品犯罪的上下家，行贿和受贿双方，虽然不构成共同犯罪，但双方缺一不可，他们之间的关联，甚至比一般共犯更加密切。如果对他们分案处理，即属于“未同案处理但犯罪事实存在关联的被告人”，应当适用本条的规定。实际上，“犯罪事实存在关联的被告人”的范围，应当尽量作宽泛的理解，如恐怖组织、黑社会性质组织的参加者，其行为与集团组织指挥者实施的具体犯罪可能并无关联，但由于其系该集团的参加者，仍应当认定为“犯罪事实存在关联的被告人”。部分下游型犯罪，如洗钱，帮助毁灭、伪造证据，窝藏、包庇，掩饰、隐瞒犯罪所得、犯罪收益等犯罪，虽然与上游犯罪不构成共犯，且完全属于两种不同性质的犯罪，但犯罪事实之间仍然存在一定关联，故也应当适用上述规定。2012年《刑诉法解释》的规定更有利于保障被告人的辩护权。犯罪事实存在关联的被告人之间，由于所处的地位和作用不同，他们之间的利害关系既有相互一致的方面，又有相互冲突的一面。如果一名辩护人同时为几名被告人进行辩护，就可能使辩护人处于自相矛盾的境地，难以维护各被告人的合法权益。因此，法院应当高度重视对被告人辩护人资格的审核，确保各个被告人的诉讼权利不因彼此之间存在利益冲突而遭到损害。[参见第956号指导案例，刘洪高、刘开贵贩卖、运输毒品案，载《刑事审判参考》总第96集(2014年第1集)，第117～119页。撰稿：周小霖]

第三十四条　【委托辩护时间及司法机关告知义务】犯罪嫌疑人自被侦查机关第一次讯问或者采取强制措施之日起，有权委托辩护人；在侦查期间，只能委托律师作为辩护人。被告人有权随时委托辩护人。

侦查机关在第一次讯问犯罪嫌疑人或者对犯罪嫌疑人采取强制措施的时候，应当告知犯罪嫌疑人有权委托辩护人。人民检察院自收到移送审查起诉的案件材料之日起三日以内，应当告知犯罪嫌疑人有权委托辩护人。人民法院自受理案件之日起三日以内，应当告知被告人有权委托辩护人。犯罪嫌疑人、被告人在押期间要求委托辩护人的，人民法院、人民检察院和公安机关应当及时转达其要求。

犯罪嫌疑人、被告人在押的，也可以由其监护人、近亲属代为委托辩护人。

辩护人接受犯罪嫌疑人、被告人委托后，应当及时告知办理案件的机关。

■中华人民共和国律师法(2018年1月1日)

第三十三条　律师担任辩护人的，有权持律师执业证书、律师事务所证明和委托书或者法律援助公函，依照刑事诉讼法的规定会见在押或者被监视居住的犯罪嫌疑人、被告人。辩护律师会见犯罪嫌疑人、被告人时不被监听。

■最高人民法院、最高人民检察院、公安部、国家安全部、司法部关于推进以审判为中心的刑事诉讼制度改革的意见(2016年10月11日)

十七、健全当事人、辩护人和其他诉讼参与人的权利保障制度。

依法保障当事人和其他诉讼参与人的知情权、陈述权、辩论辩护权、申请权、申诉权。犯罪嫌疑人、被告人有权获得辩护，人民法院、人民检察院、公安机关、国家安全机关有义务保证犯罪嫌疑人、被告人获得辩护。

依法保障辩护人会见、阅卷、收集证据和发问、质证、辩论辩护等权利，完善便利辩护人参与诉讼的工作机制。

■人民检察院刑事诉讼规则(2019年12月30日)

第三十八条 人民检察院在办案过程中,应当依法保障犯罪嫌疑人行使辩护权利。

第三十九条 辩护人、诉讼代理人向人民检察院提出有关申请、要求或者提交有关书面材料的,负责案件管理的部门应当接收并及时移送办案部门或者与办案部门联系,具体业务由办案部门负责办理,本规则另有规定的除外。

第四十条 人民检察院负责侦查的部门在第一次讯问犯罪嫌疑人或者对其采取强制措施时,应当告知犯罪嫌疑人有权委托辩护人,并告知其如果因经济困难或者其他原因没有委托辩护人的,可以申请法律援助。属于刑事诉讼法第三十五条规定情形的,应当告知犯罪嫌疑人有权获得法律援助。

人民检察院自收到移送起诉案卷材料之日起三日以内,应当告知犯罪嫌疑人有权委托辩护人,并告知其如果因经济困难或者其他原因没有委托辩护人的,可以申请法律援助。属于刑事诉讼法第三十五条规定情形的,应当告知犯罪嫌疑人有权获得法律援助。

当面口头告知的,应当记入笔录,由被告知人签名;电话告知的,应当记录在案;书面告知的,应当将送达回执入卷。

第四十一条 在押或者被指定居所监视居住的犯罪嫌疑人向人民检察院提出委托辩护人要求的,人民检察院应当及时向其监护人、近亲属或者其指定的人员转达要求,并记录在案。

■公安机关办理刑事案件程序规定(2020年9月1日)

第四十二条 公安机关应当保障辩护律师在侦查阶段依法从事下列执业活动:

(一)向公安机关了解犯罪嫌疑人涉嫌的罪名和案件有关情况,提出意见;

(二)与犯罪嫌疑人会见和通信,向犯罪嫌疑人了解案件有关情况;

(三)为犯罪嫌疑人提供法律帮助、代理申诉、控告;

(四)为犯罪嫌疑人申请变更强制措施。

第四十三条 公安机关在第一次讯问犯罪嫌疑人或者对犯罪嫌疑人采取强制措施的时候,应当告知犯罪嫌疑人有权委托律师作为辩护人,并告知其如果因经济困难或者其他原因没有委托辩护律师的,可以向法律援助机构申请法律援助。告知的情形应当记录在案。

对于同案的犯罪嫌疑人委托同一名辩护律师的,或者两名以上未同案处理但实施的犯罪存在关联的犯罪嫌疑人委托同一名辩护律师的,公安机关应当要求其更换辩护律师。

第四十四条 犯罪嫌疑人可以自己委托辩护律师。犯罪嫌疑人在押的,也可以由其监护人、近亲属代为委托辩护律师。

犯罪嫌疑人委托辩护律师的请求可以书面提出,也可以口头提出。口头提出的,公安机关应当制作笔录,由犯罪嫌疑人签名、捺指印。

第四十五条 在押的犯罪嫌疑人向看守所提出委托辩护律师要求的,看守所应当及时将其请求转达给办案部门,办案部门应当及时向犯罪嫌疑人委托的辩护律师或者律师事务所转达该项请求。

在押的犯罪嫌疑人仅提出委托辩护律师的要求,但提不出具体对象的,办案部门应当及时通知犯罪嫌疑人的监护人、近亲属代为委托辩护律师。犯罪嫌疑人无监护人或者近亲属的,办案部门应当及时通知当地律师协会或者司法行政机关为其推荐辩护律师。

第三十五条 【法律援助及指定辩护】犯罪嫌疑人、被告人因经济困难或者其他原因没有委托辩护人的,本人及其近亲属可以向法律援助机构提出申请。对符合法律援助条件的,法律援助机构应当指派律师为其提供辩护。

犯罪嫌疑人、被告人是盲、聋、哑人,或者是尚未完全丧失辨认或者控制自己行为能力的精神病人,没有委托辩护人的,人民法院、人民检察院和公安机关应当通知法律援助机构指派律师为其提供辩护。

犯罪嫌疑人、被告人可能被判处无期徒刑、死刑，没有委托辩护人的，人民法院、人民检察院和公安机关应当通知法律援助机构指派律师为其提供辩护。

■人民检察院刑事诉讼规则(2019年12月30日)

第四十二条 人民检察院办理直接受理侦查案件和审查起诉案件，发现犯罪嫌疑人是盲、聋、哑人或者是尚未完全丧失辨认或者控制自己行为能力的精神病人，或者可能被判处无期徒刑、死刑，没有委托辩护人的，应当自发现之日起三日以内书面通知法律援助机构指派律师为其提供辩护。

第四十三条 人民检察院收到在押或者被指定居所监视居住的犯罪嫌疑人提出的法律援助申请，应当在二十四小时以内将申请材料转交法律援助机构，并通知犯罪嫌疑人的监护人、近亲属或者其委托的其他人员协助提供有关证件、证明等材料。

第四十四条 属于应当提供法律援助的情形，犯罪嫌疑人拒绝法律援助机构指派的律师作为辩护人的，人民检察院应当查明拒绝的原因。有正当理由的，予以准许，但犯罪嫌疑人需另行委托辩护人；犯罪嫌疑人未另行委托辩护人的，应当书面通知法律援助机构另行指派律师为其提供辩护。

■最高人民法院关于适用《中华人民共和国刑事诉讼法》的解释(2021年3月1日)

第四十四条 被告人没有委托辩护人的，人民法院自受理案件之日起三日以内，应当告知其有权委托辩护人；被告人因经济困难或者其他原因没有委托辩护人的，应当告知其可以申请法律援助；被告人属于应当提供法律援助情形的，应当告知其将依法通知法律援助机构指派律师为其提供辩护。

被告人没有委托辩护人，法律援助机构也没有指派律师为其提供辩护的，人民法院应当告知被告人有权约见值班律师，并为被告人约见值班律师提供便利。

告知可以采取口头或者书面方式。

第四十五条 审判期间，在押的被告人要求委托辩护人的，人民法院应当在三日以内向其监护人、近亲属或者其指定的人员转达要求。被告人应当提供有关人员的联系方式。有关人员无法通知的，应当告知被告人。

第四十六条 人民法院收到在押被告人提出的法律援助或者法律帮助申请，应当依照有关规定及时转交法律援助机构或者通知值班律师。

第四十七条 对下列没有委托辩护人的被告人，人民法院应当通知法律援助机构指派律师为其提供辩护：

(一)盲、聋、哑人；

(二)尚未完全丧失辨认或者控制自己行为能力的精神病人；

(三)可能被判处无期徒刑、死刑的人。

高级人民法院复核死刑案件，被告人没有委托辩护人的，应当通知法律援助机构指派律师为其提供辩护。

死刑缓期执行期间故意犯罪的案件，适用前两款规定。

第四十八条 具有下列情形之一，被告人没有委托辩护人的，人民法院可以通知法律援助机构指派律师为其提供辩护：

(一)共同犯罪案件中，其他被告人已经委托辩护人的；

(二)案件有重大社会影响的；

(三)人民检察院抗诉的；

(四)被告人的行为可能不构成犯罪的；

(五)有必要指派律师提供辩护的其他情形。

第四十九条 人民法院通知法律援助机构指派律师提供辩护的，应当将法律援助通知书、起诉书副本或者判决书送达法律援助机构;决定开庭审理的,除适用简易程序或者速裁程序审理的以外,应当在开庭十五日以前将上述材料送达法律援助机构。

法律援助通知书应当写明案由、被告人姓名、提供法律援助的理由、审判人员的姓名和联系方式;已确定开庭审理的,应当写明开庭的时间、地点。

第五十条　被告人拒绝法律援助机构指派的律师为其辩护,坚持自己行使辩护权的,人民法院应当准许。

属于应当提供法律援助的情形,被告人拒绝指派的律师为其辩护的,人民法院应当查明原因。理由正当的,应当准许,但被告人应当在五日以内另行委托辩护人;被告人未另行委托辩护人的,人民法院应当在三日以内通知法律援助机构另行指派律师为其提供辩护。

第五十一条　对法律援助机构指派律师为被告人提供辩护,被告人的监护人、近亲属又代为委托辩护人的,应当听取被告人的意见,由其确定辩护人人选。

第五十二条　审判期间,辩护人接受被告人委托的,应当在接受委托之日起三日以内,将委托手续提交人民法院。

接受法律援助机构指派为被告人提供辩护的,适用前款规定。

第六十二条　人民法院自受理自诉案件之日起三日以内,应当告知自诉人及其法定代理人、附带民事诉讼当事人及其法定代理人,有权委托诉讼代理人,并告知其如果经济困难,可以申请法律援助。

■公安机关办理刑事案件程序规定(2020年9月1日)

第四十六条　符合下列情形之一,犯罪嫌疑人没有委托辩护人的,公安机关应当自发现该情形之日起三日以内通知法律援助机构为犯罪嫌疑人指派辩护律师:

(一)犯罪嫌疑人是盲、聋、哑人,或者是尚未完全丧失辨认或者控制自己行为能力的精神病人;

(二)犯罪嫌疑人可能被判处无期徒刑、死刑。

第四十七条　公安机关收到在押的犯罪嫌疑人提出的法律援助申请后,应当在二十四小时以内将其申请转交所在地的法律援助机构,并在三日以内通知申请人的法定代理人、近亲属或者其委托的其他人员协助提供有关证件、证明等相关材料。犯罪嫌疑人的法定代理人、近亲属或者其委托的其他人员地址不详无法通知的,应当在转交申请时一并告知法律援助机构。

犯罪嫌疑人拒绝法律援助机构指派的律师作为辩护人或者自行委托辩护人的,公安机关应当在三日以内通知法律援助机构。

第四十八条　辩护律师接受犯罪嫌疑人委托或者法律援助机构的指派后,应当及时告知公安机关并出示律师执业证书、律师事务所证明和委托书或者法律援助公函。

第四十九条　犯罪嫌疑人、被告人入所羁押时没有委托辩护人,法律援助机构也没有指派律师提供辩护的,看守所应当告知其有权约见值班律师,获得法律咨询、程序选择建议、申请变更强制措施、对案件处理提出意见等法律帮助,并为犯罪嫌疑人、被告人约见值班律师提供便利。

没有委托辩护人、法律援助机构没有指派律师提供辩护的犯罪嫌疑人、被告人,向看守所申请由值班律师提供法律帮助的,看守所应当在二十四小时内通知值班律师。

■最高人民法院、最高人民检察院、公安部、国家安全部、司法部、全国人大常委会法制工作委员会关于实施刑事诉讼法若干问题的规定(2013年1月1日)

5. 刑事诉讼法第三十四条、第二百六十七条、第二百八十六条对法律援助作了规定。对于人民法院、人民检察院、公安机关根据上述规定,通知法律援助机构指派律师提供辩护或者法律帮助的,法律援助机构应当在接到通知后三日以内指派律师,并将律师的姓名、单位、联系方式书面通知人民法院、人民检察院、公安机关。

■最高人民法院、最高人民检察院、公安部、司法部关于刑事诉讼法律援助工作的规定(2013年3月1日)

第二条　犯罪嫌疑人、被告人因经济困难没有委托辩护人的,本人及其近亲属可以向办理案件的公安机关、人民检察院、人民法院所在地同级司法行政机关所属法律援助机构申请法律援助。

具有下列情形之一,犯罪嫌疑人、被告人没有委托辩护人的,可以依照前款规定申请法律援助:

(一)有证据证明犯罪嫌疑人、被告人属于一级或者二级智力残疾的;

(二)共同犯罪案件中,其他犯罪嫌疑人、被告人已委托辩护人的;

(三)人民检察院抗诉的;

(四)案件具有重大社会影响的。

第三条　公诉案件中的被害人及其法定代理人或者近亲属,自诉案件中的自诉人及其法定代理人,因经济困难没有委托诉讼代理人的,可以向办理案件的人民检察院、人民法院所在地同级司法行政机关所属法律援助机构申请法律援助。

第四条　公民经济困难的标准,按案件受理地所在的省、自治区、直辖市人民政府的规定执行。

第五条　公安机关、人民检察院在第一次讯问犯罪嫌疑人或者采取强制措施的时候,应当告知犯罪嫌疑人有权委托辩护人,并告知其如果符合本规定第二条规定,本人及其近亲属可以向法律援助机构申请法律援助。

人民检察院自收到移送审查起诉的案件材料之日起3日内,应当告知犯罪嫌疑人有权委托辩护人,并告知其如果符合本规定第二条规定,本人及其近亲属可以向法律援助机构申请法律援助;应当告知被害人及其法定代理人或者近亲属有权委托诉讼代理人,并告知其如果经济困难,可以向法律援助机构申请法律援助。

人民法院自受理案件之日起3日内,应当告知被告人有权委托辩护人,并告知其如果符合本规定第二条规定,本人及其近亲属可以向法律援助机构申请法律援助;应当告知自诉人及其法定代理人有权委托诉讼代理人,并告知其如果经济困难,可以向法律援助机构申请法律援助。人民法院决定再审的案件,应当自决定再审之日起3日内履行相关告知职责。

犯罪嫌疑人、被告人具有本规定第九条规定情形的,公安机关、人民检察院、人民法院应当告知其如果不委托辩护人,将依法通知法律援助机构指派律师为其提供辩护。

第六条　告知可以采取口头或者书面方式,告知的内容应当易于被告知人理解。口头告知的,应当制作笔录,由被告知人签名;书面告知的,应当将送达回执入卷。对于被告知人当场表达申请法律援助意愿的,应当记录在案。

第七条　被羁押的犯罪嫌疑人、被告人提出法律援助申请的,公安机关、人民检察院、人民法院应当在收到申请24小时内将其申请转交或者告知法律援助机构,并于3日内通知申请人的法定代理人、近亲属或者其委托的其他人员协助向法律援助机构提供有关证件、证明等相关材料。犯罪嫌疑人、被告人的法定代理人或者近亲属无法通知的,应当在转交申请时一并告知法律援助机构。

第八条　法律援助机构收到申请后应当及时进行审查并于7日内作出决定。对符合法律援助条件的,应当决定给予法律援助,并制作给予法律援助决定书;对不符合法律援助条件的,应当决定不予法律援助,制作不予法律援助决定书。给予法律援助决定书和不予法律援助决定书应当及时发送申请人,并函告公安机关、人民检察院、人民法院。

对于犯罪嫌疑人、被告人申请法律援助的案件,法律援助机构可以向公安机关、人民检察院、人民法院了解案件办理过程中掌握的犯罪嫌疑人、被告人是否具有本规定第二条规定情形等情况。

第九条　犯罪嫌疑人、被告人具有下列情形之一没有委托辩护人的,公安机关、人民检察院、人民法院应当自发现该情形之日起3日内,通知所在地同级司法行政机关所属法律援助机构指派律师为其

提供辩护:

(一)未成年人;

(二)盲、聋、哑人;

(三)尚未完全丧失辨认或者控制自己行为能力的精神病人;

(四)可能被判处无期徒刑、死刑的人。

第十条　公安机关、人民检察院、人民法院通知辩护的,应当将通知辩护公函和采取强制措施决定书、起诉意见书、起诉书、判决书副本或者复印件送交法律援助机构。

通知辩护公函应当载明犯罪嫌疑人或者被告人的姓名、涉嫌的罪名、羁押场所或者住所、通知辩护的理由、办案机关联系人姓名和联系方式等。

第十一条　人民法院自受理强制医疗申请或者发现被告人符合强制医疗条件之日起3日内,对于被申请人或者被告人没有委托诉讼代理人的,应当向法律援助机构送交通知代理公函,通知其指派律师担任被申请人或被告人的诉讼代理人,为其提供法律帮助。

人民检察院申请强制医疗的,人民法院应当将强制医疗申请书副本一并送交法律援助机构。

通知代理公函应当载明被申请人或者被告人的姓名、法定代理人的姓名和联系方式、办案机关联系人姓名和联系方式。

第十二条　法律援助机构应当自作出给予法律援助决定或者自收到通知辩护公函、通知代理公函之日起3日内,确定承办律师并函告公安机关、人民检察院、人民法院。

法律援助机构出具的法律援助公函应当载明承办律师的姓名、所属单位及联系方式。

第十三条　对于可能被判处无期徒刑、死刑的案件,法律援助机构应当指派具有一定年限刑事辩护执业经历的律师担任辩护人。

对于未成年人案件,应当指派熟悉未成年人身心特点的律师担任辩护人。

第十四条　承办律师接受法律援助机构指派后,应当按照有关规定及时办理委托手续。

承办律师应当在首次会见犯罪嫌疑人、被告人时,询问是否同意为其辩护,并制作笔录。犯罪嫌疑人、被告人不同意的,律师应当书面告知公安机关、人民检察院、人民法院和法律援助机构。

第十五条　对于依申请提供法律援助的案件,犯罪嫌疑人、被告人坚持自己辩护,拒绝法律援助机构指派的律师为其辩护的,法律援助机构应当准许,并作出终止法律援助的决定;对于有正当理由要求更换律师的,法律援助机构应当另行指派律师为其提供辩护。

对于应当通知辩护的案件,犯罪嫌疑人、被告人拒绝法律援助机构指派的律师为其辩护的,公安机关、人民检察院、人民法院应当查明拒绝的原因,有正当理由的,应当准许,同时告知犯罪嫌疑人、被告人需另行委托辩护人。犯罪嫌疑人、被告人未另行委托辩护人的,公安机关、人民检察院、人民法院应当及时通知法律援助机构另行指派律师为其提供辩护。

第十六条　人民检察院审查批准逮捕时,认为犯罪嫌疑人具有应当通知辩护的情形,公安机关未通知法律援助机构指派律师的,应当通知公安机关予以纠正,公安机关应当将纠正情况通知人民检察院。

第十七条　在案件侦查终结前,承办律师提出要求的,侦查机关应当听取其意见,并记录在案。承办律师提出书面意见的,应当附卷。

第十八条　人民法院决定变更开庭时间的,应当在开庭3日前通知承办律师。承办律师有正当理由不能按时出庭的,可以申请人民法院延期开庭。人民法院同意延期开庭的,应当及时通知承办律师。

第十九条　人民法院决定不开庭审理的案件,承办律师应当在接到人民法院不开庭通知之日起10日内向人民法院提交书面辩护意见。

第二十条　人民检察院、人民法院应当对承办律师复制案卷材料的费用予以免收或者减收。

第二十一条　公安机关在撤销案件或者移送审查起诉后，人民检察院在作出提起公诉、不起诉或者撤销案件决定后，人民法院在终止审理或者作出裁决后，以及公安机关、人民检察院、人民法院将案件移送其他机关办理后，应当在5日内将相关法律文书副本或者复印件送达承办律师，或者书面告知承办律师。

公安机关的起诉意见书，人民检察院的起诉书、不起诉决定书，人民法院的判决书、裁定书等法律文书，应当载明作出指派的法律援助机构名称、承办律师姓名以及所属单位等情况。

第二十二条　具有下列情形之一的，法律援助机构应当作出终止法律援助决定，制作终止法律援助决定书发送受援人，并自作出决定之日起3日内函告公安机关、人民检察院、人民法院：

（一）受援人的经济收入状况发生变化，不再符合法律援助条件的；

（二）案件终止办理或者已被撤销的；

（三）受援人自行委托辩护人或者代理人的；

（四）受援人要求终止法律援助的，但应当通知辩护的情形除外；

（五）法律、法规规定应当终止的其他情形。公安机关、人民检察院、人民法院在案件办理过程中发现有前款规定情形的，应当及时函告法律援助机构。

第二十三条　申请人对法律援助机构不予援助的决定有异议的，可以向主管该法律援助机构的司法行政机关提出。司法行政机关应当在收到异议之日起5个工作日内进行审查，经审查认为申请人符合法律援助条件的，应当以书面形式责令法律援助机构及时对该申请人提供法律援助，同时通知申请人；认为申请人不符合法律援助条件的，应当维持法律援助机构不予援助的决定，并书面告知申请人。

受援人对法律援助机构终止法律援助的决定有异议的，按照前款规定办理。

第二十四条　犯罪嫌疑人、被告人及其近亲属、法定代理人，强制医疗案件中的被申请人、被告人的法定代理人认为公安机关、人民检察院、人民法院应当告知其可以向法律援助机构申请法律援助而没有告知，或者应当通知法律援助机构指派律师为其提供辩护或者诉讼代理而没有通知的，有权向同级或者上一级人民检察院申诉或者控告。人民检察院应当对申诉或者控告及时进行审查，情况属实的，通知有关机关予以纠正。

第二十五条　律师应当遵守有关法律法规和法律援助业务规程，做好会见、阅卷、调查取证、解答咨询、参加庭审等工作，依法为受援人提供法律服务。

律师事务所应当对律师办理法律援助案件进行业务指导，督促律师在办案过程中尽职尽责，恪守职业道德和执业纪律。

第二十六条　法律援助机构依法对律师事务所、律师开展法律援助活动进行指导监督，确保办案质量。

司法行政机关和律师协会根据律师事务所、律师履行法律援助义务情况实施奖励和惩戒。

公安机关、人民检察院、人民法院在案件办理过程中发现律师有违法或者违反职业道德和执业纪律行为，损害受援人利益的，应当及时向法律援助机构通报有关情况。

第二十七条　公安机关、人民检察院、人民法院和司法行政机关应当加强协调，建立健全工作机制，做好法律援助咨询、申请转交、组织实施等方面的衔接工作，促进刑事法律援助工作有效开展。

第二十八条　本规定自2013年3月1日起施行。2005年9月28日最高人民法院、最高人民检察院、公安部、司法部下发的《关于刑事诉讼法律援助工作的规定》同时废止。

■最高人民法院、最高人民检察院、公安部、国家安全部、司法部关于办理刑事案件严格排除非法证据若干问题的规定（2017年6月27日）

第十九条　犯罪嫌疑人、被告人申请提供法律援助的，应当按照有关规定指派法律援助律师。

法律援助值班律师可以为犯罪嫌疑人、被告人提供法律帮助，对刑讯逼供、非法取证情形代理申诉、控告。

第二十条 犯罪嫌疑人、被告人及其辩护人申请排除非法证据,应当提供涉嫌非法取证的人员、时间、地点、方式、内容等相关线索或者材料。

■最高人民法院、最高人民检察院、公安部、司法部关于进一步严格依法办案确保办理死刑案件质量的意见(2007年3月9日)

29. 被告人可能被判处死刑而没有委托辩护人的,人民法院应当通过法律援助机构指定承担法律援助义务的律师为其提供辩护。法律援助机构应当在收到指定辩护通知书三日以内,指派有刑事辩护经验的律师提供辩护。

30. 律师在提供法律帮助或者履行辩护职责中遇到困难和问题,司法行政机关应及时与公安机关、人民检察院、人民法院协调解决,保障律师依法履行职责。

■最高人民法院、司法部关于充分保障律师依法履行辩护职责确保死刑案件办理质量的若干规定(全文)(2008年5月21日)

一、人民法院对可能被判处死刑的被告人,应当根据刑事诉讼法的规定,充分保障其辩护权及其他合法权益,并充分保障辩护律师依法履行辩护职责。司法行政机关、律师协会应当加强对死刑案件辩护工作的指导,积极争取政府财政部门落实并逐步提高法律援助工作经费。律师办理死刑案件应当恪尽职守,切实维护被告人的合法权益。

二、被告人可能被判处死刑而没有委托辩护人的,人民法院应当通过法律援助机构指定律师为其提供辩护。被告人拒绝指定的律师为其辩护,有正当理由的,人民法院应当准许,被告人可以另行委托辩护人;被告人没有委托辩护人的,人民法院应当通知法律援助机构为其另行指定辩护人;被告人无正当理由再次拒绝指定的律师为其辩护的,人民法院应当不予准许并记录在案。

三、法律援助机构在收到指定辩护通知书三日以内,指派具有刑事案件出庭辩护经验的律师担任死刑案件的辩护人。

四、被指定担任死刑案件辩护人的律师,不得将案件转由律师助理办理;有正当理由不能接受指派的,经法律援助机构同意,由法律援助机构另行指派其他律师办理。

五、人民法院受理死刑案件后,应当及时通知辩护律师查阅案卷,并积极创造条件,为律师查阅、复制指控犯罪事实的材料提供方便。

人民法院对承办法律援助案件的律师复制涉及被告人主要犯罪事实并直接影响定罪量刑的证据材料的复制费用,应当免收或者按照复制材料所必须的工本费减收。

律师接受委托或者被指定担任死刑案件的辩护人后,应当及时到人民法院阅卷;对于查阅的材料中涉及国家秘密、商业秘密、个人隐私、证人身份等情况的,应当保守秘密。

六、律师应当在开庭前会见在押的被告人,征询是否同意为其辩护,并听取被告人的陈述和意见。

七、律师书面申请人民法院收集、调取证据,申请通知证人出庭作证,申请鉴定或者补充鉴定、重新鉴定的,人民法院应当及时予以书面答复并附卷。

■最高人民法院、最高人民检察院、公安部、国家安全部、司法部关于加强协调配合积极推进量刑规范化改革的通知(2010年11月6日)

7. 要加强律师辩护工作指导,加大法律援助工作力度。各级司法行政机关、律师协会要加强对律师辩护工作的指导,完善律师办理刑事案件业务规则,规范律师执业行为。律师办理刑事案件,要依法履行辩护职责,切实维护犯罪嫌疑人、被告人的合法权益。司法机关应当充分保障律师执业权利,重视辩护律师提出的量刑证据和量刑意见。司法行政机关要进一步扩大法律援助范围,加大法律援助投入,壮大法律援助队伍,尽可能地为那些不认罪或者对量刑建议有争议、因经济困难或者其他原因没有委托辩护人的被告人提供法律援助,更好地保护被告人的辩护权。

■最高人民法院、最高人民检察院、公安部、国家安全部、司法部关于规范量刑程序若干问题的意见(2020年11月6日)

第十一条　人民法院、人民检察院、侦查机关应当告知犯罪嫌疑人、被告人申请法律援助的权利，对符合法律援助条件的，依法通知法律援助机构指派律师为其提供辩护或者法律帮助。

第二十八条　本意见自2020年11月6日起施行。2010年9月13日最高人民法院、最高人民检察院、公安部、国家安全部、司法部《印发〈关于规范量刑程序若干问题的意见(试行)〉的通知》(法发〔2010〕35号)同时废止。

■法律援助条例(2003年9月1日)

第二条　符合本条例规定的公民，可以依照本条例获得法律咨询、代理、刑事辩护等无偿法律服务。

第三条　法律援助是政府的责任，县级以上人民政府应当采取积极措施推动法律援助工作，为法律援助提供财政支持，保障法律援助事业与经济、社会协调发展。

法律援助经费应当专款专用，接受财政、审计部门的监督。

第四条　国务院司法行政部门监督管理全国的法律援助工作。县级以上地方各级人民政府司法行政部门监督管理本行政区域的法律援助工作。

中华全国律师协会和地方律师协会应当按照律师协会章程对依据本条例实施的法律援助工作予以协助。

第五条　直辖市、设区的市或者县级人民政府司法行政部门根据需要确定本行政区域的法律援助机构。

法律援助机构负责受理、审查法律援助申请，指派或者安排人员为符合本条例规定的公民提供法律援助。

第六条　律师应当依照律师法和本条例的规定履行法律援助义务，为受援人提供符合标准的法律服务，依法维护受援人的合法权益，接受律师协会和司法行政部门的监督。

第七条　国家鼓励社会对法律援助活动提供捐助。

第八条　国家支持和鼓励社会团体、事业单位等社会组织利用自身资源为经济困难的公民提供法律援助。

第九条　对在法律援助工作中作出突出贡献的组织和个人，有关的人民政府、司法行政部门应当给予表彰、奖励。

第十一条　刑事诉讼中有下列情形之一的，公民可以向法律援助机构申请法律援助：

(一)犯罪嫌疑人在被侦查机关第一次讯问后或者采取强制措施之日起，因经济困难没有聘请律师的；

(二)公诉案件中的被害人及其法定代理人或者近亲属，自案件移送审查起诉之日起，因经济困难没有委托诉讼代理人的；

(三)自诉案件的自诉人及其法定代理人，自案件被人民法院受理之日起，因经济困难没有委托诉讼代理人的。

第十二条　公诉人出庭公诉的案件，被告人因经济困难或者其他原因没有委托辩护人，人民法院为被告人指定辩护时，法律援助机构应当提供法律援助。

被告人是盲、聋、哑人或者未成年人而没有委托辩护人的，或者被告人可能被判处死刑而没有委托辩护人的，人民法院为被告人指定辩护时，法律援助机构应当提供法律援助，无须对被告人进行经济状况的审查。

第十三条　本条例所称公民经济困难的标准，由省、自治区、直辖市人民政府根据本行政区域经济发展状况和法律援助事业的需要规定。

申请人住所地的经济困难标准与受理申请的法律援助机构所在地的经济困难标准不一致的,按照受理申请的法律援助机构所在地的经济困难标准执行。

第十五条　本条例第十一条所列人员申请法律援助的,应当向审理案件的人民法院所在地的法律援助机构提出申请。被羁押的犯罪嫌疑人的申请由看守所在24小时内转交法律援助机构,申请法律援助所需提交的有关证件、证明材料由看守所通知申请人的法定代理人或者近亲属协助提供。

第十六条　申请人为无民事行为能力人或者限制民事行为能力人的,由其法定代理人代为提出申请。

无民事行为能力人或者限制民事行为能力人与其法定代理人之间发生诉讼或者因其他利益纠纷需要法律援助的,由与该争议事项无利害关系的其他法定代理人代为提出申请。

第十七条　公民申请代理、刑事辩护的法律援助应当提交下列证件、证明材料:

(一)身份证或者其他有效的身份证明,代理申请人还应当提交有代理权的证明;

(二)经济困难的证明;

(三)与所申请法律援助事项有关的案件材料。

申请应当采用书面形式,填写申请表;以书面形式提出申请确有困难的,可以口头申请,由法律援助机构工作人员或者代为转交申请的有关机构工作人员作书面记录。

第十八条　法律援助机构收到法律援助申请后,应当进行审查;认为申请人提交的证件、证明材料不齐全的,可以要求申请人作出必要的补充或者说明,申请人未按要求作出补充或者说明的,视为撤销申请;认为申请人提交的证件、证明材料需要查证的,由法律援助机构向有关机关、单位查证。

对符合法律援助条件的,法律援助机构应当及时决定提供法律援助;对不符合法律援助条件的,应当书面告知申请人理由。

第十九条　申请人对法律援助机构作出的不符合法律援助条件的通知有异议的,可以向确定该法律援助机构的司法行政部门提出,司法行政部门应当在收到异议之日起5个工作日内进行审查,经审查认为申请人符合法律援助条件的,应当以书面形式责令法律援助机构及时对该申请人提供法律援助。

第二十条　由人民法院指定辩护的案件,人民法院在开庭10日前将指定辩护通知书和起诉书副本或者判决书副本送交其所在地的法律援助机构;人民法院不在其所在地审判的,可以将指定辩护通知书和起诉书副本或者判决书副本送交审判地的法律援助机构。

第二十一条　法律援助机构可以指派律师事务所安排律师或者安排本机构的工作人员办理法律援助案件;也可以根据其他社会组织的要求,安排其所属人员办理法律援助案件。对人民法院指定辩护的案件,法律援助机构应当在开庭3日前将确定的承办人员名单回复作出指定的人民法院。

第二十二条　办理法律援助案件的人员,应当遵守职业道德和执业纪律,提供法律援助不得收取任何财物。

第二十三条　办理法律援助案件的人员遇有下列情形之一的,应当向法律援助机构报告,法律援助机构经审查核实的,应当终止该项法律援助:

(一)受援人的经济收入状况发生变化,不再符合法律援助条件的;

(二)案件终止审理或者已被撤销的;

(三)受援人又自行委托律师或者其他代理人的;

(四)受援人要求终止法律援助的。

第二十四条　受指派办理法律援助案件的律师或者接受安排办理法律援助案件的社会组织人员在案件结案时,应当向法律援助机构提交有关的法律文书副本或者复印件以及结案报告等材料。

法律援助机构收到前款规定的结案材料后，应当向受指派办理法律援助案件的律师或者接受安排办理法律援助案件的社会组织人员支付法律援助办案补贴。

法律援助办案补贴的标准由省、自治区、直辖市人民政府司法行政部门会同同级财政部门，根据当地经济发展水平，参考法律援助机构办理各类法律援助案件的平均成本等因素核定，并可以根据需要调整。

第二十五条　法律援助机构对公民申请的法律咨询服务，应当即时办理；复杂疑难的，可以预约择时办理。

■中央政法委、财政部、最高人民法院、最高人民检察院、公安部、司法部关于建立完善国家司法救助制度的意见（试行）（全文）（2015年12月7日）

一、建立完善国家司法救助制度的意义和基本原则

司法救助制度的意义（略）

国家司法救助，应当遵循以下基本原则：

——坚持辅助性救助。国家司法救助是对遭受犯罪侵害或民事侵权，无法通过诉讼获得有效赔偿的当事人，采取的辅助性救济措施。重点解决符合条件的特定案件当事人生活面临的急迫困难。对同一案件的同一当事人只进行一次性救助。对于能够通过诉讼获得赔偿、补偿的，一般应当通过诉讼渠道解决。

——坚持公正救助。严格把握救助标准和条件，兼顾当事人实际情况和同类案件救助数额，做到公平、公正、合理救助，防止因救助不公引发新的矛盾。

——坚持及时救助。对符合救助条件的当事人，办案机关应根据当事人申请或者依据职权及时提供救助，确保及早化解社会矛盾。

——坚持属地救助。对符合救助条件的当事人，不论其户籍在本地或外地，原则上都由案件管辖地负责救助。

二、国家司法救助的对象

对下列人员提出国家司法救助申请的，应当予以救助：

（一）刑事案件被害人受到犯罪侵害，致使重伤或严重残疾，因案件无法侦破造成生活困难的；或者因加害人死亡或没有赔偿能力，无法经过诉讼获得赔偿，造成生活困难的。

（二）刑事案件被害人受到犯罪侵害危及生命，急需救治，无力承担医疗救治费用的。

（三）刑事案件被害人受到犯罪侵害而死亡，因案件无法侦破造成依靠其收入为主要生活来源的近亲属生活困难的；或者因加害人死亡或没有赔偿能力，依靠被害人收入为主要生活来源的近亲属无法经过诉讼获得赔偿，造成生活困难的。

（四）刑事案件被害人受到犯罪侵害，致使财产遭受重大损失，因案件无法侦破造成生活困难的；或者因加害人死亡或没有赔偿能力，无法经过诉讼获得赔偿，造成生活困难的。

（五）举报人、证人、鉴定人因举报、作证、鉴定受到打击报复，致使人身受到伤害或财产受到重大损失，无法经过诉讼获得赔偿，造成生活困难的。

（六）追索赡养费、扶养费、抚育费等，因被执行人没有履行能力，造成申请执行人生活困难的。

（七）对于道路交通事故等民事侵权行为造成人身伤害，无法经过诉讼获得赔偿，造成生活困难的。

（八）党委政法委和政法各单位根据实际情况，认为需要救助的其他人员。

涉法涉诉信访人，其诉求具有一定合理性，但通过法律途径难以解决，且生活困难，愿意接受国家司法救助后息诉息访的，可参照执行。

申请国家司法救助人员，具有以下情形之一的，一般不予救助：对案件发生有重大过错的；无正当理由，拒绝配合查明犯罪事实的；故意作虚伪陈述或者伪造证据，妨害刑事诉讼的；在诉讼中主动放弃

民事赔偿请求或拒绝加害责任人及其近亲属赔偿的;生活困难非案件原因所导致的;通过社会救助措施,已经得到合理补偿、救助的。对社会组织、法人,不予救助。

三、国家司法救助的方式和标准

(一)救助方式。国家司法救助以支付救助金为主要方式。同时,与思想疏导、宣传教育相结合,与法律援助、诉讼救济相配套,与其他社会救助相衔接。有条件的地方,积极探索建立刑事案件伤员急救“绿色通道”、对遭受严重心理创伤的被害人实施心理治疗、对行动不便的受害人提供社工帮助等多种救助方式,进一步增强救助效果。

(二)救助标准。各地应根据当地经济社会发展水平制定具体救助标准,以案件管辖地上一年度职工月平均工资为基准,一般在36个月的工资总额之内。损失特别重大、生活特别困难,需适当突破救助限额的,应严格审核控制,救助金额不得超过人民法院依法应当判决的赔偿数额。

(三)救助金额。确定救助金具体数额,要综合考虑救助对象实际遭受的损害后果、有无过错以及过错大小、个人及其家庭经济状况、维持当地基本生活水平所必需的最低支出、以及赔偿义务人实际赔偿情况等。

四、国家司法救助程序

使用国家司法救助资金应当严格遵循以下程序:

(一)告知。人民法院、人民检察院、公安机关、司法行政机关在办理案件、处理涉法涉诉信访问题过程中,对符合救助条件的当事人,应当告知其有权提出救助申请。

(二)申请。救助申请由当事人向办案机关提出;刑事被害人死亡的,由符合条件的近亲属提出。申请一般采取书面形式。确有困难,不能提供书面申请的,可以采用口头方式。申请人应当如实提供本人真实身份、实际损害后果、生活困难、是否获得其他赔偿等相关证明材料。

(三)审批。办案机关应当认真核实申请人提供的申请材料,综合相关情况,在10个工作日内作出是否给予救助和具体救助金额的审批意见。决定不予救助的,及时将审批意见告知当事人,并做好解释说明工作。

(四)发放。对批准同意的,财政部门应及时将救助资金拨付办案机关,办案机关在收到拨付款后2个工作日内,通知申请人领取救助资金。对急需医疗救治等特殊情况,办案机关可以依据救助标准,先行垫付救助资金,救助后及时补办审批手续。

五、国家司法救助资金的筹集和管理

(一)国家司法救助资金的筹集。坚持政府主导、社会广泛参与的资金筹措方式。各地国家司法救助资金由地方各级政府财政部门列入预算,统筹安排,并建立动态调整机制。已经建立的刑事被害人救助资金、涉法涉诉信访救助资金等专项资金,统一合并为国家司法救助资金。中央财政通过政法转移支付,对地方所需国家司法救助资金予以适当补助。同时,各地要采取切实有效的政策措施,积极拓宽救助资金来源渠道,鼓励个人、企业和社会组织捐助国家司法救助资金。

(二)资金管理和监督。各级政府财政部门严格资金管理,确保管好、用好救助资金。政法各单位在年度终了1个月内,向救助领导小组报送当年发放救助资金的明细情况,接受纪检、监察和审计部门监督,确保专款专用。对个人、企业和社会组织捐助救助资金的,应当告知救助的具体对象,确保资金使用的透明度和公正性。

(三)责任追究。对截留、侵占、私分或者挪用国家司法救助资金的单位和个人,违反规定发放国家司法救助资金造成重大损失的单位和个人,骗取国家司法救助资金的相关人员,严格依纪依法追究责任,并追回救助资金。

六、国家司法救助工作的组织领导

(一)明确工作机构。各地成立由党委政法委牵头,财政和政法各单位等共同参加的国家司法救助领导小组,负责研究制定国家司法救助的制度规范和配套措施,测算资金需求,定期检查各单位工作落实情况。政法各单位应当指定专门机构或者人员负责救助工作。

(二)加强组织协调。各地各有关部门要在当地党委、政府统一领导下,各司其职、相互配合、形成合力。政法各单位按照职责范围和案件管辖分工,分别对救助申请进行审批。案件需移送下一办案环节或其他政法单位的,办案机关应将国家司法救助有关材料随案卷一并移送。

(三)建立衔接机制。对于符合司法救助条件的当事人就人身伤害或财产损失提起民事诉讼的,人民法院应当依法及时审查并减免相关诉讼费用,司法行政部门应当依法及时提供法律援助,保障困难群众充分行使诉讼权利。对于未纳入国家司法救助范围或者实施国家司法救助后仍然面临生活困难的当事人,符合社会救助条件的,办案机关协调其户籍所在地有关部门,纳入社会救助范围。

(四)制定实施办法。各地根据本意见精神,制定本地区国家司法救助制度实施办法,并在实践中不断总结完善,确保救助工作有章可循、有据可依,公开透明、公平公正,充分发挥救助效能。各省、自治区、直辖市和新疆生产建设兵团的实施办法,在本意见下发3个月之内,报中央政法委员会、财政部、最高人民法院、最高人民检察院、公安部、司法部备案。

各省、自治区、直辖市和新疆生产建设兵团党委政法委、财政厅(局)自2015年起,每年2月底前,将本地区上一年度执行司法救助情况,分别报中央政法委员会、财政部。

■最高人民法院、最高人民检察院、公安部、国家安全部、司法部关于推进以审判为中心的刑事诉讼制度改革的意见(2016年10月11日)

二十、建立法律援助值班律师制度,法律援助机构在看守所、人民法院派驻值班律师,为犯罪嫌疑人、被告人提供法律帮助。

完善法律援助制度,健全依申请法律援助工作机制和办案机关通知辩护工作机制。对未履行通知或者指派辩护职责的办案人员,严格实行责任追究。

■最高人民法院关于加强和规范人民法院国家司法救助工作的意见(全文)(2016年7月1日)

第一条　人民法院在审判、执行工作中,对权利受到侵害无法获得有效赔偿的当事人,符合本意见规定情形的,可以采取一次性辅助救济措施,以解决其生活面临的急迫困难。

第二条　国家司法救助工作应当遵循公正、公开、及时原则,严格把握救助标准和条件。

对同一案件的同一救助申请人只进行一次性国家司法救助。对于能够通过诉讼获得赔偿、补偿的,一般应当通过诉讼途径解决。

人民法院对符合救助条件的救助申请人,无论其户籍所在地是否属于受案人民法院辖区范围,均由案件管辖法院负责救助。在管辖地有重大影响且救助金额较大的国家司法救助案件,上下级人民法院可以进行联动救助。

第三条　当事人因生活面临急迫困难提出国家司法救助申请,符合下列情形之一的,应当予以救助:

(一)刑事案件被害人受到犯罪侵害,造成重伤或者严重残疾,因加害人死亡或者没有赔偿能力,无法通过诉讼获得赔偿,陷入生活困难的;

(二)刑事案件被害人受到犯罪侵害危及生命,急需救治,无力承担医疗救治费用的;

(三)刑事案件被害人受到犯罪侵害而死亡,因加害人死亡或者没有赔偿能力,依靠被害人收入为主要生活来源的近亲属无法通过诉讼获得赔偿,陷入生活困难的;

(四)刑事案件被害人受到犯罪侵害,致使其财产遭受重大损失,因加害人死亡或者没有赔偿能力,无法通过诉讼获得赔偿,陷入生活困难的;

(五)举报人、证人、鉴定人因举报、作证、鉴定受到打击报复,致使其人身受到伤害或财产受到重大损失,无法通过诉讼获得赔偿,陷入生活困难的;

(六)追索赡养费、扶养费、抚育费等,因被执行人没有履行能力,申请执行人陷入生活困难的;

(七)因道路交通事故等民事侵权行为造成人身伤害,无法通过诉讼获得赔偿,受害人陷入生活困难的;

(八)人民法院根据实际情况,认为需要救助的其他人员。

涉诉信访人,其诉求具有一定合理性,但通过法律途径难以解决,且生活困难,愿意接受国家司法救助后息诉息访的,可以参照本意见予以救助。

第四条 救助申请人具有以下情形之一的,一般不予救助:

(一)对案件发生有重大过错的;

(二)无正当理由,拒绝配合查明案件事实的;

(三)故意作虚伪陈述或者伪造证据,妨害诉讼的;

(四)在审判、执行中主动放弃民事赔偿请求或者拒绝侵权责任人及其近亲属赔偿的;

(五)生活困难非案件原因所导致的;

(六)已经通过社会救助措施,得到合理补偿、救助的;

(七)法人、其他组织提出的救助申请;

(八)不应给予救助的其他情形。

第五条 国家司法救助以支付救助金为主要方式,并与思想疏导相结合,与法律援助、诉讼救济相配套,与其他社会救助相衔接。

第六条 救助金以案件管辖法院所在省、自治区、直辖市上一年度职工月平均工资为基准确定,一般不超过三十六个月的月平均工资总额。

损失特别重大、生活特别困难,需适当突破救助限额的,应当严格审核控制,救助金额不得超过人民法院依法应当判决给付或者虽已判决但未执行到位的标的数额。

第七条 救助金具体数额,应当综合以下因素确定:

(一)救助申请人实际遭受的损失;

(二)救助申请人本人有无过错以及过错程度;

(三)救助申请人及其家庭的经济状况;

(四)救助申请人维持其住所地基本生活水平所必需的最低支出;

(五)赔偿义务人实际赔偿情况。

第八条 人民法院审判、执行部门认为案件当事人符合救助条件的,应当告知其有权提出国家司法救助申请。当事人提出申请的,审判、执行部门应当将相关材料及时移送立案部门。

当事人直接向人民法院立案部门提出国家司法救助申请,经审查确认符合救助申请条件的,应当予以立案。

第九条 国家司法救助申请应当以书面形式提出;救助申请人书面申请确有困难的,可以口头提出,人民法院应当制作笔录。

救助申请人提出国家司法救助申请,一般应当提交以下材料:

(一)救助申请书,救助申请书应当载明申请救助的数额及理由;

(二)救助申请人的身份证明;

(三)实际损失的证明;

(四)救助申请人及其家庭成员生活困难的证明;

(五)是否获得其他赔偿、救助等相关证明;

(六)其他能够证明救助申请人需要救助的材料。

救助申请人确实不能提供完整材料的,应当说明理由。

第十条　救助申请人生活困难证明，主要是指救助申请人户籍所在地或者经常居住地村(居)民委员会或者所在单位出具的有关救助申请人的家庭人口、劳动能力、就业状况、家庭收入等情况的证明。

第十一条　人民法院成立由立案、刑事审判、民事审判、行政审判、审判监督、执行、国家赔偿及财务等部门组成的司法救助委员会，负责人民法院国家司法救助工作。司法救助委员会下设办公室，由人民法院赔偿委员会办公室行使其职能。

人民法院赔偿委员会办公室作为司法救助委员会的日常工作部门，负责牵头、协调和处理国家司法救助日常事务，执行司法救助委员会决议及办理国家司法救助案件。

基层人民法院由负责国家赔偿工作的职能机构承担司法救助委员会办公室工作职责。

第十二条　救助决定应当自立案之日起十个工作日内作出。案情复杂的救助案件，经院领导批准，可以适当延长。

办理救助案件应当制作国家司法救助决定书，加盖人民法院印章。国家司法救助决定书应当及时送达。

不符合救助条件或者具有不予救助情形的，应当将不予救助的决定及时告知救助申请人，并做好解释说明工作。

第十三条　决定救助的，应当在七个工作日内按照相关财务规定办理手续。在收到财政部门拨付的救助金后，应当在二个工作日内通知救助申请人领取救助金。

对具有急需医疗救治等特殊情况的救助申请人，可以依据救助标准，先行垫付救助金，救助后及时补办审批手续。

第十四条　救助金一般应当一次性发放。情况特殊的，可以分批发放。

发放救助金时，应当向救助申请人释明救助金的性质、准予救助的理由、骗取救助金的法律后果，同时制作笔录并由救助申请人签字。必要时，可以邀请救助申请人户籍所在地或者经常居住地村(居)民委员会或者所在单位的工作人员到场见证救助金发放过程。

人民法院可以根据救助申请人的具体情况，委托民政部门、乡镇人民政府或者街道办事处、村(居)民委员会、救助申请人所在单位等组织发放救助金。

第十五条　各级人民法院应当积极协调财政部门将国家司法救助资金列入预算，并会同财政部门建立国家司法救助资金动态调整机制。

对公民、法人和其他组织捐助的国家司法救助资金，人民法院应当严格、规范使用，及时公布救助的具体对象，并告知捐助人救助情况，确保救助资金使用的透明度和公正性。

第十六条　人民法院司法救助委员会应当在年度终了一个月内就本院上一年度司法救助情况提交书面报告，接受纪检、监察、审计部门和上级人民法院的监督，确保专款专用。

第十七条　人民法院应当加强国家司法救助工作信息化建设，将国家司法救助案件纳入审判管理信息系统，及时录入案件信息，实现四级法院信息共享，并积极探索建立与社会保障机构、其他相关救助机构的救助信息共享机制。

上级法院应当对下级法院的国家司法救助工作予以指导和监督，防止救助失衡和重复救助。

第十八条　人民法院工作人员有下列行为之一的，应当予以批评教育；构成违纪的，应当根据相关规定予以纪律处分；构成犯罪的，应当依法追究刑事责任：

(一)滥用职权，对明显不符合条件的救助申请人决定给予救助的；

(二)虚报、克扣救助申请人救助金的；

(三)贪污、挪用救助资金的；

(四)对符合救助条件的救助申请人不及时办理救助手续，造成严重后果的；

(五)违反本意见的其他行为。

第十九条　救助申请人所在单位或者基层组织等相关单位出具虚假证明,使不符合救助条件的救助申请人获得救助的,人民法院应当建议相关单位或者其上级主管机关依法依纪对相关责任人予以处理。

第二十条　救助申请人获得救助后,人民法院从被执行人处执行到赔偿款或者其他应当给付的执行款的,应当将已发放的救助金从执行款中扣除。

救助申请人通过提供虚假材料等手段骗取救助金的,人民法院应当予以追回;构成犯罪的,应当依法追究刑事责任。

涉诉信访救助申请人领取救助金后,违背息诉息访承诺的,人民法院应当将救助金予以追回。

第二十一条　对未纳入国家司法救助范围或者获得国家司法救助后仍面临生活困难的救助申请人,符合社会救助条件的,人民法院通过国家司法救助与社会救助衔接机制,协调有关部门将其纳入社会救助范围。

▼安徽省人民代表大会常务委员会安徽省法律援助条例(2017年1月1日)

第三条　符合本条例规定条件的公民,可以获得法律咨询、代理、刑事辩护等无偿法律服务。

第四条　法律援助是政府的责任。各级人民政府应当将法律援助纳入基本公共服务体系。

县级以上人民政府应当逐步扩大法律援助范围,使更多的公民获得法律援助,平等享受法律保护。

第五条　县级以上人民政府应当将法律援助所需经费列入同级财政预算,根据地方财力和办案量合理安排经费。

法律援助经费专款专用,受财政、审计部门的监督。

第六条　县级以上人民政府司法行政部门监督管理本行政区域内的法律援助工作,根据需要确定本行政区域的法律援助机构,并向社会公布。

县级人民政府司法行政部门根据工作需要,可以确定由乡(镇)、街道司法所承担法律援助工作。

人民法院、人民检察院、公安机关以及政府其他有关部门应当依法做好法律援助相关工作。

第七条　法律援助机构负责受理、审查法律援助申请,安排或者指派法律援助人员办理法律援助事项。

本条例所称法律援助人员是指法律援助机构工作人员和承办法律援助事项的律师、基层法律服务工作者、公证员、司法鉴定人以及法律援助志愿者。

第八条　法律援助人员应当依法履行法律援助义务,接受法律援助机构的安排或者指派,办理法律援助事项。

第九条　法律援助人员依法履行法律援助职责受法律保护。

国家机关、社会组织和公民应当支持、配合法律援助机构和法律援助人员开展法律援助工作。

第十条　鼓励社会通过依法设立的法律援助基金会或者其他形式对法律援助活动提供捐助。

鼓励社会团体、事业单位等社会组织通过捐赠、设立帮扶项目、依法设立服务机构、提供志愿服务等,为经济困难的公民提供法律援助。

第十一条　县级以上人民政府司法行政部门应当组织开展法律援助宣传,普及法律援助知识。

报刊、广播、电视、互联网等媒体应当开展法律援助公益宣传。

第十二条　对法律援助工作成绩突出的单位和个人,有关的人民政府、司法行政部门应当给予表彰、奖励。

第二章　法律援助的范围和形式

第十三条　公民对下列需要代理的事项,因经济困难没有委托代理人的,可以申请法律援助:

(二)请求给予社会保险待遇或者最低生活保障待遇的;

(五)请求支付劳动报酬或者因劳动争议请求给付经济补偿、赔偿金的;

（六）请求赔偿与交通、工伤、医疗、食品药品安全、环境污染、产品质量等相关的人身损害、财产损失的；

（八）请求赔偿因使用假劣农药、种子、化肥等农业生产资料造成农业生产损失的；

（九）因遭受家庭暴力、虐待、遗弃，主张民事权益的；

（十）因见义勇为自身权益受到损害，主张民事权益的；

（十一）因农村土地承包经营权及其流转中合法权益受到侵害，主张民事权益的。

设区的市人民政府可以对前款规定以外的事项作出补充规定。

第十四条　犯罪嫌疑人、被告人因经济困难或者其他原因没有委托辩护人的，本人及其近亲属可以向法律援助机构申请法律援助。

公诉案件中的被害人及其法定代理人或者近亲属，自诉案件中的自诉人及其法定代理人，因经济困难没有委托诉讼代理人的，可以向法律援助机构申请法律援助。

第十五条　犯罪嫌疑人、被告人属于下列情形之一且没有委托辩护人的，人民法院、人民检察院、公安机关应当书面通知法律援助机构指派律师为其提供法律援助：

（三）尚未完全丧失辨认或者控制自己行为能力的精神病人；

人民法院审理强制医疗案件，应当通知被申请人或者被告人的法定代理人到场。被申请人或者被告人没有委托诉讼代理人的，人民法院应当通知法律援助机构指派律师为其提供法律援助。

第十六条　有下列情形之一，被告人没有委托辩护人，人民法院书面通知法律援助机构提供法律援助的，法律援助机构应当指派律师为其提供法律援助：

（一）共同犯罪案件中，其他被告人已经委托辩护人；

第十七条　公民获得法律援助的经济困难标准，按照设区的市最低生活保障标准的两倍确定。

县级以上人民政府可以根据本行政区域的实际情况，扩大受援人范围，放宽公民获得法律援助的经济困难标准。

第三章　法律援助的申请、受理和审查

第十九条　县级以上人民政府司法行政部门应当通过政府网站等多种途径公示法律援助机构的办公地址、通讯方式和法律援助的条件、程序等信息。

法律援助机构应当在办公场所和本机构网站公示法律援助条件、程序、申请材料目录和申请示范文本等。

第二十条　公民申请法律援助，应当按照国家有关规定向法律援助机构提出；国家没有规定的，申请人可以向申请事项发生地、申请事项处理地或者申请人住所地的法律援助机构提出。

两个以上法律援助机构按规定都可以受理的，申请人可以向其中一个法律援助机构提出申请。

第二十一条　被羁押的犯罪嫌疑人、被告人、服刑人员，强制隔离戒毒人员申请法律援助的，可以通过办理案件的人民法院、人民检察院、公安机关或者所在监狱、看守所、强制隔离戒毒所转交申请。

人民法院、人民检察院、公安机关、监狱、看守所、强制隔离戒毒所应当在收到申请后的二十四小时内将申请转交所在地的法律援助机构，并于三日内通知申请人的法定代理人、近亲属或者其委托的其他人员协助将申请法律援助所需的相关证件和证明材料提供给法律援助机构。

第二十二条　公民申请法律援助应当提交以下材料：

（二）有效身份证明，代理申请人还应当提交有代理权的证明；

（三）乡（镇）人民政府、街道办事处出具的经济困难证明；

填写法律援助申请表确有困难的，可以口头申请，由法律援助机构工作人员或者代为转交申请的有关机关工作人员予以记录、代为填写法律援助申请表。

第二十三条　申请人符合下列条件之一的，无需提供经济困难证明材料，但是应当提供与所符合

条件相关的证件或者证明材料:

(七)因意外事件、自然灾害、重大疾病或者其他特殊原因,正在接受政府临时救助的;

(八)因见义勇为自身权益受到损害,主张民事权益的;

(十)进城务工的农村居民请求支付劳动报酬或者工伤保险待遇的;

(十二)依照国家规定,军人、军属申请法律援助免予经济困难条件审查的;

第二十四条　法律援助申请由一个法律援助机构受理。申请人向两个以上法律援助机构提出申请的,由最先收到申请的法律援助机构受理。

法律援助机构之间因受理申请发生争议的,由其共同的上一级司法行政部门指定受理。

第二十五条　法律援助机构对申请人提出的法律援助申请,应当根据下列情况分别作出处理:

(一)申请人按照规定提交申请材料,并且请求事项属于法律援助范围的,法律援助机构应当接受申请材料,并向申请人出具接收清单;

(二)申请人提交的材料不齐全或者不符合法定形式的,应当一次性告知申请人需要补正的全部内容,或者要求申请人作出必要的说明;

(三)申请人的请求不属于本法律援助机构受理的,应当告知申请人向有关法律援助机构提出申请;

(四)认为申请人提交的证件、证明材料需要查证的,由法律援助机构向有关机关、单位查证。

第二十六条　法律援助机构受理申请后,应当按照法律援助的条件进行审查,并自收到申请之日起五个工作日内决定是否给予法律援助。对不符合法律援助条件的,应当书面通知申请人并说明理由。

第二十七条　有下列情形之一的,法律援助机构可以先行提供法律援助,再进行审查:

(一)距法定时效届满不足七日,需要及时提起诉讼或者申请仲裁、行政复议的;

(二)需要立即申请财产保全、证据保全或者先予执行的;

法律援助机构经审查发现先行提供法律援助不符合条件的,应当终止法律援助,书面通知申请人或者代理申请人并说明理由。

第二十八条　申请人对法律援助机构作出的不予提供法律援助的决定有异议的,可以向确定该法律援助机构的司法行政部门提出。司法行政部门应当自收到异议之日起进行审查,并在五个工作日内作出决定。

司法行政部门经审查认为申请人符合法律援助条件的,应当以书面形式责令法律援助机构及时对该申请人提供法律援助,并告知申请人或者代理申请人;经审查认为不符合法律援助条件的,应当书面通知申请人或者代理申请人并说明理由。

第二十九条　法律援助机构根据办理法律援助事项的需要,可以委托异地法律援助机构代为调查取证、送达法律文书,所需费用由委托方承担;受委托的法律援助机构应当及时办理。

第三十条　人民法院通知法律援助机构指派律师提供法律援助的,应当将法律援助通知书、起诉书副本或者判决书送达法律援助机构;决定开庭审理的,除适用简易程序审理的以外,应当在开庭十五日前将上述材料送达法律援助机构。

对犯罪嫌疑人、被告人可能被判处无期徒刑、死刑的案件,法律援助机构应当指派具有三年以上刑事辩护执业经历的律师提供法律援助。

第三十一条　人民法院给予申请人司法救助的,法律援助机构应当提供法律援助;法律援助机构给予申请人法律援助的,人民法院应当依法给予司法救助。

第四章　法律援助的组织实施

第三十二条　法律援助机构决定给予法律援助,或者经司法行政部门审查决定给予法律援助的,法律援助机构应当自决定作出之日起三个工作日内，安排或者指派法律援助人员实施法律援助。

人民法院、人民检察院、公安机关依法通知法律援助机构提供法律援助的，法律援助机构应当自收到通知之日起三日内指派律师实施法律援助，并函告人民法院、人民检察院、公安机关。

第三十三条　法律援助人员发现下列情形之一的，应当向法律援助机构报告；法律援助机构经审查核实的，应当终止法律援助并书面通知受援人和案件处理机关。

申请人或者代理申请人对法律援助机构作出终止法律援助的决定有异议的，可以向确定该法律援助机构的司法行政部门申请审查。司法行政部门应当自收到申请之日起五个工作日内进行审查，认为符合法律援助条件的，应当书面责令法律援助机构及时对该申请人提供法律援助，并告知申请人或者代理申请人；认为不符合条件的，应当维持法律援助机构的决定，并将理由书面告知申请人或者代理申请人。

第三十四条　受援人在接受法律援助的过程中，有权向法律援助人员了解法律援助事项办理情况。

受援人认为法律援助人员未履行职责的，可以要求法律援助机构更换法律援助人员。法律援助机构经调查情况属实的，应当及时更换。

第三十五条　法律援助人员办理的法律援助案件结案后，应当及时向法律援助机构提交有关的法律文书副本或者复印件以及结案报告等材料。

法律援助机构在接到法律援助人员提交的结案材料后，应当及时向法律援助人员支付办案补贴。

法律援助办案补贴的标准由省人民政府司法行政部门会同同级财政部门按照国家有关规定要求制定。设区的市人民政府可以根据当地经济社会发展水平，参照办理法律援助案件的平均成本等因素，适当提高办案补贴标准。

第三十六条　法律援助案件受援人申请缓交、减交或者免交诉讼、仲裁费用的，人民法院和仲裁机构应当依法缓收、减收或者免收有关费用。

第三十七条　人民政府有关部门、人民法院、人民检察院应当对法律援助案件办理中利用档案进行的调查取证工作予以支持，免收档案资料查询等费用，减收或者免收相关材料的复制费用。

第三十八条　法律援助案件受援人申请办理与法律援助案件相关的公证、司法鉴定事项的，公证机构、司法鉴定机构应当减收或者免收费用。

第三十九条　县级以上人民政府司法行政部门应当采取适当形式对法律援助案件的办理质量进行评估，向社会公开评估结果。评估结果应当作为对律师事务所、基层法律服务所和律师、基层法律服务工作者年度考核的依据。

推行第三方评估机构对法律援助案件办理质量进行评估。

第四十条　法律援助机构应当规范法律援助事项办理规程，综合运用庭审旁听、案卷检查、征询案件办理机关意见和回访受援人等方式，对法律援助人员办理法律援助案件情况进行监督。

第四十一条　法律援助人员应当恪守职业道德和执业纪律，遵守法律服务职业规范。未经法律援助机构批准，不得委托他人办理、延期办理或者终止办理法律援助事项；不得索取、收受受援人财物或者牟取其他不正当利益。

第四十二条　县级以上人民政府司法行政部门应当建立法律援助投诉处理制度。

法律援助申请人、受援人发现法律援助机构、律师事务所、基层法律服务所和法律援助人员在法律援助活动中有违法违规行为的，可以向司法行政部门投诉。司法行政部门收到投诉后，应当及时调查处理。

第五章　法律责任

第四十三条　司法行政部门及其工作人员在法律援助监督管理过程中滥用职权、玩忽职守、徇私舞弊的,依法给予处分。

第四十四条　法律援助机构及其工作人员有下列情形之一的,对直接负责的主管人员和其他直接责任人员依法给予处分;构成犯罪的,依法追究刑事责任:

(一)对符合条件应予法律援助的对象,决定不予法律援助的;

(二)明知不符合法律援助条件而决定给予法律援助的;

(五)未经批准委托他人、延期或者终止办理法律援助事项的;

(六)索取、收受受援人财物或者牟取其他不正当利益的;

(七)贪污、侵占、私分、截留、挪用法律援助经费的。

第四十五条　乡(镇)人民政府、街道办事处受理公民申请办理经济困难证明,无正当理由不出具证明或者出具虚假证明的,有关机关对直接负责的主管人员和其他直接责任人员依法给予处分。

第四十六条　法律援助人员在办理法律援助事项时,由于过错致使受援人遭受经济损失,受援人要求赔偿的,依法承担相应的赔偿责任。

第四十七条　受援人以不正当手段获得不应当享有的法律援助的,法律援助机构应当终止对其援助,并责令其支付已实施法律援助过程中的全部费用。

▼安徽省高级人民法院、安徽省人民检察院、安徽省公安厅、安徽省司法厅关于死刑案件第二审开庭审理工作有关问题的意见(2006年7月3日)

一、关于辩护人辩护问题

被判处死刑的被告人及同案未成年被告人,上诉期满后明确表示不委托辩护人的,省高级人民法院应当通过法律援助机构为其指定辩护人,但如其在二审开庭前又委托辩护人的,省高级人民法院应及时告知法律援助机构撤销指定辩护。

省高级人民法院指定辩护通知书应在开庭十日前送达法律援助机构,并附一审判决书和上诉状(或抗诉书)。法律援助机构应于收到通知书的第二个工作日指派律师担任辩护人,并到省高级人民法院办理相关手续。辩护人因特殊情况要求调整开庭时间的,应在开庭三日以前与主审法官联系。

辩护人需要到省高级人民法院阅卷的,省高级人民法院应提供场所和必要的工作条件。

在检察员阅卷期间辩护人要求查阅卷宗的,省高级人民法院可介绍到省人民检察院阅卷,省人民检察院应当提供方便。

承办法律援助案件的律师复制必要的相关材料的费用,应当免收或者参照市场价格减半收取。

▼福建省高级人民法院、福建省司法厅关于刑事审判法律援助有关问题的通知(全文)(1999年2月3日)

一、人民法院指定律师辩护的刑事法律援助案件由该人民法院所在地的同级法律援助中心统一接受并组织实施;尚未设立法律援助中心的地方,由人民法院所在地的同级司法行政机关接受并组织实施。

二、人民法院为刑事被告人是盲、聋、哑、未成年人或者可能被判处死刑而没有委托辩护人的刑事被告人指定律师为其辩护的,法律援助中心应当在接到指定律师辩护函和起诉书副本之日起三日内指派承担法律援助义务的律师提供辩护。

三、人民法院可以为经济困难的刑事被告人指定律师为其提供辩护。

"经济困难"的标准,以当地县级以上人民政府确定的最低生活保障线标准执行。

四、有下列原因之一,人民法院可以指定律师为刑事被告人提供辩护:

(一)本人确无经济来源,其家庭经济状况无法查明的;

(二)本人确无经济来源,其家属经多次劝说仍不愿为其承担辩护律师费用的;

(三)共同犯罪案件中,其他被告人已委托辩护人,而该被告人没有委托辩护人的;

（四）外国籍被告人没有委托辩护人的；

（五）案件有重大社会影响的；

（六）人民法院认为人民检察院起诉内容和移送的案件证据材料有问题，有可能影响法院正确定罪量刑的。

五、人民法院对经济困难或者其他原因需要指定律师为刑事被告人辩护的案件，应当在指定律师辩护函中说明指定辩护的依据和理由，并附送被告人经济困难的证明材料或者符合本规定的法律援助条件的材料。

法律援助中心对人民法院需要指定辩护的刑事法律援助案件，符合法律援助案件的，可指派律师提供辩护；不符合法律援助条件的，应当给人民法院去函说明理由。

六、人民法院指定律师辩护时，应先征得被告人、上诉人的同意。被告人、上诉人拒绝人民法院为其指定辩护律师的，人民法院可以准许，法律另有规定的除外。

人民法院应当在被告人、上诉人表示同意为其指定辩护律师的第二日起三日内向同级法律援助中心送达指定律师辩护函和起诉书副本或者一审判决书。开庭审判的应当在开庭十日以前向法律援助中心（司法行政机关律师管理部门，下同）寄送指定律师辩护函和起诉书副本或者一审判决书。指定律师辩护函应注明被告人姓名、案由，指定辩护的依据。法律援助中心应当在接到人民法院指定律师辩护函的第二天起三日内指派辩护律师，同时函复人民法院并注明承担辩护的律师的姓名及通信地址。

七、第一审人民法院判处被告人死刑后，被告人在上诉期限内提出上诉而未委托辩护人的，省高级人民法院在二审中可以委托第一审人民法院或者通过省法律援助中心为上诉人指定辩护律师。

八、承办刑事法律援助案件的辩护律师征得刑事被告人同意后，即可依照刑事诉讼法的有关规定履行辩护职责。

第二审人民法院决定不开庭审理的上诉案件，辩护律师应当在接受指定辩护之日起十日内向第二审人民法院提交书面辩护意见。

九、承担法律援助的律师，持执业律师事务所或法律援助机构的介绍函与所指定律师辩护的人民法院联系。人民法院应支持律师行使辩护职能所开展的法律援助工作，为其提供查阅、摘抄、复制本案所指控犯罪事实的材料及同在押的被告人会见和通信等方面的便利条件。

十、人民法院指定辩护的刑事法律援助案件，按物价部门规定的收费标准的低限每件按50%给付案件辩护补助费。此项费用由法律援助中心凭人民法院指定律师辩护函每半年向法院结算一次。

▼河南省高级人民法院、河南省人民检察院、河南省公安厅、河南省司法厅关于法律援助机构工作人员办理法律援助案件若干问题的联合通知（全文）（1999年12月8日）

一、各级人民政府批准成立的法律援助中心，是专门从事法律援助管理和办理法律援助案件的职能部门。法律援助机构工作人员是指具有法律大专以上文化水平，专职从事法律援助工作，经过省级以上法律援助业务培训，由河南省法律援助中心颁发执业证的各级法律援助中心正式人员。

二、各类法律援助案件，一律由各级法律援助中心统一受理，统一审查，统一指派承担法律援助义务的律师和法律援助机构工作人员具体办理。

三、律师承办法律援助案件，应持律师执业证和法律援助中心签发的法律援助通知书；各级法律援助机构工作人员办理法律援助案件，应持河南省法律援助中心统一制发的法律援助执业证和各级法律援助中心的法律援助通知书。相关的人民法院、人民检察院、公安局等部门，应当为律师和法律援助机构工作人员办理法律援助案件提供便利。

四、法律援助机构工作人员，在办理人民法院指定的刑事法律援助案件或当事人申请的刑事法律援助案件时，可以依法查阅、摘抄、复制与本案相关案卷材料，可以同在押的被告人或犯罪嫌疑人会见和通信，但法律有特别规定的除外。

五、法律援助机构工作人员在办理刑事法律援助案件过程中，持法律援助执业证和刑事法律援助通知书，可以依法向证人、被害人或其他有关单位和个人收集与本案有关的材料，也可以申请人民检察院、人民法院调取证据，或申请人民法院通知证人出庭作证。

六、法律援助机构工作人员提供法律援助的刑事案件，犯罪嫌疑人在被侦查机关第一次讯问后或采取强制措施之日起，法律援助机构工作人员持法律援助执业证和刑事法律援助通知书，可以为其提供法律咨询、代理申诉、控告；犯罪嫌疑人被逮捕的，可以为其申请取保候审。但涉及国家秘密的案件，需经侦查机关批准。

七、法律援助机构工作人员在办理民事、行政等法律援助案件中，各相关部门应当在工作上为他们提供便利。

八、各级人民法院、人民检察院、公安局（处）、司法局（处），要积极配合、互相协作，大力支持法律援助工作人员依法开展法律援助工作。

▽对于不属于“盲人”的低视力被告人，人民法院可以为其指定辩护人

《刑事诉讼法》本条第二款的规定，主要是考虑到盲、聋、哑人与正常人相比，认知和表达能力均低于常人，不指定辩护人则难以充分保护其合法权益。行为人不属于“盲人”，而是“视力残疾”，不属于法律规定的“应当”为其指定辩护的对象。但是，《刑事诉讼法》本条第一款的规定是法律考虑到实践中被告人未委托辩护人情形的复杂性而作出的灵活性规定。依据1998年《刑诉法解释》第三十七条的规定，“其他原因”包括共同犯罪案件中其他被告人已委托辩护人，被告人具有外国国籍，案件有重大社会影响，人民法院认为起诉意见和移送的案件证据材料可能影响正确定罪量刑等情形。本案被告人的视力残疾虽不属于“应当”指定辩护人的情形，但因公诉机关没有提供视力残疾的材料，影响对被告人的量刑，故可以认定其属于“起诉意见和移送的证据材料可能影响正确定罪量刑”的情形，从而可以为被告人指定辩护人。由于被告人属于法院“可以”而不是“应当”为其指定辩护的情形，且其在一审程序中没有以视力残疾作为辩护理由，故一审法院没有为其指定辩护人的做法不属于违反法定诉讼程序，二审法院不能据此将本案发回重新审判。同时，二审法院鉴于被告人在二审期间提出了视力残疾的辩护理由，并根据其视力残疾的具体情况，为充分保障其诉讼权益而为其指定了辩护人，有利于保证案件审判的实体公正与程序公正。[参见第469号案例，苏同强、王男敲诈勒索案，载《刑事审判参考》总第59集（2007年第6集），法律出版社，第44～45页。执笔：翟丽佳、张大巍]

第三十六条　【值班律师及其职责与约见】法律援助机构可以在人民法院、看守所等场所派驻值班律师。犯罪嫌疑人、被告人没有委托辩护人，法律援助机构没有指派律师为其提供辩护的，由值班律师为犯罪嫌疑人、被告人提供法律咨询、程序选择建议、申请变更强制措施、对案件处理提出意见等法律帮助。

人民法院、人民检察院、看守所应当告知犯罪嫌疑人、被告人有权约见值班律师，并为犯罪嫌疑人、被告人约见值班律师提供便利。

■最高人民法院、最高人民检察院、公安部、国家安全部、司法部法律援助值班律师工作办法（全文）（2020年8月20日）

第一章　总则

第一条　为保障犯罪嫌疑人、被告人依法享有的诉讼权利，加强人权司法保障，进一步规范值班律师工作，根据《中华人民共和国刑事诉讼法》《中华人民共和国律师法》等规定，制定本办法。

第二条　本办法所称值班律师，是指法律援助机构在看守所、人民检察院、人民法院等场所设立法律援助工作站，通过派驻或安排的方式，为没有辩护人的犯罪嫌疑人、被告人提供法律帮助的律师。

第三条　值班律师工作应当坚持依法、公平、公正、效率的原则，值班律师应当提供符合标准的法律服务。

第四条　公安机关(看守所)、人民检察院、人民法院、司法行政机关应当保障没有辩护人的犯罪嫌疑人、被告人获得值班律师法律帮助的权利。

第五条　值班律师工作由司法行政机关牵头组织实施,公安机关(看守所)、人民检察院、人民法院应当依法予以协助。

第二章　值班律师工作职责

第六条　值班律师依法提供以下法律帮助:

(一)提供法律咨询;

(二)提供程序选择建议;

(三)帮助犯罪嫌疑人、被告人申请变更强制措施;

(四)对案件处理提出意见;

(五)帮助犯罪嫌疑人、被告人及其近亲属申请法律援助;

(六)法律法规规定的其他事项。

值班律师在认罪认罚案件中,还应当提供以下法律帮助:

(一)向犯罪嫌疑人、被告人释明认罪认罚的性质和法律规定;

(二)对人民检察院指控罪名、量刑建议、诉讼程序适用等事项提出意见;

(三)犯罪嫌疑人签署认罪认罚具结书时在场。

值班律师办理案件时,可以应犯罪嫌疑人、被告人的约见进行会见,也可以经办案机关允许主动会见;自人民检察院对案件审查起诉之日起可以查阅案卷材料、了解案情。

第七条　值班律师提供法律咨询时,应当告知犯罪嫌疑人、被告人有关法律帮助的相关规定,结合案件所在的诉讼阶段解释相关诉讼权利和程序规定,解答犯罪嫌疑人、被告人咨询的法律问题。

犯罪嫌疑人、被告人认罪认罚的,值班律师应当了解犯罪嫌疑人、被告人对被指控的犯罪事实和罪名是否有异议,告知被指控罪名的法定量刑幅度,释明从宽从重处罚的情节以及认罪认罚的从宽幅度,并结合案件情况提供程序选择建议。

值班律师提供法律咨询的,应当记录犯罪嫌疑人、被告人涉嫌的罪名、咨询的法律问题、提供的法律解答。

第八条　在审查起诉阶段,犯罪嫌疑人认罪认罚的,值班律师可以就以下事项向人民检察院提出意见:

(一)涉嫌的犯罪事实、指控罪名及适用的法律规定;

(二)从轻、减轻或者免除处罚等从宽处罚的建议;

(三)认罪认罚后案件审理适用的程序;

(四)其他需要提出意见的事项。

值班律师对前款事项提出意见的,人民检察院应当记录在案并附卷,未采纳值班律师意见的,应当说明理由。

第九条　犯罪嫌疑人、被告人提出申请羁押必要性审查的,值班律师应当告知其取保候审、监视居住、逮捕等强制措施的适用条件和相关法律规定、人民检察院进行羁押必要性审查的程序;犯罪嫌疑人、被告人已经被逮捕的,值班律师可以帮助其向人民检察院提出羁押必要性审查申请,并协助提供相关材料。

第十条　犯罪嫌疑人签署认罪认罚具结书时,值班律师对犯罪嫌疑人认罪认罚自愿性、人民检察院量刑建议、程序适用等均无异议的,应当在具结书上签名,同时留存一份复印件归档。

值班律师对人民检察院量刑建议、程序适用有异议的,在确认犯罪嫌疑人系自愿认罪认罚后,应当在具结书上签字,同时可以向人民检察院提出法律意见。

犯罪嫌疑人拒绝值班律师帮助的,值班律师无需在具结书上签字,应当将犯罪嫌疑人签字拒绝法律帮助的书面材料留存一份归档。

第十一条 对于被羁押的犯罪嫌疑人、被告人,在不同诉讼阶段,可以由派驻看守所的同一值班律师提供法律帮助。对于未被羁押的犯罪嫌疑人、被告人,前一诉讼阶段的值班律师可以在后续诉讼阶段继续为犯罪嫌疑人、被告人提供法律帮助。

第三章 法律帮助工作程序

第十二条 公安机关、人民检察院、人民法院应当在侦查、审查起诉和审判各阶段分别告知没有辩护人的犯罪嫌疑人、被告人有权约见值班律师获得法律帮助,并为其约见值班律师提供便利。

第十三条 看守所应当告知犯罪嫌疑人、被告人有权约见值班律师,并为其约见值班律师提供便利。

看守所应当将值班律师制度相关内容纳入在押人员权利义务告知书,在犯罪嫌疑人、被告人入所时告知其有权获得值班律师的法律帮助。

犯罪嫌疑人、被告人要求约见值班律师的,可以书面或者口头申请。书面申请的,看守所应当将其填写的法律帮助申请表及时转交值班律师。口头申请的,看守所应当安排代为填写法律帮助申请表。

第十四条 犯罪嫌疑人、被告人没有委托辩护人并且不符合法律援助机构指派律师为其提供辩护的条件,要求约见值班律师的,公安机关、人民检察院、人民法院应当及时通知法律援助机构安排。

第十五条 依法应当通知值班律师提供法律帮助而犯罪嫌疑人、被告人明确拒绝的,公安机关、人民检察院、人民法院应当记录在案。

前一诉讼程序犯罪嫌疑人、被告人明确拒绝值班律师法律帮助的,后一诉讼程序的办案机关仍需告知其有权获得值班律师法律帮助的权利,有关情况应当记录在案。

第十六条 公安机关、人民检察院、人民法院需要法律援助机构通知值班律师为犯罪嫌疑人、被告人提供法律帮助的,应当向法律援助机构出具法律帮助通知书,并附相关法律文书。

单次批量通知的,可以在一份法律帮助通知书后附多名犯罪嫌疑人、被告人相关信息的材料。

除通知值班律师到羁押场所提供法律帮助的情形外,人民检察院、人民法院可以商法律援助机构简化通知方式和通知手续。

第十七条 司法行政机关和法律援助机构应当根据当地律师资源状况、法律帮助需求,会同看守所、人民检察院、人民法院合理安排值班律师的值班方式、值班频次。

值班方式可以采用现场值班、电话值班、网络值班相结合的方式。现场值班的,可以采取固定专人或轮流值班,也可以采取预约值班。

第十八条 法律援助机构应当综合律师政治素质、业务能力、执业年限等确定值班律师人选,建立值班律师名册或值班律师库。并将值班律师库或名册信息、值班律师工作安排,提前告知公安机关(看守所)、人民检察院、人民法院。

第十九条 公安机关、人民检察院、人民法院应当在确定的法律帮助日期前三个工作日,将法律帮助通知书送达法律援助机构,或者直接送达现场值班律师。

该期间没有安排现场值班律师的,法律援助机构应当自收到法律帮助通知书之日起两个工作日内确定值班律师,并通知公安机关、人民检察院、人民法院。

公安机关、人民检察院、人民法院和法律援助机构之间的送达及通知方式,可以协商简化。

适用速裁程序的案件、法律援助机构需要跨地区调配律师等特殊情形的通知和指派时限,不受前款限制。

第二十条 值班律师在人民检察院、人民法院现场值班的,应当按照法律援助机构的安排,或者人民检察院、人民法院送达的通知,及时为犯罪嫌疑人、被告人提供法律帮助。

犯罪嫌疑人、被告人提出法律帮助申请,看守所转交给现场值班律师的,值班律师应当根据看守所的安排及时提供法律帮助。

值班律师通过电话、网络值班的,应当及时提供法律帮助,疑难案件可以另行预约咨询时间。

第二十一条　侦查阶段,值班律师可以向侦查机关了解犯罪嫌疑人涉嫌的罪名及案件有关情况;案件进入审查起诉阶段后,值班律师可以查阅案卷材料,了解案情,人民检察院、人民法院应当及时安排,并提供便利。已经实现卷宗电子化的地方,人民检察院、人民法院可以安排在线阅卷。

第二十二条　值班律师持律师执业证或者律师工作证、法律帮助申请表或者法律帮助通知书到看守所办理法律帮助会见手续,看守所应当及时安排会见。

危害国家安全犯罪、恐怖活动犯罪案件,侦查期间值班律师会见在押犯罪嫌疑人的,应当经侦查机关许可。

第二十三条　值班律师提供法律帮助时,应当出示律师执业证或者律师工作证或者相关法律文书,表明值班律师身份。

第二十四条　值班律师会见犯罪嫌疑人、被告人时不被监听。

第二十五条　值班律师在提供法律帮助过程中,犯罪嫌疑人、被告人向值班律师表示愿意认罪认罚的,值班律师应当及时告知相关的公安机关、人民检察院、人民法院。

第四章　值班律师工作保障

第二十六条　在看守所、人民检察院、人民法院设立的法律援助工作站,由同级司法行政机关所属的法律援助机构负责派驻并管理。

看守所、人民检察院、人民法院等机关办公地点临近的,法律援助机构可以设立联合法律援助工作站派驻值班律师。

看守所、人民检察院、人民法院应当为法律援助工作站提供必要办公场所和设施。有条件的人民检察院、人民法院,可以设置认罪认罚等案件专门办公区域,为值班律师设立专门会见室。

第二十七条　法律援助工作站应当公示法律援助条件及申请程序、值班律师工作职责、当日值班律师基本信息等,放置法律援助格式文书及宣传资料。

第二十八条　值班律师提供法律咨询、查阅案卷材料、会见犯罪嫌疑人或者被告人、提出书面意见等法律帮助活动的相关情况应当记录在案,并随案移送。

值班律师应当将提供法律帮助的情况记入工作台账或者形成工作卷宗,按照规定时限移交法律援助机构。

公安机关(看守所)、人民检察院、人民法院应当与法律援助机构确定工作台账格式,将值班律师履行职责情况记录在案,并定期移送法律援助机构。

第二十九条　值班律师提供法律帮助时,应当遵守相关法律法规、执业纪律和职业道德,依法保守国家秘密、商业秘密和个人隐私,不得向他人泄露工作中掌握的案件情况,不得向受援人收取财物或者谋取不正当利益。

第三十条　司法行政机关应当会同财政部门,根据直接费用、基本劳务费等因素合理制定值班律师法律帮助补贴标准,并纳入预算予以保障。

值班律师提供法律咨询、转交法律援助申请等法律帮助的补贴标准按工作日计算;为认罪认罚案件的犯罪嫌疑人、被告人提供法律帮助的补贴标准,由各地结合本地实际情况按件或按工作日计算。

法律援助机构应当根据值班律师履行工作职责情况,按照规定支付值班律师法律帮助补贴。

第三十一条　法律援助机构应当建立值班律师准入和退出机制,建立值班律师服务质量考核评估制度,保障值班律师服务质量。

法律援助机构应当建立值班律师培训制度,值班律师首次上岗前应当参加培训,公安机关、人民检察院、人民法院应当提供协助。

第三十二条　司法行政机关和法律援助机构应当加强本行政区域值班律师工作的监督和指导。对律师资源短缺的地区,可采取在省、市范围内统筹调配律师资源,建立政府购买值班律师服务机制等方式,保障值班律师工作有序开展。

第三十三条　司法行政机关会同公安机关、人民检察院、人民法院建立值班律师工作会商机制,明确专门联系人,及时沟通情况,协调解决相关问题。

第三十四条　司法行政机关应当加强对值班律师的监督管理,对表现突出的值班律师给予表彰;对违法违纪的值班律师,依职权或移送有权处理机关依法依规处理。

法律援助机构应当向律师协会通报值班律师履行职责情况。

律师协会应当将值班律师履行职责、获得表彰情况纳入律师年度考核及律师诚信服务记录,对违反职业道德和执业纪律的值班律师依法依规处理。

第五章　附则

第三十五条　国家安全机关、中国海警局、监狱履行刑事诉讼法规定职责,涉及值班律师工作的,适用本办法有关公安机关的规定。

第三十六条　本办法自发布之日起施行。《关于开展法律援助值班律师工作的意见》(司发通[2017]84号)同时废止。

附件:

附件1　文书参考格式1－5法律帮助申请表.doc(略)

附件2　文书参考格式6值班律师法律帮助工作台账.doc(略)

■最高人民法院、最高人民检察院、公安部、国家安全部、司法部关于适用认罪认罚从宽制度的指导意见(2019年10月11日)(见本书附录五十)

第三十七条　【辩护人的职责】辩护人的责任是根据事实和法律,提出犯罪嫌疑人、被告人无罪、罪轻或者减轻、免除其刑事责任的材料和意见,维护犯罪嫌疑人、被告人的诉讼权利和其他合法权益。

第三十八条　【辩护人的权利】辩护律师在侦查期间可以为犯罪嫌疑人提供法律帮助;代理申诉、控告;申请变更强制措施;向侦查机关了解犯罪嫌疑人涉嫌的罪名和案件有关情况,提出意见。

■中华人民共和国律师法(2018年1月1日)

第三十四条　律师担任辩护人的,自人民检察院对案件审查起诉之日起,有权查阅、摘抄、复制本案的案卷材料。

■人民检察院刑事诉讼规则(2019年12月30日)

第四十五条　辩护人接受委托后告知人民检察院,或者法律援助机构指派律师后通知人民检察院的,人民检察院负责案件管理的部门应当及时登记辩护人的相关信息,并将有关情况和材料及时通知、移交办案部门。

负责案件管理的部门对办理业务的辩护律师,应当查验其律师执业证书、律师事务所证明和授权委托书或者法律援助公函。对其他辩护人、诉讼代理人,应当查验其身份证明和授权委托书。

第四十六条　人民检察院负责案件管理的部门应当依照法律规定对辩护人、诉讼代理人的资格进行审查,办案部门应当予以协助。

■公安机关办理刑事案件程序规定(2020年9月1日)

第五十条　辩护律师向公安机关了解案件有关情况的,公安机关应当依法将犯罪嫌疑人涉嫌的罪名以及当时已查明的该罪的主要事实,犯罪嫌疑人被采取、变更、解除强制措施,延长侦查羁押期限等案件有关情况,告知接受委托或者指派的辩护律师,并记录在案。

■最高人民法院、最高人民检察院、公安部、国家安全部、司法部、全国人大常委会法制工作委员会关于实施刑事诉讼法若干问题的规定(2013年1月1日)

6. 刑事诉讼法第三十六条规定:“辩护律师在侦查期间可以为犯罪嫌疑人提供法律帮助;代理申诉、控告;申请变更强制措施;向侦查机关了解犯罪嫌疑人涉嫌的罪名和案件有关情况,提出意见。”根据上述规定,辩护律师在侦查期间可以向侦查机关了解犯罪嫌疑人涉嫌的罪名及当时已查明的该罪的主要事实,犯罪嫌疑人被采取、变更、解除强制措施的情况,侦查机关延长侦查羁押期限等情况。

第三十九条　【辩护律师会见权及限制】辩护律师可以同在押的犯罪嫌疑人、被告人会见和通信。其他辩护人经人民法院、人民检察院许可,也可以同在押的犯罪嫌疑人、被告人会见和通信。

辩护律师持律师执业证书、律师事务所证明和委托书或者法律援助公函要求会见在押的犯罪嫌疑人、被告人的,看守所应当及时安排会见,至迟不得超过四十八小时。

危害国家安全犯罪、恐怖活动犯罪案件,在侦查期间辩护律师会见在押的犯罪嫌疑人,应当经侦查机关许可。上述案件,侦查机关应当事先通知看守所。

辩护律师会见在押的犯罪嫌疑人、被告人,可以了解案件有关情况,提供法律咨询等;自案件移送审查起诉之日起,可以向犯罪嫌疑人、被告人核实有关证据。辩护律师会见犯罪嫌疑人、被告人时不被监听。

辩护律师同被监视居住的犯罪嫌疑人、被告人会见、通信,适用第一款、第三款、第四款的规定。

■最高人民法院关于适用《中华人民共和国刑事诉讼法》的解释(2021年3月1日)

第五十六条　辩护律师可以同在押的或者被监视居住的被告人会见和通信。其他辩护人经人民法院许可,也可以同在押的或者被监视居住的被告人会见和通信。

■公安机关办理刑事案件程序规定(2020年9月1日)

第五十一条　辩护律师可以同在押或者被监视居住的犯罪嫌疑人会见、通信。

第五十二条　对危害国家安全犯罪案件、恐怖活动犯罪案件,办案部门应当在将犯罪嫌疑人送看守所羁押时书面通知看守所;犯罪嫌疑人被监视居住的,应当在送交执行时书面通知执行机关。

辩护律师在侦查期间要求会见前款规定案件的在押或者被监视居住的犯罪嫌疑人,应当向办案部门提出申请。

对辩护律师提出的会见申请,办案部门应当在收到申请后三日以内,报经县级以上公安机关负责人批准,作出许可或者不许可的决定,书面通知辩护律师,并及时通知看守所或者执行监视居住的部门。除有碍侦查或者可能泄露国家秘密的情形外,应当作出许可的决定。

公安机关不许可会见的,应当说明理由。有碍侦查或者可能泄露国家秘密的情形消失后,公安机关应当许可会见。

有下列情形之一的,属于本条规定的“有碍侦查”:

(一)可能毁灭、伪造证据,干扰证人作证或者串供的;

(二)可能引起犯罪嫌疑人自残、自杀或者逃跑的;

(三)可能引起同案犯逃避、妨碍侦查的;

(四)犯罪嫌疑人的家属与犯罪有牵连的。

第五十三条　辩护律师要求会见在押的犯罪嫌疑人,看守所应当在查验其律师执业证书、律师事务所证明和委托书或者法律援助公函后,在四十八小时以内安排律师会见到犯罪嫌疑人,同时通知办案部门。

侦查期间,辩护律师会见危害国家安全犯罪案件、恐怖活动犯罪案件在押或者被监视居住的犯罪嫌疑人时,看守所或者监视居住执行机关还应当查验侦查机关的许可决定文书。

第五十四条 辩护律师会见在押或者被监视居住的犯罪嫌疑人需要聘请翻译人员的,应当向办案部门提出申请。办案部门应当在收到申请后三日以内,报经县级以上公安机关负责人批准,作出许可或者不许可的决定,书面通知辩护律师。对于具有本规定第三十二条所列情形之一的,作出不予许可的决定,并通知其更换;不具有相关情形的,应当许可。

翻译人员参与会见的,看守所或者监视居住执行机关应当查验公安机关的许可决定文书。

第五十五条 辩护律师会见在押或者被监视居住的犯罪嫌疑人时,看守所或者监视居住执行机关应当采取必要的管理措施,保障会见顺利进行,并告知其遵守会见的有关规定。辩护律师会见犯罪嫌疑人时,公安机关不得监听,不得派员在场。

辩护律师会见在押或者被监视居住的犯罪嫌疑人时,违反法律规定或者会见的规定的,看守所或者监视居住执行机关应当制止。对于严重违反规定或者不听劝阻的,可以决定停止本次会见,并及时通报其所在的律师事务所、所属的律师协会以及司法行政机关。

■最高人民法院、最高人民检察院、公安部、国家安全部、司法部、全国人大常委会法制工作委员会关于实施刑事诉讼法若干问题的规定(2013年1月1日)

7. 刑事诉讼法第三十七条第二款规定:"辩护律师持律师执业证书、律师事务所证明和委托书或者法律援助公函要求会见在押的犯罪嫌疑人、被告人的,看守所应当及时安排会见,至迟不得超过四十八小时。"根据上述规定,辩护律师要求会见在押的犯罪嫌疑人、被告人的,看守所应当及时安排会见,保证辩护律师在四十八小时以内见到在押的犯罪嫌疑人、被告人。

■司法部关于对律师会见在押犯罪嫌疑人时将手机提供其使用行为如何进行处罚的批复(全文)(2000年8月16日)

律师会见在押犯罪嫌疑人时将手机提供其使用的行为,应当依据《律师违法行为处罚办法》第六条第十三项的规定予以处罚。

■最高人民法院、最高人民检察院、公安部、国家安全部、司法部关于依法保障律师执业权利的规定(2015年9月16日)(见本书附录三十六)

■最高人民法院关于依法切实保障律师诉讼权利的规定(2015年12月29日)(见本书附录三十七)

第四十条 【辩护人起诉和审判阶段的权利】 辩护律师自人民检察院对案件审查起诉之日起,可以查阅、摘抄、复制本案的案卷材料。其他辩护人经人民法院、人民检察院许可,也可以查阅、摘抄、复制上述材料。

■人民检察院刑事诉讼规则(2019年12月30日)

第四十七条 自人民检察院对案件审查起诉之日起,应当允许辩护律师查阅、摘抄、复制本案的案卷材料。案卷材料包括案件的诉讼文书和证据材料。

人民检察院直接受理侦查案件移送起诉,审查起诉案件退回补充侦查、改变管辖、提起公诉的,应当及时告知辩护律师。

第四十八条 自人民检察院对案件审查起诉之日起,律师以外的辩护人向人民检察院申请查阅、摘抄、复制本案的案卷材料或者申请同在押、被监视居住的犯罪嫌疑人会见和通信的,由人民检察院负责捕诉的部门进行审查并作出是否许可的决定,在三日以内书面通知申请人。

人民检察院许可律师以外的辩护人同在押或者被监视居住的犯罪嫌疑人通信的,可以要求看守所或者公安机关将书信送交人民检察院进行检查。

律师以外的辩护人申请查阅、摘抄、复制案卷材料或者申请同在押、被监视居住的犯罪嫌疑人会见和通信，具有下列情形之一的，人民检察院可以不予许可：

（一）同案犯罪嫌疑人在逃的；

（二）案件事实不清，证据不足，或者遗漏罪行、遗漏同案犯罪嫌疑人需要补充侦查的；

（三）涉及国家秘密或者商业秘密的；

（四）有事实表明存在串供、毁灭、伪造证据或者危害证人人身安全可能的。

第四十九条　辩护律师或者经过许可的其他辩护人到人民检察院查阅、摘抄、复制本案的案卷材料，由负责案件管理的部门及时安排，由办案部门提供案卷材料。因办案部门工作等原因无法及时安排的，应当向辩护人说明，并自即日起三个工作日以内安排辩护人阅卷，办案部门应当予以配合。

人民检察院应当为辩护人查阅、摘抄、复制案卷材料设置专门的场所或者电子卷宗阅卷终端设备。必要时，人民检察院可以派员在场协助。

辩护人复制案卷材料可以采取复印、拍照、扫描、刻录等方式，人民检察院不收取费用。

■最高人民法院关于适用《中华人民共和国刑事诉讼法》的解释（2021年3月1日）

第五十三条　辩护律师可以查阅、摘抄、复制案卷材料。其他辩护人经人民法院许可，也可以查阅、摘抄、复制案卷材料。合议庭、审判委员会的讨论记录以及其他依法不公开的材料不得查阅、摘抄、复制。

辩护人查阅、摘抄、复制案卷材料的，人民法院应当提供便利，并保证必要的时间。

值班律师查阅案卷材料的，适用前两款规定。

复制案卷材料可以采用复印、拍照、扫描、电子数据拷贝等方式。

第五十四条　对作为证据材料向人民法院移送的讯问录音录像，辩护律师申请查阅的，人民法院应当准许。

第五十五条　查阅、摘抄、复制案卷材料，涉及国家秘密、商业秘密、个人隐私的，应当保密；对不公开审理案件的信息、材料，或者在办案过程中获悉的案件重要信息、证据材料，不得违反规定泄露、披露，不得用于办案以外的用途。人民法院可以要求相关人员出具承诺书。

违反前款规定的，人民法院可以通报司法行政机关或者有关部门，建议给予相应处罚；构成犯罪的，依法追究刑事责任。

■最高人民法院、最高人民检察院、公安部、国家安全部、司法部关于办理刑事案件严格排除非法证据若干问题的规定（2017年6月27日）

第二十一条　辩护律师自人民检察院对案件审查起诉之日起，可以查阅、摘抄、复制讯问笔录、提讯登记、采取强制措施或者侦查措施的法律文书等证据材料。其他辩护人经人民法院、人民检察院许可，也可以查阅、摘抄、复制上述证据材料。

■最高人民法院关于辩护律师能否复制侦查机关讯问录像问题的批复（全文）（2013年9月22日）

根据《中华人民共和国刑事诉讼法》第三十八条和最高人民法院《关于适用〈中华人民共和国刑事诉讼法〉的解释》第四十七条的规定，自人民检察院对案件审查起诉之日起，辩护律师可以查阅、摘抄、复制案卷材料，但其中涉及国家秘密、个人隐私的，应严格履行保密义务。……侦查机关对被告人的讯问录音录像已经作为证据材料向人民法院移送并已在庭审中播放，不属于依法不能公开的材料，在辩护律师提出要求复制有关录音录像的情况下，应当准许。

▼最高人民检察院法律政策研究室关于辩护人要求查阅、复制讯问录音、录像如何处理的答复（全文）（2014年1月27日）

一、根据《刑事诉讼法》第三十八条的规定，辩护律师自人民检察院对案件审查起诉之日起，可以查阅、摘抄、复制本案的案卷材料，即法律规定的辩护人的阅卷范围仅限于案件的案卷材料。对案卷材料以外的其他与案件有关的材料,刑事诉讼法及有关司法解释并未授权辩护人查阅、摘抄、复制。辩护人是否可以查阅、摘抄和复制,需要由人民检察院根据案件情况决定。

二、根据《人民检察院刑事诉讼规则(试行)》第四十七条第二款的规定,案卷材料包括案件的诉讼文书和证据材料。讯问犯罪嫌疑人录音、录像不是诉讼文书和证据材料,属于案卷材料之外的其他与案件有关的材料,辩护人未经许可,无权查阅、复制。

第四十一条 【辩护人有权申请调取未提交的证据】辩护人认为在侦查、审查起诉期间公安机关、人民检察院收集的证明犯罪嫌疑人、被告人无罪或者罪轻的证据材料未提交的,有权申请人民检察院、人民法院调取。

■人民检察院刑事诉讼规则(2019年12月30日)

第五十条 案件提请批准逮捕或者移送起诉后,辩护人认为公安机关在侦查期间收集的证明犯罪嫌疑人无罪或者罪轻的证据材料未提交,申请人民检察院向公安机关调取的,人民检察院负责捕诉的部门应当及时审查。经审查,认为辩护人申请调取的证据已收集并且与案件事实有联系的,应当予以调取;认为辩护人申请调取的证据未收集或者与案件事实没有联系的,应当决定不予调取并向辩护人说明理由。公安机关移送相关证据材料的,人民检察院应当在三日以内告知辩护人。

人民检察院办理直接受理侦查的案件,适用前款规定。

■最高人民法院关于适用《中华人民共和国刑事诉讼法》的解释(2021年3月1日)

第五十七条 辩护人认为在调查、侦查、审查起诉期间监察机关、公安机关、人民检察院收集的证明被告人无罪或者罪轻的证据材料未随案移送,申请人民法院调取的,应当以书面形式提出,并提供相关线索或者材料。人民法院接受申请后,应当向人民检察院调取。人民检察院移送相关证据材料后,人民法院应当及时通知辩护人。

■最高人民法院、最高人民检察院、公安部、国家安全部、司法部关于办理刑事案件严格排除非法证据若干问题的规定(2017年6月27日)

第二十二条 犯罪嫌疑人、被告人及其辩护人向人民法院、人民检察院申请调取公安机关、国家安全机关、人民检察院收集但未提交的讯问录音录像、体检记录等证据材料,人民法院、人民检察院经审查认为犯罪嫌疑人、被告人及其辩护人申请调取的证据材料与证明证据收集的合法性有联系的,应当予以调取;认为与证明证据收集的合法性没有联系的,应当决定不予调取并向犯罪嫌疑人、被告人及其辩护人说明理由。

第四十二条 【辩护人收集的无罪证据及时告知义务】辩护人收集的有关犯罪嫌疑人不在犯罪现场、未达到刑事责任年龄、属于依法不负刑事责任的精神病人的证据,应当及时告知公安机关、人民检察院。

■人民检察院刑事诉讼规则(2019年12月30日)

第五十一条 在人民检察院侦查、审查逮捕、审查起诉过程中,辩护人收集的有关犯罪嫌疑人不在犯罪现场、未达到刑事责任年龄、属于依法不负刑事责任的精神病人的证据,告知人民检察院的,人民检察院应当及时审查。

第四十三条 【辩护律师取证权及限制】辩护律师经证人或者其他有关单位和个人同意,可以向他们收集与本案有关的材料,也可以申请人民检察院、人民法院收集、调取证据,或者申请人民法院通知证人出庭作证。

辩护律师经人民检察院或者人民法院许可,并且经被害人或者其近亲属、被害人提供的证人同意,可以向他们收集与本案有关的材料。

■中华人民共和国律师法(2018年1月1日)

第三十五条　受委托的律师根据案情的需要,可以申请人民检察院、人民法院收集、调取证据或者申请人民法院通知证人出庭作证。

律师自行调查取证的,凭律师执业证书和律师事务所证明,可以向有关单位或者个人调查与承办法律事务有关的情况。

■人民检察院刑事诉讼规则(2019年12月30日)

第五十二条　案件移送起诉后,辩护律师依据刑事诉讼法第四十三条第一款的规定申请人民检察院收集、调取证据的,人民检察院负责捕诉的部门应当及时审查。经审查,认为需要收集、调取证据的,应当决定收集、调取并制作笔录附卷;决定不予收集、调取的,应当书面说明理由。

人民检察院根据辩护律师的申请收集、调取证据时,辩护律师可以在场。

第五十三条　辩护律师申请人民检察院许可其向被害人或者其近亲属、被害人提供的证人收集与本案有关材料的,人民检察院负责捕诉的部门应当及时进行审查。人民检察院应当在五日以内作出是否许可的决定,通知辩护律师;不予许可的,应当书面说明理由。

■最高人民法院关于适用《中华人民共和国刑事诉讼法》的解释(2021年3月1日)

第五十八条　辩护律师申请向被害人及其近亲属、被害人提供的证人收集与本案有关的材料,人民法院认为确有必要的,应当签发准许调查书。

第五十九条　辩护律师向证人或者有关单位、个人收集、调取与本案有关的证据材料,因证人或者有关单位、个人不同意,申请人民法院收集、调取,或者申请通知证人出庭作证,人民法院认为确有必要的,应当同意。

第六十条　辩护律师直接申请人民法院向证人或者有关单位、个人收集、调取证据材料,人民法院认为确有必要,且不宜或者不能由辩护律师收集、调取的,应当同意。

人民法院向有关单位收集、调取的书面证据材料,必须由提供人签名,并加盖单位印章;向个人收集、调取的书面证据材料,必须由提供人签名。

人民法院对有关单位、个人提供的证据材料,应当出具收据,写明证据材料的名称、收到的时间、件数、页数以及是否为原件等,由书记员、法官助理或者审判人员签名。

收集、调取证据材料后,应当及时通知辩护律师查阅、摘抄、复制,并告知人民检察院。

第六十一条　本解释第五十八条至第六十条规定的申请,应当以书面形式提出,并说明理由,写明需要收集、调取证据材料的内容或者需要调查问题的提纲。

对辩护律师的申请,人民法院应当在五日以内作出是否准许、同意的决定,并通知申请人;决定不准许、不同意的,应当说明理由。

■最高人民法院、最高人民检察院、公安部、国家安全部、司法部、全国人大常委会法制工作委员会关于实施刑事诉讼法若干问题的规定(2013年1月1日)

8. 刑事诉讼法第四十一条第一款规定:“辩护律师经证人或者其他有关单位和个人同意,可以向他们收集与本案有关的材料,也可以申请人民检察院、人民法院收集、调取证据,或者申请人民法院通知证人出庭作证。”对于辩护律师申请人民检察院、人民法院收集、调取证据,人民检察院、人民法院认为需要调查取证的,应当由人民检察院、人民法院收集、调取证据,不得向律师签发准许调查决定书,让律师收集、调取证据。

第四十四条　【辩护人义务及其犯罪的侦查机关】辩护人或者其他任何人,不得帮助犯罪嫌疑人、被告人隐匿、毁灭、伪造证据或者串供,不得威胁、引诱证人作伪证以及进行其他干扰司法机关诉讼活动的行为。

违反前款规定的,应当依法追究法律责任,辩护人涉嫌犯罪的,应当由办理辩护人所承办案件的侦查机关以外的侦查机关办理。辩护人是律师的,应当及时通知其所在的律师事务所或者所属的律师协会。

■人民检察院刑事诉讼规则(2019 年 12 月 30 日)

第六十条 人民检察院发现辩护人有帮助犯罪嫌疑人、被告人隐匿、毁灭、伪造证据、串供,或者威胁、引诱证人作伪证以及其他干扰司法机关诉讼活动的行为,可能涉嫌犯罪的,应当将涉嫌犯罪的线索或者证据材料移送有管辖权的机关依法处理。

人民检察院发现辩护律师在刑事诉讼中违反法律、法规或者执业纪律的,应当及时向其所在的律师事务所、所属的律师协会以及司法行政机关通报。

■最高人民法院、最高人民检察院、公安部、国家安全部、司法部、全国人大常委会法制工作委员会关于实施刑事诉讼法若干问题的规定(2013 年 1 月 1 日)

9. 刑事诉讼法第四十二条第二款中规定:"违反前款规定的,应当依法追究法律责任,辩护人涉嫌犯罪的,应当由办理辩护人所承办案件的侦查机关以外的侦查机关办理。"根据上述规定,公安机关、人民检察院发现辩护人涉嫌犯罪,或者接受报案、控告、举报、有关机关的移送,依照侦查管辖分工进行审查后认为符合立案条件的,应当按照规定报请办理辩护人所承办案件的侦查机关的上一级侦查机关指定其他侦查机关立案侦查,或者由上一级侦查机关立案侦查。不得指定办理辩护人所承办案件的侦查机关的下级侦查机关立案侦查。

■最高人民法院、最高人民检察院、公安部、司法部关于办理黑社会性质组织犯罪案件若干问题的规定(2012 年 9 月 11 日)

七、律师辩护代理

第二十二条 公安机关、人民检察院、人民法院应当依法保障律师在办理黑社会性质组织犯罪案件辩护代理工作中的执业权利,保证律师依法履行职责。

公安机关、人民检察院、人民法院应当加强与司法行政机关的沟通和协作,及时协调解决律师辩护代理工作中的问题;发现律师有违法违规行为的,应当及时通报司法行政机关,由司法行政机关依法处理。

第二十三条 律师接受委托参加黑社会性质组织犯罪案件辩护代理工作的,应当严格依法履行职责,依法行使执业权利,恪守律师职业道德和执业纪律。

第二十四条 司法行政机关应当建立对律师办理黑社会性质组织犯罪案件辩护代理工作的指导、监督机制,加强对敏感、重大的黑社会性质组织犯罪案件律师辩护代理工作的业务指导;指导律师事务所建立健全律师办理黑社会性质组织犯罪案件辩护代理工作的登记、报告、保密、集体讨论、档案管理等制度;及时查处律师从事黑社会性质组织犯罪案件辩护代理活动中的违法违规行为。

第三十条 本规定自印发之日起施行。

■最高人民法院、最高人民检察院、公安部、国家安全部、司法部关于推进以审判为中心的刑事诉讼制度改革的意见(2016 年 10 月 11 日)

十八、辩护人或者其他任何人,不得帮助犯罪嫌疑人、被告人隐匿、毁灭、伪造证据或者串供,不得威胁、引诱证人作伪证以及进行其他干扰司法机关诉讼活动的行为。对于实施上述行为的,应当依法追究法律责任。

第四十五条 【被告人拒绝辩护】在审判过程中,被告人可以拒绝辩护人继续为他辩护,也可以另行委托辩护人辩护。

第四十六条 【被害人委托诉讼代理人的权利】公诉案件的被害人及其法定代理人或者近亲属,附带民事诉讼的当事人及其法定代理人,自案件移送审查起诉之日起,有权委托诉讼代理人。自诉案件的自诉人及其法定代理人,附带民事诉讼的当事人及其法定代理人,有权随时委托诉讼代理人。

人民检察院自收到移送审查起诉的案件材料之日起三日以内,应当告知被害人及其法定代理人或者其近亲属、附带民事诉讼的当事人及其法定代理人有权委托诉讼代理人。人民法院自受理自诉案件之日起三日以内，应当告知自诉人及其法定代理人、附带民事诉讼的当事人及其法定代理人有权委托诉讼代理人。

■人民检察院刑事诉讼规则（2019年12月30日）

第五十五条 人民检察院自收到移送起诉案卷材料之日起三日以内，应当告知被害人及其法定代理人或者其近亲属、附带民事诉讼的当事人及其法定代理人有权委托诉讼代理人。被害人及其法定代理人、近亲属因经济困难没有委托诉讼代理人的，应当告知其可以申请法律援助。

当面口头告知的，应当记入笔录，由被告知人签名；电话告知的，应当记录在案；书面告知的，应当将送达回执入卷。被害人众多或者不确定，无法以上述方式逐一告知的，可以公告告知。无法告知的，应当记录在案。

被害人有法定代理人的，应当告知其法定代理人；没有法定代理人的，应当告知其近亲属。

法定代理人或者近亲属为二人以上的，可以告知其中一人。告知时应当按照刑事诉讼法第一百零八条第三项、第六项列举的顺序择先进行。

当事人及其法定代理人、近亲属委托诉讼代理人的，参照刑事诉讼法第三十三条等法律规定执行。

第五十六条 经人民检察院许可，诉讼代理人查阅、摘抄、复制本案案卷材料的，参照本规则第四十九条的规定办理。

律师担任诉讼代理人，需要申请人民检察院收集、调取证据的，参照本规则第五十二条的规定办理。

第四十七条 【诉讼代理人的条件】委托诉讼代理人，参照本法第三十三条的规定执行。

■最高人民法院关于适用《中华人民共和国刑事诉讼法》的解释（2021年3月1日）

第六十三条 当事人委托诉讼代理人的，参照适用刑事诉讼法第三十三条和本解释的有关规定。

第六十四条 诉讼代理人有权根据事实和法律，维护被害人、自诉人或者附带民事诉讼当事人的诉讼权利和其他合法权益。

第六十五条 律师担任诉讼代理人的，可以查阅、摘抄、复制案卷材料。其他诉讼代理人经人民法院许可，也可以查阅、摘抄、复制案卷材料。

律师担任诉讼代理人，需要收集、调取与本案有关的证据材料的，参照适用本解释第五十九条至第六十一条的规定。

第六十六条 诉讼代理人接受当事人委托或者法律援助机构指派后，应当在三日以内将委托手续或者法律援助手续提交人民法院。

第六十七条 辩护律师向人民法院告知其委托人或者其他人准备实施、正在实施危害国家安全、公共安全以及严重危害他人人身安全犯罪的，人民法院应当记录在案，立即转告主管机关依法处理，并为反映有关情况的辩护律师保密。

第六十八条 律师担任辩护人、诉讼代理人，经人民法院准许，可以带一名助理参加庭审。律师助理参加庭审的，可以从事辅助工作，但不得发表辩护、代理意见。

第四十八条 【辩护律师有权保密及应告知事项】辩护律师对在执业活动中知悉的委托人的有关情况和信息，有权予以保密。但是，辩护律师在执业活动中知悉委托人或者其他人，准备或者正在实施危害国家安全、公共安全以及严重危害他人人身安全的犯罪的，应当及时告知司法机关。

■人民检察院刑事诉讼规则（2019年12月30日）

第五十九条 辩护律师告知人民检察院其委托人或者其他人员准备实施、正在实施危害国家安全、危害公共安全以及严重危及他人人身安全犯罪的，人民检察院应当接受并立即移送有关机关依法处理。

人民检察院应当为反映情况的辩护律师保密。

■公安机关办理刑事案件程序规定(2020年9月1日)

第五十七条 辩护律师对在执业活动中知悉的委托人的有关情况和信息，有权予以保密。但是，辩护律师在执业活动中知悉委托人或者其他人，准备或者正在实施危害国家安全、公共安全以及严重危害他人人身安全的犯罪的，应当及时告知司法机关。

第四十九条 【辩护人和诉讼代理人的控申权】辩护人、诉讼代理人认为公安机关、人民检察院、人民法院及其工作人员阻碍其依法行使诉讼权利的，有权向同级或者上一级人民检察院申诉或者控告。人民检察院对申诉或者控告应当及时进行审查，情况属实的，通知有关机关予以纠正。

■人民检察院刑事诉讼规则(2019年12月30日)

第五十七条 辩护人、诉讼代理人认为公安机关、人民检察院、人民法院及其工作人员具有下列阻碍其依法行使诉讼权利行为之一，向同级或者上一级人民检察院申诉或者控告的，人民检察院负责控告申诉检察的部门应当接受并依法办理，其他办案部门应当予以配合：

(一)违反规定，对辩护人、诉讼代理人提出的回避要求不予受理或者对不予回避决定不服的复议申请不予受理的；

(二)未依法告知犯罪嫌疑人、被告人有权委托辩护人的；

(三)未转达在押或者被监视居住的犯罪嫌疑人、被告人委托辩护人的要求或者未转交其申请法律援助材料的；

(四)应当通知而不通知法律援助机构为符合条件的犯罪嫌疑人、被告人或者被申请强制医疗的人指派律师提供辩护或者法律援助的；

(五)在规定时间内不受理、不答复辩护人提出的变更强制措施申请或者解除强制措施要求的；

(六)未依法告知辩护律师犯罪嫌疑人涉嫌的罪名和案件有关情况的；

(七)违法限制辩护律师同在押、被监视居住的犯罪嫌疑人、被告人会见和通信的；

(八)违法不允许辩护律师查阅、摘抄、复制本案的案卷材料的；

(九)违法限制辩护律师收集、核实有关证据材料的；

(十)没有正当理由不同意辩护律师收集、调取证据或者通知证人出庭作证的申请，或者不答复、不说明理由的；

(十一)未依法提交证明犯罪嫌疑人、被告人无罪或者罪轻的证据材料的；

(十二)未依法听取辩护人、诉讼代理人意见的；

(十三)未依法将开庭的时间、地点及时通知辩护人、诉讼代理人的；

(十四)未依法向辩护人、诉讼代理人及时送达本案的法律文书或者及时告知案件移送情况的；

(十五)阻碍辩护人、诉讼代理人在法庭审理过程中依法行使诉讼权利的；

(十六)其他阻碍辩护人、诉讼代理人依法行使诉讼权利的。

对于直接向上一级人民检察院申诉或者控告的，上一级人民检察院可以交下级人民检察院办理，也可以直接办理。

辩护人、诉讼代理人认为看守所及其工作人员有阻碍其依法行使诉讼权利的行为，向人民检察院申诉或者控告的，由负责刑事执行检察的部门接受并依法办理；其他办案部门收到申诉或者控告的，应当及时移送负责刑事执行检察的部门。

第五十八条 辩护人、诉讼代理人认为其依法行使诉讼权利受到阻碍向人民检察院申诉或者控告的，人民检察院应当及时受理并调查核实，在十日以内办结并书面答复。情况属实的，通知有关机关或者本院有关部门、下级人民检察院予以纠正。

■最高人民法院、最高人民检察院、公安部、国家安全部、司法部、全国人大常委会法制工作委员会关于实施刑事诉讼法若干问题的规定(2013年1月1日)

10. 刑事诉讼法第四十七条规定:"辩护人、诉讼代理人认为公安机关、人民检察院、人民法院及其工作人员阻碍其依法行使诉讼权利的,有权向同级或者上一级人民检察院申诉或者控告。人民检察院对申诉或者控告应当及时进行审查,情况属实的,通知有关机关予以纠正。"人民检察院受理辩护人、诉讼代理人的申诉或者控告后,应当在十日以内将处理情况书面答复提出申诉或者控告的辩护人、诉讼代理人。

第五章　证　　据

第五十条　【证据的概念、种类和使用原则】 可以用于证明案件事实的材料,都是证据。

证据包括:

(一)物证;

(二)书证;

(三)证人证言;

(四)被害人陈述;

(五)犯罪嫌疑人、被告人供述和辩解;

(六)鉴定意见;

(七)勘验、检查、辨认、侦查实验等笔录;

(八)视听资料、电子数据。

证据必须经过查证属实,才能作为定案的根据。

■最高人民法院关于适用《中华人民共和国刑事诉讼法》的解释(2021年3月1日)

第一节　一般规定

第六十九条　认定案件事实,必须以证据为根据。

第七十条　审判人员应当依照法定程序收集、审查、核实、认定证据。

第七十一条　证据未经当庭出示、辨认、质证等法庭调查程序查证属实,不得作为定案的根据。

第七十二条　应当运用证据证明的案件事实包括:

(一)被告人、被害人的身份;

(二)被指控的犯罪是否存在;

(三)被指控的犯罪是否为被告人所实施;

(四)被告人有无刑事责任能力,有无罪过,实施犯罪的动机、目的;

(五)实施犯罪的时间、地点、手段、后果以及案件起因等;

(六)是否系共同犯罪或者犯罪事实存在关联,以及被告人在犯罪中的地位、作用;

(七)被告人有无从重、从轻、减轻、免除处罚情节;

(八)有关涉案财物处理的事实;

(九)有关附带民事诉讼的事实;

(十)有关管辖、回避、延期审理等的程序事实;

(十一)与定罪量刑有关的其他事实。

认定被告人有罪和对被告人从重处罚,适用证据确实、充分的证明标准。

第七十三条　对提起公诉的案件,人民法院应当审查证明被告人有罪、无罪、罪重、罪轻的证据材料是否全部随案移送;未随案移送的,应当通知人民检察院在指定时间内移送。人民检察院未移送的,人民法院应当根据在案证据对案件事实作出认定。

第七十四条　依法应当对讯问过程录音录像的案件,相关录音录像未随案移送的,必要时,人民法院可以通知人民检察院在指定时间内移送。人民检察院未移送,导致不能排除属于刑事诉讼法第五十六条规定的以非法方法收集证据情形的,对有关证据应当依法排除;导致有关证据的真实性无法确认的,不得作为定案的根据。

第七十五条 行政机关在行政执法和查办案件过程中收集的物证、书证、视听资料、电子数据等证据材料,经法庭查证属实,且收集程序符合有关法律、行政法规规定的,可以作为定案的根据。

根据法律、行政法规规定行使国家行政管理职权的组织,在行政执法和查办案件过程中收集的证据材料,视为行政机关收集的证据材料。

第七十六条 监察机关依法收集的证据材料,在刑事诉讼中可以作为证据使用。

对前款规定证据的审查判断,适用刑事审判关于证据的要求和标准。

第七十七条 对来自境外的证据材料,人民检察院应当随案移送有关材料来源、提供人、提取人、提取时间等情况的说明。经人民法院审查,相关证据材料能够证明案件事实且符合刑事诉讼法规定的,可以作为证据使用,但提供人或者我国与有关国家签订的双边条约对材料的使用范围有明确限制的除外;材料来源不明或者真实性无法确认的,不得作为定案的根据。

当事人及其辩护人、诉讼代理人提供来自境外的证据材料的,该证据材料应当经所在国公证机关证明,所在国中央外交主管机关或者其授权机关认证,并经中华人民共和国驻该国使领馆认证,或者履行中华人民共和国与该所在国订立的有关条约中规定的证明手续,但我国与该国之间有互免认证协定的除外。

第七十八条 控辩双方提供的证据材料涉及外国语言、文字的,应当附中文译本。

第七十九条 人民法院依照刑事诉讼法第一百九十六条的规定调查核实证据,必要时,可以通知检察人员、辩护人、自诉人及其法定代理人到场。上述人员未到场的,应当记录在案。

人民法院调查核实证据时,发现对定罪量刑有重大影响的新的证据材料的,应当告知检察人员、辩护人、自诉人及其法定代理人。必要时,也可以直接提取,并及时通知检察人员、辩护人、自诉人及其法定代理人查阅、摘抄、复制。

第八十条 下列人员不得担任见证人:

(一)生理上、精神上有缺陷或者年幼,不具有相应辨别能力或者不能正确表达的人;

(二)与案件有利害关系,可能影响案件公正处理的人;

(三)行使勘验、检查、搜查、扣押、组织辨认等监察调查、刑事诉讼职权的监察、公安、司法机关的工作人员或者其聘用的人员。

对见证人是否属于前款规定的人员,人民法院可以通过相关笔录载明的见证人的姓名、身份证件种类及号码、联系方式以及常住人口信息登记表等材料进行审查。

由于客观原因无法由符合条件的人员担任见证人的,应当在笔录材料中注明情况,并对相关活动进行全程录音录像。

第八十一条 公开审理案件时,公诉人、诉讼参与人提出涉及国家秘密、商业秘密或者个人隐私的证据的,法庭应当制止;确与本案有关的,可以根据具体情况,决定将案件转为不公开审理,或者对相关证据的法庭调查不公开进行。

第二节 物证、书证的审查与认定

第八十二条 对物证、书证应当着重审查以下内容:

(一)物证、书证是否为原物、原件,是否经过辨认、鉴定;物证的照片、录像、复制品或者书证的副本、复制件是否与原物、原件相符,是否由二人以上制作,有无制作人关于制作过程以及原物、原件存放于何处的文字说明和签名;

(二)物证、书证的收集程序、方式是否符合法律、有关规定;经勘验、检查、搜查提取、扣押的物证、书证,是否附有相关笔录、清单,笔录、清单是否经调查人员或者侦查人员、物品持有人、见证人签名,没有签名的，是否注明原因；物品的名称、特征、数量、质量等是否注明清楚；

（三）物证、书证在收集、保管、鉴定过程中是否受损或者改变；

（四）物证、书证与案件事实有无关联；对现场遗留与犯罪有关的具备鉴定条件的血迹、体液、毛发、指纹等生物样本、痕迹、物品，是否已作DNA鉴定、指纹鉴定等，并与被告人或者被害人的相应生物特征、物品等比对；

（五）与案件事实有关联的物证、书证是否全面收集。

第八十三条 据以定案的物证应当是原物。原物不便搬运、不易保存、依法应当返还或者依法应当由有关部门保管、处理的，可以拍摄、制作足以反映原物外形和特征的照片、录像、复制品。必要时，审判人员可以前往保管场所查看原物。

物证的照片、录像、复制品，不能反映原物的外形和特征的，不得作为定案的根据。

物证的照片、录像、复制品，经与原物核对无误、经鉴定或者以其他方式确认真实的，可以作为定案的根据。

第八十四条 据以定案的书证应当是原件。取得原件确有困难的，可以使用副本、复制件。

对书证的更改或者更改迹象不能作出合理解释，或者书证的副本、复制件不能反映原件及其内容的，不得作为定案的根据。

书证的副本、复制件，经与原件核对无误、经鉴定或者以其他方式确认真实的，可以作为定案的根据。

第八十五条 对与案件事实可能有关联的血迹、体液、毛发、人体组织、指纹、足迹、字迹等生物样本、痕迹和物品，应当提取而没有提取，应当鉴定而没有鉴定，应当移送鉴定意见而没有移送，导致案件事实存疑的，人民法院应当通知人民检察院依法补充收集、调取、移送证据。

第八十六条 在勘验、检查、搜查过程中提取、扣押的物证、书证，未附笔录或者清单，不能证明物证、书证来源的，不得作为定案的根据。

物证、书证的收集程序、方式有下列瑕疵，经补正或者作出合理解释的，可以采用：

（一）勘验、检查、搜查、提取笔录或者扣押清单上没有调查人员或者侦查人员、物品持有人、见证人签名，或者对物品的名称、特征、数量、质量等注明不详的；

（二）物证的照片、录像、复制品，书证的副本、复制件未注明与原件核对无异，无复制时间，或者无被收集、调取人签名的；

（三）物证的照片、录像、复制品，书证的副本、复制件没有制作人关于制作过程和原物、原件存放地点的说明，或者说明中无签名的；

（四）有其他瑕疵的。

物证、书证的来源、收集程序有疑问，不能作出合理解释的，不得作为定案的根据。

第三节 证人证言、被害人陈述的审查与认定

第八十七条 对证人证言应当着重审查以下内容：

（一）证言的内容是否为证人直接感知；

（二）证人作证时的年龄，认知、记忆和表达能力，生理和精神状态是否影响作证；

（三）证人与案件当事人、案件处理结果有无利害关系；

（四）询问证人是否个别进行；

（五）询问笔录的制作、修改是否符合法律、有关规定，是否注明询问的起止时间和地点，首次询问时是否告知证人有关权利义务和法律责任，证人对询问笔录是否核对确认；

（六）询问未成年证人时，是否通知其法定代理人或者刑事诉讼法第二百八十一条第一款规定的合适成年人到场，有关人员是否到场；

(七)有无以暴力、威胁等非法方法收集证人证言的情形;

(八)证言之间以及与其他证据之间能否相互印证,有无矛盾;存在矛盾的,能否得到合理解释。

第八十八条 处于明显醉酒、中毒或者麻醉等状态,不能正常感知或者正确表达的证人所提供的证言,不得作为证据使用。

证人的猜测性、评论性、推断性的证言,不得作为证据使用,但根据一般生活经验判断符合事实的除外。

第八十九条 证人证言具有下列情形之一的,不得作为定案的根据:

(一)询问证人没有个别进行的;

(二)书面证言没有经证人核对确认的;

(三)询问聋、哑人,应当提供通晓聋、哑手势的人员而未提供的;

(四)询问不通晓当地通用语言、文字的证人,应当提供翻译人员而未提供的。

第九十条 证人证言的收集程序、方式有下列瑕疵,经补正或者作出合理解释的,可以采用;不能补正或者作出合理解释的,不得作为定案的根据:

(一)询问笔录没有填写询问人、记录人、法定代理人姓名以及询问的起止时间、地点的;

(二)询问地点不符合规定的;

(三)询问笔录没有记录告知证人有关权利义务和法律责任的;

(四)询问笔录反映出在同一时段,同一询问人员询问不同证人的;

(五)询问未成年人,其法定代理人或者合适成年人不在场的。

第九十一条 证人当庭作出的证言,经控辩双方质证、法庭查证属实的,应当作为定案的根据。

证人当庭作出的证言与其庭前证言矛盾,证人能够作出合理解释,并有其他证据印证的,应当采信其庭审证言;不能作出合理解释,而其庭前证言有其他证据印证的,可以采信其庭前证言。

经人民法院通知,证人没有正当理由拒绝出庭或者出庭后拒绝作证,法庭对其证言的真实性无法确认的,该证人证言不得作为定案的根据。

第九十二条 对被害人陈述的审查与认定,参照适用本节的有关规定。

第四节 被告人供述和辩解的审查与认定

第九十三条 对被告人供述和辩解应当着重审查以下内容:

(一)讯问的时间、地点,讯问人的身份、人数以及讯问方式等是否符合法律、有关规定;

(二)讯问笔录的制作、修改是否符合法律、有关规定,是否注明讯问的具体起止时间和地点,首次讯问时是否告知被告人有关权利和法律规定,被告人是否核对确认;

(三)讯问未成年被告人时,是否通知其法定代理人或者合适成年人到场,有关人员是否到场;

(四)讯问女性未成年被告人时,是否有女性工作人员在场;

(五)有无以刑讯逼供等非法方法收集被告人供述的情形;

(六)被告人的供述是否前后一致,有无反复以及出现反复的原因;

(七)被告人的供述和辩解是否全部随案移送;

(八)被告人的辩解内容是否符合案情和常理,有无矛盾;

(九)被告人的供述和辩解与同案被告人的供述和辩解以及其他证据能否相互印证,有无矛盾;存在矛盾的,能否得到合理解释。

必要时,可以结合现场执法音视频记录、讯问录音录像、被告人进出看守所的健康检查记录、笔录等,对被告人的供述和辩解进行审查。

第九十四条 被告人供述具有下列情形之一的,不得作为定案的根据:

(一)讯问笔录没有经被告人核对确认的;

（二）讯问聋、哑人，应当提供通晓聋、哑手势的人员而未提供的；

（三）讯问不通晓当地通用语言、文字的被告人，应当提供翻译人员而未提供的；

（四）讯问未成年人，其法定代理人或者合适成年人不在场的。

第九十五条　讯问笔录有下列瑕疵，经补正或者作出合理解释的，可以采用；不能补正或者作出合理解释的，不得作为定案的根据：

（一）讯问笔录填写的讯问时间、讯问地点、讯问人、记录人、法定代理人等有误或者存在矛盾的；

（二）讯问人没有签名的；

（三）首次讯问笔录没有记录告知被讯问人有关权利和法律规定的。

第九十六条　审查被告人供述和辩解，应当结合控辩双方提供的所有证据以及被告人的全部供述和辩解进行。

被告人庭审中翻供，但不能合理说明翻供原因或者其辩解与全案证据矛盾，而其庭前供述与其他证据相互印证的，可以采信其庭前供述。

被告人庭前供述和辩解存在反复，但庭审中供认，且与其他证据相互印证的，可以采信其庭审供述；被告人庭前供述和辩解存在反复，庭审中不供认，且无其他证据与庭前供述印证的，不得采信其庭前供述。

第五节　鉴定意见的审查与认定

第九十七条　对鉴定意见应当着重审查以下内容：

（一）鉴定机构和鉴定人是否具有法定资质；

（二）鉴定人是否存在应当回避的情形；

（三）检材的来源、取得、保管、送检是否符合法律、有关规定，与相关提取笔录、扣押清单等记载的内容是否相符，检材是否可靠；

（四）鉴定意见的形式要件是否完备，是否注明提起鉴定的事由、鉴定委托人、鉴定机构、鉴定要求、鉴定过程、鉴定方法、鉴定日期等相关内容，是否由鉴定机构盖章并由鉴定人签名；

（五）鉴定程序是否符合法律、有关规定；

（六）鉴定的过程和方法是否符合相关专业的规范要求；

（七）鉴定意见是否明确；

（八）鉴定意见与案件事实有无关联；

（九）鉴定意见与勘验、检查笔录及相关照片等其他证据是否矛盾；存在矛盾的，能否得到合理解释；

（十）鉴定意见是否依法及时告知相关人员，当事人对鉴定意见有无异议。

第九十八条　鉴定意见具有下列情形之一的，不得作为定案的根据：

（一）鉴定机构不具备法定资质，或者鉴定事项超出该鉴定机构业务范围、技术条件的；

（二）鉴定人不具备法定资质，不具有相关专业技术或者职称，或者违反回避规定的；

（三）送检材料、样本来源不明，或者因污染不具备鉴定条件的；

（四）鉴定对象与送检材料、样本不一致的；

（五）鉴定程序违反规定的；

（六）鉴定过程和方法不符合相关专业的规范要求的；

（七）鉴定文书缺少签名、盖章的；

（八）鉴定意见与案件事实没有关联的；

（九）违反有关规定的其他情形。

第九十九条　经人民法院通知，鉴定人拒不出庭作证的，鉴定意见不得作为定案的根据。

鉴定人由于不能抗拒的原因或者有其他正当理由无法出庭的,人民法院可以根据情况决定延期审理或者重新鉴定。

鉴定人无正当理由拒不出庭作证的,人民法院应当通报司法行政机关或者有关部门。

第一百条 因无鉴定机构,或者根据法律、司法解释的规定,指派、聘请有专门知识的人就案件的专门性问题出具的报告,可以作为证据使用。

对前款规定的报告的审查与认定,参照适用本节的有关规定。

经人民法院通知,出具报告的人拒不出庭作证的,有关报告不得作为定案的根据。

第一百零一条 有关部门对事故进行调查形成的报告,在刑事诉讼中可以作为证据使用;报告中涉及专门性问题的意见,经法庭查证属实,且调查程序符合法律、有关规定的,可以作为定案的根据。

第六节 勘验、检查、辨认、侦查实验等笔录的审查与认定

第一百零二条 对勘验、检查笔录应当着重审查以下内容:

(一)勘验、检查是否依法进行,笔录制作是否符合法律、有关规定,勘验、检查人员和见证人是否签名或者盖章;

(二)勘验、检查笔录是否记录了提起勘验、检查的事由,勘验、检查的时间、地点,在场人员、现场方位、周围环境等,现场的物品、人身、尸体等的位置、特征等情况,以及勘验、检查的过程;文字记录与实物或者绘图、照片、录像是否相符;现场、物品、痕迹等是否伪造、有无破坏;人身特征、伤害情况、生理状态有无伪装或者变化等;

(三)补充进行勘验、检查的,是否说明了再次勘验、检查的原由,前后勘验、检查的情况是否矛盾。

第一百零三条 勘验、检查笔录存在明显不符合法律、有关规定的情形,不能作出合理解释的,不得作为定案的根据。

第一百零四条 对辨认笔录应当着重审查辨认的过程、方法,以及辨认笔录的制作是否符合有关规定。

第一百零五条 辨认笔录具有下列情形之一的,不得作为定案的根据:

(一)辨认不是在调查人员、侦查人员主持下进行的;

(二)辨认前使辨认人见到辨认对象的;

(三)辨认活动没有个别进行的;

(四)辨认对象没有混杂在具有类似特征的其他对象中,或者供辨认的对象数量不符合规定的;

(五)辨认中给辨认人明显暗示或者明显有指认嫌疑的;

(六)违反有关规定,不能确定辨认笔录真实性的其他情形。

第一百零六条 对侦查实验笔录应当着重审查实验的过程、方法,以及笔录的制作是否符合有关规定。

第一百零七条 侦查实验的条件与事件发生时的条件有明显差异,或者存在影响实验结论科学性的其他情形的,侦查实验笔录不得作为定案的根据。

第七节 视听资料、电子数据的审查与认定

第一百零八条 对视听资料应当着重审查以下内容:

(一)是否附有提取过程的说明,来源是否合法;

(二)是否为原件,有无复制及复制份数;是复制件的,是否附有无法调取原件的原因、复制件制作过程和原件存放地点的说明,制作人、原视听资料持有人是否签名;

(三)制作过程中是否存在威胁、引诱当事人等违反法律、有关规定的情形;

(四)是否写明制作人、持有人的身份,制作的时间、地点、条件和方法;

(五)内容和制作过程是否真实,有无剪辑、增加、删改等情形;

（六）内容与案件事实有无关联。

对视听资料有疑问的，应当进行鉴定。

第一百零九条　视听资料具有下列情形之一的，不得作为定案的根据：

（一）系篡改、伪造或者无法确定真伪的；

（二）制作、取得的时间、地点、方式等有疑问，不能作出合理解释的。

第一百一十条　对电子数据是否真实，应当着重审查以下内容：

（一）是否移送原始存储介质；在原始存储介质无法封存、不便移动时，有无说明原因，并注明收集、提取过程及原始存储介质的存放地点或者电子数据的来源等情况；

（二）是否具有数字签名、数字证书等特殊标识；

（三）收集、提取的过程是否可以重现；

（四）如有增加、删除、修改等情形的，是否附有说明；

（五）完整性是否可以保证。

第一百一十一条　对电子数据是否完整，应当根据保护电子数据完整性的相应方法进行审查、验证：

（一）审查原始存储介质的扣押、封存状态；

（二）审查电子数据的收集、提取过程，查看录像；

（三）比对电子数据完整性校验值；

（四）与备份的电子数据进行比较；

（五）审查冻结后的访问操作日志；

（六）其他方法。

第一百一十二条　对收集、提取电子数据是否合法，应当着重审查以下内容：

（一）收集、提取电子数据是否由二名以上调查人员、侦查人员进行，取证方法是否符合相关技术标准；

（二）收集、提取电子数据，是否附有笔录、清单，并经调查人员、侦查人员、电子数据持有人、提供人、见证人签名或者盖章；没有签名或者盖章的，是否注明原因；对电子数据的类别、文件格式等是否注明清楚；

（三）是否依照有关规定由符合条件的人员担任见证人，是否对相关活动进行录像；

（四）采用技术调查、侦查措施收集、提取电子数据的，是否依法经过严格的批准手续；

（五）进行电子数据检查的，检查程序是否符合有关规定。

第一百一十三条　电子数据的收集、提取程序有下列瑕疵，经补正或者作出合理解释的，可以采用；不能补正或者作出合理解释的，不得作为定案的根据：

（一）未以封存状态移送的；

（二）笔录或者清单上没有调查人员或者侦查人员、电子数据持有人、提供人、见证人签名或者盖章的；

（三）对电子数据的名称、类别、格式等注明不清的；

（四）有其他瑕疵的。

第一百一十四条　电子数据具有下列情形之一的，不得作为定案的根据：

（一）系篡改、伪造或者无法确定真伪的；

（二）有增加、删除、修改等情形，影响电子数据真实性的；

（三）其他无法保证电子数据真实性的情形。

第一百一十五条　对视听资料、电子数据，还应当审查是否移送文字抄清材料以及对绰号、暗语、俗语、方言等不易理解内容的说明。未移送的,必要时,可以要求人民检察院移送。

第八节　技术调查、侦查证据的审查与认定

第一百一十六条　依法采取技术调查、侦查措施收集的材料在刑事诉讼中可以作为证据使用。

采取技术调查、侦查措施收集的材料,作为证据使用的,应当随案移送。

第一百一十七条　使用采取技术调查、侦查措施收集的证据材料可能危及有关人员的人身安全,或者可能产生其他严重后果的,可以采取下列保护措施:

(一)使用化名等代替调查、侦查人员及有关人员的个人信息;

(二)不具体写明技术调查、侦查措施使用的技术设备和技术方法;

(三)其他必要的保护措施。

第一百一十八条　移送技术调查、侦查证据材料的,应当附采取技术调查、侦查措施的法律文书、技术调查、侦查证据材料清单和有关说明材料。

移送采用技术调查、侦查措施收集的视听资料、电子数据的,应当制作新的存储介质,并附制作说明,写明原始证据材料、原始存储介质的存放地点等信息,由制作人签名,并加盖单位印章。

第一百一十九条　对采取技术调查、侦查措施收集的证据材料,除根据相关证据材料所属的证据种类,依照本章第二节至第七节的相应规定进行审查外,还应当着重审查以下内容:

(一)技术调查、侦查措施所针对的案件是否符合法律规定;

(二)技术调查措施是否经过严格的批准手续,按照规定交有关机关执行;技术侦查措施是否在刑事立案后,经过严格的批准手续;

(三)采取技术调查、侦查措施的种类、适用对象和期限是否按照批准决定载明的内容执行;

(四)采取技术调查、侦查措施收集的证据材料与其他证据是否矛盾;存在矛盾的,能否得到合理解释。

第一百二十条　采取技术调查、侦查措施收集的证据材料,应当经过当庭出示、辨认、质证等法庭调查程序查证。

当庭调查技术调查、侦查证据材料可能危及有关人员的人身安全,或者可能产生其他严重后果的,法庭应当采取不暴露有关人员身份和技术调查、侦查措施使用的技术设备、技术方法等保护措施。必要时,审判人员可以在庭外对证据进行核实。

第一百二十一条　采用技术调查、侦查证据作为定案根据的,人民法院在裁判文书中可以表述相关证据的名称、证据种类和证明对象,但不得表述有关人员身份和技术调查、侦查措施使用的技术设备、技术方法等。

第一百二十二条　人民法院认为应当移送的技术调查、侦查证据材料未随案移送的,应当通知人民检察院在指定时间内移送。人民检察院未移送的,人民法院应当根据在案证据对案件事实作出认定。

■公安机关办理刑事案件程序规定(2020年9月1日)

第五十九条　可以用于证明案件事实的材料,都是证据。

证据包括:

(一)物证;

(二)书证;

(三)证人证言;

(四)被害人陈述;

(五)犯罪嫌疑人供述和辩解;

(六)鉴定意见;

（七）勘验、检查、侦查实验、搜查、查封、扣押、提取、辨认等笔录；

（八）视听资料、电子数据。

证据必须经过查证属实，才能作为认定案件事实的根据。

■最高人民法院、最高人民检察院、公安部关于办理刑事案件收集提取和审查判断电子数据若干问题的规定（全文）（2016年10月1日）

一、一般规定

第一条　电子数据是案件发生过程中形成的，以数字化形式存储、处理、传输的，能够证明案件事实的数据。

电子数据包括但不限于下列信息、电子文件：

（一）网页、博客、微博客、朋友圈、贴吧、网盘等网络平台发布的信息；

（二）手机短信、电子邮件、即时通信、通讯群组等网络应用服务的通信信息；

（三）用户注册信息、身份认证信息、电子交易记录、通信记录、登录日志等信息；

（四）文档、图片、音视频、数字证书、计算机程序等电子文件。

以数字化形式记载的证人证言、被害人陈述以及犯罪嫌疑人、被告人供述和辩解等证据，不属于电子数据。确有必要的，对相关证据的收集、提取、移送、审查，可以参照适用本规定。

第二条　侦查机关应当遵守法定程序，遵循有关技术标准，全面、客观、及时地收集、提取电子数据；人民检察院、人民法院应当围绕真实性、合法性、关联性审查判断电子数据。

第三条　人民法院、人民检察院和公安机关有权依法向有关单位和个人收集、调取电子数据。有关单位和个人应当如实提供。

第四条　电子数据涉及国家秘密、商业秘密、个人隐私的，应当保密。

第五条　对作为证据使用的电子数据，应当采取以下一种或者几种方法保护电子数据的完整性：

（一）扣押、封存电子数据原始存储介质；

（二）计算电子数据完整性校验值；

（三）制作、封存电子数据备份；

（四）冻结电子数据；

（五）对收集、提取电子数据的相关活动进行录像；

（六）其他保护电子数据完整性的方法。

第六条　初查过程中收集、提取的电子数据，以及通过网络在线提取的电子数据，可以作为证据使用。

二、电子数据的收集与提取

第七条　收集、提取电子数据，应当由二名以上侦查人员进行。取证方法应当符合相关技术标准。

第八条　收集、提取电子数据，能够扣押电子数据原始存储介质的，应当扣押、封存原始存储介质，并制作笔录，记录原始存储介质的封存状态。

封存电子数据原始存储介质，应当保证在不解除封存状态的情况下，无法增加、删除、修改电子数据。封存前后应当拍摄被封存原始存储介质的照片，清晰反映封口或者张贴封条处的状况。

封存手机等具有无线通信功能的存储介质，应当采取信号屏蔽、信号阻断或者切断电源等措施。

第九条　具有下列情形之一，无法扣押原始存储介质的，可以提取电子数据，但应当在笔录中注明不能扣押原始存储介质的原因、原始存储介质的存放地点或者电子数据的来源等情况，并计算电子数据的完整性校验值：

（一）原始存储介质不便封存的；

（二）提取计算机内存数据、网络传输数据等不是存储在存储介质上的电子数据的；

(三)原始存储介质位于境外的;

(四)其他无法扣押原始存储介质的情形。

对于原始存储介质位于境外或者远程计算机信息系统上的电子数据,可以通过网络在线提取。

为进一步查明有关情况,必要时,可以对远程计算机信息系统进行网络远程勘验。进行网络远程勘验,需要采取技术侦查措施的,应当依法经过严格的批准手续。

第十条 由于客观原因无法或者不宜依据第八条、第九条的规定收集、提取电子数据的,可以采取打印、拍照或者录像等方式固定相关证据,并在笔录中说明原因。

第十一条 具有下列情形之一的,经县级以上公安机关负责人或者检察长批准,可以对电子数据进行冻结:

(一)数据量大,无法或者不便提取的;

(二)提取时间长,可能造成电子数据被篡改或者灭失的;

(三)通过网络应用可以更为直观地展示电子数据的;

(四)其他需要冻结的情形。

第十二条 冻结电子数据,应当制作协助冻结通知书,注明冻结电子数据的网络应用账号等信息,送交电子数据持有人、网络服务提供者或者有关部门协助办理。解除冻结的,应当在三日内制作协助解除冻结通知书,送交电子数据持有人、网络服务提供者或者有关部门协助办理。

冻结电子数据,应当采取以下一种或者几种方法:

(一)计算电子数据的完整性校验值;

(二)锁定网络应用账号;

(三)其他防止增加、删除、修改电子数据的措施。

第十三条 调取电子数据,应当制作调取证据通知书,注明需要调取电子数据的相关信息,通知电子数据持有人、网络服务提供者或者有关部门执行。

第十四条 收集、提取电子数据,应当制作笔录,记录案由、对象、内容、收集、提取电子数据的时间、地点、方法、过程,并附电子数据清单,注明类别、文件格式、完整性校验值等,由侦查人员、电子数据持有人(提供人)签名或者盖章;电子数据持有人(提供人)无法签名或者拒绝签名的,应当在笔录中注明,由见证人签名或者盖章。有条件的,应当对相关活动进行录像。

第十五条 收集、提取电子数据,应当根据刑事诉讼法的规定,由符合条件的人员担任见证人。由于客观原因无法由符合条件的人员担任见证人的,应当在笔录中注明情况,并对相关活动进行录像。

针对同一现场多个计算机信息系统收集、提取电子数据的,可以由一名见证人见证。

第十六条 对扣押的原始存储介质或者提取的电子数据,可以通过恢复、破解、统计、关联、比对等方式进行检查。必要时,可以进行侦查实验。

电子数据检查,应当对电子数据存储介质拆封过程进行录像,并将电子数据存储介质通过写保护设备接入到检查设备进行检查;有条件的,应当制作电子数据备份,对备份进行检查;无法使用写保护设备且无法制作备份的,应当注明原因,并对相关活动进行录像。

电子数据检查应当制作笔录,注明检查方法、过程和结果,由有关人员签名或者盖章。进行侦查实验的,应当制作侦查实验笔录,注明侦查实验的条件、经过和结果,由参加实验的人员签名或者盖章。

第十七条 对电子数据涉及的专门性问题难以确定的,由司法鉴定机构出具鉴定意见,或者由公安部指定的机构出具报告。对于人民检察院直接受理的案件,也可以由最高人民检察院指定的机构出具报告。

具体办法由公安部、最高人民检察院分别制定。

三、电子数据的移送与展示

第十八条　收集、提取的原始存储介质或者电子数据，应当以封存状态随案移送，并制作电子数据的备份一并移送。

对网页、文档、图片等可以直接展示的电子数据，可以不随案移送打印件；人民法院、人民检察院因设备等条件限制无法直接展示电子数据的，侦查机关应当随案移送打印件，或者附展示工具和展示方法说明。

对冻结的电子数据，应当移送被冻结电子数据的清单，注明类别、文件格式、冻结主体、证据要点、相关网络应用账号，并附查看工具和方法的说明。

第十九条　对侵入、非法控制计算机信息系统的程序、工具以及计算机病毒等无法直接展示的电子数据，应当附电子数据属性、功能等情况的说明。

对数据统计量、数据同一性等问题，侦查机关应当出具说明。

第二十条　公安机关报请人民检察院审查批准逮捕犯罪嫌疑人，或者对侦查终结的案件移送人民检察院审查起诉的，应当将电子数据等证据一并移送人民检察院。人民检察院在审查批准逮捕和审查起诉过程中发现应当移送的电子数据没有移送或者移送的电子数据不符合相关要求的，应当通知公安机关补充移送或者进行补正。

对于提起公诉的案件，人民法院发现应当移送的电子数据没有移送或者移送的电子数据不符合相关要求的，应当通知人民检察院。

公安机关、人民检察院应当自收到通知后三日内移送电子数据或者补充有关材料。

第二十一条　控辩双方向法庭提交的电子数据需要展示的，可以根据电子数据的具体类型，借助多媒体设备出示、播放或者演示。必要时，可以聘请具有专门知识的人进行操作，并就相关技术问题作出说明。

四、电子数据的审查与判断

第二十二条　对电子数据是否真实，应当着重审查以下内容：

（一）是否移送原始存储介质；在原始存储介质无法封存、不便移动时，有无说明原因，并注明收集、提取过程及原始存储介质的存放地点或者电子数据的来源等情况；

（二）电子数据是否具有数字签名、数字证书等特殊标识；

（三）电子数据的收集、提取过程是否可以重现；

（四）电子数据如有增加、删除、修改等情形的，是否附有说明；

（五）电子数据的完整性是否可以保证。

第二十三条　对电子数据是否完整，应当根据保护电子数据完整性的相应方法进行验证：

（一）审查原始存储介质的扣押、封存状态；

（二）审查电子数据的收集、提取过程，查看录像；

（三）比对电子数据完整性校验值；

（四）与备份的电子数据进行比较；

（五）审查冻结后的访问操作日志；

（六）其他方法。

第二十四条　对收集、提取电子数据是否合法，应当着重审查以下内容：

（一）收集、提取电子数据是否由二名以上侦查人员进行，取证方法是否符合相关技术标准；

（二）收集、提取电子数据，是否附有笔录、清单，并经侦查人员、电子数据持有人（提供人）、见证人签名或者盖章；没有持有人（提供人）签名或者盖章的，是否注明原因；对电子数据的类别、文件格式等是否注明清楚；

(三)是否依照有关规定由符合条件的人员担任见证人,是否对相关活动进行录像;

(四)电子数据检查是否将电子数据存储介质通过写保护设备接入到检查设备;有条件的,是否制作电子数据备份,并对备份进行检查;无法制作备份且无法使用写保护设备的,是否附有录像。

第二十五条 认定犯罪嫌疑人、被告人的网络身份与现实身份的同一性,可以通过核查相关IP地址、网络活动记录、上网终端归属、相关证人证言以及犯罪嫌疑人、被告人供述和辩解等进行综合判断。

认定犯罪嫌疑人、被告人与存储介质的关联性,可以通过核查相关证人证言以及犯罪嫌疑人、被告人供述和辩解等进行综合判断。

第二十六条 公诉人、当事人或者辩护人、诉讼代理人对电子数据鉴定意见有异议,可以申请人民法院通知鉴定人出庭作证。人民法院认为鉴定人有必要出庭的,鉴定人应当出庭作证。

经人民法院通知,鉴定人拒不出庭作证的,鉴定意见不得作为定案的根据。对没有正当理由拒不出庭作证的鉴定人,人民法院应当通报司法行政机关或者有关部门。

公诉人、当事人或者辩护人、诉讼代理人可以申请法庭通知有专门知识的人出庭,就鉴定意见提出意见。

对电子数据涉及的专门性问题的报告,参照适用前三款规定。

第二十七条 电子数据的收集、提取程序有下列瑕疵,经补正或者作出合理解释的,可以采用;不能补正或者作出合理解释的,不得作为定案的根据:

(一)未以封存状态移送的;

(二)笔录或者清单上没有侦查人员、电子数据持有人(提供人)、见证人签名或者盖章的;

(三)对电子数据的名称、类别、格式等注明不清的;

(四)有其他瑕疵的。

第二十八条 电子数据具有下列情形之一的,不得作为定案的根据:

(一)电子数据系篡改、伪造或者无法确定真伪的;

(二)电子数据有增加、删除、修改等情形,影响电子数据真实性的;

(三)其他无法保证电子数据真实性的情形。

五、附则

第二十九条 本规定中下列用语的含义:

(一)存储介质,是指具备数据信息存储功能的电子设备、硬盘、光盘、优盘、记忆棒、存储卡、存储芯片等载体。

(二)完整性校验值,是指为防止电子数据被篡改或者破坏,使用散列算法等特定算法对电子数据进行计算,得出的用于校验数据完整性的数据值。

(三)网络远程勘验,是指通过网络对远程计算机信息系统实施勘验,发现、提取与犯罪有关的电子数据,记录计算机信息系统状态,判断案件性质,分析犯罪过程,确定侦查方向和范围,为侦查破案、刑事诉讼提供线索和证据的侦查活动。

(四)数字签名,是指利用特定算法对电子数据进行计算,得出的用于验证电子数据来源和完整性的数据值。

(五)数字证书,是指包含数字签名并对电子数据来源、完整性进行认证的电子文件。

(六)访问操作日志,是指为审查电子数据是否被增加、删除或者修改,由计算机信息系统自动生成的对电子数据访问、操作情况的详细记录。

第三十条 本规定自2016年10月1日起施行。之前发布的规范性文件与本规定不一致的,以本规定为准。

■最高人民法院、最高人民检察院、公安部关于办理侵犯知识产权刑事案件适用法律若干问题的意见(2011年1月10日)

二、关于办理侵犯知识产权刑事案件中行政执法部门收集、调取证据的效力问题

行政执法部门依法收集、调取、制作的物证、书证、视听资料、检验报告、鉴定结论、勘验笔录、现场笔录,经公安机关、人民检察院审查,人民法院庭审质证确认,可以作为刑事证据使用。

行政执法部门制作的证人证言、当事人陈述等调查笔录,公安机关认为有必要作为刑事证据使用的,应当依法重新收集、制作。

■最高人民法院、最高人民检察院、公安部关于办理网络赌博犯罪案件适用法律若干问题的意见(2010年8月31日)

五、关于电子证据的收集与保全

侦查机关对于能够证明赌博犯罪案件真实情况的网站页面、上网记录、电子邮件、电子合同、电子交易记录、电子账册等电子数据,应当作为刑事证据予以提取、复制、固定。

侦查人员应当对提取、复制、固定电子数据的过程制作相关文字说明,记录案由、对象、内容以及提取、复制、固定的时间、地点、方法,电子数据的规格、类别、文件格式等,并由提取、复制、固定电子数据的制作人、电子数据的持有人签名或者盖章,附所提取、复制、固定的电子数据一并随案移送。

对于电子数据存储在境外的计算机上的,或者侦查机关从赌博网站提取电子数据时犯罪嫌疑人未到案的,或者电子数据的持有人无法签字或者拒绝签字的,应当由能够证明提取、复制、固定过程的见证人签名或者盖章,记明有关情况。必要时,可对提取、复制、固定有关电子数据的过程拍照或者录像。

■最高人民法院、最高人民检察院、公安部关于办理电信网络诈骗等刑事案件适用法律若干问题的意见(2016年12月19日)

六、证据的收集和审查判断

(一)办理电信网络诈骗案件,确因被害人人数众多等客观条件的限制,无法逐一收集被害人陈述的,可以结合已收集的被害人陈述,以及经查证属实的银行账户交易记录、第三方支付结算账户交易记录、通话记录、电子数据等证据,综合认定被害人人数及诈骗资金数额等犯罪事实。

(二)公安机关采取技术侦查措施收集的案件证明材料,作为证据使用的,应当随案移送批准采取技术侦查措施的法律文书和所收集的证据材料,并对其来源等作出书面说明。

■最高人民法院、最高人民检察院、海关总署关于办理走私刑事案件适用法律若干问题的意见(2002年7月8日)

二、关于电子数据证据的收集、保全问题

走私犯罪侦查机关对于能够证明走私犯罪案件真实情况的电子邮件、电子合同、电子帐册、单位内部的电子信息资料等电子数据应当作为刑事证据予以收集、保全。

侦查人员应当对提取、复制电子数据的过程制作有关文字说明,记明案由、对象、内容,提取、复制的时间、地点,电子数据的规格、类别、文件格式等,并由提取、复制电子数据的制作人、电子数据的持有人和能够证明提取、复制过程的见证人签名或者盖章,附所提取、复制的电子数据一并随案移送。

电子数据的持有人不在案或者拒绝签字的,侦查人员应当记明情况;有条件的可将提取、复制有关电子数据的过程拍照或者录像。

■最高人民法院、最高人民检察院、公安部、农业农村部依法惩治长江流域非法捕捞等违法犯罪的意见(2020年12月17日)

三、健全完善工作机制,保障相关案件的办案效果

(三)全面收集涉案证据材料。对于农业农村(渔政)部门等行政机关在行政执法和查办案件过程中收集的物证、书证、视听资料、电子数据等证据材料,在刑事诉讼或者公益诉讼中可以作为证据使用。

农业农村(渔政)部门等行政机关和公安机关要依法及时、全面收集与案件相关的各类证据,并依法进行录音录像,为案件的依法处理奠定事实根基。对于涉案船只、捕捞工具、渔获物等,应当在采取拍照、录音录像、称重、提取样品等方式固定证据后,依法妥善保管;公安机关保管有困难的,可以委托农业农村(渔政)部门保管;对于需要放生的渔获物,可以在固定证据后先行放生;对于已死亡且不宜长期保存的渔获物,可以由农业农村(渔政)部门采取捐赠捐献用于科研、公益事业或者销毁等方式处理。

(五)正确认定案件事实。要全面审查与定罪量刑有关的证据,确保据以定案的证据均经法定程序查证属实,确保综合全案证据,对所认定的事实排除合理怀疑。既要审查犯罪嫌疑人、被告人的供述和辩解,更要重视对相关物证、书证、证人证言、视听资料、电子数据等其他证据的审查判断。对于携带相关工具但是否实施电鱼、毒鱼、炸鱼等非法捕捞作业,是否进入禁捕水域范围以及非法捕捞渔获物种类、数量等事实难以直接认定的,可以根据现场执法音视频记录、案发现场周边视频监控、证人证言等证据材料,结合犯罪嫌疑人、被告人的供述和辩解等,综合作出认定。

▼最高人民法院、最高人民检察院、公安部办理黑社会性质组织犯罪案件座谈会纪要(2009年12月9日)

7.关于视听资料的收集、使用。公安机关在侦查时要特别重视对涉黑犯罪视听资料的收集。对于那些能够证明涉案犯罪组织具备黑社会性质组织的"四个特征"及其实施的具体违法犯罪活动的录音、录像资料,要及时提取、固定、移送。通过特殊侦查措施获取的视听资料,在移送审查起诉时,公安机关对证据的来源、提取经过应予说明。

●跨境电信网络诈骗案件境外证据审查

跨境电信网络诈骗犯罪往往涉及大量的境外证据和庞杂的电子数据。对境外获取的证据应着重审查合法性,对电子数据应着重审查客观性。主要成员固定,其他人员有一定流动性的电信网络诈骗犯罪组织,可认定为犯罪集团。(参见最高人民检察院发布第18批指导性案例,检例第67号,张凯闵等52人电信网络诈骗案,2020年3月28日发布。)

□依照法定程序收集的电子文件如果与案件关联,并在与其他证据印证后能够客观地反映案件真实情况,依法可成为刑事诉讼中的证据

一、依照法定程序收集的电子文件如果与案件关联,并在与其他证据印证后能够客观地反映案件真实情况,依法可成为刑事诉讼中的证据。(参见上海市黄浦区人民检察院诉孟动、何立康网络盗窃案,载《最高人民法院公报》总第121期,2006年第11期,第33页。)

▽电子数据如与案件有关联,在与其他证据印证后能证明案件真实情况,并且是依法取得的,同样可以作为刑事诉讼中的证据

电子数据如与案件有关联,在与其他证据印证后能证明案件真实情况,并且是依法取得的,同样可以作为刑事诉讼中的证据。对这些储存于磁性介质之中的电子数据,证据学理论上将之称为电子证据。判断电子文件能否作为刑事诉讼中的证据使用,应当对其可采性和证明力进行审查判断,审查其来源是否属实、合法。证据的可采性,是指证据材料能否作为证据使用,能否被法庭认可为定案的根据。一种事实材料只要是具备客观性、关联性和合法性的特点,都具有可采性。法庭在判断某一电子证据是否被采纳时,首先应审查它是否属实,其生成、取证等环节是否合法。具体而言,包括:(1)审查电子证据的来源、电子证据生成的时间、地点以及所使用的程序系统和录入方法;(2)审查司法机关在收集、提取电子证据的过程中是否遵守了法定的程序;(3)审查电子证据内容是否被伪造或篡改、电子证据之间以及与其他证据内容上是否有矛盾之处。证据的证明力,是指证据证明待证事实程度的高低。证据的证明力,基本上取决于该证据是属于原始证据还是传来证据,是直接证据还是间接证据两大因素。电子证据也不例外。实践中,由于电脑终端与电脑用户并不一定一致,尽管电子数据与待证事实有一定的联系,但其仍不能单独证明案件事实。在这种情形下,就需要将其与其他证据相互印证。只有形成证据锁链,达到排除合理怀疑的程度,才能认定案件事实。[参见第420号案例,孟动、何立康盗窃案,载《刑事审判参考》总第53辑(2006年第6辑),法律出版社,第45~46页。执笔:朱铁军　沈解平]

▽如何审查判断利用互联网犯罪的证据

由于利用互联网犯罪具有高智能、高技术性的特点,作案人容易隐蔽自己,而且证据容易被消灭,办理此类案件必须认真审查判断证据。利用互联网犯罪的大部分证据属于计算机证据。计算机证据又称为电子证据,是指在计算机或计算机系统运行过程中产生的证明案件事实的电磁记录物,如记载案件事实的计算机软盘、硬盘。与传统证据相比,电子证据的特点在于:1. 电子证据属于高科技证据,少受主观因素影响,具有精密性、准确性。与传统的证人证言、被害人陈述等证据相比,客观性较强。但是,电子证据又极易被删改、剪接,而且,不容易留下痕迹。另外,技术操作或供电系统、通信网络等出现差错也会影响证据的客观性。2. 电子证据与行为主体之间的关系不容易确定。比如,由于网上发表文章多匿名,故文章的真实作者不易确定。这就要求在审查判断电子证据时必须注意:其一,证据的真实性。必须注意审查证据是否已被篡改、变更。为此,审查应注意以下几个方面:(1)证据收集过程是否合法。我国刑事诉讼法明确要求依法定程序收集证据,对电子证据来讲,如果收集过程不合法,其真实性就更容易受到影响。(2)电子证据的来源、形成时间、地点,确定是否存在修改、变更的可能。(3)储存、记录等技术设备的质量与性能。一般来讲,低劣设备储存的信息,其真实性比高灵敏度设备储存信息的真实性弱。(4)操作人员的技术水平。操作人员的技术水平对电子证据的客观性也有一定影响,对此不容忽视。其二,证据的关联性。证据只有与案件相关联,才能起到证明作用。电子证据与案件联系的形式较复杂,且不易辨别。因此,必须注意电子证据与案件事实的具体联系,正确判断电子证据的证明力,决不能一概而论。其三,与其他证据相联系。因电子证据容易失真,所以,必须将电子证据与其他证据相结合,综合判断证据的效力。就利用互联网犯罪的整个案件来讲,应注意审查下列证据:1. 关于犯罪主体的证据。因为一般人上互联网不使用真名,所以,必须查明行为人的真实姓名与身份。根据《计算机信息网络国际联网安全保护管理办法》第十条第五项的规定,互联单位、接入单位及使用计算机信息网络国际联网的法人和其他组织应当建立计算机信息网络电子公告系统的用户登记和信息管理制度。根据《互联网信息服务管理办法》第十四条的规定,互联网信息服务提供者和互联网接入服务提供者,应当记录提供的信息内容及其发布时间、互联网地址或者域名;互联网接入服务提供者应当记录上网用户的上网时间、用户账号、互联网地址或者域名、主叫电话号码等信息。有关单位对上网用户、电子公告系统用户上网时间、账号等的登记是认定利用互联网犯罪案件犯罪主体的重要证据。2. 表明行为人与犯罪行为之间有必然联系的证据。在某些情况下,即使查清了与署名相对应的真名,犯罪行为也不一定是"真名"人所为,还应注意有无冒名的情况。这就需要一系列的证据证实。就本案来讲,认定被告人刘某某犯颠覆国家政权罪的证据包括:1. 刘某某在某县电信局登记注册名称与署名"lgwf";2. 群众举报署名"lgwf"者在网上发表诋毁社会主义制度的文章;3. 江苏、贵州、江西、新疆、福建、深圳公安机关计算机安全监察部门提供的在互联网上发现的煽动颠覆国家政权的文章与从被告人刘某某使用的计算机硬盘中提取的有关文章内容完全一致;4. 有关证人证实刘某某发表诋毁社会主义制度文章的事实;5. 现场勘查笔录、现场照片、提取笔录证实刘某某作案使用的工具及作案方法;6. 被告人对犯罪事实供认不讳。人民法院根据上述证据依法认定被告人刘某某犯煽动颠覆国家政权罪是正确的。[参见第126(123)号案例,刘某某煽动颠覆国家政权案,载《刑事审判参考》总第20辑(2001年第9辑),法律出版社,第6~8页。执笔:蔡金芳]

▽庭审后或者复核审阶段发现庭审质证的证据存在问题,经补查补正后对问题予以纠正的,需要根据该证据证明的对象以及问题的性质作出相应的处理

最高人民法院在本案复核阶段发现本案一项重要证据的来源存在矛盾。即侦查机关搜查笔录、扣押物品清单及物证照片记载,从范某某住处提取到的一把匕首,标注为韩某某抢劫致一人死亡时所用的匕首。在混杂辨认中,韩某某及同案被告人辨认出的匕首特征也与该提取的匕首吻合;然而,公安机关却在辨认笔录中将该匕首的来源记载为从同案被告人皇某强住处提取,与搜查笔录、物证照片中记载的物证来源存在矛盾。针对上述证据矛盾,侦查机关出具书面材料称系因工作失误导致辨认笔录记载错误,供被告人辨认的匕首是从范某某住处提取;且由韩某某重新进行了混杂辨认,辨认出的匕首确系从范某某住处提取。鉴于本案中范某某并未直接参与实施具体的犯罪行为,且其本人始终否认参与犯罪,一审、二审法院认定其系犯罪集团首要分子的主要依据之一,在于同案被告人供述每次作案均由其提供作案工具、作案后又将工具交还给其。因此,是否从范某某住处提取到同案人作案时使用的工具,是认定范某某系犯罪集团首要分子的关键证据。根据刑事诉讼法及相关司法解释的规定,证据必须经过当庭出示、辨认、质证等法庭调查程序查证属实,才能作为定案的根据。实践中,对于庭审后或者复核审阶段发现经庭审质证的证据存在问题的情形,应当如何处理,法律并未作出明确规定。如果一律通过开庭质证或者发回重审的方式解决上述问题,将会浪费司法资源。因此,有必要结合诉讼证明原理和现有规定探索可行的解决方案。从刑事诉讼证明原理分析,针对不同的证明对象,可以适用严格证明和自由证明两种不同的证明方式。严格证明要求对证据的调查应当在法庭上按照法定的举证、质证等程序进行。而自由证明则无此要求,证据是否在法庭上出示,采用何种方式进行调查,可以由法院根据案件具体情况而定。对于犯罪基本构成事实以及加重被告人刑罚甚至适用死刑的量刑事实,必须适用严格证明;对于有利于被告人的量刑事实和大部分程序适用事实,可以适用自由证明。基于严格证明和自由证明的区分,2010年最高人民法院、最高人民检察院、公安部、国家安全部、司法部出台的《关于办理死刑案件审查判断证据若干问题的规定》(本附文以下简称《证据规定》)第三十八条第二款规定:"人民检察院、辩护人补充的和法庭庭外调查核实取得的证据,法庭可以庭外征求出庭检察人员、辩护人的意见。双方意见不一致,有一方要求人民法院开庭进行调查的,人民法院应当开庭。"根据该规定,对于庭外取得的证据,不必一律采用开庭的方式进行质证,而是区分具体情况,采用"征求控辩双方意见"或者"开庭质证"两种方式进行处理。实践中的具体把握是:对于应当采用严格证明方式调查的证据,应当开庭进行调查;对于可以采用自由证明方式调查的证据,可以在庭外征求控辩双方的意见,如果双方意见不一致,有一方要求人民法院开庭进行调查的,应当开庭调查。对于庭审后或者复核审阶段发现经庭审质证的证据存在问题,经补查补正后对问题予以纠正的,需要根据该证据证明的对象以及问题的性质作出相应的处理:第一,如果该证据并非关键定罪量刑证据,仅仅是作为其他证据佐证,且缺乏该证据不影响相关事实认定的,可以基于其他证据认定相关事实,对于该证据存在的问题无须恢复法庭调查或者发回重审。第二,如果该证据系关键定罪量刑证据,但证据存在的问题并非实质性的,仅属技术性的,如记载错误或者笔误,经补正后,可以征求对方当事人的意见,无须恢复法庭调查或者发回重审。第三,如果该证据系关键定罪证据或者系不利于被告人的量刑证据,且证据存在的问题是实质性的,且足以影响到该证据的证明价值,则需要区分两种情况进行处理:如果证据存在的错误无法进行补正或者作出合理解释的,如目击证人的辨认结论存在错误,则应当恢复法庭调查或者发回重审,对该证据的证据价值重新作出判断。如在案其他证据能够证实该证据存在的错误,但该错误可以进行补正或者作出合理解释的,如扣押物品清单记载的现场物证情况,与送交鉴定的物证情况不符,但现场勘查照片能够证实现场物证的情况,且明确表明扣押物品清单记载的情况有误,在此种情况下,对扣押物品清单的错误,经补正或者作出合理解释后,可以征求双方当事人(部分案件中还要征求法定代理人、诉讼代理人)的意见,如果双方对此表示认可,就无须恢复法庭调查或者发回重审;如果有一方对此有异议,要求开庭进行调查的,人民法院应当开庭或者发回重审。第四,如果该证据系有利于被告人的量刑证据,且证据存在的问题是实质性的,经补正或者作出合理解释后,因案件处理结果对被告人有利,因此,可以告知对方当事人(部分案件中法定代理人、诉讼代理人)补正结果,直接采信相关证据,无须恢复法庭调查或者发回重审。本案中,复核审阶段发现原质证的辨认笔录存在问题,并经取证机关予以补正。虽然补正所得的证据不利于被告人范某某,但在案多份记载物证来源的其他证据均能够明确证实作案凶器系在范某某家中提取,原辨认笔录的内容明显错误;该问题经取证机关补正后,得到了有效的纠正。最高人民法院将上述补查补正材料向原公诉机关、被告人范某某及其辩护人出示,并认真听取了双方的意见,双方均未对材料内容提出实质性异议。综合上述情况,经复核阶段的补查补正,原证据存在的问题已经得到解决,经补正的证据得到控辩双方的认可,依法可以采信。[参见第816号指导案例,范永红、韩亚飞抢劫、盗窃枪支案,载《刑事审判参考》总第89集(2012年第6集),第54~56页。撰稿:张若瑶]

▽商标权利人出具的鉴定文本属于被害人陈述而非鉴定意见

1. 被害人陈述和鉴定意见的特性辨析。所谓被害人陈述,是指刑事被害人就其遭受犯罪行为侵害的情况和其他与案件相关情况向公安机关、人民检察院、人民法院所作的陈述。所谓鉴定意见,是指在诉讼活动中鉴定人运用科学技术或者专门知识对诉讼涉及的专门性问题进行鉴别和判断所形成的意见。两者同属于言词证据,是以人的陈述为存在和表现形式的证据材料。两者区别主要表现在:(1)被害人陈述具有不可替代性,而鉴定意见具有可替代性。原因在于被害人系遭受犯罪行为侵害的人,直接感知犯罪行为的危害后果,他人无法具有同被害人一样的感受;鉴定意见是司法机关指派或者聘请鉴定人作出的评判意见,由于对鉴定机构或者鉴定人司法机关具有一定的选择权,因而具有可替代性。(2)被害人陈述不要求具有专业性,而鉴定意见要求具有专业性。理由是被害人只需要客观陈述其感知的案件事实,对被害人并无专业知识背景的要求;而鉴定意见则不同。实践中常见的需要鉴定的专门性问题有:法医鉴定、司法精神病鉴定、痕迹鉴定、化学鉴定、会计鉴定、文件书法鉴定、产品质量鉴定、责任事故鉴定等,出具这些鉴定意见鉴定人需要相应的专业资质要求。(3)被害人陈述具有偏向性,而鉴定意见具有中立性。在刑事诉讼中,被害人与被告人具有客观存在的利害关系,被害人受到各种主客观因素影响的可能性较大,其陈述往往会偏向自己的利益;而鉴定人与被害人、被告人均无利害关系,鉴定人处于中立地位,能够客观地发表专业性的鉴别和判断意见。

2. 商标权利人在侵犯商标权刑事案件中的诉讼地位。罪名主要反映犯罪行为的本质特征,罪名是以犯罪行为侵犯的直接客体为主来确定的。商标专用权是一项重要的民事权利。侵犯商标权的犯罪行为,不仅对商标权利人的利益造成侵害,而且破坏了国家保护商标专用权所形成的法律关系,即商标管理制度,危害商品生产者、经营者、消费者的合法利益和市场经济的发展。据此而论,侵犯商标权刑事犯罪侵犯的是复杂客体,只是基于立法者保护经济秩序的现实需要,将其纳入"破坏社会主义市场经济秩序罪"中予以规制。但是,不能因此而忽视犯罪行为对商标权人利益的侵害。可以说,商标权利人在侵犯商标权刑事犯罪案件中处于被害人地位。

3. 被害单位的辨认意见属于被害人陈述的一种形式。尽管理论界对单位被害人能否作为证据学意义的被害人(陈述之主体)存在争议,但根据刑法规定,单位既然可以作为犯罪主体,单位同样也可以作为被害人主体。实务界比较通行的观念是,被害人陈述是被害人向司法机关就案件情况所作的陈述,因此,其以被害人具有陈述的能力为前提。在被害人是单位的情况下,由于单位缺乏向司法机关进行陈述的能力,故通常是由其法定代表人或者其他相关人员代替单位向司法机关作陈述。上述陈述,并非上述人员的个人陈述,也并非证人证言,而是上述人员代表被害单位所作的被害人陈述。需要指出的是,从被害人辨认对象、辨认程序、具体内容、证据功能等要素分析,被害人辨认是一种特殊形式的被害人陈述。如犯罪嫌疑人从被害公司办公室盗窃了办公电脑。案发后,被害公司相关职员就查扣的办公电脑向公安侦查人员所作的辨认陈述。同理,在侵犯商标权刑事犯罪案件中,商标权利人就诉讼中公安机关查扣的假冒商品所作的真伪辨别属于被害人陈述。因此,商标权利人在侵犯商标权刑事犯罪案件中,处于被害人地位,其就假冒商品或者商标所作的真伪辨别属于被害人陈述而非鉴定意见,无须鉴定资质的要求。本案上诉人以鉴定资质为由主张鉴定文本无效属于抗辩事由不具有针对性,不应予以支持。[参见第860号指导案例,顾娟、张立峰销售假冒注册商标的商品案,载《刑事审判参考》总第92集(2013年第3集),第24~27页。撰稿:唐震]

▽对商标权利人出具的鉴定文本的证据效力应当综合审查

1. 辩证看待鉴定文本的证据效力。(1)商标权利人的鉴定意见具有当然的证明效力。商标是区分商品或者服务来源的商业标志,能够向消费者传递产品质量信息,并为商标权利人提供广告宣传。毫无疑问,商标能够为商标权利人带来经济利益,并且商标知名度越高,带来的经济利益越大。这也正是驰名商标频频成为侵犯商标权刑事犯罪对象的主要原因。商标权利人为了维护其商标和商品不受侵害,往往会投入较大的维护成本,其中包含一定的技术要素,如茅台酒和中华烟都具有通过在紫外线灯下观察相关部位,以鉴别商品真伪的技术手段。值得注意的是,这类鉴别手段通常只有商标权利人掌握,并且秘而不宣。因为一旦为公众所知悉,势必会被犯罪分子利用以制造高仿真产品,损害商标权利人利益。正是基于上述原因,原国家工商行政管理总局商标局在2005年11月14日回复浙江省原《工商行政管理局关于查处商标侵权违法案件中商标注册人鉴定商品效力问题的请示》中明确:"在查处商标违法行为过程中,工商行政管理机关可以委托商标注册人对涉嫌假冒注册商标商品及商标标识进行鉴定,出具书面鉴定意见,并承担相应的法律责任。被鉴定者无相反证据推翻该鉴定结论的,工商行政管理机关将该鉴定结论作为证据予以采纳。"由此表明,在认定涉案商品真伪的问题上,商标权利人出具的鉴定意见具有当然的证明效力,除非有相反证据予以推翻。(2)客观存在的利害关系在一定程度上对证据效力产生消极影响。众所周知,被害人容易受到各种主客观因素的影响而出现虚假或者失真陈述。从主观因素的影响分析,被害人惩处被告人的愿望普遍强烈,案件的处理结果与被害人存在直接利害关系,可能导致被害人因受心理感受、个人情绪等主观因素影响而有意夸大其词,导致陈述不实。从客观方面分析,言词证据的形成是一个相当复杂的过程,一般要经过感知、记忆、陈述三个阶段,在这三个阶段可能会因外在环境的影响而出现失真,使言词证据所反映的案件事实与客观真实情况不符。在侵犯商标权刑事犯罪案件中,商标权利人是被害人,其与被告人的利害关系是客观存在的,并且基于言词证据的特性,商标权利人出具的鉴定意见有可能会出现虚假、失真的情况。特别是对于受托从事商业维权的机构,由于维权成效直接与其业绩评价、经济收益挂钩,不能断然排除受托鉴定人夸大其词,将正品商品作为假冒商品认定的可能性。因此,对该类鉴定文本的内容不能照单全收,而应当结合其他证据综合认证。

2. 综合把握全案证据之间的印证关系。根据《最高人民法院关于适用〈中华人民共和国刑事诉讼法〉的解释》(已失效)(本附文以下简称《解释》)第一百零四条的规定,对证据的真实性,应当综合全案证据进行审查。对证据的证明力,应当根据具体情况,从证据与待证事实的关联程度、证据之间的联系等方面进行审查判断。证据之间具有内在联系,共同指向同一待证事实,不存在无法排除的矛盾和无法解释的疑问的,才能作为定案的根据。正是由于被害人与犯罪嫌疑人、被告人之间固有的利害关系,尽管商标权利人出具的商品真伪的鉴定意见具有当然的证明效力,仍然需要结合其他证据予以综合审查。本案除博邦公司出具的鉴定意见之外,还有证人证言、电子数据以及被告人供述等相关证据证实二被告人销售假冒商品的事实。上述证据内容共同指向同一待证事实,即二被告人销售假冒商品的事实,上述证据内容与博邦公司的鉴定意见相互印证,能够佐证鉴定意见的证明内容,增强其证据效力。

3. 重点审查辩方提供的反驳证据。根据《刑法》第二百一十四条的规定,销售假冒注册商标的商品罪在犯罪构成的主要方面要求被告人主观明知。换言之,如果被告人主观不明知的,即使其实施了销售假冒商品的行为也不构成销售假冒注册商标的商品罪。本案中,二被告人辩解主观不明知的事实:一是张立峰在取保候审期间,对公安侦查人员讯问过程予以私下录音,以公安侦查人员存在刑讯逼供为由来否认两被告人审前供述的真实性,进而辩解两人主观不明知;二是顾娟辩解批发商徐金豪、孙茵给其看过授权书,并向其承诺是外贸尾单货物。根据《解释》第八十三条的规定,审查被告人供述和辩解,应当结合控辩双方提供的所有证据以及被告人的全部供述和辩解进行。被告人庭审中翻供,但不能合理说明翻供原因或者其辩解与全案证据矛盾,而其庭前供述与其他证据相互印证的,可以采信其庭前供述。经查,张立峰提交的录音材料能够反映公安侦查人员存在言语粗俗的行为,但并不能证明公安侦查人员存在刑讯逼供的事实,且张立峰亦当庭确认,公安侦查人员无殴打或者精神折磨的行为,而被害人陈述、相关证人证言和电子数据等证据与二被告人多次有罪供述的内容能够相互印证,可以证明二被告人主观明知的事实,故不能导致二被告人审前有罪供述的排除。另查,除顾娟自我辩解外,无其他相关证据可以佐证批发商徐金豪、孙茵有过给顾娟看授权书并承诺系外贸尾单货物的事实,且批发商徐金豪、孙茵的证人证言亦确认顾娟、张立峰进货时明知是假货,故对其辩解意见亦不予采信。

综合全案证据,一审、二审法院可以认定二被告人销售明知假冒他人注册商标商品的犯罪事实,一审、二审法院认定二被告人构成销售假冒注册商标的商品罪,定罪准确,量刑适当,程序合法。[参见第860号指导案例,顾娟、张立峰销售假冒注册商标的商品案,载《刑事审判参考》总第92集(2013年第3集),第27～30页。撰稿:唐震]

第五十一条　【举证责任承担者】公诉案件中被告人有罪的举证责任由人民检察院承担,自诉案件中被告人有罪的举证责任由自诉人承担。

■人民检察院刑事诉讼规则(2019年12月30日)

第六十一条　人民检察院认定案件事实,应当以证据为根据。

公诉案件中被告人有罪的举证责任由人民检察院承担。人民检察院在提起公诉指控犯罪时,应当提出确实、充分的证据,并运用证据加以证明。

人民检察院提起公诉,应当秉持客观公正立场,对被告人有罪、罪重、罪轻的证据都应当向人民法院提出。

第六十二条　证据的审查认定,应当结合案件的具体情况,从证据与待证事实的关联程度、各证据之间的联系、是否依照法定程序收集等方面进行综合审查判断。

■人民检察院公诉人出庭举证质证工作指引(2018年7月3日)

(见本书刑事诉讼法第一百九十五条后同名文件内容)

第五十二条　【办案人员必须依法收集证据】审判人员、检察人员、侦查人员必须依照法定程序,收集能够证实犯罪嫌疑人、被告人有罪或者无罪、犯罪情节轻重的各种证据。严禁刑讯逼供和以威胁、引诱、欺骗以及其他非法方法收集证据,不得强迫任何人证实自己有罪。必须保证一切与案件有关或者了解案情的公民,有客观地充分地提供证据的条件,除特殊情况外,可以吸收他们协助调查。

■最高人民法院关于适用《中华人民共和国刑事诉讼法》的解释(2021年3月1日)

第七十三条　对提起公诉的案件,人民法院应当审查证明被告人有罪、无罪、罪重、罪轻的证据材料是否全部随案移送;未随案移送的,应当通知人民检察院在指定时间内移送。人民检察院未移送的,人民法院应当根据在案证据对案件事实作出认定。

■公安机关办理刑事案件程序规定(2020年9月1日)

第六十条　公安机关必须依照法定程序,收集、调取能够证实犯罪嫌疑人有罪或者无罪、犯罪情节轻重的各种证据。必须保证一切与案件有关或者了解案情的公民,有客观地充分地提供证据的条件,除特殊情况外,可以吸收他们协助调查。

■最高人民法院、最高人民检察院、公安部、国家安全部、司法部关于推进以审判为中心的刑事诉讼制度改革的意见(2016年10月11日)

三、建立健全符合裁判要求、适应各类案件特点的证据收集指引。探索建立命案等重大案件检查、搜查、辨认、指认等过程录音录像制度。完善技术侦查证据的移送、审查、法庭调查和使用规则以及庭外核实程序。统一司法鉴定标准和程序。完善见证人制度。

四、侦查机关应当全面、客观、及时收集与案件有关的证据。

侦查机关应当依法收集证据。对采取刑讯逼供、暴力、威胁等非法方法收集的言词证据，应当依法予以排除。侦查机关收集物证、书证不符合法定程序，可能严重影响司法公正，不能补正或者作出合理解释的，应当依法予以排除。

对物证、书证等实物证据，一般应当提取原物、原件，确保证据的真实性。需要鉴定的，应当及时送检。证据之间有矛盾的，应当及时查证。所有证据应当妥善保管，随案移送。

■最高人民法院关于未经对方当事人同意私自录音取得的资料能否作为证据使用问题的批复(全文)(1995年3月6日)

证据的取得首先要合法，只有经过合法途径取得的证据才能作为定案的根据。未经对方当事人同意私自录制其谈话，系不合法行为，以这种手段取得的录音资料，不能作为证据使用。

■最高人民法院、最高人民检察院、公安部关于机关团体和企业事业单位保卫处科在查破案件收集的证据材料可以在刑事诉讼中使用的通知(全文)(1982年7月6日)

县(市辖区)直属以上的机关、团体、企业、事业单位和保卫处、科在公安机关指导下，查破一般反革命案件和其他一般刑事案件时，可以依法进行现场勘查、询问证人、讯问被告人、追缴赃款赃物的工作。对于需要逮捕或应当移送起诉的案件(不含由人民检察院直接受理的案件)，保卫处、科应将案卷连同通过上述工作所获取的证据材料，一并报送县以上公安机关审核同意后，由公安机关提请人民检察院审查决定。保卫处、科依照法定程序所获取的证据材料，可以在刑事诉讼中使用。

■最高人民法院、最高人民检察院、公安部、国家安全部、司法部关于加强协调配合积极推进量刑规范化改革的通知(2010年11月6日)

3. 要高度重视调查取证工作。侦查机关、检察机关不但要注重收集各种证明犯罪嫌疑人、被告人有罪、罪重的证据，而且要注重收集各种证明犯罪嫌疑人、被告人无罪、罪轻的证据；不但要注重收集各种法定量刑情节，而且要注重查明各种酌定量刑情节，比如案件起因、被害人过错、退赃退赔、民事赔偿、犯罪嫌疑人、被告人一贯表现等，确保定罪量刑事实清楚，证据确实充分。为量刑规范化和公正量刑，以及做好调解工作、化解社会矛盾奠定基础。

■最高人民检察院《关于适用〈关于办理死刑案件审查判断证据若干问题的规定〉和〈关于办理刑事案件排除非法证据若干问题的规定〉的指导意见》(2010年12月30日)[最高人民法院办公厅转发最高人民检察院《关于适用〈关于办理死刑案件审查判断证据若干问题的规定〉和〈关于办理刑事案件排除非法证据若干问题的规定〉的指导意见》的通知(2011年3月3日)]

2. 着力强化证据意识，严格依照两个《规定》收集、固定、审查、判断和运用证据。注重证据的综合审查和运用，既要认真审查证据的客观性、关联性，也要认真审查证据的合法性。要严把事实关、证据关、程序关和法律关，确保证据与证据之间、证据与案件事实之间不存在矛盾或者矛盾得以合理排除，做到事实不清的不定案，证据不足的不起诉，切实防止冤错案件。

5. 人民检察院办理职务犯罪案件，应当严格依法收集和固定证据，既要收集证明案件事实的各种证据，又要及时固定证明取证行为合法性的证据，确保案件事实清楚，证据确实、充分，取证程序合法。

6. 人民检察院办理职务犯罪案件，应当全面、客观地收集和固定证据。既要收集证明犯罪嫌疑人有罪、罪重的各种证据，又要收集证明犯罪嫌疑人无罪、罪轻的各种证据。

7. 严格执行讯问职务犯罪嫌疑人全程同步录音录像制度。因未严格执行相关规定，或者在执行中弄虚作假造成不良后果的，依照有关规定追究主要责任人员的责任。

■最高人民法院、最高人民检察院、公安部、司法部关于依法惩治拐卖妇女儿童犯罪的意见(2010年3月15日)

四、证据

11. 公安机关应当依照法定程序,全面收集能够证实犯罪嫌疑人有罪或者无罪、犯罪情节轻重的各种证据。

要特别重视收集、固定买卖妇女、儿童犯罪行为交易环节中钱款的存取证明、犯罪嫌疑人的通话清单、乘坐交通工具往来有关地方的票证、被拐卖儿童的DNA鉴定结论、有关监控录像、电子信息等客观性证据。

取证工作应当及时,防止时过境迁,难以弥补。

12. 公安机关应当高度重视并进一步加强DNA数据库的建设和完善。对失踪儿童的父母,或者疑似被拐卖的儿童,应当及时采集血样进行检验,通过全国DNA数据库,为查获犯罪,帮助被拐卖的儿童及时回归家庭提供科学依据。

13. 拐卖妇女、儿童犯罪所涉地区的办案单位应当加强协作配合。需要到异地调查取证的,相关司法机关应当密切配合;需要进一步补充查证的,应当积极支持。

▽现有证据不能证实被告人到过抢劫杀人犯罪现场

由于被告人已于审查起诉期间对其抢劫犯罪事实翻供,证人张某的证言属事后听说性质的传来证据,证人张某对现场遗留衣物的辨认笔录仅能证实案发时张某到过案发现场附近,认定被告人到过抢劫杀人现场的证据,仅有证人张某的证言尚不足以证明被告人到过抢劫案件发生时的现场。综上,根据认定被告人有罪,应当达到案件事实清楚,证据确实、充分,证据推断案件事实的过程符合逻辑规则,结论准确无疑,对案件事实的证明结论排除其他可能性的证据规则的要求,在不能排除被告人关于刑讯逼供、诱供之翻供理由,没有直接证据证明被告人实施了抢劫犯罪行为,间接证据的锁链尚未闭合的情形下,不能认定被告人构成抢劫罪。应当指出,刑事诉讼中对证据审查判断的目的,不在于对客观犯罪事实的复原或再现,而在于根据已有证据及其规则,对法律事实的推断和认定。故就逻辑而言,这种推断和认定只能无限地接近客观真实而不等于客观事实本身,两者之间的差异则是法律允许司法人员依据证据规则认定案件事实的余地和空间。本案证人系与本案被告人多次合伙盗窃的同案犯,在其因盗窃犯罪被逮捕后,主动供述其与被告人分别强奸妇女的事实并查证属实,故其同时揭发被告人在与其共同盗窃中实施抢劫致人死亡犯罪事实的证言虽属传来证据,从内心确信角度看,仍然具有相当的可信性,不能排除被告人确有实施本案抢劫致人死亡行为的重大嫌疑。但在现有证据尚不能完全、合理地排除抢劫致人死亡的行为系他人所为的情况下,对控方指控的被告人抢劫犯罪事实不予认定,不仅是对刑事诉讼证据规则的合理运用,也是在惩罚犯罪和保障被告人合法权利并重的刑事司法理念支配下,审判机关权衡利弊得失,作出的两害相权取其轻的法律选择。[参见第324号案例,王胜平抢劫、强奸、盗窃案,载《刑事审判参考》总第41集(2004年第6集),法律出版社,第36~37页。执笔:高军]

▽有特情介入的毒品犯罪案件不是必然存在特情引诱

最高人民法院印发的《全国法院审理毒品犯罪案件工作座谈会纪要》(法〔2000〕42号)(本附文以下简称《南宁会议纪要》)中,对毒品犯罪案件中存在特情介入和可能存在特情引诱的问题及其类型的认定与处理原则都作了比较详尽的规定,这是人民法院在审理毒品犯罪案件中所必须要认真注意且必须要遵循的规范性依据。特情介入并不等于特情引诱。对具体案件是否认定存在特情引诱、存在何种类型的特情引诱,必须严格以《南宁会议纪要》规定为依据。同时,对特情介入的案件在量刑时,也要看案件中的毒品,在行为人自己的意志支配下,是否已脱离公安机关的控制,并流向社会、危害社会。在本案中,贩运毒品的犯意提起者是被告人。首先是被告人主动问公安特情(对其特情身份不知情)能否找到毒品买主并自称自己可以搞到毒品。特情向公安机关报告情况后,公安机关决定通过特情答复被告人有买主欲购2000克海洛因。之后被告人即与另一被告人刘某联系。刘某与被告人林某在广州共同购买1000克海洛因后,携带该宗毒品北上与被告人等人会合后,并未直接与特情联系“买主”贩卖,而是共同在津、京地区自行贩卖。据此,可以得出如下结论:(1)本案不存在犯意引诱问题。所谓犯意引诱,是指行为人本没有实施毒品犯罪的主观意图,而是在特情诱惑和促成下形成犯意,进而实施毒品犯罪。本案贩卖毒品的犯意是被告人方自行找到特情主动提出的,这表明被告人有实施毒品犯罪的主观意图在前,特情介入在后。(2)本案不存在数量引诱问题。所谓数量引诱,是指行为人本来只有实施数量较小的毒品犯罪故意,在特情引诱下实施了数量较大甚至达到可判处死刑数量的毒品犯罪。(3)本案被告人的自行贩卖行为,已然脱离公安机关的控制,贩出的毒品部分已流向社会。《南宁会议纪要》规定“因特情介入,其犯罪行为一般都在公安机关的控制之下,毒品一般也不易流入社会,其社会危害程度大大减轻,这在量刑时应当加以考虑。”这是指“控制下交付”的情况。本案已经售出的部分毒品并非在公安机关的“控制下交付”,而是已脱离公安机关的控制。被告人只是因为手中剩余的海洛因难以售出,才又与特情联系贩卖的。此时,贩出的部分毒品已流向社会。由此,可以看出,如销售顺利的话,被告人无须通过特情就会将全部海洛因直接贩卖给他人。综上,特情介入并不等同于特情引诱。[参见第164号案例,刘军等贩卖、运输毒品、非法买卖枪支、弹药案,载《刑事审判参考》总第24辑(2002年第1辑),法律出版社,第95～97页。执笔:阎燕]

▽对“犯意诱发型”即诱惑侦查案件的处理方法

(一)被告人犯罪系侦查人员采用“犯意诱发型”侦查手段诱使。所谓诱惑侦查,国外又称警察圈套,是指由侦查人员设置圈套或者诱饵,暗示或诱使侦查对象暴露其犯罪意图并实施犯罪行为,待犯罪行为实施时或结果发生后,抓捕被诱惑者。根据被诱惑者在被诱惑之前有无犯罪倾向、犯罪意图以及诱惑者在犯罪实施中所起的作用,诱惑侦查可以划分为“犯意诱发型”和“机会提供型”两种。“犯意诱发型”是指诱惑者对无犯罪意图的人实施诱惑,引诱其形成犯意,并促使其付诸实施;“机会提供型”是指被诱惑者已有犯罪倾向及意图,诱惑者只是强化其固有的犯罪意图,促使其实施具体的犯罪行为。两者的最大区别在于“机会提供型”诱惑侦查中的被诱惑人具有犯罪意图,侦查人员的诱惑行为只是强化了被诱惑者的犯罪意图,而不是诱使其产生犯罪意图,这一点与“犯意诱发型”侦查不同。如毒品犯罪案件中常见的“数量引诱”侦查(指一些贩毒人员平时交易数量较少,但在侦查人员的引诱下,贩毒人员扩大交易额度,实施了数量较大的贩毒行为),由于贩毒人员已有确定的犯罪意图,诱惑者提出的交易数量通常只能是在贩毒人员本有的犯罪行为上增加其犯罪数量,因而属于“机会提供型”诱惑侦查。本案被告人原本系从事贩卖鱼类和收购、出售山鹿、野兔等非珍贵、濒危野生动物的正当商贩,侦查机关并未掌握其有出售国家保护的野生动物的犯意和犯罪行为。在此情况下,侦查人员陈某多次向被告人提出购买珍贵、濒危野生动物的要求,对其进行引诱,被告人遂与张某联系并向陈某反馈有4只熊掌及要交2000元订金的信息,侦查机关要求被告人积极促成该项交易,并派人预交了2000元订金给被告人。在被告人以中介人身份向陈某转交4只熊掌并向陈某提出好处费时,被侦查机关当场抓获。可见,被告人在被诱惑侦查之前并无出售国家保护动物的犯罪意图,其实施犯罪行为源于侦查人员积极主动购买行为的反复诱惑,本案应属于典型的“犯意诱发型”诱惑侦查。

(二)对因被诱惑侦查手段引诱而实施犯罪的被告人,应当根据案件的具体情况进行处理。诱惑侦查带有一定程度的欺骗性,与刑事诉讼的正义价值追求相矛盾,具有无法克服的缺陷,如侵犯公民隐私权和人格自主权、可能使人们对司法公正性失去信赖、导致侦查权的滥用等,诱惑侦查的合法性和妥当性一直饱受争议。尽管诱惑侦查存在诸多弊端,但不可否认的是该方法在侦查实践中确是一种高效的秘密侦查手段,尤其是在一些所谓无被害人的严重犯罪中,如贩卖毒品、伪造货币和买卖伪币等犯罪,诱惑侦查对全面取证、及时破获案件有着不可替代的作用。目前,我国对于诱惑侦查的立法规制很少,只有一些零散规定,如公安部《刑事特情工作规定》规定“严禁刑事特情诱人犯罪。”最高人民法院印发的《全国部分法院审理毒品犯罪案件工作座谈会纪要》对诱惑侦查破获的毒品死刑案件如何量刑作了指导性规定"对因'犯意引诱'实施毒品犯罪的被告人,根据罪刑相适应原则,应当依法从轻处罚,无论涉案毒品数量多大,都不应判处死刑立即执行……对因'数量引诱'实施毒品犯罪的被告人,应当依法从轻处罚,即使毒品数量超过实际掌握的死刑数量标准,一般也不判处死刑立即执行。"在我国,鉴于诱惑侦查对于破获一些严重犯罪所具有的不可替代的特殊作用,应当承认其在一定条件下的采用是允许的,上述有关规定也体现了这一精神,但为了减少其可能带来的负面影响,在有关立法规定尚不完备的情况下,对诱惑侦查在司法中进行严格限制的重要性就尤为重要了。在司法实践中,对于存在诱惑侦查的案件,人民法院应当根据现有的法律和司法解释,结合司法正义的基本精神,参照国外对诱惑侦查的相关规定,认真审查诱惑侦查手段的合法性,并根据案件的具体情况进行处理。对于"犯意诱发型"诱惑侦查。诱惑侦查适用的目的是发现犯罪人,而绝不是"制造"犯罪人。法律的本质就是管理公民、维护社会秩序,促使公民向善守法、遵守秩序,如果国家机关利用法律手段诱使人性中的丑恶萌发,促使公民犯罪,这与法律的正义性是相悖的。因此,对于"犯意诱发型"的诱惑侦查,由于其实质上是借诱惑侦查之名行制造犯罪之实,在一般情况下不应允许。法院在审理此类案件时,对被告人定罪应当慎重,一般情况下不应认定被告人有罪或者应对被告人免予刑事处罚。对于"机会提供型"诱惑侦查,其适用对象一般是已经有证据证明正在参与、实施犯罪或者有迹象表明可能实施犯罪的人员,其实质是为了发现犯罪人,而并未诱使被诱惑者产生犯罪意图。"机会提供型"诱惑侦查中,已有证据显示被诱惑者具有重大犯罪嫌疑或犯罪意图,侦查人员的诱惑行为只是强化了被诱惑者固有的犯罪意图或者加重了其犯罪情节(如增加了犯罪次数或者犯罪数量等),只要符合法律规定的条件,可以采用。法院在审理此类案件时,应当认定被告人有罪,但在量刑时,应结合具体案情,对因诱惑因素而加重的犯罪情节部分在量刑时应予以考虑,一般不应判处最重之刑。本案侦查机关使用了"犯意诱发型"诱惑侦查方式,使原本无犯罪意图的人产生犯意并实施了犯罪行为,属于"制造犯罪",侦查方式不具有合法性。利用该侦查方式获取的言辞证据,由于违反了我国刑事诉讼法关于禁止以引诱、欺骗方法收集证据的规定,属于非法证据,应当予以排除。在此情况下,本案指控证据不足,依法应当宣告被告人无罪。对于本案而言,退一步讲,即使有足够证据证明被告人实施了非法出售珍贵、濒危野生动物的行为,但因公安机关对其使用了"犯意诱发型"诱惑侦查方式,而案件中并没有证据证明被告人之前有过违法犯罪记录,其本人一直合法经营小餐馆,无社会危害性和人身危险性;加之其在本案中只是起居间介绍的作用,从中获取的介绍费仅为20~30元,即使认定其参与犯罪,也是从犯,情节显著轻微,也可不以犯罪论处。综上,二审法院对一审予以改判,宣告被告人无罪是正确的。需要指出的是,本案因使用"犯意诱发型"诱惑侦查方式导致宣告被告人无罪,但对直接出售熊掌的张某来说,如果有证据证明张某之前一直或曾实施非法出售珍贵、濒危野生动物的犯罪行为,侦查机关利用被告人对张某使用的诱惑侦查方式则属于"机会提供型"诱惑侦查,如果证据充分,可以追究张某相关犯罪行为的刑事责任,但在量刑时,应对其本次因诱惑侦查而出售4只熊掌的行为部分予以从轻处罚。[参见第604号指导案例,吴晴兰非法出售珍贵、濒危野生动物案,载《刑事审判参考》总第72集(2010年第1集),第55~58页。撰稿:冉容　崔祥莲　林梅]

▽非法限制被告人人身自由期间取得的供述能否作为定案的证据

被告人供述的合法性,主要存在以下两个具有关联性的问题:一是办案单位传唤被告人到案后持续羁押90个小时的做法是否符合法律规定;二是非法限制被告人人身自由期间取得的供述能否作为诉讼证据使用。(一)办案单位传唤被告人到案后持续羁押超过法定期限的行为不符合法律规定,属于非法限制人身自由。本案办理过程中,被告人于2012年1月9日被传唤至银川市人民检察院,因其未如实告知人大代表身份,2012年1月12日,银川市人民检察院才委托中宁县人民检察院按照规定向中宁县人民代表大会常务委员会报请许可刑事拘留、逮捕并获批准。尽管被告人最初未如实告知人大代表身份,但这只是影响办案单位向人大常委会报告的问题,与传唤的法定期限无关。根据《刑事诉讼法》的规定,传唤持续的时间不得超过12小时;案情特别重大、复杂,需要采取拘留、逮捕措施的,传唤持续的时间不得超过24小时。法律还要求不得以连续传唤的方式变相拘禁犯罪嫌疑人。在2013年1月13日银川市人民检察院对被告人宣布刑事拘留前,已经将其传唤到案并限制人身自由达90个小时,该做法明显违反法律对传唤期限的规定,超出法定传唤期间对被告人的羁押属于非法限制人身自由。(二)采用非法限制被告人人身自由的方法取得供述,属于《刑事诉讼法》第五十条规定的"其他非法方法",由此取得的供述应当予以排除,不得作为诉讼证据使用。《刑事诉讼法》第五十条规定,严禁刑讯逼供和以威胁、引诱、欺骗以及其他非法方法收集证据,不得强迫任何人证实自己有罪。在司法实践中,有的办案单位未经依法批准就对犯罪嫌疑人、被告人采取强制措施,或者在采取强制措施超过法定期限后仍然非法羁押犯罪嫌疑人、被告人,通过非法限制人身自由的方法取得供述,明显违反法定程序,且严重侵犯犯罪嫌疑人、被告人的人权,应当被视为《刑事诉讼法》第五十条规定的与刑讯逼供和威胁、引诱、欺骗并列的"其他非法方法"。针对被告人及其辩护人提出的排除非法证据申请,公诉机关虽然提交了讯问录音录像、体检记录、破案经过等证据证实没有对被告人刑讯逼供,但由于办案单位传唤被告人的时间违反了刑事诉讼法相关规定,存在非法限制被告人人身自由的情形,故有关供述应当予以排除,不得作为诉讼证据使用。(参见第1165号指导案例,黄金东受贿、陈玉军行贿案,载《刑事审判参考》总第108集,第10～11页。撰稿:刘静坤　王彪)

第五十三条　【法律文书必须忠实于事实真象】公安机关提请批准逮捕书、人民检察院起诉书、人民法院判决书,必须忠实于事实真象。故意隐瞒事实真象的,应当追究责任。

第五十四条　【收集、提供证据的权利和义务】人民法院、人民检察院和公安机关有权向有关单位和个人收集、调取证据。有关单位和个人应当如实提供证据。

行政机关在行政执法和查办案件过程中收集的物证、书证、视听资料、电子数据等证据材料,在刑事诉讼中可以作为证据使用。

对涉及国家秘密、商业秘密、个人隐私的证据,应当保密。

凡是伪造证据、隐匿证据或者毁灭证据的,无论属于何方,必须受法律追究。

■人民检察院刑事诉讼规则(2019年12月30日)

第六十四条　行政机关在行政执法和查办案件过程中收集的物证、书证、视听资料、电子数据等证据材料,经人民检察院审查符合法定要求的,可以作为证据使用。

行政机关在行政执法和查办案件过程中收集的鉴定意见、勘验、检查笔录,经人民检察院审查符合法定要求的,可以作为证据使用。

第六十五条　监察机关依照法律规定收集的物证、书证、证人证言、被调查人供述和辩解、视听资料、电子数据等证据材料,在刑事诉讼中可以作为证据使用。

■最高人民法院关于适用《中华人民共和国刑事诉讼法》的解释(2021年3月1日)

第七十五条　行政机关在行政执法和查办案件过程中收集的物证、书证、视听资料、电子数据等证据材料,经法庭查证属实,且收集程序符合有关法律、行政法规规定的,可以作为定案的根据。

根据法律、行政法规规定行使国家行政管理职权的组织,在行政执法和查办案件过程中收集的证据材料,视为行政机关收集的证据材料。

第七十六条　监察机关依法收集的证据材料,在刑事诉讼中可以作为证据使用。

对前款规定证据的审查判断,适用刑事审判关于证据的要求和标准。

第七十七条　对来自境外的证据材料,人民检察院应当随案移送有关材料来源、提供人、提取人、提取时间等情况的说明。经人民法院审查,相关证据材料能够证明案件事实且符合刑事诉讼法规定的,可以作为证据使用,但提供人或者我国与有关国家签订的双边条约对材料的使用范围有明确限制的除外;材料来源不明或者真实性无法确认的,不得作为定案的根据。

当事人及其辩护人、诉讼代理人提供来自境外的证据材料的,该证据材料应当经所在国公证机关证明,所在国中央外交主管机关或者其授权机关认证,并经中华人民共和国驻该国使领馆认证,或者履行中华人民共和国与该所在国订立的有关条约中规定的证明手续,但我国与该国之间有互免认证协定的除外。

第七十八条 控辩双方提供的证据材料涉及外国语言、文字的,应当附中文译本。

■公安机关办理刑事案件程序规定(2020年9月1日)

第六十一条 公安机关向有关单位和个人收集、调取证据时,应当告知其必须如实提供证据。

对涉及国家秘密、商业秘密、个人隐私的证据,应当保密。

对于伪造证据、隐匿证据或者毁灭证据的,应当追究其法律责任。

第六十二条 公安机关向有关单位和个人调取证据,应当经办案部门负责人批准,开具调取证据通知书,明确调取的证据和提供时限。被调取单位及其经办人、持有证据的个人应当在通知书上盖章或者签名,拒绝盖章或者签名的,公安机关应当注明。必要时,应当采用录音录像方式固定证据内容及取证过程。

第六十三条 公安机关接受或者依法调取的行政机关在行政执法和查办案件过程中收集的物证、书证、视听资料、电子数据、鉴定意见、勘验笔录、检查笔录等证据材料,经公安机关审查符合法定要求的,可以作为证据使用。

第六十四条 收集、调取的物证应当是原物。只有在原物不便搬运、不易保存或者依法应当由有关部门保管、处理或者依法应当返还时,才可以拍摄或者制作足以反映原物外形或者内容的照片、录像或者复制品。

物证的照片、录像或者复制品经与原物核实无误或者经鉴定证明为真实的,或者以其他方式确能证明其真实的,可以作为证据使用。原物的照片、录像或者复制品,不能反映原物的外形和特征的,不能作为证据使用。

第六十五条 收集、调取的书证应当是原件。只有在取得原件确有困难时,才可以使用副本或者复制件。

书证的副本、复制件,经与原件核实无误或者经鉴定证明为真实的,或者以其他方式确能证明其真实的,可以作为证据使用。书证有更改或者更改迹象不能作出合理解释的,或者书证的副本、复制件不能反映书证原件及其内容的,不能作为证据使用。

第六十六条 收集、调取电子数据,能够扣押电子数据原始存储介质的,应当扣押原始存储介质,并制作笔录、予以封存。

确因客观原因无法扣押原始存储介质的,可以现场提取或者网络在线提取电子数据。无法扣押原始存储介质,也无法现场提取或者网络在线提取的,可以采取打印、拍照或者录音录像等方式固定相关证据,并在笔录中注明原因。

收集、调取的电子数据,足以保证完整性,无删除、修改、增加等情形的,可以作为证据使用。经审查无法确定真伪,或者制作、取得的时间、地点、方式等有疑问,不能提供必要证明或者作出合理解释的,不能作为证据使用。

第六十七条 物证的照片、录像或者复制品,书证的副本、复制件,视听资料、电子数据的复制件,应当附有关制作过程及原件、原物存放处的文字说明,并由制作人和物品持有人或者物品持有单位有关人员签名。

第六十八条 公安机关提请批准逮捕书、起诉意见书必须忠实于事实真象。故意隐瞒事实真象的,应当依法追究责任。

▽中国证监会应司法机关需要就内幕信息有关问题所作的认定,经审查具有客观性、合法性的,可以作为定案根据

中国证监会应司法机关的需要,基于其专业知识、经验的把握而出具的认定意见,可以作为刑事诉讼证据使用。2011 年最高人民法院、最高人民检察院、公安部、中国证监会联合印发的《关于办理证券期货违法犯罪案件工作若干问题的意见》第四条规定"……证券监管机构可以根据司法机关办案需要,依法就案件涉及的证券期货专业问题向司法机关出具认定意见。"修改后的《刑事诉讼法》第五十二条也明确规定"行政机关在行政执法和查办案件过程中收集的物证、书证、视听资料、电子数据等证据材料,在刑事诉讼中可以作为证据使用。"据此,对于在行政执法中收集的实物性证据,因其具有客观性、稳定性,可以直接在刑事诉讼中使用。对于行政机关依据上述实物证据作出的检验报告、认定结论等,经司法机关审查,具有客观性、真实性和合法性的,可以作为定案的证据。中国证监会出具的回函意见实际是对公安机关收集的书证、电子数据、证人证言、行政相对人(刑事诉讼中的被告人)陈述等证据作出的综合性、专业性的意见材料,可以作为刑事诉讼中的证据使用。值得注意的是,中国证监会出具的认定意见在内容上虽然具有鉴定意见的性质,但因主体不具有鉴定资质,所以在具体证据类别上不能归类为鉴定意见。目前,实践中比较倾向的观点是将中国证监会出具的认定意见作为一种准书证予以使用。[参见第 756 号指导案例,肖时庆受贿、内幕交易案,载《刑事审判参考》总第 85 集(2012 年第 2 集),第 7 ~8 页。撰稿:刘晓虎]

▽刑事案件中电子数据证据资格的认定

本案的被告单位和被告人,从老板到经办文员,从签订合同、单证往来,到付汇、收款等,均用电子邮件、MSN、QQ 等进行。对于这些电子书证、物证,如何运用证据裁判原则审查其是否具有证据资格,将直接影响案件事实的认定。

电子数据,是指基于计算机应用、通信和现代管理技术等电子化技术手段形成的包括文字、图形符号、数字、字母等的客观资料。2012 年修改后的《刑事诉讼法》首次以基本法的形式明确了"电子数据"的证据地位。实践中,电子数据主要分为三类:视听资料、勘验检查笔录、鉴定意见。它包括三种基本形式:(1)计算机输入、存储、处理(包括统计、综合、分析)、输出的数据;(2)按照严格的法律及技术程序,利用计算机模拟得出的结果;(3)按照严格的法律及技术程序,对计算机及其系统进行测试得出的结果。①关于电子数据的审查认定,最高人民法院等五机关 2010 年出台的《关于办理死刑案件审查判断证据若干问题的规定》第二十九条规定:"对于电子邮件、电子数据交换、网上聊天记录、网络博客、手机短信、电子签名、域名等电子证据,应当主要审查以下内容:(一)该电子证据存储磁盘、存储光盘等可移动存储介质是否与打印件一并提交;(二)是否载明该电子证据形成的时间、地点、对象、制作人、制作过程及设备情况等;(三)制作、储存、传递、获得、收集、出示等程序和环节是否合法,取证人、制作人、持有人、见证人等是否签名或者盖章;(四)内容是否真实,有无剪裁、拼凑、篡改、添加等伪造、变造情形;(五)该电子证据与案件事实有无关联性。对电子证据有疑问的,应当进行鉴定。对电子证据,应当结合案件其他证据,审查其真实性和关联性。"2012 年《刑事诉讼法》修改后,《最高人民法院关于适用〈中华人民共和国刑事诉讼法〉的解释》(已失效,于 2021 年发布了新的司法解释)(本附文以下简称《解释》)第九十三条专门就电子证据的审查进行了规定。该条规定:"对电子邮件、电子数据交换、网上聊天记录、博客、微博客、手机短信、电子签名、域名等电子数据,应当着重审查以下内容:(一)是否随原始存储介质移送;在原始存储介质无法封存、不便移动或者依法应当由有关部门保管、处理、返还时,提取、复制电子数据是否由二人以上进行,是否足以保证电子数据的完整性,有无提取、复制过程及原始存储介质存放地点的文字说明和签名;(二)收集程序、方式是否符合法律及有关技术规范;经勘验、检查、搜查等侦查活动收集的电子数据,是否附有笔录、清单,并经侦查人员、电子数据持有人、见证人签名;没有持有人签名的,是否注明原因;远程调取境外或者异地的电子数据的,是否注明相关情况;对电子数据的规格、类别、文件格式等注明是否清楚;(三)电子数据内容是否真实,有无删除、修改、增加等情形;(四)电子数据与案件事实有无关联;(五)与案件事实有关联的电子数据是否全面收集。对电子数据有疑问的,应当进行鉴定或者检验。"根据《解释》第九十四条的规定,视听资料、电子数据经审查无法确定真伪或者制作、取得的时间、地点、方式等有疑问,不能提供必要证明或者作出合理解释的,不得作为定案的根据。根据上述规定,结合实际情况,判断本案电子邮件、QQ聊天记录、电子账单和报关材料等电子数据是否具备证据能力,主要从证据的"三性"入手。"三性"审查是对《解释》规定的逻辑归纳,包含了《解释》关于电子证据审查的全部内容。

一是真实性,即电子数据所表达的内容或者证据事实是真实的,不是想象、臆测或者虚构的。如同视听资料一样,电子数据作为信息技术的产物,容易存在拼凑、篡改、增删等伪造、变造的情形。因此应当首先审查电子数据内容的真实性,包括电子数据的来源,即电子数据形成的时间、地点、对象、制作人、制作过程及设备情况;电子数据的收集、传送和保存方法。必要时,还可通过鉴定的方式确认电子数据的真实性。本案中,侦查机关现场固定电子数据时采用了"封存—扣押"模式:召集见证人—切断电源及接口—封存介质—拍照、录像固定—制作搜查笔录和扣押清单—送有资质部门鉴定。对于计算机中未被删除的数据,在其他证据足以佐证的前提下,采用了"打印—确认"模式。最终固定、提取涉案电脑100多台,一批U盘、移动硬盘、手机卡等存储介质。侦查机关在获得上述电子数据材料后即提交给电子数据鉴定机关进行鉴定,鉴定意见均在法庭审理时予以出示并进行质证。同时,侦查机关对扣押的100多台电脑进行分析,在不破坏数据的情况下,对现有数据提取、分析,对已删除数据恢复后提取,并使用60部只读设备和电子数据专业分析软件,解决对已删除数据的固定、分析难题。所有提取、固定的电子证据材料,在侦查和起诉阶段均打印成文字件,交由相关的被告人及证人进行签认。值得一提的是,本案中侦查机关在网络取证中还进行了向第三方取证。向第三方取证,就是向中立第三方调取电子数据,它是计算机取证体系的重要组成部分。第三方包括网络服务提供商、电子数据交换机构、电子证据鉴定机构、案外第三人等。在我国,向第三方取证作为计算机取证的成熟手段之一,具有明确的法律依据,如《计算机信息网络国际联网安全保护管理办法》《互联网信息服务管理办法》等,均明确规定了网络服务商具有提供电子证据的协助义务。本案中,侦查机关通过电子邮件所属服务商确定网络服务商的地址,向服务商调取了30个涉案邮箱中的20万封电子邮件,经过筛选后将其中与本案有关联的部分作为电子数据材料提交法庭。同时,向第三方取证的数据材料均由第三方单位存储在只能读不能写的光盘里面,阅读者无法对这些数据进行修改,从而保证了电子数据材料的真实性。

二是合法性,即电子数据的收集主体、方法和程序应当符合法律规定。电子数据的合法性审查应当包括审查电子证据的收集主体和程序是否合法。程序审查是实体审查的前提基础,而主体资格的审查又是程序审查的首要步骤。本案中,侦查机关在对案件关键场所进行搜查时,邀请了广州市网警支队协助开展现场勘查;同时,为了更科学地对电子数据进行系统提取、固定,侦查机关还专门成立了"106专案"电子数据分析小组。另外,侦查机关在提取、固定电子数据过程中严格执行公安部制发的《计算机犯罪现场勘验与电子证物检查规则》《公安机关电子数据鉴定规则》等规章制度,制作《电子证物检查笔录》,详细说明了电子数据调取、封存、打印、鉴定等全面情况。而且,侦查机关在向第三方取证时,向第三方出示了调取证据通知书、介绍信调取证据,取证程序符合法律、法规的规定。

三是关联性,即电子数据与待证案件事实有关,具有证明案件待证事实的属性。以本案中数量最多的电子数据——电子邮件为例。被告人之间来往的电子邮件中包含大量的真实上货清单,这些清单在境外供应商、国内货主、揽货人、多层包税人、洗单操作员、香港拼柜公司等多个环节流转,是证明存在走私犯罪的共同故意和共同行为的重要证据,也是计算被告人参与走私犯罪数额的重要依据。事实上,合议庭正是通过反复核实电子邮件中上货清单的真实交易内容与虚假报关资料内容的不同,计算出每一被告人的犯罪数额。

综上所述,合议庭认定案件中的电子证据材料真实、合法,且与本案具有关联性,达到了证据的认定标准,可以作为定案证据使用。[参见第873号指导案例,广州顺亨汽车配件贸易有限公司等走私普通货物案,载《刑事审判参考》总第93集(2013年第4集),第6~9页。撰稿:崔小军　许媛媛]

▽行政执法中收集的言词证据,只有经过侦查机关依法重新取证的才具有刑事证据资格

从现行刑事诉讼理念出发,刑事诉讼中据以定案的证据必须系具有侦查权的主体依照刑事诉讼法的规定收集、调取、制作,并经庭审质证才可以作为证据使用。而行政执法机关并非法定的刑事侦查主体,故严格按照上述理念,无论是行政执法部门收集、调取、制作的物证、书证、视听资料、检验报告、鉴定意见、勘验笔录、现场笔录等客观性证据,还是证人证言、当事人陈述等主观性证据,均应在进入刑事诉讼程序后由侦查机关重新收集。然而,从实际情况出发,特别是从主观性证据和客观性证据的形成过程分析,主观性证据系在取证时临时生成,其内容受取证程序的影响较大;而客观性证据在取证前业已存在,其内容受取证程序的影响较小。为提高诉讼效率,节约司法资源,允许在行政执法程序中收集的客观性证据经一定程序转化为刑事证据是可行的、必要的。最高人民法院、最高人民检察院、公安部于2011年联合下发的《关于办理侵犯知识产权刑事案件适用法律若干问题的意见》首次对行政执法部门收集、调取的证据在刑事诉讼中的效力问题作出规定,根据证据的性质区分为两种情形:"行政执法部门依法收集、调取、制作的物证、书证、视听资料、检验报告、鉴定结论、勘验笔录、现场笔录,经公安机关、人民检察院审查,人民法院庭审质证确认,可以作为刑事证据使用。行政执法部门制作的证人证言、当事人陈述等调查笔录,公安机关认为有必要作为刑事证据使用的,应当依法重新收集、制作。"《刑事诉讼法》第五十二条第二款规定:"行政机关在行政执法和查办案件过程中收集的物证、书证、视听资料、电子数据等证据材料,在刑事诉讼中可以作为证据使用。"显然,被害人陈述、证人证言等言词证据未被规定在内,行政执法机关收集的言词证据不具有刑事诉讼证据资格。

言词证据具有较强的主观性,容易发生变化,对行政机关依据行政法律法规取证的程序要求明显不如刑事诉讼严格。根据《刑事诉讼法》的有关规定,证人有意作伪证或者隐匿罪证,严重的可以伪证罪追究刑事责任;采用暴力、威胁等非法方法收集的证人证言、被害人陈述,应当予以排除;法庭审理过程中,当事人有权申请证人出庭作证;证人受到打击报复的,可以请求司法机关予以保护,甚至可以打击报复证人罪追究相关行为人的刑事责任。上述规定赋予证人的刑事诉讼权利、义务,在行政执法程序中并不能完全体现出来。即使同一个证人在不同的程序中证明同一件事,因其作证时具有不同的权利义务,叙述事实时可能会有所取舍。在刑事诉讼中对证人证言进行重新收集,让证人在更为严格的刑事诉讼权利、义务背景下叙述事实,能够保证其证言具有较强的可信性,也更有利于查明案件事实,保障当事人的权利。《人民检察院刑事诉讼规则(试行)》(已失效)第六十四条第三款规定:"人民检察院办理直接受理立案侦查的案件,对于有关机关在行政执法和查办案件过程中收集的涉案人员供述或者相关人员的证言、陈述,应当重新收集;确有证据证实涉案人员或者相关人员因路途遥远、死亡、失踪或丧失作证能力,无法重新收集,但供述、证言或者陈述的来源、收集程序合法,并有其他证据相印证,经人民检察院审查符合法定要求的,可以作为证据使用。"该款规定亦体现了这一精神,即刑事诉讼中的言词证据原则上应当重新收集,特殊情况下也可以进行适当形式转换,但必须有其他证据相互印证。公安机关查办卖淫嫖娼等行政违法案件时,发现有犯罪线索的,在刑事立案后,对行政执法中收集的言词证据,认为确有必要作为刑事证据使用的,应当由侦查人员依据刑事诉讼法的规定在告知权利与义务、相关法律后果后,向证人、当事人重新取证。不能因其职权的双重性,混淆行政处罚与刑事诉讼程序,任意转换不同程序进行执法。未经重新收集、制作的言词证据,不能作为刑事诉讼证据使用。故本案检察机关所提应当以行政执法过程中获取的证据认定被告人王某某、秦某某容留卖淫22次、涉及嫖娼人员19人的抗诉意见不能成立。[参见第972号指导案例,王志余、秦群英容留卖淫案,载《刑事审判参考》总第97集(2014年第2集),第99～101页。撰稿:杜开林]

第五十五条　【不轻信口供及证据确实充分的条件】对一切案件的判处都要重证据,重调查研究,不轻信口供。只有被告人供述,没有其他证据的,不能认定被告人有罪和处以刑罚;没有被告人供述,证据确实、充分的,可以认定被告人有罪和处以刑罚。

证据确实、充分,应当符合以下条件:

(一)定罪量刑的事实都有证据证明;

(二)据以定案的证据均经法定程序查证属实;

(三)综合全案证据,对所认定事实已排除合理怀疑。

■人民检察院刑事诉讼规则(2019年12月30日)

第六十三条　人民检察院侦查终结或者提起公诉的案件,证据应当确实、充分。证据确实、充分,应当符合以下条件:

(一)定罪量刑的事实都有证据证明;

(二)据以定案的证据均经法定程序查证属实;

(三)综合全案证据,对所认定事实已排除合理怀疑。

■最高人民法院关于适用《中华人民共和国刑事诉讼法》的解释(2021年3月1日)

第一百三十九条　对证据的真实性,应当综合全案证据进行审查。

对证据的证明力,应当根据具体情况,从证据与案件事实的关联程度、证据之间的联系等方面进行审查判断。

第一百四十条　没有直接证据,但间接证据同时符合下列条件的,可以认定被告人有罪:

(一)证据已经查证属实;

(二)证据之间相互印证,不存在无法排除的矛盾和无法解释的疑问;

(三)全案证据形成完整的证据链;

(四)根据证据认定案件事实足以排除合理怀疑,结论具有唯一性;

(五)运用证据进行的推理符合逻辑和经验。

第一百四十一条　根据被告人的供述、指认提取到了隐蔽性很强的物证、书证,且被告人的供述与其他证明犯罪事实发生的证据相互印证,并排除串供、逼供、诱供等可能性的,可以认定被告人有罪。

第一百四十二条　对监察机关、侦查机关出具的被告人到案经过、抓获经过等材料,应当审查是否有出具该说明材料的办案人员、办案机关的签名、盖章。

对到案经过、抓获经过或者确定被告人有重大嫌疑的根据有疑问的,应当通知人民检察院补充说明。

第一百四十三条　下列证据应当慎重使用,有其他证据印证的,可以采信:

(一)生理上、精神上有缺陷,对案件事实的认知和表达存在一定困难,但尚未丧失正确认知、表达能力的被害人、证人和被告人所作的陈述、证言和供述;

(二)与被告人有亲属关系或者其他密切关系的证人所作的有利于被告人的证言,或者与被告人有利害冲突的证人所作的不利于被告人的证言。

第一百四十四条　证明被告人自首、坦白、立功的证据材料,没有加盖接受被告人投案、坦白、检举揭发等的单位的印章,或者接受人员没有签名的,不得作为定案的根据。

对被告人及其辩护人提出有自首、坦白、立功的事实和理由,有关机关未予认定,或者有关机关提出被告人有自首、坦白、立功表现,但证据材料不全的,人民法院应当要求有关机关提供证明材料,或者要求有关人员作证,并结合其他证据作出认定。

第一百四十五条 证明被告人具有累犯、毒品再犯情节等的证据材料,应当包括前罪的裁判文书、释放证明等材料;材料不全的,应当通知人民检察院提供。

第一百四十六条 审查被告人实施被指控的犯罪时或者审判时是否达到相应法定责任年龄,应当根据户籍证明、出生证明文件、学籍卡、人口普查登记、无利害关系人的证言等证据综合判断。

证明被告人已满十二周岁、十四周岁、十六周岁、十八周岁或者不满七十五周岁的证据不足的,应当作出有利于被告人的认定。

■公安机关办理刑事案件程序规定(2020年9月1日)

第八条 公安机关办理刑事案件,应当重证据,重调查研究,不轻信口供。严禁刑讯逼供和以威胁、引诱、欺骗以及其他非法方法收集证据,不得强迫任何人证实自己有罪。

第六十九条 需要查明的案件事实包括:

(一)犯罪行为是否存在;

(二)实施犯罪行为的时间、地点、手段、后果以及其他情节;

(三)犯罪行为是否为犯罪嫌疑人实施;

(四)犯罪嫌疑人的身份;

(五)犯罪嫌疑人实施犯罪行为的动机、目的;

(六)犯罪嫌疑人的责任以及与其他同案人的关系;

(七)犯罪嫌疑人有无法定从重、从轻、减轻处罚以及免除处罚的情节;

(八)其他与案件有关的事实。

第七十条 公安机关移送审查起诉的案件,应当做到犯罪事实清楚,证据确实、充分。

证据确实、充分,应当符合以下条件:

(一)认定的案件事实都有证据证明;

(二)认定案件事实的证据均经法定程序查证属实;

(三)综合全案证据,对所认定事实已排除合理怀疑。

对证据的审查,应当结合案件的具体情况,从各证据与待证事实的关联程度、各证据之间的联系等方面进行审查判断。

只有犯罪嫌疑人供述,没有其他证据的,不能认定案件事实;没有犯罪嫌疑人供述,证据确实、充分的,可以认定案件事实。

■最高人民法院关于建立健全防范刑事冤假错案工作机制的意见(2013年10月9日)

二、严格执行法定证明标准,强化证据审查机制

6. 定罪证据不足的案件,应当坚持疑罪从无原则,依法宣告被告人无罪,不得降格作出"留有余地"的判决。

定罪证据确实、充分,但影响量刑的证据存疑的,应当在量刑时作出有利于被告人的处理。

死刑案件,认定对被告人适用死刑的事实证据不足的,不得判处死刑。

7. 重证据,重调查研究,切实改变"口供至上"的观念和做法,注重实物证据的审查和运用。只有被告人供述,没有其他证据的,不能认定被告人有罪。

■最高人民法院、最高人民检察院、公安部、国家安全部、司法部关于办理死刑案件审查判断证据若干问题的规定(2010年7月1日)(见本书附录十五)

■最高人民法院、最高人民检察院、公安部、国家安全部、司法部关于办理刑事案件排除非法证据若干问题的规定(2010年7月1日)(见本书附录十六)

■安徽省高级人民法院、安徽省人民检察院、安徽省公安厅毒品案件证据收集审查判断规则(2014

年4月10日)(见本书附录三十九)

■浙江省高级人民法院、浙江省人民检察院、浙江省公安厅重大毒品犯罪案件证据收集审查判断工作指引(2015年1月5日)(见本书附录四十一)

▼安徽省高级人民法院、安徽省人民检察院、安徽省公安厅关于办理合同诈骗等犯罪案件工作座谈会纪要(2014年12月31日)

二、非法集资案件

(二)关于证据要求

通过收集行为人集资行为未经有关部门批准的相关书证资料、公司登记注册资料等认定其集资的非法性;通过收集行为人的相关虚假宣传资料认定集资的公开性;通过收集国家同期利率表、集资协议、资金返还本息凭据等材料认定集资的利诱性;通过收集集资参与人的陈述、目击集资人群体上访或其他过激行为的证人和处理上述事件的部门或公务员的证言、电子邮件、聊天记录、手机短信等材料认定集资行为的社会性。

要重点查明行为人对非法集资资金的管理、使用、退赔能力以及集资参与人参加集资的起因、方式、金额、回报、损失等方面。集资诈骗犯罪中,还应进一步查明行为人编造、夸大经营业绩,虚构集资用途,虚假承诺高额回报,隐瞒事实真相的相关证据。

对被害人人数众多的案件,公安机关立案后应及时发布公告,要求被害人限期申报债权,查明被害人的实际损失。

非法集资刑事案件的相关财务账目等以电子数据形成并存在的,注重电子证据提取收集、固定保全的方式方法。电子证据的收集,不仅要收集电子数据本身,还需收集与系统稳定性及软件的使用等情况的证明,对检查的过程进行详细的描述,突出原始数据的完整性,内容涉及电算化的,应当由司法会计专家对提取的资料进行现场检验。

依法作出的司法会计鉴定是认定犯罪嫌疑人、被告人非法集资金额、损失数额、犯罪金额的重要证据。公安机关一般应根据查获的相应财务资料,委托具有鉴定资质的鉴定机构依法作出鉴定意见。鉴定意见应当包括非法集资总额、集资人数、集资金额、集资损失情况,公司的支出、公司资产及负债情况,应收、应付款项及公司规模、经营状况等主要内容。

▽没有被告人口供,但证据充分确实的,可以认定被告人有罪和处以刑罚

《刑事诉讼法》本条的规定,不是一般的宣言式规定,而是一条如何对待被告人供述这一言词证据的重要证据规则。根据该规则,只有被告人供述,没有其他证据的,不能认定被告人有罪和处以刑罚;没有被告人供述,证据充分确实的,可以认定被告人有罪和处以刑罚。也就是说,在没有被告人供述的情况下,问题不在于能不能定案,而在于在案其他证据是否达到确实、充分的程度,能否认定案件事实。司法实践中,在把握被告人供述等言词证据时,应当注意遵循下列原则:一是不能仅凭言词证据尤其不能仅凭同案被告人供述认定犯罪事实。由于作证主体的利害相关性和证言来源的特点决定,同案被告人供述等言词证据往往具有易变性、主观性等缺点。如果仅凭同案被告人供述定案,整个案件事实认定的基础就极不扎实,容易因同案被告人供述的改变而改变。尤其是对判处被告人死刑的案件,更不能仅凭同案被告人供述予以定案,必须有其他证据如物证、书证来直接保障和补强同案被告人供述的证明力,以保证证明结论的排他性。二是严格排除非法言词证据,尤其要严格排除同案被告人的非法言词证据,确保同案被告人供述不是在刑讯逼供、威胁、引诱的情况下所作。同时,必须排除同案被告人之间串供的可能性。这不仅仅为了正当程序,也为了保障人权的要求,就此类案件来说,更重要的是为了确保案件事实认定的客观真实性。三是各类证据之间的矛盾必须得到排除,形成一个互相补充、互相印证、完整、缜密的证据锁链,能够得出唯一的证明结论。[参见第453号案例,张建国贩卖毒品

案,载《刑事审判参考》总第57辑(2007年第4辑),法律出版社,第52～53页。执笔:陆建红　王培中]

▽毒品犯罪案件中,完全排除诱供、逼供、串供等情形,被告人的口供与同案被告人的供述才可以作为定案的根据

毒品犯罪的一个显著特点就是一般具有隐蔽性。毒品犯罪证据的收集比较困难。毒品犯罪案件的证据一般或多或少地具有某些瑕疵。最高人民法院印发的《全国法院审理毒品犯罪案件工作座谈会纪要》规定,在审理毒品犯罪案件中,对于毒品、毒资等已不存在,或者被告人翻供,审查证据和认定事实存在困难的情况下,仅凭被告人口供是不能定案的。只有当被告人的口供与同案其他被告人供述吻合,并且完全排除诱供、逼供、串供等情形,被告人的口供与同案被告人的供述才可以作为定案的根据。对仅有口供作为定案根据的,对其判处死刑立即执行要特别慎重。[参见第367号案例,张玉梅、刘玉堂、李永生贩卖毒品案,载《刑事审判参考》总第46集(2005年第5集),法律出版社,第65页。执笔:聂洪勇]

▽在被告人始终拒不供认自己罪行的情况下,应依据其他证据依法定案

行为人自被抓获后,一直拒不供认自己的罪行,否认租用了王某在上海市国定路600弄的房子,并称不认识“马一洒给”,所以更谈不上与毒品的关系。但是,破获本案的公安人员证实,抓获行为人时从其携带的箱包内查到了其租用上海市国定路600弄28号103室的《房屋租赁协议》,后带行为人到该房间门前,用从其处查获的钥匙,将该房间门打开,发现了藏匿的毒品。行为人未能提出其身上有《房屋租赁协议》及该房间的门钥匙的合理理由,后来,干脆连从其身上查获的物品也矢口否认。而经房主王某和承租房屋中间介绍人袁某、在场人邱某辨认,行为人就是自称“马一洒给”并租用该房间的人。房主王某还证实,房屋出租后,因门锁被更换,无法再进入该房屋。另外,行为人的妻子高某也证实行为人曾在国定路借过一套房子。同时还有查获的海洛因及鉴定结论在案,这一系列的证据互相支持,形成锁链,完全可以证明,上海市国定路600弄28号103室内的海洛因属于行为人的,证据确实、充分。[参见第54号案例,李伊斯麻贩卖毒品案,载《刑事审判参考》总第7辑(2000年第2辑),法律出版社,第46～47页。审编:王玉琦]

▽抓获毒品犯罪被告人时,人“货”分离且被告人拒不认罪的,运用间接证据定案

毒品犯罪案件的证据具有特殊性,直接证据较少,一般只有公安机关出具的人赃并获的抓获经过和被告人的有罪供述,通常都是在这两项直接证据的基础上结合其他间接证据定案。由于毒品犯罪要求行为人主观上具有明知的故意,相当一部分案件中的犯罪嫌疑人、被告人为逃避罪责而否认明知,拒不认罪。人“货”分离时,定案的关键就在于如何审查、认定在案间接证据的证据能力、证明力及相关的逻辑联系,判断在案证据能否形成证据锁链,达到排除合理怀疑的证明标准。本案行为人并不否认其在罗平火车站候车室被检查且逃跑的事实,但拒绝承认与装有毒品的蓝色塑料盒之间的联系,因此,定案的关键在于能否认定公安人员从现场提取的装有毒品的蓝色塑料盒就是行为人逃跑时丢弃的。从证明标准上说,就是在案证据之间能否形成完整锁链,足以排除盒子是其他人的合理怀疑。虽然本案没有直接证据据以定案,但根据对这两份主要证人证言的审查、判断,并结合其他相关证据进行比较分析,各证据在细节上能够形成一致,且自然、合理,可以排除其他人作案的合理怀疑.形成完整的证据链,故认定行为人犯有运输毒品罪,事实清楚,证据确实、充分,足以认定。[参见第552号案例,胡元忠运输毒品案,载《刑事审判参考》总第67集(2009年第2集),法律出版社,第139～143页。撰稿:刘晋云、翁彤彦]

▽幕后起组织、指挥作用的毒品犯罪被告人到案后拒不认罪的,其犯罪事实的认定

虽然被告人供述是重要的直接证据,可以全面、具体地反映案件过程,并为收集其他证据提供线索,但在没有被告人口供的情况下,通过严格审查判断其他证据,形成证据体系,也可以对被告人定罪处刑。本案是一起贩卖毒品数量特别巨大的重大毒品犯罪案件,第一被告人李某归案后拒不供认其犯罪事实,法院根据物证、书证、证人证言、同案被告人供述等证据,认定李某为谋取非法利益而建立了多人参加、分工明确、组织严密的犯罪集团,以遥控指挥方式多次贩卖、运输毒品海洛因共计24 600克的犯罪事实,达到定案的证明标准,法院据此对其进行定罪处罚是正确的。[参见第553号案例,李陵、王君亚等贩卖、运输毒品、非法买卖、运输枪支、弹药案,载《刑事审判参考》总第67集(2009年第2集),法律出版社,第149~150页。撰稿:毛洁]

▽在共同犯罪案件中,非同案共犯供述的证明力的认定

在刑事司法中,共犯与同案被告人是两个不同的概念。共犯是实体法上的概念,是指共同犯罪的人;而同案被告人则是程序法上的概念,是指在同一诉讼程序中被司法机关共同追诉的人,二者所涵盖的范围并非完全重合的。一般情况下,共同犯罪人都是同案处理的(同案共犯),但是,在某些情况下,如案犯归案时间不同时,实践中也存在将共犯另案处理的可能(非同案共犯)。这样,如何认定先受审的被告人供述对后受审共犯案件的证明力,是正确处理此类案件不可回避的重要问题。在审理后受审共犯案件中,对于非同案共犯中先受审的被告人的供述,一些司法机关将这类共犯口供作为后审共犯案件的证人证言,认为先审结案件的被告人口供是经过调查属实的,其真实性建立在较牢靠的基础上,且该被告人与后案审理的共犯人在利害关系上已牵扯不大,实际上已成为后审者犯罪事实的知情人,其诉讼地位当然发生变化,而成为另案诉讼的证人。然而在我国目前的情况下,适用这种处理方式处理案件是欠妥的,极易导致冤错案件的发生,因为非同案共犯的供述与普通的证人证言有着本质的不同:(1)从证明主体与案件的利害关系来看,二者具有本质的区别。在我国,证人与案件审理结果在法律上没有直接的利害关系,而被告人是被追诉和可能被定罪的对象,与案件结果存在直接的利害关系,属于诉讼当事人,二者的地位存在明显差异。(2)从所证明内容的范围而言,被告人供述的范围更广,其作的有罪供述会更直接、全面地反映出犯罪的动机、目的、时间、地点、手段、过程、后果等案件事实,特别是在证明犯罪主观目的与动机方面更是具有无可比拟的作用。相对而言,由于并非案件的直接当事人,证人证言具有一定的局限性,只能证明案件的主要情节或部分情节,而不能像被告人口供那样全面、具体。(3)从所证明内容的真实性而言,非同案被告人的供述存在更大的虚假可能性。相对证人而言,被告人作为刑事诉讼中被追究刑事责任的对象,由于口供直接影响到司法机关对其刑事责任的追究,因而其真实性容易受到各种原因的影响,也容易出现反复。特别是对于先受审的被告人来说,由于其供述无须像证人证言那样与后审理的非同案共犯进行当庭对质,在缺乏足够的质证程序予以制约的条件下,不排除有推卸责任的可能。综上,无论是形式上还是实质上,将非同案共犯的供述界定为被告人的供述这一证据种类更为合适。但在适用刑事诉讼法本条“只有被告人供述,没有其他证据的,不能认定被告人有罪或处以刑罚”的规定时,考虑到非同案共犯毕竟具有一定的“旁观者”“局外人”色彩,在对已经过庭审质证确认的被告人供述的判断和运用方面,相对于同案共犯的供述要更灵活一些,允许在一定前提下据此对被告人定罪判刑,甚至判处死刑,是符合刑事诉讼实际的。本案被告人张某某于2006年9月3日被公安机关抓获前,郑州市中级人民法院已于2004年5月对其他共犯判决如下:以抢劫罪判处被告人张某某死刑、判处被告人方某某死刑缓期两年执行、判处被告人耿某某死刑缓期两年执行、判处被告人耿忠态无期徒刑。因此,对于本案而言,其他4名被告人的供述属于非同案共犯的供述。本案认定被告人张某某参与抢劫犯罪没有问题。但焦点在于,在没有客观证据,且张某某完全否认的情况下,能否根据其他4名被告人的供述确认由张某某实施了分工及掐死被害人的行为?最高人民法院根据本案的具体情况,以抢劫罪核准被告人张某某死刑是适当的,也是非常慎重的。最后,从量刑来看,本案中5名被告人为了实施抢劫犯罪,致死两名毫无反抗能力的老人,核准两人死刑也是妥当的。被告人张某某在共同犯罪中的作用相对于张某革较大,且系累犯,而张某某已被核准死刑,因此,核准被告人张某某死刑更能体现量刑均衡。[参见第590号指导案例,张世明抢劫案,载《刑事审判参考》总第71集(2009年第6集),第32～35页。撰稿:朱晶晶]

▽在被告人翻供的情况下如何根据供证关系定案

供证关系,即口供与在案其他证据之间的关系,在当前口供作为定案重要证据的情况下,对于分析和认定案件事实具有重要价值。从取证时间上看,供证关系有先供后证和先证后供两种类型。先供后证系侦查机关根据口供取得其他证据,如物证、书证、证言等,可信度高,证明力强;先证后供系侦查机关取得其他证据后才获得被告人口供,在需要进一步判断口供自愿性的情况下,供述的证明力相对较弱。从证据指向上看,供证关系有同向和逆向之分。同向供证关系意味着口供得到了其他证据的印证,而逆向供证关系则说明口供与其他证据存在矛盾。司法实践中,案件的证据情况个案差别较大,供证关系的样态对案件事实认定有着不同影响。对于有目击证人且有指向性极强的客观性证据的案件,供证的顺序对事实认定的影响相对较小,且被告人也较少翻供;对于没有目击证人,或者缺少指向性极强的客观性证据的案件,特别是在被告人翻供的情况下,对供证顺序和指向的分析对于认定案件事实就显得较为突出和重要。本案没有目击证人,也缺乏足以锁定被告人杨某某作案的强有力的客观证据,而被告人自审查起诉阶段起翻供,在此情况下,需综合全案证据特别是杨某某的有罪供述、无罪辩解与其他证据之间的关系进行分析,才能准确认定案件事实。根据在案证据特别是供证关系,本案可以认定系杨某某实施了故意杀害梁某某的犯罪行为。具体分析如下:首先,被告人供述的内容自然、合理,且得到了其他证据的印证。据杨某某供述,同村村民梁某某请其帮忙联系购买一辆农用运输车,其表示同意。2007年4月3日早上,其与梁某某通过电话后,用女儿平时装化妆品的一个黑色拎包装了4瓶啤酒到梁家,与梁某某吃过早饭后一同到通化市二道江建设银行将梁某某的17万元购车款存入杨某某借用其姐的身份证办的一张建设银行卡内。存款后该卡仍由杨某某保管。当日下午,杨与梁某某通过电话后再次到梁家。16时30分许,其忽然产生杀死梁某某,占有购车款的念头,遂趁梁某某不备,用随身携带的一段闭路电视线猛地套在梁某某的脖子上,顺势反身背起梁某某拖往厨房。此时,其听到院外有摩托车声音,害怕来人发现,遂背着梁某某躬身走到厨房窗户西侧,起身想看看外面的情况。这时梁某某的身体已经软了,其顺势将梁某某趴着放到墙角的水缸上,拽出闭路电视线,拿上早上装啤酒到梁家来的黑包,从东面跳出院墙逃离现场。以上供述详细、完整再现了其作案的过程,各个环节均得到相关证据的印证。虽然被告人杨某某翻供不承认杀人犯罪,但综合在案证据,足以认定杨某某实施故意杀人行为的事实清楚,证据确实、充分。杨某某图财害命,犯罪情节极其恶劣,后果和罪行极其严重,且认罪后又翻供,无悔罪表现,故应对其依法判处并核准死刑。[参见第599号指导案例,杨淑敏故意杀人案,载《刑事审判参考》总第72集(2010年第1集),第22～26页。撰稿:何泽宏]

▽黑社会性质组织犯罪的证据要求的把握

黑社会性质组织犯罪必须同时具备的"组织特征"、"经济特征"、"行为特征"和"危害性特征"四个方面收集了相关证据,达到认定黑社会性质组织的证据要求。黑社会性质组织犯罪属于复合型犯罪,其证据要求具有一定的特殊性。有关黑社会性质组织犯罪客观方面的证据具有双重证明功能,既可以被用来证明黑社会性质组织的某些特征,又可以被用来证明单独的犯罪。因此,应当将那些具有双重证明功能的证据纳入黑社会性质组织犯罪的证明链条中,围绕黑社会性质组织犯罪构筑单独的证据体系。根据《全国人民代表大会常务委员会关于〈中华人民共和国刑法〉第二百九十四条第一款的解释》的规定,黑社会性质组织必须同时具备"组织特征"、"经济特征"、"行为特征"和"危害性特征"。这四个方面的特征具有一定的内在关联,但又各有侧重,涉及黑社会性质组织的不同侧面。现结合四个特征对证明黑社会性质组织的证据要求归纳如下:1. 组织特征。黑社会性质组织一般较为稳定,人数较多,有明确的组织者、领导者,骨干成员基本固定。组织特征的证明需要立足以下几个方面:第一,组织的成员。审判机关不仅需要查明黑社会性质组织的组织者、领导者、积极参加者和其他参加者,而且需要查明黑社会性质组织的骨干成员和成员数量,尤其是组建、吸收、网罗组织成员的情况。根据《最高人民法院关于审理黑社会性质组织犯罪的案件具体应用法律若干问题的解释》第三条第二款的规定,对于参加黑社会性质的组织,没有实施其他违法犯罪活动的,或者受蒙蔽、胁迫参加黑社会性质的组织,情节轻微的,可以不作为犯罪处理。因此,对于此类组织成员的认定,必须慎之又慎。第二,组织的结构。审判机关不仅需要查明黑社会性质组织的领导层级和职责分工,尤其是组织者、领导者的更迭情况,而且需要查明组织成员的内部约定或行为习惯、帮规戒律,尤其是人事安排权、经营决策权、利益分配权、惩戒权等情况。实践中,并非所有的黑社会性质组织都具有严格的组织纪律和明确分工,有些黑社会性质组织奉行隐形的命令控制链条,因此,需要立足个案具体分析,重点结合组织资金的管理、骨干成员的活动、违法犯罪行为的安排等方面分析组织的结构。第三,组织的存续时间。黑社会性质组织并非一夜之间形成,通常有一个由犯罪团伙发展到犯罪集团进而转变为黑社会性质组织的演化进程,因此,对于组织的存续时间,需要结合黑社会组织的组织者、领导者的确立以及组织涉及的违法犯罪行为加以认定。值得强调的是,要证明黑社会性质组织的组织特征不能仅凭黑社会性质组织实施的具体违法犯罪活动的证据,还应当提供上述黑社会性质组织结构特征方面的证据。2. 经济特征。为支持组织的活动,黑社会性质组织通常有组织地通过违法犯罪活动或者其他手段获取经济利益,具有一定的经济实力。经济特征的证明需要立足以下几个方面:第一,组织的收入来源。实践中,黑社会性质组织获取非法收入的主要途径包括:通过实施赌博、敲诈、贩毒等违法犯罪活动攫取非法利益;通过强买强占、强制入股等方式获取非法利益。通过开办公司、企业等方式边洗钱边获取非法利益等。因此审判机关需要查明黑社会性质组织通过哪些途径获取资金收入,尤其要查明那些貌似合法的非法资金来源。第二,组织的资金流转。黑社会性质组织并不单纯地通过违法犯罪活动直接获取非法利益,而是将获取的非法收入用于发展组织成员、购置犯罪工具、扩展非法获利途径等方面,以发展壮大组织;或者将获取的非法收入投入市场,通过各种洗钱手段转化为合法收入;或者用于寻求非法保护,等等。因此,审判机关需要查明组织的资金链条和资金流转情况,重点查处组织涉及的各类洗钱犯罪和职务犯罪。同时,通过查明组织资金的分配情况,还有助于确定各组织成员在组织中的地位和作用。值得注意的是,黑社会性质组织的经济特征体现为一定的经济实力,以支持该组织的活动但法律并未规定具体的数额要求。3. 行为特征。黑社会性质组织通常是以暴力、威胁或者其他手段,有组织地多次进行违法犯罪活动,为非作恶,欺压、残害群众,但实践中的表现形式各不相同。具体地说有些违法犯罪分工细致,体现为较强的组织性,有些违法犯罪则缺乏细致分工,体现出较弱的组织性;有些违法犯罪是为了排除竞争对手,故体现出较强的暴力性,有些违法犯罪则是为了从其他行业领域谋取非法利益,故以威胁为主;有些违法犯罪是组织者、领导者直接授意实施,有些则是组织成员按照组织惯例自主实施;此外,组织成立初期和发展壮大时期的行为特征也存在一定差异。为合理认定组织实施的违法犯罪,并合理区分组织的违法犯罪与组织成员个人的违法犯罪,审判机关需要结合黑社会性质组织实施的具体违法犯罪行为综合分析。此外,现阶段许多黑社会性质组织都积极向基层政权渗透,寻求保护伞,导致黑社会性质组织犯罪与职务犯罪相交织,因此,审判机关需要一并予以审查。4. 危害性特征。称霸一方,在一定区域或者行业内,形成非法控制或者重大影响,从而严重破坏经济、社会生活秩序,是黑社会性质组织的危害性特征,也是其区别于一般犯罪集团的关键所在。黑社会性质组织的危害性特征与其行为特征密切相关,因此,在认定危害性特征时,需要结合黑社会性质组织的违法犯罪行为加以分析。[参见第628号指导案例,乔某生等组织、领导、参加黑社会性质组织案,载《刑事审判参考》总第74集(2010年第3集),第114~118页。撰稿:刘静坤]

▽黑社会性质组织犯罪证明标准的把握

《最高人民法院关于贯彻宽严相济刑事政策的若干意见》规定对于黑社会性质组织犯罪,要作为严惩的重点,依法从重处罚。为防止将已构成黑社会性质组织犯罪的案件"降格"处理,或者因为强调严厉打击而将不构成此类犯罪的共同犯罪案件“拔高”认定,《最高人民法院、最高人民检察院、公安部办理黑社会性质组织犯罪案件座谈会纪要》(本附文以下简称《纪要》)也明确规定,办理涉黑案件同样应当坚持案件“事实清楚,证据确实、充分”的法定证明标准。《纪要》同时指出,“事实清楚”是指能够对定罪量刑产生影响的事实必须清楚,而不是指整个案件的所有事实和情节都要一一查证属实;“证据确实、充分”是指能够据以定罪量刑的证据确实、充分,而不是指案件中所涉全部问题的证据都要达到确实、充分的程度。与普通刑事案件相比,黑社会性质组织犯罪具有组织性、隐蔽性和持续性等特征,这使该类案件的证据收集工作面临较大的困难。在现阶段,公安机关对黑社会性质组织力争“打早打小”,因此,一些处于初期阶段的黑社会性质组织,其特征可能不如发展壮大阶段的黑社会性质组织那样明显。因此,对于公诉机关提交的证据,既要全面、认真地予以审查,确保定罪量刑的事实、情节均有可靠的证据予以证实;又不能提出过于严格、脱离司法实际的要求。在实践中,除了根据立法解释和司法解释的规定,围绕黑社会性质组织四个方面的特征收集证据,确保上述四个方面的特征均有证据予以证明之外,对该类犯罪证据的审查判断和分析,还需要把握以下几个方面的要点:第一,不仅需要重视分析各被告人尤其是骨干人员的供述,而且需要重视分析会计账目、借据、合同等书证以及证人证言、被害人陈述等证据。本案中,各被告人尤其是骨干人员曹某青、李某红、康霜东、王某生等的供述作为直接证据,能够更加明确地证实黑社会性质组织的组织结构、经济情况以及相关的违法犯罪行为。相关会计账目、借据、合同、结算单等书证作为间接证据,能够有力地佐证各被告人的供述,尤其是各骨干人员的供述,并能避免被告人翻供导致关键事实不清。相关证人的证言和各被害人的陈述作为直接证据,能够证实以被告人乔某生为首的黑社会性质组织实施的特定的违法犯罪行为。第二,不仅需要审查证据的表层含义,而且需要挖掘证据的深层价值。本案各被告人的供述和相关证人证言等作为直接证据,除能证明以被告人乔某生为首的黑社会性质组织的组织结构、经济情况和相关的违法犯罪行为之外,还能证实该黑社会性质组织所造成的社会危害。相关物证和书证不仅能够证实该黑社会性质组织实施的特定违法犯罪行为,而且能够证实该黑社会性质组织的组织规模、经济实力和社会危害。第三,不仅需要审查单个证据的可靠性,而且需要审查各个证据之间的融贯性。本案以被告人乔某生为首的黑社会性质组织涉及的被告人人数众多,各被告人尤其是骨干人员为推卸罪责,可能会作出各种各样的辩解。为准确认定案件事实,需要分析各被告人供述的动机,审查其供述的内容和细节,判断其供述的可靠性,并且与其他被告人的供述、证人证言、物证和书证等进行比对分析,排除各个证据之间的矛盾。同时,对于那些组织严密的黑社会性质组织,通过证据分析,一方面,要打破被告人之间订立的攻守同盟;另一方面,要有效地识别伪造证据、替人顶罪等情形。本案被告人乔某生等人的多次认罪供述能够相互印证,并且能够与相关证人证言、被害人陈述、物证和书证等证据相互印证,从而客观、可靠地证实了该黑社会性质组织所实施的诸多犯罪行为。第四,不仅需要重视单个证据独立的证明价值,而且需要重视证据之间的关联分析同时还要重视所有证据的整体证明价值。黑社会性质组织犯罪涉及的证据数量大、种类多,对证据分析工作的要求较高。在实践中,单个证据本身可能不能完全证明某项事实,但如果将多个证据整合起来,形成完整的证据链条,就能够有力地证明特定的事实,产生整体大于部分之和的证明功效。如果仅仅罗列证据而不重视证据分析,很难有效地证明案件事实。因此,在证据分析过程中,在挖掘单个证据证明价值的基础上,要重视对多个证据进行关联分析。本案各被告人的供述、相关证人证言和被害人陈述、物证、书证等证据,不仅能够单独证实被告人乔某生等人在特定的时间段内实施了诸多的犯罪行为,而且能够从整体上证实由被告人乔某生等人组成的组织已经具备黑社会性质组织的组织特征、经济特征、行为特征和危害性特征。综上,一审判决采纳了11项证人证言,22项书证,其中包括借据、合同、结算单、收条、存款冻结通知书、银行账户查询情况和搜查笔录、扣押物品清单等,各被害人的陈述,还有16名被告人的多次供述。多名证人的证言证实乔某生纠集多人成立犯罪组织,拥有大量刀具等凶器,强揽建筑工程,涉及大量资金流转,多次有组织地实施违法犯罪活动,造成严重的社会危害;多项借据、合同、结算单、收条等书证证实乔某生等人强揽建筑工程,获取巨额非法收入的情况,以及在当地建筑行业形成非法控制,严重破坏当地经济、社会生活秩序的情况;依法扣押的多张银行卡及账户查询记录证实,乔某生等人持有多张银行卡,并频繁进行资金结算,还证实扣押的银行卡内仍有大量现金余额情况;依法扣押的多辆汽车、多部手机和大量现金等物品能够证实,乔某生等人通过违法犯罪活动获取了大量非法收入,并用于购买交通工具、通信工具等物;依法扣押的大量长刀、钢管、短匕首、弓弩、枪托和枪管等物证,能够证实该组织具有严重的暴力性,严重危害当地社会治安秩序;各被害人的陈述证实,乔某生等人采用暴力等手段实施强占市场、强迫交易和敲诈勒索等犯罪行为,严重地危害了当地社会治安秩序主经济秩序。通过上述证据,结合16名被告人的多次供述,能够有力地证实乔某生等人所成立的组织系黑社会性质组织,乔某生等人的行为已构成组织、领导、参加黑社会性质组织罪。[参见第628号指导案例,乔某生等组织、领导、参加黑社会性质组织案,载《刑事审判参考》总第74集(2010年第3集),第118~121页。撰稿:刘静坤]

▽对"零口供"案件如何运用间接证据定案

被告人供述(口供)是法定证据种类之一。经查证属实的口供,可以直接证实被告人的作案动机、作案时间、地点、对象、手段、后果等主要情节,并且根据口供提取到作案工具、赃物或者其他客观性证据,对认定案件事实十分有利,故口供在司法实践中历来为办案机关所重视。但实践中,也有一些案件的被告人到案后始终不做有罪供述,形成"零口供"案件。对于此类案件,需要结合被告人的辩解,认真审查在案其他证据是否可以形成完整的证据体系,锁定系被告人作案。对于被告人的辩解具有合理性,足以使在案证据体系形成疑点的,要慎重决定能否定案。对于被告人的辩解前后矛盾,不能自圆其说,且其他证据确实、充分的,可以定案。本案是一起"零口供"案件,被告人到案后始终否认系其作案。但本案有较好的客观性证据,还有相关证人证言等辅助性证据,形成了完整的证据体系,足以认定被害人李某、罗某梅系陈某东故意杀害。具体分析如下:(一)破案经过客观、自然。破案经过是指刑事案件发生后侦查机关寻找、确定并抓获犯罪嫌疑人的过程。侦查机关出具的破案经过属于重要的案卷材料。客观、翔实的破案经过材料有助于审查判断证据,增强内心确信,进而确认案件事实。对于"零口供"案件,认真审查破案经过是否客观、自然,较之于被告人认罪案件,其意义更为突出和重要。本案的破案经过表明,侦查机关在取证方面做了大量工作。2006年4月27日下午,公安机关接到被害人李某父亲的报案后,随即派员保护现场,并及时提取了相关痕迹物证。同时,公安人员通过警犬追踪发现,从被害人所住36号楼离开的血脚印在36号楼前消失后,又在35号楼前出现,并从35号楼的1单元延伸至4单元,最终又折回3单元。公安人员遂对35号楼的住户逐户进行走访,并重点走访调查3单元的住户。当天晚上,公安人员发现住在3单元202室的陈某东神情紧张,右手有可疑新鲜外伤,其所住房间十分脏乱,但卫生间清洗得异常干净,其余住户未见异常。后经过外围调查发现,陈某东父母双亡,常年一人独居,性格孤僻,有暴力倾向,曾因两次打人被行政处罚。4月29日,公安人员依法对陈某东的住处进行搜查,发现陈某东已用洁厕剂对房间地面进行了清洗,但经细致搜查,还是从其卧室门框下角隐蔽处提取到一根沾有可疑血迹的棉布条。次日,经DNA鉴定,确定从陈某东家提取的棉布条上的血迹含有被害人李某的基因分型,且不排除含有被害人罗某梅的基因分型。同日,经指纹鉴定,确定从案发现场门厅冰箱顶部放置的相框上提取的血指印系陈某东右手中指所留。公安机关据此确定陈某东具有重大作案嫌疑,遂于5月1日将其拘留。随后,公安机关经对案发现场提取的40处血迹逐一进行DNA检验,证实从现场客厅的电脑桌上和厨房阳台地面上提取的2处血迹系陈某东所留,相框上陈某东所留血指纹系其右手中指沾附李某的血迹形成。可见,公安机关锁定陈某东为犯罪嫌疑人的过程,符合逻辑推理和经验法则,体现出客观、自然的特点。(二)指向陈某东作案的客观性证据确实、充分。物证、书证、DNA鉴定等客观性证据,受主观因素影响较少,具有较高的证明力。对于"零口供"案件,又没有目击证人等直接证据的,客观性证据的指向性越明确,越有利于定案。本案有四个重要的鉴定结意见:(1)证明从案发现场提取的血指纹系陈某东所留的指纹鉴定意见;(2)证明该血指纹系沾附被害人李某的血迹形成的DNA鉴定意见;(3)证明从案发现场提取的2处血迹系陈某东所留的DNA鉴定意见;(4)证明从陈某东家提取到的棉布条上检出李某的基因分型且不排除含有罗某梅基因分型DNA鉴定意见。这四个鉴定意见充分证实,陈某东去过案发现场,手上沾附过李某的血迹,还在案发现场受伤。鉴于上述四个鉴定意见是本案最重要的客观证据,为确保这些证据真实、可靠,有必要从检材的收集固定、鉴定程序、结论形成等方面进行全面、细致的审查。关于指纹鉴定结意见,该指纹了沾附在现场客厅冰箱上放置的相框背部边缘,而冰箱及地面上均有较多血迹,故作案人在此处留下指纹较为自然。为慎重起见,复核期间,办案部门又专门聘请6名专家对该鉴定意见作了审核。专家们一致认为,该血指纹与陈某东的右手中指指纹的10个细节特征具有同一性,能够确定该枚血指纹确系陈某东右手中指所留。指纹鉴定意见客观、准确。关于血指纹系沾附李某的血迹形成的DNA鉴定意见。该鉴定系检察机关在审查起诉期间所要求补作。鉴定人员用纱布从相框边缘转移了血指纹沾附的血迹送检,鉴定后确定该血指纹沾附的血迹在10个STR基因座上与李某的基因分型相同。结论亦客观、准确。关于从现场提取的2处血迹系陈某东所留的DNA鉴定意见。该2处血迹从现场提取,表明陈某东在现场受伤,与人身检查笔录所证实的陈某东双手有伤、可出现外出血、受伤时间在案发时间段等情况相印证。在这2处血迹中,陈某东留在电脑桌上的血迹是一处独立血迹,且电脑桌位于李某尸体旁,故公安人员将该血迹提取。陈某东留在厨房阳台地面上的血迹虽在擦拭血迹之上,但形态明显独立,分析系滴落形成,故公安人员亦予提取,且在提取时只对该滴落血迹表面进行转移,尽最大努力避免其被下层血迹干扰。据鉴定人员介绍,若两个个体血迹的混合样本比例在10:1以上时,所占比例小的个体样本会被完全抑制,在STR分型检验中只表现为比例大的单一个体。因此,在对此处血迹进行DNA检验时只发现陈某东的基因分型亦属正常。关于从陈某东家提取的棉布条上检出二被害人混合血迹的DNA鉴定意见。公安人员持搜查证依法对陈某东家进行搜查时发现了该棉布条,当时有见证人在场,陈某东也在搜查证上签字。虽然陈某东未在搜查笔录上签字,公安机关对此出具情况说明称,当时陈某东因不配合搜查而离家,故未在搜查笔录上签字。陈某东亦承认该情节。经专门询问见证人,二人亦均证实搜查过程客观、真实。(三)现场有皮鞋和胶鞋形成的不同血足迹,可以得到合理解释。本案定案方面最大的难点,是对现场发现的血足迹的分析判断。在案发中心现场和外围现场发现了皮鞋和胶鞋留下的血足迹,且两种足迹均有套纺织物和未套纺织物的两种印迹。在中心现场,套纺织物的皮鞋血足迹广泛分布在门厅、卧室、客厅、厨房及阳台等处地面上;未套纺织物的皮鞋血足迹较少,出现在客厅茶几西侧和卧室床东侧地面上;胶鞋血足迹(均未套纺织物)仅在门厅、客厅进门处、卧室门口等地出现,数量也很少。从中心现场离开的血足迹有三趟,包括两趟套纺织物的皮鞋血足迹和一趟套纺织物的胶鞋血足迹,均为下行足迹。由于没有提取到陈某东作案所穿的皮鞋或者胶鞋,对这些足迹能否认定均系陈某东所留,须作出合理解释。关于皮鞋血足迹,可以确定系陈某东一人所留。主要理由包括:(1)在现场客厅电脑桌边缘发现的一处血迹,经DNA鉴定,系陈某东所留,而该血迹的特征表明应系"接触"形成,而非"抛甩"形成,且血迹的颜色和干燥程度与现场其他血迹的颜色和干燥程度一致。鉴于在血痕相对应的地面上只发现套纺织物的皮鞋血足迹,没有其他足迹,故该血足迹应该是留下"接触"血迹的陈某东留下的。(2)经鉴定,从中心现场离开的两趟套纺织物的皮鞋血足迹,是同一人穿同一鞋所留,且与中心现场未套纺织物的皮鞋血足迹系同一人穿同一鞋所留。而中心现场未套纺织物的皮鞋血足迹,与留有陈某东血迹的电脑桌前地面上的皮鞋血足迹一致。(3)从现场离开的三趟血足迹中,有一趟套纺织物的皮鞋血足迹在李某家所在的36号2单元门洞外消失,后又出现在陈某东所住的35号楼前的水泥地面上(血足迹在中间消失一段,应与案发当晚下雨有关),最后进入陈某东所住单元。并且,该血足迹与李某家地面、楼梯间的套纺织物的皮鞋血足迹一致。此趟血足迹在这么长距离的地面上一直出现,表明其鞋底和外套的纺织物沾附了大量的血迹,只有在案发现场进行了长时间的活动才能形成。(4)陈某东可以留下现场发现的血足迹。从现场卧室东侧地面提取的一枚较完整的皮鞋血足迹长约27.6厘米,压痕长23.8厘米,推断留下足迹者身高165~168厘米,与陈某东的身高相符。同时,陈某东所穿皮鞋底长26厘米或者26.5厘米,经对陈某东穿其鞋底长26厘米的皮鞋形成的足迹长度进行测量,陈的皮鞋足迹介于26.1~27.5厘米之间,与现场血足迹长度相符。综合这些分析,可以确定现场的皮鞋血足迹均系陈某东所留。关于胶鞋血足迹,可认定系陈某东一人所留。主要理由是:(1)从现场提取的胶鞋血足迹长25.6厘米左右(前后两侧未反映出鞋底边缘),推断留下足迹者的身高为168厘米左右,与陈某东的身高相符。同时,陈某东穿其鞋底长26厘米的胶鞋形成的足迹长度为24.2~26.4厘米,故陈某东可以留下现场长度的胶鞋足迹。(2)胶鞋血足迹的出现,可解释为陈某东曾穿该鞋再次进入现场。根据现场勘查情况,胶鞋血足迹仅在门厅、客厅进门处、卧室门口、厨房等地少量出现,从现场离开的套纺织物的胶鞋血足迹血迹也较淡,在二楼至一楼的楼梯间即消失,且现场楼梯间的胶鞋血足迹系在皮鞋血足迹之后形成。同时,陈某东所写日记及其他相关证人证实,陈某东患有强迫症,并曾到医院就诊。根据在现场楼梯间发现两趟先后形成的下行皮鞋血足迹分析,陈某东作案后曾穿皮鞋返回现场,这符合"强迫症"的特征。故陈某东也完全可能在强迫症的驱使下,换穿胶鞋后再次进入作案现场。当然,其目的也可能是混淆侦查视线。(3)现场情况符合一人作案特征。从二被害人的尸检情况分析,二被害人受伤情况基本相同,反映出(锤类)钝器和(菜刀类)锐器两种工具。李某双手的抵抗伤均系钝器造成。罗某梅双手既有钝器抵抗伤,也有锐器抵抗伤,而且钝器抵抗伤先于锐器抵抗伤。分析是作案人使用钝器先后打击李某、罗某梅头部,致二人失去抵抗能力后,在濒死期又使用锐器切割颈部以确保二人死亡。结合现场勘查情况分析,二被害人从受伤到死亡过程较长,挣扎活动的范围较大,反映出作案人在加害过程中不能有效控制二被害人,符合一人作案的特点。同时,勘查发现,现场客厅沙发上的小挎包内有显而易见的数千元现金,卧室衣柜抽屉内的首饰、存折亦没有被取走,表明作案目的并非劫取财物。此外,也没有证据显示被害人罗某梅生前曾遭受性侵犯,这与相关证据证明陈某东系因琐事杀人的犯罪动机相符。综合这些情况,也可以确认现场胶鞋的足迹系陈某东所留。(四)被告人陈某东的无罪辩解均不成立。对被告人无罪辩解的审查,是准确认定案件事实的重要方面。被告人的无罪辩解若有合理根据,能对现有证据提出反证,如有证据证实其确无作案时间等,对于查明案件事实会有很大作用。若被告人的无罪辩解不合常理、自相矛盾,或者与其他已查明的客观事实和证据相矛盾,反而可以增强认定其作案的内心确信。本案被告人陈某东归案后始终作无罪辩解,具体理由包括:(1)其前两年去过被害人家,2006年没有到过被害人家。其案发当晚和之后亦均未到过被害人家,案发当日下午3时多回家后,一直未外出,在家看电视,一晚上没有睡觉(后供边看边睡),第二天早上用旅行包装了一包霉变大米去绵阳城,把包和米都卖给一个中年男子,其没有作案时间。(2)其与李某关系挺好,没有仇恨。(3)在现场发现他的血迹和指纹均是莫名其妙的。(4)其手上的伤是5月1日前几天擦撞形成的,忘了在哪撞的。经分析,这些辩解均不成立。关于其没有作案时间的辩解。本案案发时间是2006年4月26日晚23时许,而证人刘际伟证实,案发当日21点多,陈某东与其打完乒乓球后各自回家。之后直至次日上午,陈某东的去向无人能够证实,陈某东有充分的时间作案。陈某东辩称次日早上至傍晚,其背一包霉变大米外出去卖,但却无法说明其全天的具体去向,该行为非常可疑。关于其与被害人夫妇无矛盾的辩解。陈某东有常年写日记的习惯,其中记载:陈某东平时与李某经常一起打球,关系较好。2005年7月底,因李某数次大声喊其全名,陈某东认为李某没大没小,不懂规矩,晚上还到李某家找他,说以后不叫陈大哥就当作不认识。之后未再发现其与李某夫妇交往的记录。这表明,陈某东与李某实际存在矛盾,其所称没有矛盾的辩解不实。关于现场发现其血迹和指纹系"莫名其妙"的辩解。公安机关从案发现场提取的2处血迹,经鉴定系陈某东所留。从被害人家冰箱上的相框边缘提取到的沾附被害人李某血迹形成的血指纹,经鉴定亦系陈某东所留。经审查,这三项证据取证规范,鉴定意见客观、准确。陈某东辩称"莫名其妙",显然不能成立。关于手伤的辩解。陈某东在侦查阶段辩称:其手伤是5月1日前几天擦撞形成的;从一审开始,又辩称其手伤系在家粘乒乓球拍时弄伤的;我院复核提讯时又辩称其大拇指的伤系擦撞形成,手上其余5处伤口系粘球拍时被强力胶粘住,后将强力胶撕下时形成。但其无法解释食指上的横行裂口如何形成,后只能称记不住了。可见,陈某东关于手伤形成原因的辩解前后不一,且不合常理,不能成立。同时,关于陈某东的手伤能否形成现场两处直径分别为12厘米和15厘米的血迹,公安技术人员出庭作证称,现场电脑桌上的血迹系接触形成,陈某东的手伤可以形成类似大小面积的血迹,厨房阳台地面上的血迹是滴落形成,且混有水,陈某东的手伤亦可形成。综上,被告人陈某东虽始终作无罪辩解,但认定陈某东作案的间接证据均已查证属实,且间接证据之间亦能够相互印证,形成完整的证明体系,得出的结论也是唯一的,不存在无法排除的矛盾和无法解释的疑问,达到了《关于办理死刑案件审查判断证据若干问题的规定》中要求的死刑案件证明标准。因此,认定陈某东犯故意杀人罪的事实清楚,证据确实、充分。陈某东故意杀死二名被害人,犯罪手段特别残忍,情节特别恶劣,后果和罪行极其严重,应当依法判处并核准死刑。[参见第654号指导案例,陈某东故意杀人案,载《刑事审判参考》总第77集(2010年第6集),第12~19页。撰稿:李睿懿 张建英]

▽运用间接证据认定"零口供"的走私毒品案件

毒品犯罪案件中被告人到案后常提出自己对毒品不知情、被他人蒙骗的辩解,司法人员在无法利用被告人的有罪供述、相关证人证言等直接证据的情况下,如何利用被告人实施的客观行为推定其主观故意,准确认定其主观明知,就十分重要。本案是一起被告人以定制电子产品为名,利用制造商转寄毒品方式走私毒品的案件。被告人归案后"零口供",始终作无罪辩解,其辩护人亦提出无罪辩护意见。法院依据查证属实的间接证据,最终认定了被告人主观上明知是毒品而伙同他人将毒品走私进入我国境内的事实。现具体分析如下。

(一)本案证据体系的特点。第一,缺少能够直接认定被告人圣德·阿美·强(本附文以下简称圣德)伙同James走私毒品的直接证据。能够直接证明圣德伙同James走私毒品的直接证据既无圣德的有罪供述,又无知悉走私毒品经过的证人证言及上下家的证言等直接证据。第二,间接证据较多。包括:(1)证实被告人圣德与证人张某电话联系转寄特定包裹以及包裹中像书一样的物品的证据。有手机通话记录、手机短信、顺丰快递邮寄单、汇款凭证等证据。(2)圣德在收取包裹后被抓获,并当场查获了特定包裹。(3)在圣德住处搜查到的笔记本电脑内查获查询本案快递单号的上网记录,查询单号为204019215245邮件的记录在2013年2月21日有10次,22日有3次。第三,被告人圣德始终"零口供",辩称其朋友AKIM让其代收包裹,且只有这一次;AKIM让其汇款200元;其对笔记本电脑内查询快递的记录不知情;其号码为158××××××××的手机系案发前一天晚上AKIM给其的,在此之前没有使用过。其辩护人提出圣德主观上不明知包裹内藏有毒品;现有证据不能证明圣德就是包裹的所有人或接收人。概言之,圣德及其辩护人均主张圣德无罪。

(二)如何运用间接证据构建案件主要事实。间接证据虽不能直接证明案件的主要事实,但能够直接证明案件主要事实的某些环节,裁判者借助逻辑推理,整合、构建出案件主要事实,达到证明案件主要事实成立的诉讼目的。相对于运用直接证据证明案件事实而言,依靠间接证据认定案件事实是一个缜密的推理过程。裁判者在对每一个间接证据查证属实、确认其真实性的基础上,挖掘、评判每一个间接证据与案件事实存在的关联性,是使间接证据具有证明力的关键。而对间接证据关联性的评判主要指间接证据所包含的事实信息与案件主要事实之间的关联性。本案中,以案发时间为序,存在如下间接事实:(1)被告人圣德与证人张某联系邮寄特定的包裹、特定的物品。(2)2013年2月22日,圣德收取特定的包裹,并被当场抓获。(3)圣德跟踪查询本案快递的流程信息,自己在笔记本上写了友诚科技公司和张某的联系地址及电话。(4)圣德在给张某汇出邮费200元后,马上将银行汇款凭证通过网络发给了James,James又通过网络转发给了张某。(5)圣德在本案邮包从巴西寄出之前(1月2日,该邮包于1月16日在巴西交邮），已经掌握国内收件单位友诚科技公司的地址和联系人张某的电话；本案邮包从巴西寄出之次日（1月17日）圣德即掌握了邮包的跟单号码“cp 298700481 br ems”。以上事实信息紧紧围绕从巴西邮寄的包裹中藏匿毒品的菜谱而展开，该菜谱因James欲邮寄产品样品而从巴西寄出，被告人圣德因James推介而与张某取得联系，为转寄菜谱而支付邮费，因收取包含菜谱在内的特定包裹而被抓获。事实信息之间的关联性显而易见，并已形成环环相扣的证据锁链。但是，从如何证明圣德与James合谋的方面来看，这一证据锁链可能无法作出令人信服的解释。但其一，上家James告知张某，Micheal会与张某联系，而圣德很快就与张某进行电话联系。其二，圣德支付邮费后将汇款凭证发送给James，James又将汇款凭证发给了张某。从源头来看，张某只是把本公司的名称、联系地址以及个人联系电话告知James，而圣德的手机在2013年1月2日就收到了该信息；在涉案包裹从巴西寄出的次日（2013年1月17日）就收到了该包裹的跟单号码。因此，如果说仅仅依据前面的事实信息尚不能完全证实圣德与James合谋，但加上后两条事实信息，就可以把圣德与James共同犯罪的事实确定下来。

（三）如何根据行为人的客观行为推定主观要素。毒品犯罪属于故意犯罪，在行为人否认明知或者不予供认的情况下，很难通过其他证据直接证明。最高人民法院2008年印发的《全国部分法院审理毒品犯罪案件工作座谈会纪要》采用了推定的方法来代替直接证明。推定是在基础事实得到充分证明的基础上，根据经验和逻辑直接认定推定事实的成立；在证明客观行为的基础上，根据行为人的某些客观行为直接认定行为人的主观心态。推定是证据裁判原则的一个特例。因本案被告人圣德始终“零口供”，无法依据其供述认定其主观明知，只有从其已经实施的客观行为中推定其主观上明知是毒品。被告人圣德在本案藏匿毒品的邮包尚未从巴西邮寄之前即已掌握国内收件人张某的相关信息，在该包裹从巴西邮寄后的第二天即掌握邮单号码，在该邮包进入我国后的第一时间即与张某联系，并要求张某尽快转寄像书一样的物品菜谱（其中藏有可卡因318克），多次催促张某将邮包中像书一样的物品转寄到广州市其提供的地址，在张某提出要求其支付远高出正常邮费的汇款要求后当即应允，圣德在转寄后第二天即进行多次跟踪查询。根据这些基础事实，圣德要求张某转寄从巴西邮寄来的一本普通菜谱，该菜谱既非急需用品，又非值得支付高额邮费通过他人费时周折转寄的贵重物品，更非有纪念价值的特定物品（圣德始终没有作此供述），而圣德在获悉张某将邮包寄出后非常关注该邮包进程，并急于收取该邮包，在案发后却极力开脱与该邮包的关系。从圣德实施的以上行为来看，依据经验法则和逻辑法则，圣德主观上对单号为CP298700481BR的邮件中藏匿毒品系明知，具有走私毒品的犯罪故意。这是本案以客观行为推定行为人主观故意的过程。

（四）完善间接证据体系——行为人无辜的排除。运用推定方法认定行为人主观故意需要严格遵守无罪推定原则。行为人犯罪时的主观心态隐藏于行为人之内心，通过客观行为推定行为人的主观心态时必然受到司法人员的认识能力、经验、社会阅历等条件的限制，如果结论不是唯一的，就要依照疑罪从无和有利于被告的原则作出认定。并且，行为人“不能作出合理解释，不能举出反证”在证明力上仅仅起到增强审判者内心确信、排除行为人遭受蒙骗被他人利用实施毒品犯罪这一合理怀疑的作用。真正能够证明行为人实施毒品犯罪的证据在于行为人自己实施的一系列客观行为，真正推定行为人主观故意的基础事实是行为人实施的客观行为，而非不合理的解释或者没有举出反证。司法工作中对这一点应当予以高度重视。之所以在间接证据体系中还应当存在能够排除行为人无辜辩解的证据，主要目的在于排除行为人没有实施犯罪事实的可能性，验证各项间接证据之间、间接证据与案件事实之间是否存在矛盾，以及矛盾是否得到了合理排除，最终认定全案证据指向同一案件事实，在本案中即为得出圣德伙同他人实施了走私毒品犯罪行为的唯一结论。（参见第1193号指导案例，圣德·阿美·强走私毒品案，载《刑事审判参考》总第110集，第3～9页。撰稿：蔡绍刚　郇习顶）

▽关键证人证言的证据能力和证明力的审查认定

任何案件事实都必须有相关的证据予以证明，这是证据裁判原则的基本要求。从证据内容是否明确何人系作案人,可将证据分为直接证据和间接证据。前者如被告人供述、认识或者能够辨认出作案人的被害人陈述和证人证言,后者如证明现场留有被告人血迹、指纹、足迹等的鉴定意见,证明案件起因或者被告人作案后情况的证人证言等。对于被告人不认罪的案件,审查判断证据时,要特别注重审查其他证据能否形成完整的证据链。本案有多名证人,但只有一名证人作证称看到被告人持铺把击打被害人,其他都属于间接证据。这就要求既注重审查该证人证言的证明力,也要注意审查其他间接证据的充足度。具体分析如下:要认真审查关键证人证言的证据能力和证明力。证人证言是证人就其所感知的案件事实情况所作的陈述。相对于被告人供述和被害人陈述,证人证言对案件事实的反映较为真实,对查明案情往往有重要作用。但证人证言也容易受到各种主客观因素的干扰和影响,具有较强的主观性和易变性,故对证人证言必须认真审查核实。2010年6月最高人民法院等五部门联合印发的《关于办理死刑案件审查判断证据若干问题的规定》(本条附文以下简称《死刑案件证据规定》)第十一条专门规定了对证人证言应当着重审查的五项内容:(1)证言的内容是否为证人直接感知。(2)证人作证时的年龄、认知水平、记忆能力和表达能力,生理上和精神上的状态是否影响作证。(3)证人与案件当事人、案件处理结果有无利害关系。(4)证言的取得程序、方式是否符合法律及有关规定:有无使用暴力、威胁、引诱、欺骗以及其他非法手段取证的情形;有无违反询问证人应当个别进行的规定;笔录是否经证人核对确认并签名(盖章)、捺指印;询问未成年证人,是否通知了其法定代理人到场,其法定代理人是否在场等。(5)证人证言之间以及与其他证据之间能否相互印证,有无矛盾。据此,对证人证言的审查包括对证据能力和证明力的认证,然后决定采信与否。对证人证言的证据能力的审查主要包括审查证人证言的来源是否真实,证人是否有作证能力,证言的取得程序、方式是否合法。对证人证言证明力的审查,主要包括审查证人与案件有无利害关系,证人证言与其他证据之间能否印证有无矛盾。根据本案现有证据,可以认定被告人与被害人在案发当晚产生矛盾,被告人具有报复被害人的动机,且其当时手中持有一根铺把。鉴于只有证人刘京作证称看见被告人持铺把殴打被害人,刘京的证言对被告人是否有罪具有重大影响,且被告人及其辩护人对刘京的证言有异议,法院依法通知刘京出庭作证,接受交叉询问。由于刘京的证言系其直接感知,刘京作证时具有作证能力,且没有证据表明刘京证言的取得程序违法,故其证言具有证据能力。但是,刘京证言的证明力很弱。主要理由是:(1)刘京与案件有利害关系。被告人在与被害人发生争执后,打电话纠集刘京、郑旭东、闫长余到北京常友物流公司门口,被告人从郑旭东手中拿走一根铺把,另一根铺把在刘京手中。尸检报告证实被告人的头部系被棍棒类钝器殴打所致,案发地点又只有这两根铺把,故刘京是除被告人之外犯罪嫌疑最大的人。如确认系被告人持铺把击打了被害人,则可使刘京排除嫌疑。(2)刘京的证言与其他证据之间存在矛盾。同在现场的证人郑旭东在侦查阶段和庭审中始终称其没有看到被告人持铺把打被害人,其他在场证人的证言也不能印证刘京的证言。特别是刘京称被告人持铺把殴打被害人时,常秀梅在劝阻闫长余和田路松,但被告人殴打被害人后,常秀梅就上前把被告人拉开。据此可推断,常秀梅应当看见被告人持铺把殴打被害人,至少看到被害人在场,才可能上前阻拦被告人,而常秀梅称其没有看到被告人持铺把打被害人。(3)刘京的证言前后不一致。刘京在侦查期间共有9次证言,前3次证言均未证实被告人打人,而从第4次证言开始则称看见被告人用铺把打了一个人头部,且描述得越来越详细,不符合先清晰后模糊的记忆规律。因此,刘京证言的证明力很弱,不足采信。[参见第656号指导案例,陈亚军故意伤害案,载《刑事审判参考》总第77集(2010年第6集),第30~32页。撰稿:罗灿]

▽办理死刑案件如何把握“证据确实、充分”的证明标准

所谓定罪的事实,是指涉及犯罪构成要件的事实;量刑的事实,是指确定犯罪构成事实存在即犯罪成立之后对量刑有影响的事实。根据《死刑案件证据规定》第五条第三款的规定,在死刑案件中,列举了五项内容属于定罪事实,需要达到“证据确实、充分”的标准。根据以上分析,死刑案件是否达到证据确实、充分,最根本、最重要的评判尺度是:全案证据对于待证事实要达到充分的程度,证据之间相互印证，构成完整的证明体系，得出的结论是唯一的。当然，由于刑事案件证据的复杂性和具体案件存在的明显差异，在具体办案过程中贯彻执行《死刑案件证据规定》，需要对特定案件的证据体系进行综合评判。就本案而言，有被害人邻居的证言、现场勘查笔录及尸检报告等证实高某、付某在家中非正常死亡后其房屋被放火焚烧，因此故意杀人、放火的犯罪事实客观存在，该起犯罪事实的时间、地点及后果也能够得到相应证据证实，另外，精神疾病鉴定意见书也能证实被告人罗某具有完全刑事责任能力。然而，就全案现有证据来说，证实罗某是否实施了犯罪行为、实施犯罪行为的手段是什么的证据，还未达到确实、充分的标准，所得出的结论尚不具有唯一性。主要体现在：（一）缺乏案发时被告人罗某是否在犯罪现场的证据。从表面上看，有一组证据证明罗某在案发时去过被害人家，但在多名证人中无一人能证实案发当晚罗某确实在被害人家中。（1）被害人女儿高某称其听邻居杨某说罗某案发前去过其家，而杨某只能证明案发当日听罗某说要去被害人家，并未目睹罗某去被害人家。因此，高某、杨某的证言实际上是一种传闻证据，起不了补强口供的作用。（2）被害人高某家对面摆麻将摊的张某证明，案发前一天罗某将背包寄放在麻将馆，案发当日中午将包取走，且案发前听被害人付某说罗某在她家住了六七天。张某的证言也与罗某口供印证，但仍然无法证明案发时即2008年9月30日22时许罗某在案发现场即被害人高某家的事实。上述证人证言，能够证明罗某与被害人高某在案发当天有某种联系，但要锁定罗某案发时在作案现场，其证明力比较单薄。因此，从证据的证明力分析，实际上除罗某供述案发当晚至被害人家喝酒后杀人外，并没有相应的证据证明罗某案发时在被害人家。（二）缺少证明被告人罗某实施杀人、放火行为的客观性证据。一般而言，犯罪分子总会在杀人现场留下一些蛛丝马迹。比如，足迹、指纹或者其他衣物等。又如，从被告人身上提取的被害人的血迹，从被告人处提取的被害人使用的物品等。这些都属于客观性证据。从证据体系的分类说，客观性证据包括物证、书证、鉴定意见、勘验检查笔录、视听资料、电子证据，其中的物证往往是锁定犯罪分子作案的关键证据，对案件的侦破和事实的认定起着重要甚至是决定性的作用。但在本案中，没有一个客观性证据能够锁定罗某系犯罪行为实施人，罗某杀人、放火的过程仅有罗某的供述。另外，已提取的客观性证据均为先证后供，没有一个是根据口供取得的。而《死刑案件证据规定》第三十四条规定，根据被告人的供述、指认提取到了隐蔽性很强的物证、书证，且与其他证明犯罪事实发生的证据相互印证，并排除串供、诱供等可能性的，可以认定有罪，但本案中没有符合该条规定的物证、书证。另外，案件起初作为火灾案件调查，后转为刑事案件侦查，但是二被害人尸体已经火化，失去了复检条件。（三）被害人死亡原因、致死凶器与被告人罗某的供述没有达到"供证一致"客观地说，本案中有不少证据与被告人供述是相印证的。例如：（1）尸体检验报告证实，二被害人系死后焚尸；物证检验报告证实，二被害人心血中均未检出一氧化碳成分，与罗某关于将二人杀死后放火的供述相符。（2）现场勘查笔录证实，被害人家主卧室房顶燃烧程度重于客厅，客厅房顶燃烧程度重于次卧室（燃烧程度由东向西逐渐减轻）；火灾原因认定书证实，火灾系人为放火，引燃主卧室床铺等物品向四周蔓延扩大成灾；物证检验报告证实，从主卧室提取的地面水泥块、衣服及棉絮残留物等六份检材均未检出汽油、柴油、煤油成分。这些证据与罗某关于在房屋东边的二被害人卧室用打火机点燃纸片再点燃蚊帐放火的供述相符。（3）物证检验报告证实，被害人高某达到醉酒状态，与罗某关于作案前其与高某喝酒、高某醉酒的供述一致。（4）现场勘查笔录记载的二被害人尸体位置、朝向，被害人家房内情况，与罗某供述的相关情况一致。（5）三名被害人的邻居火灾报警时间与罗某交代的放火时间大致相同。（6）证人李某证实，救火时发现被害人家大门被锁住，用脚踹开大门，与罗某关于放火后离开时关上大门的供述一致（被害人家大门的门锁系一关即锁的弹簧锁）。但是，本案是一起杀人后放火的案件，公安机关一开始作为放火案件侦查，案发当地居民也将本案作为放火案件看待。而火灾案件在灭火中和灭火后，是一个开放的现场，除隐蔽性情节外，对一般性的案件情节，周围居民一般都会知晓。本案系2008年9月30日发生，尸体检验于10月1日即作出，而罗某于10月12日才被抓获。在此期间，罗某作为被害人的同村居民，是能够了解案件一些情节的。

况且,本案证据之间存在明显的矛盾,在被害人死亡原因和被告人的作案工具问题上,口供与其他证据的矛盾无法得到排除,也无法得到合理解释。1. 关于作案手段的证据存在矛盾。被告人罗某供述,他先用砖块砸击高某头部一下,又转到另外一张床上用肘部猛击付某胸部两下,待两人死亡后他才放了火。但尸体检验报告显示,被害人高某的头面部未见明显锐器创口,颅骨未见骨折,颅内未见异常,而被害人付某却颅骨开裂,额部及顶部硬膜外血肿。对此法医认为,不能排除付某的伤是暴力作用所致。因本案案发时先认定为火灾,后转为刑事案件侦查,两被害人尸体已被火化,现在无法复检。现有证据中,尸检报告证实与被告人供述的作案手段存在矛盾,且对该矛盾无法作出合理解释。2. 关于作案工具的证据存在矛盾。被告人罗某供述其使用砖块砸击被害人,作案后将砖块扔到院内。公安机关根据罗某的交代于火灾发生20天后对现场进行了补充勘查,在院内厨房边的鸡舍下提取7块碎砖头,经拼接成一块整砖,罗某经辨认该砖块照片,确认系其作案凶器。但是罗某供称作案用的砖块系半块整砖或者断成两截的砖块,而提取的砖块却有7块,与罗某供述不符。罗某案发后指认案发现场时,确认院内一堆瓦砾处系其扔弃砖块的位置,但当时公安机关并没有提取。从补充勘查的现场照片看,鸡舍下也并没有7块碎砖,碎砖从何处提取不清;从照片上看,提取的碎砖块断层新鲜,按常理不符合救火现场砖块的特征。因提取在案的物证与被告人供述相矛盾,疑点颇多,不能认定为作案工具,导致本案作案工具来源不清。根据死刑案件《证据规定》第三十二条第二款“证据之间具有内在的联系,共同指向同二待证事实,且能合理排除矛盾的,才能作为定案的根据”的规定,本案中证据存有上述矛盾,显然不能得到合理排除。综上,对罗某是否实施了犯罪行为、实施犯罪行为的手段、作案工具等涉及定罪的关键事实不清,证据链条或存在缺口,或证据间存在无法排除和合理解释的矛盾,全案证据尚未达到判处死刑的证据标准。所以,最高人民法院以部分事实不清、证据不足为由不核准对被告人罗某判处死刑的裁定是符合法律以及《死刑案件证据规定》要求的。[参见第682号指导案例,罗某故意杀人、放火案,载《刑事审判参考》总第79集(2011年第2集),第12～17页。撰稿:杨华 丁成飞]

▽死刑案件“事实清楚,证据确实、充分”的定案标准的把握

2007年最高人民法院统一行使死刑案件核准权后,司法机关更为注重死刑案件的证据把关,相关操作细则也逐步成型。2010年,最高人民法院会同最高人民检察院、公安部、国家安全部、司法部联合发布了《死刑案件证据规定》和《关于办理刑事案件排除非法证据若干问题的规定》,对刑事案件特别是死刑案件审查判断证据问题作了系统、详细规定,是我国刑事证据制度的重大理论和实践成果。根据《死刑案件证据规定》第五条的规定,“证据确实、充分”要同时满足5个条件。如果在案证据达不到这个标准,依法就不能定案。本案中,公诉机关指控和一审、二审法院认定被告人的故意杀人事实有两起:一起是2002年杀害周某;另一起是2007年杀害苏某。最高人民法院经审查复核仅认定了第二起,以证据不足未认定第一起故意杀人事实。因这两起事实在手段、性质等方面具有一些共性,故对这两起事实的认定进行比较分析,对于把握“证据确实、充分”的定案标准有一定意义。关于被告人故意杀死苏某的事实,具有如下证据予以证实:(1)有多名证人证实被告人苏某虎平时有调戏妇女的劣迹,且案发时苏某虎曾在作案现场出现过,由此证明苏某虎有作案动机和作案条件。(2)案发后公安机关根据苏某虎的供述从其家中提取了其作案时所穿的解放鞋,并从鞋上检出苏某的血迹。同时,苏某虎也供认案发当晚其未到现场,次日到现场时穿的是黑色皮鞋而非解放鞋,且当时苏某的尸体已包裹好,准备下葬(此情节得到多名证人证实),由此证实苏某虎解放鞋上的血不是案发后沾上的,而应是作案时沾上的。(3)苏某虎的有罪供述稳定,所供内容与在案其他证据吻合,如所供用苏某的柴刀砸击苏某头部时将柴刀砸断为两段、用石块砸击苏某后将石块压在她脸上、作案后用枯树叶擦过手上血迹等重要情节,得到现场勘查笔录、相关证人证言的印证。由此可见,在案证据形成了苏某虎作案的完整证据链,且不存在合理怀疑,足以认定。然而,关于苏某虎故意杀死周某的事实,只有如下证据予以证实:(1)接受刑事案件登记表和多名证人证实发现周某尸体并报案;(2)有两名证人证实案发当天傍晚曾碰到周某上山放牛;(3)有两名证人证实案发当天苏某虎在村里,案发后才出门打工;(4)有六名证人证实苏某虎与周某无水田纠纷;(5)现场勘查笔录证实发现尸体现场的情况;(6)尸体鉴定意见证实周某系被他人用双刃锐器捅刺致死,且当天穿白色内裤;(7)DNA鉴定意见证实被害人系周某;(8)苏某虎供认系其杀死周某。从这些证据不难发现,除苏某虎的供述外,其他证据只能证明周某确实被人杀害,且其被害当天苏某虎在村里,缺少有说服力的认定苏某虎作案的证人证言和客观性证据(作案工具也未能提取)。尽管苏某虎的供述与在案其他证据都能印证,但案发时苏某虎就在村子里,其所供的作案情节不能排除系当地村民公知的,也不能排除系公安机关已经掌握的,即苏某虎没有供出不为人所知的任何隐蔽的作案情节。例如,苏某虎供称,周某被害时穿白色内裤,虽系较为隐蔽的情节,但这是公安机关2002年尸检时就已经掌握的;苏某虎虽供述了抛弃作案所用柴刀的地点,但公安机关未能根据其供述找到柴刀,亦未根据其供述提取到其他物证、书证。在这种情况下,需要对被告人的供述进行证据补强,但因时过境迁,已无法提取到能够补强其口供的证据,故被告人供述的证明力并不强。根据司法经验推断,该起犯罪由苏某虎所为的可能性极大,公安机关也正是基于周某被杀地点、手段、性质等方面与苏某被杀有不少类似之处而并案侦查的。然而,死刑案件的证明标准是排除任何合理怀疑,在该起事实仅有苏某虎本人的供述作为直接证据且在其供述未能得到其他证据补强的情况下,在案的证据尚不能形成完整证据链,得出是苏某虎作案的唯一结论。据此,为慎重起见,最高人民法院裁定一审、二审法院认定苏某虎杀死周某的事实不清,证据不足,公诉机关指控的相关事实不能成立。[参见第762号指导案例,苏某虎故意杀人案,载《刑事审判参考》总第85集(2012年第2集),第40~45页。撰稿:林玉环]

▽对被告人认罪供述和翻供理由或辩解的审查判断应给予同等重视

翻供与辩解既有区别又有联系。翻供通常是指被告人在庭前认罪后又否认自己的庭前认罪供述(否定自己的犯罪行为),这种否认既包括对其庭前认罪供述证据资格的否认,如主张其庭前(主要是指侦查阶段)认罪供述系刑讯逼供所得;也包括对其庭前认罪供述证明力的否认,如主张其庭前认罪供述并不真实。而辩解则通常是指被告人对其行为性质或者罪责大小所提出的意见,如主张公诉机关指控的犯罪事实并不存在,或者主张其行为是正当防卫,或者提出自己具有自首、立功等从轻、减轻甚至免除处罚的情节。被告人在庭前认罪后提出的无罪辩解可以被视为翻供,而罪轻辩解则一般不被视为翻供。如果被告人始终未曾认罪,则不存在翻供的问题,但被告人仍然可能会提出无罪甚至罪轻的辩解。由于被告人供述具有虚假性和反复性,如果片面相信被告人的认罪供述,忽视其他在案证据和被告人的翻供理由或辩解,极易导致错误定罪。司法实践表明,虚假供述是导致刑事错案的最主要原因之一。为避免因错误采纳被告人的虚假供述而导致错案,《刑事诉讼法》(1996年修订的。——编著者注)第四十六条规定"对一切案件的判处都要重证据,重调查研究,不轻信口供。只有被告人供述,没有其他证据的,不能认定被告人有罪和处以刑罚……"不轻信口供,既包括不轻信有罪口供,也包括不轻信翻供口供或辩解。如果轻信被告人的翻供理由或辩解,也须可能会不当地放纵犯罪。因此,在司法实践中,应当坚持证实与证伪并重的理念,对被告人认罪供述和翻供理由或辩解的审查判断给予同等重视。《死刑案件证据规定》第二十二条确立了被告人翻供后其庭前认罪供述的采信规则。根据该规定,对被告人供述和辩解的审查,应当结合控辩双方提供的所有证据以及被告人本人的全部供述和辩解。被告人庭前供述一致,庭审中翻供,但被告人不能合理说明翻供理由或者其辩解与全案证据相矛盾,而庭前供述与其他证据能够相互印证的,可以采信被告人的庭前供述。在司法实践中,被告人在庭前认罪后又翻供或者提出辩解的情形比较常见。对此需要认真审查被告人的翻供理由或辩解,并结合其他证据审查判断其翻供理由或辩解是否成立。对于被告人称其因遭到刑讯逼供而作出庭前认罪供述的情况,还要审查其供述是否属于非法证据。在被告人的翻供理由或者辩解不成立的情况下,则要审查被告人的庭前认罪供述与其他证据能否相互印证并形成完整的证据体系。[参见第729号指导案

例,徐科故意杀人、强奸案,载《刑事审判参考》总第82集(2011年第5集),第42~44页。撰稿:刘静坤　王英]

▽被告人翻供理由和辩解均不能成立的认定

1.在案证据能够排除被告人的认罪供述系刑讯逼供所致。被告人在侦查阶段以证人身份主动帮助公安人员寻找被害人,侦查人员在调取被害人的手机通话清单后,发现被害人失踪前曾与被告人通话,但被告人对此予以否认,公安人员据此认为被告人具有一定的嫌疑。在公安人员又调取被害人当晚的电话报警录音后,被告人才承认案发当晚其曾将被害人带回自己租住处欲与被害人发生性关系遭拒的事实。在被害人的尸体被人发现后,被告人即供认其强奸、杀害被害人的犯罪事实,并带领公安人员指认了现场。公安人员根据其指认提取了被害大的衣物等证据。被告人在侦查、起诉阶段一共作出十次完整的认罪供述,但在一审庭审阶段开始翻供,称其庭前认罪供述系刑讯逼供所得。根据《最高人民法院关于执行〈中华人民共和国刑事诉讼法〉若干问题的解释》(1998年颁布的。——编著者注)第六十一条的规定,通过刑讯逼供取得的被告人供述,不能作为定案的根据。为确保该规定更具可操作性,《最高人民法院、最高人民检察院、公安部、国家安全部、司法部关于办理刑事案件排除非法证据若干问题的规定》(本附文以下简称《排除非法证据规定》)专门确立了排除非法证据的具体程序。《排除非法证据规定》第六条规定"被告人及其辩护人提出被告人审判前供述是非法取得的,法庭应当要求其提供涉嫌非法取证的人员、时间、地点、方式、内容等相关线索或者证据。"该规定第七条又规定:"经审查,法庭对被告人审判前供述取得的合法性有疑问的,公诉人应当向法庭提供讯问笔录、原始的讯问过程录音录像或者其他证据……提请法庭通知讯问人员出庭作证,对该供述的取得的合法性予以证明……"本案被告人提出其认罪供述系刑讯逼供所致,对此,公诉机关应当提供相应的证据证实其供述系合法取得;否则,被告人的认罪供述就不能作为定案的根据。为证明被告人的认罪供述具有自愿性和合法性,公诉机关出示了相关证据,能够足以认定被告人的翻供理由不能成立。具体理由如下:第一,被告人未能提供非法取证的人员、时间、地点、内容等相关线索或者证据。第二,看守所出具的健康检查表证实,被告人入所时未见明显异常。第三,侦查人员在二审阶段出庭证实,被害人失踪后,被告人主动到派出所帮助公安人员寻找被害人,此后随着公安机关不断获取新的线索,被告人开始对本案事实作出有罪供述,公安人员并未对被告人非法取证。第四,从全程同步录音录像看,被告人指认现场的整个过程均是主动进行的,没有受到任何暗示,其神色坦然,体态正常,无任何异常表现。基于前述分析,被告人作出认罪供述的过程自然,供述的内容能够与在案证据相互印证,该案侦查人员亦出庭证实讯问过程合法,故能够认定其庭前认罪供述具有自愿性和合法性,并非刑讯逼供所得。2.在案证据证实被告人提出的被害人系交通事故致死的辩解属编造。在审理阶段,被告人辩称案发当晚其从租住处驾驶摩托车载被害人途经一丁字路口时,摩托车撞到该路口的路桩上,其和摩托车均未摔倒,但被害人摔倒在摩托车右侧地面上,头部碰到路沿,并因此死亡。然而,在案证据证实这一辩解不能成立。理由如下:第一,尸体检验结论及法医分析意见书证实,被害人尸体枕骨距"人字缝"顶端下3厘米处见一"Y"字形骨折,右侧颅顶骨见一处3厘米×3厘米的骨荫,"Y"形骨折与骨荫不在同一平面内,二者不是同一次外力作用形成,且骨荫为生前损伤;"Y"形骨折与骨荫明显不符合被害人在交通事故中头部往右倒地形成的损伤形态,也不符合抛尸过程中形成,被害人系头部受到钝器作用致严重颅脑损伤死亡的可能性大。同时,该路段路况较差,且所处方位正好是丁字路口,被告人驾驶摩托车的车速不是很快(被告人当时并未摔倒,摩托车也未倒地),因此,即使被告人驾驶的摩托车撞到路桩,也不会产生很大的作用力,结合被害人头部骨折和骨荫分别位于枕骨和右侧颅顶的情形,可以认定被害人头部损伤并非被告人所称的交通事故造成。结合尸体检验结论,法医也专门出庭针对被害人的死亡原因作出说明,排除了被害人系交通事故致死的可能性。第二,被告人除辩解被害人系交通事故致死外,还对其将被害人带至抛尸现场的方式作出如下供述:被害人在交通事故中受伤致死后,其将被害人放在摩托车后座上,用右手驾驶摩托车、左手在自己胸前抓住被害人的双手,将已死亡的被害人带至案发现场抛尸。该案法医亲自查看现场情况后出具意见表明,被告人租住处到抛尸现场距离约60公里,该路段路况较差,山路坡度较陡,行程时间长,被告人不借助其他固定方式,难以将死亡的被害人放置在两轮摩托车后座并骑行带至抛尸现场。同时,侦查实验表明,与被害人身高相仿的女子在放松的状态下坐在被告人驾驶的摩托车后座上,双脚会自然地垂落在地面上。此种情况下被告人驾驶摩托车骑行数十公里,加上山路崎岖不平,必然导致被害人所穿的鞋子严重磨损,但提取在案的被害人所穿的鞋子并无明显磨损,该情况能够反证被告人所称其将已死亡的被害人带至抛尸现场的说法不能成立。基于前述分析,被告人提出的被害人系交通事故致死的辩解不能成立,其所提出的驾驶摩托车将已死亡的被害人带至抛尸现场的说法亦不能成立。[参见第729号指导案例,徐科故意杀人、强奸案,载《刑事审判参考》总第82集(2011年第5集),第44~47页。撰稿:刘静坤　王英]

▽被告人的庭前认罪供述能够作为定案的根据使用

在刑事审判环节,特定的证据材料能否作为定案的根据使用,需要分别审查该证据材料是否具备证据能力和证明力。首先,证据材料需要具备证据能力(或称证据资格)。证据能力主要包括两方面的要求:一是不被法律规范所禁止。如果法律规范禁止使用特定的证据材料,则该证据材料就不具备证据能力,进而不能作为定案的根据使用。例如,根据《排除非法证据规定》的相关规定,经依法确认的采用刑讯逼供等非法手段取得的犯罪嫌疑人、被告人供述和采用暴力、威胁等非法手段取得的证人证言、被害人陈述,应当予以排除,不能作为定案的根据。二是应当经过法定的调查程序。《死刑案件证据规定》第四条规定,经过当庭出示、辨认、质证等法庭调查程序查证属实的证据,才能作为定罪的根据。如果证据材料未经法定的调查程序,就不能作为定案的根据使用。其次,在具备证据能力的基础上,证据材料还需要具有证明力(或称证据价值)。对证据证明力的审查判断既要分析该证据自身的真实性,还要审查该证据能否与案件事实有关联。如果无法确认特定证据的真实性及其与案件待证事实的关联性,则该证据也不能作为定案的根据。本案被告人的庭前认罪供述具有自愿性和合法性,能够排除系刑讯逼供所得,且经过当庭出示、质证等法庭调查程序查证属实,具有真实性,并能够与尸检报告、现场勘查笔录、在案隐蔽性很强的物证相互印证,因此能够作为定案的根据使用。由于被告人的认罪供述能够直接证明案件事实,因此具有很强的证明力。在此基础上,我们需要进一步确定,被告人的庭前认罪供述与其他在案证据整合起来,能否认定案件事实。本案公诉机关提供的证据能够印证被告人的庭前认罪供述,综合全案证据,可以认定案件事实,并且达到"证据确实、充分"的证明标准。被告人在侦查、起诉阶段曾作出十次完整的认罪供述,其认罪供述均能得到在案证据的印证:第一,被害人手机通话清单证实,被害人在案发当晚19时许使用手机与被告人联系,并在当晚21时49分使用于机拨打110报警(有报警录音佐证),该情况与被告人供述的要求与被害人发生性关系遭拒绝,被害人随后拨打电话报警的情节相印证。第二,被告人肋部损伤照片证实,其右胸壁外侧有四处皮肤划伤,从被告人租住处提取的带血被面和带血卫生纸中检出被告人的血迹,该情况与被告人供述的将被害人带至抛尸现场附近准备实施强奸时,被害人突然醒来并用两只手推他抓他,其随后发现自己肋部受伤的细节相印证。第三,抛尸现场所处位置、被害人尸体仅戴有一乳罩及被害人身体一侧放有石块的情况,均与被告人的供述相印证。第四,关于被害人头部损伤的形成原因,法医认为,钝器打击可以造成被害人的颅骨骨折与骨荫,该意见与被告人供认的持石头两次击打被害人头部的细节相印证。第五,公安人员从被告人处扣押一辆摩托车,被告人供认该摩托车系被害人带至抛尸现场的作案工具,并称案发当晚骑该摩托车带被害人撞到路桩上后导致摩托车前挡泥瓦损坏,其于次日去摩托车修理店修理前挡泥瓦,该情况有摩托车修理店工作人员的证言印证。第六,被告人作出认罪供述后带领公安人员在抛尸现场找到被害人的手表表扣,并带领公安人员在其抛尸后返回家中途经的关联现场找到其作案后丢弃的被害人的衣服、鞋子(里面装有内裤、内裤上带血的卫生巾一条)、手表、眼镜等物证,经被害人家属辨认和

DNA鉴定,确认上述衣物均为被害人的衣物。经比对,抛尸现场提取的表手口和关联现场提取的手表能够匹配,上述物证均系先供后证,能够建立被告人与犯罪现场及被害人之间的关联。根据《死刑案件证据规定》第三十四条的规定,根据被告人的供述、指认提取到了隐蔽性很强的物证、书证且与其他证明犯罪事实发生的证据互相印证,并排除串供、逼供、诱供等可能性的,可以认定被告人有罪。本案被告人归案后供述并指认的其作案后丢弃被害人衣物的关联现场距离抛尸现场较远,该现场为一座桥下的河流,当时被告人指认其作案后站在桥上将被害人衣物丢至该河流上游一侧,但公安人员经查找未能找到,后扩大搜索范围,最终在该河流下游找到被害人衣物。该关联现场及现场物证均具有极强的隐蔽性,如非被告人事先知晓案情,根本不可能知晓该现场及物证情况。同时,公安人员从该关联现场提取被害人衣物时,被害人衣物的包裹形态与被告人的庭前供述能够相互印证。前文分析已经表明,本案能够排除串供、逼供、诱供等可能性,由于根据被告人供述、指认提取到上述隐蔽性很强的证据,且其供述能够与其他证明犯罪事实发生的证据互相印证,故可以认定被告人有罪。综上,本案在被告人认罪后翻供并提出辩解的情况下,通过全面分析在案证据以及被告人的全部供述和辩解,能够认定被告人的庭前认罪供述具有自愿性和合法性,否定其提出的认罪供述系刑讯逼供所致的辩解理由,也能够否定被告人提出的被害人系交通事故致死的辩解。被告人的庭前认罪供述具有证据能力和证明力,能够与其他在案证据相互印证,公安机关还根据被告人的自愿供述、指认提取到隐蔽性很强的物证,该证据能够与其他证明犯罪事实发生的证据相互印证,故全案证据足以认定被告人有罪,并且达到了"证据确实、充分"的证明标准。[参见第729号指导案例,徐科故意杀人、强奸案,载《刑事审判参考》总第82集(2011年第5集),第47～49页。撰稿:刘静坤　王英]

▽死刑案件证明标准的把握

《刑事诉讼法》本条第一项确立了我国刑事案件的证明标准,即"案件事实清楚,证据确实、充分"。但该证明标准是对定案证据充足度的一般性的、总体的要求,新《刑事诉讼法》虽在第五十三条规定了一定程度具体的、可操作性的判断方法,但对于如何准确判断定案证据是否确实、充分,还是需要具体分析判断。经过这些年的司法实践,特别是2007年最高人民法院统一行使死刑案件核准权之后,采取多项措施严格死刑案件的证明标准,推动了刑事案件取证、举证、质证和认证水平的整体提高。在此基础上,为进一步提高死刑案件的证据质量,经广泛、深入总结经验,结合证据理论,2010年6月13日,最高人民法院、最高人民检察院、公安部、国家安全部、司法部联合印发的《死刑案件证据规定》第五条对"证据确实、充分"这一证明标准作了详细规定:(1)定罪量刑的事实都有证据证明;(2)每一个定案的证据均已经法定程序查证属实;(3)证据与证据之间、证据与案件事实之间不存在矛盾或者矛盾得以合理排除;(4)共同犯罪中被告人的地位、作用均已查清;(5)根据证据认定案件事实的过程符合逻辑和经验规则,由证据得出的结论为唯一结论。同时,该条还规定,办理死刑案件,对于以下事实的证明必须达到证据确实、充分:(1)被指控的犯罪事实的发生;(2)被告人实施了犯罪行为与被告人实施犯罪行为的时间、地点、手段、后果以及其他情节;(3)影响被告人定罪的身份情况;(4)被告人有刑事责任能力;(5)被告人的罪过;(6)是否共同犯罪及被告人在共同犯罪中的地位、作用;(7)对被告人从重处罚的事实。由此可见,《死刑案件证据规定》特别强调了对死刑案件应当实行最为严格的证据规格。其证明标准高于其他刑事案件,既要求认定被告人犯罪事实存在,特别是被告人实施的犯罪行为要达到排除其他可能性的程度;又要求死刑适用的事实即对被告人从重处罚的事实同样适用"证据确实、充分"的标准。由于死刑的适用具有不可逆转性,对犯罪事实的存在,特别是被告人实施的犯罪行为的认定应当达到确定无疑、排除一切合理怀疑的程度。审理死刑案件既要能从正面肯定的角度做到内心确信无疑,又要能从反面否定的角度做到排除合理怀疑得出唯一结论,否则就不能作出有罪认定的裁判。虽然《死刑案件证据规定》未明确将死刑案件事实的证明标准确定为"事实清楚,证据确实、充分,并排除一切合理怀疑",但对"确实、充分"的细化规定中已包含了"排除一切合理怀疑"的精神。在办理死刑案件中,必须严把这条底线,对经审查后发现事实不清、证据不足、不能做到排除合理怀疑得出唯一结论的,坚决不予判处死刑或者核准死刑,防止出现冤假错案,确保死刑案件的审判质量万无一失。死刑案件必须做到"杀者不疑,疑者不杀",特别是在关系到能否锁定被告人作案的关键环节上,证据必须达到确实、充分,排除一切合理怀疑的标准,必须保证只能得出唯一结论。因此,最高人民法院在本案存在上述合理怀疑且不能得到排除的情况下,以部分事实不清、证据不足为由裁定不核准死刑。[参见第655号指导案例,朱某故意杀人、盗窃案,载《刑事审判参考》总第77集(2010年第6集),第23~26页。撰稿:李彤　闫宏波]

▽间接证据能够形成完整的证据链、得出唯一结论,也可以根据间接证据定案

直接证据有利于定案,是不言而喻的。在缺乏直接证据或者直接证据证明力较弱的情况下,如果间接证据能够形成完整的证据链、得出唯一结论,也可以根据间接证据定案。但运用间接证据定案,应更加慎重,遵循真实性、协调性、完整性、排他性、合理性的规则。《死刑案件证据规定》第三十三条对此作了具体规定,即"没有直接证据证明犯罪行为系被告人实施,但同时符合下列条件的可以认定被告人有罪:(一)据以定案的间接证据已经查证属实;(二)据以定案的间接证据之间相互印证,不存在无法排除的矛盾和无法解释的疑问;(三)据以定案的间接证据已经形成完整的证明体系;(四)依据间接证据认定的案件事实,结论是唯一的,足以排除一切合理怀疑;(五)运用间接证据进行的推理符合逻辑和经验判断……"符合这些条件的,可以根据间接证据定案。本案的唯一直接证据是证人刘某的证言,但证明力很弱,不足采信。除此之外的证据均是间接证据,但这些间接证据无法形成完整的证据链,所得出的结论不具有唯一性、排他性。主要体现在:(1)第一作案现场不能确定。公诉机关指控的第一作案现场是北京常友物流有限公司门口附近,但该现场没有提取到相关物证,被害人尸体的发现地点是该公司西侧B区(仓库)内西侧靠墙处,周围有擦蹭血迹、点状血迹、血泊、呕吐物、毛发、大面积擦蹭痕迹、足迹等证据,而灰色"夏新"手机是在院中央东西向矮墙北侧地上的货物间发现的。此外,证人林某证实被害人进院后向院内西边走去时,步态未见任何异常。故现有证据既不能证明被害人是在公司门口附近被打伤头部,也不排除尸体发现地就是其被殴打致死的地点。(2)作案工具无法确认。经法医鉴定,被害人符合被人用条形钝器(棍棒类)打击头部致颅脑损伤合并胃内容物阻塞呼吸道窒息死亡。同时,被害人体质特异,颅骨厚度比正常人薄约一半。通过法医会同讨论,可以排除被害人的伤情系高空坠落造成以及被现场发现的长约7厘米的木条打击造成,不排除从被告人处提取的2根铺把击打造成的可能性。但是,案发次日提取被告人使用过的铺把后,上面未检出相关血迹和指纹。(3)有一些疑点尚未得到合理解释。现场勘查发现,被害人的足印在西数第二列纸箱顶部及下层纸箱上,但被害人为何要去西边库房,为何要爬上叠放的纸箱子;被害人的尸体在仓库内西侧靠墙处,为何其手机在院内矮墙处被发现;现场仓库有很多灰尘,为何除被害人的足迹外,没有其他人的足迹。这些疑问都没有得到合理的解释和排除。综上,虽然可以认定被告人与被害人存在矛盾,被告人当晚纠集他人到现场,且其本人持有铺把,不排除具有故意伤害的犯罪动机,但现有证据无法锁定系被告人实施了故意伤害被害人的行为,证据达不到定罪所要求的确实、充分的程度。根据《刑事诉讼法》本条第三项之规定,法院应当作出证据不足、指控的犯罪不能成立的无罪判决。[参见第656号指导案例,陈亚军故意伤害案,载《刑事审判参考》总第77集(2010年第6集),第32~34页。撰稿:罗灿]

▽对证据存疑案件的审查

1.对定案证据进行综合审查是基础。对定案证据进行综合审查,是证据审查的首要工作。对于一些证据存疑的案件,往往会先从具体问题入手进行审查。比如,纠结于犯罪动机是否合理、是否有他人参与作案等事实证据的审查,而忽视了对全部证据特别是定案证据的证据链条是否完整、整体的证明力是否确实、充分等进行综合审查。对于所有的案件,都应当首先审查各个证据与案件事实是否有客观联系,是否能够形成证据链条,该链条是否完整、合理、有逻辑性,从整体上判断全案证据是否确实、充分。本案定案的关键证据是被害人的陈述、晏某某的认罪供述、案发现场提取的凶器木棒以及在晏某某家提取的木棒和手套。经审查:(1)被害人的前后陈述内容不一致,且有不合情理之处,与晏某某的供述在关键细节上存在明显差异,无法形成相互印证。第一,被害人在2006年案发后的陈述中未指证凶手身份,而在2009年后的第一次陈述中则称看清了凶手面部,认出是晏某某。第二,被告人供述其蒙面作案,而被害人则称凶手没有蒙面。被害人陈述凶手右手持棒行凶,又反映被告人习惯用左手;而被告人供述其左手持棒行凶,供证矛盾明显。第三,被害人陈述晏某某被打后一直在哼,凶手让她交出钱放他们一条生路,后来凶手从屋里取来两根棕绳捆上她和晏某某的双脚。对于是否捆了晏某某的双脚,二人描述存在矛盾。第四,被告人供述其将作案用的木棒遗留在现场,将事先锯下的木棒的另一截和作案时所戴手套留在家中,还把自己屋里箱子上的锁撬开,是为了制造假象避免被怀疑。事实上,将作案工具木棒的另一截放在家中,反而会增加作案嫌疑,被告人在作案后即将所穿的衣服、鞋子及蒙面的黑布烧掉,却将作案用的木棒及该木棒的一截分别遗留在可建立关联关系的两处现场也不合情理。(2)现场勘查发现的情况、尸体鉴定结论反映的被害人的伤情与被害人的陈述、被告人的认罪供述反映的相关情况存在矛盾。被告人供述他用老虎钳将墙上的电线剪断,而现场勘查记载该电线是被扯断的;被告人供述用锄把殴打晏某某后,又用挖勺挖了晏某某眼睛,但在现场只提取了锄把没有发现挖勺,且被告人亦未交代该挖勺的去向;被害人陈述凶手用木棒殴打晏某某后,接着用一把小刀朝晏某某头上戳,尸体鉴定结论分析晏某某头面部创口系棍棒类钝器打击所致,未记载晏某某身上有锐器伤。虽然以上矛盾尚不足以直接影响定案,但却导致这些证据无法与被害人的陈述或被告人的认罪供述形成印证,不但无法排除相关疑点,反而使这两项关键证据的客观性、证明力进一步下降。可见,本案定案的"根基"明显欠缺。

2. 通过审查案件侦破经过反映的取证情况、证据之间的关系,是排除或确定证据间疑点的重要手段侦破经过在反映抓获被告人过程的同时,也反映了取证过程。自然、正常的侦破经过会基本反映出证据线索的来源、证据之间的关系和证据链形成的情况,有助于对取证情况形成整体印象,为最终的内心确信打下基础。而存在问题案件的侦破经过往往会出现线索脱节、内容不合情理而又无法自圆其说的情况,同样有助于我们发现全案证据链的缺陷,为判断具体证据的客观性提供参考性依据。本案中,被害人对被告人的指认是最有力的指控证据,而且被害人子女、亲友也证实听到被害人说被告人是凶手,被害人所述其起初想"保护"被告人,后"大义灭亲"的心理过程具有合理性,这一证据链条是案件侦破线索的被告人是凶手,并解释当时她想丈夫已经死了不想儿子坐牢。2009年由于被告人不帮她打核桃,不愿意出钱给晏某某立碑还扬言要收拾两个弟弟,她觉得被告人良心不好,也不照顾她,才举报被告人。被害人子女、亲友均是听被害人说被告人是凶手,相关证言均系来源单一的传来证据,并无其他证据印证,虽数量众多,仍属于一种特殊的"孤证",而且相关证据都是在案件侦破后提取,且存在胡某林证言的反证,证据链条表面完整却存在实质性缺陷。本案的侦破过程因此显得不自然,这必然会影响到对其他证据,特别是作为案件线索来源的被害人陈述客观性的认定。

3. 对犯罪动机合理性、他人参与作案可能性等"干扰性"情节进行审查,是排除或确定证据间疑点的辅助手段。被告人供述因分家、建房等问题与晏某某产生矛盾,一直怀恨在心终至泄愤杀人,被害人和晏某某子女、亲属也证实二人之间有矛盾,佐证了被告人的供述。但是,被害人陈述凶手动手之前称因晏某某以前当干部整人来报仇,后来又称只要交出钱就放他们一条生路,反映的劫财动机更明显;而且晏家的邻居证实被告人与晏某某先前曾有矛盾但案发前关系尚好,证据之间存在矛盾。此外,多年之前的一些家务矛盾能否促使被告人产生杀害亲生父亲的动机,也令人生疑。综上,在被告人翻供的情况下,并不能认定公诉机关指控被告人杀害晏某某、打伤被害人的动机。

实践中,在审查一些存在证据问题的案件时,往往会过多关注被告人的作案动机,把动机是否符合情理作为认定供述客观性、能否排除合理怀疑的重要依据,甚至把动机不合理直接作为不能排除的合理怀疑。这种认识有失偏颇,作案动机是犯罪人作案时的心理活动,是案件事实的一部分,主要依靠被告人的供述认定,如果被告人故意隐瞒,很难对其犯罪动机进行准确认定。因此,在有些案件中查不清犯罪动机是正常的,是法律事实和客观事实的差异在具体案件中的体现。能否查明动机,与案件是否构成"铁案"、犯罪事实是否清楚并无直接的关系。至于动机是否合理,更是我们站在一般人角度分析得出的结论,主观性很强,不足以作为产生怀疑的合理依据。被害人还陈述案发当天在其家附近有一陌生男子出现,证人黄某某、向某某反映的情况也佐证了此节,可认定案发前曾有一陌生男子在案发地附近活动。虽然被害人反映该男子与凶手在身高、年龄、体形、口音上相似,现场发现的手套与向某某所证陌生男子所购手套特征相符,但是无证据证明该男子与本案的关系,不排除是一种巧合,还构不成"反证"。由此可见,犯罪动机、他人参与作案的可能性等类似情节,对定案证据是否确实、充分并无直接影响。如果定案证据确实、充分,足以认定被告人犯罪事实,这些情节的干扰作用自然消失。在本案中,其干扰作用更多体现在对内心确信的影响上,至多与案件事实中是否存在合理怀疑有关,对排除或确定证据间疑点只能起到辅助作用,不应夸大成影响定案的证据问题。[参见第738号指导案例,晏朋荣故意杀人、抢劫案,载《刑事审判参考》总第83集(2011年第6集),第27~31页。撰稿:周进 徐海 徐万祥]

▽对无罪案件的证据标准的把握

《刑事诉讼法》本条的规定,有罪判决的证明要求是案件事实清楚,证据确实、充分。事实清楚,是指凡与定罪量刑有关的事实和情节,都必须查清,证据确实、充分是对定案证据质和量的总体要求。"确实"是质的要求,包括查证属实、与待证事实客观联系、与证明对象范围一致及证明力强等。"充分"是量的要求,首先要求能够收集、应当收集的证据均已依法收集,其次要求犯罪构成要件的事实均有相应证据证明,最后要求所有证据的总和足以使案件事实得出确定无疑的结论,排除其他一切可能。结合最高人民法院、最高人民检察院、公安部、国家安全部、司法部联合制定的《死刑案件证据规定》,可以总结出有罪判决的证明标准:第一,有罪判决必须满足事实清楚,证据确实、充分的证明要求;第二,满足证据确实、充分的证明要求必须达到客观真实并排除合理怀疑的证明标准;第三,客观真实并排除合理怀疑具体体现为作为定案根据的证据形成封闭锁链并排除相互的冲突和矛盾,所证明的案件事实具有唯一性。刑事案件的证明责任由指控人(公诉机关、自诉人)承担,被告人无须"自证无罪",因此无罪判决的证明标准与有罪判决并不相同,只要指控证据未达到有罪判决的证明标准。简言之,只要存在被告人无罪的可能性,就表明关于有罪的证明至少未达到排除合理怀疑的要求,即应考虑认定被告人无罪。换言之,对于无罪事实的证明并不需要达到确实、充分,排除合理怀疑的程度,只要无罪事实存在,足以影响到证据不足,不能认定被告人有罪即可。本案指控依据的核心证据是被害人的陈述、被告人的认罪供述,这两项证据内容均前后不一,彼此之间在关键细节上也存在矛盾,无法形成印证。在案的其他证据反映的情况与该两项证据均存在明显矛盾,不能起到补强作用。特别是在被告人翻供后,全案证据无法形成完整的证据链,被告人无罪的可能性远大于有罪的可能性。据此,一审、二审认定被告人无罪是适当的。[参见第738号指导案例,晏朋荣故意杀人、抢劫案,载《刑事审判参考》总第83集(2011年第6集),第31~32页。撰稿:周进 徐海 徐万祥]

▽客观性证据相对薄弱的死刑案件,在被告人翻供情形下如何甄别证据,排除合理怀疑

刑事案件中被告人在认罪后翻供的现象较为常见。对于没有目击证人且客观性证据较为单薄的案件,供述对于证明案件事实尤为重要。对于翻供案件,既不能简单采信其以往所作供述,也不能轻易否定其翻供理由或无罪辩解,而应当兼顾正向的证实与反向的证伪。对那些基于法律常识、生活经验或职业直觉产生的合理怀疑,要从有罪供述的真实性、翻供后无罪辩解的可信性、有利证据的可采性等方面入手,逐一排除疑点,最终形成对案件事实的准确认定。本案的侦破、审理经过较为复杂,有当地多个公安机关经手,历经三次一审、三次二审。第一次一审期间公诉机关因证据不充分未指控抢劫被害人段某的事实,至第三次一审时才补充起诉该起事实。尽管本案有一定客观性证据,但取证工作整体上较为粗疏。被告人在第一次讯问中不认罪,此后有两次有罪供述,但在审判阶段又翻供。由此,一审、二审法院在证据采信和事实认定上出现一定争议。对于本案有必要从正向证据分析和反向排除疑点两个角度来进行事实认定。

(一)在案证据指向明确,能够相互印证,形成完整证据体系。根据1996年《刑事诉讼法》第一百六十二条第一项的规定,案件事实清楚,证据确实、充分,依照法律认定被告人有罪的,应当作出有罪判决。该规定确立了刑事案件有罪判决的证明标准,即事实清楚,证据确实、充分。据此标准,在对全案的证据排列、组合、分析之后,作为证明对象的案件事实和情节均应当有相应的证据予以证明,证据与证据之间能相互印证,全案证据同案件的发生、发展过程和结果一致,形成一个完整的证据体系。本案认定被告人实施3起抢劫事实的证据能够形成较为完整的证据体系。具体说明如下:1. 关于抢劫被害人罗某的事实。该起事实是被告人实施的最后一起抢劫,证据情况较好。体现在:(1)罗某的汽车被发现停放在罗湖区红桂路附近后,公安人员蹲点守候,将前来取车的被告人抓获,系人赃俱获。(2)相关物证证实被告人与罗某被害有直接关联。第一,公安人员在罗某的车辆行驶证(位于罗的汽车副驾驶位前的整理箱内)上提取到一枚指纹,经鉴定系被告人所留,足以证实被告人案发前已接触过该车。第二,在罗某汽车内提取到一把自制尖刀,刀刃有打磨痕迹,刀柄被黑色绝缘胶布缠绕,可印证被告人所供尖刀系其用铁板自制,作案时用刀绞紧勒罗某颈部的铁丝圈,后将尖刀放在所劫汽车内的情节。被告人翻供后虽拒绝辨认该刀,但仍可认定该刀系被告人所有。第三,钢铁材料分析测试报告证实从被告人家提取的铁丝与缠绕在罗某颈部的铁丝系同一炉批、同一批次制造加工的产品,两根铁丝间具有极密切联系。(3)被告人在侦查阶段对杀害罗某并劫走其车辆的事实有过2次详细供述,所供作案经过得到其他证据印证。例如,尸检鉴定证实罗某下颌部有横行勒沟(未分析该勒痕的成因),与被告人所供持铁丝圈从后面套罗颈部时勒在罗的下巴位置的情节吻合。抛尸现场未提取到罗某的鞋子,但在罗的汽车后备箱内提取到一双运动鞋,与被告人所供其将罗某的鞋脱下后放在汽车后备箱内备胎旁的情节吻合。2. 关于抢劫被害人孙某的事实。该起事实的证据情况主要是:(1)被告人归案次日即主动供认了该起事实,负责审讯的深圳市南山公安分局当时对该起事实尚不完全掌握,此后福田分局将案件材料移送至南山分局。(2)有指向明确的客观性证据。两名证人证实一男子试图撬开停放在路边的无牌照中华牌汽车,在保安盘查后男子弃车离开。该车被公安人员提取后进行勘查,确定系孙某的被劫汽车,且在汽车后备箱内查获了该车车牌,在车牌上提取到一枚指纹,经鉴定系被告人所留。其中一名证人还混合辨认出被告人系撬车男子。(3)相关证言能印证被告人的供述:第一,有两名证人证实2003年11月26日1时30分在侨城立交桥下发现尸体,桥上有擦痕,尸体应该是从桥上扔下的,印证被告人所供将近2时时从立交桥上抛下尸体的情节。第二,孙某的妻子证实孙随身带有手机和三四百元钱,失去联系的时间是11月25日23时许,印证被告人关于作案时间、所劫财物的供述。孙某的妻子提交的孙某的手机通话记录显示太白路一公用电话与孙在19时前后有5次频繁联系,通话时间均很短暂,符合乘客叫车的情况,也印证了被告人关于联系孙某的时间、地点、方式的供述。第三,孙某的朋友李某证实其25日20时许联系孙某时他在南头(地名),车上有客人,需要长时间等待,22时许联系不上孙某,印证被告人所供骗乘孙某的汽车至南头后谎称等人,与孙某在车上聊天后进行作案的情节。(4)本节犯罪事实中部分情节属于先供后证。例如,尸检鉴定证实孙某左手小指掌指关节陈旧性缺失,印证被告人所供孙某一只手缺少指头的情节;被告人供述孙某自称有两个儿子读书,此情节孙某的妻子从未提及,最高人民法院复核期间经询问孙某的妻子,王称有两子一女,孙某被害时三个孩子都在读书。此情节系先供后证,证明力很强。3. 关于抢劫被害人段某的事实。该起犯罪中有幸存的被害人,证据情况主要是:(1)该起事实系被告人在公安机关完全不掌握的情况下主动供述的。公安机关根据胡的供述调取到报案材料,但内容极其简单,仅说明段某的出租车被劫走后又被追回。因段某未受到实质人身伤害，且车辆已被追回，当时并未继续追查。第一次一审期间，因未能找到段某，公诉机关未指控该起事实。第三次一审期间，公安机关补查了相关证据，公诉机关才补充起诉。(2)被告人的供述得到被害人陈述、证人证言的印证，属先供后证：第一，被告人供述所劫出租车的运营证上记载车主姓胡，印证段某所述汽车系与车主胡某某共同购买的情节，段亦辨认出被告人系持铁丝圈勒其颈部、劫走其出租车的男子。第二，被告人主动供述其劫得段某的出租车后在虎门附近被另一辆深圳牌照的出租车追捕，对方车内公安人员向其鸣枪示警，其冲卡进出高速公路，将所劫汽车丢弃在东莞。该情节得到参与追捕的公安人员证言的印证，其中一名公安人员还辨认出被告人系驾驶段的出租车逃避抓捕的男子。第三，被告人供述作案用的铁丝圈留在被害司机颈部，弃车逃离时将自制尖刀遗留在车上，这些情节得到段某和相关公安人员证言的印证，段还提交了铁丝圈，公安人员也手绘了尖刀样图。

（二）证据采信和事实认定上的疑问能得到排除。排除合理怀疑与证据确实、充分是对有罪证明标准不同角度的两种界定。证据确实、充分是从正面对证据的质和量提出的要求，而排除合理怀疑是从反向角度对证据的充分程度提出的判断标准。作出任何一个有罪判决，都应当要求在案证据足以排除被告人无罪的任何合理怀疑，在案证据所得出的有罪结论是唯一的，具有排他性。将排除合理怀疑作为有罪判决“证据确实、充分”的标准，已经为2012年修正的《刑事诉讼法》所确认。实践中，这一标准已被推行，特别是在近年来死刑案件的办理过程中更是得到广泛执行。具体到本案，从前文的正向分析已基本可以认定被告人实施了三起抢劫犯罪。但是，由于被告人翻供，且提出了具体辩解，其妻子也作证称被告人没有作案时间，所以很有必要分析被告人的翻供理由是否成立，翻供内容是否真实，其妻子的证言是否可采信，从而使本案的证据体系达到排除合理怀疑的标准。1. 关于是否存在刑讯逼供。被告人进入审判阶段后翻供，否认实施抢劫犯罪，辩称其有罪供述系受到刑讯逼供。经查，被告人头部的少许伤痕（硬币大小）系在抓捕过程中形成。根据公安机关出具的情况说明，抓捕时被告人反抗激烈，被按倒在地，由此形成头面部伤。从照片和审讯录像看，被告人右额部确有少许伤痕，考虑到被告人于2004年3月28日17时30分左右被抓获，次日9时进行审讯录像，抓捕和审讯间隔不久，故其头部伤痕系在抓捕过程中形成的解释是可信的。同时，审讯录像经当庭播放，录像内容证实没有对被告人刑讯逼供。被告人作有罪供述时语速平稳，神态平和，供述自然、连贯，除供述所犯罪行外，还与审讯人员聊天，内容涉及人生观、价值观等，没有刑讯迹象。因此，可以认定被告人系自愿作出有罪供述，其提出受到刑讯逼供的翻供理由不成立。2. 关于被告人的无罪辩解能否成立。被告人在第一次审讯时供述罗某的汽车系其从初次认识的王斌（音）处购买的赃车，其尚有部分款项未付，未涉及其他事实。审判阶段否认实施抢劫犯罪，在前两次一审、二审期间辩称孙某的汽车和罗某的汽车均系其从王斌处接取并予以代管，其供述的是王实施的犯罪事实。在第三次一审补充起诉抢劫段某的事实后，被告人否认实施该起犯罪，但未提出辩解。最高人民法院复核提讯中，被告人又辩称抢劫段某亦系王斌所为。被告人的无罪辩解不成立。主要理由在于：(1)被告人翻供主要针对本案侦查工作中的疏漏，如未组织辨认、指认，抛尸现场也未留下痕迹等，并未着力证实自己没有作案时间，其也说不清楚在相关涉案时间段内的行踪，提供不出不在场的证据，反而刻意回避此问题。(2)被告人关于与王斌的认识、交往过程、两辆汽车的性质、接车地点的供述极不稳定，多次反复且相互矛盾，王斌是否真实存在值得怀疑。同时，被告人自称与王斌交往不深，王斌不太可能主动对其讲述杀人劫车事实，被告人更不可能甘愿替王斌承担命案的罪责。退而言之，假设被告人所述王斌犯罪的情况属实，被告人不仅没有为王承担命案罪责的理由，相反更应积极提供线索协助公安机关抓获王以证自身清白。但被告人提供不出王的联系方式、住址等情况，也提供不出认识王的证人。这表明被告人关于王实施抢劫作案后将车交与其保管的供述系编造的，其翻供内容不可信。3. 关于被告人的有罪供述是否真实。被告人在被抓获后不久作了2次有罪供述。第一次供述非常详细，供认其抢劫作案4次。第二次供述相对简单，所供内容与第一次一致。在这2次供述中，被告人所供作案过程连贯、渐进，细节突出，一些情节系先供后证，证明力强。其中,被告人主动供述的抢劫段某的事实是公安机关本不掌握的。此外,被告人还主动供述了2003年8月其第一次实施的抢劫出租车未遂的事实。被害司机挣扎时将车撞到路边熄火,被告人因过于紧张、手段不熟练,仅将司机勒昏后即逃离。被害人因没有遭受明显暴力侵害和财产损失,未报案,公安机关也未掌握。该起抢劫事实与本案认定的3起抢劫事实在作案工具、作案手段、作案对象上均有相似之处。从被告人的供述可以看出,其前两起抢劫的对象系合法运营的出租车司机,后两起系无证运营的出租车司机,表明其在抢劫对象的选择、作案手法的熟练程度上有所渐进,符合作案规律。因此,被告人的有罪供述自然、可信。4.关于被告人妻子的证言能否采信。在被告人归案当天,被告人的妻子作证称,罗某被害的前后几天被告人均在家,或休息,或与他人下象棋。第二次一审期间,她再次出具上述证言。我们认为,她的证言不足采信,主要理由是:(1)被告人的妻子所证被告人的起居作息、接触人员情况本身存在矛盾,也与被告人第一次供述中所供自己的行踪不符,且所证与被告人下棋的人员无法查实。(2)她与被告人系夫妻,与案件处理结果有直接利害关系,不排除其在个别陈述中有包庇被告人的可能。(3)被告人供称其和其妻感情较好,其妻在他因盗窃犯罪被判刑的几年间不离不弃。据此分析,她既然已证实被告人没有作案时间,在正常情况下,作为夫妻会尽心为被告人寻找不在场的证据,而她非但无所作为,相反却在被告人被抓获后的第三天即匆忙搬离生活多年的住地,此后未关注过被告人案进展,行为很反常。这不仅证实其妻对被告人不信任,也证实其的证言不可信。

综上,办理死刑案件特别是翻供案件,应当严格按照"案件事实清楚,证据确实、充分"的证明标准,通过正向肯定和反向否定的双向分析,在证据审查和采信环节严格把关,形成严密的证据体系,排除合理怀疑,确保准确认定案件事实,防止冤假错案发生。[参见第778号指导案例,胡建华抢劫案,载《刑事审判参考》总第86集(2012年第3集),第42~47页。撰稿:任能能]

▽对共同犯罪案件如何把握"证据确实、充分"的证明标准

认定被告人有罪的证明标准,其中包含"案件事实清楚"和"证据确实、充分"两个方面。首先,"案件事实清楚",是指司法人员对于有关定罪量刑的事实均已查清楚,而对于不影响定罪量刑的细枝末节则没有必要去纠缠。那么,哪些属于有关定罪量刑的事实和情节?"两高三部"2010年出台的《死刑案件证据规定》第五条第三款规定:"办理死刑案件,对于以下事实的证明必须达到证据确实、充分:(一)被指控的犯罪事实的发生;(二)被告人实施了犯罪行为与被告人实施犯罪行为的时间、地点、手段、后果以及其他情节;(三)影响被告人定罪的身份情况;(四)被告人有刑事责任能力;(五)被告人的罪过;(六)是否共同犯罪及被告人在共同犯罪中的地位、作用;(七)对被告人从重处罚的事实。"这一规定不仅适用于死刑案件,对判断其他类型案件是否"事实清楚"也有重要的指导意义。其次,"证据确实、充分"是认定被告人有罪时对据以定案的证据的质和量的总体要求。"确实"是对证据的质的要求,是指据以定案的每个证据都必须是客观真实的,而且具有关联性,能够证明案件事实。"充分"是对证据的量的要求,是指经审理认定的犯罪事实必须有足够的证据加以证实。《死刑案件证据规定》第五条第二款规定:"证据确实、充分是指:(一)定罪量刑的事实都有证据证明;(二)每一个定案的证据均已经法定程序查证属实;(三)证据与证据之间、证据与案件事实之间不存在矛盾或者矛盾得以合理排除;(四)共同犯罪案件中,被告人的地位、作用均已查清;(五)根据证据认定案件事实的过程符合逻辑和经验规则,由证据得出的结论为唯一结论。"据此判断证据是否已达确实、充分的方法,就是看通过在案证据形成的有罪事实是否能排除合理怀疑。达到这一标准的,可以认定被告人有罪;否则,就不能认定有罪。对共同犯罪案件也是如此。

司法实践中证据不足的情形并不少见。证据不足,是指虽然有证据证明犯罪嫌疑人、被告人有犯罪嫌疑,但现有证据在质量和数量上未达到确实、充分的证明程度。证据不足的表现形式通常有:(1)犯罪构成要件缺乏充分的证据予以证明;(2)证据的客观真实性存在疑问,无法查证属实;(3)证据之间存在矛盾,不能合理排除;(4)依据现有证据能够得出不同结论,不能排除其他可能性。证据不足所产生的法律后果就是应当根据疑罪从无原则对被告人判决无罪。本案的焦点问题是,证实被告人傅某伙同被告人郑某某入室抢劫的事实是否清楚,证据是否确实、充分,能否得出傅某有罪的唯一结论。首先,在案证据足以证实郑某某参与作案的事实。郑某某在侦查阶段供述较稳定,供称独自用菜刀砍死女房东后劫取财物。虽然郑某某在庭审中又称与傅某共同作案,且其所供伤害被害人的身体部位、刀数与尸检报告载明的被害人受伤情况有出入,但根据其稳定的有罪供述和在案发现场提取的其遗留的血指纹,综合证人证言、鉴定意见等其他证据,可以认定其参与实施本案抢劫犯罪。但是,对于被告人傅某的指控在证据上未达到确实、充分的证明标准,不能排除傅某没有作案时间、郑某某另与他人商议共同作案等疑点。傅某被抓获后,在侦查机关多次供述其参与作案,尤其是其所作供述中对伤害被害人的身体部位和刀数、对案发现场和被害人具体情况的描述,与尸检报告、现场勘查笔录等载明的情况基本吻合,这是检察机关指控傅某参与抢劫的主要根据。但我们认为,在案证据表明傅某有重大作案嫌疑,但尚未达到证据确实、充分,排除合理怀疑的标准。具体理由如下:第一,侦破经过对认定傅某是否参与作案不具有直接的证明作用。案发后,公安机关在现场提取了一枚血指纹,经比对发现该指纹系郑某某所留,并利用技术手段抓获使用过郑某某手机号的手机机主傅某。后经布控,又将郑某某抓获。这种侦破过程表明,傅某与郑某某有交往,不排除与案件有关联,但不足以据此在傅某与案件之间建立紧密联系。第二,被告人傅某在数次有罪供述中对其作案过程所做的供述不一致,具体包括:(1)所供作案时间不稳定;(2)所供作案人数有变化;(3)所供作案刀具的来源和特征不稳定;(4)对作案现场的供述及所供开门过程不稳定;(5)对作案现场室内布局的供述不稳定;(6)对其本人作案时的衣着和作案后处理情况的供述不稳定;(7)对所抢赃物男式手表处理情况的供述不稳定。第三,被告人傅某的有罪供述与在案其他证据之间存在矛盾,具体包括:(1)傅某多次供述案发前打郑某某或郑的女友的手机找到郑某某,而郑某某供称自己没有手机,郑的女友证实其手机已丢失,通话记录显示郑的女友的手机自案发前5天起已无通话记录;(2)在作案时间上,傅某的供述(凌晨1时)与郑某某的供述(6时,天刚亮)、证人胡某某的证言(凌晨3时许被女人的呼救声惊醒)存在矛盾;(3)傅某供述郑某某作案时穿深色T恤、黑皮鞋,而郑某某则供称自己当时穿白色T恤、拖鞋;(4)傅某供述从作案现场拿走一块金黄色男表,证人熊某某(系被害人刘某某之子)则证实丢失一块银白色男表;(5)傅某供述的所抢现金数额与郑某某所供不一致。第四,被告人傅某否认参与犯罪的同时辩称案发当晚与同事陈某一起在龙华上网,没有作案时间。经查,富士康公司确有陈某其人,但已无法查找;傅某所称当晚上网的网吧也未找到,故其上网记录没有提取到。第五,被告人傅某与郑某某过去只是普通同事,各自先后从原单位离职后也无交往,且二人也无其他特殊身份关系。因此,郑某某仅因所谓的"攻守同盟"(傅某曾供称其与郑某某约定,一旦被抓不能供出对方,郑某某在庭审中做过类似供述),而在侦查阶段坚称系其本人单独作案以承担全部责任的行为,不符合一般犯罪分子趋利避害的普遍心理。

通过上述分析,证实被告人傅某参与作案的证据仅有其先前的有罪供述及被告人郑某某的当庭指证,此外再无任何证据证实其有罪。由于被告人供述的自愿性难以准确判定,在没有其他证据支撑的情况下不能仅凭口供定罪。在主要依靠被告人供述等言词证据定案的情况下,应重点审查被告人的有罪供述是否稳定,其供述的作案细节与同案被告人的供述能否印证(特别是必须亲临现场才能感知的细节),是否根据被告人的有罪供述延伸收集到其他可印证的证据。本案中傅某的有罪供述前后不一且当庭翻供,之前的有罪供述与郑某某的供述及其他证据存在多处矛盾,其供述中没有现场感知的个性化细节能与郑某某的供述相印证。公安机关也未能根据傅某的供述延伸收集到其他可印证其有罪供述的证据,如未找到被其扔弃的手表,提取的其"作案"时所穿衣物上未检出被害人血迹,未调查其"作案"后回厂时间及衣着等。认定傅某有罪的证据不符合"证据与证据之间、证据与案件事实之间不存在矛盾或者矛盾得以合理排除"的要求,其有罪供述及郑某某指证其参与作案的供述的真实性本身也存在疑问。同时,对傅某提出的没有作案时间的辩解,公安机关也未能找到陈某(当晚与傅某一起上网)和网吧核实相关情况,无法排除傅某没有作案时间的可能。因此,认定傅某犯抢劫罪的证据不足,无法排除合理怀疑,不能认定傅某有罪。广东省高级人民法院将本案发回重审后,深圳市中级人民法院依法判决傅某无罪是正确的。[参见第779号指导案例,郑福田、傅兵抢劫案,载《刑事审判参考》总第86集(2012年第3集),第50~54页。撰稿:李慧群]

▽对共同犯罪中"零口供"的被告人如何认定其犯罪事实

所谓被告人"零口供",是指被告人在被立案侦查、起诉和审判的过程中只作无罪辩解,拒绝作有罪供述的情况。在有DNA鉴定等客观性证据或者目击证人、被害人指证的案件中,即使是出现"零口供"情况也不影响犯罪事实的认定。但在缺乏有力的客观性证据,言词证据也不稳定或者不完全一致的案件中,出现"零口供"情况则认定犯罪事实存在较大难度。本案是一起共同犯罪案件,被告人屠某某纠集被告人冯某某、滕某、张某某等人伺机报复,持刀、枪将二被害人杀死。在立案侦查、起诉和审判过程中,屠某某始终拒不供认杀人犯罪,部分同案被告人庭审后翻供,否认屠某某参与犯罪。因此,有关屠某某犯罪事实部分出现了"零口供"情况,对其他证据的审查和认定,成为认定屠某某犯罪事实的关键。根据现有证据,可以认定屠某某纠集冯某某等人报复杀害邱某、张某某的事实。具体分析如下:(一)有多名目击证入的证言和同案被告人的供述等证据证实屠某某纠集他人共同作案。第一,本案中有多名目击证人证实屠某某持手枪恐吓在场人员,冯某某持刀捅刺二被害人,滕某持猎枪射击二被害人等情节,所证内容基本一致,与其他证据之间不存在矛盾。其中,目击证人赵某证实,屠某某最先进入大厅,持手枪威胁在场人员不准动,屠某某、冯某某曾对在场人员进行辨认,作案目标明确指向被害人邱某、张某某。一个持长枪的人(滕某)击中张某某右腿,冯某某持尖刀捅刺张某某胸部数下。目击证人王某某证实,第一个进门的人(体貌特征与屠某某一致)持手枪,曾对在场人员进行辨认。目击证人刘某某证实,屠某某带人进入大厅,手中有手枪,并先开了两枪(未朝二被害人开),滕某持长枪。目击证人王某某证实,屠某某持手枪最后离开现场。第二,同案被告人均对屠某某持手枪参与作案的事实作过供述,所供主要情节与证人证言一致。首先,滕某在屠某某归案之后稳定供称,屠某某是主谋,在龙泉娱乐城门口屠让冯取来装有猎枪、尖刀的包裹,冯递给屠一把卡簧刀。屠某某让其跟踪从龙泉娱乐城出发的车辆,后到金融大厦找人,均未找到目标。屠某某先进入吉祥宾馆大厅,持黑色手枪让一名男子别动,后持手枪砸二被害人,又持卡簧刀捅刺张某某。滕某在屠某某指使下开枪击中二被害人右腿,冯某某持尖刀捅刺邱某胸部数下。其次,张某某的供述比较稳定,其在归案当日即供述了案发原因和作案过程。张称屠某某和王某有矛盾,案发当日屠主要是寻王某复仇,二被害人是王某的小弟,曾威胁过屠某某。屠某某等人先进现场,屠某某戴着黑色棒球帽,威胁喊"都别动"。屠某某手里有黑色手枪,但未直接动手。滕某持猎枪射击二被害人,冯某某持尖刀捅刺二被害人。此外,冯某某在侦查阶段详细供述了犯罪事实。冯某某称,屠某某与王某有矛盾,曾在双鸭山宾馆与王某打架,案发当日是要伺机报复王某。二被害人是王某的小弟,邱某曾追砍过屠某某。屠某某长期将猎枪放在桑塔纳汽车内,准备用于报复王某。在龙泉娱乐城门口等王某时冯某某递给屠某某一把卡簧刀,屠某某让冯某某取来装有猎枪、尖刀的包裹。到现场时滕某持猎枪,冯某某持尖刀捅刺二被害人胸部。屠某某最后离开现场,未见其动手。第三,除以上证据外,本案另有多项证据证实屠某某参与犯罪。有证人证实查获的猎枪、尖刀来源于屠某某等人;有多名证人证实屠某某与王某、邱某有矛盾;有证据表明,屠某某年龄最大,影响力较大,经济条件较好,有纠集、指挥其他三被告人的条件。(二)屠某某的无罪辩解及冯某某、滕某、张某某的相反供述均有明显矛盾之处,且在一些关键问题上不能作出合理解释,不足以推翻对屠某某的指控。总之,认定多人共同犯罪案件中"零口供"被告人的犯罪事实,关键是对在案言词证据进行综合判断、运用。首先,要对各证人证言和被告人供述进行纵向分析,如果证言、供述有变化,则须分析该言词证据改变的特点、原因,结合取证时间、环境及该人与案件是否有利害关系、是否可能受到诱导等因素,从宏观上判断该言词证据是否可信。其次,要对各证人证言和被告人供述进行横向分析,查找各言词证据之间是否有一致的内容,是否足以否定“零口供”被告人的辩解,从微观上判断哪些言词证据可采信。再次,要对各证人证言和被告人供述进行反向分析,合理排除证言、供述之间的矛盾,分析证言、供述间细节不一致是由主观判断差别造成的,还是由相关人员虚假性、包庇性作证造成的,特别是要确认被告人辩解和证人证言相结合尚不足以合理证明相反事实。最后,要对各证人证言和被告人供述进行立体分析,将证人证言和被告人供述指向一致的部分,结合案件其他事实证据,如各被告人与被害人的关系、平时有无矛盾,各被告人平时表现、相互间有无“隶属”关系等,判断能否形成完整的证据链条,最终确定“零口供”被告人的犯罪事实。[参见第789号指导案例,屠桂军等故意杀人案,载《刑事审判参考》总第87集(2012年第4集),第9~13页。撰稿:黄鹏]

▽仅有被害人家属证言证实被害人死亡的,不能认定被害人死亡的事实

刑事案件事实认定,应当根据证据所能证明的法律事实作出裁判的诉讼原则。本案公诉机关指控被害人饶某福已死亡的事实,根据现有证据无法认定。查明案件的客观事实是全部诉讼活动追求的目标,也是司法裁判的客观基础。但是,由于时间的不可逆性和相关条件的限制,决定了诉讼中很难完整再现已经发生的案件事实。作为案件裁判依据的事实,只能是通过诉讼证明所认定的那一部分已转化为法律事实的客观事实。因此,在审判工作中,既要从客观实际出发,将所能发现、收集的证据证明的法律事实作为裁判案件的根据,又要使诉讼认识最大限度地接近客观事实,从而最大限度地实现社会公平正义。本案公诉机关出示的证明被害人死亡的证据,有被害人父母、弟弟,同村村民的证言以及村委会、派出所出具的证明材料。根据这些证据,被害人于2010年8月10日被殴打后送入医院治疗,8月14日转院治疗,22日被其亲属接回原籍治疗,23日下午死亡,24日下葬。这些证据看似比较充分,事实比较清楚,实际上是不充分的。首先,因被害人亲属拒绝开棺验尸,司法机关无法收集死亡证明、DNA鉴定意见、尸体鉴定意见等关键证据。其次,证明被害人死亡的直接证据是被害人家人的证言,同村村民只证明参加了葬礼,但并未有人证明目睹未封殓时的尸体。村委会、派出所也仅是听被害人家人及村民说其已死亡,并据此出具了证明材料。因此,在案能够证明被害人死亡的直接原始证据主要是被害人亲属的证言,而被害人亲属与案件处理存在利害关系,其证言的证明力有待补强。如仅凭被害人亲属的证言认定被害人死亡,不符合“证据确实、充分”的证明要求,也达不到刑事诉讼法所确立的“排除合理怀疑”的证明标准。基于上述理由,一审法院未认定被害人已经死亡的事实。[参见第813号指导案例,杨道计等过失伤害案,载《刑事审判参考》总第89集(2012年第6集),第35~36页。撰稿:王雪枫]

▽在被告人不如实供述的情况下,可以依据在案其他证据,认定被告人的犯罪动机

第一,从汪某某与侯某胜夫妇的经济状况分析,汪某某的最初供述和在案多名证人的证言均可证实汪某某案发前经济拮据并欠多人债务,而侯某胜夫妇经济状况较好,每天做生意能挣到大约700元,且二被害人已买好回老家的车票,并购买了新衣服、鞋子等;二被害人的亲戚石旭春证实,案发前几天其还给了侯某胜夫妇2万元现金(公安机关从被害人卧室暖风机下方一盒子内发现现金3万余元)。因此,汪某某应当是有目的地选择经济状况较好,且正准备回家过年的二被害人作为作案对象,其杀人劫财的动机非常明显。第二,从作案时间分析,汪某某在2011年1月19日凌晨作案,当天是雪天,其于当天凌晨2时许骑自行车跨杭州市两个城区赶到二被害人经营的早餐店。另外,相关证言证实,汪某某平时从未到过被害人店里帮忙,其行为十分反常。汪某某所供因接到侯某胜的手机通话才去被害人的店里,但被害人的通话记录证实汪某某与被害人并无通话,此客观证据足以否定其供述。由此,可以认定汪某某是刻意选择二被害人准备回老家过年之际作案。第三,从证人陶洪冲的证言分析,2011年1月19日4时许,其送面到侯某胜店内时,看到一男子戴一只白色手套站在营业间,其对这一细节印象深刻。汪某某的体貌特征与陶洪冲描述的男子的体貌特征十分相符。结合相关证人证言、通话记录及汪某某的供述,二被害人死亡的时间是在4时16分到4时30分。汪某某戴手套帮助侯某胜做早点的可能性与其日常行为不符,故证人陶洪冲在当日4时许所见汪某某戴手套的行为,表明汪某某当时已准备杀死二被害人。第四,从现场勘查的情况分析,现场有明显翻动痕迹,衣柜开启,侯细军裤子口袋外翻且沾有血迹,二被害人的衣服、鞋子、车票、烟、现金等有价值的财物均被拿走,由此足以说明汪某某并非不经意拿走被害人的财物。第五,从尸检鉴定分析,二被害人的头面部均有10处左右创口,多处粉碎性、凹陷性骨折,系被金属钝器反复打击致颅脑损伤死亡,这些情况足以反映汪某某杀人的意志坚决,一定要置被害人于死地。结合汪某某作案后清扫现场血迹、将二被害人房门锁住,向被害人的亲友谎称被害人吵架外出等表现,足以说明其是有预谋的犯罪,并非临时起意的行为。综合全案证据,足以认定汪某某抢劫的犯罪事实,即汪某某特意选择经济状况较好的侯某胜夫妇作为抢劫对象,在二被害人准备回老家过年之际前往被害人的早餐店,趁侯某胜不备之时戴上手套作案,持铁锤残忍地将侯某胜夫妇杀害后,清理现场血迹,在被害人卧室及身上翻找财物并劫走现金、车票、衣服、鞋子等财物。汪某某虽然始终否认有抢劫的动机,但其所供的杀人动机及部分情节与在案其他证据不但存在矛盾,而且明显不符合情理,故不可采信,不能作为定案的证据。结合在案的通话记录、证人证言、现场勘查笔录、尸体鉴定意见等其他证据,通过严密的逻辑分析,足以认定汪某某有抢劫的犯罪动机。因此,一审、二审法院通过对全案证据的综合审查判断,变更公诉机关指控的罪名,认定汪某某的行为构成抢劫罪是正确的。[参见第817号指导案例,汪久胜抢劫案,载《刑事审判参考》总第89集(2012年第6集),第59~62页。撰稿:朱敏明、王婷婷]

▽在直接证据“一对一”的情况下如何准确认定案件事实

本案是近年来发案率较高的街头“抛物行骗”案件。本案的事实和证据认定具有一定特殊性。由于卢某某之外的两名共同作案人在逃,又没有目击证人,直接证据只有卢某某的供述和被害人帅某的陈述,而这两份证据所证明的事实大相径庭。根据卢某某的供述,其是采取诈骗与盗窃结合的手段获得财物,而根据帅某的陈述,卢某某是抢劫其财物。其他证据(如卢某某取款的证据)不能直接证明犯罪的性质,只能间接证明侵犯财产犯罪的发生。因此,准确认定犯罪事实,是本案定性最关键的前提。(一)应当在综合分析证据的基础上认定本案的事实。“存疑有利被告”是一项重要的司法原则。适用该原则应当以事实确已无法查清为前提,如果通过认真审查判断证据,适当开展证据补查工作,能够查清事实的,则不应适用该原则。本案被害人帅某强烈要求以抢劫罪追究被告人卢某某的刑事责任,如果帅某陈述的事实符合抢劫罪特征,且自然、完整,能够得到在案其他证据的印证,即便卢某某否认,也应当认定抢劫的犯罪事实。但是,帅某的陈述恰恰存在一些疑点,也得不到其他证据的印证,而卢某某的供述则较为稳定。在这种情况下,被害人的陈述难以采信。1.被害人帅某关于其被抢劫的陈述不稳定,前后存在一些明显矛盾。帅某前后共有六次陈述,侦查阶段三次,审理阶段三次。侦查阶段三次陈述的矛盾点体现在:(1)案发地点不一致,第一次陈述案发起点为集美大道,而第二次陈述则为乐安中学门口。经现场查看,该两处距离较远。(2)第一次陈述称是卢某某将摩托车开走,而第二次陈述则表示卢某某在旁边看。(3)第一次没有陈述其被两名男子用膝盖顶的情节,而在第二次陈述中有该情节。(4)第一次陈述称其被直接抢走包,而在第二次陈述说是作案人先将其拖到小巷子里,再抢走她的包。(5)第三次陈述称一个男子说她戒指里面有字,而之前的陈述没有提到这一点。在审判阶段,被害人的三次陈述笔录均系其代理人记录,对其在侦查阶段的陈述作了补充和变更,具体体现在:(1)两名男子从其挎包内翻出存折,并问密码,其拒绝后,两名男子将存折放回包内;(2)两名男子因无法从其手上摘下戒指,遂将其拖到小巷子里,一名男子说戒指是送给老婆的结婚礼物,里面还有两个字,现在要还给她;(3)两名男子用力压其腹部,并用砖头砸其前额,额头被砸青一块,其头部、腰部、盆腔均受伤;(4)那几名男子没有对其飞车抢夺。2.被害人帅某的陈述没有得到其他证据的印证。具体体现在:(1)帅某称案发当时其腰部受伤,但根据其提交的病历记录,其当天去医院看病主诉腰部酸痛1月有余并加剧2天,医生诊断结果是腰部酸痛、劳累加剧,是湿热型的腰痛,故该病历记录不能证明其腰部系因本案受伤。(2)证人占某某称其和帅某一起向公安机关报案,其看见帅某额头受伤,帅某本人亦称额头当时有瘀青,但没有证据证实该二人报案时即向公安机关告知额头受伤。帅某于案发当日下午到医院看病的病历亦未记录该情况,也没有其他证据证实帅某额头受伤。(3)虽然证人古某某、陈某某称帅某被抢劫,且额头、腰部受伤,但这两名证人没有目击案发过程,证言均来源于帅某,且均系在庭审阶段由帅某的诉讼代理人制作证言笔录。(4)帅某的诉讼代理人提交的路线图及照片系根据帅某的陈述制作或者拍摄,不足以证明本案构成抢劫罪的事实。3.被害人帅某陈述的部分内容不符合生活常理。具体体现在:(1)本案案发时间为中午,案发地点并非偏僻之处,帅某称其被拖过马路(中间带有绿化带),且帅某、卢某某在侦查阶段均称帅某的包最后被挂在比较高的地方,没有随其他财物一起被抢走,这不符合一般抢劫犯罪的特征;(2)如果帅某遭受的是抢劫犯罪,一般不会出现作案人称被害人的戒指里有字的情节,而该情节表明作案人说此话的目的是骗被害人将戒指从手上脱下来,这恰恰是"抛物行骗"案件的惯用伎俩;(3)卢某某曾因"抛物行骗"犯罪被判过刑,其采取同样方法再次实施犯罪的可能性较大。4被告人卢某某的供述较为稳定。据其供述,其与另外两名作案人先用诈骗手段获得帅某的银行卡密码,而后趁帅某不注意,秘密窃走帅某的银行卡、现金、手机、戒指等财物,随后持帅某的银行卡到ATM上取款。卢某某在侦查、审查起诉阶段一共作了五次供述,所供主要内容(包括犯罪方法、作案人数、作案工具、犯罪对象、涉案财物及金额等)基本一致。且其在庭审中对为何最后将帅某的包放在比较高的位置作了解释,主要是因为假装要去验证戒指是谁的,故暂时将包放在帅某不易拿走的位置,但包当时是由帅某看着的。综上可见,被害人帅某陈述的可信度低于被告人卢某某的供述。在这种情况下,应当根据证据的可靠性原则采信卢某某的供述。由于抢劫罪相对于盗窃罪、诈骗罪而言属于更重的犯罪,采信卢某某的供述更符合"存疑有利被告"原则。[参见第847号指导案例,卢文林盗窃案,载《刑事审判参考》总第91集(2013年第2集),44～46页。撰稿:张显春]

▽不同证据所证内容存在矛盾的情况下,对全案证据是否确实、充分的判断认定

(一)本案公诉机关提交的证据均具有证据能力和证明力。根据2012年修改后的《刑事诉讼法》第五十三条第二款的规定,法官审查、判断证据主要从以下两个方面入手:一是审查证据的证据能力。证据必须是合法取得的才具有证据资格,才能作为案件事实认定的依据,这是解决证据适格性的问题,即必须符合上述规定要求的"据以定案的证据均经法定程序查证属实";二是判断证据的证明力。证据对案件事实必须具有证明作用,且证明程度必须符合上述规定要求的"综合全案证据,对所认定的事实已排除合理怀疑"。一般而言,审查判断证据首先解决的是适格性问题,其次解决的是证明力问题。司法实践中,同一案件的适格证据往往既有对被告人不利、证实被告人有罪的证据,也有对被告人有利、证实被告人无罪的证据。甚至在同一个证据中,既有对被告人有利的内容,也有对被告人不利的内容。本案中,公诉机关提交昀证据均具有证据能力和证明力。其中,证人杨某某关于被告人指使其虚报工程量、其第二次只领取了92 000元的证言,证人岳某某关于138 000元存单是其从被告人处取得的证言以及相关书证,均是合法取得的具有证据资格的证据,是证实被告人有罪的证据,即不利于被告人的证据;被告人对贪污事实一直未做有罪供述,杨某某、黄某某两位证人关于第二次交付工程款结算细节不一致的证言,均具有证据能力,是不利于证实被告人有罪的证据,即有利于被告人的证据。在此情况下,如何看待证据之间的矛盾,如何审查判断证据是否达到确实、充分,是本案定性的关键。

(二)本案两位证人的证言仅在细节处存在细小矛盾,结合其他证据足以认定全案定罪证据是否确实、充分。"犯罪事实清楚,证据确实、充分"是刑事诉讼中待证事项必须达到的证明要求。按照学界通说,"确实"是对证据的质的衡量,是指据以定案的证据都必须是经过查证属实,具有客观真实性,每个证据必须和待查证的犯罪事实之间存在客观联系,能够证明待证事实;"充分"则是对证据的量的要求。这里的"量"不是指数量,而是指证据证明力的大小或者强弱,是指证据具有足够的证明力,足以证明待证案件事实:其一,证据之间应当相互印证、相互支撑、相互说明;其二,证据与已证事实之间、证据与情理之间,不应当存在不能解释的矛盾;其三,证据之间、证据与已证事实之间、各事实要素之间环环相扣,各个事实环节均有足够的证明,不能出现断裂;其四,在对事实的综合认定上结论应当是唯一的,合理排出了其他可能。具体到本案中,对证据是否确实、充分的审查判断可以从以下三个层面进行:1. 分析证据是否确实。公诉机关提交的书证均为原始证据,涉案当事人经辨认后均无异议,其客观真实性应当予以确认。在四个证人中,黄某某与案件处理无利害关系并且证言非常稳定,可信度很高;证人岳某某、荣某某均系黄某某的亲戚,其所作证言不利于黄某某,但该证言只是对事实的一种描述,主观色彩较少,且与相关书证能够相互印证,所以在排除诬告陷害的情况下对其证言的真实性亦应予以确认;证人杨某某的证言比较复杂,由于其担心可能成为贪污罪的共犯,所以在作证时部分证言可能隐瞒甚至是歪曲事实,其所作证言必须结合其他证据进行分析后予以甄别采信。2. 分析证据是否充分。对照贪污罪的构成特征分析,本案中有两个问题是定案的关键,也是串起全部案件的节点。第一个问题是被告人有无贪污的主观故意,具体而言即被告人对第二次结算的工程款数额是否明知。被告人对指控的贪污罪始终未作有罪供述,故判断其主观故意只能根据其他证据进行推定,而其中的关键证据就是杨某某的证言。首先,杨某某、黄某某证实牧场工程款的支付均是通过被告人,故被告人对牧场的实际工程款应当是知情的。其次,杨某某的证言证实,其在第一次领取工程款时就开具了应税货物为水泥的10万余元的发票,但购货单位开错,所以在工程完工时,其按照被告人的要求开具了应税货物为砖的214 173元的全部工程款发票。之后,被告人要求杨某某补开第一次10万余元的水泥发票,杨某某“认为全部工程款都开进砖发票了,没有必要再开发票”,但被告人坚持补开水泥发票。此后,杨某某又补开了水泥发票(该发票虽以“付杨某某水泥款107 000元”的形式入账,但实际与牧场工程无关,是大王镇农委变通处理办公经费)。该证言与黄某某的证言能够相互印证,且该发票数额214 173元与杨某某实际领取的工程款数额大致相符,足以证实杨某某实际只做了约21万元的工程,对此被告人也应当是明知的,但却要求杨某某将工程量明细虚增到33万余元,故被告人具有通过虚报套取工程款从而实现非法占有公款的主观故意。第二个问题是138 000元如何到了岳某某处。银行凭证证实138 000元存单确系岳某某支取,对此岳予以认可,并证实是被告人交给他一并借给荣某某买房子的,该证言与荣某某证言及电汇凭证能够相互印证。被告人对借给岳某某138 000元的事实予以否认,但该否认不符合正常生活情理且未给出任何解释。该3张存单均设定了密码,不像有价票证一样容易支取:在杨某某否认与岳某某有借贷等经济来往的情况下,现有证据足以证实138 000元是被告人借给岳某某的。被告人客观上已实现了对公款的占有。3. 对本案证据之间矛盾的分析。不可否认,本案两位关键证人的证言在一具体细节处存在矛盾。证人黄某某的证言提到,第二次结算的工程款是232 850元,她办了5张存单共23万元,另外还有2850元的现金在被告人的办公室直接给了杨某某。而证人杨某某却说黄某某把工程款给了被告人,在黄某某离开办公室后被告人给了其两张共92 000元的存单,并告知了密码。被告人的辩护人也基于此理由,提出一审判决认定的事实不清,证据未达到确实、充分的定案标准。从认识论的角度来分析,由于人的认识能力的局限性、时空的限制以及证据存在形式的制约,事后不可能完整、真实地再现案发时的状态。正因如此,刑事审判实践中有必要引入排除合理怀疑的理论。排除合理怀疑要求在一些刑事案件中,由于客观原因无法达到证据的完整性要求,在法官依据内心确信认定案件事实时,必须要求案件中的疑点和矛盾能够得到合理的解释和排除。如果据以定罪的证据存在疑问,则必须综合全案证据进行分析,不能合理解释和排除疑点、矛盾的,应当认定证明被告人有罪的证据不足,疑罪从无,从而必须宣告被告人无罪。实践中在应用排除合理怀疑这一刑事诉讼证明标准时,需要从以下三个方面来把握:其一,强调怀疑的合理性。所谓合理怀疑,是指一个正常人凭借理性、生活经验、常识对被告人的犯罪事实产生的怀疑。这种怀疑不是毫无根据的推测或者幻想。其二,排除合理怀疑要求法官内心确信所指控的犯罪事实成立。其三,排除合理怀疑并非要求达到绝对确定的程度。在很多情况下,即使待证事实的部分细节尚未弄清,只要对这些部分的疑问不致影响到待证事实本身的证明度,则这种疑问就不属于合理的怀疑。本案中,两位证人虽然在工程款的给付方式、数额上描述不一致,但这种不一致并不影响基本事实已达到的证明标准,即被告人主观上有贪污的主观故意,客观上通过套取已实现了对公款的占有,故不影响贪污罪的认定。依据常理推断,黄某某证言是真实的,但其将5张存单交给杨某某后就离开了,对之后发生的事情就不可能知道了。被告人为掩人耳目,将3账存单从杨某某手里又要了回来,杨某某只是因害怕承担帮助被告人套取公款的责任而不敢如实作证,但其只收到9.2万元是如实陈述的,且与存单的流向相互印证。现有证据足以证实被告人贪污犯罪的事实,完全能够排除被告人不具有侵吞公款行为的任何合理怀疑。

(三)本案审判过程中根据证据认定案件事实的过程符合经验法则。在2012年《刑事诉讼法》修改之前,2010年最高人民法院、最高人民检察院、公安部、国家安全部、司法部联合出台了《死刑案件证据规定》。该司法解释对证据的证明标准作了详细规定,其中第五条第五项规定:"根据证据认定案件事实的过程符合逻辑和经验规则,由证据得出的结论为唯一结论。"该条规定从实践层面提供了证据是否确实、充分的认定标准。刑事诉讼证明有其独特的发现事实并加以逻辑推理的过程,发现案件事实的基础是证据,但是推理案件事实依据的却是人们普遍的常识。这种常识虽然仅作为一种背景性知识而存在,也不具有高度精确性,却成为司法从业人员共同的知识和文化背景,在发现事实的过程中起着潜移默化的作用。经验法则作为诉讼证明过程中事实认定之逻辑推理的大前提,在实质意义上决定了司法人员运用证据进行推理的逻辑结论,并且经验法则作为证据发挥作用的背景性因素又进一步强化了推理结论的内在说服力,从而使结论更具有可接受性。本案中,人民法院对犯罪事实的认定过程及结果符合人们的经验法则。具体理由是:其一,我国自古以来就是人情社会,有亲亲相隐的传统。在排除诬告陷害的情况下,亲人间作出的不利的证言一般具有较强的可信度。本案中,被告人的妹夫岳某某做了不利于黄的证言。在一审审理期间,岳某某曾翻证,称13.8万元是从杨某某处借的,后侦查人员找到杨某某对质,杨否认与岳有经济往来。在此情况下,岳承认被告人的家人曾找其让其作伪证。故本案完全可以排除岳某某诬告的可能性。结合银行凭证及荣某某借钱的证言,可以认定13.8万元是岳某某从被告人处取得的。其二,经济学的研究成果表明,社会中的每个人都是自己利益的最佳判断者,放弃眼前的利益,往往是追求更大的利益。本案中,在相关证据已证实13.8万元来自被告人的情况下,黄某某却否认钱是他的,看似不合常理,但实际黄某某是在追求更大的利益,即避免被追究刑事责任。综上,本案证据之间、证据与已证事实之间环环相扣,所得出的结论符合正常逻辑推理和经验法则,且能够排除合理怀疑,故一审、二审认定被告人构成贪污罪是正确的。[参见第871号指导案例,黄友强贪污案,载《刑事审判参考》总第92集(2013年第3集),第103~107页。撰稿:薄其红　张宁]

▽综合全案证据,对所认定事实排除合理怀疑,要求由证据得出的结论为唯一结论,否则就未能达到"证据确实、充分"的证明标准

"综合全案证据,对所认定事实已排除合理怀疑",是"证据确实、充分"的必要条件。对于犯罪事实,"合理怀疑"是指以证据、逻辑和经验法则为根据的怀疑,即案件存在被告人无罪的现实可能性。没有根据的怀疑以及对与犯罪无关事实的合理怀疑,不影响对犯罪事实的认定。"合理怀疑"的存在,意味着由证据得出的结论不具有唯一性。审查刑事案件证据,需要在审查证据客观性、关联性、合法性的基础上,对全案证据进行综合分析。一些案件中,定罪量刑的事实虽已有相关证据证明,但证据之间存在无法排除的矛盾和疑点。本案被告人杜某作出了与认定事实完全不同的辩解,即被害人系服用"性药"后猝死。如果对被害人死亡原因的鉴定意见不能排除被告人的辩解,则对被害人如何死亡的事实就得不出唯一结论,既可能是被害死亡,也可能是服药猝死,进而导致案件事实存疑。证据之间是否存在矛盾和疑点,矛盾和疑点是否导致"合理怀疑",法官只有经过对全案证据细致入微的综合分析审查才能得出结论。

一、尸体鉴定意见系仅具推断性结论的鉴定意见,无法对被害人的死因得出唯一结论。本案二审法院对于尸体鉴定意见并未盲目采信,而是在发现该鉴定意见中关于陈某死因的结论不具有确定性和唯一性后,即结合杜某的辩解、发破案经过、现场勘验检查笔录、死者陈某之女姬某英的证言等证据,对尸体鉴定意见进行了深入细致的审查。其中涉及三个重要问题:第一,尸体解剖检验未见机械性窒息死亡征象。该鉴定意见认为陈某系被捂闷口鼻或者扼压颈部致机械性窒息死亡的可能性较大,但在尸体解剖检验时并未见尸体颈部有淤血,心、肺等部位也未检见针尖样出血等窒息死亡征象,该尸体鉴定意见的科学性值得怀疑。第二,尸体鉴定意见作出时间晚于有罪供述。侦查机关出具的破案经过说明证实,陈某尸体被发现的时间为2007年1月8日,同年2月27日杜某归案,经多次讯问后于同年3月2日供认了杀害陈某并焚尸的事实,而本该早就作出的尸体鉴定意见,却是在杜某作出有罪供述后才作出,此时距陈某尸体被发现的时间已近两个月,而排除陈某因服用"性药"引发猝死可能性的尸检鉴定补充意见则是到了审判阶段才作出的,故尸体鉴定意见是否受到杜某有罪供述的影响值得怀疑。第三,相关证据印证杜某的辩解存在可能性。现场勘验、检查笔录证实,在杜某抛弃陈某随身衣物的现场提取了曲克芦丁片、复方丹参片、非诺贝特片等多种药品;陈某之女姬某英证实,陈某平常随身带有治疗高血脂、冠心病、失眠的药物,故尸体鉴定意见排除陈某猝死的结论值得怀疑。综合以上分析,二审法院认为尸体鉴定意见可能存在错误,遂委托高级法院技术室进行审查。高级法院技术室的法医专家经审查认为,原尸检鉴定意见中排除陈某系遭受暴力钝器、锐器致死的意见是正确的,也没有证据可以认定其中毒死亡。同时,根据现有证据材料,还提出两点审查意见:第一,没有依据认定陈某为扼压颈部等原因致机械性窒息死亡。陈某颈部肌肉无出血,舌骨无骨折,颈椎前筋膜下无出血,没有证据说明其颈部于生前曾遭受钝性暴力作用(如扼压)。根据公安机关法医对陈某尸体检验记录及医学院的有关病理检验报告,无陈某尸体有窒息征象的记录,特别是未被烧灼的肺被膜亦无出血点,因此没有证据提示陈某系机械性窒息死亡。因此,公安机关法医关于"陈某死亡原因系被捂闷口鼻或者扼压颈部致机械性窒息死亡的可能性较大"的说法没有依据。第二,死者不能排除猝死。对猝死者的尸体检验,虽然大多数可以见到导致死亡的病变,但解剖时无法发现明显病变的情况也不少见。本案中,公安机关法医仅提取了喉头、气管、双肺、心脏、全脑组织进行病理检验,未对胸腺、肾上腺等进行检验,检验不够全面;死者女儿证明其平常身上都带着治疗高血脂、冠心病、失眠的药品,在侦查机关提取的死者随身物品中也有曲克芦丁片(主要用于防治脑血栓形成、动脉硬化等)、复方丹参片(用于心绞痛的防治等)、非诺贝特片(主要用于降脂),说明患者经常服用这些药物,高度提示死者生前有高血脂、冠心病等,亦即存在发生猝死的病理基础。因此,公安机关法医仅以其检验所见排除疾病致死依据不足。性交等性行为是可以诱发猝死的原因之一,因为性兴奋时会明显增加人的心脏负荷,而"性药"会增加人的性兴奋程度,进一步加重心脏负荷,提高性交时诱发猝死的可能性。因此,公安机关法医排除死者服用"性药"而引起猝死的可能性缺乏科学依据。法医鉴定中判定是否猝死是采用排除法,即排除了暴力、中毒、机械性窒息等原因致死,即可认定为猝死。本案中,没有证据认定死者陈某为暴力、中毒、机械性窒息等原因致死,不能排除猝死。结合上述审查意见,某高级人民法院依法撤销原判,将案件发回中级人民法院重审是正确的。[参见第877号指导案例,杜某故意杀人案,载《刑事审判参考》总第93集(2013年第4集),第37~41页。撰稿:周小霖]

▽对未当场查获被告人醉酒驾驶机动车,且系"零口供"的案件,如何通过证据审查定案

醉酒驾驶机动车刑事案件多因公安机关交通管理部门在道路上设卡检查、临时抽查,或者被告人醉酒驾车发生交通事故后紧急报警而案发。由于此类案件多系当场查获,被告人一般对醉酒驾车犯罪事实予以供认。但对于未当场查获的醉酒驾车案件,可能存在被告人拒不供认犯罪事实的"零口供"情形。本案被告人系在停车之后与他人发生纠纷,醉驾案件因群众报警而案发。被告人到案后,始终作无罪辩解,称其系在饮酒之前驾车到现场。被告人的妻子随车同行,目睹整个案发经过,亦作出相同内容的证言。对于此类"零口供"案件,如何根据其他证据认定被告人醉酒驾驶机动车的犯罪事实,可以从以下三个方面入手进行审查：

（一）审查有无证明案件犯罪事实的直接证据。直接证据是能够单独、直接证明案件主要事实的证据。由于直接证据不需要经过中间环节，也无须借助其他证据进行逻辑推理即可直观证明案件的主要事实，故有较强的证明力。醉酒驾驶机动车刑事案件常见的直接证据有：被告人承认其在道路上醉酒驾驶机动车的有罪供述，目睹被告人醉酒驾车经过的证人证言，因被告人醉酒驾车而遭受损害的被害人陈述，证实被告人醉酒驾车经过或者当场查获经过的录音、录像资料等。本案被告人虽然拒不供认醉酒驾车，但有目击证人证言及对被告人的辨认笔录等直接证据证实其属于醉酒状态驾车行驶。(1)在案发现场洗车店排队洗车的证人顾某、陈某、张某的证言和洗衣店老板曹某的证言均证实，被告人驾驶车牌号为苏 A91078 的出租车从黄家圩路由北向南行驶，掉头停到洗车店对面马路，随后被告人下车辱骂并殴打曹某。当时被告人满嘴酒气，口齿不清，还打拉架的人。顾某、陈某立即打电话报警，随后赶到洗衣店的民警将被告人当场抓获。(2)证人陈某、张某和被害人曹某均混合辨认出被告人系驾驶出租车的司机。虽然这些都是言词证据，难免受人的主观因素影响，但上述证人所述细节均能相互印证，一致证实被告人驾驶出租车在道路上行驶，以及停车、下车、发生纠纷直至被抓获的全过程，证明力较强。(3)上述证人均还证实，被告人开车、停车、下车的行为具有连续性，其间并未穿插被告人辩称的停车之后饮酒的行为，且被告人下车时已是满嘴酒气、口齿不清，呈现醉酒状态。综合上述直接证据，足以认定被告人醉酒驾驶的犯罪事实。

（二）审查有无证明案件主要事实、情节的间接证据。间接证据虽然不能直接、单独证明案件的主要事实，但能够证明案件事实的某种情况或者与主要事实有关联的一些情节，因此，有必要予以重点审查。经审查，本案收集到的间接证据比较充分：(1)调取的苏 A91078 号出租车运行 GPS 定位系统记录和报警平台记录证实，该车于案发当日 4 时 43 分开始从南京市下关区和燕路小市街路口出发，4 时 47 分行驶至下关区黄家圩 32 号洗车店的对面停车，此后该车停靠在路边再未行驶，4 时 52 分群众拨打报警电话。GPS 定位系统记录和报警平台记录属于书证，证明力较强，如实反映了出租车在道路上行驶的路线、时间以及发生纠纷、群众报警的时间等基本事实。该间接证据证实，被告人在洗衣店对面停车与其在洗衣店发生纠纷后群众报警的时间仅相距 5 分钟，在如此短的时间内基本上不可能完成大量饮酒、呈现醉酒状态、与他人发生纠纷并殴斗等一系列行为。因此，该组证据从时间上排除了被告人停车后饮酒并达到醉酒状态的可能，也印证了上述证人关于被告人停车后即下车并呈现醉酒状态的证言。(2)抓获经过和血液酒精含量鉴定意见证实，民警将被告人抓获后，将其带至医院进行血液抽样检验。经鉴定，其血样酒精含量为 140.5 毫克/100 毫升，属醉酒状态。(3)虽然被告人及其妻否认被告人系酒后驾驶，但均承认系被告人本人驾驶出租车，排除了他人将车开至现场停放的可能性。故现有证据足以认定驾驶出租车到现场的人就是被告人。综上，即使本案毁有目击证人等直接证据，GPS 定位系统记录、报警平台记录、抓获经过、血液酒精含量鉴定意见、被告人的供述及其妻子的证言等证据也能形成完整的证据体系，足以证实被告人在道路上醉酒驾车的事实。

（三）审查判断被告人供述的真实性。被告人作为刑事诉讼中被追究的对象，案件的处理结果与其有切身的利害关系，被告人否认犯罪事实或者供述时避重就轻均符合人趋利避害的本性。因此，需要通过收集其他证据去分析、判断被告人供述的真实性。被告人拒不供认犯罪事实的，只要其不保持沉默，总能从其无罪、罪轻的辩解中找到查明事实真相的线索。本案被告人归案后虽然始终否认醉酒驾车，但其所作无罪辩解存在自相矛盾、不合常理之处，反证了其辩解的虚假性。被告人在侦查阶段初次讯问时辩称，案发当日其与洗车店老板发生纠葛，为此产生不满，遂电话联系其妻子，让妻子携带半瓶白酒与其一同前往洗车店找老板算账。二人驾车至洗车店对面停车以后，其与妻子到附近的小吃摊点了两个菜，其喝了半斤左右白酒，其妻子喝了一瓶啤酒。吃了约一小时后二人返回车上。其与妻子闲聊约 15 分钟，而后下车与他人发生纠纷。在侦查人员明示 GPS 定位系统记录显示的时间与其供述不符后,被告人以记不清为由辩解。在第二次讯问中,被告人改称,其与妻子前往现场之前在他处吃饭一小时左右,没有喝酒,到现场后停车喝酒,时间记不清了,与其第一次供述所称停车之后吃夜宵时喝酒的情节相矛盾。在一审庭审中,被告人又辩称,其开车到达现场停车后,与妻子一同到三五百米远的烧烤摊买了羊肉串,其在摊旁用大约4分钟时间喝下约半斤白酒,随后与妻子回到车上闲聊了两句,大约10秒钟后与他人发生了纠纷。被告人在短短的5分钟内完成上述行为明显不合常理,亦与证人证言证实的其停车后直接下车发生纠纷的情节相矛盾。对于其供述前后不一致的原因,被告人解释称酒后记不清楚。讯问笔录显示,被告人第一次接受讯问是从案发当日16时11分开始,此时距其归案已有11个小时,其应处于比较清醒的状态,从其归案时血液酒精含量为140.5毫克/100毫升,并非深度醉酒的情况分析,其记忆力也未受到酒精的严重影响,故其对喝酒的时间和场合应有大致清晰的记忆。退一步而言,假设其第一次接受讯问时已记不清饮酒情节,其为何在案发30日之后开庭时(5月31日)反而能清楚记得案发前吃夜宵饮酒之事,这些都难以自圆其说,亦不符合常人的记忆规律。可见,被告人的无罪辩解前后不一,不合常理,且与在案的其他证据相矛盾,不足采信。

综上,对于未被当场查获的被告人"零口供"的危险驾驶案件,除了通过审查判断直接证据、间接证据外,还应结合现有证据对被告人的无罪辩解进行综合分析判断,从而进一步加强内心确信。本案正是运用这一综合审查判断证据的方法,查明被告人危险驾驶的犯罪事实。[参见第903号指导案例,王树宝危险驾驶案,载《刑事审判参考》总第94集(2013年第5集),第51~54页。撰稿:王燕]

▽运用间接证据证明案件事实应当重视证据分析和推理

现有证据能否证实被告人在交通肇事后为逃避法律追究实施了将被害人带离事故现场后遗弃,致使被害人因无法得到救助而死亡的行为。尽管本案没有相应的直接证据,但基于在案的间接证据,能够证明被告人在变通肇事后确有移动、遗弃被害人的行为。在这种情况下,不应完全依照被告人的辩解进行定罪量刑,应当以故意杀人罪定罪处罚。对于被告人始终拒不认罪且无其他直接证据的案件,应当重视利用间接证据认定案件事实,同时要认真审查被告人提出的辩解,结合在案证据判断其辩解是否成立。

2010年,最高人民法院会同最高人民检察院、公安部、国家安全部、司法部制定的《死刑案件证据规定》第三十三条确立了间接证据定案的规则。2013年,最高人民法院出台的《关于适用〈中华人民共和国刑事诉讼法〉的解释》(本附文以下简称《刑诉法解释》)第一百零五条吸收了这一规定。因此,在司法实践中,对于没有直接证据证明犯罪行为系被告人实施的案件,应当适用《刑诉法解释》第一百零五条确立的定案规则。具体而言,对于没有直接证据证明犯罪行为系被告人实施,但间接证据同时符合五种情形的,可以认定被告人有罪。基于上述规定,运用间接证据证明案件事实,应当重视证据分析和推理;在证据分析和推理过程中,需要遵循逻辑规律和经验法则的要求。本案被告人对其交通肇事后为逃避法律追究而将被害人带离事故现场后遗弃,致被害人因无法得到救助而死亡的犯罪事实始终拒不供认,但在案的间接证据足以认定上述事实。具体分析如下:

第一,本案侦破经过自然、顺利,结合相关证人证言和交通事故认定结论,可以证实被告人实施了交通肇事犯罪行为。(1)被害人亲属黄某证实,被害人于2009年5月29日去房山区周张路黄山店附近卖小鸡一直未归,其家人驾车沿途寻找,后在路边一墙根下发现已死亡的被害人。(2)公安人员于5月30日接到报案后赶到现场,经勘查,案发现场有刹车印和碎玻璃片,结合被害人在现场附近已经死亡的情况以及被害人的身体损伤,可以认定本案系一起交通肇事刑事案件。(3)公安人员沿途调查走访,一汽车修理店老板向警方提供了涉案车辆的车型和车号。经电话询问该车车主张某,张某称被告人于5月29日驾驶该车发生交通事故,该车已经修好。公安人员通知被告人将肇事车辆开到交通队进行勘验,被告人的妻子于6月1日将该车开到交通队。6月4日,被告人迫于压力来到交通队投案。(4)证人张某(房山交通支队民警)证实,被告人带来的车前保险杠能够形成被害人三轮车上的撞击痕迹,被告人驾驶的车辆是肇事车辆。(5)交通事故认定书证实,被告人驾驶未按规定定期检验的机动车从电动三轮车右侧超车发生交通事故后逃逸,负事故全部责任。上述证据证实,公安人员根据线索锁定被告人,基于痕迹比对结论认定被告人所驾驶的车辆系肇事车辆,并基于现场勘查情况认定被告人对事故负全部责任,进而证实被告人实施了交通肇事犯罪行为,被告人对交通肇事行为本身亦供认不讳。

第二,诸多证人证言证实,被告人案发当日驾车撞倒被害人后,肇事车辆发生故障无法启动,被告人未送被害人去医院救治,而是离开现场去修理肇事车辆。多名证人证言能够证实被告人在交通肇事后,置被害人的安危于不顾,径自离开现场修理肇事车辆,且上述证言所证实的时间链条亦能相互吻合。

第三,现场勘查情况、尸体检验结论及法医意见和证人证言证实,被害人被撞倒后伤情严重不能行动、言语,结合案件具体情况,可以认定被告人在交通肇事后将被害人带离事故现场后遗弃,致使被害人因未能得到及时救治而死亡。(1)目击证人石某证实,当时被害人脸部受伤流血,闭着眼一句话都没有讲,只是疼得哼哼。(2)证人白某(房山交通支队民警)证实,现场勘查过程中发现被害人脸朝里躺在一个墙根底下,头枕着一块砖头。被害人被发现的地方距离交通事故中心现场的斜线距离有十几米。在中心现场和被害人被发现的地方之间是一块绿地,种了很多灌木,中间有种树时垒起的土埂,还有一段破损的墙基,墙基有十公分高。(3)尸体检验意见证实,被害人系被钝性物体(如机动车)作用于胸、腹部及左下肢致左侧肋骨多发骨折,胸骨柄骨折,胸、腹腔积血,腹膜后血肿,左侧股骨骨折致创伤失血性休克死亡。(4)证人王又方(北京市公安局法医鉴定中心法医师)证实,被害人符合创伤失血性休克死亡,当时不会立刻死亡。尸检时未发现被害人患有疾病。(5)证人张伯呖(北京市公安局法医鉴定中心主任法医师)证实,被害人腹膜后血肿属于渐进性出血,出血量会增大,但出血速度变慢;被害人腹腔积血500毫升,腹腔血肿体积为20厘米×10厘米×30厘米,并非急性大出血,及时送医有极大的救治可能性。被害人不会立刻死亡,存活时间应当不少于2个小时。被害人左侧股骨骨折,应当很疼,没有走动的可能,不能站立。上述证据证实,被害人遭遇车祸后严重受伤但并未立即死亡,因疼痛而不住呻吟,丧失了行动、语言能力。对于被告人是否在交通肇事后将被害人拖至尸体所处的地点,即移动、遗弃被害人这一关键环节,尽管没有目击证人,且被告人亦始终否认其实施了该行为,但结合上述证据证实被害人当时重伤不能站立和移动的身体情况,事故现场与发现被害人尸体现场之间距离较远和地面不平坦的情况,能够排除被害人自己行走至尸体所处地点的可能性,进而可以认定是其他人将被害人移至尸体所处地点。同时,前述证人刘某证实,其帮助被告人拖走肇事车辆时,并未看见其他车和人,当时正值中午13时,在被告人及肇事车辆一直停留在交通事故现场的情况下,可以排除其他人移动被害人的可能性。因此,现有证据足以认定被告人在交通肇事后将受伤的被害人带离事故现场,转移至尸体所处地点。

综上,虽然被告人对本案关键事实始终拒不供认,但经查证属实的上述间接证据能够相互印证,不存在无法排除的矛盾和无法解释的疑问,能够形成完整的证明体系,得出唯一的结论,即被告人驾车撞倒被害人后,为逃避法律追究将被害人带离事故现场遗弃,致被害人因未能得到及时救治而死亡。[参见第915号指导案例,张文明故意杀人案,载《刑事审判参考》总第94集(2013年第5集),第111~114页。撰稿:刘静坤 王宏昭]

▽对于被告人提出的新辩解应当结合在案证据审查是否成立

被告人在诉讼过程中提出新的辩解是司法实践中非常普遍的一种现象。为了避免简单地肯定或者否定被告人提出的新辩解,《死刑案件证据规定》第二十二条确立了对被告人新辩解的审查判断和采信规则。《刑诉法解释》第八十三条延续了这一规定。具体而言,对被告人供述和辩解的审查,应当结合控辩双方提供的所有证据以及被告人本人的全部供述和辩解进行。被告人庭前供述一致,庭审中翻供,但不能合理说明翻供理由或者其辩解与全案证据相矛盾,而其庭前供述与其他证据能够相互印证的,可以采信被告人的庭前供述。本案被告人在归案后曾对自己驾车撞倒被害人,之后离开犯罪现场修理肇事车辆的犯罪事实作出供述,但其随后提出新辩解称,自己在出事后曾与被害人协商,赔偿被害人人民币600元,并在取得被害人同意后把自己的联系方式写在一张纸上交给被害人,被害人同意让其先修车,等修好车再来接被害人,其夜里回来时发现被害人已经不见了。结合在案证据,可以认定被告人的辩解不成立。具体分析如下:第一,证人石某、白某的证言,尸体检验意见及法医证言证实,被害人被撞倒后伤势严重,不能行动、言语。被害人当时随身携带手机,其家属证实曾多次拨打该手机,手机可以打通但始终处于无人接听状态。因此,上述证据证实被害人被撞后根本没有行为能力与被告人协商赔偿事宜。同时,被告人对是否与被害人协商赔偿事宜以及具体的赔偿金额等情节的辩解前后不一。因此,被告人所称其与被害人协商赔偿的辩解不能成立。第二,公安人员在现场勘查过程中对被害人尸体所穿衣服进行了查找,并未发现被告人所称其交给被害人的带有其电话号码的纸条。因此,被告人所称其将自己的联系方式写在纸上交给被害人的辩解无证据印证。第三,证人郭某证实,被告人的肇事车辆在案发当日下午三四时就已修好,但此时被告人并未返回现场救治被害人,否则不会未能发现被害人。同时,被害人被撞倒后伤势严重,被告人如欲救治被害人,理应先行拦车将被害人送往医院救治,而不是送修肇事车辆。该情节反映被告人在案发后并无救治被害人的意图。综上,尽管被告人归案后拒不供认其在交通肇事后将被害人带离事故现场遗弃的关键事实,但第一审、二审法院根据在案的间接证据可以认定该犯罪事实,并且能够基于在案证据否定被告人提出的新辩解,进而认定被告人犯故意杀人罪,并结合案件具体情况进行相应的定罪处罚。[参见第915号指导案例,张文明故意杀人案,载《刑事审判参考》总第94集(2013年第5集),第114~116页。撰稿:刘静坤　王宏昭]

▽雇凶者没有直接实施杀人行为,并翻供否认犯罪的,对其雇凶杀人犯罪事实的认定

雇凶杀人是实践中较为常见的犯罪类型,雇凶者本人是否直接参与实施杀人行为,对于案件事实认定有不同程度的影响。有些雇凶者反侦查能力较强,不但不直接参与实施杀人行为,还会尽可能切断与受雇者和犯罪事实之间的证据关联,增大事实认定的难度。对于此类案件,应当格外注重对全案证据的综合分析。通常情况下,受雇者直接实施杀人行为,一般会留下与犯罪相关的直接证据或者关联性较强的间接证据;而雇凶者雇用受雇者实施犯罪,通常是基于特定动机,且会与受雇者存在联络;出于犯罪隐秘性考虑,受雇者与被害人之间往往并不相识,需要在雇凶者的帮助下实施杀人行为。因此,应当从证实受雇者与犯罪事实之间的关联、雇凶者与受雇者之间的关联、雇凶者及受雇者与被害人之间的关联等方面的证据入手,探寻雇凶者与犯罪事实之间的关联。对于雇凶者翻供否认参与犯罪的,应当注重对雇凶者的有罪供述与其他证据在取证时间、逻辑关系、内容一致性上的审查,并认真分析雇凶者的翻供理由及翻供内容是否符合情理、能否成立。本案被告人曲某某虽然没有直接实施杀人行为,且在侦查阶段就翻供否认犯罪,但在案证据证实,曲某某与被告人胡某某在作案过程中联系密切,没有曲某某的幕后帮助胡某某无法完成作案,曲某某的有罪供述与胡某某的供述等证据在涉案的关键细节上吻合,特别是曲某某所交代的一些非雇凶者难以掌握的作案细节,均得到其他证据的印证,而曲某某的翻供理由则明显不合常理,翻供内容不能成立。据此,完全可以认定曲某某雇凶杀人的犯罪事实。[参见第923号指导案例,曲某某、胡某某故意杀人案,载《刑事审判参考》总第95集(2013年第6集),第28~33页。撰稿:李静然]

▽对于公诉机关指控的未查获毒品实物的犯罪事实,只有依法取得的被告人供述与其他证据能够相互印证,且不存在合理怀疑时,才能依法认定

公诉机关指控被告人李某三次将海洛因贩卖给韦某发,李某对现场查获的第三起贩卖毒品事实不持异议,但始终否认之前的两起贩卖毒品事实。故对李某犯罪事实认定的争议焦点,是对韦某发指供李某前两起贩卖毒品的证据如何审查认定。对于没有查获毒品实物的被告人既往犯罪事实,只有当依法取得的被告人口供与同案被告人供述及其他证据能够相互印证，且不存在合理怀疑时，才可以依法认定。对于韦某发指供李某的前两起贩卖毒品而言，通话记录仅能证明韦某发与李某在3月20日前后有电话联系，并不能证明两人的通话内容就是联系毒品交易，更无法作为独立证据印证韦某发关于李某前两次贩卖21 994克海洛因的供述。通话记录与韦某发的指供在李某前两次贩卖毒品事实的证明方向上仍属单向证明，没有得到李某的供述或者在案其他证据的相互印证。综合韦某发的指供与通话记录，并不能必然得出李某前两次贩卖海洛因的结论，故韦某发对李某前两起毒品的指供和二人之间的通话记录，不能作为认定李某前两次毒品犯罪的根据，公诉机关指控李某前两次贩卖219.94克海洛因证据不足，不能认定。"严打"只是在处罚上从严，而不是放松了对犯罪事实认定的证据要求。如果认定被告人的犯罪事实缺乏证据的支撑，不仅案件质量没有了保障，甚而还有可能会酿成冤假错案。尽管毒品案件取证难的问题较为突出，与杀人、抢劫等普通刑事案件在取证方式上有些区别，但在认定被告人有罪和对被告人从重处罚时，仍然要严格执行证据裁判原则，严格把握证据确实、充分的证明标准。在办理案件时法官可以形成自己的内心确信，但是对被告人犯罪事实形成的内心确信必须建立在证据确实、充分的基础上，不能脱离证明标准讲内心确信。证据不确实、不充分时形成的内心确信，其实是盲目自信。在认定案件事实时，必须以证据为根据，不能以主观猜测或者推断代替证据证明，更不能搞有罪推定，以确保案件质量零差错。[参见第971号指导案例，李刚、李飞贩卖毒品案，载《刑事审判参考》总第97集(2014年第2集)，第92～94页。撰稿：白春子]

▽对既无被害人陈述也未提取到直接指向被告人强奸的物证，且被告人翻供的性侵智障幼女案件的证据审查判断

本案是一起性侵智障幼女的犯罪案件，在证据上"先天不足"。一是被害人是一名多年未曾说话的智障幼女，不能表达自己被奸淫的情况，故本案无被害人陈述这一直接证据；二是案发2日之后被害人亲属才报案，故未能提取到直接指向被告人作案的客观性物证；三是没有目击证人证实被告人奸淫被害人的作案过程；四是被告人虽在侦查阶段承认作案，但当庭翻供，否认奸淫的关键情节。本案虽然无物证和被害人陈述，但被告人在侦查阶段多次详细、稳定供述了强奸被害人的过程，以及被发现后企图私了的情节，与多名证人的证言能够相互印证，证供符合常理，能够形成完整的证据锁链，结合案发自然的情况，应当以强奸罪论处。

强奸、猥亵等性侵案件，历来因犯罪过程隐蔽、发案不及时，物证不能及时提取，导致证据类型较为单一，多为被害人陈述和被告人供述等"一对一"的言词证据，因此，审查判断证据和认定事实是审理此类案件的难点。特别是性侵未成年人的案件，又因被害人年幼、智障等特殊原因，不能完整、清晰表达被性侵的具体情节，导致被害人陈述与被告人供述常常不一致，甚至相互矛盾。因此，对此类案件的言词证据审查，更需兼顾证据正向的证实和反向的证伪。实践中，一般需要结合被害人自身特点，以及发案、破案过程，重点审查被害人陈述与被告人供述间的印证和矛盾处，并从间接证据寻找突破口，去伪求真，得出结论。本案属于典型的证据"先天不足"的性侵案件，但通过重点审查被告人在侦查阶段供述的真实性、合法性，与其他证据的印证性，及其翻供的理由，并对间接证据进行推理判断，能够弥补证据的缺憾，准确认定案件事实。

(一)本案案发过程自然，指向明确。发案和破案经过虽不能作为认定被告人有罪的证据，但在性侵未成年人案件缺乏客观物证的情况下，发案和破案经过自然、正常而且及时，有助于办案人员形成内心确信。(二)本案虽无证人目睹王某某强奸王甲的具体情节和过程，但各证人证言之间环环相扣，均指向王某某强奸王甲，对间接证据的推理符合逻辑和经验判断。(三)王某某在侦查阶段的供述具有真实性、合法性和印证性，其在审理阶段翻供不具有合理性。首先，王某某被抓获后，在第一次讯问时即详细供述了其酒后临时起意并实施奸淫的细节，此后也作了多次稳定的供述。其供称案发当日王乙去菜园后，王甲走到其的卧室，当时喝了酒，起了想和王甲发生性关系的心思，便关门进了卧室，将王甲的裤子往下拉,并做手势让王甲脱裤子,王甲遂把裤子脱到膝盖,躺在床上,其即奸淫了王甲,并详细交代了强奸细节,包括生殖器接触、部分插入王甲阴道及射精的过程。而且,王某某供称王甲下穿青色裤子,没有穿内裤的情节与王甲的爷爷王乙关于此节的证言相吻合。其次,《最高人民法院关于适用〈中华人民共和国刑事诉讼法〉的解释》第八十三条第二款规定:"被告人庭审中翻供,但不能合理说明翻供原因或者其辩解与全案证据矛盾,而其庭前供述与其他证据相互印证的,可以采信其庭前陈述。"王某某在侦查阶段多次稳定供认作案,与在案的其他证据相互印证。王某某虽在庭审时对奸淫的关键情节予以否认,辩称仅用生殖器蹭了被害人腿部,此前的供述系诱骗形成,但未提供相关线索,也不能合理说明原因。同时,经查阅王某某在侦查阶段讯问的同步录像,显示其供认强奸时并未受到刑讯逼供或者诱供,故其供述具有合法性。此外,从情理分析,王某某若未强奸王甲,其在王乙、余某某指责其强奸时,完全有机会辩解,但其当即认错,事后还专门到王甲亲属家承认奸淫事实并赔礼道歉,企图私了,被抓获到案后至一审开庭前,始终承认强奸事实,并供述了他人并不知晓的诸多强奸细节,内容具体、全面,合乎事情发生、发展的演进过程,符合生活常理和经验逻辑,具有可信性。

综上,虽然本案的直接证据仅有被告人在侦查阶段的供述,但该供述真实、完整、合法、合理,与证人证言等间接证据能够相互印证,形成完整的证据链,足以认定王某某强奸王甲的事实,故人民法院认定王某某的行为构成强奸罪是正确的。[参见第984号指导案例,王某某强奸案,载《刑事审判参考》总第98集(2014年第3集),第38~41页。撰稿:余穗军]

▽猥亵幼儿案件的证据特点和审查判断证据应注意的问题

猥亵类犯罪通常隐蔽性较强,针对幼儿实施的猥亵尤甚。因幼儿尚不能理解这种带有性象征意义的行为方式,也无性的自我保护意识,认知和语言表达能力受限,多数情况下不会主动把受到猥亵的情况告诉家人,而且如果猥亵手段未在幼儿身体上留下明显损伤痕迹,也很难被幼儿的家人及时发现。因此,在侦查取证方面,这类案件的证据往往"先天不足"。一方面很难取得关联性的客观物证,基本上靠言词证据定案。另一方面作为被害人的幼儿,因年幼对于所受猥亵的具体情况,包括时间、地点、次数、具体侵害方式等难以准确、完整陈述,加之猥亵行为人也很可能心存侥幸,拒不供认犯罪,导致此类案件取证非常困难。在我国传统观念中,与性相关的隐私十分重要,直接关涉被害人的名誉,加上猥亵儿童类案件中熟人作案的比例较高,因此,被侵害幼儿的亲属(主要是父母)在控告犯罪时通常会非常慎重,恶意诬告陷害的情况较少发生。由于上述诸多因素的影响,此类案件的证据审查判断和定案标准也有独特性,所以在审查判断证据时,应当特别注意把握好以下几个方面:1. 要认真审查案件的发案、破案经过是否自然。案件的发案、破案经过,虽然不能作为认定被告人有罪的关键性证据,但是在性侵害未成年人案件缺乏客观性物证的情况下,如果发案、破案经过自然、正常、及时,则有助于法官形成内心确信。在猥亵幼儿案件中,通常是幼儿的亲属报案,此时要特别注意审查双方的关系,是否存在矛盾或者债务关系,以分析判断是否存在诬告、陷害的可能。2. 要慎重判断被害人陈述的客观、真实性。在猥亵幼儿案件中,被害幼儿对于事情经过的陈述是否符合其年龄特点、认知水平和表达能力是判断的核心,哪怕其陈述不尽完整或者多次表述可能在细节方面有所差异,只要被害人所述的基本情况是其有能力认知和表达,并且是经过合法程序收集的,应当认定其陈述具有证据资格和证明力。3. 要仔细分析供证关系。通常情况下,如果被告人供认犯罪,供证之间在"存在猥亵事实"这一主要事实方面能够相印证,在多次猥亵情况下即使供证之间对猥亵行为实施的时间、地点、次数等具体细节不能一一对应,也不影响对整体犯罪事实的认定。在被告人先供认犯罪后又翻供的情况下,需要重点审查被告人翻供的原因是否合理,否认犯罪的理由是否充分或者有证据支持。如果被告人不能合理说明翻供的原因或者所作无罪辩解与全案证据矛盾,而其有罪供述与其他在案证据能够相互印证,可以采信其有罪供述。4. 要充分考察间接证据对案件事实的印证作用。在被害人陈述和被告人供述"一对一",且二者之间存在一定矛盾,或者被告人拒不供认犯罪的情况下,为了查清事实,排除合理怀疑,还应当着重考虑间接证据对案件事实的印证作用。如被告人是否有性侵犯罪前科,案发前后被告人与被害人接触的情况,被告人是否有异常表现,是否存在不能解释的证据疑点或者反证等。以是否存在猥亵行为为中心,通过认真梳理证据之间的印证关系,仔细分析和论证,必要时可以运用合乎规律的推理。如果间接证据对被害人陈述能起到补强作用,足以排除合理怀疑,即使被告人拒不供认,亦不影响对猥亵犯罪事实的认定。[参见第988号指导案例,林求平猥亵儿童案,载《刑事审判参考》总第98集(2014年第3集),第61~62页。撰稿:魏磊]

▽在零口供、零客观证据的强制猥亵案件中,被害幼女的陈述与其他证人证言以及间接客观性证据等能够相互印证的,可以认定犯罪事实

本案系零口供案件,且未能提取到任何关联性的直接客观物证,一审、二审法院在对同样的证据进行审查判断过程中,对于本案是否达到定案的证据标准存在不同意见,同一法院内部在讨论过程中,也存在不同意见。我们认为,依据现有证据认定林某某猥亵江某的事实清楚,证据确实、充分。除了被害幼女的陈述、同行幼女的目击证言以及有利害关系亲属的证言(本案裁判理由第二部分的证据)外,还有以下证据补充证实:

1. 被害人江某因阴部疾患诊疗的情况间接印证了林某某猥亵江某的事实。江某陈述此前林某某也对其实施过同类行为。根据医院病历的原始记载,江某在案发前一个半月即因患阴道炎就诊,病情于本案事发前两日好转。但事发次日,经医院诊断,江某"小阴唇红,少许血迹",此后几日施用抗生素治疗。虽然不能根据上述情况直接认定江某患病系林某某猥亵造成,但江某发病的时段,尤其是事发次日诊断的情况与本案事实的关联度较高,系增强法官认定犯罪事实内心确信的有力佐证。

2. 被告人林某某虽然始终不供认实施过猥亵行为,但其承认当时脱了江某的裤子,而且其关于此节的解释前后不一,自相矛盾。最初林某某供述因为江某摔倒了,称腿疼,其帮助查看,发现江某右大腿外侧有红肿,正在揉摸之时周某刚好走进来。之后,林某某在一审期间提交了题为"关于要求立即纠正冤案的呼吁"的书面意见,其中的描述是:"江某说腿部会痒,我想用药替她擦痒,便将她的裤子一边拉下一点看什么原因造成";在二审庭审中则称在周某进来之前其已将江某的裤子穿好,周某不可能看到。关于江某摔倒致大腿部位红肿一节,江某和陈某均否认,侦查人员则证实,案发次日在江某母亲陈某陪同下,侦查人员查看了江某腿部,未发现异常之处。林某某关于此节的辩解自相矛盾,且与在案证据相矛盾,不应采纳。林某某虽然始终不供认犯罪,但其承认脱了江某的裤子,并对此行为的原因无法自圆其说,在此情况下,结合在案其他证据,可依常理作出对其不利的推断,进一步增强了法官认定林某某对江某实施了猥亵行为这一犯罪事实的内心确信。

3. 本案并不存在明显的不可解释的疑点或者反证。(1)针对周某在代售店门口是否能够一眼看到在屋内床上的人的行为,侦查机关、检察机关、人民法院共同组织人员在被告人亲属及被害人亲属的见证下,到现场进行模拟实验,参与实验的所有人一致认同在门口能够看到人在屋内床上实施的行为。(2)关于被害人江某对林某某是否用手指插入其阴道的两次陈述不一的问题,因江某尚年幼,其对于具体细节的描述往往达不到准确的程度,但不能因此否定其陈述的真实性、客观性,不构成不可解释的疑点。(3)关于是否存在江某家为侵吞借款而诬告林某某的情况。江某的父亲此前曾向林某某借款3万元,并约定了利息。林某某在侦查阶段和两次一审庭审中从未提及江家为侵吞借款而以此事为由对其进行敲诈,二审庭审中关于此节的供述无证据证实,且江家所借3万元已于案发后本息如数归还。江、林两家素无矛盾,江某系幼女,江家为侵吞3万元借款而以江某的名誉为代价,并冒险诬告陷害林某某,显然不符合常理。

综合上述分析,本案在案证据已形成完整证据链,认定被告人林某某猥亵江某的犯罪事实清楚,证据确实、充分。二审法院撤销原审的无罪判决,按照猥亵儿童罪对被告人林某某定罪处罚是正确的。[参见第988号指导案例,林求平猥亵儿童案,载《刑事审判参考》总第98集(2014年第3集),第64~

65页。撰稿:魏磊]

▽**投毒案件中的证据确实、充分标准的认定**

本案证实被害人谢某之死系孙某某投毒所致的证据是确实、充分的:根据孙某某的供认提取到剩余有毒物质(野鸡药);根据孙某某的指认找到有毒物质销售者董书成、边振凤夫妇,二人也供述是将有毒物质卖给了孙某某;孙某某在侦查阶段的有罪供述与其他证据互相印证,并属于先供后证的情形。对孟淑兰死因的证据分析不能孤立进行,要结合全案证据分析,可以认定孟淑兰之死系孙某某投毒所致。

2010年最高人民法院、最高人民检察院、公安部、国家安全部、司法部联合发布的《死刑案件证据规定》第三十三条规定,没有直接证据证明犯罪行为系被告人实施,但同时符合五种情形的可以认定被告人有罪。即对于没有直接证据的,要通过分解验证、审查判断全案证据材料,从全案出发,将各项证据有机结合为一个证据体系,从而达到对案件事实的完整、准确的认定。本案认定被害人孟淑兰之死系被告人孙某某投毒所致,除了孙某某的口供外,并无其他直接证据,只能通过运用间接证据,结合孙某某的有罪供述进行分析、判断来认定。对于孟淑兰与谢某的死亡,在证据认定上应当按照上述原则,将二人之死逻辑地联系起来进行分析认定。根据现有证据,可以确定孟淑兰之死系孙某某的投毒行为所致:1. 经对被害人谢某的呕吐物和生前所服用的保健药进行检验,从中均检出氰化物成分,尸体鉴定意见也证实谢某系氰化物中毒死亡,故能够确认谢某系生前服用含有氰化物成分的保健药(宝甘灵茯苓复合颗粒胶囊)而死亡。2. 证人谢玉华证实谢某服用的保健药系孟淑兰生前服用,故可以证实谢某、孟淑兰服用了同一药瓶中的保健药。而证人谢长有、谢子娟等人及孟淑兰的门诊记录证实,孟淑兰服用保健药后即出现呕吐、抽搐、呼吸困难、因呼吸循环衰竭而死亡等症状,与谢某死亡前的症状相同,也与辽源市公安局法医鉴定中心出具的《氰化物中毒的症状》相符,故可以确定孟淑兰系因与谢某服用了同一药瓶中含有氰化物成分的保健药而中毒死亡。3. 氰化物系被灌入孟淑兰平时服用的保健药胶囊中,孟淑兰、谢某先后服用保健药而死亡,说明孟淑兰为被投毒的对象。谢玉华的证言证实,该保健药是孟淑兰平时服用的,谢长有、谢子娟等证实能进入被害人家中二楼(生活居住场所)的只有家里人,故投毒人应对孟淑兰服用什么保健药非常了解,也能随意出入孟淑兰居住的商店二楼,系熟人作案。而孙某某案发前与孟淑兰有矛盾,具备作案动机,其在谢某死后又坚持反对尸检,行为反常。4. 孙某某在侦查阶段供述了因与孟淑兰有矛盾而产生杀人之念,后购买毒药投毒杀人的经过,其供述得到其他证据的印证:(1)关于毒药的来源。孙某某被抓获后带领公安机关指认了卖主,公安机关当场扣押了卖主边振凤夫妇的野鸡药。边振凤也证实带领公安对其进行指认的男子(孙某某)在2012年春节前的一天上午10时许,在其和丈夫共同经营的仙城街狗市的一个摊位买了人民币10元的野鸡药,与孙某某在侦查阶段的有罪供述相符,系先供后证。(2)关于剩余的毒药。孙某某带领公安机关指认了藏匿在其经营居住的商店二楼走廊南侧墙壁防火栓箱处的剩余野鸡药,经检验该野鸡药与从边振凤夫妇处扣押的野鸡药、孟淑兰保健胶囊中的氰化物主要成分相同、浓度相近,佐证了其所供从狗市购买野鸡药、毒药装入胶囊后将剩余的毒药藏匿的情节。(3)孙某某在侦查阶段第一次讯问时(2012年3月8日20时01分至21时30分)就供述了隐蔽性极强的细节。故在公安机关3月7日扣押的三种保健药中,究竟哪种药里含有毒物、有几颗含有毒物,是先有被告人孙某某供述隐蔽性细节,后有鉴定意见证实的。《死刑案件证据规定》第三十四条规定:"根据被告人的供述、指认提取到了隐蔽性很强的物证、书证,且与其他证明犯罪事实发生的证据互相印证,并排除串供、逼供、诱供等可能性的,可以认定有罪。"本案虽非根据被告人供述提取到隐蔽性很强的物证、书证,但其供述的隐蔽性细节,得到十余天后作出的鉴定意见的印证,这是非常有证明力的,也说明孙某某的有罪供述是可信的。尽管孙某某后来翻供,但其翻供无其他任何证据的佐证,不具有可采信性。

综上,根据现有证据分析,虽然孟淑兰的尸体已经火化,无法确定死因,但谢某的死亡原因是清楚的,且谢某所服用的含有氰化物成分的胶囊就是孟淑兰平时服用的。从投毒的空间、工具、死亡的原因等来看,这两起犯罪事实是完全一样的。将二人的死亡结果结合孙某某的有罪供述进行分析,尽管没有孟淑兰死因的鉴定意见,但可以确定孟淑兰的死亡系孙某某的投毒行为所致。[参见第1007号指导案例,孙连义故意杀人案,载《刑事审判参考》总第99集(2014年第4集),第42~45页。撰稿:张剑]

▽"事实清楚,证据确实、充分"这一法定证明标准的主客观相统一性的认定

证明标准是指法律规定的运用证据证明待证事实所要达到的程度和要求。刑事诉讼证明标准的核心是运用证据证明案件事实需要达到何种程度才可以确认犯罪并据以定罪量刑。在我国刑事诉讼中,认定被告人有罪的证明标准是"事实清楚,证据确实、充分"。修正后的《刑事诉讼法》第五十三条在规定"证据确实、充分"条件的同时,借鉴了英美证据体系中"排除合理怀疑"的表述。这一规定是对我国刑事诉讼证明标准的科学完善,旨在进一步确立主客观相统一的证明标准。"事实清楚,证据确实、充分"的标准主要体现了刑事诉讼证明标准的客观性,侧重于对证据本身质和量的要求。但是,对于诉讼证明是否达到这一客观标准,需要由法官根据控方的举证活动,结合自身的专业知识和经验、常识,形成主观认知和内心确信。法官需要以"事实清楚,证据确实、充分"为客观标准,通过主观上达到"排除合理怀疑"的内心确信程度,从而作出有罪裁判。因此,刑事诉讼证明标准实际上包含着主客观这两个相辅相成、不可分割的方面。在两者的关系上,客观标准是衡量主观标准的依据,并对主观标准起着根本性制约作用,有利于避免主观标准的不确定性;主观标准是客观标准实现的途径,有利于防止客观标准的机械性。审判工作中,应当坚持主客观相统一的原则,既不能机械地执行客观标准,也不能过分强调主观标准,尤其在当前配套制度尚不完备的情况下,为防范冤假错案件的发生,主观标准更应受到客观标准的制约。本案对袁某抢劫致死陈某某犯罪事实的认定,就体现了主客观相统一的刑事诉讼证明标准的运用,特别是如何看待内心确信问题。

关于被告人袁某抢劫致死被害人陈某某的事实,主要有以下证据证实:(1)侦破经过自然。(2)相关人员证实袁某涉案。(3)袁某有作案动机和条件。(4)袁某案发后形迹异常。(5)袁某不仅在侦查阶段多次供认犯罪,且在中级法院两次一审、高级法院复核审、二审庭审期间均供认不讳,直至二审庭审后才翻供称未抢劫杀害陈某某,但在最高院复核提讯时又作有罪供述。且其有罪供述较为详细、具体,其中一些作案细节与其他证据吻合,如袁某所供其用砖头砸陈某某头部,床铺草席及床板上留有血迹的情节,与发现尸体前第一次勘查现场的情况一致;袁某所供其用枕头捂压陈某某口鼻、用身体压陈胸口的作案手段,与尸体鉴定意见证实死者有窒息征象、肋骨骨折的情况吻合;袁某所供藏尸地点、尸体形态及尸体覆盖物等情况,与现场勘验、检查笔录一致。而且,个别证据的提取具有先供后证的特点,如袁某供述其将装书的竹筐扔到阁楼上,公安机关虽在第一次勘查现场时已发现阁楼上的竹筐,但根据袁某的供述再次勘查时,才发现了竹筐上遗留的书纸残片;袁某供述其用小刀拨开门闩进入现场,搬家时将小刀遗留在出租屋中,公安机关根据袁某的供述再次勘查,发现门闩上有撬痕,并从出租屋租户叶某某处提取了袁某遗留在房内的小刀,后袁某辨认确认该刀就是其用来拨开门闩的小刀。(6)死者系陈某某的可能性很大。陈某某系独居老人,失踪前并未离开居住地,发现尸体现场系陈某某的住处,尸体头发灰白、大部分脱落,陈某某亲属辨认确认尸体上的衣物就是陈某某平时所穿的衣物。结合陈某某的失踪时间、死者死因及损伤情况与袁某所供作案时间、手段吻合等情节,死者系陈某某的可能性很大。上述证据表明,被告人袁某在被害人陈某某失踪时租住在现场旁,有便利的作案条件;无经济来源且目睹被害人炫耀财物,有抢劫作案动机;脖颈处有抓伤,有作案嫌疑;且到案后较为稳定地供认犯罪,其有罪供述在一些细节上与在案的其他证据吻合,个别证据具有先供后证的特点。因此,根据经验法则,并结合一定的逻辑分析,从内心确信的角度看,本起犯罪系袁某所为的可能性很大。但是,从"事实清楚,证据确实、充分"这一法定证明标准的客观性看,证实该起犯罪系袁某所为的证据存在较为明显的缺陷,尚不能达到法定的证明标准。第一,现有证据不能有力证明案件主要事实。第二,未能提取到都分重要物证和证人证言。第三,作案手段、死因无法得出确切结论。第四,无法准确认定被害人尸骨何时被藏于水缸之内。第五,死者身份无法得到准确确认。可见,对于抢劫致死被害人陈某某的事实,虽然根据现有证据,结合办案经验和逻辑分析,系被告人袁某所为的可能性很大,但本案现场没有提取到证实袁某作案的有力客观证据,根据袁某供述提取到的个别证据价值不大,部分影响定罪量刑的关键事实缺乏确凿证据证明,证实被害人的死因、身份、死亡时间的证据尚不能排除合理怀疑,对于袁某抢劫致死陈某某的事实无法得出确定、唯一的结论。需要说明的是,与其他被告人拒不供认犯罪事实或者翻供导致事实认定困难的案件不同,袁某对于本起事实的供述较为稳定且有罪供述的细节化特征较为明显,认定本起事实的证据缺陷是除口供外其他证据的缺失和不足。二审法院和最高人民法院在本起事实的证据审查认定上,“重证据、不轻信口供”,坚持疑罪从无原则,对于虽有被告人供述,但在案证据达不到“事实清楚,证据确实、充分”这一法定证明标准的事实,不予认定。[参见第1010号指导案例,袁某抢劫、破坏电力设备案,载《刑事审判参考》总第99集(2014年第4集),第62~67页。撰稿:胡晓明　李静然]

▽对于认定毒品交易上家犯罪事实的证据要求

毒品犯罪隐蔽性很强,取证难度大,决定了此类案件的侦查工作相较于一般犯罪存在更大难度。如在贩卖毒品案件中,上家经常比下家更隐蔽,抓获了下家未必就能抓到上家。如果上家身在异地,侦查工作又主要围绕下家展开,就很可能导致案件出现仅能认定下家而无法认定上家的局面。即使在所谓上家也到案的案件中,也很可能因为证据不足而无法认定上家贩卖毒品的事实。对于这类毒品犯罪案件,既要注意事实认定上的细致审查、严格把关,也要注意归纳总结,为完善相关工作机制提供司法建议,进一步增强对毒品犯罪的打击力度。本案将从两个层面对本案有关问题进行分析。

被告人刘某某所贩卖毒品的来源,有一定的证据显示系来自同案被告人施某某和另案处理的喻某。主要体现在:其一,刘某某始终稳定供述其毒品源于施某某和喻某。其二,被告人厚某某证实,她之前即认识喻某、施某某。其三,证人颜某某证实,12月9日刘某某让其把东西挪到其租的602房间,10日刘某某说他朋友不来了,她又把东西拿回来,印证了刘某某的相关供述。其四,施某某、喻某到案后,均承认曾到过天津与刘某某、厚某某见面。其五,施某某2010年因犯窝藏毒品罪被判刑,刘某某被查获后,施某某于2013年1月15日在外地被抓获,公安人员当场查获甲基苯丙胺113.9克,说明施某某确系涉毒人员。

综合上述情况,刘某某的毒品源于施某某、喻某的可能性较大。但是,施某某、喻某到案后均否认曾向刘某某出售毒品。施某某对指控其犯有非法持有毒品罪无异议,但否认其犯有贩卖毒品罪,辩称对刘某某和喻某交易什么不清楚,也未收到刘某某支付的毒资。喻某于2013年11月21日在福州市被抓获,辩称不知道自己为何被上网追逃,其与施某某是朋友,与刘某某是老乡,也认识厚某某。2012年11月其和施某某去天津塘沽旅游,见到了刘某某,但没有向刘某某贩卖毒品。可见,本案现有证据可以认定施某某、喻某到过天津并与刘某某见面,且结合刘某某的供述等证据,刘某某的毒品源于施、喻的可能性较大,但双方交易毒品的事实仅有刘某某的供述证实,厚某某亦供称不知道刘某某毒品的确切来源,故认定施某某、喻某向刘某某贩卖毒品的证据没有达到“事实清楚,证据确实、充分”的有罪判决标准,依法不能认定。[参见第1051号指导案例,刘依善等贩卖毒品案,载《刑事审判参考》总第101集(2014年第6集),第117~120页。撰稿:赵丹]

▽对于“零口供”的案件,证据裁判原则的贯彻和犯罪事实的认定

刑事案件的审判是一个回溯性的刑事证明过程,即充分运用证据认定案件事实的诉讼活动,亦是一个逻辑思维的思辨过程。根据我国刑事诉讼法确立的证据裁判原则,对被告人定罪必须有充分的证据支持,可采证据必须经过查证属实,且单个证据与待证事实具有关联性,通过审查判断证据和综合运用证据的证明过程,形成完整的刑事证明体系,排除一切合理怀疑,得出唯一结论,从而达到“犯罪事实清楚，证据确实、充分”的刑事证明标准。证据是整个诉讼活动的基础，对于案件承办法官而言，通常会注重对单个证据的审查判断，并通过综合考量在案所有证据得出结论，但可能忽视如何更好地运用证据建构有效的证明体系。而缜密、科学地排列、架构证据，相对于简单、无序地罗列证据，对增强证据的证明力会起到事半功倍的效果。对于“零口供”刑事案件审判，更有必要在裁判文书中对证据进行科学的“排兵布阵”，根据证据的种类特性及证明逻辑方式恰当地运用刑事证据规则，通过多层次的证据架构，形成严密完整的证明体系，完成刑事证明过程，以最大限度地提升裁判文书论理性，增强审判公信力。

本案的刑事证明过程有一定难度，主要在于：(1)本案被告人周某某在侦查、起诉、审判三个刑事诉讼阶段均系“零口供”，始终对参与制毒犯罪行为予以否认；(2)其参与制毒共同犯罪的方式较为隐蔽，主要表现为出资行为；(3)案发系周某某本人对刘某某的制毒行为向公安机关进行举报，并带领公安机关到制毒现场查获毒品，按照常理，其不会举报自己参与的共同犯罪。虽有刘某某供述证实，周某某系因不满刘某某提出不再继续制造毒品才向公安机关报案，但在此情况下，要认定周某某参与犯罪，则更加需要扎实的证据和充分的论证。故本案二审期间，在做好证据真实性、合法性、关联性的基础审查判断外，将工作重点放在如何进行证据体系建构、如何运用证据规则，形成严密的证据体系，最终完成刑事诉讼证明过程。

通过对本案现有证据情况进行分析，因被告人刘某某制造毒品的证据充分，且其本人亦稳定供认，故证明重点放在被告人周某某共同制毒的事实认定上。二审主要通过“两个面、双向度”的证据架构模式对此进行论证。“两个面”是指两个层面：第一层面是总体布局，将本案五个关键事实进行分解论证，包括证实周某某出资租用制毒场所、出资购买运输车辆、出资购买制毒原材料、雇用工人、保管制成毒品的相关证据。第二层面是对每个事实点通过证据组的形式进行论证，在每一组证据中，均将相关证据组合在一起，合力形成对待证事实的论证。刘某某作为同案犯，其供述是周某某犯罪的最直接证据，可以贯穿于论证始终。但因供述系言词证据，根据证据补强规则，每个事实点的证明均有刘某某供述，同时以在案其他证人证言、书证、物证等予以补强，形成每个事实点的完整证据链条。“双向度”是指既从正面证实周某某有犯罪行为，同时又要对其无罪辩解进行有层次地研判和驳斥。“零口供”不代表被告人没有任何供述内容和辩解，故在单个事实点的证据组中同时对周某某的相关辩解予以说明，与其他物证、书证、证人证言等所证内容进行对比分析，通过正反两面论证得出唯一有罪结论，更具说服性。同时，“两个面”和“双向度”是相辅相成的：“两个面”侧重于证据的总体排列顺序与排列组合，“双向度”对每组证据从正反两个方面进行分析说明，“双向度”的论证思路需始终贯穿于“两个面”的证据布局之中。对本案的证据体系具体分析如下：

其一，关于租用制毒场所的证据组中，被告人刘某某供述通过妻子于某某联系租用马某某的房子，并由周某某出资1万元作为房租；被告人周某某供认租房时在场，但辩解租金系刘某某所出；证人于某某证实帮助联系租住马某某的房屋；证人马某某证实，经于某某介绍，刘某某和周某某共同租住其房屋称合伙生产药物，且由周某某支付1万元房租，案发后马某某对周某某进行了辨认。可以认定刘某某的供述与二份证言所证吻合；周某某也承认租房时在场，与其他证据所证一致，但辩解租金系刘某某所出明显与房主证言相悖。综上，能够证实周某某出资租房的事实。

其二，关于购买车辆用于制毒的证据组中，刘某某供述买车是其与周某某一起商量在制毒过程中使用，由周某某联系购买事宜，包括给车主打电话、与车主签订协议并出资；周某某亦供认以其名义买车的事实，但辩解因刘某某说没带身份证，才用其名字，且出资系借款；车主方某某证实，其将一辆长安微型面包车以11 500元的价格卖给周某某，并对周某某进行了辨认；车辆转让协议书所载与方某某证言吻合。故能够认定系周某某出资购买车辆用于制毒。

其三，关于购买制毒原材料的证据组中，刘某某供述由周某某出资，且陪同其一起购买过；周某某供述与刘某某一同去购买化工原料三四次,其中一次以矿山老板儿子名义支付1万元货款;售货人宋某某证实,多次将乙醚等易制毒化学品卖给刘某某,周某某曾支付1万元,且刘某某曾用周姓银行卡付账并提成5000元;购货明细清单及宋某某开具的1万元收条可证实上述情况。故能够认定系周某某出资购买制毒原材料。

其四,关于雇用工人参与制毒的证据组中,刘某某供述与受雇人于波证言一致,均证实刘某某和周某某称合伙生产药物,周某某让于波来干活并许诺给予工资;周某某供述知道于波受雇干活的事实,但否认系其雇用。故能够认定周某某、刘某某二人共同雇用工人制毒的事实。

其五,关于保管制成毒品的证据组中,刘某某供述生产出的毒品均交给周某某;公安机关从刘某某包中扣押的香烟包装纸片上刘某某记载了给周某某送毒品的次数、数量及周某某给刘某某提供费用的部分花销情况,所载毒品数量与公安机关在周某某处所扣押毒品数量基本一致;提取笔录及扣押物品、文件清单证实公安机关在周某某母亲赵乃荣家提取、扣押毒品情况;证人赵乃荣证实,2012年八九月,刘某某多次到家里,称与周某某一起研究买卖,后公安机关在其家搜缴9袋冰毒的事实;周某某对持有毒品事实予以供认。综上,能够认定周某某保管制成毒品的事实。

由上可见,对于本案事实方面的五个关键环节,都可以根据在案证据,从"两个面"进行"双向度"的分析论证,得出周某某参与犯罪的结论,从而准确认定其参与实施共同制造毒品的事实。"零口供"现象在毒品犯罪案件中较为常见,只要侦查取证工作基础扎实,审判环节又能进行全面分析,则不会因为被告人到案后"零口供"而放纵犯罪。[参见第1052号指导案例,刘吉良制造毒品,周永春制造毒品、非法持有枪支案,载《刑事审判参考》总第101集(2014年第6集),第123~126页。撰稿:吴言军　赵丹]

▽对于采取非直接接触方式交易毒品,且被告人"零口供"的贩卖毒品案件,运用间接证据证明被告人的犯罪事实

毒品犯罪非接触式交易,即贩毒分子利用移动通信终端与购毒者商定交易细节、确认付款、通知对方取货,交易双方在时空上有一定的距离,在互相不知道身份、体貌特征的情况下即可完成毒品交易。对此类案件,侦查中很难获取同时指向交易双方的证据,购毒者也无法直接指证出售毒品的人,认定行为人的犯罪事实有更大难度。本案被告人将一定数量的毒品放置于隐蔽处,购毒者通过手机短信约购毒品并将购毒款汇入被告人的银行账户后,被告人再以短信等方式告知购毒者藏毒位置,由购毒者自行取走毒品,俗称"打卡埋雷"。本案有较好的间接证据证实相关交易环节,且间接证据能形成完整的证据锁链,足以认定被告人实施了贩毒行为。具体分析如下:(一)根据多名购毒人员的证言及相关书,可以认定短号为758729的手机和尾号为7476的农业银行账户被用于毒品犯罪。本案中,周某某、徐某等大量购毒者的证言均证实,购毒人员首先拨打短号为758729的手机,与一名外地人联系(被告人系湖南省临武县人),商定交易内容后将购毒款打入该人提供的尾号为7476的农业银行账户,再根据对方发回的短信到藏毒地点取毒品,价格是每克400元。相关通信客户详单、机主信息及通话、短信记录等证实的短号为758729的手机通话情况,与上述证人证言相印证。上述证据,足以认定短号为758729的手机和尾号为7476的农业银行账户被用于贩卖毒品,该手机及账户的实际控制人应系贩毒行为人。(二)根据在案证据,足以认定被告人系短号为758729的手机和尾号为7476的农业银行账户的实际控制人,该账户所涉毒品交易均由被告人实施。公安人员抓获被告人时从其身上扣押两部手机,一部号码为短号758729,其中提取到若干求购毒品的短信,另一部号码为159××××××××,其中提取到尾号为7476、5414的两个农业银行账户余额变动提示短信。相关银行资料显示,尾号为7476的账户开户人系刘某某,绑定的手机号为被告人使用的159××××××××。被告人亦认可其与刘某某一起到银行,用刘某某的身份证办卡的事实,并供称由其填写申请开户单,刘某某作为申请人签字。同时该账户中几乎全部款项分19笔转入被告人名下的尾号为5414的农业银行账户,ATM监控视频证实被告人多次从尾号为5414的农业银行账户中取款。结合从被告人处扣押的两部手机中存储的相关短信内容分析，可以认定短号为758729的手机和尾号为7476的农业银行账户均由被告人实际控制，且被其用于毒品交易。被告人在拒不交代犯罪事实的同时，辩称短号为758729的手机和尾号为7476、5414的农业银行账户均与其无关。其辩解不能形成合理疑点，也与相关视频监控资料证实的情节不符，不影响事实认定。综上，本案系采用非接触式交易方式实施的毒品犯罪，缺乏直接指向被告人贩卖毒品的证据，但一审、二审法院通过分析、梳理间接证据间的印证关系，认定在案证据能够形成完整的证据链，得出唯一结论，既符合法律和司法解释的相关规定，也有利于依法惩处此类毒品犯罪。（参见第1195号指导案例，张传勇贩卖毒品案，载《刑事审判参考》总第110集，第19～22页。撰稿：罗志刚　唐海波　张思印）

▽办理合同诈骗案件时"犯罪事实清楚，证据确实、充分"证明标准的具体把握

本案认定朱某某构成合同诈骗罪的证据尚未达到确实、充分的标准，应宣告被告人朱某某无罪。理由如下：

（一）没有充分证据证明被告人朱某某具有非法占有借款的主观目的。根据《刑法》第二百二十四条的规定，合同诈骗罪是指以非法占有为目的，在签订、履行合同过程中，骗取对方当事人财物，数额较大的行为。对于合同诈骗罪的行为人而言，签订合同的着眼点不在合同本身的履行，而在对合同标的物或定金的不法占有。判断行为人的行为是否构成合同诈骗罪，认定有无非法占有目的是关键。非法占有目的既可以存在于签订合同时，也可以存在于履行合同的过程中。如何在司法实践中判断行为人的主观目的，应当根据其是否符合刑法所规定的具体行为，并综合考虑事前、事中、事后的各种主客观因素进行整体判断。《刑法》第二百二十四条列举了四种判断非法占有目的的情形，结合司法实践，除了规定的四种情况外，具有以下情况的也可认为行为人具有非法占有为目的：(1)为了应付对方当事人索取债务，采用"拆东墙补西墙"的方法又与其他人签订合同筹措资金，以后次骗签合同所获得货物、货款、预付款、定金或者保证金归还前次欠款的；(2)起初确实只是为了解决一时资金困难，采取欺骗手段与对方当事人签订合同以暂时获取周转资金，但在有能力归还资金的情况下却故意久拖不还的；(3)收到对方货款、预付款、定金或者保证金后，不按合同约定内容履行合同，如组织约定货源、提供约定服务等，而是用于炒股或其他风险投资的；(4)通过签订合同获取对方当事人交付的货物、货款、预付款、定金或者保证金后，挥霍浪费，致使上述款物无法返还的；(5)根本没有履行合同的能力或者故意夸大自己履行合同的能力，骗取对方当事人的信任与自己签订合同，合同签订后又不积极努力设法创造履约条件履行合同以避免对方经济损失的。从本案来看，被告人朱某某的行为不属于上述所列举的非法占有的几种情形，在案证据也无法证实朱某某主观上具有非法占有的目的。首先，本案现有证据不能证实朱某某与马某某的借款、还款情况，二人借款、还款的事实不清。其次，本案现有证据无法认定朱某某在签订房屋买卖合同时具有非法占有借款的目的。关于二人签订房屋买卖合同的目的，朱某某的供述和马某某的陈述不一致，朱某某供述是马某某提出签订合同的，是应付马某某的债权人的权宜之计。而马某某陈述，签订合同是朱某某提出，是在马某某多次向朱某某催还借款后，朱某某提出以其公司出售的房屋以房抵债。因此，马某某陈述的真实性令人怀疑。综上，本案现有证据不能证实朱某某在与马某某签订房屋买卖合同时具有非法占有借款的主观目的。

（二）在案证据无法证实被害人马某某因与被告人朱某某签订合同而遭受财产损失。合同诈骗罪与普通诈骗罪在逻辑上是特殊与一般的关系。符合诈骗罪的犯罪构成，且利用了合同的，就成立合同诈骗罪。所以，参照普通诈骗罪的构成模式，合同诈骗犯罪的构成模式应当为：欺诈行为—被害人产生错误认识而签订合同—依据合同而处分财产—行为人或第三人获得财产—被害人的财产损失。能否构成合同诈骗罪还要看是否有后续的三个阶段的行为，缺少任何一个阶段的行为都是无法成立合同诈骗罪的。本案现有证据不能证实被害人马某某依据合同而处分了财产，被告人朱某某也没有因签订合同而获得财产,马某某亦未受到实际的财产损失。综上,本案现有证据不能证实被告人朱某某在签订合同时具有非法占有的目的,被害人马某某亦未因朱某某的行为而遭受财产损失,原审法院宣告朱某某无罪是适当的。(参见第1076号指导案例,朱某某合同诈骗案,载《刑事审判参考》总第103集,第26～30页。撰稿:刘学东　王永峰)

▽**推定规则在刑事诉讼中的运用**

作为一项法律术语,所谓推定,是指依照法律规定或者经验法则,基于某一已知、确定的事实(基础事实),而推知、确定另一不明的、无直接证据予以证明的事实(推定事实)的存在。按依据不同,推定有法律推定和事实推定之分。所谓法律推定,是指根据法律规定(这里的"法律规定",宜作广义理解。鉴于司法解释在裁判文书中可以直接援引,故应当将司法解释规定的推定也视为"法律规定"的推定),当确认某一事实存在时,就应当据以认定另一事实的存在,而无须再运用证据加以证明。所谓事实推定,是指基于经验法则,由某一事实的存在而推定出其他不明事实。在刑事诉讼中,推定是认定某些案件事实,特别是犯罪主观要件事实的一种重要方法。在我国刑法和有关司法文件中,已有了一些法律推定的范例。例如,《刑法》第三百九十五条规定(不能说明合法来源的巨额财产推定为非法财产);《关于依法查处盗窃、抢劫机动车案件的规定》第十七条规定;《全国法院审理金融犯罪案件工作座谈会纪要》(2001年1月21日)关于"根据司法实践,对于行为人通过诈骗的方法非法取得资金,造成数额较大的资金不能归还,并具有下列情形之一的,可以认定为具有非法占有的目的:(1)明知没有归还能力而大量骗取资金的……但是,在处理具体案件的时候,对于有证据证明行为人不具有非法占有目的的,不能单纯以财产不能归还就按金融诈骗罪处罚"的规定;等等。从司法实务的情况来看,事实推定则一直被大量地运用着。在机理上,法律推定和事实推定均是基于两个以上事实的常态联系,即人们通过长期的、反复的实践所取得的一种因果关系经验(经验法则)。这种经验被反复证明,绝大多数情况下是真实的,具有高度的盖然性,而只有在非常特殊的情况下才产生例外。在运用推定规则认定案件事实时,应当注意以下一些问题:

1. 推定规则运用的辅助性。亦即相对于通过证据直接证明有关案件事实的认定方法而言,推定只是认定案件事实的一种辅助方法,只能限定在特定的条件下运用,这是各国刑事司法的通例。由于我国刑事诉讼法规定实行的是"客观真实"的证明标准,加之律师参与刑案诉讼的比率尚不是很高等现实状况,推定规则的运用更应当受到严格限制。具体而言,就法律推定而言,其适用的辅助性主要体现在:一方面,其适用必须以法律有明文规定为前提条件,对于法律未作明文的,绝不能"类推"适用。例如,《刑法》第三百九十五条仅就巨额财产来源不明罪的作了推定规定,该规定就不能"类推"适用于其他贪污贿赂罪的认定。另一方面,即便对法律明文规定的推定,其适用也应遵循严格的条件限制。例如,在巨额财产来源不明案件中,只有在公诉机关已经证明被告人的财产或支出明显超出其合法收入且差额巨大,同时无法查清该财产的合法或非法来源,而被告人自己也不能提出该差额部分财产来源合法的有效反驳时,才能推定该差额部分财产为非法。另外,通常而言,在立法和司法文件中,关于法律推定的规定总是例外性的,不可能普遍存在(我国《刑法》上只有第三百九十五条规定属于推定,司法文件中规定的推定也为数寥寥)。就事实推定规则而言,其适用的辅助性主要体现在:在能够通过收集其他证据直接证明待证事实的情况下,就不允许运用推定方式认定该事实;基础事实与推定事实之间的因果联系必须是已为长期的司法实践所反复证明了的。此外,无论是法律推定还是事实推定,一般仅只能用于认定案件的某一方面事实,而不能直接用来推定被告人有罪。

2. 推定事实的可反驳性。由于推定只是对相关事实之间高度盖然性联系的一种确认,并不具有绝对性,而刑事诉讼的证明标准又极为严格,因此,在运用推定规则认定案件时,应当赋予被告人反驳的权利。就事实推定而言,由其尚未经立法确认的自身特点所决定,一律允许被告人反驳,此为各国通例;就法律推定而言,尽管在英美刑事诉讼中,有可反驳的推定与不可反驳的推定之分,但从我国刑法及有关司法文件关于法律推定的规定看，为可反驳的推定。在办理实际案件时，正确认识和处理被告人所提出的反驳，是准确运用推定规则的关键。对此，主要应当注意的是：被告人的反驳，既可以通过反证（举出证明推定事实的基础事实不真实的证据）方式提出，也可以通过反论（通过推理说明基础事实与推定事实之间的高度盖然性的因果联系并不存在或并不可靠），但无论是反证还是反论，只有在达到可以对控方所推定的事实形成合理怀疑，从而动摇审判人员对推定事实的内心确信的程度时，方能认为是有效的、可否认推定事实的反驳。这是为刑事案件系关重大法益的特点、刑事诉讼的对抗式诉讼模式所决定和要求的。

3. 基础事实的真实性、确定性。存在已有充分、确实的证据证明的真实可靠的基础事实，是进行推定的提前；如果基础事实并不存在，或者基础事实的真实性、确定性尚有难以排除的合理疑点（例如，证明基础事实的证据不充分、不确实，或者是通过非法方式获得等），那么，就不能作为推定的依据。此外，根据基础事实推定的事实，由于其自身有某种不确定性，一般不能用来进行进一步推定。

4. 基础事实与推定事实之间因果联系的高度盖然性。由于在法律推定的情况下，该种高度盖然性已为立法所确认，因此可以相应免除控方就之进行说明的义务，相关的裁判文书一般也无须对其作论证；但在法律推定的情况下，控方则负有这样的义务，相关的裁判文书也必须对其作出有说服力的论证。［参见第265号案例，严静收购赃物案，载《刑事审判指导》总第34集（2003年第5集），法律出版社，第48～53页。执笔：刘娟娟、周加海］

▽在被告人拒不供认犯罪事实，且缺乏其他直接证据的情况下，运用间接证据认定犯罪事实

王某某故意伤害案发生于近20年前且原始侦查材料较为有限，系一起典型的疑难复杂案件，具有以下特点：一是被告人作无罪辩解。王某某从到案至开庭审理，拒不供认实施伤害行为，始终辩称被害人许某首先持刀对其扎刺，后于抢刀过程中自行受伤倒地。如果采信王某某的辩解，将得出该案系过失犯罪或正当防卫的结论。二是无目击证人证言等直接证据。福展旅社经营者付某证言，能够证明被告人王某某与被害人许某打架，但付某距离案发现场较远，无法准确描述两人发生纠纷的具体过程，且未发现有人手持凶器，难以建立王某某与犯罪事实之间的直接联系。除此之外，在案没有其他目击证人证言、监控录像、血迹等直接证据。三是缺乏调取新证据的空间。由于案发时间过于久远，尽管有人指出旅馆服务员看到了案发过程，但由于案发地点已经拆迁、相关人员难以查找，既无法通过补充侦查继续查找目击证人，也不可能对案发现场再次勘验进行血迹形态分析，或是提取作案凶器等物证。但综合分析本案间接证据，能够形成完整的证明体系，达到证据确实、充分的标准，认定王某某构成故意伤害罪。根据《最高人民法院关于适用〈中华人民共和国刑事诉讼法〉的解释》第一百零五条（2021年《刑诉法解释》为第一百四十条）的规定，没有直接证据，但间接证据同时符合六项条件的，可以认定被告人有罪。在司法实践中，缺乏直接证据的被告人否认犯罪的案件对办案人员的要求，就是不能再主要依靠口供来侦破案件和定罪量刑，而是要重视尸体鉴定意见、证人证言等证据的精细化运用，通过间接证据建立完整的证明体系。

（一）注重审查客观性证据。客观性证据是指以人以外之物为证据内容载体的证据，这些证据内容的载体通常是客观之物，虽然也会受到自然环境等因素的影响，但是在有限的诉讼时限内，在没有人为因素介入的情况下，其外部特征、性状及内容等基本稳定，所包含的证据内容受人的主观意志的影响较小，因而客观性较强。为适应以审判为中心的诉讼制度改革，对被告人不认罪案件的证据收集和审查应当优先围绕客观性证据展开，以证明力、稳定性较强的客观性证据为中心构建刑事证明体系。对于命案而言，尸检照片能够直接、客观反映尸体的情况与特征，属于客观性证据；尸体检验报告虽然是依靠鉴定人的认知判断而作出，但鉴定人是根据法医学知识对尸体进行鉴定形成的意见，其判断的来源是尸体的性状与特征，具有较强的证明力。因此，应当重视审查尸体检验照片等客观性证据，充分挖掘上述证据所蕴含的案件事实信息，确认被告人与犯罪行为之间的排他性关联。本案通过对尸体检验报告、照片等客观证据的分析,可以推断出王某某是在刀尖朝向被害人的情况下,以极大力量持刀向被害人胸腹部扎刺,由此也就否定了王某某所提其在抢刀过程中无意伤到被害人的辩解,故法院最终判决认定"王某某持刀刺击被害人的腹部等处"。

(二)注重证据审查的亲历性。司法亲历性,是指司法人员应当亲身经历案件审理的全过程,直接接触和审查各种证据,特别是直接听取诉讼双方的主张、理由、依据和质辩,直接听取其他诉讼参与人的言词陈述,并对案件作出裁判。根据《刑事诉讼法》第一百七十一条的规定,人民检察院审查案件,对于需要补充侦查的,可以退回公安机关补充侦查,也可以自行侦查。在案件办理过程中,应当破除"卷宗中心主义"的传统观念,充分运用自行侦查和退回补充侦查这两种手段,收集与犯罪事实有关的一切证据,特别是对于足以影响定罪量刑的关键证言应当亲自核实,直接感知证人的神态、语调、动作等信息,以鉴别其证言的真伪,并从中获取卷宗笔录无法体现的重要信息。本案有两位证人均证实案发后立即将被害人送往附近的医院救治,被害人因救治无效于次日早晨死亡。在询问中,两人均回忆起救治的细节,如"护士让我们赶紧到医院二楼的血库去催血,赶紧把血送到手术室,后血库的护士说,手术医生通知不用取血了""大夫说手术时许某的腹腔内都是血,已经抢救不过来了"等。这些证人证言,有助于证明被告人的扎刺行为与被害人死亡结果之间的因果关系,排除被害人伤情存在的疑点。故法院最终采信了新调取的证人证言,认定王某某刺破被害人腹部主动脉致急性失血性休克死亡。

(三)注重对证据的综合分析。据以定案的间接证据之间应当相互印证,形成一个完整的证明体系或称证据锁链,这要求案件事实中的每一事实环节都需要相应的间接证据予以证明。在庭审中,公诉人的举证责任应包括示证、论证、质证三方面内容,仅仅示证、质证而不论证,举证往往达不到预期的效果。对于被告人否认犯罪的案件,公诉人不能仅仅对证据进行简单列举,而且要向法庭说明证据确实、充分的理由,通过综合归纳间接证据、对认定事实进行演绎推理等手段进行分析论证,强化指控犯罪的效果。在本案中,被告人王某某当庭认可其与被害人发生口角并互殴,但继续辩称被害人首先持尖刀对其进行扎刺,系抢刀过程中受伤,自己没有伤害他人的主观故意。由于被告人拒不承认实施犯罪行为,公诉人需要在向法庭出示全案证据的基础上,对多个间接证据进行分析推理,使证据共同指向待证事实,形成一个完整的证明体系。主要方法包括:一是认真梳理案件起因。王某某与被害人许某在吃饭时即因琐事发生冲突,后在旅社门前互殴,由于案发地点同一、过程短暂,两人互殴与其后的持刀扎刺行为是连续、流畅的,应当整体评价而不是割裂评价。二是准确还原案发过程。综合全案证据,能够证明王某某在刀尖朝向被害人许某的情况下,以极大力量持刀向其腹部稳定发力,贯入被害人腹腔很深的位置。王某某到案后所做的"夺刀误伤"辩解,与被害人的伤口深度、位置和形态均不符,明显违背了生活常识和经验法则。三是注重分析案后表现。案发后,两名证人赶到现场,立即将被害人许某送至医院抢救,后被害人因救治无效死亡,并未介入第三方的加害行为。王某某在案发后即行潜逃,并通过更改姓名、户籍等方式逃避侦查近二十年,到案当天还意图歪曲、隐瞒事实。例如,抓捕录像显示,王某某在警车上声称"许某首先拿刀扎我,我用力将尖刀夺过来,被害人许某直接扑到刀上,后倒了下去",该辩解与讯问笔录中的辩解并不相同,能够证明其对犯罪行为的社会危害性具有明确认知,意图逃避法律追究。四是综合其他在案证据判定。被告人持刀刺击被害人的具体过程虽然缺乏直接人证,但该犯罪事实有相关的证人证言可以佐证。例如,案发地旅馆经营者证明"两人互相揪打起来,其中一人倒地";两位证人证明案发后被告人跟其说过当时"拿刀往许某身上捅了一刀""在旅馆外用刀把许某捅了"。对在案证据进行综合分析论证,能够建立起证明被告人故意伤害他人致死的证据链条,排除了该案属于过失犯罪或正当防卫的合理怀疑,故法院最终认定被告人王某某故意伤害他人身体致人死亡,构成故意伤害罪。综上,被告人否认犯罪的案件,虽然证据审查工作充满挑战,但如果通过强化对间接证据的分析、论证,使其相互印证并形成证据锁链,足以排除合理怀疑得出唯一结论的,应当依法对被告人定罪量刑。(参见第1213号指导案例,王某某故意伤害案,载《刑事审判参考》总第111集,第63~69页。撰稿:杜邈)

第五十六条　【非法证据的排除】采用刑讯逼供等非法方法收集的犯罪嫌疑人、被告人供述和采用暴力、威胁等非法方法收集的证人证言、被害人陈述,应当予以排除。收集物证、书证不符合法定程序,可能严重影响司法公正的,应当予以补正或者作出合理解释;不能补正或者作出合理解释的,对该证据应当予以排除。

在侦查、审查起诉、审判时发现有应当排除的证据的,应当依法予以排除,不得作为起诉意见、起诉决定和判决的依据。

■人民检察院刑事诉讼规则(2019年12月30日)

第六十六条　对采用刑讯逼供等非法方法收集的犯罪嫌疑人供述和采用暴力、威胁等非法方法收集的证人证言、被害人陈述,应当依法排除,不得作为移送审查逮捕、批准或者决定逮捕、移送起诉以及提起公诉的依据。

第六十七条　对采用下列方法收集的犯罪嫌疑人供述,应当予以排除:

(一)采用殴打、违法使用戒具等暴力方法或者变相肉刑的恶劣手段,使犯罪嫌疑人遭受难以忍受的痛苦而违背意愿作出的供述;

(二)采用以暴力或者严重损害本人及其近亲属合法权益等进行威胁的方法,使犯罪嫌疑人遭受难以忍受的痛苦而违背意愿作出的供述;

(三)采用非法拘禁等非法限制人身自由的方法收集的供述。

第六十八条　对采用刑讯逼供方法使犯罪嫌疑人作出供述,之后犯罪嫌疑人受该刑讯逼供行为影响而作出的与该供述相同的重复性供述,应当一并排除,但下列情形除外:

(一)侦查期间,根据控告、举报或者自己发现等,公安机关确认或者不能排除以非法方法收集证据而更换侦查人员,其他侦查人员再次讯问时告知诉讼权利和认罪认罚的法律规定,犯罪嫌疑人自愿供述的;

(二)审查逮捕、审查起诉期间,检察人员讯问时告知诉讼权利和认罪认罚的法律规定,犯罪嫌疑人自愿供述的。

第六十九条　采用暴力、威胁以及非法限制人身自由等非法方法收集的证人证言、被害人陈述,应当予以排除。

第七十条　收集物证、书证不符合法定程序,可能严重影响司法公正的,人民检察院应当及时要求公安机关补正或者作出书面解释;不能补正或者无法作出合理解释的,对该证据应当予以排除。

对公安机关的补正或者解释,人民检察院应当予以审查。经补正或者作出合理解释的,可以作为批准或者决定逮捕、提起公诉的依据。

第七十一条　对重大案件,人民检察院驻看守所检察人员在侦查终结前应当对讯问合法性进行核查并全程同步录音、录像,核查情况应当及时通知本院负责捕诉的部门。

负责捕诉的部门认为确有刑讯逼供等非法取证情形的,应当要求公安机关依法排除非法证据,不得作为提请批准逮捕、移送起诉的依据。

■最高人民法院关于适用《中华人民共和国刑事诉讼法》的解释(2021年3月1日)

第七十四条　依法应当对讯问过程录音录像的案件,相关录音录像未随案移送的,必要时,人民法院可以通知人民检察院在指定时间内移送。人民检察院未移送,导致不能排除属于刑事诉讼法第五十六条规定的以非法方法收集证据情形的,对有关证据应当依法排除;导致有关证据的真实性无法确认的,不得作为定案的根据。

第一百二十三条　采用下列非法方法收集的被告人供述,应当予以排除:

(一)采用殴打、违法使用戒具等暴力方法或者变相肉刑的恶劣手段,使被告人遭受难以忍受的痛苦而违背意愿作出的供述;

(二)采用以暴力或者严重损害本人及其近亲属合法权益等相威胁的方法,使被告人遭受难以忍受的痛苦而违背意愿作出的供述;

(三)采用非法拘禁等非法限制人身自由的方法收集的被告人供述。

第一百二十四条　采用刑讯逼供方法使被告人作出供述,之后被告人受该刑讯逼供行为影响而作出的与该供述相同的重复性供述,应当一并排除,但下列情形除外:

(一)调查、侦查期间,监察机关、侦查机关根据控告、举报或者自己发现等,确认或者不能排除以非法方法收集证据而更换调查、侦查人员,其他调查、侦查人员再次讯问时告知有关权利和认罪的法律后果,被告人自愿供述的;

(二)审查逮捕、审查起诉和审判期间,检察人员、审判人员讯问时告知诉讼权利和认罪的法律后果,被告人自愿供述的。

第一百二十五条　采用暴力、威胁以及非法限制人身自由等非法方法收集的证人证言、被害人陈述,应当予以排除。

第一百二十六条　收集物证、书证不符合法定程序,可能严重影响司法公正的,应当予以补正或者作出合理解释;不能补正或者作出合理解释的,对该证据应当予以排除。

认定"可能严重影响司法公正",应当综合考虑收集证据违反法定程序以及所造成后果的严重程度等情况。

第一百二十七条　当事人及其辩护人、诉讼代理人申请人民法院排除以非法方法收集的证据的,应当提供涉嫌非法取证的人员、时间、地点、方式、内容等相关线索或者材料。

■公安机关办理刑事案件程序规定(2020年9月1日)

第七十一条　采用刑讯逼供等非法方法收集的犯罪嫌疑人供述和采用暴力、威胁等非法方法收集的证人证言、被害人陈述,应当予以排除。

收集物证、书证、视听资料、电子数据违反法定程序,可能严重影响司法公正的,应当予以补正或者作出合理解释;不能补正或者作出合理解释的,对该证据应当予以排除。

在侦查阶段发现有应当排除的证据的,经县级以上公安机关负责人批准,应当依法予以排除,不得作为提请批准逮捕、移送审查起诉的依据。

人民检察院认为可能存在以非法方法收集证据情形,要求公安机关进行说明的,公安机关应当及时进行调查,并向人民检察院作出书面说明。

■人民法院办理刑事案件排除非法证据规程(试行)(2017年11月27日)

第一条　采用下列非法方法收集的被告人供述,应当予以排除:

(一)采用殴打、违法使用戒具等暴力方法或者变相肉刑的恶劣手段,使被告人遭受难以忍受的痛苦而违背意愿作出的供述;

(二)采用以暴力或者严重损害本人及其近亲属合法权益等进行威胁的方法,使被告人遭受难以忍受的痛苦而违背意愿作出的供述;

(三)采用非法拘禁等非法限制人身自由的方法收集的供述。

第二条　采用暴力、威胁以及非法限制人身自由等非法方法收集的证人证言、被害人陈述,应当予以排除。

第三条　收集物证、书证不符合法定程序,可能严重影响司法公正的,应当予以补正或者作出合理解释;不能补正或者作出合理解释的,对有关证据应当予以排除。

第四条　经依法予以排除的证据,不得出示、宣读,不得作为判决的依据。

第五条　被告人及其辩护人申请排除非法证据,应当提供相关线索或者材料,但不承担刑讯逼供等非法取证的举证责任。相关"线索"是指涉嫌非法取证的人员、时间、地点、方式等线索。相关"材料"是指能够反映非法取证的伤情照片、体检记录、医院病历、讯问笔录、讯问录音录像或者同监室人员的证言等材料。

被告人及其辩护人申请排除非法证据,应当向人民法院提交书面申请书。被告人没有辩护人且书写确有困难的,可以口头提出申请,上述情况应当记录在案,并由被告人签名或者捺印。

第六条　证据收集合法性的举证责任由人民检察院承担。

人民法院对证据收集的合法性进行调查,人民检察院未提供证据证明证据收集的合法性,或者提供的证据不能证明证据收集的合法性,经法庭审理,确认或者不能排除以非法方法收集证据情形的,对有关证据应当予以排除。

第七条　开庭审理前,承办法官应当阅卷,并对证据收集的合法性进行审查:

(一)被告人在侦查、审查起诉阶段是否提出排除非法证据申请;提出申请的,是否提供相关线索或者材料。

(二)侦查机关、人民检察院是否对证据收集的合法性进行调查核实;调查核实的,是否作出调查结论。

(三)对于重大案件,人民检察院驻看守所检察人员在侦查终结前是否核查讯问的合法性,是否对核查过程同步录音录像;进行核查的,是否作出核查结论。

(四)人民检察院在审查逮捕、审查起诉阶段排除的非法证据是否随案移送并写明为依法排除的非法证据。

(五)被告人提出排除非法证据申请,并提供相关线索或者材料的,是否已经委托辩护人或者申请法律援助。

人民法院对证据收集的合法性进行审查后,认为需要补充证据材料的,应当通知人民检察院在三日内补送。

第八条　人民法院向被告人及其辩护人送达起诉书副本时,应当告知其有权在开庭审理前申请排除非法证据,对提出申请的,应当告知其提供相关线索或者材料。上述情况应当记录在案。

被告人申请排除非法证据,但没有辩护人的,人民法院可以通知法律援助机构指派律师为其提供辩护。

第九条　被告人及其辩护人申请排除非法证据,应当在开庭审理前提出,但在庭审期间发现相关线索或者材料等情形除外。

第十条　被告人及其辩护人申请排除非法证据,未提供相关线索或者材料,或者提供的线索或者材料不符合要求的,人民法院应当告知其补充提交,被告人及其辩护人未能补充或者补充后仍然不符合要求的,人民法院对申请不予受理,并在开庭审理前告知被告人及其辩护人,上述情况应当记录在案。

被告人及其辩护人申请排除非法证据,并提供相关线索或者材料的,人民法院应当召开庭前会议,并在召开庭前会议三日前将申请书和相关线索或者材料的复制件送交人民检察院。

第十一条　对于可能判处无期徒刑、死刑或者黑社会性质组织犯罪、严重毒品犯罪等重大案件,被告人在驻看守所检察人员对讯问的合法性进行核查询问时,明确表示侦查阶段不存在刑讯逼供等非法取证情形,在审判阶段又提出排除非法证据申请的,应当说明理由。人民法院经审查对证据收集的合法性没有疑问的,可以驳回申请。

驻看守所检察人员在重大案件侦查终结前未对讯问的合法性进行核查询问,或者未对核查询问过程同步录音录像,被告人及其辩护人在审判阶段提出排除非法证据申请,提供相关线索或者材料,人民法院对证据收集的合法性有疑问的,应当依法进行调查。

第十二条　在庭前会议中,人民法院对证据收集的合法性进行审查的,一般按照以下步骤进行:

(一)被告人及其辩护人说明排除非法证据的申请及相关线索或者材料;

(二)公诉人提供证明证据收集合法性的证据材料;

(三)控辩双方对证据收集的合法性发表意见;

(四)控辩双方对证据收集的合法性未达成一致意见的,审判人员归纳争议焦点。

第十三条　在庭前会议中,人民检察院应当通过出示有关证据材料等方式,有针对性地对证据收集的合法性作出说明。人民法院可以听取意见、核实情况,经控辩双方申请,可以有针对性地播放讯问录音录像。

人民检察院可以决定撤回有关证据。撤回的证据,应当随案移送并写明为撤回的证据,没有新的理由,不得在庭审中出示。

被告人及其辩护人可以撤回排除非法证据的申请撤回申请后,没有新的线索或者材料,不得再次对有关证据提出排除申请。

■最高人民法院关于建立健全防范刑事冤假错案工作机制的意见(2013年10月9日)

二、严格执行法定证明标准,强化证据审查机制

8.采用刑讯逼供或者冻、饿、晒、烤、疲劳审讯等非法方法收集的被告人供述,应当排除。

除情况紧急必须现场讯问以外,在规定的办案场所外讯问取得的供述,未依法对讯问进行全程录音录像取得的供述,以及不能排除以非法方法取得的供述,应当排除。

9.现场遗留的可能与犯罪有关的指纹、血迹、精斑、毛发等证据,未通过指纹鉴定、DNA鉴定等方式与被告人、被害人的相应样本作同一认定的,不得作为定案的根据。涉案物品、作案工具等未通过辨认、鉴定等方式确定来源的,不得作为定案的根据。

对于命案,应当审查是否通过被害人近亲属辨认、指纹鉴定、DNA鉴定等方式确定被害人身份。

■最高人民法院、最高人民检察院、公安部、国家安全部、司法部关于办理刑事案件严格排除非法证据若干问题的规定(2017年6月27日)

一、一般规定

第一条　严禁刑讯逼供和以威胁、引诱、欺骗以及其他非法方法收集证据,不得强迫任何人证实自己有罪。对一切案件的判处都要重证据,重调查研究,不轻信口供。

第二条　采取殴打、违法使用戒具等暴力方法或者变相肉刑的恶劣手段,使犯罪嫌疑人、被告人遭受难以忍受的痛苦而违背意愿作出的供述,应当予以排除。

第三条　采用以暴力或者严重损害本人及其近亲属合法权益等进行威胁的方法,使犯罪嫌疑人、被告人遭受难以忍受的痛苦而违背意愿作出的供述,应当予以排除。

第四条　采用非法拘禁等非法限制人身自由的方法收集的犯罪嫌疑人、被告人供述,应当予以排除。

第五条　采用刑讯逼供方法使犯罪嫌疑人、被告人作出供述,之后犯罪嫌疑人、被告人受该刑讯逼供行为影响而作出的与该供述相同的重复性供述,应当一并排除,但下列情形除外:

(一)侦查期间,根据控告、举报或者自己发现等,侦查机关确认或者不能排除以非法方法收集证据而更换侦查人员,其他侦查人员再次讯问时告知诉讼权利和认罪的法律后果,犯罪嫌疑人自愿供述的;

(二)审查逮捕、审查起诉和审判期间,检察人员、审判人员讯问时告知诉讼权利和认罪的法律后果,犯罪嫌疑人、被告人自愿供述的。

第六条　采用暴力、威胁以及非法限制人身自由等非法方法收集的证人证言、被害人陈述,应当予

以排除。

第七条 收集物证、书证不符合法定程序,可能严重影响司法公正的,应当予以补正或者作出合理解释;不能补正或者作出合理解释的,对有关证据应当予以排除。

■最高人民法院关于全面推进以审判为中心的刑事诉讼制度改革的实施意见(2017年2月17日)

一、坚持严格司法原则,树立依法裁判理念

1. 坚持证据裁判原则,认定案件事实,必须以证据为根据。重证据,重调查研究,不轻信口供,没有证据不得认定案件事实。

2. 坚持非法证据排除原则,不得强迫任何人证实自己有罪。经审查认定的非法证据,应当依法予以排除,不得作为定案的根据。

3. 坚持疑罪从无原则,认定被告人有罪,必须达到犯罪事实清楚,证据确实、充分的证明标准。不得因舆论炒作、上访闹访等压力作出违反法律的裁判。

4. 坚持程序公正原则,通过法庭审判的程序公正实现案件裁判的实体公正。发挥庭审在查明事实、认定证据、保护诉权、公正裁判中的决定性作用,确保诉讼证据出示在法庭、案件事实查明在法庭、诉辩意见发表在法庭、裁判结果形成在法庭。

四、完善证据认定规则,切实防范冤假错案

21. 采取刑讯逼供、暴力、威胁等非法方法收集的言词证据,应当予以排除。

收集物证、书证不符合法定程序,可能严重影响司法公正,不能补正或者作出合理解释的,对有关证据应当予以排除。

22. 被告人在侦查终结前接受检察人员对讯问合法性的核查询问时,明确表示侦查阶段不存在刑讯逼供、非法取证情形,在审判阶段又提出排除非法证据申请,法庭经审查对证据收集的合法性没有疑问的,可以驳回申请。

检察人员在侦查终结前未对讯问合法性进行核查,或者未对核查过程全程同步录音录像,被告人在审判阶段提出排除非法证据申请,人民法院经审查对证据收集的合法性存在疑问的,应当依法进行调查。

▼安徽省高级人民法院、安徽省人民检察院、安徽省公安厅、安徽省国家安全厅、安徽省司法厅办理刑事案件排除非法证据操作规程(试行)(2014年5月12日)

第一条 采用刑讯逼供或者冻、饿、晒、烤、疲劳审讯等非法方法收集的被告人供述和采用暴力、威胁等非法方法收集的证人证言、被害人陈述,应当予以排除。收集物证、书证不符合法定程序,可能严重影响司法公正的,应当予以补正或者作出合理解释;不能补正或者作出合理解释的,对相关证据应当予以排除。

在侦查、审查起诉、审判阶段依法予以排除的证据,不得作为起诉意见、起诉决定和判决的依据。

第二条 对于提起公诉的案件,人民法院应当在收到起诉书和案卷、证据后,审查当事人及其辩护人、诉讼代理人在人民检察院审查起诉阶段是否提出排除非法证据的申请;已提出申请的,人民检察院是否把调查核实的相关材料随案移送。需要补充材料的,应当通知人民检察院在三日内移送。

▽对于来源不明的"物证"以及对该"物证"所作的鉴定意见能否作为定案证据

在司法实践中,侦查人员违反法定程序收集证据材料的现象并不少见。这类违反法定程序收集的证据,一般称为"瑕疵证据"。如本案中被害人孙某的内裤,因在提取时侦查人员未依法制作提取笔录或清单,属于典型的瑕疵证据。未依法定程序取得的瑕疵证据与利用非法手段取得的非法证据有本质的区别,最高人民法院、最高人民检察院、公安部、国家安全部、司法部联合印发的《办理死刑案件审查判断证据若干问题的规定》(本条附文以下简称《死刑案件证据规定》)对瑕疵证据的采信和排除作了明确规定,一审、二审法院准确适用相关规定,对被告人第二起强奸事实未予认定是正确的。具体阐述如下:(一)对被害人孙某内裤的收集、复制、保管工作均不符合相关法律规定,导致该内裤来源存疑,且有关办案人员无法补正或者作出合理解释,因此孙某的内裤不能作为定案证据。《死刑案件证据规定》第九条第三款规定"对物证、书证的来源及收集过程有疑问,不能作出合理解释的,该物证、书证不能作为定案的根据。"同时,根据《死刑案件证据规定》第九条第二款的规定,对于物证、书证的收集程序、方式存在该规定所列瑕疵,通过有关办案人员的补正或者作出合理解释的,可以采用。可见,对瑕疵证据并非绝对排除,而是附条件地采信。如果所附条件不具备,则不应采信。本案对被害人孙某内裤的收集、复制、保管工作存在多处违反法律规定的地方,具体体现在:一是侦查人员在提取内裤时没有制作提取笔录,或者通过扣押物品清单客观记录提取情况,导致有关内裤来源的证据不充分。二是根据《死刑案件证据规定》第八条的规定,"据以定案的物证应当是原物。只有在原物不便搬运、不易保存或者依法应当由有关部门保管、处理或者依法应当返还时,才可以拍摄或者制作足以反映原物外形或者内容的照片、录像或者复制品"。起诉书的证据目录虽然记载提取了被害人孙某的内裤,但未将该内裤随案移送。考虑到该物证的特殊性且所附生物检材易污染需要特殊条件保存,可采用照片形式对该内裤予以复制移送,但相关机关均未做此项工作。三是法律规定对证据的原物、原件要妥善保管,不得损毁、丢失或者擅自处理。由于该起犯罪久未侦破,其间办案人员更换,加之移交、登记、保管等环节存在疏漏,被害人孙某的内裤已遗失,导致出现疑问后相关复核工作无法进行。一审期间,公安机关曾就被害人孙某内裤的收集、复制、保管工作出具了说明材料"案发后,某县公安局将孙某的内裤进行了提取,后一直放在刑警支队保管。2008年5月30日,民警将孙某的内裤送到省公安厅刑警总队进行DNA鉴定。现此内裤已作技术处理。"该说明材料没有对未制作提取笔录或扣押物品清单、未拍摄照片复制以及为何将内裤处理等情况进行合理的解释。因此,除非通过重新开展相关工作进行补正,否则本案被害人孙某的内裤不能作为定案根据。然而,因孙某的内裤已遗失,即使通过询问被害人、被害人亲属,重现提取过程,也无法通过辨认、质证等方式确认被害人、被害人亲属所述的内裤与侦查机关曾经提取的内裤的关联关系,被害人孙某的内裤来源存疑问题无法解决,根据《死刑案件证据规定》第十四条第三款的规定,被害人孙某的内裤不能作为定案的根据。(二)被害人孙某的内裤是生物物证鉴定意见和DNA鉴定意见能够作为证据的基础,被害人孙某的内裤不能作为定案的根据,上述鉴定意见也不能作为定案的根据。鉴定意见是由专业人员以其专业知识对既有证据的证明力进行的说明,其合法性和关联性首先要依附既有证据的合法性和关联性。从某种角度来讲,既有证据与对其进行的相关鉴定是一个整体,既有证据被排除了,相关鉴定意见也不能作为定案根据。这与西方学者针对非法证据所主张的"毒树之果"理论不同。在"毒树之果"理论中,"树"与"果"是两种不同的证据材料,各自相对独立,只不过"树"提供了发现"果"的线索。因此,对以非法方法收集的证据为线索,通过合法方法收集的证据,并不绝对排除。根据《死刑案件证据规定》第二十三条第四项、第二十四条第六项的规定,对鉴定意见,应当审查检材的来源、取得、保管、送检是否符合法律及有关规定,与相关提取笔录、扣押物品清单等记载的内容是否相符,检材是否充足、可靠。送检材料、样本来源不明或者确实被污染且不具备鉴定条件的,鉴定意见不能作为定案的根据。联系本案,针对被害人孙某内裤的取证工作违反了相关法律规定,属于送检材料、样本来源不明情形。因此,对该内裤的生物物证鉴定意见、DNA鉴定意见不能作为定案的根据。(三)本案的言词证据不能证实被告人对孙某实施了强奸。本案的言词证据非但不能证实被告人对孙某实施了强奸,反而否定被告人对孙某实施了强奸行为。一是被告人本人一直否认强奸过孙某,孙某的陈述以及相关证人的证言均未提及孙某遭到了强奸;二是孙某的父亲还作证,其妻在案发后问过女儿阴部是否被侵犯,孙某讲当时内裤没被脱下来,后经查看,其妻没有发现女儿阴部有被侵犯的痕迹。综上,一审、二审法院认定公诉机关指控被告人强奸被害人孙某的事实不清,证据不足,不予认定该起犯罪事实是正确的。[参见第763号指导案例,王维喜强奸案,载《刑事审判参考》总第

85集(2012年第2集),第48~51页。撰稿:聂昭伟]

▽在侦查机关有办案合法性说明、讯问“同步”录像的情况下,如何审查被告人供述的合法性

在审理过程中,被告人邢某、吴某及其辩护人提出二被告人在侦查阶段的有罪供述系刑讯逼供所致,请求法庭启动非法证据排除调查程序。合议庭依法启动了对被告人的有罪供述是否属于非法证据的调查程序,并及时将被告人及其辩护人的非法证据排除申请和相关线索送达公诉机关,由公诉机关针对是否非法取证问题进行举证答辩。海南省A市人民检察院当庭提交的参与本案侦查的7名侦查人员出具的情况说明、羁押被告人的看守所关于被告人健康检查表3份和讯问被告人的同步录像外,没有提供其他证据证明该讯问行为是合法的。

侦查机关对取证行为是否合法出具说明是办案中经常遇到的问题。对该说明的效力应当具体分析,不能仅凭这一说明就认为取证合法。无论在什么情况下,都必须综合全案证据予以裁判。因此,即便有讯问“同步”录音、录像,也要依法进行审查。2012年修改后的《刑事诉讼法》规定,侦查人员在讯问犯罪嫌疑人的时候,可以对讯问过程进行录音或者录像;对于可能判处无期徒刑、死刑的案件或者其他重大犯罪案件,应当对讯问过程进行录音或者录像。对讯问的同步录音、录像要审查其形成的全部经过,特别是要审查形成的背景。本案合议庭以侦查机关讯问被告人的时间、地点为切入点,结合办案说明、录像等证据材料,全面审查侦查机关获取被告人的供述是否符合法律规定。经审查,2011年4月8日,被害人符某被枪杀后,A市公安局于次日决定立案侦查,根据线人反映的情况,于同年5月8日以涉嫌寻衅滋事罪对被告人吴某刑事拘留,并于次日将其收押于A市看守所,之后换押到D市第一看守所,后又于6月9日前换押到C县看守所(因为缺乏相关的法律文书记载,两次换押的具体时间均不详)。在此期间,侦查机关先后6次提讯吴某,其中前5次提讯都在A市公安局进行,仅第6次在D市第一看守所进行。从第5次开始,吴某作出其伙同邢某枪杀符某的有罪供述。此外,侦查人员于2011年6月2日21时(有涂改)至6月5日19时、6月15日10时(有涂改)至6月15日19时50分将邢某提解出D市第一看守所。除了6月3日17时13分至20时47分在D市公安局刑侦支队进行讯问、6月4日14时10分至15时05分指认现场内容有记载外,其余时间均无侦查活动的书面记载。侦查机关破案报告记载:“2011年5月31日吴某同监仓的犯罪嫌疑人向D市看守所提供符某被杀案是吴某伙同其表哥邢某所为,我专案组迅速提审了该案犯罪嫌疑人吴某,之后于2011年5月31日将涉嫌故意杀人的犯罪嫌疑人邢某抓获。”经查,该报告记录的情节与实际侦查活动不符。本案有关侦查法律文书表明,与吴某同监仓的犯罪嫌疑人陈某于5月30日向D市看守所提供线索,侦查机关于5月31日下午2时许抓获邢某,当晚9时宣布并执行刑事拘留。侦查机关在抓获邢某之前的5月11日至31日,并没有提审吴某,也没有对所谓提供情况的举报人陈某进行询问。

《最高人民法院、最高人民检察院、公安部、国家安全部、司法部关于办理刑事案件排除非法证据若干问题的规定》(本附文以下简称《排除非法证据规定》)第十一条规定:“对被告人审判前供述的合法性,公诉人不提供证据加以证明,或者已提供的证据不够确实、充分的,该供述不能作为定案的根据。”对于所要排除的证据,只要公诉机关未能提供确实、充分的证据证明其合法性,就应当对该证据予以排除,即只需怀疑其合法性,且该怀疑没有得到公诉机关的证据排除即可,而无须证明其“确系非法”。很显然,上述规定的初衷,就是要规范侦查机关的侦查活动,保护犯罪嫌疑人(被告人)的合法权利,防止公权的滥用和冤假错案的发生。侦查机关依照刑事诉讼法的相关规定所进行的每项侦查行为,均须有相应的诉讼文书记载,按照法律规定进行的侦查活动都应当在文书中体现出来。所以,证明某一证据“确系合法取得”容易,但证明其“确系非法取得”却比较困难。

如果侦查机关对被告人执行拘留后即送往看守所羁押,如果提讯均在看守所进行,如果提押时间与相关的诉讼文书记载一致,那么,本案中公诉机关当庭出示的上述证据就足以证明二被告人供述的合法性。反之,被作为非法证据予以排除就成为可能甚至必然。《公安机关办理刑事案件程序规定》第一百四十五条(2020年修正后为第一百四十三条)规定:“对被拘留、逮捕的犯罪嫌疑人、被告人应当立即送看守所羁押。”《排除非法证据规定》第十一条也规定:“提讯在押的犯罪嫌疑人,应当在羁押犯罪嫌疑人的看守所内进行。”本案中,侦查机关对被告人邢某、吴某羁押、提讯、提解行为明显违反了以上规定。邢某、吴某第一次的有罪供述均系侦查机关违反上述规定将其提押到非法定场所讯问取得。公诉机关虽然当庭出示了相关证据,以证明侦查和讯问程序及内容的合法性。但是,这些证据无法否定侦查机关上述违法羁押、讯问邢某、吴某事实的存在,不足以完全排除邢某、吴某有关非法取证辩解的真实性。尤其是A市人民检察院于6月10日提审和侦查机关于6月11日宣布逮捕邢某时,邢某均不认罪之后,侦查机关于6月15日10时将邢某提解出D市第一看守所达9个多小时而未有任何侦查活动记载。公诉机关虽然补充证据证明以上9个多小时内,A市公安局刑侦大队办案人员获批准将邢某提押出看守所指认现场,但明显与邢某指认现场笔录所记载的时间6月4日14时10分至15时05分不相符。而侦查机关在还押后仅10分钟却再次提讯邢某,邢某又作了有罪供述。这一情节实属反常。对于公诉机关提供的同步录像能否证明讯问合法的问题。由于二被告人提出被提押到看守所以外的地方,先逼供后制作笔录和录像的问题,公诉机关未能够提供相关证据予以排除。因此,该录像仅能证明讯问当时的情况,不能否定被告人提出的事先存在逼供的情况,达不到证明取证合法性的效果。综上,公诉机关据以证明被告人邢某、吴某审判前有罪供述合法性的证据未达到确实、充分的程度,邢某、吴某审判前的有罪供述,不能作为定案的根据。[参见第926号指导案例,邢某、吴某故意杀人案,载《刑事审判参考》总第95集(2013年第6集),第48~51页。撰稿:李文玉]

▽被告人供述被排除后,没有其他证据证明被告人作案的,必须坚决贯彻证据裁判、疑罪从无原则

被告人邢某、吴某的供述不但未能得到其他证据的佐证,反而被告人的供述与其他证据之间以及二被告人供述之间也存在诸多矛盾。1.邢某关于作案工具枪支的来源和去向的供述,没有其他证据予以佐证。邢某供述称用于作案的枪支是其于2011年2月捡来,但没有证人证言证实邢某曾经捡到或者持有枪支。邢某供述称其开枪杀人之后,将枪支丢弃在作案现场的木瓜地与小山坡之间小水沟旁边的灌木林中。但是,据本案的现场勘验检查笔录记载,侦查机关于案发当晚便及时对现场进行了20个小时的勘验检查,却并没有发现作案用的枪支;在邢某作了有罪供述并指认现场后,侦查机关仍然没有找到枪支。对此,公诉机关未能作出合理的解释。被告人吴某虽然供称其看到邢某持有火药枪,但同时供称看见邢某将一些小铁珠和无名指般大小的钢筋段放入火药枪内,这与邢某供述其捡到火药枪时,发现枪筒里面装有火药和弹丸,便拿到工房后面的空地用树叶盖住藏好,没有供述其作案前再有装火药的行为不一致。而对于邢某下车进入木瓜地时是否持枪,吴某则是前后供述不一,互相矛盾。2.现场勘验检查笔录载明,侦查机关在案发现场没有提取到被告人邢某的脚印、指纹等客观性证据,也没有其他证据证实案发当时被告人邢某、吴某在案发现场出现过。3.除证人陈某外,本案其余证人都没有证实被告人邢某、吴某实施了杀害被害人符某的行为。证人陈某系吴某羁押期间的同仓犯罪嫌疑人,其虽证实吴某曾告诉他和邢某开枪打死一个人,但是,侦查机关没有问及吴某是否告诉陈某有关的犯罪事实,从而导致陈某的证言这一传闻证据没有“源头”,失去证明价值,也不排除为争取立功而编造的可能。4.本案唯一现场目击证人、被害人妻子符某甲的证言与被告人邢某的供述,在案发时间、案发时被害人骑车的状态(摩托车是否熄火)、枪响后经过案发现场的人数等情节上,都明显不一致,供证之间,不能互相佐证。5.被告人邢某和吴某的供述,在邢某下车后吴某骑车等待邢某的地点、等候时间等情节上,相互矛盾;吴某对这些情节的前后供述也互相矛盾。

综上,由于公诉机关指控被告人邢某、吴某犯罪的事实不清、证据不足,指控的犯罪不能成立,海南省A市中级人民法院认为应当依法对二被告人作出无罪判决并同意公诉机关撤回起诉的意见是适当的。[参见第926号指导案例,邢某、吴某故意杀人案,载《刑事审判参考》总第95集(2013年第6集),第51~52页。撰稿:李文玉]

▽瑕疵证据经补正或者合理解释的可以作为证据使用

被告人孙某某还提出，侦查机关没有及时进行酒精含量呼气测试和血液酒精含量检验，事后所作酒精含量呼气测试的时间与实际时间不符，即呼气测试记录的时间为22时03分，而监控录像显示其于21时54分离开交警中队，两次血液酒精含量检验报告中记录的检材数量与实际提取数量存在矛盾，即送检登记中两次抽血量均为2.8毫升，而第一次检测报告记录送检血量为2毫升，第二次检测报告记录送检血量为4毫升。对此，一方面应当区分证据问题的存在系因被告人本人的原因抑或侦查人员的原因导致，若系行为人本人的原因导致，则相应的后果应当由其本人承担。另一方面，应当判断证据存在的问题是否实质上侵犯被告人的重大权益或者违反相关重要程序性规定，是否会影响到证据的真实性，以此判定该证据是非法证据还是瑕疵证据。实践中，瑕疵证据主要是侦查人员在制作相关证据的过程中，因存在轻微技术性缺陷或者程序性违规而产生的证据。较为典型的证据瑕疵主要表现为：(1)证据记录存在错误，如证据取证的时间、地点、人员等存在记录错误；(2)证据记录遗漏部分内容，如扣押清单遗漏了相关扣押物品的名称、数量、特征等，相关证据笔录遗漏了部分人员的签名或者盖章等；(3)侦查活动存在轻微技术性违规，如相关勘验、检查缺少见证人到场，主持辨认的侦查人员少于两人等。在实际办案过程中，瑕疵证据因侦查人员的疏忽或者是对相关法律规定的轻视而大量存在。较之非法证据，瑕疵证据的违法程度通常是轻微的，并未从实质上侵犯被告人的重大权益，也未违反相关重要程序性规定，且通常不会影响到证据的真实性。2012年修改后的《刑事诉讼法》在明确了"非法证据排除规则"的同时，对此类瑕疵证据则明确了"可补正的不予排除规则"，即法院对于瑕疵证据的处理原则主要是责令有关办案人员进行补正或者作出合理解释。通常而言，办案人员进行了补正或者作出合理解释后，法院可以忽略此类证据的瑕疵，将其视为合法证据。本案中，首先，针对被告人提出的未及时进行相关酒精含量检验的辩解意见，多名到庭证人的证言均可证实，公安机关接到报警后及时赶到现场，在发现孙某某有醉酒驾驶的嫌疑后，即要求其进行酒精含量呼气测试，但其拒绝配合，并阻挠公安机关的事故处理程序，因此侦查机关在交通事故现场未及时进行酒精含量呼气测试主要是孙某某的阻挠行为所致，由此可能带来的不利后果亦应由其本人承担。其次，孙某某提出呼气酒精含量检验的时间与实际时间不符，经查，侦查机关使用的呼气测试仪记录时间确与北京时间存在一定误差，该记录存在瑕疵。对此，侦查机关出具了关于呼气测试仪时间误差的情况说明，证明呼气测试仪上显示时间晚于北京时间10分钟。该情况说明，补正了证据原本存在的瑕疵。最后，孙某某提出两次血液酒精含量检验报告中的检材与实际提取过程有矛盾，而相关证人的证言，抽血、送检视频等证据，均能证明对孙某某抽血取样、送检全过程的合法性，且相关鉴定人也到庭证明收到的血样检材密封完整，鉴定过程合法，结果真实有效，并对检测报告中载明的血液数量(2毫升、4毫升)与提取检材时记录的数量(2.8毫升)存在的误差予以了说明，即因在鉴定过程中财检材数量通常采用估算的方式，可能会存在偏差而导致记录的误差。在鉴定人对该瑕疵给出合理解释的前提下，检测报告中载明的鉴定意见可以作为定案证据。综上，全案的证据均合法、有效，证据之间具有关联性，并已形成完整的证据锁链，故以危险驾驶罪追究被告人孙某某的刑事责任是正确的。[参见第958号指导案例，孙林海危险驾驶案，载《刑事审判参考》总第97集(2014年第2集)，第12～13页。撰稿：徐振华　朱菸　黄辛]

▽审查起诉阶段未排除侦查阶段刑讯逼供取得的有罪供述，继续获取的不稳定有罪供述亦应依法予以排除

对于被告人在侦查、审查批捕、审查起诉各阶段所作的多次有罪供述，如果前一阶段的有罪供述被作为非法证据排除后，后一阶段的有罪供述是否一并排除，理论界和实务界主要存在分阶段排除和一体化排除两种意见。是分阶段排除还是一体化排除，不能"一刀切"，而应结合案情视具体分析而定。判断后一阶段的有罪供述是否具有可采性，应当以刑讯逼供等非法方法对被告人所造成的心理影响是否得到一定程度的消除为标准。如果辩方提出被告人在后一阶段的有罪供述系因侦查机关在前一阶段实施刑讯逼供而导致其害怕后一阶段被继续刑讯逼供的,公诉机关应当提供前一阶段的刑讯逼供对被告人造成的心理影响在后一阶段各次讯问中已经消除的证据。对公诉机关不能提供证据证明前一阶段的刑讯逼供对被告人造成的心理影响在后一阶段各次讯问中已经消除的,后一阶段的有罪供述亦应当依法排除。具体理由分析如下:1. 从法律评价分析,对同一主观心理支配下的行为内容应当作相同评价。这种情形类似于基于同一主观故意支配下实施相同行为,在刑法上作同一评价。被告人基于同一肉体或者精神折磨等原因作出的重复性有罪供述,亦应作相同的性质评价。侦查阶段有罪供述被判定为非法证据,性质相同的重复有罪供述也应判定为非法证据。2. 从行为人的心理分析,不消除恐惧心理影响继续取证实质上是侵犯基本人权的延续。尤其是行为人在向检察机关反映其被刑讯逼供的痛苦遭遇后,非但未获得检察机关的积极回应,反而继续让其作有罪供述,在一定程度上让行为人感觉公诉机关与侦查机关是同一条战线的,其心理包袱不是减轻了而是加重了。3. 从相关规定分析,后一阶段的有罪供述应当作为非法证据予以排除。公检法分工负责、相互制约是刑事诉讼法的基本原则。根据《刑事诉讼法》第五十四条第二款、第五十五条关于检察机关审查起诉或者接到控告举报时应当调查核实的规定,无论是基于诉讼职能,还是基于法律监督职能,检察机关都有义务进行非法证据的核查。根据《刑诉法解释》第一百零三条第一项的规定,一审法院对辩方提出的排除非法证据请求没有审查,且以该证据作为定案根据的,二审法院应当对证据收集的合法性进行审查并作出排除或者不排除的处理。由此规定可知,如果不能排除证据收集的非法性,对相关证据的证明资格、证明力亦应当予以否定。另从《国家赔偿法》第二十一条关于刑事赔偿义务机关的规定分析,对于侦查、审查批捕、审查起诉、庭审等各阶段,总是由最后作出错误司法行为的司法机关承担赔偿责任。因此,后一阶段(最终生效)司法机关有义务、有责任承担证据审查义务。在被告人提出前一阶段存在刑讯逼供的情况下,后一阶段的司法主体不但有义务审查相关证据,而且在继续实施讯问之前有义务审查被告人是否消除恐惧心理。

被告人是否消除侦查人员刑讯逼供所造成的恐惧心理,是非常复杂的判断过程。在司法实践中,司法主体往往借助以下程序性的行为进行分析认定:(1)排除非法证据申请权利的告知。如根据《刑诉法解释》第九十七条的规定,人民法院向被告人及其辩护人送达起诉书副本时,应当告知其有权申请排除非法证据。(2)排除非法证据程序启动的告知。在辩方提供线索材料后,承办人对取证合法性产生疑问进而启动调查程序时,可以通过书面、口头方式告知犯罪嫌疑人(被告人)。尤其是对于履行诉讼监督职能的检察机关而言,给予控告举报人回复是必要的程序环节。(3)排除非法证据结果的告知。根据《刑诉法解释》第一百条、第一百零二条第二款的规定,法庭经审查对证据收集合法性没有疑问的,应当当庭说明情况和理由:法院对证据收集合法性进行调查后,应当将调查结论告知控辩双方。结果告知的程序要求也应当适用于审查起诉阶段。《刑事诉讼法》规定,采用刑讯逼供等非法方法收集的犯罪嫌疑人、被告人供述,应当予以排除。在侦查、审查起诉、审判时发现有应当排除的证据的,应当依法予以排除,不得作为起诉意见、起诉决定和判决依据。本案被告人文某在审查起诉阶段即向公诉机关反映被刑讯逼供的情形,公诉机关对此未予依法审查,而是继续对被告人进行了三次讯问。且之后三次供述不稳定,在审查起诉阶段形成的两份有罪供述笔录与庭审供述存在矛盾。人民法院综合审查判断相关取证过程证据,认为不能排除文某在侦查、审查起诉阶段的认罪供述系以非法方法收集,故依法予以排除。

值得强调的是,人民法院在依法排除非法证据后,应当综合其他证据就被告人的行为定性以及处罚进行审查判断。本案被告人文某系吸毒人员,在依法排除文某的有罪供述后,现有证据尚无法证明涉案的50.54克甲基苯丙胺是出于贩卖的唯一目的,故某区人民法院结合其庭审有效供述和其他扣押清单等间接证据,以非法持有毒品罪定罪处罚是正确的。[参见第1038号指导案例,文某非法持有毒品案,载《刑事审判参考》总第101集(2014年第6集),第7～10页。撰稿:刘晓虎]

▽通过疲劳审讯获得的有罪供述属于非法证据,应当予以排除

被告人朱某某对自己伙同被告人吴某共同贪污的基本事实一直供述稳定,吴某到案初期也如实交代其伙同朱某某共同贪污的基本事实,但其后翻供。对吴某到案初期的有罪供述,法院经审查后认为属于非法言词证据,应予排除,没有作为最终定案依据使用。吴某在一审开庭时当庭提出,其到案初期所作的4次有罪供述系受到侦查机关疲劳审讯、精神恍惚情况下作出的,属于非法证据;其后,江苏省人民检察院审查批捕人员提审时,由于前期侦查人员在场,其心理上受到干扰,所作的重复有罪供述仍然属于非法证据,也应当予以排除。吴某及其辩护人提供了其到案时间、到案初期数次讯问的时间,以证明侦查机关对其实施了长时间的疲劳审讯。一审法院经过初步审查后认为有必要启动证据合法性调查程序,法院决定停止法庭调查,启动非法证据排除调查程序,对侦查人员的取证行为是否合法进行调查。为此,法院当庭播放了讯问过程的同步录音录像,通知侦查人员出庭作证,对取证过程进行说明。讯问笔录和同步录音录像反映,侦查机关采用上下级机关"倒手""轮流审讯"的方式连续讯问吴某长达30多小时,而且其间没有给予吴某必要休息,属于疲劳审讯。

我国刑事诉讼法对非法言词证据绝对予以排除。修改后的《刑事诉讼法》第五十四条明确规定,采用刑讯逼供等非法方法收集的犯罪嫌疑人、被告人供述和采用暴力、威胁等非法方法收集的证人证言、被害人陈述,属于非法言词证据,均应予以排除。但对于疲劳审讯是否属于"刑讯逼供等方法",由此获得的犯罪嫌疑人、被告人供述是否属于非法言词证据,是否应当绝对排除,尚未有相关规范性文件作出明确规定。除了传统的吊打、捆绑等暴力手段以外,其他一系列变相的逼供措施,如足以形成肉体或精神强烈痛苦的罚站、罚跪、冻饿、日晒、雨淋、火烤、强光、噪音、"车轮战"、不准睡眠等非暴力方法也应属于刑讯逼供方法,而且这些变相逼供手段已成为非法取证的主要手段。为此,《刑诉法解释》第九十五条第一款进一步明确了非法言词证据的范围:"使用肉刑或者变相肉刑,或者采用其他使被告人在肉体上或者精神上遭受剧烈疼痛或者痛苦的方法,迫使被告人违背意愿供述的,应当认定为刑事诉讼法第五十四条规定的'刑讯逼供等非法方法'。"根据该规定,疲劳审讯应当属于非法取证的范围。本案被告人吴某在长达30多小时的连续讯问过程中没有得到必要休息,这种疲劳审讯属于一种变相肉刑,它对公民基本权利的侵犯程度与刑讯逼供基本相当。吴某在这种情况下所作有罪供述不能排除是在精神和肉体遭受痛苦的情况下,违背自己意愿作出的。这种供述不可靠,属于使用非法方法取得的证据,应当予以排除,不得作为定案依据使用。据此,一审法院对吴某到案初期的4份有罪供述认定为非法证据,予以排除,没有作为定案依据使用。需要指出的是,其后吴某在江苏省人民检察院审查批捕人员提审时所作的认罪供述,因为讯问主体不同,最初的侦查人员并不在场,整个提审活动没有诱供逼供、疲劳审讯等情形,最初影响其自愿供述的因素已经不复存在,故该份证据具有可采性。参见第1141号指导案例,吴毅、朱蓓娅贪污案,载《刑事审判参考》总第106集,第36~38页。撰稿:周庆琳　汤咏梅)

▽非法证据排除后对案件量刑事实可能会造成影响

根据法律规定,非法证据排除原则解决的是证据的法庭准入资格问题,也就是说,只有合法取得的证据才能具有证据资格,作为证据提交法庭,法庭进而对其进行证明力大小强弱的审查。一旦法院作出排除非法证据的决定,被排除的非法证据就不能作为定案的根据。但非法证据排除后是否对案件量刑事实造成影响?已经排除的非法证据既然不得作为证据使用,当然也不应当对定罪量刑产生影响,否则非法证据排除就形同虚设,没有实际意义。在吴某被认定具有证据资格的供述中,关于本案犯意的提起、二被告人在共同犯罪中如何分工、赃款如何分配等事实均没有具体供述。而朱某某关于受吴某指使实施犯罪的供述因其与吴某有利害关系不能完全采信,因而根据现有证据无法认定二被告人在共同犯罪中的地位和作用相当。相反,大量书证和证人证言均证实,朱某某实施了填写虚假结算凭证、指使他人冒领赃款、控制和分配赃款等共同贪污犯罪中的大部分行为,而吴某仅实施了在虚假结算凭证上签字的行为。因此,二审法院认定吴某在共同犯罪中的作用小于朱某某,所起作用是次要的,认定

其为从犯。因朱某某在事发后已经向所在单位承认的自己贪污事实,退出了全部赃款,二审法院认为可以认定其为自首。据此,二审法院对两人均减轻处罚,改判吴某有期徒刑五年六个月,朱某某有期徒刑五年。判决书送达后,二人均服判息诉。

侦查机关通过疲劳审讯取得的供述属于非法证据,应当予以排除。非法证据的排除,不仅会对定罪事实造成影响,而且也会对量刑事实造成影响。具体到本案,如果被排除的被告人吴某的有罪供述既包含定罪事实又包含量刑事实,而具有证据资格的有罪供述仅包含定罪事实而缺乏量刑事实,那么在没有相关证据补证量刑事实的情况下,仅能依据供述认定吴某的定罪事实。二审法院综合其他证据,认定被告人朱某某、吴某在共同犯罪中的作用和地位是正确的。(参见第1141号指导案例,吴毅、朱蓓娅贪污案,载《刑事审判参考》总第106集,第38～39页。撰稿:周庆琳　汤咏梅)

▽对仅存部分讯问录音录像的案件,如何结合讯问录音录像审查判断讯问笔录的证据能力

在职务犯罪案件中,被告人供述通常是关键的定案证据,为确保被告人供述的合法性和真实性,《最高人民检察院讯问职务犯罪嫌疑人实行全程同步录音录像的规定》(2014年修订)第二条规定:"讯问犯罪嫌疑人时,应当对每一次讯问的全过程实施不间断的录音、录像。讯问录音、录像是人民检察院在直接受理侦查职务犯罪案件工作中规范讯问行为、保证讯问活动合法性的重要手段。讯问录音、录像应当保持完整,不得选择性录制,不得剪接、删改。"有的案件,办案单位仅提交部分讯问录音录像,此种情况下,如何结合讯问录音录像审查判断讯问笔录的证据能力?实践中,审查讯问笔录的证据能力,首先应当关注讯问笔录自身。讯问笔录应当符合法律规定的形式要求,体现讯问程序的合法性。对讯问笔录自身的审查,应当注意以下内容:讯问是否在刑事立案之后进行;讯问笔录是否明确载明讯问时间、地点;讯问是否违反规定较长时间持续进行(是否存在疲劳讯问);讯问过程中是否保证犯罪嫌疑人饮食和必要的休息时间;讯问场所是否符合法律规定;讯问人员是否符合法律规定;讯问时是否告知如实陈述自己罪行可以从轻或者减轻处罚的法律规定;讯问笔录是否交犯罪嫌疑人核对或者向其宣读;讯问笔录是否由犯罪嫌疑人签名捺指印;讯问过程是否进行录音录像,等等。如果讯问笔录的形式不符合法律规定的要求,反映出可能存在非法讯问情形,或者讯问笔录的真实性存疑,就需要结合讯问录音录像审查讯问笔录的合法性和真实性。本案侦查机关所作的讯问笔录存在以下三类问题:第一,侦查机关在立案之前对上诉人王某所作的调查笔录,不符合法律规定的证据种类,不能作为诉讼证据使用(立案前初查阶段取得的被调查人言词证据材料,具有合法性,只要取得无非法情形的,可以作为诉讼证据使用,此论述符合有关法律及司法解释。参见第1040号指导案例尹某受贿案,载《刑事审判参考》总第101集,第18～19页。——编著者注)。第二,侦查机关在立案后对上诉人王某的讯问笔录,其中只有部分有同步录音录像,不符合《最高人民检察院讯问职务犯罪嫌疑人实行全程同步录音录像的规定》第二条的规定,在王某对此提出质疑的情况下,无法确保讯问笔录的合法性,亦无法确保讯问笔录内容的真实性,故不得作为定案的根据。需要指出的是,王某并未辩称遭到刑讯逼供,如其辩称遭到刑讯逼供,并提供相关线索或者材料,办案单位不能提供证据证明取证合法性,又不能提供讯问录音录像的,由于相关供述不能排除以非法方法收集的情形,应当作为非法证据予以排除。此外,基于重复性供述排除规则,除了要依法排除未对讯问录音录像的供述外,后续的重复性供述可能要予以排除。第三,对本案中有同步录音录像的部分讯问笔录,虽然讯问笔录与讯问录音录像内容存在部分不一致,但讯问录音录像内容证明侦查机关不存在取证不合法的情形,对讯问笔录个别内容与同步录音录像不一致的部分,由于不影响该讯问笔录的真实性,两者并不存在重大实质性差异,故对有关讯问笔录可以采纳。有关讯问笔录与讯问录音录像内容相一致部分,能与其他证据相互印证,可以作为定案的根据。但如果讯问笔录与讯问录音录像的内容有重大实质性差异的,该讯问笔录相关内容则不得作为证据使用。(参见第1166号指导案例,王平受贿案,载《刑事审判参考》总第108集,第15～17页。撰稿:刘静坤　冯喜恒)

▽**如何把握疲劳讯问的认定标准**

根据法律规定,讯问犯罪嫌疑人,应当保证犯罪嫌疑人的饮食和必要的休息时间。尽管法律没有对讯问持续的时间作出明确规定,但如果长时间连续讯问超出合理的限度,没有为犯罪嫌疑人、被告人提供必要的休息时间,使犯罪嫌疑人、被告人遭受难以忍受的痛苦而违背意愿作出供述,就应当认定为疲劳讯问,并依法排除有关供述。(参见第1166号指导案例,王平受贿案,载《刑事审判参考》总第108集,第15~17页。撰稿:刘静坤　冯喜恒)

第五十七条　【非法证据的调查及处理】人民检察院接到报案、控告、举报或者发现侦查人员以非法方法收集证据的,应当进行调查核实。对于确有以非法方法收集证据情形的,应当提出纠正意见;构成犯罪的,依法追究刑事责任。

■人民检察院刑事诉讼规则(2019年12月30日)

第七十二条　人民检察院发现侦查人员以非法方法收集证据的,应当及时进行调查核实。

当事人及其辩护人或者值班律师、诉讼代理人报案、控告、举报侦查人员采用刑讯逼供等非法方法收集证据,并提供涉嫌非法取证的人员、时间、地点、方式和内容等材料或者线索的,人民检察院应当受理并进行审查。根据现有材料无法证明证据收集合法性的,应当及时进行调查核实。

上一级人民检察院接到对侦查人员采用刑讯逼供等非法方法收集证据的报案、控告、举报,可以直接进行调查核实,也可以交由下级人民检察院调查核实。交由下级人民检察院调查核实的,下级人民检察院应当及时将调查结果报告上一级人民检察院。

人民检察院决定调查核实的,应当及时通知公安机关。

第七十三条　人民检察院经审查认定存在非法取证行为的,对该证据应当予以排除,其他证据不能证明犯罪嫌疑人实施犯罪行为的,应当不批准或者决定逮捕。已经移送起诉的,可以依法将案件退回监察机关补充调查或者退回公安机关补充侦查,或者作出不起诉决定。被排除的非法证据应当随案移送,并写明为依法排除的非法证据。

对于侦查人员的非法取证行为,尚未构成犯罪的,应当依法向其所在机关提出纠正意见。对于需要补正或者作出合理解释的,应当提出明确要求。

对于非法取证行为涉嫌犯罪需要追究刑事责任的,应当依法立案侦查。

第七十四条　人民检察院认为可能存在以刑讯逼供等非法方法收集证据情形的,可以书面要求监察机关或者公安机关对证据收集的合法性作出说明。说明应当加盖单位公章,并由调查人员或者侦查人员签名。

■最高人民法院、最高人民检察院、公安部、国家安全部、司法部关于办理刑事案件严格排除非法证据若干问题的规定(2017年6月27日)

第十四条　犯罪嫌疑人及其辩护人在侦查期间可以向人民检察院申请排除非法证据。对犯罪嫌疑人及其辩护人提供相关线索或者材料的,人民检察院应当调查核实。调查结论应当书面告知犯罪嫌疑人及其辩护人。对确有以非法方法收集证据情形的,人民检察院应当向侦查机关提出纠正意见。

侦查机关对审查认定的非法证据,应当予以排除,不得作为提请批准逮捕、移送审查起诉的根据。

对重大案件,人民检察院驻看守所检察人员应当在侦查终结前询问犯罪嫌疑人,核查是否存在刑讯逼供、非法取证情形,并同步录音录像。经核查,确有刑讯逼供、非法取证情形的,侦查机关应当及时排除非法证据,不得作为提请批准逮捕、移送审查起诉的根据。

第十五条　对侦查终结的案件,侦查机关应当全面审查证明证据收集合法性的证据材料,依法排除非法证据。排除非法证据后,证据不足的,不得移送审查起诉。

侦查机关发现办案人员非法取证的,应当依法作出处理,并可另行指派侦查人员重新调查取证。

■最高人民法院、最高人民检察院、公安部、国家安全部、司法部关于推进以审判为中心的刑事诉讼制度改革的意见(2016年10月11日)

三、建立健全符合裁判要求、适应各类案件特点的证据收集指引。探索建立命案等重大案件检查、搜查、辨认、指认等过程录音录像制度。完善技术侦查证据的移送、审查、法庭调查和使用规则以及庭外核实程序。统一司法鉴定标准和程序。完善见证人制度。

四、侦查机关应当全面、客观、及时收集与案件有关的证据。

侦查机关应当依法收集证据。对采取刑讯逼供、暴力、威胁等非法方法收集的言词证据,应当依法予以排除。侦查机关收集物证、书证不符合法定程序,可能严重影响司法公正,不能补正或者作出合理解释的,应当依法予以排除。

对物证、书证等实物证据,一般应当提取原物、原件,确保证据的真实性。需要鉴定的,应当及时送检。证据之间有矛盾的,应当及时查证。所有证据应当妥善保管,随案移送。

■最高人民法院关于全面推进以审判为中心的刑事诉讼制度改革的实施意见(2017年2月17日)

四、完善证据认定规则,切实防范冤假错案

21.采取刑讯逼供、暴力、威胁等非法方法收集的言词证据,应当予以排除。

收集物证、书证不符合法定程序,可能严重影响司法公正,不能补正或者作出合理解释的,对有关证据应当予以排除。

22.被告人在侦查终结前接受检察人员对讯问合法性的核查询问时,明确表示侦查阶段不存在刑讯逼供、非法取证情形,在审判阶段又提出排除非法证据申请,法庭经审查对证据收集的合法性没有疑问的,可以驳回申请。

检察人员在侦查终结前未对讯问合法性进行核查,或者未对核查过程全程同步录音录像,被告人在审判阶段提出排除非法证据申请,人民法院经审查对证据收集的合法性存在疑问的,应当依法进行调查。

第五十八条　【对证据收集的合法性进行法庭调查】法庭审理过程中,审判人员认为可能存在本法第五十六条规定的以非法方法收集证据情形的,应当对证据收集的合法性进行法庭调查。

当事人及其辩护人、诉讼代理人有权申请人民法院对以非法方法收集的证据依法予以排除。申请排除以非法方法收集的证据的,应当提供相关线索或者材料。

■人民检察院刑事诉讼规则(2019年12月30日)

第七十五条　对于公安机关立案侦查的案件,存在下列情形之一的,人民检察院在审查逮捕、审查起诉和审判阶段,可以调取公安机关讯问犯罪嫌疑人的录音、录像,对证据收集的合法性以及犯罪嫌疑人、被告人供述的真实性进行审查:

(一)认为讯问活动可能存在刑讯逼供等非法取证行为的;

(二)犯罪嫌疑人、被告人或者辩护人提出犯罪嫌疑人、被告人供述系非法取得,并提供相关线索或者材料的;

(三)犯罪嫌疑人、被告人提出讯问活动违反法定程序或者翻供,并提供相关线索或者材料的;

(四)犯罪嫌疑人、被告人或者辩护人提出讯问笔录内容不真实,并提供相关线索或者材料的;

(五)案情重大、疑难、复杂的。

人民检察院调取公安机关讯问犯罪嫌疑人的录音、录像,公安机关未提供,人民检察院经审查认为不能排除有刑讯逼供等非法取证行为的,相关供述不得作为批准逮捕、提起公诉的依据。

人民检察院直接受理侦查的案件,负责侦查的部门移送审查逮捕、移送起诉时,应当将讯问录音、录像连同案卷材料一并移送审查。

第七十六条　对于提起公诉的案件,被告人及其辩护人提出审前供述系非法取得,并提供相关线索或者材料的,人民检察院可以将讯问录音、录像连同案卷材料一并移送人民法院。

第七十七条　在法庭审理过程中,被告人或者辩护人对讯问活动合法性提出异议,公诉人可以要求被告人及其辩护人提供相关线索或者材料。必要时,公诉人可以提请法庭当庭播放相关时段的讯问录音、录像,对有关异议或者事实进行质证。

需要播放的讯问录音、录像中涉及国家秘密、商业秘密、个人隐私或者含有其他不宜公开内容的,公诉人应当建议在法庭组成人员、公诉人、侦查人员、被告人及其辩护人范围内播放。因涉及国家秘密、商业秘密、个人隐私或者其他犯罪线索等内容,人民检察院对讯问录音、录像的相关内容进行技术处理的,公诉人应当向法庭作出说明。

■最高人民法院关于适用《中华人民共和国刑事诉讼法》的解释(2021年3月1日)

第一百二十八条　人民法院向被告人及其辩护人送达起诉书副本时,应当告知其申请排除非法证据的,应当在开庭审理前提出,但庭审期间才发现相关线索或者材料的除外。

第一百二十九条　开庭审理前,当事人及其辩护人、诉讼代理人申请人民法院排除非法证据的,人民法院应当在开庭前及时将申请书或者申请笔录及相关线索、材料的复制件送交人民检察院。

第一百三十条　开庭审理前,人民法院可以召开庭前会议,就非法证据排除等问题了解情况,听取意见。

在庭前会议中,人民检察院可以通过出示有关证据材料等方式,对证据收集的合法性加以说明。必要时,可以通知调查人员、侦查人员或者其他人员参加庭前会议,说明情况。

第一百三十一条　在庭前会议中,人民检察院可以撤回有关证据。撤回的证据,没有新的理由,不得在庭审中出示。

当事人及其辩护人、诉讼代理人可以撤回排除非法证据的申请。撤回申请后,没有新的线索或者材料,不得再次对有关证据提出排除申请。

第一百三十二条　当事人及其辩护人、诉讼代理人在开庭审理前未申请排除非法证据,在庭审过程中提出申请的,应当说明理由。人民法院经审查,对证据收集的合法性有疑问的,应当进行调查;没有疑问的,驳回申请。

驳回排除非法证据的申请后,当事人及其辩护人、诉讼代理人没有新的线索或者材料,以相同理由再次提出申请的,人民法院不再审查。

第一百三十三条　控辩双方在庭前会议中对证据收集是否合法未达成一致意见,人民法院对证据收集的合法性有疑问的,应当在庭审中进行调查;对证据收集的合法性没有疑问,且无新的线索或者材料表明可能存在非法取证的,可以决定不再进行调查并说明理由。

第一百三十四条　庭审期间,法庭决定对证据收集的合法性进行调查的,应当先行当庭调查。但为防止庭审过分迟延,也可以在法庭调查结束前调查。

第一百三十五条　法庭决定对证据收集的合法性进行调查的,由公诉人通过宣读调查、侦查讯问笔录、出示提讯登记、体检记录、对讯问合法性的核查材料等证据材料,有针对性地播放讯问录音录像,提请法庭通知有关调查人员、侦查人员或者其他人员出庭说明情况等方式,证明证据收集的合法性。

讯问录音录像涉及国家秘密、商业秘密、个人隐私或者其他不宜公开内容的,法庭可以决定对讯问录音录像不公开播放、质证。

公诉人提交的取证过程合法的说明材料,应当经有关调查人员、侦查人员签名,并加盖单位印章。未经签名或者盖章的,不得作为证据使用。上述说明材料不能单独作为证明取证过程合法的根据。

第一百三十八条　具有下列情形之一的,第二审人民法院应当对证据收集的合法性进行审查,并根据刑事诉讼法和本解释的有关规定作出处理：

(一)第一审人民法院对当事人及其辩护人、诉讼代理人排除非法证据的申请没有审查，且以该证据作为定案根据的；

(二)人民检察院或者被告人、自诉人及其法定代理人不服第一审人民法院作出的有关证据收集合法性的调查结论，提出抗诉、上诉的；

(三)当事人及其辩护人、诉讼代理人在第一审结束后才发现相关线索或者材料，申请人民法院排除非法证据的。

■最高人民法院、最高人民检察院、公安部、国家安全部、司法部、全国人大常委会法制工作委员会关于实施刑事诉讼法若干问题的规定(2013年1月1日)

11. 刑事诉讼法第五十六条第一款规定："法庭审理过程中，审判人员认为可能存在本法第五十四条规定的以非法方法收集证据情形的，应当对证据收集的合法性进行法庭调查。"法庭经对当事人及其辩护人、诉讼代理人提供的相关线索或者材料进行审查后，认为可能存在刑事诉讼法第五十四条规定的以非法方法收集证据情形的，应当对证据收集的合法性进行法庭调查。法庭调查的顺序由法庭根据案件审理情况确定。

■最高人民法院、最高人民检察院、公安部、国家安全部、司法部关于办理刑事案件严格排除非法证据若干问题的规定(2017年6月27日)

第二十九条　被告人及其辩护人在开庭审理前未申请排除非法证据，在法庭审理过程中提出申请的，应当说明理由。

对前述情形，法庭经审查，对证据收集的合法性有疑问的，应当进行调查；没有疑问的，应当驳回申请。

法庭驳回排除非法证据申请后，被告人及其辩护人没有新的线索或者材料，以相同理由再次提出申请的，法庭不再审查。

第三十条　庭审期间，法庭决定对证据收集的合法性进行调查的，应当先行当庭调查。但为防止庭审过分迟延，也可以在法庭调查结束前进行调查。

第三十一条　公诉人对证据收集的合法性加以证明，可以出示讯问笔录、提讯登记、体检记录、采取强制措施或者侦查措施的法律文书、侦查终结前对讯问合法性的核查材料等证据材料，有针对性地播放讯问录音录像，提请法庭通知侦查人员或者其他人员出庭说明情况。

被告人及其辩护人可以出示相关线索或者材料，并申请法庭播放特定时段的讯问录音录像。

侦查人员或者其他人员出庭，应当向法庭说明证据收集过程，并就相关情况接受发问。对发问方式不当或者内容与证据收集的合法性无关的，法庭应当制止。

公诉人、被告人及其辩护人可以对证据收集的合法性进行质证、辩论。

第三十二条　法庭对控辩双方提供的证据有疑问的，可以宣布休庭，对证据进行调查核实。必要时，可以通知公诉人、辩护人到场。

第三十三条　法庭对证据收集的合法性进行调查后，应当当庭作出是否排除有关证据的决定。必要时，可以宣布休庭，由合议庭评议或者提交审判委员会讨论，再次开庭时宣布决定。

在法庭作出是否排除有关证据的决定前，不得对有关证据宣读、质证。

第三十四条　经法庭审理，确认存在本规定所规定的以非法方法收集证据情形的，对有关证据应当予以排除。法庭根据相关线索或者材料对证据收集的合法性有疑问，而人民检察院未提供证据或者提供的证据不能证明证据收集的合法性，不能排除存在本规定所规定的以非法方法收集证据情形的，对有关证据应当予以排除。

对依法予以排除的证据，不得宣读、质证，不得作为判决的根据。

第三十五条 人民法院排除非法证据后，案件事实清楚，证据确实、充分，依据法律认定被告人有罪的，应当作出有罪判决；证据不足，不能认定被告人有罪的，应当作出证据不足、指控的犯罪不能成立的无罪判决；案件部分事实清楚，证据确实、充分的，依法认定该部分事实。

第三十六条 人民法院对证据收集合法性的审查、调查结论，应当在裁判文书中写明，并说明理由。

第三十七条 人民法院对证人证言、被害人陈述等证据收集合法性的审查、调查，参照上述规定。

第三十八条 人民检察院、被告人及其法定代理人提出抗诉、上诉，对第一审人民法院有关证据收集合法性的审查、调查结论提出异议的，第二审人民法院应当审查。

被告人及其辩护人在第一审程序中未申请排除非法证据，在第二审程序中提出申请的，应当说明理由。第二审人民法院应当审查。

人民检察院在第一审程序中未出示证据证明证据收集的合法性，第一审人民法院依法排除有关证据的，人民检察院在第二审程序中不得出示之前未出示的证据，但在第一审程序后发现的除外。

第三十九条 第二审人民法院对证据收集合法性的调查，参照上述第一审程序的规定。

第四十条 第一审人民法院对被告人及其辩护人排除非法证据的申请未予审查，并以有关证据作为定案根据，可能影响公正审判的，第二审人民法院可以裁定撤销原判，发回原审人民法院重新审判。

第一审人民法院对依法应当排除的非法证据未予排除的，第二审人民法院可以依法排除非法证据。排除非法证据后，原判决认定事实和适用法律正确、量刑适当的，应当裁定驳回上诉或者抗诉，维持原判；原判决认定事实没有错误，但适用法律有错误，或者量刑不当的，应当改判；原判决事实不清楚或者证据不足的，可以裁定撤销原判，发回原审人民法院重新审判。

第四十一条 审判监督程序、死刑复核程序中对证据收集合法性的审查、调查，参照上述规定。

第四十二条 本规定自2017年6月27日起施行。

■人民法院办理刑事案件排除非法证据规程(试行)(2017年11月27日)

第十七条 被告人及其辩护人在开庭审理前未申请排除非法证据，在庭审过程中又提出申请的，应当说明理由。人民法院经审查，对证据收集的合法性有疑问的，应当进行调查；没有疑问的，应当驳回申请。

人民法院驳回排除非法证据的申请后，被告人及其辩护人没有新的线索或者材料，以相同理由再次提出申请的，人民法院不再审查。

第十八条 人民法院决定对证据收集的合法性进行法庭调查的，应当先行当庭调查。

为防止庭审过分迟延，有下列情形之一的，可以在法庭调查结束前进行调查：

(一)多名被告人及其辩护人申请排除非法证据的；

(二)其他犯罪事实与被申请排除的证据没有关联的。

在对证据收集合法性的法庭调查程序结束前，不得对有关证据出示、宣读。

第十九条 法庭决定对证据收集的合法性进行调查的，一般按照以下步骤进行：

(一)开庭前会议的案件，法庭宣布庭前会议中对证据收集合法性的审查情况，以及控辩双方的争议焦点；

(二)被告人及其辩护人在庭审中提出排除非法证据申请的，法庭应当说明启动调查程序的理由，并确定调查重点；

(三)公诉人出示证明证据收集合法性的证据材料，被告人及其辩护人可以对相关证据进行质证，经审判长准许，可以向出庭的侦查人员或者其他人员发问；

(四)控辩双方对证据收集的合法性进行质证、辩论。

第二十八条 人民检察院、被告人及其法定代理人提出抗诉、上诉，对第一审人民法院有关证据收集合法性的审查、调查结论提出异议的,第二审人民法院应当审查。

第二十九条　被告人及其辩护人在第一审程序中未提出排除非法证据的申请,在第二审程序中提出申请,有下列情形之一的,第二审人民法院应当审查:

(一)第一审人民法院没有依法告知被告人申请排除非法证据的权利的;

(二)被告人及其辩护人在第一审庭审后发现涉嫌非法取证的相关线索或者材料的。

第三十条　人民检察院应当在第一审程序中全面出示证明证据收集合法性的证据材料。

人民检察院在第一审程序中未出示证明证据收集合法性的证据,第一审人民法院依法排除有关证据的,人民检察院在第二审程序中不得出示之前未出示的证据,但在第一审程序后发现的除外。

第三十一条　第二审人民法院对证据收集合法性的调查,参照上述第一审程序的规定。

第三十二条　第一审人民法院对被告人及其辩护人排除非法证据的申请未予审查,并以有关证据作为定案的根据,可能影响公正审判的,第二审人民法院可以裁定撤销原判,发回原审人民法院重新审判。

第三十三条　第一审人民法院对依法应当排除的非法证据未予排除的,第二审人民法院可以依法排除相关证据。排除非法证据后,应当按照下列情形分别作出处理:

(一)原判决认定事实和适用法律正确、量刑适当的,应当裁定驳回上诉或者抗诉,维持原判;

(二)原判决认定事实没有错误,但适用法律有错误,或者量刑不当的,应当改判;

(三)原判决事实不清或者证据不足的,可以在查清事实后改判;也可以裁定撤销原判,发回原审人民法院重新审判。

第三十四条　审判监督程序,死刑复核程序中对证据收集合法性的审查、调查,参照上述规定。

第三十五条　本规程自发布之日起试行。

▼最高人民检察院法律政策研究室关于辩护人要求查阅、复制讯问录音、录像如何处理的答复(2014年1月27日)

三、根据《刑事诉讼法》第五十六条和《人民检察院刑事诉讼规则(试行)》第七十四条、第七十五的规定,在人民检察院审查起诉阶段,辩护人对讯问活动合法性提出异议,申请排除以非法方法收集的证据,并提供相关线索或者材料的,可以在人民检察院查看(听)相关的录音、录像。对涉及国家秘密、商业秘密、个人隐私或者其他犯罪线索的内容,人民检察院可以对讯问录音、录像的相关内容作技术处理或者要求辩护人保密;在人民法院审判阶段,人民法院调取讯问犯罪嫌疑人录音、录像的,人民检察院应当将讯问录音、录像移送人民法院。必要时,公诉人可以提请法庭当庭播放相关时段的录音、录像。但辩护人无权自行查阅、复制讯问犯罪嫌疑人录音、录像。

▼安徽省高级人民法院、安徽省人民检察院、安徽省公安厅、安徽省国家安全厅、安徽省司法厅关于印发《办理刑事案件排除非法证据操作规程(试行)》的通知(2014年5月12日)

第三条　人民法院向被告人及其辩护人送达起诉书副本时,应当询问其是否申请排除非法证据;对提出申请的,告知其应当在开庭审理前向人民法院提交书面意见,并提供涉嫌非法取证的人员、时间、地点、方式、内容等相关线索或者材料。被告人书写确有困难的,可以口头告诉,由人民法院工作人员制作笔录,被告人签名或捺印。询问及告知活动应记录在案。

第四条　第一审人民法院开庭审理前,当事人及其辩护人、诉讼代理人申请人民法院排除非法证据的,人民法院应当在接到申请的三日内将申请书或者申请笔录及相关线索、材料的复制件送交人民检察院。

第五条　第一审人民法院宣布开庭,审判长在告知当事人及其辩护人、诉讼代理人依法享有的诉讼权利时,应当把申请排除非法证据的权利一并告知,并询问其是否申请排除非法证据。法庭对被申请排除的证据收集合法性有疑问的,应当对相关证据进行法庭调查;没有疑问的,应当庭说明情况和理由，继续法庭审理。当事人及其辩护人、诉讼代理人以相同理由再次申请排除非法证据的，法庭不再进行审查。

当事人及其辩护人、诉讼代理人经庭前询问和法庭调查当庭告知后均不申请排除非法证据，在法庭辩论阶段又申请排除非法证据的，法庭不再进行审查。但是，在法庭调查结束后才发现相关线索或者材料的除外。

第六条　当事人及其辩护人、诉讼代理人在第一审期间经庭前询问和当庭告知后均不申请排除非法证据，在第二审期间申请排除非法证据的，第二审人民法院不再进行审查。但是，在第一审结束后才发现相关线索或者材料的除外。

第七条　具有下列情形之一的，第二审人民法院应当对证据收集的合法性进行审查：

（一）第一审人民法院在庭前或者当庭没有依法告知当事人及其辩护人、诉讼代理人享有申请排除非法证据权利的；

（二）第一审人民法院对当事人及其辩护人、诉讼代理人排除非法证据的申请没有审查，且以该证据作为定案根据的；

（三）人民检察院或者被告人、自诉人及其法定代理人不服第一审人民法院作出的有关证据收集合法性的调查结论，提出抗诉、上诉的。

第八条　第一审人民法院开庭审理前，当事人及其辩护人、诉讼代理人申请请排除非法证据，人民法院经审查，对证据收集的合法性有疑问的，应当召开庭前会议，就非法证据排除等问题了解情况，听取意见。

庭前会议按照以下步骤进行：首先，由申请人说明排除非法证据的申请及相关线索、材料；其次，由人民检察院提供证明证据收集合法性的相关材料；再次，双方发表意见。控辩双方存在较大争议，无法在庭前会议协商解决的，人民法院应归纳争议焦点，通过开庭审理决定是否排除相关证据。庭前会议活动情况应制作笔录，并由参加庭前会议的人员签名。

第九条　审判长宣布开庭后，当事人及其辩护人、诉讼代理人申请排除非法证据，人民法院决定对证据收集的合法性进行法庭调查的，根据案件具体情况，可以在公诉人宣读起诉书之后先行调查，也可以在法庭调查结束前一并进行。

对于法庭调查结束前对证据合法性一并调查的情形，法庭调查期间，先对其他证据进行质证，对合法性存疑的证据暂停质证。

第十条　第二审人民法院认为被申请排除的证据收集合法性存疑，可能影响定罪量刑的，应当开庭审理，法庭调查程序可以参照一审程序。第二审人民法院决定不开庭审理的，应充分听取各方意见。

第十一条　当事人及其辩护人、诉讼代理人申请人民法院排除非法证据的，人民法院应当审查申请人是否提供涉嫌非法取证的人员、时间、地点、方式、内容等相关线索或者材料。

申请人不能提供相关线索或者材料，人民法院经审查对证据收集的合法性没有疑问的，对被申请排除的证据将不再启动调查程序。

第十二条　被告人及其辩护人提出被告人审判前供述是非法取得的，人民法院应当着重审查以下内容：

（一）侦查机关（部门）传唤、拘传被告人到指定地点接受讯问的时间、地点是否符合法律、有关规定，连续讯问是否超过24小时，长时间讯问过程中是否保证被告人饮食和必要的休息时间；

（二）被告人被刑事拘留（逮捕）后是否立即送看守所羁押；没有送看守所羁押的，是否具有起赃、辨认等合适理由；

（三）被告人被送交看守所羁押后，侦查机关（部门）是否在看守所讯问室讯问被告人，将被告人提出看守所外进行讯问是否违反法律规定；提讯凭证记载的提讯时间、地点、讯问人与讯问笔录是否一一

对应;

(四)对于可能被判处无期徒刑、死刑或者其他重大犯罪案件的被告人,讯问过程是否进行录音或者录像;录音或者录像是否全程进行,内容是否完整;录音或者录像的内容和讯问笔录记载的内容是否一致;

(五)讯问笔录是否经被告人核对确认;

(六)讯问聋、哑人或者不通晓当地通用语言、文字的被告人,是否提供翻译人员;

(七)被告人的供述是否前后一致,有无反复以及出现反复的原因;被告人的辩解内容是否符合案情和常理,有无矛盾;

(八)被告人的所有供述和辩解是否均已随案移送,是否有以刑讯逼供或者冻、饿、晒、烤、疲劳审讯等非法方法收集证据的情形。

第十三条　被告人供述具有下列情形之一的,不得作为定案的根据:

(一)讯问笔录没有经被告人核对确认的;

(二)讯问聋、哑人或者不通晓当地通用语言、文字的被告人,未提供翻译人员的;

(三)除依法可以在办案场所之外进行讯问或者情况紧急外,侦查机关(部门)在规定的办案场所之外讯问,讯问过程未依法进行全程录音或录像的;

(四)确认或者不能排除采用刑讯逼供或者冻、饿、晒、烤、疲劳审讯等非法方法收集的。

第十四条　证人、被害人及其诉讼代理人提出审判前的证言、陈述是非法取得的,人民法院应当着重审查以下内容:

(一)证人作证、被害人陈述的内容是否为证人、被害人直接感知;

(二)证人作证、被害人陈述的内容是否和证人、被害人的年龄,认知、记忆、表达能力及生理、精神状态相符;

(三)证人作证、被害人陈述的内容与案件当事人、案件处理结果是否有利害关系;

(四)询问证人、被害人是否个别进行;

(五)询问时间和地点等制作方式是否符合法律、有关规定,证人、被害人对询问笔录是否核对确认;

(六)询问聋、哑人或者不通晓当地通用语言、文字的证人、被害人,是否提供翻译人员;

(七)询问未成年证人时,是否通知其法定代理人或者有关人员到场,其法定代理人或者有关人员是否到场;

(八)连续询问时间是否超过24小时,询问过程中是否保证证人、被害人饮食和必要的休息时间;证人证言、被害人陈述有无以暴力、威胁等非法方法收集的情形。

第十五条　证人证言、被害人陈述具有下列情形之一的,不得作为定案的根据:

(一)询问证人、被害人没有个别进行的;

(二)书面证言、陈述没有经证人、被害人核对确认的;

(三)询问聋、哑人或者不通晓当地通用语言、文字的证人、被害人,没有提供翻译人员的;

(四)确认或者不能排除采用暴力、威胁等非法方法收集的。

第十六条　当事人及其辩护人、诉讼代理人提出物证、书证是非法取得的,人民法院应当着重审查物证、书证的收集程序、方式是否符合法律、有关规定。

第十七条　在勘验、检查、搜查过程中提取、扣押的物证、书证,未附笔录或者清单,不能证明物证、书证来源的,收集物证、书证不符合法定程序,严重影响司法公正的,且不能补正或者作出合理解释的,不得作为定案的根据。

第十八条　人民法院决定对证据收集的合法性进行法庭调查的,人民检察院应当对证据收集的合法性加以证明。人民检察院可以通过出示、宣读讯问笔录,有针对性地播放讯问过程的录音录像,提交看守所管教人员的谈话笔录、驻所检察员的记录、同监室人员的证言、被告人出入看守所的身体检查记录、医院检查病历、侦查机关(部门)的说明等材料证明证据收集的合法性。

对当事人及其辩护人、诉讼代理人提交身体伤痕、照片、医疗证明、伤残证明等线索和相关材料的,人民检察院应当对伤情的成因和程度进行必要的调查和鉴定。讯问同步录音、录像不完整的,人民检察院可以要求侦查机关(部门)对其原因予以说明,必要时对录音、录像进行鉴定。

现有证据材料仍不能证明证据收集的合法性的,人民检察院可以提请人民法院通知侦查办案人员、讯问在场人员或看守所管教人员、同监室在押人员等其他人员出庭说明情况。

第十九条　侦查机关(部门)出具取证过程合法的说明材料,应当由参与办案的侦查人员签名,并加盖公章。未经有关侦查人员签名的,不得作为证据使用。对证据合法性调查时,侦查机关(部门)的说明材料不能单独作为证明取证过程合法的根据。

第二十条　人民法院启动非法证据调查程序的,根据案件具体情况,可以通知有关侦查人员或者其他人员出庭说明情况。经人民法院通知,侦查人员或其他人员没有正当理由拒绝出庭说明情况,致被告人供述、证人证言、被害人陈述的收集合法性存疑的,人民法院对有关证据应当予以排除。

第二十一条　法庭审理过程中,人民法院对证据合法性有疑问的,可以宣布休庭,对证据进行调查核实。必要时可以通知检察人员、辩护人到场。

第二十二条　法庭审理过程中,人民检察院为证明证据收集的合法性需补充侦查,建议法庭延期审理的,法庭应当同意。当事人及其辩护人、诉讼代理人申请调取新的证据,法庭认为有必要的,可以宣布延期审理。

第二十三条　人民法院经调查,确认或者不能排除存在刑事诉讼法第五十四条规定的以非法方法收集证据情形的,对有关证据应当排除。

人民法院对证据收集合法性的调查结论应当告知检察人员、当事人及其辩护人、诉讼代理人,并说明理由,告知情况应记录在案。

第二十四条　第二审人民法院审理案件时,人民检察院对法庭关于证据合法性的调查不提供证据加以证明,或者提供的证据不够确实、充分,相关证据不能作为定案的根据。如果排除相关证据致第一审判决认定事实不清楚或者证据不足的,第二审人民法院可以查清事实后改判,也可以裁定撤销原审判决,发回第一审人民法院重新审判。

第二十五条　法庭经过专门的调查程序后,人民检察院主动撤回被申请排除的证据,相关证据不作为指控犯罪事实依据的,或者双方对证据合法性仍坚持自己主张的,人民法院制作裁判文书时,应当在审理查明的事实证据部分之后,对确认相关证据合法性或者依法排除的理由和依据加以分析、论证。申请人对证据的合法性表示认可,主动撤回排除非法证据申请的,裁判文书中可不予表述。

第二十六条　本规程自印发之日起试行。

▽受贿案件中,被告人或辩护人提出被告人审判前供述及证人证言系非法取得,人民法院的审查方法

一审庭审前,辩护人以被告人在纪委调查阶段受到刑讯逼供、指供诱供,被迫坐在有钉子的凳子上致臀部溃烂,被逼作出有罪供述为由,向法庭提交了被告人有罪供述系非法取得,申请排除的请求。一审庭审中,辩护人又请求法庭启动非法证据排除调查程序,在未获法庭允许的情况下,根据《关于办理刑事案件排除非法证据若干问题的规定》(本条以下附文简称《非法证据排除规定》)第五条的规定,执意要求法庭当庭先行调查是否存在非法证据,致使一审庭审无法继续。

(一)关于被告人审判前供述非法证据排除规则的运用。1. 非法证据排除调查程序的启动。《非法证据排除规定》第五条第一款规定:“被告人及其辩护人在开庭审理前或者庭审中,提出被告人审判前供述是非法取得的,法庭在公诉人宣读起诉书之后,应当先行当庭调查。”《非法证据排除规定》实施以来,连续出现了多起被告人及辩护人故意利用非法证据排除申请干扰法庭审理、阻挠法庭对案件事实进行调查,扰乱法庭秩序的案例。为提高审判效率,节约司法资源,应赋予法庭一定的裁量权,既可以先行调查,也可以在法庭调查结束后对各被告人提出的证据合法性申请一并调查。新《刑事诉讼法》第五十六条第一款对此作了灵活性的规定:"法庭审理过程中,审判人员认为可能存在本法第五十四条规定的以非法方法收集证据情形的,应当对证据收集和合法性进行法庭调查。"也就是说,非法证据的调查并不限于公诉人宣读起诉书之后必须立即进行,在法庭调查阶段完成均可。对于启动非法证据排除调查程序的,应把握以下四点:(1)被告人提出非法证据申请的,必须提出相关线索或材料,并且要达到使法庭对取证行为合法性存在疑问的程度,才需要启动调查程序。(2)在对证据收集的合法性进行法庭调查酌过程中,由人民检察院对证据收集的合法性加以证明。(3)法庭决定在法庭调查结束后对证据合法性进行一并调查的,在法庭调查期间,对被告人及辩护人提出异议的证据暂停质证。对证据合法性的调查程序结束后,如果法庭决定对该证据予以排除的,可不再质证。(4)对于能够排除非法取证可能性的证据,法庭仍应当继续对该证据进行质证,并结合被告人的当庭供述以及其他证据决定能否作为定案的根据。本案被告人辩护人辩称被告人审判前供述系非法取得,申请法院依法排除,并向法庭提出了相关的线索,法庭可以根据《非法证据排除规定》,启动非法证据排除调查程序,由公诉人对证据收集的合法性进行答辩,并予以证明。2. 非法证据排除调查程序的进行。根据《非法证据排除规定》第七条的规定,并结合新刑事诉讼法和审判实践,对非法证据排除的调查可以按以下步骤核实:(1)公诉人向法庭提供讯问笔录、入所健康体检证明和犯罪嫌疑人羁押期间同监室在押人员的证言等材料;(2)上述证据尚不能排除合理怀疑的,公诉人可向法庭提交非法证据排除请求所涉阶段被告人原始讯问录音录像;(3)采取上述措施后,仍不能证明证据收集的合法性的,公诉人可以提请法庭通知讯问时其他在场人员或者其他证人出庭作证。必要时,可以提请法庭通知讯问人员出庭作证。本案公诉人提交的湖州市看守所人所健康检查登记表、谈话笔录、情况说明证实,被告人入所时经检查体表无外伤,且被告人亦自述无伤无病,身体健康。与被告人羁押在同一监室的周某某、万某、蒋某某、陈某某均证实被告人进湖州市看守所时身体较好,并无异常。湖州市吴兴区人民检察院反贪污贿赂局侦查人员证实,其在讯问被告人过程中,没有采用刑讯逼供等非法手段取证的情况。上诉人(原审被告人)被批捕时向湖州市人民检察院供认湖州市吴兴区人民检察院在办案过程中行为文明规范。以上证据能相互印证。二审庭审后,合议庭与检察人员、辩护人均观看了湖州市吴兴区人民检察院审讯被告人的同步录音录像,发现并不存在刑讯逼供、指供诱供的行为。通过观看原始的讯问过程录音录像,进一步印证了检察机关获取被告人审判前供述的合法性。3. 关于纪委调查情况是否在刑事诉讼活动中予以评价的问题。被告人及辩护人在一审、二审均提出,被告人在纪委阶段受到纪委调查人员和检察院侦查人员共同施加的刑讯逼供、指供诱供,系被逼作出有罪供述;检察院侦查阶段由前述参加刑讯逼供的侦查人员进行讯问,因而不敢翻供;故被告人在侦查阶段的口供系非法取得,依法应当排除,并以此为由,要求启动非法证据排除调查程序。我国的刑事诉讼,是指公安机关、人民检察院、人民法院在当事人和其他诉讼参与人的参加下,依照法定的程序,查明案件事实,应用刑法确定被追诉者的行为是否构成犯罪,应否受到刑事处罚所进行的侦查、起诉和审判的活动。因此,纪委调查不属于刑事诉讼活动,纪委调查取得的材料不作为证据使用,纪委调查情况也不属于刑事审判内容。鉴于本案存在检察院侦查人员在纪委调查询问时在场参与的情况,而被告人与其辩护人又称被告人该阶段遭到刑讯逼供,影响了检察院侦查阶段的口供。为查明本案是否确实存在被告人及辩护人辩解的情况,一审法院要求辩护人提供被告人在该阶段被非法取证的时间节点,以便组织控、辩、审三方共同观看纪委调查阶段的相关同步录音录像,但辩护人拒绝提供。在辩护人不提供非法取证相关节点的情况下,合议庭成员观看了检察院侦查人员参与的纪委调查阶段的同步录音录像,既未发现采用刑讯逼供等非法手段取证的行为,亦不存在被告人坐在有钉子的凳子上致臀部溃烂的情形。显然,通过观看纪委阶段的录音录像,可以排除被告人所称的纪委调查阶段有违法行为的问题。被告人的审判前供述具有证据能力，应作为证据采纳，其证明力应当综合与其他证据的印证情况而定。上诉人及其辩护人关于被告人的审判前供述系在被刑讯逼供等非法取证情况下作出，不能作为证据的上诉及辩护意见，不能成立，不予采纳。

（二）关于证人证言非法证据排除规则的运用。对证人证言启动非法证据排除调查程序的，可以参照被告人审判前供述非法证据排除调查程序模式。本案辩护人在二审阶段提出了检察院办案人员对证人陆某某、田某某存在非法取证，因而该二人证言不能作为证据使用的辩护意见，辩护人提交了被告人女儿与两证人的对话录音（两证人在谈话中较含糊地表达了自己是被迫交代送钱给被告人的经过），并申请二审开庭要求本案证人沈某某、陆某某、田某某到庭作证。法庭根据辩护人提供的证人的联系方式，分别向证人沈某某（因犯贪污罪和受贿罪被送入监狱服刑）送达了出庭通知书。沈某某明确提出其在监狱服刑，不能出庭作证，并称原来向检察院所作的证言属实。法庭也向证人陆某某、田某某邮寄了出庭通知书，其中，陆某某因生病住院而未能出庭，田某某虽收到出庭通知书，但未到庭作证。二审庭审后，承办人找证人陆某某、田某某核实证言。两人均称被告人女儿找过他们，但并不知道被录音，其原来向检察院所作的证言是事实；就被告人案作证时，检察院侦查人员对其没有刑讯逼供等非法取证行为。在此之后，辩护人又向法庭提交了其对证人田某某所作的笔录，田在笔录中称其曾被反贪局办案人员抽了一耳光，其被打对于被告人案作证是有影响的，当时是心有余悸。法庭收到该笔录后，交湖州市人民检察院阅看。湖州市人民检察院即又对田某某作笔录。田称被告人家属找过其三四次，家属说陆某某被侦查人员打了，当时其随口也说被打了。被告人家属找其主要是想让其证明被告人受贿的事情不存在，他们还说知道其是冤枉的（田某某因贪污被判刑），以后会帮其想办法找工作，于是其心动，想翻案对自己也有好处。从以上证人证言可以看出，证人面对不同的询问人员，其证言内容均有所变化；证人田某某二审未出庭作证，其在庭前庭后对自己作证时是否受到非法取证问题证言反复，甚至是法庭找其作笔录后还有反复。因此，对于证人证言是否存在辩方所称的非法取证行为，很难作出正确判断。为此，根据《非法证据排除规定》第八条“法庭对于控辩双方提供的证据有疑问的，可以宣布休庭，对证据进行调查核实。必要时，可以通知检察人员、辩护人到场”的规定，法庭决定对证人田某某、陆某某的证言进行庭外核实，合议庭成员庭外核实证言时通知检察人员、辩护人到场。在控、辩、审三方到场的情况下，证人田某某、陆某某向法庭作证，称湖州市吴兴区人民检察院没有采取刑讯逼供等非法手段对其取证，两人还对各自向检察院所作的证言予以认可。法院审理后认为，行贿人陆某某、出纳田某某均多次证实被告人受贿的事实，且两人的证言与行贿人沈某某的证言、被告人的供述相互印证，形成完整的证据锁链；辩护人提交的录音系未经证人同意而作，录音内容也与证人陆某某、田某某向湖州市吴兴区人民检察院多次所作且经证人陆某某、田某某签字确认的证言内容不一致：通过庭外核查证据的方式，也可以确定辩护人提出的检察院办案人员对证人陆某某、田某某非法取证，该两人的证言不具有证据能力的辩护意见，与事实不符，不能采纳。综上，辩方提出非法证据排除申请后，人民法院启动了非法证据排除调查程序，由公诉人提交了相应的证据，能够证明取证的合法性，排除了被告人审判前供述及证人证言系非法证据，并据此定案，认定被告人构成受贿罪，依法定罪处罚。［参见第823号指导案例，褚明剑受贿案，载《刑事审判参考》总第89集（2012年第6集），第91～96页。撰稿：管友军　郑晓红　陈克娥］

▽“不能排除以非法方法收集证据”情形的认定

2012年修改后《刑事诉讼法》第五十四条（2018年修正后为第五十六条）第一款规定：“采用刑讯逼供等非法方法收集的犯罪嫌疑人、被告人供述和采用暴力、威胁等非法方法收集的证人证言、被害人陈述，应当予以排除。”《最高人民法院关于适用〈中华人民共和国刑事诉讼法〉的解释》（2012年）第九十五条第一款进一步规定：“使用肉刑或者变相肉刑，或者采用其他使被告人在肉体上或者精神上遭受剧烈疼痛或者痛苦的方法，迫使被告人违背意愿供述的，应当认定为刑事诉讼法第五十四条规定的‘刑讯逼供等非法方法’。”在实践中,被告人及其辩护人提出排除非法言词证据的申请后,如果能够提供明确的证据材料,如被告人被刑讯的血衣、证明被告人身体有多处外伤的看守所入所体检表(公安机关对该外伤不能作出合理解释),甚至侦查人员因对被告人刑讯而被追究刑事责任,人民法院可以根据相应的证据,确认被告人供述属于“以非法方法收集证据”的情形。随着程序制度的不断完善,实践中侦查人员调查取证更加规范文明,但仍然不能杜绝以较为隐蔽的方式变相逼取被告人供述的情形,如采取冻、饿、晒、烤、疲劳审讯、精神折磨等方法。在上述情形下,被告人身体并无明显的伤痕,当其提出排除非法言词证据的申请时,难以提供明确的证据材料,只能提供相关的线索。因而,在司法实践中,如果将被告人及其辩护人提供的关于侦查机关所获取的证据系“以非法方法取得”的证明标准设置过高,那么非法证据排除制度的效果和意义必定大打折扣。正是基于此种考虑,《刑事诉讼法》第五十八条规定:“对于经过法庭审理,确认或者不能排除存在本法第五十四条规定的以非法方法收集证据情形的,对有关证据应当予以排除。”其中所规定的“不能排除以非法方法收集证据”的情形,表明法律对证据的合法性设定了较高的证明标准,增强了人民检察院对证据合法性的证明责任。

实践中,对于“不能排除以非法方法收集证据情形”的具体认定,一般可以从以下几个方面着手:1.从取证人员、时间、地点、方式、内容入手进行判断。取证人员、时间、地点、方式、内容是判断言词证据取得是否合法的重要线索,也是被告人讯问笔录中必须写明的内容,因而是审查证据合法性的关键所在。对于取证人员是异地公安人员,如被告人是因为被网上追逃而被异地公安机关抓获的,异地公安机关在不负责侦办案件的情况下第一次讯问被告人的,通常可以排除公安机关采取了非法方法,反之则应当予以注意;对于讯问时间异常,如讯问持续时间长而笔录内容简短、讯问时间在深夜等情形应当予以注意;对于讯问地点在法定羁押场所之外的,如有罪供述发生在刑侦大队的、在提出看守所外期间的,应当予以注意;对于讯问笔录中供述细节与其他证据具有不寻常的高度吻合,或者细节在侦查人员的提示下由不吻合到吻合等情形应当予以注意;对于被告人翻供比较突兀,前后供述无理由出现截然不同的情形应当予以注意。对于以上情形,应当结合被告人提出被刑讯逼供的具体线索,审查被告人翻供的时间和前后供述的变化内容,进行综合认定,判断被告人供述是否属于非法证据。2.对重大案件,应当结合同步录音录像进行判断。《刑事诉讼法》第一百二十一条规定:“……对于可能判处无期徒刑、死刑的案件或者其他重大犯罪案件,应当对讯问过程进行录音或者录像。录音或者录像应当全程进行,保持完整性。”由于设备、技术以及侦查人员的记录习惯等原因,要求录音录像与讯问笔录完全一致并不现实,但是如果录音录像存在剪辑、关键问题处不清晰或者与讯问笔录存在出入的地方应当予以注意;特别是讯问笔录记载与录音录像显示的时间长短、内容繁简等明显不符的,应当结合其他证据进行认真审查。需要说明的是,证据收集合法性的证明标准与刑事案件的定罪标准在本质上是一致的,需要达到“证据确实、充分”的证明标准。如果人民检察院无法提供确实、充分的证据证明取证的合法性,如对于重大犯罪案件,侦查机关未进行全程同步录音录像,讯问又未按照法律规定在看守所内进行,且没有其他证据能够证明讯问的合法性,此种情况就属于“不能排除以非法方法收集证据情形”。[参见第869号指导案例,刘晓鹏、罗永全贩卖毒品案,载《刑事审判参考》总第92集(2013年第3集),第89~91页。撰稿:杨继伟 段凰]

▽庭审中证据收集合法性的调查程序的开展

《刑事诉讼法》本条第二款规定:“当事人及其辩护人、诉讼代理人有权申请人民法院对以非法方法收集的证据依法予以排除。申请排除以非法方法收集的证据的,应当提供相关线索和材料。”本案被告人当庭提出归案后被公安人员连续讯问五天五夜直至昏睡,其有罪供述内容不真实。根据《最高人民法院关于适用〈中华人民共和国刑事诉讼法〉的解释》(2012年)(本附文以下简称《刑诉法解释》)第一百条的规定,法庭审理过程中,当事人及其辩护人、诉讼代理人申请排除非法证据的,法庭应当进行审查。经审查,对证据收集的合法性有疑问的,应当进行调查,法庭据此启动证据合法性的调查程序。

根据《刑诉法解释》第一百零一条第一款的规定,法庭决定对证据收集的合法性进行调查的,可以由公诉人通过出示、宣读讯问笔录或者其他证据,有针对性地播放讯问过程的录音录像,提请法庭通知有关侦查人员或者其他人员出庭说明情况等方式,证明证据收集的合法性。具体到本案中:1. 法庭首先审查了被告人在侦查阶段的全部供述。经查,被告人归案后在侦查阶段共有六次供述,第一、二次未供认贩卖毒品的行为,第三次供述最详细。在该次供述中,被告人供认与上家秦某某联系购买24 000 粒麻古,自己先前往与秦某某交易,中途安排妻子李某筹集毒资交给罗某某,指使罗某某送来毒资89 800 元并拿走5000 粒麻古出售给下家熊某某,见罗某某被抓捕即逃离现场。被告人在第四、五、六次供述时推翻原有供述,辩称未参与贩卖毒品。开庭审理中,被告人供认参与本案毒品交易,辩解系罗某某出资购买毒品出售,自己代为介绍、验货,受罗某某指使交给上家毒资 279 000 元。2. 法庭重点审查了被告人第三次供述的背景情况。该份供述时间起于 2012 年 10 月 28 日 21 时 07 分,止于同日 23 时 26 分;讯问地点在重庆市梁平县看守所三楼。经实地察看,该讯问地点并非正式讯问室,中间没有隔离设施。同时,被告人的提讯证记载,被告人于 2012 年 10 月 26 日 17 时被押解出看守所,于同年 10 月 29 日 3 时还押,持续时间为两天三夜 58 小时(中途没有送回看守所关押监室),而被告人第三份供述正是形成于这段时间。3. 法庭审查了被告人第三份供述的同步录音录像。经查,该份供述中注明了对该次讯问进行同步录音录像,但笔录记载讯问时长 2 小时 19 分,而同步录音录像资料仅持续 12 分 10 秒。法庭播放了该录音录像,发现录音录像的内容仅为侦查人员向被告人宣读讯问笔录,不能反映讯问过程。并且,录像中反映被告人有一定疲倦表情。该录音录像并不能印证被告人有罪供述收集的合法性。4. 法庭审查了检察机关提交的证明取证合法性的材料。侦查机关作出书面说明,称讯问期间给被告人留有足够休息时间,没有刑讯逼供等非法行为。因录音录像设备只能录制十多分钟,因此未能全程录音录像。除此之外,公诉机关未再提请法庭通知相关侦查人员出庭作证,也未提交其他证明材料。而根据《刑诉法解释》第一百零一条第二款的规定,公诉人提交的取证过程合法的说明材料不能单独作为证明取证过程合法的根据。法庭经过全面、综合审查,认为本案中证明被告人在侦查阶段有罪供述系合法收集的证据并未达到"确实、充分"的证明标准,依法将之认定为"不能排除存在以非法方法收集证据情形",从而将被告人在侦查阶段的第三份供述认定为非法证据,并依法予以排除,不作为本案的定案根据。法庭当庭宣布上述决定后,控辩双方均未提出异议。法庭依法排除被告人在侦查阶段的有罪供述后,根据庭审质证确认的其他在案证据,包括查获的毒品,毒资,毒品上、下家的供述,被告人之妻李某的证言,同案被告人罗某某的供述以及被告人在庭审中的供述,认定被告人贩卖毒品的事实清楚,证据确实、充分,且被告人在共同犯罪中系主犯。综上,法庭在庭审中根据被告人的申请启动了证据合法性的调查程序,虽然并无证据明确证实被告人遭到刑讯逼供,公安机关也出具了情况说明证明取证的合法性,但法庭从讯问的持续时间长、讯问的地点不规范、录音录像不同步等方面入手审查,认定被告人在侦查阶段的有罪供述属于"不能排除存在以非法方法收集证据情形",并依法对该证据予以排除。在此基础上,法庭根据在案其他证据认定案件事实,既充分保障了被告人的权利,又有力维护了审判的公正、公平,彰显了司法的严肃性。[参见第 869 号指导案例,刘晓鹏、罗永全贩卖毒品案,载《刑事审判参考》总第 92 集(2013 年第 3 集),第 91 ~93 页。撰稿:杨继伟 段凰]

▽不能排除以非法方法收集的证据应当坚决依法排除

1. 辩方能够提供涉嫌非法取证的线索或者材料的,可以依法申请启动非法证据排除程序。《刑事诉讼法》本条第二款规定,申请排除以非法方法收集的证据的,应当提供相关线索或者材料。《最高人民法院关于适用〈中华人民共和国刑事诉讼法〉的解释》(2012 年)(本附文以下简称《刑诉法解释》)第九十六条进一步明确了当事人申请所需提供的线索、材料包括:涉嫌非法取证的人员、时间、地点、方式、内容等。其中所谓"材料"是指被告人出示的血衣、伤痕、伤痕照片、医疗证明、伤残证明、同监人证言等能够证明存在刑讯逼供等非法取证事实的证据材料;所谓"线索"是指可以显示刑讯逼供等非法取证事实确实存在的比较具体的事实,如关于刑讯逼供的时间、地点、方式、人员等信息。本案辩方即提供了伤痕照片、医疗证明及入所健康检查笔录等线索材料,用以证明其在公安机关侦查阶段受到打、踢、反剪双手等方式逼取供述。根据《刑事诉讼法》本条的规定,法庭审理过程中,根据辩方提供的线索材料,审判人员认为可能存在以非法方法收集证据情形的,应当对证据收集的合法性进行法庭调查。法院在辩方提供上述线索后,即产生了对证据收集合法性的怀疑,并开庭专门就该事项进行了法庭调查。2.法院经审查对证据收集合法性有疑问的应当进行调查,不能排除存在以刑讯逼供等非法方法收集证据情形的,应当将该证据依法予以排除。根据《刑事诉讼法》第五十七条、第五十八条的规定,证据收集合法性的证明责任在于公诉机关,如果证据不能达到确实、充分的程度标准,不能排除非法取证合理怀疑的,对相关证据应当依法予以排除。本案被告人文某于2012年2月19日被抓获,20日因涉嫌运输毒品犯罪被立案,21日因吸毒被送戒毒所行政拘留,26日被送看守所执行刑事拘留。在此期间,对证据收集合法性问题的反向证据有:(1)伤痕照片。案卷材料中,拍摄的当时作为犯罪嫌疑人的文某三面免冠照片,能看到其脸部、眼角等处有明显淤青痕迹。(2)医院急诊病历。2月22日上午10时30分,文某被送医院就诊,病历载明:"头部外伤后头痛3天,伤者约3天前头部撞伤。"而3天前即抓捕当天2月19日。医院的体征查体为"双眼睑肿胀青紫",诊治项目为"螺旋CT平扫(头颅)",后配药氯霉素滴眼液。2月26日下午3时许,文某因高血压被送医院进行常规心电图检查。(3)健康检查表。2月21日某戒毒所出具的健康检查表载明文某"双眼青紫"。2月26日某看守所出具的健康检查表载明文某"双眼青紫,左头部痛,自述在派出所被吊飞机和被按在地上所致"。(4)文某的辩解。在审查起诉阶段,其于3月6日向公诉机关反映,其被抓获当晚及次日,被公安人员打耳光、吊飞机、按在地上打,并描述了两位侦查人员的体貌特征。在庭审中,文某再次反映了挨耳光、蜡烛油滴脚背脚跟等受刑讯逼供的情形,并反映自书说明是在侦查人员恐吓环境下所写,在审查起诉阶段其仍害怕公安人员报复,以及2月26日其系因看守所不收押才去医院就诊的。2010年"两高三部"联合制定的《关于办理刑事案件排除非法证据若干问题的规定》(本附文以下简称《非法证据排除规定》)第十一条规定:"对被告人审判前供述的合法性,公诉人不提供证据加以证明,或者已提供的证据不够确实、充分的,该供述不能作为定案的根据。"对照该规定,公诉机关证明取证合法性的证明标准,必须达到"确实、充分",而本案公诉机关提供的证明取证合法性的正向证据,无法达到"确实、充分"的标准:(1)文某进入某戒毒所时的自书情况说明。该说明载明"本人文某眼睛伤系正常的碰撞,自己撞到的,脚有痛风"。该情况说明系在某戒毒所体检发现文某双眼青紫后所作。从形式看,系在同一张纸上先由侦查人员书写"文某眼睛红肿,其本人称是于2013年2月18日自己不小心撞到的,眼睛无大碍",再由文某另起一行书写;从内容看,文字明显不通顺,不排除外部因素干扰;从理由看,将自己撞伤尤其是双眼撞伤不尽合理;从主体看,与取证合法性关系较为疏远的戒毒所尚且因被拘留人员有外伤痕迹而要求有书面说明,而与本案关系更为密切的侦查机关却从未有该方面的要求。(2)侦查机关关于伤势原因的情况说明。该情况说明载明2月19日晚将文某抓获带至某派出所时才发现其有伤,文某自称是18日自己撞到眼部所致。将其送至戒毒所执行行政拘留,其在回答伤势原因时也称是自己所撞。然而,关于文某自称眼部受伤系自身所致的内容,并未在任何一次讯问笔录中得到体现。(3)侦查机关关于录音录像资料的情况说明。该情况说明仅载明侦查人员就本案审讯过程制作过全程同步录音录像,但因主办人员于2013年4月调离且其电脑已报废,故该录音录像资料已灭失。由于案发地公安机关有对所有刑事案件全程同步录音录像的惯例,只是区分是否属于大要案而决定是否另行刻录光盘。该情况说明以主办人员调离、电脑报废作为录音录像资料灭失的理由难以令人信服。(4)戒毒所出所谈话笔录。该笔录只能证明文某于2月21日至26日在某戒毒所期间未受到戒毒所民警的打骂、体罚,并不能排除侦查期间受侦查人员的刑讯逼供。

综上分析,本案在被告人文某能够提供确切伤情的证据,且提出其有罪供述系侦查人员刑讯逼供所致的情况下,公诉机关未能提供确实、充分的证据证明侦查机关取证的合法性,不能排除侦查机关系以刑讯逼供的方法获取被告人有罪供述的合理怀疑,故该有罪供述应当依法予以排除。值得注意的是,根据《刑诉法解释》第一百零一条的规定,公诉机关提交的取证过程合法的说明材料不能单独作为证明取证过程合法的根据。因此,实践中,为了证明取证的合法性,公诉机关、侦查机关除了提交取证过程合法的材料之外,一般还会提供被告人自己所作有罪供述过程的说明材料,如被告人自己书写的有关伤势形成的解释性说明。在此情况下,能否认定取证过程的合法性,需要根据庭审具体情况,依法审查被告人自书的解释性说明在内容上是否符合常理,形成的时间、环境以及内容是否一贯、稳定。本案中,文某较早时间段自书的伤势情况说明(第一份材料),与其在脱离办案单位即将进入监管场所时所作的说明并不一致。然而,根据后一份自书伤势情况说明,文某在监管场所这一办案民警、监管民警多人在场的复杂环境体检时,其自述伤势系遭刑讯逼供所致。显然,文某就伤势形成原因前后矛盾的解释,不能作为侦查机关、公诉机关取证过程合法性的辅证材料。同时,因为文某不具有取证合法性的证明义务,故不能基于其对伤势形成原因解释不清就作出对其不利于的判断。[参见第1038号指导案例,文某非法持有毒品案,载《刑事审判参考》总第101集(2014年第6集),第4~7页。撰稿:刘晓虎]

▽被告方提供的相关线索或材料达到何种标准,法院才能启动证据收集合法性的调查程序

对于被告方提出非法证据排除申请的情形,法院并非一律启动证据收集合法性调查程序。在司法实践中,一些案件的被告方基于诉讼策略等方面的考虑,经常会以有罪供述系刑讯逼供所得为由,向法庭提出排除非法证据申请。对此,法院应当进行审查,只有经审查后对证据收集的合法性存在疑问,才有必要启动专门调查程序。根据2012年刑事诉讼法及相关司法解释的规定,被告方申请排除非法证据,应当提供涉嫌非法取证的人员、时间、地点、方式、内容等材料或者线索。之所以规定被告方承担提供材料或线索的责任,主要是基于以下考虑:首先,基于司法成本考虑。控诉方的证据体系涉及诸多证据,并非每个案件都会发生非法取证问题。考虑到控诉方在审查起诉时已经对证据收集的合法性进行了审查,如果要求控诉方逐一证明每个证据的合法性,既浪费诉讼资源,也没有现实必要。这既是检察机关客观公正义务的要求,也是提高诉讼效率的内在要求。相比之下,从提供有关非法取证的证据的便利程度看,被告人亲历取证过程,如侦查人员确有违法取证行为,被告人可以有针对性地提供相关的线索或者材料;同时,基于辩护的考虑,被告人及其辩护人会注意收集关于非法取证的线索或者材料,因此,要求被告方提供相关线索或者材料较为便利。其次,基于平衡控辩双方诉讼权利考虑。在司法实践中,被告方有时基于辩护策略的需要,可能会随意提出排除非法证据申请。如果被告方动辄以侦查人员采用刑讯逼供等非法方法取得供述为由申请排除有关证据,而不承担任何提供线索或材料的责任,将导致控诉方疲于应付,增加不必要的诉讼证明成本,同时也将导致法庭的精力主要用于证据收集合法性的审查,不利于集中审理定罪量刑等核心争议问题。鉴于此,要求被告方在申请排除非法证据时承担初步的提供证据责任,有助于督促被告方依法行使诉讼权利,防止其随意提出申请,避免浪费司法资源,兼顾司法的公正和效率。最后,基于明确争点、解决争议考虑。被告方申请排除非法证据时,要求其承担提供相关线索或者材料的责任,有助于确保检察机关的举证和法庭的审理更加具有针对性,提高诉讼效率。综上,对于被告方提出的排除非法证据申请,法庭并非一律启动证据收集合法性调查程序,而是首先要对被告方的申请及其提供的相关线索或者材料进行审查,经审查认为,被告方提供的相关线索或者材料有据可查,召开庭前会议听取控辩双方意见后,对证据收集的合法性有疑问的,应当进行调查;对证据收集的合法性没有疑问,且没有新的线索或者材料表明可能存在非法取证的,可以决定不再进行调查。在司法实践中,法庭对被告方提出的排除非法证据申请及其提供的相关线索或者材料,可从以下方面进行审查:一是看是否存在刑讯逼供等非法取证行为的可能性。例如,被告人是否杜撰非法取证人员姓名,是否虚构根本不可能发生刑讯逼供的时间、地点、方式和相关情节等。二是看被告人的申请理由和相关线索、材料是否有据可查。例如,被告人对非法取证行为的描述是否具体和详细,尤其是要注意被告人所描述的非法取证细节,并注意审查其所提供的线索或者材料是否能够得到其他证据的印证等。法庭经审查认为,被告方提出的非法取证情形或者提供的线索、材料明显不成立,就可以决定不再进行调查。(参见第1164号指导案例,郑建昌故意杀人案,载《刑事审判参考》总第108集,第3~4页。撰稿:温小洁)

▽被告方申请排除非法证据,应当提供相关线索或材料,如何理解被告人的提供证据责任

被告方承担提供相关线索或者材料的责任,只需使法庭对证据收集合法性产生疑问即可,不同于检察机关承担取证合法性的举证责任。2012年《刑事诉讼法》规定,在对证据收集的合法性进行法庭调查的过程中,人民检察院应当对证据收集的合法性加以证明。在非法证据排除程序中,由检察机关承担取证合法性的举证责任,符合刑事诉讼领域证明责任分配的基本原理。需要指出的是,根据法律要求,被告方提出排除非法证据申请时,需要承担提供相关线索或者材料的责任,该责任不同于检察机关证明被告人有罪的证明责任,而仅仅是争点形成责任,或者称为初步的提供证据责任。具体言之,证明责任是指检察机关提供相应的证据来证明被告人有罪的法定负担,一旦举证不能,或举证达不到法定的证明标准,则要承担指控的犯罪不能成立的法律后果。相比之下,争点形成责任或者初步的提供证据责任,则是指被告方申请排除非法证据后,提供相关线索或者材料促使法庭对有关指控证据的合法性产生怀疑,进而使证据收集合法性争议成为诉讼的争点。进一步来讲,被告方不承担证明侦查人员刑讯逼供的证明责任,其所提交的线索或者材料只需要使法庭对有关证据的合法性产生怀疑即可,不要求达到"事实清楚,证据确实、充分"的证明标准。被告方申请排除非法证据,并提供相关线索或者材料,促使法庭对有关指控证据收集的合法性产生疑问,并依法启动专门调查程序的,检察机关需要承担证据收集合法性的证明责任。基于证据裁判原则的要求,指控的犯罪事实必须有证据证实,犯罪事实与指控犯罪的证据之间具有直接对应关系,而证明证据收集合法性的事实又与指控犯罪的证据直接相关,据此,证据收集合法性事实可以被视为指控的犯罪事实所附带的事实。鉴于法律要求对犯罪事实的证明需要达到"证据确实、充分"的证明标准,检察机关对证据收集合法性的证明也应当达到这一证明标准。鉴于此,法庭启动证据收集合法性调查程序后,检察机关未能提供证据证明取证合法性,或者提供的证据未能达到法定证明标准,不能排除以非法方法收集证据情形的,对有关证据应当依法予以排除。此外需要明确的是,被告方提出排除非法证据申请后,其所提供的线索或者材料应当有具体的指向性。所谓"相关线索",主要是指被告方提供的涉嫌刑讯逼供等非法取证情形的人员、时间、地点、方式等细节信息,例如,被告人明确提出讯问人员于特定时间在看守所以外的特定场所对其实施刑讯逼供,或者提供能够证明非法取证的在场人员、同监羁押人员信息等。所谓"相关材料",主要指被告方提供的反映被告人因刑讯逼供致伤的病历、看守所体检证明、被告人体表损伤及衣物损坏情况;反映被告人遭受刑讯逼供的看守所看管人员及被告人同监羁押人员的书面证言;反映讯问程序违反法律规定的讯问笔录和录音录像等。如果被告方仅是泛泛辩称自己受到刑讯逼供,而不能提供涉嫌对其刑讯逼供的人员、时间、地点、方式等线索或者材料,就意味着其未能履行争点形成责任或者初步的提供证据责任,法庭应当依法驳回其申请。本案被告人辩称其有罪供述系刑讯逼供所得,但其对刑讯逼供的时间、地点、参与人员及刑讯逼供的方式、手段等相关问题无法作出清楚说明,不能提供相关的线索或者材料。同时,法庭经审查发现,被告人到案后作出多次有罪供述,相关讯问笔录均经其本人签名确认,在案的审讯光盘亦证实讯问过程中没有发现诱供、逼供情形。综上,被告人提出的其有罪供述系刑讯逼供所得的辩解理由不能成立,法庭不予采纳,并结合在案证据依法作出判决。(参见第1164号指导案例,郑建昌故意杀人案,载《刑事审判参考》总第108集,第4~6页。撰稿:温小洁)

▽被告方申请排除非法证据的情形,应当由人民检察院承担证据收集合法性的证明责任,不能让被告人变相承担证明责任

一审期间,被告人提出其有罪供述系侦查人员刑讯逼供所得,并提供了讯问人员的姓名、相关情况等线索。一审法院对证据收集的合法性启动了专门调查程序,但在某种程度上让被告方承担了证明侦查人员刑讯逼供的证明责任,这种做法并不符合法律规定由人民检察院证明取证合法性的要求,也不符合非法证据排除规则的基本原理。被告人提出上诉后,再次提出有罪供述系侦查人员刑讯逼供取得,申请排除非法证据。二审法院经审查后,启动了证据收集合法性调查程序,要求检察机关提供证明取证合法性的证据材料。检察机关向法庭出示了讯问笔录、羁押记录、体检记录等材料,有针对性地播放了相关讯问过程的录音录像,提请法院通知侦查人员出庭说明证据收集的合法性。二审法院对证据收集的合法性进行调查过程中,上诉方和检察机关对供述取得的合法性问题进行了质证、辩论,经过法庭调查,发现取证工作存在以下问题:一是有关被告人供述的录音录像不完整。二是相关指认录像不完整。三是被告人的健康检查笔录与相关讯问录像存在矛盾。四是取证工作存在其他违反法定程序的行为。例如,在提讯证上没有写明提讯的时间、事由,侦查人员也未签字。基于上述问题,检察机关对供述合法性的证明未能达到证据确实、充分的证明标准,不能排除存在以非法方法收集证据的情形,上诉人的有罪供述应当予以排除,不得作为定案的根据。

需要指出的是,二审法院并未就证据收集合法性问题作出明确的结论,而是在裁判文书中指出,上诉人在公安机关侦查期间曾作过有罪供述,但对检察机关推翻有罪供述,称有罪供述系侦查人员刑讯逼供取得,现讯问录像和指认现场录像均存在瑕疵,讯问录像不是同步录制,指认现场录像中显示指认过程也不完整,未能体现上诉人指示侦查人员寻找杀人现场和掩埋被害人头颅的地点,指认过程的客观性存疑。同时,上诉人的有罪供述没有得到客观物证印证,一是其供述作案用的凶器刀子和拿走被害人的手机没有提取在案;二是根据上诉人供述提取的其作案时所穿衣服上没有检出血迹;三是上诉人所作有罪供述中提到的砖坯和烟蒂,现场勘查中均没有提取在案;四是在现场没有提取到和上诉人特征相吻合的足迹、指纹等痕迹物证。二审法院的上述意见实际上表明取证的合法性存在疑问,但并没有明确写明排除非法证据,最终是从述及指认过程客观性存疑的角度决定不将有关证据作为定案的根据。需要指出的是,此前法院基于各种考虑一般未对证据收集合法性问题作出明确的结论,而是将证据合法性与客观性捆绑到一起加以分析,进而通常以证据不具有客观性为由不将其作为定案的根据。在非法证据排除规则确立前,这种做法具有一定的合理性。对于 2012 年《刑事诉讼法》施行后的案件,如果有关证据被认定为非法证据,就应当予以排除,即使其可能是客观真实的,也不能作为定案的根据。换言之,法院认定有关证据属于应当排除的非法证据后,不应再继续讨论其客观真实性问题。(参见第 1168 号指导案例,杨增龙故意杀人案,载《刑事审判参考》总第 108 集,第 28～30 页。撰稿:刘静坤　温汪洁)

第五十九条　【对证据合法性的证明及侦查人员出庭说明】在对证据收集的合法性进行法庭调查的过程中,人民检察院应当对证据收集的合法性加以证明。

现有证据材料不能证明证据收集的合法性的,人民检察院可以提请人民法院通知有关侦查人员或者其他人员出庭说明情况;人民法院可以通知有关侦查人员或者其他人员出庭说明情况。有关侦查人员或者其他人员也可以要求出庭说明情况。经人民法院通知,有关人员应当出庭。

■最高人民法院关于适用《中华人民共和国刑事诉讼法》的解释(2021 年 3 月 1 日)

第一百三十六条　控辩双方申请法庭通知调查人员、侦查人员或者其他人员出庭说明情况,法庭认为有必要的,应当通知有关人员出庭。

根据案件情况,法庭可以依职权通知调查人员、侦查人员或者其他人员出庭说明情况。

调查人员、侦查人员或者其他人员出庭的,应当向法庭说明证据收集过程,并就相关情况接受控辩双方和法庭的询问。

■最高人民法院、最高人民检察院、公安部、国家安全部、司法部关于办理刑事案件严格排除非法证据若干问题的规定(2017年6月27日)

第二十七条　被告人及其辩护人申请人民法院通知侦查人员或者其他人员出庭,人民法院认为现有证据材料不能证明证据收集的合法性,确有必要通知上述人员出庭作证或者说明情况的,可以通知上述人员出庭。

第二十八条　公诉人宣读起诉书后,法庭应当宣布开庭审理前对证据收集合法性的审查及处理情况。

■人民法院办理刑事案件排除非法证据规程(试行)(2017年11月27日)

第二十条　公诉人可以出示讯问笔录、提讯登记、体检记录、采取强制措施或者侦查措施的法律文书、侦查终结前对讯问合法性的核查材料等证据材料,也可以针对被告人及其辩护人提出异议的讯问时段播放讯问录音录像,提请法庭通知侦查人员或者其他人员出庭说明情况。不得以侦查人员签名并加盖公章的说明材料替代侦查人员出庭。

庭审中,公诉人当庭不能举证或者为提供新的证据需要补充侦查,建议延期审理的,法庭可以同意。

第二十一条　被告人及其辩护人可以出示相关线索或者材料,并申请法庭播放特定讯问时段的讯问录音录像。

被告人及其辩护人向人民法院申请调取侦查机关、人民检察院收集但未提交的讯问录音录像、体检记录等证据材料,人民法院经审查认为该证据材料与证据收集的合法性有关的,应当予以调取;认为与证据收集的合法性无关的,应当决定不予调取,并向被告人及其辩护人说明理由。

被告人及其辩护人申请人民法院通知侦查人员或者其他人员出庭说明情况,人民法院认为确有必要的,可以通知上述人员出庭。

第二十二条　法庭对证据收集的合法性进行调查的,应当重视对讯问录音录像的审查,重点审查以下内容:

(一)讯问录音录像是否依法制作:对于可能判处无期徒刑、死刑的案件或者其他重大犯罪案件,是否对讯问过程进行录音录像并全部随案移送。

(二)讯问录音录像是否完整:是否对每一次讯问过程录音录像,录音录像是否全程不间断进行,是否有选择性录制、剪接、删改等情形。

(三)讯问录音录像是否同步制作:录音录像是否自讯问开始时制作,至犯罪嫌疑人核对讯问笔录、签字确认后结束;讯问笔录记载的起止时间是否与讯问录音录像反映的起止时间一致。

(四)讯问录音录像与讯问笔录的内容是否存在差异:对与定罪量刑有关的内容,讯问笔录记载的内容与讯问录音录像是否存在差异;存在实质性差异的,以讯问录音录像为准。

第二十三条　侦查人员或者其他人员出庭的,应当向法庭说明证据收集过程,并就相关情况接受发问。对发问方式不当或者内容与证据收集的合法性无关的,法庭应当制止。

经人民法院通知,侦查人员不出庭说明情况,不能排除以非法方法收集证据情形的,对有关证据应当予以排除。

第二十四条　人民法院对控辩双方提供的证据来源、内容等有疑问的,可以告知控辩双方补充证据或者作出说明;确有核实必要的,可以宣布休庭,对证据进行调查核实。庭外调查、核实情况,必要时可以通知公诉人、辩护人到场,公诉人或者辩护人不到场的,应当记录在案。

控辩双方补充和庭外调查核实取得的证据,未经当庭出示、质证等法庭调查程序查证属实,不得作为证明证据收集合法性的根据。

■公安机关办理刑事案件程序规定(2020年9月1日)

第七十二条　人民法院认为现有证据材料不能证明证据收集的合法性,通知有关侦查人员或者公安机关其他人员出庭说明情况的,有关侦查人员或者其他人员应当出庭。必要时,有关侦查人员或者其他人员也可以要求出庭说明情况。侦查人员或者其他人员出庭,应当向法庭说明证据收集过程,并就相关情况接受发问。

经人民法院通知,人民警察应当就其执行职务时目击的犯罪情况出庭作证。

▼安徽省高级人民法院、安徽省人民检察院、安徽省公安厅、安徽省司法厅关于刑事案件证人、鉴定人、侦查人员出庭相关问题的指导意见(2018年2月13日)

(侦查人员出庭相关问题的指导意见见刑事诉讼法第一百八十七条后同名附文)

▽侦查人员出庭作证范围的界定

侦查人员出庭作证具有法律依据,但并非所有案件的侦查人员均应当出庭作证。构建我国侦查人员出庭作证制度,应当充分考虑我国现行的诉讼模式和诉讼资源现状,不宜盲目照搬西方国家的警察出庭作证制度。对于侦查人员出庭作证的范围,在我国目前阶段应当有所限制。限定我国侦查人员出庭作证的范围应当考虑两方面的因素:一是该侦查人员出庭有利于查清案件事实;二是该侦查人员出庭为保障被告人诉讼权利所必需。这就要求侦查人员出庭作证的案件首先是被告人对公诉机关的指控有实质性异议的案件。如果被告人对指控的犯罪事实没有异议,则没必要让侦查人员出庭。其次是出庭作证的侦查人员所陈述的情况应当对证明案件事实具有重要作用。如果该侦查人员陈述的情况对案件事实的证明作用不大,或者所证明的不是案件中影响定罪量刑的主要事实,则没必要让其出庭。侦查人员出庭作证的范围,除应当从以上两个方面进行限制外,还应当从证明对象的范围上进行规范。总体来说,侦查人员出庭,应当是就其在执行职务过程中感知和了解的案件情况进行说明。具体来说,需要侦查人员出庭说明的情况一般包括以下三方面的内容:一是侦查人员在对犯罪嫌疑人进行抓捕的过程中经历和了解的案件事实情况;二是侦查人员在实施搜查、扣押、辨认、讯问、询问等侦查活动中了解的案件事实情况和与实施侦查活动本身的合法性相关的情况;三是侦查人员在接受犯罪嫌疑人投案或者对犯罪嫌疑人提供的立功线索进行查证等活动中了解的案件事实情况。侦查人员在其执行职务过程中感知和了解的案件情况,通常以勘验、检查等笔录和破案经过、抓获说明等文字形式出现。如果对上述文字记载的内容或相关侦查活动的合法性有争议,相关侦查人员可以出庭作证。本案在第一次庭审中,被告人坚称没有实施毒品犯罪行为,其辩护人提出本案起诉指控被告人犯罪的事实不清、证据不足,其理由主要是认为本案指控被告人指使陈某运输在中亚饭店2420房间查获的4496.8克甲基苯丙胺的证据,只有同案犯陈某的供述,没有其他证据印证。侦查机关出具的《案发经过》称,侦查人员在抓捕被告人时,其正手提一个黑红相间的纸袋从2420房间开门出来。侦查人员在抓获他后,当场在该纸袋内发现涉案毒品。公诉人认为该份证据对认定被告人实施毒品犯罪行为具有重要的证明作用。而辩护人则当庭提出,该《案发经过》作为关键证据,在形式和内容上均存在瑕疵,无法确认该证据的真实性,且陈某当庭也称并没有看见被告人手提纸袋出门。在此情况下,当时负责抓捕被告人的侦查人员在实施抓捕行为时所目睹的情况,对于本案指控事实的认定,无疑具有至关重要的作用。因此,本案一审决定再次开庭,依公诉方申请通知该侦查人员出庭作证,并在经过控辩双方充分质证的基础上,依法采纳了该侦查人员当庭陈述的证言作为定案依据,确保了案件事实认定的准确性和程序的公开性。(参见第721号指导案例,王文勇、陈清运输毒品案,载《刑事审判参考》总第81集(2011年第4集),第43～46页。撰稿:余剑)

▽侦查人员出庭作证的程序和安全保护

对于出庭作证的侦查人员是否属于证人,其当庭说明的情况是否属于证人证言,在诉讼实务界一直存在争议。从目前我国刑事诉讼法关于证据种类的规定来看,应当将出庭作证的侦查人员归入证人的范畴。但应当明确的是,侦查人员是一种特殊的证人,与普通证人有所区别,主要表现在:首先,侦查人员出庭作证的内容是其在履行职务过程中获知的案件事实,而普通证人作证的内容通常是在案件发生过程中亲身经历或感知的案件事实。如果侦查人员不是以职务身份获悉案件事实,则只能作为普通证人出庭作证。其次,侦查人员出庭作证也是其依法履行职务的过程。如果侦查人员当庭虚假陈述,导致出入人罪的,应当作为职务犯罪追究刑事责任。而普通证人如果当庭提供虚假证言,则应当追究伪证的法律责任。同时,侦查人员出庭作证,也不应当要求法庭给予经济上的补偿,其出庭的相关费用应当由其所在的侦查机关予以支付和补偿。最后,法庭传唤侦查人员出庭,其主要目的在于让侦查人员当庭说明其所了解的案件事实情况,使法庭能够通过庭审,解决因相关侦查工作笔录记载不清或理解歧义带来的争议,消除对侦查活动是否合法的疑虑,查明案件的实体和程序事实。而法庭让普通证人出庭作证的主要目的则主要在于通过控辩双方的交叉询问,查明其陈述事实的真实性。由此可见,我国侦查人员出庭作证的程序也应当与普通证人出庭作证的程序有所区别,主要体现在:一是侦查人员出庭作证的,根据其特殊职务身份的需要,一般不必要求其签署证人保证书,但可要求其向法庭如实提供案件真实情况。二是侦查人员出庭作证的,应当首先由该侦查人员直接就需要说明的情况进行陈述,再由控方和辩方分别进行询问;审判人员认为必要时,也可以进行询问,而不是由控辩双方直接进行交叉询问。三是侦查人员出庭作证的,无须对侦查人员进行经济补偿,对于不出庭的侦查人员,也不能采取拘传及其他强制其出庭的措施,而应当由其所在侦查机关根据相关制度进行处理。此外,对出庭作证的侦查人员也应注重保护,特别是对于从事缉毒、反恐、打黑等特殊任务的侦查人员,在必要时可以视频屏蔽方式出庭作证。本案一审法院传唤负责缉毒的侦查人员出庭,即采用了法院自行研制开发的视频屏蔽作证系统,对出庭作证的侦查人员进行保护。在该种方式下,出庭作证的侦查人员不出现在法庭上,而是在特定的证人作证室内,通过视频方式作证。在侦查人员作证的视频和音频信号传送到法庭时,技术人员可以通过后台编辑功能,同步处理该侦查人员的头像信号,使法庭内的人员在法庭的显示屏上看到的是隐藏了侦查人员面部特征的图像。在必要的情况下,技术人员还可以对侦查人员的声音进行处理,使法庭内的人员听不到该侦查人员的真实声音。采用视频屏蔽作证方式,有利于充分保护出庭作证的侦查人员的安全,打消侦查人员出庭的顾虑,对于推动侦查人员出庭作证的实践,具有重要的探索价值。[参见第721号指导案例,王文勇、陈清运输毒品案,载《刑事审判参考》总第81集(2011年第4集),第46~48页。撰稿:余剑]

第六十条 【非法收集的证据应予排除】对于经过法庭审理,确认或者不能排除存在本法第五十四条规定的以非法方法收集证据情形的,对有关证据应当予以排除。

■最高人民法院关于适用《中华人民共和国刑事诉讼法》的解释(2021年3月1日)

第一百三十七条 法庭对证据收集的合法性进行调查后,确认或者不能排除存在刑事诉讼法第五十六条规定的以非法方法收集证据情形的,对有关证据应当排除。

■人民法院办理刑事案件排除非法证据规程(试行)(2017年11月27日)

第二十五条 人民法院对证据收集的合法性进行调查后,应当当庭作出是否排除有关证据的决定。必要时可以宣布休庭,由合议庭评议或者提交审判委员会讨论,再次开庭时宣布决定。

第二十六条 经法庭审理,具有下列情形之一的,对有关证据应当予以排除:

(一)确认属于以非法方法收集证据情形的;

(二)对于应当对讯问过程录音录像的案件没有提供讯问录音录像,或者讯问录音录像存在选择性录制、剪接、删改等情形,现有证据不能排除以非法方法收集证据情形的;

(三)对于侦察机关没有在规定的办案场所讯问,现有证据不能排除以非法方法收集证据情形的;

(四)对于检察人员在重大案件侦查终结前未对讯问合法性进行核查,或者未对核查过程同步录音录像,或者录音录像存在选择性录制、剪接、删改等情形,现有证据不能排除以非法方法收集证据情形的;

(五)其他不能排除存在以非法方法收集证据情形的。

第二十七条　人民法院对证人证言、被害人陈述、物证、书证等证据收集合法性的审查、调查,参照上述规定。

▽对被告人提出排除非法证据的申请,要严格依照法律及相关司法解释的规定处理

最高人民法院会同最高人民检察院、公安部、国家安全部、司法部于2010年发布《关于办理刑事案件排除非法证据若干问题的规定》(本附文以下简称《非法证据排除规定》)后,非法证据排除工作进入一个崭新的阶段。2012年修改后的《刑事诉讼法》也吸纳了其中的主要内容,进一步完善了非法证据排除制度。根据《非法证据排除规定》、刑事诉讼法及《最高人民法院关于适用〈中华人民共和国刑事诉讼法〉的解释》(本附文以下简称《刑诉法解释》)的相关规定,审判工作中对于非法证据排除问题需要把握以下几个重要环节:第一,当事人及其辩护人、诉讼代理人申请排除非法证据,人民法院对证据收集的合法性有疑问的,应当召开庭前会议,就收集证据合法性等问题了解情况,听取意见。控辩双方存在较大争议,无法在庭前会议协商解决的,人民法院应当归纳争议焦点,通过法庭调查程序,对证据是否采取非法手段收集的问题进行审查,并决定是否排除相关证据。第二,法院决定对证据收集的合法性进行法庭调查的,应当根据申请人提供的线索、材料,结合侦查机关的讯问笔录、讯问过程的录音录像、看守所管教人员的谈话笔录,驻所检察员的记录、同监室人员的证言、被告人出入看守所的身体检查记录、医院检查病历、侦查机关出具的说明等材料,综合审查判断被申请排除的证据是否采取合法手段收集。第三,现有证据材料不能证明证据收集合法性的,人民法院可以通知有关侦查人员出庭说明情况。经人民法院通知,侦查人员没有正当理由拒绝出庭说明有关情况,不能排除存在《刑事诉讼法》第五十四条规定的以非法方法收集证据情形的,人民法院对有关证据应当予以排除。

本案被告人李某以其不知道父亲李刚让其送的是毒品,其在侦查机关的有罪供述是侦查人员刑讯逼供的结果为由,申请对其庭前有罪供述予以排除,并依法判决其无罪。阜阳市中级人民法院经审理查明:侦查机关于2012年4月1日下午将李某抓获,当晚20时03分至22时19分对李某第一次讯问;4月2日凌晨1时,办案人员带李某到临泉县人民医院,进行B超、心电图、血液、双下肢外伤等检查,但检查后侦查人员并未把李某送看守所羁押;4月3日,李某被送看守所羁押后,看守所对李某再次进行健康检查,体检结果为李某身体健康,无外伤。对李某提出排除其审判前供述的申请,合议庭组织召开庭前会议,听取控辩双方对非法证据排除的意见。开庭审理时,公诉人通过宣读李某在侦查机关的供述,出示看守所收押登记表及侦查机关依法办案的情况说明等材料,以证明侦查人员没有对李某刑讯逼供,但对侦查人员讯问结束后于凌晨带李某到医院检查身体的原因没有作出说明。为查明侦查人员在临泉县人民医院对李某健康检查的原因,法庭要求侦查机关对李某在临泉县人民医院的检查情况进行说明,侦查机关没有回应;法庭依法通知办案人员出庭说明情况,但办案人员无合适理由拒绝出庭。《非法证据排除规定》第七条第一款规定,"法庭对被告人审判前供述取得的合法性有疑问的,公诉人应当向法庭提供讯问笔录、原始的讯问过程的录音录像或者其他证据,提请法庭通知讯问时其他在场人员或者其他证人出庭作证,仍不能排除刑讯逼供嫌疑的,提请法庭通知讯问人员出庭作证,对该供述取得的合法性予以证明"。鉴于公诉机关在一审开庭时出示的李某的有罪供述笔录、在押人员体检登记表以及侦查机关依法办案的情况说明书足以证明取证的合法性,侦查机关对李某讯问时也没有按照法律规定进行同步录音或者录像,当法庭通知侦查办案人员出庭说明情况时办案人员无正当理由拒绝出庭,故法庭认为不能排除李某审判前的有罪供述系采取非法方法取得。据此,依照《刑事诉讼法》第五十八条的规定,李某在审判前的有罪供述不能作为定案的根据,应当依法排除。

一审法院对李某审判前供述排除后,综合全案证据分析,不能认定李某明知自己所送物品系毒品,故认定公诉机关指控李某犯贩卖毒品罪的证据不足,依法判决李某无罪。宣判后,检察机关对李某的无罪判决提出抗诉。二审期间,检察机关阅卷后,第二审法院就认定事实、排除非法证据以及与审判相关的其他问题与检察机关、辩护人进行沟通、交换意见。通过庭前会议,安徽省人民检察院认为阜阳市人民检察院抗诉不当,决定撤回抗诉,第二审法院按照上诉程序继续审理本案。第二审法院审理认为,李某在审判前的有罪供述不能排除系采取非法方法取得,不能作为定案的根据,应予排除;一审法院认定李某贩卖毒品证据不足,对李某作出无罪判决正确,故二审维持一审对李某的无罪判决。[参见第971号指导案例,李刚、李某贩卖毒品案,载《刑事审判参考》总第97集(2014年第2集),第94～96页。撰稿:白春子]

▽如何把握证据收集合法性的证明标准

《刑事诉讼法》第五十七条第一款和第五十八条的规定,人民检察院对证据收集合法性事实的证明,应当达到证据确实、充分的证明标准,即排除存在《刑事诉讼法》第五十四条规定的以非法方法收集证据的情形。主要理由如下:一方面,证据是认定案件事实的基础,对证据收集合法性的审查是判断该证据能否作为定案依据的关键。如果据以定案的证据在合法性方面存疑,那么以之为基础指控的犯罪事实显然也达不到"证据确实、充分"的证明标准。对证据收集合法性事实的证明标准与刑事案件定罪的证明标准在本质上是一致的。另一方面,强调公诉机关对证据收集合法性的证明应当达到证据确实、充分的证明标准,有助于规范侦查取证行为,落实不得强迫自证其罪原则的要求,减少刑讯逼供及其他非法取证情形的发生,切实保障人权,防范冤假错案。

人民检察院可以通过多种方式证明取证的合法性,例如,可以出示讯问笔录、体检笔录,播放讯问过程同步录音录像,或者提请法庭通知侦查人员或者其他人员出庭作证。本案中,为证明证据收集的合法性,公诉人当庭出示了以下证据:江西省莲花县看守所出具的《说明》,萍乡市公安局安源分局出具的情况说明、关于李某某等人被抓获的情况和审讯情况的补充说明,安源分局后埠派出所出具的情况说明、办案说明,安源分局缉毒大队出具的易某涛贩毒案抓获情况及审讯情况说明、办案说明、说明,又对参与审讯的陈翔、陶平华、许渤等13名侦查人员逐一进行了询问,提取了证人证言,13名侦查人员也均出具了情况说明,声明在审讯中无刑讯逼供行为。需要强调的是,上述证据材料数量虽多,但本质上都是办案单位和办案人员的说明材料,根据《最高人民法院关于适用〈中华人民共和国刑事诉讼法〉的解释》第一百零一条第二款的规定,此类说明材料不能单独作为证明取证过程合法的根据。对于能够证明证据收集合法性的关键证据,如讯问过程的同步录音录像、被告人李某某出入派出所的监控视频等,公诉机关未能提供。

一审法院经审查认为,对于被告人李某某供述收集的合法性,公诉机关未能提供确实、充分的证据予以证实,本案不能排除存在《刑事诉讼法》第五十四条规定的以非法方法收集供述的情形,对李某某的供述,依法应当排除。主要理由如下:(1)根据《看守所人员身体检查表》的记载,李某某头部受伤的事实可以得到确认,控辩双方对此均无异议。现有证据证实,李某某头部伤情是在抓获当时至进入看守所前的时间段内形成的。李某某入所前后表现异常,在入所前均在讯问笔录上签字捺印,入所后在涉及其可能承担刑事责任的讯问笔录上均未签字捺手印。(2)针对李某某提供的在派出所接受讯问时遭到刑讯逼供导致头部受伤的具体线索,办案单位所作的李某某头部伤情系抓捕时反抗所致的解释缺乏证据支持:一是一同在现场被抓捕的易洪涛、廖婷证明三人均无逃跑、反抗的行为;二是办案民警均称抓捕当时没有看见李某某受伤。(3)公诉机关提供的证明取证合法的证据材料,均是办案单位和办案人员出具的说明材料,不能单独作为证明取证过程合法的根据。(4)对于能够证明取证合法的关键证据,公诉机关未能提供。例如,李某某出入后埠派出所的监控视频未能提供;讯问李某某的同步录音录像未能提供;第一次讯问笔录中没有记载李某某受伤的情况;抓获情况及审讯情况说明中也没有李某某受伤的反映。据此,公诉机关提供的证明取证合法的证据未能达到确实、充分的证明标准,一审法院依法排除李某某的有罪供述,是依法有据的。[参见第1039号指导案例,李志周运输毒品案,载《刑事审判参考》总第101集(2014年第6集),第13～15页。撰稿:管延青　余向阳　李斌]

▽排除非法证据后案件的处理方式

非法证据排除规则解决的是特定证据能否作为诉讼证据使用的证据资格问题。非法证据排除应与案件的实体处理区分开来,针对证据收集合法性的争议,之所以建立独立的调查和裁判程序,并要求法庭先行调查并当庭作出裁决,就是要与案件的实体处理剥离。排除了非法证据,并不意味着案件一定要宣告无罪,还应综合审查其他在案证据,依法认定案件事实。排除非法证据后,基于其他在案证据的情况,案件的处理大致可分为三种情形:案件事实清楚,证据确实、充分,依法能够认定被告人有罪的,应当作出有罪判决;证据不足,不能认定被告人有罪的(排除的是据以定罪的关键证据),应当作出证据不足、指控的犯罪事实不能成立的无罪判决;案件部分事实清楚,证据确实、充分的,应当依法认定该部分事实并作出相应处理(实践中排除非法证据的案件多属此种情形)。本案中,虽然被告人李某某的有罪供述被法院认定为非法证据,并依法予以排除,但其他在案证据仍能够证明李某某实施了公诉机关指控的运输毒品犯罪行为。例如,搜查笔录及扣押物品清单、照片证实,办案民警系从坐在汽车后座的李某某手中持有的黑色布袋中搜出涉案毒品;证人廖婷的证言、同案被告人易洪涛的供述均证实李某某对此次去湖南联系毒品事宜是明知的,且实施了运输毒品的行为,等等。上述证据足以认定被告人李某某有运输毒品的主观目的,并在易洪涛安排下参与实施了具体的运输毒品行为。综上分析,人民法院认定被告人李某某的行为构成运输毒品罪是正确的。[参见第1039号指导案例,李志周运输毒品案,载《刑事审判参考》总第101集(2014年第6集),第15页。撰稿:管延青 余向阳 李斌]

▽被告人在侦查阶段不同期间所作供述的合法性的判断认定

(一)侦查机关在初查阶段收集的被告人言词证据要根据取证手段是否合法决定是否排除。1. 侦查机关在初查阶段合法收集的言词材料可以作为证据使用。根据《刑事诉讼法》第一百一十条的规定,人民法院、人民检察院或者公安机关对于报案、控告、举报和自首的材料,应当按照管辖范围,迅速进行审查,认为有犯罪事实需要追究刑事责任的时候,应当立案。本条中关于"审查"的规定,即检察机关初查的法律依据之一。此外,最高人民检察院制定的《人民检察院刑事诉讼规则(试行)》对初查作了详细规定,即举报线索的初查由侦查部门进行。由此规定可知,侦查机关启动侦查以发现犯罪嫌疑为前提,并不以立案为必要前提。立案的实质是为强制侦查提供法律依据,而非启动侦查的前提。能够证明案件真实情况的合法材料,都可以被用作为证据或者证据辅助材料。初查阶段取得的被调查人言词证据材料,符合取证主体和办案程序的相关规定,具有合法性,调查当中无刑讯逼供等非法情形的,可以作为诉讼证据使用。2. 侦查机关在初查阶段非法取得的证据应当予以排除。本案侦查机关在初查阶段使用的非法取证方式大致包括以下几类:(1)侦查机关对犯罪嫌疑人采取疲劳审讯的方式。本案25日至27日,侦查机关没有制作一份调查笔录,也未移送25日至27日的同步录音、录像资料。据办案人员称,此段期间,其一直在对尹某进行思想教育。基于对上述情况的判断,办案法官内心产生较强确信,在该期间侦查机关采用了"疲劳战术"对尹某进行取证。(2)侦查机关在初查时采用威胁、辱骂被调查人的方式。经过多方协调,办案法官在侦查机关指定地点观看了该期间的同步录音、录像,资料显示尹某在进入办案地点之后产生较强的抗拒情绪,经过多天的思想教育其仍未交代犯罪事实。其中,在27日17时至19时,办案人员对尹某有言语辱骂,并威胁其再不交代问题将把其家人带至办案地点一并调查等违规情况,以此给尹某造成较大的心理压力,迫使其尽快承认犯罪事实。(3)侦查机关在初查过程中还存在其他不规范情形。对此,侦查机关未作出合理解释或者进行补正。因此,人民法院结合上述情况,无法确认侦查机关在初查阶段的取证行为具有合法性,故将此阶段取得的被告人尹某的言词材料作为非法证据予以排除。

(二)重复供述不因之前供述取证非法而当然排除。审理法院虽然将被告人尹某在侦查机关指定办案地点所作的有罪供述予以排除,但并不意味着此后所取得的言词证据必然违法。对于重复供述,有必要结合多方面因素进行综合审查判断:1. 尹某处于意志相对自由空间,权利告知起到了"清洁阀"

作用。相比侦查机关的办案地点而言,看守所是由不同国家机关或者部门管理的监管场所。行为人在看守所羁押期间,受到侦查机关的影响减弱,能接触到委托律师、同样被羁押的人以及其他人员,并与上述人员有思想、信息交流,对自身涉案情况有充分思考的时间,其意志相对更加自由。因而,司法实践中,翻供也多始于该阶段。本案中,尹某解释自己第一次翻供原因亦说明在该阶段其意志处于自由状态:其与同监室人员交流后,产生"受贿是两个人的事情,不承认谁拿自己也没有办法"的侥幸心理;在会见律师后,律师表示尹的妻子已经在找相关证人重新作证,并会对其作无罪辩护,使尹某的精神上受到莫大的"鼓舞",更加坚定了翻供的决心。此阶段,侦查机关采取了证据"清洁"措施。一是进行权利告知。案件于7月28日立案后,当日即告知了有核对笔录、对侦查人员的违法行为提出控告等诉讼权利。二是人民监督员介入。8月20日检察院人民监督员在看守所会见尹某,针对侦查机关取证行为是否合法进行了询问,尹某表示侦查机关在讯问过程中无诱供、逼供行为,并在笔录上签字捺手印。人民监督员是检察机关邀请的普通公民,其职责是监督职务犯罪中办案人员有无刑讯逼供、违法违纪情况,地位具有相对独立性和超然性。2. 同步录音、录像资料完备,能完整反映讯问过程。尹某于7月28日晚被刑事拘留,次日9时被送往看守所羁押,在看守所中共接受9次讯问,包括人民监督员会见询问,均有完整的同步录音、录像资料,反映其精神状态以及表情均比较自然,思维清晰,语言表达流畅。办案人员在讯问过程中举止文明,没有诱供、逼供等行为。笔录制作上也遵循实录原则,对其供述进行同步电脑录入,少有点击鼠标的情况出现;在每次讯问结束后,均由尹某先核对笔录,亲自修改并签字捺手印。3. 犯罪细节供述详细,具有明显的个性特征。尹某对于收受顾某某、冯某某二人贿赂的时间、地点、数额、包装等细节均有自然的回忆过程和清晰的供述。尤其当在交代收受贿赂的过程时,尹某在没有受到任何提示或者发问的前提下,不由自主地对自己当时的心理状态进行了比较细致的描述,其承认第一次收受顾某某的一笔10万元的贿赂是终身难忘的,之后自己的心态从害怕、犹豫到心安理得,直至发展到无所顾忌、近乎疯狂。被调查后害怕面对亲人、领导、同事,精神压力大所以一开始比较抗拒。如果没有亲身经历,普通人是很难将该种心情进行如此细致的描述的。办案法官可以将该细节作为尹某实施受贿犯罪成立的重要证据,以增强内心确信。此外,本案中还存在证人反复翻证问题。案件中的一名关键证人顾某某于7月26日、29日在检察机关指定的办案地点接受询问时,两次交代了其向尹某行贿3次,共计11.5万元的事实。8月8日,顾某某主动至检察机关翻证。8月13日、9月12日再次接受侦查机关询问时又承认其向尹某行贿的事实,并书写了《思想认识》1份。9月29日,尹某的辩护人贺某某约顾某某在某茶楼进行询问,贺某某在对方不知情的情况下将双方的谈话进行了录音,录音资料反映顾某某否认其向尹某行贿的事实,但其拒绝在贺某某制作的证言笔录上签字捺手印,事后贺某某将该录音和笔录一并向人民法院提供。12月20日,侦查机关就此事找顾某某进行询问,顾再次承认了其最初向尹某行贿的证言。针对顾某某的证言在短时间内数次反复的情况,如何对上述不同时间、地点所作的证言进行甄别与采信,审理法院主要从以下几个方面寻求突破:(1)从取证形式合法性进行判断。侦查机关对顾某某的取证过程,均提供了完整的同步录音、录像,询问完毕后均由证人本人核对笔录后签名捺手印;反观辩护人在取证中未经证人同意偷偷录音,询问笔录没有证人的签名捺手印,违反正常的取证形式,不具有合法性,不能采信。(2)从翻证的原因进行合理性判断。顾某某在8月13日、9月12日接受侦查机关询问时承认,其翻证出于三方面的考虑:一是害怕自己受到刑罚处罚;二是妻子怕此事影响小孩子而提出跟自己离婚;三是尹某的家属多次来电希望其能翻证,自己也心生愧疚。由此可知,顾某某系在精神受到多重压力的情况下而违心地进行了翻证。同时,2014年1月4日,即一审开庭后次日,顾某某在参加由合议庭主持的公诉人、辩护人、证人出席的质证会议上明确表示:即使因行贿被追究刑事责任也不再改变所作的证言。(3)从证言的内容进行细节分析。虽然证人顾某某的证言存在一定反复,且未出庭作证,但是总体较为稳定,尤其是证言中对于向尹某行贿的时间、地点、金额、请托事项、现金包装等细节均有自然、详尽的描述,与尹某的供述能够相互印证。因此，一审法院认为，证人顾某某在侦查机关所作的证言具有较高的可信度，应当予以采信。

综上，面对侦查机关在不同阶段所取得的被告人言词证据，审理法院综合取证的时间、地点、供证笔录、视听资料等重要证据进行审查判断后，将被告人尹某在检察院办案地点的有罪供述作为非法证据予以排除，而对于其在看守所中的有罪供述予以采信，本文较好地体现了证据审查和认定的有关要求，值得借鉴和参考。［参见第1040号指导案例，尹某受贿案，载《刑事审判参考》总第101集（2014年第6集），第18～22页。撰稿：范莉　范凯　梁果］

▽如何处理采用威胁手段取得的犯罪嫌疑人、被告人供述

《刑事诉讼法》第五十条规定："……严禁刑讯逼供和以威胁、引诱、欺骗等其他非法方法收集证据，不得强迫任何人证实自己有罪……"第五十四条进一步规定："采用刑讯逼供等非法方法收集的犯罪嫌疑人、被告人供述和采用暴力，威胁等非法方法收集的证人证言、被害人陈述，应当予以排除……"从上述规定看，刑事诉讼法对采用刑讯逼供等非法手段获取的犯罪嫌疑人、被告人的供述明确规定了应当予以排除的原则，而对采用威胁、引诱、欺骗等非法取证方法仅作出禁止性的规定，没有明确以此类手段取得的犯罪嫌疑人、被告人的供述是否应当予以排除。但通过采用威胁手段获取的证据是一种严重侵犯人权的行为，从规范司法的长远角度，应当予以排除，并且刑事诉讼法对此也有明确的禁止性规定。理由是：第一，从《刑事诉讼法》第五十条、五十四条规定的字面意思分析，通过刑讯逼供和采用暴力、威胁等非法方法收集的供述都是非法证据排除的对象。第二，仅仅排除通过刑讯逼供获取的供述不利于侦查手段向合法、规范与专业化方向的转变，与刑事诉讼法修改中全面贯彻落实"尊重和保障人权"的原则相违背。第三，威胁手段不应当视为审讯策略。因为，威胁手段在超越一定的度的情况下，即威胁达到严重程度时，一般会引起恐惧，属于典型的造成精神痛苦的非法方法，容易使犯罪嫌疑人、被告人被迫作出违背意愿的供述，严重损害口供的客观真实性，形成虚假证据材料的可能性高。

如何判断威胁达到严重程度，应当综合个案案情加以判断。一般而言，仅有言语上的威胁，抑制或者剥夺犯罪嫌疑人、被告人意志自由的程度是有限的，犯罪嫌疑人、被告人经过利益权衡后觉得供述比抵抗对自己更有利而交待犯罪事实，则其供述虚假可能性比刑讯逼供取得的要小。但是，如果威胁的方法超出一定的度，如严重损害本人及其近亲属合法权益，或者以法律禁止的方法、以社会道德难以容忍的方式进行威胁，则应当认定威胁达到严重程度，属于《最高人民法院关于适用〈中华人民共和国刑事诉讼法〉的解释》（2012年）第九十五条关于"其他使被告人在精神上遭受痛苦的方法"。按照该条的规定，应当认定为《刑事诉讼法》第五十四条规定的"刑讯逼供等非法方法"，以此方法所收集的犯罪嫌疑人被告人的供述，应当予以排除。就本案而言，指控被告人受贿40万元的证据主要是行贿人李建平的指认和被告人在侦查阶段的认罪供述。被告人在侦查阶段的16次审讯中，后期第7次供述承认收受李建平贿赂款。其中，2011年8月19日第7次讯问中首次承认收受李建平贿赂款20万元，在之后有6次供述，供认收受李建平贿赂款40万元。但一审审判时，被告人提出其没有收受贿赂款，辩称之前之所以承认，是因为侦查人员采用疲劳审讯手段、以抓捕其家属相威胁以及以取保候审进行利诱，故其在侦查阶段对受贿的有罪供述是侦查人员非法取得的，依法应当予以排除。法庭经审理查明，被告人辩称侦查人员威胁他不承认受贿就查处其女婿的公司，抓捕其女儿、女婿，威胁内容、时间、地点和实施人员均具体、明确，并得到相关书证、证人证言的证实，具体体现在：被告人的女儿郑某某、女婿陈某某于2011年8月19日下午15时被传唤到侦办机关并被留置至8月20日晚上7时；被告人首次承认受贿的讯问笔录没有记载讯问的起止时间，看守所的记录反映当天的讯问持续达8个多小时，但讯问录音录像却只有半小时的认罪供述。因此，被告人的辩解具有合理性。

结合本案的实际情况，被告人被讯问时已退休近10年、年近70岁，因个人的原因导致女儿、女婿（公职人员）被检察机关"抓起来"，这对其心理必然起到强烈的胁迫作用，迫使他为保住一家老小的平安，选择作出牺牲，违背意愿作出有罪供述。这种以针对被告人本人及其亲属的重大不利相威胁，产生的精神强制效力达到了严重程度,极大可能导致被告人精神痛苦并违背意志进行供述。此外,被告人辩解其之所以供认受贿的事实,除受到“女儿、女婿被检察机关抓起来”威胁的影响外,还因为侦查人员承诺其供认受贿的事实后即对其取保候审,即侦查人员同时以取保候审对被告人进行引诱。被告人所作辩解有讯问笔录等材料相印证。这种引诱与威胁相配合的方法在一定程度上加强了胁迫的作用,使被告人精神上遭受极大痛苦。据此,可以认定被告人为免子女受牵连及获得取保候审而违背意志作出虚假供述的可能性很大,其辩解具有合理性,对其本次供述依法应当予以排除。(参见第1140号指导案例,郑祖文贪污、受贿、滥用职权案,载《刑事审判参考》总第106集,第28～30页。撰稿:黄建屏　林恒春)

▽对被告人在侦查阶段的“重复供述”不能不予考量一概排除

在判定被告人在侦查阶段首次的认罪供述系因非法方法取得,依法应当予以排除的前提下,对侦查机关后续取得的被告人的有罪供述,即被告人在侦查阶段作出的其他多次重复的认罪供述应如何处理?如果采纳,应当如何明确采纳标准?刑事诉讼法、相关司法解释以及《关于办理刑事案件排除非法证据若干问题的规定》对此均没有明确规定。所谓“重复供述”,又称“重复自白”。“重复自白”应当区别对待,综合考虑违法取证手段的严重性、取证主体的改变情况、特定的讯问要求等因素综合考虑是否排除,理由是:第一,在一般情况下,重复供述与前次非法讯问行为之间具有因果关系,属于非法证据排除规则的范畴。第二,因个案具体情况不同,非法取证手段的影响、效果持续性也可能存在差异,重复供述与前次非法讯问获取的供述之间的联系也不是固定不变的,对重复供述不予考量一概排除,难免有“一刀切”的嫌疑,不符合司法实践的需要。第三,对重复供述一概不予排除,极有可能导致侦查机关采取先对犯罪嫌疑人实施非法手段取证,再经合法讯问取得犯罪嫌疑人有罪供述的策略,以此规避非法证据排除规则的适用,使非法证据排除规则被架空,同时也丧失了其吓阻和遏制非法侦查行为、保障犯罪嫌疑人合法权利的功能。据此,在具体案件中,应当结合先前非法取证的性质和严重程度、诉讼程序的推进、取证主体的变更等情况综合衡量重复供述是否自愿、可靠,有没有充分的证据排除被告人的供述存在被威胁的合理怀疑,从而决定是否排除重复供述。就本案而言,侦查单位与审查起诉单位分别是两个市的人民检察院(指定异地审判管辖案件)。被告人对收受贿款的有罪供述均是在某市人民检察院侦查阶段作出,而在案件移交广州市人民检察院审查起诉阶段没有作过有罪供述,一审庭审时更当庭否认受贿的事实。由于被告人于2011年8月19日的第一次有罪供述是在被威胁下作出的供认,在侦查阶段取证主体没有改变的情况下,不能排除受到这种胁迫后产生的心理恐惧始终存在。被告人在“不认则抓人(女儿女婿),认了就放人”的强烈心理恐惧下,存在处于同一侦查主体讯问期间不敢改变原来供认的可能,即在取证主体没有变更,被告人所受的精神胁迫制约仍然存在的条件下,前后供述的关联度高。因此,不能简单以侦查阶段后续几次审讯表面上没有威胁行为就否定其供述受到前面胁迫手段的影响而予以采信,而应当根据《刑事诉讼法》第五十八条的规定予以排除。

综上分析,根据《刑事诉讼法》第五十四条、第五十八条的规定,现有证据不能排除被告人自认受贿的供述存在以非法方法收集证据的情形,不应作为定案依据。据此,在仅有行贿人的交待,无其他证据佐证的情况下,认定被告人犯受贿罪的证据不足,不应予以支持。本案一审虽然在2012年修改的刑事诉讼法及相关司法解释实施之前下判,但对把握非法言词证据的认定标准与刑事诉讼法及相关司法解释对非法言词证据的规定是相符的。(参见第1140号指导案例,郑祖文贪污、受贿、滥用职权案,载《刑事审判参考》总第106集,第30～32页。撰稿:黄建屏　林恒春)

第六十一条　【证人证言查实后为定案根据】证人证言必须在法庭上经过公诉人、被害人和被告人、辩护人双方质证并且查实以后,才能作为定案的根据。法庭查明证人有意作伪证或者隐匿罪证的时候,应当依法处理。

▽未经庭审质证的证据不得作为定案的根据

刑事庭审主要是在法庭上就公诉机关指控被告人的犯罪事实展开证据调查,而质证是证据调查的核心,是法庭认证的前提。所谓质证,是就对提交法庭的证据由诉讼各方当面质询、讯问、探究和质疑,包括对证据与事实的矛盾进行辩驳、澄清。质证包括对证据的来源、形式和内容的质疑,而质疑的主要指向就是证据的客观性、关联性和合法性(可采性)。对作为审判中认定案件事实根据的任何证据,均需经过质证,包括对言词证据的质证和对物证、书证、视听资料等非言词证据的质证。根据《刑事诉讼法》(1996年修订)第四十二条的规定,证据必须经过查证属实,才能作为定案的根据。最高人民法院1996年《关于执行〈中华人民共和国刑事诉讼法〉若干问题的解释》第五十八条作了更为具体的规定:"证据必须经过当庭出示、辨认、质证等法庭调查程序查证属实,否则不能作为定案的根据。"在司法实践中,庭审质证方面暴露出的问题比较突出,问题之一是质证不充分、走过场,在个别情况下,有的法官甚至将未经质证的证据作为定案的根据。本案一审法院对证明被害人五级伤残的法医鉴定未经庭审质证,便作为认定被告人构成以特别残忍手段致人重伤造成严重残疾的根据,明显违反了法律和司法解释规定的诉讼程序。作为法定证据种类之一的鉴定意见,当然也必须经过庭审质证,才能作为定案的根据。根据刑事诉讼法和司法解释的规定,在法庭审理过程中,鉴定人应当出庭宣读鉴定意见,但经人民法院准许不出庭的除外;公诉人、当事人和辩护人、诉讼代理人经审判长许可,可以提请审判长传唤鉴定人出庭作证;对未到庭的鉴定人的鉴定意见,应当当庭宣读,审判人员应当听取公诉人、当事人和辩护人、诉讼代理人的意见;当事人及其法定代理人有权对鉴定人申请回避;公诉人、当事人和辩护人、诉讼代理人经审判长许可,可以对鉴定人发问,审判人员可以询问鉴定人;当事人和辩护人、诉讼代理人有权申请重新鉴定;法庭对于需要重新鉴定的,应当宣布延期审理。本案一审法院对被告人判处无期徒刑,显然是以认定被告人构成以特别残忍手段致人重伤造成严重残疾的事实为前提的。如前所述,未经庭审质证的法医鉴定不能作为证据使用,因此,对于造成被害人严重残疾这一特定事实而言,一审法院是在没有证据证明的情况下认定的,违反了证据裁判原则(该原则的基本含义为:裁判的形成必须以证据为依据;没有证据,不得认定犯罪事实。)。需要说明的是,二审法院发回重审的理由是认为一审法院对被告人判处无期徒刑的法律依据不充分。应当说,这个理由并不准确,一审法院错在将未经庭审质证、不具有证据效力的法医鉴定作为认定被害人构成五级伤残的依据,而非适用法律错误。

本案一审法院未经庭审质证,将证明被害人五级伤残的法医鉴定直接作为认定被告人造成被害人严重残疾的根据,不仅违反了证据裁判原则,而且也严重违反法律规定的诉讼程序,限制了当事人的法定诉讼权利。因为,一审法院未经法庭当庭质证而将法医鉴定直接作为认定被害人构成五级伤残的依据,事实上剥夺了被告人对证明其造成被害人严重残疾的证据的质证权和辩论权,使被告人对造成被害人严重残疾的指控完全丧失防御的机会,处于极其不利的境地。一审法院的这种做法属于严重的程序违法,显然影响了公正审判,其法律后果应当是一审法院的审理归于无效,其判决将被撤销。根据《刑事诉讼法》第一百九十一条第(三)项的规定,第二审人民法院发现第一审人民法院的审理有"剥夺或者限制了当事人的法定诉讼权利,可能影响公正审判的",应当裁定撤销原判,发回原审人民法院重新审判。因此,二审法院作出发回重审的裁定理由,还应当包括《刑事诉讼法》第一百九十一条第(三)项规定的情形,这一规定应当作为发回重审的法律依据。[参见第260号案例,王雪玲故意伤害案,载《刑事审判参考》总第34集(2003年第5集),法律出版社,第9~11页。执笔:罗国良]

▽检察机关对被告人自首、立功情节未予认定,人民法院在收到侦查机关出具的经查证属实的证明材料后,可直接自由裁量

立功、自首的存在与否,仍属于量刑情节事实的范畴,而对于量刑情节事实的认定,是否需要经过庭审质证程序,理论上存在争议,实践中全国各地法院的做法也不尽统一。有的人民法院在收到侦查机关出具的经查证属实的证明材料后,再征求公诉机关的意见,然后决定是否予以认定。有的法院则不征求任何单位的意见而直接决定。因自首和立功行为可能发生在一审、二审和复核审等各个审判阶段,特别是立功问题,发生在判决生效后死刑执行前的频率很高。因量刑情节的事实与定罪事实的证明标准和程序应当是有所不同的,对被告人定罪事实的认定,应贯彻严格证明标准,而对被告人量刑情节事实的认定,可实行优势证明标准。程序上,因对自首和立功的认定,属于对被告人有利情节的认定,为避免诉讼资源的浪费和审限的拖延,在侦查机关出具了经查证属实的证明材料后,人民法院可直接自由裁量。[参见第373号案例,梁国雄、周观杰等贩卖毒品案,载《刑事审判参考》总第47集(2005年第6集),法律出版社,第45～46页。执笔:薛淑兰、蔡金芳]

▽已经原审庭审质证,在重审阶段需要重新举证、质证,未经重新举证、质证的,不能作为定案依据

(一)从发回重审的后果角度分析。发回重审,是指发回原审人民法院重新审判。案件发回,即产生三种后果。首先,意味着一审法院已作出的判决被撤销,未发生法律效力,不能作为执行的依据。其次,被告人所犯罪行没有得到法律评价,尚未受到法律追究,被告人未承担相应的法律责任,仍属于未决犯。最后,原审判决中认定的事实和证据均没有得到重审的确认,仍属公诉机关指控的事实和证据。换言之,案件回到尚未被法院审理的初始阶段。既然案件回到尚未被法院审理的阶段,那么重审阶段就必须包括一审应有的所有环节包括法庭举证、质证环节。重新审判的内容亦应包括公诉机关指控的所有事实和证据,不论该事实或证据是否曾经被举证、质证。本案因同案被告人存在漏罪,属于因原判事实不清或证据不足而发回重审的情况。在该情况下,法庭举证、质证环节就显得尤为重要。一审法院重审开庭时,仅就补充起诉的事实进行举证、质证,未就曾经原审认定的事实进行举证、质证,该做法不属于对全案重新审判,而是对补充起诉的一起事实进行"补充审理",违背了重审制度设置的初衷。

(二)从另行组成合议庭的角度分析。庭审举证、质证,从客观结果上讲,有利于查明案件事实,使案件在实体上得到公正有效的处理。最高人民法院、最高人民检察院、公安部、国家安全部、司法部联合发布的《关于办理死刑案件审查判断证据若干问题的规定》和《关于办理刑事案件排除非法证据若干问题的规定》均强调,重视庭审中对证据的分类审查和认定,确保裁判认定的事实证据确实、充分,对存疑的证据不予采信,对非法取得的证据予以排除,不能作为定案的依据。该内容充分表明,庭审举证、质证,是审查判断证据、查明案件事实不可或缺的环节,也是通过程序公正保障实体公正的必然要求。对于重新审判,法律之所以规定必须另行组成合议庭,是为了避免原合议庭对案件形成先入为主的意见,要求合议庭成员在公开审理的基础上就对全案作出独立的判断。对于新组成合议庭的成员而言,本案是全新的案件,其只有在庭审中全面了解案件的事实和证据,了解控辩双方及附带民事诉讼当事人的意见,才能作出正确的判断。本案重审合议庭成员在仅了解补充起诉的一起事实和证据的基础上就对全案作出判决,几乎是依赖于对卷宗材料的书面审查,而不是依赖于重审时的庭审信息,显然违背了立法原意。

(三)从保障被告人、辩护人诉讼权利的需要角度分析。法庭审理主要分为法庭调查和法庭辩论两个阶段,在某种意义上说,法庭调查是法庭辩论的基础。举证、质证作为法庭调查的主要内容,其效果直接决定了法庭辩论的走向,也影响到合议庭对全案的审查判断。控辩双方在此环节中,通过出示与案件相关的证据并对每一证据发表意见,来影响合议庭对证据的采信,从而影响法院对事实的认定和在此基础上形成的对案件的审理结果。被告人与案件事实有着实体上的利害关系,案件裁判结果的不同直接决定着被告人的自由、财产甚至生命等重要权利是否会被剥夺。因此,要保证案件审判程序的公正合理,就必须保障其在诉讼过程中有充分的参与机会,能够对案件裁判结果施加有效的影响。在刑事诉讼中,受诸种条件的限制,绝大多数的证据来自控方,辩方自己能够收集到的证据往往非常有限,辩方很大程度上依赖庭审举证和质证获取有利于己的信息,从而动摇控方的指控,反驳控方的意见,论证本方的主张,防止合议庭偏听偏信。因此,被告人及其辩护人参与质证,有利于保障辩方对审判过程的充分参与，维护审判程序的公正。本案重审开庭时，指控被告人犯罪的证据没有当庭出示，被告人及新的指定辩护人固然没有表示异议，但这种权利的放弃是建立在行使权利的机会被剥夺的基础上。在公诉机关提出不再重新举证、质证，合议庭成员直接予以认可的情况下，辩方如果此时提出需要重新举证，行使自己的质证权利，可能会引起法官的反感，带来于己不利的裁判结果。这样的法庭审理对辩方是不公正的。基于上述理由，最高人民法院经复核认为，湘潭市中级人民法院和湖南省高级人民法院认定被告人犯罪事实的证据虽然已经原审庭审质证，但在发回重审开庭中未经重新举证、质证，违反法定诉讼程序，可能影响案件公正审判，故依法发回湘潭市中级人民法院重新审判。[参见第686号指导案例，何邓平抢劫案，载《刑事审判参考》总第79集(2011年第2集)，第51～54页。撰稿：管应时　曲晶晶]

▽重新收集的言词证据，不能依照治安处罚法的规定程序提取，且需经庭审质证、查证属实方可作为刑事定案证据使用

《最高人民法院关于适用〈中华人民共和国刑事诉讼法〉的解释》(2012年)第六十三条规定："证据未经当庭出示、辨认、质证等法庭调查程序查证属实，不得作为定案的根据，但法律和本解释另有规定的除外。"本案一审中，检察机关仅向法院提供了重新收集的9名嫖娼人员及2名卖淫女的证言用以质证，对其余10名嫖娼人员的取证情况未予说明。二审中，检察员又向法庭提供了重新收集的3名嫖娼人员的证言用以质证，对未能向其余7名嫖娼人员取证的原因作了说明。在案证据材料显示，公安机关在刑事立案后，对该10名嫖娼人员仍然是依照治安处罚法的相关程序收集、制作笔录，取证程序不符合刑事诉讼法的规定。同时，这些言词证据材料提及的嫖资数额等内容与卖淫女证实卖淫一次收取100元嫖资等内容并不能完全印证，部分笔录记载的询问人与签名人不一致，同一办案人员既参与行政执法调查又参与刑事侦查，有先入为主之嫌。一审法院充分考虑上述证据材料的程序瑕疵以及与其他证据间的矛盾，经庭审质证后，排除其证据资格并无不当。二审中，检察员提交的3名嫖娼人员的证言材料仅证实其3人在白塘浴室有过嫖娼行为，不能证明王某某、秦某某明知并容留其3人嫖娼。且王某某、秦某某对该3人的证言亦不予认可，因此不能依据检察机关重新提供的3名嫖娼人员的证言，增加认定王某某、秦某某容留卖淫犯罪的次数。[参见第972号指导案例，王志余、秦群英容留卖淫案，载《刑事审判参考》总第97集(2014年第2集)，第101～102页。撰稿：杜开林]

第六十二条　【证人的义务和资格】凡是知道案件情况的人，都有作证的义务。

生理上、精神上有缺陷或者年幼，不能辨别是非、不能正确表达的人，不能作证人。

■最高人民法院关于适用《中华人民共和国刑事诉讼法》的解释(2021年3月1日)

第八十条　下列人员不得担任见证人：

(一)生理上、精神上有缺陷或者年幼，不具有相应辨别能力或者不能正确表达的人；

(二)与案件有利害关系，可能影响案件公正处理的人；

(三)行使勘验、检查、搜查、扣押、组织辨认等监察调查、刑事诉讼职权的监察、公安、司法机关的工作人员或者其聘用的人员。

对见证人是否属于前款规定的人员，人民法院可以通过相关笔录载明的见证人的姓名、身份证件种类及号码、联系方式以及常住人口信息登记表等材料进行审查。

由于客观原因无法由符合条件的人员担任见证人的，应当在笔录材料中注明情况，并对相关活动进行全程录音录像。

■公安机关办理刑事案件程序规定(2020年9月1日)

第七十三条　凡是知道案件情况的人，都有作证的义务。

生理上、精神上有缺陷或者年幼，不能辨别是非，不能正确表达的人，不能作证人。

对于证人能否辨别是非，能否正确表达，必要时可以进行审查或者鉴别。

▽被害幼女的陈述、幼女的目击证言以及其他有利害关系亲属的证言在一定条件下可以作为定案证据

1. 被害人江某的陈述及目击证人陈某的证言具有证据资格，可以作为定案证据。根据 1996 年《刑事诉讼法》第四十八条第二款（现行《刑事诉讼法》第六十条第二款）的规定，“生理上、精神上有缺陷或者年幼，不能辨别是非、不能正确表达的人，不能作证人”。同时，根据新旧刑事诉讼法及相关司法解释的规定，对证人证言和被害人陈述的审查判断，基本遵循同样的适用原则。本案中，被害人江某、证人陈某年幼，是否依照刑事诉讼法的规定将江某的陈述、陈某的目击证言排除在定罪证据之外，第一审、第二审法院对此存在不同的意见。对刑事诉讼法的上述条款，不能机械理解与适用。对于幼儿的陈述、证言是否予以采信，关键在于其对所发生的事实能否作出与其年龄相符的判断和表述。实践中应当区分不同情形，综合考虑案件的具体情况，尤其是幼儿所作陈述、证言的内容以及与其他证据的印证情况，相关陈述、证言是在什么情况下收集等因素，作出准确判断。本案中，被害人江某时年 4 岁半，证人陈某将近 5 岁，二人关于被告人林某某“将江某的短裤拉下来一点，用手在江某的下体（小便的地方）抓”的描述一致。该描述中涉及的人物具体、行为方式简单。一方面，这个年龄阶段的孩子虽然理解和表达能力有限，对林某某抓摸江某阴部的行为所代表的性象征意义不能完整理解，但二幼女对于身体部位（小便的地方）的认知能力和简单行为方式（用手摸）的表述能力显然已经具备，二幼女对林某某行为的描述符合其年龄阶段的认知水平。江某的陈述和陈某的证言即体现出这一特征，诚如二审裁定书中的分析，“二人在回答时均明显带有孩子口气并附随动作”。另一方面，从证据收集程序看，侦查人员询问是在江某和陈某的监护人陪同下进行的，证据收集程序合法。因此，江某的陈述和陈某的证言具有客观性、关联性、合法性，可以作为定案证据。

2. 目击证人周某虽然与被害人具有利害关系，但其证言具有证据资格，可以作为定案证据。目击证人周某在目睹林某某猥亵江某后，制止了林某某的行为，并将此事告知了江某的母亲陈某云。周某系江某的舅妈，其与陈某云均系被害人的近亲属，即利害关系人，但这种与被害人的利害关系并不能成为否定二人证言证据资格和证据效力的理由。遭受性侵害对儿童的身心是极大的伤害，基于常理分析，被害人的亲属通常不会愿意以牺牲孩子的名誉，甚至是正常的人生为代价，作虚假的控告。当然，基于证人与被害人利益的一致性，为慎重起见，也应当通过分析被害方与被告方的关系、案发前有无其他矛盾等背景情况，排除诬告、陷害的可能。本案中，周某系目击证人，其证实的情况与被害人江某的陈述及另一名目击证人陈某的证言相互吻合。周某目睹后告诉江某的母亲陈某云，周某的证言系直接证据，证明力强；陈某云的证言虽系传来证据，但听到周某所讲后即报案，表明发、破案经过自然，而且江某的陈述、陈某的证言均属于初始证据，证明效力较高。另查明，林某某与江某家案发前并无矛盾，林某某在归案之初主动供述两家关系很好，不存在江某亲属诬告林某某的迹象。因此，二人的证言尤其是周某的证言对于本案的认定具有关键作用。［参见第 988 号指导案例，林求平猥亵儿童案，载《刑事审判参考》总第 98 集（2014 年第 3 集），第 62 ~64 页。撰稿：魏磊］

第六十三条　【保障证人及其近亲属的安全】 人民法院、人民检察院和公安机关应当保障证人及其近亲属的安全。

对证人及其近亲属进行威胁、侮辱、殴打或者打击报复，构成犯罪的，依法追究刑事责任；尚不够刑事处罚的，依法给予治安管理处罚。

■公安机关办理刑事案件程序规定（2020 年 9 月 1 日）

第七十四条　公安机关应当保障证人及其近亲属的安全。

对证人及其近亲属进行威胁、侮辱、殴打或者打击报复，构成犯罪的，依法追究刑事责任；尚不够刑事处罚的，依法给予治安管理处罚。

第六十四条　【证人的保护措施】对于危害国家安全犯罪、恐怖活动犯罪、黑社会性质的组织犯罪、毒品犯罪等案件,证人、鉴定人、被害人因在诉讼中作证,本人或者其近亲属的人身安全面临危险的,人民法院、人民检察院和公安机关应当采取以下一项或者多项保护措施:

(一)不公开真实姓名、住址和工作单位等个人信息;

(二)采取不暴露外貌、真实声音等出庭作证措施;

(三)禁止特定的人员接触证人、鉴定人、被害人及其近亲属;

(四)对人身和住宅采取专门性保护措施;

(五)其他必要的保护措施。

证人、鉴定人、被害人认为因在诉讼中作证,本人或者其近亲属的人身安全面临危险的,可以向人民法院、人民检察院、公安机关请求予以保护。

人民法院、人民检察院、公安机关依法采取保护措施,有关单位和个人应当配合。

■人民检察院刑事诉讼规则(2019年12月30日)

第七十九条　人民检察院在办理危害国家安全犯罪、恐怖活动犯罪、黑社会性质的组织犯罪、毒品犯罪等案件过程中,证人、鉴定人、被害人因在诉讼中作证,本人或者其近亲属人身安全面临危险,向人民检察院请求保护的,人民检察院应当受理并及时进行审查。对于确实存在人身安全危险的,应当立即采取必要的保护措施。人民检察院发现存在上述情形的,应当主动采取保护措施。

人民检察院可以采取以下一项或者多项保护措施:

(一)不公开真实姓名、住址和工作单位等个人信息;

(二)建议法庭采取不暴露外貌、真实声音等出庭作证措施;

(三)禁止特定的人员接触证人、鉴定人、被害人及其近亲属;

(四)对人身和住宅采取专门性保护措施;

(五)其他必要的保护措施。

人民检察院依法决定不公开证人、鉴定人、被害人的真实姓名、住址和工作单位等个人信息的,可以在起诉书、询问笔录等法律文书、证据材料中使用化名。但是应当另行书面说明使用化名的情况并标明密级,单独成卷。

人民检察院依法采取保护措施,可以要求有关单位和个人予以配合。

对证人及其近亲属进行威胁、侮辱、殴打或者打击报复,构成犯罪或者应当给予治安管理处罚的,人民检察院应当移送公安机关处理;情节轻微的,予以批评教育、训诫。

■最高人民法院关于适用《中华人民共和国刑事诉讼法》的解释(2021年3月1日)

第二百五十六条　证人、鉴定人、被害人因出庭作证,本人或者其近亲属的人身安全面临危险的,人民法院应当采取不公开其真实姓名、住址和工作单位等个人信息,或者不暴露其外貌、真实声音等保护措施。辩护律师经法庭许可,查阅对证人、鉴定人、被害人使用化名情况的,应当签署保密承诺书。

审判期间,证人、鉴定人、被害人提出保护请求的,人民法院应当立即审查;认为确有保护必要的,应当及时决定采取相应保护措施。必要时,可以商请公安机关协助。

第二百五十七条　决定对出庭作证的证人、鉴定人、被害人采取不公开个人信息的保护措施的,审判人员应当在开庭前核实其身份,对证人、鉴定人如实作证的保证书不得公开,在判决书、裁定书等法律文书中可以使用化名等代替其个人信息。

■公安机关办理刑事案件程序规定(2020年9月1日)

第七十五条　对危害国家安全犯罪、恐怖活动犯罪、黑社会性质的组织犯罪、毒品犯罪等案件,证人、鉴定人、被害人因在侦查过程中作证,本人或者其近亲属的人身安全面临危险的,公安机关应当采取以下一项或者多项保护措施:

(一)不公开真实姓名、住址、通讯方式和工作单位等个人信息;

(二)禁止特定的人员接触被保护人;

(三)对被保护人的人身和住宅采取专门性保护措施;

(四)将被保护人带到安全场所保护;

(五)变更被保护人的住所和姓名;

(六)其他必要的保护措施。

证人、鉴定人、被害人认为因在侦查过程中作证,本人或者其近亲属的人身安全面临危险,向公安机关请求予以保护,公安机关经审查认为符合前款规定的条件,确有必要采取保护措施的,应当采取上述一项或者多项保护措施。

公安机关依法采取保护措施,可以要求有关单位和个人配合。

案件移送审查起诉时,应当将采取保护措施的相关情况一并移交人民检察院。

第七十六条　公安机关依法决定不公开证人、鉴定人、被害人的真实姓名、住址、通讯方式和工作单位等个人信息的,可以在起诉意见书、询问笔录等法律文书、证据材料中使用化名等代替证人、鉴定人、被害人的个人信息。但是,应当另行书面说明使用化名的情况并标明密级,单独成卷。

■最高人民法院、最高人民检察院、公安部、国家安全部、司法部、全国人大常委会法制工作委员会关于实施刑事诉讼法若干问题的规定(2013年1月1日)

12. 刑事诉讼法第六十二条规定,对证人、鉴定人、被害人可以采取"不公开真实姓名、住址和工作单位等个人信息"的保护措施。人民法院、人民检察院和公安机关依法决定不公开证人、鉴定人、被害人的真实姓名、住址和工作单位等个人信息的,可以在判决书、裁定书、起诉书、询问笔录等法律文书、证据材料中使用化名等代替证人、鉴定人、被害人的个人信息。但是,应当书面说明使用化名的情况并标明密级,单独成卷。辩护律师经法庭许可,查阅对证人、鉴定人、被害人使用化名情况的,应当签署保密承诺书。

■最高人民法院、最高人民检察院、公安部、司法部关于办理黑社会性质组织犯罪案件若干问题的规定(2012年9月11日)

四、证人保护

第九条　公安机关、人民检察院和人民法院应当采取必要措施,保障证人及其近亲属的安全。证人的人身和财产受到侵害时,可以视情给予一定的经济补偿。

第十条　在侦查、起诉、审判过程中,对于因作证行为可能导致本人或者近亲属的人身、财产安全受到严重危害的证人,分别经地市级以上公安机关主要负责人、人民检察院检察长、人民法院院长批准,应当对其身份采取保密措施。

第十一条　对于秘密证人,侦查人员、检察人员和审判人员在制作笔录或者文书时,应当以代号代替其真实姓名,不得记录证人住址、单位、身份证号及其他足以识别其身份的信息。证人签名以按指纹代替。

侦查人员、检察人员和审判人员记载秘密证人真实姓名和身份信息的笔录或者文书,以及证人代号与真实姓名对照表,应当单独立卷,交办案单位档案部门封存。

第十二条　法庭审理时不得公开秘密证人的真实姓名和身份信息。用于公开质证的秘密证人的声音、影像,应当进行变声、变像等技术处理。

秘密证人出庭作证,人民法院可以采取限制询问、遮蔽容貌、改变声音或者使用音频、视频传送装置等保护性措施。

经辩护律师申请,法庭可以要求公安机关、人民检察院对使用秘密证人的理由、审批程序出具说明。

第十三条　对报案人、控告人、举报人、鉴定人、被害人的保护,参照本规定第九条至第十二条的规定执行。

第三十条　本规定自印发之日起施行。

第六十五条　【证人作证的补助】证人因履行作证义务而支出的交通、住宿、就餐等费用,应当给予补助。证人作证的补助列入司法机关业务经费,由同级政府财政予以保障。

有工作单位的证人作证,所在单位不得克扣或者变相克扣其工资、奖金及其他福利待遇。

■人民检察院刑事诉讼规则(2019年12月30日)

第八十条　证人在人民检察院侦查、审查逮捕、审查起诉期间因履行作证义务而支出的交通、住宿、就餐等费用,人民检察院应当给予补助。

■公安机关办理刑事案件程序规定(2020年9月1日)

第七十七条　证人保护工作所必需的人员、经费、装备等,应当予以保障。

证人因履行作证义务而支出的交通、住宿、就餐等费用,应当给予补助。证人作证的补助列入公安机关业务经费。

▼全国部分法院审理黑社会性质组织犯罪案件工作座谈会纪要(2015年10月13日)

四、关于审判程序和证据审查

(四)对出庭证人、鉴定人、被害人的保护问题

人民法院受理黑社会性质组织犯罪案件后,应当及时了解在侦查、审查起诉阶段有无对证人、鉴定人、被害人采取保护措施的情况,确保相关保护措施在审判阶段能够紧密衔接。开庭审理时,证人、鉴定人、被害人因出庭作证,本人或其近亲属的人身安全面临危险的,应当采取不暴露外貌、真实声音等出庭作证措施。必要时,可以进行物理隔离,以音频、视频传送的方式作证,并对声音、图像进行技术处理。有必要禁止特定人员接触证人、鉴定人、被害人及其近亲属的,以及需要对证人、鉴定人、被害人及其近亲属的人身和住宅采取专门性保护措施的,应当及时与检察机关、公安机关协调,确保保护措施及时执行到位。依法决定不公开证人、鉴定人、被害人真实姓名、住址和工作单位等个人信息的,应当在开庭前核实其身份。证人、鉴定人签署的如实作证保证书应当列入审判副卷,不得对外公开。

第六章　强制措施

■人民检察院刑事诉讼规则(2019年12月30日)

第一百四十八条　人民检察院对担任县级以上各级人民代表大会代表的犯罪嫌疑人决定采取拘传、取保候审、监视居住、拘留、逮捕强制措施的,应当报请该代表所属的人民代表大会主席团或者常务委员会许可。

人民检察院对担任本级人民代表大会代表的犯罪嫌疑人决定采取强制措施的,应当报请本级人民代表大会主席团或者常务委员会许可。

对担任上级人民代表大会代表的犯罪嫌疑人决定采取强制措施的,应当层报该代表所属的人民代表大会同级的人民检察院报请许可。

对担任下级人民代表大会代表的犯罪嫌疑人决定采取强制措施的,可以直接报请该代表所属的人民代表大会主席团或者常务委员会许可,也可以委托该代表所属的人民代表大会同级的人民检察院报请许可。

对担任两级以上的人民代表大会代表的犯罪嫌疑人决定采取强制措施的,分别依照本条第二、三、四款的规定报请许可。

对担任办案单位所在省、市、县(区)以外的其他地区人民代表大会代表的犯罪嫌疑人决定采取强制措施的,应当委托该代表所属的人民代表大会同级的人民检察院报请许可;担任两级以上人民代表大会代表的,应当分别委托该代表所属的人民代表大会同级的人民检察院报请许可。

对于公安机关提请人民检察院批准逮捕的案件,犯罪嫌疑人担任人民代表大会代表的,报请许可

手续由公安机关负责办理。

担任县级以上人民代表大会代表的犯罪嫌疑人，经报请该代表所属人民代表大会主席团或者常务委员会许可后被刑事拘留的，适用逮捕措施时不需要再次报请许可。

第一百四十九条　担任县级以上人民代表大会代表的犯罪嫌疑人因现行犯被人民检察院拘留的，人民检察院应当立即向该代表所属的人民代表大会主席团或者常务委员会报告。报告的程序参照本规则第一百四十八条报请许可的程序规定。

对担任乡、民族乡、镇的人民代表大会代表的犯罪嫌疑人决定采取强制措施的，由县级人民检察院向乡、民族乡、镇的人民代表大会报告。

■公安机关办理刑事案件程序规定(2020年9月1日)

第一百五十六条　继续盘问期间发现需要对犯罪嫌疑人拘留、逮捕、取保候审或者监视居住的，应当立即办理法律手续。

第一百五十七条　对犯罪嫌疑人执行拘传、拘留、逮捕、押解过程中，应当依法使用约束性警械。遇有暴力性对抗或者暴力犯罪行为，可以依法使用制服性警械或者武器。

第一百五十八条　公安机关发现对犯罪嫌疑人采取强制措施不当的，应当及时撤销或者变更。犯罪嫌疑人在押的，应当及时释放。公安机关释放被逮捕的人或者变更逮捕措施的，应当通知批准逮捕的人民检察院。

第一百五十九条　犯罪嫌疑人被逮捕后，人民检察院经审查认为不需要继续羁押，建议予以释放或者变更强制措施的，公安机关应当予以调查核实。认为不需要继续羁押的，应当予以释放或者变更强制措施；认为需要继续羁押的，应当说明理由。

公安机关应当在十日以内将处理情况通知人民检察院。

第一百六十条　犯罪嫌疑人及其法定代理人、近亲属或者辩护人有权申请变更强制措施。公安机关应当在收到申请后三日以内作出决定；不同意变更强制措施的，应当告知申请人，并说明理由。

第一百六十一条　公安机关对被采取强制措施法定期限届满的犯罪嫌疑人，应当予以释放，解除取保候审、监视居住或者依法变更强制措施。

犯罪嫌疑人及其法定代理人、近亲属或者辩护人对于公安机关采取强制措施法定期限届满的，有权要求公安机关解除强制措施。公安机关应当进行审查，对于情况属实的，应当立即解除或者变更强制措施。

对于犯罪嫌疑人、被告人羁押期限即将届满的，看守所应当立即通知办案机关。

第一百六十二条　取保候审变更为监视居住的，取保候审、监视居住变更为拘留、逮捕的，对原强制措施不再办理解除法律手续。

第一百六十三条　案件在取保候审、监视居住期间移送审查起诉后，人民检察院决定重新取保候审、监视居住或者变更强制措施的，对原强制措施不再办理解除法律手续。

第一百六十四条　公安机关依法对县级以上各级人民代表大会代表拘传、取保候审、监视居住、拘留或者提请批准逮捕的，应当书面报请该代表所属的人民代表大会主席团或者常务委员会许可。

第一百六十五条　公安机关对现行犯拘留的时候，发现其是县级以上人民代表大会代表的，应当立即向其所属的人民代表大会主席团或者常务委员会报告。

公安机关在依法执行拘传、取保候审、监视居住、拘留或者逮捕中，发现被执行人是县级以上人民代表大会代表的，应当暂缓执行，并报告决定或者批准机关。如果在执行后发现被执行人是县级以上人民代表大会代表的，应当立即解除，并报告决定或者批准机关。

第一百六十六条　公安机关依法对乡、民族乡、镇的人民代表大会代表拘传、取保候审、监视居住、拘留或者执行逮捕的，应当在执行后立即报告其所属的人民代表大会。

第一百六十七条　公安机关依法对政治协商委员会委员拘传、取保候审、监视居住的，应当将有关情况通报给该委员所属的政协组织。

第一百六十八条　公安机关依法对政治协商委员会委员执行拘留、逮捕前，应当向该委员所属的政协组织通报情况；情况紧急的，可在执行的同时或者执行以后及时通报。

第六十六条　【拘传、取保候审、监视居住的决定机关】人民法院、人民检察院和公安机关根据案件情况，对犯罪嫌疑人、被告人可以拘传、取保候审或者监视居住。

■人民检察院刑事诉讼规则(2019年12月30日)

第八十一条　人民检察院根据案件情况，对犯罪嫌疑人可以拘传。

第八十二条　拘传时，应当向被拘传的犯罪嫌疑人出示拘传证。对抗拒拘传的，可以使用戒具，强制到案。

执行拘传的人员不得少于二人。

第八十三条　拘传的时间从犯罪嫌疑人到案时开始计算。犯罪嫌疑人到案后，应当责令其在拘传证上填写到案时间，签名或者盖章，并捺指印，然后立即讯问。拘传结束后，应当责令犯罪嫌疑人在拘传证上填写拘传结束时间。犯罪嫌疑人拒绝填写的，应当在拘传证上注明。

一次拘传持续的时间不得超过十二小时；案情特别重大、复杂，需要采取拘留、逮捕措施的，拘传持续的时间不得超过二十四小时。两次拘传间隔的时间一般不得少于十二小时，不得以连续拘传的方式变相拘禁犯罪嫌疑人。

拘传犯罪嫌疑人，应当保证犯罪嫌疑人的饮食和必要的休息时间。

第八十四条　人民检察院拘传犯罪嫌疑人，应当在犯罪嫌疑人所在市、县内的地点进行。

犯罪嫌疑人工作单位与居住地不在同一市、县的，拘传应当在犯罪嫌疑人工作单位所在的市、县内进行；特殊情况下，也可以在犯罪嫌疑人居住地所在的市、县内进行。

第八十五条　需要对被拘传的犯罪嫌疑人变更强制措施的，应当在拘传期限内办理变更手续。

在拘传期间决定不采取其他强制措施的，拘传期限届满，应当结束拘传。

■最高人民法院关于适用《中华人民共和国刑事诉讼法》的解释(2021年3月1日)

第一百四十七条　人民法院根据案件情况，可以决定对被告人拘传、取保候审、监视居住或者逮捕。

对被告人采取、撤销或者变更强制措施的，由院长决定；决定继续取保候审、监视居住的，可以由合议庭或者独任审判员决定。

第一百四十八条　对经依法传唤拒不到庭的被告人，或者根据案件情况有必要拘传的被告人，可以拘传。

拘传被告人，应当由院长签发拘传票，由司法警察执行，执行人员不得少于二人。

拘传被告人，应当出示拘传票。对抗拒拘传的被告人，可以使用戒具。

第一百四十九条　拘传被告人，持续的时间不得超过十二小时；案情特别重大、复杂，需要采取逮捕措施的，持续的时间不得超过二十四小时。不得以连续拘传的形式变相拘禁被告人。应当保证被拘传人的饮食和必要的休息时间。

■公安机关办理刑事案件程序规定(2020年9月1日)

第七十八条　公安机关根据案件情况对需要拘传的犯罪嫌疑人，或者经过传唤没有正当理由不到案的犯罪嫌疑人，可以拘传到其所在市、县公安机关执法办案场所进行讯问。

需要拘传的，应当填写呈请拘传报告书，并附有关材料，报县级以上公安机关负责人批准。

第七十九条　公安机关拘传犯罪嫌疑人应当出示拘传证，并责令其在拘传证上签名、捺指印。

犯罪嫌疑人到案后,应当责令其在拘传证上填写到案时间;拘传结束后,应当由其在拘传证上填写拘传结束时间。犯罪嫌疑人拒绝填写的,侦查人员应当在拘传证上注明。

第八十条　拘传持续的时间不得超过十二小时;案情特别重大、复杂,需要采取拘留、逮捕措施的,经县级以上公安机关负责人批准,拘传持续的时间不得超过二十四小时。不得以连续拘传的形式变相拘禁犯罪嫌疑人。

拘传期限届满,未作出采取其他强制措施决定的,应当立即结束拘传。

■最高人民法院、最高人民检察院、公安部、国家安全部、司法部关于加强协调配合积极推进量刑规范化改革的通知(2010年11月6日)

5. 要全面执行刑事诉讼法规定的各种强制措施。在侦查活动中,对于罪行较轻,社会危害性较小的法罪嫌疑人,如果符合取保候审、监视居住条件,要尽量适用取保候审、监视居住等强制措施,减少羁押性强制措施的适用;人民检察院、人民法院在审查起诉、审判过程中,发现羁押期限可能超过所应判处刑罚的,可以根据案件情况变更强制措施,避免羁押期超过判处的刑期,切实保障被告人的合法权益。

■最高人民法院、最高人民检察院、公安部、国家安全部关于依法限制外国人和中国公民出境问题的若干规定(全文)(1987年3月10日)

《中华人民共和国外国人入境出境管理法》第二十三条和《中华人民共和国公民出境入境管理法》第八条规定了对某些外国人和中国公民不准其出境,现将贯彻执行中的若干问题规定如下:

(一)需要限制已入境的外国人出境或者限制中国公民出境的,必须严格依照法律规定执行。在执行中应当注意:凡能尽早处理的,不要等到外国人或中国公民临出境时处理;凡可以通过其他方式处理的,不要采取扣留证件的办法限制出境;凡能在内地处理的,不要到出境口岸处理,要把确需在口岸阻止出境的人员控制在极少数。

(二)限制外国人或中国公民出境的审批权限:

1. 公安机关和国家安全机关认定的犯罪嫌疑人或有其他违反法律的行为尚未处理并需要追究法律责任的,其限制出境的决定需经省、自治区、直辖市公安厅、局或国家安全厅、局批准。

2. 人民法院或人民检察院认定的犯罪嫌疑人或有其他违反法律的行为尚未处理并需要追究法律责任的,由人民法院或人民检察院决定限制出境并按有关规定执行,同时通报同级公安机关。

3. 国家安全机关对某些外国人或中国公民采取限制出境措施时,要及时通报公安机关。

4. 有未了结民事案件(包括经济纠纷案件)的,由人民法院决定限制出境并执行,同时通报公安机关。

5. 对其他需要在边防口岸限制出境的人员,可按1985年公安部、国家安全部《关于做好入出境查控工作的通知》([85]公发24号文件)精神办理。

(三)人民法院、人民检察院、公安机关和国家安全机关在限制外国人和中国公民出境时,可以分别采取以下办法:

1. 向当事人口头通知或书面通知,在其案件(或问题)了结之前,不得离境;

2. 根据案件性质及当事人的具体情况,分别采取监视居住或取保候审的办法,或令其提供财产担保或交付一定数量保证金后准予出境;

3. 扣留当事人护照或其他有效出入境证件。但应在护照或其他出入境证件有效期内处理了结,同时发给本人扣留证件的证明。人民法院、人民检察院或国家安全机关扣留当事人护照或其他有效出入境证件,如在出入境证件有效期内不能了结的,应当提前通知公安机关。

(四)人民法院、人民检察院、国家安全机关及公安机关对某些不准出境的外国人和中国公民,需在边防检查站阻止出境的,应填写《口岸阻止人员出境通知书》(样式附后,自行印制)。在本省、自治区、直辖市口岸阻止出境的,应向本省、自治区、直辖市公安厅、局交控。在紧急情况下,如确有必要,也可先向边防检查站交控,然后按本通知的规定,补办交控手续。控制口岸超出本省、自治区、直辖市的,应通过有关省、自治区、直辖市公安厅、局办理交控手续。

附:《口岸阻止人员出境通知书》说明

(一)应逐项详细填写《口岸阻止人员出境通知书》。外国人姓名一栏,既写中文又写外文。护照号码前如有外文字母,字母应与数字号码一并填入通知书。

(二)控制期限限于三十天以内。

(三)超过控制期限仍需控制的,应重新办理审批交控手续。在控制期内已无需再控制的,应立即通知撤控。已超过控制期限。而未办理续控或撤控手续的,作自行撤控处理。

▽审判前公安机关、人民检察院已经取保候审,人民法院决定取保候审的,是否需要重新办理手续

从一般经验出发,2012年《刑诉法解释》第一百二十七条可以理解为:对于公安机关、人民检察院决定取保候审、监视居住的被告人,人民法院认为需要继续取保候审、监视居住的,如果期限已到,人民法院应当继续决定予以取保候审、监视居住;如果公安机关、人民检察院采取的监视居住不当,可以变更为取保候审;如果保证人失踪、死亡,人民法院必须重新确立保证人;如果取保候审、监视居住仍在期限内则无须重新办理取保候审或者监视居住手续。因为如果坚持按照1998年《刑诉法解释》的规定进行处理,虽然,2012年《刑诉法解释》明确规定采用保证金保证的不需要再缴纳保证金,但实际操作手续很烦琐,人民法院决定被告人缴纳保证金后,公安机关还是要先退还保证金,然后再由被告人予以缴纳,重复劳动的结果会造成司法资源的极大浪费,不符合诉讼经济原则。当然,随着经济社会的不断发展,特别是司法制度改革的不断深入,上述原则也可能出现一定调整。[参见《刑事审判参考》,载《刑事审判参考》总第97集(2014年第2集)(审判释疑),第211~213页。]

第六十七条　【取保候审的条件】人民法院、人民检察院和公安机关对有下列情形之一的犯罪嫌疑人、被告人,可以取保候审:

(一)可能判处管制、拘役或者独立适用附加刑的;

(二)可能判处有期徒刑以上刑罚,采取取保候审不致发生社会危险性的;

(三)患有严重疾病、生活不能自理,怀孕或者正在哺乳自己婴儿的妇女,采取取保候审不致发生社会危险性的;

(四)羁押期限届满,案件尚未办结,需要采取取保候审的。

取保候审由公安机关执行。

■人民检察院刑事诉讼规则(2019年12月30日)

第八十六条　人民检察院对于具有下列情形之一的犯罪嫌疑人,可以取保候审:

(一)可能判处管制、拘役或者独立适用附加刑的;

(二)可能判处有期徒刑以上刑罚,采取取保候审不致发生社会危险性的;

(三)患有严重疾病、生活不能自理,怀孕或者正在哺乳自己婴儿的妇女,采取取保候审不致发生社会危险性的;

(四)羁押期限届满,案件尚未办结,需要采取取保候审的。

第八十七条　人民检察院对于严重危害社会治安的犯罪嫌疑人,以及其他犯罪性质恶劣、情节严重的犯罪嫌疑人不得取保候审。

第八十八条　被羁押或者监视居住的犯罪嫌疑人及其法定代理人、近亲属或者辩护人向人民检察院申请取保候审,人民检察院应当在三日以内作出是否同意的答复。经审查符合本规则第八十六条规定情形之一的,可以对被羁押或者监视居住的犯罪嫌疑人依法办理取保候审手续。经审查不符合取保候审条件的,应当告知申请人,并说明不同意取保候审的理由。

第八十九条 人民检察院决定对犯罪嫌疑人取保候审，应当责令犯罪嫌疑人提出保证人或者交纳保证金。

对同一犯罪嫌疑人决定取保候审，不得同时使用保证人保证和保证金保证方式。

对符合取保候审条件，具有下列情形之一的犯罪嫌疑人，人民检察院决定取保候审时，可以责令其提供一至二名保证人：

(一)无力交纳保证金的；

(二)系未成年人或者已满七十五周岁的人；

(三)其他不宜收取保证金的。

第九十条 采取保证人保证方式的，保证人应当符合刑事诉讼法第六十九条规定的条件，并经人民检察院审查同意。

第九十一条 人民检察院应当告知保证人履行以下义务：

(一)监督被保证人遵守刑事诉讼法第七十一条的规定；

(二)发现被保证人可能发生或者已经发生违反刑事诉讼法第七十一条规定的行为的，及时向执行机关报告。

保证人保证承担上述义务后，应当在取保候审保证书上签名或者盖章。

第九十二条 采取保证金保证方式的，人民检察院可以根据犯罪嫌疑人的社会危险性，案件的性质、情节，可能判处刑罚的轻重，犯罪嫌疑人的经济状况等，责令犯罪嫌疑人交纳一千元以上的保证金。对于未成年犯罪嫌疑人，可以责令交纳五百元以上的保证金。

第九十三条 人民检察院决定对犯罪嫌疑人取保候审的，应当制作取保候审决定书，载明取保候审开始的时间、保证方式、被取保候审人应当履行的义务和应当遵守的规定。

人民检察院作出取保候审决定时，可以根据犯罪嫌疑人涉嫌犯罪的性质、危害后果、社会影响，犯罪嫌疑人、被害人的具体情况等，有针对性地责令其遵守以下一项或者多项规定：

(一)不得进入特定的场所；

(二)不得与特定的人员会见或者通信；

(三)不得从事特定的活动；

(四)将护照等出入境证件、驾驶证件交执行机关保存。

第九十四条 人民检察院应当向取保候审的犯罪嫌疑人宣读取保候审决定书，由犯罪嫌疑人签名或者盖章，并捺指印，责令犯罪嫌疑人遵守刑事诉讼法第七十一条的规定，告知其违反规定应负的法律责任。以保证金方式保证的，应当同时告知犯罪嫌疑人一次性将保证金存入公安机关指定银行的专门账户。

第九十五条 向犯罪嫌疑人宣布取保候审决定后，人民检察院应当将执行取保候审通知书送达公安机关执行，并告知公安机关在执行期间拟批准犯罪嫌疑人离开所居住的市、县的，应当事先征得人民检察院同意。以保证人方式保证的，应当将取保候审保证书同时送交公安机关。

人民检察院核实保证金已经交纳到公安机关指定银行的凭证后，应当将银行出具的凭证及其他有关材料与执行取保候审通知书一并送交公安机关。

第九十六条 采取保证人保证方式的，如果保证人在取保候审期间不愿继续保证或者丧失保证条件的，人民检察院应当在收到保证人不愿继续保证的申请或者发现其丧失保证条件后三日以内，责令犯罪嫌疑人重新提出保证人或者交纳保证金，并将变更情况通知公安机关。

第九十七条 采取保证金保证方式的，被取保候审人拒绝交纳保证金或者交纳保证金不足决定数额时，人民检察院应当作出变更取保候审措施、变更保证方式或者变更保证金数额的决定，并将变更情况通知公安机关。

■最高人民法院关于适用《中华人民共和国刑事诉讼法》的解释(2021年3月1日)

第一百五十条　被告人具有刑事诉讼法第六十七条第一款规定情形之一的,人民法院可以决定取保候审。

对被告人决定取保候审的,应当责令其提出保证人或者交纳保证金,不得同时使用保证人保证与保证金保证。

第一百五十一条　对下列被告人决定取保候审的,可以责令其提出一至二名保证人:

(一)无力交纳保证金的;

(二)未成年或者已满七十五周岁的;

(三)不宜收取保证金的其他被告人。

第一百五十三条　对决定取保候审的被告人使用保证金保证的,应当依照刑事诉讼法第七十二条第一款的规定确定保证金的具体数额,并责令被告人或者为其提供保证金的单位、个人将保证金一次性存入公安机关指定银行的专门账户。

第一百五十四条　人民法院向被告人宣布取保候审决定后,应当将取保候审决定书等相关材料送交当地公安机关。

对被告人使用保证金保证的,应当在核实保证金已经存入公安机关指定银行的专门账户后,将银行出具的收款凭证一并送交公安机关。

第一百五十五条　被告人被取保候审期间,保证人不愿继续履行保证义务或者丧失履行保证义务能力的,人民法院应当在收到保证人的申请或者公安机关的书面通知后三日以内,责令被告人重新提出保证人或者交纳保证金,或者变更强制措施,并通知公安机关。

第一百五十六条　人民法院发现保证人未履行保证义务的,应当书面通知公安机关依法处理。

第一百五十七条　根据案件事实和法律规定,认为已经构成犯罪的被告人在取保候审期间逃匿的,如果系保证人协助被告人逃匿,或者保证人明知被告人藏匿地点但拒绝向司法机关提供,对保证人应当依法追究责任。

■公安机关办理刑事案件程序规定(2020年9月1日)

第八十一条　公安机关对具有下列情形之一的犯罪嫌疑人,可以取保候审:

(一)可能判处管制、拘役或者独立适用附加刑的;

(二)可能判处有期徒刑以上刑罚,采取取保候审不致发生社会危险性的;

(三)患有严重疾病、生活不能自理,怀孕或者正在哺乳自己婴儿的妇女,采取取保候审不致发生社会危险性的;

(四)羁押期限届满,案件尚未办结,需要继续侦查的。

对拘留的犯罪嫌疑人,证据不符合逮捕条件,以及提请逮捕后,人民检察院不批准逮捕,需要继续侦查,并且符合取保候审条件的,可以依法取保候审。

第八十二条　对累犯,犯罪集团的主犯,以自伤、自残办法逃避侦查的犯罪嫌疑人,严重暴力犯罪以及其他严重犯罪的犯罪嫌疑人不得取保候审,但犯罪嫌疑人具有本规定第七十七条第一款第三项、第四项规定情形的除外。

第八十三条　需要对犯罪嫌疑人取保候审的,应当制作呈请取保候审报告书,说明取保候审的理由、采取的保证方式以及应当遵守的规定,经县级以上公安机关负责人批准,制作取保候审决定书。取保候审决定书应当向犯罪嫌疑人宣读,由犯罪嫌疑人签名、捺指印。

■最高人民法院、最高人民检察院、公安部、国家安全部关于取保候审若干问题的规定(1999年8月4日)

第二条　对犯罪嫌疑人、被告人取保候审的,由公安机关、国家安全机关、人民检察院、人民法院根据案件的具体情况依法作出决定。

公安机关、人民检察院、人民法院决定取保候审的,由公安机关执行。国家安全机关决定取保候审的,以及人民检察院、人民法院在办理国家安全机关移送的犯罪案件时决定取保候审的,由国家安全机关执行。

第三条　对犯罪嫌疑人、被告人决定取保候审的,不得中止对案件的侦查、起诉和审理。严禁以取保候审变相放纵犯罪。

■最高人民检察院、公安部关于适用刑事强制措施有关问题的规定(2000年8月28日)

第一条　人民检察院决定对犯罪嫌疑人采取取保候审措施的,应当在向犯罪嫌疑人宣布后交由公安机关执行。对犯罪嫌疑人采取保证人担保形式的,人民检察院应当将有关法律文书和有关案由、犯罪嫌疑人基本情况、保证人基本情况的材料,送交犯罪嫌疑人居住地的同级公安机关;对犯罪嫌疑人采取保证金担保形式的,人民检察院应当在核实保证金已经交纳到公安机关指定的银行后,将有关法律文书、有关案由、犯罪嫌疑人基本情况的材料和银行出具的收款凭证,送交犯罪嫌疑人居住地的同级公安机关。

第二条　公安机关收到有关法律文书和材料后,应当立即交由犯罪嫌疑人居住地的县级公安机关执行。负责执行的县级公安机关应当在二十四小时以内核实被取保候审人、保证人的身份以及相关材料,并报告县级公安机关负责人后,通知犯罪嫌疑人居住地派出所执行。

第三条　执行取保候审的派出所应当指定专人负责对被取保候审进行监督考察,并将取保候审的执行情况报告所属县级公安机关通知决定取保候审的人民检察院。

第四条　人民检察院决定对犯罪嫌疑人取保候审的案件。在执行期间,被取保候审人有正当理由需要离开所居住的市、县的,负责执行的派出所应当及时报告所属县级公安机关,由该县级公安机关征得决定取保候审的人民检察院同意后批准。

第五条　人民检察院决定对犯罪嫌疑人采取保证人担保形式取保候审的,如果保证人在取保候审期间不愿继续担保或者丧失担保条件,人民检察院应当在收到保证人不愿继续担保的申请或者发现其丧失担保条件后的三日以内,责令犯罪嫌疑人重新提出保证人或者交纳保证金,或者变更为其他强制措施,并通知公安机关执行。

公安机关在执行期间收到保证人不愿继续担保的申请或者发现其丧失担保条件的,应当在三日以内通知作出决定的人民检察院。

第六条　人民检察院决定对犯罪嫌疑人取保候审的案件,被取保候审人、保证人违反遵守的规定的,由县级以上公安机关决定没收保证金、对保证人罚款,并在执行后三日以内将执行情况通知人民检察院。人民检察院应当在接到通知后五日以内,区别情形,责令犯罪嫌疑人具结悔过、重新交纳保证金、提出保证人或者监视居住、予以逮捕。

第七条　人民检察院决定对犯罪嫌疑人取保候审的案件,取保候审期限届满十五日前,负责执行的公安机关应当通知作出决定的人民检察院。人民检察院应当在取保候审期限届满前,作出解除取保候审或者变更强制措施的决定,并通知公安机关执行。

第八条　人民检察院决定对犯罪嫌疑人采取保证金担保方式取保候审的,犯罪嫌疑人在取保候审期间没有违反刑事诉讼法(1996年刑事诉讼法——编著者注)第五十六条规定,也没有故意重新犯罪的,人民检察院解除取保候审时,应当通知公安机关退还保证金。

第九条　公安机关决定对犯罪嫌疑人取保审的案件,犯罪嫌疑人违反应当遵守的规定,情节严重的,公安机关应当依法提请批准逮捕。人民检察院应当根据刑事诉讼法(1996年刑事诉讼法——编著者注)第五十六条的规定审查批准逮捕。

第十条　人民检察院决定对犯罪嫌疑人采取监视居住措施的,应当核实犯罪嫌疑人的住处。犯罪嫌疑人没有固定住处的,人民检察院应当为其指定居所。

第十一条 人民检察院核实犯罪嫌疑人住处或者为其指定居所后,应当制作监视居住执行通知书,将有关法律文书和有关案由、犯罪嫌疑人基本情况的材料,送交犯罪嫌疑人住处或者居所地的同级公安机关执行。人民检察院可以协助公安机关执行。

第十二条 公安机关收到有关法律文书和材料后,应当立即交由犯罪嫌疑人住处或者居所地的县级公安机关执行。负责执行的县级公安机关应当在二十四小时以内,核实被监视居住人的身份和住所或者居所,报告县级公安机关负责人后,通知被监视居住人住处或者居所地的派出所执行。

第十三条 负责执行监视居住的派出所应当指定专人对被监视居住人进行监督考察,并及时将监视居住的执行情况报告所属县级公安机关通知决定监视居住的人民检察院。

第十四条 人民检察院决定对犯罪嫌疑人监视居住的案件,在执行期间,犯罪嫌疑人有正当理由需要离开住处或者指定居所的,负责执行的派出所应当及时报告所属县级公安机关,由该县级公安机关征得决定监视居住的人民检察院同意后予以批准。

第十五条 人民检察院决定对犯罪嫌疑人监视居住的案件,犯罪嫌疑人违反应当遵守的规定的,执行监视居住的派出所应当及时报告县级公安机关通知决定监视居住的人民检察院。情节严重的,人民检察院应当决定予以逮捕,通知公安机关执行。

第十六条 人民检察院决定对犯罪嫌疑人监视居住的案件,监视居住期限届满十五日前,负责执行的县级公安机关应当通知决定监视居住的人民检察院。人民检察院应当在监视居住期限届满前,作出解除监视居住或者变更强制措施的决定,并通知公安机关执行。

第十七条 公安机关决定对犯罪嫌疑人监视居住的案件,犯罪嫌疑人违反应当遵守的规定,情节严重的,公安机关应当依法提请批准逮捕。人民检察院应当根据刑事诉讼法第五十七条的规定审查批准逮捕。

第六十八条 【取保候审的方式】人民法院、人民检察院和公安机关决定对犯罪嫌疑人、被告人取保候审,应当责令犯罪嫌疑人、被告人提出保证人或者交纳保证金。

■公安机关办理刑事案件程序规定(2020年9月1日)

第八十四条 公安机关决定对犯罪嫌疑人取保候审的,应当责令犯罪嫌疑人提出保证人或者交纳保证金。

对同一犯罪嫌疑人,不得同时责令其提出保证人和交纳保证金。对未成年人取保候审,应当优先适用保证人保证。

■最高人民法院、最高人民检察院、公安部、国家安全部关于取保候审若干问题的规定(1999年8月4日)

第四条 对犯罪嫌疑人、被告人决定取保候审的,应当责令其提出保证人或者交纳保证金。

对同一犯罪嫌疑人、被告人决定取保候审的,不得同时使用保证人保证和保证金保证。

第五条 采取保证金形式取保候审的,保证金的起点数额为一千元。

决定机关应当以保证被取保候审人不逃避、不妨碍刑事诉讼活动为原则,综合考虑犯罪嫌疑人、被告人的社会危险性,案件的情节、性质,可能判处刑罚的轻重,犯罪嫌疑人、被告人经济状况,当地的经济发展水平等情况,确定收取保证金的数额。

第六条 取保候审保证金由县级以上执行机关统一收取和管理。没收保证金的决定、退还保证金的决定、对保证人的罚款决定等,应当由县级以上执行机关作出。

第七条 县级以上执行机关应当在其指定的银行设立取保候审保证金专户,委托银行代为收取和保管保证金,并将指定银行的名称通知人民检察院、人民法院。

保证金应当以人民币交纳。

第八条　决定机关作出取保候审收取保证金的决定后,应当及时将《取保候审决定书》送达被取保候审人和为其提供保证金的单位或者个人,责令其向执行机关指定的银行一次性交纳保证金。

决定机关核实保证金已经交纳到执行机关指定银行的凭证后,应当将《取保候审决定书》、《取保候审执行通知书》和银行出具的收款凭证及其他有关材料一并送交执行机关执行。

第六十九条　【保证人的条件】保证人必须符合下列条件:

(一)与本案无牵连;

(二)有能力履行保证义务;

(三)享有政治权利,人身自由未受到限制;

(四)有固定的住处和收入。

■公安机关办理刑事案件程序规定(2020年9月1日)

第八十五条　采取保证人保证的,保证人必须符合以下条件,并经公安机关审查同意:

(一)与本案无牵连;

(二)有能力履行保证义务;

(三)享有政治权利,人身自由未受到限制;

(四)有固定的住处和收入。

第七十条　【保证人的义务】保证人应当履行以下义务:

(一)监督被保证人遵守本法第七十一条的规定;

(二)发现被保证人可能发生或者已经发生违反本法第七十一条规定的行为的,应当及时向执行机关报告。

被保证人有违反本法第七十一条规定的行为,保证人未履行保证义务的,对保证人处以罚款,构成犯罪的,依法追究刑事责任。

■最高人民法院关于适用《中华人民共和国刑事诉讼法》的解释(2021年3月1日)

第一百五十二条　人民法院应当审查保证人是否符合法定条件。符合条件的,应当告知其必须履行的保证义务,以及不履行义务的法律后果,并由其出具保证书。

■公安机关办理刑事案件程序规定(2020年9月1日)

第八十六条　保证人应当履行以下义务:

(一)监督被保证人遵守本规定第八十五条、第八十六条的规定;

(二)发现被保证人可能发生或者已经发生违反本规定第八十五条、第八十六条规定的行为的,应当及时向执行机关报告。

保证人应当填写保证书,并在保证书上签名、捺指印。

第一百零三条　被保证人违反应当遵守的规定,保证人未履行保证义务的,查证属实后,经县级以上公安机关负责人批准,对保证人处一千元以上二万元以下罚款;构成犯罪的,依法追究刑事责任。

第一百零四条　决定对保证人罚款的,应当报经县级以上公安机关负责人批准,制作对保证人罚款决定书,在三日以内送达保证人,告知其如果对罚款决定不服,可以在收到决定书之日起五日以内向作出决定的公安机关申请复议。公安机关应当在收到复议申请后七日以内作出决定。

保证人对复议决定不服的,可以在收到复议决定书后五日以内向上一级公安机关申请复核一次。上一级公安机关应当在收到复核申请后七日以内作出决定。对上级公安机关撤销或者变更罚款决定的,下级公安机关应当执行。

第一百零五条　对于保证人罚款的决定已过复议期限,或者复议、复核后维持原决定或者变更罚款数额的,公安机关应当及时通知指定的银行将保证人罚款按照国家的有关规定上缴国库。人民法院、人民检察院决定取保候审的,还应当在三日以内通知决定取保候审的机关。

第一百零六条　对于犯罪嫌疑人采取保证人保证的,如果保证人在取保候审期间情况发生变化,不愿继续担保或者丧失担保条件，公安机关应当责令被取保候审人重新提出保证人或者交纳保证金，或者作出变更强制措施的决定。

人民法院、人民检察院决定取保候审的，负责执行的派出所应当自发现保证人不愿继续担保或者丧失担保条件之日起三日以内通知决定取保候审的机关。

■最高人民法院、最高人民检察院、公安部、国家安全部、司法部、全国人大常委会法制工作委员会关于实施刑事诉讼法若干问题的规定(2013 年 1 月 1 日)

14. 对取保候审保证人是否履行了保证义务，由公安机关认定，对保证人的罚款决定，也由公安机关作出。

第七十一条　【被取保候审人的义务及违反时的处罚】被取保候审的犯罪嫌疑人、被告人应当遵守以下规定：

(一)未经执行机关批准不得离开所居住的市、县；

(二)住址、工作单位和联系方式发生变动的，在二十四小时以内向执行机关报告；

(三)在传讯的时候及时到案；

(四)不得以任何形式干扰证人作证；

(五)不得毁灭、伪造证据或者串供。

人民法院、人民检察院和公安机关可以根据案件情况，责令被取保候审的犯罪嫌疑人、被告人遵守以下一项或者多项规定：

(一)不得进入特定的场所；

(二)不得与特定的人员会见或者通信；

(三)不得从事特定的活动；

(四)将护照等出入境证件、驾驶证件交执行机关保存。

被取保候审的犯罪嫌疑人、被告人违反前两款规定，已交纳保证金的，没收部分或者全部保证金，并且区别情形，责令犯罪嫌疑人、被告人具结悔过，重新交纳保证金、提出保证人，或者监视居住、予以逮捕。

对违反取保候审规定，需要予以逮捕的，可以对犯罪嫌疑人、被告人先行拘留。

■人民检察院刑事诉讼规则(2019 年 12 月 30 日)

第九十八条　公安机关在执行取保候审期间向人民检察院征询是否同意批准犯罪嫌疑人离开所居住的市、县时，人民检察院应当根据案件的具体情况及时作出决定，并通知公安机关。

第九十九条　人民检察院发现保证人没有履行刑事诉讼法第七十条规定的义务，应当通知公安机关，要求公安机关对保证人作出罚款决定。构成犯罪的，依法追究保证人的刑事责任。

第一百条　人民检察院发现犯罪嫌疑人违反刑事诉讼法第七十一条的规定，已交纳保证金的，应当书面通知公安机关没收部分或者全部保证金，并且根据案件的具体情况，责令犯罪嫌疑人具结悔过，重新交纳保证金、提出保证人，或者决定对其监视居住、予以逮捕。

公安机关发现犯罪嫌疑人违反刑事诉讼法第七十一条的规定，提出没收保证金或者变更强制措施意见的，人民检察院应当在收到意见后五日以内作出决定，并通知公安机关。

重新交纳保证金的程序适用本规则第九十二条的规定；提出保证人的程序适用本规则第九十条、第九十一条的规定。对犯罪嫌疑人继续取保候审的，取保候审的时间应当累计计算。

第一百零一条　犯罪嫌疑人有下列违反取保候审规定的行为，人民检察院应当对犯罪嫌疑人予以逮捕：

(一)故意实施新的犯罪；

(二)企图自杀、逃跑；

(三)实施毁灭、伪造证据，串供或者干扰证人作证，足以影响侦查、审查起诉工作正常进行；

(四)对被害人、证人、鉴定人、举报人、控告人及其他人员实施打击报复。

犯罪嫌疑人有下列违反取保候审规定的行为，人民检察院可以对犯罪嫌疑人予以逮捕：

(一)未经批准,擅自离开所居住的市、县,造成严重后果,或者两次未经批准,擅自离开所居住的市、县;

(二)经传讯不到案,造成严重后果,或者经两次传讯不到案;

(三)住址、工作单位和联系方式发生变动,未在二十四小时以内向公安机关报告,造成严重后果;

(四)违反规定进入特定场所、与特定人员会见或者通信、从事特定活动,严重妨碍诉讼程序正常进行。

有前两款情形,需要对犯罪嫌疑人予以逮捕的,可以先行拘留;已交纳保证金的,同时书面通知公安机关没收保证金。

■最高人民法院关于适用《中华人民共和国刑事诉讼法》的解释(2021年3月1日)

第一百五十八条　人民法院发现使用保证金保证的被取保候审人违反刑事诉讼法第七十一条第一款、第二款规定的,应当书面通知公安机关依法处理。

人民法院收到公安机关已经没收保证金的书面通知或者变更强制措施的建议后,应当区别情形,在五日以内责令被告人具结悔过,重新交纳保证金或者提出保证人,或者变更强制措施,并通知公安机关。

人民法院决定对被依法没收保证金的被告人继续取保候审的,取保候审的期限连续计算。

第一百五十九条　对被取保候审的被告人的判决、裁定生效后,如果保证金属于其个人财产,且需要用以退赔被害人、履行附带民事赔偿义务或者执行财产刑的,人民法院可以书面通知公安机关移交全部保证金,由人民法院作出处理,剩余部分退还被告人。

■公安机关办理刑事案件程序规定(2020年9月1日)

第八十九条　公安机关在宣布取保候审决定时,应当告知被取保候审人遵守以下规定:

(一)未经执行机关批准不得离开所居住的市、县;

(二)住址、工作单位和联系方式发生变动的,在二十四小时以内向执行机关报告;

(三)在传讯的时候及时到案;

(四)不得以任何形式干扰证人作证;

(五)不得毁灭、伪造证据或者串供。

第九十条　公安机关在决定取保候审时,还可以根据案件情况,责令被取保候审人遵守以下一项或者多项规定:

(一)不得进入与其犯罪活动等相关联的特定场所;

(二)不得与证人、被害人及其近亲属、同案犯以及与案件有关联的其他特定人员会见或者以任何方式通信;

(三)不得从事与其犯罪行为等相关联的特定活动;

(四)将护照等出入境证件、驾驶证件交执行机关保存。

公安机关应当综合考虑案件的性质、情节、社会影响、犯罪嫌疑人的社会关系等因素,确定特定场所、特定人员和特定活动的范围。

第九十一条　公安机关决定取保候审的,应当及时通知被取保候审人居住地的派出所执行。必要时,办案部门可以协助执行。

采取保证人担保形式的,应当同时送交有关法律文书、被取保候审人基本情况、保证人基本情况等材料。采取保证金担保形式的,应当同时送交有关法律文书、被取保候审人基本情况和保证金交纳情况等材料。

第九十二条　人民法院、人民检察院决定取保候审的,负责执行的县级公安机关应当在收到法律文书和有关材料后二十四小时以内,指定被取保候审人居住地派出所核实情况后执行。

第九十三条　执行取保候审的派出所应当履行下列职责：

（一）告知被取保候审人必须遵守的规定，及其违反规定或者在取保候审期间重新犯罪应当承担的法律后果；

（二）监督、考察被取保候审人遵守有关规定，及时掌握其活动、住址、工作单位、联系方式及变动情况；

（三）监督保证人履行保证义务；

（四）被取保候审人违反应当遵守的规定以及保证人未履行保证义务的，应当及时制止、采取紧急措施，同时告知决定机关。

第九十四条　执行取保候审的派出所应当定期了解被取保候审人遵守取保候审规定的有关情况，并制作笔录。

第九十五条　被取保候审人无正当理由不得离开所居住的市、县。有正当理由需要离开所居住的市、县的，应当经负责执行的派出所负责人批准。

人民法院、人民检察院决定取保候审的，负责执行的派出所在批准被取保候审人离开所居住的市、县前，应当征得决定取保候审的机关同意。

第九十六条　被取保候审人在取保候审期间违反本规定第八十五条、第八十六条规定，已交纳保证金的，公安机关应当根据其违反规定的情节，决定没收部分或者全部保证金，并且区别情形，责令其具结悔过、重新交纳保证金、提出保证人，变更强制措施或者给予治安管理处罚；需要予以逮捕的，可以对其先行拘留。

人民法院、人民检察院决定取保候审的，被取保候审人违反应当遵守的规定，负责执行的派出所应当及时通知决定取保候审的机关。

第九十七条　需要没收保证金的，应当经过严格审核后，报县级以上公安机关负责人批准，制作没收保证金决定书。

决定没收五万元以上保证金的，应当经设区的市一级以上公安机关负责人批准。

第九十八条　没收保证金的决定，公安机关应当在三日以内向被取保候审人宣读，并责令其在没收保证金决定书上签名、捺指印；被取保候审人在逃或者具有其他情形不能到场的，应当向其成年家属、法定代理人、辩护人或者单位、居住地的居民委员会、村民委员会宣布，由其成年家属、法定代理人、辩护人或者单位、居住地的居民委员会或者村民委员会的负责人在没收保证金决定书上签名。

被取保候审人或者其成年家属、法定代理人、辩护人或者单位、居民委员会、村民委员会负责人拒绝签名的，公安机关应当在没收保证金决定书上注明。

第九十九条　公安机关在宣读没收保证金决定书时，应当告知如果对没收保证金的决定不服，被取保候审人或者其法定代理人可以在五日以内向作出决定的公安机关申请复议。公安机关应当在收到复议申请后七日以内作出决定。

被取保候审人或者其法定代理人对复议决定不服的，可以在收到复议决定书后五日以内向上一级公安机关申请复核一次。上一级公安机关应当在收到复核申请后七日以内作出决定。对上级公安机关撤销或者变更没收保证金决定的，下级公安机关应当执行。

第一百条　没收保证金的决定已过复议期限，或者复议、复核后维持原决定或者变更没收保证金数额的，公安机关应当及时通知指定的银行将没收的保证金按照国家的有关规定上缴国库。人民法院、人民检察院决定取保候审的，还应当在三日以内通知决定取保候审的机关。

第一百零一条　被取保候审人在取保候审期间，没有违反本规定第八十五条、第八十六条有关规定，也没有重新故意犯罪的，或者具有本规定第一百八十三条规定的情形之一的，在解除取保候审、变更强制措施的同时，公安机关应当制作退还保证金决定书，通知银行如数退还保证金。

被取保候审人可以凭退还保证金决定书到银行领取退还的保证金。被取保候审人委托他人领取的,应当出具委托书。

第一百零二条　被取保候审人没有违反本规定第八十五条、第八十六条规定,但在取保候审期间涉嫌重新故意犯罪被立案侦查的,负责执行的公安机关应当暂扣其交纳的保证金,待人民法院判决生效后,根据有关判决作出处理。

■最高人民法院、最高人民检察院、公安部、国家安全部、司法部、全国人大常委会法制工作委员会关于实施刑事诉讼法若干问题的规定(2013年1月1日)

13.被取保候审、监视居住的犯罪嫌疑人、被告人无正当理由不得离开所居住的市、县或者执行监视居住的处所,有正当理由需要离开所居住的市、县或者执行监视居住的处所,应当经执行机关批准。如果取保候审、监视居住是由人民检察院、人民法院决定的,执行机关在批准犯罪嫌疑人、被告人离开所居住的市、县或者执行监视居住的处所前,应当征得决定机关同意。

■最高人民法院、最高人民检察院、公安部、国家安全部关于取保候审若干问题的规定(1999年8月4日)

第九条　执行机关在执行取保候审时,应当告知被取保候审人必须遵守刑事诉讼法第五十六条的规定及其违反规定,或者在取保候审期间重新犯罪应当承担的后果。

第十条　被取保候审人违反刑事诉讼法第五十六条规定,依法应当没收保证金的,由县级以上执行机关作出没收部分或者全部保证金的决定,并通知决定机关;对需要变更强制措施的,应当同时提出变更强制措施的意见,连同有关材料一并送交决定机关。

第十一条　决定机关发现被取保候审人违反刑事诉讼法第五十六条的规定,认为依法应当没收保证金的,应当提出没收部分或者全部保证金的书面意见,连同有关材料一并送交县级以上执行机关。县级以上执行机关应当根据决定机关的意见,及时作出没收保证金的决定,并通知决定机关。

第十二条　被取保候审人没有违反刑事诉讼法第五十六条的规定,但在取保候审期间涉嫌重新犯罪被司法机关立案侦查的,执行机关应当暂扣其交纳的保证金,待人民法院判决生效后,决定是否没收保证金。对故意重新犯罪的,应当没收保证金;对过失重新犯罪或者不构成犯罪的,应当退还保证金。

第十三条　决定机关收到执行机关已没收保证金的书面通知,或者变更强制措施的意见后,应当在五日内作出变更强制措施或者责令犯罪嫌疑人重新交纳保证金、提出保证人的决定,并通知执行机关。

决定重新交纳保证金的程序,适用本规定的有关规定。

第十四条　执行机关应当向被取保候审人宣布没收保证金的决定,并告知其如不服本决定,可以在收到《没收保证金决定书》后的五日以内,向执行机关的上一级主管机关申请复核一次。上一级主管机关收到复核申请后,应当在七日内作出复核决定。

第十五条　没收保证金的决定已过复核申请期限或者经复核后决定没收保证金的,县级以上执行机关应当及时通知银行按照国家的有关规定上缴国库。

第十六条　采取保证人形式取保候审的,被取保候审人违反刑事诉讼法第五十六条的规定,保证人未及时报告的,经查证属实后,由县级以上执行机关对保证人处一千元以上二万元以下罚款,并将有关情况及时通知决定机关。

第十七条　执行机关应当向保证人宣布罚款决定,并告知其如不服本决定,可以在收到《对保证人罚款决定书》后的五日以内,向执行机关的上一级主管机关申请复核一次。上一级主管机关收到复核申请后,应当在七日内作出复核决定。

第十八条　没收取保候审保证金和对保证人罚款均系刑事司法行为,不能提起行政诉讼。当事人如不服复核决定,可以依法向有关机关提出申诉。

第十九条 采取保证人形式取保候审的，执行机关发现保证人丧失了担保条件时，应当书面通知决定机关。

决定机关收到执行机关的书面通知后，应当责令被取保候审人重新提出保证人或者交纳保证金，或者作出变更强制措施的决定，并通知执行机关。

第二十条 取保候审即将到期的，执行机关应当在期限届满十五日前书面通知决定机关，由决定机关作出解除取保候审或者变更强制措施的决定，并于期限届满前书面通知执行机关。

执行机关收到决定机关的《解除取保候审决定书》或者变更强制措施的通知后，应当立即执行，并将执行情况及时通知决定机关。

第二十一条 被取保候审人在取保候审期间没有违反刑事诉讼法第五十六条的规定，也没有故意重新犯罪的，在解除取保候审、变更强制措施或者执行刑罚的同时，县级以上执行机关应当制作《退还保证金决定书》，通知银行如数退还保证金，并书面通知决定机关。

执行机关应当及时向被取保候审人宣布退还保证金的决定，并书面通知其到银行领取退还的保证金。

第七十二条 【保证金数额的确定】取保候审的决定机关应当综合考虑保证诉讼活动正常进行的需要，被取保候审人的社会危险性，案件的性质、情节，可能判处刑罚的轻重，被取保候审人的经济状况等情况，确定保证金的数额。

提供保证金的人应当将保证金存入执行机关指定银行的专门账户。

■公安机关办理刑事案件程序规定(2020年9月1日)

第八十七条 犯罪嫌疑人的保证金起点数额为人民币一千元。犯罪嫌疑人为未成年人的，保证金起点数额为人民币五百元。具体数额应当综合考虑保证诉讼活动正常进行的需要、犯罪嫌疑人的社会危险性、案件的性质、情节、可能判处刑罚的轻重以及犯罪嫌疑人的经济状况等情况确定。

第八十八条 县级以上公安机关应当在其指定的银行设立取保候审保证金专门账户，委托银行代为收取和保管保证金。

提供保证金的人，应当一次性将保证金存入取保候审保证金专门账户。保证金应当以人民币交纳。

保证金应当由办案部门以外的部门管理。严禁截留、坐支、挪用或者以其他任何形式侵吞保证金。

第七十三条 【保证金退还的领取】犯罪嫌疑人、被告人在取保候审期间未违反本法第七十一条规定的，取保候审结束的时候，凭解除取保候审的通知或者有关法律文书到银行领取退还的保证金。

■人民检察院刑事诉讼规则(2019年12月30日)

第一百零六条 犯罪嫌疑人在取保候审期间没有违反刑事诉讼法第七十一条的规定，或者发现不应当追究犯罪嫌疑人刑事责任的，变更、解除或者撤销取保候审时，应当告知犯罪嫌疑人可以凭变更、解除或者撤销取保候审的通知或者有关法律文书到银行领取退还的保证金。

第七十四条 【监视居住的条件】人民法院、人民检察院和公安机关对符合逮捕条件，有下列情形之一的犯罪嫌疑人、被告人，可以监视居住：

(一)患有严重疾病、生活不能自理的；

(二)怀孕或者正在哺乳自己婴儿的妇女；

(三)系生活不能自理的人的唯一扶养人；

(四)因为案件的特殊情况或者办理案件的需要，采取监视居住措施更为适宜的；

(五)羁押期限届满，案件尚未办结，需要采取监视居住措施的。

对符合取保候审条件，但犯罪嫌疑人、被告人不能提出保证人，也不交纳保证金的，可以监视居住。

监视居住由公安机关执行。

■人民检察院刑事诉讼规则(2019年12月30日)

第一百零七条 人民检察院对于符合逮捕条件,具有下列情形之一的犯罪嫌疑人,可以监视居住:

(一)患有严重疾病、生活不能自理的;

(二)怀孕或者正在哺乳自己婴儿的妇女;

(三)系生活不能自理的人的唯一扶养人;

(四)因为案件的特殊情况或者办理案件的需要,采取监视居住措施更为适宜的;

(五)羁押期限届满,案件尚未办结,需要采取监视居住措施的。

前款第三项中的扶养包括父母、祖父母、外祖父母对子女、孙子女、外孙子女的抚养和子女、孙子女、外孙子女对父母、祖父母、外祖父母的赡养以及配偶、兄弟姐妹之间的相互扶养。

对符合取保候审条件,但犯罪嫌疑人不能提出保证人,也不交纳保证金的,可以监视居住。

第一百条(第四款) 对犯罪嫌疑人决定监视居住的,应当办理监视居住手续。监视居住的期限应当自执行监视居住决定之日起计算并告知犯罪嫌疑人。

第一百零八条 人民检察院应当向被监视居住的犯罪嫌疑人宣读监视居住决定书,由犯罪嫌疑人签名或者盖章,并捺指印,责令犯罪嫌疑人遵守刑事诉讼法第七十七条的规定,告知其违反规定应负的法律责任。

指定居所监视居住的,不得要求被监视居住人支付费用。

■最高人民法院关于适用《中华人民共和国刑事诉讼法》的解释(2021年3月1日)

第一百六十条 对具有刑事诉讼法第七十四条第一款、第二款规定情形的被告人,人民法院可以决定监视居住。

人民法院决定对被告人监视居住的,应当核实其住处;没有固定住处的,应当为其指定居所。

第一百六十一条 人民法院向被告人宣布监视居住决定后,应当将监视居住决定书等相关材料送交被告人住处或者指定居所所在地的公安机关执行。

对被告人指定居所监视居住后,人民法院应当在二十四小时以内,将监视居住的原因和处所通知其家属;确实无法通知的,应当记录在案。

第一百六十二条 人民检察院、公安机关已经对犯罪嫌疑人取保候审、监视居住,案件起诉至人民法院后,需要继续取保候审、监视居住或者变更强制措施的,人民法院应当在七日以内作出决定,并通知人民检察院、公安机关。

决定继续取保候审、监视居住的,应当重新办理手续,期限重新计算;继续使用保证金保证的,不再收取保证金。

第一百六十九条 被逮捕的被告人具有下列情形之一的,人民法院可以变更强制措施:

(一)患有严重疾病、生活不能自理的;

(二)怀孕或者正在哺乳自己婴儿的;

(三)系生活不能自理的人的唯一扶养人。

■公安机关办理刑事案件程序规定(2020年9月1日)

第一百零九条 公安机关对符合逮捕条件,有下列情形之一的犯罪嫌疑人,可以监视居住:

(一)患有严重疾病、生活不能自理的;

(二)怀孕或者正在哺乳自己婴儿的妇女;

(三)系生活不能自理的人的唯一扶养人;

(四)因案件的特殊情况或者办理案件的需要,采取监视居住措施更为适宜的;

(五)羁押期限届满,案件尚未办结,需要采取监视居住措施的。

对人民检察院决定不批准逮捕的犯罪嫌疑人,需要继续侦查,并且符合监视居住条件的,可以监视居住。

对于符合取保候审条件,但犯罪嫌疑人不能提出保证人,也不交纳保证金的,可以监视居住。

对于被取保候审人违反本规定第八十五条、第八十六条规定的,可以监视居住。

第一百一十条　对犯罪嫌疑人监视居住,应当制作呈请监视居住报告书,说明监视居住的理由、采取监视居住的方式以及应当遵守的规定,经县级以上公安机关负责人批准,制作监视居住决定书。监视居住决定书应当向犯罪嫌疑人宣读,由犯罪嫌疑人签名、捺指印。

■最高人民法院、最高人民检察院、公安部、国家安全部、司法部、全国人大常委会法制工作委员会关于实施刑事诉讼法若干问题的规定(2013年1月1日)

15. 指定居所监视居住的,不得要求被监视居住人支付费用。

第七十五条　【监视居住的执行地点及通知家属】监视居住应当在犯罪嫌疑人、被告人的住处执行;无固定住处的,可以在指定的居所执行。对于涉嫌危害国家安全犯罪、恐怖活动犯罪,在住处执行可能有碍侦查的,经上一级公安机关批准,也可以在指定的居所执行。但是,不得在羁押场所、专门的办案场所执行。

指定居所监视居住的,除无法通知的以外,应当在执行监视居住后二十四小时以内,通知被监视居住人的家属。

被监视居住的犯罪嫌疑人、被告人委托辩护人,适用本法第三十四条的规定。

人民检察院对指定居所监视居住的决定和执行是否合法实行监督。

■人民检察院刑事诉讼规则(2019年12月30日)

第一百零九条　人民检察院核实犯罪嫌疑人住处或者为其指定居所后,应当制作监视居住执行通知书,将有关法律文书和案由、犯罪嫌疑人基本情况材料,送交监视居住地的公安机关执行,必要时人民检察院可以协助公安机关执行。

人民检察院应当告知公安机关在执行期间拟批准犯罪嫌疑人离开执行监视居住的处所、会见他人或者通信的,应当事先征得人民检察院同意。

第一百一十条　人民检察院可以根据案件的具体情况,商请公安机关对被监视居住的犯罪嫌疑人采取电子监控、不定期检查等监视方法,对其遵守监视居住规定的情况进行监督。

人民检察院办理直接受理侦查的案件对犯罪嫌疑人采取监视居住的,在侦查期间可以商请公安机关对其通信进行监控。

第一百一十六条　监视居住应当在犯罪嫌疑人的住处执行。犯罪嫌疑人无固定住处的,可以在指定的居所执行。

固定住处是指犯罪嫌疑人在办案机关所在地的市、县内工作、生活的合法居所。

指定的居所应当符合下列条件:

(一)具备正常的生活、休息条件;

(二)便于监视、管理;

(三)能够保证安全。

采取指定居所监视居住,不得在看守所、拘留所、监狱等羁押、监管场所以及留置室、讯问室等专门的办案场所、办公区域执行。

第一百一十七条　在指定的居所执行监视居住,除无法通知的以外,人民检察院应当在执行监视居住后二十四小时以内,将指定居所监视居住的原因通知被监视居住人的家属。无法通知的,应当将原因写明附卷。无法通知的情形消除后,应当立即通知。

无法通知包括下列情形:

(一)被监视居住人无家属;

(二)与其家属无法取得联系;

(三)受自然灾害等不可抗力阻碍。

第一百一十八条 对于公安机关、人民法院决定指定居所监视居住的案件,由批准或者决定的公安机关、人民法院的同级人民检察院负责捕诉的部门对决定是否合法实行监督。

人民检察院决定指定居所监视居住的案件,由负责控告申诉检察的部门对决定是否合法实行监督。

第一百一十九条 被指定居所监视居住人及其法定代理人、近亲属或者辩护人认为指定居所监视居住决定存在违法情形,提出控告或者举报的,人民检察院应当受理。

人民检察院可以要求有关机关提供指定居所监视居住决定书和相关案卷材料。经审查,发现存在下列违法情形之一的,应当及时通知其纠正:

(一)不符合指定居所监视居住的适用条件的;

(二)未按法定程序履行批准手续的;

(三)在决定过程中有其他违反刑事诉讼法规定的行为的。

第一百二十条 对于公安机关、人民法院决定指定居所监视居住的案件,由人民检察院负责刑事执行检察的部门对指定居所监视居住的执行活动是否合法实行监督。发现存在下列违法情形之一的,应当及时提出纠正意见:

(一)执行机关收到指定居所监视居住决定书、执行通知书等法律文书后不派员执行或者不及时派员执行的;

(二)在执行指定居所监视居住后二十四小时以内没有通知被监视居住人的家属的;

(三)在羁押场所、专门的办案场所执行监视居住的;

(四)为被监视居住人通风报信、私自传递信件、物品的;

(五)违反规定安排辩护人同被监视居住人会见、通信,或者违法限制被监视居住人与辩护人会见、通信的;

(六)对被监视居住人刑讯逼供、体罚、虐待或者变相体罚、虐待的;

(七)有其他侵犯被监视居住人合法权利行为或者其他违法行为的。

被监视居住人及其法定代理人、近亲属或者辩护人认为执行机关或者执行人员存在上述违法情形,提出控告或者举报的,人民检察院应当受理。

人民检察院决定指定居所监视居住的案件,由负责控告申诉检察的部门对指定居所监视居住的执行活动是否合法实行监督。

■公安机关办理刑事案件程序规定(2020年9月1日)

第一百一十一条 监视居住应当在犯罪嫌疑人、被告人住处执行;无固定住处的,可以在指定的居所执行。对于涉嫌危害国家安全犯罪、恐怖活动犯罪,在住处执行可能有碍侦查的,经上一级公安机关批准,也可以在指定的居所执行。

有下列情形之一的,属于本条规定的"有碍侦查":

(一)可能毁灭、伪造证据,干扰证人作证或者串供的;

(二)可能引起犯罪嫌疑人自残、自杀或者逃跑的;

(三)可能引起同案犯逃避、妨碍侦查的;

(四)犯罪嫌疑人、被告人在住处执行监视居住有人身危险的;

(五)犯罪嫌疑人、被告人的家属或者所在单位人员与犯罪有牵连的。

指定居所监视居住的,不得要求被监视居住人支付费用。

第一百一十二条 固定住处,是指被监视居住人在办案机关所在的市、县内生活的合法住处;指定的居所，是指公安机关根据案件情况，在办案机关所在的市、县内为被监视居住人指定的生活居所。

指定的居所应当符合下列条件：

（一）具备正常的生活、休息条件；

（二）便于监视、管理；

（三）保证安全。

公安机关不得在羁押场所、专门的办案场所或者办公场所执行监视居住。

第一百一十三条　指定居所监视居住的，除无法通知的以外，应当制作监视居住通知书，在执行监视居住后二十四小时以内，由决定机关通知被监视居住人的家属。

有下列情形之一的，属于本条规定的“无法通知”：

（一）不讲真实姓名、住址、身份不明的；

（二）没有家属的；

（三）提供的家属联系方式无法取得联系的；

（四）因自然灾害等不可抗力导致无法通知的。

无法通知的情形消失以后，应当立即通知被监视居住人的家属。

无法通知家属的，应当在监视居住通知书中注明原因。

第一百一十四条　被监视居住人委托辩护律师，适用本规定第四十一条、第四十二条、第四十三条规定。

第七十六条　【监视居住期限折抵刑期】指定居所监视居住的期限应当折抵刑期。被判处管制的，监视居住一日折抵刑期一日；被判处拘役、有期徒刑的，监视居住二日折抵刑期一日。

第七十七条　【被监视居住人的义务】被监视居住的犯罪嫌疑人、被告人应当遵守以下规定：

（一）未经执行机关批准不得离开执行监视居住的处所；

（二）未经执行机关批准不得会见他人或者通信；

（三）在传讯的时候及时到案；

（四）不得以任何形式干扰证人作证；

（五）不得毁灭、伪造证据或者串供；

（六）将护照等出入境证件、身份证件、驾驶证件交执行机关保存。

被监视居住的犯罪嫌疑人、被告人违反前款规定，情节严重的，可以予以逮捕；需要予以逮捕的，可以对犯罪嫌疑人、被告人先行拘留。

■人民检察院刑事诉讼规则（2019年12月30日）

第一百一十一条　犯罪嫌疑人有下列违反监视居住规定的行为，人民检察院应当对犯罪嫌疑人予以逮捕：

（一）故意实施新的犯罪行为；

（二）企图自杀、逃跑；

（三）实施毁灭、伪造证据或者串供、干扰证人作证行为，足以影响侦查、审查起诉工作正常进行；

（四）对被害人、证人、鉴定人、举报人、控告人及其他人员实施打击报复。

犯罪嫌疑人有下列违反监视居住规定的行为，人民检察院可以对犯罪嫌疑人予以逮捕：

（一）未经批准，擅自离开执行监视居住的处所，造成严重后果，或者两次未经批准，擅自离开执行监视居住的处所；

（二）未经批准，擅自会见他人或者通信，造成严重后果，或者两次未经批准，擅自会见他人或者通信；

（三）经传讯不到案，造成严重后果，或者经两次传讯不到案。

有前两款情形，需要对犯罪嫌疑人予以逮捕的，可以先行拘留。

■公安机关办理刑事案件程序规定(2020年9月1日)

第一百一十五条 公安机关在宣布监视居住决定时，应当告知被监视居住人必须遵守以下规定：

(一)未经执行机关批准不得离开执行监视居住的处所；

(二)未经执行机关批准不得会见他人或者以任何方式通信；

(三)在传讯的时候及时到案；

(四)不得以任何形式干扰证人作证；

(五)不得毁灭、伪造证据或者串供；

(六)将护照等出入境证件、身份证件、驾驶证件交执行机关保存。

第一百一十六条 公安机关对被监视居住人，可以采取电子监控、不定期检查等监视方法对其遵守监视居住规定的情况进行监督；在侦查期间，可以对被监视居住的犯罪嫌疑人的电话、传真、信函、邮件、网络等通信进行监控。

第一百一十七条 公安机关决定监视居住的，由被监视居住人住处或者指定居所所在地的派出所执行，办案部门可以协助执行。必要时，也可以由办案部门负责执行，派出所或者其他部门协助执行。

第一百一十八条 人民法院、人民检察院决定监视居住的，负责执行的县级公安机关应当在收到法律文书和有关材料后二十四小时以内，通知被监视居住人住处或者指定居所所在地的派出所，核实被监视居住人身份、住处或者居所等情况后执行。必要时，可以由人民法院、人民检察院协助执行。

负责执行的派出所应当及时将执行情况通知决定监视居住的机关。

第一百一十九条 负责执行监视居住的派出所或者办案部门应当严格对被监视居住人进行监督考察，确保安全。

第一百二十条 被监视居住人有正当理由要求离开住处或者指定的居所以及要求会见他人或者通信的，应当经负责执行的派出所或者办案部门负责人批准。

人民法院、人民检察院决定监视居住的，负责执行的派出所在批准被监视居住人离开住处或者指定的居所以及与他人会见或者通信前，应当征得决定监视居住的机关同意。

第一百二十一条 被监视居住人违反应当遵守的规定，公安机关应当区分情形责令被监视居住人具结悔过或者给予治安管理处罚。情节严重的，可以予以逮捕；需要予以逮捕的，可以对其先行拘留。

人民法院、人民检察院决定监视居住的，被监视居住人违反应当遵守的规定，负责执行的派出所应当及时通知决定监视居住的机关。

■最高人民法院、最高人民检察院、公安部、国家安全部、司法部、全国人大常委会法制工作委员会关于实施刑事诉讼法若干问题的规定(2013年1月1日)

13. 被取保候审、监视居住的犯罪嫌疑人、被告人无正当理由不得离开所居住的市、县或者执行监视居住的处所，有正当理由需要离开所居住的市、县或者执行监视居住的处所，应当经执行机关批准。如果取保候审、监视居住是由人民检察院、人民法院决定的，执行机关在批准犯罪嫌疑人、被告人离开所居住的市、县或者执行监视居住的处所前，应当征得决定机关同意。

第七十八条 【对被监视居住人的监督与监控】执行机关对被监视居住的犯罪嫌疑人、被告人，可以采取电子监控、不定期检查等监视方法对其遵守监视居住规定的情况进行监督；在侦查期间，可以对被监视居住的犯罪嫌疑人的通信进行监控。

■人民检察院刑事诉讼规则(2019年12月30日)

第一百一十条 人民检察院可以根据案件的具体情况，商请公安机关对被监视居住的犯罪嫌疑人采取电子监控、不定期检查等监视方法，对其遵守监视居住规定的情况进行监督。

人民检察院办理直接受理侦查的案件对犯罪嫌疑人采取监视居住的,在侦查期间可以商请公安机关对其通信进行监控。

第七十九条 【取保候审、监视居住的期限及其解除】人民法院、人民检察院和公安机关对犯罪嫌疑人、被告人取保候审最长不得超过十二个月,监视居住最长不得超过六个月。

在取保候审、监视居住期间,不得中断对案件的侦查、起诉和审理。对于发现不应当追究刑事责任或者取保候审、监视居住期限届满的,应当及时解除取保候审、监视居住。解除取保候审、监视居住,应当及时通知被取保候审、监视居住人和有关单位。

■人民检察院刑事诉讼规则(2019 年 12 月 30 日)

第一百一十二条 人民检察院决定对犯罪嫌疑人监视居住,最长不得超过六个月。

第一百一十三条 公安机关决定对犯罪嫌疑人监视居住,案件移送人民检察院审查起诉后,对于需要继续监视居住的,人民检察院应当依法重新作出监视居住决定,并对犯罪嫌疑人办理监视居住手续。监视居住的期限应当重新计算并告知犯罪嫌疑人。

第一百一十四条 在监视居住期间,不得中断对案件的侦查、审查起诉。

第一百一十五条 监视居住期限届满或者发现不应当追究犯罪嫌疑人刑事责任的,应当解除或者撤销监视居住。

解除或者撤销监视居住的决定应当通知执行机关,并将解除或者撤销监视居住的决定书送达犯罪嫌疑人。

■公安机关办理刑事案件程序规定(2020 年 9 月 1 日)

第一百零七条 公安机关在取保候审期间不得中断对案件的侦查,对取保候审的犯罪嫌疑人,根据案情变化,应当及时变更强制措施或者解除取保候审。

取保候审最长不得超过十二个月。

第一百零八条 需要解除取保候审的,应当经县级以上公安机关负责人批准,制作解除取保候审决定书、通知书,并及时通知负责执行的派出所、被取保候审人、保证人和有关单位。

人民法院、人民检察院作出解除取保候审决定的,负责执行的公安机关应当根据决定书及时解除取保候审,并通知被取保候审人、保证人和有关单位。

第一百二十二条 在监视居住期间,公安机关不得中断案件的侦查,对被监视居住的犯罪嫌疑人,应当根据案情变化,及时解除监视居住或者变更强制措施。

监视居住最长不得超过六个月。

第一百二十三条 需要解除监视居住的,应当经县级以上公安机关负责人批准,制作解除监视居住决定书,并及时通知负责执行的派出所、被监视居住人和有关单位。

人民法院、人民检察院作出解除、变更监视居住决定的,负责执行的公安机关应当及时解除并通知被监视居住人和有关单位。

人民法院、人民检察院作出解除、变更监视居住决定的,公安机关应当及时解除并通知被监视居住人和有关单位。

■最高人民法院、最高人民检察院、公安部、国家安全部关于取保候审若干问题的规定(1999 年 8 月 4 日)

第二十二条 在侦查或者审查起诉阶段已经采取取保候审的,案件移送至审查起诉或者审判阶段时,如果需要继续取保候审,或者需要变更保证方式或强制措施的,受案机关应当在七日内作出决定,并通知执行机关和移送案件的机关。

受案机关决定继续取保候审的,应当重新作出取保候审决定。对继续采取保证金方式取保候审的,原则上不变更保证金数额,不再重新收取保证金。

取保候审期限即将届满,受案机关仍未作出继续取保候审、变更保证方式或者变更强制措施决定的,执行机关应当在期限届满十五日前书面通知受案机关。受案机关应当在原取保候审期限届满前作出决定,并通知执行机关和移送案件的机关。

第二十三条　原决定机关收到受案机关作出的变更强制措施决定后,应当立即解除原取保候审,并将《解除取保候审决定书》、《解除取保候审通知书》送达执行机关,执行机关应当及时书面通知被取保候审人、保证人;受案机关作出继续取保候审或者变更保证方式决定的,原取保候审自动解除,不再办理解除手续。

第八十条　【逮捕批准、决定和执行】逮捕犯罪嫌疑人、被告人,必须经过人民检察院批准或者人民法院决定,由公安机关执行。

第八十一条　【逮捕的条件】对有证据证明有犯罪事实,可能判处徒刑以上刑罚的犯罪嫌疑人、被告人,采取取保候审尚不足以防止发生下列社会危险性的,应当予以逮捕:

(一)可能实施新的犯罪的;

(二)有危害国家安全、公共安全或者社会秩序的现实危险的;

(三)可能毁灭、伪造证据,干扰证人作证或者串供的;

(四)可能对被害人、举报人、控告人实施打击报复的;

(五)企图自杀或者逃跑的。

批准或者决定逮捕,应当将犯罪嫌疑人、被告人涉嫌犯罪的性质、情节,认罪认罚等情况,作为是否可能发生社会危险性的考虑因素。

对有证据证明有犯罪事实,可能判处十年有期徒刑以上刑罚的,或者有证据证明有犯罪事实,可能判处徒刑以上刑罚,曾经故意犯罪或者身份不明的,应当予以逮捕。

被取保候审、监视居住的犯罪嫌疑人、被告人违反取保候审、监视居住规定,情节严重的,可以予以逮捕。

■全国人民代表大会常务委员会关于《中华人民共和国刑事诉讼法》第七十九条第三款的解释(全文)(2014年4月24日)

根据刑事诉讼法(2012年修正的刑诉法。——编著者注)第七十九条第三款的规定,对于被取保候审、监视居住的可能判处徒刑以下刑罚的犯罪嫌疑人、被告人,违反取保候审、监视居住规定,严重影响诉讼活动正常进行的,可以予以逮捕。

■最高人民法院、最高人民检察院、公安部、国家安全部、司法部关于适用认罪认罚从宽制度的指导意见(2019年10月11日)(见本书附录五十)

■最高人民检察院、公安部关于逮捕社会危险性条件若干问题的规定(试行)(2015年10月9日)

第二条　人民检察院办理审查逮捕案件,应当全面把握逮捕条件,对有证据证明有犯罪事实、可能判处徒刑以上刑罚的犯罪嫌疑人,除刑诉法第七十九条第二、三款规定的情形外,应当严格审查是否具备社会危险性条件。公安机关侦查刑事案件,应当收集、固定犯罪嫌疑人是否具有社会危险性的证据。

第三条　公安机关提请逮捕犯罪嫌疑人的,应当同时移送证明犯罪嫌疑人具有社会危险性的证据。对于证明犯罪事实的证据能够证明犯罪嫌疑人具有社会危险性的,应当在提请批准逮捕书中专门予以说明。对于证明犯罪事实的证据不能证明犯罪嫌疑人具有社会危险性的,应当收集、固定犯罪嫌疑人具备社会危险性条件的证据,并在提请逮捕时随卷移送。

第四条　人民检察院审查认定犯罪嫌疑人是否具有社会危险性,应当以公安机关移送的社会危险性相关证据为依据,并结合案件具体情况综合认定。必要时可以通过讯问犯罪嫌疑人、询问证人等诉讼参与人、听取辩护律师意见等方式,核实相关证据。依据在案证据不能认定犯罪嫌疑人符合逮捕社会危险性条件的,人民检察院可以要求公安机关补充相关证据,公安机关没有补充移送的,应当作出不批准逮捕的决定。

第五条 犯罪嫌疑人“可能实施新的犯罪”,应当具有下列情形之一:

(一)案发前或者案发后正在策划、组织或者预备实施新的犯罪的;

(二)扬言实施新的犯罪的;

(三)多次作案、连续作案、流窜作案的;

(四)一年内曾因故意实施同类违法行为受到行政处罚的;

(五)以犯罪所得为主要生活来源的;

(六)有吸毒、赌博等恶习的;

(七)其他可能实施新的犯罪的情形。

第六条 犯罪嫌疑人“有危害国家安全、公共安全或者社会秩序的现实危险”,应当具有下列情形之一:

(一)案发前或者案发后正在积极策划、组织或者预备实施危害国家安全、公共安全或者社会秩序的重大违法犯罪行为的;

(二)曾因危害国家安全、公共安全或者社会秩序受到刑事处罚或者行政处罚的;

(三)在危害国家安全、黑恶势力、恐怖活动、毒品犯罪中起组织、策划、指挥作用或者积极参加的;

(四)其他有危害国家安全、公共安全或者社会秩序的现实危险的情形。

第七条 犯罪嫌疑人“可能毁灭、伪造证据,干扰证人作证或者串供”,应当具有下列情形之一:

(一)曾经或者企图毁灭、伪造、隐匿、转移证据的;

(二)曾经或者企图威逼、恐吓、利诱、收买证人,干扰证人作证的;

(三)有同案犯罪嫌疑人或者与其在事实上存在密切关联犯罪的犯罪嫌疑人在逃,重要证据尚未收集到位的;

(四)其他可能毁灭、伪造证据,干扰证人作证或者串供的情形。

第八条 犯罪嫌疑人“可能对被害人、举报人、控告人实施打击报复”,应当具有下列情形之一:

(一)扬言或者准备、策划对被害人、举报人、控告人实施打击报复的;

(二)曾经对被害人、举报人、控告人实施打击、要挟、迫害等行为的;

(三)采取其他方式滋扰被害人、举报人、控告人的正常生活、工作的;

(四)其他可能对被害人、举报人、控告人实施打击报复的情形。

第九条 犯罪嫌疑人“企图自杀或者逃跑”,应当具有下列情形之一:

(一)着手准备自杀、自残或者逃跑的;

(二)曾经自杀、自残或者逃跑的;

(三)有自杀、自残或者逃跑的意思表示的;

(四)曾经以暴力、威胁手段抗拒抓捕的;

(五)其他企图自杀或者逃跑的情形。

第十条 人民检察院对于以无社会危险性不批准逮捕的,应当向公安机关说明理由,必要时可以向被害人说明理由。对于社会关注的重大敏感案件或者可能引发群体性事件的,在作出不捕决定前应当进行风险评估并做好处置预案。

第十一条 本规定自下发之日起施行。

■人民检察院刑事诉讼规则(2019年12月30日)

第一百二十八条 人民检察院对有证据证明有犯罪事实,可能判处徒刑以上刑罚的犯罪嫌疑人,采取取保候审尚不足以防止发生下列社会危险性的,应当批准或者决定逮捕:

(一)可能实施新的犯罪的;
(二)有危害国家安全、公共安全或者社会秩序的现实危险的;
(三)可能毁灭、伪造证据,干扰证人作证或者串供的;
(四)可能对被害人、举报人、控告人实施打击报复的;
(五)企图自杀或者逃跑的。

有证据证明有犯罪事实是指同时具备下列情形:
(一)有证据证明发生了犯罪事实;
(二)有证据证明该犯罪事实是犯罪嫌疑人实施的;
(三)证明犯罪嫌疑人实施犯罪行为的证据已经查证属实。

犯罪事实既可以是单一犯罪行为的事实,也可以是数个犯罪行为中任何一个犯罪行为的事实。

第一百二十九条　犯罪嫌疑人具有下列情形之一的,可以认定为"可能实施新的犯罪":
(一)案发前或者案发后正在策划、组织或者预备实施新的犯罪的;
(二)扬言实施新的犯罪的;
(三)多次作案、连续作案、流窜作案的;
(四)一年内曾因故意实施同类违法行为受到行政处罚的;
(五)以犯罪所得为主要生活来源的;
(六)有吸毒、赌博等恶习的;
(七)其他可能实施新的犯罪的情形。

第一百三十条　犯罪嫌疑人具有下列情形之一的,可以认定为"有危害国家安全、公共安全或者社会秩序的现实危险":
(一)案发前或者案发后正在积极策划、组织或者预备实施危害国家安全、公共安全或者社会秩序的重大违法犯罪行为的;
(二)曾因危害国家安全、公共安全或者社会秩序受到刑事处罚或者行政处罚的;
(三)在危害国家安全、黑恶势力、恐怖活动、毒品犯罪中起组织、策划、指挥作用或者积极参加的;
(四)其他有危害国家安全、公共安全或者社会秩序的现实危险的情形。

第一百三十一条　犯罪嫌疑人具有下列情形之一的,可以认定为"可能毁灭、伪造证据,干扰证人作证或者串供":
(一)曾经或者企图毁灭、伪造、隐匿、转移证据的;
(二)曾经或者企图威逼、恐吓、利诱、收买证人,干扰证人作证的;
(三)有同案犯罪嫌疑人或者与其在事实上存在密切关联犯罪的犯罪嫌疑人在逃,重要证据尚未收集到位的;
(四)其他可能毁灭、伪造证据,干扰证人作证或者串供的情形。

第一百三十二条　犯罪嫌疑人具有下列情形之一的,可以认定为"可能对被害人、举报人、控告人实施打击报复":
(一)扬言或者准备、策划对被害人、举报人、控告人实施打击报复的;
(二)曾经对被害人、举报人、控告人实施打击、要挟、迫害等行为的;
(三)采取其他方式滋扰被害人、举报人、控告人的正常生活、工作的;
(四)其他可能对被害人、举报人、控告人实施打击报复的情形。

第一百三十三条　犯罪嫌疑人具有下列情形之一的,可以认定为"企图自杀或者逃跑":
(一)着手准备自杀、自残或者逃跑的;
(二)曾经自杀、自残或者逃跑的;

（三）有自杀、自残或者逃跑的意思表示的；

（四）曾经以暴力、威胁手段抗拒抓捕的；

（五）其他企图自杀或者逃跑的情形。

第一百三十四条 人民检察院办理审查逮捕案件，应当全面把握逮捕条件，对有证据证明有犯罪事实、可能判处徒刑以上刑罚的犯罪嫌疑人，除具有刑事诉讼法第八十一条第三款、第四款规定的情形外，应当严格审查是否具备社会危险性条件。

第一百三十五条 人民检察院审查认定犯罪嫌疑人是否具有社会危险性，应当以公安机关移送的社会危险性相关证据为依据，并结合案件具体情况综合认定。必要时，可以通过讯问犯罪嫌疑人、询问证人等诉讼参与人、听取辩护律师意见等方式，核实相关证据。

依据在案证据不能认定犯罪嫌疑人符合逮捕社会危险性条件的，人民检察院可以要求公安机关补充相关证据，公安机关没有补充移送的，应当作出不批准逮捕的决定。

第一百三十六条 对有证据证明有犯罪事实，可能判处十年有期徒刑以上刑罚的犯罪嫌疑人，应当批准或者决定逮捕。

对有证据证明有犯罪事实，可能判处徒刑以上刑罚，犯罪嫌疑人曾经故意犯罪或者不讲真实姓名、住址，身份不明的，应当批准或者决定逮捕。

第一百三十七条 人民检察院经审查认为被取保候审、监视居住的犯罪嫌疑人违反取保候审、监视居住规定，依照本规则第一百零一条、第一百一十一条的规定办理。

对于被取保候审、监视居住的可能判处徒刑以下刑罚的犯罪嫌疑人，违反取保候审、监视居住规定，严重影响诉讼活动正常进行的，可以予以逮捕。

第一百三十八条 对实施多个犯罪行为或者共同犯罪案件的犯罪嫌疑人，符合本规则第一百二十八条的规定，具有下列情形之一的，应当批准或者决定逮捕：

（一）有证据证明犯有数罪中的一罪的；

（二）有证据证明实施多次犯罪中的一次犯罪的；

（三）共同犯罪中，已有证据证明有犯罪事实的犯罪嫌疑人。

第一百三十九条 对具有下列情形之一的犯罪嫌疑人，人民检察院应当作出不批准逮捕或者不予逮捕的决定：

（一）不符合本规则规定的逮捕条件的；

（二）具有刑事诉讼法第十六条规定的情形之一的。

第一百四十条 犯罪嫌疑人涉嫌的罪行较轻，且没有其他重大犯罪嫌疑，具有下列情形之一的，可以作出不批准逮捕或者不予逮捕的决定：

（一）属于预备犯、中止犯，或者防卫过当、避险过当的；

（二）主观恶性较小的初犯，共同犯罪中的从犯、胁从犯，犯罪后自首、有立功表现或者积极退赃、赔偿损失、确有悔罪表现的；

（三）过失犯罪的犯罪嫌疑人，犯罪后有悔罪表现，有效控制损失或者积极赔偿损失的；

（四）犯罪嫌疑人与被害人双方根据刑事诉讼法的有关规定达成和解协议，经审查，认为和解系自愿、合法且已经履行或者提供担保的；

（五）犯罪嫌疑人认罪认罚的；

（六）犯罪嫌疑人系已满十四周岁未满十八周岁的未成年人或者在校学生，本人有悔罪表现，其家庭、学校或者所在社区、居民委员会、村民委员会具备监护、帮教条件的；

（七）犯罪嫌疑人系已满七十五周岁的人。

第一百四十一条 对符合刑事诉讼法第七十四条第一款规定的犯罪嫌疑人，人民检察院经审查认为不需要逮捕的,可以在作出不批准逮捕决定的同时,向公安机关提出采取监视居住措施的建议。

■最高人民法院关于适用《中华人民共和国刑事诉讼法》的解释(2021年3月1日)

第一百六十三条　对具有刑事诉讼法第八十一条第一款、第三款规定情形的被告人,人民法院应当决定逮捕。

第一百六十四条　被取保候审的被告人具有下列情形之一的,人民法院应当决定逮捕:

(一)故意实施新的犯罪的;

(二)企图自杀或者逃跑的;

(三)毁灭、伪造证据,干扰证人作证或者串供的;

(四)打击报复、恐吓滋扰被害人、证人、鉴定人、举报人、控告人等的;

(五)经传唤,无正当理由不到案,影响审判活动正常进行的;

(六)擅自改变联系方式或者居住地,导致无法传唤,影响审判活动正常进行的;

(七)未经批准,擅自离开所居住的市、县,影响审判活动正常进行,或者两次未经批准,擅自离开所居住的市、县的;

(八)违反规定进入特定场所、与特定人员会见或者通信、从事特定活动,影响审判活动正常进行,或者两次违反有关规定的;

(九)依法应当决定逮捕的其他情形。

第一百六十五条　被监视居住的被告人具有下列情形之一的,人民法院应当决定逮捕:

(一)具有前条第一项至第五项规定情形之一的;

(二)未经批准,擅自离开执行监视居住的处所,影响审判活动正常进行,或者两次未经批准,擅自离开执行监视居住的处所的;

(三)未经批准,擅自会见他人或者通信,影响审判活动正常进行,或者两次未经批准,擅自会见他人或者通信的;

(四)对因患有严重疾病、生活不能自理,或者因怀孕、正在哺乳自己婴儿而未予逮捕的被告人,疾病痊愈或者哺乳期已满的;

(五)依法应当决定逮捕的其他情形。

第一百六十六条　对可能判处徒刑以下刑罚的被告人,违反取保候审、监视居住规定,严重影响诉讼活动正常进行的,可以决定逮捕。

■公安机关办理刑事案件程序规定(2020年9月1日)

第一百三十三条　对有证据证明有犯罪事实,可能判处徒刑以上刑罚的犯罪嫌疑人,采取取保候审尚不足以防止发生下列社会危险性的,应当提请批准逮捕:

(一)可能实施新的犯罪的;

(二)有危害国家安全、公共安全或者社会秩序的现实危险的;

(三)可能毁灭、伪造证据,干扰证人作证或者串供的;

(四)可能对被害人、举报人、控告人实施打击报复的;

(五)企图自杀或者逃跑的。

对于有证据证明有犯罪事实,可能判处十年有期徒刑以上刑罚的,或者有证据证明有犯罪事实,可能判处徒刑以上刑罚,曾经故意犯罪或者身份不明的,应当提请批准逮捕。

公安机关在根据第一款的规定提请人民检察院审查批准逮捕时,应当对犯罪嫌疑人具有社会危险性说明理由。

第一百三十四条　有证据证明有犯罪事实,是指同时具备下列情形:

(一)有证据证明发生了犯罪事实;

(二)有证据证明该犯罪事实是犯罪嫌疑人实施的;

(三)证明犯罪嫌疑人实施犯罪行为的证据已有查证属实的。

前款规定的"犯罪事实"既可以是单一犯罪行为的事实,也可以是数个犯罪行为中任何一个犯罪行为的事实。

第一百三十五条 被取保候审人违反取保候审规定,具有下列情形之一的,可以提请批准逮捕:

(一)涉嫌故意实施新的犯罪行为的;

(二)有危害国家安全、公共安全或者社会秩序的现实危险的;

(三)实施毁灭、伪造证据或者干扰证人作证、串供行为,足以影响侦查工作正常进行的;

(四)对被害人、举报人、控告人实施打击报复的;

(五)企图自杀、逃跑,逃避侦查的;

(六)未经批准,擅自离开所居住的市、县,情节严重的,或者两次以上未经批准,擅自离开所居住的市、县的;

(七)经传讯无正当理由不到案,情节严重的,或者经两次以上传讯不到案的;

(八)违反规定进入特定场所、从事特定活动或者与特定人员会见、通信两次以上的。

第一百三十六条 被监视居住人违反监视居住规定,具有下列情形之一的,可以提请批准逮捕:

(一)涉嫌故意实施新的犯罪行为的;

(二)实施毁灭、伪造证据或者干扰证人作证、串供行为,足以影响侦查工作正常进行的;

(三)对被害人、举报人、控告人实施打击报复的;

(四)企图自杀、逃跑,逃避侦查的;

(五)未经批准,擅自离开执行监视居住的处所,情节严重的,或者两次以上未经批准,擅自离开执行监视居住的处所的;

(六)未经批准,擅自会见他人或者通信,情节严重的,或者两次以上未经批准,擅自会见他人或者通信的;

(七)经传讯无正当理由不到案,情节严重的,或者经两次以上传讯不到案的。

■最高人民检察院、公安部关于适用刑事强制措施有关问题的规定(2000年8月28日)

第二十四条 对于公安机关提请批准逮捕的案件,人民检察院应当就犯罪嫌疑人涉嫌的犯罪事实和证据进行审查。除刑事诉讼法第五十六条和第五十七条规定的情形外,人民检察院应当按照刑事诉讼法第六十条规定的逮捕条件审查批准逮捕。

第二十五条 对于公安机关提请批准逮捕的犯罪嫌疑人,人民检察院决定不批准逮捕的,应当说明理由;不批准逮捕并且通知公安机关补充侦查的,应当同时列出补充侦查提纲。

公安机关接到人民检察院不批准逮捕决定书后,应当立即释放犯罪嫌疑人;认为需要逮捕而进行补充侦查、要求复议或者提请复核的,可以变更为取保候审或者监视居住。

第二十六条 公安机关认为人民检察院不批准逮捕的决定有错误的,应当在收到不批准逮捕决定书后五日以内,向同级人民检察院要求复议。人民检察院应当在收到公安机关要求复议意见后七日以内作出复议决定。

公安机关对复议决定不服的,应当在收到人民检察院复议决定书后五日以内,向上一级人民检察院提请复核。上一级人民检察院应当在收到公安机关提请复核意见书后十五日以内作出复核决定。

第二十七条 人民检察院直接立案侦查的案件,依法作出逮捕犯罪嫌疑人的决定后,应当将有关法律文书和有关案由、犯罪嫌疑人基本情况的材料送交同级公安机关执行。

公安机关核实人民检察院送交的有关法律文书和材料后,应当报请县级以上公安机关负责人签发逮捕证,并立即派员执行,人民检察院可以协助公安机关执行。

第二十八条　人民检察院直接立案侦查的案件,公安机关逮捕犯罪嫌疑人后,应当立即将执行回执送达决定逮捕的人民检察院。人民检察院应当在逮捕后二十四小时以内,对犯罪嫌疑人进行讯问。除有碍侦查或者无法通知的情形以外,人民检察院还应当将逮捕的原因和羁押的处所,在二十四小时以内,通知被逮捕人的家属或者其所在单位。

公安机关未能抓获犯罪嫌疑人的,应当在二十四小时以内,将执行情况和未能抓获犯罪嫌疑人的原因通知决定逮捕的人民检察院。对于犯罪嫌疑人在逃的,在人民检察院撤销逮捕决定之前,公安机关应当组织力量继续执行,人民检察院应当及时提供新的情况和线索。

第二十九条　人民检察院直接立案侦查的案件,对已经逮捕的犯罪嫌疑人,发现不应当逮捕的,应当经检察长批准或者检察委员会讨论决定,撤销逮捕决定或者变更为取保候审、监视居住,并通知公安机关执行。人民检察院将逮捕变更为取保候审、监视居住的,执行程序适用本规定。

第三十条　人民检察院直接立案侦查的案件,被拘留、逮捕的犯罪嫌疑人或者他的法定代理人、近亲属和律师向负责执行的公安机关提出取保候审申请的,公安机关应当告知其直接向作出决定的人民检察院提出。

被拘留、逮捕的犯罪嫌疑人的法定代理人、近亲属和律师向人民检察院申请对犯罪嫌疑人取保候审的,人民检察院应当在收到申请之日起七日内作出是否同意的答复。同意取保候审的,应当作出变更强制措施的决定,办理取保候审手续,并通知公安机关执行。

第三十一条　对于人民检察院决定逮捕的犯罪嫌疑人,公安机关应当在侦查羁押期限届满十日前通知决定逮捕的人民检察院。

对于需要延长侦查羁押期限的,人民检察院应当在侦查羁押期限届满前,将延长侦查羁押期限决定书送交公安机关;对于犯罪嫌疑人另有重要罪行,需要重新计算侦查羁押期限的,人民检察院应当在侦查羁押期限届满前,将重新计算侦查羁押期限决定书送交公安机关。

对于不符合移送审查起诉条件或者延长侦查羁押期限条件、重新计算侦查羁押期限条件的,人民检察院应当在侦查羁押期限届满前,作出予以释放或者变更强制措施的决定,并通知公安机关执行。公安机关应当将执行情况及时通知人民检察院。

第三十二条　公安机关立案侦查的案件,对于已经逮捕的犯罪嫌疑人变更为取保候审、监视居住后,又发现需要逮捕该犯罪嫌疑人的,公安机关应当重新提请批准逮捕。

人民检察院直接立案侦查的案件具有前款规定情形的,应当重新审查决定逮捕。

■最高人民检察院、公安部关于依法适用逮捕措施有关问题的规定(2001年8月6日)

一、公安机关提请批准逮捕、人民检察院审查批准逮捕都应当严格依照法律规定的条件和程序进行。

(一)刑事诉讼法第六十条规定的“有证据证明有犯罪事实”是指同时具备以下三种情形:1. 有证据证明发生了犯罪事实;2. 有证据证明该犯罪事实是犯罪嫌疑人实施的;3. 证明犯罪嫌疑人实施犯罪行为的证据已有查证属实的。

“有证据证明有犯罪事实”,并不要求查清全部犯罪事实。其中“犯罪事实”既可以是单一犯罪行为的事实,也可以是数个犯罪行为中任何一个犯罪行为的事实。

(二)具有下列情形之一的,即为刑事诉讼法第六十条规定的“有逮捕必要”:1. 可能继续实施犯罪行为,危害社会的;2. 可能毁灭、伪造证据、干扰证人作证或者串供的;3. 可能自杀或逃跑的;4. 可能实施打击报复行为的;5. 可能有碍其他案件侦查的;6. 其他可能发生社会危险性的情形。

对有组织犯罪、黑社会性质组织犯罪、暴力犯罪和多发性犯罪等严重危害社会治安和社会秩序以及可能有碍侦查的犯罪嫌疑人,一般应予逮捕。

(三)对实施多个犯罪行为或者共同犯罪案件的犯罪嫌疑人,符合本条第(一)项、第(二)项的规定,具有下列情形之一的,应当予以逮捕:1. 有证据证明有数罪中的一罪的;2. 有证据证明有多次犯罪中的一次犯罪的;3. 共同犯罪中,已有证据证明有犯罪行为的。

(四)根据刑事诉讼法第五十六条第二款的规定,对下列违反取保候审规定的犯罪嫌疑人,应当予以逮捕:1. 企图自杀、逃跑,逃避侦查、审查起诉的;2. 实施毁灭、伪造证据或者串供、干扰证人作证行为,足以影响侦查、审查起诉工作正常进行的;3. 未经批准,擅自离开所居住的市、县,造成严重后果,或者两次未经批准,擅自离开所居住的市、县的;4. 经传讯不到案,造成严重后果,或者经两次传讯不到案的。

对在取保候审期间故意实施新的犯罪行为的犯罪嫌疑人,应当予以逮捕。

(五)根据刑事诉讼法第五十七条第二款的规定,被监视居住的犯罪嫌疑人具有下列情形之一的,属于"情节严重",应当予以逮捕:1. 故意实施新的犯罪行为的;2. 企图自杀、逃跑、逃避侦查、审查起诉的;3. 实施毁灭、伪造证据或者串供、干扰证人作证行为,足以影响侦查、审查起诉工作正常进行的;4. 未经批准,擅自离开住处或者指定的居所,造成严重后果,或者两次未经批准,擅自离开住处或者指定的居所的;5. 未经批准,擅自会见他人,造成严重后果,或者两次未经批准,擅自会见他人的;6. 经传讯不到案,造成严重后果,或者经两次传讯不到案的。

■最高人民法院、最高人民检察院、公安部、司法部关于办理黑社会性质组织犯罪案件若干问题的规定(2012年9月11日)

三、强制措施和羁押

第七条　对于组织、领导、积极参加黑社会性质组织的犯罪嫌疑人、被告人,不得取保候审;但是患有严重疾病、生活不能自理,怀孕或者是正在哺乳自己婴儿的妇女,采取取保候审不致发生社会危险性的除外。

第八条　对于黑社会性质组织犯罪案件的犯罪嫌疑人、被告人,看守所应当严格管理,防止发生串供、通风报信等行为。

对于黑社会性质组织犯罪案件的犯罪嫌疑人、被告人,可以异地羁押。

对于同一黑社会性质组织犯罪案件的犯罪嫌疑人、被告人,应当分别羁押,在看守所的室外活动应当分开进行。

对于组织、领导黑社会性质组织的犯罪嫌疑人、被告人,有条件的地方应当单独羁押。

第三十条　本规定自印发之日起施行。

■最高人民法院、最高人民检察院、海关总署关于办理走私刑事案件适用法律若干问题的意见(2002年7月8日)

四、关于走私犯罪嫌疑人的逮捕条件

对走私犯罪嫌疑人提请逮捕和审查批准逮捕,应当依照刑事诉讼法第六十条规定的逮捕条件来办理。一般按照下列标准掌握:

(一)有证据证明有走私犯罪事实

1. 有证据证明发生了走私犯罪事实

有证据证明发生了走私犯罪事实,须同时满足下列两项条件:

(1)有证据证明发生了违反国家法律、法规,逃避海关监管的行为;

(2)查扣的或者有证据证明的走私货物、物品的数量、价值或者偷逃税额达到刑法及相关司法解释规定的起刑点。

2. 有证据证明走私犯罪事实系犯罪嫌疑人实施的

有下列情形之一,可认为走私犯罪事实系犯罪嫌疑人实施的:

(1)现场查获犯罪嫌疑人实施走私犯罪的;

(2)视听资料显示犯罪嫌疑人实施走私犯罪的;

(3)犯罪嫌疑人供认的;

(4)有证人证言指证的;

(5)有同案的犯罪嫌疑人供述的;

(6)其他证据能够证明犯罪嫌疑人实施走私犯罪的。

3. 证明犯罪嫌疑人实施走私犯罪行为的证据已经查证属实的

符合下列证据规格要求之一,属于证明犯罪嫌疑人实施走私犯罪行为的证据已经查证属实的:

(1)现场查获犯罪嫌疑人实施犯罪,有现场勘查笔录、留置盘问记录、海关扣留查问笔录或者海关查验(检查)记录等证据证实的;

(2)犯罪嫌疑人的供述有其他证据能够印证的;

(3)证人证言能够相互印证的;

(4)证人证言或者同案犯供述能够与其他证据相互印证的;

(5)证明犯罪嫌疑人实施走私犯罪的其他证据已经查证属实的。

(二)可能判处有期徒刑以上的刑罚

是指根据刑法第一百五十一条、第一百五十二条、第一百五十三条、第三百四十七条、第三百五十条等规定和《最高人民法院关于审理走私刑事案件具体应用法律若干问题的解释》(此解释已于2014年9月10日废止。——编著者注)等有关司法解释的规定,结合已查明的走私犯罪事实,对走私犯罪嫌疑人可能判处有期徒刑以上的刑罚。

(三)采取取保候审、监视居住等方法,尚不足以防止发生社会危险性而有逮捕必要的主要是指:走私犯罪嫌疑人可能逃跑、自杀、串供、干扰证人作证以及伪造、毁灭证据等妨碍刑事诉讼活动的正常进行的,或者存在行凶报复、继续作案可能的。

■最高人民检察院关于在检察工作中贯彻宽严相济刑事司法政策的若干意见(2007年1月15日)

二、在履行法律监督职能中全面贯彻宽严相济刑事司法政策

7. 严格把握"有逮捕必要"的逮捕条件,慎重适用逮捕措施。逮捕是最严厉的刑事强制措施,能用其他强制措施的尽量使用其他强制措施。审查批捕要严格依据法律规定,在把握事实证据条件、可能判处刑罚条件的同时,注重对"有逮捕必要"条件的正确理解和把握。具体可以综合考虑以下因素:一是主体是否属于未成年人或者在校学生、老年人、严重疾病患者、盲聋哑人、初犯、从犯或者怀孕、哺乳自己婴儿的妇女等;二是法定刑是否属于较轻的刑罚;三是情节是否具有中止、未遂、自首、立功等法定从轻、减轻或者免除处罚等情形;四是主观方面是否具有过失、受骗、被胁迫等;五是犯罪后是否具有认罪、悔罪表现,是否具有重新危害社会或者串供、毁证、妨碍作证等妨害诉讼进行的可能;六是犯罪嫌疑人是否属于流窜作案、有无固定住址及帮教、管教条件;七是案件基本证据是否已经收集固定、是否有翻供翻证的可能等。对于罪行严重、主观恶性较大、人身危险性大或者有串供、毁证、妨碍作证等妨害诉讼顺利进行可能,符合逮捕条件的,应当批准逮捕。对于不采取强制措施或者采取其他强制措施不致于妨害诉讼顺利进行的,应当不予批捕。对于可捕可不捕的坚决不捕。

11. 对未成年人犯罪案件依法从宽处理。办理未成年人犯罪案件,应当坚持"教育、感化、挽救"的方针和"教育为主、惩罚为辅"的原则。要对未成年犯罪嫌疑人的情况进行调查,了解未成年人的性格特点、家庭情况、社会交往、成长经历以及有无帮教条件等情况,除主观恶性大、社会危害严重的以外,根据案件具体情况,可捕可不捕的不捕,可诉可不诉的不诉。对确需提起公诉的未成年被告人,应当根据情况依法向人民法院提出从宽处理、适用缓刑等量刑方面的意见。

12. 对因人民内部矛盾引发的轻微刑事案件依法从宽处理。对因亲友、邻里及同学同事之间纠纷

引发的轻微刑事案件，要本着“冤家宜解不宜结”的精神，着重从化解矛盾、解决纠纷的角度正确处理。对于轻微刑事案件中犯罪嫌疑人认罪悔过、赔礼道歉、积极赔偿损失并得到被害人谅解或者双方达成和解并切实履行，社会危害性不大的，可以依法不予逮捕或者不起诉。确需提起公诉的，可以依法向人民法院提出从宽处理的意见。对属于被害人可以提起自诉的轻微刑事案件，由公安机关立案侦查并提请批捕、移送起诉的，人民检察院可以促使双方当事人在民事赔偿和精神抚慰方面和解，及时化解矛盾，依法从宽处理。

13. 对轻微犯罪中的初犯、偶犯依法从宽处理。对于初次实施轻微犯罪、主观恶性小的犯罪嫌疑人，特别是对因生活无着偶然发生的盗窃等轻微犯罪，犯罪嫌疑人人身危险性不大的，一般可以不予逮捕；符合法定条件的，可以依法不起诉。确需提起公诉的，可以依法向人民法院提出从宽处理的意见。

▽对于涉嫌犯危险驾驶罪的犯罪嫌疑人、被告人不能直接采取逮捕强制措施，除非在取保候审、监视居住期间严重违反相关规定

1. 根据相关法律规定，对涉嫌犯最高法定刑为拘役的犯罪嫌疑人、被告人不能直接采取强制措施。刑事诉讼法关于逮捕条件在修改前后没有大的变化（修改后不含监视居住）。根据上述规定，采取逮捕强制措施必须同时具备“有证据证明有犯罪事实”“可能判处徒刑以上刑罚”“采取取保候审尚不足以防止发生社会危险性”这三个条件，缺一不可。而根据《刑法》第一百三十三条之一的规定，危险驾驶罪的最高法定刑是拘役，是刑法中唯一不包含有期徒刑以上刑罚的罪名，也就成为唯一不能对犯罪嫌疑人、被告人直接采取逮捕强制措施的罪名。就本案而言，虽然审理时适用的是1996年《刑事诉讼法》，但关于采取逮捕强制措施的条件没有实质的变化，故对本案被告人不能直接采取逮捕强制措施。

2. 在取保候审、监视居住期间严重违反相关规定的，可以采取逮捕强制措施。1996年《刑事诉讼法》第五十六条第二款规定，“被取保候审的犯罪嫌疑人、被告人违反前款规定，已交纳保证金的，没收保证金，并且区别情形，责令犯罪嫌疑人、被告人具结悔过，重新交纳保证金、提出保证人或者监视居住、予以逮捕”；第五十七条第二款规定，“被监视居住的犯罪嫌疑人、被告人违反前款规定，情节严重，予以逮捕”。该两款规定不受1996年《刑事诉讼法》第六十条规定的逮捕条件的限制，尽管刑事诉讼法关于逮捕措施的规定中明确了“可能判处徒刑以上刑罚”的条件，但刑事诉讼法在规定适用逮捕措施的条件之前，已在取保候审和监视居住的规定中明确了违反该两种强制措施的，可以予以逮捕，故对危险驾驶罪可以有条件地适用逮捕措施，即涉嫌犯危险驾驶罪的犯罪嫌疑人、被告人违反取保候审规定，或者违反监视居住规定情节严重的，均可对其予以逮捕。1996年《刑事诉讼法》及配套司法解释中均未限定只有可能判处有期徒刑以上刑罚的犯罪嫌疑人、被告人违反取保候审、监视居住规定的，才可以予以逮捕。另外，从2012年修改后的《刑事诉讼法》有关规定分析，第七十九条第三款明确规定“被取保候审、监视居住的犯罪嫌疑人、被告人违反取保候审、监视居住规定，情节严重的，可以予以逮捕”。因此，无论是适用1996年《刑事诉讼法》，还是适用2012年修改后的《刑事诉讼法》，对涉嫌犯危险驾驶罪的犯罪嫌疑人、被告人违反取保候审、监视居住规定，情节严重的，均可予以逮捕。值得注意的是，对涉嫌犯危险驾驶罪的犯罪嫌疑人、被告人原则上不能采取监视居住，但是对被取保候审者既不能提出保证人，也不交纳保证金的，可以采取监视居住。因此，在危险驾驶案件中也可能存在犯罪嫌疑人、被告人违反监视居住规定的情况。［参见第905号指导案例，孟令悟危险驾驶案，载《刑事审判参考》总第94集（2013年第5集），第62～64页。撰稿：李红伟　宫兆军］

第八十二条　【拘留的对象】公安机关对于现行犯或者重大嫌疑分子，如果有下列情形之一的，可以先行拘留：

（一）正在预备犯罪、实行犯罪或者在犯罪后即时被发觉的；

（二）被害人或者在场亲眼看见的指认他犯罪的；

（三）在身边或者住处发现有犯罪证据的；

（四）犯罪后企图自杀、逃跑或者在逃的；

（五）有毁灭、伪造证据或者串供可能的；

(六)不讲真实姓名、住址,身份不明的;
(七)有流窜作案、多次作案、结伙作案重大嫌疑的。

■人民检察院刑事诉讼规则(2019年12月30日)

第一百二十一条　人民检察院对于具有下列情形之一的犯罪嫌疑人,可以决定拘留:
(一)犯罪后企图自杀、逃跑或者在逃的;
(二)有毁灭、伪造证据或者串供可能的。

第一百四十二条　对于监察机关移送起诉的已采取留置措施的案件,人民检察院应当在受理案件后,及时对犯罪嫌疑人作出拘留决定,交公安机关执行。执行拘留后,留置措施自动解除。

■公安机关办理刑事案件程序规定(2020年9月1日)

第一百二十四条　公安机关对于现行犯或者重大嫌疑分子,有下列情形之一的,可以先行拘留:
(一)正在预备犯罪、实行犯罪或者在犯罪后即时被发觉的;
(二)被害人或者在场亲眼看见的人指认他犯罪的;
(三)在身边或者住处发现有犯罪证据的;
(四)犯罪后企图自杀、逃跑或者在逃的;
(五)有毁灭、伪造证据或者串供可能的;
(六)不讲真实姓名、住址,身份不明的;
(七)有流窜作案、多次作案、结伙作案重大嫌疑的。

第一百二十五条　拘留犯罪嫌疑人,应当填写呈请拘留报告书,经县级以上公安机关负责人批准,制作拘留证。执行拘留时,必须出示拘留证,并责令被拘留人在拘留证上签名、捺指印,拒绝签名、捺指印的,侦查人员应当注明。

紧急情况下,对于符合本规定第一百二十四条所列情形之一的,经出示人民警察证,可以将犯罪嫌疑人口头传唤至公安机关后立即审查,办理法律手续。

■最高人民检察院、公安部关于适用刑事强制措施有关问题的规定(2000年8月28日)

第十八条　人民检察院直接立案侦查的案件,需要拘留犯罪嫌疑人的,应当依法作出拘留决定,并将有关法律文书和有关案由、犯罪嫌疑人基本情况的材料送交同级公安机关执行。

第十九条　公安机关核实有关法律文书和材料后,应当报请县级以上公安机关负责人签发拘留证,并立即派员执行,人民检察院可以协助公安机关执行。

第二十条　人民检察院对于符合刑事诉讼法第六十一条第(四)项或者第(五)项规定情形的犯罪嫌疑人,因情况紧急,来不及办理拘留手续的,可以先行将犯罪嫌疑人带至公安机关,同时立即办理拘留手续。

第二十一条　公安机关拘留犯罪嫌疑人后,应当立即将执行回执送达作出拘留决定的人民检察院。人民检察院应当在拘留后的二十四小时以内对犯罪嫌疑人进行讯问。除有碍侦查或者无法通知的情形以外,人民检察院还应当把拘留的原因和羁押的处所,在二十四小时以内,通知被拘留人的家属或者他的所在单位。

公安机关未能抓获犯罪嫌疑人的,应当在二十四小时以内,将执行情况和未能抓获犯罪嫌疑人的原因通知作出拘留决定的人民检察院。对于犯罪嫌疑人在逃的,在人民检察院撤销拘留决定之前,公安机关应当组织力量继续执行,人民检察院应当及时向公安机关提供新的情况和线索。

第二十二条　人民检察院对于决定拘留的犯罪嫌疑人的,经检察长或者检察委员会决定不予逮捕的,应当通知公安机关释放犯罪嫌疑人,公安机关接到通知后应当立即释放;需要逮捕而证据还不充足的,人民检察院可以变更为取保候审或者监视居住,并通知公安机关执行。

第二十三条　公安机关对于决定拘留的犯罪嫌疑人,经审查认为需要逮捕的,应当在法定期限内提请同级人民检察院审查批准。犯罪嫌疑人不讲真实姓名、住址，身份不明的，拘留期限自查清其真实身份之日起计算。对于有证据证明有犯罪事实的，也可以按犯罪嫌疑人自报的姓名提请人民检察院批准逮捕。

对于需要确认外国籍犯罪嫌疑人身份的，应当按照我国和该犯罪嫌疑人所称的国籍国签订的有关司法协助条约、国际公约的规定，或者通过外交途径、国际刑警组织渠道查明其身份。如果确实无法查清或者有关国家拒绝协助的，只要有证据证明有犯罪事实，可以按照犯罪嫌疑人自报的姓名提请人民检察院批准逮捕。侦查终结后，对于犯罪事实清楚，证据确实、充分的，也可以按其自报的姓名移送人民检察院审查起诉。

■最高人民检察院关于对涉嫌盗窃的不满16周岁未成年人采取刑事拘留强制措施是否违法问题的批复(全文)(2011年1月25日)

根据刑法、刑事诉讼法、未成年人保护法等有关法律规定，对于实施犯罪时未满16周岁的未成年人，且未犯刑法第十七条第二款规定之罪的，公安机关查明犯罪嫌疑人实施犯罪时年龄确系未满16周岁依法不负刑事责任后仍予以刑事拘留的，检察机关应当及时提出纠正意见。

第八十三条　【拘留、逮捕的异地执行】公安机关在异地执行拘留、逮捕的时候，应当通知被拘留、逮捕人所在地的公安机关，被拘留、逮捕人所在地的公安机关应当予以配合。

第八十四条　【公民扭送的法定情形】对于有下列情形的人，任何公民都可以立即扭送公安机关、人民检察院或者人民法院处理：

(一)正在实行犯罪或者在犯罪后即时被发觉的；

(二)通缉在案的；

(三)越狱逃跑的；

(四)正在被追捕的。

■人民检察院刑事诉讼规则(2019年12月30日)

第一百二十七条　公民将正在实行犯罪或者在犯罪后即被发觉的、通缉在案的、越狱逃跑的、正在被追捕的犯罪嫌疑人或者犯罪人扭送到人民检察院的，人民检察院应当予以接受，并且根据具体情况决定是否采取相应的紧急措施。不属于自己管辖的，应当移送主管机关处理。

第八十五条　【执行拘留人的程序】公安机关拘留人的时候，必须出示拘留证。

拘留后，应当立即将被拘留人送看守所羁押，至迟不得超过二十四小时。除无法通知或者涉嫌危害国家安全犯罪、恐怖活动犯罪通知可能有碍侦查的情形以外，应当在拘留后二十四小时以内，通知被拘留人的家属。有碍侦查的情形消失以后，应当立即通知被拘留人的家属。

■人民检察院刑事诉讼规则(2019年12月30日)

第一百二十二条　人民检察院作出拘留决定后，应当将有关法律文书和案由、犯罪嫌疑人基本情况的材料送交同级公安机关执行。必要时，人民检察院可以协助公安机关执行。

拘留后，应当立即将被拘留人送看守所羁押，至迟不得超过二十四小时。

第一百二十三条　对犯罪嫌疑人拘留后，除无法通知的以外，人民检察院应当在二十四小时以内，通知被拘留人的家属。

无法通知的，应当将原因写明附卷。无法通知的情形消除后，应当立即通知其家属。

第一百四十四条　除无法通知的以外，人民检察院应当在公安机关执行拘留、逮捕后二十四小时以内，通知犯罪嫌疑人的家属。

■公安机关办理刑事案件程序规定(2020年9月1日)

第一百二十六条　拘留后，应当立即将被拘留人送看守所羁押，至迟不得超过二十四小时。

异地执行拘留，无法及时将犯罪嫌疑人押解回管辖地的，应当在宣布拘留后立即将其送抓获地看守所羁押，至迟不得超过二十四小时。到达管辖地后，应当立即将犯罪嫌疑人送看守所羁押。

第一百二十七条　除无法通知或者涉嫌危害国家安全犯罪、恐怖活动犯罪通知可能有碍侦查的情形以外,应当在拘留后二十四小时以内制作拘留通知书,通知被拘留人的家属。拘留通知书应当写明拘留原因和羁押处所。

本条规定的"无法通知"的情形适用本规定第一百零九条第二款的规定。

有下列情形之一的,属于本条规定的"有碍侦查":

(一)可能毁灭、伪造证据,干扰证人作证或者串供的;

(二)可能引起同案犯逃避、妨碍侦查的;

(三)犯罪嫌疑人的家属与犯罪有牵连的。

无法通知、有碍侦查的情形消失以后,应当立即通知被拘留人的家属。

对于没有在二十四小时以内通知家属的,应当在拘留通知书中注明原因。

第八十六条　【拘留后讯问】公安机关对被拘留的人,应当在拘留后的二十四小时以内进行讯问。在发现不应当拘留的时候,必须立即释放,发给释放证明。

■人民检察院刑事诉讼规则(2019 年 12 月 30 日)

第一百二十四条　对被拘留的犯罪嫌疑人,应当在拘留后二十四小时以内进行讯问。

第一百二十五条　对被拘留的犯罪嫌疑人,发现不应当拘留的,应当立即释放;依法可以取保候审或者监视居住的,按照本规则的有关规定办理取保候审或者监视居住手续。

对被拘留的犯罪嫌疑人,需要逮捕的,按照本规则的有关规定办理逮捕手续;决定不予逮捕的,应当及时变更强制措施。

■公安机关办理刑事案件程序规定(2020 年 9 月 1 日)

第一百二十八条　对被拘留的人,应当在拘留后二十四小时以内进行讯问。发现不应当拘留的,应当经县级以上公安机关负责人批准,制作释放通知书,看守所凭释放通知书发给被拘留人释放证明书,将其立即释放。

第八十七条　【提请批准逮捕的程序】公安机关要求逮捕犯罪嫌疑人的时候,应当写出提请批准逮捕书,连同案卷材料、证据,一并移送同级人民检察院审查批准。必要的时候,人民检察院可以派人参加公安机关对于重大案件的讨论。

■人民检察院刑事诉讼规则(2019 年 12 月 30 日)

第二百五十五条　人民检察院办理审查逮捕、审查起诉案件,应当全面审查证明犯罪嫌疑人有罪或者无罪、罪轻或者罪重的证据。

第二百五十六条　经公安机关商请或者人民检察院认为确有必要时,可以派员适时介入重大、疑难、复杂案件的侦查活动,参加公安机关对于重大案件的讨论,对案件性质、收集证据、适用法律等提出意见,监督侦查活动是否合法。

经监察机关商请,人民检察院可以派员介入监察机关办理的职务犯罪案件。

■公安机关办理刑事案件程序规定(2020 年 9 月 1 日)

第一百二十九条　对被拘留的犯罪嫌疑人,经过审查认为需要逮捕的,应当在拘留后的三日以内,提请人民检察院审查批准。在特殊情况下,经县级以上公安机关负责人批准,提请审查批准逮捕的时间可以延长一日至四日。

对流窜作案、多次作案、结伙作案的重大嫌疑分子,经县级以上公安机关负责人批准,提请审查批准逮捕的时间可以延长至三十日。

本条规定的"流窜作案",是指跨市、县管辖范围连续作案,或者在居住地作案后逃跑到外市、县继续作案;"多次作案",是指三次以上作案;"结伙作案",是指二人以上共同作案。

第一百三十条　犯罪嫌疑人不讲真实姓名、住址,身份不明的,应当对其身份进行调查。对符合逮捕条件的犯罪嫌疑人,也可以按其自报的姓名提请批准逮捕。

第一百三十一条　对被拘留的犯罪嫌疑人审查后,根据案件情况报经县级以上公安机关负责人批准,分别作出如下处理:

(一)需要逮捕的,在拘留期限内,依法办理提请批准逮捕手续;

(二)应当追究刑事责任,但不需要逮捕的,依法直接向人民检察院移送审查起诉,或者依法办理取保候审或者监视居住手续后,向人民检察院移送审查起诉;

(三)拘留期限届满,案件尚未办结,需要继续侦查的,依法办理取保候审或者监视居住手续;

(四)具有本规定第一百八十三条规定情形之一的,释放被拘留人,发给释放证明书;需要行政处理的,依法予以处理或者移送有关部门。

第一百三十二条　人民检察院决定拘留犯罪嫌疑人的,由县级以上公安机关凭人民检察院送达的决定拘留的法律文书制作拘留证并立即执行。必要时,可以请人民检察院协助。拘留后,应当及时通知人民检察院。

公安机关未能抓获犯罪嫌疑人的,应当将执行情况和未能抓获犯罪嫌疑人的原因通知作出拘留决定的人民检察院。对于犯罪嫌疑人在逃的,在人民检察院撤销拘留决定之前,公安机关应当组织力量继续执行。

第一百三十七条　需要提请批准逮捕犯罪嫌疑人的,应当经县级以上公安机关负责人批准,制作提请批准逮捕书,连同案卷材料、证据,一并移送同级人民检察院审查批准。

犯罪嫌疑人自愿认罪认罚的,应当记录在案,并在提请批准逮捕书中写明有关情况。

■最高人民法院、最高人民检察院、公安部、国家安全部关于取保候审若干问题的规定(1999年8月4日)

二、公安机关在作出是否提请人民检察院批准逮捕的决定之前,应当对收集、调取的证据材料予以核实。对于符合逮捕条件的犯罪嫌疑人,应当提请人民检察院批准逮捕;对于不符合逮捕条件但需要继续侦查的,公安机关可以依法取保候审或者监视居住。

公安机关认为需要人民检察院派员参加重大案件讨论的,应当及时通知人民检察院。人民检察院接到通知后,应当及时派员参加。参加的检察人员在充分了解案情的基础上,应当对侦查活动提出意见和建议。

三、人民检察院收到公安机关提请批准逮捕的案件后,应当立即指定专人进行审查,发现不符合刑事诉讼法第六十六条规定,提请批准逮捕书、案卷材料和证据不齐全的,应当要求公安机关补充有关材料。

对公安机关提请批准逮捕的案件,人民检察院经审查,认为符合逮捕条件的,应当批准逮捕。对于不符合逮捕条件的,或者具有刑事诉讼法第十五条规定的情形之一的,应当作出不批准逮捕的决定,并说明理由。

对公安机关报请批准逮捕的案件人民检察院在审查逮捕期间不另行侦查。必要的时候,人民检察院可以派人参加公安机关对重大案件的讨论。

十四、公安机关、人民检察院在提请批准逮捕和审查批准逮捕工作中,要加强联系,互相配合,在工作中可以建立联席会议制度,定期互通有关情况。

■最高人民检察院、公安部关于规范刑事案件"另案处理"适用的指导意见(2014年3月6日)

第二条　本意见所称"另案处理",是指在办理刑事案件过程中,对于涉嫌共同犯罪案件或者与该案件有牵连关系的部分犯罪嫌疑人,由于法律有特殊规定或者案件存在特殊情况等原因,不能或者不宜与其他同案犯罪嫌疑人同案处理,而从案件中分离出来单独或者与其他案件并案处理的情形。

第三条　涉案的部分犯罪嫌疑人有下列情形之一的,可以适用"另案处理":

(一)依法需要移送管辖处理的;

(二)系未成年人需要分案办理的;

(三)在同案犯罪嫌疑人被提请批准逮捕或者移送审查起诉时在逃,无法到案的;

(四)涉嫌其他犯罪,需要进一步侦查,不宜与同案犯罪嫌疑人一并提请批准逮捕或者移送审查起诉,或者其他犯罪更为严重,另案处理更为适宜的;

(五)涉嫌犯罪的现有证据暂不符合提请批准逮捕或者移送审查起诉标准,需要继续侦查,而同案犯罪嫌疑人符合提请批准逮捕或者移送审查起诉标准的;

(六)其他适用"另案处理"更为适宜的情形。

第四条 对于下列情形,不适用"另案处理",但公安机关应当在提请批准逮捕书、起诉意见书中注明处理结果,并将有关法律文书复印件及相关说明材料随案移送人民检察院:

(一)现有证据表明行为人在本案中的行为不构成犯罪或者情节显著轻微、危害不大,依法不应当或者不需要追究刑事责任,拟作或者已经作出行政处罚、终止侦查或者其他处理的;

(二)行为人在本案中所涉犯罪行为,之前已被司法机关依法作不起诉决定、刑事判决等处理并生效的。

第五条 公安机关办案部门在办理刑事案件时,发现其中部分犯罪嫌疑人符合本意见第三条规定的情形之一,拟作"另案处理"的,应当提出书面意见并附下列证明材料,经审核后报县级以上公安机关负责人审批:

(一)依法需要移送管辖的,提供移送管辖通知书、指定管辖决定书等材料;

(二)系未成年人需要分案处理的,提供未成年人户籍证明、立案决定书、提请批准逮捕书、起诉意见书等材料;

(三)犯罪嫌疑人在逃的,提供拘留证、上网追逃信息等材料;

(四)犯罪嫌疑人涉嫌其他犯罪,需要进一步侦查的,提供立案决定书等材料;

(五)涉嫌犯罪的现有证据暂不符合提请批准逮捕或者移送审查起诉标准,需要继续侦查的,提供相应说明材料;

(六)因其他原因暂不能提请批准逮捕或者移送审查起诉的,提供相应说明材料。

第六条 公安机关对适用"另案处理"案件进行审核时,应当重点审核以下内容:

(一)是否符合适用"另案处理"条件;

(二)适用"另案处理"的相关证明材料是否齐全;

(三)对本意见第三条第三项、第五项规定的情形适用"另案处理"的,是否及时开展相关工作。

对于审核中发现的问题,办案部门应当及时纠正。

第七条 公安机关对下列案件应当进行重点审核:

(一)一案中存在多名适用"另案处理"人员的;

(二)适用"另案处理"的人员涉嫌黑社会性质的组织犯罪以及故意杀人、强奸、抢劫、绑架等严重危及人身安全的暴力犯罪的;

(三)适用"另案处理"可能引起当事人及其法定代理人、辩护人、诉讼代理人、近亲属或者其他相关人员投诉的;

(四)适用"另案处理"的案件受到社会广泛关注,敏感复杂的。

第八条 公安机关在提请批准逮捕、移送审查起诉案件时,对适用"另案处理"的犯罪嫌疑人,应当在提请批准逮捕书、起诉意见书中注明"另案处理",并将其涉嫌犯罪的主要证据材料的复印件,连同本意见第五条规定的相关证明材料一并随案移送。

对未批准适用"另案处理"的刑事案件,应当对符合逮捕条件的全部犯罪嫌疑人一并提请批准逮捕,或者在侦查终结后对全部犯罪嫌疑人一并移送审查起诉。

第九条　在提请人民检察院批准逮捕时已对犯罪嫌疑人作"另案处理",但在移送审查起诉时"另案处理"的原因已经消失的,公安机关应当对其一并移送审查起诉;"另案处理"原因仍然存在的,公安机关应当继续适用"另案处理",并予以书面说明。

第十条　人民检察院在审查逮捕、审查起诉时,对于适用"另案处理"的案件,应当一并对适用"另案处理"是否合法、适当进行审查。人民检察院审查的重点适用本意见第六条、第七条的规定。

第十一条　人民检察院对于缺少本意见第五条规定的相关材料的案件,应当要求公安机关补送,公安机关应当及时补送。

第十二条　人民检察院发现公安机关在办案过程中适用"另案处理"存在违法或者不当的,应当向公安机关提出书面纠正意见或者检察建议。公安机关应当认真审查,并将结果及时反馈人民检察院。

第十三条　对于本意见第四条规定的情形,人民检察院应当对相关人员的处理情况及相关法律文书进行审查,发现依法需要追究刑事责任的,应当依法予以法律监督。

第十四条　人民检察院对于犯罪嫌疑人长期在逃或者久侦不结的"另案处理"案件,可以适时向公安机关发函催办。公安机关应当及时将开展工作情况函告人民检察院。

第十五条　人民检察院和公安机关应当建立信息通报制度,相互通报"另案处理"案件数量、工作开展情况、案件处理结果等信息,共同研究办理"另案处理"案件过程中存在的突出问题。对于案情重大、复杂、敏感案件,人民检察院和公安机关可以根据实际情况会商研究。

第十六条　人民检察院和公安机关应当建立对"另案处理"案件的动态管理和核销制度。公安机关应当及时向人民检察院通报案件另案处理结果并提供法律文书等相关材料。市、县级人民检察院与公安机关每六个月对办理的"另案处理"案件进行一次清理核对。对"另案处理"原因已经消失或者已作出相关处理的案件,应当及时予以核销。

第十七条　在办理"另案处理"案件中办案人员涉嫌徇私舞弊、失职、渎职等违法违纪行为的,由有关部门依法依纪处理;构成犯罪的,依法追究刑事责任。

第十八条　各地人民检察院、公安机关可以根据本意见并结合本地工作实际,制定"另案处理"的具体实施办法。

第十九条　本意见自下发之日起施行。

第八十八条　【审查批捕可做应做的工作】人民检察院审查批准逮捕,可以讯问犯罪嫌疑人;有下列情形之一的,应当讯问犯罪嫌疑人:

(一)对是否符合逮捕条件有疑问的;

(二)犯罪嫌疑人要求向检察人员当面陈述的;

(三)侦查活动可能有重大违法行为的。

人民检察院审查批准逮捕,可以询问证人等诉讼参与人,听取辩护律师的意见;辩护律师提出要求的,应当听取辩护律师的意见。

■人民检察院刑事诉讼规则(2019年12月30日)

第五十四条　在人民检察院侦查、审查逮捕、审查起诉过程中,辩护人要求听取其意见的,办案部门应当及时安排。辩护人提出书面意见的,办案部门应当接收并登记。

听取辩护人意见应当制作笔录或者记录在案,辩护人提出的书面意见应当附卷。

辩护人提交案件相关材料的,办案部门应当将辩护人提交材料的目的、来源及内容等情况记录在案,一并附卷。

第二百五十七条　对于批准逮捕后要求公安机关继续侦查、不批准逮捕后要求公安机关补充侦查或者审查起诉阶段退回公安机关补充侦查的案件,人民检察院应当分别制作继续侦查提纲或者补充侦查提纲,写明需要继续侦查或者补充侦查的事项、理由、侦查方向、需补充收集的证据及其证明作用等,送交公安机关。

第二百五十八条 人民检察院讯问犯罪嫌疑人时,应当首先查明犯罪嫌疑人的基本情况,依法告知犯罪嫌疑人诉讼权利和义务,以及认罪认罚的法律规定,听取其供述和辩解。犯罪嫌疑人翻供的,应当讯问其原因。犯罪嫌疑人申请排除非法证据的,应当告知其提供相关线索或者材料。犯罪嫌疑人检举揭发他人犯罪的,应当予以记录,并依照有关规定移送有关机关、部门处理。

讯问犯罪嫌疑人应当制作讯问笔录,并交犯罪嫌疑人核对或者向其宣读。经核对无误后逐页签名或者盖章,并捺指印后附卷。犯罪嫌疑人请求自行书写供述的,应当准许,但不得以自行书写的供述代替讯问笔录。

犯罪嫌疑人被羁押的,讯问应当在看守所讯问室进行。

第二百五十九条 办理审查逮捕、审查起诉案件,可以询问证人、被害人、鉴定人等诉讼参与人,并制作笔录附卷。询问时,应当告知其诉讼权利和义务。

询问证人、被害人的地点按照刑事诉讼法第一百二十四条的规定执行。

第二百六十条 讯问犯罪嫌疑人,询问被害人、证人、鉴定人,听取辩护人、被害人及其诉讼代理人的意见,应当由检察人员负责进行。检察人员或者检察人员和书记员不得少于二人。

讯问犯罪嫌疑人,询问证人、鉴定人、被害人,应当个别进行。

第二百六十一条 办理审查逮捕案件,犯罪嫌疑人已经委托辩护律师的,可以听取辩护律师的意见。辩护律师提出要求的,应当听取辩护律师的意见。对辩护律师的意见应当制作笔录,辩护律师提出的书面意见应当附卷。

办理审查起诉案件,应当听取辩护人或者值班律师、被害人及其诉讼代理人的意见,并制作笔录。辩护人或者值班律师、被害人及其诉讼代理人提出书面意见的,应当附卷。

对于辩护律师在审查逮捕、审查起诉阶段多次提出意见的,均应如实记录。

辩护律师提出犯罪嫌疑人不构成犯罪、无社会危险性、不适宜羁押或者侦查活动有违法犯罪情形等书面意见的,检察人员应当审查,并在相关工作文书中说明是否采纳的情况和理由。

第二百六十二条 直接听取辩护人、被害人及其诉讼代理人的意见有困难的,可以通过电话、视频等方式听取意见并记录在案,或者通知辩护人、被害人及其诉讼代理人提出书面意见。无法通知或者在指定期限内未提出意见的,应当记录在案。

第二百六十三条 对于公安机关提请批准逮捕、移送起诉的案件,检察人员审查时发现存在本规则第七十五条第一款规定情形的,可以调取公安机关讯问犯罪嫌疑人的录音、录像并审查相关的录音、录像。对于重大、疑难、复杂的案件,必要时可以审查全部录音、录像。

对于监察机关移送起诉的案件,认为需要调取有关录音、录像的,可以商监察机关调取。

对于人民检察院直接受理侦查的案件,审查时发现负责侦查的部门未按照本规则第七十五条第三款的规定移送录音、录像或者移送不全的,应当要求其补充移送。对取证合法性或者讯问笔录真实性等产生疑问的,应当有针对性地审查相关的录音、录像。对于重大、疑难、复杂的案件,可以审查全部录音、录像。

第二百六十四条 经审查讯问犯罪嫌疑人录音、录像,发现公安机关、本院负责侦查的部门讯问不规范,讯问过程存在违法行为,录音、录像内容与讯问笔录不一致等情形的,应当逐一列明并向公安机关、本院负责侦查的部门书面提出,要求其予以纠正、补正或者书面作出合理解释。发现讯问笔录与讯问犯罪嫌疑人录音、录像内容有重大实质性差异的,或者公安机关、本院负责侦查的部门不能补正或者作出合理解释的,该讯问笔录不能作为批准或者决定逮捕、提起公诉的依据。

第二百六十五条 犯罪嫌疑人及其辩护人申请排除非法证据,并提供相关线索或者材料的,人民检察院应当调查核实。发现侦查人员以刑讯逼供等非法方法收集证据的,应当依法排除相关证据并提出纠正意见。

审查逮捕期限届满前,经审查无法确定存在非法取证的行为,但也不能排除非法取证可能的,该证据不作为批准逮捕的依据。检察官应当根据在案的其他证据认定案件事实和决定是否逮捕,并在作出批准或者不批准逮捕的决定后,继续对可能存在的非法取证行为进行调查核实。经调查核实确认存在以刑讯逼供等非法方法收集证据情形的,应当向公安机关提出纠正意见。以非法方法收集的证据,不得作为提起公诉的依据。

第二百六十六条 审查逮捕期间,犯罪嫌疑人申请排除非法证据,但未提交相关线索或者材料,人民检察院经全面审查案件事实、证据,未发现侦查人员存在以非法方法收集证据的情形,认为符合逮捕条件的,可以批准逮捕。

审查起诉期间,犯罪嫌疑人及其辩护人又提出新的线索或者证据,或者人民检察院发现新的证据,经调查核实认为侦查人员存在以刑讯逼供等非法方法收集证据情形的,应当依法排除非法证据,不得作为提起公诉的依据。

排除非法证据后,犯罪嫌疑人不再符合逮捕条件但案件需要继续审查起诉的,应当及时变更强制措施。案件不符合起诉条件的,应当作出不起诉决定。

第二百六十七条 人民检察院办理犯罪嫌疑人认罪认罚案件,应当保障犯罪嫌疑人获得有效法律帮助,确保其了解认罪认罚的性质和法律后果,自愿认罪认罚。

人民检察院受理案件后,应当向犯罪嫌疑人了解其委托辩护人的情况。犯罪嫌疑人自愿认罪认罚、没有辩护人的,在审查逮捕阶段,人民检察院应当要求公安机关通知值班律师为其提供法律帮助;在审查起诉阶段,人民检察院应当通知值班律师为其提供法律帮助。符合通知辩护条件的,应当依法通知法律援助机构指派律师为其提供辩护。

第二百六十八条 人民检察院应当商法律援助机构设立法律援助工作站派驻值班律师或者及时安排值班律师,为犯罪嫌疑人提供法律咨询、程序选择建议、申请变更强制措施、对案件处理提出意见等法律帮助。

人民检察院应当告知犯罪嫌疑人有权约见值班律师,并为其约见值班律师提供便利。

第二百六十九条 犯罪嫌疑人认罪认罚的,人民检察院应当告知其享有的诉讼权利和认罪认罚的法律规定,听取犯罪嫌疑人、辩护人或者值班律师、被害人及其诉讼代理人对下列事项的意见,并记录在案:

(一)涉嫌的犯罪事实、罪名及适用的法律规定;

(二)从轻、减轻或者免除处罚等从宽处罚的建议;

(三)认罪认罚后案件审理适用的程序;

(四)其他需要听取意见的事项。

依照前款规定听取值班律师意见的,应当提前为值班律师了解案件有关情况提供必要的便利。自人民检察院对案件审查起诉之日起,值班律师可以查阅案卷材料,了解案情。人民检察院应当为值班律师查阅案卷材料提供便利。

人民检察院不采纳辩护人或者值班律师所提意见的,应当向其说明理由。

第二百七十条 批准或者决定逮捕,应当将犯罪嫌疑人涉嫌犯罪的性质、情节,认罪认罚等情况,作为是否可能发生社会危险性的考虑因素。

已经逮捕的犯罪嫌疑人认罪认罚的,人民检察院应当及时对羁押必要性进行审查。经审查,认为没有继续羁押必要的,应当予以释放或者变更强制措施。

第二百七十一条 审查起诉阶段,对于在侦查阶段认罪认罚的案件,人民检察院应当重点审查以下内容:

(一)犯罪嫌疑人是否自愿认罪认罚,有无因受到暴力、威胁、引诱而违背意愿认罪认罚;

(二)犯罪嫌疑人认罪认罚时的认知能力和精神状态是否正常;

(三)犯罪嫌疑人是否理解认罪认罚的性质和可能导致的法律后果;

(四)公安机关是否告知犯罪嫌疑人享有的诉讼权利,如实供述自己罪行可以从宽处理和认罪认罚的法律规定,并听取意见;

(五)起诉意见书中是否写明犯罪嫌疑人认罪认罚情况;

(六)犯罪嫌疑人是否真诚悔罪,是否向被害人赔礼道歉。

经审查,犯罪嫌疑人违背意愿认罪认罚的,人民检察院可以重新开展认罪认罚工作。存在刑讯逼供等非法取证行为的,依照法律规定处理。

第二百八十条　人民检察院办理审查逮捕案件,可以讯问犯罪嫌疑人;具有下列情形之一的,应当讯问犯罪嫌疑人:

(一)对是否符合逮捕条件有疑问的;

(二)犯罪嫌疑人要求向检察人员当面陈述的;

(三)侦查活动可能有重大违法行为的;

(四)案情重大、疑难、复杂的;

(五)犯罪嫌疑人认罪认罚的;

(六)犯罪嫌疑人系未成年人的;

(七)犯罪嫌疑人是盲、聋、哑人或者是尚未完全丧失辨认或者控制自己行为能力的精神病人的。

讯问未被拘留的犯罪嫌疑人,讯问前应当听取公安机关的意见。

办理审查逮捕案件,对被拘留的犯罪嫌疑人不予讯问的,应当送达听取犯罪嫌疑人意见书,由犯罪嫌疑人填写后及时收回审查并附卷。经审查认为应当讯问犯罪嫌疑人的,应当及时讯问。

第二百八十一条　对有重大影响的案件,可以采取当面听取侦查人员、犯罪嫌疑人及其辩护人等意见的方式进行公开审查。

■最高人民法院、最高人民检察院、公安部、国家安全部、司法部关于办理刑事案件严格排除非法证据若干问题的规定(2017年6月27日)

第十六条　审查逮捕、审查起诉期间讯问犯罪嫌疑人,应当告知其有权申请排除非法证据,并告知诉讼权利和认罪的法律后果。

第十七条　审查逮捕、审查起诉期间,犯罪嫌疑人及其辩护人申请排除非法证据,并提供相关线索或者材料的,人民检察院应当调查核实。调查结论应当书面告知犯罪嫌疑人及其辩护人。

人民检察院在审查起诉期间发现侦查人员以刑讯逼供等非法方法收集证据的,应当依法排除相关证据并提出纠正意见,必要时人民检察院可以自行调查取证。

人民检察院对审查认定的非法证据,应当予以排除,不得作为批准或者决定逮捕、提起公诉的根据。被排除的非法证据应当随案移送,并写明为依法排除的非法证据。

第十八条　人民检察院依法排除非法证据后,证据不足,不符合逮捕、起诉条件的,不得批准或者决定逮捕、提起公诉。

对于人民检察院排除有关证据导致对涉嫌的重要犯罪事实未予认定,从而作出不批准逮捕、不起诉决定,或者对涉嫌的部分重要犯罪事实决定不起诉的,公安机关、国家安全机关可要求复议、提请复核。

■最高人民检察院《关于适用〈关于办理死刑案件审查判断证据若干问题的规定〉和〈关于办理刑事案件排除非法证据若干问题的规定〉的指导意见》(2010年12月30日)【最高人民法院办公厅转发最高人民检察院《关于适用〈关于办理死刑案件审查判断证据若干问题的规定〉和〈关于办理刑事案件排除非法证据若干问题的规定〉的指导意见》的通知(2011年3月3日)】

10. 对犯罪嫌疑人供述和证人证言、被害人陈述,要结合全案的其他证据,综合审查其内容的客观真实性,同时审查侦查机关(部门)是否将每一次讯问、询问笔录全部移送。对以刑讯逼供等非法手段取得的犯罪嫌疑人供述和采用暴力、威胁等非法手段取得的证人证言、被害人陈述,应当依法排除;对于使用其他非法手段获取的犯罪嫌疑人供述、证人证言、被害人陈述,根据其违法危害程度与刑讯逼供和暴力、威胁手段是否相当,决定是否依法排除。

11. 审查逮捕、审查起诉过程中第一次讯问犯罪嫌疑人,应当讯问其供述是否真实,并记入笔录。对被羁押的犯罪嫌疑人要结合提讯凭证的记载,核查提讯时间、讯问人与讯问笔录的对应关系;对提押至看守所以外的场所讯问的,应当要求侦查机关(部门)提供必要性的说明,审查其理由是否成立。要审查犯罪嫌疑人是否通晓当地通用语言。

12. 对犯罪嫌疑人的供述和辩解,应当结合其全部供述和辩解及其他证据进行审查。犯罪嫌疑人的有罪供述,无其他证据相互印证,不能作为批准或者决定逮捕、提起公诉的根据;有其他证据相互印证,无罪辩解理由不能成立的,该供述可以作为批准或者决定逮捕、提起公诉的根据。

■最高人民检察院关于对报请批准逮捕的案件可否侦查问题的批复(全文)(1998年5月12日)

人民检察院审查公安机关提请逮捕的案件,经审查,应当作出批准或者不批准逮捕的决定,对报请批准逮捕的案件不另行侦查。人民检察院在审查批捕中如果认为报请批准逮捕的证据存有疑问的,可以复核有关证据,讯问犯罪嫌疑人、询问证人,以保证批捕案件的质量,防止错捕或漏捕。

■最高人民法院、最高人民检察院、公安部、司法部关于进一步严格依法办案确保办理死刑案件质量的意见(2007年3月9日)

15. 对于可能判处死刑的案件,人民检察院在审查逮捕工作中应当全面、客观地审查证据,对以刑讯逼供等非法方法取得的犯罪嫌疑人供述、被害人陈述、证人证言应当依法排除。对侦查活动中的违法行为,应当提出纠正意见。

第八十九条　【审查批准逮捕的主体】人民检察院审查批准逮捕犯罪嫌疑人由检察长决定。重大案件应当提交检察委员会讨论决定。

第九十条　【审查逮捕的决定】人民检察院对于公安机关提请批准逮捕的案件进行审查后,应当根据情况分别作出批准逮捕或者不批准逮捕的决定。对于批准逮捕的决定,公安机关应当立即执行,并且将执行情况及时通知人民检察院。对于不批准逮捕的,人民检察院应当说明理由,需要补充侦查的,应当同时通知公安机关。

■人民检察院刑事诉讼规则(2019年12月30日)

第二百八十三条　上级公安机关指定犯罪地或者犯罪嫌疑人居住地以外的下级公安机关立案侦查的案件,需要逮捕犯罪嫌疑人的,由侦查该案件的公安机关提请同级人民检察院审查批准逮捕。人民检察院应当依法作出批准或者不批准逮捕的决定。

第二百八十四条　对公安机关提请批准逮捕的犯罪嫌疑人,人民检察院经审查认为符合本规则第一百二十八条、第一百三十六条、第一百三十八条规定情形,应当作出批准逮捕的决定,连同案卷材料送达公安机关执行,并可以制作继续侦查提纲,送交公安机关。

第二百八十五条　对公安机关提请批准逮捕的犯罪嫌疑人,具有本规则第一百三十九条至第一百四十一条规定情形,人民检察院作出不批准逮捕决定的,应当说明理由,连同案卷材料送达公安机关执行。需要补充侦查的,应当制作补充侦查提纲,送交公安机关。

人民检察院办理审查逮捕案件,不另行侦查,不得直接提出采取取保候审措施的意见。

对于因犯罪嫌疑人没有犯罪事实、具有刑事诉讼法第十六条规定的情形之一或者证据不足,人民检察院拟作出不批准逮捕决定的,应当经检察长批准。

第二百八十六条　人民检察院应当将批准逮捕的决定交公安机关立即执行,并要求公安机关将执行回执及时送达作出批准决定的人民检察院。如果未能执行,也应当要求其将回执及时送达人民检察院,并写明未能执行的原因。对于人民检察院不批准逮捕的,应当要求公安机关在收到不批准逮捕决定书后,立即释放在押的犯罪嫌疑人或者变更强制措施,并将执行回执在收到不批准逮捕决定书后三日以内送达作出不批准逮捕决定的人民检察院。

公安机关在收到不批准逮捕决定书后对在押的犯罪嫌疑人不立即释放或者变更强制措施的,人民检察院应当提出纠正意见。

■公安机关办理刑事案件程序规定(2020年9月1日)

第一百三十八条 对于人民检察院不批准逮捕并通知补充侦查的,公安机关应当按照人民检察院的补充侦查提纲补充侦查。

公安机关补充侦查完毕,认为符合逮捕条件的,应当重新提请批准逮捕。

第一百三十九条 对于人民检察院不批准逮捕而未说明理由的,公安机关可以要求人民检察院说明理由。

第一百四十二条 接到人民检察院批准逮捕决定书后,应当由县级以上公安机关负责人签发逮捕证,立即执行,并在执行完毕后三日以内将执行回执送达作出批准逮捕决定的人民检察院。如果未能执行,也应当将回执送达人民检察院,并写明未能执行的原因。

第一百四十三条 执行逮捕时,必须出示逮捕证,并责令被逮捕人在逮捕证上签名、捺指印,拒绝签名、捺指印的,侦查人员应当注明。逮捕后,应当立即将被逮捕人送看守所羁押。

执行逮捕的侦查人员不得少于二人。

■最高人民法院、最高人民检察院、公安部、国家安全部、司法部、全国人大常委会法制工作委员会关于实施刑事诉讼法若干问题的规定(2013年1月1日)

17. 对于人民检察院批准逮捕的决定,公安机关应当立即执行,并将执行回执及时送达批准逮捕的人民检察院。如果未能执行,也应当将回执送达人民检察院,并写明未能执行的原因。对于人民检察院决定不批准逮捕的,公安机关在收到不批准逮捕决定书后,应当立即释放在押的犯罪嫌疑人或者变更强制措施,并将执行回执在收到不批准逮捕决定书后的三日内送达作出不批准逮捕决定的人民检察院。

■最高人民检察院关于严格执行人民代表大会代表执行职务司法保障规定的通知(1994年6月22日)

二、审查公安机关、安全机关提请批准逮捕的刑事案件被告人为县级以上人大代表时,经审查符合逮捕条件的,应当按照《中华人民共和国全国人民代表大会和地方各级人民代表大会代表法》第三十条的规定报告并经许可后再办理批捕手续。

三、各级人民检察院直接立案侦查的刑事案件,依法需要对本级人大代表决定采取逮捕,或者监视居住、取保候审、拘传等限制人身自由措施的,应当报经同级人民代表大会主席团或人民代表大会常务委员会许可。

各级人民检察院办理直接立案侦查的案件,对人大代表依法拘留的,应当由执行拘留的机关立即向该代表所属的人民代表大会主席团或者常务委员会报告。

四、各级人民检察院办理本级人大代表的案件,依法决定立案、决定提起公诉、免予起诉、不予起诉或撤销案件决定的,应当向本级人民代表大会主席团或人民代表大会常务委员会通报。

五、办理上级人大代表的案件,需要履行本通知第二、三、四条程序的,应当层报人大代表所属人民代表大会同级的人民检察院办理。

办理下级人大代表的案件,需要履行本通知第二、三、四条程序的,可以自行直接办理,也可以委托人大代表所属人民代表大会同级的人民检察院办理。

对于乡、民族乡、镇的人民代表大会代表依法决定或者批准逮捕,采取监视居住、取保候审、拘传等限制人身自由的措施，由人民检察院执行的，应当由县级人民检察院或上级人民检察院委托县级人民检察院立即报告乡、民族乡、镇的人民代表大会。

六、各级人民检察院办理有关人大代表的案件应报上一级人民检察院及人民代表所属的人民代表大会同级的人民检察院备案。

七、各级人民检察院在办理有关人大代表的案件中，遇到执行法律方面的问题，要及时层报最高人民检察院。

■最高人民法院、最高人民检察院、公安部、国家安全部关于取保候审若干问题的规定(1999年8月4日)

五、对不批准逮捕，需要补充侦查的案件，人民检察院应当通知提请批准逮捕的公安机关补充侦查，并附补充侦查提纲，列明需要查清的事实和需要收集、核实的证据。

六、对人民检察院补充侦查提纲中所列的事项，公安机关应当及时进行侦查、核实，并逐一作出说明。不得未经侦查和说明，以相同材料再次提请批准逮捕。公安机关未经侦查、不作说明的，人民检察院可以作出不批准逮捕的决定。

七、人民检察院批准逮捕的决定，公安机关应当立即执行，并将执行回执在执行后三日内送达作出批准决定的人民检察院；未能执行的，也应当将执行回执送达人民检察院，并写明未能执行的原因。对于人民检察院决定不批准逮捕的，公安机关在收到不批准逮捕决定书后，应当立即释放在押的犯罪嫌疑人或者变更强制措施，并将执行回执在收到不批准逮捕决定书后三日内送达作出不批准逮捕决定的人民检察院。如果公安机关发现逮捕不当的，应当及时予以变更，并将变更的情况及原因在作出变更决定后三日内通知原批准逮捕的人民检察院。人民检察院认为变更不当的，应当通知作出变更决定的公安机关纠正。

■人民检察院审查案件听证工作规定(2020年9月14日)(全部内容见本书附录十二)

▼最高人民检察院办公厅关于严格执行人民代表大会代表执行职务司法保障规定的补充通知(2000年4月5日)

三、各级人民检察院要继续坚持和完善备案、报告制度。检察机关依法办理人大代表涉嫌犯罪的案件，应当报上一级人民检察院及该代表所属的人民代表大会同级的人民检察院备案；检察机关依法办理全国人大代表涉嫌犯罪的案件，需要对犯罪嫌疑人采取逮捕措施的，省级人民检察院应当依照法律的规定将意见报送最高人民检察院。

●侦查活动监督中非法证据的排除

检察机关办理审查逮捕案件，要严格坚持证据合法性原则，既要善于发现非法证据，又要坚决排除非法证据。非法证据排除后，其他在案证据不能证明犯罪嫌疑人实施犯罪行为的，应当依法对犯罪嫌疑人作出不批准逮捕的决定。要加强对审查逮捕案件的跟踪监督，引导侦查机关全面及时收集证据，促进侦查活动依法规范进行。(参见最高人民检察院发布第7批指导性案例，检例第27号，王玉雷不批准逮捕案，2016年5月31日发布。)

第九十一条　【提请和审查批准逮捕的时限】公安机关对被拘留的人，认为需要逮捕的，应当在拘留后的三日以内，提请人民检察院审查批准。在特殊情况下，提请审查批准的时间可以延长一日至四日。

对于流窜作案、多次作案、结伙作案的重大嫌疑分子，提请审查批准的时间可以延长至三十日。

人民检察院应当自接到公安机关提请批准逮捕书后的七日以内，作出批准逮捕或者不批准逮捕的决定。人民检察院不批准逮捕的，公安机关应当在接到通知后立即释放，并且将执行情况及时通知人民检察院。对于需要继续侦查，并且符合取保候审、监视居住条件的，依法取保候审或者监视居住。

■人民检察院刑事诉讼规则(2019年12月30日)

第一百二十六条　人民检察院直接受理侦查的案件,拘留犯罪嫌疑人的羁押期限为十四日,特殊情况下可以延长一日至三日。

第一百四十三条　人民检察院应当在执行拘留后十日以内,作出是否逮捕、取保候审或者监视居住的决定。特殊情况下,决定的时间可以延长一日至四日。

人民检察院决定采取强制措施的期间不计入审查起诉期限。

第二百八十二条　对公安机关提请批准逮捕的犯罪嫌疑人,已经被拘留的,人民检察院应当在收到提请批准逮捕书后七日以内作出是否批准逮捕的决定;未被拘留的,应当在收到提请批准逮捕书后十五日以内作出是否批准逮捕的决定,重大、复杂案件,不得超过二十日。

■最高人民法院、最高人民检察院、公安部、国家安全部关于取保候审若干问题的规定(1999年8月4日)

四、对公安机关提请批准逮捕的犯罪嫌疑人,已被拘留的,人民检察院应当在接到提请批准逮捕书后的七日以内作出是否批准逮捕的决定;未被拘留的,应当在接到提请批准逮捕书后的十五日以内作出是否批准逮捕的决定,重大、复杂的案件,不得超过二十日。

▼最高人民检察院办公厅关于对合同诈骗、侵犯知识产权等经济犯罪案件依法正确适用逮捕措施的通知(全文)(2002年5月22日)

一、要全面正确贯彻为经济建设服务的指导思想和"强化监督,公正执法"的检察工作主题。市场经济是法制经济,竞争是市场经济的基本法则,在激烈的竞争中,市场主体之间产生经济纠纷是不可避免的。检察机关作为法律监督机关,要认真履行维护国家法制统一正确实施的神圣职责,依法保障竞争在法律规定的范围内公平有序地进行,促进社会主义市场经济的健康发展。对于确定构成犯罪的经济犯罪行为,要坚决依法予以严厉打击,以维护正常的经济秩序,保障国家利益以及企业、当事人的合法权益;对于经济纠纷只能通过民事法律手段去解决,不能为了地方利益,动用刑事手段,更不能变相把逮捕措施作为搞地方保护主义的手段。

二、要严格区分经济犯罪与经济纠纷的界限。经济犯罪案件具有案情较复杂,犯罪与经济纠纷往往相互交织在一起,罪与非罪的界限不易区分的特点。认定经济犯罪,必须严格依照刑法规定的犯罪基本特征和犯罪构成要件,从行为的社会危害性、刑事违法性、应受惩罚性几个方面综合考虑。各级检察机关在审查批捕工作中,要严格区分经济犯罪与经济纠纷的界限,尤其要注意区分合同诈骗罪与合同违约、债务纠纷的界限,以及商业秘密与进入公知领域的技术信息、经营信息的界限,做到慎重稳妥,不枉不纵,依法打击犯罪者,保护无辜者,实现法律效果和社会效果的统一。不能把履行合同中发生的经济纠纷作为犯罪处理;对于造成本地企业利益受到损害的行为,要具体分析,不能一概作为犯罪处理,防止滥用逮捕权。对于合同和知识产权纠纷中,当事双方主体真实有效,行为客观存在,罪与非罪难以辨别,当事人可以行使民事诉讼权利的,更要慎用逮捕权。

三、要正确掌握逮捕条件,严格办案程序。各级检察机关在审查批捕经济犯罪案件工作中,要严格遵循刑事诉讼法和《人民检察院刑事诉讼规则》规定的逮捕条件和办案程序,严把事实关、证据关、程序关和适用法律关,确保办案质量。对公安机关提请审查批捕的经济犯罪案件,必须符合法律规定的条件,才能作出批捕决定,对于明显属于经济纠纷不构成犯罪的,或者罪与非罪性质不明的,或者事实不清、证据不足的案件,不应作出批捕决定。特别是对于涉及异地的经济犯罪案件,不仅要审查控告方的证据材料,而且要认真审查被控告方提供的材料和辩解,对只有控告方的控告,没有其他证据证明的,不能作出批捕决定。

四、上级检察机关要加强协调和指导,支持下级检察机关依法办案。各级检察机关在审查批捕合同诈骗、侵犯知识产权等经济犯罪案件时,认为案情复杂,难以定性,与侦查机关有重大认识分歧,或受到地方保护和行政干预的,要及时向上一级检察机关报告,上级检察机关要及时加强协调,必要时,可采取"上提一级"审查批捕的办法。各地检察机关受理审查批捕跨地区合同诈骗、侵犯知识产权等经济犯罪案件,应在批捕后三日内报上一级检察机关备案。上级院应及时审查,对有问题的,坚决纠正。

五、要加强监督,严肃办案纪律。检察机关要加强对公安机关侦办的合同诈骗、侵犯知识产权犯罪案件的立案监督工作,对不构成犯罪不应立案而立案的,要及时通知撤案,以体现法律的严肃性。对有关机关越权插手经济纠纷,乱抓人、乱扣物以及超期羁押等违法行为,要切实履行职责,依法提出纠正意见并监督落实情况。对检察机关因受地方保护主义影响,违法办案,滥用逮捕权的,上级检察机关要及时纠正,并追究有关领导和直接责任人员的责任。对典型案件,高检院将予以通报批评。对于越权插手经济纠纷,造成严重后果,构成犯罪的,要依法查处,追究有关人员的刑事责任。

■最高人民检察院关于在检察工作中防止和纠正超期羁押的若干规定(全文)(2003年11月24日)

一、严格依法正确适用逮捕措施

各级人民检察院应当严格按照《中华人民共和国刑事诉讼法》的有关规定适用逮捕等剥夺人身自由的强制措施,依法全面、正确掌握逮捕条件,慎用逮捕措施,对确有逮捕必要的,才能适用逮捕措施。办案人员应当树立保障人权意识,提高办案效率,依法快办快结。对犯罪嫌疑人已经采取逮捕措施的案件,要在法定羁押期限内依法办结。严禁违背法律规定的条件,通过滥用退回补充侦查、发现新罪、改变管辖等方式变相超期羁押犯罪嫌疑人。对于在法定羁押期限内确实难以办结的案件,应当根据案件的具体情况依法变更强制措施或者释放犯罪嫌疑人。对于已经逮捕但经侦查或者审查,认定不构成犯罪、不需要追究刑事责任或者证据不足、不符合起诉条件的案件,应当及时、依法作出撤销案件或者不起诉的决定,释放在押的犯罪嫌疑人。

二、实行和完善听取、告知制度

实行听取制度。人民检察院在审查决定、批准逮捕中,应当讯问犯罪嫌疑人。检察人员在讯问犯罪嫌疑人的时候,应当认真听取犯罪嫌疑人的陈述或者无罪、罪轻的辩解。犯罪嫌疑人委托律师提供法律帮助或者委托辩护人的,检察人员应当注意听取律师以及其他辩护人关于适用逮捕措施的意见。

完善告知制度。人民检察院在办理直接受理立案侦查的案件中,对于被逮捕的人,应当由承办部门办案人员在逮捕后的二十四小时以内进行讯问,讯问时即应把逮捕的原因、决定机关、羁押起止日期、羁押处所以及在羁押期间的权利、义务用犯罪嫌疑人能听(看)懂的语言和文书告知犯罪嫌疑人。人民检察院在逮捕犯罪嫌疑人以后,除有碍侦查或者无法通知的情形以外,应当把逮捕的原因和羁押的处所,在二十四小时以内通知被逮捕人的家属或者他的所在单位,并告知其家属有权为犯罪嫌疑人申请变更强制措施,对超期羁押有权向人民检察院投诉。

无论在侦查阶段还是审查起诉阶段,人民检察院依法延长或者重新计算羁押期限,都应当将法律根据、羁押期限书面告知犯罪嫌疑人、被告人及其委托的人。

人民检察院应当将听取和告知记明笔录,并将上述告知文书副本存工作卷中。

三、实行羁押情况通报制度

人民检察院在犯罪嫌疑人被逮捕或者在决定、批准延长侦查羁押期限、重新计算侦查羁押期限以后,侦查部门应当在三日以内将有关情况书面通知本院监所检察部门。

人民检察院在决定对在押的犯罪嫌疑人延长审查起诉期限、改变管辖、退回补充侦查重新计算审查起诉期限以后,公诉部门应当在三日以内将有关情况书面通知本院监所检察部门。

对犯罪嫌疑人异地羁押的,办案部门应当将羁押情况书面通知羁押地人民检察院的监所检察部门。羁押地人民检察院监所检察部门发现羁押超期的,应当及时报告、通知作出羁押决定的人民检察院监所检察部门,由作出羁押决定的人民检察院的监所检察部门对超期羁押提出纠正意见。

已经建成计算机局域网的人民检察院,有关部门可以运用局域网通报、查询羁押情况。

四、实行羁押期限届满提示制度

监所检察部门对本院办理案件的犯罪嫌疑人的羁押情况实行一人一卡登记制度。案卡应当记明犯罪嫌疑人的基本情况、诉讼阶段的变更、羁押起止时间以及变更情况等。有条件的地方应当推广和完善对羁押期限实施网络化管理。监所检察部门应当在每月底向检察长报告本院办理案件的羁押人员情况。

监所检察部门应当在本院办理案件的犯罪嫌疑人羁押期限届满前七日制发《犯罪嫌疑人羁押期满提示函》,通知办案部门犯罪嫌疑人羁押期限即将届满,督促其依法及时办结案件。《犯罪嫌疑人羁押期满提示函》应当载明犯罪嫌疑人的基本情况、案由、逮捕时间、期限届满时间、是否已经延长办案期限等内容。

案件承办人接到提示后,应当检查案件的办理情况并向本部门负责人报告,严格依法在法定期限内办结案件。如果需要延长羁押期限、变更强制措施,应当及时提出意见,按照有关规定办理审批手续。

五、严格依法执行换押制度

人民检察院凡对在押的犯罪嫌疑人依法变更刑事诉讼阶段的,应当严格按照有关规定办理换押手续。

人民检察院对于公安机关等侦查机关侦查终结移送审查起诉的、决定退回补充侦查以及决定提起公诉的案件,公诉部门应当在三日以内将有关换押情况书面通知本院监所检察部门。

六、实行定期检查通报制度

各级人民检察院应当将检察环节遵守法定羁押期限情况作为执法检查工作的重点之一。检察长对本院办理案件的羁押情况、上级检察机关对下级检察机关办理案件的羁押情况应当定期进行检查;对办案期限即将届满的,应当加强督办。各业务部门负责人应当定期了解、检查本部门办理案件的犯罪嫌疑人羁押情况,督促办案人员在法定期限内办结。

基层人民检察院监所检察部门应当向本院检察长及时报告本院业务部门办理案件执行法定羁押期限情况;分、州、市人民检察院应当每月向所辖检察机关通报辖区内检察机关办案中执行法定羁押期限情况;各省、自治区、直辖市人民检察院应当每季度向所辖检察机关通报本省、自治区、直辖市检察机关办案中执行法定羁押期限情况;最高人民检察院应当在每年年中和年底向全国检察机关通报检察机关办案中执行法定羁押期限情况。

七、建立超期羁押投诉和纠正机制

犯罪嫌疑人及其法定代理人、近亲属或者犯罪嫌疑人委托的律师及其他辩护人认为超期羁押的,有权向作出逮捕决定的人民检察院或者其上级人民检察院投诉,要求解除有关强制措施。在押的犯罪嫌疑人可以约见驻所检察人员对超期羁押进行投诉。

人民检察院监所检察部门负责受理关于超期羁押的投诉,接受投诉材料或者将投诉内容记明笔录,并及时对投诉进行审查,提出处理意见报请检察长决定。检察长对于确属超期羁押的,应当立即作出释放犯罪嫌疑人或者变更强制措施的决定。

人民检察院监所检察部门在投诉处理以后,应当及时向投诉人反馈处理意见。

○押解路途上的时间是否计入刑事拘留期间

根据我国刑事诉讼法有关强制措施期限的规定,押解路途上的时间应当计入刑事拘留期间,理由如下:一、刑事诉讼法(本附文指 1996 年修订的《刑事诉讼法》。——编著者注)第七十九条"法定期间不包括路途上的时间"的规定,主要是针对上诉状或者其他文件在期满前已经交邮的情形。有关刑事拘留的期间,应当依照刑事诉讼法第六十九条的规定,不能依照刑事诉讼法第七十九条的规定计算。二、从异地押解需要较长时间的,可以依照刑诉法第六十九条"在特殊情况下,提请审查批准的时间可以延长一日至四日”的规定，符合条件的可以依照该条第二款“对于流窜作案、多次作案、结伙作案的重大嫌疑分子，提请审查批准的时间可以延长至三十日”的规定，并不影响公安机关办理案件。三、异地押解犯罪嫌疑人，公安机关实际上已对其剥夺了人身自由。如果押解路途上的时间不计入刑事拘留期间，可能会突破刑诉法第六十九条对刑事拘留期限的规定，不利于保护公民的合法权益。因此，根据刑事诉讼法的规定，刑事拘留期间应当包括押解路途上的时间。[参见《刑事审判参考》总第 43 辑（2005 年第 2 辑），法律出版社，第 207～208 页。]

第九十二条　【不批准逮捕的决定的复议、复核】公安机关对人民检察院不批准逮捕的决定，认为有错误的时候，可以要求复议，但是必须将被拘留的人立即释放。如果意见不被接受，可以向上一级人民检察院提请复核。上级人民检察院应当立即复核，作出是否变更的决定，通知下级人民检察院和公安机关执行。

■人民检察院刑事诉讼规则（2019 年 12 月 30 日）

第二百八十七条　对于没有犯罪事实或者犯罪嫌疑人具有刑事诉讼法第十六条规定情形之一，人民检察院作出不批准逮捕决定的，应当同时告知公安机关撤销案件。

对于有犯罪事实需要追究刑事责任，但不是被立案侦查的犯罪嫌疑人实施，或者共同犯罪案件中部分犯罪嫌疑人不负刑事责任，人民检察院作出不批准逮捕决定的，应当同时告知公安机关对有关犯罪嫌疑人终止侦查。

公安机关在收到不批准逮捕决定书后超过十五日未要求复议、提请复核，也不撤销案件或者终止侦查的，人民检察院应当发出纠正违法通知书。公安机关仍不纠正的，报上一级人民检察院协商同级公安机关处理。

第二百八十八条　人民检察院办理公安机关提请批准逮捕的案件，发现遗漏应当逮捕的犯罪嫌疑人的，应当经检察长批准，要求公安机关提请批准逮捕。公安机关不提请批准逮捕或者说明的不提请批准逮捕的理由不成立的，人民检察院可以直接作出逮捕决定，送达公安机关执行。

第二百八十九条　对已经作出的批准逮捕决定发现确有错误的，人民检察院应当撤销原批准逮捕决定，送达公安机关执行。

对已经作出的不批准逮捕决定发现确有错误，需要批准逮捕的，人民检察院应当撤销原不批准逮捕决定，并重新作出批准逮捕决定，送达公安机关执行。

对因撤销原批准逮捕决定而被释放的犯罪嫌疑人或者逮捕后公安机关变更为取保候审、监视居住的犯罪嫌疑人，又发现需要逮捕的，人民检察院应当重新办理逮捕手续。

第二百九十条　对不批准逮捕的案件，公安机关要求复议的，人民检察院负责捕诉的部门应当另行指派检察官或者检察官办案组进行审查，并在收到要求复议意见书和案卷材料后七日以内，经检察长批准，作出是否变更的决定，通知公安机关。

第二百九十一条　对不批准逮捕的案件，公安机关提请上一级人民检察院复核的，上一级人民检察院应当在收到提请复核意见书和案卷材料后十五日以内，经检察长批准，作出是否变更的决定，通知下级人民检察院和公安机关执行。需要改变原决定的，应当通知作出不批准逮捕决定的人民检察院撤销原不批准逮捕决定，另行制作批准逮捕决定书。必要时，上级人民检察院也可以直接作出批准逮捕决定，通知下级人民检察院送达公安机关执行。

对于经复议复核维持原不批准逮捕决定的，人民检察院向公安机关送达复议复核决定时应当说明理由。

第二百九十二条　人民检察院作出不批准逮捕决定，并且通知公安机关补充侦查的案件，公安机关在补充侦查后又要求复议的，人民检察院应当告知公安机关重新提请批准逮捕。公安机关坚持要求复议的,人民检察院不予受理。

对于公安机关补充侦查后应当提请批准逮捕而不提请批准逮捕的,按照本规则第二百八十八条的规定办理。

第二百九十三条　对公安机关提请批准逮捕的案件,负责捕诉的部门应当将批准、变更、撤销逮捕措施的情况书面通知本院负责刑事执行检察的部门。

第二百九十四条　外国人、无国籍人涉嫌危害国家安全犯罪的案件或者涉及国与国之间政治、外交关系的案件以及在适用法律上确有疑难的案件,需要逮捕犯罪嫌疑人的,按照刑事诉讼法关于管辖的规定,分别由基层人民检察院或者设区的市级人民检察院审查并提出意见,层报最高人民检察院审查。最高人民检察院认为需要逮捕的,经征求外交部的意见后,作出批准逮捕的批复;认为不需要逮捕的,作出不批准逮捕的批复。基层人民检察院或者设区的市级人民检察院根据最高人民检察院的批复,依法作出批准或者不批准逮捕的决定。层报过程中,上级人民检察院认为不需要逮捕的,应当作出不批准逮捕的批复。报送的人民检察院根据批复依法作出不批准逮捕的决定。

基层人民检察院或者设区的市级人民检察院认为不需要逮捕的,可以直接依法作出不批准逮捕的决定。

外国人、无国籍人涉嫌本条第一款规定以外的其他犯罪案件,决定批准逮捕的人民检察院应当在作出批准逮捕决定后四十八小时以内报上一级人民检察院备案,同时向同级人民政府外事部门通报。上一级人民检察院经审查发现批准逮捕决定错误的,应当依法及时纠正。

第二百九十五条　人民检察院办理审查逮捕的危害国家安全犯罪案件,应当报上一级人民检察院备案。

上一级人民检察院经审查发现错误的,应当依法及时纠正。

■公安机关办理刑事案件程序规定(2020年9月1日)

第一百四十条　对于人民检察院决定不批准逮捕的,公安机关在收到不批准逮捕决定书后,如果犯罪嫌疑人已被拘留的,应当立即释放,发给释放证明书,并在执行完毕后三日以内将执行回执送达作出不批准逮捕决定的人民检察院。

第一百四十一条　对人民检察院不批准逮捕的决定,认为有错误需要复议的,应当在收到不批准逮捕决定书后五日以内制作要求复议意见书,报经县级以上公安机关负责人批准后,送交同级人民检察院复议。

如果意见不被接受,认为需要复核的,应当在收到人民检察院的复议决定书后五日以内制作提请复核意见书,报经县级以上公安机关负责人批准后,连同人民检察院的复议决定书,一并提请上一级人民检察院复核。

■最高人民法院、最高人民检察院、公安部、国家安全部关于取保候审若干问题的规定(1999年8月4日)

八、公安机关认为人民检察院不批准逮捕的决定有错误的,应当在收到不批准逮捕决定书后五日以内,向同级人民检察院要求复议。人民检察院应当在收到公安机关要求复议意见书后七日内作出复议决定。

公安机关对复议决定不服的,应当在收到人民检察院复议决定书后五日以内向上一级人民检察院提请复核。上一级人民检察院应当在收到公安机关提请复核意见书后十五日以内作出复核决定。原不批准逮捕决定错误的,应当及时纠正。

第九十三条　【执行逮捕的程序】公安机关逮捕人的时候,必须出示逮捕证。

逮捕后,应当立即将被逮捕人送看守所羁押。除无法通知的以外,应当在逮捕后二十四小时以内,通知被逮捕人的家属。

■人民检察院刑事诉讼规则(2019 年 12 月 30 日)

第一百四十四条 除无法通知的以外,人民检察院应当在公安机关执行拘留、逮捕后二十四小时以内,通知犯罪嫌疑人的家属。

■最高人民法院关于适用《中华人民共和国刑事诉讼法》的解释(2021 年 3 月 1 日)

第一百六十七条 人民法院作出逮捕决定后,应当将逮捕决定书等相关材料送交公安机关执行,并将逮捕决定书抄送人民检察院。逮捕被告人后,人民法院应当将逮捕的原因和羁押的处所,在二十四小时以内通知其家属;确实无法通知的,应当记录在案。

■公安机关办理刑事案件程序规定(2020 年 9 月 1 日)

第一百一十三条(第二款) 有下列情形之一的,属于本条规定的"无法通知":

(一)不讲真实姓名、住址、身份不明的;

(二)没有家属的;

(三)提供的家属联系方式无法取得联系的;

(四)因自然灾害等不可抗力导致无法通知的。

无法通知的情形消失以后,应当立即通知被监视居住人的家属。

无法通知家属的,应当在监视居住通知书中注明原因。

第一百四十五条 对犯罪嫌疑人执行逮捕后,除无法通知的情形以外,应当在逮捕后二十四小时以内,制作逮捕通知书,通知被逮捕人的家属。逮捕通知书应当写明逮捕原因和羁押处所。

本条规定的"无法通知"的情形适用本规定第一百零九条第二款的规定。

无法通知的情形消除后,应当立即通知被逮捕人的家属。

对于没有在二十四小时以内通知家属的,应当在逮捕通知书中注明原因。

第一百五十三条 看守所应当凭公安机关签发的拘留证、逮捕证收押被拘留、逮捕的犯罪嫌疑人、被告人。犯罪嫌疑人、被告人被送至看守所羁押时,看守所应当在拘留证、逮捕证上注明犯罪嫌疑人、被告人到达看守所的时间。

查获被通缉、脱逃的犯罪嫌疑人以及执行追捕、押解任务需要临时寄押的,应当持通缉令或者其他有关法律文书并经寄押地县级以上公安机关负责人批准,送看守所寄押。

临时寄押的犯罪嫌疑人出所时,看守所应当出具羁押该犯罪嫌疑人的证明,载明该犯罪嫌疑人基本情况、羁押原因、入所和出所时间。

第一百五十四条 看守所收押犯罪嫌疑人、被告人和罪犯,应当进行健康和体表检查,并予以记录。

第一百五十五条 看守所收押犯罪嫌疑人、被告人和罪犯,应当对其人身和携带的物品进行安全检查。发现违禁物品、犯罪证据和可疑物品,应当制作笔录,由被羁押人签名、捺指印后,送办案机关处理。

对女性的人身检查,应当由女工作人员进行。

第九十四条 【逮捕后的讯问】人民法院、人民检察院对于各自决定逮捕的人,公安机关对于经人民检察院批准逮捕的人,都必须在逮捕后的二十四小时以内进行讯问。在发现不应当逮捕的时候,必须立即释放,发给释放证明。

■最高人民法院关于适用《中华人民共和国刑事诉讼法》的解释(2021 年 3 月 1 日)

第一百六十八条 人民法院对决定逮捕的被告人,应当在逮捕后二十四小时以内讯问。发现不应当逮捕的,应当立即释放。必要时,可以依法变更强制措施。

■公安机关办理刑事案件程序规定(2020 年 9 月 1 日)

第一百四十四条 对被逮捕的人,必须在逮捕后的二十四小时以内进行讯问。发现不应当逮捕的,经县级以上公安机关负责人批准,制作释放通知书,送看守所和原批准逮捕的人民检察院。看守所凭释放通知书立即释放被逮捕人,并发给释放证明书。

第一百四十六条　人民法院、人民检察院决定逮捕犯罪嫌疑人、被告人的,由县级以上公安机关凭人民法院、人民检察院决定逮捕的法律文书制作逮捕证并立即执行。必要时,可以请人民法院、人民检察院协助执行。执行逮捕后,应当及时通知决定机关。

公安机关未能抓获犯罪嫌疑人、被告人的,应当将执行情况和未能抓获的原因通知决定逮捕的人民检察院、人民法院。对于犯罪嫌疑人、被告人在逃的,在人民检察院、人民法院撤销逮捕决定之前,公安机关应当组织力量继续执行。

■最高人民法院、公安部关于公安机关如何协助人民法院拘留人犯问题的联合通知(全文)(1964年1月23日)

人民法院在审理公诉案件的过程中,对于未经逮捕的被告人,或者在直接受理的普通刑事案件中,对于应当逮捕判刑的被告人,如果发现有可能发生逃跑、行凶、毁灭和伪造证据以及继续犯罪等严重情况,认为有必要进行逮捕,并在逮捕前必须立即采取紧急措施予以刑事拘留的,由公安机关开发拘留证,法院将人犯拘留后,交看守所关押。关押以后,法院应按照有关刑事拘留人犯的时间的内部规定,抓紧进行处理。

第九十五条　【羁押必要性审查】犯罪嫌疑人、被告人被逮捕后,人民检察院仍应当对羁押的必要性进行审查。对不需要继续羁押的,应当建议予以释放或者变更强制措施。有关机关应当在十日以内将处理情况通知人民检察院。

■人民检察院刑事诉讼规则(2019年12月30日)

第五百七十三条　犯罪嫌疑人、被告人被逮捕后,人民检察院仍应当对羁押的必要性进行审查。

第五百七十四条　人民检察院在办案过程中可以依职权主动进行羁押必要性审查。

犯罪嫌疑人、被告人及其法定代理人、近亲属或者辩护人可以申请人民检察院进行羁押必要性审查。申请时应当说明不需要继续羁押的理由,有相关证据或者其他材料的应当提供。

看守所根据在押人员身体状况,可以建议人民检察院进行羁押必要性审查。

第五百七十五条　负责捕诉的部门依法对侦查和审判阶段的羁押必要性进行审查。经审查认为不需要继续羁押的,应当建议公安机关或者人民法院释放犯罪嫌疑人、被告人或者变更强制措施。

审查起诉阶段,负责捕诉的部门经审查认为不需要继续羁押的,应当直接释放犯罪嫌疑人或者变更强制措施。

负责刑事执行检察的部门收到有关材料或者发现不需要继续羁押的,应当及时将有关材料和意见移送负责捕诉的部门。

第五百七十六条　办案机关对应的同级人民检察院负责控告申诉检察的部门或者负责案件管理的部门收到羁押必要性审查申请后,应当在当日移送本院负责捕诉的部门。

其他人民检察院收到羁押必要性审查申请的,应当告知申请人向办案机关对应的同级人民检察院提出申请,或者在二日以内将申请材料移送办案机关对应的同级人民检察院,并告知申请人。

第五百七十七条　人民检察院可以采取以下方式进行羁押必要性审查:

(一)审查犯罪嫌疑人、被告人不需要继续羁押的理由和证明材料;

(二)听取犯罪嫌疑人、被告人及其法定代理人、辩护人的意见;

(三)听取被害人及其法定代理人、诉讼代理人的意见,了解是否达成和解协议;

(四)听取办案机关的意见;

(五)调查核实犯罪嫌疑人、被告人的身体健康状况;

（六）需要采取的其他方式。

必要时，可以依照有关规定进行公开审查。

第五百七十八条 人民检察院应当根据犯罪嫌疑人、被告人涉嫌的犯罪事实、主观恶性、悔罪表现、身体状况、案件进展情况、可能判处的刑罚和有无再危害社会的危险等因素，综合评估有无必要继续羁押犯罪嫌疑人、被告人。

第五百七十九条 人民检察院发现犯罪嫌疑人、被告人具有下列情形之一的，应当向办案机关提出释放或者变更强制措施的建议：

（一）案件证据发生重大变化，没有证据证明有犯罪事实或者犯罪行为系犯罪嫌疑人、被告人所为的；

（二）案件事实或者情节发生变化，犯罪嫌疑人、被告人可能被判处拘役、管制、独立适用附加刑、免予刑事处罚或者判决无罪的；

（三）继续羁押犯罪嫌疑人、被告人，羁押期限将超过依法可能判处的刑期的；

（四）案件事实基本查清，证据已经收集固定，符合取保候审或者监视居住条件的。

第五百八十条 人民检察院发现犯罪嫌疑人、被告人具有下列情形之一，且具有悔罪表现，不予羁押不致发生社会危险性的，可以向办案机关提出释放或者变更强制措施的建议：

（一）预备犯或者中止犯；

（二）共同犯罪中的从犯或者胁从犯；

（三）过失犯罪的；

（四）防卫过当或者避险过当的；

（五）主观恶性较小的初犯；

（六）系未成年人或者已满七十五周岁的人；

（七）与被害方依法自愿达成和解协议，且已经履行或者提供担保的；

（八）认罪认罚的；

（九）患有严重疾病、生活不能自理的；

（十）怀孕或者正在哺乳自己婴儿的妇女；

（十一）系生活不能自理的人的唯一扶养人；

（十二）可能被判处一年以下有期徒刑或者宣告缓刑的；

（十三）其他不需要继续羁押的情形。

第五百八十一条 人民检察院向办案机关发出释放或者变更强制措施建议书的，应当说明不需要继续羁押犯罪嫌疑人、被告人的理由和法律依据，并要求办案机关在十日以内回复处理情况。

人民检察院应当跟踪办案机关对释放或者变更强制措施建议的处理情况。办案机关未在十日以内回复处理情况的，应当提出纠正意见。

第五百八十二条 对于依申请审查的案件，人民检察院办结后，应当将提出建议的情况和公安机关、人民法院的处理情况，或者有继续羁押必要的审查意见和理由及时书面告知申请人。

■人民检察院羁押听证办法（2021年8月17日）

第一条 为了依法贯彻落实少捕慎诉慎押刑事司法政策，进一步加强和规范人民检察院羁押审查工作，准确适用羁押措施，依法保障犯罪嫌疑人、被告人的合法权利，根据《中华人民共和国刑事诉讼法》及有关规定，结合检察工作实际，制定本办法。

第二条 羁押听证是指人民检察院办理审查逮捕、审查延长侦查羁押期限、羁押必要性审查案件，以组织召开听证会的形式，就是否决定逮捕、是否批准延长侦查羁押期限、是否继续羁押听取各方意见的案件审查活动。

第三条 具有下列情形之一,且有必要当面听取各方意见,以依法准确作出审查决定的,可以进行羁押听证:

(一)需要核实评估犯罪嫌疑人、被告人是否具有社会危险性,未成年犯罪嫌疑人、被告人是否具有社会帮教条件的;

(二)有重大社会影响的;

(三)涉及公共利益、民生保障、企业生产经营等领域,听证审查有利于实现案件办理政治效果、法律效果和社会效果统一的;

(四)在押犯罪嫌疑人、被告人及其法定代理人、近亲属或者辩护人申请变更强制措施的;

(五)羁押必要性审查案件在事实认定、法律适用、案件处理等方面存在较大争议的;

(六)其他有必要听证审查的。

第四条 羁押听证由负责办理案件的人民检察院组织开展。

经审查符合本办法第三条规定的羁押审查案件,经检察长批准,可以组织羁押听证。犯罪嫌疑人、被告人及其法定代理人、近亲属或者辩护人申请羁押听证的,人民检察院应当及时作出决定并告知申请人。

第五条 根据本办法开展的羁押听证一般不公开进行。人民检察院认为有必要公开的,经检察长批准,听证活动可以公开进行。

未成年人案件羁押听证一律不公开进行。

第六条 羁押听证由承办案件的检察官办案组的主办检察官或者独任办理案件的检察官主持。检察长或者部门负责人参加听证的,应当主持听证。

第七条 除主持听证的检察官外,参加羁押听证的人员一般包括参加案件办理的其他检察人员,侦查人员,犯罪嫌疑人、被告人及其法定代理人、辩护人,被害人及其诉讼代理人。

其他诉讼参与人,犯罪嫌疑人、被告人、被害人的近亲属,未成年犯罪嫌疑人、被告人的合适成年人等其他人员,经人民检察院许可,可以参加听证并发表意见。必要时,人民检察院可以根据相关规定邀请符合条件的社会人士作为听证员参加听证。

有重大影响的审查逮捕案件和羁押必要性审查案件的公开听证,应当邀请人民监督员参加。

第八条 决定开展听证审查的,承办案件的检察官办案组或者独任检察官应当做好以下准备工作:

(2)认真审查案卷材料,梳理、明确听证审查的重点问题;

(4)拟定听证审查提纲,制定听证方案;

(7)及时通知听证参加人员,并告知其听证案由、听证时间和地点。参加听证人员有书面意见或者相关证据材料的,要求其在听证会前提交人民检察院。

第九条 听证审查按照以下程序进行:

(一)主持人宣布听证审查开始,核实犯罪嫌疑人、被告人身份,介绍参加人员;

(二)告知参加人员权利义务;

(三)宣布听证程序和纪律要求;

(四)介绍案件基本情况、明确听证审查重点问题;

(五)侦查人员围绕听证审查重点问题,说明犯罪嫌疑人、被告人需要羁押或者延长羁押的事实和依据,出示证明社会危险性条件的证据材料。羁押必要性审查听证可以围绕事实认定出示相关证据材料;

(六)犯罪嫌疑人、被告人及其法定代理人、辩护人发表意见,出示相关证据材料;

(七)需要核实评估社会危险性和社会帮教条件的,参加听证的其他相关人员发表意见,提交相关证据材料；

（八）检察官可以向侦查人员、犯罪嫌疑人、被告人、辩护人、被害人及其他相关人员发问。经主持人许可，侦查人员、辩护人可以向犯罪嫌疑人、被告人等相关人员发问。社会人士作为听证员参加听证的，可以向相关人员发问；

（九）经主持人许可，被害人等其他参加人员可以发表意见；

（十）社会人士作为听证员参加听证的，检察官应当听取其意见。必要时，听取意见可以单独进行；两名以上犯罪嫌疑人、被告人参加听证审查的，应当分别进行。

第十条　涉及国家秘密、商业秘密、侦查秘密和个人隐私案件的羁押听证，参加人员应当严格限制在检察人员和侦查人员、犯罪嫌疑人、被告人及其法定代理人和辩护人、其他诉讼参与人范围内。听证审查过程中认为有必要的，检察官可以在听证会结束后单独听取意见、核实证据。

第十一条　犯罪嫌疑人、被告人认罪认罚的，检察官应当在听证过程中审查核实认罪认罚的自愿性、合法性，并听取侦查人员对犯罪嫌疑人是否真诚认罪认罚的意见。

犯罪嫌疑人、被告人认罪认罚的情况是判断其是否具有社会危险性的重要考虑因素。

第十二条　听证过程应当全程录音录像并由书记员制作笔录。

听证笔录由主持听证的检察官、其他参加人和记录人签名或者盖章，与录音录像、相关书面意见等归入案件卷宗。

第十三条　听证员的意见是人民检察院依法提出审查意见和作出审查决定的重要参考。拟不采纳听证员多数意见的，应当向检察长报告并获同意后作出决定。

第十四条　检察官充分听取各方意见后，综合案件情况，依法提出审查意见或者作出审查决定。

当场作出审查决定的，应当当场宣布并说明理由；在听证会后依法作出决定的，应当依照相关规定及时履行宣告、送达和告知义务。

第十五条　人民监督员对羁押听证活动的监督意见，人民检察院应当依照相关规定及时研究处理并做好告知和解释说明等工作。

第十六条　参加羁押听证的人员应当严格遵守有关保密规定，根据案件情况确有必要的，可以要求参加人员签订保密承诺书。

故意或者过失泄露国家秘密、商业秘密、侦查秘密、个人隐私的，依法依纪追究责任人员的法律责任和纪律责任。

第十七条　犯罪嫌疑人、被告人被羁押的，羁押听证应当在看守所进行。犯罪嫌疑人、被告人未被羁押的，听证一般在人民检察院听证室进行。

羁押听证的安全保障、技术保障，由本院司法警察和技术信息等部门负责。

第十八条　本办法自公布之日起施行。

第九十六条　【强制措施撤销、变更】人民法院、人民检察院和公安机关如果发现对犯罪嫌疑人、被告人采取强制措施不当的，应当及时撤销或者变更。公安机关释放被逮捕的人或者变更逮捕措施的，应当通知原批准的人民检察院。

■最高人民法院关于适用《中华人民共和国刑事诉讼法》的解释（2021年3月1日）

第一百七十条　被逮捕的被告人具有下列情形之一的，人民法院应当立即释放；必要时，可以依法变更强制措施：

（一）第一审人民法院判决被告人无罪、不负刑事责任或者免予刑事处罚的；

（二）第一审人民法院判处管制、宣告缓刑、单独适用附加刑，判决尚未发生法律效力的；

（三）被告人被羁押的时间已到第一审人民法院对其判处的刑期期限的；

(四)案件不能在法律规定的期限内审结的。

第一百七十一条　人民法院决定释放被告人的,应当立即将释放通知书送交公安机关执行。

第一百七十二条　被采取强制措施的被告人,被判处管制、缓刑的,在社区矫正开始后,强制措施自动解除;被单处附加刑的,在判决、裁定发生法律效力后,强制措施自动解除;被判处监禁刑的,在刑罚开始执行后,强制措施自动解除。

第一百七十三条　对人民法院决定逮捕的被告人,人民检察院建议释放或者变更强制措施的,人民法院应当在收到建议后十日以内将处理情况通知人民检察院。

■最高人民检察院、最高人民法院、公安部关于严格执行刑事诉讼法关于对犯罪嫌疑人、被告人羁押期限的规定(全文)(1998年10月19日)

一、对犯罪嫌疑人、被告人已经采取刑事拘留、逮捕强制措施的案件,要集中力量查办,在法定期限内办结。对于在法定期限内确实难以办结的案件,应当根据案件的具体情况依法变更强制措施或者释放犯罪嫌疑人、被告人。

二、严格执行《刑事诉讼法》关于延长、重新计算羁押期限的规定。对不符合有关规定的,不得随意延长、重新计算羁押期限;检察机关立案侦查的案件,侦查与审查起诉羁押期限不得互相借用;经最高人民法院核准或授权高级人民法院核准的死刑罪犯,下级人民法院在接到执行死刑命令后,应当按期执行。办理犯罪嫌疑人、被告人在押的案件,需要向上级机关请示的,请示、答复时间应当计入办案期限。

三、对复杂、疑难和重大案件,羁押期限届满的,应当分别不同情况,采取果断措施依法作出处理:(1)对于流串作案、多次作案的犯罪嫌疑人、被告人的主要罪行或某一罪行事实清楚,证据确实充分,而其他罪行一时又难以查清的,应当对已查清的主要罪行或某一罪行移送起诉、提起公诉或者进行审判。(2)对于共同犯罪案件中主犯或者从犯在逃,在押犯罪嫌疑人、被告人的犯罪事实清楚,证据确实充分的,应当对在押犯罪嫌疑人、被告人移送起诉、提起公诉或者进行审判;犯罪事实一时难以查清的,应当对在押犯罪嫌疑人、被告人依法变更强制措施。(3)对于司法机关之间有争议的案件通过协调后意见仍不能一致的,办案单位应按照各自的职权在法定期限内依法作出处理。

四、各级司法机关必须严格执行对犯罪嫌疑人、被告人羁押换押制度。公安机关移送起诉、检察机关向法院提起公诉以及人民法院审理一审、二审案件递次移送时,均应按照有关规定及时对犯罪嫌疑人、被告人办理换押手续。

五、上级司法机关发现下级司法机关超期羁押犯罪嫌疑人、被告人的,要依法予以纠正,下级司法机关应当将纠正结果报告上级司法机关。本机关负责人发现业务部门承办的案件超期羁押犯罪嫌疑人、被告人的,应当立即研究解决办法,及时予以纠正。

六、看守所发现对犯罪嫌疑人、被告人羁押超过法定期限的,应当将超期羁押的情况报告人民检察院。各级人民检察院应当认真履行法律监督职责,发现办案机关超期羁押犯罪嫌疑人、被告人的,应当及时向办案机关提出纠正意见。办案机关接到人民检察院纠正超期羁押通知后,应当及时进行研究,根据案件的具体情况采取相应的纠正措施,并将纠正情况回复提出纠正意见的人民检察院。

七、办案机关超期羁押犯罪嫌疑人、被告人,经上级机关或人民检察院提出纠正意见后,在一个月内不予纠正的,或者在超期羁押期间造成被羁押人伤残、死亡或其他严重后果的,应当追究办案机关负责人和直接责任人员的责任。

地方各级人民检察院、人民法院、公案厅(局)要组织力量,对本机关超期羁押的案件进行一次全面清理,逐案进行研究,根据本通知的精神,及时依法作出处理。

各省、自治区、直辖市人民检察院、高级人民法院、公安厅(局)要在今年年底前,将本系统清理和纠正超期羁押犯罪嫌疑人、被告人的情况分别书面报告最高人民检察院、最高人民法院、公安部。

■**最高人民法院关于推行十项制度切实防止产生新的超期羁押的通知(全文)(2003年11月30日)**

一、全面实行以审限管理为中心的案件流程管理制度,建立超期羁押预警机制,切实防止超期羁押。各级人民法院在审理案件过程中,应当严格遵守刑事诉讼法关于审理期限的规定,进一步实行以审限管理为中心的案件流程管理制度,建立超期羁押预警机制。对被羁押的被告人,及时办理换押手续。对审理时间达到法定审限三分之二的案件,以"催办通知"的方式,向承办案件审判庭和承办案件法官催办;对审理时间接近法定审限的案件,以"审限警示"的方式,向承办案件审判庭和承办案件法官发送"审限警示"。

二、实行严格依法适用取保候审、监视居住等法律措施的制度。各级人民法院必须实行严格适用刑事诉讼法关于取保候审、监视居住规定的制度。对被告人符合取保候审、监视居住条件的,应当依法采取取保候审、监视居住。对过失犯罪等社会危险性较小且符合法定条件的被告人,应当依法适用取保候审、监视居住等法律措施。对已被羁押超过法定羁押期限的被告人,应当依法予以释放;如果被告人被羁押的案件不能在法定期限内审结,需要继续审理的,应当依法变更强制措施。

三、建立及时通报制度,告知法院羁押期限。根据法定事由,例如依法延期审理、中止审理、进行司法精神病鉴定等,人民法院依法办理法律手续延长审限的案件,不计入审限。人民法院应当及时将上述不计入审限的情况书面通知看守所、被告人及其家属,并说明审限延长的理由。对于人民检察院因抗诉等原因阅卷的案件,根据《最高人民法院关于严格执行案件审理期限制度的若干规定》(法释〔2000〕29号),其占用的时间不计入审限,人民法院应当及时将情况书面通知看守所、被告人及其家属,并说明理由。

四、完善依法独立审判制度,规范以至逐步取消内部请示的做法。人民法院审理刑事案件,应当依照刑事诉讼法的规定独立审判,坚持两审终审制。除了适用法律疑难案件以外,不得向上级人民法院请示。要规范以至逐步取消内部请示的做法。

五、建立严格的案件发回重审制度。按照刑事诉讼法以及《最高人民法院、最高人民检察院、公安部关于严格执行刑事诉讼法,切实纠防超期羁押通知》的规定,第二审人民法院经过审理,对于原判决事实不清楚或者证据不足的案件,只能裁定撤销原判,发回原审人民法院重新审判一次,严格禁止多次发回重审。

六、坚持依法办案,有罪依法追究,无罪坚决放人。人民法院审理刑事案件,依法惩罚犯罪、保障人权,有罪依法追究,无罪坚决放人。经过审理,对于案件事实清楚,证据确实、充分,依据法律认定被告人有罪的,应当作出有罪判决;对于经过审理,只有部分犯罪事实清楚、证据确实、充分的案件,只就该部分事实和证据进行认定和判决;对于审理后,仍然证据不足,在法律规定的审限内无法收集充分的证据,不能认定被告人有罪的案件,应当坚决依法作出证据不足、指控的犯罪不能成立的无罪判决,绝不能搞悬案、疑案,拖延不决,迟迟不判。

七、完善及时宣判制度。人民法院依法作出判决后,应当按照法律规定及时公开宣判并送达执行通知书,不得为了营造声势而延期宣判和执行。

八、建立高效率的送达、移送卷宗制度。依照刑事诉讼法规定,法定期间不包括路途上的时间。人民法院在审判过程中,因送达裁判文书以及第一审案件审结后进入第二审程序,或者第二审案件审结后进入死刑复核程序等移送卷宗的案件,路途上的时间不计入审限。人民法院应当积极采取各种措施,努力改进送达、移送案卷等工作,尽量缩短占用的时间,使其更加制度化、规范化,不得无故拖延。

九、坚持超期羁押案件月报制度,做到月清月结。人民法院应当坚持超期羁押案件月报制度,每月定期向上级人民法院书面报告;最高人民法院每月定期向全国法院发布《全国法院超期羁押案件情况月报》。积极采取措施,努力做到超期羁押案件月清月结。

十、严格执行超期羁押责任追究制度。凡故意违反刑事诉讼法和《最高人民法院、最高人民检察院、公安部关于严格执行刑事诉讼法,切实纠防超期羁押通知》的规定,造成被告人超期羁押的,对于直接负责的主管人员和其他责任人员,由其所在单位或者上级主管机关依照有关规定予以行政处分或者纪律处分,构成犯罪的,依法追究刑事责任。

第九十七条　【强制措施变更申请权】犯罪嫌疑人、被告人及其法定代理人、近亲属或者辩护人有权申请变更强制措施。人民法院、人民检察院和公安机关收到申请后,应当在三日以内作出决定;不同意变更强制措施的,应当告知申请人,并说明不同意的理由。

■最高人民法院关于适用《中华人民共和国刑事诉讼法》的解释(2021年3月1日)

第一百七十四条　被告人及其法定代理人、近亲属或者辩护人申请变更、解除强制措施的,应当说明理由。人民法院收到申请后,应当在三日以内作出决定。同意变更、解除强制措施的,应当依照本解释规定处理;不同意的,应当告知申请人,并说明理由。

■最高人民法院、最高人民检察院、公安部关于对在押未决犯不采用保外就医办法的通知(全文)(1984年11月26日)

根据刑事诉讼法(1979年刑事诉讼法。——编著者注)第四十条、第一百五十七条的规定,对在押未决犯不采用保外就医的办法。现将有关事项通知如下:

(一)对应当逮捕而患有严重疾病的人犯,除有可能被判处死刑(含死刑缓期执行)以及其他重大案犯,不逮捕关押确有社会危险性或有串供、自杀可能的外,都应按照刑事诉讼法(1979年刑事诉讼法。——编著者注)第四十条第二款的规定,采用取保候审或监视居住的办法。对此,公安机关、人民检察院和人民法院都要严格执行,注意把关。人民检察院的监所检察部门发现看守所收押了不应羁押的人犯时,要及时提出纠正。

(二)对于罪大恶极的重大案犯,不逮捕关押确有社会危险性或有串供、自杀可能的,虽患有严重疾病也应当逮捕关押。对这类人犯,看守所要给予积极治疗,病势严重的,可以在严密看管下就地住院治疗,承办案件单位要抓紧审理,尽快办结。

(三)对患有严重疾病但已经逮捕,或逮捕后又患有严重疾病的在押未决犯,凡不属于本通知第二条规定的,均应当变更强制措施,采用取保候审或者监视居住的办法。变更的手续,由正在办理该案的单位负责办理,并通知批准或者决定逮捕的人民检察院或人民法院。

在本通知下达前,已经沿用保外就医办法的未决犯,除已进入第二审程序的要抓紧审结外,应即改用取保候审或者监视居住的办法。变更的手续,按照本条前款的规定办理。变更强制措施以前依法逮捕羁押的期间,包括保外就医的期间,仍予折抵刑期。

(四)对于取保候审或者监视居住的未决犯,按照《全国人民代表大会常务委员会关于刑事案件办案期限的补充规定》第四条"取保候审或者监视居住期间,不计入刑事诉讼法规定的办案期限",不予折抵刑期。因被告人患有严重疾病,难以进行讯问或无法查实案情的案件,承办单位即应中止诉讼。

第九十八条　【羁押期内未办结的变更强制措施】犯罪嫌疑人、被告人被羁押的案件,不能在本法规定的侦查羁押、审查起诉、一审、二审期限内办结的,对犯罪嫌疑人、被告人应当予以释放;需要继续查证、审理的,对犯罪嫌疑人、被告人可以取保候审或者监视居住。

■最高人民法院、最高人民检察院、公安部关于羁押犯罪嫌疑人、被告人实行换押和羁押期限变更通知制度的通知(全文)(2014年3月3日)

为正确执行《中华人民共和国刑事诉讼法》,准确掌握在押犯罪嫌疑人、被告人羁押期限,有效预防和纠正超期羁押,维护在押犯罪嫌疑人、被告人合法权益,公安机关、人民检察院、人民法院羁押犯罪嫌疑人、被告人实行换押和羁押期限变更通知制度。现就有关事项通知如下:

一、换押和通知范围

（一）换押范围

具有下列情形之一的，办案机关应当办理换押手续：

1. 侦查机关侦查终结，移送人民检察院审查起诉的；

2. 人民检察院退回侦查机关补充侦查的，以及侦查机关补充侦查完毕后重新移送人民检察院审查起诉的；

3. 人民检察院提起公诉，移送人民法院审理的；

4. 审理过程中，人民检察院建议补充侦查，人民法院决定延期审理的，以及人民检察院补充侦查完毕后提请人民法院恢复审理的；

5. 人民检察院对人民法院第一审判决或者裁定提出抗诉以及被告人、自诉人及其法定代理人不服人民法院第一审判决或者裁定提出上诉，第二审人民法院受理的；

6. 第二审人民法院裁定撤销原判，发回原审人民法院重新审判的；

7. 中级人民法院判处死刑的第一审案件进入死刑复核程序，或者死刑复核法院与第二审人民法院不属同一法院，案件进入死刑复核程序，以及死刑复核后人民法院裁定不核准死刑发回重新审判的；

8. 案件在侦查、审查起诉以及审判阶段改变办案机关的。

（二）羁押期限变更通知范围

具有下列情形之一的，办案机关应当将变更后的羁押期限书面通知看守所：

1. 依法延长拘留时间的；

2. 依法延长逮捕后的侦查羁押期限、审查起诉期限、审理期限的；

3. 发现犯罪嫌疑人另有重要罪行，重新计算侦查羁押期限的；

4. 因犯罪嫌疑人不讲真实姓名、住址，身份不明，不计算羁押期限以及从查清其身份之日起开始计算侦查羁押期限的；

5. 适用简易程序审理的案件转为第一审普通程序的；

6. 因精神病鉴定停止计算羁押期限以及恢复计算羁押期限的；

7. 审理过程中，人民法院决定中止审理以及恢复审理的；

8. 死刑复核法院与第二审人民法院为同一法院，案件进入死刑复核程序的；

9. 羁押期限改变的其他情形。

二、换押和通知程序

（一）换押程序

换押时，由移送机关填写《换押证》并加盖公章，一联送达看守所，其余各联随案移送。接收机关接收案件后，填写《换押证》，加盖公章后送达看守所。

对进入最高人民法院死刑复核程序的，由移送案件的高级人民法院填写《换押证》并加盖公章，送达看守所。最高人民法院发回重审的死刑案件，由接收案件的人民法院填写《换押证》并加盖公章，送达看守所。

（二）羁押期限变更通知程序

对于办案机关未改变，但是羁押期限发生变化的，办案机关应当在原法定羁押期限届满前，填写《变更羁押期限通知书》送达看守所。其中因犯罪嫌疑人、被告人不讲真实姓名、住址，身份不明等不计算羁押期限，或者因精神病鉴定停止计算羁押期限，以及恢复计算羁押期限的，办案机关应当在该情形出现或者消失后3日内，将《变更羁押期限通知书》送达看守所。

（三）送达方式

《换押证》和《变更羁押期限通知书》一般应当直接送达。不能直接送达的，可以邮寄送达或者传真送达。邮寄途中时间不计入移送机关或者接收机关办案期限,接收机关签收邮件时间为收案时间;传真送达的,应当随后将原件及时送达。

三、《提讯提解证》的办理和使用

办案机关将犯罪嫌疑人、被告人送看守所羁押时,应当在《拘留证》或者《逮捕证》上注明法定羁押起止时间。看守所在办案机关的《提讯提解证》上加盖提讯专用章,注明法定羁押起止时间。

换押后,看守所凭接收机关的《换押证》在其《提讯提解证》上加盖提讯专用章,注明法定羁押起止时间。

对羁押期限变更的,不需要重新办理《提讯提解证》,但需在《提讯提解证》上注明新的法定羁押起止时间和变更原因,所标注内容应当与《变更羁押期限通知书》中内容一致。

对死刑复核案件,最高人民法院凭第二审或者第一审人民法院的《提讯提解证》对被告人进行现场提讯或者远程视频提讯。其中进行现场提讯的,最高人民法院工作人员应当同时出具有效工作证明。

对超过《提讯提解证》上注明的法定羁押起止时间,没有《提讯提解证》,或者《提讯提解证》中注明的提解出所情形不符合有关规定,办案机关要求提讯或者提解的,看守所应当拒绝提讯或者提解。

四、超期羁押责任

凡不按照上述规定办理换押手续和羁押期限变更通知手续,造成超期羁押的,应当依照法律和有关规定追究办案机关有关负责人员的纪律责任或者法律责任。

五、法律文书制作

执行上述规定所需要的法律文书由公安机关、人民检察院、人民法院自行制作(具体式样附后)。《公安机关刑事法律文书式样(2012版)》(公通字〔2012〕62号)中的《换押证》、《延长侦查羁押期限通知书》、《计算/重新计算侦查羁押期限通知书》、《提讯提解证》不再使用。

附件:1.《换押证》式样(略)

2.《变更羁押期限通知书》式样(略)

3.《提讯提解证》式样(略)

■最高人民检察院关于审查起诉期间犯罪嫌疑人脱逃或者患有严重疾病的应当如何处理的批复(全文)(2014年1月1日)

一、人民检察院办理犯罪嫌疑人被羁押的审查起诉案件,应当严格依照法律规定的期限办结。未能依法办结的,应当根据刑事诉讼法第九十六条的规定予以释放或者变更强制措施。

二、人民检察院对于侦查机关移送审查起诉的案件,如果犯罪嫌疑人脱逃的,应当根据《人民检察院刑事诉讼规则(试行)》第一百五十四条第三款的规定,要求侦查机关采取措施保证犯罪嫌疑人到案后再移送审查起诉。

第九十九条　【解除强制措施的义务及请求权】人民法院、人民检察院或者公安机关对被采取强制措施法定期限届满的犯罪嫌疑人、被告人,应当予以释放、解除取保候审、监视居住或者依法变更强制措施。犯罪嫌疑人、被告人及其法定代理人、近亲属或者辩护人对于人民法院、人民检察院或者公安机关采取强制措施法定期限届满的,有权要求解除强制措施。

■人民检察院刑事诉讼规则(2019年12月30日)

第一百五十条　犯罪嫌疑人及其法定代理人、近亲属或者辩护人认为人民检察院采取强制措施法定期限届满,要求解除、变更强制措施或者释放犯罪嫌疑人的,人民检察院应当在收到申请后三日以内作出决定。

经审查,认为法定期限届满的,应当决定解除、变更强制措施或者释放犯罪嫌疑人,并通知公安机关执行;认为法定期限未满的,书面答复申请人。

第一百五十一条　犯罪嫌疑人及其法定代理人、近亲属或者辩护人向人民检察院提出变更强制措施申请的，人民检察院应当在收到申请后三日以内作出决定。

经审查，同意变更强制措施的，应当在作出决定的同时通知公安机关执行；不同意变更强制措施的，应当书面告知申请人，并说明不同意的理由。

犯罪嫌疑人及其法定代理人、近亲属或者辩护人提出变更强制措施申请的，应当说明理由，有证据和其他材料的，应当附上相关材料。

第一百五十二条　人民检察院在侦查、审查起诉期间，对犯罪嫌疑人拘留、逮捕后发生依法延长侦查羁押期限、审查起诉期限，重新计算侦查羁押期限、审查起诉期限等期限改变的情形的，应当及时将变更后的期限书面通知看守所。

第一百五十三条　人民检察院决定对涉嫌犯罪的机关事业单位工作人员取保候审、监视居住、拘留、逮捕的，应当在采取或者解除强制措施后五日以内告知其所在单位；决定撤销案件或者不起诉的，应当在作出决定后十日以内告知其所在单位。

第一百五十四条　取保候审变更为监视居住，或者取保候审、监视居住变更为拘留、逮捕的，在变更的同时原强制措施自动解除，不再办理解除法律手续。

第一百五十五条　人民检察院已经对犯罪嫌疑人取保候审、监视居住，案件起诉至人民法院后，人民法院决定取保候审、监视居住或者变更强制措施的，原强制措施自动解除，不再办理解除法律手续。

第一百条　【检察院对侦查活动的监督】人民检察院在审查批准逮捕工作中，如果发现公安机关的侦查活动有违法情况，应当通知公安机关予以纠正，公安机关应当将纠正情况通知人民检察院。

■人民检察院刑事诉讼规则（2019年12月30日）

第五百六十七条　人民检察院应当对侦查活动中是否存在以下违法行为进行监督：

（一）采用刑讯逼供以及其他非法方法收集犯罪嫌疑人供述的；

（二）讯问犯罪嫌疑人依法应当录音或者录像而没有录音或者录像，或者未在法定羁押场所讯问犯罪嫌疑人的；

（三）采用暴力、威胁以及非法限制人身自由等非法方法收集证人证言、被害人陈述，或者以暴力、威胁等方法阻止证人作证或者指使他人作伪证的；

（四）伪造、隐匿、销毁、调换、私自涂改证据，或者帮助当事人毁灭、伪造证据的；

（五）违反刑事诉讼法关于决定、执行、变更、撤销强制措施的规定，或者强制措施法定期限届满，不予释放、解除或者变更的；

（六）应当退还取保候审保证金不退还的；

（七）违反刑事诉讼法关于讯问、询问、勘验、检查、搜查、鉴定、采取技术侦查措施等规定的；

（八）对与案件无关的财物采取查封、扣押、冻结措施，或者应当解除查封、扣押、冻结而不解除的；

（九）贪污、挪用、私分、调换、违反规定使用查封、扣押、冻结的财物及其孳息的；

（十）不应当撤案而撤案的；

（十一）侦查人员应当回避而不回避的；

（十二）依法应当告知犯罪嫌疑人诉讼权利而不告知，影响犯罪嫌疑人行使诉讼权利的；

（十三）对犯罪嫌疑人拘留、逮捕、指定居所监视居住后依法应当通知家属而未通知的；

（十四）阻碍当事人、辩护人、诉讼代理人、值班律师依法行使诉讼权利的；

（十五）应当对证据收集的合法性出具说明或者提供证明材料而不出具、不提供的；

（十六）侦查活动中的其他违反法律规定的行为。

第五百六十八条　人民检察院发现侦查活动中的违法情形已涉嫌犯罪,属于人民检察院管辖的,依法立案侦查;不属于人民检察院管辖的,依照有关规定移送有管辖权的机关。

第五百六十九条　人民检察院负责捕诉的部门发现本院负责侦查的部门在侦查活动中有违法情形,应当提出纠正意见。需要追究相关人员违法违纪责任的,应当报告检察长。

上级人民检察院发现下级人民检察院在侦查活动中有违法情形,应当通知其纠正。下级人民检察院应当及时纠正,并将纠正情况报告上级人民检察院。

■最高人民法院、最高人民检察院、公安部、国家安全部、司法部关于推进以审判为中心的刑事诉讼制度改革的意见(2016年10月11日)

十六、完善人民检察院对侦查活动和刑事审判活动的监督机制。建立健全对强制措施的监督机制。加强人民检察院对逮捕后羁押必要性的审查,规范非羁押性强制措施的适用。……

■公安机关办理刑事案件程序规定(2020年9月1日)

第一百四十七条　人民检察院在审查批准逮捕工作中发现公安机关的侦查活动存在违法情况,通知公安机关予以纠正的,公安机关应当调查核实,对于发现的违法情况应当及时纠正,并将纠正情况书面通知人民检察院。

■最高人民检察院、公安部关于适用刑事强制措施有关问题的规定(2000年8月28日)

第三十七条　人民检察院应当加强对公安机关、人民检察院办案部门适用刑事强制措施工作的监督,对于超期羁押、超期限办案、不依法执行的,应当及时提出纠正意见,督促公安机关或者人民检察院办案部门依法执行。

公安机关、人民检察院的工作人员违反刑事诉讼法和本规定,玩忽职守、滥用职权、徇私舞弊,导致超期羁押、超期限办案或者实施其他违法行为的,应当依照有关法律和规定追究法律责任;构成犯罪的,依法追究刑事责任。

■最高人民法院、最高人民检察院、公安部、国家安全部关于取保候审若干问题的规定(1999年8月4日)

九、人民检察院办理审查逮捕案件,发现应当逮捕而公安机关未提请批准逮捕的犯罪嫌疑人的,应当建议公安机关提请批准逮捕。公安机关认为建议正确的,应当立即提请批准逮捕;认为建议不正确的,应当将不提请批准逮捕的理由通知人民检察院。

十三、人民检察院在审查批准逮捕工作中,如果发现公安机关的侦查活动有违法情况,应当通知公安机关予以纠正,公安机关应当将纠正情况通知人民检察院。

■最高人民检察院关于依法惩治侵害幼儿园儿童犯罪全面维护儿童权益的通知(2017年12月1日)(该文件全部内容参见本书刑事诉讼法第一七百十六条附文同名文件)

第七章　附带民事诉讼

第一百零一条　【附带民事诉讼的提起权】被害人由于被告人的犯罪行为而遭受物质损失的,在刑事诉讼过程中,有权提起附带民事诉讼。被害人死亡或者丧失行为能力的,被害人的法定代理人、近亲属有权提起附带民事诉讼。

如果是国家财产、集体财产遭受损失的,人民检察院在提起公诉的时候,可以提起附带民事诉讼。

■最高人民法院关于适用《中华人民共和国刑事诉讼法》的解释(2021年3月1日)

第一百七十五条　被害人因人身权利受到犯罪侵犯或者财物被犯罪分子毁坏而遭受物质损失的,有权在刑事诉讼过程中提起附带民事诉讼;被害人死亡或者丧失行为能力的,其法定代理人、近亲属有权提起附带民事诉讼。

因受到犯罪侵犯,提起附带民事诉讼或者单独提起民事诉讼要求赔偿精神损失的,人民法院一般不予受理。

第一百七十六条 被告人非法占有、处置被害人财产的,应当依法予以追缴或者责令退赔。被害人提起附带民事诉讼的,人民法院不予受理。追缴、退赔的情况,可以作为量刑情节考虑。

第一百七十七条 国家机关工作人员在行使职权时,侵犯他人人身、财产权利构成犯罪,被害人或者其法定代理人、近亲属提起附带民事诉讼的,人民法院不予受理,但应当告知其可以依法申请国家赔偿。

第一百七十八条 人民法院受理刑事案件后,对符合刑事诉讼法第一百零一条和本解释第一百七十五条第一款规定的,可以告知被害人或者其法定代理人、近亲属有权提起附带民事诉讼。

有权提起附带民事诉讼的人放弃诉讼权利的,应当准许,并记录在案。

第一百七十九条 国家财产、集体财产遭受损失,受损失的单位未提起附带民事诉讼,人民检察院在提起公诉时提起附带民事诉讼的,人民法院应当受理。

人民检察院提起附带民事诉讼的,应当列为附带民事诉讼原告人。

被告人非法占有、处置国家财产、集体财产的,依照本解释第一百七十六条的规定处理。

第一百八十条 附带民事诉讼中依法负有赔偿责任的人包括:

(一)刑事被告人以及未被追究刑事责任的其他共同侵害人;

(二)刑事被告人的监护人;

(三)死刑罪犯的遗产继承人;

(四)共同犯罪案件中,案件审结前死亡的被告人的遗产继承人;

(五)对被害人的物质损失依法应当承担赔偿责任的其他单位和个人。

附带民事诉讼被告人的亲友自愿代为赔偿的,可以准许。

第一百八十一条 被害人或者其法定代理人、近亲属仅对部分共同侵害人提起附带民事诉讼的,人民法院应当告知其可以对其他共同侵害人,包括没有被追究刑事责任的共同侵害人,一并提起附带民事诉讼,但共同犯罪案件中同案犯在逃的除外。

被害人或者其法定代理人、近亲属放弃对其他共同侵害人的诉讼权利的,人民法院应当告知其相应法律后果,并在裁判文书中说明其放弃诉讼请求的情况。

第一百八十二条 附带民事诉讼的起诉条件是:

(一)起诉人符合法定条件;

(二)有明确的被告人;

(三)有请求赔偿的具体要求和事实、理由;

(四)属于人民法院受理附带民事诉讼的范围。

第一百八十三条 共同犯罪案件,同案犯在逃的,不应列为附带民事诉讼被告人。逃跑的同案犯到案后,被害人或者其法定代理人、近亲属可以对其提起附带民事诉讼,但已经从其他共同犯罪人处获得足额赔偿的除外。

第一百八十四条 附带民事诉讼应当在刑事案件立案后及时提起。

提起附带民事诉讼应当提交附带民事起诉状。

第一百八十五条 侦查、审查起诉期间,有权提起附带民事诉讼的人提出赔偿要求,经公安机关、人民检察院调解,当事人双方已经达成协议并全部履行,被害人或者其法定代理人、近亲属又提起附带民事诉讼的,人民法院不予受理,但有证据证明调解违反自愿、合法原则的除外。

第一百八十六条 被害人或者其法定代理人、近亲属提起附带民事诉讼的,人民法院应当在七日以内决定是否受理。符合刑事诉讼法第一百零一条以及本解释有关规定的,应当受理;不符合的,裁定不予受理。

第一百八十七条　人民法院受理附带民事诉讼后,应当在五日以内将附带民事起诉状副本送达附带民事诉讼被告人及其法定代理人,或者将口头起诉的内容及时通知附带民事诉讼被告人及其法定代理人,并制作笔录。

人民法院送达附带民事起诉状副本时,应当根据刑事案件的审理期限,确定被告人及其法定代理人的答辩准备时间。

第一百八十八条　附带民事诉讼当事人对自己提出的主张,有责任提供证据。

■最高人民法院关于在审理经济纠纷案件中涉及经济犯罪嫌疑若干问题的规定(2020年12月29日修正)

第八条　根据《中华人民共和国刑事诉讼法》(1996年刑诉法。——编著者注)第七十七条第一款的规定,被害人对本《规定》第二条因单位犯罪行为造成经济损失的,对第四条、第五条第一款、第六条应当承担刑事责任的被告人未能返还财物而遭受经济损失提起附带民事诉讼的,受理刑事案件的人民法院应当依法一并审理。被害人因其遭受经济损失也有权对单位另行提起民事诉讼。若被害人另行提起民事诉讼的,有管辖权的人民法院应当依法受理。

■最高人民法院关于行政机关工作人员执行职务致人伤亡构成犯罪的赔偿诉讼程序问题的批复(全文)(2002年8月30日)

一、行政机关工作人员在执行职务中致人伤、亡已构成犯罪,受害人或其亲属提起刑事附带民事赔偿诉讼的,人民法院对民事赔偿诉讼请求不予受理。但应当告知其可以依据《中华人民共和国国家赔偿法》的有关规定向人民法院提起行政赔偿诉讼。

二、本批复公布以前发生的此类案件,人民法院已作刑事附带民事赔偿处理,受害人或其亲属再提起行政赔偿诉讼的,人民法院不予受理。

■最高人民法院关于审理名誉权案件若干问题的解答(1993年8月7日)

三、问:当事人提起名誉权诉讼后,以同一事实和理由又要求追究被告人的刑事责任的,应如何处理?

答:当事人提起名誉权诉讼后,以同一事实和理由又要求追究被告刑事责任的,应中止民事诉讼,待刑事案件审结后,根据不同情况分别处理:对于犯罪情节轻微,没有给予被告人刑事处罚的,或者刑事自诉已由原告撤回或者被驳回的,应恢复民事诉讼;对于民事诉讼请求已在刑事附带民事诉讼中解决的,应终结民事案件的审理。

■最高人民法院关于审理未成年人刑事案件具体应用法律若干问题的解释(2006年1月23日)

第十九条　刑事附带民事案件的未成年被告人有个人财产的,应当由本人承担民事赔偿责任,不足部分由监护人予以赔偿,但单位担任监护人的除外。

被告人对被害人物质损失的赔偿情况,可以作为量刑情节予以考虑。

第二十条　本解释自公布之日起施行。

《最高人民法院关于办理未成年人刑事案件适用法律的若干问题的解释》(法发〔1995〕9号)自本解释公布之日起不再执行。

■最高人民法院、最高人民检察院、公安部、司法部关于进一步严格依法办案确保办理死刑案件质量的意见(2007年3月9日)

31.人民法院受理案件后,应当告知因犯罪行为遭受物质损失的被害人、已死亡被害人的近亲属、无行为能力或者限制行为能力被害人的法定代理人,有权提起附带民事诉讼和委托诉讼代理人。经济困难的,还应当告知其可以向法律援助机构申请法律援助。在审判过程中,注重发挥附带民事诉讼中民事调解的重要作用，做好被害人、被害人近亲属的安抚工作，切实加强刑事被害人的权益保护。

■最高人民法院、最高人民检察院关于人民检察院提起刑事附带民事公益诉讼应否履行诉前公告程序问题的批复（全文）（2019年12月6日）

人民检察院提起刑事附带民事公益诉讼，应履行诉前公告程序。对于未履行诉前公告程序的，人民法院应当进行释明，告知人民检察院公告后再行提起诉讼。

因人民检察院履行诉前公告程序，可能影响相关刑事案件审理期限的，人民检察院可以另行提起民事公益诉讼。

▼全国法院维护农村稳定刑事审判工作座谈会纪要（1999年10月27日）

三、（五）关于刑事附带民事诉讼问题。人民法院审理附带民事诉讼案件的受案范围，应只限于被害人因人身权利受到犯罪行为侵犯和财物被犯罪行为损毁而遭受的物质损失，不包括因犯罪分子非法占有、处置被害人财产而使其遭受的物质损失。对因犯罪分子非法占有、处置被害人财产而使其遭受的物质损失，应当根据刑法第六十四条的规定处理，即应通过追缴赃款赃物、责令退赔的途径解决。如赃款赃物尚在的，应一律追缴；已被用掉、毁坏或挥霍的，应责令退赔。无法退赃的，在决定刑罚时，应作为酌定从重处罚的情节予以考虑。

关于附带民事诉讼的赔偿范围，在没有司法解释规定之前，应注意把握以下原则：一是要充分运用现有法律规定，在法律许可的范围内最大限度地补偿被害人因被告人的犯罪行为而遭受的物质损失。物质损失应包括已造成的损失，也包括将来必然遭受的损失。二是赔偿只限于犯罪行为直接造成的物质损失，不包括精神损失和间接造成的物质损失。三是要适当考虑被告人的赔偿能力。被告人的赔偿能力包括现在的赔偿能力和将来的赔偿能力，对未成年被告人还应考虑到其监护人的赔偿能力，以避免数额过大的空判引起的负面效应，被告人的民事赔偿情况可作为量刑的酌定情节。四是要切实维护被害人的合法权益。附带民事原告人提出起诉的，对于没有构成犯罪的共同致害人，也要追究其民事赔偿责任。未成年致害人由其法定代表人或者监护人承担赔偿责任。但是，在逃的同案犯不应列为附带民事诉讼的被告人。关于赔偿责任的分担：共同致害人应当承担连带赔偿责任；在学校等单位内部发生犯罪造成受害人损失，在管理上有过错责任的学校等单位有赔偿责任，但不承担连带赔偿责任；交通肇事犯罪的车辆所有人（单位）在犯罪分子无赔偿能力的情况下，承担代为赔偿或者垫付的责任。

▼陕西省高级人民法院关于审理刑事附带民事诉讼案件的指导意见（试行）（全文）（2009年5月27日）

第一条　被害人因人身权利受到犯罪侵犯而遭受物质损失或者财物被犯罪分子毁坏而遭受物质损失的，可以提起附带民事诉讼。

被害人因犯罪行为遭受精神损失而提起附带民事诉讼的，人民法院不予受理。

第二条　《中华人民共和国刑法》第三章破坏社会主义市场经济秩序罪，第五章侵犯财产罪中第二百七十五条故意毁坏财物罪和第二百七十六条破坏生产经营罪之外的犯罪，犯罪分子非法占有、处置被害人财产而使其遭受物质损失的，人民法院应当依法予以追缴或者责令退赔。被害人以其财物遭受损失为由提起附带民事诉讼的，人民法院不予受理。

第三条　国家机关工作人员在行使职权过程中犯罪而侵犯公民人身权利、财产权利，属于《国家赔偿法》赔偿事由的，依照《国家赔偿法》的规定处理，被害人提起附带民事诉讼的，人民法院不予受理。

第四条　被害人（公民、法人和其他组织）、已死亡的被害人的近亲属、无行为能力或者限制行为能力被害人的法定代理人，可以提起附带民事诉讼。

国家财产、集体财产遭受损失，受损失的单位未提起附带民事诉讼的，人民检察院在提起公诉时可以提起附带民事诉讼。

第五条　被害人已死亡，其近亲属应当参照《中华人民共和国继承法》规定的法定继承顺序，确定附带民事诉讼原告人。有前一顺序继承人，后一顺序继承人提起附带民事诉讼的，人民法院不予受理。没有前一顺序继承人，后一顺序继承人可以提起附带民事诉讼。

第六条　与已死亡的被害人生前共同居住生活并受被害人实际抚养的非被害人近亲属，可以提起附带民事诉讼。

第七条　侵犯家庭成员犯罪的案件，被害人或已死亡被害人的合法继承人可以提起附带民事诉讼。

第八条　刑事被告人、未被追究刑事责任的共同致害人、未成年刑事被告人的监护人、具有部分刑事责任能力的精神病人的监护人、案件审结前已死亡的被告人的遗产继承人以及其他对刑事被告人的犯罪行为依法应当承担民事赔偿责任的单位和个人，可以成为附带民事诉讼的被告人。

没有被追究刑事责任的共同致害人，是指与被告人共同实施了侵害行为，但其行为尚不构成犯罪以及依法可以不追究刑事责任的人。

第九条　雇员在从事雇佣活动中因故意或者重大过失实施犯罪行为致人损害，雇员与雇主依法承担连带赔偿责任的，在附带民事诉讼中为共同被告人。

雇员在从事雇佣活动中，因他人的犯罪行为遭受人身损害，向雇主提出赔偿要求的，不属于附带民事诉讼受理范围。

第十条　对未成年人依法负有教育、管理、保护义务的学校、幼儿园或者其他教育机构，未尽职责范围内的相关义务，致使未成年人受到犯罪侵犯而遭受人身损害，或者未成年人犯罪致他人人身损害的，应当承担与其过错相应的赔偿责任，可以作为附带民事诉讼被告人。

第十一条　从事住宿、餐饮、娱乐等经营活动或者其他社会活动的自然人、法人、其他组织，未尽合理限度范围内的安全保障义务，致使他人受到犯罪侵犯而遭受人身损害的，应当在其能够防止或者制止损害的范围内承担相应的补充赔偿责任，可以作为附带民事诉讼被告人。

第十二条　犯罪嫌疑人在逃，刑事责任未确定，不应列为附带民事诉讼的被告人，也不能判决确定其附带民事赔偿责任。

第十三条　附带民事诉讼的赔偿范围仅指被告人因其犯罪行为给被害人造成的物质损失。物质损失包括被害人因犯罪行为已经遭受的实际损失和必然遭受的损失。死亡赔偿金不属于刑事附带民事诉讼的赔偿范围，但被告人基于真诚悔罪愿意赔偿，双方当事人以调解的方式达成赔偿协议的，人民法院应当准许。

第十四条　附带民事诉讼的人身损害赔偿标准，参照最高人民法院《关于审理人身损害赔偿案件具体应用法律若干问题的解释》的规定执行。被告人确无实际赔偿能力或者赔偿能力有限的，可以根据案件的具体情况，酌情判处。

第十五条　附带民事诉讼赔偿，应当以人民法院第一次开庭审理刑事案件时统计部门公布的当地（省辖市级）上一年度相关数据为标准。共同犯罪案件，在案被告人已判决，在逃的被告人到案后，其附带民事赔偿仍以在案被告人的赔偿标准计算。

第十六条　审理刑事附带民事诉讼案件，刑法、刑诉法及其相关司法解释对附带民事诉讼有相关规定的，应当直接适用。没有规定的，应当适用民事法律及其相关解释的规定。二者出现冲突时，应当优先适用刑事法律的专门规定。

第十七条　审理刑事附带民事诉讼案件，应当注重调解，积极促成当事人就附带民事赔偿部分达成调解协议，确保被害人的民事权益得到切实、充分的保护。

第十八条　被告人积极赔偿被害人物质损失的，人民法院可对其酌情从轻处罚。可能被判处死刑的被告人，积极赔偿被害人的物质损失，取得被害人或者其亲属谅解的，一般可不判处死刑立即执行。

但对于罪行极其严重，应当判处死刑立即执行的被告人，不能因为其赔偿了被害人的物质损失，而不判处死刑立即执行。

第十九条　共同犯罪案件的附带民事赔偿，应当以各被告人在共同犯罪中的地位、作用以及被害人是否有过错为依据，确定各被告人的具体赔偿数额。同时，根据《中华人民共和国民法通则》第一百一十三条"二人以上共同侵权造成他人损害的，应当承担连带责任"的规定，应当先确定赔偿总额，后确定各被告人的具体赔偿数额，并由各被告人相互承担连带责任。

第二十条　共同犯罪案件，因部分犯罪嫌疑人在逃，导致在被告人的地位、作用无法完全确定，可以先判决在案被告人对案件赔偿总额承担赔偿责任。在逃犯罪嫌疑人归案后，再判决其对原判决的民事赔偿部分承担连带赔偿责任。

在逃犯罪嫌疑人归案后，如果原判决附带民事部分已经执行完毕，可以调解增加赔偿，调解不成的，应当驳回原告人的诉讼请求。对在逃犯罪嫌疑人量刑时，其民事赔偿情况可以作为酌定情节考虑。

如果在逃犯罪嫌疑人犯罪事实清楚，责任明确，可以根据案件具体情况计算出在逃犯罪嫌疑人的赔偿份额，但不能在判决中载明，在案被告人对案件赔偿总额承担连带责任。

第二十一条　未成年被告人有个人财产的，应当由其本人承担民事赔偿责任，不足部分由监护人赔偿。但单位担任监护人除外。

第二十二条　被告人无赔偿能力或仅有部分赔偿能力，被告人亲友或者所在单位愿意代为赔偿的，人民法院应予准许，并可视为被告人对被害人的赔偿。

第二十三条　提起附带民事诉讼的近亲属为多人，可选择诉讼代表人参加诉讼。有权提起附带民事诉讼的人，放弃实体权利的，应当出具书面意见或由人民法院记录在案。

第二十四条　全省各级人民法院应当结合当地实际，积极探索、建立刑事被害人国家救助制度，以弥补刑事附带民事诉讼在保护被害人合法权益方面的限制和不足。

□没有给自己的软件办理软件著作权登记，有权提起民事诉讼

《计算机软件保护条例》第二十三条的规定是软件著作权人"可向软件登记管理机构办理登记申请"，并非必须登记，更没有不登记就无权提起民事诉讼的规定。故没有给自己的软件办理软件著作权登记，有权提起民事诉讼。（参见浙江省杭州市下城区人民检察院诉王安涛侵犯著作权案，载《最高人民法院公报》总第61期，1999年第5期，第171页。）

□车辆在停车场因犯罪被损坏的，开办停车场的单位不是该刑事附带民事诉讼的被告

二、行为人从停车场将他人的机动车偷开后造成车辆损坏，构成故意毁坏财物罪的，虽然开办停车场的单位与车主之间存在车辆保管合同关系，但该单位不属于依法负有刑事附带民事赔偿责任的主体，其与车主之间发生的合同纠纷同犯罪行为引起的刑事附带民事赔偿责任系不同的法律关系。车主以该单位为刑事附带民事诉讼被告，并主张该单位对犯罪人应负的刑事附带民事赔偿责任承担连带责任的，依法不予支持。（参见天津市红桥区人民检察院诉李焕强故意伤害案，载《最高人民法院公报》总第126期，2007年第4期，第45页。）

□刑事附带民事赔偿的范围应当限定为被害人因犯罪行为遭受的直接经济损失

三、根据最高人民法院《关于刑事附带民事诉讼范围问题的规定》（此规定已被最高人民法院法释〔2015〕2号废止。——编著者注）第一条、第二条的规定，因人身权利受到犯罪侵犯而遭受物质损失或者财物被犯罪分子毁坏而遭受物质损失的，可以提起刑事附带民事诉讼。被害人因犯罪行为遭受的物质损失，是指被害人因犯罪行为已经遭受的实际损失和必然遭受的损失。据此，刑事附带民事赔偿的范围应当限定为被害人因犯罪行为遭受的直接经济损失。（参见天津市红桥区人民检察院诉李焕强故意伤害案，载《最高人民法院公报》总第126期，2007年第4期，第45页。）

□行为人窃取他人技术秘密供自己所在的公司使用,从而给技术秘密权利人造成特别严重后果的,在追究行为人侵犯商业秘密罪的刑事责任时,可以根据附带民事诉讼原告人的请求,将行为人所在公司列为附带民事诉讼被告人一并追究侵权的民事赔偿责任

一、根据最高人民法院《关于执行〈中华人民共和国刑事诉讼法〉若干问题的解释》第八十六条第(五)项的规定,行为人窃取他人技术秘密供自己所在的公司使用,从而给技术秘密权利人造成特别严重后果的,在追究行为人侵犯商业秘密罪的刑事责任时,可以根据附带民事诉讼原告人的请求,将行为人所在公司列为附带民事诉讼被告人一并追究侵权的民事赔偿责任。(参见西安市人民检察院诉裴国良侵犯商业秘密案,载《最高人民法院公报》总第 122 期,2006 年第 12 期,第 28 页。)

□谋取巨额利润的,应当将侵权人在侵权期间因侵权所获得的利润额确定为给技术秘密权利人的赔偿额;无法所获得的利润的,可按该行业平均利润标准计算侵权人所获得的利润

二、根据最高人民法院《关于刑事附带民事诉讼范围问题的规定》(此规定已被最高人民法院法释〔2015〕2 号废止。——编著者注)第二条的规定,权利人因技术秘密被窃取而遭受的物质损失,包括已经遭受的实际损失和必然遭受的市场份额被削减、竞争力减弱等损失。侵权人利用窃取的技术秘密履行与他人签订的技术合同,从而谋取巨额利润的,应当将侵权人在侵权期间因侵权所获得的利润额确定为给技术秘密权利人的赔偿额。只能认定侵权人签订的合同总金额,无法确定侵权人在侵权期间因侵权所获得的利润的,可以按照该行业平均利润标准计算侵权人所获得的利润。(参见西安市人民检察院诉裴国良侵犯商业秘密案,载《最高人民法院公报》总第 122 期,2006 年第 12 期,第 28 页。)

▽附带民事诉讼成立的条件

在刑法上构成犯罪,在民法上构成侵权,可以分别依照刑事法律和民事法律解决其刑事责任和民事责任。为方便当事人诉讼,法律专门设立了刑事附带民事诉讼制度,允许司法机关根据被害人及其他有关人的申请,适用刑事诉讼程序,对这两种诉讼合并审理,同时确定被告人刑事责任和民事责任,以避免裁判上的矛盾和减少当事人的讼累。由于这种民事诉讼是由刑事诉讼派生的,带有附带解决的性质,所以称为附带民事诉讼。附带民事诉讼的成立必须同时具备以下三个条件:(1)被告人的行为已构成犯罪。这是附带民事诉讼成立的必要前提。如果被告人的行为不构成犯罪,即使存在侵权行为,也不能提起附带民事诉讼,而应成为独立的民事诉讼。(2)被害人遭受了物质损失。法律设立刑事附带民事诉讼制度,是为了解决犯罪行为所造成的物质损失的赔偿问题。没有物质损失,不能成立刑事附带民事诉讼,而仅成立刑事诉讼。应当注意的是,根据《中华人民共和国刑事诉讼法》(1996 年修订刑诉法。——编著者注)第七十七条第一款的规定,附带民事诉讼仅解决犯罪行为给被害人所造成的物质损失,而不包括其行为给被害人造成的精神损失。关于物质损失的范围,应根据案件的具体性质,依照相关的民事法律、法规来确定。(3)犯罪行为与受害人的物质损失之间有直接因果关系。刑事被告人的犯罪行为与被害人的物质损失之间的因果关系应该是直接的、明确的,即犯罪行为是造成物质损失的唯一或者主要原因,并且物质损失在性质上应当是已经产生或者必然产生的,在数量上是可以计算和有确定数额的,也就是说,受害人因犯罪行为可能遭受的物质损失,即可得利益的损失不能要求赔偿。[参见第 25 号案例,刘海交通肇事案,载《刑事审判参考》总第 4 辑(1999 年第 4 辑),法律出版社,第9 ~10 页。审编:张军]

▽受害人提起附带民事诉讼以及人民法院作出附带民事判决并不是以被告人(包括被告单位)的行为是否实际构成犯罪为条件,而应以被告人涉嫌犯罪成立刑事案件为条件

受害人提起附带民事诉讼以及人民法院作出附带民事判决并不是以被告人(包括被告单位)的行为是否实际构成犯罪为条件,而应以被告人涉嫌犯罪成立刑事案件为条件。只要刑事案件成立,被害人依法提起了附带民事诉讼,无论刑事判决是否实际判决被告人的行为构成犯罪,人民法院都应依法对附带民事诉讼进行调解或者作出附带民事判决。[参见第 67 号案例,昌达公司侵犯商业秘密案,载

《刑事审判参考》总第9辑(2000年第4辑),法律出版社,第36~38页。执笔:贺小电]

▽附带民事诉讼的当事人如何确定

对被告人的犯罪行为造成的物质损失依法负有赔偿责任,并被要求赔偿的人是附带民事诉讼被告人。附带民事诉讼被告人一般是刑事被告人,但根据《最高人民法院关于执行〈中华人民共和国刑事诉讼法〉若干问题的解释》(2012年)第八十六条的规定,下列人员应当对被告人的犯罪行为造成的物质损失依法负有赔偿责任,可以成为附带民事诉讼被告人:1.没有被追究刑事责任的其他共同致害人;2.未成年刑事被告人的监护人;3.已被执行死刑的罪犯的遗产继承人;4.共同犯罪案件中,案件审结前已死亡的被告人的遗产继承人;5.其他对刑事被告人的犯罪行为依法应当承担民事赔偿责任的单位和个人。这里的"其他对刑事被告人的犯罪行为依法应当承担民事赔偿责任的单位和个人",一般是指刑事被告人在其执行职务或者业务活动中实施了犯罪行为,其所属单位或者雇佣他的个人对其犯罪行为所造成的物质损失应负有赔偿责任,例如,国家机关工作人员在执行职务中渎职犯罪的,不属于国家赔偿法赔偿的范围,就应以其所属国家机关作为附带民事诉讼被告人;刑事被告人在执行法人的经营或业务活动中犯罪的,应以该法人作为附带民事诉讼被告人;雇员在为雇主服务期间实施了与其服务有关的犯罪行为,给他人造成了物质损失的,雇主也可以成为附带民事诉讼被告人。[参见第25号案例,刘海交通肇事案,载《刑事审判参考》总第4辑(1999年第4辑),法律出版社,第10~11页。审编:张军]

▽刑事附带民事诉讼中的损害赔偿只能适用过错责任原则

刑事附带民事诉讼在本质上是一种民事诉讼,是由侵权行为而引起的损害赔偿的民事诉讼。刑事附带民事诉讼中的损害赔偿,与民事诉讼中的损害赔偿是一样的,都是一种民事责任。但刑事附带民事诉讼中的损害赔偿的归责原则只能适用过错责任原则,不能适用民事责任中的无过错责任原则和公平责任原则。这是因为刑事附带民事诉讼中的损害赔偿以行为人的行为构成犯罪为前提,而构成犯罪的主观要件,是行为人主观上的罪过。行为人无主观罪过,就不构成犯罪,因而也就不存在刑事附带民事诉讼中的损害赔偿。根据《道路交通事故处理办法》(已失效)第三十一条……承担赔偿责任的机动车驾驶员暂时无力赔偿的,由驾驶员所在单位或者机动车的所有人负责垫付的规定,李某虽然不承担连带赔偿责任,但因交通肇事责任人刘某没有经济赔偿能力,李某作为车辆所有人,其垫付被害人损失的民事责任是不能免除的。[参见第25号案例,刘海交通肇事案,载《刑事审判参考》总第4辑(1999年第4辑),法律出版社,第11~12页。审编:张军]

▽刑事附带民事诉讼案件的范围

被害人由于被告人的犯罪行为遭受物质损失的,在刑事诉讼中,有权提起附带民事诉讼。司法实践中,被害人因犯罪行为遭受物质损失的情况比较复杂,可以分为两类:一类是被害人因犯罪行为遭受了物质损失,但被告人并未因此占有或者获得被害人的财物,此类涉及的犯罪行为主要有杀人、伤害、故意毁坏财物、破坏生产经营以及生产、销售伪劣商品犯罪等;另一类是被害人因犯罪行为遭受的物质损失,是由被告人非法占有、处置而造成的,此类涉及的犯罪行为主要有抢劫、盗窃、诈骗、侵占、贪污、挪用等。对因前一类犯罪行为遭受的物质损失,被害人可以提起附带民事诉讼请求赔偿,而对后一类犯罪行为给被害人造成的物质损失,只能按照《刑法》第六十四条的规定处理,即应由公安机关、人民检察院或者人民法院通过追缴赃款赃物、责令退赔途径解决。已无法追缴、退赃的,应参照刑法第六十一条的规定,作为犯罪行为给社会造成的危害程度的酌量情节,在决定对被告人处刑时予以考虑。[参见第26号案例,于景森故意伤害案,载《刑事审判参考》总第4辑(1999年第4辑),法律出版社,第15~16页。审编:张军]

▽附带民事诉讼案件的受案范围,只限于被害人因人身权利受到犯罪行为侵犯和财物被犯罪行为损毁而遭受的物质损失

最高人民法院2000年12月颁布实施的《关于刑事附带民事诉讼范围问题的规定》(此规定已被最

高人民法院法释〔2015〕2号废止。——编著者注)第五条规定:“犯罪分子非法占有、处置被害人财产而使其遭受物质损失的,人民法院应当依法予以追缴或者责令退赔。被追缴、退赔的情况,人民法院可以作为量刑情节予以考虑。经过追缴或者退赔仍不能弥补损失,被害人向人民法院民事审判庭另行提起民事诉讼的,人民法院可以受理。”根据该项规定,对犯罪分子诈骗所得并非法占有、处置的被害人财产,人民法院应当通过追缴或责令退赔,而不宜采用附带民事诉讼判决的方式解决;当追缴、退赔仍不能弥补被害人物质损失的情况下,让被害人另行提起民事诉讼。这种规范刑事附带民事诉讼受案范围的要求,在1999年10月底最高人民法院下发的《全国法院维护农村稳定刑事审判工作座谈会纪要》(本附文以下简称《纪要》)中也有体现。《纪要》规定:“人民法院审理附带民事诉讼案件的受案范围,应只限于被害人因人身权利受到犯罪行为侵犯和财物被犯罪行为损毁而遭受的物质损失,不包括因犯罪分子非法占有、处置被害人财产而使其遭受的物质损失。对因犯罪分子非法占有、处置被害人财产而使其遭受的物质损失,应当根据刑法第六十四条的规定处理。”[参见第185号案例,刘国芳等诈骗案,载《刑事审判参考》总第26辑(2002年第3辑),法律出版社,第70~71页。执笔:陈文全、洪冰]

▽认定被告人的行为不构成犯罪的刑事案件,人民法院对附带民事诉讼应当继续审理,调解或一并作出刑事附带民事判决

从法理上分析,刑事诉讼中的犯罪行为与实体意义上的犯罪行为是两个不同的概念。刑法规定的犯罪,是观念层面的犯罪,只有通过刑事诉讼,才会有犯罪的认定。通过刑事诉讼认定的犯罪,才是现实层面的犯罪,国家才得以实现刑罚权。未经人民法院依法判决,对任何人都不得确定有罪,也就是说,只有经过人民法院的实体判决,必须经过法定的刑事诉讼程序才能作出。因此,一旦启动对被告人的刑事诉讼程序,有权提起附带民事诉讼的人即可提起附带民事诉讼,附带民事诉讼的存在并不以被告人的行为被人民法院依法确定为犯罪为前提。人民法院既然受理了附带民事诉讼,应当对其与刑事部分一并作出实体处理。最高人民法院《关于执行〈中华人民共和国刑事诉讼法〉若干问题的解释》(已失效)第一百零一条规定:“人民法院认定公诉案件被告人的行为不构成犯罪的,对已经提起的附带民事诉讼,经调解不能达成协议的,应当一并作出刑事附带民事判决。”第二百零五条规定:“审理自诉案件,对于依法宣告无罪的案件,其附带民事诉讼部分应当依法进行调解或者一并作出判决。”该解释的规定与法理是吻合的,故认定被告人的行为不构成犯罪的案件,人民法院对附带民事诉讼应当继续审理,调解或一并作出刑事附带民事判决。(参见第12号案例,孙红林故意伤害案,载《刑事审判指导》总第2辑,人民法院出版社,第9~10页。执笔:罗国良)

▽检察机关撤回起诉并经人民法院裁定准许的,人民法院应当驳回附带民事诉讼

人民法院对刑事立案后,被害人才能提起附带民事诉讼,当然,当人民检察院撤回起诉并经人民法院裁定准许的,人民法院应当驳回附带民事诉讼,由被害人另行提起单独的民事诉讼。(参见第12号案例,孙红林故意伤害案,载《刑事审判指导》总第2辑,人民法院出版社,第12页。执笔:罗国良)

▽职务行为的认定

职务行为,是指与法人或其他组织的工作人员的职责范围密切相关的行为,凡是法律规范明确规定和法人的章程、条例中明确设定的应当由法人行使的职权以及为了实现法人的生产经营活动的目的和维护法人自身管理及社会活动需要而实施的行为。民法学界以客观说为通说,即以执行职务的外在表现形态为标准,如果行为在客观上表现为与法人指示办理的事件要求相一致,具有利用职务的形式,就应当认为属于执行职务的范围。在刑事附带民事诉讼案件中,判断刑事被告人的犯罪行为是否属于执行职务或实施业务活动的行为是一个比较困难的问题。只要行为人实施犯罪行为的目的或起因是出于执行职务或实施业务活动,其引起的损失就应当由其单位承担。但行为人在实施业务活动和执行职务的过程中并非出于实施业务活动和执行职务的目的或并非由实施业务活动和执行职务而实施的犯罪行为,其造成的损失就应由行为人自己承担。例如被告人作为市场管理人员为清理市场内乱摆摊乱设点而打伤市场内乱摆摊的人,则由此造成物质损失引起的附带民事诉讼应由市场作为附带民事诉讼被告人。而如果被告人的职务是在某公司当清洁工却乘机杀害来公司办事的人,则由此造成物质损失引起的附带民事诉讼,应由其本人作为附带民事诉讼被告人,而不应将其公司作为附带民事诉讼被告人。本案发时高某在接到同事李某的通知后,立刻赶到现场查看线盒受损情况,其行为是为了实现法人的生产经营活动的目的和维护法人自身管理及社会活动需要而实施的行为,本案的起因也是出于执行职务和实施业务活动(线路维护)所引起的,因此本案中高某的行为显属职务行为。[参见第371号案例,高泳故意伤害案,载《刑事审判参考》总第47集(2005年第6集),法律出版社,第23～24页。执笔:江瑾]

▽替代责任的认定

由法人或其他组织对刑事被告人的犯罪行为承担的民事赔偿责任的特征是一种特殊侵权责任。在一般侵权责任中,责任人对自己的行为负赔偿责任,因而此时责任人与行为人是同一的。而在特殊侵权责任的情况下,责任人不是为自己的侵权行为负赔偿责任,而是责任人与侵权行为人相分离,由责任人替代行为人承担赔偿责任。因而,由法人或其他组织承担的责任实际上是一种替代责任,即由法人或其他组织承担责任,而造成损害的行为人自己不承担责任。如果造成损害的行为人在致人损害中存在过错的,法人或其他组织在承担了赔偿责任以后,有权向有过错的行为人进行追偿,而不是连带责任,不适用一般连带责任原理。之所以此时法人或其他组织必须承担替代责任,是基于以下理由:当一个人是法人或其他组织的成员时,他们之间就成立以下劳务关系:一方给予另一方报酬,另一方向他支付劳动力。这种关系是构成职务侵权的基础关系,也就是替代责任的基础关系,没有这个基础关系就不会发生这种责任。在这种基础上,当出卖劳动力的一方,即受雇的一方在执行职务的过程中致人损害时,就要由他的法人来承担责任。因此,在这种情况下,附带民事诉讼的被告人应该是"法人或其他组织",而不是刑事被告人,也不是刑事被告人与法人或其他组织共同承担连带责任。正由于法人或其他组织对刑事被告人的犯罪行为所承担的民事赔偿责任,是一种替代责任,而不是连带责任,因此就不能适用一般连带责任原理来要求被告人承担连带责任。因为如前所述,替代责任并不是连带责任,替代责任只是单个责任而非共同责任。在职务侵权的情况下,侵权行为人与赔偿责任人是相分离的,侵权行为人是刑事被告人,而赔偿的义务主体则是其他单位和个人,而不是刑事被告人,该法人或者其他组织承担的是一种替代责任,而不是连带责任。被害人应直接向法人或者其他单位请求赔偿,而不是向刑事被告人请求赔偿。[参见第371号案例,高泳故意伤害案,载《刑事审判参考》总第47集(2005年第6集),法律出版社,第24～26页。执笔:江瑾]

▽以过错责任的大小来认定民事赔偿责任的比例

在侵犯公民人身权利的刑事附带民事案件中,"被害人过错"的判断对于确定量刑幅度和分配民事赔偿责任具有重要作用。对于附带民事诉讼的赔偿责任,《民法通则》(已失效)第一百三十一条明确规定,"受害人对损害的发生也有过错的,可以减轻侵害人的民事责任",即适用"过失相抵"原则。本案中双方当事人均存在侵害对方的故意,并都实施了侵害对方的行为,双方均有过错。鉴于被告人在实害尚未发生时,首先持刀攻击对方,并将对方杀死,被告人的过错相比之下要大于对方,故认定被告人应负60%的赔偿责任。至于附带民事诉讼的人身损害造成死亡的赔偿范围,根据《最高人民法院关于审理人身损害赔偿案件适用法律若干问题的解释》(已被修改)第十七条的规定,赔偿的范围包括:"受害人死亡的,赔偿义务人除应当根据抢救治疗情况赔偿本条第一款规定的相关费用外,还应当赔偿丧葬费、被扶养人生活费、死亡补偿费以及受害人亲属办理丧葬事宜支出的交通费、住宿费和误工损失等其他合理费用"。而第十八条则单独规定了精神损害赔偿。这就明确将"死亡补偿费"从原来规定的"精神损害抚慰金"中分离出来,不再属于精神损害,而列入财产损害的范畴。"死亡补偿费"已视为财产性质收入损失的赔偿。因此本案中的附带民事诉讼原告人作为已死亡被害人的近亲属,对于被告人的犯罪行为所导致的物质损失,依法可以主张赔偿死亡补偿费。同时由于我国现阶段城乡二元结构的存在,根据《最高人民法院关于审理人身损害赔偿案件适用法律若干问题的解释》第二十九条的规定,"死亡补偿费"在赔偿的标准上城镇居民与农村居民是存在差别的,所以根据被害人系非农户口而提高其死亡补偿费的数额是有法律依据的。本案中附带民事诉讼原告人还向法院提出赔偿精神抚慰金的请求,但未获得法院的支持,法院的裁决是完全符合有关司法解释规定的。《最高人民法院关于是否受理刑事案件被害人提起精神损害赔偿民事诉讼问题的批复》(此规定已被最高人民法院法释〔2015〕2号废止。——编著者注)第一条第二款规定,"对于被害人因犯罪行为遭受精神损失而提起附带民事诉讼的,人民法院不予受理"。《最高人民法院关于是否受理刑事案件被害人提起精神损害赔偿民事诉讼问题的批复》(此批复已被最高人民法院法释〔2015〕2号废止。——编著者注)亦规定:"根据刑法第三十六条和刑事诉讼法第七十七条以及我院《关于刑事附带民事诉讼范围问题的规定》(此规定已被最高人民法院法释〔2015〕2号废止。——编著者注)第一条第二款的规定,对于刑事案件被害人由于被告人的犯罪行为而遭受精神损失提起的附带民事诉讼,或者在该刑事案件审结以后,被害人另行提起精神损害赔偿民事诉讼的,人民法院不予受理。"[参见第363号案例,周文友故意杀人案,载《刑事审判参考》总第46集(2005年第5集),法律出版社,第39～40页。执笔:周峰]

▽人民法院判处附带民事诉讼案件的赔偿,不应根据被告人的赔偿能力确定赔偿数额,而应实行全额赔偿的原则

在解决附带民事诉讼赔偿问题时,应实行全部赔偿原则。实行人承担赔偿责任的范围,应当与侵权行为造成物质损失的范围对等,也就是说,侵权行为所造成的损失应当全部赔偿,不能因被告人赔偿能力有限或没有赔偿能力而少赔或不赔。(一)实行全额赔偿的原则是附带民事诉讼的本质决定的。刑事附带民事诉讼的任务,就是在解决实行人刑事责任的同时,附带解决因被告人的犯罪行为所引起的损害赔偿问题,附带民事诉讼的本质是民事诉讼。从实体上看,根据刑法规定,被告人的行为符合刑法规定的犯罪构成要件,构成刑事犯罪,应当被追究刑事责任;根据规定,该行为又具备民法规定的侵权行为构成要件,构成民事侵权,应当被追究民事责任。犯罪行为人实施一个行为却同时承担两种性质迥异的法律责任,乃法律责任竞合使然。刑事责任是犯罪行为人对国家的责任,民事责任则是其对被害人的责任。总之,附带民事诉讼的民事诉讼本质决定了我们在解决犯罪行为人对被害人所承担的民事赔偿责任的问题上必须遵守民事诉讼的基本原理,应实行全额赔偿的原则,不能根据被告人的赔偿能力来判处赔偿数额。(二)实行全额赔偿原则也是正确适用法律的要求。附带民事诉讼的特殊性主要在于程序方面,其民事诉讼的本质属性决定了实体问题的处理主要是以民事法律为依据。民事法律中并无关于考虑被告人赔偿能力的规定,损害赔偿无疑应当实行全部赔偿原则。附带民事诉讼实体法适用要依据刑法,指的是依据刑法第三十六条第一款关于犯罪分子因其犯罪行为而导致被害人民事损害应当赔偿被害人的经济损失的规定,也就是说,这条规定将被害人因犯罪行为遭受的精神损失排除出附带民事诉讼赔偿的范围。除了这条规定,民法则是被告人承担民事赔偿责任的"准据法"。所谓"根据情况",应当指案件的事实情况,主要包括被害人所遭受物质损失的实际情况以及被害人是否有过错、过错的大小等情节,但不包括被告人有无赔偿能力的情况在内。(三)所有附带民事诉讼案件均应实行全额赔偿原则。刑事附带民事诉讼被告人兼具刑事被告人和民事被告人的双重身份,要受到公法与私法的双重制裁,既要承担其对国家的刑事责任,又要承担对被害人个人的民事责任。两种责任既不能相互替代,也不能相互吸收。被告人民事赔偿的情况,是被告人认罪、悔罪态度的一种表现,可以在对被告人判处刑罚时作为从轻处罚的情节考虑,在法定的量刑幅度内影响被告人的刑种选择、刑期裁量。这是完全符合我国刑法的量刑原则的。最高人民法院《关于刑事附带民事诉讼范围问题的规定》(此规定已被最高人民法院法释〔2015〕2号废止。——编著者注)第四条、第五条也有明确规定,被告人已经赔偿被害人物质损失的,被追缴、退赔的情况,人民法院可以作为量刑情节予以考虑。对被告人积极进行民事赔偿的从轻处罚，是正确适用刑法的要求；对被告人判处全额赔偿，丝毫不受被告人的刑事处罚情况的影响，则是正确适用民法的要求。如果根据被告人的赔偿能力判赔，实际上就是错误地适用法律。关于被告人的赔偿能力，并非法院判决时应当考虑的问题。况且，被告人有无赔偿能力以及赔偿能力的大小，往往是难认定。司法实践中存在一个较为普遍的做法，在判处被告人死刑立即执行的案件中，对附带民事赔偿请求一律判处免予赔偿，这种做法是错误的。如果在追究被告人刑事责任过程中不予追究其民事赔偿责任，容易导致公众对司法公正的误解和被害人的心理失衡，造成矛盾激化，不利于社会稳定。固然，其他判处被告人各种不同刑罚（包括死缓）的案件中，被告人的赔偿能力均有可能发生变化，而判处被告人死刑立即执行的案件中，被告人的赔偿能力则是相对确定的。但这仅仅影响案件的执行，并不对判决产生任何影响。何况，即使一审判处被告人死刑立即执行，一审判决后还有二审、死刑复核程序，被告人并不一定最终判处死刑立即执行。因此，对于判处被告人死刑立即执行的，对附带民事诉讼也应当依法判决实行全额赔偿。罪犯被执行死刑后，无财产可供执行，又无义务承担人的，按照民事诉讼法第二百三十五条第（三）项的规定，裁定终结执行。顺便指出，虽然《最高人民法院关于执行〈中华人民共和国刑事诉讼法〉若干问题的解释》第八十六条规定附带民事诉讼中依法负有赔偿责任的人包括"已被执行死刑的罪犯的遗产继承人"，但"已被执行死刑的罪犯的遗产继承人"实际上不可能成为附带民事诉讼的被告人。按照我国刑事诉讼法的规定，刑事诉讼与附带民事诉讼应当完成于同一程序即刑事附带民事诉讼程序，罪犯被执行死刑必然是在整个刑事附带民事诉讼程序结束后进行。只有被告人被执行死刑后才会有遗产及遗产继承人。在第一审判决宣告以前，被告人是否判处死刑尚不明确，自然就不存在将被告人的遗产继承人列为附带民事诉讼被告的问题。而按照《解释》第八十九条规定，有权提起附带民事诉讼的人在第一审判决宣告以前没有提起的，不得再提起附带民事诉讼，但可以在刑事判决生效后另行提起民事诉讼。因此，"已被执行死刑的罪犯的遗产继承人"要么成为被害人另行提起的民事诉讼的被告，要么在执行死刑罪犯的遗产时被法院裁定为被执行人，在遗产的范围内偿还债务。[参见第 341 号案例，李洪前故意杀人案，载《刑事审判参考》总第 44 集（2005 年第 3 集），法律出版社，第 4 ~ 13 页。执笔：罗国良]

▽共同侵权行为人及其民事责任的认定

《最高人民法院关于审理人身损害赔偿案件适用法律若干问题的解释》（本附文以下简称《人损解释》）（已被修改）第五条规定："赔偿权利人起诉部分共同侵权人的，人民法院应当追加其他共同侵权人作为共同被告。赔偿权利人在诉讼中放弃对部分共同侵权人的诉讼请求的，其他共同侵权人对被放弃诉讼请求的被告应当承担的赔偿份额不承担连带责任。责任范围难以确定的，推定各共同侵权人承担同等责任。""人民法院应当将放弃诉讼请求的法律后果告知赔偿权利人，并将放弃诉讼请求的情况在法律文书中叙明。"本案中，从刑事上无法确定直接责任人，故在民事责任上也难以分清各责任人的责任份额，各侵权行为人应当承担同等责任。本案中共同侵权人的确定：虽然在刑事部分认定的事实叙述中，叙述了被告人倪某等纠集 20 余人，但这并不能作为确定本案中承担民事责任的侵权行为人数的依据。由于本案中，如汪某、刘某虽直接认定了其实施了砍打的行为，但由于刑事优先、先刑事后民事，无罪推定的制约，故不能将在逃的犯罪嫌疑人确定为承担民事责任的侵权行为人。即使将汪某、刘某等强行追加为共同侵权行为人，而在程序上明知其在逃无法到庭应诉而为，既不利于被追加人，也不利于被害人（公告送达涉及时间及费用问题）。本案中，赵某、吴某、朱某虽在刑事部分未确定其殴打被害人，但司法机关已明确认为其不构成犯罪，其刑事问题已确定，故从程序上应当将该 3 人确定为共同侵权行为人。故本案的侵权行为人应认定为 12 人。这样认定侵权行为人，在保护被害人的实体权利上，并无不利。因为法官要尽到告知的释明义务，同时相关责任人对相关份额承担连带责任。本案中，部分被告人已向被害人作出了部分赔偿或承诺赔偿，其每一个人赔偿的份额未超过赔偿总额的 1/12，所以在尊重被害人权利处分，并将这些权利处分的后果告知被害人的前提下，判决倪某、周某等三人应当共同连带赔偿38 484.06元中的3/12即9621元。所以对《人损解释》第五条的共同侵权行为人的认定上,既要坚持该条的内在精神,又要考虑刑事案件引起的民事赔偿案件的特殊性,既要保护犯罪嫌疑人的权利,更要公正而有效率地保护被害人的合法权利。[参见第350号案例,倪以刚等聚众斗殴案,载《刑事审判参考》总第44集(2005年第3集),法律出版社,第82~83页。执笔:周猛]

▽18周岁以前实施侵权行为,而在审判时被告人已满18周岁,被告人的法定代理人承担的民事责任应是补充民事责任

被告人刘某在作案时不满18周岁,而在本案的开庭时(2004年10月11日)已满18周岁,刘某的母亲即附带民事诉讼被告人纪某应承担的是补充的赔偿责任。民法通则第一百三十三条规定:"无民事行为能力人、限制民事行为能力人造成他人损害的,由监护人承担民事责任。"《最高人民法院关于贯彻执行〈中华人民共和国民法通则〉若干问题的意见(试行)》(已失效)第一百六十一条第一款规定:"侵权行为发生时行为人不满十八周岁,在诉讼时已满十八周岁,并有经济能力的,应当承担民事责任,行为人没有经济能力的,应当由原监护人承担民事责任。"也就是说,在此情况下,行为人自己承担责任是基础和前提,只有在其无能力情况下,原监护人才应承担赔偿责任。对无能力认定:在审理程序中重点解决应否赔偿事宜,无时间和手段去查明行为人的经济能力状况;而在执行程序中,可以通过查询、查封、冻结、调查等执行手段查明侵权人的经济能力,所以对此能力的判断应留待执行程序中作出。故在对民事侵权部分作出判决时,原监护人只应对侵权人不能赔偿部分承担补充责任。[参见第350号案例,倪以刚等聚众斗殴案,载《刑事审判参考》总第44集(2005年第3集),法律出版社,第83~84页。执笔:周猛]

▽审理被害人因犯罪行为致死的附带民事诉讼案件,应当判处死亡赔偿金(死亡补偿费)

审判实践中,人民法院通常参照1991年9月22日国务院发布的《道路交通事故处理办法》(已失效)(本附文以下简称《办法》)确定人身损害赔偿的范围和计算标准,被害人因犯罪行为致死的附带民事诉讼案件基本上都判处死亡补偿费。但在最高人民法院2001年《关于确定民事侵权精神损害赔偿责任若干问题的解释》(已于2020年修正)(本附文以下简称《精神损害解释》)施行后,相当一部分法院将死亡补偿费理解为精神损害抚慰金,由于现行法律和司法解释规定人民法院不受理因精神损失提起的附带民事诉讼,便不再判处死亡补偿费,以至于在很多被害人因犯罪行为致死的案件中仅仅判处1000元左右的丧葬费。最高人民法院2003年《关于审理人身损害赔偿案件适用法律若干问题的解释》(已被修改)(本附文以下简称《人身损害解释》)在2004年5月1日施行后,各地法院的做法仍不一致。本案属于被害人因犯罪行为致死的附带民事诉讼案件,一审法院在2003年9月23日作出的判决中支持了附带民事诉讼原告人提出的赔偿死亡补偿费的诉讼请求是正确的。1991年国务院发布的《办法》第三十六条规定:"损害赔偿的项目包括:医疗费、误工费、住院伙食补助费、护理费、残疾者生活补助费、残疾用具费、丧葬费、死亡补偿费、被扶养人生活费、交通费、住宿费和财产直接损失。"《办法》第三十七条还规定了死亡补偿费和被扶养人生活费的计算标准,即死亡补偿费:按照交通事故发生地平均生活费计算,补偿10年。对不满16周岁的,年龄每小一岁减少一年;对70周岁以上的,年龄每增加一岁减少一年,最低均不少于5年;被扶养人生活费:以死者生前或者残者丧失劳动能力前实际扶养的、没有其他生活来源的人为限,按照交通事故发生地居民生活困难补助标准计算。对不满16周岁的人扶养到16周岁。对无劳动能力的人扶养20年,但50周岁以上的,年龄每增加一岁减少一年,最低不少于10年;70周岁以上的按5年计算。对其他的被扶养人扶养5年。从《办法》对于死亡赔偿的范围来看,已经将因直接受害人死亡而导致家庭的整体收入减少这一消极的财产损失纳入赔偿范围,并且对死亡补偿费和被扶养人生活费明确了具体的计算标准。虽然这个行政法规只直接适用于交通事故致人死亡的赔偿,但司法实践中人民法院很快就在审理其他致人死亡的案件中(包括附带民事诉讼案件)参照《办法》确定死亡赔偿的范围和计算标准。最高人民法院2003年《人身损害解释》第十七条规定:“受害人遭受人身损害,因就医治疗支出的各项费用以及因误工减少的收入,包括医疗费、误工费、护理费、交通费、住宿费、住院伙食补助费、必要的营养费,赔偿义务人应当予以赔偿。”“受害人死亡的,赔偿义务人除应当根据抢救治疗情况赔偿本条第一款规定的相关费用外,还应当赔偿丧葬费、被扶养人生活费、死亡补偿费以及受害人亲属办理丧葬事宜支出的交通费、住宿费和误工损失等其他合理费用。”第二十八条规定:“被扶养人生活费根据扶养人丧失劳动能力程度,按照受诉法院所在地上一年度城镇居民人均消费性支出和农村居民人均年生活消费支出标准计算。被扶养人为未成年人的,计算至十八周岁;被扶养人无劳动能力又无其他生活来源的,计算二十年。但六十周岁以上的,年龄每增加一岁减少一年;七十五周岁以上的,按五年计算。”第二十九条规定:“死亡赔偿金按照受诉法院所在地上一年度城镇居民人均可支配收入或者农村居民人均纯收入标准,按二十年计算。但六十周岁以上的,年龄每增加一岁减少一年;七十五周岁以上的,按五年计算。”

死亡补偿费属于财产损失赔偿的范围,是财产损失赔偿的费用。因此,人民法院判处死亡补偿费是不违反我国现行法律和司法解释对附带民事诉讼的特殊规定的。凡是被害人死亡的附带民事诉讼案件,均应判处死亡赔偿金(死亡补偿费)。从我国法律、法规和司法解释对死亡赔偿范围和计算标准规定的演变来看,在《精神损害解释》之前的法律、法规和司法解释中,并无对被害人死亡的精神损失赔偿的规定。《精神损害解释》第九条将致人死亡造成精神损害应予赔偿的精神损害抚慰金规定为死亡赔偿金,但此“死亡赔偿金”与《国家赔偿法》、《消费者权益保护法》以及修正后的《产品质量法》所规定的“死亡赔偿金”显然名同实异,前者为精神损害赔偿费用,后者与《办法》《关于审理触电人身损害赔偿案件若干问题的解释》所规定的“死亡补偿费”名异实同,为财产损失赔偿费用。实际上,人民法院在民事裁判文书中确定的对因受害人死亡造成死者近亲属精神损害应予赔偿的精神抚慰金没有必要表述为“死亡赔偿金”,直接表述为“精神抚慰金”即可。人民法院审理被害人死亡的附带民事诉讼案件,由于有关法律和司法解释对附带民事诉讼有特殊规定,固然不能判处精神抚慰金,但如果连死亡补偿费也不判处,显然与出台司法解释的初衷——保护自然人的生命权不受侵犯,给受害人更全面的救济——是根本冲突的。因此,人民法院审理被害人死亡的附带民事诉讼案件,无论是2004年5月1日后新受理的一审案件,还是其他所有案件,都应当判处死亡赔偿金(死亡补偿费)。对于2004年5月1日后新受理的一审案件,人民法院应当适用《人身损害解释》判处死亡赔偿金,根据《人身损害解释》第十七条和第二十九条确定死亡赔偿金的金额;对于2004年5月1日前受理的一审案件,人民法院应当判处死亡补偿费,参照《办法》第三十七条确定死亡补偿费的金额;对2004年5月1日前受理的一审案件的判决提起上诉的,二审法院应当视一审判决是否判处死亡补偿费的情况,参照适用《办法》第三十七条予以维持或者改判。[参见第314号案例,宋计划交通肇事案,载《刑事审判参考》总第40集(2004年第5集),法律出版社,第5~14页。]

▽附带民事诉讼中的经济损失赔偿不包括赔偿死亡补偿费,有关部门预先支付的部分安抚金不属于经济损失赔偿,不应在判决中折抵

被害人家属依法提起附带民事诉讼要求赔偿,内容包括有死亡补偿费。在处理交通事故的赔偿时,其中确有死亡补偿费项目,这项费用是给死者亲属的精神抚慰,属于精神损害的赔偿范围。而依据最高人民法院的司法解释,在刑事附带民事诉讼中,精神损害赔偿不属刑事附带民事赔偿范围。这主要是因为精神安抚功能是刑罚的主要功能之一,通过对犯罪分子适用刑罚,满足被害人及其亲友要求惩罚犯罪分子的强烈愿望,抚慰其受到的精神创伤,并使其尽快从犯罪所造成的痛苦中解脱出来,这样,就没有单独再规定精神赔偿的必要。故对本案被害人亲属要求赔偿死亡补偿费的诉讼请求应依法驳回。(本条判决旨意与《刑事审判参考》第314号案例判决旨意相悖,故此判决旨意不应作为今后办案时参考。——编者注)[参见第225号案例,杨安等故意伤害案,载《刑事审判参考》总第30集(2003年第1辑),法律出版社,第48页。执笔:于前军、孙孝明]

▽强奸导致被害人自杀的,被害人亲属有权利就此遭受的物质损失提起附带民事诉讼,人民法院应当予以受理并依法作出判决

《刑法》第三十六条规定"由于犯罪行为而使被害人遭受经济损失的,对犯罪分子除依法给予刑事处罚外,并应根据情况判处赔偿损失"。最高人民法院关于执行刑事诉讼法解释第八十四条也规定因犯罪行为遭受物质损失的已死亡被害人的亲属有权提起附带民事诉讼。[参见第228号案例,曹占宝强奸案,载《刑事审判参考》总第30集(2003年第1辑),法律出版社,第68页。执笔:方兴]

▽自行调查重婚犯罪而遭受的物质损失就不在附带民事诉讼范围之内

在诉讼过程中,韦某提起附带民事诉讼,要求邵某赔偿其为调查陈某、邵某的犯罪行为而支付的律师费、翻译费、交通费、餐费及为此减少的收入等共计人民币3万元。根据我国刑事诉讼法本条的规定,被害人由于被告人的犯罪行为而遭受物质损失的,在刑事诉讼过程中,有权提起附带民事诉讼。最高人民法院发布的《关于刑事附带民事诉讼范围问题的规定》(此规定已被最高人民法院法释〔2015〕2号废止。——编著者注)(本附文以下简称《规定》)第一条第一款规定,"因人身权利受到犯罪侵犯而遭受物质损失或者财物被犯罪分子毁坏而遭受物质损失的,可以提起附带民事诉讼。"《规定》第二条规定,"被害人因犯罪行为遭受的物质损失,是指被害人因犯罪行为已经遭受的实际损失和必然损失。"《规定》第五条规定,"犯罪分子非法占用、处置被害人财产而使其遭受物质损失的,人民法院应当依法予以追缴或者责令退赔……经过追缴或者退赔仍不能弥补损失,被害人向人民法院民事审判庭另行提起民事诉讼的,人民法院可以受理。"根据上述规定,纳入附带民事诉讼赔偿范围的"物质损失"具有下列特点:1. 系犯罪行为所造成,也就是说,物质损失与犯罪行为之间有关联,这是提起附带民事诉讼的前提。一般来讲,人民法院应当对下列几种损害裁决附带民事被告人赔偿:(1)人民法院经审理确认被告人的行为构成犯罪,而该犯罪行为给民事原告人造成了损失;(2)经审理确认被告人的行为不构成犯罪,但其违法行为给民事原告人造成了损失,被告人对此损失应负赔偿责任;(3)经审理确认被告人确给民事原告人造成损失,但被告人因患精神病或未成年而无刑事责任能力,应由其监护人负赔偿责任。2. 系因犯罪行为必然遭受的损失。犯罪行为所造成的损失有直接与间接之分。直接损失指已经存在的物质利益的损失,间接损失指预期利益的损失。被害人遭受的所有直接损失均可以通过附带民事诉讼获得赔偿。而间接损失,只有与犯罪行为有必然因果联系的,即必然遭受的间接损失才属于附带民事赔偿范围。3. 不属于追缴或退赔范畴。被害人遭受的某些损失可以通过追缴或责令被告人退赔的方法获得补偿,比如,抢劫、盗窃犯罪行为给被害人造成的损失,就可以通过追缴、退赔的方式解决。当然,如果经过追缴、退赔,被害人遭受的物质损失未能完全弥补,被害人可以另行提起民事诉讼。就本案而言,人民法院依法认定被告人陈某、邵某犯重婚罪。被害人韦某为调查两被告人犯罪事实而支付的律师费、业务费、翻译费、交通费、餐费以及为此减少的家庭收入与邵某的重婚行为无必然联系,也就是说,邵某的重婚行为并不必然使被害人遭受这些损失。那么,韦某因自行调查重婚犯罪而遭受的物质损失就不在附带民事诉讼范围之内。但是,根据修改后的《婚姻法》(已失效)第四十六条的规定,因一方重婚而导致离婚的,无过错方有权请求损害赔偿。那么,对于陈某与邵某的重婚行为,韦某可以通过提起民事诉讼,请求获得损害赔偿。[参见第141号案例,陈越、邵某重婚案,载《刑事审判参考》总第22辑(2001年第11辑),法律出版社,第28～29页。执笔:蔡金芳]

▽对因犯罪分子贪污、挪用公款而使被害单位遭受财产损失的,不能通过附带民事诉讼途径解决

被害人只能对被告人的犯罪行为所造成的物质损失的赔偿问题提起附带民事诉讼。没有物质损失,不能成立刑事附带民事诉讼,而仅成立刑事诉讼。其次,被害人的物质损失应是被告人涉嫌犯罪的行为直接造成的,即犯罪行为是造成物质损失的唯一或者主要原因,并且物质损失在应当是已经产生或者必然产生的,在数量上是可以计算和有确定数额的,可得利益的损失不能要求赔偿。从司法实践来看,被害人因被告人的犯罪行为遭受的物质损失主要有两种情况:一种情况是因被告人非法占有、处置而给被害人造成物质损失,如抢劫、盗窃、诈骗、侵占、贪污、挪用等案件;另一种情况是被害人遭受了物质损失,但被告人并未也不可能占有或者获得被害人的财物,如杀人、伤害、故意毁坏财物、破坏生产经营以及生产、销售伪劣商品犯罪等案件。在前一种情况中,被害人的物质损失即被告人的违法所得,属赃款、赃物,《刑法》第六十四条已明确规定了解决方式,即由司法机关追缴或者责令退赔后,直接返还给被害人,这已是对被害人财产权利最有效的保护,无须提起附带民事诉讼。即使被告人无法退赃的,也只能作为决定刑罚时酌定从重处罚的情节予以考虑,而不能通过提起附带民事诉讼的途径解决。因此,附带民事诉讼的受案范围应只限于被害人因人身权利受到犯罪行为侵犯和财物被犯罪行为损毁而遭受的物质损失,不包括因犯罪分子非法占有、处置被害人财产而使其遭受的物质损失。这个问题在最高人民法院《全国法院维护农村稳定刑事审判工作座谈会纪要》中已经明确。[参见第79号案例,李平贪污、挪用公款案,载《刑事审判参考》总第11辑(2000年第6辑),法律出版社,第31~32页。执笔:清国]

▽被害人和人民检察院没有提起附带民事诉讼,人民法院不能判令被告人承担民事赔偿责任

人民法院作为司法机关,与行政执法机关不同,对案件的处理应当遵循"不告不理"的原则。在审理刑事案件过程中,解决民事赔偿问题,必须基于附带民事诉讼原告人或者人民检察院的起诉。有权提起附带民事诉讼的公民、法人、其他组织或者人民检察院没有起诉的,根据《最高人民法院关于执行〈中华人民共和国刑事诉讼法〉若干问题的解释》(已失效)第八十四条的规定,人民法院可以告知其有权提起附带民事诉讼,但不能主动就被告人的犯罪行为所造成的物质损失判决被告人承担民事赔偿责任。[参见第48号案例,赵吉吉操纵证券交易价格案,载《刑事审判参考》总第7辑(2000年第2辑),法律出版社,第14页。审编:张军]

▽见义勇为行为不具备故意伤害的主、客观要件,无须承担民事责任

成立刑事附带民事诉讼须具备以下三个条件:一是只有刑事诉讼成立后,才能提起附带民事诉讼;二是被告人的行为已构成犯罪,并且给被害人或者国家、集体造成物质方面的损失,应当负赔偿责任;三是在刑事诉讼过程中有赔偿请求权的人提出了赔偿要求。《最高人民法院关于刑事附带民事诉讼范围问题的规定》(此规定已被最高人民法院法释〔2015〕2号废止。——编著者注)对此又进一步明确规定:因人身权利受到犯罪侵犯而遭受物质损失或者财物被犯罪分子毁坏而遭受物质损失的,可以提起附带民事诉讼。这说明,当事人若要能够获得刑事附带民事诉讼赔偿,前提条件是必须证明所遭受的物质损失是由被告人的犯罪行为造成,而且损害事实与被告人犯罪行为之间存在因果关系是不可或缺的重要条件。需要指出的是,见义勇为行为人的行为都是在紧急情况下做出的,往往来不及全面考虑和仔细斟酌,很可能出现诸如假想防卫、假想避险、防卫过当、避险过当等情形,从而损害他人不应损害的合法权益。所以,在处理此类案件时,要注意兼顾鼓励见义勇为和保护个人权益两者之间的平衡,合法合理、切合实际地界定各方责任。[参见第400号案例,张德军故意伤害案,载《刑事审判参考》总第51辑(2006年第4辑),法律出版社,第8页。执笔:周峰]

▽在共同犯罪案件中,对于部分被告人有赔偿能力且原告人愿意接受调解的,应当允许原告人与被告人单独达成调解协议,由原告人撤回对被告人提起的附带民事诉讼,并对另两名被告人的附带民事诉讼部分依法判决

应当允许刑事附带民事诉讼原告人与部分被告人自愿达成调解协议。在刑事附带民事诉讼中,要求共同被告人负连带责任是为了充分保障原告人实现其求偿权,但按照意思自治原则,原告人也有权处分自己的合法权益,可以放弃对部分被告人的赔偿要求及该部分被告人对其他被告人所承担的赔偿份额的连带责任。同时,原告人这样处分其权利后,其他被告人不再按照犯罪行为所造成的损失总额承担赔偿责任,而是对已扣除原告人放弃的赔偿份额后的赔偿数额承担责任,故不会损害其他共同被告人的利益。实践中,部分被告人亲属之所以愿意与原告人达成赔偿协议,多是希望法院在量刑时对该被告人予以从轻处罚。如不允许原告人与部分被告人在判决前达成和解,因被告人本人并没有赔偿能力,其亲属在判决后也没有赔偿积极性,则原告人实际上丧失了获得赔偿的机会,反而不利于保障原告人的权益。由此可见,本着切实保障原告人权利的原则,可以允许原告人与部分有赔偿能力的被告人达成赔偿协议。同时,考虑到部分被告人在判决前作出的赔偿通常不是足额赔偿,原告人仍希望通过法院的判决从其他被告人处获得进一步赔偿,故法院对其他共同被告人应承担的相应民事赔偿责任仍应依法作出判决。依照刑事诉讼法和相关司法解释的规定,附带民事部分达成调解协议的,实践中有三种结案方式,即以调解笔录的方式结案、以刑事附带民事调解书方式结案和以原告人撤回附带民事诉讼方式结案。附带民事诉讼原告人与部分被告人达成调解协议的,以调解笔录或调解书方式结案较难操作,因为全案附带民事诉讼并没有得到调解解决,在作出判决时仍要制作刑事附带民事诉讼判决书,对未能调解的被告人所承担的份额进行判决,故宜以原告人对部分被告人撤诉的方式进行处理。具体操作上,原告人与部分被告人达成调解后,双方应签订调解协议,写明被告人向原告人赔偿的数额、方式以及原告人申请向法院撤回对该被告人的附带民事诉讼等内容。对于附带民事诉讼原告人的撤诉申请,法院是否应进行审查及如何进行审查,刑事诉讼法及相关司法解释没有明确规定。撤诉是当事人处分其诉讼权利的行为,但当事人必须在法律规定的范围内行使该项权利。民事诉讼法规定法院对原告人的撤诉申请有审查权,审理刑事附带民事诉讼案件也可参照该规定对原告人的撤诉申请进行审查。审查内容一般包括撤诉申请是否系当事人的真实意思表示,是否有损社会公共利益和他人的合法权益等;在有多名共同诉讼人的场合,还应审查共同诉讼人是否一致同意申请撤诉。对于准许撤诉的裁定,可以口头或者书面形式作出,口头裁定的,应当记录在案。在附带民事诉讼中,为提高诉讼效率,一般可以口头方式对撤诉申请作出裁定,如撤诉申请涉及的当事人情况较为复杂,有可能产生争议的,则应制作书面裁定书。对于口头裁定,应当制作准许撤诉笔录,写明原告人申请撤诉的内容,由法官宣布经审查该撤诉申请系当事人的真实意愿表示,符合法律规定,裁定准许撤诉,并由申请撤诉的原告人在笔录上签名确认。对调解不成的其他被告人应当按照其应承担的赔偿份额依法作出判决。在附带民事诉讼原告人对部分被告人撤诉后,法院仍要制作刑事附带民事判决书,对没有达成调解的其他被告人作出民事赔偿判决。判决书也要对已经达成调解、原告人申请对部分被告人撤诉等情况完整地加以反映。在当事人基本情况部分,仍应完全列出附带民事诉讼被告人,包括已与原告人达成调解协议的被告人;在法院审理经过中,应写明附带民事诉讼原告人起诉、与部分被告人达成调解协议、原告人申请撤回部分起诉等情况;在控辩双方意见部分,对已经调解的被告人对附带民事诉讼的答辩意见,可不予表述;在审理查明部分,应对犯罪行为所造成的全部损失情况予以表述;在判决结果部分,应仅对未达成调解的其他被告人作出判决,判令连带承担扣除原告人申请撤诉部分后的赔偿额。对于各被告人的具体赔偿份额,应根据被告人在共同犯罪中的具体行为和责任大小予以确定;如各被告人地位、作用差别不明显,难以准确划分责任大小的,可判定各共同被告人承担同等赔偿责任。[参见第513号案例,程文岗等故意伤害案,载《刑事审判参考》总第65集(2008年第6集),法律出版社,第20～21页。执笔:余剑]

▽以被盗财物造成损失提起的附带民事诉讼,不属于刑事附带民事诉讼的受案范围

根据刑法和《最高人民法院关于刑事附带民事诉讼范围问题的规定》(此规定已被最高人民法院法释〔2015〕2号废止。——编著者注)第1条、第5条的规定,只有因人身权利受到犯罪侵犯而遭受物质损失或者财物被犯罪分子毁坏而遭受物质损失的,可以提起附带民事诉讼。对因犯罪分子非法占有、处置被害人财产而使其遭受物质损失的,依法予以追缴或者责令退赔。本案受害人提起的附带民事诉讼,不属于刑事附带民事诉讼的受案范围,一审应当裁定不予受理。对于受害人因直接侵犯财产的犯罪而遭受的经济损失,应通过刑事判决继续追缴赃款返还受害人解决。就本案而言,应明确判决追缴赃款返还受害人。[参见申有量:《为消灭债务盗窃欠条销毁的行为如何定性》,载《刑事审判要览》(析疑断狱)总4集(2003年第4集),第93页。]

▽被告人提出上诉并在二审审理期间死亡的,原刑事附带民事诉讼被告人应当承担民事责任

刑事附带民事诉讼实际上是一个刑事诉讼和一个与该刑事诉讼相关联的民事诉讼的合并,附带民事诉讼以刑事诉讼存在为前提,否则,该附带民事诉讼就成为单独的民事诉讼,应由专门的审判组织负责审理。刑事附带民事诉讼中被告人死亡,要求附带民事诉讼被告人承担民事赔偿责任的附带民事诉讼原告人应当依法向法院提起单独的民事诉讼。但如果在刑事附带民事诉讼过程中,被告人死亡的,其刑事诉讼部分终止审理,附带民事诉讼部分,仍应当由原审判组织继续审理。原刑事附带民事诉讼被告人应当承担的民事责任应由其财产继承人在其所继承的遗产范围内承担,如被告人没有遗产,民事责任亦归于消灭。但上述情况仅适用于依法成立的附带民事诉讼案件。[参见第44号案例,秦学荣抢劫、流氓、诈骗、侵占案,载《刑事审判参考》总第6辑(2000年第1辑),法律出版社,第28~29页。审编:裴显鼎]

▽醉酒驾驶机动车致使被害人遭受人身伤害的,保险公司应当在交通事故责任强制保险责任限额内承担赔偿责任,但可以向被告人追偿

第一,保险公司承担赔偿责任,与交强险保障受害人权益的设立目的相吻合。交强险是由国家以法律形式强制推行,由公安机关交通管理部门监督执行,具有社会保障性质和公益性质的强制性险种。它将具有严重损害性的机动车交通肇事风险社会化,使本该由肇事者个人承担的赔偿责任转移到社会保险机制中去分担,其目的除了加强肇事者对可能发生的事故的赔偿能力外,还有保障受害人得到及时、充分救济的用意。因此,《道交法》规定不论行为人是否有过错以及过错大小,只要不是受害人故意制造交通事故,保险公司均应当在强制保险责任限额内赔偿受害人的损失。2006年3月21日发布的《机动车交通事故责任强制保险条例》(已被修订)(本附文以下简称《交强险条例》)关于制定该条例是"为了保障机动车道路交通事故受害人依法得到赔偿,促进道路交通安全"的规定,体现了交强险保障受害人权益的设立目的。同时,迅速填补损害是交强险责任制度设计的重要目标,相对于致害人,保险公司对受害人的损害赔偿具有及时、简便、有效的明显优势。如将行为人醉驾等情形下的交通肇事损害风险,特别是肇事者无力赔偿的风险转嫁给受害人,则违背了交强险的设立目的,难以实现其基本功能。

第二,保险公司承担赔偿责任,体现了对受害人权益的平等保护。受害人在交通事故中处于弱势、被动地位,致害人赔偿能力的不确定性使受害人面临不能得到赔偿或者不能得到足额赔偿的风险。为了保障受害人的权益,交强险将赔偿责任分担给具有赔偿能力的保险公司,从而大大降低了这种不确定性带来的风险。交通肇事时致害人无过错或者只有一般过错的,受害人可以直接从保险公司获得赔偿。但如果致害人有醉酒等严重过错的,受害人反而不能从保险公司获得赔偿,这对受害人不公平,更是将致害人存在严重过错时而应承担的责任转嫁给受害人,有违交强险的设立目的。且从维护社会稳定的角度考虑,致害人存在醉驾等严重过错情形下造成的危害后果往往更大,社会影响更为恶劣。如果不对受害人遭受的人身损害提供及时、简便、有效的救济途径,不仅导致受害人身体痛苦和救治费用增加,造成残疾、死亡的风险加大,国家也要为修复被损坏的社会关系付出更大的社会成本。

第三,保险公司承担赔偿责任,并不意味着其权益不能得到保护。尽管交强险在平衡保险公司、被保险人和受害人三方利益时,倾向受害人利益的保障,但也兼顾保险公司的正当权益。在被保险人存在严重过错时,让保险公司承担赔偿责任并不合理,也会纵容被保险人实施醉驾、毒驾、故意制造交通事故等行为。因此,《交强险条例》第二十二条规定,保险公司在向受害人承担赔偿责任后,可以向致害人追偿相关费用。这样,既能及时、有效弥补受害人的损失,又能保障保险公司的利益。由有严重过错的致害人承担最终的赔偿责任,也体现了公平原则。

2012年12月21日(本案二审宣判后)起施行的《最高人民法院关于审理道路交通事故损害赔偿

案件适用法律若干问题的解释》(本附文以下简称《解释》)对上述争议问题明确了处理原则。根据该《解释》第十八条的规定,具有下列情形之一导致第三人人身损害,当事人请求保险公司在交强险责任限额范围内予以赔偿,人民法院应予支持:驾驶人未取得驾驶资格或者未取得相应驾驶资格的;醉酒、服用国家管制的精神药品或者麻醉药品后驾驶机动车发生交通事故的;驾驶人故意制造交通事故的。保险公司在赔偿范围内向侵权人主张追偿权的,人民法院应予支持。据此,在行为人因醉驾、毒驾等原因发生交通事故的刑事案件中,被害方向相关保险公司在交强险责任范围内主张人身损害赔偿的,人民法院应予支持。[参见第915指导案例,李广欣以危险方法危害公共安全案,载《刑事审判参考》总第94集(2013年第5集),第119~122页。撰稿:韩迎亮 陈迎琴]

▽在被告人已全额赔偿受害人的情况下,保险公司无须再承担赔偿责任

被告人与各附带民事诉讼原告人达成了调解协议,共赔偿被害方经济损失886 000元(已超过查明的损失)。被告人全额赔偿受害人损失的,保险公司无须再承担赔偿责任;若被告人未能足额赔偿受害人损失的,保险公司在交强险范围内仍需赔偿不足的部分。根据保险制度的损害填补原则,当保险事故发生时,保险人给予被保险人经济赔偿应当恰好填补被保险人因遭受保险事故所造成的经济损害。赔偿数额一般不应少于或者多于实际损害。少于实际损害,说明被保险人的损害没有得到完全的填补;多于实际损害,则会造成被保险人的不当得利,与设置保险制度的宗旨不符。保险公司承担赔偿责任,只是为了保障受害人能够得到及时、充分的救济,其垫付赔偿费用后,可以向致害人追偿。如果致害人已经及时、全额赔偿受害人,受害人的利益已有保障,保险公司就无须再作赔偿。否则,保险公司在致害人赔偿之外再行赔偿,又向致害人追偿,会造成致害人承担双重赔偿责任。但如果致害人只赔偿了受害人部分经济损失,保险公司仍应对赔偿不足的部分在交强险范围内承担赔偿责任。本案被害方已从被告人处得到了全额赔偿,其不能再请求财险公司作出额外赔偿,故二审法院依法改判保险公司不承担赔偿责任是正确的。[参见第915指导案例,李广欣以危险方法危害公共安全案,载《刑事审判参考》总第94集(2013年第5集),第122~123页。撰稿:韩迎亮 陈迎琴]

▽对获得被害人承诺的犯罪,被害人仍可提起附带民事诉讼

罗马法中有“得承诺的行为不违法”的格言。一般来说,被害人请求或者许可行为人侵害其法益,表明其放弃了该法益,既然如此,法律就没有必要对该法益进行保护。在我国刑法中,被害人的承诺若符合一定条件,也可以排除侵害行为的违法性。在以违反被害人意志为前提的犯罪中,如非法侵入住宅罪、故意毁坏财物罪等,被害人的承诺可以使上述行为消除社会危害性,从而不构成犯罪。而有些情形下,被害人承诺因被害人不具有承诺能力或被害人所作承诺违反法律的禁止性规定及公序良俗而无效,该承诺不影响犯罪的成立。如在拐卖、拐骗儿童犯罪或组织出卖人体器官犯罪中,即使得到被拐卖儿童或器官出售人的承诺,仍可能构成犯罪。我国法律不认可人体器官买卖具有合法性,相反,刑法将组织出卖人体器官的行为规定为犯罪。本案被告人周某某等人虽然获得了被害人关于出售器官的口头或书面同意,但该被害人承诺只表明被害人愿意接受器官被摘除、健康受损的结果,仅具有否定故意伤害罪成立的作用。公民自愿出售器官的承诺违反了《人体器官移植条例》关于严禁买卖人体器官的规定和公序良俗,对周某某等人的行为构成组织出卖人体器官罪并无实质影响。在周某某等人的组织安排下,被害人的肾脏被割除并移入他人体内,自身健康严重受损,该犯罪后果的发生与周某某等人的组织安排和实施器官割除手术的行为有直接因果关系,周某某等人应该对此另行承担民事赔偿责任。因此,被害人在本案中可以提起附带民事诉讼,要求周某某等人承担赔偿责任。关于周某某提出赔偿义务主体应为接受器官移植人员的上诉理由,我们认为,虽然被害人的器官被周某某等人分别植入他人体内,但接受器官移植的人并未直接实施侵害被害人身体健康的行为,与周某某等人也并无共同犯罪故意,并未直接对被害人的身体健康构成侵害,故无须承担民事赔偿责任。[参见第1060号指导案例,周某某等人组织出卖人体器官案,载《刑事审判参考》总第102集(2015年第1集),第41~42页。

撰稿:张建英 尹巧华]

▽附带民事诉讼赔偿范围的确定,在现行法律框架内可适当体现原则性与灵活性的统一

刑事附带民事诉讼的赔偿范围一直是困扰刑事司法工作的一个突出问题。我国刑事诉讼法及相关司法解释将刑事附带民事诉讼的赔偿范围限定于物质损失,这与《刑法》总则中对犯罪分子根据情况判处赔偿经济损失的规定一致,但立法并未对"物质损失"或"经济损失"作出明确界定。最高人民法院2000年制定的《关于刑事附带民事诉讼范围问题的规定》(已废止)第二条规定:被害人因犯罪行为遭受的物质损失,是指被害人因犯罪行为已经遭受的实际损失和必然遭受的损失。但关于死亡赔偿金和残疾赔偿金(本附文以下简称"两金")是否属于物质损失的问题,在以往争议较大。根据最高人民法院2001年制定的《关于确定民事侵权精神损害赔偿责任若干问题的解释》第九条的规定,"两金"属于精神损害抚慰金,故不属于附带民事诉讼的赔偿范围。但最高人民法院2004年制定的《关于审理人身损害赔偿案件适用法律若干问题的解释》(已被修改)(本附文以下简称《人身损害赔偿解释》)又将死亡赔偿金、残疾赔偿金界定为物质损失,是对未来可期待收入损失的赔偿,因而属于财产损害赔偿。2007年7月1日施行的《中华人民共和国侵权责任法》(已失效)(本附文以下简称《侵权责任法》)第十六条也再次确认了"两金"属于物质损失的范围,至此,"两金"属于物质损失获得了法律上的依据。但在司法实践中,各地法院对刑事附带民事诉讼中是否判赔"两金"仍把握不一。最高人民法院对该问题采取的是"原则不判+例外可判"的政策立场,即在刑事附带民事诉讼中原则上不判赔"两金",但被告人有赔偿能力的或驾驶机动车构成犯罪的除外。主要理由有以下两方面:一是我国刑事犯罪案件中,被告人大多经济条件较差,无赔偿能力或赔偿能力很低,若不加区分地一律判赔"两金",势必会造成大量"空判",引发缠讼、闹访,不利于维护社会稳定。二是在刑事附带民事诉讼中,判决被告人承担刑事责任是对被害方进行抚慰和救济的主要方式,民事赔偿是补充方式。被告人已经因为犯罪被判刑,在此情况下仍要求被告人承担高额的赔偿责任,一定程度上会造成双重处罚的问题。但从法理上讲,赔偿责任和赔偿能力是两回事儿,是否具有赔偿能力不应成为决定被告人是否承担赔偿责任的前提。因此,最高人民法院在2013年实施的《关于适用〈中华人民共和国刑事诉讼法〉的解释》(已被修改)(本附文以下简称《解释》)中对此作了相对模糊的规定,即在附带民事诉讼的赔偿范围中未明确列明"两金",而是在列明其他赔偿事项后用一个"等"字兜底,允许法院在审理案件时灵活把握。本案中,相关法院判决被告人周某某等人赔偿3名附带民事诉讼原告人主张的残疾赔偿金是正确的,主要理由如下:第一,将残疾赔偿金纳入物质损失有合法依据。从立法上看,《侵权责任法》已将"两金"纳入物质损失的范围,将"两金"认定为对被害人未来可期待收入损失的赔偿。虽然《解释》第一百五十五条第二款中未明确列明"两金"属于附带民事诉讼的赔偿范围,但根据第三款之规定,对于驾驶机动车致人伤亡构成犯罪的,附带民事诉讼的赔偿范围包括"两金"。这表明最高人民法院在《解释》中明确认可"两金"属于附带民事诉讼中的物质损失的范围,否则该条款就违反了刑事诉讼法关于附带民事诉讼只应赔偿物质损失的规定。根据《解释》第一百五十五条第二款,犯罪行为造成被害人人身损害的,应当赔偿医疗费、护理费、交通费等为治疗和康复支付的合理费用,以及因误工减少的收入;造成被害人残疾的,还应当赔偿残疾生活辅助具费等费用;造成被害人死亡的,还应当赔偿丧葬费等费用。此处的"残疾生活辅助具费等费用",可以理解为除了残疾生活辅助具费以外还有其他费用,如残疾赔偿金。第二,本案中判赔残疾赔偿金有利于最大限度地维护被害方合法权益。现有证据证实,被告人周某某等人通过组织贩卖3名被害人暨附带民事诉讼原告人的器官获利78万元,却仅支付给上述3名原告人共6万元,周某某等人实际获利70余万元。而3名原告人因犯罪所受的直接物质损失总共仅有数千元,在此情况下,如果法院不判令周某某等人赔偿3名原告人的残疾赔偿金,则周某某等人的大部分获利将作为违法所得被罚没,上交国库,这无疑不利于保护3名原告人的合法权益。可见,本案将残疾赔偿金纳入附带民事诉讼的赔偿范围有法律依据,并有利于最大限度地维护被害人的合法权益,也不会造成"空判",影响法院生效判决的权威。[参见第1060号指导案例,周某某等人组织出卖人体器官案,载《刑事审判参考》总第102集(2015年第1集),第42～44页。撰稿:张建英　尹巧华]

▽取得被害人承诺的犯罪案件中,可以适当减轻被告人的附带民事赔偿责任

在组织出卖人体器官犯罪案件中,被告人取得被害人的书面或口头承诺并不影响其行为构成本罪,但被害人作为成年人,明知国家禁止买卖人体器官,为获得金钱仍同意被告人摘除其器官,对自己重伤结果的发生也存在一定过错,应承担相应的责任。根据《侵权责任法》(已失效)第二十六条之规定,被侵权人对损害的发生也有过错的,可以减轻侵权人的责任,故被告人周某某等人不应对3名附带民事诉讼原告人的全部损失承担赔偿责任。关于被害人的过错可以在多大程度上减轻侵权人的责任,相关司法解释并无明确规定,个别省制定的地方性法规对此有所涉及。例如,2014年的《广东省道路交通安全条例》(已废止)第四十六条第一款规定,机动车与非机动车驾驶人、行人之间发生交通事故,非机动车驾驶人、行人负事故次要责任的,由机动车一方承担80%的赔偿责任。目前,实践中主要由法院根据双方的过错程度自由裁量,合理确定分担比例。通常,若双方对损害结果的发生负同等责任,则双方各承担50%的赔偿责任,若侵权人负主要责任,被侵权人负次要责任,则侵权人承担60%～90%的赔偿责任是合理的。本案中,周某某等人为谋取非法利润,通过网站、中介等发布买卖器官广告,被害人为获得小额金钱,即同意将自己的器官出卖给周某某等人用于移植给他人,虽然被害人的行为也违反公序良俗,甚至也具有一定的违法性,但被告人的违法程度更高,且已经构成犯罪,直接造成了被害人重伤的损害结果。综合分析,周某某等人应对损害结果的发生承担主要责任,附带民事原告人对此应承担次要责任。一审法院判决周某某等人承担60%的责任,3名附带民事诉讼原告人承担40%的责任,是妥当的。[参见第1060号指导案例,周某某等人组织出卖人体器官案,载《刑事审判参考》总第102集(2015年第1集),第44～45页。撰稿:张建英　尹巧华]

▽限制民事行为能力人、无民事行为能力人不能独立地以附带民事被告身份参加附带民事诉讼,应由其监护人作为法定代理人代为诉讼

限制民事行为能力人、无民事行为能力人参加刑事附带民事诉讼的问题,刑事诉讼法没有明确的规定。按照《最高人民法院关于适用〈中华人民共和国刑事诉讼法〉的解释》(已被修改)第一百六十三条的规定,应当适用民法通则、民事诉讼法的有关规定。按照民法学的理论,公民的民事行为能力与其诉讼行为能力有着密切的联系,但在分类上,二者又不完全一致。公民的民事行为能力采用三分法:完全民事行为能力(年满18周岁或者年满16周岁不满18周岁,但是以自己的劳动收入为主要生活来源的)、限制民事行为能力(10周岁至16或18周岁,以及不能完全辨认自己行为的精神病人)和无民事行为能力(不满10周岁,以及不能辨认自己行为的精神病人)。而公民的诉讼行为能力则采用"两分法":有诉讼行为能力和无诉讼行为能力。在民事诉讼中,只有具有完全民事行为能力的公民才具有诉讼行为能力,无民事行为能力和限制民事行为能力的公民都没有诉讼行为能力。

无民事行为能力人,属于不负刑事责任的人,依法不能成为刑事诉讼中的被告人,但其仍然能够介入到刑事诉讼中成为附带民事诉讼被告人,这主要是指符合《最高人民法院关于适用〈中华人民共和国刑事诉讼法〉的解释》第一百四十三条第一款第一项的情形,即未被追究刑事责任的其他共同侵害人,包括该共同侵害人系不负刑事责任的未成年人、无刑事责任能力的精神病人。需要说明的是,这两类人如果单独实施"犯罪"行为,因其不能成为刑事被告人,因而不能对其提起附带民事诉讼诉讼人,对其侵权行为造成的损失只能单独提起民事诉讼。限制民事行为能力人在以下两种情况下可以成为刑事被告人并同时可以成为附带民事诉讼被告人:一是已满十四周岁不满十六周岁的人犯刑法第十七条列举的故意杀人、故意伤害致人重伤或者死亡、强奸、抢劫、贩卖毒品、放火、爆炸、投毒罪(现修改为投放危险物质罪。——编著者注)的;二是已满十六周岁不满十八周岁的人犯罪以及刑法第十八条第三款规定的"尚未完全丧失辨或者控制自己行为能力的精神病人犯罪的"。

限制民事行为能力人、无民事行为能力人介入刑事诉讼中成为附带民事诉讼被告人时，如何参与诉讼？《中华人民共和国民事诉讼法》(已被修改)第五十七条规定："无诉讼行为能力人由他的监护人作为法定代理人代为诉讼。"法定代理人之间互相推诿代理责任的，由人民法院指定其中一人代为诉讼。《最高人民法院关于适用〈中华人民共和国民事诉讼法〉的解释》第八十三条规定，在诉讼中，无民事行为能力人、限制民事行为能力人的监护人是他的法定代理人。事先没有确定监护人的，可以由有监护资格的人协商确定；协商不成的，由人民法院在他们之间指定诉讼中的法定代理人。因此，在附带民事诉讼中，应由限制民事行为能力人、无民事行为能力人的监护人为其法定代理人代为诉讼，否则，其所为的诉讼行为或者针对其所为的诉讼行为都是无效诉讼行为。

本案附带民事诉讼被告人马某是否是限制民事行为能力人呢？按照《中华人民共和国民法通则》(已失效)的相关规定，不能完全辨认自己行为的精神病人是限制民事行为能力人。被告人是不是不能完全辨认自己行为的精神病人需要进行司法鉴定。对精神病人的司法鉴定，根据鉴定目的，鉴定机构可进行有无刑事责任能力的鉴定和有无民事行为能力的鉴定。要判断精神病人的民事行为能力，当然是进行有无民事行为能力的司法鉴定较为合适。但是，在刑事附带民事诉讼案件的审判实践中，对被告人所作的精神疾病鉴定往往是基于审理刑事部分的需要，鉴定通常只针对被告人是否具有刑事责任能力的问题，而不涉及对民事行为能力的鉴定。因此，多数情况下，刑事附带民事诉讼案件中公安机关只是委托鉴定机构进行刑事责任能力鉴定，而不做民事行为能力鉴定，本案亦是如此。在此情况下，如何认定患有精神疾病的被告人的民事行为能力？我们认为，本案中虽然只对被告人进行了是否具有刑事责任能力的鉴定，认定被告人为限制刑事责任能力，但是在鉴定的过程中对被告人患有精神疾病这一事实，已经在医学上进行了肯定的判断，在确定被告人是精神病人的基础上，结合本案其他关于被告人平时表现的证据，可以认定其为限制民事行为能力人，作出这样的判断是符合逻辑和法律规定的。综上，本案被告人暨附带民事诉讼被告人马某某系限制民事行为能力人，没有民事诉讼行为能力，应由其监护人作为法定代理人代为参加附带民事诉讼，以更好地维护当事人的合法权益。[参见第1123号指导案例，马某某故意杀人案，载《刑事审判参考》总第105集，第53～55页。撰稿：魏保国][参见第348号案例，耿万红故意伤害案，载《刑事审判参考》总第44集(2005年第3集)，法律出版社，第61～66页。执笔：罗国良]

▽限制民事行为能力人、无民事行为能力人在刑事附带民事诉讼中属于无民事责任能力人，应由其监护人承担民事责任

当刑事附带民事诉讼中的被告人为限制民事行为能力人，无民事行为能力人时，谁来承担民事赔偿责任？《中华人民共和国民法通则》(已失效)第一百三十三条的规定："无民事行为能力人、限制民事行为能力人造成他人损害的，由监护人承担民事责任。监护人尽了监护责任的，可以适当减轻他的民事责任。有财产的无民事行为能力人、限制民事行为能力人造成他人损害的，从本人财产中支付赔偿费用。不足部分，由监护人适当赔偿，但单位担任监护人的除外。"《中华人民共和国侵权责任法》(已失效)第三十二条也明确规定："无民事行为能力人、限制民事行为能力人造成他人损害的，由监护人承担侵权责任。监护人尽到监护责任的，可以减轻其侵权责任。有财产的无民事行为能力人、限制民事行为能力人造成他人损害的，从本人财产中支付赔偿费用。不足部分，由监护人赔偿。"在刑事案件中，侵权行为就是犯罪行为，侵权责任与刑事责任以外的附带民事赔偿责任竞合。因此，根据我国民法的相关规定，如果限制民事行为能力人、无民事行为能力人参与刑事附带民事诉讼，其监护人依法应当对其犯罪行为造成的损害承担民事赔偿责任，其监护人才是附带民事诉讼中依法负有赔偿责任的人，理应被列为附带民事诉讼的被告人。否则，针对刑事被告人所为的附带民事诉讼行为是无效诉讼行为。本案被告人马某某为限制民事行为能力人，其监护人应对马某某的犯罪行为给他人造成的损害承担民事赔偿责任。当然，根据前述民法的相关规定，马某某本人如果有财产的，赔偿费用应首先从其本人财产中支付,不足部分,由其监护人承担。综上,一审法院在附带民事诉讼中没有为马某某确定法定代理人,对附带民事诉讼原告人申请追加被告人的监护人为共同被告人的请求不予支持不当,未将限制民事行为能力被告人的监护人列为共同被告,违反了法定诉讼程序。为严格遵守诉讼程序,保障双方当事人的合法权益,二审法院裁定原审法院在刑事附带民事诉讼中程序违法,将附带民事部分发回一审法院重新审判是适当的。(参见第1123号指导案例,马某某故意杀人案,载《刑事审判参考》总第105集,第55～56页。撰稿:魏保国)

▽在共同犯罪案件的附带民事诉讼审理中,部分被告人赔偿并与附带民事诉讼原告人达成调解协议,当该部分被告人赔偿数额与其应承担份额不符时,其他被告人应承担的具体赔偿数额的认定

本案所涉及的法律问题是《中华人民共和国侵权责任法》(已失效)(本附文以下简称《侵权责任法》)中的连带责任问题。这里的连带责任,是指受害人(被侵权人)有权向共同侵权人或共同危险行为人等责任主体中的部分或全部请求赔偿损失,而责任主体中的任何一员均有对外向被侵权人承担赔偿全部损失的责任和义务;若部分责任人向被侵权人承担了全部赔偿责任,则其他责任人对被侵权人应负的赔偿责任相应予以免除。《侵权责任法》第八条、第十四条第一款和《最高人民法院关于审理人身损害赔偿案件适用法律若干问题的解释》(本附文以下简称《侵权解释》)第五条规定,二人以上共同侵权致人损害的,应当承担连带责任;而各连带责任人赔偿的数额则是根据各自责任大小按份划分确定的;如赔偿权利人在诉讼中放弃对部分共同侵权人的诉讼请求的,其他共同侵权人对被放弃诉讼请求的侵权人应当承担的赔偿份额不承担连带责任。在部分被告人、同案人赔偿,部分原告人撤回对部分被告人附带民事诉讼起诉的情况下,各被告人对陈秀英、杨宜杰的赔偿数额及连带责任的承担,应区分以下三种情形:

(一)被告人李某君与附带民事诉讼原告人陈秀英达成调解协议,在李某君的实际赔偿额不足其应承担的赔偿份额的情形下,其他被告人赔偿数额和连带责任的范围确定。根据法律规定,李某君应按份赔偿给陈秀英65 513.11元,并应对赔偿总额655 131.05元负连带赔偿责任。但在案件审理过程中,李某君及其亲属与附带民事诉讼原告人陈秀英达成调解协议,赔偿陈秀英经济损失35 000元,陈秀英向法院申请撤回对李某君附带民事诉讼的起诉。李某君及其亲属赔偿之数额虽然不足李某君按份应承担的数额,但鉴于陈秀英已对其表示谅解,并向法院申请撤诉,根据意思自治的原则及《侵权解释》第五条的规定,该情形可视为陈秀英在诉讼中放弃对李某君的诉讼请求,则庞某浑、庞某文、许某某可对李某君应当承担的10%的赔偿份额不再承担连带责任,只需共同赔偿陈秀英经济损失655 131.05元的90%.即589 617.95元,并互负连带赔偿责任即可。同样,由于陈秀英放弃对李某君的诉讼请求,在执行程序中,如果其他被告人无能力赔偿自己应承担的赔偿份额,则侵权人李某君也不再对其他被告人应承担的赔偿份额承担赔偿责任。

(二)被告人许某某与附带民事诉讼原告人杨宜杰达成调解协议,在许某某的实际赔偿额超出其应承担的赔偿份额的情形下,其他被告人赔偿数额和连带责任的范围确定。如果某个被告人与原告人达成调解协议,且该被告人实际赔偿数额已超出其应承担的赔偿总额中的份额的,根据该被告人对超出其应承担份额的部分的不同意思表示,对其他被告人的赔偿数额确定亦应有两种不同处理结果:1.该被告人没有明确放弃对超出其本人应承担份额的追偿权的,对其赔偿超出其应承担份额的部分,可视为代其他被告人赔偿,其支付赔偿款后有权就超出本人应担份额的部分向其他被告人追偿;其他被告人则应就扣除该被告人已赔偿部分后的赔偿余额承担赔偿责任,并互负连带责任。2.被告人如明确放弃对超出其本人应承担份额赔偿款的追偿权,则对其他被告人赔偿数额的计算与本文(一)相同,即其他被告人对该被告人应当承相的赔偿份额不再承相连带责任,只需共同赔偿附带民事诉讼原告人赔偿总额扣除该被告人已赔偿额的剩余部分,并互负连带赔偿责任即可。

(三)被告人李某君对附带民事诉讼原告人杨宜杰赔偿其本人应承担份额的一部分后,没有取得杨宜杰谅解而放弃对其追诉的,李某君及其他被告人赔偿数额和连带责任范围的确定。李某君亲属自愿代李某君赔偿杨宜杰经济损失人民币5000元,但未能与杨宜杰达成调解协议,在这种情况下,其应与其他被告人继续共同赔偿剩余部分,并对该剩余部分互负连带赔偿责任。即先以赔偿总额107 810.03元减去许某某赔偿的45 000元,再减去李某君所赔5000元,得57 810 03元,即为被告人李某君与庞某浑、庞某文应共同赔偿给杨宜杰的经济损失,且三被告人对该57 810.03元互负连带赔偿责任。(参见第1171号指导案例,庞某浑等故意伤害案,载《刑事审判参考》总第108集,第49~53页。撰稿:李非白 武丹莉)

第一百零二条 【附带民事诉讼的保全措施】人民法院在必要的时候,可以采取保全措施,查封、扣押或者冻结被告人的财产。附带民事诉讼原告人或者人民检察院可以申请人民法院采取保全措施。人民法院采取保全措施,适用民事诉讼法的有关规定。

■最高人民法院关于适用《中华人民共和国刑事诉讼法》的解释(2021年3月1日)

第一百八十九条 人民法院对可能因被告人的行为或者其他原因,使附带民事判决难以执行的案件,根据附带民事诉讼原告人的申请,可以裁定采取保全措施,查封、扣押或者冻结被告人的财产;附带民事诉讼原告人未提出申请的,必要时,人民法院也可以采取保全措施。

有权提起附带民事诉讼的人因情况紧急,不立即申请保全将会使其合法权益受到难以弥补的损害的,可以在提起附带民事诉讼前,向被保全财产所在地、被申请人居住地或者对案件有管辖权的人民法院申请采取保全措施。申请人在人民法院受理刑事案件后十五日以内未提起附带民事诉讼的,人民法院应当解除保全措施。

人民法院采取保全措施,适用民事诉讼法第一百条至第一百零五条的有关规定,但民事诉讼法第一百零一条第三款的规定除外。

第一百零三条 【附带民事诉讼案件可调解与裁决】人民法院审理附带民事诉讼案件,可以进行调解,或者根据物质损失情况作出判决、裁定。

■最高人民法院关于适用《中华人民共和国刑事诉讼法》的解释(2021年3月1日)

第一百九十条 人民法院审理附带民事诉讼案件,可以根据自愿、合法的原则进行调解。经调解达成协议的,应当制作调解书。调解书经双方当事人签收后即具有法律效力。

调解达成协议并即时履行完毕的,可以不制作调解书,但应当制作笔录,经双方当事人、审判人员、书记员签名后即发生法律效力。

第一百九十一条 调解未达成协议或者调解书签收前当事人反悔的,附带民事诉讼应当同刑事诉讼一并判决。

第一百九十二条 对附带民事诉讼作出判决,应当根据犯罪行为造成的物质损失,结合案件具体情况,确定被告人应当赔偿的数额。

犯罪行为造成被害人人身损害的,应当赔偿医疗费、护理费、交通费等为治疗和康复支付的合理费用,以及因误工减少的收入。造成被害人残疾的,还应当赔偿残疾生活辅助器具费等费用;造成被害人死亡的,还应当赔偿丧葬费等费用。

驾驶机动车致人伤亡或者造成公私财产重大损失,构成犯罪的,依照《中华人民共和国道路交通安全法》第七十六条的规定确定赔偿责任。

附带民事诉讼当事人就民事赔偿问题达成调解、和解协议的,赔偿范围、数额不受第二款、第三款规定的限制。

第一百九十三条 人民检察院提起附带民事诉讼的,人民法院经审理,认为附带民事诉讼被告人依法应当承担赔偿责任的,应当判令附带民事诉讼被告人直接向遭受损失的单位作出赔偿;遭受损失的单位已经终止,有权利义务继受人的,应当判令其向继受人作出赔偿;没有权利义务继受人的,应当判令其向人民检察院交付赔偿款,由人民检察院上缴国库。

第一百零四条　【附带民事诉讼审理】附带民事诉讼应当同刑事案件一并审判,只有为了防止刑事案件审判的过分迟延,才可以在刑事案件审判后,由同一审判组织继续审理附带民事诉讼。

■最高人民法院关于适用《中华人民共和国刑事诉讼法》的解释(2021年3月1日)

第一百九十四条　审理刑事附带民事诉讼案件,人民法院应当结合被告人赔偿被害人物质损失的情况认定其悔罪表现,并在量刑时予以考虑。

第一百九十五条　附带民事诉讼原告人经传唤,无正当理由拒不到庭,或者未经法庭许可中途退庭的,应当按撤诉处理。

刑事被告人以外的附带民事诉讼被告人经传唤,无正当理由拒不到庭,或者未经法庭许可中途退庭的,附带民事部分可以缺席判决。

刑事被告人以外的附带民事诉讼被告人下落不明,或者用公告送达以外的其他方式无法送达,可能导致刑事案件审判过分迟延的,可以不将其列为附带民事诉讼被告人,告知附带民事诉讼原告人另行提起民事诉讼。

第一百九十六条　附带民事诉讼应当同刑事案件一并审判,只有为了防止刑事案件审判的过分迟延,才可以在刑事案件审判后,由同一审判组织继续审理附带民事诉讼;同一审判组织的成员确实不能继续参与审判的,可以更换。

第一百九十七条　人民法院认定公诉案件被告人的行为不构成犯罪,对已经提起的附带民事诉讼,经调解不能达成协议的,可以一并作出刑事附带民事判决,也可以告知附带民事原告人另行提起民事诉讼。

人民法院准许人民检察院撤回起诉的公诉案件,对已经提起的附带民事诉讼,可以进行调解;不宜调解或者经调解不能达成协议的,应当裁定驳回起诉,并告知附带民事诉讼原告人可以另行提起民事诉讼。

第一百九十八条　第一审期间未提起附带民事诉讼,在第二审期间提起的,第二审人民法院可以依法进行调解;调解不成的,告知当事人可以在刑事判决、裁定生效后另行提起民事诉讼。

第一百九十九条　人民法院审理附带民事诉讼案件,不收取诉讼费。

第二百条　被害人或者其法定代理人、近亲属在刑事诉讼过程中未提起附带民事诉讼,另行提起民事诉讼的,人民法院可以进行调解,或者根据本解释第一百九十二条第二款、第三款的规定作出判决。

第二百零一条　人民法院审理附带民事诉讼案件,除刑法、刑事诉讼法以及刑事司法解释已有规定的以外,适用民事法律的有关规定。

▽附带民事原告人另行提起民事诉讼的后续问题

为了提高审判效率,减少当事人的讼累,在制定刑事诉讼法时,立法者将由犯罪行为而导致被害人经济损失所引起的民事赔偿诉讼,合并在刑事诉讼活动中。一般情况下,由于刑事案件的犯罪事实同时又是刑事被告人造成被害人经济损失的民事案件事实,如果法院对被告人是否构成刑事犯罪的案件事实已经查清,在对被告人追究刑事责任的同时,就可以按照双方的民事责任、赔偿标准判令附带民事被告赔偿被害人的经济损失。只有在附带民事案件情况复杂,如被害人遭受的经济损失或被告人的赔偿能力一时难以确定,或者被害人需要做伤残鉴定等情况,为防止案件审理过分迟延,才将附带民事诉讼与刑事诉讼分开,待刑事案件审结后,再由同一审判组织对附带民事部分进行审理。并且,依照《最高人民法院关于执行〈中华人民共和国刑事诉讼法〉若干问题的解释》(已失效)(本附文以下简称《解释》)第102条的规定,刑事附带民事案件的原告人无须向法院缴纳诉讼费用,一般情况下,被害人均选择在刑事诉讼活动中解决民事赔偿问题。当被害人在法院审理中撤回附带民事诉状,转而向法院提起独立的民事诉讼时,在法官向其说明撤诉的法律后果后,被害人仍坚持撤诉的,应当看作被害人主动放弃在刑事诉讼活动中提起民事赔偿诉讼的诉讼权利。而且,一旦被害人就刑事被告人实施犯罪行为所造成的经济损失,向法院单独提起民事诉讼,就说明这一诉讼已与刑事案件完全剥离,应当严格按照民事诉讼法第108条规定的民事起诉条件向法院提起诉讼。本案在法院审理过程中,被害人向法院明确提出撤回附带民事诉状,并告知法院其将就该案件的民事部分单独提起民事诉讼,该被害人就应当严格按照民事诉讼法及其司法解释的相关规定,向有管辖权的法院提起民事诉讼,即使该法院不受理此案,也无权再向审理刑事案件的中级法院提起民事诉讼。因为,刑事诉讼法和民事诉讼法均没有规定,审理刑事案件的中级法院,只要该刑事案件的被害人就经济损失部分向其另行提起民事诉讼,该民事诉讼无论是否属于本法院的管辖范围,都应当受理。因此,在处理此类情况时,法院就应当严格按照民事诉讼法的相关规定,将从刑事案件分离出来的民事诉讼看作普通的民事诉讼,应当根据其具体情况确定级别管辖。本案中,当被害人向有管辖权的基层法院提起民事诉讼,该法院拒绝受理此案,由审理刑事案件的中级法院将其受理,作为一审案件,有不妥之处。在被害人向审理刑事案件的中级法院提起此类民事诉讼时,法院应按照普通一审民事案件的立案标准,来衡量该民事案件能否受理。如果此类民事案件不属于本法院管辖,则应按照民事诉讼法规定的级别管辖原则做出不予受理的决定,并通知被害人,告知其向有管辖权的法院提起民事诉讼。而且,在本案的刑事案件审理过程中,被害人明确地向审理一审刑事案件的中级法院提出撤回附带民事诉讼,说明其放弃了刑事诉讼法所赋予的与刑事案件合并审理的民事诉讼权利。他虽然保留了实体上的诉权和享有独立的诉讼权利,但也只能在独立的民事诉讼中予以实现和满足,而不能因为有管辖权的法院没有受理其另行提起的民事诉讼,再向原来审理刑事案件的中级法院提起民事诉讼。因为,此时的诉讼性质已是纯粹的民事诉讼,由于被害人已经放弃刑事诉讼法赋予的附带民事的诉讼权利,此类民事诉讼就失去赖以附带的基础和前提,况且本案刑事判决已经生效,作为附带民事被告的刑事罪犯已被交付执行机关服刑。而且,刑事诉讼法规定附带民事部分与刑事部分分离的前提也不适用于本案这种情况。为了防止刑事案件审理的过分迟延的刑民分离,是由法院根据案件的具体情况以职权做出的,而不是根据被害人的请求。因此,被害人向对该民事案件有管辖权的基层法院提起独立的民事诉讼,相关法院应当受理,以表示对当事人诉讼权利的尊重与保障。与此相对应,作为一审法院审理刑事案件的中级法院,在附带民事部分与刑事案件剥离后,即使在有管辖权的基层法院对被害人提起的民事诉讼不予受理的情况下,也不应再受理该民事案件,更不应在本院民事审判庭以管辖权为由退回后,将此案件协调由刑事审判庭受理。就此案的目前状态,现在受理此案的中级法院应当按照民事管辖的法律规定,依法决定不予受理此案。而且,对于这种情况,中级法院应当发挥审判监督职能。指出基层法院在处理此案问题上的错误,指令其受理此案,以保障被害人的合法权益。退一步讲,如果下级法院仍然不予受理此类案件,上级法院则可以根据案件具体情况,依照民事诉讼法第39条的规定,将下级法院管辖的案件改变管辖,由其作为一审法院对此案进行审理,保证中级法院受理此类特殊情况案件的合法性。同时,被害人还可以请求人民检察院对有管辖权的法院不受理此案的做法进行法律监督,督促其受理此案。

针对被害人为了获得更多赔偿尤其是精神赔偿,选择撤回附带民事诉状,就该案件的民事部分单独提起民事诉讼,法院不应以不受理或驳回诉讼请求的方式对待被害人的做法。因为被害人如果根据同样的案件事实,通过不同程序来获得更多的经济赔偿,他当然选择有利于自己利益的诉讼程序,即使被害人的另行起诉行为有不合理之处,也是法院系统不同的司法解释相关规定所促成的。同一案件事实,在不同的诉讼程序受到不同的对待,作为被害人,在两利相较时必定取其大利。在刑事诉讼程序中无法获得精神赔偿,但同样情况却可以在民事诉讼中请求并能获得,被害人当然会诉诸于民事诉讼,以获得更多的赔偿数额。例如,2001年3月,最高人民法院出台《关于确定民事侵权精神损害赔偿责任若干问题的解释》(已被修改),规定对一些案件如生命权、健康权、身体权等受到侵犯,被害人提起民事诉讼时,可以同时提出精神损害赔偿的诉讼请求。被害人有决定是否在刑事诉讼中附带提起民事赔偿诉讼请求的权利,一旦其权衡在两种程序获得的赔偿利益大小,就会促使其不在刑事诉讼中提起民事诉讼或在刑事诉讼中撤回已经提起的民事诉讼,另行提起民事诉讼。而且,与此同时的刑事诉讼法相关司法解释明确规定被害人可以在刑事案件审结后,就民事赔偿另行起诉,并不禁止被害人这么做。因此,针对实践中被害人不在刑事诉讼中提起民事诉讼,或在刑事案件审结后单独对精神损害赔偿提起民事诉讼增多的情况,2001年7月,最高人民法院在《关于人民法院是否受理刑事案件被害人提起精神损害赔偿民事诉讼问题的批复》(此批复已被最高人民法院法释〔2015〕2号废止。——编著者注)中指出,对于刑事案件被害人由于被告人的犯罪行为而遭受精神损失提起的附带民事诉讼,或者在该刑事案件审结以后,被害人另行提起精神损害赔偿民事诉讼的,人民法院不予受理。这一解释与2001年3月民事侵权精神损害赔偿的解释之间在赔偿理念上存在很大差异,同时也无法协调同一案件事实不同判决结果的尴尬问题。之所以规定法院对与刑事案件相关的精神赔偿不予受理,主要理由在于法院对被告人判处了一定的刑罚,就是对被害人最好的精神抚慰。这一解释忽略了刑事附带民事诉讼的一个重要原则,即对被告人"打罚结合"的原则。[参见张素莲:《附带民事诉讼程序实务问题研究》,载《刑事审判要览》(办案笔谈)总第12集(2005年第2集),第2~7页。]

▽一审法院未对附带民事部分做出处理,检察机关就刑事部分抗诉,二审程序如何处理

在刑事附带民事案件,如果查明被告人的行为不构成犯罪的,或者行为人无行为能力或限制行为能力,以及具有其他几种依法不应追究刑事责任的情形的,依法应当宣告被告人无罪或终止刑事部分的审理,对于附带民事部分的处理,即使宣告被告人无罪或因为其他情况终止案件审理,也应当由审理刑事案件的合议庭对附带民事部分做出处理,而不宜转由民庭审理。主要理由在于,《刑事诉讼法》(1996年修订刑事诉讼法。——编著者注)第77条规定中所指的"被告人的犯罪行为"是一种程序意义上的犯罪行为,而不是实体意义上的犯罪行为。对刑事案件做出的判决,无论是有罪判决还是无罪判决,都是属于刑事判决,在刑事案件判决时一并解决被告人给被害人造成的物质损失,不能认为附带民事诉讼缺乏存在的条件。因为,《刑事诉讼法》第77条规定,被害人对因被告人的犯罪行为而造成的经济损失,在刑事诉讼过程中有权提起附带民事诉讼。刑事诉讼过程包括立案、侦查、审查起诉、审判等多个诉讼阶段,被害人因此有权在上述各个诉讼阶段提起民事诉讼,由于在上述各个阶段犯罪事实所需要的证明标准不同,在侦查、审查起诉阶段所认定的犯罪行为只是一种程序意义上的认定,这一期间被害人提起的附带民事诉讼,就不能在审判阶段因为被告人行为不构成犯罪或不予追究刑事责任,而不对附带民事部分作出处理。因为,虽然附带民事诉讼的提起,必须以刑事案件的成立为前提,解决民事赔偿问题,却不是以是否对被告人科处刑罚为转移。否则,就不符合立法关于刑事附带民事诉讼规定的本意。立法上规定在刑事案件处理的同时,附带处理民事部分,一则为了减少民事审判庭的压力;二则由于犯罪事实基本上与民事诉讼的主要事实大致相同,处理民事诉讼就不必再开庭审理查明案件事实、证据,附带处理民事案件可以提高审判效率;三则从附带民事诉讼当事人角度考虑,可以对被害人予以及时救济,减少讼累,不仅不必另行起诉,防止诉讼拖延,而且可以因为免交诉讼费用,避免本已遭受损失的被害人因无钱缴纳诉讼费而无法获得救济。《最高人民法院关于执行〈中华人民共和国刑事诉讼法〉若干问题的解释》(本附文以下简称《解释》)(1998年颁布的。——编著者注)第101条规定"人民法院认定公诉案件被告人的行为不构成犯罪的,对已经提起的附带民事诉讼,经调解不能达成协议的,应当一并做出刑事附带民事判决。"对照《解释》第101条的规定,一审法院在处理本案附带民事诉讼时程序违法,是毋庸置疑的。本案在二审审理时处理的难点在于,一审法院没有对附带民事部分做出任何决定,对附带民事原告没有书面通知或裁定,该案的原告就没有任何凭据对一审法院的做法提出异议;一审法院在附带民事诉讼处理上违法,且对民事部分没有做出处理,是否足以导致将全案发回重审;检察院就本案的刑事判决提出抗诉,同时提出一审法院对附带民事诉讼的处理违法二审法院在程序上对两个诉讼如何处理;二审法院对检察院提起的抗诉已经开庭审理,应否只对刑事部分做出裁判。

本着对刑事案件与民事部分分开审理的原则,二审法院对检察院的抗诉开庭审理,根据审理情况,应当对一审法院所做出的刑事判决认定事实是否清楚,所运用的证据是否确实充分,适用法律是否正确,对被告人行为的处理结果是否正确,进行全面的审理和认定后,做出终审裁判。而且,虽然检察院在抗诉时也指出一审法院在审理民事部分时程序违法的情况,二审法院在开庭审理时也发现这一情况并审查属实,但是由于一审法院没有对民事部分做出判决,二审法院也不能在审理刑事案件时对民事部分附带解决。一审法院的程序违法表现在对被告人宣告无罪时,不对附带民事诉讼一并判决,而是告知被害人就民事赔偿问题另行起诉。此前,被害人作为附带民事诉讼原告人,向法院提交了附带民事诉状及其相关单据等证明遭受经济损失的证据,参与了一审法院的开庭审理,他应当在附带民事诉讼上得到同一审判组织的同等对待。一审法院恰恰是没有对其提起的民事赔偿诉讼请求给予同等的对待和处理,而是剥夺了他依法应当享有的在刑事案件中附带解决经济赔偿的提起诉讼并得到审判的诉讼权利。一审法院在审理民事部分时的根本性程序违法问题,应当与刑事案件的抗诉分开处理。对于一审法院审理民事部分程序违法问题,二审法院应当采用裁定的形式予以指出,并提出纠正意见。实践中,除了发回重审外,很少适用裁定的形式处理这种单纯的程序问题。裁定,是人民法院在审理过程中对有关诉讼程序和部分实体问题所作的一种处理决定。裁定作为处理刑事诉讼活动中部分实体性问题或程序性问题的一种诉讼文书,可以单独使用,一是处理实体问题,二是处理程序性问题,也可以在同一个裁定中用来处理实体和程序性问题。而且,裁定既可用书面形式,又可用口头形式,法律允许裁定以口头宣告后记入笔录即可,而无须专门写成裁定书。对于本案的处理,二审法院在对刑事案件裁定维持原判的同时,就可以单独采用裁定书的形式,指出一审法院存在的附带民事程序违法问题,切实发挥二审法院的审判监督职能。至于裁定书的名称,在实践中有“刑事裁定书”和“刑事附带民事裁定书”,在单独处理程序性问题时,如果没有相应的判决或裁定为基础,就可以直接用“裁定书”的名称即可,而不必在裁定书前加上一定的限定词。[参见张素莲:《附带民事诉讼程序实务问题研究》,载《刑事审判要览》(办案笔谈)总第12集(2005年第2集),第7~14页。]

第八章 期间、送达

第一百零五条 【期间的计算】期间以时、日、月计算。

期间开始的时和日不算在期间以内。

法定期间不包括路途上的时间。上诉状或者其他文件在期满前已经交邮的,不算过期。

期间的最后一日为节假日的,以节假日后的第一日为期满日期,但犯罪嫌疑人、被告人或者罪犯在押期间,应当至期满之日为止,不得因节假日而延长。

■最高人民法院关于适用《中华人民共和国刑事诉讼法》的解释(2021年3月1日)

第二百零二条 以月计算的期间,自本月某日至下月同日为一个月;期限起算日为本月最后一日的,至下月最后一日为一个月;下月同日不存在的,自本月某日至下月最后一日为一个月;半个月一律按十五日计算。

以年计算的刑期,自本年本月某日至次年同月同日的前一日为一年;次年同月同日不存在的,自本年本月某日至次年同月最后一日的前一日为一年。以月计算的刑期,自本月某日至下月同日的前一日为一个月;刑期起算日为本月最后一日的,至下月最后一日的前一日为一个月;下月同日不存在的,自本月某日至下月最后一日的前一日为一个月;半个月一律按十五日计算。

第一百零六条 【期间耽误和申请延续】当事人由于不能抗拒的原因或者其他正当理由而耽误期限的,在障碍消除后五日以内,可以申请继续进行应当在期满以前完成的诉讼活动。

前款申请是否准许,由人民法院裁定。

■最高人民法院关于适用《中华人民共和国刑事诉讼法》的解释(2021年3月1日)

第二百零三条 当事人由于不能抗拒的原因或者有其他正当理由而耽误期限,依法申请继续进行应当在期满前完成的诉讼活动的,人民法院查证属实后,应当裁定准许。

第一百零七条 【送达程序】送达传票、通知书和其他诉讼文件应当交给收件人本人;如果本人不在,可以交给他的成年家属或者所在单位的负责人员代收。

收件人本人或者代收人拒绝接收或者拒绝签名、盖章的时候,送达人可以邀请他的邻居或者其他见证人到场,说明情况,把文件留在他的住处,在送达证上记明拒绝的事由、送达的日期,由送达人签名,即认为已经送达。

■最高人民法院关于适用《中华人民共和国刑事诉讼法》的解释(2021年3月1日)

第二百零四条 送达诉讼文书,应当由收件人签收。收件人不在的,可以由其成年家属或者所在单位负责收件的人员代收。收件人或者代收人在送达回证上签收的日期为送达日期。

收件人或者代收人拒绝签收的,送达人可以邀请见证人到场,说明情况,在送达回证上注明拒收的事由和日期,由送达人、见证人签名或者盖章,将诉讼文书留在收件人、代收人的住处或者单位;也可以把诉讼文书留在受送达人的住处,并采用拍照、录像等方式记录送达过程,即视为送达。

第二百零五条 直接送达诉讼文书有困难的,可以委托收件人所在地的人民法院代为送达或者邮寄送达。

第二百零六条 委托送达的,应当将委托函、委托送达的诉讼文书及送达回证寄送受托法院。受托法院收到后,应当登记,在十日以内送达收件人,并将送达回证寄送委托法院;无法送达的,应当告知委托法院,并将诉讼文书及送达回证退回。

第二百零七条 邮寄送达的,应当将诉讼文书、送达回证邮寄给收件人。签收日期为送达日期。

第二百零八条 诉讼文书的收件人是军人的,可以通过其所在部队团级以上单位的政治部门转交。

收件人正在服刑的,可以通过执行机关转交。

收件人正在接受专门矫治教育等的,可以通过相关机构转交。

由有关部门、单位代为转交诉讼文书的,应当请有关部门、单位收到后立即交收件人签收,并将送达回证及时寄送人民法院。

第二百零九条 指定管辖案件的审理期限,自被指定管辖的人民法院收到指定管辖决定书和案卷、证据材料之日起计算。

第二百一十条 对可能判处死刑的案件或者附带民事诉讼的案件,以及有刑事诉讼法第一百五十八条规定情形之一的案件,上一级人民法院可以批准延长审理期限一次,期限为三个月。因特殊情况还需要延长的,应当报请最高人民法院批准。

申请批准延长审理期限的,应当在期限届满十五日以前层报。有权决定的人民法院不同意的,应当在审理期限届满五日以前作出决定。

因特殊情况报请最高人民法院批准延长审理期限,最高人民法院经审查,予以批准的,可以延长审理期限一至三个月。期限届满案件仍然不能审结的,可以再次提出申请。

第二百一十一条 审判期间,对被告人作精神病鉴定的时间不计入审理期限。

第九章　其他规定

第一百零八条　【侦查、当事人、法定代理人、诉讼参与人、诉讼代理人、近亲属的概念】本法下列用语的含意是：

（一）“侦查”是指公安机关、人民检察院对于刑事案件，依照法律进行的收集证据、查明案情的工作和有关的强制性措施；

（二）“当事人”是指被害人、自诉人、犯罪嫌疑人、被告人、附带民事诉讼的原告人和被告人；

（三）“法定代理人”是指被代理人的父母、养父母、监护人和负有保护责任的机关、团体的代表；

（四）“诉讼参与人”是指当事人、法定代理人、诉讼代理人、辩护人、证人、鉴定人和翻译人员。

（五）“诉讼代理人”是指公诉案件的被害人及其法定代理人或者近亲属、自诉案件的自诉人及其法定代理人委托代为参加诉讼的人和附带民事诉讼的当事人及其法定代理人委托代为参加诉讼的人；

（六）“近亲属”是指夫、妻、父、母、子、女、同胞兄弟姊妹。

第二编　立案、侦查和提起公诉

第一章　立　　案

第一百零九条　【立案侦查机关和条件】公安机关或者人民检察院发现犯罪事实或者犯罪嫌疑人，应当按照管辖范围，立案侦查。

■最高人民法院、最高人民检察院、公安部、司法部关于办理黑社会性质组织犯罪案件若干问题的规定(2012年9月11日)

二、立案

第五条　公安机关对涉嫌黑社会性质组织犯罪的线索，应当及时进行审查。审查过程中，可以采取询问、查询、勘验、检查、鉴定、辨认、调取证据材料等必要的调查活动，但不得采取强制措施，不得查封、扣押、冻结财产。

立案前的审查阶段获取的证据材料经查证属实的，可以作为证据使用。

公安机关因侦查黑社会性质组织犯罪的需要，根据国家有关规定，经过严格的批准手续，对一些重大犯罪线索立案后可以采取技术侦查等秘密侦查措施。

第六条　公安机关经过审查，认为有黑社会性质组织犯罪事实需要追究刑事责任，且属于自己管辖的，经县级以上公安机关负责人批准，予以立案，同时报上级公安机关备案。

第三十条　本规定自印发之日起施行。

第一百一十条　【对报案、控告、举报、自首的处理】任何单位和个人发现有犯罪事实或者犯罪嫌疑人，有权利也有义务向公安机关、人民检察院或者人民法院报案或者举报。

被害人对侵犯其人身、财产权利的犯罪事实或者犯罪嫌疑人，有权向公安机关、人民检察院或者人民法院报案或者控告。

公安机关、人民检察院或者人民法院对于报案、控告、举报，都应当接受。对于不属于自己管辖的，应当移送主管机关处理，并且通知报案人、控告人、举报人；对于不属于自己管辖而又必须采取紧急措施的，应当先采取紧急措施，然后移送主管机关。

犯罪人向公安机关、人民检察院或者人民法院自首的，适用第三款规定。

■人民检察院刑事诉讼规则(2019年12月30日)

第一百五十六条　下列案件，由人民检察院负责案件管理的部门统一受理：

(一)公安机关提请批准逮捕、移送起诉、提请批准延长侦查羁押期限、要求复议、提请复核、申请复查、移送申请强制医疗、移送申请没收违法所得的案件；

(二)监察机关移送起诉、提请没收违法所得、对不起诉决定提请复议的案件；

(三)下级人民检察院提出或者提请抗诉、报请指定管辖、报请核准追诉、报请核准缺席审判或者提请死刑复核监督的案件；

(四)人民法院通知出席第二审法庭或者再审法庭的案件；

(五)其他依照规定由负责案件管理的部门受理的案件。

第一百五十七条　人民检察院负责案件管理的部门受理案件时，应当接收案卷材料，并立即审查下列内容：

(一)依据移送的法律文书载明的内容确定案件是否属于本院管辖；

（二）案卷材料是否齐备、规范，符合有关规定的要求；

（三）移送的款项或者物品与移送清单是否相符；

（四）犯罪嫌疑人是否在案以及采取强制措施的情况；

（五）是否在规定的期限内移送案件。

第一百五十八条　人民检察院负责案件管理的部门对接收的案卷材料审查后，认为具备受理条件的，应当及时进行登记，并立即将案卷材料和案件受理登记表移送办案部门办理。

经审查，认为案卷材料不齐备的，应当及时要求移送案件的单位补送相关材料。对于案卷装订不符合要求的，应当要求移送案件的单位重新装订后移送。

对于移送起诉的案件，犯罪嫌疑人在逃的，应当要求公安机关采取措施保证犯罪嫌疑人到案后再移送起诉。共同犯罪案件中部分犯罪嫌疑人在逃的，对在案犯罪嫌疑人的移送起诉应当受理。

第一百五十九条　对公安机关送达的执行情况回执和人民法院送达的判决书、裁定书等法律文书，人民检察院负责案件管理的部门应当接收，即时登记。

第一百六十条　人民检察院直接受理侦查的案件，移送审查逮捕、移送起诉的，按照本规则第一百五十六条至第一百五十八条的规定办理。

第一百六十一条　人民检察院负责控告申诉检察的部门统一接受报案、控告、举报、申诉和犯罪嫌疑人投案自首，并依法审查，在七日以内作出以下处理：

（一）属于本院管辖且符合受理条件的，应当予以受理；

（二）不属于本院管辖的报案、控告、举报、自首，应当移送主管机关处理。必须采取紧急措施的，应当先采取紧急措施，然后移送主管机关。不属于本院管辖的申诉，应当告知其向有管辖权的机关提出；

（三）案件情况不明的，应当进行必要的调查核实，查明情况后依法作出处理。

负责控告申诉检察的部门可以向下级人民检察院交办控告、申诉、举报案件，并依照有关规定进行督办。

第一百六十二条　控告、申诉符合下列条件的，人民检察院应当受理：

（一）属于人民检察院受理案件范围；

（二）本院具有管辖权；

（三）申诉人是原案的当事人或者其法定代理人、近亲属；

（四）控告、申诉材料符合受理要求。

控告人、申诉人委托律师代理控告、申诉，符合上述条件的，应当受理。

控告、申诉材料不齐备的，应当告知控告人、申诉人补齐。受理时间从控告人、申诉人补齐相关材料之日起计算。

第一百六十三条　对于收到的群众来信，负责控告申诉检察的部门应当在七日以内进行程序性答复，办案部门应当在三个月以内将办理进展或者办理结果答复来信人。

第一百六十四条　负责控告申诉检察的部门对受理的刑事申诉案件应当根据事实、法律进行审查，必要时可以进行调查核实。认为原案处理可能错误的，应当移送相关办案部门办理；认为原案处理没有错误的，应当书面答复申诉人。

第一百六十五条　办案部门应当在规定期限内办结控告、申诉案件，制作相关法律文书，送达报案人、控告人、申诉人、举报人、自首人，并做好释法说理工作。

■公安机关办理刑事案件程序规定（2020年9月1日）

第一百七十五条　经过审查，认为有犯罪事实，但不属于自己管辖的案件，应当立即报经县级以上公安机关负责人批准，制作移送案件通知书，在二十四小时以内移送有管辖权的机关处理，并告知扭送人、报案人、控告人、举报人。对于不属于自己管辖而又必须采取紧急措施的，应当先采取紧急措施，然后办理手续,移送主管机关。

对不属于公安机关职责范围的事项,在接报案时能够当场判断的,应当立即口头告知扭送人、报案人、控告人、举报人向其他主管机关报案。

对于重复报案、案件正在办理或者已经办结的,应当向扭送人、报案人、控告人、举报人作出解释,不再登记,但有新的事实或者证据的除外。

第一百七十六条　经过审查,对告诉才处理的案件,公安机关应当告知当事人向人民法院起诉。

对被害人有证据证明的轻微刑事案件,公安机关应当告知被害人可以向人民法院起诉;被害人要求公安机关处理的,公安机关应当依法受理。

人民法院审理自诉案件,依法调取公安机关已经收集的案件材料和有关证据的,公安机关应当及时移交。

第一百七十七条　经过审查,对于不够刑事处罚需要给予行政处理的,依法予以处理或者移送有关部门。

■最高人民法院关于在审理经济纠纷案件中涉及经济犯罪嫌疑若干问题的规定(2020年12月29日修正)

第十条　人民法院在审理经济纠纷案件中,发现与本案有牵连,但与本案不是同一法律关系的经济犯罪嫌疑线索、材料,应将犯罪嫌疑线索、材料移送有关公安机关或检察机关查处,经济纠纷案件继续审理。

第十一条　人民法院作为经济纠纷受理的案件,经审理认为不属经济纠纷案件而有经济犯罪嫌疑的,应当裁定驳回起诉,将有关材料移送公安机关或检察机关。

第十二条　人民法院已立案审理的经济纠纷案件,公安机关或检察机关认为有经济犯罪嫌疑,并说明理由附有关材料函告受理该案的人民法院的,有关人民法院应当认真审查。经过审查,认为确有经济犯罪嫌疑的,应当将案件移送公安机关或检察机关,并书面通知当事人,退还案件受理费;如认为确属经济纠纷案件的,应当依法继续审理,并将结果函告有关公安机关或检察机关。

■中共中央纪律检查委员会、最高人民法院、最高人民检察院、公安部关于纪律检查机关与法院、检察院、公安机关在查处案件过程中互相提供有关案件材料的通知(全文)(1989年9月17日)

共产党员违法犯罪的案件,有的是由纪律检查机关开始查处的,有的是由法院、检察院、公安机关开始查处的,为了及时、严肃地使那些违法犯罪的党员受到党纪和法律的追究,在查处过程中或结案之后,需要互相提供案件的有关材料。为此,特将有关事项通知如下:

一、由县级以上纪律检查机关或党委(党组)立案检查的案件,在检查过程中,发现需由法院、检察院、公安机关依法查处的违法犯罪案件,或在党纪处理之后,还需追究刑事责任的,应按照公、检、法之间案件管辖的分工,与所在地的公、检、法机关取得联系,把立案材料(正在检查的案件,提供主要证据;已处理的案件,提供处分决定、调查报告、主要证据和本人交代材料)移送法院、检察院、公安机关。

二、法院、检察院、公安机关在接到纪律检查机关或党委(党组)的案件材料和建议后,应及时进行审查。对应立案侦查的,应及时立案,并通知原送案单位;经过审查,不予立案的,应说明不立案的理由,并将材料退回原送案单位。

三、法院、检察院、公安机关查处的党员违法犯罪案件,在依法处理前,有关纪律检查机关或党委决定要作党纪处分,需要法院、检察院、公安机关提供有关材料的,法院、检察院、公安机关应积极配合。

四、法院对犯罪的党员依法判决后,应将判决书(或裁定书)副本送有关纪律检查机关或党委(党组)。有关纪律检查机关或党委认为对犯罪的党员需要作出党纪处分的,可以到作出判决的法院摘抄或复制主要证据和本人交代等材料。党员在外省或外地犯罪被依法判决的,党员组织关系所在地的县以上纪律检查机关可以函请作出判决的法院代为摘抄或复制主要证据和本人交代等材料,或者发函委托当地纪检机关到法院摘抄、复制有关材料。法院应予协助、支持。摘抄、复制材料所需的费用,由发函单位承担。

五、检察院对违法犯罪党员的免予起诉或不起诉的决定副本应送有关纪律检查机关或党委(党组)。需要作出党纪处分的,有关纪律检查机关或党委可以到检察院摘抄或复制主要证据和本人交代等材料。检察院应予协助、支持。

■行政执法机关移送涉嫌犯罪案件的规定(2020年8月7日修订)

第二条 本规定所称行政执法机关,是指依照法律、法规或者规章的规定,对破坏社会主义市场经济秩序、妨害社会管理秩序以及其他违法行为具有行政处罚权的行政机关,以及法律、法规授权的具有管理公共事务职能、在法定授权范围内实施行政处罚的组织。

第三条 行政执法机关在依法查处违法行为过程中,发现违法事实涉及的金额、违法事实的情节、违法事实造成的后果等,根据刑法关于破坏社会主义市场经济秩序罪、妨害社会管理秩序罪等罪的规定和最高人民法院、最高人民检察院关于破坏社会主义市场经济秩序罪、妨害社会管理秩序罪等罪的司法解释以及最高人民检察院、公安部关于经济犯罪案件的追诉标准等规定,涉嫌构成犯罪,依法需要追究刑事责任的,必须依照本规定向公安机关移送。

知识产权领域的违法案件,行政执法机关根据调查收集的证据和查明的案件事实,认为存在犯罪的合理嫌疑,需要公安机关采取措施进一步获取证据以判断是否达到刑事案件立案追诉标准的,应当向公安机关移送。

第四条 行政执法机关在查处违法行为过程中,必须妥善保存所收集的与违法行为有关的证据。

行政执法机关对查获的涉案物品,应当如实填写涉案物品清单,并按照国家有关规定予以处理。对易腐烂、变质等不宜或者不易保管的涉案物品,应当采取必要措施,留取证据;对需要进行检验、鉴定的涉案物品,应当由法定检验、鉴定机构进行检验、鉴定,并出具检验报告或者鉴定结论。

第五条 行政执法机关对应当向公安机关移送的涉嫌犯罪案件,应当立即指定2名或者2名以上行政执法人员组成专案组专门负责,核实情况后提出移送涉嫌犯罪案件的书面报告,报经本机关正职负责人或者主持工作的负责人审批。

行政执法机关正职负责人或者主持工作的负责人应当自接到报告之日起3日内作出批准移送或者不批准移送的决定。决定批准的,应当在24小时内向同级公安机关移送;决定不批准的,应当将不予批准的理由记录在案。

第六条 行政执法机关向公安机关移送涉嫌犯罪案件,应当附有下列材料:

(一)涉嫌犯罪案件移送书;

(二)涉嫌犯罪案件情况的调查报告;

(三)涉案物品清单;

(四)有关检验报告或者鉴定结论;

(五)其他有关涉嫌犯罪的材料。

第七条 公安机关对行政执法机关移送的涉嫌犯罪案件,应当在涉嫌犯罪案件移送书的回执上签字;其中,不属于本机关管辖的,应当在24小时内转送有管辖权的机关,并书面告知移送案件的行政执法机关。

第八条 公安机关应当自接受行政执法机关移送的涉嫌犯罪案件之日起3日内,依照刑法、刑事诉讼法以及最高人民法院、最高人民检察院关于立案标准和公安部关于公安机关办理刑事案件程序的规定,对所移送的案件进行审查。认为有犯罪事实,需要追究刑事责任,依法决定立案的,应当书面通知移送案件的行政执法机关;认为没有犯罪事实,或者犯罪事实显著轻微,不需要追究刑事责任,依法不予立案的,应当说明理由,并书面通知移送案件的行政执法机关,相应退回案卷材料。

■公安部关于妨害国(边)境管理犯罪案件立案标准及有关问题的通知(2000年3月31日)

三、办案协作

(一)公安机关的其他部门在边境管理区和沿海地区发现边、防部门管辖的妨害国(边)境管理犯罪案件线索或接到公民报案、举报、控告的,应当先接受,然后及时移送所在地公安机关边防部门办理;边防部门发现在边境管理区和沿海地区以外发生的妨害国(边)境管理犯罪案件线索或接到公民对这类案件的报案、举报、控告的,也应先接受,然后及时移送所在地公安机关刑事侦查部门。

(二)主办单位已依法立案侦查的,协作单位要从大局出发,无条件地予以配合;通报的犯罪线索经查证符合立案条件的,要依法立案侦查;并及时将结果反馈提供线索一方。

(三)侦查跨省、自治区、直辖市(以下简称省、区、市)妨害国(边)境管理犯罪案件,要从有利于查清全案、深挖组织者、扩大战果出发,由省、区、市公安机关边防部门或刑事侦查部门进行协调,特别重大的妨害国(边)境管理犯罪案件。应在公安部边防管理局和刑事侦查局组织、协调下进行侦查。

■公安部关于刑事案件如实立案的通知(2000年5月9日)

一、各地公安机关的刑警队、派出所、110报警服务台等部门对于公民扭送、报案、控告、举报或者犯罪嫌疑人自首的,都应当立即给予认真的接待,无条件接受,如实登记。

二、接受案件的民警应当向扭送人、报案人、控告人、举报人(以下统称报案人)问明案件的有关情况,制作询问笔录,同时填写《接受案件回执单》(式样附后)一式四份,一份由受案单位存档,一份报主管部门(由县、市级公安机关根据本地实际情况明确主管部门),一份交给案件主办部门,一份交报案人收执。回执中必须填明受案单位名称、受案民警姓名以及相关电话号码,以便报案人了解立案情况,监督受案单位的工作进展情况。

《接受案件回执单》由地、市公安机关按公安部制定的样式统一印制、统一编号;由县、市公安机关回执主管部门集中管理,统一发放各受案单位。报案人及其家属凭《接受案件回执单》,可以通过电话或直接到接受案件的公安机关查询该案是否立案或者是否已移送审查起诉的情况。受案单位与办案单位不一致时,受案单位应把办案单位的地址、电话告知报案人,以便报案人查询。接受查询的民警在不泄露国家秘密和侦查秘密以及不妨碍侦查工作正常进行的前提下,要如实、耐心地予以答复。

三、对不够立案标准而不予立案的,有控告人的案件,主办案件的单位,应当依法通知控告人,并告知其如不服,可以申请复议;有其他报案人的案件,应告知报案人,并做好解释说明工作。各级办案部门还可将立案情况采用公告栏形式向社会公布,有条件的地方可将信息输入微机,实行电脑管理,并向社会公布查询电话号码,及时接受报案人的查询。

四、对不够立案标准的,也要及时开展调查,并将调查处理结果告知当事人。盗窃、个人诈骗和抢夺公私财物的案件的立案标准仍按《公安部关于修改盗窃案件统计办法的通知》(公发〔1992〕12号)中规定的标准执行。各地不得擅自提高立案标准。

■人民检察院举报工作规定(2014年7月21日)

第一章　总则

第一条　为了进一步规范人民检察院举报工作,保障举报工作顺利开展,根据《中华人民共和国刑事诉讼法》等有关法律的规定,制定本规定。

第二条　人民检察院依法受理涉嫌贪污贿赂犯罪,国家工作人员的渎职犯罪,国家机关工作人员利用职权实施的非法拘禁、刑讯逼供、报复陷害、非法搜查的侵犯公民人身权利的犯罪以及侵犯公民民主权利的犯罪的举报。

第三条　人民检察院举报工作的主要任务是,受理、审查举报线索,答复、保护、奖励举报人,促进职务犯罪查办工作,保障反腐败工作顺利进行。

第四条　各级人民检察院应当设立举报中心负责举报工作。

举报中心与控告检察部门合署办公，控告检察部门主要负责人兼任举报中心主任，地市级以上人民检察院配备一名专职副主任。

有条件的地方，可以单设举报中心。

第五条　举报工作应当遵循下列原则：

（一）依靠群众，方便举报；

（二）依法、及时、高效；

（三）统一管理，归口办理，分级负责；

（四）严格保密，保护公民合法权益；

（五）加强内部配合与制约，接受社会监督。

第六条　人民检察院应当采取多种形式，充分利用现代信息技术，开展举报宣传。

第七条　任何公民、法人和其他组织依法向人民检察院举报职务犯罪行为，其合法权益受到法律的保护。人民检察院鼓励依法实名举报。

使用真实姓名或者单位名称举报，有具体联系方式并认可举报行为的，属于实名举报。

第八条　人民检察院应当告知举报人享有以下权利：

（一）申请回避。举报人发现举报中心的工作人员有法定回避情形的，有权申请其回避。

（二）查询结果。举报人在举报后一定期限内没有得到答复时，有权向受理举报的人民检察院询问，要求给予答复。

（三）申诉复议。举报人对人民检察院对其举报事实作出不予立案决定后，有权就该不立案决定向上一级人民检察院提出申诉。举报人是受害人的，可以向作出该不立案决定的人民检察院申请复议。

（四）请求保护。举报人举报后，如果人身、财产安全受到威胁，有权请求人民检察院予以保护。

（五）获得奖励。举报人举报后，对符合奖励条件的，有权根据规定请求精神、物质奖励。

（六）法律法规规定的其他权利。

第九条　人民检察院应当告知举报人如实举报，依照法律规定，不得故意捏造事实，伪造证据，诬告陷害他人。

第十条　人民检察院应当加强信息化建设，建立和完善举报信息系统，逐步实现上下级人民检察院之间、部门之间举报信息的互联互通，提高举报工作效率和管理水平。

第十一条　人民检察院应当加强与纪检监察机关、审判机关、行政执法机关的联系与配合，建立和完善举报材料移送制度。

第二章　举报线索的受理

第十二条　人民检察院举报中心统一受理举报和犯罪嫌疑人投案自首。

第十三条　各级人民检察院应当设立专门的举报接待场所，向社会公布通信地址、邮政编码、举报电话号码、举报网址、接待时间和地点、举报线索的处理程序以及查询举报线索处理情况和结果的方式等相关事项。

第十四条　对以走访形式初次举报的以及职务犯罪嫌疑人投案自首的，举报中心应当指派两名以上工作人员专门接待，问明情况，并制作笔录，经核对无误后，由举报人、自首人签名、捺指印，必要时，经举报人、自首人同意，可以录音、录像；对举报人、自首人提供的有关证据材料、物品等应当登记，制作接受证据（物品）清单，并由举报人、自首人签名，必要时予以拍照，并妥善保管。

举报人提出预约接待要求的，经举报中心负责人批准，人民检察院可以指派两名以上工作人员在约定的时间到举报人认为合适的地方接谈。

对采用集体走访形式举报同一职务犯罪行为的，应当要求举报人推选代表，代表人数一般不超过五人。

第十五条 对采用信函形式举报的,工作人员应当在专门场所进行拆阅。启封时,应当保持邮票、邮戳、邮编、地址和信封内材料的完整。

对采用传真形式举报的,参照前款规定办理。

第十六条 对通过12309举报网站或者人民检察院门户网站进行举报的,工作人员应当及时下载举报内容并导入举报线索处理系统。举报内容应当保持原始状态,不得作任何文字处理。

第十七条 对采用电话形式举报的,工作人员应当准确、完整地记录举报人的姓名、地址、电话和举报内容。举报人不愿提供姓名等个人信息的,应当尊重举报人的意愿。

第十八条 有联系方式的举报人提供的举报材料内容不清的,有管辖权的人民检察院举报中心应当在接到举报材料后七日以内与举报人联系,建议举报人补充有关材料。

第十九条 反映被举报人有下列情形之一,必须采取紧急措施的,举报中心工作人员应当在接收举报后立即提出处理意见并层报检察长审批:

(一)正在预备犯罪、实行犯罪或者在犯罪后即时被发觉的;

(二)企图自杀或者逃跑的;

(三)有毁灭、伪造证据或者串供可能的;

(四)其他需要采取紧急措施的。

第二十条 职务犯罪举报线索实行分级管辖。上级人民检察院可以直接受理由下级人民检察院管辖的举报线索,经检察长批准,也可以将本院管辖的举报线索交由下级人民检察院办理。

下级人民检察院接收到上级人民检察院管辖的举报线索,应当层报上级人民检察院处理。收到同级人民检察院管辖的举报线索,应当及时移送有管辖权的人民检察院处理。

第二十一条 举报线索一般由被举报人工作单位所在地人民检察院管辖。认为由被举报犯罪地人民检察院管辖更为适宜的,可以由被举报犯罪地人民检察院管辖。

几个同级人民检察院都有权管辖的,由最初受理的人民检察院管辖。在必要的时候,可以移送主要犯罪地的人民检察院管辖。对管辖权有争议的,由其共同的上一级人民检察院指定管辖。

第二十二条 除举报中心专职工作人员日常接待之外,各级人民检察院实行检察长和有关侦查部门负责人定期接待举报制度。接待时间和地点应当向社会公布。

第二十三条 对以举报为名阻碍检察机关工作人员依法执行公务,扰乱检察机关正常工作秩序的,应当进行批评教育,情节严重的,应当依照有关法律规定处理。

第十一章 附则

第七十八条 本规定自公布之日起施行。最高人民检察院此前发布的有关举报工作的规定与本规定不一致的,适用本规定。

第七十九条 本规定由最高人民检察院负责解释。

■最高人民法院、最高人民检察院、公安部、司法部关于依法严厉打击传播艾滋病病毒等违法犯罪行为的指导意见(2019年6月3日)

四、健全完善工作机制

(一)依法及时立案侦查。公安机关发现炫耀传播艾滋病、出售谎称含有或者含有艾滋病病毒的血液、传授传播艾滋病犯罪方法等信息,或者接到相关报案报警的,要及时依法立案侦查。

(二)注重办案安全。公安机关接到报警,对违法犯罪嫌疑人可能是艾滋病病毒感染者或者病人的,或者违法犯罪嫌疑人自称感染艾滋病病毒或者患有艾滋病的,应当提醒、保障处警民警携带必要的防护装备。需要羁押的,办案机关应当在送押时将有关情况告知监管场所。要加强培训,提高有关工作人员对艾滋病的认识,增强在履行审判、提讯、审讯、关押等职能时的自我保护能力和防范能力,避免发生被抓伤、挠伤、咬伤等艾滋病病毒职业暴露。一旦发生艾滋病病毒职业暴露的,要及时送医救治。

（三）强化沟通协调。人民法院、人民检察院、公安机关、司法行政机关要加强沟通协调，确保案件顺利起诉、审判、送监执行。有确实、充分的证据证明致人感染艾滋病病毒的，应当认定为刑法第九十五条第三项“其他对于人身健康有重大伤害”规定的“重伤”，无须另行证明艾滋病病毒的具体危害。监管场所应当及时依法收押违法犯罪的艾滋病病毒感染者或者病人，并根据艾滋病防治工作需要，确定专门监管场所或者在监管场所（医疗机构）内划定专门区域，对其进行管理、治疗，并定期健康检查，及时掌握其病情变化情况。

（四）加强宣传教育。人民法院、人民检察院、公安机关、司法行政机关要落实“谁执法，谁普法”普法责任制，选择典型案例，以案释法，宣传有关艾滋病防治的法律知识，加大警示教育，震慑违法犯罪分子，充分展示严惩此类犯罪、维护人民群众安全和生命健康的决心。对查明系假冒艾滋病病毒感染者或者病人、谎称含有艾滋病病毒的，要及时公布案件真相，以正视听，尽快平息事态，消除社会恐慌。

五、依法保护艾滋病病毒感染者和病人的合法权益

人民法院、人民检察院、公安机关、司法行政机关要依法保护艾滋病病毒感染者和病人的合法权益，不得歧视艾滋病病毒感染者和病人。要依法保护艾滋病病毒感染者和病人的个人信息；

未经本人或者其监护人同意，任何单位或者个人不得公开艾滋病病毒感染者和病人的个人信息，以及其他可能推断出其具体身份的信息。对感染艾滋病病毒的被害人、解除监管出狱、出所、宣告社区矫正的艾滋病病毒感染者和病人，要按照有关规定将有关信息报送监管场所所在地、其户籍地或者居住地疾病预防控制机构，配合卫生健康部门做好抗病毒治疗、医学随访等工作。

▼安徽省高级人民法院、安徽省人民检察院、安徽省公安厅、安徽省烟草专卖局关于办理违反烟草专卖管理刑事案件适用法律若干问题的意见（2004 年 7 月 26 日）

一、关于依法严厉查处涉烟违法犯罪案件问题

各级公安、检察、法院机关要各司其职，依法及时查处涉烟刑事案件。在工作中要加强配合，加大打击力度，形成打击合力。对涉嫌构成犯罪的刑事案件，烟草专卖行政主管部门要及时向公安机关移送。对于已经立案侦查的涉烟刑事犯罪案件，主犯在逃或者其犯罪事实一时无法查清，但证明在案的其他犯罪嫌疑人、被告人实施犯罪的基本证据确实充分的，应在法定时限内先行处理。

第一百一十一条 【报案、控告、举报的形式和接受注意事项】报案、控告、举报可以用书面或者口头提出。接受口头报案、控告、举报的工作人员，应当写成笔录，经宣读无误后，由报案人、控告人、举报人签名或者盖章。

接受控告、举报的工作人员，应当向控告人、举报人说明诬告应负的法律责任。但是，只要不是捏造事实，伪造证据，即使控告、举报的事实有出入，甚至是错告的，也要和诬告严格加以区别。

公安机关、人民检察院或者人民法院应当保障报案人、控告人、举报人及其近亲属的安全。报案人、控告人、举报人如果不愿公开自己的姓名和报案、控告、举报的行为，应当为他保守秘密。

■公安机关办理刑事案件程序规定（2020 年 9 月 1 日）

第一百六十九条 公安机关对于公民扭送、报案、控告、举报或者犯罪嫌疑人自动投案的，都应当立即接受，问明情况，并制作笔录，经核对无误后，由扭送人、报案人、控告人、举报人、投案人签名、捺指印。必要时，应当对接受过程录音录像。

第一百七十条 公安机关对扭送人、报案人、控告人、举报人、投案人提供的有关证据材料等应当登记，制作接受证据材料清单，由扭送人、报案人、控告人、举报人、投案人签名，并妥善保管。必要时，应当拍照或者录音录像。

第一百七十一条 公安机关接受案件时，应当制作受案登记表和受案回执，并将受案回执交扭送人、报案人、控告人、举报人。扭送人、报案人、控告人、举报人无法取得联系或者拒绝接受回执的，应当

在回执中注明。

第一百七十二条　公安机关接受控告、举报的工作人员,应当向控告人、举报人说明诬告应负的法律责任。但是,只要不是捏造事实、伪造证据,即使控告、举报的事实有出入,甚至是错告的,也要和诬告严格加以区别。

第一百七十三条　公安机关应当保障扭送人、报案人、控告人、举报人及其近亲属的安全。

扭送人、报案人、控告人、举报人如果不愿意公开自己的身份,应当为其保守秘密,并在材料中注明。

第一百七十四条　对接受的案件,或者发现的犯罪线索,公安机关应当迅速进行审查。发现案件事实或者线索不明的,必要时,经办案部门负责人批准,可以进行调查核实。

调查核实过程中,公安机关可以依照有关法律和规定采取询问、查询、勘验、鉴定和调取证据材料等不限制被调查对象人身、财产权利的措施。但是,不得对被调查对象采取强制措施,不得查封、扣押、冻结被调查对象的财产,不得采取技术侦查措施。

第一百一十二条　【立案前的审查】人民法院、人民检察院或者公安机关对于报案、控告、举报和自首的材料,应当按照管辖范围,迅速进行审查,认为有犯罪事实需要追究刑事责任的时候,应当立案;认为没有犯罪事实,或者犯罪事实显著轻微,不需要追究刑事责任的时候,不予立案,并且将不立案的原因通知控告人。控告人如果不服,可以申请复议。

■人民检察院刑事诉讼规则(2019年12月30日)

第一百六十六条　人民检察院直接受理侦查案件的线索,由负责侦查的部门统一受理、登记和管理。负责控告申诉检察的部门接受的控告、举报,或者本院其他办案部门发现的案件线索,属于人民检察院直接受理侦查案件线索的,应当在七日以内移送负责侦查的部门。

负责侦查的部门对案件线索进行审查后,认为属于本院管辖,需要进一步调查核实的,应当报检察长决定。

第一百六十七条　对于人民检察院直接受理侦查案件的线索,上级人民检察院在必要时,可以直接调查核实或者组织、指挥、参与下级人民检察院的调查核实,可以将下级人民检察院管辖的案件线索指定辖区内其他人民检察院调查核实,也可以将本院管辖的案件线索交由下级人民检察院调查核实;下级人民检察院认为案件线索重大、复杂,需要由上级人民检察院调查核实的,可以提请移送上级人民检察院调查核实。

第一百六十八条　调查核实一般不得接触被调查对象。必须接触被调查对象的,应当经检察长批准。

第一百六十九条　进行调查核实,可以采取询问、查询、勘验、检查、鉴定、调取证据材料等不限制被调查对象人身、财产权利的措施。不得对被调查对象采取强制措施,不得查封、扣押、冻结被调查对象的财产,不得采取技术侦查措施。

第一百七十条　负责侦查的部门调查核实后,应当制作审查报告。

调查核实终结后,相关材料应当立卷归档。立案进入侦查程序的,对于作为诉讼证据以外的其他材料应当归入侦查内卷。

第一百七十一条　人民检察院对于直接受理的案件,经审查认为有犯罪事实需要追究刑事责任的,应当制作立案报告书,经检察长批准后予以立案。

符合立案条件,但犯罪嫌疑人尚未确定的,可以依据已查明的犯罪事实作出立案决定。

对具有下列情形之一的,报请检察长决定不予立案:

(一)具有刑事诉讼法第十六条规定情形之一的;

（二）认为没有犯罪事实的；

（三）事实或者证据尚不符合立案条件的。

第一百七十二条　对于其他机关或者本院其他办案部门移送的案件线索，决定不予立案的，负责侦查的部门应当制作不立案通知书，写明案由和案件来源、决定不立案的原因和法律依据，自作出不立案决定之日起十日以内送达移送案件线索的机关或者部门。

第一百七十三条　对于控告和实名举报，决定不予立案的，应当制作不立案通知书，写明案由和案件来源、决定不立案的原因和法律依据，由负责侦查的部门在十五日以内送达控告人、举报人，同时告知本院负责控告申诉检察的部门。

控告人如果不服，可以在收到不立案通知书后十日以内向上一级人民检察院申请复议。不立案的复议，由上一级人民检察院负责侦查的部门审查办理。

人民检察院认为被控告人、被举报人的行为未构成犯罪，决定不予立案，但需要追究其党纪、政纪、违法责任的，应当移送有管辖权的主管机关处理。

第一百七十四条　错告对被控告人、被举报人造成不良影响的，人民检察院应当自作出不立案决定之日起一个月以内向其所在单位或者有关部门通报调查核实的结论，澄清事实。

属于诬告陷害的，应当移送有关机关处理。

第一百七十五条　人民检察院决定对人民代表大会代表立案，应当按照本规则第一百四十八条、第一百四十九条规定的程序向该代表所属的人民代表大会主席团或者常务委员会进行通报。

■公安机关办理刑事案件程序规定（2020年9月1日）

第一百七十八条　公安机关接受案件后，经审查，认为有犯罪事实需要追究刑事责任，且属于自己管辖的，经县级以上公安机关负责人批准，予以立案；认为没有犯罪事实，或者犯罪事实显著轻微不需要追究刑事责任，或者具有其他依法不追究刑事责任情形的，经县级以上公安机关负责人批准，不予立案。

对有控告人的案件，决定不予立案的，公安机关应当制作不予立案通知书，并在三日以内送达控告人。

决定不予立案后又发现新的事实或者证据，或者发现原认定事实错误，需要追究刑事责任的，应当及时立案处理。

第一百七十九条　控告人对不予立案决定不服的，可以在收到不予立案通知书后七日以内向作出决定的公安机关申请复议；公安机关应当在收到复议申请后三十日以内作出决定，并将决定书送达控告人。

控告人对不予立案的复议决定不服的，可以在收到复议决定书后七日以内向上一级公安机关申请复核；上一级公安机关应当在收到复核申请后三十日以内作出决定。对上级公安机关撤销不予立案决定的，下级公安机关应当执行。

案情重大、复杂的，公安机关可以延长复议、复核时限，但是延长时限不得超过三十日，并书面告知申请人。

第一百八十条　对行政执法机关移送的案件，公安机关应当自接受案件之日起三日以内进行审查，认为有犯罪事实，需要追究刑事责任，依法决定立案的，应当书面通知移送案件的行政执法机关；认为没有犯罪事实，或者犯罪事实显著轻微，不需要追究刑事责任，依法不予立案的，应当说明理由，并将不予立案通知书送达移送案件的行政执法机关，相应退回案件材料。

公安机关认为行政执法机关移送的案件材料不全的，应当在接受案件后二十四小时以内通知移送案件的行政执法机关在三日以内补正，但不得以材料不全为由不接受移送案件。

公安机关认为行政执法机关移送的案件不属于公安机关职责范围的，应当书面通知移送案件的行政执法机关向其他主管机关移送案件,并说明理由。

第一百八十一条　移送案件的行政执法机关对不予立案决定不服的,可以在收到不予立案通知书后三日以内向作出决定的公安机关申请复议;公安机关应当在收到行政执法机关的复议申请后三日以内作出决定,并书面通知移送案件的行政执法机关。

第一百八十四条　经立案侦查,认为有犯罪事实需要追究刑事责任,但不属于自己管辖或者需要由其他公安机关并案侦查的案件,经县级以上公安机关负责人批准,制作移送案件通知书,移送有管辖权的机关或者并案侦查的公安机关,并在移送案件后三日以内书面通知扭送人、报案人、控告人、举报人或者移送案件的行政执法机关;犯罪嫌疑人已经到案的,应当依照本规定的有关规定通知其家属。

第一百八十五条　案件变更管辖或者移送其他公安机关并案侦查时,与案件有关的法律文书、证据、财物及其孳息等应当随案移交。

移交时,由接收人、移交人当面查点清楚,并在交接单据上共同签名。

■行政执法机关移送涉嫌犯罪案件的规定(2020年8月7日修订)

第十三条　公安机关对发现的违法行为,经审查,没有犯罪事实,或者立案侦查后认为犯罪事实显著轻微,不需要追究刑事责任,但依法应当追究行政责任的,应当及时将案件移送同级行政执法机关,有关行政执法机关应当依法作出处理。

■最高人民检察院关于要案线索备案、初查的规定(全文)(1995年10月6日)

第一条　为了深入持久地开展反腐败斗争,依法查办要案,根据有关法律规定,结合工作实际,制定本规定。

第二条　本规定所称要案线索,是指依法由人民检察院直接受理和立案侦查的县处级以上干部涉嫌贪污、贿赂、徇私舞弊等职务犯罪的案件线索。

第三条　本规定所称初查,是指人民检察院在立案前对要案线索材料进行审查的司法活动。

第四条　对要案线索实行分级备案。县处级干部的要案线索一律层报省级人民检察院备案,其中涉嫌犯罪金额特别巨大或者犯罪后果特别严重的,层报最高人民检察院备案;厅局级以上干部的要案线索一律层报最高人民检察院备案。

第五条　地、州、市级人民检察院负责县处级干部犯罪线索的初查。

省级人民检察院负责厅局级干部犯罪线索的初查;最高人民检察院负责省部级干部犯罪线索的初查。负责初查的人民检察院应当及时报告同级党委的主要领导同志。

根据需要,上级人民检察院可对下级人民检察院负责初查的要案线索直接初查或派员参与初查,也可将本院负责初查的要案线索交下级人民检察院初查。

第六条　各级人民检察院对于控告、检举和犯罪人自首的要案线索,都应依法受理,指定专人逐件登记,并及时报本院检察长研究,依照本《规定》第五条的规定,属应由本院初查的,应当及时报上级人民检察院备案,并提出初查意见;不属本院初查的,应当及时移送有关检察院处理。

前款规定适用于人民检察院在工作中发现的要案线索。

第七条　要案线索的备案和移送,应逐案填写《检察机关要案线索备案、移送表》。备案、移送应在受理后五日内办理,情况紧急的及时办理。

第八条　最高人民检察院和省级人民检察院对备案的要案线索,应当及时进行审查,如有不同意见,应及时通知有关下级人民检察院。下级人民检察院必须认真执行上级人民检察院的指示。

第九条　对应由本院初查的要案线索,经本院检察长研究决定,即可依法进行初查。

第十条　要案线索的初查工作应当秘密进行。

第十一条　对要案线索进行初查后,应当分别情况,作出处理:

(一)有犯罪事实或者有事实证明有犯罪重大嫌疑的,应当立案侦查;

（二）没有犯罪事实，或者犯罪事实显著轻微，不需要追究刑事责任的，不予立案，必要时可移送有关机关处理；

（三）属于错告，如果对被控告、检举人造成不良影响的，应向有关部门澄清事实；

（四）属诬告陷害的，应依法追究或移送有关机关追究诬告陷害人的责任。

初查后的处理情况，应在十日内按备案的范围报上级人民检察院。上级人民检察院如认为处理不当，应及时通知下级人民检察院依法处理。

第十二条　各级人民检察院举报中心具体承办要案线索的受理、移送、备案、统计等事项。其他业务部门应将每月受理的要案线索情况和处理结果，送举报中心，由举报中心统计上报并抄送本院统计部门。

第十三条　对要案线索必须严格保密。一旦发生泄密事件，要及时采取补救措施，并根据情况和造成的后果，对责任人予以纪律处分直至追究刑事责任。

第十四条　对涉嫌犯罪的要案线索，不得转送其他机关处理，不准压案不报、不查。违反本《规定》，该上报备案不上报备案，该初查不初查的，要视情节轻重，追究有关领导人的责任。

第十五条　最高人民检察院过去的文件、规定中有关内容与本《规定》相抵触的，以本《规定》为准。

■人民检察院举报工作规定(2014年7月21日修订)

第三章　举报线索的管理

第二十四条　人民检察院举报中心负责统一管理举报线索。本院检察长、其他部门或者人员接收的职务犯罪案件线索，应当自收到之日起七日以内移送举报中心。

侦查部门自行发现的案件线索和有关机关或者部门移送人民检察院审查是否立案的案件线索，由侦查部门审查。

第二十五条　人民检察院对于直接受理的要案线索实行分级备案的管理制度。县、处级干部的要案线索一律报省级人民检察院举报中心备案，其中涉嫌犯罪数额特别巨大或者犯罪后果特别严重的，层报最高人民检察院举报中心备案；厅、局级以上干部的要案线索一律报最高人民检察院举报中心备案。

第二十六条　要案线索的备案，应当逐案填写要案线索备案表。备案应当在受理后七日以内办理；情况紧急的，应当在备案之前及时报告。

接到备案的上级人民检察院举报中心对于备案材料应当及时审查，如果有不同意见，应当在十日以内将审查意见通知报送备案的下级人民检察院。

第二十七条　举报中心应当建立举报线索数据库，指定专人将举报人和被举报人的基本情况、举报线索的主要内容以及办理情况等逐项录入专用计算机。

多次举报的举报线索，有新的举报内容的，应当在案卡中补充完善，及时移送有关部门；没有新的举报内容的，应当在案卡中记录举报时间，标明举报次数，每月将重复举报情况通报有关部门。

第二十八条　举报中心应当每半年清理一次举报线索，对线索的查办和反馈情况进行分析，查找存在问题，及时改进工作，完善管理制度。

第二十九条　举报中心应当定期对举报线索进行分类统计，综合分析群众反映强烈的突出问题以及群众举报的特点和规律，提出工作意见和建议，向上级人民检察院举报中心和本院检察长报告。

第四章　举报线索的审查处理

第三十条　举报中心对接收的举报线索，应当确定专人进行审查，根据举报线索的具体情况和管辖规定，自收到举报线索之日起七日以内作出以下处理：

（一）属于本院管辖的，依法受理并分别移送本院有关部门办理；属于人民检察院管辖但不属于本院管辖的,移送有管辖权的人民检察院办理。

(二)不属于人民检察院管辖的,移送有管辖权的机关处理,并且通知举报人、自首人;不属于人民检察院管辖又必须采取紧急措施的,应当先采取紧急措施,然后移送主管机关。

(三)属于性质不明难以归口的,应当进行必要的调查核实,查明情况后三日以内移送有管辖权的机关或者部门办理。

第三十一条 侦查部门收到举报中心移送的举报线索,应当在三个月以内将处理情况回复举报中心;下级人民检察院接到上级人民检察院移送的举报材料后,应当在三个月以内将处理情况回复上级人民检察院举报中心。

第三十二条 侦查部门应当在规定时间内书面回复查办结果。回复文书应当包括下列内容:

(一)举报人反映的主要问题;

(二)查办的过程;

(三)作出结论的事实依据和法律依据。

举报中心收到回复文书后应当及时审查,认为处理不当的,提出处理意见报检察长审批。

第三十三条 举报中心对移送侦查部门的举报线索,应当加强管理、监督和跟踪。

第三十四条 上级人民检察院举报中心可以代表本院向下级人民检察院交办举报线索。

第三十五条 举报中心对移送本院有关部门和向下级人民检察院交办的举报线索,可以采取实地督办、网络督办、电话督办、情况通报等方式进行督办。

第三十六条 下级人民检察院举报中心负责管理上级人民检察院举报中心交办的举报线索。接到上级人民检察院交办的举报线索后,应当在三日以内提出处理意见,报检察长审批。

第三十七条 对上级人民检察院交办的举报线索,承办人民检察院应当在三个月以内办结。情况复杂,确需延长办理期限的,经检察长批准,可以延长三个月。延期办理的,由举报中心向上级人民检察院举报中心报告进展情况,并说明延期理由。法律另有规定的,从其规定。

第三十八条 办案部门应当在规定期限内办理上级人民检察院交办的举报线索,并向举报中心书面回复办理结果。回复办理结果应当包括举报事项、办理过程、认定的事实和证据、处理情况和法律依据以及执法办案风险评估情况等。举报中心应当制作交办案件查处情况报告,以本院名义报上一级人民检察院举报中心审查。

第三十九条 交办案件查处情况报告应当包括下列内容:

(一)案件来源;

(二)举报人、被举报人的基本情况及反映的主要问题;

(三)查办过程;

(四)认定的事实和证据;

(五)处理情况和法律依据;

(六)实名举报的答复情况。

第四十条 上级人民检察院举报中心收到下级人民检察院交办案件查处情况报告后,应当认真审查。对事实清楚、处理适当的,予以结案;对事实不清,证据不足,定性不准,处理不当的,提出意见,退回下级人民检察院重新办理。必要时可以派员或者发函督办。

第四十一条 举报中心对性质不明难以归口、检察长批交的举报线索应当进行初核。

对群众多次举报未查处的举报线索,可以要求侦查部门说明理由,认为理由不充分的,可以提出处理意见,报检察长决定。

第四十二条 对举报线索进行初核,应当经举报中心负责人审核后,报检察长批准。

第四十三条 初核一般应当在两个月以内终结。案情复杂或者有其他特殊情况需要延长初核期限的,应当经检察长批准,但最长不得超过三个月。

第四十四条 初核终结后,承办人员应当制作《初核终结报告》,根据初核查明的事实和证据,区分不同情形提出处理意见,经举报中心负责人审核后,报检察长决定:

(一)认为举报的犯罪事实属于检察机关管辖的,移送有管辖权的人民检察院处理;属于本院管辖的,移送本院侦查部门办理;

(二)认为举报的事实不属于检察机关管辖的,移送有管辖权的机关处理;

(三)认为举报所涉犯罪事实不存在,或者具有刑事诉讼法第十五条规定的情形之一,不需要追究刑事责任的,终结初核并答复举报人。需要追究纪律责任的,移送纪检监察机关或者有关单位处理。

第四十五条 在作出初核结论十日以内,承办人员应当填写《举报线索初核情况备案表》,经举报中心负责人批准后,报上一级人民检察院举报中心备案。

上一级人民检察院举报中心认为处理不当的,应当在收到备案材料后十日以内通知下级人民检察院纠正。

第五章 不立案举报线索审查

第四十六条 举报人不服侦查部门的不立案决定向人民检察院反映,具有下列情形之一的,举报中心应当对不立案举报线索进行审查,但依照规定属于侦查部门和侦查监督部门办理的除外:

(一)举报中心移送到侦查部门,经侦查部门初查后决定不予立案的;

(二)领导机关或者本院领导批示由举报中心审查的。

第四十七条 审查不立案举报线索,原则上由同级人民检察院举报中心进行。

同级人民检察院举报中心认为由上一级人民检察院举报中心审查更为适宜的,应当提请上一级人民检察院举报中心审查。

上一级人民检察院举报中心认为有必要审查下级人民检察院侦查部门的不予立案举报线索的,可以决定审查。

第四十八条 审查不立案举报线索的范围应当仅限于原举报内容。对审查期间举报人提供的新的职务犯罪线索,举报中心应当及时移送有管辖权的人民检察院侦查部门审查办理。

第四十九条 审查期间,举报人对不立案决定不服申请复议的,控告检察部门应当受理,并根据事实和法律进行审查,可以要求举报人提供有关材料。认为需要侦查部门说明不立案理由的,应当及时将案件移送侦查监督部门办理。

举报人申请复议,不影响对不立案举报线索的审查。但承办人认为需要中止审查的,经举报中心负责人批准,可以中止审查。

中止审查后,举报人对复议结果不服的理由成立,继续审查有必要的,不立案举报线索审查应当继续进行。

第五十条 不立案举报线索审查终结后,应当制作审查报告,提出处理意见。

第五十一条 举报中心审查不立案举报线索,应当自收到侦查部门决定不予立案回复文书之日起一个月以内办结;情况复杂,期满不能办结的,经举报中心负责人批准,可以延长两个月。

第五十二条 举报中心审查不立案举报线索,应当在办结后七日以内向上一级人民检察院举报中心备案。

对侦查部门重新作出立案决定的,举报中心应当将审查报告、立案决定书等相关文书,在立案后十日以内报上一级人民检察院举报中心备案。

第五十三条 举报人不服下级人民检察院复议决定提出的申诉,上一级人民检察院控告检察部门应当受理,并根据事实和法律进行审查,可以要求举报人提供有关材料,认为需要侦查部门说明不立案理由的,应当及时将案件移送侦查监督部门办理。

第六章　举报答复

第五十四条　实名举报应当逐件答复。除联络方式不详无法联络的以外,应当将处理情况和办理结果及时答复举报人。

第五十五条　对采用走访形式举报的,应当当场答复是否受理;不能当场答复的,应当自接待举报人之日起十五日以内答复。

第五十六条　答复可以采取口头、书面或者其他适当的方式。口头答复的,应当制作答复笔录,载明答复的时间、地点、参加人及答复内容、举报人对答复的意见等。书面答复的,应当制作答复函。邮寄答复函时不得使用有人民检察院字样的信封。

第五十七条　人民检察院举报中心和侦查部门共同负责做好实名举报答复工作。

第七章　举报人保护

第五十八条　各级人民检察院应当依法保护举报人及其近亲属的安全和合法权益。

第五十九条　各级人民检察院应当采取下列保密措施:

(一)举报线索由专人录入专用计算机,加密码严格管理,未经检察长批准,其他工作人员不得查看。

(二)举报材料应当放置于保密场所,保密场所应当配备保密设施。未经许可,无关人员不得进入保密场所。

(三)向检察长报送举报线索时,应当将相关材料用机要袋密封,并填写机要编号,由检察长亲自拆封。

(四)严禁泄露举报内容以及举报人姓名、住址、电话等个人信息,严禁将举报材料转给被举报人或者被举报单位。

(五)调查核实情况时,严禁出示举报线索原件或者复印件;除侦查工作需要外,严禁对匿名举报线索材料进行笔迹鉴定。

(六)其他应当采取的保密措施。

第六十条　举报中心应当指定专人负责受理网上举报,严格管理举报网站服务器的用户名和密码,并适时更换。

利用检察专线网处理举报线索的计算机应当与互联网实行物理隔离。

通过网络联系、答复举报人时,应当核对密码,答复时不得涉及举报具体内容。

第六十一条　人民检察院受理实名举报后,应当对举报风险进行评估,必要时应当制定举报人保护预案,预防和处置打击报复实名举报人的行为。

第六十二条　举报人向人民检察院实名举报后,在人身、财产安全受到威胁向人民检察院求助时,举报中心或者侦查部门应当迅速查明情况,向检察长报告。认为威胁确实存在的,应当及时通知当地公安机关;情况紧急的,应当先指派法警采取人身保护的临时措施保护举报人,并及时通知当地公安机关。

第六十三条　举报人确有必要在诉讼中作证时,应当采取以下保护措施:

(一)不公开真实姓名、住址和工作单位等个人信息;

(二)采取不暴露外貌、真实声音等出庭作证措施;

(三)禁止特定的人员接触举报人及其近亲属;

(四)对举报人人身和住宅采取专门性保护措施;

(五)其他必要的保护措施。

第六十四条　对打击报复或者指使他人打击报复举报人及其近亲属的,经调查核实,应当视情节轻重分别作出处理:

（一）尚未构成犯罪的，提出检察建议，移送主管机关或者部门处理；

（二）构成犯罪的，依法追究刑事责任。

第六十五条 对举报人因受打击报复，造成人身伤害或者名誉损害、财产损失的，应当支持其依法提出赔偿请求。

第八章 举报奖励

第六十六条 举报线索经查证属实，被举报人构成犯罪的，应当对积极提供举报线索、协助侦破案件有功的举报人给予一定的精神及物质奖励。

第六十七条 人民检察院应当根据犯罪性质、犯罪数额和举报材料价值确定奖励金额。每案奖金数额一般不超过二十万元。举报人有重大贡献的，经省级人民检察院批准，可以在二十万元以上给予奖励，最高金额不超过五十万元。有特别重大贡献的，经最高人民检察院批准，不受上述数额的限制。

第六十八条 奖励举报有功人员，一般应当在判决或者裁定生效后进行。

奖励情况适时向社会公布。涉及举报有功人员的姓名、单位等个人信息的，应当征得举报人同意。

第六十九条 符合奖励条件的举报人在案件查处期间死亡、被宣告死亡或者丧失行为能力的，检察机关应当给予依法确定的继承人或者监护人相应的举报奖励。

第七十条 举报奖励工作由举报中心具体承办。

第九章 举报失实的澄清

第七十一条 人民检察院应当遵照实事求是、依法稳妥的原则，开展举报失实澄清工作。

第七十二条 经查证举报失实，具有下列情形之一并且被举报人提出澄清要求或者虽未提出澄清要求，但本院认为有必要予以澄清的，在征求被举报人同意后，应当报请检察长批准，由侦查部门以适当方式澄清事实：

（一）造成较大社会影响的；

（二）因举报失实影响被举报人正常工作、生产、生活的。

第七十三条 举报失实澄清应当在初查终结后一个月以内进行。举报中心开展举报线索不立案审查或者复议的，应当在审查或者复议结论作出后十个工作日以内进行。侦查监督部门开展不立案监督的，应当在监督程序完成后十个工作日以内进行。

第七十四条 举报失实澄清应当在被举报人单位、居住地所在社区、承办案件的人民检察院或者被举报人同意的其他地点进行。

第七十五条 举报失实澄清可以采取以下方式：

（一）向被举报人所在单位、上级主管部门通报；

（二）在一定范围内召开澄清通报会；

（三）被举报人接受的其他澄清方式。

第十章 责任追究

第七十六条 举报中心在举报线索管理工作中，发现检察人员有违法违纪行为的，应当提出建议，连同有关材料移送本院纪检监察部门处理。

第七十七条 具有下列情形之一，对直接负责的主管人员和其他直接责任人员，依照检察人员纪律处分条例等有关规定给予纪律处分；构成犯罪的，依法追究刑事责任：

（一）利用举报线索进行敲诈勒索、索贿受贿的；

（二）滥用职权，擅自处理举报线索的；

（三）徇私舞弊、玩忽职守，造成重大损失的；

（四）为压制、迫害、打击报复举报人提供便利的；

（五）私存、扣压、隐匿或者遗失举报线索的；

(六)违反举报人保护规定,故意泄露举报人姓名、地址、电话或者举报内容等,或者将举报材料转给被举报人、被举报单位的,或者应当制定举报人保护预案、采取保护措施而未制定或者采取,导致举报人受打击报复的;

(七)故意拖延,查处举报线索超出规定期限,造成严重后果的;

(八)隐瞒、谎报、未按规定期限上报重大举报信息,造成严重后果的。

第十一章 附则

第七十八条 本规定自公布之日起施行。最高人民检察院此前发布的有关举报工作的规定与本规定不一致的,适用本规定。

第七十九条 本规定由最高人民检察院负责解释。

■最高人民法院、最高人民检察院、公安部、司法部关于依法惩治拐卖妇女儿童犯罪的意见(2010年3月15日)

8. 具有下列情形之一,经审查,符合管辖规定的,公安机关应当立即以刑事案件立案,迅速开展侦查工作:

(1)接到拐卖妇女、儿童的报案、控告、举报的;

(2)接到儿童失踪或者已满十四周岁不满十八周岁的妇女失踪报案的;

(3)接到已满十八周岁的妇女失踪,可能被拐卖的报案的;

(4)发现流浪、乞讨的儿童可能系被拐卖的;

(5)发现有收买被拐卖妇女、儿童行为,依法应当追究刑事责任的;

(6)表明可能有拐卖妇女、儿童犯罪事实发生的其他情形的。

9. 公安机关在工作中发现犯罪嫌疑人或者被拐卖的妇女、儿童,不论案件是否属于自己管辖,都应当首先采取紧急措施。经审查,属于自己管辖的,依法立案侦查;不属于自己管辖的,及时移送有管辖权的公安机关处理。

10. 人民检察院要加强对拐卖妇女、儿童犯罪案件的立案监督,确保有案必立、有案必查。

■最高人民检察院、全国整顿和规范市场经济秩序领导小组办公室、公安部、监察部关于在行政执法中及时移送涉嫌犯罪案件的意见(全文)(2006 年 1 月 26 日)

一、行政执法机关在查办案件过程中,对符合刑事追诉标准、涉嫌犯罪的案件,应当制作《涉嫌犯罪案件移送书》,及时将案件向同级公安机关移送,并抄送同级人民检察院。对未能及时移送并已作出行政处罚的涉嫌犯罪案件,行政执法机关应当于作出行政处罚十日以内向同级公安机关、人民检察院抄送《行政处罚决定书》副本,并书面告知相关权利人。

现场查获的涉案货值或者案件其他情节明显达到刑事追诉标准、涉嫌犯罪的,应当立即移送公安机关查处。

二、任何单位和个人发现行政执法机关不按规定向公安机关移送涉嫌犯罪案件,向公安机关、人民检察院、监察机关或者上级行政执法机关举报的,公安机关、人民检察院、监察机关或者上级行政执法机关应当根据有关规定及时处理,并向举报人反馈处理结果。

三、人民检察院接到控告、举报或者发现行政执法机关不移送涉嫌犯罪案件,经审查或者调查后认为情况基本属实的,可以向行政执法机关查询案件情况、要求行政执法机关提供有关案件材料或者派员查阅案卷材料,行政执法机关应当配合。确属应当移送公安机关而不移送的,人民检察院应当向行政执法机关提出移送的书面意见,行政执法机关应当移送。

四、行政执法机关在查办案件过程中,应当妥善保存案件的相关证据。对易腐烂、变质、灭失等不宜或者不易保管的涉案物品,应当采取必要措施固定证据;对需要进行检验、鉴定的涉案物品,应当由有关部门或者机构依法检验、鉴定,并出具检验报告或者鉴定结论。

行政执法机关向公安机关移送涉嫌犯罪的案件，应当附涉嫌犯罪案件的调查报告、涉案物品清单、有关检验报告或者鉴定结论及其他有关涉嫌犯罪的材料。

五、对行政执法机关移送的涉嫌犯罪案件，公安机关应当及时审查，自受理之日起十日以内作出立案或者不立案的决定；案情重大、复杂的，可以在受理之日起三十日以内作出立案或者不立案的决定。公安机关作出立案或者不立案决定，应当书面告知移送案件的行政执法机关、同级人民检察院及相关权利人。

公安机关对不属于本机关管辖的案件，应当在二十四小时以内转送有管辖权的机关，并书面告知移送案件的行政执法机关、同级人民检察院及相关权利人。

六、行政执法机关对公安机关决定立案的案件，应当自接到立案通知书之日起三日以内将涉案物品以及与案件有关的其他材料移送公安机关，并办理交接手续；法律、行政法规另有规定的，依照其规定办理。

九、公安机关对发现的违法行为，经审查，没有犯罪事实，或者立案侦查后认为犯罪情节显著轻微，不需要追究刑事责任，但依法应当追究行政责任的，应当及时将案件移送行政执法机关，有关行政执法机关应当依法作出处理，并将处理结果书面告知公安机关和人民检察院。

十、行政执法机关对案情复杂、疑难，性质难以认定的案件，可以向公安机关、人民检察院咨询，公安机关、人民检察院应当认真研究，在七日以内回复意见。对有证据表明可能涉嫌犯罪的行为人可能逃匿或者销毁证据，需要公安机关参与、配合的，行政执法机关可以商请公安机关提前介入，公安机关可以派员介入。对涉嫌犯罪的，公安机关应当及时依法立案侦查。

十一、对重大、有影响的涉嫌犯罪案件，人民检察院可以根据公安机关的请求派员介入公安机关的侦查，参加案件讨论，审查相关案件材料，提出取证建议，并对侦查活动实施法律监督。

十二、行政执法机关在依法查处违法行为过程中，发现国家工作人员贪污贿赂或者国家机关工作人员渎职等违纪、犯罪线索的，应当根据案件的性质，及时向监察机关或者人民检察院移送。监察机关、人民检察院应当认真审查，依纪、依法处理，并将处理结果书面告知移送案件线索的行政执法机关。

十三、监察机关依法对行政执法机关查处违法案件和移送涉嫌犯罪案件工作进行监督，发现违纪、违法问题的，依照有关规定进行处理。发现涉嫌职务犯罪的，应当及时移送人民检察院。

十四、人民检察院依法对行政执法机关移送涉嫌犯罪案件情况实施监督，发现行政执法人员徇私舞弊，对依法应当移送的涉嫌犯罪案件不移送，情节严重，构成犯罪的，应当依照刑法有关的规定追究其刑事责任。

十五、国家机关工作人员以及在依照法律、法规规定行使国家行政管理职权的组织中从事公务的人员，或者在受国家机关委托代表国家机关行使职权的组织中从事公务的人员，或者虽未列入国家机关人员编制但在国家机关中从事公务的人员，利用职权干预行政执法机关和公安机关执法，阻挠案件移送和刑事追诉，构成犯罪的，人民检察院应当依照刑法关于渎职罪的规定追究其刑事责任。国家行政机关和法律、法规授权的具有管理公共事务职能的组织以及国家行政机关依法委托的组织及其工勤人员以外的工作人员，利用职权干预行政执法机关和公安机关执法，阻挠案件移送和刑事追诉，构成违纪的，监察机关应当依法追究其纪律责任。

十六、在查办违法犯罪案件工作中，公安机关、监察机关、行政执法机关和人民检察院应当建立联席会议、情况通报、信息共享等机制，加强联系，密切配合，各司其职，相互制约，保证准确有效地执行法律。

十七、本意见所称行政执法机关，是指依照法律、法规或者规章的规定，对破坏社会主义市场经济秩序、妨害社会管理秩序以及其他违法行为具有行政处罚权的行政机关，以及法律、法规授权的具有管理公共事务职能、在法定授权范围内实施行政处罚的组织，不包括公安机关、监察机关。

■公安部关于办理利用经济合同诈骗案件有关问题的通知(全文)(1997年1月9日)

一、关于案件性质的认定利用经济合同诈骗,是指行为人以非法占有为目的,利用签订经济合同的手段,骗取公私财物数额较大的行为。

对利用经济合同进行诈骗案件的认定,应当严格依照1996年12月16日最高人民法院印发的《关于审理诈骗案件具体应用法律的若干问题的解释》(该解释已依据最高人民法院法释〔2013〕2号废止)第二条的规定办理。

二、关于案件的立案程序

公安机关接到利用经济合同诈骗案件的报案后,应当先进行初步调查以查明是否确有本规定第一条所规定的情形。对确有本规定第一条所规定之情形的,应当予以立案侦查。

对不予立案的,公安机关应当将不立案的原因通知控告人,并告知其依照经济合同法可以直接向人民法院起诉解决。

第一百一十三条 【立案监督】人民检察院认为公安机关对应当立案侦查的案件而不立案侦查的,或者被害人认为公安机关对应当立案侦查的案件而不立案侦查,向人民检察院提出的,人民检察院应当要求公安机关说明不立案的理由。人民检察院认为公安机关不立案理由不能成立的,应当通知公安机关立案,公安机关接到通知后应当立案。

■人民检察院刑事诉讼规则(2019年12月30日)

第五百五十七条 被害人及其法定代理人、近亲属或者行政执法机关,认为公安机关对其控告或者移送的案件应当立案侦查而不立案侦查,或者当事人认为公安机关不应当立案而立案,向人民检察院提出的,人民检察院应当受理并进行审查。

人民检察院发现公安机关可能存在应当立案侦查而不立案侦查情形的,应当依法进行审查。

人民检察院接到控告、举报或者发现行政执法机关不移送涉嫌犯罪案件的,经检察长批准,应当向行政执法机关提出检察意见,要求其按照管辖规定向公安机关移送涉嫌犯罪案件。

第五百五十八条 人民检察院负责控告申诉检察的部门受理对公安机关应当立案而不立案或者不应当立案而立案的控告、申诉,应当根据事实、法律进行审查。认为需要公安机关说明不立案或者立案理由的,应当及时将案件移送负责捕诉的部门办理;认为公安机关立案或者不立案决定正确的,应当制作相关法律文书,答复控告人、申诉人。

第五百五十九条 人民检察院经审查,认为需要公安机关说明不立案理由的,应当要求公安机关书面说明不立案的理由。

对于有证据证明公安机关可能存在违法动用刑事手段插手民事、经济纠纷,或者利用立案实施报复陷害、敲诈勒索以及谋取其他非法利益等违法立案情形,尚未提请批准逮捕或者移送起诉的,人民检察院应当要求公安机关书面说明立案理由。

第五百六十条 人民检察院要求公安机关说明不立案或者立案理由,应当书面通知公安机关,并且告知公安机关在收到通知后七日以内,书面说明不立案或者立案的情况、依据和理由,连同有关证据材料回复人民检察院。

第五百六十一条 公安机关说明不立案或者立案的理由后,人民检察院应当进行审查。认为公安机关不立案或者立案理由不能成立的,经检察长决定,应当通知公安机关立案或者撤销案件。

人民检察院认为公安机关不立案或者立案理由成立的,应当在十日以内将不立案或者立案的依据和理由告知被害人及其法定代理人、近亲属或者行政执法机关。

第五百六十二条 公安机关对当事人的报案、控告、举报或者行政执法机关移送的涉嫌犯罪案件受理后未在规定期限内作出是否立案决定,当事人或者行政执法机关向人民检察院提出的,人民检察院应当受理并进行审查。经审查，认为尚未超过规定期限的，应当移送公安机关处理，并答复报案人、控告人、举报人或者行政执法机关；认为超过规定期限的，应当要求公安机关在七日以内书面说明逾期不作出是否立案决定的理由，连同有关证据材料回复人民检察院。公安机关在七日以内不说明理由也不作出立案或者不立案决定的，人民检察院应当提出纠正意见。人民检察院经审查有关证据材料认为符合立案条件的，应当通知公安机关立案。

第五百六十三条　人民检察院通知公安机关立案或者撤销案件，应当制作通知立案书或者通知撤销案件书，说明依据和理由，连同证据材料送达公安机关，并且告知公安机关应当在收到通知立案书后十五日以内立案，对通知撤销案件书没有异议的应当立即撤销案件，并将立案决定书或者撤销案件决定书及时送达人民检察院。

第五百六十四条　人民检察院通知公安机关立案或者撤销案件的，应当依法对执行情况进行监督。

公安机关在收到通知立案书或者通知撤销案件书后超过十五日不予立案或者未要求复议、提请复核也不撤销案件的，人民检察院应当发出纠正违法通知书。公安机关仍不纠正的，报上一级人民检察院协商同级公安机关处理。

公安机关立案后三个月以内未侦查终结的，人民检察院可以向公安机关发出立案监督案件催办函，要求公安机关及时向人民检察院反馈侦查工作进展情况。

第五百六十五条　公安机关认为人民检察院撤销案件通知有错误，要求同级人民检察院复议的，人民检察院应当重新审查。在收到要求复议意见书和案卷材料后七日以内作出是否变更的决定，并通知公安机关。

公安机关不接受人民检察院复议决定，提请上一级人民检察院复核的，上级人民检察院应当在收到提请复核意见书和案卷材料后十五日以内作出是否变更的决定，通知下级人民检察院和公安机关执行。

上级人民检察院复核认为撤销案件通知有错误的，下级人民检察院应当立即纠正；上级人民检察院复核认为撤销案件通知正确的，应当作出复核决定并送达下级公安机关。

第五百六十六条　人民检察院负责捕诉的部门发现本院负责侦查的部门对应当立案侦查的案件不立案侦查或者对不应当立案侦查的案件立案侦查的，应当建议负责侦查的部门立案侦查或者撤销案件。建议不被采纳的，应当报请检察长决定。

■公安机关办理刑事案件程序规定(2020 年 9 月 1 日)

第一百八十二条　对人民检察院要求说明不立案理由的案件，公安机关应当在收到通知书后七日以内，对不立案的情况、依据和理由作出书面说明，回复人民检察院。公安机关作出立案决定的，应当将立案决定书复印件送达人民检察院。

人民检察院通知公安机关立案的，公安机关应当在收到通知书后十五日以内立案，并将立案决定书复印件送达人民检察院。

第一百八十三条　人民检察院认为公安机关不应当立案而立案，提出纠正意见的，公安机关应当进行调查核实，并将有关情况回复人民检察院。

■最高人民法院、最高人民检察院、公安部、国家安全部、司法部、全国人大常委会法制工作委员会关于实施刑事诉讼法若干问题的规定(2013 年 1 月 1 日)

18. 刑事诉讼法第一百一十一条规定："人民检察院认为公安机关对应当立案侦查的案件而不立案侦查的，或者被害人认为公安机关对应当立案侦查的案件而不立案侦查，向人民检察院提出的，人民检察院应当要求公安机关说明不立案的理由。人民检察院认为公安机关不立案理由不能成立的，应当通知公安机关立案，公安机关接到通知后应当立案。"根据上述规定，公安机关收到人民检察院要求说明不立案理由通知书后，应当在七日内将说明情况书面答复人民检察院。人民检察院认为公安机关不立案理由不能成立，发出通知立案书时，应当将有关证明应当立案的材料同时移送公安机关。公安机关收到通知立案书后，应当在十五日内决定立案，并将立案决定书送达人民检察院。

■行政执法机关移送涉嫌犯罪案件的规定(2020年8月7日修订)

第九条　行政执法机关接到公安机关不予立案的通知书后，认为依法应当由公安机关决定立案的，可以自接到不予立案通知书之日起3日内，提请作出不予立案决定的公安机关复议，也可以建议人民检察院依法进行立案监督。

作出不予立案决定的公安机关应当自收到行政执法机关提请复议的文件之日起3日内作出立案或者不予立案的决定，并书面通知移送案件的行政执法机关。移送案件的行政执法机关对公安机关不予立案的复议决定仍有异议的，应当自收到复议决定通知书之日起3日内建议人民检察院依法进行立案监督。

公安机关应当接受人民检察院依法进行的立案监督。

第十四条　行政执法机关移送涉嫌犯罪案件，应当接受人民检察院和监察机关依法实施的监督。

任何单位和个人对行政执法机关违反本规定，应当向公安机关移送涉嫌犯罪案件而不移送的，有权向人民检察院、监察机关或者上级行政执法机关举报。

■最高人民检察院关于"人民检察院发出《通知立案书》时，应当将有关证明应该立案的材料移送公安机关"问题的批复(全文)(1998年5月12日)

人民检察院向公安机关发出《通知立案书》时，应当将有关证明应该立案的材料同时移送公安机关。以上"有关证明应该立案的材料"主要是指被害人的控告材料，或者是检察机关在审查举报、审查批捕、审查起诉过程中发现的材料。人民检察院在立案监督中，不得进行侦查，但可以对通知公安机关立案所依据的有关材料，进行必要的调查核实。

■最高人民检察院人民检察院立案监督工作问题解答(全文)(2000年1月13日)

1. 修改后的刑事诉讼法(1996年刑事诉讼法。——编著者注)第87条规定："人民检察院认为公安机关应当立案侦查而不立案侦查的，或者被害人认为公安机关对应当立案侦查的案件而不立案侦查，向人民检察院提出的，人民检察院应当要求公安机关说明不立案的理由。"对"公安机关应当立案侦查而不立案侦查"应如何理解？

答："应当立案侦查"的案件，是指属于公安机关(包括国家安全机关、军队保卫部门、监狱，下同)管辖且符合刑事诉讼法第83条和第86条规定的立案条件的刑事案件。"不立案侦查"，是指公安机关没有依照法律规定对应当立案侦查的案件进行立案侦查。没有向公安机关报案或者公安机关没有掌握、发现犯罪事实的案件不属于刑事诉讼法第87条规定的立案监督的范围。人民检察院受理的这类案件应当按照刑事诉讼法第83、84条的规定移送有管辖权的公安机关或者人民法院，不应作为立案监督案件办理。

2. 立案监督与侦查监督有何区别？

答：立案监督和侦查监督都是检察机关刑事诉讼法律监督权的重要组成部分。立案监督是人民检察院对公安机关的立案活动是否合法进行的监督；侦查监督是人民检察院对公安机关的侦查活动是否合法进行的监督。二者的主要区别在于监督的客体不同和监督的手段不同。立案监督的客体是公安机关的立案活动，它主要发现和纠正以下违法行为：应当立案侦查而不立案侦查的；立案后又作行政处罚或者劳动教养等降格处理的；不应当立案而立案侦查的。立案监督的手段主要是要求公安机关说明不立案理由和通知公安机关立案；对于公安机关不应当立案侦查而立案侦查的，向公安机关提出纠正违法意见。而侦查监督的客体是公安机关的侦查活动。侦查监督的手段是向公安机关发出《纠正违法通知书》。根据《人民检察院刑事诉讼规则》第381条的规定，侦查监督主要发现和纠正以下违法行为：

对犯罪嫌疑人刑讯逼供、诱供的;对被害人、证人以体罚、威胁、诱骗等非法手段收集证据的;伪造、隐匿、销毁、调换或者私自涂改证据的;徇私舞弊、放纵、包庇犯罪分子的;故意制造冤、假、错案的;在侦查活动中利用职务之便谋取非法利益的;在侦查过程中不应当撤案而撤案的;贪污、挪用、调换所扣押、冻结的款物及其孳息的;违反刑事诉讼法关于决定、执行、变更、撤销强制措施规定的;违反羁押和办案期限规定的;在侦查过程中有其他违反刑事诉讼法有关规定的行为的。

3. 公安机关刑事立案后作治安处罚或者劳动教养处理的案件能否作为立案监督案件办理?

答:可以。根据刑事诉讼法的规定,公安机关对符合刑事立案条件的案件立案后,应当进行侦查,发现不应对犯罪嫌疑人追究刑事责任的,应当撤销案件。公安机关已经立案但又作治安处罚或者劳动教养处理的案件,其实质是把刑事案件作为非刑事案件处理。检察机关经审查认为公安机关作治安处罚或者劳动教养不当,应当追究犯罪嫌疑人刑事责任的,可以按照立案监督程序办理。

4. 何谓涉嫌徇私舞弊的立案监督案件?

答:涉嫌徇私舞弊的立案监督案件,是立案监督的重点。涉嫌徇私舞弊的案件是指因公安民警等国家机关工作人员徇私舞弊而导致该立不立的案件,包括两种情况:一是检察机关在办理立案监督案件的过程中,发现徇私舞弊线索的;二是办理徇私舞弊案件过程中发现立案监督线索的。根据刑法的规定,徇私舞弊犯罪包括国家机关工作人员徇私舞弊罪、徇私舞弊不移交案件罪、帮助犯罪分子逃避处罚罪等10余个罪名。涉嫌上述各罪名的案件,应当作为立案监督的重点。审查逮捕部门在办理立案监督案件的过程中,发现徇私舞弊线索的,应当移交给法纪部门办理。

5. 要求公安机关说明不立案理由,是否是通知立案前的必经程序?

答:根据刑事诉讼法第87条的规定,要求公安机关说明不立案理由应当是通知立案前的必经法定程序。无论是检察机关发现公安机关应当立案侦查而不立案侦查的,还是被害人认为公安机关对应当立案侦查的案件而不立案侦查,向人民检察院提出的,人民检察院都应首先要求公安机关说明不立案的理由,经审查不立案理由不成立的,才能通知公安机关立案。

6. 向公安机关发出《要求说明不立案理由通知书》后,公安机关在规定时限内拒不说明不立案理由的,如何办理?

答:根据最高人民法院、最高人民检察院、公安部、国家安全部、司法部、全国人大常委会法制工作委员会《关于刑事诉讼法实施中若干问题的规定》(以下简称六部委规定),公安机关在收到人民检察院《要求说明不立案理由通知书》后7日内应当将说明情况书面答复人民检察院。人民检察院向公安机关发出《要求说明不立案理由通知书》后,在上述时限内公安机关没有说明不立案理由的,人民检察院可以发出纠正违法通知书予以纠正,如现有材料证明确属应当立案侦查的,也可以直接向公安机关发出《通知立案书》。

7. 要求公安机关说明不立案理由和通知公安机关立案,应采取何种形式?

答:根据六部委的规定,要求公安机关说明不立案理由和通知公安机关立案都应当采取书面形式。要求公安机关说明不立案理由,应当向公安机关发出《要求说明不立案理由通知书》;通知公安机关立案,应当向公安机关发出《通知立案书》。不能采取口头通知的形式。

8. 在办理审查批捕案件过程中,发现公安机关对某同案犯没有提请逮捕的,能否适用立案监督程序予以纠正?

答:在办理审查批捕案件过程中,发现公安机关应当提请检察机关批准逮捕而没有提请的,应通过追捕予以解决,不适用立案监督程序。

9. 共同犯罪案件中,部分被告人已被判决有罪;另一部分共同犯罪人公安机关应当立案侦查而不立案侦查的,能否适用立案监督程序?

答:共同犯罪案件中,部分被告人已被判决有罪且判决已经生效的,如果审查逮捕部门认为还应当追究其他共同犯罪人的刑事责任,但公安机关应当立案侦查而不立案侦查的,应当要求公安机关说明不立案的理由,经审查认为不立案理由不成立的,通知公安机关立案。

10. 通知立案的条件应如何掌握?

答:根据刑事诉讼法(1996年刑事诉讼法。——编著者注)第83条和第86条的规定,具有下列条件之一的,公安机关应当立案:(1)公安机关发现了犯罪事实;(2)公安机关发现了犯罪嫌疑人;(3)公安机关对于报案、控告、举报和自首的材料,经审查,认为有犯罪事实需要追究刑事责任。一般情况下,通知立案的条件即是刑事诉讼法规定的立案条件。但是,由于通知立案具有指令性,为了确保立案监督的质量和效果,人民检察院通知公安机关立案的案件,应当从严掌握,一般应是能够逮捕、起诉、判刑的案件。

11. 立案监督中的调查应如何进行?

答:根据刑事诉讼法和《人民检察院刑事诉讼规则》的规定,人民检察院在立案监督过程中,应进行必要的审查和调查。调查的重点是查明是否存在公安机关应当立案侦查而不立案侦查的事实。要求公安机关说明不立案理由之前和审查公安机关说明的不立案理由,都应当进行必要的调查,以保证立案监督的准确性。在要求公安机关说明不立案理由之前,应当查明:(1)是否符合刑事诉讼法规定的刑事立案条件;(2)是否属于公安机关管辖;(3)公安机关是否立案。在收到公安机关说明的不立案理由之后,应当围绕公安机关说明的不立案理由是否成立进行调查。需要调查时,调查的方案要报审查逮捕部门负责人和主管检察长批准;调查要严格依法进行,严禁使用强制措施;调查要秘密进行,不暴露意图,一般不接触犯罪嫌疑人。

12. 公安机关接到检察机关《要求说明不立案理由通知书》后,即主动纠正予以立案的,人民检察院是否还要发《通知立案书》?

答:不必再发《通知立案书》。如果公安机关没有将《立案决定书》送达人民检察院的,应当要求公安机关将立案决定书送达检察机关。

13. 立案监督过程中检察机关收集调取的有关证明应该立案的材料,在通知公安机关立案时,是否移送给公安机关?

答:根据六部委规定,立案监督过程中检察机关调查获取的证明应该立案的有关材料,在通知公安机关立案时,应同时移送给公安机关。

14. 公安机关接到"通知立案书"后,在规定时限内不予立案的如何办理?

答:根据六部委规定,人民检察院通知公安机关立案的,公安机关在收到《通知立案书》后,应当在15日内决定立案,并将立案决定书送达人民检察院。在上述时限内不予立案的,人民检察院应当发出纠正违法通知书予以纠正。公安机关仍不予纠正的,报上一级检察机关商同级公安机关处理,或者报告同级人大常委会。如果属于刑事诉讼法第18条第2款规定的国家机关工作人员利用职权实施的其他重大犯罪,通知立案后公安机关不予立案的,应报请本院检察长提交检察委员会讨论,决定是否层报省级检察院批准直接受理。

15. 公安机关接《通知立案书》后虽已立案,但立案后立而不查、久拖不决的怎么办?

答:对于通知公安机关立案的案件,检察机关应加强跟踪监督,防止监督流于形式。对于公安机关接《通知立案书》后虽已立案,但立而不查、久拖不决的,人民检察院应当分别原因,有针对性地跟踪监督公安机关侦查活动,对公安机关久侦不结的,要加强联系,经常督促,必要时报告上一级检察院,由上一级检察院督促同级公安机关纠正。符合逮捕条件的,要建议公安机关提请逮捕。对有意阻挠查处的,要建议有关部门严肃查处,追究有关人员的责任。对犯罪嫌疑人在逃的,要结合公安机关开展的破大案追逃犯等专项斗争,督促公安机关加大追逃力度;还可以发动群众提供线索,协助公安机关抓捕在逃犯罪嫌疑人。对侦查工作已有重大突破的案件,批捕部门要适时介入公安机关的侦查活动,促使公安机关加快办案进度。

16. 人民检察院通知公安机关立案的案件有多名犯罪嫌疑人,而公安机关接通知后只对部分犯罪嫌疑人立案的,如何办理?

答:人民检察院通知公安机关立案的案件有多名犯罪嫌疑人,而公安机关只对部分犯罪嫌疑人立案的,人民检察院应当发出纠正违法通知书予以纠正。

17. 人民检察院通知立案的案件,公安机关立案后撤销案件怎么办?

答:根据刑事诉讼法(1996年刑事诉讼法。——编著者注)第130条的规定,在侦查过程中,发现不应对犯罪嫌疑人追究刑事责任的,应当撤销案件。这当然包括公安机关依检察机关的通知而立案的案件。但是对于检察机关通知公安机关立案的案件,公安机关立案后又撤销案件的,检察机关经审查认为撤销案件不当的,应当发出纠正违法通知书,通知公安机关予以纠正。

18. 需要由人民检察院直接受理的国家机关工作人员利用职权实施的其他重大犯罪案件,是否属于立案监督案件?

答:需要由人民检察院直接受理的国家机关工作人员利用职权实施的其他重大犯罪案件属于立案监督案件。对于由公安机关管辖的上述案件,人民检察院可以根据案件的具体情况,决定是否报请省级检察院批准直接立案侦查或者适用立案监督程序。如果选择适用立案监督程序,人民检察院通知立案后公安机关不予立案的,审查逮捕部门可以按照办案程序进行审查,提出是否直接立案侦查的意见,报请检察长提交检察委员会讨论决定是否提请省级院批准直接受理。

19. 对于公安机关不应当立案而立案侦查的,应如何予以监督?

答:人民检察院发现公安机关不应当立案而立案侦查的,应当认真慎重地审查,公安机关确属不应当立案而立案的,根据《人民检察院刑事诉讼规则》第378条的规定,对公安机关没有提请批准逮捕的,可以向公安机关提出纠正违法意见。在办理此类案件时,要从严掌握。

20. 审查逮捕部门发现本院侦查部门对应当立案侦查的案件而不立案侦查的,如何予以监督?

答:审查逮捕部门发现本院侦查部门对应当立案侦查的案件不报请立案侦查的,应当写出《建议立案侦查书》报主管检察长审批后转侦查部门。建议不被采纳的,应当报检察长决定。

21. 各地开展立案监督工作的情况应如何上报?

答:各省级院审查逮捕部门每季度应对本省(自治区、直辖市)检察机关开展立案监督工作情况进行汇总分析,分别写出第一季度、半年度、1～9月工作小结和全年工作总结,于下季度第一个月底前报高检院审查批捕厅。工作小结和总结的主要内容应包括:办理立案监督案件的具体数字、公安机关已立案案件的处理情况(如批捕、起诉、判决的具体件数、人数)、开展立案监督工作的经验、存在的问题、意见、建议及对策等。其他方面的立案监督工作信息,要及时上报。

■最高人民检察院、公安部关于刑事立案监督有关问题的规定(试行)(全文)(2010年10月1日)

第一条　刑事立案监督的任务是确保依法立案,防止和纠正有案不立和违法立案,依法、及时打击犯罪,保护公民的合法权利,保障国家法律的统一正确实施,维护社会和谐稳定。

第二条　刑事立案监督应当坚持监督与配合相统一,人民检察院法律监督与公安机关内部监督相结合,办案数量、质量、效率、效果相统一和有错必纠的原则。

第三条　公安机关对于接受的案件或者发现的犯罪线索,应当及时进行审查,依照法律和有关规定作出立案或者不予立案的决定。

公安机关与人民检察院应当建立刑事案件信息通报制度,定期相互通报刑事发案、报案、立案、破案和刑事立案监督、侦查活动监督、批捕、起诉等情况,重大案件随时通报。有条件的地方,应当建立刑事案件信息共享平台。

第四条　被害人及其法定代理人、近亲属或者行政执法机关,认为公安机关对其控告或者移送的案件应当立案侦查而不立案侦查,向人民检察院提出的,人民检察院应当受理并进行审查。

人民检察院发现公安机关可能存在应当立案侦查而不立案侦查情形的,应当依法进行审查。

第五条 人民检察院对于公安机关应当立案侦查而不立案侦查的线索进行审查后,应当根据不同情况分别作出处理:

(一)没有犯罪事实发生,或者犯罪情节显著轻微不需要追究刑事责任,或者具有其他依法不追究刑事责任情形的,及时答复投诉人或者行政执法机关;

(二)不属于被投诉的公安机关管辖的,应当将有管辖权的机关告知投诉人或者行政执法机关,并建议向该机关控告或者移送;

(三)公安机关尚未作出不予立案决定的,移送公安机关处理;

(四)有犯罪事实需要追究刑事责任,属于被投诉的公安机关管辖,且公安机关已作出不立案决定的,经检察长批准,应当要求公安机关书面说明不立案理由。

第六条 人民检察院对于不服公安机关立案决定的投诉,可以移送立案的公安机关处理。

人民检察院经审查,有证据证明公安机关可能存在违法动用刑事手段插手民事、经济纠纷,或者办案人员利用立案实施报复陷害、敲诈勒索以及谋取其他非法利益等违法立案情形,且已采取刑事拘留等强制措施或者搜查、扣押、冻结等强制性侦查措施,尚未提请批准逮捕或者移送审查起诉的,经检察长批准,应当要求公安机关书面说明立案理由。

第七条 人民检察院要求公安机关说明不立案或者立案理由,应当制作《要求说明不立案理由通知书》或者《要求说明立案理由通知书》,及时送达公安机关。

公安机关应当在收到《要求说明不立案理由通知书》或者《要求说明立案理由通知书》后七日以内作出书面说明,客观反映不立案或者立案的情况、依据和理由,连同有关证据材料复印件回复人民检察院。公安机关主动立案或者撤销案件的,应当将《立案决定书》或者《撤销案件决定书》复印件及时送达人民检察院。

第八条 人民检察院经调查核实,认为公安机关不立案或者立案理由不成立的,经检察长或者检察委员会决定,应当通知公安机关立案或者撤销案件。

人民检察院开展调查核实,可以询问办案人员和有关当事人,查阅、复印公安机关刑事受案、立案、破案等登记表册和立案、不立案、撤销案件、治安处罚、劳动教养等相关法律文书及案卷材料,公安机关应当配合。

第九条 人民检察院通知公安机关立案或者撤销案件的,应当制作《通知立案书》或者《通知撤销案件书》,说明依据和理由,连同证据材料移送公安机关。

公安机关应当在收到《通知立案书》后十五日以内决定立案,对《通知撤销案件书》没有异议的应当立即撤销案件,并将《立案决定书》或者《撤销案件决定书》复印件及时送达人民检察院。

第十条 公安机关认为人民检察院撤销案件通知有错误的,应当在五日以内经县级以上公安机关负责人批准,要求同级人民检察院复议。人民检察院应当重新审查,在收到《要求复议意见书》和案卷材料后七日以内作出是否变更的决定,并通知公安机关。

公安机关不接受人民检察院复议决定的,应当在五日以内经县级以上公安机关负责人批准,提请上一级人民检察院复核。上级人民检察院应当在收到《提请复核意见书》和案卷材料后十五日以内作出是否变更的决定,通知下级人民检察院和公安机关执行。

上级人民检察院复核认为撤销案件通知有错误的,下级人民检察院应当立即纠正;上级人民检察院复核认为撤销案件通知正确的,下级公安机关应当立即撤销案件,并将《撤销案件决定书》复印件及时送达同级人民检察院。

第十一条 公安机关对人民检察院监督立案的案件应当及时侦查。犯罪嫌疑人在逃的,应当加大追捕力度；符合逮捕条件的，应当及时提请人民检察院批准逮捕；侦查终结需要追究刑事责任的，应当及时移送人民检察院审查起诉。

监督立案后三个月未侦查终结的，人民检察院可以发出《立案监督案件催办函》，公安机关应当及时向人民检察院反馈侦查进展情况。

第十二条　人民检察院在立案监督过程中，发现侦查人员涉嫌徇私舞弊等违法违纪行为的，应当移交有关部门处理；涉嫌职务犯罪的，依法立案侦查。

第十三条　公安机关在提请批准逮捕、移送审查起诉时，应当将人民检察院刑事立案监督法律文书和相关材料随案移送。人民检察院在审查逮捕、审查起诉时，应当及时录入刑事立案监督信息。

■最高人民法院、最高人民检察院、公安部关于依法严肃查处拒不执行判决、裁定和暴力抗拒法院执行犯罪行为有关问题的通知(2007年8月30日)

九、人民法院认为公安机关应当立案侦查而不立案侦查的，可提请人民检察院予以监督。人民检察院认为需要立案侦查的，应当要求公安机关说明不立案的理由。人民检察院认为公安机关不立案理由不能成立的，应当通知公安机关立案，公安机关接到通知后应当立案。

■最高人民检察院、全国整顿和规范市场经济秩序领导小组办公室、公安部、监察部关于在行政执法中及时移送涉嫌犯罪案件的意见(2006年1月26日)

七、行政执法机关对公安机关不立案决定有异议的，在接到不立案通知书后的三日以内，可以向作出不立案决定的公安机关提请复议，也可以建议人民检察院依法进行立案监督。

公安机关接到行政执法机关提请复议书后，应当在三日以内作出复议决定，并书面告知提请复议的行政执法机关。行政执法机关对公安机关不立案的复议决定仍有异议的，可以在接到复议决定书后的三日以内，建议人民检察院依法进行立案监督。

八、人民检察院接到行政执法机关提出的对涉嫌犯罪案件进行立案监督的建议后，应当要求公安机关说明不立案理由，公安机关应当在七日以内向人民检察院作出书面说明。对公安机关的说明，人民检察院应当进行审查，必要时可以进行调查，认为公安机关不立案理由成立的，应当将审查结论书面告知提出立案监督建议的行政执法机关；认为公安机关不立案理由不能成立的，应当通知公安机关立案。公安机关接到立案通知书后应当在十五日以内立案，同时将立案决定书送达人民检察院，并书面告知行政执法机关。

■最高人民检察院关于在检察工作中贯彻宽严相济刑事司法政策的若干意见(2007年1月15日)

二、在履行法律监督职能中全面贯彻宽严相济刑事司法政策

9.突出立案监督的重点。完善立案监督机制，将监督的重点放在严重犯罪或者社会影响恶劣以及违法立案造成严重后果的案件上，加强对侦查机关落实立案监督情况的跟踪监督，确保违法立案案件及时得到纠正。

第一百一十四条　【自诉案件的起诉与受理】对于自诉案件，被害人有权向人民法院直接起诉。被害人死亡或者丧失行为能力的，被害人的法定代理人、近亲属有权向人民法院起诉。人民法院应当依法受理。

▼最高人民法院研究室关于重婚案件中受骗的一方当事人能否作为被害人向法院提起诉讼问题的电话答复(全文)(1992年11月7日)

重婚案件中的被害人，既包括重婚者在原合法婚姻关系中的配偶，也包括后来受欺骗而与重婚者结婚的人。鉴于受骗一方当事人在主观上不具有重婚的故意，因此，根据你院《请示》中介绍的案情，陈若容可以作为本案的被害人。根据最高人民法院、最高人民检察院1983年7月26日《关于重婚案件

管辖问题的通知》中关于“由被害人提出控告的重婚案件……由人民法院直接受理”的规定,陈若容可以作为自诉人,直接向人民法院提起诉讼。

第二章 侦 查

第一节 一般规定

第一百一十五条 【立案后诉讼活动】公安机关对已经立案的刑事案件,应当进行侦查,收集、调取犯罪嫌疑人有罪或者无罪、罪轻或者罪重的证据材料。对现行犯或者重大嫌疑分子可以依法先行拘留,对符合逮捕条件的犯罪嫌疑人,应当依法逮捕。

■人民检察院刑事诉讼规则(2019年12月30日)

第一百七十六条 人民检察院办理直接受理侦查的案件,应当全面、客观地收集、调取犯罪嫌疑人有罪或者无罪、罪轻或者罪重的证据材料,并依法进行审查、核实。办案过程中必须重证据,重调查研究,不轻信口供。严禁刑讯逼供和以威胁、引诱、欺骗以及其他非法方法收集证据,不得强迫任何人证实自己有罪。

第一百七十七条 人民检察院办理直接受理侦查的案件,应当保障犯罪嫌疑人和其他诉讼参与人依法享有的辩护权和其他各项诉讼权利。

第一百七十八条 人民检察院办理直接受理侦查的案件,应当严格依照刑事诉讼法规定的程序,严格遵守刑事案件办案期限的规定,依法提请批准逮捕、移送起诉、不起诉或者撤销案件。

对犯罪嫌疑人采取强制措施,应当经检察长批准。

第一百七十九条 人民检察院办理直接受理侦查的案件,应当对侦查过程中知悉的国家秘密、商业秘密及个人隐私予以保密。

第一百八十条 办理案件的人民检察院需要派员到本辖区以外进行搜查,调取物证、书证等证据材料,或者查封、扣押财物和文件的,应当持相关法律文书和证明文件等与当地人民检察院联系,当地人民检察院应当予以协助。

需要到本辖区以外调取证据材料的,必要时,可以向证据所在地的人民检察院发函调取证据。调取证据的函件应当注明具体的取证对象、地址和内容。证据所在地的人民检察院应当在收到函件后一个月以内将取证结果送达办理案件的人民检察院。

被请求协助的人民检察院有异议的,可以与办理案件的人民检察院进行协商。必要时,报请共同的上级人民检察院决定。

第一百八十一条 人民检察院对于直接受理案件的侦查,可以适用刑事诉讼法第二编第二章规定的各项侦查措施。

刑事诉讼法规定进行侦查活动需要制作笔录的,应当制作笔录。必要时,可以对相关活动进行录音、录像。

■公安机关办理刑事案件程序规定(2020年9月1日)

第一百九十一条 公安机关对已经立案的刑事案件,应当及时进行侦查,全面、客观地收集、调取犯罪嫌疑人有罪或者无罪、罪轻或者罪重的证据材料。

■最高人民法院、最高人民检察院、公安部、国家安全部、司法部关于办理刑事案件严格排除非法证据若干问题的规定(2017年6月27日)

第八条 侦查机关应当依照法定程序开展侦查,收集、调取能够证实犯罪嫌疑人有罪或者无罪、罪轻或者罪重的证据材料。

■最高人民法院、最高人民检察院、公安部、国家安全部、司法部关于加强协调配合积极推进量刑规范化改革的通知(2010年11月6日)

3. 要高度重视调查取证工作。侦查机关、检察机关不但要注重收集各种证明犯罪嫌疑人、被告人有罪、罪重的证据,而且要注重收集各种证明犯罪嫌疑人、被告人无罪、罪轻的证据;不但要注重收集各种法定量刑情节,而且要注重查明各种酌定量刑情节,比如案件起因、被害人过错、退赃退赔、民事赔偿、犯罪嫌疑人、被告人一贯表现等,确保定罪量刑事实清楚,证据确实、充分。为量刑规范化和公正量刑,以及做好调解工作、化解社会矛盾奠定基础。

■最高人民法院、最高人民检察院、公安部、司法部关于依法严厉打击传播艾滋病病毒等违法犯罪行为的指导意见(2019年6月3日)

三、依法收集证据查明案件事实

公安机关要依法、及时、全面收集固定证据,确保证据真实性、合法性。突出以下取证重点:

(一)查明违法犯罪嫌疑人明知自己感染艾滋病病毒或者患有艾滋病的情况。通过调查违法犯罪嫌疑人背景、患病状况、含有艾滋病病毒的血液来源等,查明其明知自己感染艾滋病病毒或者患有艾滋病的情况。特别要调取违法犯罪嫌疑人被医院或者其他医疗机构诊断感染艾滋病病毒或者患有艾滋病的有关证据,询问被害人获取违法犯罪嫌疑人事后告知其患病情况的陈述,收集违法犯罪嫌疑人亲属、朋友有关患病、就医等方面的证人证言等。

(二)查明发生性关系的情况。鉴于发生性行为情况比较隐蔽,办案中应当加大收集取证力度。对发生性行为后即报案报警的,应当及时提取痕迹物证。对发生性行为距报案报警时间较长的,应当多方收集证据,形成证据链,例如及时讯问犯罪嫌疑人、询问被害人、被害人家属等人,查明犯罪嫌疑人、被害人进出案发场所的时间、持续时长,查明犯罪嫌疑人、被害人联系情况,事后犯罪嫌疑人向他人炫耀情况等。

(三)查明非法采集供应血液情况。及时讯问犯罪嫌疑人获取对非法采集供应血液过程、使用器械工具的供述。收集工商登记营业执照等书证,查明犯罪嫌疑人未经国家主管部门批准或者超过批准的业务范围采集供应血液的情况。及时对非法采集供应的血液进行艾滋病病毒抗体检测,查明是否含有艾滋病病毒。询问被害人获取其使用非法供应血液的时间、地点、经过等陈述。调查非法采集供应血液过程的中间介绍人、血液供应者以及其他参与人员,查明是否参与共同犯罪。

(四)收集提取电子数据。勘验检查与违法犯罪嫌疑人发布信息有关的信息网络平台、网络存储设备、社交网络等,及时收集固定违法犯罪嫌疑人在信息网络发布炫耀传播艾滋病、出售谎称含有或者含有艾滋病病毒的血液、传授传播艾滋病病毒的犯罪方法、向被害人发送嘲讽威胁等信息等。

(五)查明危害结果。及时收集被害人事后就医、诊断证明、病历等情况,对其进行艾滋病病毒抗体检测,查明其是否已经感染艾滋病病毒。及时询问被害人,及时鉴定其伤害情况、查明其财产损失情况等。收集固定编造、传播的虚假信息在信息网络上被转发、评论、报道,造成公共秩序严重混乱的相关证据。

▼安徽省人民检察院、安徽省公安厅关于黑恶势力犯罪刑事案件人民检察院提前介入规定(试行)(全文)(2018年12月29日)

第一条　为依法打击黑恶势力犯罪,提高黑恶势力犯罪刑事案件办理质量和效率,适应以审判为中心的诉讼制度改革,根据《中华人民共和国刑事诉讼法》、《人民检察院刑事诉讼规则(试行)》、《公安机关办理刑事案件程序规定》等法律、司法解释和有关规定,结合本省实际,制定本规定。

第二条　黑恶势力犯罪刑事案件提前介入是指人民检察院、公安机关在办理黑恶势力犯罪案件时,为实现侦查、审查逮捕、审查起诉高效衔接建立的案件信息通报、适时介入、引导侦查、案件商讨、诉讼监督等方面的联系沟通机制。

第三条　人民检察院提前介入黑恶势力犯罪侦查的主要职责是规范和加强侦查取证工作，研究法律适用问题，对侦查取证提出意见和建议，加强对侦查活动的监督。

第四条　人民检察院提前介入一般为同级介入，但根据侦查和检察工作的实际需要，上级人民检察院也可以提前介入。

提前介入应当遵守分工负责、互相配合、互相制约原则，做到依法、适时、适度。

第五条　在侦查阶段被认定为涉嫌重大恶势力犯罪案件的，公安机关可以根据办案需要，商请人民检察院提前介入；被认定为涉嫌黑社会性质组织犯罪案件的，公安机关应当在明确定性后3日内向同级人民检察院通报简要案情，人民检察院应当提前介入。

人民检察院认为案情重大、复杂，需要主动介入侦查工作的，经检察长批准后可以提前介入，公安机关依法予以配合。

第六条　公安机关商请人民检察院提前介入的，应当由公安机关扫黑除恶部门向人民检察院对应部门发出《黑恶势力犯罪刑事案件听取人民检察院意见和建议邀请函》，附《黑恶势力犯罪刑事案件案情介绍》，并将情况记录在案。人民检察院接到公安机关商请提前介入侦查工作的邀请后，部门负责人认为需要派员提前介入侦查的，向检察长报告后，应当及时派员介入侦查工作。

第七条　检察官开展介入侦查，可以通过以下方式了解案情，引导取证。

(一)了解黑恶势力犯罪案件的发案、立案、强制措施及主要案情等基本情况；

(二)听取案情介绍，查阅证据材料，参加案件讨论；

(三)必要时旁听公安机关的讯问，参与公安机关的现场勘验、检查、复验、复查。

第八条　检察官开展介入侦查，主要从以下方面提出意见或者建议：

(一)厘清黑恶势力犯罪组织的形成、发展过程及组织结构，对侦查方向提出意见、建议；

(二)结合黑社会性质组织、“恶势力”、“套路贷”、“软暴力”等认定标准，对收集、固定、完善证据提出意见、建议；

(三)对侦查活动是否合法进行监督，对违法或者不规范行为及时提出纠正意见，对遗漏犯罪事实、犯罪嫌疑人提出处理意见、建议。

第九条　在提前介入过程中，检察官应当依法发表意见、建议，做好记录，及时向本级人民检察院扫黑除恶领导小组汇报并归档备查。

提前介入侦查工作结束后，检察官应当将提前介入的情况向部门负责人报告，并对介入案件进行跟踪，定期了解案件进展情况。

第十条　检察官对提前介入侦查工作中遇到疑难复杂问题，或者与公安机关有重大分歧意见的，应当及时向部门负责人汇报，必要时报告检察长，经研究后，以书面形式向公安机关提出意见、建议。

公安机关对人民检察院的意见、建议有异议的，可以由公安机关扫黑除恶部门与人民检察院对应职能部门协商处理，必要时报请公安机关负责人与检察长协调处理。

检察官认为涉黑涉恶案件重大疑难或者意见分歧较大的，应当及时向本级人民检察院扫黑除恶领导小组报告，经人民检察院扫黑除恶领导小组审议研究后提出意见、建议。人民检察院扫黑除恶领导小组审议后认为需要提请会商的，可以提请本地扫黑除恶领导小组会商。

第十一条　公安机关应当全面介绍案件情况，提供相关法律文书和已经取得的证据材料，在听取人民检察院意见、建议后，应当做好以下工作：

(一)根据人民检察院提出的意见、建议，进一步查清相关案情，收集固定相关证据，完善证据体系；

(二)对人民检察院提出的证据瑕疵等问题及时进行补正或者作出合理解释；

(三)对人民检察院提出的违法取证或者违法采取强制措施等问题，依法及时纠正；

(四)及时回复人民检察院意见、建议的采纳落实情况。

第十二条　对经过提前介入侦查的案件,公安机关在提请批准逮捕、移送审查起诉时,应当商请人民检察院将检察官提前介入情况形成书面材料入卷。

第十三条　公安机关对黑恶势力犯罪案件提请批准逮捕时,有辩护律师代理并提出具体意见的,公安机关应将辩护律师的意见入卷随案移送人民检察院。

第十四条　黑恶势力犯罪案件进入检察环节后,原则上由提前介入的检察官或者检察官办案组负责办理。

第十五条　检察官提前介入,不得干涉侦查人员依法独立办案,不得代行侦查权,不得代替公安机关决定案件是否提请批准逮捕、移送审查起诉。

检察官提前介入,应当遵守办案纪律和保密规定,不得将了解掌握的案件情况向外透露。

第十六条　本规定由安徽省人民检察院、安徽省公安厅负责解释。

第十七条　本规定自下发之日起执行。

第一百一十六条　【预审】公安机关经过侦查,对有证据证明有犯罪事实的案件,应当进行预审,对收集、调取的证据材料予以核实。

■公安机关办理刑事案件程序规定(2020年9月1日)

第一百九十二条　公安机关经过侦查,对有证据证明有犯罪事实的案件,应当进行预审,对收集、调取的证据材料的真实性、合法性、关联性及证明力予以审查、核实。

第一百九十三条　公安机关侦查犯罪,应当严格依照法律规定的条件和程序采取强制措施和侦查措施,严禁在没有证据的情况下,仅凭怀疑就对犯罪嫌疑人采取强制措施和侦查措施。

第一百九十四条　公安机关开展勘验、检查、搜查、辨认、查封、扣押等侦查活动,应当邀请有关公民作为见证人。

下列人员不得担任侦查活动的见证人:

(一)生理上、精神上有缺陷或者年幼,不具有相应辨别能力或者不能正确表达的人;

(二)与案件有利害关系,可能影响案件公正处理的人;

(三)公安机关的工作人员或者其聘用的人员。

确因客观原因无法由符合条件的人员担任见证人的,应当对有关侦查活动进行全程录音录像,并在笔录中注明有关情况。

第一百九十五条　公安机关侦查犯罪,涉及国家秘密、商业秘密、个人隐私的,应当保密。

第一百一十七条　【控告申诉情形及处理】当事人和辩护人、诉讼代理人、利害关系人对于司法机关及其工作人员有下列行为之一的,有权向该机关申诉或者控告:

(一)采取强制措施法定期限届满,不予以释放、解除或者变更的;

(二)应当退还取保候审保证金不退还的;

(三)对与案件无关的财物采取查封、扣押、冻结措施的;

(四)应当解除查封、扣押、冻结不解除的;

(五)贪污、挪用、私分、调换、违反规定使用查封、扣押、冻结的财物的。

受理申诉或者控告的机关应当及时处理。对处理不服的,可以向同级人民检察院申诉;人民检察院直接受理的案件,可以向上一级人民检察院申诉。人民检察院对申诉应当及时进行审查,情况属实的,通知有关机关予以纠正。

■人民检察院刑事诉讼规则(2019年12月30日)

第五百五十五条　当事人和辩护人、诉讼代理人、利害关系人对于办案机关及其工作人员有刑事诉讼法第一百一十七条规定的行为,向该机关申诉或者控告,对该机关作出的处理不服或者该机关未在规定时间内作出答复,而向人民检察院申诉的,办案机关的同级人民检察院应当受理。

人民检察院直接受理侦查的案件,当事人和辩护人、诉讼代理人、利害关系人对办理案件的人民检察院的处理不服的,可以向上一级人民检察院申诉,上一级人民检察院应当受理。

未向办案机关申诉或者控告,或者办案机关在规定时间内尚未作出处理决定,直接向人民检察院申诉的,人民检察院应当告知其向办案机关申诉或者控告。人民检察院在审查逮捕、审查起诉中发现有刑事诉讼法第一百一十七条规定的违法情形的,可以直接监督纠正。

当事人和辩护人、诉讼代理人、利害关系人对刑事诉讼法第一百一十七条规定情形之外的违法行为提出申诉或者控告的,人民检察院应当受理,并及时审查,依法处理。

第五百五十六条　对人民检察院及其工作人员办理案件中违法行为的申诉、控告,由负责控告申诉检察的部门受理和审查办理。对其他司法机关处理决定不服向人民检察院提出的申诉,由负责控告申诉检察的部门受理后,移送相关办案部门审查办理。

审查办理的部门应当在受理之日起十五日以内提出审查意见。人民检察院对刑事诉讼法第一百一十七条的申诉,经审查认为需要其他司法机关说明理由的,应当要求有关机关说明理由,并在收到理由说明后十五日以内提出审查意见。

人民检察院及其工作人员办理案件中存在的违法情形属实的,应当予以纠正;不存在违法行为的,书面答复申诉人、控告人。

其他司法机关对申诉、控告的处理不正确的,人民检察院应当通知有关机关予以纠正;处理正确的,书面答复申诉人、控告人。

■公安机关办理刑事案件程序规定(2020年9月1日)

第一百九十六条　当事人和辩护人、诉讼代理人、利害关系人对于公安机关及其侦查人员有下列行为之一的,有权向该机关申诉或者控告:

(一)采取强制措施法定期限届满,不予以释放、解除或者变更的;

(二)应当退还取保候审保证金不退还的;

(三)对与案件无关的财物采取查封、扣押、冻结措施的;

(四)应当解除查封、扣押、冻结不解除的;

(五)贪污、挪用、私分、调换、违反规定使用查封、扣押、冻结的财物的。

受理申诉或者控告的公安机关应当及时进行调查核实,并在收到申诉、控告之日起三十日以内作出处理决定,书面回复申诉人、控告人。发现公安机关及其侦查人员有上述行为之一的,应当立即纠正。

第一百九十七条　上级公安机关发现下级公安机关存在本规定第一百九十一条第一款规定的违法行为或者对申诉、控告事项不按照规定处理的,应当责令下级公安机关限期纠正,下级公安机关应当立即执行。必要时,上级公安机关可以就申诉、控告事项直接作出处理决定。

第二节　讯问犯罪嫌疑人

第一百一十八条　【讯问主体的规定】讯问犯罪嫌疑人必须由人民检察院或者公安机关的侦查人员负责进行。讯问的时候,侦查人员不得少于二人。

犯罪嫌疑人被送交看守所羁押以后,侦查人员对其进行讯问,应当在看守所内进行。

■人民检察院刑事诉讼规则(2019年12月30日)

第一百八十二条　讯问犯罪嫌疑人,由检察人员负责进行。讯问时,检察人员或者检察人员和书记员不得少于二人。

讯问同案的犯罪嫌疑人,应当个别进行。

■公安机关办理刑事案件程序规定(2020年9月1日)

第二百零二条　讯问犯罪嫌疑人,必须由侦查人员进行。讯问的时候,侦查人员不得少于二人。

讯问同案的犯罪嫌疑人,应当个别进行。

■最高人民法院、最高人民检察院、公安部、国家安全部、司法部关于办理刑事案件严格排除非法证据若干问题的规定(2017年6月27日)

第九条　拘留、逮捕犯罪嫌疑人后,应当按照法律规定送看守所羁押。犯罪嫌疑人被送交看守所羁押后,讯问应当在看守所讯问室进行。因客观原因侦查机关在看守所讯问室以外的场所进行讯问的,应当作出合理解释。

第一百一十九条　【传唤、拘传及其时间限制】对不需要逮捕、拘留的犯罪嫌疑人,可以传唤到犯罪嫌疑人所在市、县内的指定地点或者到他的住处进行讯问,但是应当出示人民检察院或者公安机关的证明文件。对在现场发现的犯罪嫌疑人,经出示工作证件,可以口头传唤,但应当在讯问笔录中注明。

传唤、拘传持续的时间不得超过十二小时;案情特别重大、复杂,需要采取拘留、逮捕措施的,传唤、拘传持续的时间不得超过二十四小时。

不得以连续传唤、拘传的形式变相拘禁犯罪嫌疑人。传唤、拘传犯罪嫌疑人,应当保证犯罪嫌疑人的饮食和必要的休息时间。

■人民检察院刑事诉讼规则(2019年12月30日)

第一百八十三条　对于不需要逮捕、拘留的犯罪嫌疑人,可以传唤到犯罪嫌疑人所在市、县内的指定地点或者到他的住处进行讯问。

传唤犯罪嫌疑人,应当出示传唤证和工作证件,并责令犯罪嫌疑人在传唤证上签名或者盖章,并捺指印。

犯罪嫌疑人到案后,应当由其在传唤证上填写到案时间。传唤结束时,应当由其在传唤证上填写传唤结束时间。拒绝填写的,应当在传唤证上注明。

对在现场发现的犯罪嫌疑人,经出示工作证件,可以口头传唤,并将传唤的原因和依据告知被传唤人。在讯问笔录中应当注明犯罪嫌疑人到案时间、到案经过和传唤结束时间。

本规则第八十四条第二款的规定适用于传唤犯罪嫌疑人。

第一百八十四条　传唤犯罪嫌疑人时,其家属在场的,应当当场将传唤的原因和处所口头告知其家属,并在讯问笔录中注明。其家属不在场的,应当及时将传唤的原因和处所通知被传唤人家属。无法通知的,应当在讯问笔录中注明。

第一百八十五条　传唤持续的时间不得超过十二小时。案情特别重大、复杂,需要采取拘留、逮捕措施的,传唤持续的时间不得超过二十四小时。两次传唤间隔的时间一般不得少于十二小时,不得以连续传唤的方式变相拘禁犯罪嫌疑人。

传唤犯罪嫌疑人,应当保证犯罪嫌疑人的饮食和必要的休息时间。

第一百八十六条　犯罪嫌疑人被送交看守所羁押后,检察人员对其进行讯问,应当填写提讯、提解证,在看守所讯问室进行。

因辨认、鉴定、侦查实验或者追缴犯罪有关财物的需要,经检察长批准,可以提押犯罪嫌疑人出所,并应当由两名以上司法警察押解。不得以讯问为目的将犯罪嫌疑人提押出所进行讯问。

■公安机关办理刑事案件程序规定(2020年9月1日)

第一百九十八条　讯问犯罪嫌疑人,除下列情形以外,应当在公安机关执法办案场所的讯问室进行:

(一)紧急情况下在现场进行讯问的;

(二)对有严重伤病或者残疾、行动不便的,以及正在怀孕的犯罪嫌疑人,在其住处或者就诊的医疗机构进行讯问的。

对于已送交看守所羁押的犯罪嫌疑人,应当在看守所讯问室进行讯问。

对于正在被执行行政拘留、强制隔离戒毒的人员以及正在监狱服刑的罪犯,可以在其执行场所进行讯问。

对于不需要拘留、逮捕的犯罪嫌疑人,经办案部门负责人批准,可以传唤到犯罪嫌疑人所在市、县公安机关执法办案场所或者到他的住处进行讯问。

第一百九十九条 传唤犯罪嫌疑人时,应当出示传唤证和侦查人员的人民警察证,并责令其在传唤证上签名、捺指印。

犯罪嫌疑人到案后,应当由其在传唤证上填写到案时间。传唤结束时,应当由其在传唤证上填写传唤结束时间。犯罪嫌疑人拒绝填写的,侦查人员应当在传唤证上注明。

对在现场发现的犯罪嫌疑人,侦查人员经出示人民警察证,可以口头传唤,并将传唤的原因和依据告知被传唤人。在讯问笔录中应当注明犯罪嫌疑人到案方式,并由犯罪嫌疑人注明到案时间和传唤结束时间。

对自动投案或者群众扭送到公安机关的犯罪嫌疑人,可以依法传唤。

第二百条 传唤持续的时间不得超过十二小时。案情特别重大、复杂,需要采取拘留、逮捕措施的,经办案部门负责人批准,传唤持续的时间不得超过二十四小时。不得以连续传唤的形式变相拘禁犯罪嫌疑人。

传唤期限届满,未作出采取其他强制措施决定的,应当立即结束传唤。

第二百零一条 传唤、拘传、讯问犯罪嫌疑人,应当保证犯罪嫌疑人的饮食和必要的休息时间,并记录在案。

第一百二十条 【讯问的程序】侦查人员在讯问犯罪嫌疑人的时候,应当首先讯问犯罪嫌疑人是否有犯罪行为,让他陈述有罪的情节或者无罪的辩解,然后向他提出问题。犯罪嫌疑人对侦查人员的提问,应当如实回答。但是对与本案无关的问题,有拒绝回答的权利。

侦查人员在讯问犯罪嫌疑人的时候,应当告知犯罪嫌疑人享有的诉讼权利,如实供述自己罪行可以从宽处理和认罪认罚的法律规定。

■人民检察院刑事诉讼规则(2019年12月30日)

第一百八十七条 讯问犯罪嫌疑人一般按照下列顺序进行:

(一)核实犯罪嫌疑人的基本情况,包括姓名、出生年月日、户籍地、公民身份号码、民族、职业、文化程度、工作单位及职务、住所、家庭情况、社会经历、是否属于人大代表、政协委员等;

(二)告知犯罪嫌疑人在侦查阶段的诉讼权利,有权自行辩护或者委托律师辩护,告知其如实供述自己罪行可以依法从宽处理和认罪认罚的法律规定;

(三)讯问犯罪嫌疑人是否有犯罪行为,让他陈述有罪的事实或者无罪的辩解,应当允许其连贯陈述。

犯罪嫌疑人对检察人员的提问,应当如实回答。但是对与本案无关的问题,有拒绝回答的权利。

讯问犯罪嫌疑人时,应当告知犯罪嫌疑人将对讯问进行全程同步录音、录像。告知情况应当在录音、录像中予以反映,并记明笔录。

讯问时,对犯罪嫌疑人提出的辩解要认真查核。严禁刑讯逼供和以威胁、引诱、欺骗以及其他非法的方法获取供述。

■公安机关办理刑事案件程序规定(2020年9月1日)

第二百零三条 侦查人员讯问犯罪嫌疑人时,应当首先讯问犯罪嫌疑人是否有犯罪行为,并告知犯罪嫌疑人享有的诉讼权利，如实供述自己罪行可以从宽处理以及认罪认罚的法律规定，让他陈述有罪的情节或者无罪的辩解，然后向他提出问题。

犯罪嫌疑人对侦查人员的提问，应当如实回答。但是对与本案无关的问题，有拒绝回答的权利。

第一次讯问，应当问明犯罪嫌疑人的姓名、别名、曾用名、出生年月日、户籍所在地、现住地、籍贯、出生地、民族、职业、文化程度、政治面貌、工作单位、家庭情况、社会经历，是否属于人大代表、政协委员，是否受过刑事处罚或者行政处理等情况。

■最高人民法院、最高人民检察院、公安部、国家安全部、司法部关于适用认罪认罚从宽制度的指导意见(2019年10月11日)(见本书附录五十)

▽被告人改变其供述系歪曲主要犯罪事实，意图加重被害人的过错，其翻供不能成立

第一，被告人的翻供内容不合情理。被害人肖某在已经向被告人提出分手的情况下只身赴约且未携带任何防身之物，印证了被告人关于被害人意图“和平”分手的供述。而且，根据被告人的供述，当晚其还与被害人发生过性关系。在这种情况下，被害人作为女性，主动恶语相向，不顾双方体力悬殊、不计后果地首先持刀捅刺被告人的可能性不大。第二，被告人的翻供与在案其他证据所证的事实相矛盾。被告人所供“肖某从床头柜上拿起杀猪刀朝我肚子上捅了两刀，我就马上从床铺底下拿出锤子，用锤子砸肖某的后脑”与事实不符。一是与其庭审时所供锤子被其放在靠卫生间的柜子里相矛盾。二是无论锤子事先是在柜子里或床铺底下，此时的肖某都不可能无所反应，而被告人对此语焉不详。三是尸检报告显示，肖某头部的伤均在头后部，如果是肖捅伤其后，其即拿锤砸肖，根本不可能打击到肖的后脑，而应当是肖的脑部前方或头面部。庭审时，被告人称肖捅其后一直低着头直至被砸，被告人所供称的被害人的反应明显与正常人捅刺他人后的反应不合。最高人民法院提讯时，被告人称其是将肖扭到窗前将肖身体翻过身才砸的，与其原来所供矛盾，且未描述肖的当时反应。四是在肖某遭受打击且手中持刀的情况下，肖不可能不进行反抗，但被告人供述其手腕等其他部位的伤都是自己自伤造成的。五是尸检报告显示，肖某右手的腕关节、手背和掌指关节都有抵抗伤，如果肖手持刀，不可能形成这些抵抗伤。因此，被告人所供肖某先捅他，然后其持锤砸肖某的内容，与在案其他证据证实的情况矛盾，无法自圆其说。第三，被告人关于犯罪过程的原始供述自然、流畅。在案的视听资料和讯问笔录等均可证实，被告人最初关于趁肖某不备而杀人的原始供述自然、流畅，符合事态发展的规律，且与在案的其他证据能够相互印证，应予采信。被告人辩称，其翻供是由于最初求死，所以隐瞒了肖某捅刀的情节，现经过救治其不再求死，因而如实供述。被告人此番辩解恰好暴露出其在治疗成功后为了求生而翻供，并将过错推卸给被害人以减轻自己罪责的意图。综上，被告人的翻供既不合情理，更与在案其他证据相矛盾，故其翻供不具有可信性。对此，一审、二审法院及最高人民法院复核审均持相同意见，认为被告人的翻供不能成立。[参见第705号指导案例，李吉林故意杀人案，载《刑事审判参考》总第80集(2011年第3集)，第79～80页。撰稿：刘妙香　牛克乾　王玉琦]

第一百二十一条　【讯问聋、哑犯罪嫌疑人】讯问聋、哑的犯罪嫌疑人，应当有通晓聋、哑手势的人参加，并且将这种情况记明笔录。

■公安机关办理刑事案件程序规定(2020年9月1日)

第二百零四条　讯问聋、哑的犯罪嫌疑人，应当有通晓聋、哑手势的人参加，并在讯问笔录上注明犯罪嫌疑人的聋、哑情况，以及翻译人员的姓名、工作单位和职业。

讯问不通晓当地语言文字的犯罪嫌疑人，应当配备翻译人员。

第一百二十二条　【讯问笔录的制作】讯问笔录应当交犯罪嫌疑人核对，对于没有阅读能力的，应当向他宣读。如果记载有遗漏或者差错，犯罪嫌疑人可以提出补充或者改正。犯罪嫌疑人承认笔录没有错误后,应当签名或者盖章。侦查人员也应当在笔录上签名。犯罪嫌疑人请求自行书写供述的,应当准许。必要的时候,侦查人员也可以要犯罪嫌疑人亲笔书写供词。

■人民检察院刑事诉讼规则(2019年12月30日)

第一百八十八条　讯问犯罪嫌疑人,应当制作讯问笔录。讯问笔录应当忠实于原话,字迹清楚,详细具体,并交犯罪嫌疑人核对。犯罪嫌疑人没有阅读能力的,应当向他宣读。如果记载有遗漏或者差错,应当补充或者改正。犯罪嫌疑人认为讯问笔录没有错误的,由其在笔录上逐页签名或者盖章,并捺指印,在末页写明"以上笔录我看过(向我宣读过),和我说的相符",同时签名或者盖章,并捺指印,注明日期。如果犯罪嫌疑人拒绝签名、盖章、捺指印的,应当在笔录上注明。讯问的检察人员、书记员也应当在笔录上签名。

第一百八十九条　犯罪嫌疑人请求自行书写供述的,检察人员应当准许。必要时,检察人员也可以要求犯罪嫌疑人亲笔书写供述。犯罪嫌疑人应当在亲笔供述的末页签名或者盖章,并捺指印,注明书写日期。检察人员收到后,应当在首页右上方写明"于某年某月某日收到",并签名。

■公安机关办理刑事案件程序规定(2020年9月1日)

第二百零五条　侦查人员应当将问话和犯罪嫌疑人的供述或者辩解如实地记录清楚。制作讯问笔录应当使用能够长期保持字迹的材料。

第二百零六条　讯问笔录应当交犯罪嫌疑人核对;对于没有阅读能力的,应当向他宣读。如果记录有遗漏或者差错,应当允许犯罪嫌疑人补充或者更正,并捺指印。笔录经犯罪嫌疑人核对无误后,应当由其在笔录上逐页签名、捺指印,并在末页写明"以上笔录我看过(或向我宣读过),和我说的相符"。拒绝签名、捺指印的,侦查人员应当在笔录上注明。

讯问笔录上所列项目,应当按照规定填写齐全。侦查人员、翻译人员应当在讯问笔录上签名。

第二百零七条　犯罪嫌疑人请求自行书写供述的,应当准许;必要时,侦查人员也可以要求犯罪嫌疑人亲笔书写供词。犯罪嫌疑人应当在亲笔供词上逐页签名、捺指印。侦查人员收到后,应当在首页右上方写明"于某年某月某日收到",并签名。

■最高人民法院、最高人民检察院、公安部、国家安全部、司法部关于办理刑事案件严格排除非法证据若干问题的规定(2017年6月27日)

第十二条　侦查人员讯问犯罪嫌疑人,应当依法制作讯问笔录。讯问笔录应当交犯罪嫌疑人核对,对于没有阅读能力的,应当向他宣读。对讯问笔录中有遗漏或者差错等情形,犯罪嫌疑人可以提出补充或者改正。

第十三条　看守所应当对提讯进行登记,写明提讯单位、人员、事由、起止时间以及犯罪嫌疑人姓名等情况。

看守所收押犯罪嫌疑人,应当进行身体检查。检查时,人民检察院驻看守所检察人员可以在场。检查发现犯罪嫌疑人有伤或者身体异常的,看守所应当拍照或者录像,分别由送押人员、犯罪嫌疑人说明原因,并在体检记录中写明,由送押人员、收押人员和犯罪嫌疑人签字确认。

第一百二十三条　【录音录像的要求】侦查人员在讯问犯罪嫌疑人的时候,可以对讯问过程进行录音或者录像;对于可能判处无期徒刑、死刑的案件或者其他重大犯罪案件,应当对讯问过程进行录音或者录像。

录音或者录像应当全程进行,保持完整性。

■人民检察院刑事诉讼规则(2019年12月30日)

第一百九十条　人民检察院办理直接受理侦查的案件,应当在每次讯问犯罪嫌疑人时,对讯问过程实行全程录音、录像,并在讯问笔录中注明。

■公安机关办理刑事案件程序规定(2020年9月1日)

第二百零八条　讯问犯罪嫌疑人,在文字记录的同时,可以对讯问过程进行录音录像。对于可能判处无期徒刑、死刑的案件或者其他重大犯罪案件,应当对讯问过程进行录音录像。

前款规定的“可能判处无期徒刑、死刑的案件”,是指应当适用的法定刑或者量刑档次包含无期徒刑、死刑的案件。“其他重大犯罪案件”,是指致人重伤、死亡的严重危害公共安全犯罪、严重侵犯公民人身权利犯罪,以及黑社会性质组织犯罪、严重毒品犯罪等重大故意犯罪案件。

对讯问过程录音录像的,应当对每一次讯问全程不间断进行,保持完整性。不得选择性地录制,不得剪接、删改。

第二百零九条　对犯罪嫌疑人供述的犯罪事实、无罪或者罪轻的事实、申辩和反证,以及犯罪嫌疑人提供的证明自己无罪、罪轻的证据,公安机关应当认真核查;对有关证据,无论是否采信,都应当如实记录、妥善保管,并连同核查情况附卷。

■最高人民法院、最高人民检察院、公安部、国家安全部、司法部、全国人大常委会法制工作委员会关于实施刑事诉讼法若干问题的规定(2013年1月1日)

19.刑事诉讼法第一百二十一条第一款规定:“侦查人员在讯问犯罪嫌疑人的时候,可以对讯问过程进行录音或者录像;对于可能判处无期徒刑、死刑的案件或者其他重大犯罪案件,应当对讯问过程进行录音或者录像。”侦查人员对讯问过程进行录音或者录像的,应当在讯问笔录中注明。人民检察院、人民法院可以根据需要调取讯问犯罪嫌疑人的录音或者录像,有关机关应当及时提供。

■最高人民法院、最高人民检察院、公安部、国家安全部、司法部关于办理刑事案件严格排除非法证据若干问题的规定(2017年6月27日)

第十条　侦查人员在讯问犯罪嫌疑人的时候,可以对讯问过程进行录音录像;对于可能判处无期徒刑、死刑的案件或者其他重大犯罪案件,应当对讯问过程进行录音录像。

侦查人员应当告知犯罪嫌疑人对讯问过程录音录像,并在讯问笔录中写明。

第十一条　对讯问过程录音录像,应当不间断进行,保持完整性,不得选择性地录制,不得剪接、删改。

■最高人民法院、最高人民检察院、公安部、司法部关于进一步严格依法办案确保办理死刑案件质量的意见(2007年3月9日)

三、认真履行法定职责,严格依法办理死刑案件

11.提讯在押的犯罪嫌疑人,应当在羁押犯罪嫌疑人的看守所内进行。严禁刑讯逼供或者以其他非法方法获取供述。讯问犯罪嫌疑人,在文字记录的同时,可以根据需要录音录像。

■最高人民检察院、公安部、国家安全部关于重大案件侦查终结前开展讯问合法性核查工作若干问题的意见(全文)(2020年1月13日)

第一条　为了促进侦查讯问规范进行,防止刑讯逼供等非法讯问行为,依法及时排除非法证据,根据《中华人民共和国刑事诉讼法》和有关规定,结合工作实际,制定本意见。

第二条　重大案件侦查终结前讯问合法性核查,是指对于可能判处无期徒刑、死刑的案件或者其他重大案件,人民检察院在侦查终结前对讯问合法性进行核查。

第三条　人民检察院、公安机关和国家安全机关应当分工负责,互相配合,互相制约,共同做好重大案件侦查终结前讯问合法性核查工作。

第四条　侦查机关在侦查终结前,及时制作重大案件即将侦查终结通知书,通知人民检察院驻看守所检察人员开展讯问合法性核查。

人民检察院驻看守所检察人员收到侦查机关通知后,应当立即开展核查。

人民检察院驻看守所检察人员或者人民检察院负责捕诉部门的检察人员,凭侦查机关重大案件即将侦查终结通知书和有效工作证件到看守所开展调查核查工作。

第五条　检察人员开展重大案件讯问合法性核查工作,应当首先听取犯罪嫌疑人的辩护律师或者

值班律师的意见，制作听取律师意见笔录。辩护律师或者值班律师提出书面意见的，应当附卷。

第六条　检察人员开展重大案件讯问合法性核查，应当询问相关犯罪嫌疑人，并全程同步录音录像。所录制的图像应当反映犯罪嫌疑人、检察人员及询问场景等情况，犯罪嫌疑人应当在图像中全程反映，并显示与询问同步的日期和时间信息。询问笔录记载的起止时间应当与询问录音录像反映的起止时间一致。

询问犯罪嫌疑人，应当个别进行，检察人员不得少于两人。

第七条　检察人员对重大案件犯罪嫌疑人进行核查询问时，应当向其告知：如果经调查核实存在刑讯逼供等非法取证情形的，办案机关将依法排除相关证据；如果犯罪嫌疑人在核查询问时明确表示侦查阶段没有刑讯逼供等非法取证情形，在审判阶段又提出排除非法证据申请的，应当说明理由，人民法院经审查对证据收集的合法性没有疑问的，可以驳回申请。

第八条　检察人员应当围绕侦查阶段是否存在刑讯逼供等非法取证情形对相关犯罪嫌疑人进行核查询问，一般不询问具体案情。犯罪嫌疑人提出存在刑讯逼供等非法取证情形的，可以要求犯罪嫌疑人具体说明刑讯逼供、非法取证的人员、时间、地点、方式等相关信息。犯罪嫌疑人当场向检察人员展示身体损害伤情的，检察人员应当进行拍照或者录像。必要的时候，可以组织对犯罪嫌疑人进行身体检查。

检察人员应当制作询问笔录，询问结束时，将询问笔录交犯罪嫌疑人核对，犯罪嫌疑人没有阅读能力的，应当向他宣读，发现漏记、错记的，应当及时补正。犯罪嫌疑人确认询问笔录没有错误的，由犯罪嫌疑人在笔录上逐页签名、捺指印确认，并标明日期。询问笔录应当与录音录像内容一致或者意思相符。

第九条　犯罪嫌疑人、辩护律师或者值班律师在人民检察院开展核查询问和听取意见时均明确表示没有刑讯逼供等非法取证情形，并且检察人员未发现刑讯逼供等非法取证线索的，人民检察院驻看守所检察人员可以据此制作重大案件讯问合法性核查意见书，送达侦查机关，讯问合法性核查程序终结，并将相关材料移送人民检察院负责捕诉的部门。

第十条　犯罪嫌疑人、辩护律师或者值班律师反映存在刑讯逼供等非法取证情形的，人民检察院驻看守所检察人员可以采取以下方式进行初步调查核实：

（一）询问相关人员；

（二）根据需要，可以听取犯罪嫌疑人的辩护律师或者值班律师意见；

（三）调取看守所或者办案区视频监控录像；

（四）调取、查询犯罪嫌疑人出入看守所的身体检查记录及相关材料，调取提讯登记、押解记录等有关材料；

（五）其他调查核实方式。

驻所检察人员初步调查核实后，应当制作初步核查意见函，连同证据材料一并移送人民检察院负责捕诉的部门。

第十一条　人民检察院驻看守所检察人员应当自收到侦查机关重大案件即将侦查终结通知书后七个工作日以内，完成第五至第十条规定的核查工作。

第十二条　人民检察院负责捕诉的部门可以采取以下方式对刑讯逼供等非法取证行为进行进一步调查核实：

（一）询问犯罪嫌疑人；

（二）向办案人员了解情况；

（三）询问在场人员及证人；

（四）听取犯罪嫌疑人的辩护律师或者值班律师意见；

(五)调取讯问笔录、讯问录音、录像;

(六)调取、查询犯罪嫌疑人出入看守所的身体检查记录及相关材料;

(七)进行伤情、病情检查或者鉴定;

(八)其他调查核实方式。

驻所检察人员应当做好配合工作。

第十三条 经调查核实,人民检察院负责捕诉的部门发现存在刑讯逼供等非法取证线索的,应当听取侦查机关意见,并记录在案。

第十四条 人民检察院开展重大案件讯问合法性核查尚未终结的,不影响侦查机关依法移送审查起诉。

第十五条 调查核实结束后七个工作日以内,人民检察院负责捕诉的部门应当根据核查情况作出核查结论,制作重大案件讯问合法性核查意见书,并送达侦查机关。

经核查,确有刑讯逼供等非法取证情形,或者现有证据不能排除刑讯逼供等非法取证情形的,应当报经本院检察长批准后,通知侦查机关依法排除非法证据。

侦查机关提出异议的,人民检察院应当在七个工作日以内予以复查,并将复查结果通知侦查机关。

第十六条 侦查机关对存在刑讯逼供等非法取证情形无异议或者经复查认定确有刑讯逼供等非法取证情形的,侦查机关应当及时依法排除非法证据,不得作为提请批准逮捕、移送审查起诉的根据,并制作排除非法证据结果告知书,将排除非法证据情况书面告知人民检察院负责捕诉的部门。

人民检察院对审查认定的非法证据,应当依法予以排除,不得作为批准或者决定逮捕、提起公诉的根据。

第十七条 开展重大案件侦查终结前讯问合法性核查工作过程中,涉及国家秘密、商业秘密、个人隐私的,应当保密。调查核实过程中所获悉的案件侦查进展、取证情况、证据内容,应当保密。

第十八条 本意见自发布之日起施行。

第三节 询问证人

第一百二十四条 【询问地点与方式】侦查人员询问证人,可以在现场进行,也可以到证人所在单位、住处或者证人提出的地点进行,在必要的时候,可以通知证人到人民检察院或者公安机关提供证言。在现场询问证人,应当出示工作证件,到证人所在单位、住处或者证人提出的地点询问证人,应当出示人民检察院或者公安机关的证明文件。

询问证人应当个别进行。

■人民检察院刑事诉讼规则(2019年12月30日)

第一百九十一条 人民检察院在侦查过程中,应当及时询问证人,并且告知证人履行作证的权利和义务。

人民检察院应当保证一切与案件有关或者了解案情的公民有客观充分地提供证据的条件,并为他们保守秘密。除特殊情况外,人民检察院可以吸收他们协助调查。

第一百九十二条 询问证人,应当由检察人员负责进行。询问时,检察人员或者检察人员和书记员不得少于二人。

第一百九十三条 询问证人,可以在现场进行,也可以到证人所在单位、住处或者证人提出的地点进行。必要时,也可以通知证人到人民检察院提供证言。到证人提出的地点进行询问的,应当在笔录中记明。

询问证人应当个别进行。

在现场询问证人,应当出示工作证件。到证人所在单位、住处或者证人提出的地点询问证人,应当出示人民检察院的证明文件。

■公安机关办理刑事案件程序规定(2020 年 9 月 1 日)

第二百一十条　询问证人、被害人,可以在现场进行,也可以到证人、被害人所在单位、住处或者证人、被害人提出的地点进行。在必要的时候,可以书面、电话或者当场通知证人、被害人到公安机关提供证言。

询问证人、被害人应当个别进行。

在现场询问证人、被害人,侦查人员应当出示人民警察证。到证人、被害人所在单位、住处或者证人、被害人提出的地点询问证人、被害人,应当经办案部门负责人批准,制作询问通知书。询问前,侦查人员应当出示询问通知书和人民警察证。

第一百二十五条　【告知证人义务和责任】询问证人,应当告知他应当如实地提供证据、证言和有意作伪证或者隐匿罪证要负的法律责任。

■人民检察院刑事诉讼规则(2019 年 12 月 30 日)

第一百九十四条　询问证人,应当问明证人的基本情况以及与当事人的关系,并且告知证人应当如实提供证据、证言和故意作伪证或者隐匿罪证应当承担的法律责任,但是不得向证人泄露案情,不得采用拘禁、暴力、威胁、引诱、欺骗以及其他非法方法获取证言。

询问重大或者有社会影响的案件的重要证人,应当对询问过程实行全程录音、录像,并在询问笔录中注明。

■公安机关办理刑事案件程序规定(2020 年 9 月 1 日)

第二百一十一条　询问前,应当了解证人、被害人的身份,证人、被害人、犯罪嫌疑人之间的关系。询问时,应当告知证人、被害人必须如实地提供证据、证言和有意作伪证或者隐匿罪证应负的法律责任。

侦查人员不得向证人、被害人泄露案情或者表示对案件的看法,严禁采用暴力、威胁等非法方法询问证人、被害人。

第一百二十六条　【询问笔录的制作】本法第一百二十二条的规定,也适用于询问证人。

■公安机关办理刑事案件程序规定(2020 年 9 月 1 日)

第二百一十二条　本规定第二百零六条、第二百零七条的规定,也适用于询问证人、被害人。

第一百二十七条　【询问被害人】询问被害人,适用本节各条规定。

■人民检察院刑事诉讼规则(2019 年 12 月 30 日)

第一百九十五条　询问被害人,适用询问证人的规定。

■公安机关办理刑事案件程序规定(2020 年 9 月 1 日)

第二百一十二条　本规定第二百零六条、第二百零七条的规定,也适用于询问证人、被害人。

第四节　勘验、检查

第一百二十八条　【勘验、检查的对象及主体】侦查人员对于与犯罪有关的场所、物品、人身、尸体应当进行勘验或者检查。在必要的时候,可以指派或者聘请具有专门知识的人,在侦查人员的主持下进行勘验、检查。

■人民检察院刑事诉讼规则(2019 年 12 月 30 日)

第一百九十六条　检察人员对于与犯罪有关的场所、物品、人身、尸体应当进行勘验或者检查。必要时,可以指派检察技术人员或者聘请其他具有专门知识的人,在检察人员的主持下进行勘验、检查。

■公安机关办理刑事案件程序规定(2020 年 9 月 1 日)

第二百一十三条　侦查人员对于与犯罪有关的场所、物品、人身、尸体应当进行勘验或者检查,及时提取、采集与案件有关的痕迹、物证、生物样本等。在必要的时候,可以指派或者聘请具有专门知识的人,在侦查人员的主持下进行勘验、检查。

■公安部公安机关刑事案件现场勘验检查规则(全文)(2015 年 10 月 22 日)

第一章　总则

第一条　为规范公安机关刑事案件现场勘验、检查工作,保证现场勘验、检查质量,根据《中华人民共和国刑事诉讼法》和《公安机关办理刑事案件程序规定》的有关规定,制定本规则。

第二条　刑事案件现场勘验、检查,是侦查人员运用科学技术手段,对与犯罪有关的场所、物品、人身、尸体等进行勘验、检查的侦查活动。

第三条　刑事案件现场勘验、检查的任务,是发现、固定、提取与犯罪有关的痕迹、物证及其他信息,存储现场信息资料,判断案件性质,分析犯罪过程,确定侦查方向和范围,为侦查破案、刑事诉讼提供线索和证据。

第四条　公安机关对具备勘验、检查条件的刑事案件现场,应当及时进行勘验、检查。

第五条　刑事案件现场勘验、检查的内容,包括现场保护、现场实地勘验检查、现场访问、现场搜索与追踪、侦查实验、现场分析、现场处理、现场复验与复查等。

第六条　刑事案件现场勘验、检查由公安机关组织现场勘验、检查人员实施。必要时,可以指派或者聘请具有专门知识的人,在侦查人员的组织下进行勘验、检查。

公安机关现场勘验、检查人员是指公安机关及其派出机构经过现场勘验、检查专业培训考试,取得现场勘验、检查资格的侦查人员。

第七条　公安机关进行现场勘验、检查应当注意保护公民生命健康安全,尽量避免或者减少财产损失。

第八条　刑事案件现场勘验、检查工作应当遵循依法、安全、及时、客观、全面、细致的原则。

现场勘验、检查人员应当严格遵守保密规定,不得擅自发布刑事案件现场有关情况,泄露国家秘密、商业秘密、个人隐私。

第二章　现场勘验检查职责的划分

第九条　县级公安机关及其派出机构负责辖区内刑事案件的现场勘验、检查。对于案情重大、现场复杂的案件,可以向上一级公安机关请求支援。上级公安机关认为有必要时,可以直接组织现场勘验、检查。

第十条　涉及两个县级以上地方公安机关的刑事案件现场勘验、检查,由受案地公安机关进行,案件尚未受理的,由现场所在地公安机关进行。

第十一条　新疆生产建设兵团和铁路、交通、民航、森林公安机关及海关缉私部门负责其管辖的刑事案件的现场勘验、检查。

第十二条　公安机关和军队、武装警察部队互涉刑事案件的现场勘验、检查,依照公安机关和军队互涉刑事案件管辖分工的有关规定确定现场勘验、检查职责。

第十三条　人民法院、人民检察院和国家安全机关、军队保卫部门、监狱等部门管辖的案件,需要公安机关协助进行现场勘验、检查,并出具委托书的,有关公安机关应当予以协助。

第三章 现场保护

第十四条 发案地公安机关接到刑事案件报警后,对于有犯罪现场的,应当迅速派员赶赴现场,做好现场保护工作。

第十五条 负责保护现场的人民警察应当根据案件具体情况,划定保护范围,设置警戒线和告示牌,禁止无关人员进入现场。

第十六条 负责保护现场的人民警察除抢救伤员、紧急排险等情况外,不得进入现场,不得触动现场上的痕迹、物品和尸体;处理紧急情况时,应当尽可能避免破坏现场上的痕迹、物品和尸体,对现场保护情况应当予以记录,对现场原始情况应当拍照或者录像。

第十七条 负责保护现场的人民警察对现场可能受到自然、人为因素破坏的,应当对现场上的痕迹、物品和尸体等采取相应的保护措施。

第十八条 保护现场的时间,从发现刑事案件现场开始,至现场勘验、检查结束。需要继续勘验、检查或者需要保留现场的,应当对整个现场或者部分现场继续予以保护。

第十九条 负责现场保护的人民警察应当将现场保护情况及时报告现场勘验、检查指挥员。

第四章 现场勘验检查的组织指挥

第二十条 公安机关对刑事案件现场勘验、检查应当统一指挥,周密组织,明确分工,落实责任,及时完成各项任务。

第二十一条 现场勘验、检查的指挥员由具有现场勘验、检查专业知识和组织指挥能力的人民警察担任。

第二十二条 现场勘验、检查的指挥员依法履行下列职责:

(一)决定和组织实施现场勘验、检查的紧急措施;

(二)制定和实施现场勘验、检查的工作方案;

(三)对参加现场勘验、检查人员进行分工;

(四)指挥、协调现场勘验、检查工作;

(五)确定现场勘验、检查见证人;

(六)审核现场勘验检查工作记录;

(七)组织现场分析;

(八)决定对现场的处理。

第二十三条 现场勘验、检查人员依法履行下列职责:

(一)实施现场紧急处置;

(二)开展现场调查访问;

(三)发现、固定和提取现场痕迹、物证等;

(四)记录现场保护情况、现场原始情况和现场勘验、检查情况,制作《现场勘验检查工作记录》;

(五)参与现场分析;

(六)提出处理现场的意见;

(七)将现场勘验信息录入“全国公安机关现场勘验信息系统”;

(八)利用现场信息串并案件。

第五章 现场实地勘验检查

第二十四条 公安机关对刑事案件现场进行勘验、检查不得少于二人。

勘验、检查现场时,应当邀请一至二名与案件无关的公民作见证人。由于客观原因无法由符合条件的人员担任见证人的,应当在笔录材料中注明情况,并对相关活动进行录像。

勘验、检查现场,应当拍摄现场照片,绘制现场图,制作笔录,由参加勘查的人和见证人签名。对重大案件的现场，应当录像。

第二十五条　现场勘验、检查人员到达现场后，应当了解案件发生、发现和现场保护情况。需要采取搜索、追踪、堵截、鉴别、安全检查和控制销赃等紧急措施的，应当立即报告现场指挥员，并依照有关法律法规果断处置。

具备使用警犬追踪或者鉴别条件的，在不破坏现场痕迹、物证的前提下，应当立即使用警犬搜索和追踪，提取有关物品、嗅源。

第二十六条　勘验、检查暴力犯罪案件现场，可以视案情部署武装警戒，防止造成新的危害后果。

第二十七条　公安机关应当为现场勘验、检查人员配备必要的安全防护设施和器具。现场勘验、检查人员应当增强安全意识，注意自身防护。对涉爆、涉枪、放火、制毒、涉危险物质、危险场所等可能危害勘验、检查人身安全的现场，应当先由专业人员排除险情，再进行现场勘验、检查。

第二十八条　执行现场勘验、检查任务的人员，应当持有《刑事案件现场勘查证》。《刑事案件现场勘查证》由公安部统一样式，省级公安机关统一制发。

第二十九条　执行现场勘验、检查任务的人员，应当使用相应的个人防护装置，防止个人指纹、足迹、DNA 等信息遗留现场造成污染。

第三十条　勘验、检查现场时，非勘验、检查人员不得进入现场。确需进入现场的，应当经指挥员同意，并按指定路线进出现场。

第三十一条　现场勘验、检查按照以下工作步骤进行：

（一）巡视现场，划定勘验、检查范围；

（二）按照“先静后动，先下后上，先重点后一般，先固定后提取”的原则，根据现场实际情况确定勘验、检查流程；

（三）初步勘验、检查现场，固定和记录现场原始状况；

（四）详细勘验、检查现场，发现、固定、记录和提取痕迹、物证；

（五）记录现场勘验、检查情况。

第三十二条　勘验、检查人员应当及时采集并记录现场周边的视频信息、基站信息、地理信息及电子信息等相关信息。勘验、检查与电子数据有关的犯罪现场时，应当按照有关规范处置相关设备，保护电子数据和其他痕迹、物证。

第三十三条　勘验、检查繁华场所、敏感地区发生的煽动性或者影响较恶劣的案件时，应当采用适当方法对现场加以遮挡，在取证结束后及时清理现场，防止造成不良影响。

第三十四条　为了确定被害人、犯罪嫌疑人的某些特征、伤害情况或者生理状态，可以对人身进行检查，可以提取指纹信息，采集血液、口腔拭子、尿液等生物样本。犯罪嫌疑人拒绝检查、提取、采集的，侦查人员认为必要的时候，经办案部门负责人批准，可以强制检查、提取、采集。

检查妇女的身体，应当由女工作人员或者医师进行。

检查的情况应当制作笔录，由参加检查的侦查人员、检查人员、被检查人员和见证人签名。被检查人员拒绝签名的，侦查人员应当在笔录中注明。

第三十五条　勘验、检查有尸体的现场，应当有法医参加。

第三十六条　为了确定死因，经县级以上公安机关负责人批准，可以解剖尸体。

第三十七条　解剖尸体应当通知死者家属到场，并让死者家属在《解剖尸体通知书》上签名。死者家属无正当理由拒不到场或者拒绝签名的，可以解剖尸体，但是应当在《解剖尸体通知书》上注明。对于身份不明的尸体，无法通知死者家属的，应当在笔录中注明。

解剖外国人尸体应当通知死者家属或者其所属国家驻华使、领馆有关官员到场，并请死者家属或者其所属国家驻华使、领馆有关官员在《解剖尸体通知书》上签名。死者家属或者其所属国家驻华使、领馆有关官员无正当理由拒不到场或者拒绝签名的,可以解剖尸体,但应当在《解剖尸体通知书》上注明。对于身份不明外国人的尸体,无法通知死者家属或者有关使、领馆的,应当在笔录中注明。

第三十八条　移动现场尸体前,应当对尸体的原始状况及周围的痕迹、物品进行照相、录像,并提取有关痕迹、物证。

第三十九条　解剖尸体应当在尸体解剖室进行。确因情况紧急,或者受条件限制,需要在现场附近解剖的,应当采取隔离、遮挡措施。

第四十条　检验、解剖尸体时,应当捺印尸体指纹和掌纹。必要时,提取血液、尿液、胃内容和有关组织、器官等。尸体指纹和掌纹因客观条件无法捺印时需在相关记录中注明。

第四十一条　检验、解剖尸体时,应当照相、录像。对尸体损伤痕迹和有关附着物等应当进行细目照相、录像。

对无名尸体的面貌,生理、病理特征,以及衣着、携带物品和包裹尸体物品等,应当进行详细检查和记录,拍摄辨认照片。

第六章　现场勘验检查工作记录

第四十二条　现场勘验、检查结束后,应当及时将现场信息录入"全国公安机关现场勘验信息系统"并制作《现场勘验检查工作记录》。其中,对命案现场信息应当在勘查结束后七个工作日内录入,对其他现场信息应当在勘查结束后五个工作日内录入。

《现场勘验检查工作记录》包括现场勘验笔录、现场图、现场照片、现场录像和现场录音。

第四十三条　现场勘验检查工作记录应当客观、全面、详细、准确、规范,能够作为核查现场或者恢复现场原状的依据。

第四十四条　现场勘验笔录正文需要载明现场勘验过程及结果,包括与犯罪有关的痕迹和物品的名称、位置、数量、性状、分布等情况,尸体的位置、衣着、姿势、血迹分布、性状和数量以及提取痕迹、物证情况等。

第四十五条　对现场进行多次勘验、检查的,在制作首次现场勘验检查工作记录后,逐次制作补充勘验检查工作记录。

第四十六条　现场勘验、检查人员应当制作现场方位图、现场平面示意图,并根据现场情况选择制作现场平面比例图、现场平面展开图、现场立体图和现场剖面图等。

第四十七条　绘制现场图应当符合以下基本要求:

(一)标明案件名称,案件发现时间、案发地点;

(二)完整反映现场的位置、范围;

(三)准确反映与犯罪活动有关的主要物体,标明尸体、主要痕迹、主要物证、作案工具等具体位置;

(四)文字说明简明、准确;

(五)布局合理,重点突出,画面整洁,标识规范;

(六)现场图注明方向、图例、绘图单位、绘图日期和绘图人。

第四十八条　现场照相和录像包括方位、概貌、重点部位和细目四种。

第四十九条　现场照相和录像应当符合以下基本要求:

(一)影像清晰、主题突出、层次分明、色彩真实;

(二)清晰、准确记录现场方位、周围环境及原始状态,记录痕迹、物证所在部位、形状、大小及其相互之间的关系;

(三)细目照相、录像应当放置比例尺;

(四)现场照片需有文字说明。

第五十条　现场绘图、现场照相、录像、现场勘验笔录应当相互吻合。

第五十一条　现场绘图、现场照相、录像、现场勘验笔录等现场勘验、检查的原始资料应当妥善保存。现场勘验、检查原始记录可以用纸质形式或者电子形式记录，现场勘验、检查人员、见证人应当在现场签字确认，以电子形式记录的可以使用电子签名。

第七章　现场痕迹物品文件的提取与扣押

第五十二条　现场勘验、检查中发现与犯罪有关的痕迹、物品，应当固定、提取。

提取现场痕迹、物品，应当分别提取，分开包装，统一编号，注明提取的地点、部位、日期，提取的数量、名称、方法和提取人；对特殊检材，应当采取相应的方法提取和包装，防止损坏或者污染。

第五十三条　提取秘密级以上的文件，应当由县级以上公安机关负责人批准，按照有关规定办理，防止泄密。

第五十四条　在现场勘验、检查中，应当对能够证明犯罪嫌疑人有罪或者无罪的各种物品和文件予以扣押；对有可能成为痕迹物证载体的物品、文件，应当予以提取、扣押，进一步检验，但不得扣押或者提取与案件无关的物品、文件，对与犯罪有关的物品、文件和有可能成为痕迹物证载体的物品、文件的持有人无正当理由拒绝交出物品、文件的，现场勘验、检查人员可以强行扣押或者提取。

第五十五条　现场勘验、检查中需要扣押或者提取物品、文件的，由现场勘验、检查指挥员决定。执行扣押或者提取物品、文件时，侦查人员不得少于二人，并持有关法律文书和相关证件，同时应当有见证人在场。

第五十六条　现场勘验、检查中，发现爆炸物品、毒品、枪支、弹药和淫秽物品以及其他危险品或者违禁物品，应当立即扣押，固定相关证据后，交有关部门处理。

第五十七条　扣押物品、文件时，当场开具《扣押清单》，写明扣押的日期和物品、文件的名称、编号、数量、特征及其来源等，由侦查人员、见证人和物品、文件持有人分别签名或者盖章。对于持有人拒绝签名或者无法查清持有人的，应当在《扣押清单》上注明。

《扣押清单》一式三份，一份交物品、文件持有人，一份交公安机关保管人员，一份附卷备查。

提取现场痕迹、物品应当填写《提取痕迹、物证登记表》，写明物品、文件的编号、名称、数量、特征和来源等，由侦查人员、见证人和物品、文件持有人分别签名或者盖章。对于物品持有人拒绝签名或者无法查清持有人的，应当在《提取痕迹、物证登记表》上注明。

第五十八条　对应当扣押但不便提取的物品、文件，经登记、拍照或者录像、估价后，可以交被扣押物品、文件持有人保管或者封存，并明确告知物品持有人应当妥善保管，不得转移、变卖、毁损。

交被扣押物品、文件持有人保管或者封存的，应当开具《登记保存清单》，在清单上写明封存地点和保管责任人，注明已经拍照或者录像，由侦查人员、见证人和持有人签名或者盖章。

《登记保存清单》一式两份，一份交给物品、文件持有人，一份连同照片或者录像资料附卷备查。

对应当扣押但容易腐烂变质以及其他不易保管的物品，权利人明确的，经其本人书面同意或者申请，经县级以上公安机关负责人批准，在拍照或者录像固定后委托有关部门变卖、拍卖，所得款项存入本单位唯一合规账户，待诉讼终结后一并处理。

第五十九条　对不需要继续保留或者经调查证实与案件无关的检材和被扣押物品、文件，应当及时退还原主，填写《发还清单》一式三份，由承办人、领取人签名或者盖章，一份交物品、文件的原主，一份交物品保管人，一份附卷备查。

第六十条　对公安机关扣押物品、文件有疑问的，物品、文件持有人可以向扣押单位咨询；认为扣押不当的，可以向扣押物品、文件的公安机关申诉或者控告。

第六十一条　上级公安机关发现下级公安机关扣押物品、文件不当的，应当责令下级公安机关纠正，下级公安机关应当立即执行。必要时，上级公安机关可以就申诉、控告事项直接作出处理决定。

第六十二条　对于现场提取的痕迹、物品和扣押的物品、文件，应当按照有关规定建档管理，存放于专门场所,由专人负责,严格执行存取登记制度,严禁侦查人员自行保管。

第八章　现场访问

第六十三条　现场勘验、检查人员应当向报案人、案件发现人,被害人及其亲属,其他知情人或者目击者了解、收集有关刑事案件现场的情况和线索。

第六十四条　现场访问包括以下主要内容:

(一)刑事案件发现和发生的时间、地点、详细经过,发现后采取的保护措施,现场情况,有无可疑人或者其他人在现场,现场有无反常情况,以及物品损失等情况;

(二)现场可疑人或者作案人数、作案人性别、年龄、口音、身高、体态、相貌、衣着打扮、携带物品及特征,来去方向、路线等;

(三)与刑事案件现场、被害人有关的其他情况。

第六十五条　现场访问应当制作询问笔录。

第九章　现场外围的搜索和追踪

第六十六条　现场勘验、检查中,应当根据痕迹、视频、嗅源、物证、目击者描述及其他相关信息对现场周围和作案人的来去路线进行搜索和追踪。

第六十七条　现场搜索、追踪的任务包括:

(一)搜寻隐藏在现场周围或者尚未逃离的作案人;

(二)寻找与犯罪有关的痕迹、物品等;

(三)搜寻被害人尸体、人体生物检材、衣物等;

(四)寻找隐藏、遗弃的赃款赃物等;

(五)发现并排除可能危害安全的隐患;

(六)确定作案人逃跑的方向和路线,追踪作案人;

(七)发现现场周边相关视频信息。

第六十八条　在现场搜索、追踪中,发现与犯罪有关的痕迹、物证,应当予以固定、提取。

第十章　侦查实验

第六十九条　为了证实现场某一具体情节的形成过程、条件和原因等,可以进行侦查实验。

进行侦查实验应当经县级以上公安机关负责人批准。

第七十条　侦查实验的任务包括:

(一)验证在现场条件下能否听到某种声音或者看到某种情形;

(二)验证在一定时间内能否完成某一行为;

(三)验证在现场条件下某种行为或者作用与遗留痕迹、物品的状态是否吻合;

(四)确定某种条件下某种工具能否形成某种痕迹;

(五)研究痕迹、物品在现场条件下的变化规律;

(六)分析判断某一情节的发生过程和原因;

(七)其他需要通过侦查实验作出进一步研究、分析、判断的情况。

第七十一条　侦查实验应当符合以下要求:

(一)侦查实验一般在发案地点进行,燃烧、爆炸等危险性实验,应当在其他能够确保安全的地点进行;

(二)侦查实验的时间、环境条件应当与发案时间、环境条件基本相同;

(三)侦查实验使用的工具、材料应当与发案现场一致或者基本一致;必要时,可以使用不同类型的工具或者材料进行对照实验;

(四)如条件许可,类同的侦查实验应当进行二次以上;

（五）评估实验结果应当考虑到客观环境、条件变化对实验的影响和可能出现的误差；

（六）侦查实验，禁止一切足以造成危险、侮辱人格或者有伤风化的行为。

第七十二条　对侦查实验的过程和结果，应当制作《侦查实验笔录》，参加侦查实验的人员应当在《侦查实验笔录》上签名。进行侦查实验，应当录音、录像。

第十一章　现场分析

第七十三条　现场勘验、检查结束后，勘验、检查人员应当进行现场分析。

第七十四条　现场分析的内容包括：

（一）侵害目标和损失；

（二）作案地点、场所；

（三）开始作案的时间和作案所需要的时间；

（四）作案人出入现场的位置、侵入方式和行走路线；

（五）作案人数；

（六）作案方式、手段和特点；

（七）作案工具；

（八）作案人在现场的活动过程；

（九）作案人的个人特征和作案条件；

（十）有无伪装或者其他反常现象；

（十一）作案动机和目的；

（十二）案件性质；

（十三）是否系列犯罪；

（十四）侦查方向和范围；

（十五）其他需要分析解决的问题。

第七十五条　勘验、检查人员在现场勘验、检查后，应当运用“全国公安机关现场勘验信息系统”和各种信息数据库开展刑事案件串并工作，并将串并案情况录入“全国公安机关现场勘验信息系统”。

第十二章　现场的处理

第七十六条　现场勘验、检查结束后，现场勘验、检查指挥员决定是否保留现场。

对不需要保留的现场，应当及时通知有关单位和人员进行处理。

对需要保留的现场，应当及时通知有关单位和个人，指定专人妥善保护。

第七十七条　对需要保留的现场，可以整体保留或者局部保留。

第七十八条　现场勘验、检查结束后，现场勘验、检查指挥员决定是否保留尸体。

（一）遇有死因未定、身份不明或者其他情况需要复验的，应当保存尸体；

（二）对没有必要继续保存的尸体，经县级以上公安机关负责人批准，应当立即通知死者家属处理。对无法通知或者通知后家属拒绝领回的，经县级以上公安机关负责人批准，可以按照有关规定及时处理；

（三）对没有必要继续保存的外国人尸体，经县级以上公安机关负责人批准，应当立即通知死者家属或者所属国驻华使、领馆的官员处理。对无法通知或者通知后外国人家属或者其所属国驻华使、领馆的官员拒绝领回的，经县级以上公安机关负责人批准，并书面通知外事部门后，可以按照有关规定及时处理。

第十三章　现场的复验、复查

第七十九条　遇有下列情形之一，应当对现场进行复验、复查：

（一）案情重大、现场情况复杂的；

(二)侦查工作需要从现场进一步收集信息、获取证据的；

(三)人民检察院审查案件时认为需要复验、复查的；

(四)当事人提出不同意见，公安机关认为有必要复验、复查的；

(五)其他需要复验、复查的。

第八十条　对人民检察院要求复验、复查的，公安机关复验、复查时，可以通知人民检察院派员参加。

第十四章　附则

第八十一条　公安机关对其他案件、事件、事故现场的勘验、检查，可以参照本规则执行。

第八十二条　本规则自发布之日起施行。《公安机关刑事案件现场勘验检查规则》(2005年10月1日颁布并实施)同时废止。

第一百二十九条　【犯罪现场的保护】任何单位和个人，都有义务保护犯罪现场，并且立即通知公安机关派员勘验。

第一百三十条　【勘验、检查须持证明文件】侦查人员执行勘验、检查，必须持有人民检察院或者公安机关的证明文件。

■公安机关办理刑事案件程序规定(2020年9月1日)

第二百一十四条　发案地派出所、巡警等部门应当妥善保护犯罪现场和证据，控制犯罪嫌疑人，并立即报告公安机关主管部门。

执行勘查的侦查人员接到通知后，应当立即赶赴现场；勘查现场，应当持有刑事犯罪现场勘查证。

第二百一十五条　公安机关对案件现场进行勘查，侦查人员不得少于二人。

第二百一十六条　勘查现场，应当拍摄现场照片、绘制现场图，制作笔录，由参加勘查的人和见证人签名。对重大案件的现场勘查，应当录音录像。

第一百三十一条　【尸体解剖】对于死因不明的尸体，公安机关有权决定解剖，并且通知死者家属到场。

■人民检察院刑事诉讼规则(2019年12月30日)

第一百九十八条　人民检察院解剖死因不明的尸体，应当通知死者家属到场，并让其在解剖通知书上签名或者盖章。

死者家属无正当理由拒不到场或者拒绝签名、盖章的，不影响解剖的进行，但是应当在解剖通知书上记明。对于身份不明的尸体，无法通知死者家属的，应当记明笔录。

■公安机关办理刑事案件程序规定(2020年9月1日)

第二百一十八条　为了确定死因，经县级以上公安机关负责人批准，可以解剖尸体，并且通知死者家属到场，让其在解剖尸体通知书上签名。

死者家属无正当理由拒不到场或者拒绝签名的，侦查人员应当在解剖尸体通知书上注明。对身份不明的尸体，无法通知死者家属的，应当在笔录中注明。

第二百一十九条　对已查明死因，没有继续保存必要的尸体，应当通知家属领回处理，对于无法通知或者通知后家属拒绝领回的，经县级以上公安机关负责人批准，可以及时处理。

■解剖尸体规则(1979年9月10日)

第二条　二、法医解剖：限于各级人民法院、人民检察院、公安局以及医学院附设的法医科(室)施行。凡符合下列条件之一者进行法医解剖：

1. 涉及刑事案，必须经过尸体解剖始能判明死因的尸体和无名尸体需查明死因及性质者；

2. 急死或突然死亡，有他杀或自杀嫌疑者；

3. 因工、农业中毒或烈性传染病死亡涉及法律问题的尸体。

第三条　解剖尸体必须经过医师进行死亡鉴定，答签署死亡证明后，方可进行。

第六条　在实行病理解剖时，如发现有他杀或自杀可疑时，病理解解剖单位应报请公安局派法医进行解剖或由法医与病理医师共同解剖。

第七条　凡病理解剖或法医解剖的尸体，可以留有取部分组织或器官作为诊断及研究之用。但应以尽量保持外形完整为原则。如有损坏外形的必要时，应征得家属或死者生前所在单位的同意。

第八条　病理解剖或法医解剖，一般应在一个月内委托单位发出诊断报告，如发现其死因为烈性传染病者，应于确定诊断后十二小时内报告当地卫生主管部门。

第十一条　凡开展病理解剖和法医解剖的单位，应建立解剖簿，登记下列事项：

1. 尸体编号、姓名、年龄、性别、籍贯；
2. 尸体来历；
3. 附解部原因；
4. 临床诊断；
5. 解剖年、月、日；
6. 解剖人姓名；
7. 解剖后诊断；
8. 解剖报告日期；
9. 备注。

如无法知其姓名、籍贯者，第1项可仅列编号、性别及估计年龄，其余要填未详字样。

第一百三十二条　【人身检查】为了确定被害人、犯罪嫌疑人的某些特征、伤害情况或者生理状态，可以对人身进行检查，可以提取指纹信息，采集血液、尿液等生物样本。

犯罪嫌疑人如果拒绝检查，侦查人员认为必要的时候，可以强制检查。

检查妇女的身体，应当由女工作人员或者医师进行。

■人民检察院刑事诉讼规则(2019年12月30日)

第一百九十九条　为了确定被害人、犯罪嫌疑人的某些特征、伤害情况或者生理状态，人民检察院可以对其人身进行检查，可以提取指纹信息，采集血液、尿液等生物样本。

必要时，可以指派、聘请法医或者医师进行人身检查。采集血液等生物样本应当由医师进行。

犯罪嫌疑人如果拒绝检查，检察人员认为必要时可以强制检查。

检查妇女的身体，应当由女工作人员或者医师进行。

人身检查不得采用损害被检查人生命、健康或者贬低其名誉、人格的方法。在人身检查过程中知悉的被检查人的个人隐私，检察人员应当予以保密。

■公安机关办理刑事案件程序规定(2020年9月1日)

第二百一十七条　为了确定被害人、犯罪嫌疑人的某些特征、伤害情况或者生理状态，可以对人身进行检查，依法提取、采集肖像、指纹等人体生物识别信息，采集血液、尿液等生物样本。被害人死亡的，应当通过被害人近亲属辨认、提取生物样本鉴定等方式确定被害人身份。

犯罪嫌疑人拒绝检查、提取、采集的，侦查人员认为必要的时候，经办案部门负责人批准，可以强制检查、提取、采集。

检查妇女的身体，应当由女工作人员或者医师进行。

检查的情况应当制作笔录，由参加检查的侦查人员、检查人员、被检查人员和见证人签名。被检查人员拒绝签名的，侦查人员应当在笔录中注明。

第一百三十三条　【勘验、检查笔录的制作】勘验、检查的情况应当写成笔录，由参加勘验、检查的人和见证人签名或者盖章。

■人民检察院刑事诉讼规则(2019年12月30日)

第一百九十七条 勘验时,人民检察院应当邀请两名与案件无关的见证人在场。

勘查现场,应当拍摄现场照片。勘查的情况应当写明笔录并制作现场图,由参加勘查的人和见证人签名。勘查重大案件的现场,应当录像。

第一百三十四条 【复验、复查】人民检察院审查案件的时候,对公安机关的勘验、检查,认为需要复验、复查时,可以要求公安机关复验、复查,并且可以派检察人员参加。

■公安机关办理刑事案件程序规定(2020年9月1日)

第二百二十条 公安机关进行勘验、检查后,人民检察院要求复验、复查的,公安机关应当进行复验、复查,并可以通知人民检察院派员参加。

■最高人民检察院关于指派、聘请有专门知识的人参与办案若干问题的规定(试行)(2018年3月21日)

第一条 为了规范和促进人民检察院指派、聘请有专门知识的人参与办案,根据《中华人民共和国刑事诉讼法》《中华人民共和国民事诉讼法》《中华人民共和国行政诉讼法》等法律规定,结合检察工作实际,制定本规定。

第二条 本规定所称"有专门知识的人",是指运用专门知识参与人民检察院的办案活动,协助解决专门性问题或者提出意见的人,但不包括以鉴定人身份参与办案的人。

本规定所称"专门知识",是指特定领域内的人员理解和掌握的、具有专业技术性的认识和经验等。

第三条 人民检察院可以指派、聘请有鉴定资格的人员,或者经本院审查具备专业能力的其他人员,作为有专门知识的人参与办案。

有下列情形之一的人员,不得作为有专门知识的人参与办案:

(一)因违反职业道德,被主管部门注销鉴定资格、撤销鉴定人登记,或者吊销其他执业资格、近三年以内被处以停止执业处罚的;

(二)无民事行为能力或者限制民事行为能力的;

(三)近三年以内违反本规定第十八条至第二十一条规定的;

(四)以办案人员等身份参与过本案办理工作的;

(五)不宜作为有专门知识的人参与办案的其他情形。

第四条 人民检察院聘请检察机关以外的人员作为有专门知识的人参与办案,应当核实其有效身份证件和能够证明符合本规定第三条第一款要求的材料。

第五条 具备条件的人民检察院可以明确专门部门,负责建立有专门知识的人推荐名单库。

第六条 有专门知识的人的回避,适用《中华人民共和国刑事诉讼法》《中华人民共和国民事诉讼法》《中华人民共和国行政诉讼法》等法律规定中有关鉴定人回避的规定。

第七条 人民检察院办理刑事案件需要收集证据的,可以指派、聘请有专门知识的人开展下列工作:

(一)在检察官的主持下进行勘验或者检查;

(二)就需要鉴定、但没有法定鉴定机构的专门性问题进行检验;

(三)其他必要的工作。

第八条 人民检察院在审查起诉时,发现涉及专门性问题的证据材料有下列情形之一的,可以指派、聘请有专门知识的人进行审查,出具审查意见:

(一)对定罪量刑有重大影响的;

(二)与其他证据之间存在无法排除的矛盾的;

（三）就同一专门性问题有两份或者两份以上的鉴定意见，且结论不一致的；

（四）当事人、辩护人、诉讼代理人有异议的；

（五）其他必要的情形。

第九条　人民检察院在人民法院决定开庭后，可以指派、聘请有专门知识的人，协助公诉人做好下列准备工作：

（一）掌握涉及专门性问题证据材料的情况；

（二）补充审判中可能涉及的专门知识；

（三）拟定讯问被告人和询问证人、鉴定人、其他有专门知识的人的计划；

（四）拟定出示、播放、演示涉及专门性问题证据材料的计划；

（五）制定质证方案；

（六）其他必要的工作。

第十条　刑事案件法庭审理中，人民检察院可以申请人民法院通知有专门知识的人出庭，就鉴定人作出的鉴定意见提出意见。

第十一条　刑事案件法庭审理中，公诉人出示、播放、演示涉及专门性问题的证据材料需要协助的，人民检察院可以指派、聘请有专门知识的人进行操作。

第十四条　人民检察院在下列办案活动中，需要指派、聘请有专门知识的人的，可以适用本规定：

（一）办理控告、申诉、国家赔偿或者国家司法救助案件；

（二）办理监管场所发生的被监管人重伤、死亡案件；

（三）办理民事、行政诉讼监督案件；

（四）检察委员会审议决定重大案件和其他重大问题；

（五）需要指派、聘请有专门知识的人的其他办案活动。

第十五条　人民检察院应当为有专门知识的人参与办案提供下列必要条件：

（一）介绍与涉案专门性问题有关的情况；

（二）提供涉及专门性问题的证据等案卷材料；

（三）明确要求协助或者提出意见的问题；

（四）有专门知识的人参与办案所必需的其他条件。

第十六条　人民检察院依法保障接受指派、聘请参与办案的有专门知识的人及其近亲属的安全。

对有专门知识的人及其近亲属进行威胁、侮辱、殴打、打击报复等，构成违法犯罪的，人民检察院应当移送公安机关处理；情节轻微的，予以批评教育、训诫。

第十九条　有专门知识的人应当保守参与办案中所知悉的国家秘密、商业秘密、个人隐私以及其他不宜公开的内容。

第二十条　有专门知识的人应当妥善保管、使用并及时退还参与办案中所接触的证据等案卷材料。

第二十一条　有专门知识的人不得在同一案件中同时接受刑事诉讼当事人、辩护人、诉讼代理人，民事、行政诉讼对方当事人、诉讼代理人，或者人民法院的委托。

第二十二条　有专门知识的人违反本规定第十八条至第二十一条的规定，出现重大过错，影响正常办案的，人民检察院应当停止其作为有专门知识的人参与办案，并从推荐名单库中除名。必要时，可以建议其所在单位或者有关部门给予行政处分或者其他处分。构成违法犯罪的，依法追究行政责任或者刑事责任。

第二十三条　各省、自治区、直辖市人民检察院可以依照本规定，结合本地实际，制定具体实施办法，并报最高人民检察院备案。

第二十四条　本规定由最高人民检察院负责解释。

第二十五条　本规定自公布之日起试行。

第一百三十五条　【侦查实验】为了查明案情，在必要的时候，经公安机关负责人批准，可以进行侦查实验。

侦查实验的情况应当写成笔录，由参加实验的人签名或者盖章。

侦查实验，禁止一切足以造成危险、侮辱人格或者有伤风化的行为。

■人民检察院刑事诉讼规则(2019年12月30日)

第二百条　为了查明案情，必要时经检察长批准，可以进行侦查实验。

侦查实验，禁止一切足以造成危险、侮辱人格或者有伤风化的行为。

第二百零一条　侦查实验，必要时可以聘请有关专业人员参加，也可以要求犯罪嫌疑人、被害人、证人参加。

■公安机关办理刑事案件程序规定(2020年9月1日)

第二百二十一条　为了查明案情，在必要的时候，经县级以上公安机关负责人批准，可以进行侦查实验。

进行侦查实验，应当全程录音录像，并制作侦查实验笔录，由参加实验的人签名。

进行侦查实验，禁止一切足以造成危险、侮辱人格或者有伤风化的行为。

第五节　搜　　查

第一百三十六条　【搜查的目的和范围】为了收集犯罪证据、查获犯罪人，侦查人员可以对犯罪嫌疑人以及可能隐藏罪犯或者犯罪证据的人的身体、物品、住处和其他有关的地方进行搜查。

■人民检察院刑事诉讼规则(2019年12月30日)

第二百零三条　为了收集犯罪证据，查获犯罪人，经检察长批准，检察人员可以对犯罪嫌疑人以及可能隐藏罪犯或者犯罪证据的人的身体、物品、住处、工作地点和其他有关的地方进行搜查。

■公安机关办理刑事案件程序规定(2020年9月1日)

第二百二十二条　为了收集犯罪证据、查获犯罪人，经县级以上公安机关负责人批准，侦查人员可以对犯罪嫌疑人以及可能隐藏罪犯或者犯罪证据的人的身体、物品、住处和其他有关的地方进行搜查。

第二百二十三条　进行搜查，必须向被搜查人出示搜查证，执行搜查的侦查人员不得少于二人。

第一百三十七条　【交出物证、书证等证据的义务】任何单位和个人，有义务按照人民检察院和公安机关的要求，交出可以证明犯罪嫌疑人有罪或者无罪的物证、书证、视听资料等证据。

■人民检察院刑事诉讼规则(2019年12月30日)

第二百零二条　人民检察院有权要求有关单位和个人，交出能够证明犯罪嫌疑人有罪或者无罪以及犯罪情节轻重的证据。

第一百三十八条　【出示搜查证及例外情况】进行搜查，必须向被搜查人出示搜查证。

在执行逮捕、拘留的时候，遇有紧急情况，不另用搜查证也可以进行搜查。

■人民检察院刑事诉讼规则(2019年12月30日)

第二百零四条　搜查应当在检察人员的主持下进行，可以有司法警察参加。必要时，可以指派检察技术人员参加或者邀请当地公安机关、有关单位协助进行。

执行搜查的人员不得少于二人。

第二百零五条　搜查时，应当向被搜查人或者他的家属出示搜查证。

在执行逮捕、拘留的时候，遇有下列紧急情况之一，不另用搜查证也可以进行搜查：

（一）可能随身携带凶器的；

（二）可能隐藏爆炸、剧毒等危险物品的；

（三）可能隐匿、毁弃、转移犯罪证据的；

（四）可能隐匿其他犯罪嫌疑人的；

（五）其他紧急情况。

搜查结束后，搜查人员应当在二十四小时以内补办有关手续。

第二百零七条　搜查时，如果遇到阻碍，可以强制进行搜查。对以暴力、威胁方法阻碍搜查的，应当予以制止，或者由司法警察将其带离现场。阻碍搜查构成犯罪的，应当依法追究刑事责任。

■公安机关办理刑事案件程序规定（2020 年 9 月 1 日）

第二百二十四条　执行拘留、逮捕的时候，遇有下列紧急情况之一的，不用搜查证也可以进行搜查：

（一）可能随身携带凶器的；

（二）可能隐藏爆炸、剧毒等危险物品的；

（三）可能隐匿、毁弃、转移犯罪证据的；

（四）可能隐匿其他犯罪嫌疑人的；

（五）其他突然发生的紧急情况。

第一百三十九条　【搜查程序】在搜查的时候，应当有被搜查人或者他的家属，邻居或者其他见证人在场。

搜查妇女的身体，应当由女工作人员进行。

■人民检察院刑事诉讼规则（2019 年 12 月 30 日）

第二百零六条　搜查时，应当有被搜查人或者其家属、邻居或者其他见证人在场，并且对被搜查人或者其家属说明阻碍搜查、妨碍公务应负的法律责任。

搜查妇女的身体，应当由女工作人员进行。

■公安机关办理刑事案件程序规定（2020 年 9 月 1 日）

第二百二十五条　进行搜查时，应当有被搜查人或者他的家属、邻居或者其他见证人在场。

公安机关可以要求有关单位和个人交出可以证明犯罪嫌疑人有罪或者无罪的物证、书证、视听资料等证据。遇到阻碍搜查的，侦查人员可以强制搜查。

搜查妇女的身体，应当由女工作人员进行。

第一百四十条　【搜查笔录的制作】搜查的情况应当写成笔录，由侦查人员和被搜查人或者他的家属，邻居或者其他见证人签名或者盖章。如果被搜查人或者他的家属在逃或者拒绝签名、盖章，应当在笔录上注明。

■公安机关办理刑事案件程序规定（2020 年 9 月 1 日）

第二百二十六条　搜查的情况应当制作笔录，由侦查人员和被搜查人或者他的家属，邻居或者其他见证人签名。

如果被搜查人拒绝签名，或者被搜查人在逃，他的家属拒绝签名或者不在场的，侦查人员应当在笔录中注明。

第六节　查封、扣押物证、书证查询、冻结

■**公安机关办理刑事案件程序规定(2020年9月1日)**

第二百三十七条　公安机关根据侦查犯罪的需要,可以依照规定查询、冻结犯罪嫌疑人的存款、汇款、证券交易结算资金、期货保证金等资金,债券、股票、基金份额和其他证券,以及股权、保单权益和其他投资权益等财产,并可以要求有关单位和个人配合。

对于前款规定的财产,不得划转、转账或者以其他方式变相扣押。

第二百三十八条　向金融机构等单位查询犯罪嫌疑人的存款、汇款、证券交易结算资金、期货保证金等资金,债券、股票、基金份额和其他证券,以及股权、保单权益和其他投资权益等财产,应当经县级以上公安机关负责人批准,制作协助查询财产通知书,通知金融机构等单位协助办理。

第二百三十九条　需要冻结犯罪嫌疑人财产的,应当经县级以上公安机关负责人批准,制作协助冻结财产通知书,明确冻结财产的账户名称、账户号码、冻结数额、冻结期限、冻结范围以及是否及于孳息等事项,通知金融机构等单位协助办理。

冻结股权、保单权益的,应当经设区的市一级以上公安机关负责人批准。

冻结上市公司股权的,应当经省级以上公安机关负责人批准。

第二百四十条　需要延长冻结期限的,应当按照原批准权限和程序,在冻结期限届满前办理继续冻结手续。逾期不办理继续冻结手续的,视为自动解除冻结。

第二百四十一条　不需要继续冻结犯罪嫌疑人财产时,应当经原批准冻结的公安机关负责人批准,制作协助解除冻结财产通知书,通知金融机构等单位协助办理。

第二百四十二条　犯罪嫌疑人的财产已被冻结的,不得重复冻结,但可以轮候冻结。

第二百四十三条　冻结存款、汇款、证券交易结算资金、期货保证金等财产的期限为六个月。每次续冻期限最长不得超过六个月。

对于重大、复杂案件,经设区的市一级以上公安机关负责人批准,冻结存款、汇款、证券交易结算资金、期货保证金等财产的期限可以为一年。每次续冻期限最长不得超过一年。

第二百四十四条　冻结债券、股票、基金份额等证券的期限为二年。每次续冻期限最长不得超过二年。

第二百四十五条　冻结股权、保单权益或者投资权益的期限为六个月。每次续冻期限最长不得超过六个月。

第二百四十六条　对冻结的债券、股票、基金份额等财产,应当告知当事人或者其法定代理人、委托代理人有权申请出售。

权利人书面申请出售被冻结的债券、股票、基金份额等财产,不损害国家利益、被害人、其他权利人利益,不影响诉讼正常进行的,以及冻结的汇票、本票、支票的有效期即将届满的,经县级以上公安机关负责人批准,可以依法出售或者变现,所得价款应当继续冻结在其对应的银行账户中;没有对应的银行账户的,所得价款由公安机关在银行指定专门账户保管,并及时告知当事人或者其近亲属。

第二百四十七条　对冻结的财产,经查明确实与案件无关的,应当在三日以内通知金融机构等单位解除冻结,并通知被冻结财产的所有人。

第一百四十一条　【查封、扣押物品】在侦查活动中发现的可用以证明犯罪嫌疑人有罪或者无罪的各种财物、文件,应当查封、扣押;与案件无关的财物、文件,不得查封、扣押。

对查封、扣押的财物、文件,要妥善保管或者封存,不得使用、调换或者损毁。

■人民检察院刑事诉讼规则(2019年12月30日)

第二百零八条　检察人员可以凭人民检察院的证明文件,向有关单位和个人调取能够证明犯罪嫌疑人有罪或者无罪以及犯罪情节轻重的证据材料,并且可以根据需要拍照、录像、复印和复制。

第二百零九条　调取物证应当调取原物。原物不便搬运、保存,或者依法应当返还被害人,或者因保密工作需要不能调取原物的,可以将原物封存,并拍照、录像。对原物拍照或者录像应当足以反映原物的外形、内容。

调取书证、视听资料应当调取原件。取得原件确有困难或者因保密需要不能调取原件的,可以调取副本或者复制件。

调取书证、视听资料的副本、复制件和物证的照片、录像的,应当书面记明不能调取原件、原物的原因,制作过程和原件、原物存放地点,并由制作人员和原书证、视听资料、物证持有人签名或者盖章。

第二百一十条　在侦查活动中发现的可以证明犯罪嫌疑人有罪、无罪或者犯罪情节轻重的各种财物和文件,应当查封或者扣押;与案件无关的,不得查封或者扣押。查封或者扣押应当经检察长批准。

不能立即查明是否与案件有关的可疑的财物和文件,也可以查封或者扣押,但应当及时审查。经查明确实与案件无关的,应当在三日以内解除查封或者予以退还。

持有人拒绝交出应当查封、扣押的财物和文件的,可以强制查封、扣押。

对于犯罪嫌疑人、被告人到案时随身携带的物品需要扣押的,可以依照前款规定办理。对于与案件无关的个人用品,应当逐件登记,并随案移交或者退还其家属。

■公安机关办理刑事案件程序规定(2020年9月1日)

第二百二十七条　在侦查活动中发现的可用以证明犯罪嫌疑人有罪或者无罪的各种财物、文件,应当查封、扣押;但与案件无关的财物、文件,不得查封、扣押。

持有人拒绝交出应当查封、扣押的财物、文件的,公安机关可以强制查封、扣押。

■最高人民法院、最高人民检察院、公安部、国家工商行政管理局关于依法查处盗窃、抢劫机动车案件的规定(1998年5月8日)

十二、对明知是赃车而购买的,应将车辆无偿追缴;对违反国家规定购买车辆,经查证是赃车的,公安机关可以根据《刑事诉讼法》第一百一十条和第一百一十四条规定进行追缴和扣押。对不明知是赃车而购买的,结案后予以退还买主。

十三、对购买赃车后使用非法提供的入户、过户手续或者使用伪造、变造的入户、过户手续为赃车入户、过户的,应当吊销牌证,并将车辆无偿追缴;已将入户、过户车辆变卖的,追缴变卖所得并责令赔偿经济损失。

十四、对直接从犯罪分子处追缴的被盗窃、抢劫的机动车辆,经检验鉴定,查证属实后,可依法先行返还失主,移送案件时附清单、照片及其他证据。在返还失主前,按照赃物管理规定管理,任何单位和个人都不得挪用、损毁或者自行处理。

十六、各地公安机关扣押或者协助管辖单位追回的被盗窃、抢劫的机动车应当移送管辖单位依法处理,不得以任何理由扣留或者索取费用。拖延不交的,给予单位领导行政处分。

十七、本规定所称的"明知",是指知道或者应当知道。有下列情形之一的,可视为应当知道,但有证据证明确属被蒙骗的除外:

(一)在非法的机动车交易场所和销售单位购买的;

(二)机动车证件手续不全或者明显违反规定的;

(三)机动车发动机号或者车架号有更改痕迹,没有合法证明的;

(四)以明显低于市场价格购买机动车的。

十八、本规定自公布之日起执行。对侵占、抢夺、诈骗机动车案件的查处参照本规定的原则办理。本规定公布后尚未办结的案件,适用本规定。

第一百四十二条　【对查封、扣押的财件的清点与列单】对查封、扣押的财物、文件,应当会同在场见证人和被查封、扣押财物、文件持有人查点清楚,当场开列清单一式二份,由侦查人员、见证人和持有人签名或者盖章,一份交给持有人,另一份附卷备查。

■公安机关办理刑事案件程序规定(2020年9月1日)

第二百二十八条　在侦查过程中需要扣押财物、文件的,应当经办案部门负责人批准,制作扣押决定书;在现场勘查或者搜查中需要扣押财物、文件的,由现场指挥人员决定;但扣押财物、文件价值较高或者可能严重影响正常生产经营的,应当经县级以上公安机关负责人批准,制作扣押决定书。

在侦查过程中需要查封土地、房屋等不动产,或者船舶、航空器以及其他不宜移动的大型机器、设备等特定动产的,应当经县级以上公安机关负责人批准并制作查封决定书。

第二百二十九条　执行查封、扣押的侦查人员不得少于二人,并出示本规定第二百二十三条规定的有关法律文书。

查封、扣押的情况应当制作笔录,由侦查人员、持有人和见证人签名。对于无法确定持有人或者持有人拒绝签名的,侦查人员应当在笔录中注明。

第二百三十条　对查封、扣押的财物和文件,应当会同在场见证人和被查封、扣押财物、文件的持有人查点清楚,当场开列查封、扣押清单一式三份,写明财物或者文件的名称、编号、数量、特征及其来源等,由侦查人员、持有人和见证人签名,一份交给持有人,一份交给公安机关保管人员,一份附卷备查。

对于财物、文件的持有人无法确定,以及持有人不在现场或者拒绝签名的,侦查人员应当在清单中注明。

依法扣押文物、贵金属、珠宝、字画等贵重财物的,应当拍照或者录音录像,并及时鉴定、估价。

执行查封、扣押时,应当为犯罪嫌疑人及其所扶养的亲属保留必需的生活费用和物品。能够保证侦查活动正常进行的,可以允许有关当事人继续合理使用有关涉案财物,但应当采取必要的保值、保管措施。

第二百三十一条　对作为犯罪证据但不便提取或者没有必要提取的财物、文件,经登记、拍照或者录音录像、估价后,可以交财物、文件持有人保管或者封存,并且开具登记保存清单一式两份,由侦查人员、持有人和见证人签名,一份交给财物、文件持有人,另一份连同照片或者录音录像资料附卷备查。财物、文件持有人应当妥善保管,不得转移、变卖、毁损。

第一百四十三条　【扣押邮件、电报】侦查人员认为需要扣押犯罪嫌疑人的邮件、电报的时候,经公安机关或者人民检察院批准,即可通知邮电机关将有关的邮件、电报检交扣押。

不需要继续扣押的时候,应即通知邮电机关。

■公安机关办理刑事案件程序规定(2020年9月1日)

第二百三十二条　扣押犯罪嫌疑人的邮件、电子邮件、电报,应当经县级以上公安机关负责人批准,制作扣押邮件、电报通知书,通知邮电部门或者网络服务单位检交扣押。

不需要继续扣押的时候,应当经县级以上公安机关负责人批准,制作解除扣押邮件、电报通知书,立即通知邮电部门或者网络服务单位。

■中华人民共和国邮政法实施细则(1990年11月12日)

第八条　因国家安全或者追查刑事犯罪需要,公安机关、国家安全机关、检察机关检查、扣留邮件,冻结汇款、储蓄存款时,必须依法向相关县或者县级以上的邮政企业、邮电管理局出具相应的检查、扣留、冻结通知书，并开列邮件、汇款、储蓄存款的具体节目，办理检查、扣留、冻结手续后，由邮政企业指派专人负责拣出，逐件登记后办理交接手续；对于不需要继续检查、扣留、冻结或者查明与案件无关的邮件、汇款、储蓄存款，应当及时退还邮政企业。邮件、汇款、储蓄存款在检查、扣留、冻结期间造成丢失、损毁的，由相关的公安机关、国家安全机关、检察机关负责赔偿。

第九条　人民法院、检察机关依法没收国内邮件、汇款、储蓄存款时，必须出具法律文书，向相关县或者县级以上邮政企业、邮电管理局办理手续。没收进出口国际邮递物品应当由海关作出决定，并办理手续。

第十条　有关单位依照法律规定需要收集、调取证据、查阅邮政业务档案时，必须凭相关邮政企业所在地的公安机关、国家安全机关、检察机关、人民法院出具的书面证明，并开列邮件具体节目，向相关县或者县级以上的邮政企业、邮电管理局办理手续。

第一百四十四条　【查询、冻结涉案财产】人民检察院、公安机关根据侦查犯罪的需要，可以依照规定查询、冻结犯罪嫌疑人的存款、汇款、债券、股票、基金份额等财产。有关单位和个人应当配合。

犯罪嫌疑人的存款、汇款、债券、股票、基金份额等财产已被冻结的，不得重复冻结。

■人民检察院刑事诉讼规则（2019年12月30日）

第二百一十三条　犯罪嫌疑人的存款、汇款、债券、股票、基金份额等财产已冻结的，人民检察院不得重复冻结，可以轮候冻结。人民检察院应当要求有关银行或者其他金融机构、邮政部门在解除冻结或者作出处理前通知人民检察院。

第二百一十四条　扣押、冻结债券、股票、基金份额等财产，应当书面告知当事人或者其法定代理人、委托代理人有权申请出售。

对于被扣押、冻结的债券、股票、基金份额等财产，在扣押、冻结期间权利人申请出售，经审查认为不损害国家利益、被害人利益，不影响诉讼正常进行的，以及扣押、冻结的汇票、本票、支票的有效期即将届满的，经检察长批准，可以在案件办结前依法出售或者变现，所得价款由人民检察院指定的银行账户保管，并及时告知当事人或者其近亲属。

第二百一十六条　查询、冻结与案件有关的单位的存款、汇款、债券、股票、基金份额等财产的办法适用本规则第二百一十二条至第二百一十五条的规定。

■公安机关办理刑事案件程序规定（2020年9月1日）

第二百三十三条　对查封、扣押的财物、文件、邮件、电子邮件、电报，经查明确实与案件无关的，应当在三日以内解除查封、扣押，退还原主或者原邮电部门、网络服务单位；原主不明确的，应当采取公告方式告知原主认领。在通知原主或者公告后六个月以内，无人认领的，按照无主财物处理，登记后上缴国库。

第二百三十四条　有关犯罪事实查证属实后，对于有证据证明权属明确且无争议的被害人合法财产及其孳息，且返还不损害其他被害人或者利害关系人的利益，不影响案件正常办理的，应当在登记、拍照或者录音录像和估价后，报经县级以上公安机关负责人批准，开具发还清单返还，并在案卷材料中注明返还的理由，将原物照片、发还清单和被害人的领取手续存卷备查。

领取人应当是涉案财物的合法权利人或者其委托的人；委托他人领取的，应当出具委托书。侦查人员或者公安机关其他工作人员不得代为领取。

查找不到被害人，或者通知被害人后，无人领取的，应当将有关财产及其孳息随案移送。

第二百三十五条　对查封、扣押的财物及其孳息、文件，公安机关应当妥善保管，以供核查。任何单位和个人不得违规使用、调换、损毁或者自行处理。

县级以上公安机关应当指定一个内设部门作为涉案财物管理部门,负责对涉案财物实行统一管理,并设立或者指定专门保管场所,对涉案财物进行集中保管。

对价值较低、易于保管,或者需要作为证据继续使用,以及需要先行返还被害人的涉案财物,可以由办案部门设置专门的场所进行保管。办案部门应当指定不承担办案工作的民警负责本部门涉案财物的接收、保管、移交等管理工作;严禁由侦查人员自行保管涉案财物。

第二百三十六条　在侦查期间,对于易损毁、灭失、腐烂、变质而不宜长期保存,或者难以保管的物品,经县级以上公安机关主要负责人批准,可以在拍照或者录音录像后委托有关部门变卖、拍卖,变卖、拍卖的价款暂予保存,待诉讼终结后一并处理。

对于违禁品,应当依照国家有关规定处理;需要作为证据使用的,应当在诉讼终结后处理。

■最高人民法院、最高人民检察院、公安部、国家安全部、司法部、全国人大常委会法制工作委员会关于实施刑事诉讼法若干问题的规定(2013年1月1日)

37. 刑事诉讼法第一百四十二条第一款中规定:"人民检察院、公安机关根据侦查犯罪的需要,可以依照规定查询、冻结犯罪嫌疑人的存款、汇款、债券、股票、基金份额等财产。"根据上述规定,人民检察院、公安机关不能扣划存款、汇款、债券、股票、基金份额等财产。对于犯罪嫌疑人、被告人死亡,依照刑法规定应当追缴其违法所得及其他涉案财产的,适用刑事诉讼法第五编第三章规定的程序,由人民检察院向人民法院提出没收违法所得的申请。

■中国银保监会、国家监察委员会、最高人民法院、最高人民检察院、公安部、安全部、国家税务总局、中国证监会关于涉案账户资金网络查控平台电子数据若干问题的意见(全文)(2020年5月17日)

为进一步提高相关执法和诉讼效率,推动银行资金查控工作依法转型升级和智能应用,现就涉案账户资金网络查控平台(下称网络查控平台)电子数据在相关行政执法、监察执法和刑事诉讼活动中的适用提出如下意见:

一、网络查控平台是国家监察委员会、最高人民法院、最高人民检察院、公安部、安全部、税务总局、证监会等办案机关依据各自法律授权和职能,按照统一技术标准和规范,通过专线按照"总对总"模式与银保监会金融专网连接并建设的具有对涉案银行账户资金和金融理财产品进行查询、冻结等功能的信息技术平台。

二、银保监会分别与国家监察委员会、公安部等相关单位按照统一技术标准、严格数据规范的要求,开展涉案账户资金网络查控工作,并通过建设数字证书认证中心,以及综合运用标准校验、加密加签、电子签章、区块链等先进技术手段,切实保障公安等业务专网、金融专网及网络查控平台专线安全,确保查控数据在生成、传输、存储等环节的真实、完整和不可篡改。

三、监察机关、人民法院、检察机关、公安机关、国家安全机关、税务机关、银行保险监督管理机构、证券监督管理机构等办案机关通过网络查控平台获取的查控数据属于电子数据,其来源系以金融专网为通道获取的银行业金融机构的业务系统数据。

四、监察机关、检察机关、公安机关、国家安全机关、税务机关、银行保险监督管理机构、证券监督管理机构等办案机关通过网络查控平台依法获取的相关数据,符合下列条件之一的,可以作为行政执法、监察执法和刑事诉讼证据使用,并与依法在银行业金融机构现场提取的纸质反馈结果具有同等证明效力。

(一)将依法获取的数据打印成纸质材料予以固定,并制作相应提取证明或者说明材料(需含登录和打印的时间、电子数据生成时间、电子数据持有人或者提供人、数字身份证书以及法律手续等基本信息,由办案单位盖章及两名以上办案人员签名)。

(二)将依法获取的数据存储于移动介质中予以固定,并制作相应提取证明或者说明材料(需含登录和刻制的时间、电子数据生成时间、电子数据持有人或者提供人、数字身份证书、法律手续、电子数据清单等基本信息，并注明类别、文件格式、完整性校验值等，由办案单位盖章及两名以上办案人员签名）。

五、监察机关、检察机关、公安机关、国家安全机关、税务机关、银行保险监督管理机构、证券监督管理机构等办案机关应当保证查控需求所涉事项及附属信息的合法性、真实性、关联性以及法律文书、办案人员执法证件的真实性、合法性、完整性、有效性。办案机关应当保证经过打印或者存储于移动介质作为证据使用的电子数据，与银行业金融机构通过网络查控平台反馈的相关数据一致。

六、银行业金融机构应运用技术验证手段，确保通过网络查控平台反馈的相关数据与银行业金融机构现场提取的业务系统数据一致，并持续优化数据质量。

■中国银监会、最高人民检察院、公安部、国家安全部银行业金融机构协助人民检察院公安机关国家安全机关查询冻结工作规定(全文)(2015年1月1日)

第一条　为规范银行业金融机构协助人民检察院、公安机关、国家安全机关查询、冻结单位或个人涉案存款、汇款等财产的行为，保障刑事侦查活动的顺利进行，保护存款人和其他客户的合法权益，根据《中华人民共和国刑事诉讼法》、《中华人民共和国商业银行法》、《中华人民共和国银行业监督管理法》等法律法规，制定本规定。

第二条　本规定所称银行业金融机构是指依法设立的商业银行、农村信用合作社、农村合作银行等吸收公众存款的金融机构以及政策性银行。

第三条　本规定所称“协助查询、冻结”是指银行业金融机构依法协助人民检察院、公安机关、国家安全机关查询、冻结单位或个人在本机构的涉案存款、汇款等财产的行为。

第四条　协助查询、冻结工作应当遵循依法合规、保护存款人和其他客户合法权益的原则。

第五条　银行业金融机构应当建立健全内部制度，完善信息系统，依法做好协助查询、冻结工作。

第六条　银行业金融机构应当在总部，省、自治区、直辖市、计划单列市分行和有条件的地市级分行指定专门受理部门和专人负责，在其他分支机构指定专门受理部门或者专人负责，统一接收和反馈人民检察院、公安机关、国家安全机关查询、冻结要求。银行业金融机构应当将专门受理部门和专人信息及时报告银行业监督管理机构，并抄送同级人民检察院、公安机关、国家安全机关。上述信息发生变动的，应当及时报告。

第七条　银行业金融机构在接到协助查询、冻结财产法律文书后，应当严格保密，严禁向被查询、冻结的单位、个人或者第三方通风报信，帮助隐匿或者转移财产。

第八条　人民检察院、公安机关、国家安全机关要求银行业金融机构协助查询、冻结或者解除冻结时，应当由两名以上办案人员持有效的本人工作证或人民警察证和加盖县级以上人民检察院、公安机关、国家安全机关公章的协助查询财产或协助冻结/解除冻结财产法律文书，到银行业金融机构现场办理，但符合本规定第二十六条情形除外。无法现场办理完毕的，可以由提出协助要求的人民检察院、公安机关、国家安全机关指派至少一名办案人员持有效的本人工作证或人民警察证和单位介绍信到银行业金融机构取回反馈结果。

第九条　银行业金融机构协助人民检察院、公安机关、国家安全机关办理查询、冻结或者解除冻结时，应当对办案人员的工作证或人民警察证以及协助查询财产或协助冻结/解除冻结财产法律文书进行形式审查。银行业金融机构应当留存上述法律文书原件及工作证或人民警察证复印件，并注明用途。银行业金融机构应当妥善保管留存的工作证或人民警察证复印件，不得挪作他用。

第十条　人民检察院、公安机关、国家安全机关需要跨地区办理查询、冻结的，可以按照本规定要求持协助查询财产或协助冻结/解除冻结财产法律文书、有效的本人工作证或人民警察证、办案协作函，与协作地县级以上人民检察院、公安机关、国家安全机关联系，协作地人民检察院、公安机关、国家安全机关应当协助执行。办案地人民检察院、公安机关、国家安全机关可以通过人民检察院、公安机关、国家安全机关信息化应用系统传输加盖电子签章的办案协作函和相关法律文书，或者将办案协作函和相关法律文书及凭证传真至协作地人民检察院、公安机关、国家安全机关。协作地人民检察院、公安机关、国家安全机关接收后，经审查确认，在传来的协助查询财产或协助冻结/解除冻结财产法律文书上加盖本地人民检察院、公安机关、国家安全机关印章，由两名以上办案人员持有效的本人工作证或人民警察证到银行业金融机构现场办理，银行业金融机构应当予以配合。

第十一条　对于涉案账户较多，办案地人民检察院、公安机关、国家安全机关需要对其集中查询、冻结的，可以分别按照以下程序办理：人民检察院、公安机关、国家安全机关需要查询、冻结的账户属于同一省、自治区、直辖市的，由办案地人民检察院、公安机关、国家安全机关出具协助查询财产或协助冻结/解除冻结财产法律文书，逐级上报并经省级人民检察院、公安机关、国家安全机关的相关业务部门批准后，由办案地人民检察院、公安机关、国家安全机关指派两名以上办案人员持有效的本人工作证或人民警察证和上述法律文书原件，到有关银行业金融机构的省、自治区、直辖市、计划单列市分行或其授权的分支机构要求办理。人民检察院、公安机关、国家安全机关需要查询、冻结的账户分属不同省、自治区、直辖市的，由办案地人民检察院、公安机关、国家安全机关出具协助查询财产或协助冻结/解除冻结财产法律文书，逐级上报并经省级人民检察院、公安机关、国家安全机关负责人批准后，由办案地人民检察院、公安机关、国家安全机关指派两名以上办案人员持有效的本人工作证或人民警察证和上述法律文书原件，到有关银行业金融机构总部或其授权的分支机构要求办理。

第十二条　对人民检察院、公安机关、国家安全机关提出的超出查询权限或者属于跨地区查询需求的，有条件的银行业金融机构可以通过内部协作程序，向有权限查询的上级机构或系统内其他分支机构提出协查请求，并通过内部程序反馈查询的人民检察院、公安机关、国家安全机关。

第十三条　协助查询财产法律文书应当提供查询账号、查询内容等信息。人民检察院、公安机关、国家安全机关无法提供具体账号时，银行业金融机构应当根据人民检察院、公安机关、国家安全机关提供的足以确定该账户的个人身份证件号码或者企业全称、组织机构代码等信息积极协助查询。没有所查询的账户的，银行业金融机构应当如实告知人民检察院、公安机关、国家安全机关，并在查询回执中注明。

第十四条　银行业金融机构协助人民检察院、公安机关、国家安全机关查询的信息仅限于涉案财产信息，包括：被查询单位或者个人开户销户信息，存款余额、交易日期、交易金额、交易方式、交易对手账户及身份等信息，电子银行信息，网银登录日志等信息，POS机商户、自动机具相关信息等。人民检察院、公安机关、国家安全机关根据需要可以抄录、复制、照相，并要求银行业金融机构在有关复制材料上加盖证明印章，但一般不得提取原件。人民检察院、公安机关、国家安全机关要求提供电子版查询结果的，银行业金融机构应当在采取必要加密措施的基础上提供，必要时可予以标注和说明。涉案账户较多，需要批量查询的，人民检察院、公安机关、国家安全机关应当同时提供电子版查询清单。

第十五条　银行业金融机构接到人民检察院、公安机关、国家安全机关协助查询需求后，应当及时办理。能够现场办理完毕的，应当现场办理并反馈。如无法现场办理完毕，对于查询单位或者个人开户销户信息、存款余额信息的，原则上应当在三个工作日以内反馈；对于查询单位或者个人交易日期、交易方式、交易对手账户及身份等信息、电子银行信息、网银登录日志等信息、POS机商户、自动机具相关信息的，原则上应当在十个工作日以内反馈。对涉案账户较多，人民检察院、公安机关、国家安全机关办理集中查询的，银行业金融机构总部或有关省、自治区、直辖市、计划单列市分行应当在前款规定的时限内反馈。因技术条件、不可抗力等客观原因，银行业金融机构无法在规定时限内反馈的，应当向人民检察院、公安机关、国家安全机关说明原因，并采取有效措施尽快反馈。

第十六条　协助冻结财产法律文书应当明确冻结账户名称、冻结账号、冻结数额、冻结期限等要素。冻结涉案账户的款项数额，应当与涉案金额相当。不得超出涉案金额范围冻结款项。冻结数额应当具体、明确。暂时无法确定具体数额的，人民检察院、公安机关、国家安全机关应当在协助冻结财产法律文书上明确注明"只收不付"。人民检察院、公安机关、国家安全机关应当明确填写冻结期限起止时间，并应当给银行业金融机构预留必要的工作时间。

第十七条 人民检察院、公安机关、国家安全机关提供手续齐全的，银行业金融机构应当立即办理冻结手续，并在协助冻结财产法律文书回执中注明办理情况。对涉案账户较多，人民检察院、公安机关、国家安全机关办理集中冻结的，银行业金融机构总部或有关省、自治区、直辖市、计划单列市分行一般应当在二十四小时以内采取冻结措施。如被冻结账户财产余额低于人民检察院、公安机关、国家安全机关要求数额时，银行业金融机构应当在冻结期内对该账户做"只收不付"处理，直至达到要求的冻结数额。

第十八条 冻结涉案存款、汇款等财产的期限不得超过六个月。有特殊原因需要延长的，作出原冻结决定的人民检察院、公安机关、国家安全机关应当在冻结期限届满前按照本规定第八条办理续冻手续。每次续冻期限不得超过六个月，续冻没有次数限制。对于重大、复杂案件，经设区的市一级以上人民检察院、公安机关、国家安全机关负责人批准，冻结涉案存款、汇款等财产的期限可以为一年。需要延长期限的，应当按照原批准权限和程序，在冻结期限届满前办理续冻手续，每次续冻期限最长不得超过一年。冻结期限届满，未办理续冻手续的，冻结自动解除。

第十九条 被冻结的存款、汇款等财产在冻结期限内如需解冻，应当由作出原冻结决定的人民检察院、公安机关、国家安全机关出具协助解除冻结财产法律文书，由两名以上办案人员持有效的本人工作证或人民警察证和协助解除冻结财产法律文书到银行业金融机构现场办理，但符合本规定第二十六条情形除外。在冻结期限内银行业金融机构不得自行解除冻结。

第二十条 对已被冻结的涉案存款、汇款等财产，人民检察院、公安机关、国家安全机关不得重复冻结，但可以轮候冻结。冻结解除的，登记在先的轮候冻结自动生效。冻结期限届满前办理续冻的，优先于轮候冻结。两个以上人民检察院、公安机关、国家安全机关要求对同一单位或个人的同一账户采取冻结措施时，银行业金融机构应当协助最先送达协助冻结财产法律文书且手续完备的人民检察院、公安机关、国家安全机关办理冻结手续。

第二十一条 下列财产和账户不得冻结：(一)金融机构存款准备金和备付金；(二)特定非金融机构备付金；(三)封闭贷款专用账户(在封闭贷款未结清期间)；(四)商业汇票保证金；(五)证券投资者保障基金、保险保障基金、存款保险基金、信托业保障基金；(六)党、团费账户和工会经费集中户；(七)社会保险基金；(八)国有企业下岗职工基本生活保障资金；(九)住房公积金和职工集资建房账户资金；(十)人民法院开立的执行账户；(十一)军队、武警部队一类保密单位开设的"特种预算存款"、"特种其他存款"和连队账户的存款；(十二)金融机构质押给中国人民银行的债券、股票、贷款；(十三)证券登记结算机构、银行间市场交易组织机构、银行间市场集中清算机构、银行间市场登记托管结算机构、经国务院批准或者同意设立的黄金交易组织机构和结算机构等依法按照业务规则收取并存放于专门清算交收账户内的特定股票、债券、票据、贵金属等有价凭证、资产和资金，以及按照业务规则要求金融机构等登记托管结算参与人、清算参与人、投资者或者发行人提供的、在交收或者清算结算完成之前的保证金、清算基金、回购质押券、价差担保物、履约担保物等担保物，支付机构客户备付金；(十四)其他法律、行政法规、司法解释、部门规章规定不得冻结的账户和款项。

第二十二条 对金融机构账户、特定非金融机构账户和以证券登记结算机构、银行间市场交易组织机构、银行间市场集中清算机构、银行间市场登记托管结算机构、经国务院批准或者同意设立的黄金交易组织机构和结算机构、支付机构等名义开立的各类专门清算交收账户、保证金账户、清算基金账户、客户备付金账户，不得整体冻结，法律另有规定的除外。

第二十三条 经查明冻结财产确实与案件无关的，人民检察院、公安机关、国家安全机关应当在三日以内按照本规定第十九条的规定及时解除冻结，并书面通知被冻结财产的所有人；因此对被冻结财产的单位或者个人造成损失的，银行业金融机构不承担法律责任，但因银行业金融机构自身操作失误或设备故障造成被冻结财产的单位或者个人损失的除外。上级人民检察院、公安机关、国家安全机关认为应当解除冻结措施的，应当责令作出冻结决定的下级人民检察院、公安机关、国家安全机关解除冻结。

第二十四条　银行业金融机构应当按照内部授权审批流程办理协助查询、冻结工作。银行业金融机构应当对协助查询、冻结工作做好登记记录，妥善保存登记信息。

第二十五条　银行业金融机构在协助人民检察院、公安机关、国家安全机关办理完毕冻结手续后，在存款单位或者个人查询时，应当告知其账户被冻结情况。被冻结款项的单位或者个人对冻结有异议的，银行业金融机构应当告知其与作出冻结决定的人民检察院、公安机关、国家安全机关联系。

第二十六条　人民检察院、公安机关、国家安全机关可以与银行业金融机构建立快速查询、冻结工作机制，办理重大、紧急案件查询、冻结工作。具体办法由银监会会同最高人民检察院、公安部、国家安全部另行制定。人民检察院、公安机关、国家安全机关可以与银行业金融机构建立电子化专线信息传输机制，查询、冻结(含续冻、解除冻结)需求发送和结果反馈原则上依托银监会及其派出机构与银行业金融机构的金融专网完成。银监会会同最高人民检察院、公安部、国家安全部制定规范化的电子化信息交互流程，确保各方依法合规使用专线传输数据，保障专线运行和信息传输的安全性。

第二十七条　银行业金融机构接到人民检察院、公安机关、国家安全机关查询、冻结账户要求后，应当立即进行办理；发现存在文书不全、要素欠缺等问题，无法办理协助查询、冻结的，应当及时要求人民检察院、公安机关、国家安全机关采取必要的补正措施；确实无法补正的，银行业金融机构应当在回执上注明原因，退回人民检察院、公安机关、国家安全机关。银行业金融机构对人民检察院、公安机关、国家安全机关提出的不符合本规定第二十一条、第二十二条的协助冻结要求有权拒绝，同时将相关理由告知办案人员。银行业金融机构与人民检察院、公安机关、国家安全机关在协助查询、冻结工作中意见不一致的，应当先行办理查询、冻结，并提请银行业监督管理机构的法律部门协调解决。

第二十八条　银行业金融机构在协助人民检察院、公安机关、国家安全机关查询、冻结工作中有下列行为之一的，由银行业监督管理机构责令改正，并责令银行业金融机构对直接负责的主管人员和其他直接责任人员依法给予处分；必要时，予以通报批评；构成犯罪的，依法追究刑事责任：(一)向被查询、冻结单位、个人或者第三方通风报信，伪造、隐匿、毁灭相关证据材料，帮助隐匿或者转移财产；(二)擅自转移或解冻已冻结的存款；(三)故意推诿、拖延，造成应被冻结的财产被转移的；(四)其他无正当理由拒绝协助配合、造成严重后果的。

第二十九条　人民检察院、公安机关、国家安全机关要求银行业金融机构协助开展相关工作时，应当符合法律、行政法规以及本规定。人民检察院、公安机关、国家安全机关违反法律、行政法规及本规定，强令银行业金融机构开展协助工作，其上级机关应当立即予以纠正；违反相关法律法规规定的，依法追究法律责任。

第三十条　银行业金融机构应当将协助查询、冻结工作纳入考核，建立奖惩机制。银行业监督管理机构和人民检察院、公安机关、国家安全机关对在协助查询、冻结工作中有突出贡献的银行业金融机构及其工作人员给予表彰。

第三十一条　此前有关银行业金融机构协助人民检察院、公安机关、国家安全机关查询、冻结工作的相关规定与本规定不一致的，以本规定为准。

第三十二条　非银行金融机构协助人民检察院、公安机关、国家安全机关查询、冻结单位或个人涉案存款、汇款等财产的，适用本规定。

第三十三条　本规定由国务院银行业监督管理机构和最高人民检察院、公安部、国家安全部共同解释。

第三十四条 本规定所称的“以上”、“以内”包括本数。

第三十五条 本规定自2015年1月1日起施行。

■中国人民银行、最高人民法院、最高人民检察院、公安部关于查询、冻结、扣划企业事业单位、机关、团体银行存款的通知(全文)(1993年12月11日)

一、关于查询单位存款、查阅有关资料的问题

人民法院因审理或执行案件,人民检察院、公安机关因查处经济违法犯罪案件,需要向银行查询企业事业单位、机关、团体与案件有关的银行存款或查阅有关的会计凭证、帐簿等资料时,银行应积极配合。查询人必须出示本人工作证或执行公务证和出具县级(含)以上人民法院、人民检察院、公安局签发的“协助查询存款通知书”,由银行行长或其他负责人(包括城市分理处、农村营业所和城乡信用社主任。下同)签字后并指定银行有关业务部门凭此提供情况和资料,并派专人接待。查询人对原件不得借走,需要的资料可以抄录、复制或照相,并经银行盖章。人民法院、人民检察院、公安机关对银行提供的情况和资料,应当依法保守秘密。

二、关于冻结单位存款的问题

人民法院因审理或执行案件,人民检察院、公安机关因查处经济犯罪案件,需要冻结企业事业单位、机关、团体与案件直接有关的一定数额的银行存款,必须出具县级(含)以上人民法院、人民检察院、公安局签发的“协助冻结存款通知书”及本人工作证或执行公务证,经银行行长(主任)签字后,银行应当立即凭此并按照应冻结资金的性质,冻结当日单位银行帐户上的同额存款(只能原帐户冻结,不能转户)。如遇被冻结单位银行帐户的存款不足冻结数额时,银行应在六个月的冻结期内冻结该单位银行帐户可以冻结的存款,直至达到需要冻结的数额。

银行在受理冻结单位存款时,应审查“协助冻结存款通知书”填写的被冻结单位开户银行名称、户名和帐号、大小写金额,发现不符的,应说明原因,退回“通知书”。

被冻结的款项在冻结期限内如需解冻,应以作出冻结决定的人民法院、人民检察院、公安机关签发的“解除冻结存款通知书”为凭,银行不得自行解冻。

冻结单位存款的期限不超过六个月。有特殊原因需要延长的,人民法院、人民检察院、公安机关应当在冻结期满前办理继续冻结手续。每次续冻期限最长不超过六个月。逾期不办理继续冻结手续的,视为自动撤销冻结。

人民法院、人民检察院、公安机关冻结单位银行存款发生失误,应及时予以纠正,并向被冻结银行存款的单位作出解释。

被冻结的款项,不属于赃款的,冻结期间应计付利息,在扣划时其利息应付给债权单位;属于赃款的,冻结期间不计付利息,如冻结有误,解除冻结时应补计冻结期间利息。

三、关于扣划单位存款的问题

人民法院审理或执行案件,人民检察院、公安机关对查处的经济犯罪案件作出免于起诉、不予起诉、撤销案件和结案处理的决定,在执行时,需要银行协助扣划企业事业单位、机关、团体的银行存款,必须出具县级(含)以上人民法院、人民检察院、公安局签发的“协助扣划存款通知书”(附人民法院发生法律效力的判决书、裁定书、调解书、支付令、制裁决定的副本或行政机关的行政处罚决定书副本,人民检察院的免予起诉决定书、不起诉决定书、撤销案件决定书的副本,公安机关的处理决定书、刑事案件立案报告表的副本)及本人工作证或执行公务证,银行应当凭此立即扣划单位的有关存款。

银行受理扣划单位存款时,应审查“协助扣划存款通知书”填写的被执行单位的开户银行名称、户名和帐号、大小写金额、如发现不符,或缺少应附的法律文书副本,以及法律文书副本有关内容与“通知书”的内容不符,应说明原因,退回“通知书”和所附的法律文书副本。

为使银行扣划单位存款得以顺利进行,人民法院、人民检察院、公安机关在需要银行协助扣划单位存款时,应向银行全面了解被执行单位的支付能力,银行应如实提供情况。人民法院、人民检察院、公安机关在充分掌握情况之后,实事求是地确定应予执行的期限,对于立即执行确有困难的,可以确定缓解或分期执行。在确定的执行期限内,被执行单位没有正当理由逾期不执行的,银行在接到“协助扣划存款通知”后,只要被执行单位银行帐户有款可付,应当立即扣划,不得延误。当日无款或不足扣划的,银行应及时通知人民法院、人民检察院、公安机关,待单位帐上有款时,尽快予以扣划。

扣划的款项,属于归还银行贷款的,应直接划给贷款银行,用于归还贷款;属于给付债权单位的款项,应直接划给债权单位;属于给付多个债权单位的款项,需要从多处扣划被转移的款项待结案归还或给付的,可暂扣划至办案单位在银行开立的机关团体一般存款科目赃款暂收户或代扣款户(不计付利息)。待追缴工作结束后,依法分割返还或给付;属于上缴国家的款项,应直接扣划上缴国库。

四、关于异地查询、冻结、扣划问题

作出查询、冻结、扣划决定的人民法院、人民检察院、公安机关与协助执行的银行不在同一辖区的,可以直接到协助执行的银行办理查询、冻结、扣划单位存款,不受辖区范围的限制。

五、关于冻结、扣划军队、武警部队存款的问题

军队、武警部队一类保密单位开设的“特种预算存款”、“特种其他存款”和连队帐户的存款,原则上不采取冻结或扣划等项诉讼保证措施。但军队、武警部队的其余存款可以冻结和扣划。

六、关于冻结、扣划专业银行、其他银行和非银行金融机构在人民银行存款的问题

人民法院因审理经济纠纷案件或经济犯罪案件,人民检察院、公安机关因查处经济违法犯罪案件,需要执行专业银行、其他银行和非银行金融机构在人民银行的款项,应通知被执行的银行和非银行金融机构自动履行。

七、关于冻结、扣划单位存款遇有问题的处理原则

两家以上的人民法院、人民检察院、公安机关对同一存款冻结、扣划时,银行应根据最先收取的协助执行通知书办理冻结和扣划。在协助执行时,如对具体执行哪一个机关的冻结、扣划通知有争议,由争议的机关协商解决或者由其上级机关决定。

八、关于各单位的协调和配合

人民法院、人民检察院、公安机关、银行要依法行使职权和履行协助义务,积极配合。遇有问题或人民法院、人民检察院、公安机关与协助执行的银行意见不一致时,不应拘留银行人员,而应提请双方的上级部门共同协商解决。银行人员违反有关法律规定,无故拒绝协助执行、擅自转移或解冻已冻结的存款,为当事人通风报信、协助其转移、隐匿财产的,应依法承担责任。

以上各项规定,请认真贯彻执行。

过去的规定与本文有抵触的,以本规定为准。

附件:协助查询、冻结、解冻、扣划单位存款通知书文书格式(略)

■最高人民法院、最高人民检察院、公安部、司法部关于办理黑社会性质组织犯罪案件若干问题的规定(2012年9月11日)

六、涉案财产的控制和处理

第十七条 根据黑社会性质组织犯罪案件的诉讼需要,公安机关、人民检察院、人民法院可以依法查询、查封、扣押、冻结与案件有关的下列财产:

(一)黑社会性质组织的财产;

(二)犯罪嫌疑人、被告人个人所有的财产;

(三)犯罪嫌疑人、被告人实际控制的财产;

(四)犯罪嫌疑人、被告人出资购买的财产;

（五）犯罪嫌疑人、被告人转移至他人的财产；

（六）其他与黑社会性质组织及其违法犯罪活动有关的财产。

对于本条第一款的财产，有证据证明与黑社会性质组织及其违法犯罪活动无关的，应当依法立即解除查封、扣押、冻结措施。

第十八条 查封、扣押、冻结财产的，应当一并扣押证明财产所有权或者相关权益的法律文件和文书。

在侦查、起诉、审判过程中，查询、查封、扣押、冻结财产需要其他部门配合或者执行的，应当分别经县级以上公安机关负责人、人民检察院检察长、人民法院院长批准，通知有关部门配合或者执行。

查封、扣押、冻结已登记的不动产、特定动产及其他财产，应当通知有关登记机关，在查封、扣押、冻结期间禁止被查封、扣押、冻结的财产流转，不得办理被查封、扣押、冻结财产权属变更、抵押等手续；必要时可以提取有关产权证照。

第十九条 对于不宜查封、扣押、冻结的经营性财产，公安机关、人民检察院、人民法院可以申请当地政府指定有关部门或者委托有关机构代管。

第二十条 对于黑社会性质组织形成、发展过程中，组织及其成员通过违法犯罪活动或者其他不正当手段聚敛的财产及其孳息、收益，以及用于违法犯罪的工具和其他财物，应当依法追缴、没收。

对于其他个人或者单位利用黑社会性质组织及其成员的违法犯罪活动获得的财产及其孳息、收益，应当依法追缴、没收。

对于明知是黑社会性质组织而予以资助、支持的，依法没收资助、支持的财产。

对于被害人的合法财产及其孳息，应当依法及时返还或者责令退赔。

第二十一条 依法应当追缴、没收的财产无法找到、被他人善意取得、价值灭失或者与其他合法财产混合且不可分割的，可以追缴、没收其他等值财产。

对黑社会性质组织及其成员聚敛的财产及其孳息、收益的数额，办案单位可以委托专门机构评估；确实无法准确计算的，可以根据有关法律规定及查明的事实、证据合理估算。

第三十条 本规定自印发之日起施行。

■最高人民法院、最高人民检察院关于对冻结、扣划企业事业单位、机关团体在银行、非银行金融机构存款的执法活动加强监督的通知（全文）（1996年8月13日）

一、最高人民法院、最高人民检察院、公安部发现地方各级人民法院、人民检察院、公安机关冻结、解冻、扣划有关单位在银行、非银行金融机构存款有错误时，上级人民法院、人民检察院、公安机关发现下级人民法院、人民检察院、公安机关冻结、解冻、扣划有关单位在银行、非银行金融机构存款有错误时，可以依照法定程序作出决定或者裁定，送达本系统地方各级或下级有关法院、检察院、公安机关限期纠正。有关法院、检察院、公安机关应当立即执行。

二、有关法院、检察院、公安机关认为上级机关的决定或者裁定有错误的，可在收到该决定或者裁定之日起5日以内向作出决定或裁定的人民法院、人民检察院、公安机关请求复议。最高人民法院、最高人民检察院、公安部或上级人民法院、人民检察院、公安机关经审查，认为请求复议的理由不能成立，依法有权直接向有关银行发出法律文书，纠正各自的下级机关所作的错误决定，并通知原作出决定的机关；有关银行、非银行金融机构接到此项法律文书后，应当立即办理，不得延误，不必征得原作出决定机关的同意。

■金融机构协助查询、冻结、扣划工作管理规定（全文）（2002年2月1日）

第一条 为规范金融机构协助有权机关查询、冻结和扣划单位、个人在金融机构存款的行为，根据《中华人民共和国商业银行法》及其他有关法律、行政法规的规定，制定本规定。

第二条 本规定所称“协助查询、冻结、扣划”是指金融机构依法协助有权机关查询、冻结、扣划单位或个人在金融机构存款的行为。

协助查询是指金融机构依照有关法律或行政法规的规定以及有权机关查询的要求，将单位或个人存款的金额、币种以及其他存款信息告知有权机关的行为。

协助冻结是指导金融机构依照法律的规定以及有权机关冻结的要求，在一定时期内禁止单位或个人提取其存款账户内的全部或部分存款的行为。

协助扣划是指金融机构依照法律的规定以及有权机关扣划的要求，将单位或个人存款账户内的全部或部分存款资金划拨到指定账户上的行为。

第三条　本规定所称金融机构是指依法经营存款业务的金融机构（含外资金融机构），包括政策性银行、商业银行、城市和农村信用合作社、财务公司、邮政储蓄机构等。

金融机构协助查询、冻结和扣划存款，应当在存款人开户的营业分支机构具体办理。

第四条　本规定所称有权机关是指依照法律、行政法规的明确规定，有权查询、冻结、扣划单位或个人在金融机构存款的司法机关、行政机关、军事机关及行使行政职能的事业单位（详见附表）。

第五条　协助查询、冻结和扣划工作应当遵循依法合规、不损害客户合法权益的原则。

第六条　金融机构应当依法做好协助工作，建立健全有关规章制度，切实加强协助查询、冻结、扣划的管理工作。

第七条　金融机构应当在其营业机构确定专职部门或专职人员，负责接待要求协助查询、冻结、扣划的有权机关，及时处理协助事宜，并注意保守国家秘密。

第八条　办理协助查询业务时，经办人员应当核实执法人员的工作证件，以及有权机关县团级以上（含，下同）机构签发的协助查询存款通知书。

第九条　办理协助冻结业务时，金融机构经办人员应当核实以下证件和法律文书：

（一）有权机关执法人员的工作证件；

（二）有权机关县团级以上机构签发的协助冻结存款通知书，法律、行政法规规定应当由有权机关主要负责人签字的，应当由主要负责人签字；

（三）人民法院出具的冻结存款裁定书、其他有权机关出具的冻结存款决定书。

第十条　办理协助扣划业务时，金融机构经办人员应当核实以下证件和法律文书：

（一）有权机关执法人员的工作证件；

（二）有权机关县团级以上机构签发的协助扣划存款通知书，法律、行政法规规定应当由有权机关主要负责人签字的，应当由主要负责人签字；

（三）有关生效法律文书或行政机关的有关决定书。

第十一条　金融机构在协助冻结、扣划单位或个人存款时，应当审查以下内容；

（一）“协助冻结、扣划存款通知书”填写的需被冻结或扣划存款的单位或个人开户金融机构名称、户名和账号、大小写金额；

（二）协助冻结或扣划存款通知书上的义务人应与所依据的法律文书上的义务人相同；

（三）协助冻结或扣划存款通知书上的冻结或扣划金额应当是确定的。如发现缺少应附的法律文书，以及法律文书有关内容与“协助冻结、扣划存款通知书”的内容不符，应说明原因，退回“协助冻结、扣划存款通知书”或所附的法律文书。

有权机关对个人存款户不能提供账户的，金融机构应当要求有权机关提供该个人的居民身份证号码或其它足以确定该个人存款账户的情况。

第十二条　金融机构应当按照内控制度的规定建立和完善协助查询、冻结和扣划工作的登记制度。

金融机构在协助有权机关办理查询、冻结和扣划手续时，应对下列情况进行登记：有权机关名称，执法人员姓名和证件号码，金融机构经办人员姓名，被查询、冻结、扣划单位或个人的名称或姓名，协助查询、冻结、扣划的时间和金额，相关法律文书名称及文号，协助结果等。

登记表应当在协助办理查询、冻结、扣划手续时填写，并由有权机关执法人员和金融机构经办人签字。

金融机构应当妥善保存登记表，并严格保守有关国家秘密。

金融机构协助查询、冻结、扣划存款，涉及内控制度中的核实、授权和审批工作时，应当严格按内控制度及时办理相关手续，不得拖延推诿。

第十三条　金融机构对有权机关办理查询、冻结和扣划手续完备的，应当认真协助办理。在接到协助冻结、扣划存款通知书后，不得再扣划应当协助执行的款项用于收贷收息，不得向被查询、冻结、扣划单位或个人通风报信，帮助隐匿或转移存款。

金融机构在协助有权机关办理完毕查询存款手续后，有权机关要求予以保密的，金融机构应当保守秘密。金融机构在协助有权机关办理完毕冻结、扣划存款手续后，根据业务需要可以通知存款单位或个人。

第十四条　金融机构协助有权机关查询的资料应限于存款资料，包括被查询单位或个人开户、存款情况以及与存款有关的会计凭证、账簿、对账单等资料。对上述资料，金融机构应当如实提供，有权机关根据需要可以抄录、复制、照相，但不得带走原件。

金融机构协助复制存款资料等支付了成本费用的，可以按相关规定收取工本费。

第十五条　有权机关在查询单位存款情况时，只提供被查询单位名称而未提供账号的，金融机构应当根据账户管理档案积极协助查询，没有所查询的账户的，应如实告知有权机关。

第十六条　冻结单位或个人存款的期限最长为六个月，期满后可以续冻。有权机关应在冻结期满前办理续冻手续，逾期未办理续冻手续的，视为自动解除冻结措施。

第十七条　有权机关要求对已被冻结的存款再行冻结的，金融机构不予办理并应当说明情况。

第十八条　在冻结期限内，只有在原作出冻结决定的有权机关作出解冻决定并出具解除冻结存款通知书的情况下，金融机构才能对已经冻结的存款予以解冻。被冻结存款的单位或个人对冻结提出异议的，金融机构应告知其与作出冻结决定的有权机关联系，在存款冻结期限内金融机构不得自行解冻。

第十九条　有权机关在冻结、解冻工作中发生错误，其上级机关直接作出变更决定或裁定的，金融机构接到变更决定书或裁定书后，应当予以办理。

第二十条　金融机构协助扣划时，应当将扣划的存款直接划入有权机关指定的账户。有权机关要求提取现金的，金融机构不予协助。

第二十一条　查询、冻结、扣划存款通知书与解除冻结、扣划存款通知书均应由有权机关执法人员依法送达，金融机构不接受有权机关执法人员以外的人员代为送达的上述通知书。

第二十二条　两个以上有权机关对同一单位或个人的同一笔存款采取冻结或扣划措施时，金融机构应当协助最先送达协助冻结、扣划存款通知书的有权机关办理冻结、扣划手续。

两个以上有权机关对金融机构协助冻结、扣划的具体措施有争议的，金融机构应当按照有关争议机关协商后的意见办理。

第二十三条　本规定由中国人民银行负责解释。

第二十四条　本规定自2002年2月1日起施行。

附表：有权查询、冻结、扣划单位、个人存款的执法机关一览表（略）

第一百四十五条　【与案件无关的查封、扣押的物件的退还】对查封、扣押的财物、文件、邮件、电报或者冻结的存款、汇款、债券、股票、基金份额等财产，经查明确实与案件无关的，应当在三日以内解除查封、扣押、冻结，予以退还。

■人民检察院刑事诉讼规则（2019年12月30日）

第二百一十一条　对犯罪嫌疑人使用违法所得与合法收入共同购置的不可分割的财产，可以先行查封、扣押、冻结。对无法分割退还的财产，应当在结案后予以拍卖、变卖，对不属于违法所得的部分予以退还。

第二百一十五条　对于冻结的存款、汇款、债券、股票、基金份额等财产，经查明确实与案件无关的，应当在三日以内解除冻结，并通知财产所有人。

第二百一十七条　对于扣押的款项和物品，应当在三日以内将款项存入唯一合规账户，将物品送负责案件管理的部门保管。法律或者有关规定另有规定的除外。

对于查封、扣押在人民检察院的物品、文件、邮件、电报，人民检察院应当妥善保管。经查明确实与案件无关的，应当在三日以内作出解除或者退还决定，并通知有关单位、当事人办理相关手续。

■中国银监会、公安部电信网络新型违法犯罪案件冻结资金返还若干规定（全文）（2016年9月18日）

第一条　为维护公民、法人和其他组织的财产权益，减少电信网络新型违法犯罪案件被害人的财产损失，确保依法、及时、便捷返还冻结资金，根据《中华人民共和国刑法》、《中华人民共和国刑事诉讼法》、《中华人民共和国银行业监督管理法》、《中华人民共和国商业银行法》等法律、行政法规，制定本规定。

第二条　本规定所称电信网络新型违法犯罪案件，是指不法分子利用电信、互联网等技术，通过发送短信、拨打电话、植入木马等手段，诱骗（盗取）被害人资金汇（存）入其控制的银行账户，实施的违法犯罪案件。

本规定所称冻结资金，是指公安机关依照法律规定对特定银行账户实施冻结措施，并由银行业金融机构协助执行的资金。本规定所称被害人，包括自然人、法人和其他组织。

第三条　公安机关应当依照法律、行政法规和本规定的职责、范围、条件和程序，坚持客观、公正、便民的原则，实施涉案冻结资金返还工作。

银行业金融机构应当依照有关法律、行政法规和本规定，协助公安机关实施涉案冻结资金返还工作。

第四条　公安机关负责查清被害人资金流向，及时通知被害人，并作出资金返还决定，实施返还。

银行业监督管理机构负责督促、检查辖区内银行业金融机构协助查询、冻结、返还工作，并就执行中的问题与公安机关进行协调。

银行业金融机构依法协助公安机关查清被害人资金流向，将所涉资金返还至公安机关指定的被害人账户。

第五条　被害人在办理被骗（盗）资金返还过程中，应当提供真实有效的信息，配合公安机关和银行业金融机构开展相应的工作。

被害人应当由本人办理冻结资金返还手续。本人不能办理的，可以委托代理人办理；公安机关应当核实委托关系的真实性。

被害人委托代理人办理冻结资金返还手续的，应当出具合法的委托手续。

第六条　对电信网络新型违法犯罪案件，公安机关冻结涉案资金后，应当主动告知被害人。

被害人向冻结公安机关或者受理案件地公安机关提出冻结涉案资金返还请求的，应当填写《电信网络新型违法犯罪涉案资金返还申请表》（附件1）。

冻结公安机关应当对被害人的申请进行审核，经查明冻结资金确属被害人的合法财产，权属明确无争议的，制作《电信网络新型违法犯罪涉案资金流向表》和《呈请返还资金报告书》（附件2），由设区的市一级以上公安机关批准并出具《电信网络新型违法犯罪冻结资金返还决定书》（附件3）。

受理案件地公安机关与冻结公安机关不是同一机关的，受理案件地公安机关应当及时向冻结公安机关移交受、立案法律手续、询问笔录、被骗盗银行卡账户证明、身份信息证明、《电信网络新型违法犯罪涉案资金返还申请表》等相关材料，冻结公安机关按照前款规定进行审核决定。

冻结资金应当返还至被害人原汇出银行账户，如原银行账户无法接受返还，也可以向被害人提供的其他银行账户返还。

第七条　冻结公安机关对依法冻结的涉案资金，应当以转账时间戳（银行电子系统记载的时间点）为标记，核查各级转账资金走向，一一对应还原资金流向，制作《电信网络新型违法犯罪案件涉案资金流向表》。

第八条　冻结资金以溯源返还为原则，由公安机关区分不同情况按以下方式返还：

（一）冻结账户内仅有单笔汇（存）款记录，可直接溯源被害人的，直接返还被害人；

（二）冻结账户内有多笔汇（存）款记录，按照时间戳记载可以直接溯源被害人的，直接返还被害人；

（三）冻结账户内有多笔汇（存）款记录，按照时间戳记载无法直接溯源被害人的，按照被害人被骗（盗）金额占冻结在案资金总额的比例返还（返还计算公式见附件4）。

按比例返还的，公安机关应当发出公告，公告期为30日，公告期间内被害人、其他利害关系人可就返还冻结提出异议，公安机关依法进行审核。

冻结账户返还后剩余资金在原冻结期内继续冻结；公安机关根据办案需要可以在冻结期满前依法办理续冻手续。如查清新的被害人，公安机关可以按照本规定启动新的返还程序。

第九条　被害人以现金通过自动柜员机或者柜台存入涉案账户内的，涉案账户交易明细账中的存款记录与被害人笔录核对相符的，可以依照本规定第八条的规定，予以返还。

第十条　公安机关办理资金返还工作时，应当制作《电信网络新型违法犯罪冻结资金协助返还通知书》（附件5），由两名以上公安机关办案人员持本人有效人民警察证和《电信网络新型违法犯罪冻结资金协助返还通知书》前往冻结银行办理返还工作。

第十一条　立案地涉及多地，对资金返还存在争议的，应当由共同上级公安机关确定一个公安机关负责返还工作。

第十二条　银行业金融机构办理返还时，应当对办案人员的人民警察证和《电信网络新型违法犯罪冻结资金协助返还通知书》进行审查。对于提供的材料不完备的，有权要求办案公安机关补正。

银行业金融机构应当及时协助公安机关办理返还。能够现场办理完毕的，应当现场办理；现场无法办理完毕的，应当在三个工作日内办理完毕。银行业金融机构应当将回执反馈公安机关。

银行业金融机构应当留存《电信网络新型违法犯罪冻结资金协助返还通知书》原件、人民警察证复印件，并妥善保管留存，不得挪作他用。

第十三条　银行业金融机构应当指定专门机构和人员，承办电信网络新型违法犯罪涉案资金返还工作。

第十四条　公安机关违法办理资金返还，造成当事人合法权益损失的，依法承担法律责任。

第十五条　中国银监会和公安部应当加强对新型电信网络违法犯罪冻结资金返还工作的指导和监督。

银行业金融机构违反协助公安机关资金返还义务的，按照《银行业金融机构协助人民检察院公安机关国家安全机关查询冻结工作规定》第二十八条的规定，追究相应机构和人员的责任。

第十六条　本规定由中国银监会和公安部共同解释。执行中遇有具体应用问题，可以向银监会法律部门和公安部刑事侦查局报告。

第十七条　本规定自发布之日起施行。

附件：

1. 电信网络新型违法犯罪案件冻结资金返还申请表(略)
2. 呈请返还资金报告书(略)
3. 电信网络新型违法犯罪冻结资金返还决定书(略)
4. 电信网络新型违法犯罪冻结资金协助返还通知书(略)
5. 资金返还比例计算方法(略)

▼电信网络新型违法犯罪案件冻结资金返还若干规定实施细则(2016年12月2日)(略)

第七节 鉴 定

第一百四十六条 【鉴定的目的和鉴定人资格】为了查明案情,需要解决案件中某些专门性问题的时候,应当指派、聘请有专门知识的人进行鉴定。

■全国人民代表大会常务委员会关于司法鉴定管理问题的决定(全文)(2015年4月24日)

为了加强对鉴定人和鉴定机构的管理,适应司法机关和公民、组织进行诉讼的需要,保障诉讼活动的顺利进行,特作如下决定:

一、司法鉴定是指在诉讼活动中鉴定人运用科学技术或者专门知识对诉讼涉及的专门性问题进行鉴别和判断并提供鉴定意见的活动。

二、国家对从事下列司法鉴定业务的鉴定人和鉴定机构实行登记管理制度:

(一)法医类鉴定;

(二)物证类鉴定;

(三)声像资料鉴定;

(四)根据诉讼需要由国务院司法行政部门商最高人民法院、最高人民检察院确定的其他应当对鉴定人和鉴定机构实行登记管理的鉴定事项。

法律对前款规定事项的鉴定人和鉴定机构的管理另有规定的,从其规定。

三、国务院司法行政部门主管全国鉴定人和鉴定机构的登记管理工作。省级人民政府司法行政部门依照本决定的规定,负责对鉴定人和鉴定机构的登记、名册编制和公告。

四、具备下列条件之一的人员,可以申请登记从事司法鉴定业务:

(一)具有与所申请从事的司法鉴定业务相关的高级专业技术职称;

(二)具有与所申请从事的司法鉴定业务相关的专业执业资格或者高等院校相关专业本科以上学历,从事相关工作五年以上;

(三)具有与所申请从事的司法鉴定业务相关工作十年以上经历,具有较强的专业技能。

因故意犯罪或者职务过失犯罪受过刑事处罚的,受过开除公职处分的,以及被撤销鉴定人登记的人员,不得从事司法鉴定业务。

五、法人或者其他组织申请从事司法鉴定业务的,应当具备下列条件:

(一)有明确的业务范围;

(二)有在业务范围内进行司法鉴定所必需的仪器、设备;

(三)有在业务范围内进行司法鉴定所必需的依法通过计量认证或者实验室认可的检测实验室;

(四)每项司法鉴定业务有三名以上鉴定人。

六、申请从事司法鉴定业务的个人、法人或者其他组织,由省级人民政府司法行政部门审核,对符合条件的予以登记,编入鉴定人和鉴定机构名册并公告。

省级人民政府司法行政部门应当根据鉴定人或者鉴定机构的增加和撤销登记情况,定期更新所编制的鉴定人和鉴定机构名册并公告。

七、侦查机关根据侦查工作的需要设立的鉴定机构,不得面向社会接受委托从事司法鉴定业务。

人民法院和司法行政部门不得设立鉴定机构。

八、各鉴定机构之间没有隶属关系;鉴定机构接受委托从事司法鉴定业务,不受地域范围的限制。

鉴定人应当在一个鉴定机构中从事司法鉴定业务。

九、在诉讼中,对本决定第二条所规定的鉴定事项发生争议,需要鉴定的,应当委托列入鉴定人名册的鉴定人进行鉴定。鉴定人从事司法鉴定业务,由所在的鉴定机构统一接受委托。

鉴定人和鉴定机构应当在鉴定人和鉴定机构名册注明的业务范围内从事司法鉴定业务。

鉴定人应当依照诉讼法律规定实行回避。

十、司法鉴定实行鉴定人负责制度。鉴定人应当独立进行鉴定,对鉴定意见负责并在鉴定书上签名或者盖章。多人参加的鉴定,对鉴定意见有不同意见的,应当注明。

十一、在诉讼中,当事人对鉴定意见有异议的,经人民法院依法通知,鉴定人应当出庭作证。

十二、鉴定人和鉴定机构从事司法鉴定业务,应当遵守法律、法规,遵守职业道德和职业纪律,尊重科学,遵守技术操作规范。

十三、鉴定人或者鉴定机构有违反本决定规定行为的,由省级人民政府司法行政部门予以警告,责令改正。

鉴定人或者鉴定机构有下列情形之一的,由省级人民政府司法行政部门给予停止从事司法鉴定业务三个月以上一年以下的处罚;情节严重的,撤销登记:

(一)因严重不负责任给当事人合法权益造成重大损失的;

(二)提供虚假证明文件或者采取其他欺诈手段,骗取登记的;

(三)经人民法院依法通知,拒绝出庭作证的;

(四)法律、行政法规规定的其他情形。

鉴定人故意作虚假鉴定,构成犯罪的,依法追究刑事责任;尚不构成犯罪的,依照前款规定处罚。

十四、司法行政部门在鉴定人和鉴定机构的登记管理工作中,应当严格依法办事,积极推进司法鉴定的规范化、法制化。对于滥用职权、玩忽职守,造成严重后果的直接责任人员,应当追究相应的法律责任。

十五、司法鉴定的收费标准由省、自治区、直辖市人民政府价格主管部门会同同级司法行政部门制定。

十六、对鉴定人和鉴定机构进行登记、名册编制和公告的具体办法,由国务院司法行政部门制定,报国务院批准。

十七、本决定下列用语的含义是:

(一)法医类鉴定,包括法医病理鉴定、法医临床鉴定、法医精神病鉴定、法医物证鉴定和法医毒物鉴定。

(二)物证类鉴定,包括文书鉴定、痕迹鉴定和微量鉴定。

(三)声像资料鉴定,包括对录音带、录像带、磁盘、光盘、图片等载体上记录的声音、图像信息的真实性、完整性及其所反映的情况过程进行的鉴定和对记录的声音、图像中的语言、人体、物体作出种类或者同一认定。

十八、本决定自2005年10月1日起施行。

■人民检察院刑事诉讼规则(2019年12月30日)

第二百一十八条 人民检察院为了查明案情,解决案件中某些专门性的问题,可以进行鉴定。

鉴定由人民检察院有鉴定资格的人员进行。必要时,也可以聘请其他有鉴定资格的人员进行,但是应当征得鉴定人所在单位同意。

第二百一十九条　人民检察院应当为鉴定人提供必要条件，及时向鉴定人送交有关检材和对比样本等原始材料，介绍与鉴定有关的情况，并明确提出要求鉴定解决的问题，但是不得暗示或者强迫鉴定人作出某种鉴定意见。

■公安机关办理刑事案件程序规定(2020 年 9 月 1 日)

第二百四十八条　为了查明案情，解决案件中某些专门性问题，应当指派、聘请有专门知识的人进行鉴定。

需要聘请有专门知识的人进行鉴定，应当经县级以上公安机关负责人批准后，制作鉴定聘请书。

第二百四十九条　公安机关应当为鉴定人进行鉴定提供必要的条件，及时向鉴定人送交有关检材和对比样本等原始材料，介绍与鉴定有关的情况，并且明确提出要求鉴定解决的问题。

禁止暗示或者强迫鉴定人作出某种鉴定意见。

第二百五十条　侦查人员应当做好检材的保管和送检工作，并注明检材送检环节的责任人，确保检材在流转环节中的同一性和不被污染。

■最高人民检察院关于贯彻《全国人民代表大会常务委员会关于司法鉴定管理问题的决定》有关工作的通知(全文)(2005 年 10 月 1 日)

一、根据《决定》的规定，自 10 月 1 日起，各级检察机关的鉴定机构不得面向社会接受委托从事鉴定业务，鉴定人员不得参与面向社会服务的司法鉴定机构组织的司法鉴定活动。

二、根据《决定》的有关规定，检察机关的鉴定机构和鉴定人员不得在司法行政机关登记注册从事面向社会的鉴定业务。已经登记注册的事业性质鉴定机构，如继续面向社会从事司法鉴定业务，要在 10 月 1 日前与人民检察院在人、财、物上脱钩，否则应办理注销登记。

三、检察机关鉴定机构可以受理下列鉴定案件：

1. 检察机关业务工作所需的鉴定；

2. 有关部门交办的鉴定；

3. 其他司法机关委托的鉴定。

四、各级检察技术部门要围绕“强化法律监督，维护公平正义”的检察工作主题，着眼于提高检察机关法律监督能力，加大对批捕、公诉工作中技术性证据的审查力度，积极开展文证审查工作，为检察机关履行法律监督职能提供技术保障。

五、检察机关内部委托的鉴定，仍实行逐级委托制度。其他司法机关委托的鉴定，实行同级委托制度，即进行鉴定前，需有同级司法机关的委托或介绍。

六、为贯彻落实《决定》，最高人民检察院将制定《人民检察院鉴定工作规则》、《人民检察院鉴定机构管理办法》、《人民检察院鉴定人管理办法》、《人民检察院文证审查工作规定》和各专业门类的工作细则等，进一步加强和规范人民检察院的鉴定工作。各级人民检察院要根据《决定》要求和精神，结合中央政法委关于开展“规范执法行为，促进执法公正”专项整改活动的要求，加张检察机关鉴定工作管理，规范工作程序，保证鉴定质量。

■人民法院司法鉴定工作暂行规定(全文)(2001 年 11 月 16 日)

第一章　总则

第一条　为了规范人民法院司法鉴定工作，根据《中华人民共和国刑事诉讼法》、《中华人民共和国民事诉讼法》、《中华人民共和国行政诉讼法》、《中华人民共和国人民法院组织法》等法律，制定本规定。

第二条　本规定所称司法鉴定，是指在诉讼过程中，为查明案件事实，人民法院依据职权，或者应当事人及其他诉讼参与人的申请，指派或委托具有专门知识人，对专门性问题进行检验、鉴别和评定的活动。

第三条　司法鉴定应当遵循下列原则：

（一）合法、独立、公开；

（二）客观、科学、准确；

（三）文明、公正、高效。

第四条　凡需要进行司法鉴定的案件，应当由人民法院司法鉴定机构鉴定，或者由人民法院司法鉴定机构统一对外委托鉴定。

第五条　最高人民法院指导地方各级人民法院的司法鉴定工作，上级人民法院指导下级人民法院的司法鉴定工作。

第二章　司法鉴定机构及鉴定人

第六条　最高人民法院、各高级人民法院和有条件的中级人民法院设立独立的司法鉴定机构。新建司法鉴定机构须报最高人民法院批准。

最高人民法院的司法鉴定机构为人民法院司法鉴定中心，根据工作需要可设立分支机构。

第七条　鉴定人权利：

（一）了解案情，要求委托人提供鉴定所需的材料；

（二）勘验现场，进行有关的检验，询问与鉴定有关的当事人。必要时，可申请人民法院依据职权采集鉴定材料，决定鉴定方法和处理检材；

（三）自主阐述鉴定观点，与其他鉴定人意见不同时，可不在鉴定文书上署名；

（四）拒绝受理违反法律规定的委托。

第八条　鉴定人义务：

（一）尊重科学，恪守职业道德；

（二）保守案件秘密；

（三）及时出具鉴定结论；

（四）依法出庭宣读鉴定结论并回答与鉴定相关的提问。

第九条　有下列情形之一的，鉴定人应当回避：

（一）鉴定人系案件的当事人，或者当事人的近亲属；

（二）鉴定人的近亲属与案件有利害关系；

（三）鉴定人担任过本案的证人、辩护人、诉讼代理人；

（四）其他可能影响准确鉴定的情形。

第三章　委托与受理

第十条　各级人民法院司法鉴定机构，受理本院及下级人民法院委托的司法鉴定。下级人民法院可逐级委托上级人民法院司法鉴定机构鉴定。

第十一条　司法鉴定应当采用书面委托形式，提出鉴定目的、要求，提供必要的案情说明材料和鉴定材料。

第十二条　司法鉴定机构应当在3日内做出是否受理的决定。对不予受理的，应当向委托人说明原因。

第十三条　司法鉴定机构接受委托后，可根据情况自行鉴定，也可以组织专家、联合科研机构或者委托从相关鉴定人名册中随机选定的鉴定人进行鉴定。

第十四条　有下列情形之一需要重新鉴定的，人民法院应当委托上级法院的司法鉴定机构做重新鉴定：

（一）鉴定人不具备相关鉴定资格的；

（二）鉴定程序不符合法律规定的；

(三)鉴定结论与其他证据有矛盾的;

(四)鉴定材料有虚假,或者原鉴定方法有缺陷的;

(五)鉴定人应当回避没有回避,而对其鉴定结论有持不同意见的;

(六)同一案件具有多个不同鉴定结论的;

(七)有证据证明存在影响鉴定人准确鉴定因素的。

第十五条 司法鉴定机构可受人民法院的委托,对拟作为证据使用的鉴定文书、检验报告、勘验检查记录、医疗病情资料、会计资料等材料作文证审查。

第四章 检验与鉴定

第十六条 鉴定工作一般应按下列步骤进行:

(一)审查鉴定委托书;

(二)查验送检材料、客体,审查相关技术资料;

(三)根据技术规范制定鉴定方案;

(四)对鉴定活动进行详细记录;

(五)出具鉴定文书。

第十七条 对存在损耗检材的鉴定,应当向委托人说明。必要时,应由委托人出具检材处理授权书。

第十八条 检验取样和鉴定取样时,应当通知委托人、当事人或者代理人到场。

第十九条 进行身体检查时,受检人、鉴定人互为异性的,应当增派一名女性工作人员在场。

第二十条 对疑难或者涉及多学科的鉴定,出具鉴定结论前,可听取有关专家的意见。

第五章 鉴定期限、鉴定中止与鉴定终结

第二十一条 鉴定期限是指决定受理委托鉴定之日起,到发出鉴定文书之日止的时间。

一般的司法鉴定应当在30个工作日内完成;疑难的司法鉴定应当在60个工作日内完成。

第二十二条 具有下列情形之一,影响鉴定期限的,应当中止鉴定:

(一)受检人或者其他受检物处于不稳定状态,影响鉴定结论的;

(二)受检人不能在指定的时间、地点接受检验的;

(三)因特殊检验需预约时间或者等待检验结果的;

(四)须补充鉴定材料的。

第二十三条 具有下列情形之一的,可终结鉴定:

(一)无法获取必要的鉴定材料的;

(二)被鉴定人或者受检人不配合检验,经做工作仍不配合的;

(三)鉴定过程中撤诉或者调解结案的;

(四)其他情况使鉴定无法进行的。在规定期限内,鉴定人因鉴定中止、终结或者其他特殊情况不能完成鉴定的,应当向司法鉴定机构申请办理延长期限或者终结手续。司法鉴定机构对是否中止、终结应当做出决定。做出中止、终结决定的,应当函告委托人。

第六章 其他

第二十四条 人民法院司法鉴定机构工作人员因徇私舞弊、严重不负责任造成鉴定错误导致错案的,参照《人民法院审判人员违法审判责任追究办法(试行)》和《人民法院审判纪律处分办法(试行)》追究责任。

其他鉴定人因鉴定结论错误导致错案的,依法追究其法律责任。

第二十五条 司法鉴定按国家价格主管部门核定的标准收取费用。

第二十六条 人民法院司法鉴定中心根据本规定制定细则。

第二十七条　本规定自颁布之日起实行。

第二十八条　本规定由最高人民法院负责解释。

■人民法院对外委托司法鉴定管理规定(2002年4月1日)

第二条　人民法院司法鉴定机构负责统一对外委托和组织司法鉴定。未设司法鉴定机构的人民法院,可在司法行政管理部门配备专职司法鉴定人员,并由司法行政管理部门代行对外委托司法鉴定的职责。

第三条　人民法院司法鉴定机构建立社会鉴定机构和鉴定人(以下简称鉴定人)名册,根据鉴定对象对专业技术的要求,随机选择和委托鉴定人进行司法鉴定。

第四条　自愿接受人民法院委托从事司法鉴定,申请进入人民法院司法鉴定人名册的社会鉴定、检测、评估机构,应当向人民法院司法鉴定机构提交申请书和以下材料:

(一)企业或社团法人营业执照副本;

(二)专业资质证书;

(三)专业技术人员名单、执业资格和主要业绩;

(四)年检文书;

(五)其他必要的文件、资料。

第五条　以个人名义自愿接受人民法院委托从事司法鉴定,申请进入人民法院司法鉴定人名册的专业技术人员,应当向人民法院司法鉴定机构提交申请书和以下材料:

(一)单位介绍信;

(二)专业资格证书;

(三)主要业绩证明;

(四)其他必要的文件、资料等。

第六条　人民法院司法鉴定机构应当对提出申请的鉴定人进行全面审查,择优确定对外委托和组织司法鉴定的鉴定人候选名单。

第七条　申请进入地方人民法院鉴定人名册的单位和个人,其入册资格由有关人民法院司法鉴定机构审核,报上一级人民法院司法鉴定机构批准,并报最高人民法院司法鉴定机构备案。

第八条　经批准列入人民法院司法鉴定人名册的鉴定人,在《人民法院报》予以公告。

第九条　已列入名册的鉴定人应当接受有关人民法院司法鉴定机构的年度审核,并提交以下材料:

(一)年度业务工作报告书;

(二)专业技术人员变更情况;

(三)仪器设备更新情况;

(四)其他变更情况和要求提交的材料。

年度审核有变更事项的,有关司法鉴定机构应当逐级报最高人民法院司法鉴定机构备案。

第十条　人民法院司法鉴定机构依据尊重当事人选择和人民法院指定相结合的原则,组织诉讼双方当事人进行司法鉴定的对外委托。

诉讼双方当事人协商不一致的,由人民法院司法鉴定机构在列入名册的、符合鉴定要求的鉴定人中,选择受委托人鉴定。

第十一条　司法鉴定所涉及的专业未纳入名册时,人民法院司法鉴定机构可以从社会相关专业中,择优选定受委托单位或专业人员进行鉴定。如果被选定的单位或专业人员需要进入鉴定人名册的,仍应当呈报上一级人民法院司法鉴定机构批准。

第十二条　遇有鉴定人应当回避等情形时,有关人民法院司法鉴定机构应当重新选择鉴定人。

第十三条　人民法院司法鉴定机构对外委托鉴定的，应当指派专人负责协调，主动了解鉴定的有关情况，及时处理可能影响鉴定的问题。

第十四条　接受委托的鉴定人认为需要补充鉴定材料时，如果由申请鉴定的当事人提供确有困难的，可以向有关人民法院司法鉴定机构提出请求，由人民法院决定依据职权采集鉴定材料。

第十五条　鉴定人应当依法履行出庭接受质询的义务。人民法院司法鉴定机构应当协调鉴定人做好出庭工作。

第十六条　列入名册的鉴定人有不履行义务，违反司法鉴定有关规定的，由有关人民法院视情节取消入册资格，并在《人民法院报》公告。

■人民检察院法医工作细则(2013年12月3日)(见本书附录七)

■人民检察院文件检验工作细则(2013年12月3日)(见本书附录八)

■公安机关鉴定规则(2017年2月16日)(见本书附录九)

■司法鉴定程序通则(2016年5月1日)(见本书附录十)

■最高人民法院、最高人民检察院、公安部关于办理侵犯知识产权刑事案件适用法律若干问题的意见(2011年1月10日)

三、关于办理侵犯知识产权刑事案件的抽样取证问题和委托鉴定问题

公安机关在办理侵犯知识产权刑事案件时，可以根据工作需要抽样取证，或者商请同级行政执法部门、有关检验机构协助抽样取证。法律、法规对抽样机构或者抽样方法有规定的，应当委托规定的机构并按照规定方法抽取样品。

公安机关、人民检察院、人民法院在办理侵犯知识产权刑事案件时，对于需要鉴定的事项，应当委托国家认可的有鉴定资质的鉴定机构进行鉴定。

公安机关、人民检察院、人民法院应当对鉴定结论进行审查，听取权利人、犯罪嫌疑人、被告人对鉴定结论的意见，可以要求鉴定机构作出相应说明。

■最高人民检察院关于CPS多道心理测试鉴定结论能否作为诉讼证据使用问题的批复(全文)(1999年9月10日)

CPS多道心理测试(俗称测谎)鉴定结论与刑事诉讼法规定的鉴定结论不同，不属于刑事诉讼法规定的证据种类。人民检察院办理案件，可以使用CPS多道心理测试鉴定结论帮助审查、判断证据，但不能将CPS多道心理测试鉴定结论作为证据使用。

■最高人民检察院关于“骨龄鉴定”能否作为确定刑事责任年龄证据使用的批复(全文)(2000年2月21日)

犯罪嫌疑人不讲真实姓名、住址，年龄不明的，可以委托进行骨龄鉴定或其他科学鉴定，经审查，鉴定结论能够准确确定犯罪嫌疑人实施犯罪行为时的年龄的，可以作为判断犯罪嫌疑人年龄的证据使用。如果鉴定结论不能准确确定犯罪嫌疑人实施犯罪行为时的年龄，而且鉴定结论又表明犯罪嫌疑人年龄在刑法规定的应负刑事责任年龄上下的，应当依法慎重处理。

■最高人民法院、最高人民检察院、公安部、司法部关于进一步严格依法办案确保办理死刑案件质量的意见(2007年3月9日)

三、认真履行法定职责，严格依法办理死刑案件

10. 加强证据的收集、保全和固定工作。对证据的原物、原件要妥善保管，不得损毁、丢失或者擅自处理。对与查明案情有关需要鉴定的物品、文件、电子数据、痕迹、人身、尸体等，应当及时进行刑事科学技术鉴定，并将鉴定报告附卷。涉及命案的，应当通过被害人近亲属辨认、DNA鉴定、指纹鉴定等方式确定被害人身份。对现场遗留的与犯罪有关的具备同一认定检验鉴定条件的血迹、精斑、毛发、指纹

等生物物证、痕迹、物品,应当通过DNA鉴定、指纹鉴定等刑事科学技术鉴定方式与犯罪嫌疑人的相应生物检材、生物特征、物品等作同一认定。侦查机关应当将用作证据的鉴定结论告知犯罪嫌疑人、被害人。如果犯罪嫌疑人、被害人提出申请,可以补充鉴定或者重新鉴定。

■最高人民检察院关于指派、聘请有专门知识的人参与办案若干问题的规定(试行)(2018年3月21日)(见本书刑事诉讼法第一百三十四条后附同名文件内容)

■最高人民法院、最高人民检察院、公安部、农业农村部依法惩治长江流域非法捕捞等违法犯罪的意见(2020年12月17日)

三、健全完善工作机制,保障相关案件的办案效果

(四)准确认定相关专门性问题。对于长江流域重点水域禁捕范围(禁捕区域和时间),依据农业农村部关于长江流域重点水域禁捕范围和时间的有关通告确定。涉案渔获物系国家重点保护的珍贵、濒危水生野生动物的,动物及其制品的价值可以根据国务院野生动物保护主管部门综合考虑野生动物的生态、科学、社会价值制定的评估标准和方法核算。其他渔获物的价值,根据销赃数额认定;无销赃数额、销赃数额难以查证或者根据销赃数额认定明显偏低的,根据市场价格核算;仍无法认定的,由农业农村(渔政)部门认定或者由有关价格认证机构作出认证并出具报告。对于涉案的禁捕区域、禁捕时间、禁用方法、禁用工具、渔获物品种以及对水生生物资源的危害程度等专门性问题,由农业农村(渔政)部门于二个工作日以内出具认定意见;难以确定的,由司法鉴定机构出具鉴定意见,或者由农业农村部指定的机构出具报告。

▼浙江省人身伤害和精神病医学鉴定暂行规定(全文)(2000年5月31日)

第一条 依照《中华人民共和国刑事诉讼法》有关规定,为保护公民合法权益,规范医学鉴定工作,制定本规定。

第二条 本规定所称的医学鉴定,是指依照《刑事诉讼法》第一百二十条规定,对人身伤害医学鉴定有争议需要重新进行医学鉴定和精神病的医学鉴定。

第三条 人身伤害的医学鉴定范围包括:死亡原因的医学诊断;损伤情况的医学诊断;疾病的医学诊断;伤害与疾病的关系;伤害后有无并发症、后遗症;伤害后有关生理、病理状态;其他涉及医学专门问题的诊断等。

第四条 人身伤害医学鉴定有争议是指法院、检察、公安不同系统之间在办案过程中,因同一人身伤害的有关医学鉴定或医学诊断(限第三条所指的医学鉴定范围)结论不一致,办案单位认为不能作为定案依据的。

第五条 对人身伤害医学鉴定有争议需要重新鉴定的,由办案单位委托省人民政府指定的医院(以下简称指定医院)按下列区域划分进行鉴定:

杭州市第一人民医院——杭州市

宁波李惠利医院——宁波市、舟山市

温州医学院附属第一医院——温州市

浙江省人民医院——湖州市、嘉兴市、绍兴市

浙江大学医学院附属邵逸夫医院——金华市、衢州市

浙江大学医学院附属第二医院——台州市

温州医学院附属第二医院——丽水地区

第六条 法院、检察、公安在各自办案过程中,对指定医院作出的人身伤害医学鉴定,认为仍有疑问,不能作为定案依据的,经省高级人民法院、省人民检察院、省公安厅的法医部门审核同意,报省法医鉴定工作委员会办公室,委托浙江省人身伤害鉴定委员会进行医学鉴定。

第七条　浙江省人身伤害鉴定委员会由指定医院和浙江大学医学院的专家、省高级人民法院、省人民检察院、省公安厅的资深法医组成,挂靠在浙江大学医学院附属第一医院,鉴定结论由该院出具。

第八条　涉及损伤程度、尸体现象、死亡性质、死亡及损伤时间推断、损伤工具推断、是否造作伤等法医学鉴定由法院、检察、公安等法医鉴定机构作出。

第九条　法院、检察、公安系统内上下级之间,对人身伤害法医学鉴定结论有争议,由办案单位按各自案件管辖权限和办案程序,进行补充鉴定或逐级鉴定。

第十条　法院、检察、公安之间对人身伤害法医学鉴定有争议,经省高级人民法院、省人民检察院、省公安厅协调不能达成一致意见的,报省法医鉴定工作委员会办公室,委托浙江省人身伤害鉴定委员会进行法医学鉴定,鉴定结论由浙江省人身伤害鉴定委员会出具。

第十一条　对精神病的医学鉴定,由办案单位委托省人民政府指定医院按下列区域划分进行鉴定:

浙江省精神病医院——全省

杭州市精神病医院、杭州市公安局安康医院——杭州市

宁波市康宁医院、宁波市公安安康医院——宁波市

温州市鹿城精神病医院——温州市

湖州市精神病医院——湖州市

嘉兴市乌镇精神病医院——嘉兴市

绍兴市精神病医院——绍兴市

金华市精神病医院——金华市

衢州市精神病医院——衢州市

台州市精神病医院——台州市

舟山市精神病医院——舟山市

丽水地区精神病医院——丽水地区

第十二条　办案单位或当事人对精神病的医学鉴定结论有异议,办案单位认为需要重新鉴定的,委托浙江省精神病鉴定委员会进行鉴定。

第十三条　浙江省精神病鉴定委员会由指定医院的专家和省高级人民法院、省人民检察院、省公安厅的资深法医组成,挂靠在浙江省精神病医院,鉴定结论由该院出具。

第十四条　各指定医院成立医学鉴定工作领导小组,指定一名院领导负责,有关职能科室和主要临床科室负责人参加,下设若干专业组,并制定相应的规章制度。

第十五条　指定医院的医学鉴定工作领导小组和参加鉴定的成员,必须具备良好的政治、业务素质。参加鉴定的专业人员应具有中级以上技术职称。

第十六条　医学鉴定应有法院、检察、公安等办案单位书面委托,并提交下列材料:

1. 医学鉴定委托书;

2. 被鉴定人的有关伤、病资料;

3. 有争议的各种不同鉴定结论;

4. 指定医院认为需要提供的与鉴定有关的其他材料。

第十七条　指定医院受理医学鉴定委托后,应在10个工作日内将鉴定结论出具给委托单位。特殊情况不能在规定时间内作出鉴定结论的,可以延长10个工作日,但应提前与委托单位联系并说明理由。

第十八条　指定医院给人身伤害和精神病的医学鉴定,应指派三名以上相关专业人员参加。重

大、疑难复杂的鉴定和省人身伤害鉴定委员会、省精神病鉴定委员会的鉴定,由五名以上相关专业人员参加。鉴定人应在鉴定结论上签名,如果意见不一致,可以分别写出自己的意见,并按多数人的意见作出鉴定结论。鉴定结论需经鉴定工作领导小组负责人签发,并加盖医院医学鉴定专用章。

第十九条 省人身伤害鉴定委员会委员和省精神病鉴定委员会委员,如是本案的原鉴定人,不得参加委员会对该案的鉴定。

第二十条 指定医院制作《医学鉴定书》,主要内容包括:委托单位、委托理由、受理日期、被鉴定人一般情况、主要伤病史、检查情况、分析论证及鉴定结论等,并注明文号、日期。

第二十一条 《医学鉴定书》一式两份,一份交付委托单位,一份由鉴定医院存档。鉴定医院应将各种鉴定材料一并交还委托单位,不得遗失。

第二十二条 任何单位和个人不得以任何形式或理由干预鉴定工作,鉴定人的人身权利受到法律保护。

第二十三条 鉴定人故意作虚假鉴定或有其他违法行为的,应当承担相应的行政责任和法律责任,不得再从事鉴定工作。鉴定人的回避和出庭作证按《刑事诉讼法》的有关规定执行。

第二十四条 鉴定费用由指定医院向委托单位收取,收费标准由省有关部门制定。

第二十五条 浙江省人身伤害鉴定委员会和浙江省精神病鉴定委员会的日常工作和省政府指定医院区域划分的调整,由浙江省法医鉴定工作委员会办公室负责。浙江省法医鉴定工作委员会办公室设在省委政法委员会执法监督处。

第二十六条 对违反本规定的医学鉴定,办案单位不得作为定案依据。

第二十七条 本规定自发布之日起执行。

▽多份鉴定结论互相矛盾时,应当如何审查采信

鉴定结论作为法定诉讼证据种类之一,根据我国刑事诉讼法第九条"为了查明案情,需要解决案件中专门性问题的时候,应当指派、聘请有专门知识的人进行鉴定"的规定,可见,鉴定意见是对案件中某些涉及专业的技术性问题所作出的回答。精神病鉴定就是司法实践中常见的一种专业性很强的技术活动。一般而言,鉴定意见是应该由待鉴定专业问题方面具有相当造诣的专家来进行,因此,他们的判断意见和结论通常是比较科学、可信的。但是也应该同时认识到:由于鉴定问题本身的高度复杂性,鉴定案例的特殊性以及囿于鉴定过程中各种因素、条件的制约、影响,专家的鉴定活动也有可能得出不尽科学、正确的意见。因此,鉴定意见要用作为最后定案的证据,同其他证据种类一样,也需依法经过当庭出示、质证等法庭调查程序查证属实,且与其他在案证据能够相互印证、排除矛盾,得出合理排他性的惟一结论。本案在涉及被告人是否患有精神病以及患病程度问题的鉴定中,前后出现了5份相互冲突矛盾的鉴定意见,这足以表明精神病鉴定的高度复杂性以及鉴定意见本身所具有的出错可能性。鉴定意见只是某一方面专家就涉案的专门性问题向法庭提供的专业意见,鉴定意见的科学性、正确性与否,能否作为定案根据,还有待司法人员的审查采信。鉴定意见的审查一般主要包括对鉴定人资格、鉴定材料、鉴定过程、鉴定依据、鉴定结果与全案其他证据的一致性等项内容的审查。就本案而言,负责复核审的人民法院首先认真审查了5份鉴定意见所依据的鉴定材料。本案是在被鉴定人实施伤害行为一段时间以后才作的第一次鉴定,因此,要准确确定被鉴定人实施伤害行为当时的实际精神状态,就需要鉴定人必须掌握真实、全面的鉴定资料,需要鉴定人去现场、走访证人、询问有关当事人、检查被害人。在本案最后一次鉴定过程中,参与鉴定的司法精神病学专家阅读了有关卷宗,向被害人及其家属、被鉴定人父母及其男友、被鉴定人工作单位的同事、被鉴定人羁押场所的管教人员、同室羁押犯罪嫌疑人、被鉴定人曾住院治疗的经治医师、本案一审审判人员、本案公诉人等有关人员进行了全面调查;对被鉴定人进行了两次精神检查;阅读、分析了被鉴定人在看守所所写的13封信件;分别对前几次参与本案鉴定的有关人员进行了调查询问,最后对获取的调查资料进行了充分全面的论证分析,并在此基础上作出了意见。与前几次鉴定意见相比,最后一次的鉴定所依据的材料是极其全面、丰富和客观的。其次,本案审判人员也认真审查了5份鉴定意见与本案其他证据的一致性。通过深入调查走访,查明:被告人因个人婚姻、住房等问题与父母有一定的冲突,自1998年年底其患心肌炎后,被告人一直偏执地认为父母一点也不关心自己。尤其是1999年5月得了菌痢后,更是认为母亲有意延误其治疗,导致其心肌缺血、肠子烂了、内脏坏了。她每天都观察自己的大便,看有没有肠子下来,怀疑自己已身患绝症,无药可治,快要死了。看到母亲和其男友说话,并认为是预谋想害死她,自己的内脏是母亲用毒药治坏的,想报复母亲。这些情况都足以反映被告人作案时有精神障碍,辨认和控制自己行为的能力受到相当减弱,其实施的伤害行为有特定的病理原因和现实原因。其外,从案件事实上看,被告人为实施对自己母亲、妹妹及侄子的报复,有意识地提前购买了硫酸,并预先倒入茶杯。在电话约请上述被害人前往自己住处晚餐后送行时,谎称所携茶杯里是水备喝,并选择在灯光昏暗之处向被害人泼硫酸。在泼硫酸之前也曾犹豫过,还说了声"对不起你们了"。这些又都说明了被告人作案时对自己行为的性质、后果也是有一定认识的,并未完全丧失辨认和控制自己行为的能力。综上,江苏省高级人民法院本着高度负责的态度,在认真审查、分析、比较多份相互冲突的鉴定意见的基础上,最后认为最高人民法院司法鉴定中心关于"王某长期存在精神障碍,但在作案时尚未完全丧失辨认和控制自己行为能力"属于限制刑事责任能力行为人的鉴定意见,相对比较合理且与本案的实际情况比较吻合,能与本案的其他证据相印证,可以获得一致性解释,决定予以采信。并以此为据,对被告人改判死缓。

[《刑事审判参考》责编按:本案在审查采信鉴定意见方面有一定参考价值。刑法理论关于精神病人一般分为三类:一是心神丧失(完全不能辨认或不能控制自己行为的精神病人),二是精神减弱(辨认或控制自己行为能力有一定程度的减弱但尚未完全丧失),三是间歇性精神病人。三类精神病人应当分别适用不同的刑事责任原则。我国刑法第十八条第三款规定,精神耗弱人犯罪的应当负刑事责任,但是可以从轻或者减轻处罚。精神耗弱一般来说也有个程度大小的问题,从慎用死刑的角度看,我们倾向于认为对精神耗弱程度较为严重的人实施犯罪追究刑事责任的,一般不宜适用死刑。类似案例可参考阿古敦故意杀人案,载《刑事审判参考》第24辑。][参见第177号案例,王逸故意伤害案,载《刑事审判参考》总第26辑(2002年第3辑),法律出版社,第16～18页。执笔:郇习顶、洪冰]

▽行政主管部门出具的定性意见仅是一种办案参考,不能作为案件定性的当然证据

作为具体案件中的法律适用问题,法院在进行充分调查了解的基础上,有权直接根据有关法律、法规确定案件行为的性质,行政主管部门的鉴定意见可供参考,但并非必要证据。理由如下:(1)从上海的司法实践来看,上海市高级人民法院与上海市人民检察院曾就实践中期货案件法律适用难度较大的问题进行多次研讨,并以会议纪要的形式强调,行政主管部门对刑事个案中非法证券、期货的性质认定不是必经程序,其认定意见也不是刑事诉讼的必要证据。如果非法证券、期货类型新颖,公安、司法机关难以认定的,可以商请有关行政主管部门进行性质认定,作为办案参考。行政主管部门具备相应的专业水平与监管经验,参考其意见既有利于准确裁判,又不违背法律规定与一般法理,是正确的。(2)在具体案件中,行政主管部门没有义务,也不会对所有涉案的期货经营行为出具书面的定性意见。如果认为行政机关的意见是必要证据,那么不利于司法活动的顺利进行。(3)《最高人民法院关于非法集资刑事案件性质认定问题的通知》规定"行政部门未对非法集资作出性质认定的,不影响非法集资刑事案件的审判。"此原则也适用于其他涉及行政认定的案件,法律、法规有特别规定的除外。总之,人民法院在办理变相期货交易案件时,应当重点关注以下五个方面:(1)审慎认定交易手法是否符合《条例》中变相期货交易的行为特征。(2)综合全案证据及事实,判断交易目的是否是对冲合约获取风险利润。(3)如果所交易的合约到期应当被依法、全面、适当履行,当事人既不能擅自变更或者解除,也不能通过对冲替代履行，并且交易不具备变相期货交易的特征或者特征不明显的，则是现货交易。(4)在必要时征询、参考行政主管部门的意见。(5)留意我国特定时期的黄金市场监管政策。总之，应当综合平衡司法介入经济活动与打击经济犯罪之间的关系，既要保护灵活、新型、合法的投资手段，又要维护正常的黄金、期货市场秩序，注重保护投资者的合法利益。[参见第727号指导案例，刘溪、聂明湛、原维达非法经营案，载《刑事审判参考》总第82集(2011年第5集)，第29～31页。撰稿：任素贤　于书生]

▽人身伤害鉴定意见的审查认定

在涉及人身伤害的案件中，法医鉴定意见关系到正确认定案件的性质、责任的区分，甚至是罪与非罪。鉴定意见通常具有较强的科学性、技术性，但就其本质属性而言仍只是证据的一种形式。鉴定意见作为鉴定人的判断性意见，必然带有一定的主观性，并不具有必然的科学性、准确性，因此只有经人民法院依法审查认定的，才能作为定案的依据。对于一般轻伤、重伤人身伤害鉴定的审查，主要包括以下五个方面：一是鉴定机构和鉴定人是否合法；二是送交的鉴定材料是否齐全正确；三是鉴定方法是否科学准确；四是鉴定结论与在案证据是否一致；五是鉴定意见是否符合法定标准。《最高人民法院、最高人民检察院、公安部、国家安全部、司法部关于办理死刑案件审查判断证据若干问题的规定》(本附文以下简称《证据规定》)关于鉴定意见审查内容方面的规定，可以作为人身伤害鉴定意见审查的参考。本案在一审审理过程中，虽经公安机关鉴定，且经浙江省人民医院鉴定，包湖州市吴兴区人民法院在审理中发现上述鉴定意见仍然存在以下疑问：(1)被害人李隆曾多次到医院拍片，其中案发后的前三次拍片均未出现骨折征象，直到案发后的第21天拍片才发现有骨折，被害人是否骨折存在疑问；(2)被害人李隆在案发后三天到北京一周，返回后才拍片有骨折，骨折与外伤之间是否有因果关系存在疑问；(3)浙江省人民医院的医学司法鉴定系由一名医学专家单独作出，当时送鉴的材料，并没有包括被害人在案发后拍摄的所有影像资料，且事隔三个多月，凭部分影像资料就作出因果鉴定存在疑问。基于上述疑问，被告人在一审审理期间向人民法院提出重新鉴定的申请，一审法院同意申请，并委托浙江省人身伤害鉴定委员会重新鉴定是正确的。一审法院最后采信浙江省人身伤害鉴定委员会的鉴定意见，主要是考虑到以下因素：

(一)浙江省人身伤害鉴定委员会的鉴定意见符合法律规定。1.鉴定主体符合法律规定的资质要求。1996年刑事诉讼法第一百二十条规定，对人身伤害的医学鉴定有争议需要重新鉴定或者对精神病的医学鉴定，由省级人民政府指定的医院进行。鉴定人进行鉴定后，应当写出鉴定结论，并且由鉴定人签名，医院加盖公章。2005年《全国人民代表大会常务委员会关于司法鉴定管理问题的决定》第二、三、九条规定，对法医类鉴定发生争议需要重新鉴定的，应当委托省级人民政府司法行政部门登记的鉴定人名册的鉴定人进行鉴定。2000年《浙江省人身伤害和精神病医学鉴定暂行规定》第六条规定，法院、检察、公安在各自办案过程中，对指定医院作出的人身伤害医学鉴定，认为仍有异议，不能作为定案依据，经省高级人民法院、省人民检察院、省公安厅的法医部门审核同意，报省法医鉴定工作委员会办公室，委托浙江省人身伤害鉴定委员会进行医学鉴定。浙江省人身伤害鉴定委员会挂靠在浙江大学医学院附属第一医院(该医院属于省级人民政府指定的医院)，鉴定结论是由该医院与浙江省人身伤害鉴定委员会联合共同出具，并加盖两家单位的公章。从上述规定分析，本案原审法院委托浙江省人身伤害鉴定委员会进行医学鉴定，符合相关规定要求，鉴定主体合法。附带提及的是，2012年修改后的刑事诉讼法第一百四十四条删除了1996年刑事诉讼法第一百二十条关于“人身伤害的重新鉴定或者精神病医学鉴定由省级人民政府指定医院进行”的规定，而仅规定“为了查明案情，需要解决案件中某些专门性问题的时候，应当指派、聘请有专门知识的人进行鉴定”。可见，修改后的刑事诉讼法对鉴定主体未严格限制在省级人民政府指定的医院，而仅要求鉴定人具有专门的知识。虽然本案不能直接适用该规定，但从这一规定精神出发，亦可认定本案原审法院委托浙江省人身伤害鉴定委员会进行医学鉴定，符合相关政策法律精神。2.鉴定人具有鉴定资格。经了解，本案浙江省人身伤害鉴定委员会出具鉴定意见中的7名鉴定人,均具有相应鉴定资格,包括省高院鉴定处,省检察院技术处,省公安厅法医科、浙江大学医学院附属第一医院放射科的法医、专家等鉴定人。

(二)与本案其他鉴定意见相比,浙江省人身伤害鉴定委员会鉴定结论的证明力更强。1.提交鉴定的材料更为全面。一审法院提交给浙江省人身伤害鉴定委员会的检材包括:20张片子、4本病历、2卷公安卷宗等材料,与提交给其他鉴定机构的检材相比,医疗资料、事发信息更为全面、完整。2.鉴定人的专业知识与技能较强,且中立性更为明显。浙江省人身伤害鉴定委员会的鉴定人均由公、检、法及医疗各部门系统中的资深法医、专家组成,其专业知识与技能较强。而且,本案一审法院委托浙江省人身伤害鉴定委员会进行鉴定是为了确定李隆的肋骨骨折的伤势与本案被告人12月15日的行为是否有因果关系,委托时未对相关李隆的伤势并非骨折作任何提示,因此该鉴定意见是在鉴定人客观、中立的情况下独立作出的。3.鉴定意见能与在案的其他证据相互印证。该鉴定意见与被害人在案发后拍摄的前三份拍片结果能够相互印证。4.其他三份刑事鉴定存在问题。一是结论的合理性存疑。浙江省人民医院的鉴定结论为"根据病史、九八医院胸部CT平扫,右侧第7、8.9肋骨骨折、左侧第四根肋骨骨折。肋骨骨折系该次外伤所致"。由于骨折诊断与殴打行为存在时间差,期间李隆又曾赴京上访,因此该鉴定仅凭病历材料即认定骨折是该次外伤所致,否定有其他致伤可能,其合理性存在疑问。二是鉴定材料与事发信息的局限性。据鉴定书中送检资料及案件信息反映,其鉴定的鉴定基础材料均少于浙江省人身伤害鉴定委员会的鉴定意见,也未提及李隆上京及其他致伤的可能。5.对浙江省人身伤害鉴定委员会作出的鉴定意见的采信符合疑罪从无的原则。不同鉴定人对于同样的片子认识、结论不同,主要是由于鉴定人实践经验的不同导致。考虑到本案中李隆的伤势毕竟未进行开腔手术,在仅凭影像检测的情况下,存在认识误差和差异也是可能的。更何况,在无法区分该伤势是否骨折的情况下,也应当按照有利被告人的原则认定行为与伤害结果之间是否存在因果关系。本案公诉机关和被害人均提出鉴定不存在高低之分,被害人还提出应当采信多数鉴定的意见。但综观全案,一审法院从证据本身的证明力出发,结合在案其他证据,采信浙江省人身伤害鉴定委员会出具的鉴定意见是正确的。

(三)被害人未到场是否影响鉴定意见的采信。一般而言,鉴定时被害人到场,有助于鉴定人员更好进行审查判断。但本案伤势鉴定是否构成轻伤是根据看片来判断,被鉴定人是否到场对鉴定结果并无实质意义,所以采用文证审查的方式并无不当。鉴于文证审查是实践中司法鉴定的方式之一,本案鉴定采用文证审查的方式具有充足理由,故可以认定本案采用文证审查意见方式鉴定被害人的伤情是合法有效的鉴定形式。综上,一审法院最后采信浙江省人身伤害鉴定委员会的鉴定意见,宣告被告人故意伤害罪的罪名不成立,是正确的。[参见第930号指导案例,付代林故意伤害案,载《刑事审判参考》总第95集(2013年第6集),第76~79页。撰稿:陆克娥 蒋敏]

第一百四十七条 【鉴定意见及鉴定人的法律责任】鉴定人进行鉴定后,应当写出鉴定意见,并且签名。

鉴定人故意作虚假鉴定的,应当承担法律责任。

■公安机关办理刑事案件程序规定(2020年9月1日)

第二百五十一条 鉴定人应当按照鉴定规则,运用科学方法独立进行鉴定。鉴定后,应当出具鉴定意见,并在鉴定意见书上签名,同时附上鉴定机构和鉴定人的资质证明或者其他证明文件。

多人参加鉴定,鉴定人有不同意见的,应当注明。

■最高人民法院关于审理刑事案件中涉及人体损伤残疾程度鉴定如何适用鉴定标准问题的请示的批复的通知(全文)(2010年5月5日)

对于你市法院审理刑事案件中涉及人体损伤残疾程度的鉴定标准,在新的国家统一标准出台之前,除职工工伤与职业病致残程度鉴定、道路交通事故受伤人员伤残评定等有国家标准的鉴定外,其他情况下可由你院酌情确定统一适用的鉴定标准。

■最高人民法院、最高人民检察院、公安部、司法部、新闻出版署关于公安部光盘生产源鉴定中心行使行政、司法鉴定权有关问题的通知(全文)(2000年3月9日)

为适应"扫黄"、"打非"、保护知识产权工作的需要,解决目前各地办案过程中遇到的光盘生产源无法识别的问题,经中央机构编制委员会办公室批准,公安部组建了光盘生产源鉴定中心(设在广东省深圳市,以下简称鉴定中心)。目前,鉴定中心的各项筹备工作已完毕,所开发研制的光盘生产源识别方法已通过了由最高人民法院、最高人民检察院、公安部、司法部和国家新闻出版署派员组成的专家委员会的评审鉴定,具备了行政、司法鉴定能力。现将有关问题通知如下:

一、鉴定范围和内容

鉴定中心负责对各地人民法院、人民检察院、公安机关、司法行政机关、新闻出版行政机关、音像行政管理部门和其他行政执法机关在办理制黄贩黄、侵权盗版案件中所查获的光盘及母盘进行鉴定,确定送检光盘及母盘的生产企业。

企事业单位因业务工作需要,提出鉴定申请的,鉴定中心也可以进行上述鉴定。

二、鉴定程序

办案单位认为需要进行行政、司法鉴定的,应持有本单位所在地县级以上人民法院、人民检察院、公安机关、司法行政机关或其他行政执法机关出具的公函;新闻出版行政机关、音像行政管理部门办案需要鉴定的,由当地省级以上新闻出版机关、音像行政管理部门出具委托鉴定公函。

企事业单位需要鉴定的,由本单位向鉴定中心出具委托鉴定公函。鉴定中心在接受鉴定委托后,应立即组织2名以上专业技术人员进行鉴定,在30天以内出具《中华人民共和国公安部光盘生产源鉴定书》(见附件),并报公安部治安管理局备案。

委托鉴定可通过寄递方式提出。

三、鉴定费用

鉴定中心接受人民法院、人民检察院、公安机关、司法行政机关、新闻出版行政机关、音像行政管理部门或其他行政执法机关委托鉴定的,不收取鉴定费用。

鉴定中心接受企事业单位委托鉴定的,按照国家有关规定收取鉴定费用。

四、鉴定的法律效力

鉴定中心出具的鉴定书可以作为定案依据。

本通知自发布之日起执行。

附件:《中华人民共和国公安部光盘生产源鉴定书》(样本略)

■最高人民法院关于审理生产、销售伪劣商品刑事案件有关鉴定问题的通知(全文)(2001年5月21日)

自全国开展整顿和规范市场经济秩序工作以来,各地人民法院陆续受理了一批生产、销售伪劣产品、假冒商标和非法经营等严重破坏社会主义市场经济秩序的犯罪案件。此类案件中涉及的生产、销售的产品,有的纯属伪劣产品,有的则只是侵犯知识产权的产品。由于涉案产品是否"以假充真"、"以次充好"、"以不合格产品冒充合格产品",直接影响到对被告人的定罪及处刑,为准确适用刑法和《最高人民法院、最高人民检察院关于办理生产、销售伪劣商品刑事案件具体应用法律若干问题的解释》(本附文以下简称《解释》),严惩假冒伪劣商品犯罪,不放纵和轻纵犯罪分子,现就审理生产、销售伪劣商品、假冒商标和非法经营等严重破坏社会主义市场经济秩序的犯罪案件中可能涉及的假冒伪劣商品的有关鉴定问题通知如下:

一、对于提起公诉的生产、销售伪劣产品、假冒商标、非法经营等严重破坏社会主义市场经济秩序的犯罪案件,所涉生产、销售的产品是否属于"以假充真"、"以次充好"、"以不合格产品冒充合格产品"

难以确定的,应当根据《解释》第一条第五款的规定,由公诉机关委托法律、行政法规规定的产品质量检验机构进行鉴定。

二、根据《解释》第三条和第四条的规定,人民法院受理的生产、销售假药犯罪案件和生产、销售不符合卫生标准的食品犯罪案件,均需有“省级以上药品监督管理部门设置或者确定的药品检验机构”和“省级以上卫生行政部门确定的机构”出具的鉴定结论。

三、经鉴定确系伪劣商品,被告人的行为既构成生产、销售伪劣产品罪,又构成生产、销售假药罪或者生产、销售不符合卫生标准的食品罪,或者同时构成侵犯知识产权、非法经营等其他犯罪的,根据刑法第一百四十九条第二款和《解释》第十条的规定,应当依照处罚较重的规定定罪处罚。

▽人身伤害损伤程度鉴定意见的审查与判断

一、有关人身伤害鉴定的程序规定。在故意伤害案件的刑事诉讼中,凡需要鉴定损伤程度的,以往都是由公、检、法三机关的法医来进行。1997年修订后的刑事诉讼法实施后,鉴定的主体发生了重大变化。刑事诉讼法第一百二十条规定“对人身伤害的医学鉴定有争议需要重新鉴定或者对精神病的医学鉴定,由省级人民政府指定的医院进行。”(此款2012年修正的刑事诉讼法已删除。——编著者注)1998年1月19日,最高人民法院、最高人民检察院、公安部、安全部、司法部、全国人大法工委联合发布了《关于刑事诉讼法实施中若干问题的规定》(本附文以下简称《规定》)第十八条规定“人民法院在开庭审理时,对省级人民政府指定的医院作出的鉴定结论(2012年修订后的刑诉法已将鉴定结论统一修改为‘鉴定意见’。——编著者注),经质证后,认为有疑问,不能作为定案根据的,可以另行聘请省级人民政府指定的其他医院进行补充鉴定或者重新鉴定。不能另行聘请其他鉴定机构进行补充鉴定或者重新鉴定。”可见,按照上述规定,在人身伤害的鉴定中,除了首次鉴定外,补充鉴定和重新鉴定只能由省级人民政府指定的医院进行,其他鉴定机构包括司法机关的鉴定机构都不能鉴定。然而在司法实践中,省级人民政府指定医院进行医学鉴定存在着以下问题:(1)医院、医生不愿承担责任、怕当事人纠缠,工作被动、不积极。(2)只作医学诊断,不作轻、重伤鉴定的结论,其鉴定结论不能直接用于刑事诉讼。(3)对当事人争议较大的案件,在作医学鉴定时回避关键问题,如关节活动度、休克分期等直接涉及轻、重伤的问题有意回避。(4)因临床医学诊断标准和轻、重伤鉴定标准的不同,导致有些案件医学鉴定结论与法医学鉴定结论的冲突,使案件的处理复杂化。如休克、呼吸困难、颅内血肿的认定,重伤鉴定标准较之医学诊断标准有着更严格的规定。(5)医生由于职业习惯,对被鉴定人的伪装考虑的不够等。由于医学鉴定存在不少问题,而法医又不能进行鉴定,导致很多人身伤害案件的诉讼陷入困境。河南省人民检察院也曾就此问题向最高人民检察院进行了专题请示,1999年10月11日,最高人民检察院《关于检察机关的法医能否根据省级人民政府指定医院作出的医学鉴定作出伤情程度结论问题的批复》指出:“检察机关委托省级人民政府指定医院进行刑事医学鉴定,其鉴定没有明确指明损伤程度等法医学问题的,法医可以根据省级人民政府指定医院出具的医学鉴定,就伤情程度等问题提出法医学意见。”虽然这一批复与刑事诉讼法第一百二十条及《规定》第十八条存在一定的矛盾,但面对司法实践中的现实问题,这也是无奈之举。

二、对人身伤害损伤程度鉴定结论的审查。(一)程序审查。1.鉴定的启动及委托主体。因我国刑事诉讼采取的是职权主义模式,所以鉴定的启动权和委托权均属于办理案件的司法机关。除了刑事自诉案件的诉前鉴定以外,凡已进入诉讼程序的案件,均应当由司法机关办案单位(公、检、法)委托鉴定。当事人个人或律师委托的鉴定属于举证鉴定,由于其提供给鉴定机构的伤情材料可能存在不客观、不全面或经过取舍等问题,导致鉴定意见的可信性较差。如经审查有疑问,或者对方当事人提出异议,一般应当进行重新鉴定。按照《人民法院司法鉴定工作暂行规定》和《人民法院对外委托司法鉴定管理规定》“人民法院司法鉴定机构负责统一对外委托司法鉴定”的规定,在审判环节需要进行鉴定的,委托主体应当是人民法院的司法鉴定部门。2.鉴定的实施主体。刑事审判中,损伤程度的重新鉴定,应先委托省级人民政府指定医院进行医学鉴定,再由人民法院的司法鉴定机构根据医学鉴定作出损伤程度、伤残等级等法医学鉴定意见。值得注意的是,当前社会中介鉴定机构为数不少;在案件审理过程中,当事人或其代理人、辩护人自行委托社会上的中介鉴定机构进行鉴定并向法庭提交鉴定意见,这样的鉴定意见客观性、中立性较差,可能会使案件的处理复杂化,甚至成为当事人缠诉、上访的依据,故应对这样的鉴定意见严格审查。如笔者曾多次见到北京某鉴定中心接受单方当事人委托,出具的鉴定书如同代理词、辩护词一样,具有明显的倾向性。(二)实体审查。在损伤程度鉴定中,多次鉴定及鉴定意见不一致是一个突出的问题。造成这一问题的原因是多方面的,如病历材料不确切、鉴定时机不适当、鉴定标准某些条款不具体、医学诊断标准和法医鉴定标准存在差异、当事人伪装、鉴定人的技术水平参差不齐、启动重新鉴定程序把关不严等。判断鉴定意见是否科学准确,法官应当从以下几个方面进行全面审查分析:1. 鉴定所依据的医疗材料是否客观全面。医疗材料包括被害人损伤后到医院诊治的病历、各种检查检验结果(X 光片、CT 片、磁共振片、B 超、化验)、诊断证明等。这些材料记录了被害人原始损伤的情况,是进行损伤程度鉴定的基础性材料和重要依据,其真伪对鉴定意见有直接影响。对医疗材料的审查包括两个方面:在委托鉴定前,对有疑问的医疗材料应进行调查核实或质证;审查伤情鉴定书时,应当对鉴定书所引用的伤情材料与原始病历记载是否一致、有无重大遗漏和差错进行审查。伤情材料摘抄是法医鉴定书的重要内容,病历中所记载的阳性体征一般都要详细摘抄,对有些与鉴定意见有关的阴性体征也应当摘抄。在法医鉴定实践中,医疗伪证时有发生,如伪造病历、假 X 光片、假 CT 片等,我们已遇到不少这样的案例,有的甚至因医疗伪证导致错误鉴定及当事人被错捕错判。2. 鉴定时机是否适当。把握适当的鉴定时机是损伤程度鉴定的基本原则。《人体轻伤鉴定标准(试行)》和《人体重伤鉴定标准》(此标准已作废,已有新的鉴定标准。——编著者注)总则中都有这样的规定:损伤程度包括损伤当时的原发性病变、与损伤有直接联系的并发症,以及损伤引起的后遗症。鉴定时,应根据人体损伤当时的伤情及其损伤的后果或者结局,全面分析,综合评定。按照这一规定,适当的鉴定时机应当是:凡是损伤当时的原发性损伤及其并发症已达到轻、重伤鉴定标准中的某个条款规定,损伤后或在住院期间即可鉴定其损伤程度。如皮肤创口、骨折、内脏损伤、肢体离断、CT 或磁共振确诊的颅脑损伤以及损伤并发失血性休克、创伤性休克等。凡需以观察、检测损伤的最终后果、结局、后遗症为鉴定依据的,应在治疗终结、伤情稳定后进行鉴定,一般掌握在三个月以后。如四肢关节、神经损伤引起的肢体运动功能障碍,眼、耳损伤引起的视力、听力下降,面部损伤引起的容貌毁损,等等。例如:面部有一 10cm 的创口,按轻伤标准(单个创口 3. 5em)伤后即可评定为轻伤,此时不能按重伤标准(单条长于 5cm 的明显条状瘢痕致使容貌毁损)推断为重伤。是否构成重伤必须等创口愈合后且经过三个月以上的恢复,视瘢痕对容貌的影响而评定。3. 鉴定依据是否科学充分。准确的鉴定意见,必须有充分的科学依据来支持。通俗地讲,组织器官形态方面的损伤必须眼见为实,而功能障碍必须有客观的仪器检查结果来证实。比如:认定颅脑损伤,必须有 CT、磁共振显示颅内血肿、脑挫裂伤。认定外伤性视力下降,必须有:(1)损伤当时确有眼部损伤的病历记载;(2)鉴定时检查眼部(角膜、晶体、玻璃体、眼底)遗留有外伤后改变;(3)眼电生理检查(视觉诱发电位、视网膜电流图)有异常。认定外伤性听力下降,必须有耳部损伤史,鉴定时听觉诱发电位等客观检查异常。认定外伤性癫痫,必须经 CT,磁共振确证有脑损伤,临床观察到癫痫发作,或者脑电图检查出癫痫波。总之,如果一份鉴定书把握准了原发性损伤、损伤遗留的病理改变、损伤后果(结局)的客观认定和准确适用鉴定标准四个环节,那么该鉴定意见就应当是科学准确的。4. 是否排除了原有疾病和伪装。在法医鉴定中,有时会遇到损伤与疾病共存的情况。受诉讼心理的影响,被害人伪装伤情、不配合检查的情况也非常普遍。因此,查明伤病关系、鉴别伪装不仅是法医的职责,审判人员在审查鉴定书时也应当把关。一般情况下,外伤轻微而后果严重的,就应警惕有无疾病或伪装存在。以下情况应考虑轻微外伤诱发本身原有疾病发作,不宜评定损伤程度:(1)头部损伤轻微或不能确证头部受伤,但发生了脑出血,应考虑是否高血压脑出血、基底动脉瘤破裂出血;(2)腹部受到轻微外伤后发生脾破裂,应考虑有无脾肿大疾病;(3)外伤后椎间盘突出,应考虑有无骨质增生、韧带钙化等病理性的退行性改变。若法医据此鉴定为轻伤,应谨慎采信;(4)轻微眼外伤后发生了视网膜脱落而失明,应考虑有无高度近视的情况;(5)伴有口唇、颊蒙古膜挫裂伤的牙齿折断、脱落,应考虑有无牙病;(6)头部外伤轻微,CT或磁共振检查无脑损伤而出现肢体瘫痪,应考虑癔症。此外,还应当考虑被害人伪装伤情甚至造作伤情:涉及外伤后听力下降、视力下降和肢体运动功能障碍、张口度等,绝大多数被害人都有伪装,必须有客观的仪器检查验明真相,排除伪装,必要时秘密录像。有个别当事人为了达到惩罚对方的目的,不惜忍受痛苦,恶意造作一些损伤,如人为延长皮肤创口以达到轻伤标准的伤口长度,或扎破鼓膜造作"外伤性鼓膜穿孔",或应用散瞳药物造作"外伤性瞳孔散大"等,在法医鉴定中都有所见,应引起注意。总之,损伤程度鉴定是复杂的专业问题,法官通过程序审查和实体审查并结合整个案情,综合分析判断鉴定意见证据的合法性和科学性,对于正确采信鉴定意见,公正判决具有重要意义。[参见齐守文:《人身伤害损伤程度鉴定结论的审查与判断》,载《刑事审判要览》(办案笔谈)总第8集(2004年第2集),第150~155页。]

▽形式有瑕疵的鉴定意见能否作为定案依据应由法官审查确定

鉴定意见作为专家提供的结论性意见,涉及许多专业性知识和技能,是司法人员难以理解和掌握的。因此,形式审查在法官对于鉴定意见的审查中具有了更加特殊的意义,一般而言,司法审查其形式合法性的主要内容包括:(1)鉴定主体是否合法。即鉴定机构的资质、鉴定人的资格情况以及鉴定人是否属于回避情形。(2)鉴定程序是否合法。在整个鉴定过程中,鉴定人是否恪守职业道德,遵守相关鉴定操作规程。(3)鉴定意见形式要件是否合法。鉴定意见应是书面形式,由鉴定人和鉴定机构共同署名签章。其中,对于司法鉴定文书的形式,2001年司法部发布的《司法鉴定程序通则(试行)》第三十九条作了详细规定:"司法鉴定文书应当载明受理日期、委托人、委托事由、鉴定要求、送鉴材料情况、检验或者检查过程、鉴定意见或者审查意见、鉴定人以及其他应当包括的内容。鉴定人应当在司法鉴定文书上签名并注明专业技术职称,对鉴定意见进行复核的司法鉴定人应当在司法鉴定文书上签名。司法鉴定文书经签发人签发后加盖司法鉴定机构司法鉴定专用章。"可见,鉴定人和鉴定机构共同署名签章是司法鉴定文书的基本形式要求。本案中,国家文物局出具的有关鉴定意见,没有鉴定人的签名,只有国家文物鉴定委员会的公章。对这份没有鉴定人签名的鉴定意见能否作为证据采用的问题,应当从以下几个方面进行综合考虑。鉴定意见作为一种证据,是否采纳、如何采纳,法官享有审查裁量权。刑诉法等有关法规虽然规定了有关证据应具备的形式要件,但对形式上不符合有关规定的证据是否一概排除采信并无硬性规定。对于形式不符合有关形式要件的鉴定意见,是否能够作为定案证据使用,不能简单地一概而论,法官应对鉴定意见进行科学审查,综合考虑该证据所证明的内容、形式要件的瑕疵对证据真实性的影响力大小等因素,确定鉴定意见的中立性、真实性、客观性,并结合作出鉴定意见的鉴定机构的资质、专业性等因素加以判断,决定是否采信。文物鉴定是一种比较特殊的鉴定形式,不同于法医、物证、声像资料类等有比较客观的检测方法、比较严格的客观标准的司法鉴定,文物鉴定主要凭鉴定人的学识、经验等主观因素作出结论,不同的人对同一物品可能得出截然不同的结论,因此,这才需要多名专家分别鉴定后再讨论,最终作出集体意见并以集体名义出具相关鉴定意见。国家文物局下属的国家文物鉴定委员会是目前公认的最具权威的文物鉴定机构,其权威性源自鉴人的专业水准、鉴定程序的规范性,以国家文物鉴定委员会的名义而不是以专家个人名义出具鉴定意见的操作惯例本身也反映出了文物鉴定的特殊性。因此,在鉴定意见的形式上,文物鉴定意见与其他司法鉴定意见可能存在不同也是客观原因造成的。[参见第416号案例,蓑口义则走私文物案,载《刑事审判参考》总第53辑(2006年第6辑),法律出版社,第15~18页。执笔:谭劲松]

▽依据不能认定的基础事实所作出的鉴定意见应不予采信

对于鉴定意见是否具有科学性、相关性、合法性,是否具有证明力,应当注意从以下五方面进行审查:(1)鉴定人的资格和能力。(2)鉴定人是否具有诉讼法规定的应当回避的情形。(3)鉴定过程中检验、实验的程序规范或者检验方法是否符合有关法定标准或行业标准的要求。(4)检材、样本是否真实、充分,是否能够作为鉴定意见的基础。(5)鉴定意见的推论是否合理,论据是否充分,论据与结论之间是否存在矛盾。由于鉴定意见涉及多门学科领域的问题,法官仅就鉴定意见本身进行审查,难度较大,所以还需要将鉴定意见与案件的其他证据相结合,进行综合分析,从而确定是否具有证明力。本案认定被害人生前被使用过"缩官素"的证据不充分。其次,即使被告人曾经给被害人使用过"缩官素",但要认定其是"滥用"也无依据。所谓滥用,可以解释为"胡乱地或者过度地使用"。临床中,产妇因个体情况不同使用"缩官素"的剂量也不同,有的产妇甚至无须使用"缩官素"也能顺利分娩。本案被害人在分娩过程中是否需要使用以及应该使用多少剂量的"缩官素",没有相应证据证实。因此认定被告人滥用"缩官素"也缺乏充分的证据。再次,被害人在分娩过程中并发羊水栓塞是否是因使用"缩官素"引起缺乏相关证据。因为羊水栓塞是分娩过程中常见的一种死亡率较高的并发症,过度使用"缩官素"也可能引发。本案被害人并发羊水栓塞的原因需要充分的证据证实。最后,由于侦查机关未对胎儿进行尸体检验,胎儿死亡原因不明。认定胎儿的死亡后果是由于被告人的行为造成的则缺乏证据支持。综上,某某医院作出的鉴定意见所依据的基础事实材料不可靠,依据不充分,其科学性、客观性值得怀疑,不予采信。[参见第 421 号案例,贺淑华非法行医案,载《刑事审判参考》总第 53 辑(2006 年第 6 辑),法律出版社,第 52 ~ 54 页。执笔:冉容]

第一百四十八条　【鉴定意见的告知与补充鉴定、重新鉴定】侦查机关应当将用作证据的鉴定意见告知犯罪嫌疑人、被害人。如果犯罪嫌疑人、被害人提出申请,可以补充鉴定或者重新鉴定。

■人民检察院刑事诉讼规则(2019 年 12 月 30 日)

第二百二十条　对于鉴定意见,检察人员应当进行审查,必要时可以进行补充鉴定或者重新鉴定。重新鉴定的,应当另行指派或者聘请鉴定人。

第二百二十一条　用作证据的鉴定意见,人民检察院办案部门应当告知犯罪嫌疑人、被害人;被害人死亡或者没有诉讼行为能力的,应当告知其法定代理人、近亲属或诉讼代理人。

犯罪嫌疑人、被害人或被害人的法定代理人、近亲属、诉讼代理人提出申请,可以补充鉴定或者重新鉴定,鉴定费用由请求方承担。但原鉴定违反法定程序的,由人民检察院承担。

犯罪嫌疑人的辩护人或者近亲属以犯罪嫌疑人有患精神病可能而申请对犯罪嫌疑人进行鉴定的,鉴定费用由申请方承担。

■公安机关办理刑事案件程序规定(2020 年 9 月 1 日)

第二百五十二条　对鉴定意见,侦查人员应当进行审查。

对经审查作为证据使用的鉴定意见,公安机关应当及时告知犯罪嫌疑人、被害人或者其法定代理人。

第二百五十三条　犯罪嫌疑人、被害人对鉴定意见有异议提出申请,以及办案部门或者侦查人员对鉴定意见有疑义的,可以将鉴定意见送交其他有专门知识的人员提出意见。必要时,询问鉴定人并制作笔录附卷。

第二百五十四条　经审查,发现有下列情形之一的,经县级以上公安机关负责人批准,应当补充鉴定:

(一)鉴定内容有明显遗漏的;

(二)发现新的有鉴定意义的证物的;

(三)对鉴定证物有新的鉴定要求的;

(四)鉴定意见不完整,委托事项无法确定的;

(五)其他需要补充鉴定的情形。

经审查,不符合上述情形的,经县级以上公安机关负责人批准,作出不准予补充鉴定的决定,并在作出决定后三日以内书面通知申请人。

第二百五十五条　经审查,发现有下列情形之一的,经县级以上公安机关负责人批准,应当重新鉴定:

(一)鉴定程序违法或者违反相关专业技术要求的;

(二)鉴定机构、鉴定人不具备鉴定资质和条件的;

(三)鉴定人故意作虚假鉴定或者违反回避规定的;

(四)鉴定意见依据明显不足的;

(五)检材虚假或者被损坏的;

(六)其他应当重新鉴定的情形。

重新鉴定,应当另行指派或者聘请鉴定人。

经审查,不符合上述情形的,经县级以上公安机关负责人批准,作出不准予重新鉴定的决定,并在作出决定后三日以内书面通知申请人。

第二百五十六条　公诉人、当事人或者辩护人、诉讼代理人对鉴定意见有异议,经人民法院依法通知的,公安机关鉴定人应当出庭作证。

鉴定人故意作虚假鉴定的,应当依法追究其法律责任。

第一百四十九条　【精神病鉴定的期间】对犯｜罪嫌疑人作精神病鉴定的期间不计入办案期限。

■人民检察院刑事诉讼规则(2019年12月30日)

第二百二十二条　对犯罪嫌疑人作精神病鉴定的期间不计入羁押期限和办案期限。

第二百二十三条　为了查明案情,必要时,检察人员可以让被害人、证人和犯罪嫌疑人对与犯罪有关的物品、文件、尸体或场所进行辨认;也可以让被害人、证人对犯罪嫌疑人进行辨认,或者让犯罪嫌疑人对其他犯罪嫌疑人进行辨认。

第二百二十四条　辨认应当在检察人员的主持下进行,执行辨认的人员不得少于二人。在辨认前,应当向辨认人详细询问被辨认对象的具体特征,避免辨认人见到被辨认对象,并应当告知辨认人有意作虚假辨认应负的法律责任。

第二百二十五条　几名辨认人对同一被辨认对象进行辨认时,应当由每名辨认人单独进行。必要时,可以有见证人在场。

第二百二十六条　辨认时,应当将辨认对象混杂在其他对象中。不得在辨认前向辨认人展示辨认对象及其影像资料,不得给辨认人任何暗示。

辨认犯罪嫌疑人时,被辨认的人数不得少于七人,照片不得少于十张。

辨认物品时,同类物品不得少于五件,照片不得少于五张。

对犯罪嫌疑人的辨认,辨认人不愿公开进行时,可以在不暴露辨认人的情况下进行,并应当为其保守秘密。

■公安机关办理刑事案件程序规定(2020年9月1日)

第二百五十七条　对犯罪嫌疑人作精神病鉴定的时间不计入办案期限,其他鉴定时间都应当计入办案期限。

第二百五十八条　为了查明案情,在必要的时候,侦查人员可以让被害人、证人或者犯罪嫌疑人对与犯罪有关的物品、文件、尸体、场所或者犯罪嫌疑人进行辨认。

第二百五十九条　辨认应当在侦查人员的主持下进行。主持辨认的侦查人员不得少于二人。

几名辨认人对同一辨认对象进行辨认时,应当由辨认人个别进行。

第二百六十条　辨认时,应当将辨认对象混杂在特征相类似的其他对象中,不得在辨认前向辨认人展示辨认对象及其影像资料,不得给辨认人任何暗示。

辨认犯罪嫌疑人时,被辨认的人数不得少于七人;对犯罪嫌疑人照片进行辨认的,不得少于十人的照片。

辨认物品时,混杂的同类物品不得少于五件;对物品的照片进行辨认的,不得少于十个物品的照片。

对场所、尸体等特定辨认对象进行辨认,或者辨认人能够准确描述物品独有特征的,陪衬物不受数量的限制。

第二百六十一条　对犯罪嫌疑人的辨认,辨认人不愿意公开进行时,可以在不暴露辨认人的情况下进行,并应当为其保守秘密。

第二百六十二条　对辨认经过和结果,应当制作辨认笔录,由侦查人员、辨认人、见证人签名。必要时,应当对辨认过程进行录音录像。

■最高人民法院、最高人民检察院、公安部、国家安全部、司法部、全国人大常委会法制工作委员会关于实施刑事诉讼法若干问题的规定(2013年1月1日)

40. 刑事诉讼法第一百四十七条规定:"对犯罪嫌疑人作精神病鉴定的期间不计入办案期限。"根据上述规定,犯罪嫌疑人、被告人在押的案件,除对犯罪嫌疑人、被告人的精神病鉴定期间不计入办案期限外,其他鉴定期间都应当计入办案期限。对于因鉴定时间较长,办案期限届满仍不能终结的案件,自期限届满之日起,应当对被羁押的犯罪嫌疑人、被告人变更强制措施,改为取保候审或者监视居住。

第八节　技术侦查措施

第一百五十条　【技术侦查措施】公安机关在立案后,对于危害国家安全犯罪、恐怖活动犯罪、黑社会性质的组织犯罪、重大毒品犯罪或者其他严重危害社会的犯罪案件,根据侦查犯罪的需要,经过严格的批准手续,可以采取技术侦查措施。

人民检察院在立案后,对于利用职权实施的严重侵犯公民人身权利的重大犯罪案件,根据侦查犯罪的需要,经过严格的批准手续,可以采取技术侦查措施,按照规定交有关机关执行。

追捕被通缉或者批准、决定逮捕的在逃的犯罪嫌疑人、被告人,经过批准,可以采取追捕所必需的技术侦查措施。

■人民检察院刑事诉讼规则(2019年12月30日)

第二百二十七条　人民检察院在立案后,对于利用职权实施的严重侵犯公民人身权利的重大犯罪案件,经过严格的批准手续,可以采取技术侦查措施,交有关机关执行。

第二百二十八条　人民检察院办理直接受理侦查的案件,需要追捕被通缉或者决定逮捕的在逃犯罪嫌疑人、被告人的,经过批准,可以采取追捕所必需的技术侦查措施,不受本规则第二百二十七条规定的案件范围的限制。

■公安机关办理刑事案件程序规定(2020年9月1日)

第二百六十三条　公安机关在立案后,根据侦查犯罪的需要,可以对下列严重危害社会的犯罪案件采取技术侦查措施:

(一)危害国家安全犯罪、恐怖活动犯罪、黑社会性质的组织犯罪、重大毒品犯罪案件;

(二)故意杀人、故意伤害致人重伤或者死亡、强奸、抢劫、绑架、放火、爆炸、投放危险物质等严重暴力犯罪案件;

(三)集团性、系列性、跨区域性重大犯罪案件;

（四）利用电信、计算机网络、寄递渠道等实施的重大犯罪案件，以及针对计算机网络实施的重大犯罪案件；

（五）其他严重危害社会的犯罪案件，依法可能判处七年以上有期徒刑的。

公安机关追捕被通缉或者批准、决定逮捕的在逃的犯罪嫌疑人、被告人，可以采取追捕所必需的技术侦查措施。

第二百六十四条　技术侦查措施是指由设区的市一级以上公安机关负责技术侦查的部门实施的记录监控、行踪监控、通信监控、场所监控等措施。

技术侦查措施的适用对象是犯罪嫌疑人、被告人以及与犯罪活动直接关联的人员。

第二百六十五条　需要采取技术侦查措施的，应当制作呈请采取技术侦查措施报告书，报设区的市一级以上公安机关负责人批准，制作采取技术侦查措施决定书。

人民检察院等部门决定采取技术侦查措施，交公安机关执行的，由设区的市一级以上公安机关按照规定办理相关手续后，交负责技术侦查的部门执行，并将执行情况通知人民检察院等部门。

第一百五十一条　【技术侦查措施的批准及时效】批准决定应当根据侦查犯罪的需要，确定采取技术侦查措施的种类和适用对象。批准决定自签发之日起三个月以内有效。对于不需要继续采取技术侦查措施的，应当及时解除；对于复杂、疑难案件，期限届满仍有必要继续采取技术侦查措施的，经过批准，有效期可以延长，每次不得超过三个月。

■人民检察院刑事诉讼规则（2019年12月30日）

第二百二十九条　人民检察院采取技术侦查措施应当根据侦查犯罪的需要，确定采取技术侦查措施的种类和适用对象，按照有关规定报请批准。批准决定自签发之日起三个月以内有效。对于不需要继续采取技术侦查措施的，应当及时解除；对于复杂、疑难案件，期限届满仍有必要继续采取技术侦查措施的，应当在期限届满前十日以内制作呈请延长技术侦查措施期限报告书，写明延长的期限及理由，经过原批准机关批准，有效期可以延长，每次不得超过三个月。

采取技术侦查措施收集的材料作为证据使用的，批准采取技术侦查措施的法律文书应当附卷，辩护律师可以依法查阅、摘抄、复制。

■公安机关办理刑事案件程序规定（2020年9月1日）

第二百六十六条　批准采取技术侦查措施的决定自签发之日起三个月以内有效。

在有效期限内，对不需要继续采取技术侦查措施的，办案部门应当立即书面通知负责技术侦查的部门解除技术侦查措施；负责技术侦查的部门认为需要解除技术侦查措施的，报批准机关负责人批准，制作解除技术侦查措施决定书，并及时通知办案部门。

对复杂、疑难案件，采取技术侦查措施的有效期限届满仍需要继续采取技术侦查措施的，经负责技术侦查的部门审核后，报批准机关负责人批准，制作延长技术侦查措施期限决定书。批准延长期限，每次不得超过三个月。

有效期限届满，负责技术侦查的部门应当立即解除技术侦查措施。

■最高人民法院、最高人民检察院、公安部、国家安全部、司法部、全国人大常委会法制工作委员会关于实施刑事诉讼法若干问题的规定（2013年1月1日）

20. 刑事诉讼法第一百四十九条中规定："批准决定应当根据侦查犯罪的需要，确定采取技术侦查措施的种类和适用对象。"采取技术侦查措施收集的材料作为证据使用的，批准采取技术侦查措施的法律文书应当附卷，辩护律师可以依法查阅、摘抄、复制，在审判过程中可以向法庭出示。

第一百五十二条　【技术侦查措施的严格批准、保密及销毁】采取技术侦查措施，必须严格按照批准的措施种类、适用对象和期限执行。

侦查人员对采取技术侦查措施过程中知悉的

国家秘密、商业秘密和个人隐私，应当保密；对采取技术侦查措施获取的与案件无关的材料，必须及时销毁。

采取技术侦查措施获取的材料，只能用于对犯罪的侦查、起诉和审判，不得用于其他用途。

公安机关依法采取技术侦查措施，有关单位和个人应当配合，并对有关情况予以保密。

■人民检察院刑事诉讼规则（2019年12月30日）

第二百三十条　采取技术侦查措施收集的物证、书证及其他证据材料，检察人员应当制作相应的说明材料，写明获取证据的时间、地点、数量、特征以及采取技术侦查措施的批准机关、种类等，并签名和盖章。

对于使用技术侦查措施获取的证据材料，如果可能危及特定人员的人身安全、涉及国家秘密或者公开后可能暴露侦查秘密或者严重损害商业秘密、个人隐私的，应当采取不暴露有关人员身份、技术方法等保护措施。必要时，可以建议不在法庭上质证，由审判人员在庭外对证据进行核实。

第二百三十一条　检察人员对采取技术侦查措施过程中知悉的国家秘密、商业秘密和个人隐私，应当保密；对采取技术侦查措施获取的与案件无关的材料，应当及时销毁，并对销毁情况制作记录。

采取技术侦查措施获取的证据、线索及其他有关材料，只能用于对犯罪的侦查、起诉和审判，不得用于其他用途。

■公安机关办理刑事案件程序规定（2020年9月1日）

第二百六十七条　采取技术侦查措施，必须严格按照批准的措施种类、适用对象和期限执行。

在有效期限内，需要变更技术侦查措施种类或者适用对象的，应当按照本规定第二百五十六条规定重新办理批准手续。

第二百六十八条　采取技术侦查措施收集的材料在刑事诉讼中可以作为证据使用。使用技术侦查措施收集的材料作为证据时，可能危及有关人员的人身安全，或者可能产生其他严重后果的，应当采取不暴露有关人员身份和使用的技术设备、侦查方法等保护措施。

采取技术侦查措施收集的材料作为证据使用的，采取技术侦查措施决定书应当附卷。

第二百六十九条　采取技术侦查措施收集的材料，应当严格依照有关规定存放，只能用于对犯罪的侦查、起诉和审判，不得用于其他用途。

采取技术侦查措施收集的与案件无关的材料，必须及时销毁，并制作销毁记录。

第二百七十条　侦查人员对采取技术侦查措施过程中知悉的国家秘密、商业秘密和个人隐私，应当保密。

公安机关依法采取技术侦查措施，有关单位和个人应当配合，并对有关情况予以保密。

第一百五十三条　【隐匿身份侦查】为了查明案情，在必要的时候，经公安机关负责人决定，可以由有关人员隐匿其身份实施侦查。但是，不得诱使他人犯罪，不得采用可能危害公共安全或者发生重大人身危险的方法。

对涉及给付毒品等违禁品或者财物的犯罪活动，公安机关根据侦查犯罪的需要，可以依照规定实施控制下交付。

■公安机关办理刑事案件程序规定（2020年9月1日）

第二百七十一条　为了查明案情，在必要的时候，经县级以上公安机关负责人决定，可以由侦查人员或者公安机关指定的其他人员隐匿身份实施侦查。

隐匿身份实施侦查时，不得使用促使他人产生犯罪意图的方法诱使他人犯罪，不得采用可能危害公共安全或者发生重大人身危险的方法。

第二百七十二条　对涉及给付毒品等违禁品或者财物的犯罪活动，为查明参与该项犯罪的人员和犯罪事实，根据侦查需要，经县级以上公安机关负责人决定，可以实施控制下交付。

第一百五十四条 【采用技术侦查措施收集材料的使用】依照本节规定采取侦查措施收集的材料在刑事诉讼中可以作为证据使用。如果使用该证据可能危及有关人员的人身安全,或者可能产生其他严重后果的,应当采取不暴露有关人员身份、技术方法等保护措施,必要的时候,可以由审判人员在庭外对证据进行核实。

■公安机关办理刑事案件程序规定(2020年9月1日)

第二百七十三条 公安机关依照本节规定实施隐匿身份侦查和控制下交付收集的材料在刑事诉讼中可以作为证据使用。

使用隐匿身份侦查和控制下交付收集的材料作为证据时,可能危及隐匿身份人员的人身安全,或者可能产生其他严重后果的,应当采取不暴露有关人员身份等保护措施。

第九节 通 缉

第一百五十五条 【通缉的条件】应当逮捕的犯罪嫌疑人如果在逃,公安机关可以发布通缉令,采取有效措施,追捕归案。

各级公安机关在自己管辖的地区以内,可以直接发布通缉令;超出自己管辖的地区,应当报请有权决定的上级机关发布。

■人民检察院刑事诉讼规则(2019年12月30日)

第二百三十二条 人民检察院办理直接受理侦查的案件,应当逮捕的犯罪嫌疑人在逃,或者已被逮捕的犯罪嫌疑人脱逃的,经检察长批准,可以通缉。

第二百三十三条 各级人民检察院需要在本辖区内通缉犯罪嫌疑人的,可以直接决定通缉;需要在本辖区外通缉犯罪嫌疑人的,由有决定权的上级人民检察院决定。

第二百三十四条 人民检察院应当将通缉通知书和通缉对象的照片、身份、特征、案情简况送达公安机关,由公安机关发布通缉令,追捕归案。

第二百三十五条 为防止犯罪嫌疑人等涉案人员逃往境外,需要在边防口岸采取边控措施的,人民检察院应当按照有关规定制作边控对象通知书,商请公安机关办理边控手续。

第二百三十六条 应当逮捕的犯罪嫌疑人潜逃出境的,可以按照有关规定层报最高人民检察院商请国际刑警组织中国国家中心局,请求有关方面协助,或者通过其他法律规定的途径进行追捕。

■公安机关办理刑事案件程序规定(2020年9月1日)

第二百七十四条 应当逮捕的犯罪嫌疑人在逃的,经县级以上公安机关负责人批准,可以发布通缉令,采取有效措施,追捕归案。

通缉令的发送范围,由签发通缉令的公安机关负责人决定。

第二百七十五条 通缉令中应当尽可能写明被通缉人的姓名、别名、曾用名、绰号、性别、年龄、民族、籍贯、出生地、户籍所在地、居住地、职业、身份证号码、衣着和体貌特征、口音、行为习惯,并附被通缉人近期照片,可以附指纹及其他物证的照片。除了必须保密的事项以外,应当写明发案的时间、地点和简要案情。

第二百七十六条 通缉令发出后,如果发现新的重要情况可以补发通报。通报必须注明原通缉令的编号和日期。

第二百七十七条 公安机关接到通缉令后,应当及时布置查缉。抓获犯罪嫌疑人后,报经县级以上公安机关负责人批准,凭通缉令或者相关法律文书羁押,并通知通缉令发布机关进行核实,办理交接手续。

第二百七十八条 需要对犯罪嫌疑人在口岸采取边控措施的,应当按照有关规定制作边控对象通知书,并附有关法律文书,经县级以上公安机关负责人审核后,层报省级公安机关批准,办理全国范围内的边控措施。需要限制犯罪嫌疑人人身自由的,应当附有关限制人身自由的法律文书。

紧急情况下,需要采取边控措施的,县级以上公安机关可以出具公函,先向有关口岸所在地出入境边防检查机关交控,但应当在七日以内按照规定程序办理全国范围内的边控措施。

第二百七十九条 为发现重大犯罪线索,追缴涉案财物、证据,查获犯罪嫌疑人,必要时,经县级以上公安机关负责人批准,可以发布悬赏通告。

悬赏通告应当写明悬赏对象的基本情况和赏金的具体数额。

第二百八十条 通缉令、悬赏通告应当广泛张贴,并可以通过广播、电视、报刊、计算机网络等方式发布。

第二百八十一条 经核实,犯罪嫌疑人已经自动投案、被击毙或者被抓获,以及发现有其他不需要采取通缉、边控、悬赏通告的情形的,发布机关应当在原通缉、通知、通告范围内,撤销通缉令、边控通知、悬赏通告。

第二百八十二条 通缉越狱逃跑的犯罪嫌疑人、被告人或者罪犯,适用本节的有关规定。

■最高人民检察院、公安部关于适用刑事强制措施有关问题的规定(2000年8月28日)

第三十三条 人民检察院直接立案侦查的案件,需要通缉犯罪嫌疑人的,应当作出逮捕决定,并将逮捕决定书、通缉通知书和犯罪嫌疑人的照片、身份、特征等情况及简要案情,送达同级公安机关,由公安机关按照规定发布通缉令。人民检察院应当予以协助。

各级人民检察院需要在本辖区内通缉犯罪嫌疑人的,可以直接决定通缉;需要在本辖区外通缉犯罪嫌疑人的,由有决定权的上级人民检察院决定。

第十节 侦查终结

第一百五十六条 【侦查羁押期限】对犯罪嫌疑人逮捕后的侦查羁押期限不得超过二个月。案情复杂、期限届满不能终结的案件,可以经上一级人民检察院批准延长一个月。

■人民检察院刑事诉讼规则(2019年12月30日)

第三百零五条 人民检察院办理直接受理侦查的案件,对犯罪嫌疑人逮捕后的侦查羁押期限不得超过二个月。案情复杂、期限届满不能终结的案件,可以经上一级人民检察院批准延长一个月。

第三百零九条 公安机关需要延长侦查羁押期限的,人民检察院应当要求其在侦查羁押期限届满七日前提请批准延长侦查羁押期限。

人民检察院办理直接受理侦查的案件,负责侦查的部门认为需要延长侦查羁押期限的,应当按照前款规定向本院负责捕诉的部门移送延长侦查羁押期限意见书及有关材料。

对于超过法定羁押期限提请延长侦查羁押期限的,不予受理。

第三百一十条 人民检察院审查批准或者决定延长侦查羁押期限,由负责捕诉的部门办理。

受理案件的人民检察院对延长侦查羁押期限的意见审查后,应当提出是否同意延长侦查羁押期限的意见,将公安机关延长侦查羁押期限的意见和本院的审查意见层报有决定权的人民检察院审查决定。

第三百一十一条 对于同时具备下列条件的案件,人民检察院应当作出批准延长侦查羁押期限一个月的决定:

(一)符合刑事诉讼法第一百五十六条的规定;

(二)符合逮捕条件;

(三)犯罪嫌疑人有继续羁押的必要。

第三百一十二条 犯罪嫌疑人虽然符合逮捕条件,但经审查,公安机关在对犯罪嫌疑人执行逮捕后二个月以内未有效开展侦查工作或者侦查取证工作没有实质进展的,人民检察院可以作出不批准延长侦查羁押期限的决定。

犯罪嫌疑人不符合逮捕条件,需要撤销下级人民检察院逮捕决定的,上级人民检察院在作出不批准延长侦查羁押期限决定的同时,应当作出撤销逮捕的决定,或者通知下级人民检察院撤销逮捕决定。

第三百一十三条 有决定权的人民检察院作出批准延长侦查羁押期限或者不批准延长侦查羁押期限的决定后,应当将决定书交由最初受理案件的人民检察院送达公安机关。

最初受理案件的人民检察院负责捕诉的部门收到批准延长侦查羁押期限决定书或者不批准延长侦查羁押期限决定书,应当书面告知本院负责刑事执行检察的部门。

第六百一十二条 人民检察院依法对羁押期限和办案期限是否合法实行法律监督。

第六百一十三条 对公安机关、人民法院办理案件相关期限的监督,犯罪嫌疑人、被告人被羁押的,由人民检察院负责刑事执行检察的部门承担;犯罪嫌疑人、被告人未被羁押的,由人民检察院负责捕诉的部门承担。对人民检察院办理案件相关期限的监督,由负责案件管理的部门承担。

第六百一十四条 人民检察院在办理案件过程中,犯罪嫌疑人、被告人被羁押,具有下列情形之一的,办案部门应当在作出决定或者收到决定书、裁定书后十日以内通知本院负有监督职责的部门:

(一)批准或者决定延长侦查羁押期限的;

(二)对于人民检察院直接受理侦查的案件,决定重新计算侦查羁押期限、变更或者解除强制措施的;

(三)对犯罪嫌疑人、被告人进行精神病鉴定的;

(四)审查起诉期间改变管辖、延长审查起诉期限的;

(五)案件退回补充侦查,或者补充侦查完毕移送起诉后重新计算审查起诉期限的;

(六)人民法院决定适用简易程序、速裁程序审理第一审案件,或者将案件由简易程序转为普通程序,由速裁程序转为简易程序、普通程序重新审理的;

(七)人民法院改变管辖,决定延期审理、中止审理,或者同意人民检察院撤回起诉的。

第六百一十五条 人民检察院发现看守所的羁押期限管理活动具有下列情形之一的,应当依法提出纠正意见:

(一)未及时督促办案机关办理换押手续的;

(二)未在犯罪嫌疑人、被告人羁押期限届满前七日以内向办案机关发出羁押期限即将届满通知书的;

(三)犯罪嫌疑人、被告人被超期羁押后,没有立即书面报告人民检察院并通知办案机关的;

(四)收到犯罪嫌疑人、被告人及其法定代理人、近亲属或者辩护人提出的变更强制措施、羁押必要性审查、羁押期限届满要求释放或者变更强制措施的申请、申诉、控告后,没有及时转送有关办案机关或者人民检察院的;

(五)其他违法情形。

第六百一十六条 人民检察院发现公安机关的侦查羁押期限执行情况具有下列情形之一的,应当依法提出纠正意见:

(一)未按规定办理换押手续的;

(二)决定重新计算侦查羁押期限、经批准延长侦查羁押期限,未书面通知人民检察院和看守所的;

(三)对犯罪嫌疑人进行精神病鉴定,没有书面通知人民检察院和看守所的;

(四)其他违法情形。

第六百一十八条 人民检察院发现同级或者下级公安机关、人民法院超期羁押的,应当向该办案机关发出纠正违法通知书。

发现上级公安机关、人民法院超期羁押的，应当及时层报该办案机关的同级人民检察院，由同级人民检察院向该办案机关发出纠正违法通知书。

对异地羁押的案件，发现办案机关超期羁押的，应当通报该办案机关的同级人民检察院，由其依法向办案机关发出纠正违法通知书。

第六百一十九条　人民检察院发出纠正违法通知书后，有关办案机关未回复意见或者继续超期羁押的，应当及时报告上一级人民检察院。

对于造成超期羁押的直接责任人员，可以书面建议其所在单位或者有关主管机关依照法律或者有关规定予以处分；对于造成超期羁押情节严重，涉嫌犯罪的，应当依法追究其刑事责任。

■公安机关办理刑事案件程序规定(2020年9月1日)

第一百四十八条　对犯罪嫌疑人逮捕后的侦查羁押期限不得超过二个月。案情复杂、期限届满不能侦查终结的案件，应当制作提请批准延长侦查羁押期限意见书，经县级以上公安机关负责人批准后，在期限届满七日前送请同级人民检察院转报上一级人民检察院批准延长一个月。

■人民检察院办理延长侦查羁押期限案件的规定(2016年7月1日)

第二条　人民检察院办理延长侦查羁押期限案件，应当坚持惩罚犯罪与保障人权并重、监督制约与支持配合并重、程序审查与实体审查并重的原则。

第三条　侦查机关依照《中华人民共和国刑事诉讼法》第一百五十四条规定提请延长犯罪嫌疑人侦查羁押期限的案件，由同级人民检察院受理审查并提出意见后，报上一级人民检察院审查决定。

人民检察院直接受理立案侦查的案件，依照《中华人民共和国刑事诉讼法》第一百五十四条规定提请延长犯罪嫌疑人侦查羁押期限的，由本院审查提出意见后，报上一级人民检察院审查决定。

第四条　侦查机关需要延长侦查羁押期限的，应当在侦查羁押期限届满七日前，向同级人民检察院移送以下材料：

(一)提请批准延长侦查羁押期限意见书和延长侦查羁押期限案情报告；

(二)立案决定书、逮捕证以及重新计算侦查羁押期限决定书等相关法律文书复印件；

(三)罢免、辞去县级以上人大代表或者报请许可对其采取强制措施手续等文书；

(四)案件的其他情况说明。

人民检察院直接受理立案侦查的案件，需要延长侦查羁押期限的，侦查部门应当依照本条第一款的规定向本院侦查监督部门移送延长侦查羁押期限意见书和前款规定的有关材料。

第五条　侦查机关应当在延长侦查羁押期限案情报告中详细写明犯罪嫌疑人基本情况、采取强制措施的具体情况、主要案情和捕后侦查工作进展情况、下一步侦查工作计划、延长侦查羁押期限的具体理由和法律依据、继续羁押的必要以及提请批准延长侦查羁押期限的起止日期。

人民检察院直接受理立案侦查的案件，侦查部门应当在延长侦查羁押期限意见书中详细写明前款规定的内容。

第六条　受理案件的人民检察院侦查监督部门应当制作提请批准延长侦查羁押期限报告书和提请延长侦查羁押期限案件审查报告，连同审查逮捕意见书以及侦查机关(部门)移送的材料，经本院案件管理部门报上一级人民检察院审查。

第七条　上一级人民检察院案件管理部门收到案件材料后，应当及时审核，符合报送材料要求的，移交本院侦查监督部门办理。发现材料不全的，应当要求在规定的时间内予以补充。

对于未及时补充或者未按规定时间移送材料的，应当及时告知侦查监督部门，由侦查监督部门决定是否予以受理。

对于侦查机关(部门)超过法定羁押期限仍提请延长侦查羁押期限的，上一级人民检察院不予受理。

第八条　人民检察院侦查监督部门应当在提请延长侦查羁押期限案件审查报告中详细写明受案和审查过程、犯罪嫌疑人基本情况、采取强制措施的情况和羁押地点、主要案情、延长侦查羁押期限的理由和法律依据、继续羁押的必要、提请批准延长侦查羁押期限的起止日期以及审查意见。

第九条　人民检察院侦查监督部门办理延长侦查羁押期限案件,应当审查以下内容:

(一)本院或者下级人民检察院的逮捕决定是否符合法律规定;

(二)犯罪嫌疑人逮捕后侦查工作进展情况;

(三)下一步侦查计划是否具体明确;

(四)延长侦查羁押期限的理由、日期是否符合法律规定;

(五)犯罪嫌疑人有无继续羁押的必要;

(六)有无超期羁押等违法情况;

(七)其他需要审查的内容。

第十条　人民检察院侦查监督部门办理延长侦查羁押期限案件,应当由承办检察官提出审查意见,报检察长决定。

第十一条　人民检察院侦查监督部门审查延长侦查羁押期限案件,对于案件是否符合延长侦查羁押期限条件有疑问或者侦查活动可能存在重大违法等情形的,可以讯问犯罪嫌疑人,听取律师意见、侦查机关(部门)意见,调取案卷及相关材料。

第十二条　经审查,同时具备下列条件的案件,人民检察院应当作出批准延长侦查羁押期限一个月的决定:

(一)符合《中华人民共和国刑事诉讼法》第一百五十四条的规定;

(二)符合逮捕条件;

(三)犯罪嫌疑人有继续羁押的必要。

第十三条　经审查,对于不符合《中华人民共和国刑事诉讼法》第一百五十四条规定、犯罪嫌疑人不符合逮捕条件或者犯罪嫌疑人没有继续羁押必要的,人民检察院应当作出不批准延长侦查羁押期限决定。

对于犯罪嫌疑人虽然符合逮捕条件,但经审查,侦查机关(部门)在犯罪嫌疑人逮捕后二个月以内未有效开展侦查工作或者侦查取证工作没有实质进展的,人民检察院可以作出不批准延长侦查羁押期限的决定。

对于犯罪嫌疑人不符合逮捕条件,需要撤销下级人民检察院逮捕决定的,上一级人民检察院作出不批准延长侦查羁押期限决定后,应当作出撤销逮捕决定,或者通知下级人民检察院撤销逮捕决定。

第十四条　《中华人民共和国刑事诉讼法》第一百五十四条规定的"案情复杂、期限届满不能终结的案件",包括以下情形之一:

(一)影响定罪量刑的重要证据无法在侦查羁押期限内调取到的;

(二)共同犯罪案件,犯罪事实需要进一步查清的;

(三)犯罪嫌疑人涉嫌多起犯罪或者多个罪名,犯罪事实需要进一步查清的;

(四)涉外案件,需要境外取证的;

(五)与其他重大案件有关联,重大案件尚未侦查终结,影响本案或者其他重大案件处理的。

第十五条　有决定权的人民检察院在侦查羁押期限届满前作出是否批准延长侦查羁押期限的决定后,交由受理案件的人民检察院侦查监督部门送达侦查机关(部门)。

受理案件的人民检察院侦查监督部门在收到批准延长侦查羁押期限决定书或者不批准延长侦查羁押期限决定书的同时,应当书面告知本院刑事执行检察部门。

第十六条 逮捕后侦查羁押期限日期的计算,应当自对犯罪嫌疑人执行逮捕的第二日起,至二个月后对应日期的前一日止,无对应日期的,以该月的最后一日为截止日。

延长侦查羁押期限的起始日应当与延长前侦查羁押期限的截止日连续计算。

第十七条 人民检察院侦查监督部门在审查延长侦查羁押期限案件中发现侦查机关(部门)的侦查活动存在违法情形的,应当向侦查机关(部门)提出纠正违法意见。

第十八条 依照《中华人民共和国刑事诉讼法》第一百五十六条、第一百五十七条规定提请批准延长侦查羁押期限的案件,参照本规定办理。

第十九条 本规定由最高人民检察院负责解释。

第二十条 本规定自印发之日起施行。最高人民检察院以前发布的有关规定与本规定不一致的,以本规定为准。

第一百五十七条 【特殊原因的延期审理】因为特殊原因,在较长时间内不宜交付审判的特别重大复杂的案件,由最高人民检察院报请全国人民代表大会常务委员会批准延期审理。

■人民检察院刑事诉讼规则(2019年12月30日)

第三百零八条 最高人民检察院办理直接受理侦查的案件,依照刑事诉讼法的规定需要延长侦查羁押期限的,直接决定延长侦查羁押期限。

第三百一十四条 因为特殊原因,在较长时间内不宜交付审判的特别重大复杂的案件,由最高人民检察院报请全国人民代表大会常务委员会批准延期审理。

第一百五十八条 【延长羁押期限】下列案件在本法第一百五十六条规定的期限届满不能侦查终结的,经省、自治区、直辖市人民检察院批准或者决定,可以延长二个月:

(一)交通十分不便的边远地区的重大复杂案件;

(二)重大的犯罪集团案件;

(三)流窜作案的重大复杂案件;

(四)犯罪涉及面广,取证困难的重大复杂案件。

■人民检察院刑事诉讼规则(2019年12月30日)

第三百零六条 设区的市级人民检察院和基层人民检察院办理直接受理侦查的案件,符合刑事诉讼法第一百五十八条规定,在本规则第三百零五条规定的期限届满前不能侦查终结的,经省级人民检察院批准,可以延长二个月。

省级人民检察院直接受理侦查的案件,有前款情形的,可以直接决定延长二个月。

■公安机关办理刑事案件程序规定(2020年9月1日)

第一百四十九条 下列案件在本规定第一百四十四条规定的期限届满不能侦查终结的,应当制作提请批准延长侦查羁押期限意见书,经县级以上公安机关负责人批准,在期限届满七日前送请同级人民检察院层报省、自治区、直辖市人民检察院批准,延长二个月:

(一)交通十分不便的边远地区的重大复杂案件;

(二)重大的犯罪集团案件;

(三)流窜作案的重大复杂案件;

(四)犯罪涉及面广,取证困难的重大复杂案件。

■最高人民法院、最高人民检察院、公安部、国家安全部关于取保候审若干问题的规定(1999年8月4日)

十、公安机关需要延长侦查羁押期限的,应当在侦查羁押期限届满七日前,向同级人民检察院移送提请延长侦查羁押期限意见书,写明案件的主要案情、延长侦查羁押期限的具体理由和起止日期,并附逮捕证复印件。有决定权的人民检察院应当在侦查羁押期限届满前作出是否批准延长侦查羁押期限的决定,并交由受理案件的人民检察院送达公安机关。

▼江苏省高级人民法院关于规范刑事案件报批延长审限有关事项的通知(全文)(2000年4月19日)

一、凡符合刑事诉讼法(1996年修订的刑诉法。——编著者注)第一百二十六条规定的以下四种情形之一的公诉案件和适用普通程序审理的被告人羁押的刑事自诉案件,报请省高级人民法院批准或决定,可以延长审判期限一个月:

(一)交通十分不便的边远地区的重大复杂案件;

(二)重大的犯罪集团案件;

(三)流窜作案的重大复杂案件;

(四)犯罪涉及面广,取证困难的重大复杂案件。

二、报请延长审判期限,必须使用最高人民法院1999年4月6日通过的《法院刑事诉讼文书样式》样式83的《延长审限案件呈报表》,如实填写,加盖法院公章,一式两份。不得使用复印件、传真件,并在期满七日以前报请我院研究室批准。报请的审批时间,计入审判期限。

三、我院在收到报请延长审限材料七日内,作出批准或不批准的决定。

四、自本通知下发之日起,请各级中级人民法院、各基层人民法院认真遵照执行。对不符合上述要求的审限报批,我院将不予批准。

第一百五十九条 【羁押期限再延长】对犯罪嫌疑人可能判处十年有期徒刑以上刑罚,依照本法第一百五十八条规定延长期限届满,仍不能侦查终结的,经省、自治区、直辖市人民检察院批准或者决定,可以再延长二个月。

■人民检察院刑事诉讼规则(2019年12月30日)

第三百零七条 设区的市级人民检察院和基层人民检察院办理直接受理侦查的案件,对犯罪嫌疑人可能判处十年有期徒刑以上刑罚,依照本规则第三百零六条的规定依法延长羁押期限届满,仍不能侦查终结的,经省级人民检察院批准,可以再延长二个月。

省级人民检察院办理直接受理侦查的案件,有前款情形的,可以直接决定再延长二个月。

■公安机关办理刑事案件程序规定(2020年9月1日)

第一百五十条 对犯罪嫌疑人可能判处十年有期徒刑以上刑罚,依照本规定第一百四十五条规定的延长期限届满,仍不能侦查终结的,应当制作提请批准延长侦查羁押期限意见书,经县级以上公安机关负责人批准,在期限届满七日前送请同级人民检察院层报省、自治区、直辖市人民检察院批准,再延长二个月。

■最高人民法院、最高人民检察院、公安部、国家安全部、司法部、全国人大常委会法制工作委员会关于实施刑事诉讼法若干问题的规定(2013年1月1日)

21.公安机关对案件提请延长羁押期限的,应当在羁押期限届满七日前提出,并书面呈报延长羁押期限案件的主要案情和延长羁押期限的具体理由,人民检察院应当在羁押期限届满前作出决定。

第一百六十条 【侦查羁押期限的重新计算】在侦查期间,发现犯罪嫌疑人另有重要罪行的,自发现之日起依照本法第一百五十六条的规定重新计算侦查羁押期限。

犯罪嫌疑人不讲真实姓名、住址,身份不明的,应当对其身份进行调查,侦查羁押期限自查清其身份之日起计算,但是不得停止对其犯罪行为的侦查取证。对于犯罪事实清楚,证据确实、充分,确实无法查明其身份的,也可以按其自报的姓名起诉、审判。

■人民检察院刑事诉讼规则(2019年12月30日)

第三百一十五条 人民检察院在侦查期间发现犯罪嫌疑人另有重要罪行的,自发现之日起依照本规则第三百零五条的规定重新计算侦查羁押期限。

另有重要罪行是指与逮捕时的罪行不同种的重大犯罪或者同种的影响罪名认定、量刑档次的重大犯罪。

第三百一十六条　人民检察院重新计算侦查羁押期限,应当由负责侦查的部门提出重新计算侦查羁押期限的意见,移送本院负责捕诉的部门审查。负责捕诉的部门审查后应当提出是否同意重新计算侦查羁押期限的意见,报检察长决定。

第三百一十七条　对公安机关重新计算侦查羁押期限的备案,由负责捕诉的部门审查。负责捕诉的部门认为公安机关重新计算侦查羁押期限不当的,应当提出纠正意见。

第三百一十八条　人民检察院直接受理侦查的案件,不能在法定侦查羁押期限内侦查终结的,应当依法释放犯罪嫌疑人或者变更强制措施。

第三百一十九条　负责捕诉的部门审查延长侦查羁押期限、审查重新计算侦查羁押期限,可以讯问犯罪嫌疑人,听取辩护律师和侦查人员的意见,调取案卷及相关材料等。

■公安机关办理刑事案件程序规定(2020 年 9 月 1 日)

第一百五十一条　在侦查期间,发现犯罪嫌疑人另有重要罪行的,应当自发现之日起五日以内报县级以上公安机关负责人批准后,重新计算侦查羁押期限,制作变更羁押期限通知书,送达看守所,并报批准逮捕的人民检察院备案。

前款规定的"另有重要罪行",是指与逮捕时的罪行不同种的重大犯罪以及同种犯罪并将影响罪名认定、量刑档次的重大犯罪。

第一百五十二条　犯罪嫌疑人不讲真实姓名、住址,身份不明的,应当对其身份进行调查。经县级以上公安机关负责人批准,侦查羁押期限自查清其身份之日起计算,但不得停止对其犯罪行为的侦查取证。

对于犯罪事实清楚,证据确实、充分,确实无法查明其身份的,按其自报的姓名移送人民检察院审查起诉。

■最高人民法院、最高人民检察院、公安部、国家安全部、司法部、全国人大常委会法制工作委员会关于实施刑事诉讼法若干问题的规定(2013 年 1 月 1 日)

22. 刑事诉讼法第一百五十八条第一款规定:"在侦查期间,发现犯罪嫌疑人另有重要罪行的,自发现之日起依照本法第一百五十四条的规定重新计算侦查羁押期限。"公安机关依照上述规定重新计算侦查羁押期限的,不需要经人民检察院批准,但应当报人民检察院备案,人民检察院可以进行监督。

■最高人民法院、最高人民检察院、公安部、国家安全部关于取保候审若干问题的规定(1999 年 8 月 4 日)

十一、公安机关发现犯罪嫌疑人另有重要罪行,需要重新计算侦查羁押期限的,可以按照刑事诉讼法有关规定决定重新计算侦查羁押期限,同时报送原作出批准逮捕决定的人民检察院备案。

■最高人民法院关于审理拐卖妇女案件适用法律有关问题的解释(2000 年 1 月 25 日)

第三条　对于外国籍被告人身份无法查明或者其国籍国拒绝提供有关身份证明,人民检察院根据刑事诉讼法第一百二十八条(1996 年修订的刑诉法,2012 年修正刑诉法第 158 条。——编著者注)第二款的规定起诉的案件,人民法院应当依法受理。

第一百六十一条　【侦查终结前辩护律师的意见的处理】在案件侦查终结前,辩护律师提出要求的,侦查机关应当听取辩护律师的意见,并记录在案。辩护律师提出书面意见的,应当附卷。

■公安机关办理刑事案件程序规定(2020 年 9 月 1 日)

第五十八条　案件侦查终结前,辩护律师提出要求的,公安机关应当听取辩护律师的意见,根据情况进行核实,并记录在案。辩护律师提出书面意见的,应当附卷。

对辩护律师收集的犯罪嫌疑人不在犯罪现场、未达到刑事责任年龄、属于依法不负刑事责任的精神病人的证据,公安机关应当进行核实并将有关情况记录在案,有关证据应当附卷。

▽按被告人自报身份审判的条件的正确理解和适用

(一)查明被告人身份是办理所有刑事案件的基本要求。事实清楚,证据确实、充分,是刑事案件中对被告人定罪处罚的基本前提。根据《最高人民法院关于适用〈中华人民共和国刑事诉讼法〉的解释》第六十四条的规定,被告人、被害人的身份以及案件的各种量刑情节,都属于应当运用证据证明的案件事实。《最高人民法院、最高人民检察院、公安部、国家安全部、司法部关于办理死刑案件审查判断证据若干问题的规定》第五条第三款第三项、第四项的规定,办理死刑案件,对于影响被告人定罪的身份情况及被告人有刑事责任能力的证明,必须达到证据确实、充分。因此,被告人的身份是刑事案件的主要事实之一,查清与否,直接关系到犯罪主体刑事责任能力等相关定罪或量刑情节的评定,影响到被告人所承担刑事责任的有无和大小。被告人身份未能查明,会直接动摇定案的基础。特别是在死刑案件中,不但对被告人实施犯罪行为的相关事实和证据要严格把关,彻底查清,而且对被告人的身份事实也必须彻底查清,准确认定,切实防止"张冠李戴"。如果认定被告人、被害人身份出现错误,不但侵犯了相关人员的名誉权,而且损害了司法公信力,同样属于错案,甚至可能产生冤案。

(二)按被告人自报身份审判是在特殊情况下的例外做法。在刑事诉讼中,查实被告人的真实身份是刑事诉讼的基本要求,而按自报认定犯罪主体的身份只是法律规定的例外。之所以存在例外,既有被告人方面的原因,也有司法机关方面的原因。就被告人而言,其不讲自己真实的身份的主要原因有:(1)被告人故意规避累犯、再犯或前科等法定或酌定从重处罚情节,以此避免因前科犯罪而导致量刑的从重处罚。(2)被告人虚报刑事责任年龄,谎称自己是未成年人以争取从轻或减轻处罚。特别是部分刚满18周岁的被告人,虚报年龄、住址,目的是在查无实据的情况下,使司法机关以未成年犯罪主体的身份对其作出从轻或减轻的处罚。(3)被告人为避免因犯罪被判处刑罚而产生各种不良影响而虚报身份、住址。就司法机关而言,未能查实被告人真实身份的主要原因有:(1)某些司法人员的惰性导致自报问题的产生。在流动人口较多,外来人员犯罪多的部分地方,要证明一个被告人的真实身份,往往需要到其原籍所在地的户籍管理机关调取材料,由于经费开支大,法律规定的办案期限紧,一些司法机关未对这项细致又费时的调查工作予以重视,往往在发出原籍材料调查函后,过一段时间没有收到相应的回复,也不再做进一步的核实工作,就以自报的内容确定被告人的身份。而一些原籍所在地的户籍管理机关,对于外地有关机关的调查函不认真细致办理或拖延办理,导致被告人的真实身份无法及时核实。(2)被告人原籍所在地的户籍管理机关发生变动,或者是被告人原籍所在地的行政区划发生变更,调查的信函难以到达,从而无法调取到被告人的户籍登记材料。特别是外出务工时间较长的被告人容易出现这种情况。理论上,查明一切案件事实是司法机关应尽的职责。但是,法律规定查实被告人身份为原则的同时,也将符合一定条件的案件按被告人自报身份认定犯罪主体作为例外。这样做,一是有利于节约司法资源。如果侦查机关对于被告人所触犯刑事法律的事实或行为已收集到充分的证据,现有证据能够完全证实是特定的行为人所实施,在此基础上,被告人拒不讲出自己的真实姓名、年龄或户籍所在地(住址)的,就没有必要再动用司法力量、花费时间去查实,可以按自报内容对被告人移送审查起诉。二是便于司法机关在法律规定的审理期限内,及时惩罚犯罪,防止诉讼的过分迟延。三是被告人在依法进行调查的国家权力机关面前,有义务对个人的基本情况作出清楚、准确地说明,无故隐瞒或虚报的,对因自己不实的言行所带来的不利法律后果,应当由其本人承担。

(三)正确理解和适用按自报身份审判的条件。刑事诉讼法第一百五十八条第二款规定:"犯罪嫌疑人不讲真实姓名、住址,身份不明的,应当对其身份进行调查,侦查羁押期限自查清之日起计算,但是不得停止对其犯罪行为的侦查取证。对于犯罪事实清楚,证据确实、充分,确实无法查明其身份的,也可以按其自报的姓名起诉、审判。"《公安机关办理刑事案件程序规定》第一百四十八条对以自报内容认定被告人姓名、身份、住址也作出了相同的规定。据此,在刑事审判中,按被告人自报身份审判,必须符合以下两个条件:1. 犯罪事实清楚,证据确实、充分。按自报认定被告人身份的前提条件是认定被告人犯罪的事实清楚,证据确实、充分,也就意味着对被告人犯罪的事实或行为已有充分的证据证实,且该事实或行为在现有证据下,能够完全证实是被告人实施。如果犯罪事实本身的证据并不充分,则不适用按被告人自报身份审判的规定。2. 确实无法查明身份。按自报认定被告人身份的必要条件是被告人身份确实无法查明,即司法机关使用所有手段得到的证据都确实无法查实被告人的真实身份。确实无法查明身份,包括了两个方面的内容:(1)侦查机关经过大量工作,穷尽了可以利用的手段,包括专门机关的技术工作和群众调查工作;(2)无法查实,即依据侦查机关搜集到的证据确实无法证实被告人身份情况,同时没有相反证据证明被告人自报身份的真伪。

就本案而言,认定被告人抢劫的事实均已有确实、充分的证据予以证实,无继续侦查的必要。但是,被告人身份事项的查明手段尚未穷尽,得不出无法查实的结论。一是证明被告人身份的在案证据相互矛盾,尚未排除合理怀疑。查明被告人身份是一项复杂、细致的工作,需要根据被告人持有的身份证与原户籍所在地登记资料比对核实,有时还需要到被告人原籍所在地的户籍管理机关调取相关材料,甚至还要向被告人自报身份所在地的基层组织、亲友、熟人进行调查以最终确认。任何环节的错漏、敷衍都可能造成被告人主体身份的失真。本案中,公安机关并未展开全面调查,未调取"户猛""户磊"的详细原始户籍材料比对以及询问"户猛""户磊"住所地的基层组织、亲属、村民、同学等。二是本案在死刑复核阶段,发现了被告人身份事实的许多疑点。最高人民法院通过严格审查,对被告人身份信息的所有相关证据进行比较、核实,同时利用复核提讯的机会,有针对性地设计讯问方式和提纲,运用技巧进行提讯后,被告人承认自己是"户磊",且该供述得到其亲属证言印证。经进一步审查发现:被告人真实姓名系"户磊"、冒用其兄"户猛"之名办理的身份证;被告人参与四起抢劫,同案犯并不知道其真实姓名,在供述中对其称呼均不一致;被告人在侦查阶段、起诉阶段及一审、二审阶段均称自己叫户猛,侦查机关仅泛泛记录,未作深入调查、核实。因此,一审、二审认定被告人的自报身份存在疑点,需要进一步查清。综上,本案由于侦查阶段工作不够细致,相关工作未补充完善,并未穷尽侦查手段,致被告人身份存疑,因此,不属于经审查判断仍无法查实被告人身份的情形,不能按被告人自报身份审判。尤其本案是死刑案件,对身份事实的审查更应该严格把关。[参见第1064号指导案例,户猛抢劫案,载《刑事审判参考》总第102集(2015年第1集),第63～66页。撰稿:崔慧]

第一百六十二条　【侦查终结的条件及处理】公安机关侦查终结的案件,应当做到犯罪事实清楚,证据确实、充分,并且写出起诉意见书,连同案卷材料、证据一并移送同级人民检察院审查决定;同时将案件移送情况告知犯罪嫌疑人及其辩护律师。

犯罪嫌疑人自愿认罪的,应当记录在案,随案移送并在起诉意见书中写明有关情况。

■人民检察院刑事诉讼规则(2019年12月30日)

第二百三十七条　人民检察院经过侦查,认为犯罪事实清楚,证据确实、充分,依法应当追究刑事责任的,应当写出侦查终结报告,并且制作起诉意见书。

犯罪嫌疑人自愿认罪的,应当记录在案,随案移送,并在起诉意见书中写明有关情况。

对于犯罪情节轻微,依照刑法规定不需要判处刑罚或者免除刑罚的案件,应当写出侦查终结报告,并且制作不起诉意见书。

侦查终结报告和起诉意见书或者不起诉意见书应当报请检察长批准。

第二百三十八条　负责侦查的部门应当将起诉意见书或者不起诉意见书,查封、扣押、冻结的犯罪嫌疑人的财物及其孳息、文件清单以及对查封、扣押、冻结的涉案财物的处理意见和其他案卷材料,一并移送本院负责捕诉的部门审查。国家或者集体财产遭受损失的,在提出提起公诉意见的同时,可以提出提起附带民事诉讼的意见。

第二百三十九条　在案件侦查过程中,犯罪嫌疑人委托辩护律师的,检察人员可以听取辩护律师的意见。

辩护律师要求当面提出意见的,检察人员应当听取意见,并制作笔录附卷。辩护律师提出书面意见的,应当附卷。

侦查终结前,犯罪嫌疑人提出无罪或者罪轻的辩解,辩护律师提出犯罪嫌疑人无罪或者依法不应当追究刑事责任意见的,人民检察院应当依法予以核实。

案件侦查终结移送起诉时,人民检察院应当同时将案件移送情况告知犯罪嫌疑人及其辩护律师。

第二百四十条　人民检察院侦查终结的案件,需要在异地起诉、审判的,应当在移送起诉前与人民法院协商指定管辖的相关事宜。

■公安机关办理刑事案件程序规定(2020 年 9 月 1 日)

第二百八十三条　侦查终结的案件,应当同时符合以下条件:

(一)案件事实清楚;

(二)证据确实、充分;

(三)犯罪性质和罪名认定正确;

(四)法律手续完备;

(五)依法应当追究刑事责任。

第二百八十四条　对侦查终结的案件,公安机关应当全面审查证明证据收集合法性的证据材料,依法排除非法证据。排除非法证据后证据不足的,不得移送审查起诉。

公安机关发现侦查人员非法取证的,应当依法作出处理,并可另行指派侦查人员重新调查取证。

第二百八十五条　侦查终结的案件,侦查人员应当制作结案报告。

结案报告应当包括以下内容:

(一)犯罪嫌疑人的基本情况;

(二)是否采取了强制措施及其理由;

(三)案件的事实和证据;

(四)法律依据和处理意见。

第二百八十六条　侦查终结案件的处理,由县级以上公安机关负责人批准;重大、复杂、疑难的案件应当经过集体讨论。

第二百八十七条　侦查终结后,应当将全部案卷材料按照要求装订立卷。

向人民检察院移送案件时,只移送诉讼卷,侦查卷由公安机关存档备查。

第二百八十八条　对查封、扣押的犯罪嫌疑人的财物及其孳息、文件或者冻结的财产,作为证据使用的,应当随案移送,并制作随案移送清单一式两份,一份留存,一份交人民检察院。制作清单时,应当根据已经查明的案情,写明对涉案财物的处理建议。

对于实物不宜移送的,应当将其清单、照片或者其他证明文件随案移送。待人民法院作出生效判决后,按照人民法院送达的生效判决书、裁定书依法作出处理,并向人民法院送交回执。人民法院在判决、裁定中未对涉案财物作出处理的,公安机关应当征求人民法院意见,并根据人民法院的决定依法作出处理。

第二百八十九条　对侦查终结的案件,应当制作起诉意见书,经县级以上公安机关负责人批准后,连同全部案卷材料、证据,以及辩护律师提出的意见,一并移送同级人民检察院审查决定;同时将案件移送情况告知犯罪嫌疑人及其辩护律师。

犯罪嫌疑人自愿认罪的，应当记录在案，随案移送，并在起诉意见书中写明有关情况；认为案件符合速裁程序适用条件的，可以向人民检察院提出适用速裁程序的建议。

第二百九十条 对于犯罪嫌疑人在境外，需要及时进行审判的严重危害国家安全犯罪、恐怖活动犯罪案件，应当在侦查终结后层报公安部批准，移送同级人民检察院审查起诉。

在审查起诉或者缺席审理过程中，犯罪嫌疑人、被告人向公安机关自动投案或者被公安机关抓获的，公安机关应当立即通知人民检察院、人民法院。

第二百九十一条 共同犯罪案件的起诉意见书，应当写明每个犯罪嫌疑人在共同犯罪中的地位、作用、具体罪责和认罪态度，并分别提出处理意见。

第二百九十二条 被害人提出附带民事诉讼的，应当记录在案；移送审查起诉时，应当在起诉意见书末页注明。

第二百九十三条 人民检察院作出不起诉决定的，如果被不起诉人在押，公安机关应当立即办理释放手续。除依法转为行政案件办理外，应当根据人民检察院解除查封、扣押、冻结财物的书面通知，及时解除查封、扣押、冻结。

人民检察院提出对被不起诉人给予行政处罚、处分或者没收其违法所得的检察意见，移送公安机关处理的，公安机关应当将处理结果及时通知人民检察院。

第二百九十四条 认为人民检察院作出的不起诉决定有错误的，应当在收到不起诉决定书后七日以内制作要求复议意见书，经县级以上公安机关负责人批准后，移送人民检察院复议。

要求复议的意见不被接受的，可以在收到人民检察院的复议决定书后七日以内制作提请复核意见书，经县级以上公安机关负责人批准后，连同人民检察院的复议决定书，一并提请上一级人民检察院复核。

第二百九十五条 侦查终结，移送人民检察院审查起诉的案件，人民检察院退回公安机关补充侦查的，公安机关接到人民检察院退回补充侦查的法律文书后，应当按照补充侦查提纲在一个月以内补充侦查完毕。

补充侦查以二次为限。

第二百九十六条 对人民检察院退回补充侦查的案件，根据不同情况，报县级以上公安机关负责人批准，分别作如下处理：

（一）原认定犯罪事实不清或者证据不够充分的，应当在查清事实、补充证据后，制作补充侦查报告书，移送人民检察院审查；对确实无法查明的事项或者无法补充的证据，应当书面向人民检察院说明情况；

（二）在补充侦查过程中，发现新的同案犯或者新的罪行，需要追究刑事责任的，应当重新制作起诉意见书，移送人民检察院审查；

（三）发现原认定的犯罪事实有重大变化，不应当追究刑事责任的，应当撤销案件或者对犯罪嫌疑人终止侦查，并将有关情况通知退查的人民检察院；

（四）原认定犯罪事实清楚，证据确实、充分，人民检察院退回补充侦查不当的，应当说明理由，移送人民检察院审查。

第二百九十七条 对于人民检察院在审查起诉过程中以及在人民法院作出生效判决前，要求公安机关提供法庭审判所必需的证据材料的，应当及时收集和提供。

■最高人民检察院、公安部关于适用刑事强制措施有关问题的规定(2000 年 8 月 28 日)

第三十四条 公安机关侦查终结后，应当按照刑事诉讼法第一百二十九条的规定，移送同级人民检察院审查起诉。人民检察院认为应当由上级人民检察院、同级其他人民检察院或者下级人民检察院审查起诉的，由人民检察院将案件移送有管辖权的人民检察院审查起诉。

■最高人民法院、最高人民检察院、公安部、司法部关于进一步严格依法办案确保办理死刑案件质量的意见(2007年3月9日)

14. 侦查机关将案件移送人民检察院审查起诉时,应当将包括第一次讯问笔录及勘验、检查、搜查笔录在内的证明犯罪嫌疑人有罪或者无罪、罪重或者罪轻等涉及案件事实的所有证据一并移送。

■最高人民检察院、公安部关于规范刑事案件"另案处理"适用的指导意见(2014年3月6日)(该文件全部内容参见本书刑事诉讼法第八十五条附文同名文件)

■最高人民法院、最高人民检察院、公安部关于羁押犯罪嫌疑人、被告人实行换押和羁押期限变更通知制度的通知(2014年3月3日)(该文件全部内容参见本书刑事诉讼法第九十六条附文同名文件)

■最高人民法院、最高人民检察院、公安部、国家安全部、司法部关于适用认罪认罚从宽制度的指导意见(2019年10月11日)(见本书附录五十)

第一百六十三条　【撤销案件】在侦查过程中,发现不应对犯罪嫌疑人追究刑事责任的,应当撤销案件;犯罪嫌疑人已被逮捕的,应当立即释放,发给释放证明,并且通知原批准逮捕的人民检察院。

■人民检察院刑事诉讼规则(2019年12月30日)

第二百四十一条　上级人民检察院侦查终结的案件,依照刑事诉讼法的规定应当由下级人民检察院提起公诉或者不起诉的,应当将有关决定、侦查终结报告连同案卷材料交由下级人民检察院审查。

下级人民检察院认为上级人民检察院的决定有错误的,可以向上级人民检察院报告。上级人民检察院维持原决定的,下级人民检察院应当执行。

第二百四十二条　人民检察院在侦查过程中或者侦查终结后,发现具有下列情形之一的,负责侦查的部门应当制作拟撤销案件意见书,报请检察长决定:

(一)具有刑事诉讼法第十六条规定情形之一的;

(二)没有犯罪事实的,或者依照刑法规定不负刑事责任或者不是犯罪的;

(三)虽有犯罪事实,但不是犯罪嫌疑人所为的。

对于共同犯罪的案件,如有符合本条规定情形的犯罪嫌疑人,应当撤销对该犯罪嫌疑人的立案。

第二百四十三条　地方各级人民检察院决定撤销案件的,负责侦查的部门应当将撤销案件意见书连同本案全部案卷材料,在法定期限届满七日前报上一级人民检察院审查;重大、复杂案件在法定期限届满十日前报上一级人民检察院审查。

对于共同犯罪案件,应当将处理同案犯罪嫌疑人的有关法律文书以及案件事实、证据材料复印件等,一并报送上一级人民检察院。

上一级人民检察院负责侦查的部门应当对案件事实、证据和适用法律进行全面审查。必要时,可以讯问犯罪嫌疑人。

上一级人民检察院负责侦查的部门审查后,应当提出是否同意撤销案件的意见,报请检察长决定。

人民检察院决定撤销案件的,应当告知控告人、举报人,听取其意见并记明笔录。

第二百四十四条　上一级人民检察院审查下级人民检察院报送的拟撤销案件,应当在收到案件后七日以内批复;重大、复杂案件,应当在收到案件后十日以内批复。情况紧急或者因其他特殊原因不能按时送达的,可以先行通知下级人民检察院执行。

第二百四十五条　上一级人民检察院同意撤销案件的,下级人民检察院应当作出撤销案件决定,并制作撤销案件决定书。上一级人民检察院不同意撤销案件的,下级人民检察院应当执行上一级人民检察院的决定。

报请上一级人民检察院审查期间,犯罪嫌疑人羁押期限届满的,应当依法释放犯罪嫌疑人或者变更强制措施。

第二百四十六条 撤销案件的决定,应当分别送达犯罪嫌疑人所在单位和犯罪嫌疑人。犯罪嫌疑人死亡的,应当送达犯罪嫌疑人原所在单位。如果犯罪嫌疑人在押,应当制作决定释放通知书,通知公安机关依法释放。

第二百四十七条 人民检察院作出撤销案件决定的,应当在三十日以内报经检察长批准,对犯罪嫌疑人的违法所得作出处理。情况特殊的,可以延长三十日。

第二百四十八条 人民检察院撤销案件时,对犯罪嫌疑人的违法所得及其他涉案财产应当区分不同情形,作出相应处理:

(一)因犯罪嫌疑人死亡而撤销案件,依照刑法规定应当追缴其违法所得及其他涉案财产的,按照本规则第十二章第四节的规定办理。

(二)因其他原因撤销案件,对于查封、扣押、冻结的犯罪嫌疑人违法所得及其他涉案财产需要没收的,应当提出检察意见,移送有关主管机关处理。

(三)对于冻结的犯罪嫌疑人存款、汇款、债券、股票、基金份额等财产需要返还被害人的,可以通知金融机构、邮政部门返还被害人;对于查封、扣押的犯罪嫌疑人的违法所得及其他涉案财产需要返还被害人的,直接决定返还被害人。

人民检察院申请人民法院裁定处理犯罪嫌疑人涉案财产的,应当向人民法院移送有关案卷材料。

第二百四十九条 人民检察院撤销案件时,对查封、扣押、冻结的犯罪嫌疑人的涉案财物需要返还犯罪嫌疑人的,应当解除查封、扣押或者书面通知有关金融机构、邮政部门解除冻结,返还犯罪嫌疑人或者其合法继承人。

第二百五十条 查封、扣押、冻结的财物,除依法应当返还被害人或者经查明确实与案件无关的以外,不得在诉讼程序终结之前处理。法律或者有关规定另有规定的除外。

第二百五十一条 处理查封、扣押、冻结的涉案财物,应当由检察长决定。

■公安机关办理刑事案件程序规定(2020年9月1日)

第一百八十六条 经过侦查,发现具有下列情形之一的,应当撤销案件:

(一)没有犯罪事实的;

(二)情节显著轻微、危害不大,不认为是犯罪的;

(三)犯罪已过追诉时效期限的;

(四)经特赦令免除刑罚的;

(五)犯罪嫌疑人死亡的;

(六)其他依法不追究刑事责任的。

对于经过侦查,发现有犯罪事实需要追究刑事责任,但不是被立案侦查的犯罪嫌疑人实施的,或者共同犯罪案件中部分犯罪嫌疑人不够刑事处罚的,应当对有关犯罪嫌疑人终止侦查,并对该案件继续侦查。

第一百八十七条 需要撤销案件或者对犯罪嫌疑人终止侦查的,办案部门应当制作撤销案件或者终止侦查报告书,报县级以上公安机关负责人批准。

公安机关决定撤销案件或者对犯罪嫌疑人终止侦查时,原犯罪嫌疑人在押的,应当立即释放,发给释放证明书。原犯罪嫌疑人被逮捕的,应当通知原批准逮捕的人民检察院。对原犯罪嫌疑人采取其他强制措施的,应当立即解除强制措施;需要行政处理的,依法予以处理或者移交有关部门。

对查封、扣押的财物及其孳息、文件,或者冻结的财产,除按照法律和有关规定另行处理的以外,应当解除查封、扣押、冻结,并及时返还或者通知当事人。

第一百八十八条　犯罪嫌疑人自愿如实供述涉嫌犯罪的事实,有重大立功或者案件涉及国家重大利益,需要撤销案件的,应当层报公安部,由公安部商请最高人民检察院核准后撤销案件。报请撤销案件的公安机关应当同时将相关情况通报同级人民检察院。

公安机关根据前款规定撤销案件的,应当对查封、扣押、冻结的财物及其孳息作出处理。

第一百八十九条　公安机关作出撤销案件决定后,应当在三日以内告知原犯罪嫌疑人、被害人或者其近亲属、法定代理人以及案件移送机关。

公安机关作出终止侦查决定后,应当在三日以内告知原犯罪嫌疑人。

第一百九十条　公安机关撤销案件以后又发现新的事实或者证据,或者发现原认定事实错误,认为有犯罪事实需要追究刑事责任的,应当重新立案侦查。

对犯罪嫌疑人终止侦查后又发现新的事实或者证据,或者发现原认定事实错误,需要对其追究刑事责任的,应当继续侦查。

■最高人民法院、最高人民检察院、公安部、国家安全部关于取保候审若干问题的规定(1999年8月4日)

十二、公安机关发现不应当对犯罪嫌疑人追究刑事责任的,应当撤销案件;犯罪嫌疑人已被逮捕的,应当立即释放,并将释放的原因在释放后三日内通知原作出批准逮捕决定的人民检察院。

第十一节　人民检察院对直接受理的案件的侦查

第一百六十四条　【自侦案件的适用程序】人民检察院对直接受理的案件的侦查适用本章规定。

■人民检察院刑事诉讼规则(2019年12月30日)

第六百二十条　人民检察院办理直接受理侦查的案件或者审查逮捕、审查起诉案件,在犯罪嫌疑人侦查羁押期限、办案期限即将届满前,负责案件管理的部门应当依照有关规定向本院办案部门进行期限届满提示。发现办案部门办理案件超过规定期限的,应当依照有关规定提出纠正意见。

■最高人民检察院关于人民检察院立案侦查司法工作人员相关职务犯罪案件若干问题的规定(全文)(2018年11月24日)

2018年10月26日,第十三届全国人民代表大会常务委员会第六次会议审议通过了《关于修改〈中华人民共和国刑事诉讼法〉的决定》。修改后的《刑事诉讼法》第十九条第二款规定:"人民检察院在对诉讼活动实行法律监督中发现的司法工作人员利用职权实施的非法拘禁、刑讯逼供、非法搜查等侵犯公民权利、损害司法公正的犯罪,可以由人民检察院立案侦查。"为做好人民检察院与监察委员会案件管辖范围的衔接,对在诉讼监督中发现的司法工作人员利用职权实施的侵犯公民权利、损害司法公正的犯罪依法履行侦查职责,作出如下规定:

一、案件管辖范围

人民检察院在对诉讼活动实行法律监督中,发现司法工作人员涉嫌利用职权实施的下列侵犯公民权利、损害司法公正的犯罪案件,可以立案侦查:

1. 非法拘禁罪(刑法第二百三十八条)(非司法工作人员除外);

2. 非法搜查罪(刑法第二百四十五条)(非司法工作人员除外);

3. 刑讯逼供罪(刑法第二百四十七条);

4. 暴力取证罪(刑法第二百四十七条);

5. 虐待被监管人罪(刑法第二百四十八条);

6. 滥用职权罪(刑法第三百九十七条)(非司法工作人员滥用职权侵犯公民权利、损害司法公正的情形除外);

7. 玩忽职守罪(刑法第三百九十七条)(非司法工作人员玩忽职守侵犯公民权利、损害司法公正的情形除外);

8. 徇私枉法罪(刑法第三百九十九条第一款);

9. 民事、行政枉法裁判罪(刑法第三百九十九条第二款);

10. 执行判决、裁定失职罪(刑法第三百九十九条第三款);

11. 执行判决、裁定滥用职权罪(刑法第三百九十九条第三款);

12. 私放在押人员罪(刑法第四百条第一款);

13. 失职致使在押人员脱逃罪(刑法第四百条第二款);

14. 徇私舞弊减刑、假释、暂予监外执行罪(刑法第四百零一条)。

二、级别管辖和侦查部门

本规定所列犯罪案件,由设区的市级人民检察院立案侦查。基层人民检察院发现犯罪线索的,应当报设区的市级人民检察院决定立案侦查。设区的市级人民检察院也可以将案件交由基层人民检察院立案侦查,或者由基层人民检察院协助侦查。最高人民检察院、省级人民检察院发现犯罪线索的,可以自行决定立案侦查,也可以将案件线索交由指定的省级人民检察院、设区的市级人民检察院立案侦查。

本规定所列犯罪案件,由人民检察院负责刑事检察工作的专门部门负责侦查。设区的市级以上人民检察院侦查终结的案件,可以交有管辖权的基层人民法院相对应的基层人民检察院提起公诉;需要指定其他基层人民检察院提起公诉的,应当与同级人民法院协商指定管辖;依法应当由中级人民法院管辖的案件,应当由设区的市级人民检察院提起公诉。

三、案件线索的移送和互涉案件的处理

人民检察院立案侦查本规定所列犯罪时,发现犯罪嫌疑人同时涉嫌监察委员会管辖的职务犯罪线索的,应当及时与同级监察委员会沟通,一般应当由监察委员会为主调查,人民检察院予以协助。经沟通,认为全案由监察委员会管辖更为适宜的,人民检察院应当撤销案件,将案件和相应职务犯罪线索一并移送监察委员会;认为由监察委员会和人民检察院分别管辖更为适宜的,人民检察院应当将监察委员会管辖的相应职务犯罪线索移送监察委员会,对依法由人民检察院管辖的犯罪案件继续侦查。人民检察院应当及时将沟通情况报告上一级人民检察院。沟通期间,人民检察院不得停止对案件的侦查。监察委员会和人民检察院分别管辖的案件,调查(侦查)终结前,人民检察院应当就移送审查起诉有关事宜与监察委员会加强沟通,协调一致,由人民检察院依法对全案审查起诉。

人民检察院立案侦查本规定所列犯罪时,发现犯罪嫌疑人同时涉嫌公安机关管辖的犯罪线索的,依照现行有关法律和司法解释的规定办理。

四、办案程序

(一)人民检察院办理本规定所列犯罪案件,不再适用对直接受理立案侦查案件决定立案报上一级人民检察院备案,逮捕犯罪嫌疑人报上一级人民检察院审查决定的规定。

(二)对本规定所列犯罪案件,人民检察院拟作撤销案件、不起诉决定的,应当报上一级人民检察院审查批准。

(三)人民检察院负责刑事检察工作的专门部门办理本规定所列犯罪案件,认为需要逮捕犯罪嫌疑人的,应当由相应的刑事检察部门审查,报检察长或者检察委员会决定。

(四)人民检察院办理本规定所列犯罪案件,应当依法接受人民监督员的监督。

最高人民检察院此前印发的规范性文件与本规定不一致的,以本规定为准。

■最高人民检察院关于国家安全机关设置的看守所依法接受人民检察院法律监督有关事项的通知(全文)(1997年8月21日)

一、人民检察院对国家安全机关设置的看守所的执法活动实行法律监督,由主管该看守所的国家安全机关的同级人民检察院负责。

二、人民检察院对国家安全机关设置的看守所的执法活动进行检察的方式,可根据其羁押人数,监管任务轻重决定派驻检察或定期巡回检察。

三、国家安全机关设置的看守所应当依法接受人民检察院的法律监督,定期向对该看守所有法律监督职责的人民检察院通报监管情况;对人民检察院提出纠正违法的意见,应当认真进行研究,并对违法情况及时采取有效措施予以纠正;对发生的有关犯罪案件,要主动配合检察机关依法查处。

■人民检察院讯问职务犯罪嫌疑人实行全程同步录音录像的规定(试行)(2005年12月15日)

第二条 人民检察院讯问职务犯罪嫌疑人实行全程同步录音、录像,是指人民检察院办理直接受理侦查的职务犯罪案件,每次讯问犯罪嫌疑人时,应当对讯问全过程实施不间断的录音、录像。

第三条 讯问全程同步录音、录像,实行讯问人员和录制人员相分离的原则。讯问由检察人员负责,不得少于二人;录音、录像一般由检察技术人员负责。经检察长批准,也可以指定其他检察人员负费录制。对录制人员适用刑事诉讼法有关回避的规定。

第四条 讯问犯罪嫌疑人需要由检察技术人员录音、录像的,检察人员应当填写《录音录像通知单》,写明讯问开始的时间、地点等情况送检察技术部门。检察技术部门接到《录音录像通知单》后,应当指派技术人员实施。

第五条 讯问在押犯罪嫌疑人,除法定情形外,应当在看守所进行。讯问未羁押的犯罪嫌疑人,除客观原因外,应当在检察院讯问室进行。

第六条 讯问开始时,应当告知犯罪嫌疑人将对讯问进行全程同步录音、录像,告知情况应在录音、录像中予以反映,并记载于讯问笔录。

第七条 全程同步录像的,摄制的图像应当反映犯罪嫌疑人、检察人员、翻译人员及讯问场景等情况,犯罪嫌疑人应当在图像中全程反映,并显示与讯问同步的时间数码。在检察院讯问室讯问的,应当显示温度和湿度。

第八条 讯问犯罪嫌疑人时,检察人员一般要着检察服,做到仪表整洁,举止严肃、端庄、文明。严禁刑讯逼供或者使用威胁、引诱、欺骗等非法方法进行讯问。

第九条 对使用少数民族语言文字或者不通晓当地通用语言文字的犯罪嫌疑人进行讯问的,应当有翻译人员在场翻译。讯问聋、哑的犯罪嫌疑人,应当有通晓聋、哑手势的人在场。

第十条 讯问过程中,需要出示书证、物证等证据的,应当当场出示让犯罪嫌疑人辨认,并对辨认过程进行录音、录像。

第十一条 讯问过程中,因技术故障等客观情况不能录音录像的,一般应当停止讯问,待故障排除后再行讯问。讯问停止的原因、时间和再行讯问开始的时间等情况,应当在笔录和录音、录像中予以反映。不能录音、录像的客观情况一时难以消除又必须继续讯问的,经检察长批准,并告知犯罪嫌疑人后可以继续讯问。未录音、录像的情况应当在笔录中予以说明,由犯罪嫌疑人签字确认。

第十二条 讯问结束后,录制人员应当立即将录音、录像资料复制件交给讯问人员,并经讯问人员和犯罪嫌疑人签字确认后当场对录音、录像资料原件进行封存,交由检察技术部门保存。讯问结束后,录制人员应当及时制作全程同步录音、录像的相关说明,经讯问人员和犯罪嫌疑人签字确认后,交由检察技术部门立卷保管。相关说明应当反映讯问的具体起止时间,参与讯问的检察人员、翻译人员及录制人员等人员的姓名、职务、职称,犯罪嫌疑人姓名及案由,讯问地点等情况。讯问在押犯罪嫌疑人的,讯问人员应当在相关说明中注明提押和还押时间,由监管人员和犯罪嫌疑人签字确认。对犯罪嫌疑人拒绝签字的,应当在相关说明中注明。

第十三条　移送审查逮捕案件时,应当将全程同步录音、录像资料复制件连同案件材料一并移送审查。侦查监督部门审查结束后,应当将移送审查的录音、录像资料复制件连同案件材料一并送还侦查部门。

第十四条　案件移送审查起诉时,应当将全程同步录音、录像资料复制件随案移送。

第十五条　案件审理过程中,人民法院、被告人或者其辩护人对讯问活动提出异议的,或者被告人翻供的,或者被告人辩解因受刑讯逼供、威胁、引诱、欺骗等而供述的,公诉人应当提请审判长当庭播放讯问全程同步录音、录像资料,对有关异议或者事实进行质证。人民法院、被告人或者其辩护人对讯问全程同步录音、录像资料复制件提出异议的,公诉人应当将检察技术部门保存的相应原件当庭启封质证。案件审结后,经公诉人和被告人签字确认后对录音、录像资料原件再行封存,并由公诉部门及时送还检察技术部门保存。

第十六条　讯问过程中犯罪嫌疑人检举揭发与本案无关的犯罪事实或者线索的,在移送审查逮捕、移送审查起诉和提起公诉时,是否将录有检举揭发内容的录音、录像资料一并移送,由检察长决定。不移送的,由检察技术部门对录有检举揭发内容的声音进行技术处理后移送。

第十七条　案件办理完毕,办案期间录制的讯问全程同步录音、录像资料原件,由检察技术部门向本院档案部门移交归档。讯问全程同步录音、录像资料的保存期限与案件卷宗保存期限相同。非办案部门或者人员需要查阅讯问全程同步录音、录像资料的,应当报经检察长批准。录音、录像资料需要公开使用的,由检察长决定。启封讯问全程同步录音、录像资料原件时,犯罪嫌疑人或者被告人应当在场。

第十八条　参与讯问全程同步录音、录像的人员,对讯问情况应当保密。

第十九条　侦查监督、公诉、监所检察、民事行政检察等部门办理人民检察院直接受理侦查案件过程中,讯问犯罪嫌疑人的全程同步录音、录像,按照本规定执行。

第二十条　询问证人需要录音或者录像的,应当事先征得证人同意,并参照本规定执行。

第二十一条　因未严格执行本规定或者执行中弄虚作假,给案件的侦查、起诉、审判造成不良后果的,依照有关规定追究主要责任者和其他直接责任人员的责任。

第二十二条　本规定自下发之日起施行,由最高人民检察院负责解释。

第一百六十五条　【自侦案件的逮捕、拘留】人民检察院直接受理的案件中符合本法第八十一条、第八十二条第四项、第五项规定情形,需要逮捕、拘留犯罪嫌疑人的,由人民检察院作出决定,由公安机关执行。

■人民检察院刑事诉讼规则(2019年12月30日)

第二百九十六条　人民检察院办理直接受理侦查的案件,需要逮捕犯罪嫌疑人的,由负责侦查的部门制作逮捕犯罪嫌疑人意见书,连同案卷材料、讯问犯罪嫌疑人录音、录像一并移送本院负责捕诉的部门审查。犯罪嫌疑人已被拘留的,负责侦查的部门应当在拘留后七日以内将案件移送本院负责捕诉的部门审查。

第二百九十八条　对犯罪嫌疑人决定逮捕的,负责捕诉的部门应当将逮捕决定书连同案卷材料、讯问犯罪嫌疑人录音、录像移交负责侦查的部门,并可以对收集证据、适用法律提出意见。由负责侦查的部门通知公安机关执行,必要时可以协助执行。

第二百九十九条　对犯罪嫌疑人决定不予逮捕的,负责捕诉的部门应当将不予逮捕的决定连同案卷材料、讯问犯罪嫌疑人录音、录像移交负责侦查的部门,并说明理由。需要补充侦查的,应当制作补充侦查提纲。犯罪嫌疑人已被拘留的,负责侦查的部门应当通知公安机关立即释放。

第三百条 对应当逮捕而本院负责侦查的部门未移送审查逮捕的犯罪嫌疑人，负责捕诉的部门应当向负责侦查的部门提出移送审查逮捕犯罪嫌疑人的建议。建议不被采纳的，应当报请检察长决定。

第三百零一条 逮捕犯罪嫌疑人后，应当立即送看守所羁押。除无法通知的以外，负责侦查的部门应当把逮捕的原因和羁押的处所，在二十四小时以内通知其家属。对于无法通知的，在无法通知的情形消除后，应当立即通知其家属。

第三百零三条 已经作出不予逮捕的决定，又发现需要逮捕犯罪嫌疑人的，应当重新办理逮捕手续。

第三百零四条 犯罪嫌疑人在异地羁押的，负责侦查的部门应当将决定、变更、撤销逮捕措施的情况书面通知羁押地人民检察院负责刑事执行检察的部门。

■公安机关办理刑事案件程序规定(2020年9月1日)

第一百四十六条 人民法院、人民检察院决定逮捕犯罪嫌疑人、被告人的，由县级以上公安机关凭人民法院、人民检察院决定逮捕的法律文书制作逮捕证并立即执行。必要时，可以请人民法院、人民检察院协助执行。执行逮捕后，应当及时通知决定机关。

公安机关未能抓获犯罪嫌疑人、被告人的，应当将执行情况和未能抓获的原因通知决定逮捕的人民检察院、人民法院。对于犯罪嫌疑人、被告人在逃的，在人民检察院、人民法院撤销逮捕决定之前，公安机关应当组织力量继续执行。

■最高人民法院、最高人民检察院、公安部、国家安全部、司法部、全国人大常委会法制工作委员会关于实施刑事诉讼法若干问题的规定(2013年1月1日)

16. 刑事诉讼法规定，拘留由公安机关执行。对于人民检察院直接受理的案件，人民检察院作出的拘留决定，应当送达公安机关执行，公安机关应当立即执行，人民检察院可以协助公安机关执行。

■最高人民检察院、公安部关于适用刑事强制措施有关问题的规定(2000年8月28日)

第三十八条 对于人民检察院直接立案侦查的案件，人民检察院由承办案件的部门负责强制措施的移送执行事宜。公安机关由刑事侦查部门负责拘留、逮捕措施的执行事宜；由治安管理部门负责安排取保候审、监视居住的执行事宜。

第一百六十六条 【拘留后的处理】人民检察院对直接受理的案件中被拘留的人，应当在拘留后的二十四小时以内进行讯问。在发现不应当拘留的时候，必须立即释放，发给释放证明。

■人民检察院刑事诉讼规则(2019年12月30日)

第三百零二条 对被逮捕的犯罪嫌疑人，应当在逮捕后二十四小时以内进行讯问。

发现不应当逮捕的，应当经检察长批准，撤销逮捕决定或者变更为其他强制措施，并通知公安机关执行，同时通知负责捕诉的部门。

对按照前款规定被释放或者变更强制措施的犯罪嫌疑人，又发现需要逮捕的，应当重新移送审查逮捕。

第一百六十七条 【决定逮捕的时限】人民检察院对直接受理的案件中被拘留的人，认为需要逮捕的，应当在十四日以内作出决定。在特殊情况下，决定逮捕的时间可以延长一日至三日。对不需要逮捕的，应当立即释放；对需要继续侦查，并且符合取保候审、监视居住条件的，依法取保候审或者监视居住。

■人民检察院刑事诉讼规则(2019年12月30日)

第二百九十七条 对本院负责侦查的部门移送审查逮捕的案件，犯罪嫌疑人已被拘留的，负责捕诉的部门应当在收到逮捕犯罪嫌疑人意见书后七日以内，报请检察长决定是否逮捕，特殊情况下，决定逮捕的时间可以延长一日至三日；犯罪嫌疑人未被拘留的，负责捕诉的部门应当在收到逮捕犯罪嫌疑人意见书后十五日以内，报请检察长决定是否逮捕，重大、复杂案件，不得超过二十日。

第一百六十八条　【自侦案件侦查终结后的处理】人民检察院侦查终结的案件，应当作出提起公诉、不起诉或者撤销案件的决定。

■人民检察院刑事诉讼规则(2019年12月30日)

第二百五十二条　人民检察院直接受理侦查的共同犯罪案件，如果同案犯罪嫌疑人在逃，但在案犯罪嫌疑人犯罪事实清楚，证据确实、充分的，对在案犯罪嫌疑人应当根据本规则第二百三十七条的规定分别移送起诉或者移送不起诉。

由于同案犯罪嫌疑人在逃，在案犯罪嫌疑人的犯罪事实无法查清的，对在案犯罪嫌疑人应当根据案件的不同情况分别报请延长侦查羁押期限、变更强制措施或者解除强制措施。

第二百五十三条　人民检察院直接受理侦查的案件，对犯罪嫌疑人没有采取取保候审、监视居住、拘留或者逮捕措施的，负责侦查的部门应当在立案后二年以内提出移送起诉、移送不起诉或者撤销案件的意见；对犯罪嫌疑人采取取保候审、监视居住、拘留或者逮捕措施的，负责侦查的部门应当在解除或者撤销强制措施后一年以内提出移送起诉、移送不起诉或者撤销案件的意见。

第二百五十四条　人民检察院直接受理侦查的案件，撤销案件以后，又发现新的事实或者证据，认为有犯罪事实需要追究刑事责任的，可以重新立案侦查。

■中华人民共和国监察法(2018年3月20日)

第三条　各级监察委员会是行使国家监察职能的专责机关，依照本法对所有行使公权力的公职人员(以下称公职人员)进行监察，调查职务违法和职务犯罪，开展廉政建设和反腐败工作，维护宪法和法律的尊严。

第四条　监察委员会依照法律规定独立行使监察权，不受行政机关、社会团体和个人的干涉。

监察机关办理职务违法和职务犯罪案件，应当与审判机关、检察机关、执法部门互相配合，互相制约。

监察机关在工作中需要协助的，有关机关和单位应当根据监察机关的要求依法予以协助。

第十一条　监察委员会依照本法和有关法律规定履行监督、调查、处置职责：

(一)对公职人员开展廉政教育，对其依法履职、秉公用权、廉洁从政从业以及道德操守情况进行监督检查；

(二)对涉嫌贪污贿赂、滥用职权、玩忽职守、权力寻租、利益输送、徇私舞弊以及浪费国家资财等职务违法和职务犯罪进行调查；

(三)对违法的公职人员依法作出政务处分决定；对履行职责不力、失职失责的领导人员进行问责；对涉嫌职务犯罪的，将调查结果移送人民检察院依法审查、提起公诉；向监察对象所在单位提出监察建议。

第十五条　监察机关对下列公职人员和有关人员进行监察：

(一)中国共产党机关、人民代表大会及其常务委员会机关、人民政府、监察委员会、人民法院、人民检察院、中国人民政治协商会议各级委员会机关、民主党派机关和工商业联合会机关的公务员，以及参照《中华人民共和国公务员法》管理的人员；

(二)法律、法规授权或者受国家机关依法委托管理公共事务的组织中从事公务的人员；

(三)国有企业管理人员；

(四)公办的教育、科研、文化、医疗卫生、体育等单位中从事管理的人员；

(五)基层群众性自治组织中从事管理的人员；

（六）其他依法履行公职的人员。

第十八条　监察机关行使监督、调查职权，有权依法向有关单位和个人了解情况，收集、调取证据。有关单位和个人应当如实提供。

监察机关及其工作人员对监督、调查过程中知悉的国家秘密、商业秘密、个人隐私，应当保密。

任何单位和个人不得伪造、隐匿或者毁灭证据。

第十九条　对可能发生职务违法的监察对象，监察机关按照管理权限，可以直接或者委托有关机关、人员进行谈话或者要求说明情况。

第二十条　在调查过程中，对涉嫌职务违法的被调查人，监察机关可以要求其就涉嫌违法行为作出陈述，必要时向被调查人出具书面通知。

对涉嫌贪污贿赂、失职渎职等职务犯罪的被调查人，监察机关可以进行讯问，要求其如实供述涉嫌犯罪的情况。

第二十一条　在调查过程中，监察机关可以询问证人等人员。

第二十二条　被调查人涉嫌贪污贿赂、失职渎职等严重职务违法或者职务犯罪，监察机关已经掌握其部分违法犯罪事实及证据，仍有重要问题需要进一步调查，并有下列情形之一的，经监察机关依法审批，可以将其留置在特定场所：

（一）涉及案情重大、复杂的；

（二）可能逃跑、自杀的；

（三）可能串供或者伪造、隐匿、毁灭证据的；

（四）可能有其他妨碍调查行为的。

对涉嫌行贿犯罪或者共同职务犯罪的涉案人员，监察机关可以依照前款规定采取留置措施。

留置场所的设置、管理和监督依照国家有关规定执行。

第二十三条　监察机关调查涉嫌贪污贿赂、失职渎职等严重职务违法或者职务犯罪，根据工作需要，可以依照规定查询、冻结涉案单位和个人的存款、汇款、债券、股票、基金份额等财产。有关单位和个人应当配合。

冻结的财产经查明与案件无关的，应当在查明后三日内解除冻结，予以退还。

第二十四条　监察机关可以对涉嫌职务犯罪的被调查人以及可能隐藏被调查人或者犯罪证据的人的身体、物品、住处和其他有关地方进行搜查。在搜查时，应当出示搜查证，并有被搜查人或者其家属等见证人在场。

搜查女性身体，应当由女性工作人员进行。

监察机关进行搜查时，可以根据工作需要提请公安机关配合。公安机关应当依法予以协助。

第二十五条　监察机关在调查过程中，可以调取、查封、扣押用以证明被调查人涉嫌违法犯罪的财物、文件和电子数据等信息。采取调取、查封、扣押措施，应当收集原物原件，会同持有人或者保管人、见证人，当面逐一拍照、登记、编号，开列清单，由在场人员当场核对、签名，并将清单副本交财物、文件的持有人或者保管人。

对调取、查封、扣押的财物、文件，监察机关应当设立专用账户、专门场所，确定专门人员妥善保管，严格履行交接、调取手续，定期对账核实，不得毁损或者用于其他目的。对价值不明物品应当及时鉴定，专门封存保管。

查封、扣押的财物、文件经查明与案件无关的，应当在查明后三日内解除查封、扣押，予以退还。

第二十六条　监察机关在调查过程中，可以直接或者指派、聘请具有专门知识、资格的人员在调查人员主持下进行勘验检查。勘验检查情况应当制作笔录，由参加勘验检查的人员和见证人签名或者盖章。

第二十七条 监察机关在调查过程中,对于案件中的专门性问题,可以指派、聘请有专门知识的人进行鉴定。鉴定人进行鉴定后,应当出具鉴定意见,并且签名。

第二十八条 监察机关调查涉嫌重大贪污贿赂等职务犯罪,根据需要,经过严格的批准手续,可以采取技术调查措施,按照规定交有关机关执行。

批准决定应当明确采取技术调查措施的种类和适用对象,自签发之日起三个月以内有效;对于复杂、疑难案件,期限届满仍有必要继续采取技术调查措施的,经过批准,有效期可以延长,每次不得超过三个月。对于不需要继续采取技术调查措施的,应当及时解除。

第二十九条 依法应当留置的被调查人如果在逃,监察机关可以决定在本行政区域内通缉,由公安机关发布通缉令,追捕归案。通缉范围超出本行政区域的,应当报请有权决定的上级监察机关决定。

第三十条 监察机关为防止被调查人及相关人员逃匿境外,经省级以上监察机关批准,可以对被调查人及相关人员采取限制出境措施,由公安机关依法执行。对于不需要继续采取限制出境措施的,应当及时解除。

第三十一条 涉嫌职务犯罪的被调查人主动认罪认罚,有下列情形之一的,监察机关经领导人员集体研究,并报上一级监察机关批准,可以在移送人民检察院时提出从宽处罚的建议:

(一)自动投案,真诚悔罪悔过的;

(二)积极配合调查工作,如实供述监察机关还未掌握的违法犯罪行为的;

(三)积极退赃,减少损失的;

(四)具有重大立功表现或者案件涉及国家重大利益等情形的。

第三十二条 职务违法犯罪的涉案人员揭发有关被调查人职务违法犯罪行为,查证属实的,或者提供重要线索,有助于调查其他案件的,监察机关经领导人员集体研究,并报上一级监察机关批准,可以在移送人民检察院时提出从宽处罚的建议。

第三十三条 监察机关依照本法规定收集的物证、书证、证人证言、被调查人供述和辩解、视听资料、电子数据等证据材料,在刑事诉讼中可以作为证据使用。

监察机关在收集、固定、审查、运用证据时,应当与刑事审判关于证据的要求和标准相一致。

以非法方法收集的证据应当依法予以排除,不得作为案件处置的依据。

第三十四条 人民法院、人民检察院、公安机关、审计机关等国家机关在工作中发现公职人员涉嫌贪污贿赂、失职渎职等职务违法或者职务犯罪的问题线索,应当移送监察机关,由监察机关依法调查处置。

被调查人既涉嫌严重职务违法或者职务犯罪,又涉嫌其他违法犯罪的,一般应当由监察机关为主调查,其他机关予以协助。

第三十九条 经过初步核实,对监察对象涉嫌职务违法犯罪,需要追究法律责任的,监察机关应当按照规定的权限和程序办理立案手续。

监察机关主要负责人依法批准立案后,应当主持召开专题会议,研究确定调查方案,决定需要采取的调查措施。

立案调查决定应当向被调查人宣布,并通报相关组织。涉嫌严重职务违法或者职务犯罪的,应当通知被调查人家属,并向社会公开发布。

第四十条 监察机关对职务违法和职务犯罪案件,应当进行调查,收集被调查人有无违法犯罪以及情节轻重的证据,查明违法犯罪事实,形成相互印证、完整稳定的证据链。

严禁以威胁、引诱、欺骗及其他非法方式收集证据,严禁侮辱、打骂、虐待、体罚或者变相体罚被调查人和涉案人员。

第四十一条 调查人员采取讯问、询问、留置、搜查、调取、查封、扣押、勘验检查等调查措施,均应当依照规定出示证件,出具书面通知,由二人以上进行,形成笔录、报告等书面材料,并由相关人员签名、盖章。

调查人员进行讯问以及搜查、查封、扣押等重要取证工作,应当对全过程进行录音录像,留存备查。

第四十二条 调查人员应当严格执行调查方案,不得随意扩大调查范围、变更调查对象和事项。

对调查过程中的重要事项,应当集体研究后按程序请示报告。

第四十三条 监察机关采取留置措施,应当由监察机关领导人员集体研究决定。设区的市级以下监察机关采取留置措施,应当报上一级监察机关批准。省级监察机关采取留置措施,应当报国家监察委员会备案。

留置时间不得超过三个月。在特殊情况下,可以延长一次,延长时间不得超过三个月。省级以下监察机关采取留置措施的,延长留置时间应当报上一级监察机关批准。监察机关发现采取留置措施不当的,应当及时解除。

监察机关采取留置措施,可以根据工作需要提请公安机关配合。公安机关应当依法予以协助。

第四十四条 对被调查人采取留置措施后,应当在二十四小时以内,通知被留置人员所在单位和家属,但有可能毁灭、伪造证据,干扰证人作证或者串供等有碍调查情形的除外。有碍调查的情形消失后,应当立即通知被留置人员所在单位和家属。

监察机关应当保障被留置人员的饮食、休息和安全,提供医疗服务。讯问被留置人员应当合理安排讯问时间和时长,讯问笔录由被讯问人阅看后签名。

被留置人员涉嫌犯罪移送司法机关后,被依法判处管制、拘役和有期徒刑的,留置一日折抵管制二日,折抵拘役、有期徒刑一日。

第四十五条 监察机关根据监督、调查结果,依法作出如下处置:

……

(四)对涉嫌职务犯罪的,监察机关经调查认为犯罪事实清楚,证据确实、充分的,制作起诉意见书,连同案卷材料、证据一并移送人民检察院依法审查、提起公诉;

……

第四十六条 监察机关经调查,对违法取得的财物,依法予以没收、追缴或者责令退赔;对涉嫌犯罪取得的财物,应当随案移送人民检察院。

第四十七条 对监察机关移送的案件,人民检察院依照《中华人民共和国刑事诉讼法》对被调查人采取强制措施。

人民检察院经审查,认为犯罪事实已经查清,证据确实、充分,依法应当追究刑事责任的,应当作出起诉决定。

人民检察院经审查,认为需要补充核实的,应当退回监察机关补充调查,必要时可以自行补充侦查。对于补充调查的案件,应当在一个月内补充调查完毕。补充调查以二次为限。

人民检察院对于有《中华人民共和国刑事诉讼法》规定的不起诉的情形的,经上一级人民检察院批准,依法作出不起诉的决定。监察机关认为不起诉的决定有错误的,可以向上一级人民检察院提请复议。

第四十八条 监察机关在调查贪污贿赂、失职渎职等职务犯罪案件过程中,被调查人逃匿或者死亡,有必要继续调查的,经省级以上监察机关批准,应当继续调查并作出结论。被调查人逃匿,在通缉一年后不能到案,或者死亡的,由监察机关提请人民检察院依照法定程序,向人民法院提出没收违法所得的申请。

第五十八条 办理监察事项的监察人员有下列情形之一的,应当自行回避,监察对象、检举人及其他有关人员也有权要求其回避:

(一)是监察对象或者检举人的近亲属的;

（二）担任过本案的证人的；

（三）本人或者其近亲属与办理的监察事项有利害关系的；

（四）有可能影响监察事项公正处理的其他情形的。

第三章　提起公诉

第一百六十九条　【提起公诉】凡需要提起公诉的案件，一律由人民检察院审查决定。

■人民检察院刑事诉讼规则（2019 年 12 月 30 日）

第二百五十五条　人民检察院办理审查逮捕、审查起诉案件，应当全面审查证明犯罪嫌疑人有罪或者无罪、罪轻或者罪重的证据。

第二百五十六条　经公安机关商请或者人民检察院认为确有必要时，可以派员适时介入重大、疑难、复杂案件的侦查活动，参加公安机关对于重大案件的讨论，对案件性质、收集证据、适用法律等提出意见，监督侦查活动是否合法。

经监察机关商请，人民检察院可以派员介入监察机关办理的职务犯罪案件。

■最高人民法院、最高人民检察院、公安部、国家安全部、司法部、全国人大常委会法制工作委员会关于实施刑事诉讼法若干问题的规定（2013 年 1 月 1 日）

23. 上级公安机关指定下级公安机关立案侦查的案件，需要逮捕犯罪嫌疑人的，由侦查该案件的公安机关提请同级人民检察院审查批准；需要提起公诉的，由侦查该案件的公安机关移送同级人民检察院审查起诉。

人民检察院对于审查起诉的案件，按照刑事诉讼法的管辖规定，认为应当由上级人民检察院或者同级其他人民检察院起诉的，应当将案件移送有管辖权的人民检察院。人民检察院认为需要依照刑事诉讼法的规定指定审判管辖的，应当协商同级人民法院办理指定管辖有关事宜。

■最高人民检察院关于人民检察院立案侦查的案件改变定性后可否直接提起公诉问题的批复（全文）（2006 年 12 月 22 日）

人民检察院立案侦查刑事案件，应当严格按照刑事诉讼法有关立案侦查管辖的规定进行。人民检察院立案侦查的案件在侦查阶段发现不属于自己管辖或者在审查起诉阶段发现事实不清、证据不足并且不属于自己管辖的，应当及时移送有管辖权的机关办理。人民检察院立案侦查时认为属于自己管辖的案件，到审查起诉阶段发现不属于人民检察院管辖的，如果证据确实、充分，符合起诉条件的，可以直接起诉。

▼最高人民法院研究室关于同一被害人在同一晚上分别被多个互不通谋的人在不同地点强奸可否并案审理问题的电话答复（全文）（1990 年 5 月 26 日）

根据上述情况，这 3 个被告人的行为不属于共同犯罪，而是各个被告人分别实施的各自独立的犯罪，因此，应分案审理，不宜并案审理。

第一百七十条　【对监察机关移送案件的审查、补查及强制措施】人民检察院对于监察机关移送起诉的案件，依照本法和监察法的有关规定进行审查。人民检察院经审查，认为需要补充核实的，应当退回监察机关补充调查，必要时可以自行补充侦查。

对于监察机关移送起诉的已采取留置措施的案件，人民检察院应当对犯罪嫌疑人先行拘留，留置措施自动解除。人民检察院应当在拘留后的十日以内作出是否逮捕、取保候审或者监视居住的决定。在特殊情况下，决定的时间可以延长一日至四日。人民检察院决定采取强制措施的期间不计入审查起诉期限。

■人民检察院刑事诉讼规则(2019年12月30日)

第一百四十六条　对于监察机关移送起诉的未采取留置措施的案件,人民检察院受理后,在审查起诉过程中根据案件情况,可以依照本规则相关规定决定是否采取逮捕、取保候审或者监视居住措施。

第一百四十七条　对于监察机关移送起诉案件的犯罪嫌疑人采取强制措施,本节未规定的,适用本规则相关规定。

第二百五十七条　对于批准逮捕后要求公安机关继续侦查、不批准逮捕后要求公安机关补充侦查或者审查起诉阶段退回公安机关补充侦查的案件,人民检察院应当分别制作继续侦查提纲或者补充侦查提纲,写明需要继续侦查或者补充侦查的事项、理由、侦查方向、需补充收集的证据及其证明作用等,送交公安机关。

●改变提前介入意见后及其相关处理

检察机关提前介入应认真审查案件事实和证据,准确把握案件定性,依法提出提前介入意见。检察机关在审查起诉阶段仍应严格审查,提出审查起诉意见。审查起诉意见改变提前介入意见的,应及时与监察机关沟通。对于在审查起诉阶段发现漏罪,如该罪属于公安机关管辖,但犯罪事实清楚,证据确实充分,符合起诉条件的,检察机关在征得相关机关同意后,可以直接追加起诉。(参见最高人民检察院发布第20批指导性案例,检例第76号,张某受贿,郭某行贿、职务侵占、诈骗案,2020年7月21日发布。)

第一百七十一条　【审查起诉的内容】人民检察院审查案件的时候,必须查明:

(一)犯罪事实、情节是否清楚,证据是否确实、充分,犯罪性质和罪名的认定是否正确;

(二)有无遗漏罪行和其他应当追究刑事责任的人;

(三)是否属于不应追究刑事责任的;

(四)有无附带民事诉讼;

(五)侦查活动是否合法。

■人民检察院刑事诉讼规则(2019年12月30日)

第三百二十条　法定最高刑为无期徒刑、死刑的犯罪,已过二十年追诉期限的,不再追诉。如果认为必须追诉的,须报请最高人民检察院核准。

第三百二十一条　须报请最高人民检察院核准追诉的案件,公安机关在核准之前可以依法对犯罪嫌疑人采取强制措施。

公安机关报请核准追诉并提请逮捕犯罪嫌疑人,人民检察院经审查认为必须追诉而且符合法定逮捕条件的,可以依法批准逮捕,同时要求公安机关在报请核准追诉期间不得停止对案件的侦查。

未经最高人民检察院核准,不得对案件提起公诉。

第三百二十二条　报请核准追诉的案件应当同时符合下列条件:

(一)有证据证明存在犯罪事实,且犯罪事实是犯罪嫌疑人实施的;

(二)涉嫌犯罪的行为应当适用的法定量刑幅度的最高刑为无期徒刑或者死刑;

(三)涉嫌犯罪的性质、情节和后果特别严重,虽然已过二十年追诉期限,但社会危害性和影响依然存在,不追诉会严重影响社会稳定或者产生其他严重后果,而必须追诉的;

(四)犯罪嫌疑人能够及时到案接受追诉。

第三百二十三条　公安机关报请核准追诉的案件,由同级人民检察院受理并层报最高人民检察院审查决定。

第三百二十四条　地方各级人民检察院对公安机关报请核准追诉的案件,应当及时进行审查并开展必要的调查。经检察委员会审议提出是否同意核准追诉的意见,制作报请核准追诉案件报告书,连同案卷材料一并层报最高人民检察院。

第三百二十五条　最高人民检察院收到省级人民检察院报送的报请核准追诉案件报告书及案卷材料后，应当及时审查，必要时指派检察人员到案发地了解案件有关情况。经检察长批准，作出是否核准追诉的决定，并制作核准追诉决定书或者不予核准追诉决定书，逐级下达至最初受理案件的人民检察院，由其送达报请核准追诉的公安机关。

第三百二十六条　对已经采取强制措施的案件，强制措施期限届满不能作出是否核准追诉决定的，应当对犯罪嫌疑人变更强制措施或者延长侦查羁押期限。

第三百二十七条　最高人民检察院决定核准追诉的案件，最初受理案件的人民检察院应当监督公安机关的侦查工作。

最高人民检察院决定不予核准追诉，公安机关未及时撤销案件的，同级人民检察院应当提出纠正意见。犯罪嫌疑人在押的，应当立即释放。

第三百二十八条　各级人民检察院提起公诉，应当与人民法院审判管辖相适应。负责捕诉的部门收到移送起诉的案件后，经审查认为不属于本院管辖的，应当在发现之日起五日以内经由负责案件管理的部门移送有管辖权的人民检察院。

属于上级人民法院管辖的第一审案件，应当报送上级人民检察院，同时通知移送起诉的公安机关；属于同级其他人民法院管辖的第一审案件，应当移送有管辖权的人民检察院或者报送共同的上级人民检察院指定管辖，同时通知移送起诉的公安机关。

上级人民检察院受理同级公安机关移送起诉的案件，认为属于下级人民法院管辖的，可以交下级人民检察院审查，由下级人民检察院向同级人民法院提起公诉，同时通知移送起诉的公安机关。

一人犯数罪、共同犯罪和其他需要并案审理的案件，只要其中一人或者一罪属于上级人民检察院管辖的，全案由上级人民检察院审查起诉。

公安机关移送起诉的案件，需要依照刑事诉讼法的规定指定审判管辖的，人民检察院应当在公安机关移送起诉前协商同级人民法院办理指定管辖有关事宜。

第三百二十九条　监察机关移送起诉的案件，需要依照刑事诉讼法的规定指定审判管辖的，人民检察院应当在监察机关移送起诉二十日前协商同级人民法院办理指定管辖有关事宜。

第三百三十条　人民检察院审查移送起诉的案件，应当查明：

（一）犯罪嫌疑人身份状况是否清楚，包括姓名、性别、国籍、出生年月日、职业和单位等；单位犯罪的，单位的相关情况是否清楚；

（二）犯罪事实、情节是否清楚；实施犯罪的时间、地点、手段、危害后果是否明确；

（三）认定犯罪性质和罪名的意见是否正确；有无法定的从重、从轻、减轻或者免除处罚情节及酌定从重、从轻情节；共同犯罪案件的犯罪嫌疑人在犯罪活动中的责任认定是否恰当；

（四）犯罪嫌疑人是否认罪认罚；

（五）证明犯罪事实的证据材料是否随案移送；证明相关财产系违法所得的证据材料是否随案移送；不宜移送的证据的清单、复制件、照片或者其他证明文件是否随案移送；

（六）证据是否确实、充分，是否依法收集，有无应当排除非法证据的情形；

（七）采取侦查措施包括技术侦查措施的法律手续和诉讼文书是否完备；

（八）有无遗漏罪行和其他应当追究刑事责任的人；

（九）是否属于不应当追究刑事责任的；

（十）有无附带民事诉讼；对于国家财产、集体财产遭受损失的，是否需要由人民检察院提起附带民事诉讼；对于破坏生态环境和资源保护，食品药品安全领域侵害众多消费者合法权益，侵害英雄烈士的姓名、肖像、名誉、荣誉等损害社会公共利益的行为，是否需要由人民检察院提起附带民事公益诉讼；

（十一）采取的强制措施是否适当，对于已经逮捕的犯罪嫌疑人，有无继续羁押的必要；

(十二)侦查活动是否合法;

(十三)涉案财物是否查封、扣押、冻结并妥善保管,清单是否齐备;对被害人合法财产的返还和对违禁品或者不宜长期保存的物品的处理是否妥当,移送的证明文件是否完备。

第三百三十二条　人民检察院认为需要对案件中某些专门性问题进行鉴定而监察机关或者公安机关没有鉴定的,应当要求监察机关或者公安机关进行鉴定。必要时,也可以由人民检察院进行鉴定,或者由人民检察院聘请有鉴定资格的人进行鉴定。

人民检察院自行进行鉴定的,可以商请监察机关或者公安机关派员参加,必要时可以聘请有鉴定资格或者有专门知识的人参加。

第三百三十三条　在审查起诉中,发现犯罪嫌疑人可能患有精神病的,人民检察院应当依照本规则的有关规定对犯罪嫌疑人进行鉴定。

犯罪嫌疑人的辩护人或者近亲属以犯罪嫌疑人可能患有精神病而申请对犯罪嫌疑人进行鉴定的,人民检察院也可以依照本规则的有关规定对犯罪嫌疑人进行鉴定。鉴定费用由申请方承担。

第三百三十四条　人民检察院对鉴定意见有疑问的,可以询问鉴定人或者有专门知识的人并制作笔录附卷,也可以指派有鉴定资格的检察技术人员或者聘请其他有鉴定资格的人进行补充鉴定或者重新鉴定。

人民检察院对鉴定意见等技术性证据材料需要进行专门审查的,按照有关规定交检察技术人员或者其他有专门知识的人进行审查并出具审查意见。

第三百三十五条　人民检察院审查案件时,对监察机关或者公安机关的勘验、检查,认为需要复验、复查的,应当要求其复验、复查,人民检察院可以派员参加;也可以自行复验、复查,商请监察机关或者公安机关派员参加,必要时也可以指派检察技术人员或者聘请其他有专门知识的人参加。

第三百三十六条　人民检察院对物证、书证、视听资料、电子数据及勘验、检查、辨认、侦查实验等笔录存在疑问的,可以要求调查人员或者侦查人员提供获取、制作的有关情况,必要时也可以询问提供相关证据材料的人员和见证人并制作笔录附卷,对物证、书证、视听资料、电子数据进行鉴定。

第三百三十七条　人民检察院在审查起诉阶段认为需要逮捕犯罪嫌疑人的,应当经检察长决定。

第三百三十八条　对于人民检察院正在审查起诉的案件,被逮捕的犯罪嫌疑人及其法定代理人、近亲属或者辩护人认为羁押期限届满,向人民检察院提出释放犯罪嫌疑人或者变更强制措施要求的,人民检察院应当在三日以内审查决定。经审查,认为法定期限届满的,应当决定释放或者依法变更强制措施,并通知公安机关执行;认为法定期限未满的,书面答复申请人。

第三百三十九条　人民检察院对案件进行审查后,应当依法作出起诉或者不起诉以及是否提起附带民事诉讼、附带民事公益诉讼的决定。

第三百五十二条　追缴的财物中,属于被害人的合法财产,不需要在法庭出示的,应当及时返还被害人,并由被害人在发还款物清单上签名或者盖章,注明返还的理由,并将清单、照片附卷。

第三百五十三条　追缴的财物中,属于违禁品或者不宜长期保存的物品,应当依照国家有关规定处理,并将清单、照片、处理结果附卷。

第三百五十四条　人民检察院在审查起诉阶段,可以适用本规则规定的侦查措施和程序。

第五百五十一条　人民检察院对刑事诉讼活动实行法律监督,发现违法情形的,依法提出抗诉、纠正意见或者检察建议。

人民检察院对于涉嫌违法的事实,可以采取以下方式进行调查核实:

(一)讯问、询问犯罪嫌疑人;

(二)询问证人、被害人或者其他诉讼参与人;

(三)询问办案人员;

(四)询问在场人员或者其他可能知情的人员;

(五)听取申诉人或者控告人的意见;

(六)听取辩护人、值班律师意见;

(七)调取、查询、复制相关登记表册、法律文书、体检记录及案卷材料等;

(八)调取讯问笔录、询问笔录及相关录音、录像或其他视听资料;

(九)进行伤情、病情检查或者鉴定;

(十)其他调查核实方式。

人民检察院在调查核实过程中不得限制被调查对象的人身、财产权利。

第五百五十二条 人民检察院发现刑事诉讼活动中的违法行为,对于情节较轻的,由检察人员以口头方式提出纠正意见;对于情节较重的,经检察长决定,发出纠正违法通知书。对于带有普遍性的违法情形,经检察长决定,向相关机关提出检察建议。构成犯罪的,移送有关机关、部门依法追究刑事责任。

有申诉人、控告人的,调查核实和纠正违法情况应予告知。

第五百五十三条 人民检察院发出纠正违法通知书的,应当监督落实。被监督单位在纠正违法通知书规定的期限内没有回复纠正情况的,人民检察院应当督促回复。经督促被监督单位仍不回复或者没有正当理由不纠正的,人民检察院应当向上一级人民检察院报告。

第五百五十四条 被监督单位对纠正意见申请复查的,人民检察院应当在收到被监督单位的书面意见后七日以内进行复查,并将复查结果及时通知申请复查的单位。经过复查,认为纠正意见正确的,应当及时向上一级人民检察院报告;认为纠正意见错误的,应当及时予以撤销。

上一级人民检察院经审查,认为下级人民检察院纠正意见正确的,应当及时通报被监督单位的上级机关或者主管机关,并建议其督促被监督单位予以纠正;认为下级人民检察院纠正意见错误的,应当书面通知下级人民检察院予以撤销,下级人民检察院应当执行,并及时向被监督单位说明情况。

■最高人民法院、最高人民检察院、公安部、国家安全部、司法部关于加强协调配合积极推进量刑规范化改革的通知(2010年11月6日)

4. 要进一步强化审查起诉工作。人民检察院审查案件,要客观全面审查案件证据,既要注重审查定罪证据,也要注重审查量刑证据;既要注重审查法定量刑情节,也要注重审查酌定量刑情节;既要注重审查从重量刑情节,也要注重审查从轻、减轻、免除处罚量刑情节。在审查案件过程中,可以要求侦查机关提供法庭审判所必需的与量刑有关的各种证据材料。对于量刑证据材料的移送,依照有关规定进行。

■最高人民检察院关于进一步加强公诉工作强化法律监督的意见(2005年6月10日)

三、强化诉讼监督,维护司法公正

依法对刑事诉讼活动实行法律监督,是公诉工作的重要任务。各级检察机关要统一执法思想,增强监督意识,将刑讯逼供、暴力取证、徇私枉法造成错误裁判、有罪判无罪、量刑畸轻畸重、职务犯罪案件量刑失衡等作为监督重点,依法强化对侦查、审判和死刑执行活动的监督,努力维护司法公正。

(一)坚持依法、坚决、准确、有效的诉讼监督原则。依法,就是要依照刑法、刑事诉讼法和有关司法解释的规定行使诉讼监督权,既要监督到位,又不超越职权;坚决,就是要坚持有法必依、违法必纠的原则,充分履行诉讼监督职责,加大监督力度;准确,就是要正确把握监督标准,规范监督程序,做到依法有据、保证质量;有效,就是要综合运用各种监督手段,发现问题及时监督,切实强化监督效力,增强监督效果。

(二)依法加强对侦查活动的监督。坚持打击犯罪与保障人权并重,既要加强对以罚代刑、漏罪漏犯、另案处理、退回补充侦查后自行消化处理等案件的监督,防止有罪不究、放纵犯罪,又要严格区分罪与非罪的界限,依法监督纠正滥用刑事手段、违法插手经济纠纷,以及出于地方和部门保护主义,违法立案管辖刑事案件等问题,切实保障无罪的人不受刑事追究。对滥用强制措施或者检察机关批准逮捕后随意改变强制措施的,以及其他在侦查活动中违反程序、侵犯诉讼参与人诉讼权利与合法权益的行为,应当依法提出监督意见,督促纠正。

重点加强对刑讯逼供、暴力取证等严重侦查违法行为的监督,坚决依法排除非法证据。要根据法律规定,制定检察机关公诉案件非法证据排除规则。切实加强对证据来源合法性的审查,对于以刑讯逼供、暴力取证或者威胁、引诱、欺骗等非法方法收集的犯罪嫌疑人供述、被害人陈述、证人证言,应当坚决予以排除。对于其他未严格遵守法律规定收集的证据,必须依法重新收集或者采取其他补救措施后,才能作为指控犯罪的根据。要从程序上设置发现刑讯逼供的途径,严格执行诉讼权利告知制度,认真听取犯罪嫌疑人等对侦查违法行为的控告,并通过审查分析侦查程序是否合法、是否出现异常现象等情况,努力提高发现刑讯逼供、暴力取证行为的能力。对违法取证特别是刑讯逼供、暴力取证的,要坚决依法监督纠正,构成犯罪的,依法追究刑事责任。

●单位犯罪的追加起诉工作

人民检察院在对职务犯罪案件审查起诉时,如果认为相关单位亦涉嫌犯罪,且单位犯罪事实清楚、证据确实充分,经与监察机关沟通,可以依法对犯罪单位提起公诉。检察机关在审查起诉中发现遗漏同案犯或犯罪事实的,应当及时与监察机关沟通,依法处理。(参见最高人民检察院发布第20批指导性案例,检例第73号,浙江省某县图书馆及赵某、徐某某单位受贿、私分国有资产、贪污案,2020年7月21日发布。)

第一百七十二条 【审查起诉的期限】人民检察院对于监察机关、公安机关移送起诉的案件,应当在一个月以内作出决定,重大、复杂的案件,可以延长十五日;犯罪嫌疑人认罪认罚,符合速裁程序适用条件的,应当在十日以内作出决定,对可能判处的有期徒刑超过一年的,可以延长至十五日。

人民检察院审查起诉的案件,改变管辖的,从改变后的人民检察院收到案件之日起计算审查起诉期限。

■人民检察院刑事诉讼规则(2019年12月30日)

第三百五十一条 人民检察院对于移送起诉的案件,应当在一个月以内作出决定;重大、复杂的案件,一个月以内不能作出决定的,可以延长十五日。

人民检察院审查起诉的案件,改变管辖的,从改变后的人民检察院收到案件之日起计算审查起诉期限。

■最高人民法院、最高人民检察院、公安部关于羁押犯罪嫌疑人、被告人实行换押和羁押期限变更通知制度的通知(2014年3月3日)

(该文件全部内容参见本书刑事诉讼法第九十六条附文同名文件)

第一百七十三条 【审查案件的程序】人民检察院审查案件,应当讯问犯罪嫌疑人,听取辩护人或者值班律师、被害人及其诉讼代理人的意见,并记录在案。辩护人或者值班律师、被害人及其诉讼代理人提出书面意见的,应当附卷。

犯罪嫌疑人认罪认罚的,人民检察院应当告知其享有的诉讼权利和认罪认罚的法律规定,听取犯罪嫌疑人、辩护人或者值班律师、被害人及其诉讼代理人对下列事项的意见,并记录在案:

(一)涉嫌的犯罪事实、罪名及适用的法律规定;

(二)从轻、减轻或者免除处罚等从宽处罚的建议;

(三)认罪认罚后案件审理适用的程序;

(四)其他需要听取意见的事项。

人民检察院依照前两款规定听取值班律师意见的,应当提前为值班律师了解案件有关情况提供必要的便利。

■人民检察院刑事诉讼规则(2019年12月30日)

第一百四十五条 人民检察院应当自收到移送起诉的案卷材料之日起三日以内告知犯罪嫌疑人有权委托辩护人。对已经采取留置措施的,应当在执行拘留时告知。

第五十四条 在人民检察院侦查、审查逮捕、审查起诉过程中,辩护人要求听取其意见的,办案部门应当及时安排。辩护人提出书面意见的,办案部门应当接收并登记。

听取辩护人意见应当制作笔录或者记录在案,辩护人提出的书面意见应当附卷。

辩护人提交案件相关材料的,办案部门应当将辩护人提交材料的目的、来源及内容等情况记录在案,一并附卷。

第二百五十八条 人民检察院讯问犯罪嫌疑人时,应当首先查明犯罪嫌疑人的基本情况,依法告知犯罪嫌疑人诉讼权利和义务,以及认罪认罚的法律规定,听取其供述和辩解。犯罪嫌疑人翻供的,应当讯问其原因。犯罪嫌疑人申请排除非法证据的,应当告知其提供相关线索或者材料。犯罪嫌疑人检举揭发他人犯罪的,应当予以记录,并依照有关规定移送有关机关、部门处理。

讯问犯罪嫌疑人应当制作讯问笔录,并交犯罪嫌疑人核对或者向其宣读。经核对无误后逐页签名或者盖章,并捺指印后附卷。犯罪嫌疑人请求自行书写供述的,应当准许,但不得以自行书写的供述代替讯问笔录。

犯罪嫌疑人被羁押的,讯问应当在看守所讯问室进行。

第二百五十九条 办理审查逮捕、审查起诉案件,可以询问证人、被害人、鉴定人等诉讼参与人,并制作笔录附卷。询问时,应当告知其诉讼权利和义务。

询问证人、被害人的地点按照刑事诉讼法第一百二十四条的规定执行。

第二百六十条 讯问犯罪嫌疑人,询问被害人、证人、鉴定人,听取辩护人、被害人及其诉讼代理人的意见,应当由检察人员负责进行。检察人员或者检察人员和书记员不得少于二人。

讯问犯罪嫌疑人,询问证人、鉴定人、被害人,应当个别进行。

第二百六十一条 办理审查逮捕案件,犯罪嫌疑人已经委托辩护律师的,可以听取辩护律师的意见。辩护律师提出要求的,应当听取辩护律师的意见。对辩护律师的意见应当制作笔录,辩护律师提出的书面意见应当附卷。

办理审查起诉案件,应当听取辩护人或者值班律师、被害人及其诉讼代理人的意见,并制作笔录。辩护人或者值班律师、被害人及其诉讼代理人提出书面意见的,应当附卷。

对于辩护律师在审查逮捕、审查起诉阶段多次提出意见的,均应如实记录。

辩护律师提出犯罪嫌疑人不构成犯罪、无社会危险性、不适宜羁押或者侦查活动有违法犯罪情形等书面意见的,检察人员应当审查,并在相关工作文书中说明是否采纳的情况和理由。

第二百六十二条 直接听取辩护人、被害人及其诉讼代理人的意见有困难的,可以通过电话、视频等方式听取意见并记录在案,或者通知辩护人、被害人及其诉讼代理人提出书面意见。无法通知或者在指定期限内未提出意见的,应当记录在案。

第二百六十三条 对于公安机关提请批准逮捕、移送起诉的案件,检察人员审查时发现存在本规则第七十五条第一款规定情形的,可以调取公安机关讯问犯罪嫌疑人的录音、录像并审查相关的录音、录像。对于重大、疑难、复杂的案件,必要时可以审查全部录音、录像。

对于监察机关移送起诉的案件,认为需要调取有关录音、录像的,可以商监察机关调取。

对于人民检察院直接受理侦查的案件,审查时发现负责侦查的部门未按照本规则第七十五条第三款的规定移送录音、录像或者移送不全的,应当要求其补充移送。对取证合法性或者讯问笔录真实性等产生疑问的,应当有针对性地审查相关的录音、录像。对于重大、疑难、复杂的案件,可以审查全部录音、录像。

第二百六十四条 经审查讯问犯罪嫌疑人录音、录像,发现公安机关、本院负责侦查的部门讯问不规范,讯问过程存在违法行为,录音、录像内容与讯问笔录不一致等情形的,应当逐一列明并向公安机关、本院负责侦查的部门书面提出,要求其予以纠正、补正或者书面作出合理解释。发现讯问笔录与讯问犯罪嫌疑人录音、录像内容有重大实质性差异的,或者公安机关、本院负责侦查的部门不能补正或者作出合理解释的,该讯问笔录不能作为批准或者决定逮捕、提起公诉的依据。

第二百六十五条 犯罪嫌疑人及其辩护人申请排除非法证据,并提供相关线索或者材料的,人民检察院应当调查核实。发现侦查人员以刑讯逼供等非法方法收集证据的,应当依法排除相关证据并提出纠正意见。

审查逮捕期限届满前,经审查无法确定存在非法取证的行为,但也不能排除非法取证可能的,该证据不作为批准逮捕的依据。检察官应当根据在案的其他证据认定案件事实和决定是否逮捕,并在作出批准或者不批准逮捕的决定后,继续对可能存在的非法取证行为进行调查核实。经调查核实确认存在以刑讯逼供等非法方法收集证据情形的,应当向公安机关提出纠正意见。以非法方法收集的证据,不得作为提起公诉的依据。

第二百六十六条 审查逮捕期间,犯罪嫌疑人申请排除非法证据,但未提交相关线索或者材料,人民检察院经全面审查案件事实、证据,未发现侦查人员存在以非法方法收集证据的情形,认为符合逮捕条件的,可以批准逮捕。

审查起诉期间,犯罪嫌疑人及其辩护人又提出新的线索或者证据,或者人民检察院发现新的证据,经调查核实认为侦查人员存在以刑讯逼供等非法方法收集证据情形的,应当依法排除非法证据,不得作为提起公诉的依据。

排除非法证据后,犯罪嫌疑人不再符合逮捕条件但案件需要继续审查起诉的,应当及时变更强制措施。案件不符合起诉条件的,应当作出不起诉决定。

第三百三十一条 人民检察院办理审查起诉案件应当讯问犯罪嫌疑人。

第四百六十七条 未成年犯罪嫌疑人认罪认罚的,人民检察院应当告知本人及其法定代理人享有的诉讼权利和认罪认罚的法律规定,并依照刑事诉讼法第一百七十三条的规定,听取、记录未成年犯罪嫌疑人及其法定代理人、辩护人、被害人及其诉讼代理人的意见。

■最高人民法院、最高人民检察院、公安部、司法部关于进一步严格依法办案确保办理死刑案件质量的意见(2007年3月9日)

18.人民检察院审查案件,应当讯问犯罪嫌疑人,听取被害人和犯罪嫌疑人、被害人委托的人的意见,并制作笔录附卷。被害人和犯罪嫌疑人、被害人委托的人在审查起诉期间没有提出意见的,应当记明附卷。人民检察院对证人证言笔录存在疑问或者认为对证人的询问不具体或者有遗漏的,可以对证人进行询问并制作笔录。

19.人民检察院讯问犯罪嫌疑人时,既要听取犯罪嫌疑人的有罪供述,又要听取犯罪嫌疑人无罪或罪轻的辩解。犯罪嫌疑人提出受到刑讯逼供的,可以要求侦查人员作出说明,必要时进行核查。对刑讯逼供取得的犯罪嫌疑人供述和以暴力、威胁等非法方法收集的被害人陈述、证人证言,不能作为指控犯罪的根据。

20.对可能属于精神病人、未成年人或者怀孕的妇女的犯罪嫌疑人,应当及时委托鉴定或者调查核实。

21.人民检察院审查案件的时候,对公安机关的勘验、检查,认为需要复验、复查的,应当要求公安机关复验、复查,人民检察院可以派员参加;也可以自行复验、复查,商请公安机关派员参加,必要时也可以聘请专门技术人员参加。

22.人民检察院对物证、书证、视听资料、勘验、检查笔录存在疑问的,可以要求侦查人员提供获取、制作的有关情况。必要时可以询问提供物证、书证、视听资料的人员，对物证、书证、视听资料委托进行技术鉴定。询问过程及鉴定的情况应当附卷。

■最高人民法院、最高人民检察院、公安部、国家安全部、司法部关于适用认罪认罚从宽制度的指导意见(2019年10月11日)(见本书附录五十)

■人民检察院办理认罪认罚案件监督管理办法(全文)(2020年5月11日)

第一条　为健全办理认罪认罚案件检察权运行监督机制，加强检察官办案廉政风险防控，确保依法规范适用认罪认罚从宽制度，根据《刑事诉讼法》《人民检察院刑事诉讼规则》《关于加强司法权力运行监督管理的意见》等相关规定，结合检察工作实际，制定本办法。

第二条　加强对检察官办理认罪认罚案件监督管理，应当坚持以下原则：

(一)坚持加强对办案活动的监督管理与保障检察官依法行使职权相结合；

(二)坚持检察官办案主体职责与分级分类监督管理职责相结合；

(三)坚持案件管理、流程监控与信息留痕、公开透明相结合；

(四)坚持加强检察机关内部监督管理与外部监督制约相结合。

第三条　办理认罪认罚案件，检察官应当依法履行听取犯罪嫌疑人、被告人及其辩护人或者值班律师、被害人及其诉讼代理人的意见等各项法定职责，依法保障犯罪嫌疑人、被告人诉讼权利和认罪认罚的自愿性、真实性和合法性。

听取意见可以采取当面或者电话、视频等方式进行，听取情况应当记录在案，对提交的书面意见应当附卷。对于有关意见，办案检察官应当认真审查，并将审查意见写入案件审查报告。

第四条　辩护人、被害人及其诉讼代理人要求当面反映意见的，检察官应当在工作时间和办公场所接待。确因特殊且正当原因需要在非工作时间或者非办公场所接待的，检察官应当依照相关规定办理审批手续并获批准后方可会见。因不明情况或者其他原因在非工作时间或者非工作场所接触听取相关意见的，应当在当日或者次日向本院检务督察部门报告有关情况。

辩护人、被害人及其诉讼代理人当面提交书面意见、证据材料的，检察官应当了解其提交材料的目的、材料的来源和主要内容等有关情况并记录在案，与相关材料一并附卷，并出具回执。

当面听取意见时，检察人员不得少于二人，必要时可进行同步录音或者录像。

第五条　办理认罪认罚案件，检察官应当依法在权限范围内提出量刑建议。在确定和提出量刑建议前，应当充分听取犯罪嫌疑人、被告人、辩护人或者值班律师的意见，切实开展量刑协商工作，保证量刑建议依法体现从宽、适当，并在协商一致后由犯罪嫌疑人签署认罪认罚具结书。

第六条　检察官提出量刑建议，应当与审判机关对同一类型、情节相当案件的判罚尺度保持基本均衡。在起诉文书中，应当对量刑建议说明理由和依据，其中拟以速裁程序审理的案件可以在起诉书中概括说明，拟以简易程序、普通程序审理的案件应当在起诉书或者量刑建议书中充分叙明。

第七条　案件提起公诉后，出现新的量刑情节，或者法官经审理认为量刑建议明显不当建议检察官作出调整的，或者被告人、辩护人对量刑建议提出异议的，检察官可以视情作出调整。若原量刑建议由检察官提出的，检察官调整量刑建议后应当向部门负责人报告备案；若原量刑建议由检察长(分管副检察长)决定的，由检察官报请检察长(分管副检察长)决定。

第八条　办理认罪认罚案件，出现以下情形的，检察官应当向部门负责人报告：

(一)案件处理结果可能与同类案件或者关联案件处理结果明显不一致的；

(二)案件处理与监察机关、侦查机关、人民法院存在重大意见分歧的；

(三)犯罪嫌疑人、被告人签署认罪认罚具结书后拟调整量刑建议的；

(四)因案件存在特殊情形，提出的量刑建议与同类案件相比明显失衡的；

(五)变更、补充起诉的；

(六)犯罪嫌疑人、被告人自愿认罪认罚,拟不适用认罪认罚从宽制度办理的;

(七)法院建议调整量刑建议,或者判决未采纳量刑建议的;

(八)被告人、辩护人、值班律师对事实认定、案件定性、量刑建议存在重大意见分歧的;

(九)一审判决后被告人决定上诉的;

(十)其他应当报告的情形。

部门负责人、分管副检察长承办案件遇有以上情形的,应当向上一级领导报告。

第九条　对于犯罪嫌疑人罪行较轻且认罪认罚,检察官拟作出不批准逮捕或者不起诉决定的案件,应当报请检察长决定。报请检察长决定前,可以提请部门负责人召开检察官联席会议研究讨论。检察官联席会议可以由本部门全体检察官组成,也可以由三名以上检察官(不包括承办检察官)组成。

参加联席会议的检察官应当根据案件的类型、讨论重点等情况,通过查阅卷宗、案件审查报告、听取承办检察官介绍等方式,在全面准确掌握案件事实、情节的基础上参加讨论、发表意见,供承办检察官决策参考,并在讨论笔录上签字确认。

检察官联席会议讨论意见一致或者形成多数意见的,由承办检察官自行决定或者按检察官职权配置规定报请决定。承办检察官与多数意见分歧的,应当提交部门负责人审核后报请检察长(分管副检察长)决定。

第十条　对于下列拟作不批捕、不起诉的认罪认罚从宽案件,可以进行公开听证:

(一)被害人不谅解、不同意从宽处理的;

(二)具有一定社会影响,有必要向社会释法介绍案件情况的;

(三)当事人多次涉诉信访,引发的社会矛盾尚未化解的;

(四)食品、医疗、教育、环境等领域与民生密切相关,公开听证有利于宣扬法治、促进社会综合治理的;

(五)具有一定典型性,有法治宣传教育意义的。

人民检察院办理认罪认罚案件应当按照规定接受人民监督员的监督。对公开听证的认罪认罚案件,可以邀请人民监督员参加,听取人民监督员对案件事实、证据认定和案件处理的意见。

第十一条　检察长、分管副检察长和部门负责人要认真履行检察官办案中的监督管理责任,承担全面从严治党、全面从严治检主体责任,检务督察、案件管理等有关部门承担相应的监督管理责任,自觉接受派驻纪检监察机构的监督检查,对涉嫌违纪违法的依照规定及时移交派驻纪检监察机构处理。

第十二条　部门负责人除作为检察官承办案件,履行检察官职责外,还应当履行以下监督管理职责:

(一)听取或者要求检察官报告办案情况;

(二)对检察官办理的认罪认罚案件进行监督管理,必要时审阅案卷,调阅与案件有关材料,要求承办检察官对案件情况进行说明,要求检察官复核、补充、完善证据;

(三)召集或者根据检察官申请召集并主持检察官联席会议;

(四)对于应当由检察长(分管副检察长)决定的事项,经审核并提出处理意见后报检察长(分管副检察长)决定;

(五)定期组织分析、汇总通报本部门办案情况,指导检察官均衡把握捕与不捕、诉与不诉法律政策、量刑建议等问题,提请检察委员会审议作出决定;

(六)其他应当履行的职责,或者依据检察长(分管副检察长)授权履行的职责。

第十三条　部门负责人、分管副检察长对检察官办理案件出现以下情形的,应当报请检察长决定:

(一)处理意见与检察官联席会议多数检察官意见存在分歧的;

（二）案件处理与监察机关、侦查机关、人民法院存在重大意见分歧需要报请检察长（分管副检察长）决定的；

（三）发现检察官提出的处理意见错误，量刑建议明显不当，或者明显失衡的，应当及时提示检察官，经提示后承办检察官仍然坚持原处理意见或者量刑建议的；

（四）变更、补充起诉的；

（五）其他应当报告的情形。

第十四条 检察长（分管副检察长）除作为检察官承办案件，履行检察官职责外，还应当履行以下职责：

（一）听取或者要求检察官报告办案情况；

（二）对检察官的办案活动进行监督管理；

（三）发现检察官不正确履行职责的，应当予以纠正；

（四）依据职权清单，在职权范围内对检察官办理的认罪认罚案件作出决定；

（五）听取部门负责人关于认罪认罚案件办理情况的报告；

（六）要求部门负责人对本院办理的认罪认罚案件定期分析、汇总通报，涉及法律、政策理解、适用的办案经验总结、规则明确等，提请检察委员会审议，必要时向上级检察院汇报；

（七）其他应当履行的职责。

第十五条 检察长（分管副检察长）发现检察官办理认罪认罚案件不适当的，可以要求检察官复核，也可以直接作出决定或者提请检察委员会讨论决定。检察长（分管副检察长）要求复核的意见、决定应当以书面形式作出并附卷。

第十六条 案件管理部门对认罪认罚案件办理应当履行以下监督管理职责：

（一）进行案件流程监控，对案件办理期限、诉讼权利保障、文书制作的规范化等进行监督；

（二）组织案件评查，对评查中发现的重要情况及时向检察长报告；

（三）发现违反检察职责行为、违纪违法线索的，及时向相关部门移送；

（四）其他应当履行的职责。

第十七条 下列情形的案件应当作为重点评查案件，经检察长（分管副检察长）批准后进行评查，由案件管理部门或者相关办案部门组织开展：

（一）检察官超越授权范围、职权清单作出处理决定的；

（二）经复议、复核、复查后改变原决定的；

（三）量刑建议明显不当的；

（四）犯罪嫌疑人、被告人认罪认罚后又反悔的；

（五）当事人对人民检察院的处理决定不服提出申诉的；

（六）人民法院裁判宣告无罪、改变指控罪名或者新发现影响定罪量刑重要情节的；

（七）其他需要重点评查的。

第十八条 检务督察部门应当指导办案部门做好认罪认罚案件廉政风险防控和检察官履职督查和失责惩戒工作，重点履行以下监督职责：

（一）对检察官办理认罪认罚案件执行法律、规范性文件和最高人民检察院规定、决定等情况进行执法督察；

（二）在执法督察、巡视巡察、追责惩戒、内部审计中发现以及有关单位、个人举报投诉办案检察官违反检察职责的，依职权进行调查，提出处理意见；

（三）对检察官违反检察职责和违规过问案件，不当接触当事人及其律师、特殊关系人、中介组织等利害关系人的，依职权进行调查，提出处理意见；

(四)针对认罪认罚案件办案廉政风险,加强廉政风险防控制度建设和工作指导,开展司法办案廉政教育;

(五)其他应当监督的情形。

第十九条　上级人民检察院要履行对下级人民检察院办理认罪认罚案件指导、监督管理责任,定期分析、汇总通报本辖区内办案整体情况,通过案件指导、备案备查、专项检查、错案责任倒查、审核决定等方式,对下级人民检察院办理认罪认罚案件进行监督。对存在严重瑕疵或者不规范司法行为,提出监督纠正意见。案件处理决定确有错误的,依法通过指令下级人民检察院批准逮捕、提起公诉、提出抗诉或者撤销逮捕、撤回起诉等方式予以纠正。

第二十条　人民检察院办理认罪认罚案件,应当按照规定公开案件程序性信息、重要案件信息和法律文书,接受社会监督。

第二十一条　严格落实领导干部干预司法活动、插手具体案件处理,司法机关内部或者其他人员过问案件,司法人员不正当接触交往的记录报告和责任追究等相关规定,对违反规定的严肃追责问责。

检察官对存在过问或者干预、插手办案活动,发现有与当事人、律师、特殊关系人、中介组织不当接触交往行为情况的,应当如实记录并及时报告部门负责人。

检察长、分管副检察长和部门负责人口头或者短信、微信、电话等形式向检察官提出指导性意见的,检察官记录在案后,依程序办理。

第二十二条　当事人、律师等举报、投诉检察官违反法律规定办理认罪认罚案件或者有过失行为并提供相关线索或者证据的,检察长(分管副检察长)可以要求检察官报告办案情况。检察长(分管副检察长)认为确有必要的,可以更换承办案件的检察官,将涉嫌违反检察职责行为、违纪违法线索向有关部门移送,并将相关情况记录在案。

第二十三条　对检察官办理认罪认罚案件的质量效果、办案活动等情况进行绩效考核,考核结果纳入司法业绩档案,作为检察官奖惩、晋升、调整职务职级和工资、离岗培训、免职、降职、辞退的重要依据。

第二十四条　检察官因故意违反法律法规或者因重大过失导致案件办理出现错误并造成严重后果的,应当承担司法责任。

检察官在事实认定、证据采信、法律适用、办案程序、文书制作以及司法作风等方面不符合法律和有关规定,存在司法瑕疵但不影响案件结论的正确性和效力的,依照相关纪律规定处理。

第二十五条　负有监督管理职责的检察人员因故意或者重大过失怠于行使或者不当行使职责,造成严重后果的,应当承担司法责任。

第一百七十四条　【签署认罪认罚具结书】犯罪嫌疑人自愿认罪,同意量刑建议和程序适用的,应当在辩护人或者值班律师在场的情况下签署认罪认罚具结书。

犯罪嫌疑人认罪认罚,有下列情形之一的,不需要签署认罪认罚具结书:

(一)犯罪嫌疑人是盲、聋、哑人,或者是尚未完全丧失辨认或者控制自己行为能力的精神病人的;

(二)未成年犯罪嫌疑人的法定代理人、辩护人对未成年人认罪认罚有异议的;

(三)其他不需要签署认罪认罚具结书的情形。

■人民检察院刑事诉讼规则(2019年12月30日)

第二百六十七条　人民检察院办理犯罪嫌疑人认罪认罚案件,应当保障犯罪嫌疑人获得有效法律帮助,确保其了解认罪认罚的性质和法律后果,自愿认罪认罚。

人民检察院受理案件后,应当向犯罪嫌疑人了解其委托辩护人的情况。犯罪嫌疑人自愿认罪认罚、没有辩护人的,在审查逮捕阶段,人民检察院应当要求公安机关通知值班律师为其提供法律帮助;在审查起诉阶段,人民检察院应当通知值班律师为其提供法律帮助。符合通知辩护条件的,应当依法通知法律援助机构指派律师为其提供辩护。

第二百六十八条 人民检察院应当商法律援助机构设立法律援助工作站派驻值班律师或者及时安排值班律师,为犯罪嫌疑人提供法律咨询、程序选择建议、申请变更强制措施、对案件处理提出意见等法律帮助。

人民检察院应当告知犯罪嫌疑人有权约见值班律师,并为其约见值班律师提供便利。

第二百六十九条 犯罪嫌疑人认罪认罚的,人民检察院应当告知其享有的诉讼权利和认罪认罚的法律规定,听取犯罪嫌疑人、辩护人或者值班律师、被害人及其诉讼代理人对下列事项的意见,并记录在案:

(一)涉嫌的犯罪事实、罪名及适用的法律规定;

(二)从轻、减轻或者免除处罚等从宽处罚的建议;

(三)认罪认罚后案件审理适用的程序;

(四)其他需要听取意见的事项。

依照前款规定听取值班律师意见的,应当提前为值班律师了解案件有关情况提供必要的便利。自人民检察院对案件审查起诉之日起,值班律师可以查阅案卷材料,了解案情。人民检察院应当为值班律师查阅案卷材料提供便利。

人民检察院不采纳辩护人或者值班律师所提意见的,应当向其说明理由。

第二百七十条 批准或者决定逮捕,应当将犯罪嫌疑人涉嫌犯罪的性质、情节,认罪认罚等情况,作为是否可能发生社会危险性的考虑因素。

已经逮捕的犯罪嫌疑人认罪认罚的,人民检察院应当及时对羁押必要性进行审查。经审查,认为没有继续羁押必要的,应当予以释放或者变更强制措施。

第二百七十一条 审查起诉阶段,对于在侦查阶段认罪认罚的案件,人民检察院应当重点审查以下内容:

(一)犯罪嫌疑人是否自愿认罪认罚,有无因受到暴力、威胁、引诱而违背意愿认罪认罚;

(二)犯罪嫌疑人认罪认罚时的认知能力和精神状态是否正常;

(三)犯罪嫌疑人是否理解认罪认罚的性质和可能导致的法律后果;

(四)公安机关是否告知犯罪嫌疑人享有的诉讼权利,如实供述自己罪行可以从宽处理和认罪认罚的法律规定,并听取意见;

(五)起诉意见书中是否写明犯罪嫌疑人认罪认罚情况;

(六)犯罪嫌疑人是否真诚悔罪,是否向被害人赔礼道歉。

经审查,犯罪嫌疑人违背意愿认罪认罚的,人民检察院可以重新开展认罪认罚工作。存在刑讯逼供等非法取证行为的,依照法律规定处理。

第二百七十二条 犯罪嫌疑人自愿认罪认罚,同意量刑建议和程序适用的,应当在辩护人或者值班律师在场的情况下签署认罪认罚具结书。具结书应当包括犯罪嫌疑人如实供述罪行、同意量刑建议和程序适用等内容,由犯罪嫌疑人及其辩护人、值班律师签名。

犯罪嫌疑人具有下列情形之一的,不需要签署认罪认罚具结书:

(一)犯罪嫌疑人是盲、聋、哑人,或者是尚未完全丧失辨认或者控制自己行为能力的精神病人的;

(二)未成年犯罪嫌疑人的法定代理人、辩护人对未成年人认罪认罚有异议的;

(三)其他不需要签署认罪认罚具结书的情形。

有前款情形,犯罪嫌疑人未签署认罪认罚具结书的,不影响认罪认罚从宽制度的适用。

第二百七十三条　犯罪嫌疑人认罪认罚，人民检察院经审查，认为符合速裁程序适用条件的，应当在十日以内作出是否提起公诉的决定，对可能判处的有期徒刑超过一年的，可以延长至十五日；认为不符合速裁程序适用条件的，应当在本规则第三百五十一条规定的期限以内作出是否提起公诉的决定。

对于公安机关建议适用速裁程序办理的案件，人民检察院负责案件管理的部门应当在受理案件的当日将案件移送负责捕诉的部门。

第二百七十四条　认罪认罚案件，人民检察院向人民法院提起公诉的，应当提出量刑建议，在起诉书中写明被告人认罪认罚情况，并移送认罪认罚具结书等材料。量刑建议可以另行制作文书，也可以在起诉书中写明。

第二百七十五条　犯罪嫌疑人认罪认罚的，人民检察院应当就主刑、附加刑、是否适用缓刑等提出量刑建议。量刑建议一般应当为确定刑。对新类型、不常见犯罪案件，量刑情节复杂的重罪案件等，也可以提出幅度刑量刑建议。

第二百七十六条　办理认罪认罚案件，人民检察院应当将犯罪嫌疑人是否与被害方达成和解或者调解协议，或者赔偿被害方损失，取得被害方谅解，或者自愿承担公益损害修复、赔偿责任，作为提出量刑建议的重要考虑因素。

犯罪嫌疑人自愿认罪并且愿意积极赔偿损失，但由于被害方赔偿请求明显不合理，未能达成和解或者调解协议的，一般不影响对犯罪嫌疑人从宽处理。

对于符合当事人和解程序适用条件的公诉案件，犯罪嫌疑人认罪认罚的，人民检察院应当积极促使当事人自愿达成和解。和解协议书和被害方出具的谅解意见应当随案移送。被害方符合司法救助条件的，人民检察院应当积极协调办理。

第二百七十七条　犯罪嫌疑人认罪认罚，人民检察院拟提出适用缓刑或者判处管制的量刑建议，可以委托犯罪嫌疑人居住地的社区矫正机构进行调查评估，也可以自行调查评估。

第二百七十八条　犯罪嫌疑人认罪认罚，人民检察院依照刑事诉讼法第一百七十七条第二款作出不起诉决定后，犯罪嫌疑人反悔的，人民检察院应当进行审查，并区分下列情形依法作出处理：

(一)发现犯罪嫌疑人没有犯罪事实，或者符合刑事诉讼法第十六条规定的情形之一的，应当撤销原不起诉决定，依照刑事诉讼法第一百七十七条第一款的规定重新作出不起诉决定；

(二)犯罪嫌疑人犯罪情节轻微，依照刑法不需要判处刑罚或者免除刑罚的，可以维持原不起诉决定；

(三)排除认罪认罚因素后，符合起诉条件的，应当根据案件具体情况撤销原不起诉决定，依法提起公诉。

第二百七十九条　犯罪嫌疑人自愿如实供述涉嫌犯罪的事实，有重大立功或者案件涉及国家重大利益的，经最高人民检察院核准，公安机关可以撤销案件，人民检察院可以作出不起诉决定，也可以对涉嫌数罪中的一项或者多项不起诉。

前款规定的不起诉，应当由检察长决定。决定不起诉的，人民检察院应当及时对查封、扣押、冻结的财物及其孳息作出处理。

第四百六十八条　未成年犯罪嫌疑人认罪认罚的，应当在法定代理人、辩护人在场的情况下签署认罪认罚具结书。法定代理人、辩护人对认罪认罚有异议的，不需要签署具结书。

因未成年犯罪嫌疑人的法定代理人、辩护人对其认罪认罚有异议而不签署具结书的，人民检察院应当对未成年人认罪认罚情况，法定代理人、辩护人的异议情况如实记录。提起公诉的，应当将该材料与其他案卷材料一并移送人民法院。

未成年犯罪嫌疑人的法定代理人、辩护人对认罪认罚有异议而不签署具结书的，不影响从宽处理。

法定代理人无法到场的，合适成年人可以代为行使到场权、知情权、异议权等。法定代理人未到场的原因以及听取合适成年人意见等情况应当记录在案。

■最高人民法院、最高人民检察院、公安部、国家安全部、司法部关于适用认罪认罚从宽制度的指导意见（2019年10月11日）（见本书附录五十）

第一百七十五条　【补充证据、退回补充侦查及存疑不诉】人民检察院审查案件，可以要求公安机关提供法庭审判所必需的证据材料；认为可能存在本法第五十四条规定的以非法方法收集证据情形的，可以要求其对证据收集的合法性作出说明。

人民检察院审查案件，对于需要补充侦查的，可以退回公安机关补充侦查，也可以自行侦查。

对于补充侦查的案件，应当在一个月以内补充侦查完毕。补充侦查以二次为限。补充侦查完毕移送人民检察院后，人民检察院重新计算审查起诉期限。

对于二次补充侦查的案件，人民检察院仍然认为证据不足，不符合起诉条件的，应当作出不起诉的决定。

■人民检察院刑事诉讼规则（2019年12月30日）

第三百四十条　人民检察院对监察机关或者公安机关移送的案件进行审查后，在人民法院作出生效判决之前，认为需要补充提供证据材料的，可以书面要求监察机关或者公安机关提供。

第三百四十一条　人民检察院在审查起诉中发现有应当排除的非法证据，应当依法排除，同时可以要求监察机关或者公安机关另行指派调查人员或者侦查人员重新取证。必要时，人民检察院也可以自行调查取证。

第三百四十二条　人民检察院认为犯罪事实不清、证据不足或者存在遗漏罪行、遗漏同案犯罪嫌疑人等情形需要补充侦查的，应当制作补充侦查提纲，连同案卷材料一并退回公安机关补充侦查。人民检察院也可以自行侦查，必要时可以要求公安机关提供协助。

第三百四十三条　人民检察院对于监察机关移送起诉的案件，认为需要补充调查的，应当退回监察机关补充调查。必要时，可以自行补充侦查。

需要退回补充调查的案件，人民检察院应当出具补充调查决定书、补充调查提纲，写明补充调查的事项、理由、调查方向、需补充收集的证据及其证明作用等，连同案卷材料一并送交监察机关。

人民检察院决定退回补充调查的案件，犯罪嫌疑人已被采取强制措施的，应当将退回补充调查情况书面通知强制措施执行机关。监察机关需要讯问的，人民检察院应当予以配合。

第三百四十四条　对于监察机关移送起诉的案件，具有下列情形之一的，人民检察院可以自行补充侦查：

（一）证人证言、犯罪嫌疑人供述和辩解、被害人陈述的内容主要情节一致，个别情节不一致的；

（二）物证、书证等证据材料需要补充鉴定的；

（三）其他由人民检察院查证更为便利、更有效率、更有利于查清案件事实的情形。

自行补充侦查完毕后，应当将相关证据材料入卷，同时抄送监察机关。人民检察院自行补充侦查的，可以商请监察机关提供协助。

第三百四十五条　人民检察院负责捕诉的部门对本院负责侦查的部门移送起诉的案件进行审查后，认为犯罪事实不清、证据不足或者存在遗漏罪行、遗漏同案犯罪嫌疑人等情形需要补充侦查的，应当制作补充侦查提纲，连同案卷材料一并退回负责侦查的部门补充侦查。必要时，也可以自行侦查，可以要求负责侦查的部门予以协助。

第三百四十六条　退回监察机关补充调查、退回公安机关补充侦查的案件，均应当在一个月以内补充调查、补充侦查完毕。

补充调查、补充侦查以二次为限。

补充调查、补充侦查完毕移送起诉后,人民检察院重新计算审查起诉期限。

人民检察院负责捕诉的部门退回本院负责侦查的部门补充侦查的期限、次数按照本条第一款至第三款的规定执行。

第三百四十七条 补充侦查期限届满,公安机关未将案件重新移送起诉的,人民检察院应当要求公安机关说明理由。

人民检察院发现公安机关违反法律规定撤销案件的,应当提出纠正意见。

第三百四十八条 人民检察院在审查起诉中决定自行侦查的,应当在审查起诉期限内侦查完毕。

第三百四十九条 人民检察院对已经退回监察机关二次补充调查或者退回公安机关二次补充侦查的案件,在审查起诉中又发现新的犯罪事实,应当将线索移送监察机关或者公安机关。对已经查清的犯罪事实,应当依法提起公诉。

第三百五十条 对于在审查起诉期间改变管辖的案件,改变后的人民检察院对于符合刑事诉讼法第一百七十五条第二款规定的案件,可以经原受理案件的人民检察院协助,直接退回原侦查案件的公安机关补充侦查,也可以自行侦查。改变管辖前后退回补充侦查的次数总共不得超过二次。

第三百六十七条 人民检察院对于二次退回补充调查或者补充侦查的案件,仍然认为证据不足,不符合起诉条件的,经检察长批准,依法作出不起诉决定。

人民检察院对于经过一次退回补充调查或者补充侦查的案件,认为证据不足,不符合起诉条件,且没有再次退回补充调查或者补充侦查必要的,经检察长批准,可以作出不起诉决定。

第三百六十八条 具有下列情形之一,不能确定犯罪嫌疑人构成犯罪和需要追究刑事责任的,属于证据不足,不符合起诉条件:

(一)犯罪构成要件事实缺乏必要的证据予以证明的;

(二)据以定罪的证据存在疑问,无法查证属实的;

(三)据以定罪的证据之间、证据与案件事实之间的矛盾不能合理排除的;

(四)根据证据得出的结论具有其他可能性,不能排除合理怀疑的;

(五)根据证据认定案件事实不符合逻辑和经验法则,得出的结论明显不符合常理的。

第三百六十九条 人民检察院根据刑事诉讼法第一百七十五条第四款规定决定不起诉的,在发现新的证据,符合起诉条件时,可以提起公诉。

■最高人民检察院、公安部关于加强和规范补充侦查工作的指导意见(全文)(2020年3月27日)

第一条 为进一步完善以证据为核心的刑事指控体系,加强和规范补充侦查工作,提高办案质效,根据《中华人民共和国刑事诉讼法》《人民检察院刑事诉讼规则》《公安机关办理刑事案件程序规定》等有关规定,结合办案实践,制定本指导意见。

第二条 补充侦查是依照法定程序,在原有侦查工作的基础上,进一步查清事实,补充完善证据的诉讼活动。

人民检察院审查逮捕提出补充侦查意见,审查起诉退回补充侦查、自行补充侦查,要求公安机关提供证据材料,要求公安机关对证据的合法性作出说明等情形,适用本指导意见的相关规定。

第三条 开展补充侦查工作应当遵循以下原则:

1. 必要性原则。补充侦查工作应当具备必要性,不得因与案件事实、证据无关的原因退回补充侦查。

2. 可行性原则。要求补充侦查的证据材料应当具备收集固定的可行性,补充侦查工作应当具备可操作性,对于无法通过补充侦查收集证据材料的情形,不能适用补充侦查。

3. 说理性原则。补充侦查提纲应当写明补充侦查的理由、案件定性的考虑、补充侦查的方向、每一项补证的目的和意义，对复杂问题、争议问题作适当阐明，具备条件的，可以写明补充侦查的渠道、线索和方法。

4. 配合性原则。人民检察院、公安机关在补充侦查之前和补充侦查过程中，应当就案件事实、证据、定性等方面存在的问题和补充侦查的相关情况，加强当面沟通、协作配合，共同确保案件质量。

5. 有效性原则。人民检察院、公安机关应当以增强补充侦查效果为目标，把提高证据质量、解决证据问题贯穿于侦查、审查逮捕、审查起诉全过程。

第四条　人民检察院开展补充侦查工作，应当书面列出补充侦查提纲。补充侦查提纲应当分别归入检察内卷、侦查内卷。

第五条　公安机关提请人民检察院审查批准逮捕的，人民检察院应当接收。经审查，不符合批捕条件的，应当依法作出不批准逮捕决定。人民检察院对于因证据不足作出不批准逮捕决定，需要补充侦查的，应当制作补充侦查提纲，列明证据体系存在的问题、补充侦查方向、取证要求等事项并说明理由。公安机关应当按照人民检察院的要求开展补充侦查。补充侦查完毕，认为符合逮捕条件的，应当重新提请批准逮捕。对于人民检察院不批准逮捕而未说明理由的，公安机关可以要求人民检察院说明理由。对人民检察院不批准逮捕的决定认为有错误的，公安机关可以依法要求复议、提请复核。

对于作出批准逮捕决定的案件，确有必要的，人民检察院可以根据案件证据情况，就完善证据体系、补正证据合法性、全面查清案件事实等事项，向公安机关提出捕后侦查意见。逮捕之后，公安机关应当及时开展侦查工作。

第六条　人民检察院在审查起诉期间发现案件存在事实不清、证据不足或者存在遗漏罪行、遗漏同案犯罪嫌疑人等情形需要补充侦查的，应当制作补充侦查提纲，连同案卷材料一并退回公安机关并引导公安机关进一步查明案件事实、补充收集证据。

人民检察院第一次退回补充侦查时，应当向公安机关列明全部补充侦查事项。在案件事实或证据发生变化、公安机关未补充侦查到位、或者重新报送的材料中发现矛盾和问题的，可以第二次退回补充侦查。

第七条　退回补充侦查提纲一般包括以下内容：

（一）阐明补充侦查的理由，包括案件事实不清、证据不足的具体表现和问题；

（二）阐明补充侦查的方向和取证目的；

（三）明确需要补充侦查的具体事项和需要补充收集的证据目录；

（四）根据起诉和审判的证据标准，明确补充、完善证据需要达到的标准和必备要素；

（五）有遗漏罪行的，应当指出在起诉意见书中没有认定的犯罪嫌疑人的罪行；

（六）有遗漏同案犯罪嫌疑人需要追究刑事责任的，应当建议补充移送；

（七）其他需要列明的事项。

补充侦查提纲、捕后侦查意见可参照本条执行。

第八条　案件退回补充侦查后，人民检察院和公安机关的办案人员应当加强沟通，及时就取证方向、落实补证要求等达成一致意见。公安机关办案人员对于补充侦查提纲有异议的，双方及时沟通。

对于事实证据发生重大变化的案件，可能改变定性的案件，证据标准难以把握的重大、复杂、疑难、新型案件，以及公安机关提出请求的案件，人民检察院在退回补充侦查期间，可以了解补充侦查开展情况，查阅证据材料，对补充侦查方向、重点、取证方式等提出建议，必要时可列席公安机关的案件讨论并发表意见。

第九条　具有下列情形之一的，一般不退回补充侦查：

（一）查清的事实足以定罪量刑或者与定罪量刑有关的事实已经查清，不影响定罪量刑的事实无法查清的；

(二)作案工具、赃物去向等部分事实无法查清,但有其他证据足以认定,不影响定罪量刑的;

(三)犯罪嫌疑人供述和辩解、证人证言、被害人陈述的主要情节能够相互印证,只有个别情节不一致但不影响定罪量刑的;

(四)遗漏同案犯罪嫌疑人或者同案犯罪嫌疑人在逃,在案犯罪嫌疑人定罪量刑的事实已经查清且符合起诉条件,公安机关不能及时补充移送同案犯罪嫌疑人的;

(五)补充侦查事项客观上已经没有查证可能性的;

(六)其他没有必要退回补充侦查的。

第十条　对于具有以下情形可以及时调取的有关证据材料,人民检察院可以发出《调取证据材料通知书》,通知公安机关直接补充相关证据并移送,以提高办案效率:

(一)案件基本事实清楚,虽欠缺某些证据,但收集、补充证据难度不大且在审查起诉期间内能够完成的;

(二)证据存在书写不规范、漏填、错填等瑕疵,公安机关可以在审查起诉期间补正、说明的;

(三)证据材料制作违反程序规定但程度较轻微,通过补正可以弥补的;

(四)案卷诉讼文书存在瑕疵,需进行必要的修改或补充的;

(五)缺少前科材料、释放证明、抓获经过等材料,侦查人员能够及时提供的;

(六)其他可以通知公安机关直接补充相关证据的。

第十一条　人民检察院在审查起诉过程中,具有下列情形之一,自行补充侦查更为适宜的,可以依法自行开展侦查工作:

(一)影响定罪量刑的关键证据存在灭失风险,需要及时收集和固定证据,人民检察院有条件自行侦查的;

(二)经退回补充侦查未达到要求,自行侦查具有可行性的;

(三)有证据证明或者有迹象表明侦查人员可能存在利用侦查活动插手民事、经济纠纷、实施报复陷害等违法行为和刑讯逼供、非法取证等违法行为,不宜退回补充侦查的;

(四)其他需要自行侦查的。

人民检察院开展自行侦查工作应依法规范开展。

第十二条　自行侦查由检察官组织实施,必要时可以调配办案人员。开展自行侦查的检察人员不得少于二人。自行侦查过程中,需要技术支持和安全保障的,由检察机关的技术部门和警务部门派员协助。

人民检察院通过自行侦查方式补强证据的,公安机关应当依法予以配合。

人民检察院自行侦查,适用《中华人民共和国刑事诉讼法》规定的讯问、询问、勘验、检查、查封、扣押、鉴定等侦查措施,应当遵循法定程序,在法定期限内侦查完毕。

第十三条　人民检察院对公安机关移送的案件进行审查后,在法院作出生效判决前,认为需要补充审判所必需的证据材料的,可以发出《调取证据材料通知书》,要求公安机关提供。人民检察院办理刑事审判监督案件,可以向公安机关发出《调取证据材料通知书》。

第十四条　人民检察院在办理刑事案件过程中,发现可能存在《中华人民共和国刑事诉讼法》第五十六条规定的以非法方法收集证据情形的,可以要求公安机关对证据收集的合法性作出书面说明或者提供相关证明材料,必要时,可以自行调查核实。

第十五条　公安机关经补充侦查重新移送后,人民检察院应当接收,及时审查公安机关制作的书面补充侦查报告和移送的补充证据,根据补充侦查提纲的内容核对公安机关应补充侦查事项是否补查到位,补充侦查活动是否合法,补充侦查后全案证据是否已确实、充分。经审查,公安机关未能按要求开展补充侦查工作,无法达到批捕标准的,应当依法作出不批捕决定;经二次补充侦查仍然证据不足,不符合起诉条件的，人民检察院应当依法作出不起诉决定。对人民检察院不起诉决定认为错误的，公安机关可以依法复议、复核。

对公安机关要求复议的不批准逮捕案件、不起诉案件，人民检察院应当另行指派检察官办理。人民检察院办理公安机关对不批准逮捕决定和不起诉决定要求复议、提请复核的案件，应当充分听取公安机关的意见，相关意见应当附卷备查。

第十六条 公安机关开展补充侦查工作，应当按照人民检察院补充侦查提纲的要求，及时、认真补充完善相关证据材料；对于补充侦查提纲不明确或者有异议的，应当及时与人民检察院沟通；对于无法通过补充侦查取得证据的，应当书面说明原因、补充侦查过程中所做的工作以及采取的补救措施。公安机关补充侦查后，应当单独立卷移送人民检察院，人民检察院应当依法接收案卷。

第十七条 对公安机关未及时有效开展补充侦查工作的，人民检察院应当进行口头督促，对公安机关不及时补充侦查导致证据无法收集影响案件处理的，必要时可以发出检察建议；公安机关存在非法取证等情形的，应当依法启动调查核实程序，根据情节，依法向公安机关发出纠正违法通知书，涉嫌犯罪的，依法进行侦查。

公安机关以非法方法收集的犯罪嫌疑人供述、被害人陈述、证人证言等证据材料，人民检察院应当依法排除并提出纠正意见，同时可以建议公安机关另行指派侦查人员重新调查取证，必要时人民检察院也可以自行调查取证。公安机关发现办案人员非法取证的，应当依法作出处理，并可另行指派侦查人员重新调查取证。

第十八条 案件补充侦查期限届满，公安机关认为原认定的犯罪事实有重大变化，不应当追究刑事责任而未将案件重新移送审查起诉的，应当以书面形式告知人民检察院，并说明理由。公安机关应当将案件重新移送审查起诉而未重新移送审查起诉的，人民检察院应当要求公安机关说明理由。人民检察院认为公安机关理由不成立的，应当要求公安机关重新移送审查起诉。人民检察院发现公安机关不应当撤案而撤案的，应当进行立案监督。公安机关未重新移送审查起诉，且未及时以书面形式告知并说明理由的，人民检察院应当提出纠正意见。

第十九条 人民检察院、公安机关在自行侦查、补充侦查工作中，根据工作需要，可以提出协作要求或者意见、建议，加强沟通协调。

第二十条 人民检察院、公安机关应当建立联席会议、情况通报会等工作机制，定期通报补充侦查工作总体情况，评析证据收集和固定上存在的问题及争议。针对补充侦查工作中发现的突出问题，适时组织联合调研检查，共同下发问题通报并督促整改，加强沟通，统一认识，共同提升补充侦查工作质量。

推行办案人员旁听法庭审理机制，了解指控犯罪、定罪量刑的证据要求和审判标准。

第二十一条 人民检察院各部门之间应当加强沟通，形成合力，提升补充侦查工作质效。人民检察院需要对技术性证据和专门性证据补充侦查的，可以先由人民检察院技术部门或有专门知识的人进行审查，根据审查意见，开展补充侦查工作。

第二十二条 本指导意见自下发之日起实施。

■最高人民法院、最高人民检察院、公安部、国家安全部、司法部关于办理刑事案件严格排除非法证据若干问题的规定(2017年6月27日)

第十六条 审查逮捕、审查起诉期间讯问犯罪嫌疑人，应当告知其有权申请排除非法证据，并告知诉讼权利和认罪的法律后果。

第十七条 审查逮捕、审查起诉期间，犯罪嫌疑人及其辩护人申请排除非法证据，并提供相关线索或者材料的，人民检察院应当调查核实。调查结论应当书面告知犯罪嫌疑人及其辩护人。

人民检察院在审查起诉期间发现侦查人员以刑讯逼供等非法方法收集证据的，应当依法排除相关证据并提出纠正意见,必要时人民检察院可以自行调查取证。

人民检察院对审查认定的非法证据,应当予以排除,不得作为批准或者决定逮捕、提起公诉的根据。被排除的非法证据应当随案移送,并写明为依法排除的非法证据。

第十八条　人民检察院依法排除非法证据后,证据不足,不符合逮捕、起诉条件的,不得批准或者决定逮捕、提起公诉。

对于人民检察院排除有关证据导致对涉嫌的重要犯罪事实未予认定,从而作出不批准逮捕、不起诉决定,或者对涉嫌的部分重要犯罪事实决定不起诉的,公安机关、国家安全机关可要求复议、提请复核。

■最高人民检察院关于适用《关于办理死刑案件审查判断证据若干问题的规定》和《关于办理刑事案件排除非法证据若干问题的规定》的指导意见(2010年12月30日)[最高人民法院办公厅转发最高人民检察院《关于适用〈关于办理死刑案件审查判断证据若干问题的规定〉和〈关于办理刑事案件排除非法证据若干问题的规定〉的指导意见》的通知(2011年3月3日)]

10. 对犯罪嫌疑人供述和证人证言、被害人陈述,要结合全案的其他证据,综合审查其内容的客观真实性,同时审查侦查机关(部门)是否将每一次讯问、询问笔录全部移送。对以刑讯逼供等非法手段取得的犯罪嫌疑人供述和采用暴力、威胁等非法手段取得的证人证言、被害人陈述,应当依法排除;对于使用其他非法手段获取的犯罪嫌疑人供述、证人证言、被害人陈述,根据其违法危害程度与刑讯逼供和暴力、威胁手段是否相当,决定是否依法排除。

11. 审查逮捕、审查起诉过程中第一次讯问犯罪嫌疑人,应当讯问其供述是否真实,并记入笔录。对被羁押的犯罪嫌疑人要结合提讯凭证的记载,核查提讯时间、讯问人与讯问笔录的对应关系;对提押至看守所以外的场所讯问的,应当要求侦查机关(部门)提供必要性的说明,审查其理由是否成立。要审查犯罪嫌疑人是否通晓当地通用语言。

12. 对犯罪嫌疑人的供述和辩解,应当结合其全部供述和辩解及其他证据进行审查。犯罪嫌疑人的有罪供述,无其他证据相互印证,不能作为批准或者决定逮捕、提起公诉的根据;有其他证据相互印证,无罪辩解理由不能成立的,该供述可以作为批准或者决定逮捕、提起公诉的根据。

13. 犯罪嫌疑人或者其聘请的律师提出受到刑讯逼供的,应当告知其如实提供相关的证据或者线索,并认真予以核查。认为有刑讯逼供嫌疑的,应当要求侦查机关(部门)提供全部讯问笔录、原始的讯问过程录音录像、出入看守所的健康检查情况、看守管教人员的谈话记录以及讯问过程合法性的说明;必要时,可以询问讯问人员、其他在场人员、看守管教人员或者证人,调取驻所检察室的相关材料。发现犯罪嫌疑人有伤情的,应当及时对伤势的成因和程度进行必要的调查和鉴定。对同步录音录像有疑问的,可以要求侦查机关(部门)对不连贯部分的原因予以说明,必要时可以协同检察技术部门进行审查。

14. 加强对侦查活动中讯问犯罪嫌疑人的监督。犯罪嫌疑人没有在决定羁押的当日被送入看守所的,应当查明所外看押地点及提讯情况;要监督看守所如实、详细、准确地填写犯罪嫌疑人人所体检记录,必要时建议采用录像或者拍照的方式记录犯罪嫌疑人身体状况;发现侦查机关(部门)所外提讯的,应当及时了解所外提讯的时间、地点、理由、审批手续和犯罪嫌疑人所外接受讯问的情况,做好提押、还押时的体检情况记录的检察监督。发现违反有关监管规定的,及时依照有关法律、规定提出纠正意见或者检察建议,并记录在案。

15. 审查证人证言、被害人陈述,应当注意对询问程序、方式、内容以及询问笔录形式的审查,发现不符合规定的。应当要求侦查机关(部门)补正或者说明。注意审查证人、被害人能否辨别是非、正确表达,必要时进行询问、了解,同时审查证人、被害人作证是否个别进行;对证人、被害人在法律规定以外的地点接受询问的,应当审查其原因,必要时对该证言或者陈述进行复核。对证人证言、被害人陈述的内容是否真实，应当结合其他证据综合判断。对于犯罪嫌疑人及其辩护人或者证人、被害人提出侦查机关（部门）采用暴力、威胁等非法手段取证的，应当告知其要如实提供相关证据或者线索，并认真核查。

16. 对物证、书证以及勘验、检查笔录、搜查笔录、视听资料、电子证据等，既要审查其是否客观、真实反映案件事实，也要加强对证据的收集、制作程序和证据形式的审查。发现物证、书证和视听资料、电子证据等来源及收集、制作过程不明，或者勘验、检查笔录、搜查笔录的形式不符合规定或者记载内容有矛盾的，应当要求侦查机关（部门）补正，无法补正的应当作出说明或者合理解释，无法作出合理说明或者解释的，不能作为证据使用；发现侦查机关（部门）在勘验、检查、搜查过程中对与案件事实可能有关联的相关痕迹、物品应当提取而没有提取，应当要求侦查机关（部门）补充收集、调取；对物证的照片、录像或者复制品不能反映原物的外形和特征，或者书证的副本、复制件不能反映原件特征及其内容的，应当要求侦查机关（部门）重新制作；发现在案的物证、书证以及视听资料、电子证据等应当鉴定而没有鉴定的，应当要求侦查机关（部门）鉴定，必要时自行委托鉴定。

17. 对侦查机关（部门）的补正、说明，以及重新收集、制作的情况，应当认真审查，必要时可以进行复核。对于经侦查机关（部门）依法重新收集、及时补正或者能够作出合理解释，不影响物证、书证真实性的，可以作为批准或者决定逮捕、提起公诉的根据。侦查机关（部门）没有依法重新收集、补正，或者无法补正、重新制作且没有作出合理的解释或者说明，无法认定证据真实性的，该证据不能作为批准或者决定逮捕、提起公诉的根据。

18. 对于根据犯罪嫌疑人的供述、指认，提取到隐蔽性很强的物证、书证的，既要审查与其他证明犯罪事实发生的证据是否相互印证，也要审查侦查机关（部门）在犯罪嫌疑人供述、指认之前是否掌握该证据的情况，综合全案证据，判断是否作为批准或者决定逮捕、提起公诉的根据。

19. 审查鉴定意见，要着重审查检材的来源、提取、保管、送检是否符合法律及有关规定，鉴定机构或者鉴定人员是否具备法定资格和鉴定条件，鉴定意见的形式要件是否完备，鉴定程序是否合法，鉴定意见是否科学合理。检材来源不明或者可能被污染导致鉴定意见存疑的，应当要求侦查机关（部门）进行重新鉴定或者补充鉴定，必要时检察机关可以另行委托进行重新鉴定或者补充鉴定；鉴定机构或者鉴定人员不具备法定资格和鉴定条件，或者鉴定事项超出其鉴定范围以及违反回避规定的，应当要求侦查机关（部门）另行委托重新鉴定，必要时检察机关可以另行委托进行重新鉴定；鉴定意见形式要件不完备的，应当通过侦查机关（部门）要求鉴定机构补正；对鉴定程序、方法、结论等涉及专门技术问题的，必要时听取检察技术部门或者其他具有专门知识的人员的意见。

20. 发现侦查人员以刑讯逼供或者暴力、威胁等非法手段收集犯罪嫌疑人供述、被害人陈述、证人证言的，应当提出纠正意见，同时应当要求侦查机关（部门）另行指派侦查人员重新调查取证，必要时也可以自行调查取证。侦查机关（部门）未另行指派侦查人员重新调查取证的，可以依法退回补充侦查。经审查发现存在刑讯逼供、暴力取证等非法取证行为，该非法言词证据被排除后。其他证据不能证明犯罪嫌疑人实施犯罪行为的，应当不批准或者决定逮捕，已经移送审查起诉的，可以将案件退回侦查机关（部门）或者不起诉。办案人员排除非法证据的，应当在审查报告中说明。

21. 对证据的合法性进行证明，是检察机关依法指控犯罪、强化诉讼监督、保证办案质量的一项重要工作。要坚持对证据的合法性进行严格审查，依法排除非法证据进一步提高出庭公诉水平，做好证据合法性证明工作。

22. 收到人民法院送交的反映被告人庭前供述是非法取得的书面意见或者告诉笔录复印件等有关材料后，应当及时根据提供的相关证据或者线索进行审查。审查逮捕、审查起诉期间已经提出并经查证不存在非法取证行为的，按照查证的情况做好庭审应对准备。提起公诉后提出新的证据或者线索的，应当要求侦查机关（部门）提供相关证明，必要时可以自行调查核实。

■最高人民法院、最高人民检察院、公安部、国家安全部、司法部关于推进以审判为中心的刑事诉讼制度改革的意见(2016年10月11日)

七、完善补充侦查制度。进一步明确退回补充侦查的条件，建立人民检察院退回补充侦查引导和说理机制，明确补充侦查方向、标准和要求。规范补充侦查行为，对于确实无法查明的事项，公安机关、国家安全机关应当书面向人民检察院说明理由。对于二次退回补充侦查后，仍然证据不足、不符合起诉条件的，依法作出不起诉决定。

■最高人民检察院、公安部关于适用刑事强制措施有关问题的规定(2000年8月28日)

第三十五条　人民检察院审查公安机关移送起诉的案件，认为需要补充侦查的，可以退回公安机关补充侦查，也可以自行侦查。

补充侦查以二次为限。公安机关已经补充侦查二次后移送审查起诉的案件，人民检察院依法改变管辖的，如果需要补充侦查，由人民检察院自行侦查；人民检察院在审查起诉中又发现新的犯罪事实的，应当移送公安机关立案侦查，对已经查清的犯罪事实依法提起公诉。

人民检察院提起公诉后，发现案件需要补充侦查的，由人民检察院自行侦查，公安机关应当予以协助。

■最高人民检察院关于审查起诉期间犯罪嫌疑人脱逃或者患有严重疾病的应当如何处理的批复(2014年1月1日)

三、人民检察院在审查起诉过程中发现犯罪嫌疑人脱逃的，应当及时通知侦查机关，要求侦查机关开展追捕活动。

人民检察院应当及时全面审阅案卷材料。经审查，对于案件事实不清、证据不足的，可以根据刑事诉讼法第一百七十一条第二款、《人民检察院刑事诉讼规则(试行)》第三百八十条的规定退回侦查机关补充侦查。

侦查机关补充侦查完毕移送审查起诉的，人民检察院应当按照本批复第二条的规定进行审查。

共同犯罪中的部分犯罪嫌疑人脱逃的，对其他犯罪嫌疑人的审查起诉应当照常进行。

四、犯罪嫌疑人患有精神病或者其他严重疾病丧失诉讼行为能力不能接受讯问的，人民检察院可以依法变更强制措施。对实施暴力行为的精神病人，人民检察院可以商请公安机关采取临时的保护性约束措施。

经审查，应当按照下列情形分别处理：(一)经鉴定系依法不负刑事责任的精神病人的，人民检察院应当作出不起诉决定。符合刑事诉讼法第二百八十四条规定的条件的，可以向人民法院提出强制医疗的申请；

(二)有证据证明患有精神病的犯罪嫌疑人尚未完全丧失辨认或者控制自己行为的能力，或者患有间歇性精神病的犯罪嫌疑人实施犯罪行为时精神正常，符合起诉条件的，可以依法提起公诉；

(三)案件事实不清、证据不足的，可以根据刑事诉讼法第一百七十一条第二款、《人民检察院刑事诉讼规则(试行)》第三百八十条的规定退回侦查机关补充侦查。

▼最高人民检察院法律政策研究室关于对同案犯罪嫌疑人在逃对解除强制措施的在案犯罪嫌疑人如何适用《人民检察院刑事诉讼规则》有关问题的答复(全文)(2002年5月29日)

在共同犯罪案件中，由于同案犯罪嫌疑人在逃，在案犯罪嫌疑人的犯罪事实无法查清，对在案犯罪嫌疑人除取保候审后，对在案的犯罪嫌疑人可以撤销案件，也可以依据刑事诉讼法(1996年刑事诉讼法。——编著者注)第一百四十条第四款的规定作出不起诉决定。撤销案件或者作出不起诉决定以后，又发现有犯罪事实需要追究刑事责任的，可以重新立案侦查。

■最高人民法院、最高人民检察院、公安部、司法部关于进一步严格依法办案确保办理死刑案件质量的意见(2007年3月9日)

25. 人民检察院对于退回补充侦查的案件，经审查仍然认为不符合起诉条件的，可以作出不起诉决定。具有下列情形之一,不能确定犯罪嫌疑人构成犯罪和需要追究刑事责任的,属于证据不足,不符合起诉条件:(1)据以定罪的证据存在疑问,无法查证属实的;(2)犯罪构成要件事实缺乏必要的证据予以证明的;(3)据以定罪的证据之间的矛盾不能合理排除的;(4)根据证据得出的结论具有其他可能性的。

■最高人民法院、最高人民检察院、公安部、国家安全部、司法部关于规范量刑程序若干问题的意见(2020年11月6日)

第二条 侦查机关、人民检察院应当依照法定程序,全面收集、审查、移送证明犯罪嫌疑人、被告人犯罪事实、量刑情节的证据。

对于法律规定并处或者单处财产刑的案件,侦查机关应当根据案件情况对被告人的财产状况进行调查,并向人民检察院移送相关证据材料。人民检察院应当审查并向人民法院移送相关证据材料。

人民检察院在审查起诉时发现侦查机关应当收集而未收集量刑证据的,可以退回侦查机关补充侦查,也可以自行侦查。人民检察院退回补充侦查的,侦查机关应当按照人民检察院退回补充侦查提纲的要求及时收集相关证据。

第二十八条 本意见自2020年11月6日起施行。2010年9月13日最高人民法院、最高人民检察院、公安部、国家安全部、司法部《印发〈关于规范量刑程序若干问题的意见(试行)〉的通知》(法发〔2010〕35号)同时废止。

第一百七十六条 【提起公诉的条件及量刑建议】人民检察院认为犯罪嫌疑人的犯罪事实已经查清,证据确实、充分,依法应当追究刑事责任的,应当作出起诉决定,按照审判管辖的规定,向人民法院提起公诉,并将案卷材料、证据移送人民法院。

犯罪嫌疑人认罪认罚的,人民检察院应当就主刑、附加刑、是否适用缓刑等提出量刑建议,并随案移送认罪认罚具结书等材料。

■最高人民法院、最高人民检察院、公安部、国家安全部、司法部、全国人大常委会法制工作委员会关于实施刑事诉讼法若干问题的规定(2013年1月1日)

24. 人民检察院向人民法院提起公诉时,应当将案卷材料和全部证据移送人民法院,包括犯罪嫌疑人、被告人翻供的材料,证人改变证言的材料,以及对犯罪嫌疑人、被告人有利的其他证据材料。

■人民检察院刑事诉讼规则(2019年12月30日)

第三百五十五条 人民检察院认为犯罪嫌疑人的犯罪事实已经查清,证据确实、充分,依法应当追究刑事责任的,应当作出起诉决定。

具有下列情形之一的,可以认为犯罪事实已经查清:

(一)属于单一罪行的案件,查清的事实足以定罪量刑或者与定罪量刑有关的事实已经查清,不影响定罪量刑的事实无法查清的;

(二)属于数个罪行的案件,部分罪行已经查清并符合起诉条件,其他罪行无法查清的;

(三)无法查清作案工具、赃物去向,但有其他证据足以对被告人定罪量刑的;

(四)证人证言、犯罪嫌疑人供述和辩解、被害人陈述的内容主要情节一致,个别情节不一致,但不影响定罪的。

对于符合前款第二项情形的,应当以已经查清的罪行起诉。

第三百五十六条 人民检察院在办理公安机关移送起诉的案件中,发现遗漏罪行或者有依法应当移送起诉的同案犯罪嫌疑人未移送起诉的,应当要求公安机关补充侦查或者补充移送起诉。对于犯罪事实清楚,证据确实、充分的,也可以直接提起公诉。

第三百五十七条 人民检察院立案侦查时认为属于直接受理侦查的案件,在审查起诉阶段发现属于监察机关管辖的,应当及时商监察机关办理。属于公安机关管辖,案件事实清楚,证据确实、充分,符合起诉条件的,可以直接起诉;事实不清、证据不足的,应当及时移送有管辖权的机关办理。

在审查起诉阶段,发现公安机关移送起诉的案件属于监察机关管辖,或者监察机关移送起诉的案件属于公安机关管辖,但案件事实清楚,证据确实、充分,符合起诉条件的,经征求监察机关、公安机关意见后,没有不同意见的,可以直接起诉;提出不同意见,或者事实不清、证据不足的,应当将案件退回移送案件的机关并说明理由,建议其移送有管辖权的机关办理。

第三百五十八条　人民检察院决定起诉的,应当制作起诉书。

起诉书的主要内容包括:

(一)被告人的基本情况,包括姓名、性别、出生年月日、出生地和户籍地、公民身份证号码、民族、文化程度、职业、工作单位及职务、住址,是否受过刑事处分及处分的种类和时间,采取强制措施的情况等;如果是单位犯罪,应当写明犯罪单位的名称和组织机构代码、所在地址、联系方式,法定代表人和诉讼代表人的姓名、职务、联系方式;如果还有应当负刑事责任的直接负责的主管人员或其他直接责任人员,应当按上述被告人基本情况的内容叙写;

(二)案由和案件来源;

(三)案件事实,包括犯罪的时间、地点、经过、手段、动机、目的、危害后果等与定罪量刑有关的事实要素。起诉书叙述的指控犯罪事实的必备要素应当明晰、准确。被告人被控有多项犯罪事实的,应当逐一列举,对于犯罪手段相同的同一犯罪可以概括叙写;

(四)起诉的根据和理由,包括被告人触犯的刑法条款、犯罪的性质及认定的罪名、处罚条款、法定从轻、减轻或者从重处罚的情节,共同犯罪各被告人应负的罪责等;

(五)被告人认罪认罚情况,包括认罪认罚的内容、具结书签署情况等。

被告人真实姓名、住址无法查清的,可以按其绰号或者自报的姓名、住址制作起诉书,并在起诉书中注明。被告人自报的姓名可能造成损害他人名誉、败坏道德风俗等不良影响的,可以对被告人编号并按编号制作起诉书,附具被告人的照片,记明足以确定被告人面貌、体格、指纹以及其他反映被告人特征的事项。

起诉书应当附有被告人现在处所,证人、鉴定人、需要出庭的有专门知识的人的名单,需要保护的被害人、证人、鉴定人的化名名单,查封、扣押、冻结的财物及孳息的清单,附带民事诉讼、附带民事公益诉讼情况以及其他需要附注的情况。

证人、鉴定人、有专门知识的人的名单应当列明姓名、性别、年龄、职业、住址、联系方式,并注明证人、鉴定人是否出庭。

第三百五十九条　人民检察院提起公诉的案件,应当向人民法院移送起诉书、案卷材料、证据和认罪认罚具结书等材料。

起诉书应当一式八份,每增加一名被告人增加起诉书五份。

关于被害人姓名、住址、联系方式、被告人被采取强制措施的种类、是否在案及羁押处所等问题,人民检察院应当在起诉书中列明,不再单独移送材料;对于涉及被害人隐私或者为保护证人、鉴定人、被害人人身安全,而不宜公开证人、鉴定人、被害人姓名、住址、工作单位和联系方式等个人信息的,可以在起诉书中使用化名。但是应当另行书面说明使用化名的情况并标明密级,单独成卷。

第三百六十条　人民检察院对于犯罪嫌疑人、被告人或者证人等翻供、翻证的材料以及对犯罪嫌疑人、被告人有利的其他证据材料,应当移送人民法院。

第三百六十一条　人民法院向人民检察院提出书面意见要求补充移送材料,人民检察院认为有必要移送的,应当自收到通知之日起三日以内补送。

第三百六十二条　对提起公诉后,在人民法院宣告判决前补充收集的证据材料,人民检察院应当及时移送人民法院。

第三百六十三条　在审查起诉期间，人民检察院可以根据辩护人的申请，向监察机关、公安机关调取在调查、侦查期间收集的证明犯罪嫌疑人、被告人无罪或者罪轻的证据材料。

第三百六十四条　人民检察院提起公诉的案件，可以向人民法院提出量刑建议。除有减轻处罚或者免除处罚情节外，量刑建议应当在法定量刑幅度内提出。建议判处有期徒刑、管制、拘役的，可以具有一定的幅度，也可以提出具体确定的建议。

提出量刑建议的，可以制作量刑建议书，与起诉书一并移送人民法院。量刑建议书的主要内容应当包括被告人所犯罪行的法定刑、量刑情节、建议人民法院对被告人判处刑罚的种类、刑罚幅度、可以适用的刑罚执行方式以及提出量刑建议的依据和理由等。

认罪认罚案件的量刑建议，按照本章第二节的规定办理。

■最高人民检察院关于对危害国家安全案件批捕起诉和实行备案制度等有关事项的通知（全文）（1998年1月12日）

一、根据刑事诉讼法第二十条的规定，中级人民法院管辖第一审的危害国家安全案件。与之相应，危害国家安全案件的审查批捕、审查起诉一律由检察分（市）院或者省级检察院的批捕、起诉部门办理。基层人民检察院不办理危害国家安全案件的审查批捕和审查起诉。

二、各级检察机关要增强政治责任感和敏锐性，主动收集和密切注意敌对势力、敌对分子在本地区进行颠覆国家政权、间谍、窃密、民族分裂活动以及非法宗教活动等敌情、社情动态，有重要情况必须及时向最高人民检察院专报。

三、对本地区发生的重、特大危害国家安全犯罪案件、恐怖暴力活动以及影响大的突发性事件，要及时向最高人民检察院专报。

四、检察机关批准逮捕（包括不批捕）、提起公诉（包括不起诉）、抗诉的各种危害国家安全的案件，一律报上一级检察院备案，并由省级院及时报最高人民检察院备案。备案材料包括：提请批准逮捕书、批准逮捕决定书或不批准逮捕决定书（副本）；起诉意见书、起诉书或不起诉决定书（副本）；抗诉案件的起诉书、抗诉书和判决书（副本）。

■最高人民法院、最高人民检察院、公安部、司法部关于进一步严格依法办案确保办理死刑案件质量的意见（2007年3月9日）

24. 人民检察院对案件进行审查后，认为犯罪嫌疑人的犯罪事实已经查清，证据确实、充分，依法应当追究刑事责任的，应当作出起诉决定。具有下列情形之一的，可以确认犯罪事实已经查清：(1)属于单一罪行的案件，查清的事实足以定罪量刑或者与定罪量刑有关的事实已经查清，不影响定罪量刑的事实无法查清的；(2)属于数个罪行的案件，部分罪行已经查清并符合起诉条件，其他罪行无法查清的；(3)作案工具无法起获或者赃物去向不明，但有其他证据足以对犯罪嫌疑人定罪量刑的；(4)证人证言、犯罪嫌疑人的供述和辩解、被害人陈述的内容中主要情节一致，只有个别情节不一致且不影响定罪的。对于符合第(2)项情形的，应当以已经查清的罪行起诉。

■最高人民检察院关于人民检察院立案侦查的案件改变定性后可否直接提起公诉问题的批复（2006年12月22日）

（该文件全部内容参见本书刑事诉讼法第一百六十七条附文同名文件）

■最高人民检察院关于依法惩治侵害幼儿园儿童犯罪全面维护儿童权益的通知（2017年12月1日）

二、坚持零容忍，依法严厉惩治侵害幼儿园儿童犯罪

对涉嫌强奸，猥亵儿童，虐待被监护、看护人，故意伤害，故意杀人等犯罪的侵害幼儿园儿童案件，一要依法从严从快批准逮捕、提起公诉，形成司法震慑。对于已经起诉的案件，要从严提出量刑建议。

对具备老师等特殊职业身份的被告人,要建议法院判处禁止其从事与未成年人密切相关的职业。二要及时介入侦查,就侦查取证、法律适用等提出建议,确保案件顺利诉讼。三要加强立案监督、侦查活动监督和审判监督,坚决纠正有案不立、有罪不究、量刑畸轻等问题,确保侵害幼儿园儿童犯罪的犯罪分子受到应有惩罚,维护司法公正。四要坚持依法独立行使检察权,确保办案质量。既要重视相关舆情,倾听群众呼声,又要坚持以事实为依据,以法律为准绳。对于确实不符合法定条件的案件,要依法作出不捕、不诉决定,但同时要向涉案儿童的监护人以案释法,充分说明理由。必要时,要向社会公开说明。五要认真研究案件中存在的疑难问题,上级检察院要加强对办理这类案件的指导,对于重点案件要进行督办。

三、坚持专业化规范化社会化办案,加强对幼儿园被害儿童的关爱和救助

一要及时告知被害儿童及其监护人的各项诉讼权利,并在检察环节落实到位。对于侦查、审判机关侵害被害儿童及其监护人诉讼权利的,要依法纠正。二要依法保护被害儿童及其监护人的名誉权、隐私权、知情权等权利。及时向未成年被害人的监护人、法定代理人通报有关情况,充分听取他们的意见。不得以任何形式泄露被害儿童及其监护人的个人信息,不得开警车、着制服到被害儿童家中调查取证。三要推动侦查、审判机关对被害儿童实行"一站式"询问。询问要以一次为原则,在专门的未成年人办案区进行,采用适合儿童身心的方式方法,并同步录音录像,避免因反复询问或者不当询问给被害儿童造成二次伤害。四要联合民政、团委、医疗、妇联、公益组织等社会力量,引入司法社工、心理咨询师等专业力量,与办案同步为被害儿童及其家庭提供心理干预、身体康复、法律援助、司法救助、陪伴倾听等支持,尽量帮助他们渡过难关,恢复身心健康。

四、坚持全面保护、综合保护,维护幼儿园儿童民事行政权利

……

对于有关行政执法机关不履行职责或者不当履行职责,可能侵害幼儿园儿童利益的,要依法提出检察建议,监督纠正。违法违纪或者构成犯罪的,要将线索移送有关部门查处。

■最高人民法院、最高人民检察院、公安部、国家安全部、司法部关于适用认罪认罚从宽制度的指导意见(2019年10月11日)(见本书附录五十)

■最高人民法院、最高人民检察院、公安部、国家安全部、司法部关于规范量刑程序若干问题的意见(2020年11月6日)

第四条　侦查机关在移送审查起诉时,可以根据犯罪嫌疑人涉嫌犯罪的情况,就宣告禁止令和从业禁止向人民检察院提出意见。

人民检察院在提起公诉时,可以提出宣告禁止令和从业禁止的建议。被告人及其辩护人、被害人及其诉讼代理人可以就是否对被告人宣告禁止令和从业禁止提出意见,并说明理由。

人民法院宣告禁止令和从业禁止,应当根据被告人的犯罪原因、犯罪性质、犯罪手段、悔罪表现、个人一贯表现等,充分考虑与被告人所犯罪行的关联程度,有针对性地决定禁止从事特定的职业、活动,进入特定区域、场所,接触特定的人等。

第五条　符合下列条件的案件,人民检察院提起公诉时可以提出量刑建议;被告人认罪认罚的,人民检察院应当提出量刑建议:

(一)犯罪事实清楚,证据确实、充分;

(二)提出量刑建议所依据的法定从重、从轻、减轻或者免除处罚等量刑情节已查清;

(三)提出量刑建议所依据的酌定从重、从轻处罚等量刑情节已查清。

第六条　量刑建议包括主刑、附加刑、是否适用缓刑等。主刑可以具有一定的幅度,也可以根据案件具体情况,提出确定刑期的量刑建议。建议判处财产刑的,可以提出确定的数额。

第七条　对常见犯罪案件，人民检察院应当按照量刑指导意见提出量刑建议。对新类型、不常见犯罪案件，可以参照相关量刑规范提出量刑建议。提出量刑建议，应当说明理由和依据。

第八条　人民检察院指控被告人犯有数罪的，应当对指控的个罪分别提出量刑建议，并依法提出数罪并罚后决定执行的刑罚的量刑建议。

对于共同犯罪案件，人民检察院应当根据各被告人在共同犯罪中的地位、作用以及应当承担的刑事责任分别提出量刑建议。

第九条　人民检察院提出量刑建议，可以制作量刑建议书，与起诉书一并移送人民法院；对于案情简单、量刑情节简单的适用速裁程序的案件，也可以在起诉书中写明量刑建议。

量刑建议书中应当写明人民检察院建议对被告人处以的主刑、附加刑、是否适用缓刑等及其理由和依据。

人民检察院以量刑建议书方式提出量刑建议的，人民法院在送达起诉书副本时，应当将量刑建议书一并送达被告人。

第十条　在刑事诉讼中，自诉人、被告人及其辩护人、被害人及其诉讼代理人可以提出量刑意见，并说明理由，人民检察院、人民法院应当记录在案并附卷。

第二十八条　本意见自2020年11月6日起施行。2010年9月13日最高人民法院、最高人民检察院、公安部、国家安全部、司法部《印发〈关于规范量刑程序若干问题的意见（试行）〉的通知》（法发〔2010〕35号）同时废止。

▼最高人民法院、最高人民检察院、公安部办理非法经营国际电信业务犯罪案件联席会议纪要（2003年4月22日）

四、公安机关侦查非法经营国际电信业务犯罪案件，要及时全面收集和固定犯罪证据，抓紧缉捕犯罪嫌疑人。人民检察院、人民法院对正在办理的非法经营国际电信业务犯罪案件，只要基本犯罪事实清楚，基本证据确实、充分，应当依法及时起诉、审判。主犯在逃，但在案的其他犯罪嫌疑人、被告人实施犯罪的基本证据确实充分的，可以依法先行处理。

六、各地在办理非法经营国际电信业务犯罪案件中遇到的有关问题，以及侦查、起诉、审判的信息要及时向各自上级主管机关报告。上级机关要加强对案件的督办、检查、指导和协调工作。

▼最高人民法院、最高人民检察院、公安部办理骗汇、逃汇犯罪案件联席会议纪要（1999年6月7日）

四、公安机关侦查骗汇、逃汇犯罪案件，要及时全面收集和固定犯罪证据，抓紧缉捕犯罪分子。人民检察院和人民法院对正在办理的骗汇、逃汇犯罪案件，只要基本犯罪事实清楚，基本证据确实充分，应当及时依法起诉、审判。主犯在逃或者骗购外汇所需人民币资金的来源无法彻底查清，但证明在案的其他犯罪嫌疑人实施犯罪的基本证据确实充分的，为在法定时限内结案，可以对在案的其他犯罪嫌疑人先行处理。对于已收集到外汇指定银行汇出凭证和境外收汇银行收款凭证等证据，能够证明所骗购外汇确已汇至港澳台地区或国外的，应视为骗购外汇既遂。

●职务犯罪认罪认罚中刑量刑建议的确定

对于犯罪嫌疑人自愿认罪认罚的职务犯罪案件，应当依法适用认罪认罚从宽制度办理。在适用认罪认罚从宽制度办理职务犯罪案件过程中，检察机关应切实履行主导责任，与监察机关、审判机关互相配合，互相制约，充分保障犯罪嫌疑人、被告人的程序选择权。要坚持罪刑法定和罪责刑相适应原则，对符合有关规定条件的，一般应当就主刑、附加刑、是否适用缓刑等提出确定刑量刑建议。（参见最高人民检察院发布第20批指导性案例，检例第75号，金某某受贿案，2020年7月21日发布。）

●认罪认罚中量刑建议说理与协商

检察机关应当健全量刑协商机制，规范认罪认罚案件量刑建议的形成过程。依法听取犯罪嫌疑人、辩护人或者值班律师的意见,通过出示有关证据、释法说理等方式,结合案件事实和情节开展量刑协商,促进协商一致。注重运用司法救助等制度措施化解矛盾,提升办案质效。(参见最高人民检察院第22批指导性案例82号,钱某故意伤害案,2020年11月24日发布。)

▽在辩方提供的证据存有很大疑点,未达到"证据占优势"的情况下,不宜采纳辩方证据

目前,在我国的刑事诉讼理论中尚未就控辩双方承担的证明责任适用差别证明标准进行系统研究。立法仅就控方承担证明责任应当达到的证据证明标准作出了规定,没有涉及被告一方承担相应责任所应达到的证据证明标准。司法实践中,一般也只关注控方的证明责任承担应当达到的证据证明标准,对被告方承担有关责任的程度如何把握则比较混乱。因此,在我国,控辩双方承担相应证明责任是否要适用不同的证据证明标准,以及具体适用何种标准是目前亟待研究和解决的问题。根据我国刑事诉讼法本条的规定,控诉方承担证明责任所要达到的证据证明标准是客观标准,即"犯罪事实清楚,证据确实、充分"。所谓犯罪事实已经查清,是指与定罪量刑有关的事实和情节,都必须查清,而那些不影响定罪量刑的细微情节,则无须都要查清。所谓证据确实、充分,是对证据质和量提出的总体要求。证据确实,即每个证据对案情必须具有证明力,也就是具有客观性和关联性;证据充分,是指足以证明案件真实情况要有多个证据证明或提供印证,与证据不足或证据不充分相对立,但也不能将其简单量化,要视具体案情而定。证据确实和充分是相辅相成、不可分割的辩证统一的关系。刑事案件中,对被告人实行无罪推定,且在绝大多数公诉案件中,公诉人是诉讼程序的启动者,处于举证的便利位置,而被告人在追诉过程中明显处于身受限制的不利地位,因此证明责任无疑应当由控方承担。被告人可以提出相反证据反驳控方证据,或者从逻辑、经验角度对控方的证据提出质疑。如被告人针对控方的指控提出了新的主张,这一主张提出与否将可能直接影响到罪与非罪或者罪行轻重的认定,然而其却并未被控方所掌握,辩方对这些主张的证明标准只要达到"证据占优势"的程度即可。在学理上,这些主张被称为肯定性辩护。辩方提供的用来证明自己的主张或者反驳控方的证据不需要达到与控方一样的证据证明标准,只要使裁判者相信辩方的主张及相应的证据存在的可能性明显大于不可能性即可,也即学理上提出的"证据占优势"。这里的"证据占优势"与民事诉讼中的"优势证据"在对证据证明标准的要求上基本相同。即如果相关证据显示某一待证事实存在的可能性明显大于其不存在的可能性,使法官有理由相信它很可能存在,尽管还不能完全排除存在相反的可能性,也应当允许法官根据相关证据认定这一事实。当证明某一事实存在或不存在的证据的分量与证明力比反对的证据更具有说服力,或者比反对的证据可靠性更高,由法官采用具有优势的一方当事人所列举的证据认定案件事实。辩方也不需要证明控方证据存在的不可能性大于可能性,而只需要使裁判者产生合理的怀疑即可。如果将"排除合理怀疑"表示为"百分之九十以上的确信",那么辩方只要表明控方证明结果也许在"百分之十"以上有可能不存在即可。当然,并不是说辩方否定了控方提供的某一个证据,就意味着否定了控方的整个证据链。是否破坏控方形成的证据链,要综合全案证据予以认定。

具体到本案,公诉机关根据上飞公司提供的企业法人营业执照、沈某某的任职证明、相关采购合同、协议,证人黄淼、陆海峰、彭东升的证言,以及沈某某的供述等证据起诉指控沈某某收受贿赂共计11万元,公诉机关已完成了其证明责任,指控事实清楚,证据确实、充分,一审法院据此认定沈某某构成受贿罪,受贿数额为11万元。二审期间,上诉人沈某某及其辩护人提出了新的主张,即沈某某收受彭东升给予的7万元贿赂后,给过彭东升2万元钱款,并提供了相应证据。二审法院应当对该新证据进行审查,衡量辩方的主张是否达到了"证据占优势"的程度。经审查,发现辩方的证据存有很大疑点,未达到"证据占优势"的程度。首先,沈某某之前未供述曾给过彭东升2万元,且其关于为何未作供述的理由与二审审理查明的事实、常理不符。二审庭审中,法庭讯问沈某某为何不向纪委、检察机关、一审法院反映上述情况,沈称在纪委谈话的时间很短,所以没说;检察机关打断了其关于如何使用受贿款用途的供述,所以没说;一审开庭时因害怕会影响对自首情节的认定,所以没说。经审查,在侦查阶段,检察机关讯问过沈某某是否将收受的钱款归还百利公司和彭东升，是否与百利公司和彭东升具有借贷关系，沈某某均回答没有。检察机关也讯问过沈某某将收受的贿赂用于何处，沈某某回答将贿赂款用于个人的理财及日常开销。因此，沈某某关于之前为何未作供述的理由与二审查明的事实不符。再次，二审期间，法庭进一步讯问了沈某某和彭东升有关沈、彭所称的因彭的父亲患重病，彭要回老家探望以及之后两人交往的细节，两人说法有很大出入。沈某某称彭东升打电话给他说因为彭的父亲患癌症，彭要回老家照顾父亲，所以彭所负责的厂区要更换负责人，并称彭东升回老家后没有再和彭联系。而彭东升称他只回去几天，走前和沈某某打个招呼，百利公司上海分公司的负责人还是他，从老家回来后经常与沈某某联系。最后，沈某某的家属在一审审理期间为沈某某退出了检察机关起诉指控沈某某收受的11万元贿赂。在一审庭审中，法庭告知沈某某上述情况，并征询沈某某有无意见，沈某某表示没有意见。因此，如果沈某某曾给过彭东升2万元，当一审法院明确告知其家属为其退出11万元赃款并征询沈某某意见时，沈某某当即就应当提出异议，而不是在二审庭审中再提出异议。

综上，公诉机关指控以及一审法院判决认定沈某某收受彭东升7万元贿赂的证据确实、充分，而辩方提供的证据以及沈某某在二审庭审中关于曾给过彭东升2万元钱款的供述存有很大疑点，与查明的事实及常理不符，未达到“证据占优势”，故难以认定沈某某在案发前归还给彭东升2万元。（参见第1151号指导案例，沈海平受贿案，载《刑事审判参考》总第106集，第101～106页。撰稿：沈言）

第一百七十七条　【法定、罪轻不起诉及涉案财物的处理】犯罪嫌疑人没有犯罪事实，或者有本法第十六条规定的情形之一的，人民检察院应当作出不起诉决定。

对于犯罪情节轻微，依照刑法规定不需要判处刑罚或者免除刑罚的，人民检察院可以作出不起诉决定。

人民检察院决定不起诉的案件，应当同时对侦查中查封、扣押、冻结的财物解除查封、扣押、冻结。对被不起诉人需要给予行政处罚、处分或者需要没收其违法所得的，人民检察院应当提出检察意见，移送有关主管机关处理。有关主管机关应当将处理结果及时通知人民检察院。

■人民检察院刑事诉讼规则（2019年12月30日）

第三百六十五条　人民检察院对于监察机关或者公安机关移送起诉的案件，发现犯罪嫌疑人没有犯罪事实，或者符合刑事诉讼法第十六条规定的情形之一的，经检察长批准，应当作出不起诉决定。

对于犯罪事实并非犯罪嫌疑人所为，需要重新调查或者侦查的，应当在作出不起诉决定后书面说明理由，将案卷材料退回监察机关或者公安机关并建议重新调查或者侦查。

第三百六十六条　负责捕诉的部门对于本院负责侦查的部门移送起诉的案件，发现具有本规则第三百六十五条第一款规定情形的，应当退回本院负责侦查的部门，建议撤销案件。

第三百七十条　人民检察院对于犯罪情节轻微，依照刑法规定不需要判处刑罚或者免除刑罚的，经检察长批准，可以作出不起诉决定。

第三百七十一条　人民检察院直接受理侦查的案件，以及监察机关移送起诉的案件，拟作不起诉决定的，应当报请上一级人民检察院批准。

第三百七十二条　人民检察院决定不起诉的，应当制作不起诉决定书。

不起诉决定书的主要内容包括：

（一）被不起诉人的基本情况，包括姓名、性别、出生年月日、出生地和户籍地、公民身份证号码、民族、文化程度、职业、工作单位及职务、住址，是否受过刑事处分，采取强制措施的情况以及羁押处所等；如果是单位犯罪，应当写明犯罪单位的名称和组织机构代码、所在地址、联系方式，法定代表人和诉讼代表人的姓名、职务、联系方式；

（二）案由和案件来源；

(三)案件事实,包括否定或者指控被不起诉人构成犯罪的事实以及作为不起诉决定根据的事实;

(四)不起诉的法律根据和理由,写明作出不起诉决定适用的法律条款;

(五)查封、扣押、冻结的涉案财物的处理情况;

(六)有关告知事项。

第三百七十三条　人民检察院决定不起诉的案件,可以根据案件的不同情况,对被不起诉人予以训诫或者责令具结悔过、赔礼道歉、赔偿损失。

对被不起诉人需要给予行政处罚、政务处分或者其他处分的,经检察长批准,人民检察院应当提出检察意见,连同不起诉决定书一并移送有关主管机关处理,并要求有关主管机关及时通报处理情况。

第三百七十四条　人民检察院决定不起诉的案件,应当同时书面通知作出查封、扣押、冻结决定的机关或者执行查封、扣押、冻结决定的机关解除查封、扣押、冻结。

第三百七十五条　人民检察院决定不起诉的案件,需要没收违法所得的,经检察长批准,应当提出检察意见,移送有关主管机关处理,并要求有关主管机关及时通报处理情况。具体程序可以参照本规则第二百四十八条的规定办理。

■最高人民法院、最高人民检察院、公安部、国家安全部、司法部关于推进以审判为中心的刑事诉讼制度改革的意见(2016年10月11日)

九、完善不起诉制度,对未达到法定证明标准的案件,人民检察院应当依法作出不起诉决定,防止事实不清、证据不足的案件进入审判程序。完善撤回起诉制度,规范撤回起诉的条件和程序。

■最高人民检察院关于在检察工作中贯彻宽严相济刑事司法政策的若干意见(2007年1月15日)

二、在履行法律监督职能中全面贯彻宽严相济刑事司法政策

8. 正确把握起诉和不起诉条件,依法适用不起诉。在审查起诉工作中,严格依法掌握起诉条件,充分考虑起诉的必要性,可诉可不诉的不诉。对于初犯、从犯、预备犯、中止犯、防卫过当、避险过当、未成年人犯罪、老年人犯罪以及亲友、邻里、同学同事等纠纷引发的案件,符合不起诉条件的,可以依法适用不起诉,并可以根据案件的不同情况,对被不起诉人予以训诫或者责令具结悔过、赔礼道歉、赔偿损失。确需提起公诉的,可以依法向人民法院提出从宽处理、适用缓刑等量刑方面的意见。

11. 对未成年人犯罪案件依法从宽处理。办理未成年人犯罪案件,应当坚持"教育、感化、挽救"的方针和"教育为主、惩罚为辅"的原则。要对未成年犯罪嫌疑人的情况进行调查,了解未成年人的性格特点、家庭情况、社会交往、成长经历以及有无帮教条件等情况,除主观恶性大、社会危害严重的以外,根据案件具体情况,可捕可不捕的不捕,可诉可不诉的不诉。对确需提起公诉的未成年被告人,应当根据情况依法向人民法院提出从宽处理、适用缓刑等量刑方面的意见。

12. 对因人民内部矛盾引发的轻微刑事案件依法从宽处理。对因亲友、邻里及同学同事之间纠纷引发的轻微刑事案件,要本着"冤家宜解不宜结"的精神,着重从化解矛盾、解决纠纷的角度正确处理。对于轻微刑事案件中犯罪嫌疑人认罪悔过、赔礼道歉、积极赔偿损失并得到被害人谅解或者双方达成和解并切实履行,社会危害性不大的,可以依法不予逮捕或者不起诉。确需提起公诉的,可以依法向人民法院提出从宽处理的意见。对属于被害人可以提起自诉的轻微刑事案件,由公安机关立案侦查并提请批捕、移送起诉的,人民检察院可以促使双方当事人在民事赔偿和精神抚慰方面和解,及时化解矛盾,依法从宽处理。

13. 对轻微犯罪中的初犯、偶犯依法从宽处理。对于初次实施轻微犯罪、主观恶性小的犯罪嫌疑人,特别是对因生活无着偶然发生的盗窃等轻微犯罪,犯罪嫌疑人人身危险性不大的,一般可以不予逮捕;符合法定条件的,可以依法不起诉。确需提起公诉的,可以依法向人民法院提出从宽处理的意见。

■最高人民法院、最高人民检察院、公安部、农业农村部依法惩治长江流域非法捕捞等违法犯罪的意见(2020年12月17日)

三、健全完善工作机制,保障相关案件的办案效果

(六)强化工作配合。人民法院、人民检察院、公安机关、农业农村(渔政)部门要依法履行法定职责,分工负责,互相配合,互相制约,确保案件顺利移送、侦查、起诉、审判。对于阻挠执法、暴力抗法的,公安机关要依法及时处置,确保执法安全。犯罪嫌疑人、被告人自愿如实供述自己的罪行,承认指控的犯罪事实,愿意接受处罚的,可以依法从宽处理;对于犯罪情节轻微,依法不需要判处刑罚或者免除刑罚的,人民检察院可以作出不起诉决定。对于实施危害水生生物资源的行为,致使社会公共利益受到侵害的,人民检察院可以依法提起民事公益诉讼。对于人民检察院作出不起诉决定、人民法院作出无罪判决或者免予刑事处罚,需要行政处罚的案件,由农业农村(渔政)部门等依法给予行政处罚。

●事故调查报告中的证据审查、责任划分及处理

对相关部门出具的安全生产事故调查报告,要综合全案证据进行审查,准确认定案件事实和相关人员责任。要正确区分相关涉案人员的责任和追责方式,发现漏犯及时追诉,对不符合起诉条件的,依法作出不起诉处理。(参见最高人民检察院第25批指导性案例95号,宋某某等人重大责任事故案,2021年1月20日发布。)

第一百七十八条 【不起诉的宣布】不起诉的决定,应当公开宣布,并且将不起诉决定书送达被不起诉人和他的所在单位。如果被不起诉人在押,应当立即释放。

■人民检察院刑事诉讼规则(2019年12月30日)

第三百七十六条 不起诉的决定,由人民检察院公开宣布。公开宣布不起诉决定的活动应当记录在案。

不起诉决定书自公开宣布之日起生效。

被不起诉人在押的,应当立即释放;被采取其他强制措施的,应当通知执行机关解除。

■人民检察院审查案件听证工作规定(2020年9月14日)(全部内容见本书附录十二)

第一百七十九条 【对不起诉的复议、复核】对于公安机关移送起诉的案件,人民检察院决定不起诉的,应当将不起诉决定书送达公安机关。公安机关认为不起诉的决定有错误的时候,可以要求复议,如果意见不被接受,可以向上一级人民检察院提请复核。

■人民检察院刑事诉讼规则(2019年12月30日)

第三百七十八条 对于监察机关或者公安机关移送起诉的案件,人民检察院决定不起诉的,应当将不起诉决定书送达监察机关或者公安机关。

第三百七十九条 监察机关认为不起诉的决定有错误,向上一级人民检察院提请复议的,上一级人民检察院应当在收到提请复议意见书后三十日以内,经检察长批准,作出复议决定,通知监察机关。

公安机关认为不起诉决定有错误要求复议的,人民检察院负责捕诉的部门应当另行指派检察官或者检察官办案组进行审查,并在收到要求复议意见书后三十日以内,经检察长批准,作出复议决定,通知公安机关。

第三百八十条 公安机关对不起诉决定提请复核的,上一级人民检察院应当在收到提请复核意见书后三十日以内,经检察长批准,作出复核决定,通知提请复核的公安机关和下级人民检察院。经复核认为下级人民检察院不起诉决定错误的,应当指令下级人民检察院纠正,或者撤销、变更下级人民检察院作出的不起诉决定。

■最高人民检察院、公安部关于适用刑事强制措施有关问题的规定(2000年8月28日)

第三十六条 公安机关认为人民检察院的不起诉决定有错误的,应当在收到人民检察院不起诉决定书后七日内制作要求复议意见书,要求同级人民检察院复议。人民检察院应当在收到公安机关要求复议意见书后三十日内作出复议决定。

公安机关对人民检察院的复议决定不服的,可以在收到人民检察院复议决定书后七日内制作提请复核意见书,向上一级人民检察院提请复核。上一级人民检察院应当在收到公安机关提请复核意见书后三十日内作出复核决定。

■最高人民法院、最高人民检察院、公安部关于依法严肃查处拒不执行判决、裁定和暴力抗拒法院执行犯罪行为有关问题的通知(2007年8月30日)

十、公安机关侦查终结后移送人民检察院审查起诉的拒不执行判决、裁定和妨害公务案件,人民检察院决定不起诉,公安机关认为不起诉决定有错误的,可以要求复议;如果意见不被接受,可以向上一级人民检察院提请复核。

十一、公安司法人员在办理拒不执行判决、裁定和妨害公务案件中,消极履行法定职责,造成严重后果的,应当依法依纪追究直接责任人责任直至追究刑事责任。

十二、本通知自印发之日起执行,执行中遇到的情况和问题,请分别报告最高人民法院、最高人民检察院、公安部。

第一百八十条 【被害人对不起诉不服的申诉与自诉】对于有被害人的案件,决定不起诉的,人民检察院应当将不起诉决定书送达被害人。被害人如果不服,可以自收到决定书后七日以内向上一级人民检察院申诉,请求提起公诉。人民检察院应当将复查决定告知被害人。对人民检察院维持不起诉决定的,被害人可以向人民法院起诉。被害人也可以不经申诉,直接向人民法院起诉。人民法院受理案件后,人民检察院应当将有关案件材料移送人民法院。

■人民检察院刑事诉讼规则(2019年12月30日)

第三百七十七条 不起诉决定书应当送达被害人或者其近亲属及其诉讼代理人、被不起诉人及其辩护人以及被不起诉人所在单位。送达时,应当告知被害人或者其近亲属及其诉讼代理人,如果对不起诉决定不服,可以自收到不起诉决定书后七日以内向上一级人民检察院申诉;也可以不经申诉,直接向人民法院起诉。依照刑事诉讼法第一百七十七条第二款作出不起诉决定的,应当告知被不起诉人,如果对不起诉决定不服,可以自收到不起诉决定书后七日以内向人民检察院申诉。

第三百八十一条 被害人不服不起诉决定,在收到不起诉决定书后七日以内提出申诉的,由作出不起诉决定的人民检察院的上一级人民检察院负责捕诉的部门进行复查。

被害人向作出不起诉决定的人民检察院提出申诉的,作出决定的人民检察院应当将申诉材料连同案卷一并报送上一级人民检察院。

第三百八十二条 被害人不服不起诉决定,在收到不起诉决定书七日以后提出申诉的,由作出不起诉决定的人民检察院负责控告申诉检察的部门进行审查。经审查,认为不起诉决定正确的,出具审查结论直接答复申诉人,并做好释法说理工作;认为不起诉决定可能存在错误的,移送负责捕诉的部门进行复查。

第三百八十三条 人民检察院应当将复查决定书送达被害人、被不起诉人和作出不起诉决定的人民检察院。

上级人民检察院经复查作出起诉决定的,应当撤销下级人民检察院的不起诉决定,交由下级人民检察院提起公诉,并将复查决定抄送移送起诉的监察机关或者公安机关。

第三百八十四条 人民检察院收到人民法院受理被害人对被不起诉人起诉的通知后,应当终止复查，将作出不起诉决定所依据的有关案卷材料移送人民法院。

第三百八十六条 人民检察院复查不服不起诉决定的申诉，应当在立案后三个月以内报经检察长批准作出复查决定。案情复杂的，不得超过六个月。

第三百八十七条 被害人、被不起诉人对不起诉决定不服提出申诉的，应当递交申诉书，写明申诉理由。没有书写能力的，也可以口头提出申诉。人民检察院应当根据其口头提出的申诉制作笔录。

第三百八十八条 人民检察院发现不起诉决定确有错误，符合起诉条件的，应当撤销不起诉决定，提起公诉。

第三百八十九条 最高人民检察院对地方各级人民检察院的起诉、不起诉决定，上级人民检察院对下级人民检察院的起诉、不起诉决定，发现确有错误的，应当予以撤销或者指令下级人民检察院纠正。

■最高人民检察院关于在检察工作中贯彻宽严相济刑事司法政策的若干意见（2007年1月15日）

20. 在办理刑事案件中强化化解矛盾的工作。检察机关在办理刑事案件中，应当加强对与犯罪有关的社会矛盾、纠纷的化解和调处工作，将矛盾化解情况和达成协议及履行情况作为考虑从宽处理的一个重要因素。对有直接被害人的案件作从宽处理或者决定不起诉的，可以要求犯罪嫌疑人向被害人赔礼道歉、赔偿损失，取得被害人的谅解，检察机关也要做好对被害人的解释、说明工作，防止产生新的涉法上访。

▽现行法律已经规定了公诉转自诉制度，人民法院就应当严格依法办理案件

针对现行公诉转自诉制度不具有维护正确不追诉决定的弊端，人民法院要全面、严格地把握公诉转自诉案件的受理条件。根据刑事诉讼法（1996年修订。——编著者注）第一百七十条第三项的规定，就是要严格审查：（1）被害人是否“有证据证明”被不起诉人具有侵犯自己人身、财产权利的行为；（2）该行为依法是否应当追究刑事责任。这实质上就是两个层次的审查：一是证据上的审查；二是适用法律上的审查。其中，证据上的审查，不仅要求作证据形式、资格上的审查，还要对证据的证明力、证明程度进行实质审查。对于不符合上述条件的不能予以受理，从而对被害人不服不追诉决定而提起自诉的案件予以必要的过滤。关于自诉案件的庭前审查，与公诉案件的庭前审查有着较大的差异。修订后的刑事诉讼法已经将对公诉案件的庭前审查从实质性审查改变为程序性审查，但对自诉案件的审查，则基本沿袭职权主义下的实质审查。按照最高人民法院《关于执行〈中华人民共和国刑事诉讼法〉若干问题的解释》（本附文以下简称《解释》）第一百九十二条的规定，合议庭“对于已经立案，经审查缺乏罪证的自诉案件，如果自诉人提不出补充证据，应当说服自诉人撤回自诉或裁定驳回起诉”。可见，自诉案件的审查要经历两个阶段即立案审查和庭前审查，如果立案阶段未能对自诉案的罪证状况给予足够注意，而将案件移交至有审判权的合议庭，后者可再行审查之权。对自诉案件的庭前审查采取的方式是：自诉人提起自诉案件必须符合《解释》第一百八十六条之规定，法院在对自诉案件进行审查后，分别不同情形对案件作出处理，如犯罪事实清楚，有足够证据的案件，应当开庭审判；缺乏罪证的，如果自诉人提不出补充证据的，应当说服自诉人撤回自诉或裁定驳回（刑事诉讼法第一百七十一条），证据不充分的，应当说服自诉人撤回起诉或裁定驳回起诉（《解释》第一百八十八条）。这表明：在对自诉案件的庭前审查中，证据审查至为关键，证据并非仅作为一种文书形式的存在来决定案件的受理或者是否开庭审理，而取决于其是否可以在指控犯罪问题上产生决定性影响，即能否充分证明指控犯罪事实成立。对证据是否充分的判断已使法院对自诉案件的庭前审查延伸到判断被告人的行为能否构成犯罪的程度。通过庭前审查决定开庭审理的自诉案件，已足以使法官开庭前完成对该被告人的行为已构成犯罪并应处罚的判断，自诉人诉讼风险因庭前审查内容的深入而降至几近为零，其要获得胜诉的证明责任减轻了，而被告人败诉的概率大大增加。正是因为现行公诉转自诉制度不具有维护正确不追诉决定的功能，对公诉转自诉的这类案件才应当严格把握和控制，这有赖于加强对公诉转自诉案件的庭前审查。根据《解释》第一条第（三）项的规定，公诉转自诉案件是指被害人有证据证明对被告人侵犯自己人身、财产权利的行为应当依法追究刑事责任，而公安机关或者人民检察院已经作出不予追究的书面决定的案件。也就是说，《解释》将公安机关和人民检察院作出不予追究的书面决定作为提起自诉的前提条件，已经对一些被害人不服不追诉决定而提起自诉的案件进行了限制。此外，《解释》第一百八十六条、第一百八十八条和第一百九十二条也对自诉案件的受理和庭前审查作出了规定，应当按照《解释》的相关规定对公诉转自诉案件进行严格审查，不仅要对证据形式上的充分性进行审查，还要对证据对指控犯罪事实的证明作用进行审查；不仅要对证据进行实质审查，还要对被告人的行为是否构成犯罪，依法是否应当追究刑事责任进行实质审查。只有这样，才能补救我国现行公诉转自诉制度存在的缺陷，既能很好地保护被害人的合法利益，也能对错误的不追诉决定进行制约。［参见第317号案例，潘儒岭故意伤害案，载《刑事审判参考》总第40集（2004年第5集），法律出版社，第33～35页。执笔：罗国良］

第一百八十一条　【被不起诉人员申诉】对于人民检察院依照本法第一百七十七条第二款规定作出的不起诉决定，被不起诉人如果不服，可以自收到决定书后七日以内向人民检察院申诉。人民检察院应当作出复查决定，通知被不起诉的人，同时抄送公安机关。

■人民检察院刑事诉讼规则（2019年12月30日）

第三百八十五条　对于人民检察院依照刑事诉讼法第一百七十七条第二款规定作出的不起诉决定，被不起诉人不服，在收到不起诉决定书后七日以内提出申诉的，应当由作出决定的人民检察院负责捕诉的部门进行复查；被不起诉人在收到不起诉决定书七日以后提出申诉的，由负责控告申诉检察的部门进行审查。经审查，认为不起诉决定正确的，出具审查结论直接答复申诉人，并做好释法说理工作；认为不起诉决定可能存在错误的，移送负责捕诉的部门复查。

人民检察院应当将复查决定书送达被不起诉人、被害人。复查后，撤销不起诉决定，变更不起诉的事实或者法律依据的，应当同时将复查决定书抄送移送起诉的监察机关或者公安机关。

第三百八十六条　人民检察院复查不服不起诉决定的申诉，应当在立案后三个月以内报经检察长批准作出复查决定。案情复杂的，不得超过六个月。

第三百八十七条　被害人、被不起诉人对不起诉决定不服提出申诉的，应当递交申诉书，写明申诉理由。没有书写能力的，也可以口头提出申诉。人民检察院应当根据其口头提出的申诉制作笔录。

第三百八十八条　人民检察院发现不起诉决定确有错误，符合起诉条件的，应当撤销不起诉决定，提起公诉。

第三百八十九条　最高人民检察院对地方各级人民检察院的起诉、不起诉决定，上级人民检察院对下级人民检察院的起诉、不起诉决定，发现确有错误的，应当予以撤销或者指令下级人民检察院纠正。

第一百八十二条　【特殊不追诉情况及涉案财物的处理】犯罪嫌疑人自愿如实供述涉嫌犯罪的事实，有重大立功或者案件涉及国家重大利益的，经最高人民检察院核准，公安机关可以撤销案件，人民检察院可以作出不起诉决定，也可以对涉嫌数罪中的一项或者多项不起诉。

根据前款规定不起诉或者撤销案件的，人民检察院、公安机关应当及时对查封、扣押、冻结的财物及其孳息作出处理。

第三编　审　判

第一章　审判组织

第一百八十三条　【合议庭的组成】基层人民法院、中级人民法院审判第一审案件,应当由审判员三人或者由审判员和人民陪审员共三人或者七人组成合议庭进行,但是基层人民法院适用简易程序、速裁程序的案件可以由审判员一人独任审判。

高级人民法院审判第一审案件,应当由审判员三人至七人或者由审判员和人民陪审员共三人或者七人组成合议庭进行。

最高人民法院审判第一审案件,应当由审判员三人至七人组成合议庭进行。

人民法院审判上诉和抗诉案件,由审判员三人或者五人组成合议庭进行。

合议庭的成员人数应当是单数。

■最高人民法院关于适用《中华人民共和国刑事诉讼法》的解释(2021年3月1日)

第二百一十二条　合议庭由审判员担任审判长。院长或者庭长参加审理案件时,由其本人担任审判长。

审判员依法独任审判时,行使与审判长相同的职权。

第二百一十三条　基层人民法院、中级人民法院、高级人民法院审判下列第一审刑事案件,由审判员和人民陪审员组成合议庭进行:

(一)涉及群体利益、公共利益的;

(二)人民群众广泛关注或者其他社会影响较大的;

(三)案情复杂或者有其他情形,需要由人民陪审员参加审判的。

基层人民法院、中级人民法院、高级人民法院审判下列第一审刑事案件,由审判员和人民陪审员组成七人合议庭进行:

(一)可能判处十年以上有期徒刑、无期徒刑、死刑,且社会影响重大的;

(二)涉及征地拆迁、生态环境保护、食品药品安全,且社会影响重大的;

(三)其他社会影响重大的。

■最高人民法院关于人民法院合议庭工作的若干规定(2002年8月17日)

第一条　人民法院实行合议制审判第一审案件,由法官或者由法官和人民陪审员组成合议庭进行;人民法院实行合议制审判第二审案件和其他应当组成合议庭审判的案件,由法官组成合议庭进行。

人民陪审员在人民法院执行职务期间,除不能担任审判长外,同法官有同等的权利义务。

第二条　合议庭的审判长由符合审判长任职条件的法官担任。

院长或者庭长参加合议庭审判案件的时候,自己担任审判长。

第三条　合议庭组成人员确定后,除因回避或者其他特殊情况,不能继续参加案件审理的之外,不得在案件审理过程中更换。更换合议庭成员,应当报请院长或者庭长决定。合议庭成员的更换情况应当及时通知诉讼当事人。

第四条　合议庭的审判活动由审判长主持,全体成员平等参与案件的审理、评议、裁判,共同对案件认定事实和适用法律负责。

第五条　合议庭承担下列职责:

(一)根据当事人的申请或者案件的具体情况,可以作出财产保全、证据保全、先予执行等裁定;

(二)确定案件委托评估、委托鉴定等事项;

(三)依法开庭审理第一审、第二审和再审案件;

(四)评议案件;

(五)提请院长决定将案件提交审判委员会讨论决定;

(六)按照权限对案件及其有关程序性事项作出裁判或者提出裁判意见;

(七)制作裁判文书;

(八)执行审判委员会决定;

(九)办理有关审判的其他事项。

第六条　审判长履行下列职责:

(一)指导和安排审判辅助人员做好庭前调解、庭前准备及其他审判业务辅助性工作;

(二)确定案件审理方案、庭审提纲、协调合议庭成员的庭审分工以及做好其他必要的庭审准备工作;

(三)主持庭审活动;

(四)主持合议庭对案件进行评议;

(五)依照有关规定,提请院长决定将案件提交审判委员会讨论决定;

(六)制作裁判文书,审核合议庭其他成员制作的裁判文书;

(七)依照规定权限签发法律文书;

(八)根据院长或者庭长的建议主持合议庭对案件复议;

(九)对合议庭遵守案件审理期限制度的情况负责;

(十)办理有关审判的其他事项。

第七条　合议庭接受案件后,应当根据有关规定确定案件承办法官,或者由审判长指定案件承办法官。

第八条　在案件开庭审理过程中,合议庭成员必须认真履行法定职责,遵守《中华人民共和国法官职业道德基本准则》中有关司法礼仪的要求。

第九条　合议庭评议案件应当在庭审结束后五个工作日内进行。

第一百八十四条　【评议案件的原则】合议庭进行评议的时候,如果意见分歧,应当按多数人的意见作出决定,但是少数人的意见应当写入笔录。评议笔录由合议庭的组成人员签名。

■最高人民法院关于适用《中华人民共和国刑事诉讼法》的解释(2021 年 3 月 1 日)

第二百一十四条　开庭审理和评议案件,应当由同一合议庭进行。合议庭成员在评议案件时,应当独立发表意见并说明理由。意见分歧的,应当按多数意见作出决定,但少数意见应当记入笔录。评议笔录由合议庭的组成人员在审阅确认无误后签名。评议情况应当保密。

第二百一十五条　人民陪审员参加三人合议庭审判案件,应当对事实认定、法律适用独立发表意见,行使表决权。

人民陪审员参加七人合议庭审判案件,应当对事实认定独立发表意见,并与审判员共同表决;对法律适用可以发表意见,但不参加表决。

■最高人民法院关于人民法院合议庭工作的若干规定(2002 年 8 月 17 日)

第十条　合议庭评议案件时,先由承办法官对认定案件事实、证据是否确实、充分以及适用法律等发表意见,审判长最后发表意见;审判长作为承办法官的,由审判长最后发表意见。对案件的裁判结果进行评议时,由审判长最后发表意见。审判长应当根据评议情况总结合议庭评议的结论性意见。

合议庭成员进行评议的时候,应当认真负责,充分陈述意见,独立行使表决权,不得拒绝陈述意见或者仅作同意与否的简单表态。同意他人意见的,也应当提出事实根据和法律依据,进行分析论证。

合议庭成员对评议结果的表决,以口头表决的形式进行。

第十一条　合议庭进行评议的时候,如果意见分歧,应当按多数人的意见作出决定,但是少数人的意见应当写入笔录。

评议笔录由书记员制作,由合议庭的组成人员签名。

■最高人民法院关于建立健全防范刑事冤假错案工作机制的意见(2013年10月9日)

四、认真履行案件把关职责,完善审核监督机制

16. 合议庭成员共同对案件事实负责。承办法官为案件质量第一责任人。

合议庭成员通过庭审或者阅卷等方式审查事实和证据,独立发表评议意见并说明理由。

死刑案件,由经验丰富的法官承办。

第一百八十五条　【合议庭与审判委员会讨论决定】合议庭开庭审理并且评议后,应当作出判决。对于疑难、复杂、重大的案件,合议庭认为难以作出决定的,由合议庭提请院长决定提交审判委员会讨论决定。审判委员会的决定,合议庭应当执行。

■最高人民法院关于适用《中华人民共和国刑事诉讼法》的解释(2021年3月1日)

第二百一十六条　合议庭审理、评议后,应当及时作出判决、裁定。

对下列案件,合议庭应当提请院长决定提交审判委员会讨论决定:

(一)高级人民法院、中级人民法院拟判处死刑立即执行的案件,以及中级人民法院拟判处死刑缓期执行的案件;

(二)本院已经发生法律效力的判决、裁定确有错误需要再审的案件;

(三)人民检察院依照审判监督程序提出抗诉的案件。

对合议庭成员意见有重大分歧的案件、新类型案件、社会影响重大的案件以及其他疑难、复杂、重大的案件,合议庭认为难以作出决定的,可以提请院长决定提交审判委员会讨论决定。

人民陪审员可以要求合议庭将案件提请院长决定是否提交审判委员会讨论决定。

对提请院长决定提交审判委员会讨论决定的案件,院长认为不必要的,可以建议合议庭复议一次。

独任审判的案件,审判员认为有必要的,也可以提请院长决定提交审判委员会讨论决定。

第二百一十七条　审判委员会的决定,合议庭、独任审判员应当执行;有不同意见的,可以建议院长提交审判委员会复议。

■最高人民法院关于人民法院合议庭工作的若干规定(2002年8月17日)

第十二条　合议庭应当依照规定的权限,及时对评议意见一致或者形成多数意见的案件直接作出判决或者裁定。但是对于下列案件,合议庭应当提请院长决定提交审判委员会讨论决定:

(一)拟判处死刑的;

(二)疑难、复杂、重大或者新类型的案件,合议庭认为有必要提交审判委员会讨论决定的;

(三)合议庭在适用法律方面有重大意见分歧的;

(四)合议庭认为需要提请审判委员会讨论决定的其他案件,或者本院审判委员会确定的应当由审判委员会讨论决定的案件。

第十三条　合议庭对审判委员会的决定有异议,可以提请院长决定提交审判委员会复议一次。

第十四条　合议庭一般应当在作出评议结论或者审判委员会作出决定后的五个工作日内制作出裁判文书。

第十五条　裁判文书一般由审判长或者承办法官制作。但是审判长或者承办法官的评议意见与合议庭评议结论或者审判委员会的决定有明显分歧的,也可以由其他合议庭成员制作裁判文书。

对制作的裁判文书,合议庭成员应当共同审核,确认无误后签名。

第十六条 院长、庭长可以对合议庭的评议意见和制作的裁判文书进行审核,但是不得改变合议庭的评议结论。

第十七条 院长、庭长在审核合议庭的评议意见和裁判文书过程中,对评议结论有异议的,可以建议合议庭复议,同时应当对要求复议的问题及理由提出书面意见。

合议庭复议后,庭长仍有异议的,可以将案件提请院长审核,院长可以提交审判委员会讨论决定。

第十八条 合议庭应当严格执行案件审理期限的有关规定。遇有特殊情况需要延长审理期限的,应当在审限届满前按规定的时限报请审批。

■最高人民法院关于建立健全防范刑事冤假错案工作机制的意见(2013年10月9日)

四、认真履行案件把关职责,完善审核监督机制

17. 审判委员会讨论案件,委员依次独立发表意见并说明理由,主持人最后发表意见。

■最高人民法院、最高人民检察院、公安部、司法部关于进一步严格依法办案确保办理死刑案件质量的意见(2007年3月9日)

34. 第一审人民法院和第二审人民法院审理死刑案件,合议庭应当提请院长决定提交审判委员会讨论。最高人民法院复核死刑案件,高级人民法院复核死刑缓期二年执行的案件,对于疑难、复杂的案件,合议庭认为难以作出决定的,应当提请院长决定提交审判委员会讨论决定。审判委员会讨论案件,同级人民检察院检察长、受检察长委托的副检察长均可列席会议。

▽审判死刑案件应当经过审判委员会讨论决定

一审法院未经审判委员会讨论决定而由合议庭评议后当庭宣判的做法违反法定诉讼程序,可能影响公正审判。主要理由是:刑事诉讼法第一百八十条规定,对于疑难、复杂、重大的案件,合议庭认为难以作出决定的,由合议庭提请院长决定提交审判委员会讨论决定。《最高人民法院关于适用〈中华人民共和国刑事诉讼法〉的解释》(本附文以下简称《刑事诉讼法解释》)第一百七十八条第二款规定,拟判处死刑的案件、人民检察院抗诉的案件,合议庭应当提请院长决定提交审判委员会讨论决定。一审法院未将本案提请院长决定提交审判委员会讨论决定,而由合议庭评议后当庭宣判的做法违反法定诉讼程序,可能影响公正审判,上级法院应当裁定撤销原判,发回重新审判。理由如下:

(一)审理死刑案件应当坚持程序公正原则。程序公正是司法公正的重要方面。程序公正与实体公正密切关联、相辅相成、缺一不可。程序公正既具有保障实体公正的功能价值,同时也具有其独立的价值。即使实体裁判于法有据、并无不当,程序不公、不当,也难以得到当事人和社会公众的信赖、认同和尊重,难以保障案件审理的法律效果与社会效果。一些案件之所以引发舆论议论、质疑、炒作,往往并不是因为案件在实体处理上存在什么问题,而是因为法定程序没有得到切实遵循。因此,必须从根本上扭转长期以来没有得到切实改变的"重实体轻程序"的错误观念和做法,进一步强化程序公正意识,真正落实实体与程序并重的要求,更加重视程序公正的独立价值。刑事诉讼法是专门规范刑事诉讼程序的法律,刑事诉讼法的各项内容,可以说都是围绕更好地实现程序公正、体现其独立价值这一基本点而展开的。审理死刑案件,应当更加重视程序公正。就审理法院来说,坚持程序公正,最主要的是坚持刑事诉讼法规定的各项原则和具体规定。除一般刑事案件所应共同遵循的如公开原则外,审理死刑案件还有特殊的规定,如必须有辩护人,当事人没有委托律师或者辩护人的,司法机关应当通知法律援助机构指派律师为其提供辩护;一审、二审法院审理死刑案件应当由合议庭提请院长决定提交审判委员会讨论决定;死刑必须由最高人民法院核准,等等。这些有关死刑案件的特别程序规定,其目的一是确保不出冤错案件,使每一个死刑案件都经得起历史检验;二是更加充分地贯彻落实"尊重和保障人权"这一宪法原则;三是使被告人有合法权益,包括实体权益和诉讼权利得到更加充分、彻底的保护。同时,审理死刑案件,必须坚持这"保留死刑,严格控制和慎重适用死刑"的政策。贯彻落实这一政策,落脚点不仅体现在严把案件事实关、证据关、法律适用关上,同时也体现在严把诉讼程序关上。如果诉

讼程序关没把好,导致程序不公正,极可能会使案件事实关、证据关、法律适用关大打折扣。而审判委员会讨论死刑案件,作为审判死刑案件的必经程序,有助于更加严格地把握事实关、证据关、法律适用关,更加坚决地贯彻"保留死刑,严格控制和慎重适用死刑"的政策,而且,审判委员会作为法定的最高审判组织,成员均为审判经验丰富的资深法官,负有统一司法标准,保证类案法律适用的统一性和准确性的职能作用。

(二)司法解释是审判机关适用法律时,必须适用的依据。刑事诉讼法第一百八十条规定:"对于疑难、复杂、重大的案件,合议庭认为难以作出决定的,由合议庭提请院长决定提交审判委员会讨论决定。"何谓"重大",虽然刑事诉讼法未作明确规定,但死刑案件关乎被告人的生死,生命如天,尊重生命、敬畏生命绝不仅是对社会公众的要求,更是对掌握生杀予夺权力的司法机关的要求,必须以最严格的程序来保障。所以,《刑事诉讼法解释》第一百七十八条第二款规定:"拟判处死刑的案件、人民检察院抗诉的案件,合议庭应当提请院长决定提交审判委员会讨论决定。"从法理上来说,司法解释属于有权解释,具有普遍司法效力。《全国人民代表大会常务委员会关于加强法律解释工作的决议》第二条规定,凡属于法院审判工作中具体应用法律、法令的问题,由最高人民法院进行解释。《最高人民法院关于司法解释工作的规定》第五条规定:"最高人民法院发布的司法解释,具有法律效力。"第二十七条规定:"司法解释施行后,人民法院作为裁判依据的,应当在司法文书中援引。"因此,凡是最高人民法院司法解释有规定的,各级人民法院在审理案件时都必须严格遵守,不得将司法解释仅仅作为"参考"性质的规定,而应当将司法解释作为具有严格约束力的法律渊源。换言之,最高人民法院基于坚决贯彻落实"保留死刑,严格控制和慎重适用死刑"政策的立足点和出发点,在司法解释中作出了应当"提交审判委员会讨论决定"的规定,这实际上就是明确:凡是死刑案件,都是疑难、复杂、重大案件,都属于合议庭难以作出决定的案件。此类案件都"应当"提交审判委员会讨论决定,而不是"可以"提交审判委员会讨论决定。就本案而言,一审法院合议庭一致意见认为,被告人高某能犯贩卖、运输毒品罪,依法应当判处死刑立即执行。此时,合议庭应当依照《刑事诉讼法解释》第一百七十八条第二款的规定,提请院长决定提交审判委员会讨论决定,而不能在合议庭意见一致的情况下直接当庭宣判。

(三)一审未经审判委员会讨论的死刑判决、裁定,属于"可能影响公正审判"的情形,二审法院应当裁定撤销原判,发回重审。刑事诉讼法第二百二十七条规定了第二审人民法院发现第一审人民法院的审理有五种违反法律规定的诉讼程序的情形之一的,应当裁定撤销原判,发回原审人民法院重新审判。其中第五种情形是"其他违反法律规定的诉讼程序,可能影响公正审判的"。第二百三十九条规定:"最高人民法院复核死刑案件,应当作出核准或者不核准死刑的裁定。对于不核准死刑的,最高人民法院可以发回重新审判或者予以改判。"《刑事诉讼法解释》第三百五十条第六项规定:"原审违反法定诉讼程序,可能影响公正审判的,应当裁定不予核准,并撤销原判,发回重新审判。"如前所述,本案一审法院未经审判委员会讨论,由合议庭当庭作出宣判,属于"违反法定诉讼程序"的情形。但这一违反法定诉讼程序的情形,是否属于"可能影响公正审判"的情形?程序公正是公正审判的核心要义。根据上述司法解释的规定,本案显然属于"可能影响公正审判"的情形。就本案而言,一审法院未经审判委员会讨论而由合议庭直接当庭宣判,虽然违反的不是刑事诉讼法明确规定的原则和制度,但是违反了《刑事诉讼法解释》关于"拟判处死刑的案件,合议庭应当提请院长决定提交审判委员会讨论决定"的刚性规定。这一违法情形,没有程度之区分,只有违反和未违反之区分。也就是说,经审判委员会讨论决定的案件,就不违反《刑事诉讼法解释》的规定,未经审判委员会讨论决定的,就违反了《刑事诉讼法解释》的规定。而《刑事诉讼法解释》之所以作出这样的刚性规定,正是因为基于坚持"保留死刑,严格控制和慎重适用死刑"政策的目的,基于严把案件事实关、证据关、法律适用关和诉讼程序关的目的,基于确保死刑判决取得更好社会效果的目的。这些目的,正是公正审判的应有之义。因此,未经审判委员会讨论的死刑案件之裁判,必然"可能影响公正审判"。而且,合议庭与审判委员会都是法定的审判组织,各自职能法定,合议庭不能替代审判委员会作决定,即便合议庭成员都是审判委员会委员仍然不能。死刑案件审判中必须明确一个原则,即合议庭对拟判处死刑的案件,都应当提请院长决定提交审判委员会讨论决定,未提交审判委员会讨论决定作出死刑判决;就属于"违反法律规定的诉讼程序",并必然构成"可能影响公正审判",上级法院发现后依法应当撤销原判,发回重新审判。

综上,最高人民法院经复核,作出不予核准并撤销原判,发回重新审判的裁定是正确的。同时,根据《刑事诉讼法解释》第三百五十三条第一款关于"最高人民法院裁定不予核准死刑的,根据案件情况,可以发回第二审人民法院或者第一审人民法院重新审判"的规定,本案出现程序违法问题的是一审法院,故最高人民法院将本案直接发回某中级人民法院重新审判。(参见第1232号指导案例,高朝能贩卖、运输毒品案,载《刑事审判参考》总第112集,第96~101页。撰稿:陆建红)

第二章　第一审程序

第一节　公诉案件

第一百八十六条　【开庭的条件】人民法院对提起公诉的案件进行审查后,对于起诉书中有明确的指控犯罪事实的,应当决定开庭审判。

■最高人民法院关于适用《中华人民共和国刑事诉讼法》的解释(2021年3月1日)

第二百一十八条　对提起公诉的案件,人民法院应当在收到起诉书(一式八份,每增加一名被告人,增加起诉书五份)和案卷、证据后,审查以下内容:

(一)是否属于本院管辖;

(二)起诉书是否写明被告人的身份,是否受过或者正在接受刑事处罚、行政处罚、处分,被采取留置措施的情况,被采取强制措施的时间、种类、羁押地点,犯罪的时间、地点、手段、后果以及其他可能影响定罪量刑的情节;有多起犯罪事实的,是否在起诉书中将事实分别列明;

(三)是否移送证明指控犯罪事实及影响量刑的证据材料,包括采取技术调查、侦查措施的法律文书和所收集的证据材料;

(四)是否查封、扣押、冻结被告人的违法所得或者其他涉案财物,查封、扣押、冻结是否逾期;是否随案移送涉案财物、附涉案财物清单;是否列明涉案财物权属情况;是否就涉案财物处理提供相关证据材料;

(五)是否列明被害人的姓名、住址、联系方式;是否附有证人、鉴定人名单;是否申请法庭通知证人、鉴定人、有专门知识的人出庭,并列明有关人员的姓名、性别、年龄、职业、住址、联系方式;是否附有需要保护的证人、鉴定人、被害人名单;

(六)当事人已委托辩护人、诉讼代理人或者已接受法律援助的,是否列明辩护人、诉讼代理人的姓名、住址、联系方式;

(七)是否提起附带民事诉讼;提起附带民事诉讼的,是否列明附带民事诉讼当事人的姓名、住址、联系方式等,是否附有相关证据材料;

(八)监察调查、侦查、审查起诉程序的各种法律手续和诉讼文书是否齐全;

(九)被告人认罪认罚的,是否提出量刑建议、移送认罪认罚具结书等材料;

(十)有无刑事诉讼法第十六条第二项至第六项规定的不追究刑事责任的情形。

第二百一十九条　人民法院对提起公诉的案件审查后,应当按照下列情形分别处理:

(一)不属于本院管辖的,应当退回人民检察院;

(二)属于刑事诉讼法第十六条第二项至第六项规定情形的,应当退回人民检察院;属于告诉才处

理的案件,应当同时告知被害人有权提起自诉;

(三)被告人不在案的,应当退回人民检察院;但是,对人民检察院按照缺席审判程序提起公诉的,应当依照本解释第二十四章的规定作出处理;

(四)不符合前条第二项至第九项规定之一,需要补充材料的,应当通知人民检察院在三日以内补送;

(五)依照刑事诉讼法第二百条第三项规定宣告被告人无罪后,人民检察院根据新的事实、证据重新起诉的,应当依法受理;

(六)依照本解释第二百九十六条规定裁定准许撤诉的案件,没有新的影响定罪量刑的事实、证据,重新起诉的,应当退回人民检察院;

(七)被告人真实身份不明,但符合刑事诉讼法第一百六十条第二款规定的,应当依法受理。

对公诉案件是否受理,应当在七日以内审查完毕。

第二百二十条　对一案起诉的共同犯罪或者关联犯罪案件,被告人人数众多、案情复杂,人民法院经审查认为,分案审理更有利于保障庭审质量和效率的,可以分案审理。分案审理不得影响当事人质证权等诉讼权利的行使。

对分案起诉的共同犯罪或者关联犯罪案件,人民法院经审查认为,合并审理更有利于查明案件事实、保障诉讼权利、准确定罪量刑的,可以并案审理。

■最高人民法院、最高人民检察院、公安部、国家安全部、司法部、全国人大常委会法制工作委员会关于实施刑事诉讼法若干问题的规定(2013年1月1日)

25. 刑事诉讼法第一百八十一条规定:“人民法院对提起公诉的案件进行审查后,对于起诉书中有明确的指控犯罪事实的,应当决定开庭审判。”对于人民检察院提起公诉的案件,人民法院都应当受理。人民法院对提起公诉的案件进行审查后,对于起诉书中有明确的指控犯罪事实并且附有案卷材料、证据的,应当决定开庭审判,不得以上述材料不充足为由而不开庭审判。如果人民检察院移送的材料中缺少上述材料的,人民法院可以通知人民检察院补充材料,人民检察院应当自收到通知之日起三日内补送。

人民法院对提起公诉的案件进行审查的期限计入人民法院的审理期限。

■最高人民法院、最高人民检察院、公安部、司法部关于进一步严格依法办案确保办理死刑案件质量的意见(2007年3月9日)

26. 人民法院认为人民检察院起诉移送的有关材料不符合刑事诉讼法(1996年修订的。——编著者注)第一百五十条规定的条件,向人民检察院提出书面意见要求补充提供的,人民检察院应当在收到通知之日起三日以内补送。逾期不能提供的,人民检察院应当作出书面说明。

▼全国部分法院审理黑社会性质组织犯罪案件工作座谈会纪要(2015年10月13日)

四、关于审判程序和证据审查

(一)分案审理问题

为便宜诉讼,提高审判效率,防止因法庭审理过于拖延而损害当事人的合法权益,对于被告人人数众多,合并审理难以保证庭审质量和庭审效率的黑社会性质组织犯罪案件,可分案进行审理。分案应当遵循有利于案件顺利审判、有利于查明案件事实、有利于公正定罪量刑的基本原则,确保有效质证、事实统一、准确定罪、均衡量刑。对于被作为组织者、领导者、积极参加者起诉的被告人,以及黑社会性质组织重大犯罪的共同作案人,分案审理影响庭审调查的,一般不宜分案审理。

▼北京市高级人民法院关于刑事案件立案材料要求的规定(试行)(全文)(2004年12月29日)

第一条　人民检察院提起公诉的刑事案件,应当向人民法院移送起诉书、证据目录、证人名单和主要证据复印件或者照片、被害人名单(为保护被害人而起诉书不宜列明的除外)及附带民事诉讼原告名单等材料。

第二条　起诉书一式八份,每增加一名被告人,需要增加起诉书五份。

起诉书的主要内容包括:

(一)被告人的基本情况,包括姓名、性别、出生年月日、出生地、身份证号码、民族、文化程度、职业、工作单位及职务、住址,是否受过刑事处罚,采取强制措施的种类、羁押地点、是否在案以及有无扣押、冻结在案的被告人的财物及存放地点等;如果是单位犯罪,应写明犯罪单位的名称,所在地址,法定代表人或代表的姓名、职务;如果还有应当负刑事责任的"直接负责的主管人员或其他直接责任人员"应当按上述被告人基本情况内容叙写。

(二)被害人的姓名、住址、通讯处,为保护被害人不宜列明的除外。

(三)案由和案件来源。

(四)案件事实,包括实施犯罪的时间、地点、经过、手段、犯罪事实、危害后果和罪名以及其他可能影响定罪量刑的情节。被告人被控有多项犯罪事实的,应当逐一列举,对于犯罪手段相同的同一犯罪可以概括叙写。

(五)起诉的根据和理由,包括被告人触犯的刑法条款、犯罪的性质、法定从轻、减轻或者从重处罚的情节,共同犯罪各被告人应负的罪责等。

被告人真实姓名、住址无法查清的,应当按其绰号或者自报的姓名、自报的年龄制作起诉书,并在起诉书中注明。被告人自报的姓名可能造成损害他人名誉、败坏道德风俗等不良影响的,可以对被告人编号并按编号制作起诉书,并在起诉书中附具被告人的照片。

第三条　被告人身份应附户籍证明和照片;被告人真实身份不明的,附公安机关查证的有关证明;被告人是港澳台的,附其港澳台永久居住证明或身份证明;被告人是外国人的,附其入境所持有效证件;国籍不明的,附公安机关同外事部门查证的有关证明;职务犯罪的,附职务身份证明;被告是单位的,附代表该单位出庭的代表人的职务身份证明。

第四条　附有身份、住址、通讯处明确的出庭作证的证人、鉴定人、勘验、检查笔录制作人名单和拟不出庭作证的证人、鉴定人的名单;但鉴定结论、勘验检查笔录已经作为主要证据移送复印件的,鉴定人、勘验检查笔录制作人姓名已载明,不再另行移送。

第五条　证据目录应当是起诉前收集的证据材料目录。

第六条　对于涉及被害人隐私或者为保护被害人人身安全不宜在起诉书中列明的,单独移送被害人名单。

第七条　已委托辩护人、代理人的,附有辩护人、代理人的姓名、住址、通讯处明确的名单及委托手续。

第八条　附有侦查、起诉程序的各种法律手续和诉讼文书复印件。

被告人被采取强制措施的,应附采取、变更、解除强制措施的相关手续,被羁押的应附换押票;扣押、冻结财物的应附扣押、冻结财物的相关手续;移送实物的应附移送清单,不移送实物的应附原物照片、清单及存放地点。

第九条　附有能够证明指控犯罪行为性质、情节等内容的主要证据复印件或者照片,包括:

(一)案件侦破证明;

(二)刑事诉讼法第四十二条规定的证明犯罪事实的主要证据;

(三)作为法定量刑情节的自首、立功、累犯、中止、未遂、防卫过当等证据;

(四)作为酌定量刑情节的前科、坦白、退赔等证据;

(五)收缴赃证物证明、赃物的附价格证明;

(六)经济犯罪案件附有关财务帐目、凭证单据和会计鉴定或有关机构不能出具会计鉴定的情况

说明;

(七)被害人身份证明。

第二十六条 本规定中要求当事人提供的证明材料,除有明确规定外,均为一份。

第二十七条 提供的身份证明材料为复印件的,应同时提供原件,并经人民法院核对无误。

第一百八十七条 【开庭前的准备】人民法院决定开庭审判后,应当确定合议庭的组成人员,将人民检察院的起诉书副本至迟在开庭十日以前送达被告人及其辩护人。

在开庭以前,审判人员可以召集公诉人、当事人和辩护人、诉讼代理人,对回避、出庭证人名单、非法证据排除等与审判相关的问题,了解情况,听取意见。

人民法院确定开庭日期后,应当将开庭的时间、地点通知人民检察院,传唤当事人,通知辩护人、诉讼代理人、证人、鉴定人和翻译人员,传票和通知书至迟在开庭三日以前送达。公开审判的案件,应当在开庭三日以前先期公布案由、被告人姓名、开庭时间和地点。

上述活动情形应当写入笔录,由审判人员和书记员签名。

■人民检察院刑事诉讼规则(2019年12月30日)

第三百九十四条 人民法院通知人民检察院派员参加庭前会议的,由出席法庭的公诉人参加。检察官助理可以协助。根据需要可以配备书记员担任记录。

人民检察院认为有必要召开庭前会议的,可以建议人民法院召开庭前会议。

第三百九十五条 在庭前会议中,公诉人可以对案件管辖、回避、出庭证人、鉴定人、有专门知识的人的名单、辩护人提供的无罪证据、非法证据排除、不公开审理、延期审理、适用简易程序或者速裁程序、庭审方案等与审判相关的问题提出和交换意见,了解辩护人收集的证据等情况。

对辩护人收集的证据有异议的,应当提出,并简要说明理由。

公诉人通过参加庭前会议,了解案件事实、证据和法律适用的争议和不同意见,解决有关程序问题,为参加法庭审理做好准备。

第三百九十六条 当事人、辩护人、诉讼代理人在庭前会议中提出证据系非法取得,人民法院认为可能存在以非法方法收集证据情形的,人民检察院应当对证据收集的合法性进行说明。需要调查核实的,在开庭审理前进行。

■最高人民法院关于适用《中华人民共和国刑事诉讼法》的解释(2021年3月1日)

第一百二十七条 当事人及其辩护人、诉讼代理人申请人民法院排除以非法方法收集的证据的,应当提供涉嫌非法取证的人员、时间、地点、方式、内容等相关线索或者材料。

第一百二十八条 人民法院向被告人及其辩护人送达起诉书副本时,应当告知其申请排除非法证据的,应当在开庭审理前提出,但庭审期间才发现相关线索或者材料的除外。

第一百二十九条 开庭审理前,当事人及其辩护人、诉讼代理人申请人民法院排除非法证据的,人民法院应当在开庭前及时将申请书或者申请笔录及相关线索、材料的复制件送交人民检察院。

第一百三十条 开庭审理前,人民法院可以召开庭前会议,就非法证据排除等问题了解情况,听取意见。

在庭前会议中,人民检察院可以通过出示有关证据材料等方式,对证据收集的合法性加以说明。必要时,可以通知调查人员、侦查人员或者其他人员参加庭前会议,说明情况。

第一百三十一条 在庭前会议中,人民检察院可以撤回有关证据。撤回的证据,没有新的理由,不得在庭审中出示。

当事人及其辩护人、诉讼代理人可以撤回排除非法证据的申请。撤回申请后,没有新的线索或者材料,不得再次对有关证据提出排除申请。

第一百三十二条 当事人及其辩护人、诉讼代理人在开庭审理前未申请排除非法证据,在庭审过程中提出申请的,应当说明理由。人民法院经审查,对证据收集的合法性有疑问的,应当进行调查;没有疑问的,驳回申请。

驳回排除非法证据的申请后,当事人及其辩护人、诉讼代理人没有新的线索或者材料,以相同理由再次提出申请的,人民法院不再审查。

第二百二十一条 开庭审理前,人民法院应当进行下列工作:

(一)确定审判长及合议庭组成人员;

(二)开庭十日以前将起诉书副本送达被告人、辩护人;

(三)通知当事人、法定代理人、辩护人、诉讼代理人在开庭五日以前提供证人、鉴定人名单,以及拟当庭出示的证据;申请证人、鉴定人、有专门知识的人出庭的,应当列明有关人员的姓名、性别、年龄、职业、住址、联系方式;

(四)开庭三日以前将开庭的时间、地点通知人民检察院;

(五)开庭三日以前将传唤当事人的传票和通知辩护人、诉讼代理人、法定代理人、证人、鉴定人等出庭的通知书送达;通知有关人员出庭,也可以采取电话、短信、传真、电子邮件、即时通讯等能够确认对方收悉的方式;对被害人人数众多的涉众型犯罪案件,可以通过互联网公布相关文书,通知有关人员出庭;

(六)公开审理的案件,在开庭三日以前公布案由、被告人姓名、开庭时间和地点。

上述工作情况应当记录在案。

第二百二十六条 案件具有下列情形之一的,人民法院可以决定召开庭前会议:

(一)证据材料较多、案情重大复杂的;

(二)控辩双方对事实、证据存在较大争议的;

(三)社会影响重大的;

(四)需要召开庭前会议的其他情形。

第二百二十七条 控辩双方可以申请人民法院召开庭前会议,提出申请应当说明理由。人民法院经审查认为有必要的,应当召开庭前会议;决定不召开的,应当告知申请人。

第二百二十八条 庭前会议可以就下列事项向控辩双方了解情况,听取意见:

(一)是否对案件管辖有异议;

(二)是否申请有关人员回避;

(三)是否申请不公开审理;

(四)是否申请排除非法证据;

(五)是否提供新的证据材料;

(六)是否申请重新鉴定或者勘验;

(七)是否申请收集、调取证明被告人无罪或者罪轻的证据材料;

(八)是否申请证人、鉴定人、有专门知识的人、调查人员、侦查人员或者其他人员出庭,是否对出庭人员名单有异议;

(九)是否对涉案财物的权属情况和人民检察院的处理建议有异议;

(十)与审判相关的其他问题。

庭前会议中,人民法院可以开展附带民事调解。

对第一款规定中可能导致庭审中断的程序性事项,人民法院可以在庭前会议后依法作出处理,并在庭审中说明处理决定和理由。控辩双方没有新的理由,在庭审中再次提出有关申请或者异议的,法庭可以在说明庭前会议情况和处理决定理由后,依法予以驳回。

庭前会议情况应当制作笔录，由参会人员核对后签名。

第二百二十九条　庭前会议中，审判人员可以询问控辩双方对证据材料有无异议，对有异议的证据，应当在庭审时重点调查；无异议的，庭审时举证、质证可以简化。

第二百三十条　庭前会议由审判长主持，合议庭其他审判员也可以主持庭前会议。

召开庭前会议应当通知公诉人、辩护人到场。

庭前会议准备就非法证据排除了解情况、听取意见，或者准备询问控辩双方对证据材料的意见的，应当通知被告人到场。有多名被告人的案件，可以根据情况确定参加庭前会议的被告人。

第二百三十一条　庭前会议一般不公开进行。

根据案件情况，庭前会议可以采用视频等方式进行。

第二百三十二条　人民法院在庭前会议中听取控辩双方对案件事实、证据材料的意见后，对明显事实不清、证据不足的案件，可以建议人民检察院补充材料或者撤回起诉。建议撤回起诉的案件，人民检察院不同意的，开庭审理后，没有新的事实和理由，一般不准许撤回起诉。

第二百三十三条　对召开庭前会议的案件，可以在开庭时告知庭前会议情况。对庭前会议中达成一致意见的事项，法庭在向控辩双方核实后，可以当庭予以确认；未达成一致意见的事项，法庭可以归纳控辩双方争议焦点，听取控辩双方意见，依法作出处理。

控辩双方在庭前会议中就有关事项达成一致意见，在庭审中反悔的，除有正当理由外，法庭一般不再进行处理。

■最高人民法院、最高人民检察院、公安部、国家安全部、司法部关于办理刑事案件严格排除非法证据若干问题的规定（2017年6月27日）

第二十三条　人民法院向被告人及其辩护人送达起诉书副本时，应当告知其有权申请排除非法证据。

被告人及其辩护人申请排除非法证据，应当在开庭审理前提出，但在庭审期间发现相关线索或者材料等情形除外。人民法院应当在开庭审理前将申请书和相关线索或者材料的复制件送交人民检察院。

第二十四条　被告人及其辩护人在开庭审理前申请排除非法证据，未提供相关线索或者材料，不符合法律规定的申请条件的，人民法院对申请不予受理。

第二十五条　被告人及其辩护人在开庭审理前申请排除非法证据，按照法律规定提供相关线索或者材料的，人民法院应当召开庭前会议。人民检察院应当通过出示有关证据材料等方式，有针对性地对证据收集的合法性作出说明。人民法院可以核实情况，听取意见。

人民检察院可以决定撤回有关证据，撤回的证据，没有新的理由，不得在庭审中出示。

被告人及其辩护人可以撤回排除非法证据的申请。撤回申请后，没有新的线索或者材料，不得再次对有关证据提出排除申请。

第二十六条　公诉人、被告人及其辩护人在庭前会议中对证据收集是否合法未达成一致意见，人民法院对证据收集的合法性有疑问的，应当在庭审中进行调查；人民法院对证据收集的合法性没有疑问，且没有新的线索或者材料表明可能存在非法取证的，可以决定不再进行调查。

■人民法院办理刑事案件庭前会议规程（试行）（全文）（2017年11月27日）

第一条　人民法院在开庭审理前可以召开庭前会议，就可能影响庭审集中持续进行的相关问题了解情况，听取意见，并开展必要的庭审准备工作。

庭前会议中，人民法院可以依法处理可能导致庭审中断的程序性事项，组织控辩双方展示证据，归纳控辩双方争议焦点，开展附带民事调解，但不处理定罪量刑等实体性问题。

第二条　对于证据材料较多，案情疑难复杂，社会影响重大或者控辩双方对事实证据存在较大争议等情形,人民法院可以召开庭前会议。

控辩双方可以申请人民法院召开庭前会议。申请召开庭前会议的,应当说明需要解决的问题。人民法院经审查认为有必要的,应当召开庭前会议;不召开庭前会议的,应当说明理由。

被告人及其辩护人在开庭审理前申请排除非法证据,并依照法律规定提供相关线索或者材料的,人民法院应当召开庭前会议。

第三条　庭前会议由承办法官或者其他合议庭组成人员主持,根据案件情况,合议庭其他成员可以参加庭前会议。

公诉人、辩护人应当参加庭前会议。被告人申请参加庭前会议或者申请排除非法证据的,人民法院应当通知被告人到场。被告人申请排除非法证据,但没有辩护人的,人民法院可以通知法律援助机构指派律师协助被告人参加庭前会议。

庭前会议中进行附带民事调解的,人民法院应当通知附带民事诉讼当事人到场。

第四条　庭前会议一般不公开进行。

根据案件情况,庭前会议可以采用视频会议等方式进行。

第五条　庭前会议可以多次召开。

人民法院休庭后,为准备再次开庭.可以在再次开庭前召开庭前会议。

第六条　庭前会议应当在法庭或者其他办案场所召开。有被羁押的被告人参加的,可以在看守所办案场所召开。

被告人参加庭前会议,应当有法警在场。

第七条　人民法院应当根据案件情况,综合控辩双方意见,确定庭前会议的主要内容。

人民法院应当在召开庭前会议三日前,将会议的时间、地点、人员和主要内容等通知参会人员。通知情况应当记录在案。

被告人及其辩护人在开庭审理前申请排除非法证据的,人民法院应当在召开庭前会议三日前,将申请书及相关线索或者材料的复制件送交人民检察院。

第八条　庭前会议开始后,审判人员应当核实参会人员情况,宣布庭前会议的主要内容和要求。

有多名被告人的案件,审判人员可以根据案件情况确定参加庭前会议的被告人:有多名被告人参加庭前会议的,应当采取必要措施防止串供。

第九条　庭前会议中,审判人员可以就下列程序性事项向控辩双方了解情况,听取意见:

(一)是否对案件管辖有异议;

(二)是否申请有关人员回避;

(三)是否申请不公开审理;

(四)是否申请排除非法证据;

(五)是否申请提供新的证据材料;

(六)是否申请重新鉴定或者勘验;

(七)是否申请调取在侦查、审查起诉期间公安机关、人民检察院收集但未随案移送的证明被告人无罪或者罪轻的证据材料;

(八)是否申请向证人或有关单位、个人收集、调取证据材料;

(九)是否申请证人、鉴定人、使查人员、有专门知识的人出庭;

(十)与审判相关的其他问题。

对于前款规定中可能导致庭审中断的程序性事项,人民法院应当依法作出处理,在开庭审理前告知处理决定,并说明理由。控辩双方没有新的理由,在庭审中再次提出有关申请或者异议的,法庭应当依法予以驳回。

第十条　被告人及其辩护人对案件管辖提出异议，应当说明理由。人民法院经审查认为异议成立的，应当依法将案件退回人民检察院或者移送有管辖权的人民法院；认为本院不宜行使管辖权的，可以请求上一级人民法院处理。人民法院经审查认为异议不成立的，应当依法驳回异议。

第十一条　被告人及其辩护人申请审判人员、书记员、翻译人员、鉴定人等回避，应当说明理由。人民法院经审查认为申请成立的，应当依法决定有关人员回避；认为申请不成立的，应当依法驳回申请。

被告人及其辩护人申请回避被驳回的，可以在接到决定时申请复议一次，但不属于刑事诉讼法第二十八条、第二十九条规定情形的，回避申请被驳回后，不得申请复议。

第十二条　被告人及其辩护人申请不公开审理，人民法院经审查认为案件涉及国家秘密或者个人隐私的，应当准许；认为案件涉及商业秘密的，可以准许。

第十三条　被告人及其辩护人在开庭审理前申请排除非法证据，并依照法律规定提供相关线索或者材料的，人民检察院应当在庭前会议中通过出示有关证据材料等方式，有针对性地对证据收集的合法性作出说明。人民法院可以核实情况，听取意见。

人民检察院可以决定撤回有关证据，撤回的证据，没有新的理由，不得在庭审中出示。被告人及其辩护人可以撤回排除非法证据的申请，撤回申请后，没有新的线索或者材料不得再次对有关证据提出排除申请。

控辩双方在庭前会议中对证据收集是否合法未达成一致意见，公诉人提供的相关证据材料不能明确排除非法取证情形，人民法院对证据收集的合法性有疑问的，应当在庭审中进行调查；公诉人提供的相关证据材料能够明确排除非法取证情形，人民法院对证据手机的合法性没有疑问，且没有新的线索或材料表明可能存在非法取证的，可以不再进行调查。

第十四条　控辩双方申请重新鉴定或者勘验，应当说明理由，人民法院经审查认为理由成立、有关证据材料可能影响定罪量刑且不能补正的，应当准许；认为有关证据材料与案件无关或者明显重复、没有必要的，可以不予准许。

第十五条　被告人及其辩护人书面申请调取在侦查、审查起诉期间公安机关、人民检察院收集但未随案移送的证明被告人无罪或者罪轻的证据材料，并提供相关线索或者材料的，人民法院应当调取，并通知人民检察院在收到调取决定书后三日内移交。

被告人及其辩护人申请向证人或有关单位、个人收集、调取证据材料，应当说明理由，人民法院经审查认为有关证据材料可能影响定罪量刑的，应当准许；认为有关证据材料与案件无关或者明显重复、没有必要的，可以不予准许。

第十六条　控辩双方申请证人、鉴定人、侦查人员、有专门知识的人出庭，应当说明理由，人民法院经审查认为理由成立的，应当通知有关人员出庭。

控辩双方对出庭证人、鉴定人、侦查人员、有专门知识的人的名单有异议，人民法院经审查认为异议不成立的，应当依法驳回异议；认为异议成立的，应当依法作出处理。

人民法院通知证人、鉴定人、侦查人员、有专门知识的人等出庭后，应当告知控辩双方负责协助对本方诉讼主张有利的有关人员到庭。

第十七条　召开庭前会议前，人民检察院应当将全部证据材料移送人民法院。被告人及其辩护人应当将收集的有关被告人不在犯罪现场、未达到刑事责任年龄、属于依法不负刑事责任的精神病人等证明被告人无罪或者依法不负刑事责任的全部证据材料提交人民法院。

人民法院收到控辩双方移送或者提交的证据材料后，应当通知对方查阅、摘抄、复制。

第十八条　庭前会议中，对于控辩双方决定在庭审中出示的证据，人民法院可以组织展示有关证据的目录，听取控辩双方对在案证据的意见，归纳存在争议的证据。

控辩双方申请提供新的证据材料,人民法院可以组织对新的证据材料进行展示。

对于控辩双方在庭前会议中没有争议的证据材料,在庭审中可以仅就证据的名称及其证明的事项作出说明。

第十九条　人民法院可以在庭前会议中归纳控辩双方的争议焦点。对控辩双方没有争议或者达成一致意见的事项,可以在庭审中简化审理。

人民法院可以组织控辩双方协商确定庭审的举证顺序、方式等事项,明确法庭调查的方式和重点。协商不成的事项,由人民法院确定。

第二十条　对于被告人在庭前会议前不认罪,在庭前会议中又认罪的案件,人民法院核实被告人认罪的自愿性和真实性后,可以决定适用速裁程序或者简易程序审理。

第二十一条　人民法院在庭前会议中听取控辩双方对案件事实证据的意见后,对于明显事实不清、证据不足的案件,可以建议人民检察院撤回起诉。

对于人民法院在庭前会议中建议撤回起诉的案件,人民检察院不同意的,人民法院开庭审理后,没有新的事实和理由,一般不准许撤回起诉。

第二十二条　庭前会议情况应当制作笔录,由参会人员核对后签名。

审判人员应当制作庭前会议报告,说明庭前会议的基本情况、程序性事项的处理结果、控辩双方的争议焦点以及就相关事项达成的一致意见等。

第二十三条　对于召开庭前会议的案件,在法庭调查开始前,法庭应当宣布庭前会议报告的主要内容。

有多起犯罪事实的案件,可以在有关犯罪事实的法庭调查开始前,分别宣布庭前会议报告的相关内容。

第二十四条　宣布庭前会议报告后,对于庭前会议达成一致意见的事项,法庭向控辩双方核实后当庭予以确认;对于未达成一致意见的事项,法庭可以归纳控辩双方争议焦点,听取控辩双方意见,并依法作出处理。

控辩双方在庭前会议中就有关事项达成一致意见,又在庭审中提出异议的,除有正当理由外,法庭一般不再对有关事项进行处理。

第二十五条　本规程自发布之日起试行。

第二十八条　人民检察院、被告人及其法定代理人提出抗诉、上诉,对第一审人民法院有关证据收集合法性的审查、调查结论提出异议的,第二审人民法院应当审查。

第二十九条　被告人及其辩护人在第一审程序中未提出排除非法证据的申请,在第二审程序中提出申请,有下列情形之一的,第二审人民法院应当审查:

(一)第一审人民法院没有依法告知被告人申请排除非法证据的权利的;

(二)被告人及其辩护人在第一审庭审后发现涉嫌非法取证的相关线索或者材料的。

第三十条　人民检察院应当在第一审程序中全面出示证明证据收集合法性的证据材料。

人民检察院在第一审程序中未出示证明证据收集合法性的证据,第一审人民法院依法排除有关证据的,人民检察院在第二审程序中不得出示之前未出示的证据,但在第一审程序后发现的除外。

第三十一条　第二审人民法院对证据收集合法性的调查,参照上述第一审程序的规定。

第三十二条　第一审人民法院对被告人及其辩护人排除非法证据的申请未予审查,并以有关证据作为定案的根据,可能影响公正审判的,第二审人民法院可以裁定撤销原判,发回原审人民法院重新审判。

第三十三条　第一审人民法院对依法应当排除的非法证据未予排除的,第二审人民法院可以依法排除相关证据。排除非法证据后,应当按照下列情形分别作出处理:

（一）原判决认定事实和适用法律正确、量刑适当的，应当裁定驳回上诉或者抗诉，维持原判；

（二）原判决认定事实没有错误，但适用法律有错误，或者量刑不当的，应当改判；

（三）原判决事实不清或者证据不足的，可以在查清事实后改判；也可以裁定撤销原判，发回原审人民法院重新审判。

第三十四条　审判监督程序，死刑复核程序中对证据收集合法性的审查、调查，参照上述规定。

第三十五条　本规程自发布之日起试行。

■人民法院办理刑事案件排除非法证据规程（试行）（2017年11月27日）

第十四条　审判人员应当在庭前会议报告中说明证据收集合法性的审查情况，主要包括控辩双方的争议焦点以及就相关事项达成的一致意见等内容。

第十五条　法庭在庭前会议中对证据收集合法性进行审查的，应当在法庭调查开始前宣布审查情况。对于庭前会议中对证据收集合法性达成一致意见的，法庭向控辩双方核实后当庭予以确认；对于未达成一致意见的，法庭可以归纳争议焦点，听取控辩双方意见，并依法作出处理。

控辩双方在庭前会议中对证据收集是否合法达成一致意见后，又在庭审中提出异议的，除有正当理由外，法庭一般不再进行审查。

第十六条　控辩双方在庭前会议中对证据收集是否合法未达成一致意见，公诉人提供的相关证据材料不能明确排除非法取证情形，人民法院对证据收集的合法性有疑问的，应当在庭审中进行调查；公诉人提供的相关证据材料能够明确排除非法取证情形，人民法院对证据收集的合法性没有疑问，且没有新的线索或材料表明可能存在非法取证的，可以不再进行调查。

■最高人民法院、最高人民检察院、公安部、国家安全部、司法部关于推进以审判为中心的刑事诉讼制度改革的意见（2016年10月11日）

十、完善庭前会议程序，对适用普通程序审理的案件，健全庭前证据展示制度，听取出庭证人名单、非法证据排除等方面的意见。

■最高人民法院关于全面推进以审判为中心的刑事诉讼制度改革的实施意见（2017年2月17日）

二、规范庭前准备程序，确保法庭集中审理

5. 对被告人及其辩护人申请排除非法证据，证据材料较多、案情重大复杂，或者社会影响重大等案件，人民法院可以召开庭前会议。

庭前会议在法庭或者其他办案场所进行，由审判人员主持，控辩双方参加，必要时可以通知被告人到场。

6. 人民法院可以在庭前会议中组织控辩双方展示证据，听取控辩双方对在案证据的意见，并梳理存在争议的证据。对控辩双方在庭前会议中没有争议的证据，可以在庭审中简化举证、质证。

人民法院可以在庭前会议中听取控辩双方对与审判相关问题的意见，询问控辩双方是否提出申请或者异议，并归纳控辩双方的争议焦点。对控辩双方没有争议或者达成一致意见的事项，可以在庭审中简化审理。

被害方提起附带民事诉讼的，可以在庭前会议中进行调解。

7. 控辩双方对管辖、回避、出庭证人名单等事项提出申请或者异议，可能导致庭审中断的，人民法院可以在庭前会议中对有关事项依法作出处理，确保法庭集中、持续审理。

对案件中被告人及其辩护人申请排除非法证据的情形，人民法院可以在庭前会议中核实情况、听取意见。人民检察院可以决定撤回有关证据；撤回的证据，没有新的理由，不得在庭审中出示。被告人及其辩护人可以撤回排除非法证据的申请；撤回申请后，没有新的线索或者材料，不得再次对有关证据提出排除申请。

8. 人民法院在庭前会议中听取控辩双方对案件事实证据的意见后,对明显事实不清、证据不足的案件,可以建议人民检察院补充侦查或者撤回起诉。

对人民法院在庭前会议中建议撤回起诉的案件,人民检察院不同意的,人民法院开庭审理后,没有新的事实和理由,一般不准许撤回起诉。

9. 控辩双方在庭前会议中就相关事项达成一致意见,又在庭审中提出异议的,应当说明理由。

召开庭前会议应当制作笔录,由参加人员核对后签名。

审判人员应当制作庭前会议报告,说明庭前会议的基本情况、程序性事项的处理结果、控辩双方的争议焦点以及就相关事项达成的一致意见。

10. 对召开庭前会议的案件,在法庭调查开始前,法庭应当宣布庭前会议报告的主要内容,实现庭前会议与庭审的衔接。

■最高人民法院关于建立健全防范刑事冤假错案工作机制的意见(2013 年 10 月 9 日)

三、切实遵守法定诉讼程序,强化案件审理机制

10. 庭前会议应当归纳事实、证据争点。控辩双方有异议的证据,庭审时重点调查;没有异议的,庭审时举证、质证适当简化。

■最高人民法院关于人民法院对原审被告人宣告无罪后人民检察院抗诉的案件由谁决定对原审被告人采取强制措施并通知其出庭等问题的复函(全文)(2001 年 1 月 2 日)

一、如果人民检察院提供的原审被告人住址准确,应当参照《刑事诉讼法》(1996 年修订。——编著者注)第一百五十一条的规定,由人民法院按照人民检察院提供的地址,向原审被告人送达抗诉书并通知其出庭;如果人民检察院提供的原审被告人住址不明确,应当参照《最高人民法院关于执行〈中华人民共和国刑事诉讼法〉若干问题的解释》第一百一十七条第(一)、(二)项的规定,由人民法院通知人民检察院在 3 日内补充提供;如果确实无法提供或者按照人民检察院提供的原审被告人住址确实无法找到原审被告人的,应当认定原审被告人不在案,由人民法院作出不予受理的决定,将该案退回人民检察院。

二、由于人民法院已依法对原审被告人宣告无罪并予释放,因此不宜由人民法院采取强制措施;人民检察院认为其有罪并提出抗诉的,应当由提出抗诉的检察机关决定是否采取强制措施。

■最高人民法院、公安部关于刑事被告人或上诉人出庭受审时着装问题的通知(全文)(2015 年 2 月 10 日)

人民法院开庭时,刑事被告人或上诉人不再穿着看守所的识别服出庭受审。人民法院到看守所提解在押刑事被告人或上诉人的,看守所应当将穿着正装或便装的在押刑事被告人或上诉人移交人民法院。

▼全国部分法院审理黑社会性质组织犯罪案件工作座谈会纪要(2015 年 10 月 13 日)

五、关于黑社会性质组织犯罪案件审判工作相关问题

(二)发挥庭审功能问题

黑社会性质组织犯罪案件开庭前,应当按照重大案件的审判要求做好从物质保障到人员配备等各方面的庭审准备,并制定详细的庭审预案和庭审提纲。同时,还要充分发挥庭前会议了解情况、听取意见的应有作用,提前了解控辩双方的主要意见,及时解决可能影响庭审顺利进行的程序性问题。对于庭前会议中出示的证据材料,控辩双方无异议的,庭审举证、质证时可以简化。庭审过程中,合议庭应当针对争议焦点和关键的事实、证据问题,有效引导控辩双方进行法庭调查与法庭辩论。庭审时,还应当全程录音录像,相关音视频资料应当存卷备查。

○单位犯罪案件没有诉讼代表人出庭的案件如何处理

对于单位犯罪案件,应当有诉讼代表人代表被告单位出庭参加诉讼。一般情况下,诉讼代表人应

为被告单位的法定代表人或者主要负责人。如果被告单位的法定代表人或者主要负责人同时是对单位犯罪负直接责任的主管人员，根据《最高人民法院关于执行〈中华人民共和国刑事诉讼法〉若干问题的解释》第二百零八条第二款规定“被告单位的诉讼代表人与被指控为单位犯罪直接负责的主管人员是同一人的，人民法院应当要求人民检察院另行确定被告单位的诉讼代表人出庭。”但是，由于种种原因，有时公诉机关没有另行确定新的诉讼代表人代表被告单位出庭，此种情况如何处理，往往成为继续进行诉讼的难点。根据刑事诉讼法第三编第二章关于“开庭的时候，审判长查明当事人是否到庭”，被告人“可以就起诉书指控的犯罪进行陈述”，对证人、鉴定人发问，对物证进行辨认以及被告人享有最后陈述的权利等规定，被告人是必须到庭参加诉讼的人员，被告人由于各种原因没有到庭的，不能开庭审理。审理单位犯罪案件，没有诉讼代表人出庭，属于被告单位没有到庭，人民法院应当要求人民检察院指定诉讼代表人。如果人民检察院没有按照人民法院的要求指定诉讼代表人的，应当按照《最高人民法院关于执行〈中华人民共和国刑事诉讼法〉若干问题的解释》第一百一十七条第（一）项的规定，决定将案件退回人民检察院。如果人民检察院变更起诉，仅起诉犯罪单位中直接负责的主管人员和其他直接责任人员的，人民法院应当受理，并在开庭审理后，适用刑法分则关于单位犯罪的条款追究直接负责的主管人员和其他直接责任人员的刑事责任，同时，按照刑法第六十四条的规定，对于犯罪单位的违法所得、犯罪工具等一并作出处理。［参见《刑事审判参考》总第50辑（2006年第3辑），法律出版社，第140～141页。］

第一百八十八条 【不公开审理的情形】人民法院审判第一审案件应当公开进行。但是有关国家秘密或者个人隐私的案件，不公开审理；涉及商业秘密的案件，当事人申请不公开审理的，可以不公开审理。

不公开审理的案件，应当当庭宣布不公开审理的理由。

■最高人民法院关于适用《中华人民共和国刑事诉讼法》的解释（2021年3月1日）

第二百二十二条 审判案件应当公开进行。

案件涉及国家秘密或者个人隐私的，不公开审理；涉及商业秘密，当事人提出申请的，法庭可以决定不公开审理。

不公开审理的案件，任何人不得旁听，但具有刑事诉讼法第二百八十五条规定情形的除外。

第二百二十三条 精神病人、醉酒的人、未经人民法院批准的未成年人以及其他不宜旁听的人不得旁听案件审理。

■最高人民法院关于加强人民法院审判公开工作的若干意见（2007年6月4日）

三、切实加强人民法院审判公开工作的基本要求

11. 人民法院必须严格执行《中华人民共和国刑事诉讼法》、《中华人民共和国民事诉讼法》、《中华人民共和国行政诉讼法》及相关司法解释关于公开审理的案件范围的规定，应当公开审理的，必须公开审理。当事人提出案件涉及个人隐私或者商业秘密的，人民法院应当综合当事人意见、社会一般理性认识等因素，必要时征询专家意见，在合理判断基础上作出决定。

12. 审理刑事二审案件，应当积极创造条件，逐步实现开庭审理；被告人一审被判处死刑的上诉案件和检察机关提出抗诉的案件，应当开庭审理。……

13. 刑事二审案件不开庭审理的，人民法院应当在全面审查案卷材料和证据基础上讯问被告人，听取辩护人、代理人的意见，核实证据，查清事实……

14. 要逐步提高当庭宣判比率，规范定期宣判、委托宣判。人民法院审理案件，能够当庭宣判的，应当当庭宣判。定期宣判、委托宣判的，应当在裁判文书签发或者收到委托函后及时进行，宣判前应当通知当事人和其他诉讼参与人。宣判时允许旁听，宣判后应当立即送达法律文书。

15.依法公开审理的案件,我国公民可以持有效证件旁听,人民法院应当妥善安排好旁听工作。因审判场所、安全保卫等客观因素所限发放旁听证的,应当作出必要的说明和解释。

23.通过电视、互联网等媒体对人民法院公开审理案件进行直播、转播的,由高级人民法院批准后进行。

■最高人民法院关于严格执行公开审判制度的若干规定(1999年3月8日)

一、人民法院进行审判活动,必须坚持依法公开审判制度,做到公开开庭,公开举证、质证,公开宣判。

二、人民法院对于第一审案件,除下列案件外,应当依法一律公开审理:

(一)涉及国家秘密的案件;

(二)涉及个人隐私的案件;

(三)十四岁以上不满十六岁未成年人犯罪的案件;经人民法院决定不公开审理的十六岁以上不满十八岁未成年人犯罪的案件;

(四)经当事人申请,人民法院决定不公开审理的涉及商业秘密的案件;

(五)经当事人申请,人民法院决定不公开审理的离婚案件;

(六)法律另有规定的其他不公开审理的案件。

对于不公开审理的案件,应当当庭宣布不公开审理的理由。

三、下列第二审案件应当公开审理:

(一)当事人对不服公开审理的第一审案件的判决、裁定提起上诉的,但因违反法定程序发回重审的和事实清楚依法径行判决、裁定的除外。

(二)人民检察院对公开审理的案件的判决、裁定提起抗诉的,但需发回重审的除外。

四、依法公开审理案件应当在开庭三日以前公告。公告应当包括案由、当事人姓名或者名称、开庭时间和地点。

五、依法公开审理案件,案件事实未经法庭公开调查不能认定。

证明案件事实的证据未在法庭公开举证、质证,不能进行认证,但无需举证的事实除外。缺席审理的案件,法庭可以结合其他事实和证据进行认证。

法庭能够当庭认证的,应当当庭认证。

六、人民法院审理的所有案件应当一律公开宣告判决。

宣告判决,应当对案件事实和证据进行认定,并在此基础上正确适用法律。

七、凡应当依法公开审理的案件没有公开审理的,应当按下列规定处理:

(一)当事人提起上诉或者人民检察院对刑事案件的判决、裁定提起抗诉的,第二审人民法院应当裁定撤销原判决,发回重审;

(二)当事人申请再审的,人民法院可以决定再审;人民检察院按照审判监督程序提起抗诉的,人民法院应当决定再审。

上述发回重审或者决定再审的案件应当依法公开审理。

八、人民法院公开审理案件,庭审活动应当在审判法庭进行。需要巡回依法公开审理的,应当选择适当的场所进行。

九、审判法庭和其他公开进行案件审理活动的场所,应当按照最高人民法院关于法庭布置的要求悬挂国徽,设置审判席和其他相应的席位。

十、依法公开审理案件,公民可以旁听,但精神病人、醉酒的人和未经人民法院批准的未成年人除外。

根据法庭场所和参加旁听人数等情况,旁听人需要持旁听证进入法庭的,旁听证由人民法院制发。

外国人和无国籍人持有效证件要求旁听的，参照中国公民旁听的规定办理。

旁听人员必须遵守《中华人民共和国人民法院法庭规则》的规定，并应当接受安全检查。

十一、依法公开审理案件，经人民法院许可，新闻记者可以记录、录音、录相、摄影、转播庭审实况。

外国记者的旁听按照我国有关外事管理规定办理。

第一百八十九条　【出庭支持公诉】人民法院审判公诉案件，人民检察院应当派员出席法庭支持公诉。

■人民检察院刑事诉讼规则(2019年12月30日)

第三百九十条　提起公诉的案件，人民检察院应当派员以国家公诉人的身份出席第一审法庭，支持公诉。

公诉人应当由检察官担任。检察官助理可以协助检察官出庭。根据需要可以配备书记员担任记录。

第三百九十一条　对于提起公诉后人民法院改变管辖的案件，提起公诉的人民检察院参照本规则第三百二十八条的规定将案件移送与审判管辖相对应的人民检察院。

接受移送的人民检察院重新对案件进行审查的，根据刑事诉讼法第一百七十二条第二款的规定自收到案件之日起计算审查起诉期限。

第三百九十二条　人民法院决定开庭审判的，公诉人应当做好以下准备工作：

(一)进一步熟悉案情，掌握证据情况；

(二)深入研究与本案有关的法律政策问题；

(三)充实审判中可能涉及的专业知识；

(四)拟定讯问被告人、询问证人、鉴定人、有专门知识的人和宣读、出示、播放证据的计划并制定质证方案；

(五)对可能出现证据合法性争议的，拟定证明证据合法性的提纲并准备相关材料；

(六)拟定公诉意见，准备辩论提纲；

(七)需要对出庭证人等的保护向人民法院提出建议或者配合工作的，做好相关准备。

第三百九十三条　人民检察院在开庭审理前收到人民法院或者被告人及其辩护人、被害人、证人等送交的反映证据系非法取得的书面材料的，应当进行审查。对于审查逮捕、审查起诉期间已经提出并经查证不存在非法取证行为的，应当通知人民法院、有关当事人和辩护人，并按照查证的情况做好庭审准备。对于新的材料或者线索，可以要求监察机关、公安机关对证据收集的合法性进行说明或者提供相关证明材料。

第三百九十七条　人民检察院向人民法院移送全部案卷材料后，在法庭审理过程中，公诉人需要出示、宣读、播放有关证据的，可以申请法庭出示、宣读、播放。

人民检察院基于出庭准备和庭审举证工作的需要，可以取回有关案卷材料和证据。

取回案卷材料和证据后，辩护律师要求查阅案卷材料的，应当允许辩护律师在人民检察院查阅、摘抄、复制案卷材料。

第一百九十条　【开庭时审判长的工作】开庭的时候，审判长查明当事人是否到庭，宣布案由；宣布合议庭的组成人员、书记员、公诉人、辩护人、诉讼代理人、鉴定人和翻译人员的名单；告知当事人有权对合议庭组成人员、书记员、公诉人、鉴定人和翻译人员申请回避；告知被告人享有辩护权利。

被告人认罪认罚的，审判长应当告知被告人享有的诉讼权利和认罪认罚的法律规定，审查认罪认罚的自愿性和认罪认罚具结书内容的真实性、合法性。

■**最高人民法院关于适用《中华人民共和国刑事诉讼法》的解释(2021年3月1日)**

第二百二十四条　被害人人数众多,且案件不属于附带民事诉讼范围的,被害人可以推选若干代表人参加庭审。

第二百二十五条　被害人、诉讼代理人经传唤或者通知未到庭,不影响开庭审理的,人民法院可以开庭审理。

辩护人经通知未到庭,被告人同意的,人民法院可以开庭审理,但被告人属于应当提供法律援助情形的除外。

第二百三十四条　开庭审理前,书记员应当依次进行下列工作:

(一)受审判长委托,查明公诉人、当事人、辩护人、诉讼代理人、证人及其他诉讼参与人是否到庭;

(二)核实旁听人员中是否有证人、鉴定人、有专门知识的人;

(三)请公诉人、辩护人、诉讼代理人及其他诉讼参与人入庭;

(四)宣读法庭规则;

(五)请审判长、审判员、人民陪审员入庭;

(六)审判人员就座后,向审判长报告开庭前的准备工作已经就绪。

第二百三十五条　审判长宣布开庭,传被告人到庭后,应当查明被告人的下列情况:

(一)姓名、出生日期、民族、出生地、文化程度、职业、住址,或者被告单位的名称、住所地、法定代表人、实际控制人以及诉讼代表人的姓名、职务;

(二)是否受过刑事处罚、行政处罚、处分及其种类、时间;

(三)是否被采取留置措施及留置的时间,是否被采取强制措施及强制措施的种类、时间;

(四)收到起诉书副本的日期;有附带民事诉讼的,附带民事诉讼被告人收到附带民事起诉状的日期。

被告人较多的,可以在开庭前查明上述情况,但开庭时审判长应当作出说明。

第二百三十六条　审判长宣布案件的来源、起诉的案由、附带民事诉讼当事人的姓名及是否公开审理;不公开审理的,应当宣布理由。

第二百三十七条　审判长宣布合议庭组成人员、法官助理、书记员、公诉人的名单,以及辩护人、诉讼代理人、鉴定人、翻译人员等诉讼参与人的名单。

第二百三十八条　审判长应当告知当事人及其法定代理人、辩护人、诉讼代理人在法庭审理过程中依法享有下列诉讼权利:

(一)可以申请合议庭组成人员、法官助理、书记员、公诉人、鉴定人和翻译人员回避;

(二)可以提出证据,申请通知新的证人到庭、调取新的证据,申请重新鉴定或者勘验;

(三)被告人可以自行辩护;

(四)被告人可以在法庭辩论终结后作最后陈述。

第二百三十九条　审判长应当询问当事人及其法定代理人、辩护人、诉讼代理人是否申请回避、申请何人回避和申请回避的理由。

当事人及其法定代理人、辩护人、诉讼代理人申请回避的,依照刑事诉讼法及本解释的有关规定处理。

同意或者驳回回避申请的决定及复议决定,由审判长宣布,并说明理由。必要时,也可以由院长到庭宣布。

■**最高人民法院关于审判人员在诉讼活动中执行回避制度若干问题的规定(2011年6月13日)**

第五条　人民法院应当依法告知当事人及其法定代理人有申请回避的权利,以及合议庭组成人员、书记员的姓名、职务等相关信息。

第六条　人民法院依法调解案件,应当告知当事人及其法定代理人有申请回避的权利,以及主持调解工作的审判人员及其他参与调解工作的人员的姓名、职务等相关信息。

第八条　审判人员及法院其他工作人员从人民法院离任后二年内,不得以律师身份担任诉讼代理人或者辩护人。

审判人员及法院其他工作人员从人民法院离任后,不得担任原任职法院所审理案件的诉讼代理人或者辩护人,但是作为当事人的监护人或者近亲属代理诉讼或者进行辩护的除外。

本条所规定的离任,包括退休、调离、解聘、辞职、辞退、开除等离开法院工作岗位的情形。

本条所规定的原任职法院,包括审判人员及法院其他工作人员曾任职的所有法院。

第九条　审判人员及法院其他工作人员的配偶、子女或者父母不得担任其所任职法院审理案件的诉讼代理人或者辩护人。

第十条　人民法院发现诉讼代理人或者辩护人违反本规定第八条、第九条的规定的,应当责令其停止相关诉讼代理或者辩护行为。

第十三条　本规定所称审判人员,包括各级人民法院院长、副院长、审判委员会委员、庭长、副庭长、审判员和助理审判员。

本规定所称法院其他工作人员,是指审判人员以外的在编工作人员。

第十四条　人民陪审员、书记员和执行员适用审判人员回避的有关规定,但不属于本规定第十三条所规定人员的,不适用本规定第八条、第九条的规定。

第十五条　自本规定施行之日起,《最高人民法院关于审判人员严格执行回避制度的若干规定》(法发〔2000〕5号)即行废止;本规定施行前本院发布的司法解释与本规定不一致的,以本规定为准。

■人民法院法庭规则(2016年5月1日)

第二条　法庭是人民法院代表国家依法审判各类案件的专门场所。

法庭正面上方应当悬挂国徽。

第三条　法庭分设审判活动区和旁听区,两区以栏杆等进行隔离。

审理未成年人案件的法庭应当根据未成年人身心发展特点设置区域和席位。

有新闻媒体旁听或报道庭审活动时,旁听区可以设置专门的媒体记者席。

第四条　刑事法庭可以配置同步视频作证室,供依法应当保护或其他确有保护必要的证人、鉴定人、被害人在庭审作证时使用。

第五条　法庭应当设置残疾人无障碍设施;根据需要配备合议庭合议室,检察人员、律师及其他诉讼参与人休息室,被告人羁押室等附属场所。

第六条　进入法庭的人员应当出示有效身份证件,并接受人身及携带物品的安全检查。

持有效工作证件和出庭通知履行职务的检察人员、律师可以通过专门通道进入法庭。需要安全检查的,人民法院对检察人员和律师平等对待。

第七条　除经人民法院许可,需要在法庭上出示的证据外,下列物品不得携带进入法庭:

(一)枪支、弹药、管制刀具以及其他具有杀伤力的器具;

(二)易燃易爆物、疑似爆炸物;

(三)放射性、毒害性、腐蚀性、强气味性物质以及传染病病原体;

(四)液体及胶状、粉末状物品;

(五)标语、条幅、传单;

(六)其他可能危害法庭安全或妨害法庭秩序的物品。

第八条　人民法院应当通过官方网站、电子显示屏、公告栏等向公众公开各法庭的编号、具体位置以及旁听席位数量等信息。

第九条 公开的庭审活动,公民可以旁听。

旁听席位不能满足需要时,人民法院可以根据申请的先后顺序或者通过抽签、摇号等方式发放旁听证,但应当优先安排当事人的近亲属或其他与案件有利害关系的人旁听。

下列人员不得旁听:

(一)证人、鉴定人以及准备出庭提出意见的有专门知识的人;

(二)未获得人民法院批准的未成年人;

(三)拒绝接受安全检查的人;

(四)醉酒的人、精神病人或其他精神状态异常的人;

(五)其他有可能危害法庭安全或妨害法庭秩序的人。

依法有可能封存犯罪记录的公开庭审活动,任何单位或个人不得组织人员旁听。

依法不公开的庭审活动,除法律另有规定外,任何人不得旁听。

第十条 人民法院应当对庭审活动进行全程录像或录音。

第十一条 依法公开进行的庭审活动,具有下列情形之一的,人民法院可以通过电视、互联网或其他公共媒体进行图文、音频、视频直播或录播:

(一)公众关注度较高;

(二)社会影响较大;

(三)法治宣传教育意义较强。

第十二条 出庭履行职务的人员,按照职业着装规定着装。但是,具有下列情形之一的,着正装:

(一)没有职业着装规定;

(二)侦查人员出庭作证;

(三)所在单位系案件当事人。

非履行职务的出庭人员及旁听人员,应当文明着装。

第十三条 刑事在押被告人或上诉人出庭受审时,着正装或便装,不着监管机构的识别服。

人民法院在庭审活动中不得对被告人或上诉人使用戒具,但认为其人身危险性大,可能危害法庭安全的除外。

第十四条 庭审活动开始前,书记员应当宣布本规则第十七条规定的法庭纪律。

第十五条 审判人员进入法庭以及审判长或独任审判员宣告判决、裁定、决定时,全体人员应当起立。

第十六条 人民法院开庭审判案件应当严格按照法律规定的诉讼程序进行。

审判人员在庭审活动中应当平等对待诉讼各方。

第十七条 全体人员在庭审活动中应当服从审判长或独任审判员的指挥,尊重司法礼仪,遵守法庭纪律,不得实施下列行为:

(一)鼓掌、喧哗;

(二)吸烟、进食;

(三)拨打或接听电话;

(四)对庭审活动进行录音、录像、拍照或使用移动通信工具等传播庭审活动;

(五)其他危害法庭安全或妨害法庭秩序的行为。

检察人员、诉讼参与人发言或提问,应当经审判长或独任审判员许可。

旁听人员不得进入审判活动区,不得随意站立、走动,不得发言和提问。

媒体记者经许可实施第一款第四项规定的行为,应当在指定的时间及区域进行,不得影响或干扰庭审活动。

第十八条　审判长或独任审判员主持庭审活动时,依照规定使用法槌。

第十九条　审判长或独任审判员对违反法庭纪律的人员应当予以警告;对不听警告的,予以训诫;对训诫无效的,责令其退出法庭;对拒不退出法庭的,指令司法警察将其强行带出法庭。

行为人违反本规则第十七条第一款第四项规定的,人民法院可以暂扣其使用的设备及存储介质,删除相关内容。

第二十条　行为人实施下列行为之一,危及法庭安全或扰乱法庭秩序的,根据相关法律规定,予以罚款、拘留;构成犯罪的,依法追究其刑事责任:

(一)非法携带枪支、弹药、管制刀具或者爆炸性、易燃性、放射性、毒害性、腐蚀性物品以及传染病病原体进入法庭;

(二)哄闹、冲击法庭;

(三)侮辱、诽谤、威胁、殴打司法工作人员或诉讼参与人;

(四)毁坏法庭设施,抢夺、损毁诉讼文书、证据;

(五)其他危害法庭安全或扰乱法庭秩序的行为。

第二十一条　司法警察依照审判长或独任审判员的指令维持法庭秩序。

出现危及法庭内人员人身安全或者严重扰乱法庭秩序等紧急情况时,司法警察可以直接采取必要的处置措施。

人民法院依法对违反法庭纪律的人采取的扣押物品、强行带出法庭以及罚款、拘留等强制措施,由司法警察执行。

第二十二条　人民检察院认为审判人员违反本规则的,可以在庭审活动结束后向人民法院提出处理建议。

诉讼参与人、旁听人员认为审判人员、书记员、司法警察违反本规则的,可以在庭审活动结束后向人民法院反映。

第二十三条　检察人员违反本规则的,人民法院可以向人民检察院通报情况并提出处理建议。

第二十四条　律师违反本规则的,人民法院可以向司法行政机关及律师协会通报情况并提出处理建议。

第二十五条　人民法院进行案件听证、国家赔偿案件质证、网络视频远程审理以及在法院以外的场所巡回审判等,参照适用本规则。

第二十六条　外国人、无国籍人旁听庭审活动,外国媒体记者报道庭审活动,应当遵守本规则。

第二十七条　本规则自2016年5月1日起施行;最高人民法院此前发布的司法解释及规范性文件与本规则不一致的,以本规则为准。

■最高人民法院、最高人民检察院、公安部、国家安全部、司法部关于适用认罪认罚从宽制度的指导意见(2019年10月11日)(见本书附录五十)

第一百九十一条　【宣读起诉书、讯问被告人】公诉人在法庭上宣读起诉书后,被告人、被害人可以就起诉书指控的犯罪进行陈述,公诉人可以讯问被告人。

被害人、附带民事诉讼的原告人和辩护人、诉讼代理人,经审判长许可,可以向被告人发问。

审判人员可以讯问被告人。

■人民检察院刑事诉讼规则(2019年12月30日)

第三百九十八条　公诉人在法庭上应当依法进行下列活动:

(一)宣读起诉书,代表国家指控犯罪,提请人民法院对被告人依法审判;

(二)讯问被告人;

(三)询问证人、被害人、鉴定人;

(四)申请法庭出示物证,宣读书证、未到庭证人的证言笔录、鉴定人的鉴定意见、勘验、检查、辨认、侦查实验等笔录和其他作为证据的文书,播放作为证据的视听资料、电子数据等;

(五)对证据采信、法律适用和案件情况发表意见,提出量刑建议及理由,针对被告人、辩护人的辩护意见进行答辩,全面阐述公诉意见;

(六)维护诉讼参与人的合法权利;

(七)对法庭审理案件有无违反法律规定诉讼程序的情况记明笔录;

(八)依法从事其他诉讼活动。

第三百九十九条　在法庭审理中,公诉人应当客观、全面、公正地向法庭出示与定罪、量刑有关的证明被告人有罪、罪重或者罪轻的证据。

按照审判长要求,或者经审判长同意,公诉人可以按照以下方式举证、质证:

(一)对于可能影响定罪量刑的关键证据和控辩双方存在争议的证据,一般应当单独举证、质证;

(二)对于不影响定罪量刑且控辩双方无异议的证据,可以仅就证据的名称及其证明的事项、内容作出说明;

(三)对于证明方向一致、证明内容相近或者证据种类相同,存在内在逻辑关系的证据,可以归纳、分组示证、质证。

公诉人出示证据时,可以借助多媒体设备等方式出示、播放或者演示证据内容。

定罪证据与量刑证据需要分开的,应当分别出示。

第四百条　公诉人讯问被告人,询问证人、被害人、鉴定人,出示物证,宣读书证、未出庭证人的证言笔录等应当围绕下列事实进行:

(一)被告人的身份;

(二)指控的犯罪事实是否存在,是否为被告人所实施;

(三)实施犯罪行为的时间、地点、方法、手段、结果,被告人犯罪后的表现等;

(四)犯罪集团或者其他共同犯罪案件中参与犯罪人员的各自地位和应负的责任;

(五)被告人有无刑事责任能力,有无故意或者过失,行为的动机、目的;

(六)有无依法不应当追究刑事责任的情况,有无法定的从重或者从轻、减轻以及免除处罚的情节;

(七)犯罪对象、作案工具的主要特征,与犯罪有关的财物的来源、数量以及去向;

(八)被告人全部或者部分否认起诉书指控的犯罪事实的,否认的根据和理由能否成立;

(九)与定罪、量刑有关的其他事实。

第四百零一条　在法庭审理中,下列事实不必提出证据进行证明:

(一)为一般人共同知晓的常识性事实;

(二)人民法院生效裁判所确认并且未依审判监督程序重新审理的事实;

(三)法律、法规的内容以及适用等属于审判人员履行职务所应当知晓的事实;

(四)在法庭审理中不存在异议的程序事实;

(五)法律规定的推定事实;

(六)自然规律或者定律。

第四百零二条　讯问被告人、询问证人不得采取可能影响陈述或者证言客观真实的诱导性发问以及其他不当发问方式。

辩护人向被告人或者证人进行诱导性发问以及其他不当发问可能影响陈述或者证言的客观真实的,公诉人可以要求审判长制止或者要求对该项陈述或者证言不予采纳。

讯问共同犯罪案件的被告人、询问证人应当个别进行。

被告人、证人、被害人对同一事实的陈述存在矛盾的,公诉人可以建议法庭传唤有关被告人、通知有关证人同时到庭对质,必要时可以建议法庭询问被害人。

第四百零三条 被告人在庭审中的陈述与在侦查、审查起诉中的供述一致或者不一致的内容不影响定罪量刑的,可以不宣读被告人供述笔录。

被告人在庭审中的陈述与在侦查、审查起诉中的供述不一致,足以影响定罪量刑的,可以宣读被告人供述笔录,并针对笔录中被告人的供述内容对被告人进行讯问,或者提出其他证据进行证明。

■最高人民法院关于适用《中华人民共和国刑事诉讼法》的解释(2021年3月1日)

第二百四十条 审判长宣布法庭调查开始后,应当先由公诉人宣读起诉书;公诉人宣读起诉书后,审判长应当询问被告人对起诉书指控的犯罪事实和罪名有无异议。

有附带民事诉讼的,公诉人宣读起诉书后,由附带民事诉讼原告人或者其法定代理人、诉讼代理人宣读附带民事起诉状。

第二百四十一条 在审判长主持下,被告人、被害人可以就起诉书指控的犯罪事实分别陈述。

第二百四十二条 在审判长主持下,公诉人可以就起诉书指控的犯罪事实讯问被告人。

经审判长准许,被害人及其法定代理人、诉讼代理人可以就公诉人讯问的犯罪事实补充发问;附带民事诉讼原告人及其法定代理人、诉讼代理人可以就附带民事部分的事实向被告人发问;被告人的法定代理人、辩护人,附带民事诉讼被告人及其法定代理人、诉讼代理人可以在控诉方、附带民事诉讼原告方就某一问题讯问、发问完毕后向被告人发问。

根据案件情况,就证据问题对被告人的讯问、发问可以在举证、质证环节进行。

第二百四十三条 讯问同案审理的被告人,应当分别进行。

第二百四十四条 经审判长准许,控辩双方可以向被害人、附带民事诉讼原告人发问。

第二百四十五条 必要时,审判人员可以讯问被告人,也可以向被害人、附带民事诉讼当事人发问。

■人民法院办理刑事案件第一审普通程序法庭调查规程(试行)(2017年11月27日)

一、一般规定

第一条 法庭应当坚持证据裁判原则,认定案件事实,必须以证据为根据。

法庭调查应当以证据调查为中心,证据未经当庭出示、辨认、质证等法庭调查程序查证属实,不得作为定案的根据。

第二条 法庭应当坚持居中裁判原则,不偏不倚地审判案件,保障控辩双方诉讼地位平等。

公诉案件中,人民检察院承担被告人有罪的举证责任,被告人不承担证明自己无罪的责任。人民检察院应当随案移送并当庭出示被告人有罪或无罪、罪轻或罪重的所有证据,以及证明取证合法性的证据材料,不得隐匿证据或者人为取舍证据。

第三条 法庭应当坚持集中审理原则,规范庭审准备程序,避免庭审出现不必要的延迟和中断。

承办法官应当在开庭前阅卷,拟定法庭审理提纲,并向合议庭成员通报开庭准备情况。召开庭前会议的,可以依法处理可能导致庭审中断的程序性事项,组织控辩双方展示证据,归纳控辩双方争议焦点。

第四条 法庭应当坚持诉权保障原则,依法解决控辩双方争议,保障被告人及其辩护人的诉讼权利。

为依法维护被告人质证权,准确查明案件事实,必要时应当通知证人、被害人、鉴定人、侦查人员或者有关人员出庭。

第五条 法庭应当坚持程序公正原则,严格执行法定的审判程序,通过法庭审理的程序公正实现案件裁判的实体公正。

被告人不认罪的案件,对与定罪和量刑有关的事实、证据应当分别进行调查。被告人当庭认罪的案件,法庭调查可以主要围绕量刑和其他有争议的问题进行。

二、开庭讯问、发问程序

第六条 对于召开庭前会议的案件,在法庭调查开始前,法庭应当宣布庭前会议报告的主要内容。对于庭前会议中达成一致意见的事项,法庭向控辩双方核实后当庭予以确认;对于未达成一致意见的事项,法庭可以归纳争议焦点,听取控辩双方意见,并依法作出处理。

有多起犯罪事实的案件,可以在有关犯罪事实的法庭调查开始前,分别宣布庭前会议报告的相关内容。

第七条 公诉人宣读起诉书后,审判长应当询问被告人对起诉指控的犯罪事实是否有异议,并听取其供述和辩解。经审判长准许,公诉人可以就起诉书指控的犯罪事实讯问被告人,也可以先出示有关证据,再就有关犯罪事实讯问被告人。

经审判长准许,被害人及其法定代理人、诉讼代理人可以就公诉人讯问的犯罪事实补充发问;附带民事诉讼原告人及其法定代理人、诉讼代理人可以就附带民事部分的事实向被告人发问;被告人及其法定代理人、诉讼代理人可以在控诉一方就某一问题讯问完毕后向被告人发问,有多名被告人的案件,辩护人对被告人的发问,应当在审判长主持下,先由被告人本人的辩护人进行,再由其他被告人的辩护人进行。

第八条 有多名被告人的案件,讯问各名被告人应当分别进行。

同案被告人供述之间存在实质性差异的,法庭可以传唤有关被告人到庭对质。审判长可以分别讯问被告人,就供述的实质性差异进行调查核实。经审判长准许,控辩双方可以向被告人讯问、发问,审判长认为有必要的,可以准许被告人之间相互发问。

第九条 申请参加庭审的被害人众多,且案件不属于附带民事诉讼范围的,被害人可以推选若干代表人参加庭审;推选不出代表人的,人民法院可以指定若干代表人。

对被告人发问完毕后,其他证据出示前,在审判长主持下,被害人可以就起诉收指控的犯罪事实作出陈述,经审判长准许,控辩双方可以在被害人陈述后向被害人发问。

第十条 为核实被告人是否自愿认罪,解决案件事实证据存在的疑问,审判人员可以讯问被告人,也可以向被害人、附带民事诉讼原告人发问。

第十一条 被告人庭前不认罪,当庭又认罪的,法庭核实被告人认罪的自愿性和真实性后,可以重点围绕量刑事实、证据进行调查。

被告人认罪后又当庭反悔的,法庭应当调查核实反悔的理由,并对与定罪和量刑有关的事实、证据进行全面调查。

第五十三条 被告人的当庭供述与庭前供述、自书材料存在矛盾,被告人能够作出合理解释,并与相关证据印证的,应当采信其当庭供述;不能作出合理解释,而其庭前供述、自书材料与相关证据印证的,可以采信其庭前供述、自书材料。

▼最高人民法院、最高人民检察院、公安部办理黑社会性质组织犯罪案件座谈会纪要(2009年12月9日)

8. 庭审时应注意的有关问题。为确保庭审效果,人民法院在开庭审理涉黑案件之前,应认真做好庭审预案。法庭调查时,除必须传唤共同被告人同时到庭质证外,对各被告人应当分别讯问,以防止被告人当庭串供或者不敢如实供述、作证。对于诉讼参与人、旁听人员破坏法庭秩序、干扰法庭审理的,法庭应按照刑事诉讼法及有关司法解释的规定及时作出处理。构成犯罪的,应当依法追究刑事责任。

第一百九十二条　【证人、警察、鉴定人必须出庭的情形】公诉人、当事人或者辩护人、诉讼代理人对证人证言有异议，且该证人证言对案件定罪量刑有重大影响，人民法院认为证人有必要出庭作证的，证人应当出庭作证。

人民警察就其执行职务时目击的犯罪情况作为证人出庭作证，适用前款规定。

公诉人、当事人或者辩护人、诉讼代理人对鉴定意见有异议，人民法院认为鉴定人有必要出庭的，鉴定人应当出庭作证。经人民法院通知，鉴定人拒不出庭作证的，鉴定意见不得作为定案的根据。

■人民检察院刑事诉讼规则（2019年12月30日）

第四百零四条　公诉人对证人证言有异议，且该证人证言对案件定罪量刑有重大影响的，可以申请人民法院通知证人出庭作证。

人民警察就其执行职务时目击的犯罪情况作为证人出庭作证，适用前款规定。

公诉人对鉴定意见有异议的，可以申请人民法院通知鉴定人出庭作证。经人民法院通知，鉴定人拒不出庭作证的，公诉人可以建议法庭不予采纳该鉴定意见作为定案的根据，也可以申请法庭重新通知鉴定人出庭作证或者申请重新鉴定。

必要时，公诉人可以申请法庭通知有专门知识的人出庭，就鉴定人作出的鉴定意见提出意见。

当事人或者辩护人、诉讼代理人对证人证言、鉴定意见有异议的，公诉人认为必要时，可以申请人民法院通知证人、鉴定人出庭作证。

第四百零五条　证人应当由人民法院通知并负责安排出庭作证。

对于经人民法院通知而未到庭的证人或者出庭后拒绝作证的证人的证言笔录，公诉人应当当庭宣读。

对于经人民法院通知而未到庭的证人的证言笔录存在疑问，确实需要证人出庭作证，且可以强制其到庭的，公诉人应当建议人民法院强制证人到庭作证和接受质证。

第四百一十二条　在法庭审理过程中，对证据合法性以外的其他程序事实存在争议的，公诉人应当出示、宣读有关诉讼文书、侦查或者审查起诉活动笔录。

第四百一十三条　对于搜查、查封、扣押、冻结、勘验、检查、辨认、侦查实验等活动中形成的笔录存在争议，需要调查人员、侦查人员以及上述活动的见证人出庭陈述有关情况的，公诉人可以建议合议庭通知其出庭。

■最高人民法院关于适用《中华人民共和国刑事诉讼法》的解释（2021年3月1日）

第二百四十六条　公诉人可以提请法庭通知证人、鉴定人、有专门知识的人、调查人员、侦查人员或者其他人员出庭，或者出示证据。被害人及其法定代理人、诉讼代理人，附带民事诉讼原告人及其诉讼代理人也可以提出申请。

在控诉方举证后，被告人及其法定代理人、辩护人可以提请法庭通知证人、鉴定人、有专门知识的人、调查人员、侦查人员或者其他人员出庭，或者出示证据。

第二百四十七条　控辩双方申请证人出庭作证，出示证据，应当说明证据的名称、来源和拟证明的事实。法庭认为有必要的，应当准许；对方提出异议，认为有关证据与案件无关或者明显重复、不必要，法庭经审查异议成立的，可以不予准许。

第二百四十八条　已经移送人民法院的案卷和证据材料，控辩双方需要出示的，可以向法庭提出申请，法庭可以准许。案卷和证据材料应当在质证后当庭归还。

需要播放录音录像或者需要将证据材料交由法庭、公诉人或者诉讼参与人查看的，法庭可以指令值庭法警或者相关人员予以协助。

第二百四十九条　公诉人、当事人或者辩护人、诉讼代理人对证人证言有异议，且该证人证言对定罪量刑有重大影响，或者对鉴定意见有异议，人民法院认为证人、鉴定人有必要出庭作证的，应当通知证人、鉴定人出庭。

控辩双方对侦破经过、证据来源、证据真实性或者合法性等有异议,申请调查人员、侦查人员或者有关人员出庭,人民法院认为有必要的,应当通知调查人员、侦查人员或者有关人员出庭。

第二百五十条　公诉人、当事人及其辩护人、诉讼代理人申请法庭通知有专门知识的人出庭,就鉴定意见提出意见的,应当说明理由。法庭认为有必要的,应当通知有专门知识的人出庭。

申请有专门知识的人出庭,不得超过二人。有多种类鉴定意见的,可以相应增加人数。

第二百五十一条　为查明案件事实、调查核实证据,人民法院可以依职权通知证人、鉴定人、有专门知识的人、调查人员、侦查人员或者其他人员出庭。

第二百五十二条　人民法院通知有关人员出庭的,可以要求控辩双方予以协助。

■最高人民法院、最高人民检察院、公安部、国家安全部、司法部、全国人大常委会法制工作委员会关于实施刑事诉讼法若干问题的规定(2013年1月1日)

29. 刑事诉讼法第一百八十七条第三款规定:"公诉人、当事人或者辩护人、诉讼代理人对鉴定意见有异议,人民法院认为鉴定人有必要出庭的,鉴定人应当出庭作证。经人民法院通知,鉴定人拒不出庭作证的,鉴定意见不得作为定案的根据。"根据上述规定,依法应当出庭的鉴定人经人民法院通知未出庭作证的,鉴定意见不得作为定案的根据。鉴定人由于不能抗拒的原因或者有其他正当理由无法出庭的,人民法院可以根据案件审理情况决定延期审理。

■最高人民法院、最高人民检察院、公安部、国家安全部、司法部关于推进以审判为中心的刑事诉讼制度改革的意见(2016年10月11日)

十二、完善对证人、鉴定人的法庭质证规则。落实证人、鉴定人、侦查人员出庭作证制度,提高出庭作证率。公诉人、当事人或者辩护人、诉讼代理人对证人证言有异议,人民法院认为该证人证言对案件定罪量刑有重大影响的,证人应当出庭作证。

健全证人保护工作机制,对因作证面临人身安全等危险的人员依法采取保护措施。建立证人、鉴定人等作证补助专项经费划拨机制。完善强制证人到庭制度。

■最高人民法院关于全面推进以审判为中心的刑事诉讼制度改革的实施意见(2017年2月17日)

三、规范普通审理程序,确保依法公正审判

14. 控辩双方对证人证言有异议,人民法院认为证人证言对案件定罪量刑有重大影响的,应当通知证人出庭作证。控辩双方申请证人出庭的,人民法院通知证人出庭后,申请方应当负责协助相关证人到庭。

证人没有正当理由不出庭作证的,人民法院在必要时可以强制证人到庭。

根据案件情况,可以实行远程视频作证。

15. 控辩双方对鉴定意见有异议,人民法院认为鉴定人有必要出庭的,应当通知鉴定人出庭作证。

16. 证人、鉴定人、被害人因出庭作证,本人或者其近亲属的人身安全面临危险的,人民法院应当采取不公开其真实姓名、住址、工作单位和联系方式等个人信息,或者不暴露其外貌、真实声音等保护措施。必要时,可以建议有关机关采取专门性保护措施。

人民法院应当建立证人出庭作证补助专项经费机制,对证人出庭作证所支出的交通、住宿、就餐等合理费用给予补助。

23. 法庭决定对证据收集的合法性进行调查的,应当先行当庭调查。但为防止庭审过分迟延,也可以在法庭调查结束前进行调查。

24. 法庭对证据收集的合法性进行调查的,应当重视对讯问过程录音录像的审查。讯问笔录记载的内容与讯问录音录像存在实质性差异的,以讯问录音录像为准。

对于法律规定应当对讯问过程录音录像的案件，公诉人没有提供讯问录音录像，或者讯问录音录像存在选择性录制、剪接、删改等情形，现有证据不能排除以非法方法收集证据情形的，对有关供述应当予以排除。

25. 现有证据材料不能证明证据收集合法性的，人民法院可以通知有关侦查人员出庭说明情况。不得以侦查人员签名并加盖公章的说明材料替代侦查人员出庭。

经人民法院通知，侦查人员不出庭说明情况，不能排除以非法方法收集证据情形的，对有关证据应当予以排除。

26. 法庭对证据收集的合法性进行调查后，应当当庭作出是否排除有关证据的决定。必要时，可以宣布休庭，由合议庭评议或者提交审判委员会讨论，再次开庭时宣布决定。

在法庭作出是否排除有关证据的决定前，不得对有关证据宣读、质证。

27. 通过勘验、检查、搜查等方式收集的物证、书证等证据，未通过辨认、鉴定等方式确定其与案件事实的关联的，不得作为定案的根据。

28. 收集证据的程序、方式存在瑕疵，严重影响证据真实性，不能补正或者作出合理解释的，有关证据不得作为定案的根据。

29. 证人没有出庭作证，其庭前证言真实性无法确认的，不得作为定案的根据。证人当庭作出的证言与其庭前证言矛盾，证人能够作出合理解释，并与相关证据印证的，可以采信其庭审证言；不能作出合理解释，而其庭前证言与相关证据印证的，可以采信其庭前证言。

经人民法院通知，鉴定人拒不出庭作证的，鉴定意见不得作为定案的根据。

■最高人民法院、最高人民检察院、公安部、司法部关于进一步严格依法办案确保办理死刑案件质量的意见（2007 年 3 月 9 日）

32. 人民法院应当通知下列情形的被害人、证人、鉴定人出庭作证：（一）人民检察院、被告人及其辩护人对被害人陈述、证人证言、鉴定结论有异议，该被害人陈述、证人证言、鉴定结论对定罪量刑有重大影响的；（二）人民法院认为其他应当出庭作证的。经人民法院依法通知，被害人、证人、鉴定人应当出庭作证；不出庭作证的被害人、证人、鉴定人的书面陈述、书面证言、鉴定结论经质证无法确认的，不能作为定案的根据。

■人民法院办理刑事案件第一审普通程序法庭调查规程（试行）（2017 年 11 月 27 日）

三、出庭作证程序

第十二条　控辩双方可以申请法庭通知证人、鉴定人、侦查人员和有专门知识的人等出庭。

被害人及其法定代理人、诉讼代理人，附带民事诉讼原告人及其诉讼代理人也可以提出上述申请。

第十三条　控辩双方对证人证言、被害人陈述有异议，申请证人、被害人出庭，人民法院经审查认为证人证言、被害人陈述对案件定罪量刑有重大影响的，应当通知证人、被害人出庭。

控辩双方对鉴定意见有异议，申请鉴定人或者有专门知识的人出庭，人民法院经审查认为有必要的，应当通知鉴定人或者有专门知识的人出庭。

控辩双方对侦破经过、证据来源、证据真实性或者证据收集合法性等有异议，申请侦查人员或者有关人员出庭，人民法院经审查认为有必要的，应当通知侦查人员或者有关人员出庭。

人民法院通知证人、被害人、鉴定人、侦查人员、有专门知识的人等出庭后，控辩双方负责协助对本方诉讼主张有利的有关人员到庭。

第十四条　对于应当出庭作证的证人，在庭审期间因身患严重疾病、行动极为不便或者身处国外短期无法回国等客观原因确实无法出庭的，可以通过视频等方式远程作证。

前款规定适用于被害人、鉴定人、侦查人员。

第十五条　人民法院通知出庭的证人，无正当理由拒不出庭的，经院长同意，可以强制其出庭，但是被告人的配偶、父母、子女除外。

强制证人出庭的,应当由院长签发强制证人出庭令,并由法警执行,必要时,可以商请公安机关协助执行。

第十六条　证人、鉴定人、被害人因出庭作证,本人或者其近亲属的人身安全面临危险的,人民法院应当采取不公开其真实姓名、住址和工作单位等个人信息,或者不暴露其外貌、真实声音等保护措施。

决定对出庭作证的证人、鉴定人、被害人采取不公开个人信息的保护措施的,审判人员应当在开庭前核实其身份,对证人、鉴定人如实作证的保证书不得公开,在判决书、裁定书等法律文书中可以使用化名等代替其个人信息。

审判期间,证人、鉴定人、被害人提出保护请求的,人民法院应当立即审查,确有必要的,当及时决定采取相应的保护措施。必要时,可以商请公安机关采取专门性保护措施。

第十七条　证人出庭作证所支出的交通、住宿、就餐等合理费用,列入证人出庭作证补助专项经费,在出庭作证后由人民法院依照规定程序发放。

第十八条　证人、鉴定人出庭,法庭应当当庭核实其身份,与当事人以及本案的关系,审查证人、鉴定人的作证能力、专业资质,并告知其有关作证的权利义务和法律责任。

证人、鉴定人作证前,应当保证向法庭如实提供证言、说明鉴定意见,并在保证书上签名。

第十九条　证人出庭后,先由对本诉讼主张有利的控辩一方发问;发问完毕后,经审判长准许,对方也可以发问。

控辩双方发问完毕后,可以归纳本方对证人证言的意见,控辩双方如有新的问题,经审判长准许,可以再行发问。

审判人员认为必要时,可以询问证人。经审判长准许,被告人可以向证人发问。

第二十条　向证人发问应当遵循以下原则:

(一)发问内容应当与案件事实有关;

(二)不得采用诱导方式发问;

(三)不得威胁或者误导证人;

(四)不得损害证人人格尊严;

(五)不得泄露证人个人隐私。

第二十一条　控辩一方发问方式不当或者内容与案件事实无关,违反有关发问规则的,对方可以提出异议。对方当庭提出异议的,发问方应当说明发问理由,审判长判明情况予以支持或者驳回;对方未当庭提出异议的,审判长也可以根据情况予以制止。

第二十二条　控辩双方可以通过提问的方式向证人询问与案件事实有关的问题,也可以让证人向法庭自由陈述其所亲自感知的案件事实。

审判长认为证人当庭陈述的内容与案件事实无关或者明显重复的,可以进行必要的提示。

第二十三条　有多名证人的案件,向证人发问应当分别进行。

证人出庭作证前,应当在法庭指定的地点等候,不得谈论案情。证人出庭作证后,审判长应当通知法警引导其退庭。证人不得旁听对案件的审理。

被害人不参加法庭审理,仅出庭陈述案件事实的,参照适用前款规定。

第二十四条　证人证言之间存在实质性差异的,法庭可以传呼有关证人到庭对质。

审判长可以分别询问证人,就证言的实质性差异进行调查核实。经审判长准许,控辩双方可以向证人发问。审判长认为有必要的,可以准许证人之间相互发问。

第二十五条　证人出庭作证的,其庭前证言一般不再出示、宣读,但以下情形除外:

（一）证人出庭作证时遗忘或者遗漏庭前证言的关键内容，需要向证人作出必要提示的；

（二）证人的当庭证言与庭前证言存在矛盾，需要证人作出合理解释的。

为核实证据来源、证据真实性等问题，或者唤起证人记忆，经审判长准许，控辩双方可以在询问证人时向其出示物证、书证等证据。

第二十六条　控辩双方可以申请法庭通知有专门知识的人出庭，协助本方就鉴定意见进行质证。有专门知识的人可以向鉴定人发问，或者对案件中的专业性问题提出意见。

申请有专门知识的人出庭，应当提供人员名单，并不得超过二人。有多种类鉴定意见的，可以相应增加人数。

必要时，法庭可以依职权通知有专门知识的人出庭。

第二十七条　对被告人、被害人、鉴定人、侦查人员、有专门知识的人的讯问、发问，参照适用证人的有关规定。

作出同一份鉴定意见的多名鉴定人或者多名有专门知识的人可以同时出庭，不受分别发问规则的限制。

第五十条　收集证据的程序、方式不符合法律规定，严重影响证据真实性的，人民法院应当建议人民检察院予以补正或者作出合理解释；不能补正或者作出合理解释的，有关证据不能作为定案的根据。

第五十一条　证人没有出庭作证，其庭前证言真实性无法确认的，不得作为定案的根据。

证人当庭作出的证言与其庭前证言矛盾，证人能够作出合理解释，并与相关证据印证的，应当采信其庭审证言；不能作出合理解释，而其庭前证言与相关证据印证的，可以采信其庭前证言。

第五十二条　经人民法院通知，鉴定人拒不出庭作证的，鉴定意见不得作为定案的根据。

有专门知识的人当庭对鉴定意见提出质疑，鉴定人能够作出合理解释，并与相关证据印证的，可以采信鉴定意见；不能作出合理解释，无法确认鉴定意见可靠性的，有关鉴定意见不能作为定案的根据。

▼安徽省高级人民法院、安徽省人民检察院、安徽省公安厅、安徽省司法厅关于刑事案件证人、鉴定人、侦查人员出庭相关问题的指导意见（2018年2月13日）

第二条　具有下列情形之一，公诉人、当事人或者辩护人、诉讼代理人对证人证言有异议，人民法院认为有必要的，证人应当出庭作证：

（一）证人证言对案件定罪量刑有重大影响，或者对案件证据链的形成具有关键作用，且证言与在案其他证据存在矛盾的；

（二）证人证言对案件定罪量刑有重大影响，或者对案件证据链的形成具有关键作用，且在侦查、审查起诉阶段多次反复，存在较大矛盾，证人未能作出合理解释的；

（三）证人证言可能影响到被告人自首、立功等量刑情节的认定，但该证人证言未涉及或者所证明的内容不明确，需要进一步核实的；

（四）被告人、辩护人提供的可能证明被告人无罪或罪轻的证人，侦查机关、检察机关虽收到取证的申请，但均未向其取证、核实的；

（五）其他对定罪量刑有重大影响的情形。

第三条　具有下列情形之一，公诉人、当事人或者辩护人、诉讼代理人对鉴定意见有异议，人民法院认为有必要的，鉴定人应当出庭作证：

（一）存在多份鉴定意见，且鉴定意见之间的差异较大、难以取舍的；

（二）对鉴定意见中检材的可鉴定条件、鉴定的依据等有较大争议的；

（三）对鉴定程序的合法性提出异议的；

（四）人民法院认为其他有必要出庭作证的。

第四条　具有下列情形之一，公诉人、当事人或者辩护人、诉讼代理人对涉及侦查活动的相关事实

有异议,人民法院认为有必要的,侦查人员应当出庭:

(一)现有证据材料不能证明证据收集的合法性,需通知有关侦查人员或者其他人员出庭说明情况,并就相关情况接受发问的;

(二)侦查人员当场抓获犯罪嫌疑人,或者接受犯罪嫌疑人投案,且控辩双方对被告人是否具有自首情节存在争议的;

(三)人民法院认为其他有必要出庭的。

第五条　公诉人、当事人或者辩护人、诉讼代理人向人民法院申请通知证人、鉴定人、侦查人员出庭的,应当在开庭五日前,向人法院提交出庭申请书。申请书应当载明证人、鉴定人、侦查人员的姓名、身份等有效信息,同时说明申请理由以及拟证明的案件事实。根据案件审理需要,人民法院可要求申请人补充有关材料。

人民法院收到申请后,就证人、鉴定人、侦查人员出庭的必要性进行审查,决定是否通知上述人员出庭作证,并将决定告知申请方。

第六条　人民法院认为证人、鉴定人、侦查人员符合本规定第三、四条,有必要出庭的,可依职权通知其出庭。

第七条　人民法院依法通知证人、鉴定人、侦查人员出庭的,应当在开庭三日前通知开庭的时间、地点等,并同时告知控辩双方。

无法通知或者证人、鉴定人、侦查人员拒绝出庭作证的,人民法院应当及时告知申请人。

人民法院可以要求申请证人、鉴定人、侦查人员出庭的一方在通知证人、鉴定人、侦查人员出庭过程中提供必要的协助。

第八条　证人具有下列情形之一,人民法院可以准许其不出庭:

(一)在庭审期间身患严重疾病或者行动极为不便的;

(二)居所远离开庭地点且交通极为不便的;

(三)身处境外短期无法回国的;

(四)被告人的配偶、父母及子女;

(五)有其他客观原因,确实无法出庭的。

具有前款规定情形的,确需证人出庭作证的,可以通过视频等式作证。

第九条　经人民法院通知,证人没有正当理由不出庭作证民法院认为确有必要的,可以强制其到庭。

强制证人出庭的,应当由院长签发强制证人出庭令,由司法警察执行,必要时,可以商请公安机关协助执行。

第十条　证人、鉴定人、侦查人员出庭作证时,审判人员应当核实其身份、与当事人以及本案的关系,告知作证的权利义务和法律责任。

出庭作证人员作证前,应当保证向法庭如实提供证言、说明鉴定意见,并在保证书上签名。

第十一条　向证人、鉴定人、侦查人员发问应当分别进行。

向证人、鉴定人、侦查人员发问,应当先由提请通知的一方进行;发问完毕后,经审判长准许,对方也可以发问。控辩双方发问完毕后,审判人员认为必要时,可以询问证人、鉴定人、侦查人员。

人民法院依职权主动通知证人、鉴定人、侦查人员出庭的,应当先由法庭向证人、鉴定人、侦查人员发问;发问完毕后,经审判长准许,控辩双方也可以依次发问,一般先由控方发问,如果证人证言、鉴定人陈述对被告人不利的,也可先由辩方发问。

对于双方争议较大、对事实认定及量刑情节具有关键作用的问题,经审判长许可,也可以交叉发问;

证人、鉴定人、侦查人员经控辩双方发问或者审判人员询问后，审判长应当告知其退庭，不得旁听本案的审理。庭审结束后应当阅看庭审记录中的作证部分，确认无误后签名。

第十二条 向证人发问应当遵循的规则：

(一)发问的内容应当与本案事实有关；

(二)不得以诱导方式发问；

(三)不得威胁证人；

(四)不得损害证人的人格尊严。

前款规定适用于对鉴定人、侦查人员的发问。

第十三条 控辩双方因对方发问方式不当或者内容与本案关而提出异议，申请审判长制止的，审判长应当判明情况予以支持或者驳回；对方未提出异议的，审判长也可以根据情况予以制止。

第十四条 证人当庭作出的证言，经控辩双方质证、法庭查证属实的，应当作为定案的根据。

证人当庭作出的证言与庭前证言矛盾，证人能够作出合理解释，并有相关证据印证的，应当采信庭审证言；不能作出合理解释而庭前证言有相关证据印证的，可以采信庭前证言。

第十五条 对无法通知或经通知有正当理由不能到庭的证人、侦查人员，申请方可将其书面证言作为证据进行举证。人民法院根据控辩双方的质证意见，结合在案证据综合分析后认定。

鉴定人由于不能抗拒的原因或者其他正当理由无法出庭的，人民法院可以根据情况决定延期审理或者重新鉴定。

第十六条 经人民法院通知，证人没有正当理由拒绝出庭或者出庭后拒绝作证，法庭对证言的真实性无法确认的，该证言不得作为定案的根据。

经人民法院通知，鉴定人拒不出庭作证的，鉴定意见不得作为定案的根据。对没有正当理由拒不出庭作证的鉴定人，人民法院应当通报司法行政机关或者有关部门。

第十七条 审判危害国家安全犯罪、恐怖活动犯罪、黑社会性质的组织犯罪、毒品犯罪等案件，作证人员因出庭作证，本人或者其近亲属的人身安全面临危险的，人民法院应当采取不公开其真实姓名、住址和工作单位等个人信息，或者不暴露其外貌、真实声音等保护措施。

第十八条 审判期间作证人员提出保护请求的，人民法院应当立即审查；认为确有保护必要的，应当及时决定采取相应保护措施，必要时，协调人民检察院、公安机关等相关单位和个人配合。

第十九条 证人、鉴定人因出庭作证产生的交通、住宿、就餐等费用，列入人民法院业务经费，予以补助。范围、标准按照《安徽省高级人民法院审理刑事案件证人、鉴定人出庭作证专项经费保障暂行办法》的规定执行。

第二十条 有专门知识的人出庭作证，适用鉴定人出庭作证的相关规定。

第二十一条 本指导意见自下发之日起施行。

▽如何审查盗窃案件中被窃书法作品的价格鉴定意见

本案涉案的3幅书法作品经同一价格认证机构鉴定出两种不同的价格，且相差较大。一审期间公安机关将书法作品送交湖州市价格认证中心进行价格鉴定，湖州市价格认证中心另聘请湖州市博物馆两位资深馆员对3幅书法作品进行实物勘查，确定一幅为明代杨继盛草书立轴，价值16.5万元；一幅为近代民国蔡元培行书立轴，价值5万元；一幅为现代曾密行书，价值0.8万元，3幅被盗书法作品共计价值22.3万元。二审期间，二审法院将被盗书法作品委托浙江省文物鉴定审核办公室检验，认定其中两幅为赝品，然后委托湖州市价格认证中心进行鉴定，最终确定杨继盛书法作品价值12 000元，蔡元培书法作品价值200元，另有一幅曾密书法作品，因书法作品鉴定专家对真伪提出了不同的意见，故价格认证中心对该书法作品未提出具体的评估价格，被盗书法作品共计价值1.22万元。对于两份相差悬殊的价格鉴定意见，二审法院在进一步查清案件事实的基础上采信第二份价格认定意见是妥当的。具

体理由如下:

(一)第一份价格鉴定意见存在无法排除的合理怀疑。《最高人民法院关于适用〈中华人民共和国刑事诉讼法〉的解释》(本附文以下简称《刑诉法解释》)第八十七条规定:对案件中的专门性问题需要鉴定,但没有法定司法鉴定机构,或者法律、司法解释规定可以进行检验的,可以指派、聘请有专门知识的人进行检验,检验报告可以作为定罪量刑的参考。对检验报告的审查和认定,参照适用鉴定意见的有关规定。参照《刑诉法解释》第八十四条的规定,人民法院对价格鉴定意见需要着重审查以下内容:鉴定机构和鉴定人是否具有法定资质;鉴定人是否存在应当回避的情形;检材的来源、取得、保管、送检是否符合法律、有关规定,与相关提取笔录、扣押物品清单等记载的内容是否相符,检材是否充足、可靠;鉴定的过程和方法是否符合相关专业的规范要求;鉴定意见与勘验、检查笔录及相关照片等其他证据是否矛盾,等等。1997年国家计划委员会、最高人民法院、最高人民检察院、公安部联合发布的《扣押、追缴、没收物品估价管理办法》(本附文以下简称《估价管理办法》)第六条也规定:"价格事务所出具的扣押、追缴、没收物品估价鉴定结论,经人民法院、人民检察院、公安机关确认,可以作为办理案件的依据。"据此,人民法院在审理案件期间应当对价格鉴定意见进行内容和形式的全面审查。一审法院最终仍采信价格认证中心出具的价格鉴定意见,认为被告人盗窃书法作品价值人民币22.3万元,并据此作出一审判决。但该价格鉴定意见有以下疑问:(1)失主陈述购买杨继盛书法作品价格为16.5万元,价格鉴定意见书也认定价值为16.5万元,而失主后又改口称购买价为1.38万元;失主陈述购买蔡元培书法作品价格为8万元,价格鉴定意见书认定价值为5万元,后失主又改口称购买价为1.68万元。失主到底以何种价格购得该书法作品不清。(2)失主陈述杨继盛、蔡元培书法作品为拍卖所得,但没有相应的书面证据予以印证;失主原陈述曾密书法作品系曾密所送,后又改口称是朋友赠送。该书法作品的来源不清。(3)被窃的3幅书法作品,均悬挂于画廊二楼窗边,一般来说,贵重书法作品悬挂于墙上不利于书法作品的保存,失主的保存方式不符合书法作品的身价。

(二)送交价格鉴定前应查清被窃物品的基本事实及确定真伪。根据《最高人民法院、最高人民检察院关于办理盗窃刑事案件适用法律若干问题的解释》第四条第一款的规定,被盗财物有有效价格证明的,根据有效价格证明认定;无有效价格证明,或者根据价格证明认定盗窃数额明显不合理的,应当按照有关规定委托估价机构估价。因此,书法作品的来源和购买价格直接关系到该作品的价值。从实践来看,一些案件中的涉案财物真伪显而易见,无须进行真伪、质量、技术检测,但金银珠宝、文物、书法作品、艺术品、奢侈品、钟表、香烟等物品则不同,存在赝品、假货可能性较大。因此,《估价管理办法》第二十条规定,价格事务所对委托估价的文物、邮票、字画、贵重金银、珠宝及其制品等特殊物品,应当送有关专业部门作出技术、质量鉴定后,根据其提供的有关依据,作出估价结论。国家发展和改革委员会价格认证中心印发的《被盗财物价格认定规则(试行)》第八条第三项亦规定,被盗财物为字画、珠宝玉石、文物等需要进行质量、真伪等检测的,应结合办案机关提供的检测报告或认定意见,对作者、创作年代、作品质量、历史价值、尺寸或重量、品相、材质、颜色、净度和配件等进行勘验。从以上规定可以看出,确定被窃书法作品的价值,应当先进行真伪、质量、技术检测,再由价格鉴定机关作出鉴定意见。本案中,二审法院将被盗书法作品委托浙江省文物鉴定审核办公室鉴定,确认其中一幅为清仿明杨继盛草书七绝诗轴(一般文物),一幅为现代仿民国蔡元培行书节《峤雅》五律诗轴(非文物)。也就是说,被窃的3幅书法作品中,有两幅明确为赝品,另有一幅曾密书法作品,因侦查机关无法提供真假的相关证明,而3名书法作品鉴定专家也对真伪提出了不同的意见,故无法认定真伪。

(三)不能简单以市场法对被窃书法作品进行估价。《被盗财物价格认定规则(试行)》第十一条规定,被盗财物价格认定常用方法有市场法、成本法、专家咨询法等。根据价格认定目的,被盗财物类别、状态、价格类型、可以采集的数据和信息资料情况、工作时限等因素,选择一种或几种价格认定方法。采用多种认定方法时,应综合考虑不同方法的测算思路和参数来源,分析每种方法对应结果的市场合理性,最终确定价格认定结论。该文件第十四条规定,被盗财物属性特殊、专业性强,难以采用市场法和成本法时,可采用专家咨询法。在运用市场法和成本法过程中咨询有关专家的,不属于专家咨询法。本案第一次委托鉴定时,价格认证中心采用市场法,根据委托单位提供的有关资料,确定鉴定物品的品名、规格型号、数量。通过市场调查和咨询,结合鉴定基准日湖州地区市场价格水平,确定鉴定物品的价格。而在第二次委托认定时,因考虑到书法作品价值的特殊性,特别是在本案存在赝品的情况下,为准确确定价值,价格认证中心还委托3名书法作品鉴定专家分别验画,分别提出书法作品的价格,作为鉴定的参考,最终确定杨继盛书法作品价值12 000元,蔡元培书法作品价值200元。另有一幅曾密书法作品,因无法辨别真伪,价格认证中心对该书法作品未提出具体的评估价格。在价格认证中心没有具体评估价格的情况下,本着有利于被告人的原则,该幅曾密书法作品未计入被告人的盗窃数额之内。

(四)再次委托湖州市价格认证中心进行鉴定符合相关规定。《估价管理办法》第五条规定,国务院及地方人民政府价格部门是扣押、追缴、没收物品估价工作的主管部门,其设立的价格事务所是各级人民法院、人民检察院、公安机关指定的扣押、追缴、没收物品估价机构,其他任何机构或者个人不得对扣押、追缴、没收物品估价。第十五条规定,委托机关对价格事务所出具的鉴定结论书有异议的,可以向原估价机构要求补充鉴定或者重新鉴定,也可以直接委托上级价格部门设立的价格事务所复核或者重新估价。从上述规定来看,湖州市价格认证中心具有涉案物品价格鉴定资质,公安机关委托湖州市价格认证中心对涉案书法作品进行价格鉴定是没有问题的。二审期间辩方申请重新鉴定,二审法院根据本案的证据,在对原鉴定意见存疑的情况下,委托湖州市价格认证中心进行再次鉴定,也符合相关规定。

综上,在窃取书法作品的案件中,司法机关应当依法对价格鉴定意见进行审查,在查明书法作品来源、购买价格等基础事实的前提下,委托专业部门作出作品真伪的认定后,再由价格认证中心出具价格鉴定意见。本案中,二审法院采信第二份价格鉴定意见,并据此对各被告人分别改判有期徒刑一年至一年四个月是适当的。(参见第1215号指导案例,张国群等盗窃案,载《刑事审判参考》总第111集,第79~84页。撰稿:陈克娥　沈怡侃)

第一百九十三条　【强制证人到庭及拒绝作证的处理】经人民法院通知,证人没有正当理由不出庭作证的,人民法院可以强制其到庭,但是被告人的配偶、父母、子女除外。

证人没有正当理由拒绝出庭或者出庭后拒绝作证的,予以训诫,情节严重的,经院长批准,处以十日以下的拘留。被处罚人对拘留决定不服的,可以向上一级人民法院申请复议。复议期间不停止执行。

■最高人民法院关于适用《中华人民共和国刑事诉讼法》的解释(2021年3月1日)

第二百五十三条　证人具有下列情形之一,无法出庭作证的,人民法院可以准许其不出庭:

(一)庭审期间身患严重疾病或者行动极为不便的;

(二)居所远离开庭地点且交通极为不便的;

(三)身处国外短期无法回国的;

(四)有其他客观原因,确实无法出庭的。

具有前款规定情形的,可以通过视频等方式作证。

第二百五十四条　证人出庭作证所支出的交通、住宿、就餐等费用,人民法院应当给予补助。

第二百五十五条　强制证人出庭的,应当由院长签发强制证人出庭令,由法警执行。必要时,可以商请公安机关协助。

第一百九十四条　【询问证人、鉴定人】证人作证,审判人员应当告知他要如实地提供证言和有意作伪证或者隐匿罪证要负的法律责任。公诉人、当事人和辩护人、诉讼代理人经审判长许可,可以对证人、鉴定人发问。审判长认为发问的内容与案件无关的时候,应当制止。

审判人员可以询问证人、鉴定人。

■人民检察院刑事诉讼规则(2019年12月30日)

第四百零六条 证人在法庭上提供证言,公诉人应当按照审判长确定的顺序向证人发问。可以要求证人就其所了解的与案件有关的事实进行陈述,也可以直接发问。

证人不能连贯陈述的,公诉人可以直接发问。

向证人发问,应当针对证言中有遗漏、矛盾、模糊不清和有争议的内容,并着重围绕与定罪量刑紧密相关的事实进行。

发问采取一问一答形式,提问应当简洁、清楚。

证人进行虚假陈述的,应当通过发问澄清事实,必要时可以宣读在侦查、审查起诉阶段制作的该证人的证言笔录或者出示、宣读其他证据。

当事人和辩护人、诉讼代理人向证人发问后,公诉人可以根据证人回答的情况,经审判长许可,再次向证人发问。

询问鉴定人、有专门知识的人参照上述规定进行。

第四百零七条 必要时,公诉人可以建议法庭采取不暴露证人、鉴定人、被害人外貌、真实声音等出庭作证保护措施,或者建议法庭根据刑事诉讼法第一百五十四条的规定在庭外对证据进行核实。

第四百零八条 对于鉴定意见、勘验、检查、辨认、侦查实验等笔录和其他作为证据的文书以及经人民法院通知而未到庭的被害人的陈述笔录,公诉人应当当庭宣读。

■最高人民法院关于适用《中华人民共和国刑事诉讼法》的解释(2021年3月1日)

第二百五十八条 证人出庭的,法庭应当核实其身份、与当事人以及本案的关系,并告知其有关权利义务和法律责任。证人应当保证向法庭如实提供证言,并在保证书上签名。

第二百五十九条 证人出庭后,一般先向法庭陈述证言;其后,经审判长许可,由申请通知证人出庭的一方发问,发问完毕后,对方也可以发问。

法庭依职权通知证人出庭的,发问顺序由审判长根据案件情况确定。

第二百六十条 鉴定人、有专门知识的人、调查人员、侦查人员或者其他人员出庭的,参照适用前两条规定。

第二百六十一条 向证人发问应当遵循以下规则:

(一)发问的内容应当与本案事实有关;

(二)不得以诱导方式发问;

(三)不得威胁证人;

(四)不得损害证人的人格尊严。

对被告人、被害人、附带民事诉讼当事人、鉴定人、有专门知识的人、调查人员、侦查人员或者其他人员的讯问、发问,适用前款规定。

第二百六十二条 控辩双方的讯问、发问方式不当或者内容与本案无关的,对方可以提出异议,申请审判长制止,审判长应当判明情况予以支持或者驳回;对方未提出异议的,审判长也可以根据情况予以制止。

第二百六十三条 审判人员认为必要时,可以询问证人、鉴定人、有专门知识的人、调查人员、侦查人员或者其他人员。

第二百六十四条 向证人、调查人员、侦查人员发问应当分别进行。

第二百六十五条 证人、鉴定人、有专门知识的人、调查人员、侦查人员或者其他人员不得旁听对本案的审理。有关人员作证或者发表意见后,审判长应当告知其退庭。

第二百六十六条　审理涉及未成年人的刑事案件，询问未成年被害人、证人，通知未成年被害人、证人出庭作证，适用本解释第二十二章的有关规定。

■最高人民法院、最高人民检察院、公安部、国家安全部、司法部、全国人大常委会法制工作委员会关于实施刑事诉讼法若干问题的规定（2013年1月1日）

28. 人民法院依法通知证人、鉴定人出庭作证的，应当同时将证人、鉴定人出庭通知书送交控辩双方，控辩双方应当予以配合。

第一百九十五条　【出示、宣读证据】公诉人、辩护人应当向法庭出示物证，让当事人辨认，对未到庭的证人的证言笔录、鉴定人的鉴定意见、勘验笔录和其他作为证据的文书，应当当庭宣读。审判人员应当听取公诉人、当事人和辩护人、诉讼代理人的意见。

■人民检察院刑事诉讼规则（2019年12月30日）

第四百零九条　公诉人向法庭出示物证，一般应当出示原物，原物不易搬运、不易保存或者已返还被害人的，可以出示反映原物外形和特征的照片、录像、复制品，并向法庭说明情况及与原物的同一性。

公诉人向法庭出示书证，一般应当出示原件。获取书证原件确有困难的，可以出示书证副本或者复制件，并向法庭说明情况及与原件的同一性。

公诉人向法庭出示物证、书证，应当对该物证、书证所要证明的内容、获取情况作出说明，并向当事人、证人等问明物证的主要特征，让其辨认。对该物证、书证进行鉴定的，应当宣读鉴定意见。

■最高人民法院关于适用《中华人民共和国刑事诉讼法》的解释（2021年3月1日）

第二百六十七条　举证方当庭出示证据后，由对方发表质证意见。

第二百六十八条　对可能影响定罪量刑的关键证据和控辩双方存在争议的证据，一般应当单独举证、质证，充分听取质证意见。

对控辩双方无异议的非关键证据，举证方可以仅就证据的名称及拟证明的事实作出说明。

召开庭前会议的案件，举证、质证可以按照庭前会议确定的方式进行。

根据案件和庭审情况，法庭可以对控辩双方的举证、质证方式进行必要的指引。

第二百六十九条　审理过程中，法庭认为有必要的，可以传唤同案被告人、分案审理的共同犯罪或者关联犯罪案件的被告人等到庭对质。

第二百七十条　当庭出示的证据，尚未移送人民法院的，应当在质证后当庭移交。

■最高人民法院、最高人民检察院、公安部、国家安全部、司法部、全国人大常委会法制工作委员会关于实施刑事诉讼法若干问题的规定（2013年1月1日）

26. 人民法院开庭审理公诉案件时，出庭的检察人员和辩护人需要出示、宣读、播放已移交人民法院的证据的，可以申请法庭出示、宣读、播放。

■最高人民法院关于建立健全防范刑事冤假错案工作机制的意见（2013年10月9日）

三、切实遵守法定诉讼程序，强化案件审理机制

11. 审判案件应当以庭审为中心。事实证据调查在法庭，定罪量刑辩论在法庭，裁判结果形成于法庭。

12. 证据未经当庭出示、辨认、质证等法庭调查程序查证属实，不得作为定案的根据。

采取技术侦查措施收集的证据，除可能危及有关人员的人身安全，或者可能产生其他严重后果，由人民法院依职权庭外调查核实的外，未经法庭调查程序查证属实，不得作为定案的根据。

13. 依法应当出庭作证的证人没有正当理由拒绝出庭或者出庭后拒绝作证，其庭前证言真实性无法确认的，不得作为定案的根据。

■**人民法院办理刑事案件第一审普通程序法庭调查规程(试行)(2017年11月27日)**

四、物证、书证等证据的举证、质证程序

第二十八条 审判长应当驾驭庭审过程,组织控辩双方举证、质证,全面调查核实案件中可以影响定罪量刑的事实证据问题,准确查明案件事实。

起诉书指控的被告人的犯罪事实为两起以上的,法庭调查一般应当分别进行。

第二十九条 开庭讯问、发问程序结束后,公诉人先行举证。公诉人举证完毕后,被告人及其辩护人可以举证,公诉人出示某一证据后,经审判长准许,被告人及其辩护人可以出示证据予以反驳。

控辩一方举证后,对方可以发表质证意见,必要时,控辩双方可以对争议的证据进行多次质证。

被告人及其辩护人认为公诉人出示的有关证据对本方诉讼主张有利的,可以在发表质证意见时予以认可,或者在发表辩护意见时直接使用有关证据。

第三十条 对于控辩双方随案移送或者庭前提交,但没有当庭出示的证据,审判长可以进行必要的提示;对于其中可能影响定罪量刑的关键证据,审判长应当要求控辩双方出示。

对于案件中可能影响定罪量刑的事实、证据存在疑问,控辩双方没有提及的,审判长应当引导控辩双方发表质证意见,并依法调查核实。

第三十一条 法庭应当重视对证据收集合法性的审查,对证据收集的合法性有疑问的,应当调查核实证明取证合法性的证据材料。

对于被告人及其辩护人申请排除非法证据,依法提供有关线索或者材料。法庭对证据收集的合法性有疑问,决定进行调查的,应当先行当庭调查。

第三十二条 对于可能影响定罪量刑的关键证据和控辩双方存在争议的证据,一般应当单独举证、质证。

对于控辩双方无异议的非关键性证据,可以仅就证据的名称及其证明的事项作出说明。

第三十三条 对于物证、书证、视听资料、电子数据等证据应当出示原物、原件。取得原物、原件确有困难的,可以出示照片、录像、副本、复制件等足以反映原物、原件外形和特征以及真实内容的材料,并说明理由。

对于鉴定意见和勘验、检查、辨认、侦查实验等笔录,应当出示原件。

第三十四条 控辩双方出示证据,应当重点围绕与案件事实相关内容或或者控辩双方存在争议的内容进行。

出示证据时,可以借助多媒体设备等方式出示,播放或者演示证据内容。

第三十五条 控辩双方对证人证言、被害人陈述、鉴定意见无异议,上述人员不需要出庭的,以及上述人员因客观原因无法出庭且无法通过视频等方式作证的,可以出示,宣读庭前收集的书面证据材料或者庭前制定的作证过程录音录像。

被告人当庭供述与庭前供述的实质性内容一致的,可以不再出示庭前供述;当庭供述与庭前供述存在实质性差异的,可以出示、宣读庭前供述中存在实质性差异的内容。

第三十六条 采用技术侦查措施收集的证据,应当当庭出示。当庭出示、辨认、质证可能危及有关人员的人身安全,或者可能产生其他严重后果的,应当采取不暴露有关人员身份,不公开技术侦查措施和方法等保护措施。

法庭决定在庭外对技术侦查证据进行核实的,可以召集公诉人和辩护律师到场,在场人员应当在保密承诺书上签名,并履行保密义务。

第三十七条 法庭对证据有疑问的,可以告知控辩双方补充证据或者作出说明;必要时可以在其他证据调查完毕后宣布休庭,对证据进行调查核实。

对于控辩双方补充和法庭庭外调查核实取得的证据,应当经过庭审质证才能作为定案的根据。但是，对于不影响定罪量刑的非关键性证据和有利于被告人的量刑证据，经庭外征求意见，控辩双方没有异议的除外。

根据案情审理需要，法庭可以组织控辩双方到现场核实情况，并将核实过程记录在案。

■人民检察院公诉人出庭举证质证工作指引（全文）（2018年7月3日）

第一章 总则

第一条 为适应以审判为中心的刑事诉讼制度改革新要求，全面贯彻证据裁判规则，进一步加强和改进公诉人出庭举证质证工作，构建认罪和不认罪案件相区别的出庭公诉模式，增强指控犯罪效果，根据《中华人民共和国刑事诉讼法》和相关规定，结合检察工作实际，制定本工作指引。

第二条 举证是指在出庭支持公诉过程中，公诉人向法庭出示、宣读、播放有关证据材料并予以说明，对出庭作证人员进行询问，以证明公诉主张成立的诉讼活动。

质证是指在审判人员的主持下，由控辩双方对所出示证据材料及出庭作证人员的言词证据的证据能力和证明力相互进行质疑和辩驳，以确认是否作为定案依据的诉讼活动。

第三条 公诉人出庭举证质证，应当以辩证唯物主义认识论为指导，以事实为根据，以法律为准绳，注意运用逻辑法则和经验法则，有力揭示和有效证实犯罪，提高举证质证的质量、效率和效果，尊重和保障犯罪嫌疑人、被告人和其他诉讼参与人诉讼权利，努力让人民群众在每一个司法案件中感受到公平正义。

第四条 公诉人举证质证，应当遵循下列原则：

（一）实事求是，客观公正；

（二）突出重点，有的放矢；

（三）尊重辩方，理性文明；

（四）遵循法定程序，服从法庭指挥。

第五条 公诉人可以根据被告人是否认罪，采取不同的举证质证模式。

被告人认罪的案件，经控辩双方协商一致并经法庭同意，举证质证可以简化。

被告人不认罪或者辩护人作无罪辩护的案件，一般应当全面详细举证质证。但对辩护方无异议的证据，经控辩双方协商一致并经法庭同意，举证质证也可以简化。

第六条 公诉人举证质证，应当注重与现代科技手段相融合，积极运用多媒体示证、电子卷宗、出庭一体化平台等，增强庭审指控犯罪效果。

第二章 举证质证的准备

第七条 公诉人审查案件时，应当充分考虑出庭准备和庭审举证质证工作的需要，有针对性地制作审查报告。

第八条 公诉人基于出庭准备和庭审举证质证工作的需要，可以在开庭前从人民法院取回有关案卷材料和证据，或者查阅电子卷宗。

第九条 公诉案件开庭前，公诉人应当进一步熟悉案情，掌握证据情况，深入研究与本案有关的法律政策问题，熟悉审判可能涉及的专业知识，围绕起诉书指控的犯罪事实和情节，制作举证质证提纲，做好举证质证准备。

制作举证质证提纲应当注意以下方面：

（一）证据的取得是否符合法律规定；

（二）证据是否符合法定形式；

（三）证据是否为原件、原物，照片、录像、复制件、副本等与原件、原物是否相符；

（四）发现证据时的客观环境；

（五）证据形成的原因；

(六)证人或者提供证据的人与本案有无利害关系;

(七)证据与待证事实之间的关联关系;

(八)证据之间的相互关系;

(九)证据是否共同指向同一待证事实,有无无法排除的矛盾和无法解释的疑问,全案证据是否形成完整的证明体系,根据全案证据认定的事实是否足以排除合理怀疑,结论是否具有唯一性;

(十)证据是否具有证据能力及其证明力的其他问题。

第十条 公诉人应当通过参加庭前会议,及时掌握辩护方提供的证据,全面了解被告人及其辩护人对证据的主要异议,并在审判人员主持下,就案件的争议焦点、证据的出示方式等进行沟通,确定举证顺序、方式。根据举证需要,公诉人可以申请证人、鉴定人、侦查人员、有专门知识的人出庭,对辩护方出庭人员名单提出异议。

审判人员在庭前会议中组织展示证据的,公诉人应当出示拟在庭审中出示的证据,梳理存在争议的证据,听取被告人及其辩护人的意见。

被告人及其辩护人在开庭审理前申请排除非法证据,并依照法律规定提供相关线索或者材料的,公诉人经查证认为不存在非法取证行为的,应当在庭前会议中通过出示有关证据材料等方式,有针对性地对证据收集的合法性作出说明。

公诉人可以在庭前会议中撤回有关证据。撤回的证据,没有新的理由,不得在庭审中出示。

公诉人应当根据庭前会议上就举证方式达成的一致意见,修改完善举证提纲。

第十一条 公诉人在开庭前收到人民法院转交或者被告人及其辩护人、被害人、证人等递交的反映证据系非法取得的书面材料的,应当进行审查。对于审查逮捕、审查起诉期间已经提出并经查证不存在非法取证行为的,应当通知人民法院,或者告知有关当事人和辩护人,并按照查证的情况做好庭审准备。对于新的材料或者线索,可以要求侦查机关对证据收集的合法性进行说明或者提供相关证明材料,必要时可以自行调查核实。

第十二条 公诉人在庭前会议后依法收集的证据,在开庭前应当及时移送人民法院,并了解被告人或者其辩护人是否提交新的证据。如果有新的证据,公诉人应当对该证据进行审查。

第十三条 公诉人在开庭前,应当通过讯问被告人、听取辩护人意见、参加庭前会议、与法庭沟通等方式,了解掌握辩护方所收集的证明被告人无罪、罪轻或者反映存在非法取证行为的相关材料情况,进一步熟悉拟在庭审中出示的相关证据,围绕证据的真实性、关联性、合法性,全面预测被告人、辩护人可能提出的质证观点,有针对性地制作和完善质证提纲。

第三章 举证

第一节 举证的基本要求

第十四条 公诉人举证,一般应当遵循下列要求:

(一)公诉人举证,一般应当全面出示证据;出示、宣读、播放每一份(组)证据时,一般应当出示证据的全部内容。根据普通程序、简易程序以及庭前会议确定的举证方式和案件的具体情况,也可以简化出示,但不得随意删减、断章取义。没有召开庭前会议的,公诉人可以当庭与辩护方协商,并经法庭许可确定举证方式。

(二)公诉人举证前,应当先就举证方式作出说明;庭前会议对简化出示证据达成一致意见的,一并作出说明。

(三)出示、宣读、播放每一份(组)证据前,公诉人一般应当先就证据证明方向,证据的种类、名称、收集主体和时间以及所要证明的内容向法庭作概括说明。

(四)对于控辩双方无异议的非关键性证据,举证时可以仅就证据的名称及所证明的事项作出说明;对于可能影响定罪量刑的关键证据和控辩双方存在争议的证据,以及法庭认为有必要调查核实的证据,应当详细出示。

(五)举证完毕后,应当对出示的证据进行归纳总结,明确证明目的。

(六)使用多媒体示证的,应当与公诉人举证同步进行。

第十五条 公诉人举证,应当主要围绕下列事实,重点围绕控辩双方争议的内容进行:

(一)被告人的身份;

(二)指控的犯罪事实是否存在,是否为被告人所实施;

(三)实施犯罪行为的时间、地点、方法、手段、结果,被告人犯罪后的表现等;

(四)犯罪集团或者其他共同犯罪案件中参与犯罪人员的各自地位和应负的责任;

(五)被告人有无刑事责任能力,有无故意或者过失,行为的动机、目的;

(六)有无依法不应当追究刑事责任的情形,有无法定从重或者从轻、减轻以及免除处罚的情节;

(七)犯罪对象、作案工具的主要特征,与犯罪有关的财物的来源、数量以及去向;

(八)被告人全部或者部分否认起诉书指控的犯罪事实的,否认的根据和理由能否成立;

(九)与定罪、量刑有关的其他事实。

第十六条 对于公诉人简化出示的证据,辩护人要求公诉人详细出示的,可以区分不同情况作出处理。具有下列情形之一的,公诉人应当详细出示:

(一)审判人员要求详细出示的;

(二)辩护方要求详细出示并经法庭同意的;

(三)简化出示证据可能影响举证效果的。

具有下列情形之一的,公诉人可以向法庭说明理由,经法庭同意后,可以不再详细出示:

(一)公诉人已经详细出示过相关证据,辩护方重复要求的;

(二)公诉人简化出示的证据能够证明案件事实并反驳辩护方异议的;

(三)辩护方所要求详细出示的内容与起诉书认定事实无关的;

(四)被告人承认指控的犯罪事实和情节的。

第十七条 辩护方当庭申请公诉人宣读出示案卷中对被告人有利但未被公诉人采信的证据的,可以建议法庭决定由辩护方宣读出示,并说明不采信的理由。法庭采纳辩护方申请要求公诉人宣读出示的,公诉人应当出示。

第十八条 公诉人、被告人及其辩护人对收集被告人供述是否合法未达成一致意见,人民法院在庭审中对证据合法性进行调查的,公诉人可以根据讯问笔录、羁押记录、提讯登记、出入看守所的健康检查记录、医院病历、看守管教人员的谈话记录、采取强制措施或者侦查措施的法律文书、侦查机关对讯问过程合法性的证明材料、侦查机关或者检察机关对证据收集合法性调查核实的结论、驻看守所检察人员在侦查终结前对讯问合法性的核查结论等,对庭前讯问被告人的合法性进行证明,可以要求法庭播放讯问同步录音、录像,必要时可以申请法庭通知侦查人员或者其他人员出庭说明情况。

控辩双方对收集证人证言、被害人陈述、收集物证、书证等的合法性以及其他程序事实发生争议的,公诉人可以参照前款规定出示、宣读有关法律文书、侦查或者审查起诉活动笔录等予以证明。必要时,可以建议法庭通知负责侦查的人员以及搜查、查封、扣押、冻结、勘验、检查、辨认、侦查实验等活动的见证人出庭陈述有关情况。

第二节 举证的一般方法

第十九条 举证一般应当一罪名一举证、一事实一举证,做到条理清楚、层次分明。

第二十条 举证顺序应当以有利于证明公诉主张为目的,公诉人可以根据案件的不同种类、特点和庭审实际情况,合理安排和调整举证顺序。一般先出示定罪证据,后出示量刑证据;先出示主要证据,后出示次要证据。

公诉人可以按照与辩护方协商并经法庭许可确定的举证顺序进行举证。

第二十一条 根据案件的具体情况和证据状况,结合被告人的认罪态度,举证可以采用分组举证或者逐一举证的方式。

案情复杂、同案被告人多、证据数量较多的案件,一般采用分组举证为主、逐一举证为辅的方式。

对证据进行分组时,应当遵循证据之间的内在逻辑关系,可以将证明方向一致或者证明内容相近的证据归为一组;也可以按照证据种类进行分组,并注意各组证据在证明内容上的层次和递进关系。

第二十二条 对于可能影响定罪量刑的关键证据和控辩双方存在争议的证据,应当单独举证。

被告人认罪的案件,对控辩双方无异议的定罪证据,可以简化出示,主要围绕量刑和其他有争议的问题出示证据。

第二十三条 对于被告人不认罪案件,应当立足于证明公诉主张,通过合理举证构建证据体系,反驳被告人的辩解,从正反两个方面予以证明。重点一般放在能够有力证明指控犯罪事实系被告人所为的证据和能够证明被告人无罪辩解不成立的证据上,可以将指控证据和反驳证据同时出示。

对于被告人翻供的,应当综合运用证据,阐明被告人翻供的时机、原因、规律,指出翻供的不合理、不客观、有矛盾之处。

第二十四条 "零口供"案件的举证,可以采用关键证据优先法。公诉人根据案件证据情况,优先出示定案的关键证据,重点出示物证、书证、现场勘查笔录等客观性证据,直接将被告人与案件建立客观联系,在此基础上构建全案证据体系。

辩点较多案件的举证,可以采用先易后难法。公诉人根据案件证据情况和庭前会议了解的被告人及辩护人的质证观点,先出示被告人及辩护人没有异议的证据或者分歧较小的证据,后出示控辩双方分歧较大的证据,使举证顺利推进,为集中精力对分歧证据进行质证作准备。

依靠间接证据定案的不认罪案件的举证,可以采用层层递进法。公诉人应当充分运用逻辑推理,合理安排举证顺序,出示的后一份(组)证据与前一份(组)证据要紧密关联,环环相扣,层层递进,通过逻辑分析揭示各个证据之间的内在联系,综合证明案件已经排除合理怀疑。

第二十五条 对于一名被告人有一起犯罪事实或者案情比较简单的案件,可以根据案件证据情况按照法律规定的证据种类举证。

第二十六条 对于一名被告人有数起犯罪事实的案件,可以以每一起犯罪事实为单元,将证明犯罪事实成立的证据分组举证或者逐一举证。其中,涉及每起犯罪事实中量刑情节的证据,应当在对该起犯罪事实举证中出示;涉及全案综合量刑情节的证据,应当在全案的最后出示。

第二十七条 对于数名被告人有一起犯罪事实的案件,根据各被告人在共同犯罪中的地位、作用及情节,一般先出示证明主犯犯罪事实的证据,再出示证明从犯犯罪事实的证据。

第二十八条 对于数名被告人有数起犯罪事实的案件,可以采用不同的分组方法和举证顺序,或者按照作案时间的先后顺序,或者以主犯参与的犯罪事实为主线,或者以参与人数的多少为标准,并注意区分犯罪集团的犯罪行为、一般共同犯罪行为和个别成员的犯罪行为,分别进行举证。

第二十九条 对于单位犯罪案件,应当先出示证明单位构成犯罪的证据,再出示对其负责的单位主管人员或者其他直接责任人员构成犯罪的证据。对于指控被告单位犯罪与指控单位主管人员或者其他直接责任人员犯罪的同一份证据可以重复出示,但重复出示时仅予以说明即可。

第三节 各类证据的举证要求

第三十条 出示的物证一般应当是原物。原物不易搬运、不易保存或者已返还被害人的,可以出示反映原物外形和特征的照片、录像、复制品,并向法庭说明情况及与原物的同一性。

出示的书证一般应当是原件,获取书证原件确有困难的,可以出示书证副本或者复制件,并向法庭说明情况及与原件的同一性。

出示物证、书证时,应当对物证、书证所要证明的内容、收集情况作概括说明,可以提请法庭让当事人、证人等诉讼参与人辨认。物证、书证经过技术鉴定的,可以宣读鉴定意见。

第三十一条　询问出庭作证的证人,应当遵循以下规则:

(一)发问应当单独进行;

(二)发问应当简洁、清楚;

(三)发问应当采取一问一答形式,不宜同时发问多个内容不同的问题;

(四)发问的内容应当着重围绕与定罪、量刑紧密相关的事实进行;

(五)不得以诱导方式发问;

(六)不得威胁或者误导证人;

(七)不得损害证人的人格尊严;

(八)不得泄露证人个人隐私;

(九)询问未成年人,应当结合未成年人的身心特点进行。

第三十二条　证人出庭的,公诉人可以要求证人就其了解的与案件有关的事实进行陈述,也可以直接发问。对于证人采取猜测性、评论性、推断性语言作证的,公诉人应当提醒其客观表述所知悉的案件事实。

公诉人认为证人作出的回答对案件事实和情节的认定有决定性或者重大影响,可以提请法庭注意。

证人出庭作证的证言与庭前提供的证言相互矛盾的,公诉人应当问明理由,并对该证人进行询问,澄清事实。认为理由不成立的,可以宣读证人在改变证言前的笔录内容,并结合相关证据予以反驳。

对未到庭证人的证言笔录,应当当庭宣读。宣读前,应当说明证人和本案的关系。对证人证言笔录存在疑问、确实需要证人出庭陈述或者有新的证人的,公诉人可以要求延期审理,由人民法院通知证人到庭提供证言和接受质证。

根据案件情况,公诉人可以申请实行证人远程视频作证。

控辩双方对证人证言无异议,证人不需要出庭的,或者证人因客观原因无法出庭且无法通过视频等方式作证的,公诉人可以出示、宣读庭前收集的书面证据材料或者作证过程录音、录像。

第三十三条　公诉人申请出庭的证人当庭改变证言、被害人改变其庭前的陈述,公诉人可以询问其言词发生变化的理由,认为理由不成立的,可以择机有针对性地宣读其在侦查、审查起诉阶段的证言、陈述,或者出示、宣读其他证据,对证人、被害人进行询问,予以反驳。

第三十四条　对被害人、鉴定人、侦查人员、有专门知识的人的询问,参照适用询问证人的规定。

第三十五条　宣读被告人供述,应当根据庭审中被告人供述的情况进行。被告人有多份供述且内容基本一致的,一般选择证明力最充分的一份或者几份出示。被告人当庭供述与庭前供述的实质性内容一致的,可以不再宣读庭前供述,但应当向法庭说明;被告人当庭供述与庭前供述存在实质性差异的,公诉人应当问明理由,认为理由不成立的,应当就存在实质性差异的内容宣读庭前供述,并结合相关证据予以反驳。

第三十六条　被告人作无罪辩解或者当庭供述与庭前供述内容不一致,足以影响定罪量刑的,公诉人可以有针对性地宣读被告人庭前供述笔录,并针对笔录中被告人的供述内容对被告人进行讯问,或者出示其他证据进行证明,予以反驳,并提请法庭对其当庭供述不予采信。对翻供内容需要调查核实的,可以建议法庭休庭或者延期审理。

第三十七条　鉴定意见以及勘验、检查、辨认和侦查实验等笔录应当当庭宣读,并对鉴定人、勘验人、检查人、辨认人、侦查实验人员的身份、资质、与当事人及本案的关系作出说明,必要时提供证据予以证明。鉴定人、有专门知识的人出庭,公诉人可以根据需要对其发问。发问时适用对证人询问的相关要求。

第三十八条　播放视听资料,应当首先对视听资料的来源、制作过程、制作环境、制作人员以及所要证明的内容进行概括说明。播放一般应当连续进行,也可以根据案情分段进行,但应当保持资料原貌,不得对视听资料进行剪辑。

播放视听资料,应当向法庭提供视听资料的原始载体。提供原始载体确有困难的,可以提供复制件,但应当向法庭说明原因。

出示音频资料,也可以宣读庭前制作的附有声音资料语言内容的文字记录。

第三十九条　出示以数字化形式存储、处理、传输的电子数据证据,应当对该证据的原始存储介质、收集提取过程等予以简要说明,围绕电子数据的真实性、完整性、合法性,以及被告人的网络身份与现实身份的同一性出示证据。

第四章　质证

第一节　质证的基本要求

第四十条　公诉人质证应当根据辩护方所出示证据的内容以及对公诉方证据提出的质疑,围绕案件事实、证据和适用法律进行。

质证应当一证一质一辩。质证阶段的辩论,一般应当围绕证据本身的真实性、关联性、合法性,针对证据能力有无以及证明力大小进行。对于证据与证据之间的关联性、证据的综合证明作用问题,一般在法庭辩论阶段予以答辩。

第四十一条　对影响定罪量刑的关键证据和控辩双方存在争议的证据,一般应当单独质证。

对控辩双方没有争议的证据,可以在庭审中简化质证。

对于被告人认罪案件,主要围绕量刑和其他有争议的问题质证,对控辩双方无异议的定罪证据,可以不再质证。

第四十二条　公诉人可以根据需要将举证质证、讯问询问结合起来,在质证阶段对辩护方观点予以适当辩驳,但应当区分质证与辩论之间的界限,重点针对证据本身的真实性、关联性、合法性进行辩驳。

第四十三条　在每一份(组)证据或者全部证据质证完毕后,公诉人可以根据具体案件情况,提请法庭对证据进行确认。

第二节　对辩护方质证的答辩

第四十四条　辩护方对公诉方当庭出示、宣读、播放的证据的真实性、关联性、合法性提出的质证意见,公诉人应当进行全面、及时和有针对性地答辩。

辩护方提出的与证据的证据能力或者证明力无关、与公诉主张无关的质证意见,公诉人可以说明理由不予答辩,并提请法庭不予采纳。

公诉人答辩一般应当在辩护方提出质证意见后立即进行。在不影响庭审效果的情况下,也可以根据需要在法庭辩论阶段结合其他证据综合发表意见,但应当向法庭说明。

第四十五条　对辩护方符合事实和法律的质证,公诉人应当实事求是、客观公正地发表意见。

辩护方因对证据内容理解有误而质证的,公诉人可以对证据情况进行简要说明。

第四十六条　公诉人对辩护方质证的答辩,应当重点针对可能动摇或者削弱证据能力、证明力的质证观点进行答辩,对于不影响证据能力、证明力的质证观点可以不予答辩或者简要答辩。

第四十七条　辩护方质疑言词证据之间存在矛盾的,公诉人可以综合全案证据,立足证据证明体系,从认知能力、与当事人的关系、客观环境等角度,进行重点答辩,合理解释证据之间的矛盾。

第四十八条　辩护人询问证人或者被害人有下列情形之一的,公诉人应当及时提请审判长制止,必要时应当提请法庭对该项陈述或者证言不予采信:

（一）以诱导方式发问的；

（二）威胁或者误导证人的；

（三）使被害人、证人以推测性、评论性、推断性意见作为陈述或者证言的；

（四）发问内容与本案事实无关的；

（五）对被害人、证人带有侮辱性发问的；

（六）其他违反法律规定的情形。

对辩护人询问侦查人员、鉴定人和有专门知识的人的质证，参照前款规定。

第四十九条　辩护方质疑证人当庭证言与庭前证言存在矛盾的，公诉人可以有针对性地对证人进行发问，也可以提请法庭决定就有异议的内容由被告人与证人进行对质诘问，在发问或对质诘问过程中，对前后矛盾或者疏漏之处作出合理解释。

第五十条　辩护方质疑被告人庭前供述系非法取得的，公诉人可以综合采取以下方式证明取证的合法性：

（一）宣读被告人在审查（决定）逮捕、审查起诉阶段的讯问笔录，证实其未曾供述过在侦查阶段受到刑讯逼供，或者证实其在侦查机关更换侦查人员且再次讯问时告知诉讼权利和认罪的法律后果后仍自愿供述，或者证实其在检察人员讯问并告知诉讼权利和认罪的法律后果后仍自愿供述；

（二）出示被告人的羁押记录，证实其接受讯问的时间、地点、次数等符合法律规定；

（三）出示被告人出入看守所的健康检查记录、医院病历，证实其体表和健康情况；

（四）出示看守管教人员的谈话记录；

（五）出示与被告人同监舍人员的证言材料；

（六）当庭播放或者庭外核实讯问被告人的录音、录像；

（七）宣读重大案件侦查终结前讯问合法性核查笔录，当庭播放或者庭外核实对讯问合法性进行核查时的录音、录像；

（八）申请侦查人员出庭说明办案情况。

公诉人当庭不能证明证据收集的合法性，需要调查核实的，可以建议法庭休庭或者延期审理。

第五十一条　辩护人质疑收集被告人供述存在程序瑕疵申请排除证据的，公诉人可以宣读侦查机关的补正说明。没有补正说明的，也可以从讯问的时间地点符合法律规定，已进行权利告知，不存在威胁、引诱、欺骗等情形，被告人多份供述内容一致，全案证据能够互相印证，被告人供述自愿性未受影响，程序瑕疵没有严重影响司法公正等方面作出合理解释。必要时，可以提请法庭播放同步录音录像，从被告人供述时情绪正常、表达流畅、能够趋利避害等方面证明庭前供述自愿性，对瑕疵证据作出合理解释。

第五十二条　辩护方质疑物证、书证的，公诉人可以宣读侦查机关收集物证、书证的补正说明，从此类证据客观、稳定、不易失真以及取证主体、程序、手段合法等方面有针对性地予以答辩。

第五十三条　辩护方质疑鉴定意见的，公诉人可以从鉴定机构和鉴定人的法定资质、检材来源、鉴定程序、鉴定意见形式要件符合法律规定等方面，有针对性地予以答辩。

第五十四条　辩护方质疑不同鉴定意见存在矛盾的，公诉人可以阐释不同鉴定意见对同一问题得出不同结论的原因，阐明检察机关综合全案情况，结合案件其他证据，采信其中一份鉴定意见的理由。必要时，可以申请鉴定人、有专门知识的人出庭。控辩双方仍存在重大分歧，且辩护方质疑有合理依据，对案件有实质性影响的，可以建议法庭休庭或者延期审理。

第五十五条　辩护方质疑勘验、检查、搜查笔录的，公诉人可以从勘验、检查、搜查系依法进行，笔录的制作符合法律规定，勘验、检查、搜查人员和见证人有签名或者盖章等方面，有针对性地予以答辩。

第五十六条　辩护方质疑辨认笔录的，公诉人可以从辨认的过程、方法，以及辨认笔录的制作符合有关规定等方面,有针对性地予以答辩。

第五十七条　辩护方质疑侦查实验笔录的,公诉人可以从侦查实验的审批、过程、方法、法律依据、技术规范或者标准、侦查实验的环境条件与原案接近程度、结论的科学性等方面,有针对性地予以答辩。

第五十八条　辩护方质疑视听资料的,公诉人可以从此类证据具有不可增添性、真实性强,内容连续完整,所反映的行为人的言语动作连贯自然,提取、复制、制作过程合法,内容与案件事实关联程度等方面,有针对性地予以答辩。

第五十九条　辩护方质疑电子数据的,公诉人可以从此类证据提取、复制、制作过程、内容与案件事实关联程度等方面,有针对性地予以答辩。

第六十条　辩护方质疑采取技术侦查措施获取的证据材料合法性的,公诉人可以通过说明采取技术侦查措施的法律规定、出示批准采取技术侦查措施的法律文书等方式,有针对性地予以答辩。

第六十一条　辩护方在庭前提出排除非法证据申请,经审查被驳回后,在庭审中再次提出排除申请的,或者辩护方撤回申请后再次对有关证据提出排除申请的,公诉人应当审查辩护方是否提出新的线索或者材料。没有新的线索或者材料表明可能存在非法取证的,公诉人可以建议法庭予以驳回。

第六十二条　辩护人仅采用部分证据或者证据的部分内容,对证据证明的事项发表不同意见的,公诉人可以立足证据认定的全面性、同一性原则,综合全案证据予以答辩。必要时,可以扼要概述已经法庭质证过的其他证据,用以反驳辩护方的质疑。

第六十三条　对单个证据质证的同时,公诉人可以简单点明该证据与其他证据的印证情况,以及在整个证据链条中的作用,通过边质证边论证的方式,使案件事实逐渐清晰,减轻辩论环节综合分析论证的任务。

第三节　对辩护方证据的质证

第六十四条　公诉人应当认真审查辩护方向法庭提交的证据。对于开庭五日前未提交给法庭的,可以当庭指出,并根据情况,决定是否要求查阅该证据或者建议休庭;属于下列情况的,可以提请法庭不予采信:

(一)不符合证据的真实性、关联性、合法性要求的证据;

(二)辩护人提供的证据明显有悖常理的;

(三)其他需要提请法庭不予采信的情况。

对辩护方提出的无罪证据,公诉人应当本着实事求是、客观公正的原则进行质证。对于与案件事实不符的证据,公诉人应当针对辩护方证据的真实性、关联性、合法性提出质疑,否定证据的证明力。

对被告人的定罪、量刑有重大影响的证据,当庭难以判断的,公诉人可以建议法庭休庭或者延期审理。

第六十五条　对辩护方提请出庭的证人,公诉人可以从以下方面进行质证:

(一)证人与案件当事人、案件处理结果有无利害关系;

(二)证人的年龄、认知、记忆和表达能力、生理和精神状态是否影响作证;

(三)证言的内容及其来源;

(四)证言的内容是否为证人直接感知,证人感知案件事实时的环境、条件和精神状态;

(五)证人作证是否受到外界的干扰或者影响;

(六)证人与案件事实的关系;

(七)证言前后是否矛盾;

(八)证言之间以及与其他证据之间能否相互印证,有无矛盾。

第六十六条　辩护方证人未出庭的,公诉人认为其证言对案件的定罪量刑有重大影响的,可以提请法庭通知其出庭。

对辩护方证人不出庭的,公诉人可以从取证主体合法性、取证是否征得证人同意、是否告知证人权利义务、询问未成年人时其法定代理人或者有关人员是否到场、是否单独询问证人等方面质证。质证中可以将证言与已经出示的证据材料进行对比分析,发现并反驳前后矛盾且不能作出合理解释的证人证言。证人证言前后矛盾或者与案件事实无关的,应当提请法庭注意。

第六十七条　对辩护方出示的鉴定意见和提请出庭的鉴定人,公诉人可以从以下方面进行质证:

(一)鉴定机构和鉴定人是否具有法定资质;

(二)鉴定人是否存在应当回避的情形;

(三)检材的来源、取得、保管、送检是否符合法律和有关规定,与相关提取笔录、扣押物品清单等记载的内容是否相符,检材是否充足、可靠;

(四)鉴定意见的形式要件是否完备,是否注明提起鉴定的事由、鉴定委托人、鉴定机构、鉴定要求、鉴定过程、鉴定方法、鉴定日期等相关内容,是否由鉴定机构加盖司法鉴定专用章并由鉴定人签名、盖章;

(五)鉴定程序是否符合法律和有关规定;

(六)鉴定的过程和方法是否符合相关专业的规范要求;

(七)鉴定意见是否明确;

(八)鉴定意见与案件待证事实有无关联;

(九)鉴定意见与勘验、检查笔录及相关照片等其他证据是否矛盾;

(十)鉴定意见是否依法及时告知相关人员,当事人对鉴定意见有无异议。

必要时,公诉人可以申请法庭通知有专门知识的人出庭,对辩护方出示的鉴定意见进行必要的解释说明。

第六十八条　对辩护方出示的物证、书证,公诉人可以从以下方面进行质证:

(一)物证、书证是否为原物、原件;

(二)物证的照片、录像、复制品,是否与原物核对无误;

(三)书证的副本、复制件,是否与原件核对无误;

(四)物证、书证的收集程序、方式是否符合法律和有关规定;

(五)物证、书证在收集、保管、鉴定过程中是否受损或者改变;

(六)物证、书证与案件事实有无关联。

第六十九条　对辩护方出示的视听资料,公诉人可以从以下方面进行质证:

(一)收集过程是否合法,来源及制作目的是否清楚;

(二)是否为原件,是复制件的,是否有复制说明;

(三)制作过程中是否存在威胁、引诱当事人等违反法律、相关规定的情形;

(四)内容和制作过程是否真实,有无剪辑、增加、删改等情形;

(五)内容与案件事实有无关联。

第七十条　对辩护方出示的电子数据,公诉人可以从以下方面进行质证:

(一)是否随原始存储介质移送,在原始存储介质无法封存、不便移动等情形时,是否有提取、复制过程的说明;

(二)收集程序、方式是否符合法律及有关技术规范;

(三)电子数据内容是否真实,有无删除、修改、增加等情形;

(四)电子数据制作过程中是否受到暴力胁迫或者引诱因素的影响;

(五)电子数据与案件事实有无关联。

第七十一条 对于因专门性问题不能对有关证据发表质证意见的,可以建议休庭,向有专门知识的人咨询意见。必要时,可以建议延期审理,进行鉴定或者重新鉴定。

第四节 法庭对质

第七十二条 控辩双方针对同一事实出示的证据出现矛盾的,公诉人可以提请法庭通知相关人员到庭对质。

第七十三条 被告人、证人对同一事实的陈述存在矛盾需要对质的,公诉人可以建议法庭传唤有关被告人、证人同时到庭对质。

各被告人之间对同一事实的供述存在矛盾需要对质的,公诉人可以在被告人全部陈述完毕后,建议法庭当庭进行对质。

第七十四条 辩护方质疑物证、书证、鉴定意见、勘验、检查、搜查、辨认、侦查实验等笔录、视听资料、电子数据的,必要时,公诉人可以提请法庭通知鉴定人、有专门知识的人、侦查人员、见证人等出庭。

辩护方质疑采取技术侦查措施获取的证据材料合法性的,必要时,公诉人可以建议法庭采取不暴露有关人员身份、不公开技术侦查措施和方法等保护措施,在庭外对证据进行核实,并要求在场人员履行保密义务。

对辩护方出示的鉴定意见等技术性证据和提请出庭的鉴定人,必要时,公诉人可以提请法庭通知有专门知识的人出庭,与辩护方提请出庭的鉴定人对质。

第七十五条 在对质过程中,公诉人应当重点就证据之间的矛盾点进行发问,并适时运用其他证据指出不真实、不客观、有矛盾的证据材料。

第五章 附则

第七十六条 本指引主要适用于人民检察院派员出庭支持公诉的第一审非速裁程序案件。对于派员出席第二审、再审案件法庭的举证、质证工作,可以参考本指引。

第七十七条 本指引自印发之日起施行。

▽共同犯罪案件中,被告人到案有先后,审判后到案被告人时,对先到案被告人的生效裁判文书所采信的证据的质证方法

共同犯罪案件中,如部分犯罪嫌疑人在逃,为防止案件久拖不决,对已到案的被告人先行起诉、审判,是实践中的惯常做法。本案就是这种情形,被告人何某国与前案已判决的罪犯何某盛、李某会系共同犯罪人,何某盛、李某会先到案,何某国后到案,审理何某国时,对何某盛、李某会的前案判决已经生效。在这种分案审理的情况下,对于已决共同犯罪人的生效裁判文书所采信的证据,在后案审理中应以何种方式进行质证,刑事诉讼法和相关司法解释均没有明确规定。前案的裁判文书虽可作为证据使用,但还须对其中所采信的证据逐项质证,否则不能作为认定案件事实的证据。从实践情况看,民事、行政及刑事裁判文书均可能成为某一刑事案件裁判的证据,而刑事裁判文书用作刑事裁判证据时,主要指用来证明被告人的前科(系累犯或者再犯)或者共犯的判决情况。当用于证明被告人的前科时,该裁判文书的证明价值主要是被告人所犯前罪的罪名和刑罚,至于前罪的事实和证据,则不是在审案件裁判需重点关注的;当用于证明共犯的判决情况时,因认定共犯的犯罪事实必然涉及在审案件被告人在共同犯罪中的地位和作用,故实际上该裁判文书同时具有证明在审案件被告人罪行的作用,这样,在审理被告人时,不仅要关注该共犯裁判文书的定罪量刑结论,更要关注其中的事实认定和证据采信问题。由于我国目前还没有出台专门的刑事诉讼证据规则,在判断已生效刑事裁判文书的效力时,参照民事诉讼或者行政诉讼证据规则,已生效的刑事裁判文书所确认的事实,不经举证证明或者法庭直接认定事实是不妥的。《最高人民法院关于行政诉讼证据若干问题的规定》第六十八条规定,对已经依法证明的事实,法庭可以直接认定;《最高人民法院关于民事诉讼证据的若干规定》第九条规定,对已为人民法院发生法律效力的裁判所确认的事实,当事人无须举证证明。这两条规定虽然明确肯定了生效裁判所确认的事实的效力，但这种规定不是绝对的，当事人可以提出相反证据推翻生效裁判所确认的事实；况且，更为关键的是，行政诉讼、民事诉讼与刑事诉讼在法律后果的承担上有质的差别，其证明标准远低于刑事诉讼的证明标准，因此二者的证据规则对于刑事诉讼只有参考意义，不能依照执行。如何确认已生效的共同犯罪人的裁判文书的证明效力，应当严格依据刑事诉讼法及相关司法解释的规定，结合刑事诉讼原理得出结论。在审理后到案共同犯罪被告人时，对先到案共犯的裁判文书所采信的证据，应当重新逐项质证，否则不能作为认定在审案件被告人犯罪事实的证据使用。主要理由如下：刑事诉讼法（1996 年修订的。——编著者注）第一百五十七条规定，公诉人、辩护人应当向法庭出示物证，让当事人辨认，对未到庭的证人的证言笔录、鉴定人的鉴定意见、勘验笔录和其他作为证据的文书，应当当庭宣读；审判人员应当听取公诉人、当事人和辩护人、诉讼代理人的意见。该条所规定的就是证据应当质证的原则。《最高人民法院关于执行〈中华人民共和国刑事诉讼法〉若干问题的解释》第五十八条则明确规定，证据必须经过当庭出示、辨认、质证等法庭调查程序查证属实，否则不能作为定案的根据。共犯的生效裁判文书本身是一种证据，确切地说是一种书证，它所证明的是共同犯罪人因共同犯罪被定罪判刑的情况，而不能直接证明后到案被告人的犯罪事实。虽然该文书所采信的证据多将成为指控后到案被告人的证据，但对该文书本身的质证代替不了对其中具体证据的质证。因为对具体证据的质证，目的在于判断该证据能否成为后案中指控被告人犯罪的证据，它与质证该裁判文书本身的效用明显不同。同时，如果不对具体证据进行质证，被告人及其辩护人就没有机会针对该具体证据发表意见，实际上剥夺了被告人的辩护权，也不利于全面查明被告人的犯罪事实。因此，采纳未经质证的证据，是对法律和司法解释规定的审判程序的一种实质性的违反可能影响案件的公正审判。[参见第 497 号案例，何某国抢劫案，载《刑事审判参考》总第 63 集（2008 年第 4 集），法律出版社，第 19～23 页。执笔：李晓光、任能能]

▽痕迹物证提取不全或来源不清案件的审查与采信方法

案件现场的痕迹物证包括遗留在现场的血迹、体液及其斑痕、手印等，是较为稳定和可靠的客观性证据。对痕迹物证依法及时提取并进行鉴定，对证明案件事实、准确认定犯罪人具有至关重要的作用。但是，如果证据的来源不合法或来源存疑，势必影响对证据的客观性、证据与案件本身的关联性的判断。鉴定意见只能证明该物证与被告人（被害人）等之间的联系，不能证明该物证与案件本身的关联性。要通过审查该鉴定意见所使用的检材来源是否清楚，提取是否合法，来判断该物证与案件之间是否存在关联性，而不能以鉴定意见作为痕迹物证审查判断的依据。对经查证物证来源不清，经补充调查核实仍然存疑的，该物证不能作为定案证据，依此作出的鉴定意见也不能采信。在侦查实践中，对痕迹物证的收集、保管和鉴定往往是一个薄弱环节。有的案件勘验、检查不及时，导致错过收集某些痕迹物证的时机；有的案件勘验、检查笔录不详尽，对现场提取的痕迹、物证未作记载或表述不明确；有的案件缺少现场照片或者现场照片不能反映现场全貌，导致一些案件贻误时机，证据难查；遗漏丢失，证据难补。证据不足，案件难定，在审判实践中，重鉴定意见，轻物证检材来源的审查；重物证，轻提取、辨认物证程序的审查；重客观性证据，轻该客观证据与案件其他证据之间联系的审查的现象还在一定程度上存在，从而影响了案件质量，应当引起足够的重视。本案一审、二审法院认定被告人吴某某故意杀人的主要证据有证明吴某某在南京市打工期间曾离开南京数日的证人证言，证明被害人孙某某、吴某某系他人扼颈后形成机械性窒息死亡的尸体检验报告，证明案发现场床帮上提取的手印是吴某某左手掌所留的手印痕迹鉴定书，吴某某在侦查阶段的认罪供述等。经审查，本案在侦查阶段对痕迹物证的收集、固定、鉴定等方面存在重大瑕疵，具体表现如下：（一）部分物证的提取不全或丢失。一是被告人曾供述案发当晚与被害人孙某某发生性关系，但侦查阶段未对死者阴道分泌物进行检查提取，侦办此案的技术人员均不能说明缘由。二是现场勘查笔录里记载，尸体左腋下有一沾有血迹的黄色手电筒。侦查阶段，公安人员曾向被害人孙某某之子（案发当晚不在家）出示“现场提取的黄色塑料小手电筒”，其子称家中无该手电筒。其后该手电筒下落不明。三是现场勘查笔录里记载"在东院墙顶部最北端第一、五、六共三片瓦片上留有血迹和掌印",但警方没有提取和鉴定瓦片上的掌印和血迹。全面收集痕迹物证,是证实或排除被告人以及其他人作案的极其重要的基础工作,这一工作进行得全面、扎实与否,直接影响到案件的准确认定。本案中,上述这些重要的痕迹物证在侦查阶段能够提取而未提取,或提取后灭失,是导致审判阶段定案依据薄弱的重要原因。(二)作为一审、二审定案依据的关键证据"血掌印"来源不清。一是提取"血掌印"的程序不合法。根据刑事诉讼法(1996年修订的。——编著者注)第一百零六条的规定,现场勘查笔录必须由见证人签名或者盖章。本案中,虽然现场勘验笔录记载提取了该掌纹和另外两枚指纹,但没有见证人证明,"血掌印"也没有单独制作提取笔录,现场照片也不能确切证明血掌印是从哪里提取的。二是提取"血掌印"的部位不明确。从本案的破案经过看,"血掌印"是从现场床帮上提取的,但卷内只有一块有掌印的木块的照片,看不出该木块来自哪个部位。现场勘查照片不能反映现场重点区域的概貌、局部以及痕迹物证具体特征的细节。审查物证来源的客观性、真实性,是审查该物证对案件事实的证明效力的重要环节,也是决定该证据是否能够作为定案依据的基本要求。原则上来源不清或来源存疑的物证,不能作为定案依据。(三)结合"血掌印"的鉴定经过,该"血掌印"的鉴定意见不能作为证据采信。一是在死刑复核阶段补充调查核实时,据侦查人员讲,1998年就将吴某某的手纹与现场床帮上的掌印进行过比对,当时把吴某某排除了。但2004年抓获被告人时,市公安局将本案中的掌印与吴某某的手掌样本进行比对,找出了16个相同点,公安部鉴定时找出了19个,而之前县公安局却未能对此作出同一鉴定,不合常理。对于这种直观比对鉴定,即使鉴定或比对人在级别、技术和设备上存在一定差异,可能产生一定误差,但当年公安人员为什么会对存在如此多相同点的掌纹作出否定的判断,是检材有问题还是主观判断有问题,缺乏合理解释。对这种相隔时间较长,结论又完全相反的比对鉴定,在作为定案证据使用时应特别慎重。二是现场勘查笔录记载,案发现场的床上既有血掌印,又有两枚带血指印。公安机关称"现场提取的3枚手印,除血掌印外均是被害人的邻居、亲属所留",据此,单纯认定留下血掌印的人作案,而不认定留下血指印的人具有作案可能理由并不充分。但卷内无具体鉴定意见或详细说明,不能完全排除作案者系被害人的邻居、亲属的合理怀疑。综合全案证据审查判断,部分物证提取不全或丢失,导致其他证据证明力减弱;关键物证"血掌印"的来源不清,虽然鉴定意见能够证明在案的掌印系被告人所留,但不能证明该检材就是现场床帮上的"血掌印";现场勘查中记载的其他"血指印"未通过鉴定等形式予以固定,不能完全排除其他人作案的可能;在案的证人证言亦不能证明被告人作案。尽管被告人吴某某有罪供述的主要内容(如现场房间的结构、尸体的位置和朝向、从现场逃跑的路线等)与现场情况基本吻合,但被告人对被害人家比较熟悉,且在案发多年后才归案,作了有罪供述后又翻供,其口供的可信度较低。综上,本案的有罪证据不能形成完整的证据链,达到确实、充分的程度,故最高人民法院依法作出不核准被告人吴某某死刑,发回重审的裁定。[参见第579号指导案例,吴某义故意杀人案,载《刑事审判参考》总第70集(2009年第5集),第36～39页。撰稿:李智明]

第一百九十六条 【休庭与庭外调查核实证据】法庭审理过程中,合议庭对证据有疑问的,可以宣布休庭,对证据进行调查核实。

人民法院调查核实证据,可以进行勘验、检查、查封、扣押、鉴定和查询、冻结。

■人民检察院刑事诉讼规则(2019年12月30日)

第四百一十条 在法庭审理过程中,被告人及其辩护人提出被告人庭前供述系非法取得,审判人员认为需要进行法庭调查的,公诉人可以通过出示讯问笔录、提讯登记、体检记录、采取强制措施或者侦查措施的法律文书、侦查终结前对讯问合法性进行核查的材料等证据材料,有针对性地播放讯问录音、录像,提请法庭通知调查人员、侦查人员或者其他人员出庭说明情况等方式,对证据收集的合法性加以证明。

审判人员认为可能存在刑事诉讼法第五十六条规定的以非法方法收集其他证据的情形，需要进行法庭调查的，公诉人可以参照前款规定对证据收集的合法性进行证明。

公诉人不能当庭证明证据收集的合法性，需要调查核实的，可以建议法庭休庭或者延期审理。

在法庭审理期间，人民检察院可以要求监察机关或者公安机关对证据收集的合法性进行说明或者提供相关证明材料。必要时，可以自行调查核实。

第四百一十一条　公诉人对证据收集的合法性进行证明后，法庭仍有疑问的，可以建议法庭休庭，由人民法院对相关证据进行调查核实。人民法院调查核实证据，通知人民检察院派员到场的，人民检察院可以派员到场。

第四百一十五条　在法庭审理过程中，合议庭对证据有疑问并在休庭后进行勘验、检查、查封、扣押、鉴定和查询、冻结的，人民检察院应当依法进行监督，发现上述活动有违法情况的，应当提出纠正意见。

第四百一十六条　人民法院根据申请收集、调取的证据或者在合议庭休庭后自行调查取得的证据，应当经过庭审出示、质证才能决定是否作为判决的依据。未经庭审出示、质证直接采纳为判决依据的，人民检察院应当提出纠正意见。

■最高人民法院关于适用《中华人民共和国刑事诉讼法》的解释(2021年3月1日)

第二百七十一条　法庭对证据有疑问的，可以告知公诉人、当事人及其法定代理人、辩护人、诉讼代理人补充证据或者作出说明；必要时，可以宣布休庭，对证据进行调查核实。

对公诉人、当事人及其法定代理人、辩护人、诉讼代理人补充的和审判人员庭外调查核实取得的证据，应当经过当庭质证才能作为定案的根据。但是，对不影响定罪量刑的非关键证据、有利于被告人的量刑证据以及认定被告人有犯罪前科的裁判文书等证据，经庭外征求意见，控辩双方没有异议的除外。

有关情况，应当记录在案。

第二百七十二条　公诉人申请出示开庭前未移送或者提交人民法院的证据，辩护方提出异议的，审判长应当要求公诉人说明理由；理由成立并确有出示必要的，应当准许。

辩护方提出需要对新的证据作辩护准备的，法庭可以宣布休庭，并确定准备辩护的时间。

辩护方申请出示开庭前未提交的证据，参照适用前两款规定。

■最高人民法院、最高人民检察院、公安部、国家安全部、司法部、全国人大常委会法制工作委员会关于实施刑事诉讼法若干问题的规定(2013年1月1日)

27. 刑事诉讼法第三十九条规定："辩护人认为在侦查、审查起诉期间公安机关、人民检察院收集的证明犯罪嫌疑人、被告人无罪或者罪轻的证据材料未提交的，有权申请人民检察院、人民法院调取。"第一百九十一条第一款规定："法庭审理过程中，合议庭对证据有疑问的，可以宣布休庭，对证据进行调查核实。"第一百九十二条第一款规定："法庭审理过程中，当事人和辩护人、诉讼代理人有权申请通知新的证人到庭，调取新的物证，申请重新鉴定或者勘验。"根据上述规定，自案件移送审查起诉之日起，人民检察院可以根据辩护人的申请，向公安机关调取未提交的证明犯罪嫌疑人、被告人无罪或者罪轻的证据材料。在法庭审理过程中，人民法院可以根据辩护人的申请，向人民检察院调取未提交的证明被告人无罪或者罪轻的证据材料，也可以向人民检察院调取需要调查核实的证据材料。公安机关、人民检察院应当自收到要求调取证据材料决定书后三日内移交。

■最高人民法院、最高人民检察院、公安部、司法部关于进一步严格依法办案确保办理死刑案件质量的意见(2007年3月9日)

33. 人民法院审理案件，应当注重审查证据的合法性。对有线索或者证据表明可能存在刑讯逼供或者其他非法取证行为的，应当认真审查。人民法院向人民检察院调取相关证据时，人民检察院应当在三日以内提交。人民检察院如果没有相关材料,应当向人民法院说明情况。

▽法院庭外调查所取得的新证据也必须经过庭审质证

一审法院未经质证的法医鉴定不是由公诉人提供的,而是由一审法院直接委托鉴定作出的。也就是说,该证据是法庭通过庭外调查所取得的证据。根据刑事诉讼法和司法解释的规定,法庭审理过程中,合议庭对证据有疑问的,可以宣布休庭,对证据进行调查核实。在对证据调查核实时,审判人员有权走出法庭进行勘验、检查、扣押、鉴定和查询、冻结等活动,也可以向有关单位和个人收集、调取证据材料。在进行上述活动时,审判人员认为必要的,可以通知检察人员和辩护人到场共同参加。法院庭外调查所取得的证据同样必须经过质证,才能作为定案的根据。刑事诉讼法规定证据必须经过查证属实,才能作为定案的根据。司法解释则规定得更为明确,"证据必须经过当庭出示、辨认、质证等法庭调查程序查证属实,否则不能作为定案的根据"。法院采取庭外调查的手段获取证据并非庭审,所取证据应当接受法庭的审查,即使法官庭外调查核实时控辩双方已到场也不例外(庭审还要求对社会公开)。因为此系获取新证据而非对庭审已出示并经质证的证据进行核实,因此庭审质证是必经程序。至于如何对这些证据进行质证,由于证据是由法官所取,由法官宣读出示即可,法官还应当听取控辩双方的意见。法官认证时应当考虑控辩双方的意见,并综合全案证据决定这些证据的价值和取舍,不宜在庭上与控方或辩方就这些证据进行辩论。法官应当摆正自己的位置,遵守"控审分离"原则。法官行使的是审判职能,担当法庭听证者和裁判者的角色,法官不承担任何举证责任,切不可混淆控诉和审判职能,充当"第二公诉人"。法官应尽量将自己的活动集中到法庭上进行。法官在不得不亲自进行庭外调查时,应尽量通知控辩双方同时到场参与进行,法官在庭外调查中收集得到的任何新证据都必须提交法庭,并允许控辩双方对证人、鉴定人提问,否则不能作为定案的根据。总之,质证是司法证明的一个基本环节,是法官在认证之前的一个必经程序。未经质证,不得认证,这是我们必须坚持的一个原则。[参见第260号案例,王雪玲故意伤害案,载《刑事审判参考》总第34集(2003年第5集),法律出版社,第11~12页。执笔:罗国良]

第一百九十七条　【申请调取新的证据】法庭审理过程中,当事人和辩护人、诉讼代理人有权申请通知新的证人到庭,调取新的物证,申请重新鉴定或者勘验。

公诉人、当事人和辩护人、诉讼代理人可以申请法庭通知有专门知识的人出庭,就鉴定人作出的鉴定意见提出意见。

法庭对于上述申请,应当作出是否同意的决定。

第二款规定的有专门知识的人出庭,适用鉴定人的有关规定。

■人民检察院刑事诉讼规则(2019年12月30日)

第四百一十四条　在法庭审理过程中,合议庭对证据有疑问或者人民法院根据辩护人、被告人的申请,向人民检察院调取在侦查、审查起诉中收集的有关被告人无罪或者罪轻的证据材料的,人民检察院应当自收到人民法院要求调取证据材料决定书后三日以内移交。没有上述材料的,应当向人民法院说明情况。

■最高人民法院关于适用《中华人民共和国刑事诉讼法》的解释(2021年3月1日)

第二百七十三条　法庭审理过程中,控辩双方申请通知新的证人到庭,调取新的证据,申请重新鉴定或者勘验的,应当提供证人的基本信息、证据的存放地点,说明拟证明的事项,申请重新鉴定或者勘验的理由。法庭认为有必要的,应当同意,并宣布休庭;根据案件情况,可以决定延期审理。

人民法院决定重新鉴定的,应当及时委托鉴定,并将鉴定意见告知人民检察院、当事人及其辩护人、诉讼代理人。

第二百七十五条　人民法院向人民检察院调取需要调查核实的证据材料,或者根据被告人、辩护人的申请，向人民检察院调取在调查、侦查、审查起诉期间收集的有关被告人无罪或者罪轻的证据材料，应当通知人民检察院在收到调取证据材料决定书后三日以内移交。

■最高人民法院、最高人民检察院、公安部、国家安全部、司法部、全国人大常委会法制工作委员会关于实施刑事诉讼法若干问题的规定(2013年1月1日)

27.（该条全部内容参见本书刑事诉讼法第一百九十一条附文同名文件）

■人民法院办理刑事案件第一审普通程序法庭调查规程(试行)(2017年11月27日)

第三十八条　控辩一方申请出示庭前未移送或提交人民法院的证据，对方提出异议的，申请方应当说明理由，审判长经过审查认为理由成立并确有审查必要的，应当准许。

对方提出需要对新的证据作质证准备的，法庭应当宣布休庭，并确定准备的时间。

第三十九条　法庭审理过程中，控辩双方申请通知新的证人到庭，调取新的证据，申请重新鉴定或者勘验的，应当提供证人的基本信息、证据的存放地点，说明拟证明的案件事实，要求重新鉴定或者勘验的理由，法庭认为有必要的，应当同意，并宣布延期审理；不同意的，应当说明理由并继续审理。

第四十二条　人民法院向人民检察院调取需要调查核实的证据材料，或者根据被告人及其辩护人的申请，向人民检察院调取在侦查、审查起诉期间收集的有关被告人无罪或者罪轻的证据材料，应当通知人民检察院在收到调取证据材料的决定书后三日内移交。

▽是否需要重新鉴定，应当根据认定案件事实的实际需要决定

刑事诉讼法本条第一款规定："法庭审理过程中，当事人和辩护人、诉讼代理人有权申请通知新的证人到庭，调取新的物证，申请重新鉴定或者勘验。"申请重新鉴定是当事人、辩护人和诉讼代理人的诉讼权利。在法庭审理过程中，对于当事人、辩护人和诉讼代理人重新鉴定的申请，根据《最高人民法院关于执行〈中华人民共和国刑事诉讼法〉若干问题的解释》第一百五十六条的规定，审判人员根据具体情况，认为重新鉴定的结论有可能影响对案件事实认定的，应当同意该申请，并宣布延期审理；否则，应当告知理由并继续审理。也就是说，对于当事人、辩护人和诉讼代理人重新鉴定的申请是否采纳，予以重新鉴定，取决于当事人、辩护人和诉讼代理人申请重新鉴定的事项、理由是否影响对案件事实的认定。如果可能影响对案件事实的认定，就应当作出同意其申请，准予重新鉴定的决定，并宣布延期审理；如果其所提申请不论采纳与否，根本不会影响对案件事实认定的，则应当不同意重新鉴定的申请。［参见第145号案例，姚建林票据诈骗案，载《刑事审判参考》总第23辑(2001年第12辑)，法律出版社，第19～20页。执笔：宋楚潇］

第一百九十八条　【法庭辩论和被告人最后陈述】法庭审理过程中，对与定罪、量刑有关的事实、证据都应当进行调查、辩论。

经审判长许可，公诉人、当事人和辩护人、诉讼代理人可以对证据和案件情况发表意见并且可以互相辩论。

审判长在宣布辩论终结后，被告人有最后陈述的权利。

■人民检察院刑事诉讼规则(2019年12月30日)

第四百一十七条　在法庭审理过程中，经审判长许可，公诉人可以逐一对正在调查的证据和案件情况发表意见，并同被告人、辩护人进行辩论。证据调查结束时，公诉人应当发表总结性意见。

在法庭辩论中，公诉人与被害人、诉讼代理人意见不一致的，公诉人应当认真听取被害人、诉讼代理人的意见，阐明自己的意见和理由。

第四百一十八条　人民检察院向人民法院提出量刑建议的，公诉人应当在发表公诉意见时提出。

■最高人民法院关于适用《中华人民共和国刑事诉讼法》的解释(2021年3月1日)

第二百七十六条　法庭审理过程中，对与量刑有关的事实、证据，应当进行调查。

人民法院除应当审查被告人是否具有法定量刑情节外，还应当根据案件情况审查以下影响量刑的

情节:

(一)案件起因;

(二)被害人有无过错及过错程度,是否对矛盾激化负有责任及责任大小;

(三)被告人的近亲属是否协助抓获被告人;

(四)被告人平时表现,有无悔罪态度;

(五)退赃、退赔及赔偿情况;

(六)被告人是否取得被害人或者其近亲属谅解;

(七)影响量刑的其他情节。

第二百七十七条　审判期间,合议庭发现被告人可能有自首、坦白、立功等法定量刑情节,而人民检察院移送的案卷中没有相关证据材料的,应当通知人民检察院在指定时间内移送。

审判期间,被告人提出新的立功线索的,人民法院可以建议人民检察院补充侦查。

第二百七十八条　对被告人认罪的案件,在确认被告人了解起诉书指控的犯罪事实和罪名,自愿认罪且知悉认罪的法律后果后,法庭调查可以主要围绕量刑和其他有争议的问题进行。

对被告人不认罪或者辩护人作无罪辩护的案件,法庭调查应当在查明定罪事实的基础上,查明有关量刑事实。

第二百七十九条　法庭审理过程中,应当对查封、扣押、冻结财物及其孳息的权属、来源等情况,是否属于违法所得或者依法应当追缴的其他涉案财物进行调查,由公诉人说明情况、出示证据、提出处理建议,并听取被告人、辩护人等诉讼参与人的意见。

案外人对查封、扣押、冻结的财物及其孳息提出权属异议的,人民法院应当听取案外人的意见;必要时,可以通知案外人出庭。

经审查,不能确认查封、扣押、冻结的财物及其孳息属于违法所得或者依法应当追缴的其他涉案财物的,不得没收。

第二百八十条　合议庭认为案件事实已经调查清楚的,应当由审判长宣布法庭调查结束,开始就定罪、量刑、涉案财物处理的事实、证据、适用法律等问题进行法庭辩论。

第二百八十一条　法庭辩论应当在审判长的主持下,按照下列顺序进行:

(一)公诉人发言;

(二)被害人及其诉讼代理人发言;

(三)被告人自行辩护;

(四)辩护人辩护;

(五)控辩双方进行辩论。

第二百八十二条　人民检察院可以提出量刑建议并说明理由;建议判处管制、宣告缓刑的,一般应当附有调查评估报告,或者附有委托调查函。

当事人及其辩护人、诉讼代理人可以对量刑提出意见并说明理由。

第二百八十三条　对被告人认罪的案件,法庭辩论时,应当指引控辩双方主要围绕量刑和其他有争议的问题进行。

对被告人不认罪或者辩护人作无罪辩护的案件,法庭辩论时,可以指引控辩双方先辩论定罪问题,后辩论量刑和其他问题。

第二百八十四条　附带民事部分的辩论应当在刑事部分的辩论结束后进行,先由附带民事诉讼原告人及其诉讼代理人发言,后由附带民事诉讼被告人及其诉讼代理人答辩。

第二百八十五条　法庭辩论过程中,审判长应当充分听取控辩双方的意见,对控辩双方与案件无关、重复或者指责对方的发言应当提醒、制止。

第二百八十六条　法庭辩论过程中，合议庭发现与定罪、量刑有关的新的事实，有必要调查的，审判长可以宣布恢复法庭调查，在对新的事实调查后，继续法庭辩论。

第二百八十七条　审判长宣布法庭辩论终结后，合议庭应当保证被告人充分行使最后陈述的权利。

被告人在最后陈述中多次重复自己的意见的，法庭可以制止；陈述内容蔑视法庭、公诉人，损害他人及社会公共利益，或者与本案无关的，应当制止。

在公开审理的案件中，被告人最后陈述的内容涉及国家秘密、个人隐私或者商业秘密的，应当制止。

第二百八十八条　被告人在最后陈述中提出新的事实、证据，合议庭认为可能影响正确裁判的，应当恢复法庭调查；被告人提出新的辩解理由，合议庭认为可能影响正确裁判的，应当恢复法庭辩论。

第二百八十九条　公诉人当庭发表与起诉书不同的意见，属于变更、追加、补充或者撤回起诉的，人民法院应当要求人民检察院在指定时间内以书面方式提出；必要时，可以宣布休庭。人民检察院在指定时间内未提出的，人民法院应当根据法庭审理情况，就起诉书指控的犯罪事实依法作出判决、裁定。

人民检察院变更、追加、补充起诉的，人民法院应当给予被告人及其辩护人必要的准备时间。

第二百九十条　辩护人应当及时将书面辩护意见提交人民法院。

■最高人民法院、最高人民检察院、公安部、国家安全部、司法部关于加强协调配合积极推进量刑规范化改革的通知(2010年11月6日)

6. 要继续完善量刑建议制度。检察机关要坚持积极、慎重、稳妥的原则，由易到难，边实践边总结，逐步扩大案件适用范围。要依法规范提出量刑建议，注重量刑建议的质量和效果。提出量刑建议，一般应当制作量刑建议书。对于人民检察院不派员出席法庭的简易程序案件，应当制作量刑建议书。量刑建议一般应当具有一定的幅度，但对于敏感复杂的案件、社会关注的案件、涉及国家安全和严重影响局部地区稳定的案件等，可以不提出具体的量刑建议，而仅提出依法从重、从轻、减轻处罚等概括性建议。

8. 要进一步提高法庭审理的质量和水平。在法庭审理中，应当保障量刑程序的相对独立性，要合理安排定罪量刑事实调查顺序和辩论重点，对于被告人对指控的犯罪事实和罪名没有异议的案件，可以主要围绕量刑和其他有争议的问题进行调查和辩论；对于被告人不认罪或辩护人作无罪辩护的案件，应当先查明定罪事实和量刑事实，再围绕定罪和量刑问题进行辩论。公诉人、辩护人要积极参与法庭调查和法庭辩论。审判人员对量刑证据有疑问的，可以对证据进行调查核实，必要时也可以要求人民检察院补充调查核实。人民检察院应当补充调查核实有关证据，必要时可以要求侦查机关提供协助。

■最高人民法院、最高人民检察院、公安部、国家安全部、司法部关于规范量刑程序若干问题的意见(2020年11月6日)

第十四条　适用普通程序审理的被告人认罪案件，在确认被告人了解起诉书指控的犯罪事实和罪名，自愿认罪且知悉认罪的法律后果后，法庭审理主要围绕量刑和其他有争议的问题进行，可以适当简化法庭调查、法庭辩论程序。

第十五条　对于被告人不认罪或者辩护人做无罪辩护的案件，法庭调查和法庭辩论分别进行。

在法庭调查阶段，应当在查明定罪事实的基础上，查明有关量刑事实，被告人及其辩护人可以出示证明被告人无罪或者罪轻的证据，当庭发表质证意见。

在法庭辩论阶段，审判人员引导控辩双方先辩论定罪问题。在定罪辩论结束后，审判人员告知控辩双方可以围绕量刑问题进行辩论，发表量刑建议或者意见，并说明依据和理由。被告人及其辩护人参加量刑问题的调查的,不影响作无罪辩解或者辩护。

第十六条　在法庭调查中,公诉人可以根据案件的不同种类、特点和庭审的实际情况,合理安排和调整举证顺序。定罪证据和量刑证据分开出示的,应当先出示定罪证据,后出示量刑证据。

对于有数起犯罪事实的案件的量刑证据,可以在对每起犯罪事实举证时分别出示,也可以对同类犯罪事实一并出示;涉及全案综合量刑情节的证据,一般应当在举证阶段最后出示。

第十七条　在法庭调查中,人民法院应当查明对被告人适用具体法定刑幅度的犯罪事实以及法定或者酌定量刑情节。

第十八条　人民法院、人民检察院、侦查机关或者辩护人委托有关方面制作涉及未成年人的社会调查报告的,调查报告应当在法庭上宣读,并进行质证。

第十九条　在法庭审理中,审判人员对量刑证据有疑问的,可以宣布休庭,对证据进行调查核实,必要时也可以要求人民检察院补充调查核实。人民检察院补充调查核实有关证据,必要时可以要求侦查机关提供协助。

对于控辩双方补充的证据,应当经过庭审质证才能作为定案的根据。但是,对于有利于被告人的量刑证据,经庭外征求意见,控辩双方没有异议的除外。

第二十条　被告人及其辩护人、被害人及其诉讼代理人申请人民法院调取在侦查、审查起诉阶段收集的量刑证据材料,人民法院认为确有必要的,应当依法调取;人民法院认为不需要调取的,应当说明理由。

第二十一条　在法庭辩论中,量刑辩论按照以下顺序进行:

(一)公诉人发表量刑建议,或者自诉人及其诉讼代理人发表量刑意见;

(二)被害人及其诉讼代理人发表量刑意见;

(三)被告人及其辩护人发表量刑意见。

第二十二条　在法庭辩论中,出现新的量刑事实,需要进一步调查的,应当恢复法庭调查,待事实查清后继续法庭辩论。

第二十三条　对于人民检察院提出的量刑建议,人民法院应当依法审查。对于事实清楚,证据确实、充分,指控的罪名准确,量刑建议适当的,人民法院应当采纳。

人民法院经审理认为,人民检察院的量刑建议不当的,可以告知人民检察院。人民检察院调整量刑建议的,应当在法庭审理结束前提出。人民法院认为人民检察院调整后的量刑建议适当的,应当予以采纳;人民检察院不调整量刑建议或者调整量刑建议后仍不当的,人民法院应当依法作出判决。

第二十四条　有下列情形之一,被告人当庭认罪,愿意接受处罚的,人民法院应当根据审理查明的事实,就定罪和量刑听取控辩双方意见,依法作出裁判:

(一)被告人在侦查、审查起诉阶段认罪认罚,但人民检察院没有提出量刑建议的;

(二)被告人在侦查、审查起诉阶段没有认罪认罚的;

(三)被告人在第一审程序中没有认罪认罚,在第二审程序中认罪认罚的;

(四)被告人在庭审过程中不同意量刑建议的。

第二十五条　人民法院应当在刑事裁判文书中说明量刑理由。量刑说理主要包括:

(一)已经查明的量刑事实及其对量刑的影响;

(二)是否采纳公诉人、自诉人、被告人及其辩护人、被害人及其诉讼代理人发表的量刑建议、意见及理由;

(三)人民法院判处刑罚的理由和法律依据。

对于适用速裁程序审理的案件,可以简化量刑说理。

第二十六条　开庭审理的二审、再审案件的量刑程序,依照有关法律规定进行。法律没有规定的,参照本意见进行。

对于不开庭审理的二审、再审案件,审判人员在阅卷、讯问被告人、听取自诉人、辩护人、被害人及其诉讼代理人的意见时,应当注意审查量刑事实和证据。

第二十七条 对于认罪认罚案件量刑建议的提出、采纳与调整等,适用最高人民法院、最高人民检察院、公安部、国家安全部、司法部《关于适用认罪认罚从宽制度的指导意见》的有关规定。

第二十八条 本意见自2020年11月6日起施行。2010年9月13日最高人民法院、最高人民检察院、公安部、国家安全部、司法部《印发〈关于规范量刑程序若干问题的意见(试行)〉的通知》(法发〔2010〕35号)同时废止。

■人民法院办理刑事案件第一审普通程序法庭调查规程(试行)(2017年11月27日)

第四十三条 法庭除应当审查被告人是否具有法定量刑情节外,还应当根据案件情况审查以下影响量刑的情节:

(一)案件起因;

(二)被害人有无过错及过错程度,是否对矛盾激化负有责任及责任大小;

(三)被告人的近亲属是否协助抓获被告人;

(四)被告人平时表现,有无悔罪态度;

(五)退赃、退赔及赔偿情况;

(六)被告人是否取得被害人或者其近亲属谅解;

(七)影响量刑的其他情节。

第四十四条 审判期间,被告人提出有自首、坦白、立功等法庭量刑情节,或者人民法院发现被告人可能有自首、坦白、立功等法定量刑情节,而人民检察院移送的案卷中没有相关证据材料的,应当通知人民检察院移送。

审判期间,被告人提出新的立功情节,并提供相关线索或者材料的,人民法院可以建议人民检察院补充侦查。

第四十五条 被告人当庭不认罪或者辩护人作无罪辩护的,法庭对与量刑有关的事实、证据进行调查时,被告人及其辩护人可以当庭发表质证意见,出示证明被告人罪轻的证据。必要时,审判长可以告知被告人及其辩护人,参加量刑事实、证据的调查并不影响无罪辩护。

第四十六条 对于控辩双方提出的事实证据争议,法庭应当当庭进行审查,经审查后当庭作出处理的,应当一并说明理由;需要庭后评议作出处理的,应当在裁判文书中说明理由。

第四十七条 法庭经审查认定的非法证据,应当依法予以排除,不得出示、质证。

第四十八条 对于经过控辩双方质证的证据,法庭应当结合控辩双方质证意见,从证据与待证事实的关联程度、证据之间的印证关系、证据自身的真实性程度等方面,综合判断证据能否作为定案的根据。

证据与待证事实不存在关联,或者证据自身存在无法解释的疑问,或者证据与待证事实以及其他证据存在无法排除的矛盾的,不得作为定案的根据。

第四十九条 通过勘验、检查、搜查等方式搜集的物证、书证等证据,未通过辨认、鉴定等方式确定其与案件事实的关联的,不得作为定案的根据。

法庭对鉴定意见有疑问的,可以重新鉴定。

第五十四条 法庭在庭审过程中审查认定或者排除的证据,应当当庭说明理由;庭后评议认定或者排除的证据,应当在裁判文书中说明理由。

第五十五条 法庭认定被告人有罪,必须达到犯罪事实清楚,证据确实、充分,对于定罪事实应当综合全案证据排除合理怀疑,定罪证据不足的案件,不能认定被告人有罪,应当作出证据不足、指控的犯罪不能成立的无罪判决。定罪证据确实、充分,量刑证据存疑的,应当作出有利于被告人的认定。

第五十六条　本程序自发布之日起试行。

■最高人民法院、最高人民检察院、公安部、国家安全部、司法部关于推进以审判为中心的刑事诉讼制度改革的意见(2016 年 10 月 11 日)

十三、完善法庭辩论规则,确保控辩意见发表在法庭。法庭辩论应当围绕定罪、量刑分别进行,对被告人认罪的案件,主要围绕量刑进行。法庭应当充分听取控辩双方意见,依法保障被告人及其辩护人的辩论辩护权。

■最高人民法院关于全面推进以审判为中心的刑事诉讼制度改革的实施意见(2017 年 2 月 17 日)

三、规范普通审理程序,确保依法公正审判

11. 证明被告人有罪或者无罪、罪轻或者罪重的证据,都应当在法庭上出示,依法保障控辩双方的质证权。

对影响定罪量刑的关键证据和控辩双方存在争议的证据,一般应当单独质证。

12. 法庭应当依照法定程序审查、核实、认定证据。证据未经当庭出示、辨认、质证等法庭调查程序查证属实,不得作为定案的根据。

13. 采取技术侦查措施收集的证据,当庭质证可能危及有关人员的人身安全,或者可能产生其他严重后果的,应当采取不暴露有关人员身份、不公开技术侦查措施和方法等保护措施。

法庭决定在庭外对技术侦查证据进行核实的,可以召集公诉人、侦查人员和辩护律师到场。在场人员应当履行保密义务。

17. 人民法院应当依法履行指定辩护和通知辩护职责,确保被告人依法获得法律援助。

配合有关部门逐步扩大法律援助范围,健全法律援助值班律师制度,为派驻人民法院的值班律师提供办公场所及必要的工作条件。

18. 法庭应当依法保障控辩双方在庭审中的发问、质证、辩论等诉讼权利。对控辩双方当庭提出的申请或者异议,法庭应当作出处理。

法庭可以在审理过程中归纳控辩双方的争议焦点,引导控辩双方针对影响定罪量刑的实质性问题进行辩论。对控辩双方的发言与案件无关、重复或者扰乱法庭秩序等情形,法庭应当予以提醒、制止。

▼全国部分法院审理黑社会性质组织犯罪案件工作座谈会纪要(2015 年 10 月 13 日)

四、关于审判程序和证据审查

(三)法庭举证、质证问题

审理黑社会性质组织犯罪案件时,合议庭应当按照刑事诉讼法及有关司法解释的规定有效引导控辩双方举证、质证。不得因为案件事实复杂、证据繁多,而不当限制控辩双方就证据问题进行交叉询问、相互辩论的权利。庭审时,应当根据案件事实繁简、被告人认罪态度等采取适当的举证、质证方式,突出重点;对黑社会性质组织的"四个特征"应单独举证、质证。为减少重复举证、质证,提高审判效率,庭审中可以先就认定具体违法犯罪事实的证据进行举证、质证。对认定黑社会性质组织行为特征的证据进行举证、质证时,之前已经宣读、出示过的证据,可以在归纳、概括之后简要征询控辩双方意见。对于认定组织特征、经济特征、非法控制特征(危害性特征)的证据,举证、质证时一般不宜采取前述方式。

▽经鉴定属于被害人真实签名的保证书等书证亦必须依照证据规则进行审查质证才能作为定案的依据

认定被告人黄某虚构事实,从被害人龙利源处骗取巨额款项的证据充分。首先,龙利源转款给黄某的证据充分。银行提供的转账单、查询存款通知书(回执)、银行凭条,高州市源兴林业发展有限公司提供的日记账、支付证明单、收据等书证证实龙利源以转账及支付现金的方式给付了黄某 300 多万元。

一审、二审就低仅认定135.5万元。黄某对其收到135.5万元也予以承认。其次,黄某虚构事实的证据充分。委托书、伪造的工程合作协议书、伪造的建筑企业资质证书、省住建厅和高州市住建局提供的证明、阳春市八甲镇政府提供的证明、黄某发给龙利源的短信等证据,证明黄某所称的工程项目不存在,建筑企业资质证书、工程合作协议书系伪造。龙利源所在公司的员工及龙利源的亲友等均证实,龙利源基于相信黄某虚构的上述事实将巨款交给黄某。最后,黄某巨额支出及参与六合彩赌博的证据充分,证明其从龙利源处取得款项后,不仅没有将其用于所谓的"项目",也没有归还给龙利源的意思。审理过程中,黄某辩称其和龙利源之间的债务已经结清。为证实此一事实,其前妻徐永洁在一审期间提交一份打印的保证书。内容如下:"本人与黄光同志之间的数目已于2011年11月20日结算清楚,除以前已还款外,本人尚欠黄光(人民币)叁拾贰万元整,定于2011年12月6日前还清,如未能按时还清,则每超期一天按所欠款项千分之置交滞纳金。特此保证。保证人:二〇一一年十一月二十日。"保证人处签有"龙利源",还有手写字体"数目属实,保证书各存一份。黄光"和"数目已全部还清。本保证书作废。黄光"。

因保证书中"龙利源"的字迹经鉴定是龙利源所写。因此,该份保证书成为认定黄某的行为是否构成诈骗罪的关键。这一争议的焦点在于,该保证书上的签名经过痕迹鉴定系龙利源亲笔签名,且对鉴定程序、鉴定依据、鉴定方法及鉴定人的资质审查后,均没发现问题。一般情况下,真实签名的字据,其证明力极强,高于证人证言的证明力。但我们认为,即使签名为真的字据,也并非一定能成为认定案件事实的依据,必须从形式要件和实质要件进行审查,并结合案情和其他证据来判断其真伪和证明力。1.关于该保证书的形式要件。经过审查,该收据系黄某前妻徐永洁提供,但徐永洁不能说明该证据形成的来龙去脉。因此,对收据的真实性应当进行审查。该保证书的纸张形式也有可疑之处。依照黄某供述,"龙利源就自己去打了一张保证书,是打在一张A4纸上的,分上下两节,一式两份,我与他各取一份"。但从保证书原件看,与正常情况下将一张纸一分为二明显有异。A4纸的标准高度(长度)和宽度分别为297mm×210mm。如果一分为二,则每张高度(长度)和宽度分别为148mm(左右)×210mm。但该保证书为173mm×210mm。由此推论,如果龙利源手上有另一份保证书,则规格为124mm×210mm。这种两分法与一般人在正常情况下的做法有明显不同。并且,该份保证书的下行处几乎没有空白处。既然是一式两份,那么在黄某所称的另一份保证书上的内容与徐永洁提供的保证书的内容应该是相同的。徐永洁提供的保证书,其内容占了A4纸3/5面积,且下行处无空白,在另一份仅占A4纸2/5面积的纸张上,依此保证书的样子打印和书写同样的内容便很困难。即使勉强可以,肯定形式上与在案保证书具有巨大差别。因此,可以认为,该保证书在纸张形式上存疑。当然,仅凭此存疑,不能认定保证书系伪造。还得根据内容结合案情分析保证书的真实性。2.关于保证书的实质要件。对保证书的实质内容的审查,应当从在案证据,并结合日常生活常识去分析。第一,与黄某开支及收入不符。黄某替龙利源办事,并收取了龙的巨款,龙利源再向黄某借32万元不符合常理。黄某作为一名公务员,2009年购买小车,2010年分别为前妻徐永洁出资30余万元、为同居女友出资13余万元购买了住房,还往徐永洁账户上存款10万元以帮助其在信用社完成储蓄任务,特别是和同居女友一起参加六合彩赌博,输了180余万元。黄某的上述巨额支出的收入来源不明。此外,另一份保证书无从查找,龙利源所在公司及家人均不知此份保证书,也不知保证书所说的款项结清一事。保证书签署后至案发前,黄某仍然在向龙利源所在公司汇钱还款。如果按照黄某所辩解的账已结清,此保证书日期为2011年11月20日,那么黄某就没有必要再向龙利源所在公司还款。但是,龙利源所在公司的员工李锋证实,其出差到东莞办事经费不够,向龙利源要钱时,龙利源称有钱在黄某处,让黄某汇3万元给李锋。而银行明细证实,2011年12月12日黄某账户转账3万元到李锋账户。第二,缺乏黄某归还龙利源巨款或者黄某将巨款用于其所称的工程等方面的证据,而黄某收取龙利源巨额资金的证据却非常充分。黄某巨额开支的证据特别是其参与六合彩赌博输巨款的证据非常充分。也就是说,保证书所称的款项已结清,没有依据。综上分析,一审判决、二审裁定和最高人民法院复核裁定未将本案被告人黄某提供的保证书作为认定黄某与龙利源之间款项已经结清的依据,是正确的。[参见第1044号指导案例,黄光故意杀人、诈骗案,载《刑事审判参考》总第101集(2014年第6集),第76~79页。撰稿:陆建红]

第一百九十九条　【违反法庭秩序的处理】在法庭审判过程中,如果诉讼参与人或者旁听人员违反法庭秩序,审判长应当警告制止。对不听制止的,可以强行带出法庭;情节严重的,处以一千元以下的罚款或者十五日以下的拘留。罚款、拘留必须经院长批准。被处罚人对罚款、拘留的决定不服的,可以向上一级人民法院申请复议。复议期间不停止执行。

对聚众哄闹、冲击法庭或者侮辱、诽谤、威胁、殴打司法工作人员或者诉讼参与人,严重扰乱法庭秩序,构成犯罪的,依法追究刑事责任。

■最高人民法院关于适用《中华人民共和国刑事诉讼法》的解释(2021年3月1日)

第三百零五条　在押被告人出庭受审时,不着监管机构的识别服。

庭审期间不得对被告人使用戒具,但法庭认为其人身危险性大,可能危害法庭安全的除外。

第三百零六条　庭审期间,全体人员应当服从法庭指挥,遵守法庭纪律,尊重司法礼仪,不得实施下列行为:

(一)鼓掌、喧哗、随意走动;

(二)吸烟、进食;

(三)拨打、接听电话,或者使用即时通讯工具;

(四)对庭审活动进行录音、录像、拍照或者使用即时通讯工具等传播庭审活动;

(五)其他危害法庭安全或者扰乱法庭秩序的行为。

旁听人员不得进入审判活动区,不得随意站立、走动,不得发言和提问。

记者经许可实施第一款第四项规定的行为,应当在指定的时间及区域进行,不得干扰庭审活动。

第三百零七条　有关人员危害法庭安全或者扰乱法庭秩序的,审判长应当按照下列情形分别处理:

(一)情节较轻的,应当警告制止;根据具体情况,也可以进行训诫;

(二)训诫无效的,责令退出法庭;拒不退出的,指令法警强行带出法庭;

(三)情节严重的,报经院长批准后,可以对行为人处一千元以下的罚款或者十五日以下的拘留。

未经许可对庭审活动进行录音、录像、拍照或者使用即时通讯工具等传播庭审活动的,可以暂扣相关设备及存储介质,删除相关内容。

有关人员对罚款、拘留的决定不服的,可以直接向上一级人民法院申请复议,也可以通过决定罚款、拘留的人民法院向上一级人民法院申请复议。通过决定罚款、拘留的人民法院申请复议的,该人民法院应当自收到复议申请之日起三日以内,将复议申请、罚款或者拘留决定书和有关事实、证据材料一并报上一级人民法院复议。复议期间,不停止决定的执行。

第三百零八条　担任辩护人、诉讼代理人的律师严重扰乱法庭秩序,被强行带出法庭或者被处以罚款、拘留的,人民法院应当通报司法行政机关,并可以建议依法给予相应处罚。

第三百零九条　实施下列行为之一,危害法庭安全或者扰乱法庭秩序,构成犯罪的,依法追究刑事责任:

(一)非法携带枪支、弹药、管制刀具或者爆炸性、易燃性、毒害性、放射性以及传染病病原体等危险物质进入法庭;

(二)哄闹、冲击法庭;

（三）侮辱、诽谤、威胁、殴打司法工作人员或者诉讼参与人；

（四）毁坏法庭设施，抢夺、损毁诉讼文书、证据；

（五）其他危害法庭安全或者扰乱法庭秩序的行为。

第三百一十条　辩护人严重扰乱法庭秩序，被责令退出法庭、强行带出法庭或者被处以罚款、拘留，被告人自行辩护的，庭审继续进行；被告人要求另行委托辩护人，或者被告人属于应当提供法律援助情形的，应当宣布休庭。

辩护人、诉讼代理人被责令退出法庭、强行带出法庭或者被处以罚款后，具结保证书，保证服从法庭指挥、不再扰乱法庭秩序的，经法庭许可，可以继续担任辩护人、诉讼代理人。

辩护人、诉讼代理人具有下列情形之一的，不得继续担任同一案件的辩护人、诉讼代理人：

（一）擅自退庭的；

（二）无正当理由不出庭或者不按时出庭，严重影响审判顺利进行的；

（三）被拘留或者具结保证书后再次被责令退出法庭、强行带出法庭的。

第三百一十一条　被告人在一个审判程序中更换辩护人一般不得超过两次。

被告人当庭拒绝辩护人辩护，要求另行委托辩护人或者指派律师的，合议庭应当准许。被告人拒绝辩护人辩护后，没有辩护人的，应当宣布休庭；仍有辩护人的，庭审可以继续进行。

有多名被告人的案件，部分被告人拒绝辩护人辩护后，没有辩护人的，根据案件情况，可以对该部分被告人另案处理，对其他被告人的庭审继续进行。

重新开庭后，被告人再次当庭拒绝辩护人辩护的，可以准许，但被告人不得再次另行委托辩护人或者要求另行指派律师，由其自行辩护。

被告人属于应当提供法律援助的情形，重新开庭后再次当庭拒绝辩护人辩护的，不予准许。

第三百一十二条　法庭审理过程中，辩护人拒绝为被告人辩护，有正当理由的，应当准许；是否继续庭审，参照适用前条规定。

第三百一十三条　依照前两条规定另行委托辩护人或者通知法律援助机构指派律师的，自案件宣布休庭之日起至第十五日止，由辩护人准备辩护，但被告人及其辩护人自愿缩短时间的除外。

庭审结束后、判决宣告前另行委托辩护人的，可以不重新开庭；辩护人提交书面辩护意见的，应当接受。

■最高人民法院、最高人民检察院、公安部、国家安全部、司法部关于推进以审判为中心的刑事诉讼制度改革的意见（2016年10月11日）

十九、当事人、诉讼参与人和旁听人员在庭审活动中应当服从审判长或独任审判员的指挥，遵守法庭纪律。对扰乱法庭秩序、危及法庭安全等违法行为，应当依法处理；构成犯罪的，依法追究刑事责任。

第二百条　【合议庭进行评议和三种判决】在被告人最后陈述后，审判长宣布休庭，合议庭进行评议，根据已经查明的事实、证据和有关的法律规定，分别作出以下判决：

（一）案件事实清楚，证据确实、充分，依据法律认定被告人有罪的，应当作出有罪判决；

（二）依据法律认定被告人无罪的，应当作出无罪判决；

（三）证据不足，不能认定被告人有罪的，应当作出证据不足、指控的犯罪不能成立的无罪判决。

■最高人民法院关于适用《中华人民共和国刑事诉讼法》的解释（2021年3月1日）

第二百九十一条　被告人最后陈述后，审判长应当宣布休庭，由合议庭进行评议。

第二百九十二条　开庭审理的全部活动，应当由书记员制作笔录；笔录经审判长审阅后，分别由审判长和书记员签名。

第二百九十三条　法庭笔录应当在庭审后交由当事人、法定代理人、辩护人、诉讼代理人阅读或者向其宣读。

法庭笔录中的出庭证人、鉴定人、有专门知识的人、调查人员、侦查人员或者其他人员的证言、意见部分,应当在庭审后分别交由有关人员阅读或者向其宣读。

前两款所列人员认为记录有遗漏或者差错的,可以请求补充或者改正;确认无误后,应当签名;拒绝签名的,应当记录在案;要求改变庭审中陈述的,不予准许。

第二百九十四条　合议庭评议案件,应当根据已经查明的事实、证据和有关法律规定,在充分考虑控辩双方意见的基础上,确定被告人是否有罪、构成何罪,有无从重、从轻、减轻或者免除处罚情节,应否处以刑罚、判处何种刑罚,附带民事诉讼如何解决,查封、扣押、冻结的财物及其孳息如何处理等,并依法作出判决、裁定。

第二百九十五条　对第一审公诉案件,人民法院审理后,应当按照下列情形分别作出判决、裁定:

(一)起诉指控的事实清楚,证据确实、充分,依据法律认定指控被告人的罪名成立的,应当作出有罪判决;

(二)起诉指控的事实清楚,证据确实、充分,但指控的罪名不当的,应当依据法律和审理认定的事实作出有罪判决;

(三)案件事实清楚,证据确实、充分,依据法律认定被告人无罪的,应当判决宣告被告人无罪;

(四)证据不足,不能认定被告人有罪的,应当以证据不足、指控的犯罪不能成立,判决宣告被告人无罪;

(五)案件部分事实清楚,证据确实、充分的,应当作出有罪或者无罪的判决;对事实不清、证据不足部分,不予认定;

(六)被告人因未达到刑事责任年龄,不予刑事处罚的,应当判决宣告被告人不负刑事责任;

(七)被告人是精神病人,在不能辨认或者不能控制自己行为时造成危害结果,不予刑事处罚的,应当判决宣告被告人不负刑事责任;被告人符合强制医疗条件的,应当依照本解释第二十六章的规定进行审理并作出判决;

(八)犯罪已过追诉时效期限且不是必须追诉,或者经特赦令免除刑罚的,应当裁定终止审理;

(九)属于告诉才处理的案件,应当裁定终止审理,并告知被害人有权提起自诉;

(十)被告人死亡的,应当裁定终止审理;但有证据证明被告人无罪,经缺席审理确认无罪的,应当判决宣告被告人无罪。

对涉案财物,人民法院应当根据审理查明的情况,依照本解释第十八章的规定作出处理。

具有第一款第二项规定情形的,人民法院应当在判决前听取控辩双方的意见,保障被告人、辩护人充分行使辩护权。必要时,可以再次开庭,组织控辩双方围绕被告人的行为构成何罪及如何量刑进行辩论。

第二百九十六条　在开庭后、宣告判决前,人民检察院要求撤回起诉的,人民法院应当审查撤回起诉的理由,作出是否准许的裁定。

第二百九十七条　审判期间,人民法院发现新的事实,可能影响定罪量刑的,或者需要补查补证的,应当通知人民检察院,由其决定是否补充、变更、追加起诉或者补充侦查。

人民检察院不同意或者在指定时间内未回复书面意见的,人民法院应当就起诉指控的事实,依照本解释第二百九十五条的规定作出判决、裁定。

第二百九十八条　对依照本解释第二百一十九条第一款第五项规定受理的案件,人民法院应当在判决中写明被告人曾被人民检察院提起公诉,因证据不足,指控的犯罪不能成立,被人民法院依法判决宣告无罪的情况;前案依照刑事诉讼法第二百条第三项规定作出的判决不予撤销。

第二百九十九条　合议庭成员、法官助理、书记员应当在评议笔录上签名,在判决书、裁定书等法律文书上署名。

第三百条　裁判文书应当写明裁判依据，阐释裁判理由，反映控辩双方的意见并说明采纳或者不予采纳的理由。

适用普通程序审理的被告人认罪的案件，裁判文书可以适当简化。

第三百零一条　庭审结束后、评议前，部分合议庭成员不能继续履行审判职责的，人民法院应当依法更换合议庭组成人员，重新开庭审理。

评议后、宣判前，部分合议庭成员因调动、退休等正常原因不能参加宣判，在不改变原评议结论的情况下，可以由审判本案的其他审判员宣判，裁判文书上仍署审判本案的合议庭成员的姓名。

■最高人民法院、最高人民检察院、公安部、国家安全部、司法部关于推进以审判为中心的刑事诉讼制度改革的意见(2016年10月11日)

二、严格按照法律规定的证据裁判要求，没有证据不得认定犯罪事实。侦查机关侦查终结，人民检察院提起公诉，人民法院作出有罪判决，都应当做到犯罪事实清楚，证据确实、充分。

侦查机关、人民检察院应当按照裁判的要求和标准收集、固定、审查、运用证据，人民法院应当按照法定程序认定证据，依法作出裁判。

人民法院作出有罪判决，对于证明犯罪构成要件的事实，应当综合全案证据排除合理怀疑，对于量刑证据存疑的，应当作出有利于被告人的认定。

十四、完善当庭宣判制度，确保裁判结果形成在法庭。适用速裁程序审理的案件，除附带民事诉讼的案件以外，一律当庭宣判；适用简易程序审理的案件一般应当当庭宣判；适用普通程序审理的案件逐步提高当庭宣判率。规范定期宣判制度。

十五、严格依法裁判。人民法院经审理，对案件事实清楚，证据确实、充分，依据法律认定被告人有罪的，应当作出有罪判决。依据法律规定认定被告人无罪的，应当作出无罪判决。证据不足，不能认定被告人有罪的，应当按照疑罪从无原则，依法作出无罪判决。

■最高人民法院关于全面推进以审判为中心的刑事诉讼制度改革的实施意见(2017年2月17日)

三、规范普通审理程序，确保依法公正审判

19. 法庭应当充分听取控辩双方的量刑建议和意见，根据查明的事实、情节，参照量刑指导意见规范量刑，保证量刑公正。

20. 法庭应当加强裁判说理，通过裁判文书展现法庭审理过程。对控辩双方的意见和争议，应当说明采纳与否的理由。对证据采信、事实认定、定罪量刑等实质性问题，应当阐释裁判的理由和依据。

30. 人民法院作出有罪判决，对于定罪事实应当综合全案证据排除合理怀疑。

定罪证据不足的案件，不能认定被告人有罪，应当作出证据不足、指控的犯罪不能成立的无罪判决。定罪证据确实、充分，量刑证据存疑的，应当作出有利于被告人的认定。

■最高人民法院关于建立健全防范刑事冤假错案工作机制的意见(2013年10月9日)

一、坚持刑事诉讼基本原则，树立科学司法理念

1. 坚持尊重和保障人权原则。尊重被告人的诉讼主体地位，维护被告人的辩护权等诉讼权利，保障无罪的人不受刑事追究。

2. 坚持依法独立行使审判权原则。必须以事实为根据，以法律为准绳。不能因为舆论炒作、当事方上访闹访和地方“维稳”等压力，作出违反法律的裁判。

3. 坚持程序公正原则。自觉遵守刑事诉讼法有关规定，严格按照法定程序审判案件，保证准确有效地执行法律。

4. 坚持审判公开原则。依法保障当事人的诉讼权利和社会公众的知情权，审判过程、裁判文书依

法公开。

5. 坚持证据裁判原则。认定案件事实,必须以证据为根据。应当依照法定程序审查、认定证据。认定被告人有罪,应当适用证据确实、充分的证明标准。

二、严格执行法定证明标准,强化证据审查机制

6. 定罪证据不足的案件,应当坚持疑罪从无原则,依法宣告被告人无罪,不得降格作出“留有余地”的判决。

定罪证据确实、充分,但影响量刑的证据存疑的,应当在量刑时作出有利于被告人的处理。

死刑案件,认定对被告人适用死刑的事实证据不足的,不得判处死刑。

三、切实遵守法定诉讼程序,强化案件审理机制

14. 保障被告人及其辩护人在庭审中的发问、质证、辩论等诉讼权利。对于被告人及其辩护人提出的辩解理由、辩护意见和提交的证据材料,应当当庭或者在裁判文书中说明采纳与否及理由。

15. 定罪证据存疑的,应当书面建议人民检察院补充调查。人民检察院在二个月内未提交书面材料的,应当根据在案证据依法作出裁判。

五、充分发挥各方职能作用,建立健全制约机制

23. 严格依照法定程序和职责审判案件,不得参与公安机关、人民检察院联合办案。

24. 切实保障辩护人会见、阅卷、调查取证等辩护权利。辩护人申请调取可能证明被告人无罪、罪轻的证据,应当准许。

25. 重大、疑难、复杂案件,可以邀请人大代表、政协委员、基层群众代表等旁听观审。

26. 对确有冤错可能的控告和申诉,应当依法复查。原判决、裁定确有错误的,依法及时纠正。

27. 建立健全审判人员权责一致的办案责任制。审判人员依法履行职责,不受追究。审判人员办理案件违反审判工作纪律或者徇私枉法的,依照有关审判工作纪律和法律的规定追究责任。

■最高人民法院、最高人民检察院、公安部、司法部关于进一步严格依法办案确保办理死刑案件质量的意见(2007 年 3 月 9 日)

35. 人民法院应当根据已经审理查明的事实、证据和有关的法律规定,依法作出裁判。对案件事实清楚,证据确实、充分,依据法律认定被告人有罪的,应当作出有罪判决;对依据法律认定被告人无罪的,应当作出无罪判决;证据不足,不能认定被告人有罪的,应当作出证据不足、指控的犯罪不能成立的无罪判决;定罪的证据确实,但影响量刑的证据存有疑点,处刑时应当留有余地。

■最高人民法院关于裁判文书引用法律、法规等规范性法律文件的规定(全文)(2009 年 11 月 4 日)

第一条　人民法院的裁判文书应当依法引用相关法律、法规等规范性法律文件作为裁判依据。引用时应当准确完整写明规范性法律文件的名称、条款序号,需要引用具体条文的,应当整条引用。

第二条　并列引用多个规范性法律文件的,引用顺序如下:法律及法律解释、行政法规、地方性法规、自治条例或者单行条例、司法解释。同时引用两部以上法律的,应当先引用基本法律,后引用其他法律。引用包括实体法和程序法的,先引用实体法,后引用程序法。

第三条　刑事裁判文书应当引用法律、法律解释或者司法解释。刑事附带民事诉讼裁判文书引用规范性法律文件,同时适用本规定第四条规定。

第四条　民事裁判文书应当引用法律、法律解释或者司法解释。对于应当适用的行政法规、地方性法规或者自治条例和单行条例,可以直接引用。

第五条　行政裁判文书应当引用法律、法律解释、行政法规或者司法解释。对于应当适用的地方性法规、自治条例和单行条例、国务院或者国务院授权的部门公布的行政法规解释或者行政规章,可以直接引用。

第六条 对于本规定第三条、第四条、第五条规定之外的规范性文件，根据审理案件的需要，经审查认定为合法有效的，可以作为裁判说理的依据。

第七条 人民法院制作裁判文书确需引用的规范性法律文件之间存在冲突，根据立法法等有关法律规定无法选择适用的，应当依法提请有决定权的机关做出裁决，不得自行在裁判文书中认定相关规范性法律文件的效力。

第八条 本院以前发布的司法解释与本规定不一致的，以本规定为准。

■《最高人民法院关于案例指导工作的规定》实施细则（2015年5月13日）（见本书附录一）

■最高人民法院办公厅关于印发一审未成年人刑事案件适用普通程序的刑事判决书样式和一审未成年人刑事公诉案件适用简易程序的刑事判决书样式的通知（2009年10月12日）（见本书附录十八）

▼最高人民法院、最高人民检察院、公安部办理非法经营国际电信业务犯罪案件联席会议纪要（2003年4月22日）

四、公安机关侦查非法经营国际电信业务犯罪案件，要及时全面收集和固定犯罪证据，抓紧缉捕犯罪嫌疑人。人民检察院、人民法院对正在办理的非法经营国际电信业务犯罪案件，只要基本犯罪事实清楚，基本证据确实、充分，应当依法及时起诉、审判。主犯在逃，但在案的其他犯罪嫌疑人、被告人实施犯罪的基本证据确实充分的，可以依法先行处理。

六、各地在办理非法经营国际电信业务犯罪案件中遇到的有关问题，以及侦查、起诉、审判的信息要及时向各自上级主管机关报告。上级机关要加强对案件的督办、检查、指导和协调工作。

▼全国部分法院审理黑社会性质组织犯罪案件工作座谈会纪要（2015年10月13日）

四、关于审判程序和证据审查

（二）证明标准和证据运用问题

办理黑社会性质组织犯罪案件应当坚持“事实清楚，证据确实、充分”的法定证明标准。黑社会性质组织犯罪案件侦查取证难度大，“四个特征”往往难以通过实物证据来加以证明。审判时，应当严格依照刑事诉讼法及有关司法解释的规定对相关证据进行审查与认定。在确保被告人供述、证人证言、被害人陈述等言词证据取证合法、内容真实，且综合全案证据，已排除合理怀疑的情况下，同样可以认定案件事实。

▼最高人民法院办公厅关于实施《法院刑事诉讼文书样式》若干问题的解答（2001年6月15日）

经最高人民法院审判委员会第1051次会议讨论通过的《法院刑事诉讼文书样式》（以下简称修订样式），自1999年7月1日施行以来，各地提出了一些问题。为正确理解和执行修订样式，现解答如下：

一、第一审刑事裁判文书

（一）首部

1. 问：对于当事人基本情况中的“出生年月日”与“出生地”，可否表述为“××××年××月××日出生于×××（地名）”？

答：为行文简洁，也可以采用这种合并的写法。

2. 问：对不愿供述或者无法确定其真实姓名、出生地等基本情况的被告人，如何表述？

答：参照刑事诉讼法第一百二十八条第二款关于“对于犯罪事实清楚，证据确实、充分的，也可以按其自报的姓名移送人民检察院审查起诉”的规定，可以按照被告人自报的姓名和出生地等情况表述，并用括号注明“自报”。

3. 问：被告人所受强制措施的情况，有的表述为“因本案于××××年××月××日被羁押”；有的表述为“因涉嫌××犯罪于××××年××月××日被羁押”；有的表述为“因涉嫌××于××××年

××月××日被羁押";还有的表述为:"因涉嫌犯××罪于××××年××月××日被羁押",哪一种表述正确?

答:可以按最后一种方式表述,即"因涉嫌犯××罪于××××年××月××日被刑事拘留、逮捕(或者被采取其他羁押措施)"。

4. 问:根据最高人民法院《关于严格执行审理期限制度的若干规定》,是否应当在案件由来和审理经过段,写明人民法院审查起诉后的立案日期和延期审理的情况?

答:为了客观反映公诉机关(或者自诉人)的起诉日期和人民法院审查起诉后的立案日期,便于当事人和有关部门监督、检查人民法院对案件审理期限制度的执行情况,体现审理案件的公开性和透明度,提高办案效率,应当在裁判文书中写明审理案件的起始日,即立案的日期。如公诉案件,可以在"×××人民检察院……于××××年××月××日向本院提起公诉"之后,续写:"本院于××××年××月××日立案,并依法组成合议庭……"需要延长审限的,属于附带民事诉讼案件,应当写明:"经本院院长批准,延长审限两个月;"有刑事诉讼法第一百二十六条规定的情形之一的,则应当写明:"经×××高级人民法院批准(或者决定),再延长审限一个月。"

5. 问:依法不公开审理的案件,应否在审理经过段写明不公开审理的理由?

答:为了体现审理程序的合法性,应当写明不公开审理的理由。可表述为:"本院依法组成合议庭,因本案涉及国家秘密(或者个人隐私,或者被告人系未成年人),不公开开庭审理了本案"。

6. 问:在案件由来和审理经过段,对指定管辖或者延期审理、简易程序转入普通程序等情形,应否具体表述?

答:应当具体表述,以客观反映案件的审理过程。

7. 问:刑法第九十八条规定的"告诉才处理"的案件,如果被害人因受强制、威胁无法告诉而由人民检察院起诉或者由被害人的近亲属代为告诉的,对"控方"的称谓应当如何表述?

答:由人民检察院直接起诉的,表述为"公诉机关";由被害人的近亲属代为告诉的,表述为"自诉人",但应当注明与被害人的关系。

8. 问:未成年人犯罪的案件,其法定代理人没有出庭的,是否还应当在首部当事人基本情况中列写"法定代理人"项?

答:应当列写。但在审理经过段出庭人员中,无须表述法定代理人未出庭的内容。

(二)事实和证据

9. 问:在表述控辩双方的意见和经审理查明的"事实和证据"部分时,如何做到"繁简适当"?

答:应当因案而异。原则上可以控辩双方有无争议为标准。即:控辩双方没有争议的事实,可以扼要概括,检察机关指控的证据可以用"检察机关提供了相应的证据"一句来概括。在"经审理查明"的事实和证据部分,则应当具体写明经法庭审理认定的事实和证据。在证据的表述上可以首先写明:"上述事实,有检察机关提交,并经法庭质证、认证的下列证据予以证明。"

控辩双方有争议的事实,则无论是"控辩意见"还是"经审理查明"的事实部分,都应当详细叙述,并对有争议的事实、证据进行具体的分析、认证,写明采信证据的理由。

10. 问:对被告人一人或者多人多次犯同种罪的,事实和证据可否归纳表述?

答:控辩双方没有争议并且经庭审查证属实的同种数罪,事实和证据部分可以按犯罪的时间、地点、手段、对象等归纳表述。

11. 问:修订样式要求在裁判文书中写明的"证据来源"的含意是什么?

答:主要指证据是由控辩双方的哪一方提供的。

12. 问:在表述证据时,对被告人供述、被害人陈述、证人证言等言词证据应当用第一人称还是第三人称?

答:原则上应当用第三人称,涉及证明案件事实的关键言词,也可以使用第一人称。

13. 问:对隐私案件的被害人或者其他案件中不愿在裁判文书中透露真实姓名的证人,为保护其名誉和安全,可否只写姓不写名?

答:为了维护裁判文书的真实性和严肃性,在裁判文书中,应当写明证人的真实姓名;为了保护被害人的名誉,根据被害人的请求或者案件的具体情况,在裁判文书中,也可以只写姓、不写名,具体可以表述为"张某某"、"王某某",但不宜表述为"张××"、"王××"。

14. 问:对自首或者立功或者累犯等情节,在裁判文书中应当如何表述?

答:按照修订样式的要求,对自首、立功等情节的认定应当写在事实部分,并写明确认自首、立功等情节成立的证据;对具有自首、立功等情节的被告人如何处罚的论述,则应当在理由部分进行表述。

对涉及累犯的情形,则应当在首部被告人的基本情况中写明其原判刑罚的情况和刑满释放的日期。

15. 问:对经审理确认指控的事实不清、证据不足而宣告无罪的案件,事实和证据部分应当如何表述? 可否省略该部分而直接写"本院认为"?

答:不可以。对这类因证据不足不能认定被告人有罪的案件,应当在"经审理查明"的事实部分,针对指控的犯罪事实,通过对证据的具体分析、认证,写明"事实不清、证据不足"的具体内容,为判决理由做好铺垫。

16. 问:对检察机关指控被告人犯数罪,经法庭审理后认为被告人只构成一罪时,在事实和理由部分应当如何表述?

答:在控辩意见部分,对检察机关指控的数罪仍应当客观概述;在经审理查明的事实和证据部分,则应当因案而异进行表述。经法庭审理查明检察机关指控的犯罪事实成立,但只构成一罪的,或者按照法律规定指控的"数罪"本属一罪的(如惯犯、结合犯、牵连犯、连续犯等),不构成数罪的理由宜在"本院认为"中表述;如果经庭审查明,指控的"数罪"中,有的指控的犯罪成立,有的因证据不足,指控的犯罪不能成立,只构成一罪的,则指控的犯罪不成立的证据的分析,宜在"事实和证据"部分予以表述,并在理由部分加以论证。

17. 问:法庭经审理确认指控的犯罪事实成立,但控辩双方对犯罪性质的指控和辩护均不成立,被告人的行为构成他罪的,事实部分应当如何表述?

答:在指控的"犯罪事实"成立,只是指控的"犯罪性质"不当的情况下,应当据实表述经审理查明的事实和证据;在理由部分写明依法应当认定被告人的行为触犯了何种罪名的理由,以及控辩双方主张的罪名均不成立的理由。

(三)理由

18. 问:对检察机关在法院宣告判决前要求撤回起诉并经法院准许的,在刑事裁定书上应当如何引用法律依据?

答:应当引用最高人民法院《关于执行〈中华人民共和国刑事诉讼法〉若干问题的解释》第一百七十七条作为裁定的依据。

19. 问:一份裁判文书涉及对多个被告人定罪处刑的法律条款,其中,既有相同的,又有不同的,在制作裁判文书时,应当分别引用对每个被告人适用的法律条款,还是应当综合引用对整个案件都适用的法律条款?

答:为了充分体现对被告人适用法律条文的准确性和增强援引法律条文的针对性,在共同犯罪案件中,对共同犯罪的各被告人所适用的法律条款,应当逐人分别引用。

(四)判决结果

20. 问:检察机关指控被告人犯数罪,经审理确认其中一罪因证据不足、指控犯罪不能成立的,判决结果部分是否予以表述?

答:只需在判决理由部分就证据不足、指控的犯罪不能成立予以充分论证即可,在判决结果中不再表述。

21. 问:对同一被告人既判处有期徒刑又并处罚金刑的,其刑期起止日期和缴纳罚金的期限应当如何表述?

答:对同一被告人既被判处有期徒刑又并处罚金的,应当在判处的有期徒刑和罚金刑之后,分别用括号注明有期徒刑刑期起止的日期和缴纳罚金的期限。

22. 问:适用数罪并罚"先减后并"的案件,对前罪"余刑"从何日起算?在裁判文书中如何表述?

答:前罪"余刑"的起算日期,可以从犯新罪之日起算。判决结果的刑期起止日期可表述为:"刑期从判决执行之日起计算。判决执行以前先行羁押的,羁押一日折抵刑期一日,即自××××年××月××日(犯新罪之日)起至××××年××月××日止。"

(五)尾部

23. 问:刑事自诉案件准许撤诉的,刑事裁定书尾部是否可以不写明"如不服本裁定,可在接到裁定书的第二日起五日内,通过本院或者直接向×××人民法院提出上诉。书面上诉的,应提交上诉状正本一份,副本×份"的内容?

答:应当写明。虽然自诉人提出撤诉,人民法院裁定准许撤诉后,自诉人也可能不上诉,但是法律赋予当事人的诉讼权利应当依法保护,并应当在裁定书中予以明示。

二、第一审单位犯罪刑事判决书

24. 问:单位犯罪案件,检察机关起诉到法院后,单位被注销或者被宣告破产的,在裁判文书中如何表述?

答:在首部应当列被告单位的名称,并用括号注明单位已被有关部门注销或者被人民法院宣告破产;在事实部分应当简要写明单位被注销或者被宣告破产的情况;在理由部分应当阐明对被告单位终止审理的理由;在判决结果的第一项先写:"对被告单位××××终止审理";第二项再写对被告人(直接负责的主管人员和其他直接责任人员)作出的判决。

25. 问:被告单位犯罪后变更名称的,被告单位如何列,判决结果如何表述?

答:一般应当列变更后的单位名称,但需括注单位的原名称。在判决结果中,应当根据庭审查明的事实和法律的有关规定,对变更后的单位定罪判刑(判处罚金),或者宣告无罪。

三、第一审适用简易程序制作的刑事裁判文书

26. 问:人民法院决定或者检察机关建议或者同意适用简易程序的案件,是否应当在裁判文书的首部写明?

答:由于无论是人民法院决定适用简易程序,还是人民检察院建议或者同意适用简易程序,均另有书面材料附卷,故首部只要写明"本院依法适用简易程序,实行独任审判"即可。

27. 问:对适用简易程序审理的案件,在裁判文书中如何体现"简易"的特点?

答:由于适用简易程序的前提是"事实清楚、证据充分",且在通常情况下,控辩双方对指控的事实和证据没有原则分歧。因此,在制作这种裁判文书时,对控辩主张的内容可以高度概括;对"经审理查明"的事实可以概述,对定案的证据可以不写;对判决理由则可以适当论述。

四、第一审刑事附带民事判决书

28. 问:对于既是刑事被告人又是附带民事诉讼被告人的,在"被告人"项之后,是否应当括注"附带民事诉讼被告人"?

答:刑事被告人同时为附带民事诉讼被告人时,在首部无需另括注"附带民事诉讼被告人";如果不是同一个人,则需另列"附带民事诉讼被告人"。

29. 问:如果附带民事诉讼原告人系隐私(强奸等)案件的被害人,在首部的"附带民事诉讼原告人"项是否应当写出其真实姓名？在判决结果中对其赔偿问题又应当如何表述？

答:为了保护隐私案件被害人的名誉,在裁判文书中可以只写姓,不写名,即用"李某某"来代替,以避免产生副作用。在判决结果中应当表述为:"被告人(或者附带民事诉讼被告人)×××赔偿附带民事诉讼原告人李某某……(经济损失的具体数额)。"

30. 问:在刑事附带民事诉讼中,附带民事诉讼原告人众多的,在判决书首部是否应当将附带民事诉讼原告人全部列出？

答:一般应当全部列出。提起附带民事诉讼是法律赋予被害人的一项诉讼权利。只要被害人及其近亲属或者其法定代理人依法提起附带民事诉讼,都应当在判决书首部将他们一一列出,以体现对被害人合法诉讼权利的保护。但对于依照民事诉讼法的规定实行代表人制度的,则可以只列代表人及其委托代理人,并在裁判文书之后附上提起附带民事诉讼的原告人的名单。

31. 问:在附带民事诉讼中,对被告人未明确辩护人在民事诉讼中的代理权限,而辩护人针对附带民事部分发表的意见,裁判文书中是否要加以表述？

答:被告人如果没有委托辩护人同时担任民事诉讼代理人的,辩护人就无权就附带民事诉讼部分发表代理意见;已发表的也不能在裁判文书中表述。

32. 问:对成年(包括未成家但已成年)被告人的亲属自愿承担民事赔偿责任的刑事附带民事案件,在判决结果中可否表述为:"由被告人父母在家庭共同财产中支付?"

答:不可以。由于被告人已成年,在判决结果中仍应表述为:"被告人×××赔偿附带民事诉讼原告人×××……(写明受偿人的姓名、赔偿的金额和支付的日期)。"对于已由被告人的亲属自愿代为赔偿的,可以在裁判文书的事实部分予以表述。

33. 问:对刑事附带民事案件,在判决结果中,能否表述"免予赔偿"或者单独列项"驳回附带民事诉讼原告人的诉讼请求"？

答:经过审理,确认被告人的犯罪行为(或者违法行为)给被害人造成物质损失(包括已经遭受的实际损失和必然遭受的损失)的,理应承担民事赔偿责任,一般不能判决"免予赔偿",以切实维护被害人的合法权益。依法判决后,在实际执行过程中,查明被告人确无财产可供执行的,则可以作出中止或者终结执行的裁定。如果判决确认被告人不应承担民事赔偿责任,不予赔偿的,按照修订样式的规定,在判决结果中应当表述为:"被告人×××不承担民事赔偿责任,"而不宜表述为:"驳回附带民事诉讼原告人的诉讼请求。"

34. 问:对公诉案件中附带民事诉讼部分调解结案的,应当如何制作刑事附带民事调解书？

答:对公诉的刑事附带民事诉讼案件,在判决宣告以前,经调解,双方当事人就经济损失的赔偿达成调解协议的,应当制作"刑事附带民事调解书"。制作时,可以参照一审自诉案件刑事附带民事调解书样式9及其说明。

35. 问:附带民事诉讼原告人撤诉的,应否单独就附带民事诉讼部分作出准予撤诉的裁定？继续审理的刑事诉讼部分是制作刑事判决书还是刑事附带民事判决书？

答:附带民事诉讼原告人撤诉的,人民法院应当单独作出准予撤诉的裁定。由于附带民事诉讼部分已撤诉,刑事诉讼部分审理终结后,则应当制作刑事判决书。

36. 问:刑事附带民事诉讼案件,刑事部分先判决,民事赔偿部分后处理的,使用何种裁判文书,能否使用同一案号？

答:根据刑事诉讼法第七十八条的规定,为了防止刑事案件的审判过分迟延,刑事部分先行判决的,应当制作刑事判决书;民事赔偿部分由同一审判组织继续审理、判决的,则应当制作刑事附带民事判决书,并在审理经过段写明刑事部分已先行判决,以便与本判决相衔接,并使用同一个案号。

五、未成年人犯罪刑事裁判文书

37. 问:判令未成年被告人的监护人(父母)承担民事赔偿责任的,在首部可否将其列为附带民事诉讼被告人?在判决结果中如何表述?

答:应当将依法对未成年被告人享有监护权的监护人列为"法定代理人暨附带民事诉讼被告人",而不仅仅列为"法定代理人"或者"附带民事诉讼被告人"。在这种附带民事诉讼中,未成年被告人的监护人实际上具有双重诉讼地位和双重身份,他们既是未成年被告人的法定代理人,以维护被告人的合法权益,又是附带民事诉讼的被告人,以承担民事赔偿责任。在判决结果中,则应当表述为:"附带民事诉讼被告人×××赔偿附带民事诉讼原告人×××……(写明受偿人的姓名、赔偿的金额和支付的日期)。"

38. 问:如何规范未成年人犯罪刑事裁判文书的制作?

答:未成年人犯罪有其特殊性。制作未成年人犯罪刑事判决书应当坚持"教育、感化、挽救"的方针和"教育为主,惩罚为辅"的原则,并注意充分反映未成年人犯罪的特点。人民法院应当根据刑事诉讼法和最高人民法院《关于审理未成年人刑事案件的若干规定》(此规定已被最高人民法院法释〔2015〕2号废止。——编著者注),按照新补充的一审未成年人刑事案件适用普通程序用的刑事判决书样式及其说明的要求制作(参见补充样式2)。

十、其他

56. 问:对涉外刑事案件的被告人,人民法院决定限制其出境的,应当制作何种诉讼文书?

答:根据最高人民法院《关于执行〈中华人民共和国刑事诉讼法〉若干问题的解释》第三百二十二条、第三百二十三条的规定,对涉外刑事案件的被告人,人民法院决定限制其出境的,应当制作限制出境决定书。此决定书适用于人民法院认定的其他相关犯罪嫌疑人,并应另行具函,通报同级公安机关或者国家安全机关(参见补充样式4)。

57. 问:对出庭的检察人员,有的表述为"出庭支持公诉",有的表述为"出庭履行职务",还有的表述为"出庭参加诉讼",哪一种表述正确?

答:根据最高人民法院《关于执行〈中华人民共和国刑事诉讼法〉若干问题的解释》第一百二十九条和修订样式的规定,对出庭的检察人员,在第一审程序中,应当表述为"出庭支持公诉";在第二审程序中,应当表述为"出庭履行职务"或者"出庭支持抗诉";在再审程序中,应当根据适用的程序不同,按照前述规定分别表述。

58. 问:对判处死刑的被告人,第一审宣判后、上诉期届满前死亡的,根据刑事诉讼法第十五条的规定,应当裁定终止审理。但此时一审已结束,二审和死刑复核程序还未启动,终止审理的裁定书应当由谁制作,应如何表述?

答:由于一审判决已经宣告,即一审程序已经结束,因此,终止审理的裁定书应当由上一级人民法院制作;上一级人民法院可以参照修订样式41的样式制作刑事裁定书,并对有关部分作相应的改动。

60. 问:修订样式规定了裁判文书的字体、字号,而现在使用的微机字体有的与样式的规定不符,怎样处理?

答:字号大小应严格执行修订样式的规定。但由于不同微机(软件)对字体的设定不完全统一,因此,可以将文书的字体作适当变通,但务必做到庄重、美观、清晰。

□指控证据不能相互印证,形成锁链的,不予确认

刑事诉讼中,控方具有提供证据证实犯罪的责任,证据不充分,指控不能成立。该指控中,证据反映出被告人褚某某转款行为的主观故意,同时存在非法占有、购买设备或其他目的的可能性,不具有充分的排他性,因此,指控被告人褚某某贪污1156万美元证据不充分,不予确认。[参见褚时健等贪污、巨额财产来源不明案,载《最高人民法院公报》总第58期(1999年第2期),第59页。]

□故意杀人案件事实不清,证据不足的认定

对被告人杀人动机的证明事实不清,证据不足;凶手杀人手段事实不清,证据不足;被害人死亡时间鉴定结论与法医学文献推定的死亡时间存在明显矛盾,且现有证据对此不能合理解释;被害人阴道分泌物中的大量精子出自何人,被害人遇害前是否被强奸等重大疑点问题没有证据给予合理解释。综上,该案应认定为事实不清,证据不足。[参见郑州市人民检察院诉黄新故意杀人案,载《最高人民法院公报》总第83期(2003年第3期),第23页。]

▽刑事证明标准"证据确实、充分"的内容及其认定

我国刑事诉讼法(1996年修订的。——编著者注)第一百二十九条、第一百四十一条和第一百六十二条都规定了刑事证明标准是"证据确实、充分"。具体内容包括:(1)单个证据经查证属实,具备客观性、关联性和合法性的特征;(2)证据(包括直接证据和间接证据)之间相互印证;(3)证据矛盾合理排除;(4)证据组合形成体系;(5)证据指向惟一排他。如果办案过程中采集、调查和判断证据的活动,偏离上述内容要求,对案件事实的认定往往就会出现偏差甚至严重错误。本案一审法院的证据运用与"证据确实、充分"的要求尚存在差距,证据之间存在难以弥合的矛盾,证据指向的结论也不能做到唯一排他。[参见第326号案例,歹进学挪用公款案,载《刑事审判参考》总第41集(2004年第6集),法律出版社,第59~60页。执笔:牛克乾]

▽强奸案件"证据确实、充分"证明标准的认定

正确认定事实的过程实际上就是办案人员审查、判断证据的过程。审查、判断证据应当从两方面入手:一是审查证据的证据能力,这是解决证据适格性的问题,即证据必须合法取得才具有证据资格,才能作为案件事实的认定依据;二是判断证据的证明力,即证据事实对案件事实有无证明作用以及证明程度如何。在同一案件的适格证据中,往往既有对被告人有利的证据,也有对被告人不利的证据。甚至在同一个证据中,既有对被告人有利的内容,也有对被告人不利的内容。在这种情况下,办案人员应当客观、全面地分析证据的证明力。如果只简单地采信证明被告人有罪的证据,或者相反,都是不客观、不全面的。强奸案件的证据具有特殊性,即直接证明强奸行为是否成立的直接证据往往只有被告人供述和被害人陈述。在这种"一对一"的情况下,简单地采信被害人陈述或被告人供述都是不正确的,容易放纵罪犯或者冤枉无辜。应当将被害人陈述和被告人供述结合其他间接证据进行分析、比较、整合,去伪存真。一是要将被告人供述与被害人陈述两者间进行比较分析,发现是否存在矛盾之处;二是将间接证据与被告人供述或被害人陈述进行比较分析,在比较分析的基础上,确定各个证据的证明力。强奸案中发生性关系是出于被害人自愿还是被告人采取暴力手段强迫所致往往是许多案件需要证明的事实。本案有关这方面证据较多,直接证据仅有被害人的陈述、被告人的供述,但间接证据有不少。其中,被害人陈述的证明指向被告人采用暴力手段,因此,对被害人陈述证明力的分析、判断,乃本案的重中之重。通过比较分析,可以确定被害人陈述的证明力:(1)将被害人陈述与被告人供述进行比较,发现两者之间相互矛盾。(2)分析被害人陈述本身的内容。对被害人陈述证明力的分析,应当结合案发的时间、地点、条件、环境,注重对细节的分析,看细节能否陈述清楚,是否符合逻辑,前后是否存在矛盾之处。根据记忆的规律,离案发时间越近的陈述,记忆应该越清晰,真实性也就越强。而本案被害人陈述却前后矛盾,描述不一,变化较大特别是细节越描越细。当然,也有的强奸案件,被害人出于对隐私问题的顾虑,可能一开始不愿如实陈述,经过思想斗争后才如实陈述。但本案中,被害人与被告人在案发现场即被被害人男友发现,被害人男友经被害人同意即向公安机关报案,并且公安机关当即对现场进行了检查,又当即找了当事人谈话。这种情况下,被害人为顾及面子而不愿意如实陈述的可能性不大。反而惟恐男友生气,将通奸行为说成被告人采用暴力强奸行为的可能性较大。因此,如果没有其他证据予以印证,被害人的陈述是不足以采信为认定被告人采用暴力手段的依据的。(3)分析间接证据对被害人陈述的印证力。本案间接证据不能证明被害人的裙子是被告人强行拉坏的;也不能必

然证明被害人身上的轻微伤痕,系被告人暴力行为所致。因此,本案间接证据虽然客观真实,但在证明方向上却不是唯一的,而是存在多维性的特点。(4)分析被告人供述并将被告人供述与间接证据进行比较分析。被告人对于整个事件的前后过程,在细节问题上,供述始终一致,没有出现反复。部分细节也有相关的间接证据印证。这对全面分析案件事实有较大的参考价值。据此可以认定被告人供述的证明力高于被害人陈述,被害人的陈述不足完全采信。在客观、全面分析证据内容及证明力,确定证据证明方向的基础上,再从正面论证、反面论证以及补充论证等多角度对证据的充分性问题进行论证,以此确定案件事实是否达到了证据确实、充分的程度。一是正面论证,即论证证明被告人陈某实施暴力行为的证据是否充分。如前所述,本案直接证据只有相互矛盾的被害人陈述和被告人供述,其他间接证据又无法证明被告人实施了暴力行为。因此,各证据之间无法形成认定被告人采用暴力手段强奸事实成立的证据链条。二是反面论证,即论证根据现有的证据是否能够排除必要的合理怀疑。本案中,众多合理怀疑得不到排除,如被害人的衣物除裙子拉链脱开外,其他暴力行为过程中极易损失的物件却完好无损,这些迹象与被告人采用暴力手段行为很不相称;在案发过程中被害人对可以求救、逃离的机会不予利用;等等。三是补充论证,即论证能否排除被告人采取胁迫或者其他手段,致使被害人不能抗拒、不敢抗拒、不知抗拒事实的存在。本案可以排除被害人酒醉导致不知反抗或不能反抗的情形,也可以排除被告人采用胁迫手段迫使被害人不敢反抗而强行与之发生性行为的情形。[参见第396号案例,陈某强奸案,载《刑事审判参考》总第50集(2006年第3集),法律出版社,第24~27页。执笔:王培中]

▽毒品犯罪审判中侦查机关应穷尽其取证职责,检察机关和审判机关根据现有证据认定

在毒品犯罪审判中,常常会遇到被告人辩称所持毒品系他人所有,自己仅是代他人保藏或者辩称自己所犯之罪较指控之罪为轻(按照刑法的规定,非法持有毒品罪的法定刑重,窝藏毒品罪的法定刑轻,运输毒品罪法定刑重,转移毒品罪法定刑轻),且其辩解虽无证据认定,但亦无证据否定。对此应当把握如下两个基本原则:一是看侦查机关是否已经穷尽其取证职责;二是看公诉机关对其所指控的犯罪事实是否已达到证据确实充分。当遇有上述情形,如果侦查机关确已穷尽侦查取证之责,且查证的事实确有确实充分的证据证明其构成指控的犯罪时,审判机关即可根据以查明的事实和证据依法追究被告人的刑事责任,在这种情况下,要求侦查机关、公诉机关再就其他可能性继续深化侦查、举证责任既无必要,也不现实。[参见第284号案例,黄学东非法持有毒品案,载《刑事审判参考》总第36集(2004年第1集),法律出版社,第58~63页。执笔:翰林]

▽故意杀人犯罪案件证据确实、充分证明标准的认定

我国刑事诉讼中的证明标准是“犯罪事实清楚,证据确实、充分”。所谓证据确实、充分,是对作为定案根据的证据质和量总的要求,有四层含义:(1)据以定罪的证据均已查证属实;(2)每个证据必须和待查证的犯罪事实之间存在客观联系,具有证明力;(3)属于犯罪构成要件的事实均有相应的证据加以证明;(4)现有证据总体上已足以对所要证明的犯罪事实得出确实无疑的结论,即排除其他一切可能性而得出唯一结论。司法实践中,判断刑事案件的证据是否达到这一证明标准,一般从以下几个方面进行审查:一是审查证据的证据能力,这是解决证据适格性的问题,即证据必须合法取得才具有证据资格,才能作为案件事实的认定依据。二是判断证据的证明力,即证据对案件事实有无证明作用以及证明程度如何。三是对“充分”的把握,不仅强调孤证不能定案,而且要求全案证据对于待证事实要达到“充分”的程度,以及证据之间能够互相印证,构成完整的证据体系,得出唯一的证明结论。不仅在证据的数量上,更重要的是证据的实质证明力要足以证明犯罪事实。在死刑案件中,对“证据确实、充分”的把握更要严格和慎重,既要每一个待证事实均应有相应的证据予以证实,同时,每一个待证事实的证据也均应达到确实、充分的程度,这样才能保证死刑判决的准确,保证死刑案件的审判质量。因此,在全案证据不能形成证据锁链,得出唯一结论的情况下,应当认定本案证据尚未达到法定的“证据确实、充分”的证明标准。据此，法院严格执行法律规定的证明标准，依照刑事诉讼法（现行刑事诉讼法本条。——编著者注）第一百六十二条第（三）项之规定，对两被告人作出证据不足、指控的罪名不能成立的无罪判决。[参见第449号案例，余华平、余后成被控故意杀人案，载《刑事审判参考》总第57辑（2007年第4辑），法律出版社，第21～26页。执笔：罗少雄　陈光昶]

▽刑事证据规则运用的价值取向

刑事诉讼中对证据审查判断的目的，不在于对客观犯罪事实的复原或再现，而在于根据已有证据及其规则，对法律事实的推断和认定。故就逻辑而言，这种推断和认定只能无限地接近客观真实而不等于客观事实本身，两者之间的差异则是法律允许司法人员依据证据规则认定案件事实的余地和空间。本案证人张某某系与本案被告人王某某多次合伙盗窃的同案犯，在其因盗窃犯罪被逮捕后，主动供述其与被告人王某某分别强奸妇女的事实并查证属实，故其同时揭发王某某在与其共同盗窃中实施抢劫致人死亡犯罪事实的证言虽属传来证据，从内心确信角度看，仍然具有相当的可信性，不能排除被告人王某某确有实施本案抢劫致人死亡行为的重大嫌疑。但在不能排除被告人王某某关于刑讯逼供、诱供之翻供理由，现有证据尚不能完全、合理地排除抢劫致人死亡的行为系他人所为的情况下，对控方指控的被告人王某某抢劫犯罪事实不予认定，不仅是对刑事诉讼证据规则的合理运用，也是在惩罚犯罪和保障被告人合法权利并重的刑事司法理念支配下，审判机关权衡利弊得失，作出的两害相权取其轻的法律选择。（参见第003号刑案判例，王某某抢劫、强奸、盗窃案，载《刑事办案指导》总第1辑，中国人民公安大学出版社，第22～23页。执笔：高军）

▽“证据不足”的认定

《刑事诉讼法》第一百六十二条（已被修改）第（三）项规定，证据不足，不能认定被告人有罪的，应当作出证据不足，指控的犯罪不能成立的无罪判决。这一规定，从法律上确立了“疑罪从无”这一彰显司法文明与进步的诉讼原则。司法实践中应对“证据不足”进行正确认定：（一）只有证明犯罪构成要件的证据缺失，才属于刑事诉讼法第一百六十二条第（三）项规定的“证据不足”。依据证据裁判主义，案件事实的认定须依赖于证据。但就具体案件而言，证据形式不拘一格，证明对象不完全相同，每一“证据”的意义也就不能一概而论。依所证明的对象划分，证据可分为三类：1. 证明犯罪构成要件的证据。从刑法理论上讲，犯罪构成要件包括犯罪客体、犯罪主体、犯罪客观方面和犯罪主观方面这四个方面的内容。司法实践中，犯罪构成要件被概括成“七何要素”即何人、何时、何地、何目的、何方法、何种犯罪行为、何后果。对任何一个刑事案件而言，上述事实都是首要的证明对象。对上述事实有证明作用的证据，即为证明犯罪构成要件的证据。显然，犯罪构成要件事实是刑事案件的主要证明对象，证明犯罪构成要件的证据也就成为刑事案件的关键证据。2. 证明量刑情节的证据。某些刑事案件具有特定的量刑情节，如从重、加重或者从轻、减轻、免除刑事处罚的情节等。这些量刑情节都是需要证据支持的。3. 证明犯罪嫌疑人、被告人个人情况的证据。犯罪嫌疑人、被告人个人情况，主要指犯罪嫌疑人、被告人的姓名、性别、年龄、文化程度、民族、职业等情况。刑事诉讼法第一百六十二条第（三）项所指的证据不足，实际是证明犯罪构成要件的证据不足。实践中，当证据不足，指控的犯罪不能成立时，即称其为“疑罪”。顾名思义，“疑罪”，就是在定罪的问题上存在模糊之处，难以形成定论。该条所说“证据”，其实就是认定犯罪构成要件即基本犯罪构成的证据。也就是说，当认定基本犯罪构成的证据缺失时，即属于证据不足。如果认定基本犯罪构成的证据充足，仅仅是某些影响量刑的证据缺失，不属于我们这里所说的证据不足。（二）证明主要案件事实的直接证据未查证属实，间接证据难以形成锁链的，属于证明犯罪构成要件的证据不足。根据证据与主要案件事实的证明关系，证据可分为直接证据与间接证据。直接证据指的是那些对案件主要事实有直接证明作用的证据。这里的“主要案件事实”，指的就是被告人是否实施犯罪行为这一事实。对案件主要事实有直接证明作用，指的是这一证据可直接说明被告人是否实施了犯罪行为。如证人所作关于亲眼目睹被告人行凶的证言。这一证言，对被告人是否实施了犯罪行为有直接、明确的表述,对案件主要事实起到了直接的证明作用,应为直接证据。间接证据指那些必须与其他证据相结合才能证明案件主要事实的证据。由于直接证据和间接证据与主要案件事实的证明关系不同,判断直接证据与间接证据充足或不足的标准也不同。1. 直接证据查证属实的,犯罪构成要件证据即属充分,可以认定被告人有罪。一般来讲,案件中的直接证据能够查证属实的,证明犯罪构成要件的证据即已充分。由于直接证据对案件主要事实有直接的证明作用,因而,只要查证属实,犯罪要件就可得到证明,有罪或无罪的结论就很明显,证明犯罪构成的证据即属充分。需要注意的是,直接证据必须得到查证,也就是说直接证据必须是真实的,才能确实地起到证明作用。所以,仅凭一个直接证据是不能定案的,即孤证不能定案。换句话说,直接证据需要其他证据证明,而证明直接证据的"其他证据"可以是直接证据,也可以是间接证据。故在刑事案件中,在有直接证据的情况下,只要直接证据能够得到佐证,犯罪构成要件就得到了证明,证据即属于充分。对直接证据进行查证,应当注意该直接证据是否与其他证据存在矛盾,如果有矛盾,这种矛盾能否得到合理解释。需要注意的是,司法实践中,直接证据多为被告人口供,而口供的真实性和合法性尤其要得到保障。确实存在刑讯逼供、骗供、诱供的,其口供真实性和合法性难有保障,其对案件所具有的直接证明作用也就无法发挥。2. 没有直接证据,或虽有直接证据但未查证属实,间接证据又难以形成锁链的,属于证明犯罪构成要件的证据不足。当案件中没有直接证据,或虽有直接证据但不能查证属实的,就需要依靠间接证据定案。依靠间接证据定案,须保障所有的间接证据能够形成完整的证据锁链。第一,犯罪构成要件事实均得到证明,犯罪行为每一环节均得到证明,且环环相扣。前已述及,犯罪构成要件事实涉及七个方面即何人、何时、何地、何目的、何方法、何种犯罪行为、何后果。对任何一个刑事案件而言,犯罪构成要件事实都是正确定罪量刑的基础,必须查明。当运用间接证据定案时,尤其要强调这一点。其主要原因在于,间接证据只能证明案件事实的某一环节,证明力有限。当间接证据数量较多时,容易造成案件事实已查清的假象。如果麻痹大意,就可能犯以偏概全的错误,从而导致冤假错案。而且,运用间接证据定案,对主要案件事实的证明依赖于推理。而只有在犯罪构成要件的方方面面均得到证明时,推理才能更合理。所以,运用间接证据定案,必须确保犯罪构成要件均得到证明。当犯罪构成的某些要件得到证明,但某一或某些要件未得到证明时,如不能再补充证据,就属于证据不足。第二,证据之间没有矛盾,证据与案件事实之间没有矛盾,或称矛盾能够得到合理解释或排除。运用间接证据定案时,尤其要注意排除证据之间、证据与案件事实之间的根本性矛盾。对于矛盾,不能做机械理解。由于人的记忆、感知能力的特点而产生的合理矛盾不影响间接证据定案,而存在根本差异的根本性矛盾则必须得到排除或合理解释。第三,依据所有证据只能得出唯一的排他性或确定性的结论。应当明确,有罪判决成立的前提必须是所有证据所指向的结论是唯一的,即确定的。仅凭可能性的结论绝对不能作出有罪认定。也就是说,当依赖现有证据仅能得出可能是某人作了案,也可能是他人作案的结论时,绝对不能视可能性为确定性,认定该人犯罪。运用间接证据定案时尤其要注意这一点,因为,在许多情况下,间接证明只能证明可能性,而不能证明确定性。所以,运用间接证据定案,必须保障综合全案间接证据,能够排除其他可能性,得出确定性的唯一结论。如果根据间接证据不能得出排他性结论,只能得出可能性结论,间接证据就没有达到环环相扣的锁链程度。[参见第343号案例,王某故意杀人案,载《刑事审判参考》总第44集(2005年第3集),法律出版社,第26～32页。执笔:蔡金芳]

▽法院增加罪名或者由轻罪名变为重罪名的,须经一定的程序予以变更

在承认法院有权自主适用法律的同时,必须强调,被告人辩护权不能予以忽视。法院在适用与检察机关指控不同的罪名时,应当给予被告人以辩护机会。也就是说,在法院认定事实与检察机关指控事实一致的情况下,法院变更指控罪名时要考虑的因素主要是对辩护权的影响。如果直接变更罪名将对被告人的防御产生实质性的不利,应当给予辩护方提出异议的机会和必要的准备时间,特别要注意保障辩护方的辩论权。辩论权是被告人辩护权的重要组成部分,我国刑事诉讼法明确规定,控辩双方可以对证据和案件情况发表意见并且可以互相辩论。司法实践中,在法院认定事实与公诉机关指控事实一致的情况下,由于对法律的不同理解,出现指控的罪名与法院审理认定的罪名不一致的情形是较为常见的。概括起来,大体可包括以下四类基本情形:(1)指控的是重罪名,法院审理认定为轻罪名;(2)指控的是轻罪名,法院审理认定为重罪名;(3)指控的是数罪名(二罪名以上),法院审理只认定为构成其中的一罪名;(4)指控的是一罪名,法院审理认定为构成包括指控罪名在内的数罪名(二罪名以上)。对上述情形应区分不同情形分别加以处理。上述第(2)种和第(4)种情形(法院增加罪名或者法院由轻罪名变为重罪名的情形)而言,由于法院变更指控罪名的结果是不利于被告人的,且对被告人及其辩护人的辩护权构成实质性的影响,即被告人当庭辩论和辩护的内容仅是围绕指控的罪名展开,因不知悉法院最后所要变更的罪名而无法进行当庭辩论和辩护,在这种法院增加罪名或者法院由轻罪名变为重罪名的情形下,虽然不必经过检察机关的补充、变更起诉程序,但不能直接变更罪名,仍须经过一定的告知和异议程序。法院应将其适用新罪的意向告知控辩双方,听取双方的意见,控辩双方还可就此展开辩论,法院在此基础上作出判决。对上述第(1)种和第(3)种情形而言,由于法院变更指控罪名的结果是有利于被告人的,在对被告人的辩护权并无实质性影响的情况下,法院可以直接变更罪名,即按照审理认定的罪名作出有罪判决。在这种对被告人的辩护权无实质性影响的情况下,法院可以不经任何程序而直接变更指控罪名。但在第(1)种情形即法院由重罪名变为轻罪名的情形中,即便法院变更指控罪名的结果是有利于被告人的,如果法院变更罪名将对被告人的辩护权产生实质性的影响,法院仍需经一定的告知和异议程序才能变更。总之,法院应当保障被告人充分行使对法院所判处犯罪的辩护权。[参见第319号案例,祝久平以危险方法危害公共安全案,载《刑事审判参考》总第40集(2004年第5集),法律出版社,第45~47页。执笔:汪鸿滨]

▽法院依法审理后认为公诉机关指控的事实清楚但罪名不当的,可以变更罪名

不告不理原则有几项基本要求:一是未经起诉,法院不得实施任何形式的法庭审理活动;二是法院审判的范围应当限于公诉机关指控的范围,而不得审理和判决任何未经起诉的行为,从而最大限度地确保法院的中立性、被动性和超然性。换言之,公诉机关的指控范围对法院的审判活动起到限定作用。法院在审理过程中发现被告人还有其他犯罪事实或者公诉机关还有未指控的犯罪嫌疑人的,可以建议检察机关补充或者变更起诉,而不能直接改变起诉内容进行审理。起诉书对犯罪事实的法律评价及所援引的条文,只具有辅助确定审判范围的作用,对法院不具有约束力,对案件事实的法律评价属于法院的职权,法院可以依职权径行变更罪名,包括由轻罪名改为重罪名。反之,如果认为法院仅能针对起诉书指控的罪名是否成立进行评价,而不能变更罪名,那么意味着,法院要么按照公诉机关错误的指控罪名进行认定,要么宣告被告人无罪,再由公诉机关变更起诉罪名,重新进行审理后,予以定罪。这种处理方式容易造成程序空转、诉讼拖延,增加当事人诉累和诉讼成本,为司法实践所不取。根据修正后的刑事诉讼法第一百九十五条第一项(修正前刑事诉讼法第一百六十二条第一项)的规定,只要案件事实清楚,证据确实、充分,被告人的行为符合刑法分则确定的某一犯罪构成,法院就有权力也有义务依法作出有罪判决。最高人民法院1998年出台的《关于执行〈中华人民共和国刑事诉讼法〉若干问题的解释》(本附文以下简称《1998年解释》)第一百七十六条第二项对起诉指控的事实清楚,证据确实、充分,指控罪名与人民法院审理认定的罪名不一致的案件,明确规定应当作出有罪判决。2012年刑事诉讼法修正后,最高人民法院出台的《关于适用〈中华人民共和国刑事诉讼法〉的解释》(本附文以下简称《2012年解释》)对《1998年解释》的上述规定,亦予以确认,由此体现出在变更起诉罪名问题上,立法和司法解释均持肯定立场,变更罪名不仅包括将重罪变更为轻罪,还包括将轻罪变更为重罪。本案中,被告人酒后无故对被害人进行殴打,又拿走上来劝架的刘某的手机,从形式上看,符合抢劫罪中以暴力手段劫取他人财物的特征。但是,从实质上分析,根据刘某的证言、被害人的陈述和被告人的供述,被告人殴打被害人时与刘某并无冲突,后因刘某上前劝架,被告人担心刘某通过手机打电话找人报复,遂拿走刘某手机。因此,现有证据不足以证实被告人实施暴力行为是为了劫取他人财物,被告人的行为更符合寻衅滋事犯罪中“随意殴打他人,强拿硬要财物”的行为特征,法院对公诉机关指控被告人犯罪的事实予以确认,即判决认定的事实并未超出公诉指控的范围,仅对指控事实的法律评价即罪名认定予以变更,是正当的,也具有充足的法律依据。[参见第798号指导案例,李冉寻衅滋事案,载《刑事审判参考》总第87集(2012年第4集),第61~63页。撰稿:赵俊甫]

▽法院变更公诉机关指控的罪名应当遵循一定的原则和相应程序

法院有权变更公诉机关指控的罪名,但应当遵循一定的原则,即拟认定的新罪名所依据的事实与公诉机关指控的事实须具有同一性。简言之,即必须是同一被告人和同一犯罪行为。是否认定为同一犯罪行为,应当以构成要件为判断标准,只有足以体现新罪名构成要件要素的主要事实与公诉机关指控事实大体一致或者前者能为后者所涵盖的,法院才能变更罪名。否则,经审理后发现新的应当追究刑事责任的被告人或者指控事实之外的其他犯罪事实,则应当视具体情况,由公诉机关通过变更或者追加起诉的方式加以解决。对于变更公诉机关指控的罪名应该遵循何种程序,法律和司法解释均没有明确规定。在审判实践中,法院经过庭审后,如果认为起诉罪名不准确,通常不再另行开庭组织控辩双方就可能判处的新罪名进行辩论,而只是以口头通知方式告知控辩双方,有时连口头通知也没有,这种做法的确存在一些弊端,主要是:在控辩双方皆不知晓的情况下,单方面变更起诉罪名,缺乏庭审调查与辩论作为基础,使与案件结局有直接利害关系的控辩双方无法有针对性地参与诉讼,尤其是剥夺了被告人针对新罪名的辩护权,有违控审分离、不告不理、依法保障被告人辩护权等诉讼原则之嫌,因此受到一定质疑。在那些允许法官变更指控罪名的国家,为了避免被告人的辩护权在变更过程中受到侵害,通常都会对法官变更指控罪名的行为设置一定的程序性限制,以此保障被告人的防御权。为规范法院变更起诉罪名的程序,《2012年解释》第二百四十一条规定,变更指控罪名的,在作出判决前,应当听取控辩双方的意见,保障被告人、辩护人充分行使辩护权,必要时,可以重新开庭,组织控辩双方围绕被告人的行为构成何罪进行辩论。在今后的审判实践中,对于需要变更公诉机关指控罪名的,不论是将指控的轻罪改为重罪,还是重罪改为轻罪,法院都必须履行告知义务,听取控辩双方的意见,给予被告方充分的提前准备辩护的时间;在被告人明确提出请求的情况下,法院可以暂时中断法庭审判,以便被告人、辩护人为辩护做好充分准备;已经结束庭审,在宣判前出现上述情形的,必要时应当重新开庭审理。

在具体操作程序上,建议:1. 听取控辩双方意见的情形及方式。在司法审判中,可以根据具体情况,分别处理。如果在法庭调查、辩论或者最后陈述阶段,审判人员认为已经查明的事实构成的犯罪与公诉机关指控的罪名可能不同的,可就法律适用提出辅助性问题,表明本案定罪问题存在争议,可能会变更罪名,并当庭询问控辩双方的意见。如果在庭审结束后审判人员认为需要变更罪名的,可以采取书面方式听取控辩双方的意见,以口头方式听取的,可就听取意见的情况制作笔录并附卷。2. 如何把握应当重新开庭的尺度。法院变更公诉机关指控罪名的程序设置,要兼顾保障被告人辩护权与诉讼效率、诉讼经济的原则。是否确有必要重新开庭,由审判人员自由裁量,原则上以是否涉及犯罪事实变更为判断标准,以足以保障被告人的知情权、辩护权为限,不必过分追求形式上是否重新开庭。在具体把握上,一般应当考虑如下因素:(1)变更罪名是否涉及对公诉机关指控的罪名所依据的犯罪事实的变更,如果涉及,应当开庭审理。法庭审理后发现新的应当追究刑事责任的被告人或者指控事实之外的其他犯罪事实的,应当通过公诉机关变更或者追加起诉的方式加以解决。实践中容易产生认识分歧的主要有两种情形:第一种情形是,变更罪名需要查证新的事实、证据。例如,公诉机关指控被告人犯挪用资金罪,庭审结束后,法院认为有一定的在案证据反映被告人具有非法占有目的,并且掌握了部分新证据或者证据线索,可能需要变更为职务侵占罪,在该情形下就有必要重新开庭,就事实和罪名变更问题组织法庭调查、质证和辩论。第二种情形是,如果法院拟变更认定的罪名不是根据起诉书指控的主要事实得出，而是根据与指控的主要事实有关联的案件起因、作案动机等次要事实进行变更的，那么在该情形下，即使次要事实在起诉书中有所反映，原则上也应当开庭审理。例如，公诉机关指控被告人曾收受贿赂（案发前已主动退还，根据有关规定及本案情节，受贿罪可免除处罚）枉法裁判，以枉法裁判罪进行起诉，受贿这一事实情节尽管在起诉书中有部分记载，却只是证明被告人实施枉法裁判行为的起因和动机，而不是证明其枉法裁判的直接事实依据。如果法院经审理后，认为起诉书指控的事实成立，被告人应当构成受贿罪，那么，虽然受贿事实与民事枉法裁判事实有交叉、关联关系，但毕竟又相对独立，当公诉机关指控中涉及的次要事实成为拟变更罪名的主要事实依据的，为了尊重公诉机关的指控意见和充分保障被告人的辩护权，应当重新开庭审理，组织控辩双方围绕新罪名进行辩论。当然，如果罪名之间本身即存在牵连、吸收或者法条竞合关系，起诉书已对全部涉案事实作了十分明确的记载，指控事实没有主次之分，庭审中对可能涉及的拟变更的新罪名的相关事实证据也进行了充分质证、辩论，法院只是在上述罪名之间选择适用何种罪名的问题上与公诉机关意见不一致，那么，也可不再重新开庭。(2)变更罪名对被告人辩护权的影响程度。对于重罪指控，法院拟改判轻罪的，如果被告人、辩护人已经发表罪轻或者无罪的辩护意见，鉴于其辩护权已经得到了保障，故一般情况下无须再次开庭审理。对于公诉机关的轻罪指控，法院拟改判重罪的，应当充分保障被告人对于重罪罪名的辩护权利，审判人员应当认真听取控辩双方尤其是辩方的意见；控辩双方意见分歧较大的，可以重新开庭，围绕罪名变更问题进行审理、辩论。本案公诉机关指控被告人犯抢劫罪，法院经开庭审理后认为，根据公诉机关指控的事实，被告人的行为构成寻衅滋事罪，鉴于法院认定的事实依据与指控事实具有同一性，只是对案件事实的法律评价发生了变化，且是有利于被告人的变更，不影响被告人辩护权的行使，故法院在听取控辩双方意见的基础上，可以依法直接变更罪名。需要指出的是，对于变更罪名的，在法律适用方面，除了应当援引变更后的罪名的相关刑法条文，还应当援引刑事诉讼法和相关司法解释的规定，使变更起诉于法有据。［参见第319号案例，祝久平以危险方法危害公共安全案，载《刑事审判参考》总第40集（2004年第5集），法律出版社，第43～45页。执笔：汪鸿滨］［第54号案例，李伊斯麻贩卖毒品案，载《刑事审判参考》总第7辑（2000年第2辑），法律出版社，第12～13页。审编：王玉琦］［第39号案例，赵祥忠工程重大安全事故案，载《刑事审判参考》总第6辑（2000年第1辑），法律出版社，第4～5页。审编：高贵君］；［参见第558号指导案例，李富盗窃案，载《刑事审判参考》总第68集（2009年第3集），第29页。撰稿：冉容　王路真］［参见第798号指导案例，李冉寻衅滋事案，载《刑事审判参考》总第87集（2012年第4集），第63～66页。撰稿：赵俊甫］

▽二审宣告无罪的案件的法律适用

二审法院经审理，认定检察机关指控被告人犯有贪污罪、挪用公款罪证据不足。根据刑事诉讼法（1996年修订的。——编著者注）第一百八十九条第（三）项“原判决事实不清楚或者证据不足的，可以在查清事实后改判，也可以裁定撤销原判”的规定，本案可以在查清事实的基础上改判；也可以撤销原判，发回原审人民法院重新审判。此案自1996年5月6日立案，经过1997年8月19日一审，至1998年年底，检察机关和一审法院做了大量工作，经过反复补查，仍未取得能够排除苏某某挪用公款为公司进行期货交易活动这一情节的证据。所以，该案的事实已经查清，只是根据已查清的事实，不能认定苏某某的行为构成挪用公款罪。如果要认定苏某某的行为构成挪用公款罪，必须有能够认定苏某某是个人进行期货交易活动的证据，而控方没有提供这方面的证据，故属于证据不足，指控的犯罪不能成立。在这种情况下，发回原审法院或由检察机关撤回起诉及补充侦查已无可能，故没有必要撤销原判，发回重审。所以，安徽省高级人民法院根据刑事诉讼法第一百六十二条第（三）项的规定宣告苏某某无罪是正确的。如果将来检察机关能够提出新的证据，可重新起诉，法院仍可依法审理。［参见第13号案例，苏某某挪用公款案，载《刑事审判参考》总第2辑（1999年第2辑），法律出版社，第36页。审编：黄尔梅］

▽"两罪存疑取其轻"规则的运用

从本案案情和证据看,应当足可认定被告人关于其是在机动车交易市场、以8万元的价格购得涉案车辆的辩解不能成立;可以根据《关于依法查处盗窃、抢劫机动车案件的规定》第十七条推定其当初获得该车时,对该车系赃车这一事实属于"明知"。但这样一来,被告人究竟是以何种方式获得该车,就成了无法查证的事实。她既可能确实是买得该车,也有可能根本没有支付任何价款而获得该车。进而,其行为就既有可能符合收购赃物罪的构成(如系购得),又有可能符合窝藏赃物罪等其他罪的构成(如系"受赠")。那么,本案审判机关最终认定其构成收购赃物罪,这里涉及"两罪存疑取其轻"规则的运用。"两罪存疑取其轻",是指行为人的行为有可能符合两个犯罪的构成,而现有证据不能充分、确实地证明其行为已符合其中重罪的构成,但可以充分、确实地证明其行为已符合其中轻罪的构成时,司法机关应当按照其中的轻罪,而不能按照其中的重罪追究行为人的刑事责任。"两罪存疑取其轻",是疑罪从无原则题中的应有之义,是"有利被告"精神在刑事诉讼中的体现;"两罪存疑取其轻"可以相应推衍为"多罪存疑取其轻",亦即其精神同样适用于处理行为人的行为有可能符合三个或更多犯罪的构成,现有证据尚不能充分、确实地证明其行为只符合其中最重或较重犯罪构成,但可以充分、确实地证明其行为已符合其中最轻或某一相对较轻的犯罪构成的案件。最后应当说明的是,"两罪存疑取其轻"规则的运用是有其严格条件的。具体而言,只有当现有证据已足可充分、确实地证明行为人的行为已符合存疑两罪中轻罪的构成时,该原则方具备适用的前提条件。如果连证明行为人的行为已符合存疑两罪中的轻罪构成的证据尚不充分、确实时,就根本谈不上"两罪存疑取其轻"原则的运用,就应当依法宣告被告人无罪。在司法实践中,对一些是否构成犯罪尚有疑问,或者说证明行为人的行为已符合某一犯罪构成的证据尚不充分、确实的案件,作出行为人有罪但"酌情从轻"的判决,或者改认定行为人构成另一较轻的,但事实上证据也不充分、确实、同样不能成立的罪行。将这种做法称为"疑罪从轻"。应当指出的是,此所谓"疑罪从轻",不仅背离了疑罪从无原则,违反了刑事诉讼法的相关规定,也与"两罪存疑取其轻"有本质区别。[参见第265号案例,严静收购赃物案,载《刑事审判参考》总第34集(2003年第5集),法律出版社,第51～53页。执笔:刘娟娟、周加海]

▽对推卸责任型翻供进行审查判断的一般思路

口供作为重要的证据种类,在认定刑事案件中具有重要作用,特别是在没有目击证人的案件中,口供对于还原案件事实,包括案件起因、作案手段、实施过程、现场处理等,具有关键作用。口供本身的合理性、逻辑性及其与其他证据之间的契合程度,是司法人员审查判断口供真实性和确认案件事实的基础,同时,出于种种原因,被告人在侦查阶段后期或者进入庭审阶段后翻供,也是司法实践中的一种常见现象。对于被告人翻供的,既不能无视其翻供内容,一律采信其以往所作有罪或者罪重供述,也不能遇翻供就生疑,而一律否定前供,从而简单得出案件没有有罪供述乃至事实不清的意见。对于翻供案件,应当结合全案证据进行综合分析,判断被告人的翻供理由是否成立,内容是否可信,进而确认有罪事实是否成立。从被告人翻供的目的和内容看,可将翻供分为承揽责任和推卸责任两种类型。实践中,承揽责任型翻供客观存在,如共同犯罪中的未成年被告人获悉自己不会被判处死刑后把主要责任揽到自己身上,但此种翻供较为少见,多数翻供属于推卸责任型翻供,即将犯罪或罪重的责任推卸到他人身上。根据被告人推卸责任的对象不同,推卸责任型翻供有多种情形:单纯否认犯罪是自己所为;将责任推卸到难以查证的他人身上;将责任推卸到在逃的共同犯罪人身上;将责任推卸到与案件有关联的人(如被害人、证人)身上等。大体上,被告人翻供的内容越具体,细节越多,且能够自圆其说,越能得到其他证据的印证,就越能引起司法人员对原来认定事实的合理怀疑,建立起对被告人有利的内心确信。所以,推卸责任型翻供的具体情形不同,在审查判断案件中所引起的法律效果也有很大不同,具体分述如下:1.对于被告人到案前期作过有罪供述,后期单纯否认有罪,或者辩称自己与他人共同作案且责任较小,但不能提供他人任何具体情况的,这种翻供因"空口无凭",没有任何证据支持,不足以引起司法人员对被告人翻供理由和内容的信任,故一般不会对已经认定的犯罪事实产生影响,翻供内容不会被采信,此行为可以反映出被告人的"认罪态度不好"。2. 对于被告人将主要责任推卸到某个具体的"他人"身上,能够提供"他人"的部分自然情况,但不足以确定此人是否存在,或者经查确有此人存在,但因其不在户籍地或者常住地而无法找到的,被告人的翻供会具有不同程度的可信度。在被告人能够叙述案件细节,"他人"参与作案与在案证据并无明显矛盾时,司法人员对被告人的犯罪事实容易产生一定疑问,在判决时会对被告人作出一定有利认定。3. 对于被告人将主要责任推卸到在逃的共同犯罪人身上,而在案证据表明案件确属共同犯罪,且有部分犯罪嫌疑人未归案,现有证据又不足以否定其翻供内容的,一般应当作出有利于被告人的判决,尤其是故意杀人、抢劫致人死亡等命案,判决时应当留有余地。4. 对于被告人翻供将主要责任推卸到被害人、证人等与案件有密切联系的人身上时,其可信程度根据案件类型和具体情况而不同。被告人将责任推卸到被害人身上,通常是称被害人对案发有过错,或者系被害人在搏斗中自伤等。由于没有目击证人,被害人是否有过错或者自伤,仅有被告人翻供后的供述,这时要看被告人翻供理由是否成立,是否符合情理,翻供内容能否自圆其说,是否能得到伤情或者死因鉴定结论的支持,是否与其他证据相契合。一般而言,被告人到案后始终供认被害人有过错或者自伤的,比被告人到案的后期翻供称被害人有过错或者自伤的,要更为可信。被告人翻供将主要责任推卸到证人身上,常见于有特情介入的毒品犯罪案件中,被告人主要是称受到特情人员的犯意引诱或者数量引诱,从而达到减轻罪责的目的。在其他刑事案件中被告人也可能翻供将责任推卸到证人身上,被告人或者称被害方的某一证人系案件的惹起者,以证明被害方有过错,或者称某一证人系教唆者、指使者甚至作案人。对于前者,要查明该证人与被害人之间的具体关系,确定证人的行为是否足以转移到被害人身上,成为影响对被告人定罪量刑的"被害人过错"。对于后者,因该证人存在向犯罪人转化的可能,故要按照有罪判决的要求来审查判断证据,如没有确实充分的证据证明该证人系被告人所称的教唆者、指使者或者参与者的,则被告人的翻供内容不成立。即使根据实践经验认为被告人的翻供内容有一定可信度,在没有确实充分证据的条件下,也不能使该证人向犯罪人的角色转化。[参见第498号案例,卞修柱抢劫案,载《刑事审判参考》总第63集(2008年第4集),法律出版社,第26~28页。执笔:方文军]

▽被告人翻供的内容自相矛盾,也与其他证据存在矛盾,且不符合常理,不能成立

现有证据足以证明系被告人一人抢劫杀害了顾某,其到案后期翻供不能成立。根据本案情况分析,被告人之所以后期翻供,应系其心理不平衡所致。被告人与刘某在商谈出售被抢劫车辆时一起被抓,但被告人被判死刑,而刘某却不受刑事追究,他在二审庭审中流露出这样处理不公平的心理。在这种心理支配下,被告人从侦查阶段开始翻供,试图把刘某卷入此案。因被告人是累犯,受过刑事处罚,一定程度上具备包括翻供在内的反侦查能力,故其翻供亦属正常反应。上述分析也表明,判断被告人翻供是否成立,根本在于取证工作扎实、到位,全面收集、固定客观性证据,特别是要严格贯彻证据裁判原则,避免出现主要依赖口供定案的现象。如果对其他证据特别是客观性证据重视不够,案件主要依赖口供定案,一旦被告人翻供,因没有其他证据作为分析、判断的基础,则很可能导致案件出现疑问。当案件进入审判程序后,因时过境迁难以补充证据,则不得不按照"存疑时有利于被告人"的规则作出判决。鉴于此,在刑事诉讼中不断提高取证水平,尽力避免因取证工作不到位而轻纵犯罪人的情况发生就显得尤为重要了。[参见第498号案例,卞修柱抢劫案,载《刑事审判参考》总第63集(2008年第4集),法律出版社,第28~32页。执笔:方文军]

▽被告人拒不认罪,且无目击证人,但据本案现有证据仍足以认定本案系被告人所为

根据证据与案件主要事实的关系,可以将证据分为直接证据与间接证据。直接证据是指能够独立地用来证明案件主要事实的证据;间接证据是指不能独立地直接证明案件的主要事实,但可以证明案件事实的某一方面或者环节,如作案动机、目的、时间、地点、手段、被害人死因、身份及与作案人的关系等。间接证据虽不能直接证明案件的主要事实,但当间接证据结合起来形成一个具有内在联系的完整证据体系时,便可证明案件的主要事实,得出罪行系何人所为及如何为的结论。从司法实践看,完全运用间接证据定案与有直接证据时的定案存在一定区别,在实践中应更加慎重,严格遵循以下证据的审查判断规则:(1)每一间接证据须查证属实,不存疑问;(2)每一间接证据确与案件事实均有客观联系,能够证明案件事实的某一方面或者环节;(3)各间接证据之间须协调一致,没有矛盾;(4)各个间接证据必须形成一个完整的证据体系,足以得出唯一的、排他的肯定结论。本案被告人拒不认罪,没有证人在现场目击被告人动手杀害被害人,亦无监控录像等其他直接证据,在案所有有罪证据都是间接证据。如本案的尸体检验鉴定书和专家会诊意见,仅能证明被害人系他杀,而不能证明是谁实施了杀人行为。但是,审查本案的诸多间接证据,完全可以形成一个完整证据链,得出指控罪名成立的结论。首先,所有的间接证据经查证都是客观真实的。如部分证人虽系被害人的朋友,与被告人存在一定的利益冲突,但他们的证言与被告人亲属的证言能够相互印证,不存在作假证问题。再如,参与鉴定的法医、参加会诊的专家均有合法的鉴定资格和多年的法医临床检验鉴定经验,且专家会诊意见结合尸检情况对被害人的死因进行了详细分析,最终得出的结论是一致意见,不存在不同意见或提出存疑问题,故作为本案最关键证据的尸体检验报告、专家会诊意见也是客观、可信的。其次,这些间接证据分别证实本案事实的某一方面,相互结合,共同证明一个完整的事实。这些间接证据综合起来形成的唯一的、排他性结论是:被告人故意杀害了被害人,一审宣判后,被告人服判,未提出上诉,这也在一定程度上印证了上述分析结论。[参见第512号案例,杨飞故意杀人案,载《刑事审判参考》总第65集(2008年第6集),法律出版社,第13~14页。执笔:黄小明]

▽运用间接证据定案应注意的几个问题

司法实践中,在没有直接证据的情况下,单纯运用间接证据定案需要特别慎重,注意从以下几个方面对间接证据的使用进行把握:第一,没有任何一个间接证据能直接证明案件的主要事实,每个证据须同其他证据相结合才具有证明作用。例如,本案定罪最重要的证据尸体检验鉴定书、专家会诊意见,须结合证人的证言和现场勘查笔录等证据,才能证实被告人故意杀人的事实,单个证据本身均不具有完整的证明作用。第二,任何一个间接证据的证明意义,都是由间接证据与案件事实之间的客观联系及与其他证据的相互结合所决定的。间接证据的运用不仅取决于间接证据本身的真实性,也取决于它在证据体系中的地位及其与案件之间的客观联系。第三,所有间接证据形成证据链条后可得出唯一的、排他的结论。本案所有间接证据所能证明的案件事实,最终指向是一致的,不存在矛盾,且可排除其他可能,否则,就不能得出系被告人故意杀人的结论。本案案发场所固定在一套房子的一间居室内,排他性证明比较容易,但在其他完全依靠间接证据定案的案件中,因具体案情不同,排他性的证明可能会比较困难,这对证据的要求就更高。如果间接证据之间不能形成完整的证据链条,出现证据链条裂痕,不能得出唯一的、排他的结论,则只能根据“疑罪从无”的原则处理。第四,在完全依靠间接证据定案时,其中任何一个间接证据被推翻了,就必须重新审视整个证据链条,如果在同一案件中存在两种以上的可能性,并且各有一些证据支持,就要重新调查,认真研究,直到排除其他可能性,才能作出正确的结论。[参见第512号案例,杨飞故意杀人案,载《刑事审判参考》总第65集(2008年第6集),法律出版社,第15~16页。执笔:黄小明]

▽公诉机关指控的事实清楚,但指控案件系“绝对自诉”案件的,由于公诉机关不具备自诉主体资格,法院不能据此改变起诉罪名,直接作出有罪判决

根据《刑事诉讼法》(1996年颁布的。——编著者注)第一百七十条的规定,自诉案件可以分为以下三种类型:一是绝对自诉案件,即该条第(一)项规定的“告诉才处理的案件”,此类案件,必须是被害人向人民法院提起自诉后,才由法院审查决定是否受理和开庭审判的案件,如果被害人不具备刑法第九十八条规定的受到强制、威吓无法告诉的情形,公诉机关无权对此类案件提起公诉。它包括以下四种案件:(1)侮辱、诽谤案(严重危害社会秩序和国家利益的除外);(2)暴力干涉婚姻自由案(致使被害人死亡的除外);(3)虐待案(致使被害人重伤、死亡除外);(4)侵占案。二是相对自诉案件,即该条第(二)项规定的"被害人有证据证明的轻微刑事案件",此类案件,被害人如果有证据能证明,可以直接向人民法院提起自诉,也可经侦查机关侦查后,由公诉机关向人民法院提起公诉。此类案件包括以下八种:(1)故意伤害案;(2)非法侵入他人住宅案;(3)侵犯通信自由案;(4)重婚案;(5)遗弃案;(6)生产销售伪劣商品案(严重危害社会秩序和国家利益的除外);(7)侵犯知识产权案(严重危害社会秩序和国家利益的除外);(8)刑法第四章侵犯公民人身权利、民主权利罪、第五章侵犯财产罪规定的,对被告人可能判处三年有期徒刑以下刑罚的案件。三是转自诉案件,即该条第(三)项规定的案件,指被害人有证据证明被告人侵犯自己人身、财产权利的行为应当追究刑事责任,且可能判处三年以上有期徒刑的案件,而公安机关或者检察院不予追究被告人刑事责任的案件。此类案件,本应是公诉案件,但公安、检察院如果对被告人不予追究,被害人自己有证据能够证明案件事实的,可以直接向人民法院提起自诉。上述三类自诉案件中,公诉机关仅对第二类、第三类案件享有起诉权,如果法院在开庭审理后认为起诉指控的这类案件的事实清楚,证据确实、充分,但指控的罪名与人民法院审理认定的罪名不一致的,法院在不影响被告人辩解、辩护权等诉讼权利行使的情况下,依法应当直接作出认定罪名的有罪判决。但对于第一类的自诉案件,由于自诉人享有绝对的自诉权,除非被害人具有刑法第九十八条规定的受强制、威吓无法告诉时,公诉机关才有权告诉,否则公诉机关无权起诉,法院也不能就此作出有罪判决。[参见第558号指导案例,李富盗窃案,载《刑事审判参考》总第68集(2009年第3集),第29～31页。撰稿:冉容　王路真]

▽公诉机关发现指控的犯罪系"绝对自诉"案件后,要求撤回起诉的,法院依法可以裁定准许

公诉机关起诉了本应自诉的案件,属主体不适格,严格来说最好的处理方法应该如民事诉讼一样,作出驳回起诉的裁定。但是刑事诉讼法及最高人民法院和最高人民检察院(本附文以下简称"两高")的司法解释中,只有驳回自诉人自诉的规定,没有驳回检察机关起诉的规定。不过,"两高"在司法解释中对公诉机关的这种不当起诉作了补救性的规定:公诉机关在提起公诉后、判决宣告前发现起诉不当的,可以要求撤回起诉,法院审查后可以依法裁定准许撤回起诉。最高人民检察院颁布的《人民检察院刑事诉讼规则》(本附文以下简称《规则》)(1999年颁布的。——编著者注)第三百五十一条规定"在人民法院宣告判决前,人民检察院……发现不存在犯罪事实,犯罪事实并非被告人所为,或者不应当追究被告人刑事责任的,可以要求撤回起诉。"这里的"不应当追究被告人刑事责任"的情形,包括刑诉法(1996年颁布的。——编著者注)第十五条规定的六种情形,其中,该条第(四)项规定"依照刑法告诉才处理的犯罪,没有告诉或者撤回告诉的案件;"本案的实际性质系"绝对自诉"案件,至案发时止,被害人虽然表示其考虑提起自诉,但毕竟还未正式向法院提起告诉,故至审理时止,本案属于"告诉才处理的犯罪,没有告诉"的情形,因此,公诉机关可以"不应当追究被告人刑事责任的情形"为由要求撤回起诉。根据《解释》第一百七十七条规定"在宣告判决前,人民检察院要求撤回起诉的,人民法院应当审查人民检察院撤回起诉的理由,并作出是否准许的裁定。"法院可以据此作出是否准许撤回起诉的裁定。由于裁定撤回起诉这一结案方式的法律后果是中止正在进行的审判程序,但其并非终止诉讼,公诉机关撤诉后,被害人可以自行决定是否提起自诉,不影响被害人行使自诉权。同时根据《规则》第三百五十三条第四款"撤回起诉后,没有新的事实或者新的证据不得再行起诉"和《解释》第一百一十七条第(四)项"依照本解释第一百七十七条规定,人民法院裁定准许检察院撤诉的案件,没有新的事实、证据,人民检察院重新起诉的,人民法院不予受理"的规定,撤回起诉后,公诉机关在没有新的事实或证据的情况下,不得就同一事实再行起诉被告人,即使再诉,人民法院也应当裁定不予受理。这样,避免了被告人因同一事实和证据再受公诉机关追诉的情况发生,也有效维护了被告人的合法权益。[参见第558号指导案例,李富盗窃案,载《刑事审判参考》总第68集(2009年第3集),第31～32页。撰稿:

冉容 王路真]

▽公诉机关起诉了"绝对自诉"案件后,坚持不撤回起诉的,法院可以裁定终止审理

公诉机关起诉了"绝对自诉"案件后,如果公诉机关坚持不撤回起诉,法院可以依照刑事诉讼法(1996年颁布的。——编著者注)第十五条的规定"裁定终止审理"。刑事诉讼法第十五条规定"有下列情形之一的,不追究刑事责任,已经追究的,应当撤销案件,或者不起诉,或者终止审理,或者宣告无罪……(四)依照刑法告诉才处理的犯罪,没有告诉或者撤回告诉的案件……"该项规定有四层含义:一是本项规定只适用于绝对自诉案件,相对自诉和转自诉案件不适用本项规定;二是本项规定只适用于没有告诉或者撤回告诉的绝对自诉案件,即没有告诉或者自诉人撤回告诉是适用本项规定的前提条件,如果被害人已经提起告诉或者自诉人起诉后并未撤回告诉的,则不适用本项规定;三是对于这类没有告诉或者自诉人撤回告诉的绝对自诉案件,已经启动刑事追究程序的,应当分不同情况,分别以撤销案件,或者不起诉,或者终止审理,或者宣告无罪四种方式来终结案件的审理;四是以这四种处理方式终结的这类案件,不仅在程序上,也在实体上发生了终结性的法律效力,即自此后不再追究被告人的刑事责任。本案属于"绝对自诉"案件,至案发时止,被害人未正式向法院提起告诉,故至审理时止,本案仍属于本条规定的"没有告诉"的情形。公诉机关在没有被害人受威吓、强制等无法告诉的情形下,对本案提起了公诉,属于越权公诉,法院用"裁定终止审理"方式审结本案,其法律效力是在程序上和实体上终结本次不当公诉的案件。但其并不影响被害人行使自诉权,在法律规定的追诉期内,被害人还可以就被告人的侵害行为向法院提起自诉,法院审查后可以就被害人的自诉另行立案审理。因此,公诉机关起诉了"绝对自诉"案件后,坚持不撤回起诉的,法院可以裁定终止审理。[参见第558号指导案例,李富盗窃案,载《刑事审判参考》总第68集(2009年第3集),第32~33页。撰稿:冉容 王路真]

▽对于行为人未达完全刑事责任年龄的情况,判决主文应表述为被告人不负刑事责任

被告人实施的行为符合盗窃罪犯罪构成的客观要件,只是因其不满十六周岁不符合犯罪主体构成要件,故不构成盗窃罪,也不构成抢劫罪,其行为在法律上不负刑事责任。《最高人民法院关于执行〈中华人民共和国刑事诉讼法〉若干问题的解释》第一百七十六条(此为对96刑诉法的解释,新解释为第241条。——编著者注)对限制刑事责任能力人实施的危害社会行为在判决书中该如何表述有专门性的规定。该解释第六项规定,被告人因不满十六周岁,不予刑事处罚的,应当判决宣告被告人不负刑事责任。2009年最高人民法院办公厅发布的关于未成年人犯罪的判决书样式修改了2001年发布的未成年人犯罪的判决书样式,判决主文表述方式增加了一项,即对被告人因不满十六周岁,不予刑事处罚的,应作出"被告人不负刑事责任"的判决,故本案二审法院作出被告人不负刑事责任的判决是正确的。[参见第777号指导案例,王伟华抢劫案,载《刑事审判参考》总第86集(2012年第3集),第39页。撰稿:杨明]

▽结合全案证据,对所认定事实不能排除合理怀疑得出唯一结论的,不能认定被告人有罪,应当坚持疑罪从无原则,依法作出证据不足,指控的犯罪不能成立的无罪判决

对于定罪事实存疑的案件,即被告人实施犯罪行为这一事实存在重点疑问的案件,一些法院不是基于疑罪从无的原则依法宣告无罪,而是在作出有罪判决的基础上,在量刑时将事实证据疑问作为从宽处罚的情节考虑,即所谓的"疑罪从轻"。虽然"疑罪从轻"优于"疑罪从有",但如此处理仍然存在冤枉无辜的现实可能性。坚持法定证明标准,坚持疑罪从无原则,是证据裁判原则的内在要求。在审理刑事案件特别是死刑案件过程中,必须严守证明标准这条底线,对经审理后发现事实不清、证据不足,不能排除合理怀疑得出唯一结论的,应当坚决不予判处死刑或者核准死刑,该宣告无罪的应当依法宣告无罪,以防止冤假错案的发生。实际上,最高人民法院、最高人民检察院、公安部、司法部联合印发的《关于进一步严格依法办案确保办理死刑案件质量的意见》第三十五条已明确规定:"对案件事实清楚,证据确实、充分,依据法律认定被告人有罪的,应当作出有罪判决;对依据法律认定被告人无罪的,应当作出无罪判决;证据不足,不能认定被告人有罪的,应当作出证据不足、指控的犯罪不能成立的无罪判决;定罪的证据确实,但影响量刑的证据存有疑点,处刑时应当留有余地。”为切实防范冤假错案发生,应当重视对被告人供述和辩解的审查,尤其是在被告人提出无罪辩解的情况下,更要注意审查辩解是否具有合理性,与案件事实和证据是否存在矛盾,并详细说明采纳与否的理由。本案中,因尸检鉴定意见不明确,导致鉴定意见与被告人辩解、现场勘验情况之间的矛盾无法排除,对被告人实施了犯罪行为及实施犯罪行为的手段、后果等事实的证明达不到证据确实、充分的证明标准。在综合全案证据无法排除合理怀疑地认定被告人杜某有罪的情况下,依法对杜某宣告无罪是适当的[参见第877号指导案例,杜某故意杀人案,载《刑事审判参考》总第93集(2013年第4集),第41~42页。撰稿:周小霖]。

▽危险驾驶罪判决书的刑期起止日期表述

刑法第四十四条规定:“拘役的刑期,从判决执行之日起计算;判决执行以前先行羁押的,羁押一日折抵刑期一日。”2000年颁布的《最高人民法院关于刑事裁判文书中刑期起止日期如何表述问题的批复》(本附文以下简称《批复》)规定:“……判决执行以前先行羁押的,羁押一日折抵刑期一日(判处管制刑的,羁押一日折抵刑期二日),即自××××年××月××日(羁押之日)起至××××年××月××日止。羁押期间取保候审的,刑期的终止日顺延。”据此,虽然作出一审判决时,判决执行之日不能确定,但对于被羁押的被告人,无论其是否提出上诉,判决执行以前羁押的日期都应予折抵,折抵后的刑期起止日期是确定的,羁押之日为刑期起始日期,以该日期计算出刑期终止日期。

由于刑期起止日期与判决执行前被告人是否被羁押密切相关,在危险驾驶案件的判决书中表述刑期起止日期时,应当区分羁押和未被羁押两种情形:1.作出判决时,被告人被取保候审或者监视居住的,判决执行之日不能确定,刑期的起止日期也不能确定,判决结果的刑期部分可表述为,“刑期从判决执行之日起计算,判决执行前先行羁押的,羁押一日折抵刑期一日(未采取拘留措施的,略去加着重号部分)”,并将“即自××××年××月××日起至××××年××月××日止”略去。待判决生效后,将罪犯交付执行机关执行之日即为刑期开始日期,再根据先行羁押日期计算折抵后的刑期终止日期,填写在执行通知书中。本案因未对被告人采取逮捕措施,法院在判决书中略去刑期起止日期的做法是正确的。2.作出判决时,被告人因违反取保候审、监视居住的规定被逮捕的,根据《批复》的规定,虽然不能确定判决执行之日,但经折抵先行羁押日期,刑期的起止日期是确定的,判决结果的刑期部分应当写明“刑期从判决执行之日起计算,判决执行前先行羁押的,羁押一日折抵刑期一日,即自××××年××月××日(羁押之日)起至××××年××月××日止”。[参见第905号指导案例,孟令悟危险驾驶案,载《刑事审判参考》总第94集(2013年第5集),第64~65页。撰稿:李红伟 宫兆军]

▽除供述外没有指向明确的证据,且供述不稳定、与其他证据相矛盾的案件,不能作出有罪判决

这是一起法院建议检察机关撤诉后发现真凶的案件,实践中较为少见。本案审理过程中,关于刑事诉讼法规定的“事实清楚,证据确实、充分”的定案标准尚无具体的判断方法,实践中把握的尺度不一,容易给冤假错案的发生留下空间。襄阳市中级人民法院能够顶住压力,坚持证据裁判规则,严格把握“证据确实、充分”的证明标准,成功防范一起冤假错案,难能可贵。2010年6月,为明确证据裁判标准,切实减少冤假错案风险隐患,最高人民法院会同最高人民检察院、公安部、国家安全部、司法部联合出台了《关于办理死刑案件审查判断证据若干问题的规定》(本附文以下简称《证据规定》)。《证据规定》对死刑案件的取证、质证、认证和排除非法证据等重要问题作出了系统详尽规定。《证据规定》第五条规定:“办理死刑案件,对被告人犯罪事实的认定,必须达到证据确实、充分。证据确实、充分是指:(一)定罪量刑的事实都有证据证明;(二)每一个定案的证据均已经法定程序查证属实;(三)证据与证据之间、证据与案件事实之间不存在矛盾或者矛盾得以合理排除;(四)共同犯罪案件中,被告人的地位、作用均已查清;(五)根据证据认定案件事实的过程符合逻辑和经验规则,由证据得出的结论为唯一结论。”2012年修改后的刑事诉讼法也规定了判断“证据确实、充分”的三项标准:(1)定罪量刑的事实都有证据证明;(2)据以定案的证据均经法定程序查证属实;(3)综合全案证据,对所认定事实已排除合理怀疑。对照上述规定,具体联系本案,公诉机关提供的证据没有达到"证据确实、充分"的定案标准:

1.本案除被告人胡某曾作的有罪供述外,没有指向性明确的实物证据、言词证据。根据胡某所作的有罪供述,现场或者被害人体内应当留有胡某的精斑;胡某割被害人颈部所用的镰刀及其所穿的衣服上可能有被害人的血迹。但根据侦查材料,从现场及被害人体内没有提取到胡某的精斑,也未从胡某的镰刀及其所穿的衣服上检出被害人的血迹。鉴于胡某在有罪供述中始终称自己强奸时射精了,襄阳市中级人民法院认为在现场或者被害人体内应当留有胡某的精斑等痕迹,遂多次询问侦查机关是否提取了精斑等痕迹物证。侦查机关一直答复称,胡某强奸时系体外射精,因案发后下过雨,所以没有提取到相关痕迹物证。同时,本案虽有多名证人,但这些证人的证言只能证实案发前被害人的行踪及发现被害人尸体的情况,无法将胡某与案件联系起来。

2.被告人胡某的有罪供述虽然与现场方位、现场遗留的部分物品、被害人的衣着以及尸体状态等情况吻合,但却存在很多疑点。具体疑点如下:(1)胡某始终未供述侦查机关掌握之外的隐蔽性情节,且有些细节的供述前后不一。(2)胡某的有罪供述与现场勘查笔录、尸体鉴定意见存在诸多矛盾。①胡某称作案时见被害人未穿内裤,但现场勘查情况是被害人穿有内裤;②胡某称其强奸时射精了,但卷内没有反映从苏某阴道内检出精斑的材料;③胡某称其持镰刀割了被害人颈部1刀,但被害人颈部有一大一小2处创口;④胡某称其持镰刀砸击过被害人阴部,但被害人阴部没有挫伤,且在胡的镰刀上未检出DNA成分;⑤胡某称用1条细绳勒过被害人颈部,并将细绳扔在现场,但现场并未发现任何细绳;⑥现场树枝上有触摸血迹、现场地上有莲藕,但胡某对这些情节并未作任何供述。上述矛盾,有些可以用记忆误差或者以侦查人员讯问遗漏来解释,而有些则难以用记忆误差来解释。如对被害人是否穿有内裤、是否持镰刀砸击过被害人阴部等重要细节。若胡某确系凶手,不可能对此记忆不清。

3.被告人胡某的有罪供述不排除系侦查人员通过非法手段获取。胡某当庭翻供称,其没有强奸杀害被害人,之前的有罪供述系因侦查人员不让其睡觉,其被迫编造的。根据卷内材料,侦查人员共讯问过胡某7次。讯问时间分别为:2009年4月16日3:15~4:25(胡某否认犯罪)、同月17日20:10~21:20(胡某供认了自己强奸、杀人的事实,此后供述稳定)、同月18日4:10~6:50(以上3次讯问地点均在派出所)、同月18日15:40~18:30(讯问地点为刑警大队)、同月20日15:00~15:30(在刑警大队宣布对胡某刑事拘留)、同月30日15:30~16:00和同年6月17日15:30~16:30(讯问地点均为看守所)。从上述讯问时间和地点看,侦查人员对胡某的前5次审讯是在看守所以外的场所进行的,其中有2次审讯是在凌晨。尽管没有直接证据证实侦查人员采取殴打、体罚等暴力方式对胡某刑讯逼供,但从审讯时间上分析,胡某辩称侦查人员不让其睡觉、对其变相刑讯逼供的可能性较大,故其所作有罪供述的证明力较低。

综上分析可见,公诉机关指控被告人胡某强奸杀害苏某,除胡某本人在侦查阶段所作有罪供述外,没有其他证据可以将胡某与本案联系起来,而胡某在庭审中翻供,所提受到非法逼供的辩解不能完全排除,故本案证据属于不能排除合理怀疑情形,未达到事实不清、证据不足的定案标准,襄阳市中级人民法院据此建议公诉机关撤回起诉,较好地体现了证据裁判原则的要求。[参见第929号指导案例,胡某故意杀人、强奸案,载《刑事审判参考》总第95集(2013年第6集),第67~70页。撰稿:闫宏波 关键 靳谢兵]

▽除供述外没有指向明确的证据,且供述不稳定、与其他证据相矛盾的案件,没有作出有罪判决对今后防范冤假错案的借鉴意义

近年来,司法实践中陆续出现一些刑事冤假错案,特别是2013年浙江张氏叔侄案的出现,一度让刑事司法工作处于风口浪尖。在这种形势下,公、检、法等部门及时对造成冤假错案的原因进行了总结分析，并分别制定了防范冤假错案的工作机制。其中，最高人民法院于2013年11月22日发布了《关于建立健全防范刑事冤假错案工作机制的意见》（本附文以下简称《防错意见》），对审判工作中防范冤假错案作出了很多具体规定，对于今后防范冤假错案具有重要意义。刑事诉讼证明是根据案件发生后获取的证据重构案件事实，本质上属于回溯性的认识活动。由于证明过程受证据材料有限性、认识局限性、制度疏漏性等多种主、客观因素的影响，故冤假错案的发生有其现实可能性。然而，只要在审判工作中树立科学的刑事司法理念，坚持证据裁判规则，严格进行证据审查判断，准确把握"证据确实、充分"的证明标准，就能够把冤假错案的发生率降到最低。从襄阳市中级人民法院对胡某故意杀人、强奸案的处理看，今后刑事审判工作要特别重视以下几点：

一是要自觉以科学的刑事司法理念指导审判实践。我国刑法、刑事诉讼法早已确立惩罚犯罪与保障人权并重、无罪推定、程序公正、中立裁判等刑事司法理念，但受传统思维模式和落后观念的影响，这些科学的司法理念在实践中并未真正建立。在本案审判中，襄阳市中级人民法院将上述刑事司法理念用以指导具体的司法实践，切实做到疑罪从无，从而有效避免了一起冤假错案的发生。

二是坚持证据裁判规则不打任何折扣。证据裁判原则是现代刑事诉讼的普遍原则，是刑事审判的生命线。襄阳市中级人民法院在审理胡某案过程中，经对证据严格审查判断，发现该案如除了被告人的有罪供述，没有任何有实质价值的证据，而被告人的有罪供述又存在疑点、矛盾，且不排除侦查机关存在非法逼供的可能，故认为该案未达到"证据确实、充分"的证明标准并据此建议检察机关撤回起诉，为案件纠错留下了宝贵空间。《防错意见》针对实践问题，强调了坚持证据裁判规则和法定证明标准的重要性，要求审理刑事案件必须"重证据，重调查研究，切实改变'口供至上'的观念和做法，注重实物证据的审查和运用。只有被告人供述，没有其他证据的，不能认定被告人有罪"。

三是重视和强化合议庭、审判委员会的把关作用。刑事审判事关生杀予夺，一旦事实认定错误，罪及无辜甚至冤杀错杀，将造成难以弥补的严重后果。因此，从承办人到合议庭、审委会，都要各司其职，充分发挥各自环节的严格把关作用，确保每一起刑事案件经得起事实、法律和时间的检验。本寨中，在胡某的处理上，审委会比合议庭更好发挥了把关作用。合议庭认为本案的事实可以认定，而审委会对本案进行讨论时，没有受合议庭意见的影响，经细致比对，发现被告人的供述与其他证据之间存在难以合埋解释的矛盾，故认为根据在案证据不能得出唯一性、排他性结论，不足以定案。但在已经曝光的一些冤假错案中，也有合议庭认为应当宣告无罪，而审委会讨论后认为可以定罪的情况。鉴于此两种情况都有可能发生，《防错意见》强调，死刑案件要由经验丰富的法官办理；合议庭成员共同对案件事实负责，承办法官为案件质量第一责任人，合议庭成员通过庭审或者阅卷等方式审查事实和证据，独立发表评议意见并说明理由；审判委员会讨论案件，委员依次独立发表意见并说明理由；主持人最后发表意见。这样规定的目的就是要使审判的每一个环节都发挥应有的把关作用。

四是勇于坚持法律原则，敢于面对各方面压力。实践中，由于种种原因，法院一旦做出无罪判决，就会不同程度面对来自案件当事人和有关方面的压力。胡某案的处理也是如此。侦查机关对于襄阳市中级人民法院协调公诉机关撤回起诉的做法表示不理解，提请有关部门召开协调会。襄阳市中级人民法院依据刑事诉讼法、司法解释的相关规定，坚持认为该案证据不足，难以定案。在襄阳市中级人民法院的坚持下，协调会决定由侦查机关将从被害人体内提取的精斑再次送检，从而发现了真凶。真凶落网后，人民法院赢得了当事人的尊重，得到了当地党委和其他政法机关的充分肯定。事实表明，敢于坚持原则，守住法律底线，对于防范冤假错案具有重要现实意义。[参见第929号指导案例，胡某故意杀人、强奸案，载《刑事审判参考》总第95集（2013年第6集），第70～72页。撰稿：闫宏波 关键 靳谢兵]

▽法院经审理后认为指控罪名不当，判决时可以改变罪名，但须履行法定程序

根据2012年修改后《刑事诉讼法》第一百九十五条第（一）项的规定，"案件事实清楚，证据确实、充分，依据法律认定被告人有罪的，应当作出有罪判决"。《最高人民法院关于适用〈中华人民共和国刑事诉讼法〉的解释》(本附文以下简称《解释》)第二百四十一条规定:"对第一审公诉案件,人民法院审理后,应当按照下列情形分别作出判决、裁定……(二)起诉指控的事实清楚,证据确实、充分,指控的罪名与审理认定的罪名不一致的,应当按照审理认定的罪名作出有罪判决……具有前款第二项规定情形的,人民法院应当在判决前听取控辩双方的意见,保障被告人、辩护人充分行使辩护权。必要时,可以重新开庭,组织控辩双方围绕被告人的行为构成何罪进行辩论。"《人民检察院刑事诉讼规则(试行)》第四百五十八条规定:"在人民法院宣告判决前,人民检察院发现被告人的真实身份或者犯罪事实与起诉书中叙述的身份或者指控犯罪事实不符的,或者事实、证据没有变化,但罪名、适用法律与起诉书不一致的,可以变更起诉……"由此可见,只要指控的案件事实清楚,证据确实、充分,被告人的行为符合刑法分则确定的某一犯罪构成,法院就有权力,也有义务依法作出有罪判决。如果公诉机关指控的罪名与法院审理认定的罪名不一致的,法院有权变更起诉指控的罪名,按照审理认定的罪名作出判决,但在判决前必须根据案情,或听取控辩双方的意见或重新开庭审理。同时,在人民法院宣告判决前,公诉机关发现被告人的罪名与起诉书指控不一致的,也可以变更起诉。但是,在控方指控罪名不变,辩方也只针对指控罪名进行辩解、辩护的情况下,法院如果未听取控辩双方的意见而变更指控罪名,径行以审理认定的罪名作出有罪判决的,违反了《解释》的规定。理由如下:第一,实体上,会导致控辩双方无法有针对性地参与对事实的调查及提供相应证据,不利于案件事实的查清。第二,程序上,剥夺或者限制了拉辩双方的诉讼权利,尤其是剥夺了被告人针对新罪名的辩护权,有违控审分离、依法保障被告人辩护权等诉讼原则。因此,只要法院拟变更起诉指控的罪名,在判决前都应当最行告知义务,听取控辩双方的意见,必要时,可以重新开庭。

哪些情形确有必要重新开庭,《解释》对此未作明确规定。原则上应当以改变罪名是否涉及对原指控事实和指控证据的变更作为判断标准。实践中,可按以下两种情形来判别:(1)如果拟认定的事实和证据没有变化,只是拟认定的罪名和适用法律有变化的,法院应当告知并听取控辩双方的意见。(2)如果拟认定的罪名,还涉及拟认定的事实和证据也有变化,或者需要查证新的事实、证据的,就应当重新开庭,组织控辩双方围绕拟变更罪名的构成要件来展开庭审调查,并就构成何罪进行法庭辩论。本案一审庭审时,控辩双方均针对被告人徐某等人是否触犯非法拘禁罪展开庭审调查和辩论,但法院基于庭审查明的事实和证据,认为徐某等人的行为应当认定为绑架罪,故在判决前特别听取了控辩双方对拟变更为绑架罪的意见,双方对法院拟认定的事实和证据没有新意见,也没有新证据,只是在罪名的认识上与法院的意见不一致。而且当时《解释》尚未颁布施行,对拟变更罪名的案件在程序上如何处理并无明确规定。因此,一审法院将指控的非法拘禁罪改变为绑架罪,虽然认定罪名有误,但在程序上并无不当。[参见第948号指导案例,徐强等非法拘禁案,载《刑事审判参考》总第96集(2014年第1集),第70～72页。撰稿:贾伟　刘征鹏]

▽对于毒品来源有证据欠缺的案件处理应当注意的问题

从司法实践情况看,对于有一定证据指向是毒品上家的被告人,因证据不充足而导致无法认定,确实不利于打击毒品犯罪。作为审判机关,其职责是审查、裁判公诉机关指控的犯罪事实,符合定案要求的应当依法定罪处刑,但对于达不到法定证明标准的,则不能作出有罪判决。工作中对于类似本案的情况,至少要注意以下两个层面的问题:一是对审判中发现的取证、举证不足问题要加强调查研究,并以适当形式反馈给侦查机关、检察机关,促进毒品案件取证、举证水平的提高。其中,取证工作是案件质量的基础和前提。这也是贯彻以审判为中心的刑事诉讼制度的要求。综上所述,本案有一定证据指向喻某、施某某有向刘某某贩卖毒品的可能性,从在案证据特别是刘某某的供述分析,本案实际上本有进一步侦查的空间。体现在:(1)刘某某到天津之后,其与喻某、施某某主要通过电话联络,刘称喻某、施某某离开天津后还频繁给其打电话催要毒资。卷宗材料也显示,在抓获刘某某和厚某某的当天,公安机关依法扣押了喻某、施某某的各两部手机。而刘某某首次供述即交代了其毒品上家,侦查机关本有条件第一时间查询双方的通话记录,以固定上家身份的相关证据。(2)刘某某供述其曾给上家汇款,但侦查机关没有及时收集银行卡的汇款记录等证据。(3)刘某某供述曾经在时代大厦6楼租房间,以备上家查验销售毒品情况,公安机关也曾出具说明称时代大厦是警方掌握的贩毒多发地,在确定刘某某藏匿毒品处所时,曾查看时代大厦各楼层录像,但对于喻某、施某某等人是否曾到602房间一节没有作出说明。(4)刘某某供述中提到喻某、施某某来天津时还有另一男子,但侦查机关没有就此问题开展工作。上述问题待案件进入审判阶段后,已难以补查补正,由此导致难以准确认定刘某某所贩卖毒品的来源。二是审判环节的工作方法问题。对于因证据不足不能认定毒品上家的,在认定案件事实时一般可以模糊表述被告人所贩卖毒品的来源,确有必要写明的,可以采取"据被告人供述……"的方式。例如,本案一审判决书在事实认定部分,写明"据刘某某供称,施某某与喻某于2012年12月7日到本市塘沽后,两次共给其冰毒2900克";二审裁定对毒品来源则未予表述。这两种写法都有各自道理。另外,还要注意的是,有些毒品案件的上下家因到案时间有先后,并不在同一案件中审理。如果先审理的案件进入二审阶段,而后到案的上家或者下家刚进入一审阶段,则对两个案件审理时都要注意了解关联案件的处理情况,以便全面、准确认定犯罪事实。如果明确认定本案被告人的毒品源于另案被告人,而审理另案被告人的法院因证据问题又不认定此人曾实施该贩毒行为,则会造成两案判决结果在事实认定的矛盾,这是工作中要尽量避免的情况。[参见第1051号指导案例,刘某某等贩卖毒品案,载《刑事审判参考》总第101集(2014年第6集),第117~120页。撰稿:赵丹]

▽坚持疑罪从无原则,准确把握"疑罪"的认定标准

疑罪从无,是司法机关认定刑事案件待证事实应当遵循的重要证据法则。坚持疑罪从无原则,要准确把握疑罪的认定标准。特别是当公诉机关对案件是否属于疑罪存在分歧意见时,法院要结合证明责任和证明标准充分说明认定疑罪的理由。

(一)对疑罪的认定应当紧扣法律规定的证明责任和证明标准,有针对性地说明理由。一般认为,"疑罪"是指定罪的事实不清、证据不足;案件中一般的细枝末节问题和不影响定罪事实的疑点,不可轻率适用疑罪从无原则。这是认定疑罪的基本原则。具体到个案,对疑罪的认定,要注意结合证明责任和证明标准充分说明理由。1.疑罪是公诉机关未能实现法定证明责任的结果。根据刑事诉讼法的规定,公诉案件中被告人有罪的举证责任由人民检察院承担。据此,人民检察院应当提供确实、充分的证据证明被告人有罪,否则,一旦因举证不力而导致疑罪,就应当承担败诉的后果。此外,疑罪的产生还有另外一个重要原因,即被告人针对指控提出合理的辩解。一旦被告人提出的辩解理由形成对犯罪事实的合理怀疑,也将导致疑罪。这种疑罪在本质上仍然是公诉机关未能实现法定证明责任所致。从证明责任的角度,对疑罪的认定应当注意以下问题:第一,疑罪不同于有证据证明无罪的案件,如有证据证明被告人是无辜者,就该被告人而言,案件显然不是疑罪,应当宣告被告人无罪。这种无罪宣告不是基于疑罪从无原则所宣告的无罪,而是事实上的无罪。第二,疑罪不以被告人翻供或者提出辩解为前提,即使被告人笼统认罪,如其认罪供述的真实性缺乏保障,在案证据不能达到法定证明标准,也不能认定被告人有罪。因此,疑罪是公诉机关未能履行证明责任的结果,法院对疑罪的认定,应当结合公诉机关的证明责任说明理由。2.疑罪是指定罪事实未能达到法定证明标准。疑罪是指定罪的事实不清、证据不足,不能将疑罪等同于事实证据有瑕疵的案件。根据"两高三部"发布的《关于办理死刑案件审查判断证据若干问题的规定》对"证据确实、充分"证明标准的界定,所谓定罪的事实不清、证据不足,从诉讼证明的角度主要是指证据与证据之间、证据与案件事实之间存在矛盾,根据证据认定案件事实的过程不符合逻辑和经验规则,由证据得出的结论不是唯一结论。实践中,疑罪有不同的表现形式,比较常见的就是以非法收集或者真实性缺乏保障的被告人口供作为定案根据的疑罪案件。有的案件,人民检察院提供的证据材料很多,但这些证据材料大多仅能证明犯罪事实存在,不能证明被告人与犯罪事实之间的关联,实际上主要是以被告人口供作为指控犯罪的根据。由于一旦被告人口供属于非法证据,依法应当予以排除,或者被告人口供缺乏其他证据的有效印证,真实性缺乏保障,则不能作为定案的根据,并最终会导致证据不足,不能认定被告人有罪。法院对疑罪的认定,应当立足个案特点,结合法定证明标准说明理由。

(二)对疑罪的认定应当注重审查证据,特别是被告人口供的真实性,以及现有证据能否证明被告人与犯罪事实之间的关联性。本案公诉机关对指控的犯罪事实提供了大量证据,但除被告人任某某曾作出的认罪供述外,其他证据只能证明犯罪事实发生,任某某有犯罪嫌疑,不能证明犯罪行为系任某某所为。本案的关键定罪证明就是任某某的认罪供述,但因侦查机关不够全面、细致,导致任某某的认罪供述缺乏其他证据的有效印证,真实性缺乏保障,不能作为定案的根据。此外,在案证据之间存在一些重要的矛盾和疑点,无法作出合理解释。除去任某某的认罪供述,公诉机关指控的犯罪事实显然达不到证据确实、充分的证明标准,对此类疑罪案件,依法不能认定任某某有罪。(具体分析略)[参见第1058号指导案例,任海玲故意杀人案,载《刑事审判参考》总第102集(2015年第1集),第26~31页。撰稿:尤青 王勇]

第二百零一条 【对认罪认罚案件的裁判方式】对于认罪认罚案件,人民法院依法作出判决时,一般应当采纳人民检察院指控的罪名和量刑建议,但有下列情形的除外:

(一)被告人的行为不构成犯罪或者不应当追究其刑事责任的;

(二)被告人违背意愿认罪认罚的;

(三)被告人否认指控的犯罪事实的

(四)起诉指控的罪名与审理认定的罪名不一致的;

(五)其他可能影响公正审判的情形。

人民法院经审理认为量刑建议明显不当,或者被告人、辩护人对量刑建议提出异议的,人民检察院可以调整量刑建议人民检察院不调整量刑建议或者调整量刑建议后仍然明显不当的,人民法院应当依法作出判决。

■人民检察院刑事诉讼规则(2019年12月30日)

对认罪认罚案件,人民法院经审理认为人民检察院的量刑建议明显不当向人民检察院提出的,或者被告人、辩护人对量刑建议提出异议的,人民检察院可以调整量刑建议。

第四百一十九条 适用普通程序审理的认罪认罚案件,公诉人可以建议适当简化法庭调查、辩论程序。

■最高人民法院、最高人民检察院、公安部、国家安全部、司法部关于适用认罪认罚从宽制度的指导意见(2019年10月11日)(见本书附录五十)

■最高人民法院、最高人民检察院、公安部、国家安全部、司法部关于规范量刑程序若干问题的意见(2020年11月5日)

第一条 人民法院审理刑事案件,在法庭审理中应当保障量刑程序的相对独立性。

人民检察院在审查起诉中应当规范量刑建议。

第三条 对于可能判处管制、缓刑的案件,侦查机关、人民检察院、人民法院可以委托社区矫正机构或者有关社会组织进行调查评估,提出意见,供判处管制、缓刑时参考。

社区矫正机构或者有关社会组织收到侦查机关、人民检察院或者人民法院调查评估的委托后,应当根据委托机关的要求依法进行调查,形成评估意见,并及时提交委托机关。

对于没有委托进行调查评估或者判决前没有收到调查评估报告的,人民法院经审理认为被告人符合管制、缓刑适用条件的,可以依法判处管制、宣告缓刑。

第二十八条 本意见自2020年11月6日起施行。2010年9月13日最高人民法院、最高人民检察院、公安部、国家安全部、司法部《印发〈关于规范量刑程序若干问题的意见(试行)〉的通知》(法发〔2010〕35号)同时废止。

第二百零二条　【判决的宣告与送达】宣告判决，一律公开进行。

当庭宣告判决的，应当在五日以内将判决书送达当事人和提起公诉的人民检察院；定期宣告判决的，应当在宣告后立即将判决书送达当事人和提起公诉的人民检察院。判决书应当同时送达辩护人、诉讼代理人。

■最高人民法院关于适用《中华人民共和国刑事诉讼法》的解释(2021年3月1日)

第三百零二条　当庭宣告判决的，应当在五日以内送达判决书。定期宣告判决的，应当在宣判前，先期公告宣判的时间和地点，传唤当事人并通知公诉人、法定代理人、辩护人和诉讼代理人；判决宣告后，应当立即送达判决书。

第三百零三条　判决书应当送达人民检察院、当事人、法定代理人、辩护人、诉讼代理人，并可以送达被告人的近亲属。被害人死亡，其近亲属申请领取判决书的，人民法院应当及时提供。

判决生效后，还应当送达被告人的所在单位或者户籍地的公安派出所，或者被告单位的注册登记机关。被告人系外国人，且在境内有居住地的，应当送达居住地的公安派出所。

第三百零四条　宣告判决，一律公开进行。宣告判决结果时，法庭内全体人员应当起立。

公诉人、辩护人、诉讼代理人、被害人、自诉人或者附带民事诉讼原告人未到庭的，不影响宣判的进行。

■最高人民法院关于人民法院在互联网公布裁判文书的规定(全文)(2016年10月1日)

第一条　人民法院在互联网公布裁判文书，应当依法、全面、及时、规范。

第二条　中国裁判文书网是全国法院公布裁判文书的统一平台。各级人民法院在本院政务网站及司法公开平台设置中国裁判文书网的链接。

第三条　人民法院作出的下列裁判文书应当在互联网公布：

(六)强制医疗决定书或者驳回强制医疗申请的决定书；

(八)对妨害诉讼行为、执行行为作出的拘留、罚款决定书，提前解除拘留决定书，因对不服拘留、罚款等制裁决定申请复议而作出的复议决定书；

(十)其他有中止、终结诉讼程序作用或者对当事人实体权益有影响、对当事人程序权益有重大影响的裁判文书。

第四条　人民法院作出的裁判文书有下列情形之一的，不在互联网公布：

(三)以调解方式结案或者确认人民调解协议效力的，但为保护国家利益、社会公共利益、他人合法权益确有必要公开的除外；

(四)离婚诉讼或者涉及未成年子女抚养、监护的；

(五)人民法院认为不宜在互联网公布的其他情形。

第五条　人民法院应当在受理案件通知书、应诉通知书中告知当事人在互联网公布裁判文书的范围，并通过政务网站、电子触摸屏、诉讼指南等多种方式，向公众告知人民法院在互联网公布裁判文书的相关规定。

第六条　不在互联网公布的裁判文书，应当公布案号、审理法院、裁判日期及不公开理由，但公布上述信息可能泄露国家秘密的除外。

第七条　发生法律效力的裁判文书，应当在裁判文书生效之日起七个工作日内在互联网公布。依法提起抗诉或者上诉的一审判决书、裁定书，应当在二审裁判生效后七个工作日内在互联网公布。

第八条　人民法院在互联网公布裁判文书时，应当对下列人员的姓名进行隐名处理：

(一)婚姻家庭、继承纠纷案件中的当事人及其法定代理人；

(二)刑事案件被害人及其法定代理人、附带民事诉讼原告人及其法定代理人、证人、鉴定人；

第九条　根据本规定第八条进行隐名处理时，应当按以下情形处理：

(二)对于少数民族姓名，保留第一个字，其余内容以“某”替代；

(三)对于外国人、无国籍人姓名的中文译文,保留第一个字,其余内容以“某”替代;对于外国人、无国籍人的英文姓名,保留第一个英文字母,删除其他内容。

对不同姓名隐名处理后发生重复的,通过在姓名后增加阿拉伯数字进行区分。

第十条 人民法院在互联网公布裁判文书时,应当删除下列信息:

(一)自然人的家庭住址、通讯方式、身份证号码、银行账号、健康状况、车牌号码、动产或不动产权属证书编号等个人信息;

(二)法人以及其他组织的银行账号、车牌号码、动产或不动产权属证书编号等信息;

(四)家事、人格权益等纠纷中涉及个人隐私的信息;

按照本条第一款删除信息影响对裁判文书正确理解的,用符号“×”作部分替代。

第十一条 人民法院在互联网公布裁判文书,应当保留当事人、法定代理人、委托代理人、辩护人的下列信息:

(一)除根据本规定第八条进行隐名处理的以外,当事人及其法定代理人是自然人的,保留姓名、出生日期、性别、住所地所属县、区;当事人及其法定代理人是法人或其他组织的,保留名称、住所地、组织机构代码,以及法定代表人或主要负责人的姓名、职务;

(二)委托代理人、辩护人是律师或者基层法律服务工作者的,保留姓名、执业证号和律师事务所、基层法律服务机构名称;委托代理人、辩护人是其他人员的,保留姓名、出生日期、性别、住所地所属县、区,以及与当事人的关系。

第十二条 办案法官认为裁判文书具有本规定第四条第五项不宜在互联网公布情形的,应当提出书面意见及理由,由部门负责人审查后报主管副院长审定。

第十三条 最高人民法院监督指导全国法院在互联网公布裁判文书的工作。高级、中级人民法院监督指导辖区法院在互联网公布裁判文书的工作。

各级人民法院审判管理办公室或者承担审判管理职能的其他机构负责本院在互联网公布裁判文书的管理工作,履行以下职责:

(三)协调处理社会公众对裁判文书公开的投诉和意见;

第十四条 各级人民法院应当依托信息技术将裁判文书公开纳入审判流程管理,减轻裁判文书公开的工作量,实现裁判文书及时、全面、便捷公布。

第十五条 在互联网公布的裁判文书,除依照本规定要求进行技术处理的以外,应当与裁判文书的原本一致。

人民法院对裁判文书中的笔误进行补正的,应当及时在互联网公布补正笔误的裁定书。

办案法官对在互联网公布的裁判文书与裁判文书原本的一致性,以及技术处理的规范性负责。

第十六条 在互联网公布的裁判文书与裁判文书原本不一致或者技术处理不当的,应当及时撤回并在纠正后重新公布。

在互联网公布的裁判文书,经审查存在本规定第四条列明情形的,应当及时撤回,并按照本规定第六条处理。

第十七条 人民法院信息技术服务中心负责中国裁判文书网的运行维护和升级完善,为社会各界合法利用在该网站公开的裁判文书提供便利。

中国裁判文书网根据案件适用不同审判程序的案号,实现裁判文书的相互关联。

第十八条 本规定自2016年10月1日起施行。最高人民法院以前发布的司法解释和规范性文件与本规定不一致的,以本规定为准。

第二百零三条 【判决书的署名和必附内容】判决书应当由审判人员和书记员署名,并且写明上诉的期限和上诉的法院。

■最高人民法院关于在裁判文书中如何表述修正前后刑法条文的批复(全文)(2012年6月1日)

近来,一些法院就在裁判文书中引用修正前后刑法条文如何具体表述问题请示我院。经研究,批复如下:

一、根据案件情况,裁判文书引用1997年3月14日第八届全国人民代表大会第五次会议修订的刑法条文,应当根据具体情况分别表述:

(一)有关刑法条文在修订的刑法施行后未经修正,或者经过修正,但引用的是现行有效条文,表述为"《中华人民共和国刑法》第××条"。

(二)有关刑法条文经过修正,引用修正前的条文,表述为"1997年修订的《中华人民共和国刑法》第××条"。

(三)有关刑法条文经两次以上修正,引用经修正、且为最后一次修正前的条文,表述为"经××××年《中华人民共和国刑法修正案(×)》修正的《中华人民共和国刑法》第××条"。

二、根据案件情况,裁判文书引用1997年3月14日第八届全国人民代表大会第五次会议修订前的刑法条文,应当表述为"1979年《中华人民共和国刑法》第××条"。

三、根据案件情况,裁判文书引用有关单行刑法条文,应当直接引用相应该条例、补充规定或者决定的具体条款。

四、《最高人民法院关于在裁判文书中如何引用修订前、后刑法名称的通知》(法〔1997〕192号)、《最高人民法院关于在裁判文书中如何引用刑法修正案的批复》(法释〔2007〕7号)不再适用。

■最高人民法院关于刑事裁判文书中刑期起止日期如何表述问题的批复(全文)(2000年3月4日)

根据刑法第四十一条、第四十四条、第四十七条和《法院刑事诉讼文书样式》(样本)的规定,判处管制、拘役、有期徒刑的,应当在刑事裁判文书中写明刑种、刑期和主刑刑期的起止日期及折抵办法。刑期从判决执行之日起计算。判决执行以前先行羁押的,羁押一日折抵刑期一日(判处管制刑的,羁押一日折抵刑期二日),即自××××年××月××日(羁押之日)起至××××年××月××目止。羁押期间取保候审的,刑期的终止日顺延。

▽单位走私犯罪,在法律文书中应当如何表述

1998年9月8日最高人民法院在《关于执行〈中华人民共和国刑事诉讼法〉若干问题的解释》中,对单位犯罪案件的审理程序作了专门规定。本案对被告单位的表述即是依照该司法解释第二百零七条、第二百零八条的规定,首先列明被告单位,再列明代表被告单位出庭的诉讼代表人。如被告单位委托律师的,接下来还要列明委托的律师姓名、单位。之后,才能依次列出各被告人。如案件原本是单位犯罪,但检察机关未起诉单位为被告,起诉的只是单位犯罪的主管人员和其他直接责任人员。甚至只是按普通自然人犯罪对有关被告人提起公诉。对此,人民法院在开庭审判前或者在开庭审理时,可以依照最高人民法院《关于执行〈中华人民共和国刑事诉讼法〉若干问题的解释》第一百七十八条的规定,建议检察机关补充起诉。如果检察机关不接受法院的意见,人民法院仍应当按照起诉指控的事实和依法认定的证据作出裁判。认定被告人确系单位犯罪直接负责的主管人员或者其他直接责任人员的,判决书中不能径行将有关单位列为被告。但在经审理查明的事实中,必须表述清楚:被告人×××系以单位名义,为单位利益,实施犯罪,且其违法所得归单位所有,故属单位犯罪,被告人承担主管人员或直接责任人员的刑事责任。判决的法律依据,必须引用《刑法》分则中有关单位犯罪处刑的相应条款,只判处个人。由于检察机关未起诉单位,故而亦不能径判单位罚金刑。与单位主管人员、直接责任人员勾结共同犯罪的非犯罪单位人员,应当按自然人犯罪,结合其在与单位共同犯罪中的地位、作用,依法处罚。[参见第1号案例,北京太子纺织工业有限公司、姚志俊等走私普通货物案,载《刑事审判参考》总第1辑(1999年第1辑),法律出版社,第7~8页。审编:张军]

第二百零四条　【延期审理】在法庭审判过程中,遇有下列情形之一,影响审判进行的,可以延期审理:

(一)需要通知新的证人到庭,调取新的物证,重新鉴定或者勘验的;

(二)检察人员发现提起公诉的案件需要补充侦查,提出建议的;

(三)由于申请回避而不能进行审判的。

■人民检察院刑事诉讼规则(2019年12月30日)

第四百二十条　在法庭审判过程中,遇有下列情形之一的,公诉人可以建议法庭延期审理:

(一)发现事实不清、证据不足,或者遗漏罪行、遗漏同案犯罪嫌疑人,需要补充侦查或者补充提供证据的;

(二)被告人揭发他人犯罪行为或者提供重要线索,需要补充侦查进行查证的;

(三)发现遗漏罪行或者遗漏同案犯罪嫌疑人,虽不需要补充侦查和补充提供证据,但需要补充、追加起诉的;

(四)申请人民法院通知证人、鉴定人出庭作证或者有专门知识的人出庭提出意见的;

(五)需要调取新的证据,重新鉴定或者勘验的;

(六)公诉人出示、宣读开庭前移送人民法院的证据以外的证据,或者补充、追加、变更起诉,需要给予被告人、辩护人必要时间进行辩护准备的;

(七)被告人、辩护人向法庭出示公诉人不掌握的与定罪量刑有关的证据,需要调查核实的;

(八)公诉人对证据收集的合法性进行证明,需要调查核实的。

在人民法院开庭审理前发现具有前款情形之一的,人民检察院可以建议人民法院延期审理。

第四百二十一条　法庭宣布延期审理后,人民检察院应当在补充侦查期限内提请人民法院恢复法庭审理或者撤回起诉。

公诉人在法庭审理过程中建议延期审理的次数不得超过两次,每次不得超过一个月。

第四百二十三条　人民法院宣告判决前,人民检察院发现被告人的真实身份或者犯罪事实与起诉书中叙述的身份或者指控犯罪事实不符的,或者事实、证据没有变化,但罪名、适用法律与起诉书不一致的,可以变更起诉。发现遗漏同案犯罪嫌疑人或者罪行的,应当要求公安机关补充移送起诉或者补充侦查;对于犯罪事实清楚,证据确实、充分的,可以直接追加、补充起诉。

第四百二十四条　人民法院宣告判决前,人民检察院发现具有下列情形之一的,经检察长批准,可以撤回起诉:

(一)不存在犯罪事实的;

(二)犯罪事实并非被告人所为的;

(三)情节显著轻微、危害不大,不认为是犯罪的;

(四)证据不足或证据发生变化,不符合起诉条件的;

(五)被告人因未达到刑事责任年龄,不负刑事责任的;

(六)法律、司法解释发生变化导致不应当追究被告人刑事责任的;

(七)其他不应当追究被告人刑事责任的。

对于撤回起诉的案件,人民检察院应当在撤回起诉后三十日以内作出不起诉决定。需要重新调查或者侦查的,应当在作出不起诉决定后将案卷材料退回监察机关或者公安机关,建议监察机关或者公安机关重新调查或者侦查,并书面说明理由。

对于撤回起诉的案件,没有新的事实或者新的证据,人民检察院不得再行起诉。

新的事实是指原起诉书中未指控的犯罪事实。该犯罪事实触犯的罪名既可以是原指控罪名的同一罪名,也可以是其他罪名。

新的证据是指撤回起诉后收集、调取的足以证明原指控犯罪事实的证据。

第四百二十五条 在法庭审理过程中，人民法院建议人民检察院补充侦查、补充起诉、追加起诉或者变更起诉的，人民检察院应当审查有关理由，并作出是否补充侦查、补充起诉、追加起诉或者变更起诉的决定。人民检察院不同意的，可以要求人民法院就起诉指控的犯罪事实依法作出裁判。

第四百二十六条 变更、追加、补充或者撤回起诉应当以书面方式在判决宣告前向人民法院提出。

■最高人民法院关于适用《中华人民共和国刑事诉讼法》的解释(2021年3月1日)

第二百七十三条 法庭审理过程中，控辩双方申请通知新的证人到庭，调取新的证据，申请重新鉴定或者勘验的，应当提供证人的基本信息、证据的存放地点，说明拟证明的事项，申请重新鉴定或者勘验的理由。法庭认为有必要的，应当同意，并宣布休庭；根据案件情况，可以决定延期审理。

人民法院决定重新鉴定的，应当及时委托鉴定，并将鉴定意见告知人民检察院、当事人及其辩护人、诉讼代理人。

第二百七十四条 审判期间，公诉人发现案件需要补充侦查，建议延期审理的，合议庭可以同意，但建议延期审理不得超过两次。

人民检察院将补充收集的证据移送人民法院的，人民法院应当通知辩护人、诉讼代理人查阅、摘抄、复制。

补充侦查期限届满后，人民检察院未将补充的证据材料移送人民法院的，人民法院可以根据在案证据作出判决、裁定。

■最高人民法院、最高人民检察院、公安部、国家安全部、司法部、全国人大常委会法制工作委员会关于实施刑事诉讼法若干问题的规定(2013年1月1日)

30. 人民法院审理公诉案件，发现有新的事实，可能影响定罪的，人民检察院可以要求补充起诉或者变更起诉，人民法院可以建议人民检察院补充起诉或者变更起诉。人民法院建议人民检察院补充起诉或者变更起诉的，人民检察院应当在七日以内回复意见。

31. 法庭审理过程中，被告人揭发他人犯罪行为或者提供重要线索，人民检察院认为需要进行查证的，可以建议补充侦查。

■人民法院办理刑事案件第一审普通程序法庭调查规程(试行)(2017年11月27日)

第四十条 公开审理案件时，控辩双方提出涉及国家秘密、商业秘密或者个人隐私的证据的，法庭应当制止。有关证据确与本案有关的，可以根据具体情况，决定将案件转为不公开审理，或者对相关证据的法庭调查不公开进行。

第四十一条 审判期间，公诉人发现案件需要补充侦查，建议延期审理的，法庭应当同意，但建议延期审理不得超过两次。

人民检察院将补充收集的证据移送人民法院的，人民法院应当通知辩护人、诉讼代理人查阅、摘抄、复制。辩护方提出需要对补充收集的证据作辩护准备的，法庭可以确定准备辩护的时间。

补充侦查期限届满后，经人民法院通知，人民检察院未将案件移送人民法院，且未说明原因的，人民法院可以决定按人民检察院撤诉处理。

■最高人民法院关于建立健全防范刑事冤假错案工作机制的意见(2013年10月9日)

四、认真履行案件把关职责，完善审核监督机制

21. 重大、疑难、复杂案件，不能在法定期限内审结的，应当依法报请延长审理期限。

22. 建立科学的办案绩效考核指标体系，不得以上诉率、改判率、发回重审率等单项考核指标评价办案质量和效果。

■最高人民检察院关于适用《关于办理死刑案件审查判断证据若干问题的规定》和《关于办理刑事案件排除非法证据若干问题的规定》的指导意见(2010年12月30日)[最高人民法院办公厅转发最高人民检察院《关于适用〈关于办理死刑案件审查判断证据若干问题的规定〉和〈关于办理刑事案件排除非法证据若干问题的规定〉的指导意见》的通知(2011年3月3日)]

23.庭审中,被告人及其辩护人提出被告人庭前供述是非法取得,没有提供相关证据或者线索的,公诉人应当根据全案证据情况综合说明该证据的合法性。被告人及其辩护人提供了相关证据或者线索,法庭经审查对被告人审判前供述取得的合法性有疑问的,公诉人应当向法庭提供讯问笔录、出入看守所的健康检查记录、看守管教人员的谈话记录以及侦查机关(部门)对讯问过程合法性的说明,讯问过程有录音录像的,应当提供。必要时提请法庭通知讯问时其他在场人员或者其他证人出庭作证,仍不能证明的,提请法庭通知讯问人员出庭作证。对被告人及其辩护人庭审中提出的新证据或者线索,当庭不能举证证明的,应当依法建议法庭延期审理,要求侦查机关(部门)提供相关证明,必要时可以自行调查核实。

24.对于庭审中经综合举证、质证后认为被告人庭前供述取得的合法性已经能够证实,但法庭仍有疑问的。可以建议法庭休庭对相关证据进行调查核实。法庭进行庭外调查通知检察人员到场的,必要时检察人员应当到场。对法庭调查核实后的证据持有异议的,应当建议法庭重新开庭进行、调查。

25.对于庭审中被告人及其辩护人提出未到庭证人的书面证言、未到庭被害人的书面陈述是非法取得的,可以从证人或者被害人的作证资格、询问人员、询问程序和方式以及询问笔录的法定形式等方面对合法性作出说明;有原始询问过程录音录像或者其他证据能证明合法性的,可以在法庭上宣读或者出示。被告人及其辩护人提出明确的新证据或者线索,需要进一步调查核实的,应当依法建议法庭延期审理,要求侦查机关(部门)提供相关证明,必要时可以自行调查核实。对被告人及其辩护人所提供的证人证言、被害人陈述等证据取得的合法性有疑问的,应当建议法庭要求其提供证明。

26.被告人及其辩护人在提起公诉后提出证据不合法的新证据或者线索,侦查机关(部门)对证据的合法性不能提供证据予以证明,或者提供的证据不够确实、充分,且其他证据不能充分证明被告人有罪的,可以撤回起诉,将案件退回侦查机关(部门)或者不起诉。

■最高人民法院、最高人民检察院、公安部、司法部关于进一步严格依法办案确保办理死刑案件质量的意见(2007年3月9日)

51.在审判过程中,发现被告人可能有自首、立功等法定量刑情节,需要补充证据或者补充侦查的,人民检察院应当建议延期审理。延期审理的时间不能超过一个月。查证被告人揭发他人犯罪行为,人民检察院根据犯罪性质,可以依法自行查证,属于公安机关管辖的,可以交由公安机关查证。人民检察院应当将查证的情况在法律规定的期限内及时提交人民法院。

■最高人民检察院关于公诉案件撤回起诉若干问题的指导意见(2007年2月2日)

第二条　撤回起诉是指人民检察院在案件提起公诉后、人民法院作出判决前,因出现一定法定事由,决定对提起公诉的全部或者部分被告人撤回处理的诉讼活动。

第三条　对于提起公诉的案件,发现下列情形之一的,人民检察院可以撤回起诉:

(一)不存在犯罪事实的;

(二)犯罪事实并非被告人所为的;

(三)情节显著轻微、危害不大,不认为是犯罪的;

(四)证据不足或证据发生变化,不符合起诉条件的;

(五)被告人因未达到刑事责任年龄,不负刑事责任的;

(六)被告人是精神病人,在不能辨认或者不能控制自己行为的时候造成危害结果,经法定程序鉴定确认,不负刑事责任的;

（七）法律、司法解释发生变化导致不应当追究被告人刑事责任的；

（八）其他不应当追究被告人刑事责任的。

第四条　对于人民法院建议人民检察院撤回起诉或拟作无罪判决的，人民检察院应当认真审查并与人民法院交换意见；对于符合本意见第三条规定的撤回起诉条件的，可以撤回起诉；认为犯罪事实清楚，证据确实、充分，依法应当追究刑事责任的，由人民法院依法判决。

第五条　案件提起公诉后出现如下情况的，不得撤回起诉，应当依照有关规定分别作出处理：

（一）人民检察院发现被告人的真实身份或者犯罪事实与起诉书中叙述的身份或者指控犯罪事实不符的，可以要求变更起诉；发现遗漏的同案犯罪嫌疑人或者罪行可以一并起诉和审理的，可以要求追加起诉；

（二）人民法院在审理中发现新的犯罪事实，可能影响定罪量刑，建议人民检察院追加或变更起诉，人民检察院经审查同意的，应当提出追加或变更起诉；不同意的，应当要求人民法院就起诉指控的犯罪事实依法判决；

（三）人民法院认为不属于其管辖或者改变管辖的，由人民法院决定将案件退回人民检察院，由原提起公诉的人民检察院移送有管辖权的人民检察院审查起诉；

（四）公诉人符合回避条件的，由人民检察院作出变更公诉人的决定；

（五）因被告人患精神病或者其他严重疾病以及被告人脱逃，致使案件在较长时间内无法继续审理的，由人民法院裁定中止审理；

（六）对于犯罪已过追诉时效期限并且不是必须追诉的，经特赦令免除刑罚的，依照刑法告诉才处理的犯罪没有告诉或者撤回告诉的，或者被告人在宣告判决前死亡的，由人民法院裁定终止审理。

第六条　对于人民检察院决定变更起诉、追加起诉的案件，应当书面通知人民法院，并制作变更起诉书或追加起诉书。变更起诉书、追加起诉书文号分别编为：×检刑变诉（××××）×号、×检刑追诉（××××）×号。在案件提起公诉后、作出判决前，发现被告人存在新的犯罪事实需要追究刑事责任的，人民检察院如果在法定期限内能够追加起诉的，原则上应当合并审理。如果人民法院在法定期限内不能将追加部分与原案件一并审结的，可以另行起诉，原案件诉讼程序继续进行。

第七条　在法庭审判过程中，人民检察院发现提起公诉的案件证据不足或者证据发生变化，需要补充侦查的，应当要求法庭延期审理；经补充侦查后，仍然认为证据不足，不符合起诉条件的，可以作出撤回起诉决定。

第八条　对于提起公诉的案件拟撤回起诉的，应当由承办人制作撤回起诉报告，写明撤回起诉的理由以及处理意见，经公诉部门负责人审核后报本院检察长或检察委员会决定。

第九条　人民检察院决定撤回起诉的，应当制作《人民检察院撤回起诉决定书》，加盖院章后送达人民法院。人民法院要求书面说明撤回起诉理由的，人民检察院应当书面说明。对于人民法院认为人民检察院决定撤回起诉的理由不充分，不同意撤回起诉并决定继续审理的，人民检察院应当继续参与刑事诉讼，建议人民法院依法裁判。

第十条　对于撤回起诉的案件，没有新的事实或者新的证据，人民检察院不得再行起诉。新的事实，是指原起诉书中未指控的犯罪事实。该犯罪事实触犯的罪名既可以是原指控罪名的同种罪名，也可以是异种罪名；新的证据，是指撤回起诉后收集、调取的足以证明原指控犯罪事实能够认定的证据。因为发现新的证据而重新起诉的，应当重新编号，制作新的起诉书。重新起诉的起诉书应当列明原提起公诉以及撤回起诉等诉讼经过。

第十一条　对于撤回起诉的案件，人民检察院应当在撤回起诉后七日内作出不起诉决定，或者书面说明理由将案卷退回侦查机关（部门）处理，并提出重新侦查或者撤销案件的建议。

第十二条　对于退回侦查机关（部门）提出重新侦查意见的案件，人民检察院应当及时督促侦查机关（部门）作出撤销、解除或者变更强制措施的决定。对于退回侦查机关（部门）提出撤销案件意见的案件，人民检察院应当及时督促侦查机关（部门）作出撤销强制措施的决定，依法处理对财物的扣押、冻结。

第十三条　对于撤回起诉的案件，应当在撤回起诉后三十日内将撤回起诉案件分析报告，连同起诉意见书、起诉书、撤回起诉决定书等相关法律文书报上一级人民检察院公诉部门备案。

▼最高人民法院办公厅关于实施《法院刑事诉讼文书样式》若干问题的解答（2001年6月15日）

59. 问：人民法院同意人民检察院的建议决定延期审理的，应当采用什么形式？

答：根据最高人民法院《关于执行〈中华人民共和国刑事诉讼法〉若干问题的解释》第一百五十七条的规定，人民法院应当制作延期审理决定书（参见补充样式3）。

▽人民法院在公诉案件审理中发现未诉事实的应当依法建议公诉机关补充或变更起诉

被害人于案发的次日即向公安机关告发，直到案件起诉前几天被害人才服毒自杀。由于被害人系外地人，案件所在地公诉机关在提起公诉时未能及时掌握被害人已自杀死亡的事实。人民法院在审查受理被害人亲属提起附带民事诉讼时，了解到被害人已服毒自杀，且有关事实足以表明被害人自杀的唯一诱因是遭强奸所受的精神刺激。为此，人民法院决定建议公诉机关补充起诉事实。法院在这一程序上的处理方式是正确的。首先，被害人因遭强奸自杀身亡，这是被告人强奸行为所造成的严重后果，既是犯罪事实的重要方面，也是关系对被告人适用何种法定刑幅度的关键性量刑情节，缺少这一部分指控，本案犯罪事实的归纳就不全面，属重大遗漏，虽不影响定罪，却直接影响正确量刑。其次，如此直接关系到适用法律的重要犯罪事实和量刑情节，只有由公诉机关书面指控后，经控辩双方当庭举证、质证，调查、辩论以后，才能由法庭依法确认。非经上述合法程序，人民法院不能直接加以认定。最后，《最高人民法院关于执行〈中华人民共和国刑事诉讼法〉若干问题的解释》第一百七十八条规定：人民法院在审理中发现新的事实，可能影响定罪的，应当建议人民检察院补充或者变更起诉。该条虽然仅规定了人民法院在审理中发现可能影响定罪的而公诉机关未予起诉指控的新的事实应如何处理的情形，但对人民法院在审理中发现的虽不影响定罪但足以影响量刑的而公诉机关未予查证起诉指控的新的事实或重要情节，亦应照此办理。［参见第228号案例，曹占宝强奸案，载《刑事审判参考》总第30集（2003年第1辑），法律出版社，第67～68页。执笔：方兴］

▽审理先归案被告人过程中，在逃的共同犯罪嫌疑人归案的，原则上应并案审理

在共同犯罪案件中，部分犯罪嫌疑人在逃是一种常见现象。为防止对已归案犯罪嫌疑人审理上的过分迟延，司法机关通常对先归案的犯罪嫌疑人进行侦查、起诉和审判。共同犯罪案件有一定特殊性，对于在审判先归案被告人过程中，在逃的犯罪嫌疑人也归案的，原则上应并案审理。主要考虑是，每个共同犯罪人都是犯罪的亲历者，对其他共犯的犯罪事实最为知情，其供述对证明其他共犯人的犯罪事实十分重要。同时，共同犯罪人在责任分担上存在直接利害冲突，每个人均可能为减轻罪责而在供述时避重就轻，推卸责任。在审判中，只有尽可能全面听取每个被告人的供述和辩解，并结合在案的其他证据，才能排除矛盾，澄清疑点，查明案件事实，准确区分各被告人在共同犯罪中的地位和作用，确保案件质量。因此，除了个别案情较为简单，事实、证据及各被告人的地位、作用较为清楚，分案审理不会影响公正审判的案件以外，对其他共同犯罪案件，尤其是可能适用死刑的案件，无论处于一审还是二审阶段，原则上都应将后归案的共同犯罪人纳入到全案当中一并审理。如案件尚处于一审阶段，可建议合议庭延期审理，应当追加起诉，并案后再行起诉；如案件已进入二审程序，则应以部分事实不清为由发回重新审判。［参见第545号案例，依火挖吉、曲莫木加、俄木阿巫贩卖、运输毒品案，载《刑事审判参考》总第67集（2009年第2集），法律出版社，第107～108页。撰稿：何泽宏］

第二百零五条　【补充侦查期限】依照本法第二百零四条第二项的规定延期审理的案件，人民检察院应当在一个月以内补充侦查完毕。

■人民检察院刑事诉讼规则(2019 年 12 月 30 日)

第四百二十二条 在审判过程中,对于需要补充提供法庭审判所必需的证据或者补充侦查的,人民检察院应当自行收集证据和进行侦查,必要时可以要求监察机关或者公安机关提供协助;也可以书面要求监察机关或者公安机关补充提供证据。

人民检察院补充侦查,适用本规则第六章、第九章、第十章的规定。

补充侦查不得超过一个月。

第二百零六条 【中止审理】在审判过程中,有下列情形之一,致使案件在较长时间内无法继续审理的,可以中止审理:

(一)被告人患有严重疾病,无法出庭的;

(二)被告人脱逃的;

(三)自诉人患有严重疾病,无法出庭,未委托诉讼代理人出庭的;

(四)由于不能抗拒的原因。

中止审理的原因消失后,应当恢复审理。中止审理的期间不计入审理期限。

■最高人民法院关于适用《中华人民共和国刑事诉讼法》的解释(2021 年 3 月 1 日)

第三百一十四条 有多名被告人的案件,部分被告人具有刑事诉讼法第二百零六条第一款规定情形的,人民法院可以对全案中止审理;根据案件情况,也可以对该部分被告人中止审理,对其他被告人继续审理。

对中止审理的部分被告人,可以根据案件情况另案处理。

▽二审期间上诉人脱逃、原审被告人在案的,应当区分不同情况,采取不同处理方式

上诉人虽然已悉数脱逃,但二审法院仍必须对在案原审被告人作出处理,否则将造成一审判决未生效、二审法院又无有效处理结果的尴尬局面。中止审理,是指人民法院在审理刑事案件的过程中,由于出现了某种导致案件在较长时间无法继续进行审判的原因,而由人民法院决定暂时停止审判活动,待中止审判的原因消失后再恢复审判活动的一项法律制度。1996 年刑事诉讼法对中止审理制度无明文规定,但《1998 年解释》对此作出了明确规定。《1998 年解释》第一百八十一条规定:"在审判过程中,自诉人或者被告人患精神病或者其他严重疾病,以及案件起诉到人民法院后被告人脱逃,致使案件在较长时间内无法继续审理的,人民法院应当裁定中止审理。由于其他不能抗拒的原因,使案件无法继续审理的,可以裁定中止审理;中止审理的原因消失后,应当恢复审理。中止审理的期间不计入审理期限。"此条文明确规定了中止审理的条件,确定被告人在审理过程中脱逃属于中止审理的充分条件之一。然而,对于不同类型的刑事案件,《1998 年解释》关于中止审理具体方式的选择仍然规定得比较原则。对于实践中存在的各种情况,特别是类似本案共同犯罪的二审案件,上诉人脱逃、原审被告人在案的情况应当如何处理,有必要作进一步研究。类似情况下应当根据已有法律规定,坚持公平优先、兼顾效率的原则,区分不同情况,分别作出处理。

首先,如果上诉人在二审开庭结束之后脱逃,或者虽然在二审开庭结束之前脱逃,但经二审法院审查,上诉人在逃不足以影响到对在案原审被告人所犯罪行的认定,为保证案件得到及时处理,应当裁定对在逃上诉人中止审理,对在案原审被告人继续进行审理,作出是否维持原判的判决或者裁定,并及时交付执行。日后在逃上诉人如果被抓获归案,可以裁定对其恢复审理。这种情况下,对在案原审被告人先行作出实体处理可以有效防止案件久拖不决,且不会影响案件处理结果的公平、公正。

其次,如果上诉人在二审开庭结束之前即脱逃,且经二审法院审查,在逃上诉人所涉事实证据与在案原审被告人所涉事实证据密切相关,上诉人不在案将影响对在案原审被告人所犯罪行的正确认定,处理这种情况应当特别慎重。原则上,为确保案件处理的公平、公正,二审法院应当裁定对全案中止审理,待在逃上诉人归案后一并处理,同时,为防止对在案原审被告人长期羁押,可将强制措施变更为取保候审或者监视居住。但如果在逃上诉人踪迹全无、未来一段时间内根本无归案希望,为防止案件久拖不决和对在案原审被告人人身自由的长期限制,也可以根据已有证据,对在案原审被告人先行作出生效判决或者裁定,及时送交执行;在逃上诉人归案后,如果有新的证据证实原判决或者裁定认定有误,可以通过审判监督程序予以纠正。当然,上诉人在逃期间,如果根据已有证据可能判处在案原审被告人死刑的,原则上量刑应当留有余地,以免造成不可挽回的后果。这种情况下,可以按照同案犯没有到案的量刑原则和刑事政策进行处理。本案西藏自治区高级人民法院经审查认为,在逃上诉人扎西杰参、呷马意西在案件侦查期间对作案经过有过多次稳定供述,所供与其他证据可以相互印证,一审开庭中亦未翻供,二人虽然在二审期间脱逃,无法继续参加刑事诉讼活动,但不会对在案的原审被告人同珠、扎西赤美的事实认定和定罪量刑造成影响,故对原判中涉及同珠、扎西赤美的部分继续进行审理,依法作出维持原判对二人定罪量刑部分的裁定,并及时将二人送监执行,这种处理方式是正确的。

特别需要注意的是,2012年修订的刑事诉讼法生效后类似情况的处理方式。针对1996年刑事诉讼法无中止审理制度的明文规定所造成的司法实践问题,2012年修订的刑事诉讼法第二百条专门规定了中止审理的问题,2012年《最高人民法院关于适用〈中华人民共和国刑事诉讼法〉的解释》第二百五十七条又对共同犯罪案件中的中止审理问题作了进一步明确。根据该条的规定,共同犯罪中部分被告人具有法定中止审理情形的情况下,应当根据案件情况,决定对全案中止审理;或者仅对部分被告人中止审理,对其余被告人继续审理。该条规定的处理方式在所谓"根据案件情况",主要是指部分被告人因身患严重疾病或者脱逃等原因不能参加刑事诉讼活动的情况下,人民法院是否可以正确认定其余在案被告人所犯罪行的问题。如果在部分被告人不参加刑事诉讼活动的情况下,仍然可以正确认定其余在案被告人所犯罪行,则可以仅对部分被告人中止审理、对其余被告人继续审理;反之,原则上应当对全案中止审理。故2012年修订的刑事诉讼法生效后,对于共同犯罪中部分被告人或者上诉人具备法定中止审理情形的案件,可以直接引用相关规定,根据上述原则,分情况作出处理。[参见第1006号指导案例,扎西杰参等故意杀人、非法持有枪支、包庇案,载《刑事审判参考》总第99集(2014年第4集),第37～39页。撰稿:李加玺　格桑旺姆]

第二百零七条　【法庭笔录制作与核对】法庭审判的全部活动,应当由书记员写成笔录,经审判长审阅后,由审判长和书记员签名。

法庭笔录中的证人证言部分,应当当庭宣读或者交给证人阅读。证人在承认没有错误后,应当签名或者盖章。

法庭笔录应当交给当事人阅读或者向他宣读。当事人认为记载有遗漏或者差错的,可以请求补充或者改正。当事人承认没有错误后,应当签名或者盖章。

■人民检察院刑事诉讼规则(2019年12月30日)

第四百二十七条　出庭的书记员应当制作出庭笔录,详细记载庭审的时间、地点、参加人员、公诉人出庭执行任务情况和法庭调查、法庭辩论的主要内容以及法庭判决结果,由公诉人和书记员签名。

第四百二十八条　人民检察院应当当庭向人民法院移交取回的案卷材料和证据。在审判长宣布休庭后,公诉人应当与审判人员办理交接手续。无法当庭移交的,应当在休庭后三日以内移交。

第二百零八条　【一审的期限】人民法院审理公诉案件,应当在受理后二个月以内宣判,至迟不得超过三个月。对于可能判处死刑的案件或者附带民事诉讼的案件,以及有本法第一百五十八条规定情形之一的,经上一级人民法院批准,可以延长三个月;因特殊情况还需要延长的,报请最高人民法院批准。

人民法院改变管辖的案件,从改变后的人民法院收到案件之日起计算审理期限。

人民检察院补充侦查的案件,补充侦查完毕移送人民法院后,人民法院重新计算审理期限。

■人民检察院刑事诉讼规则(2019年12月30日)

第六百一十七条　人民检察院发现人民法院的审理期限执行情况具有下列情形之一的,应当依法提出纠正意见：

（一）在一审、二审和死刑复核阶段未按规定办理换押手续的；

（二）违反刑事诉讼法的规定重新计算审理期限、批准延长审理期限、改变管辖、延期审理、中止审理或者发回重审的；

（三）决定重新计算审理期限、批准延长审理期限、改变管辖、延期审理、中止审理、对被告人进行精神病鉴定，没有书面通知人民检察院和看守所的；

（四）其他违法情形。

第六百一十八条　人民检察院发现同级或者下级公安机关、人民法院超期羁押的，应当向该办案机关发出纠正违法通知书。

发现上级公安机关、人民法院超期羁押的，应当及时层报该办案机关的同级人民检察院，由同级人民检察院向该办案机关发出纠正违法通知书。

对异地羁押的案件，发现办案机关超期羁押的，应当通报该办案机关的同级人民检察院，由其依法向办案机关发出纠正违法通知书。

第六百一十九条　人民检察院发出纠正违法通知书后，有关办案机关未回复意见或者继续超期羁押的，应当及时报告上一级人民检察院。

对于造成超期羁押的直接责任人员，可以书面建议其所在单位或者有关主管机关依照法律或者有关规定予以处分；对于造成超期羁押情节严重，涉嫌犯罪的，应当依法追究其刑事责任。

■最高人民法院关于严格执行案件审理期限制度的若干规定（2000年9月28日）

第一条　适用普通程序审理的第一审刑事公诉案件、被告人被羁押的第一审刑事自诉案件和第二审刑事公诉、刑事自诉案件的期限为一个月（2012年刑事诉讼法已修改为二个月。——编著者注），至迟不得超过一个半月（2012年刑事诉讼法已修改为三个月。——编著者注）；附带民事诉讼案件的审理期限，经本院院长批准，可以延长两个月。有刑事诉讼法第一百二十六条规定情形之一的，经省、自治区、直辖市高级人民法院批准或者决定，审理期限可以再延长一个月；最高人民法院受理的刑事上诉、刑事抗诉案件，经最高人民法院决定，审理期限可以再延长一个月。

适用普通程序审理的被告人未被羁押的第一审刑事自诉案件，期限为六个月；有特殊情况需要延长的，经本院院长批准，可以延长三个月。

适用简易程序审理的刑事案件，审理期限为二十日。

第七条　立案机构应当在决定立案的三日内将案卷材料移送审判庭。

第八条　案件的审理期限从立案次日起计算。

由简易程序转为普通程序审理的第一审刑事案件的期限，从决定转为普通程序次日起计算；由简易程序转为普通程序审理的第一审民事案件的期限，从立案次日起连续计算。

第九条　下列期间不计入审理、执行期限：

（一）刑事案件对被告人作精神病鉴定的期间；

（二）刑事案件因另行委托、指定辩护人，法院决定延期审理的，自案件宣布延期审理之日起至第十日止准备辩护的时间；

（三）公诉人发现案件需要补充侦查，提出延期审理建议后，合议庭同意延期审理的期间；

（四）刑事案件二审期间，检察院查阅案卷超过七日后的时间；

（五）因当事人、诉讼代理人、辩护人申请通知新的证人到庭、调取新的证据、申请重新鉴定或者勘验，法院决定延期审理一个月之内的期间；

（七）审理当事人提出的管辖权异议和处理法院之间的管辖争议的期间；

（九）中止诉讼（审理）或执行至恢复诉讼（审理）或执行的期间；

第十四条　对于下级人民法院申请延长办案期限的报告,上级人民法院应当在审理期限届满三日前作出决定,并通知提出申请延长审理期限的人民法院。

需要本院院长批准延长办案期限的,院长应当在审限届满前批准或者决定。

第二十条　各级人民法院应当将审理案件期限情况作为审判管理的重要内容,加强对案件审理期限的管理、监督和检查。

第二十一条　各级人民法院应当建立审理期限届满前的催办制度。

第二十二条　各级人民法院应当建立案件审理期限定期通报制度。对违反诉讼法规定,超过审理期限或者违反本规定的情况进行通报。

第二十三条　审判人员故意拖延办案,或者因过失延误办案,造成严重后果的,依照《人民法院审判纪律处分办法(试行)》第五十九条的规定予以处分。

审判人员故意拖延移送案件材料,或者接受委托送达后,故意拖延不予送达的,参照《人民法院审判纪律处分办法(试行)》第五十九条的规定予以处分。

■最高人民法院、最高人民检察院、公安部关于羁押犯罪嫌疑人、被告人实行换押和羁押期限变更通知制度的通知(2014年3月3日)

(该文件全部内容参见本书刑事诉讼法第九十六条附文同名文件)

▼安徽省高级人民法院关于案件审理期限的若干规定(试行)(1999年6月22日)

第二条　案件审理期限(下称审限)是指人民法院自立案受理至审结的期限。审理案件必须严格执行审限规定,严禁超审限。

案件审理期限应扣除公告期间、鉴定期间、审理当事人提出管辖异议、诉讼中止、处理人民法院之间的管辖争议期间以及向上级人民法院请示期间、上级法院调卷审查期间。

第三条　普通程序审理的刑事一审、二审案件的审限均为一个半月。自立案之次日起计算,至宣判之日止。

第四条　人民法院依照审判监督程序审理的刑事案件的审限为三个月。自作出提审、再审决定之次日起计算,至宣判之日止。

第五条　按照审判监督程序审理的刑事抗诉案件的审限为三个月。自本院立案之次日起计算,到宣判之日止。

第十二条　需要延长审限的,承办人应及时展行报批手续。未经批准,延长审限的,超审限的责任由案件承办人承担。

第十三条　对因特殊原因导致不能在审限内结案的,应当首先按程序申报延长审限。对未履行土述手续而起审限的,由承办人承担起审限的责任。

第十四条　自立案开始,案件承办人应认真填写《审理期限跟踪表》。未填写造成超审限责任不明确的,超审限责任由承办人承担。

第十五条　立案庭负责本院案件审限的统计和管理。每季度向院审判委员会报告一次本季度全院案件超审限情况。

第十六条　案件承办人审结案件后,应及时将《审理期限跟踪表》退回立案庭。

第十七条　立案庭的立案期限为:

(一)立案材料齐全的审查期限为2日;

(二)申请减、免、缓缴诉讼费的,当日报分管院长审批,院长作出批示后,承办人在2日内下通知;

(三)公告送达的,公告送达期满后二日内,立案庭应根据送达内容作出裁定。

第十八条　本规定所称立案日,为审判庭从立案庭签收案件之日。

第二百零九条　【对审判活动的法律监督】人民检察院发现人民法院审理案件违反法律规定的诉讼程序，有权向人民法院提出纠正意见。

■人民检察院刑事诉讼规则(2019年12月30日)

第五百七十条　人民检察院应当对审判活动中是否存在以下违法行为进行监督：

(一)人民法院对刑事案件的受理违反管辖规定的；

(二)人民法院审理案件违反法定审理和送达期限的；

(三)法庭组成人员不符合法律规定，或者依照规定应当回避而不回避的；

(四)法庭审理案件违反法定程序的；

(五)侵犯当事人、其他诉讼参与人的诉讼权利和其他合法权利的；

(六)法庭审理时对有关程序问题所作的决定违反法律规定的；

(七)违反法律规定裁定发回重审的；

(八)故意毁弃、篡改、隐匿、伪造、偷换证据或者其他诉讼材料，或者依据未经法定程序调查、质证的证据定案的；

(九)依法应当调查收集相关证据而不收集的；

(十)徇私枉法，故意违背事实和法律作枉法裁判的；

(十一)收受、索取当事人及其近亲属或者其委托的律师等人财物或者其他利益的；

(十二)违反法律规定采取强制措施或者采取强制措施法定期限届满，不予释放、解除或者变更的；

(十三)应当退还取保候审保证金不退还的；

(十四)对与案件无关的财物采取查封、扣押、冻结措施，或者应当解除查封、扣押、冻结而不解除的；

(十五)贪污、挪用、私分、调换、违反规定使用查封、扣押、冻结的财物及其孳息的；

(十六)其他违反法律规定的行为。

第五百七十一条　人民检察院检察长或者检察长委托的副检察长，可以列席同级人民法院审判委员会会议，依法履行法律监督职责。

第五百七十二条　人民检察院在审判活动监督中，发现人民法院或者审判人员审理案件违反法律规定的诉讼程序，应当向人民法院提出纠正意见。

人民检察院对违反程序的庭审活动提出纠正意见，应当由人民检察院在庭审后提出。出席法庭的检察人员发现法庭审判违反法律规定的诉讼程序，应当在休庭后及时向检察长报告。

■最高人民法院关于适用《中华人民共和国刑事诉讼法》的解释(2021年3月1日)

第三百一十五条　人民检察院认为人民法院审理案件违反法定程序，在庭审后提出书面纠正意见，人民法院认为正确的，应当采纳。

■最高人民法院、最高人民检察院、公安部、国家安全部、司法部、全国人大常委会法制工作委员会关于实施刑事诉讼法若干问题的规定(2013年1月1日)

32.刑事诉讼法第二百零三条规定："人民检察院发现人民法院审理案件违反法律规定的诉讼程序，有权向人民法院提出纠正意见。"人民检察院对违反法定程序的庭审活动提出纠正意见，应当由人民检察院在庭审后提出。

■最高人民法院、最高人民检察院关于人民检察院检察长列席人民法院审判委员会会议的实施意见(全文)(2010年4月1日)

为进一步落实和规范人民检察院检察长列席人民法院审判委员会会议制度，根据《中华人民共和国人民法院组织法》等法律的有关规定，提出如下意见：

一、人民检察院检察长可以列席同级人民法院审判委员会会议。

检察长不能列席时，可以委托副检察长列席同级人民法院审判委员会会议。

二、人民检察院检察长列席人民法院审判委员会会议的任务是,对于审判委员会讨论的案件和其他有关议题发表意见,依法履行法律监督职责。

三、人民法院审判委员会讨论下列案件或者议题,同级人民检察院检察长可以列席:

(一)可能判处被告人无罪的公诉案件;

(二)可能判处被告人死刑的案件;

(三)人民检察院提出抗诉的案件;

(四)与检察工作有关的其他议题。

四、人民法院院长决定将本意见第三条所列案件或者议题提交审判委员会讨论的,人民法院应当通过适当方式告知同级人民检察院。人民检察院检察长决定列席审判委员会会议的,人民法院应当将会议议程、会议时间通知人民检察院。

对于人民法院审判委员会讨论的议题,人民检察院认为有必要的,可以向人民法院提出列席审判委员会会议;人民法院认为有必要的,可以邀请人民检察院检察长列席审判委员会会议。

五、人民检察院检察长列席审判委员会会议的,人民法院应当将会议材料在送审判委员会委员的同时送人民检察院检察长。

六、人民检察院检察长列席审判委员会会议,应当在会前进行充分准备,必要时可就有关问题召开检察委员会会议进行讨论。

七、检察长或者受检察长委托的副检察长列席审判委员会讨论案件的会议,可以在人民法院承办人汇报完毕后、审判委员会委员表决前发表意见。

审判委员会会议讨论与检察工作有关的其他议题,检察长或者受检察长委托的副检察长的发言程序适用前款规定。

检察长或者受检察长委托的副检察长在审判委员会会议上发表的意见,应当记录在卷。

八、人民检察院检察长列席审判委员会会议讨论的案件,人民法院应当将裁判文书及时送达或者抄送人民检察院。

人民检察院检察长列席的审判委员会会议讨论的其他议题,人民法院应当将讨论通过的决定文本及时送给人民检察院。

九、出席、列席审判委员会会议的所有人员,对审判委员会讨论内容应当保密。

十、人民检察院检察长列席审判委员会会议的具体事宜由审判委员会办事机构和检察委员会办事机构负责办理。

■最高人民法院、最高人民检察院、公安部、国家安全部、司法部关于推进以审判为中心的刑事诉讼制度改革的意见(2016年10月11日)

十六、完善人民检察院对侦查活动和刑事审判活动的监督机制。建立健全对强制措施的监督机制。加强人民检察院对逮捕后羁押必要性的审查,规范非羁押性强制措施的适用。进一步规范和加强人民检察院对人民法院确有错误的刑事判决和裁定的抗诉工作,保证刑事抗诉的及时性、准确性和全面性。

第二节　自诉案件

第二百一十条　【自诉案件的范围】自诉案件包括下列案件:

(一)告诉才处理的案件;

(二)被害人有证据证明的轻微刑事案件;

(三)被害人有证据证明对被告人侵犯自己人身、财产权利的行为应当依法追究刑事责任,而公安机关或者人民检察院不予追究被告人刑事责任的案件。

■最高人民法院关于适用《中华人民共和国刑事诉讼法》的解释(2021年3月1日)

第三百一十六条　人民法院受理自诉案件必须符合下列条件：

(一)符合刑事诉讼法第二百一十条、本解释第一条的规定；

(二)属于本院管辖；

(三)被害人告诉；

(四)有明确的被告人、具体的诉讼请求和证明被告人犯罪事实的证据。

第三百一十七条　本解释第一条规定的案件，如果被害人死亡、丧失行为能力或者因受强制、威吓等无法告诉，或者是限制行为能力人以及因年老、患病、盲、聋、哑等不能亲自告诉，其法定代理人、近亲属告诉或者代为告诉的，人民法院应当依法受理。

被害人的法定代理人、近亲属告诉或者代为告诉的，应当提供与被害人关系的证明和被害人不能亲自告诉的原因的证明。

第三百一十八条　提起自诉应当提交刑事自诉状；同时提起附带民事诉讼的，应当提交刑事附带民事自诉状。

第三百一十九条　自诉状一般应当包括以下内容：

(一)自诉人(代为告诉人)、被告人的姓名、性别、年龄、民族、出生地、文化程度、职业、工作单位、住址、联系方式；

(二)被告人实施犯罪的时间、地点、手段、情节和危害后果等；

(三)具体的诉讼请求；

(四)致送的人民法院和具状时间；

(五)证据的名称、来源等；

(六)证人的姓名、住址、联系方式等。

对两名以上被告人提出告诉的，应当按照被告人的人数提供自诉状副本。

第三百二十条　对自诉案件，人民法院应当在十五日以内审查完毕。经审查，符合受理条件的，应当决定立案，并书面通知自诉人或者代为告诉人。

具有下列情形之一的，应当说服自诉人撤回起诉；自诉人不撤回起诉的，裁定不予受理：

(一)不属于本解释第一条规定的案件的；

(二)缺乏罪证的；

(三)犯罪已过追诉时效期限的；

(四)被告人死亡的；

(五)被告人下落不明的；

(六)除因证据不足而撤诉的以外，自诉人撤诉后，就同一事实又告诉的；

(七)经人民法院调解结案后，自诉人反悔，就同一事实再行告诉的；

(八)属于本解释第一条第二项规定的案件，公安机关正在立案侦查或者人民检察院正在审查起诉的；

(九)不服人民检察院对未成年犯罪嫌疑人作出的附条件不起诉决定或者附条件不起诉考验期满后作出的不起诉决定，向人民法院起诉的。

第三百二十一条　对已经立案，经审查缺乏罪证的自诉案件，自诉人提不出补充证据的，人民法院应当说服其撤回起诉或者裁定驳回起诉；自诉人撤回起诉或者被驳回起诉后，又提出了新的足以证明被告人有罪的证据，再次提起自诉的，人民法院应当受理。

第三百二十二条　自诉人对不予受理或者驳回起诉的裁定不服的，可以提起上诉。

第二审人民法院查明第一审人民法院作出的不予受理裁定有错误的，应当在撤销原裁定的同时，指令第一审人民法院立案受理;查明第一审人民法院驳回起诉裁定有错误的,应当在撤销原裁定的同时,指令第一审人民法院进行审理。

第三百二十三条 自诉人明知有其他共同侵害人,但只对部分侵害人提起自诉的,人民法院应当受理,并告知其放弃告诉的法律后果;自诉人放弃告诉,判决宣告后又对其他共同侵害人就同一事实提起自诉的,人民法院不予受理。

共同被害人中只有部分人告诉的,人民法院应当通知其他被害人参加诉讼,并告知其不参加诉讼的法律后果。被通知人接到通知后表示不参加诉讼或者不出庭的,视为放弃告诉。第一审宣判后,被通知人就同一事实又提起自诉的,人民法院不予受理。但是,当事人另行提起民事诉讼的,不受本解释限制。

第三百二十四条 被告人实施两个以上犯罪行为,分别属于公诉案件和自诉案件,人民法院可以一并审理。对自诉部分的审理,适用本章的规定。

第三百二十五条 自诉案件当事人因客观原因不能取得的证据,申请人民法院调取的,应当说明理由,并提供相关线索或者材料。人民法院认为有必要的,应当及时调取。

对通过信息网络实施的侮辱、诽谤行为,被害人向人民法院告诉,但提供证据确有困难的,人民法院可以要求公安机关提供协助。

■最高人民法院关于刑事自诉案件审查立案的规定(全文)(1993年10月1日)

第一条 刑事自诉案件是指刑法规定的告诉才处理和其他不需要进行侦查,由人民法院直接受理的轻微刑事案件。

第二条 人民法院受理下列刑事自诉案件:

(一)刑法第一百三十四条第一款中有原告和被告,明显属于轻伤害,因果关系清楚,不需要进行侦查的伤害案;

(二)刑法第一百四十五条中告诉才处理并且不需要侦查的侮辱、诽谤案;

(三)刑法第一百七十九条第一款暴力干涉婚姻自由案;

(四)刑法第一百八十条重婚案,但人民检察院提起公诉的除外;

(五)刑法第一百八十一条破坏现役军人婚姻案;

(六)刑法第一百八十二条第一款虐待案;

(七)刑法第一百八十三条遗弃案;

(八)法律规定由人民法院直接受理的其他刑事案件。

第三条 刑法第一百五十七条中抗拒执行判决、裁定案由人民法院直接立案审理。

第四条 刑事自诉案件由犯罪地的基层人民法院审判,如果由被告人居住地的基层人民法院审判更为适宜的,也可由被告人居住地的人民法院审判。几个法院都有管辖权的,由最先受理的人民法院审判。

第五条 刑事自诉案件的自诉人、被告人一方或双方是外国人的,由犯罪地的中级人民法院审判。

自诉人是外国人的,应当提供本人国籍的证明。

第六条 刑事自诉案件的自诉人、被告人一方或双方是港、澳、台胞的,由犯罪地的基层人民法院审判。

港、澳、台同胞告诉的,应当出示港、澳、台居民身份证、回乡证或其他能证明本人身份的证明。

第七条 刑事自诉案件的自诉人应当是本案的被害人。被害人因受强制、威吓无法告诉的,人民检察院和被害人的近亲属也可以告诉。被害人是未成年人、无行为能力或限制行为能力人以及因年老、患病、聋、哑等不能亲自告诉的,其近亲属可以代为告诉。

近亲属代为告诉的,应提供与被害人关系的证明,同时提供被害人系未成年人,无行为能力或限制行为能力和聋、哑、患病等证明。

第八条　刑事自诉案件的被害人由于被告人的犯罪行为而遭受经济损失的,可以同时提起附带民事诉讼。

第九条　自诉必须在法定的犯罪追诉期限内提起。

第十条　自诉人应当向人民法院提交自诉状;提交自诉状确有困难的,可以口头告诉,由人民法院的审判人员作出笔录,向自诉人宣读,自诉人认为没有错误后,应当签名或者盖章。

自诉人提交外文自诉状的应当附中文译本。

第十一条　自诉状或告诉笔录应当包括以下内容:

(一)诉状的名称为《刑事自诉状》。附带民事诉讼的为《刑事附带民事自诉状》。

(二)自诉人、被告人、代为告诉的近亲属的姓名、性别、年龄、民族、籍贯、职业、工作单位和住址。

(三)被告人犯罪行为的时间、地点、手段、情节和危害后果等。

(四)具体的诉讼请求。

(五)致送人民法院的名称及具状时间。

(六)物证和书证名称、件数等。

第十二条　刑事自诉案件的自诉人,应当向人民法院提供被告人犯罪的证据或证据线索。

第十三条　人民法院对自诉案件要认真进行审查,对符合本规定的,应当在收到自诉状或口头告诉之日起十五日内立案,并书面通知自诉人。对不符合立案条件的,应在十五日内书面通知自诉人并说明不予受理的原因。自诉人坚持告诉的,人民法院应当裁定驳回起诉。

第十四条　人民法院在审查立案时,如认为证据不足,可以限期让自诉人补充证据,人民法院也可以自行调查,收集证据。

第十五条　自诉人不得诽谤诬陷被告人。人民法院审查立案时,应当向自诉人说明诽谤诬陷应负的法律责任。

第十六条　对已决定立案的自诉案件,自诉人应当向人民法院提交与被告人数相等的自诉状副本。口头告诉的,由自诉人按被告人数复制告诉笔录。

第十七条　自诉人明知侵害人是二人以上,但只对部分侵害人提出告诉的,人民法院应当受理,并视为对其他侵害人放弃告诉权利。判决宣告后自诉人又对其他侵害人提出告诉的,人民法院不再受理。

第十八条　共同被害人中只有部分人告诉的,人民法院应当通知其他被害人参加诉讼。被通知人接到通知后,至一审宣判时未提出告诉的,即视为放弃告诉权利。一审宣判后,被通知人就同一事实提出告诉的,人民法院不予受理。

第十九条　刑事自诉案件经审查有下列情形之一的,人民法院不予受理:

(一)犯罪已过刑法规定的追诉时效期限的;

(二)被告人死亡的;

(三)被告人下落不明的;

(四)不属自诉案件范围的;

(五)自诉人撤诉后,就同一事实又告诉的,但因证据不足而撤诉的除外;

(六)经人民法院调解结案后,自诉人反悔,就同一事实再行告诉的;

(七)民事案件结案后,自诉人就同一事实再行提出刑事自诉的。

第二十条　刑事自诉案件由人民法院负责立案工作的审判庭和人民法院审查立案。

第二十一条　本规定自一九九三年十月一日起施行。

▼全国法院维护农村稳定刑事审判工作座谈会纪要(1999年10月27日)

三(六)关于刑事自诉案件问题。

要把自诉案件的立案关。有的地方为了便于具体操作,制定了具体立案标准,也有的地方实行"立案听证",让合议庭听取有关方面的意见,审查证据材料,决定是否立案。这些做法可以进一步总结,效果好的,可逐步推广。

要注重指导和协助双方当事人自行取证举证。由于广大农民群众法律水平尚不高,个人取证有相当难度,一般情况下很难达到法律规定的证据要求。如果因证据不足而简单、轻率地决定对自诉案件不予受理,就有可能使矛盾激化,引发新的刑事案件。因此,对于当事人所举证据不充分的,在指导自诉人取证的基础上,对于确有困难的,人民法院应当依法调查取证。要正确适用调解。调解应查清事实、分清责任,在双方自愿的基础上依法进行,不能强迫调解,更不能违法调解。要正确适用强制措施和刑罚。自诉案件经审查初步认定构成犯罪且较为严重的,对有可能逃避刑事责任和民事责任的被告人,要依法及时采取强制措施。对可能判处管制、拘役或者独立适用附加刑或者能及时到案,不致发生社会危险的被告人,不应当决定逮捕。在处刑上,对自诉案件被告人更应当注意尽量依法多适用非监禁刑罚。

▼北京市高级人民法院关于刑事案件立案材料要求的规定(试行)(2004年12月29日)

第十三条 自诉人或被害人法定代理人、近亲属提起刑事自诉,应提交自诉状、指控犯罪的证据等材料;提起附带民事诉讼的,还应当提交刑事附带民事自诉状。

第十四条 自诉状一式两份,每增加一名被告人需再提供自诉状副本一份;自诉人书写自诉状确有困难的,可以口头告诉,由人民法院工作人员作出告诉笔录,向自诉人宣读,自诉人确认无误后,应当签名或者盖章,按被告人人数复制告诉笔录。

第十五条 自诉状应当包括以下内容:

(一)自诉人、被告人、代为告诉人的姓名、性别、年龄、民族、出生地、文化程度、职业、工作单位、住址;

(二)被告人犯罪行为的时间、地点、手段、情节和危害后果等;

(三)具体的诉讼请求;

(四)致送人民法院的名称及具状时间;

(五)证人的姓名、住址及其他证据的名称、来源等。

自诉状一式两份,每增加一名被告人需再提供自诉状副本一份。

第十六条 已委托辩护人、代理人名单及委托手续,应当列明辩护人、代理人明确的姓名、住址、通讯处。

第十七条 被害人不能告诉,由其法定代理人、近亲属代为告诉的,代为告诉人应当提供与被害人关系的证明和被害人不能亲自告诉的原因的证明。

第十八条 自诉案件,告诉人应当提供能够证明犯罪事实的证据材料。

第二十六条 本规定中要求当事人提供的证明材料,除有明确规定外,均为一份。

第二十七条 提供的身份证明材料为复印件的,应同时提供原件,并经人民法院核对无误。

▽故意杀人案件如果符合自诉案件的受理条件,可以由人民法院直接受理

《最高人民法院关于执行〈中华人民共和国刑事诉讼法〉若干问题的解释》(已失效)(本附文以下简称《解释》)第一百八十六条对人民法院受理自诉案件的条件作了明确规定"人民法院受理的自诉案件必须符合下列条件:(一)属于刑事诉讼法第一百七十条、本解释第一条规定的案件;(二)属于本院管辖的;(三)刑事案件的被害人告诉的;(四)有明确的被告人、具体的诉讼请求和能证明被告人犯罪事实的证据。人民法院受理刑事诉讼法第一百七十条第(三)项规定的自诉案件,还应当符合刑事诉讼法第八十六条、第一百四十五条的规定。”本案在管辖权、被告人以及诉讼请求方面均没有异议，由于本案中被害人已经死亡，其妻子、母亲作为近亲属，具有代为告诉的权利，故提起自诉的主体资格也没有异议。争议的焦点体现在两个方面：(1)本案是否属于自诉案件的受案范围；(2)自诉人所举证据系公安机关收集的，对该证据能否予以采信。(一)本案属于自诉案件的受案范围。自诉案件共分为三类：第一类为告诉才处理的案件；第二类为被害人有证据证明的轻微刑事案件；第三类为“公诉转自诉”案件，1979年刑事诉讼法并未将该类案件规定为自诉案件，1996年修订后的刑事诉讼法对可以自诉的案件范围进行拓展，建立了“公诉转自诉”的制度，其立法意图主要在于增加公诉案件的救济渠道，以自诉制约公诉，充分保护被害人的合法权益，同时该制度也使在追诉犯罪的过程中能够适当利用民间司法资源，促进司法效率的提高。依据《解释》第一百八十六条的规定，“公诉转自诉”案件需同时符合刑事诉讼法第八十六条、第一百四十五条、第一百七十条及《解释》第一条的相关规定。刑事诉讼法第八十六条规定：“人民法院、人民检察院或者公安机关……认为没有犯罪事实，或者犯罪事实显著轻微，不需要追究刑事责任的时候，不予立案，并且将不立案的原因通知控告人。对人民检察院在当事人申诉后维持不起诉决定的，被害人可以向人民法院起诉。被害人也可以不经申诉，直接向人民法院起诉。”《解释》第一条：“人民法院直接受理的自诉案件包括：……(三)被害人有证据证明对被告人侵犯自己人身、财产权利的行为应当依法追究刑事责任，而公安机关或者人民检察院已经做出不予追究的书面决定的案件。”依据上述规定，“公诉转自诉”案件必须同时符合以下条件：(1)公安机关或者人民检察院不予追究被告人刑事责任，此为程序性条件，体现为公安机关、人民检察院已经作出不予追究的书面决定，如不予立案决定、撤销案件决定、不起诉决定。(2)被害人必须有证据证明对被告人侵犯自己人身、财产权利的行为应当依法追究刑事责任，此为实质性条件，要求被害人对自己的诉求有证据予以证明，首先要求被害人提供的证据能够证明被告人实施了侵犯其人身、财产权利的行为；其次要求所提供的证据能够证明应当对被告人的行为依法追究刑事责任。(3)案件范围为侵犯被害人人身、财产权利的案件，既要求案件有明确的被害人，又要求被告人的行为系侵犯人身、财产权利的行为。现行法律并未对“公诉转自诉”案件的严重程度作出限制性规定，未明确要求是重大刑事案件还是轻微刑事案件。故只要符合上述条件，即便属于故意杀人等重大刑事案件，也可以作为自诉案件由人民法院直接受理。

自诉人所举证据虽系公安机关收集，但并不影响采信。本案中，被告人上诉提出自诉人所举证据不是自诉人自行依法收集、不能作为证据采信的辩解理由，实质上是混淆了举证责任与证据的证明力概念。我国刑事诉讼法在规定“公诉转自诉”案件的同时，为防止自诉权的滥用，对自诉人规定了较为严格的举证责任。依据刑事诉讼法第一百七十条第(三)项、《解释》第一百八十六条第(四)项的规定，自诉人在提起自诉时需有能够证明被告人犯罪事实的证据，以证明对被告人侵犯自己人身、财产权利的行为应当依法追究刑事责任。此为对自诉人举证责任的规定，该规定是基于自诉人的控诉权所产生的，若自诉人不能提供充分的证据，则将承担控诉不能成立的法律后果。至于证据最终能否予以采信，则是由其本身的证明力所决定的。证据的证明力通常以“三性”即“合法性、客观性、关联性”来判断。证据的“客观性、关联性”主要在案件的审理阶段予以审查，立案阶段着重审查证据的“合法性”。证据的合法性要求包括：收集、运用证据的主体要合法，每个证据收集的程序要合法，证据必须具有合法形式，证据必须是经法定程序查证属实。在“公诉转自诉”案件中，收集、运用证据的主体包括：(1)自诉人。在自诉案件中自诉人负有举证责任，具有依法自行收集证据的权利；(2)侦查机关、公诉机关。刑事诉讼法第一百四十五条规定：“……被害人也可以不经申诉，直接向人民法院起诉。人民法院受理案件后，人民检察院应当将有关案件材料移送人民法院。”可见，在“公诉转自诉”案件中，移交所提取的证据材料系公诉机关职责所在，其所移交的由侦查机关依法收集的证据在主体方面具有合法性是毋庸置疑的。此外，刑事诉讼法第一百七十一条规定：“人民法院对于自诉案件进行审查后……法庭审理过程中，审判人员对证据有疑问，需要调查核实的，适用本法第一百五十八条的规定。”可见，人民法院在自诉案件的审理过程中虽不负有收集证据的义务,但可以通过勘验、检查、扣押、鉴定和查询、冻结,对证据进行调查核实。由上可见,现行法律并无关于自诉案件中的证据必须由自诉人自行依法收集的限制性规定,收集证据的主体既可以是自诉人本人也可以是侦查机关、公诉机关,只要符合"合法性、客观性、关联性"标准即可作为证据使用。本案中自诉人所提供的大量证据符合"三性"要求,具有证明力,应当作为定案证据予以采信。综上所述,本案虽系故意杀人的重大刑事案件,符合自诉案件的受理条件,可以作为自诉案件由人民法院直接受理;同时,自诉人举证的系公安机关收集的证据符合法律规定的采信条件,可以作为定案证据使用。[参见第523号案例,陈金权故意杀人案,载《刑事审判参考》总第66集(2009年第1集),法律出版社,第30～35页。撰稿:李山中　崔祥莲]

▽对于有证据证明的侵犯人身、财产权利的刑事案件,公安机关或者人民检察院不予追究的,被害人或者已死亡被害人的近亲属可以依法提起刑事自诉

"被害人有证据证明对被告人侵犯自己人身、财产权利的行为应当依法追究刑事责任,而公安机关或者人民检察院不予追究被告人刑事责任的案件"。对依照上述规定提起自诉的案件必须符合三个条件:一是受理案件的范围仅限于侵犯公民人身权利和侵犯公民财产权利方面的犯罪行为。如果公民针对人身权利、财产权利以外的犯罪行为或者一般的违法行为提起刑事诉讼,且不符合其他法定自诉情形的,法院应当不予受理并依法裁定驳回起诉。二是必须是被侵权当事人有证据依法向公安机关或者人民检察院举报、控告被告人的犯罪行为后,公安机关不予立案,或者人民检察院已决定对被告人不予起诉,并经当事人提出复议申请后仍维持不予立案或者不予起诉决定的,当事人才可以向人民法院直接提起刑事诉讼。因此,法院受理此类案件的前提条件,是公安机关或者人民检察院针对当事人的控告已经出具了不予立案或者不予起诉的书面决定。三是提起人应是犯罪行为的被害人或者是其法定代理人、近亲属,但后者必须是在被害人死亡、丧失行为能力或者因受强制、威吓等原因无法告诉,或者是限制行为能力人以及由于年老、患病、盲聋哑和严重残疾不能亲自告诉的,才能成为自诉人。[参见第400号案例,张德军故意伤害案,载《刑事审判参考》总第51辑(2006年第4辑),法律出版社,第4～6页。执笔:周峰]

▽侵犯著作权等知识产权犯罪的刑事案件可由被害人提起自诉,也可由检察院提起公诉

根据我国刑事诉讼法的规定,除自诉案件由人民法院直接受理外,其他刑事案件,应当由人民检察院提起公诉,人民法院才能审判。某一行为是作为公诉案件审理还是作为自诉案件审理关系到被害人和被告人双方的诉讼地位和诉讼权利的行使。刑事诉讼法(1996年修订的。——编著者注)第一百七十条规定:"自诉案件包括下列案件:(一)告诉才处理的案件;(二)被害人有证据证明的轻微刑事案件;(三)被害人有证据证明对被告人侵犯自己人身、财产权利的行为应当依法追究刑事责任,而公安机关或者人民检察院不予追究被告人刑事责任的案件。"1998年最高人民法院《关于执行〈中华人民共和国刑事诉讼法〉若干问题的解释》(已失效)(本附文以下简称《解释》)第一条对自诉案件的范围做了进一步明确,该《解释》不仅规定了自诉案件的案件类型范围,同时规定了相应的限制条件。根据该《解释》第一条第(二)项的规定,包括侵犯著作权等知识产权犯罪的"被害人有证据证明的轻微刑事案件"作为自诉案件,必须同时具备人民检察院没有提起公诉、被害人有证据证明、对被告人可能判处三年有期徒刑以下刑罚、且不属于严重危害社会秩序和国家利益的条件,对于与《解释》第一条第(二)项所规定的案件性质相同,但不具备自诉案件条件的,不属于自诉案件的受案范围,应按规定提起公诉。因此,侵犯著作权等知识产权的刑事案件既可能是被害人提起自诉的案件,也可能是由检察院提起公诉的案件:1.作为自诉案件处理的:(1)情节轻微,对被告人可能判处三年有期徒刑以下刑罚,被害人起诉所提供的证据确实、充分,检察机关没有提起公诉的案件;(2)被害人有证据证明对被告人侵犯自己著作权等知识产权的行为应当依法追究刑事责任,而公安机关或者人民检察院已经作出不予追究的书面决定的案件。2.作为公诉案件处理的:(1)严重危害社会秩序和国家利益的侵犯知识产权案;(2)被害人直接向人民法院起诉,经审查,其中证据不足,应移送公安机关立案侦查的案件;(3)被害人直接向人民法院起诉,经审查,对被告人可能判处三年有期徒刑以上刑罚的案件。[参见第146号案例,舒亚眉、陈宝华侵犯著作权案,载《刑事审判参考》总第23辑(2001年第12辑),法律出版社,第25~26页。执笔:朱平]

▽告诉才处理的案件,不应作为公诉案件处理

第一,依据我国刑法、刑事诉讼法的规定,侵占案是告诉才处理的案件,属于自诉案件。《刑法》第二百七十条第三款明确规定,本条罪,告诉的才处理。可见,侵占案属于自诉案件,刑法是作了明确规定的。我国法律和司法解释都是将侵占案规定为告诉才处理的案件,属于自诉案件。根据《刑事诉讼法》(1996年修订的。——编著者注)第十八条第三款的规定,自诉案件由人民法院直接受理。第二,将侵占案作为告诉才处理的案件审判,是维护法制严肃性的必然要求。按照法律规定将侵占案作为告诉才处理的案件,是实现程序公正的客观要求。司法实践中,只有做到实体、程序两方面的公正,才能真正实现司法公正。第三,侵占案依法告诉才处理,是尊重当事人诉权的表现,也有利于司法机关集中力量打击严重危害社会的犯罪分子。法律将侵占案规定为告诉才处理的案件,实际上就是把这类案件的起诉权赋予给自诉人。起诉与否,是自诉人的权利,自诉人完全可以根据自己的意愿来决定。对于侵占案件,如果检察机关提起公诉,而法院也作为公诉案件来审判,无疑就剥夺了自诉人的诉讼权利。就告诉才处理这类自诉案件而言,公安机关应失主或者受害人的求助而使其合法权益得到保护,这是司法机关应尽的职责,仅此而已,并不能由此产生再进一步代替其行使诉权的权力。但是,抓获犯罪嫌疑人后,如果发现属于告诉才处理的案件,应当是由失主或者受害人决定是否提起自诉。此外,与公诉案件比较而言,告诉才处理的案件毕竟有其独特之处。告诉才处理的案件所包含的犯罪在社会危害性上比公诉案件明显要轻一些。所以,立法时将这类案件规定为自诉案件,由受害人决定是否交付国家司法机关审查与裁判。在一定意义上,这也有利于节省国家司法资源的投入,以集中力量去惩处其他严重危害社会的犯罪活动。[参见第7号案例,王严侵占案,载《刑事审判参考》总第1辑(1999年第1辑),法律出版社,第12~13页。审编:高憬宏]

第二百一十一条　【对自诉案件审查后分别处理】人民法院对于自诉案件进行审查后,按照下列情形分别处理:

(一)犯罪事实清楚,有足够证据的案件,应当开庭审判;

(二)缺乏罪证的自诉案件,如果自诉人提不出补充证据,应当说服自诉人撤回自诉,或者裁定驳回。

自诉人经两次依法传唤,无正当理由拒不到庭的,或者未经法庭许可中途退庭的,按撤诉处理。

法庭审理过程中,审判人员对证据有疑问,需要调查核实的,适用本法第一百九十六条的规定。

■最高人民法院关于适用《中华人民共和国刑事诉讼法》的解释(2021年3月1日)

第三百二十六条　对犯罪事实清楚,有足够证据的自诉案件,应当开庭审理。

第三百二十七条　自诉案件符合简易程序适用条件的,可以适用简易程序审理。

不适用简易程序审理的自诉案件,参照适用公诉案件第一审普通程序的有关规定。

第三百二十九条　判决宣告前,自诉案件的当事人可以自行和解,自诉人可以撤回自诉。

人民法院经审查,认为和解、撤回自诉确属自愿的,应当裁定准许;认为系被强迫、威吓等,并非自愿的,不予准许。

第三百三十条　裁定准许撤诉的自诉案件,被告人被采取强制措施的,人民法院应当立即解除。

第三百三十一条　自诉人经两次传唤,无正当理由拒不到庭,或者未经法庭准许中途退庭的,人民法院应当裁定按撤诉处理。

部分自诉人撤诉或者被裁定按撤诉处理的,不影响案件的继续审理。

第三百三十二条　被告人在自诉案件审判期间下落不明的,人民法院可以裁定中止审理;符合条件的,可以对被告人依法决定逮捕。

第三百三十三条　对自诉案件,应当参照刑事诉讼法第二百条和本解释第二百九十五条的有关规定作出判决。对依法宣告无罪的案件,有附带民事诉讼的,其附带民事部分可以依法进行调解或者一并作出判决,也可以告知附带民事诉讼原告人另行提起民事诉讼。

■最高人民法院、最高人民检察院、公安部关于办理侵犯知识产权刑事案件适用法律若干问题的意见(2011年1月10日)

四、关于侵犯知识产权犯罪自诉案件的证据收集问题

人民法院依法受理侵犯知识产权刑事自诉案件,对于当事人因客观原因不能取得的证据,在提起自诉时能够提供有关线索,申请人民法院调取的,人民法院应当依法调取。

■最高人民法院关于严格执行案件审理期限制度的若干规定(2000年9月28日)

第六条　第一审人民法院收到起诉书(状)或者执行申请书后,经审查认为符合受理条件的应当在七日内立案;收到自诉人自诉状或者口头告诉的,经审查认为符合自诉案件受理条件的应当在十五日内立案。

▽刑事自诉案件立案后,对罪证不足的,法院可不经开庭审理直接驳回自诉人的起诉

刑事自诉案件的庭前审查程序不同于公诉案件,如法院经过审查认定自诉人指控被告人犯罪的证据不足,且自诉人提不出补充证据的,即可不经开庭审理直接驳回起诉。具体分析如下:在公诉案件中,人民法院对于起诉书中有明确的指控犯罪事实并且附有证据目录、证人名单和主要证据复印件的,应当决定开庭审理,至于公诉机关依据这些立案材料能否成立对被告人的指控,不在庭前审查的范围。也就是说,公诉案件的庭前审查程序是一种形式审查,实质性审查要通过开庭审理来完成,也即要通过开庭审理才能作出最终有罪或无罪判决。而刑事自诉案件的庭前审查程序与此却大不相同,根据刑事诉讼法(1996年颁布的。——编著者注)第一百七十一条和《最高人民法院关于执行〈中华人民共和国刑事诉讼法〉若干问题的解释》(1998年颁布的。——编著者注)第一百九十二条的规定,人民法院对自诉案件可分别情形作出处理:(1)对犯罪事实清楚,有足够证据的案件,应当开庭审判;(2)对缺乏罪证的自诉案件,如果自诉人提不出补充证据,应当说服自诉人撤回自诉,或者裁定驳回起诉;(3)对于已经立案,经审查缺乏罪证的自诉案件,自诉人经说服撤回起诉或者被驳回起诉后,又提出新的足以证明被告人有罪的证据,再次提起自诉的,人民法院应当受理。由此可见,自诉案件的庭前审查程序具有实质性内容,其审查结果不仅可以成为决定是否开庭审理的条件,也可直接导致驳回起诉。即如果自诉人提交的控诉证据达不到确实、充分的程度,且不能补充证据的,经说服自诉人撤诉无效后,法院可不经开庭审理直接驳回起诉。实践中,自诉案件的庭前审查要经历立案庭审查和刑事审判庭审查两个阶段,二者之间有一定交叉重叠。自诉案件通过这两个阶段的审查,法官在开庭前便可对证据的充足度、被告人是否有罪、是否应予处罚等问题形成实质性判断。自诉案件一旦开庭,意味着法官已经基本确认被告人的行为能够构成犯罪。由此,对于经庭前审查程序认为罪证不足的自诉案件,也就可以采取不经开庭审理而直接裁定驳回起诉的审结方式,这样处理,既实现了案件的公正处理,又提高了诉讼效率,使得有关当事人免受诉累,有利于司法资源的合理配置。本案中自诉人王某某向法院提交的证据主要是其因隆胸手术遭受伤害的就诊、检查资料及损伤程度鉴定结论等,无法获得对三被告人的讯问笔录及相关专业经历、资格证明等证据。一审法院立案后,为查明案情,依法向公安机关和检察机关调取了大量证据。这些证据可证实被告人系非法行医,但不能证实被告人非法行医达到"情节严重"的程度,而根据刑法第三百三十六条之规定,构成非法行医罪要求必须达到"情节严重"2008年最高人民法院公布了《关于审理非法行医刑事案件具体应用法律若干问题的解释》,但本案一审和二审均发生于2006年,其间尚无相关司法解释对非法行医"情节严重"作出具体解释。当时实践中普遍掌握的判断

标准主要是：因非法行医造成就诊人身体健康受到严重损害，甚至致人死亡或者身体严重残疾的；经医疗卫生行政主管部门多次制止，屡教不改，长期从事非法行医的；非法行医致多人身体受到损害，影响恶劣的，等等。可见，本案依据现有的证据尚不足以作出三被告人非法行医的行为达到"情节严重"程度。据此，一审法院根据当时司法实践掌握的定罪标准，认定王某某起诉三被告人犯非法行医罪的证据不足是正确的，在说服自诉人王某某撤诉无效后，不经开庭审理而直接作出驳回王某某起诉的裁定，是符合法律规定的。[参见第561号指导案例，姚乃君等非法行医案，载《刑事审判参考》总第68集(2009年第3集)，第50～52页。撰稿：黄小明]

▽在直接驳回刑事自诉部分的情况下，对附带民事诉讼宜一并驳回

刑事附带民事诉讼制度是刑事诉讼和民事诉讼在特定情况下的一种程序上的有机结合，目的是在解决被告人刑事责任的同时，一并解决因犯罪行为引发的损害赔偿责任问题，如此既有利于实现审判公正，也有利于提高诉讼效率，方便当事人诉讼。如果自诉案件通过庭前审查认定刑事部分罪证不足，则相应的民事诉讼即不属于刑事附带民事诉讼，不宜由刑事审判庭继续审理，当事人可另行提起民事诉讼。如果由刑事审判庭继续审理这种单纯的民事案件，则大量不构成犯罪的民事侵权案件都可能通过"报案—不予立案—转为刑事附带民事自诉案件"的方式进入刑事审判庭，占用刑事审判资源，这显然与我国设立刑事附带民事诉讼制度的立法本意不符。同时，在现行司法工作机制下，刑事审判和民事审判由不同业务庭负责，如由刑事法官审理纯民事案件，一定程度存在专业知识与经验不足的问题，不利确保案件的审判质量。因此，一审法院在驳回自诉人王某某的刑事自诉的同时一并驳回其附带民事诉讼是妥当的，合法合理。[参见第561号指导案例，姚乃君等非法行医案，载《刑事审判参考》总第68集(2009年第3集)，第52～53页。撰稿：黄小明]

▽自诉案件在人民检察院告诉的情况下，只能作为公诉案件来处理

根据《刑法》第二百七十条第三款的规定，犯侵占罪的，告诉的才处理。即侵占罪属于不告不理的自诉案件，告诉的主体是侵占犯罪的被害人。刑法第九十八条规定：本法所称告诉才处理，是指被害人告诉才处理。如果被害人因受强制、威吓无法告诉的，人民检察院和被害人的近亲属也可以告诉。据此，在侵占罪中，只有当被害人因受强制、威吓无法告诉的，人民检察院和被害人的近亲属才可以成为起诉主体。对于被害人及其近亲属的告诉作为自诉案件处理，这是毫无疑问的；在人民检察院起诉的情况下，检察院不是以被害人名义，而是以国家名义在进行诉讼，因此，在人民检察院告诉的情况下，只能作为公诉案件来处理。[参见第573号指导案例，刘珍水侵占案，载《刑事审判参考》总第69集(2009年第4集)，第74页。撰稿：叶福生]

▽多名刑事自诉人以同一罪名起诉同一被告人的，法院应以一案合并审理

存在多名共同侵害人或者存在多名被害人的情况下，由于是自诉案件，具有不同于公诉案件的诸多特点，从保证审判质量、实现诉讼效率、维护社会秩序的角度考虑，结合有关司法解释的规定，应当区分情况进行处理：(一)存在多名共同侵害人的自诉案件。对于存在多名共同侵害人的自诉案件，如果自诉人对所有共同侵害人均提起诉讼，符合法定受理条件的，则法院按照正常程序立案受理即可。如果自诉人明知有其他共同侵害人，但只对部分侵害人提起自诉的，根据《最高人民法院关于执行〈中华人民共和国刑事诉讼法〉若干问题的解释》(已失效)(本附文以下简称《解释》)(1998年颁布的。——编著者注)第一百九十三条的规定，人民法院应当受理，并视为自诉人对其他侵害人放弃告诉权利。判决宣告后自诉人又对其他共同侵害人就同一事实提起自诉的，人民法院不再受理。(二)存在多名共同被害人的自诉案件。对于存在多名共同被害人的自诉案件，共同被害人中只有部分人告诉的，根据《解释》第一百九十三条的规定，人民法院应当通知其他被害人参加诉讼。被通知人接到通知后表示不参加诉讼或者不出庭的，即视为放弃告诉权利。第一审宣判后，被通知人就同一事实又提起自诉的，人民法院不予受理，但当事人可以另行提起民事诉讼。(三)侵害人或被害人为多人但不属于共同侵害人或共同被害人的自诉案件。对于侵害人或被害人为多人但行为事实缺乏共同性的自诉案件，原则上应当参照上述司法解释对两种情形的规定来处理，即自诉人只对部分侵害人提起自诉的，人民法院应当受理，并视为自诉人对其他侵害人放弃告诉权利；被害人中只有部分人告诉的，人民法院应当通知其他被害人参加诉讼。被通知人接到通知后表示不参加诉讼或者不出庭的，即视为放弃告诉权利。本案被告人分别实施了侵占多名被害人货款的犯罪行为，虽然起诉的罪名均属于同一罪名即侵占罪，但究其犯罪事实而言，却因被害人的不同而分属不同的犯罪事实。从罪数上来讲，被告人的侵占行为属于连续犯，即基于同一故意，连续多次实施了触犯同一罪名的犯罪行为，属于处断上的一罪，对其按一罪处理即可。对于属于公诉案件的犯罪来讲，如果其属于连续犯，公诉机关代表国家应当一并起诉，作为处断上的一罪，法院对其所犯该罪直接作出判决即可，不存在告诉主体和受案程序上的问题。而对于属于自诉案件的犯罪，如果属于连续犯，由于侵犯的被害人不同，导致告诉的主体也分属于各个被害人，因为每一个被害人起诉均只能代表其自身，维护自己的合法权益，所以其他被害人如果想要追究侵害人的刑事责任必须也提起告诉，而这势必形成多个告诉，本案就属于这种情形。对这种情形如何处理，法律及司法解释均未明确规定，从确保实体公正和程序效率角度出发，在各自诉人分别提起诉讼的情况下，法院应当合并一案进行审理。对于本案这种存在多个被害人的情况，如果各被害人均提起告诉，法院应当并案作为一案进行审理；如果共同被害人中只有部分人告诉的，人民法院应当通知其他被害人提起告诉，被通知人接到通知后表示不提起告诉的，即视为放弃告诉权利。第一审宣判后，被通知人就同一事实又提起自诉的，人民法院不予受理，但当事人可以另行提起民事诉讼。[参见第573号指导案例，刘珍水侵占案，载《刑事审判参考》总第69集(2009年第4集)，第73~78页。撰稿：叶福生]

第二百一十二条　【调解、撤诉与审理期限】人民法院对自诉案件，可以进行调解；自诉人在宣告判决前，可以同被告人自行和解或者撤回自诉。本法第二百一十条第三项规定的案件不适用调解。

人民法院审理自诉案件的期限，被告人被羁押的，适用本法第二百零八条第一款、第二款的规定；未被羁押的，应当在受理后六个月以内宣判。

■最高人民法院关于适用《中华人民共和国刑事诉讼法》的解释(2021年3月1日)

第三百二十八条　人民法院审理自诉案件，可以在查明事实、分清是非的基础上，根据自愿、合法的原则进行调解。调解达成协议的，应当制作刑事调解书，由审判人员、法官助理、书记员署名，并加盖人民法院印章。调解书经双方当事人签收后，即具有法律效力。调解没有达成协议，或者调解书签收前当事人反悔的，应当及时作出判决。

刑事诉讼法第二百一十条第三项规定的案件不适用调解。

■最高人民法院关于严格执行案件审理期限制度的若干规定(2000年9月28日)

第一条(第二款)　适用普通程序审理的被告人未被羁押的第一审刑事自诉案件，期限为六个月；有特殊情况需要延长的，经本院院长批准，可以延长三个月。

第二百一十三条　【反诉】自诉案件的被告人在诉讼过程中，可以对自诉人提起反诉。反诉适用自诉的规定。

■最高人民法院关于适用《中华人民共和国刑事诉讼法》的解释(2021年3月1日)

第三百三十四条　告诉才处理和被害人有证据证明的轻微刑事案件的被告人或者其法定代理人在诉讼过程中，可以对自诉人提起反诉。反诉必须符合下列条件：

(一)反诉的对象必须是本案自诉人；

(二)反诉的内容必须是与本案有关的行为；

(三)反诉的案件必须符合本解释第一条第一项、第二项的规定。

反诉案件适用自诉案件的规定，应当与自诉案件一并审理。自诉人撤诉的，不影响反诉案件的继续审理。

第三百三十五条　人民法院受理单位犯罪案件，除依照本解释第二百一十八条的有关规定进行审查外，还应当审查起诉书是否列明被告单位的名称、住所地、联系方式，法定代表人、实际控制人、主要负责人以及代表被告单位出庭的诉讼代表人的姓名、职务、联系方式。需要人民检察院补充材料的，应当通知人民检察院在三日以内补送。

第三百三十六条　被告单位的诉讼代表人，应当是法定代表人、实际控制人或者主要负责人；法定代表人、实际控制人或者主要负责人被指控为单位犯罪直接责任人员或者因客观原因无法出庭的，应当由被告单位委托其他负责人或者职工作为诉讼代表人。但是，有关人员被指控为单位犯罪直接责任人员或者知道案件情况、负有作证义务的除外。

依据前款规定难以确定诉讼代表人的，可以由被告单位委托律师等单位以外的人员作为诉讼代表人。

诉讼代表人不得同时担任被告单位或者被指控为单位犯罪直接责任人员的有关人员的辩护人。

第三百三十七条　开庭审理单位犯罪案件，应当通知被告单位的诉讼代表人出庭；诉讼代表人不符合前条规定的，应当要求人民检察院另行确定。

被告单位的诉讼代表人不出庭的，应当按照下列情形分别处理：

（一）诉讼代表人系被告单位的法定代表人、实际控制人或者主要负责人，无正当理由拒不出庭的，可以拘传其到庭；因客观原因无法出庭，或者下落不明的，应当要求人民检察院另行确定诉讼代表人；

（二）诉讼代表人系其他人员的，应当要求人民检察院另行确定诉讼代表人。

第三百三十八条　被告单位的诉讼代表人享有刑事诉讼法规定的有关被告人的诉讼权利。开庭时，诉讼代表人席位置于审判台前左侧，与辩护人席并列。

第三百三十九条　被告单位委托辩护人的，参照适用本解释的有关规定。

第三百四十条　对应当认定为单位犯罪的案件，人民检察院只作为自然人犯罪起诉的，人民法院应当建议人民检察院对犯罪单位追加起诉。人民检察院仍以自然人犯罪起诉的，人民法院应当依法审理，按照单位犯罪直接负责的主管人员或者其他直接责任人员追究刑事责任，并援引刑法分则关于追究单位犯罪中直接负责的主管人员和其他直接责任人员刑事责任的条款。

第三百四十一条　被告单位的违法所得及其他涉案财物，尚未被依法追缴或者查封、扣押、冻结的，人民法院应当决定追缴或者查封、扣押、冻结。

第三百四十二条　为保证判决的执行，人民法院可以先行查封、扣押、冻结被告单位的财产，或者由被告单位提出担保。

第三百四十三条　采取查封、扣押、冻结等措施，应当严格依照法定程序进行，最大限度降低对被告单位正常生产经营活动的影响。

第三百四十四条　审判期间，被告单位被吊销营业执照、宣告破产但尚未完成清算、注销登记的，应当继续审理；被告单位被撤销、注销的，对单位犯罪直接负责的主管人员和其他直接责任人员应当继续审理。

第三百四十五条　审判期间，被告单位合并、分立的，应当将原单位列为被告单位，并注明合并、分立情况。对被告单位所判处的罚金以其在新单位的财产及收益为限。

第三百四十六条　审理单位犯罪案件，本章没有规定的，参照适用本解释的有关规定。

第三节　简易程序

第二百一十四条　【适用简易程序的条件】基层人民法院管辖的案件，符合下列条件的，可以适用简易程序审判：

（一）案件事实清楚、证据充分的；

（二）被告人承认自己所犯罪行，对指控的犯罪事实没有异议的；

（三）被告人对适用简易程序没有异议的。

人民检察院在提起公诉的时候，可以建议人民法院适用简易程序。

■人民检察院刑事诉讼规则（2019年12月30日）

第四百三十条　人民检察院对于基层人民法院管辖的案件，符合下列条件的，可以建议人民法院适用简易程序审理：

（一）案件事实清楚、证据充分的；

（二）被告人承认自己所犯罪行，对指控的犯罪事实没有异议的；

（三）被告人对适用简易程序没有异议的。

■最高人民法院关于适用《中华人民共和国刑事诉讼法》的解释（2021年3月1日）

第三百五十九条　基层人民法院受理公诉案件后，经审查认为案件事实清楚、证据充分的，在将起诉书副本送达被告人时，应当询问被告人对指控的犯罪事实的意见，告知其适用简易程序的法律规定。被告人对指控的犯罪事实没有异议并同意适用简易程序的，可以决定适用简易程序，并在开庭前通知人民检察院和辩护人。

对人民检察院建议或者被告人及其辩护人申请适用简易程序审理的案件，依照前款规定处理；不符合简易程序适用条件的，应当通知人民检察院或者被告人及其辩护人。

■最高人民法院、最高人民检察院、公安部、国家安全部、司法部关于推进以审判为中心的刑事诉讼制度改革的意见（2016年10月11日）

二十一、推进案件繁简分流，优化司法资源配置。完善刑事案件速裁程序和认罪认罚从宽制度，对案件事实清楚、证据充分的轻微刑事案件，或者犯罪嫌疑人、被告人自愿认罪认罚的，可以适用速裁程序、简易程序或者普通程序简化审理。

■最高人民检察院关于在检察工作中贯彻宽严相济刑事司法政策的若干意见（2007年1月15日）

18. 依法正确适用简易程序和简化审理程序。对于符合法定条件的轻微刑事案件，人民检察院应当建议适用简易程序；被告人及其辩护人提出适用简易程序，人民检察院经审查认为符合法定条件的，应当同意并向人民法院提出建议；人民法院建议适用简易程序，人民检察院经审查认为符合法定条件的，应当同意。对于被告人认罪的普通刑事案件，符合有关规定条件的，人民检察院应当建议适用简化审理程序。

19. 改革完善未成年人犯罪案件的办案方式。对未成年人犯罪案件，应当设立专门工作机构、专门工作小组或者指定专人办理。建立适合未成年人特点的审查逮捕、审查起诉工作机制。对成年人与未成年人共同犯罪案件，原则上实行分案处理。对未成年人犯罪案件适用简易程序的，公诉人一般应当出庭支持公诉并开展庭审教育活动。对于因犯罪情节轻微决定不起诉的未成年人，要落实帮教措施。

■最高人民法院、最高人民检察院、公安部、国家安全部、司法部关于适用认罪认罚从宽制度的指导意见（2019年10月11日）（见本书附录五十）

▼北京市高级人民法院关于刑事案件立案材料要求的规定（试行）（2004年12月29日）

第十条　人民检察院认为符合适用《最高人民法院、最高人民检察院、司法部、关于适用普通程序审理“被告人认罪案件”的若干意见（试行）》（该意见已被最高人民法院法释〔2013〕6号废止。——编著者注）审理的案件，可以在提起公诉时书面建议人民法院适用该意见审理。

第十一条　人民检察院建议适用简易程序的，应当制作《适用简易程序建议书》，在提起公诉时，连同全案卷宗、证据材料、起诉书一并移送人民法院。

第十二条 提起附带民事诉讼的,附有民事起诉书、民事原告、法定代理人身份证明、相关证据材料及通讯方式。

第二百一十五条 【不适用简易程序的情形】有下列情形之一的,不适用简易程序:

(一)被告人是盲、聋、哑人,或者是尚未完全丧失辨认或者控制自己行为能力的精神病人的;

(二)有重大社会影响的;

(三)共同犯罪案件中部分被告人不认罪或者对适用简易程序有异议的;

(四)其他不宜适用简易程序审理的。

■人民检察院刑事诉讼规则(2019年12月30日)

第四百三十一条 具有下列情形之一的,人民检察院不得建议人民法院适用简易程序:

(一)被告人是盲、聋、哑人,或者是尚未完全丧失辨认或者控制自己行为能力的精神病人的;

(二)有重大社会影响的;

(三)共同犯罪案件中部分被告人不认罪或者对适用简易程序有异议的;

(四)比较复杂的共同犯罪案件;

(五)辩护人作无罪辩护或者对主要犯罪事实有异议的;

(六)其他不宜适用简易程序的。

人民法院决定适用简易程序审理的案件,人民检察院认为具有刑事诉讼法第二百一十五条规定情形之一的,应当向人民法院提出纠正意见;具有其他不宜适用简易程序情形的,人民检察院可以建议人民法院不适用简易程序。

■最高人民法院关于适用《中华人民共和国刑事诉讼法》的解释(2021年3月1日)

第三百六十条 具有下列情形之一的,不适用简易程序:

(一)被告人是盲、聋、哑人的;

(二)被告人是尚未完全丧失辨认或者控制自己行为能力的精神病人的;

(三)案件有重大社会影响的;

(四)共同犯罪案件中部分被告人不认罪或者对适用简易程序有异议的;

(五)辩护人作无罪辩护的;

(六)被告人认罪但经审查认为可能不构成犯罪的;

(七)不宜适用简易程序审理的其他情形。

第二百一十六条 【独任审判的条件】适用简易程序审理案件,对可能判处三年有期徒刑以下刑罚的,可以组成合议庭进行审判,也可以由审判员一人独任审判;对可能判处的有期徒刑超过三年的,应当组成合议庭进行审判。

适用简易程序审理公诉案件,人民检察院应当派员出席法庭。

■人民检察院刑事诉讼规则(2019年12月30日)

第四百三十三条 适用简易程序审理的公诉案件,人民检察院应当派员出席法庭。

第四百三十四条 公诉人出席简易程序法庭时,应当主要围绕量刑以及其他有争议的问题进行法庭调查和法庭辩论。在确认被告人庭前收到起诉书并对起诉书指控的犯罪事实没有异议后,可以简化宣读起诉书,根据案件情况决定是否讯问被告人,询问证人、鉴定人和出示证据。

根据案件情况,公诉人可以建议法庭简化法庭调查和法庭辩论程序。

第四百三十五条 适用简易程序审理的公诉案件,公诉人发现不宜适用简易程序审理的,应当建议法庭按照第一审普通程序重新审理。

第四百三十六条 转为普通程序审理的案件,公诉人需要为出席法庭进行准备的,可以建议人民法院延期审理。

■最高人民法院关于适用《中华人民共和国刑事诉讼法》的解释(2021年3月1日)

第三百六十一条　适用简易程序审理的案件,符合刑事诉讼法第三十五条第一款规定的,人民法院应当告知被告人及其近亲属可以申请法律援助。

第三百六十二条　适用简易程序审理案件,人民法院应当在开庭前将开庭的时间、地点通知人民检察院、自诉人、被告人、辩护人,也可以通知其他诉讼参与人。

通知可以采用简便方式,但应当记录在案。

第三百六十三条　适用简易程序审理案件,被告人有辩护人的,应当通知其出庭。

第二百一十七条　【适用简易程序审理的询问、告知和确认程序】适用简易程序审理案件,审判人员应当询问被告人对指控的犯罪事实的意见,告知被告人适用简易程序审理的法律规定,确认被告人是否同意适用简易程序审理。

■人民检察院刑事诉讼规则(2019年12月30日)

第四百三十二条　基层人民检察院审查案件,认为案件事实清楚、证据充分的,应当在讯问犯罪嫌疑人时,了解其是否承认自己所犯罪行,对指控的犯罪事实有无异议,告知其适用简易程序的法律规定,确认其是否同意适用简易程序。

■最高人民法院关于适用《中华人民共和国刑事诉讼法》的解释(2021年3月1日)

第三百六十四条　适用简易程序审理案件,审判长或者独任审判员应当当庭询问被告人对指控的犯罪事实的意见,告知被告人适用简易程序审理的法律规定,确认被告人是否同意适用简易程序。

第二百一十八条　【辩论程序】适用简易程序审理案件,经审判人员许可,被告人及其辩护人可以同公诉人、自诉人及其诉讼代理人互相辩论。

第二百一十九条　【庭审简化及最后陈述】适用简易程序审理案件,不受本章第一节关于送达期限、讯问被告人、询问证人、鉴定人、出示证据、法庭辩论程序规定的限制。但在判决宣告前应当听取被告人的最后陈述意见。

■最高人民法院关于适用《中华人民共和国刑事诉讼法》的解释(2021年3月1日)

第三百六十五条　适用简易程序审理案件,可以对庭审作如下简化:

(一)公诉人可以摘要宣读起诉书;

(二)公诉人、辩护人、审判人员对被告人的讯问、发问可以简化或者省略;

(三)对控辩双方无异议的证据,可以仅就证据的名称及所证明的事项作出说明;对控辩双方有异议或者法庭认为有必要调查核实的证据,应当出示,并进行质证;

(四)控辩双方对与定罪量刑有关的事实、证据没有异议的,法庭审理可以直接围绕罪名确定和量刑问题进行。

适用简易程序审理案件,判决宣告前应当听取被告人的最后陈述。

■最高人民法院、最高人民检察院、公安部、国家安全部、司法部关于规范量刑程序若干问题的意见(2020年11月5日)

第十三条　适用简易程序审理的案件,在确认被告人对起诉书指控的犯罪事实和罪名没有异议,自愿认罪且知悉认罪的法律后果后,法庭审理可以直接围绕量刑进行,不再区分法庭调查、法庭辩论,但在判决宣告前应当听取被告人的最后陈述意见。

适用简易程序审理的案件,一般应当当庭宣判。

第二十八条　本意见自2020年11月6日起施行。2010年9月13日最高人民法院、最高人民检察院、公安部、国家安全部、司法部《印发〈关于规范量刑程序若干问题的意见(试行)〉的通知》(法发〔2010〕35号)同时废止。

第二百二十条　【审理期间】适用简易程序审理案件，人民法院应当在受理后二十日以内审结；对可能判处的有期徒刑超过三年的，可以延长至一个半月。

第二百二十一条　【不宜适用简易程序的处理】人民法院在审理过程中，发现不宜适用简易程序的，应当按照本章第一节或者第二节的规定重新审理。

■最高人民法院关于适用《中华人民共和国刑事诉讼法》的解释(2021年3月1日)

第三百六十六条　适用简易程序独任审判过程中，发现对被告人可能判处的有期徒刑超过三年的，应当转由合议庭审理。

第三百六十七条　适用简易程序审理案件，裁判文书可以简化。

适用简易程序审理案件，一般应当当庭宣判。

第三百六十八条　适用简易程序审理案件，在法庭审理过程中，具有下列情形之一的，应当转为普通程序审理：

(一)被告人的行为可能不构成犯罪的；

(二)被告人可能不负刑事责任的；

(三)被告人当庭对起诉指控的犯罪事实予以否认的；

(四)案件事实不清、证据不足的；

(五)不应当或者不宜适用简易程序的其他情形。

决定转为普通程序审理的案件，审理期限应当从作出决定之日起计算。

第四节　速裁程序

第二百二十二条　【速裁程序的适用】基层人民法院管辖的可能判处三年有期徒刑以下刑罚的案件，案件事实清楚，证据确实、充分，被告人认罪认罚并同意适用速裁程序的，可以适用速裁程序，由审判员一人独任审判。

人民检察院在提起公诉的时侯，可以建议人民法院适用速裁程序。

■人民检察院刑事诉讼规则(2019年12月30日)

第四百三十七条　人民检察院对基层人民法院管辖的案件，符合下列条件的，在提起公诉时，可以建议人民法院适用速裁程序审理：

(一)可能判处三年有期徒刑以下刑罚；

(二)案件事实清楚，证据确实、充分；

(三)被告人认罪认罚、同意适用速裁程序。

第四百三十九条　公安机关、犯罪嫌疑人及其辩护人建议适用速裁程序，人民检察院经审查认为符合条件的，可以建议人民法院适用速裁程序审理。

公安机关、辩护人未建议适用速裁程序，人民检察院经审查认为符合速裁程序适用条件，且犯罪嫌疑人同意适用的，可以建议人民法院适用速裁程序审理。

■最高人民法院关于适用《中华人民共和国刑事诉讼法》的解释(2021年3月1日)

第三百六十九条　对人民检察院在提起公诉时建议适用速裁程序的案件，基层人民法院经审查认为案件事实清楚，证据确实、充分，可能判处三年有期徒刑以下刑罚的，在将起诉书副本送达被告人时，应当告知被告人适用速裁程序的法律规定，询问其是否同意适用速裁程序。被告人同意适用速裁程序的，可以决定适用速裁程序，并在开庭前通知人民检察院和辩护人。

对人民检察院未建议适用速裁程序的案件，人民法院经审查认为符合速裁程序适用条件的，可以决定适用速裁程序，并在开庭前通知人民检察院和辩护人。

被告人及其辩护人可以向人民法院提出适用速裁程序的申请。

■最高人民法院、最高人民检察院、公安部、国家安全部、司法部关于适用认罪认罚从宽制度的指导意见(2019 年 10 月 11 日)(见本书附录五十)

第二百二十三条　【不适用速裁程序情形】有下列情形之一的，不适用速裁程序：

(一)被告人是盲、聋、哑人，或者是尚未完全丧失辨认或者控制自己行为能力的精神病人的

(二)被告人是未成年人的；

(三)案件有重大社会影响的；

(四)共同犯罪案件中部分被告人对指控的犯罪事实、罪名、量刑建议或者适用速裁程序有异议的；

(五)被告人与被害人或者其法定代理人没有就附带民事诉讼赔偿等事项达成调解或者和解协议的；

(六)其他不宜适用速裁程序审理的。

■人民检察院刑事诉讼规则(2019 年 12 月 30 日)

第四百三十八条　具有下列情形之一的，人民检察院不得建议人民法院适用速裁程序：

(一)被告人是盲、聋、哑人，或者是尚未完全丧失辨认或者控制自己行为能力的精神病人的；

(二)被告人是未成年人的；

(三)案件有重大社会影响的；

(四)共同犯罪案件中部分被告人对指控的犯罪事实、罪名、量刑建议或者适用速裁程序有异议的；

(五)被告人与被害人或者其法定代理人没有就附带民事诉讼赔偿等事项达成调解或者和解协议的；

(六)其他不宜适用速裁程序审理的。

■最高人民法院关于适用《中华人民共和国刑事诉讼法》的解释(2021 年 3 月 1 日)

第三百七十条　具有下列情形之一的，不适用速裁程序：

(一)被告人是盲、聋、哑人的；

(二)被告人是尚未完全丧失辨认或者控制自己行为能力的精神病人的；

(三)被告人是未成年人的；

(四)案件有重大社会影响的；

(五)共同犯罪案件中部分被告人对指控的犯罪事实、罪名、量刑建议或者适用速裁程序有异议的；

(六)被告人与被害人或者其法定代理人没有就附带民事诉讼赔偿等事项达成调解、和解协议的；

(七)辩护人作无罪辩护的；

(八)其他不宜适用速裁程序的情形。

第三百七十一条　适用速裁程序审理案件，人民法院应当在开庭前将开庭的时间、地点通知人民检察院、被告人、辩护人，也可以通知其他诉讼参与人。

通知可以采用简便方式，但应当记录在案。

第三百七十二条　适用速裁程序审理案件，可以集中开庭，逐案审理。公诉人简要宣读起诉书后，审判人员应当当庭询问被告人对指控事实、证据、量刑建议以及适用速裁程序的意见，核实具结书签署的自愿性、真实性、合法性，并核实附带民事诉讼赔偿等情况。

第二百二十四条　【适用速裁的程序】适用速裁程序审理案件，不受本章第节规定的送达期限的限制，一般不进行法庭调查、法庭辩论，但在判决宣告前应当听取辩护人的意见和被告人的最后陈述意见。

适用速裁程序审理案件，应当当庭宣判。

■人民检察院刑事诉讼规则(2019年12月30日)

第四百四十条　人民检察院建议人民法院适用速裁程序的案件,起诉书内容可以适当简化,重点写明指控的事实和适用的法律。

第四百四十一条　人民法院适用速裁程序审理的案件,人民检察院应当派员出席法庭。

第四百四十二条　公诉人出席速裁程序法庭时,可以简要宣读起诉书指控的犯罪事实、证据、适用法律及量刑建议,一般不再讯问被告人。

■最高人民法院关于适用《中华人民共和国刑事诉讼法》的解释(2021年3月1日)

第三百七十三条　适用速裁程序审理案件,一般不进行法庭调查、法庭辩论,但在判决宣告前应当听取辩护人的意见和被告人的最后陈述。

第三百七十四条　适用速裁程序审理案件,裁判文书可以简化。

适用速裁程序审理案件,应当当庭宣判。

■最高人民法院、最高人民检察院、公安部、国家安全部、司法部关于规范量刑程序若干问题的意见(2020年11月5日)

第十二条　适用速裁程序审理的案件,在确认被告人认罪认罚的自愿性和认罪认罚具结书内容的真实性、合法性后,一般不再进行法庭调查、法庭辩论,但在判决宣告前应当听取辩护人的意见和被告人的最后陈述意见。

适用速裁程序审理的案件,应当当庭宣判。

第二十八条　本意见自2020年11月6日起施行。2010年9月13日最高人民法院、最高人民检察院、公安部、国家安全部、司法部《印发〈关于规范量刑程序若干问题的意见(试行)〉的通知》(法发〔2010〕35号)同时废止。

第二百二十五条　【速裁程序审理期限】适用速裁程序审理案件,人民法院应当在受理后十日以内审结;对可能判处的有期徒刑超过一年的,可以延长至十五日。

第二百二十六条　【不宜速裁程序审理的情形】人民法院在审理过程中,发现有被告人的行为不构成犯罪或者不应当追究其刑事责任、被告人违背意愿认罪认罚、被告人否认指控的犯罪事实或者其他不宜适用速裁程序审理的情形的,应当按照本章第一节或者第三节的规定重新审理。

■人民检察院刑事诉讼规则(2019年12月30日)

第四百四十三条　适用速裁程序审理的案件,人民检察院发现有不宜适用速裁程序审理情形的,应当建议人民法院转为普通程序或者简易程序重新审理。

第四百四十四条　转为普通程序审理的案件,公诉人需要为出席法庭进行准备的,可以建议人民法院延期审理。

■最高人民法院关于适用《中华人民共和国刑事诉讼法》的解释(2021年3月1日)

第三百七十五条　适用速裁程序审理案件,在法庭审理过程中,具有下列情形之一的,应当转为普通程序或者简易程序审理:

(一)被告人的行为可能不构成犯罪或者不应当追究刑事责任的;

(二)被告人违背意愿认罪认罚的;

(三)被告人否认指控的犯罪事实的;

(四)案件疑难、复杂或者对适用法律有重大争议的;

(五)其他不宜适用速裁程序的情形。

第三百七十六条　决定转为普通程序或者简易程序审理的案件,审理期限应当从作出决定之日起计算。

第三百七十七条　适用速裁程序审理的案件,第二审人民法院依照刑事诉讼法第二百三十六条第一款第三项的规定发回原审人民法院重新审判的,原审人民法院应当适用第一审普通程序重新审判。

第三章　第二审程序

第二百二十七条　【上诉权】被告人、自诉人和他们的法定代理人,不服地方各级人民法院第一审的判决、裁定,有权用书状或者口头向上一级人民法院上诉。被告人的辩护人和近亲属,经被告人同意,可以提出上诉。

附带民事诉讼的当事人和他们的法定代理人,可以对地方各级人民法院第一审的判决、裁定中的附带民事诉讼部分,提出上诉。

对被告人的上诉权,不得以任何借口加以剥夺。

■最高人民法院关于适用《中华人民共和国刑事诉讼法》的解释(2021年3月1日)

第三百七十八条　地方各级人民法院在宣告第一审判决、裁定时,应当告知被告人、自诉人及其法定代理人不服判决和准许撤回起诉、终止审理等裁定的,有权在法定期限内以书面或者口头形式,通过本院或者直接向上一级人民法院提出上诉;被告人的辩护人、近亲属经被告人同意,也可以提出上诉;附带民事诉讼当事人及其法定代理人,可以对判决、裁定中的附带民事部分提出上诉。

被告人、自诉人、附带民事诉讼当事人及其法定代理人是否提出上诉,以其在上诉期满前最后一次的意思表示为准。

第三百七十九条　人民法院受理的上诉案件,一般应当有上诉状正本及副本。

上诉状内容一般包括:第一审判决书、裁定书的文号和上诉人收到的时间,第一审人民法院的名称,上诉的请求和理由,提出上诉的时间。被告人的辩护人、近亲属经被告人同意提出上诉的,还应当写明其与被告人的关系,并应当以被告人作为上诉人。

第六百五十一条　向人民法院提出自诉、上诉、申诉、申请等的,应当以书面形式提出。书写有困难的,除另有规定的以外,可以口头提出,由人民法院工作人员制作笔录或者记录在案,并向口述人宣读或者交其阅读。

第六百五十二条　诉讼期间制作、形成的工作记录、告知笔录等材料,应当由制作人员和其他有关人员签名、盖章。宣告或者送达裁判文书、通知书等诉讼文书的,应当由接受宣告或者送达的人在诉讼文书、送达回证上签名、盖章。

诉讼参与人未签名、盖章的,应当捺指印;刑事被告人除签名、盖章外,还应当捺指印。

当事人拒绝签名、盖章、捺指印的,办案人员应当在诉讼文书或者笔录材料中注明情况,有见证人见证或者有录音录像证明的,不影响相关诉讼文书或者笔录材料的效力。

■最高人民法院关于严格执行案件审理期限制度的若干规定(2000年9月28日)

第六条(第三款)　第二审人民法院应当在收到第一审人民法院移送的上(抗)诉材料及案卷材料后的五日内立案。

第十五条　被告人、自诉人、附带民事诉讼的原告人和被告人通过第一审人民法院提出上诉的刑事案件,第一审人民法院应当在上诉期限届满后三日内将上诉状连同案卷、证据移送第二审人民法院。被告人、自诉人、附带民事诉讼的原告人和被告人直接向上级人民法院提出上诉的刑事案件,第一审人民法院应当在接到第二审人民法院移交的上诉状后三日内将案卷、证据移送上一级人民法院。

第十八条　第二审人民法院立案时发现上诉案件材料不齐全的,应当在两日内通知第一审人民法院。第一审人民法院应当在接到第二审人民法院的通知后五日内补齐。

第十九条　下级人民法院接到上级人民法院调卷通知后,应当在五日内将全部案卷和证据移送,至迟不超过十日。

▼北京市高级人民法院关于刑事案件立案材料要求的规定(试行)(2004年12月29日)

第十九条(第一款)　被告人及其辩护人和近亲属、自诉人及其法定代理人,不服人民法院第一审刑事判决、裁定,附带民事诉讼的当事人及其法定代理人,不服人民法院第一审判决、裁定的附带民事诉讼部分,提出上诉的,除依法可以口头上诉的以外,应当提交上诉状正本一份,副本三份。

第二十条　上诉状内容应当包括:

(一)第一审判决书、裁定书的文号和上诉人收到的时间;

(二)第一审法院的名称;上诉的请求和理由;

(三)提出上诉的时间;

(四)上诉人签名或者盖章;

(五)如果是被告人的辩护人、近亲属经被告人同意提出上诉的,还应当写明提出上诉的人与被告人的关系,并应当以被告人作为上诉人。

第二十一条　已委托辩护人、代理人的,应提交身份证明材料和委托授权手续。

○上诉人申请撤回上诉之后又翻悔的,二审法院应当继续审理、另行作出终审裁决

在二审审理期间上诉人可以对自己提出的撤诉申请翻悔,因为法律并没有规定上诉人不可以对撤诉申请进行翻悔,这同样是上诉人的上诉权利。上诉人可以拒绝接收二审准许撤诉的裁定书,因为按照规定,原审判决是在二审准许撤诉的裁定送达之日起发生法律效力,上诉人拒绝接收二审裁定,原审判决并不能发生法律效力,这时二审法院应及时审理并作出终审裁决。理由如下:(一)上诉期满后撤回上诉申请并不直接导致二审程序终结《最高人民法院关于执行〈中华人民共和国刑事诉讼法〉若干问题的解释》(本附文以下简称《解释》)第二百三十九条之规定"被告人、自诉人、附带民事诉讼的原告人和被告人及其法定代理人在上诉期满后要求撤回上诉的,应当由第二审人民法院进行审查。如果认为原判决认定事实和适用法律正确,量刑适当,应当裁定准许被告人撤回上诉;如果认为原判决事实不清,证据不足或者将无罪判为有罪,轻罪重判等,应当不准撤回上诉,并按照上诉程序进行审理。"据此,上诉期满后撤回上诉的成立,需同时具备两个要件:一是上诉人的上诉撤回申请;二是二审法院的审查准许。其中,前者为前提性要件;后者为决定性要件,两者互为依存,共同构成成立撤回上诉的充足要件。上诉人在上诉期满后的撤回上诉申请并不直接导致二审程序终结的法律后果,撤回上诉能否成立,最终需由二审法院决定。这是上诉期满后与上诉期限内被告人在上诉权处分上的不同点。在上诉期限内,被告人的撤诉行为将直接导致诉讼程序的终结(当然,被告人在上诉期限内可以再行提起上诉)。也就是说,在上诉期限内被告人享有完整的决定是否上诉的权利,而在上诉期满后被告人不具有独立处分上诉权的权利。上诉人在上诉审期间提出撤回上诉申请,是否准许撤回上诉,要由第二审法院审查决定。之所以赋予二审法院对撤诉申请的审查监督权,其目的在于确保上诉人诉权的充分实现,使上诉人的合法权益得到尽可能的保障。(二)准许撤回上诉申请的裁定在没有送达上诉人的情况下,一审判决不发生法律效力;上诉人对撤回上诉申请翻悔的,第二审法院作出的准许撤回上诉申请的裁定已失去了赖以成立的前提,已经开始的二审审理程序应当继续进行,并另行作出裁决。刑事诉讼法第一百八十条第三款规定"对被告人的上诉权,不得以任何借口加以剥夺"。被告人的上诉权是一种绝对的权利。在已经提起上诉审理的情况下,除非撤回上诉的申请出自作为原审被告人的上诉人的意愿,且一审判决并不损害上诉人的合法权益,才能准许上诉人撤回上诉的申请以终结二审程序。《解释》第二百四十四条规定"对于在上诉、抗诉期满前撤回上诉、抗诉的案件,第一审判决、裁定在上诉、抗诉期满之日起生效;对于在上诉、抗诉期满后要求撤回上诉、抗诉,第二审人民法院裁定准许的,第一审判决裁定应当自第二审人民法院裁定书送达原上诉人或者抗诉的检察机关之日起生效"。与其他终审判决、裁定不同,对于准许撤回上诉和抗诉申请的裁定,之所以要在上诉、抗诉期满之日和裁定书送达之日起生效,是因为这种终结二审程序的终审裁定根源于被告人和检察机关放弃上诉和抗诉的权利。

对于被告人要求撤回上诉的,二审法院经审查作出准许撤回上诉申请的裁定虽然是由二审法院依照审判权单方作出的,但该裁定必须有一个基本前提,即上诉人的撤诉申请。既然赋予了上诉人申请撤回上诉的权利,那么,当然允许其享有在撤回上诉尚未成立情况下翻悔的权利。在准许撤回上诉申请的裁定书已经作出但尚未送达的情况下,该裁定并不具有法律效力,一审判决自然也不发生法律效力。因此,准许撤回上诉的裁定制作完毕,并不意味着审理程序终结。上诉人在准许撤回上诉申请的裁定书送达之前撤回申请的,二审法院应当按照二审程序继续进行审理,并对一审判决另行作出裁决。此外,由于准许撤回上诉的裁定,是基于上诉人对诉权的自由处分而作出的,以送达为生效标志,因此,对准许撤回上诉的裁定不能采用留置送达方式,不能在违背上诉人意愿的情况下使其发生法律效力。[参见《刑事审判参考》总第 29 辑(2002 年第 6 辑),法律出版社,第 17 ~180 页。]

第二百二十八条　【抗诉权】地方各级人民检察院认为本级人民法院第一审的判决、裁定确有错误的时候,应当向上一级人民法院提出抗诉。

■人民检察院刑事诉讼规则(2019 年 12 月 30 日)

第七十八条　人民检察院认为第一审人民法院有关证据收集合法性的审查、调查结论导致第一审判决、裁定错误的,可以依照刑事诉讼法第二百二十八条的规定向人民法院提出抗诉。

第五百八十三条　人民检察院依法对人民法院的判决、裁定是否正确实行法律监督,对人民法院确有错误的判决、裁定,应当依法提出抗诉。

第五百八十四条　人民检察院认为同级人民法院第一审判决、裁定具有下列情形之一的,应当提出抗诉:

(一)认定的事实确有错误或者据以定罪量刑的证据不确实、不充分的;

(二)有确实、充分证据证明有罪判无罪,或者无罪判有罪的;

(三)重罪轻判,轻罪重判,适用刑罚明显不当的;

(四)认定罪名不正确,一罪判数罪、数罪判一罪,影响量刑或者造成严重社会影响的;

(五)免除刑事处罚或者适用缓刑、禁止令、限制减刑等错误的;

(六)人民法院在审理过程中严重违反法律规定的诉讼程序的。

第五百八十五条　人民检察院在收到人民法院第一审判决书或者裁定书后,应当及时审查。对于需要提出抗诉的案件,应当报请检察长决定。

■最高人民检察院关于加强对职务犯罪案件第一审判决法律监督的若干规定(试行)(2011 年 1 月 1 日)

第二条　对人民法院作出的职务犯罪案件第一审判决的法律监督实行上下两级人民检察院同步审查的内部工作机制。作出一审判决人民法院的同级人民检察院是同步审查的主要责任主体,上一级人民检察院负督促和制约的责任。

第三条　职务犯罪案件一审庭审后,提起公诉的人民检察院应当将公诉案件审查报告、起诉书、出庭意见书报送上一级人民检察院。有量刑建议书的,应当一并报送。

人民检察院收到同级人民法院作出的职务犯罪案件第一审判决书后,应当在二日内报送上一级人民检察院。

第四条　地方各级人民检察院收到同级人民法院作出的职务犯罪案件第一审判决书后,应当立即进行审查。

上一级人民检察院公诉部门收到下级人民检察院报送的公诉案件审查报告、起诉书、出庭意见书和量刑建议书后,应当指定专人及时审查。收到下级人民检察院报送的职务犯罪案件第——审判决书后,应当立即审查。

第五条　上下两级人民检察院同步审查人民法院作出的职务犯罪案件第一审判决，应当重点审查以下内容：

（一）认定事实、采信证据是否正确，是否存在错误改变检察机关指控犯罪事实的情形；

（二）案件定性是否准确，是否存在错误改变检察机关指控罪名，或者有罪判无罪、无罪判有罪、重罪判轻罪、轻罪判重罪的情形；

（三）对自首、立功等重要法定量刑情节的认定是否正确，特别是在事实、证据没有发生变化的情况下，是否存在错误认定或者不认定自首、立功等法定量刑情节的情形；

（四）量刑是否适当，是否存在不具有法定从轻、减轻、从重处罚情节，而错误适用从轻、减轻、从重处罚的情形；

（五）适用缓刑、判处免予刑事处罚是否适当，是否存在不具备适用缓刑、判处免予刑事处罚条件，而错误适用缓刑、判处免予刑事处罚的情形；

（六）审理程序是否合法，是否存在严重违反法定诉讼程序的情形；

（七）是否存在司法工作人员贪污受贿、徇私舞弊、枉法裁判等影响公正判决的违法犯罪行为；

（八）是否存在其他认定事实错误或者适用法律不当，可能导致量刑畸轻畸重的情形。

第六条　下级人民检察院审查职务犯罪案件第一审判决，由承办人审查，部门负责人审核，检察长决定或者检察委员会讨论决定。

上一级人民检察院公诉部门审查下级人民检察院报送的职务犯罪案件第一审判决，应当由承办人提出处理意见后报部门负责人审核。

■人民检察院刑事抗诉工作指引（2018年2月14日）

第一章　总则

第一条　刑事抗诉是法律赋予检察机关的重要职权。通过刑事抗诉纠正确有错误的裁判，是人民检察院履行法律监督职能的重要体现。加强刑事抗诉工作，对于维护司法公正，保护诉讼当事人合法权益，实现社会公平正义，促进社会和谐稳定，树立和维护法治权威具有重要意义。为规范刑事抗诉工作，强化法律监督，根据法律规定，结合检察工作实际，制定本指引。

第二条　人民检察院办理刑事抗诉案件适用本指引。

第三条　办理刑事抗诉案件，应当坚持依法、准确、及时、有效的基本要求。提出或者支持抗诉的案件，应当充分考虑抗诉的必要性。

涉及未成年人的，应当将成年人侵害未成年人人身权利的案件作为抗诉重点。

第四条　办理刑事抗诉案件，按照司法责任制改革确定的办案、审批机制运行。

第二章　刑事抗诉案件的启动

第五条　人民检察院通过审查人民法院的判决或裁定、受理申诉等活动，监督人民法院的判决、裁定是否正确。地方各级人民检察院认为本级人民法院第一审的判决、裁定确有错误的时候，应当向上一级人民法院提出抗诉。最高人民检察院对各级人民法院已经发生法律效力的判决和裁定，上级人民检察院对下级人民法院已经发生法律效力的判决和裁定，如果发现确有错误，有权按照审判监督程序向同级人民法院提出抗诉。

当事人及其法定代理人、近亲属认为人民法院已经发生法律效力的判决、裁定确有错误，向人民检察院申诉的，适用《最高人民检察院关于办理不服人民法院生效刑事裁判申诉案件若干问题的规定》和《人民检察院复查刑事申诉案件的规定》等规定。

第六条　人民检察院可以通过以下途径发现尚未生效判决、裁定的错误：

（一）收到人民法院第一审判决书、裁定书后，人民检察院通过指定专人审查发现错误；

（二）被害人及其法定代理人不服人民法院第一审判决，在收到判决书后五日以内请求人民检察院

提出抗诉的,人民检察院应当立即进行审查,在法定抗诉期限内提出是否抗诉的意见;

(三)职务犯罪案件第一审判决,由上下两级人民检察院同步审查。作出一审判决人民法院的同级人民检察院是同步审查的主要责任主体,上一级人民检察院负督促和制约的责任;

(四)其他途径。

第七条　上一级人民检察院在抗诉期限内,发现下级人民检察院应当提出抗诉而没有提出抗诉的案件,可以指令下级人民检察院依法提出抗诉。下级人民检察院在抗诉期限内未能及时提出抗诉的,应当在判决、裁定生效后提请上一级人民检察院按照审判监督程序提出抗诉。

第八条　人民检察院可以通过以下途径发现生效判决、裁定的错误:

(一)收到人民法院生效判决书、裁定书后,人民检察院通过指定专人审查发现错误;

(二)当事人及其法定代理人、近亲属不服人民法院生效刑事判决、裁定提出申诉,刑事申诉检察部门经复查发现错误;

(三)根据社会各界和有关部门转送的材料和反映的意见,对人民法院已生效判决、裁定审查后发现错误;

(四)在办案质量检查和案件复查等工作中,发现人民法院已生效判决、裁定确有错误;

(五)出现新的证据,发现人民法院已生效判决、裁定错误;

(六)办理案件过程中发现其他案件已生效判决、裁定确有错误;

(七)其他途径。

人民检察院对同级人民法院已经发生法律效力的刑事判决、裁定,发现确有错误的,应当提请上一级人民检察院抗诉。上级人民检察院发现下级人民法院已经发生法律效力的判决或裁定确有错误的,可以直接向同级人民法院提出抗诉,或者指令作出生效判决、裁定人民法院的上一级人民检察院向同级人民法院提出抗诉。

第三章　抗诉情形与不抗诉情形

第九条　人民法院的判决、裁定有下列情形之一的,应当提出抗诉:

(一)原审判决或裁定认定事实确有错误,导致定罪或者量刑明显不当的:

1. 刑事判决、裁定认定的事实与证据证明的事实不一致的;

2. 认定的事实与裁判结论有矛盾的;

3. 有新的证据证明原判决、裁定认定的事实确有错误的。

(二)原审判决或裁定采信证据确有错误,导致定罪或者量刑明显不当的:

1. 刑事判决、裁定据以认定案件事实的证据不确实的;

2. 据以定案的证据不足以认定案件事实,或者所证明的案件事实与裁判结论之间缺乏必然联系的;

3. 据以定案的证据依法应当作为非法证据予以排除而未被排除的;

4. 不应当排除的证据作为非法证据被排除或者不予采信的;

5. 据以定案的主要证据之间存在矛盾,无法排除合理怀疑的;

6. 因被告人翻供、证人改变证言而不采纳依法收集并经庭审质证为合法、有效的其他证据,判决无罪或者改变事实认定的;

7. 犯罪事实清楚,证据确实、充分,但人民法院以证据不足为由判决无罪或者改变事实认定的。

(三)原审判决或裁定适用法律确有错误的:

1. 定罪错误,即对案件事实进行评判时发生错误:

(1)有罪判无罪,无罪判有罪的;

(2)混淆此罪与彼罪、一罪与数罪的界限,造成罪刑不相适应,或者在司法实践中产生重大不良影响的。

2. 量刑错误,即适用刑罚与犯罪的事实、性质、情节和社会危害程度不相适应,重罪轻判或者轻罪重判,导致量刑明显不当:

(1)不具有法定量刑情节而超出法定刑幅度量刑的;

(2)认定或者适用法定量刑情节错误,导致未在法定刑幅度内量刑或者量刑明显不当的;

(3)共同犯罪案件中各被告人量刑与其在共同犯罪中的地位、作用明显不相适应或者不均衡的;

(4)适用主刑刑种错误的;

(5)适用附加刑错误的;

(6)适用免予刑事处罚、缓刑错误的;

(7)适用刑事禁止令、限制减刑错误的。

(四)人民法院在审判过程中有下列严重违反法定诉讼程序情形之一,可能影响公正裁判的:

1. 违反有关公开审判规定的;

2. 违反有关回避规定的;

3. 剥夺或者限制当事人法定诉讼权利的;

4. 审判组织的组成不合法的;

5. 除另有规定的以外,证据材料未经庭审质证直接采纳作为定案根据,或者人民法院依申请收集、调取的证据材料和合议庭休庭后自行调查取得的证据材料没有经过庭审质证而直接采纳作为定案根据的;

6. 由合议庭进行审判的案件未经过合议庭评议直接宣判的;

7. 违反审判管辖规定的;

8. 其他严重违反法定诉讼程序情形的。

(五)刑事附带民事诉讼部分所作判决、裁定明显不当的。

(六)人民法院适用犯罪嫌疑人、被告人逃匿、死亡案件违法所得的没收程序所作的裁定确有错误的。

(七)审判人员在审理案件的时候,有贪污受贿、徇私舞弊或者枉法裁判行为,影响公正审判的。

第十条 下列案件一般不提出抗诉:

(一)原审判决或裁定认定事实、采信证据有下列情形之一的:

1. 被告人提出罪轻、无罪辩解或者翻供后,认定犯罪性质、情节或者有罪的证据之间的矛盾无法排除,导致人民法院未认定起诉指控罪名或者相关犯罪事实的;

2. 刑事判决改变起诉指控罪名,导致量刑差异较大,但没有足够证据或者法律依据证明人民法院改变罪名错误的;

3. 案件定罪事实清楚,因有关量刑情节难以查清,人民法院在法定刑幅度内从轻处罚的;

4. 依法排除非法证据后,证明部分或者全部案件事实的证据达不到确实、充分的标准,人民法院不予认定该部分案件事实或者判决无罪的。

(二)原审判决或裁定适用法律有下列情形之一的:

1. 法律规定不明确、存有争议,抗诉的法律依据不充分的;

2. 具有法定从轻或者减轻处罚情节,量刑偏轻的;

3. 被告人系患有严重疾病、生活不能自理的人,怀孕或者正在哺乳自己婴儿的妇女,生活不能自理的人的唯一扶养人,量刑偏轻的;

4. 被告人认罪并积极赔偿损失,取得被害方谅解,量刑偏轻的。

(三)人民法院审判活动违反法定诉讼程序,其严重程度不足以影响公正裁判,或者判决书、裁定书存在技术性差错,不影响案件实质性结论的,一般不提出抗诉。必要时以纠正审理违法意见书形式监督人民法院纠正审判活动中的违法情形,或者以检察建议书等形式要求人民法院更正法律文书中的差错。

(四)人民法院判处被告人死刑缓期二年执行的案件,具有下列情形之一,除原判决认定事实、适用法律有严重错误或者社会反响强烈的以外,一般不提出判处死刑立即执行的抗诉:

1. 被告人有自首、立功等法定从轻、减轻处罚情节的;

2. 定罪的证据确实、充分,但影响量刑的主要证据存有疑问的;

3. 因婚姻家庭、邻里纠纷等民间矛盾激化引发的案件,因被害方的过错行为引起的案件,案发后被告人真诚悔罪、积极赔偿被害方经济损失并取得被害方谅解的;

4. 罪犯被送交监狱执行刑罚后,认罪服法,狱中表现较好,且死缓考验期限将满的。

(五)原审判决或裁定适用的刑罚虽与法律规定有偏差,但符合罪刑相适应原则和社会认同的。

(六)未成年人轻微刑事犯罪案件量刑偏轻的。

第八章　刑事抗诉工作机制

第五十一条　下级人民检察院对于拟抗诉的重大案件,应当在决定抗诉前向上级人民检察院汇报。上级人民检察院要结合本地区工作实际,组织开展工作情况通报、工作经验推广、案件剖析评查、优秀案件评选、典型案例评析、业务研讨培训、庭审观摩交流等活动,推动刑事抗诉工作发展。

第五十二条　上级人民检察院要加强刑事抗诉个案和类案专项指导,主动帮助下级人民检察院解决办案中遇到的问题,排除阻力和干扰。对于重大普通刑事案件、重大职务犯罪案件、疑难复杂案件、人民群众对司法不公反映强烈的案件以及其他有重大影响的重要抗诉案件,上级人民检察院要加强抗诉前工作指导,必要时可以同步审查,确保抗诉质量。

第五十三条　认真执行最高人民法院、最高人民检察院《关于人民检察院检察长列席人民法院审判委员会会议的实施意见》的相关规定,人民法院审判委员会讨论人民检察院提出的刑事抗诉案件时,同级人民检察院检察长或者受检察长委托的副检察长应当依法列席。列席人员应当在会前熟悉案情、准备意见和预案,在会上充分阐述人民检察院的抗诉意见和理由。承办检察官应当按照列席要求,为检察长或者受委托的副检察长做好准备工作。

第五十四条　各级人民检察院要与同级人民法院有关审判庭加强经常性的工作联系,就办理抗诉案件中认识分歧、法律政策适用等问题充分沟通交流。

第五十五条　各级人民检察院对于引起媒体关注的敏感刑事抗诉案件,应当建立快速反应工作机制,依法查明事实真相,适时公开相关信息,及时回应社会关切,主动接受舆论监督,树立人民检察院维护司法公正的良好形象。

第九章　附则

第五十六条　本指引由最高人民检察院负责解释,自下发之日起执行。

■最高人民检察院关于抗诉案件向同级人大常委会报告的通知(1995年9月4日)

为进一步贯彻"严格执法,狠抓办案"的工作方针,自觉地接受人大常委会的监督,切实加强检察机关的法律监督工作,最高人民检察院第八届检察委员会第三十八次会议决定,今后各级人民检察院向人民法院提起抗诉的案件,一律将抗诉书副本报同级人大常委会。在执行此项制度中有什么经验和问题,请及时报告最高人民检察院。

■最高人民检察院关于在检察工作中贯彻宽严相济刑事司法政策的若干意见(2007年1月15日)

二、在履行法律监督职能中全面贯彻宽严相济刑事司法政策

10. 在抗诉工作中正确贯彻宽严相济的刑事司法政策。既要重视对有罪判无罪、量刑畸轻的案件

及时提出抗诉,又要重视对无罪判有罪、量刑畸重的案件及时提出抗诉。对于被告人认罪并积极赔偿损失、被害人谅解的案件、未成年人犯罪案件以及具有法定从轻、减轻情节的案件,人民法院处罚偏轻的,一般不提出抗诉。对于第一审宣判后人民检察院在法定期限内未提出抗诉,或者判决、裁定发生法律效力后六个月内未提出抗诉的案件,没有发现新的事实或者证据的,一般也不得为加重被告人刑罚而依照审判监督程序提出抗诉。

■最高人民检察院关于新疆生产建设兵团人民检察院对新疆维吾尔自治区高级人民法院生产建设兵团分院审理的案件实施法律监督有关问题的批复(全文)(2006年6月7日)

新疆生产建设兵团人民检察院认为新疆维吾尔自治区高级人民法院生产建设兵团分院刑事第一审的判决、裁定确有错误的时候,应当向最高人民法院提出抗诉。

新疆生产建设兵团人民检察院如果发现新疆维吾尔自治区高级人民法院生产建设兵团分院已经发生法律效力的判决和裁定确有错误,可以向最高人民检察院提请抗诉。

■最高人民检察院关于进一步加强公诉工作强化法律监督的意见(2005年6月10日)

三、强化诉讼监督,维护司法公正

依法对刑事诉讼活动实行法律监督,是公诉工作的重要任务。各级检察机关要统一执法思想,增强监督意识,将刑讯逼供、暴力取证、徇私枉法造成错误裁判、有罪判无罪、量刑畸轻畸重、职务犯罪案件量刑失衡等作为监督重点,依法强化对侦查、审判和死刑执行活动的监督,努力维护司法公正。

(三)加强抗诉工作,强化对刑事审判活动的监督。要依法运用抗诉手段,加大刑事审判监督力度。认真执行《人民检察院刑事诉讼规则》以及其他关于刑事抗诉工作的规定,符合抗诉条件的应当坚决依法提出抗诉。根据当前抗诉实践,对于具有以下情形之一的,应当认为有抗诉必要,依法提出抗诉;(1)人民法院采信自行收集的证据,未经庭审质证即作为裁判的根据,导致裁判错误的;(2)人民法院不采纳公诉人庭前收集并经庭审质证的有效证据,仅因被告人翻供而判决无罪或改变事实认定,造成错误裁判的;(3)人民法院审判活动严重违反法定诉讼程序,或者审判人员在审理案件过程中有贪污受贿、徇私舞弊等行为,影响公正裁判的;(4)判决、裁定认定事实或者适用法律错误,量刑虽然未致畸轻畸重,但社会影响恶劣的;(5)因重要事实、法定情节认定错误而导致错误裁判,或者因判决、裁定认定犯罪性质错误,可能对司法实践产生不良效应的。上级检察机关要支持下级检察机关依法开展抗诉工作,对下级人民检察院抗诉或者提请抗诉的案件,上级人民检察院应当提讯原审被告人、复核主要证据,符合抗诉条件的,应当依法支持抗诉或者向同级人民法院提出抗诉。检察机关提出抗诉的案件,要按照规定报同级人大常委会备案。对于人民法院正确的判决、裁定,应当做好当事人的息诉工作,维护审判权威。

▼最高人民检察院办公厅关于执行高检院《关于抗诉案件向同级人大常委会报告的通知》中若干问题的通知(全文)(1995年10月25日)

一、地方各级人民检察院按照上诉程序提出的抗诉,由支持抗诉的上一级人民检察院向同级人大常委会报告。

二、最高人民检察院、上级人民检察院按照审判监督程序提出的抗诉,由作出抗诉决定的人民检察院向同级人大常委会报告。

三、省、区、市人民检察院分院支持抗诉或者作出抗诉决定时,由省级人民检察院向同级人大常委会报告。

四、专门人民检察院提出抗诉时,向上级人民检察院报告。

▼北京市高级人民法院关于刑事案件立案材料要求的规定(试行)(2004年12月29日)

第十九条(第二款)　地方各级人民检察院对同级人民法院第一审判决、裁定抗诉的,应提交抗诉书一式八份,每增加一名被告人,增加抗诉书五份。

●入户抢劫的认定及补充起诉

1.对于入户盗窃,因被发现而当场使用暴力或者以暴力相威胁的行为,应当认定为“入户抢劫”。

2.在人民法院宣告判决前,人民检察院发现被告人有遗漏的罪行可以一并起诉和审理的,可以补充起诉。

3.人民检察院认为同级人民法院第一审判决重罪轻判,适用刑罚明显不当的,应当提出抗诉。(参见最高人民检察院第5批指导性案例17号,陈邓昌抢劫、盗窃,付志强盗窃案,2014年9月15日发布。)

第二百二十九条　【被害人请求抗诉权】被害人及其法定代理人不服地方各级人民法院第一审的判决的,自收到判决书后五日以内,有权请求人民检察院提出抗诉。人民检察院自收到被害人及其法定代理人的请求后五日以内,应当作出是否抗诉的决定并且答复请求人。

第二百三十条　【上诉、抗诉的期限】不服判决的上诉和抗诉的期限为十日,不服裁定的上诉和抗诉的期限为五日,从接到判决书、裁定书的第二日起算。

■**人民检察院刑事诉讼规则(2019年12月30日)**

第五百八十六条　人民检察院对同级人民法院第一审判决的抗诉,应当在接到判决书后第二日起十日以内提出;对第一审裁定的抗诉,应当在接到裁定书后第二日起五日以内提出。

■**最高人民法院关于适用《中华人民共和国刑事诉讼法》的解释(2021年3月1日)**

第三百八十条　上诉、抗诉必须在法定期限内提出。不服判决的上诉、抗诉的期限为十日;不服裁定的上诉、抗诉的期限为五日。上诉、抗诉的期限,从接到判决书、裁定书的第二日起计算。

对附带民事判决、裁定的上诉、抗诉期限,应当按照刑事部分的上诉、抗诉期限确定。附带民事部分另行审判的,上诉期限也应当按照刑事诉讼法规定的期限确定。

第三百八十三条　上诉人在上诉期限内要求撤回上诉的,人民法院应当准许。

上诉人在上诉期满后要求撤回上诉的,第二审人民法院经审查,认为原判认定事实和适用法律正确,量刑适当的,应当裁定准许;认为原判确有错误的,应当不予准许,继续按照上诉案件审理。

被判处死刑立即执行的被告人提出上诉,在第二审开庭后宣告裁判前申请撤回上诉的,应当不予准许,继续按照上诉案件审理。

第三百八十五条　人民检察院在抗诉期限内要求撤回抗诉的,人民法院应当准许。

人民检察院在抗诉期满后要求撤回抗诉的,第二审人民法院可以裁定准许,但是认为原判存在将无罪判为有罪、轻罪重判等情形的,应当不予准许,继续审理。

上级人民检察院认为下级人民检察院抗诉不当,向第二审人民法院要求撤回抗诉的,适用前两款规定。

第三百八十六条　在上诉、抗诉期满前撤回上诉、抗诉的,第一审判决、裁定在上诉、抗诉期满之日起生效。在上诉、抗诉期满后要求撤回上诉、抗诉,第二审人民法院裁定准许的,第一审判决、裁定应当自第二审裁定书送达上诉人或者抗诉机关之日起生效。

▽**人民法院对人民检察院超过法定抗诉期限提出的无效抗诉应当不予受理**

既然法律明确规定了上诉和抗诉的期限,人民法院、人民检察院和案件的当事人就必须严格执行。××市人民检察院于2000年7月24日收到本案的一审判决书后,应在抗诉期限内决定是否提出抗诉。如决定提出抗诉,应当在抗诉期限内即2000年8月3日前将抗诉书提交××市中级人民法院。××市人民检察院的抗诉书虽然载明的时间为2000年8月2日,但该抗诉书实际上是2000年8月7日签发的,8月8日才送达××市中级人民法院。无论造成该抗诉书载明的时间与签发时间不符是何原因,但其抗诉书已超过法定期限是不可更改的客观事实,应当且只能认定为无效。××省高级人民法院根据无效的抗诉受理本案并作出支持检察机关抗诉的判决,违反了《刑事诉讼法》规定的诉讼程序。最高人民法院以违反诉讼程序为由,依法撤销二审判决并发回重审是正确的。需要说明的是,最高人民法院撤销××省高级人民法院二审判决,并不涉及检察机关的抗诉理由能否成立,而只是因为该判决违反了法定的诉讼程序。严格执行刑事诉讼法程序是实现实体公正的必要保障,也是司法公正的重要内容。无论是作为国家审判机关的人民法院,还是作为国家公诉机关及法律监督机关的人民检察院,都应严肃认真地行使法律赋予的权力,依法履行职责,纠正忽视甚至违背法定程序的错误认识和做法。[参见第154号案例,杨庆龙强奸、抢劫案,载《刑事审判参考》总第24集(2002年第1辑),法律出版社,第32~33页。执笔:朱伟德]

第二百三十一条　【上诉的提起与受理】被告人、自诉人、附带民事诉讼的原告人和被告人通过原审人民法院提出上诉的,原审人民法院应当在三日以内将上诉状连同案卷、证据移送上一级人民法院,同时将上诉状副本送交同级人民检察院和对方当事人。

被告人、自诉人、附带民事诉讼的原告人和被告人直接向第二审人民法院提出上诉的,第二审人民法院应当在三日以内将上诉状交原审人民法院送交同级人民检察院和对方当事人。

■最高人民法院关于适用《中华人民共和国刑事诉讼法》的解释(2021年3月1日)

第三百八十一条　上诉人通过第一审人民法院提出上诉的,第一审人民法院应当审查。上诉符合法律规定的,应当在上诉期满后三日以内将上诉状连同案卷、证据移送上一级人民法院,并将上诉状副本送交同级人民检察院和对方当事人。

第三百八十二条　上诉人直接向第二审人民法院提出上诉的,第二审人民法院应当在收到上诉状后三日以内将上诉状交第一审人民法院。第一审人民法院应当审查上诉是否符合法律规定。符合法律规定的,应当在接到上诉状后三日以内将上诉状连同案卷、证据移送上一级人民法院,并将上诉状副本送交同级人民检察院和对方当事人。

第三百八十七条　第二审人民法院对第一审人民法院移送的上诉、抗诉案卷、证据,应当审查是否包括下列内容:

(一)移送上诉、抗诉案件函;

(二)上诉状或者抗诉书;

(三)第一审判决书、裁定书八份(每增加一名被告人增加一份)及其电子文本;

(四)全部案卷、证据,包括案件审理报告和其他应当移送的材料。

前款所列材料齐全的,第二审人民法院应当收案;材料不全的,应当通知第一审人民法院及时补送。

▼安徽省高级人民法院关于移送刑事二审、复核案件有关事项的规定(2005年5月15日)

二、刑事案件宣判送达后,有权提起上诉的当事人、法定代理人向第二审人民法院提起上诉的,第二审人民法院收到上诉状后,应当在三日内将上诉状交第一审人民法院。第一审人民法院收到上诉状后应当在法定期限内将案件报送上一级人民法院;第一审人民法院收到上诉状之日未满上诉期的,应当于上诉期届满后在法定期限内将案件报送上一级人民法院。

三、下一级人民法院向上一级人民法院报送二审、复核案件,应当移送下列材料:

(一)移送案件函;

(二)上诉状或抗诉书及副本;

(三)裁判文书、案件审理报告各十份。有条件的法院,应当报送法律文书和其他有关材料的电子文档(3.5时软盘,Word文档格式);

(四)案件全部材料和证据(包括检察机关的相关材料)。

四、被告人、自诉人、附带民事诉讼原告人和被告人以及法定代理人因书写上诉状确有困难而口头提出上诉的,第一审人民法院应当根据其所陈述的理由和请求制作成笔录,由上诉人签名或盖章确认后,随案件报送上一级人民法院。

五、案件审理报告是下一级人民法院报送上一级人法院审核的内部书面材料,应符合《法院刑事诉讼文书样式》的相关内容要求,并加盖报送人民法院印章。

六、经审判委员会讨论决定的案件,除报送审判委员会的决议外,还应当报送审判委员会讨论案件的记录材料。

七、上一级人民法院发现下一级人民法院未按本规定要求报送材料的,应当及时通知下一级人民法院,下一级人民法院应当在接到通知后五日内补齐并报送上一级人民法院。

八、第二审人民法院作出判决、裁定后,委托下一级人民法院宣判送达的,应当在审限届满前将委托宣判函、裁判文书、全部案卷材料退交下一级人民法院。下一级人民法院接到委托宣判函后,应当在七日内向当事人宣告送达上一级人民法院的裁判文书,并向其他诉讼参与人、检察机关和有关单位送达上级法院的裁判文书。宣判笔录、送达回证在宣告送达后即报送上一级人民法院。第二审人民法院自行宣判送达的,送达后应即将裁判文书、全部案卷材料退交下一级人民法院。

十、移送刑事二审、复核案件,统一归口由所在人民法院立案庭负责。各级人民法院刑事审判庭应当按照本规定的要求将要报送的全部案件材料移送给本院的立案庭。

十一、各级人民法院应当将执行本规定的情况作为审判管理的重要内容和案件质量评查的依据,加强对案件移送情况的管理、监督和检查。上级人民法院要严格按照《安徽省高级人民法院关于报送刑事案件具体事项的通知》(皖高法〔2000〕200号)的规定,实行对超期报送案件的通报制度及案件督查制度。

十二、本规定自二〇〇五年五月十五日起施行。本规定与法律、司法解释不一致的,按法律、司法解释执行。本院原相关规定与本规定不一致的,按本规定执行。

第二百三十二条　【抗诉的提起与撤回】地方各级人民检察院对同级人民法院第一审判决、裁定的抗诉,应当通过原审人民法院提出抗诉书,并且将抗诉书抄送上一级人民检察院。原审人民法院应当将抗诉书连同案卷、证据移送上一级人民法院,并且将抗诉书副本送交当事人。

上级人民检察院如果认为抗诉不当,可以向同级人民法院撤回抗诉,并且通知下级人民检察院。

■人民检察院刑事诉讼规则(2019年12月30日)

第五百八十七条　人民检察院对同级人民法院第一审判决、裁定的抗诉,应当制作抗诉书,通过原审人民法院向上一级人民法院提出,并将抗诉书副本连同案卷材料报送上一级人民检察院。

第五百八十八条　被害人及其法定代理人不服地方各级人民法院第一审的判决,在收到判决书后五日以内请求人民检察院提出抗诉的,人民检察院应当立即进行审查,在收到被害人及其法定代理人的请求后五日以内作出是否抗诉的决定,并且答复请求人。经审查认为应当抗诉的,适用本规则第五百八十四条至第五百八十七条的规定办理。

被害人及其法定代理人在收到判决书五日以后请求人民检察院提出抗诉的,由人民检察院决定是否受理。

第五百八十九条　上一级人民检察院对下级人民检察院按照第二审程序提出抗诉的案件,认为抗诉正确的,应当支持抗诉。

上一级人民检察院认为抗诉不当的,应当听取下级人民检察院的意见。听取意见后,仍然认为抗诉不当的,应当向同级人民法院撤回抗诉,并且通知下级人民检察院。

上一级人民检察院在上诉、抗诉期限内,发现下级人民检察院应当提出抗诉而没有提出抗诉的案件,可以指令下级人民检察院依法提出抗诉。

上一级人民检察院支持或者部分支持抗诉意见的,可以变更、补充抗诉理由,及时制作支持抗诉意见书,并通知提出抗诉的人民检察院。

第五百九十条　第二审人民法院发回原审人民法院按照第一审程序重新审判的案件,如果人民检察院认为重新审判的判决、裁定确有错误的,可以按照第二审程序提出抗诉。

第六百条　人民检察院办理按照第二审程序、审判监督程序抗诉的案件,认为需要对被告人采取强制措施的,参照本规则相关规定。决定采取强制措施应当经检察长批准。

第六百零一条　人民检察院对自诉案件的判决、裁定的监督,适用本节的规定。

■最高人民法院关于适用《中华人民共和国刑事诉讼法》的解释(2021年3月1日)

第三百八十四条　地方各级人民检察院对同级人民法院第一审判决、裁定的抗诉,应当通过第一审人民法院提交抗诉书。第一审人民法院应当在抗诉期满后三日以内将抗诉书连同案卷、证据移送上一级人民法院,并将抗诉书副本送交当事人。

第三百八十七条　第二审人民法院对第一审人民法院移送的上诉、抗诉案卷、证据,应当审查是否包括下列内容:

(一)移送上诉、抗诉案件函;

(二)上诉状或者抗诉书;

(三)第一审判决书、裁定书八份(每增加一名被告人增加一份)及其电子文本;

(四)全部案卷、证据,包括案件审理报告和其他应当移送的材料。

前款所列材料齐全的,第二审人民法院应当收案;材料不全的,应当通知第一审人民法院及时补送。

■最高人民检察院关于加强对职务犯罪案件第一审判决法律监督的若干规定(试行)(2011年1月1日)

第七条　下级人民检察院经审查,认为职务犯罪案件第一审判决确有错误,且有抗诉必要的,应当在法定时限内依法提出抗诉,并且报告上一级人民检察院。

上一级人民检察院公诉部门经审查,认为应当抗诉的,应当及时通知下级人民检察院。

第八条　上一级人民检察院公诉部门认为应当抗诉,下级人民检察院研究后认为不应当抗诉的,下级人民检察院应当将不抗诉的意见报上一级人民检察院公诉部门。

上一级人民检察院公诉部门不同意下级人民检察院不抗诉意见的,应当根据案件情况决定是否调卷审查。上一级人民检察院公诉部门经调卷审查认为确有抗诉必要的,报检察长决定或者检察委员会讨论决定。上一级人民检察院作出的抗诉决定、下级人民检察院应当执行。

第九条　对于重大、疑难、有较大社会影响的案件,以及人民检察院、人民法院之间、上下级人民检察院之间有重大分歧意见的案件,上一级人民检察院认为必要时,可以组织上下两级人民检察院公诉部门和侦查部门共同研究,充分听取各方意见。

第十条　上下两级人民检察院实行同步审查时,发现职务犯罪线索的,按照有关管辖的规定,由发现线索的公诉部门移送相应的侦查部门依法处理。

第十一条　上下两级人民检察院同步审查职务犯罪案件第一审判决,认为判决确有错误但无抗诉必要,需要采取“审判监督意见”、“检察意见”、“纠正违法通知书”等非抗诉方式监督的,参照本规定。

第十二条　上下两级人民检察院对人民法院作出的职务犯罪案件第一审判决已经同步审查的,上一级人民法院针对同一案件作出的第二审裁判,收到第二审裁判书的同级人民检察院依法按照审判监督程序及时审查,一般不再报其上一级人民检察院同步审查。

第十三条　上下两级人民检察院实行同步审查应当严格落实责任,对于徇私舞弊或者工作严重不负责任,造成应当抗诉而不抗诉或者不应当抗诉而抗诉的,按照《检察人员执法过错责任追究条例》的规定,追究有关人员的责任。

■最高人民检察院关于完善抗诉工作与职务犯罪侦查工作内部监督制约机制的规定(全文)(2009年9月11日)

一、人民检察院负责抗诉工作的部门不承办职务犯罪侦查工作。职务犯罪侦查工作由反贪污贿赂部门、反渎职侵权部门、监所检察部门根据有关规定负责承办。

二、人民检察院负责抗诉工作的部门在办案过程中发现职务犯罪线索的,应当对案件线索逐件登记、审查,经检察长批准,及时移送职务犯罪侦查部门办理,并向举报中心通报。职务犯罪侦查部门应当对有关部门移送的案件线索及时审查并依照规定立案侦查。

三、人民检察院负责抗诉工作的部门与职务犯罪侦查部门应当各司其职,严格执行内部制约规定,确保依法公正地行使职权。职务犯罪侦查部门应当在收到案件线索后一个月内将审查结果书面反馈移送线索的部门。移送线索的部门认为职务犯罪侦查部门应当立案侦查而未立案侦查的,应当报经分管检察长同意,建议职务犯罪侦查部门报请立案侦查,必要时,提请检察长决定。

四、人民检察院负责抗诉工作的部门与职务犯罪侦查部门应当加强相互配合与协助。职务犯罪侦查部门对负责抗诉工作的部门移送的案件线索决定立案侦查或者不予立案的,应当在立案决定、不立案决定、侦查终结处理决定作出后十日内书面反馈移送线索的部门。职务犯罪侦查部门在办案工作中发现司法工作人员有贪污受贿、徇私舞弊、枉法裁判等违法行为,可能导致原判决、裁定错误的,应当经检察长批准,及时通报负责抗诉工作的部门。负责抗诉工作的部门应当在抗诉、提请抗诉、不抗诉决定作出后十日内书面反馈职务犯罪侦查部门。

本规定自发布之日起施行,本规定发布前最高人民检察院的其他司法解释和有关规定与本规定不一致的,以本规定为准。

■最高人民法院关于严格执行案件审理期限制度的若干规定(2000年9月28日)

第十六条　人民检察院抗诉的刑事二审案件,第一审人民法院应当在上诉、抗诉期届满后三日内将抗诉书连同案卷、证据移送第二审人民法院。

■人民检察院刑事抗诉工作指引(2018年2月14日)

第四章　刑事抗诉案件的审查

第十一条　审查刑事抗诉案件,应当坚持全案审查和重点审查相结合原则,并充分听取辩护人的意见。重点审查抗诉主张在事实、法律上的依据以及支持抗诉主张的证据是否具有合法性、客观性和关联性。

第十二条　办理刑事抗诉案件,应当严格按照刑法、刑事诉讼法、相关司法解释和规范性文件的要求,全面、细致地审查案件事实、证据、法律适用以及诉讼程序,综合考虑犯罪性质、情节和社会危害程度等因素,准确分析认定人民法院原审裁判是否确有错误,根据错误的性质和程度,决定是否提出(请)抗诉。

(一)对刑事抗诉案件的事实,应当重点审查以下内容:

1. 犯罪动机、目的是否明确;

2. 犯罪手段是否清楚;

3. 与定罪量刑有关的事实、情节是否查明;

4. 犯罪的危害后果是否查明;

5. 行为和结果之间是否存在刑法上的因果关系。

(二)对刑事抗诉案件的证据,应当重点审查以下内容:

1. 认定犯罪主体的证据是否确实、充分；

2. 认定犯罪事实的证据是否确实、充分；

3. 涉及犯罪性质、认定罪名的证据是否确实、充分；

4. 涉及量刑情节的证据是否确实、充分；

5. 提出抗诉的刑事案件，支持抗诉意见的证据是否具备合法性、客观性和关联性；

6. 抗诉证据之间、抗诉意见与抗诉证据之间是否存在矛盾；

7. 抗诉证据是否确实、充分。

（三）对刑事抗诉案件的法律适用，应当重点审查以下内容：

1. 适用法律和引用法律条文是否正确；

2. 罪与非罪、此罪与彼罪、一罪与数罪的认定是否正确；

3. 具有法定从重、从轻、减轻或者免除处罚情节的，适用法律是否正确；

4. 适用刑种和量刑幅度是否正确；

5. 刑事附带民事诉讼判决、裁定，犯罪嫌疑人、被告人逃匿、死亡案件违法所得没收程序的裁定是否符合法律规定。

第十三条　审查抗诉案件一般按照下列步骤进行：

（一）认真研究抗诉书或提请抗诉报告书，熟悉案件的基本情况、重点了解不同诉讼阶段认定案件事实的差异，公诉意见、历次判决或裁定结论有何差异，将判决或裁定理由与抗诉理由或提请抗诉的理由进行对比，初步分析案件分歧的焦点所在；

（二）审阅起诉书、判决书或裁定书，核对抗诉书或提请抗诉报告书所列举的公诉意见、判决或裁定结论、判决或裁定理由等内容是否存在错误；

（三）审阅卷中证据材料。在全面审阅的基础上，重点审查判决、裁定认定案件事实所采信的证据，下一级人民检察院提出抗诉或提请抗诉所认定的证据，特别是对认定事实有分歧的，应当仔细审查各分歧意见所认定、采信的证据；

（四）根据卷中证据情况，提出对案件事实的初步认定意见，注意与判决、裁定的认定意见有无不同；

（五）初步列出案件分歧的焦点问题，包括事实认定、证据采信以及法律适用方面的分歧意见等；

（六）分析判决、裁定是否存在错误，提出抗诉或提请抗诉的理由是否成立以及是否存在疏漏，研判是否支持抗诉或决定抗诉；

（七）根据案件具体情况，必要时可以到案发地复核主要证据，对尚不清楚的事实和情节提取新的证据；

（八）根据复核证据的情况，进一步提出认定事实、采信证据和适用法律的意见，分析判决、裁定是否确有错误，抗诉理由是否充分，最后提出是否支持抗诉或者决定抗诉的审查意见。

第十四条　办理刑事抗诉案件，应当讯问原审被告人，并根据案件需要复核或者补充相关证据。

需要原侦查机关补充收集证据的，可以要求原侦查机关补充收集。被告人、辩护人提出自首、立功等可能影响定罪量刑的材料和线索的，人民检察院可以依照管辖规定交侦查机关调查核实，也可以自行调查核实。发现遗漏罪行或者同案犯罪嫌疑人的，应当建议侦查机关侦查。

根据案件具体情况，可以向侦查人员调查了解原案的发破案、侦查取证活动等情况。

在对涉及专门技术问题的证据材料进行审查时，可以委托检察技术人员或者其他具有专门知识的人员进行文证审查，或者请其提供咨询意见。检察技术人员、具有专门知识的人员出具的审查意见或者咨询意见应当附卷，并在案件审查报告中说明。

第十五条　人民检察院办理死刑抗诉案件，除依照本指引第十三条、第十四条规定审查外，还应当重点开展下列工作：

(一)讯问原审被告人,听取原审被告人的辩解；

(二)必要时听取辩护人的意见；

(三)复核主要证据,必要时询问证人；

(四)必要时补充收集证据；

(五)对鉴定意见有疑问的,可以重新鉴定或者补充鉴定；

(六)根据案件情况,可以听取被害人的意见。

第十六条　人民检察院在办理刑事抗诉案件过程中发现职务犯罪线索的,应当对案件线索逐件登记、审查,经检察长批准,及时移送有管辖权的单位办理。

第十七条　承办人审查后,应当制作刑事抗诉案件审查报告,阐明是否提出抗诉或者是否支持抗诉的意见。

刑事抗诉案件审查报告应当符合最高人民检察院规定的格式,并重点把握以下要求：

(一)充分认识审查报告制作质量直接影响对案件的审核和检察长或者检察委员会作出处理决定；

(二)承办人制作审查报告,可以根据案件汇报的需要及案件本身的特点作适当的调整；

(三)事实叙写应当清晰、完整、客观,不遗漏关键的事实、情节；

(四)证据摘录一般按照先客观性证据后主观性证据的顺序进行列举,以客观性证据为基础构建证据体系,对客观性证据优先审查、充分挖掘、科学解释、全面验证;同时,要防止唯客观性证据论的倾向,防止忽视口供,对口供在做到依法审查、客观验证基础上充分合理使用；

(五)引用判决或裁定的理由和结论应当全面客观,分析判决或裁定是否错误应当有理有据；

(六)审查意见应当注重层次性、针对性、逻辑性和说理性；

(七)对存在舆情等风险的案件,应当提出风险评估和预案处置意见。

第五章　按照第二审程序抗诉

第十八条　人民检察院应当严格落实对人民法院判决、裁定逐案审查工作机制。对提起公诉的案件,在收到人民法院第一审判决书或者裁定书后,应当及时审查,承办检察官应当填写刑事判决、裁定审查表,提出处理意见。

对于下级人民检察院在办理抗诉案件中遇到干扰的,上级人民检察院应当根据实际情况开展协调和排除干扰工作,以保证抗诉工作顺利开展。

第十九条　人民检察院对同级人民法院第一审判决的抗诉,应当在接到判决书的第二日起十日以内提出;对裁定的抗诉,应当在接到裁定书后的第二日起五日以内提出。提出抗诉应当以抗诉书送达同级人民法院为准,不得采取口头通知抗诉的方式。

第二十条　被害人及其法定代理人不服人民法院第一审判决,在收到判决书后五日以内请求人民检察院提出抗诉的,人民检察院应当立即进行审查,作出是否抗诉的决定,并制作抗诉请求答复书,在收到请求后五日以内答复请求人。

被害人及其法定代理人在收到人民法院判决书五日以后请求人民检察院提出抗诉的,由人民检察院决定是否受理。

第二十一条　办理职务犯罪抗诉案件,应当认真落实最高人民检察院公诉厅《关于加强对职务犯罪案件第一审判决法律监督的若干规定(试行)》和《关于对职务犯罪案件第一审判决进一步加强同步审查监督工作的通知》等要求,重点解决职务犯罪案件重罪轻判问题。

下级人民检察院审查职务犯罪案件第一审判决,认为应当抗诉的,应当在法定时限内依法提出抗诉,并且报告上一级人民检察院。

下级人民检察院收到人民法院第一审判决书后,应当在二日以内报送上一级人民检察院。上一级人民检察院认为应当抗诉的,应当及时通知下级人民检察院。下级人民检察院审查后认为不应当抗诉的,应当将不抗诉的意见报上一级人民检察院公诉部门。上一级人民检察院公诉部门不同意下级人民检察院不抗诉意见的,应当根据案件情况决定是否调卷审查。上一级人民检察院公诉部门经调卷审查认为确有抗诉必要的,应当报检察长决定或者检察委员会讨论决定。上一级人民检察院作出的抗诉决定,下级人民检察院应当执行。

上下两级人民检察院对人民法院作出的职务犯罪案件第一审判决已经同步审查的,上一级人民法院针对同一案件作出的第二审裁判,收到第二审裁判书的同级人民检察院依法按照审判监督程序及时审查,一般不再报其上一级人民检察院同步审查。

第二十二条　决定抗诉的案件应当制作刑事抗诉书。刑事抗诉书应当包括下列内容:

(一)原判决、裁定情况;

(二)审查意见;

(三)抗诉理由。

刑事抗诉书应当充分阐述抗诉理由。

第二十三条　按照第二审程序提出抗诉的人民检察院,应当及时将刑事抗诉书和检察卷报送上一级人民检察院。经本院检察委员会讨论决定的,应当一并报送本院检察委员会会议纪要。

第二十四条　上一级人民检察院支持或者部分支持抗诉意见的,可以变更、补充抗诉理由,及时制作支持刑事抗诉意见书,阐明支持或者部分支持抗诉的意见和理由,在同级人民法院开庭之前送达人民法院,同时通知提出抗诉的人民检察院。

第二十五条　上一级人民检察院不支持抗诉的,承办部门应当制作撤回抗诉决定书,在同级人民法院开庭之前送达人民法院,同时通知提出抗诉的人民检察院,并向提出抗诉的人民检察院书面说明撤回抗诉理由。

第二十六条　下级人民检察院如果认为上一级人民检察院撤回抗诉不当的,可以提请复议。上一级人民检察院应当复议,并另行指派专人进行审查,提出意见报告检察长或者检察委员会同意后,将复议结果书面通知下级人民检察院。

第二十七条　第二审人民法院发回原审人民法院重新按照第一审程序审判的案件,如果人民检察院认为重新审判的判决、裁定确有错误的,可以按照第二审程序提出抗诉。

■最高人民法院关于执行《最高人民法院关于严格执行案件审理期限制度的若干规定》中有关问题的复函(全文)(2001年8月20日)

立案庭承担有关法律文书送达、对管辖权异议的审查、诉讼保全、庭前证据交换等庭前程序性工作的,向审判庭移送案卷材料的期限可不受《最高人民法院关于严格执行案件审理期限制度的若干规定》(以下简称《若干规定》)第七条"立案机构应当在决定立案的三日内将案卷材料移送审判庭"规定的限制,但第一审案件移送案卷材料的期限最长不得超过二十日,第二审案件最长不得超过十五日。

立案庭未承担上述程序性工作的,仍应执行《若干规定》第七条的规定。

■最高人民检察院关于新疆生产建设兵团人民检察院对新疆维吾尔自治区高级人民法院生产建设兵团分院审理的案件实施法律监督有关问题的批复(全文)(2006年6月14日)

新疆生产建设兵团人民检察院认为新疆维吾尔自治区高级人民法院生产建设兵团分院刑事第一审的判决、裁定确有错误的时候,应当向最高人民法院提出抗诉。

新疆生产建设兵团人民检察院如果发现新疆维吾尔自治区高级人民法院生产建设兵团分院已经发生法律效力的判决和裁定确有错误,可以向最高人民检察院提请抗诉。

●认罪认罚案件无正当理由上诉,检察机关抗诉,建议法院取消从宽量刑

对于犯罪事实清楚,证据确实、充分,被告人自愿认罪认罚,一审法院采纳从宽量刑建议判决的案件,因被告人无正当理由上诉而不再具有认罪认罚从宽的条件,检察机关可以依法提出抗诉,建议法院取消因认罪认罚给予被告人的从宽量刑。(参见最高人民检察院院第 22 批指导性案例 83 号,琚某忠盗窃案,2020 年 11 月 24 日发布。)

▽检察机关在法定抗诉期限内提出的口头抗诉无效

《刑事诉讼法》(1996 年修订。——编著者注)第一百八十条第一款的规定和第一百八十四条的规定,检察机关行使抗诉权与被告人、自诉人和他们的法定代理人行使上诉权在形式上是有明显区别的。(1)根据法律规定,被告人、自诉人和他们的法定代理人不仅可以用书面形式提出上诉,而且可以口头形式提出上诉。这表明被告人、自诉人和他们的法定代理人不服原裁判的,有权向上一级人民法院提出上诉,其上诉既可以是书面形式,也可以是口头形式,即可以任意选择其中一种形式提出上诉。这是行使上诉权的法定方式。(2)根据法律规定,检察机关抗诉应当提出抗诉书。所谓抗诉书,应该是指以文字语言的形式组合而成的一种书面法律文书。这表明,检察机关提出抗诉的,只能以书面形式,这是行使抗诉权的法定方式。法律之所以如此规定,是因为考虑到有的被告人、自诉人和他们的法定代理人不具有文字表达能力,为了更好地保护他们的合法权益,法律赋予他们可以口头形式提出上诉,行使上诉权。而检察机关则不存在文字表达障碍。而且,检察机关作为国家公诉机关和法律监督机关,理应对其提出有别于一般当事人的更高要求,以利于体现、维护其法律地位和法律尊严,以及其执法的严肃性。本案的公诉机关××市人民检察院于 2000 年 7 月 24 日收到一审判决书后,于同年 8 月 1 日电话通知××市中级人民法院要对被告人杨某龙强奸、抢劫一案的判决提出抗诉。但直至 8 月 8 日才向××市中级人民法院提交抗诉书。由于××市人民检察院在法定的抗诉期限内没有按照法律规定的形式向××市中级人民法院提交抗诉书,故该检察院的抗诉是无效的。[参见第 154 号案例,杨某龙强奸、抢劫案,载《刑事审判参考》总第 24 集(2002 年第 1 辑),法律出版社,第 31 ~32 页。执笔:朱伟德]

▽人民检察院抗诉必须提出抗诉书

抗诉书是承载人民检察院抗诉意见与理由的正式的法律文书,被告人在二审审判前先悉抗诉书是其依法行使辩护权的重要保障。根据我国刑事诉讼法的有关规定,人民检察院认为人民法院判决、裁定确有错误的时候,可以依法提出抗诉。但是,人民检察院抗诉必须提出抗诉书。显然,我国刑事诉讼法对检察机关的抗诉规定了较为严格的条件,抗诉不仅要有根有据,而且要求必须采取书面形式。也就是说,人民检察院认为人民法院判决、裁定确有错误而抗诉时,必须出具抗诉书。否则,即使检察机关在某种场合以非书面形式表达出抗诉的意愿,但只要未在法定期限内提出抗诉书,就视为未抗诉。相对而言,法律对当事人上诉却采取了相对宽容的态度,即只要当事人在一审判决宣告之后的法定期限内表示了不服判决而上诉的意愿,无论这种意思表示是口头还是书面,无论是否有站得住脚的理由,都视为有效上诉。根据我国刑事诉讼法,人民检察院的抗诉书可直接启动二审程序,抗诉书成为人民检察院抗诉的标志性文书。抗诉书不仅是人民检察院提起抗诉的标志,也是承载抗诉意见与理由的正式的法律文书。法律严格限定抗诉须以抗诉书为标志的目的,主要是规范抗诉活动,防止检察机关滥用抗诉权。将抗诉的提起限制在合理范围之内,以此保障当事人合法权益,维护人民法院裁判的威信。[参见第 222 号案例,李林故意杀人案,载《刑事审判参考》总第 30 集(2003 年第 1 辑),法律出版社,第 21 ~23 页。执笔:董朝阳、蔡金芳]

▽检察机关出庭检察人员应当依据抗诉书和支持抗诉意见书发表抗诉意见

从理论上讲,我国刑事诉讼中公诉案件的控诉职能是由检察机关代表国家来行使的,而不是某个个人。那么,起诉、抗诉均须以检察机关的名义来进行。虽然检察人员代表检察机关出席法庭,但检察人员必须反映检察机关的意见。就抗诉而言,其主体只能是人民检察院,而非检察员个人。人民检察院的抗诉书是人民检察院表达抗诉意见、阐明抗诉理由的法律文书。实践中,检察机关的抗诉决定、内容和理由通常由检察委员会决定并明确载于抗诉书中。所以,抗诉书作为检察委员会集体意志的产物,应当成为出庭支持抗诉的检察人员发表抗诉意见的依据。检察人员应当严格依据抗诉书,阐述抗诉意见与理由,而不能擅自改变或超越抗诉书的范围。现在的问题是,我国刑事诉讼制度中对一审未生效案件的抗诉实际是由两级人民检察院共同完成的,即地方各级人民检察院认为同级人民法院第一审判决、裁定确有错误的,应当提出抗诉并出具抗诉书,而由上一级人民检察院进行审查,并派员出席二审法庭支持抗诉。根据我国宪法及刑事诉讼法的有关规定,上级人民检察院领导下级人民检察院,在二审抗诉活动中,上级人民检察院应当对下级人民检察院的抗诉意见和理由进行审查。当上一级人民检察院完全同意下级人民检察院的抗诉意见及理由或者认为抗诉不当时,上一级人民检察院可依法派员出庭支持抗诉或者向同级人民法院撤回抗诉。如果上一级人民检察院不完全同意下级人民检察院的抗诉意见或理由,根据最高人民检察院第九届检察委员会第96次会议通过的2002年1月1日起新使用的《人民检察院法律文书格式》规定,上一级人民检察院在作出抗诉决定后,应当向同级人民法院送达《支持刑事抗诉意见书》,表明上一级人民检察院全部或者部分支持,也可以改变下级人民检察院的抗诉意见和抗诉理由,这是上一级人民检察院为支持下一级人民检察院抗诉制作的正式法律文书,其效力高于下一级人民检察院的抗诉书。[参见第222号案例,李林故意杀人案,载《刑事审判参考》总第30集(2003年第1辑),法律出版社,第23~24页。执笔:董朝阳　蔡金芳]

▽在二审期间,上级检察机关提出不同于下级检察机关的检察意见,应当以上级检察机关的检察意见为最后意见

二审法院在开庭审理时,上级检察机关就某一问题提出的检察意见与下级检察机关的公诉意见截然不同时,应依照刑事诉讼法进行程序上的审理。当二审中控辩双方就同一犯罪一致持否定意见时,人民法院应撤销对此事实的认定,不予审理。理由是,《人民检察院刑事诉讼规则》第七条规定:"在刑事诉讼中,上级人民检察院对下级人民检察院作出的决定,有权予以撤销或者变更;发现下级人民检察院已办结的案件有错误的,有权指令下级人民检察院纠正。"因此,上级检察机关与下级检察机关对案件事实的认定意见不一致时,人民法院应以上级检察机关的意见作为参加诉讼的检察意见。上级检察机关否认了下级检察机关对某一犯罪的认定,就是撤销了国家对被告人此种"犯罪"的追诉。换言之,审判机关对上下级检察机关不一致的意见,只能以上级检察机关的意见作为检察意见,依法没有取舍的余地。其次,在刑事诉讼中,就同一犯罪事实公诉方不同意追诉,而被告人又不承认犯罪的情况下,则不成立诉讼,人民法院不能在没有诉辩双方参与的情况下进行审判和裁决,否则作出的判决缺乏诉讼前提和程序上的基础,是明显违反诉讼程序的。[参见第380号案例,王建辉、王小强等故意杀人、抢劫案,载《刑事审判参考》总第48集,法律出版社,第21~22页。执笔:简建设]

▽抗诉期限届满后,上一级人民检察院在支持抗诉时增加抗诉对象的,应当驳回

(一)上下级检察机关在抗诉程序中的权力、职能不同,不能因两者系垂直领导关系而将两者混同。刑事诉讼法(1996年修订的。——编著者注)第二百一十七条规定"地方各级人民检察院认为本级人民法院第一审的判决、裁定确有错误的时候,应当向上一级人民法院提出抗诉。"关于具体提出抗诉的方式,刑事诉讼法本条也作了明确的规定,《人民检察院刑事诉讼规则》(1999年颁布的。——编著者注)第四百零三条规定"上一级人民检察院对下级人民检察院按照第二审程序提出抗诉的案件,认为抗诉正确的,应当支持抗诉;认为抗诉不当的,应当向同级人民法院撤回抗诉,并且通知下级人民检察院。下级人民检察院如果认为上一级人民检察院撤回抗诉不当的,可以提请复议。上一级人民检察院应当复议,并将复议结果通知下级人民检察院。上一级人民检察院在上诉、抗诉期限内,发现下级人民检察院应当提出抗诉而没有提出抗诉的案件,可以指令下级人民检察院依法提出抗诉。"由上述规定可知,对第一审判决的抗诉是由上下两级检察院共同完成的,这种立法设计既可以避免抗诉权滥用,也可以通过上一级检察院的监督指导保证抗诉质量。就程序而言,地方各级人民检察院有权对本级人民法院第一审的判决、裁定启动抗诉,但最终是否提起抗诉由上一级人民检察院审查后决定,两级人民检察院分别具有抗诉启动权和抗诉决定权,权力边界清晰。就实体而言,上一级人民检察院经全案审查后仅作出正确与否的认定,并据以支持或者撤回抗诉。上一级人民检察院在抗诉期限内,发现下级人民检察院应当提出抗诉而没有提出抗诉的案件,可以指令下级人民检察院依法提出抗诉。换言之,在抗诉及相关程序中,是否启动抗诉和抗诉的具体内容由原审人民法院的同级人民检察院决定,上一级人民检察院是以支持、撤回或者指令抗诉的方式对下级检察院抗诉工作进行监督、指导,并不直接纠正不正确的抗诉,或者对下级人民检察院应当提出抗诉而没有提出抗诉的案件直接提起抗诉。实践中,为保证抗诉质量,防止因两级检察院意见不一致影响检察机关的权威,有的上一级检察院要求下一级检察院在对第一审裁判提起抗诉前先行汇报,对是否抗诉、具体抗诉对象、理由等进行指导,客观上抗诉权的行使基本上是以上一级检察院为主导。然而,目前此种做法仅是检察机关的内部沟通方式,是一种内部工作机制,不能对法律规定的抗诉程序中两级检察院的权能配置产生实质影响。基于以上分析,上一级人民检察院在支持抗诉时增加抗诉对象不符合刑事诉讼法的相关规定。(二)抗诉期限届满后,上一级人民检察院在支持抗诉时增加抗诉对象,对被告人的权利造成实质损害。起诉与抗诉同属公诉的一部分,是检察机关在不同的诉讼阶段履行公诉职能的具体表现形式。根据刑事诉讼法的规定,在第一审程序中,公诉机关可以根据不同情况追加、变更起诉,这是许多国家普遍采用的做法。这种做法不但可以实现诉讼经济,而且因处于第一审阶段,有多种途径、方式对被告人进行救济,一般不会对其权利造成实质损害。但是,在二审程序中,如果允许检察院(包括上下两级检察院)在抗诉期限届满后也可以追加抗诉内容,则会对被告人的权利造成实质损害:第一,共同犯罪案件中被告人"上诉不加刑"的权利得不到保障。《最高人民法院关于执行〈中华人民共和国刑事诉讼法〉若干问题的解释》(1998年颁布。——编著者注)第二百五十八条规定:"共同犯罪案件中,人民检察院只对部分被告人的判决提出抗诉的,第二审人民法院对其他第一审被告人不得加重刑罚。"据此,抗诉期限届满后,如果检察院只对共同犯罪案件中部分被告人的判决提出抗诉,二审程序中的其他被告人,检察院不能提出、二审法院也不能加重其刑罚,这是一种具有司法人道主义精神的制度设计。如果允许检察院在抗诉期限届满后、二审程序终结前可将该部分被告人追加为抗诉对象,会使部分被告人再次面对国家追诉,使二审程序中被告人最终是否享有"上诉不加刑"的权利完全由检察院决定。这种结果明显违背立法原意。第二,追加抗诉会使部分被告人的辩护权遭受控诉突袭。被告人知悉抗诉书内容是其依法行使辩护权的前提,正因如此,刑事诉讼法规定,地方各级人民检察院提出抗诉的,原审人民法院在向上一级人民法院移送案件材料的同时,要将抗诉书副本送交当事人。如果上一级人民检察院支持抗诉时追加抗诉对象,被追加被告人享有的辩护准备时间相对其他被告人较短,甚至可能快开庭时才知道自己的诉讼地位发生了巨大变化,不利于其辩护权的保障。从这种角度来讲,追加抗诉属于一种"控诉突袭"。如果允许追加抗诉,被告人则很难充分行使辩护权。第三,控辩之间的平等无法实现。现行的刑事诉讼程序是按照控辩平衡原则进行设计的。考虑到国家公权力量强大刑事诉讼法还规定了一系列配套制度对辩方进行特殊的保护。比如,就上诉和抗诉而言,对被告人提起上诉规定的相对宽松,只要被告人在一审宣判后十日内提出上诉意思表示,无论口头还是书面,都视为有效上诉;对于检察院提起抗诉,则不仅要求应当在抗诉期限内提起,而且一旦提起,抗诉对象、抗诉内容便相对特定化,不得随意追加、变更。如果允许检察机关追加抗诉,无疑意味着赋予了检察机关特权,陷被告人于讼累之苦,最终导致控辩之间严重失衡。(三)抗诉期限届满后,上一级人民检察院在支持抗诉时增加抗诉对象,违反了抗诉期限的法律规定。任何诉讼行为和诉讼活动都必须在法定期限内进行,这是诉讼活动必须坚持的基本原则,各类诉讼主体均应一体遵行。综上,温州市中级人民法院对温州市人民检察院在抗诉期限届满、支持抗诉时,增加抗诉对象的做法不予支持是正确的。[参见第765号指导案例,孙超等抢劫、盗窃、掩饰、隐瞒犯罪所得案,载《刑事审判参考》总第85集(2012年第2集),第62～65页。撰稿:夏宁安　胡渡渝]

第二百三十三条 【二审的全面审查原则】第二审人民法院应当就第一审判决认定的事实和适用法律进行全面审查,不受上诉或者抗诉范围的限制。

共同犯罪的案件只有部分被告人上诉的,应当对全案进行审查,一并处理。

■最高人民法院关于适用《中华人民共和国刑事诉讼法》的解释(2021年3月1日)

第三百八十八条 第二审人民法院审理上诉、抗诉案件,应当就第一审判决、裁定认定的事实和适用法律进行全面审查,不受上诉、抗诉范围的限制。

第三百八十九条 共同犯罪案件,只有部分被告人提出上诉,或者自诉人只对部分被告人的判决提出上诉,或者人民检察院只对部分被告人的判决提出抗诉的,第二审人民法院应当对全案进行审查,一并处理。

第三百九十条 共同犯罪案件,上诉的被告人死亡,其他被告人未上诉的,第二审人民法院应当对死亡的被告人终止审理;但有证据证明被告人无罪,经缺席审理确认无罪的,应当判决宣告被告人无罪。

具有前款规定的情形,第二审人民法院仍应对全案进行审查,对其他同案被告人作出判决、裁定。

第三百九十一条 对上诉、抗诉案件,应当着重审查下列内容:

(一)第一审判决认定的事实是否清楚,证据是否确实、充分;

(二)第一审判决适用法律是否正确,量刑是否适当;

(三)在调查、侦查、审查起诉、第一审程序中,有无违反法定程序的情形;

(四)上诉、抗诉是否提出新的事实、证据;

(五)被告人的供述和辩解情况;

(六)辩护人的辩护意见及采纳情况;

(七)附带民事部分的判决、裁定是否合法、适当;

(八)对涉案财物的处理是否正确;

(九)第一审人民法院合议庭、审判委员会讨论的意见。

第三百九十二条 第二审期间,被告人除自行辩护外,还可以继续委托第一审辩护人或者另行委托辩护人辩护。

共同犯罪案件,只有部分被告人提出上诉,或者自诉人只对部分被告人的判决提出上诉,或者人民检察院只对部分被告人的判决提出抗诉的,其他同案被告人也可以委托辩护人辩护。

■最高人民法院关于对被判处死刑的被告人未提出上诉、共同犯罪的部分被告人或者附带民事诉讼原告人提出上诉的案件应适用何种程序审理的批复(全文)(2010年4月1日)

根据《中华人民共和国刑事诉讼法》第一百八十六条(已被修改)的规定,中级人民法院一审判处死刑的案件,被判处死刑的被告人未提出上诉,共同犯罪的其他被告人提出上诉的,高级人民法院应当适用第二审程序对全案进行审查,并对涉及死刑之罪的事实和适用法律依法开庭审理,一并处理。根据《中华人民共和国刑事诉讼法》第二百条(2012年修正后刑诉法为第二百三十六条。——编著者注)第一款的规定,中级人民法院一审判处死刑的案件,被判处死刑的被告人未提出上诉,仅附带民事诉讼原告人提出上诉的,高级人民法院应当适用第二审程序对附带民事诉讼依法审理,并由同一审判组织对未提出上诉的被告人的死刑判决进行复核,作出是否同意判处死刑的裁判。

▼最高人民法院、最高人民检察院关于死刑第二审案件开庭审理工作有关问题的会谈纪要(2006年4月5日)

(二)各高级人民法院开庭审理上诉、抗诉的死刑案件,应当重点审查上诉、抗诉理由以及人民法院认为需要查证的与定罪量刑有关的其他问题。在此基础上,严格依照刑事诉讼法的规定,对第一审判决认定事实和适用法律进行全面审查。

▽对于一审判决没有认定的部分犯罪事实(抗诉案件除外),二审法院无须(或者不应当)进行审查,更不能追加认定该部分犯罪事实

司法实践中,对于一些涉及多起犯罪事实的案件,一审法院经审理后认为,公诉机关指控的部分犯罪事实清楚,证据确实、充分,但也有部分犯罪事实不清楚或者证据不足,进而依法认定达到法定证明标准的部分犯罪事实,对未达到法定证明标准的部分犯罪事实不予认定。此种情况下,如果被告人提起上诉,公诉机关未提起抗诉,二审法院是否需要审查一审法院未予认定的部分犯罪事实,进而能否追加认定该部分犯罪事实,值得研究。该问题涉及二审程序的审理原则和审查范围。许多国家的二审都实行法律审,并且实行有限审理,即主要限定为对上诉理由的审理。根据我国刑事诉讼法(2012年修订的。——编著者注)第二百二十二条第一款的规定,第二审人民法院应当就第一审判决认定的事实和适用法律进行全面审查,不受上诉或者抗诉范围的限制。可见,我国刑事二审程序实行全面审理原则,且不是单纯的法律审,而是一并审理事实问题和法律问题。尽管如此;并不意味着二审程序的审查范围毫无边界,法律其实已经对此作出了适当的限制,即二审应当对"一审判决认定的事实和适用法律"进行审查。进一步来讲,对于一审判决没有认定的部分犯罪事实(抗诉案件除外),二审法院无须(或者不应当)进行审查,更不能追加认定该部分犯罪事实。将二审程序的审理范围限定于"一审判决认定的事实和适用法律",符合二审程序的功能定位和相应的诉讼原则。

从二审程序的功能定位来看,因被告人上诉而启动的二审程序,主要功能是为被告人提供法律救济。实践中,被告人对一审判决认定的事实或者适用法律不服,可以依法提出上诉,请求二审法院对相关问题进行审理,以期获得有利于己方的裁判。对于因被告人上诉而启动的二审案件,如果二审法院审查一审未予认定的部分犯罪事实,进而追加认定该部分犯罪事实,不仅未能为被告人提供法律救济,反而作出不利于被告人的认定,这显然与二审程序的法律救济功能相悖。同时,为确保被告人的上诉权,刑事诉讼法确立了上诉不加刑的基本原则。第二百二十六条第一款明确规定,第二审人民法院审理被告人或者他的法定代理人、辩护人、近亲属上诉的案件,不得加重被告人的刑罚。据此,对于被告人一方上诉的案件,二审法院追加认定一审未予认定的部分不利于被告人的犯罪事实,即使最终并未加重被告人的刑罚,这种做法也有违上诉不加刑原则的基本精神。此外,对于一审法院未予认定的部分犯罪事实,检察机关并未提出抗诉,就表明检察机关对此并无异议。此种情况下,对于原本不属于二审审查范围的事项,二审法院基于不告不理原则的基本精神,不应当主动审查并追加认定。本案中,公诉机关指控被告人曾某平实施多起贩卖、运输毒品事实,一审法院认定其中两起犯罪事实证据不足。二审法院认为,一审应当认定该两起犯罪事实系曾某平实施,进而对曾某平追加认定该两起犯罪事实,这种做法不符合法律规定的要求。最高人民法院在死刑复核过程中,依法对该两起犯罪事实不予认定,并对事实作出改判,是妥当的。最后,尽管我国法律并未明确规定一事不再理原则,但对于一审未予认定的犯罪事实,在被告人提出上诉且检察机关未提出抗诉的情况下,也不宜启动审判监督程序。[参见第1131号指导案例,曾某平等贩卖、运输毒品案,载《刑事审判参考》总第105集,第101~102页。撰稿:夏建勇]

第二百三十四条 【二审开庭审理的情形】第二审人民法院对于下列案件,应当组成合议庭,开庭审理:

(一)被告人、自诉人及其法定代理人对第一审认定的事实、证据提出异议,可能影响定罪量刑的上诉案件;

(二)被告人被判处死刑的上诉案件;

(三)人民检察院抗诉的案件;

(四)其他应当开庭审理的案件。

第二审人民法院决定不开庭审理的,应当讯问被告人,听取其他当事人、辩护人、诉讼代理人的意见。

第二审人民法院开庭审理上诉、抗诉案件,可以到案件发生地或者原审人民法院所在地进行。

■最高人民法院关于适用《中华人民共和国刑事诉讼法》的解释(2021年3月1日)

第三百九十三条 下列案件,根据刑事诉讼法第二百三十四条的规定,应当开庭审理:

(一)被告人、自诉人及其法定代理人对第一审认定的事实、证据提出异议,可能影响定罪量刑的上诉案件;

(二)被告人被判处死刑的上诉案件;

(三)人民检察院抗诉的案件;

(四)应当开庭审理的其他案件。

被判处死刑的被告人没有上诉,同案的其他被告人上诉的案件,第二审人民法院应当开庭审理。

第三百九十四条 对上诉、抗诉案件,第二审人民法院经审查,认为原判事实不清、证据不足,或者具有刑事诉讼法第二百三十八条规定的违反法定诉讼程序情形,需要发回重新审判的,可以不开庭审理。

■最高人民法院、最高人民检察院关于对死刑判决提出上诉的被告人在上诉期满后宣判前提出撤回上诉人民法院是否准许的批复(全文)(2010年9月1日)

第一审被判处死刑立即执行的被告人提出上诉,在上诉期满后第二审开庭以前申请撤回上诉的,依照《最高人民法院、最高人民检察院关于死刑第二审案件开庭审理程序若干问题的规定(试行)》(该规定已被最高人民法院法释〔2013〕6号废止。——编著者注)第四条的规定处理。在第二审开庭以后宣告裁判前申请撤回上诉的,第二审人民法院应当不准许撤回上诉,继续按照上诉程序审理。

最高人民法院、最高人民检察院以前发布的司法解释、规范性文件与本批复不一致的,以本批复为准。

■最高人民法院关于严格执行公开审判制度的若干规定(1999年3月8日)

三、下列第二审案件应当公开审理:

(一)当事人对不服公开审理的第一审案件的判决、裁定提起上诉的,但因违反法定程序发回重审的和事实清楚依法径行判决、裁定的除外。

(二)人民检察院对公开审理的案件的判决、裁定提起抗诉的,但需发回重审的除外。

■最高人民法院、最高人民检察院、公安部、司法部关于进一步严格依法办案确保办理死刑案件质量的意见(2007年3月9日)

36.第二审人民法院应当及时查明被判处死刑立即执行的被告人是否委托了辩护人。没有委托辩护人的,应当告知被告人可以自行委托辩护人或者通知法律援助机构指定承担法律援助义务的律师为其提供辩护。人民法院应当通知人民检察院、被告人及其辩护人在开庭五日以前提供出庭作证的证人、鉴定人名单,在开庭三日以前送达传唤当事人的传票和通知辩护人、证人、鉴定人、翻译人员的通知书。

38.第二审人民法院作出判决、裁定后,当庭宣告的,应当在五日以内将判决书或者裁定书送达当事人、辩护人和同级人民检察院;定期宣告的,应当在宣告后立即送达。

■最高人民法院、最高人民检察院、公安部、国家安全部、司法部关于规范量刑程序若干问题的意见(2020年11月5日)

第二十六条 开庭审理的二审、再审案件的量刑程序,依照有关法律规定进行。法律没有规定的,参照本意见进行。

对于不开庭审理的二审、再审案件,审判人员在阅卷、讯问被告人、听取自诉人、辩护人、被害人及其诉讼代理人的意见时,应当注意审查量刑事实和证据。

第二十七条 对于认罪认罚案件量刑建议的提出、采纳与调整等,适用最高人民法院、最高人民检察院、公安部、国家安全部、司法部《关于适用认罪认罚从宽制度的指导意见》的有关规定。

第二十八条　本意见自2020年11月6日起施行。2010年9月13日最高人民法院、最高人民检察院、公安部、国家安全部、司法部《印发〈关于规范量刑程序若干问题的意见(试行)〉的通知》(法发〔2010〕35号)同时废止。

■最高人民法院、最高人民检察院关于死刑第二审案件开庭审理工作有关问题的会谈纪要(2006年4月5日)

(三)开庭审理死刑第二审案件,下列情形的证人、鉴定人应当出庭:1. 控辩双方对证人证言、鉴定结论有异议,该证言、鉴定结论对定罪量刑有重大影响的;2. 其他人民法院认为应当出庭作证的。证人、鉴定人出庭由人民法院通知。

(五)出席第二审法庭的检察人员在审查第一审案卷材料时,应当讯问原审被告人。各高级人民法院应当规范相关工作制度,保障检察人员及时提讯。

(六)各高级人民法院要严格按照有关规定,落实人民检察院派员列席审判委员会会议制度,并以书面形式及时通知检察机关。检察长、受检察长委托的副检察长,均可列席审判委员会讨论死刑案件的会议。检察长、受检察长委托的副检察长列席审判委员会会议,可以带检察人员作为助手。

(七)各高级人民法院要采取切实有效措施,维护庭审秩序,确保审判人员和出庭检察人员及证人、鉴定人在法庭内的人身安全。

(八)各高级人民法院要严格按照刑事诉讼法的规定,及时向检察机关送达裁判文书和相关诉讼文书。

(九)各高级人民法院应当商请省级财政部门,将证人、鉴定人出庭作证的有关费用列入地方财政预算。

(十)为解决办案人员不足问题,各高级人民法院及同级人民检察院可暂时分别从下级人民法院及人民检察院借调部分审判、检察人员帮助工作。借调的审判、检察人员出席死刑第二审案件法庭前,各高级人民法院及同级人民检察院应当履行必要的任职手续。

(十一)最高人民法院、最高人民检察院和省级人民法院、人民检察院对在死刑第二审案件开庭审理工作中共同面临的人、财、物等保障问题,应当及时沟通,协调步骤,相互配合,必要时可以联合进行调研,联合向党委及有关部门提出报告。

双方商定,最高人民法院和最高人民检察院在已经建立的协调机制的基础上,就死刑第二审案件开庭审理问题以及涉及的其他问题进行经常性的协调沟通。今年内,每季度的第一个月上旬举行一次会谈,两院领导轮流主持,有关庭、厅、室负责人参加。工作中的具体问题,两院有关庭、厅、室负责人可以随时沟通,分别向两院领导报告,以便及时研究,共同解决。为方便联系,最高人民法院确定刑一庭庭长黄尔梅、刑四庭庭长杨万明作为联系人,最高人民检察院确定公诉厅厅长张仲芳、副厅长聂建华作为联系人。各高级人民法院及同级人民检察院也应建立相应的协调机制。

■最高人民法院、公安部关于刑事被告人或上诉人出庭受审时着装问题的通知(全文)(2015年2月10日)

人民法院开庭时,刑事被告人或上诉人不再穿着看守所的识别服出庭受审。人民法院到看守所提解在押刑事被告人或上诉人的,看守所应当将穿着正装或便装的在押刑事被告人或上诉人移交人民法院。

▼安徽省高级人民法院、安徽省人民检察院、安徽省公安厅、安徽省司法厅关于死刑案件第二审开庭审理工作有关问题的意见(2006年7月3日)

二、关于重要证人、鉴定人出庭作证问题开庭审理死刑第二审案件,下列情形的证人、鉴定人应当出庭:1. 控辩双方对证人证言、鉴定结论有异议,该证言、鉴定结论对定罪量刑有重大影响的;2. 其他人民法院认为应当出庭作证的。

证人、鉴定人出庭作证，在协商的前提下实行由控辩双方谁提出请求谁协助到庭的原则。证人、鉴定人出庭由人民法院通知。

三、关于庭后调查核实证据问题

法庭休庭核实证据，合议庭认为有必要通知控辩双方派员参加的，检察员和辩护律师应当参加。

四、关于侦查人员到庭作证问题

被判处死刑的上诉人在上诉理由中提出刑讯逼供等非法取证问题，并提供具体的人员、时间、地点的，人民检察院应当首先进行调查，并在二审开庭时宣读调查材料，如有必要，侦查人员应当到庭作证。上诉人在二审开庭时临时提出刑讯逼供等问题时，经讯问有必要调查的，可以休庭，再由人民检察院调查，如有必要，侦查人员应当出庭作证。

五、关于查证上诉人法定年龄、自首及检举立功问题

在二审开庭前发现被判处死刑的上诉人法定年龄有误差，或有新的检举、自首等法定从轻或减轻处罚情节的事实，应当由侦查机关查证，至迟在十五日内出具书面查证材料，经检察机关核实后，在二审开庭时举证、质证。

在二审庭审中发现上述问题，可以休庭，按前款规定处理。

▽被告人上诉后二审期间又撤回上诉的，审查后应依法作出裁定

对于被告人上诉后要求撤回上诉的情况应如何处理，最高人民法院《关于执行〈中华人民共和国刑事诉讼法〉若干问题的解释》（已失效）（1998年解释。——编著者注）第238条、第239条的规定，应区别两种情况处理：(1)被告人在上诉期限内要求撤回上诉的，应当准许。根据刑事诉讼法第180条的规定，被告人对一审判决、裁定不服的，有权向上一级法院提出上诉，这是被告人依法享有的诉讼权利。上诉权利的行使以法定期限为限，在此期限内被告人有权决定是否提出亡诉，包括上诉后又要求撤回上诉。因此，只要是在法定期限内，被告人提出上诉的，应按照上诉程序审理；如果又要求撤回上诉的，应当依照《解释》第238条的规定，裁定准许其撤回上诉。(2)被告人在上诉期满后要求撤回上诉的，是否准许由二审法院审查决定。这样规定出于以下几点考虑：其一，超过法定期限，被告人就不能再行使其上诉的权利；其二，由法院决定是否准许撤回上诉，有助于案件的公正处理。实践中，对于原判决事实不清，证据不足或者将无罪判为有罪、轻罪重判等等，如果准许撤回上诉，案件就不能得到公正处理，对此应当裁定不准许撤回上诉，而按照上诉程序审理。［参见第37号案例，胡斌、张筠筠等故意杀人、运输毒品（未遂）案，载《刑事审判参考》总第5辑（1999年第5辑），法律出版社，第12～13页。审编：高憬宏］

第二百三十五条　【检察院派员出庭及阅卷期限】人民检察院提出抗诉的案件或者第二审人民法院开庭审理的公诉案件，同级人民检察院都应当派员出席法庭。第二审人民法院应当在决定开庭审理后及时通知人民检察院查阅案卷。人民检察院应当在一个月以内查阅完毕。人民检察院查阅案卷的时间不计入审理期限。

■人民检察院刑事诉讼规则（2019年12月30日）

第四百四十五条　对提出抗诉的案件或者公诉案件中人民法院决定开庭审理的上诉案件，同级人民检察院应当指派检察官出席第二审法庭。检察官助理可以协助检察官出庭。根据需要可以配备书记员担任记录。

第四百四十六条　检察官出席第二审法庭的任务是：

（一）支持抗诉或者听取上诉意见，对原审人民法院作出的错误判决或者裁定提出纠正意见；

（二）维护原审人民法院正确的判决或者裁定，建议法庭维持原判；

（三）维护诉讼参与人的合法权利；

(四)对法庭审理案件有无违反法律规定诉讼程序的情况记明笔录;

(五)依法从事其他诉讼活动。

第四百四十七条　对抗诉和上诉案件,第二审人民法院的同级人民检察院可以调取下级人民检察院与案件有关的材料。

人民检察院在接到第二审人民法院决定开庭、查阅案卷通知后,可以查阅或者调阅案卷材料。查阅或者调阅案卷材料应当在接到人民法院的通知之日起一个月以内完成。在一个月以内无法完成的,可以商请人民法院延期审理。

第四百四十八条　检察人员应当客观全面地审查原审案卷材料,不受上诉或者抗诉范围的限制。应当审查原审判决认定案件事实、适用法律是否正确,证据是否确实、充分,量刑是否适当,审判活动是否合法,并应当审查下级人民检察院的抗诉书或者上诉人的上诉状,了解抗诉或者上诉的理由是否正确、充分,重点审查有争议的案件事实、证据和法律适用问题,有针对性地做好庭审准备工作。

第四百四十九条　检察人员在审查第一审案卷材料时,应当复核主要证据,可以讯问原审被告人。必要时,可以补充收集证据、重新鉴定或者补充鉴定。需要原侦查案件的公安机关补充收集证据的,可以要求其补充收集。

被告人、辩护人提出被告人自首、立功等可能影响定罪量刑的材料和线索的,可以移交公安机关调查核实,也可以自行调查核实。发现遗漏罪行或者同案犯罪嫌疑人的,应当建议公安机关侦查。

对于下列原审被告人,应当进行讯问:

(一)提出上诉的;

(二)人民检察院提出抗诉的;

(三)被判处无期徒刑以上刑罚的。

第四百五十条　人民检察院办理死刑上诉、抗诉案件,应当进行下列工作:

(一)讯问原审被告人,听取原审被告人的上诉理由或者辩解;

(二)听取辩护人的意见;

(三)复核主要证据,必要时询问证人;

(四)必要时补充收集证据;

(五)对鉴定意见有疑问的,可以重新鉴定或者补充鉴定;

(六)根据案件情况,可以听取被害人的意见。

第四百五十一条　出席第二审法庭前,检察人员应当制作讯问原审被告人、询问被害人、证人、鉴定人和出示、宣读、播放证据计划,拟写答辩提纲,并制作出庭意见。

第四百五十二条　在法庭审理中,检察官应当针对原审判决或者裁定认定事实或适用法律、量刑等方面的问题,围绕抗诉或者上诉理由以及辩护人的辩护意见,讯问原审被告人,询问被害人、证人、鉴定人,出示和宣读证据,并提出意见和进行辩论。

第四百五十三条　需要出示、宣读、播放第一审期间已移交人民法院的证据的,出庭的检察官可以申请法庭出示、宣读、播放。

在第二审法庭宣布休庭后需要移交证据材料的,参照本规则第四百二十八条的规定办理。

■最高人民法院关于适用《中华人民共和国刑事诉讼法》的解释(2021年3月1日)

第三百九十五条　第二审期间,人民检察院或者被告人及其辩护人提交新证据的,人民法院应当及时通知对方查阅、摘抄或者复制。

第三百九十六条　开庭审理第二审公诉案件,应当在决定开庭审理后及时通知人民检察院查阅案卷。自通知后的第二日起,人民检察院查阅案卷的时间不计入审理期限。

第三百九十七条　开庭审理上诉、抗诉的公诉案件,应当通知同级人民检察院派员出庭。

抗诉案件,人民检察院接到开庭通知后不派员出庭,且未说明原因的,人民法院可以裁定按人民检察院撤回抗诉处理。

■人民检察院刑事抗诉工作指引(2018年2月14日)

第七章 出席刑事抗诉案件法庭

第三十七条 对提出抗诉的案件,同级人民检察院应当派员出席法庭。人民法院决定召开庭前会议的,同级人民检察院应当派员参加,依法履行职责。

第三十八条 检察员出席刑事抗诉法庭的任务是:

(一)支持抗诉,对原审人民法院作出的错误判决或者裁定提出纠正意见;

(二)维护诉讼参与人的合法权利;

(三)对法庭审理案件有无违反法律规定的诉讼程序的情况进行监督;

(四)依法从事其他诉讼活动。

第三十九条 收到刑事抗诉案件开庭通知书后,出席法庭的检察员应当做好以下准备工作:

(一)熟悉案情和证据情况,了解证人证言、被告人供述等证据材料是否发生变化;

(二)深入研究与本案有关的法律、政策问题,掌握相关的专业知识;

(三)制作出庭预案;

(四)上级人民检察院对下级人民检察院按照第二审程序提出抗诉的案件决定支持抗诉的,应当制作支持抗诉意见书,并在开庭前送达同级人民法院。

第四十条 出庭预案一般应当包括:

(一)讯问原审被告人提纲;

(二)询问证人、被害人、鉴定人、有专门知识的人、侦查人员提纲;

(三)出示物证,宣读书证、证人证言、被害人陈述、被告人供述、勘验检查笔录、辨认笔录、侦查实验笔录,播放视听资料、电子数据的举证和质证方案;

(四)支持抗诉的事实、证据和法律意见;

(五)对原审被告人、辩护人辩护内容的预测和答辩要点;

(六)对庭审中可能出现的其他情况的预测和相应的对策。

第四十一条 庭审开始前,出席法庭的检察员应当做好以下预备工作:

(一)了解被告人及其辩护人,附带民事诉讼的原告人及其诉讼代理人,以及其他应当到庭的诉讼参与人是否已经到庭;

(二)审查合议庭的组成是否合法;刑事抗诉书副本等诉讼文书的送达期限是否符合法律规定;被告人是盲、聋、哑、未成年人或者可能被判处死刑而没有委托辩护人的,人民法院是否指定律师为其提供辩护;

(三)审查到庭被告人的身份材料与刑事抗诉书中原审被告人的情况是否相符;审判长告知诉讼参与人的诉讼权利是否清楚、完整;审判长对回避申请的处理是否正确、合法。法庭准备工作结束,审判长征求检察员对法庭准备工作有无意见时,出庭的检察员应当就存在的问题提出意见,请审判长予以纠正,或者表明没有意见。

第四十二条 审判长或者审判员宣读原审判决书或者裁定书后,由检察员宣读刑事抗诉书。宣读刑事抗诉书时应当起立,文号及正文括号内的内容不宣读,结尾读至“此致某某人民法院”止。

按照第二审程序提出抗诉的案件,出庭检察员应当在宣读刑事抗诉书后宣读支持抗诉意见书,引导法庭调查围绕抗诉重点进行。

第四十三条 检察员在审判长的主持下讯问被告人。讯问应当围绕抗诉理由以及对原审判决、裁定认定事实有争议的部分进行,对没有异议的事实不再全面讯问。

讯问时应当先就原审被告人过去所作的供述和辩解是否属实进行讯问。如果被告人回答不属实,应当讯问哪些不属实。针对翻供,可以讯问翻供理由,利用被告人供述的前后矛盾进行讯问,或者适时举出相关证据予以反驳。

讯问时应当注意方式、方法,讲究技巧和策略。对被告人供述和辩解不清、不全、前后矛盾,或者供述和辩解明显不合情理,或者供述和辩解与已查证属实的证据相矛盾的问题,应当讯问。与案件无关、被告人已经供述清楚或者无争议的问题,不再讯问。

讯问被告人应当有针对性,语言准确、简练、严密。

对辩护人已经发问而被告人作出客观回答的问题,一般不进行重复讯问。辩护人发问后,被告人翻供或者回答含糊不清的,如果涉及案件事实、性质的认定或者影响量刑的,检察员必须有针对性再讯问。辩护人发问的内容与案件无关,或者采取不适当的发问语言和态度的,检察员应当及时请求合议庭予以制止。

在法庭调查结束前,检察员可以根据辩护人、诉讼代理人、审判长(审判员)发问的情况,进行补充讯问。

第四十四条 证人、鉴定人、有专门知识的人需要出庭的,人民检察院应当申请人民法院通知并安排出庭作证。

对于经人民法院通知而未到庭的证人或者出庭后拒绝作证的证人的证言笔录,检察员应当当庭宣读。对于经人民法院通知而未到庭的证人的证言笔录存在疑问、确实需要证人出庭作证,且可以强制其到庭的,检察员应当建议人民法院强制证人到庭作证和接受质证。

向证人发问,应当先由提请通知的一方进行;发问时可以要求证人就其所了解的与案件有关的事实进行陈述,也可以直接发问。发问完毕后,经审判长准许,对方也可以发问。

检察员对证人发问,应当针对证言中有遗漏、矛盾、模糊不清和有争议的内容,并着重围绕与定罪量刑紧密相关的事实进行。发问应当采取一问一答的形式,做到简洁清楚。

证人进行虚假陈述的,应当通过发问澄清事实,必要时还应当出示、宣读证据配合发问。

询问鉴定人、有专门知识的人参照询问证人的规定进行。

第四十五条 需要出示、宣读、播放原审期间已移交人民法院的证据的,出庭的检察员可以申请法庭出示、宣读、播放。

需要移送证据材料的,在审判长宣布休庭后,检察员应当与审判人员办理交接手续。无法当庭移交的,应当在休庭后三日以内移交。

第四十六条 审判人员通过调查核实取得并当庭出示的新证据,检察员应当进行质证。

第四十七条 检察员对辩护人在法庭上出示的证据材料,应当积极参与质证。质证时既要对辩护人所出示证据材料的真实性发表意见,也要注意辩护人的举证意图。如果辩护人运用该证据材料所说明的观点不能成立,应当及时予以反驳。对辩护人、当事人、原审被告人出示的新的证据材料,检察员认为必要时,可以进行讯问、质证,并就该证据材料的合法性、证明力提出意见。

第四十八条 审判长宣布法庭调查结束,开始进行法庭辩论时,检察员应当发表抗诉案件出庭检察员意见书,主要包括以下内容:

(一)论证本案犯罪事实清楚,证据确实充分,或者原审人民法院认定事实、证据错误之处;

(二)指明被告人犯罪行为性质、严重程度,评析抗诉理由;

(三)论证原审判决书适用法律、定罪量刑是否正确,有误的,应提出改判的建议。

第四十九条 检察员对原审被告人、辩护人提出的观点,认为需要答辩的,应当在法庭上进行答辩。答辩应当抓住重点,主次分明。与案件无关或者已经辩论过的观点和内容,不再答辩。

第五十条 对按照审判监督程序提出抗诉的案件,人民检察院认为人民法院作出的判决、裁定仍然确有错误的，如果案件是依照第一审程序审判的，同级人民检察院应当向上一级人民法院提出抗诉；如果案件是依照第二审程序审判的，上一级人民检察院应当按照审判监督程序向同级人民法院提出抗诉。

对按照审判监督程序提出抗诉的申诉案件，人民检察院认为人民法院作出的判决、裁定仍然确有错误的，由派员出席法庭的人民检察院刑事申诉检察部门适用本条第一款的规定办理。

■人民检察院办理死刑第二审案件和复核监督工作指引（试行）（全文）（2018年3月31日）

第一章　一般规定

第一条　【目的和依据】为了规范人民检察院死刑第二审案件办理以及死刑复核监督工作，根据《中华人民共和国刑事诉讼法》和《人民检察院刑事诉讼规则（试行）》等相关规定，结合检察工作实际，制定本指引。

第二条　【案件与工作范围】本指引所称死刑第二审案件，是指因上诉或者抗诉而进入第二审程序的下列案件：

第一审被告人被判处死刑立即执行的；

第一审被告人被判处死刑缓期二年执行，人民法院决定开庭审理的；

人民检察院认为第一审被告人应当被判处死刑立即执行或者死刑缓期二年执行而提出抗诉的。

本指引所称死刑复核监督工作，是指下列工作：

最高人民检察院对最高人民法院复核死刑案件的监督；

省级人民检察院对高级人民法院复核未上诉且未抗诉的死刑立即执行案件的监督；

省级人民检察院对高级人民法院复核死刑缓期二年执行案件的监督。

第三条　【刑事政策】人民检察院办理死刑第二审案件和复核监督工作应当贯彻宽严相济刑事政策，坚持保留死刑，严格控制和慎重适用死刑政策，严格把握刑法规定的死刑适用条件，确保死刑只适用于极少数罪行极其严重的犯罪分子。

第四条　【原则】人民检察院办理死刑第二审案件和开展复核监督工作，应当遵循惩罚犯罪与保障人权相结合、程序公正与实体公正并重以及证据裁判原则。

第五条　【职责】人民检察院办理死刑第二审案件和开展死刑复核监督工作应当依法履行法律监督职责，确保死刑的公正、统一、正确适用。

第六条　【工作要求】办理死刑第二审案件和开展复核监督工作，应当坚持最严格的证明标准、最规范的办案程序、最审慎的工作态度。

第二章　死刑第二审案件审查与决定

第一节　案件审查

第七条　【收案】检察人员接收案件后，应当规范使用统一业务应用系统，在案件审查、决定、审结、出庭、裁判等环节及时填录案卡，制作文书。

第八条　【审查的主要内容】检察人员应当客观全面审查在案证据材料，并重点审查以下内容：

第一审判决认定事实是否清楚，证据是否确实、充分；

适用法律是否正确，对有关量刑情节的认定是否准确，量刑是否适当；

被判处死刑的被告人是否罪行极其严重，是否必须立即执行；

被告人被判处死刑缓期二年执行的，决定限制减刑或者终身监禁是否适当；

抗诉、上诉意见与第一审判决存在的分歧，抗诉、上诉理由是否正确、充分；

抗诉、上诉中是否提出或者第一审判决后是否出现了可能影响定罪量刑的新事实、新证据；

有无遗漏罪行或者其他应当追究刑事责任的人；

涉案财物处理是否妥当；

诉讼活动是否存在影响公正判决的违法情形；

被告方与被害方是否达成赔偿谅解；

是否有涉检信访或者重大舆情等风险；

其他可能影响定罪量刑的内容。

第九条 【审查方式】检察人员审查案件,应当就第一审判决认定的案件事实和适用法律进行全面审查,重点围绕抗诉、上诉理由开展下列工作：

复核主要证据,必要时到案发现场调查；

讯问被告人,听取被告人的上诉理由或者辩解；

必要时听取辩护人、被害人及其法定代理人或者近亲属的意见；

必要时询问证人；

对证据合法性有疑问的,应当进行调查核实；

对鉴定意见有疑问的,可以重新鉴定或者补充鉴定；

需要侦查机关补充调取和完善的证据,可以要求侦查机关提供,必要时可以自行调查核实,补充收集相关证据；

应当开展的其他工作。

第十条 【核查证据】对于影响定罪或者量刑的主要证据应当进行复核,重点核查证据是否客观、真实,取证程序是否合法以及证据之间是否存在矛盾。

第十一条 【对物证、书证等证据的审查】加强对物证、书证等证据的审查。物证、书证的收集、送检、保管等不符合法定程序,可能严重影响司法公正的,应当要求侦查机关予以补正或者作出合理解释;不能补正或者无法作出合理解释的,应当予以排除,不能作为定案的根据。

第十二条 【对鉴定意见的审查】对鉴定意见应当重点审查以下内容：

鉴定机构和鉴定人是否具有法定资质,鉴定人是否存在应当回避的情形；

检材的收集、取得、保管、送检是否符合法律及有关规定,与相关提取笔录、扣押物品清单等记载的内容是否相符,检材是否充足、可靠；

鉴定程序是否符合法律及有关规定,鉴定的过程和方法是否符合相关专业的规范要求,鉴定意见是否告知被告人和被害人及其法定代理人或者近亲属；

鉴定意见形式要件是否完备,鉴定意见是否明确,鉴定意见与案件待证事实有无关联,鉴定意见与勘验、检查笔录及相关照片等其他证据是否矛盾,鉴定意见是否存在无法排除的合理怀疑,检验分析是否科学、全面；

有利于被告人和不利于被告人的鉴定意见是否移送。

第十三条 【对勘验、检查笔录的审查】对勘验、检查笔录应当重点审查以下内容：

勘验、检查是否依法进行,笔录的制作是否符合法律及有关规定,勘验、检查人员和见证人是否签名或者盖章；

勘验、检查笔录的内容是否全面、详细、准确、规范,文字记载与实物或者绘图、录像、照片是否相符,固定证据的形式、方法是否科学、规范,现场、物品、痕迹等是否被破坏或者伪造,人身特征、伤害情况、生理状况有无伪装或者变化；

补充进行勘验、检查的,前后勘验、检查的情况是否有矛盾,是否说明了再次勘验、检查的理由；

勘验、检查笔录中记载的情况与被告人供述、被害人陈述、鉴定意见等其他证据能否印证,有无矛盾。

第十四条 【讯问被告人】讯问被告人应当按照以下要求进行：

讯问应当由两名以上检察人员进行；

讯问前认真制作讯问提纲，明确讯问目的，拟定重点解决的问题；

核对被告人的基本情况，告知诉讼权利和义务；

听取被告人的上诉理由、辩解和供述，核查是否有新证据、是否有自首和立功等情节、是否有刑讯逼供等非法取证情况，以及其他需要核实的问题；

规范制作讯问笔录，笔录首部内容应当填写完整，讯问人员应当在讯问笔录上签名；

远程视频提讯的，应当制作同步录音录像。

对讯问过程中出现翻供或者在一审阶段曾经翻供的，应当详细讯问翻供的原因和理由，并重点讯问作案动机、目的、手段、工具以及与犯罪有关的时间、地点、人员等细节。

第十五条　【对技术侦查措施收集证据的审查】侦查机关采取技术侦查措施收集的物证、书证、电子数据等证据材料没有移送，影响定罪量刑的，检察人员可以要求侦查机关将相关证据材料连同批准采取技侦措施的法律文书一并移送，必要时可以到侦查机关技术侦查部门核查原始证据。

第十六条　【调查核实证据合法性】经审查，发现侦查人员以非法方法收集证据的，或者被告人及其辩护人申请排除非法证据，并提供相关线索或者材料的，应当依照相关规定，及时进行调查核实。

调查核实证据合法性可以采取以下方式：

讯问被告人；

询问办案人员；

询问在场人员及证人；

听取辩护律师意见；

调取讯问笔录、讯问录音录像；

调取、查询被告人出入看守所的身体检查记录及相关材料；

调取、查询驻看守所检察人员在侦查终结前的核查材料；

调取、查阅、复制相关法律文书或者案件材料；

进行伤情、病情检查或者鉴定；

其他调查核实方式。

第十七条　【审查同步录音录像的一般规定】检察人员对取证合法性产生疑问的，可以审查相关的录音录像，对于重大、疑难、复杂的案件，必要时可以审查全部录音录像。

第十八条　【审查同步录音录像的主要内容】对同步录音录像应当重点审查以下内容：

是否全程、连续、同步，有无选择性录制，有无剪接、删改；

是否与讯问笔录记载的起止时间一致；

与讯问笔录记载的内容是否存在差异；

是否存在刑讯逼供、诱供等违法行为。

讯问录音录像存在选择性录制、剪接、删改等情形，或者与讯问笔录存在实质性差异，不能排除以非法方法收集证据情形的，对相关证据应当予以排除。

第十九条　【非法证据排除】对采用下列非法方法收集的被告人供述，应当提出依法排除的意见：

采取殴打、违法使用戒具等暴力方法或者变相肉刑的恶劣手段，使被告人遭受难以忍受的痛苦而违背意愿作出的供述；

采用以暴力或者严重损害本人及其近亲属合法权益等进行威胁的方法，使被告人遭受难以忍受的痛苦而违背意愿作出的供述；

采用非法拘禁等非法限制人身自由的方法收集的供述。

采用暴力、威胁以及非法限制人身自由等非法方法收集的证人证言、被害人陈述，应当予以排除。

第二十条　【重复自白的排除及除外情形】采用刑讯逼供方法使被告人作出供述，之后被告人受该

刑讯逼供行为影响而作出的与该供述相同的重复性供述,应当提出依法排除的意见,但下列情形除外:

侦查期间,根据控告、举报或者自己发现等,侦查机关确认或者不能排除以非法方法收集证据而更换侦查人员,其他侦查人员再次讯问时告知诉讼权利和认罪的法律后果,犯罪嫌疑人自愿供述的;

审查逮捕、审查起诉和审判期间,检察人员、审判人员讯问时告知诉讼权利和认罪的法律后果,犯罪嫌疑人、被告人自愿供述的。

第二十一条 【对自首、立功等可能影响定罪量刑的材料和线索的审查】被告人、辩护人提出被告人自首、立功或者受到刑讯逼供等可能影响定罪量刑的材料和线索的,人民检察院可以依照管辖规定交侦查机关调查核实,也可以自行调查核实。发现遗漏罪行或者同案犯罪嫌疑人的,应当建议侦查机关侦查。

第二十二条 【案件线索来源存疑、侦破过程不清楚的案件的审查】对于案件线索来源存疑、侦破过程不清楚的,应当要求侦查机关提供相关法律文书或者作出详细的情况说明。

第二十三条 【补充收集证据的一般规定】对死刑第二审案件自行补充收集证据的,应当由两名以上检察人员进行,可以要求侦查机关提供协助,也可以申请本院司法警察协助。上级人民检察院通过下级人民检察院通知侦查机关补充收集证据的,下级人民检察院应当提供协助。

第二十四条 【自行补充收集证据的情形】死刑第二审案件具有下列情形之一的,可以自行补充收集证据:

侦查机关以刑讯逼供等非法方法收集的被告人供述和采用暴力、威胁等非法手段取得的被害人陈述、证人证言,被依法排除后,侦查机关未另行指派侦查人员重新调查取证的;

被告人作出无罪辩解或者辩护人提出无罪辩护意见,经审查后,认为侦查机关取得的言词证据不全面或者有遗漏,或者经审查后认为存在疑问的;

案件在定罪量刑方面存在明显分歧或者较大争议,需要补充关键性言词证据,特别是影响案件定罪量刑的被告人供述、证人证言、被害人陈述等言词类证据的;

认为需要补充收集的事项,侦查机关未补充收集或者补充收集后未达到要求,且自行补充收集具有可行性的;

案件主要事实清楚,主要证据确实、充分,尚需要查明个别事实、情节或者补充个别证据材料的;

其他需要自行补充收集证据的情形。

第二十五条 【保障律师执业权利】检察人员应当依法保障律师的执业权利。

辩护律师要求听取其意见的,应当及时安排在工作时间、工作场所接待,并由两名以上检察人员听取意见、制作笔录。

辩护律师提出的书面意见,或者提交的无罪、罪轻或者减轻、免除刑事责任的证据材料应当附卷,并在审查报告中说明是否采纳及理由。

第二十六条 【保障被害人权益】检察人员应当依法保障被害人及其法定代理人或者近亲属的合法权益。涉及影响案件定罪量刑、社会稳定、司法救助等情况的,应当主动听取被害人及其法定代理人或者近亲属的意见。

第二十七条 【审查报告的内容】死刑第二审案件审查报告一般包括:

被告人及被害人基本情况;

案件诉讼经过;

第一审判决认定的事实及裁判结果、理由;

抗诉或者上诉理由;

辩护人的意见;

审查认定的事实及对证据的综合分析;

对上诉、抗诉理由的分析与意见；

需要说明的问题；

审查意见和理由。

第二十八条 【上诉案件的处理意见】对于上诉案件，审查后视情形提出以下处理意见：

原判决认定事实清楚，证据确实、充分，适用法律正确，量刑适当，审判程序合法的，应当提出建议维持原判的意见；

原判决在事实认定、证据采信、综合评判等方面存在不当之处，但不影响定罪量刑的，可以建议第二审人民法院在依法纠正后维持原判；

原判决认定事实没有错误，但适用法律错误，导致定罪错误或者量刑不当的，应当提出建议改判的意见，但不得违反上诉不加刑原则；

原判决认定事实不清或者证据不足的，可以在查清事实后提出建议改判的意见，也可以提出建议发回重审的意见；

第一审人民法院违反法律规定的诉讼程序，可能影响公正审判的，应当提出建议发回重审的意见。

第二十九条 【抗诉案件的处理意见】对于抗诉案件，审查后视情形提出以下处理意见：

具有《人民检察院刑事诉讼规则(试行)》第五百八十四条规定的情形，原判决确有错误，抗诉意见正确的，应当提出支持抗诉的意见；

原判决确有错误，抗诉意见部分正确的，可以变更、补充抗诉理由，提出部分支持抗诉的意见；

原判决并无不当，抗诉意见不当的，应当提出撤回抗诉的意见。

第三十条 【阅卷时间】人民检察院应当在接到人民法院决定开庭、查阅案卷通知之日起一个月以内阅卷完毕。在一个月以内无法完成的，可以商请人民法院延期审理。

第二节 案件决定

第三十一条 【提请检察官联席会议或者检察委员会讨论的情形】检察人员可以对下列死刑案件提请公诉部门负责人召集检察官联席会议进行讨论，为案件处理提供参考意见。需要提请检察委员会讨论的，应当报检察长决定：

抗诉案件；

在事实认定、证据采信、法律适用等方面存在较大分歧的；

在全国或者当地有重大社会影响的；

当事人或者其近亲属反应强烈，可能引发社会矛盾的；

其他重大、疑难、复杂的死刑案件。

第三十二条 【案件决定】检察长不同意检察人员处理意见，可以要求检察人员复核或者提请检察委员会讨论决定，也可以直接作出决定。要求复核的意见、决定，应当以书面形式作出，并归入案件卷宗。

第三十三条 【检察人员意见与决定不一致的处理】检察人员执行检察长决定时，认为决定错误的，可以提出异议；检察长不改变该决定，或者要求立即执行的，检察人员应当执行。

第三章 死刑第二审案件出席法庭

第一节 出席法庭准备

第三十四条 【确定出席法庭人员和制作相关文书】收到人民法院出席法庭通知书后，人民检察院应当及时确定出席法庭履行职务的检察人员，并制作派员出席法庭通知书送达人民法院。

第三十五条 【出席法庭准备工作】检察人员应当做好以下出席法庭准备工作：

进一步熟悉案情和主要证据，及时了解证据的变化情况和辩护人向法庭提供的新证据，确定需要在法庭上出示的证据，研究与本案有关的法律政策问题以及审判中可能涉及的专业知识；

拟定出庭预案，包括讯问提纲、询问提纲、举证质证提纲、答辩提纲和出庭检察员意见书。重大、疑难、复杂的案件可以制作多媒体示证资料；

在开庭前将需要通知到庭的证人、侦查人员、鉴定人、有专门知识的人的名单以及拟在法庭审理中出示的新证据提交人民法院，并与审判人员做好沟通；

需要对出庭证人等诉讼参与人提供保护的，及时向人民法院提出建议，做好相关工作；

对于重大、疑难、复杂和社会高度关注的案件，应当制作临庭处置方案，应对可能出现的各种复杂情况。

第三十六条　【出庭预案】出庭预案应当重点围绕抗诉、上诉理由，针对需要查证的、与定罪量刑有关的事实进行准备，根据具体案件情况，突出针对性和预见性。对于重大、疑难、复杂和社会高度关注的案件，可以召集检察官联席会议对出庭预案进行讨论。

第三十七条　【出庭检察员意见书】出庭检察员意见书的主要内容包括对第一审判决的全面评价、对抗诉理由的分析或者对上诉理由的评析、对辩解理由和辩护意见的评析等。

出庭检察员意见书应当表明建议法庭维持原判、依法改判或者发回重审的意见。

第三十八条　【与侦查人员、侦查活动相关的庭前准备工作】检察人员认为有必要由侦查人员或者其他人员出席法庭说明情况的，应当通知侦查机关及有关人员做好出席法庭准备；检察人员认为有必要当庭播放侦查活动的相关录音、录像，但录音、录像中有涉及国家秘密、商业秘密、个人隐私或者其他不宜公开的内容的，应当提前做好技术处理。

第二节　参加庭前会议

第三十九条　【参加庭前会议的人员及建议召开庭前会议的情形】人民法院通知人民检察院派员参加庭前会议的，由拟出席法庭的检察人员参加，检察长认为有必要的也可以参加。

对于证据材料较多，案情疑难复杂，社会影响重大等情形，人民法院未召开庭前会议的，可以建议召开庭前会议。

被告人及其辩护人在开庭审理前申请排除非法证据，并依照法律规定提供相关线索或者材料，人民法院未召开庭前会议的，应当建议人民法院召开庭前会议。第一审期间已进行非法证据调查，被告人及其辩护人没有新的线索或者材料，以相同理由再次提出申请的除外。

第四十条　【庭前会议的准备】参加庭前会议前，检察人员应当准备拟提出的问题及意见，预测辩护方可能提出的问题，制定应对方案。

第四十一条　【庭前会议的内容】在庭前会议中，检察人员可以对案件管辖、回避、出庭证人、鉴定人、有专门知识的人的名单、辩护人提供的无罪证据、非法证据排除、不公开审理、延期审理、庭审方案等与审判相关的问题提出和交换意见，了解辩护人收集的证据等情况。

对辩护人收集的证据有异议的，应当提出。

第四十二条　【申请证人、鉴定人、侦查人员、有专门知识的人出席法庭的情形】具有下列情形，检察人员可以在庭前会议中申请人民法院通知证人、鉴定人、侦查人员、有专门知识的人出席法庭：

对证人证言有异议，且该证人证言对案件定罪量刑有重大影响的；

对鉴定意见有异议的；

需要侦查人员就相关证据材料的合法性说明情况的；

需要有专门知识的人就鉴定意见或者专门性问题提出意见的。

第四十三条　【对非法证据进行说明】被告人及其辩护人在庭前会议中提出证据系非法取得，人民法院认为可能存在以非法方法收集证据情形的，检察人员应当通过出示有关证据材料等方式，有针对性地对证据收集的合法性作出说明。

第四十四条　【庭前会议的效力】对于人民法院已在庭前会议中对可能导致法庭审理中断的程序

性事项作出处理决定的，被告人及其辩护人没有新的理由，在法庭审理中再次提出有关申请或者异议的，检察人员应当建议法庭予以驳回。

第三节　出席法庭

第四十五条　【主要任务】检察人员出席死刑第二审法庭的主要任务是：

（一）支持抗诉或者听取上诉意见，对原审人民法院作出的错误判决或者裁定提出纠正意见；

（二）维护原审人民法院正确的判决或者裁定，建议法庭维持原判；

（三）维护诉讼参与人的合法权利；

（四）对法庭审判活动是否合法进行监督；

（五）依法从事其他诉讼活动。

第四十六条　【对法庭准备工作的监督】在法庭审理开始前，检察人员应当注意发现和纠正以下违法行为：

不公开审理的案件允许旁听；

辩护人没有到庭；

应当配备翻译人员没有配备；

证人、鉴定人、有专门知识的人在旁听席就坐等情形。

检察人员在审判长征求对法庭准备工作的意见时应当表明意见。

第四十七条　【对申请检察人员回避的处理】当事人及其法定代理人、辩护人、诉讼代理人申请检察人员回避的，对符合刑事诉讼法第二十八条、第二十九条规定情形的回避申请，应当在人民法院决定休庭后，由人民检察院作出是否回避的决定。对不符合刑事诉讼法第二十八条、第二十九条规定情形的回避申请，检察人员应当建议法庭继续开庭审理。

第四十八条　【对开庭后宣告裁判前申请撤回上诉的处理】被判处死刑立即执行的上诉人，在第二审开庭后宣告裁判前申请撤回上诉的，检察人员应当建议人民法院不予准许撤回上诉，继续按照上诉案件审理。

第四十九条　【对审判长概括内容的意见】审判长就抗诉、上诉未涉及的事实归纳总结后，检察人员认为该部分事实清楚、证据确实充分的，应当表示无异议，当庭予以确认；认为有异议的，应当指出，并提请法庭进行调查。

对于审判长概括的审理重点和焦点问题，检察人员认为需要补充的，应当及时提出。

第五十条　【对已认定为非法证据的处理】人民检察院认定的非法证据，应当予以排除。被排除的非法证据应当随案移送，并写明为依法排除的证据。

第五十一条　【对当事人在法庭审理中申请排除非法证据的处理】被告人及其辩护人在开庭审理前未申请排除非法证据，在法庭审理过程中提出申请的，检察人员应当建议法庭要求其说明理由。

第五十二条　【建议驳回排除非法证据申请的情形】对于被告人及其辩护人法庭审理中申请排除非法证据，但没有提供相关线索或者材料的，或者申请排除的理由明显不符合法律规定的，检察人员可以建议法庭当庭驳回申请。

第五十三条　【建议对排除非法证据申请进行审查的情形】被告人及其辩护人在法庭审理期间发现相关线索或者材料，在法庭审理中申请排除非法证据的，检察人员可以建议合议庭对相关证据的合法性进行审查。

第五十四条　【检察人员对证据合法性的证明方式】对于被告人及其辩护人在法庭审理期间申请排除非法证据，法庭决定进行调查的，检察人员可以出示讯问笔录、提讯登记、体检记录、采取强制措施或者侦查措施的法律文书、侦查终结前对讯问合法性的核查材料等证据材料，有针对性地播放讯问录音录像，提请法庭通知侦查人员或者其他人员出席法庭说明情况。

第五十五条　【法庭审理阶段讯问被告人】检察人员讯问被告人应当根据法庭确定的审理重点和焦点问题,围绕抗诉、上诉理由以及对原审判决、裁定认定事实有争议的部分进行,对没有异议的事实不再全面讯问。上诉案件先由辩护人发问,抗诉案件以及既有上诉又有抗诉的案件先由检察人员讯问。讯问应当注意以下方面:

被告人当庭辩解之前所作的供述不属实的,应当就其提出的不属实部分和翻供理由,进行有针对性的讯问,翻供理由不成立的,应当结合相关证据当庭指出;

被告人供述不清楚、不全面、不合理,或者与案件第一审判决查证属实的证据相矛盾的,应当进行讯问,与案件抗诉、上诉部分的犯罪事实无关的问题可以不讯问;

对于辩护人已经发问而被告人作出客观回答的问题,不进行重复讯问,但是被告人供述矛盾、含糊不清或者翻供,影响对案件事实、性质的认定或者量刑的,应当有针对性地进行讯问;

在法庭调查结束前,可以根据辩护人或者诉讼代理人发问、审判长(审判员)讯问的情况,进行补充讯问。

讯问共同犯罪案件的被告人应当个别进行,讯问中应当注意讯问被告人在共同犯罪中的地位、作用。被告人对同一事实的供述存在矛盾的,检察人员可以建议法庭传唤有关被告人到庭对质。

第五十六条　【禁止诱导性及不当的讯问、发问】检察人员讯问被告人,应当避免可能影响陈述客观真实的诱导性讯问或者其他不当讯问。

辩护人采用诱导性发问或者其他不当发问可能影响陈述的客观真实的,检察人员应当提请审判长予以制止或者要求对该项发问所获得的当庭供述不予采信。

第五十七条　【举证质证的一般规定】检察人员举证质证应当围绕对抗诉、上诉意见及理由具有重要影响的关键事实和证据进行。上诉案件先由被告人及其辩护人举证;抗诉案件以及既有上诉又有抗诉的案件,先由检察人员举证。

第五十八条　【举证】检察人员举证应当注意以下方面:

对于原判决已经确认的证据,如果检察人员、被告人及其辩护人均无异议,可以概括说明证据的名称和证明事项;

对于有争议且影响定罪量刑的证据,应当重新举证;

对于新收集的与定罪量刑有关的证据,应当当庭举证。

第五十九条　【质证】检察人员质证应当注意以下方面:

对于诉讼参与人提交的新证据和原审法院未经质证而采信的证据,应当要求当庭质证;

发表质证意见、答辩意见应当简洁、精练,一般应当围绕证据的合法性、客观性、关联性进行;

对于被告人及其辩护人提出的与证据证明无关的质证意见,可以说明理由不予答辩,并提请法庭不予采纳;

被告人及其辩护人对证人证言、被害人陈述提出质疑的,应当根据证言、陈述情况,针对证言、陈述中有争议的内容重点答辩;

被告人及其辩护人对物证、书证、勘验检查笔录、鉴定意见提出质疑的,应当从证据是否客观、取证程序是否合法等方面有针对性地予以答辩。

第六十条　【举证质证应当采取保护措施的情形】采取技术侦查措施收集的物证、书证及其他证据材料,如果可能危及特定人员的人身安全、涉及国家秘密,或者公开后可能暴露侦查秘密或者严重损害商业秘密、个人隐私的,检察人员应当采取或者建议法庭采取避免暴露有关人员身份、技术方法等保护措施。在必要的时候,可以建议不在法庭上质证,由审判人员在庭外对证据进行核实。

第六十一条　【询问证人】检察人员应当按照审判长确定的顺序询问证人。询问时应当围绕与定罪量刑紧密相关的事实进行,对证人证言中有虚假、遗漏、矛盾、模糊不清、有争议的内容,应当重点询问,必要时宣读证人在侦查、审查起诉阶段提供的证言笔录或者出示、宣读其他证据。

询问证人应当避免可能影响证言客观真实的诱导性询问以及其他不当询问。

第六十二条　【侦查人员出庭作证】对于侦查人员就其执行职务过程中目击的犯罪情况出庭作证的,检察人员可以参照证人出庭有关规定进行询问;侦查人员为证明证据收集的合法性出庭作证的,检察人员应当主要围绕证人证言、被告人供述、被害人陈述的取得,物证、书证的收集、保管及送检等程序、方式是否符合法律及有关规定进行询问。

第六十三条　【鉴定人出庭作证】对于鉴定人出庭作证的,检察人员应当重点围绕下列问题发问:

鉴定人所属鉴定机构的资质情况,包括核准机关、业务范围、有效期限等;

鉴定人的资质情况,包括执业范围、执业证使用期限、专业技术职称、执业经历等;

委托鉴定的机关、时间以及事项,鉴定对象的基本情况,鉴定时间,鉴定程序等;

鉴定意见及依据。

第六十四条　【有专门知识的人出庭作证】有专门知识的人出庭对鉴定意见发表意见的,检察人员应当重点询问鉴定的程序、方法、分析过程是否符合本专业的检验鉴定规程和技术方法要求,鉴定意见是否科学等内容。

第六十五条　【法庭辩论】法庭辩论阶段,检察人员应当在法庭调查的基础上,围绕控辩双方在案件事实、证据、法律适用和量刑方面的争议焦点,依据事实和法律,客观公正地发表出庭意见。

第六十六条　【答辩】对于被告人、辩护人提出的意见可能影响被告人的定罪或者量刑的,检察人员应当答辩。答辩应当观点明确、重点突出、主次分明、有理有据。对于与案件无关或者已经发表意见的问题,可以不再答辩。

第六十七条　【建议延期审理的情形】法庭审理过程中遇有下列情形之一的,检察人员可以建议法庭延期审理:

发现事实不清、证据不足,或者遗漏罪行、遗漏同案犯罪嫌疑人,需要补充侦查或者补充提供证据的;

被告人揭发他人犯罪行为或者提供重要线索,需要查证的;

需要申请人民法院通知证人、鉴定人出庭作证或者有专门知识的人出庭提出意见的;

需要调取新的证据,重新鉴定或者勘验的;

被告人、辩护人向法庭出示检察人员还未掌握的与定罪量刑有关的证据,需要调查核实的;

不能当庭证明证据收集的合法性,需要调查核实的。

第六十八条　【开庭后证据出现新情况的处理】第二审开庭后宣告裁判前,检察人员发现被告人有立功情节、与被害方达成赔偿协议、取得谅解等情形,或者案件证据发生重大变化的,应当及时调查核实,并将有关材料移送人民法院。

上述情形经查证,可能对被告人定罪量刑有影响,可以补充举证质证;也可以变更处理意见,报请检察长审批后,书面送达人民法院。

第四章　死刑案件诉讼监督

第六十九条　【侦查活动监督】对于侦查活动中的违法情形,由检察人员依法提出纠正意见。对于情节较重的违法情形,应当报请检察长或者检察委员会决定后,发出纠正违法通知书。

第七十条　【审判活动监督】人民检察院在审判活动监督中,如果发现人民法院或者审判人员审理案件违反法律规定的诉讼程序的,应当向人民法院提出纠正意见。

出席法庭的检察人员发现法庭审判违反法律规定的诉讼程序的,应当在休庭后及时向检察长报告。需要提出纠正意见的,应当在法庭审理后提出。

第七十一条　【监督意见落实】检察人员对于提出的监督意见,应当逐件跟踪,督促纠正。对于侦查、审判活动中普遍存在的问题,应当归纳、分析并及时提出监督意见。

对于经督促仍不纠正的,可以通过上级人民检察院向被监督单位的上级机关通报,必要时可以向同级人民代表大会常务委员会报告。

第七十二条　【列席审判委员会会议】对于可能判处被告人死刑立即执行或者可能改判无罪的案件以及人民检察院提出抗诉的案件,检察长或者受检察长委托的副检察长可以列席同级人民法院审判委员会会议,发表监督意见。

第七十三条　【对第二审裁判文书的审查】检察人员应当及时了解第二审裁判的情况,督促人民法院依法送达裁判文书。

检察人员应当在收到死刑第二审裁判文书后及时进行审查,对第二审裁判认定事实、适用法律和量刑等提出明确审查意见,并填制二审判决、裁定审查表;省级人民检察院对确有错误的判决、裁定,应当依法及时提请最高人民检察院抗诉或者监督。

审查完毕后,检察人员应当及时在统一业务应用系统点击“流程结束”,以便死刑复核监督阶段查阅。

第七十四条　【对司法工作人员违法犯罪的监督】人民检察院公诉部门在诉讼监督活动中,应当注意发现可能影响案件公正处理的司法工作人员违法犯罪问题,加强与相关部门的沟通配合与衔接,形成监督合力。

第五章　死刑复核监督

第七十五条　【死刑复核监督案件范围】人民检察院承办下列死刑复核监督案件:

人民法院通报的死刑复核案件;

死刑复核期间下级人民检察院提请监督或者报告重大情况的案件;

死刑复核期间当事人及其近亲属或者受委托的律师向人民检察院申请监督的案件;

人民检察院认为应当监督的其他死刑复核案件。

第七十六条　【死刑复核监督的主要任务】人民检察院办理死刑复核监督案件的主要任务是:

审查人民法院的死刑适用是否适当,根据案件事实、法律及刑事政策提出监督意见;

审查下级人民检察院的监督意见和重大情况报告,以及当事人及其近亲属或者受委托的律师申请监督的理由;

对人民法院死刑复核活动是否合法进行监督;

发现和纠正侦查、审查起诉和第一审、第二审审判活动中的违法行为;

维护诉讼参与人的合法权益,依法保障人权。

第七十七条　【最高人民法院通报案件受理和审查】最高人民法院向最高人民检察院通报的死刑复核案件,由办理死刑复核案件的公诉部门直接受理、审查。

第七十八条　【提请抗诉与监督】对于高级人民法院第二审判处被告人死刑缓期二年执行的案件,省级人民检察院审查后认为被告人罪行极其严重,应当判处死刑立即执行或者第二审裁判认定事实、适用法律严重错误,应当及时向最高人民检察院提请抗诉。

对于高级人民法院第二审判处死刑立即执行或者维持死刑立即执行判决,且已报最高人民法院复核的案件,省级人民检察院审查后认为不应判处死刑立即执行的,应当及时向最高人民检察院提请监督。

第七十九条　【提请监督、报告重大情况的受理和审查】省级人民检察院对死刑复核案件提请监督或者报告重大情况,由本院案件管理部门报送。最高人民检察院案件管理部门经审查认为案件材料齐全的,移送办理死刑复核案件的公诉部门审查。

第八十条　【申请监督案件的受理和审查】当事人及其近亲属或者受委托的律师向最高人民检察

院申请监督的死刑复核案件,由最高人民检察院控告检察部门受理。对于有明确请求和具体理由的,移送办理死刑复核案件的公诉部门审查。

第八十一条 【提请监督的情形】省级人民检察院对高级人民法院死刑第二审裁判进行审查后,发现有下列情形之一的,应当及时向最高人民检察院提请监督:

案件事实不清、证据不足,依法应当发回重新审判或者改判,高级人民法院第二审判处死刑或者维持死刑判决的;

被告人具有从宽处罚情节,依法不应当判处死刑,高级人民法院第二审判处死刑或者维持死刑判决的;

适用法律错误,高级人民法院第二审判处死刑或者维持死刑判决的;

违反法律规定的诉讼程序,可能影响公正审判的;

其他应当提请监督的情形。

第八十二条 【报告重大情况的情形】省级人民检察院发现进入死刑复核程序的被告人有立功、怀孕或者达成赔偿协议、被害方谅解等新的重大情况,可能影响死刑适用的,应当及时向最高人民检察院报告。

第八十三条 【提请监督、报告重大情况的要求】省级人民检察院提请监督或者报告重大情况,应当制作死刑复核案件提请监督意见书或者重大情况报告,加盖印章,连同该案第一审和第二审裁判文书,第二审案件审查报告及新的证据材料等报送最高人民检察院。

第八十四条 【报送备案的要求】对于适用死刑存在较大分歧或者在全国有重大影响的死刑第二审案件,省级人民检察院公诉部门在收到第二审裁判文书后,应当制作死刑复核案件备案函,说明备案理由,加盖印章,连同起诉书、上诉状、抗诉书、第一审和第二审裁判文书、第二审案件审查报告等及时报最高人民检察院公诉部门备案。

第八十五条 【分、州、市级院向省级院提请监督、报告重大情况、备案的程序】在高级人民法院死刑复核期间,分、州、市人民检察院向省级人民检察院提请监督、报告重大情况、备案等程序,参照本指引第七十九条至第八十四条的相关规定办理。

第八十六条 【死刑复核监督案件的审查内容】办理死刑复核监督案件,应当重点审查以下内容:

据以定罪量刑的事实是否清楚,证据是否确实、充分;

人民法院适用死刑的理由、下级人民检察院提请监督的理由、当事人及其近亲属或者受委托的律师申请监督的理由是否正确、充分;

适用法律是否正确;

是否必须判处死刑;

程序是否合法;

其他应当审查的内容。

第八十七条 【死刑复核监督案件的审查方式】对死刑复核监督案件可以采取以下方式进行审查:

书面审查人民法院移送的材料、下级人民检察院报送的相关案件材料、当事人及其近亲属或者受委托的律师提交的申诉材料;

向下级人民检察院调取案件审查报告、出庭检察员意见书等材料,了解案件相关情况;

向人民法院调阅或者查阅案件材料;

核实或者委托核实主要证据,就有关技术性问题向专门机构或者专家咨询,或者委托其进行证据审查;

讯问被告人或者听取受委托的律师的意见;

需要采取的其他方式。

第八十八条　【听取下级院意见的情形】审查死刑复核监督案件，具有下列情形之一的，应当听取下级人民检察院的意见：

对案件主要事实、证据有疑问的；

对适用死刑存在较大争议的；

可能引起司法办案重大风险的；

其他应当听取意见的情形。

第八十九条　【死刑复核监督案件审查报告的内容】死刑复核监督案件审查报告，应当重点对案件焦点问题进行分析，提出明确的处理意见，并阐明理由和依据。

第九十条　【提交检察官联席会议讨论的情形】下列死刑复核监督案件应当提交检察官联席会议讨论：

在全国或者当地有重大社会影响的；

案件重大、疑难、复杂，存在较大争议的；

拟向人民法院提出检察意见的；

其他应当讨论的情形。

讨论死刑复核监督案件，可以通知有关下级人民检察院公诉部门派员参加。

第九十一条　【提出检察意见的情形】死刑复核监督案件具有下列情形之一的，人民检察院应当向人民法院提出检察意见：

认为死刑适用确有错误的；

发现新情况、新证据，可能影响被告人定罪量刑的；

严重违反法律规定的诉讼程序，可能影响公正审判的；

司法工作人员在办理案件中，有贪污受贿、徇私舞弊、枉法裁判等行为的；

其他应当提出意见的情形。

第九十二条　【提出检察意见的程序】拟对死刑复核监督案件提出检察意见的，应当提请检察长或者检察委员会决定。

第六章　死刑案件办理指导

第九十三条　【工作指导的要求】上级人民检察院应当加强对死刑案件提前介入侦查、审查起诉、出席第一审法庭、第二审法庭和死刑复核监督工作的指导。

省级人民检察院对可能判处死刑的重大、疑难、复杂案件，应当加强审查起诉和出席第一审法庭的指导工作。对特别重大、疑难、复杂的死刑第二审案件，最高人民检察院应当派员进行指导。

第九十四条　【同步指导】对于下级人民检察院提前介入侦查活动的可能判处死刑的案件以及下级人民检察院办理的其他死刑案件，上级人民检察院在必要时可以进行同步指导。

第九十五条　【向上级院报告重大事项】对于具有重大社会影响可能判处死刑的案件，下级人民检察院公诉部门应当将案件基本情况和出现的重大情况，及时向上一级人民检察院公诉部门书面报告，必要时层报最高人民检察院公诉部门。

第九十六条　【对改变起诉指控事实、罪名的判决的审查】对于人民法院第一审判决改变起诉指控事实、罪名的死刑案件，人民检察院应当在收到判决书后三日以内，将审查报告、起诉书和判决书等案件材料报送上一级人民检察院备案审查。

上级人民检察院收到备案材料后，应当及时审查。认为应当抗诉的，应当及时通知下级人民检察院依法提出抗诉；对于判决有错误但无抗诉必要的，应当及时通知下级人民检察院依法提出纠正意见；对于具有被告人上诉等其他情形的，应当提前做好相应准备工作。

第九十七条　【死刑案件数据统计、分析及报送】人民检察院公诉部门应当做好死刑案件的数据统计、分析工作；省级人民检察院应当在每年3月15日前，将上一年度死刑案件综合分析报告报送最高人民检察院，并严格做好保密工作。

第七章　附则

第九十八条　【参照执行的案件类型】对于人民法院按照第二审程序提审或者重新开庭审理的其他死刑案件，人民检察院出席第二审法庭的，参照本指引执行。

第九十九条　【效力】最高人民检察院原有的相关规定与本指引不一致的，以本指引为准。

第一百条　【解释权及生效时间】本指引由最高人民检察院负责解释，自下发之日起试行。

▼最高人民法院、最高人民检察院关于死刑第二审案件开庭审理工作有关问题的会谈纪要（2006年4月5日）

（一）各高级人民法院开庭审理死刑第二审案件，同级人民检察院应当派员出庭。

（四）各高级人民法院必须在开庭十日以前通知同级人民检察院查阅案卷。

▼最高人民法院办公厅、最高人民检察院办公厅关于调阅诉讼卷宗有关问题的通知（全文）（2010年6月17日）

一、人民检察院在办理法官涉嫌犯罪案件、抗诉案件、申诉案件过程中，可以调阅人民法院的诉讼卷宗。

二、凡是通过查阅、拷贝电子卷、复制、摘录等方式能够满足办案需要的，不再调阅诉讼卷宗。

三、人民法院、人民检察院调阅诉讼卷宗应严格手续，经院领导批准，填写《人民法院调阅卷宗单》、《人民检察院调阅卷宗单》，加盖院印或办公厅（室）印章，由相关部门确定专人负责办理。

四、人民法院、人民检察院调阅诉讼卷宗的时间为三个月。特殊情况应重新办理调阅手续，连续调阅期限不超过六个月。

五、人民法院、人民检察院在调阅诉讼卷宗期间，有关单位、当事人和诉讼代理人等需要查阅诉讼卷宗的，应按照《档案法》和人民法院、人民检察院关于利用诉讼卷宗的规定，严格手续，提供查阅，但不得向外转借。

六、人民法院、人民检察院在使用诉讼卷宗过程中，严格执行谁批准谁负责、谁使用谁负责的制度，做好保密工作，确保诉讼卷宗安全。对于违反保密规定，泄露审判、检察秘密的，或者篡改、损毁、丢失卷宗的，应依法依纪追究相关人员的责任。

七、人民法院、人民检察院之间调阅诉讼卷宗的，由同级人民法院、人民检察院负责办理。

八、调阅卷宗的具体事宜，由各省、自治区、直辖市高级人民法院、人民检察院制定意见。

附：人民法院、人民检察院调阅案卷单（略）

第二百三十六条　【二审后对一审判决的处理】第二审人民法院对不服第一审判决的上诉、抗诉案件，经过审理后，应当按照下列情形分别处理：

（一）原判决认定事实和适用法律正确、量刑适当的，应当裁定驳回上诉或者抗诉，维持原判；

（二）原判决认定事实没有错误，但适用法律有错误，或者量刑不当的，应当改判；

（三）原判决事实不清楚或者证据不足的，可以在查清事实后改判；也可以裁定撤销原判，发回原审人民法院重新审判。

原审人民法院对于依照前款第三项规定发回重新审判的案件作出判决后，被告人提出上诉或者人民检察院提出抗诉的，第二审人民法院应当依法作出判决或者裁定，不得再发回原审人民法院重新审判。

■最高人民法院关于适用《中华人民共和国刑事诉讼法》的解释（2021年3月1日）

第四百零四条　第二审人民法院认为第一审判决事实不清、证据不足的，可以在查清事实后改判，也可以裁定撤销原判，发回原审人民法院重新审判。

有多名被告人的案件,部分被告人的犯罪事实不清、证据不足或者有新的犯罪事实需要追诉,且有关犯罪与其他同案被告人没有关联的,第二审人民法院根据案件情况,可以对该部分被告人分案处理,将该部分被告人发回原审人民法院重新审判。原审人民法院重新作出判决后,被告人上诉或者人民检察院抗诉,其他被告人的案件尚未作出第二审判决、裁定的,第二审人民法院可以并案审理。

第四百零五条　原判事实不清、证据不足,第二审人民法院发回重新审判的案件,原审人民法院重新作出判决后,被告人上诉或者人民检察院抗诉的,第二审人民法院应当依法作出判决、裁定,不得再发回重新审判。

第四百零七条　第二审人民法院审理对刑事部分提出上诉、抗诉,附带民事部分已经发生法律效力的案件,发现第一审判决、裁定中的附带民事部分确有错误的,应当依照审判监督程序对附带民事部分予以纠正。

第四百零八条　刑事附带民事诉讼案件,只有附带民事诉讼当事人及其法定代理人上诉的,第一审刑事部分的判决在上诉期满后即发生法律效力。

应当送监执行的第一审刑事被告人是第二审附带民事诉讼被告人的,在第二审附带民事诉讼案件审结前,可以暂缓送监执行。

第四百零九条　第二审人民法院审理对附带民事部分提出上诉,刑事部分已经发生法律效力的案件,应当对全案进行审查,并按照下列情形分别处理:

(一)第一审判决的刑事部分并无不当的,只需就附带民事部分作出处理;

(二)第一审判决的刑事部分确有错误的,依照审判监督程序对刑事部分进行再审,并将附带民事部分与刑事部分一并审理。

第四百一十条　第二审期间,第一审附带民事诉讼原告人增加独立的诉讼请求或者第一审附带民事诉讼被告人提出反诉的,第二审人民法院可以根据自愿、合法的原则进行调解;调解不成的,告知当事人另行起诉。

第四百一十一条　对第二审自诉案件,必要时可以调解,当事人也可以自行和解。调解结案的,应当制作调解书,第一审判决、裁定视为自动撤销。当事人自行和解的,依照本解释第三百二十九条的规定处理;裁定准许撤回自诉的,应当撤销第一审判决、裁定。

第四百一十二条　第二审期间,自诉案件的当事人提出反诉的,应当告知其另行起诉。

■最高人民法院关于适用刑事诉讼法第二百二十五条第二款有关问题的批复(全文)(2016年6月24日)

一、对于最高人民法院依据《中华人民共和国刑事诉讼法》(2012年修正的。——编著者注)第二百三十九条和《最高人民法院关于适用〈中华人民共和国刑事诉讼法〉的解释》第三百五十三条裁定不予核准死刑,发回第二审人民法院重新审判的案件,无论此前第二审人民法院是否曾以原判决事实不清楚或者证据不足为由发回重新审判,原则上不得再发回第一审人民法院重新审判;有特殊情况确需发回第一审人民法院重新审判的,需报请最高人民法院批准。

二、对于最高人民法院裁定不予核准死刑,发回第二审人民法院重新审判的案件,第二审人民法院根据案件特殊情况,又发回第一审人民法院重新审判的,第一审人民法院作出判决后,被告人提出上诉或者人民检察院提出抗诉的,第二审人民法院应当依法作出判决或者裁定,不得再发回重新审判。

■最高人民法院关于规范上下级人民法院审判业务关系的若干意见(2010年12月28日)

第六条　第一审人民法院已经查清事实的案件,第二审人民法院原则上不得以事实不清、证据不足为由发回重审。

第二审人民法院作出发回重审裁定时,应当在裁定书中详细阐明发回重审的理由及法律依据。

第七条　第二审人民法院因原审判决事实不清、证据不足将案件发回重审的，原则上只能发回重审一次。

第十一条　本意见自公布之日起施行。

■最高人民法院关于建立健全防范刑事冤假错案工作机制的意见(2013年10月9日)

四、认真履行案件把关职责，完善审核监督机制

18.原判事实不清、证据不足，第二审人民法院查清事实的，不得发回重新审判。以事实不清、证据不足为由发回重新审判的案件，上诉、抗诉后，不得再次发回重新审判。

19.不得通过降低案件管辖级别规避上级人民法院的监督。不得就事实和证据问题请示上级人民法院。

■最高人民法院、最高人民检察院关于对死刑判决提出上诉的被告人在上诉期满后宣判前提出撤回上诉人民法院是否准许的批复(全文)(2010年9月1日)

第一审被判处死刑立即执行的被告人提出上诉，在上诉期满后第二审开庭以前申请撤回上诉的，依照《最高人民法院、最高人民检察院关于死刑第二审案件开庭审理程序若干问题的规定(试行)》(该规定已被最高人民法院法释〔2013〕6号废止。——编著者注)第四条的规定处理。在第二审开庭以后宣告裁判前申请撤回上诉的，第二审人民法院应当不准许撤回上诉，继续按照上诉程序审理。

最高人民法院、最高人民检察院以前发布的司法解释、规范性文件与本批复不一致的，以本批复为准。

■最高人民法院、最高人民检察院、公安部关于严格执行刑事诉讼法，切实纠防超期羁押的通知(2003年11月12日)

四、……第二审人民法院经过审理，对于事实不清或者证据不足的案件，只能一次裁定撤销原判、发回原审人民法院重新审判；对于经过查证，只有部分犯罪事实清楚、证据充分的案件，只就该部分罪行进行认定和宣判；对于查证以后，仍然事实不清或者证据不足的案件，要依法作出证据不足、指控的犯罪不能成立的无罪判决，不得拖延不决，迟迟不判。

■最高人民法院、最高人民检察院、公安部、国家安全部、司法部关于适用认罪认罚从宽制度的指导意见(2019年10月11日)

(见本书附录五十)

▽一审法院对二审认为事实不清、证据不足发回重审的案件，不应作出与第一次判决相同的判决

我国在审级制度上，实行两审终审。除死刑案件和没有法定减轻处罚情节的法定刑以下量刑案件外，二审法院的裁定是终审裁判，二审以事实不清、证据不足的理由作出发回重审裁定，也是终审裁定。因此，可以认为“案件事实不清、证据不足”的结论，也是具有终审效力的结论。一审法院继续以原一审的证据作出相同的事实认定，并作出相同的判决，是对终审效力的不尊重。正确的做法应当是，原审法院应当充分利用发回重审的机会，就原判决存在的问题加以纠正，对事实不清的，通过诉讼程序予以查清；对证据不足的，如果经过审理，没有新的证据，则应当作出证据不足、指控的犯罪不能成立的无罪判决，在事实、证据没有变化的情况下，不应作出与第一次判决相同的判决。[参见第396号案例，陈某强奸案，载《刑事审判参考》总第50集(2006年第3集)，法律出版社，第24页。执笔：王培中]

▽人民法院对于出庭支持抗诉的检察人员超出抗诉书和支持刑事抗诉意见书范围提出的抗诉意见不应采纳

司法实践中，如果检察人员在二审法庭上发表的抗诉意见超出抗诉书和支持刑事抗诉意见书(支持刑事抗诉意见书是编者根据最高人民检察院2002年1月1日起新使用的《人民检察院法律文书格式》加上的，下同。——编著者注)范围的，二审法院可以依据刑事诉讼法有关规定的精神，以切实保障被告人充分有效行使辩护权和有利司法公正为原则，区别情况作出处理。其中，对于出庭检察人员超

出抗诉书和支持刑事抗诉意见书范围当庭发表的新的不利于被告人的抗诉主张,法庭应不予采纳。所谓超出抗诉书和支持刑事抗诉意见书范围,主要指当庭提出的与抗诉书和支持刑事抗诉意见书所载抗诉主张不一致的即新的抗诉主张,如更换罪名或追加、减少罪名或新的量刑主张。值得注意的是,有时出庭检察人员当庭发表的新的抗诉主张与抗诉书和支持刑事抗诉意见书的抗诉主张相比较,可能更有利于被告人,即使这样,二审法院一般也不宜作为抗诉意见直接采纳。因为,检察机关提出的抗诉意见究竟是否有利于被告人,只是对上下级检察机关的不同抗诉主张进行比较而言的。对被告人来讲,未必是正确的,被告人也未必接受。因此,无论属于哪种情形,被告人均需要进行充分的辩护准备。而对于检察人员在法庭上提出的新的抗诉意见,被告人是无法进行准备的。如果人民法院采纳此种意见,就会限制甚至剥夺被告人对超越抗诉书和支持刑事抗诉意见书范围的新的辩护意见的辩护权,不仅最终影响公正审判,而且与我们充分尊重、切实保障被告人辩护权的立法精神相悖。但是,在不影响被告人辩护权的前提下,人民法院对于检察人员当庭发表的正确意见也可以"采纳",但这种"采纳"不是对抗诉意见的采纳,而仅仅是对一种正确意见的吸收。如果出席二审法庭的检察人员仅仅是对抗诉书和支持刑事抗诉意见书所载的抗诉理由进行补充或对不妥当之处进行修改,未提出新的抗诉主张,则不属于超越抗诉书和支持刑事抗诉意见书范围。[参见第222号案例,李林故意杀人案,载《刑事审判参考》总第30集(2003年第1辑),法律出版社,第24~25页。执笔:董朝阳、蔡金芳]

▽判决结果与一审相同,但定罪量刑依据的部分事实发生变化的二审案件应当用判决书改判

对于"事实不清、证据不足"的案件,既可以裁定撤销原判,发回原审法院重审,也可以在查清事实后改判。虽然法院对于原判事实不清、证据不足的案件是发回重审还是改判具有选择权,但应注意到立法规定将二审查明事实后改判作为首选的处理方式,其意图是为了节约司法资源,提高诉讼效率。因此,在通常情况下,二审能查明事实后改判的,应尽量直接改判。只有当二审难以直接查明事实或有其他必须发回重审情况的才发回重审。对于二审认定的部分事实发生变化,但二审认定的罪名和刑罚与一审相同的案件,二审改判制作的刑事判决书,是二审法院根据二审查实的案情和有关刑事法律的规定,确认原判决在认定事实、适用法律或者定罪量刑等案件的实体问题上有错误,从而依法作出全部或部分改判的法律文书。因此,对于二审认定的部分事实发生变化,但定罪量刑与一审相同的案件,是否采用二审判决书予以改判,应该以变化部分的事实是否影响案件实体处理为准。如果发生变化的部分事实,不影响案件实体处理的,则无须改判,可以用裁定书驳回上诉,维持原判;如果发生变化的部分事实,影响到案件实体处理,则应当按照用判决书进行改判。[参见第421号案例,贺淑华非法行医案,载《刑事审判参考》总第53辑(2006年第6辑),法律出版社,第56~58页。执笔:冉容]

▽一审宣告无罪后,检察机关提出抗诉并提供对定罪有重大影响新证据的,二审不得直接改判有罪

(一)本案一审宣告无罪符合法律规定。根据刑法、刑事诉讼法的有关规定,司法实践中审判机关宣告被告人无罪大致有以下两种情形:一是事实成立,但情节显著轻微、危害不大,不认为是犯罪的。刑法第十三条规定:"……但是情节显著轻微危害不大的,不认为是犯罪。"对于此类情形,1996年刑事诉讼法第一百六十二条第二项规定:"依照法律认定被告人无罪的,应当作出无罪判决。"2012年修正的刑事诉讼法第十五条第一项规定,"情节显著轻微、危害不大,不认为是犯罪的"不追究刑事责任,已经追究的,应当撤销案件,或者不起诉,或者终止审理,或者宣告无罪。第一百九十五条第二项规定:"依据法律认定被告人无罪的,应当作出无罪判决。"《最高人民法院关于适用〈中华人民共和国刑事诉讼法〉的解释》(已被修改)(本附文以下简称《解释》)第二百四十一条第三项对此类情形作了更加具体明确的规定:"案件事实清楚,证据确实、充分,依据法律认定被告人无罪的,应当判决宣告被告人无罪。"根据上述规定,对于情节显著轻微,危害不大,不认为是犯罪的案件,无论适用1996年刑事诉讼法还是2012年修正的刑事诉讼法,法院均应当直接宣告被告人无罪。二是检察机关指控的证据不足,不能认定被告人有罪的。1996年刑事诉讼法第一百六十二条第三项(2012年修正的刑事诉讼法第一百九十五条第三项)规定:“证据不足,不能认定被告人有罪的,应当作出证据不足、指控的犯罪不能成立的无罪判决。”《解释》第二百四十一条第四项规定:“证据不足,不能认定被告人有罪的,应当以证据不足、指控的犯罪不能成立,判决宣告被告人无罪。”本案审理时,2012年修正的刑事诉讼法尚未生效,故仍适用1996年刑事诉讼法的规定。法院第一次审理时,因关键证据被害人万某的陈述改变,万某自称系自愿与被告人发生性关系,检察机关当时未能提供证据证实万某改变陈述系因受胁迫或者被收买所为,即本案不能排除万某系自愿与被告人发生性关系的可能。据此,法院认为检察机关指控被告人强奸万某的证据不足,依法宣告被告人无罪的判决符合当时的法律规定。

(二)本案二审期间检察机关提交关于万某因被收买而改变陈述的证据是否属于新证据。刑事案件二审期间,因控辩双方提出新证据而导致案件被发回重审或者改判的情形时有发生。如果不加区分,将所有一审期间未曾提交的证据都视为新证据的话,必然会大大增加控辩双方的负担,浪费司法资源,影响审判效率。因此,有必要对二审期间提出的新证据进行界定和规范,实现公正与效率的平衡。修正前后的刑事诉讼法尚未对新证据的概念作出规定。刑事诉讼法的司法解释也仅仅对二审新证据作了原则性规定。《最高人民法院关于执行〈中华人民共和国刑事诉讼法〉若干问题的解释》(已废止)第二百五十一条规定:“对上诉、抗诉案件应当审查下列主要内容……(四)上诉、抗诉是否提出新的事实和证据……”该条规定亦在《解释》中得以保留。同时,《解释》第三百二十三条还规定:“开庭审理上诉、抗诉案件,可以重点围绕对第一审判决、裁定有争议的问题或者有疑问的部分进行。根据案件情况,可以按照下列方式审理:……(二)法庭调查应当重点围绕对第一审判决提出异议的事实、证据以及提交的新的证据等进行……”在刑事案件中,相关司法解释并未对提交新证据的时限进行严格限制。这是因为,刑事诉讼与被告人的生命权、自由权以及被害人受到侵害的各项权利紧密相关,对举证时限等作出明确规定,不利于被告人一方行使辩护权和公诉机关行使追诉权,难以实现实体公正。刑事诉讼法及其解释虽然未对二审程序中新证据的概念进行明确,但在对当事人申诉及其法定代理人、近亲属申诉的再审程序进行规定时,对该程序中的新证据进行了界定。2012年刑事诉讼法第二百四十二条规定:“当事人及其法定代理人、近亲属的申诉符合下列情形之一的,人民法院应当重新审判:(一)有新的证据证明原判决、裁定认定的事实确有错误,可能影响定罪量刑的……”由此规定可知,再审程序的新证据必须具备两项特征:一是能证明原判决、裁定认定的事实确有错误;二是可能影响定罪量刑。对再审程序新证据进行限制的必要性在于,再审意味着重新启动一个诉讼程序,如果对当事人及其法定代理人、近亲属提交证据的范围不加限定,最直接的结果就是导致国家司法资源的严重浪费。同理推之,刑事诉讼二审程序中新证据的特征应当与再审程序中新证据的特征一致,即不但能证明原判决、裁定认定的事实确有错误,而且可能影响定罪量刑。本案万某在改变陈述后下落不明,一审期间无法核实万某的陈述。二审期间,公安机关将万某抓获归案,并取得万某关于其接受被告人的现金后改变报案时的陈述。由于该证据在一审期间未出现,但足以改变一审裁判,且影响对被告人的定罪量刑,因此,该证据应当视为二审期间出现的新证据。

(三)二审出现新证据情况下直接改判和发回重审的情形。2012年刑事诉讼法第二百二十五条第一款第三项(1996年刑事诉讼法第一百八十九条第三项)规定:“原判决事实不清楚或者证据不足的,可以在查清事实后改判;也可以裁定撤销原判,发回原审人民法院重新审判。”该规定虽然规定了原判决事实不清、证据不足,有查清事实后改判或者发回重审两种处理方法,但对什么情形应当查清事实后改判、什么情形应当直接发回重审未作具体明确。实践中,如果任意为之,则可能出现同案不同判的情况。在二审期间出现新证据的情况下,应当区分以下情形分别作出处理:1. 新证据有利于被告人,且被告人及辩护人没有异议并经查证属实的,原则应当直接改判。如一审对被告人以贪污罪定罪处罚,二审期间,检察机关或者被告人一方提供新证据,经审理后认为被告人的行为依法应当构成挪用公款罪。

此时由于前者是重罪,后者是轻罪,属于重罪改轻罪,二审可以直接改判。这样可以保证司法效率,避免浪费司法资源。2.检察机关在二审期间提供新证据,涉及无罪改有罪、轻罪改重罪,应当发回重审,以保障被告人的辩护权、上诉权等合法权益。刑法、刑事诉讼法均明确规定,应当依法保障被告人行使辩护权、上诉权。一审作出无罪判决,检察机关提出抗诉并在二审期间收集到证明被告人犯罪的新证据,如果二审法院可以直接采纳检察机关提交的上述新证据,并据此认定被告人有罪,作出有罪判决,则实际意味着被告人丧失了就新证据所作出的有罪判决进行上诉救济的机会,也变相剥夺了被告人的辩护权和上诉权,不利于保护被告人的合法权益。本案中,检察机关在二审期间提供的新证据对认定被告人的行为是否构成犯罪有重大影响,且被告人对此提出异议,因此,为充分保障被告人的辩护权和上诉权,应当将本案发回重审,而不宜直接改判。[参见第833号指导案例,邱垂江强奸案,载《刑事审判参考》总第90集(2013年第1集),第59~62页。撰稿:沈斌 刘山煽]

▽一审法院将公诉机关指控的轻罪名变更为重罪名,二审法院认为不当的相关处理

刑事诉讼法(2012年修订。——编著者注)第二百二十五条规定:"第二审人民法院对不服第一审判决的上诉、抗诉案件,经过审理后,应当按照下列情形分别处理……(二)原判决认定事实没有错误,但适用法律有错误,或者量刑不当的,应当改判;(三)原判决事实不清楚或者证据不足的,可以在查清事实后改判;也可以裁定撤销原判,发回原审人民法院重新审判……"第二百二十七条规定:"第二审人民法院发现第一审人民法院的审理有下列违反法律规定的诉讼程序的情形之一的,应当裁定撤销原判,发回原审人民法院重新审判……(三)剥夺或者限制了当事人的法定诉讼权利,可能影响公正审判的……"根据上述规定,一审法院将公诉机关指控的轻罪名变更为重罪名,二审法院认为不当的,可以根据不同情况分别处理:(1)如果一审认定事实清楚,证据确实、充分,法院在判决前已告知拟变更罪名并听取控辩双方的意见,或者重新开庭审理,二审时没有新证据,控方或者辩方或者控辩双方只是认为一审定罪量刑不当的,二审可以改判而不必发回重审。(2)如果一审认定事实不清或者证据不足,或者虽然认定的事实清楚、证据确实、充分,但所认定的事实和证据不足以构成一审认定的罪名,二审可以在查清事实后改判,也可以撤销原判,发回重审。(3)如果一审法院变更罪名前未告知或者未听取控辩双方的意见,剥夺或者限制了当事人的法定诉讼权利特别是被告人的辩护权,属于刑事诉讼法第二百二十七条第(三)项规定的"剥夺或者限制了当事人的法定诉讼权利,可能影响公正审判的"情形,二审法院应当撤销原判,发回重审。(4)如果一审法院变更罪名前已告知并听取了控辩双方的意见,但控辩任何一方基于拟变更罪名提交了新证据,且该证据可能涉及事实认定发生变化,若一审未重新开庭审理,二审可以发回重审。综上所述,本案一审法院在判决前已就拟认定的罪名听取了控辩双方的意见,控辩双方对拟认定的事实和证据没有异议且未提交新证据,因此,一审程序是合法的。二审中,控辩双方对一审认定的事实和证据无异议,也未提交新证据,故二审法院根据法律规定将一审认定的绑架罪改判为非法拘禁罪,无论在程序上还是实体上都是合法、正确的。[参见第948号指导案例,徐强等非法拘禁案,载《刑事审判参考》总第96集(2014年第1集),第72~73页。撰稿:贾伟 刘征鹏]

▽二审法院依法排除非法证据后,其他证据达不到法定证明标准的,应当坚持疑罪从无原则,依法宣告上诉人无罪

为避免二审法院反复发回重审导致案件久拖不决,造成超期羁押,2012年刑事诉讼法规定,二审法院以事实不清、证据不足为由发回重审的案件,原审法院作出判决后,被告人提出上诉或者人民检察院提出抗诉的,二审法院应当依法作出判决或者裁定,不得再发回原审法院重新审判。根据该规定,二审法院对于事实不清、证据不足的案件,要严格贯彻疑罪从无原则,不得二次发回重审,对于曾发回重审的案件,二审法院依法排除非法证据后,其他证据不足以认定上诉人有罪的,或者是检察机关补充证据材料后仍不足以认定上诉人有罪的,应当依法宣告上诉人无罪。需要强调的是,被告人供述通常是公诉机关指控和一审法院定案的关键证据,一旦二审法院将被告人供述认定为非法证据并依法排除,其他证据就达不到事实清楚,证据确实、充分的证明标准,针对此类案件,二审法院此前往往会选择将案件发回重审。为了依法保障当事人合法权益,避免超期羁押,对于二审法院经审查后认为事实不清、证据不足的案件,如果不具备补查补正条件,发回重审亦无助于查清案件事实的,就应当严格落实疑罪从无原则,依法宣告上诉人无罪。本案原判据以定案的证据主要是被告人的有罪供述,但该有罪供述不能排除非法取证的可能性,依法应当予以排除(二审法院表述为,被告人的有罪供述没有其他客观证据加以印证),间接证据未能形成完整的证明体系,二审期间检察机关亦没有补充证明被告人犯罪的新证据,在案证据达不到法定的定罪标准。二审期间,检察机关也认为,讯问录像没有同步,指认现场过程不完整,没有提取到指向被告人的相关物证,除口供以外的以上间接证据达不到法律规定的证据确实、充分的证明标准,建议二审法院依法判决。综上,二审法院依法排除上诉人的有罪供述后,其他证据达不到法定的证明标准,不能认定上诉人有罪。二审法院贯彻疑罪从无原则,依法宣告上诉人无罪,是妥当的。(参见第1168号指导案例,杨增龙故意杀人案,载《刑事审判参考》总第108集,第30~3页。撰稿:刘静坤 温汪洁)

第二百三十七条 【上诉不加刑原则及限制】第二审人民法院审理被告人或者他的法定代理人、辩护人、近亲属上诉的案件,不得加重被告人的刑罚。第二审人民法院发回原审人民法院重新审判的案件,除有新的犯罪事实,人民检察院补充起诉的以外,原审人民法院也不得加重被告人的刑罚。

人民检察院提出抗诉或者自诉人提出上诉的,不受前款规定的限制。

■最高人民法院关于适用《中华人民共和国刑事诉讼法》的解释(2021年3月1日)

第四百零一条 审理被告人或者其法定代理人、辩护人、近亲属提出上诉的案件,不得对被告人的刑罚作出实质不利的改判,并应当执行下列规定:

(一)同案审理的案件,只有部分被告人上诉的,既不得加重上诉人的刑罚,也不得加重其他同案被告人的刑罚;

(二)原判认定的罪名不当的,可以改变罪名,但不得加重刑罚或者对刑罚执行产生不利影响;

(三)原判认定的罪数不当的,可以改变罪数,并调整刑罚,但不得加重决定执行的刑罚或者对刑罚执行产生不利影响;

(四)原判对被告人宣告缓刑的,不得撤销缓刑或者延长缓刑考验期;

(五)原判没有宣告职业禁止、禁止令的,不得增加宣告;原判宣告职业禁止、禁止令的,不得增加内容、延长期限;

(六)原判对被告人判处死刑缓期执行没有限制减刑、决定终身监禁的,不得限制减刑、决定终身监禁;

(七)原判判处的刑罚不当、应当适用附加刑而没有适用的,不得直接加重刑罚、适用附加刑。原判判处的刑罚畸轻,必须依法改判的,应当在第二审判决、裁定生效后,依照审判监督程序重新审判。

人民检察院抗诉或者自诉人上诉的案件,不受前款规定的限制。

第四百零二条 人民检察院只对部分被告人的判决提出抗诉,或者自诉人只对部分被告人的判决提出上诉的,第二审人民法院不得对其他同案被告人加重刑罚。

第四百零三条 被告人或者其法定代理人、辩护人、近亲属提出上诉,人民检察院未提出抗诉的案件,第二审人民法院发回重新审判后,除有新的犯罪事实且人民检察院补充起诉的以外,原审人民法院不得加重被告人的刑罚。

对前款规定的案件,原审人民法院对上诉发回重新审判的案件依法作出判决后,人民检察院抗诉的,第二审人民法院不得改判为重于原审人民法院第一次判处的刑罚。

▼最高人民法院研究室关于上诉不加刑原则具体运用有关问题的批复(全文)(2014年1月15日)

对于原判数罪并罚的上诉案件,在不超过原判决定执行的刑罚,且对刑罚执行也无不利影响的情况下,可以将其中两个或者两个以上的罪名改判为一罪并加重该罪的刑罚。

▽二审法院仅对一审适用罪名的改判并不违反上诉不加刑原则

一审法院对被告人谢某以奸淫幼女罪判处死刑,剥夺政治权利终身;以强奸罪判处有期徒刑十五年,剥夺政治权利四年,决定执行死刑,剥夺政治权利终身。二审法院以强奸罪改判谢某死刑,剥夺政治权利终身,似乎加重了原判对其强奸罪部分的量刑,但这种改判并不违反刑事诉讼法中"上诉不加刑"的原则。根据刑事诉讼法第一百九十条第一款的规定,"上诉不加刑"原则是指"第二审人民法院审判被告人或者他的法定代理人、辩护人、近亲属上诉的案件,不得加重被告人的刑罚",即二审法院在审判上述人员提出的上诉案件时,不得以被告人不服判决或态度不好和原判量刑不当等理由对一审判决进行改判并加重被告人的刑罚,既不能对被告人所犯的一罪加重刑罚,亦不得对被告人所犯数罪中的任何一罪加重刑罚。该原则并没有对二审法院因一审判决确定罪名不准,在不加重原判刑罚的情况下对被告人重新确定罪名加以限制。本案的改判即属此情况。根据最高人民法院司法解释的规定,谢某奸淫幼女和强奸少女的行为只能定为一罪,而非数罪,故一审判决认定谢某犯两罪属于定性不准。二审法院根据刑事诉讼法第一百八十九条第(二)项的规定,对谢某的定性作出改判,将一审判决认定的两罪改判为一罪,于法有据。同时,原判对谢某以奸淫幼女罪判处死刑,二审仅将罪名改为强奸罪,原判刑罚仍维持不变,并未加重原判刑罚,不违反"上诉不加刑"原则。[参见第178号案例,谢某等强奸、奸淫幼女案,载《刑事审判参考》总第26辑(2002年第3辑),法律出版社,第23页。执笔:朱伟德]

▽改变一审定性的案件,对判处的刑罚畸轻或者改变罪名后应当适用附加刑的,不得直接加重被告人的刑罚

在案证据表明,摆摊摸奖骗钱系被告人赵某的主意,本案其他被告人均听从赵某的安排,赵某在共同犯罪中的作用不可谓不大。然而,一审仅判处其有期徒刑七年,罪刑明显不相适应。此外,在将本案定性改为抢劫罪之后,根据刑法第二百六十三条对抢劫罪的规定,对四被告人还应当并处罚金或者没收财产。那么二审期间法院不能撤销一审判决,直接加重被告人的刑罚、对没有适用附加刑的被告人直接适用附加刑。我国刑事诉讼法本条明确规定了"上诉不加刑"原则,《最高人民法院关于执行〈中华人民共和国刑事诉讼法〉若干问题的解释》(本附文以下简称《解释》)(1998年颁布的。——编著者注)第二百五十七条、第二百五十八条,最高人民法院《关于刑事第二审判决改变第一审判决认定的罪名后能否加重附加刑的批复》(本附文以下简称《批复》)均进一步阐明了"上诉不加刑"原则的内容。其中《解释》第二百五十七条第(五)项规定"对事实清楚、证据充分,但判处的刑罚畸轻,或者应当适用附加刑而没有适用的案件,不得撤销第一审判决,直接加重被告人的刑罚或者适用附加刑,也不得以事实不清或者证据不足发回原审人民法院重新审理。必须依法改判的,应当在第二审判决、裁定生效后,按照审判监督程序重新审理";《批复》规定"……第一审人民法院没有判处附加刑的,第二审人民法院判决改变罪名后,不得判处附加刑;第一审人民法院原判附加刑较轻的,第二审人民法院不得改判较重的附加刑,也不得以事实不清或者证据不足发回第一审人民法院重新审理;必须依法改判的,应当在第二审判决、裁定生效后,按照审判监督程序重新审判"。因此,本案中法院在二审期间对被告人赵某改变定性的同时不能再加重其主刑,对四被告人亦不能增判罚金刑,二审法院就此作出的改判是正确的。[参见第581号指导案例,龚文彬等抢劫、贩卖毒品案,载《刑事审判参考》总第70集(2009年第5集),第52～53页。撰稿:聂昭伟]

▽二审期间不能对被告人以强奸罪判处死刑

二审期间如对被告人以强奸罪判处死刑,则违反上诉不加刑原则。刑事诉讼法本条第一款规定

"第二审人民法院审判被告人或者他的法定代理人、辩护人、近亲属上诉的案件,不得加重被告人的刑罚。"《最高人民法院关于执行〈中华人民共和国刑事诉讼法〉若干问题的解释》(已失效)(1998年颁布的。——编著者注)第二百五十七条第三项规定"对被告人实行数罪并罚的,不得加重决定执行的刑罚,也不能在维持原判决决定执行的刑罚不变的情况下,加重数罪中某罪的刑罚。"本案一审法院作出判决,对被告人以故意杀人罪判处死刑,剥夺政治权利终身;以强奸罪判处有期徒刑十年,决定执行死刑,剥夺政治权利终身。宣判后,被告人提出上诉,但检察院未提出抗诉,故二审法院应当对被告人适用上诉不加刑原则。即便有意见认为被告人的行为属于故意杀人未遂,不宜以故意杀人罪判处死刑,但也不能转而加重强奸罪的刑罚,以强奸罪判处被告人死刑。如果这样做,则显然违反上诉不加刑原则。据此,二审法院最后维持一审判决,是正确的。[参见第657号指导案例,覃玉顺强奸、故意杀人案,载《刑事审判参考》总第77集(2010年第6集),第40～41页。撰稿:李晓光　赵娟]

▽一审量刑为有期徒刑并处罚金,二审改判为单处罚金时,不能提高罚金金额

被告人卜某某获悉公安机关欲对其询问,主动到公安机关接受调查并如实供述的情节应当被认定为自首。一审未予认定,二审对此予以纠正,并据此在量刑上加大了从轻处罚的幅度,由一审的有期徒刑缓刑并处罚金改判为单处罚金。对于改判后的单处罚金数额不能提高,否则有违上诉不加刑原则。理由如下:上诉不加刑,是指由被告人上诉或为被告人利益提起的上诉,二审法院不得宣告重于原判决的刑罚。设立该原则旨在保障被告人依法享有的上诉权,使其不致因害怕上诉后有可能被加重刑罚而不敢提出上诉,从而保障上诉审制度不成为虚设,实现控制犯罪与保障人权的有机统一。为此,1996年刑事诉讼法第一百九十条规定:"第二审人民法院审判被告人或者他的法定代理人、辩护人、近亲属上诉的案件,不得加重被告人的刑罚。……人民检察院提出抗诉或者自诉人提出上诉的,不受前款规定的限制。"《最高人民法院关于执行〈中华人民共和国刑事诉讼法〉若干问题的解释》(已失效)第二百五十七条则对共同犯罪、数罪并罚、改变罪名、一审宣告缓刑等情形如何体现该原则作了具体规定,并且明确指出"对事实清楚、证据充分,但判处的刑罚畸轻,或者应当适用附加刑而没有适用的案件,不得撤销第一审判决,直接加重被告人的刑罚或者适用附加刑,也不得以事实不清或者证据不足发回第一审人民法院重新审理。必须依法改判的,应当在第二审判决、裁定生效后,按照审判监督程序重新审判"。以上规定体现了严格遵守上诉不加刑的立法精神,甚至上诉不加刑的价值取向优先于二审纠错功能的发挥。从上述法律和相关司法解释的规定分析,上诉不加刑中"不加刑"的情形包括:(1)不得改判较重的刑种;(2)不得增加同类刑种的刑罚量;(3)不得在主刑外增加附加刑;(4)不得加重数罪并罚案件的宣告刑;(5)不得撤销缓刑;(6)不得加重共同犯罪中未提起上诉和未被提起抗诉的被告人刑罚。

对于附加刑能否加重的问题,《最高人民法院关于刑事第二审判决改变第一审判决认定的罪名后能否加重附加刑的批复》(本附文以下简称《批复》)进一步明确,"第一审人民法院原判附加刑较轻的,第二审人民法院不得改判较重的附加刑"。这一"不加刑"规定属于第二种"不得增加同类刑种的刑罚量"的具体化。根据《批复》的精神,不管一审、二审附加刑是否独立适用,凡一审、二审判决量刑中有附加刑的,二审都不得加重该附加刑。从一审、二审刑种的变化分析,一审量刑是主刑并处附加刑时,二审改判后的量刑可能存在以下情形:一是主刑;二是主刑并处附加刑;三是独立适用附加刑。以上诉不加刑原则严格要求,则上述三种情况中主刑、附加刑各自都不能重于一审主刑、附加刑的刑罚量。一审量刑仅为主刑或者独立适用附加刑的,则刑种和刑罚量都不能增加。总而言之,即二审改判时,不仅不能加重主刑的刑种和刑罚量,也不得加重附加刑的刑种和刑罚量。本案二审审理过程中,法院查明上诉人卜某某具有自首情节,遂对其加大从轻幅度,刑种由主刑有期徒刑并处罚金刑改判为单处罚金刑,罚金刑作为附加刑的一种,不能因刑种的减少而随之增加,否则不仅不符合上诉不加刑的原则性规定,同时还会带来罚金金额增加多少才能不超过一审判决量刑总量、罚金刑与自由刑之间如何换算等一系列问题。因此,二审法院对上诉人单处罚金数额维持十五万元是正确的。[参见第774号指导案

例,卜某某虚报注册资本案,载《刑事审判参考》总第86集(2012年第3集),第17~18页。撰稿:范莉　杨温蕊]

▽因程序违法发回重审的案件不可在原审基础上加重对被告人的刑罚

本案审理期间,1996年刑事诉讼法尚未被修改,因此,仍然应当适用1996年刑事诉讼法。1996年刑事诉讼法第一百九十条规定:"第二审人民法院审判被告人或者他的法定代理人、辩护人、近亲属上诉的案件,不得加重被告人的刑罚。人民检察院提出抗诉或者自诉人提出上诉的,不受前款规定的限制。"最高人民法院1998年印发的《关于执行〈中华人民共和国刑事诉讼法〉若干问题的解释》(已失效)(本附文以下简称《1998年解释》)第二百五十七条第五项对上述规定作了进一步解释,即"对事实清楚、证据充分,但判处的刑罚畸轻,或者应当适用附加刑而没有适用附加刑的案件,不得撤销第一审判决,直接加重被告人的刑罚或者适用附加刑,也不得以事实不清或者证据不足发回第一审法院重新审理。必须依法改判的,应当在第二审判决、裁定生效后,按照审判监督程序重新审判"。由上述规定可知,对于检察机关未抗诉,第二审人民法院以违反法定程序为由发回重审的案件,不可在原审基础上加重被告人的刑罚。原审判决确因法律适用错误而量刑畸轻的,应当在判决、裁定生效后,按照审判监督程序重新审判。

2012年修正后的刑事诉讼法第二百二十六条对发回重审案件是否可以加重对被告人的刑罚作了明确规定。该条规定:"第二审人民法院审理被告人或者他的法定代理人、辩护人、近亲属上诉的案件,不得加重被告人的刑罚。第二审人民法院发回原审人民法院重新审判的案件,除有新的犯罪事实,人民检察院补充起诉的以外,原审人民法院也不得加重被告人的刑罚。人民检察院提出抗诉或者自诉人提出上诉的,不受前款规定的限制。"根据该条规定,对于检察机关没有抗诉,第二审人民法院发回重审的案件,只有在同时具备"新的犯罪事实"和"人民检察院补充起诉"两个条件时,才能加重被告人的刑罚。因此,如果人民检察院没有补充起诉新的犯罪事实,或者在补充起诉中所提交的新证据仅证实原审认定的犯罪事实的,不得在原审基础上加重对被告人的处罚。本案中,检察机关针对第一审判决提起了抗诉,第二审人民法院认为第一审对被告人的量刑适当,因此,不存在能否在原审基础上加重对被告人的处罚问题。[参见第843号指导案例,王鑫等强奸、寻衅滋事、故意伤害、抢劫案,载《刑事审判参考》总第91集(2013年第2集),第23~24页。撰稿:邵坤　刘山斓]

▽原判因错误认定被告人具有自首或者立功情节而减轻处罚的,重审纠正后不能据此加重被告人的刑罚

2012年修订的《刑事诉讼法》第二百二十六条第一款规定与修订前的刑事诉讼法相比,修订后的刑事诉讼法明确规定了"发回重审不加刑"的内容,其目的是更好贯彻"上诉不加刑"的原则,避免二审法院以发回重审的形式变相加重对被告人的刑罚。同时,修订后的刑事诉讼法对"发回重审不加刑"原则规定了例外情形,即"有新的犯罪事实,人民检察院补充起诉"。对这一例外情形如何理解,应当从立法本意出发正确理解上述例外规定。第一,新的犯罪事实是指原起诉书中没有指控的犯罪事实。根据通常及字义的理解,结合法条上下文,新的犯罪事实应当是指原起诉书中没有指控的犯罪事实,既包括定罪事实,也包括量刑情节的事实。第二,必须是人民检察院补充起诉的新的事实。如果人民检察院没有补充起诉,即使有新的犯罪事实,也不得加重被告人的刑罚。根据刑事公诉案件不诉不理的诉讼原则,人民法院不能审理人民检察院没有起诉指控的犯罪事实。只有同时具备上述两个条件,原审法院根据重审时查明的新的犯罪事实,才能对被告人加重刑罚;如果新的犯罪事实不成立,亦不能加重被告人的刑罚。对于原判决中认定数额有误、自首、立功、主从犯、既未遂等量刑情节不当的情况,均不属于发现了"新的犯罪事实",一律不得加重刑罚。第三,如果允许纠正后改判,会导致处理不平衡与不公平的情况发生。根据刑事诉讼法第二百二十五条第一款第三项的规定,原判决事实不清楚或者证据不足的,第二审法院可以在查清事实后改判,也可以裁定撤销原判,发回原审人民法院重新审判。也就是说，对于"原判决事实不清楚"的案件，第二审法院有两种结案方式：一是查清事实后改判。在这种情况下，根据上诉不加刑原则，无论是原判决认定的犯罪事实不清，还是认定的量刑情节事实有误，二审法院查清事实后，均不得加重被告人的刑罚。二是发回原审人民法院重新审判。二审法院基于原判决认定被告人的量刑情节事实有误而将案件发回重审，原审法院重新审理时就可能加重被告人的刑罚。如果二审法院选择不同的结案方式，就会产生两种明显不同的结果，这样的裁判结果实质上有悖于上诉不加刑原则，不利于当事人上诉权的行使，有损法律的权威和公正。从这一角度考虑，重新审理时不能仅因变更认定被告人的量刑情节而加重被告人的刑罚。本案被告人伍某某、钟某某作案后均自动投案，但都始终未如实供述伙同杨某某等人在酒店路边殴打被害人赵鹏翔致死的事实，而该事实系本案的主要犯罪事实，伍某某、钟某某投案后未如实供述主要犯罪事实，依法不能认定其具有自首情节。此外，伍某某到案后虽然积极动员钟某某的家属劝说钟某某投案，对本案的侦破起到了一定的积极作用，但伍某某的行为不符合立功的成立要件，依法不能认定其构成立功。茂名市中级人民法院在重新审理时，严格依照修订后刑事诉讼法的规定，未加重被告人钟某某、伍某某的刑罚，切实保障了被告人的合法权益，维护了程序公正，处理适当。不过，从实体公正方面考虑，因被告人不具有自首、立功等法定减轻处罚情节，重审后可能出现的量刑偏轻的情况，对此是否需要启动审判监督程序予以纠正，可由相关法院自行决定。[参见第1025号指导案例，钟某某、伍某某故意伤害案，载《刑事审判参考》总第100集(2014年第5集)，第45~47页。撰稿：钟莉　范冬明]

▽对数罪并罚的案件，在不超过一审判决决定执行刑罚，且对刑罚执行也无不利影响情况下，将多个罪名改判为一罪并加重该罪判处刑罚，不违背上诉不加刑原则

根据《最高人民法院关于适用〈中华人民共和国刑事诉讼法〉的解释》(已被修改)(本附文以下简称《刑诉法解释》)第三百二十五条第一款的规定，审理被告人或者其法定代理人、辩护人、近亲属提出上诉的案件，不得加重被告人的刑罚；原判对被告人实行数罪并罚的，不得加重决定执行的刑罚，也不得加重数罪中某罪的刑罚。上诉不加刑原则的立法目的是保护被告人利益，避免被告人因行使上诉权利受到侵害。本案中，二审合议庭认为一审法院对被告人构成贪污罪的判决部分不当，应当将该部分钱款数额计入挪用公款罪进行处罚。本案的情形并不属于《刑诉法解释》第三百二十五条第一款第三项规定的情形，这项规定中的"不得加重数罪中某罪的刑罚"暗含着一个前提，即一审、二审定罪处罚的事实基础相同。也就是说，要求二审判决不得针对同一犯罪事实在刑罚上给予更重评价，否则即便是最终决定执行刑罚上予以减轻，对这一犯罪事实的法律评价上也违反了上诉不加刑原则。但是，如果二审将一审分别评价的两部分犯罪事实合并进行评价，刑罚处罚的事实基础发生变化，自然会带来刑期的变化，这显然不宜认定为违背上诉不加刑原则。具体到本案，二审判决采取的做法是撤销一审判决对被告人犯贪污罪的定罪量刑、挪用公款罪的量刑及数罪并罚量刑。将一审认定为贪污的2 629 300元数额计入挪用公款罪犯罪数额中一并评价，判处被告人15年有期徒刑。从形式上来看，对挪用公款罪一审判处12年有期徒刑，二审判处15年有期徒刑，似乎加重了对被告人的刑罚。但是，从实质上来看，无论是罪名还是刑期，都减轻了对被告人的处罚。这是因为，对同样的事实，一审将其分割为两个部分，以贪污罪和挪用公款罪分别定罪量刑；而在二审中，将一审法院认定为贪污的2 629 300元犯罪事实并入挪用公款罪，全案以挪用公款罪定罪量刑，此时，挪用公款罪的刑罚评价事实基础发生了变化，犯罪数额增长为4 006 800元，因此，二审"挪用公款罪"的量刑应当与一审"贪污罪+挪用公款罪"的量刑进行比较。一审以贪污罪和挪用公款罪并罚后，决定执行无期徒刑，而二审直接以挪用公款罪判处被告人有期徒刑15年，可见，不但没有加重对被告人的处罚，反而减少了罪名，减轻了刑期，既做到了罪责刑相适应，又体现了有利于被告人的原则，故没有违反上诉不加刑原则的精神和要求。

对上述情形的处理，最高人民法院研究室2014年1月15日针对类似问题的请示作出的《关于上诉不加刑原则具体运用有关问题的批复》(法研〔2014〕6号)作了明确规定："对于原判数罪并罚的上诉案件,在不超过原判决定执行的刑罚,且对刑罚执行也无不利影响的情况下,可以将其中两个或者两个以上的罪名改判为一罪并加重该罪的刑罚。”本案的处理与这一批复的精神是完全一致的。(参见第 1088 号指导案例,赵明贪污、挪用公款案,载《刑事审判参考》总第 103 集,第 95 ~96 页。撰稿:熊灿 白云飞)

▽刑法修正案(九)及《最高人民法院、最高人民检察院关于办理贪污贿赂刑事案件适用法律若干问题的解释》施行后,二审法院在减轻被告人主刑的同时,可以加重财产刑

本案一审宣判时间为 2015 年 4 月 20 日,当时刑法修正案(九)和《最高人民法院、最高人民检察院关于办理贪污贿赂刑事案件适用法律若干问题的解释》(本附文以下简称《解释》)尚未公布。二审期间,刑法修正案(九)和《解释》先后公布实施。根据从旧兼从轻原则,本案应当适用修正后的刑法及《解释》进行量刑,二审法院根据被告人的受贿数额以及归案后能如实供述犯罪事实,且全部退赃的情节,将主刑依法改判为有期徒刑二年六个月是适当的。二审应当适用修正后的刑法及《解释》,在对被告人减轻主刑的同时,对其依法并处 10 万元以上 50 万元以下的罚金。

(一)二审期间应当整体适用刑法修正案(九)和《解释》进行量刑。关于刑法的溯及力,刑法第十二条明确规定了从旧兼从轻原则。《最高人民法院、最高人民检察院关于适用刑事司法解释时间效力问题的规定》(本附文以下简称《规定》)第二条指出:“对于司法解释实施前发生的行为,行为时没有相关司法解释,司法解释施行后尚未处理或者正在处理的案件,依照司法解释的规定办理。”第三条指出:“对于新的司法解释实施前发生的行为,行为时已有相关司法解释,依照行为时的司法解释办理,但适用新的司法解释对犯罪嫌疑人、被告人有利的,适用新的司法解释。”上述规定一方面明确了司法解释对施行前的行为是适用的,有别于刑法原则上不溯及既往的效力;另一方面也明确了司法解释适用的从轻原则。根据刑法及司法解释的适用原则以及其中蕴含的有利于被告人的精神,交叉引用新、旧刑法的不同法条在司法实践已经得到确认。例如,《最高人民法院关于〈中华人民共和国刑法修正案(八)〉时间效力问题的解释》中规定了关于普通累犯适用修正前刑法第六十五条的规定。关于坦白适用修正后刑法第六十七条的规定,不难想象,如果一被告人同时具备上述两种情节时,判决中必须分别适用新、旧刑法。但是交叉引用新、旧法应当以罪刑式法条为最基本的单位,不能继续进行拆分。法条作为刑法条文最基础的单位,相对独立并完整,作为条文内部的罪状、法定刑的概念、文字、数字并没有独立的意义。在评价修正后刑法及《解释》是轻法的同时,已经包含了并处罚金刑这一情形。因而,并处罚金是贪污贿赂犯罪的法定刑构成中不可拆分的一部分,不具有独立的溯及力。主刑、附加刑分别适用新、旧法是对刑法条文完整性的侵害,同时也违背了罪刑法定原则。刑法条文的整体适用也是罪责刑相适应原则的要求。贪污贿赂犯罪属于贪利型犯罪,基于“刑罚应当尽量与犯罪的性质相似”的原则,为了加大对腐败犯罪的经济处罚力度,提高腐败犯罪的经济成本,刑法修正案(九)增加了贪污贿赂犯罪的罚金刑规定。自由刑和财产刑的组合共同构成了贪污贿赂犯罪的刑罚体系,共同承担刑罚的惩罚与预防功能。如果仅选择主刑而不附加并处罚金,则会破坏犯罪与刑罚之间、主刑与附加刑之间的内在平衡关系,也会造成对被告人不当的双重从轻处罚,影响刑罚效果。在确定整体适用修正后刑法、对被告人并处罚金的基础上,应当同时适用《解释》第十九条关于罚金幅度的规定。首先,《最高人民法院关于适用财产刑若干问题的规定》第二条与《解释》第十九条并不是新、旧解释的关系,而是一般性规定与特殊规定的关系。对贪污贿赂犯罪并处罚金是刑法修正案(九)在量刑上作出的调整,之前并无相关司法解释,因而根据《规定》第二条和《解释》第十九条具有溯及力;其次,司法解释是对司法工作中具体应用法律问题的解释,具有依附于法律的溯及力。就本案而言,《解释》第一条、第十九条共同构成对刑法第三百八十三条第一款第一项罪刑关系的解释,既然刑法条文不可以割裂适用,《解释》这两条也不可以分开适用。因而,对本案被告人应当在“十万元以上五十万元以下”的幅度内并处罚金。

(二)二审提高财产刑并不违背上诉不加刑的原则。对上诉不加刑原则,从《最高人民法院关于适用〈中华人民共和国刑事诉讼法〉的解释》(已被修改)第三百二十五条第一款第七项的规定和《最高人民法院关于刑事第二审判决改变第一审判决认定的罪名后能否加重附加刑的批复》的规定中可以看出,上诉不加刑原则实质是国家为了保障刑事被告人的诉讼权利而对刑罚权、审判权作出的一种让渡,因而上文所述的刑法条文整体适用的实体正当性并不能当然地成为二审加重财产刑的理由,还应当从程序价值上进行分析。从上诉不加刑原则的设立本意和内在价值分析,其核心是"不得加重刑罚"。上文中刑事诉讼法的解释和批复都强调了附加刑的加重同样也是加重刑罚,因而问题的实质在于主刑和附加刑并存时刑罚轻重的比较。刑法修正前后对同一罪名主刑和附加刑的规定可能存在以下几种变化情形:第一种情形是主刑不变、附加刑变化或者附加刑不变、主刑变化;第二种情形是主刑、附加刑发生同向变化,即同时变重或同时变轻。上述两种情形下刑罚的轻重比较一目了然。第三种情形则是主刑、附加刑发生逆向变化,即主刑变重,附加刑变轻或者附加刑变重,主刑变轻。在这种情形下,刑罚轻重的比较原则上应当以主刑为比较对象。这是因为:首先,主刑包括生命刑和自由刑,附加刑包括财产性和资格刑,主刑剥夺的是犯罪人更根本更重要的权利。现代社会的基本价值观也决定了在刑罚体系中,生命刑重于自由刑,自由刑重于财产刑、资格刑。其次,主刑是刑罚体系的主干,是国家惩治犯罪的主要措施。主刑的轻重是区分轻罪与重罪的主要标准,体现了国家对犯罪否定性评价的尺度和等级。因此,一般情况下,应当以主刑是否加重来判断刑罚是否加重。结合本案情形,二审将主刑从一审判决的有期徒刑十年减为二年六个月,将附加刑从一审的没收财产1万元增加为罚金10万元,是不违背上诉不加刑原则的。[参见第1146号指导案例,李明辉受贿案,载《刑事审判参考》总第106集,第69～73页。撰稿:周维平　段凰]

第二百三十八条　【对一审违反诉讼程序的处理】第二审人民法院发现第一审人民法院的审理有下列违反法律规定的诉讼程序的情形之一的,应当裁定撤销原判,发回原审人民法院重新审判:

(一)违反本法有关公开审判的规定的;

(二)违反回避制度的;

(三)剥夺或者限制了当事人的法定诉讼权利,可能影响公正审判的;

(四)审判组织的组成不合法的;

(五)其他违反法律规定的诉讼程序,可能影响公正审判的。

■最高人民法院关于适用《中华人民共和国刑事诉讼法》的解释(2021年3月1日)

第四百零六条　第二审人民法院发现原审人民法院在重新审判过程中,有刑事诉讼法第二百三十八条规定的情形之一,或者违反第二百三十九条规定的,应当裁定撤销原判,发回重新审判。

■最高人民法院关于审判人员在诉讼活动中执行回避制度若干问题的规定(2011年6月13日)

第七条　第二审人民法院认为第一审人民法院的审理有违反本规定第一条至第三条规定的,应当裁定撤销原判,发回原审人民法院重新审判。

第十三条　本规定所称审判人员,包括各级人民法院院长、副院长、审判委员会委员、庭长、副庭长、审判员和助理审判员。

本规定所称法院其他工作人员,是指审判人员以外的在编工作人员。

第十四条　人民陪审员、书记员和执行员适用审判人员回避的有关规定,但不属于本规定第十三条所规定人员的,不适用本规定第八条、第九条的规定。

第十五条　自本规定施行之日起,《最高人民法院关于审判人员严格执行回避制度的若干规定》(法发〔2000〕5号)即行废止;本规定施行前本院发布的司法解释与本规定不一致的,以本规定为准。

○人民检察院对基层人民法院判处有期徒刑的案件提起抗诉的,二审法院不能直接改判无期徒刑

基层人民法院判处被告人有期徒刑的案件,人民检察院提起抗诉,二审人民法院经审理,认为应当对被告人判处无期徒刑的,二审法院不能直接改判无期徒刑。理由如下:首先,根据刑事诉讼法的规定,可能判处无期徒刑、死刑的第一审普通刑事案件由中级人民法院管辖,基层人民法院只能管辖上级人民法院管辖之外的第一审普通刑事案件。如果二审法院直接改判,意味着二审法院在二审程序的审理中,对依照法律本来不是自己二审的案件进行了审理,等于默认了基层人民法院对可能判处无期徒刑刑事案件的管辖权,同时也侵犯了中级人民法院对可能判处无期徒刑刑事案件的管辖权和高级人民法院对该类案件二审的审判权。从某种意义上来讲,这就违反了我国刑事诉讼法的规定。因此,二审法院不能直接改判。其次,二审人民法院对人民检察院提起抗诉的案件,经审理认为应当判处无期徒刑的,表明基层人民法院审理了其无权管辖的案件,即基层人民法院审理一审刑事案件违反了刑事诉讼法中有关管辖的规定,属于《刑事诉讼法》(已被修改)第一百九十一条第(五)项规定的"其他违反法律规定的诉讼程序,可能影响公正审判的情形"。因此,二审法院可以参照刑事诉讼法第一百九十一条的规定,裁定撤销原判,发回原审人民法院。需要说明的是,这里的发回原审人民法院,不是由原审基层人民法院重新审理,因为基层人民法院对可能判处无期徒刑的刑事一审案件没有管辖权;原审人民法院应当按照刑事诉讼法中有关管辖的规定,将该案移送到有管辖权的人民法院审理。在具体操作上,二审法院应当向原审人民法院下达将案件移送中级人民法院的决定书,并且应当书面通知同级人民检察院。[参见《刑事审判参考》总第43辑(2005年第2辑),法律出版社,第205~206页。]

▽离任二年后的检察官在原任职检察院办理的案件中担任辩护人违反了回避制度,应当裁定撤销原判,发回原审人民法院重新审判

(一)被告人的一审辩护人属于依法应当回避的情形。被告人的一审辩护人原为绩溪县人民检察院检察员、检察委员会委员、民事行政检察科科长,2004年8月提前退休,2006年5月正式申请为执业律师。2008年6月23日,辩护人接受被告人亲属的委托,担任本案被告人的一审辩护人。对此,虽然刑事诉讼法没有规定辩护人的回避,但根据《检察官法》(已被修改)第二十条第二款规定的"检察官从人民检察院离任后,不得担任原任职检察院办理案件的诉讼代理人或者辩护人"之规定,辩护人属法律规定的应当回避的情形。主要基于以下考虑:首先,回避制度在理论上大致可分为公务回避与任职回避(包括地域回避)两种。公务回避可以理解为行使公权力时针对特定对象、特定事项的回避,任职回避主要指基于一定法定事由而被限制担任某职务。公务回避一般规定在具体程序法中,任职回避一般规定在人事管理方面的法律规范中。刑事诉讼法第三章规定的是典型的公务回避,即办理某具体案件时因与案件或者案件当事人有某种利害关系而退出或避开该具体案件的诉讼。而《法官法》和《检察官法》规定了包括就职回避、离职回避在内的任职回避制度。虽然刑事诉讼法第三章与《法官法》、《检察官法》规定的是不同种类的回避,但是不论公务回避还是任职回避,都属回避制度的范畴。其次,从广义的角度讲,刑事诉讼法不仅仅指刑事诉讼法典,还包括其他一切与刑事诉讼有关的法律,如《人民法院组织法》《法官法》《人民检察院组织法》《检察官法》《律师法》等法律中有关刑事诉讼程序的规定。虽然刑事诉讼法典中只规定了审判人员、检察人员、侦查人员的回避制度,但是刑事诉讼中的回避制度不仅只是这些,其他法律规定的刑事诉讼中需要回避的情形同样属于回避制度的内容。2000年最高人民法院、最高人民检察院分别印发了《关于审判人员严格执行回避制度的若干规定》和《检察人员任职回避和公务回避暂行办法》,其中对离任法官、检察官从事律师职业作出限制性规定。而2001年修订的《法官法》和《检察官法》用法律的形式肯定了上述内容,分别在任职回避章节对离任法官、检察官从事律师执业活动作出明确限制,这些都属于刑事诉讼中的回避制度,应当严格依法遵守。《法官法》和《检察官法》对离任法官和检察官担任原任职法院、检察院办理案件辩护人、诉讼代理人的禁止性规定,表面看是对律师执业的限制,但仔细分析之下,该规定并非对不特定多数人从事律师职业予以限制,其仅仅规范了法官、检察官离职后的行为,实质属法官、检察官的离职回避问题。如果离任的法官、检察官利用过去的职务关系、人际关系担任原任职法院、检察院办理案件的辩护人,则有可能对案件的公正审理带来影响。即使案件得到公正处理,也易引发案件当事人和社会公众的疑虑。尤其是司法实践中离任法官、检察官担任律师屡见不鲜，而由此滋生司法不公甚至司法腐败的现象也不罕见，在这种情况下作出这样的禁止性规定具有重要的现实必要性。综上分析，本案被告人的一审辩护人违反了《检察官法》关于任职回避制度的规定，属于依法应当回避的情形，不得担任本案的辩护人。（二）违反回避制度将导致审判结果无效，应发回重审。设置回避制度的初衷和目的，从实体公正的角度看，在于将与案件或者案件当事人有利害关系的人员排除出诉讼程序，以确保案件的侦查、公诉、审判人员的公正无私，从而最大限度地使案件得到公正处理。而从程序公正的角度看，司法审判的目的不仅在于得出一个公正的结果，而且要以看得见的方式实现这一结果，当事人往往通过对诉讼过程的直观感受来评价裁判结果是否公正。这就需要通过公正的审判过程，使诉讼各方在得到公平对待的情况下信任诉讼程序的公正性进而从内心尊重诉讼结果的公正。从这个角度讲，回避实为避嫌，即尽可能地消除当事人对诉讼公正的疑虑。刑事诉讼法本条规定"第二审人民法院发现第一审人民法院的审理有下列违反法律规定的诉讼程序的情形之一的，应当裁定撤销原判，发回原审人民法院重新审判……（二）违反回避制度的……"根据该规定，只要违反了回避制度就应当发回重审。而与之形成比较的是第三项"剥夺或者限制了当事人的法定诉讼权利，可能影响公正审判的"及第五项"其他违反法律规定的诉讼程序，可能影响公正审判的"，都是以"可能影响公正审判的"作为发回重审的条件。这种区别主要在于违反回避制度属严重程序违法，极可能导致案件处理不公，即使未实际影响到案件的公正审理，也可因程序本身的不公使得对结果是否公正产生合理怀疑。就本案而言，不论第一审法院是否采纳辩护人的辩护意见辩护人的行为已影响到该案审判的公正性，应当依照刑事诉讼法本条第二项之规定发回重审，因此第二审人民法院裁定发回重审是正确的。［参见第662号指导案例，章来苟等聚众扰乱社会秩序案，载《刑事审判参考》总第77集（2010年第6集），第72～76页。撰稿：潘洁　李俊］

▽一审程序虽存在瑕疵但不影响案件实体公正审判的，二审法院不必发回重审

2012年刑事诉讼法第二百二十七条（1996年刑事诉讼法第一百九十一条）规定的第一、二、四三种情形，实践中通常争议不大，一旦违反，必须发回重审。但对第三、五种情形，实践中出现不少矫枉过正的现象。有的二审法院对一些本不会影响到案件实体公正的个别程序瑕疵，不仔细衡量是否会影响公正审判，就轻易发回重审，不仅浪费了司法资源，降低了诉讼效率，增加了当事人的讼累，同时也违背了立法本意。因此，有必要对违反第三、五种情形而发回重审的案件作一个原则性的限定。二审法院在决定是否发回重审时，要紧紧围绕该程序问题是否影响案件实体公正审判这个标准。因篇幅所限，以下仅列举几种常见情形：

1.违反法律规定强制辩护情形的，应当发回重审。根据1996年刑事诉讼法第三十四条第二款和2012年刑事诉讼法第二百六十七条的规定，对没有委托辩护人的未成年被告人没有指定辩护人的，必须为其指定辩护人；依照《1998年解释》第一百六十五条的规定，法庭根据未成年被告人的要求更换辩护人后，该被告人又再次当庭拒绝辩护人为其辩护的，人民法院不予准许。因为未成年人的年龄和心智都未成熟到可以自行行使辩护权的程度。如果未成年被告人没有委托辩护人，一审法院又没有为其指定辩护律师而审结的案件，实际剥夺了未成年被告人的辩护权，足以影响审判的公正性。同理，对2012年刑事诉讼法第三十四条第二、三款规定的盲、聋、哑、限制刑事责任能力人，可能被判处无期徒刑和死刑的六类被告人，如果其没有委托辩护人的，法院均应当为其指定辩护律师。否则，都属于"剥夺或限制了当事人的法定诉讼权利，可能影响公正审判的"情形，二审法院应当将此类案件发回重审。

2.2013年1月1日后审理的案件，未通知未成年被告人的法定代理人或者其他合适成年人到场的，应当发回重审。1996年刑事诉讼法第十四条第二款规定："对于不满十八周的未成年人犯罪的案件，在讯问和审判时，可以通知犯罪嫌疑人、被告人的法定代理人到场。"依照当时的规定，如果当时的案件未通知其法定代理人到场或者通知后未能到场，但其委托辩护人或指定辩护律师在场，二审法院认为不会影响案件公正审判的，可以不发回重审。但2012年修改后刑事诉讼法第二百七十条规定：

“对于未成年人刑事案件,在讯问和审判时,应当通知犯罪嫌疑人、被告人的法定代理人到场。无法通知、法定代理人不能到场或者法定代理人是共犯的,也可以通知犯罪嫌疑人、被告人的其他成年近亲属,所在学校、单位或者居住地基层组织或者未成年人保护组织的代表到场(以下简称其他合适成年人)……”该条规定将 1996 年刑事诉讼法的“可以通知”修改为“应当通知”,旨在更有效地保护未成年人的合法权益。根据这一修改规定,自 2013 年 1 月 1 日后,凡是违反刑事诉讼法第二百七十条规定的未履行通知义务的案件,二审法院均应当发回重审。

3. 程序问题是否影响案件实体公正审判的界定标准。诉讼法的制定目的之一是保障和实现案件的实体公正。虽然程序公正是实体公正的实现前提,但非所有程序问题都会影响到案件的实体公正。因此,对于类似前述第三、五种情形的其他程序问题,是否影响公正审判还需要以其是否影响案件的实体公正审判来判断。换言之,就是要看该程序问题是否会影响被告人的定罪和量刑。如果一审审理中存在的程序问题,既不影响对被告人的定罪,也不影响对被告人的量刑,则可以向一审法院指出,并提出纠正意见,没有必要将其发回重审。如限制被告人的辩护权情节轻微、辩护人申请传唤的非关键证人出庭作证被法院拒绝的、法律手续不完善或者法庭审理的最后陈述阶段被省略等,这些问题一般不足以影响对被告人的定罪和量刑,可以不必发回重审。

就本案而言,被告人谢某系成年人,其亲属委托的辩护人在一审庭审结束后、裁判文书签发前才参与一审诉讼。该辩护人后在二审审理期间仅是简单提出原判事实不清、证据不足、违反法定程序的辩护意见,既未提交新的证据,也未向人民法院提出调查证明被告人无罪或者罪轻的证据的申请。该案发回重审后,只是履行了重新审理的程序,实质并无改变,发回重审后的一审实体判决与原一审实体判决一致,之后的第二审也维持了一审判决。因此,本案一审法院存在的程序瑕疵,不会影响二审对案件实体的认定和处理,这类案件,二审可以径行判决,而无须发回重审。[参见第 845 号指导案例,谢某抢劫案,载《刑事审判参考》总第 91 集(2013 年第 2 集),第 35 ~37 页。撰稿:冉容]

▽二审法院经审查认为原判据以定案的证据系非法证据,依法排除有关证据后应当如何处理

(一)被告方不服原判对排除非法证据申请的处理结果,在上诉中再次申请排除非法证据的,二审法院应当对证据收集的合法性进行审查。根据 2012 年刑事诉讼法及相关司法解释的规定,对证据收集合法性的审查应当贯穿刑事诉讼的始终。控辩双方不服第一审人民法院作出的有关证据收集合法性的调查结论,提出抗诉、上诉的,第二审人民法院应当进行审查,并依法作出处理。本案三名被告人及其辩护人在一审程序中均提出认罪供述系刑讯逼供所得,申请排除非法证据,并提供了身体存在损伤、办案人员非法取证的相关线索。一审法院对证据收集的合法性进行了审查,公诉机关提交了讯问录音录像、入所健康检查登记表和办案机关情况说明等证据材料。一审法院认为,讯问录音录像并非讯问时制作,不能证明取证过程的合法性,但办案单位情况说明和入所健康检查登记表证明对被告人卢寒文、陈乐的讯问合法;被告人黄某坚入所时虽然身体有伤,但办案单位情况说明及刘某某的证言等证明对黄某坚的讯问合法,最终采信了三名被告人的有罪供述,进而结合其他证据认定三名被告人有罪。三名被告人对一审判决不服,在上诉中再次提出排除非法证据申请,并提供了相关的线索。二审法院对证据收集的合法性进行了审查,发现取证程序存在以下问题:一是关于讯问录音录像的制作问题。办案单位先后出具了多份说明材料,但办案单位有关讯问录音录像的制作说明与讯问笔录的记载内容以及光盘制作时间不一致,不具有真实可靠性。办案单位提交的三名被告人讯问过程录音录像并非对实际讯问过程的录音录像,不排除系事后补录,不能作为证明讯问程序合法的证据。二是关于被告人黄某坚身体损伤的成因问题。在押人员人所健康检查登记表及伤情照片显示,黄某坚入所时头脸、手、脚有擦伤,左、右上臂外侧有多条长条形伤痕,头额、下唇、右前肩胛区有多处伤痕。黄某坚入监时的亲笔字条写明:“有些是打的,头部、手、脚,有些是摔的,左脚膝盖、右脚膝盖”,押送民警熊某、朱某某在该字条上签字并附警号。综上,对于三名被告人提出的排除非法证据申请,检察机关并未提供有效的证据证明取证合法性,二审法院经审查认为,现有证据材料不能排除刑讯逼供的可能性。根据法律规定,对于不能排除采用刑讯逼供等非法方法收集情形的,有关证据应当依法予以排除。此外,被告人陈某系未成年人,办案单位对其讯问时未通知法定代理人或其他成年亲属到场,讯问程序违反法律规定,尽管这并不属于法律规定的采用刑讯逼供等非法方法收集证据的情形,但上述违反法定程序取得的供述因客观真实性无法保障,亦不能作为定案的根据。

(二)二审法院经审查认为原判据以定案的证据系非法证据应当予以排除的,需要区分情形对案件作出处理

被告人在上诉中提出排除非法证据申请,二审法院经审查认为原判据以定案的证据系非法证据,依法应当予以排除的,应当区分情形对案件作出相应的处理:一种情形是被告方在一审程序中提出排除非法证据申请,但一审法院未予审查,径行驳回被告方的申请。如果被告方申请排除的证据系关键定案证据,而一审法院对该申请未予审查,并以有关证据作为定案根据,可能影响公正审判的,二审法院可以将其作为违反法律规定的诉讼程序的情形,裁定撤销原判,发回重审。另一种情形是被告方在一审程序中提出排除非法证据申请,一审法院经过审查后对证据收集合法性进行调查,最终认定取证合法,进而驳回被告方的申请。如果二审法院经审查认为,一审法院有关证据收集合法性的处理结果并不准确,有关证据应当作为非法证据予以排除的,则需要进一步区分案件情况作出处理:排除有关证据后其他证据仍然能够证明被告人有罪的,二审法院可以依法排除有关证据,并在认定被告人有罪的基础上维持原判;排除有关证据后,案件事实不清,证据不足的,二审法院可以裁定撤销原判,发回重审。本案被告方在一审期间申请排除非法证据,一审法院经过审查后对证据收集合法性进行调查,认定取证合法,驳回了被告方的申请。被告方在上诉中再次提出排除非法证据申请,二审法院经审查认为,对有关证据应当予以排除,而排除有关证据后,其他证据不足以认定案件事实,且办案单位获取本案线索、锁定三名被告人的证据材料以及办案场所的监控录像等关键证据有待进一步查证,故裁定撤销原判,发回重审。需要指出的是,为了强化裁判说理,二审法院对于证据收集合法性的审查处理结果,以及案件的最终处理结果,都应当充分说明理由。(参见第1167号指导案例,黄某坚贩卖、运输毒品案,载《刑事审判参考》总第108集,第21~25页。撰稿:刘静坤　温汪洁)

第二百三十九条　【发回重审程序】原审人民法院对于发回重新审判的案件,应当另行组成合议庭,依照第一审程序进行审判。对于重新审判后的判决,依照本法第二百二十七条、第二百二十八条、第二百二十九条的规定可以上诉、抗诉。

■最高人民法院关于适用《中华人民共和国刑事诉讼法》的解释(2021年3月1日)

第四百零六条　第二审人民法院发现原审人民法院在重新审判过程中,有刑事诉讼法第二百三十八条规定的情形之一,或者违反第二百三十九条规定的,应当裁定撤销原判,发回重新审判。

□死刑未核准而发回重新审判的案件,原一审、二审法院均应另行组成合议庭进行审判

因判处死刑未核准而发回重新审判的案件,原一审、二审法院均应另行组成合议庭进行审判。原二审法院重新审判时未另行组成合议庭的,属于审判程序违法。[参见台州市人民检察院诉代宜宁等人贩卖毒品案,载《最高人民法院公报》总第107期(2005年第9期),第20页。]

第二百四十条　【二审后对一审裁定的处理】第二审人民法院对不服第一审裁定的上诉或者抗诉,经过审查后,应当参照本法第二百三十六条、第二百三十八条和第二百三十九条的规定,分别情形用裁定驳回上诉、抗诉,或者撤销、变更原裁定。

▼最高人民法院办公厅《关于实施法院刑事诉讼文书样式》若干问题的解答(2001年6月15日)

六、第二审程序刑事裁判文书

39.问:被告人和附带民事诉讼原告人均提起上诉的案件,对二审裁判文书的首部、事实和理由部

分应当按何种顺序排列?

答:首部可以按先民事、后刑事的顺序排列,其他部分按先刑事、后民事的顺序排列。如果两个以上的附带民事诉讼原告人只有部分上诉的,对没有上诉的附带民事诉讼原告人,可以在"上诉人(原审附带民事诉讼原告人)"之后,再列"原审附带民事诉讼原告人"。

40.问:对一审判处被告人死刑(包括死缓)而只有附带民事诉讼原告人提起上诉的案件,二审法院的裁判文书应当如何制作?能否在二审的同时一并对原判死刑(死缓)予以核准或者予以改判?

答:这实际涉及两个程序,是应当制作一份还是两份刑事裁判文书的问题。应当视二审和复核案件的不同情况而定。如果经高级法院(或者解放军军事法院)二审审理,对附带民事赔偿部分维持原判;经高级法院复核,刑事部分核准死刑(包括死缓),为了简便,可以只制作一份刑事附带民事裁定书,程序的代字用"终"字即可。如果经高级法院二审审理,对附带民事赔偿部分需要改判,或者刑事部分需要改判,则应当制作两份刑事裁判文书(一份刑事附带民事判决书,一份刑事裁定书;或者一份刑事附带民事裁定书,一份刑事判决书)。

41.问:刑事附带民事诉讼中,一审判决后,如果刑事被告人不上诉,只是附带民事诉讼的当事人提出上诉的,二审裁判文书的首部是否还要表述"原公诉机关"?事实和证据部分是否应写明刑事部分内容?理由部分是否应写明"刑事部分已生效"?判决结果部分应否写明"维持刑事判决"?

答:在首部应当表述"原公诉机关",并在审理经过段写明,在法定期限内未提出上诉、抗诉,原审判决的刑事部分在上诉、抗诉期满后即发生法律效力;在事实和证据部分主要应当写明由于被告人的犯罪行为给附带民事诉讼原告人造成的经济损失的事实及其证据;理由部分着重论证上诉人对附带民事部分提出的上诉理由是否成立;判决结果部分只需对附带民事部分作出裁判,不再涉及刑事部分。

42.问:二审认定的事实和证据与一审没有出入,在二审刑事裁定书的事实和证据部分,应当详写一审还是二审认定的内容?如有出入时,又应当如何表述?

答:原则上应当因案而异。在一般情况下,如果二审认定的事实和证据与一审没有出入,且控辩双方对此也没有异议的,可以采取"此繁彼简"的方法,详述一审认定的事实和证据,对二审认定的事实和证据可以略述;如果二审认定的事实和证据与一审有出入,或者控辩双方对此有异议的,则应当侧重写明二审与一审有分歧的事实和证据,并针对控辩双方有异议的事实和证据进行分析、认证,写明是否采信的理由。如果根据案件的具体情况,认为采取"此简彼繁"的方法叙述比较适宜的,也可以略述一审,详述二审。总的要求是,繁简适当,避免一审、二审之间事实部分不必要的重复。

43.问:二审(复核)案件刑事裁判文书的理由部分是否应当引用实体法(如刑法)的条款?

答:应当区别不同情况予以援引。对裁定维持原判、发回重审或者核准一审判决的,可以只引用程序法的有关条文;撤销原判,予以改判的,或者一审引用法律条文错误的,则程序法、实体法的有关条文都应当引用,在顺序上,则应当先引用程序法,再引用实体法。但前述无论哪种情形,都应当在表述一审判决理由时,对一审判决适用的法律依据一并引用,这样才使二审(复核)裁判具有针对性。

44.问:一审判处死缓的案件,检察机关抗诉后在二审期间又撤回抗诉并经法院审查同意的,二审法院应当制作一份还是两份裁判文书?

答:应当制作两份裁定书。一是制作准许撤回抗诉的刑事裁定书,二是制作核准死缓的刑事裁定书或者改判的刑事判决书。

60.问:修订样式规定了裁判文书的字体、字号,而现在使用的微机字体有的与样式的规定不符,怎样处理?

答:字号大小应严格执行修订样式的规定。但由于不同微机(软件)对字体的设定不完全统一,因此,可以将文书的字体作适当变通,但务必做到庄重、美观、清晰。

第二百四十一条　【重审的期限】第二审人民法院发回原审人民法院重新审判的案件，原审人民法院从收到发回的案件之日起，重新计算审理期限。

第二百四十二条　【二审参照一审程序】第二审人民法院审判上诉或者抗诉案件的程序，除本章已有规定的以外，参照第一审程序的规定进行。

■最高人民法院关于适用《中华人民共和国刑事诉讼法》的解释（2021年3月1日）

第三百九十八条　开庭审理上诉、抗诉案件，除参照适用第一审程序的有关规定外，应当按照下列规定进行：

（一）法庭调查阶段，审判人员宣读第一审判决书、裁定书后，上诉案件由上诉人或者辩护人先宣读上诉状或者陈述上诉理由，抗诉案件由检察员先宣读抗诉书；既有上诉又有抗诉的案件，先由检察员宣读抗诉书，再由上诉人或者辩护人宣读上诉状或者陈述上诉理由；

（二）法庭辩论阶段，上诉案件，先由上诉人、辩护人发言，后由检察员、诉讼代理人发言；抗诉案件，先由检察员、诉讼代理人发言，后由被告人、辩护人发言；既有上诉又有抗诉的案件，先由检察员、诉讼代理人发言，后由上诉人、辩护人发言。

第三百九十九条　开庭审理上诉、抗诉案件，可以重点围绕对第一审判决、裁定有争议的问题或者有疑问的部分进行。根据案件情况，可以按照下列方式审理：

（一）宣读第一审判决书，可以只宣读案由、主要事实、证据名称和判决主文等；

（二）法庭调查应当重点围绕对第一审判决提出异议的事实、证据以及新的证据等进行；对没有异议的事实、证据和情节，可以直接确认；

（三）对同案审理案件中未上诉的被告人，未被申请出庭或者人民法院认为没有必要到庭的，可以不再传唤到庭；

（四）被告人犯有数罪的案件，对其中事实清楚且无异议的犯罪，可以不在庭审时审理。

同案审理的案件，未提出上诉、人民检察院也未对其判决提出抗诉的被告人要求出庭的，应当准许。出庭的被告人可以参加法庭调查和辩论。

第四百条　第二审案件依法不开庭审理的，应当讯问被告人，听取其他当事人、辩护人、诉讼代理人的意见。合议庭全体成员应当阅卷，必要时应当提交书面阅卷意见。

■最高人民法院、司法部关于充分保障律师依法履行辩护职责确保死刑案件办理质量的若干规定（2008年5月21日）

八、第二审开庭前，人民检察院提交新证据、进行重新鉴定或者补充鉴定的，人民法院应当至迟在开庭三日以前通知律师查阅。

九、律师出庭辩护应当认真做好准备工作，围绕案件事实、证据、适用法律、量刑、诉讼程序等，从被告人无罪、罪轻或者减轻、免除其刑事责任等方面提出辩护意见，切实保证辩护质量，维护被告人的合法权益。

十、律师接到人民法院开庭通知后，应当保证准时出庭。人民法院应当按时开庭。法庭因故不能按期开庭，或者律师确有正当理由不能按期出庭的，人民法院应当在不影响案件审理期限的情况下，另行安排开庭时间，并于开庭三日前通知当事人、律师和人民检察院。

十一、人民法院应当加强审判场所的安全保卫，保障律师及其他诉讼参与人的人身安全，确保审判活动的顺利进行。

十二、法官应当严格按照法定诉讼程序进行审判活动，尊重律师的诉讼权利，认真听取控辩双方的意见，保障律师发言的完整性。对于律师发言过于冗长、明显重复或者与案件无关，或者在公开开庭审理中发言涉及国家秘密、个人隐私，或者进行人身攻击的，法官应当提醒或者制止。

十三、法庭审理中，人民法院应当如实、详细地记录律师意见。法庭审理结束后，律师应当在闭庭三日以内向人民法院提交书面辩护意见。

十四、人民法院审理被告人可能被判处死刑的刑事附带民事诉讼案件,在对赔偿事项进行调解时,律师应当在其职责权限范围内,根据案件和当事人的具体情况,依法提出有利于案件处理、切实维护当事人合法权益的意见,促进附带民事诉讼案件调解解决。

十五、人民法院在裁判文书中应当写明指派律师担任辩护人的法律援助机构、律师姓名及其所在的执业机构。对于律师的辩护意见,合议庭、审判委员会在讨论案件时应当认真进行研究,并在裁判文书中写明采纳与否的理由。

人民法院应当按照有关规定将裁判文书送达律师。

十六、人民法院审理案件过程中,律师提出会见法官请求的,合议庭根据案件具体情况,可以在工作时间和办公场所安排会见、听取意见。会见活动,由书记员制作笔录,律师签名后附卷。

十七、死刑案件复核期间,被告人的律师提出当面反映意见要求或者提交证据材料的,人民法院有关合议庭应当在工作时间和办公场所接待,并制作笔录附卷。律师提出的书面意见,应当附卷。

第二百四十三条　【二审审理期限】第二审人民法院受理上诉、抗诉案件,应当在二个月以内审结。对于可能判处死刑的案件或者附带民事诉讼的案件,以及有本法第一百五十八条规定情形之一的,经省、自治区、直辖市高级人民法院批准或者决定,可以延长二个月;因特殊情况还需要延长的,报请最高人民法院批准。

最高人民法院受理上诉、抗诉案件的审理期限,由最高人民法院决定。

■人民检察院刑事诉讼规则(2019年12月30日)

第六百一十七条　人民检察院发现人民法院的审理期限执行情况具有下列情形之一的,应当依法提出纠正意见:

(一)在一审、二审和死刑复核阶段未按规定办理换押手续的;

(二)违反刑事诉讼法的规定重新计算审理期限、批准延长审理期限、改变管辖、延期审理、中止审理或者发回重审的;

(三)决定重新计算审理期限、批准延长审理期限、改变管辖、延期审理、中止审理、对被告人进行精神病鉴定,没有书面通知人民检察院和看守所的;

(四)其他违法情形。

第六百一十八条　人民检察院发现同级或者下级公安机关、人民法院超期羁押的,应当向该办案机关发出纠正违法通知书。

发现上级公安机关、人民法院超期羁押的,应当及时层报该办案机关的同级人民检察院,由同级人民检察院向该办案机关发出纠正违法通知书。

对异地羁押的案件,发现办案机关超期羁押的,应当通报该办案机关的同级人民检察院,由其依法向办案机关发出纠正违法通知书。

第六百一十九条　人民检察院发出纠正违法通知书后,有关办案机关未回复意见或者继续超期羁押的,应当及时报告上一级人民检察院。

对于造成超期羁押的直接责任人员,可以书面建议其所在单位或者有关主管机关依照法律或者有关规定予以处分;对于造成超期羁押情节严重,涉嫌犯罪的,应当依法追究其刑事责任。

■最高人民法院关于严格执行案件审理期限制度的若干规定(2000年9月28日)

第七条　立案机构应当在决定立案的三日内将案卷材料移送审判庭。

第八条　案件的审理期限从立案次日起计算。

由简易程序转为普通程序审理的第一审刑事案件的期限,从决定转为普通程序次日起计算;由简易程序转为普通程序审理的第一审民事案件的期限,从立案次日起连续计算。

第九条 下列期间不计入审理、执行期限:

(一)刑事案件对被告人作精神病鉴定的期间;

(二)刑事案件因另行委托、指定辩护人,法院决定延期审理的,自案件宣布延期审理之日起至第十日止准备辩护的时间;

(三)公诉人发现案件需要补充侦查,提出延期审理建议后,合议庭同意延期审理的期间;

(四)刑事案件二审期间,检察院查阅案卷超过七日后的时间;

(五)因当事人、诉讼代理人、辩护人申请通知新的证人到庭、调取新的证据、申请重新鉴定或者勘验,法院决定延期审理一个月之内的期间;

(七)审理当事人提出的管辖权异议和处理法院之间的管辖争议的期间;

(九)中止诉讼(审理)或执行至恢复诉讼(审理)或执行的期间;

第十四条 对于下级人民法院申请延长办案期限的报告,上级人民法院应当在审理期限届满三日前作出决定,并通知提出申请延长审理期限的人民法院。

需要本院院长批准延长办案期限的,院长应当在审限届满前批准或者决定。

第二百四十四条 【终审的判决、裁定】第二审的判决、裁定和最高人民法院的判决、裁定,都是终审的判决、裁定。

■最高人民法院关于适用《中华人民共和国刑事诉讼法》的解释(2021年3月1日)

第四百一十三条 第二审人民法院可以委托第一审人民法院代为宣判,并向当事人送达第二审判决书、裁定书。第一审人民法院应当在代为宣判后五日以内将宣判笔录送交第二审人民法院,并在送达完毕后及时将送达回证送交第二审人民法院。

委托宣判的,第二审人民法院应当直接向同级人民检察院送达第二审判决书、裁定书。

第二审判决、裁定是终审的判决、裁定的,自宣告之日起发生法律效力。

第二百四十五条 【对查封、扣押、冻结财物的保管、移送与最终处理】公安机关、人民检察院和人民法院对查封、扣押、冻结的犯罪嫌疑人、被告人的财物及其孳息,应当妥善保管,以供核查,并制作清单,随案移送。任何单位和个人不得挪用或者自行处理。对被害人的合法财产,应当及时返还。对违禁品或者不宜长期保存的物品,应当依照国家有关规定处理。

对作为证据使用的实物应当随案移送,对不宜移送的,应当将其清单、照片或者其他证明文件随案移送。

人民法院作出的判决,应当对查封、扣押、冻结的财物及其孳息作出处理。

人民法院作出的判决生效以后,有关机关应当根据判决对查封、扣押、冻结的财物及其孳息进行处理。对查封、扣押、冻结的赃款赃物及其孳息,除依法返还被害人的以外,一律上缴国库。

司法工作人员贪污、挪用或者私自处理查封、扣押、冻结的财物及其孳息的,依法追究刑事责任;不构成犯罪的,给予处分。

■行政执法机关移送涉嫌犯罪案件的规定(2020年8月7日修订)

第十二条 行政执法机关对公安机关决定立案的案件,应当自接到立案通知书之日起3日内将涉案物品以及与案件有关的其他材料移交公安机关,并办结交接手续;法律、行政法规另有规定的,依照其规定。

第十五条 行政执法机关违反本规定,隐匿、私分、销毁涉案物品的,由本级或者上级人民政府,或者实行垂直管理的上级行政执法机关,对其正职负责人根据情节轻重,给予降级以上的处分;构成犯罪的,依法追究刑事责任。

对前款所列行为直接负责的主管人员和其他直接责任人员,比照前款的规定给予处分;构成犯罪的,依法追究刑事责任。

■**扣押、追缴、没收物品估价管理办法(1997 年 4 月 22 日)**

第二条　人民法院、人民检察院、公安机关各自管辖的刑事案件,对于价格不明或者价格难以确定的扣押、追缴、没收物品需要估价的,应当委托指定的估价机构估价。案件移送时,应当附有《扣押、追缴、没收物品估价鉴定结论书》。

第三条　公安机关移送人民检察院审查起诉和人民检察院向人民法院提起公诉的案件,对估价结论有异议的,应当由提出异议的机关自行委托估价机构重新估价。

第四条　对于扣押、追缴、没收的珍贵文物,珍贵、濒危动物及其制品,珍稀植物及其制品,毒品,淫秽物品,枪支、弹药等不以价格数额作为定罪量刑标准的,不需要估价。

第五条　国务院及地方人民政府价格部门是扣押、追缴、没收物品估价工作的主管部门,其设立的价格事务所是各级人民法院、人民检察院、公安机关指定的扣押、追缴、没收物品估价机构,其他任何机构或者个人不得对扣押、追缴、没收物品估价。

第六条　价格事务所出具的扣押、追缴、没收物品估价鉴定结论,经人民法院、人民检察院、公安机关确认,可以作为办理案件的依据。

第七条　各级人民法院、人民检察院、公安机关遇有本办法第二条所列情形时,应当委托同级价格部门设立的价格事务所进行估价。

第八条　委托机关在委托估价时,应当送交《扣押、追缴、没收物品估价委托书》。《扣押、追缴、没收物品估价委托书》应当包括以下内容:

(一)估价的理由和要求;

(二)扣押、追缴、没收物品的品名、牌号、规格、种类、数量、来源,以及购置、生产、使用时间;

(三)起获扣押、追缴、没收物品时其被使用、损坏程度的记录,重要的扣押、追缴、没收物品,应当附照片;

(四)起获扣押、追缴、没收物品的时间、地点;

(五)其他需要说明的情况。

委托机关送交的《扣押、追缴、没收物品估价委托书》必须加盖单位公章。

第九条　价格事务所接到人民法院、人民检察院、公安机关的《扣押、追缴、没收物品估价委托书》时,应当认真审核委托书的各项内容及要求,如委托书所提要求无法做到时,应当立即与委托机关协商。

第十条　价格事务所在接受委托后,应当按照《扣押、追缴、没收物品估价委托书》载明的情况对实物进行查验,如发现差异,应立即与委托机关共同确认。

价格事务所一般不留存扣押、追缴、没收物品,如确需留存时,应当征得委托机关同意并严格办理交接手续。

第十一条　价格事务所估价确实需要时,可以提请委托机关协助查阅有关的帐目、文件等资料。可以向与委托事项有关的单位和个人进行调查或索取证明材料。

第十二条　价格事务所应当在接受估价委托之日起七日内作出扣押、追缴、没收物品估价鉴定结论;另有约定的,在约定期限内作出。

第十三条　价格事务所办理的扣押、追缴、没收物品估价鉴定,应当由两名以上估价工作人员共同承办,出具的估价鉴定结论,必须经过内部审议。

价格事务所估价人员,遇有下列情形之一的,应当回避:

(一)与估价事项当事人有亲属关系或与该估价事项有利害关系的;

(二)与估价事项当事人有其他关系,可能影响对扣押、追缴、没收物品公正估价的。

第十四条　价格事务所在完成估价后,应当向委托机关出具《扣押、追缴、没收物品估价鉴定结论书》。《扣押、追缴、没收物品估价鉴定结论书》应当包括以下内容:

(一)估价范围和内容;

(二)估价依据;

(三)估价方法和过程要述;

(四)估价结论;

(五)其他需要说明的问题及有关材料;

(六)估价工作人员签名。

价格事务所出具的《扣押、追缴、没收物品估价鉴定结论书》必须加盖单位公章。

第十五条　委托机关对价格事务所出具的《扣押、追缴、没收物品估价鉴定结论书》有异议的,可以向原估价机构要求补充鉴定或者重新鉴定,也可以直接委托上级价格部门设立的价格事务所复核或者重新估价。

第十六条　接受委托的价格事务所认为必要时,在征得委托机关同意后,可以将委托事项转送上级价格部门设立的价格事务所进行估价,并将有关情况书面通知原委托估价机关。

第十七条　国家计划委员会直属价格事务所是扣押、追缴、没收物品估价的最终复核裁定机构。

第十八条　价格事务所必须按照国家的有关法律规定,以及最高人民法院、最高人民检察院制定的有关司法解释和各项价格法规,客观公正、准确及时地估定扣押、追缴、没收物品价格。

第十九条　扣押、追缴、没收物品估价的基准日除法律、法规和司法解释另有规定外,应当由委托机关根据案件实际情况确定。

第二十条　价格事务所对委托估价的文物、邮票、字画、贵重金银、珠宝及其制品等特殊物品,应当送有关专业部门作出技术、质量鉴定后,根据其提供的有关依据,作出估价结论。

第二十一条　按照国家有关价格工作的管理规定,扣押、追缴、没收物品估价工作实行统一领导、分级管理。

第二十二条　国家计划委员会的主要职责:

(一)会同最高人民法院、最高人民检察院、公安部制定、解释扣押、追缴、没收物品估价工作的基本原则。

(二)确定划分国家和地方价格部门在扣押、追缴、没收物品估价工作中的主要职责。

(三)负责管理、指导、监督、检查全国扣押、追缴、没收物品估价工作。

(四)其设立的价格事务所办理最高人民法院、最高人民检察院、公安部委托的扣押、追缴、没收物品估价;协调或者办理跨地区(省、自治区、直辖市)、跨部门的扣押、追缴、没收物品估价业务;办理疑难、重大案件涉及的扣押、追缴、没收物品估价。

第二十三条　各省、自治区、直辖市价格部门的主要职责:

(一)贯彻执行最高人民法院、最高人民检察院、公安部和国家计委对估价工作制定的各项方针、政策和基本原则,会同同级司法机关制定本地区有关扣押、追缴、没收物品估价的具体规定。

(二)其设立的价格事务所办理同级人民法院、人民检察院、公安机关委托的扣押、追缴、没收物品估价;办理本地区内跨地(市)县,有相当难度的扣押、追缴、没收物品估价及复核工作;协助上级价格部门设立的价格事务所进行扣押、追缴、没收物品估价工作。

第二十四条　地(市)县(市、区)价格部门的职责:

(一)贯彻执行估价工作的有关规定,协助上级价格部门做好扣押、追缴、没收物品估价工作。接受上级价格部门对扣押、追缴、没收物品估价工作的管理、指导、监督、检查。

(二)其设立的价格事务所办理同级人民法院、人民检察院、公安机关委托的扣押、追缴、没收物品估价,协助上级价格部门设立的价格事务所进行扣押、追缴、没收物品估价工作。

第二十五条 严禁估价人员虚假鉴定、徇私舞弊、玩忽职守、泄露涉案秘密。凡违反规定,造成估价失实,或者对办理案件造成不良影响的,对责任人员将视情节,给予处分;构成犯罪的,依法追究刑事责任。

第二十六条 价格事务所和鉴定人对出具的《扣押、追缴、没收物品估价鉴定结论书》的内容分别承担相应法律责任。

第二十七条 价格事务所及其工作人员对估价工作中涉及的有关资料和情况负责保密。

第二十八条 其他涉案物品的估价,以及行政执法机关提请价格部门设立的价格事务所对收缴、罚没、扣押物品的估价,可以参照本办法执行。

第二十九条 价格事务所在进行扣押、追缴、没收物品估价时,可以向委托估价机关收取合理的估价鉴定费。估价鉴定收费办法由国家计委会同最高人民法院、最高人民检察院、公安部并商有关部门另行制定。

第三十条 本办法自颁布之日起施行。

一、扣押、追缴、没收物品估价委托书(样本)(略)

二、扣押、追缴、没收物品估价鉴定结论书(样本)(略)

■国家发展和改革委员会、最高人民法院、最高人民检察院、公安部、财政部关于扣押追缴没收及收缴财物价格鉴定管理的补充通知(全文)(2008年6月4日)

一、各级政府价格部门设立的价格鉴证机构为国家机关指定的涉案财物价格鉴定的机构,名称统一为“价格认证中心”。原国家计委、最高人民法院、最高人民检察院、公安部制定的《扣押、追缴、没收物品估价管理办法》(计办[1997]808号)中涉及的“价格事务所”相应更改为“价格认证中心”。

二、各司法、行政执法机关在办理各自管辖刑事案件中,涉及价格不明或者价格有争议、需要对涉案财物或标的进行价格鉴定的,办案机关应委托同级政府价格部门设立的价格鉴定机构进行价格鉴定。

政府价格部门设立的价格鉴定机构可以接受办案机关的委托,对非刑事案件中涉案财物或标的进行价格鉴定。

三、各级政府价格主管部门设立的价格鉴证机构从事国家机关委托的刑事案件涉案财物价格鉴定不收费,该项鉴定费用由同级财政部门根据价格认证中心业务量大小,核定专项经费拨款或补贴。

■最高人民法院、最高人民检察院、公安部关于刑事案件涉扶贫领域财物依法快速返还的若干规定(2020年7月24日)

第二条 本规定所称涉案财物,是指办案机关办理有关刑事案件过程中,查封、扣押、冻结的与扶贫有关的财物及孳息,以及由上述财物转化而来的财产。

第三条 对于同时符合下列条件的涉案财物,应当依法快速返还有关个人、单位或组织:

(一)犯罪事实清楚,证据确实充分;

(二)涉案财物权属关系已经查明;

(三)有明确的权益被侵害的个人、单位或组织;

(四)返还涉案财物不损害其他被害人或者利害关系人的利益;

(五)不影响诉讼正常进行或者案件公正处理;

(六)犯罪嫌疑人、被告人以及利害关系人对涉案财物快速返还没有异议。

第四条 人民法院、人民检察院、公安机关办理有关扶贫领域刑事案件,应当依法积极追缴涉案财物,对于本办案环节具备快速返还条件的,应当及时快速返还。

第五条 人民法院、人民检察院、公安机关对追缴到案的涉案财物,应当及时调查、审查权属关系。

对于权属关系未查明的，人民法院可以通知人民检察院，由人民检察院通知前一办案环节补充查证，或者由人民检察院自行补充侦查。

第六条　公安机关办理涉扶贫领域财物刑事案件期间，可以就涉案财物处理等问题听取人民检察院意见，人民检察院应当提出相关意见。

第七条　人民法院、人民检察院、公安机关认为涉案财物符合快速返还条件的，应当在作出返还决定五个工作日内返还有关个人、单位或组织。

办案机关返还涉案财物时，应当制作返还财物清单，注明返还理由，由接受个人、单位或组织在返还财物清单上签名或者盖章，并将清单、照片附卷。

第八条　公安机关、人民检察院在侦查阶段、审查起诉阶段返还涉案财物的，在案件移送人民检察院、人民法院时，应当将返还财物清单随案移送，说明返还的理由并附相关证据材料。

未快速返还而随案移送的涉案财物，移送机关应当列明权属情况、提出处理建议并附相关证据材料。

第九条　对涉案财物中易损毁、灭失、变质等不宜长期保存的物品，易贬值的汽车等物品，市场价格波动大的债券、股票、基金份额等财产，有效期即将届满的汇票、本票、支票等，经权利人同意或者申请，并经人民法院、人民检察院、公安机关主要负责人批准，可以及时依法出售、变现或者先行变卖、拍卖。所得款项依照本规定快速返还，或者按照有关规定处理。

第十条　人民法院、人民检察院应当跟踪了解有关单位和村(居)民委员会等组织对返还涉案财物管理发放情况，跟进开展普法宣传教育，对于管理环节存在漏洞的，要及时提出司法建议、检察建议，确保扶贫款物依法正确使用。

第十一条　发现快速返还存在错误的，应当由决定快速返还的机关及时纠正，依法追回返还财物；侵犯财产权的，依据《中华人民共和国国家赔偿法》第十八条及有关规定处理。

第十二条　本规定自印发之日起施行。

■人民检察院刑事诉讼涉案财物管理规定(全文)(2015年3月6日)

第一章　总则

第一条　为了贯彻落实中央关于规范刑事诉讼涉案财物处置工作的要求，进一步规范人民检察院刑事诉讼涉案财物管理工作，提高司法水平和办案质量，保护公民、法人和其他组织的合法权益，根据刑法、刑事诉讼法、《人民检察院刑事诉讼规则(试行)》，结合检察工作实际，制定本规定。

第二条　本规定所称人民检察院刑事诉讼涉案财物，是指人民检察院在刑事诉讼过程中查封、扣押、冻结的与案件有关的财物及其孳息以及从其他办案机关接收的财物及其孳息，包括犯罪嫌疑人的违法所得及其孳息、供犯罪所用的财物、非法持有的违禁品以及其他与案件有关的财物及其孳息。

第三条　违法所得的一切财物，应当予以追缴或者责令退赔。对被害人的合法财产，应当依照有关规定返还。违禁品和供犯罪所用的财物，应当予以查封、扣押、冻结，并依法处理。

第四条　人民检察院查封、扣押、冻结、保管、处理涉案财物，必须严格依照刑事诉讼法、《人民检察院刑事诉讼规则(试行)》以及其他相关规定进行。不得查封、扣押、冻结与案件无关的财物。凡查封、扣押、冻结的财物，都应当及时进行审查；经查明确实与案件无关的，应当在三日内予以解除、退还，并通知有关当事人。

严禁以虚假立案或者其他非法方式采取查封、扣押、冻结措施。对涉案单位违规的账外资金但与案件无关的，不得查封、扣押、冻结，可以通知有关主管机关或者其上级单位处理。

查封、扣押、冻结涉案财物，应当为犯罪嫌疑人、被告人及其所扶养的亲属保留必需的生活费用和物品，减少对涉案单位正常办公、生产、经营等活动的影响。

第五条　严禁在立案之前查封、扣押、冻结财物。立案之前发现涉嫌犯罪的财物，符合立案条件的,应当及时立案,并采取查封、扣押、冻结措施,以保全证据和防止涉案财物转移、损毁。

个人或者单位在立案之前向人民检察院自首时携带涉案财物的,人民检察院可以根据管辖规定先行接收,并向自首人开具接收凭证,根据立案和侦查情况决定是否查封、扣押、冻结。

人民检察院查封、扣押、冻结涉案财物后,应当对案件及时进行侦查,不得在无法定理由情况下撤销案件或者停止对案件的侦查。

第六条　犯罪嫌疑人到案后,其亲友受犯罪嫌疑人委托或者主动代为向检察机关退还或者赔偿涉案财物的,参照《人民检察院刑事诉讼规则(试行)》关于查封、扣押、冻结的相关程序办理。符合相关条件的,人民检察院应当开具查封、扣押、冻结决定书,并由检察人员、代为退还或者赔偿的人员和有关规定要求的其他人员在清单上签名或者盖章。

代为退还或者赔偿的人员应当在清单上注明系受犯罪嫌疑人委托或者主动代为犯罪嫌疑人退还或者赔偿。

第七条　人民检察院实行查封、扣押、冻结、处理涉案财物与保管涉案财物相分离的原则,办案部门与案件管理、计划财务装备等部门分工负责、互相配合、互相制约。侦查监督、公诉、控告检察、刑事申诉检察等部门依照刑事诉讼法和其他相关规定对办案部门查封、扣押、冻结、保管、处理涉案财物等活动进行监督。

办案部门负责对涉案财物依法进行查封、扣押、冻结、处理,并对依照本规定第十条第二款、第十二条不移送案件管理部门或者不存入唯一合规账户的涉案财物进行管理;案件管理部门负责对办案部门和其他办案机关移送的涉案物品进行保管,并依照有关规定对查封、扣押、冻结、处理涉案财物工作进行监督管理;计划财务装备部门负责对存入唯一合规账户的扣押款项进行管理。

人民检察院监察部门依照有关规定对查封、扣押、冻结、保管、处理涉案财物工作进行监督。

第八条　人民检察院查封、扣押、冻结、处理涉案财物,应当使用最高人民检察院统一制定的法律文书,填写必须规范、完整。禁止使用不符合规定的文书查封、扣押、冻结、处理涉案财物。

第九条　查封、扣押、冻结、保管、处理涉及国家秘密、商业秘密、个人隐私的财物,应当严格遵守有关保密规定。

第二章　涉案财物的移送与接收

第十条　人民检察院办案部门查封、扣押、冻结涉案财物及其孳息后,应当及时按照下列情形分别办理,至迟不得超过三日,法律和有关规定另有规定的除外:

(一)将扣押的款项存入唯一合规账户;

(二)将扣押的物品和相关权利证书、支付凭证以及具有一定特征能够证明案情的现金等,送案件管理部门入库保管;

(三)将查封、扣押、冻结涉案财物的清单和扣押款项存入唯一合规账户的存款凭证等,送案件管理部门登记;案件管理部门应当对存款凭证复印保存,并将原件送计划财务装备部门。

扣押的款项或者物品因特殊原因不能按时存入唯一合规账户或者送案件管理部门保管的,经检察长批准,可以由办案部门暂时保管,在原因消除后及时存入或者移交,但应当将扣押清单和相关权利证书、支付凭证等依照本条第一款规定的期限送案件管理部门登记、保管。

第十一条　案件管理部门接收人民检察院办案部门移送的涉案财物或者清单时,应当审查是否符合下列要求:

(一)有立案决定书和相应的查封、扣押、冻结法律文书以及查封、扣押清单,并填写规范、完整,符合相关要求;

(二)移送的财物与清单相符;

(三)移送的扣押物品清单,已经依照《人民检察院刑事诉讼规则(试行)》有关扣押的规定注明扣押财物的主要特征；

（四）移送的外币、金银珠宝、文物、名贵字画以及其他不易辨别真伪的贵重物品，已经依照《人民检察院刑事诉讼规则（试行）》有关扣押的规定予以密封，检察人员、见证人和被扣押物品持有人在密封材料上签名或者盖章，经过鉴定的，附有鉴定意见复印件；

（五）移送的存折、信用卡、有价证券等支付凭证和具有一定特征能够证明案情的现金，已经依照《人民检察院刑事诉讼规则（试行）》有关扣押的规定予以密封，注明特征、编号、种类、面值、张数、金额等，检察人员、见证人和被扣押物品持有人在密封材料上签名或者盖章；

（六）移送的查封清单，已经依照《人民检察院刑事诉讼规则（试行）》有关查封的规定注明相关财物的详细地址和相关特征，检察人员、见证人和持有人签名或者盖章，注明已经拍照或者录像及其权利证书是否已被扣押，注明财物被查封后由办案部门保管或者交持有人或者其近亲属保管，注明查封决定书副本已送达相关的财物登记、管理部门等。

第十二条　人民检察院办案部门查封、扣押的下列涉案财物不移送案件管理部门保管，由办案部门拍照或者录像后妥善管理或者及时按照有关规定处理：

（一）查封的不动产和置于该不动产上不宜移动的设施等财物，以及涉案的车辆、船舶、航空器和大型机械、设备等财物，及时依照《人民检察院刑事诉讼规则（试行）》有关查封、扣押的规定扣押相关权利证书，将查封决定书副本送达有关登记、管理部门，并告知其在查封期间禁止办理抵押、转让、出售等权属关系变更、转移登记手续；

（二）珍贵文物、珍贵动物及其制品、珍稀植物及其制品，按照国家有关规定移送主管机关；

（三）毒品、淫秽物品等违禁品，及时移送有关主管机关，或者根据办案需要严格封存，不得擅自使用或者扩散；

（四）爆炸性、易燃性、放射性、毒害性、腐蚀性等危险品，及时移送有关部门或者根据办案需要委托有关主管机关妥善保管；

（五）易损毁、灭失、变质等不宜长期保存的物品，易贬值的汽车、船艇等物品，经权利人同意或者申请，并经检察长批准，可以及时委托有关部门先行变卖、拍卖，所得款项存入唯一合规账户。先行变卖、拍卖应当做到公开、公平。

人民检察院办案部门依照前款规定不将涉案财物移送案件管理部门保管的，应当将查封、扣押清单以及相关权利证书、支付凭证等依照本规定第十条第一款的规定送案件管理部门登记、保管。

第十三条　人民检察院案件管理部门接收其他办案机关随案移送的涉案财物的，参照本规定第十一条、第十二条的规定进行审查和办理。

对移送的物品、权利证书、支付凭证以及具备一定特征能够证明案情的现金，案件管理部门审查后认为符合要求的，予以接收并入库保管。对移送的涉案款项，由其他办案机关存入检察机关指定的唯一合规账户，案件管理部门对转账凭证进行登记并联系计划财务装备部门进行核对。其他办案机关直接移送现金的，案件管理部门可以告知其存入指定的唯一合规账户，也可以联系计划财务装备部门清点、接收并及时存入唯一合规账户。计划财务装备部门应当在收到款项后三日以内将收款凭证复印件送案件管理部门登记。

对于其他办案机关移送审查起诉时随案移送的有关实物，案件管理部门经商公诉部门后，认为属于不宜移送的，可以依照刑事诉讼法第二百三十四条第一款、第二款的规定，只接收清单、照片或者其他证明文件。必要时，人民检察院案件管理部门可以会同公诉部门与其他办案机关相关部门进行沟通协商，确定不随案移送的实物。

第十四条　案件管理部门应当指定专门人员，负责有关涉案财物的接收、管理和相关信息录入工作。

第十五条　案件管理部门接收密封的涉案财物，一般不进行拆封。移送部门或者案件管理部门认为有必要拆封的，由移送人员和接收人员共同启封、检查、重新密封，并对全过程进行录像。根据《人民检察院刑事诉讼规则(试行)》有关扣押的规定应当予以密封的涉案财物，启封、检查、重新密封时应当依照规定有见证人、持有人或者单位负责人等在场并签名或者盖章。

第十六条　案件管理部门对于接收的涉案财物、清单及其他相关材料，认为符合条件的，应当及时在移送清单上签字并制作入库清单，办理入库手续。认为不符合条件的，应当将原因告知移送单位，由移送单位及时补送相关材料，或者按照有关规定进行补正或者作出合理解释。

第三章　涉案财物的保管

第十七条　人民检察院对于查封、扣押、冻结的涉案财物及其孳息，应当如实登记，妥善保管。

第十八条　人民检察院计划财务装备部门对扣押款项及其孳息应当逐案设立明细账，严格收付手续。

计划财务装备部门应当定期对唯一合规账户的资金情况进行检查，确保账实相符。

第十九条　案件管理部门对收到的物品应当建账设卡，一案一账，一物一卡(码)。对于贵重物品和细小物品，根据物品种类实行分袋、分件、分箱设卡和保管。

案件管理部门应当定期对涉案物品进行检查，确保账实相符。

第二十条　涉案物品专用保管场所应当符合下列防火、防盗、防潮、防尘等要求：

(一)安装防盗门窗、铁柜和报警器、监视器；

(二)配备必要的储物格、箱、袋等设备设施；

(三)配备必要的除湿、调温、密封、防霉变、防腐烂等设备设施；

(四)配备必要的计量、鉴定、辨认等设备设施；

(五)需要存放电子存储介质类物品的，应当配备防磁柜；

(六)其他必要的设备设施。

第二十一条　人民检察院办案部门人员需要查看、临时调用涉案财物的，应当经办案部门负责人批准；需要移送、处理涉案财物的，应当经检察长批准。案件管理部门对于审批手续齐全的，应当办理查看、出库手续并认真登记。

对于密封的涉案财物，在查看、出库、归还时需要拆封的，应当遵守本规定第十五条的要求。

第四章　涉案财物的处理

第二十二条　对于查封、扣押、冻结的涉案财物及其孳息，除按照有关规定返还被害人或者经查明确实与案件无关的以外，不得在诉讼程序终结之前上缴国库或者作其他处理。法律和有关规定另有规定的除外。

在诉讼过程中，对权属明确的被害人合法财产，凡返还不损害其他被害人或者利害关系人的利益、不影响诉讼正常进行的，人民检察院应当依法及时返还。权属有争议的，应当在决定撤销案件、不起诉或者由人民法院判决时一并处理。

在扣押、冻结期间，权利人申请出售被扣押、冻结的债券、股票、基金份额等财产的，以及扣押、冻结的汇票、本票、支票的有效期即将届满的，人民检察院办案部门应当依照《人民检察院刑事诉讼规则(试行)》的有关规定及时办理。

第二十三条　人民检察院作出撤销案件决定、不起诉决定或者收到人民法院作出的生效判决、裁定后，应当在三十日以内对涉案财物作出处理。情况特殊的，经检察长批准，可以延长三十日。

前款规定的对涉案财物的处理工作，人民检察院决定撤销案件的，由侦查部门负责办理；人民检察院决定不起诉或者人民法院作出判决、裁定的案件，由公诉部门负责办理；对人民检察院直接立案侦查的案件，公诉部门可以要求侦查部门协助配合。

人民检察院按照本规定第五条第二款的规定先行接收涉案财物，如果决定不予立案的，侦查部门应当按照本条第一款规定的期限对先行接收的财物作出处理。

第二十四条　处理由案件管理部门保管的涉案财物，办案部门应当持经检察长批准的相关文书或者报告，到案件管理部门办理出库手续；处理存入唯一合规账户的涉案款项，办案部门应当持经检察长批准的相关文书或者报告，经案件管理部门办理出库手续后，到计划财务装备部门办理提现或者转账手续。案件管理部门或者计划财务装备部门对于符合审批手续的，应当及时办理。

对于依照本规定第十条第二款、第十二条的规定未移交案件管理部门保管或者未存入唯一合规账户的涉案财物，办案部门应当依照本规定第二十三条规定的期限报经检察长批准后及时作出处理。

第二十五条　对涉案财物，应当严格依照有关规定，区分不同情形，及时作出相应处理：

（一）因犯罪嫌疑人死亡而撤销案件、决定不起诉，依照刑法规定应当追缴其违法所得及其他涉案财产的，应当按照《人民检察院刑事诉讼规则（试行）》有关犯罪嫌疑人逃匿、死亡案件违法所得的没收程序的规定办理；对于不需要追缴的涉案财物，应当依照本规定第二十三条规定的期限及时返还犯罪嫌疑人、被不起诉人的合法继承人；

（二）因其他原因撤销案件、决定不起诉，对于查封、扣押、冻结的犯罪嫌疑人违法所得及其他涉案财产需要没收的，应当依照《人民检察院刑事诉讼规则（试行）》有关撤销案件时处理犯罪嫌疑人违法所得的规定提出检察建议或者依照刑事诉讼法第一百七十三条第三款的规定提出检察意见，移送有关主管机关处理；未认定为需要没收并移送有关主管机关处理的涉案财物，应当依照本规定第二十三条规定的期限及时返还犯罪嫌疑人、被不起诉人；

（三）提起公诉的案件，在人民法院作出生效判决、裁定后，对于冻结在金融机构的涉案财产，由人民法院通知该金融机构上缴国库；对于查封、扣押且依法未随案移送人民法院的涉案财物，人民检察院根据人民法院的判决、裁定上缴国库；

（四）人民检察院侦查部门移送审查起诉的案件，起诉意见书中未认定为与犯罪有关的涉案财物；提起公诉的案件，起诉书中未认定或者起诉书认定但人民法院生效判决、裁定中未认定为与犯罪有关的涉案财物，应当依照本条第二项的规定移送有关主管机关处理或者及时返还犯罪嫌疑人、被不起诉人、被告人；

（五）对于需要返还被害人的查封、扣押、冻结涉案财物，应当按照有关规定予以返还。

人民检察院应当加强与人民法院、公安机关、国家安全机关的协调配合，共同研究解决涉案财物处理工作中遇到的突出问题，确保司法工作顺利进行，切实保障当事人合法权益。

第二十六条　对于应当返还被害人的查封、扣押、冻结涉案财物，无人认领的，应当公告通知。公告满六个月无人认领的，依法上缴国库。上缴国库后有人认领，经查证属实的，人民检察院应当向人民政府财政部门申请退库予以返还。原物已经拍卖、变卖的，应当退回价款。

第二十七条　对于贪污、挪用公款等侵犯国有资产犯罪案件中查封、扣押、冻结的涉案财物，除人民法院判决上缴国库的以外，应当归还原单位或者原单位的权利义务继受单位。犯罪金额已经作为损失核销或者原单位已不存在且无权利义务继受单位的，应当上缴国库。

第二十八条　查封、扣押、冻结的涉案财物应当依法上缴国库或者返还有关单位和个人的，如果有孳息，应当一并上缴或者返还。

第五章　涉案财物工作监督

第二十九条　人民检察院监察部门应当对本院和下级人民检察院的涉案财物工作进行检查或者专项督察，每年至少一次，并将结果在本辖区范围内予以通报。发现违纪违法问题的，应当依照有关规定作出处理。

第三十条　人民检察院案件管理部门可以通过受案审查、流程监控、案件质量评查、检察业务考评等途径,对本院和下级人民检察院的涉案财物工作进行监督管理。发现违法违规问题的,应当依照有关规定督促相关部门依法及时处理。

第三十一条　案件管理部门在涉案财物管理工作中,发现办案部门或者办案人员有下列情形之一的,可以进行口头提示;对于违规情节较重的,应当发送案件流程监控通知书;认为需要追究纪律或者法律责任的,应当移送本院监察部门处理或者向检察长报告:

(一)查封、扣押、冻结的涉案财物与清单存在不一致,不能作出合理解释或者说明的;

(二)查封、扣押、冻结涉案财物时,未按照有关规定进行密封、签名或者盖章,影响案件办理的;

(三)查封、扣押、冻结涉案财物后,未及时存入唯一合规账户、办理入库保管手续,或者未及时向案件管理部门登记,不能作出合理解释或者说明的;

(四)在立案之前采取查封、扣押、冻结措施的,或者未依照有关规定开具法律文书而采取查封、扣押、冻结措施的;

(五)对明知与案件无关的财物采取查封、扣押、冻结措施的,或者对经查明确实与案件无关的财物仍不解除查封、扣押、冻结或者不予退还的,或者应当将被查封、扣押、冻结的财物返还被害人而不返还的;

(六)违反有关规定,在诉讼程序依法终结之前将涉案财物上缴国库或者作其他处理的;

(七)在诉讼程序依法终结之后,未按照有关规定及时、依法处理涉案财物,经督促后仍不及时、依法处理的;

(八)因不负责任造成查封、扣押、冻结的涉案财物丢失、损毁或者泄密的;

(九)贪污、挪用、截留、私分、调换、违反规定使用查封、扣押、冻结的涉案财物的;

(十)其他违反法律和有关规定的情形。人民检察院办案部门收到案件管理部门的流程监控通知书后,应当在十日以内将核查情况书面回复案件管理部门。

人民检察院侦查监督、公诉、控告检察、刑事申诉检察等部门发现本院办案部门有本条第一款规定的情形的,应当依照刑事诉讼法和其他相关规定履行监督职责。案件管理部门发现办案部门有上述情形,认为有必要的,可以根据案件办理所处的诉讼环节,告知侦查监督、公诉、控告检察或者刑事申诉检察等部门。

第三十二条　人民检察院查封、扣押、冻结、保管、处理涉案财物,应当按照有关规定做好信息查询和公开工作,并为当事人和其他诉讼参与人行使权利提供保障和便利。善意第三人等案外人与涉案财物处理存在利害关系的,人民检察院办案部门应当告知其相关诉讼权利。

当事人及其法定代理人和辩护人、诉讼代理人、利害关系人对人民检察院的查封、扣押、冻结不服或者对人民检察院撤销案件决定、不起诉决定中关于涉案财物的处理部分不服的,可以依照刑事诉讼法和《人民检察院刑事诉讼规则(试行)》的有关规定提出申诉或者控告;人民检察院控告检察部门对申诉或者控告应当依照有关规定及时受理和审查办理并反馈处理结果。人民检察院提起公诉的案件,被告人、自诉人、附带民事诉讼的原告人和被告人对涉案财物处理决定不服的,可以依照有关规定就财物处理部分提出上诉,被害人或者其他利害关系人可以依照有关规定请求人民检察院抗诉。

第三十三条　人民检察院刑事申诉检察部门在办理国家赔偿案件过程中,可以向办案部门调查核实相关查封、扣押、冻结等行为是否合法。国家赔偿决定对相关涉案财物作出处理的,有关办案部门应当及时执行。

第三十四条　人民检察院查封、扣押、冻结、保管、处理涉案财物,应当接受人民监督员的监督。

第三十五条　人民检察院及其工作人员在查封、扣押、冻结、保管、处理涉案财物工作中违反相关规定的,应当追究纪律责任;构成犯罪的,应当依法追究刑事责任;导致国家赔偿的,应当依法向有关责任人员追偿。

第六章　附则

第三十六条　对涉案财物的保管、鉴定、估价、公告等支付的费用，列入人民检察院办案(业务)经费，不得向当事人收取。

第三十七条　本规定所称犯罪嫌疑人、被告人、被害人，包括自然人、单位。

第三十八条　本规定所称有关主管机关，是指对犯罪嫌疑人违反法律、法规的行为以及对有关违禁品、危险品具有行政管理、行政处罚、行政处分权限的机关和纪检监察部门。

第三十九条　本规定由最高人民检察院解释。

第四十条　本规定自公布之日起施行。最高人民检察院2010年5月9日公布的《人民检察院扣押、冻结涉案款物工作规定》同时废止。

■人民检察院刑事诉讼规则(2019年12月30日)

第四百二十九条　人民检察院对查封、扣押、冻结的被告人财物及其孳息，应当根据不同情况作以下处理：

(一)对作为证据使用的实物，应当依法随案移送；对不宜移送的，应当将其清单、照片或者其他证明文件随案移送。

(二)冻结在金融机构、邮政部门的违法所得及其他涉案财产，应当向人民法院随案移送该金融机构、邮政部门出具的证明文件。待人民法院作出生效判决、裁定后，由人民法院通知该金融机构上缴国库。

(三)查封、扣押的涉案财物，对依法不移送的，应当随案移送清单、照片或者其他证明文件。待人民法院作出生效判决、裁定后，由人民检察院根据人民法院的通知上缴国库，并向人民法院送交执行回单。

(四)对于被扣押、冻结的债券、股票、基金份额等财产，在扣押、冻结期间权利人申请出售的，参照本规则第二百一十四条的规定办理。

■最高人民法院关于适用《中华人民共和国刑事诉讼法》的解释(2021年3月1日)

第四百三十七条　人民法院对查封、扣押、冻结的涉案财物及其孳息，应当妥善保管，并制作清单，附卷备查；对人民检察院随案移送的实物，应当根据清单核查后妥善保管。任何单位和个人不得挪用或者自行处理。

查封不动产、车辆、船舶、航空器等财物，应当扣押其权利证书，经拍照或者录像后原地封存，或者交持有人、被告人的近亲属保管，登记并写明财物的名称、型号、权属、地址等详细信息，并通知有关财物的登记、管理部门办理查封登记手续。

扣押物品，应当登记并写明物品名称、型号、规格、数量、重量、质量、成色、纯度、颜色、新旧程度、缺损特征和来源等。扣押货币、有价证券，应当登记并写明货币、有价证券的名称、数额、面额等，货币应当存入银行专门账户，并登记银行存款凭证的名称、内容。扣押文物、金银、珠宝、名贵字画等贵重物品以及违禁品，应当拍照，需要鉴定的，应当及时鉴定。对扣押的物品应当根据有关规定及时估价。

冻结存款、汇款、债券、股票、基金份额等财产，应当登记并写明编号、种类、面值、张数、金额等。

第四百三十八条　对被害人的合法财产，权属明确的，应当依法及时返还，但须经拍照、鉴定、估价，并在案卷中注明返还的理由，将原物照片、清单和被害人的领取手续附卷备查；权属不明的，应当在人民法院判决、裁定生效后，按比例返还被害人，但已获退赔的部分应予扣除。

第四百三十九条　审判期间，对不宜长期保存、易贬值或者市场价格波动大的财产，或者有效期即将届满的票据等，经权利人申请或者同意，并经院长批准，可以依法先行处置，所得款项由人民法院保管。

涉案财物先行处置应当依法、公开、公平。

第四百四十条　对作为证据使用的实物,应当随案移送。第一审判决、裁定宣告后,被告人上诉或者人民检察院抗诉的,第一审人民法院应当将上述证据移送第二审人民法院。

第四百四十一条　对实物未随案移送的,应当根据情况,分别审查以下内容:

(一)大宗的、不便搬运的物品,是否随案移送查封、扣押清单,并附原物照片和封存手续,注明存放地点等;

(二)易腐烂、霉变和不易保管的物品,查封、扣押机关变卖处理后,是否随案移送原物照片、清单、变价处理的凭证(复印件)等;

(三)枪支弹药、剧毒物品、易燃易爆物品以及其他违禁品、危险物品,查封、扣押机关根据有关规定处理后,是否随案移送原物照片和清单等。

上述未随案移送的实物,应当依法鉴定、估价的,还应当审查是否附有鉴定、估价意见。

对查封、扣押的货币、有价证券等,未移送实物的,应当审查是否附有原物照片、清单或者其他证明文件。

第四百四十二条　法庭审理过程中,应当依照本解释第二百七十九条的规定,依法对查封、扣押、冻结的财物及其孳息进行审查。

第四百四十三条　被告人将依法应当追缴的涉案财物用于投资或者置业的,对因此形成的财产及其收益,应当追缴。

被告人将依法应当追缴的涉案财物与其他合法财产共同用于投资或者置业的,对因此形成的财产中与涉案财物对应的份额及其收益,应当追缴。

第四百四十四条　对查封、扣押、冻结的财物及其孳息,应当在判决书中写明名称、金额、数量、存放地点及其处理方式等。涉案财物较多,不宜在判决主文中详细列明的,可以附清单。

判决追缴违法所得或者责令退赔的,应当写明追缴、退赔的金额或者财物的名称、数量等情况;已经发还的,应当在判决书中写明。

第四百四十五条　查封、扣押、冻结的财物及其孳息,经审查,确属违法所得或者依法应当追缴的其他涉案财物的,应当判决返还被害人,或者没收上缴国库,但法律另有规定的除外。

对判决时尚未追缴到案或者尚未足额退赔的违法所得,应当判决继续追缴或者责令退赔。

判决返还被害人的涉案财物,应当通知被害人认领;无人认领的,应当公告通知;公告满一年无人认领的,应当上缴国库;上缴国库后有人认领,经查证属实的,应当申请退库予以返还;原物已经拍卖、变卖的,应当返还价款。

对侵犯国有财产的案件,被害单位已经终止且没有权利义务继受人,或者损失已经被核销的,查封、扣押、冻结的财物及其孳息应当上缴国库。

第四百四十六条　第二审期间,发现第一审判决未对随案移送的涉案财物及其孳息作出处理的,可以裁定撤销原判,发回原审人民法院重新审判,由原审人民法院依法对涉案财物及其孳息一并作出处理。

判决生效后,发现原判未对随案移送的涉案财物及其孳息作出处理的,由原审人民法院依法对涉案财物及其孳息另行作出处理。

第四百四十七条　随案移送的或者人民法院查封、扣押的财物及其孳息,由第一审人民法院在判决生效后负责处理。

实物未随案移送、由扣押机关保管的,人民法院应当在判决生效后十日以内,将判决书、裁定书送达扣押机关,并告知其在一个月以内将执行回单送回,确因客观原因无法按时完成的,应当说明原因。

第四百四十八条　对冻结的存款、汇款、债券、股票、基金份额等财产判决没收的,第一审人民法院应当在判决生效后,将判决书、裁定书送达相关金融机构和财政部门,通知相关金融机构依法上缴国库并在接到执行通知书后十五日以内，将上缴国库的凭证、执行回单送回。

第四百四十九条　查封、扣押、冻结的财物与本案无关但已列入清单的，应当由查封、扣押、冻结机关依法处理。

查封、扣押、冻结的财物属于被告人合法所有的，应当在赔偿被害人损失、执行财产刑后及时返还被告人。

第四百五十条　查封、扣押、冻结财物及其处理，本解释没有规定的，参照适用其他司法解释的有关规定。

■最高人民法院、最高人民检察院、公安部、国家安全部、司法部、全国人大常委会法制工作委员会关于实施刑事诉讼法若干问题的规定（2013年1月1日）

36.对于依照刑法规定应当追缴的违法所得及其他涉案财产，除依法返还被害人的财物以及依法销毁的违禁品外，必须一律上缴国库。查封、扣押的涉案财产，依法不移送的，待人民法院作出生效判决、裁定后，由人民法院通知查封、扣押机关上缴国库，查封、扣押机关应当向人民法院送交执行回单；冻结在金融机构的违法所得及其他涉案财产，待人民法院作出生效判决、裁定后，由人民法院通知有关金融机构上缴国库，有关金融机构应当向人民法院送交执行回单。

对于被扣押、冻结的债券、股票、基金份额等财产，在扣押、冻结期间权利人申请出售，经扣押、冻结机关审查，不损害国家利益、被害人利益，不影响诉讼正常进行的，以及扣押、冻结的汇票、本票、支票的有效期即将届满的，可以在判决生效前依法出售或者变现，所得价款由扣押、冻结机关保管，并及时告知当事人或者其近亲属。

■最高人民法院关于被告人亲属主动为被告人退缴赃款应如何处理的批复（全文）（1987年8月26日）

一、被告人是成年人，其违法所得都由自己挥霍，无法追缴的，应责令被告人退赔，其家属没有代为退赔的义务。

被告人在家庭共同财产中有其个人应有部分的，只能在其个人应有部分的范围内，责令被告人退赔。

二、如果被告人的违法所得有一部分用于家庭日常生活，对这部分违法所得，被告人和家属均有退赔的义务。

三、如果被告人对责令其本人退赔的违法所得已无实际上的退赔能力，但其亲属应被告人的请求，或者主动提出并征得被告人的同意，自愿代被告人退赔部分或者全部违法所得的，法院也可考虑具体情况，收下其亲属自愿代被告人退赔的款项，并视为被告人主动退赔的款项。

四、属于以上三种情况，已作了退赔的，均可视为被告人退赃较好，可以酌情从宽处罚。

五、如果被告人的罪行应当判处死刑，并必须执行，属于以上第一、二两种情况的，法院可以接收退赔的款项；属于以上第三种情况的，其亲属自愿代为退赔的款项，法院不应接收。

■最高人民检察院、最高人民法院、国家税务局关于办理偷税抗税案件追缴税款统一由税务机关缴库的规定（全文）（1991年10月31日）

一、根据《中华人民共和国刑法》（1979年刑法。——编著者注）第一百二十一条规定的精神，偷税抗税构成犯罪的，应当按照税收法规补税这部分税款属于国家应征税款的一部分，对其处理不能按一般赃款对待，不宜由人民检察院或者人民法院追缴后直接上交地方财政，应当由税务机关依法征收，并办理上交国库手续。

二、税务机关移送人民检察院处理的偷税抗税犯罪案件，移送前可先行依法追缴税款，将所收税款的证明随案移送人民检察院。

三、人民检察院直接受理的偷税抗税案件，已追缴的税款，应当由税务机关办理补缴税款手续案件提起公诉时,将所收税款的证明随卷移送人民法院。

四、偷税抗税案件经人民法院判决应当予以追缴或退回的税款,判决生效后,由税务机关依据判决书收缴或退回对被告人和其他当事人以及有关单位,拒绝依据判决书缴纳或划拨税款的,由人民法院强制执行。

■海关总署关于贯彻执行《关于刑事诉讼法实施中若干问题的规定》的通知(1998年4月15日)

三、关于走私货物、物品及违法所得的处理

(一)根据刑事诉讼法第一百九十八条(1996年刑事诉讼法。——编著者注)和《规定》第48条关于赃款赃物处理程序规定的精神以及《海关法》第五十二条的有关规定,海关在向公安机关移送走私罪嫌疑案件时,只随案移送有关走私货物、物品以及属于走私犯罪分子所有的走私运输工具的清单、照片或其他可起证据作用的证明文件;对查扣的走私罪嫌疑人违法所得,包括根据《海关法行政处罚实施细则》的有关规定,对确属来源于走私行为非法取得的存款、汇款,已通知银行或者邮局暂停支付的,只随案移送有关证明文件。

(二)海关对查扣的依法不移送的走私货物、物品、违法所得和走私运输工具,应当在人民法院判决生效后,依照国务院和海关总署的有关规定处理。对不宜长期保存的物品需要提前处理的,海关应当按照规定报请海关总署批准并且在处理前通知司法机关和货物、物品的所有人。提前处理走私货物、物品应注意留样以备核查;不便留样的可在处理前提请司法机关或有关检验机关对货物、物品作出鉴定。

■最高人民法院、最高人民检察院、公安部关于办理非法生产光盘案件有关问题的通知(全文)(1997年3月28日)

一、公安机关对查获的非法生产光盘案件,经侦查初步认定构成犯罪的,应当对查获的光盘生产线设备作为犯罪工具依法追缴。追缴后,应采取拍照、录像等方式做好物证的保全、固定工作,再变卖给有关部门指定的单位,变卖的价款及其孳息可暂存入银行。制作的原物照片、录像、物品清单、处理凭证以及其他证明文件,作为证据随案移送。

二、对查获的非法生产光盘案件,经侦查认定构不成犯罪的,其光盘生产线设备应当移交有关行政部门依法处理。

三、对主要犯罪嫌疑人未抓获,案情尚未全部查清的案件,其随案查获的光盘生产线设备,由公安机关按照本通知第一条规定做好证据保全、固定及设备的变卖工作。待案件查清后,对构成犯罪的,按照本通知第一条办理;对构不成犯罪的,按照本通知第二条办理。

四、变卖、罚没光盘生产线设备的收入,一律上缴国库。

■最高人民法院关于严格执行有关走私案件涉案财物处理规定的通知(全文)(2006年4月30日)

关于刑事案件赃款赃物的处理问题,相关法律、司法解释已经规定的很明确。《海关法》第九十二条规定,"海关依法扣留的货物、物品、运输工具,在人民法院判决或者海关处罚决定作出之前,不得处理";"人民法院判决没收或者海关决定没收的走私货物、物品、违法所得、走私运输工具、特制设备,由海关依法统一处理,所得价款和海关决定处以的罚款,全部上缴中央国库。"《最高人民法院、最高人民检察院、海关总署关于办理走私刑事案件适用法律若干问题的意见》第二十三条规定,"人民法院在判决走私罪案件时,应当对随案清单、证明文件中载明的款、物审查确认并依法判决予以追缴、没收;海关根据人民法院的判决和海关法的有关规定予以处理,上缴中央国库"。

据此,地方各级人民法院在审理走私犯罪案件时,对涉案的款、物等,应当严格遵循并切实执行上述法律、司法解释的规定,依法作出追缴、没收的判决。对于在审理走私犯罪案件中遇到的新情况、新问题,要加强与海关等相关部门的联系和协调,对于遇到的适用法律的新问题,应当及时报告最高人民法院。

第四章 死刑复核程序

第二百四十六条 【死刑核准权】死刑由最高人民法院核准。

■最高人民法院关于统一行使死刑案件核准权有关问题的决定(全文)(2007年1月1日)

第十届全国人民代表大会常务委员会第二十四次会议通过了《关于修改〈中华人民共和国人民法院组织法〉的决定》,将人民法院组织法原第十三条修改为第十二条:"死刑除依法由最高人民法院判决的以外,应当报请最高人民法院核准。"修改人民法院组织法的决定自2007年1月1日起施行。根据修改后的人民法院组织法第十二条的规定,现就有关问题决定如下:

(一)自2007年1月1日起,最高人民法院根据全国人民代表大会常务委员会有关决定和人民法院组织法原第十三条的规定发布的关于授权高级人民法院和解放军军事法院核准部分死刑案件的通知(见附件),一律予以废止。

(二)自2007年1月1日起,死刑除依法由最高人民法院判决的以外,各高级人民法院和解放军军事法院依法判处和裁定的,应当报请最高人民法院核准。

(三)2006年12月31日以前,各高级人民法院和解放军军事法院已经核准的死刑立即执行的判决、裁定,依法仍由各高级人民法院、解放军军事法院院长签发执行死刑的命令。

附件:最高人民法院发布的下列关于授权高级人民法院核准部分死刑案件自本通知施行之日起予以废止:

一、《最高人民法院关于对几类现行犯授权高级人民法院核准死刑的若干具体规定的通知》(发布日期:1980年3月18日)

二、《最高人民法院关于执行全国人民代表大会常务委员会〈关于死刑案件核准问题的决定〉的几项通知》(发布日期:1981年6月11日)

三、《最高人民法院关于授权高级人民法院核准部分死刑案件的通知》(发布日期:1983年9月7日)

四、《最高人民法院关于授权云南省高级人民法院核准部分毒品犯罪死刑案件的通知》(发布日期:1991年6月6日)

五、《最高人民法院关于授权广东省高级人民法院核准部分毒品犯罪死刑案件的通知》(发布日期:1993年8月18日)

六、《最高人民法院关于授权广西壮族自治区、四川省、甘肃省高级人民法院核准部分毒品犯罪死刑案件的通知》(发布日期:1996年3月19日)

七、《最高人民法院关于授权贵州省高级人民法院核准部分毒品犯罪死刑案件的通知》(发布日期:1997年6月23日)

八、《最高人民法院关于授权高级人民法院和解放军军事法院核准部分死刑案件的通知》(发布日期:1997年9月26日)

■最高人民法院、最高人民检察院、公安部、司法部关于进一步严格依法办案确保办理死刑案件质量的意见(2007年3月9日)

二、办理死刑案件应当遵循的原则要求

(二)坚持保留死刑,严格控制和慎重适用死刑

4."保留死刑,严格控制死刑"是我国的基本死刑政策。实践证明,这一政策是完全正确的,必须继续贯彻执行。要完整、准确地理解和执行"严打"方针,依法严厉打击严重刑事犯罪,对极少数罪行极其严重的犯罪分子,坚决依法判处死刑。我国现在还不能废除死刑,但应逐步减少适用,凡是可杀可不杀

的,一律不杀。办理死刑案件,必须根据构建社会主义和谐社会和维护社会稳定的要求,严谨审慎,既要保证根据证据正确认定案件事实,杜绝冤错案件的发生,又要保证定罪准确,量刑适当,做到少杀、慎杀。

(五)坚持宽严相济的刑事政策

7.对死刑案件适用刑罚时,既要防止重罪轻判,也要防止轻罪重判,做到罪刑相当,罚当其罪,重罪重判,轻罪轻判,无罪不罚。对罪行极其严重的被告人必须依法惩处,严厉打击;对具有法律规定“应当”从轻、减轻或者免除处罚情节的被告人,依法从宽处理;对具有法律规定“可以”从轻、减轻或者免除处罚情节的被告人,如果没有其他特殊情节,原则上依法从宽处理;对具有酌定从宽处罚情节的也依法予以考虑。

■最高人民法院关于办理死刑复核案件听取辩护律师意见的办法(全文)(2015年2月1日)

第一条　死刑复核案件的辩护律师可以向最高人民法院立案庭查询立案信息。辩护律师查询时,应当提供本人姓名、律师事务所名称、被告人姓名、案由,以及报请复核的高级人民法院的名称及案号。

最高人民法院立案庭能够立即答复的,应当立即答复,不能立即答复的,应当在二个工作日内答复,答复内容为案件是否立案及承办案件的审判庭。

第二条　律师接受被告人、被告人近亲属的委托或者法律援助机构的指派,担任死刑复核案件辩护律师的,应当在接受委托或者指派之日起三个工作日内向最高人民法院相关审判庭提交有关手续。

辩护律师应当在接受委托或者指派之日起一个半月内提交辩护意见。

第三条　辩护律师提交委托手续、法律援助手续及辩护意见、证据等书面材料的,可以经高级人民法院同意后代收并随案移送,也可以寄送至最高人民法院承办案件的审判庭或者在当面反映意见时提交;对尚未立案的案件,辩护律师可以寄送至最高人民法院立案庭,由立案庭在立案后随案移送。

第四条　辩护律师可以到最高人民法院办公场所查阅、摘抄、复制案卷材料。但依法不公开的材料不得查阅、摘抄、复制。

第五条　辩护律师要求当面反映意见的,案件承办法官应当及时安排。

一般由案件承办法官与书记员当面听取辩护律师意见,也可以由合议庭其他成员或者全体成员与书记员当面听取。

第六条　当面听取辩护律师意见,应当在最高人民法院或者地方人民法院办公场所进行。辩护律师可以携律师助理参加。当面听取意见的人员应当核实辩护律师和律师助理的身份。

第七条　当面听取辩护律师意见时,应当制作笔录,由辩护律师签名后附卷。辩护律师提交相关材料的,应当接收并开列收取清单一式二份,一份交给辩护律师,另一份附卷。

第八条　当面听取辩护律师意见时,具备条件的人民法院应当指派工作人员全程录音、录像。其他在场人员不得自行录音、录像、拍照。

第九条　复核终结后,受委托进行宣判的人民法院应当在宣判后五个工作日内将最高人民法院裁判文书送达辩护律师。

第十条　本办法自2015年2月1日起施行。

附:1.最高人民法院相关审判庭联系电话

立案庭:010-67555787

刑事审判第一庭:010-67555108

刑事审判第二庭:010-67555209

刑事审判第三庭:010-67107864

刑事审判第四庭:010-67555409

刑事审判第五庭:010-67555509

审判监督庭:010－67555793

2.最高人民法院相关审判庭通信地址

北京市东城区北花市大街9号　邮政编码:100062

第二百四十七条　【核准死刑程序】中级人民法院判处死刑的第一审案件,被告人不上诉的,应当由高级人民法院复核后,报请最高人民法院核准。高级人民法院不同意判处死刑的,可以提审或者发回重新审判。

高级人民法院判处死刑的第一审案件被告人不上诉的,和判处死刑的第二审案件,都应当报请最高人民法院核准。

■最高人民法院关于适用《中华人民共和国刑事诉讼法》的解释(2021年3月1日)

第四百二十三条　报请最高人民法院核准死刑的案件,应当按照下列情形分别处理:

(一)中级人民法院判处死刑的第一审案件,被告人未上诉、人民检察院未抗诉的,在上诉、抗诉期满后十日以内报请高级人民法院复核。高级人民法院同意判处死刑的,应当在作出裁定后十日以内报请最高人民法院核准;认为原判认定的某一具体事实或者引用的法律条款等存在瑕疵,但判处被告人死刑并无不当的,可以在纠正后作出核准的判决、裁定;不同意判处死刑的,应当依照第二审程序提审或者发回重新审判;

(二)中级人民法院判处死刑的第一审案件,被告人上诉或者人民检察院抗诉,高级人民法院裁定维持的,应当在作出裁定后十日以内报请最高人民法院核准;

(三)高级人民法院判处死刑的第一审案件,被告人未上诉、人民检察院未抗诉的,应当在上诉、抗诉期满后十日以内报请最高人民法院核准。

高级人民法院复核死刑案件,应当讯问被告人。

第四百二十四条　中级人民法院判处死刑缓期执行的第一审案件,被告人未上诉、人民检察院未抗诉的,应当报请高级人民法院核准。

高级人民法院复核死刑缓期执行案件,应当讯问被告人。

第四百二十五条　报请复核的死刑、死刑缓期执行案件,应当一案一报。报送的材料包括报请复核的报告,第一、二审裁判文书,案件综合报告各五份以及全部案卷、证据。案件综合报告,第一、二审裁判文书和审理报告应当附送电子文本。

同案审理的案件应当报送全案案卷、证据。

曾经发回重新审判的案件,原第一、二审案卷应当一并报送。

第四百二十六条　报请复核死刑、死刑缓期执行的报告,应当写明案由、简要案情、审理过程和判决结果。

案件综合报告应当包括以下内容:

(一)被告人、被害人的基本情况。被告人有前科或者曾受过行政处罚、处分的,应当写明;

(二)案件的由来和审理经过。案件曾经发回重新审判的,应当写明发回重新审判的原因、时间、案号等;

(三)案件侦破情况。通过技术调查、侦查措施抓获被告人、侦破案件,以及与自首、立功认定有关的情况,应当写明;

(四)第一审审理情况。包括控辩双方意见,第一审认定的犯罪事实,合议庭和审判委员会意见;

(五)第二审审理或者高级人民法院复核情况。包括上诉理由、人民检察院的意见,第二审审理或者高级人民法院复核认定的事实,证据采信情况及理由,控辩双方意见及采纳情况;

(六)需要说明的问题。包括共同犯罪案件中另案处理的同案犯的处理情况,案件有无重大社会影响,以及当事人的反应等情况;

(七)处理意见。写明合议庭和审判委员会的意见。

第四百二十七条　复核死刑、死刑缓期执行案件,应当全面审查以下内容:

(一)被告人的年龄,被告人有无刑事责任能力、是否系怀孕的妇女;

(二)原判认定的事实是否清楚,证据是否确实、充分;

(三)犯罪情节、后果及危害程度;

(四)原判适用法律是否正确,是否必须判处死刑,是否必须立即执行;

(五)有无法定、酌定从重、从轻或者减轻处罚情节;

(六)诉讼程序是否合法;

(七)应当审查的其他情况。

复核死刑、死刑缓期执行案件,应当重视审查被告人及其辩护人的辩解、辩护意见。

■最高人民法院关于对被判处死刑的被告人未提出上诉、共同犯罪的部分被告人或者附带民事诉讼原告人提出上诉的案件应适用何种程序审理的批复(全文)(2010年4月1日)

根据《中华人民共和国刑事诉讼法》第一百八十六条(2012年修正后刑诉法为第二百二十二条。——编著者注)的规定,中级人民法院一审判处死刑的案件,被判处死刑的被告人未提出上诉,共同犯罪的其他被告人提出上诉的,高级人民法院应当适用第二审程序对全案进行审查,并对涉及死刑之罪的事实和适用法律依法开庭审理,一并处理。

根据《中华人民共和国刑事诉讼法》第二百条(2012年修正后刑诉法为第二百三十六条。——编著者注)第一款的规定,中级人民法院一审判处死刑的案件,被判处死刑的被告人未提出上诉,仅附带民事诉讼原告人提出上诉的,高级人民法院应当适用第二审程序对附带民事诉讼依法审理,并由同一审判组织对未提出上诉的被告人的死刑判决进行复核,作出是否同意判处死刑的裁判。

■最高人民法院关于中级人民法院判处死刑被告人不上诉高级人民法院复核同意报请最高人民法院核准的条件是否制作裁定书问题的批复(全文)(1992年5月16日)

根据我国刑事诉讼法(1979年刑事诉讼法。——编著者注)第一百四十五条第一款的规定,中级人民法院判处死刑的第一审案件,被告人不上诉,人民检察院也未提出抗诉,如果属于由最高人民法院核准的,应当经高级人民法院复核。高级人民法院同意判处死刑的,应当制作裁定书,报请最高人民法院核准。裁定书主文可表述为:

"同意××中级人民法院(××××)×刑初字第×号以××罪判处被告人×××死刑,剥夺政治权利终身的刑事判决,现依法报请最高人民法院核准。"

■最高人民法院关于判有死刑的共同犯罪案件被告人未上诉检察院未抗诉复核中发现判决确有错误的应如何制作法律文书问题的批复(全文)(1994年5月16日)

对中级人民法院报送核准的判有死刑的共同犯罪案件,全案各被告人均未提出上诉,检察院也未提出抗诉,高级人民法院在复核中同意原审判决对被告人判处死刑的,应制作刑事裁定书核准判处死刑;如果认为对被告人不应判处死刑的,可以用判决书直接改判。在复核中,如果认为原审判决对同案被判处无期徒刑以下刑罚的被告人量刑不当,应当在核准判处死刑或者改变死刑判决的同时,依照《中华人民共和国刑事诉讼法》(1979年刑事诉讼法。——编著者注)第一百四十九条第二款的规定,由高级人民法院提审或者指令下级人民法院再审,并另行制作刑事判决书或者刑事裁定书。

▼安徽省高级人民法院关于移送刑事二审、复核案件有关事项的规定(2005年5月15日)

一、刑事案件宣判送达后,有权提起上诉的当事人、法定代理人通过第一审人民法院提起上诉的或检察机关提起抗诉的;或者没有上诉、抗诉,但依法应呈报上级人民法院核准的案件,第一审人民法院应当于上诉、抗诉期届满后在法定期限内将案件报送上一级人民法院。

三、下一级人民法院向上一级人民法院报送二审、复核案件,应当移送下列材料:

（一）移送案件函；

（二）上诉状或抗诉书及副本；

（三）裁判文书、案件审理报告各十份。有条件的法院，应当报送法律文书和其他有关材料的电子文档（3.5 时软盘，Word 文档格式）；

（四）案件全部材料和证据（包括检察机关的相关材料）。

五、案件审理报告是下一级人民法院报送上一级人法院审核的内部书面材料，应符合《法院刑事诉讼文书样式》的相关内容要求，并加盖报送人民法院印章。

六、经审判委员会讨论决定的案件，除报送审判委员会的决议外，还应当报送审判委员会讨论案件的记录材料。

七、上一级人民法院发现下一级人民法院未按本规定要求报送材料的，应当及时通知下一级人民法院，下一级人民法院应当在接到通知后五日内补齐并报送上一级人民法院。

十、移送刑事二审、复核案件，统一归口由所在人民法院立案庭负责。各级人民法院刑事审判庭应当按照本规定的要求将要报送的全部案件材料移送给本院的立案庭。

十一、各级人民法院应当将执行本规定的情况作为审判管理的重要内容和案件质量评查的依据，加强对案件移送情况的管理、监督和检查。上级人民法院要严格按照《安徽省高级人民法院关于报送刑事案件具体事项的通知》（皖高法［2000］200 号）的规定，实行对超期报送案件的通报制度及案件督查制度。

十二、本规定自二〇〇五年五月十五日起施行。本规定与法律、司法解释不一致的，按法律、司法解释执行。本院原相关规定与本规定不一致的，按本规定执行。

▽一审判处死刑的被告人在上诉期满后又提出撤回上诉的，高级人民法院处理方式

通常情况下，判处死刑的被告人为了保住自己的生命，在一审宣判后都会提出上诉，但实践中也有少数被告人在一审判处死刑后并不提出上诉。而在提出上诉的被告人中，一部分人又会在提出上诉后申请撤回上诉，有的是在上诉期满前申请撤回上诉，有的则是在上诉期满后申请撤回上诉。至于申请撤回上诉的原因，从被告人心理角度看，主要是这些被告人认为自己罪有应得，难逃一死，上诉没有实际意义。有的被告人甚至希望尽快被执行死刑，尽早获得解脱。由于被告人上诉后申请撤诉涉及对刑事诉讼法和司法解释有关规定的准确适用，故有必要结合司法实践中的具体情形，对该问题作一分析。

（一）判处死刑的被告人上诉后在上诉期满前申请撤回上诉的。对于这种情形，司法解释规定得十分明确，处理上没有困难。最高人民法院 1998 年制定的《关于执行〈中华人民共和国刑事诉讼法〉若干问题的解释》（本附文以下简称《1998 年解释》）第二百三十八条规定："被告人、自诉人、附带民事诉讼的原告人和被告人及其法定代理人在上诉期限内要求撤回上诉的，应当准许。"最高人民法院 2012 年制定的《关于适用〈中华人民共和国刑事诉讼法〉的解释》（本附文以下简称《2012 年解释》）第三百零四条基本保留了原规定："上诉人在上诉期限内要求撤回上诉的，人民法院应当准许。"据此，判处死刑的被告人上诉后在上诉期内又申请撤诉的，高级人民法院对案件的审理应当适用复核程序。

（二）判处死刑的被告人在上诉期满后二审开庭审理前申请撤回上诉的。对此情形如何处理，以往实践中争议较大，处理上也不统一。为解决此类问题，最高人民法院、最高人民检察院 2010 年联合作出了《关于对死刑判决提出上诉的被告人在上诉期满后宣判前提出撤回上诉人民法院是否准许的批复》（本附文以下简称《2010 年批复》）。《2010 年批复》明确规定，对此类问题，应当依照"两高"2006 年制定的《关于死刑第二审案件开庭审理程序若干问题的规定（试行）》（本附文以下简称《程序规定试行》）第四条的规定处理。而根据《程序规定试行》第四条的规定，二审法院对于上诉人提出的撤诉申请应当进行审查，合议庭经过阅卷、讯问被告人、听取其他当事人、辩护人、诉讼代理人的意见后，认为原判事实清楚，适用法律正确，量刑适当的，可不再开庭审理，裁定准许被告人撤回上诉；认为原判事实不清、证据不足或者无罪判为有罪,轻罪重判的,应当不准许撤回上诉,按照第二审程序开庭审理。这种规定与《1998年解释》第二百三十九条的精神是一致的。《2012年解释》第三百零五条第一款保留了该规定。由此可见,对于判处死刑的被告人在上诉期满后二审开庭前申请撤诉的,《2012年解释》没有作出特殊规定,可以参照普通刑事案件的一般做法,根据不同情形作出准许撤回上诉和不准许撤回上诉两种处理。审判实践中,在具体处理此类问题时,有三点值得注意:一是如果二审法院经阅卷审查后发现需要对一些证据进行调查核实的,裁定不准许上诉人撤回上诉。由于死刑案件证据要求高,而侦查取证工作水平整体上还不理想,审判阶段需要补查补正的情况仍然很多,故二审法院经阅卷审查后发现需要对一些证据进行调查核实的,特别是有些新证据需要开庭质证后予以采信的,不应当裁定准许上诉人撤诉,而应当通过二审开庭质证来解决证据问题。并且,由于现行刑事诉讼法对二审发回重审的次数作了限制,故二审法院也应当尽最大努力把证据问题解决在二审环节,避免发回重审。只在确有必要发回一审法院解决证据问题的情况下,才可以发回重审。二是如果准许被告人撤回上诉,高级人民法院不能直接将二审准许撤诉裁定报送最高人民法院核准死刑。按照目前的文书样式,准许撤回上诉裁定并不在主文部分对实体处理作出表态,最高人民法院在复核文书中对这种撤诉裁定无法表述,最高人民法院也没有核准一个准许撤诉裁定的先例。在最高人民法院收回核准权之初,曾出现个别高级人民法院直接将准许撤诉裁定报最高人民法院核准的情况,造成了工作上的麻烦,后通过法定程序予以纠正。也就是说,对于准许撤诉的,高级人民法院还应在裁判文书中明确表示同意原判,才能将该裁定报送最高人民法院核准。本案就是这样处理的。被告人一审被判处死刑,其口头提出上诉,后又在上诉期满后开庭审理前口头撤诉,辽宁省高级人民法院经阅卷审查,讯问被告人并听取指定辩护人的意见后,认为原判认定事实清楚,适用法律正确,量刑适当,遂裁定准许被告人撤回上诉,同时在裁定书中明确表示同意原判,并将该裁定报最高人民法院核准。这种做法是正确的。如果仅裁定准许撤诉,而未表示同意原判,则最高人民法院不能直接核准该撤诉裁定。三是对于高级人民法院裁定准许撤回上诉的,其审判程序属于复核。被告人上诉确实启动了二审程序,故在高级人民法院裁定准许撤诉前案件属于二审程序,但在被告人提出撤诉申请后,高级人民法院通过审查,认为原判认定事实和适用法律正确,量刑适当的,则不再开庭审理,直接裁定准许撤诉。由于刑事诉讼法和《2012年解释》明确规定,二审案件必须开庭审理,而准许撤诉的案件可以不再开庭审理,且裁定书中表述的也是"同意"而非"维持"原判,故该情形下适用的是复核程序而不是二审程序。至于高级人民法院裁判文书的案号用"终"字号,只是审判管理上的问题,不影响案件的复核程序性质。由此,最高人民法院在复核裁判文书的"本院认为"部分,评价高级人民法院的审理情况时,应当表述为"×××高级人民法院复核裁定认定的事实清楚……",而不能称为"二审裁定"。

(三)判处死刑的被告人上诉后在二审开庭后申请撤回上诉的。为统一法律适用,《2010年批复》规定,被告人在第二审开庭以后宣告裁判前申请撤回上诉的,二审法院应当不准许撤回上诉,继续按照上诉程序审理。《2012年解释》第三百零五条第二款保留了这一规定。据此,对于判处死刑的被告人提出上诉,在二审开庭过程中或者庭审结束后宣告裁判前申请撤回上诉的,高级人民法院应当不予准许,继续按上诉案件审理。这样处理,较好地平衡了司法效率与司法公正之间的关系。因为既然二审已经开庭,再准许撤诉,对于提高二审效率实际意义不大。此外,值得一提的是,如果死刑案件属于共同犯罪,其中没有判处死刑的被告人提出上诉,而判处死刑的被告人没有提出上诉的,应当全案适用二审程序。最高人民法院2010年作出的《关于对被判处死刑的被告人未提出上诉、共同犯罪的部分被告人或者附带民事诉讼原告人提出上诉的案件应适用何种程序审理的批复》明确规定,中级人民法院一审判处死刑的案件,被判处死刑的被告人未提出上诉,共同犯罪的其他被告人提出上诉的,高级人民法院应当适用第二审程序对全案进行审查,并对涉及死刑之罪的事实和适用法律依法开庭审理,一并处理。(2012年解释》第三百一十七条第二款保留了该规定:"被判处死刑立即执行的被告人没有上诉,同案的其他被告人上诉的案件,第二审人民法院应当开庭审理。”也就是说,对于共同犯罪案件中判处死刑的被告人没有上诉,而没有判处死刑的被告人提出上诉的案件,高级人民法院不仅应适用二审程序进行审理,而且要开庭审理。如果不开庭审理,就属于程序违法,最高人民法院复核时遇到此类案件,应当依法裁定不予核准,发回重审。[参见第924号指导案例,尹斌故意杀人、强制猥亵妇女案,载《刑事审判参考》总第95集(2013年第6集),第36~39页。撰稿:方文军]

▽一审判处被告人死缓的刑事附带民事诉讼案件,仅有附带民事诉讼原告人提出上诉的情形,对刑事部分应当适用复核程序审理

最高人民法院2010年3月17日发布的《关于对判处死刑的被告人未提出上诉、共同犯罪的部分被告人或者附带民事诉讼原告人提出上诉的案件应适用何种程序审理的批复》作了明确的规定针对的是死刑案件,但处理原则应当适用于死缓案件。根据此批复,中级人民法院一审判处被告人死缓的案件,被告人未提出上诉,检察机关亦未提出抗诉,仅有附带民事诉讼原告人提出上诉,高级人民法院应当适用第二审程序对附带民事诉讼依法审理,并由同一审判组织对未提出上诉的被告人死缓判决的刑事部分进行复核。本案中,H省高级人民法院对全案适用第二审程序进行审理,明显违反了上述批复的规定程序。[参见第1023号指导案例,李某故意杀人、故意伤害案,载《刑事审判参考》总第100集(2014年第5集),第35页。撰稿:田楠]

▽高级人民法院复核审不得违反上诉不加刑原则

2012年修改后刑事诉讼法第二百二十六条规定:“第二审人民法院发回原审人民法院重新审判的案件,除有新的犯罪事实,人民检察院补充起诉的以外,原审人民法院不得加重被告人的刑罚。”《最高人民法院关于适用〈中华人民共和国刑事诉讼法〉的解释》(已被修改)(本附文以下简称《解释》)第三百四十九条第二款规定:“高级人民法院复核死刑缓期执行案件,不得加重被告人的刑罚。”上述规定了明确了上诉不加刑原则的基本要求。本案一审、二审期间,修改后的刑事诉讼法已经通过,但尚未施行,不过,对于修改后刑事诉讼法中有利于被告人的规定,应当在法律通过后就严格遵照执行。H省高级人民法院基于对案件事实证据的认识分歧,以事实不清为由将本案发回A市中级人民法院重新审判,直接导致本案在事实证据没有变化的情况下,A市检察机关不当地改变部分指控罪名、变更起诉,A市中级人民法院重新审理后,采纳了指控意见,改变了部分认定的罪名,最终认定的罪名由一罪变成两罪,并在此基础上加重了对被告人判处的刑罚,将死缓改为死刑立即执行。H省高级人民法院的做法不仅直接违反修改后的刑事诉讼法的规定,也违背了1996年刑事诉讼法不得通过发回重审变相加重被告人刑罚的立法精神。[参见第1023号指导案例,李某故意杀人、故意伤害案,载《刑事审判参考》总第100集(2014年第5集),第35~36页。撰稿:田楠]

▽高级人民法院经复核不同意判处被告人死刑的,应当提审或者发回重新审判

对中级人民法院一审判处被告人死刑且未提出上诉、抗诉的案件,高级人民法院经复核后不同意判处死刑的,根据1996年《刑事诉讼法》第二百条的规定(2012年修改后刑事诉讼法第二百三十六条作了相同规定):“中级人民法院判处死刑的第一审案件,被告人不上诉的,应当由高级人民法院复核后,报请最高人民法院核准。高级人民法院不同意判处死刑的,可以提审或者发回重新审判。”鉴于审判实践中对提审的性质和审级存在认识上的分歧,2012年最高人民法院《关于适用〈中华人民共和国刑事诉讼法〉的解释》(已被修改)(本附文以下简称《解释》)未作明确规定,《解释》第三百四十四条规定:“高级人民法院同意判处死刑的,应当在作出裁定后十日内报请最高人民法院核准;不同意的,应当依照第二审程序提审或者发回重新审判。”然而,对于具体哪些情形依照第二审程序提审,哪些情形发回重新审判。对该问题的解决,从《解释》第三百四十九条的规定看,高级人民法院复核死刑缓期执行案件时.对程序违法的案件只能裁定发回重新审判;对事实不清、证据不足的案件,既可以发回重新审判,也可以依法改判:对事实清楚,但适用法律错误或者量刑过重的案件,只能依法改判。基于上诉不加刑原则的精神,复核阶段改判的,也不得判处更重的刑罚。对于适用法律错误或者量刑过重的案件,相对于提审而言,直接改判无疑更有助于提高审判效率、节约司法资源。对于程序违法的案件,显然没有必要经过提审再裁定发回重新审判。对于事实不清、证据不足的案件,即使经过提审,最终处理结果也只有两种,或者裁定发回重新审判,或者依法作出证据不足、指控的犯罪不能成立的无罪判决。其中,对发回重新审判的案件,根本无须经过提审,完全可以经复核直接发回重新审判:如果不发回重审,经提审后也可以改判无罪,但审判实践中很少有此种情形。通过以上分析,不难发现,刑事诉讼法所规定的"高级人民法院不同意判处死刑的,可以提审或者发回重新审判"中的"可以提审"实际上属于沉默条款。所谓的提审程序既无助于保障被告人权利,也无助于提高审判效率、节约司法资源。鉴于此,建议立法机关在修改刑事诉讼法时将"可以提审或者发回重新审判"修改为"可以改判或者发回重新审判"。如果立法机关考虑限制高级人民法院复核改判的做法,也可将"可以提审或者发回重新审判"修改为"可以发回重新审判"。

综上,本案一审判处被告人李某死缓,仅有附带民事诉讼原告人提出上诉,H省高级人民法院对刑事部分适用第二审程序审理,违反了法定诉讼程序,并且基于对案件事实证据的认识分歧,以部分事实不清、证据不足为由发回重新审判,导致一审法院在检察机关变更指控的情况下改判被告人李某死刑立即执行。这种通过发回重审变相加重被告人刑罚的做法,影响了公正审判。最高人民法院以程序违法为由裁定不核准被告人李某死刑,发回H省高级人民法院重新审判,是妥当的。[参见第1023号指导案例,李某故意杀人、故意伤害案,载《刑事审判参考》总第100集(2014年第5集),第36~37页。撰稿:田楠]

▽在死刑复核过程中发现新的证据,无法排除第三人作案可能,且全案主要依靠言词证据定案,没有有力的客观性证据的,应当认定证据无法达到死刑案件的标准,不予核准死刑

"合理怀疑"是指以证据、逻辑、经验法则为根据的怀疑,即案件存在被告人无罪的可能性。没有根据的怀疑,以及对与犯罪无关事实的怀疑,不影响对案件犯罪事实的认定。本案主要是依靠言词证据定案,故关键是现有证据要能形成一个完整的证据链条,排除其他人的作案嫌疑,绝不允许存在"合理怀疑"。(一)证明被告人李某某实施抢劫犯罪的证据尚未达到确实、充分的程度。1.本案证实李某某抢劫杀人的证据如下:(1)本案破案比较自然。公安机关出具的抓获经过证实,公安机关在将案发现场同一层楼搞装修的有作案时间的务工人员作为重点排查对象时,李某某逃避公安机关的调查,由此锁定李某某有重大作案嫌疑,抓获李某某后其供认犯罪。(2)李某某之兄李某某证实案发后见过李某某脸部、手上有伤痕,与李某某所供作案时受伤相印证;李某某还将在"锦绣华都"小区掐死一妇女,并窃走被害人5000元及一部手机的事实告诉过兄长李某某,并告诉过其母亲施某某"当时人死没死我不知道就跑了"。李某某系李某某之兄、施某某系李某某之母,作为近亲属提供不利于李某某的证言,能排除故意陷害李某某的可能性,因此证言可信度很高。(3)DNA鉴定意见证实,从现场电话线上检出被害人DNA与李某某所供用电话线勒颈的情节相印证。(4)李某某供认主要犯罪事实,其供述的很多细节还得到其他证据印证。2.直接证实李某某实施犯罪的证据,除李某某的供述外,只有其兄李某某、其母施某某的证言。而其兄、其母的证言源自于李某某,属于传来证据,故直接证明李某某犯罪的证据仍然只有李某某的供述。(二)现有证据无法排除合理怀疑。1.存在第三人作案的可能性。案发时在同楼层另一房间进行装修的周某某只有一人在场施工,同样有作案时间。周某某案发后也曾被公安机关讯问并作出了有罪供述,后周某某翻供,由于其后侦查无实质性进展,公安机关对周某某刑事拘留后又取保候审,直至李某某归案后才解除对周某某的取保候审。因周某某在被拘留期间也曾做过有罪供述,并始终称侦查机关没有刑讯逼供,故周某某的犯罪嫌疑并未完全排除。2.供证矛盾较多。李某某在侦查阶段第一、二次询问时并未供认犯罪,其后的供述也前后矛盾,部分供述与证人证言有矛盾。(1)对自己是否曾用电话线勒被害人颈部,李某某供述前后不一。(2)对被害人手机去向,李某某供述前后不一,且手机未能提取到案。(3)对盗窃现金数目供述前后不一。(4)李某某在供述中曾提及,案发后其编造谎言"我在长安用砖头将一个男子的头部打出血"并告诉李某某、杨某、罗某等人,但李某某等人均未证实该情节。3. 部分关键证据证明力不强。李某某所供窃取的金钱数额与被害人取款凭证及明细账单一致,但该取款凭证、明细账单系在李某某供述之前提取,证明力不强;李某某所供将盗窃所得款项中的1500元用于支付姚某某工资一节得到姚某某证言印证,系先供后证,但该钱款也有可能系李某某本身所有,不能肯定系盗窃所得;李某某所供手机去向,与证人李某某、罗某证实的案发后看见过被害人手机相印证,李某某、罗某对该手机图片进行了辨认,但并未提取到被盗手机;同时,李某某、罗某二人证实的看见李某某持有手机的时间、地点不一致,李某某称是与李某某、罗某一起乘车时看见,而罗某否认该节,称是在装修工地李某某的纸箱内看见。4. 全案缺乏李某某出现在现场的客观性证据。现场既未提取到李某某的衣物、相关指印、脚印等与李某某有关的物证,又未在被害人的双手甲床内检出异物,也无证人证实李某某进入过现场。为切实防范冤假错案发生,对死刑案件要严格把握证据标准。对不能排除第三人作案可能、现有证据之间存在矛盾,证据达不到"排除合理怀疑"程度的,应当依法不予核准死刑。本案综合全案证据,无法排除合理怀疑,最高人民法院依法发回重审是适当的。[参见第1024号指导案例,李某某故意杀人、盗窃案,载《刑事审判参考》总第100集(2014年第5集),第40~42页。撰稿:张剑]

第二百四十八条　【死缓核准权】中级人民法院判处死刑缓期二年执行的案件,由高级人民法院核准。

■最高人民法院关于适用《中华人民共和国刑事诉讼法》的解释(2021年3月1日)

第四百二十七条　复核死刑、死刑缓期执行案件,应当全面审查以下内容:

(一)被告人的年龄,被告人有无刑事责任能力、是否系怀孕的妇女;

(二)原判认定的事实是否清楚,证据是否确实、充分;

(三)犯罪情节、后果及危害程度;

(四)原判适用法律是否正确,是否必须判处死刑,是否必须立即执行;

(五)有无法定、酌定从重、从轻或者减轻处罚情节;

(六)诉讼程序是否合法;

(七)应当审查的其他情况。

复核死刑、死刑缓期执行案件,应当重视审查被告人及其辩护人的辩解、辩护意见。

第四百二十八条　高级人民法院复核死刑缓期执行案件,应当按照下列情形分别处理:

(一)原判认定事实和适用法律正确、量刑适当、诉讼程序合法的,应当裁定核准;

(二)原判认定的某一具体事实或者引用的法律条款等存在瑕疵,但判处被告人死刑缓期执行并无不当的,可以在纠正后作出核准的判决、裁定;

(三)原判认定事实正确,但适用法律有错误,或者量刑过重的,应当改判;

(四)原判事实不清、证据不足的,可以裁定不予核准,并撤销原判,发回重新审判,或者依法改判;

(五)复核期间出现新的影响定罪量刑的事实、证据的,可以裁定不予核准,并撤销原判,发回重新审判,或者依照本解释第二百七十一条的规定审理后依法改判;

(六)原审违反法定诉讼程序,可能影响公正审判的,应当裁定不予核准,并撤销原判,发回重新审判。

复核死刑缓期执行案件,不得加重被告人的刑罚。

■最高人民法院关于罪犯在死刑缓期执行期间因有漏罪被判决后仍决定死刑缓期执行的是否需要重新核准及死缓执行期间从何时起计算问题的批复(全文)(2006年5月8日)

一、新的死缓判决应报请高级人民法院重新核准。根据《刑诉法》第二百零一条、第二百零八条以及《最高人民法院关于执行〈中华人民共和国刑事诉讼法〉若干问题的解释》第二百七十八条的规定，对于判处被告人死刑缓期二年执行的判决，必须经有核准权的人民法院核准以后才能发生法律效力。安徽省阜阳市中级法院根据《刑法》第七十条的规定，对范昌平在死缓考验期间交代的漏罪所判处的刑罚与原判处的刑罚并罚，所形成的新的死缓判决是对范昌平整个犯罪行为进行裁量而最终确定的，故应报请安徽省高级法院重新核准后，发生法律效力。

二、对罪犯范昌平死刑缓期执行的考验期应从新的死缓判决确定之日起计算，已经执行的死缓考验期不应计算在内。

○高级人民法院复核没有上诉、抗诉的死刑缓期二年执行案件，认为一审判决认定事实清楚、证据确实充分，但应当判处死刑立即执行的如何处理

高级人民法院复核被告人没有上诉，公诉机关没有抗诉的死刑缓期二年执行案件，认为一审判决认定事实清楚、证据确实充分，但对被告人适用死刑缓期二年执行不当，应当判处死刑立即执行的，应当在裁定核准死刑缓期二年执行的判决后，按照审判监督程序再审。理由是：1. 根据《最高人民法院关于执行〈中华人民共和国刑事诉讼法〉若干问题的解释》（已失效）（本附文以下简称《刑诉法解释》）第二百七十八条第二款的规定，高级人民法院复核没有上诉、抗诉的死刑缓期二年执行案件，不予核准的仅限于“认为原判事实不清、证据不足的，应当裁定发回重新审判”和“认为原判量刑过重的，应当依法改判”两种情形。对于原审判决认定事实清楚、证据确实充分，只是适用死刑缓期二年执行不当的案件，不予核准，然后按照刑事诉讼法第二百零五条的规定，启动审判监督程序再审，实际上属于变相加重被告人的刑罚，违反了最高人民法院、最高人民检察院、公安部、国家安全部、司法部、全国人大常委会法制工作委员会《关于刑事诉讼法实施中若干问题的规定》（已失效）（本附文以下简称《刑诉法规定》第47条和《刑诉法解释》第二百七十八条第三款的规定。2. 虽然《刑诉法解释》第二百七十八条第二款第（一）项规定，高级人民法院对于报请核准的死刑缓期二年执行的案件，应当裁定予以核准的条件是“同意判处死刑缓期二年执行的”，没有规定高级人民法院不同意判处死刑缓期二年执行能否作出予以核准的裁定，但由于此类案件不属于《刑诉法解释》第二百七十八条第二款规定的“应当裁定发回重新审判”和“应当依法改判”的情形，因此，高级人民法院只能作出予以核准的裁定。3. 根据刑事诉讼法第二百零五条的规定，人民法院启动再审的条件是已经发生法律效力的判决或者裁定在认定事实或者适用法律上确有错误。已经发生法律效力的裁判对于罪行极其严重、非杀不可的犯罪分子，适用死刑缓期二年执行，当属“适用法律上确有错误”，根据《刑诉法解释》第三百一十二条第（二）项关于“原判决、裁定认定事实没有错误，但适用法律有错误，或者量刑不当的，应当改判”的规定，应当启动审判监督程序再审。4. 对于通过审判监督程序再审改判被告人死刑立即执行的案件，无论是否属于最高人民法院授权高级人民法院核准死刑的范围，均应当依照2003年11月26日最高人民法院《关于报送按照审判监督程序改判死刑、被告人在死缓考验期内故意犯罪应当执行死刑的复核案件的通知》（现已废止。——编著者注）的规定，报送最高人民法院核准。［参见《刑事审判参考》总第42辑（2005年第1辑），法律出版社，第186～188页。］

▽被判处死刑缓期二年执行的犯罪分子，在死缓执行期间发现判决宣告前还有其他犯罪没有判决，经对漏罪判决后，仍决定执行死刑缓期二年执行的，新的死缓判决应报请高级人民法院重新核准

《最高人民法院关于执行〈中华人民共和国刑事诉讼法〉若干问题的解释》（已失效）第二百七十八条第一款规定，“中级人民法院判处死刑缓期二年执行的第一审案件，被告人不上诉、人民检察院不抗诉的，应当报请高级人民法院核准”。根据法律、司法解释的规定，对于判处被告人死刑缓期二年执行的判决，必须经有核准权的人民法院核准以后才能发生法律效力。高级人民法院在复核时，完全可以根据《最高人民法院关于执行〈中华人民共和国刑事诉讼法〉若干问题的解释》第二百七十八条的有关规定，按照案件的具体情形作出“予以核准”、“发回重审”或“改判”的处理决定。［参见第403号案例，范昌平抢劫、盗窃案,载《刑事审判参考》总第51辑(2006年第4辑),法律出版社,第17~18页。执笔:王新英　审编:姜永义]

第二百四十九条　【死刑、死刑缓复核组织】最高人民法院复核死刑案件,高级人民法院复核死刑缓期执行的案件,应当由审判员三人组成合议庭进行。

■最高人民法院、最高人民检察院、公安部、司法部关于进一步严格依法办案确保办理死刑案件质量的意见(2007年3月9日)

39. 复核死刑案件,应当对原审裁判的事实认定、法律适用和诉讼程序进行全面审查。

40. 死刑案件复核期间,被告人委托的辩护人提出听取意见要求的,应当听取辩护人的意见,并制作笔录附卷。辩护人提出书面意见的,应当附卷。

41. 复核死刑案件,合议庭成员应当阅卷,并提出书面意见存查。对证据有疑问的,应当对证据进行调查核实,必要时到案发现场调查。

42. 高级人民法院复核死刑案件,应当讯问被告人。最高人民法院复核死刑案件,原则上应当讯问被告人。

43. 人民法院在保证办案质量的前提下,要进一步提高办理死刑复核案件的效率,公正、及时地审理死刑复核案件。

44. 人民检察院按照法律规定加强对办理死刑案件的法律监督。

▼最高人民法院办公厅关于实施《法院刑事诉讼文书样式》若干问题的解答(2001年6月15日)

七、死刑复核刑事裁判文书

45. 问:在共同犯罪的死刑复核案件中,既有判处死刑(死缓)的,又有判处无期徒刑、有期徒刑、拘役、管制等刑罚的,在制作复核死刑(死缓)的裁判文书时,是否还要写明原判无期徒刑和其他刑罚的被告人的基本情况?

答:根据最高人民法院《关于执行〈中华人民共和国刑事诉讼法〉若干问题的解释》第二百八十条的规定,在核准或者改判死刑的共同犯罪案件的裁判文书中,不需要写明原判无期徒刑、有期徒刑、拘役、管制等刑罚的被告人的基本情况。

46. 问:核准死刑缓期二年执行的裁判文书,是否需要写明死刑缓期二年执行期间的起止时间?

答:不需要。死刑缓期二年执行的期限,只是对死缓犯是否执行死刑的考验期限,且对该犯是否执行死刑尚属不确定状态。

47. 问:数罚并罚案件,既有判处死刑(死缓),又有判处其他刑罚或者没收财产、罚金等财产附加刑的,在核准死刑的裁判文书中,裁判结果可否只表述"核准×××中级(或高级)人民法院(××××)×刑初(或终)字第××号以××罪判处被告人×××死刑(死缓),剥夺政治权利终身的刑事判决"?

答:不可以。分别定罪量刑是数罪并罚的科学方法。人民法院核准死刑判决时,对数罪并罚案件而言,是在分别定罪量刑、然后决定执行刑罚的基础上进行的。因此,它不是只核准数罪中有死刑的判决,而是对原审法院整个判决(包括其他刑罚和没收财产、罚金财产附加刑)的核准。对犯一罪而被判处死刑并被判处财产附加刑的,也应当在裁判结果中一并写明。

60. 问:修订样式规定了裁判文书的字体、字号,而现在使用的微机字体有的与样式的规定不符,怎样处理?

答:字号大小应严格执行修订样式的规定。但由于不同微机(软件)对字体的设定不完全统一,因此,可以将文书的字体作适当变通,但务必做到庄重、美观、清晰。

第二百五十条　【死刑复核案件的处理】最高人民法院复核死刑案件,应当作出核准或者不核准死刑的裁定。对于不核准死刑的,最高人民法院可以发回重新审判或者予以改判。

■最高人民法院关于适用《中华人民共和国刑事诉讼法》的解释(2021 年 3 月 1 日)

第四百二十九条　最高人民法院复核死刑案件,应当按照下列情形分别处理:

(一)原判认定事实和适用法律正确、量刑适当、诉讼程序合法的,应当裁定核准;

(二)原判认定的某一具体事实或者引用的法律条款等存在瑕疵,但判处被告人死刑并无不当的,可以在纠正后作出核准的判决、裁定;

(三)原判事实不清、证据不足的,应当裁定不予核准,并撤销原判,发回重新审判;

(四)复核期间出现新的影响定罪量刑的事实、证据的,应当裁定不予核准,并撤销原判,发回重新审判;

(五)原判认定事实正确、证据充分,但依法不应当判处死刑的,应当裁定不予核准,并撤销原判,发回重新审判;根据案件情况,必要时,也可以依法改判;

(六)原审违反法定诉讼程序,可能影响公正审判的,应当裁定不予核准,并撤销原判,发回重新审判。

第四百三十条　最高人民法院裁定不予核准死刑的,根据案件情况,可以发回第二审人民法院或者第一审人民法院重新审判。

对最高人民法院发回第二审人民法院重新审判的案件,第二审人民法院一般不得发回第一审人民法院重新审判。

第一审人民法院重新审判的,应当开庭审理。第二审人民法院重新审判的,可以直接改判;必须通过开庭查清事实、核实证据或者纠正原审程序违法的,应当开庭审理。

第四百三十一条　高级人民法院依照复核程序审理后报请最高人民法院核准死刑,最高人民法院裁定不予核准,发回高级人民法院重新审判的,高级人民法院可以依照第二审程序提审或者发回重新审判。

第四百三十二条　最高人民法院裁定不予核准死刑,发回重新审判的案件,原审人民法院应当另行组成合议庭审理,但本解释第四百二十九条第四项、第五项规定的案件除外。

第四百三十三条　依照本解释第四百三十条、第四百三十一条发回重新审判的案件,第一审人民法院判处死刑、死刑缓期执行的,上一级人民法院依照第二审程序或者复核程序审理后,应当依法作出判决或者裁定,不得再发回重新审判。但是,第一审人民法院有刑事诉讼法第二百三十八条规定的情形或者违反刑事诉讼法第二百三十九条规定的除外。

▽最高人民法院复核认为原判事实清楚、量刑适当,但定罪不准的,可以直接改变罪名并核准被告人死刑

最高人民法院复核后认为,原判认定的案件事实清楚,证据充分,量刑适当,但原判认定的罪名不准的,最高人民法院可以直接改变罪名后核准被告人死刑。司法实践中,一直将定罪不准认为是适用法律错误。对于这种情况,在死刑案件核准权统一收回最高法院之前,可以依据《最高人民法院关于执行〈中华人民共和国刑事诉讼法〉若干问题的解释》(已失效)(本附文以下简称《解释》)第二百八十五条第(三)项"原审判决认定的事实正确,但适用法律有错误,或者量刑不当,不同意判处死刑的,应当改判"的规定,对原判罪名直接予以改判后核准被告人死刑。但死刑核准权统一收回最高法院之后,此类情况可以根据最高人民法院于 2007 年 1 月 22 日颁布的《关于复核死刑案件若干问题的规定》(本附文以下简称《规定》)(此规定已被最高人民法院法释〔2015〕2 号废止。——编著者注)第二条第二款的规定,直接改判被告人的罪名,并核准其死刑。理由是:《规定》出台后,《解释》第二百八十五条关于死刑复核裁判的规定不再适用,其相关内容被《规定》予以细化。《规定》第一条规定,"最高人民法院复核死刑案件,应当作出核准的裁定、判决,或者作出不予核准的裁定",确立了最高人民法院复核死刑案件的裁判原则,即核准或不予核准死刑,并赋予了其在核准死刑的前提下有一定改判的权力。其中,

《解释》第二百八十五条第(三)项的内容被《规定》细化为三种情形:即在事实清楚的基础上,一是定罪不准,量刑适当,需要改判定罪的;二是量刑不当,定罪准确,需要改判量刑的;三是定罪不准,量刑不当,需要改判定罪、量刑的。对于第一种情形,定罪不准,则肯定会发生适用法律错误,原判引用的法条也必然会不准确,对此,《规定》第二条第二款规定"原判判处被告人死刑并无不当,但具体认定的某一事实或者引用的法律条款等不完全准确、规范的,可以在纠正后作出核准死刑的判决或者裁定。"显然对这种情形可以作为"引用法条不完全准确"的情形进行改判。而第二种、第三种情形,即对凡是量刑不当,被告人不应当判处死刑的案件,根据《规定》第四条"最高人民法院复核后认为原判认定事实正确,但依法不应当判处死刑的,裁定不予核准,并撤销原判,发回重新审判"的规定,由于量刑不当,应当裁定不予核准,并撤销原判,发回重新审判。据上述规定,最高人民法院对原判事实清楚、量刑适当,但定罪不准的,可以直接改变罪名并同时核准被告人死刑。这是因为,从理论上讲,对于被告人应当判处死刑的案件,最高人民法院复核后直接改变罪名并核准死刑并不违反刑事诉讼法的基本原则。只要复核认定的犯罪事实不超出报请复核的范围,复核直接改变罪名就没有违反不告不理的原则;被告人已被判处极刑,复核直接改变罪名并核准死刑也不可能再加重被告人的刑罚,因此复核直接改变罪名没有违反上诉不加刑原则;此外,复核直接改变罪名,避免了单纯由于定罪不准而发回重审,节约了司法成本,使当事人免受诉累,有利于诉讼活动的经济性。[参见第458号案例,吕升艺故意杀人案,载《刑事审判参考》总第58辑(2007年第5辑),法律出版社,第32~34页。执笔:管应时]

▽死刑案件如何切实贯彻证据裁判原则

刑事案件的审判主要分为认定事实和适用法律两项内容,准确认定事实是正确适用法律的前提,事实认定不准确,正确适用法律就无从谈起。从这个意义上说,认定事实是否准确是保证案件审判质量的关键。而证据是认定事实的基础和依据,取证工作越扎实,对证据的审查把关越严格,事实认定的准确性就越有保证。死刑案件,关乎人命,对证据审查、事实认定的要求也更高,必须确保定案证据的确实、充分,对证据裁判原则的严格贯彻尤为必要和突出。具体而言,在侦查阶段,要及时、全面收集、固定案件证据,特别是客观性证据,防止取证工作上的疏漏导致对事实认定留下事后难以弥补的缺憾;在审判阶段,要严格依法对每一项证据进行庭审质证,准确认定每一证据的效力和证明力,避免因质证工作不到位而在事实认定上"带病"采信证据从而作出有"瑕疵"的裁判结论。本案被告人在入室盗窃过程中因被发现而连杀一名老人和一名儿童,情节极为恶劣,后果和罪行极其严重,论罪当判处死刑。该案在法律适用方面不存在疑难问题,关键是做好取证工作,严格审查证据,确保案件事实的认定准确。本案在最初的一审、二审过程中,中院和高院两级法院认定本案犯罪事实的证据有:(1)公安机关出具的抓获被告人的证明材料。(2)在被告人的指认下,提取了其作案时所穿的衣服和作案工具匕首。(3)DNA检验鉴定书,证实提取的匕首和其的西服上均留有被害人的血迹。(4)尸体检验报告,证实被害人正系被他人用锐器多次切割颈部致右颈内静脉断离引起急性失血性休克死亡;另一被害人系被他人用锐器切割颈部致左颈内静脉破裂、右颈总动脉断离、右颈内静脉断离引起急性失血性休克死亡,与被告人所供用刀划割被害人颈部的情节相符。(5)现场勘验检查笔录,所证案发现场的情况与被告人所供作案过程、作案后蘸血在地板上写字等情节吻合。(6)证人的证言及辨认笔录,证实案发前晚被告人杨某某搭乘其三轮车到案发地。(7)证人田某某、杨某某等人的证言,所证案发现场情况及案发前被害人家中有人唱歌的情况,与现场勘查笔录、被告人先所供因被害人家中有人唱歌,在门外等到第二天凌晨1点半左右再作案等情节吻合。(8)证人高某的证言,证实被告人作案后到"大丽宾馆"住宿。(9)被告人供述的作案过程及在现场用血留下字迹等情节与其他证据相互印证。最高人民法院在第一次复核时,发现本案证据存在以下问题:第一,被告人作案时所穿西服、裤子作为关键的客观性证据,在收集、固定程序上不规范,影响案件基本事实的认定。《最高人民法院关于执行〈中华人民共和国刑事诉讼法〉若干问题的解释》(已失效)第二百九十条规定,对作为证据使用的实物应当随案移送。本案一审判决、二审裁定载明提取了被告人作案时所穿西服、裤子,卷中也有该西服、裤子的扣押清单,但没有材料说明这些衣物是否作为证据随案移送。如未能移送,根据《公安机关办理刑事案件程序规定》(1998 年颁布的。——编著者注)第二百一十八条"对不能随案移送的物证,应当拍成照片"的规定,案卷中应当附有衣物照片,但案卷中也没有这些照片。并且,从一审庭审笔录看,庭审时出示、质证了物证照片,但又未写明是否包括这些衣物的照片。由此可认为,庭审中没有对被告人作案时所穿衣物或者衣物照片进行质证。这样,仅根据扣押物品清单,不足以将这些衣物认定为物证并作为定案根据,致使从西服上检出有被害人血迹的 DNA 鉴定结论的证明力严重受损。第二,作案工具提取过程不明。被告人将作案工具匕首丢弃在宾馆房间内,但其离开宾馆距公安人员提取匕首时,间隔数日,此间是否有人打扫或者入住该房间时发现或者动过该匕首,均没有相关说明,有违常理。第三,案卷中没有材料说明公安机关如何锁定寸某先为犯罪嫌疑人,即侦破情况不明。第四,被告人到案后检举揭发他人犯罪是否查证属实,情况不明。第五,被告人为制造不在场的证据而购买车票的情况不明。综合这些证据问题,尤其是前两个客观性证据存在问题,最高人民法院认为本案证据方面存在无法排除的合理怀疑,影响了对案件基本事实的认定,故将本案发回重审。本案经最高人民法院发回重审后,二审法院经依法重新开庭审理,对上述证据问题进行了补充和查证:第一,关于被告人作案时所穿西服、裤子,公安机关在重审阶段补充移送了这些衣物的照片,并经重审当庭质证。第二,关于作案工具,公安机关补充了证据材料,证实被告人藏匿匕首的位置在卫生间浴盆下方的检修口内,该检修口内能见度较差且口径较小,通常情况下无法看到该匕首。服务员当时进行常规打扫时未发现异常情况,在公安人员提取匕首前也没有其他人入住过该房间。第三,关于案件侦破情况,公安机关在重审阶段补充出具了相关说明材料,即公安机关根据现场物品有翻动迹象,经调查了解到被告人平时在村里经常有偷窃行为,遂对其展开调查。被告人称案发前一天 20 时许即离家到昆明打工,而公安人员通过技术侦查手段发现其手机案发当天 8 时许在鹤庆县有信息登录;另据三轮摩托车司机反映,案发前一天晚 9、10 时许,他载被告人到过被害人家附近。据此,公安机关确定被告人具有重大作案嫌疑。这种破案过程自然、合理,没有疑点。第四,关于被告人的检举揭发,经查证,在被告人检举他人犯罪行为之前,相关犯罪嫌疑人已作了交代,故其不具有立功表现。第五,关于车票来源,经查,被告人作案后为应对公安机关调查,在昆明购买了 1 张鹤庆县开往昆明市的过期车票。据此,最高人民法院第二次复核时认为,经二审法院补充有关证据,本案事实清楚,证据确实、充分,遂依法核准了被告人死刑立即执行。本案从部分事实不清、证据不足到事实清楚、证据确实、充分,从最高人民法院第一次复核时不核准死刑到第二次复核时核准死刑,整个审理过程集中体现了法院严格贯彻证据裁判原则在死刑案件中的重要性和必要性。虽然本案通过发回重审弥补了证据上的缺陷,并最终核准死刑立即执行,实现了实体正义,但并不是每一个证据有问题的案件都能通过发回重审取得这种效果。取证工作的时效性很强,如果在侦查阶段未能及时、全面收集、固定证据,若一审、二审也未能通过严格审查把关来及时补充、核实证据,则案件进入死刑复核阶段,往往会因时过境迁而丧失补证机会,从而最终对实体裁判产生影响。因此,在证据审查、事实认定上,尤其要重视严格贯彻证据裁判原则,切实落实好"一审是基础,二审是关键"的把关作用,确保死刑案件的审判质量。[参见第 572 号指导案例,寸跃先抢劫案,载《刑事审判参考》总第 69 集(2009 年第 4 集),第 68 ~71 页。撰稿:徐琛]

▽对于报送核准死刑的黑社会性质组织犯罪案件,经复核认为涉黑罪名不成立的,应根据案件具体情况依法准确处理

对于报送核准死刑的黑社会性质组织犯罪案件,经复核认为涉黑罪名不成立的,应以一审、二审认定的部分事实不清、证据不足为由,发回二审法院重新审判。具体理由如下:第一,多年来,最高人民法院始终强调办理死刑案件"一审是基础、二审是关键",并特别注重发挥二审法院对死刑案件的审查把关作用。本案中以牛某贤为首的犯罪团伙在"四个特征"方面均与黑社会性质组织存在差距,最高人民法院将案件发回二审法院重新审判,可以促使二审法院更好地理解和把握黑社会性质组织的认定标准,从而在今后的类似案件审判过程中更好地发挥职能作用。第二,按照《最高人民法院关于适用〈中华人民共和国刑事诉讼法〉的解释》(已被修改)第三百五十三条的规定,对于最高人民法院裁定不予核准死刑、发回二审法院重新审判的案件,第二审人民法院有两种处理方式:一是直接改判;二是必须通过开庭查清事实、核实证据或者纠正原审程序违法的,则应开庭审理。本案发回重审后,二审法院具有较大的选择空间,如果检察机关未能补充提供认定涉黑事实的证据,二审法院可以依法直接对涉黑事实和被告人牛某贤的定罪量刑作出改判,并可以绑架罪等非涉黑罪名再次报请核准死刑;如果检察机关能够补充提供相关证据,则可以按照二审程序开庭审理,查清事实,并重新作出是否认定涉黑犯罪的判决。第三,由于其他被认定犯有参加黑社会性质组织罪的同案被告人的判决已生效,二审法院重审期间,既可以解决对牛某贤所涉犯罪的实体处理问题,也可以通过启动审判监督程序一并解决相关同案被告人的定罪量刑问题,无疑更有利于节约司法资源。

需要补充的是,最高人民法院作出拟不核准死刑的复核决定之前,曾依法向最高人民检察院通报了本案有关情况。最高人民检察院经审查,亦认为一审、二审认定被告人牛某贤等人构成黑社会性质组织犯罪的事实不清、证据不足,且是否认定涉黑犯罪对被告人牛某贤及同案其他被告人的定罪量刑均有影响,故同意最高人民法院不核准牛某贤死刑,将案件发回二审法院重新审判的决定。二审法院对本案重新审理后,直接予以改判,对原判牛某贤的组织、领导黑社会性质组织犯罪不予认定,并以绑架罪等其他犯罪再次报送核准死刑,最高人民法院经再次复核,依法核准了被告人牛某贤死刑。[参见第1160号指导案例,牛某贤等人绑架、敲诈勒索、开设赌场、重婚案,载《刑事审判参考》总第107集,第98~99页。撰稿:李晓光　邓克珠]

第二百五十一条　【死刑复核程序】最高人民法院复核死刑案件,应当讯问被告人,辩护律师提出要求的,应当听取辩护律师的意见。

在复核死刑案件过程中,最高人民检察院可以向最高人民法院提出意见。最高人民法院应当将死刑复核结果通报最高人民检察院。

■人民检察院刑事诉讼规则(2019年12月30日)

第六百零二条　最高人民检察院依法对最高人民法院的死刑复核活动实行法律监督。

省级人民检察院依法对高级人民法院复核未上诉且未抗诉死刑立即执行案件和死刑缓期二年执行案件的活动实行法律监督。

第六百零三条　最高人民检察院、省级人民检察院通过办理下列案件对死刑复核活动实行法律监督:

(一)人民法院向人民检察院通报的死刑复核案件;

(二)下级人民检察院提请监督或者报告重大情况的死刑复核案件;

(三)当事人及其近亲属或者受委托的律师向人民检察院申请监督的死刑复核案件;

(四)认为应当监督的其他死刑复核案件。

第六百零四条　省级人民检察院对于进入最高人民法院死刑复核程序的案件,发现具有下列情形之一的,应当及时向最高人民检察院提请监督:

(一)案件事实不清、证据不足,依法应当发回重新审判或者改判的;

(二)被告人具有从宽处罚情节,依法不应当判处死刑的;

(三)适用法律错误的;

(四)违反法律规定的诉讼程序,可能影响公正审判的;

(五)其他应当提请监督的情形。

第六百零五条　省级人民检察院发现死刑复核案件被告人有自首、立功、怀孕或者被告人家属与被害人家属达成赔偿谅解协议等新的重大情况,影响死刑适用的,应当及时向最高人民检察院报告。

第六百零六条　当事人及其近亲属或者受委托的律师向最高人民检察院提出不服死刑裁判的申诉,由负责死刑复核监督的部门审查。

第六百零七条　对于适用死刑存在较大分歧或者在全国有重大影响的死刑第二审案件,省级人民检察院应当及时报最高人民检察院备案。

第六百零八条　高级人民法院死刑复核期间,设区的市级人民检察院向省级人民检察院报告重大情况、备案等程序,参照本规则第六百零五条、第六百零七条规定办理。

第六百零九条　对死刑复核监督案件的审查可以采取下列方式:

(一)审查人民法院移送的材料、下级人民检察院报送的相关案卷材料、当事人及其近亲属或者受委托的律师提交的材料;

(二)向下级人民检察院调取案件审查报告、公诉意见书、出庭意见书等,了解案件相关情况;

(三)向人民法院调阅或者查阅案卷材料;

(四)核实或者委托核实主要证据;

(五)讯问被告人、听取受委托的律师的意见;

(六)就有关技术性问题向专门机构或者有专门知识的人咨询,或者委托进行证据审查;

(七)需要采取的其他方式。

第六百一十条　审查死刑复核监督案件,具有下列情形之一的,应当听取下级人民检察院的意见:

(一)对案件主要事实、证据有疑问的;

(二)对适用死刑存在较大争议的;

(三)可能引起司法办案重大风险的;

(四)其他应当听取意见的情形。

第六百一十一条　最高人民检察院经审查发现死刑复核案件具有下列情形之一的,应当经检察长决定,依法向最高人民法院提出检察意见:

(一)认为适用死刑不当,或者案件事实不清、证据不足,依法不应当核准死刑的;

(二)认为不予核准死刑的理由不成立,依法应当核准死刑的;

(三)发现新的事实和证据,可能影响被告人定罪量刑的;

(四)严重违反法律规定的诉讼程序,可能影响公正审判的;

(五)司法工作人员在办理案件时,有贪污受贿,徇私舞弊,枉法裁判等行为的;

(六)其他需要提出检察意见的情形。

同意最高人民法院核准或者不核准意见的,应当经检察长批准,书面回复最高人民法院。

对于省级人民检察院提请监督、报告重大情况的案件,最高人民检察院认为具有影响死刑适用情形的,应当及时将有关材料转送最高人民法院。

第六百一十七条　人民检察院发现人民法院的审理期限执行情况具有下列情形之一的,应当依法提出纠正意见:

(一)在一审、二审和死刑复核阶段未按规定办理换押手续的;

(二)违反刑事诉讼法的规定重新计算审理期限、批准延长审理期限、改变管辖、延期审理、中止审理或者发回重审的;

(三)决定重新计算审理期限、批准延长审理期限、改变管辖、延期审理、中止审理、对被告人进行精神病鉴定,没有书面通知人民检察院和看守所的;

(四)其他违法情形。

■最高人民法院关于适用《中华人民共和国刑事诉讼法》的解释(2021年3月1日)

第四百三十四条　死刑复核期间,辩护律师要求当面反映意见的,最高人民法院有关合议庭应当在办公场所听取其意见，并制作笔录；辩护律师提出书面意见的，应当附卷。

第四百三十五条　死刑复核期间，最高人民检察院提出意见的，最高人民法院应当审查，并将采纳情况及理由反馈最高人民检察院。

第四百三十六条　最高人民法院应当根据有关规定向最高人民检察院通报死刑案件复核结果。

■最高人民法院关于死刑复核及执行程序中保障当事人合法权益的若干规定（全文）（2019年9月1日）

第一条　高级人民法院在向被告人送达依法作出的死刑裁判文书时，应当告知其在最高人民法院复核死刑阶段有权委托辩护律师，并将告知情况记入宣判笔录；被告人提出由其近亲属代为委托辩护律师的，除因客观原因无法通知的以外，高级人民法院应当及时通知其近亲属，并将通知情况记录在案。

第二条　最高人民法院复核死刑案件，辩护律师应当自接受委托或者受指派之日起十日内向最高人民法院提交有关手续，并自接受委托或者指派之日起一个半月内提交辩护意见。

第三条　辩护律师提交相关手续、辩护意见及证据等材料的，可以经高级人民法院代收并随案移送，也可以寄送至最高人民法院。

第四条　最高人民法院复核裁定作出后，律师提交辩护意见及证据材料的，应当接收并出具接收清单；经审查，相关意见及证据材料可能影响死刑复核结果的，应当暂停交付执行或者停止执行，但不再办理接收委托辩护手续。

第五条　最高人民法院复核裁定下发后，受委托进行宣判的人民法院应当在宣判后五日内将裁判文书送达辩护律师。

对被害人死亡的案件，被害人近亲属申请获取裁判文书的，受委托进行宣判的人民法院应当提供。

第六条　第一审人民法院在执行死刑前，应当告知罪犯可以申请会见其近亲属。

罪犯申请会见并提供具体联系方式的，人民法院应当通知其近亲属。对经查找确实无法与罪犯近亲属取得联系的，或者其近亲属拒绝会见的，应当告知罪犯。罪犯提出通过录音录像等方式留下遗言的，人民法院可以准许。

通知会见的相关情况，应当记录在案。

第七条　罪犯近亲属申请会见的，人民法院应当准许，并在执行死刑前及时安排，但罪犯拒绝会见的除外。

罪犯拒绝会见的情况，应当记录在案并及时告知其近亲属，必要时应当进行录音录像。

第八条　罪犯提出会见近亲属以外的亲友，经人民法院审查，确有正当理由的，可以在确保会见安全的情况下予以准许。

第九条　罪犯申请会见未成年子女的，应当经未成年子女的监护人同意；会见可能影响未成年人身心健康的，人民法院可以采取视频通话等适当方式安排会见，且监护人应当在场。

第十条　会见由人民法院负责安排，一般在罪犯羁押场所进行。

第十一条　会见罪犯的人员应当遵守羁押场所的规定。违反规定的，应当予以警告；不听警告的，人民法院可以终止会见。

实施威胁、侮辱司法工作人员，或者故意扰乱羁押场所秩序，妨碍执行公务等行为，情节严重的，依法追究法律责任。

第十二条　会见情况应当记录在案，附卷存档。

第十三条　本规定自2019年9月1日起施行。

最高人民法院以前发布的司法解释和规范性文件，与本规定不一致的，以本规定为准。

■最高人民法院关于建立健全防范刑事冤假错案工作机制的意见(2013年10月9日)

四、认真履行案件把关职责,完善审核监督机制

20. 复核死刑案件,应当讯问被告人。辩护律师提出要求的,应当听取意见。证据存疑的,应当调查核实,必要时到案发地调查。

■人民检察院办理死刑第二审案件和复核监督工作指引(试行)(2018年3月31日)

(见本书刑事诉讼法第二百三十五条后附同文件内容)

第五章 审判监督程序

第二百五十二条 【申诉的提出】当事人及其法定代理人、近亲属,对已经发生法律效力的判决、裁定,可以向人民法院或者人民检察院提出申诉,但是不能停止判决、裁定的执行。

■人民检察院刑事诉讼规则(2019年12月30日)

第五百九十三条 当事人及其法定代理人、近亲属认为人民法院已经发生法律效力的判决、裁定确有错误,向人民检察院申诉的,由作出生效判决、裁定的人民法院的同级人民检察院依法办理。

当事人及其法定代理人、近亲属直接向上级人民检察院申诉的,上级人民检察院可以交由作出生效判决、裁定的人民法院的同级人民检察院受理;案情重大、疑难、复杂的,上级人民检察院可以直接受理。

当事人及其法定代理人、近亲属对人民法院已经发生法律效力的判决、裁定提出申诉,经人民检察院复查决定不予抗诉后继续提出申诉的,上一级人民检察院应当受理。

第五百九十四条 对不服人民法院已经发生法律效力的判决、裁定的申诉,经两级人民检察院办理且省级人民检察院已经复查的,如果没有新的证据,人民检察院不再复查,但原审被告人可能被宣告无罪或者判决、裁定有其他重大错误可能的除外。

第五百九十五条 人民检察院对已经发生法律效力的判决、裁定的申诉复查后,认为需要提请或者提出抗诉的,报请检察长决定。

地方各级人民检察院对不服同级人民法院已经发生法律效力的判决、裁定的申诉复查后,认为需要提出抗诉的,应当提请上一级人民检察院抗诉。

上级人民检察院对下一级人民检察院提请抗诉的申诉案件进行审查后,认为需要提出抗诉的,应当向同级人民法院提出抗诉。

人民法院开庭审理时,同级人民检察院应当派员出席法庭。

第五百九十六条 人民检察院对不服人民法院已经发生法律效力的判决、裁定的申诉案件复查终结后,应当制作刑事申诉复查通知书,在十日以内通知申诉人。

经复查向上一级人民检察院提请抗诉的,应当在上一级人民检察院作出是否抗诉的决定后制作刑事申诉复查通知书。

■最高人民法院关于适用《中华人民共和国刑事诉讼法》的解释(2021年3月1日)

第四百五十一条 当事人及其法定代理人、近亲属对已经发生法律效力的判决、裁定提出申诉的,人民法院应当审查处理。

案外人认为已经发生法律效力的判决、裁定侵害其合法权益,提出申诉的,人民法院应当审查处理。

申诉可以委托律师代为进行。

第四百五十二条 向人民法院申诉,应当提交以下材料:

(一)申诉状。应当写明当事人的基本情况、联系方式以及申诉的事实与理由;

（二）原一、二审判决书、裁定书等法律文书。经过人民法院复查或者再审的，应当附有驳回申诉通知书、再审决定书、再审判决书、裁定书；

（三）其他相关材料。以有新的证据证明原判决、裁定认定的事实确有错误为由申诉的，应当同时附有相关证据材料；申请人民法院调查取证的，应当附有相关线索或者材料。

申诉符合前款规定的，人民法院应当出具收到申诉材料的回执。申诉不符合前款规定的，人民法院应当告知申诉人补充材料；申诉人拒绝补充必要材料且无正当理由的，不予审查。

第四百五十三条　申诉由终审人民法院审查处理。但是，第二审人民法院裁定准许撤回上诉的案件，申诉人对第一审判决提出申诉的，可以由第一审人民法院审查处理。

上一级人民法院对未经终审人民法院审查处理的申诉，可以告知申诉人向终审人民法院提出申诉，或者直接交终审人民法院审查处理，并告知申诉人；案件疑难、复杂、重大的，也可以直接审查处理。

对未经终审人民法院及其上一级人民法院审查处理，直接向上级人民法院申诉的，上级人民法院应当告知申诉人向下级人民法院提出。

第四百五十四条　最高人民法院或者上级人民法院可以指定终审人民法院以外的人民法院对申诉进行审查。被指定的人民法院审查后，应当制作审查报告，提出处理意见，层报最高人民法院或者上级人民法院审查处理。

第四百五十五条　对死刑案件的申诉，可以由原核准的人民法院直接审查处理，也可以交由原审人民法院审查。原审人民法院应当制作审查报告，提出处理意见，层报原核准的人民法院审查处理。

第四百五十六条　对立案审查的申诉案件，人民法院可以听取当事人和原办案单位的意见，也可以对原判据以定罪量刑的证据和新的证据进行核实。必要时，可以进行听证。

■人民检察院办理刑事申诉案件规定（全文）（2020年9月22日）

第一条　为依法履行法律监督职能，完善内部制约机制，规范刑事申诉案件办理程序，根据《中华人民共和国刑事诉讼法》《中华人民共和国人民检察院组织法》和有关法律规定，结合人民检察院办理刑事申诉案件工作实际，制定本规定。

第二条　本规定所称刑事申诉，是指对人民检察院诉讼终结的刑事处理决定或者人民法院已经发生法律效力的刑事判决、裁定不服，向人民检察院提出的申诉。

第三条　人民检察院通过办理刑事申诉案件，纠正错误的决定、判决和裁定，维护正确的决定、判决和裁定，保护当事人的合法权益，促进司法公正，维护社会和谐稳定，保障国家法律的统一正确实施。

第四条　人民检察院办理刑事申诉案件，应当遵循下列原则：

（一）原案办理与申诉办理相分离；

（二）全案复查，公开公正；

（三）实事求是，依法纠错；

（四）释法说理，化解矛盾。

第五条　人民检察院办理刑事申诉案件，应当根据案件具体情况进行审查和复查，繁简分流，规范有序，切实提高案件办理质效。

第六条　人民检察院办理刑事申诉案件，根据办案工作需要，可以采取公开听证、公开答复等方式，公开、公正处理案件。

第七条　人民检察院办理刑事申诉案件，应当依法保障律师执业权利。

第二章　管辖

第八条　人民检察院管辖的下列刑事申诉，按照本规定办理：

（一）不服人民检察院因犯罪嫌疑人没有犯罪事实，或者符合《中华人民共和国刑事诉讼法》第十六条规定情形而作出的不批准逮捕决定的申诉；

(二)不服人民检察院不起诉决定的申诉;

(三)不服人民检察院撤销案件决定的申诉;

(四)不服人民检察院其他诉讼终结的刑事处理决定的申诉;

(五)不服人民法院已经发生法律效力的刑事判决、裁定的申诉。

上述情形之外的其他与人民检察院办理案件有关的申诉,不适用本规定,按照《人民检察院刑事诉讼规则》等规定办理。

第九条　不服人民检察院诉讼终结的刑事处理决定的申诉,由作出决定的人民检察院管辖,本规定另有规定的除外。

不服人民法院已经发生法律效力的刑事判决、裁定的申诉,由作出生效判决、裁定的人民法院的同级人民检察院管辖。

不服人民检察院刑事申诉案件审查或者复查结论的申诉,由上一级人民检察院管辖。

第十条　被害人及其法定代理人、近亲属不服人民检察院不起诉决定,在收到不起诉决定书后七日以内提出申诉的,由作出不起诉决定的人民检察院的上一级人民检察院管辖。

第十一条　上级人民检察院在必要时,可以将本院管辖的刑事申诉案件交下级人民检察院办理,也可以直接办理由下级人民检察院管辖的刑事申诉案件。

第三章　受理

第十二条　人民检察院对符合下列条件的申诉,应当受理,本规定另有规定的除外:

(一)属于本规定第二条规定的刑事申诉;

(二)符合本规定第二章管辖规定;

(三)申诉人是原案的当事人及其法定代理人、近亲属;

(四)申诉材料符合受理要求。

申诉人委托律师代理申诉,且符合上述条件的,应当受理。

第十三条　申诉人向人民检察院提出申诉时,应当递交申诉书、身份证明、相关法律文书及证据材料或者证据线索。

身份证明是指自然人的居民身份证、军官证、士兵证、护照等能够证明本人身份的有效证件;法人或者其他组织的营业执照副本和法定代表人或者主要负责人的身份证明等有效证件。申诉人系正在服刑的罪犯,有效证件由刑罚执行机关保存的,可以提供能够证明本人身份的有效证件的复印件。对身份证明,人民检察院经核对无误留存复印件。

相关法律文书是指人民检察院作出的决定书、刑事申诉审查、复查结论文书,或者人民法院作出的刑事判决书、裁定书等法律文书。

第十四条　申诉人递交的申诉书应当写明下列事项:

(一)申诉人的姓名、性别、出生日期、工作单位、住址、有效联系方式,法人或者其他组织的名称、所在地址和法定代表人或者主要负责人的姓名、职务、有效联系方式;

(二)申诉请求和所依据的事实与理由;

(三)申诉人签名、盖章或者捺指印及申诉时间。

申诉人不具备书写能力口头提出申诉的,应当制作笔录,并由申诉人签名或者捺指印。

第十五条　自诉案件当事人及其法定代理人、近亲属对人民法院已经发生法律效力的刑事判决、裁定不服提出的申诉,刑事附带民事诉讼当事人及其法定代理人、近亲属对人民法院已经发生法律效力的刑事附带民事判决、裁定不服提出的申诉,人民检察院应当受理,但是申诉人对人民法院因原案当事人及其法定代理人自愿放弃诉讼权利或者没有履行相应诉讼义务而作出的判决、裁定不服的申诉除外。

第十六条　刑事申诉由控告申诉检察部门统一接收。控告申诉检察部门对接收的刑事申诉应当在七个工作日以内分别情况予以处理并告知申诉人：

（一）属于本院管辖并符合受理条件的，予以受理；

（二）属于本院管辖的不服生效刑事判决、裁定的申诉，申诉人已向人民法院提出申诉，人民法院已经受理且正在办理程序中的，告知待人民法院处理完毕后如不服再提出申诉；

（三）属于人民检察院管辖但是不属于本院管辖的，移送有管辖权的人民检察院处理；

（四）不属于人民检察院管辖的，移送其他机关处理。

第四章　审查

第十七条　对受理的刑事申诉案件，控告申诉检察部门应当进行审查。

审查刑事申诉案件，应当审查申诉材料、原案法律文书，可以调取相关人民检察院审查报告、案件讨论记录等材料，可以听取申诉人、原案承办人员意见。

对于首次向人民检察院提出的刑事申诉案件，应当调阅原案卷宗进行审查，并听取申诉人或者其委托代理律师意见。必要时可以采用公开听证方式进行审查。

第十八条　经审查，具有下列情形之一的，应当审查结案：

（一）原判决、裁定或者处理决定认定事实清楚，证据确实充分，处理适当的；

（二）原案虽有瑕疵，但不足以影响原判决、裁定或者处理决定结论的；

（三）其他经审查认为原判决、裁定或者处理决定正确的。

对已经两级人民检察院审查或者复查，作出的结论正确，且已对申诉人提出的申诉理由作出合法合理答复，申诉人未提出新的理由的刑事申诉案件，可以审查结案。

第十九条　控告申诉检察部门经审查，具有下列情形之一的，应当移送刑事检察部门办理：

（一）原判决、裁定或者处理决定存在错误可能的；

（二）不服人民检察院诉讼终结的刑事处理决定首次提出申诉的；

（三）被害人及其法定代理人、近亲属、被不起诉人及其法定代理人、近亲属不服不起诉决定，在收到不起诉决定书后七日以内提出申诉的。

第二十条　原判决、裁定或者处理决定是否存在错误可能，应当从以下方面进行审查：

（一）原判决、裁定或者处理决定认定事实是否清楚、适用法律是否正确；

（二）据以定案的证据是否确实、充分，是否存在矛盾或者可能是非法证据；

（三）处理结论是否适当；

（四）是否存在严重违反诉讼程序的情形；

（五）申诉人是否提出了可能改变原处理结论的新的证据；

（六）办案人员在办理该案件过程中是否存在贪污受贿、徇私舞弊、枉法裁判行为。

第二十一条　对决定移送的刑事申诉案件，应当制作刑事申诉案件移送函，连同申诉书，原判决、裁定、处理决定，人民检察院审查、复查文书等申诉材料移送刑事检察部门。

刑事申诉案件移送函应当载明案件来源、受理时间、申诉理由、审查情况、移送理由等内容。

对决定移送的刑事申诉案件，控告申诉检察部门应当调取原案卷宗，一并移送刑事检察部门。

第二十二条　对移送的刑事申诉案件，刑事检察部门应当对原案卷宗进行审查。经审查，认为原判决、裁定或者处理决定正确的，经检察官联席会议讨论后决定审查结案；认为原判决、裁定或者处理决定存在错误可能的，决定进行复查。

对不服人民检察院诉讼终结的刑事处理决定首次提出申诉的，或者被害人及其法定代理人、近亲属、被不起诉人及其法定代理人、近亲属不服不起诉决定，在收到不起诉决定书后七日以内提出申诉的，应当决定进行复查。

第二十三条　控告申诉检察部门审查刑事申诉案件,应当自受理之日起三个月以内作出审查结案或者移送刑事检察部门办理的决定,并告知申诉人。

刑事检察部门对移送的刑事申诉案件,应当自收到案件之日起三个月以内作出审查结案或者进行复查的决定,并告知申诉人。

重大、疑难、复杂案件,报检察长决定,可以适当延长办理期限。

调取卷宗期间不计入办案期限。

第二十四条　经审查,具有下列情形之一的,上级人民检察院可以交由下级人民检察院重新办理:

(一)首次办理刑事申诉的人民检察院应当调卷审查而未调卷的,或者应当进行复查而未复查的;

(二)对申诉人提出的申诉理由未进行审查,或者未作出合法合理答复的;

(三)其他办案质量不高,认为应当重新办理的。

接受交办的人民检察院应当将重新办理结果向交办的上级人民检察院报告。

第二十五条　审查刑事申诉案件应当制作刑事申诉审查报告。听取意见、释法说理、公开听证等活动应当制作笔录。

第五章　复查

第一节　一般规定

第二十六条　复查刑事申诉案件应当由检察官或者检察官办案组办理,原案承办人员和原申诉案件承办人员不应参与办理。

第二十七条　复查刑事申诉案件应当全面审查申诉材料和全部案卷。

第二十八条　经审查,具有下列情形之一,认为需要调查核实的,应当拟定调查提纲进行调查:

(一)原案事实不清、证据不足的;

(二)申诉人提供了新的事实、证据或者证据线索的;

(三)有其他问题需要调查核实的。

第二十九条　对与案件有关的勘验、检查、辨认、侦查实验等笔录和鉴定意见,认为需要复核的,可以进行复核,也可以对专门问题进行鉴定或者补充鉴定。

第三十条　复查刑事申诉案件可以询问原案当事人、证人和其他有关人员。

对原判决、裁定确有错误,认为需要提请抗诉、提出抗诉或者提出再审检察建议的,应当询问或者讯问原审被告人。

第三十一条　复查刑事申诉案件应当听取申诉人及其委托代理律师意见,核实相关问题。

第三十二条　复查刑事申诉案件可以听取原申诉案件办理部门或者原案承办人员、原案承办部门意见,全面了解案件办理情况。

第三十三条　复查刑事申诉案件过程中进行的询问、讯问等调查活动,应当制作调查笔录。调查笔录应当经被调查人确认无误后签名或者捺指印。

第三十四条　刑事申诉案件经复查,案件事实、证据、适用法律和诉讼程序以及其他可能影响案件公正处理的情形已经审查清楚,能够得出明确复查结论的,应当复查终结。

第三十五条　复查终结刑事申诉案件,承办检察官应当制作刑事申诉复查终结报告,在规定的职权范围作出决定;重大、疑难、复杂案件,报检察长或者检察委员会决定。

经检察委员会决定的案件,应当将检察委员会决定事项通知书及讨论记录附卷。

第三十六条　复查刑事申诉案件,应当自决定复查之日起三个月以内办结。三个月以内不能办结的,报检察长决定,可以延长三个月,并告知申诉人。

重大、疑难、复杂案件,在前款规定期限内仍不能办结,确需延长办理期限的,报检察长决定延长办理期限。

第三十七条　接受交办的人民检察院对上级人民检察院交办的刑事申诉案件应当依法办理并报告结果。对属于本院管辖的刑事申诉案件应当进行复查。

对交办的刑事申诉案件,应当自收到交办文书之日起三个月以内办结。确需延长办理期限的,应当报检察长决定,延长期限不得超过三个月。延期办理的,应当向交办的上级人民检察院书面说明情况。

第二节　不服人民检察院诉讼终结的刑事处理决定申诉案件的复查

第三十八条　被害人及其法定代理人、近亲属不服不起诉决定,在收到不起诉决定书后七日以内提出申诉的,由作出不起诉决定的人民检察院的上一级人民检察院进行复查。

第三十九条　被不起诉人及其法定代理人、近亲属不服不起诉决定,在收到不起诉决定书后七日以内提出申诉的,由作出不起诉决定的人民检察院进行复查。

第四十条　被害人及其法定代理人、近亲属、被不起诉人及其法定代理人、近亲属不服不起诉决定,在收到不起诉决定书后七日以内均提出申诉的,由作出不起诉决定的人民检察院的上一级人民检察院进行复查。

第四十一条　被害人及其法定代理人、近亲属、被不起诉人及其法定代理人、近亲属不服不起诉决定,在收到不起诉决定书后七日以内提出申诉的,控告申诉检察部门应当制作刑事申诉案件移送函,连同申诉材料移送刑事检察部门进行复查。

被害人及其法定代理人、近亲属向作出不起诉决定的人民检察院提出申诉的,作出决定的人民检察院刑事检察部门应当将申诉材料连同案卷一并报送上一级人民检察院刑事检察部门进行复查。

第四十二条　被害人及其法定代理人、近亲属、被不起诉人及其法定代理人、近亲属不服不起诉决定,在收到不起诉决定书七日以后提出申诉的,由作出不起诉决定的人民检察院控告申诉检察部门进行审查。经审查,认为不起诉决定正确的,应当审查结案;认为不起诉决定存在错误可能的,制作刑事申诉案件移送函,连同申诉材料移送刑事检察部门进行复查。

不服人民检察院其他诉讼终结的刑事处理决定的申诉案件,依照前款规定办理。

第四十三条　对不服人民检察院诉讼终结的刑事处理决定的申诉案件进行复查后,应当分别作出如下处理:

(一)原处理决定正确的,予以维持;

(二)原处理决定正确,但所认定的部分事实或者适用法律错误的,应当纠正错误的部分,维持原处理决定;

(三)原处理决定错误的,予以撤销;需要重新进入诉讼程序的,将案件移送有管辖权的人民检察院或者本院有关部门依法办理。

第三节　不服人民法院已经发生法律效力的刑事判决、裁定申诉案件的复查

第四十四条　最高人民检察院对不服各级人民法院已经发生法律效力的刑事判决、裁定的申诉,上级人民检察院对不服下级人民法院已经发生法律效力的刑事判决、裁定的申诉,经复查决定提出抗诉的,应当按照审判监督程序向同级人民法院提出抗诉,或者指令作出生效判决、裁定的人民法院的上一级人民检察院向同级人民法院提出抗诉。

第四十五条　经复查认为人民法院已经发生法律效力的刑事判决、裁定确有错误,具有下列情形之一的,应当按照审判监督程序向人民法院提出抗诉:

(一)原判决、裁定认定事实、适用法律确有错误致裁判不公或者原判决、裁定的主要事实依据被依法变更或者撤销的;

(二)认定罪名错误且明显影响量刑的;

(三)量刑明显不当的;

(四)据以定罪量刑的证据不确实、不充分,或者主要证据之间存在矛盾,或者依法应当予以排除的;

(五)有新的证据证明原判决、裁定认定的事实确有错误,可能影响定罪量刑的;

(六)违反法律关于追诉时效期限的规定的;

(七)违反法律规定的诉讼程序,可能影响公正审判的;

(八)审判人员在审理案件的时候有贪污受贿、徇私舞弊、枉法裁判行为的。

经复查认为人民法院已经发生法律效力的刑事判决、裁定,符合前款规定情形之一,经检察长决定,可以向人民法院提出再审检察建议。再审检察建议未被人民法院采纳的,可以提请上一级人民检察院抗诉。

第四十六条　经复查认为需要向同级人民法院提出抗诉或者提出再审检察建议的,承办检察官应当提出意见,报检察长决定。

第四十七条　地方各级人民检察院对不服同级人民法院已经发生法律效力的刑事判决、裁定的申诉案件复查后,认为需要提出抗诉的,承办检察官应当提出意见,报检察长决定后,提请上一级人民检察院抗诉。提请抗诉的案件,应当制作提请抗诉报告书,连同案卷报送上一级人民检察院。

上一级人民检察院对提请抗诉的案件审查后,承办检察官应当制作审查提请抗诉案件报告,提出处理意见,报检察长决定。对提请抗诉的案件作出决定后,承办检察官应当制作审查提请抗诉通知书,将审查结果通知提请抗诉的人民检察院。

第四十八条　人民检察院决定抗诉后,承办检察官应当制作刑事抗诉书,向同级人民法院提出抗诉。

以有新的证据证明原判决、裁定认定事实确有错误提出抗诉的,提出抗诉时应当随附相关证据材料。

第四十九条　上级人民检察院审查提请抗诉的案件,应当自收案之日起三个月以内作出决定。

对事实、证据有重大变化或者特别复杂的刑事申诉案件,可以不受前款规定期限限制。

对不服人民法院已经发生法律效力的死刑缓期二年执行判决、裁定的申诉案件,需要加重原审被告人刑罚的,一般应当在死刑缓期执行期限届满前作出决定。

第五十条　地方各级人民检察院经复查提请抗诉的案件,上级人民检察院审查提请抗诉案件的期限不计入提请抗诉的人民检察院的复查期限。

第五十一条　人民检察院办理按照审判监督程序抗诉的案件,认为需要对原审被告人采取强制措施的,按照《人民检察院刑事诉讼规则》相关规定办理。

第五十二条　对按照审判监督程序提出抗诉的刑事申诉案件,或者人民法院依据人民检察院再审检察建议决定再审的刑事申诉案件,人民法院开庭审理时,由同级人民检察院刑事检察部门派员出席法庭,并对人民法院再审活动实行法律监督。

第五十三条　对按照审判监督程序提出抗诉的刑事申诉案件,或者人民法院依据人民检察院再审检察建议决定再审的刑事申诉案件,人民法院经重新审理作出的判决、裁定,由派员出席法庭的人民检察院刑事检察部门审查并提出意见。

经审查认为人民法院作出的判决、裁定仍然确有错误,需要提出抗诉的,报检察长决定。如果案件是依照第一审程序审判的,同级人民检察院应当按照第二审程序向上一级人民法院提出抗诉;如果案件是依照第二审程序审判的,应当提请上一级人民检察院按照审判监督程序提出抗诉。

第六章　其他规定

第五十四条　人民检察院审查结案和复查终结的刑事申诉案件,应当制作刑事申诉结果通知书,于十日以内送达申诉人,并做好释法说理工作。

下级人民检察院应当协助上级人民检察院做好释法说理、息诉息访工作。

对移送的刑事申诉案件,刑事检察部门应当将刑事申诉结果通知书抄送控告申诉检察部门。

第五十五条 对提请抗诉的案件,提请抗诉的人民检察院应当在上一级人民检察院作出是否抗诉的决定后制作刑事申诉结果通知书。

第五十六条 对不服人民检察院诉讼终结的刑事处理决定的申诉案件进行复查后,依照本规定第四十三条第二项、第三项规定变更原处理决定认定事实、适用法律或者撤销原处理决定的,应当将刑事申诉结果通知书抄送相关人民检察院。

第五十七条 对重大、疑难、复杂的刑事申诉案件,人民检察院可以进行公开听证,对涉案事实、证据、法律适用等有争议问题进行公开陈述、示证、论证和辩论,充分听取各方意见,依法公正处理案件。

第五十八条 申诉人对处理结论有异议的刑事申诉案件,人民检察院可以进行公开答复,做好解释、说明和教育工作,预防和化解社会矛盾。

第五十九条 人民检察院对具有下列情形之一的刑事申诉案件,可以中止办理:

(一)人民法院对原判决、裁定正在审查的;

(二)无法与申诉人及其代理人取得联系的;

(三)申诉的自然人死亡,需要等待其他申诉权利人表明是否继续申诉的;

(四)申诉的法人或者其他组织终止,尚未确定权利义务承继人的;

(五)由于其他原因,致使案件在较长时间内无法继续办理的。

决定中止办理的案件,应当制作刑事申诉中止办理通知书,通知申诉人;确实无法通知的,应当记录在案。

中止办理的事由消除后,应当立即恢复办理。中止办理的期间不计入办案期限。

第六十条 人民检察院对具有下列情形之一的刑事申诉案件,经检察长决定,应当终止办理:

(一)人民检察院因同一案件事实对撤销案件的犯罪嫌疑人重新立案侦查的,对不批准逮捕的犯罪嫌疑人重新作出批准逮捕决定的,或者对不起诉案件的被不起诉人重新起诉的;

(二)人民检察院收到人民法院受理被害人对被不起诉人起诉的通知的;

(三)人民法院决定再审的;

(四)申诉人自愿撤回申诉,且不损害国家利益、社会公共利益或者他人合法权益的;

(五)申诉的自然人死亡,没有其他申诉权利人或者申诉权利人明确表示放弃申诉的,但是有证据证明原案被告人是无罪的除外;

(六)申诉的法人或者其他组织终止,没有权利义务承继人或者权利义务承继人明确表示放弃申诉的,但是有证据证明原案被告人是无罪的除外;

(七)其他应当终止办理的情形。

决定终止办理的案件,应当制作刑事申诉终止办理通知书,通知申诉人;确实无法通知的,应当记录在案。

终止办理的事由消除后,申诉人再次提出申诉,符合刑事申诉受理条件的,应当予以受理。

第六十一条 办理刑事申诉案件中发现原案存在执法司法瑕疵等问题的,可以依照相关规定向原办案单位提出检察建议或者纠正意见。

第六十二条 办理刑事申诉案件中发现原案办理过程中有贪污贿赂、渎职等违法违纪行为的,应当移送有关机关处理。

第六十三条 办理刑事申诉案件中发现原案遗漏罪行或者同案犯罪嫌疑人的,应当移送有关机关处理。

第六十四条 刑事申诉案件相关法律文书应当在统一业务应用系统内制作。

第七章　附则

第六十五条　本规定由最高人民检察院负责解释。

第六十六条　本规定自发布之日起施行。2014年10月27日发布的《人民检察院复查刑事申诉案件规定》(高检发〔2014〕18号)同时废止;本院此前发布的有关办理刑事申诉案件的其他规定与本规定不一致的,以本规定为准。

■最高人民检察院关于调整服刑人员刑事申诉案件管辖的通知(全文)(2003年4月11日)

为了进一步规范检察机关办理服刑人员及其法定代理人、近亲属刑事申诉案件工作,现就服刑人员刑事申诉案件管辖的有关问题通知如下:

一、原由检察机关监所检察部门负责办理的服刑人员及其法定代理人、近亲属的刑事申诉案件,划归刑事申诉检察部门办理(未单设刑事申诉检察部门的,由控告申诉检察部门负责办理)。

二、派驻监管单位的检察人员接到服刑人员及其法定代理人、近亲属向人民检察院提出的刑事申诉案件后,移送本院控告申诉检察部门统一受理,由该部门转原审人民法院所在地的人民检察院刑事申诉检察部门办理。

三、各级人民检察院应根据刑事申诉检察部门刑事申诉案件管辖范围扩大,业务量增加的实际情况,合理调配编制,以适应工作需要。

四、派出检察院仍负责办理其管辖内监狱服刑人员及其法定代理人、近亲属的刑事申诉案件。

五、对本《通知》下发前监所检察部门正在办理的服刑人员刑事申诉案件,可由监所检察部门继续办结。

■最高人民检察院关于办理服刑人员刑事申诉案件有关问题的通知(全文)(2007年9月5日)

一、人民检察院监所检察部门及派出检察院接到服刑人员及其法定代理人、近亲属提出的刑事申诉后,应当认真审查,提出审查意见,并分别情况予以处理:

(一)原审判决或者裁定正确,申诉理由不成立的,应当将审查结果答复申诉人,并做好息诉工作;

(二)原审判决或者裁定有错误可能,需要人民检察院立案复查的,应当将申诉材料及审查意见一并移送作出原生效判决或者裁定的人民法院的同级人民检察院,由刑事申诉检察部门办理;

(三)对于反映违法扣押当事人款物不还、刑期折抵有误以及不服刑罚执行变更决定的申诉,由监所检察部门依法处理。

二、接受移送的人民检察院刑事申诉检察部门对于本院管辖的服刑人员申诉,应当受理和办理,并在结案后十日内将审查或者复查结果通知移送的人民检察院。因案情复杂,在三个月内未办结的,应将审查或者复查情况通知移送的人民检察院。

在申诉案件办理过程中,接受移送的人民检察院刑事申诉检察部门需要进行提审服刑人员等调查活动的,移送的人民检察院应当予以协助配合。

三、移送的人民检察院收到审查或者复查结果后,应当及时答复申诉人。

四、本通知下发前派出检察院正在办理的服刑人员刑事中诉案件,由派出检察院办结。

五、本通知自发布之日起施行。本通知发布前有关服刑人员申诉案件管辖的规定,与本通知不一致的,以本通知为准。

■最高人民法院、最高人民检察院、司法部关于逐步实行律师代理申诉制度的意见(全文)(2017年4月1日)

一、坚持平等、自愿原则。当事人对人民法院、人民检察院作出的生效裁判、决定不服的,提出申诉的,可以自行委托律师;人民法院、人民检察院,可以引导申诉人、被申诉人委托律师代为进行。

申诉人因经济困难没有委托律师的,可以向法律援助机构提出申请。

二、完善便民工作机制。依托公益性法律服务机构和法律援助机构,运用网络平台,法律服务热线等多种形式，为当事人寻求律师服务和法律援助提供多元化渠道。

三、探索建立律师驻点工作制度。人民法院、人民检察院可以在诉讼服务大厅等地开辟专门场所，提供必要的办公设施，由律师协会派驻律师开展法律咨询等工作。对未委托律师的申诉人到人民法院、人民检察院反映诉求的，可以先行引导由驻点律师提供法律咨询。法律援助机构安排律师免费为申诉人就申诉事项提供法律咨询。

四、明确法律援助范围条件。申诉人申请法律援助应当符合《法律援助条例》、地方法律援助法规规章规定的法律援助经济困难标准和事项范围，且具有法定申诉理由及明确事实依据。

扩大法律援助范围，进一步放宽经济困难标准，使法律援助范围逐步拓展至低收入群体。

五、规范律师代理申诉法律援助程序。申诉人申请法律援助，应当向作出生效裁判、决定的人民法院所在地同级司法行政机关所属法律援助机构提出，或者向作出人民检察院诉讼终结的刑事处理决定的人民检察院所在地同级司法行政机关所属法律援助机构提出。申诉已经人民法院或者人民检察院受理的，应当向该人民法院或者人民检察院所在地同级司法行政机关所属法律援助机构提出。

法律援助机构经审查认为符合法律援助条件的，为申诉人指派律师，并将律师名单函告人民法院或者人民检察院。

六、扩大律师服务范围。律师在代理申诉过程中，可以开展以下工作：听取申诉人诉求，询问案件情况，提供法律咨询；对经审查认为不符合人民法院或者人民检察院申诉立案条件的，做好法律释明工作；对经审查符合人民法院或者人民检察院申诉立案条件的，为申诉人代写法律文书，接受委托代为申诉；经审查认为可能符合法律援助条件的，协助申请法律援助；接受委托后，代为提交申诉材料，接收法律文书，代理参加听证、询问、讯问和开庭等。

七、完善申诉立案审查程序。律师接受申诉人委托，可以到人民法院、人民检察院申诉接待场所或者通过来信、网上申诉平台、远程视频接访系统、律师服务平台等提交申诉材料。

提交的材料不符合要求的，人民法院或人民检察院可以通知其限期补充或者补正，并一次性告知应当补充或者补正的全部材料。未在通知期限内提交的，人民法院或者人民检察院不予受理。

对符合法律规定条件的申诉，人民法院、人民检察院应当接收材料，依法立案审查。经审查认为不符合立案条件的，应当以书面形式通知申诉人及代理律师。

八、尊重代理申诉律师意见。人民法院、人民检察院应认真审查律师代为提出的申诉意见，并在法律规定期限内审查完毕。

对经审查认为申诉不能成立的，依法向申诉人出具法律文书，同时送达代理律师。认为案件确有错误的，依法予以纠正。认为案件存在瑕疵的，依法采取相应补正、补救措施。

九、依法保障法代理申诉律师的阅卷权、会见权。在诉讼服务大厅或者信访接待场所建立律师阅卷室、会见室。为律师查阅、摘抄、复制案卷材料等提供方便和保障。对法律援助机构指派的律师复制相关材料的费用予以免收。有条件的地区，可以提供网上阅卷服务。

十、依法保障代理申诉律师人身安全。对在驻点或者代理申诉过程中出现可能危害律师人身安全的违法行为，人民法院或人民检察院要依法及时制止，固定证据，并做好相关处置工作。

十一、完善律师代理申诉公开机制。对律师代理的申诉案件，除法律规定不能公开、当事人不同意公开或者其他不适宜公开的情形，人民法院、人民检察院可以公开立案、审查程序，并告知申诉人及其代理律师，审查结果。案件疑难，复杂的，申诉人及其代理律师可以申请举行公开听证，人民法院人、民检察院可以依申请或者依职权进行公开听证，并邀请相关领域专家、人大代表、政协委员及群众代表等社会第三方参加。

十二、探索建立律师代理申诉网上工作平台。运用信息技术，探索建立律师事务所、法律援助机构与人民法院、人民检察院之间视频申诉系统，鼓励律师通过视频形式开展工作；开发律师申诉接待平台,实现与人民法院、人民检察院可公开申诉信息的互联互通、共享共用。

十三、建立多层次经费保障机制。对符合法律援助条件的申诉人,纳入法律援助范围,律师代理申诉属于公益性质的,依靠党委政法委,协调有关部门争取经费,购买服务。全额支付律师在提供服务过程中产生的费用,并给予适当补助及奖励。

对申诉人自行聘请律师代理的,可以按照《律师服务收费管理办法》由双方自愿协商代理费用。

加强法律援助经费保障,明确申诉法律援助案件补贴标准,确保经费保障水平适应开展法律援助参与申诉案件代理工作需要。

十四、建立申诉案件代理质量监管机制。司法行政部门指导当地律师协会将律师代理申诉业绩作为律师事务所检查考核和律师执业年度考核的重要指标。

十五、强化律师代理申诉执业管理。对律师在代理申诉过程中,违反《中华人民共和国律师法》、《律师执业管理办法》等规定,具有煽动、教唆和组织申诉人以违法方式表达诉求;利用代理申诉案件过程中获得的案件信息进行歪曲、有误导性的宣传和评论,恶意炒作案件;与申诉人订立风险代理协议;在人民法院或者人民检察院驻点提供法律服务时接待其他当事人,或者通过虚假承诺、明示或暗示与司法机关的特殊关系等方式诱使其他当事人签订委托代理协议等行为的,司法行政部门或者律师协会应当相应给予行业处分和行政处罚。构成犯罪的,依法追究刑事责任。

人民法院、人民检察院发现律师存在违法违规行为的,应当向司法行政部门、律师协会提出处罚、处分建议。司法行政部门,律师协会,核查后,应当将结果及时通报建议机关。

■人民检察院审查案件听证工作规定(2020年9月14日)(全部内容见本书附录十二)

▼北京市高级人民法院关于刑事案件立案材料要求的规定(试行)(2004年12月29日)

第二十二条　当事人及其法定代理人、近亲属,对已经发生法律效力的判决、裁定不服,提出申诉的,应当提交以下材料:

(一)申诉状,应当载明当事人的基本情况、申诉的事实与理由;

(二)原一、二审判决书、裁定书等法律文书,经过人民法院复查或再审的,应当附有驳回通知书、再审判决书或裁定书;

(三)以有新的证据证明原裁判认定的事实确有错误为由申诉的,应当同时附有证据目录、证人名单和主要证据复印件或者照片;

(四)申诉人的身份证明材料,有委托代理人的,附授权明确的授权委托书。

第二十六条　本规定中要求当事人提供的证明材料,除有明确规定外,均为一份。

第二十七条　提供的身份证明材料为复印件的,应同时提供原件,并经人民法院核对无误。

第二百五十三条　【重新审判的情形】当事人及其法定代理人、近亲属的申诉符合下列情形之一的,人民法院应当重新审判:

(一)有新的证据证明原判决、裁定认定的事实确有错误,可能影响定罪量刑的;

(二)据以定罪量刑的证据不确实、不充分、依法应当予以排除,或者证明案件事实的主要证据之间存在矛盾的;

(三)原判决、裁定适用法律确有错误的;

(四)违反法律规定的诉讼程序,可能影响公正审判的;

(五)审判人员在审理该案件的时候,有贪污受贿,徇私舞弊,枉法裁判行为的。

■最高人民法院关于适用《中华人民共和国刑事诉讼法》的解释(2021年3月1日)

第四百五十七条　对立案审查的申诉案件,应当在三个月以内作出决定,至迟不得超过六个月。因案件疑难、复杂、重大或者其他特殊原因需要延长审查期限的,参照本解释第二百一十条的规定处理。

经审查,具有下列情形之一的,应当根据刑事诉讼法第二百五十三条的规定,决定重新审判:

(一)有新的证据证明原判决、裁定认定的事实确有错误,可能影响定罪量刑的;

(二)据以定罪量刑的证据不确实、不充分、依法应当排除的;

(三)证明案件事实的主要证据之间存在矛盾的;

(四)主要事实依据被依法变更或者撤销的;

(五)认定罪名错误的;

(六)量刑明显不当的;

(七)对违法所得或者其他涉案财物的处理确有明显错误的;

(八)违反法律关于溯及力规定的;

(九)违反法定诉讼程序,可能影响公正裁判的;

(十)审判人员在审理该案件时有贪污受贿、徇私舞弊、枉法裁判行为的。

申诉不具有上述情形的,应当说服申诉人撤回申诉;对仍然坚持申诉的,应当书面通知驳回。

第四百五十八条　具有下列情形之一,可能改变原判决、裁定据以定罪量刑的事实的证据,应当认定为刑事诉讼法第二百五十三条第一项规定的"新的证据":

(一)原判决、裁定生效后新发现的证据;

(二)原判决、裁定生效前已经发现,但未予收集的证据;

(三)原判决、裁定生效前已经收集,但未经质证的证据;

(四)原判决、裁定所依据的鉴定意见,勘验、检查等笔录被改变或者否定的;

(五)原判决、裁定所依据的被告人供述、证人证言等证据发生变化,影响定罪量刑,且有合理理由的。

第四百五十九条　申诉人对驳回申诉不服的,可以向上一级人民法院申诉。上一级人民法院经审查认为申诉不符合刑事诉讼法第二百五十三条和本解释第四百五十七条第二款规定的,应当说服申诉人撤回申诉;对仍然坚持申诉的,应当驳回或者通知不予重新审判。

■最高人民法院关于审理人民检察院按照审判监督程序提出的刑事抗诉案件若干问题的规定(2012年1月1日)

第三条　本规定所指的新证据,是指具有下列情形之一,指向原起诉事实并可能改变原判决、裁定据以定罪量刑的事实的证据:

(一)原判决、裁定生效后新发现的证据;

(二)原判决、裁定生效前已经发现,但由于客观原因未予收集的证据;

(三)原判决、裁定生效前已经收集,但庭审中未予质证、认证的证据;

(四)原生效判决、裁定所依据的鉴定结论,勘验、检查笔录或其他证据被改变或者否定的。

第四条　对于原判决、裁定事实不清或者证据不足的案件,接受抗诉的人民法院进行重新审理后,应当按照下列情形分别处理:

(一)经审理能够查清事实的,应当在查清事实后依法裁判;

(二)经审理仍无法查清事实,证据不足,不能认定原审被告人有罪的,应当判决宣告原审被告人无罪;

(三)经审理发现有新证据且超过刑事诉讼法规定的指令再审期限的,可以裁定撤销原判,发回原审人民法院重新审判。

第十条　以前发布的有关规定与本规定不一致的,以本规定为准。

■最高人民法院关于规范人民法院再审立案的若干意见(试行)(全文)(2002年11月1日)

第一条　各级人民法院、专门人民法院对本院或者上级人民法院对下级人民法院作出的终审裁判,经复查认为符合再审立案条件的,应当决定或裁定再审。

人民检察院依照法律规定对人民法院作出的终审裁判提出抗诉的,应当再审立案。

第二条　地方各级人民法院、专门人民法院负责下列案件的再审立案:

(一)本院作出的终审裁判,符合再审立案条件的;

(二)下一级人民法院复查驳回或者再审改判,符合再审立案条件的;

(三)上级人民法院指令再审的;

(四)人民检察院依法提出抗诉的。

第三条　最高人民法院负责下列案件的再审立案:

(一)本院作出的终审裁判,符合再审立案条件的;

(二)高级人民法院复查驳回或者再审改判,符合再审立案条件的;

(三)最高人民检察院依法提出抗诉的,

(四)最高人民法院认为应由自己再审的。

第四条　上级人民法院对下级人民法院作出的终审裁判,认为确有必要的,可以直接立案复查,经复查认为符合再审立案条件的,可以决定或裁定再审。

第五条　再审申请人或申诉人向人民法院申请再审或申诉,应当提交以下材料:

(一)再审申请书或申诉状,应当载明当事人的基本情况、申请再审或申诉的事实与理由;

(二)原一、二审判决书、裁定书等法律文书,经过人民法院复查或再审的,应当附有驳回通知书、再审判决书或裁定书;

(三)以有新的证据证明原裁判认定的事实确有错误为由申请再审或申诉的,应当同时附有证据目录、证人名单和主要证据复印件或者照片;需要人民法院调查取证的,应当附有证据线索。

申请再审或申诉不符合前款规定的,人民法院不予审查。

第六条　申请再审或申诉一般由终审人民法院审查处理。

上一级人民法院对未经终审人民法院审查处理的申请再审或申诉,一般交终审人民法院审查;对经终审人民法院审查处理后仍坚持申请再审或申诉的,应当受理。

对未经终审人民法院及其上一级人民法院审查处理,直接向上级人民法院申请再审或申诉的,上级人民法院应当交下一级人民法院处理。

第七条　对终审刑事裁判的申诉,具备下列情形之一的,人民法院应当决定再审:

(一)有审判时未收集到的或者未被采信的证据,可能推翻原定罪量刑的;

(二)主要证据不充分或者不具有证明力的;

(三)原裁判的主要事实依据被依法变更或撤销的;

(四)据以定罪量刑的主要证据自相矛盾的;

(五)引用法律条文错误或者违反刑法第十二条的规定适用失效法律的;

(六)违反法律关于溯及力规定的;

(七)量刑明显不当的;

(八)审判程序不合法,影响案件公正裁判的;

(九)审判人员在审理案件时索贿受贿、徇私舞弊并导致枉法裁判的。

第八条　对终审民事裁判、调解的再审申请,具备下列情形之一的,人民法院应当裁定再审:

(一)有再审申请人以前不知道或举证不能的证据,可能推翻原裁判的;

(二)主要证据不充分或者不具有证明力的;

(三)原裁判的主要事实依据被依法变更或撤销的;

(四)就同一法律事实或同一法律关系,存在两个相互矛盾的生效法律文书,再审申请人对后一生效法律文书提出再审申请的；

(五)引用法律条文错误或者适用失效、尚未生效法律的；

(六)违反法律关于溯及力规定的；

(七)调解协议明显违反自愿原则,内容违反法律或者损害国家利益、公共利益和他人利益的；

(八)审判程序不合法,影响案件公正裁判的；

(九)审判人员在审理案件时索贿受贿、徇私舞弊并导致枉法裁判的。

第九条　对终审行政裁判的申诉,具备下列情形之一的,人民法院应当裁定再审：

(一)依法应当受理而不予受理或驳回起诉的；

(二)有新的证据可能改变原裁判的；

(三)主要证据不充分或不具有证明力的；

(四)原裁判的主要事实依据被依法变更或撤销的；

(五)引用法律条文错误或者适用失效、尚未生效法律的；

(六)违反法律关于溯及力规定的；

(七)行政赔偿调解协议违反自愿原则,内容违反法律或损害国家利益、公共利益和他人利益的；

(八)审判程序不合法,影响案件公正裁判的；

(九)审判人员在审理案件时索贿受贿、徇私舞弊并导致枉法裁判的。

第十条　人民法院对刑事案件的申诉人在刑罚执行完毕后两年内提出的申诉,应当受理；超过两年提出申诉,具有下列情形之一的,应当受理：

(一)可能对原审被告人宣告无罪的；

(二)原审被告人在本条规定的期限内向人民法院提出申诉,人民法院未受理的；

(三)属于疑难、复杂、重大案件的。

不符合前款规定的,人民法院不予受理。

第十一条　人民法院对刑事附带民事案件中仅就民事部分提出申诉的,一般不予再审立案。但有证据证明民事部分明显失当且原审被告人有赔偿能力的除外。

第十二条　人民法院对民事、行政案件的再审申请人或申诉人超过两年提出再审申请或申诉的,不予受理。

第十三条　人民法院对不符合法定主体资格的再审申请或申诉,不予受理。

第十四条　人民法院对下列民事案件的再审申请不予受理：

(一)人民法院依照督促程序、公示催告程序和破产还债程序审理的案件；

(二)人民法院裁定撤销仲裁裁决和裁定不予执行仲裁裁决的案件；

(三)人民法院判决、调解解除婚姻关系的案件,但当事人就财产分割问题申请再审的除外。

第十五条　上级人民法院对经终审法院的上一级人民法院依照审判监督程序审理后维持原判或者经两级人民法院依照审判监督程序复查均驳回的申请再审或申诉案件,一般不予受理。

但再审申请人或申诉人提出新的理由,且符合《中华人民共和国刑事诉讼法》第二百零四条、《中华人民共和国民事诉讼法》第一百七十九条、《中华人民共和国行政诉讼法》第六十二条及本规定第七、八、九条规定条件的,以及刑事案件的原审被告人可能被宣告无罪的除外。

第十六条　最高人民法院再审裁判或者复查驳回的案件,再审申请人或申诉人仍不服提出再审申请或申诉的,不予受理。

▽审判监督程序的提起应当符合法定的条件

1. 判决或者裁定已经发生法律效力是提起再审的形式条件。2. 判决或者裁定在认定事实或者适用法律上确有错误是提起再审的实质条件。根据《刑事诉讼法》(1996 年修订的。——编著者注)第二百零四条的规定和司法实践经验,人民法院的判决或者裁定认定事实错误通常有以下三种情况:(1)原审判决或者裁定中认定的事实不存在或者与已经查明的案件事实情况不符;(2)据以定罪量刑的证据不确实、不充分或者证据之间存在矛盾,不能形成完整的证据锁链;(3)发现了新的证据,足以推翻原审裁判中认定的事实。适用法律错误主要指以下四种情况:(1)混淆了罪与非罪的界限,将有罪认定为无罪,或者将无罪认定为有罪;(2)定性错误,混淆了此罪与彼罪的界限;(3)量刑不当,畸轻畸重,如对具有法定减轻、免除处罚情节的,没有依法减轻、免除处罚;(4)严重违反法律规定的诉讼程序,影响对案件公正裁判的,如违反了公开审判制度、合议庭组成制度、回避制度的,等等。凡具有上述情形之一的案件,人民法院应当依法提起再审。[参见第65号案例,朱某、卢某假冒注册商标案,载《刑事审判参考》总第9辑(2000年第4辑),法律出版社,第4页。执笔:王季君]

▽判决或者裁定"确有错误"的认定

根据我国法律规定,对已生效案件适用审判监督程序重新审判,是一项十分严肃的事情。只有当人民法院发现原判决和裁定"确有错误",才可依法进行再审。只要在法律规定的幅度内,一般就不能认为案件适用法律错误。而对于案件事实、证据的认定,因受审判条件,控辩双方举证、质证质量、能力和水平的限制以及审限的制约,法院审判案件只能根据法定程序认定事实的真实,这是一种法律真实,即庭审认定的程序是合法、正确的。做到以上两点,从案件审理来说,就应当认为没有错误。在现代诉讼制度之下,法律真实与客观真实在大多数情况下是一致的,但法律真实并不能完全等同于客观真实,有时候甚至会出现违反客观真实的情况。由于受侦查手段、科技水平的限制,人的认识能力有限等因素影响,合法、正确的审判,却没能发现客观事实真相,因而导致案件裁判发生了实质上的错误。这种错误虽然必须通过审判监督程序再审予以纠正,但是,法官不应承担错案的责任。[参见第65号案例,朱某、卢某假冒注册商标案,载《刑事审判参考》总第9辑(2000年第4辑),法律出版社,第6~7页。执笔:王季君]

▽在符合缓刑适用条件的情况下,适用缓刑不属于适用法律确有错误

从被告人朱某、卢某的犯罪情节来看,朱某和卢某并非累犯、再犯;原审和再审都确定判处其三年有期徒刑,说明原审判决适用《刑法》第二百二十三条的规定对被告人朱某、卢某处刑的量刑档次没有错误。从形式要件看,本案完全符合适用缓刑的形式条件。被告人朱某、卢某到案后,对所犯罪行供认不讳,审判中亦有悔罪表现,虽然不能事先证明对二被告人适用缓刑确实不致再危害社会,但也没有证据证明二被告人主观恶性较深,适用缓刑后确实会再危害社会。因此,对本案的二被告人适用缓刑或者不适用缓刑均不属于适用法律错误。在这种情况下,既然原审已经作出了适用缓刑的判决,在没有出现法定应撤销缓刑的条件下,就应维护人民法院裁判的严肃性和稳定性,不应以"适用缓刑不当"为由,按审判监督程序对本案提起再审。[参见第65号案例,朱某、卢某假冒注册商标案,载《刑事审判参考》总第9辑(2000年第4辑),法律出版社,第4~6页。执笔:王季君]

第二百五十四条　【再审的提起】各级人民法院院长对本院已经发生法律效力的判决和裁定,如果发现在认定事实上或者在适用法律上确有错误,必须提交审判委员会处理。

最高人民法院对各级人民法院已经发生法律效力的判决和裁定,上级人民法院对下级人民法院已经发生法律效力的判决和裁定,如果发现确有错误,有权提审或者指令下级人民法院再审。

最高人民检察院对各级人民法院已经发生法律效力的判决和裁定,上级人民检察院对下级人民法院已经发生法律效力的判决和裁定,如果发现确有错误,有权按照审判监督程序向同级人民法院提出抗诉。

人民检察院抗诉的案件,接受抗诉的人民法院应当组成合议庭重新审理,对于原判决事实不清楚或者证据不足的,可以指令下级人民法院再审。

■人民检察院刑事诉讼规则(2019年12月30日)

第五百九十一条　人民检察院认为人民法院已经发生法律效力的判决、裁定确有错误,具有下列情形之一的,应当按照审判监督程序向人民法院提出抗诉:

(一)有新的证据证明原判决、裁定认定的事实确有错误,可能影响定罪量刑的;

(二)据以定罪量刑的证据不确实、不充分的;

(三)据以定罪量刑的证据依法应当予以排除的;

(四)据以定罪量刑的主要证据之间存在矛盾的;

(五)原判决、裁定的主要事实依据被依法变更或者撤销的;

(六)认定罪名错误且明显影响量刑的;

(七)违反法律关于追诉时效期限的规定的;

(八)量刑明显不当的;

(九)违反法律规定的诉讼程序,可能影响公正审判的;

(十)审判人员在审理案件的时候有贪污受贿,徇私舞弊,枉法裁判行为的。

对于同级人民法院已经发生法律效力的判决、裁定,人民检察院认为可能有错误的,应当另行指派检察官或者检察官办案组进行审查。经审查,认为有前款规定情形之一的,应当提请上一级人民检察院提出抗诉。

对已经发生法律效力的判决、裁定的审查,参照本规则第五百八十五条的规定办理。

第五百九十二条　对于高级人民法院判处死刑缓期二年执行的案件,省级人民检察院认为确有错误提请抗诉的,一般应当在收到生效判决、裁定后三个月以内提出,至迟不得超过六个月。

第五百九十七条　最高人民检察院发现各级人民法院已经发生法律效力的判决或者裁定,上级人民检察院发现下级人民法院已经发生法律效力的判决或者裁定确有错误时,可以直接向同级人民法院提出抗诉,或者指令作出生效判决、裁定人民法院的上一级人民检察院向同级人民法院提出抗诉。

第五百九十八条　人民检察院按照审判监督程序向人民法院提出抗诉的,应当将抗诉书副本报送上一级人民检察院。

第五百九十九条　对按照审判监督程序提出抗诉的案件,人民检察院认为人民法院再审作出的判决、裁定仍然确有错误的,如果案件是依照第一审程序审判的,同级人民检察院应当按照第二审程序向上一级人民法院提出抗诉;如果案件是依照第二审程序审判的,上一级人民检察院应当按照审判监督程序向同级人民法院提出抗诉。

第六百条　人民检察院办理按照第二审程序、审判监督程序抗诉的案件,认为需要对被告人采取强制措施的,参照本规则相关规定。决定采取强制措施应当经检察长批准。

第六百零一条　人民检察院对自诉案件的判决、裁定的监督,适用本节的规定。

■最高人民法院关于适用《中华人民共和国刑事诉讼法》的解释(2021年3月1日)

第四百六十条　各级人民法院院长发现本院已经发生法律效力的判决、裁定确有错误的,应当提交审判委员会讨论决定是否再审。

第四百六十一条　上级人民法院发现下级人民法院已经发生法律效力的判决、裁定确有错误的,可以指令下级人民法院再审;原判决、裁定认定事实正确但适用法律错误,或者案件疑难、复杂、重大,或者有不宜由原审人民法院审理情形的,也可以提审。

上级人民法院指令下级人民法院再审的,一般应当指令原审人民法院以外的下级人民法院审理;由原审人民法院审理更有利于查明案件事实、纠正裁判错误的,可以指令原审人民法院审理。

第四百六十二条　对人民检察院依照审判监督程序提出抗诉的案件,人民法院应当在收到抗诉书后一个月以内立案。但是,有下列情形之一的,应当区别情况予以处理:

(一)不属于本院管辖的,应当将案件退回人民检察院;

(二)按照抗诉书提供的住址无法向被抗诉的原审被告人送达抗诉书的,应当通知人民检察院在三日以内重新提供原审被告人的住址;逾期未提供的,将案件退回人民检察院;

(三)以有新的证据为由提出抗诉,但未附相关证据材料或者有关证据不是指向原起诉事实的,应当通知人民检察院在三日以内补送相关材料;逾期未补送的,将案件退回人民检察院。

决定退回的抗诉案件,人民检察院经补充相关材料后再次抗诉,经审查符合受理条件的,人民法院应当受理。

第四百六十三条　对人民检察院依照审判监督程序提出抗诉的案件,接受抗诉的人民法院应当组成合议庭审理。对原判事实不清、证据不足,包括有新的证据证明原判可能有错误,需要指令下级人民法院再审的,应当在立案之日起一个月以内作出决定,并将指令再审决定书送达抗诉的人民检察院。

■最高人民法院关于审理人民检察院按照审判监督程序提出的刑事抗诉案件若干问题的规定(2012年1月1日)

第一条　人民法院收到人民检察院的抗诉书后,应在一个月内立案。经审查,具有下列情形之一的,应当决定退回人民检察院:

(一)不属于本院管辖的;

(二)按照抗诉书提供的住址无法向被提出抗诉的原审被告人送达抗诉书的;

(三)以有新证据为由提出抗诉,抗诉书未附有新的证据目录、证人名单和主要证据复印件或者照片的;

(四)以有新证据为由提出抗诉,但该证据并不是指向原起诉事实的。

人民法院决定退回的刑事抗诉案件,人民检察院经补充相关材料后再次提出抗诉,经审查符合受理条件的,人民法院应当予以受理。

第二条　人民检察院按照审判监督程序提出的刑事抗诉案件,接受抗诉的人民法院应当组成合议庭进行审理。涉及新证据需要指令下级人民法院再审的,接受抗诉的人民法院应当在接受抗诉之日起一个月以内作出决定,并将指令再审决定书送达提出抗诉的人民检察院。

第六条　在开庭审理前,人民检察院撤回抗诉的,人民法院应当裁定准许。

第七条　在送达抗诉书后被提出抗诉的原审被告人未到案的,人民法院应当裁定中止审理;原审被告人到案后,恢复审理。

第八条　被提出抗诉的原审被告人已经死亡或者在审理过程中死亡的,人民法院应当裁定终止审理,但对能够查清事实,确认原审被告人无罪的案件,应当予以改判。

第十条　以前发布的有关规定与本规定不一致的,以本规定为准。

■最高人民法院关于严格执行案件审理期限制度的若干规定(2000年9月28日)

第六条(第四款)　发回重审或指令再审的案件,应当在收到发回重审或指令再审裁定及案卷材料后的次日内立案。

按照审判监督程序重新审判的案件,应当在作出提审、再审裁定(决定)的次日立案。

■人民检察院刑事抗诉工作指引(2018年2月14日)

第一章　总则

第一条　刑事抗诉是法律赋予检察机关的重要职权。通过刑事抗诉纠正确有错误的裁判,是人民检察院履行法律监督职能的重要体现。加强刑事抗诉工作,对于维护司法公正,保护诉讼当事人合法权益,实现社会公平正义,促进社会和谐稳定,树立和维护法治权威具有重要意义。为规范刑事抗诉工作,强化法律监督,根据法律规定,结合检察工作实际,制定本指引。

第二条　人民检察院办理刑事抗诉案件适用本指引。

第三条　办理刑事抗诉案件,应当坚持依法、准确、及时、有效的基本要求。提出或者支持抗诉的案件,应当充分考虑抗诉的必要性。

涉及未成年人的,应当将成年人侵害未成年人人身权利的案件作为抗诉重点。

第四条　办理刑事抗诉案件,按照司法责任制改革确定的办案、审批机制运行。

第二章　刑事抗诉案件的启动

第五条　人民检察院通过审查人民法院的判决或裁定、受理申诉等活动,监督人民法院的判决、裁定是否正确。地方各级人民检察院认为本级人民法院第一审的判决、裁定确有错误的时候,应当向上一级人民法院提出抗诉。最高人民检察院对各级人民法院已经发生法律效力的判决和裁定,上级人民检察院对下级人民法院已经发生法律效力的判决和裁定,如果发现确有错误,有权按照审判监督程序向同级人民法院提出抗诉。

当事人及其法定代理人、近亲属认为人民法院已经发生法律效力的判决、裁定确有错误,向人民检察院申诉的,适用《最高人民检察院关于办理不服人民法院生效刑事裁判申诉案件若干问题的规定》和《人民检察院复查刑事申诉案件的规定》等规定。

第七条　上一级人民检察院在抗诉期限内,发现下级人民检察院应当提出抗诉而没有提出抗诉的案件,可以指令下级人民检察院依法提出抗诉。下级人民检察院在抗诉期限内未能及时提出抗诉的,应当在判决、裁定生效后提请上一级人民检察院按照审判监督程序提出抗诉。

第八条　人民检察院可以通过以下途径发现生效判决、裁定的错误:

(一)收到人民法院生效判决书、裁定书后,人民检察院通过指定专人审查发现错误;

(二)当事人及其法定代理人、近亲属不服人民法院生效刑事判决、裁定提出申诉,刑事申诉检察部门经复查发现错误;

(三)根据社会各界和有关部门转送的材料和反映的意见,对人民法院已生效判决、裁定审查后发现错误;

(四)在办案质量检查和案件复查等工作中,发现人民法院已生效判决、裁定确有错误;

(五)出现新的证据,发现人民法院已生效判决、裁定错误;

(六)办理案件过程中发现其他案件已生效判决、裁定确有错误;

(七)其他途径。

人民检察院对同级人民法院已经发生法律效力的刑事判决、裁定,发现确有错误的,应当提请上一级人民检察院抗诉。上级人民检察院发现下级人民法院已经发生法律效力的判决或裁定确有错误的,可以直接向同级人民法院提出抗诉,或者指令作出生效判决、裁定人民法院的上一级人民检察院向同级人民法院提出抗诉。

第三章　抗诉情形与不抗诉情形

第九条　人民法院的判决、裁定有下列情形之一的,应当提出抗诉:

(一)原审判决或裁定认定事实确有错误,导致定罪或者量刑明显不当的:

1. 刑事判决、裁定认定的事实与证据证明的事实不一致的;

2. 认定的事实与裁判结论有矛盾的;

3. 有新的证据证明原判决、裁定认定的事实确有错误的。

(二)原审判决或裁定采信证据确有错误,导致定罪或者量刑明显不当的:

1. 刑事判决、裁定据以认定案件事实的证据不确实的;

2. 据以定案的证据不足以认定案件事实,或者所证明的案件事实与裁判结论之间缺乏必然联系的;

3. 据以定案的证据依法应当作为非法证据予以排除而未被排除的;

4. 不应当排除的证据作为非法证据被排除或者不予采信的；

5. 据以定案的主要证据之间存在矛盾，无法排除合理怀疑的；

6. 因被告人翻供、证人改变证言而不采纳依法收集并经庭审质证为合法、有效的其他证据，判决无罪或者改变事实认定的；

7. 犯罪事实清楚，证据确实、充分，但人民法院以证据不足为由判决无罪或者改变事实认定的。

（三）原审判决或裁定适用法律确有错误的：

1. 定罪错误，即对案件事实进行评判时发生错误：

（1）有罪判无罪，无罪判有罪的；

（2）混淆此罪与彼罪、一罪与数罪的界限，造成罪刑不相适应，或者在司法实践中产生重大不良影响的。

2. 量刑错误，即适用刑罚与犯罪的事实、性质、情节和社会危害程度不相适应，重罪轻判或者轻罪重判，导致量刑明显不当：

（1）不具有法定量刑情节而超出法定刑幅度量刑的；

（2）认定或者适用法定量刑情节错误，导致未在法定刑幅度内量刑或者量刑明显不当的；

（3）共同犯罪案件中各被告人量刑与其在共同犯罪中的地位、作用明显不相适应或者不均衡的；

（4）适用主刑刑种错误的；

（5）适用附加刑错误的；

（6）适用免予刑事处罚、缓刑错误的；

（7）适用刑事禁止令、限制减刑错误的。

（四）人民法院在审判过程中有下列严重违反法定诉讼程序情形之一，可能影响公正裁判的：

1. 违反有关公开审判规定的；

2. 违反有关回避规定的；

3. 剥夺或者限制当事人法定诉讼权利的；

4. 审判组织的组成不合法的；

5. 除另有规定的以外，证据材料未经庭审质证直接采纳作为定案根据，或者人民法院依申请收集、调取的证据材料和合议庭休庭后自行调查取得的证据材料没有经过庭审质证而直接采纳作为定案根据的；

6. 由合议庭进行审判的案件未经过合议庭评议直接宣判的；

7. 违反审判管辖规定的；

8. 其他严重违反法定诉讼程序情形的。

（五）刑事附带民事诉讼部分所作判决、裁定明显不当的。

（六）人民法院适用犯罪嫌疑人、被告人逃匿、死亡案件违法所得的没收程序所作的裁定确有错误的。

（七）审判人员在审理案件的时候，有贪污受贿、徇私舞弊或者枉法裁判行为，影响公正审判的。

第十条　下列案件一般不提出抗诉：

（一）原审判决或裁定认定事实、采信证据有下列情形之一的：

1. 被告人提出罪轻、无罪辩解或者翻供后，认定犯罪性质、情节或者有罪的证据之间的矛盾无法排除，导致人民法院未认定起诉指控罪名或者相关犯罪事实的；

2. 刑事判决改变起诉指控罪名，导致量刑差异较大，但没有足够证据或者法律依据证明人民法院改变罪名错误的；

3. 案件定罪事实清楚，因有关量刑情节难以查清，人民法院在法定刑幅度内从轻处罚的；

4. 依法排除非法证据后，证明部分或者全部案件事实的证据达不到确实、充分的标准，人民法院不予认定该部分案件事实或者判决无罪的。

（二）原审判决或裁定适用法律有下列情形之一的：

1. 法律规定不明确、存有争议，抗诉的法律依据不充分的；

2. 具有法定从轻或者减轻处罚情节，量刑偏轻的；

3. 被告人系患有严重疾病、生活不能自理的人，怀孕或者正在哺乳自己婴儿的妇女，生活不能自理的人的唯一扶养人，量刑偏轻的；

4. 被告人认罪并积极赔偿损失，取得被害方谅解，量刑偏轻的。

（三）人民法院审判活动违反法定诉讼程序，其严重程度不足以影响公正裁判，或者判决书、裁定书存在技术性差错，不影响案件实质性结论的，一般不提出抗诉。必要时以纠正审理违法意见书形式监督人民法院纠正审判活动中的违法情形，或者以检察建议书等形式要求人民法院更正法律文书中的差错。

（四）人民法院判处被告人死刑缓期二年执行的案件，具有下列情形之一，除原判决认定事实、适用法律有严重错误或者社会反响强烈的以外，一般不提出判处死刑立即执行的抗诉：

1. 被告人有自首、立功等法定从轻、减轻处罚情节的；

2. 定罪的证据确实、充分，但影响量刑的主要证据存有疑问的；

3. 因婚姻家庭、邻里纠纷等民间矛盾激化引发的案件，因被害方的过错行为引起的案件，案发后被告人真诚悔罪、积极赔偿被害方经济损失并取得被害方谅解的；

4. 罪犯被送交监狱执行刑罚后，认罪服法，狱中表现较好，且死缓考验期限将满的。

（五）原审判决或裁定适用的刑罚虽与法律规定有偏差，但符合罪刑相适应原则和社会认同的。

（六）未成年人轻微刑事犯罪案件量刑偏轻的。

第四章　刑事抗诉案件的审查

第十一条　审查刑事抗诉案件，应当坚持全案审查和重点审查相结合原则，并充分听取辩护人的意见。重点审查抗诉主张在事实、法律上的依据以及支持抗诉主张的证据是否具有合法性、客观性和关联性。

第十二条　办理刑事抗诉案件，应当严格按照刑法、刑事诉讼法、相关司法解释和规范性文件的要求，全面、细致地审查案件事实、证据、法律适用以及诉讼程序，综合考虑犯罪性质、情节和社会危害程度等因素，准确分析认定人民法院原审裁判是否确有错误，根据错误的性质和程度，决定是否提出（请）抗诉。

（一）对刑事抗诉案件的事实，应当重点审查以下内容：

1. 犯罪动机、目的是否明确；

2. 犯罪手段是否清楚；

3. 与定罪量刑有关的事实、情节是否查明；

4. 犯罪的危害后果是否查明；

5. 行为和结果之间是否存在刑法上的因果关系。

（二）对刑事抗诉案件的证据，应当重点审查以下内容：

1. 认定犯罪主体的证据是否确实、充分；

2. 认定犯罪事实的证据是否确实、充分；

3. 涉及犯罪性质、认定罪名的证据是否确实、充分；

4. 涉及量刑情节的证据是否确实、充分；

5. 提出抗诉的刑事案件，支持抗诉意见的证据是否具备合法性、客观性和关联性；

6. 抗诉证据之间、抗诉意见与抗诉证据之间是否存在矛盾;

7. 抗诉证据是否确实、充分。

(三)对刑事抗诉案件的法律适用,应当重点审查以下内容:

1. 适用法律和引用法律条文是否正确;

2. 罪与非罪、此罪与彼罪、一罪与数罪的认定是否正确;

3. 具有法定从重、从轻、减轻或者免除处罚情节的,适用法律是否正确;

4. 适用刑种和量刑幅度是否正确;

5. 刑事附带民事诉讼判决、裁定,犯罪嫌疑人、被告人逃匿、死亡案件违法所得没收程序的裁定是否符合法律规定。

第十三条　审查抗诉案件一般按照下列步骤进行:

(一)认真研究抗诉书或提请抗诉报告书,熟悉案件的基本情况、重点了解不同诉讼阶段认定案件事实的差异,公诉意见、历次判决或裁定结论有何差异,将判决或裁定理由与抗诉理由或提请抗诉的理由进行对比,初步分析案件分歧的焦点所在;

(二)审阅起诉书、判决书或裁定书,核对抗诉书或提请抗诉报告书所列举的公诉意见、判决或裁定结论、判决或裁定理由等内容是否存在错误;

(三)审阅卷中证据材料。在全面审阅的基础上,重点审查判决、裁定认定案件事实所采信的证据,下一级人民检察院提出抗诉或提请抗诉所认定的证据,特别是对认定事实有分歧的,应当仔细审查各分歧意见所认定、采信的证据;

(四)根据卷中证据情况,提出对案件事实的初步认定意见,注意与判决、裁定的认定意见有无不同;

(五)初步列出案件分歧的焦点问题,包括事实认定、证据采信以及法律适用方面的分歧意见等;

(六)分析判决、裁定是否存在错误,提出抗诉或提请抗诉的理由是否成立以及是否存在疏漏,研判是否支持抗诉或决定抗诉;

(七)根据案件具体情况,必要时可以到案发地复核主要证据,对尚不清楚的事实和情节提取新的证据;

(八)根据复核证据的情况,进一步提出认定事实、采信证据和适用法律的意见,分析判决、裁定是否确有错误,抗诉理由是否充分,最后提出是否支持抗诉或者决定抗诉的审查意见。

第十四条　办理刑事抗诉案件,应当讯问原审被告人,并根据案件需要复核或者补充相关证据。

需要原侦查机关补充收集证据的,可以要求原侦查机关补充收集。被告人、辩护人提出自首、立功等可能影响定罪量刑的材料和线索的,人民检察院可以依照管辖规定交侦查机关调查核实,也可以自行调查核实。发现遗漏罪行或者同案犯罪嫌疑人的,应当建议侦查机关侦查。

根据案件具体情况,可以向侦查人员调查了解原案的发破案、侦查取证活动等情况。

在对涉及专门技术问题的证据材料进行审查时,可以委托检察技术人员或者其他具有专门知识的人员进行文证审查,或者请其提供咨询意见。检察技术人员、具有专门知识的人员出具的审查意见或者咨询意见应当附卷,并在案件审查报告中说明。

第十五条　人民检察院办理死刑抗诉案件,除依照本指引第十三条、第十四条规定审查外,还应当重点开展下列工作:

(一)讯问原审被告人,听取原审被告人的辩解;

(二)必要时听取辩护人的意见;

(三)复核主要证据,必要时询问证人;

(四)必要时补充收集证据;

（五）对鉴定意见有疑问的，可以重新鉴定或者补充鉴定；

（六）根据案件情况，可以听取被害人的意见。

第十六条　人民检察院在办理刑事抗诉案件过程中发现职务犯罪线索的，应当对案件线索逐件登记、审查，经检察长批准，及时移送有管辖权的单位办理。

第十七条　承办人审查后，应当制作刑事抗诉案件审查报告，阐明是否提出抗诉或者是否支持抗诉的意见。

刑事抗诉案件审查报告应当符合最高人民检察院规定的格式，并重点把握以下要求：

（一）充分认识审查报告制作质量直接影响对案件的审核和检察长或者检察委员会作出处理决定；

（二）承办人制作审查报告，可以根据案件汇报的需要及案件本身的特点作适当的调整；

（三）事实叙写应当清晰、完整、客观，不遗漏关键的事实、情节；

（四）证据摘录一般按照先客观性证据后主观性证据的顺序进行列举，以客观性证据为基础构建证据体系，对客观性证据优先审查、充分挖掘、科学解释、全面验证；同时，要防止唯客观性证据论的倾向，防止忽视口供，对口供在做到依法审查、客观验证基础上充分合理使用；

（五）引用判决或裁定的理由和结论应当全面客观，分析判决或裁定是否错误应当有理有据；

（六）审查意见应当注重层次性、针对性、逻辑性和说理性；

（七）对存在舆情等风险的案件，应当提出风险评估和预案处置意见。

第五章　按照第二审程序抗诉

第十八条　人民检察院应当严格落实对人民法院判决、裁定逐案审查工作机制。对提起公诉的案件，在收到人民法院第一审判决书或者裁定书后，应当及时审查，承办检察官应当填写刑事判决、裁定审查表，提出处理意见。

对于下级人民检察院在办理抗诉案件中遇到干扰的，上级人民检察院应当根据实际情况开展协调和排除干扰工作，以保证抗诉工作顺利开展。

第十九条　人民检察院对同级人民法院第一审判决的抗诉，应当在接到判决书的第二日起十日以内提出；对裁定的抗诉，应当在接到裁定书后的第二日起五日以内提出。提出抗诉应当以抗诉书送达同级人民法院为准，不得采取口头通知抗诉的方式。

第二十条　被害人及其法定代理人不服人民法院第一审判决，在收到判决书后五日以内请求人民检察院提出抗诉的，人民检察院应当立即进行审查，作出是否抗诉的决定，并制作抗诉请求答复书，在收到请求后五日以内答复请求人。

被害人及其法定代理人在收到人民法院判决书五日以后请求人民检察院提出抗诉的，由人民检察院决定是否受理。

第二十一条　办理职务犯罪抗诉案件，应当认真落实最高人民检察院公诉厅《关于加强对职务犯罪案件第一审判决法律监督的若干规定（试行）》和《关于对职务犯罪案件第一审判决进一步加强同步审查监督工作的通知》等要求，重点解决职务犯罪案件重罪轻判问题。

下级人民检察院审查职务犯罪案件第一审判决，认为应当抗诉的，应当在法定时限内依法提出抗诉，并且报告上一级人民检察院。

下级人民检察院收到人民法院第一审判决书后，应当在二日以内报送上一级人民检察院。上一级人民检察院认为应当抗诉的，应当及时通知下级人民检察院。下级人民检察院审查后认为不应当抗诉的，应当将不抗诉的意见报上一级人民检察院公诉部门。上一级人民检察院公诉部门不同意下级人民检察院不抗诉意见的，应当根据案件情况决定是否调卷审查。上一级人民检察院公诉部门经调卷审查认为确有抗诉必要的，应当报检察长决定或者检察委员会讨论决定。上一级人民检察院作出的抗诉决定，下级人民检察院应当执行。

上下两级人民检察院对人民法院作出的职务犯罪案件第一审判决已经同步审查的,上一级人民法院针对同一案件作出的第二审裁判,收到第二审裁判书的同级人民检察院依法按照审判监督程序及时审查,一般不再报其上一级人民检察院同步审查。

第二十二条　决定抗诉的案件应当制作刑事抗诉书。刑事抗诉书应当包括下列内容:

(一)原判决、裁定情况;

(二)审查意见;

(三)抗诉理由。

刑事抗诉书应当充分阐述抗诉理由。

第二十三条　按照第二审程序提出抗诉的人民检察院,应当及时将刑事抗诉书和检察卷报送上一级人民检察院。经本院检察委员会讨论决定的,应当一并报送本院检察委员会会议纪要。

第二十四条　上一级人民检察院支持或者部分支持抗诉意见的,可以变更、补充抗诉理由,及时制作支持刑事抗诉意见书,阐明支持或者部分支持抗诉的意见和理由,在同级人民法院开庭之前送达人民法院,同时通知提出抗诉的人民检察院。

第二十五条　上一级人民检察院不支持抗诉的,承办部门应当制作撤回抗诉决定书,在同级人民法院开庭之前送达人民法院,同时通知提出抗诉的人民检察院,并向提出抗诉的人民检察院书面说明撤回抗诉理由。

第二十六条　下级人民检察院如果认为上一级人民检察院撤回抗诉不当的,可以提请复议。上一级人民检察院应当复议,并另行指派专人进行审查,提出意见报告检察长或者检察委员会同意后,将复议结果书面通知下级人民检察院。

第二十七条　第二审人民法院发回原审人民法院重新按照第一审程序审判的案件,如果人民检察院认为重新审判的判决、裁定确有错误的,可以按照第二审程序提出抗诉。

第六章　按照审判监督程序抗诉

第二十八条　按照审判监督程序重新审判的案件,适用行为时的法律。

第二十九条　人民法院已经发生法律效力的刑事判决和裁定包括:

(一)已过法定期限没有上诉、抗诉的判决和裁定;

(二)终审的判决和裁定;

(三)最高人民法院核准的死刑的判决和高级人民法院核准的死刑缓期二年执行的判决。

第三十条　提请上级人民检察院按照审判监督程序抗诉的案件,原则上应当自人民法院作出裁判之日起二个月以内作出决定;需要复核主要证据的,可以延长一个月。属于冤错可能等事实证据有重大变化的案件,可以不受上述期限限制。

对于高级人民法院判处死刑缓期二年执行的案件,省级人民检察院认为确有错误提请抗诉的,一般应当在收到生效判决、裁定后三个月以内提出,至迟不得超过六个月。

对于人民法院第一审宣判后人民检察院在法定期限内未提出抗诉,或者判决、裁定发生法律效力后六个月内未提出抗诉的案件,没有发现新的事实或者证据的,一般不得为加重被告人刑罚而依照审判监督程序提出抗诉,但被害人提出申诉或上级人民检察院指令抗诉的除外。

第三十一条　提请上一级人民检察院按照审判监督程序抗诉的案件,应当制作提请抗诉报告书。提请抗诉报告书应当依次写明原审被告人基本情况,诉讼经过,审查认定后的犯罪事实,一审人民法院、二审人民法院的审判情况,判决、裁定错误之处,提请抗诉的理由和法律依据,本院检察委员会讨论情况等。

第三十二条　提请抗诉的人民检察院应当及时将提请抗诉报告书一式十份和侦查卷、检察卷、人民法院审判卷报送上一级人民检察院。经本院检察委员会讨论决定的,应当一并报送本院检察委员会会议纪要。

调阅人民法院的案卷,依据《最高人民法院办公厅、最高人民检察院办公厅关于调阅诉讼卷宗有关问题的通知》有关规定执行。

第三十三条　上级人民检察院审查审判监督程序抗诉案件,原则上应当自收案之日起一个半月以内作出决定;需要复核主要证据或者侦查卷宗在十五册以上的,可以延长一个月;需要征求其他单位意见或者召开专家论证会的,可以再延长半个月。

上级人民检察院审查下一级人民检察院提请抗诉的刑事申诉案件,应当自收案之日起三个月以内作出决定。

属于冤错可能等事实证据有重大变化的案件,可以不受上述期限限制。

有条件的地方,应当再自行缩短办案期限;对原判死缓而抗诉要求改判死刑立即执行的案件,原则上不得延长期限。

第三十四条　上一级人民检察院决定抗诉后,应当制作刑事抗诉书,向同级人民法院提出抗诉。以有新的证据证明原判决、裁定认定事实确有错误为由提出的抗诉,提出抗诉时应向人民法院移送新证据。

人民检察院按照审判监督程序向人民法院提出抗诉的,应当将抗诉书副本报送上一级人民检察院。

第三十五条　人民检察院依照刑事审判监督程序提出抗诉的案件,需要对原审被告人采取强制措施的,由人民检察院依法决定。

第三十六条　上级人民检察院决定不抗诉的,应当向提请抗诉的人民检察院做好不抗诉理由的解释说明工作,一般采用书面方式。

上级人民检察院对下一级人民检察院提请抗诉的刑事申诉案件作出决定后,应当制作审查提请抗诉通知书,通知提请抗诉的人民检察院。

第八章　刑事抗诉工作机制

第五十一条　下级人民检察院对于拟抗诉的重大案件,应当在决定抗诉前向上级人民检察院汇报。上级人民检察院要结合本地区工作实际,组织开展工作情况通报、工作经验推广、案件剖析评查、优秀案件评选、典型案例评析、业务研讨培训、庭审观摩交流等活动,推动刑事抗诉工作发展。

第五十二条　上级人民检察院要加强刑事抗诉个案和类案专项指导,主动帮助下级人民检察院解决办案中遇到的问题,排除阻力和干扰。对于重大普通刑事案件、重大职务犯罪案件、疑难复杂案件、人民群众对司法不公反映强烈的案件以及其他有重大影响的重要抗诉案件,上级人民检察院要加强抗诉前工作指导,必要时可以同步审查,确保抗诉质量。

第五十三条　认真执行最高人民法院、最高人民检察院《关于人民检察院检察长列席人民法院审判委员会会议的实施意见》的相关规定,人民法院审判委员会讨论人民检察院提出的刑事抗诉案件时,同级人民检察院检察长或者受检察长委托的副检察长应当依法列席。列席人员应当在会前熟悉案情、准备意见和预案,在会上充分阐述人民检察院的抗诉意见和理由。承办检察官应当按照列席要求,为检察长或者受委托的副检察长做好准备工作。

第五十四条　各级人民检察院要与同级人民法院有关审判庭加强经常性的工作联系,就办理抗诉案件中认识分歧、法律政策适用等问题充分沟通交流。

第五十五条　各级人民检察院对于引起媒体关注的敏感刑事抗诉案件,应当建立快速反应工作机制,依法查明事实真相,适时公开相关信息,及时回应社会关切,主动接受舆论监督,树立人民检察院维护司法公正的良好形象。

第九章　附则

第五十六条　本指引由最高人民检察院负责解释,自下发之日起执行。

■最高人民检察院关于调整刑事审判监督程序抗诉案件办案期限的通知(全文)(2011年3月15日)

2001年3月公布施行的《最高人民检察院关于刑事抗诉工作的若干意见》规定,审判监督程序的抗诉案件的办案期限是六个月,重大复杂的是十个月;省级检察院提请抗诉死刑案件的期限是三个月。但近些年实践表明,该《意见》规定的期限偏长,影响了抗诉效果,需要加以调整。为此,通知如下:

一、提请上级检察院按审判监督程序抗诉的案件,原则上应当自法院作出裁判之日起二个月以内作出决定;需要复核主要证据的,可以延长一个月。

二、上级检察院审查审判监督程序抗诉案件,原则上应当自收案之日起一个半月以内作出决定;需要复核主要证据或者侦查卷宗在15册以上的,可以延长一个月;需要征求其他单位意见或者召开专家论证会的,可以再延长半个月。

三、可能属于冤错等事实证据有重大变化的案件,可以不受上述期限限制。

四、有条件的地方,应当再自行缩短本地办案期限;对原判死缓抗诉要求改判死刑立即执行的案件,要抓紧办理,原则上不得延长期限。

五、各级人民检察院要加强本院公诉、综合和检委会秘书部门之间的衔接与配合,切实缩短案件上会讨论和文件寄送流转周期;要通过沟通协调、提出纠正意见等方式。督促人民法院严格执行刑事诉讼法和“两高”办公厅《关于调阅诉讼卷宗有关问题的通知》的规定,及时送达裁判文书和调阅案件卷宗。

▼北京市高级人民法院关于刑事案件立案材料要求的规定(试行)(2004年12月29日)

第二十三条 上级人民检察院按照审判监督程序,应当提交抗诉书一式八份,每增加一名被告人,增加抗诉书五份。

第二十四条 人民检察院以“有新的证据证明原判决、裁定认定的事实确有错误”为由提出抗诉,抗诉书应当附有新的证据目录、证人名单和主要证据复印件或者照片。

●刑事申诉,监督纠正冤假错案

坚守防止冤假错案底线,是保障社会公平正义的重要方面。检察机关既要依法监督纠正确有错误的生效刑事裁判,又要注意在审查逮捕、审查起诉等环节有效发挥监督制约作用,努力从源头上防止冤假错案发生。在监督纠正冤错案件方面,要严格把握纠错标准,对于被告人供述反复,有罪供述前后矛盾,且有罪供述的关键情节与其他在案证据存在无法排除的重大矛盾,不能排除有其他人作案可能的,应当依法进行监督。(参见最高人民检察院发布第7批指导性案例,检例第25号,于英生申诉案,2016年5月31日发布。)

●坚持证据适用规则,防止错案发生

证据是刑事诉讼的基石,认定案件事实,必须以证据为根据。证据未经当庭出示、辨认、质证等法庭调查程序查证属实,不能作为定案的根据。对于在案发现场提取的物证等实物证据,未经鉴定,且在诉讼过程中丢失或者毁灭,无法在庭审中出示、质证,有罪供述的主要情节又得不到其他证据印证,而原审裁判认定被告人有罪的,应当依法进行监督。(参见最高人民检察院发布第7批指导性案例,检例第26号,陈满申诉案,2016年5月31日发布。)

○刑罚执行完毕后发现新的证据,又因同一事实被以新的罪名重新起诉的案件,应适用何种程序进行审理

(一)杭某、姚某、王某三人构成故意杀人罪的共犯。虽然本案中的杀人行为是由王某、姚某直接实施的,不是杭某本人实施的,但是杭某被人打伤后怀恨在心,邀集他人蓄谋报复,事先共谋,并两次携带单管猎枪乘坐出租车寻找姚甲,事后与同案犯共同潜逃,因此杭某的行为已经构成故意杀人罪,杭某、王某、姚某3人是故意杀人罪的共犯。(二)共同犯罪案件原则上应当并案按照第一审程序审理。共同犯罪案件原则上对共同犯罪人应并案进行审理,这主要是考虑到以下三个因素:1. 符合诉讼经济原则。共同犯罪案件有几个被告人,但是又是围绕同一犯罪事实,从诉讼经济的角度来看,显然没有必要就每一个被告人都组成合议庭分别进行审判,而应当将这些被告人合并由一个合议庭审判。2. 有利于查清案件事实。对共同犯罪案件并案审理,便于共同犯罪人之间相互质证,有利于查清案件事实。3. 有利于明确被告人在共同犯罪中的作用,便于准确地追究被告人的刑事责任。本案是共同犯罪案件,杭某、王某、姚某3人构成故意杀人罪,应当并案进行审理。既然需要并案审理,其他同案被告人显然不宜适用审判监督程序,因此应当并案按照第一审程序进行审理。(三)先前作出的判决应当按照审判监督程序撤销。由于被告人杭某已经被基层人民法院以窝藏罪判处了刑罚,且刑罚已经执行完毕,而现在又就同一事实以新的罪名将其起诉,因此应当按照审判监督程序撤销对杭某以窝藏罪判处有期徒刑一年的刑事判决,否则就意味着对杭某的同一个行为进行了两次审判,侵害了被告人的合法权益,而且如果法院的两次判决内容不一致,也损害人民法院判决的权威性。某市中级人民法院在审理过程中发现杭某因本案被区法院以窝藏罪判处一年有期徒刑,根据新的证据证明原判决认定的事实确有错误,属于上级人民法院对下级人民法院已经发生法律效力的判决发现确有错误,根据刑事诉讼法第二百零五条的规定,可以指令下级人民法院再审的情况。作出原判决的基层人民法院,应当按照审判监督程序对原来的案件进行再审。由于本案应当由中级人民法院管辖,因此基层人民法院再审后,应当作出撤销原判决的裁定,然后将案件移送有管辖权的市中级人民法院进行审理。(四)刑期折抵问题。由于是就同一事实作出判决,虽然先前判决被撤销,但是被告人杭某原判刑罚已执行完毕,因此,刑期折抵问题需要具体情况具体分析。如果对被告人判处有期徒刑的,可以折抵刑期;如果判处死刑或者无期徒刑,则不再折抵刑期。[参见《刑事审判参考》总第29辑(2002年第6辑),法律出版社,第182~1184页。]

第二百五十五条 【指令再审法院】上级人民法院指令下级人民法院再审的,应当指令原审人民法院以外的下级人民法院审理;由原审人民法院审理更为适宜的,也可以指令原审人民法院审理。

▼最高人民法院研究室关于高级人民法院第二审判处无期徒刑的案件发现原判量刑不当需改判死刑应如何适用程序问题的电话答复(全文)(1991年7月1日)

中级人民法院判处无期徒刑的第一审案件,被告人上诉,经高级人民法院第二审后,裁定维持原判,裁定即已发生法律效力。现高级人民法院发现原判在适用法律上确有错误,拟按审判监督程序改判死刑的,应当按照刑事诉讼法(1979年刑事诉讼法。——编著者注)第一百五十条的规定,原来是第二审案件,仍应依照第二审程序进行审判。审理后,如果认为应当判处被告人死刑的,可参照刑事诉讼法(1979年刑事诉讼法。——编著者注)第一百四十九条第一款的规定,由审判委员会决定,撤销原第一、二审判决、裁定,发回原第一审法院重新审判。

第二百五十六条 【按审监程序审理案件的程序】人民法院按照审判监督程序重新审判的案件,由原审人民法院审理的,应当另行组成合议庭进行。如果原来是第一审案件,应当依照第一审程序进行审判,所作的判决、裁定,可以上诉、抗诉;如果原来是第二审案件,或者是上级人民法院提审的案件,应当依照第二审程序进行审判,所作的判决、裁定,是终审的判决、裁定。

人民法院开庭审理的再审案件,同级人民检察院应当派员出席法庭。

■人民检察院刑事诉讼规则(2019年12月30日)

第四百五十四条 人民法院开庭审理再审案件,同级人民检察院应当派员出席法庭。

第四百五十五条 人民检察院对于人民法院按照审判监督程序重新审判的案件,应当对原判决、裁定认定的事实、证据、适用法律进行全面审查,重点审查有争议的案件事实、证据和法律适用问题。

第四百五十六条 人民检察院派员出席再审法庭,如果再审案件按照第一审程序审理,参照本章

第一节有关规定执行;如果再审案件按照第二审程序审理,参照本章第四节有关规定执行。

■最高人民法院关于适用《中华人民共和国刑事诉讼法》的解释(2021年3月1日)

第四百六十四条　对决定依照审判监督程序重新审判的案件,人民法院应当制作再审决定书。再审期间不停止原判决、裁定的执行,但被告人可能经再审改判无罪,或者可能经再审减轻原判刑罚而致刑期届满的,可以决定中止原判决、裁定的执行,必要时,可以对被告人采取取保候审、监视居住措施。

第四百六十五条　依照审判监督程序重新审判的案件,人民法院应当重点针对申诉、抗诉和决定再审的理由进行审理。必要时,应当对原判决、裁定认定的事实、证据和适用法律进行全面审查。

第四百六十六条　原审人民法院审理依照审判监督程序重新审判的案件,应当另行组成合议庭。

原来是第一审案件,应当依照第一审程序进行审判,所作的判决、裁定可以上诉、抗诉;原来是第二审案件,或者是上级人民法院提审的案件,应当依照第二审程序进行审判,所作的判决、裁定是终审的判决、裁定。

符合刑事诉讼法第二百九十六条、第二百九十七条规定的,可以缺席审判。

第四百六十七条　对依照审判监督程序重新审判的案件,人民法院在依照第一审程序进行审判的过程中,发现原审被告人还有其他犯罪的,一般应当并案审理,但分案审理更为适宜的,可以分案审理。

第四百六十八条　开庭审理再审案件,再审决定书或者抗诉书只针对部分原审被告人,其他同案原审被告人不出庭不影响审理的,可以不出庭参加诉讼。

第四百六十九条　除人民检察院抗诉的以外,再审一般不得加重原审被告人的刑罚。再审决定书或者抗诉书只针对部分原审被告人的,不得加重其他同案原审被告人的刑罚。

第四百七十条　人民法院审理人民检察院抗诉的再审案件,人民检察院在开庭审理前撤回抗诉的,应当裁定准许;人民检察院接到出庭通知后不派员出庭,且未说明原因的,可以裁定按撤回抗诉处理,并通知诉讼参与人。

人民法院审理申诉人申诉的再审案件,申诉人在再审期间撤回申诉的,可以裁定准许;但认为原判确有错误的,应当不予准许,继续按照再审案件审理。申诉人经依法通知无正当理由拒不到庭,或者未经法庭许可中途退庭的,可以裁定按撤回申诉处理,但申诉人不是原审当事人的除外。

第四百七十一条　开庭审理的再审案件,系人民法院决定再审的,由合议庭组成人员宣读再审决定书;系人民检察院抗诉的,由检察员宣读抗诉书;系申诉人申诉的,由申诉人或者其辩护人、诉讼代理人陈述申诉理由。

第四百七十二条　再审案件经过重新审理后,应当按照下列情形分别处理:

(一)原判决、裁定认定事实和适用法律正确、量刑适当的,应当裁定驳回申诉或者抗诉,维持原判决、裁定;

(二)原判决、裁定定罪准确、量刑适当,但在认定事实、适用法律等方面有瑕疵的,应当裁定纠正并维持原判决、裁定;

(三)原判决、裁定认定事实没有错误,但适用法律错误或者量刑不当的,应当撤销原判决、裁定,依法改判;

(四)依照第二审程序审理的案件,原判决、裁定事实不清、证据不足的,可以在查清事实后改判,也可以裁定撤销原判,发回原审人民法院重新审判。

原判决、裁定事实不清或者证据不足,经审理事实已经查清的,应当根据查清的事实依法裁判;事实仍无法查清,证据不足,不能认定被告人有罪的,应当撤销原判决、裁定,判决宣告被告人无罪。

第四百七十三条　原判决、裁定认定被告人姓名等身份信息有误,但认定事实和适用法律正确、量刑适当的,作出生效判决、裁定的人民法院可以通过裁定对有关信息予以更正。

第四百七十四条　对再审改判宣告无罪并依法享有申请国家赔偿权利的当事人,人民法院宣判时,应当告知其在判决发生法律效力后可以依法申请国家赔偿。

■人民检察院刑事抗诉工作指引(2018年2月14日)

第七章 出席刑事抗诉案件法庭

第三十七条 对提出抗诉的案件,同级人民检察院应当派员出席法庭。人民法院决定召开庭前会议的,同级人民检察院应当派员参加,依法履行职责。

第三十八条 检察员出席刑事抗诉法庭的任务是:

(一)支持抗诉,对原审人民法院作出的错误判决或者裁定提出纠正意见;

(二)维护诉讼参与人的合法权利;

(三)对法庭审理案件有无违反法律规定的诉讼程序的情况进行监督;

(四)依法从事其他诉讼活动。

第三十九条 收到刑事抗诉案件开庭通知书后,出席法庭的检察员应当做好以下准备工作:

(一)熟悉案情和证据情况,了解证人证言、被告人供述等证据材料是否发生变化;

(二)深入研究与本案有关的法律、政策问题,掌握相关的专业知识;

(三)制作出庭预案;

(四)上级人民检察院对下级人民检察院按照第二审程序提出抗诉的案件决定支持抗诉的,应当制作支持抗诉意见书,并在开庭前送达同级人民法院。

第四十条 出庭预案一般应当包括:

(一)讯问原审被告人提纲;

(二)询问证人、被害人、鉴定人、有专门知识的人、侦查人员提纲;

(三)出示物证,宣读书证、证人证言、被害人陈述、被告人供述、勘验检查笔录、辨认笔录、侦查实验笔录,播放视听资料、电子数据的举证和质证方案;

(四)支持抗诉的事实、证据和法律意见;

(五)对原审被告人、辩护人辩护内容的预测和答辩要点;

(六)对庭审中可能出现的其他情况的预测和相应的对策。

第四十一条 庭审开始前,出席法庭的检察员应当做好以下预备工作:

(一)了解被告人及其辩护人,附带民事诉讼的原告人及其诉讼代理人,以及其他应当到庭的诉讼参与人是否已经到庭;

(二)审查合议庭的组成是否合法;刑事抗诉书副本等诉讼文书的送达期限是否符合法律规定;被告人是盲、聋、哑、未成年人或者可能被判处死刑而没有委托辩护人的,人民法院是否指定律师为其提供辩护;

(三)审查到庭被告人的身份材料与刑事抗诉书中原审被告人的情况是否相符;审判长告知诉讼参与人的诉讼权利是否清楚、完整;审判长对回避申请的处理是否正确、合法。法庭准备工作结束,审判长征求检察员对法庭准备工作有无意见时,出庭的检察员应当就存在的问题提出意见,请审判长予以纠正,或者表明没有意见。

第四十二条 审判长或者审判员宣读原审判决书或者裁定书后,由检察员宣读刑事抗诉书。宣读刑事抗诉书时应当起立,文号及正文括号内的内容不宣读,结尾读至"此致某某人民法院"止。

按照第二审程序提出抗诉的案件,出庭检察员应当在宣读刑事抗诉书后宣读支持抗诉意见书,引导法庭调查围绕抗诉重点进行。

第四十三条 检察员在审判长的主持下讯问被告人。讯问应当围绕抗诉理由以及对原审判决、裁定认定事实有争议的部分进行,对没有异议的事实不再全面讯问。

讯问时应当先就原审被告人过去所作的供述和辩解是否属实进行讯问。如果被告人回答不属实,应当讯问哪些不属实。针对翻供,可以讯问翻供理由,利用被告人供述的前后矛盾进行讯问,或者适时举出相关证据予以反驳。

讯问时应当注意方式、方法,讲究技巧和策略。对被告人供述和辩解不清、不全、前后矛盾,或者供述和辩解明显不合情理,或者供述和辩解与已查证属实的证据相矛盾的问题,应当讯问。与案件无关、被告人已经供述清楚或者无争议的问题,不再讯问。

讯问被告人应当有针对性,语言准确、简练、严密。

对辩护人已经发问而被告人作出客观回答的问题,一般不进行重复讯问。辩护人发问后,被告人翻供或者回答含糊不清的,如果涉及案件事实、性质的认定或者影响量刑的,检察员必须有针对性再讯问。辩护人发问的内容与案件无关,或者采取不适当的发问语言和态度的,检察员应当及时请求合议庭予以制止。

在法庭调查结束前,检察员可以根据辩护人、诉讼代理人、审判长(审判员)发问的情况,进行补充讯问。

第四十四条　证人、鉴定人、有专门知识的人需要出庭的,人民检察院应当申请人民法院通知并安排出庭作证。

对于经人民法院通知而未到庭的证人或者出庭后拒绝作证的证人的证言笔录,检察员应当当庭宣读。对于经人民法院通知而未到庭的证人的证言笔录存在疑问、确实需要证人出庭作证,且可以强制其到庭的,检察员应当建议人民法院强制证人到庭作证和接受质证。

向证人发问,应当先由提请通知的一方进行;发问时可以要求证人就其所了解的与案件有关的事实进行陈述,也可以直接发问。发问完毕后,经审判长准许,对方也可以发问。

检察员对证人发问,应当针对证言中有遗漏、矛盾、模糊不清和有争议的内容,并着重围绕与定罪量刑紧密相关的事实进行。发问应当采取一问一答的形式,做到简洁清楚。

证人进行虚假陈述的,应当通过发问澄清事实,必要时还应当出示、宣读证据配合发问。

询问鉴定人、有专门知识的人参照询问证人的规定进行。

第四十五条　需要出示、宣读、播放原审期间已移交人民法院的证据的,出庭的检察员可以申请法庭出示、宣读、播放。

需要移送证据材料的,在审判长宣布休庭后,检察员应当与审判人员办理交接手续。无法当庭移交的,应当在休庭后三日以内移交。

第四十六条　审判人员通过调查核实取得并当庭出示的新证据,检察员应当进行质证。

第四十七条　检察员对辩护人在法庭上出示的证据材料,应当积极参与质证。质证时既要对辩护人所出示证据材料的真实性发表意见,也要注意辩护人的举证意图。如果辩护人运用该证据材料所说明的观点不能成立,应当及时予以反驳。对辩护人、当事人、原审被告人出示的新的证据材料,检察员认为必要时,可以进行讯问、质证,并就该证据材料的合法性、证明力提出意见。

第四十八条　审判长宣布法庭调查结束,开始进行法庭辩论时,检察员应当发表抗诉案件出庭检察员意见书,主要包括以下内容:

(一)论证本案犯罪事实清楚,证据确实充分,或者原审人民法院认定事实、证据错误之处;

(二)指明被告人犯罪行为性质、严重程度,评析抗诉理由;

(三)论证原审判决书适用法律、定罪量刑是否正确,有误的,应提出改判的建议。

第四十九条　检察员对原审被告人、辩护人提出的观点,认为需要答辩的,应当在法庭上进行答辩。答辩应当抓住重点,主次分明。与案件无关或者已经辩论过的观点和内容,不再答辩。

第五十条　对按照审判监督程序提出抗诉的案件,人民检察院认为人民法院作出的判决、裁定仍然确有错误的,如果案件是依照第一审程序审判的,同级人民检察院应当向上一级人民法院提出抗诉;

如果案件是依照第二审程序审判的,上一级人民检察院应当按照审判监督程序向同级人民法院提出抗诉。

对按照审判监督程序提出抗诉的申诉案件,人民检察院认为人民法院作出的判决、裁定仍然确有错误的,由派员出席法庭的人民检察院刑事申诉检察部门适用本条第一款的规定办理。

■最高人民法院关于审理人民检察院按照审判监督程序提出的刑事抗诉案件若干问题的规定(2012年1月1日)

第五条　对于指令再审的案件,如果原来是第一审案件,接受抗诉的人民法院应当指令第一审人民法院依照第一审程序进行审判,所作的判决、裁定,可以上诉、抗诉;如果原来是第二审案件,接受抗诉的人民法院应当指令第二审人民法院依照第二审程序进行审判,所作的判决、裁定,是终审的判决、裁定。

第八条　被提出抗诉的原审被告人已经死亡或者在审理过程中死亡的,人民法院应当裁定终止审理,但对能够查清事实,确认原审被告人无罪的案件,应当予以改判。

第九条　人民法院作出裁判后,当庭宣告判决的,应当在五日内将裁判文书送达当事人、法定代理人、诉讼代理人、提出抗诉的人民检察院、辩护人和原审被告人的近亲属;定期宣告判决的,应当在判决宣告后立即将裁判文书送达当事人、法定代理人、诉讼代理人、提出抗诉的人民检察院、辩护人和原审被告人的近亲属。

第十条　以前发布的有关规定与本规定不一致的,以本规定为准。

■最高人民法院关于刑事再审案件开庭审理程序的具体规定(试行)(全文)(2002年1月1日)

第一条　本规定适用依照第一审程序或第二审程序开庭审理的刑事再审案件。

第二条　人民法院在收到人民检察院按照审判监督程序提出抗诉的刑事抗诉书后,应当根据不同情况,分别处理:

(一)不属于本院管辖的,决定退回人民检察院;

(二)按照抗诉书提供的原审被告人(原审上诉人)住址无法找到原审被告人(原审上诉人)的,人民法院应当要求提出抗诉的人民检察院协助查找;经协助查找仍无法找到的,决定退回人民检察院;

(三)抗诉书没有写明原审被告人(原审上诉人)准确住址的,应当要求人民检察院在七日内补充,经补充后仍不明确或逾期不补的,裁定维持原判;

(四)以有新的证据证明原判决、裁定认定的事实确有错误为由提出抗诉,但抗诉书未附有新的证据目录、证人名单和主要证据复印件或者照片的,人民检察院应当在七日内补充;经补充后仍不完备或逾期不补的,裁定维持原判。

第三条　以有新的证据证明原判决、裁定认定的事实确有错误为由提出申诉的,应当同时附有新的证据目录、证人名单和主要证据复印件或者照片。需要申请人民法院调取证据的,应当附有证据线索。未附有的,应当在七日内补充;经补充后仍不完备或逾期不补的,应当决定不予受理。

第四条　参与过本案第一审、第二审、复核程序审判的合议庭组成人员,不得参与本案的再审程序的审判。

第五条　人民法院审理下列再审案件,应当依法开庭审理:

(一)依照第一审程序审理的;

(二)依照第二审程序需要对事实或者证据进行审理的;

(三)人民检察院按照审判监督程序提出抗诉的;

(四)可能对原审被告人(原审上诉人)加重刑罚的;

(五)有其他应当开庭审理情形的。

第六条　下列再审案件可以不开庭审理:

(一)原判决、裁定认定事实清楚,证据确实、充分,但适用法律错误,量刑畸重的;

(二)1979年《中华人民共和国刑事诉讼法》施行以前裁判的;

(三)原审被告人(原审上诉人)、原审自诉人已经死亡、或者丧失刑事责任能力的;

(四)原审被告人(原审上诉人)在交通十分不便的边远地区监狱服刑,提押到庭确有困难的;但人民检察院提出抗诉的,人民法院应征得人民检察院的同意;

(五)人民法院按照审判监督程序决定再审,按本规定第九条第(五)项规定,经两次通知,人民检察院不派员出庭的。

第七条　人民法院审理共同犯罪再审案件,如果人民法院再审决定书或者人民检察院抗诉书只对部分同案原审被告人(同案原审上诉人)提起再审,其他未涉及的同案原审被告人(同案原审上诉人)不出庭不影响案件审理的,可以不出庭参与诉讼;

部分同案原审被告人(同案原审上诉人)具有本规定第六条第(三)、(四)项规定情形不能出庭的,不影响案件的开庭审理。

第八条　除人民检察院抗诉的以外,再审一般不得加重原审被告人(原审上诉人)的刑罚。

根据本规定第六条第(二)、(三)、(四)、(五)、(六)项、第七条的规定,不具备开庭条件可以不开庭审理的,或者可以不出庭参加诉讼的,不得加重未出庭原审被告人(原审上诉人)、同案原审被告人(同案原审上诉人)的刑罚。

第九条　人民法院在开庭审理前,应当进行下列工作:

(一)确定合议庭的组成人员;

(二)将再审决定书,申诉书副本至迟在开庭三十日前,重大、疑难案件至迟在开庭六十日前送达同级人民检察院,并通知其查阅案卷和准备出庭;

(三)将再审决定书或抗诉书副本至迟在开庭三十日以前送达原审被告人(原审上诉人),告知其可以委托辩护人,或者依法为其指定承担法律援助义务的律师担任辩护人;

(四)至迟在开庭十五日前,重大、疑难案件至迟在开庭六十日前,通知辩护人查阅案卷和准备出庭;

(五)将开庭的时间、地点在开庭七日以前通知人民检察院;

(六)传唤当事人,通知辩护人、诉讼代理人、证人、鉴定人和翻译人员,传票和通知书至迟在开庭七日以前送达;

(七)公开审判的案件,在开庭七日以前先期公布案由、原审被告人(原审上诉人)姓名、开庭时间和地点。

第十条　人民法院审理人民检察院提出抗诉的再审案件,对人民检察院接到出庭通知后未出庭的,应当裁定按人民检察院撤回抗诉处理,并通知诉讼参与人。

第十一条　人民法院决定再审或者受理抗诉书后,原审被告人(原审上诉人)正在服刑的,人民法院依据再审决定书或者抗诉书及提押票等文书办理提押;

原审被告人(原审上诉人)在押,再审可能改判宣告无罪的,人民法院裁定中止执行原裁决后,可以取保候审;

原审被告人(原审上诉人)不在押,确有必要采取强制措施并符合法律规定采取强制措施条件的,人民法院裁定中止执行原裁决后,依法采取强制措施。

第十二条　原审被告人(原审上诉人)收到再审决定书或者抗诉书后下落不明或者收到抗诉书后未到庭的,人民法院应当中止审理;原审被告人(原审上诉人)到案后,恢复审理;如果超过二年仍查无下落的,应当裁定终止审理。

第十三条　人民法院应当在开庭三十日前通知人民检察院、当事人或者辩护人查阅、复制双方提交的新证据目录及新证据复印件、照片。

人民法院应当在开庭十五日前通知控辩双方查阅、复制人民法院调取的新证据目录及新证据复印件、照片等证据。

第十四条 控辩双方收到再审决定书或抗诉书后，人民法院通知开庭之日前，可以提交新的证据。开庭后，除对原审被告人（原审上诉人）有利的外，人民法院不再接纳新证据。

第十五条 开庭审理前，合议庭应当核实原审被告人（原审上诉人）何时因何案被人民法院依法裁判，在服刑中有无重新犯罪，有无减刑、假释，何时刑满释放等情形。

第十六条 开庭审理前，原审被告人（原审上诉人）到达开庭地点后，合议庭应当查明原审被告人（原审上诉人）基本情况，告知原审被告人（原审上诉人）享有辩护权和最后陈述权，制作笔录后，分别由该合议庭成员和书记员签名。

第十七条 开庭审理时，审判长宣布合议庭组成人员及书记员，公诉人、辩护人、鉴定人和翻译人员的名单，并告知当事人、法定代理人享有申请回避的权利。

第十八条 人民法院决定再审的，由合议庭组成人员宣读再审决定书。

根据人民检察院提出抗诉进行再审的，由公诉人宣读抗诉书。

当事人及其法定代理人、近亲属提出申诉的，由原审被告人（原审上诉人）及其辩护人陈述申诉理由。

第十九条 在审判长主持下，控辩双方应就案件的事实、证据和适用法律等问题分别进行陈述。合议庭对控辩双方无争议和有争议的事实、证据及适用法律问题进行归纳，予以确认。

第二十条 在审判长主持下，就控辩双方有争议的问题，进行法庭调查和辩论。

第二十一条 在审判长主持下，控辩双方对提出的新证据或者有异议的原审据以定罪量刑的证据进行质证。

第二十二条 进入辩论阶段，原审被告人（原审上诉人）及其法定代理人、近亲属提出申诉的，先由原审被告人（原审上诉人）及其辩护人发表辩护意见，然后由公诉人发言，被害人及其代理人发言。

被害人及其法定代理人、近亲属提出申诉的，先由被害人及其代理人发言，公诉人发言，然后由原审被告人（原审上诉人）及其辩护人发表辩护意见。

人民检察院提出抗诉的，先由公诉人发言，被害人及其代理人发言，然后由原审被告人（原审上诉人）及其辩护人发表辩护意见。

既有申诉又有抗诉的，先由公诉人发言，后由申诉方当事人及其代理人或者辩护人发言或者发表辩护意见，然后由对方当事人及其代理人或辩护人发言或者发表辩护意见。

公诉人、当事人和辩护人、诉讼代理人经审判长许可，可以互相辩论。

第二十三条 合议庭根据控辩双方举证、质证和辩论情况，可以当庭宣布认证结果。

第二十四条 再审改判宣告无罪并依法享有申请国家赔偿权利的当事人，宣判时合议庭应当告知其该判决发生法律效力后即有申请国家赔偿的权利。

第二十六条 依照一、二审程序审理的刑事自诉再审案件开庭审理程序，参照本规定执行。

第二十七条 本规定发布前最高人民法院有关再审案件开庭审理程序的规定，与本规定相抵触的，以本规定为准。

第二十八条 本规定自2002年1月1日起执行。

▼最高人民法院办公厅关于实施《法院刑事诉讼文书样式》若干问题的解答（2001年6月15日）

八、再审刑事裁判文书

48. 问：上级人民法院按再审程序提审后，发现原一审判决认定事实不清，证据不足，决定发回重审的，文书样式是否可以参照二审发回重审的样式制作？

答:可以。这种裁判文书,在首部应当体现再审案件的特点;在理由和裁定结果部分可以参照二审发回重审的样式16及其说明的要求制作。

49.问:对非因事实和证据方面的原因进行再审的案件,在制作裁判文书的“事实和证据”部分时,是详述原审认定的事实和证据,还是详述再审认定的事实和证据?

答:可以详述原审认定的事实和证据,略述再审认定的事实和证据。

50.问:按《再审决定书》的制作要求,尾部均应写明“再审期间不停止原判决(裁定)的执行”。但对于死刑案件和已经执行完毕的案件,《再审决定书》的尾部应当如何表述?

答:再审期间不停止原判决、裁定的执行,是对一般案件来说的。对于死刑案件、已执行完毕的案件和原判宣告无罪、免于刑事处罚的案件,则可以在《再审决定书》的尾部一律不作上述表述。

51.问:被判处死刑缓期二年执行的罪犯,在缓期二年执行期满后被减为有期徒刑,后又经再审将原判死缓改判为有期徒刑的,其刑期折抵在再审刑事判决书中应当如何表述?

答:刑期折抵的起始日仍应从被告人犯罪后被羁押之日起计算。

60.问:修订样式规定了裁判文书的字体、字号,而现在使用的微机字体有的与样式的规定不符,怎样处理?

答:字号大小应严格执行修订样式的规定。但由于不同微机(软件)对字体的设定不完全统一,因此,可以将文书的字体作适当变通,但务必做到庄重、美观、清晰。

▼最高人民法院审判监督庭关于刑事再审工作几个具体程序问题的意见(全文)(2003年10月15日)

一、对生效裁判再审发回重审的,应由哪一个庭重审,文书如何编号。

此类案件应由审监庭重新审理,编立刑再字号。主要理由是,此类案件在性质上属于再审案件,依法应按审判监督程序审理;由下级法院审监庭审理,便于上一级法院审监庭进行指导、监督。

二、刑事附带民事诉讼案件,原审民事部分已调解结案,刑事部分提起再审后,附带民事诉讼原告人对调解反悔,要求对民事部分也进行再审,如何处理。

调解书生效后,一般不再审,但根据《中华人民共和国民事诉讼法》第一百八十条的规定,当事人对已发生法律效力的调解书,提出证据足以证明调解违反自愿原则,或者调解协议的内容违反法律规定,经人民法院审查属实的,应当再审。

原刑事部分判决以民事调解为基础,刑事部分再审结果可能对原民事部分处理有影响的,附带民事诉讼原告人要求重新对民事部分进行审理,可以在再审时一并重新审理。

三、对可能改判死刑的再审案件,应由哪一部门负责羁押原审被告人。

此类案件的原审被告人应由看守所负责羁押。这样规定的考虑是:监狱一般不具备关押这类原审被告人的条件,而且关押在监狱不但不便于法院开庭审理,也很可能影响其他服刑人员的改造,不利于监管秩序的稳定。

四、基层人民法院一审作出的判决生效后,检察院以量刑畸轻为由提出抗诉,上级法院受理后审查认为,原判确有错误,应启动再审程序对原审被告人判处无期徒刑以上刑罚。此类案件如果提审则会剥夺原审被告人的上诉权,发回重审则有审级管辖问题,应如何解决。

对于此类案件,可以由中级人民法院撤销原判后,重新按照第一审程序进行审理,作出的判决、裁定,可以上诉、抗诉。这样做符合《中华人民共和国刑事诉讼法》对于可能判处无期徒刑以上刑罚的普通刑事案件,应由中级人民法院按照第一审程序审理的规定,同时也能够保证原审被告人依法行使上诉权。

对于再审改判为死刑立即执行的案件,今后,应一律报请最高人民法院核准。具体复核工作由最高人民法院审监庭负责。

五、经上级法院立案庭指令下级法院再审的刑事案件，下级法院审监庭在审理中遇有适用法律等问题需向上级法院请示的，应由上级法院哪一个庭负责办理。

上级法院立案庭指令下级法院再审后，案件已进入再审程序，立案庭的审查立案工作已经完结。按照立审分离的原则，上级法院立案庭不再对已进入再审程序案件的实体审理进行指导。进入再审程序的案件，下级法院审监庭在审理中对适用法律等问题确需向上级法院请示的，应由上级法院审监庭负责办理。

上列第一、五条规定的原则，民事再审案件可以参照执行。

▼最高人民法院研究室关于对刑罚已执行完毕，由于发现新的证据，又因同一事实被以新的罪名重新起诉的案件，应适用何种程序进行审理等问题的答复(全文)(2002年7月31日)

你院《请示》中涉及的案件是共同犯罪案件，因此，对于先行判决且刑罚已经执行完毕，由于同案犯归案发现新的证据，又因同一事实被以新的罪名重新起诉的被告人，原判人民法院应当按照审判监督程序撤销原判决、裁定，并将案件移送有管辖权的人民法院，按照第一审程序与其他同案被告人并案审理。

该被告人已经执行完毕的刑罚，由收案的人民法院在对被指控的新罪作出判决时依法折抵，被判处有期徒刑的，原执行完毕的刑期可以折抵刑期。

▼最高人民法院研究室关于对第二审终审的刑事案件第二审法院进行再审时可否加重刑罚不给上诉权问题的电话答复(全文)(1990年8月16日)

被告人李某某因故意伤害罪被判处有期徒刑十二年，上诉后中级人民法院维持原判。被告人亲属不服提出申诉。中级人民法院经审查认为原判量刑不当，需要改判加重刑罚。对于这种案件，我们认为，如果是需将原判有期徒刑十二年改判加重刑罚二三年(最多只能加重到十五年)，这说明原判量刑偏轻，而不是畸轻，因此可不必再审改判；如果确需将原判改为无期徒刑或者死刑，则中级人民法院应撤销原第一、二审判决、裁定，并根据刑事诉讼法(1979年刑事诉讼法。——编著者注)第十五条的规定，由中级人民法院作为第一审，重新审判。对于重新审判后的判决，当事人可以上诉，同级人民检察院可以抗诉。

▼最高人民法院研究室关于罪犯在服刑期间又犯罪被服刑地法院以数罪并罚论处的当前罪改判应当由哪一个法院决定执行刑罚问题的电话答复(全文)(1991年6月18日)

对于再审改判前因犯新罪被加刑的罪犯，在对其前罪再审时，应当将罪犯犯后罪时判决中关于前罪与后罪并罚的内容撤销，并把经再审改判后的前罪没有执行完的刑罚和后罪已判处的刑罚，按照刑法(1979年刑法。——编著者注)第六十六条的规定实行数罪并罚。关于原前罪与后罪并罚的判决由哪个法院撤销，应当视具体情况确定：如果再审法院是对后罪作出判决的法院的上级法院，或者是对后罪作出判决的同一法院，可以由再审法院撤销，否则，应当由对后罪作出判决的法院撤销。

▼最高人民法院研究室关于对无期徒刑犯减刑后原审法院发现原判决有错误予以改判，原减刑裁定应如何适用法律条款予以撤销问题的答复(全文)(1994年11月7日)

被判处无期徒刑的罪犯由服刑地的高级人民法院依法裁定减刑后，原审人民法院发一原判决确有错误并依照审判监督程序改判为有期徒刑的，应当依照我院法(研)复〔1989〕2号批复撤销原减刑裁定。鉴于原减刑裁定是在无期徒刑基础上的减刑，既然原判无期徒刑已被认定为错判，那么原减刑裁定在认定事实和适用法律上亦应视为确有错误。由此，由罪犯服刑地的高级人民法院根据刑事诉讼法(1979年刑事诉讼法。——编著者注)第一百四十九条第一款的规定，按照审判监督程序撤销原减刑裁定是适宜的。

第二百五十七条 【再审强制措施的采用及对原裁判的处理】人民法院决定再审的案件，需要对被告人采取强制措施的，由人民法院依法决定；人民检察院提出抗诉的再审案件，需要对被告人采取强制措施的,由人民检察院依法决定。

人民法院按照审判监督程序审判的案件,可以决定中止原判决、裁定的执行。

第二百五十八条　【再审的期限】人民法院按照审判监督程序重新审判的案件,应当在作出提审、再审决定之日起三个月以内审结,需要延长期限的,不得超过六个月。

接受抗诉的人民法院按照审判监督程序审判抗诉的案件,审理期限适用前款规定;对需要指令下级人民法院再审的,应当自接受抗诉之日起一个月以内作出决定,下级人民法院审理案件的期限适用前款规定。

■最高人民法院关于严格执行案件审理期限制度的若干规定(2000年9月28日)

第二十条　各级人民法院应当将审理案件期限情况作为审判管理的重要内容,加强对案件审理期限的管理、监督和检查。

第二十一条　各级人民法院应当建立审理期限届满前的催办制度。

第二十二条　各级人民法院应当建立案件审理期限定期通报制度。对违反诉讼法规定,超过审理期限或者违反本规定的情况进行通报。

第二十三条　审判人员故意拖延办案,或者因过失延误办案,造成严重后果的,依照《人民法院审判纪律处分办法(试行)》第五十九条的规定予以处分。

审判人员故意拖延移送案件材料,或者接受委托送达后,故意拖延不予送达的,参照《人民法院审判纪律处分办法(试行)》第五十九条的规定予以处分。

■最高人民法院关于刑事再审案件开庭审理程序的具体规定(试行)(2002年1月1日)

第二十五条　人民法院审理再审案件,应当在作出再审决定之日起三个月内审结。需要延长期限的,经本院院长批准,可以延长三个月。

自接到阅卷通知后的第二日起,人民检察院查阅案卷超过七日后的期限,不计入再审审理期限。

第二十六条　依照第一、二审程序审理的刑事自诉再审案件开庭审理程序,参照本规定执行。

第二十七条　本规定发布前最高人民法院有关再审案件开庭审理程序的规定,与本规定相抵触的,以本规定为准。

第二十八条　本规定自2002年1月1日起执行。

第四编　执　　行

■人民检察院刑事诉讼规则(2019年12月30日)

第六百二十一条　人民检察院依法对刑事判决、裁定和决定的执行工作以及监狱、看守所等的监管执法活动实行法律监督。

第六百二十二条　人民检察院根据工作需要,可以对监狱、看守所等场所采取巡回检察、派驻检察等方式进行监督。

第六百二十三条　人民检察院对监狱、看守所等场所进行监督,除可以采取本规则第五百五十一条规定的调查核实措施外,还可以采取实地查看禁闭室、会见室、监区、监舍等有关场所,列席监狱、看守所有关会议,与有关监管民警进行谈话,召开座谈会,开展问卷调查等方式。

第六百二十四条　人民检察院对刑罚执行和监管执法活动实行监督,可以根据下列情形分别处理:

(一)发现执法瑕疵、安全隐患,或者违法情节轻微的,口头提出纠正意见,并记录在案;

(二)发现严重违法,发生重大事故,或者口头提出纠正意见后七日以内未予纠正的,书面提出纠正意见;

(三)发现存在可能导致执法不公问题,或者存在重大监管漏洞、重大安全隐患、重大事故风险等问题的,提出检察建议。

对于在巡回检察中发现的前款规定的问题、线索的整改落实情况,通过巡回检察进行督导。

第二节　交付执行监督

第六百二十五条　人民检察院发现人民法院、公安机关、看守所等机关的交付执行活动具有下列情形之一的,应当依法提出纠正意见:

(一)交付执行的第一审人民法院没有在法定期间内将判决书、裁定书、人民检察院的起诉书副本、自诉状复印件、执行通知书、结案登记表等法律文书送达公安机关、监狱、社区矫正机构等执行机关的;

(二)对被判处死刑缓期二年执行、无期徒刑或者有期徒刑余刑在三个月以上的罪犯,公安机关、看守所自接到人民法院执行通知书等法律文书后三十日以内,没有将成年罪犯送交监狱执行刑罚,或者没有将未成年罪犯送交未成年犯管教所执行刑罚的;

(三)对需要收监执行刑罚而判决、裁定生效前未被羁押的罪犯,第一审人民法院没有及时将罪犯收监送交公安机关,并将判决书、裁定书、执行通知书等法律文书送达公安机关的;

(四)公安机关对需要收监执行刑罚但下落不明的罪犯,在收到人民法院的判决书、裁定书、执行通知书等法律文书后,没有及时抓捕、通缉的;

(五)对被判处管制、宣告缓刑或者人民法院决定暂予监外执行的罪犯,在判决、裁定生效后或者收到人民法院暂予监外执行决定后,未依法交付罪犯居住地社区矫正机构执行,或者对被单处剥夺政治权利的罪犯,在判决、裁定生效后,未依法交付罪犯居住地公安机关执行的,或者人民法院依法交付执行,社区矫正机构或者公安机关应当接收而拒绝接收的;

(六)其他违法情形。

第六百二十六条　人民法院判决被告人无罪、免予刑事处罚、判处管制、宣告缓刑、单处罚金或者剥夺政治权利,被告人被羁押的,人民检察院应当监督被告人是否被立即释放。发现被告人没有被立即释放的,应当立即向人民法院或者看守所提出纠正意见。

第六百二十七条　人民检察院发现公安机关未依法执行拘役、剥夺政治权利,拘役执行期满未依法发给释放证明,或者剥夺政治权利执行期满未书面通知本人及其所在单位、居住地基层组织等违法情形的,应当依法提出纠正意见。

第六百二十八条　人民检察院发现监狱、看守所对服刑期满或者依法应当予以释放的人员没有按期释放,对被裁定假释的罪犯依法应当交付罪犯居住地社区矫正机构实行社区矫正而不交付,对主刑执行完毕仍然需要执行附加剥夺政治权利的罪犯依法应当交付罪犯居住地公安机关执行而不交付,或者对服刑期未满又无合法释放根据的罪犯予以释放等违法行为的,应当依法提出纠正意见。

第六百五十四条　人民检察院发现看守所收押活动和监狱收监活动中具有下列情形之一的,应当依法提出纠正意见:

(一)没有收押、收监文书、凭证,文书、凭证不齐全,或者被收押、收监人员与文书、凭证不符的;

(二)依法应当收押、收监而不收押、收监,或者对依法不应当关押的人员收押、收监的;

(三)未告知被收押、收监人员权利、义务的;

(四)其他违法情形。

第六百五十五条　人民检察院发现监狱、看守所等执行机关在管理、教育改造罪犯等活动中有违法行为的,应当依法提出纠正意见。

第六百五十六条　看守所对收押的犯罪嫌疑人进行身体检查时,人民检察院驻看守所检察人员可以在场。发现收押的犯罪嫌疑人有伤或者身体异常的,应当要求看守所进行拍照或者录像,由送押人员、犯罪嫌疑人说明原因,在体检记录中写明,并由送押人员、收押人员和犯罪嫌疑人签字确认。必要时,驻看守所检察人员可以自行拍照或者录像,并将相关情况记录在案。

第六百五十七条　人民检察院发现看守所、监狱等监管场所有殴打、体罚、虐待、违法使用戒具、违法适用禁闭等侵害在押人员人身权利情形的,应当依法提出纠正意见。

第六百五十八条　人民检察院发现看守所违反有关规定,有下列情形之一的,应当依法提出纠正意见:

(一)为在押人员通风报信,私自传递信件、物品,帮助伪造、毁灭、隐匿证据或者干扰证人作证、串供的;

(二)违反规定同意侦查人员将犯罪嫌疑人提出看守所讯问的;

(三)收到在押犯罪嫌疑人、被告人及其法定代理人、近亲属或者辩护人的变更强制措施申请或者其他申请、申诉、控告、举报,不及时转交、转告人民检察院或者有关办案机关的;

(四)应当安排辩护律师依法会见在押的犯罪嫌疑人、被告人而没有安排的;

(五)违法安排辩护律师或者其他人员会见在押的犯罪嫌疑人、被告人的;

(六)辩护律师会见犯罪嫌疑人、被告人时予以监听的;

(七)其他违法情形。

第六百五十九条　人民检察院发现看守所代为执行刑罚的活动具有下列情形之一的,应当依法提出纠正意见:

(一)将被判处有期徒刑剩余刑期在三个月以上的罪犯留所服刑的;

(二)将留所服刑罪犯与犯罪嫌疑人、被告人混押、混管、混教的;

(三)其他违法情形。

第六百六十条　人民检察院发现监狱没有按照规定对罪犯进行分押分管、监狱人民警察没有对罪犯实行直接管理等违反监管规定情形的,应当依法提出纠正意见。

人民检察院发现监狱具有未按照规定安排罪犯与亲属或者监护人会见、对伤病罪犯未及时治疗以及未执行国家规定的罪犯生活标准等侵犯罪犯合法权益情形的,应当依法提出纠正意见。

第六百六十一条　人民检察院发现看守所出所活动和监狱出监活动具有下列情形之一的,应当依法提出纠正意见：

（一）没有出所、出监文书、凭证，文书、凭证不齐全，或者出所、出监人员与文书、凭证不符的；

（二）应当释放而没有释放，不应当释放而释放，或者未依照规定送达释放通知书的；

（三）对提押、押解、转押出所的在押人员，特许离监、临时离监、调监或者暂予监外执行的罪犯，未依照规定派员押送并办理交接手续的；

（四）其他违法情形。

第九节 事故检察

第六百六十二条 人民检察院发现看守所、监狱、强制医疗机构等场所具有下列情形之一的，应当开展事故检察：

（一）被监管人、被强制医疗人非正常死亡、伤残、脱逃的；

（二）被监管人破坏监管秩序，情节严重的；

（三）突发公共卫生事件的；

（四）其他重大事故。

发生被监管人、被强制医疗人非正常死亡的，应当组织巡回检察。

第六百六十三条 人民检察院应当对看守所、监狱、强制医疗机构等场所或者主管机关的事故调查结论进行审查。具有下列情形之一的，人民检察院应当调查核实：

（一）被监管人、被强制医疗人及其法定代理人、近亲属对调查结论有异议的，人民检察院认为有必要调查的；

（二）人民检察院对调查结论有异议的；

（三）其他需要调查的。

人民检察院应当将调查核实的结论书面通知监管场所或者主管机关和被监管人、被强制医疗人的近亲属。认为监管场所或者主管机关处理意见不当，或者监管执法存在问题的，应当提出纠正意见或者检察建议；认为可能存在违法犯罪情形的，应当移送有关部门处理。

第二百五十九条 【判决、裁定生效与执行】 判决和裁定在发生法律效力后执行。

下列判决和裁定是发生法律效力的判决和裁定：

（一）已过法定期限没有上诉、抗诉的判决和裁定；

（二）终审的判决和裁定；

（三）最高人民法院核准的死刑的判决和高级人民法院核准的死刑缓期二年执行的判决。

■最高人民法院关于刑事案件终审判决和裁定何时发生法律效力问题的批复（全文）（2004年7月29日）

根据《中华人民共和国刑事诉讼法》（1996年刑事诉讼法。——编著者注）第一百六十三条、第一百九十五条和第二百零八条规定的精神，终审的判决和裁定自宣告之日起发生法律效力。

■最高人民法院关于人民法院办理接收在台湾地区服刑的大陆居民回大陆服刑案件的规定（全文）（2016年5月1日）

第一条 人民法院办理接收在台湾地区服刑的大陆居民（以下简称被判刑人）回大陆服刑案件（以下简称接收被判刑人案件），应当遵循一个中国原则，遵守国家法律的基本原则，秉持人道和互惠原则，不得违反社会公共利益。

第二条 接收被判刑人案件由最高人民法院指定的中级人民法院管辖。

第三条 申请机关向人民法院申请接收被判刑人回大陆服刑，应当同时提交以下材料：

（一）申请机关制作的接收被判刑人申请书，其中应当载明：

1. 台湾地区法院认定的被判刑人实施的犯罪行为及判决依据的具体条文内容;

2. 该行为在大陆依据刑法也构成犯罪、相应的刑法条文、罪名及该行为未进入大陆刑事诉讼程序的说明;

3. 建议转换的具体刑罚;

4. 其他需要说明的事项。

(二)被判刑人系大陆居民的身份证明;

(三)台湾地区法院对被判刑人定罪处刑的裁判文书、生效证明和执行文书;

(四)被判刑人或其法定代理人申请或者同意回大陆服刑的书面意见,且法定代理人与被判刑人的意思表示一致;

(五)被判刑人或其法定代理人所作的关于被判刑人在台湾地区接受公正审判的权利已获得保障的书面声明;

(六)两岸有关业务主管部门均同意被判刑人回大陆服刑的书面意见;

(七)台湾地区业务主管部门出具的有关刑罚执行情况的说明,包括被判刑人交付执行前的羁押期、已服刑期、剩余刑期,被判刑人服刑期间的表现、退赃退赔情况,被判刑人的健康状况、疾病与治疗情况;

(八)根据案件具体情况需要提交的其他材料。

申请机关提交材料齐全的,人民法院应当在七日内立案。提交材料不全的,应当通知申请机关在十五日内补送,至迟不能超过两个月;逾期未补送的,不予立案,并于七日内书面告知申请机关。

第四条　人民法院应当组成合议庭审理接收被判刑人案件。

第五条　人民法院应当在立案后一个月内就是否准予接收被判刑人作出裁定,情况复杂、特殊的,可以延长一个月。

人民法院裁定准予接收的,应当依据台湾地区法院判决认定的事实并参考其所定罪名,根据刑法就相同或者最相似犯罪行为规定的法定刑,按照下列原则对台湾地区法院确定的无期徒刑或者有期徒刑予以转换:

(一)原判处刑罚未超过刑法规定的最高刑,包括原判处刑罚低于刑法规定的最低刑的,以原判处刑罚作为转换后的刑罚;

(二)原判处刑罚超过刑法规定的最高刑的,以刑法规定的最高刑作为转换后的刑罚;

(三)转换后的刑罚不附加适用剥夺政治权利。

前款所称的最高刑,如台湾地区法院认定的事实依据刑法应当认定为一个犯罪的,是指刑法对该犯罪规定的最高刑;如应当认定为多个犯罪的,是指刑法对数罪并罚规定的最高刑。

对人民法院立案前,台湾地区有关业务主管部门对被判刑人在服刑期间作出的减轻刑罚决定,人民法院应当一并予以转换,并就最终应当执行的刑罚作出裁定。

第六条　被判刑人被接收回大陆服刑前被实际羁押的期间,应当以一日折抵转换后的刑期一日。

第七条　被判刑人被接收回大陆前已在台湾地区被假释或保外就医的,或者被判刑人或其法定代理人在申请或者同意回大陆服刑的书面意见中同时申请暂予监外执行的,人民法院应当根据刑法、刑事诉讼法的规定一并审查,并作出是否假释或者暂予监外执行的决定。

第八条　人民法院作出裁定后,应当在七日内送达申请机关。裁定一经送达,立即生效。

第九条　被判刑人回大陆服刑后,有关减刑、假释、暂予监外执行、赦免等事项,适用刑法、刑事诉讼法及相关司法解释的规定。

第十条　被判刑人回大陆服刑后,对其在台湾地区已被判处刑罚的行为,人民法院不再审理。

第十一条　本规定自2016年5月1日起施行。

▼最高人民法院办公厅关于实施《法院刑事诉讼文书样式》若干问题的解答(2001年6月15日)

九、执行程序刑事裁判文书

52. 问:减刑刑事裁定书中是否应当写明执行机关提出的建议减刑的幅度?

答:按照修订样式的要求,在裁定书中只需写明执行机关提出减刑建议书及其具体期日即可,不需写明建议减刑的幅度。

53. 问:发现本院已生效的减刑、假释裁定确有错误,依法应当纠正,但人民检察院未提出的,在裁定理由部分应当引用什么法律作为裁定的依据?

答:应当根据生效裁定是认定事实上还是适用法律上确有错误,分别援引刑事诉讼法第二百零四条第(一)项或者第(三)项、刑法第七十九条或者第八十二条的规定作为裁定的法律依据。

54. 问:对于执行机关提出的减刑、假释建议书,经合议庭审理,认为不符合减刑、假释条件的案件,人民法院应当以什么形式退卷?

答:应当以决定书的形式将案卷退回执行机关(参见补充样式5),并在决定书中简要写明不符合减刑、假释条件,不予减刑、假释的具体理由。

55. 问:减刑、假释刑事裁定书尾部是否需要写明"本裁定为终审裁定"?

答:不需要。减刑、假释是刑罚执行过程中的刑罚变更制度,而不是审级制度。因此,在裁定书尾部不须写:"本裁定为终审裁定。"但必须写明:"本裁定送达后即发生法律效力。"

60. 问:修订样式规定了裁判文书的字体、字号,而现在使用的微机字体有的与样式的规定不符,怎样处理?

答:字号大小应严格执行修订样式的规定。但由于不同微机(软件)对字体的设定不完全统一,因此,可以将文书的字体作适当变通,但务必做到庄重、美观、清晰。

第二百六十条 【无罪、免除刑事处罚的执行】第一审人民法院判决被告人无罪、免除刑事处罚的,如果被告人在押,在宣判后应当立即释放。

■公安机关办理刑事案件程序规定(2020年9月1日)

第二百九十八条 对被依法判处刑罚的罪犯,如果罪犯已被采取强制措施的,公安机关应当依据人民法院生效的判决书、裁定书以及执行通知书,将罪犯交付执行。

对人民法院作出无罪或者免除刑事处罚的判决,如果被告人在押,公安机关在收到相应的法律文书后应当立即办理释放手续;对人民法院建议给予行政处理的,应当依照有关规定处理或者移送有关部门。

▽判决被告人无罪、免除刑事处罚的,如果被告人在押,在宣判后应当立即释放

被告人于2012年8月13日被丰满区人民法院决定逮捕,2012年10月15日被判处定罪免罚,根据1996年刑事诉讼法第二百零九条(2012年修改后的刑事诉讼法第二百四十九条)的规定,第一审人民法院判决被告人无罪、免除刑事处罚的,如果被告人在押,在宣判后应当立即释放。丰满区人民法院判决后没有释放被告人,丰满区人民检察院提出抗诉时,也未对被告人变更强制措施。根据2012年修改后刑事诉讼法第二百四十九条(修改前第二百零九条)的规定,第一审人民法院判决被告人无罪、免除刑事处罚的,如果被告人在押,在宣判后应当立即释放。丰满区人民法院判决后没有立即释放被告人,违反了刑事诉讼法第二百四十九条的规定,再审二审予以及时纠正是正确的。[参见第862号指导案例,于润龙非法经营案,载《刑事审判参考》总第92集(2013年第3集),第45~46页。撰稿:刘晓虎]

第二百六十一条 【死刑令的签发刑缓期满处理】最高人民法院判处和核准的死刑立即执行的判决,应当由最高人民法院院长签发执行死刑的命令。

被判处死刑缓期二年执行的罪犯，在死刑缓期执行期间，如果没有故意犯罪，死刑缓期执行期满，应当予以减刑的，由执行机关提出书面意见，报请高级人民法院裁定；如果故意犯罪，情节恶劣，查证属实，应当执行死刑的，由高级人民法院报请最高人民法院核准；对于故意犯罪未执行死刑的，死刑缓期执行的期间重新计算，并报最高人民法院备案。

■最高人民法院关于适用《中华人民共和国刑事诉讼法》的解释(2021年3月1日)

第四百九十七条　被判处死刑缓期执行的罪犯，在死刑缓期执行期间犯罪的，应当由罪犯服刑地的中级人民法院依法审判，所作的判决可以上诉、抗诉。

认定故意犯罪，情节恶劣，应当执行死刑的，在判决、裁定发生法律效力后，应当层报最高人民法院核准执行死刑。

对故意犯罪未执行死刑的，不再报高级人民法院核准，死刑缓期执行的期间重新计算，并层报最高人民法院备案。备案不影响判决、裁定的生效和执行。

最高人民法院经备案审查，认为原判不予执行死刑错误，确需改判的，应当依照审判监督程序予以纠正。

第四百九十八条　死刑缓期执行的期间，从判决或者裁定核准死刑缓期执行的法律文书宣告或者送达之日起计算。

死刑缓期执行期满，依法应当减刑的，人民法院应当及时减刑。死刑缓期执行期满减为无期徒刑、有期徒刑的，刑期自死刑缓期执行期满之日起计算。

■最高人民法院关于审理死刑缓期执行期间故意犯罪的一审案件如何制作裁判文书有关问题(全文)(1999年11月18日)

被判处死刑缓期二年执行的罪犯，在缓期执行期间，故意犯罪的，中级人民法院在对新罪作出一审判决时，应当在判决书的尾部交待上诉事项后写明："依据刑法(1997年修正的。——编著者注)第五十条、刑事诉讼法(1996年刑事诉讼法。——编著者注)第二百一十条第二款和最高人民法院《关于执行〈中华人民共和国刑事诉讼法〉若干问题的解释》第三百三十九条第二款的规定，本判决生效以后，经最高人民法院(或者依授权有死刑核准权的高级人民法院和解放军军事法院)核准，对被告人×××应当执行死刑。

▼最高人民法院办公厅关于执行死刑命令盖院印问题的电话请示的复函(全文)(2003年4月14日)

根据1999年最高人民法院下发的《法院刑事诉讼文书样式65》规定，执行死刑命令的院印应在院长签名以下，压盖在日期之上，但不得压盖院长签名。

第二百六十二条　【死刑的交付、停止和恢复执行】下级人民法院接到最高人民法院执行死刑的命令后，应当在七日以内交付执行。但是发现有下列情形之一的，应当停止执行，并且立即报告最高人民法院，由最高人民法院作出裁定：

(一)在执行前发现判决可能有错误的；

(二)在执行前罪犯揭发重大犯罪事实或者有其他重大立功表现，可能需要改判的；

(三)罪犯正在怀孕。

前款第一项、第二项停止执行的原因消失后，必须报请最高人民法院院长再签发执行死刑的命令才能执行；由于前款第三项原因停止执行的，应当报请最高人民法院依法改判。

■最高人民法院关于适用《中华人民共和国刑事诉讼法》的解释(2021年3月1日)

第四百九十九条　最高人民法院的执行死刑命令，由高级人民法院交付第一审人民法院执行。第一审人民法院接到执行死刑命令后，应当在七日以内执行。

在死刑缓期执行期间故意犯罪，最高人民法院核准执行死刑的，由罪犯服刑地的中级人民法院执行。

第五百条　下级人民法院在接到执行死刑命令后、执行前，发现有下列情形之一的，应当暂停执行，并立即将请求停止执行死刑的报告和相关材料层报最高人民法院：

（一）罪犯可能有其他犯罪的；

（二）共同犯罪的其他犯罪嫌疑人到案，可能影响罪犯量刑的；

（三）共同犯罪的其他罪犯被暂停或者停止执行死刑，可能影响罪犯量刑的；

（四）罪犯揭发重大犯罪事实或者有其他重大立功表现，可能需要改判的；

（五）罪犯怀孕的；

（六）判决、裁定可能有影响定罪量刑的其他错误的。

最高人民法院经审查，认为可能影响罪犯定罪量刑的，应当裁定停止执行死刑；认为不影响的，应当决定继续执行死刑。

第五百零一条　最高人民法院在执行死刑命令签发后、执行前，发现有前条第一款规定情形的，应当立即裁定停止执行死刑，并将有关材料移交下级人民法院。

第五百零二条　下级人民法院接到最高人民法院停止执行死刑的裁定后，应当会同有关部门调查核实停止执行死刑的事由，并及时将调查结果和意见层报最高人民法院审核。

第五百零三条　对下级人民法院报送的停止执行死刑的调查结果和意见，由最高人民法院原作出核准死刑判决、裁定的合议庭负责审查；必要时，另行组成合议庭进行审查。

第五百零四条　最高人民法院对停止执行死刑的案件，应当按照下列情形分别处理：

（一）确认罪犯怀孕的，应当改判；

（二）确认罪犯有其他犯罪，依法应当追诉的，应当裁定不予核准死刑，撤销原判，发回重新审判；

（三）确认原判决、裁定有错误或者罪犯有重大立功表现，需要改判的，应当裁定不予核准死刑，撤销原判，发回重新审判；

（四）确认原判决、裁定没有错误，罪犯没有重大立功表现，或者重大立功表现不影响原判决、裁定执行的，应当裁定继续执行死刑，并由院长重新签发执行死刑的命令。

■公安机关办理刑事案件程序规定（2020年9月1日）

第二百九十九条　对被判处死刑的罪犯，公安机关应当依据人民法院执行死刑的命令，将罪犯交由人民法院执行。

■公安部、最高人民法院、最高人民检察院关于严格控制在死刑执行现场进行拍摄和采访的通知（全文）（1990年7月16日）

一、死刑执行现场和处决后人犯的照相、录像由法院组织拍摄，随案卷存档，其他政法机关一般不要到现场进行拍摄。检察院、公安机关因工作需要死刑执行现场照片和录像时，可商请法院提供。

二、严禁新闻记者到刑场采访、拍照、录像，特殊案件确因宣传需要，新闻单位要求提供照片和录像资料的，由法院酌情提供，用完收回。新闻稿须经省级法院审核。

三、对刑场照片、底片、录像带、等资料，法院要制定管理制度，严格控制，防止流入社会或流出境外、国外。对因违反制度造成不良公安部，最高人民法院，最高人民检察院。

▽被告人在被执行死刑前交代司法机关尚未掌握的其伙同他人共同犯罪事实的处理

（一）本案裁定停止执行，符合刑事诉讼法（1996年修订的。——编著者注）第二百一十一条的规定及《最高人民法院关于执行〈中华人民共和国刑事诉讼法〉若干问题的解释》第三百四十二条的规定。根据其规定，下级人民法院接到最高人民法院执行死刑的命令后，应当在7日以内交付执行死刑，发现有下列情况之一的，应当停止执行，并立即报告核准死刑的人民法院，由核准死刑的人民法院作出裁定：1. 发现判决可能有错误的；2. 在执行前，罪犯揭发重大犯罪事实或者有其他重大立功表现，可能需要改判的;3.罪犯正在怀孕的。刑事诉讼法及最高人民法院关于执行刑诉法的有关司法解释中,对执行死刑前罪犯如实供述司法机关尚未掌握的其伙同他人的重大共同犯罪事实的,是否停止执行死刑未作出明确的规定,对停止执行死刑第二种情形中的"揭发重大犯罪事实"未进一步作出相关的解释。但根据立法本意,停止执行死刑的第二种情形既应包括罪犯揭发他人的重大犯罪事实,也应包括罪犯如实供述司法机关尚未掌握的本人或本人伙同他人的重大共同犯罪事实,只有这样才能充分发挥法律的作用,以利于进一步查清案情和其他犯罪,尽可能地保护公民和国家的利益,最大限度地打击犯罪分子。至于第二种情形中规定的"可能需要改判的"情况,所表明的只是一种可能性,而最终是否需要改判,则须按法定程序进行审理后再作决定。(二)根据《最高人民法院关于执行〈中华人民共和国刑事诉讼法〉若干问题的解释》第三百四十二条第二款的规定,第(一)、(二)项规定停止执行的原因消失后,必须报请核准死刑的人民法院院长再次签发执行死刑命令才能执行。上述原因消失,是指原核准死刑的人民法院经审查后,确认原判决没有错误或者其错误已经纠正,且不影响判处死刑;或者罪犯揭发重大犯罪事实及有其他立功表现的情况经查证,无论属实与否均不影响原判死刑,即原判死刑不需改判,仍应执行死刑的情况。而本案被告人如实供述了司法机关尚未掌握的其抢劫、敲诈勒索的犯罪事实,并揭发了同案犯参与抢劫犯罪的事实,其供述的情况经公安机关查证属实,虽不影响对被告人执行死刑,但仍应依法交付审判。(三)依照《最高人民法院关于对执行死刑前发现重大情况需要改判的案件如何适用程序问题的批复》中的规定,对核准死刑的判决、裁定生效之后,执行死刑前发现有刑事诉讼法第二百一十一条规定的情形,需要改判的案件,应当由有死刑核准权的人民法院适用审判监督程序改判或者指令下级人民法院再审。该批复有两个要点需要准确把握,一是"核准死刑的判决、裁定生效",二是"有刑事诉讼法第二百一十一条规定的情形,需要改判的案件"。在这里,"核准死刑的判决、裁定生效",是指已将核准死刑的判决、裁定送达被告人,该裁定才能视为生效。理由是虽然法院已经作出核准死刑的判决、裁定,但对被告人来讲,没有收到核准死刑的判决、裁定,不能视为该二审或者死刑复核程序已经终结。因此核准死刑的判决、裁定是否生效,应以是否已经送达被告人为标准。至于"有刑事诉讼法第二百一十一条规定的情形,需要改判的案件",是指停止执行后,核准死刑的人民法院对停止执行情形审查后认为需要改判的案件。这包括三个方面,一是核准死刑的人民法院确认原判决所认定的犯罪事实和基于这一犯罪事实所作出的定罪量刑确实有错误的,应当依法予以改判的案件;二是核准死刑的人民法院确认原判决所认定的犯罪事实和基于这一犯罪事实所作出的定罪量刑虽无错误,但罪犯揭发重大犯罪事实或者有其他重大立功表现属实的,可以视具体情况,予以改判的案件;三是指罪犯正在怀孕,应当改判的案件。符合上述条件需要改判的案件,应当由有死刑核准权的人民法院适用审判监督程序依法改判或者指令下级人民法院再审。本案的被告人在核准死刑的判决送达以后如实供述司法机关尚未掌握的抢劫等犯罪事实,并揭发了同伙参与抢劫的犯罪事实,其供述和揭发行为虽在核准死刑的裁定生效之后,但根据《最高人民法院关于处理自首和立功具体应用法律若干问题的解释》第五条、第六条的规定,共同犯罪案件的犯罪分子到案后,揭发同案犯共同犯罪事实的,不属于立功。故本案不属于核准死刑的人民法院经审查确认罪犯揭发重大犯罪事实或者有其他重大立功表现属实的,可以视具体情况,予以改判的案件。此外,也不属于核准死刑的人民法院确认原判决确实有错误的,应当依法予以改判的案件。本案虽然作出了新的判决,但新的判决只是针对原判的漏罪,即新发现的犯罪事实,而非改变原判决认定的犯罪事实及定罪量刑,因此不能适用审判监督程序。综上本案不能适用审判监督程序由核准死刑的人民法院依法判决或者指令下级人民法院再审。(四)刑法第七十条规定:判决宣告以后,刑罚执行完毕以前,发现被判刑的犯罪分子在判决宣告以前还有其他罪没有判决的,应当对新发现的罪作出判决,把前后两个判决所判处的刑罚,依照本法第六十九条的规定,决定执行的刑罚。从这一条可以看出,对新发现的罪,不论是一罪还是数罪,也不论新发现的罪与前罪的性质相同与否,都应当单独作出判决,并把前罪所判处的刑罚同新发现的罪所判处的刑罚,按照数罪并罚的原则，决定执行的刑罚。法律及相关的司法解释均没有规定在宣告判决以后，对犯罪分子执行死刑前，发现犯罪分子有其他的罪没有判决的，可以作为例外情况，不依照刑法第七十条的规定，继续执行死刑。可见对于死刑犯，也应依照刑法第七十条的规定处理。[参见第230号案例，苗振经抢劫案，载《刑事审判参考》总第30集(2003年第1辑)，法律出版社，第76～79页。执笔：吴政 江烽]

第二百六十三条 【执行死刑程序】人民法院在交付执行死刑前，应当通知同级人民检察院派员临场监督。

死刑采用枪决或者注射等方法执行。

死刑可以在刑场或者指定的羁押场所内执行。

指挥执行的审判人员，对罪犯应当验明正身，讯问有无遗言、信札，然后交付执行人员执行死刑。在执行前，如果发现可能有错误，应当暂停执行，报请最高人民法院裁定。

执行死刑应当公布，不应示众。

执行死刑后，在场书记员应当写成笔录。交付执行的人民法院应当将执行死刑情况报告最高人民法院。

执行死刑后，交付执行的人民法院应当通知罪犯家属。

■人民检察院刑事诉讼规则(2019年12月30日)

第六百四十七条 被判处死刑立即执行的罪犯在被执行死刑时，人民检察院应当指派检察官临场监督。

死刑执行临场监督由人民检察院负责刑事执行检察的部门承担。人民检察院派驻看守所、监狱的检察人员应当予以协助，负责捕诉的部门应当提供有关情况。

执行死刑过程中，人民检察院临场监督人员根据需要可以进行拍照、录像。执行死刑后，人民检察院临场监督人员应当检查罪犯是否确已死亡，并填写死刑执行临场监督笔录，签名后入卷归档。

第六百四十八条 省级人民检察院负责案件管理的部门收到高级人民法院报请最高人民法院复核的死刑判决书、裁定书副本后，应当在三日以内将判决书、裁定书副本移送本院负责刑事执行检察的部门。

判处死刑的案件一审是由中级人民法院审理的，省级人民检察院应当及时将死刑判决书、裁定书副本移送中级人民法院的同级人民检察院负责刑事执行检察的部门。

人民检察院收到同级人民法院执行死刑临场监督通知后，应当查明同级人民法院是否收到最高人民法院核准死刑的裁定或者作出的死刑判决、裁定和执行死刑的命令。

第六百四十九条 执行死刑前，人民检察院发现具有下列情形之一的，应当建议人民法院立即停止执行，并层报最高人民检察院负责死刑复核监督的部门：

(一)被执行人并非应当执行死刑的罪犯的；

(二)罪犯犯罪时不满十八周岁，或者审判的时候已满七十五周岁，依法不应当适用死刑的；

(三)罪犯正在怀孕的；

(四)共同犯罪的其他犯罪嫌疑人到案，共同犯罪的其他罪犯被暂停或者停止执行死刑，可能影响罪犯量刑的；

(五)罪犯可能有其他犯罪的；

(六)罪犯揭发他人重大犯罪事实或者有其他重大立功表现，可能需要改判的；

(七)判决、裁定可能有影响定罪量刑的其他错误的。

在执行死刑活动中，发现人民法院有侵犯被执行死刑罪犯的人身权、财产权或者其近亲属、继承人合法权利等违法情形的，人民检察院应当依法提出纠正意见。

第六百五十条 判处被告人死刑缓期二年执行的判决、裁定在执行过程中，人民检察院监督的内容主要包括：

(一)死刑缓期执行期满,符合法律规定应当减为无期徒刑、有期徒刑条件的,监狱是否及时提出减刑建议提请人民法院裁定,人民法院是否依法裁定;

(二)罪犯在缓期执行期间故意犯罪,监狱是否依法侦查和移送起诉;罪犯确系故意犯罪,情节恶劣,查证属实,应当执行死刑的,人民法院是否依法核准或者裁定执行死刑。

被判处死刑缓期二年执行的罪犯在死刑缓期执行期间故意犯罪,执行机关向人民检察院移送起诉的,由罪犯服刑所在地设区的市级人民检察院审查决定是否提起公诉。

人民检察院发现人民法院对被判处死刑缓期二年执行的罪犯减刑不当的,应当依照本规则第六百三十九条、第六百四十条的规定,向人民法院提出纠正意见。罪犯在死刑缓期执行期间又故意犯罪,经人民检察院起诉后,人民法院仍然予以减刑的,人民检察院应当依照本规则相关规定,向人民法院提出抗诉。

■最高人民法院关于适用《中华人民共和国刑事诉讼法》的解释(2021年3月1日)

第五百零五条　第一审人民法院在执行死刑前,应当告知罪犯有权会见其近亲属。罪犯申请会见并提供具体联系方式的,人民法院应当通知其近亲属。确实无法与罪犯近亲属取得联系,或者其近亲属拒绝会见的,应当告知罪犯。罪犯申请通过录音录像等方式留下遗言的,人民法院可以准许。

罪犯近亲属申请会见的,人民法院应当准许并及时安排,但罪犯拒绝会见的除外。罪犯拒绝会见的,应当记录在案并及时告知其近亲属;必要时,应当录音录像。

罪犯申请会见近亲属以外的亲友,经人民法院审查,确有正当理由的,在确保安全的情况下可以准许。

罪犯申请会见未成年子女的,应当经未成年子女的监护人同意;会见可能影响未成年人身心健康的,人民法院可以通过视频方式安排会见,会见时监护人应当在场。

会见一般在罪犯羁押场所进行。

会见情况应当记录在案,附卷存档。

第五百零六条　第一审人民法院在执行死刑三日以前,应当通知同级人民检察院派员临场监督。

第五百零七条　死刑采用枪决或者注射等方法执行。

采用注射方法执行死刑的,应当在指定的刑场或者羁押场所内执行。

采用枪决、注射以外的其他方法执行死刑的,应当事先层报最高人民法院批准。

第五百零八条　执行死刑前,指挥执行的审判人员应当对罪犯验明正身,讯问有无遗言、信札,并制作笔录,再交执行人员执行死刑。

执行死刑应当公布,禁止游街示众或者其他有辱罪犯人格的行为。

第五百零九条　执行死刑后,应当由法医验明罪犯确实死亡,在场书记员制作笔录。负责执行的人民法院应当在执行死刑后十五日以内将执行情况,包括罪犯被执行死刑前后的照片,上报最高人民法院。

第五百一十条　执行死刑后,负责执行的人民法院应当办理以下事项:

(一)对罪犯的遗书、遗言笔录,应当及时审查;涉及财产继承、债务清偿、家事嘱托等内容的,将遗书、遗言笔录交给家属,同时复制附卷备查;涉及案件线索等问题的,抄送有关机关;

(二)通知罪犯家属在限期内领取罪犯骨灰;没有火化条件或者因民族、宗教等原因不宜火化的,通知领取尸体;过期不领取的,由人民法院通知有关单位处理,并要求有关单位出具处理情况的说明;对罪犯骨灰或者尸体的处理情况,应当记录在案;

(三)对外国籍罪犯执行死刑后,通知外国驻华使领馆的程序和时限,根据有关规定办理。

■人民检察院临场监督执行死刑工作规则(试行)(2007年1月19日)

第二条　人民检察院依法对执行死刑实行临场监督,保证执行死刑工作依法、准确、文明和规范进行。

第三条　人民检察院临场监督执行死刑工作的主要任务是:(一)核实执行人民法院是否收到最高人民法院核准死刑的判决或者裁定和最高人民法院院长签发的执行死刑命令;(二)依法监督执行死刑的场所、方法和执行死刑的程序是否合法;(三)发现不应当执行死刑情形的,建议执行人民法院停止执行;(四)执行死刑后,监督检查罪犯是否确已死亡;(五)发现和通知纠正执行死刑活动中的违法情况;(六)履行法律、司法解释规定的其他监督任务。

第四条　临场监督执行死刑工作由与执行人民法院同级的人民检察院承担。

第五条　承担临场监督执行死刑工作的人民检察院应当指派本院公诉部门承办本案或者熟悉本案案情的检察人员履行临场监督职责,但是对于由监所检察部门审查起诉的案件或者最高人民法院对被判处死刑缓期二年执行的罪犯核准执行死刑的案件,应当指派本院监所检察部门的检察人员履行临场监督职责。必要的时候,检察长应当到执行现场对临场监督工作进行具体指挥。

第六条　人民检察院派员临场监督的时候,应当配备书记员担任记录,根据需要还应当配备司法警察负责临场监督人员进入和离开执行现场前后的安全保卫工作。

第七条　负责临场监督的检察人员应当核实本院是否在交付执行三日前接到执行人民法院临场监督通知,并应进步熟悉本案案情,做好相关准备工作。人民检察院应当在执行一日前将执行临场监督任务的人员情况通报执行人民法院。人民检察院临场监督人员不得将与执行任务无关的人员带人执行现场。

第八条　人民检察院收到同级人民法院执行死刑临场监督通知后,发现有下列情形之一的,应当建议执行人民法院停止执行:(一)被执行人并非应当执行死刑的罪犯的;(二)罪犯犯罪时不满十八周岁的;(三)判决或者裁定可能有错误的;(四)在执行前罪犯检举揭发重大犯罪事实或者有其他重大立功表现,可能需要改判的;(五)罪犯正在怀孕的。

第九条　临场监督的检察人员在执行人员执行死刑前,如果发现可能有错误,应当建议暂停执行,并立即向本院检察长报告。检察长认为暂停执行建议正确的,应当向执行人民法院提出停止执行建议;认为暂停执行建议不当的,应当立即予以撤销。

第十条　人民检察院建议停止执行死刑的,应当及时制作《停止执行死刑意见书》送达执行人民法院;停止执行死刑的原因消失后,应当制作《撤销停止执行死刑意见通知书》送达执行人民法院。

第十一条　人民检察院建议停止执行死刑的,应当逐级对案件提出意见,报告最高人民检察院。

第十二条　停止执行死刑的原因消失后,人民法院决定对罪犯重新执行死刑时,人民检察院应当核实有无最高人民法院院长再签发的执行死刑命令。

第十三条　指挥执行的审判人员对罪犯验明正身,讯问有无遗言、信札时,检察人员应当在场监督。

第十四条　执行死刑完毕,法医验明罪犯是否死亡时,检察人员应当在场监督。检察人员对法医出具的结论有疑问的,应当立即向指挥执行的审判人员提出。

第十五条　在执行死刑过程中,人民检察院临场监督人员根据需要可以进行拍照、摄像,对形成的资料要严格按照保密规定进行保存和管理。

第十六条　执行死刑后,临场监督的检察人员应当在执行人民法院的相关文书上签名确认,同时应当填写死刑临场监督笔录,签名后人卷归档。

第十七条　人民检察院在死刑临场监督过程中,发现有玩忽职守、滥用职权或者收受贿赂等行为,涉嫌犯罪的,应当依法处理。

第十八条　本规则自发布之日起施行。

■公安部、最高人民法院、最高人民检察院关于严格控制在死刑执行现场进行拍摄和采访的通知(1990年7月16日)

一、死刑执行现场和处决后人犯的照相、录像由法院组织拍摄、随案卷存档,其他政法机关一般不要到现场进行拍摄。检察院、公安机关因工作需要死刑执行现场照片和录像时,可商请法院提供。

二、严禁新闻记者到刑场采访、拍照、录像,特殊案件确因宣传需要,新闻单位要求提供照片和录像资料的,由法院酌情提供,用完收回。新闻稿须经省级法院审核。

三、对刑场照片、底片、录像带等资料,法院要制定管理制度,严格控制,防止流入社会或流出境外、国外。对因违反制度造成不良后果的人员,要严肃处理。

■最高人民法院、最高人民检察院、公安部、司法部关于进一步严格依法办案确保办理死刑案件质量的意见(2007年3月9日)

45. 人民法院向罪犯送达核准死刑的裁判文书时,应当告知罪犯有权申请会见其近亲属。罪犯提出会见申请并提供具体地址和联系方式的,人民法院应当准许;原审人民法院应当通知罪犯的近亲属。罪犯近亲属提出会见申请的,人民法院应当准许,并及时安排会见。

46. 第一审人民法院将罪犯交付执行死刑前,应当将核准死刑的裁判文书送同级人民检察院,并在交付执行三日以前通知同级人民检察院派员临场监督。

47. 第一审人民法院在执行死刑前,发现有刑事诉讼法第二百一十一条规定的情形的,应当停止执行,并且立即报告最高人民法院,由最高人民法院作出裁定。临场监督执行死刑的检察人员在执行死刑前,发现有刑事诉讼法第二百一十一条规定的情形的,应当建议人民法院停止执行。

48. 执行死刑应当公布。禁止游街示众或者其他有辱被执行人人格的行为。禁止侮辱尸体。

▼安徽省高级人民法院关于移送刑事二审、复核案件有关事项的规定(2005年5月15日)

九、中级人民法院应当将执行死刑的情况报告、验明正身笔录、执行死刑笔录及执行照片,在执行死刑后七日内报送上一级人民法院。

第二百六十四条　【剥夺自由刑的执行】罪犯被交付执行刑罚的时候,应当由交付执行的人民法院在判决生效后十日以内将有关的法律文书送达公安机关、监狱或者其他执行机关。

对被判处死刑缓期二年执行、无期徒刑、有期徒刑的罪犯,由公安机关依法将该罪犯送交监狱执行刑罚。对被判处有期徒刑的罪犯,在被交付执行刑罚前,剩余刑期在三个月以下的,由看守所代为执行。对被判处拘役的罪犯,由公安机关执行。

对未成年犯应当在未成年犯管教所执行刑罚。

执行机关应当将罪犯及时收押,并且通知罪犯家属。

判处有期徒刑、拘役的罪犯,执行期满,应当由执行机关发给释放证明书。

■中华人民共和国监狱法(2013年1月1日)

第十五条　人民法院对被判处死刑缓期二年执行、无期徒刑、有期徒刑的罪犯,应当将执行通知书、判决书送达羁押该罪犯的公安机关,公安机关应当自收到执行通知书、判决书之日起一个月内将该罪犯送交监狱执行刑罚。

罪犯在被交付执行刑罚前,剩余刑期在一年以下的,由看守所代为执行。

■最高人民法院关于适用《中华人民共和国刑事诉讼法》的解释(2021年3月1日)

第五百一十一条　被判处死刑缓期执行、无期徒刑、有期徒刑、拘役的罪犯,第一审人民法院应当在判决、裁定生效后十日以内,将判决书、裁定书、起诉书副本、自诉状复印件、执行通知书、结案登记表送达公安机关、监狱或者其他执行机关。

第五百一十二条　同案审理的案件中,部分被告人被判处死刑,对未被判处死刑的同案被告人需要羁押执行刑罚的,应当根据前条规定及时交付执行。但是,该同案被告人参与实施有关死刑之罪的,应当在复核讯问被判处死刑的被告人后交付执行。

第五百一十三条　执行通知书回执经看守所盖章后,应当附卷备查。

■公安机关办理刑事案件程序规定(2020年9月1日)

第二百九十八条　对被依法判处刑罚的罪犯,如果罪犯已被采取强制措施的,公安机关应当依据人民法院生效的判决书、裁定书以及执行通知书,将罪犯交付执行。

对人民法院作出无罪或者免除刑事处罚的判决,如果被告人在押,公安机关在收到相应的法律文书后应当立即办理释放手续;对人民法院建议给予行政处理的,应当依照有关规定处理或者移送有关部门。

第三百条　公安机关接到人民法院生效的判处死刑缓期二年执行、无期徒刑、有期徒刑的判决书、裁定书以及执行通知书后,应当在一个月以内将罪犯送交监狱执行。

对未成年犯应当送交未成年犯管教所执行刑罚。

第三百零一条　对被判处有期徒刑的罪犯,在被交付执行刑罚前,剩余刑期在三个月以下的,由看守所根据人民法院的判决代为执行。

对被判处拘役的罪犯,由看守所执行。

■最高人民法院、最高人民检察院、公安部、司法部关于办理黑社会性质组织犯罪案件若干问题的规定(2012年9月11日)

八、刑罚执行

第二十五条　对于组织、领导、参加黑社会性质组织的罪犯,执行机关应当采取严格的监管措施。

第二十六条　对于判处十年以上有期徒刑、无期徒刑,以及判处死刑缓期二年执行减为有期徒刑、无期徒刑的黑社会性质组织的组织者、领导者,应当跨省、自治区、直辖市异地执行刑罚。

对于被判处十年以下有期徒刑的黑社会性质组织的组织者、领导者,以及黑社会性质组织的积极参加者,可以跨省、自治区、直辖市或者在本省、自治区、直辖市内异地执行刑罚。

■最高人民法院、最高人民检察院、公安部、外交部、司法部、财政部关于强制外国人出境的执行办法的规定(1992年7月31日)

二、执行机关

执行和监视强制外国人出境的工作,由公安机关依据有关法律文书或者公文进行:

(一)对判处独立适用驱逐出境刑罚的外国人,人民法院应当自该判决生效之日起15日内,将对该犯的刑事判决书、执行通知书的副本交会所在地省级公安机关,由省级公安机关指定的公安机关执行。

(二)被判处徒刑的外国人,其主刑执行期满后应执行驱逐出境附加刑的,应在主刑刑期届满的1个月前,由原羁押监狱的主管部门将该犯的原判决书、执行通知书副本或者复印本送交所在地省级公安机关,由省级公安机关指定的公安机关执行。

■最高人民法院、最高人民检察院、公安部、外交部、司法部、财政部关于强制外国人出境的执行办法的规定(1992年7月31日)

一、案件的管辖与刑罚的执行

已移交政府管理的军队离休干部的犯罪案件……

上述人员犯罪,被人民法院依法判处有期徒刑、无期徒刑和死刑缓期二年执行的,由司法行政机关指定的地方劳改场所执行;被判处有期徒刑宣告缓刑、拘役、管制、剥夺政治权利的,由公安机关执行。

第二百六十五条　【暂予监外执行的情形】对被判处有期徒刑或者拘役的罪犯,有下列情形之一的,可以暂予监外执行:

(一)有严重疾病需要保外就医的;

(二)怀孕或者正在哺乳自己婴儿的妇女;

(三)生活不能自理,适用暂予监外执行不致危害社会的。

对被判处无期徒刑的罪犯,有前款第二项规定情形的,可以暂予监外执行。

对适用保外就医可能有社会危险性的罪犯,或者自伤自残的罪犯,不得保外就医。

对罪犯确有严重疾病,必须保外就医的,由省级人民政府指定的医院诊断并开具证明文件。

在交付执行前,暂予监外执行由交付执行的人民法院决定;在交付执行后,暂予监外执行由监狱或者看守所提出书面意见,报省级以上监狱管理机关或者设区的市一级以上公安机关批准。

■全国人民代表大会常务委员会关于《中华人民共和国刑事诉讼法》(2012 年修正刑诉法。——编著者注)第二百五十四条第五款、第二百五十七条第二款的解释(全文)(2014 年 4 月 24 日)

罪犯在被交付执行前,因有严重疾病、怀孕或者正在哺乳自己婴儿的妇女、生活不能自理的原因,依法提出暂予监外执行的申请的,有关病情诊断、妊娠检查和生活不能自理的鉴别,由人民法院负责组织进行。

根据刑事诉讼法第二百五十七条第二款的规定,对人民法院决定暂予监外执行的罪犯,有刑事诉讼法第二百五十七条第一款规定的情形,依法应当予以收监的,在人民法院作出决定后,由公安机关依照刑事诉讼法第二百五十三条第二款的规定送交执行刑罚。

■最高人民法院关于适用《中华人民共和国刑事诉讼法》的解释(2021 年 3 月 1 日)

第五百一十四条　罪犯在被交付执行前,因有严重疾病、怀孕或者正在哺乳自己婴儿的妇女、生活不能自理的原因,依法提出暂予监外执行的申请的,有关病情诊断、妊娠检查和生活不能自理的鉴别,由人民法院负责组织进行。

■暂予监外执行规定(2014 年 12 月 1 日)

第二条　对罪犯适用暂予监外执行,分别由下列机关决定或者批准:

(一)在交付执行前,由人民法院决定;

(二)在监狱服刑的,由监狱审查同意后提请省级以上监狱管理机关批准;

(三)在看守所服刑的,由看守所审查同意后提请设区的市一级以上公安机关批准。

对有关职务犯罪罪犯适用暂予监外执行,还应当依照有关规定逐案报请备案审查。

第三条　对暂予监外执行的罪犯,依法实行社区矫正,由其居住地的社区矫正机构负责执行。

第四条　罪犯在暂予监外执行期间的生活、医疗和护理等费用自理。

罪犯在监狱、看守所服刑期间因参加劳动致伤、致残被暂予监外执行的,其出监、出所后的医疗补助、生活困难补助等费用,由其服刑所在的监狱、看守所按照国家有关规定办理。

第五条　对被判处有期徒刑、拘役或者已经减为有期徒刑的罪犯,有下列情形之一,可以暂予监外执行:

(一)患有属于本规定所附《保外就医严重疾病范围》的严重疾病,需要保外就医的;

(二)怀孕或者正在哺乳自己婴儿的妇女;

(三)生活不能自理的。

对被判处无期徒刑的罪犯,有前款第二项规定情形的,可以暂予监外执行。

第六条　对需要保外就医或者属于生活不能自理,但适用暂予监外执行可能有社会危险性,或者自伤自残,或者不配合治疗的罪犯,不得暂予监外执行。

对职务犯罪、破坏金融管理秩序和金融诈骗犯罪、组织(领导、参加、包庇、纵容)黑社会性质组织犯罪的罪犯适用保外就医应当从严审批,对患有高血压、糖尿病、心脏病等严重疾病,但经诊断短期内没有生命危险的,不得暂予监外执行。

对在暂予监外执行期间因违法违规被收监执行或者因重新犯罪被判刑的罪犯,需要再次适用暂予监外执行的,应当从严审批。

第七条　对需要保外就医或者属于生活不能自理的累犯以及故意杀人、强奸、抢劫、绑架、放火、爆炸、投放危险物质或者有组织的暴力性犯罪的罪犯,原被判处死刑缓期二年执行或者无期徒刑的,应当在减为有期徒刑后执行有期徒刑七年以上方可适用暂予监外执行;原被判处十年以上有期徒刑的,应当执行原判刑期三分之一以上方可适用暂予监外执行。

对未成年罪犯、六十五周岁以上的罪犯、残疾人罪犯，适用前款规定可以适度从宽。

对患有本规定所附《保外就医严重疾病范围》的严重疾病，短期内有生命危险的罪犯，可以不受本条第一款规定关于执行刑期的限制。

第九条　对罪犯的病情诊断或者妊娠检查，应当委托省级人民政府指定的医院进行。医院出具的病情诊断或者检查证明文件，应当由两名具有副高以上专业技术职称的医师共同作出，经主管业务院长审核签名，加盖公章，并附化验单、影像学资料和病历等有关医疗文书复印件。

对罪犯生活不能自理情况的鉴别，由监狱、看守所组织有医疗专业人员参加的鉴别小组进行。鉴别意见由组织鉴别的监狱、看守所出具，参与鉴别的人员应当签名，监狱、看守所的负责人应当签名并加盖公章。

对罪犯进行病情诊断、妊娠检查或者生活不能自理的鉴别，与罪犯有亲属关系或者其他利害关系的医师、人员应当回避。

第十条　罪犯需要保外就医的，应当由罪犯本人或者其亲属、监护人提出保证人，保证人由监狱、看守所审查确定。

罪犯没有亲属、监护人的，可以由其居住地的村（居）民委员会、原所在单位或者社区矫正机构推荐保证人。

保证人应当向监狱、看守所提交保证书。

第十一条　保证人应当同时具备下列条件：

（一）具有完全民事行为能力，愿意承担保证人义务；

（二）人身自由未受到限制；

（三）有固定的住处和收入；

（四）能够与被保证人共同居住或者居住在同一市、县。

第十二条　罪犯在暂予监外执行期间，保证人应当履行下列义务：

（一）协助社区矫正机构监督被保证人遵守法律和有关规定；

（二）发现被保证人擅自离开居住的市、县或者变更居住地，或者有违法犯罪行为，或者需要保外就医情形消失，或者被保证人死亡的，立即向社区矫正机构报告；

（三）为被保证人的治疗、护理、复查以及正常生活提供帮助；

（四）督促和协助被保证人按照规定履行定期复查病情和向社区矫正机构报告的义务。

第十三条　监狱、看守所应当就是否对罪犯提请暂予监外执行进行审议。经审议决定对罪犯提请暂予监外执行的，应当在监狱、看守所内进行公示。对病情严重必须立即保外就医的，可以不公示，但应当在保外就医后三个工作日以内在监狱、看守所内公告。

公示无异议或者经审查异议不成立的，监狱、看守所应当填写暂予监外执行审批表，连同有关诊断、检查、鉴别材料、保证人的保证书，提请省级以上监狱管理机关或者设区的市一级以上公安机关批准。已委托进行核实、调查的，还应当附县级司法行政机关出具的调查评估意见书。

监狱、看守所审议暂予监外执行前，应当将相关材料抄送人民检察院。决定提请暂予监外执行的，监狱、看守所应当将提请暂予监外执行书面意见的副本和相关材料抄送人民检察院。人民检察院可以向决定或者批准暂予监外执行的机关提出书面意见。

第十四条　批准机关应当自收到监狱、看守所提请暂予监外执行材料之日起十五个工作日以内作出决定。批准暂予监外执行的，应当在五个工作日以内将暂予监外执行决定书送达监狱、看守所，同时抄送同级人民检察院、原判人民法院和罪犯居住地社区矫正机构。暂予监外执行决定书应当上网公开。不予批准暂予监外执行的，应当在五个工作日以内将不予批准暂予监外执行决定书送达监狱、看守所。

第十七条　对符合暂予监外执行条件的,被告人及其辩护人有权向人民法院提出暂予监外执行的申请,看守所可以将有关情况通报人民法院。对被告人、罪犯的病情诊断、妊娠检查或者生活不能自理的鉴别,由人民法院依照本规定程序组织进行。

第十八条　人民法院应当在执行刑罚的有关法律文书依法送达前,作出是否暂予监外执行的决定。

人民法院决定暂予监外执行的,应当制作暂予监外执行决定书,写明罪犯基本情况、判决确定的罪名和刑罚、决定暂予监外执行的原因、依据等,在判决生效后七日以内将暂予监外执行决定书送达看守所或者执行取保候审、监视居住的公安机关和罪犯居住地社区矫正机构,并抄送同级人民检察院。

人民法院决定不予暂予监外执行的,应当在执行刑罚的有关法律文书依法送达前,通知看守所或者执行取保候审、监视居住的公安机关,并告知同级人民检察院。监狱、看守所应当依法接收罪犯,执行刑罚。

人民法院在作出暂予监外执行决定前,应当征求人民检察院的意见。

第三十三条　本规定所称生活不能自理,是指罪犯因患病、身体残疾或者年老体弱,日常生活行为需要他人协助才能完成的情形。

生活不能自理的鉴别参照《劳动能力鉴定　职工工伤与职业病致残等级分级》(GB/T16180—2006)执行。进食、翻身、大小便、穿衣洗漱、自主行动等五项日常生活行为中有三项需要他人协助才能完成,且经过六个月以上治疗、护理和观察,自理能力不能恢复的,可以认定为生活不能自理。六十五周岁以上的罪犯,上述五项日常生活行为有一项需要他人协助才能完成即可视为生活不能自理。

第三十四条　本规定自 2014 年 12 月 1 日起施行。最高人民检察院、公安部、司法部 1990 年 12 月 31 日发布的《罪犯保外就医执行办法》同时废止。

附件:保外就医严重疾病范围(见本书附件)

■公安机关办理刑事案件程序规定(2020 年 9 月 1 日)

第三百零七条　对依法留所执行刑罚的罪犯,有下列情形之一的,可以暂予监外执行:

(一)有严重疾病需要保外就医的;

(二)怀孕或者正在哺乳自己婴儿的妇女;

(三)生活不能自理,适用暂予监外执行不致危害社会的。

对罪犯暂予监外执行的,看守所应当提出书面意见,报设区的市一级以上公安机关批准,同时将书面意见抄送同级人民检察院。

对适用保外就医可能有社会危险性的罪犯,或者自伤自残的罪犯,不得保外就医。

对罪犯确有严重疾病,必须保外就医的,由省级人民政府指定的医院诊断并开具证明文件。

第三百零八条　公安机关决定对罪犯暂予监外执行的,应当将暂予监外执行决定书交被暂予监外执行的罪犯和负责监外执行的社区矫正机构,同时抄送同级人民检察院。

第三百零九条　批准暂予监外执行的公安机关接到人民检察院认为暂予监外执行不当的意见后,应当立即对暂予监外执行的决定进行重新核查。

■最高人民法院、最高人民检察院、公安部、国家安全部、司法部、全国人大常委会法制工作委员会关于实施刑事诉讼法若干问题的规定(2013 年 1 月 1 日)

33. 刑事诉讼法第二百五十四条第五款中规定:“在交付执行前,暂予监外执行由交付执行的人民法院决定。”对于被告人可能被判处拘役、有期徒刑、无期徒刑,符合暂予监外执行条件的,被告人及其辩护人有权向人民法院提出暂予监外执行的申请,看守所可以将有关情况通报人民法院。人民法院应当进行审查,并在交付执行前作出是否暂予监外执行的决定。

■最高人民法院、最高人民检察院、公安部、司法部关于办理黑社会性质组织犯罪案件若干问题的规定(2012年9月11日)

八、刑罚执行

第二十八条　对于组织、领导和积极参加黑社会性质组织的罪犯,有下列情形之一,确实需要暂予监外执行的,应当依照法律规定的条件和程序严格审批:

(一)确有严重疾病而监狱不具备医治条件,必须保外就医,且适用保外就医不致危害社会的;

(二)怀孕或者正在哺乳自己婴儿的妇女;

(三)因年老、残疾完全丧失生活自理能力,适用暂予监外执行不致危害社会的。

暂予监外执行的审批机关在作出审批决定前,应当向同级人民察院、公安机关通报情况。

第二十九条　办理境外黑社会组织成员入境发展组织成员犯罪案件,参照本规定执行。

第三十条　本规定自印发之日起施行。

■最高人民检察院、公安部、司法部关于不允许暂予监外执行的罪犯外出经商问题的通知(全文)(1988年7月9日)

一、对于暂予监外执行的罪犯,不允许离开所在住地域外出经商。被准许暂予监外执行的罪犯,因生活确有困难和谋生需要的,在不影响对其实行监督考察的情况下,经执行机关批准,可以在居住地自谋生计,家在农村的,可以就地从事一些农副业和小商品生产。

二、暂予监外执行的罪犯确因医治疾病或接受护理而离开居住地到本县、市以外地方的,必须经过执行机关批准;离开居住地到本县、市内其他地方的,由监督单位批准。经过批准外出的暂予监外执行罪犯,其外出期间应计入服刑期;对于未经批准,擅自离开居住地的,不能计入服刑期,情节严重的,要严肃处理。

三、对在押的罪犯需要准许暂予监外执行的,应当严格审查,依法办事。对暂予监外执行的罪犯,在其暂予监外执行条件消失时,应当及时收监执行。

■中央社会治安综合治理委员会办公室、最高人民法院、最高人民检察院、公安部、司法部关于加强和规范监外执行工作的意见(2009年7月1日)

2. 监狱管理机关、公安机关决定罪犯暂予监外执行的,交付执行的监狱、看守所应当将罪犯押送至居住地,与罪犯居住地县级公安机关办理移交手续,并将暂予监外执行决定书等法律文书抄送罪犯居住地县级公安机关主管部门、县级人民检察院监所检察部门。

3. 罪犯服刑地与居住地不在同一省、自治区、直辖市,需要回居住地暂予监外执行的,服刑地的省级监狱管理机关、公安机关监所管理部门应当书面通知罪犯居住地的同级监狱管理机关、公安机关监所管理部门,由其指定一所监狱、看守所接收罪犯档案,负责办理该罪犯暂予监外执行情形消失后的收监、刑满释放等手续,并通知罪犯居住地县级公安机关主管部门、县级人民检察院监所检察部门。

4. 人民法院决定暂予监外执行的罪犯,判决、裁定生效前已被羁押的,由公安机关依照有关规定办理移交。判决、裁定生效前未被羁押的,由人民法院通知罪犯居住地的县级公安机关执行。人民法院应当在作出暂予监外执行决定后五个工作日内,将暂予监外执行决定书和判决书、裁定书、执行通知书送达罪犯居住地县级公安机关主管部门,并抄送罪犯居住地县级人民检察院监所检察部门。

▼最高人民法院研究室关于第一审判处被告人有期徒刑后第二审法院发现被告人已怀孕应如何处理问题的电话答复(全文)(1989年2月15日)

在被告人王××上诉审期间,可对被告人采取取保候审的措施。如果终审判决仍判处被告人有期徒刑以上刑罚,可根据刑事诉讼法(1979年刑事诉讼法。——编著者注)第一百五十七条第二项的规定,暂予监外执行,待监外执行的条件消除后再行收监执行。

▽对身患重病但不符合暂予监外执行的罪犯,看守所或者监狱拒绝收监的,法院的处理方法

(一)对不符合刑事诉讼法及相关司法解释关于暂予监外执行条件的罪犯,法院不得决定暂予监外执行。根据1996年刑事诉讼法第二百一十四条的规定,暂予监外执行必须同时符合以下三个条件:1.暂予监外执行的对象只能是被判处有期徒刑或拘役的罪犯,对于判处无期徒刑以上刑罚的罪犯,不得暂予监外执行。在本案处理过程中,一种意见认为,对判处无期徒刑的罪犯亦可暂予监外执行。理由是:我国监狱法第二十五条规定,对于被判处无期徒刑在监内服刑的罪犯,符合刑事诉讼法规定的监外执行条件的,可以暂予监外执行。我们认为,刑事诉讼法是全国人大于1996年通过的,而监狱法是全国人大常委会于1994年通过的,根据上位法优于下位法、后法优于前法的原理,刑事诉讼法的效力当然高于监狱法的效力,即对判处无期徒刑以上刑罚的罪犯,不得适用暂予监外执行。需要注意的是,新修改的刑事诉讼法第二百五十四条扩大了暂予监外执行的范围,即对于被判处无期徒刑的罪犯,如系怀孕或者正在哺乳自己婴儿的妇女,可以暂予监外执行。据此,对于被判处无期徒刑的罪犯,如果不是怀孕或者正在哺乳自己婴儿的妇女,仍不得暂予监外执行。2.暂予监外执行的罪犯必须具有下列情形之一:患有严重疾病需要保外就医;怀孕或正在哺乳自己婴儿的妇女;生活不能自理。对于因患有严重疾病需要保外就医的,必须由省级人民政府指定的医院开具证明文件。根据《罪犯保外就医疾病伤残范围》,患有下列疾病情况之一,且符合其他规定条件者,可准予保外就医:经司法鉴定确诊的经常发作的各种精神病;各种器质性心脏病,心脏功能在三级以上;高血压病Ⅲ期;空洞型肺结核、反复咯血,经两个疗程治疗不愈者,支气管扩张、反复咯血、且合并肺感染者;患有肺脑膜性疾病,同时存在严重呼吸功能障碍者;各种肝硬变所致的失代偿期,如门静脉性肝硬变、坏死后肝硬变、血吸虫性肝硬变等;各种慢性肾脏疾病引起的肾功能不全,经治疗不能恢复者;脑血管疾病、颅内器质疾病所致的肢体瘫痪、明显语言障碍或视力障碍等,经治疗不愈者;各种脊髓疾病及周围神经所致的肢体瘫痪、大小便失禁、生活不能自理者;癫痫频繁发作,伴有精神障碍者;糖尿病合并心、脑、肾病变或严重继发感染者;胶原性疾病造成脏器功能障碍,治疗无效者;内分泌腺疾病,难以治愈者,达到丧失劳动能力者;白血病、再生障碍性贫血者;寄生虫病侵犯肺、脑、肝等重要器官,造成继发性损害,生活不能自理者;各种恶性肿瘤经过治疗不见好转者;其他各类肿瘤,严重影响肌体功能而不能进行彻底治疗,或者全身状态不佳、肿瘤过大、肿瘤和主要脏器有严重粘连等原因而不能手术治疗或有严重后遗症;艾滋病毒反应阳性者;等等。从上述规定的疾病范围来看,都属严重疾病,且病情严重。司法实践中,一些看守所担心将患有疾病的罪犯收监后,罪犯如死在看守所将承担责任,一方面,不按规定的程序进行审批,提供一些不具有资质的医院出具的证明文件,有的干脆由看守所的医生出具证明文件;另一方面,有的看守所随意扩大疾病范围,对病情并不严重的高血压、肺结核、性病、糖尿病等罪犯亦不予收监。法院应严格按照法律规定的条件和程序进行把关,对不符合《罪犯保外就医疾病伤残范围》的罪犯,不能暂予监外执行。此外,为防止保外就医被滥用,进一步规范保外就医的证明条件,修改后的刑事诉讼法对因患有严重疾病需保外就医的,除保留必须由省级人民政府指定的医院开具证明文件外,还增加规定了必须由省级人民政府指定的医院在诊断的基础上才能开具证明文件。3.对患有严重疾病需要保外就医或生活不能自理的罪犯适用暂予监外执行,必须不致再危害社会。是否会再危害社会,可以从以下几方面把握:一是是否有报复社会或继续犯罪的倾向;二是是否属累犯或性质严重的前科;三是是否属在监外执行期间重新犯罪。司法实残中,经常出现一些患有严重疾病的罪犯在暂予监外执行期间又重新犯罪的情况,特别是毒品犯罪中,一些被告人自恃患有严重疾病,不符合收监条件,在监外执行期间又从事毒品犯罪。对在监外执行期间又犯罪的、有报复社会或继续犯罪倾向的、累犯或性质严重前科的罪犯,法院一般不得对其适用暂予监外执行。综上,本案被告人虽经省级人民政府指定的医院证明具有严重疾病,但因其罪行严重,被判处无期徒刑,不符合暂予监外执行的条件,法院依法对其不适用暂予监外执行是正确的。

（二）看守所或者监狱拒绝执行法院依法作出收监决定的，法院应当采取积极措施确保收监决定得到有效执行。司法实践中，法院对不符合暂予监外执行条件的罪犯作出收监决定后，看守所或者监狱可能会以各种理由拒绝收监。修改后的刑事诉讼法虽对暂予监外执行作了部分修改，但仍然难以从根本上解决该问题。比如，修改后的刑事诉讼法没有规定看守所等违法拒绝收监的法律责任，就很难避免有关机关在部门利益驱动下，违法拒绝收监。有的地方法院在看守所或者监狱拒绝收监后，因种种因素而作出妥协处理，最终对不符合暂予监外执行条件的罪犯准许暂予监外执行。这种做法不但有损法律尊严和司法权威，而且容易使一些犯罪分子对犯罪后不被收监执行心存侥幸，从而使刑罚的一般预防和特殊预防功能大打折扣。本案在执行过程中，重庆市中级人民法院对被告人依法作出收监决定后，会同公安机关一起将被告人先后送往看守所、监狱，要求看守所、监狱依法对被告人收监，但是看守所、监狱以被告人患有重病为由拒绝将被告人收监。后经多方协调，看守所、监狱才对被告人进行收监。我们建议对以下四个问题作出明确：一是看守所或者监狱对法院依法作出的收监决定的执行，是一种法律义务。二是看守所或者监狱对罪犯收监后，如对法院的收监决定有异议的，可以向作出收监决定的法院提出书面异议，法院收到书面异议的，应当对收监决定重新核查。经核查，如果收监决定是依法作出的，应当坚持收监决定；如果收监决定确有错误的，应当撤销收监决定并作出暂予监外执行的决定。看守所或者监狱对核查结果仍有异议的，可以向作出收监决定法院的上一级法院提出复议申请，复议申请期间暂不执行收监决定。上一级法院收到复议申请后，对收监决定进行审查，下级法院作出的收监决定是正确的，应当驳回看守所或者监狱的异议申请，维持收监决定，看守所或者监狱必须执行收监决定，不得再拒绝收监；下级法院作出的收监决定确有错误的，应当撤销下级法院的收监决定并作出暂予监外执行决定。三是应当强化责任意识，对违法拒绝收监行为应当规定相应的法律责任。四是大力改善监管场所的医疗条件和水平，保障身患重病但因不符合暂予监外执行而被收监执行罪犯的权利。在相关法律及司法解释未对“收监难”问题作出明确规定之前，法院可以尝试采取以下措施解决“收监难”问题：一是加强与看守所或者监狱及其主管机关的沟通与协商，增强看守所或者监狱及其主管机关对收监严肃性、重要性的认识。二是协调检察机关依法进行监督，由检察机关以法律监督机关的身份对看守所或者监狱违法拒绝收监的行为进行监督。三是依靠地方党委，并组织相关部门就“收监难”问题制定相关措施，加大投入，改善监管场所的医疗条件和水平，保障患病罪犯的权利。［参见第799号指导案例，吴秀龙等贩卖毒品案，载《刑事审判参考》总第87集（2012年第4集），第69～73页。撰稿：官小汀　刘桂华］

第二百六十六条　【对提出暂予监外执行的监督】监狱、看守所提出暂予监外执行的书面意见的，应当将书面意见的副本抄送人民检察院。人民检察院可以向决定或者批准机关提出书面意见。

■暂予监外执行规定（2014年12月1日）

第十六条　监狱、看守所应当派员持暂予监外执行决定书及有关文书材料，将罪犯押送至居住地，与社区矫正机构办理交接手续。监狱、看守所应当及时将罪犯交接情况通报人民检察院。

第十八条　人民法院应当在执行刑罚的有关法律文书依法送达前，作出是否暂予监外执行的决定。

人民法院决定暂予监外执行的，应当制作暂予监外执行决定书，写明罪犯基本情况、判决确定的罪名和刑罚、决定暂予监外执行的原因、依据等，在判决生效后七日以内将暂予监外执行决定书送达看守所或者执行取保候审、监视居住的公安机关和罪犯居住地社区矫正机构，并抄送同级人民检察院。

人民法院决定不予暂予监外执行的，应当在执行刑罚的有关法律文书依法送达前，通知看守所或者执行取保候审、监视居住的公安机关，并告知同级人民检察院。监狱、看守所应当依法接收罪犯，执行刑罚。

人民法院在作出暂予监外执行决定前，应当征求人民检察院的意见。

第二十九条　人民检察院发现暂予监外执行的决定或者批准机关、监狱、看守所、社区矫正机构有违法情形的，应当依法提出纠正意见。

第三十条　人民检察院认为暂予监外执行不当的，应当自接到决定书之日起一个月以内将书面意见送交决定或者批准暂予监外执行的机关，决定或者批准暂予监外执行的机关接到人民检察院的书面意见后，应当立即对该决定进行重新核查。

第三十一条　人民检察院可以向有关机关、单位调阅有关材料、档案，可以调查、核实有关情况，有关机关、单位和人员应当予以配合。

人民检察院认为必要时，可以自行组织或者要求人民法院、监狱、看守所对罪犯重新组织进行诊断、检查或者鉴别。

第三十二条　在暂予监外执行执法工作中，司法工作人员或者从事诊断、检查、鉴别等工作的相关人员有玩忽职守、徇私舞弊、滥用职权等违法违纪行为的，依法给予相应的处分；构成犯罪的，依法追究刑事责任。

附件：保外就医严重疾病范围(见本书附件)

■中央社会治安综合治理委员会办公室、最高人民法院、最高人民检察院、公安部、司法部关于加强和规范监外执行工作的意见(2009年7月1日)

三、加强和规范监外执行的检察监督

20.人民检察院对人民法院、公安机关、监狱、看守所交付监外执行活动和监督管理监外执行罪犯活动实行法律监督，发现违法违规行为的，应当及时提出纠正意见。

21.县级人民检察院对人民法院、监狱、看守所交付本县(市、区、旗)辖区执行监外执行的罪犯应当逐一登记，建立罪犯监外执行情况检察台帐。

22.人民检察院在监外执行检察中，应当依照有关规定认真受理监外执行罪犯的申诉、控告，妥善处理他们反映的问题，依法维护其合法权益。

23.人民检察院应当采取定期和不定期相结合的方法进行监外执行检察，并针对存在的问题，区别不同情况，发出纠正违法通知书、检察建议书或者提出口头纠正意见。交付执行机关和执行机关对人民检察院提出的纠正意见、检察建议无异议的，应当在十五日内纠正并告知纠正结果；对纠正意见、检察建议有异议的，应当在接到人民检察院纠正意见、检察建议后七日内向人民检察院提出，人民检察院应当复议，并在七日内作出复议决定；对复议结论仍然提出异议的，应当提请上一级人民检察院复核，上一级人民检察院应当在七日内作出复核决定。

24.人民检察院发现有下列情形的，应当提出纠正意见：

(1)人民法院、监狱、看守所没有依法送达监外执行法律文书，没有依法将罪犯交付执行，没有依法告知罪犯权利义务的；

(2)人民法院收到有关机关对监外执行罪犯的撤销缓刑、假释、暂予监外执行的建议后，没有依法进行审查、裁定、决定的；

(3)公安机关没有及时接收监外执行罪犯，对监外执行罪犯没有落实监管责任、监管措施的；

(4)公安机关对违法的监外执行罪犯依法应当给予处罚而没有依法作出处罚或者建议处罚的；

(5)公安机关、监狱管理机关应当作出对罪犯收监执行决定而没有作出决定的；

(6)监狱、看守所应当将罪犯收监执行而没有收监执行的；

(7)对依法应当减刑的监外执行罪犯，公安机关没有提请减刑或者提请减刑不当的；

(8)对依法应当减刑的监外执行罪犯，人民法院没有裁定减刑或者减刑裁定不当的；

（9）监外执行罪犯刑期或者考验期满，公安机关、监狱、看守所未及时办理相关手续和履行相关程序的；

（10）人民法院、公安机关、监狱、看守所在监外执行罪犯交付执行、监督管理过程中侵犯罪犯合法权益的；

（11）监外执行罪犯出现脱管、漏管情况的；

（12）其他依法应当提出纠正意见的情形。

25. 监外执行罪犯在监外执行期间涉嫌犯罪，公安机关依法应当立案而不立案的，人民检察院应当按照《中华人民共和国刑事诉讼法》第八十七条的规定办理。

四、加强监外执行的综合治理

26. 各级社会治安综合治理部门、人民法院、人民检察院、公安机关、司法行政机关应当充分认识加强和规范监外执行工作对于防止和纠正监外执行罪犯脱管、漏管问题，预防和减少重新犯罪，促进社会和谐稳定的重要意义，加强对这一工作的领导和检查；在监外执行的交付执行、监督管理、检察监督、综治考评等各个环节中，根据分工做好职责范围内的工作，形成各司其职、各负其责、协作配合、齐抓共管的工作格局。各级社会治安综合治理部门应当和人民检察院共同做好对监外执行的考评工作，并作为实绩评定的重要内容，强化责任追究，确保本意见落到实处。

27. 各级社会治安综合治理部门、人民法院、人民检察院、公安机关、司法行政机关应当每年定期召开联席会议，通报有关情况，研究解决监外执行工作中的问题。交付执行机关和县级公安机关应当每半年将监外执行罪犯的交付执行、监督管理情况书面通报同级社会治安综合治理部门和人民检察院监所检察部门。

28. 各省、自治区、直辖市应当按照中央有关部门的统一部署，认真开展并深入推进社区矫正试点工作，加强和规范对社区服刑人员的监督管理、教育矫正工作，努力发挥社区矫正在教育改造罪犯、预防重新违法犯罪方面的重要作用。社区矫正试点地区的社区服刑人员的交付执行、监督管理工作，参照本意见和依照社区矫正有关规定执行。

●暂予执行监督注意发现和查办职务犯罪

人民检察院对违法暂予监外执行进行法律监督时，应当注意发现和查办背后的相关司法人员职务犯罪。对司法鉴定意见、病情诊断意见的审查，应当注重对其及所依据的原始资抖进行重点审查。发现不符合暂予监外执行条件的罪犯通过非法手段暂予监外执行的，应当依法监督纠正。办理暂予监外执行案件时，应当加强对鉴定意见等技术性证据的联合审查。（参见最高人民检察院发布第19批指导性案例，检例第72号，罪犯王某某暂予监外执行监督案，2020年2月28日发布。）

第二百六十七条　【对决定或批准暂予监外执行的监督】决定或者批准暂予监外执行的机关应当将暂予监外执行决定抄送人民检察院。人民检察院认为暂予监外执行不当的，应当自接到通知之日起一个月以内将书面意见送交决定或者批准暂予监外执行的机关，决定或者批准暂予监外执行的机关接到人民检察院的书面意见后，应当立即对该决定进行重新核查。

■人民检察院刑事诉讼规则（2019年12月30日）

第六百二十九条　人民检察院发现人民法院、监狱、看守所、公安机关暂予监外执行的活动具有下列情形之一的，应当依法提出纠正意见：

（一）将不符合法定条件的罪犯提请、决定暂予监外执行的；

（二）提请、决定暂予监外执行的程序违反法律规定或者没有完备的合法手续，或者对于需要保外就医的罪犯没有省级人民政府指定医院的诊断证明和开具的证明文件的；

（三）监狱、看守所提出暂予监外执行书面意见，没有同时将书面意见副本抄送人民检察院的；

(四)罪犯被决定或者批准暂予监外执行后,未依法交付罪犯居住地社区矫正机构实行社区矫正的;

(五)对符合暂予监外执行条件的罪犯没有依法提请暂予监外执行的;

(六)人民法院在作出暂予监外执行决定前,没有依法征求人民检察院意见的;

(七)发现罪犯不符合暂予监外执行条件,在暂予监外执行期间严重违反暂予监外执行监督管理规定,或者暂予监外执行的条件消失且刑期未满,应当收监执行而未及时收监执行的;

(八)人民法院决定将暂予监外执行的罪犯收监执行,并将有关法律文书送达公安机关、监狱、看守所后,监狱、看守所未及时收监执行的;

(九)对不符合暂予监外执行条件的罪犯通过贿赂、欺骗等非法手段被暂予监外执行以及在暂予监外执行期间脱逃的罪犯,监狱、看守所未建议人民法院将其监外执行期间、脱逃期间不计入执行刑期或者对罪犯执行刑期计算的建议违法、不当的;

(十)暂予监外执行的罪犯刑期届满,未及时办理释放手续的;

(十一)其他违法情形。

第六百三十条　人民检察院收到监狱、看守所抄送的暂予监外执行书面意见副本后,应当逐案进行审查,发现罪犯不符合暂予监外执行法定条件或者提请暂予监外执行违反法定程序的,应当在十日以内报经检察长批准,向决定或者批准机关提出书面检察意见,同时抄送执行机关。

第六百三十一条　人民检察院接到决定或者批准机关抄送的暂予监外执行决定书后,应当及时审查下列内容:

(一)是否属于被判处有期徒刑或者拘役的罪犯;

(二)是否属于有严重疾病需要保外就医的罪犯;

(三)是否属于怀孕或者正在哺乳自己婴儿的妇女;

(四)是否属于生活不能自理,适用暂予监外执行不致危害社会的罪犯;

(五)是否属于适用保外就医可能有社会危险性的罪犯,或者自伤自残的罪犯;

(六)决定或者批准机关是否符合刑事诉讼法第二百六十五条第五款的规定;

(七)办理暂予监外执行是否符合法定程序。

第六百三十二条　人民检察院经审查认为暂予监外执行不当的,应当自接到通知之日起一个月以内,向决定或者批准暂予监外执行的机关提出纠正意见。下级人民检察院认为暂予监外执行不当的,应当立即层报决定或者批准暂予监外执行的机关的同级人民检察院,由其决定是否向决定或者批准暂予监外执行的机关提出纠正意见。

第六百三十三条　人民检察院向决定或者批准暂予监外执行的机关提出不同意暂予监外执行的书面意见后,应当监督其对决定或者批准暂予监外执行的结果进行重新核查,并监督重新核查的结果是否符合法律规定。对核查不符合法律规定的,应当依法提出纠正意见,并向上一级人民检察院报告。

第六百三十四条　对于暂予监外执行的罪犯,人民检察院发现罪犯不符合暂予监外执行条件、严重违反有关暂予监外执行的监督管理规定或者暂予监外执行的情形消失而罪犯刑期未满的,应当通知执行机关收监执行,或者建议决定或者批准暂予监外执行的机关作出收监执行决定。

■最高人民法院关于适用《中华人民共和国刑事诉讼法》的解释(2021 年 3 月 1 日)

第五百一十五条　被判处无期徒刑、有期徒刑或者拘役的罪犯,符合刑事诉讼法第二百六十五条第一款、第二款的规定,人民法院决定暂予监外执行的,应当制作暂予监外执行决定书,写明罪犯基本情况、判决确定的罪名和刑罚、决定暂予监外执行的原因、依据等。

人民法院在作出暂予监外执行决定前,应当征求人民检察院的意见。

人民检察院认为人民法院的暂予监外执行决定不当,在法定期限内提出书面意见的,人民法院应当立即对该决定重新核查，并在一个月以内作出决定。

对暂予监外执行的罪犯，适用本解释第五百一十九条的有关规定，依法实行社区矫正。

人民法院决定暂予监外执行的，由看守所或者执行取保候审、监视居住的公安机关自收到决定之日起十日以内将罪犯移送社区矫正机构。

■暂予监外执行规定（2014年12月1日）

第三十条　人民检察院认为暂予监外执行不当的，应当自接到决定书之日起一个月以内将书面意见送交决定或者批准暂予监外执行的机关，决定或者批准暂予监外执行的机关接到人民检察院的书面意见后，应当立即对该决定进行重新核查。

第三十一条　人民检察院可以向有关机关、单位调阅有关材料、档案，可以调查、核实有关情况，有关机关、单位和人员应当予以配合。

人民检察院认为必要时，可以自行组织或者要求人民法院、监狱、看守所对罪犯重新组织进行诊断、检查或者鉴别。

第二百六十八条　【收监执行的情形】对暂予监外执行的罪犯，有下列情形之一的，应当及时收监：

（一）发现不符合暂予监外执行条件的；

（二）严重违反有关暂予监外执行监督管理规定的；

（三）暂予监外执行的情形消失后，罪犯刑期未满的。

对于人民法院决定暂予监外执行的罪犯应当予以收监的，由人民法院作出决定，将有关的法律文书送达公安机关、监狱或者其他执行机关。

不符合暂予监外执行条件的罪犯通过贿赂等非法手段被暂予监外执行的，在监外执行的期间不计入执行刑期。罪犯在暂予监外执行期间脱逃的，脱逃的期间不计入执行刑期。

罪犯在暂予监外执行期间死亡的，执行机关应当及时通知监狱或者看守所。

■全国人民代表大会常务委员会关于《中华人民共和国刑事诉讼法》（2012年修订的。——编者注）第二百五十四条第五款、第二百五十七条第二款的解释（全文）（2014年4月24日）

罪犯在被交付执行前，因有严重疾病、怀孕或者正在哺乳自己婴儿的妇女、生活不能自理的原因，依法提出暂予监外执行的申请的，有关病情诊断、妊娠检查和生活不能自理的鉴别，由人民法院负责组织进行。

根据刑事诉讼法第二百五十七条第二款的规定，对人民法院决定暂予监外执行的罪犯，有刑事诉讼法第二百五十七条第一款规定的情形，依法应当予以收监的，在人民法院作出决定后，由公安机关依照刑事诉讼法第二百五十三条第二款的规定送交执行刑罚。

■最高人民法院关于适用《中华人民共和国刑事诉讼法》的解释（2021年3月1日）

第五百一十六条　人民法院收到社区矫正机构的收监执行建议书后，经审查，确认暂予监外执行的罪犯具有下列情形之一的，应当作出收监执行的决定：

（一）不符合暂予监外执行条件的；

（二）未经批准离开所居住的市、县，经警告拒不改正，或者拒不报告行踪，脱离监管的；

（三）因违反监督管理规定受到治安管理处罚，仍不改正的；

（四）受到执行机关两次警告，仍不改正的；

（五）保外就医期间不按规定提交病情复查情况，经警告拒不改正的；

（六）暂予监外执行的情形消失后，刑期未满的；

（七）保证人丧失保证条件或者因不履行义务被取消保证人资格，不能在规定期限内提出新的保证人的；

(八)违反法律、行政法规和监督管理规定,情节严重的其他情形。

第五百一十七条　人民法院应当在收到社区矫正机构的收监执行建议书后三十日以内作出决定。收监执行决定书一经作出,立即生效。

人民法院应当将收监执行决定书送达社区矫正机构和公安机关,并抄送人民检察院,由公安机关将罪犯交付执行。

第五百一十八条　被收监执行的罪犯有不计入执行刑期情形的,人民法院应当在作出收监决定时,确定不计入执行刑期的具体时间。

■暂予监外执行规定(2014年12月1日)

第二十三条　社区矫正机构发现暂予监外执行罪犯依法应予收监执行的,应当提出收监执行的建议,经县级司法行政机关审核同意后,报决定或者批准机关。决定或者批准机关应当进行审查,作出收监执行决定的,将有关的法律文书送达罪犯居住地县级司法行政机关和原服刑或者接收其档案的监狱、看守所,并抄送同级人民检察院、公安机关和原判人民法院。

人民检察院发现暂予监外执行罪犯依法应予收监执行而未收监执行的,由决定或者批准机关同级的人民检察院向决定或者批准机关提出收监执行的检察建议。

第二十四条　人民法院对暂予监外执行罪犯决定收监执行的,决定暂予监外执行时剩余刑期在三个月以下的,由居住地公安机关送交看守所收监执行;决定暂予监外执行时剩余刑期在三个月以上的,由居住地公安机关送交监狱收监执行。

监狱管理机关对暂予监外执行罪犯决定收监执行的,原服刑或者接收其档案的监狱应当立即赴羁押地将罪犯收监执行。

公安机关对暂予监外执行罪犯决定收监执行的,由罪犯居住地看守所将罪犯收监执行。

监狱、看守所将罪犯收监执行后,应当将收监执行的情况报告决定或者批准机关,并告知罪犯居住地县级人民检察院和原判人民法院。

第二十五条　被决定收监执行的罪犯在逃的,由罪犯居住地县级公安机关负责追捕。公安机关将罪犯抓捕后,依法送交监狱、看守所执行刑罚。

第二十六条　被收监执行的罪犯有法律规定的不计入执行刑期情形的,社区矫正机构应当在收监执行建议书中说明情况,并附有关证明材料。批准机关进行审核后,应当及时通知监狱、看守所向所在地的中级人民法院提出不计入执行刑期的建议书。人民法院应当自收到建议书之日起一个月以内依法对罪犯的刑期重新计算作出裁定。

人民法院决定暂予监外执行的,在决定收监执行的同时应当确定不计入刑期的期间。

人民法院应当将有关的法律文书送达监狱、看守所,同时抄送同级人民检察院。

第二十七条　罪犯暂予监外执行后,刑期即将届满的,社区矫正机构应当在罪犯刑期届满前一个月以内,书面通知罪犯原服刑或者接收其档案的监狱、看守所按期办理刑满释放手续。

人民法院决定暂予监外执行罪犯刑期届满的,社区矫正机构应当及时解除社区矫正,向其发放解除社区矫正证明书,并将有关情况通报原判人民法院。

第二十八条　罪犯在暂予监外执行期间死亡的,社区矫正机构应当自发现之日起五日以内,书面通知决定或者批准机关,并将有关死亡证明材料送达罪犯原服刑或者接收其档案的监狱、看守所,同时抄送罪犯居住地同级人民检察院。

■公安机关办理刑事案件程序规定(2020年9月1日)

第三百一十条　对暂予监外执行的罪犯,有下列情形之一的,批准暂予监外执行的公安机关应当作出收监执行决定:

(一)发现不符合暂予监外执行条件的;

（二）严重违反有关暂予监外执行监督管理规定的；

（三）暂予监外执行的情形消失后，罪犯刑期未满的。

对暂予监外执行的罪犯决定收监执行的，由暂予监外执行地看守所将罪犯收监执行。

不符合暂予监外执行条件的罪犯通过贿赂等非法手段被暂予监外执行的，或者罪犯在暂予监外执行期间脱逃的，罪犯被收监执行后，所在看守所应当提出不计入执行刑期的建议，经设区的市一级以上公安机关审查同意后，报请所在地中级以上人民法院审核裁定。

第三百一十五条　对留看守所执行刑罚的罪犯，在暂予监外执行期间又犯新罪的，由犯罪地公安机关立案侦查，并通知批准机关。批准机关作出收监执行决定后，应当根据侦查、审判需要，由犯罪地看守所或者暂予监外执行地看守所收监执行。

■最高人民法院、最高人民检察院、公安部、国家安全部、司法部、全国人大常委会法制工作委员会关于实施刑事诉讼法若干问题的规定（2013 年 1 月 1 日）

34. 刑事诉讼法第二百五十七条第三款规定："不符合暂予监外执行条件的罪犯通过贿赂等非法手段被暂予监外执行的，在监外执行的期间不计入执行刑期。罪犯在暂予监外执行期间脱逃的，脱逃的期间不计入执行刑期。"对于人民法院决定暂予监外执行的罪犯具有上述情形的，人民法院在决定予以收监的同时，应当确定不计入刑期的期间。对于监狱管理机关或者公安机关决定暂予监外执行的罪犯具有上述情形的，罪犯被收监后，所在监狱或者看守所应当及时向所在地的中级人民法院提出不计入执行刑期的建议书，由人民法院审核裁定。

■中央社会治安综合治理委员会办公室、最高人民法院、最高人民检察院、公安部、司法部关于加强和规范监外执行工作的意见（2009 年 7 月 1 日）

8. 监外执行罪犯未在规定时间内报到的，公安派出所应当上报县级公安机关主管部门，由县级公安机关通报作出判决、裁定或者决定的机关。

9. 执行地公安机关认为罪犯暂予监外执行条件消失的，应当及时书面建议批准、决定暂予监外执行的机关或者接收该罪犯档案的监狱的上级主管机关收监执行。批准、决定机关或者接收该罪犯档案的监狱的上级主管机关审查后认为需要收监执行的，应当制作收监执行决定书，分别送达执行地公安机关和负责收监执行的监狱。执行地公安机关收到收监执行决定书后，应当立即将罪犯收押，并通知监狱到羁押地将罪犯收监执行。对于公安机关批准的暂予监外执行罪犯，暂予监外执行条件消失的，执行地公安机关应当及时制作收监执行通知书，通知负责收监执行的看守所立即将罪犯收监执行。

10. 公安机关对暂予监外执行罪犯未经批准擅自离开所居住的市、县，经警告拒不改正，或者拒不报告行踪、下落不明的，可以按照有关程序上网追逃。

11. 人民法院决定暂予监外执行罪犯收监执行的，由罪犯居住地公安机关根据人民法院的决定，剩余刑期在一年以上的送交暂予监外执行地就近监狱执行，剩余刑期在一年以下的送交暂予监外执行地看守所代为执行。

12. 暂予监外执行罪犯未经批准擅自离开所居住的市、县，经警告拒不改正的，或者拒不报告行踪、下落不明的，或者采取自伤、自残、欺骗、贿赂等手段骗取、拖延暂予监外执行的，或者两次以上无正当理由不按时提交医疗、诊断病历材料的，批准、决定机关应当根据执行地公安机关建议，及时作出对其收监执行的决定。

对公安机关批准的暂予监外执行罪犯发生上述情形的，执行地公安机关应当及时作出对其收监执行的决定。

13. 公安机关应当建立对监外执行罪犯的考核奖惩制度，根据考核结果，对表现良好的应当给予表扬奖励；对符合法定减刑条件的，应当依法提出减刑建议，人民法院应当依法裁定。执行机关减刑建议书副本和人民法院减刑裁定书副本应当抄送同级人民检察院监所检察部门。

14. 监外执行罪犯在执行期、考验期内,违反法律、行政法规或者国务院公安部门有关监督管理规定的,由公安机关依照《中华人民共和国治安管理处罚法》第六十条的规定给予治安管理处。

▽保外就医期限届满后未归监又重新犯罪的,余刑计算方法

被告人于 1996 年 11 月 29 日因保外就医被予以监外执行一年,期满后被告人没有取得继续保外就医亦未被收监,属于在暂予监外执行期间脱逃、漏管,期满后的时间不应计入已执行刑期,被告人自 1997 年 11 月 29 日起至 2010 年 10 月 2 日止,余刑共 12 年 10 个月 3 天,剥夺政治权利 5 年。

(一)被告人保外就医一年的时间应计入已执行刑期。根据刑事诉讼法和监狱法有关条文的规定,保外就医是指对于被判处无期徒刑、有期徒刑或者拘役的罪犯,因患有严重疾病,暂予监外执行不致危害社会的,依照法定的程序审批后,由监内执行刑罚变更为暂予监外执行刑罚的一种特殊的刑罚执行方式。保外就医属于暂予监外执行的一种,与缓刑、假释期间的法律效果不同,暂予监外执行期间刑期持续计算,即罪犯在监外治疗疾病的期间计入刑罚执行期间。本案中 A 监狱于 1996 年对被告人办理的保外就医一年,是依法定程序报省级监狱管理部门批准的,合法有效,故该一年的保外就医期间应计入刑罚执行期间。一审法院在没有任何证据的情况下否定被告人保外就医一年的合法性,在计算被告人的余刑时没有扣除合法的保外就医期间是错误的。

(二)被告人保外就医期满后的时间不应计入已执行刑期。关于保外就医期满后未收监的,如何计算已执行刑期,现行法律法规的相关规定如下:刑事诉讼法第二百五十七条规定:"对暂予监外执行的罪犯,有下列情形之一的,应当及时收监:(一)发现不符合暂予监外执行条件的;(二)严重违反有关暂予监外执行监督管理规定的;(三)暂予监外执行的情形消失后,罪犯刑期未满的。……罪犯在暂予监外执行期间脱逃的,脱逃的期间不计入执行刑期。"《最高人民法院、最高人民检察院、公安部、国家安全部、司法部、全国人大常委会法制工作委员会关于实施刑事诉讼法若干问题的规定》第三十四条规定:"刑事诉讼法第二百五十七条第三款规定:'不符合暂予监外执行条件的罪犯通过贿赂等非法手段被暂予监外执行的,在监外执行的期间不计入执行刑期。罪犯在暂予监外执行期间脱逃的,脱逃的期间不计入执行刑期。'对于人民法院决定暂予监外执行的罪犯具有上述情形的,人民法院在决定予以收监的同时,应当确定不计入刑期的期间。对于监狱管理机关或者公安机关决定暂予监外执行的罪犯具有上述情形的,罪犯被收监后,所在监狱或者看守所应当及时向所在地的中级人民法院提出不计入执行刑期的建议书,由人民法院审核裁定。"

从上述规定可以看出,虽然现行法律法规对保外就医期限届满未收监又重新犯罪的,如何计算余刑没有具体的规定,但基本原则是明确、一致的,即保外就医期间违反相关监管规定脱管、脱逃的,脱管、脱逃期间不计入执行刑期。这种规定有利于更好地实现保外就医制度的法律效果与社会效果。保外就医制度的本质在于彰显人道主义精神,体现刑罚执行的人性化,是对患严重疾病罪犯的一种人道主义待遇。但在司法实践中,由于监管不力、法律规定缺失等诸多原因,导致"一保到底""保而不医"等保外就医后脱管、漏管问题频繁发生,甚至出现罪犯持续数年脱管,流散社会威胁社会稳定和安全的情况,如本案中的被告人就是在脱管后再次实施严重暴力犯罪。因此,对于保外就医如何计入刑罚执行期间的问题,应当以更加严格和审慎的标准来认定,如果将罪犯保外就医期满后未办理延期手续、未归监的时间都计入刑罚执行期间,无异于引导和鼓励保外就医的罪犯违反规定和脱管,这显然与保外就医制度设立的初衷相背离。本案被告人保外就医的期限为一年,2000 年 8 月 16 日广西壮族自治区监狱管理局批示要求对被告人"收监检查病情"之后,监狱方面多次寻找被告人无果,并于 2009 年 3 月 27 日决定以脱逃罪对被告人立案,实施网上追捕。A 监狱多份文件均明确:被告人 1996 年保外就医一年,收监日期为 1997 年 11 月 28 日,保外就医期满之日起之后的刑期不计入执行刑期。可见,自保外就医期满后,被告人就处于脱管状态,其保外就医期满后的时间不应计入刑罚执行期间。公诉机关的观点与被告人监外执行期满后脱管、漏管直到脱逃被立案、网上追捕的事实不符。

（三）对被告人的余刑应从保外就医一年期满后第二日起算。1994年6月18日《最高人民法院研究室关于服刑罪犯保外就医期限届满后未归监又重新犯罪应如何计算前罪余刑问题的答复》（本附文以下简称《答复》）曾作出明确的规定："服刑罪犯经批准保外就医期应计入执行期，保外就医期限届满后未归监的时间不得计入执行期；又重新犯罪的，其前罪的余刑应从保外就医期限届满第二日起计算至前罪刑满之日为止。"该《答复》虽然已于2013年1月18日被废止，但在本案的处理中仍可以参照《答复》的精神。本案中，虽然A监狱于1996年11月6日批准被告人保外就医，但卷内证据显示，1996年11月29日被告人才实际办理保外就医手续出监，1996年11月6日至29日仍属于在监内服刑期间，因此被告人的余刑应该从1996年11月29日至1997年11月28日一年期满后的第二日，即1997年11月29日开始计算。一审法院将被告人的余刑自1996年11月6日开始计算至2010年10月2日，共计13年10个月27天，除了前述未将合法的保外就医期限计入刑罚执行刑期的问题外，还存在两个问题：一是与实际案情不符，1996年11月6日至29日被告人仍在监内服刑；二是计算上有误，即使从1996年11月6日开始计算，至2010年10月2日，也应为13年10个月26天，而不是13年10个月27天，即11月6日当天应计算为服刑日。二审法院计算被告人的余刑从1997年11月29日至2010年10月2日止，共12年10个月3天，是准确、适当的。（参见第1127号指导案例，潘光荣、赖铭有抢劫案，载《刑事审判参考》总第105集，第76～80页。撰稿：杨华）

第二百六十九条　【社区矫正】对被判处管制、宣告缓刑、假释或者暂予监外执行的罪犯，依法实行社区矫正，由社区矫正机构负责执行。

■人民检察院刑事诉讼规则（2019年12月30日）

第六百四十二条　人民检察院发现社区矫正决定机关、看守所、监狱、社区矫正机构在交付、接收社区矫正对象活动中违反有关规定的，应当依法提出纠正意见。

第六百四十三条　人民检察院发现社区矫正执法活动具有下列情形之一的，应当依法提出纠正意见：

（一）社区矫正对象报到后，社区矫正机构未履行法定告知义务，致使其未按照有关规定接受监督管理的；

（二）违反法律规定批准社区矫正对象离开所居住的市、县，或者违反人民法院禁止令的内容批准社区矫正对象进入特定区域或者场所的；

（三）没有依法监督管理而导致社区矫正对象脱管的；

（四）社区矫正对象违反监督管理规定或者人民法院的禁止令，未依法予以警告、未提请公安机关给予治安管理处罚的；

（五）对社区矫正对象有殴打、体罚、虐待、侮辱人格、强迫其参加超时间或者超体力社区服务等侵犯其合法权利行为的；

（六）未依法办理解除、终止社区矫正的；

（七）其他违法情形。

第六百四十四条　人民检察院发现对社区矫正对象的刑罚变更执行活动具有下列情形之一的，应当依法提出纠正意见：

（一）社区矫正机构未依法向人民法院、公安机关、监狱管理机关提出撤销缓刑、撤销假释建议或者对暂予监外执行的收监执行建议，或者未依法向人民法院提出减刑建议的；

（二）人民法院、公安机关、监狱管理机关未依法作出裁定、决定，或者未依法送达的；

（三）公安机关未依法将罪犯送交看守所、监狱，或者看守所、监狱未依法收监执行的；

（四）公安机关未依法对在逃的罪犯实施追捕的；

(五)其他违法情形。

■最高人民法院关于适用《中华人民共和国刑事诉讼法》的解释(2021年3月1日)

第五百一十九条 对被判处管制、宣告缓刑的罪犯,人民法院应当依法确定社区矫正执行地。社区矫正执行地为罪犯的居住地;罪犯在多个地方居住的,可以确定其经常居住地为执行地;罪犯的居住地、经常居住地无法确定或者不适宜执行社区矫正的,应当根据有利于罪犯接受矫正、更好地融入社会的原则,确定执行地。

宣判时,应当告知罪犯自判决、裁定生效之日起十日以内到执行地社区矫正机构报到,以及不按期报到的后果。

人民法院应当自判决、裁定生效之日起五日以内通知执行地社区矫正机构,并在十日以内将判决书、裁定书、执行通知书等法律文书送达执行地社区矫正机构,同时抄送人民检察院和执行地公安机关。人民法院与社区矫正执行地不在同一地方的,由执行地社区矫正机构将法律文书转送所在地的人民检察院和公安机关。

第五百四十二条 罪犯在缓刑、假释考验期限内犯新罪或者被发现在判决宣告前还有其他罪没有判决,应当撤销缓刑、假释的,由审判新罪的人民法院撤销原判决、裁定宣告的缓刑、假释,并书面通知原审人民法院和执行机关。

第五百四十三条 人民法院收到社区矫正机构的撤销缓刑建议书后,经审查,确认罪犯在缓刑考验期限内具有下列情形之一的,应当作出撤销缓刑的裁定:

(一)违反禁止令,情节严重的;

(二)无正当理由不按规定时间报到或者接受社区矫正期间脱离监管,超过一个月的;

(三)因违反监督管理规定受到治安管理处罚,仍不改正的;

(四)受到执行机关二次警告,仍不改正的;

(五)违反法律、行政法规和监督管理规定,情节严重的其他情形。

人民法院收到社区矫正机构的撤销假释建议书后,经审查,确认罪犯在假释考验期限内具有前款第二项、第四项规定情形之一,或者有其他违反监督管理规定的行为,尚未构成新的犯罪的,应当作出撤销假释的裁定。

第五百四十四条 被提请撤销缓刑、假释的罪犯可能逃跑或者可能发生社会危险,社区矫正机构在提出撤销缓刑、假释建议的同时,提请人民法院决定对其予以逮捕的,人民法院应当在四十八小时以内作出是否逮捕的决定。决定逮捕的,由公安机关执行。逮捕后的羁押期限不得超过三十日。

第五百四十五条 人民法院应当在收到社区矫正机构的撤销缓刑、假释建议书后三十日以内作出裁定。撤销缓刑、假释的裁定一经作出,立即生效。

人民法院应当将撤销缓刑、假释裁定书送达社区矫正机构和公安机关,并抄送人民检察院,由公安机关将罪犯送交执行。执行以前被逮捕的,羁押一日折抵刑期一日。

■公安机关办理刑事案件程序规定(2020年9月1日)

第三百零二条 对被判处管制、宣告缓刑、假释或者暂予监外执行的罪犯,已被羁押的,由看守所将其交付社区矫正机构执行。

对被判处剥夺政治权利的罪犯,由罪犯居住地的派出所负责执行。

第三百零三条 对被判处有期徒刑由看守所代为执行和被判处拘役的罪犯,执行期间如果没有再犯新罪,执行期满,看守所应当发给刑满释放证明书。

第三百零四条 公安机关在执行刑罚中,如果认为判决有错误或者罪犯提出申诉,应当转请人民检察院或者原判人民法院处理。

第三百一十六条 被剥夺政治权利、管制、宣告缓刑和假释的罪犯在执行期间又犯新罪的,由犯罪地公安机关立案侦查。

对留看守所执行刑罚的罪犯，因犯新罪被撤销假释的，应当根据侦查、审判需要，由犯罪地看守所或者原执行看守所收监执行。

■最高人民法院、最高人民检察院、公安部、国家安全部、司法部、全国人大常委会法制工作委员会关于实施刑事诉讼法若干问题的规定（2013年1月1日）

35. 被决定收监执行的社区矫正人员在逃的，社区矫正机构应当立即通知公安机关，由公安机关负责追捕。

■暂予监外执行规定（2014年12月1日）

第十五条　监狱、看守所应当向罪犯发放暂予监外执行决定书，及时为罪犯办理出监、出所相关手续。

在罪犯离开监狱、看守所之前，监狱、看守所应当核实其居住地，书面通知其居住地社区矫正机构，并对其进行出监、出所教育，书面告知其在暂予监外执行期间应当遵守的法律和有关监督管理规定。罪犯应当在告知书上签名。

第十六条　监狱、看守所应当派员持暂予监外执行决定书及有关文书材料，将罪犯押送至居住地，与社区矫正机构办理交接手续。监狱、看守所应当及时将罪犯交接情况通报人民检察院。

第十九条　人民法院决定暂予监外执行，罪犯被羁押的，应当通知罪犯居住地社区矫正机构，社区矫正机构应当派员持暂予监外执行决定书及时与看守所办理交接手续，接收罪犯档案；罪犯被取保候审、监视居住的，由社区矫正机构与执行取保候审、监视居住的公安机关办理交接手续。

第二十条　罪犯原服刑地与居住地不在同一省、自治区、直辖市，需要回居住地暂予监外执行的，原服刑地的省级以上监狱管理机关或者设区的市一级以上公安机关监所管理部门应当书面通知罪犯居住地的监狱管理机关、公安机关监所管理部门，由其指定一所监狱、看守所接收罪犯档案，负责办理罪犯收监、刑满释放等手续，并及时书面通知罪犯居住地社区矫正机构。

第二十一条　社区矫正机构应当及时掌握暂予监外执行罪犯的身体状况以及疾病治疗等情况，每三个月审查保外就医罪犯的病情复查情况，并根据需要向批准、决定机关或者有关监狱、看守所反馈情况。

第二十二条　罪犯在暂予监外执行期间因犯新罪或者发现判决宣告以前还有其他罪没有判决的，侦查机关应当在对罪犯采取强制措施后二十四小时以内，将有关情况通知罪犯居住地社区矫正机构；人民法院应当在判决、裁定生效后，及时将判决、裁定的结果通知罪犯居住地社区矫正机构和罪犯原服刑或者接收其档案的监狱、看守所。

罪犯按前款规定被判处监禁刑罚后，应当由原服刑的监狱、看守所收监执行；原服刑的监狱、看守所与接收其档案的监狱、看守所不一致的，应当由接收其档案的监狱、看守所收监执行。

■最高人民法院关于印发《罪犯生活不能自理鉴别标准》的通知（2016年7月26日）（见本书附录四十五）

■中央社会治安综合治理委员会办公室、最高人民法院、最高人民检察院、公安部、司法部关于加强和规范监外执行工作的意见（2009年7月1日）

1. 人民法院对罪犯判处管制、单处剥夺政治权利、宣告缓刑的，应当在判决、裁定生效后五个工作日内，核实罪犯居住地后将判决书、裁定书、执行通知书送达罪犯居住地县级公安机关主管部门，并抄送罪犯居住地县级人民检察院监所检察部门。

5. 对于裁定假释的，人民法院应当将假释裁定书送达提请假释的执行机关和承担监所检察任务的人民检察院。监狱、看守所应当核实罪犯居住地，并在释放罪犯后五个工作日内将假释证明书副本、判决书、裁定书等法律文书送达罪犯居住地县级公安机关主管部门，抄送罪犯居住地县级人民检察院监所检察部门。对主刑执行完毕后附加执行剥夺政治权利的罪犯,监狱、看守所应当核实罪犯居住地,并在释放罪犯前一个月将刑满释放通知书、执行剥夺政治权利附加刑所依据的判决书、裁定书等法律文书送达罪犯居住地县级公安机关主管部门,抄送罪犯居住地县级人民检察院监所检察部门。

6. 被判处管制、剥夺政治权利、缓刑罪犯的判决、裁定作出后,以及被假释罪犯、主刑执行完毕后附加执行剥夺政治权利罪犯出监时,人民法院、监狱、看守所应当书面告知其必须按时到居住地公安派出所报到,以及不按时报到应承担的法律责任,并由罪犯本人在告知书上签字。自人民法院判决、裁定生效之日起或者监狱、看守所释放罪犯之日起,在本省、自治区、直辖市裁判或者服刑、羁押的应当在十日内报到,在外省、自治区、直辖市裁判或者服刑、羁押的应当在二十日内报到。告知书一式三份,一份交监外执行罪犯本人,一份送达执行地县级公安机关,一份由告知机关存档。

7. 执行地公安机关收到人民法院、监狱、看守所送达的法律文书后,应当在五个工作日内送达回执。

15. 被宣告缓刑、假释的罪犯在缓刑、假释考验期间有下列情形之一的,由与原裁判人民法院同级的执行地公安机关提出撤销缓刑、假释的建议:

(1)人民法院、监狱、看守所已书面告知罪犯应当按时到执行地公安机关报到,罪犯未在规定的时间内报到,脱离监管三个月以上的;

(2)未经执行地公安机关批准擅自离开所居住的市、县或者迁居,脱离监管三个月以上的;

(3)未按照执行地公安机关的规定报告自己的活动情况或者不遵守执行机关关于会客等规定,经过三次教育仍然拒不改正的;

(4)有其他违反法律、行政法规或者国务院公安部门有关缓刑、假释的监督管理规定行为,情节严重的。

16. 人民法院裁定撤销缓刑、假释后,执行地公安机关应当及时将罪犯送交监狱或者看守所收监执行。被撤销缓刑、假释并决定收监执行的罪犯下落不明的,公安机关可以按照有关程序上网追逃。

公安机关撤销缓刑、假释的建议书副本和人民法院撤销缓刑、假释的裁定书副本应当抄送罪犯居住地人民检察院监所检察部门。

17. 监外执行罪犯在缓刑、假释、暂予监外执行、管制或者剥夺政治权利期间死亡的,公安机关应当核实情况后通报原作出判决、裁定的人民法院和原关押监狱、看守所,或者接收该罪犯档案的监狱、看守所,以及执行地县级人民检察院监所检察部门。

18. 被判处管制、剥夺政治权利的罪犯执行期满的,公安机关应当通知其本人,并向其所在单位或者居住地群众公开宣布解除管制或者恢复政治权利;被宣告缓刑的罪犯缓刑考验期满,原判刑罚不再执行的,公安机关应当向其本人和所在单位或者居住地群众宣布,并通报原判决的人民法院;被裁定假释的罪犯假释考验期满,原判刑罚执行完毕的,公安机关应当向其本人和所在单位或者居住地群众宣布,并通报原裁定的人民法院和原执行的监狱、看守所。

19. 暂予监外执行的罪犯刑期届满的,执行地公安机关应当及时通报原关押监狱、看守所或者接收该罪犯档案的监狱、看守所,按期办理释放手续。人民法院决定暂予监外执行的罪犯刑期届满的,由执行地公安机关向原判决人民法院和执行地县级人民检察院通报,并按期办理释放手续。

■最高人民法院、最高人民检察院、公安部、司法部关于进一步加强社区矫正工作衔接配合管理的意见(2016年8月30日)(见本书附录三十三)

■最高人民法院、最高人民检察院、公安部、司法部关于对因犯罪在大陆受审的台湾居民依法适用缓刑实行社区矫正有关问题的意见(全文)(2017年1月1日)

第一条　对因犯罪被判处拘役、三年以下有期徒刑的台湾居民,如果其犯罪情节较轻、有悔罪表现、没有再犯罪的危险且宣告缓刑对所居住社区没有重大不良影响的,人民法院可以宣告缓刑,对其中不满十八周岁的人、怀孕的妇女和已满七十五周岁的人，应当宣告缓刑。

第二条　人民检察院建议对被告人宣告缓刑的，应当说明依据和理由。

被告人及其法定代理人、辩护人提出宣告缓刑的请求，应当说明理由，必要时需提交经过台湾地区公证机关公证的被告人在台湾地区无犯罪记录证明等相关材料。

第三条　公安机关、人民检察院、人民法院需要委托司法行政机关调查评估宣告缓刑对社区影响的，可以委托犯罪嫌疑人、被告人在大陆居住地的县级司法行政机关，也可以委托适合协助社区矫正的下列单位或者人员所在地的县级司法行政机关：

（一）犯罪嫌疑人、被告人在大陆的工作单位或者就读学校；

（二）台湾同胞投资企业协会、台湾同胞投资企业；

（三）其他愿意且有能力协助社区矫正的单位或者人员。

已经建立涉台社区矫正专门机构的地方，可以委托该机构所在地的县级司法行政机关调查评估。

根据前两款规定仍无法确定接受委托的调查评估机关的，可以委托办理案件的公安机关、人民检察院、人民法院所在地的县级司法行政机关。

第四条　司法行政机关收到委托后，一般应当在十个工作日内向委托机关提交调查评估报告；对提交调查评估报告的时间另有规定的，从其规定。

司法行政机关开展调查评估，可以请当地台湾同胞投资企业协会、台湾同胞投资企业以及犯罪嫌疑人、被告人在大陆的监护人、亲友等协助提供有关材料。

第五条　人民法院对被告人宣告缓刑时，应当核实其居住地或者本意见第三条规定的有关单位、人员所在地，书面告知被告人应当自判决、裁定生效后十日内到社区矫正执行地的县级司法行政机关报到，以及逾期报到的法律后果。

缓刑判决、裁定生效后，人民法院应当在十日内将判决书、裁定书、执行通知书等法律文书送达社区矫正执行地的县级司法行政机关，同时抄送该地县级人民检察院和公安机关。

第六条　对被告人宣告缓刑的，人民法院应当及时作出不准出境决定书，同时依照有关规定办理边控手续。

实施边控的期限为缓刑考验期限。

第七条　对缓刑犯的社区矫正，由其在大陆居住地的司法行政机关负责指导管理、组织实施；在大陆没有居住地的，由本意见第三条规定的有关司法行政机关负责。

第八条　为缓刑犯确定的社区矫正小组可以吸收下列人员参与：

（一）当地台湾同胞投资企业协会、台湾同胞投资企业的代表；

（二）在大陆居住或者工作的台湾同胞；

（三）缓刑犯在大陆的亲友；

（四）其他愿意且有能力参与社区矫正工作的人员。

第九条　根据社区矫正需要，司法行政机关可以会同相关部门，协调台湾同胞投资企业协会、台湾同胞投资企业等，为缓刑犯提供工作岗位、技能培训等帮助。

第十条　对于符合条件的缓刑犯，可以依据《海峡两岸共同打击犯罪及司法互助协议》，移交台湾地区执行。

第十一条　对因犯罪在大陆受审、执行刑罚的台湾居民判处管制、裁定假释、决定或者批准暂予监外执行，实行社区矫正的，可以参照适用本意见的有关规定。

第十二条　本意见自2017年1月1日起施行。

第二百七十条　【剥夺政治权利的执行】对被判处剥夺政治权利的罪犯,由公安机关执行。执行期满,应当由执行机关书面通知本人及其所在单位、居住地基层组织。

■最高人民法院关于适用《中华人民共和国刑事诉讼法》的解释(2021年3月1日)

第五百二十条　对单处剥夺政治权利的罪犯,人民法院应当在判决、裁定生效后十日以内,将判决书、裁定书、执行通知书等法律文书送达罪犯居住地的县级公安机关,并抄送罪犯居住地的县级人民检察院。

第四节　刑事裁判涉财产部分和附带民事裁判的执行

■公安机关办理刑事案件程序规定(2020年9月1日)

第三百一十一条　负责执行剥夺政治权利的派出所应当按照人民法院的判决,向罪犯及其所在单位、居住地基层组织宣布其犯罪事实、被剥夺政治权利的期限,以及罪犯在执行期间应当遵守的规定。

第三百一十二条　被剥夺政治权利的罪犯在执行期间应当遵守下列规定:

(一)遵守国家法律、行政法规和公安部制定的有关规定,服从监督管理;

(二)不得享有选举权和被选举权;

(三)不得组织或者参加集会、游行、示威、结社活动;

(四)不得出版、制作、发行书籍、音像制品;

(五)不得接受采访,发表演说;

(六)不得在境内外发表有损国家荣誉、利益或者其他具有社会危害性的言论;

(七)不得担任国家机关职务;

(八)不得担任国有公司、企业、事业单位和人民团体的领导职务。

第三百一十三条　被剥夺政治权利的罪犯违反本规定第三百零一条的规定,尚未构成新的犯罪的,公安机关依法可以给予治安管理处罚。

第三百一十四条　被剥夺政治权利的罪犯,执行期满,公安机关应当书面通知本人及其所在单位、居住地基层组织。

第三百一十六条　被剥夺政治权利、管制、宣告缓刑和假释的罪犯在执行期间又犯新罪的,由犯罪地公安机关立案侦查。

对留看守所执行刑罚的罪犯,因犯新罪被撤销假释的,应当根据侦查、审判需要,由犯罪地看守所或者原执行看守所收监执行。

■中央社会治安综合治理委员会办公室、最高人民法院、最高人民检察院、公安部、司法部关于加强和规范监外执行工作的意见(2009年7月1日)

1. 人民法院对罪犯判处管制、单处剥夺政治权利、宣告缓刑的,应当在判决、裁定生效后五个工作日内,核实罪犯居住地后将判决书、裁定书、执行通知书送达罪犯居住地县级公安机关主管部门,并抄送罪犯居住地县级人民检察院监所检察部门。

6. 被判处管制、剥夺政治权利、缓刑罪犯的判决、裁定作出后,以及被假释罪犯、主刑执行完毕后附加执行剥夺政治权利罪犯出监时,人民法院、监狱、看守所应当书面告知其必须按时到居住地公安派出所报到,以及不按时报到应承担的法律责任,并由罪犯本人在告知书上签字。自人民法院判决、裁定生效之日起或者监狱、看守所释放罪犯之日起,在本省、自治区、直辖市裁判或者服刑、羁押的应当在十日内报到,在外省、自治区、直辖市裁判或者服刑、羁押的应当在二十日内报到。告知书一式三份,一份交监外执行罪犯本人,一份送达执行地县级公安机关,一份由告知机关存档。

7. 执行地公安机关收到人民法院、监狱、看守所送达的法律文书后,应当在五个工作日内送达回执。

第二百七十一条 【罚金的执行】被判处罚金的罪犯,期满不缴纳的,人民法院应当强制缴纳;如果由于遭遇不能抗拒的灾祸等原因缴纳确实有困难的,经人民法院裁定,可以延期缴纳、酌情减少或者免除。

■人民检察院刑事诉讼规则(2019 年 12 月 30 日)

第六百四十五条 人民检察院发现人民法院执行刑事裁判涉财产部分具有下列情形之一的,应当依法提出纠正意见:

(一)执行立案活动违法的;

(二)延期缴纳、酌情减少或者免除罚金违法的;

(三)中止执行或者终结执行违法的;

(四)被执行人有履行能力,应当执行而不执行的;

(五)损害被执行人、被害人、利害关系人或者案外人合法权益的;

(六)刑事裁判全部或者部分被撤销后未依法返还或者赔偿的;

(七)执行的财产未依法上缴国库的;

(八)其他违法情形。

人民检察院对人民法院执行刑事裁判涉财产部分进行监督,可以对公安机关查封、扣押、冻结涉案财物的情况,人民法院审判部门、立案部门、执行部门移送、立案、执行情况,被执行人的履行能力等情况向有关单位和个人进行调查核实。

第六百四十六条 人民检察院发现被执行人或者其他人员有隐匿、转移、变卖财产等妨碍执行情形的,可以建议人民法院及时查封、扣押、冻结。

公安机关不依法向人民法院移送涉案财物、相关清单、照片和其他证明文件,或者对涉案财物的查封、扣押、冻结、返还、处置等活动存在违法情形的,人民检察院应当依法提出纠正意见。

■最高人民法院关于适用《中华人民共和国刑事诉讼法》的解释(2021 年 3 月 1 日)

第五百二十三条 罚金在判决规定的期限内一次或者分期缴纳。期满无故不缴纳或者未足额缴纳的,人民法院应当强制缴纳。经强制缴纳仍不能全部缴纳的,在任何时候,包括主刑执行完毕后,发现被执行人有可供执行的财产的,应当追缴。

行政机关对被告人就同一事实已经处以罚款的,人民法院判处罚金时应当折抵,扣除行政处罚已执行的部分。

第五百二十四条 因遭遇不能抗拒的灾祸等原因缴纳罚金确有困难,被执行人申请延期缴纳、酌情减少或者免除罚金的,应当提交相关证明材料。人民法院应当在收到申请后一个月以内作出裁定。符合法定条件的,应当准许;不符合条件的,驳回申请。

(第五百二十一条至第五百二十二条和第五百二十五条至第五三十二条的内容见本书刑事诉讼法第二百七十二条后所附本解释相应条款内容)

■最高人民法院关于适用财产刑若干问题的规定(2000 年 12 月 19 日)

第十条 财产刑由第一审人民法院执行。

犯罪分子的财产在异地的,第一审人民法院可以委托财产所在地人民法院代为执行。

■最高人民法院关于刑事裁判涉财产部分执行的若干规定(全文)(2014 年 11 月 6 日)

第一条 本规定所称刑事裁判涉财产部分的执行,是指发生法律效力的刑事裁判主文确定的下列事项的执行:

(一)罚金、没收财产;

(二)责令退赔;

(三)处置随案移送的赃款赃物;

(四)没收随案移送的供犯罪所用本人财物;

(五)其他应当由人民法院执行的相关事项。

刑事附带民事裁判的执行,适用民事执行的有关规定。

第二条　刑事裁判涉财产部分,由第一审人民法院执行。第一审人民法院可以委托财产所在地的同级人民法院执行。

第三条　人民法院办理刑事裁判涉财产部分执行案件的期限为六个月。有特殊情况需要延长的,经本院院长批准,可以延长。

第四条　人民法院刑事审判中可能判处被告人财产刑、责令退赔的,刑事审判部门应当依法对被告人的财产状况进行调查;发现可能隐匿、转移财产的,应当及时查封、扣押、冻结其相应财产。

第五条　刑事审判或者执行中,对于侦查机关已经采取的查封、扣押、冻结,人民法院应当在期限届满前及时续行查封、扣押、冻结。人民法院续行查封、扣押、冻结的顺位与侦查机关查封、扣押、冻结的顺位相同。

对侦查机关查封、扣押、冻结的财产,人民法院执行中可以直接裁定处置,无需侦查机关出具解除手续,但裁定中应当指明侦查机关查封、扣押、冻结的事实。

第六条　刑事裁判涉财产部分的裁判内容,应当明确、具体。涉案财物或者被害人人数较多,不宜在判决主文中详细列明的,可以概括叙明并另附清单。

判处没收部分财产的,应当明确没收的具体财物或者金额。

判处追缴或者责令退赔的,应当明确追缴或者退赔的金额或财物的名称、数量等相关情况。

第七条　由人民法院执行机构负责执行的刑事裁判涉财产部分,刑事审判部门应当及时移送立案部门审查立案。

移送立案应当提交生效裁判文书及其附件和其他相关材料,并填写《移送执行表》。《移送执行表》应当载明以下内容:

(一)被执行人、被害人的基本信息;

(二)已查明的财产状况或者财产线索;

(三)随案移送的财产和已经处置财产的情况;

(四)查封、扣押、冻结财产的情况;

(五)移送执行的时间;

(六)其他需要说明的情况。

人民法院立案部门经审查,认为属于移送范围且移送材料齐全的,应当在七日内立案,并移送执行机构。

第八条　人民法院可以向刑罚执行机关、社区矫正机构等有关单位调查被执行人的财产状况,并可以根据不同情形要求有关单位协助采取查封、扣押、冻结、划拨等执行措施。

第九条　判处没收财产的,应当执行刑事裁判生效时被执行人合法所有的财产。

执行没收财产或罚金刑,应当参照被扶养人住所地政府公布的上年度当地居民最低生活费标准,保留被执行人及其所扶养家属的生活必需费用。

第十条　对赃款赃物及其收益,人民法院应当一并追缴。

被执行人将赃款赃物投资或者置业,对因此形成的财产及其收益,人民法院应予追缴。

被执行人将赃款赃物与其他合法财产共同投资或者置业,对因此形成的财产中与赃款赃物对应的份额及其收益,人民法院应予追缴。

对于被害人的损失,应当按照刑事裁判认定的实际损失予以发还或者赔偿。

第十一条　被执行人将刑事裁判认定为赃款赃物的涉案财物用于清偿债务、转让或者设置其他权

利负担,具有下列情形之一的,人民法院应予追缴:

(一)第三人明知是涉案财物而接受的;

(二)第三人无偿或者以明显低于市场的价格取得涉案财物的;

(三)第三人通过非法债务清偿或者违法犯罪活动取得涉案财物的;

(四)第三人通过其他恶意方式取得涉案财物的。

第三人善意取得涉案财物的,执行程序中不予追缴。作为原所有人的被害人对该涉案财物主张权利的,人民法院应当告知其通过诉讼程序处理。

第十二条 被执行财产需要变价的,人民法院执行机构应当依法采取拍卖、变卖等变价措施。

涉案财物最后一次拍卖未能成交,需要上缴国库的,人民法院应当通知有关财政机关以该次拍卖保留价予以接收;有关财政机关要求继续变价的,可以进行无保留价拍卖。需要退赔被害人的,以该次拍卖保留价以物退赔;被害人不同意以物退赔的,可以进行无保留价拍卖。

第十三条 被执行人在执行中同时承担刑事责任、民事责任,其财产不足以支付的,按照下列顺序执行:

(一)人身损害赔偿中的医疗费用;

(二)退赔被害人的损失;

(三)其他民事债务;

(四)罚金;

(五)没收财产。

债权人对执行标的依法享有优先受偿权,其主张优先受偿的,人民法院应当在前款第(一)项规定的医疗费用受偿后,予以支持。

第十四条 执行过程中,当事人、利害关系人认为执行行为违反法律规定,或者案外人对执行标的主张足以阻止执行的实体权利,向执行法院提出书面异议的,执行法院应当依照民事诉讼法第二百二十五条的规定处理。

人民法院审查案外人异议、复议,应当公开听证。

第十五条 执行过程中,案外人或被害人认为刑事裁判中对涉案财物是否属于赃款赃物认定错误或者应予认定而未认定,向执行法院提出书面异议,可以通过裁定补正的,执行机构应当将异议材料移送刑事审判部门处理;无法通过裁定补正的,应当告知异议人通过审判监督程序处理。

第十六条 人民法院办理刑事裁判涉财产部分执行案件,刑法、刑事诉讼法及有关司法解释没有相应规定的,参照适用民事执行的有关规定。

第十七条 最高人民法院此前发布的司法解释与本规定不一致的,以本规定为准。

▼全国法院维护农村稳定刑事审判工作座谈会纪要(1999年10月27日)

三(四)关于财产刑问题。凡法律规定并处罚金或者没收财产的,均应当依法并处,被告人的执行能力不能作为是否判处财产刑的依据。确实无法执行或不能执行的,可以依法执行终结或者减免。对法律规定主刑有死刑、无期徒刑和有期徒刑,同时并处没收财产或罚金的,如决定判处死刑,只能并处没收财产;判处无期徒刑的,可以并处没收财产,也可以并处罚金;判处有期徒刑的,只能并处罚金。

▼全国部分法院审理毒品犯罪案件工作座谈会纪要(2008年12月22日)

十三、毒品案件财产刑的适用和执行问题

刑法对毒品犯罪规定了并处罚金或者没收财产刑,司法实践中应当依法充分适用。不仅要依法追缴被告人的违法所得及其收益,还要严格依法判处被告人罚金刑或者没收财产刑,不能因为被告人没有财产,或者其财产难以查清、难以分割或者难以执行,就不依法判处财产刑。

要采取有力措施,加大财产刑执行力度。要加强与公安机关、检察机关的协作,对毒品犯罪分子来源不明的巨额财产,依法及时采取查封、扣押、冻结等措施,防止犯罪分子及其亲属转移、隐匿、变卖或者洗钱,逃避依法追缴。要加强不同地区法院之间的相互协作配合。毒品犯罪分子的财产在异地的,第一审人民法院可以委托财产所在地人民法院代为执行。要落实和运用有关国际禁毒公约规定,充分利用国际刑警组织等渠道,最大限度地做好境外追赃工作。

▽罚金减免程序在实践中的启动方法

减免罚金的启动程序,原则上应该由被执行人或其家属向法院提出申请,并由被执行人承担相关举证责任。对此,《最高人民法院关于适用财产刑若干问题的规定》(法释〔2000〕45号)第六条规定,具有《刑法》第五十三条规定"可以酌情减少或者免除"事由的,由罪犯本人、亲属或者犯罪单位向负责执行的人民法院提出书面申请,并提供相应的证明材料。据此,现行司法解释明确要求被执行人或者其家属作为减免申请人并承担举证责任,这是符合"谁主张,谁举证"的司法原理的。但这并不排除在特殊情况下,司法机关了解到相关情况后可以根据法律向当事人进行释明、提醒,甚至帮助申请人履行证明责任。因为在实践中,由于罪犯本人或者其家属通常在遭受不可抵抗的灾难之后会蒙受巨大经济损失和精神打击,可能会出现罪犯和家属联络沟通不畅,家属缺乏提起减免申请和证明受灾的举证意识或者举证能力,因此国家权力机关依职权主动介入,及时了解情况,一方面可以帮助被执行人实现自己申请减免的权利,另一方面也保证了审查材料的真实可靠性,提高诉讼效率。本案在地震灾情发生后,被执行人龙某服刑地检察院、监狱管理部门主动联系其家庭所在地政府调查情况的做法,实际上是一种司法救济,能有力地帮助申请人提出申请、完成举证责任,推动减免程序的启动和顺利进行,有利于服刑罪犯权利的保护,也是司法为民精神的体现。[参见第596号指导案例,法院裁定终结执行被执行人龙金罚金案,载《刑事审判参考》总第72集(2010年第1集),第3页。撰稿:陆文德　马超杰　肖波]

▽减免罚金的职能部门

我国相关法律、规范性文件的有关规定明确了人民法院的执行机构专门负责包括刑事判决中的财产刑在内的执行工作:《民事诉讼法》第二百零七条规定,发生法律效力的民事判决、裁定,以及刑事判决、裁定中的财产部分,由第一审人民法院执行。《人民法院组织法》第四十一条规定,地方各级人民法院设执行员,办理民事案件判决和裁定的执行事项,办理刑事案件判决和裁定中关于财产部分的执行事项。最高人民法院《人民法院第二个五年改革纲要》(法发〔2005〕18号)第十七条也明确提出"各级人民法院执行机构负责民事、行政案件判决裁定和其他法定执行依据的执行事项,以及刑事案件判决裁定中关于财产部分的执行事项(含财产刑)"。但在罚金刑的执行过程中,由于出现法定事由需要减免的,由哪个职能部门具体负责操作,《刑法》和本法均未明确规定。实践中不同法院操作也不尽一致,主要做法有以下两种:1. 一审法院的执行庭作为减免罚金的职能部门。执行庭是执行罚金刑的职能机构,因此,罚金刑进入执行程序后,相应的中止、终结等程序问题,由一审法院执行庭统一负责罚金刑的减免更合法、合理、有效。理由是:(1)由刑庭作出减免罚金裁定目前尚缺乏明确的法律依据。我国关于减刑的法律和司法解释规定主要针对自由刑,且规定中级人民法院以上级别的法院有权进行审查,对财产刑的减免显然不能机械地适用相关规定。基层法院刑庭作出的减免罚金的裁定既无现行法律文书样式,也无明确法律或司法解释的规定可以参照,因此缺乏明确的法律依据。(2)增加程序流转,缺乏配套制度。如果刑庭作出减免裁定后再移交执行庭执行,会造成一个刑事案件多个罚金刑执行案号的"一案多执"情况和现有审判管理制度衔接不畅,程序相对烦琐。由于对财产刑的减免理由法律规定明确,事实相对清楚,执行机构组成合议庭后完全有能力审查案件作出准确裁定,从而提高减免罚金案件的诉讼效率。2. 一审法院的刑庭作为减免罚金的职能部门。理由是:(1)执行权不同于司法审判权,它无权对执行标的作出变更和处分。罚金的减免属于对执行标的的变更和处分,是实体问题,由刑事案件一审的刑庭执行操作更为恰当。(2)罚金的减免要综合考虑案件事实、法律政策以及证据等材料，刑庭立案开始就介入案件中，对案件的事实和法律政策更为了解，对被告人的财产情况和缴纳罚金的能力更为清楚，故由一审法院刑庭负责审查罚金的减免更有利于案件的公正处理。目前的法律及司法解释对于减免罚金的职能部门尚未作出明确的规定，在实践中两种操作模式并存，从实际效果来看，两种模式也各有优势。在法律对此问题没有作出明确规定的情况下，现行的各种做法都无所谓违法，不同的观点都是在对这一问题寻求一种更优的解决方法。在实践中，尚未交付执行的，可由原审判庭办理，因为从罚金的减免是对既定刑罚的变更这一角度来看，这一问题属于对实体问题的处分，此项工作由原审法院的刑庭负责更符合刑庭的职责分工；已交付执行庭的，由执行庭办理，虽然由原审法院刑庭决定后再交由执行部门执行多了一道流转程序，但由于法定的财产刑的减免事由明确，对被执行人是否具有法定减免罚金事由的审查并不需要过长时间，做好各个程序的衔接并不困难，应当能够实现提高诉讼效率的要求。案件的审查和裁定的作出本案的被执行人龙某的家庭在“5·12”地震中受灾严重，属于《刑法》第五十三条规定的可以免除执行罚金的情形，根据《刑法》第五十三条和本法本条关于减免罚金的程序规定和《规定》第六条之规定，参照《民事诉讼法》和《最高人民法院关于人民法院执行工作若干问题的规定（试行）》第一百零六条、第一百零八条关于执行终结的相关规定，可以裁定终结执行罚金刑，免除被执行人龙某尚未缴纳的罚金。应当说，在罪犯龙某家庭遭受地震灾难后，法院依法作出免除其所判罚金的执行，体现了刑法的人文关怀，同时也体现了国家对灾区籍罪犯的关怀体恤，有利于罪犯的改造，实现法律效果与社会效果的统一。［参见第596号指导案例，法院裁定终结执行被执行人龙金罚金案，载《刑事审判参考》总第72集（2010年第1集），第4～6页。撰稿：陆文德　马超杰　肖波］

第二百七十二条　【没收财产刑的执行】没收财产的判决，无论附加适用或者独立适用，都由人民法院执行；在必要的时候，可以会同公安机关执行。

■最高人民法院关于适用《中华人民共和国刑事诉讼法》的解释（2021年3月1日）

第五百二十一条　刑事裁判涉财产部分的执行，是指发生法律效力的刑事裁判中下列判项的执行：

（一）罚金、没收财产；

（二）追缴、责令退赔违法所得；

（三）处置随案移送的赃款赃物；

（四）没收随案移送的供犯罪所用本人财物；

（五）其他应当由人民法院执行的相关涉财产的判项。

第五百二十二条　刑事裁判涉财产部分和附带民事裁判应当由人民法院执行的，由第一审人民法院负责裁判执行的机构执行。

第五百二十五条　判处没收财产的，判决生效后，应当立即执行。

第五百二十六条　执行财产刑，应当参照被扶养人住所地政府公布的上年度当地居民最低生活费标准，保留被执行人及其所扶养人的生活必需费用。

第五百二十七条　被判处财产刑，同时又承担附带民事赔偿责任的被执行人，应当先履行民事赔偿责任。

第五百二十八条　执行刑事裁判涉财产部分、附带民事裁判过程中，当事人、利害关系人认为执行行为违反法律规定，或者案外人对被执行标的书面提出异议的，人民法院应当参照民事诉讼法的有关规定处理。

第五百二十九条　执行刑事裁判涉财产部分、附带民事裁判过程中，具有下列情形之一的，人民法院应当裁定终结执行：

(一)据以执行的判决、裁定被撤销的;

(二)被执行人死亡或者被执行死刑,且无财产可供执行的;

(三)被判处罚金的单位终止,且无财产可供执行的;

(四)依照刑法第五十三条规定免除罚金的;

(五)应当终结执行的其他情形。

裁定终结执行后,发现被执行人的财产有被隐匿、转移等情形的,应当追缴。

第五百三十条　被执行财产在外地的,第一审人民法院可以委托财产所在地的同级人民法院执行。

第五百三十一条　刑事裁判涉财产部分、附带民事裁判全部或者部分被撤销的,已经执行的财产应当全部或者部分返还被执行人;无法返还的,应当依法赔偿。

第五百三十二条　刑事裁判涉财产部分、附带民事裁判的执行,刑事诉讼法及有关刑事司法解释没有规定的,参照适用民事执行的有关规定。

■最高人民法院关于适用财产刑若干问题的规定(2000年12月19日)

第十条　财产刑由第一审人民法院执行。

犯罪分子的财产在异地的,第一审人民法院可以委托财产所在地人民法院代为执行。

■最高人民法院关于刑事裁判涉财产部分执行的若干规定(2014年11月6日)

(见本书刑事诉讼法第二百七十一条后附文,即前一条后附文)

▼全国部分法院审理毒品犯罪案件工作座谈会纪要(2008年12月22日)

十三、毒品案件财产刑的适用和执行问题

(见本书刑事诉讼法第二百七十一条后附文,即前一条后附文)

▼全国法院维护农村稳定刑事审判工作座谈会纪要(1999年10月27日)

三(四)关于财产刑问题。凡法律规定并处罚金或者没收财产的,均应当依法并处,被告人的执行能力不能作为是否判处财产刑的依据。确实无法执行或不能执行的,可以依法执行终结或者减免。对法律规定主刑有死刑、无期徒刑和有期徒刑,同时并处没收财产或罚金的,如决定判处死刑,只能并处没收财产;判处无期徒刑的,可以并处没收财产,也可以并处罚金;判处有期徒刑的,只能并处罚金。对于法律规定有罚金刑的犯罪,罚金的具体数额应根据犯罪的情节确定。刑法和司法解释有明确规定的,按规定判处;没有规定的,各地可依照法律规定的原则和具体情况,在总结审判经验的基础上统一规定参照执行的数额标准。对自由刑与罚金刑均可选择适用的案件,如盗窃罪,在决定刑罚时,既要避免以罚金刑代替自由刑,又要克服机械执法只判处自由刑的倾向。对于可执行财产刑且罪行又不严重的初犯、偶犯、从犯等,可单处罚金刑。对于应当并处罚金刑的犯罪,如被告人能积极缴纳罚金,认罪态度较好,且判处的罚金数量较大,自由刑可适当从轻,或考虑宣告缓刑。这符合罪刑相适应原则,因为罚金刑也是刑罚。被告人犯数罪的,应避免判处罚金刑的同时,判处没收部分财产。对于判处没收全部财产,同时判处罚金刑的,应决定执行没收全部财产,不再执行罚金刑。

第二百七十三条　【对罪犯服刑期间有关情况的处理】罪犯在服刑期间又犯罪的,或者发现了判决的时候所没有发现的罪行,由执行机关移送人民检察院处理。

被判处管制、拘役、有期徒刑或者无期徒刑的罪犯,在执行期间确有悔改或者立功表现,应当依法予以减刑、假释的时候,由执行机关提出建议书,报请人民法院审核裁定,并将建议书副本抄送人民检察院。人民检察院可以向人民法院提出书面意见。

■人民检察院刑事诉讼规则(2019年12月30日)

第六百三十五条　人民检察院收到执行机关抄送的减刑、假释建议书副本后,应当逐案进行审查。

发现减刑、假释建议不当或者提请减刑、假释违反法定程序的，应当在十日以内报经检察长批准，向审理减刑、假释案件的人民法院提出书面检察意见，同时也可以向执行机关提出书面纠正意见。案情复杂或者情况特殊的，可以延长十日。

第六百三十六条 人民检察院发现监狱等执行机关提请人民法院裁定减刑、假释的活动具有下列情形之一的，应当依法提出纠正意见：

（一）将不符合减刑、假释法定条件的罪犯，提请人民法院裁定减刑、假释的；

（二）对依法应当减刑、假释的罪犯，不提请人民法院裁定减刑、假释的；

（三）提请对罪犯减刑、假释违反法定程序，或者没有完备的合法手续的；

（四）提请对罪犯减刑的减刑幅度、起始时间、间隔时间或者减刑后又假释的间隔时间不符合有关规定的；

（五）被提请减刑、假释的罪犯被减刑后实际执行的刑期或者假释考验期不符合有关法律规定的；

（六）其他违法情形。

第六百三十七条 人民法院开庭审理减刑、假释案件，人民检察院应当指派检察人员出席法庭，发表意见。

第六百三十八条 人民检察院收到人民法院减刑、假释的裁定书副本后，应当及时审查下列内容：

（一）被减刑、假释的罪犯是否符合法定条件，对罪犯减刑的减刑幅度、起始时间、间隔时间或者减刑后又假释的间隔时间、罪犯被减刑后实际执行的刑期或者假释考验期是否符合有关规定；

（二）执行机关提请减刑、假释的程序是否合法；

（三）人民法院审理、裁定减刑、假释的程序是否合法；

（四）人民法院对罪犯裁定不予减刑、假释是否符合有关规定；

（五）人民法院减刑、假释裁定书是否依法送达执行并向社会公布。

第六百三十九条 人民检察院经审查认为人民法院减刑、假释的裁定不当，应当在收到裁定书副本后二十日以内，向作出减刑、假释裁定的人民法院提出纠正意见。

第六百四十条 对人民法院减刑、假释裁定的纠正意见，由作出减刑、假释裁定的人民法院的同级人民检察院书面提出。

下级人民检察院发现人民法院减刑、假释裁定不当的，应当向作出减刑、假释裁定的人民法院的同级人民检察院报告。

■最高人民法院关于适用《中华人民共和国刑事诉讼法》的解释（2021年3月1日）

第五百三十三条 被判处死刑缓期执行的罪犯，在死刑缓期执行期间，没有故意犯罪的，死刑缓期执行期满后，应当裁定减刑；死刑缓期执行期满后，尚未裁定减刑前又犯罪的，应当在依法减刑后，对其所犯新罪另行审判。

第五百三十四条 对减刑、假释案件，应当按照下列情形分别处理：

（一）对被判处死刑缓期执行的罪犯的减刑，由罪犯服刑地的高级人民法院在收到同级监狱管理机关审核同意的减刑建议书后一个月以内作出裁定；

（二）对被判处无期徒刑的罪犯的减刑、假释，由罪犯服刑地的高级人民法院在收到同级监狱管理机关审核同意的减刑、假释建议书后一个月以内作出裁定，案情复杂或者情况特殊的，可以延长一个月；

（三）对被判处有期徒刑和被减为有期徒刑的罪犯的减刑、假释，由罪犯服刑地的中级人民法院在收到执行机关提出的减刑、假释建议书后一个月以内作出裁定，案情复杂或者情况特殊的，可以延长一个月；

（四）对被判处管制、拘役的罪犯的减刑，由罪犯服刑地的中级人民法院在收到同级执行机关审核同意的减刑建议书后一个月以内作出裁定。

对社区矫正对象的减刑,由社区矫正执行地的中级以上人民法院在收到社区矫正机构减刑建议书后三十日以内作出裁定。

第五百三十五条 受理减刑、假释案件,应当审查执行机关移送的材料是否包括下列内容:

(一)减刑、假释建议书;

(二)原审法院的裁判文书、执行通知书、历次减刑裁定书的复制件;

(三)证明罪犯确有悔改、立功或者重大立功表现具体事实的书面材料;

(四)罪犯评审鉴定表、奖惩审批表等;

(五)罪犯假释后对所居住社区影响的调查评估报告;

(六)刑事裁判涉财产部分、附带民事裁判的执行、履行情况;

(七)根据案件情况需要移送的其他材料。

人民检察院对报请减刑、假释案件提出意见的,执行机关应当一并移送受理减刑、假释案件的人民法院。

经审查,材料不全的,应当通知提请减刑、假释的执行机关在三日以内补送;逾期未补送的,不予立案。

第五百三十六条 审理减刑、假释案件,对罪犯积极履行刑事裁判涉财产部分、附带民事裁判确定的义务的,可以认定有悔改表现,在减刑、假释时从宽掌握;对确有履行能力而不履行或者不全部履行的,在减刑、假释时从严掌握。

第五百三十七条 审理减刑、假释案件,应当在立案后五日以内对下列事项予以公示:

(一)罪犯的姓名、年龄等个人基本情况;

(二)原判认定的罪名和刑期;

(三)罪犯历次减刑情况;

(四)执行机关的减刑、假释建议和依据。

公示应当写明公示期限和提出意见的方式。

第五百三十八条 审理减刑、假释案件,应当组成合议庭,可以采用书面审理的方式,但下列案件应当开庭审理:

(一)因罪犯有重大立功表现提请减刑的;

(二)提请减刑的起始时间、间隔时间或者减刑幅度不符合一般规定的;

(三)被提请减刑、假释罪犯系职务犯罪罪犯,组织、领导、参加、包庇、纵容黑社会性质组织罪犯,破坏金融管理秩序罪犯或者金融诈骗罪犯的;

(四)社会影响重大或者社会关注度高的;

(五)公示期间收到不同意见的;

(六)人民检察院提出异议的;

(七)有必要开庭审理的其他案件。

第五百四十条 减刑、假释裁定作出前,执行机关书面提请撤回减刑、假释建议的,人民法院可以决定是否准许。

第五百四十一条 人民法院发现本院已经生效的减刑、假释裁定确有错误的,应当另行组成合议庭审理;发现下级人民法院已经生效的减刑、假释裁定确有错误的,可以指令下级人民法院另行组成合议庭审理,也可以自行组成合议庭审理。

■公安机关办理刑事案件程序规定(2020年9月1日)

第三百零五条 对依法留看守所执行刑罚的罪犯,符合减刑条件的,由看守所制作减刑建议书,经设区的市一级以上公安机关审查同意后，报请所在地中级以上人民法院审核裁定。

第三百零六条　对依法留看守所执行刑罚的罪犯，符合假释条件的，由看守所制作假释建议书，经设区的市一级以上公安机关审查同意后，报请所在地中级以上人民法院审核裁定。

■最高人民法院关于减刑、假释案件审理程序的规定(全文)(2014年6月1日)

第一条　对减刑、假释案件，应当按照下列情形分别处理：

(一)对被判处死刑缓期执行的罪犯的减刑，由罪犯服刑地的高级人民法院在收到同级监狱管理机关审核同意的减刑建议书后一个月内作出裁定；

(二)对被判处无期徒刑的罪犯的减刑、假释，由罪犯服刑地的高级人民法院在收到同级监狱管理机关审核同意的减刑、假释建议书后一个月内作出裁定，案情复杂或者情况特殊的，可以延长一个月；

(三)对被判处有期徒刑和被减为有期徒刑的罪犯的减刑、假释，由罪犯服刑地的中级人民法院在收到执行机关提出的减刑、假释建议书后一个月内作出裁定，案情复杂或者情况特殊的，可以延长一个月；

(四)对被判处拘役、管制的罪犯的减刑，由罪犯服刑地中级人民法院在收到同级执行机关审核同意的减刑、假释建议书后一个月内作出裁定。

对暂予监外执行罪犯的减刑，应当根据情况，分别适用前款的有关规定。

第二条　人民法院受理减刑、假释案件，应当审查执行机关移送的下列材料：

(一)减刑或者假释建议书；

(二)终审法院裁判文书、执行通知书、历次减刑裁定书的复印件；

(三)罪犯确有悔改或者立功、重大立功表现的具体事实的书面证明材料；

(四)罪犯评审鉴定表、奖惩审批表等；

(五)其他根据案件审理需要应予移送的材料。

报请假释的，应当附有社区矫正机构或者基层组织关于罪犯假释后对所居住社区影响的调查评估报告。

人民检察院对报请减刑、假释案件提出检察意见的，执行机关应当一并移送受理减刑、假释案件的人民法院。

经审查，材料齐备的，应当立案；材料不齐的，应当通知执行机关在三日内补送，逾期未补送的，不予立案。

第三条　人民法院审理减刑、假释案件，应当在立案后五日内将执行机关报请减刑、假释的建议书等材料依法向社会公示。

公示内容应当包括罪犯的个人情况、原判认定的罪名和刑期、罪犯历次减刑情况、执行机关的建议及依据。

公示应当写明公示期限和提出意见的方式。公示期限为五日。

第四条　人民法院审理减刑、假释案件，应当依法由审判员或者由审判员和人民陪审员组成合议庭进行。

第五条　人民法院审理减刑、假释案件，除应当审查罪犯在执行期间的一贯表现外，还应当综合考虑犯罪的具体情节、原判刑罚情况、财产刑执行情况、附带民事裁判履行情况、罪犯退赃退赔等情况。

人民法院审理假释案件，除应当审查第一款所列情形外，还应当综合考虑罪犯的年龄、身体状况、性格特征、假释后生活来源以及监管条件等影响再犯罪的因素。

执行机关以罪犯有立功表现或重大立功表现为由提出减刑的，应当审查立功或重大立功表现是否属实。涉及发明创造、技术革新或者其他贡献的，应当审查该成果是否系罪犯在执行期间独立完成，并经有关主管机关确认。

第六条　人民法院审理减刑、假释案件,可以采取开庭审理或者书面审理的方式。但下列减刑、假释案件,应当开庭审理:

(一)因罪犯有重大立功表现报请减刑的;

(二)报请减刑的起始时间、间隔时间或者减刑幅度不符合司法解释一般规定的;

(三)公示期间收到不同意见的;

(四)人民检察院有异议的;

(五)被报请减刑、假释罪犯系职务犯罪罪犯,组织(领导、参加、包庇、纵容)黑社会性质组织犯罪罪犯,破坏金融管理秩序和金融诈骗犯罪罪犯及其他在社会上有重大影响或社会关注度高的;

(六)人民法院认为其他应当开庭审理的。

第七条　人民法院开庭审理减刑、假释案件,应当通知人民检察院、执行机关及被报请减刑、假释罪犯参加庭审。

人民法院根据需要,可以通知证明罪犯确有悔改表现或者立功、重大立功表现的证人,公示期间提出不同意见的人,以及鉴定人、翻译人员等其他人员参加庭审。

第八条　开庭审理应当在罪犯刑罚执行场所或者人民法院确定的场所进行。有条件的人民法院可以采取视频开庭的方式进行。

在社区执行刑罚的罪犯因重大立功被报请减刑的,可以在罪犯服刑地或者居住地开庭审理。

第九条　人民法院对于决定开庭审理的减刑、假释案件,应当在开庭三日前将开庭的时间、地点通知人民检察院、执行机关、被报请减刑、假释罪犯和有必要参加庭审的其他人员,并于开庭三日前进行公告。

第十条　减刑、假释案件的开庭审理由审判长主持,应当按照以下程序进行:

(一)审判长宣布开庭,核实被报请减刑、假释罪犯的基本情况;

(二)审判长宣布合议庭组成人员、检察人员、执行机关代表及其他庭审参加人;

(三)执行机关代表宣读减刑、假释建议书,并说明主要理由;

(四)检察人员发表检察意见;

(五)法庭对被报请减刑、假释罪犯确有悔改表现或立功表现、重大立功表现的事实以及其他影响减刑、假释的情况进行调查核实;

(六)被报请减刑、假释罪犯作最后陈述;

(七)审判长对庭审情况进行总结并宣布休庭评议。

第十一条　庭审过程中,合议庭人员对报请理由有疑问的,可以向被报请减刑、假释罪犯、证人、执行机关代表、检察人员提问。

庭审过程中,检察人员对报请理由有疑问的,在经审判长许可后,可以出示证据,申请证人到庭,向被报请减刑、假释罪犯及证人提问并发表意见。被报请减刑、假释罪犯对报请理由有疑问的,在经审判长许可后,可以出示证据,申请证人到庭,向证人提问并发表意见。

第十二条　庭审过程中,合议庭对证据有疑问需要进行调查核实,或者检察人员、执行机关代表提出申请的,可以宣布休庭。

第十三条　人民法院开庭审理减刑、假释案件,能够当庭宣判的应当当庭宣判;不能当庭宣判的,可以择期宣判。

第十四条　人民法院书面审理减刑、假释案件,可以就被报请减刑、假释罪犯是否符合减刑、假释条件进行调查核实或听取有关方面意见。

第十五条　人民法院书面审理减刑案件,可以提讯被报请减刑罪犯;书面审理假释案件,应当提讯被报请假释罪犯。

第十六条 人民法院审理减刑、假释案件,应当按照下列情形分别处理:

(一)被报请减刑、假释罪犯符合法律规定的减刑、假释条件的,作出予以减刑、假释的裁定;

(二)被报请减刑的罪犯符合法律规定的减刑条件,但执行机关报请的减刑幅度不适当的,对减刑幅度作出相应调整后作出予以减刑的裁定;

(三)被报请减刑、假释罪犯不符合法律规定的减刑、假释条件的,作出不予减刑、假释的裁定。

在人民法院作出减刑、假释裁定前,执行机关书面申请撤回减刑、假释建议的,是否准许,由人民法院决定。

第十七条 减刑、假释裁定书应当写明罪犯原判和历次减刑情况,确有悔改表现或者立功、重大立功表现的事实和理由,以及减刑、假释的法律依据。

裁定减刑的,应当注明刑期的起止时间;裁定假释的,应当注明假释考验期的起止时间。

裁定调整减刑幅度或者不予减刑、假释的,应当在裁定书中说明理由。

第十八条 人民法院作出减刑、假释裁定后,应当在七日内送达报请减刑、假释的执行机关、同级人民检察院以及罪犯本人。作出假释裁定的,还应当送达社区矫正机构或者基层组织。

第十九条 减刑、假释裁定书应当通过互联网依法向社会公布。

第二十二条 最高人民法院以前发布的司法解释和规范性文件,与本规定不一致的,以本规定为准。

■最高人民法院关于办理减刑、假释案件具体应用法律的规定(全文)(2017年1月1日)

第一条 减刑、假释是激励罪犯改造的刑罚制度,减刑、假释的适用应当贯彻宽严相济刑事政策,最大限度地发挥刑罚的功能,实现刑罚的目的。

第二条 对于罪犯符合刑法第七十八条第一款规定“可以减刑”条件的案件,在办理时应当综合考察罪犯犯罪的性质和具体情节、社会危害程度、原判刑罚及生效裁判中财产性判项的履行情况、交付执行后的一贯表现等因素。

第三条 “确有悔改表现”是指同时具备以下条件:

(一)认罪悔罪;

(二)遵守法律法规及监规,接受教育改造;

(三)积极参加思想、文化、职业技术教育;

(四)积极参加劳动,努力完成劳动任务。

对职务犯罪、破坏金融管理秩序和金融诈骗犯罪、组织(领导、参加、包庇、纵容)黑社会性质组织犯罪等罪犯,不积极退赃、协助追缴赃款赃物、赔偿损失,或者服刑期间利用个人影响力和社会关系等不正当手段意图获得减刑、假释的,不认定其“确有悔改表现”。

罪犯在刑罚执行期间的申诉权利应当依法保护,对其正当申诉不能不加分析地认为是不认罪悔罪。

第四条 具有下列情形之一的,可以认定为有“立功表现”:

(一)阻止他人实施犯罪活动的;

(二)检举、揭发监狱内外犯罪活动,或者提供重要的破案线索,经查证属实的;

(三)协助司法机关抓捕其他犯罪嫌疑人的;

(四)在生产、科研中进行技术革新,成绩突出的;

(五)在抗御自然灾害或者排除重大事故中,表现积极的;

(六)对国家和社会有其他较大贡献的。

第(四)项、第(六)项中的技术革新或者其他较大贡献应当由罪犯在刑罚执行期间独立或者为主完成,并经省级主管部门确认。

第五条　具有下列情形之一的,应当认定为有“重大立功表现”:

(一)阻止他人实施重大犯罪活动的;

(二)检举监狱内外重大犯罪活动,经查证属实的;

(三)协助司法机关抓捕其他重大犯罪嫌疑人的;

(四)有发明创造或者重大技术革新的;

(五)在日常生产、生活中舍己救人的;

(六)在抗御自然灾害或者排除重大事故中,有突出表现的;

(七)对国家和社会有其他重大贡献的。

第(四)项中的发明创造或者重大技术革新应当是罪犯在刑罚执行期间独立或者为主完成并经国家主管部门确认的发明专利,且不包括实用新型专利和外观设计专利;第(七)项中的其他重大贡献应当由罪犯在刑罚执行期间独立或者为主完成,并经国家主管部门确认。

第六条　被判处有期徒刑的罪犯减刑起始时间为:不满五年有期徒刑的,应当执行一年以上方可减刑;五年以上不满十年有期徒刑的,应当执行一年六个月以上方可减刑;十年以上有期徒刑的,应当执行二年以上方可减刑。有期徒刑减刑的起始时间自判决执行之日起计算。

确有悔改表现或者有立功表现的,一次减刑不超过九个月有期徒刑;确有悔改表现并有立功表现的,一次减刑不超过一年有期徒刑;有重大立功表现的,一次减刑不超过一年六个月有期徒刑;确有悔改表现并有重大立功表现的,一次减刑不超过二年有期徒刑。

被判处不满十年有期徒刑的罪犯,两次减刑间隔时间不得少于一年;被判处十年以上有期徒刑的罪犯,两次减刑间隔时间不得少于一年六个月。减刑间隔时间不得低于上次减刑减去的刑期。

罪犯有重大立功表现的,可以不受上述减刑起始时间和间隔时间的限制。

第七条　对符合减刑条件的职务犯罪罪犯,破坏金融管理秩序和金融诈骗犯罪罪犯,组织、领导、参加、包庇、纵容黑社会性质组织犯罪罪犯,危害国家安全犯罪罪犯,恐怖活动犯罪罪犯,毒品犯罪集团的首要分子及毒品再犯,累犯,确有履行能力而不履行或者不全部履行生效裁判中财产性判项的罪犯,被判处十年以下有期徒刑的,执行二年以上方可减刑,减刑幅度应当比照本规定第六条从严掌握,一次减刑不超过一年有期徒刑,两次减刑之间应当间隔一年以上。

对被判处十年以上有期徒刑的前款罪犯,以及因故意杀人、强奸、抢劫、绑架、放火、爆炸、投放危险物质或者有组织的暴力性犯罪被判处十年以上有期徒刑的罪犯,数罪并罚且其中两罪以上被判处十年以上有期徒刑的罪犯,执行二年以上方可减刑,减刑幅度应当比照本规定第六条从严掌握,一次减刑不超过一年有期徒刑,两次减刑之间应当间隔一年六个月以上。

罪犯有重大立功表现的,可以不受上述减刑起始时间和间隔时间的限制。

第八条　被判处无期徒刑的罪犯在刑罚执行期间,符合减刑条件的,执行二年以上,可以减刑。减刑幅度为:确有悔改表现或者有立功表现的,可以减为二十二年有期徒刑;确有悔改表现并有立功表现的,可以减为二十一年以上二十二年以下有期徒刑;有重大立功表现的,可以减为二十年以上二十一年以下有期徒刑;确有悔改表现并有重大立功表现的,可以减为十九年以上二十年以下有期徒刑。无期徒刑罪犯减为有期徒刑后再减刑时,减刑幅度依照本规定第六条的规定执行。两次减刑间隔时间不得少于二年。

罪犯有重大立功表现的,可以不受上述减刑起始时间和间隔时间的限制。

第九条　对被判处无期徒刑的职务犯罪罪犯,破坏金融管理秩序和金融诈骗犯罪罪犯,组织、领导、参加、包庇、纵容黑社会性质组织犯罪罪犯,危害国家安全犯罪罪犯,恐怖活动犯罪罪犯,毒品犯罪集团的首要分子及毒品再犯,累犯以及因故意杀人、强奸、抢劫、绑架、放火、爆炸、投放危险物质或者有组织的暴力性犯罪的罪犯,确有履行能力而不履行或者不全部履行生效裁判中财产性判项的罪犯,数罪并罚被判处无期徒刑的罪犯，符合减刑条件的，执行三年以上方可减刑，减刑幅度应当比照本规定第八条从严掌握，减刑后的刑期最低不得少于二十年有期徒刑；减为有期徒刑后再减刑时，减刑幅度比照本规定第六条从严掌握，一次不超过一年有期徒刑，两次减刑之间应当间隔二年以上。

罪犯有重大立功表现的，可以不受上述减刑起始时间和间隔时间的限制。

第十条　被判处死刑缓期执行的罪犯减为无期徒刑后，符合减刑条件的，执行三年以上方可减刑。减刑幅度为：确有悔改表现或者有立功表现的，可以减为二十五年有期徒刑；确有悔改表现并有立功表现的，可以减为二十四年以上二十五年以下有期徒刑；有重大立功表现的，可以减为二十三年以上二十四年以下有期徒刑；确有悔改表现并有重大立功表现的，可以减为二十二年以上二十三年以下有期徒刑。

被判处死刑缓期执行的罪犯减为有期徒刑后再减刑时，比照本规定第八条的规定办理。

第十一条　对被判处死刑缓期执行的职务犯罪罪犯，破坏金融管理秩序和金融诈骗犯罪罪犯，组织、领导、参加、包庇、纵容黑社会性质组织犯罪罪犯，危害国家安全犯罪罪犯，恐怖活动犯罪罪犯，毒品犯罪集团的首要分子及毒品再犯，累犯以及因故意杀人、强奸、抢劫、绑架、放火、爆炸、投放危险物质或者有组织的暴力性犯罪的罪犯，确有履行能力而不履行或者不全部履行生效裁判中财产性判项的罪犯，数罪并罚被判处死刑缓期执行的罪犯，减为无期徒刑后，符合减刑条件的，执行三年以上方可减刑，一般减为二十五年有期徒刑，有立功表现或者重大立功表现的，可以比照本规定第十条减为二十三年以上二十五年以下有期徒刑；减为有期徒刑后再减刑时，减刑幅度比照本规定第六条从严掌握，一次不超过一年有期徒刑，两次减刑之间应当间隔二年以上。

第十二条　被判处死刑缓期执行的罪犯经过一次或者几次减刑后，其实际执行的刑期不得少于十五年，死刑缓期执行期间不包括在内。

死刑缓期执行罪犯在缓期执行期间不服从监管、抗拒改造，尚未构成犯罪的，在减为无期徒刑后再减刑时应当适当从严。

第十三条　被限制减刑的死刑缓期执行罪犯，减为无期徒刑后，符合减刑条件的，执行五年以上方可减刑。减刑间隔时间和减刑幅度依照本规定第十一条的规定执行。

第十四条　被限制减刑的死刑缓期执行罪犯，减为有期徒刑后再减刑时，一次减刑不超过六个月有期徒刑，两次减刑间隔时间不得少于二年。有重大立功表现的，间隔时间可以适当缩短，但一次减刑不超过一年有期徒刑。

第十五条　对被判处终身监禁的罪犯，在死刑缓期执行期满依法减为无期徒刑的裁定中，应当明确终身监禁，不得再减刑或者假释。

第十六条　被判处管制、拘役的罪犯，以及判决生效后剩余刑期不满二年有期徒刑的罪犯，符合减刑条件的，可以酌情减刑，减刑起始时间可以适当缩短，但实际执行的刑期不得少于原判刑期的二分之一。

第十七条　被判处有期徒刑罪犯减刑时，对附加剥夺政治权利的期限可以酌减。酌减后剥夺政治权利的期限，不得少于一年。

被判处死刑缓期执行、无期徒刑的罪犯减为有期徒刑时，应当将附加剥夺政治权利的期限减为七年以上十年以下，经过一次或者几次减刑后，最终剥夺政治权利的期限不得少于三年。

第十八条　被判处拘役或者三年以下有期徒刑，并宣告缓刑的罪犯，一般不适用减刑。

前款规定的罪犯在缓刑考验期内有重大立功表现的，可以参照刑法第七十八条的规定予以减刑，同时应当依法缩减其缓刑考验期。缩减后，拘役的缓刑考验期限不得少于二个月，有期徒刑的缓刑考验期限不得少于一年。

第十九条　对在报请减刑前的服刑期间不满十八周岁，且所犯罪行不属于刑法第八十一条第二款规定情形的罪犯,认罪悔罪,遵守法律法规及监规,积极参加学习、劳动,应当视为确有悔改表现。

对上述罪犯减刑时,减刑幅度可以适当放宽,或者减刑起始时间、间隔时间可以适当缩短,但放宽的幅度和缩短的时间不得超过本规定中相应幅度、时间的三分之一。

第二十条　老年罪犯、患严重疾病罪犯或者身体残疾罪犯减刑时,应当主要考察其认罪悔罪的实际表现。

对基本丧失劳动能力,生活难以自理的上述罪犯减刑时,减刑幅度可以适当放宽,或者减刑起始时间、间隔时间可以适当缩短,但放宽的幅度和缩短的时间不得超过本规定中相应幅度、时间的三分之一。

第二十一条　被判处有期徒刑、无期徒刑的罪犯在刑罚执行期间又故意犯罪,新罪被判处有期徒刑的,自新罪判决确定之日起三年内不予减刑;新罪被判处无期徒刑的,自新罪判决确定之日起四年内不予减刑。

罪犯在死刑缓期执行期间又故意犯罪,未被执行死刑的,死刑缓期执行的期间重新计算,减为无期徒刑后,五年内不予减刑。

被判处死刑缓期执行罪犯减刑后,在刑罚执行期间又故意犯罪的,依照第一款规定处理。

第二十二条　办理假释案件,认定"没有再犯罪的危险",除符合刑法第八十一条规定的情形外,还应当根据犯罪的具体情节、原判刑罚情况,在刑罚执行中的一贯表现,罪犯的年龄、身体状况、性格特征,假释后生活来源以及监管条件等因素综合考虑。

第二十三条　被判处有期徒刑的罪犯假释时,执行原判刑期二分之一的时间,应当从判决执行之日起计算,判决执行以前先行羁押的,羁押一日折抵刑期一日。

被判处无期徒刑的罪犯假释时,刑法中关于实际执行刑期不得少于十三年的时间,应当从判决生效之日起计算。判决生效以前先行羁押的时间不予折抵。

被判处死刑缓期执行的罪犯减为无期徒刑或者有期徒刑后,实际执行十五年以上,方可假释,该实际执行时间应当从死刑缓期执行期满之日起计算。死刑缓期执行期间不包括在内,判决确定以前先行羁押的时间不予折抵。

第二十四条　刑法第八十一条第一款规定的"特殊情况",是指有国家政治、国防、外交等方面特殊需要的情况。

第二十五条　对累犯以及因故意杀人、强奸、抢劫、绑架、放火、爆炸、投放危险物质或者有组织的暴力性犯罪被判处十年以上有期徒刑、无期徒刑的罪犯,不得假释。

因前款情形和犯罪被判处死刑缓期执行的罪犯,被减为无期徒刑、有期徒刑后,也不得假释。

第二十六条　对下列罪犯适用假释时可以依法从宽掌握:

(一)过失犯罪的罪犯、中止犯罪的罪犯、被胁迫参加犯罪的罪犯;

(二)因防卫过当或者紧急避险过当而被判处有期徒刑以上刑罚的罪犯;

(三)犯罪时未满十八周岁的罪犯;

(四)基本丧失劳动能力、生活难以自理,假释后生活确有着落的老年罪犯、患严重疾病罪犯或者身体残疾罪犯;

(五)服刑期间改造表现特别突出的罪犯;

(六)具有其他可以从宽假释情形的罪犯。

罪犯既符合法定减刑条件,又符合法定假释条件的,可以优先适用假释。

第二十七条　对于生效裁判中有财产性判项,罪犯确有履行能力而不履行或者不全部履行的,不予假释。

第二十八条　罪犯减刑后又假释的,间隔时间不得少于一年;对一次减去一年以上有期徒刑后,决定假释的,间隔时间不得少于一年六个月。

罪犯减刑后余刑不足二年,决定假释的,可以适当缩短间隔时间。

第二十九条 罪犯在假释考验期内违反法律、行政法规或者国务院有关部门关于假释的监督管理规定的,作出假释裁定的人民法院,应当在收到报请机关或者检察机关撤销假释建议书后及时审查,作出是否撤销假释的裁定,并送达报请机关,同时抄送人民检察院、公安机关和原刑罚执行机关。

罪犯在逃的,撤销假释裁定书可以作为对罪犯进行追捕的依据。

第三十条 依照刑法第八十六条规定被撤销假释的罪犯,一般不得再假释。但依照该条第二款被撤销假释的罪犯,如果罪犯对漏罪曾作如实供述但原判未予认定,或者漏罪系其自首,符合假释条件的,可以再假释。

被撤销假释的罪犯,收监后符合减刑条件的,可以减刑,但减刑起始时间自收监之日起计算。

第三十一条 年满八十周岁、身患疾病或者生活难以自理、没有再犯罪危险的罪犯,既符合减刑条件,又符合假释条件的,优先适用假释;不符合假释条件的,参照本规定第二十条有关的规定从宽处理。

第三十二条 人民法院按照审判监督程序重新审理的案件,裁定维持原判决、裁定的,原减刑、假释裁定继续有效。

再审裁判改变原判决、裁定的,原减刑、假释裁定自动失效,执行机关应当及时报请有管辖权的人民法院重新作出是否减刑、假释的裁定。重新作出减刑裁定时,不受本规定有关减刑起始时间、间隔时间和减刑幅度的限制。重新裁定时应综合考虑各方面因素,减刑幅度不得超过原裁定减去的刑期总和。

再审改判为死刑缓期执行或者无期徒刑的,在新判决减为有期徒刑之时,原判决已经实际执行的刑期一并扣减。

再审裁判宣告无罪的,原减刑、假释裁定自动失效。

第三十三条 罪犯被裁定减刑后,刑罚执行期间因故意犯罪而数罪并罚时,经减刑裁定减去的刑期不计入已经执行的刑期。原判死刑缓期执行减为无期徒刑、有期徒刑,或者无期徒刑减为有期徒刑的裁定继续有效。

第三十四条 罪犯被裁定减刑后,刑罚执行期间因发现漏罪而数罪并罚的,原减刑裁定自动失效。如漏罪系罪犯主动交代的,对其原减去的刑期,由执行机关报请有管辖权的人民法院重新作出减刑裁定,予以确认;如漏罪系有关机关发现或者他人检举揭发的,由执行机关报请有管辖权的人民法院,在原减刑裁定减去的刑期总和之内,酌情重新裁定。

第三十五条 被判处死刑缓期执行的罪犯,在死刑缓期执行期内被发现漏罪,依据刑法第七十条规定数罪并罚,决定执行死刑缓期执行的,死刑缓期执行期间自新判决确定之日起计算,已经执行的死刑缓期执行期间计入新判决的死刑缓期执行期间内,但漏罪被判处死刑缓期执行的除外。

第三十六条 被判处死刑缓期执行的罪犯,在死刑缓期执行期满后被发现漏罪,依据刑法第七十条规定数罪并罚,决定执行死刑缓期执行的,交付执行时对罪犯实际执行无期徒刑,死缓考验期不再执行,但漏罪被判处死刑缓期执行的除外。

在无期徒刑减为有期徒刑时,前罪死刑缓期执行减为无期徒刑之日起至新判决生效之日止已经实际执行的刑期,应当计算在减刑裁定决定执行的刑期以内。

原减刑裁定减去的刑期依照本规定第三十四条处理。

第三十七条 被判处无期徒刑的罪犯在减为有期徒刑后因发现漏罪,依据刑法第七十条规定数罪并罚,决定执行无期徒刑的,前罪无期徒刑生效之日起至新判决生效之日止已经实际执行的刑期,应当在新判决的无期徒刑减为有期徒刑时,在减刑裁定决定执行的刑期内扣减。

无期徒刑罪犯减为有期徒刑后因发现漏罪判处三年有期徒刑以下刑罚,数罪并罚决定执行无期徒刑的,在新判决生效后执行一年以上,符合减刑条件的,可以减为有期徒刑,减刑幅度依照本规定第八条、第九条的规定执行。

原减刑裁定减去的刑期依照本规定第三十四条处理。

第三十八条　人民法院作出的刑事判决、裁定发生法律效力后,在依照刑事诉讼法第二百五十三条、第二百五十四条的规定将罪犯交付执行刑罚时,如果生效裁判中有财产性判项,人民法院应当将反映财产性判项执行、履行情况的有关材料一并随案移送刑罚执行机关。罪犯在服刑期间本人履行或者其亲属代为履行生效裁判中财产性判项的,应当及时向刑罚执行机关报告。刑罚执行机关报请减刑时应随案移送以上材料。

人民法院办理减刑、假释案件时,可以向原一审人民法院核实罪犯履行财产性判项的情况。原一审人民法院应当出具相关证明。

刑罚执行期间,负责办理减刑、假释案件的人民法院可以协助原一审人民法院执行生效裁判中的财产性判项。

第三十九条　本规定所称"老年罪犯",是指报请减刑、假释时年满六十五周岁的罪犯。

本规定所称"患严重疾病罪犯",是指因患有重病,久治不愈,而不能正常生活、学习、劳动的罪犯。

本规定所称"身体残疾罪犯",是指因身体有肢体或者器官残缺、功能不全或者丧失功能,而基本丧失生活、学习、劳动能力的罪犯,但是罪犯犯罪后自伤致残的除外。

对刑罚执行机关提供的证明罪犯患有严重疾病或者有身体残疾的证明文件,人民法院应当审查,必要时可以委托有关单位重新诊断、鉴定。

第四十条　本规定所称"判决执行之日",是指罪犯实际送交刑罚执行机关之日。

本规定所称"减刑间隔时间",是指前一次减刑裁定送达之日起至本次减刑报请之日止的期间。

第四十一条　本规定所称"财产性判项"是指判决罪犯承担的附带民事赔偿义务判项,以及追缴、责令退赔、罚金、没收财产等判项。

第四十二条　本规定自2017年1月1日起施行。以前发布的司法解释与本规定不一致的,以本规定为准。

■最高人民法院、最高人民检察院、公安部、司法部关于办理黑社会性质组织犯罪案件若干问题的规定(2012年9月11日)

八、刑罚执行

第二十七条　对组织、领导和积极参加黑社会性质组织的罪犯减刑的,执行机关应当依法提出减刑建议,报经省、自治区、直辖市监狱管理机关审核后,提请人民法院裁定。监狱管理机关审核时应当向同级人民检察院、公安机关通报情况。

对被判处不满十年有期徒刑的组织、领导和积极参加黑社会性质组织的罪犯假释的,依照前款规定处理。

对因犯组织、领导黑社会性质组织罪被判处十年以上有期徒刑、无期徒刑的罪犯,不得假释。

■最高人民检察院关于对服刑罪犯暂予监外执行期间在异地又犯罪应由何地检察院受理审查起诉问题的批复(全文)(1998年11月26日)

对罪犯在暂予监外执行期间在异地犯罪,如果罪行是在犯罪地被发现、罪犯是在犯罪地被捕获的,由犯罪地人民检察院审查起诉;如果案件由罪犯暂予监外执行地人民法院审判更为适宜的,也可以由罪犯暂予监外执行地的人民检察院审查起诉;如果罪行是在暂予监外执行的情形消失,罪犯被继续收监执行剩余刑期期间发现的,由罪犯服刑地的人民检察院审查起诉。

■监狱提请减刑假释工作程序规定(全文)(2014年12月1日)

第一章　总则

第一条　为规范监狱提请减刑、假释工作程序,根据《中华人民共和国刑法》、《中华人民共和国刑事诉讼法》、《中华人民共和国监狱法》等有关规定，结合刑罚执行工作实际，制定本规定。

第二条　监狱提请减刑、假释，应当根据法律规定的条件和程序进行，遵循公开、公平、公正的原则，严格实行办案责任制。

第三条　被判处有期徒刑和被减刑为有期徒刑的罪犯的减刑、假释，由监狱提出建议，提请罪犯服刑地的中级人民法院裁定。

第四条　被判处死刑缓期二年执行的罪犯的减刑，被判处无期徒刑的罪犯的减刑、假释，由监狱提出建议，经省、自治区、直辖市监狱管理局审核同意后，提请罪犯服刑地的高级人民法院裁定。

第五条　省、自治区、直辖市监狱管理局和监狱分别成立减刑假释评审委员会，由分管领导及刑罚执行、狱政管理、教育改造、狱内侦查、生活卫生、劳动改造、政工、监察等有关部门负责人组成，分管领导任主任。监狱管理局、监狱减刑假释评审委员会成员不得少于9人。

第六条　监狱提请减刑、假释，应当由分监区或者未设分监区的监区人民警察集体研究，监区长办公会议审核，监狱刑罚执行部门审查，监狱减刑假释评审委员会评审，监狱长办公会议决定。

省、自治区、直辖市监狱管理局刑罚执行部门审查监狱依法定程序提请的减刑、假释建议并出具意见，报请分管副局长召集减刑假释评审委员会审核后，报局长审定，必要时可以召开局长办公会议决定。

第二章　监狱提请减刑、假释的程序

第七条　提请减刑、假释，应当根据法律规定的条件，结合罪犯服刑表现，由分监区人民警察集体研究，提出提请减刑、假释建议，报经监区长办公会议审核同意后，由监区报送监狱刑罚执行部门审查。

直属分监区或者未设分监区的监区，由直属分监区或者监区人民警察集体研究，提出提请减刑、假释建议，报送监狱刑罚执行部门审查。

分监区、直属分监区或者未设分监区的监区人民警察集体研究以及监区长办公会议审核情况，应当有书面记录，并由与会人员签名。

第八条　监区或者直属分监区提请减刑、假释，应当报送下列材料：

（一）《罪犯减刑（假释）审核表》；

（二）监区长办公会议或者直属分监区、监区人民警察集体研究会议的记录；

（三）终审法院裁判文书、执行通知书、历次减刑裁定书的复印件；

（四）罪犯计分考核明细表、罪犯评审鉴定表、奖惩审批表和其他有关证明材料；

（五）罪犯确有悔改表现或者立功、重大立功表现的具体事实的书面证明材料。

第九条　监狱刑罚执行部门收到监区或者直属分监区对罪犯提请减刑、假释的材料后，应当就下列事项进行审查：

（一）需提交的材料是否齐全、完备、规范；

（二）罪犯确有悔改或者立功、重大立功表现的具体事实的书面证明材料是否来源合法；

（三）罪犯是否符合法定减刑、假释的条件；

（四）提请减刑、假释的建议是否适当。

经审查，对材料不齐全或者不符合提请条件的，应当通知监区或者直属分监区补充有关材料或者退回；对相关材料有疑义的，应当提讯罪犯进行核查；对材料齐全、符合提请条件的，应当出具审查意见，连同监区或者直属分监区报送的材料一并提交监狱减刑假释评审委员会评审。提请罪犯假释的，还应当委托县级司法行政机关对罪犯假释后对所居住社区影响进行调查评估，并将调查评估报告一并提交。

第十条　监狱减刑假释评审委员会应当召开会议，对刑罚执行部门审查提交的提请减刑、假释建议进行评审，提出评审意见。会议应当有书面记录，并由与会人员签名。

监狱可以邀请人民检察院派员列席减刑假释评审委员会会议。

第十一条　监狱减刑假释评审委员会经评审后,应当将提请减刑、假释的罪犯名单以及减刑、假释意见在监狱内公示。公示内容应当包括罪犯的个人情况、原判罪名及刑期、历次减刑情况、提请减刑假释的建议及依据等。公示期限为5个工作日。公示期内,如有监狱人民警察或者罪犯对公示内容提出异议,监狱减刑假释评审委员会应当进行复核,并告知复核结果。

第十二条　监狱应当在减刑假释评审委员会完成评审和公示程序后,将提请减刑、假释建议送人民检察院征求意见。征求意见后,监狱减刑假释评审委员会应当将提请减刑、假释建议和评审意见连同人民检察院意见,一并报请监狱长办公会议审议决定。监狱对人民检察院意见未予采纳的,应当予以回复,并说明理由。

第十三条　监狱长办公会议决定提请减刑、假释的,由监狱长在《罪犯减刑(假释)审核表》上签署意见,加盖监狱公章,并由监狱刑罚执行部门根据法律规定制作《提请减刑建议书》或者《提请假释建议书》,连同有关材料一并提请人民法院裁定。人民检察院对提请减刑、假释提出的检察意见,应当一并移送受理减刑、假释案件的人民法院。

对本规定第四条所列罪犯决定提请减刑、假释的,监狱应当将《罪犯减刑(假释)审核表》连同有关材料报送省、自治区、直辖市监狱管理局审核。

第十四条　监狱在向人民法院提请减刑、假释的同时,应当将提请减刑、假释的建议书副本抄送人民检察院。

第十五条　监狱提请人民法院裁定减刑、假释,应当提交下列材料:

(一)《提请减刑建议书》或者《提请假释建议书》;

(二)终审法院裁判文书、执行通知书、历次减刑裁定书的复印件;

(三)罪犯计分考核明细表、评审鉴定表、奖惩审批表;

(四)罪犯确有悔改或者立功、重大立功表现的具体事实的书面证明材料;

(五)提请假释的,应当附有县级司法行政机关关于罪犯假释后对所居住社区影响的调查评估报告;

(六)根据案件情况需要提交的其他材料。

对本规定第四条所列罪犯提请减刑、假释的,应当同时提交省、自治区、直辖市监狱管理局签署意见的《罪犯减刑(假释)审核表》。

第三章　监狱管理局审核提请减刑、假释建议的程序

第十六条　省、自治区、直辖市监狱管理局刑罚执行部门收到监狱报送的提请减刑、假释建议的材料后,应当进行审查。审查中发现监狱报送的材料不齐全或者有疑义的,应当通知监狱补充有关材料或者作出说明。审查无误后,应当出具审查意见,报请分管副局长召集评审委员会进行审核。

第十七条　监狱管理局分管副局长主持完成审核后,应当将审核意见报请局长审定;分管副局长认为案件重大或者有其他特殊情况的,可以建议召开局长办公会议审议决定。

监狱管理局审核同意对罪犯提请减刑、假释的,由局长在《罪犯减刑(假释)审核表》上签署意见,加盖监狱管理局公章。

第四章　附则

第十八条　人民法院开庭审理减刑、假释案件的,监狱应当派员参加庭审,宣读提请减刑、假释建议书并说明理由,配合法庭核实相关情况。

第十九条　分监区、直属分监区或者未设分监区的监区人民警察集体研究会议、监区长办公会议、监狱评审委员会会议、监狱长办公会议、监狱管理局评审委员会会议、监狱管理局局长办公会议的记录和本规定第十五条所列的材料,应当存入档案并永久保存。

第二十条 违反法律规定和本规定提请减刑、假释,涉嫌违纪的,依照有关处分规定追究相关人员责任;涉嫌犯罪的,移送司法机关依法追究刑事责任。

第二十一条 监狱办理职务犯罪罪犯减刑、假释案件,应当按照有关规定报请备案审查。

第二十二条 本规定自2014年12月1日起施行。

■最高人民法院、最高人民检察院、公安部关于办理罪犯在服刑期间又犯罪案件过程中,遇到被告刑期届满如何处理问题的批复(全文)(1982年10月25日)

办理罪犯在服刑期间又犯罪案件过程中,遇到被告原判刑期届满,如果所犯新罪的主要事实已经查清,可能判处徒刑以上刑罚,有逮捕必要的,仍应依照刑事诉讼法的规定,根据案件所处在的不同诉讼阶段,分别由公安机关、人民检察院、人民法院依法处理。即:尚在侦查的,由公安机关提请人民检察院批准逮捕;正在审查起诉的,由人民检察院办理逮捕;已经起诉到人民法院审判的,由人民法院决定逮捕。公安机关在执行逮捕时,可向被告宣布:前罪所判刑期已执行完毕,现根据所犯新罪,依法予以逮捕。

■最高人民法院关于为构建社会主义和谐社会提供司法保障的若干意见(2007年1月15日)

19.积极参与社会治安综合治理。对构成犯罪的未成年人,坚持教育、感化、挽救的方针,寓教于审,惩教结合,争取更好的矫治效果,有效防止重新犯罪,促使其早日回归社会;严格依法办理减刑、假释案件,根据犯罪分子的犯罪情况和悔罪表现确实不致再危害社会的,可以适当扩大假释的适用,促进罪犯的改造与自新;针对审判中发现的治安隐患和管理漏洞,积极提出司法建议;结合审判工作,开展法制宣传教育活动,全面提高全社会的法治意识。

▼安徽省办理减刑、假释案件实施细则(试行)(2018年1月1日)

第一章 一般规定

第一条 减刑、假释是激励罪犯改造的刑罚制度,办理减刑、假释案件应当贯彻宽严相济刑事政策,坚持有利于刑罚的有效执行、有利于提高教育改造质量、有利于促进社会和谐稳定的基本原则,公开、公平、公正地办理,最大限度地发挥刑罚的功能,实现刑罚的目的。

第二条 人民法院、人民检察院、刑罚执行机关应当以罪犯主观认罪悔罪表现和客观改造事实为依据,以法律为准绳,分工负责、互相配合、互相制约,确保减刑、假释案件办理质量。

第三条 刑罚执行机关应当客观、公正地对罪犯进行考核,并根据考核结果,按照法律规定的程序向中级以上人民法院书面报请减刑、假释。

罪犯服刑期间根据计分考核评定情况获得的表扬,是对罪犯报请减刑、假释的重要依据。

第四条 人民法院应当坚持减刑、假释的法定条件,准确把握宽严相济刑事政策,认真履行审判职责。对刑罚执行机关报请的减刑、假释案件,应当组成合议庭进行审理。对确有悔改表现或者立功表现的,予以减刑、假释。

人民法院应当切实落实司法公开制度,严格依照法定程序办理减刑、假释案件,以公开促公正。非经法定程序不得减刑、假释。

第五条 人民检察院应当充分发挥法律监督机关的职能作用,对减刑、假释工作实行全程监督,依照法律规定提出检察意见或者建议。

第六条 人民法院对于罪犯符合刑法第七十八条第一款规定“可以减刑”条件的案件,在办理时应当综合考察罪犯犯罪的性质和具体情节、社会危害程度、原判刑罚及生效裁判中财产性判项的履行情况、交付执行后的一贯表现等因素。

第七条 罪犯既符合法定减刑条件,又符合法定假释条件的,可以优先适用假释。

第八条 刑罚执行机关以罪犯有立功或者重大立功表现为由报请减刑、假释的,应当经省监狱管理局就立功或者重大立功表现的事实审核确认后,按照法律规定的程序向中级以上人民法院书面报请减刑、假释。

第二章　减刑

第一节　减刑的条件

第九条　具有下列情形之一的，应当减刑：

(一)被判处死刑缓期二年执行的罪犯，在死刑缓期执行期间没有故意犯罪，二年期满的；

(二)罪犯在服刑期间有重大立功表现的。

第十条　被判处管制、拘役、有期徒刑、无期徒刑的罪犯，在执行期间，如果认真遵守监规，接受教育改造，确有悔改表现，或者有立功表现的，可以减刑。

第十一条　“确有悔改表现”是指同时具备以下条件：

(一)认罪悔罪；

(二)遵守法律法规及监规，接受教育改造；

(三)积极参加思想、文化、职业技术教育；

(四)积极参加劳动，努力完成劳动任务。

对职务犯罪、破坏金融管理秩序和金融诈骗犯罪、组织(领导、参加、包庇、纵容)黑社会性质组织犯罪等罪犯，不积极退赃、协助追缴赃款赃物、赔偿损失，或者服刑期间利用个人影响力和社会关系等不正当手段意图获得减刑、假释的，不认定其“确有悔改表现”。罪犯在刑罚执行期间的申诉权利应当依法保护，对其正当申诉不能不加分析地认为是不认罪悔罪。

第十二条　具有下列情形之一的，可以认定为有“立功表现”：

(一)阻止他人实施犯罪活动的；

(二)检举、揭发监狱内外犯罪活动，或者提供重要的破案线索，经查证属实的；

(三)协助司法机关抓捕其他犯罪嫌疑人的；

(四)在生产、科研中进行技术革新，成绩突出的；

(五)在抗御自然灾害或者排除重大事故中，表现积极的；

(六)对国家和社会有其他较大贡献的。

第(四)项、第(六)项中的技术革新或者其他较大贡献应当由罪犯在刑罚执行期间独立或者为主完成，并经省级主管部门确认。

第十三条　具有下列情形之一的，应当认定为有“重大立功表现”：

(一)阻止他人实施重大犯罪活动的；

(二)检举监狱内外重大犯罪活动，经查证属实的；

(三)协助司法机关抓捕其他重大犯罪嫌疑人的；

(四)有发明创造或者重大技术革新的；

(五)在日常生产、生活中舍己救人的；

(六)在抗御自然灾害或者排除重大事故中，有突出表现的；

(七)对国家和社会有其他重大贡献的。

第(四)项中的发明创造或者重大技术革新应当是罪犯在刑罚执行期间独立或者为主完成并经国家主管部门确认的发明专利，且不包括实用新型专利和外观设计专利；第(七)项中的其他重大贡献应当由罪犯在刑罚执行期间独立或者为主完成，并经国家主管部门确认。

第二节　有期徒刑罪犯的减刑

第十四条　被判处有期徒刑的罪犯符合减刑条件，首次减刑时：不满五年有期徒刑的，应当执行一年以上，且获得二次表扬，方可减刑；五年以上不满十年有期徒刑的，应当执行一年六个月以上，且获得三次表扬，方可减刑；十年以上有期徒刑的，应当执行二年以上，且获得四次表扬，方可减刑。

确有悔改表现或者有立功表现的,一次减刑不超过九个月有期徒刑;确有悔改表现并有立功表现的,一次减刑不超过一年有期徒刑;有重大立功表现的,一次减刑不超过一年六个月有期徒刑;确有悔改表现并有重大立功表现的,一次减刑不超过二年有期徒刑。

被判处不满十年有期徒刑的罪犯,两次减刑间隔时间不得少于一年,且间隔期内获得二次表扬,方可减刑;被判处十年以上有期徒刑的罪犯,两次减刑间隔时间不得少于一年六个月,且间隔期内获得三次表扬,方可减刑。减刑间隔时间不得低于上次减刑减去的刑期。

罪犯有重大立功表现的,可以不受上述减刑起始时间和间隔时间的限制。

第十五条　对符合减刑条件的职务犯罪罪犯,破坏金融管理秩序和金融诈骗犯罪罪犯,组织、领导、参加、包庇、纵容黑社会性质组织犯罪罪犯,危害国家安全犯罪罪犯,恐怖活动犯罪罪犯,毒品犯罪集团的首要分子及毒品再犯,累犯,确有履行能力而不履行或者不全部履行生效裁判中财产性判项的罪犯,被判处不满十年有期徒刑的,应当执行二年以上,且获得四次表扬,方可减刑。减刑幅度应当比照《2016 年规定》第六条从严掌握,一次减刑不超过一年有期徒刑。两次减刑之间应当间隔一年以上,且间隔期内获得二次表扬,方可减刑。

对被判处十年以上有期徒刑的前款罪犯,以及因故意杀人、强奸、抢劫、绑架、放火、爆炸、投放危险物质或者有组织的暴力性犯罪被判处十年以上有期徒刑的罪犯,数罪并罚且其中两罪以上被判处十年以上有期徒刑的罪犯,应当执行二年以上,且获得四次表扬,方可减刑。减刑幅度应当比照《2016 年规定》第六条从严掌握,一次减刑不超过一年有期徒刑。两次减刑之间应当间隔一年六个月以上,且间隔期内获得三次表扬,方可减刑。

罪犯有重立功表现的,可以不受上述减刑起始时间和间隔时间的限制。

第十六条　对符合本实施细则规定的,被判处有期徒刑(含死刑缓期二年执行减为无期徒刑、无期徒刑减为有期徒刑)的罪犯,确有悔改表现的,确定减刑的基准幅度为四个月。罪犯在考核期内获得表扬一次,可以增加一个月的减刑幅度,但增加后的减刑幅度不得超过《2016 年规定》的相关规定。

第十七条　减刑幅度的从严掌握,根据具体情节,一般扣减一个月至三个月的减刑幅度;有特别严重情节或者重大社会影响需要从严控制减刑幅度的,可以扣减三个月至六个月的减刑幅度。

第十八条　判决生效后剩余刑期不满二年有期徒刑的罪犯,符合减刑条件的,执行九个月以上,且获得一次表扬,可以酌情减刑,减刑幅度一般不超过四个月,报请减刑时实际执行的刑期不得少于原判刑期的二分之一。

第三节　无期徒刑罪犯的减刑

第十九条　被判处无期徒刑的罪犯,符合减刑条件的,应当执行二年以上,且获得四次表扬,方可减刑。减刑幅度为:确有悔改表现或者有立功表现的,可以减为二十二年有期徒刑;确有悔改表现并有立功表现的,可以减为二十一年以上二十二年以下有期徒刑;有重大立功表现的,可以减为二十年以上二十一年以下有期徒刑;确有悔改表现并有重大立功表现的,可以减为十九年以上二十年以下有期徒刑。无期徒刑罪犯减为有期徒刑后再次减刑时,减刑幅度依照《2016 年规定》第六条的规定执行。两次减刑间隔时间不得少于二年,且间隔期内获得四次表扬,方可减刑。

罪犯有重大立功表现的,可以不受上述减刑起始时间和间隔时间的限制。

第二十条　对被判处无期徒刑的职务犯罪罪犯,破坏金融管理秩序和金融诈骗犯罪罪犯,组织、领导、参加、包庇、纵容黑社会性质组织犯罪罪犯,危害国家安全犯罪罪犯,恐怖活动犯罪罪犯,毒品犯罪集团的首要分子及毒品再犯,累犯以及因故意杀人、强奸、抢劫、绑架、放火、爆炸、投放危险物质或者有组织的暴力性犯罪的罪犯,确有履行能力而不履行或者不全部履行生效裁判中财产性判项的罪犯,数罪并罚被判处无期徒刑的罪犯,符合减刑条件的,应当执行三年以上,且获得六次表扬,方可减刑,减刑幅度应当比照《2016 年规定》第八条从严掌握,减刑后的刑期最低不得少于二十年有期徒刑。减为有期徒刑后再减刑时,减刑幅度比照《2016年规定》第六条从严掌握,一次不超过一年有期徒刑。两次减刑之间应当间隔二年以上,且间隔期内获得四次表扬,方可减刑。

罪犯有重大立功表现的,可以不受减刑起始时间和间隔时间的限制。

第二十一条　原判无期徒刑的罪犯,在无期徒刑执行期间获得的表扬,在减为有期徒刑后再次减刑时不能累计使用。

第二十二条　被判处无期徒刑的罪犯减刑后,其实际执行的刑期不能少于十三年,起始时间应当自无期徒刑判决生效之日起计算。

无期徒刑减为有期徒刑的刑期,从裁定减刑之日起计算。

第四节　死刑缓期执行罪犯的减刑

第二十三条　被判处死刑缓期执行的罪犯减为无期徒刑后,符合减刑条件的,应当执行三年以上,且获得六次表扬,方可减刑。减刑幅度为:确有悔改表现或者有立功表现的,可以减为二十五年有期徒刑;确有悔改表现并有立功表现的,可以减为二十四年以上二十五年以下有期徒刑;有重大立功表现的,可以减为二十三年以上二十四年以下有期徒刑;确有悔改表现并有重大立功表现的,可以减为二十二年以上二十三年以下有期徒刑。

被判处死刑缓期执行的罪犯减为有期徒刑后再减刑时,比照《2016年规定》第八条的规定执行。

第二十四条　对被判处死刑缓期执行的职务犯罪罪犯,破坏金融管理秩序和金融诈骗犯罪罪犯,组织、领导、参加、包庇、纵容黑社会性质组织犯罪罪犯,危害国家安全犯罪罪犯,恐怖活动犯罪罪犯,毒品犯罪集团的首要分子及毒品再犯,累犯以及因故意杀人、强奸、抢劫、绑架、放火、爆炸、投放危险物质或者有组织的暴力性犯罪的罪犯,确有履行能力而不履行或者不全部履行生效裁判中财产性判项的罪犯,数罪并罚被判处死刑缓期执行的罪犯,减为无期徒刑后,符合减刑条件的,应当执行三年以上,且获得八次表扬,方可减刑,一般减为二十五年有期徒刑,有立功表现或者重大立功表现的,可以比照《2016年规定》第十条减为二十三年以上二十五年以下有期徒刑。减为有期徒刑后再减刑时,减刑幅度比照《2016年规定》第六条从严掌握,一次不超过一年有期徒刑。两次减刑之间应当间隔二年以上,且间隔期内获得四次表扬,方可减刑。

第二十五条　被判处死刑缓期执行的罪犯减刑后,其实际执行的刑期不得少于十五年,死刑缓期执行期间不包括在内。

死刑缓期执行罪犯在缓期执行期间不服从监管、抗拒改造,尚未构成犯罪的,在减为无期徒刑后再减刑时应当适当从严,其减刑的间隔时间应当适当延长。

第二十六条　原判死刑缓期执行的罪犯,在死刑缓期执行和无期徒刑期间获得的表扬,在减为有期徒刑后再次减刑时不能累计使用。

第二十七条　被限制减刑的死刑缓期执行罪犯,减为无期徒刑后,符合减刑条件的,应当执行五年以上,且获得十次表扬,方可减刑。减刑间隔时间和减刑幅度依照《2016年规定》第十一条的规定执行。

第二十八条　被限制减刑的死刑缓期执行罪犯,减为有期徒刑后再减刑时,一次减刑不超过六个月有期徒刑。两次减刑间隔时间不得少于二年,且间隔期内获得四次表扬,方可减刑。有重大立功表现的,间隔时间可以适当缩短,但一次减刑不超过一年有期徒刑。

第二十九条　对被判处终身监禁的罪犯,在死刑缓期执行期满依法减为无期徒刑的裁定中,应当明确终身监禁,不得再减刑或者假释。

第五节　未成年、老年、病、残罪犯的减刑

第三十条　对在报请减刑前的服刑期间不满十八周岁,且所犯罪行不属于刑法第八十一条第二款规定情形的罪犯,认罪悔罪,遵守法律法规及监规,积极参加学习、劳动,应当视为确有悔改表现。

对上述罪犯减刑时,减刑幅度可以适当放宽,或者减刑起始时间、间隔时间可以适当缩短,但放宽的幅度和缩短的时间不得超过《2016 年规定》中相应幅度、时间的三分之一。

第三十一条 老年罪犯、患严重疾病罪犯或者身体残疾罪犯减刑时,应当主要考察其认罪悔罪的实际表现。

对基本丧失劳动能力,生活难以自理的上述罪犯减刑时,减刑幅度可以适当放宽,或者减刑起始时间、间隔时间可以适当缩短,但放宽的幅度和缩短的时间不得超过《2016 年规定》中相应幅度、时间的三分之一。

第六节 附加剥夺政治权利罪犯的减刑

第三十二条 被判处有期徒刑罪犯减刑时,对附加剥夺政治权利的期限可以酌减。酌减后剥夺政治权利的期限,不得少于一年。

被判处死刑缓期执行、无期徒刑的罪犯减为有期徒刑时,应当将附加剥夺政治权利的期限减为七年以上十年以下,经过一次或者几次减刑后,最终剥夺政治权利的期限不得少于三年。

第三章 假释

第三十三条 办理假释案件,认定"没有再犯罪的危险",除符合刑法第八十一条规定的情形外,还应当根据犯罪的具体情节、原判刑罚情况,在刑罚执行中的一贯表现,罪犯的年龄、身体状况、性格特征,假释后生活来源以及监管条件等因素综合考虑。

第三十四条 被判处有期徒刑的罪犯假释时,执行原判刑期二分之一的时间,应当从判决执行之日起计算,判决执行以前先行羁押的,羁押一日折抵刑期一日。

被判处无期徒刑的罪犯假释时,刑法中关于实际执行刑期不得少于十三年的时间,应当从判决生效之日起计算。判决生效以前先行羁押的时间不予折抵。

被判处死刑缓期执行的罪犯减为无期徒刑或者有期徒刑后,实际执行十五年以上,方可假释,该实际执行时间应当从死刑缓期执行期满之日起计算。死刑缓期执行期间不包括在内,判决确定以前先行羁押的时间不予折抵。

第三十五条 对累犯以及因故意杀人、强奸、抢劫、绑架、放火、爆炸、投放危险物质或者有组织的暴力性犯罪被判处十年以上有期徒刑、无期徒刑的罪犯,不得假释。

因前款情形和犯罪被判处死刑缓期执行的罪犯,被减为无期徒刑、有期徒刑后,也不得假释。

第三十六条 对于生效裁判中有财产性判项,罪犯确有履行能力而不履行或者不全部履行的,不予假释。

第三十七条 对下列罪犯,一般不予假释:

(一)无家可归,生活没有着落,不具备监管条件的;

(二)多次被判处刑罚或者缓刑、暂予监外执行期间又故意犯罪的;

(三)被害方上访不止或者因群体性事件被判刑,假释后可能引起不良社会影响的;

第三十八条 对下列罪犯适用假释时可以依法从宽掌握:

(一)过失犯罪的罪犯、中止犯罪的罪犯、被胁迫参加犯罪的罪犯;

(二)因防卫过当或者紧急避险过当而被判处有期徒刑以上刑罚的罪犯;

(三)犯罪时未满十八周岁的罪犯;

(四)基本丧失劳动能力、生活难以自理,假释后生活确有着落的老年罪犯、患严重疾病罪犯或者身体残疾罪犯;

(五)服刑期间改造表现特别突出的罪犯;

(六)具有其他可以从宽假释情形的罪犯。

罪犯在服刑期间,获得一次省级服刑改造积极分子称号,或者二次监狱级服刑改造积极分子称号的,可以认定为符合上述第(五)项“服刑改造期间表现特别突出的罪犯”的情形。

第三十九条　年满八十周岁、身患疾病或者生活难以自理、没有再犯罪危险的罪犯,既符合减刑条件,又符合假释条件的,优先适用假释;不符合假释条件的,参照《2016 年规定》第二十条的规定从宽处理。

第四十条　罪犯减刑后又假释的,间隔时间不得少于一年,且间隔期内获得二次表扬;对一次减去一年以上有期徒刑后,决定假释的,间隔时间不得少于一年六个月,且间隔期内获得三次表扬。

罪犯减刑后余刑不足二年,决定假释的,可以适当缩短间隔时间。

第四章　财产性判项执行、履行情况的移送与认定

第四十一条　人民法院作出的刑事判决、裁定发生法律效力后,在依照刑事诉讼法第二百五十三条、第二百五十四条的规定将罪犯交付执行刑罚时,如果生效裁判中有财产性判项,人民法院应当将反映财产性判项执行、履行情况的有关材料一并随案移送刑罚执行机关。罪犯在服刑期间本人履行或者其亲属代为履行生效裁判中财产性判项的,应当及时向刑罚执行机关报告。刑罚执行机关报请减刑时应随案移送以上材料。

人民法院办理减刑、假释案件时,可以向原一审人民法院核实罪犯履行财产性判项的情况。原一审人民法院应当出具相关证明。

第四十二条　对生效裁判中财产性判项尚未执行、履行完毕的罪犯,刑罚执行机关报请减刑、假释时,应当提供罪犯服刑起始时间或者间隔期内的个人消费账目及账户余额情况。对家庭困难、确无执行能力的罪犯,由乡镇(街道)或者民政部门出具家庭经济情况证明。无法出具证明的罪犯,由刑罚执行机关出具罪犯在服刑期间的消费及账户余额情况证明。

对前款罪犯,在服刑期间的消费应以生活的必要开支为标准,情况特殊的须有刑罚执行机关或者刑罚执行机关医院的相关证明。

根据我省的经济发展水平和居民消费能力,确定罪犯以月均消费 350 元为标准,月均消费超过 350 元的,认定为有一定的财产性判项履行能力。

对于有履行能力而不履行财产性判项的,在减刑时一般予以扣减一个月至三个月的减刑幅度,或者综合考察案件各种因素后不予减刑。

第四十三条　刑罚执行期间,负责办理减刑、假释案件的人民法院可以协助原一审人民法院执行生效裁判中的财产性判项。

财产性判项的执行,原则上应当向原一审人民法院缴纳。向原一审人民法院缴纳确有困难的,可以向办理减刑、假释案件的人民法院缴纳。办理减刑、假释案件的人民法院代为执行财产性判项的,应当将执行结果通报原一审人民法院。

第五章　减刑、假释案件审理程序

第四十四条　人民法院受理减刑、假释案件,应当审查刑罚执行机关是否移送下列材料:

(一)减刑、假释建议书;

(二)生效裁判文书、执行通知书、送达回证、历次减刑裁定书;

(三)罪犯确有悔改或者立功、重大立功表现的具体事实书面证明材料;

(四)罪犯入监登记表、评审鉴定表、奖惩审批表;

(五)生效裁判文书有财产性判项的,应当提交人民法院移送的罪犯财产性判项执行、履行的有关材料、罪犯对赃款赃物去向的说明、罪犯服刑期间消费情况及个人账户余额、罪犯提供的其他能够证明其财产性判项执行、履行能力的相关材料;

(六)报请对死刑缓期执行、无期徒刑罪犯的减刑(假释)的,还应当提交经省监狱管理局签署审核意见的《罪犯减刑(假释)审核表》;

（七）报请假释的，应当附有社区矫正机构关于罪犯假释后对所居住社区影响的《调查评估报告》；

（八）人民检察院对报请减刑、假释案件提出的检察意见；

（九）罪犯违反监规及扣分情况材料；

（十）其他根据案件审理需要移送的材料。

人民法院经审查，材料齐备的，应当立案；材料不齐的，应当通知刑罚执行机关在三日内补充提交。逾期未提交的，不予立案。

第四十五条 人民法院审理减刑、假释案件，应当在立案后五日内将刑罚执行机关报请减刑、假释的建议书等材料上传至全国法院减刑、假释、暂予监外执行信息网，依法向社会公示。

公示内容应当包括罪犯的个人情况、原判认定的罪名和刑期、罪犯历次减刑情况、刑罚执行机关的建议及依据。

公示应当写明公示期限和提出意见的方式。公示期限为五日。

第四十六条 人民法院审理减刑、假释案件，应当依法由审判员或者由审判员和人民陪审员组成合议庭进行。

第四十七条 人民法院审理减刑、假释案件，可以采取开庭审理或者书面审理的方式。但下列减刑、假释案件，应当开庭审理：

（一）因罪犯有重大立功表现报请减刑的；

（二）报请减刑的起始时间、间隔时间或者减刑幅度不符合司法解释一般规定的；

（三）公示期间收到不同意见的；

（四）人民检察院有异议的；

（五）被报请减刑、假释罪犯系职务犯罪罪犯，组织（领导、参加、包庇、纵容）黑社会性质组织犯罪罪犯，破坏金融管理秩序和金融诈骗犯罪罪犯及其他在社会上有重大影响或社会关注度高的；

（六）人民法院认为其他应当开庭审理的。

第四十八条 人民法院对于开庭审理的减刑、假释案件，应当在开庭三日前将开庭的时间、地点通知人民检察院、刑罚执行机关、被报请减刑、假释罪犯和有必要参加庭审的其他人员，并于开庭三日前在全国法院减刑、假释、暂予监外执行信息网上进行公告。

第四十九条 开庭审理应当在罪犯刑罚执行场所或者人民法院确定的场所进行，有条件的人民法院可以采取远程视频开庭的方式进行。

第五十条 人民法院公开开庭审理减刑、假释案件，可以邀请人大代表、政协委员或者有关方面的代表旁听庭审。

被报请减刑、假释罪犯系职务犯罪罪犯，组织（领导、参加、包庇、纵容）黑社会性质组织犯罪罪犯，破坏金融管理秩序和金融诈骗犯罪罪犯及其他在社会上有重大影响或社会关注度高的案件开庭审理时，应当邀请人大代表、政协委员或者有关方面的代表参加旁听。

有关方面的代表，可以是罪犯原所在单位或者原住所地基层组织代表，也可以是案件审理地基层组织、社会团体、社区矫正机构等的代表。

第五十一条 人民法院审理减刑、假释案件，应当按照下列情形分别处理：

（一）被报请减刑、假释罪犯符合法律规定的减刑、假释条件的，作出予以减刑、假释的裁定；

（二）被报请减刑的罪犯符合法律规定的减刑条件，但刑罚执行机关报请的减刑幅度不适当的，对减刑幅度作出相应调整后作出予以减刑的裁定；

（三）被报请减刑、假释罪犯不符合法律规定的减刑、假释条件的，作出不予减刑、假释的裁定。

在人民法院作出减刑、假释裁定前，刑罚执行机关书面申请撤回减刑、假释建议的，是否准许，由人民法院决定。

第五十二条　人民法院作出减刑、假释裁定后,应当在七日内送达报请减刑、假释的刑罚执行机关、同级人民检察院以及罪犯本人。作出假释裁定的,还应当送达社区矫正机构或者基层组织。

第五十三条　人民法院应当及时将生效的减刑、假释裁定书通过中国裁判文书网和全国法院减刑、假释、暂予监外执行信息网,依法向社会公布。

第七章　附则

第六十一条　本实施细则所称刑罚执行机关是指监狱和未成年犯管教所。

第六十二条　本实施细则所指的以上、以下均含本数。

第六十三条本实施细则所称“老年罪犯”,是指报请减刑、假释时年满六十五周岁的罪犯。

本实施细则所称“患严重疾病罪犯”,是指因患有重病,久治不愈,而不能正常生活、学习、劳动的罪犯。

本实施细则所称“身体残疾罪犯”,是指因身体有肢体或者器官残缺、功能不全或者丧失功能,而基本丧失生活、学习、劳动能力的罪犯,但是罪犯犯罪后自伤致残的除外。

对刑罚执行机关提供的证明罪犯患有严重疾病或者有身体残疾的证明文件,人民法院应当审查,必要时可以委托有关单位重新诊断、鉴定。

第六十四条　本实施细则所称“判决执行之日”,是指罪犯实际送交刑罚执行机关之日,即入监之日。

本实施细则所称“间隔时间”,是指前一次减刑裁定送达之日起至本次减刑报请之日止的期间。本次减刑报请之日,是指加盖刑罚执行机关公章的减刑、假释建议书的落款时间。

第六十五条　本实施细则所称“财产性判项”,是指判决罪犯承担的附带民事赔偿义务判项,以及追缴、责令退赔、罚金、没收财产等判项。

第六十六条　本实施细则自 2018 年 1 月 1 日起施行。

安徽省高级人民法院分别于 2007 年、2012 年制定的《关于执行〈最高人民法院关于办理减刑、假释案件具体应用法律若干问题的规定〉实施细则》(皖高法〔2007〕283 号和皖高法〔2012〕218 号文件)自 2017 年 1 月 1 日起不再适用。

本实施细则与法律、司法解释不一致的,适用法律、司法解释的相关规定。

▼北京市高级人民法院关于刑事案件立案材料要求的规定(试行)(2004 年 12 月 29 日)

第二十五条　执行机关移送减刑、假释案件,应向人民法院提交下列材料:

(一)减刑、假释建议书;

(二)终身法院的判决书、裁定书、历次减刑裁定书的复制件;

(三)罪犯确有悔改或者立功、重大立功表现的具体实施的书面证明材料;

(四)罪犯评审鉴定表、奖惩审批表。

第二十六条　本规定中要求当事人提供的证明材料,除有明确规定外,均为一份。

第二十七条　提供的身份证明材料为复印件的,应同时提供原件,并经人民法院核对无误。

▽撤销缓刑案件的管辖和审理问题

根据刑法第七十七条的规定,被宣告缓刑的犯罪分子,在缓刑考验期限内有下列三种情形之一的,应当撤销缓刑,执行原判刑罚:1. 犯新罪;2. 发现判决宣告以前还有其他罪没有判决的;3. 违反法律、行政法规或者国务院公安部门有关缓刑的监督管理规定,情节严重的。那么,由谁经由何种程序来撤销缓刑? 对此,《最高人民法院关于执行〈中华人民共和国刑事诉讼法〉若干问题的解释》第三百五十六条、第三百五十七条分别作了规定:第一种情况,被宣告缓刑的犯罪分子,在缓刑考验期限内因再犯新罪或者被发现判决宣告以前还有其他罪没有判决,应当撤销缓刑的,一般应由审判新罪的人民法院在审判新罪时,对原判决、裁定宣告的缓刑予以撤销。也就是说,该种情况下的撤销缓刑,其管辖权一般由审判新罪的人民法院行使，撤销缓刑的宣告附带在新罪的审判宣告之中，没有特别的程序要求。对于被宣告缓刑的犯罪分子再犯新罪或者发现漏罪的情况而言，首先要解决的是其新罪的侦查、起诉和审判问题，新罪审判不涉及原判事实、定罪与量刑，只是根据原判以后出现的新情况改变原判刑罚的执行方式。因此，审判新罪的法院在宣告新罪判决的同时，可以径行依法撤销原判的缓刑宣告。第二种情况，被宣告缓刑的犯罪分子，在缓刑考验期内违反法律、行政法规或者国务院公安部门有关缓刑的监督管理规定，情节严重，依法应当撤销缓刑的，原作出缓刑裁判的人民法院应当自收到同级公安机关提出的撤销缓刑建议书之日起1个月内依法作出裁定。也就是说，这种情况下撤销缓刑，管辖权在原作出缓刑裁判的人民法院，程序的启动权在同级公安机关，程序启动标志为提出的撤销缓刑建议书。但原作出缓刑裁判的人民法院在受理后，作出裁定撤销缓刑前，应采用何种程序，法律和司法解释均没有明确规定。就本案而言，罪犯在缓刑考验期内所实施的行为，虽系犯罪行为，但由于其未达到法定的刑事责任年龄，依法不负刑事责任，因此，公诉机关对其行为只能是依法不起诉。故从实际运作上看，本案只能适用上述第二种情形来撤销其缓刑。本案人民法院在对罪犯撤销缓刑时，采用了参照一审审理程序，实行开庭审理的做法。因为是否撤销原判缓刑，涉及必须要依法查明被宣告缓刑的犯罪分子，在缓刑考验期内是否有违反法律、行政法规或者国务院公安部门有关缓刑的监督管理规定的情形，以及情节是否严重。而这一查明过程又要赋予被宣告缓刑的犯罪分子以辩护权，以合乎正当程序的起码要求，不宜仅采取书面审查同级公安机关所提的撤销缓刑建议书的形式。从最高人民法院《刑事诉讼文书样本》中样式39所确定的撤销缓刑用刑事裁定书格式规定来看，也是支持这种做法的。[参见第238号案例，王园被撤销缓刑案，载《刑事审判参考》总第32集(2003年第3辑)，法律出版社，第2~4页。执笔：汪鸿滨]

第二百七十四条　【对减刑、假释的监督】人民检察院认为人民法院减刑、假释的裁定不当，应当在收到裁定书副本后二十日以内，向人民法院提出书面纠正意见。人民法院应当在收到纠正意见后一个月以内重新组成合议庭进行审理，作出最终裁定。

■人民检察院刑事诉讼规则(2019年12月30日)

第六百四十一条　人民检察院对人民法院减刑、假释的裁定提出纠正意见后，应当监督人民法院是否在收到纠正意见后一个月以内重新组成合议庭进行审理，并监督重新作出的裁定是否符合法律规定。对最终裁定不符合法律规定的，应当向同级人民法院提出纠正意见。

■最高人民法院关于适用《中华人民共和国刑事诉讼法》的解释(2021年3月1日)

第五百三十九条　人民法院作出减刑、假释裁定后，应当在七日以内送达提请减刑、假释的执行机关、同级人民检察院以及罪犯本人。人民检察院认为减刑、假释裁定不当，在法定期限内提出书面纠正意见的，人民法院应当在收到意见后另行组成合议庭审理，并在一个月以内作出裁定。

对假释的罪犯，适用本解释第五百一十九条的有关规定，依法实行社区矫正。

■人民检察院办理减刑、假释案件规定(2014年7月21日)

第二条　人民检察院依法对减刑、假释案件的提请、审理、裁定等活动是否合法实行法律监督。

第三条　人民检察院办理减刑、假释案件，应当按照下列情形分别处理：

(一)对减刑、假释案件提请活动的监督，由对执行机关承担检察职责的人民检察院负责；

(二)对减刑、假释案件审理、裁定活动的监督，由人民法院的同级人民检察院负责；同级人民检察院对执行机关不承担检察职责的，可以根据需要指定对执行机关承担检察职责的人民检察院派员出席法庭；下级人民检察院发现减刑、假释裁定不当的，应当及时向作出减刑、假释裁定的人民法院的同级人民检察院报告。

第四条　人民检察院办理减刑、假释案件，依照规定实行统一案件管理和办案责任制。

第五条　人民检察院收到执行机关移送的下列减刑、假释案件材料后,应当及时进行审查:

(一)执行机关拟提请减刑、假释意见;

(二)终审法院裁判文书、执行通知书、历次减刑裁定书;

(三)罪犯确有悔改表现、立功表现或者重大立功表现的证明材料;

(四)罪犯评审鉴定表、奖惩审批表;

(五)其他应当审查的案件材料。

对拟提请假释案件,还应当审查社区矫正机构或者基层组织关于罪犯假释后对所居住社区影响的调查评估报告。

第六条　具有下列情形之一的,人民检察院应当进行调查核实:

(一)拟提请减刑、假释罪犯系职务犯罪罪犯,破坏金融管理秩序和金融诈骗犯罪罪犯,黑社会性质组织犯罪罪犯,严重暴力恐怖犯罪罪犯,或者其他在社会上有重大影响、社会关注度高的罪犯;

(二)因罪犯有立功表现或者重大立功表现拟提请减刑的;

(三)拟提请减刑、假释罪犯的减刑幅度大、假释考验期长、起始时间早、间隔时间短或者实际执行刑期短的;

(四)拟提请减刑、假释罪犯的考核计分高、专项奖励多或者鉴定材料、奖惩记录有疑点的;

(五)收到控告、举报的;

(六)其他应当进行调查核实的。

第七条　人民检察院可以采取调阅复制有关材料、重新组织诊断鉴别、进行文证鉴定、召开座谈会、个别询问等方式,对下列情况进行调查核实:

(一)拟提请减刑、假释罪犯在服刑期间的表现情况;

(二)拟提请减刑、假释罪犯的财产刑执行、附带民事裁判履行、退赃退赔等情况;

(三)拟提请减刑罪犯的立功表现、重大立功表现是否属实,发明创造、技术革新是否系罪犯在服刑期间独立完成并经有关主管机关确认;

(四)拟提请假释罪犯的身体状况、性格特征、假释后生活来源和监管条件等影响再犯罪的因素;

(五)其他应当进行调查核实的情况。

第八条　人民检察院可以派员列席执行机关提请减刑、假释评审会议,了解案件有关情况,根据需要发表意见。

第九条　人民检察院发现罪犯符合减刑、假释条件,但是执行机关未提请减刑、假释的,可以建议执行机关提请减刑、假释。

第十条　人民检察院收到执行机关抄送的减刑、假释建议书副本后,应当逐案进行审查,可以向人民法院提出书面意见。发现减刑、假释建议不当或者提请减刑、假释违反法定程序的,应当在收到建议书副本后十日以内,依法向审理减刑、假释案件的人民法院提出书面意见,同时将检察意见书副本抄送执行机关。案情复杂或者情况特殊的,可以延长十日。

第十一条　人民法院开庭审理减刑、假释案件的,人民检察院应当指派检察人员出席法庭,发表检察意见,并对法庭审理活动是否合法进行监督。

第十二条　出席法庭的检察人员不得少于二人,其中至少一人具有检察官职务。

第十三条　检察人员应当在庭审前做好下列准备工作:

(一)全面熟悉案情,掌握证据情况,拟定法庭调查提纲和出庭意见;

(二)对执行机关提请减刑、假释有异议的案件,应当收集相关证据,可以建议人民法院通知相关证人出庭作证。

第十四条　庭审开始后,在执行机关代表宣读减刑、假释建议书并说明理由之后,检察人员应当发表检察意见。

第十五条　庭审过程中，检察人员对执行机关提请减刑、假释有疑问的，经审判长许可，可以出示证据，申请证人出庭作证，要求执行机关代表出示证据或者作出说明，向被提请减刑、假释的罪犯及证人提问并发表意见。

第十六条　法庭调查结束时，在被提请减刑、假释罪犯作最后陈述之前，经审判长许可，检察人员可以发表总结性意见。

第十七条　庭审过程中，检察人员认为需要进一步调查核实案件事实、证据，需要补充鉴定或者重新鉴定，或者需要通知新的证人到庭的，应当建议休庭。

第十八条　检察人员发现法庭审理活动违反法律规定的，应当在庭审后及时向本院检察长报告，依法向人民法院提出纠正意见。

第十九条　人民检察院收到人民法院减刑、假释裁定书副本后，应当及时审查下列内容：

（一）人民法院对罪犯裁定予以减刑、假释，以及起始时间、间隔时间、实际执行刑期、减刑幅度或者假释考验期是否符合有关规定；

（二）人民法院对罪犯裁定不予减刑、假释是否符合有关规定；

（三）人民法院审理、裁定减刑、假释的程序是否合法；

（四）按照有关规定应当开庭审理的减刑、假释案件，人民法院是否开庭审理；

（五）人民法院减刑、假释裁定书是否依法送达执行并向社会公布。

第二十条　人民检察院经审查认为人民法院减刑、假释裁定不当的，应当在收到裁定书副本后二十日以内，依法向作出减刑、假释裁定的人民法院提出书面纠正意见。

第二十一条　人民检察院对人民法院减刑、假释裁定提出纠正意见的，应当监督人民法院在收到纠正意见后一个月以内重新组成合议庭进行审理并作出最终裁定。

第二十二条　人民检察院发现人民法院已经生效的减刑、假释裁定确有错误的，应当向人民法院提出书面纠正意见，提请人民法院按照审判监督程序依法另行组成合议庭重新审理并作出裁定。

第二十三条　人民检察院收到控告、举报或者发现司法工作人员在办理减刑、假释案件中涉嫌违法的，应当依法进行调查，并根据情况，向有关单位提出纠正违法意见，建议更换办案人，或者建议予以纪律处分；构成犯罪的，依法追究刑事责任。

第二十四条　人民检察院办理职务犯罪罪犯减刑、假释案件，按照有关规定实行备案审查。

第二十五条　本规定自发布之日起施行。最高人民检察院以前发布的有关规定与本规定不一致的，以本规定为准。

■最高人民检察院关于减刑、假释法律监督工作的程序规定（2007年3月2日）

第二条　减刑、假释法律监督工作应当坚持依法、公正、客观、规范的原则。

第三条　减刑、假释法律监督工作应当实行书面审查与实际调查相结合、全面监督与重点监督相结合的工作方法。

第四条　检察人员应当深入罪犯劳动、生活、学习现场，通过设立检察信箱、谈话、座谈等形式，了解罪犯计分考核、奖惩记录等罪犯改造表现情况。

第五条　人民检察院在减刑、假释法律监督工作中，应当重点监督以下罪犯的减刑、假释情况：

（一）职务犯罪的罪犯；

（二）涉黑涉恶涉毒犯罪的罪犯；

（三）破坏社会主义市场经济秩序的侵财性犯罪的罪犯；

（四）服刑中的顽固型罪犯和危险型罪犯；

（五）从事事务性活动的罪犯；

(六)多次获得减刑的罪犯;

(七)在看守所留所服刑的罪犯;

(八)调换监管场所服刑的罪犯;

(九)其他需要重点监督的罪犯。

第六条　人民检察院应当及时对监狱提请减刑、假释罪犯的计分考核情况进行监督。

人民检察院应当对监狱送交的提请减刑、假释书面材料认真审查,派员列席监狱提请减刑、假释会议,并发表检察意见。

第七条　人民检察院收到监狱提请减刑、假释的材料后,应当重点对以下内容进行审查:

(一)提请减刑、假释的罪犯是否符合法律规定的条件;

(二)提请减刑、假释的程序是否符合规定;

(三)提请减刑、假释的材料是否真实、齐全。

第八条　人民检察院应当在收到监狱提请减刑、假释的材料后十个工作日内审查完毕并提出意见。

人民检察院认为提请减刑不当的,应当提出纠正意见并填写《监狱提请减刑不当情况登记表》。所提意见未被采纳的应当及时报告上一级人民检察院。

人民检察院收到提请假释的材料后,应当填写《监狱提请假释情况登记表》,报有权作出假释裁定的人民法院的同级人民检察院。认为提请假释不当的,应当提出纠正意见,将意见以及监狱采纳情况一并填入《监狱提请假释情况登记表》。

监狱对于纠正意见有异议的,可以向人民检察院提出复议;对于复议结论仍有异议的,可以向上一级人民检察院提请复核。

第九条　人民检察院发现罪犯符合减刑、假释情形,监狱未提请减刑、假释的,应当及时提出提请减刑,假释的检察建议。

第十条　对人民法院采取听证或者庭审方式审理减刑、假释案件的,同级人民检察院应当派员参加,发表检察意见并对听证或者庭审过程是否合法进行监督。

第十一条　人民检察院收到同级人民法院减刑、假释的裁定书副本后,应当及时进行审查,认为裁定不当的,应当在收到裁定书副本后二十日以内,向作出裁定的人民法院提出书面纠正意见,并监督人民法院在收到书面纠正意见后一个月内是否重新组成合议庭进行审理,以及所作的再次裁定是否符合法律规定。

超过二十日发现人民法院裁定减刑、假释不当的,或者认为再次裁定减刑、假释仍然不当的,应当报经检察长批准或者检察委员会决定,向作出减刑、假释裁定或者再次裁定的人民法院提出纠正意见,提请人民法院另行组成合议庭重新审理。

第十二条　对人民法院减刑、假释裁定的纠正意见,由作出减刑、假释裁定的人民法院的同级人民检察院书面提出。下级人民检察院发现减刑、假释裁定不当的,应当及时向作出减刑、假释的人民法院的同级人民检察院报告。

第十三条　人民检察院对人民法院裁定假释的罪犯是否依法交付执行实行监督,发现监狱对被裁定假释的罪犯应当交付监外执行而不交付监外执行的,应当提出纠正意见。

第十四条　人民检察院在法律监督工作中发现司法工作人员利用职务之便,徇私舞弊违法办理减刑,假释案件的,应当依法向刑罚执行机关及人民法院发出《纠正违法通知书》;构成犯罪的,依法追究有关人员的刑事责任。

第十五条　人民检察院对看守所提请减刑、假释的监督以及对监外执行罪犯提请减刑的监督工作,参照本规定执行。

第十六条 本规定自下发之日起施行。

■最高人民法院关于减刑、假释案件审理程序的规定(2014年6月1日)

第二十条 人民检察院认为人民法院减刑、假释裁定不当,在法定期限内提出书面纠正意见的,人民法院应当在收到纠正意见后另行组成合议庭审理,并在一个月内作出裁定。

第二十一条 人民法院发现本院已经生效的减刑、假释裁定确有错误的,应当依法重新组成合议庭进行审理并作出裁定;上级人民法院发现下级人民法院已经生效的减刑、假释裁定确有错误的,应当指令下级人民法院另行组成合议庭审理,也可以自行依法组成合议庭进行审理并作出裁定。

第二十二条 最高人民法院以前发布的司法解释和规范性文件,与本规定不一致的,以本规定为准。

■最高人民法院、最高人民检察院、公安部、司法部关于加强减刑、假释案件实质化审理的意见(全文)(2021年12月1日)

减刑、假释制度是我国刑罚执行制度的重要组成部分。依照我国法律规定,减刑、假释案件由刑罚执行机关提出建议书,报请人民法院审理裁定,人民检察院依法进行监督。为严格规范减刑、假释工作,确保案件审理公平、公正,现就加强减刑、假释案件实质化审理提出如下意见。

一、准确把握减刑、假释案件实质化审理的基本要求

1. 坚持全面依法审查。审理减刑、假释案件应当全面审查刑罚执行机关报送的材料,既要注重审查罪犯交付执行后的一贯表现,同时也要注重审查罪犯犯罪的性质、具体情节、社会危害程度、原判刑罚及生效裁判中财产性判项的履行情况等,依法作出公平、公正的裁定,切实防止将考核分数作为减刑、假释的唯一依据。

2. 坚持主客观改造表现并重。审理减刑、假释案件既要注重审查罪犯劳动改造、监管改造等客观方面的表现,也要注重审查罪犯思想改造等主观方面的表现,综合判断罪犯是否确有悔改表现。

3. 坚持严格审查证据材料。审理减刑、假释案件应当充分发挥审判职能作用,坚持以审判为中心,严格审查各项证据材料。认定罪犯是否符合减刑、假释法定条件,应当有相应证据予以证明;对于没有证据证实或者证据不确实、不充分的,不得裁定减刑、假释。

4. 坚持区别对待。审理减刑、假释案件应当切实贯彻宽严相济刑事政策,具体案件具体分析,区分不同情形,依法作出裁定,最大限度地发挥刑罚的功能,实现刑罚的目的。

二、严格审查减刑、假释案件的实体条件

5. 严格审查罪犯服刑期间改造表现的考核材料。对于罪犯的计分考核材料,应当认真审查考核分数的来源及其合理性等,如果存在考核分数与考核期不对应、加扣分与奖惩不对应、奖惩缺少相应事实和依据等情况,应当要求刑罚执行机关在规定期限内作出说明或者补充。对于在规定期限内不能作出合理解释的考核材料,不作为认定罪犯确有悔改表现的依据。

对于罪犯的认罪悔罪书、自我鉴定等自书材料,要结合罪犯的文化程度认真进行审查,对于无特殊原因非本人书写或者自书材料内容虚假的,不认定罪犯确有悔改表现。

对于罪犯存在违反监规纪律行为的,应当根据行为性质、情节等具体情况,综合分析判断罪犯的改造表现。罪犯服刑期间因违反监规纪律被处以警告、记过或者禁闭处罚的,可以根据案件具体情况,认定罪犯是否确有悔改表现。

6. 严格审查罪犯立功、重大立功的证据材料,准确把握认定条件。对于检举、揭发监狱内外犯罪活动,或者提供重要破案线索的,应当注重审查线索的来源。对于揭发线索来源存疑的,应当进一步核查,如果查明线索系通过贿买、暴力、威胁或者违反监规等非法手段获取的,不认定罪犯具有立功或者重大立功表现。

对于技术革新、发明创造,应当注重审查罪犯是否具备该技术革新、发明创造的专业能力和条件,

对于罪犯明显不具备相应专业能力及条件、不能说明技术革新或者发明创造原理及过程的,不认定罪犯具有立功或者重大立功表现。

对于阻止他人实施犯罪活动,协助司法机关抓捕其他犯罪嫌疑人,在日常生产、生活中舍己救人,在抗御自然灾害或者排除重大事故中有积极或者突出表现的,除应当审查有关部门出具的证明材料外,还应当注重审查能够证明上述行为的其他证据材料,对于罪犯明显不具备实施上述行为能力和条件的,不认定罪犯具有立功或者重大立功表现。

严格把握"较大贡献"或者"重大贡献"的认定条件。该"较大贡献"或者"重大贡献",是指对国家、社会具有积极影响,而非仅对个别人员、单位有贡献和帮助。对于罪犯在警示教育活动中现身说法的,不认定罪犯具有立功或者重大立功表现。

7. 严格审查罪犯履行财产性判项的能力。罪犯未履行或者未全部履行财产性判项,具有下列情形之一的,不认定罪犯确有悔改表现:

(1)拒不交代赃款、赃物去向;

(2)隐瞒、藏匿、转移财产;

(3)有可供履行的财产拒不履行。

对于前款罪犯,无特殊原因狱内消费明显超出规定额度标准的,一般不认定罪犯确有悔改表现。

8. 严格审查反映罪犯是否有再犯罪危险的材料。对于报请假释的罪犯,应当认真审查刑罚执行机关提供的反映罪犯服刑期间现实表现和生理、心理状况的材料,并认真审查司法行政机关或者有关社会组织出具的罪犯假释后对所居住社区影响的材料,同时结合罪犯犯罪的性质、具体情节、社会危害程度、原判刑罚及生效裁判中财产性判项的履行情况等,综合判断罪犯假释后是否具有再犯罪危险性。

9. 严格审查罪犯身份信息、患有严重疾病或者身体有残疾的证据材料。对于上述证据材料有疑问的,可以委托有关单位重新调查、诊断、鉴定。对原判适用《中华人民共和国刑事诉讼法》第一百六十条第二款规定判处刑罚的罪犯,在刑罚执行期间不真心悔罪,仍不讲真实姓名、住址,且无法调查核实清楚的,除具有重大立功表现等特殊情形外,一律不予减刑、假释。

10. 严格把握罪犯减刑后的实际服刑刑期。正确理解法律和司法解释规定的最低服刑期限,严格控制减刑起始时间、间隔时间及减刑幅度,并根据罪犯前期减刑情况和效果,对其后续减刑予以总体掌握。死刑缓期执行、无期徒刑罪犯减为有期徒刑后再减刑时,在减刑间隔时间及减刑幅度上,应当从严把握。

三、切实强化减刑、假释案件办理程序机制

11. 充分发挥庭审功能。人民法院开庭审理减刑、假释案件,应当围绕罪犯实际服刑表现、财产性判项执行履行情况等,认真进行法庭调查。人民检察院应当派员出庭履行职务,并充分发表意见。人民法院对于有疑问的证据材料,要重点进行核查,必要时可以要求有关机关或者罪犯本人作出说明,有效发挥庭审在查明事实、公正裁判中的作用。

12. 健全证人出庭作证制度。人民法院审理减刑、假释案件,应当通知罪犯的管教干警、同监室罪犯、公示期间提出异议的人员以及其他了解情况的人员出庭作证。开庭审理前,刑罚执行机关应当提供前述证人名单,人民法院根据需要从名单中确定相应数量的证人出庭作证。证人到庭后,应当对其进行详细询问,全面了解被报请减刑、假释罪犯的改造表现等情况。

13. 有效行使庭外调查核实权。人民法院、人民检察院对于刑罚执行机关提供的罪犯确有悔改表现、立功表现等证据材料存有疑问的,根据案件具体情况,可以采取讯问罪犯、询问证人、调取相关材料、与监所人民警察座谈、听取派驻监所检察人员意见等方式,在庭外对相关证据材料进行调查核实。

14. 强化审判组织的职能作用。人民法院审理减刑、假释案件,合议庭成员应当对罪犯是否符合减刑或者假释条件、减刑幅度是否适当、财产性判项是否执行履行等情况,充分发表意见。对于重大、疑难、复杂的减刑、假释案件，合议庭必要时可以提请院长决定提交审判委员会讨论，但提请前应当先经专业法官会议研究。

15. 完善财产性判项执行衔接机制。人民法院刑事审判部门作出具有财产性判项内容的刑事裁判后，应当及时按照规定移送负责执行的部门执行。刑罚执行机关对罪犯报请减刑、假释时，可以向负责执行财产性判项的人民法院调取罪犯财产性判项执行情况的有关材料，负责执行的人民法院应当予以配合。刑罚执行机关提交的关于罪犯财产性判项执行情况的材料，可以作为人民法院认定罪犯财产性判项执行情况和判断罪犯是否具有履行能力的依据。

16. 提高信息化运用水平。人民法院、人民检察院、刑罚执行机关要进一步提升减刑、假释信息化建设及运用水平，充分利用减刑、假释信息化协同办案平台、执行信息平台及大数据平台等，采用远程视频开庭等方式，不断完善案件办理机制。同时，加强对减刑、假释信息化协同办案平台和减刑、假释、暂予监外执行信息网的升级改造，不断拓展信息化运用的深度和广度，为提升减刑、假释案件办理质效和加强权力运行制约监督提供科技支撑。

四、大力加强减刑、假释案件监督指导及工作保障

17. 不断健全内部监督。人民法院、人民检察院、刑罚执行机关要进一步强化监督管理职责，严格落实备案审查、专项检查等制度机制，充分发挥层级审核把关作用。人民法院要加强文书的释法说理，进一步提升减刑、假释裁定公信力。对于发现的问题及时责令整改，对于确有错误的案件，坚决依法予以纠正，对于涉嫌违纪违法的线索，及时移交纪检监察部门处理。

18. 高度重视外部监督。人民法院、人民检察院要自觉接受同级人民代表大会及其常委会的监督，主动汇报工作，对于人大代表关注的问题，认真研究处理并及时反馈，不断推进减刑、假释工作规范化开展；人民法院、刑罚执行机关要依法接受检察机关的法律监督，认真听取检察机关的意见、建议，支持检察机关巡回检察等工作，充分保障检察机关履行检察职责；人民法院、人民检察院、刑罚执行机关均要主动接受社会监督，积极回应人民群众关切。

19. 着力强化对下指导。人民法院、人民检察院、刑罚执行机关在减刑、假释工作中，遇到法律适用难点问题或者其他重大政策问题，应当及时向上级机关请示报告。上级机关应当准确掌握下级机关在减刑、假释工作中遇到的突出问题，加强研究和指导，并及时收集辖区内减刑、假释典型案例层报。最高人民法院、最高人民检察院应当适时发布指导性案例，为下级人民法院、人民检察院依法办案提供指导。

20. 切实加强工作保障。人民法院、人民检察院、刑罚执行机关应当充分认识减刑、假释工作所面临的新形势、新任务、新要求，坚持各司其职、分工负责、相互配合、相互制约的原则，不断加强沟通协作。根据工作需要，配足配强办案力量，加强对办案人员的业务培训，提升能力素质，建立健全配套制度机制，确保减刑、假释案件实质化审理公正、高效开展。

▼安徽省办理减刑、假释案件实施细则（试行）（2018年1月1日）

第六章　法律监督

第五十四条　人民检察院可以派员深入罪犯生活、学习、劳动现场，通过设立检察信箱、谈话、座谈、查阅罪犯档案等形式，了解罪犯计分考核、奖惩记录等改造表现情况，及时对刑罚执行机关报请减刑、假释罪犯的计分考核、奖惩记录等改造表现情况进行监督。

第五十五条　人民检察院可以派员列席刑罚执行机关报请减刑、假释评审会议，了解案件有关情况，根据需要发表意见。

第五十六条　人民检察院发现罪犯符合减刑、假释条件，但是刑罚执行机关未报请减刑、假释的，可以建议刑罚执行机关报请减刑、假释。

第五十七条　刑罚执行机关向人民法院报请减刑、假释的同时，应当将报请减刑、假释的建议书副

本抄送人民检察院。人民检察院收到减刑、假释建议书副本后,应当进行审查,发现减刑、假释建议不当或者报请减刑、假释违反法定程序的,可以向人民法院提出书面意见,同时将检察意见书副本抄送刑罚执行机关。

第五十八条 人民法院开庭审理减刑、假释案件,人民检察院应当指派检察人员出席法庭,发表检察意见。

第五十九条 人民检察院收到人民法院减刑、假释裁定书后,应当及时审查。

人民检察院经审查认为人民法院减刑、假释裁定不当的,应当在收到裁定书后二十日以内,向人民法院提出书面纠正意见。人民法院应当在收到书面纠正意见后另行组成合议庭审理,并在一个月内作出裁定。

人民检察院发现人民法院已经生效的减刑、假释裁定确有错误的,应当向人民法院提出书面纠正意见,提请人民法院依法另行组成合议庭重新进行审理并作出裁定。

第六十条 人民法院发现本院已经生效的减刑、假释裁定确有错误的,应当依法重新组成合议庭进行审理并作出裁定;上级人民法院发现下级人民法院已经生效的减刑、假释裁定确有错误的,应当指令下级人民法院另行组成合议庭审理,也可以自行依法组成合议庭进行审理并作出裁定。

●缓刑罪犯减刑与持续跟进监督

对于判处拘役或者一年以下有期徒刑并宣告缓刑的罪犯,在缓刑考验期内确有悔改表现或者有一般立功表现,一般不适用减刑。缓刑考验期内有重大立功表现的,可以参照刑法第七十八条的规定予以减刑。人民法院对宣告缓刑罪犯裁定减刑适用法律错误的,人民检察院应当依法提出纠正意见。人民法院裁定维持原减刑裁定的,人民检察院应当继续予以监督。(参见最高人民检察院发布第19批指导性案例,检例第70号,宣告缓刑罪犯蔡某等12人减刑监督案,2020年2月28日发布。)

●未成年罪犯减刑、假释适用

人民检察院办理未成年罪犯减刑、假释监督案件,应当比照成年罪犯依法适当从宽把握假释条件。对既符合法定减刑条件又符合法定假释条件的,可以建议刑罚执行机关优先适用假释。审查未成年罪犯是否符合假释条件时,应当结合犯罪的具体情节、原判刑罚情况、刑罚执行中的表现、家庭帮教能力和条件等因素综合认定。(参见最高人民检察院发布第19批指导性案例,检例第71号,罪犯康某假释监督案,2020年2月28日发布。)

第二百七十五条 【执行机关对错案、申诉的处理】监狱和其他执行机关在刑罚执行中,如果认为判决有错误或者罪犯提出申诉,应当转请人民检察院或者原判人民法院处理。

第二百七十六条 【对执行活动的监督】人民检察院对执行机关执行刑罚的活动是否合法实行监督。如果发现有违法的情况,应当通知执行机关纠正。

■最高人民检察院关于监所检察工作若干问题的规定(2001年9月3日)

二、监所检察的职责和工作重点

3. 人民检察院监所检察部门的主要职责是:(1)对监狱(包括未成年犯管教所,下同)、看守所、拘役所执行刑罚活动是否合法实行监督。(2)对监狱、看守所、拘役所、劳动教养机关管理教育罪犯、劳教人员的活动是否合法实行监督,对公安机关管理教育监外罪犯的活动实行监督。(3)对刑罚执行和监管改造中发生的虐待被监管人案、私放在押人员案、失职致使在押人员脱逃案、徇私舞弊减刑、假释、暂予监外执行案(以下称“四种案件”)进行立案侦查。(4)对刑罚执行和监管改造过程中发生的司法人员贪污贿赂、渎职侵权案件进行初查。(5)配合有关部门搞好职务犯罪预防。(6)受理被监管人员及其亲属直接提出的控告和举报。(7)对服刑罪犯又犯罪案件、劳教人员的犯罪案件的侦查活动实行监督。(8)对看守所超期羁押犯罪嫌疑人、被告人的情况进行监督。(9)对派出检察院、派驻检察室的工作进行业务指导,对下级检察院监所检察部门的工作进行指导。(10)负责检察长交办的其他事项。

派出检察院除履行监所检察部门的基本职责外,还应承担对刑罚执行和监管活动中发生的司法人员职务犯罪案件进行立案侦查,对服刑罪犯又犯罪案件和劳教人员犯罪案件审查逮捕、审查起诉,对诉讼活动实行监督,对被监管人员的申诉、控告和举报依法审查处理等职责。

派驻检察室在派出它的检察院领导或者监所检察部门的指导下,依法履行监所检察职责。

4. 监所检察工作的重点是刑罚执行监督,监督的主要对象是监狱,监督的重点是监管干警徇私舞弊减刑、假释、暂予监外执行等违法犯罪问题。

■最高人民检察院关于国家安全机关设置的看守所依法接受人民检察院法律监督有关事项的通知(全文)(1997年8月21日)

一、人民检察院对国家安全机关设置的看守所的执法活动实行法律监督,由主管该看守所的国家安全机关的同级人民检察院负责。

二、人民检察院对国家安全机关设置的看守所的执法活动进行检察的方式,可根据其羁押人数,监管任务轻重决定派驻检察或定期巡回检察。

三、国家安全机关设置的看守所应当依法接受人民检察院的法律监督,定期向对该看守所有法律监督职责的人民检察院通报监管情况;对人民检察院提出纠正违法的意见,应当认真进行研究,并对违法情况及时采取有效措施予以纠正;对发生的有关犯罪案件,要主动配合检察机关依法查处。

第五编　特别程序

第一章　未成年人刑事案件诉讼程序

■人民检察院办理未成年人刑事案件的规定(2013年12月27日)

第一条　为了切实保障未成年犯罪嫌疑人、被告人和未成年罪犯的合法权益,正确履行检察职责,根据《中华人民共和国刑法》、《中华人民共和国刑事诉讼法》、《中华人民共和国未成年人保护法》、《中华人民共和国预防未成年人犯罪法》、《人民检察院刑事诉讼规则(试行)》等有关规定,结合人民检察院办理未成年人刑事案件工作实际,制定本规定。

第二条　人民检察院办理未成年人刑事案件,实行教育、感化、挽救的方针,坚持教育为主、惩罚为辅和特殊保护的原则。在严格遵守法律规定的前提下,按照最有利于未成年人和适合未成年人身心特点的方式进行,充分保障未成年人合法权益。

第三条　人民检察院办理未成年人刑事案件,应当保障未成年人依法行使其诉讼权利,保障未成年人得到法律帮助。

第四条　人民检察院办理未成年人刑事案件,应当在依照法定程序和保证办案质量的前提下,快速办理,减少刑事诉讼对未成年人的不利影响。

第五条　人民检察院办理未成年人刑事案件,应当依法保护涉案未成年人的名誉,尊重其人格尊严,不得公开或者传播涉案未成年人的姓名、住所、照片、图像及可能推断出该未成年人的资料。

人民检察院办理刑事案件,应当依法保护未成年被害人、证人以及其他与案件有关的未成年人的合法权益。

第六条　人民检察院办理未成年人刑事案件,应当加强与公安机关、人民法院以及司法行政机关的联系,注意工作各环节的衔接和配合,共同做好对涉案未成年人的教育、感化、挽救工作。

人民检察院应当加强同政府有关部门、共青团、妇联、工会等人民团体,学校、基层组织以及未成年人保护组织的联系和配合,加强对违法犯罪的未成年人的教育和挽救,共同做好未成年人犯罪预防工作。

第七条　人民检察院办理未成年人刑事案件,发现有关单位或者部门在预防未成年人违法犯罪等方面制度不落实、不健全,存在管理漏洞的,可以采取检察建议等方式向有关单位或者部门提出预防违法犯罪的意见和建议。

第八条　省级、地市级人民检察院和未成年人刑事案件较多的基层人民检察院,应当设立独立的未成年人刑事检察机构。地市级人民检察院也可以根据当地实际,指定一个基层人民检察院设立独立机构,统一办理辖区范围内的未成年人刑事案件;条件暂不具备的,应当成立专门办案组或者指定专人办理。对于专门办案组或者专人,应当保证其集中精力办理未成年人刑事案件,研究未成年人犯罪规律,落实对涉案未成年人的帮教措施等工作。

各级人民检察院应当选任经过专门培训,熟悉未成年人身心特点,具有犯罪学、社会学、心理学、教育学等方面知识的检察人员承办未成年人刑事案件,并加强对办案人员的培训和指导。

第九条　人民检察院根据情况可以对未成年犯罪嫌疑人的成长经历、犯罪原因、监护教育等情况进行调查,并制作社会调查报告,作为办案和教育的参考。

人民检察院开展社会调查,可以委托有关组织和机构进行。开展社会调查应当尊重和保护未成年人名誉,避免向不知情人员泄露未成年犯罪嫌疑人的涉罪信息。

人民检察院应当对公安机关移送的社会调查报告进行审查,必要时可以进行补充调查。

提起公诉的案件,社会调查报告应当随案移送人民法院。

第十条　人民检察院办理未成年人刑事案件,可以应犯罪嫌疑人家属、被害人及其家属的要求,告知其审查逮捕、审查起诉的进展情况,并对有关情况予以说明和解释。

第十一条　人民检察院受理案件后,应当向未成年犯罪嫌疑人及其法定代理人了解其委托辩护人的情况,并告知其有权委托辩护人。

未成年犯罪嫌疑人没有委托辩护人的,人民检察院应当书面通知法律援助机构指派律师为其提供辩护。

第十二条　人民检察院办理未成年人刑事案件,应当注重矛盾化解,认真听取被害人的意见,做好释法说理工作。对于符合和解条件的,要发挥检调对接平台作用,积极促使双方当事人达成和解。

人民检察院应当充分维护未成年被害人的合法权益。对于符合条件的被害人,应当及时启动刑事被害人救助程序,对其进行救助。对于未成年被害人,可以适当放宽救助条件、扩大救助的案件范围。

人民检察院根据需要,可以对未成年犯罪嫌疑人、未成年被害人进行心理疏导。必要时,经未成年犯罪嫌疑人及其法定代理人同意,可以对未成年犯罪嫌疑人进行心理测评。

在办理未成年人刑事案件时,人民检察院应当加强办案风险评估预警工作,主动采取适当措施,积极回应和引导社会舆论,有效防范执法办案风险。

第二章　未成年人刑事案件的审查逮捕

第十三条　人民检察院办理未成年犯罪嫌疑人审查逮捕案件,应当根据未成年犯罪嫌疑人涉嫌犯罪的事实、主观恶性、有无监护与社会帮教条件等,综合衡量其社会危险性,严格限制适用逮捕措施,可捕可不捕的不捕。

第十四条　审查逮捕未成年犯罪嫌疑人,应当重点审查其是否已满十四、十六、十八周岁。

对犯罪嫌疑人实际年龄难以判断,影响对该犯罪嫌疑人是否应当负刑事责任认定的,应当不批准逮捕。需要补充侦查的,同时通知公安机关。

第十五条　审查逮捕未成年犯罪嫌疑人,应当审查公安机关依法提供的证据和社会调查报告等材料。公安机关没有提供社会调查报告的,人民检察院根据案件情况可以要求公安机关提供,也可以自行或者委托有关组织和机构进行调查。

第十六条　审查逮捕未成年犯罪嫌疑人,应当注意是否有被胁迫、引诱的情节,是否存在成年人教唆犯罪、传授犯罪方法或者利用未成年人实施犯罪的情况。

第十七条　人民检察院办理未成年犯罪嫌疑人审查逮捕案件,应当讯问未成年犯罪嫌疑人,听取辩护律师的意见,并制作笔录附卷。

讯问未成年犯罪嫌疑人,应当根据该未成年人的特点和案件情况,制定详细的讯问提纲,采取适宜该未成年人的方式进行,讯问用语应当准确易懂。

讯问未成年犯罪嫌疑人,应当告知其依法享有的诉讼权利,告知其如实供述案件事实的法律规定和意义,核实其是否有自首、立功、坦白等情节,听取其有罪的供述或者无罪、罪轻的辩解。

讯问未成年犯罪嫌疑人,应当通知其法定代理人到场,告知法定代理人依法享有的诉讼权利和应当履行的义务。无法通知、法定代理人不能到场或者法定代理人是共犯的,也可以通知未成年犯罪嫌疑人的其他成年亲属,所在学校、单位或者居住地的村民委员会、居民委员会、未成年人保护组织的代表等合适成年人到场,并将有关情况记录在案。到场的法定代理人可以代为行使未成年犯罪嫌疑人的诉讼权利,行使时不得侵犯未成年犯罪嫌疑人的合法权益。

未成年犯罪嫌疑人明确拒绝法定代理人以外的合适成年人到场,人民检察院可以准许,但应当另行通知其他合适成年人到场。

到场的法定代理人或者其他人员认为办案人员在讯问中侵犯未成年犯罪嫌疑人合法权益的,可以提出意见。讯问笔录应当交由到场的法定代理人或者其他人员阅读或者向其宣读,并由其在笔录上签字、盖章或者捺指印确认。

讯问女性未成年犯罪嫌疑人,应当有女性检察人员参加。

询问未成年被害人、证人,适用本条第四款至第七款的规定。

第十八条 讯问未成年犯罪嫌疑人一般不得使用械具。对于确有人身危险性,必须使用械具的,在现实危险消除后,应当立即停止使用。

第十九条 对于罪行较轻,具备有效监护条件或者社会帮教措施,没有社会危险性或者社会危险性较小,不逮捕不致妨害诉讼正常进行的未成年犯罪嫌疑人,应当不批准逮捕。

对于罪行比较严重,但主观恶性不大,有悔罪表现,具备有效监护条件或者社会帮教措施,具有下列情形之一,不逮捕不致妨害诉讼正常进行的未成年犯罪嫌疑人,可以不批准逮捕:

(一)初次犯罪、过失犯罪的;

(二)犯罪预备、中止、未遂的;

(三)有自首或者立功表现的;

(四)犯罪后如实交待罪行,真诚悔罪,积极退赃,尽力减少和赔偿损失,被害人谅解的;

(五)不属于共同犯罪的主犯或者集团犯罪中的首要分子的;

(六)属于已满十四周岁不满十六周岁的未成年人或者系在校学生的;

(七)其他可以不批准逮捕的情形。

对于不予批准逮捕的案件,应当说明理由,连同案卷材料送达公安机关执行。需要补充侦查的,应当同时通知公安机关。必要时可以向被害方作说明解释。

第二十条 适用本规定第十九条的规定,在作出不批准逮捕决定前,应当审查其监护情况,参考其法定代理人、学校、居住地公安派出所及居民委员会、村民委员会的意见,并在审查逮捕意见书中对未成年犯罪嫌疑人是否具备有效监护条件或者社会帮教措施进行具体说明。

第二十一条 对未成年犯罪嫌疑人作出批准逮捕决定后,应当依法进行羁押必要性审查。对不需要继续羁押的,应当及时建议予以释放或者变更强制措施。

第三章 未成年人刑事案件的审查起诉与出庭支持公诉

第一节 审查

第二十二条 人民检察院审查起诉未成年人刑事案件,自收到移送审查起诉的案件材料之日起三日以内,应当告知被害人及其法定代理人或者其近亲属、附带民事诉讼的当事人及其法定代理人有权委托诉讼代理人。

对未成年被害人或者其法定代理人提出聘请律师意向,但因经济困难或者其他原因没有委托诉讼代理人的,应当帮助其申请法律援助。

未成年犯罪嫌疑人被羁押的,人民检察院应当审查是否有必要继续羁押。对不需要继续羁押的,应当予以释放或者变更强制措施。

审查起诉未成年犯罪嫌疑人,应当听取其父母或者其他法定代理人、辩护人、被害人及其法定代理人的意见。

第二十三条 人民检察院审查起诉未成年人刑事案件,应当讯问未成年犯罪嫌疑人。讯问未成年犯罪嫌疑人适用本规定第十七条、第十八条的规定。

第二十四条 移送审查起诉的案件具备以下条件之一,且其法定代理人、近亲属等与本案无牵连的,经公安机关同意,检察人员可以安排在押的未成年犯罪嫌疑人与其法定代理人、近亲属等进行会见、通话:

（一）案件事实已基本查清，主要证据确实、充分，安排会见、通话不会影响诉讼活动正常进行；

（二）未成年犯罪嫌疑人有认罪、悔罪表现，或者虽尚未认罪、悔罪，但通过会见、通话有可能促使其转化，或者通过会见、通话有利于社会、家庭稳定；

（三）未成年犯罪嫌疑人的法定代理人、近亲属对其犯罪原因、社会危害性以及后果有一定的认识，并能配合司法机关进行教育。

第二十五条　在押的未成年犯罪嫌疑人同其法定代理人、近亲属等进行会见、通话时，检察人员应当告知其会见、通话不得有串供或者其他妨碍诉讼的内容。会见、通话时检察人员可以在场。会见、通话结束后，检察人员应当将有关内容及时整理并记录在案。

第二节　不起诉

第二十六条　对于犯罪情节轻微，具有下列情形之一，依照刑法规定不需要判处刑罚或者免除刑罚的未成年犯罪嫌疑人，一般应当依法作出不起诉决定：

（一）被胁迫参与犯罪的；

（二）犯罪预备、中止、未遂的；

（三）在共同犯罪中起次要或者辅助作用的；

（四）系又聋又哑的人或者盲人的；

（五）因防卫过当或者紧急避险过当构成犯罪的；

（六）有自首或者立功表现的；

（七）其他依照刑法规定不需要判处刑罚或者免除刑罚的情形。

第二十七条　对于未成年人实施的轻伤害案件、初次犯罪、过失犯罪、犯罪未遂的案件以及被诱骗或者被教唆实施的犯罪案件等，情节轻微，犯罪嫌疑人确有悔罪表现，当事人双方自愿就民事赔偿达成协议并切实履行或者经被害人同意并提供有效担保，符合刑法第三十七条规定的，人民检察院可以依照刑事诉讼法第一百七十三条第二款的规定作出不起诉决定，并可以根据案件的不同情况，予以训诫或者责令具结悔过、赔礼道歉、赔偿损失，或者由主管部门予以行政处罚。

第二十八条　不起诉决定书应当向被不起诉的未成年人及其法定代理人宣布，并阐明不起诉的理由和法律依据。

不起诉决定书应当送达公安机关，被不起诉的未成年人及其法定代理人、辩护人，被害人或者其近亲属及其诉讼代理人。

送达时，应当告知被害人或者其近亲属及其诉讼代理人，如果对不起诉决定不服，可以自收到不起诉决定书后七日以内向上一级人民检察院申诉，也可以不经申诉，直接向人民法院起诉；告知被不起诉的未成年人及其法定代理人，如果对不起诉决定不服，可以自收到不起诉决定书后七日以内向人民检察院申诉。

第三节　附条件不起诉

第二十九条　对于犯罪时已满十四周岁不满十八周岁的未成年人，同时符合下列条件的，人民检察院可以作出附条件不起诉决定：

（一）涉嫌刑法分则第四章、第五章、第六章规定的犯罪；

（二）根据具体犯罪事实、情节，可能被判处一年有期徒刑以下刑罚；

（三）犯罪事实清楚，证据确实、充分，符合起诉条件；

（四）具有悔罪表现。

第三十条　人民检察院在作出附条件不起诉的决定以前，应当听取公安机关、被害人、未成年犯罪嫌疑人的法定代理人、辩护人的意见，并制作笔录附卷。被害人是未成年人的，还应当听取被害人的法定代理人、诉讼代理人的意见。

第三十一条　公安机关或者被害人对附条件不起诉有异议或争议较大的案件，人民检察院可以召集侦查人员、被害人及其法定代理人、诉讼代理人、未成年犯罪嫌疑人及其法定代理人、辩护人举行不公开听证会，充分听取各方的意见和理由。

对于决定附条件不起诉可能激化矛盾或者引发不稳定因素的，人民检察院应当慎重适用。

第三十二条　适用附条件不起诉的审查意见，应当由办案人员在审查起诉期限届满十五日前提出，并根据案件的具体情况拟定考验期限和考察方案，连同案件审查报告、社会调查报告等，经部门负责人审核，报检察长或者检察委员会决定。

第三十三条　人民检察院作出附条件不起诉的决定后，应当制作附条件不起诉决定书，并在三日以内送达公安机关、被害人或者其近亲属及其诉讼代理人、未成年犯罪嫌疑人及其法定代理人、辩护人。

送达时，应当告知被害人或者其近亲属及其诉讼代理人，如果对附条件不起诉决定不服，可以自收到附条件不起诉决定书后七日以内向上一级人民检察院申诉。

人民检察院应当当面向未成年犯罪嫌疑人及其法定代理人宣布附条件不起诉决定，告知考验期限、在考验期内应当遵守的规定和违反规定应负的法律责任，以及可以对附条件不起诉决定提出异议，并制作笔录附卷。

第三十四条　未成年犯罪嫌疑人在押的，作出附条件不起诉决定后，人民检察院应当作出释放或者变更强制措施的决定。

第三十五条　公安机关认为附条件不起诉决定有错误，要求复议的，人民检察院未成年人刑事检察机构应当另行指定检察人员进行审查并提出审查意见，经部门负责人审核，报请检察长或者检察委员会决定。

人民检察院应当在收到要求复议意见书后的三十日以内作出复议决定，通知公安机关。

第三十六条　上一级人民检察院收到公安机关对附条件不起诉决定提请复核的意见书后，应当交由未成年人刑事检察机构办理。未成年人刑事检察机构应当指定检察人员进行审查并提出审查意见，经部门负责人审核，报请检察长或者检察委员会决定。

上一级人民检察院应当在收到提请复核意见书后的三十日以内作出决定，制作复核决定书送交提请复核的公安机关和下级人民检察院。经复核改变下级人民检察院附条件不起诉决定的，应当撤销下级人民检察院作出的附条件不起诉决定，交由下级人民检察院执行。

第三十七条　被害人不服附条件不起诉决定，在收到附条件不起诉决定书后七日以内申诉的，由作出附条件不起诉决定的人民检察院的上一级人民检察院未成年人刑事检察机构立案复查。

被害人向作出附条件不起诉决定的人民检察院提出申诉的，作出决定的人民检察院应当将申诉材料连同案卷一并报送上一级人民检察院受理。

被害人不服附条件不起诉决定，在收到附条件不起诉决定书七日后提出申诉的，由作出附条件不起诉决定的人民检察院未成年人刑事检察机构另行指定检察人员审查后决定是否立案复查。

未成年人刑事检察机构复查后应当提出复查意见，报请检察长决定。

复查决定书应当送达被害人、被附条件不起诉的未成年犯罪嫌疑人及其法定代理人和作出附条件不起诉决定的人民检察院。

上级人民检察院经复查作出起诉决定的，应当撤销下级人民检察院的附条件不起诉决定，由下级人民检察院提起公诉，并将复查决定抄送移送审查起诉的公安机关。

第三十八条　未成年犯罪嫌疑人及其法定代理人对人民检察院决定附条件不起诉有异议的，人民检察院应当作出起诉的决定。

第三十九条　人民检察院在作出附条件不起诉决定后，应当在十日内将附条件不起诉决定书报上级人民检察院主管部门备案。

上级人民检察院认为下级人民检察院作出的附条件不起诉决定不适当的,应当及时撤销下级人民检察院作出的附条件不起诉决定,下级人民检察院应当执行。

第四十条 人民检察院决定附条件不起诉的,应当确定考验期。考验期为六个月以上一年以下,从人民检察院作出附条件不起诉的决定之日起计算。考验期不计入案件审查起诉期限。

考验期的长短应当与未成年犯罪嫌疑人所犯罪行的轻重、主观恶性的大小和人身危险性的大小、一贯表现及帮教条件等相适应,根据未成年犯罪嫌疑人在考验期的表现,可以在法定期限范围内适当缩短或者延长。

第四十一条 被附条件不起诉的未成年犯罪嫌疑人,应当遵守下列规定:

(一)遵守法律法规,服从监督;

(二)按照考察机关的规定报告自己的活动情况;

(三)离开所居住的市、县或者迁居,应当报经考察机关批准;

(四)按照考察机关的要求接受矫治和教育。

第四十二条 人民检察院可以要求被附条件不起诉的未成年犯罪嫌疑人接受下列矫治和教育:

(一)完成戒瘾治疗、心理辅导或者其他适当的处遇措施;

(二)向社区或者公益团体提供公益劳动;

(三)不得进入特定场所,与特定的人员会见或者通信,从事特定的活动;

(四)向被害人赔偿损失、赔礼道歉等;

(五)接受相关教育;

(六)遵守其他保护被害人安全以及预防再犯的禁止性规定。

第四十三条 在附条件不起诉的考验期内,人民检察院应当对被附条件不起诉的未成年犯罪嫌疑人进行监督考察。未成年犯罪嫌疑人的监护人应当对未成年犯罪嫌疑人加强管教,配合人民检察院做好监督考察工作。

人民检察院可以会同未成年犯罪嫌疑人的监护人、所在学校、单位、居住地的村民委员会、居民委员会、未成年人保护组织等的有关人员定期对未成年犯罪嫌疑人进行考察、教育,实施跟踪帮教。

第四十四条 未成年犯罪嫌疑人经批准离开所居住的市、县或者迁居,作出附条件不起诉决定的人民检察院可以要求迁入地的人民检察院协助进行考察,并将考察结果函告作出附条件不起诉决定的人民检察院。

第四十五条 考验期届满,办案人员应当制作附条件不起诉考察意见书,提出起诉或者不起诉的意见,经部门负责人审核,报请检察长决定。

人民检察院应当在审查起诉期限内作出起诉或者不起诉的决定。

作出附条件不起诉决定的案件,审查起诉期限自人民检察院作出附条件不起诉决定之日起中止计算,自考验期限届满之日起或者人民检察院作出撤销附条件不起诉决定之日起恢复计算。

第四十六条 被附条件不起诉的未成年犯罪嫌疑人,在考验期内有下列情形之一的,人民检察院应当撤销附条件不起诉的决定,提起公诉:

(一)实施新的犯罪的;

(二)发现决定附条件不起诉以前还有其他犯罪需要追诉的;

(三)违反治安管理规定,造成严重后果,或者多次违反治安管理规定的;

(四)违反考察机关有关附条件不起诉的监督管理规定,造成严重后果,或者多次违反考察机关有关附条件不起诉的监督管理规定的。

第四十七条 对于未成年犯罪嫌疑人在考验期内实施新的犯罪或者在决定附条件不起诉以前还

有其他犯罪需要追诉的,人民检察院应当移送侦查机关立案侦查。

第四十八条 被附条件不起诉的未成年犯罪嫌疑人,在考验期内没有本规定第四十六条规定的情形,考验期满的,人民检察院应当作出不起诉的决定。

第四十九条 对于附条件不起诉的案件,不起诉决定宣布后六个月内,办案人员可以对被不起诉的未成年人进行回访,巩固帮教效果,并做好相关记录。

第五十条 对人民检察院依照刑事诉讼法第一百七十三条第二款规定作出的不起诉决定和经附条件不起诉考验期满不起诉的,在向被不起诉的未成年人及其法定代理人宣布不起诉决定书时,应当充分阐明不起诉的理由和法律依据,并结合社会调查,围绕犯罪行为对被害人、对本人及家庭、对社会等造成的危害,导致犯罪行为发生的原因及应当吸取的教训等,对被不起诉的未成年人开展必要的教育。如果侦查人员、合适成年人、辩护人、社工等参加有利于教育被不起诉未成年人的,经被不起诉的未成年人及其法定代理人同意,可以邀请他们参加,但要严格控制参与人范围。

对于犯罪事实清楚,但因未达刑事责任年龄不起诉、年龄证据存疑而不起诉的未成年犯罪嫌疑人,参照上述规定举行不起诉宣布教育仪式。

第四节 提起公诉

第五十一条 人民检察院审查未成年人与成年人共同犯罪案件,一般应当将未成年人与成年人分案起诉。但是具有下列情形之一的,可以不分案起诉:

(一)未成年人系犯罪集团的组织者或者其他共同犯罪中的主犯的;

(二)案件重大、疑难、复杂,分案起诉可能妨碍案件审理的;

(三)涉及刑事附带民事诉讼,分案起诉妨碍附带民事诉讼部分审理的;

(四)具有其他不宜分案起诉情形的。

对分案起诉至同一人民法院的未成年人与成年人共同犯罪案件,由未成年人刑事检察机构一并办理更为适宜的,经检察长决定,可以由未成年人刑事检察机构一并办理。

分案起诉的未成年人与成年人共同犯罪案件,由不同机构分别办理的,应当相互了解案件情况,提出量刑建议时,注意全案的量刑平衡。

第五十二条 对于分案起诉的未成年人与成年人共同犯罪案件,一般应当同时移送人民法院。对于需要补充侦查的,如果补充侦查事项不涉及未成年犯罪嫌疑人所参与的犯罪事实,不影响对未成年犯罪嫌疑人提起公诉的,应当对未成年犯罪嫌疑人先予提起公诉。

第五十三条 对于分案起诉的未成年人与成年人共同犯罪案件,在审查起诉过程中可以根据全案情况制作一个审结报告,起诉书以及出庭预案等应当分别制作。

第五十四条 人民检察院对未成年人与成年人共同犯罪案件分别提起公诉后,在诉讼过程中出现不宜分案起诉情形的,可以建议人民法院并案审理。

第五十五条 对于符合适用简易程序审理条件的未成年人刑事案件,人民检察院应当在提起公诉时向人民法院提出适用简易程序审理的建议。

第五十六条 对提起公诉的未成年人刑事案件,应当认真做好下列出席法庭的准备工作:

(一)掌握未成年被告人的心理状态,并对其进行接受审判的教育,必要时,可以再次讯问被告人;

(二)与未成年被告人的法定代理人、合适成年人、辩护人交换意见,共同做好教育、感化工作;

(三)进一步熟悉案情,深入研究本案的有关法律政策问题,根据案件性质,结合社会调查情况,拟定讯问提纲、询问被害人、证人、鉴定人提纲、举证提纲、答辩提纲、公诉意见书和针对未成年被告人进行法制教育的书面材料。

第五十七条 公诉人出席未成年人刑事审判法庭,应当遵守公诉人出庭行为规范要求,发言时应当语调温和,并注意用语文明、准确,通俗易懂。

公诉人一般不提请未成年证人、被害人出庭作证。确有必要出庭作证的,应当建议人民法院采取相应的保护措施。

第五十八条 在法庭审理过程中,公诉人的讯问、询问、辩论等活动,应当注意未成年人的身心特点。对于未成年被告人情绪严重不稳定,不宜继续接受审判的,公诉人可以建议法庭休庭。

第五十九条 对于具有下列情形之一,依法可能判处拘役、三年以下有期徒刑,有悔罪表现,宣告缓刑对所居住社区没有重大不良影响,具备有效监护条件或者社会帮教措施、适用缓刑确实不致再危害社会的未成年被告人,人民检察院应当建议人民法院适用缓刑:

(一)犯罪情节较轻,未造成严重后果的;

(二)主观恶性不大的初犯或者胁从犯、从犯;

(三)被害人同意和解或者被害人有明显过错的;

(四)其他可以适用缓刑的情节。

建议宣告缓刑,可以根据犯罪情况,同时建议禁止未成年被告人在缓刑考验期限内从事特定活动,进入特定区域、场所,接触特定的人。

人民检察院提出对未成年被告人适用缓刑建议的,应当将未成年被告人能够获得有效监护、帮教的书面材料于判决前移送人民法院。

第六十条 公诉人在依法指控犯罪的同时,要剖析未成年被告人犯罪的原因、社会危害性,适时进行法制教育,促使其深刻反省,吸取教训。

第六十一条 人民检察院派员出席未成年人刑事案件二审法庭适用本节的相关规定。

第六十二条 犯罪的时候不满十八周岁,被判处五年有期徒刑以下刑罚的,人民检察院应当在收到人民法院生效判决后,对犯罪记录予以封存。

对于二审案件,上级人民检察院封存犯罪记录时,应当通知下级人民检察院对相关犯罪记录予以封存。

第六十三条 人民检察院应当将拟封存的未成年人犯罪记录、卷宗等相关材料装订成册,加密保存,不予公开,并建立专门的未成年人犯罪档案库,执行严格的保管制度。

第六十四条 除司法机关为办案需要或者有关单位根据国家规定进行查询的以外,人民检察院不得向任何单位和个人提供封存的犯罪记录,并不得提供未成年人有犯罪记录的证明。

司法机关或者有关单位需要查询犯罪记录的,应当向封存犯罪记录的人民检察院提出书面申请,人民检察院应当在七日以内作出是否许可的决定。

第六十五条 对被封存犯罪记录的未成年人,符合下列条件之一的,应当对其犯罪记录解除封存:

(一)实施新的犯罪,且新罪与封存记录之罪数罪并罚后被决定执行五年有期徒刑以上刑罚的;

(二)发现漏罪,且漏罪与封存记录之罪数罪并罚后被决定执行五年有期徒刑以上刑罚的。

第六十六条 人民检察院对未成年犯罪嫌疑人作出不起诉决定后,应当对相关记录予以封存。具体程序参照本规定第六十二条至第六十五条规定办理。

第四章 未成年人刑事案件的法律监督

第六十七条 人民检察院审查批准逮捕、审查起诉未成年犯罪嫌疑人,应当同时依法监督侦查活动是否合法,发现有下列违法行为的,应当提出纠正意见;构成犯罪的,依法追究刑事责任:

(一)违法对未成年犯罪嫌疑人采取强制措施或者采取强制措施不当的;

(二)未依法实行对未成年犯罪嫌疑人与成年犯罪嫌疑人分别关押、管理的;

(三)对未成年犯罪嫌疑人采取刑事拘留、逮捕措施后,在法定时限内未进行讯问,或者未通知其家属的;

(四)讯问未成年犯罪嫌疑人或者询问未成年被害人、证人时,未依法通知其法定代理人或者合适成年人到场的;

(五)讯问或者询问女性未成年人时,没有女性检察人员参加;

(六)未依法告知未成年犯罪嫌疑人有权委托辩护人的;

(七)未依法通知法律援助机构指派律师为未成年犯罪嫌疑人提供辩护的;

(八)对未成年犯罪嫌疑人威胁、体罚、侮辱人格、游行示众,或者刑讯逼供、指供、诱供的;

(九)利用未成年人认知能力低而故意制造冤、假、错案的;

(十)对未成年被害人、证人以暴力、威胁、诱骗等非法手段收集证据或者侵害未成年被害人、证人的人格尊严及隐私权等合法权益的;

(十一)违反羁押和办案期限规定的;

(十二)已作出不批准逮捕、不起诉决定,公安机关不立即释放犯罪嫌疑人的;

(十三)在侦查中有其他侵害未成年人合法权益行为的。

第六十八条　对依法不应当公开审理的未成年人刑事案件公开审理的,人民检察院应当在开庭前提出纠正意见。

公诉人出庭支持公诉时,发现法庭审判有下列违反法律规定的诉讼程序的情形之一的,应当在休庭后及时向本院检察长报告,由人民检察院向人民法院提出纠正意见:

(一)开庭或者宣告判决时未通知未成年被告人的法定代理人到庭的;

(二)人民法院没有给聋、哑或者不通晓当地通用的语言文字的未成年被告人聘请或者指定翻译人员的;

(三)未成年被告人在审判时没有辩护人的;对未成年被告人及其法定代理人依照法律和有关规定拒绝辩护人为其辩护,合议庭未另行通知法律援助机构指派律师的;

(四)法庭未告知未成年被告人及其法定代理人依法享有的申请回避、辩护、提出新的证据、申请重新鉴定或者勘验、最后陈述、提出上诉等诉讼权利的;

(五)其他违反法律规定的诉讼程序的情形。

第六十九条　人民检察院发现有关机关对未成年人犯罪记录应当封存而未封存的,不应当允许查询而允许查询的或者不应当提供犯罪记录而提供的,应当依法提出纠正意见。

第七十条　人民检察院依法对未成年犯管教所实行驻所检察。在刑罚执行监督中,发现关押成年罪犯的监狱收押未成年罪犯的,未成年犯管教所违法收押成年罪犯的,或者对年满十八周岁时余刑在二年以上的罪犯留在未成年犯管教所执行剩余刑期的,应当依法提出纠正意见。

第七十一条　人民检察院在看守所检察中,发现没有对未成年犯罪嫌疑人、被告人与成年犯罪嫌疑人、被告人分别关押、管理或者对未成年犯留所执行刑罚的,应当依法提出纠正意见。

第七十二条　人民检察院应当加强对未成年犯管教所、看守所监管未成年罪犯活动的监督,依法保障未成年罪犯的合法权益,维护监管改造秩序和教学、劳动、生活秩序。

人民检察院配合未成年犯管教所、看守所加强对未成年罪犯的政治、法律、文化教育,促进依法、科学、文明监管。

第七十三条　人民检察院依法对未成年人的社区矫正进行监督,发现有下列情形之一的,应当依法向公安机关、人民法院、监狱、社区矫正机构等有关部门提出纠正意见:

(一)没有将未成年人的社区矫正与成年人分开进行的;

(二)对实行社区矫正的未成年人脱管、漏管或者没有落实帮教措施的;

(三)没有对未成年社区矫正人员给予身份保护,其矫正宣告公开进行,矫正档案未进行保密,公开或者传播其姓名、住所、照片等可能推断出该未成年人的其他资料以及矫正资料等情形的;

（四）未成年社区矫正人员的矫正小组没有熟悉青少年成长特点的人员参加的；

（五）没有针对未成年人的年龄、心理特点和身心发育需要等特殊情况采取相应的监督管理和教育矫正措施的；

（六）其他违法情形。

第七十四条 人民检察院依法对未成年犯的减刑、假释、暂予监外执行等活动实行监督。对符合减刑、假释、暂予监外执行法定条件的，应当建议执行机关向人民法院、监狱管理机关或者公安机关提请；发现提请或者裁定、决定不当的，应当依法提出纠正意见；对徇私舞弊减刑、假释、暂予监外执行等构成犯罪的，依法追究刑事责任。

第五章 未成年人案件的刑事申诉检察

第七十五条 人民检察院依法受理未成年人及其法定代理人提出的刑事申诉案件和国家赔偿案件。

人民检察院对未成年人刑事申诉案件和国家赔偿案件，应当指定专人及时办理。

第七十六条 人民检察院复查未成年人刑事申诉案件，应当直接听取未成年人及其法定代理人的陈述或者辩解，认真审核、查证与案件有关的证据和线索，查清案件事实，依法作出处理。

案件复查终结作出处理决定后，应当向未成年人及其法定代理人当面送达法律文书，做好释法说理和教育工作。

第七十七条 对已复查纠正的未成年人刑事申诉案件，应当配合有关部门做好善后工作。

第七十八条 人民检察院办理未成年人国家赔偿案件，应当充分听取未成年人及其法定代理人的意见，对于依法应当赔偿的案件，应当及时作出和执行赔偿决定。

第六章 附则

第七十九条 本规定所称未成年人刑事案件，是指犯罪嫌疑人、被告人实施涉嫌犯罪行为时已满十四周岁、未满十八周岁的刑事案件，但在有关未成年人诉讼权利和体现对未成年人程序上特殊保护的条文中所称的未成年人，是指在诉讼过程中未满十八周岁的人。犯罪嫌疑人实施涉嫌犯罪行为时未满十八周岁，在诉讼过程中已满十八周岁的，人民检察院可以根据案件的具体情况适用本规定。

第八十条 实施犯罪行为的年龄，一律按公历的年、月、日计算。从周岁生日的第二天起，为已满××周岁。

第八十一条 未成年人刑事案件的法律文书和工作文书，应当注明未成年人的出生年月日、法定代理人或者到场的合适成年人、辩护人基本情况。

对未成年犯罪嫌疑人、被告人、未成年罪犯的有关情况和办案人员开展教育感化工作的情况，应当记录在卷，随案移送。

第八十二条 本规定由最高人民检察院负责解释。

第八十三条 本规定自发布之日起施行，最高人民检察院 2007 年 1 月 9 日发布的《人民检察院办理未成年人刑事案件的规定》同时废止。

■最高人民法院、最高人民检察院、公安部、国家安全部、司法部关于适用认罪认罚从宽制度的指导意见（2019 年 10 月 11 日）（见本书附录五十）

第二百七十七条 【未成年犯的诉讼原则】对犯罪的未成年人实行教育、感化、挽救的方针，坚持教育为主、惩罚为辅的原则。

人民法院、人民检察院和公安机关办理未成年人刑事案件，应当保障未成年人行使其诉讼权利，保障未成年人得到法律帮助，并由熟悉未成年人身心特点的审判人员、检察人员、侦查人员承办。

■人民检察院刑事诉讼规则(2019年12月30日)

第四百五十七条 人民检察院办理未成年人刑事案件,应当贯彻"教育、感化、挽救"方针和"教育为主、惩罚为辅"的原则,坚持优先保护、特殊保护、双向保护,以帮助教育和预防重新犯罪为目的。

人民检察院可以借助社会力量开展帮助教育未成年人的工作。

第四百五十八条 人民检察院应当指定熟悉未成年人身心特点的检察人员办理未成年人刑事案件。

■最高人民法院关于适用《中华人民共和国刑事诉讼法》的解释(2021年3月1日)

第五百四十六条 人民法院审理未成年人刑事案件,应当贯彻教育、感化、挽救的方针,坚持教育为主、惩罚为辅的原则,加强对未成年人的特殊保护。

第五百四十七条 人民法院应当加强同政府有关部门、人民团体、社会组织等的配合,推动未成年人刑事案件人民陪审、情况调查、安置帮教等工作的开展,充分保障未成年人的合法权益,积极参与社会治安综合治理。

第五百四十八条 人民法院应当加强同政府有关部门、人民团体、社会组织等的配合,对遭受性侵害或者暴力伤害的未成年被害人及其家庭实施必要的心理干预、经济救助、法律援助、转学安置等保护措施。

第五百四十九条 人民法院应当确定专门机构或者指定专门人员,负责审理未成年人刑事案件。审理未成年人刑事案件的人员应当经过专门培训,熟悉未成年人身心特点、善于做未成年人思想教育工作。

参加审理未成年人刑事案件的人民陪审员,可以从熟悉未成年人身心特点、关心未成年人保护工作的人民陪审员名单中随机抽取确定。

第五百五十条 被告人实施被指控的犯罪时不满十八周岁、人民法院立案时不满二十周岁的案件,由未成年人案件审判组织审理。

下列案件可以由未成年人案件审判组织审理:

(一)人民法院立案时不满二十二周岁的在校学生犯罪案件;

(二)强奸、猥亵、虐待、遗弃未成年人等侵害未成年人人身权利的犯罪案件;

(三)由未成年人案件审判组织审理更为适宜的其他案件。

共同犯罪案件有未成年被告人的或者其他涉及未成年人的刑事案件,是否由未成年人案件审判组织审理,由院长根据实际情况决定。

第五百五十一条 对分案起诉至同一人民法院的未成年人与成年人共同犯罪案件,可以由同一个审判组织审理;不宜由同一个审判组织审理的,可以分别审理。

未成年人与成年人共同犯罪案件,由不同人民法院或者不同审判组织分别审理的,有关人民法院或者审判组织应当互相了解共同犯罪被告人的审判情况,注意全案的量刑平衡。

第五百五十二条 对未成年人刑事案件,必要时,上级人民法院可以根据刑事诉讼法第二十七条的规定,指定下级人民法院将案件移送其他人民法院审判。

■公安机关办理刑事案件程序规定(2020年9月1日)

第三百一十七条 公安机关办理未成年人刑事案件,实行教育、感化、挽救的方针,坚持教育为主、惩罚为辅的原则。

第三百一十八条 公安机关办理未成年人刑事案件,应当保障未成年人行使其诉讼权利并得到法律帮助,依法保护未成年人的名誉和隐私,尊重其人格尊严。

第三百一十九条 公安机关应当设置专门机构或者配备专职人员办理未成年人刑事案件。

未成年人刑事案件应当由熟悉未成年人身心特点,善于做未成年人思想教育工作,具有一定办案经验的人员办理。

■最高人民法院关于进一步加强少年法庭工作的意见(2010年7月23日)

二、加强组织领导,建立健全少年法庭机构

3.各级法院应当进一步加强对少年法庭工作的组织领导和业务指导,切实关心和支持少年法庭机构建设,为少年法庭工作全面、健康发展创造良好条件。

4.最高人民法院设"少年法庭指导小组",并在研究室设"少年法庭工作办公室",负责全国法院少年法庭的日常指导工作。

5.高级人民法院设"少年法庭指导小组",组长由副院长担任,小组成员应当包括涉及未成年人案件的各相关审判庭和行政部门负责人。高级人民法院少年法庭指导小组下设"少年法庭工作办公室",负责本辖区内少年法庭的日常指导工作。"少年法庭工作办公室"设在研究室或者审判庭内。高级人民法院可以在刑事审判庭和民事审判庭内分别设立未成年人案件合议庭。暂未设立合议庭的,应当指定专职办理未成年人案件的法官。

6.中级人民法院应当根据未成年人案件的审判需要,逐步完善未成年人案件审判机构建设。有条件的中级人民法院可以设独立建制的未成年人案件综合审判庭(以下简称少年审判庭)。暂未设独立建制少年审判庭的中级人民法院,应当在刑事审判庭和民事审判庭内分别设立未成年人案件合议庭,或者指定专职办理未成年人案件的法官。

7.有条件的基层人民法院可以设独立建制的少年审判庭,也可以根据中级人民法院指定管辖的要求,设立统一受理未成年人案件的审判庭。未设独立建制少年审判庭或者未设立统一受理未成年人案件审判庭的基层人民法院,应当在刑事审判庭和民事审判庭内分别设立未成年人案件合议庭,或者指定专职办理未成年人案件的法官。

8.高级人民法院少年法庭指导小组、少年法庭工作办公室及未成年人案件合议庭的设立、变更情况,应当报告最高人民法院少年法庭工作办公室。中级人民法院和基层人民法院未成年人案件审判机构的设立、变更情况,应当逐级报告高级人民法院少年法庭工作办公室。

三、注重队伍建设,提升少年法庭法官的整体素质

9.各级法院应当高度重视少年法庭法官队伍建设,着重选拔政治素质高、业务能力强,熟悉未成年人身心特点,热爱未成年人权益保护工作和善于做未成年人思想教育工作的法官,负责审理未成年人案件。

10.各级法院应当从共青团、妇联、工会、学校等组织的工作人员中选任审理未成年人案件的人民陪审员。审理未成年人案件的人民陪审员应当熟悉未成年人身心特点,具备一定的青少年教育学、心理学知识,并经过必要的培训。

11.各级法院应当加强少年法庭法官的培训工作,不断提升少年法庭法官队伍的整体素质。最高人民法院、高级人民法院每年至少组织一次少年法庭法官业务培训。中级人民法院和基层人民法院也应当以多种形式定期开展少年法庭法官的业务培训。

■中央综治委预防青少年违法犯罪工作领导小组、最高人民法院、最高人民检察院、公安部、司法部、共青团中央关于进一步建立和完善办理未成年人刑事案件配套工作体系的若干意见(2010年8月14日)

一、进一步建立、巩固和完善办理未成年人刑事案件专门机构

建立健全办理未成年人刑事案件的专门机构,是做好未成年人司法保护,预防、矫治、减少未成年人违法犯罪工作的重要保障。各级公安机关、人民检察院、人民法院、司法行政机关应当充分重视,加强办理未成年人刑事案件专门机构和专门队伍建设。

1.公安部、省级和地市级公安机关应当指定相应机构负责指导办理未成年人刑事案件。区县级公

安机关一般应当在派出所和刑侦部门设立办理未成年人刑事案件的专门小组,未成年人刑事案件数量较少的,可以指定专人办理。

2. 最高人民检察院和省级人民检察院应当设立指导办理未成年人刑事案件的专门机构。地市级人民检察院和区县级人民检察院一般应当设立办理未成年人刑事案件的专门机构或专门小组,条件不具备的,应当指定专人办理。

3. 最高人民法院和高级人民法院应当设立少年法庭工作办公室。中级人民法院和基层人民法院一般应当建立审理未成年人刑事案件的专门机构,条件不具备的,应当指定专人办理。

4. 司法部和省级司法行政机关应当加强对办理未成年人刑事案件配套工作的指导,成立相关工作指导小组。地市级和区县级司法行政机关所属法律援助机构应当成立未成年人法律援助事务部门,负责组织办理未成年人的法律援助事务,条件不具备的,应当指定专人办理。司法行政机关社区矫正工作部门一般应当设立专门小组或指定专人负责未成年人的社区矫正工作。

5. 各级公安机关、人民检察院、人民法院、司法行政机关应当选任政治、业务素质好,熟悉未成年人特点,具有犯罪学、社会学、心理学、教育学等方面知识的人员办理未成年人刑事案件,并注意通过加强培训、指导,提高相关人员的专业水平。对办理未成年人刑事案件的专门人员应当根据具体工作内容采用不同于办理成年人刑事案件的工作绩效指标进行考核。

6. 有条件的地区,办理未成年人刑事案件的专门机构可以根据实际情况办理被害人系未成年人的刑事案件。

■最高人民检察院、国家监察委员会、教育部、公安部、民政部、司法部、国家卫生健康委员会、中国共产主义青年团中央委员会、中华全国妇女联合会关于建立侵害未成年人案件强制报告制度的意见(试行)(全文)(2020年5月7日)

第一条　为切实加强对未成年人的全面综合司法保护,及时有效惩治侵害未成年人违法犯罪,根据《中华人民共和国刑事诉讼法》《中华人民共和国未成年人保护法》《中华人民共和国反家庭暴力法》《中华人民共和国执业医师法》及相关法律法规,结合未成年人保护工作实际,制定本意见。

第二条　侵害未成年人案件强制报告,是指国家机关、法律法规授权行使公权力的各类组织及法律规定的公职人员,密切接触未成年人行业的各类组织及其从业人员,在工作中发现未成年人遭受或者疑似遭受不法侵害以及面临不法侵害危险的,应当立即向公安机关报案或举报。

第三条　本意见所称密切接触未成年人行业的各类组织,是指依法对未成年人负有教育、看护、医疗、救助、监护等特殊职责,或者虽不负有特殊职责但具有密切接触未成年人条件的企事业单位、基层群众自治组织、社会组织。主要包括:居(村)民委员会;中小学校、幼儿园、校外培训机构、未成年人校外活动场所等教育机构及校车服务提供者;托儿所等托育服务机构;医院、妇幼保健院、急救中心、诊所等医疗机构;儿童福利机构、救助管理机构、未成年人救助保护机构、社会工作服务机构;旅店、宾馆等。

第四条　本意见所称在工作中发现未成年人遭受或者疑似遭受不法侵害以及面临不法侵害危险的情况包括:

(一)未成年人的生殖器官或隐私部位遭受或疑似遭受非正常损伤的;

(二)不满十四周岁的女性未成年人遭受或疑似遭受性侵害、怀孕、流产的;

(三)十四周岁以上女性未成年人遭受或疑似遭受性侵害所致怀孕、流产的;

(四)未成年人身体存在多处损伤、严重营养不良、意识不清,存在或疑似存在受到家庭暴力、欺凌、虐待、殴打或者被人麻醉等情形的;

(五)未成年人因自杀、自残、工伤、中毒、被人麻醉、殴打等非正常原因导致伤残、死亡情形的;

(六)未成年人被遗弃或长期处于无人照料状态的;

(七)发现未成年人来源不明、失踪或者被拐卖、收买的;

（八）发现未成年人被组织乞讨的；

（九）其他严重侵害未成年人身心健康的情形或未成年人正在面临不法侵害危险的。

第五条 根据本意见规定情形向公安机关报案或举报的，应按照主管行政机关要求报告备案。

第六条 具备先期核实条件的相关单位、机构、组织及人员，可以对未成年人疑似遭受不法侵害的情况进行初步核实，并在报案或举报时将相关材料一并提交公安机关。

第七条 医疗机构及其从业人员在收治遭受或疑似遭受人身、精神损害的未成年人时，应当保持高度警惕，按规定书写、记录和保存相关病历资料。

第八条 公安机关接到疑似侵害未成年人权益的报案或举报后，应当立即接受，问明案件初步情况，并制作笔录。根据案件的具体情况，涉嫌违反治安管理的，依法受案审查；涉嫌犯罪的，依法立案侦查。对不属于自己管辖的，及时移送有管辖权的公安机关。

第九条 公安机关侦查未成年人被侵害案件，应当依照法定程序，及时、全面收集固定证据。对于严重侵害未成年人的暴力犯罪案件、社会高度关注的重大、敏感案件，公安机关、人民检察院应当加强办案中的协商、沟通与配合。

公安机关、人民检察院依法向报案人员或者单位调取指控犯罪所需要的处理记录、监控资料、证人证言等证据时，相关单位及其工作人员应当积极予以协助配合，并按照有关规定全面提供。

第十条 公安机关应当在受案或者立案后三日内向报案单位反馈案件进展，并在移送审查起诉前告知报案单位。

第十一条 人民检察院应当切实加强对侵害未成年人案件的立案监督。认为公安机关应当立案而不立案的，应当要求公安机关说明不立案的理由。认为不立案理由不能成立的，应当通知公安机关立案，公安机关接到通知后应当立即立案。

第十二条 公安机关、人民检察院发现未成年人需要保护救助的，应当委托或者联合民政部门或共青团、妇联等群团组织，对未成年人及其家庭实施必要的经济救助、医疗救治、心理干预、调查评估等保护措施。未成年被害人生活特别困难的，司法机关应当及时启动司法救助。

公安机关、人民检察院发现未成年人父母或者其他监护人不依法履行监护职责，或者侵害未成年人合法权益的，应当予以训诫或者责令其接受家庭教育指导。经教育仍不改正，情节严重的，应当依法依规予以惩处。

公安机关、妇联、居民委员会、村民委员会、救助管理机构、未成年人救助保护机构发现未成年人遭受家庭暴力或面临家庭暴力的现实危险，可以依法向人民法院代为申请人身安全保护令。

第十三条 公安机关、人民检察院和司法行政机关及教育、民政、卫生健康等主管行政机关应当对报案人的信息予以保密。违法窃取、泄露报告事项、报告受理情况以及报告人信息的，依法依规予以严惩。

第十四条 相关单位、组织及其工作人员应当注意保护未成年人隐私，对于涉案未成年人身份、案情等信息资料予以严格保密，严禁通过互联网或者以其他方式进行传播。私自传播的，依法给予治安处罚或追究其刑事责任。

第十五条 依法保障相关单位及其工作人员履行强制报告责任，对根据规定报告侵害未成年人案件而引发的纠纷，报告人不予承担相应法律责任；对于干扰、阻碍报告的组织或个人，依法追究法律责任。

第十六条 负有报告义务的单位及其工作人员未履行报告职责，造成严重后果的，由其主管行政机关或者本单位依法对直接负责的主管人员或者其他直接责任人员给予相应处分；构成犯罪的，依法追究刑事责任。相关单位或者单位主管人员阻止工作人员报告的，予以从重处罚。

第十七条 对于行使公权力的公职人员长期不重视强制报告工作，不按规定落实强制报告制度要求的,根据其情节、后果等情况,监察委员会应当依法对相关单位和失职失责人员进行问责,对涉嫌职务违法犯罪的依法调查处理。

第十八条　人民检察院依法对本意见的执行情况进行法律监督。对于工作中发现相关单位对本意见执行、监管不力的,可以通过发出检察建议书等方式进行监督纠正。

第十九条　对于因及时报案使遭受侵害未成年人得到妥善保护、犯罪分子受到依法惩处的,公安机关、人民检察院、民政部门应及时向其主管部门反馈相关情况,单独或联合给予相关机构、人员奖励、表彰。

第二十条　强制报告责任单位的主管部门应当在本部门职能范围内指导、督促责任单位严格落实本意见,并通过年度报告、不定期巡查等方式,对本意见执行情况进行检查。注重加强指导和培训,切实提高相关单位和人员的未成年人保护意识和能力水平。

第二十一条　各级监察委员会、人民检察院、公安机关、司法行政机关、教育、民政、卫生健康部门和妇联、共青团组织应当加强沟通交流,定期通报工作情况,及时研究实践中出现的新情况、新问题。

各部门建立联席会议制度,明确强制报告工作联系人,畅通联系渠道,加强工作衔接和信息共享。人民检察院负责联席会议制度日常工作安排。

第二十二条　相关单位应加强对侵害未成年人案件强制报告的政策和法治宣传,强化全社会保护未成年人、与侵害未成年人违法犯罪行为作斗争的意识,争取理解与支持,营造良好社会氛围。

第二十三条　本意见自印发之日起试行。

■最高人民法院、最高人民检察院、公安部、司法部关于依法惩治性侵害未成年人犯罪的意见(2013年10月23日)

一、基本要求

1. 本意见所称性侵害未成年人犯罪,包括刑法第二百三十六条、第二百三十七条、第三百五十八条、第三百五十九条、第三百六十条第二款规定的针对未成年人实施的强奸罪,强制猥亵、侮辱妇女罪,猥亵儿童罪,组织卖淫罪,强迫卖淫罪,引诱、容留、介绍卖淫罪,引诱幼女卖淫罪,嫖宿幼女罪等。

2. 对于性侵害未成年人犯罪,应当依法从严惩治。

3. 办理性侵害未成年人犯罪案件,应当充分考虑未成年被害人身心发育尚未成熟、易受伤害等特点,贯彻特殊、优先保护原则,切实保障未成年人的合法权益。

4. 对于未成年人实施性侵害未成年人犯罪的,应当坚持双向保护原则,在依法保护未成年被害人的合法权益时,也要依法保护未成年犯罪嫌疑人、未成年被告人的合法权益。

5. 办理性侵害未成年人犯罪案件,对于涉及未成年被害人、未成年犯罪嫌疑人和未成年被告人的身份信息及可能推断出其身份信息的资料和涉及性侵害的细节等内容,审判人员、检察人员、侦查人员、律师及其他诉讼参与人应当予以保密。

对外公开的诉讼文书,不得披露未成年被害人的身份信息及可能推断出其身份信息的其他资料,对性侵害的事实注意以适当的方式叙述。

6. 性侵害未成年人犯罪案件,应当由熟悉未成年人身心特点的审判人员、检察人员、侦查人员办理,未成年被害人系女性的,应当有女性工作人员参与。

人民法院、人民检察院、公安机关设有办理未成年人刑事案件专门工作机构或者专门工作小组的,可以优先由专门工作机构或者专门工作小组办理性侵害未成年人犯罪案件。

7. 各级人民法院、人民检察院、公安机关和司法行政机关应当加强与民政、教育、妇联、共青团等部门及未成年人保护组织的联系和协作,共同做好性侵害未成年人犯罪预防和未成年被害人的心理安抚、疏导工作,从有利于未成年人身心健康的角度,对其给予必要的帮助。

8. 上级人民法院、人民检察院、公安机关和司法行政机关应当加强对下指导和业务培训。各级人民法院、人民检察院、公安机关和司法行政机关要增强对未成年人予以特殊、优先保护的司法理念，完善工作机制，提高办案能力和水平。

二、办案程序要求

9. 对未成年人负有监护、教育、训练、救助、看护、医疗等特殊职责的人员（以下简称负有特殊职责的人员）以及其他公民和单位，发现未成年人受到性侵害的，有权利也有义务向公安机关、人民检察院、人民法院报案或者举报。

10. 公安机关接到未成年人被性侵害的报案、控告、举报，应当及时受理，迅速进行审查。经审查，符合立案条件的，应当立即立案侦查。

公安机关发现可能有未成年人被性侵害或者接报相关线索的，无论案件是否属于本单位管辖，都应当及时采取制止违法犯罪行为、保护被害人、保护现场等紧急措施，必要时，应当通报有关部门对被害人予以临时安置、救助。

11. 人民检察院认为公安机关应当立案侦查而不立案侦查的，或者被害人及其法定代理人、对未成年人负有特殊职责的人员据此向人民检察院提出异议的，人民检察院应当要求公安机关说明不立案的理由。人民检察院认为不立案理由不成立的，应当通知公安机关立案，公安机关接到通知后应当立案。

12. 公安机关侦查未成年人被性侵害案件，应当依照法定程序，及时、全面收集固定证据。及时对性侵害犯罪现场进行勘查，对未成年被害人、犯罪嫌疑人进行人身检查，提取体液、毛发、被害人和犯罪嫌疑人指甲内的残留物等生物样本，指纹、足迹、鞋印等痕迹，衣物、纽扣等物品；及时提取住宿登记表等书证，现场监控录像等视听资料；及时收集被害人陈述、证人证言和犯罪嫌疑人供述等证据。

■最高人民法院、最高人民检察院、公安部、司法部关于依法严惩利用未成年人实施黑恶势力犯罪的意见（全文）（2020 年 3 月 23 日）

二、严格依法办案，形成打击合力

（一）人民法院、人民检察院、公安机关和司法行政机关要加强协作配合，对利用未成年人实施黑恶势力犯罪的，在侦查、起诉、审判、执行各阶段，要全面体现依法从严惩处精神，及时查明利用未成年人的犯罪事实，避免纠缠细枝末节。要加强对下指导，对利用未成年人实施黑恶势力犯罪的重特大案件，可以单独或者联合挂牌督办。对于重大疑难复杂和社会影响较大的案件，办案部门应当及时层报上级人民法院、人民检察院、公安机关和司法行政机关。

（二）公安机关要注意发现涉黑涉恶案件中利用未成年人犯罪的线索，落实以审判为中心的刑事诉讼制度改革要求，强化程序意识和证据意识，依法收集、固定和运用证据，并可以就案件性质、收集证据和适用法律等听取人民检察院意见建议。从严掌握取保候审、监视居住的适用，对利用未成年人实施黑恶势力犯罪的首要分子、骨干成员、纠集者、主犯和直接利用的成员，应当依法提请人民检察院批准逮捕。

（三）人民检察院要加强对利用未成年人实施黑恶势力犯罪案件的立案监督，发现应当立案而不立案的，应当要求公安机关说明理由，认为理由不能成立的，应当依法通知公安机关立案。对于利用未成年人实施黑恶势力犯罪的案件，人民检察院可以对案件性质、收集证据和适用法律等提出意见建议。对于符合逮捕条件的依法坚决批准逮捕，符合起诉条件的依法坚决起诉。不批准逮捕要求公安机关补充侦查、审查起诉阶段退回补充侦查的，应当分别制作详细的补充侦查提纲，写明需要补充侦查的事项、理由、侦查方向、需要补充收集的证据及其证明作用等，送交公安机关开展相关侦查补证活动。

（四）办理利用未成年人实施黑恶势力犯罪案件要将依法严惩与认罪认罚从宽有机结合起来。对利用未成年人实施黑恶势力犯罪的，人民检察院要考虑其利用未成年人的情节，向人民法院提出从严处罚的量刑建议。对于虽然认罪，但利用未成年人实施黑恶势力犯罪，犯罪性质恶劣、犯罪手段残忍、严重损害未成年人身心健康，不足以从宽处罚的，在提出量刑建议时要依法从严从重。对被黑恶势力利用实施犯罪的未成年人,自愿如实认罪、真诚悔罪,愿意接受处罚的,应当依法提出从宽处理的量刑建议。

(五)人民法院要对利用未成年人实施黑恶势力犯罪案件及时审判,从严处罚。严格掌握缓刑、减刑、假释的适用,严格掌握暂予监外执行的适用条件。依法运用财产刑、资格刑,最大限度铲除黑恶势力"经济基础"。对于符合刑法第三十七条之一规定的,应当依法禁止其从事相关职业。

三、积极参与社会治理,实现标本兼治

(一)认真落实边打边治边建要求,积极参与社会治理。深挖黑恶势力犯罪分子利用未成年人实施犯罪的根源,剖析重点行业领域监管漏洞,及时预警预判,及时通报相关部门、提出加强监管和行政执法的建议,从源头遏制黑恶势力向未成年人群体侵蚀蔓延。对被黑恶势力利用尚未实施犯罪的未成年人,要配合有关部门及早发现、及时挽救。对实施黑恶势力犯罪但未达到刑事责任年龄的未成年人,要通过落实家庭监护、强化学校教育管理、送入专门学校矫治、开展社会化帮教等措施做好教育挽救和犯罪预防工作。

(二)加强各职能部门协调联动,有效预防未成年人被黑恶势力利用。建立与共青团、妇联、教育等部门的协作配合工作机制,开展针对未成年人监护人的家庭教育指导、针对教职工的法治教育培训,教育引导未成年人远离违法犯罪。推动建立未成年人涉黑涉恶预警机制,及时阻断未成年人与黑恶势力的联系,防止未成年人被黑恶势力诱导利用。推动网信部门开展专项治理,加强未成年人网络保护。加强与街道、社区等基层组织的联系,重视和发挥基层组织在预防未成年人涉黑涉恶犯罪中的重要作用,进一步推进社区矫正机构对未成年社区矫正对象采取有针对性的矫正措施。

(三)开展法治宣传教育,为严惩利用未成年人实施黑恶势力犯罪营造良好社会环境。充分发挥典型案例的宣示、警醒、引领、示范作用,通过以案释法,选择典型案件召开新闻发布会,向社会公布严惩利用未成年人实施黑恶势力犯罪的经验和做法,揭露利用未成年人实施黑恶势力犯罪的严重危害性。加强重点青少年群体的法治教育,在黑恶势力犯罪案件多发的地区、街道、社区等,强化未成年人对黑恶势力违法犯罪行为的认识,提高未成年人防范意识和法治观念,远离黑恶势力及其违法犯罪。

■最高人民检察院关于加强新时代未成年人检察工作的意见(2020年4月21日)

为深入学习贯彻习近平新时代中国特色社会主义思想,全面贯彻党的十九大和十九届二中、三中、四中全会精神,认真落实新时代检察工作总体部署,全面提升未成年人检察工作水平,现就加强新时代未成年人检察工作提出如下意见。

一、新时代未成年人检察工作的总体要求

1. 新时代未成年人检察工作的形势任务。党的十八大以来,在以习近平同志为核心的党中央坚强领导下,党和国家事业发生历史性变革、取得历史性成就,为加强未成年人保护工作带来前所未有的发展机遇,推动未成年人检察工作加速实现六个转变:从办理未成年人犯罪案件,教育挽救涉罪未成年人,向同时打击侵害未成年人犯罪,保护救助未成年被害人转变;从对未成年人犯罪强调宽缓化处理,逐渐向精准帮教、依法惩治、有效管束、促进保护并重转变;从传统的未成年人刑事检察向综合运用多种手段、全面开展司法保护转变;从注重围绕"人"开展犯罪预防,向更加积极促进社会治理创新转变;从强调法律监督,向同时注重沟通配合,凝聚各方力量转变;从各地检察机关积极探索自下而上推动,向高检院加强顶层设计,整体推进转变。未成年人检察专业化、规范化、社会化建设取得了长足进展,中国特色社会主义未成年人检察制度的框架初步形成。随着新时代社会主要矛盾发生变化,人民群众对未成年人司法保护的关注从"有没有"到"好不好"向"更加好"发展,提出许多新的更高要求。十九届四中全会作出推进国家治理体系和治理能力现代化的战略部署,《未成年人保护法》《预防未成年人犯罪法》正在修改,将赋予检察机关未成年人司法保护新的更重任务。但与此同时,未成年人检察工作在司法理念、专业能力、办案效果、机制创新、监督力度等方面还存在很多突出问题,与新时代新要求相比尚有较大差距。特别是当前未成年人保护形势严峻复杂,涉及未成年人的犯罪多发高发,重大、恶性案件时有发生,未成年人保护有法不依、执法不严等问题较为普遍,严重危害未成年人健康成长。新时代未成年人检察工作在未成年人国家保护大格局中具有特殊重要的责任、地位,职责任务更加繁重,主导责任更加明确,必须下大力气进一步抓实、抓好,实现工作质效明显提升,确保取得新的更大成绩。

2. 新时代未成年人检察工作的总体思路。坚持以习近平新时代中国特色社会主义思想为指导,深入学习贯彻党的十九大和十九届二中、三中、四中全会精神,坚持"讲政治、顾大局、谋发展、重自强"的总体要求,积极贯彻"教育、感化、挽救"方针和"教育为主、惩罚为辅"原则,进一步更新司法理念,准确把握未成年人司法规律,持续加强专业化、规范化、社会化建设,推动未成年人检察工作更加深入开展,为保障未成年人保护法律全面落实到位,真正形成全社会保护合力,促进国家治理体系和治理能力现代化作出贡献。

3. 新时代未成年人检察工作必须遵循的基本原则:

——坚持党的绝对领导。自觉把党的绝对领导贯穿于未成年人检察工作全过程,实现讲政治、顾大局与讲法治、促保护的统一。充分发挥中国特色社会主义法律制度优越性,立足检察机关法律监督职能和承上启下诉讼地位,积极充分履职,推动未成年人司法发展进步。

——坚持以人民为中心。聚焦人民群众反映强烈的未成年人保护热点、难点和痛点问题,加大未成年人检察供给侧结构性改革力度,切实增强人民群众的获得感、幸福感、安全感。

——坚持遵循未成年人司法内在规律。以未成年人利益最大化理念为指引,实行办案、监督、预防、教育并重,惩戒和帮教相结合,保护、教育、管束有机统一,持续推进未成年人双向、综合、全面司法保护。实行专业化办案与社会化保护相结合,实现社会支持的体系化支撑、优势化互补、共享化构建,不断提升未成年人检察工作品质与效果。

——坚持标本兼治。注重结合办案推动解决未成年人案件背后的社会问题,坚持督导而不替代,助推职能部门充分履职,凝聚家庭、学校、社会、网络、政府、司法各方保护力量,形成未成年人保护大格局,促进社会治理体系和治理能力现代化建设。

——坚持创新发展。按照"未成年人检察工作没有止境"的要求,推动顶层设计与基层首创相结合,全面推进理论创新、制度创新、实践创新,形成更多可复制的经验、模式,使未成年人检察工作持续迸发生机活力。

二、从严惩治侵害未成年人犯罪

4. 依法从严从快批捕、起诉侵害未成年人犯罪。坚持零容忍,严厉打击宗教极端、民族分裂等敌对势力向未成年人灌输极端思想、组织利用未成年人实施恐怖活动犯罪和极端主义犯罪。突出打击性侵害未成年人,拐卖、拐骗儿童,成年人拉拢、迫使未成年人参与犯罪组织,组织未成年人乞讨或进行其他违反治安管理活动的犯罪。依法惩处危害校园安全、监护侵害、侵害农村留守儿童和困境儿童犯罪。坚持依法从严提出量刑建议,积极建议适用从业禁止、禁止令。上级检察院对重大案件要坚持挂牌督办,加强跟踪指导。坚持和完善重大疑难案件快速反应、介入侦查引导取证机制。加强与侦查、审判机关的沟通交流,通过典型案例研讨、同堂培训、一体推行司法政策等方式凝聚共识,统一司法尺度,形成打击合力。

5. 强化刑事诉讼监督。牢固树立"在办案中监督、在监督中办案"理念,拓展监督线索来源,完善监督方式,提升监督质效。对违反诉讼程序尤其是未成年人刑事案件特别程序规定,侵犯涉案未成年人诉讼权利的行为,要及时监督纠正。注重强化与公安机关执法办案管理中心等平台的沟通与衔接,深入开展立案监督、侦查活动监督,重点监督对性侵害未成年人案件有案不立、立而不侦、有罪不究、以罚代刑等问题。积极推进涉及未成年人案件刑事审判监督、刑罚执行监督,重点监督重罪轻判、有罪判无罪、特殊管教措施虚置、社区矫正空转等问题,确保罚当其罪、执行到位。

6. 持续推进"一站式"办案机制。加强与公安机关沟通，努力实现性侵害未成年人案件提前介入、询问被害人同步录音录像全覆盖，切实提高一次询问的比例，避免和减少二次伤害。会同公安机关、妇联等部门积极推进集未成年被害人接受询问、生物样本提取、身体检查、心理疏导等于一体的"一站式"取证、救助机制建设。2020 年底各地市（州）至少建立一处未成年被害人"一站式"办案场所。

7. 加强未成年被害人关爱救助工作。认真落实《最高人民检察院关于全面加强未成年人国家司法救助工作的意见》等规定，实现符合条件对象救助全覆盖，重点加强对孤儿、农村留守儿童、困境儿童、事实无人抚养儿童及进城务工人员子女等特殊被害人群体的关爱救助。主动协调职能部门，借助社会力量，提供身心康复、生活安置、复学就业、法律支持等多元综合救助，帮助被害人及其家庭摆脱困境。会同司法行政部门，健全完善刑事案件未成年被害人法律援助制度。

三、依法惩戒、精准帮教罪错未成年人

8. 坚持惩治与教育相结合。克服简单从轻、单纯打击和帮教形式化倾向，对于主观恶性大、犯罪性质恶劣、手段残忍、后果严重的未成年人，依法惩处，管束到位，充分发挥刑罚的教育和警示功能；对于主观恶性不大、初犯偶犯的未成年人，依法从宽，实施精准帮教，促进顺利回归社会。准确把握未成年人定罪量刑标准，深入研究涉罪未成年人成长环境、犯罪心理，把个案情况吃透，将党和国家有关处理未成年人犯罪的统一方针、原则，个别化、精准化运用到每一个司法案件中。对未成年人涉黑涉恶案件要准确理解刑事政策和案件本质，认真全面审查事实证据，从严把握认定标准，不符合规定的依法坚决不予认定。对拟认定未成年人构成黑恶犯罪并提起公诉的案件，要逐级上报省级检察院审查把关。

9. 深入落实未成年人特殊检察制度。强化对未成年人严格限制适用逮捕措施，科学把握社会危险性、羁押必要性和帮教可行性。改进社会调查收集、审查方式，科学评估调查质量，解决调查报告形式化、同质化等问题，努力实现社会调查全覆盖，充分发挥社会调查在办案和帮教中的参考作用。加强合适成年人履职能力培训，推动建立稳定的合适成年人队伍。委托心理、社会工作等领域专家开展心理疏导、心理测评等工作，规范运用心理疏导、心理测评辅助办案的方式方法。准确把握附条件不起诉的意义和价值，对符合条件的未成年犯罪嫌疑人积极予以适用，确保适用比例不断提高。落实犯罪记录封存制度，联合公安机关、人民法院制定关于犯罪记录封存的相关规定，协调、监督公安机关依法出具无犯罪记录相关证明，并结合司法办案实践，适时提出修改完善封存制度的意见建议。

10. 准确适用认罪认罚从宽制度。依法履行主导责任，用符合未成年人认知能力的语言，阐明相关法律规定，发挥法定代理人和辩护人作用，帮助其理性选择，同时依法保障未成年被害人的参与、监督、救济等权利。发挥认罪认罚从宽制度的程序分流作用，依法积极适用相对不起诉、附条件不起诉。拟提起公诉的，在依法提出量刑建议的同时，探索提出有针对性的帮教建议。自 2020 年开始，未成年人犯罪案件认罪认罚从宽制度总体适用率达到 80% 以上。

11. 加强涉罪未成年人帮教机制建设。探索"互联网 +"帮教模式，促进涉罪未成年人帮教内容和方式多元化。引入人格甄别、心理干预等手段，提高帮教的精准度、有效性。加强对附条件不起诉未成年人的考察帮教，积极开展诉前观护帮教，延伸开展不捕、相对不起诉后的跟踪帮教，把帮教贯穿刑事案件办理全过程。探索帮教工作案件化办理。建立流动涉罪未成年人帮教异地协作机制，联合开展社会调查、心理疏导、监督考察、社区矫正监督等工作，确保平等司法保护。

12. 推动建立罪错未成年人分级干预体系。加强与公安、教育等职能部门的配合协作，建立健全严重不良行为、未达刑事责任年龄不予刑事处罚未成年人的信息互通、线索移送和早期干预机制，推动完善罪错未成年人临界预防、家庭教育、保护处分等有机衔接的分级干预制度。认真落实《关于加强专门学校建设和专门教育工作的意见》，积极推动解决招生对象、入学程序、效果评估等方面的难题，探索建立检察机关与专门学校的工作衔接机制，把保护、教育、管束落到实处，切实发挥专门学校独特的教育矫治作用。全面加强家庭教育指导，督促父母提升监护能力，落实监护责任。

四、不断深化未成年人检察业务统一集中办理改革

13. 发挥统一集中办理特色与优势。未成年人刑事执行、民事、行政、公益诉讼检察业务统一由未成年人检察部门集中办理是实现未成年人综合司法保护的客观需要。在办案监督的同时，更加注重对涉案未成年人的帮教和救助。贯彻未成年人利益最大化理念，更加强调监督的主动性、及时性和有效性。注重从所办理的未成年人刑事案件中发现线索，发挥与传统未成年人刑事检察工作紧密相连的效率优势，更好地维护未成年人合法权益。

14. 突出统一集中办理工作重点。认真落实《社区矫正法》《人民检察院刑事诉讼规则》相关规定，积极开展羁押必要性审查，灵活运用派驻检察、巡回检察等方式，加强对看守所、未成年犯管教所监管未成年人活动的监督，配合做好对未成年人的教育，推动对在押未成年人分别关押、分别管理、分别教育落地落实。以纠正脱管漏管、落实特殊矫正措施为重点，加强对未成年人社区矫正活动的监督。切实强化监护侵害和监护缺失监督，稳步推进涉及未成年人抚养、收养、继承、教育等民事行政案件的审判监督和执行活动监督，补强未成年人重大利益家事审判活动监督“短板”。进一步加强对留守儿童等特殊群体民事行政权益保护工作的监督。对食品药品安全、产品质量、烟酒销售、文化宣传、网络信息传播以及其他领域侵害众多未成年人合法权益的，结合实际需要，积极、稳妥开展公益诉讼工作。

15. 有序推进统一集中办理工作。检察机关涉未成年人刑事、民事、行政、公益诉讼案件原则上可由未成年人检察部门统一集中办理，没有专设机构的，由未成年人检察办案组或独任检察官办理，其他部门予以全力支持配合。稳步推进、适时扩大试行范围。具备条件的地方，可以在省级检察院指导下开展试点工作。各省级检察院可以择优确定重点试点单位，打造试点工作“升级版”，促进试点成果转化运用，推动“试验田”向“示范田”转变。上级检察院要切实承担对下指导责任，总结分析基层试点成效和经验，推出一批体现未成年人检察特色的指导性案例、典型案例，研究解决新情况新问题，并及时将有关情况报送高检院。争取自2021年起，未成年人检察业务统一集中办理工作在全国检察机关全面推开。

16. 完善统一集中办理工作长效机制。研究制定统一集中办理工作业务指引，明确受案范围、履职方式和工作标准。加强与公安机关、人民法院、民政、共青团、妇联等单位的协作，完善与刑事、民事、行政、公益诉讼检察部门的分工负责、互相配合机制，建立内外部信息通报、线索移交、协商沟通、衔接支持制度，形成工作合力。条件成熟时，联合有关单位出台统一集中办理未成年人案件工作指导意见。

五、积极促进未成年人保护社会治理现代化建设

17. 抓好“一号检察建议”监督落实。把“一号检察建议”监督落实作为各级人民检察院的“一把手”工程，没完没了抓落实，努力做成刚性、做到刚性。加强与教育行政部门、学校等沟通配合，各司其职、各负其责，深入中小学校、幼儿园以及校外培训机构等开展调研检查，建立问题整改清单，监督限期整改。积极推动健全事前预防、及时发现、有效处置的各项制度，跟踪监督落实落地。完善问责机制，对造成严重后果的失职、渎职人员，依法移送纪检监察部门追责问责。深刻认识督促落实“一号检察建议”的本质要求是把未成年人保护有关法律规定不折不扣地落到实处，真正形成政治、法治和检察监督的“三个自觉”，以性侵案件为切入点、突破口，以“一号检察建议”为牵引，助推各职能部门依法履职，促进未成年人保护社会治理。

18. 全面推行侵害未成年人案件强制报告和入职查询制度。加快推进、完善侵害未成年人案件强制报告制度，督促有关部门、密切接触未成年人行业的各类组织及其从业人员严格履行报告义务。积极沟通协调，联合公安部、教育部等部门，建立教职员工等特殊岗位入职查询性侵害等违法犯罪信息制度，统一管理，明确查询程序及相应责任，构筑未成年人健康成长的“防火墙”。

19. 切实发挥12309检察服务中心未成年人司法保护专区作用。依托专区功能，及时接收涉未成年人刑事申诉、控告和司法救助线索。进一步明确涉未成年人线索的受理、移送和答复流程，严格执行

“七日内回复、三个月答复”规定，及时受理，逐级分流，依法办理，确保事事有着落、件件有回音。根据实践需求，不断完善功能，更新方式，逐步实现“未成年人司法保护专区”的全覆盖，构建起上下一体、协作联动、及时有效的工作格局。

20. 加强对未成年人权益维护的法律监督。立足检察办案，对制作传播网络违法及不良信息、未成年人沉迷网络特别是网络游戏管控、宣传报道侵犯未成年人权益，校园周边安全治理及文化市场整治，娱乐场所、网吧、宾馆及其他场所违规接待、容留未成年人等重点问题，加大监督力度，推动长效治理。探索通过支持起诉、强制家庭教育指导等方式，督促教育行政部门、学校、家庭等妥善解决涉案辍学未成年人的教育问题。对有关部门怠于履职，侵害未成年人权益的，依法通过检察建议、公益诉讼等方式开展法律监督，努力做到“办理一案、治理一片”。加强对涉未成年人案件特点、原因和趋势的分析，及时发现案件背后存在的社会治理问题，提出针对性、有价值的决策参考。推行向党委政府专题报告未成年人检察工作制度，适时发布未成年人检察工作白皮书。

六、深入开展未成年人法治宣传教育

21. 稳步推进检察官兼任法治副校长工作。至2020年底，实现全国四级检察院院领导、未成年人检察工作人员兼任法治副校长全覆盖。推广重庆检察机关“莎姐”团队等地经验，鼓励、吸纳其他部门检察人员、社会工作者、志愿者等加入法治宣讲队伍。联合教育部等部门出台检察官担任法治副校长工作规范。各级人民检察院要督促法治副校长认真充分履职，确保法治教育效果，积极协助学校制定法治教育规划、开设法治教育课程，推动提升法治教育和依法管理水平。

22. 常态化开展“法治进校园”活动。认真落实国家机关“谁执法谁普法”普法责任制。深化检校合作、检社合作，制定普法活动周期表，扩大覆盖面，努力满足外来务工人员子女、留守儿童、辍学闲散未成年人、中等职业院校学生等群体法治教育需求。根据实际需要，开展“菜单式”法治教育。充分发挥“法治进校园”全国巡讲团作用，适时开展专项巡讲活动。会同教育部出台“法治进校园”工作意见，推进“法治进校园”常态化、制度化。

23. 不断丰富未成年人法治教育内容。加强法治教育课程研发工作，建立未成年人普法精品课程库。围绕校园欺凌、性侵害、毒品危害、网络犯罪、“校园贷”等热点问题，组织编写图文并茂的法治教育教材。鼓励创作、拍摄未成年人保护主题的歌曲、话剧、微电影微视频等作品。会同中央广播电视总台，持续做好《守护明天》未成年人法治节目，拓展节目选题、创新讲述方式、丰富讲述内容，打造特色品牌。利用网络信息技术，建立完善线上法治教育平台，提高平台的覆盖率、使用率。会同司法行政、教育等部门，推进未成年人法治教育基地建设，综合运用知识讲授、体验教学、实践模拟等多种方式，提升法治基地教育效果。充分利用教育系统平台，联合推出优质法治教育网课。加强未成年人法治教育线上和线下平台建设，形成未成年人法治教育与实践立体化工作格局。

七、持续加强未成年人检察专业化规范化建设

24. 加强未成年人检察组织体系建设。认真落实高检院机构改革有关要求，省会城市、较大城市的检察院要设立独立的未成年人检察机构。没有专设未成年人检察机构的检察院，要有专门的未成年人检察办案组或者独任检察官，办案组实行对内单独考核管理，对外可以“未成年人检察工作办公室”名义开展工作。针对未成年人检察工作量大幅增加的新情况，加强研究论证，各地特别是基层检察院可以根据实际需要对未成年人检察人员配备、办案机构等进行适当调整。规范未成年人检察内设机构运行，落实检察官司法责任制。

25. 强化未成年人检察业务管理。以工作质量、帮教效果为核心，完善未成年人检察工作独立评价与指标体系。省级检察院要研究制定实施细则，对未成年人检察办案组、独任检察官履职情况单独评价。深化“捕、诉、监、防、教”一体化工作机制，明确同一案件的审查逮捕、审查起诉、法律监督、犯罪预防、教育挽救工作依法由同一检察官办案组或者独任检察官负责。明确未成年人刑事检察受案范围，

所有未成年人犯罪案件、侵害未成年人犯罪案件原则上统一由未成年人检察部门或未成年人检察办案组办理,完善涉及未成年人的共同犯罪案件分案办理机制。推进办案方式和专用文书改革,探索逐步将未成年人检察特殊业务纳入案件管理体制。常态化开展未成年人检察案件质量评查,有效降低"案件比",提升办案质量、效率和效果。

26. 健全涉未成年人案件办理制度规则。修改完善《未成年人刑事检察工作指引(试行)》。制定下发有关性侵害未成年人犯罪、涉及未成年人黑恶犯罪、未成年人毒品犯罪等疑难复杂案件办理规范或指导意见。准确把握涉未成年人案件的特殊规律,建立健全未成年人言词证据审查判断规则。

27. 研编未成年人检察案例。按照"一个案例胜过一打文件"的思路,聚焦未成年人司法保护的难点、热点问题,加大指导性案例、典型案例研编力度。认真落实《最高人民检察院关于案例指导工作的规定》,抓好案例的挖掘、筛选、储备、报送工作。加强案例意识培养,对于具有典型意义的案件,坚持高标准、严要求,努力办成精品、成为典型案例。建立全国未成年人检察案例库。省级检察院要总结、发布典型案例。

28. 推进"智慧未检"建设。做好未成年人检察部门部署应用检察机关统一业务应用系统2.0版工作。加快推进未成年人帮教维权平台建设。探索引入区块链技术,提升特殊制度落实、犯罪预防、帮教救助等工作的精准性、有效性。注重未成年人检察大数据建设与应用,加强对性侵害未成年人、校园欺凌、辍学未成年人犯罪、监护侵害和缺失、未成年人涉网等问题的分析研判,提升未成年人检察的智能化水平。

29. 促进未成年人检察工作交流协作。做好未成年人检察业务援藏援疆工作。加强全国未成年人检察业务和人员交流,推动省际、市际未成年人检察部门结对共建,引导加强直辖市、京津冀、长江经济带、少数民族地区等区域间未成年人检察工作联系,举办未成年人检察论坛,总结探索特色发展之路。组织全国未成年人检察业务专家、骨干人才赴工作相对滞后地区指导帮扶,促进未成年人检察整体发展。

八、积极推进未成年人检察社会化建设

30. 加强社会支持体系建设试点工作。认真落实与共青团中央会签的《关于构建未成年人检察工作社会支持体系合作框架协议》,加强与各级共青团组织沟通协作,完善建设未成年人检察社会支持体系的路径和机制。紧紧围绕未成年人司法社会服务机构实体化运行、社会力量参与未成年人司法保护工作的内容、流程,进一步创新工作方式,打造实践样板。联合有关部门强化督导,逐步扩大试点范围,2021年力争实现社会支持体系在重点地区、重点领域广泛适用。

31. 促进社会支持体系工作不断规范。会同有关部门,制定全国未成年人司法社工服务指引和评价标准。推动将服务经费列入办案预算,完善绩效管理和人才激励机制,保证司法社工参与未成年人检察工作的持续性和稳定性。建立检察机关参与司法社工人才培养机制,将社会调查员、家庭教育指导人员等纳入培训范围,推动提升专业水平。积极争取党委、政府支持,推动未成年人检察(司法)社会服务中心建设,实现资源有效统筹和线索及时转介。

32. 规范未成年人观护基地建设。加强和规范涉罪未成年人社会观护工作,鼓励流动人口较多的地区根据工作需要在社区、企业等建立未成年人观护基地,组织开展帮扶教育、技能培训等活动。研究出台检察机关未成年人观护基地建设指导意见,规范观护流程、内容及经费保障等工作。

33. 推动建立未成年人司法保护联动机制。发挥检察机关承上启下、唯一参与未成年人司法保护全过程的职能定位,积极主动履行责任。争取党委政法委支持,联合法院、公安、司法行政、教育、民政、共青团、妇联、关工委等单位,建立未成年人司法保护联席会议机制,定期召开会议,共同研究解决未成年人司法保护中的重大疑难问题,实现信息资源共享、工作有效衔接。认真落实高检院与全国妇联会签的《关于建立共同推动保护妇女儿童权益工作合作机制的通知》。

九、切实加强对未成年人检察工作的组织领导

34. 加强对未成年人检察工作的领导和支持。各级人民检察院党组要把未成年人检察工作纳入重要议事日程,制定中长期规划,每年至少听取一次专门工作汇报,研究破解制约未成年人检察发展的重大问题。检察长要亲自出面,积极争取党委、政府支持,协调有关部门解决重点问题。分管院领导要一线抓、重点抓、深入抓,组织实施党组工作部署,指导、保障未成年人检察人员依法充分履行职责。

35. 加强未成年人检察专业队伍建设。加大业务培训力度,扩大覆盖面,强化典型案事例的示范引领,不断提高未成年人检察队伍综合业务能力。用好用足"检答网",及时解疑答惑。加强岗位练兵,每三年举办全国未成年人检察业务竞赛,省级检察院定期举办全省(自治区、直辖市)业务竞赛,发现、培养一批政治素质高、业务能力强,热爱未成年人检察工作的专家型人才。逐级、分类建立未成年人检察人才库,为未成年人检察业务骨干提供成长成才平台。保持未成年人检察队伍相对稳定,对于未成年人检察条线的先进模范、全国未成年人检察业务竞赛标兵能手、"法治进校园"全国巡讲团成员、《守护明天》主讲人等,要尽量留在未成年人检察岗位,充分发挥"传帮带"作用。加强未成年人检察品牌建设,发展好已有特色品牌,增强示范和带动效应。

36. 切实抓好廉政建设。强化未成年人检察队伍廉洁自律意识和职业道德养成,及时排查未成年人检察部门廉政风险点,扎牢制度笼子。健全完善未成年人检察官权力清单和案件审批制度,检察长、分管检察长和部门负责人要切实履行主体责任。严格落实干预、过问案件"三个规定",做到凡过问必登记。

37. 重视理论研究和国际交流。充分发挥高检院专家咨询委员会、未成年人检察专业委员会以及全国未成年人检察专家顾问的作用,凝聚法学院校、科研单位研究力量,加强未成年人检察基础理论和实务应用研究。积极促进未成年人检察、未成年人司法学科建设。加强未成年人检察研究基地建设,鼓励各级人民检察院开展相关课题研究。积极参与《未成年人保护法》《预防未成年人犯罪法》修改工作,结合实践提出意见建议。高检院深入推进重大课题研究,适时提出《未成年人司法法》《未成年人刑法》等立法建议稿,并向社会发布。加强与联合国儿童基金会、救助儿童会等国际组织的交流与合作,积极借鉴吸收域外先进经验。

38. 鼓励探索创新。高度重视创新对未成年人检察工作的特殊引领示范作用,建立崇尚创新、鼓励创新的激励机制。加强对全国未成年人检察工作创新实践基地工作的指导、评估、考察,及时进行总结规范,形成可复制的经验,成熟一个,推广一个。

39. 做好宣传工作。高度重视未成年人检察领域意识形态工作,建立预警、应用和处置机制。综合运用传统媒体和"两微一端"等新媒体平台,讲好未成年人检察故事。利用"六一"等重要时间节点,通过检察开放日、新闻发布会、发布典型案事例等多种方式,介绍检察机关在保护未成年人方面的工作举措及成效。加强宣传工作中的隐私保护,维护涉案未成年人合法权益,正确引导舆情方向,形成良好舆论氛围,促进"本在检察工作""要在检察文化""效在检察新闻宣传"的有机统一。

□未成年人犯罪案件的审理方式及其是否适用缓刑的量刑参考依据

未成年人犯罪案件的审理方式与成年人犯罪案件不同,应根据实际情况适用《中华人民共和国刑事诉讼法》"未成年人刑事案件诉讼程序"专章中的相关规定,结合心理疏导、法律援助等方式,对犯罪的未成年人进行教育、感化和挽救,做到教育为主、惩罚为辅。同时通过加强社会调查,了解其个人成长经历、案外犯罪原因、羁押表现情况以及监护落实情况和社区矫治意见等,作为是否适用缓刑的量刑参考依据。[上海市长宁区人民检察院诉李某某盗窃案,载《最高人民法院公报》2016 年卷,第 494 页。]

第二百七十八条　【为未成年犯指定辩护】未成年犯罪嫌疑人、被告人没有委托辩护人的,人民法院、人民检察院、公安机关应当通知法律援助机构指派律师为其提供辩护。

■人民检察院刑事诉讼规则(2019年12月30日)

第四百六十条　人民检察院受理案件后,应当向未成年犯罪嫌疑人及其法定代理人了解其委托辩护人的情况,并告知其有权委托辩护人。

未成年犯罪嫌疑人没有委托辩护人的,人民检察院应当书面通知法律援助机构指派律师为其提供辩护。

对于公安机关未通知法律援助机构指派律师为未成年犯罪嫌疑人提供辩护的,人民检察院应当提出纠正意见。

■最高人民法院关于适用《中华人民共和国刑事诉讼法》的解释(2021年3月1日)

第五百六十三条　人民法院向未成年被告人送达起诉书副本时,应当向其讲明被指控的罪行和有关法律规定,并告知其审判程序和诉讼权利、义务。

第五百六十四条　审判时不满十八周岁的未成年被告人没有委托辩护人的,人民法院应当通知法律援助机构指派熟悉未成年人身心特点的律师为其提供辩护。

第五百六十五条　未成年被害人及其法定代理人因经济困难或者其他原因没有委托诉讼代理人的,人民法院应当帮助其申请法律援助。

■公安机关办理刑事案件程序规定(2020年9月1日)

第三百二十条　未成年犯罪嫌疑人没有委托辩护人的,公安机关应当通知法律援助机构指派律师为其提供辩护。

■最高人民法院、最高人民检察院、公安部、国家安全部、司法部、全国人大常委会法制工作委员会关于实施刑事诉讼法若干问题的规定(2013年1月1日)

5. 刑事诉讼法第三十四条、第二百六十七条、第二百八十六条对法律援助作了规定。对于人民法院、人民检察院、公安机关根据上述规定,通知法律援助机构指派律师提供辩护或者法律帮助的,法律援助机构应当在接到通知后三日以内指派律师,并将律师的姓名、单位、联系方式书面通知人民法院、人民检察院、公安机关。

■中央综治委预防青少年违法犯罪工作领导小组、最高人民法院、最高人民检察院、公安部、司法部、共青团中央关于进一步建立和完善办理未成年人刑事案件配套工作体系的若干意见(2010年8月14日)

二、进一步加强对涉案未成年人合法权益的保护

在办理未成年人刑事案件中,加强对涉案未成年人的保护,是维护人权、实现司法公正的客观要求,是保障刑事诉讼活动顺利进行的需要。各级公安机关、人民检察院、人民法院、司法行政机关应当在办理未成年人刑事案件的各个阶段积极采取有效措施,尊重和维护涉案未成年人的合法权益。

(一)对未成年犯罪嫌疑人、被告人、罪犯合法权益的保护

1. 办理未成年人刑事案件,在不违反法律规定的前提下,应当按照最有利于未成年人和适合未成年人身心特点的方式进行,充分保障未成年人合法权益。

2. 办理未成年人刑事案件过程中,应当注意保护未成年人的名誉,尊重未成年人的人格尊严,新闻报道、影视节目、公开出版物、网络等不得公开或传播未成年人的姓名、住所、照片、图像以及可能推断出该未成年人的其他资料。

对违反此规定的单位,广播电视管理及新闻出版等部门应当提出处理意见,作出相应处理。

3. 办理未成年人刑事案件,应当在依照法定程序办案和保证办理案件质量的前提下,尽量迅速办理,减少刑事诉讼对未成年人的不利影响。

4. 未成年人与成年人共同犯罪的案件,一般应当分案起诉和审判;情况特殊不宜分案办理的案件,

对未成年人应当采取适当的保护措施。

5.在未成年犯罪嫌疑人、被告人被讯问或者开庭审理时,应当通知其法定代理人到场。看守所经审核身份无误后,应当允许法定代理人与办案人员共同进入讯问场所。

对未成年人采取拘留、逮捕等强制措施后,除有碍侦查或者无法通知的情形以外,应当在24小时以内通知其法定代理人或家属。

法定代理人无法或不宜到场的,可以经未成年犯罪嫌疑人、被告人同意或按其意愿通知其他关系密切的亲属朋友、社会工作者、教师、律师等合适成年人到场。

讯问未成年犯罪嫌疑人、被告人,应当根据该未成年人的特点和案件情况,制定详细的讯问提纲,采取适宜该未成年人的方式进行,讯问用语应当准确易懂。讯问时,应当告知其依法享有的诉讼权利,告知其如实供述案件事实的法律规定和意义,核实其是否有自首、立功、检举揭发等表现,听取其有罪的供述或者无罪、罪轻的辩解。讯问女性未成年犯罪嫌疑人、被告人,应当由女性办案人员进行或者有女性办案人员参加。讯问未成年犯罪嫌疑人、被告人一般不得使用戒具,对于确有人身危险性,必须使用戒具的,在现实危险消除后,应当立即停止使用。

6.办理未成年人刑事案件,应当结合对未成年犯罪嫌疑人背景情况的社会调查,注意听取未成年人本人、法定代理人、辩护人、被害人等有关人员的意见。应当注意未成年犯罪嫌疑人、被告人是否有被胁迫情节,是否存在成年人教唆犯罪、传授犯罪方法或者利用未成年人实施犯罪的情况。

7.公安机关办理未成年人刑事案件,对未成年人应优先考虑适用非羁押性强制措施,加强有效监管;羁押性强制措施应依法慎用,比照成年人严格适用条件。办理未成年人刑事案件不以拘留率、逮捕率或起诉率作为工作考核指标。

对被羁押的未成年人应当与成年人分别关押、管理,有条件的看守所可以设立专门的未成年人监区。

有条件的看守所可以对被羁押的未成年人区分被指控犯罪的轻重、类型分别关押、管理。

未成年犯罪嫌疑人、被告人入所后服从管理、依法变更强制措施不致发生社会危险性,能够保证诉讼正常进行的,公安机关、人民检察院、人民法院应当及时变更强制措施;看守所应提请有关办案部门办理其他非羁押性强制措施。

在第一次对未成年犯罪嫌疑人讯问时或自采取强制措施之日起,公安机关应当告知未成年人及其法定代理人有关诉讼权利和义务,在告知其有权委托辩护人的同时,应当告知其如果经济困难,可以向法律援助机构申请法律援助,并提供程序上的保障。

8.人民检察院办理未成年人刑事案件,应当讯问未成年犯罪嫌疑人,坚持依法少捕慎诉。对于必须起诉的未成年人刑事案件,查明未成年被告人具有法定从轻、减轻情节及悔罪表现的,应当提出从轻或者减轻处罚的建议;符合法律规定的缓刑条件的,应当明确提出适用缓刑的量刑建议。办理未成年人刑事案件不以批捕率、起诉率等情况作为工作考核指标。

在审查批捕和审查起诉阶段,人民检察院应当告知未成年犯罪嫌疑人及其法定代理人有关诉讼权利和义务,在告知其有权委托辩护人的同时,应当告知其如果经济困难,可以向法律援助机构申请法律援助,并提供程序上的保障。

人民检察院应当加强对未成年人刑事案件侦查、审判、监管和刑罚执行活动的法律监督,建立长效监督机制,切实防止和纠正违法办案、侵害未成年人合法权益的行为。

9.未成年犯罪嫌疑人及其法定代理人提出委托辩护人意向,但因经济困难或者其他原因没有委托的,公安机关、人民检察院应当依法为其申请法律援助提供帮助。

开庭时未满十八周岁的未成年被告人没有委托辩护人的,人民法院应当指定承担法律援助义务的律师为其提供辩护。

10. 对开庭审理时未满十六周岁的未成年人刑事案件，一律不公开审理。对开庭审理时已满十六周岁未满十八周岁的未成年人刑事案件，一般也不公开审理；如有必要公开审理的，必须经本级人民法院院长批准，并应适当限制旁听人数和范围。

11. 看守所、未成年犯管教所和司法行政机关社区矫正工作部门应当了解服刑未成年人的身心特点，加强心理辅导，开展有益未成年人身心健康的活动，进行个别化教育矫治，比照成年人适当放宽报请减刑、假释等条件。

12. 对于未成年犯罪嫌疑人、被告人及其法定代理人的法律援助申请，法律援助机构应当优先审查；经审查符合条件的，应当提供法律援助。人民法院为未成年被告人指定辩护的，法律援助机构应当提供法律援助。

（二）未成年被害人、证人合法权益的保护

1. 办理未成年人刑事案件，应当注意保护未成年被害人的合法权益，注意对未成年被害人进行心理疏导和自我保护教育。

2. 办理未成年人刑事案件，应当注意保护未成年被害人的名誉，尊重未成年被害人的人格尊严，新闻报道、影视节目、公开出版物、网络等不得公开或传播该未成年被害人的姓名、住所、照片、图像以及可能推断出该未成年人的资料。

对违反此规定的单位，广播电视管理及新闻出版等部门应当提出处理意见，作出相应处理。

3. 对未成年被害人、证人，特别是性犯罪被害人进行询问时，应当依法选择有利于未成年人的场所，采取和缓的询问方式进行，并通知法定代理人到场。

对性犯罪被害人进行询问，一般应当由女性办案人员进行或者有女性办案人员在场。

法定代理人无法或不宜到场的，可以经未成年被害人、证人同意或按其意愿通知有关成年人到场。应当注意避免因询问方式不当而可能对其身心产生的不利影响。

4. 办理未成年人刑事案件，应当告知未成年被害人及其法定代理人诉讼权利义务、参与诉讼方式。除有碍案件办理的情形外，应当告知未成年被害人及其法定代理人案件进展情况、案件处理结果，并对有关情况予以说明。

对于可能不立案或撤销案件、不起诉、判处非监禁刑的未成年人刑事案件，应当听取被害人及其法定代理人的意见。

5. 对未成年被害人及其法定代理人提出委托诉讼代理人意向，但因经济困难或者其他原因没有委托的，公安机关、人民检察院、人民法院应当帮助其申请法律援助，法律援助机构应当依法为其提供法律援助。

6. 未成年被害人、证人经人民法院准许的，一般可以不出庭作证；或在采取相应保护措施后出庭作证。

7. 公安机关、人民检察院、人民法院、司法行政机关应当推动未成年犯罪嫌疑人、被告人、罪犯与被害人之间的和解，可以将未成年犯罪嫌疑人、被告人、罪犯赔偿被害人的经济损失、取得被害人谅解等情况作为酌情从轻处理或减刑、假释的依据。

■最高人民法院、最高人民检察院、公安部、司法部关于依法惩治性侵害未成年人犯罪的意见（2013年10月23日）

二、办案程序要求

15. 人民法院、人民检察院办理性侵害未成年人案件，应当及时告知未成年被害人及其法定代理人或者近亲属有权委托诉讼代理人，并告知其如果经济困难，可以向法律援助机构申请法律援助。对需要申请法律援助的，应当帮助其申请法律援助。法律援助机构应当及时指派熟悉未成年人身心特点的律师为其提供法律帮助。

第二百七十九条　【对未成年犯成长经历等情况的调查】公安机关、人民检察院、人民法院办理未成年人刑事案件,根据情况可以对未成年犯罪嫌疑人、被告人的成长经历、犯罪原因、监护教育等情况进行调查。

■人民检察院刑事诉讼规则(2019年12月30日)

第四百六十一条　人民检察院根据情况可以对未成年犯罪嫌疑人的成长经历、犯罪原因、监护教育等情况进行调查,并制作社会调查报告,作为办案和教育的参考。

人民检察院开展社会调查,可以委托有关组织和机构进行。开展社会调查应当尊重和保护未成年人隐私,不得向不知情人员泄露未成年犯罪嫌疑人的涉案信息。

人民检察院应当对公安机关移送的社会调查报告进行审查。必要时,可以进行补充调查。

人民检察院制作的社会调查报告应当随案移送人民法院。

■最高人民法院关于适用《中华人民共和国刑事诉讼法》的解释(2021年3月1日)

第五百六十八条　对人民检察院移送的关于未成年被告人性格特点、家庭情况、社会交往、成长经历、犯罪原因、犯罪前后的表现、监护教育等情况的调查报告,以及辩护人提交的反映未成年被告人上述情况的书面材料,法庭应当接受。

必要时,人民法院可以委托社区矫正机构、共青团、社会组织等对未成年被告人的上述情况进行调查,或者自行调查。

第五百六十九条　人民法院根据情况,可以对未成年被告人、被害人、证人进行心理疏导;根据实际需要并经未成年被告人及其法定代理人同意,可以对未成年被告人进行心理测评。

心理疏导、心理测评可以委托专门机构、专业人员进行。

心理测评报告可以作为办理案件和教育未成年人的参考。

■公安机关办理刑事案件程序规定(2020年9月1日)

第三百二十一条　公安机关办理未成年人刑事案件时,应当重点查清未成年犯罪嫌疑人实施犯罪行为时是否已满十四周岁、十六周岁、十八周岁的临界年龄。

第三百二十二条　公安机关办理未成年人刑事案件,根据情况可以对未成年犯罪嫌疑人的成长经历、犯罪原因、监护教育等情况进行调查并制作调查报告。

作出调查报告的,在提请批准逮捕、移送审查起诉时,应当结合案情综合考虑,并将调查报告与案卷材料一并移送人民检察院。

■最高人民法院关于进一步加强少年法庭工作的意见(2010年7月23日)

四、完善工作制度,强化少年法庭的职能作用

12.各级法院应当总结完善审判实践中行之有效的特色工作制度,强化少年法庭的职能作用,提高工作的实效性。

13.有条件的人民法院在审理未成年人刑事案件时,对有关组织或者个人调查形成的反映未成年人性格特点、家庭情况、社会交往、成长经历以及实施被指控犯罪前后的表现等情况的调查报告,应当进行庭审质证,认真听取控辩双方对调查报告的意见,量刑时予以综合考虑。必要时人民法院也可以委托有关社会组织就上述情况进行调查或者自行调查。

人民法院应当在总结少年审判工作经验的基础上,结合实际情况,积极规范、完善社会调查报告制度,切实解决有关社会调查人员主体资格、调查报告内容及工作程序等方面的问题,充分发挥社会调查报告在审判中的作用。

14.人民法院对未成年人与成年人共同犯罪案件,一般应当分案审理。对应当分案起诉而未分案起诉的案件,人民法院可以向检察机关提出建议。

15.人民法院根据未成年人身心特点,对未成年被告人轻微犯罪或者过失犯罪案件、未成年人为一

方当事人的民事和行政案件，可以采取圆桌审判方式。

16. 人民法院审理未成年人刑事案件，应当注重对未成年被告人的法庭教育。法庭教育的主要内容包括对相关法律法规的理解，未成年人实施被指控行为的原因剖析，应当吸取的教训，犯罪行为对社会、家庭、个人的危害和是否应当受刑罚处罚，如何正确对待人民法院裁判以及接受社区矫正或者在监管场所服刑应当注意的问题等。人民法院可以邀请有利于教育、感化、挽救未成年罪犯的人员参加法庭教育。

人民法院审理未成年人民事和行政案件，应当注意从有利于未成年人权益保护及解决矛盾纠纷的角度对当事人进行有针对性的教育和引导。

17. 对犯罪情节轻微，或者系初犯、偶犯的未成年罪犯，符合适用非监禁刑条件的，应当依法适用非监禁刑。对非本地户籍的未成年罪犯，人民法院应当加强与本辖区社区矫正部门的联系，或者通过未成年罪犯户籍地的人民法院与当地社区矫正部门联系，确保非监禁刑的依法适用。

18. 对判决、裁定已经发生法律效力的未成年罪犯，人民法院在向执行机关移送执行的法律文书时，应当同时附送社会调查报告、案件审理中的表现等材料。对正在未成年犯管教所服刑或者接受社区矫正的未成年罪犯，人民法院应当协助未成年犯管教所或者社区矫正部门做好帮教工作。

人民法院应当做好未成年人民事和行政案件判后回访工作，努力为未成年人的健康成长创造良好环境。

人民法院应当对判后跟踪帮教和回访情况作出记录或者写出报告，记录或者报告存入卷宗。

五、深化改革探索，推动少年法庭工作有序发展

19. 各级法院应当积极开展少年司法理论成果和工作经验的交流活动，进一步深化少年司法改革。

20. 各级法院应当从维护未成年人的合法权益，预防、矫治和减少未成年人犯罪的实际需要出发，积极探索异地社会调查、心理评估干预、刑事案件和解、量刑规范化、社区矫正与司法救助、轻罪犯罪记录封存等适合未成年人案件特点的审理、执行方式。

21. 各级法院应当坚持“特殊、优先”保护原则，大胆探索实践社会观护、圆桌审判、诉讼教育引导等未成年人民事和行政案件特色审判制度，不断开拓未成年人民事和行政案件审判的新思路、新方法。

六、积极协调配合，构建少年法庭工作配套机制

22. 各级法院应当在党委政法委的领导、协调下，加强与同级公安、检察、司法行政等部门的工作沟通，积极建立和完善“政法一条龙”工作机制，形成有效预防、矫治和减少未成年人违法犯罪的合力。

23. 各级法院应当加强与有关职能部门、社会组织和团体的协调合作，积极建立和完善“社会一条龙”工作机制，努力调动社会力量，推动未成年罪犯的安置、帮教措施的落实，确保未成年人民事和行政案件得到妥善处理，推动涉诉未成年人救助制度的建立和完善。

24. 各级法院应当加强未成年人保护的法制宣传教育工作，促进全社会树立尊重、保护、教育未成年人的良好风尚，教育和帮助未成年人维护自己的合法权益，增强自我保护的意识和能力。

25. 各级法院应当在党委政法委的领导、协调下，积极与有关部门协商，推动制定本地区关于未成年人社会调查、司法救助、复学安置等问题的规范性文件，切实解决相关问题。

■中央综治委预防青少年违法犯罪工作领导小组、最高人民法院、最高人民检察院、公安部、司法部、共青团中央关于进一步建立和完善办理未成年人刑事案件配套工作体系的若干意见(2010 年 8 月 14 日)

三、进一步加强公安机关、人民检察院、人民法院、司法行政机关的协调与配合

公安机关、人民检察院、人民法院、司法行政机关在办理未成年人刑事案件中建立的相互协调与配合的工作机制，是我国未成年人司法制度的重要内容，也是更好地维护未成年人合法权益、预防和减少未成年人违法犯罪的客观需要。为此，各级公安机关、人民检察院、人民法院、司法行政机关应当注意

工作各环节的衔接和配合,进一步建立、健全配套工作制度。

(一)对未成年犯罪嫌疑人、被告人的社会调查

公安机关、人民检察院、人民法院、司法行政机关在办理未成年人刑事案件和执行刑罚时,应当综合考虑案件事实和社会调查报告的内容。

1.社会调查由未成年犯罪嫌疑人、被告人户籍所在地或居住地的司法行政机关社区矫正工作部门负责。

司法行政机关社区矫正工作部门可联合相关部门开展社会调查,或委托共青团组织以及其他社会组织协助调查。

社会调查机关应当对未成年犯罪嫌疑人的性格特点、家庭情况、社会交往、成长经历、是否具备有效监护条件或者社会帮教措施,以及涉嫌犯罪前后表现等情况进行调查,并作出书面报告。

对因犯罪嫌疑人不讲真实姓名、住址,身份不明,无法进行社会调查的,社会调查机关应当作出书面说明。

2.公安机关在办理未成年人刑事案件时,应当收集有关犯罪嫌疑人办案期间表现或者具有逮捕必要性的证据,并及时通知司法行政机关社区矫正工作部门开展社会调查;在收到社会调查机关作出的社会调查报告后,应当认真审查,综合案情,作出是否提请批捕、移送起诉的决定。

公安机关提请人民检察院审查批捕或移送审查起诉的未成年人刑事案件,应当将犯罪嫌疑人办案期间表现等材料和经公安机关审查的社会调查报告等随案移送人民检察院。社区矫正工作部门无法进行社会调查的或无法在规定期限内提供社会调查报告的书面说明等材料也应当随案移送人民检察院。

3.人民检察院在办理未成年人刑事案件时,应当认真审查公安机关移送的社会调查报告或无法进行社会调查的书面说明、办案期间表现等材料,全面掌握案情和未成年人的身心特点,作为教育和办案的参考。对于公安机关没有随案移送上述材料的,人民检察院可以要求公安机关提供,公安机关应当提供。

人民检察院提起公诉的未成年人刑事案件,社会调查报告、办案期间表现等材料应当随案移送人民法院。

4.人民法院在办理未成年人刑事案件时,应当全面审查人民检察院移送的社会调查报告或无法进行社会调查的书面说明、办案期间表现等材料,并将社会调查报告作为教育和量刑的参考。对于人民检察院没有随案移送上述材料的,人民法院可以要求人民检察院提供,人民检察院应当提供。

人民法院应当在判决生效后,及时将社会调查报告、办案期间表现等材料连同刑罚执行文书,送达执行机关。

5.执行机关在执行刑罚时应当根据社会调查报告、办案期间表现等材料,对未成年罪犯进行个别化教育矫治。人民法院没有随案移送上述材料的,执行机关可以要求人民法院移送,人民法院应当移送。

6.司法行政机关社区矫正工作部门、共青团组织或其他社会组织应当接受公安机关、人民检察院、人民法院的委托,承担对未成年人的社会调查和社区矫正可行性评估工作,及时完成并反馈调查评估结果。

社会调查过程中,公安机关、人民检察院、人民法院应为社会调查员提供必要的便利条件。

(二)未成年犯罪嫌疑人、被告人年龄的查证与审核

1.公安机关在办理未成年人刑事案件时,应当查清未成年犯罪嫌疑人作案时的实际年龄,注意农历年龄、户籍登记年龄与实际年龄等情况。特别是应当将未成年犯罪嫌疑人是否已满十四、十六、十八周岁的临界年龄,作为重要案件事实予以查清。

公安机关移送人民检察院审查批捕和审查起诉的未成年人刑事案件,应当附有未成年犯罪嫌疑人已达到刑事责任年龄的证据。对于没有充分证据证明未成年犯罪嫌疑人作案时已经达到法定刑事责任年龄且确实无法查清的,公安机关应当依法作出有利于未成年人的认定和处理。

2. 人民检察院在办理未成年人刑事案件时,如发现年龄证据缺失或者不充分,或者未成年犯罪嫌疑人及其法定代理人基于相关证据对年龄证据提出异议等情况,可能影响案件认定的,在审查批捕时,应当要求公安机关补充证据,公安机关不能提供充分证据的,应当作出不予批准逮捕的决定,并通知公安机关补充侦查;在审查起诉过程中,应当退回公安机关补充侦查或自行侦查。补充侦查仍不能证明未成年人作案时已达到法定刑事责任年龄的,人民检察院应当依法作出有利于未成年犯罪嫌疑人的认定和处理。

3. 人民法院对提起公诉的未成年人刑事案件进行审理时,应当着重审查未成年被告人的年龄证据。对于未成年被告人年龄证据缺失或者不充分,应当通知人民检察院补充提供或调查核实,人民检察院认为需要进一步补充侦查向人民法院提出建议的,人民法院依法可以延期审理。没有充分证据证明被告人实施被指控的犯罪时已经达到法定刑事责任年龄且确实无法查明的,人民法院应当依法作出有利于未成年被告人的认定和处理。

(三)对未成年犯罪嫌疑人、被告人的教育、矫治

1. 公安机关、人民检察院、人民法院、司法行政机关在办理未成年人刑事案件和执行刑罚时,应当结合具体案情,采取符合未成年人身心特点的方法,开展有针对性的教育、感化、挽救工作。

对于因犯罪情节轻微不立案、撤销案件、不起诉或判处非监禁刑、免予刑事处罚的未成年人,公安机关、人民检察院、人民法院应当视案件情况对未成年人予以训诫、责令具结悔过、赔礼道歉、责令赔偿等,并要求法定代理人或其他监护人加强监管。同时,公安机关、人民检察院、人民法院应当配合有关部门落实社会帮教、就学就业和生活保障等事宜,并适时进行回访考察。

因不满刑事责任年龄不予刑事处罚的未成年人,应当责令法定代理人或其他监护人加以管教,并落实就学事宜。学校、法定代理人或其他监护人无力管教或者管教无效,适宜送专门学校的,可以按照有关规定将其送专门学校。必要时,可以根据有关法律对其收容教养。

2. 公安机关应当配合司法行政机关社区矫正工作部门开展社区矫正工作,建立协作机制,切实做好未成年社区服刑人员的监督,对脱管、漏管等违反社区矫正管理规定的未成年社区服刑人员依法采取惩戒措施,对重新违法犯罪的未成年社区服刑人员及时依法处理。人民检察院依法对社区矫正活动实行监督。

3. 人民检察院派员出庭依法指控犯罪时,要适时对未成年被告人进行教育。

4. 在审理未成年人刑事案件过程中,人民法院在法庭调查和辩论终结后,应当根据案件的具体情况组织到庭的诉讼参与人对未成年被告人进行教育。

对于判处非监禁刑的未成年人,人民法院应当在判决生效后及时将有关法律文书送达未成年人户籍所在地或居住地的司法行政机关社区矫正工作部门。

5. 未成年犯管教所可以进一步开展完善试工试学工作。对于决定暂予监外执行和假释的未成年犯,未成年犯管教所应当将社会调查报告、服刑期间表现等材料及时送达未成年人户籍所在地或居住地的司法行政机关社区矫正工作部门。

6. 司法行政机关社区矫正工作部门应当在公安机关配合和支持下负责未成年社区服刑人员的监督管理与教育矫治,做好对未成年社区服刑人员的日常矫治、行为考核和帮困扶助、刑罚执行建议等工作。

对未成年社区服刑人员应坚持教育矫正为主,并与成年人分开进行。

对于被撤销假释、缓刑的未成年社区服刑人员,司法行政机关社区矫正工作部门应当及时将未成

年人社会调查报告、社区服刑期间表现等材料送达当地负责的公安机关和人民检察院。

7. 各级司法行政机关应当加大安置帮教工作力度,加强与社区、劳动和社会保障、教育、民政、共青团等部门、组织的联系与协作,切实做好刑满释放、解除劳动教养未成年人的教育、培训、就业、戒除恶习、适应社会生活及生活保障等工作。

8. 对未成年犯的档案应严格保密,建立档案的有效管理制度;对违法和轻微犯罪的未成年人,有条件的地区可以试行行政处罚和轻罪纪录消灭制度。非有法定事由,不得公开未成年人的行政处罚记录和被刑事立案、采取刑事强制措施、不起诉或因轻微犯罪被判处刑罚的记录。

第二百八十条　【对未成年犯强制措施程序及其分押分管分教】对未成年犯罪嫌疑人、被告人应当严格限制适用逮捕措施。人民检察院审查批准逮捕和人民法院决定逮捕,应当讯问未成年犯罪嫌疑人、被告人,听取辩护律师的意见。

对被拘留、逮捕和执行刑罚的未成年人与成年人应当分别关押、分别管理、分别教育。

■人民检察院刑事诉讼规则(2019年12月30日)

第四百五十九条　人民检察院办理未成年人与成年人共同犯罪案件,一般应当对未成年人与成年人分案办理、分别起诉。不宜分案处理的,应当对未成年人采取隐私保护、快速办理等特殊保护措施。

第四百六十二条　人民检察院对未成年犯罪嫌疑人审查逮捕,应当根据未成年犯罪嫌疑人涉嫌犯罪的性质、情节、主观恶性、有无监护与社会帮教条件、认罪认罚等情况,综合衡量其社会危险性,严格限制适用逮捕措施。

第四百六十三条　对于罪行较轻,具备有效监护条件或者社会帮教措施,没有社会危险性或者社会危险性较小的未成年犯罪嫌疑人,应当不批准逮捕。

对于罪行比较严重,但主观恶性不大,有悔罪表现,具备有效监护条件或者社会帮教措施,具有下列情形之一,不逮捕不致发生社会危险性的未成年犯罪嫌疑人,可以不批准逮捕:

(一)初次犯罪、过失犯罪的;

(二)犯罪预备、中止、未遂的;

(三)防卫过当、避险过当的;

(四)有自首或者立功表现的;

(五)犯罪后认罪认罚,或者积极退赃,尽力减少和赔偿损失,被害人谅解的;

(六)不属于共同犯罪的主犯或者集团犯罪中的首要分子的;

(七)属于已满十四周岁不满十六周岁的未成年人或者系在校学生的;

(八)其他可以不批准逮捕的情形。

对于没有固定住所、无法提供保证人的未成年犯罪嫌疑人适用取保候审的,可以指定合适的成年人作为保证人。

第四百六十四条　审查逮捕未成年犯罪嫌疑人,应当重点查清其是否已满十四、十六、十八周岁。

对犯罪嫌疑人实际年龄难以判断,影响对该犯罪嫌疑人是否应当负刑事责任认定的,应当不批准逮捕。需要补充侦查的,同时通知公安机关。

■最高人民法院关于适用《中华人民共和国刑事诉讼法》的解释(2021年3月1日)

第五百五十三条　对未成年被告人应当严格限制适用逮捕措施。

人民法院决定逮捕,应当讯问未成年被告人,听取辩护律师的意见。

对被逮捕且没有完成义务教育的未成年被告人,人民法院应当与教育行政部门互相配合,保证其接受义务教育。

第五百五十四条　人民法院对无固定住所、无法提供保证人的未成年被告人适用取保候审的,应当指定合适成年人作为保证人，必要时可以安排取保候审的被告人接受社会观护。

第五百六十六条　对未成年人刑事案件，人民法院决定适用简易程序审理的，应当征求未成年被告人及其法定代理人、辩护人的意见。上述人员提出异议的，不适用简易程序。

第二百八十一条　【讯询问未成年人法定代理人等须到场】对于未成年人刑事案件，在讯问和审判的时候，应当通知未成年犯罪嫌疑人、被告人的法定代理人到场。无法通知、法定代理人不能到场或者法定代理人是共犯的，也可以通知未成年犯罪嫌疑人、被告人的其他成年亲属，所在学校、单位、居住地基层组织或者未成年人保护组织的代表到场，并将有关情况记录在案。到场的法定代理人可以代为行使未成年犯罪嫌疑人、被告人的诉讼权利。

到场的法定代理人或者其他人员认为办案人员在讯问、审判中侵犯未成年人合法权益的，可以提出意见。讯问笔录、法庭笔录应当交给到场的法定代理人或者其他人员阅读或者向他宣读。

讯问女性未成年犯罪嫌疑人，应当有女工作人员在场。

审判未成年人刑事案件，未成年被告人最后陈述后，其法定代理人可以进行补充陈述。

询问未成年被害人、证人，适用第一款、第二款、第三款的规定。

■人民检察院刑事诉讼规则(2019年12月30日)

第四百六十五条　在审查逮捕、审查起诉中，人民检察院应当讯问未成年犯罪嫌疑人，听取辩护人的意见，并制作笔录附卷。辩护人提出书面意见的，应当附卷。对于辩护人提出犯罪嫌疑人无罪、罪轻或者减轻、免除刑事责任、不适宜羁押或者侦查活动有违法情形等意见的，检察人员应当进行审查，并在相关工作文书中叙明辩护人提出的意见，说明是否采纳的情况和理由。

讯问未成年犯罪嫌疑人，应当通知其法定代理人到场，告知法定代理人依法享有的诉讼权利和应当履行的义务。到场的法定代理人可以代为行使未成年犯罪嫌疑人的诉讼权利，代为行使权利时不得损害未成年犯罪嫌疑人的合法权益。

无法通知、法定代理人不能到场或者法定代理人是共犯的，也可以通知未成年犯罪嫌疑人的其他成年亲属，所在学校、单位或者居住地的村民委员会、居民委员会、未成年人保护组织的代表到场，并将有关情况记录在案。未成年犯罪嫌疑人明确拒绝法定代理人以外的合适成年人到场，且有正当理由的，人民检察院可以准许，但应当在征求其意见后通知其他合适成年人到场。

到场的法定代理人或者其他人员认为检察人员在讯问中侵犯未成年犯罪嫌疑人合法权益提出意见的，人民检察院应当记录在案。对合理意见，应当接受并纠正。讯问笔录应当交由到场的法定代理人或者其他人员阅读或者向其宣读，并由其在笔录上签名或者盖章，并捺指印。

讯问女性未成年犯罪嫌疑人，应当有女性检察人员参加。

询问未成年被害人、证人，适用本条第二款至第五款的规定。询问应当以一次为原则，避免反复询问。

第四百六十六条　讯问未成年犯罪嫌疑人应当保护其人格尊严。

讯问未成年犯罪嫌疑人一般不得使用戒具。对于确有人身危险性必须使用戒具的，在现实危险消除后应当立即停止使用。

■最高人民法院关于适用《中华人民共和国刑事诉讼法》的解释(2021年3月1日)

第五百五十五条　人民法院审理未成年人刑事案件，在讯问和开庭时，应当通知未成年被告人的法定代理人到场。法定代理人无法通知、不能到场或者是共犯的，也可以通知合适成年人到场，并将有关情况记录在案。

到场的法定代理人或者其他人员，除依法行使刑事诉讼法第二百八十一条第二款规定的权利外，经法庭同意，可以参与对未成年被告人的法庭教育等工作。

适用简易程序审理未成年人刑事案件,适用前两款规定。

第五百五十六条　询问未成年被害人、证人,适用前条规定。

审理未成年人遭受性侵害或者暴力伤害案件,在询问未成年被害人、证人时,应当采取同步录音录像等措施,尽量一次完成;未成年被害人、证人是女性的,应当由女性工作人员进行。

第五百六十七条　被告人实施被指控的犯罪时不满十八周岁,开庭时已满十八周岁、不满二十周岁的,人民法院开庭时,一般应当通知其近亲属到庭。经法庭同意,近亲属可以发表意见。近亲属无法通知、不能到场或者是共犯的,应当记录在案。

第五百七十条　开庭前和休庭时,法庭根据情况,可以安排未成年被告人与其法定代理人或者合适成年人会见。

第五百七十一条　人民法院应当在辩护台靠近旁听区一侧为未成年被告人的法定代理人或者合适成年人设置席位。

审理可能判处五年有期徒刑以下刑罚或者过失犯罪的未成年人刑事案件,可以采取适合未成年人特点的方式设置法庭席位。

第五百七十二条　未成年被告人或者其法定代理人当庭拒绝辩护人辩护的,适用本解释第三百一十一条第二款、第三款的规定。

重新开庭后,未成年被告人或者其法定代理人再次当庭拒绝辩护人辩护的,不予准许。重新开庭时被告人已满十八周岁的,可以准许,但不得再另行委托辩护人或者要求另行指派律师,由其自行辩护。

第五百七十三条　法庭审理过程中,审判人员应当根据未成年被告人的智力发育程度和心理状态,使用适合未成年人的语言表达方式。

发现有对未成年被告人威胁、训斥、诱供或者讽刺等情形的,审判长应当制止。

第五百七十四条　控辩双方提出对未成年被告人判处管制、宣告缓刑等量刑建议的,应当向法庭提供有关未成年被告人能够获得监护、帮教以及对所居住社区无重大不良影响的书面材料。

第五百七十五条　对未成年被告人情况的调查报告,以及辩护人提交的有关未成年被告人情况的书面材料,法庭应当审查并听取控辩双方意见。上述报告和材料可以作为办理案件和教育未成年人的参考。

人民法院可以通知作出调查报告的人员出庭说明情况,接受控辩双方和法庭的询问。

第五百七十六条　法庭辩论结束后,法庭可以根据未成年人的生理、心理特点和案件情况,对未成年被告人进行法治教育;判决未成年被告人有罪的,宣判后,应当对未成年被告人进行法治教育。

对未成年被告人进行教育,其法定代理人以外的成年亲属或者教师、辅导员等参与有利于感化、挽救未成年人的,人民法院应当邀请其参加有关活动。

适用简易程序审理的案件,对未成年被告人进行法庭教育,适用前两款规定。

第五百七十七条　未成年被告人最后陈述后,法庭应当询问其法定代理人是否补充陈述。

第五百七十八条　对未成年人刑事案件,宣告判决应当公开进行。

对依法应当封存犯罪记录的案件,宣判时,不得组织人员旁听;有旁听人员的,应当告知其不得传播案件信息。

第五百七十九条　定期宣告判决的未成年人刑事案件,未成年被告人的法定代理人无法通知、不能到场或者是共犯的,法庭可以通知合适成年人到庭,并在宣判后向未成年被告人的成年亲属送达判决书。

■公安机关办理刑事案件程序规定(2020年9月1日)

第三百二十三条　讯问未成年犯罪嫌疑人,应当通知未成年犯罪嫌疑人的法定代理人到场。无法通知、法定代理人不能到场或者法定代理人是共犯的，也可以通知未成年犯罪嫌疑人的其他成年亲属，所在学校、单位、居住地或者办案单位所在地基层组织或者未成年人保护组织的代表到场，并将有关情况记录在案。到场的法定代理人可以代为行使未成年犯罪嫌疑人的诉讼权利。

到场的法定代理人或者其他人员提出侦查人员在讯问中侵犯未成年人合法权益的，公安机关应当认真核查，依法处理。

第三百二十四条　讯问未成年犯罪嫌疑人应当采取适合未成年人的方式，耐心细致地听取其供述或者辩解，认真审核、查证与案件有关的证据和线索，并针对其思想顾虑、恐惧心理、抵触情绪进行疏导和教育。

讯问女性未成年犯罪嫌疑人，应当有女工作人员在场。

第三百二十五条　讯问笔录应当交未成年犯罪嫌疑人、到场的法定代理人或者其他人员阅读或者向其宣读；对笔录内容有异议的，应当核实清楚，准予更正或者补充。

第三百二十六条　询问未成年被害人、证人，适用本规定第三百二十三条、第三百二十四条、第三百二十五条的规定。

询问未成年被害人、证人，应当以适当的方式进行，注意保护其隐私和名誉，尽可能减少询问频次，避免造成二次伤害。必要时，可以聘请熟悉未成年人身心特点的专业人员协助。

第三百二十七条　对未成年犯罪嫌疑人应当严格限制和尽量减少使用逮捕措施。

未成年犯罪嫌疑人被拘留、逮捕后服从管理、依法变更强制措施不致发生社会危险性，能够保证诉讼正常进行的，公安机关应当依法及时变更强制措施；人民检察院批准逮捕的案件，公安机关应当将变更强制措施情况及时通知人民检察院。

第三百二十八条　对被羁押的未成年人应当与成年人分别关押、分别管理、分别教育，并根据其生理和心理特点在生活和学习方面给予照顾。

■最高人民法院、最高人民检察院、公安部、司法部关于依法惩治性侵害未成年人犯罪的意见（2013年10月23日）

二、办案程序要求

13. 办案人员到未成年被害人及其亲属、未成年证人所在学校、单位、居住地调查取证的，应当避免驾驶警车、穿着制服或者采取其他可能暴露被害人身份、影响被害人名誉、隐私的方式。

14. 询问未成年被害人，审判人员、检察人员、侦查人员和律师应当坚持不伤害原则，选择未成年人住所或者其他让未成年人心理上感到安全的场所进行，并通知其法定代理人到场。无法通知、法定代理人不能到场或者法定代理人是性侵害犯罪嫌疑人、被告人的，也可以通知未成年被害人的其他成年亲属或者所在学校、居住地基层组织、未成年人保护组织的代表等有关人员到场，并将相关情况记录在案。

询问未成年被害人，应当考虑其身心特点，采取和缓的方式进行。对与性侵害犯罪有关的事实应当进行全面询问，以一次询问为原则，尽可能避免反复询问。

16. 人民法院、人民检察院、公安机关办理性侵害未成年人犯罪案件，除有碍案件办理的情形外，应当将案件进展情况、案件处理结果及时告知被害人及其法定代理人，并对有关情况予以说明。

17. 人民法院确定性侵害未成年人犯罪案件开庭日期后，应当将开庭的时间、地点通知未成年被害人及其法定代理人。未成年被害人的法定代理人可以陪同或者代表未成年被害人参加法庭审理，陈述意见，法定代理人是性侵害犯罪被告人的除外。

18. 人民法院开庭审理性侵害未成年人犯罪案件，未成年被害人、证人确有必要出庭的，应当根据案件情况采取不暴露外貌、真实声音等保护措施。有条件的，可以采取视频等方式播放未成年人的陈述、证言，播放视频亦应采取保护措施。

四、其他事项

30. 对于判决已生效的强奸、猥亵未成年人犯罪案件,人民法院在依法保护被害人隐私的前提下,可以在互联网公布相关裁判文书,未成年人犯罪的除外。

第二百八十二条　【附条件不起诉的条件及程序】对于未成年人涉嫌刑法分则第四章、第五章、第六章规定的犯罪,可能判处一年有期徒刑以下刑罚,符合起诉条件,但有悔罪表现的,人民检察院可以作出附条件不起诉的决定。人民检察院在作出附条件不起诉的决定以前,应当听取公安机关、被害人的意见。

对附条件不起诉的决定,公安机关要求复议、提请复核或者被害人申诉的,适用本法第一百七十九条、第一百八十条的规定。

未成年犯罪嫌疑人及其法定代理人对人民检察院决定附条件不起诉有异议的,人民检察院应当作出起诉的决定。

■全国人民代表大会常务委员会关于《中华人民共和国刑事诉讼法》(2102 年修订的。——编者注)第二百七十一条第二款的解释(全文)(2014 年 4 月 24 日)

人民检察院办理未成年人刑事案件,在作出附条件不起诉的决定以及考验期满作出不起诉的决定以前,应当听取被害人的意见。被害人对人民检察院对未成年犯罪嫌疑人作出的附条件不起诉的决定和不起诉的决定,可以向上一级人民检察院申诉,不适用刑事诉讼法第一百七十六条关于被害人可以向人民法院起诉的规定。

■人民检察院刑事诉讼规则(2019 年 12 月 30 日)

第四百六十九条　对于符合刑事诉讼法第二百八十二条第一款规定条件的未成年人刑事案件,人民检察院可以作出附条件不起诉的决定。

人民检察院在作出附条件不起诉的决定以前,应当听取公安机关、被害人、未成年犯罪嫌疑人及其法定代理人、辩护人的意见,并制作笔录附卷。

第四百七十条　未成年犯罪嫌疑人及其法定代理人对拟作出附条件不起诉决定提出异议的,人民检察院应当提起公诉。但是,未成年犯罪嫌疑人及其法定代理人提出无罪辩解,人民检察院经审查认为无罪辩解理由成立的,应当按照本规则第三百六十五条的规定作出不起诉决定。

未成年犯罪嫌疑人及其法定代理人对案件作附条件不起诉处理没有异议,仅对所附条件及考验期有异议的,人民检察院可以依法采纳其合理的意见,对考察的内容、方式、时间等进行调整;其意见不利于对未成年犯罪嫌疑人帮教,人民检察院不采纳的,应当进行释法说理。

人民检察院作出起诉决定前,未成年犯罪嫌疑人及其法定代理人撤回异议的,人民检察院可以依法作出附条件不起诉决定。

第四百七十一条　人民检察院作出附条件不起诉的决定后,应当制作附条件不起诉决定书,并在三日以内送达公安机关、被害人或者其近亲属及其诉讼代理人、未成年犯罪嫌疑人及其法定代理人、辩护人。

人民检察院应当当面向未成年犯罪嫌疑人及其法定代理人宣布附条件不起诉决定,告知考验期限、在考验期内应当遵守的规定以及违反规定应负的法律责任,并制作笔录附卷。

第四百七十二条　对附条件不起诉的决定,公安机关要求复议、提请复核或者被害人提出申诉的,具体程序参照本规则第三百七十九条至第三百八十三条的规定。被害人不服附条件不起诉决定的,应当告知其不适用刑事诉讼法第一百八十条关于被害人可以向人民法院起诉的规定,并做好释法说理工作。

前款规定的复议、复核、申诉由相应人民检察院负责未成年人检察的部门进行审查。

■公安机关办理刑事案件程序规定(2020 年 9 月 1 日)

第三百二十九条　人民检察院在对未成年人作出附条件不起诉的决定前,听取公安机关意见时,公安机关应当提出书面意见，经县级以上公安机关负责人批准，移送同级人民检察院。

第三百三十条　认为人民检察院作出的附条件不起诉决定有错误的，应当在收到不起诉决定书后七日以内制作要求复议意见书，经县级以上公安机关负责人批准，移送同级人民检察院复议。

要求复议的意见不被接受的，可以在收到人民检察院的复议决定书后七日以内制作提请复核意见书，经县级以上公安机关负责人批准后，连同人民检察院的复议决定书，一并提请上一级人民检察院复核。

第二百八十三条　【附条件不起诉的考验期及其考验】在附条件不起诉的考验期内，由人民检察院对被附条件不起诉的未成年犯罪嫌疑人进行监督考察。未成年犯罪嫌疑人的监护人，应当对未成年犯罪嫌疑人加强管教，配合人民检察院做好监督考察工作。

附条件不起诉的考验期为六个月以上一年以下，从人民检察院作出附条件不起诉的决定之日起计算。

被附条件不起诉的未成年犯罪嫌疑人，应当遵守下列规定：

（一）遵守法律法规，服从监督；

（二）按照考察机关的规定报告自己的活动情况；

（三）离开所居住的市、县或者迁居，应当报经考察机关批准；

（四）按照考察机关的要求接受矫治和教育。

■人民检察院刑事诉讼规则（2019年12月30日）

第四百七十三条　人民检察院作出附条件不起诉决定的，应当确定考验期。考验期为六个月以上一年以下，从人民检察院作出附条件不起诉的决定之日起计算。

第四百七十四条　在附条件不起诉的考验期内，由人民检察院对被附条件不起诉的未成年犯罪嫌疑人进行监督考察。人民检察院应当要求未成年犯罪嫌疑人的监护人对未成年犯罪嫌疑人加强管教，配合人民检察院做好监督考察工作。

人民检察院可以会同未成年犯罪嫌疑人的监护人、所在学校、单位、居住地的村民委员会、居民委员会、未成年人保护组织等的有关人员，定期对未成年犯罪嫌疑人进行考察、教育，实施跟踪帮教。

第四百七十五条　人民检察院对于被附条件不起诉的未成年犯罪嫌疑人，应当监督考察其是否遵守下列规定：

（一）遵守法律法规，服从监督；

（二）按照规定报告自己的活动情况；

（三）离开所居住的市、县或者迁居，应当报经批准；

（四）按照要求接受矫治和教育。

第四百七十六条　人民检察院可以要求被附条件不起诉的未成年犯罪嫌疑人接受下列矫治和教育：

（一）完成戒瘾治疗、心理辅导或者其他适当的处遇措施；

（二）向社区或者公益团体提供公益劳动；

（三）不得进入特定场所，与特定的人员会见或者通信，从事特定的活动；

（四）向被害人赔偿损失、赔礼道歉等；

（五）接受相关教育；

（六）遵守其他保护被害人安全以及预防再犯的禁止性规定。

第四百七十七条　考验期届满，检察人员应当制作附条件不起诉考察意见书，提出起诉或者不起诉的意见，报请检察长决定。

考验期满作出不起诉的决定以前，应当听取被害人意见。

第四百七十八条　考验期满作出不起诉决定，被害人提出申诉的，依照本规则第四百七十二条规定办理。

●**在校学生附条件不起诉的办理**

办理附条件不起诉案件，应当准确把握其与不起诉的界限。对于涉罪未成年在校学生附条件不起诉，应当坚持最有利于未成年人健康成长原则，找准办案、帮教与保障学业的平衡点，灵活掌握办案节奏和考察帮教方式。要阶段性评估帮教成效，根据被附条件不起诉人角色转变和个性需求，动态调整考验期限和帮教内容。(参见最高人民检察院第27批指导性案例，检例第103号，胡某某抢劫案，2021年3月2日发布。)

●**未成年人共同犯罪附条件不起诉及精准帮教**

检察机关对共同犯罪的未成年人适用附条件不起诉时，应当遵循精准帮教的要求对每名涉罪未成年人设置个性化附带条件。监督考察时，要根据涉罪未成年人回归社会的不同需求，督促制定所附条件执行的具体计划，分阶段评估帮教效果，发现问题及时调整帮教方案，提升精准帮教实效。(参见最高人民检察院第27批指导性案例，检例第104号，庄某等人敲诈勒索案，2021年3月2日发布。)

●**附条件不起诉及家庭教育指导与精准帮教**

对于一人犯数罪符合起诉条件，但根据其认罪认罚等情况，可能判处一年有期徒刑以下刑罚的，检察机关可以依法适用附条件不起诉。对于涉罪未成年人存在家庭教育缺位或者不当问题的，应当突出加强家庭教育指导，因案因人进行精准帮教。通过个案办理和法律监督，积极推进社会支持体系建设。(参见最高人民检察院第27批指导性案例，检例第105号，李某诈骗、传授犯罪方法牛某等人诈骗案，2021年3月2日发布。)

●**补充社会调查与附条件不起诉和异地考察帮教**

检察机关对于公安机关移送的社会调查报告应当认真审查，报告内容不能全面反映未成年人成长经历、犯罪原因、监护教育等情况的，可以商公安机关补充调查，也可以自行或者委托其他有关组织、机构补充调查。对实施犯罪行为时系未成年人但诉讼过程中已满十八周岁的犯罪嫌疑人，符合条件的，可以适用附条件不起诉。对于外地户籍未成年犯罪嫌疑人，办案检察机关可以委托未成年人户籍所在地检察机关开展异地协作考察帮教，两地检察机关要各司其职，密切配合，确保帮教取得实效。(参见最高人民检察院第27批指导性案例，检例第106号，牛某非法拘禁案，2021年3月2日发布。)

第二百八十四条　【被附条件不起诉的撤销及决定不起诉】被附条件不起诉的未成年犯罪嫌疑人，在考验期内有下列情形之一的，人民检察院应当撤销附条件不起诉的决定，提起公诉：

(一)实施新的犯罪或者发现决定附条件不起诉以前还有其他犯罪需要追诉的；

(二)违反治安管理规定或者考察机关有关附条件不起诉的监督管理规定，情节严重的。

被附条件不起诉的未成年犯罪嫌疑人，在考验期内没有上述情形，考验期满的，人民检察院应当作出不起诉的决定。

■**人民检察院刑事诉讼规则(2019年12月30日)**

第四百七十九条　被附条件不起诉的未成年犯罪嫌疑人，在考验期内具有下列情形之一的，人民检察院应当撤销附条件不起诉的决定，提起公诉：

(一)实施新的犯罪的；

(二)发现决定附条件不起诉以前还有其他犯罪需要追诉的；

(三)违反治安管理规定，造成严重后果，或者多次违反治安管理规定的；

(四)违反有关附条件不起诉的监督管理规定，造成严重后果，或者多次违反有关附条件不起诉的监督管理规定的。

第四百八十条 被附条件不起诉的未成年犯罪嫌疑人,在考验期内没有本规则第四百七十九条规定的情形,考验期满的,人民检察院应当作出不起诉的决定。

●违反监督管理规定,撤销附条件不起诉,提起公诉

对于被附条件不起诉人在考验期内多次违反监督管理规定,逃避或脱离矫治和教育,经强化帮教措施后仍无悔改表现,附条件不起诉的挽救功能无法实现,符合违反考察机关监督管理规定,情节严重的,应当依法撤销附条件不起诉决定,提起公诉。(参见最高人民检察院第27批指导性案例,检例第107号,唐某等人聚众斗殴案,2021年3月2日发布。)

第二百八十五条 【未成年被告人的审理程序要求】审判的时候被告人不满十八周岁的案件,不公开审理。但是,经未成年被告人及其法定代理人同意,未成年被告人所在学校和未成年人保护组织可以派代表到场。

■最高人民法院关于适用《中华人民共和国刑事诉讼法》的解释(2021年3月1日)

第五百五十七条 开庭审理时被告人不满十八周岁的案件,一律不公开审理。经未成年被告人及其法定代理人同意,未成年被告人所在学校和未成年人保护组织可以派代表到场。到场代表的人数和范围,由法庭决定。经法庭同意,到场代表可以参与对未成年被告人的法庭教育工作。

对依法公开审理,但可能需要封存犯罪记录的案件,不得组织人员旁听;有旁听人员的,应当告知其不得传播案件信息。

第五百五十八条 开庭审理涉及未成年人的刑事案件,未成年被害人、证人一般不出庭作证;必须出庭的,应当采取保护其隐私的技术手段和心理干预等保护措施。

第五百五十九条 审理涉及未成年人的刑事案件,不得向外界披露未成年人的姓名、住所、照片以及可能推断出未成年人身份的其他资料。

查阅、摘抄、复制的案卷材料,涉及未成年人的,不得公开和传播。

第五百六十条 人民法院发现有关单位未尽到未成年人教育、管理、救助、看护等保护职责的,应当向该单位提出司法建议。

第五百六十一条 人民法院应当结合实际,根据涉及未成年人刑事案件的特点,开展未成年人法治宣传教育工作。

第五百六十二条 审理未成年人刑事案件,本章没有规定的,适用本解释的有关规定。

第二百八十六条 【犯罪记录的封存及保密】犯罪的时候不满十八周岁,被判处五年有期徒刑以下刑罚的,应当对相关犯罪记录予以封存。

犯罪记录被封存的,不得向任何单位和个人提供,但司法机关为办案需要或者有关单位根据国家规定进行查询的除外。依法进行查询的单位,应当对被封存的犯罪记录的情况予以保密。

■人民检察院刑事诉讼规则(2019年12月30日)

第四百八十一条 人民检察院办理未成年人刑事案件过程中,应当对涉案未成年人的资料予以保密,不得公开或者传播涉案未成年人的姓名、住所、照片、图像及可能推断出该未成年人的其他资料。

第四百八十二条 犯罪的时候不满十八周岁,被判处五年有期徒刑以下刑罚的,人民检察院应当在收到人民法院生效判决、裁定后,对犯罪记录予以封存。

生效判决、裁定由第二审人民法院作出的,同级人民检察院依照前款规定封存犯罪记录时,应当通知下级人民检察院对相关犯罪记录予以封存。

第四百八十三条 人民检察院应当将拟封存的未成年人犯罪记录、案卷等相关材料装订成册,加密保存,不予公开,并建立专门的未成年人犯罪档案库,执行严格的保管制度。

第四百八十四条 除司法机关为办案需要或者有关单位根据国家规定进行查询的以外,人民检察院不得向任何单位和个人提供封存的犯罪记录,并不得提供未成年人有犯罪记录的证明。

司法机关或者有关单位需要查询犯罪记录的,应当向封存犯罪记录的人民检察院提出书面申请。人民检察院应当在七日以内作出是否许可的决定。

第四百八十五条　未成年人犯罪记录封存后,没有法定事由、未经法定程序不得解封。

对被封存犯罪记录的未成年人,符合下列条件之一的,应当对其犯罪记录解除封存:

(一)实施新的犯罪,且新罪与封存记录之罪数罪并罚后被决定执行五年有期徒刑以上刑罚的;

(二)发现漏罪,且漏罪与封存记录之罪数罪并罚后被决定执行五年有期徒刑以上刑罚的。

第四百八十六条　人民检察院对未成年犯罪嫌疑人作出不起诉决定后,应当对相关记录予以封存。除司法机关为办案需要进行查询外,不得向任何单位和个人提供。封存的具体程序参照本规则第四百八十三条至第四百八十五条的规定。

第四百八十七条　被封存犯罪记录的未成年人或者其法定代理人申请出具无犯罪记录证明的,人民检察院应当出具。需要协调公安机关、人民法院为其出具无犯罪记录证明的,人民检察院应当予以协助。

第四百八十八条　负责未成年人检察的部门应当依法对看守所、未成年犯管教所监管未成年人的活动实行监督,配合做好对未成年人的教育。发现没有对未成年犯罪嫌疑人、被告人与成年犯罪嫌疑人、被告人分别关押、管理或者违反规定对未成年犯留所执行刑罚的,应当依法提出纠正意见。

负责未成年人检察的部门发现社区矫正机构违反未成年人社区矫正相关规定的,应当依法提出纠正意见。

第四百八十九条　本节所称未成年人刑事案件,是指犯罪嫌疑人实施涉嫌犯罪行为时已满十四周岁、未满十八周岁的刑事案件。

本节第四百六十条、第四百六十五条、第四百六十六条、第四百六十七条、第四百六十八条所称的未成年犯罪嫌疑人,是指在诉讼过程中未满十八周岁的人。犯罪嫌疑人实施涉嫌犯罪行为时未满十八周岁,在诉讼过程中已满十八周岁的,人民检察院可以根据案件的具体情况适用上述规定。

第四百九十条　人民检察院办理侵害未成年人犯罪案件,应当采取适合未成年被害人身心特点的方法,充分保护未成年被害人的合法权益。

■最高人民法院关于适用《中华人民共和国刑事诉讼法》的解释(2021年3月1日)

第五百八十一条　犯罪时不满十八周岁,被判处五年有期徒刑以下刑罚以及免予刑事处罚的未成年人的犯罪记录,应当封存。

司法机关或者有关单位向人民法院申请查询封存的犯罪记录的,应当提供查询的理由和依据。对查询申请,人民法院应当及时作出是否同意的决定。

■公安机关办理刑事案件程序规定(2020年9月1日)

第三百三十一条　未成年人犯罪的时候不满十八周岁,被判处五年有期徒刑以下刑罚的,公安机关应当依据人民法院已经生效的判决书,将该未成年人的犯罪记录予以封存。

犯罪记录被封存的,除司法机关为办案需要或者有关单位根据国家规定进行查询外,公安机关不得向其他任何单位和个人提供。

被封存犯罪记录的未成年人,如果发现漏罪,合并被判处五年有期徒刑以上刑罚的,应当对其犯罪记录解除封存。

第三百三十二条　办理未成年人刑事案件,除本节已有规定的以外,按照本规定的其他规定进行。

第二百八十七条　【办理未成年人案件依据的规定】办理未成年人刑事案件,除本章已有规定的以外,按照本法的其他规定进行。

■人民检察院刑事诉讼规则(2019年12月30日)

第四百九十一条　办理未成年人刑事案件,除本节已有规定的以外,按照刑事诉讼法和其他有关规定进行。

■最高人民法院关于适用《中华人民共和国刑事诉讼法》的解释(2021年3月1日)

第五百八十条　将未成年罪犯送监执行刑罚或者送交社区矫正时,人民法院应当将有关未成年罪犯的调查报告及其在案件审理中的表现材料,连同有关法律文书,一并送达执行机关。

第五百八十二条　人民法院可以与未成年犯管教所等服刑场所建立联系,了解未成年罪犯的改造情况,协助做好帮教、改造工作,并可以对正在服刑的未成年罪犯进行回访考察。

第五百八十三条　人民法院认为必要时,可以督促被收监服刑的未成年罪犯的父母或者其他监护人及时探视。

第五百八十四条　对被判处管制、宣告缓刑、裁定假释、决定暂予监外执行的未成年罪犯,人民法院可以协助社区矫正机构制定帮教措施。

第五百八十五条　人民法院可以适时走访被判处管制、宣告缓刑、免予刑事处罚、裁定假释、决定暂予监外执行等的未成年罪犯及其家庭,了解未成年罪犯的管理和教育情况,引导未成年罪犯的家庭承担管教责任,为未成年罪犯改过自新创造良好环境。

第五百八十六条　被判处管制、宣告缓刑、免予刑事处罚、裁定假释、决定暂予监外执行等的未成年罪犯,具备就学、就业条件的,人民法院可以就其安置问题向有关部门提出建议,并附送必要的材料。

●未成年人与成年人共同犯罪分案起诉

1. 办理未成年人与成年人共同犯罪案件,一般应当将未成年人与成年人分案起诉,但对于未成年人系犯罪集团的组织者或者其他共同犯罪中的主犯,或者具有其他不宜分案起诉情形的,可以不分案起诉。

2. 办理未成年人与成年人共同犯罪案件,应当根据未成年人在共同犯罪中的地位、作用,综合考量未成年人实施犯罪行为的动机和目的、犯罪时的年龄、是否属于初犯、偶犯、犯罪后的悔罪表现、个人成长经历和一贯表现等因素,依法从轻或者减轻处罚。

3. 未成年人犯罪不构成累犯。(参见最高人民检察院第5批指导性案例19号,张某、沈某某等七人抢劫案,2014年9月15日发布。)

第二章　当事人和解的公诉案件诉讼程序

第二百八十八条　【刑事和解的条件】下列公诉案件,犯罪嫌疑人、被告人真诚悔罪,通过向被害人赔偿损失、赔礼道歉等方式获得被害人谅解,被害人自愿和解的,双方当事人可以和解:

(一)因民间纠纷引起,涉嫌刑法分则第四章、第五章规定的犯罪案件,可能判处三年有期徒刑以下刑罚的;

(二)除渎职犯罪以外的可能判处七年有期徒刑以下刑罚的过失犯罪案件。

犯罪嫌疑人、被告人在五年以内曾经故意犯罪的,不适用本章规定的程序。

■人民检察院刑事诉讼规则(2019年12月30日)

第四百九十二条　下列公诉案件,双方当事人可以和解:

(一)因民间纠纷引起,涉嫌刑法分则第四章、第五章规定的犯罪案件,可能判处三年有期徒刑以下刑罚的;

(二)除渎职犯罪以外的可能判处七年有期徒刑以下刑罚的过失犯罪案件。

当事人和解的公诉案件应当同时符合下列条件:

(一)犯罪嫌疑人真诚悔罪,向被害人赔偿损失、赔礼道歉等;

(二)被害人明确表示对犯罪嫌疑人予以谅解;

(三)双方当事人自愿和解,符合有关法律规定;

(四)属于侵害特定被害人的故意犯罪或者有直接被害人的过失犯罪;

(五)案件事实清楚,证据确实、充分。

犯罪嫌疑人在五年以内曾经故意犯罪的,不适用本节规定的程序。

犯罪嫌疑人在犯刑事诉讼法第二百八十八条第一款规定的犯罪前五年内曾经故意犯罪,无论该故意犯罪是否已经追究,均应当认定为前款规定的五年以内曾经故意犯罪。

第四百九十三条　被害人死亡的,其法定代理人、近亲属可以与犯罪嫌疑人和解。

被害人系无行为能力或者限制行为能力人的,其法定代理人可以代为和解。

第四百九十四条　犯罪嫌疑人系限制行为能力人的,其法定代理人可以代为和解。

犯罪嫌疑人在押的,经犯罪嫌疑人同意,其法定代理人、近亲属可以代为和解。

第四百九十五条　双方当事人可以就赔偿损失、赔礼道歉等民事责任事项进行和解,并且可以就被害人及其法定代理人或者近亲属是否要求或者同意公安机关、人民检察院、人民法院对犯罪嫌疑人依法从宽处理进行协商,但不得对案件的事实认定、证据采信、法律适用和定罪量刑等依法属于公安机关、人民检察院、人民法院职权范围的事宜进行协商。

第四百九十六条　双方当事人可以自行达成和解,也可以经人民调解委员会、村民委员会、居民委员会、当事人所在单位或者同事、亲友等组织或者个人调解后达成和解。

人民检察院对于本规则第四百九十二条规定的公诉案件,可以建议当事人进行和解,并告知相应的权利义务,必要时可以提供法律咨询。

■最高人民法院关于适用《中华人民共和国刑事诉讼法》的解释(2021年3月1日)

第五百八十七条　对符合刑事诉讼法第二百八十八条规定的公诉案件,事实清楚、证据充分的,人民法院应当告知当事人可以自行和解;当事人提出申请的,人民法院可以主持双方当事人协商以达成和解。

根据案件情况,人民法院可以邀请人民调解员、辩护人、诉讼代理人、当事人亲友等参与促成双方当事人和解。

第五百八十八条　符合刑事诉讼法第二百八十八条规定的公诉案件,被害人死亡的,其近亲属可以与被告人和解。近亲属有多人的,达成和解协议,应当经处于最先继承顺序的所有近亲属同意。

被害人系无行为能力或者限制行为能力人的,其法定代理人、近亲属可以代为和解。

第五百八十九条　被告人的近亲属经被告人同意,可以代为和解。

被告人系限制行为能力人的,其法定代理人可以代为和解。

被告人的法定代理人、近亲属依照前两款规定代为和解的,和解协议约定的赔礼道歉等事项,应当由被告人本人履行。

■公安机关办理刑事案件程序规定(2020年9月1日)

第三百三十三条　下列公诉案件,犯罪嫌疑人真诚悔罪,通过向被害人赔偿损失、赔礼道歉等方式获得被害人谅解,被害人自愿和解的,经县级以上公安机关负责人批准,可以依法作为当事人和解的公诉案件办理:

(一)因民间纠纷引起,涉嫌刑法分则第四章、第五章规定的犯罪案件,可能判处三年有期徒刑以下刑罚的;

(二)除渎职犯罪以外的可能判处七年有期徒刑以下刑罚的过失犯罪案件。

犯罪嫌疑人在五年以内曾经故意犯罪的,不得作为当事人和解的公诉案件办理。

第三百三十四条　有下列情形之一的，不属于因民间纠纷引起的犯罪案件：

（一）雇凶伤害他人的；

（二）涉及黑社会性质组织犯罪的；

（三）涉及寻衅滋事的；

（四）涉及聚众斗殴的；

（五）多次故意伤害他人身体的；

（六）其他不宜和解的。

■最高人民检察院关于办理当事人达成和解的轻微刑事案件的若干意见（2011 年 1 月 19 日）（见本书附录十九）

■最高人民法院、最高人民检察院、公安部、国家安全部、司法部关于适用认罪认罚从宽制度的指导意见（2019 年 10 月 11 日）（见本书附录五十）

▼广东省高级人民法院、广东省人民检察院、广东省公安厅、广东省司法厅关于在刑事公诉案件中适用和解的实施意见（试行）（2013 年 3 月 18 日）

基本涵义

第一条　刑事和解是指在刑事公诉案件中，犯罪嫌疑人、被告人真诚悔罪，通过向被害人赔偿损失、赔礼道歉等方式获得被害人谅解，从而使得被害人自愿和解的制度。

基本原则

第二条　刑事和解应当遵循合法公正原则。刑事和解不得违反国家法律，不得违背社会公德，不得损害国家、集体或其他组织、公民的利益。

第三条　刑事和解应该遵循平等自愿原则。双方当事人在和解过程中地位平等；双方当事人可自行和解，也可接受公安机关、人民检察院、人民法院主持的和解协商，活在达成协议前退出和解协商；侦查人员、检察人员、审判人员在主持和解时应该本着消除积怨矛盾、平息冲突纠纷的目的引导当事人，不得对任何一方施加不当影响，不得利用职权强迫任何一方接受和解的提议、条件及签署和解协议，也不得在具备和解条件的情况下，强迫任何一方退出和解协商。

第四条　刑事和解应该遵循程序保障原则。适用刑事和解的全过程必须遵循刑事诉讼法的相关规定及其实施细则；主持和解的侦查人员、检察人员、审判人员必须根据以上规定引导当事人和解，保证双方当事人充分获取与和解有关的信息；任何一方当事人明确表示退出和解协商，或者和解协商已无法进行下去，主持和解的人员应立即放弃和解，转入法定办案程序，不得以和解为由拖延办案；公安机关、人民检察院、人民法院负责审查受理由其管辖案件的和解提议，并确认和解协议是否有效；和解协议一经确认有效并依照和解方式结案，当事人不得反悔；主持和解的部门要主动接受人民检察院、本单位纪检部门及其他监督机构的监督。

适用范围

第五条　刑事公诉案件必须同时符合下列条件才能启动和解程序：

（一）案件事实清楚，证据确实、充分；

（二）犯罪嫌疑人或者被告人自愿认罪、悔罪；

（三）犯罪嫌疑人或者被告人与被害人双方在平等、自愿基础上进行和解。

第六条　刑事和解适用于以下案件：

（一）因恋爱、婚姻、家庭及邻里纠纷等民间纠纷而引发的涉及刑法分则第四章、第五章规定的犯罪案件，可能判处三年有期徒刑以下刑罚的；

（二）出渎职犯罪以外的可能判处七年有期徒刑以下刑法的过失犯罪案件。

第七条　犯罪嫌疑人、被告人在五年以内曾经故意犯罪的，不适用刑事和解。

和解的提起

第八条　对符合本意见第五条、第六条规定的刑事公诉案件,犯罪嫌疑人或者被告人与被害人均可以提出和解申请,和解申请原则上以书面形式提出;公安机关、人民检察院、人民法院也可以向双方当事人提议和解。

和解的参与人

第九条　被害人死亡的,其近亲属可以与犯罪嫌疑人、被告人和解。被害人系无行为能力或者限制行为能力人的,其法定代理人,近亲属可以代为和解。

犯罪嫌疑人、被告人系限制行为能力人的,其法定代理人可以代为和解。被告人在押的,经犯罪嫌疑人同期,其法定代理人、近亲属可以代为和解。

▽司法实务中刑事和解制度的适用

2012年3月修订后的刑事诉讼法增设了“当事人和解的公诉案件诉讼程序”,规定了当事人和解的案件范围和量刑处理原则,标志着刑事和解制度在我国刑事立法中的正式确立。所谓刑事和解,是指“在刑事诉讼程序运行过程中,被害人和加害人(被告人或犯罪嫌疑人)以认罪、赔偿、道歉等方式达成谅解以后,国家专门机关不再追究加害人刑事责任或者对其从轻处罚的一种案件处理方式,即被害人和加害人达成一种协议和谅解,促使国家机关不再追究刑事责任或者处罚的制度”。由于刑事诉讼法对刑事和解制度仅有三条原则规定,并未规定刑事和解制度在司法实践中的具体适用程序和条件,为充分发挥刑事和解程序功能,有效化解社会矛盾,同时规范法律适用,防止出现“花钱买刑”等损害司法公正的问题,《最高人民法院关于适用〈中华人民共和国刑事诉讼法〉的解释》(本附文以下简称《解释》)对和解程序的具体适用进一步作出了较为全面的规定。在司法实践中要正确适用刑事和解制度,须明确以下三方面问题:

(一)刑事和解制度适用的范围。根据刑事诉讼法第二百七十七条的规定,刑事和解程序适用的案件范围是:(1)因民间纠纷引起,涉嫌《刑法》分则第四章、第五章规定的犯罪案件,可能判处三年有期徒刑以下刑罚的;(2)除渎职犯罪以外的可能判处七年有期徒刑以下刑罚的过失犯罪案件。但是犯罪嫌疑人、被告人在五年以内曾经故意犯罪的,不适用该程序。《刑法》分则第四章、第五章规定的犯罪案件是指侵犯公民人身权利、民主权利罪类和侵犯财产罪类的犯罪案件,常见的如故意伤害罪、侮辱罪、诽谤罪等,以及盗窃罪、抢夺罪、侵占罪等。刑事诉讼法第二百七十七条第一款第一项适用范围还附加了“因民间纠纷引起”这一前提。“民间纠纷”应当包括婚姻、继承、赡养、抚养、扶养、家庭、房屋宅基地、债务、生产经营、邻里、赔偿等事务上的纠纷。具体案件是否适用刑事和解,需要实务中采取开放的态度灵活掌握,或许这也是司法解释没有明确列举或概括界定“民间纠纷”的本意。

(二)适用刑事和解需要遵循的原则。一是自愿原则。刑事和解意味着在刑事审判活动中引入当事人自治自主的诉讼民主因素,有利于化解社会矛盾,稳定社会秩序。刑事诉讼法未明确人民法院能否主持双方当事人协商以达成和解协议。鉴于当前国情,刑事案件的加害方和被害方往往缺乏有效沟通的渠道,且有些还处于敌意的对立状态,缺乏互信,如没有审判人员释法明理,从中调和,双方当事人很难自行和解。因此,《解释》第四百九十六条规定,对符合刑事诉讼法第二百七十七条规定的公诉案件,事实清楚、证据充分的,人民法院应当告知当事人可以自行和解;当事人提出申请的,人民法院可以主持双方当事人协商以达成和解。根据前述规定,因当事人申请人民法院才启动刑事和解程序,人民法院只是应当事人申请主持协商,从和解程序的启动到和解协议的拟订以及和解协议的执行均应以当事人意愿为主导,贯彻了当事人一定程度的意思自治的自愿原则。二是即时全面履行原则。刑事和解是重要的量刑情节,如允许延期履行、分期履行和解协议约定的赔偿损失内容,将会使人民法院对被告人的从宽处罚建立在尚不确定的事实基础上,一旦被告人获得从宽处罚后,拒不履行或者不全部履行赔偿义务,受上诉不加刑原则所限,二审法院不能加重其刑罚。同时,由于是当事人之间达成的和解协议，也无法强制执行，这无疑会损害裁判权威，也会使被害方的合法权益难以得到切实保障。鉴于此，《解释》第五百零二条明确规定，和解协议约定的赔偿内容应当在协议签署后即时履行。《解释》不允许即时结清当场履行完毕之外的其他履行方式，主要顾虑的是如果达成的只是留尾巴的和解协议，往往很可能在宣告从轻处罚的判决之后衍生出其他类似强制执行、被害人方反悔乃至闹访的问题，从而损害刑事和解制度的价值。三是禁止反悔原则。《解释》第五百零二条第二款及第五百零三条明确规定：其一，和解协议已经全部履行，当事人反悔的，人民法院不予支持，但有证据证明和解违反自愿、合法原则的除外。《解释》的上述规定体现了法律、司法解释鼓励、倡导诚信原则，只要和解协议已经全部履行，原则上就不得反悔。其二，双方当事人在侦查、审查起诉期间已经达成和解协议并全部履行，被害人或者其法定代理人、近亲属又提起附带民事诉讼的，人民法院不予受理，但有证据证明和解违反自愿、合法原则的除外。

（三）适用刑事和解的法律效果。我国在刑事诉讼法当中确立刑事和解制度，可以说是在程序法中嵌入了实体规范，体现了该次刑事诉讼法修订的立法创新。因此，刑事诉讼法虽然是程序法，但其对刑事和解制度的规定，特别是第二百七十七条对刑事和解案件范围的规定，第二百七十九条对刑事和解案件公检法处理原则的规定，均具有实体上的意义。刑事诉讼法第二百七十九条明确规定，对于达成和解协议的案件，人民法院可以依法对被告人从宽处罚。从宽处罚的意思，可体现为从轻、减轻、免除处罚。《解释》第五百零五条正是对该条规定的具体化，第五百零五条关于刑事和解案件的从轻处罚、减轻处罚、免除刑事处罚的规定，均属于第二百七十九条“从宽处罚”的范畴，因此，对于符合第二百七十九条规定的刑事和解案件，人民法院可以直接判决减轻处罚乃至免刑，无须再按照法定刑以下量刑程序报最高人民法院核准，两级检察机关的意见并不符合法律规定。

本案中虽然被告人与被害人之间形式上达成了和解协议，但如前所述，和解协议约定的赔偿损失内容，被告人应当在协议签署后即时履行，才能认定为“达成和解协议”，进而适用刑事和解的处罚原则。该即时履行原则要求全部即时履行，而不是分期、延期履行，由于本案被告人一方并没有全部即时履行赔偿义务，这种情况下，根据《解释》第五百零四条的规定，被害人或者其法定代理人、近亲属提起附带民事诉讼后，双方愿意和解，但被告人不能即时履行全部赔偿义务的，人民法院应当制作附带民事调解书。故本案中的赔偿协议只能作为附带民事赔偿情节予以考虑，而不能视为达成刑事和解。因此，原审判决适用相关司法解释以和解为由对被告减轻处罚是不当的。二审法院认定本案不符合“当事人和解的公诉案件诉讼程序”的规定，对被告人不应减轻处罚，而应从轻处罚，被告人诈骗数额属“数额较大”，据此维持一审法院对被告人以诈骗罪判处有期徒刑一年十个月，并处罚金人民币二千元的判决，是适当的。（参见第1176号指导案例，黄静诈骗案，载《刑事审判参考》总第108集，第79～83页。撰稿：姜君伟　吴君炜）

第二百八十九条　【刑事和解的程序】双方当事人和解的，公安机关、人民检察院、人民法院应当听取当事人和其他有关人员的意见，对和解的自愿性、合法性进行审查，并主持制作和解协议书。

■人民检察院刑事诉讼规则（2019年12月30日）

第四百九十七条　人民检察院应当对和解的自愿性、合法性进行审查，重点审查以下内容：

（一）双方当事人是否自愿和解；

（二）犯罪嫌疑人是否真诚悔罪，是否向被害人赔礼道歉，赔偿数额与其所造成的损害和赔偿能力是否相适应；

（三）被害人及其法定代理人或者近亲属是否明确表示对犯罪嫌疑人予以谅解；

（四）是否符合法律规定；

(五)是否损害国家、集体和社会公共利益或者他人的合法权益;

(六)是否符合社会公德。

审查时,应当听取双方当事人和其他有关人员对和解的意见,告知刑事案件可能从宽处理的法律后果和双方的权利义务,并制作笔录附卷。

第四百九十八条　经审查认为双方自愿和解,内容合法,且符合本规则第四百九十二条规定的范围和条件的,人民检察院应当主持制作和解协议书。

和解协议书的主要内容包括:

(一)双方当事人的基本情况;

(二)案件的主要事实;

(三)犯罪嫌疑人真诚悔罪,承认自己所犯罪行,对指控的犯罪没有异议,向被害人赔偿损失、赔礼道歉等。赔偿损失的,应当写明赔偿的数额、履行的方式、期限等;

(四)被害人及其法定代理人或者近亲属对犯罪嫌疑人予以谅解,并要求或者同意公安机关、人民检察院、人民法院对犯罪嫌疑人依法从宽处理。

和解协议书应当由双方当事人签字,可以写明和解协议书系在人民检察院主持下制作。检察人员不在当事人和解协议书上签字,也不加盖人民检察院印章。

和解协议书一式三份,双方当事人各持一份,另一份交人民检察院附卷备查。

第四百九十九条　和解协议书约定的赔偿损失内容,应当在双方签署协议后立即履行,至迟在人民检察院作出从宽处理决定前履行。确实难以一次性履行的,在提供有效担保并且被害人同意的情况下,也可以分期履行。

第五百条　双方当事人在侦查阶段达成和解协议,公安机关向人民检察院提出从宽处理建议的,人民检察院在审查逮捕和审查起诉时应当充分考虑公安机关的建议。

第五百零一条　人民检察院对于公安机关提请批准逮捕的案件,双方当事人达成和解协议的,可以作为有无社会危险性或者社会危险性大小的因素予以考虑。经审查认为不需要逮捕的,可以作出不批准逮捕的决定;在审查起诉阶段可以依法变更强制措施。

■最高人民法院关于适用《中华人民共和国刑事诉讼法》的解释(2021 年 3 月 1 日)

第五百九十条　对公安机关、人民检察院主持制作的和解协议书,当事人提出异议的,人民法院应当审查。经审查,和解自愿、合法的,予以确认,无需重新制作和解协议书;和解违反自愿、合法原则的,应当认定无效。和解协议被认定无效后,双方当事人重新达成和解的,人民法院应当主持制作新的和解协议书。

第五百九十一条　审判期间,双方当事人和解的,人民法院应当听取当事人及其法定代理人等有关人员的意见。双方当事人在庭外达成和解的,人民法院应当通知人民检察院,并听取其意见。经审查,和解自愿、合法的,应当主持制作和解协议书。

第五百九十二条　和解协议书应当包括以下内容:

(一)被告人承认自己所犯罪行,对犯罪事实没有异议,并真诚悔罪;

(二)被告人通过向被害人赔礼道歉、赔偿损失等方式获得被害人谅解;涉及赔偿损失的,应当写明赔偿的数额、方式等;提起附带民事诉讼的,由附带民事诉讼原告人撤回起诉;

(三)被害人自愿和解,请求或者同意对被告人依法从宽处罚。

和解协议书应当由双方当事人和审判人员签名,但不加盖人民法院印章。

和解协议书一式三份,双方当事人各持一份,另一份交人民法院附卷备查。

对和解协议中的赔偿损失内容,双方当事人要求保密的,人民法院应当准许,并采取相应的保密措施。

第五百九十三条　和解协议约定的赔偿损失内容,被告人应当在协议签署后即时履行。

和解协议已经全部履行,当事人反悔的,人民法院不予支持,但有证据证明和解违反自愿、合法原则的除外。

第五百九十四条　双方当事人在侦查、审查起诉期间已经达成和解协议并全部履行,被害人或者其法定代理人、近亲属又提起附带民事诉讼的,人民法院不予受理,但有证据证明和解违反自愿、合法原则的除外。

第五百九十五条　被害人或者其法定代理人、近亲属提起附带民事诉讼后,双方愿意和解,但被告人不能即时履行全部赔偿义务的,人民法院应当制作附带民事调解书。

■公安机关办理刑事案件程序规定(2020年9月1日)

第三百三十五条　双方当事人和解的,公安机关应当审查案件事实是否清楚,被害人是否自愿和解,是否符合规定的条件。

公安机关审查时,应当听取双方当事人的意见,并记录在案;必要时,可以听取双方当事人亲属、当地居民委员会或者村民委员会人员以及其他了解案件情况的相关人员的意见。

第三百三十六条　达成和解的,公安机关应当主持制作和解协议书,并由双方当事人及其他参加人员签名。

当事人中有未成年人的,未成年当事人的法定代理人或者其他成年亲属应当在场。

第三百三十七条　和解协议书应当包括以下内容:

(一)案件的基本事实和主要证据;

(二)犯罪嫌疑人承认自己所犯罪行,对指控的犯罪事实没有异议,真诚悔罪;

(三)犯罪嫌疑人通过向被害人赔礼道歉、赔偿损失等方式获得被害人谅解;涉及赔偿损失的,应当写明赔偿的数额、方式等;提起附带民事诉讼的,由附带民事诉讼原告人撤回附带民事诉讼;

(四)被害人自愿和解,请求或者同意对犯罪嫌疑人依法从宽处罚。

和解协议应当及时履行。

▼广东省高级人民法院、广东省人民检察院、广东省公安厅、广东省司法厅关于在刑事公诉案件中适用和解的实施意见(试行)(2013年3月18日)

和解的议程

第十条　双方当事人可以自行协商和解事宜,也可以由公安机关、人民检察院、人民法院主持进行和解。公安机关、人民检察院、人民法院也可以委托人民调解组织等社会团体主持促进和解。

公安机关可以选择在办公地点或者羁押犯罪嫌疑人的监管场所主持和解;

人民检察院可以选择在办公地点或者羁押被告人的监管场所主持和解;

人民发言可以选择在法庭或者羁押被告人的监管场所主持和解。

在和解协商过程中,应安排被害人与犯罪嫌疑人、被告人直接交流,被害人现场诉说遭受犯罪侵害的精神痛苦及物质损失,谴责犯罪嫌疑人或者被告人的犯罪行为;促使犯罪嫌疑人或者被告人了解自己的行为给对方造成的伤害,在现场向被害人认罪悔罪及赔礼道歉。

和解协议的审查

第十一条　双方当事人自行和解,或者在公安机关、人民检察院、人民法院的主持下达成和解协议后,均必须经公安机关、人民检察院、人民法院对和解协议的自愿性、合法性进行审查。同时具备下列情形的,应当确认双方和解协议有效:

(一)犯罪嫌疑人、被告人承认自己所犯罪行,对指控的犯罪事实没有异议,真诚悔罪;

(二)犯罪嫌疑人、被告人向被害人赔礼道歉。如果有经济损失的,除被害人不索赔外,犯罪嫌疑人、被告人与被害人应就经济赔偿的金额、形式和履行方式等事项协商一致;

(三)被害人明确表示对犯罪嫌疑人、被告人给予谅解,要求或者同意公安机关、人民检察院、人民法院对犯罪嫌疑人、被告人依法从宽处理。

公安机关、人民检察院、人民法院确认和解协议有效后,主持制作和解协议书。

和解协议的履行

第十二条 和谐协议应当根据协议确定的履行方式履行。赔礼道歉等事项必须在和解协商期间履行完毕。约定赔偿损失内容的,应当在双方签署协议后立即履行;确实难以一次性履行的,在被害人同意并提供有效担保的情况下,可以分期履行。犯罪嫌疑人、被告人也可以将赔偿款项暂时交由公安机关、人民检察院、人民法院保管,待案件作出最终处理决定后再由上述机关转交给被害人。

第二百九十条 【达成和解的从宽处罚】对于达成和解协议的案件,公安机关可以向人民检察院提出从宽处理的建议。人民检察院可以向人民法院提出从宽处罚的建议;对于犯罪情节轻微,不需要判处刑罚的,可以作出不起诉的决定。人民法院可以依法对被告人从宽处罚。

■人民检察院刑事诉讼规则(2019年12月30日)

第五百零二条 人民检察院对于公安机关移送起诉的案件,双方当事人达成和解协议的,可以作为是否需要判处刑罚或者免除刑罚的因素予以考虑。符合法律规定的不起诉条件的,可以决定不起诉。

对于依法应当提起公诉的,人民检察院可以向人民法院提出从宽处罚的量刑建议。

第五百零三条 人民检察院拟对当事人达成和解的公诉案件作出不起诉决定的,应当听取双方当事人对和解的意见,并且查明犯罪嫌疑人是否已经切实履行和解协议、不能即时履行的是否已经提供有效担保,将其作为是否决定不起诉的因素予以考虑。

当事人在不起诉决定作出之前反悔的,可以另行达成和解。不能另行达成和解的,人民检察院应当依法作出起诉或者不起诉决定。

当事人在不起诉决定作出之后反悔的,人民检察院不撤销原决定,但有证据证明和解违反自愿、合法原则的除外。

第五百零四条 犯罪嫌疑人或者其亲友等以暴力、威胁、欺骗或者其他非法方法强迫、引诱被害人和解,或者在协议履行完毕之后威胁、报复被害人的,应当认定和解协议无效。已经作出不批准逮捕或者不起诉决定的,人民检察院根据案件情况可以撤销原决定,对犯罪嫌疑人批准逮捕或者提起公诉。

■最高人民法院关于适用《中华人民共和国刑事诉讼法》的解释(2021年3月1日)

第五百九十六条 对达成和解协议的案件,人民法院应当对被告人从轻处罚;符合非监禁刑适用条件的,应当适用非监禁刑;判处法定最低刑仍然过重的,可以减轻处罚;综合全案认为犯罪情节轻微不需要判处刑罚的,可以免予刑事处罚。

共同犯罪案件,部分被告人与被害人达成和解协议的,可以依法对该部分被告人从宽处罚,但应当注意全案的量刑平衡。

第五百九十七条 达成和解协议的,裁判文书应当叙明,并援引刑事诉讼法的相关条文。

■公安机关办理刑事案件程序规定(2020年9月1日)

第三百三十八条 对达成和解协议的案件,经县级以上公安机关负责人批准,公安机关将案件移送人民检察院审查起诉时,可以提出从宽处理的建议。

▼广东省高级人民法院、广东省人民检察院、广东省公安厅、广东省司法厅关于在刑事公诉案件中适用和解的实施意见(试行)(2013年3月18日)

和解的法律效果

第十三条 公安机关侦查终结移送起诉的案件,认为符合本意见,如达成刑事和解协议并经确认有效的，可以向人民检察院提出依法从宽处理的建议。

第十四条　人民检察院对公安机关移送起诉的案件，如达成刑事和解协议并经确认有效的，可以向人民法院提出依法从宽处罚的建议；对于犯罪情节轻微，不需要判处刑罚的，可以做出不起诉的决定。

第十五条　人民检察院对公安机关随案移送的和解协议书及依法从宽处理建议进行审查后，不同意从宽处理建议的，人民检察院应说明理由，同时通知公安机关。

公安机关对人民检察院不同意从宽处理建议的决定，认为确有错误的，可以要求人民检察院复议。

第十六条　人民法院对于达成刑事和解协议并经确认有效的，可以依法对被告人从宽处罚。

第十七条　依据有效的和解协议，人民检察院对被告人依法作出不起诉的决定，人民法院依法对被告人从宽处罚，应当在对外公布的法律文书中载明和解协议的主要内容以及不起诉或者从宽处理的理由。

当事人悔约的处理

第十八条　在侦查阶段，和解协议书签署后，一方或者双方反悔或者不履行协议的，公安机关应认定和解协议无效，并对案件依法作出处理。当事人在不起诉决定作出之前反悔的，可以另行达成和解；不能另行达成和解的，人民检察院应当依法作出起诉或者不起诉决定。当事人在不起诉决定之后反悔的，人民检察院不撤销原决定，但有证据证明和解范围自愿、合法原则的除外。

在审判阶段，一方或者双方当事人在和解协议签署后，判决、裁定宣告前反悔的，人民法院不再对被告人从宽处理。

和解协议已经全部履行，当事人反悔的，人民法院不予支持，但有证据证明和解违反自愿、合法原则的除外。

附则

第十九条　本意见自下发之日起施行。与法律、司法解释有抵触的，或法律、司法解释做出新规定的，按照法律、司法解释执行。

●对民间纠纷引发的轻伤害案件，在矛盾化解、达成和解基础上依法对犯罪嫌疑人从宽作出不起诉处理

对民间纠纷引发的轻伤害案件，在矛盾化解、达成和解基础上依法对犯罪嫌疑人从宽作出不起诉处理。［参见最高人民法院关于印发检察机关贯彻少捕慎诉慎押刑事司法政策典型案例（第一批）的通知，案例一、姜某故意伤害案，2021年11月29日。］

第三章　缺席审判程序

第二百九十一条　【缺席审判程序适用条件】 对于贪污贿赂犯罪案件，以及需要及时进行审判，经最高人民检察院核准的严重危害国家安全犯罪恐怖活动犯罪案件，犯罪嫌疑人、被告人在境外，监察机关公安机关移送起诉，人民检察院认为犯罪事实已经查清，证据确实、充分，依法应当追究刑事责任的，可以向人民法院提起公诉。人民法院进行审查后，对于起诉书中有明确的指控犯罪事实，符合缺席审判程序适用条件的，应当决定开庭审判。

前款案件，由犯罪地、被告人离境前居住地或者最高人民法院指定的中级人民法院组成合议庭进行审理。

■人民检察院刑事诉讼规则（2019年12月30日）

第五百零五条　对于监察机关移送起诉的贪污贿赂犯罪案件，犯罪嫌疑人、被告人在境外，人民检察院认为犯罪事实已经查清，证据确实、充分，依法应当追究刑事责任的，可以向人民法院提起公诉。

对于公安机关移送起诉的需要及时进行审判的严重危害国家安全犯罪、恐怖活动犯罪案件,犯罪嫌疑人、被告人在境外,人民检察院认为犯罪事实已经查清,证据确实、充分,依法应当追究刑事责任的,经最高人民检察院核准,可以向人民法院提起公诉。

前两款规定的案件,由有管辖权的中级人民法院的同级人民检察院提起公诉。

人民检察院提起公诉的,应当向人民法院提交被告人已出境的证据。

第五百零六条　人民检察院对公安机关移送起诉的需要报请最高人民检察院核准的案件,经检察委员会讨论提出提起公诉意见的,应当层报最高人民检察院核准。报送材料包括起诉意见书、案件审查报告、报请核准的报告及案件证据材料。

第五百零七条　最高人民检察院收到下级人民检察院报请核准提起公诉的案卷材料后,应当及时指派检察官对案卷材料进行审查,提出核准或者不予核准的意见,报检察长决定。

第五百零八条　报请核准的人民检察院收到最高人民检察院核准决定书后,应当提起公诉,起诉书中应当载明经最高人民检察院核准的内容。

■最高人民法院关于适用《中华人民共和国刑事诉讼法》的解释(2021年3月1日)

第五百九十八条　对人民检察院依照刑事诉讼法第二百九十一条第一款的规定提起公诉的案件,人民法院应当重点审查以下内容:

(一)是否属于可以适用缺席审判程序的案件范围;

(二)是否属于本院管辖;

(三)是否写明被告人的基本情况,包括明确的境外居住地、联系方式等;

(四)是否写明被告人涉嫌有关犯罪的主要事实,并附证据材料;

(五)是否写明被告人有无近亲属以及近亲属的姓名、身份、住址、联系方式等情况;

(六)是否列明违法所得及其他涉案财产的种类、数量、价值、所在地等,并附证据材料;

(七)是否附有查封、扣押、冻结违法所得及其他涉案财产的清单和相关法律手续。

前款规定的材料需要翻译件的,人民法院应当要求人民检察院一并移送。

第五百九十九条　对人民检察院依照刑事诉讼法第二百九十一条第一款的规定提起公诉的案件,人民法院审查后,应当按照下列情形分别处理:

(一)符合缺席审判程序适用条件,属于本院管辖,且材料齐全的,应当受理;

(二)不属于可以适用缺席审判程序的案件范围、不属于本院管辖或者不符合缺席审判程序的其他适用条件的,应当退回人民检察院;

(三)材料不全的,应当通知人民检察院在三十日以内补送;三十日以内不能补送的,应当退回人民检察院。

第六百条　对人民检察院依照刑事诉讼法第二百九十一条第一款的规定提起公诉的案件,人民法院立案后,应当将传票和起诉书副本送达被告人,传票应当载明被告人到案期限以及不按要求到案的法律后果等事项;应当将起诉书副本送达被告人近亲属,告知其有权代为委托辩护人,并通知其敦促被告人归案。

第六百零一条　人民法院审理人民检察院依照刑事诉讼法第二百九十一条第一款的规定提起公诉的案件,被告人有权委托或者由近亲属代为委托一至二名辩护人。委托律师担任辩护人的,应当委托具有中华人民共和国律师资格并依法取得执业证书的律师;在境外委托的,应当依照本解释第四百八十六条的规定对授权委托进行公证、认证。

被告人及其近亲属没有委托辩护人的,人民法院应当通知法律援助机构指派律师为被告人提供辩护。

被告人及其近亲属拒绝法律援助机构指派的律师辩护的,依照本解释第五十条第二款的规定处理。

第六百零二条　人民法院审理人民检察院依照刑事诉讼法第二百九十一条第一款的规定提起公诉的案件，被告人的近亲属申请参加诉讼的，应当在收到起诉书副本后、第一审开庭前提出，并提供与被告人关系的证明材料。有多名近亲属的，应当推选一至二人参加诉讼。

对被告人的近亲属提出申请的，人民法院应当及时审查决定。

第六百零三条　人民法院审理人民检察院依照刑事诉讼法第二百九十一条第一款的规定提起公诉的案件，参照适用公诉案件第一审普通程序的有关规定。被告人的近亲属参加诉讼的，可以发表意见，出示证据，申请法庭通知证人、鉴定人等出庭，进行辩论。

第二百九十二条　【缺席审判前传票和起诉书副本的送达】人民法院应当通过有关国际条约规定的或者外交途径提出的司法协助方式，或者被告人所在地法律允许的其他方式，将传票和人民检察院的起诉书副本送达被告人。传票和起诉书副本送达后，被告人未按要求到案的，人民法院应当开庭审理，依法作出判决，并对违法所得及其他涉案财产作出处理。

第二百九十三条　【缺席审判辩护人的委托】人民法院缺席审判案件，被告人有权委托辩护人，被告人的近亲属可以代为委托辩护人。被告人及其近亲属没有委托辩护人的，人民法院应当通知法律援助机构指派律师为其提供辩护。

第二百九十四条　【缺席判决的上诉、抗诉主体】人民法院应当将判决书送达被告人及其近亲属、辩护人。被告人或者其近亲属不服判决的，有权向上一级人民法院上诉。辩护人经被告人或者其近亲属同意，可以提出上诉。

人民检察院认为人民法院的判决确有错误的，应当向上级人民法院提出抗诉。

第二百九十五条　【被告人在缺席审判中或判决生效后到案情况的处理】在审理过程中，被告人自动投案或者被抓获的，人民法院应当重新审理。

罪犯在判决、裁定发生法律效力后到案的，人民法院应当将罪犯交付执行刑罚。交付执行刑罚前，人民法院应当告知罪犯有权对判决、裁定提出异议。罪犯对判决、裁定提出异议的，人民法院应当重新审理。

依照生效判决、裁定对罪犯的财产进行的处理确有错误的，应当予以返还、赔偿。

■人民检察院刑事诉讼规则(2019 年 12 月 30 日)

第五百零九条　审查起诉期间，犯罪嫌疑人自动投案或者被抓获的，人民检察院应当重新审查。

对严重危害国家安全犯罪、恐怖活动犯罪案件报请核准期间，犯罪嫌疑人自动投案或者被抓获的，报请核准的人民检察院应当及时撤回报请，重新审查案件。

第五百一十条　提起公诉后被告人到案，人民法院拟重新审理的，人民检察院应当商人民法院将案件撤回并重新审查。

■最高人民法院关于适用《中华人民共和国刑事诉讼法》的解释(2021 年 3 月 1 日)

第六百零四条　对人民检察院依照刑事诉讼法第二百九十一条第一款的规定提起公诉的案件，人民法院审理后应当参照本解释第二百九十五条的规定作出判决、裁定。

作出有罪判决的，应当达到证据确实、充分的证明标准。

经审理认定的罪名不属于刑事诉讼法第二百九十一条第一款规定的罪名的，应当终止审理。

适用缺席审判程序审理案件，可以对违法所得及其他涉案财产一并作出处理。

第二百九十六条　【严重疾病的缺席审理】因被告人患有严重疾病无法出庭，中止审理超过六个月，被告人仍无法出庭，被告人及其法定代理人、近亲属申请或者同意恢复审理的，人民法院可以在被告人不出庭的情况下缺席审理，依法作出判决。

■**人民检察院刑事诉讼规则(2019年12月30日)**

第五百一十一条　因被告人患有严重疾病无法出庭,中止审理超过六个月,被告人仍无法出庭,被告人及其法定代理人、近亲属申请或者同意恢复审理的,人民检察院可以建议人民法院适用缺席审判程序审理。

■**最高人民法院关于适用《中华人民共和国刑事诉讼法》的解释(2021年3月1日)**

第六百零五条　因被告人患有严重疾病导致缺乏受审能力,无法出庭受审,中止审理超过六个月,被告人仍无法出庭,被告人及其法定代理人、近亲属申请或者同意恢复审理的,人民法院可以根据刑事诉讼法第二百九十六条的规定缺席审判。

符合前款规定的情形,被告人无法表达意愿的,其法定代理人、近亲属可以代为申请或者同意恢复审理。

第二百九十七条　【被告人死亡的判决】被告人死亡的,人民法院应当裁定终止审理,但有证据证明被告人无罪,人民法院经缺席审理确认无罪的,应当依法作出判决。

人民法院按照审判监督程序重新审判的案件,被告人死亡的,人民法院可以缺席审理,依法作出判决。

■**最高人民法院关于适用《中华人民共和国刑事诉讼法》的解释(2021年3月1日)**

第六百零六条　人民法院受理案件后被告人死亡的,应当裁定终止审理;但有证据证明被告人无罪,经缺席审理确认无罪的,应当判决宣告被告人无罪。

前款所称"有证据证明被告人无罪,经缺席审理确认无罪",包括案件事实清楚,证据确实、充分,依据法律认定被告人无罪的情形,以及证据不足,不能认定被告人有罪的情形。

第六百零七条　人民法院按照审判监督程序重新审判的案件,被告人死亡的,可以缺席审理。有证据证明被告人无罪,经缺席审理确认被告人无罪的,应当判决宣告被告人无罪;虽然构成犯罪,但原判量刑畸重的,应当依法作出判决。

第六百零八条　人民法院缺席审理案件,本章没有规定的,参照适用本解释的有关规定。

第四章　犯罪嫌疑人、被告人逃匿、死亡案件违法所得的没收程序

第二百九十八条　【犯罪人逃匿、死亡违法所得的没收】对于贪污贿赂犯罪、恐怖活动犯罪等重大犯罪案件,犯罪嫌疑人、被告人逃匿,在通缉一年后不能到案,或者犯罪嫌疑人、被告人死亡,依照刑法规定应当追缴其违法所得及其他涉案财产的,人民检察院可以向人民法院提出没收违法所得的申请。

公安机关认为有前款规定情形的,应当写出没收违法所得意见书,移送人民检察院。

没收违法所得的申请应当提供与犯罪事实、违法所得相关的证据材料,并列明财产的种类、数量、所在地及查封、扣押、冻结的情况。

人民法院在必要的时候,可以查封、扣押、冻结申请没收的财产。

■**人民检察院刑事诉讼规则(2019年12月30日)**

第五百一十二条　对于贪污贿赂犯罪、恐怖活动犯罪等重大犯罪案件,犯罪嫌疑人、被告人逃匿,在通缉一年后不能到案,依照刑法规定应当追缴其违法所得及其他涉案财产的,人民检察院可以向人民法院提出没收违法所得的申请。

对于犯罪嫌疑人、被告人死亡,依照刑法规定应当追缴其违法所得及其他涉案财产的,人民检察院也可以向人民法院提出没收违法所得的申请。

第五百一十三条　犯罪嫌疑人、被告人为逃避侦查和刑事追究潜逃、隐匿，或者在刑事诉讼过程中脱逃的，应当认定为“逃匿”。

犯罪嫌疑人、被告人因意外事故下落不明满二年，或者因意外事故下落不明，经有关机关证明其不可能生存的，按照前款规定处理。

第五百一十四条　公安机关发布通缉令或者公安部通过国际刑警组织发布红色国际通报，应当认定为“通缉”。

第五百一十五条　犯罪嫌疑人、被告人通过实施犯罪直接或者间接产生、获得的任何财产，应当认定为“违法所得”。

违法所得已经部分或者全部转变、转化为其他财产的，转变、转化后的财产应当视为前款规定的“违法所得”。

来自违法所得转变、转化后的财产收益，或者来自已经与违法所得相混合财产中违法所得相应部分的收益，也应当视为第一款规定的违法所得。

第五百一十六条　犯罪嫌疑人、被告人非法持有的违禁品、供犯罪所用的本人财物，应当认定为“其他涉案财产”。

第五百二十七条　人民检察院直接受理侦查的案件，犯罪嫌疑人死亡而撤销案件，符合刑事诉讼法第二百九十八条第一款规定条件的，负责侦查的部门应当启动违法所得没收程序进行调查。

负责侦查的部门进行调查应当查明犯罪嫌疑人涉嫌的犯罪事实，犯罪嫌疑人死亡的情况，以及犯罪嫌疑人的违法所得及其他涉案财产的情况，并可以对违法所得及其他涉案财产依法进行查封、扣押、查询、冻结。

负责侦查的部门认为符合刑事诉讼法第二百九十八条第一款规定条件的，应当写出没收违法所得意见书，连同案卷材料一并移送有管辖权的人民检察院负责侦查的部门，并由有管辖权的人民检察院负责侦查的部门移送本院负责捕诉的部门。

负责捕诉的部门对没收违法所得意见书进行审查，作出是否提出没收违法所得申请的决定，具体程序按照本规则第五百二十二条、第五百二十三条的规定办理。

第五百二十八条　在人民检察院审查起诉过程中，犯罪嫌疑人死亡，或者贪污贿赂犯罪、恐怖活动犯罪等重大犯罪案件的犯罪嫌疑人逃匿，在通缉一年后不能到案，依照刑法规定应当追缴其违法所得及其他涉案财产的，人民检察院可以直接提出没收违法所得的申请。

在人民法院审理案件过程中，被告人死亡而裁定终止审理，或者被告人脱逃而裁定中止审理，人民检察院可以依法另行向人民法院提出没收违法所得的申请。

■最高人民法院关于适用《中华人民共和国刑事诉讼法》的解释(2021年3月1日)

第六百零九条　刑事诉讼法第二百九十八条规定的“贪污贿赂犯罪、恐怖活动犯罪等”犯罪案件，是指下列案件：

(一)贪污贿赂、失职渎职等职务犯罪案件；

(二)刑法分则第二章规定的相关恐怖活动犯罪案件，以及恐怖活动组织、恐怖活动人员实施的杀人、爆炸、绑架等犯罪案件；

(三)危害国家安全、走私、洗钱、金融诈骗、黑社会性质组织、毒品犯罪案件；

(四)电信诈骗、网络诈骗犯罪案件。

第六百一十条　在省、自治区、直辖市或者全国范围内具有较大影响的犯罪案件，或者犯罪嫌疑人、被告人逃匿境外的犯罪案件，应当认定为刑事诉讼法第二百九十八条第一款规定的“重大犯罪案件”。

第六百一十一条　犯罪嫌疑人、被告人死亡，依照刑法规定应当追缴其违法所得及其他涉案财产，人民检察院提出没收违法所得申请的,人民法院应当依法受理。

第六百一十二条 对人民检察院提出的没收违法所得申请,人民法院应当审查以下内容:

(一)是否属于可以适用违法所得没收程序的案件范围;

(二)是否属于本院管辖;

(三)是否写明犯罪嫌疑人、被告人基本情况,以及涉嫌有关犯罪的情况,并附证据材料;

(四)是否写明犯罪嫌疑人、被告人逃匿、被通缉、脱逃、下落不明、死亡等情况,并附证据材料;

(五)是否列明违法所得及其他涉案财产的种类、数量、价值、所在地等,并附证据材料;

(六)是否附有查封、扣押、冻结违法所得及其他涉案财产的清单和法律手续;

(七)是否写明犯罪嫌疑人、被告人有无利害关系人,利害关系人的姓名、身份、住址、联系方式及其要求等情况;

(八)是否写明申请没收的理由和法律依据;

(九)其他依法需要审查的内容和材料。

前款规定的材料需要翻译件的,人民法院应当要求人民检察院一并移送。

第六百一十三条 对没收违法所得的申请,人民法院应当在三十日以内审查完毕,并按照下列情形分别处理:

(一)属于没收违法所得申请受案范围和本院管辖,且材料齐全、有证据证明有犯罪事实的,应当受理;

(二)不属于没收违法所得申请受案范围或者本院管辖的,应当退回人民检察院;

(三)没收违法所得申请不符合“有证据证明有犯罪事实”标准要求的,应当通知人民检察院撤回申请;

(四)材料不全的,应当通知人民检察院在七日以内补送;七日以内不能补送的,应当退回人民检察院。

人民检察院尚未查封、扣押、冻结申请没收的财产或者查封、扣押、冻结期限即将届满,涉案财产有被隐匿、转移或者毁损、灭失危险的,人民法院可以查封、扣押、冻结申请没收的财产。

■公安机关办理刑事案件程序规定(2020年9月1日)

第三百三十九条 有下列情形之一,依照刑法规定应当追缴其违法所得及其他涉案财产的,经县级以上公安机关负责人批准,公安机关应当写出没收违法所得意见书,连同相关证据材料一并移送同级人民检察院:

(一)恐怖活动犯罪等重大犯罪案件,犯罪嫌疑人逃匿,在通缉一年后不能到案的;

(二)犯罪嫌疑人死亡的。

犯罪嫌疑人死亡,现有证据证明其存在违法所得及其他涉案财产应当予以没收的,公安机关可以进行调查。公安机关进行调查,可以依法进行查封、扣押、查询、冻结。

第三百四十条 没收违法所得意见书应当包括以下内容:

(一)犯罪嫌疑人的基本情况;

(二)犯罪事实和相关的证据材料;

(三)犯罪嫌疑人逃匿、被通缉或者死亡的情况;

(四)犯罪嫌疑人的违法所得及其他涉案财产的种类、数量、所在地;

(五)查封、扣押、冻结的情况等。

第三百四十一条 公安机关将没收违法所得意见书移送人民检察院后,在逃的犯罪嫌疑人自动投案或者被抓获的,公安机关应当及时通知同级人民检察院。

■最高人民法院、最高人民检察院关于适用犯罪嫌疑人、被告人逃匿、死亡案件违法所得没收程序若干问题的规定(2017年1月5日)

第一条　下列犯罪案件,应当认定为刑事诉讼法第二百八十条第一款规定的“犯罪案件”:

(一)贪污、挪用公款、巨额财产来源不明、隐瞒境外存款、私分国有资产、私分罚没财物犯罪案件;

(二)受贿、单位受贿、利用影响力受贿、行贿、对有影响力的人行贿、对单位行贿、介绍贿赂、单位行贿犯罪案件;

(三)组织、领导、参加恐怖组织,帮助恐怖活动,准备实施恐怖活动,宣扬恐怖主义、极端主义、煽动实施恐怖活动,利用极端主义破坏法律实施,强制穿戴宣扬恐怖主义、极端主义服饰、标志,非法持有宣扬恐怖主义、极端主义物品犯罪案件;

(四)危害国家安全、走私、洗钱、金融诈骗、黑社会性质的组织、毒品犯罪案件。

电信诈骗、网络诈骗犯罪案件,依照前款规定的犯罪案件处理。

第二条　在省、自治区、直辖市或者全国范围内具有较大影响,或者犯罪嫌疑人、被告人逃匿境外的,应当认定为刑事诉讼法第二百八十条第一款规定的“重大”。

第三条　犯罪嫌疑人、被告人为逃避侦查和刑事追究潜逃、隐匿,或者在刑事诉讼过程中脱逃的,应当认定为刑事诉讼法第二百八十条第一款规定的“逃匿”。

犯罪嫌疑人、被告人因意外事故下落不明满二年,或者因意外事故下落不明,经有关机关证明其不可能生存的,依照前款规定处理。

第四条　犯罪嫌疑人、被告人死亡,依照刑法规定应当追缴其违法所得及其他涉案财产的,人民检察院可以向人民法院提出没收违法所得的申请。

第五条　公安机关发布通缉令或者公安部通过国际刑警组织发布红色国际通报,应当认定为刑事诉讼法第二百八十条第一款规定的“通缉”。

第六条　通过实施犯罪直接或者间接产生、获得的任何财产,应当认定为刑事诉讼法第二百八十条第一款规定的“违法所得”。

违法所得已经部分或者全部转变、转化为其他财产的,转变、转化后的财产应当视为前款规定的“违法所得”。

来自违法所得转变、转化后的财产收益,或者来自已经与违法所得相混合财产中违法所得相应部分的收益,应当视为第一款规定的“违法所得”。

第八条　人民检察院向人民法院提出没收违法所得的申请,应当制作没收违法所得申请书。

没收违法所得申请书应当载明以下内容:

(一)犯罪嫌疑人、被告人的基本情况;

(二)案由及案件来源;

(三)犯罪嫌疑人、被告人涉嫌犯罪的事实及相关证据材料;

(四)犯罪嫌疑人、被告人逃匿、被通缉、脱逃、下落不明、死亡的情况;

(五)申请没收的财产的种类、数量、价值、所在地以及已查封、扣押、冻结财产清单和相关法律手续;

(六)申请没收的财产属于违法所得及其他涉案财产的相关事实及证据材料;

(七)提出没收违法所得申请的理由和法律依据;

(八)有无利害关系人以及利害关系人的姓名、身份、住址、联系方式;

(九)其他应当载明的内容。

上述材料需要翻译件的,人民检察院应当将翻译件随没收违法所得申请书一并移送人民法院。

第二十四条　单位实施本规定第一条规定的犯罪后被撤销、注销,单位直接负责的主管人员和其他直接责任人员逃匿、死亡,导致案件无法适用刑事诉讼普通程序进行审理的,依照本规定第四条的规定处理。

第二十五条　本规定自2017年1月5日起施行。之前发布的司法解释与本规定不一致的,以本规定为准。

■最高人民检察院关于审查起诉期间犯罪嫌疑人脱逃或者患有严重疾病的应当如何处理的批复(2014年1月1日)

五、人民检察院在审查起诉期间,犯罪嫌疑人脱逃或者死亡,符合刑事诉讼法第二百八十条第一款规定的条件的,人民检察院可以向人民法院提出没收违法所得的申请。

●违法所得没收程序的适用与犯罪嫌疑人到案程序衔接

对于贪污贿赂等重大职务犯罪案件,犯罪嫌疑人、被告人逃匿,在通缉一年后不能到案,如果有证据证明有犯罪事实,依照刑法规定应当追缴其违法所得及其他涉案财产的,应当依法适用违法所得没收程序办理。违法所得没收裁定生效后,在逃的职务犯罪嫌疑人自动投案或者被抓获,监察机关调查终结移送起诉的,检察机关应当依照普通刑事诉讼程序办理,并与原没收裁定程序做好衔接。(参见最高人民检察院发布第20批指导性案例,检例第74号,李华波贪污案,2020年7月21日发布。)

▽被告人提出上诉并在二审审理期间死亡的,不能判处没收财产刑

根据罪责自负原则,刑事责任只能由被告人自己承担。在案件审理期间被告人死亡,刑事责任主体消灭,当然也就不能再追究被告人的刑事责任。被告人在审理期间死亡的,依法终止审理后,不能再对其判处刑罚,包括主刑和附加刑,没收财产也是刑罚的一种,当然也不能对其判处和执行没收财产刑[参见第44号案例,秦学荣抢劫、流氓、诈骗、侵占案,载《刑事审判参考》总第6辑(2000年第1辑),法律出版社,第26～27页。审编:裴显鼎]

▽没收违法所得案件的审判程序的理解与适用

1.立案审查程序。依照刑事诉讼法第二百八十条以及《最高人民法院关于适用〈中华人民共和国刑事诉讼法〉的解释》(本附文以下简称《解释》)关于七日内应当审查完毕的规定,鞍山市中级人民法院收到鞍山市人民检察院关于没收姚某违法所得的申请后,即进行了下列审查:鞍山市人民检察院所提申请是否属于违法所得没收程序受案范围和鞍山市中级人民法院管辖;申请书是否写明了犯罪事实,是否附上了相关证据材料及死亡证明;是否列明了违法所得财产的种类、数量、所在地及查封、扣押、冻结违法所得的清单和相关法律手续;是否写明了被告人近亲属的姓名、住址、联系方式及对申请没收财产的意见。经审查,鞍山市中级人民法院认为,鞍山市人民检察院的申请符合上述审查的形式条件,即受理了鞍山市人民检察院关于没收姚某违法所得的申请。

2.送达和公告程序。《解释》第五百一十二条规定:"人民法院决定受理没收违法所得的申请后,应当在十五日内发出公告,公告期为六个月","人民法院已经掌握犯罪嫌疑人、被告人的近亲属和其他利害关系人的联系方式的,应当采取电话、传真、邮件等方式直接告知其公告内容,并记录在案"。鞍山市中级人民法院受理案件后,向姚某的妻子景某送达了没收违法所得申请书,并依照刑事诉讼法和《解释》的相关规定,在《人民法院报》发出了期间为六个月的公告,将本案案由,姚某死亡的基本情况,申请没收财产的种类、数量、所在地和近亲属及其他利害关系人申请参加诉讼的期限、方式等情况,告知姚某的近亲属和其他利害关系人。同时,将公告内容直接告知景某。

3.是否开庭审理的程序。《解释》第五百一十四条规定:"公告期满后,人民法院应当组成合议庭对申请没收违法所得的案件进行审理。利害关系人申请参加诉讼的,人民法院应当开庭审理。没有利害关系人申请参加诉讼的,可以不开庭审理。"本案鞍山市中级人民法院发出的公告于2013年9月7日期满,公告期内没有其他近亲属及利害关系人提出异议,并申请参加诉讼;景某对没收违法所得申请书亦没有提出异议,且明确表示不申请参加诉讼。鞍山市中级人民法院在公告期满后决定依法组成合议庭不开庭审理本案，对鞍山市人民检察院指控事实和证据予以认定，并于2013年9月9日作出了没收违法所得的刑事裁定。

4. 刑事裁定书是否必须送达未参加诉讼的被告人近亲属的程序。《解释》第五百一十七条规定："对没收违法所得或者驳回申请的裁定，犯罪嫌疑人、被告人的近亲属和其他利害关系人或者人民检察院可以在五日内提出上诉、抗诉。"本案中，姚某的妻子景某明确表示不参加诉讼，则其不是本案的诉讼参与人。鞍山市中级人民法院作出裁定后，对本案刑事裁定书是否应当向景某送达，合议庭存在不同看法。合议庭多数意见认为，本案刑事裁定书依法可以向景某送达，但鉴于其不是诉讼参与人，不应享有上诉权。事实上，景某收到刑事裁定书后亦未提出上诉。[参见第977号指导案例，没收姚某违法所得案，载《刑事审判参考》总第97集(2014年第2集)，第131～133页。撰稿：杨涛 郭文伟]

▽没收违法所得案件法律文书的制作方式及文书中的称谓

1. 公告、刑事裁定书样式。没收违法所得案件是新类型案件，目前尚无标准法律文书样式。在制作公告及刑事裁定书时，应当结合审判实践，力求涵盖刑事诉讼法及《解释》规定的相关内容。经研究，参照人民法院诉讼文书规范样式，我们分别制作了公告、刑事裁定书等相关法律文书。

2. 刑事裁定书中对姚某的称谓问题。检察机关在没收违法所得申请书中对姚某采用的称谓是"犯罪嫌疑人"，人民法院在刑事裁定书中应当采用何种称谓，"罪犯"是对经过法庭审判后已经发生法律效力的被告人的称谓，"犯罪嫌疑人"是在检察机关向人民法院提起公诉前对受刑事追诉者的称谓，在检察机关正式向人民法院提起公诉以后，则称为"被告人"。本案中，嫌疑人已经死亡，不能参加法庭审判，对其称为"罪犯"或者"犯罪嫌疑人"都有违相关法律的规定，最后确定在法律文书中对姚某采用"被告人"的称谓。[参见第977号指导案例，没收姚某违法所得案，载《刑事审判参考》总第97集(2014年第2集)，第133页。撰稿：杨涛 郭文伟]

▽如何认定犯罪嫌疑人实施犯罪的事实

对犯罪嫌疑人实施犯罪事实的认定是适用违法所得没收程序的前提。在具体案件中，对犯罪嫌疑人实施犯罪事实的认定问题，可以分解为两个层面：一是制度设计层面，即在哪一阶段由什么主体进行认定；二是实体认定层面，即如何明确认定实施犯罪的证明标准。

1. 程序设计：应当组成合议庭在立案受理阶段审查认定。(1)立案受理阶段对实施犯罪事实进行审查认定的原因。最高人民法院、最高人民检察院《关于适用犯罪嫌疑人、被告人逃匿、死亡案件违法所得没收程序若干问题的规定》(刑事诉讼法第五编第三章各条附文以下简称《追赃规定》)第九条将人民法院立案受理没收违法所得申请案件的条件明确为"属于没收违法所得申请受案范围和本院管辖，且材料齐全、有证据证明有犯罪事实"。由上述规定可知，与普通刑事案件立案受理阶段仅进行形式审查不同，没收违法所得申请案件在立案受理阶段除了形式审查还涉及实体内容审查，即还要对犯罪嫌疑人是否实施犯罪的事实、证据进行实体审查。虽然没收违法所得申请案件最终无须定罪，但违法所得没收程序在适用上具有罪名限制，加上不同的犯罪基本构成事实也不同，故在审查认定实施犯罪的事实部分，应当认定具体实施了何种犯罪。将犯罪事实部分的审查认定提前至立案受理阶段，是《追赃规定》对既有诉讼制度的最大突破。这种制度设计，最直接的动因在于解决因犯罪嫌疑人不在案导致开庭审理存在的各种难题，同时将实施犯罪事实的审查关口前移，客观上提高了没收违法所得申请案件的立案受理门槛，有利于尽早发现查封、扣押、冻结是否存在错误，能够在一定程度上避免对当事人合法财产侵害的不当扩大。(2)由审判业务庭组成合议庭进行审查认定的原因。对于普通刑事案件的立案受理，一般由立案庭进行形式审查，然而没收违法所得申请案件涉及事实内容的实体审查，且在犯罪嫌疑人、被告人逃匿案件中，审查认定的是重大犯罪事实(只有重大犯罪才适用违法所得没收程序)，故由合议庭审查更为妥当。虽然在犯罪嫌疑人、被告人死亡的案件中，违法所得没收程序的适用没有重大犯罪的条件限制，但此类案件，不像逃匿案件那样，一旦裁定错误，犯罪嫌疑人、被告人可以通过归案审理得到救济,因此应当审慎把握犯罪事实的认定,由合议庭进行审查更为妥当。在此前提下,由于实施犯罪事实的认定与申请没收的财产是否属于违法所得及其他涉案财产的认定一脉相承,特别是在巨额财产来源不明犯罪事实中,两者内容有很多交叉重合,故由负责审判的合议庭在立案受理阶段对犯罪嫌疑人、被告人实施犯罪的事实进行审查,既有利于合议庭综合把握案件事实,又能节约司法资源。

2. 证明标准:适用"有证据证明有犯罪事实"的证明标准。(1)适用"有证据证明有犯罪事实"证明标准的考虑。由于没收违法所得申请案件中犯罪嫌疑人、被告人未到案,缺少犯罪嫌疑人、被告人供述等直接证据,一般对实施犯罪事实的证明难以符合普通刑事案件证明标准的要求。加上此类案件认定犯罪嫌疑人、被告人实施犯罪事实系为确认申请没收的财产是否属于违法所得,而不涉及定罪处罚,故没有必要适用普通刑事案件证据的证明标准。据此,《追赃规定》第十条参考域外一些国家的法律制度,从司法实际出发,对"有证据证明有犯罪事实"的证明标准作出明确。根据该条的规定,同时具备以下情形,应当认定为"有证据证明有犯罪事实":一是有证据证明发生了犯罪事实;二是有证据证明该犯罪事实是犯罪嫌疑人、被告人实施的;三是证明犯罪嫌疑人、被告人实施犯罪行为的证据真实、合法。上述证明标准借鉴了《人民检察院刑事诉讼规则(试行)》第一百三十九条第二款有关逮捕条件的规定,第一、二项是关于证据关联性的规定,第三项是关于证据客观性、合法性的规定。(2)严格依照降低的证据证明标准对实施犯罪行为准确定性。相比排除合理怀疑标准,"有证据证明有犯罪事实"的证明标准在证明力度和要求上均有所降低,但降低证明标准,并不意味着对实施犯罪事实的认定以及对行为的定性可以模糊、含混。"有证据证明有犯罪事实"是没收违法所得申请案件进入审判的前置条件,也是认定违法所得及其他涉案财产的前提基础,对犯罪事实认定不清、定性不准,可能直接导致申请没收的财产处理不当,直接关涉到违法所得没收程序能否依法适用。因此,在立案受理阶段,人民法院应当严格按照"有证据证明有犯罪事实"的证明标准对有关实施犯罪的事实进行审查并准确定性,把好证据关、事实关、定性关,防止"带病"起诉。[参见第1235号指导案例,任润厚受贿、贪污、巨额财产来源不明违法所得没收申请案,载《刑事审判参考》总第112集,第120~123页。撰稿:刘晓虎　张宇]

▽如何在犯罪嫌疑人死亡案件中认定实施巨额财产来源不明犯罪

《追赃规定》第一条明确将巨额财产来源不明罪列入违法所得没收程序适用罪名,符合刑事诉讼法增设违法所得没收程序的立法本意。且不会因此导致违法所得范围任意扩大,对犯罪嫌疑人、被告人以及利害关系人的合法财产权利造成侵害。法院只要在立案阶段查明有证据证明犯罪嫌疑人、被告人实施了巨额财产来源不明犯罪,审理阶段如没有利害关系人对申请没收的相应财产主张权利,或者虽然主张权利但未提供相关证据,或提供的证据没有达到优势证据证明标准,即可以认定相应财产属于巨额财产来源不明违法所得及其他涉案财产,裁定予以没收。主要理由如下:1. 犯罪嫌疑人、被告人未到案作出说明一般不会影响巨额财产来源不明基本事实的认定。如果在案物证、书证、证人证言等证据足以证明"国家工作人员的财产、支出明显超过合法收入,差额巨大",那么犯罪嫌疑人、被告人没有到案说明来源一般不会影响巨额财产来源不明犯罪的认定。因为此种情形下,犯罪嫌疑人、被告人即使到案对财产、支出明显超过合法收入作出说明,也基本上是进一步交代财产具体源于贪污还是受贿,而非说明财产来源于合法收入,否则证明明显超过合法收入的相关证据就不充分。2. 违法所得没收程序的本质特征决定了巨额财产来源不明犯罪事实证明标准有所降低。巨额财产来源不明违法所得的认定本质上系对明显超过合法收入的财产权属的确认,不涉及对犯罪嫌疑人、被告人的定罪处罚,对巨额财产来源不明犯罪事实的证明标准,可以比照普通刑事案件有所降低。特别是在犯罪嫌疑人、被告人逃匿案件中,犯罪嫌疑人、被告人到案后还可以按照普通刑事诉讼程序重新进行审理。因此,降低证明标准未必最终对犯罪嫌疑人、被告人的合法财产权利造成不当侵害,即使造成不当侵害,也可以有相应的救济机制矫正。3. 利害关系人对申请没收的财产主张权利可以起到补充说明财产来源的作用。

虽然巨额财产来源不明犯罪事实系在立案受理阶段认定的,但这一阶段认定的犯罪事实不要求巨额财产来源不明的数额十分准确,可以综合物证、书证、证人证言,包括犯罪嫌疑人、被告人的近亲属的证言认定。鉴于巨额财产来源不明数额直接涉及违法所得及其他涉案财产的认定,可以在开庭审理过程中通过对证据示证、质证进一步查证。犯罪嫌疑人、被告人的近亲属以及其他利害关系人可以申请参加诉讼,对申请没收的财产(包括巨额财产来源不明)主张权利。查明数额有误的,可以对具体数额进行调整。《追赃规定》第十七条第二款进一步明确,对于申请没收巨额财产来源不明犯罪案件的违法所得,没有利害关系人主张权利,或者虽然主张权利但提供的证据没有达到相应证明标准的,申请没收的财产视为属于违法所得及其他涉案财产。本案中,法院经立案审查查明,有证据证明犯罪嫌疑人任某厚财产、支出明显超过合法收入,差额巨大,犯罪嫌疑人任某厚在接受纪检监察部门调查期间,未对其本人及亲属名下财产和支出的来源情况作出说明,利害关系人仅对部分物品及冻结的个别账户资金说明来源,据此认定了任某厚实施了巨额财产来源不明犯罪事实。在开庭审理过程中,利害关系人任某乙对在案冻结的其名下账户存款1.1万美元主张权利,提出该款系其父母给其出国留学费用结余部分,因相关留学费用已计入任某厚家庭重大支出,故该留学费用不应再作为任某厚财产重复冻结。法院根据庭审查明的证据,经对该账户存款时间、金额等情况与任某乙留学期间出入境情况的契合程度等方面综合分析,采用高度盖然性证明标准,认为该账户内冻结资金高度可能是任某厚给任某乙留学费用结余,并据此在统计任某厚家庭支出中核减了对应金额,调整了巨额财产来源不明数额。此外,利害关系人未对申请没收的任某厚实施巨额财产来源不明犯罪所得其他财产主张权利,或者虽然主张权利但提供的相关证据没有达到相应证明标准,法院据此对任某厚实施巨额财产来源不明犯罪所得进行了认定,并裁定予以没收。关于对任某乙所提留学费用结余部分应当如何核减问题,本案现有证据证明该账户资金流向明确,能够认定相关账户资金系任某厚给予任某乙留学费用的结余,故该笔钱款属于任某厚现有财产,不应解除冻结,相应金额应在统计任某厚家庭支出中予以扣减。扬州市中级人民法院据此对利害关系人任某乙所提主张的评判意见及处理方式是正确的。(参见第1235号指导案例,任某厚受贿、贪污、巨额财产来源不明违法所得没收申请案,载《刑事审判参考》总第112集,第126～129页。撰稿:刘晓虎　张宇)

第二百九十九条　【没收违法所得的审理】没收违法所得的申请,由犯罪地或者犯罪嫌疑人、被告人居住地的中级人民法院组成合议庭进行审理。

人民法院受理没收违法所得的申请后,应当发出公告。公告期间为六个月。犯罪嫌疑人、被告人的近亲属和其他利害关系人有权申请参加诉讼,也可以委托诉讼代理人参加诉讼。

人民法院在公告期满后对没收违法所得的申请进行审理。利害关系人参加诉讼的,人民法院应当开庭审理。

■人民检察院刑事诉讼规则(2019年12月30日)

第五百一十七条　刑事诉讼法第二百九十九条第三款规定的"利害关系人"包括犯罪嫌疑人、被告人的近亲属和其他对申请没收的财产主张权利的自然人和单位。

刑事诉讼法第二百九十九条第二款、第三百条第二款规定的"其他利害关系人"是指前款规定的"其他对申请没收的财产主张权利的自然人和单位"。

■最高人民法院关于适用《中华人民共和国刑事诉讼法》的解释(2021年3月1日)

第六百一十四条　人民法院受理没收违法所得的申请后,应当在十五日以内发布公告。公告应当载明以下内容:

(一)案由、案件来源;

(二)犯罪嫌疑人、被告人的基本情况;

(三)犯罪嫌疑人、被告人涉嫌犯罪的事实；

(四)犯罪嫌疑人、被告人逃匿、被通缉、脱逃、下落不明、死亡等情况；

(五)申请没收的财产的种类、数量、价值、所在地等以及已查封、扣押、冻结财产的清单和法律手续；

(六)申请没收的财产属于违法所得及其他涉案财产的相关事实；

(七)申请没收的理由和法律依据；

(八)利害关系人申请参加诉讼的期限、方式以及未按照该期限、方式申请参加诉讼可能承担的不利法律后果；

(九)其他应当公告的情况。

公告期为六个月,公告期间不适用中止、中断、延长的规定。

第六百一十五条　公告应当在全国公开发行的报纸、信息网络媒体、最高人民法院的官方网站发布,并在人民法院公告栏发布。必要时,公告可以在犯罪地、犯罪嫌疑人、被告人居住地或者被申请没收财产所在地发布。最后发布的公告的日期为公告日期。发布公告的,应当采取拍照、录像等方式记录发布过程。

人民法院已经掌握境内利害关系人联系方式的,应当直接送达含有公告内容的通知;直接送达有困难的,可以委托代为送达、邮寄送达。经受送达人同意的,可以采用传真、电子邮件等能够确认其收悉的方式告知公告内容,并记录在案。

人民法院已经掌握境外犯罪嫌疑人、被告人、利害关系人联系方式,经受送达人同意的,可以采用传真、电子邮件等能够确认其收悉的方式告知公告内容,并记录在案;受送达人未表示同意,或者人民法院未掌握境外犯罪嫌疑人、被告人、利害关系人联系方式,其所在国、地区的主管机关明确提出应当向受送达人送达含有公告内容的通知的,人民法院可以决定是否送达。决定送达的,应当依照本解释第四百九十三条的规定请求所在国、地区提供司法协助。

第六百一十六条　刑事诉讼法第二百九十九条第二款、第三百条第二款规定的"其他利害关系人",是指除犯罪嫌疑人、被告人的近亲属以外的,对申请没收的财产主张权利的自然人和单位。

第六百一十七条　犯罪嫌疑人、被告人的近亲属和其他利害关系人申请参加诉讼的,应当在公告期间内提出。犯罪嫌疑人、被告人的近亲属应当提供其与犯罪嫌疑人、被告人关系的证明材料,其他利害关系人应当提供证明其对违法所得及其他涉案财产主张权利的证据材料。

利害关系人可以委托诉讼代理人参加诉讼。委托律师担任诉讼代理人的,应当委托具有中华人民共和国律师资格并依法取得执业证书的律师;在境外委托的,应当依照本解释第四百八十六条的规定对授权委托进行公证、认证。

利害关系人在公告期满后申请参加诉讼,能够合理说明理由的,人民法院应当准许。

第六百一十八条　犯罪嫌疑人、被告人逃匿境外,委托诉讼代理人申请参加诉讼,且违法所得或者其他涉案财产所在国、地区主管机关明确提出意见予以支持的,人民法院可以准许。

人民法院准许参加诉讼的,犯罪嫌疑人、被告人的诉讼代理人依照本解释关于利害关系人的诉讼代理人的规定行使诉讼权利。

第六百一十九条　公告期满后,人民法院应当组成合议庭对申请没收违法所得的案件进行审理。

利害关系人申请参加或者委托诉讼代理人参加诉讼的,应当开庭审理。没有利害关系人申请参加诉讼的,或者利害关系人及其诉讼代理人无正当理由拒不到庭的,可以不开庭审理。

人民法院确定开庭日期后,应当将开庭的时间、地点通知人民检察院、利害关系人及其诉讼代理人、证人、鉴定人、翻译人员。通知书应当依照本解释第六百一十五条第二款、第三款规定的方式,至迟在开庭审理三日以前送达;受送达人在境外的,至迟在开庭审理三十日以前送达。

第六百二十条　开庭审理申请没收违法所得的案件，按照下列程序进行：

（一）审判长宣布法庭调查开始后，先由检察员宣读申请书，后由利害关系人、诉讼代理人发表意见；

（二）法庭应当依次就犯罪嫌疑人、被告人是否实施了贪污贿赂犯罪、恐怖活动犯罪等重大犯罪并已经通缉一年不能到案，或者是否已经死亡，以及申请没收的财产是否依法应当追缴进行调查；调查时，先由检察员出示证据，后由利害关系人、诉讼代理人出示证据，并进行质证；

（三）法庭辩论阶段，先由检察员发言，后由利害关系人、诉讼代理人发言，并进行辩论。

利害关系人接到通知后无正当理由拒不到庭，或者未经法庭许可中途退庭的，可以转为不开庭审理，但还有其他利害关系人参加诉讼的除外。

■最高人民法院、最高人民检察院关于适用犯罪嫌疑人、被告人逃匿、死亡案件违法所得没收程序若干问题的规定（2017年1月5日）

第七条　刑事诉讼法第二百八十一条第三款规定的“利害关系人”包括犯罪嫌疑人、被告人的近亲属和其他对申请没收的财产主张权利的自然人和单位。

刑事诉讼法第二百八十一条第二款、第二百八十二条第二款规定的“其他利害关系人”是指前款规定的“其他对申请没收的财产主张权利的自然人和单位”。

第九条　对于没收违法所得的申请，人民法院应当在三十日内审查完毕，并根据以下情形分别处理：

（一）属于没收违法所得申请受案范围和本院管辖，且材料齐全、有证据证明有犯罪事实的，应当受理；

（二）不属于没收违法所得申请受案范围或者本院管辖的，应当退回人民检察院；

（三）对于没收违法所得申请不符合“有证据证明有犯罪事实”标准要求的，应当通知人民检察院撤回申请，人民检察院应当撤回；

（四）材料不全的，应当通知人民检察院在七日内补送，七日内不能补送的，应当退回人民检察院。

第十条　同时具备以下情形的，应当认定为本规定第九条规定的“有证据证明有犯罪事实”：

（一）有证据证明发生了犯罪事实；

（二）有证据证明该犯罪事实是犯罪嫌疑人、被告人实施的；

（三）证明犯罪嫌疑人、被告人实施犯罪行为的证据真实、合法。

第十一条　人民法院受理没收违法所得的申请后，应当在十五日内发布公告，公告期为六个月。公告期间不适用中止、中断、延长的规定。

公告应当载明以下内容：

（一）案由、案件来源以及属于本院管辖；

（二）犯罪嫌疑人、被告人的基本情况；

（三）犯罪嫌疑人、被告人涉嫌犯罪的事实；

（四）犯罪嫌疑人、被告人逃匿、被通缉、脱逃、下落不明、死亡的情况；

（五）申请没收的财产的种类、数量、价值、所在地以及已查封、扣押、冻结财产的清单和相关法律手续；

（六）申请没收的财产属于违法所得及其他涉案财产的相关事实；

（七）申请没收的理由和法律依据；

（八）利害关系人申请参加诉讼的期限、方式以及未按照该期限、方式申请参加诉讼可能承担的不利法律后果；

（九）其他应当公告的情况。

第十二条　公告应当在全国公开发行的报纸、信息网络等媒体和最高人民法院的官方网站刊登、发布,并在人民法院公告栏张贴。必要时,公告可以在犯罪地、犯罪嫌疑人、被告人居住地或者被申请没收财产所在地张贴。公告最后被刊登、发布、张贴日期为公告日期。人民法院张贴公告的,应当采取拍照、录像等方式记录张贴过程。

人民法院已经掌握境内利害关系人联系方式的,应当直接送达含有公告内容的通知;直接送达有困难的,可以委托代为送达、邮寄送达。经受送达人同意的,可以采用传真、电子邮件等能够确认其收悉的方式告知其公告内容,并记录在案;人民法院已经掌握境外犯罪嫌疑人、被告人、利害关系人联系方式,经受送达人同意的,可以采用传真、电子邮件等能够确认其收悉的方式告知其公告内容,并记录在案;受送达人未作出同意意思表示,或者人民法院未掌握境外犯罪嫌疑人、被告人、利害关系人联系方式,其所在地国(区)主管机关明确提出应当向受送达人送达含有公告内容的通知的,受理没收违法所得申请案件的人民法院可以决定是否送达。决定送达的,应当将公告内容层报最高人民法院,由最高人民法院依照刑事司法协助条约、多边公约,或者按照对等互惠原则,请求受送达人所在地国(区)的主管机关协助送达。

第十三条　利害关系人申请参加诉讼的,应当在公告期间内提出,并提供与犯罪嫌疑人、被告人关系的证明材料或者证明其可以对违法所得及其他涉案财产主张权利的证据材料。

利害关系人可以委托诉讼代理人参加诉讼。利害关系人在境外委托的,应当委托具有中华人民共和国律师资格并依法取得执业证书的律师,依照《最高人民法院关于适用〈中华人民共和国刑事诉讼法〉的解释》第四百零三条的规定对授权委托进行公证、认证。

利害关系人在公告期满后申请参加诉讼,能够合理说明理由的,人民法院应当准许。

第十四条　人民法院在公告期满后由合议庭对没收违法所得申请案件进行审理。

利害关系人申请参加及委托诉讼代理人参加诉讼的,人民法院应当开庭审理。利害关系人及其诉讼代理人无正当理由拒不到庭,且无其他利害关系人和其他诉讼代理人参加诉讼的,人民法院可以不开庭审理。

人民法院对没收违法所得申请案件开庭审理的,人民检察院应当派员出席。

人民法院确定开庭日期后,应当将开庭的时间、地点通知人民检察院、利害关系人及其诉讼代理人、证人、鉴定人员、翻译人员。通知书应当依照本规定第十二条第二款规定的方式至迟在开庭审理三日前送达;受送达人在境外的,至迟在开庭审理三十日前送达。

第十五条　出庭的检察人员应当宣读没收违法所得申请书,并在法庭调查阶段就申请没收的财产属于违法所得及其他涉案财产等相关事实出示、宣读证据。

对于确有必要出示但可能妨碍正在或者即将进行的刑事侦查的证据,针对该证据的法庭调查不公开进行。

利害关系人及其诉讼代理人对申请没收的财产属于违法所得及其他涉案财产等相关事实及证据有异议的,可以提出意见;对申请没收的财产主张权利的,应当出示相关证据。

第十八条　利害关系人非因故意或者重大过失在第一审期间未参加诉讼,在第二审期间申请参加诉讼的,人民法院应当准许,并发回原审人民法院重新审判。

第十九条　犯罪嫌疑人、被告人逃匿境外,委托诉讼代理人申请参加诉讼,且违法所得或者其他涉案财产所在地国(区)主管机关明确提出意见予以支持的,人民法院可以准许。

人民法院准许参加诉讼的,犯罪嫌疑人、被告人的诉讼代理人依照本规定关于利害关系人的诉讼代理人的规定行使诉讼权利。

第二十条　人民检察院、利害关系人对第一审裁定认定的事实、证据没有争议的,第二审人民法院可以不开庭审理。

第二审人民法院决定开庭审理的，应当将开庭的时间、地点书面通知同级人民检察院和利害关系人。

第二审人民法院应当就上诉、抗诉请求的有关事实和适用法律进行审查。

第二十一条　第二审人民法院对不服第一审裁定的上诉、抗诉案件，经审理，应当按照下列情形分别处理：

（一）第一审裁定认定事实清楚和适用法律正确的，应当驳回上诉或者抗诉，维持原裁定；

（二）第一审裁定认定事实清楚，但适用法律有错误的，应当改变原裁定；

（三）第一审裁定认定事实不清的，可以在查清事实后改变原裁定，也可以撤销原裁定，发回原审人民法院重新审判；

（四）第一审裁定违反法定诉讼程序，可能影响公正审判的，应当撤销原裁定，发回原审人民法院重新审判。

第一审人民法院对于依照前款第三项规定发回重新审判的案件作出裁定后，第二审人民法院对不服第一审人民法院裁定的上诉、抗诉，应当依法作出裁定，不得再发回原审人民法院重新审判。

第二十四条　单位实施本规定第一条规定的犯罪后被撤销、注销，单位直接负责的主管人员和其他直接责任人员逃匿、死亡，导致案件无法适用刑事诉讼普通程序进行审理的，依照本规定第四条的规定处理。

第二十五条　本规定自2017年1月5日起施行。之前发布的司法解释与本规定不一致的，以本规定为准。

▽如何公示催告犯罪嫌疑人近亲属及其他利害关系人行使权利

《追赃规定》通过明确公告发布时间、方式及内容，最大限度地使利害关系人能够知晓没收违法所得申请事项。发布公告是没收违法所得申请案件审理的必经程序。公告除了对犯罪嫌疑人、被告人具有告知的功能外，还有发现利害关系人，以及公示催告利害关系人申请参加诉讼的功能。为最大限度地确保公告内容为当事人知晓，在传统公告方式的基础上，《追赃规定》对公告发布及张贴明确了具体要求：没收违法所得申请案件立案后，应当在15日内在全国公开发行的报纸、信息网络等媒体和最高人民法院的官方网站刊登、发布公告；必要时，公告可以在犯罪地、犯罪嫌疑人、被告人居住地或者被申请没收财产所在地张贴。同时，为进一步确认受送达人知悉公告内容，确保其诉讼权利得到充分保护，《追赃规定》明确，对于已经掌握境内利害关系人联系方式的，应当直接送达；直接送达有困难的，可以委托送达、邮寄送达；经受送达人同意，可以采取传真、电子邮件等能够确认其收悉的方式告知其公告内容，并记录在案。本案中，扬州市中级人民法院于2016年12月6日决定对本案立案受理，同年12月17日，在《人民法院报》及最高人民法院官方网站发布了公告，并将公告内容分别直接送达给利害关系人任某甲、任某乙以及袁某。由于本案在发布公告时《追赃规定》还没有颁布实施，公告内容如严格按照《追赃规定》标准要求，仍有可进一步完善之处。但从发布公告时间、方式以及送达情况来看，起到了公示催告利害关系人的作用，能够体现对利害关系人合法权利的充分保护。（参见第1235号指导案例，任某厚受贿、贪污、巨额财产来源不明违法所得没收申请案，载《刑事审判参考》总第112集，第129页。撰稿：刘晓虎　张宇）

第三百条　【涉案财产的没收、解除措施及上诉和抗诉】人民法院经审理，对经查证属于违法所得及其他涉案财产，除依法返还被害人的以外，应当裁定予以没收；对不属于应当追缴的财产的，应当裁定驳回申请，解除查封、扣押、冻结措施。

对于人民法院依照前款规定作出的裁定，犯罪嫌疑人、被告人的近亲属和其他利害关系人或者人民检察院可以提出上诉、抗诉。

■人民检察院刑事诉讼规则（2019年12月30日）

第五百一十八条　人民检察院审查监察机关或者公安机关移送的没收违法所得意见书，向人民法院提出没收违法所得的申请以及对违法所得没收程序中调查活动、审判活动的监督,由负责捕诉的部门办理。

第五百一十九条　没收违法所得的申请,应当由有管辖权的中级人民法院的同级人民检察院提出。

第五百二十条　人民检察院向人民法院提出没收违法所得的申请,应当制作没收违法所得申请书。没收违法所得申请书应当载明以下内容:

(一)犯罪嫌疑人、被告人的基本情况,包括姓名、性别、出生年月日、出生地、户籍地、公民身份号码、民族、文化程度、职业、工作单位及职务、住址等;

(二)案由及案件来源;

(三)犯罪嫌疑人、被告人的犯罪事实及相关证据材料;

(四)犯罪嫌疑人、被告人逃匿、被通缉或者死亡的情况;

(五)申请没收的财产种类、数量、价值、所在地以及查封、扣押、冻结财产清单和相关法律手续;

(六)申请没收的财产属于违法所得及其他涉案财产的相关事实及证据材料;

(七)提出没收违法所得申请的理由和法律依据;

(八)有无近亲属和其他利害关系人以及利害关系人的姓名、身份、住址、联系方式;

(九)其他应当写明的内容。

上述材料需要翻译件的,人民检察院应当随没收违法所得申请书一并移送人民法院。

第五百二十一条　监察机关或者公安机关向人民检察院移送没收违法所得意见书,应当由有管辖权的人民检察院的同级监察机关或者公安机关移送。

第五百二十二条　人民检察院审查监察机关或者公安机关移送的没收违法所得意见书,应当审查下列内容:

(一)是否属于本院管辖;

(二)是否符合刑事诉讼法第二百九十八条第一款规定的条件;

(三)犯罪嫌疑人基本情况,包括姓名、性别、国籍、出生年月日、职业和单位等;

(四)犯罪嫌疑人涉嫌犯罪的事实和相关证据材料;

(五)犯罪嫌疑人逃匿、下落不明、被通缉或者死亡的情况,通缉令或者死亡证明是否随案移送;

(六)违法所得及其他涉案财产的种类、数量、所在地以及查封、扣押、冻结的情况,查封、扣押、冻结的财产清单和相关法律手续是否随案移送;

(七)违法所得及其他涉案财产的相关事实和证据材料;

(八)有无近亲属和其他利害关系人以及利害关系人的姓名、身份、住址、联系方式。

对于与犯罪事实、违法所得及其他涉案财产相关的证据材料,不宜移送的,应当审查证据的清单、复制件、照片或者其他证明文件是否随案移送。

第五百二十三条　人民检察院应当在接到监察机关或者公安机关移送的没收违法所得意见书后三十日以内作出是否提出没收违法所得申请的决定。三十日以内不能作出决定的,可以延长十五日。

对于监察机关或者公安机关移送的没收违法所得案件,经审查认为不符合刑事诉讼法第二百九十八条第一款规定条件的,应当作出不提出没收违法所得申请的决定,并向监察机关或者公安机关书面说明理由;认为需要补充证据的,应当书面要求监察机关或者公安机关补充证据,必要时也可以自行调查。

监察机关或者公安机关补充证据的时间不计入人民检察院办案期限。

第五百二十四条　人民检察院发现公安机关应当启动违法所得没收程序而不启动的,可以要求公安机关在七日以内书面说明不启动的理由。

经审查,认为公安机关不启动理由不能成立的,应当通知公安机关启动程序。

第五百二十五条　人民检察院发现公安机关在违法所得没收程序的调查活动中有违法情形的,应当向公安机关提出纠正意见。

第五百二十九条　人民法院对没收违法所得的申请进行审理,人民检察院应当承担举证责任。

人民法院对没收违法所得的申请开庭审理的,人民检察院应当派员出席法庭。

第五百三十条　出席法庭的检察官应当宣读没收违法所得申请书,并在法庭调查阶段就申请没收的财产属于违法所得及其他涉案财产等相关事实出示、宣读证据。

第五百三十一条　人民检察院发现人民法院或者审判人员审理没收违法所得案件违反法律规定的诉讼程序,应当向人民法院提出纠正意见。

人民检察院认为同级人民法院按照违法所得没收程序所作的第一审裁定确有错误的,应当在五日以内向上一级人民法院提出抗诉。

最高人民检察院、省级人民检察院认为下级人民法院按照违法所得没收程序所作的已经发生法律效力的裁定确有错误的,应当按照审判监督程序向同级人民法院提出抗诉。

■最高人民法院关于适用《中华人民共和国刑事诉讼法》的解释(2021年3月1日)

第六百二十一条　对申请没收违法所得的案件,人民法院审理后,应当按照下列情形分别处理:

(一)申请没收的财产属于违法所得及其他涉案财产的,除依法返还被害人的以外,应当裁定没收;

(二)不符合刑事诉讼法第二百九十八条第一款规定的条件的,应当裁定驳回申请,解除查封、扣押、冻结措施。

申请没收的财产具有高度可能属于违法所得及其他涉案财产的,应当认定为前款规定的"申请没收的财产属于违法所得及其他涉案财产"。巨额财产来源不明犯罪案件中,没有利害关系人对违法所得及其他涉案财产主张权利,或者利害关系人对违法所得及其他涉案财产虽然主张权利但提供的证据没有达到相应证明标准的,应当视为"申请没收的财产属于违法所得及其他涉案财产"。

第六百二十二条　对没收违法所得或者驳回申请的裁定,犯罪嫌疑人、被告人的近亲属和其他利害关系人或者人民检察院可以在五日以内提出上诉、抗诉。

第六百二十三条　对不服第一审没收违法所得或者驳回申请裁定的上诉、抗诉案件,第二审人民法院经审理,应当按照下列情形分别处理:

(一)第一审裁定认定事实清楚和适用法律正确的,应当驳回上诉或者抗诉,维持原裁定;

(二)第一审裁定认定事实清楚,但适用法律有错误的,应当改变原裁定;

(三)第一审裁定认定事实不清的,可以在查清事实后改变原裁定,也可以撤销原裁定,发回原审人民法院重新审判;

(四)第一审裁定违反法定诉讼程序,可能影响公正审判的,应当撤销原裁定,发回原审人民法院重新审判。

第一审人民法院对发回重新审判的案件作出裁定后,第二审人民法院对不服第一审人民法院裁定的上诉、抗诉,应当依法作出裁定,不得再发回原审人民法院重新审判;但是,第一审人民法院在重新审判过程中违反法定诉讼程序,可能影响公正审判的除外。

第六百二十四条　利害关系人非因故意或者重大过失在第一审期间未参加诉讼,在第二审期间申请参加诉讼的,人民法院应当准许,并撤销原裁定,发回原审人民法院重新审判。

第六百二十五条　在审理申请没收违法所得的案件过程中,在逃的犯罪嫌疑人、被告人到案的,人民法院应当裁定终止审理。人民检察院向原受理申请的人民法院提起公诉的,可以由同一审判组织审理。

第六百二十六条　在审理案件过程中,被告人脱逃或者死亡,符合刑事诉讼法第二百九十八条第一款规定的,人民检察院可以向人民法院提出没收违法所得的申请;符合刑事诉讼法第二百九十一条第一款规定的,人民检察院可以按照缺席审判程序向人民法院提起公诉。

人民检察院向原受理案件的人民法院提出没收违法所得申请的,可以由同一审判组织审理。

第六百二十七条　审理申请没收违法所得案件的期限,参照公诉案件第一审普通程序和第二审程序的审理期限执行。

公告期间和请求刑事司法协助的时间不计入审理期限。

第六百二十八条　没收违法所得裁定生效后,犯罪嫌疑人、被告人到案并对没收裁定提出异议,人民检察院向原作出裁定的人民法院提起公诉的,可以由同一审判组织审理。

人民法院经审理,应当按照下列情形分别处理:

(一)原裁定正确的,予以维持,不再对涉案财产作出判决;

(二)原裁定确有错误的,应当撤销原裁定,并在判决中对有关涉案财产一并作出处理。

人民法院生效的没收裁定确有错误的,除第一款规定的情形外,应当依照审判监督程序予以纠正。

第六百二十九条　人民法院审理申请没收违法所得的案件,本章没有规定的,参照适用本解释的有关规定。

■最高人民法院、最高人民检察院、公安部、国家安全部、司法部、全国人大常委会法制工作委员会关于实施刑事诉讼法若干问题的规定(2013年1月1日)

38. 犯罪嫌疑人、被告人死亡,现有证据证明存在违法所得及其他涉案财产应当予以没收的,公安机关、人民检察院可以进行调查。公安机关、人民检察院进行调查,可以依法进行查封、扣押、查询、冻结。

人民法院在审理案件过程中,被告人死亡的,应当裁定终止审理;被告人脱逃的,应当裁定中止审理。人民检察院可以依法另行向人民法院提出没收违法所得的申请。

39. 对于人民法院依法作出的没收违法所得的裁定,犯罪嫌疑人、被告人的近亲属和其他利害关系人或者人民检察院可以在五日内提出上诉、抗诉。

■最高人民法院、最高人民检察院关于适用犯罪嫌疑人、被告人逃匿、死亡案件违法所得没收程序若干问题的规定(2017年1月5日)

第七条(第二款)　刑事诉讼法第二百八十一条第二款、第二百八十二条第二款规定的"其他利害关系人"是指前款规定的"其他对申请没收的财产主张权利的自然人和单位"。

第十六条　人民法院经审理认为,申请没收的财产属于违法所得及其他涉案财产的,除依法应当返还被害人的以外,应当予以没收;申请没收的财产不属于违法所得或者其他涉案财产的,应当裁定驳回申请,解除查封、扣押、冻结措施。

第十七条　申请没收的财产具有高度可能属于违法所得及其他涉案财产的,应当认定为本规定第十六条规定的"申请没收的财产属于违法所得及其他涉案财产"。

巨额财产来源不明犯罪案件中,没有利害关系人对违法所得及其他涉案财产主张权利,或者利害关系人对违法所得及其他涉案财产虽然主张权利但提供的相关证据没有达到相应证明标准的,应当视为本规定第十六条规定的"申请没收的财产属于违法所得及其他涉案财产"。

第二十四条　单位实施本规定第一条规定的犯罪后被撤销、注销,单位直接负责的主管人员和其他直接责任人员逃匿、死亡,导致案件无法适用刑事诉讼普通程序进行审理的,依照本规定第四条的规定处理。

第二十五条　本规定自2017年1月5日起施行。之前发布的司法解释与本规定不一致的,以本规定为准。

▽如何认定申请没收的财产属于违法所得

如何准确区分违法所得及其他涉案财产与犯罪嫌疑人、被告人、利害关系人的合法财产,是没收违法所得申请案件审理的关键。为确保审慎查明申请没收的财产的产权属性,《追赃规定》分别在程序设计和认定标准上作了明确规定。

1. 程序设计:开庭审理阶段审查。由于有关刑事部分的事实和证据已在立案阶段审查,没收违法所得申请案件审理过程中应仅就申请没收的财产是否属于违法所得及其他涉案财产进行审理。根据《追赃规定》第十四条规定,没收违法所得申请案件按照有无利害关系人、诉讼代理人参加诉讼,可分为开庭审理和不开庭审理两种方式:一是对于有利害关系人申请参加或委托诉讼代理人参加诉讼的,应当开庭审理;二是对于无利害关系人参加诉讼的,不开庭审理。对于利害关系人及其诉讼代理人无正当理由拒不到庭,且无其他利害关系人和其他诉讼代理人参加诉讼的,相当于无利害关系人参加诉讼,可以不开庭审理。对于开庭审理的案件,出庭的检察人员应仅就申请没收的财产属于违法所得及其他涉案财产的事实出示、宣读证据。由于出庭的检察人员不对刑事部分证据进行出示、宣读,利害关系人及其诉讼代理人自然无法对有关犯罪事实及证据提出异议,其仅可以就申请没收的财产属于违法所得及其他涉案财产等相关事实及证据提出意见。考虑到没收违法所得申请案件中犯罪嫌疑人、被告人完全有可能将来被缉拿归案或者主动到案而适用普通刑事诉讼程序,此类案件的法庭调查应尽可能不妨碍正在进行或者即将进行的刑事侦查。对于确有必要出示,但可能妨碍刑事侦查的证据,法庭调查应当不公开进行。

2. 证明标准:申请没收财产高度可能属于违法所得及其他涉案财产。(1)违法所得及其他涉案财产的范围。要审查认定申请没收的财产是否属于违法所得及其他涉案财产,首先应把握违法所得及其他涉案财产的范围。违法所得及其他涉案财产可进一步区分为“违法所得”和“其他涉案财产”两部分。①违法所得的范围。根据《追赃规定》第六条规定,通过实施犯罪直接或者间接产生、获得的任何财产,应当认定为“违法所得”;违法所得已经全部或部分转变、转化为其他财产的,转变、转化后的财产应当视为“违法所得”;来自违法所得转变、转化后的财产收益,或者来自已经与违法所得相混合财产中违法所得相应部分的收益,应当视为“违法所得”。本案犯罪嫌疑人实施犯罪所得钱款与其家庭合法财产混合,大部分被存入银行账户以及用于购买理财产品,因此产生收益中来自违法所得相应的部分,应当视为“违法所得”,扬州市中级人民法院据此裁定予以没收。②其他涉案财产的范围。《中华人民共和国刑事诉讼法》《最高人民法院关于适用〈中华人民共和国刑事诉讼法〉的解释》《追赃规定》均未对“其他涉案财产”的范围作出明确界定,对“其他涉案财产”的范围,可参照刑法的相关规定确定。刑法第六十四条规定,犯罪分子违法所得的一切财物,应当予以追缴或者责令退赔;对被害人的合法财产,应当及时返还;违禁品和供犯罪所用的本人财物,应当予以没收。参照该规定,与犯罪具有关联的财产被分为“违法所得”和“违禁品和供犯罪所用的本人财物”并列的两类,其中“违禁品和供犯罪所用的本人财物”与违法所得没收程序中“其他涉案财产”相互对应。本案未涉及对其他涉案财产的认定及没收。(2)具有高度可能的盖然性证据证明标准。刑事诉讼法第二百八十二条规定,对经查证属于违法所得及其他涉案财产,除依法返还被害人的以外,应当裁定予以没收。该规定仅概括性地对违法所得没收程序的处理结果作出规定,而对于“查证属于违法所得及其他涉案财产”应采用何种证明标准则未予明确。《追赃规定》第十七条第一款明确了高度盖然性证明标准,主要基于以下考虑:一是符合立法原意和司法实践需求。由于没收违法所得申请案件中犯罪嫌疑人、被告人逃匿、死亡,在证据收集方面一般比普通案件难度更大,如果坚持遵循“事实清楚,证据确实、充分”的证明标准,则大部分没收违法所得申请案件都只能裁定驳回申请,这种结果必然会导致检察机关申请没收的积极性大大降低,最终意味着将刑事诉讼法增设的违法所得没收程序束之高阁,严重背离了立法初衷。二是符合违法所得没收程序的本质特征。违法所得没收程序本质上是对财产权属的确认之诉,这一本质特征决定了其证明标准与普通刑事诉讼程序相比可以有所降低。同时,高度盖然性证据证明标准既适用于检察机关没收违法所得的申请,也适用于利害关系人对申请没收的财产主张权利。这种证明标准上的平衡,可以有效避免因为单向适用高度盖然性证据证明标准损害犯罪嫌疑人、被告人、利害关系人合法财产权利。三是借鉴吸收部分国外相关理论研究成果和实践经验。不定罪没收制度最早发源于英国,后在美国、加拿大、澳大利亚、新西兰等英美法系国家得到推广完善。上述国家对于申请没收的财产与犯罪事实的关联性均采用优势证据证明标准。国外多年的理论研究和实践证明,优势证据证明标准对于不定罪没收制度既具有必要性又具有可行性,为我国违法所得没收程序中适用优势证据证明标准提供了借鉴和参考。高度盖然性证据证明标准,在优势证据证明标准基础上,进一步要求证据优势必须达到高度盖然的程度,更加体现了我国司法机关在违法所得及其他涉案财产认定上的审慎和严谨态度。值得强调的是,"具有高度可能"是《追赃规定》为认定申请没收的财产属于违法所得及其他涉案财产设定的最低证明标准。在具体案件中,检察机关就申请没收的财产与违法所得及其他涉案财产的关联性收集的证据可能已达到排除合理怀疑的标准,远远高于盖然性证据证明标准。本案中,扬州市中级人民法院对申请没收的财产属于违法所得及其他涉案财产的认定基本达到了排除合理怀疑的标准,确保了事实认定准确。(参见第 1235 号指导案例,任某厚受贿、贪污、巨额财产来源不明违法所得没收申请案,载《刑事审判参考》总第 112 集,第 123 ~1126 页。撰稿:刘晓虎　张宇)

▽能否等价没收直接用于消费支出而未与扣押、冻结在案财产发生混同的违法所得

根据刑事诉讼法第二百八十二条,人民法院经审理,对经查证属于违法所得及其他涉案财产,除依法返还被害人的以外,应当裁定予以没收:对不属于应当追缴的财产的,应当裁定驳回申请,解除查封、扣押、冻结措施。该规定与刑法第六十四条的规定不同,对不属于应当追缴的财产仅规定了"应当裁定驳回申请,解除查封、扣押、冻结措施",而未规定"责令退赔"的处理办法。本案中,法院经公开开庭审理查明,检察机关申请没收的犯罪嫌疑人任某厚受贿、贪污违法所得中,有 230 余万元系任某厚为特定用途索要、套取,相关款项均被直接用于支付贿选及旅游、疗养费用。对于该 230 余万元是否应裁定没收,有观点认为,由于钱款属于种类物,任某厚收受钱款即直接转化为其个人财产,其贿选等支出费用亦应系其总资产中支出,现在案扣押、冻结款物价值远超过任某厚合法收入与犯罪所得总和,故其上述受贿、贪污犯罪所得 230 余万元,具有高度可能包含于在案扣押、冻结钱款中,依法应予没收。对该 230 余万元不能裁定没收。本案现有证据足以证明任某厚上述实施受贿、贪污犯罪所得 230 余万元被直接用于贿选以及旅游、疗养费用支出,未与任某厚家庭财产混同,亦未包含在检察机关查扣、冻结财产之中,任某厚收受、套取的相关钱款用途特定、流向明确,该钱款并未与任某厚其他财产发生混同,依照相关法律及司法解释规定,不能对任某厚合法财产等价没收。扬州市中级人民法院据此驳回检察机关相应没收申请的处理是正确的。本案系《追赃规定》颁布实施后宣判的第一起因犯罪嫌疑人死亡而适用违法所得没收程序的省级干部职务犯罪案件,体现了党和国家依法惩治腐败和对赃款、赃物一追到底的坚定决心和鲜明态度,对腐败犯罪分子"牺牲一人,幸福全家"的潜在心理造成有力震慑。同时,本案立案审查、发布公告、开庭审理以及各类裁判文书制作都是全新的司法实践活动,对违法所得没收制度的发展以及同类案件审判具有重要参考和借鉴价值。(参见第 1235 号指导案例,任某厚受贿、贪污、巨额财产来源不明违法所得没收申请案,载《刑事审判参考》总第 112 集,第 129 ~130 页。撰稿:刘晓虎　张宇)

第三百零一条　【终止审理及返还与赔偿】在审理过程中,在逃的犯罪嫌疑人、被告人自动投案或者被抓获的,人民法院应当终止审理。

没收犯罪嫌疑人、被告人财产确有错误的,应当予以返还、赔偿。

■人民检察院刑事诉讼规则(2019 年 12 月 30 日)

第五百二十六条　在审查监察机关或者公安机关移送的没收违法所得意见书的过程中,在逃的犯罪嫌疑人、被告人自动投案或者被抓获的,人民检察院应当终止审查,并将案卷退回监察机关或者公安机关处理。

第五百三十二条　在审理案件过程中，在逃的犯罪嫌疑人、被告人自动投案或者被抓获，人民法院按照刑事诉讼法第三百零一条第一款的规定终止审理的，人民检察院应当将案卷退回监察机关或者公安机关处理。

第五百三十三条　对于刑事诉讼法第二百九十八条第一款规定以外需要没收违法所得的，按照有关规定执行。

■最高人民法院关于适用《中华人民共和国刑事诉讼法》的解释（2021年3月1日）

第六百二十五条　在审理申请没收违法所得的案件过程中，在逃的犯罪嫌疑人、被告人到案的，人民法院应当裁定终止审理。人民检察院向原受理申请的人民法院提起公诉的，可以由同一审判组织审理。

第五章　依法不负刑事责任的精神病人的强制医疗程序

第三百零二条　【适用强制医疗的条件】实施暴力行为，危害公共安全或者严重危害公民人身安全，经法定程序鉴定依法不负刑事责任的精神病人，有继续危害社会可能的，可以予以强制医疗。

■人民检察院刑事诉讼规则（2019年12月30日）

第五百三十四条　对于实施暴力行为，危害公共安全或者严重危害公民人身安全，已经达到犯罪程度，经法定程序鉴定依法不负刑事责任的精神病人，有继续危害社会可能的，人民检察院应当向人民法院提出强制医疗的申请。

提出强制医疗的申请以及对强制医疗决定的监督，由负责捕诉的部门办理。

■最高人民法院关于适用《中华人民共和国刑事诉讼法》的解释（2021年3月1日）

第六百三十条　实施暴力行为，危害公共安全或者严重危害公民人身安全，社会危害性已经达到犯罪程度，但经法定程序鉴定依法不负刑事责任的精神病人，有继续危害社会可能的，可以予以强制医疗。

■公安机关办理刑事案件程序规定（2020年9月1日）

第三百四十二条　公安机关发现实施暴力行为，危害公共安全或者严重危害公民人身安全的犯罪嫌疑人，可能属于依法不负刑事责任的精神病人的，应当对其进行精神病鉴定。

第三百四十三条　对经法定程序鉴定依法不负刑事责任的精神病人，有继续危害社会可能，符合强制医疗条件的，公安机关应当在七日以内写出强制医疗意见书，经县级以上公安机关负责人批准，连同相关证据材料和鉴定意见一并移送同级人民检察院。

第三百四十四条　对实施暴力行为的精神病人，在人民法院决定强制医疗前，经县级以上公安机关负责人批准，公安机关可以采取临时的保护性约束措施。必要时，可以将其送精神病医院接受治疗。

第三百四十五条　采取临时的保护性约束措施时，应当对精神病人严加看管，并注意约束的方式、方法和力度，以避免和防止危害他人和精神病人的自身安全为限度。

对于精神病人已没有继续危害社会可能，解除约束后不致发生社会危险性的，公安机关应当及时解除保护性约束措施。

■最高人民法院、最高人民检察院、公安部、司法部、卫生部精神疾病司法鉴定暂行规定（1989年8月1日）（见本书附录二）

●强制医疗中有继续危害社会可能的判定

审理强制医疗案件，对被申请人或者被告人是否“有继续危害社会可能”，应当综合被申请人或者被告人所患精神病的种类、症状,案件审理时其病情是否已经好转,以及其家属或者监护人有无严加看管和自行送医治疗的意愿和能力等情况予以判定。必要时,可以委托相关机构或者专家进行评估。(参见最高人民法院第13批指导性案例63号,徐加富强制医疗案,2016年6月30日发布。)

▽强制医疗条件的理解和适用

2012年修正后的《刑事诉讼法》设立了依法不负刑事责任的精神病人的强制医疗程序。刑事诉讼法本条规定,对行为人进行强制医疗必须符合以下条件:一是行为人实施了暴力行为,危害公共安全或者严重危害公民人身安全;二是经法定程序鉴定依法不负刑事责任;三是有继续危害社会的可能。本案在审理过程中,申请机关与被申请人双方的争议焦点主要有三点:一是被申请人实施行为的具体性质是否影响强制医疗的决定;二是如何认定被申请人有继续危害社会的可能,对此是否必须以鉴定意见为依据;三是决定是否对被申请人进行强制医疗还需要考虑哪些因素。

(一)被申请人的暴力行为客观上与犯罪程度相当,行为的具体性质并非适用强制医疗程序的主要参考指标。检察机关的申请认为,被申请人朱某实施持刀抢劫、强奸行为,严重危害公民人身安全。对此,朱某的诉讼代理人提出,被申请人当时劫取被害人吴某的手机是防止吴某报警,而且离开作案现场后即将手机丢弃,故朱某无非法占有被害人财物的故意,其行为不构成抢劫。按照刑事诉讼法本条规定,强制医疗的行为有两个要件:一是行为性质上,必须是暴力行为,对实施了非暴力危害社会的行为人,依法不能强制医疗;二是行为后果上,必须是危及公共安全或者严重危害公民人身安全。所谓危及公共安全,是指必须对不特定多数人的生命健康或者公私财产已经造成实际危害或者有造成实际危害的危险,实践中主要是比照刑法分则第二章危害公共安全罪中所表述的行为进行判断。所谓严重危害公民人身安全,是指行为对公民个人人身安全造成严重危害,实践中主要是比照刑法分则第四章所表述的行为进行判断。值得注意的是,被申请人实施的危害公共安全或者严重危害公民个人安全的暴力行为,社会危害性应当与犯罪程度相当。对情节轻微,与犯罪程度不相当的行为,不应适用强制医疗程序。本案被申请人朱某持刀威胁被害人吴某,劫取吴某的财物,后又对吴某进行强制猥亵并试图强奸,其行为具有暴力性质,并且已经对吴某的人身安全造成严重危害,在客观上与犯罪程度相当,符合强制医疗程序的行为要件。至于朱某的行为具体究竟是认定为抢劫还是其他性质的行为,不是适用强制医疗程序的主要参考指标。

(二)被申请人"有继续危害社会的可能"需要综合案件实际情况分析判断。强制医疗案件中的被申请人是否"有继续危害社会的可能",实践中需要综合案件多种情况进行分析判断。审理过程中,被申请人朱某的诉讼代理人提出,"有继续危害社会可能"的认定必须以专业机构出具的鉴定或者评估报告为依据。所谓"有继续危害社会的可能",是综合分析判断的结果,是对被申请人未来行为进行的预测和推断,需要综合考虑多种因素而不仅仅是医学检验结论。因此,对"有继续危害社会的可能"的认定不属于必须鉴定的情形,实际上司法鉴定机构也不可能就此作出鉴定意见。实践中,对"有继续危害社会的可能"的认定,一般是根据案件情况、被申请人一贯表现、被申请人实际病情、治疗医生有关病情的描述和诊断,并结合相关鉴定意见进行判断,必要时可以通过有专门知识的人出庭作证等方式进一步查明。

(三)被申请人是否有必要进行强制医疗要综合分析被申请人本人、家属以及监管、治疗的能力和条件。具体可以通过依次审查以下事项予以认定:1.被申请人在有接受治疗必要的情况下,首先要审查被申请人是否能够自行主动进行治疗。根据法律规定,强制医疗案件必须对被申请人的精神状况进行司法鉴定,这种专业鉴定在认定被申请人案发时无刑事责任能力的同时也必然对被申请人的病情作出相应诊断。一般情况下,在精神疾病影响下实施严重危害社会行为的被申请人,都需要接受专业的治疗。个别案件中,行为人确系在精神疾病影响下实施了危害社会的行为,但随后在诉讼过程中经过短期治疗,其精神疾病已经得到较好的治疗或者控制,并且能够自行主动进行后续治疗,此种情况下,就没有必要进行强制医疗。同时,精神疾病的一大重要特征就是病人缺乏自知力,不认同自己患有精神病,加之绝大多数精神药物都有一定的副作用,服用后身体会有明显不适,故精神病人在自知力没有较大程度恢复的情况下一般无法自行积极参与治疗,需要在监管下进行治疗。本案关于被申请人朱某精神状况的司法精神病鉴定意见显示,朱某患有精神分裂症,案发时及当前均处于发病期,无自知力。而朱某在安康医院的主治医生证实,朱某初入院时精神状况紊乱,有幻听、妄想,精神分裂症状明显,无自知力,危害性较大。从其症状看,有暴力倾向。据此,朱某已经不具备自行主动进行治疗的能力,即必须在监管下接受治疗。2. 在被申请人仅能被动接受治疗的情形下,其次要审查被申请人家属是否有对被申请人进行监管、治疗的意愿。如果被申请人家属不具备这样的意愿,则只能由政府对被申请人进行强制医疗。因精神疾病的治疗成本高,治愈难度大,对实施暴力行为、人身危险性大的精神病人,监管的责任更重,家属往往更愿意由政府对病人进行强制医疗。但在少数案件中,家属确有自行对被申请人进行监管、治疗的意愿,不愿意送交政府强制医疗。本案即属于此种情形。基于本案朱某家属有对朱某进行监管、治疗的意愿,不愿意将被申请人送交强制医疗的前提,必须进一步审查朱某家属对朱某进行监管、治疗的现实可能性。3. 在被申请人家属愿意对被申请人进行监管、治疗的情况下,再次要审查被申请人家属是否具备监管、治疗的条件与能力。实践中,精神病人的监管、治疗通常需要借助具有一定强制性质的半封闭或者全封闭的专业医疗机构。如果被申请人家属愿意承担被申请人的监管、治疗职责,并且具备治疗的能力和条件,就有必要向法院提供一份较为详尽的治疗、监管方案。该方案的可行性可从以下几个方面予以考量:(1)家属是否讳疾忌医,是否存在碍于“面子”而不愿送病人去专业精神医疗机构治疗的心理。(2)家属提供的医疗机构是否专业,是否对具有暴力倾向的重度精神病人能够治疗和监管,是否愿意接收被申请人。(3)家属能否尽到监管、治疗职责,是否具备对被申请人进行长期治疗的实际条件。本案中,从朱某病史分析,朱某家属碍于面子不愿意将朱某送交政府强制医疗,但又不具备对朱某进行监管、治疗的能力和条件,且未尽到监管职责。从案发前的情况看,朱某的父母也未能尽到监管责任。明尼苏达多项人格调查表测评报告已记载朱某具有易激动和偶尔会冲动的因素,朱某的家属仍然让其复学,这在一定程度上是对朱某可能继续造成社会危害的放任。在朱某复学后,家人仅嘱咐其服药,未尽到监督服药的责任。朱某长期携带长 33 厘米的匕首,更是其家属在监管上的失职。综上,被申请人朱某不具各自行主动接受治疗的条件,需要接受专业的监管、治疗,尽管其家属具有监管、治疗的意愿,不愿意将朱某送交强制医疗,但并不具备实际的条件和能力,此种情况下,基于继续危害社会可能的考虑,有必要对被申请人朱某进行强制医疗。[参见第 886 号指导案例,朱某被强制医疗案,载《刑事审判参考》总第 93 集(2013 年第 4 集),第 92 ~ 96 页。撰稿:徐世亮 胡晓爽]

▽应当根据被申请人所患精神疾病类型及其实施暴力行为的情节综合认定其是否具有“继续危害社会的可能”

定被申请人是否具有“继续危害社会的可能”,应当着重从以下两个方面进行审查:一是被申请人所患精神疾病的类型。根据精神病学的分类,精神病人一般分为冲动攻击型、极度妄想型和社会能力衰退型三种类型,其中冲动攻击型精神病人的人身危险性最为明显,如果没有得到有效治疗,其再次实施攻击行为的可能性也比较大。对这类精神病人,可结合其既往病史及治疗情况判断其危险性。本案被申请人宋某在 2007 年即被诊断为精神分裂症,在案发前多次无故打骂他人。审理时被申请人正在安康医院接受治疗,据主治医师介绍,其处在急性治疗期,经诊治虽病情有所稳定,但仍存在夸大妄想及冲动行为。综合宋某所患精神疾病类型及临床表现看,其属于攻击住较强的精神病人。二是实施本次暴力行为的起因、经过。精神病人既可能因病情自动发作实施攻击行为,也可能受现实因素的刺激侵害他人。显然前者的人身危险性更大,此时精神病人处于随时可能实施攻击行为的状态,何时发作具有极大的不确定性。后者的人身危险性相对较小,此类病人一般病情比较稳定,如无现实因素的刺激,通常不会实施暴力行为。本案被申请人在地铁站内无故将他人推下站台,致使被害人被列车碾压多处受伤,其行为性质非常恶劣,后果极为严重。被申请人实施的暴力行为并非现实因素引发,具有任意性,表明其随时会对周围不特定人实施侵害,暴力倾向明显。综合上述情况,北京市海淀区人民法院认定被申请人具有"继续危害社会的可能",具有充分的事实根据。[参见第887号指导案例,宋某被强制医疗案,载《刑事审判参考》总第93集(2013年第4集),第98～99页。撰稿:王冲　侯孝文]

▽对被申请人是否决定强制医疗应当严格根据强制医疗的条件,具备一定条件的被申请人亲属提出自行治疗、看管申请的不应影响人民法院作出是否强制医疗的决定

刑法第十八条第一款规定:"精神病人在不能辨认或者不能控制自己行为的时候造成危害结果,经法定程序鉴定确认的,不负刑事责任,但是应当责令他的家属或者监护人严加看管和医疗;在必要的时候,由政府强制医疗。"据此规定,政府强制医疗与家庭的看管、医疗是分别适用于不同情形的两种措施,适用条件也不同。结合刑事诉讼法的相关规定,造成危害结果的精神病人不符合强制医疗条件的,应当由家属或者监护人负责看管和医疗;但如果有继续危害社会可能,符合强制医疗条件的,则应当由政府强制医疗。刑法第十八条第一款规定的"必要的时候",即是指符合强制医疗条件。因此,人民法院对被申请人是否决定强制医疗,不取决于其家人的看管、治疗条件,而是看是否符合刑事诉讼法及司法解释规定的适用条件。强制医疗属于社会防卫措施,即国家动用公共资源对具有高度危险性的精神病人进行约束、治疗,以避免其对社会造成新的危害。家庭对具有继续危害社会可能的精神病人的监管力度不够,不利于保障其他公民及精神病人本人的合法权益。如果以精神病人的家庭具有看管、治疗条件为由不对其强制医疗,公共安全难以得到有力保障。本案被申请人的父母一再声明其具备相应的经济能力,可对宋某进行治疗和监护,不同意对宋某实施强制医疗。北京市海淀区人民法院在审理时对被申请人父母以往对被申请人的治疗、监护情况进行了全面了解,并经审查认为,被申请人家庭虽然具有一定的经济条件,可以对被申请人进行治疗,但本案的发生仍充分证明其家庭的监管力度不够,无法做到有效防止其继续危害社会,应当由国家采取强制医疗措施,故对其亲属要求自行看管、治疗的意见不予采纳。综上,在决定是否对被申请人进行强制医疗时可以适当考虑其监护人的看管、治疗能力,但不能混淆国家责任和个人责任,对符合强制医疗条件的被申请人,必须由国家履行监管、治疗责任。即使个人具有较好的看管、治疗条件,也不能轻易将此责任转由个人承担。北京市海淀区人民法院做出的对被申请人宋某予以强制医疗的决定是正确的。[参见第887号指导案例,宋某被强制医疗案,载《刑事审判参考》总第93集(2013年第4集),第99～101页。撰稿:王冲　侯孝文]

▽如何理解和把握强制医疗的实质性条件

被申请人荣某符合强制医疗的条件,应当对荣某强制医疗。理由如下:2012年刑事诉讼法在修订时,增设了"依法不负刑事责任的精神病人的强制医疗程序"(本附文以下简称强制医疗程序),主要是基于三个方面的考虑:一是保护人民群众生命财产安全免受精神病人侵害和使精神病人得到妥善处置的需要。刑事诉讼法规定了强制医疗程序,对实施暴力行为,危害公共安全或者严重危害公民人身安全并有继续危害社会可能的精神病人进行强制医疗。二是落实刑法相关规定的需要。1997年刑法第十八条第一款只规定了在"必要的时候"对造成危害结果的精神病人实施强制医疗,没有规定强制医疗的条件和程序,较为笼统。刑事诉讼法作为程序法,是刑法执行的保障法,因此,这次修订增加规定了强制医疗程序。三是保障公民人身权利不受非法侵害的需要。强制医疗程序涉及对公民人身的限制,对公民予以强制医疗必须遵循严格的法律程序。刑事诉讼法设置了强制医疗的程序,将强制医疗纳入严格的司法审查程序中,并规定了有效的救济程序,就是为了有效保障公民的合法权益。综上,为落实刑法中对精神病人强制医疗的规定,刑事诉讼法本条规定确定了适用强制医疗程序所需具备的三个条件。在司法实践中,有必要加强研究分析,以准确而又更加充分发挥"强制医疗程序"的功能。

(一)精神病人实施暴力行为,危害公共安全或者严重危害公民人身安全。根据刑事诉讼法的规定，只有实施了暴力行为，危害公共安全或者严重危害公民人身安全的精神病人才可以适用强制医疗。这样的规定，一方面体现了与刑法规定相适应。刑法第十八条第一款规定，只有精神病人的行为造成危害结果，才能在必要时予以强制医疗。另一方面体现了慎重原则。强制医疗是限制公民人身权利和自由的较为严厉的预防性措施，适用起来需要特别慎重。因此，刑事诉讼法以行为人实施了"危害公共安全或者严重危害公民人身安全"的"暴力行为"作为适用强制医疗的必备条件之一。由于刑事诉讼法的规定原则性较强，如何理解刑事诉讼法规定的"危害公共安全或者严重危害公民人身安全"。对这一条件的理解，可以借助于刑事诉讼法这一规定的起草背景进行分析。刑事诉讼法修正案草案曾将"精神病人实施暴力行为危害公共安全或者致人死亡、重伤"规定为强制医疗的适用条件，后来将"致人死亡、重伤"修改为"严重危害公民人身安全"。这一变化表明，适用强制医疗，并不要求一定有致人死亡、重伤的后果。多次实施暴力行为，造成多次轻伤的；实施放火行为，虽未造成人员伤亡，但造成公私财产重大损失的；使用刀具、斧头等杀伤力巨大的工具实施严重暴力行为，被害人只是侥幸避免伤亡的等，也符合强制医疗的条件。当然，如行为人只是偶尔实施轻微暴力行为，无论从工具、手段等看，只是造成他人轻微伤，不可能造成致人重伤、死亡的，即依法不可能构成犯罪的，则不属于严重危害公民人身安全的情形，不应适用强制医疗。基于这一分析，在认定被申请人的行为是否达到犯罪的程度时，既不能简单以是否达到重伤、死亡后果进行判断，也不能简单认为凡是仅造成轻微伤后果的都属于没有达到犯罪程度，而应当从一个正常具备刑事责任能力的人实施相应的行为是否应当承担刑事责任的层面进行分析、判断。本案在认定荣某的行为是否达到犯罪程度时，应当按照正常人的标准，结合主、客观要件进行分析评价。从被害人的陈述以及荣某实施的行为（持刀、斧等足以致命的凶器，砍击头面部等足以致命的部位）分析，荣某两次持足以致人死亡的斧子砍击被害人的头面部，虽然伤害结果只是轻微伤，但其所用工具、砍击部位足以证明其行为性质属于故意杀人，已严重危害他人人身安全，其行为已经达到犯罪的程度。被害人所受伤害仅为轻微伤，不是因为荣某下手不狠，也不是因为荣某没有致被害人重伤、死亡的目的，而是与被害人奋力抵抗、拼命呼救有关，有一点侥幸的成分。因此，荣某的行为，无论是从主观目的还是从客观行为、后果、因果关系分析，均达到了犯罪程度。

（二）行为人必须是经法定程序鉴定依法不负刑事责任的精神病人。具有完全刑事责任能力的人或者犯罪时精神正常的间歇性精神病人实施危害行为的，应当依法追究其刑事责任。只有经法定程序鉴定，实施危害行为时不能辨认或者控制自己行为的精神病人，不具有刑事责任能力的，才可以适用强制医疗程序。证实精神病人是否负刑事责任的鉴定应当严格依法进行。根据全国人大常委会《关于司法鉴定管理问题的决定》以及司法部下发的《司法鉴定程序通则》的规定，对精神病鉴定等法医类鉴定应当委托列入省级人民政府司法行政部门编制的名册中的鉴定机构，并由二名或者二名以上无利害关系的鉴定人共同进行鉴定。根据最高人民法院、最高人民检察院、公安部、司法部、卫生部联合印发的《精神疾病司法鉴定暂行规定》，精神病鉴定意见中通常会有被告人是否具有完全刑事责任能力的结论。精神病鉴定意见虽然是专家给出的"结论"，但就其法律性质来说，该"结论"仍然只是一种意见，法官不能盲目相信，应当对鉴定意见是否科学、客观进行审查后，作出是否采纳鉴定意见的决定。审查的重点主要有鉴定人是否合格，鉴定的材料是否全面、充分、可靠。特别是司法实践中会出现补充鉴定或者重新鉴定的问题，对此应当明确的是，法院是争议的最终裁决者，拥有对鉴定意见的证明价值进行审查判断的最终权力。法官应当重视审查鉴定意见本身的科学性和真实性，并结合全案证据综合评估鉴定意见的证明价值。就本案而言，荣某在公安机关共做了三次精神病司法鉴定。三份鉴定意见，第一份与后两份结论不同。由于鉴定意见之间没有上下级之分，效力没有高低之分。采用哪份鉴定意见，应当由法官在科学判断后依法认定。因此，法院采纳第二次、第三次的鉴定意见而不采纳第一次鉴定意见，是刑事诉讼法赋予的法定职权。法院根据案件实际情况，对荣某在数次暴力行为中的表现、暴力后的精神状态、暴力的原因等方面进行综合分析后，认定荣某系无刑事责任能力人的结论更符合客观事实,更具有科学性。

(三)有继续危害社会的可能。"有继续危害社会可能"是强制医疗适用的必备条件之一。强制医疗的目的并不是对实施暴力行力的被强制医疗人进行惩戒和制裁,而是对被强制医疗人采取保护性措施,并给予其必要的治疗,使其尽快解除痛苦,恢复健康,同时避免继续危害社会。因此,如果精神病人虽然实施了暴力行为,但不再具有继续危害社会可能的,如已经严重残疾等,丧失了继续危害社会的能力,就不必对其强制医疗。如果精神病人实施暴力行为后,由其监护人或者单位将其送医治疗,精神病人的病情得到有效控制,从而不具有继续危害社会可能的,也没有必要进行强制医疗。本案被申请人荣某属于"有继续危害社会可能"。具体理由如下:(1)从荣某所患的精神病情分析本身来看,荣某属于精神病人,需要及时治疗。根据鉴定意见,荣某符合心境障碍诊断标准,并伴有精神病性症状,案发时受精神病症状的影响,辨控能力丧失;荣某心境障碍,无刑事责任能力。而心境障碍,是以显著而持久的情感或者心境改变为主要特征的疾病。临床主要表现为愤怒,情感的高涨与低落,甚至是冲动报复,以过度的自我保护机制应对社会,无法正确认知自己的行为,可伴有精神病性症状,如幻觉、妄想。多数患者有反复发作的倾向。(2)从荣某实施暴力的起因、过程、行为特征,其起因是未签订劳动合同,今后这一起因仍然存在,因此这个问题不可能得到解决。另外从行为过程、行为特征看,其行为针对的对象不是物,而是人,尤其是两次针对特定的人。(3)从被申请人有无接受医疗的条件分析,其家庭监护条件较差,荣某母亲薛某芳57岁,荣某生父荣某玉59岁,二人均已退休,且薛某芳有焦虑症、抑郁症。因此,荣某家庭没有看管、治疗的条件和能力。综上,荣某符合刑事诉讼法本条所规定的三个条件,应当决定对其予以强制医疗。[参见第888号指导案例,荣某被强制医疗案,载《刑事审判参考》总第93集(2013年第4集),第104～109页。撰稿:陆建红]

▽精神病人强制医疗的具体条件的认定

刑事诉讼法本条规定了实施强制医疗的三个条件:一是"犯罪"行为的暴力性和后果的严重性;二是对无刑事责任能力的精神病人鉴定的必经性;三是有继续危害社会可能的人身危险性。这三个条件之间是递进式的位阶关系,只有满足前一条件,才能继续判断是否满足后一条件,三个条件均齐备,方可实施强制医疗。由于该条规定得较为笼统,司法实践中具体把握这三个条件,存在过宽或者过严的不同认识,影响强制医疗程序发挥作用。结合本案,对如何把握强制医疗的条件分析如下:

(一)被申请人马某某持刀砍击马新红、赵秋菊的行为符合刑诉法本条所规定行为暴力性和后果严重性的要求。对涉案精神病人实施的暴力行为的种类,刑事诉讼法规定的比较概括,即实施暴力,危害公共安全或者严重危害公民人身安全的行为,其特征可归纳为行为的暴力性和后果的严重性。为维护社会秩序和公民人身、财产安全,并保障精神病人及代理人与其他相关方通过诉讼充分表达意见,应当适当放宽行为暴力性和后果严重性的判断标准,以充分将此类案件纳入诉讼中予以审查。除刑法第十七条规定的故意杀人、故意伤害致人重伤或者死亡、强奸、抢劫、贩卖毒品、放火、爆炸、投毒罪这些罪名涉及的行为,刑法分则第二章危害公共安全犯罪、第四章侵犯公民人身权利、民主权利犯罪和第五章侵犯财产罪中的抢劫等罪名涉及的行为,只要属于暴力危害公共安全和公民人身安全的都可认定为暴力行为。本案马某某在公共场所持刀砍击村民头部,因马新红躲避及村民阻拦,二被害人才得以保全性命。马某某持刀行凶的行为严重危害公民人身安全,符合行为暴力性和后果严重性的要求。

(二)被申请人马某某经依法鉴定,患有精神病,作案时无刑事责任能力。认定被申请人因患有精神病而无刑事责任能力是适用强制医疗的关键步骤。根据刑法第十八条的规定,行为人不仅必须患有刑法所规定的精神病,而且其所患精神病必须引起法定的心理状态或者心理结果,才能被判断为无刑事责任能力或限制刑事责任能力。前者为医学标准,即是否有精神病,后者为心理学标准(法学标准),即不能辨认或者不能控制自己的行为。医学要件是基础,心理学要件是核心。刑事责任能力是指行为人构成犯罪和承担刑事责任所必需的,行为人具备的刑法意义上辨认和控制自己行为的能力。我国刑法规定了三种无刑事责任能力或者限制刑事责任能力的事由,即未成年、精神病和生理缺陷,只有在这三种情况下讨论辨认能力和控制能力才有意义。因此,应当分两步审查判断被申请人是否满足此条件:一是被申请人是否有精神病;二是被申请人是否因精神病而失去辨认能力或者控制能力。1. 被申请人马某某作案时患有精神分裂症。《全国人大常委会关于司法鉴定管理问题的决定》(本附文以下简称《决定》)第一条规定:"司法鉴定是指在诉讼活动中鉴定人运用科学技术或者专门知识对诉讼涉及的专门性问题进行鉴别和判断并提供鉴定意见的活动。"具体到精神疾病的司法鉴定,是指应用现代精神医学理论和技术,遵从法定程序,对当事人的精神状态和法定能力进行评定,从而提供专家意见的活动。在刑事案件中,法官在审理过程中需要认定鉴定程序是否合法并结合其他证据,综合评判鉴定意见是否可作为证据予以采信。本案鉴定程序合法:(1)鉴定主体适格。《决定》第六条规定,"申请从事司法鉴定业务的个人、法人或者其他组织,由省级人民政府司法行政部门审核,对符合条件的予以登记,编入鉴定人和鉴定机构名册并公告"。而司法部《司法鉴定程序通则》第十九条规定:"司法鉴定机构对同一鉴定事项,应当指定或者选择二名司法鉴定人共同进行鉴定。"根据上述规定,对精神病鉴定等法医类鉴定应当委托省级人民政府司法行政部门编制的名册中的鉴定机构及二名或者二名以上无利害关系的鉴定人共同进行鉴定并制作鉴定意见。洛阳市精神卫生中心属于河南省政府指定的精神病医学鉴定机构,具有专业的司法精神病鉴定资质,出具鉴定意见的三名鉴定人亦具有司法鉴定人资格,与本案无利害关系。(2)鉴定标准科学,依据充分。《最高人民法院关于适用〈中华人民共和国刑事诉讼法〉的解释》(本附文以下简称《解释》)第八十四条规定,对鉴定意见应当着重审查鉴定机构和鉴定人是否具有法定资质,鉴定人是否存在应当回避的情形,鉴定意见的形式要件是否完备,鉴定程序是否符合法律有关规定,鉴定的过程和方法是否符合相关专业的规范要求,鉴定意见是否明确等。在审查判断鉴定意见时,可重点审查鉴定主体是否适格,及鉴定依据的标准是否科学,提取的材料是否充分等来综合判断。2001 年公布的《中国精神障碍分类与诊断标准》(本附文以下简称 CCMD－3)将精神障碍分为十类,其中一类为精神分裂症。本案司法精神病鉴定依照 CCMD－3 的有关诊断标准,通过考察被害人陈述,马某某亲属的证言,邻居和其他村民的证言,以及面对面和马某某进行交流,认为其言语性幻觉及被害妄想明显存在,对妄想给予特殊的解释,自知力缺失,性格内向、孤僻,人际交往差,敏感多疑,妄想泛化,持续幻听,据此诊断骂某某有精神分裂症。鉴定书采取的鉴定材料充分,论证逻辑清晰,鉴定意见符合规定。2. 马某某作案时无辨认能力。辨认能力是指行为人辨认自己行为的能力,具体可以从行为动机的合理性与行为的必要性等方面来判断;控制能力是指行为人具备选择自己实施或者不实施为刑法所禁止的行为的能力。辨认能力的存在是控制能力具备的前提条件,即没有辨认能力,就不可能有控制能力。我国采用的择一制的方式,即精神病人在行为时因精神病而导致其辨认能力和控制能力中的一项能力丧失,便可被判定为无刑事责任能力,但在具体考察刑事责任能力时,鉴定意见需对被鉴定人的辨认能力和控制能力分别进行判断,具体分析辨认能力还是控制能力丧失。本案马某某作案动机明显受疾病的影响,所供的杀人原因均与查证的结果不相符,无法正确辨认事件的前因及其行为在刑法上的意义、性质和后果,受幻觉、妄想的支配,缺乏现实目的,属于病理动机。马某某在上述病理性机制的直接影响下实施了杀人行为,辨认能力丧失,无刑事责任能力。强制医疗程序是修改后的刑事诉讼法增加的特别程序,诉讼过程要有申请人和被申请人及其代理人的充分参与。通过听取各方对鉴定意见的态度,会见涉案精神病人,走访涉案精神病人家属及周边邻居,向主治医生了解,向其他专业人员咨询等方式,综合判断鉴定意见是否客观、真实。如对鉴定意见有争议,可以委托有资质的第三方进行重新鉴定,以保证鉴定意见的真实性。宝丰县人民法院在开庭审理过程中经过举证、质证,充分听取了马某某的法定代理人及律师的意见,保障了马某某的合法权利。

(三)被申请人马某某有继续危害社会的可能性。强制医疗不是对涉案精神病人进行惩戒和制裁,而是对其采取保护性措施,并给予必要的治疗,使其尽快解除痛苦,恢复健康,同时避免继续危害社会。

实践中需要依照一定的标准来判断被申请人是否有继续危害社会的可能性。判断涉案的精神病人有无继续危害社会可能,可以从精神病人的人身危险和其家属的管控能力两个角度进行审查。精神病人的人身危险包括病理和经验两个层面。病理层面是指涉案精神病人的病情尚未得到有效控制,正在继续发病甚至病情正在恶化,导致其实施暴力行为的病理基础仍然存在甚至出现增强的趋势。经验层面是指涉案精神病人频繁实施暴力行为或者案发后实施了新的暴力行为,根据经验常识判断其具有继续实施暴力行为的可能性。必要时,审判人员可以通过补充询问鉴定人、其他有专门知识的人或其法定代理人进行审查,开庭时,应当让鉴定人出庭作证。条件许可的情况下,还可以亲自观察、询问涉案精神病人。家属的管控能力包括审查涉案精神病人有无家属,家属有无对其进行看管和医疗的意愿及条件。本案鉴定意见提出马某某还处于疾病发作期,精神症状明显存在,幻觉、妄想突出,建议进行专科监护治疗,严防意外发生。上述情况证实马某某实施暴力行为的病理基础仍然存在,结合其此前多次无故伤害同村村民,还有继续实施暴力行为的可能性,加之其父母均系农民,缺乏适当的管制条件,同意对马某某实施强制医疗,故本案符合该条规定。

综上,本案被告人马某某在公共场所不顾他人劝阻,持菜刀追砍马新红、赵秋菊头部的行为具有暴力性,后果亦具有严重性。经依法鉴定,马某某患有精神分裂症,作案时无刑事责任能力,且有继续危害社会的可能。宝丰县人民法院根据宝丰县人民检察院的申请,依照刑法第十八条第一款,刑事诉讼法本条、第二百八十五条第一款之规定,作出对马某某强制医疗的决定是适当的。[参见第976号指导案例,马某某强制医疗案,载《刑事审判参考》总第97集(2014年第2集),第124~129页。撰稿:桓旭 李晖]

第三百零三条　【强制医疗的决定程序】根据本章规定对精神病人强制医疗的,由人民法院决定。

公安机关发现精神病人符合强制医疗条件的,应当写出强制医疗意见书,移送人民检察院。对于公安机关移送的或者在审查起诉过程中发现的精神病人符合强制医疗条件的,人民检察院应当向人民法院提出强制医疗的申请。人民法院在审理案件过程中发现被告人符合强制医疗条件的,可以作出强制医疗的决定。

对实施暴力行为的精神病人,在人民法院决定强制医疗前,公安机关可以采取临时的保护性约束措施。

■人民检察院刑事诉讼规则(2019年12月30日)

第五百三十五条　强制医疗的申请由被申请人实施暴力行为所在地的基层人民检察院提出;由被申请人居住地的人民检察院提出更为适宜的,可以由被申请人居住地的基层人民检察院提出。

第五百三十六条　人民检察院向人民法院提出强制医疗的申请,应当制作强制医疗申请书。强制医疗申请书的主要内容包括:

(一)涉案精神病人的基本情况,包括姓名、性别、出生年月日、出生地、户籍地、公民身份号码、民族、文化程度、职业、工作单位及职务、住址,采取临时保护性约束措施的情况及处所等;

(二)涉案精神病人的法定代理人的基本情况,包括姓名、住址、联系方式等;

(三)案由及案件来源;

(四)涉案精神病人实施危害公共安全或者严重危害公民人身安全的暴力行为的事实,包括实施暴力行为的时间、地点、手段、后果等及相关证据情况;

(五)涉案精神病人不负刑事责任的依据,包括有关鉴定意见和其他证据材料;

(六)涉案精神病人继续危害社会的可能;

(七)提出强制医疗申请的理由和法律依据。

第五百三十七条　人民检察院审查公安机关移送的强制医疗意见书,应当查明:

（一）是否属于本院管辖；

（二）涉案精神病人身份状况是否清楚，包括姓名、性别、国籍、出生年月日、职业和单位等；

（三）涉案精神病人实施危害公共安全或者严重危害公民人身安全的暴力行为的事实；

（四）公安机关对涉案精神病人进行鉴定的程序是否合法，涉案精神病人是否依法不负刑事责任；

（五）涉案精神病人是否有继续危害社会的可能；

（六）证据材料是否随案移送，不宜移送的证据的清单、复制件、照片或者其他证明文件是否随案移送；

（七）证据是否确实、充分；

（八）采取的临时保护性约束措施是否适当。

第五百三十八条　人民检察院办理公安机关移送的强制医疗案件，可以采取以下方式开展调查，调查情况应当记录并附卷：

（一）会见涉案精神病人，听取涉案精神病人的法定代理人、诉讼代理人意见；

（二）询问办案人员、鉴定人；

（三）向被害人及其法定代理人、近亲属了解情况；

（四）向涉案精神病人的主治医生、近亲属、邻居、其他知情人员或者基层组织等了解情况；

（五）就有关专门性技术问题委托具有法定资质的鉴定机构、鉴定人进行鉴定。

第五百三十九条　人民检察院应当在接到公安机关移送的强制医疗意见书后三十日以内作出是否提出强制医疗申请的决定。

对于公安机关移送的强制医疗案件，经审查认为不符合刑事诉讼法第三百零二条规定条件的，应当作出不提出强制医疗申请的决定，并向公安机关书面说明理由。认为需要补充证据的，应当书面要求公安机关补充证据，必要时也可以自行调查。

公安机关补充证据的时间不计入人民检察院办案期限。

■最高人民法院关于适用《中华人民共和国刑事诉讼法》的解释（2021年3月1日）

第六百三十一条　人民检察院申请对依法不负刑事责任的精神病人强制医疗的案件，由被申请人实施暴力行为所在地的基层人民法院管辖；由被申请人居住地的人民法院审判更为适宜的，可以由被申请人居住地的基层人民法院管辖。

第六百三十二条　对人民检察院提出的强制医疗申请，人民法院应当审查以下内容：

（一）是否属于本院管辖；

（二）是否写明被申请人的身份，实施暴力行为的时间、地点、手段、所造成的损害等情况，并附证据材料；

（三）是否附有法医精神病鉴定意见和其他证明被申请人属于依法不负刑事责任的精神病人的证据材料；

（四）是否列明被申请人的法定代理人的姓名、住址、联系方式；

（五）需要审查的其他事项。

第六百三十三条　对人民检察院提出的强制医疗申请，人民法院应当在七日以内审查完毕，并按照下列情形分别处理：

（一）属于强制医疗程序受案范围和本院管辖，且材料齐全的，应当受理；

（二）不属于本院管辖的，应当退回人民检察院；

（三）材料不全的，应当通知人民检察院在三日以内补送；三日以内不能补送的，应当退回人民检察院。

第三百零四条 【强制医疗的审理】人民法院受理强制医疗的申请后，应当组成合议庭进行审理。

人民法院审理强制医疗案件，应当通知被申请人或者被告人的法定代理人到场。被申请人或者被告人没有委托诉讼代理人的，人民法院应当通知法律援助机构指派律师为其提供法律帮助。

■最高人民法院关于适用《中华人民共和国刑事诉讼法》的解释(2021年3月1日)

第六百三十四条 审理强制医疗案件，应当通知被申请人或者被告人的法定代理人到场；被申请人或者被告人的法定代理人经通知未到场的，可以通知被申请人或者被告人的其他近亲属到场。

被申请人或者被告人没有委托诉讼代理人的，应当自受理强制医疗申请或者发现被告人符合强制医疗条件之日起三日以内，通知法律援助机构指派律师担任其诉讼代理人，为其提供法律帮助。

第六百三十五条 审理强制医疗案件，应当组成合议庭，开庭审理。但是，被申请人、被告人的法定代理人请求不开庭审理，并经人民法院审查同意的除外。

审理强制医疗案件，应当会见被申请人，听取被害人及其法定代理人的意见。

第六百三十六条 开庭审理申请强制医疗的案件，按照下列程序进行：

(一)审判长宣布法庭调查开始后，先由检察员宣读申请书，后由被申请人的法定代理人、诉讼代理人发表意见；

(二)法庭依次就被申请人是否实施了危害公共安全或者严重危害公民人身安全的暴力行为、是否属于依法不负刑事责任的精神病人、是否有继续危害社会的可能进行调查；调查时，先由检察员出示证据，后由被申请人的法定代理人、诉讼代理人出示证据，并进行质证；必要时，可以通知鉴定人出庭对鉴定意见作出说明；

(三)法庭辩论阶段，先由检察员发言，后由被申请人的法定代理人、诉讼代理人发言，并进行辩论。

被申请人要求出庭，人民法院经审查其身体和精神状态，认为可以出庭的，应当准许。出庭的被申请人，在法庭调查、辩论阶段，可以发表意见。

检察员宣读申请书后，被申请人的法定代理人、诉讼代理人无异议的，法庭调查可以简化。

第六百三十七条 对申请强制医疗的案件，人民法院审理后，应当按照下列情形分别处理：

(一)符合刑事诉讼法第三百零二条规定的强制医疗条件的，应当作出对被申请人强制医疗的决定；

(二)被申请人属于依法不负刑事责任的精神病人，但不符合强制医疗条件的，应当作出驳回强制医疗申请的决定；被申请人已经造成危害结果的，应当同时责令其家属或者监护人严加看管和医疗；

(三)被申请人具有完全或者部分刑事责任能力，依法应当追究刑事责任的，应当作出驳回强制医疗申请的决定，并退回人民检察院依法处理。

第六百三十八条 第一审人民法院在审理刑事案件过程中，发现被告人可能符合强制医疗条件的，应当依照法定程序对被告人进行法医精神病鉴定。经鉴定，被告人属于依法不负刑事责任的精神病人的，应当适用强制医疗程序，对案件进行审理。

开庭审理前款规定的案件，应当先由合议庭组成人员宣读对被告人的法医精神病鉴定意见，说明被告人可能符合强制医疗的条件，后依次由公诉人和被告人的法定代理人、诉讼代理人发表意见。经审判长许可，公诉人和被告人的法定代理人、诉讼代理人可以进行辩论。

第六百三十九条 对前条规定的案件，人民法院审理后，应当按照下列情形分别处理：

(一)被告人符合强制医疗条件的，应当判决宣告被告人不负刑事责任，同时作出对被告人强制医疗的决定；

(二)被告人属于依法不负刑事责任的精神病人，但不符合强制医疗条件的，应当判决宣告被告人无罪或者不负刑事责任；被告人已经造成危害结果的，应当同时责令其家属或者监护人严加看管和医疗；

（三）被告人具有完全或者部分刑事责任能力，依法应当追究刑事责任的，应当依照普通程序继续审理。

第六百四十条　第二审人民法院在审理刑事案件过程中，发现被告人可能符合强制医疗条件的，可以依照强制医疗程序对案件作出处理，也可以裁定发回原审人民法院重新审判。

第六百四十一条　人民法院决定强制医疗的，应当在作出决定后五日以内，向公安机关送达强制医疗决定书和强制医疗执行通知书，由公安机关将被决定强制医疗的人送交强制医疗。

■最高人民法院、最高人民检察院、公安部、国家安全部、司法部、全国人大常委会法制工作委员会关于实施刑事诉讼法若干问题的规定（2013 年 1 月 1 日）

5. 刑事诉讼法第三十四条、第二百六十七条、第二百八十六条对法律援助作了规定。对于人民法院、人民检察院、公安机关根据上述规定，通知法律援助机构指派律师提供辩护或者法律帮助的，法律援助机构应当在接到通知后三日以内指派律师，并将律师的姓名、单位、联系方式书面通知人民法院、人民检察院、公安机关。

▽如何改进、完善强制医疗决定程序、机制

本案有关程序符合刑事诉讼法及司法解释的相关规定。公安机关对被申请人采取了临时的保护性约束措施，被申请人的诉讼代理人到场参加了庭审，全案在一个月内审结。新化县人民法院在审理本案中，严格按照刑事诉讼法及司法解释的规定，在开庭前会见了被申请人，对被申请人的精神状况有比较直观的了解。在征求被申请人法定代理人及诉讼代理人意见后决定被申请人不到庭参加诉讼。新化县人民法院依法采取由一名审判员与两名人民陪审员共同组成合议庭的方式公开开庭审理本案。以本案为视角，强制医疗案件在审理程序、工作机制等方面有以下值得进一步改进和完善的空间。

（一）应当根据具体案情决定是否要求具有专业知识的人员组成舍议庭。刑事诉讼法及司法解释要求审理申请强制医疗案件必须依法组成合议庭，但对合议庭成员的组成没有明确规定。据了解，本案中，新化县人民法院随机选取了两名人民陪审员，这两名人民陪审员均没有精神病学方面的专业背景。人民法院审理此类案件，应当结合具体案情决定是否需要由具有相关专业背景的人员组成合议庭。本案被害人系被申请人祖父。也就是说，本案被害人与被申请人系直系亲属，损害后果也由被申请人的其他家庭成员承担，被申请人与被害人的近亲属之间不存在利益冲突。换言之，由于被害人一方当事人与被申请人的法定代理人身份重合，且被申请人法定代理人与检察机关均认为应当对被申请人进行强制医疗，合议庭不必承担来自被害人一方当事人对其本身公正性的质疑。在其他证据确实、充分的条件下，合议庭能够较为顺利地作出决定。但是，如果被害人与被申请人之间并非直系亲属，且被害人一方当事人要求对被申请人判处刑罚，或者被申请人一方与检察机关目标并不一致，那么合议庭组成人员如果具备一定的专业知识将有助于化解案件当事人对法庭审判公正性的疑虑，也更有利于法庭查明案件事实。因此，具备条件的法院，可以安排一至两名具有相关专业知识的人员作为合议庭成员参与案件审理，如果是随机选取，也可以在具有相关寺业知识的范围内进行。

（二）法院会见被申请人的过程应当进一步规范。《最高人民法院关于适用〈中华人民共和国刑事诉讼法〉的解释》（本附文以下简称《解释》）第五百二十九条第二款规定："审理人民检察院申请强制医疗的案件，应当会见被申请人。"《解释》虽然明确规定审理强制医疗案件应当会见被申请人，但并未明确会见的方式。合议庭在审理案件过程中会见被申请人，可以更加有利于直观地了解被申请人的精神状况，对最终形成更加准确的内心确信具有重要意义。因此，有必要在司法实践中规范会见的程序、方式与方法。如向被申请人的亲属、邻居或者与被申请人有接触的医护人员询问被申请人的基本情况，通过录像等方式记录被申请人的言行举止，与被申请人进行面对面交流等。上述活动，均应当制作规范的会见笔录、视听资料，并予以存档。有必要作为证据当庭出示的，应当将上述材料提交法庭进行质证。本案在审理过程中，审判长、书记员会见了被申请人高某某，通过询问被申请人基本情况、案件基本情况，发现被申请人确实具有神志不清、胡言乱语等特征。法庭将上述情况记录下来，形成会见笔录，交被申请人本人及在场的主治医生签字，并存入法院案卷。由于案情简单，双方没有争议且其他证据确实、充分，上述材料虽然没有在法庭出示质证，但不影响对事实的整体认定，应当认定整个程序规范、合法、有效。

(三)强制医疗执行的起始时间、监督主体等事项应当予以明确。刑事诉讼法及《解释》未明确规定由哪个机关负责监督强制医疗决定书的执行。本案中，湖南省新化县人民法院只在强制医疗决定书中简单表述："对被申请人高某某强制医疗。"决定书中没有明确强制医疗的地点、开始时间及其他需要明确的事项。人民法院应当在强制医疗决定书中写明对被申请人进行强制医疗的起始时间，强制医疗机构名称、地点以及公安机关所应承担的相关义务。只有这样才能从法律上加强对人民法院自身和相关执行机关的约束，以有利于强制医疗决定书的真正执行。此外，湖南省新化县人民法院在强制医疗决定书中"本院认为"部分认定被申请人"有继续危害社会的可能"，但并没有给出较为详细的说明或者解释，这在一定程度上降低了公众对这一判断的信任程度。有必要将"继续危害社会的可能"作为需要证明的内容，在庭审中展开调查，并在决定书中做出较为详细的说明。同时，关于决定书的案号，为便于以后查询和搜索的便利，我们建议针对强制医疗案件使用单独的案号。总之，本案属于强制医疗程序的一次较为规范的审判实践。[参见第889号指导案例，高某某被强制医疗案，载《刑事审判参考》总第93集(2013年第4集)，第111～113页。撰稿：简红星　陈健]

第三百零五条　【强制医疗的审理期限及复议】人民法院经审理，对于被申请人或者被告人符合强制医疗条件的，应当在一个月以内作出强制医疗的决定。

被决定强制医疗的人、被害人及其法定代理人、近亲属对强制医疗决定不服的，可以向上一级人民法院申请复议。

■最高人民法院关于适用《中华人民共和国刑事诉讼法》的解释(2021年3月1日)

第六百四十二条　被决定强制医疗的人、被害人及其法定代理人、近亲属对强制医疗决定不服的，可以自收到决定书第二日起五日以内向上一级人民法院申请复议。复议期间不停止执行强制医疗的决定。

第六百四十三条　对不服强制医疗决定的复议申请，上一级人民法院应当组成合议庭审理，并在一个月以内，按照下列情形分别作出复议决定：

(一)被决定强制医疗的人符合强制医疗条件的，应当驳回复议申请，维持原决定；

(二)被决定强制医疗的人不符合强制医疗条件的，应当撤销原决定；

(三)原审违反法定诉讼程序，可能影响公正审判的，应当撤销原决定，发回原审人民法院重新审判。

第六百四十四条　对本解释第六百三十九条第一项规定的判决、决定，人民检察院提出抗诉，同时被决定强制医疗的人、被害人及其法定代理人、近亲属申请复议的，上一级人民法院应当依照第二审程序一并处理。

第三百零六条　【强制医疗的解除】强制医疗机构应当定期对被强制医疗的人进行诊断评估。对于已不具有人身危险性，不需要继续强制医疗的，应当及时提出解除意见，报决定强制医疗的人民法院批准。

被强制医疗的人及其近亲属有权申请解除强制医疗。

■最高人民法院关于适用《中华人民共和国刑事诉讼法》的解释(2021年3月1日)

第六百四十五条　被强制医疗的人及其近亲属申请解除强制医疗的，应当向决定强制医疗的人民法院提出。

被强制医疗的人及其近亲属提出的解除强制医疗申请被人民法院驳回,六个月后再次提出申请的,人民法院应当受理。

第六百四十六条　强制医疗机构提出解除强制医疗意见,或者被强制医疗的人及其近亲属申请解除强制医疗的,人民法院应当审查是否附有对被强制医疗的人的诊断评估报告。

强制医疗机构提出解除强制医疗意见,未附诊断评估报告的,人民法院应当要求其提供。

被强制医疗的人及其近亲属向人民法院申请解除强制医疗,强制医疗机构未提供诊断评估报告的,申请人可以申请人民法院调取。必要时,人民法院可以委托鉴定机构对被强制医疗的人进行鉴定。

第六百四十七条　强制医疗机构提出解除强制医疗意见,或者被强制医疗的人及其近亲属申请解除强制医疗的,人民法院应当组成合议庭进行审查,并在一个月以内,按照下列情形分别处理:

(一)被强制医疗的人已不具有人身危险性,不需要继续强制医疗的,应当作出解除强制医疗的决定,并可责令被强制医疗的人的家属严加看管和医疗;

(二)被强制医疗的人仍具有人身危险性,需要继续强制医疗的,应当作出继续强制医疗的决定。

对前款规定的案件,必要时,人民法院可以开庭审理,通知人民检察院派员出庭。

人民法院应当在作出决定后五日以内,将决定书送达强制医疗机构、申请解除强制医疗的人、被决定强制医疗的人和人民检察院。决定解除强制医疗的,应当通知强制医疗机构在收到决定书的当日解除强制医疗。

第六百四十八条　人民检察院认为强制医疗决定或者解除强制医疗决定不当,在收到决定书后二十日以内提出书面纠正意见的,人民法院应当另行组成合议庭审理,并在一个月以内作出决定。

第六百四十九条　审理强制医疗案件,本章没有规定的,参照适用本解释的有关规定。

第三百零七条　【对强制医疗决定和执行的监督】人民检察院对强制医疗的决定和执行实行监督。

■人民检察院刑事诉讼规则(2019年12月30日)

第五百四十条　人民检察院发现公安机关应当启动强制医疗程序而不启动的,可以要求公安机关在七日以内书面说明不启动的理由。

经审查,认为公安机关不启动理由不能成立的,应当通知公安机关启动强制医疗程序。

公安机关收到启动强制医疗程序通知书后,未按要求启动强制医疗程序的,人民检察院应当提出纠正意见。

第五百四十一条　人民检察院对公安机关移送的强制医疗案件,发现公安机关对涉案精神病人进行鉴定违反法律规定,具有下列情形之一的,应当依法提出纠正意见:

(一)鉴定机构不具备法定资质的;

(二)鉴定人不具备法定资质或者违反回避规定的;

(三)鉴定程序违反法律或者有关规定,鉴定的过程和方法违反相关专业规范要求的;

(四)鉴定文书不符合法定形式要件的;

(五)鉴定意见没有依法及时告知相关人员的;

(六)鉴定人故意作虚假鉴定的;

(七)其他违反法律规定的情形。

人民检察院对精神病鉴定程序进行监督,可以要求公安机关补充鉴定或者重新鉴定。必要时,可以询问鉴定人并制作笔录,或者委托具有法定资质的鉴定机构进行补充鉴定或者重新鉴定。

第五百四十二条　人民检察院发现公安机关对涉案精神病人不应当采取临时保护性约束措施而

采取的,应当提出纠正意见。

认为公安机关应当采取临时保护性约束措施而未采取的,应当建议公安机关采取临时保护性约束措施。

第五百四十三条　在审查起诉中,犯罪嫌疑人经鉴定系依法不负刑事责任的精神病人的,人民检察院应当作出不起诉决定。认为符合刑事诉讼法第三百零二条规定条件的,应当向人民法院提出强制医疗的申请。

第五百四十四条　人民法院对强制医疗案件开庭审理的,人民检察院应当派员出席法庭。

第五百四十五条　人民检察院发现人民法院强制医疗案件审理活动具有下列情形之一的,应当提出纠正意见:

(一)未通知被申请人或者被告人的法定代理人到场的;

(二)被申请人或者被告人没有委托诉讼代理人,未通知法律援助机构指派律师为其提供法律帮助的;

(三)未组成合议庭或者合议庭组成人员不合法的;

(四)未经被申请人、被告人的法定代理人请求直接作出不开庭审理决定的;

(五)未会见被申请人的;

(六)被申请人、被告人要求出庭且具备出庭条件,未准许其出庭的;

(七)违反法定审理期限的;

(八)收到人民检察院对强制医疗决定不当的书面纠正意见后,未另行组成合议庭审理或者未在一个月以内作出复议决定的;

(九)人民法院作出的强制医疗决定或者驳回强制医疗申请决定不当的;

(十)其他违反法律规定的情形。

第五百四十六条　出席法庭的检察官发现人民法院或者审判人员审理强制医疗案件违反法律规定的诉讼程序,应当记录在案,并在休庭后及时向检察长报告,由人民检察院在庭审后向人民法院提出纠正意见。

第五百四十七条　人民检察院认为人民法院作出的强制医疗决定或者驳回强制医疗申请的决定,具有下列情形之一的,应当在收到决定书副本后二十日以内向人民法院提出纠正意见:

(一)据以作出决定的事实不清或者确有错误的;

(二)据以作出决定的证据不确实、不充分的;

(三)据以作出决定的证据依法应当予以排除的;

(四)据以作出决定的主要证据之间存在矛盾的;

(五)有确实、充分的证据证明应当决定强制医疗而予以驳回的,或者不应当决定强制医疗而决定强制医疗的;

(六)审理过程中严重违反法定诉讼程序,可能影响公正审理和决定的。

第五百四十八条　人民法院在审理案件过程中发现被告人符合强制医疗条件,适用强制医疗程序对案件进行审理的,人民检察院应当在庭审中发表意见。

人民法院作出宣告被告人无罪或者不负刑事责任的判决和强制医疗决定的,人民检察院应当进行审查。对判决确有错误的,应当依法提出抗诉;对强制医疗决定不当或者未作出强制医疗的决定不当的,应当提出纠正意见。

第五百四十九条　人民法院收到被决定强制医疗的人、被害人及其法定代理人、近亲属复议申请后,未组成合议庭审理,或者未在一个月以内作出复议决定,或者有其他违法行为的,人民检察院应当提出纠正意见。

第五百五十条 人民检察院对于人民法院批准解除强制医疗的决定实行监督，发现人民法院解除强制医疗的决定不当的，应当提出纠正意见。

第六百五十一条 人民检察院发现人民法院、公安机关、强制医疗机构在对依法不负刑事责任的精神病人的强制医疗的交付执行、医疗、解除等活动中违反有关规定的，应当依法提出纠正意见。

第六百五十二条 人民检察院在强制医疗执行监督中发现被强制医疗的人不符合强制医疗条件或者需要依法追究刑事责任，人民法院作出的强制医疗决定可能错误的，应当在五日以内将有关材料转交作出强制医疗决定的人民法院的同级人民检察院。收到材料的人民检察院负责捕诉的部门应当在二十日以内进行审查，并将审查情况和处理意见反馈负责强制医疗执行监督的人民检察院。

第六百五十三条 人民检察院发现公安机关在对涉案精神病人采取临时保护性约束措施时有违法情形的，应当依法提出纠正意见。

附　　则

第三百零八条　【军队保卫部门、中国海警局、监狱的侦查权】军队保卫部门对军队内部发生的刑事案件行使侦查权。

中国海警局履行海上维权执法职责，对海上发生的刑事案件行使侦查权。

对罪犯在监狱内犯罪的案件由监狱进行侦查。

军队保卫部门、中国海警局、监狱办理刑事案件，适用本法的有关规定。

■人民检察院刑事诉讼规则(2019年12月30日)

第六百八十条　人民检察院办理国家安全机关、海警机关、监狱移送的刑事案件以及对国家安全机关、海警机关、监狱立案、侦查活动的监督，适用本规则关于公安机关的规定。

第六百八十一条　军事检察院等专门人民检察院办理刑事案件，适用本规则和其他有关规定。

第六百八十二条　本规则所称检察官，包括检察长、副检察长、检察委员会委员、检察员。

本规则所称检察人员，包括检察官和检察官助理。

第六百八十三条　本规则由最高人民检察院负责解释。

第六百八十四条　本规则自2019年12月30日起施行。本规则施行后，《人民检察院刑事诉讼规则(试行)》(高检发释字〔2012〕2号)同时废止；最高人民检察院以前发布的司法解释和规范性文件与本规则不一致的，以本规则为准。

■最高人民法院关于适用《中华人民共和国刑事诉讼法》的解释(2021年3月1日)

第六百五十条　人民法院讯问被告人，宣告判决，审理减刑、假释案件等，可以根据情况采取视频方式。

第六百五十一条　向人民法院提出自诉、上诉、申诉、申请等的，应当以书面形式提出。书写有困难的，除另有规定的以外，可以口头提出，由人民法院工作人员制作笔录或者记录在案，并向口述人宣读或者交其阅读。

第六百五十二条　诉讼期间制作、形成的工作记录、告知笔录等材料，应当由制作人员和其他有关人员签名、盖章。宣告或者送达裁判文书、通知书等诉讼文书的，应当由接受宣告或者送达的人在诉讼文书、送达回证上签名、盖章。

诉讼参与人未签名、盖章的，应当捺指印；刑事被告人除签名、盖章外，还应当捺指印。

当事人拒绝签名、盖章、捺指印的，办案人员应当在诉讼文书或者笔录材料中注明情况，有见证人见证或者有录音录像证明的，不影响相关诉讼文书或者笔录材料的效力。

第六百五十三条　本解释的有关规定适用于军事法院等专门人民法院。

第六百五十四条　本解释有关公安机关的规定，依照刑事诉讼法的有关规定，适用于国家安全机关、军队保卫部门、中国海警局和监狱。

第六百五十五条　本解释自2021年3月1日起施行。最高人民法院2012年12月20日发布的《关于适用〈中华人民共和国刑事诉讼法〉的解释》(法释〔2012〕21号)同时废止。最高人民法院以前发布的司法解释和规范性文件，与本解释不一致的，以本解释为准。

■公安机关办理刑事案件程序规定(2020年9月1日)

第三百八十五条　本规定所称“危害国家安全犯罪”，包括刑法分则第一章规定的危害国家安全罪以及危害国家安全的其他犯罪；“恐怖活动犯罪”，包括以制造社会恐慌、危害公共安全或者胁迫国家机关、国际组织为目的，采取暴力、破坏、恐吓等手段，造成或者意图造成人员伤亡、重大财产损失、公共设施损坏、社会秩序混乱等严重社会危害的犯罪，以及煽动、资助或者以其他方式协助实施上述活动的犯罪。

第三百八十六条　当事人及其法定代理人、诉讼代理人、辩护律师提出的复议复核请求，由公安机关法制部门办理。

办理刑事复议、复核案件的具体程序，适用《公安机关办理刑事复议复核案件程序规定》。

第三百八十七条　公安机关可以使用电子签名、电子指纹捺印技术制作电子笔录等材料，可以使用电子印章制作法律文书。对案件当事人进行电子签名、电子指纹捺印的过程，公安机关应当同步录音录像。

第三百八十八条　本规定自2013年1月1日起施行。1998年5月14日发布的《公安机关办理刑事案件程序规定》(公安部令第35号)和2007年10月25日发布的《公安机关办理刑事案件程序规定修正案》(公安部令第95号)同时废止。

■最高人民法院、最高人民检察院、公安部、国家安全部、司法部、全国人大常委会法制工作委员会关于实施刑事诉讼法若干问题的规定(2013年1月1日)

其他

国家安全机关依照法律规定，办理危害国家安全的刑事案件，适用本规定中有关公安机关的规定。

本规定自2013年1月1日起施行。1998年1月19日发布的《最高人民法院、最高人民检察院、公安部、国家安全部、司法部、全国人大常委会法制工作委员会关于刑事诉讼法实施中若干问题的规定》同时废止。

■全国人民代表大会常务委员会关于中国人民解放军保卫部门对军队内部发生的刑事案件行使公安机关的侦查、拘留、预审和执行逮捕的职权的决定(1993年12月29日)

中国人民解放军保卫部门承担军队内部发生的刑事案件的侦查工作，同公安机关对刑事案件的侦查工作性质是相同的，因此，军队保卫部门对军队内部发生的刑事案件，可以行使宪法和法律规定的公安机关的侦查、拘留、预审和执行逮捕的职权。

■中国人民解放军总政治部、军事法院、军事检察院关于《中华人民共和国刑法》第十章所列刑事案件管辖范围的通知(1998年8月12日)

一、保卫部负责侦查下列案件：

1. 战时违抗命令案(第421条)；
2. 隐瞒、谎报军情案(第422条)；
3. 拒传、假传军令案(第422条)；
4. 投降案(第423条)；
5. 战时临阵脱逃案(第424条)；
6. 阻碍执行军事职务案(第426条)；
7. 军人判逃案(第430条)；
8. 非法获取军事秘密案(第431条第1款)；
9. 为境外窃取、刺探、收买、非法提供军事秘密案(第431条第2款)；
10. 故意泄露军事秘密案(第432条)；
11. 战时造谣惑众案(第433条)；
12. 战时自伤案(第434条)；
13. 逃离部队案(第435条)；
14. 武器装备肇事案(第436条)；

15. 盗窃、抢夺武器装备、军用物资案(第438条);

16. 非法出卖、转让武器装备案(第439条);

17. 遗弃武器装备案(第440条);

18. 遗失武器装备案(第441条);

19. 战时残害居民、掠夺居民财物案(第446条);

20. 私放俘虏案(第447条)。

二、军事检察院直接受理下列案件:

1. 擅自、玩忽军事职守案(第425条);

2. 指使部属违反职责案(第427条);

3. 违令作战消极案(第428条);

4. 拒不救援友邻部队案(第429条);

5. 过失泄露军事秘密案(第432条);

6. 擅自改变武器装备编配用途案(第437条);

7. 擅自出卖、转让军队房地产案(第442条);

8. 虐待部属案(第443条);

9. 战时拒不救治伤病军人案(第445条);

10. 军官、警官、文职干部利用职权实施的其他重大的犯罪案件,需要由军事检察院受理的时候,经解放军军事检察院决定,可以由军事检察院立案侦查。

三、军事法院直接受理下列案件:

1. 遗弃伤病军人案(第444条);

2. 虐待俘虏案(第448条)。

■最高人民法院、最高人民检察院、公安部、总政治部关于退伍战士在退伍途中违法犯罪案件管辖问题的通知(全文)(1986年3月26日)

退伍战士在离开部队时即已办理离队手续,退出现役。其退伍途中在地方作案的违法犯罪案件,由犯罪地的公安机关、人民检察院、人民法院按照案件管辖范围受理。需要了解在部队期间有关情况的,原部队应予协助。

退伍战士在退伍途中到军队作案的,按照1982年11月25日最高人民法院、最高人民检察院、公安部、原总政治部《关于军队和地方互涉案件几个问题的规定》办理。(该规定已废止,现适用2009年8月1日施行的《办理军队和地方互涉刑事案件规定》。——编著者注)

■最高人民法院、最高人民检察院、公安部、国家安全部、司法部、中国人民解放军总政治部办理军队和地方互涉刑事案件规定(全文)(2009年8月1日)

第一条　为了规范办理军队和地方互涉刑事案件(以下简称军地互涉案件)工作,依法及时有效打击犯罪,保护国家军事利益,维护军队和社会稳定,根据刑法、刑事诉讼法和其他有关规定,制定本规定。

第二条　本规定适用于下列案件:

(一)军人与地方人员共同犯罪的;

(二)军人在营区外犯罪的;

(三)军人在营区侵害非军事利益犯罪的;

(四)地方人员在营区犯罪的;

(五)地方人员在营区外侵害军事利益犯罪的;

(六)其他需要军队和地方协作办理的案件。

第三条　办理军地互涉案件，应当坚持分工负责、相互配合、及时规范、依法处理的原则。

第四条　对军人的侦查、起诉、审判，由军队保卫部门、军事检察院、军事法院管辖。军队文职人员、非现役公勤人员、在编职工、由军队管理的离退休人员，以及执行军事任务的预备役人员和其他人员，按照军人确定管辖。

对地方人员的侦查、起诉、审判，由地方公安机关、国家安全机关、人民检察院、人民法院管辖。列入中国人民武装警察部队序列的公安边防、消防、警卫部队人员，按照地方人员确定管辖。

第五条　发生在营区的案件，由军队保卫部门或者军事检察院立案侦查；其中犯罪嫌疑人不明确且侵害非军事利益的，由军队保卫部门或者军事检察院与地方公安机关或者国家安全机关、人民检察院，按照管辖分工共同组织侦查，查明犯罪嫌疑人属于本规定第四条第二款规定管辖的，移交地方公安机关或者国家安全机关、人民检察院处理。

发生在营区外的案件，由地方公安机关或者国家安全机关、人民检察院立案侦查；查明犯罪嫌疑人属于本规定第四条第一款规定管辖的，移交军队保卫部门或者军事检察院处理。

第六条　军队和地方共同使用的营房、营院、机场、码头等区域发生的案件，发生在军队管理区域的，按照本规定第五条第一款的规定办理；发生在地方管理区域的，按照本规定第五条第二款的规定办理。管理区域划分不明确的，由军队和地方主管机关协商办理。

军队在地方国家机关和单位设立的办公场所、对外提供服务的场所、实行物业化管理的住宅小区，以及在地方执行警戒勤务任务的部位、住处发生的案件，按照本规定第五条第二款的规定办理。

第七条　军人入伍前涉嫌犯罪需要依法追究刑事责任的，由地方公安机关、国家安全机关、人民检察院提供证据材料，送交军队军级以上单位保卫部门、军事检察院审查后，移交地方公安机关、国家安全机关、人民检察院处理。

军人退出现役后，发现其在服役期内涉嫌犯罪的，由地方公安机关、国家安全机关、人民检察院处理；但涉嫌军人违反职责罪的，由军队保卫部门、军事检察院处理。

第八条　军地互涉案件管辖不明确的，由军队军区级以上单位保卫部门、军事检察院、军事法院与地方省级公安机关、国家安全机关、人民检察院、人民法院协商确定管辖；管辖有争议或者情况特殊的案件，由总政治部保卫部与公安部、国家安全部协商确定或者由解放军军事检察院、解放军军事法院报请最高人民检察院、最高人民法院指定管辖。

第九条　军队保卫部门、军事检察院、军事法院和地方公安机关、国家安全机关、人民检察院、人民法院对于军地互涉案件的报案、控告、举报或者犯罪嫌疑人自首的，都应当接受。对于不属于自己管辖的，应当移送主管机关处理，并通知报案人、控告人、举报人；对于不属于自己管辖而又必须采取紧急措施的，应当先采取紧急措施，然后移送主管机关处理。

第十条　军人在营区外作案被当场抓获或者有重大犯罪嫌疑的，地方公安机关、国家安全机关、人民检察院可以对其采取紧急措施，二十四小时内通知军队有关部门，及时移交军队保卫部门、军事检察院处理；地方人员在营区作案被当场抓获或者有重大犯罪嫌疑的，军队保卫部门、军事检察院可以对其采取紧急措施，二十四小时内移交地方公安机关、国家安全机关、人民检察院处理。

第十一条　地方人员涉嫌非法生产、买卖军队制式服装，伪造、盗窃、买卖或者非法提供、使用军队车辆号牌等专用标志，伪造、变造、买卖或者盗窃、抢夺军队公文、证件、印章，非法持有属于军队绝密、机密的文件、资料或者其他物品，冒充军队单位和人员犯罪等被军队当场查获的，军队保卫部门可以对其采取紧急措施，核实身份后二十四小时内移交地方公安机关处理。

第十二条　军队保卫部门、军事检察院办理案件，需要在营区外采取侦查措施的，应当通报地方公安机关、国家安全机关、人民检察院，地方公安机关、国家安全机关、人民检察院应当协助实施。

地方公安机关、国家安全机关、人民检察院办理案件，需要在营区采取侦查措施的，应当通报军队保卫部门、军事检察院,军队保卫部门、军事检察院应当协助实施。

第十三条　军队保卫部门、军事检察院、军事法院和地方公安机关、国家安全机关、人民检察院、人民法院相互移交案件时,应当将有关证据材料和赃款赃物等随案移交。

军队保卫部门、军事检察院、军事法院和地方公安机关、国家安全机关、人民检察院、人民法院依法获取的证据材料、制作的法律文书等,具有同等法律效力。

第十四条　军队保卫部门、军事检察院、军事法院和地方公安机关、国家安全机关、人民检察院、人民法院办理案件,经军队军区级以上单位保卫部门、军事检察院、军事法院与地方省级以上公安机关、国家安全机关、人民检察院、人民法院协商同意后,可以凭相关法律手续相互代为羁押犯罪嫌疑人、被告人。

第十五条　军队保卫部门、军事检察院、军事法院和地方公安机关、国家安全机关、人民检察院、人民法院对共同犯罪的军人和地方人员分别侦查、起诉、审判的,应当及时协调,依法处理。

第十六条　军人因犯罪被判处刑罚并开除军籍的,除按照有关规定在军队执行刑罚的以外,移送地方执行刑罚。

地方人员被军事法院判处刑罚的,除掌握重要军事秘密的以外,移送地方执行刑罚。

军队和地方需要相互代为对罪犯执行刑罚、调整罪犯关押场所的,由总政治部保卫部与司法部监狱管理部门或者公安部、国家安全部监所管理部门协商同意后,凭相关法律手续办理。

第十七条　战时发生的侵害军事利益或者危害军事行动安全的军地互涉案件,军队保卫部门、军事检察院可先行对涉嫌犯罪的地方人员进行必要的调查和采取相应的强制措施。查清主要犯罪事实后,移交地方公安机关、国家安全机关、人民检察院处理。

第十八条　军队保卫部门、军事检察院、军事法院和地方公安机关、国家安全机关、人民检察院、人民法院应当建立健全办案协作机制,加强信息通报、技术支持和协作配合。

第十九条　本规定所称军人,是指中国人民解放军的现役军官、文职干部、士兵及具有军籍的学员和中国人民武装警察部队的现役警官、文职干部、士兵及具有军籍的学员;军人身份自批准入伍之日获取,批准退出现役之日终止。

第二十条　本规定所称营区,是指由军队管理使用的区域,包括军事禁区、军事管理区,以及军队设立的临时驻地等。

第二十一条　中国人民武装警察部队(除公安边防、消防、警卫部队外)保卫部门、军事检察院、军事法院办理武警部队与地方互涉刑事案件,适用本规定。

第二十二条　本规定自2009年8月1日起施行。1982年11月25日最高人民法院、最高人民检察院、公安部、总政治部《关于军队和地方互涉案件几个问题的规定》和1987年12月21日最高人民检察院、公安部、总政治部《关于军队和地方互涉案件侦查工作的补充规定》同时废止。

附录：

法律文件

一、《最高人民法院关于案例指导工作的规定》实施细则（2015年5月13日）

第一条　为了具体实施《最高人民法院关于案例指导工作的规定》，加强、规范和促进案例指导工作，充分发挥指导性案例对审判工作的指导作用，统一法律适用标准，维护司法公正，制定本实施细则。

第二条　指导性案例应当是裁判已经发生法律效力，认定事实清楚，适用法律正确，裁判说理充分，法律效果和社会效果良好，对审理类似案件具有普遍指导意义的案例。

第三条　指导性案例由标题、关键词、裁判要点、相关法条、基本案情、裁判结果、裁判理由以及包括生效裁判审判人员姓名的附注等组成。指导性案例体例的具体要求另行规定。

第四条　最高人民法院案例指导工作办公室（以下简称案例指导办公室）负责指导性案例的征集、遴选、审查、发布、研究和编纂，以及对全国法院案例指导工作的协调和指导等工作。

最高人民法院各审判业务单位负责指导性案例的推荐、审查等工作，并指定专人负责联络工作。

各高级人民法院负责辖区内指导性案例的推荐、调研、监督等工作。各高级人民法院向最高人民法院推荐的备选指导性案例，应当经审判委员会讨论决定或经审判委员会过半数委员审核同意。

中级人民法院、基层人民法院应当通过高级人民法院推荐备选指导性案例，并指定专人负责案例指导工作。

第五条　人大代表、政协委员、人民陪审员、专家学者、律师，以及其他关心人民法院审判、执行工作的社会各界人士，对于符合指导性案例条件的案例，可以向作出生效裁判的原审人民法院推荐，也可以向案例指导办公室提出推荐建议。

案例指导工作专家委员会委员对于符合指导性案例条件的案例，可以向案例指导办公室提出推荐建议。

第六条　最高人民法院各审判业务单位、高级人民法院向案例指导办公室推荐备选指导性案例，应当提交下列材料：

（一）《指导性案例推荐表》；

（二）按照规定体例编写的案例文本及其编选说明；

（三）相关裁判文书。

以上材料需要纸质版一式三份，并附电子版。

推荐法院可以提交案件审理报告、相关新闻报道及研究资料等。

第七条　案例指导办公室认为有必要进一步研究的备选指导性案例，可以征求相关国家机关、部门、社会组织以及案例指导工作专家委员会委员、专家学者的意见。

第八条　备选指导性案例由案例指导办公室按照程序报送审核。经最高人民法院审判委员会讨论通过的指导性案例，印发各高级人民法院，并在《最高人民法院公报》《人民法院报》和最高人民法院网站上公布。

第九条　各级人民法院正在审理的案件，在基本案情和法律适用方面，与最高人民法院发布的指导性案例相类似的，应当参照相关指导性案例的裁判要点作出裁判。

第十条　各级人民法院审理类似案件参照指导性案例的，应当将指导性案例作为裁判理由引述，但不作为裁判依据引用。

第十一条　在办理案件过程中，案件承办人员应当查询相关指导性案例。在裁判文书中引述相关指导性案例的,应在裁判理由部分引述指导性案例的编号和裁判要点。

公诉机关、案件当事人及其辩护人、诉讼代理人引述指导性案例作为控(诉)辩理由的,案件承办人员应当在裁判理由中回应是否参照了该指导性案例并说明理由。

第十二条 指导性案例有下列情形之一的,不再具有指导作用:

(一)与新的法律、行政法规或者司法解释相冲突的;

(二)为新的指导性案例所取代的;

第十三条 最高人民法院建立指导性案例纸质档案与电子信息库,为指导性案例的参照适用、查询、检索和编纂提供保障。

第十四条 各级人民法院对于案例指导工作中做出突出成绩的单位和个人,应当依照《中华人民共和国法官法》等规定给予奖励。

第十五条 本实施细则自印发之日起施行。

二、精神疾病司法鉴定暂行规定(1989 年 8 月 1 日)

第一章 总则

第一条 根据《中华人民共和国刑法》、《中华人民共和国刑事诉讼法》、《中华人民共和国民法通则》、《中华人民共和国民事诉讼法》(试行)、《中华人民共和国治安管理处罚条例》及其他有关法规,为司法机关依法正确处理案件,保护精神疾病患者的合法权益,特制定本规定。

第二条 精神疾病的司法鉴定,根据案件事实和被鉴定人的精神状态,作出鉴定结论,为委托鉴定机关提供有关法定能力的科学证据。

第二章 司法鉴定机构

第三条 为开展精神疾病的司法鉴定工作,各省、自治区、直辖市、地区、地级市,应当成立精神疾病司法鉴定委员会,负责审查、批准鉴定人,组织技术鉴定组,协助、开展鉴定工作。

第四条 鉴定委员会由人民法院、人民检察院和公安、司法、卫生机关的有关负责干部和专家若干人组成,人选由上述机关协商确定。

第五条 鉴定委员会根据需要,可以设置若干个技术鉴定组,承担具体鉴定工作,其成员由鉴定委员会聘请、指派。技术鉴定组不得少于两名成员参加鉴定。

第六条 对疑难案件,在省、自治区、直辖市内难以鉴定的,可以由委托鉴定机关重新委托其他省、自治区、直辖市鉴定委员会进行鉴定。

第三章 鉴定内容

第七条 对可能患有精神疾病的下列人员应当进行鉴定:

(一)刑事案件的被告人、被害人;

(二)民事案件的当事人;

(三)行政案件的原告人(自然人);

(四)违反治安管理应当受拘留处罚的人员;

(五)劳动改造的罪犯;

(六)劳动教养人员;

(七)收容审查人员;

(八)与案件有关需要鉴定的其他人员。

第八条 鉴定委员会根据情况可以接受被鉴定人补充鉴定、重新鉴定、复核鉴定的要求。

第九条 刑事案件中,精神疾病司法鉴定包括:

(一)确定被鉴定人是否患有精神疾病,患何种精神疾病,实施危害行为时的精神状态,精神疾病和所实施的危害行为之间的关系,以及有无刑事责任能力。

(二)确定被鉴定人在诉讼过程中的精神状态以及有无诉讼能力。

(三)确定被鉴定人在服刑期间的精神状态以及对应当采取的法律措施的建议。

第十条　民事案件中精神疾病司法鉴定任务如下:

(一)确定被鉴定人是否患有精神疾病,患何种精神疾病,在进行民事活动时的精神状态,精神疾病对其意思表达能力的影响,以及有无民事行为能力。

(二)确定被鉴定人在调解或审理阶段期间的精神状态,以及有无诉讼能力。

第十一条　确定各类案件的被害人等,在其人身、财产等合法权益遭受侵害时的精神状态,以及对侵犯行为有无辨认能力或者自我防卫、保护能力。

第十二条　确定案件中有关证人的精神状态,以及有无作证能力。

第四章　鉴定人

第十三条　具有下列资格之一的,可以担任鉴定人:

(一)具有五年以上精神科临床经验并具有司法精神病学知识的主治医师以上人员。

(二)具有司法精神病学知识、经验和工作能力的主检法医师以上人员。

第十四条　鉴定人权利

(一)被鉴定人案件材料不充分时,可以要求委托鉴定机关提供所需要的案件材料。

(二)鉴定人有权通过委托鉴定机关,向被鉴定人的工作单位和亲属以及有关证人了解情况。

(三)鉴定人根据需要有权要求委托鉴定机关将被鉴定人移送至收治精神病人的医院住院检查和鉴定。

(四)鉴定机构可以向委托鉴定机关了解鉴定后的处理情况。

第十五条　鉴定人义务

(一)进行鉴定时,应当履行职责,正确、及时地作出鉴定结论。

(二)解答委托鉴定机关提出的与鉴定结论有关的问题。

(三)保守案件秘密。

(四)遵守有关回避的法律规定。

第十六条　鉴定人在鉴定过程中徇私舞弊、故意作虚假鉴定的,应当追究法律责任。

第五章　委托鉴定和鉴定书

第十七条　司法机关委托鉴定时,需有《委托鉴定书》,说明鉴定的要求和目的,并应当提供下列材料:

(一)被鉴定人及其家庭情况;

(二)案件的有关材料;

(三)工作单位提供的有关材料;

(四)知情人对被鉴定人精神状态的有关证言;

(五)医疗记录和其他有关检查结果。

第十八条　鉴定结束后,应当制作《鉴定书》。《鉴定书》包括以下内容:

(一)委托鉴定机关的名称;

(二)案由、案号,鉴定书号;

(三)鉴定的目的和要求;

(四)鉴定的日期、场所、在场人;

(五)案情摘要;

(六)被鉴定人的一般情况;

(七)被鉴定人发案时和发案前后各阶段的精神状态;

(八)被鉴定人精神状态检查和其他检查所见;

(九)分析说明;

(十)鉴定结论;

(十一)鉴定人员签名,并加盖鉴定专用章;

(十二)有关医疗或监护的建议。

第六章　责任能力和行为能力的评定

第十九条　刑事案件被鉴定人责任能力的评定:被鉴定人实施危害行为时,经鉴定患有精神疾病,由于严重的精神活动障碍,致使不能辨认或者不能控制自己行为的,为无刑事责任能力。被鉴定人实施危害行为时,经鉴定属于下列情况之一的,为具有责任能力:

1. 具有精神疾病的既往史,但实施危害行为时并无精神异常;

2. 精神疾病的间歇期,精神症状已经完全消失。

第二十条　民事案件被鉴定人行为能力的评定:

(一)被鉴定人在进行民事活动时,经鉴定患有精神疾病,由于严重的精神活动障碍致使不能辨认或者不能保护自己合法权益的,为无民事行为能力。

(二)被鉴定人在进行民事活动时,经鉴定患有精神疾病,由于精神活动障碍,致使不能完全辨认、不能控制或者不能完全保护自己合法权益的,为限制民事行为能力。

(三)被鉴定人在进行民事活动时,经鉴定属于下列情况之一的,为具有民事行为能力:

1. 具有精神疾病既往史,但在民事活动时并无精神异常;

2. 精神疾病的间歇期,精神症状已经消失;

3. 虽患有精神疾病,但其病理性精神活动具有明显局限性,并对他所进行的民事活动具有辨认能力和能保护自己合法权益的;

4. 智能低下,但对自己的合法权益仍具有辨认能力和保护能力的。

第二十一条　诉讼过程中有关法定能力的评定

(一)被鉴定人为刑事案件的被告人,在诉讼过程中,经鉴定患有精神疾病,致使不能行使诉讼权利的,为无诉讼能力。

(二)被鉴定人为民事案件的当事人或者是刑事案件的自诉人,在诉讼过程中经鉴定患有精神疾病,致使不能行使诉讼权利的,为无诉讼能力。

(三)控告人、检举人、证人等提供不符合事实的证言,经鉴定患有精神疾病,致使缺乏对客观事实的理解力或判断力的,为无作证能力。

第二十二条　其他有关法定能力的评定

(一)被鉴定人是女性,经鉴定患有精神疾病,在她的性不可侵犯权遭到侵害时,对自身所受的侵害或严重后果缺乏实质性理解能力的,为无自我防卫能力。

(二)被鉴定人在服刑、劳动教养或者被裁决受治安处罚中,经鉴定患有精神疾病,由于严重的精神活动障碍,致使其无辨认能力或控制能力,为无服刑、受劳动教养能力或者无受处罚能力。

第七章　附则

第二十三条　本规定自 1989 年 8 月 1 日起施行。

三、人体损伤程度鉴定标准(2014 年 1 月 1 日)

为进一步加强人身损伤程度鉴定标准化、规范化工作,现将《人体损伤程度鉴定标准》发布,自 2014 年 1 月 1 日起施行。《人体重伤鉴定标准》(司发〔1990〕070 号)、《人体轻伤鉴定标准(试行)》(法(司)发[1990]6 号)和《人体轻微伤的鉴定》(GA/T 146 - 1996)同时废止。

中文名　人体损伤程度鉴定标准

实施时间 2014年1月1日

文件编号 司发通[2013]146号

发布单位 司法部等

目录(略)

1 范围

本标准规定了人体损伤程度鉴定的原则、方法、内容和等级划分。

本标准适用于《中华人民共和国刑法》及其他法律、法规所涉及的人体损伤程度鉴定。

2 规范性引用文件

下列文件对于本文件的应用是必不可少的。本标准引用文件的最新版本适用于本标准。

GB 18667 道路交通事故受伤人员伤残评定

GB/T 16180 劳动能力鉴定 职工工伤与职业病致残等级

GB/T 26341－2010 残疾人残疾分类和分级

3 术语定义

3.1 重伤

使人肢体残废、毁人容貌、丧失听觉、丧失视觉、丧失其他器官功能或者其他对于人身健康有重大伤害的损伤,包括重伤一级和重伤二级。

3.2 轻伤

使人肢体或者容貌损害,听觉、视觉或者其他器官功能部分障碍或者其他对于人身健康有中度伤害的损伤,包括轻伤一级和轻伤二级。

3.3 轻微伤

各种致伤因素所致的原发性损伤,造成组织器官结构轻微损害或者轻微功能障碍。

4 总则

4.1 鉴定原则

4.1.1 遵循实事求是的原则,坚持以致伤因素对人体直接造成的原发性损伤及由损伤引起的并发症或者后遗症为依据,全面分析,综合鉴定。

4.1.2 对于以原发性损伤及其并发症作为鉴定依据的,鉴定时应以损伤当时伤情为主,损伤的后果为辅,综合鉴定。

4.1.3 对于以容貌损害或者组织器官功能障碍作为鉴定依据的,鉴定时应以损伤的后果为主,损伤当时伤情为辅,综合鉴定。

4.2 鉴定时机

4.2.1 以原发性损伤为主要鉴定依据的,伤后即可进行鉴定;以损伤所致的并发症为主要鉴定依据的,在伤情稳定后进行鉴定。

4.2.2 以容貌损害或者组织器官功能障碍为主要鉴定依据的,在损伤90日后进行鉴定;在特殊情况下可以根据原发性损伤及其并发症出具鉴定意见,但须对有可能出现的后遗症加以说明,必要时应进行复检并予以补充鉴定。

4.2.3 疑难、复杂的损伤,在临床治疗终结或者伤情稳定后进行鉴定。

4.3 伤病关系处理原则

4.3.1 损伤为主要作用的,既往伤/病为次要或者轻微作用的,应依据本标准相应条款进行鉴定。

4.3.2 损伤与既往伤/病共同作用的,即二者作用相当的,应依据本标准相应条款适度降低损伤程度等级,即等级为重伤一级和重伤二级的,可视具体情况鉴定为轻伤一级或者轻伤二级,等级为轻伤一级和轻伤二级的,均鉴定为轻微伤。

4.3.3 既往伤/病为主要作用的,即损伤为次要或者轻微作用的,不宜进行损伤程度鉴定,只说明因果关系。

5 程度分级

5.1 颅脑、脊髓

5.1.1 重伤一级

a)植物生存状态。

b)四肢瘫(三肢以上肌力3级以下)。

c)偏瘫、截瘫(肌力2级以下),伴大便、小便失禁。

d)非肢体瘫的运动障碍(重度)。

e)重度智能减退或者器质性精神障碍,生活完全不能自理。

5.1.2 重伤二级

a)头皮缺损面积累计75.0cm^2 以上。

b)开放性颅骨骨折伴硬脑膜破裂。

c)颅骨凹陷性或者粉碎性骨折,出现脑受压症状和体征,须手术治疗。

d)颅底骨折,伴脑脊液漏持续4周以上。

e)颅底骨折,伴面神经或者听神经损伤引起相应神经功能障碍。

f)外伤性蛛网膜下腔出血,伴神经系统症状和体征。

g)脑挫(裂)伤,伴神经系统症状和体征。

h)颅内出血,伴脑受压症状和体征。

i)外伤性脑梗死,伴神经系统症状和体征。

j)外伤性脑脓肿。

k)外伤性脑动脉瘤,须手术治疗。

l)外伤性迟发性癫痫。

m)外伤性脑积水,须手术治疗。

n)外伤性颈动脉海绵窦瘘。

o)外伤性下丘脑综合征。

p)外伤性尿崩症。

q)单肢瘫(肌力3级以下)。

r)脊髓损伤致重度肛门失禁或者重度排尿障碍。

5.1.3 轻伤一级

a)头皮创口或者瘢痕长度累计20.0cm 以上。

b)头皮撕脱伤面积累计50.0cm^2 以上;头皮缺损面积累计24.0cm^2 以上。

c)颅骨凹陷性或者粉碎性骨折。

d)颅底骨折伴脑脊液漏。

e)脑挫(裂)伤;颅内出血;慢性颅内血肿;外伤性硬脑膜下积液。

f)外伤性脑积水;外伤性颅内动脉瘤;外伤性脑梗死;外伤性颅内低压综合征。

g)脊髓损伤致排便或者排尿功能障碍(轻度)。

h)脊髓挫裂伤。

5.1.4 轻伤二级

a)头皮创口或者瘢痕长度累计8.0cm 以上。

b)头皮撕脱伤面积累计20.0cm^2 以上;头皮缺损面积累计10.0cm^2 以上。

c)帽状腱膜下血肿范围 50.0cm² 以上。

d)颅骨骨折。

e)外伤性蛛网膜下腔出血。

f)脑神经损伤引起相应神经功能障碍。

5.1.5　轻微伤

a)头部外伤后伴有神经症状。

b)头皮擦伤面积 5.0cm² 以上;头皮挫伤;头皮下血肿。

c)头皮创口或者瘢痕。

5.2　面部、耳廓

5.2.1　重伤一级

a)容貌毁损(重度)。

5.2.2　重伤二级

a)面部条状瘢痕(50%以上位于中心区),单条长度 10.0cm 以上,或者两条以上长度累计 15.0cm 以上。

b)面部块状瘢痕(50%以上位于中心区),单块面积 6.0cm² 以上,或者两块以上面积累计 10.0cm² 以上。

c)面部片状细小瘢痕或者显著色素异常,面积累计达面部 30%。

d)一侧眼球萎缩或者缺失。

e)眼睑缺失相当于一侧上眼睑 1/2 以上。

f)一侧眼睑重度外翻或者双侧眼睑中度外翻。

g)一侧上睑下垂完全覆盖瞳孔。

h)一侧眼眶骨折致眼球内陷 0.5cm 以上。

i)一侧鼻泪管和内眦韧带断裂。

j)鼻部离断或者缺损 30%以上。

k)耳廓离断、缺损或者挛缩畸形累计相当于一侧耳廓面积 50%以上。

l)口唇离断或者缺损致牙齿外露 3 枚以上。

m)舌体离断或者缺损达舌系带。

n)牙齿脱落或者牙折共 7 枚以上。

o)损伤致张口困难Ⅲ度。

p)面神经损伤致一侧面肌大部分瘫痪,遗留眼睑闭合不全和口角歪斜。

q)容貌毁损(轻度)。

5.2.3　轻伤一级

a)面部单个创口或者瘢痕长度 6.0cm 以上;多个创口或者瘢痕长度累计 10.0cm 以上。

b)面部块状瘢痕,单块面积 4.0cm² 以上;多块面积累计 7.0cm² 以上。

c)面部片状细小瘢痕或者明显色素异常,面积累计 30.0cm² 以上。

d)眼睑缺失相当于一侧上眼睑 1/4 以上。

e)一侧眼睑中度外翻;双侧眼睑轻度外翻。

f)一侧上眼睑下垂覆盖瞳孔超过 1/2。

g)两处以上不同眶壁骨折;一侧眶壁骨折致眼球内陷 0.2cm 以上。

h)双侧泪器损伤伴溢泪。

i)一侧鼻泪管断裂;一侧内眦韧带断裂。

j)耳廓离断、缺损或者挛缩畸形累计相当于一侧耳廓面积30%以上。

k)鼻部离断或者缺损15%以上。

l)口唇离断或者缺损致牙齿外露1枚以上。

m)牙齿脱落或者牙折共4枚以上。

n)损伤致张口困难Ⅱ度。

o)腮腺总导管完全断裂。

p)面神经损伤致一侧面肌部分瘫痪,遗留眼睑闭合不全或者口角歪斜。

5.2.4 轻伤二级

a)面部单个创口或者瘢痕长度4.5cm以上;多个创口或者瘢痕长度累计6.0cm以上。

b)面颊穿透创,皮肤创口或者瘢痕长度1.0cm以上。

c)口唇全层裂创,皮肤创口或者瘢痕长度1.0cm以上。

d)面部块状瘢痕,单块面积3.0cm^{2}以上或多块面积累计5.0cm^{2}以上。

e)面部片状细小瘢痕或者色素异常,面积累计8.0cm^{2}以上。

f)眶壁骨折(单纯眶内壁骨折除外)。

g)眼睑缺损。

h)一侧眼睑轻度外翻。

i)一侧上眼睑下垂覆盖瞳孔。

j)一侧眼睑闭合不全。

k)一侧泪器损伤伴溢泪。

l)耳廓创口或者瘢痕长度累计6.0cm以上。

m)耳廓离断、缺损或者挛缩畸形累计相当于一侧耳廓面积15%以上。

n)鼻尖或者一侧鼻翼缺损。

o)鼻骨粉碎性骨折;双侧鼻骨骨折;鼻骨骨折合并上颌骨额突骨折;鼻骨骨折合并鼻中隔骨折;双侧上颌骨额突骨折。

p)舌缺损。

q)牙齿脱落或者牙折2枚以上。

r)腮腺、颌下腺或者舌下腺实质性损伤。

s)损伤致张口困难Ⅰ度。

t)颌骨骨折(牙槽突骨折及一侧上颌骨额突骨折除外)。

u)颧骨骨折。

5.2.5 轻微伤

a)面部软组织创。

b)面部损伤留有瘢痕或者色素改变。

c)面部皮肤擦伤,面积2.0cm^{2}以上;面部软组织挫伤;面部划伤4.0cm以上。

d)眶内壁骨折。

e)眼部挫伤;眼部外伤后影响外观。

f)耳廓创。

g)鼻骨骨折;鼻出血。

h)上颌骨额突骨折。

i)口腔粘膜破损;舌损伤。

j)牙齿脱落或者缺损;牙槽突骨折;牙齿松动2枚以上或者Ⅲ度松动1枚以上。

5.3　听器听力

5.3.1　重伤一级

a)双耳听力障碍(≥91dB HL)。

5.3.2　重伤二级

a)一耳听力障碍(≥91dB HL)。

b)一耳听力障碍(≥81dB HL),另一耳听力障碍(≥41dB HL)。

c)一耳听力障碍(≥81dB HL),伴同侧前庭平衡功能障碍。

d)双耳听力障碍(≥61dB HL)。

e)双侧前庭平衡功能丧失,睁眼行走困难,不能并足站立。

5.3.3　轻伤一级

a)双耳听力障碍(≥41dB HL)。

b)双耳外耳道闭锁。

5.3.4　轻伤二级

a)外伤性鼓膜穿孔6周不能自行愈合。

b)听骨骨折或者脱位;听骨链固定。

c)一耳听力障碍(≥41dB HL)。

d)一侧前庭平衡功能障碍,伴同侧听力减退。

e)一耳外耳道横截面1/2以上狭窄。

5.3.5　轻微伤

a)外伤性鼓膜穿孔。

b)鼓室积血。

c)外伤后听力减退。

5.4　视器视力

5.4.1　重伤一级

a)一眼眼球萎缩或者缺失,另一眼盲目3级。

b)一眼视野完全缺损,另一眼视野半径20°以下(视野有效值32%以下)。

c)双眼盲目4级。

5.4.2　重伤二级

a)一眼盲目3级。

b)一眼重度视力损害,另一眼中度视力损害。

c)一眼视野半径10°以下(视野有效值16%以下)。

d)双眼偏盲;双眼残留视野半径30°以下(视野有效值48%以下)。

5.4.3　轻伤一级

a)外伤性青光眼,经治疗难以控制眼压。

b)一眼虹膜完全缺损。

c)一眼重度视力损害;双眼中度视力损害。

d)一眼视野半径30°以下(视野有效值48%以下);双眼视野半径50°以下(视野有效值80%以下)。

5.4.4　轻伤二级

a)眼球穿通伤或者眼球破裂伤;前房出血须手术治疗;房角后退;虹膜根部离断或者虹膜缺损超过1个象限;睫状体脱离;晶状体脱位;玻璃体积血;外伤性视网膜脱离;外伤性视网膜出血;外伤性黄斑裂孔;外伤性脉络膜脱离。

b)角膜斑翳或者血管翳;外伤性白内障;外伤性低眼压;外伤性青光眼。

c)瞳孔括约肌损伤致瞳孔显著变形或者瞳孔散大(直径0.6cm以上)。

d)斜视;复视。

e)睑球粘连。

f)一眼矫正视力减退至0.5以下(或者较伤前视力下降0.3以上);双眼矫正视力减退至0.7以下(或者较伤前视力下降0.2以上);原单眼中度以上视力损害者,伤后视力降低一个级别。

g)一眼视野半径50°以下(视野有效值80%以下)。

5.4.5 轻微伤

a)眼球损伤影响视力。

5.5 颈部

5.5.1 重伤一级

a)颈部大血管破裂。

b)咽喉部广泛毁损,呼吸完全依赖气管套管或者造口。

c)咽或者食管广泛毁损,进食完全依赖胃管或者造口。

5.5.2 重伤二级

a)甲状旁腺功能低下(重度)。

b)甲状腺功能低下,药物依赖。

c)咽部、咽后区、喉或者气管穿孔。

d)咽喉或者颈部气管损伤,遗留呼吸困难(3级)。

e)咽或者食管损伤,遗留吞咽功能障碍(只能进流食)。

f)喉损伤遗留发声障碍(重度)。

g)颈内动脉血栓形成,血管腔狭窄(50%以上)。

h)颈总动脉血栓形成,血管腔狭窄(25%以上)。

i)颈前三角区增生瘢痕,面积累计30.0cm^2以上。

5.5.3 轻伤一级

a)颈前部单个创口或者瘢痕长度10.0cm以上;多个创口或者瘢痕长度累计16.0cm以上。

b)颈前三角区瘢痕,单块面积10.0cm^2以上;多块面积累计12.0cm^2以上。

c)咽喉部损伤遗留发声或者构音障碍。

d)咽或者食管损伤,遗留吞咽功能障碍(只能进半流食)。

e)颈总动脉血栓形成;颈内动脉血栓形成;颈外动脉血栓形成;椎动脉血栓形成。

5.5.4 轻伤二级

a)颈前部单个创口或者瘢痕长度5.0cm以上;多个创口或者瘢痕长度累计8.0cm以上。

b)颈前部瘢痕,单块面积4.0cm^2以上,或者两块以上面积累计6.0cm^2以上。

c)甲状腺挫裂伤。

d)咽喉软骨骨折。

e)喉或者气管损伤。

f)舌骨骨折。

g)膈神经损伤。

h)颈部损伤出现窒息征象。

5.5.5 轻微伤

a)颈部创口或者瘢痕长度1.0cm以上。

b)颈部擦伤面积4.0cm^2以上。

c)颈部挫伤面积2.0cm^2以上。

d)颈部划伤长度5.0cm以上。

5.6 胸部损

5.6.1 重伤一级

a)心脏损伤,遗留心功能不全(心功能Ⅳ级)。

b)肺损伤致一侧全肺切除或者双肺三肺叶切除。

5.6.2 重伤二级

a)心脏损伤,遗留心功能不全(心功能Ⅲ级)。

b)心脏破裂;心包破裂。

c)女性双侧乳房损伤,完全丧失哺乳功能;女性一侧乳房大部分缺失。

d)纵隔血肿或者气肿,须手术治疗。

e)气管或者支气管破裂,须手术治疗。

f)肺破裂,须手术治疗。

g)血胸、气胸或者血气胸,伴一侧肺萎陷70%以上,或者双侧肺萎陷均在50%以上。

h)食管穿孔或者全层破裂,须手术治疗。

i)脓胸或者肺脓肿;乳糜胸;支气管胸膜瘘;食管胸膜瘘;食管支气管瘘。

j)胸腔大血管破裂。

k)膈肌破裂。

5.6.3 轻伤一级

a)心脏挫伤致心包积血。

b)女性一侧乳房损伤,丧失哺乳功能。

c)肋骨骨折6处以上。

d)纵隔血肿;纵隔气肿。

e)血胸、气胸或者血气胸,伴一侧肺萎陷30%以上,或者双侧肺萎陷均在20%以上。

f)食管挫裂伤。

5.6.4 轻伤二级

a)女性一侧乳房部分缺失或者乳腺导管损伤。

b)肋骨骨折2处以上。

c)胸骨骨折;锁骨骨折;肩胛骨骨折。

d)胸锁关节脱位;肩锁关节脱位。

e)胸部损伤,致皮下气肿1周不能自行吸收。

f)胸腔积血;胸腔积气。

g)胸壁穿透创。

h)胸部挤压出现窒息征象。

5.6.5 轻微伤

a)肋骨骨折;肋软骨骨折。

b)女性乳房擦挫伤。

5.7 腹部

5.7.1 重伤一级

a)肝功能损害(重度)。

b)胃肠道损伤致消化吸收功能严重障碍,依赖肠外营养。
c)肾功能不全(尿毒症期)。
5.7.2 重伤二级
a)腹腔大血管破裂。
b)胃、肠、胆囊或者胆道全层破裂,须手术治疗。
c)肝、脾、胰或者肾破裂,须手术治疗。
d)输尿管损伤致尿外渗,须手术治疗。
e)腹部损伤致肠瘘或者尿瘘。
f)腹部损伤引起弥漫性腹膜炎或者感染性休克。
g)肾周血肿或者肾包膜下血肿,须手术治疗。
h)肾功能不全(失代偿期)。
i)肾损伤致肾性高血压。
j)外伤性肾积水;外伤性肾动脉瘤;外伤性肾动静脉瘘。
k)腹腔积血或者腹膜后血肿,须手术治疗。
5.7.3 轻伤一级
a)胃、肠、胆囊或者胆道非全层破裂。
b)肝包膜破裂;肝脏实质内血肿直径2.0cm以上。
c)脾包膜破裂;脾实质内血肿直径2.0cm以上。
d)胰腺包膜破裂。
e)肾功能不全(代偿期)。
5.7.4 轻伤二级
a)胃、肠、胆囊或者胆道挫伤。
b)肝包膜下或者实质内出血。
c)脾包膜下或者实质内出血。
d)胰腺挫伤。
e)肾包膜下或者实质内出血。
f)肝功能损害(轻度)。
g)急性肾功能障碍(可恢复)。
h)腹腔积血或者腹膜后血肿。
i)腹壁穿透创。
5.7.5 轻微伤
a)外伤性血尿。
5.8 盆部及会阴
5.8.1 重伤一级
a)阴茎及睾丸全部缺失。
b)子宫及卵巢全部缺失。
5.8.2 重伤二级
a)骨盆骨折畸形愈合,致双下肢相对长度相差5.0cm以上。
b)骨盆不稳定性骨折,须手术治疗。
c)直肠破裂,须手术治疗。
d)肛管损伤致大便失禁或者肛管重度狭窄,须手术治疗。

e)膀胱破裂,须手术治疗。

f)后尿道破裂,须手术治疗。

g)尿道损伤致重度狭窄。

h)损伤致早产或者死胎;损伤致胎盘早期剥离或者流产,合并轻度休克。

i)子宫破裂,须手术治疗。

j)卵巢或者输卵管破裂,须手术治疗。

k)阴道重度狭窄。

l)幼女阴道Ⅱ度撕裂伤。

m)女性会阴或者阴道Ⅲ度撕裂伤。

n)龟头缺失达冠状沟。

o)阴囊皮肤撕脱伤面积占阴囊皮肤面积50%以上。

p)双侧睾丸损伤,丧失生育能力。

q)双侧附睾或者输精管损伤,丧失生育能力。

r)直肠阴道瘘;膀胱阴道瘘;直肠膀胱瘘。

s)重度排尿障碍。

5.8.3 轻伤一级

a)骨盆2处以上骨折;骨盆骨折畸形愈合;髋臼骨折。

b)前尿道破裂,须手术治疗。

c)输尿管狭窄。

d)一侧卵巢缺失或者萎缩。

e)阴道轻度狭窄。

f)龟头缺失1/2以上。

g)阴囊皮肤撕脱伤面积占阴囊皮肤面积30%以上。

h)一侧睾丸或者附睾缺失;一侧睾丸或者附睾萎缩。

5.8.4 轻伤二级

a)骨盆骨折。

b)直肠或者肛管挫裂伤。

c)一侧输尿管挫裂伤;膀胱挫裂伤;尿道挫裂伤。

d)子宫挫裂伤;一侧卵巢或者输卵管挫裂伤。

e)阴道撕裂伤。

f)女性外阴皮肤创口或者瘢痕长度累计4.0cm以上。

g)龟头部分缺损。

h)阴茎撕脱伤;阴茎皮肤创口或者瘢痕长度2.0cm以上;阴茎海绵体出血并形成硬结。

i)阴囊壁贯通创;阴囊皮肤创口或者瘢痕长度累计4.0cm以上;阴囊内积血,2周内未完全吸收。

j)一侧睾丸破裂、血肿、脱位或者扭转。

k)一侧输精管破裂。

l)轻度肛门失禁或者轻度肛门狭窄。

m)轻度排尿障碍。

n)外伤性难免流产;外伤性胎盘早剥。

5.8.5 轻微伤

a)会阴部软组织挫伤。

b)会阴创;阴囊创;阴茎创。

c)阴囊皮肤挫伤。

d)睾丸或者阴茎挫伤。

e)外伤性先兆流产。

5.9 脊柱四肢

5.9.1 重伤一级

a)二肢以上离断或者缺失(上肢腕关节以上、下肢踝关节以上)。

b)二肢六大关节功能完全丧失。

5.9.2 重伤二级

a)四肢任一大关节强直畸形或者功能丧失50%以上。

b)臂丛神经干性或者束性损伤,遗留肌瘫(肌力3级以下)。

c)正中神经肘部以上损伤,遗留肌瘫(肌力3级以下)。

d)桡神经肘部以上损伤,遗留肌瘫(肌力3级以下)。

e)尺神经肘部以上损伤,遗留肌瘫(肌力3级以下)。

f)骶丛神经或者坐骨神经损伤,遗留肌瘫(肌力3级以下)。

g)股骨干骨折缩短5.0cm以上、成角畸形30°以上或者严重旋转畸形。

h)胫腓骨骨折缩短5.0cm以上、成角畸形30°以上或者严重旋转畸形。

i)膝关节挛缩畸形屈曲30°以上。

j)一侧膝关节交叉韧带完全断裂遗留旋转不稳。

k)股骨颈骨折或者髋关节脱位,致股骨头坏死。

l)四肢长骨骨折不愈合或者假关节形成;四肢长骨骨折并发慢性骨髓炎。

m)一足离断或者缺失50%以上;足跟离断或者缺失50%以上。

n)一足的第一趾和其余任何二趾离断或者缺失;一足除第一趾外,离断或者缺失4趾。

o)两足5个以上足趾离断或者缺失。

p)一足第一趾及其相连的跖骨离断或者缺失。

q)一足除第一趾外,任何三趾及其相连的跖骨离断或者缺失。

5.9.3 轻伤一级

a)四肢任一大关节功能丧失25%以上。

b)一节椎体压缩骨折超过1/3以上;二节以上椎体骨折;三处以上横突、棘突或者椎弓骨折。

c)膝关节韧带断裂伴半月板破裂。

d)四肢长骨骨折畸形愈合。

e)四肢长骨粉碎性骨折或者两处以上骨折。

f)四肢长骨骨折累及关节面。

g)股骨颈骨折未见股骨头坏死,已行假体置换。

h)骺板断裂。

i)一足离断或者缺失10%以上;足跟离断或者缺失20%以上。

j)一足的第一趾离断或者缺失;一足除第一趾外的任何二趾离断或者缺失。

k)三个以上足趾离断或者缺失。

l)除第一趾外任何一趾及其相连的跖骨离断或者缺失。

m)肢体皮肤创口或者瘢痕长度累计45.0cm以上。

5.9.4　轻伤二级

a)四肢任一大关节功能丧失10%以上。

b)四肢重要神经损伤。

c)四肢重要血管破裂。

d)椎骨骨折或者脊椎脱位(尾椎脱位不影响功能的除外);外伤性椎间盘突出。

e)肢体大关节韧带断裂;半月板破裂。

f)四肢长骨骨折;髌骨骨折。

g)骨骺分离。

h)损伤致肢体大关节脱位。

i)第一趾缺失超过趾间关节;除第一趾外,任何二趾缺失超过趾间关节;一趾缺失。

j)两节趾骨骨折;一节趾骨骨折合并一跖骨骨折。

k)两跖骨骨折或者一跖骨完全骨折;距骨、跟骨、骰骨、楔骨或者足舟骨骨折;跖跗关节脱位。

l)肢体皮肤一处创口或者瘢痕长度10.0cm以上;两处以上创口或者瘢痕长度累计15.0cm以上。

5.9.5　轻微伤

a)肢体一处创口或者瘢痕长度1.0cm以上;两处以上创口或者瘢痕长度累计1.5cm以上;刺创深达肌层。

b)肢体关节、肌腱或者韧带损伤。

c)骨挫伤。

d)足骨骨折。

e)外伤致趾甲脱落,甲床暴露;甲床出血。

f)尾椎脱位。

5.10　手

5.10.1　重伤一级

a)双手离断、缺失或者功能完全丧失。

5.10.2　重伤二级

a)手功能丧失累计达一手功能36%。

b)一手拇指挛缩畸形不能对指和握物。

c)一手除拇指外,其余任何三指挛缩畸形,不能对指和握物。

d)一手拇指离断或者缺失超过指间关节。

e)一手食指和中指全部离断或者缺失。

f)一手除拇指外的任何三指离断或者缺失均超过近侧指间关节。

5.10.3　轻伤一级

a)手功能丧失累计达一手功能16%。

b)一手拇指离断或者缺失未超过指间关节。

c)一手除拇指外的示指和中指离断或者缺失均超过远侧指间关节。

d)一手除拇指外的环指和小指离断或者缺失均超过近侧指间关节。

5.10.4　轻伤二级

a)手功能丧失累计达一手功能4%。

b)除拇指外的一个指节离断或者缺失。

c)两节指骨线性骨折或者一节指骨粉碎性骨折(不含第2至5指末节)。

d)舟骨骨折、月骨脱位或者掌骨完全性骨折。

5.10.5 轻微伤

a)手擦伤面积 10.0cm^2 以上或者挫伤面积 6.0cm^2 以上。

b)手一处创口或者瘢痕长度 1.0cm 以上;两处以上创口或者瘢痕长度累计 1.5cm 以上;刺伤深达肌层。

c)手关节或者肌腱损伤。

d)腕骨、掌骨或者指骨骨折。

e)外伤致指甲脱落,甲床暴露;甲床出血。

5.11 体表

5.11.1 重伤二级

a)挫伤面积累计达体表面积 30%。

b)创口或者瘢痕长度累计 200.0cm 以上。

5.11.2 轻伤一级

a)挫伤面积累计达体表面积 10%。

b)创口或者瘢痕长度累计 40.0cm 以上。

c)撕脱伤面积 100.0cm^2 以上。

d)皮肤缺损 30.0cm^2 以上。

5.11.3 轻伤二级

a)挫伤面积达体表面积 6%。

b)单个创口或者瘢痕长度 10.0cm 以上;多个创口或者瘢痕长度累计 15.0cm 以上。

c)撕脱伤面积 50.0cm^2 以上。

d)皮肤缺损 6.0cm^2 以上。

5.11.4 轻微伤

a)擦伤面积 20.0cm^2 以上或者挫伤面积 15.0cm^2 以上。

b)一处创口或者瘢痕长度 1.0cm 以上;两处以上创口或者瘢痕长度累计 1.5cm 以上;刺创深达肌层。

c)咬伤致皮肤破损。

5.12 其他

5.12.1 重伤一级

a)深 II°以上烧烫伤面积达体表面积 70% 或者Ⅲ°面积达 30%。

5.12.2 重伤二级

a)II°以上烧烫伤面积达体表面积 30% 或者Ⅲ°面积达 10%;面积低于上述程度但合并吸入有毒气体中毒或者严重呼吸道烧烫伤。

b)枪弹创,创道长度累计 180.0cm。

c)各种损伤引起脑水肿(脑肿胀),脑疝形成。

d)各种损伤引起休克(中度)。

e)挤压综合征(Ⅱ级)。

f)损伤引起脂肪栓塞综合征(完全型)。

g)各种损伤致急性呼吸窘迫综合征(重度)。

h)电击伤(Ⅱ°)。

i)溺水(中度)。

j)脑内异物存留;心脏异物存留。

k)器质性阴茎勃起障碍(重度)。

5.12.3 轻伤一级

a)Ⅱ°以上烧烫伤面积达体表面积20%或者Ⅲ°面积达5%。

b)损伤引起脂肪栓塞综合征(不完全型)。

c)器质性阴茎勃起障碍(中度)。

5.12.4 轻伤二级

a)Ⅱ°以上烧烫伤面积达体表面积5%或者Ⅲ°面积达0.5%。

b)呼吸道烧伤。

c)挤压综合征(Ⅰ级)。

d)电击伤(Ⅰ°)。

e)溺水(轻度)。

f)各种损伤引起休克(轻度)。

g)呼吸功能障碍,出现窒息征象。

h)面部异物存留;眶内异物存留;鼻窦异物存留。

i)胸腔内异物存留;腹腔内异物存留;盆腔内异物存留。

j)深部组织内异物存留。

k)骨折内固定物损坏需要手术更换或者修复。

l)各种置入式假体装置损坏需要手术更换或者修复。

m)器质性阴茎勃起障碍(轻度)。

5.12.5 轻微伤

a)身体各部位骨皮质的砍(刺)痕;轻微撕脱性骨折,无功能障碍。

b)面部Ⅰ°烧烫伤面积10.0cm^2以上;浅Ⅱ°烧烫伤。

c)颈部Ⅰ°烧烫伤面积15.0cm^2以上;浅Ⅱ°烧烫伤面积2.0cm^2以上。

d)体表Ⅰ°烧烫伤面积20.0cm^2以上;浅Ⅱ°烧烫伤面积4.0cm^2以上;深Ⅱ°烧烫伤。

6 附则

6.1 伤后因其他原因死亡的个体,其生前损伤比照本标准相关条款综合鉴定。

6.2 未列入本标准中的物理性、化学性和生物性等致伤因素造成的人体损伤,比照本标准中的相应条款综合鉴定。

6.3 本标准所称的损伤是指各种致伤因素所引起的人体组织器官结构破坏或者功能障碍。反应性精神病、癔症等,均为内源性疾病,不宜鉴定损伤程度。

6.4 本标准未作具体规定的损伤,可以遵循损伤程度等级划分原则,比照本标准相近条款进行损伤程度鉴定。

6.5 盲管创、贯通创,其创道长度可视为皮肤创口长度,并参照皮肤创口长度相应条款鉴定损伤程度。

6.6 牙折包括冠折、根折和根冠折,冠折须暴露髓腔。

6.7 骨皮质的砍(刺)痕或者轻微撕脱性骨折(无功能障碍)的,不构成本标准所指的轻伤。

6.8 本标准所称大血管是指胸主动脉、主动脉弓分支、肺动脉、肺静脉、上腔静脉和下腔静脉,腹主动脉、髂总动脉、髂外动脉、髂外静脉。

6.9 本标准四肢大关节是指肩、肘、腕、髋、膝、踝等六大关节。

6.10 本标准四肢重要神经是指臂丛及其分支神经(包括正中神经、尺神经、桡神经和肌皮神经等)和腰骶丛及其分支神经(包括坐骨神经、腓总神经、腓浅神经和胫神经等)。

6.11　本标准四肢重要血管是指与四肢重要神经伴行的同名动、静脉。

6.12　本标准幼女或者儿童是指年龄不满14周岁的个体。

6.13　本标准所称的假体是指植入体内替代组织器官功能的装置,如:颅骨修补材料、人工晶体、义眼座、固定义齿(种植牙)、阴茎假体、人工关节、起搏器、支架等,但可摘式义眼、义齿等除外。

6.14　移植器官损伤参照相应条款综合鉴定。

6.15　本标准所称组织器官包括再植或者再造成活的。

6.16　组织器官缺失是指损伤当时完全离体或者仅有少量皮肤和皮下组织相连,或者因损伤经手术切除的。器官离断(包括牙齿脱落),经再植、再造手术成功的,按损伤当时情形鉴定损伤程度。

6.17　对于两个部位以上同类损伤可以累加,比照相关部位数值规定高的条款进行评定。

6.18　本标准所涉及的体表损伤数值,0~6岁按50%计算,7~10岁按60%计算,11~14岁按80%计算。

6.19　本标准中出现的数字均含本数。

附录A

(规范性附录)

损伤程度等级划分原则

A.1　重伤一级

各种致伤因素所致的原发性损伤或者由原发性损伤引起的并发症,严重危及生命;遗留肢体严重残废或者重度容貌毁损;严重丧失听觉、视觉或者其他重要器官功能。

A.2　重伤二级

各种致伤因素所致的原发性损伤或者由原发性损伤引起的并发症,危及生命;遗留肢体残废或者轻度容貌毁损;丧失听觉、视觉或者其他重要器官功能。

A.3　轻伤一级

各种致伤因素所致的原发性损伤或者由原发性损伤引起的并发症,未危及生命;遗留组织器官结构、功能中度损害或者明显影响容貌。

A.4　轻伤二级

各种致伤因素所致的原发性损伤或者由原发性损伤引起的并发症,未危及生命;遗留组织器官结构、功能轻度损害或者影响容貌。

A.5　轻微伤

各种致伤因素所致的原发性损伤,造成组织器官结构轻微损害或者轻微功能障碍。

A.6　等级限度

重伤二级是重伤的下限,与重伤一级相衔接,重伤一级的上限是致人死亡;轻伤二级是轻伤的下限,与轻伤一级相衔接,轻伤一级的上限与重伤二级相衔接;轻微伤的上限与轻伤二级相衔接,未达轻微伤标准的,不鉴定为轻微伤。

附录B

(规范性附录)

功能损害判定基准和使用说明

B.1　颅脑损伤

B.1.1　智能(IQ)减退

极重度智能减退:IQ低于25;语言功能丧失;生活完全不能自理。

重度智能减退:IQ25~39之间;语言功能严重受损,不能进行有效的语言交流;生活大部分不能自理。

中度智能减退:IQ40～54之间;能掌握日常生活用语,但词汇贫乏,对周围环境辨别能力差,只能以简单的方式与人交往;生活部分不能自理,能做简单劳动。

轻度智能减退:IQ55～69之间;无明显语言障碍,对周围环境有较好的辨别能力,能比较恰当的与人交往;生活能自理,能做一般非技术性工作。

边缘智能状态:IQ70～84之间;抽象思维能力或者思维广度、深度机敏性显示不良;不能完成高级复杂的脑力劳动。

B.1.2　器质性精神障碍

有明确的颅脑损伤伴不同程度的意识障碍病史,并且精神障碍发生和病程与颅脑损伤相关。症状表现为:意识障碍;遗忘综合征;痴呆;器质性人格改变;精神病性症状;神经症样症状;现实检验能力或者社会功能减退。

B.1.3　生活自理能力

生活自理能力主要包括以下五项:

(1)进食。

(2)翻身。

(3)大、小便。

(4)穿衣、洗漱。

(5)自主行动。

生活完全不能自理:是指上述五项均需依赖护理者。

生活大部分不能自理:是指上述五项中三项以上需依赖护理者。

生活部分不能自理:是指上述五项中一项以上需依赖护理者。

B.1.4　肌瘫(肌力)

0级:肌肉完全瘫痪,毫无收缩。

1级:可看到或者触及肌肉轻微收缩,但不能产生动作。

2级:肌肉在不受重力影响下,可进行运动,即肢体能在床面上移动,但不能抬高。

3级:在和地心引力相反的方向中尚能完成其动作,但不能对抗外加的阻力。

4级:能对抗一定的阻力,但较正常人为低。

5级:正常肌力。

B.1.5　非肢体瘫的运动障碍

非肢体瘫的运动障碍包括肌张力增高,共济失调,不自主运动或者震颤等。根据其对生活自理影响的程度划分为轻、中、重三度。

重度:不能自行进食,大小便,洗漱,翻身和穿衣,需要他人护理。

中度:上述动作困难,但在他人帮助下可以完成。

轻度:完成上述动作虽有一些困难,但基本可以自理。

B.1.6　外伤性迟发性癫痫应具备的条件

(1)确证的头部外伤史。

(2)头部外伤90日后仍被证实有癫痫的临床表现。

(3)脑电图检查(包括常规清醒脑电图检查、睡眠脑电图检查或者较长时间连续同步录像脑电图检查等)显示异常脑电图。

(4)影像学检查确证颅脑器质性损伤。

B.1.7　肛门失禁

重度:大便不能控制;肛门括约肌收缩力很弱或者丧失;肛门括约肌收缩反射很弱或者消失;直肠

内压测定,肛门注水法<20cmH2O。

轻度:稀便不能控制;肛门括约肌收缩力较弱;肛门括约肌收缩反射较弱;直肠内压测定,肛门注水法20~30cmH2O。

B.1.8 排尿障碍

重度:出现真性重度尿失禁或者尿潴留残余尿≥50mL。

轻度:出现真性轻度尿失禁或者尿潴留残余尿<50mL。

B.2 头面部损伤

B.2.1 眼睑外翻

重度外翻:睑结膜严重外翻,穹隆部消失。

中度外翻:睑结膜和睑板结膜外翻。

轻度外翻:睑结膜与眼球分离,泪点脱离泪阜。

B.2.2 容貌毁损

重度:面部瘢痕畸形,并有以下六项中四项者。(1)眉毛缺失;(2)双睑外翻或者缺失;(3)外耳缺失;(4)鼻缺失;(5)上、下唇外翻或者小口畸形;(6)颈颏粘连。

中度:具有以下六项中三项者。(1)眉毛部分缺失;(2)眼睑外翻或者部分缺失;(3)耳廓部分缺失;(4)鼻翼部分缺失;(5)唇外翻或者小口畸形;(6)颈部瘢痕畸形。

轻度:含中度畸形六项中二项者。

B.2.3 面部及中心区

面部的范围是指前额发际下,两耳屏前与下颌下缘之间的区域,包括额部、眶部、鼻部、口唇部、颏部、颧部、颊部、腮腺咬肌部。

面部中心区:以眉弓水平线为上横线,以下唇唇红缘中点处作水平线为下横线,以双侧外眦处作两条垂直线,上述四条线围绕的中央部分为中心区。

B.2.4 面瘫(面神经麻痹)

本标准涉及的面瘫主要是指外周性(核下性)面神经损伤所致。

完全性面瘫:是指面神经5个分支(颞支、颧支、颊支、下颌缘支和颈支)支配的全部颜面肌肉瘫痪,表现为:额纹消失,不能皱眉;眼睑不能充分闭合,鼻唇沟变浅;口角下垂,不能示齿,鼓腮,吹口哨,饮食时汤水流逸。

不完全性面瘫:是指面神经颧支、下颌支或者颞支和颊支损伤出现部分上述症状和体征。

B.2.5 张口困难分级

张口困难Ⅰ度:大张口时,只能垂直置入示指和中指。

张口困难Ⅱ度:大张口时,只能垂直置入示指。

张口困难Ⅲ度:大张口时,上、下切牙间距小于示指之横径。

B.3 听器听力损伤

听力损失计算应按照世界卫生组织推荐的听力减退分级的频率范围,取0.5、1、2、4kHz四个频率气导听阈级的平均值。如所得均值不是整数,则小数点后之尾数采用4舍5入法进为整数。

纯音听阈级测试时,如某一频率纯音气导最大声输出仍无反应时,以最大声输出值作为该频率听阈级。

听觉诱发电位测试时,若最大输出声强仍引不出反应波形的,以最大输出声强为反应阈值。在听阈评估时,听力学单位一律使用听力级(dB HL)。一般情况下,受试者听觉诱发电位反应阈要比其行为听阈高10~20 dB(该差值又称“校正值”),即受试者的行为听阈等于其听觉诱发电位反应阈减去“校正值”。听觉诱发电位检测实验室应建立自己的“校正值”,如果没有自己的“校正值”,则取平均值

(15 dB)作为“较正值”。

纯音气导听阈级应考虑年龄因素,按照《纯音气导阈的年龄修正值》(GB7582－87)听阈级偏差的中值(50%)进行修正,其中4000Hz的修正值参考2000Hz的数值。

表B.1 纯音气导阈值的年龄修正值(GB7582－87)

年龄	男			女		
	500Hz	1000Hz	2000Hz	500Hz	1000Hz	2000Hz
30	1	1	1	1	1	1
40	2	2	3	2	2	3
50	4	4	7	4	4	6
60	6	7	12	6	7	11
70	10	11	19	10	11	16

B.4 视觉器官损伤

B.4.1 盲及视力损害分级

表B.2 盲及视力损害分级标准(2003年,WHO)

分类	远视力低于	远视力等于或优于
轻度或无视力损害		0.3
中度视力损害(视力损害1级)	0.3	0.1
重度视力损害(视力损害2级)	0.1	0.05
盲(盲目3级)	0.05	0.02
盲(盲目4级)	0.02	光感
盲(盲目5级)	无光感	

B.4.2 视野缺损

视野有效值计算公式:

$$实测视野有效值(\%)=\frac{8条子午线实测视野值}{500}$$

表B.3 视野有效值与视野半径的换算

视野有效值(%)	视野度数(半径)
8	5°
16	10°
24	15°
32	20°
40	25°
48	30°
56	35°
64	40°
72	45°

续表

视野有效值(%)	视野度数(半径)
80	50°
88	55°
96	60°

B.5 颈部损伤

B.5.1 甲状腺功能低下

重度:临床症状严重;T3、T4 或者 FT3、FT4 低于正常值,TSH > 50μU/L。

中度:临床症状较重;T3、T4 或者 FT3、FT4 正常,TSH > 50μU/L。

轻度:临床症状较轻;T3、T4 或者 FT3、FT4 正常,TSH,轻度增高但 < 50μU/L。

B.5.2 甲状旁腺功能低下(以下分级需结合临床症状分析)

重度:空腹血钙 < 6mg/dL。

中度:空腹血钙 6 ~ 7mg/dL。

轻度:空腹血钙 7.1 ~ 8mg/dL。

B.5.3 发声功能障碍

重度:声哑、不能出声。

轻度:发音过弱、声嘶、低调、粗糙、带鼻音。

B.5.4 构音障碍

严重构音障碍:表现为发音不分明,语不成句,难以听懂,甚至完全不能说话。

轻度构音障碍:表现为发音不准,吐字不清,语调速度、节律等异常,鼻音过重。

B.6 胸部损伤

B.6.1 心功能分级

Ⅰ级:体力活动不受限,日常活动不引起过度的乏力、呼吸困难或者心悸。即心功能代偿期。

Ⅱ级:体力活动轻度受限,休息时无症状,日常活动即可引起乏力、心悸、呼吸困难或者心绞痛。亦称Ⅰ度或者轻度心衰。

Ⅲ级:体力活动明显受限,休息时无症状,轻于日常的活动即可引起上述症状。亦称Ⅱ度或者中度心衰。

Ⅳ级:不能从事任何体力活动,休息时亦有充血性心衰或心绞痛症状,任何体力活动后加重。亦称Ⅲ度或者重度心衰。

B.6.2 呼吸困难

1 级:与同年龄健康者在平地一同步行无气短,但登山或者上楼时呈气短。

2 级:平路步行 1000m 无气短,但不能与同龄健康者保持同样速度,平路快步行走呈现气短,登山或者上楼时气短明显。

3 级:平路步行 100m 即有气短。

4 级:稍活动(如穿衣、谈话)即气短。

B.6.3 窒息征象

临床表现为面、颈、上胸部皮肤出现针尖大小的出血点,以面部与眼眶部为明显;球睑结膜下出现出血斑点。

B.7 腹部损伤

B.7.1 肝功能损害

表 B.4 肝功能损害分度

程度	血清清蛋白	血清总胆红素	腹水	脑症	凝血酶原时间
重度	<2.5g/dL	>3.0mg/dL	顽固性	明显	明显延长 (较对照组>9秒)
中度	2.5~3.0g/dL	2.0~3.0mg/dL	无或者少量, 治疗后消失	无或者 轻度	延长 (较对照组>6秒)
轻度	3.1~3.5g/dL	1.5~2.0mg/dL	无	无	稍延长 (较对照组>3秒)

B.7.2 肾功能不全

表 B.5 肾功能不全分期

分期	内生肌酐清除率	血尿素氮浓度	血肌酐浓度	临床症状
代偿期	降至正常的50% 50~70mL/min	正常	正常	通常无明显临床症状
失代偿期	25~49 mL/min		>177μmol/L(2mg/dL) 但<450μmol/L(5mg/dL)	无明显临床症状,可有 轻度贫血;夜尿、多尿
尿毒症期	<25 mL/min	>21.4mmol/L (60mg/dL)	450~707μmol/L (5~8mg/dL)	常伴有酸中毒和严重 尿毒症临床症状

B.7.3 会阴及阴道撕裂

Ⅰ度:会阴部粘膜、阴唇系带、前庭粘膜、阴道粘膜等处有撕裂,但未累及肌层及筋膜。

Ⅱ度:撕裂伤累及盆底肌肉筋膜,但未累及肛门括约肌。

Ⅲ度:肛门括约肌全部或者部分撕裂,甚至直肠前壁亦被撕裂。

B.8 其他损伤

B.8.1 烧烫伤分度

表 B.6 烧伤深度分度

程度		损伤组织	烧伤部位特点	愈后情况
Ⅰ度		表皮	皮肤红肿,有热、痛感,无水疱,干燥,局部温度稍有增高	不留瘢痕
Ⅱ度	浅Ⅱ度	真皮浅层	剧痛,表皮有大而薄的水疱,疱底有组织充血和明显水肿;组织坏死仅限于皮肤的真皮层,局部温度明显增高	不留瘢痕
	深Ⅱ度	真皮深层	痛,损伤已达真皮深层,水疱较小,表皮和真皮层大部分凝固和坏死。将已分离的表皮揭去,可见基底微湿,色泽苍白上有红出血点,局部温度较低	可留下瘢痕
Ⅲ度		全层皮肤或者皮下组织、肌肉、骨骼	不痛,皮肤全层坏死,干燥如皮革样,不起水疱,蜡白或者焦黄,炭化,知觉丧失,脂肪层的大静脉全部坏死,局部温度低,发凉	需自体皮肤移植,有瘢痕或者畸形

B.8.2 电击伤

Ⅰ度:全身症状轻微,只有轻度心悸。触电肢体麻木,全身无力,如极短时间内脱离电源,稍休息可恢复正常。

Ⅱ度:触电肢体麻木,面色苍白,心跳、呼吸增快,甚至昏厥、意识丧失,但瞳孔不散大。对光反射存在。

Ⅲ度:呼吸浅而弱、不规则,甚至呼吸骤停。心律不齐,有室颤或者心搏骤停。

B.8.3 溺水

重度:落水后3~4分钟,神志昏迷,呼吸不规则,上腹部膨胀,心音减弱或者心跳、呼吸停止。淹溺到死亡的时间一般为5~6分钟。

中度:落水后1~2分钟,神志模糊,呼吸不规则或者表浅,血压下降,心跳减慢,反射减弱。

轻度:刚落水片刻,神志清,血压升高,心率、呼吸增快。

B.8.4 挤压综合征

系人体肌肉丰富的四肢与躯干部位因长时间受压(例如暴力挤压)或者其他原因造成局部循环障碍,结果引起肌肉缺血性坏死,出现肢体明显肿胀、肌红蛋白尿及高血钾等为特征的急性肾功能衰竭。

Ⅰ级:肌红蛋白尿试验阳性,肌酸磷酸激酶(CPK)增高,而无肾衰等周身反应者。

Ⅱ级:肌红蛋白尿试验阳性,肌酸磷酸激酶(CPK)明显升高,血肌酐和尿素氮增高,少尿,有明显血浆渗入组织间隙,致有效血容量丢失,出现低血压者。

Ⅲ级:肌红蛋白尿试验阳性,肌酸磷酸激酶(CPK)显著升高,少尿或者尿闭,休克,代谢性酸中毒以及高血钾者。

B.8.5 急性呼吸窘迫综合征

急性呼吸窘迫综合征(ARDS)须具备以下条件:

(1)有发病的高危因素。

(2)急性起病,呼吸频率数和/或呼吸窘迫。

(3)低氧血症,PaO2/FiO2≤200mmHg。

(4)胸部X线检查两肺浸润影。

(5)肺毛细血管楔压(PCWP)≤18mmHg,或者临床上除外心源性肺水肿。

凡符合以上5项可诊断为ARDS。

表B.7 急性呼吸窘迫综合征分度

程度	临床分级			血气分析分级	
	呼吸频率	临床表现	X线示	吸空气	吸纯氧15分钟后
轻度	>35次/分	无发绀	无异常或者纹理增多,边缘模糊	氧分压<8.0kPa 二氧化碳分压<4.7kPa	氧分压<46.7kPa Qs/Qt>10%
中度	>40次/分	发绀,肺部有异常体征	斑片状阴影或者呈磨玻璃样改变,可见支气管气相	氧分压<6.7kPa 二氧化碳分压<5.3kPa	氧分压<20.0kPa Qs/Qt>20%
重度	呼吸极度窘迫	发绀进行性加重,肺广泛湿罗音或者实变	双肺大部分密度普遍增高,支气管气相明显	氧分压<5.3kPa(40mmHg) 二氧化碳分压>6.0kPa	氧分压<13.3kPa Qs/Qt>30%

B.8.6 脂肪栓塞综合征

不完全型(或者称部分症候群型):伤者骨折后出现胸部疼痛,咳呛震痛,胸闷气急,痰中带血,神疲身软,面色无华,皮肤出现瘀血点,上肢无力伸举,脉多细涩。实验室检查有明显低氧血症,预后一般良好。

完全型(或者称典型症候群型):伤者创伤骨折后出现神志恍惚,严重呼吸困难,口唇紫绀,胸闷欲绝,脉细涩。本型初起表现为呼吸和心动过速、高热等非特异症状。此后出现呼吸窘迫、神志不清以至昏迷等神经系统症状,在眼结膜及肩、胸皮下可见散在瘀血点,实验室检查可见血色素降低,血小板减少,血沉增快以及出现低氧血症。肺部X线检查可见多变的进行性的肺部斑片状阴影改变和右心扩大。

B.8.7 休克分度

表B.8 休克分度

程度	血压(收缩压)kPa	脉搏(次/分)	全身状况
轻度	12~13.3(90~100mmHg)	90~100	尚好
中度	10~12(75~90mmHg)	110~130	抑制、苍白、皮肤冷
重度	<10(<75mmHg)	120~160	明显抑制
垂危	0		呼吸障碍、意识模糊

B.8.8 器质性阴茎勃起障碍

重度:阴茎无勃起反应,阴茎硬度及周径均无改变。

中度:阴茎勃起时最大硬度>0,<40%,每次勃起持续时间<10分钟。

轻度:阴茎勃起时最大硬度≥40%,<60%,每次勃起持续时间<10分钟。

附录C

(资料性附录)

人体损伤程度鉴定常用技术

C.1 视力障碍检查

视力记录可采用小数记录或者5分记录两种方式。视力(指远距视力)经用镜片(包括接触镜,针孔镜等),纠正达到正常视力范围(0.8以上)或者接近正常视力范围(0.4-0.8)的都不属视力障碍范围。

中心视力好而视野缩小,以注视点为中心,视野半径小于10度而大于5度者为盲目3级,如半径小于5度者为盲目4级。

周边视野检查:视野缩小系指因损伤致眼球注视前方而不转动所能看到的空间范围缩窄,以致难以从事正常工作、学习或者其它活动。

对视野检查要求,视标颜色:白色,视标大小:5mm,检查距离330mm,视野背景亮度:31.5asb。

周边视野缩小,鉴定以实测得八条子午线视野值的总和计算平均值,即有效视野值。

视力障碍检查具体方法参考《视觉功能障碍法医鉴定指南》(SF/Z JD0103004)。

C.2 听力障碍检查

听力障碍检查应符合《听力障碍的法医学评定》(GA/T 914)。

C.3 前庭平衡功能检查

本标准所指的前庭平衡功能丧失及前庭平衡功能减退,是指外力作用颅脑或者耳部,造成前庭系统的损伤。伤后出现前庭平衡功能障碍的临床表现,自发性前庭体征检查法和诱发性前庭功能检查法等有阳性发现(如眼震电图/眼震视图、静、动态平衡仪、前庭诱发电位等检查),结合听力检查和神经系统检查,以及影像学检查综合判定,确定前庭平衡功能是丧失,或者减退。

C.4 阴茎勃起功能检测

阴茎勃起功能检测应满足阴茎勃起障碍法医学鉴定的基本要求,具体方法参考《男子性功能障碍法医学鉴定规范》(SF/Z JD0103002)。

C.5 体表面积计算

九分估算法:成人体表面积视为100%,将总体表面积划分为11个9%等面积区域,即头(面)颈部占一个9%,双上肢占二个9%,躯干前后及会阴部占三个9%,臀部及双下肢占五个9% +1%(见表B2)。

表C.1 体表面积的九分估算法

<table>
<tr><th>部位</th><th>面积,%</th><th>按九分法面积,%</th></tr>
<tr><td>头</td><td>6</td><td rowspan="2">(1×9)=9</td></tr>
<tr><td>颈</td><td>3</td></tr>
<tr><td>前躯</td><td>13</td><td rowspan="3">(3×9)=27</td></tr>
<tr><td>后躯</td><td>13</td></tr>
<tr><td>会阴</td><td>1</td></tr>
<tr><td>双上臂</td><td>7</td><td rowspan="3">(2×9)=18</td></tr>
<tr><td>双前臂</td><td>6</td></tr>
<tr><td>双手</td><td>5</td></tr>
<tr><td>臀</td><td>5</td><td rowspan="4">(5×9+1)=46</td></tr>
<tr><td>双大腿</td><td>21</td></tr>
<tr><td>双小腿</td><td>13</td></tr>
<tr><td>双足</td><td>7</td></tr>
<tr><td>全身合计</td><td>100</td><td>(11×9+1)=100</td></tr>
</table>

注:12岁以下儿童体表面积:头颈部=9+(12-年龄),双下肢=46-(12-年龄)

手掌法:受检者五指并拢,一掌面相当其自身体表面积的1%。

公式计算法:S(平方米)=0.0061×身长(cm)+0.0128×体重(kg)-0.1529

C.6 肢体关节功能丧失程度评价

肢体关节功能评价使用说明(适用于四肢大关节功能评定):

1.各关节功能丧失程度等于相应关节所有轴位(如腕关节有两个轴位)和所有方位(如腕关节有四个方位)功能丧失值的之和再除以相应关节活动的方位数之和。例如:腕关节掌屈40度,背屈30度,桡屈15度,尺屈20度。查表得相应功能丧失值分别为30%、40%、60%和60%,求得腕关节功能丧失程度为47.5%。如果掌屈伴肌力下降(肌力3级),查表得相应功能丧失值分别为65%、40%、60%和60%。求得腕关节功能丧失程度为56.25%。

2.当关节活动受限于某一方位时,其同一轴位的另一方位功能丧失值以100%计。如腕关节掌屈和背屈轴位上的活动限制在掌屈10度与40度之间,则背屈功能丧失值以100%计,而掌屈以40度计,查表得功能丧失值为30%,背屈功能以100%计,则腕关节功能丧失程度为65%。

3.对疑有关节病变(如退行性变)并影响关节功能时,伤侧关节功能丧失值应与对侧进行比较,即同时用查表法分别求出伤侧和对侧关节功能丧失值,并用伤侧关节功能丧失值减去对侧关节功能丧失值即为伤侧关节功能实际丧失值。

4.由于本标准对于关节功能的评定已经考虑到肌力减退对于关节功能的影响,故在测量关节运动活动度时,应以关节被动活动度为准。

C.6.1 肩关节功能丧失程度评定

表 C.2 肩关节功能丧失程度(%)

	关节运动活动度	肌力				
		≤M1	M2	M3	M4	M5
前屈	≥171	100	75	50	25	0
	151~170	100	77	55	32	10
	131~150	100	80	60	40	20
	111~130	100	82	65	47	30
	91~110	100	85	70	55	40
	71~90	100	87	75	62	50
	51~70	100	90	80	70	60
	31~50	100	92	85	77	70
	≤30	100	95	90	85	80
后伸	≥41	100	75	50	25	0
	31~40	100	80	60	40	20
	21~30	100	85	70	55	40
	11~20	100	90	80	70	60
	≤10	100	95	90	85	80
外展	≥171	100	75	50	25	0
	151~170	100	77	55	32	10
	131~150	100	80	60	40	20
	111~130	100	82	65	47	30
	91~110	100	85	70	55	40
	71~90	100	87	75	62	50
	51~70	100	90	80	70	60
	31~50	100	92	85	77	70
	≤30	100	95	90	85	80
内收	≥41	100	75	50	25	0
	31~40	100	80	60	40	20
	21~30	100	85	70	55	40
	11~20	100	90	80	70	60
	≤10	100	95	90	85	80

续表

	关节运动活动度	肌力				
		≤M1	M2	M3	M4	M5
内旋	≥81	100	75	50	25	0
	71~80	100	77	55	32	10
	61~70	100	80	60	40	20
	51~60	100	82	65	47	30
	41~50	100	85	70	55	40
	31~40	100	87	75	62	50
	21~30	100	90	80	70	60
	11~20	100	92	85	77	70
	≤10	100	95	90	85	80
外旋	≥81	100	75	50	25	0
	71~80	100	77	55	32	10
	61~70	100	80	60	40	20
	51~60	100	82	65	47	30
	41~50	100	85	70	55	40
	31~40	100	87	75	62	50
	21~30	100	90	80	70	60
	11~20	100	92	85	77	70
	≤10	100	95	90	85	80

C.6.2　肘关节功能丧失程度评定

表 C.3　肘关节功能丧失程度(%)

	关节运动活动度	肌力				
		≤M1	M2	M3	M4	M5
屈曲	≥41	100	75	50	25	0
	36~40	100	77	55	32	10
	31~35	100	80	60	40	20
	26~30	100	82	65	47	30
	21~25	100	85	70	55	40
	16~20	100	87	75	62	50
	11~15	100	90	80	70	60
	6~10	100	92	85	77	70
	≤5	100	95	90	85	80

续表

	关节运动活动度	肌力				
		≤M1	M2	M3	M4	M5
伸展	81~90	100	75	50	25	0
	71~80	100	77	55	32	10
	61~70	100	80	60	40	20
	51~60	100	82	65	47	30
	41~50	100	85	70	55	40
	31~40	100	87	75	62	50
	21~30	100	90	80	70	60
	11~20	100	92	85	77	70
	≤10	100	95	90	85	80

注:为方便肘关节功能计算,此处规定肘关节以屈曲90度为中立位0度。

C.6.3 腕关节功能丧失程度评定

表 C.4 腕关节功能丧失程度(%)

	关节运动活动度	肌力				
		≤M1	M2	M3	M4	M5
掌屈	≥61	100	75	50	25	0
	51~60	100	77	55	32	10
	41~50	100	80	60	40	20
	31~40	100	82	65	47	30
	26~30	100	85	70	55	40
	21~25	100	87	75	62	50
	16~20	100	90	80	70	60
	11~15	100	92	85	77	70
	≤10	100	95	90	85	80
背屈	≥61	100	75	50	25	0
	51~60	100	77	55	32	10
	41~50	100	80	60	40	20
	31~40	100	82	65	47	30
	26~30	100	85	70	55	40
	21~25	100	87	75	62	50
	16~20	100	90	80	70	60
	11~15	100	92	85	77	70
	≤10	100	95	90	85	80

续表

	关节运动活动度	肌力				
		≤M1	M2	M3	M4	M5
桡屈	≥21	100	75	50	25	0
	16~20	100	80	60	40	20
	11~15	100	85	70	55	40
	6~10	100	90	80	70	60
	≤5	100	95	90	85	80
尺屈	≥41	100	75	50	25	0
	31~40	100	80	60	40	20
	21~30	100	85	70	55	40
	11~20	100	90	80	70	60
	≤10	100	95	90	85	80

C.6.4 髋关节功能丧失程度评定

表 C.5 髋关节功能丧失程度(%)

	关节运动活动度	肌力				
		≤M1	M2	M3	M4	M5
前屈	≥121	100	75	50	25	0
	106~120	100	77	55	32	10
	91~105	100	80	60	40	20
	76~90	100	82	65	47	30
	61~75	100	85	70	55	40
	46~60	100	87	75	62	50
	31~45	100	90	80	70	60
	16~30	100	92	85	77	70
	≤15	100	95	90	85	80
后伸	≥11	100	75	50	25	0
	6~10	100	85	70	55	20
	1~5	100	90	80	70	50
	0	100	95	90	85	80
外展	≥41	100	75	50	25	0
	31~40	100	80	60	40	20
	21~30	100	85	70	55	40
	11~20	100	90	80	70	60
	≤10	100	95	90	85	80
内收	≥16	100	75	50	25	0
	11~15	100	80	60	40	20
	6~10	100	85	70	55	40
	1~5	100	90	80	70	60
	0	100	95	90	85	80

续表

	关节运动活动度	肌力				
		≤M1	M2	M3	M4	M5
外旋	≥41	100	75	50	25	0
	31~40	100	80	60	40	20
	21~30	100	85	70	55	40
	11~20	100	90	80	70	60
	≤10	100	95	90	85	80
内旋	≥41	100	75	50	25	0
	31~40	100	80	60	40	20
	21~30	100	85	70	55	40
	11~20	100	90	80	70	60
	≤10	100	95	90	85	80

注:表中前屈指屈膝位前屈。

C.6.5 膝关节功能丧失程度评定

表 C.6 膝关节功能丧失程度(%)

	关节运动活动度	肌力				
		≤M1	M2	M3	M4	M5
屈曲	≥130	100	75	50	25	0
	116~129	100	77	55	32	10
	101~115	100	80	60	40	20
	86~100	100	82	65	47	30
	71~85	100	85	70	55	40
	61~70	100	87	75	62	50
	46~60	100	90	80	70	60
	31~45	100	92	85	77	70
	≤30	100	95	90	85	80
伸展	≤-5	100	75	50	25	0
	-6~-10	100	77	55	32	10
	-11~-20	100	80	60	40	20
	-21~-25	100	82	65	47	30
	-26~-30	100	85	70	55	40
	-31~-35	100	87	75	62	50
	-36~-40	100	90	80	70	60
	-41~-45	100	92	85	77	70
	≥46	100	95	90	85	80

注:表中负值表示膝关节伸展时到达功能位(直立位)所差的度数。

使用说明:考虑到膝关节同一轴位屈伸活动相互重叠,膝关节功能丧失程度的计算方法与其他关节略有不同,即根据关节屈曲与伸展运动活动度查表得出相应功能丧失程度,再求和即为膝关节功能丧失程度。当二者之和大于100%时,以100%计算。

C.6.6 踝关节功能丧失程度评定

表 C.7 踝关节功能丧失程度(%)

	关节运动活动度	肌力				
		≤M1	M2	M3	M4	M5
背屈	≥16	100	75	50	25	0
	11~15	100	80	60	40	20
	6~10	100	85	70	55	40
	1~5	100	90	80	70	60
	0	100	95	90	85	80
跖屈	≥41	100	75	50	25	0
	31~40	100	80	60	40	20
	21~30	100	85	70	55	40
	11~20	100	90	80	70	60
	≤10	100	95	90	85	80

C.7 手功能计算

C.7.1 手缺失和丧失功能的计算

一手拇指占一手功能的36%,其中末节和近节指节各占18%;食指、中指各占一手功能的18%,其中末节指节占8%,中节指节占7%,近节指节占3%;无名指和小指各占一手功能的9%,其中末节指节占4%,中节指节占3%,近节指节占2%。一手掌占一手功能的10%,其中第一掌骨占4%,第二、第三掌骨各占2%,第四、第五掌骨各占1%。本标准中,双手缺失或丧失功能的程度是按前面方法累加计算的结果。

C.7.2 手感觉丧失功能的计算

手感觉丧失功能是指因事故损伤所致手的掌侧感觉功能的丧失。手感觉丧失功能的计算按相应手功能丧失程度的50%计算。

四、劳动能力鉴定 职工工伤与职业病致残等级(GB/T 16180-2014)(2014年9月3日)

1 范围

本标准规定了职工工伤与职业病致残劳动能力鉴定原则和分级标准。

本标准适用于职工在职业活动中因工负伤和因职业病致残程度的鉴定。

2 规范性引用文件

下列文件对于本文件的应用是必不可少的。凡是注日期的引用文件,仅注日期的版本适用于本文件。凡是不注日期的引用文件,其最新版本(包括所有的修改单)适用于本文件。

GB/T 4854(所有部分)声学 校准测听设备的基准零级

GB/T 7341(所有部分)听力计

GB/T 7582-2004 声学 听阈与年龄关系的统计分布

GB/T 7583 声学 纯音气导听阈测定 保护听力用

GB 11533 标准对数视力表

GBZ 4 职业性慢性二硫化碳中毒诊断标准

GBZ 5 职业性氟及无机化合物中毒的诊断

GBZ 7 职业性手臂振动病诊断标准

GBZ 9 职业性急性电光性眼炎(紫外线角膜结膜炎)诊断标准

GBZ 12 职业性铬鼻病诊断标准

GBZ 24 职业性减压病诊断标准

GBZ 35 职业性白内障诊断标准

GBZ 45 职业性三硝基甲苯白内障诊断标准

GBZ 49 职业性噪声聋诊断标准

GBZ 54 职业性化学性眼灼伤诊断标准

GBZ 57 职业性哮喘诊断标准

GBZ 60 职业性过敏性肺炎诊断标准

GBZ 61 职业性牙酸蚀病诊断标准

GBZ 70 尘肺病诊断标准

GBZ 81 职业性磷中毒诊断标准

GBZ 82 职业性煤矿井下工人滑囊炎诊断标准

GBZ 83 职业性砷中毒的诊断

GBZ 94 职业性肿瘤诊断标准

GBZ 95 放射性白内障诊断标准

GBZ 96 内照射放射病诊断标准

GBZ 97 放射性肿瘤诊断标准

GBZ 101 放射性甲状腺疾病诊断标准

GBZ 104 外照射急性放射病诊断标准

GBZ 105 外照射慢性放射病诊断标准

GBZ 106 放射性皮肤疾病诊断标准

GBZ 107 放射性性腺疾病的诊断

GBZ 109 放射性膀胱疾病诊断标准

GBZ 110 急性放射性肺炎诊断标准

GBZ/T 238 职业性爆震聋的诊断

3 术语和定义

下列术语和定义适用于本文件。

3.1 劳动能力鉴定 identify work ability

法定机构对劳动者在职业活动中因工负伤或患职业病后,根据国家工伤保险法规规定,在评定伤残等级时通过医学检查对劳动功能障碍程度(伤残程度)和生活自理障碍程度做出的技术性鉴定结论。

3.2 医疗依赖 medical dependence

工伤致残于评定伤残等级技术鉴定后仍不能脱离治疗。

3.3 生活自理障碍 ability of living independence

工伤致残者因生活不能自理,需依赖他人护理。

4 总则

4.1 判断依据

4.1.1 综合判定

依据工伤致残者于评定伤残等级技术鉴定时的器官损伤、功能障碍及其对医疗与日常生活护理的依赖程度,适当考虑由于伤残引起的社会心理因素影响,对伤残程度进行综合判定分级。

附录 A 为各门类工伤、职业病致残分级判定基准。

附录 B 为正确使用本标准的说明。

4.1.2　器官损伤

器官损伤是工伤的直接后果,但职业病不一定有器官缺损。

4.1.3　功能障碍

工伤后功能障碍的程度与器官缺损的部位及严重程度有关,职业病所致的器官功能障碍与疾病的严重程度相关。对功能障碍的判定,应以评定伤残等级技术鉴定时的医疗检查结果为依据,根据评残对象逐个确定。

4.1.4　医疗依赖

医疗依赖判定分级:

a)特殊医疗依赖:工伤致残后必须终身接受特殊药物、特殊医疗设备或装置进行治疗;

b)一般医疗依赖:工伤致残后仍需接受长期或终身药物治疗。

4.1.5　生活自理障碍

生活自理范围主要包括下列五项:

a)进食:完全不能自主进食,需依赖他人帮助;

b)翻身:不能自主翻身;

c)大、小便:不能自主行动,排大、小便需依靠他人帮助;

d)穿衣、洗漱:不能自己穿衣、洗漱,完全依赖他人帮助;

e)自主行动:不能自主走动。

生活自理障碍程度分三级:

a)完全生活自理障碍:生活完全不能自理,上述五项均需护理;

b)大部分生活自理障碍:生活大部分不能自理,上述五项中三项或四项需要护理;

c)部分生活自理障碍:生活部分不能自理,上述五项中一项或两项需要护理。

4.2　晋级原则

对于同一器官或者系统多处损伤,或一个以上器官不同部位同时受到损伤者,应先对单项伤残程度进行鉴定。如果几项伤残等级不同,以重者定级;如果两项及以上等级相同,最多晋升一级。

4.3　对原有伤残及合并症的处理

在劳动能力鉴定过程中,工伤或职业病后出现合并症,其致残等级的评定以鉴定时实际的致残结局为依据。

如受工伤损害的器官原有伤残或疾病史,即:单个或双器官(如双眼、四肢、肾脏)或系统损伤,本次鉴定时应检查本次伤情是否加重原有伤残,若加重原有伤残,鉴定时按实际的致残结局为依据;若本次伤情轻于原有伤残,鉴定时则按本次工伤伤情致残结局为依据。

对原有伤残的处理适用于初次或再次鉴定,复查鉴定不适用本规则。

4.4　门类划分

按照临床医学分科和各学科间相互关联的原则,对残情的判定划分为5个门类:

a)神经内科、神经外科、精神科门。

b)骨科、整形外科、烧伤科门。

c)眼科、耳鼻喉科、口腔科门。

d)普外科、胸外科、泌尿生殖科门。

e)职业病内科门。

4.5　条目划分

按照4.4中的5个门类,以附录C中表C.1~C.5及一至十级分级系列,根据伤残的类别和残情的程度划分伤残条目,共列出残情530条。

4.6　等级划分

根据条目划分原则以及工伤致残程度,综合考虑各门类间的平衡,将残情级别分为一至十级。最重为第一级,最轻为第十级。对未列出的个别伤残情况,参照本标准中相应定级原则进行等级评定。

5　职工工伤与职业病致残等级分级

5.1　一级

5.1.1　定级原则

器官缺失或功能完全丧失,其他器官不能代偿,存在特殊医疗依赖,或完全或大部分或部分生活自理障碍。

5.1.2　一级条款系列

凡符合 5.1.1 或下列条款之一者均为工伤一级。

1)极重度智能损伤;

2)四肢瘫肌力≤3 级或三肢瘫肌力≤2 级;

3)重度非肢体瘫运动障碍;

4)面部重度毁容,同时伴有表 C.2 中二级伤残之一者;

5)全身重度瘢痕形成,占体表面积≥90%,伴有脊柱及四肢大关节活动功能基本丧失;

6)双肘关节以上缺失或功能完全丧失;

7)双下肢膝上缺失及一上肢肘上缺失;

8)双下肢及一上肢瘢痕畸形,功能完全丧失;

9)双眼无光感或仅有光感但光定位不准者;

10)肺功能重度损伤和呼吸困难 IV 级,需终生依赖机械通气;

11)双肺或心肺联合移植术;

12)小肠切除≥90%;

13)肝切除后原位肝移植;

14)胆道损伤原位肝移植;

15)全胰切除;

16)双侧肾切除或孤肾切除术后,用透析维持或同种肾移植术后肾功能不全尿毒症期;

17)尘肺叁期伴肺功能重度损伤及(或)重度低氧血症〔POsub2/sub<5.3kPa(<40 mmHg)〕;

18)其他职业性肺部疾患,伴肺功能重度损伤及(或)重度低氧血症〔POsub2/sub<5.3 kPa (40 mmHg)〕;

19)放射性肺炎后,两叶以上肺纤维化伴重度低氧血症〔POsub2/sub<5.3kPa(<40 mmHg)〕;

20)职业性肺癌伴肺功能重度损伤;

21)职业性肝血管肉瘤,重度肝功能损害;

22)肝硬化伴食道静脉破裂出血,肝功能重度损害;

23)肾功能不全尿毒症期,内生肌酐清除率持续<10mL/min,或血浆肌酐水平持续>707μmol/L (8 mg/dL)。

5.2　二级

5.2.1　定级原则

器官严重缺损或畸形,有严重功能障碍或并发症,存在特殊医疗依赖,或大部分或部分生活自理障碍。

5.2.2　二级条款系列

凡符合 5.2.1 或下列条款之一者均为工伤二级。

1)重度智能损伤;

2)三肢瘫肌力3级;

3)偏瘫肌力≤2级;

4)截瘫肌力≤2级;

5)双手全肌瘫肌力≤2级;

6)完全感觉性或混合性失语;

7)全身重度瘢痕形成,占体表面积≥80%,伴有四肢大关节中3个以上活动功能受限;

8)全面部瘢痕或植皮伴有重度毁容;

9)双侧前臂缺失或双手功能完全丧失;

10)双下肢瘢痕畸形,功能完全丧失;

11)双膝以上缺失;

12)双膝、双踝关节功能完全丧失;

13)同侧上、下肢缺失或功能完全丧失;

14)四肢大关节(肩、髋、膝、肘)中4个及以上关节功能完全丧失者;

15)一眼有或无光感,另眼矫正视力≤0.02,或视野≤8%(或半径≤5°);

16)无吞咽功能,完全依赖胃管进食;

17)双侧上颌骨或双侧下颌骨完全缺损;

18)一侧上颌骨及对侧下颌骨完全缺损,并伴有颜面软组织损伤>30 cmsup2/sup;

19)一侧全肺切除并胸廓成形术,呼吸困难Ⅲ级;

20)心功能不全三级;

21)食管闭锁或损伤后无法行食管重建术,依赖胃造瘘或空肠造瘘进食;

22)小肠切除3/4,合并短肠综合征;

23)肝切除3/4,合并肝功能重度损害;

24)肝外伤后发生门脉高压三联症或发生Budd-chiari综合征;

25)胆道损伤致肝功能重度损害;

26)胰次全切除,胰腺移植术后;

27)孤肾部分切除后,肾功能不全失代偿期;

28)肺功能重度损伤及(或)重度低氧血症;

29)尘肺叁期伴肺功能中度损伤及(或)中度低氧血症;

30)尘肺贰期伴肺功能重度损伤及(或)重度低氧血症[POsub2/sub<5.3kPa(40 mmHg)];

31)尘肺叁期伴活动性肺结核;

32)职业性肺癌或胸膜间皮瘤;

33)职业性急性白血病;

34)急性重型再生障碍性贫血;

35)慢性重度中毒性肝病;

36)肝血管肉瘤;

37)肾功能不全尿毒症期,内生肌酐清除率持续<25mL/min,或血浆肌酐水平持续>450μmol/L(5 mg/dL);

38)职业性膀胱癌;

39)放射性肿瘤。

5.3 三级

5.3.1 定级原则

器官严重缺损或畸形,有严重功能障碍或并发症,存在特殊医疗依赖,或部分生活自理障碍。

5.3.2 三级条款系列

凡符合5.3.1或下列条款之一者均为工伤三级。

1)精神病性症状,经系统治疗1年后仍表现为危险或冲动行为者;

2)精神病性症状,经系统治疗1年后仍缺乏生活自理能力者;

3)偏瘫肌力3级;

4)截瘫肌力3级;

5)双足全肌瘫肌力≤2级;

6)中度非肢体瘫运动障碍;

7)完全性失用、失写、失读、失认等具有两项及两项以上者;

8)全身重度瘢痕形成,占体表面积≥70%,伴有四肢大关节中2个以上活动功能受限;

9)面部瘢痕或植皮≥2/3并有中度毁容;

10)一手缺失,另一手拇指缺失;

11)双手拇、食指缺失或功能完全丧失;

12)一手功能完全丧失,另一手拇指功能完全丧失;

13)双髋、双膝关节中,有一个关节缺失或功能完全丧失及另一关节重度功能障碍;

14)双膝以下缺失或功能完全丧失;

15)一侧髋、膝关节畸形,功能完全丧失;

16)非同侧腕上、踝上缺失;

17)非同侧上、下肢瘢痕畸形,功能完全丧失;

18)一眼有或无光感,另眼矫正视力≤0.05或视野≤16%(半径≤10°);

19)双眼矫正视力<0.05或视野≤16%(半径≤10°);

20)一侧眼球摘除或眼内容物剜出,另眼矫正视力<0.1或视野≤24%(或半径≤15°);

21)呼吸完全依赖气管套管或造口;

22)喉或气管损伤导致静止状态下或仅轻微活动即有呼吸困难;

23)同侧上、下颌骨完全缺损;

24)一侧上颌骨或下颌骨完全缺损,伴颜面部软组织损伤>30 cmsup2/sup;

25)舌缺损>全舌的2/3;

26)一侧全肺切除并胸廓成形术;

27)一侧胸廓成形术,肋骨切除6根以上;

28)一侧全肺切除并隆凸切除成形术;

29)一侧全肺切除并大血管重建术;

30)Ⅲ度房室传导阻滞;

31)肝切除2/3,并肝功能中度损害;

32)胰次全切除,胰岛素依赖;

33)一侧肾切除,对侧肾功能不全失代偿期;

34)双侧输尿管狭窄,肾功能不全失代偿期;

35)永久性输尿管腹壁造瘘;

36)膀胱全切除;

37)尘肺叁期;

38)尘肺贰期伴肺功能中度损伤及(或)中度低氧血症;

39)尘肺贰期合并活动性肺结核;

40)放射性肺炎后两叶肺纤维化,伴肺功能中度损伤及(或)中度低氧血症;

41)粒细胞缺乏症;

42)再生障碍性贫血;

43)职业性慢性白血病;

44)中毒性血液病,骨髓增生异常综合征;

45)中毒性血液病,严重出血或血小板含量≤2×10sup10/sup/L;

46)砷性皮肤癌;

47)放射性皮肤癌。

5.4　四级

5.4.1　定级原则

器官严重缺损或畸形,有严重功能障碍或并发症,存在特殊医疗依赖,或部分生活自理障碍或无生活自理障碍。

5.4.2　四级条款系列

凡符合5.4.1或下列条款之一者均为工伤四级。

1)中度智能损伤;

2)重度癫痫;

3)精神病性症状,经系统治疗1年后仍缺乏社交能力者;

4)单肢瘫肌力≤2级;

5)双手部分肌瘫肌力≤2级;

6)脑脊液漏伴有颅底骨缺损不能修复或反复手术失败;

7)面部中度毁容;

8)全身瘢痕面积≥60%,四肢大关节中1个关节活动功能受限;

9)面部瘢痕或植皮≥1/2并有轻度毁容;

10)双拇指完全缺失或功能完全丧失;

11)一侧手功能完全丧失,另一手部分功能丧失;

12)一侧肘上缺失;

13)一侧膝以下缺失,另一侧前足缺失;

14)一侧膝以上缺失;

15)一侧踝以下缺失,另一足畸形行走困难;

16)一眼有或无光感,另眼矫正视力<0.2或视野≤32%(或半径≤20°);

17)一眼矫正视力<0.05,另眼矫正视力≤0.1;

18)双眼矫正视力<0.1或视野≤32%(或半径≤20°);

19)双耳听力损失≥91dB;

20)牙关紧闭或因食管狭窄只能进流食;

21)一侧上颌骨缺损1/2,伴颜面部软组织损伤>20 cmsup2/sup;

22)下颌骨缺损长6cm以上的区段,伴口腔、颜面软组织损伤>20 cmsup2/sup;

23)双侧颞下颌关节骨性强直,完全不能张口;

24)面颊部洞穿性缺损>20cmsup2/sup;

25)双侧完全性面瘫;
26)一侧全肺切除术;
27)双侧肺叶切除术;
28)肺叶切除后并胸廓成形术后;
29)肺叶切除并隆凸切除成形术后;
30)一侧肺移植术;
31)心瓣膜置换术后;
32)心功能不全二级;
33)食管重建术后吻合口狭窄,仅能进流食者;
34)全胃切除;
35)胰头、十二指肠切除;
36)小肠切除3/4;
37)小肠切除2/3,包括回盲部切除;
38)全结肠、直肠、肛门切除,回肠造瘘;
39)外伤后肛门排便重度障碍或失禁;
40)肝切除2/3;
41)肝切除1/2,肝功能轻度损害;
42)胆道损伤致肝功能中度损害;
43)甲状旁腺功能重度损害;
44)肾修补术后,肾功能不全失代偿期;
45)输尿管修补术后,肾功能不全失代偿期;
46)永久性膀胱造瘘;
47)重度排尿障碍;
48)神经原性膀胱,残余尿≥50mL;
49)双侧肾上腺缺损;
50)尘肺贰期;
51)尘肺壹期伴肺功能中度损伤及(或)中度低氧血症;
52)尘肺壹期伴活动性肺结核;
53)病态窦房结综合征(需安装起搏器者);
54)放射性损伤致肾上腺皮质功能明显减退;
55)放射性损伤致免疫功能明显减退。

5.5 五级

5.5.1 定级原则

器官大部缺损或明显畸形,有较重功能障碍或并发症,存在一般医疗依赖,无生活自理障碍。

5.5.2 五级条款系列

凡符合5.5.1或下列条款之一者均为工伤五级。
1)四肢瘫肌力4级;
2)单肢瘫肌力3级;
3)双手部分肌瘫肌力3级;
4)一手全肌瘫肌力≤2级;
5)双足全肌瘫肌力3级;

6)完全运动性失语;
7)完全性失用、失写、失读、失认等具有一项者;
8)不完全性失用、失写、失读、失认等具有多项者;
9)全身瘢痕占体表面积≥50%,并有关节活动功能受限;
10)面部瘢痕或植皮≥1/3并有毁容标准中的一项;
11)脊柱骨折后遗30°以上侧弯或后凸畸形,伴严重根性神经痛;
12)一侧前臂缺失;
13)一手功能完全丧失;
14)肩、肘关节之一功能完全丧失;
15)一手拇指缺失,另一手除拇指外三指缺失;
16)一手拇指功能完全丧失,另一手除拇指外三指功能完全丧失;
17)双前足缺失或双前足瘢痕畸形,功能完全丧失;
18)双跟骨足底软组织缺损瘢痕形成,反复破溃;
19)一髋(或一膝)功能完全丧失;
20)四肢大关节之一人工关节术后遗留重度功能障碍;
21)一侧膝以下缺失;
22)第Ⅲ对脑神经麻痹;
23)双眼外伤性青光眼术后,需用药物控制眼压者;
24)一眼有或无光感,另眼矫正视力≤0.3或视野≤40%(或半径≤25°);
25)一眼矫正视力<0.05,另眼矫正视力≤0.2;
26)一眼矫正视力<0.1,另眼矫正视力等于0.1;
27)双眼视野≤40%(或半径≤25°);
28)双耳听力损失≥81dB;
29)喉或气管损伤导致一般活动及轻工作时有呼吸困难;
30)吞咽困难,仅能进半流食;
31)双侧喉返神经损伤,喉保护功能丧失致饮食呛咳、误吸;
32)一侧上颌骨缺损>1/4,但<1/2,伴软组织损伤>10 cmsup2/sup,但<20 cmsup2/sup;
33)下颌骨缺损长4 cm以上的区段,伴口腔、颜面软组织损伤>10 cmsup2/sup;
34)一侧完全面瘫,另一侧不完全面瘫;
35)双肺叶切除术;
36)肺叶切除术并大血管重建术;
37)隆凸切除成形术;
38)食管重建术后吻合口狭窄,仅能进半流食者;
39)食管气管或支气管瘘;
40)食管胸膜瘘;
41)胃切除3/4;
42)小肠切除2/3,包括回肠大部分;
43)肛门、直肠、结肠部分切除,结肠造瘘;
44)肝切除1/2;
45)胰切除2/3;
46)甲状腺功能重度损害;

47)一侧肾切除,对侧肾功能不全代偿期;

48)一侧输尿管狭窄,肾功能不全代偿期;

49)尿道瘘不能修复者;

50)两侧睾丸、附睾缺损;

51)放射性损伤致生殖功能重度损伤;

52)阴茎全缺损;

53)双侧卵巢切除;

54)阴道闭锁;

55)会阴部瘢痕挛缩伴有阴道或尿道或肛门狭窄;

56)肺功能中度损伤或中度低氧血症;

57)莫氏Ⅱ型Ⅱ度房室传导阻滞;

58)病态窦房结综合征(不需安起博器者);

59)中毒性血液病,血小板减少(≤4×10sup10/sup/L)并有出血倾向;

60)中毒性血液病,白细胞含量持续<3×10sup9/sup/L(<3000/mmsup3/sup)或粒细胞含量<1.5×10sup9/sup/L(1500/mmsup3/sup);

61)慢性中度中毒性肝病;

62)肾功能不全失代偿期,内生肌酐清除率持续<50 mL/min,或血浆肌酐水平持续>177μmol/L(2mg/dL);

63)放射性损伤致睾丸萎缩;

64)慢性重度磷中毒;

65)重度手臂振动病。

5.6 六级

5.6.1 定级原则

器官大部缺损或明显畸形,有中等功能障碍或并发症,存在一般医疗依赖,无生活自理障碍。

5.6.2 六级条款系列

凡符合5.6.1或下列条款之一者均为工伤六级。

1)癫痫中度;

2)轻度智能损伤;

3)精神病性症状,经系统治疗1年后仍影响职业劳动能力者;

4)三肢瘫肌力4级;

5)截瘫双下肢肌力4级伴轻度排尿障碍;

6)双手全肌瘫肌力4级;

7)一手全肌瘫肌力3级;

8)双足部分肌瘫肌力≤2级;

9)单足全肌瘫肌力≤2级;

10)轻度非肢体瘫运动障碍;

11)不完全性感觉性失语;

12)面部重度异物色素沉着或脱失;

13)面部瘢痕或植皮≥1/3;

14)全身瘢痕面积≥40%;

15)撕脱伤后头皮缺失1/5以上;

16)一手一拇指完全缺失,连同另一手非拇指二指缺失;
17)一拇指功能完全丧失,另一手除拇指外有二指功能完全丧失;
18)一手三指(含拇指)缺失;
19)除拇指外其余四指缺失或功能完全丧失;
20)一侧踝以下缺失;或踝关节畸形,功能完全丧失;
21)下肢骨折成角畸形>15°,并有肢体短缩4cm以上;
22)一前足缺失,另一足仅残留拇趾;
23)一前足缺失,另一足除拇趾外,2~5趾畸形,功能完全丧失;
24)一足功能完全丧失,另一足部分功能丧失;
25)一髋或一膝关节功能重度障碍;
26)单侧跟骨足底软组织缺损瘢痕形成,反复破溃;
27)一侧眼球摘除;或一侧眼球明显萎缩,无光感;
28)一眼有或无光感,另一眼矫正视力≥0.4;
29)一眼矫正视力≤0.05,另一眼矫正视力≥0.3;
30)一眼矫正视力≤0.1,另一眼矫正视力≥0.2;
31)双眼矫正视力≤0.2或视野≤48%(或半径≤30°);
32)第Ⅳ或第Ⅵ对脑神经麻痹,或眼外肌损伤致复视的;
33)双耳听力损失≥71dB;
34)双侧前庭功能丧失,睁眼行走困难,不能并足站立;
35)单侧或双侧颞下颌关节强直,张口困难Ⅲ度;
36)一侧上颌骨缺损1/4,伴口腔颜面软组织损伤>10 cmsup2/sup;
37)面部软组织缺损>20 cmsup2/sup,伴发涎瘘;
38)舌缺损>舌的1/3,但<舌的2/3;
39)双侧颧骨并颧弓骨折,伴有开口困难Ⅱ度以上及颜面部畸形经手术复位者;
40)双侧下颌骨髁状突颈部骨折,伴有开口困难Ⅱ度以上及咬合关系改变,经手术治疗者;
41)一侧完全性面瘫;
42)肺叶切除并肺段或楔形切除术;
43)肺叶切除并支气管成形术后;
44)支气管(或气管)胸膜瘘;
45)冠状动脉旁路移植术;
46)大血管重建术;
47)胃切除2/3;
48)小肠切除1/2,包括回盲部;
49)肛门外伤后排便轻度障碍或失禁;
50)肝切除1/3;
51)胆道损伤致肝功能轻度损伤;
52)腹壁缺损面积≥腹壁的1/4;
53)胰切除1/2;
54)甲状腺功能中度损害;
55)甲状旁腺功能中度损害;
56)肾损伤性高血压;

57)尿道狭窄经系统治疗1年后仍需定期行扩张术;
58)膀胱部分切除合并轻度排尿障碍;
59)两侧睾丸创伤后萎缩,血睾酮低于正常值;
60)放射性损伤致生殖功能轻度损伤;
61)双侧输精管缺损,不能修复;
62)阴茎部分缺损;
63)女性双侧乳房切除或严重瘢痕畸形;
64)子宫切除;
65)双侧输卵管切除;
66)尘肺壹期伴肺功能轻度损伤及(或)轻度低氧血症;
67)放射性肺炎后肺纤维化(<两叶),伴肺功能轻度损伤及(或)轻度低氧血症;
68)其他职业性肺部疾患,伴肺功能轻度损伤;
69)白血病完全缓解;
70)中毒性肾病,持续性低分子蛋白尿伴白蛋白尿;
71)中毒性肾病,肾小管浓缩功能减退;
72)放射性损伤致肾上腺皮质功能轻度减退;
73)放射性损伤致甲状腺功能低下;
74)减压性骨坏死Ⅲ期;
75)中度手臂振动病;
76)氟及其无机化合物中毒慢性重度中毒。

5.7 七级

5.7.1 定级原则

器官大部缺损或畸形,有轻度功能障碍或并发症,存在一般医疗依赖,无生活自理障碍。

5.7.2 七级条款系列

凡符合5.7.1或下列条款之一者均为工伤七级。

1)偏瘫肌力4级;
2)截瘫肌力4级;
3)单手部分肌瘫肌力3级;
4)双足部分肌瘫肌力3级;
5)单足全肌瘫肌力3级;
6)中毒性周围神经病致深感觉障碍;
7)人格改变或边缘智能,经系统治疗1年后仍存在明显社会功能受损者;
8)不完全性运动性失语;
9)不完全性失用、失写、失读和失认等具有一项者;
10)符合重度毁容标准中的两项者;
11)烧伤后颅骨全层缺损≥30cmsup2/sup,或在硬脑膜上植皮面积≥10 cmsup2/sup;
12)颈部瘢痕挛缩,影响颈部活动;
13)全身瘢痕面积≥30%;
14)面部瘢痕、异物或植皮伴色素改变占面部的10%以上;
15)骨盆骨折内固定术后,骨盆环不稳定,骶髂关节分离;
16)一手除拇指外,其他2~3指(含食指)近侧指间关节离断;

17)一手除拇指外,其他2~3指(含食指)近侧指间关节功能完全丧失;
18)肩、肘关节之一损伤后遗留关节重度功能障碍;
19)一腕关节功能完全丧失;
20)一足1~5趾缺失;
21)一前足缺失;
22)四肢大关节之一人工关节术后,基本能生活自理;
23)四肢大关节之一关节内骨折导致创伤性关节炎,遗留中重度功能障碍;
24)下肢伤后短缩>2cm,但≤4 cm者;
25)膝关节韧带损伤术后关节不稳定,伸屈功能正常者;
26)一眼有或无光感,另眼矫正视力≥0.8;
27)一眼有或无光感,另一眼各种客观检查正常;
28)一眼矫正视力≤0.05,另眼矫正视力≥0.6;
29)一眼矫正视力≤0.1,另眼矫正视力≥0.4;
30)双眼矫正视力≤0.3或视野≤64%(或半径≤40°);
31)单眼外伤性青光眼术后,需用药物控制眼压者;
32)双耳听力损失≥56dB;
33)咽成形术后,咽下运动不正常;
34)牙槽骨损伤长度≥8cm,牙齿脱落10个及以上;
35)单侧颧骨并颧弓骨折,伴有开口困难Ⅱ度以上及颜面部畸形经手术复位者;
36)双侧不完全性面瘫;
37)肺叶切除术;
38)限局性脓胸行部分胸廓成形术;
39)气管部分切除术;
40)食管重建术后伴反流性食管炎;
41)食管外伤或成形术后咽下运动不正常;
42)胃切除1/2;
43)小肠切除1/2;
44)结肠大部分切除;
45)肝切除1/4;
46)胆道损伤,胆肠吻合术后;
47)脾切除;
48)胰切除1/3;
49)女性两侧乳房部分缺损;
50)一侧肾切除;
51)膀胱部分切除;
52)轻度排尿障碍;
53)阴道狭窄;
54)尘肺壹期,肺功能正常;
55)放射性肺炎后肺纤维化(<两叶),肺功能正常;
56)轻度低氧血症;
57)心功能不全一级;

58)再生障碍性贫血完全缓解；
59)白细胞减少症,含量持续<4X10sup9/sup/L(4000/mmsup3/sup)；
60)中性粒细胞减少症,含量持续<2 ×10sup9/sup/L(2000/mmsup3/sup)；
61)慢性轻度中毒性肝病；
62)肾功能不全代偿期,内生肌酐清除率<70 mL/min；
63)三度牙酸蚀病。

5.8 八级

5.8.1 定级原则

器官部分缺损,形态异常,轻度功能障碍,存在一般医疗依赖,无生活自理障碍。

5.8.2 八级条款系列

凡符合5.8.1或下列条款之一者均为工伤八级。

1)单肢体瘫肌力4级；
2)单手全肌瘫肌力4级；
3)双手部分肌瘫肌力4级；
4)双足部分肌瘫肌力4级；
5)单足部分肌瘫肌力≤3级；
6)脑叶部分切除术后；
7)符合重度毁容标准中的一项者；
8)面部烧伤植皮≥1/5；
9)面部轻度异物沉着或色素脱失；
10)双侧耳廓部分或一侧耳廓大部分缺损；
11)全身瘢痕面积≥20%；
12)一侧或双侧眼睑明显缺损；
13)脊椎压缩性骨折,椎体前缘高度减少1/2以上者或脊椎不稳定性骨折；
14)3个及以上节段脊柱内固定术；
15)一手除拇、食指外,有两指近侧指间关节离断；
16)一手除拇、食指外,有两指近侧指间关节功能完全丧失；
17)一拇指指间关节离断；
18)一拇指指间关节畸形,功能完全丧失；
19)一足拇趾缺失,另一足非拇趾一趾缺失；
20)一足拇趾畸形,功能完全丧失,另一足非拇趾一趾畸形；
21)一足除拇趾外,其他三趾缺失；
22)一足除拇趾外,其他四趾瘢痕畸形,功能完全丧失；
23)因开放骨折感染形成慢性骨髓炎,反复发作者；
24)四肢大关节之一关节内骨折导致创伤性关节炎,遗留轻度功能障碍；
25)急性放射皮肤损伤Ⅳ度及慢性放射性皮肤损伤手术治疗后影响肢体功能；
26)放射性皮肤溃疡经久不愈者；
27)一眼矫正视力≤0.2,另眼矫正视力≥0.5；
28)双眼矫正视力等于0.4；
29)双眼视野≤80%(或半径≤50°)；
30)一侧或双侧睑外翻或睑闭合不全者；

31）上睑下垂盖及瞳孔1/3者；
32）睑球粘连影响眼球转动者；
33）外伤性青光眼行抗青光眼手术后眼压控制正常者；
34）双耳听力损失≥41 dB或一耳≥91 dB；
35）喉或气管损伤导致体力劳动时有呼吸困难；
36）喉源性损伤导致发声及言语困难；
37）牙槽骨损伤长度≥6cm，牙齿脱落8个及以上者；
38）舌缺损＜舌的1/3；
39）双侧鼻腔或鼻咽部闭锁；
40）双侧颞下颌关节强直，张口困难Ⅱ度；
41）上、下颌骨骨折，经牵引、固定治疗后有功能障碍者；
42）双侧颧骨并颧弓骨折，无开口困难，颜面部凹陷畸形不明显，不需手术复位；
43）肺段切除术；
44）支气管成形术；
45）双侧≥3根肋骨骨折致胸廓畸形；
46）膈肌破裂修补术后，伴膈神经麻痹；
47）心脏、大血管修补术；
48）心脏异物滞留或异物摘除术；
49）肺功能轻度损伤；
50）食管重建术后，进食正常者；
51）胃部分切除；
52）小肠部分切除；
53）结肠部分切除；
54）肝部分切除；
55）腹壁缺损面积＜腹壁的1/4；
56）脾部分切除；
57）胰部分切除；
58）甲状腺功能轻度损害；
59）甲状旁腺功能轻度损害；
60）尿道修补术；
61）一侧睾丸、附睾切除；
62）一侧输精管缺损，不能修复；
63）脊髓神经周围神经损伤，或盆腔、会阴手术后遗留性功能障碍；
64）一侧肾上腺缺损；
65）单侧输卵管切除；
66）单侧卵巢切除；
67）女性单侧乳房切除或严重瘢痕畸形；
68）其他职业性肺疾患，肺功能正常；
69）中毒性肾病，持续低分子蛋白尿；
70）慢性中度磷中毒；
71）氟及其无机化合物中毒慢性中度中毒；

72)减压性骨坏死Ⅱ期;
73)轻度手臂振动病;
74)二度牙酸蚀。
5.9 九级
5.9.1 定级原则
器官部分缺损,形态异常,轻度功能障碍,无医疗依赖或者存在一般医疗依赖,无生活自理障碍。
5.9.2 九级条款系列
凡符合5.9.1或下列条款之一者均为工伤九级。
1)癫痫轻度;
2)中毒性周围神经病致浅感觉障碍;
3)脑挫裂伤无功能障碍;
4)开颅手术后无功能障碍;
5)颅内异物无功能障碍;
6)颈部外伤致颈总、颈内动脉狭窄,支架置入或血管搭桥手术后无功能障碍;
7)符合中度毁容标准中的两项或轻度毁容者;
8)发际边缘瘢痕性秃发或其他部位秃发,需戴假发者;
9)全身瘢痕占体表面积≥5%;
10)面部有≥8cmsup2/sup或3处以上≥1 cmsup2/sup的瘢痕;
11)两个以上横突骨折;
12)脊椎压缩骨折,椎体前缘高度减少小于1/2者;
13)椎间盘髓核切除术后;
14)1~2节脊柱内固定术;
15)一拇指末节部分1/2缺失;
16)一手食指2~3节缺失;
17)一拇指指间关节僵直于功能位;
18)除拇指外,余3~4指末节缺失;
19)一足拇趾末节缺失;
20)除拇趾外其他二趾缺失或瘢痕畸形,功能不全;
21)跖骨或跗骨骨折影响足弓者;
22)外伤后膝关节半月板切除、髌骨切除、膝关节交叉韧带修补术后;
23)四肢长管状骨骨折内固定或外固定支架术后;
24)髌骨、跟骨、距骨、下颌骨或骨盆骨折内固定术后;
25)第V对脑神经眼支麻痹;
26)眶壁骨折致眼球内陷、两眼球突出度相差>2mm或错位变形影响外观者;
27)一眼矫正视力≤0.3,另眼矫正视力>0.6;
28)双眼矫正视力等于0.5;
29)泪器损伤,手术无法改进溢泪者;
30)双耳听力损失≥31dB或一耳损失≥71 dB;
31)喉源性损伤导致发声及言语不畅;
32)铬鼻病有医疗依赖;
33)牙槽骨损伤长度>4cm,牙脱落4个及以上;

34)上、下颌骨骨折,经牵引、固定治疗后无功能障碍者;

35)一侧下颌骨髁状突颈部骨折;

36)一侧颧骨并颧弓骨折;

37)肺内异物滞留或异物摘除术;

38)限局性脓胸行胸膜剥脱术;

39)胆囊切除;

40)一侧卵巢部分切除;

41)乳腺成形术;

42)胸、腹腔脏器探查术或修补术后。

5.10 十级

5.10.1 定级原则

器官部分缺损,形态异常,无功能障碍或轻度功能障碍,无医疗依赖或者存在一般医疗依赖,无生活自理障碍。

5.10.2 十级条款系列

凡符合5.10.1或下列条款之一者均为工伤十级。

1)符合中度毁容标准中的一项者;

2)面部有瘢痕,植皮,异物色素沉着或脱失>2 cmsup2/sup;

3)全身瘢痕面积<5%,但≥1%;

4)急性外伤导致椎间盘髓核突出,并伴神经刺激征者;

5)一手指除拇指外,任何一指远侧指间关节离断或功能丧失;

6)指端植皮术后(增生性瘢痕1 cmsup2/sup以上);

7)手背植皮面积>50 cmsup2/sup,并有明显瘢痕;

8)手掌、足掌植皮面积>30%者;

9)除拇趾外,任何一趾末节缺失;

10)足背植皮面积>100cmsup2/sup;

11)膝关节半月板损伤、膝关节交叉韧带损伤未做手术者;

12)身体各部位骨折愈合后无功能障碍或轻度功能障碍;

13)四肢大关节肌腱及韧带撕裂伤术后遗留轻度功能障碍;

14)一手或两手慢性放射性皮肤损伤Ⅱ度及Ⅱ度以上者;

15)一眼矫正视力≤0.5,另一眼矫正视力≥0.8;

16)双眼矫正视力≤0.8;

17)一侧或双侧睑外翻或睑闭合不全行成形手术后矫正者;

18)上睑下垂盖及瞳孔1/3行成形手术后矫正者;

19)睑球粘连影响眼球转动行成形手术后矫正者;

20)职业性及外伤性白内障术后人工晶状体眼,矫正视力正常者;

21)职业性及外伤性白内障Ⅰ度~Ⅱ度(或轻度、中度),矫正视力正常者;

22)晶状体部分脱位;

23)眶内异物未取出者;

24)眼球内异物未取出者;

25)外伤性瞳孔放大;

26)角巩膜穿通伤治愈者;

27)双耳听力损失≥26 dB,或一耳≥56 dB;
28)双侧前庭功能丧失,闭眼不能并足站立;
29)铬鼻病(无症状者);
30)嗅觉丧失;
31)牙齿除智齿以外,切牙脱落1个以上或其他牙脱落2个以上;
32)一侧颞下颌关节强直,张口困难I度;
33)鼻窦或面颊部有异物未取出;
34)单侧鼻腔或鼻孔闭锁;
35)鼻中隔穿孔;
36)一侧不完全性面瘫;
37)血、气胸行单纯闭式引流术后,胸膜粘连增厚;
38)腹腔脏器挫裂伤保守治疗后;
39)乳腺修补术后;
40)放射性损伤致免疫功能轻度减退;
41)慢性轻度磷中毒;
42)氟及其无机化合物中毒慢性轻度中毒;
43)井下工人滑囊炎;
44)减压性骨坏死I期;
45)一度牙酸蚀病;
46)职业性皮肤病久治不愈。

五、道路交通事故受伤人员伤残评定(GB 18667－2002)(2002年12月1日)

本标准的全部技术内容为强制性

本标准是在充分总结吸收1992年公安部发布的中华人民共和国公共安全行业标准《道路交通事故受伤人员伤残评定》(GA35－1992)执行的经验和国内外最新研究成果基础上起草形成。本标准进一步完善了伤残等级10级分类法。在全面规范人体伤残程度的同时,还建立了多等级伤残和肢体功能丧失的综合计算数学方法,引入了肩关节复合体的概念并建立了功能丧失的计算方法,为解决多处伤残和肢体功能丧失的计算及肩胛带伤残的评定问题提供了依据。

本标准自实施之日起,代替GA35－1992。

本标准的附录A、附录C为规范性附录,附录B为资料性附录。

本标准由中华人民共和国公安部提出。

本标准由公安部交通管理标准化技术委员会归口。

本标准起草单位:重庆市公安局交通管理局。

本标准主要起草人:张志维、赵新才、黄小七、王世其、宋鸿。

道路交通事故受伤人员伤残评定

1　范围

本标准规定了道路交通事故受伤人员伤残评定的原则、方法和内容。

本标准适用于道路交通事故受伤人员的伤残程度评定。

2　术语和定义

下列术语和定义适用于本标准

2.1　道路交通事故受伤人员 the injured in road traffic accident

在道路交通事故中遭受各种暴力致伤的人员

2.2 伤残 impairment

因道路交通事故损伤所致的人体残疾。

包括:精神的、生理功能的和解剖结构的异常及其导致的生活、工作和社会活动能力不同程度丧失。

2.3 评定 assessment

在客观检验的基础上,评价确定道路交通事故受伤人员伤残等级的过程。

2.4 评定人 assessor

办案机关依法指派或聘请符合评定人条件,承担道路交通事故受伤人员伤残评定的人员。

2.5 评定结论 assessment conclusion

评定人根据检验结果,按照伤残评定标准,运用专门知识进行分析所得出的综合性判断。

2.6 评定书 assessment report

评定人将检验结果、分析意见和评定结论制成的书面文书。

2.7 治疗终结 treatment finality

临床医学一般原则所承认的临床效果稳定。

3 评定总则

3.1 评定原则

伤残评定应以人体伤后治疗效果为依据,认真分析残疾与事故、损伤之间的关系,实事求是地评定。

3.2 评定时机

评定时机应以事故直接所致的损伤或确因损伤所致的并发症治疗终结为准。

对治疗终结意见不一致时,可由办案机关组织有关专业人员进行鉴定,确定其是否治疗终结。

3.3 评定人条件:

评定人应当具有法医学鉴定资格的人员担任。

3.4 评定人权利和义务

3.4.1 评定人权利

a)有权了解与评定有关的案情和其他材料;

b)有权向当事人询问与评定有关的问题;

c)有权依照医学原则对道路交通事故受伤人员进行身体检查和要求进行必要的特殊仪器检查等;

d)有权因专门知识的限制或评定材料的不足而拒绝评定。

3.4.2 评定人义务

a)全面、细致、科学、客观地对道路交通事故受伤人员进行检验和记录;

b)正确及时地作出评定结论;

c)回答办案机关所提出的与评定有关的问题;

d)保守案件秘密;

e)严格遵守国家法律法规和有关回避原则的规定;

f)妥善保管提交评定的物品和材料。

3.5 评定书

3.5.1 评定人评定结束后,应制作评定书并签名。

3.5.2 评定书包括一般情况、案情介绍、病历摘抄、检验结果记录、分析意见和结论等内容。

3.6 伤残等级划分

本标准根据道路交通事故受伤人员的伤残状况,将受伤人员伤残程度划分为10级,从第I级

(100%)到第Ⅹ级(10%),每级相差10%。伤残等级划分依据见附录A。

4 伤残等级

4.1 Ⅰ级伤残

4.1.1 颅脑、脊髓及周围神经损伤致:

a)植物状态;

b)极度智力缺损(智商20以下)或精神障碍,日常生活完全不能自理;

c)四肢瘫(三肢以上肌力3级以下);

d)截瘫(肌力2级以下)伴大便和小便失禁。

4.1.2 头面部损伤致:

a)双侧眼球缺失;

b)一侧眼球缺失,另一侧眼严重畸形伴盲目5级。

4.1.3 脊柱胸段损伤致严重畸形愈合,呼吸功能严重障碍。

4.1.4 颈部损伤致呼吸和吞咽功能严重障碍。

4.1.5 胸部损伤致:

a)肺叶切除或双侧胸膜广泛严重粘连或胸廓严重畸形,呼吸功能严重障碍;

b)心功不全,心功Ⅳ级;或心功能不全,心功能Ⅲ级伴明显器质性心律失常。

4.1.6 腹部损伤致:

a)胃、肠、消化腺等部分切除,消化吸收功能严重障碍,日常生活完全不能自理;

b)双侧肾切除或完全丧失功能,日常生活完全不能自理。

4.1.7 肢体损伤致:

a)三肢以上缺失(上肢在腕关节以上,下肢在踝关节以上);

b)二肢缺失(上肢在肘关节以上,下肢在膝关节以上),另一肢丧失功能50%以上;

c)二肢缺失(上肢在腕关节以上,下肢在踝关节以上),第三肢完全丧失功能;

d)一肢缺失(上肢在肘关节以上,下肢在踝关节以上),第二肢完全丧失功能,第三肢丧失功能50%以上;

e)一肢缺失(上肢在腕关节以上,下肢在踝关节以上),另二肢完全丧失功能;

f)三肢完全丧失功能。

4.1.8 皮肤损伤致瘢痕形成达体表面积76%以上。

4.2 Ⅱ级伤残

4.2.1 颅脑、脊髓及周围神经损伤致:

a)重度智力缺损(智商34以下)或精神障碍,日常生活需随时有人帮助才能完成;

b)完全性失语;

c)双眼盲目5级;

d)四肢瘫(二肢以上肌力2级以下);

e)偏瘫或截瘫(肌力2级以下)。

4.2.2 头面部损伤致:

a)一侧眼球缺失,另一眼盲目4级;或一侧眼球缺失,另一侧眼严重畸形伴盲目3级以上;

b)双侧眼睑重度下垂(或严重畸形)伴双眼盲目4级以上;或一侧眼睑重度下垂(或严重畸形),该眼盲目4级以上,另一眼盲目5级;

c)双眼盲目5级;

d)双耳极度听觉障碍伴双侧耳廓缺失(或严重畸形);或双耳极度听觉碍障伴一侧耳廓缺失,另一

侧耳廓严重畸形;

e)全面部瘢痕形成。

4.2.3 脊柱胸段损伤致严重畸形愈合,呼吸功能障碍。

4.2.4 颈部损伤致呼吸和吞咽功能障碍。

4.2.5 胸部损伤致:

a)肺叶切除或胸膜广泛严重粘连或胸廓畸形,呼吸功能障碍;

b)心功能不全,心功能Ⅲ级;或心功能不全,心功能Ⅱ级伴明显器质性心律失常。

4.2.6 腹部损伤致一侧肾切除或完全丧失功能,另一侧肾功能重度障碍。

4.2.7 肢体损伤致:

a)二肢缺失(上肢在肘关节以上,下肢在膝关节以上);

b)一肢缺失(上肢在肘关节以上,下肢在膝关节以上),另一肢完全丧失功能;

c)二肢以上完全丧失功能。

4.2.8 皮肤损伤致瘢痕形成达体表面积68%以上。

4.3 Ⅲ级伤残

4.3.1 颅脑、脊髓及周围神经损伤致:

a)重度智力缺损或精神障碍,不能完全独立生活,需经常有人监护;

b)严重外伤性癫痫,药物不能控制,大发作平均每月一次以上或局限性发作平均每月四次以上或小发作平均每周七次以上或精神运动性发作平均每月三次以上;

c)双侧严重面瘫,难以恢复;

d)严重不自主运动或共济失调;

e)四肢瘫(二肢以上肌力3级以下);

f)偏瘫或截瘫(肌力3级以下);

g)大便或小便失禁,难以恢复。

4.3.2 头面部损伤致:

a)一侧眼球缺失,另一眼盲目3级;或一侧眼球缺失,另一侧眼严重畸形伴低视力2级;

b)双侧眼睑重度下垂(或严重畸形)伴双眼盲目3级以上;或一侧眼睑重度下垂(或严重畸形),该眼盲目3级以上,另一眼盲目4级以上;

c)双眼盲目4级以上;

d)双眼视野接近完全缺损(直径小于5°);

e)上颌骨、下颌骨缺损,牙齿脱落24枚以上;

f)双耳极度听觉障碍伴一侧耳廓缺失(或严重畸形);

g)一耳极度听觉障碍,另一耳重度听觉障碍,伴一侧耳廓缺失(或严重畸形),另一侧耳廓缺失(或畸形)50%以上;

h)双耳重度听觉障碍伴双侧耳廓缺失(或严重畸形);或双耳重度听觉障碍伴一侧耳廓缺失,另一侧耳廓严重畸形;

i)面部瘢痕形成80%以上。

4.3.3 脊柱胸段损伤致严重畸形愈合,严重影响呼吸功能。

4.3.4 颈部损伤致:

a)瘢痕形成,颈部活动度完全丧失;

b)严重影响呼吸和吞咽功能。

4.3.5 胸部损伤致:

a)肺叶切除或胸膜广泛粘连或胸廓畸形,严重影响呼吸功能;

b)心功能不全,心功能Ⅱ级伴器质性心律失常;或心功能Ⅰ级伴明显器质性心律失常。

4.3.6 腹部损伤致:

a)胃、肠、消化腺等部分切除,消化吸收功能障碍;

b)一侧肾切除或完全丧失功能,另一侧肾功能中度障碍;或双侧肾功能重度障碍。

4.3.7 盆部损伤致:

a)女性双侧卵巢缺失或完全萎缩;

b)大便和小便失禁,难以恢复。

4.3.8 会阴部损伤致双侧睾丸缺失或完全萎缩。

4.3.9 肢体损伤致:

a)二肢缺失(上肢在腕关节以上,下肢在踝关节以上);

b)一肢缺失(上肢在肘关节以上,下肢在膝关节以上),另一肢丧失功能50%以上;

c)一肢缺失(上肢在腕关节以上,下肢在踝关节以上),另一肢完全丧失功能;

d)一肢完全丧失功能,另一丧失功能50%以上。

4.3.10 皮肤损伤致瘢痕形成达体表面积60%以上。

4.4 Ⅳ级伤残

4.4.1 颅脑、脊髓及周围神经损伤致:

a)中度智力缺损(智商49以下)或精神障碍,日常生活能力严重受限,间或需要帮助;

b)严重运动性失语或严重感觉性失语;

c)四肢瘫(二肢以上肌力4级以下);

d)偏瘫或截瘫(肌力4级以下);

e)阴茎勃起功能完全丧失。

4.4.2 头面部损伤致:

a)一侧眼球缺失,另一眼低视力2级;或一侧眼球缺失,另一侧眼严重畸形伴低视力1级;

b)双侧眼睑重度下垂(或严重畸形)伴双眼低视力2级以上;或一侧眼睑重度下垂(或严重畸形),该眼低视力2级以上,另一眼低盲目3级以上;

c)双眼盲目3级以上;

d)双眼视野极度缺损(直径小于10°);

e)双耳极度听觉障碍;

f)一耳极度听觉障碍,另一耳重度听觉障碍伴一侧耳廓缺失(或畸形)50%以上;

g)双耳重度听觉障碍伴一侧耳廓缺失(或严重畸形);

h)双耳中等重度听觉障碍伴双侧耳廓缺失(或严重畸形);或双耳中等重度听觉障碍伴一侧耳廓缺失,另一侧耳廓严重畸形;

i)面部瘢痕形成60%以上。

4.4.3 脊柱胸段损伤致严重畸形愈合,影响呼吸功能。

4.4.4 颈部损伤致:

a)瘢痕形成,颈部活动度丧失75%以上;

b)影响呼吸和吞咽功能。

4.4.5 胸部损伤致:

a)肺叶切除或胸膜粘连或胸廓畸形,影响呼吸功能;

b)明显器质性心律失常。

4.4.6　腹部损伤致一侧肾功能重度障碍,另一侧肾功能中度障碍。

4.4.7　会阴部损伤致阴茎体完全缺失或严重畸形。

4.4.8　外阴、阴道损伤致阴道闭锁。

4.4.9　肢体损伤致双手完全缺失或丧失功能。

4.4.10　皮肤损伤致瘢痕形成达体表面积52%以上。

4.5　Ⅴ级伤残

4.5.1　颅脑、脊髓及周围神经损伤致:

a)中度智力缺损或精神障碍,日常生活能力明显受限,需要指导;

b)外伤性癫痫,药物不能完全控制,大发作平均每三月一次以上或局限性发作平均每月二次以上或小发作平均每周四次以上或精神运动性发作平均每月一次以上;

c)严重失用或失认症;

d)单侧严重面瘫,难以恢复;

e)偏瘫或截瘫(一肢以上肌力2级以下);

f)单瘫(肌力2级以下);

g)大便或小便失禁,难以恢复。

4.5.2　头面部损伤致:

a)一侧眼球缺失伴另一眼低视力1级;一侧眼球缺失伴一侧眼严重畸形且视力接近正常;

b)双侧眼睑重度下垂(或严重畸形)伴双眼低视力1级;或一侧眼睑重度下垂(或严重畸形),该眼低视力1级以上,另一眼低视力2级以上;

c)双眼低视力2级以上;

d)双眼视野重度缺损(直径小于20°);

e)舌肌完全麻痹或舌体缺失(或严重畸形)50%以上;

f)上颌骨、下颌骨缺损,牙齿脱落20枚以上;

g)一耳极度听觉障碍,另一耳重度听觉障碍;

h)双耳重度听觉障碍伴一侧耳廓缺失(或畸形)50%以上;

i)双耳中等重度听觉障碍伴一侧耳廓缺失(或严重畸形);

j)双侧耳廓缺失(或严重畸形);

k)外鼻部完全缺损(或严重畸形);

l)面部瘢痕形成40%以上。

4.5.3　脊柱胸段损伤致畸形愈合,影响呼吸功能。

4.5.4　颈部损伤致:

a)瘢痕形成,颈部活动度丧失50%以上;

b)影响呼吸功能。

4.5.5　胸部损伤致:

a)肺叶切除或胸膜粘连或胸廓畸形,轻度影响呼吸功能。

b)器质性心律失常。

4.5.6　腹部损伤致:

a)胃、肠、消化腺等部分切除,严重影响消化吸收功能;

b)一侧肾切除或完全丧失功能,另一侧肾功能轻度障碍。

4.5.7　盆部损伤致:

a)双侧输尿管缺失或闭锁;

b)膀胱切除;

c)尿道闭锁;

d)大便或小便失禁,难以恢复。

4.5.8　会阴部损伤致阴茎体大部分缺失(或畸形)。

4.5.9　外阴、阴道损伤致阴道严重狭窄,功能严重障碍。

4.5.10　肢体损伤致:

a)双手缺失(或丧失功能)90%以上;

b)一肢缺失(上肢在肘关节以上,下肢在膝关节以上);

c)一肢缺失(上肢在腕关节以上,下肢在踝关节以上),另一肢丧失功能50%以上;

d)一肢完全丧失功能。

4.5.11　皮肤损伤致瘢痕形成达体表面积44%以上。

4.6　Ⅵ级伤残

4.6.1　颅脑、脊髓及周围神经损伤致:

a)中度智力缺损或精神障碍,日常生活能力部分受限,但能部分代偿,部份日常生活需要帮助;

b)严重失读伴失写症;或中度运动性失语或中度感觉性失语;

c)偏瘫或截瘫(一肢肌力3级以下);

d)单瘫(肌力3级以下);

e)阴茎勃起功能严重障碍。

4.6.2　头面部损伤致:

a)一侧眼球缺失伴另一眼视力接近正常;或一侧眼球缺失伴另一侧眼严重畸形;

b)双侧眼睑重度下垂(或严重畸形)伴双眼视力接近正常;或一侧眼睑重度下垂(或严重畸形),该眼视力接近正常,另一眼低视力1级以上;

c)双眼低视力1级;

d)双眼视野中度缺损(直径小于60°);

e)颞下颌关节强直,牙关紧闭;

f)一耳极度听觉障碍,另一耳中等重度听觉障碍;或双耳重度听觉障碍;

g)一侧耳廓缺失(或严重畸形),另一侧耳廓缺失(或畸形)50%以上;

h)面部瘢痕形成面积20%以上;

i)面部大量细小瘢痕(或色素明显改变)75%以上。

4.6.3　脊柱损伤致颈椎或腰椎严重畸形愈合,颈部或腰部活动度完全丧失。

4.6.4　颈部损伤致瘢痕形成,颈部活动度丧失25%以上。

4.6.5　腹部损伤致一侧肾功能重度障碍,另一侧肾功能轻度障碍;

4.6.6　盆部损伤致:

a)双侧输卵管缺失或闭锁;

b)子宫全切。

4.6.7　会阴部损伤致双侧输精管缺失或闭锁。

4.6.8　外阴、阴道损伤致阴道狭窄,功能障碍。

4.6.9　肢体损伤致:

a)双手缺失(或丧失功能)70%以上;

b)双足跗跖关节以上缺失;

c)一肢缺失(上肢在腕关节以上,下肢在踝关节以上)。

4.6.10 皮肤损伤致瘢痕形成达体表面积36%以上。

4.7 Ⅶ级伤残

4.7.1 颅脑、脊髓及周围神经损伤致:

a)轻度智力缺损(智商70以下)或精神障碍,日常生活有关的活动能力严重受限;

b)外伤性癫痫,药物不能完全控制,大发作平均每六月一次以上或局限性发作平均每二月二次以上或小发作平均每周二次以上或精神运动性发作平均每二月一次以上;

c)中度失用或中度失认症;

d)严重构音障碍;

e)偏瘫或截瘫(一肢肌力4级);

f)单瘫(肌力4级);

g)半身或偏身型完全性感觉缺失。

4.7.2 头面部损伤致:

a)一侧眼球缺失;

b)双侧眼睑重度下垂(或严重畸形);

c)口腔或颞下颌关节损伤,重度张口受限;

d)上颌骨、下颌骨缺损,牙齿脱落16枚以上;

e)一耳极度听觉障碍,另一耳中度听觉障碍;或一耳重度听觉障碍,另一耳中等重度听觉障碍;

f)一侧耳廓缺失(或严重畸形),另一侧耳廓缺失(或畸形)10%以上;

g)外鼻部大部份缺损(或畸形);

h)面部瘢痕形成,面积$24cm^2$以上;

i)面部大量细小瘢痕(或色素明显改变)50%以上;

j)头皮无毛发75%以上。

4.7.3 脊柱损伤致颈椎或腰椎畸形愈合,颈部或腰部活动度丧失75%以上。

4.7.4 颈部损伤致颈前三角区瘢痕形成75%以上。

4.7.5 胸部损伤致:

a)女性双侧乳房缺失(或严重畸形);

b)心功能不全,心功能Ⅱ级。

4.7.6 腹部损伤致双侧肾功能中度障碍。

4.7.7 盆部损伤致:

a)骨盆倾斜,双下肢长度相差8cm以上;

b)女性骨盆严重畸形,产道破坏;

c)一侧输尿管缺失或闭锁,另一侧输尿管严重狭窄。

4.7.8 会阴部损伤致:

a)阴茎体部份缺失(或畸形);

b)阴茎包皮损伤,瘢痕形成,功能障碍。

4.7.9 肢体损伤致:

a)双手缺失(或丧失功能)50%以上;

b)双手感觉完全缺失;

c)双足足弓结构完全破坏;

d)一足跗跖关节以上缺失;

e)双下肢长度相差8cm以上;

f)一肢丧失功能75%以上。

4.7.10 皮肤损伤致瘢痕形成达体表面积28%以上。

4.8 Ⅷ级伤残

4.8.1 颅脑、脊髓及周围神经损伤致:

a)轻度智力缺损或精神障碍,日常生活有关的活动能力部分受限;

b)中度失读伴失写症;

c)半身或偏身型深感觉缺失;

d)阴茎勃起功能障碍。

4.8.2 头面部损伤致:

a)一眼盲目4级以上;

b)一眼视野接近完全缺损(直径小于5°);

c)上颌骨、下颌骨缺损,牙齿脱落12枚以上;

d)一耳极度听觉障碍;或一耳重度听觉障碍,另一耳中度听觉障碍;或双耳中等重度听觉障碍;

e)一侧耳廓缺失(或严重畸形);

f)鼻尖及一侧鼻翼缺损(或畸形);

g)面部瘢痕形成面积18cm^2以上;

h)面部大量细小瘢痕(或色素明显改变)25%以上;

i)头皮无毛发50%以上;

j)颌面部骨或软组织缺损32立方厘米以上。

4.8.3 脊柱损伤致:

a)颈椎或腰椎畸形愈合,颈部或腰部活动度丧失50%以上;

b)胸椎或腰椎二椎体以上压缩性骨折。

4.8.4 颈部损伤致前三角区瘢痕形成50%以上。

4.8.5 胸部损伤致:

a)女性一侧乳房缺失(或严重畸形),另一侧乳房部分缺失(或畸形);

b)12肋以上骨折。

4.8.6 腹部损伤致:

a)胃、肠、消化腺等部分切除,影响消化吸收功能;

b)脾切除;

c)一侧肾切除或肾功能重度障碍。

4.8.7 盆部损伤致:

a)骨盆倾斜,双下肢长度相差6cm以上;

b)双侧输尿管严重狭窄,或一侧输尿管缺失(或闭锁),另一侧输尿管狭窄;

c)尿道严重狭窄。

4.8.8 会阴部损伤致:

a)阴茎龟头缺失(或畸形);

b)阴茎包皮损伤,瘢痕形成,严重影响功能。

4.8.9 外阴、阴道损伤致阴道狭窄,严重影响功能。

4.8.10 肢体损伤致:

a)双手缺失(或丧失功能)30%以上;

b)双手感觉缺失75%以上;

c)一足弓结构完全破坏,另一足弓结构破坏1/3以上;

d)双足十趾完全缺失或丧失功能;

e)双下肢长度相差6cm以上;

f)一肢丧失功能50%以上;

4.8.11 皮肤损伤致瘢痕形成达体表面积20%以上。

4.9 Ⅸ级伤残

4.9.1 颅脑、脊髓及周围神经损伤致:

a)轻度智力缺损或精神障碍,日常活动能力部分受限;

b)外伤性癫痫,药物不能完全控制,大发作一年一次以上或局限性发作平均每六月三次以上或小发作平均每月四次以上或精神运动性发作平均每六月二次以上;

c)严重失读或严重失写症;

d)双侧轻度面瘫,难以恢复;

e)半身或偏身型浅感觉缺失;

f)严重影响阴茎勃起功能。

4.9.2 头面部损伤致:

a)一眼盲目3级以上;

b)双侧眼睑下垂(或畸形);或一侧眼睑重度下垂(或严重畸形);

c)一眼视野极度缺损(直径小于10°);

d)上颌骨、下颌骨缺损中,牙齿脱落8枚以上;

e)口腔损伤,牙齿脱落16枚以上;

f)口腔或颞下颌关节损伤,中度张口受限;

g)舌尖缺失(或畸形);

h)一耳重度听觉障碍;或一耳中等重度听觉障碍,另一耳中度听觉障碍;

i)一侧耳廓缺失(或畸形)50%以上;

j)一侧鼻翼缺损(或畸形);

k)面部瘢痕形成面积$12cm^2$以上,或面部线条状瘢痕20cm以上;

l)面部细小瘢痕(或色素明显改变)面积$30cm^2$以上;

m)头皮无毛发25%以上;

n)颌面部骨及软组织缺损16立方厘米以上。

4.9.3 脊柱损伤致:

a)颈椎或腰椎畸形愈合,颈部或腰部活动度丧失25%以上;

b)胸椎或腰椎一椎体粉碎性骨折。

4.9.4 颈部损伤致:

a)严重声音嘶哑;

b)颈前三角区瘢痕形成25%以上。

4.9.5 胸部损伤致:

a)女性一侧乳房缺失(或严重畸形);

b)8肋以上骨折或4肋以上缺失;

c)肺叶切除;

d)心功能不全,心功能Ⅰ级。

4.9.6 腹部损伤致:

a)胃、肠、消化腺等部分切除；
b)胆囊切除；
c)脾部份切除；
d)一侧肾部分切除或肾功能中度障碍。
4.9.7 盆部损伤致：
a)骨盆倾斜，双下肢长度相差4cm以上；
b)骨盆严重畸形愈合；
c)尿道狭窄；
d)膀胱部分切除；
e)一侧输尿管缺失或闭锁；
f)子宫部份切除；
g)直肠、肛门损伤，遗留永久性乙状结肠造口。
4.9.8 会阴部损伤致：
a)阴茎龟头缺失(或畸形)50%以上；
b)阴囊损伤，瘢痕形成75%以上。
4.9.9 肢体损伤致：
a)双手缺失(或丧失功能)10%以上；
b)双手感觉缺失50%以上；
c)双上肢前臂旋转功能完全丧失；
d)双足十趾缺失(或丧失功能)50%以上；
e)一足足弓构破坏；
f)双上肢长度相差10cm以上；
g)双下肢长度相差4cm以上；
h)四肢长骨一骺板以上粉碎性骨折；
i)一肢丧失功能25%以上。
4.9.10 皮肤损伤致瘢痕形成达体表面积12%以上。
4.10 X级伤残
4.10.1 颅脑、脊髓及周围神经损伤致：
a)神经功能障碍，日常活动能力轻度受限；
b)外伤性癫痫，药物能够控制，但遗留脑电图中度以上改变；
c)轻度失语或构音障碍；
d)单侧轻度面瘫，难以恢复；
e)轻度不自主运动或共济失调；
f)斜视、复视、视错觉、眼球震颤等视觉障碍；
g)半身或偏身型浅感觉分离性缺失；
h)一肢体完全性感觉缺失
i)节段性完全性感觉缺失；
j)影响阴茎勃起功能。
4.10.2 头面部损伤致：
a)一眼低视力1级；
b)一侧眼睑下垂或畸形；

c)一眼视野中度缺损(直径小于60°);

d)泪小管损伤,遗留溢泪症状;

e)眼内异物存留;

f)外伤性白内障;

g)外伤性脑脊液鼻漏或耳漏;

h)上颌骨、下颌骨缺损,牙齿脱落4枚以上;

i)口腔损伤,牙齿脱落8枚以上;

j)口腔或颞下颌关节损伤,轻度张口受限;

k)舌尖部分缺失(或畸形);

l)一耳中等重度听觉障碍;或双耳中度听觉障碍;

m)一侧耳廓缺失(或畸形)10%以上;

n)鼻尖缺失(或畸形);

o)面部瘢痕形成,面积$6cm^2$以上;或面部线条状瘢痕10cm以上;

p)面部细小瘢痕(或色素明显改变)面积$15cm^2$以上;

q)头皮无毛发$40cm^2$以上;

r)颅骨缺损$4cm^2$以上,遗留神经系统轻度症状和体征;或颅骨缺损$6cm^2$以上,无神经系统症状和体征;

s)颌面部骨及软组织缺损8立方厘米以上。

4.10.3 脊柱损伤致:

a)颈椎或腰椎畸形愈合,颈部或腰部活动度丧失10%以上;

b)胸椎畸形愈合,轻度影响呼吸功能;

c)胸椎或腰椎一椎体三分之一以上压缩性骨折。

4.10.4 颈部损伤致:

a)瘢痕形成,颈部活动度丧失10%以上;

b)轻度影响呼吸和吞咽功能;

c)颈前三角区瘢痕面积$20cm^2$以上。

4.10.5 胸部损伤致:

a)女性一侧乳房部分缺失(或畸形);

b)4肋以上骨折;或2肋以上缺失;

c)肺破裂修补;

d)胸膜粘连或胸廓畸形。

4.10.6 腹部损伤致:

a)胃、肠、消化腺等破裂修补;

b)胆囊破裂修补;

c)肠系膜损伤修补;

d)脾破裂修补;

e)肾破裂修补或肾功能轻度障碍;

f)膈肌破裂修补。

4.10.7 盆部损伤致:

a)骨盆倾斜,双下肢长度相差2cm以上;

b)骨盆畸形愈合;

c)一侧卵巢缺失或完全萎缩;

d)一侧输卵管缺失或闭锁;

e)子宫破裂修补;

f)一侧输尿管严重狭窄;

g)膀胱破裂修补;

h)尿道轻度狭窄;

i)直肠、肛门损伤,瘢痕形成,排便功能障碍。

4.10.8 会阴部损伤致:

a)阴茎龟头缺失(或畸形)25%以上;

b)阴茎包皮损伤,瘢痕形成,影响功能;

c)一侧输精管缺失(或闭锁);

d)一侧睾丸缺失或完全萎缩;

e)阴囊损伤,瘢痕形成50%以上。

4.10.9 外阴、阴道损伤致阴道狭窄,影响功能。

4.10.10 肢体损伤致:

a)双手缺失(或丧失功能)5%以上;

b)双手感觉缺失25%以上;

c)双上肢前臂旋转功能丧失50以上;

d)一足足弓结构破坏1/3以上;

e)双足十趾缺失(或丧失功能)20%以上;

f)双上肢长度相差4cm以上;

g)双下肢长度相差2cm以上;

h)四肢长骨一骺板以上线性骨折;

i)一肢丧失功能10%以上。

4.10.11 皮肤损伤致瘫痕形成达体表面积4%以上。

5 附则

5.1 遇有本标准以外的伤残程度者,可根据伤残的实际情况,比照本标准中最相似等级的伤残内容和附录A的规定,确定其相当的伤残等级。同一部位和性质的伤残,不应采用本标准条文两条以上或者同一条文两次以上进行评定。

5.2 受伤人员符合2处以上伤残等级者,评定结论中应当写明各处的伤残等级。两处以上伤残等级的综合计算方法可参见附录B。

5.3 评定道路交通事故受伤人员伤残程度时,应排除其原有伤、病等进行评定。

5.4 本标准各等级间有关伤残程度的区分见附录C。本标准中“以上”、“以下”等均包括本数。

附录A

(规范性附录)

伤残等级划分依据

A.1 Ⅰ级伤残划分依据

Ⅰ级伤残划分依据为:

a)日常生活完全不能自理;

b)意识消失;

c)各种活动均受到限制而卧床;

d)社会交往完全丧失。

A.2 Ⅱ级伤残划分依据

Ⅱ级伤残划分依据为

a)日常生活需要随时有人帮助;

b)仅限于床上或椅上的活动;

c)不能工作;

d)社会交往极度困难。

A.3 Ⅲ级伤残划分依据

Ⅲ级伤残划分依据为

a)不能完全独立生活,需经常有人监护;

b)仅限于室内的活动;

c)明显职业受限;

d)社会交往困难。

A.4 Ⅳ级伤残划分依据

Ⅳ级伤残划分依据为

a)日常生活能力严重受限,间或需要帮助;

b)仅限于居住范围内的活动;

c)职业种类受限;

d)社会交往严重受限。

A.5 Ⅴ级伤残划分依据

Ⅴ级伤残划分依据为

a)日常生活能力部分受限,需要指导;

b)仅限于就近的活动;

c)需要明显减轻工作;

d)社会交往贫乏。

A.6 Ⅵ级伤残划分依据

Ⅵ级伤残划分依据为

a)日常生活能力部分受限,但能部分代偿,部分日常生活需要帮助;

b)各种活动降低;

c)不能胜任原工作;

d)社会交往狭窄。

A.7 Ⅶ级伤残划分依据

Ⅶ级伤残划分依据为

a)日常生活有关的活动能力严重受限;

b)短暂活动不受限,长时间活动受限;

c)不能从事复杂工作;

d)社会交往能力降低。

A.8 Ⅷ级伤残划分依据

Ⅷ级伤残划分依据为

a)日常生活有关的活动能力部分受限;

b)远距离活动受限;

c)能从事复杂工作,但效率明显降低;

d)社会交往受约束。

A.9 Ⅸ级伤残划分依据

Ⅸ级伤残划分依据为:

a)日常活动能力大部分受限;

b)工作和学习能力下降;

c)社会交往能力部分受限;

A.10 Ⅹ级伤残划分依据

Ⅹ级伤残划分依据为:

a)日常活动能力轻度受限;

b)工作和学习能力有所下降;

c)社会交往能力轻度受限。

附录B

(资料性附录)

多等级伤残的综合计算方法

B.1 多等级伤残的综合计算

多等级伤残的综合计算是按伤者的伤残赔偿计算方法加以计算。

B.2 多等级伤残者的伤残赔偿计算

根据伤残赔偿总额、赔偿责任系数、赔偿指数等,有下式:

(公式略,详细公式请下载 http://www.law-lib.com/law/doc/81481.doc)

式中:C——伤残者的伤残实际赔偿额,元;

Ct——伤残赔偿总额,元;

C1——赔偿责任系数,即赔偿义务主体对造成事故负有责任的程度,$0 \leq C1 \leq 1$;

Ih——伤残等级最高处的伤残赔偿指数,即多等级伤残者,最高伤残等级的赔偿比例,用百分比(%)表示;

Ia——伤残赔偿附加指数,即增加一处伤残所增加的赔偿比例,用百分比表示,$0 \leq Ia \leq 10\%$;(公式略,详细公式请下载 http://www.law-lib.com/law/doc/81481.doc)

B.3 伤残赔偿指数

伤残赔偿指数是指伤残者应当得到伤残赔偿的比例。B.2 中的伤残赔偿指数是按本标准 3.6 条规定,以伤残者的伤残程度比例作为伤残者的伤残赔偿比例。

附录C

(规范性附录)

有关伤残程度的区分

C.1 面部的范围和瘢痕面积的计算

C.1.1 面部的范围

面部的范围指上至发际、下至下颌下缘、两侧至下颌支后缘之间的区域,包括额部、眶部、鼻部、口唇部、颏部、颧部、颊部和腮腺咬肌部。

C.1.2 面部瘢痕面积的计算

本标准采用全面部和5等分面部以及实测瘢痕面积的方法,分别计算瘢痕面积。面部多处瘢痕,其面积可以累加计算。

C.2 心脏功能的区分

根据体力活动受限的程度,将心脏功能分为:

a)Ⅰ级:无症状,体力活动不受限;

b)Ⅱ级;较重体力活动则有症状,体力活动稍受限;

c)Ⅲ级:轻微体力活动即有明显症状,休息后稍减轻,体力活动大受限;

d)Ⅳ级:即使在安静休息状态下亦有明显症状,体力活动完全受限。

C.3 呼吸功能障碍程度的区分

C.3.1 呼吸功能障碍

因事故损伤所致的呼吸功能的改变。

C.3.2 呼吸功能障碍程度的区分

本标准根据体力活动受限的程度,将呼吸功能障碍分为:

a)呼吸功能严重障碍:安静卧时亦有呼吸困难出现,体力活动完全受限;

b)呼吸功能障碍:室内走动出现呼吸困难,体力活动极度受限;

c)呼吸功能严重受影响,一般速度步行有呼吸困难,体力活动大部分受限;

d)呼吸功能受影响,包括两种情况:

第一种情况:蹬楼梯出现呼吸困难[4.4.3,4.4.4b),4.4.5a),4.5.3,4.5.4b)属此情况];

第二种情况:快步行走出现呼吸困难[4.5.5a),4.10.3b),4.10.4b)属此情况]。

C.4 手缺失和丧失功能的计算

C.4.1 手缺失和丧失功能

指因事故损伤所致的手掌和手指的缺失或丧失功能。

C.4.2 手缺失和丧失功能的计算

一手拇指占一手功能的36%,其中末节和近节指节各占18%;食指、中指各占一手功能的18%,其中末节指节占8%,中节指节占7%,近节指节占3%;无名指和小指各占一手功能的9%,其中末节指节占4%,中节指节占3%,近节指节占2%。一手掌占一手功能的10%,其中第一掌骨占4%,第二、第三掌骨各占2%,第四、第五掌骨各占1%。本标准中,双手缺失或丧失功能的程度是按前面方面累加计算的结果。

C.5 手感觉丧失功能的计算

C.5.1 手感觉丧失功能

指因事故损伤所致手的掌侧感觉功能的丧失。

C.5.2 手感觉丧失功能的计算

手感觉丧失功能的计算是相应手功能丧失程度的50%计算。

C.6 肩关节、肩关节复合体丧失功能的计算

C.6.1 肩关节及肩关节复合体

肩关节指由肩胛骨的盂臼与肱骨头之间形成的关节,它与肩锁关节、胸锁关节、肩胛胸关节共同组成肩关节复合体。肩关节功能受肩关节复合体其他关节功能的制约;肩关节复合体其他关节功能通过肩关节功能予以体现。

C.6.2 肩关节及肩关节复合体丧失功能

因事故损伤所致肩关节及肩关节复合体其他关节的功能丧失。

C.6.3 肩关节及肩关节复合体丧失功能的计算

肩关节复合体丧失功能的计算是通过测量肩关节丧失功能的程度,加以计算。

C.7 足弓结构破坏程度的区分

C.7.1 足弓结构破坏

因事故损伤所致的足弓缺失或丧失功能。

C.7.2 足弓结构破坏程度的区分

A)足弓结构完全破坏:足的内、外侧纵弓和横弓结构完全破坏,包括缺失和丧失功能。

B)足弓1/3结构破坏或2/3结构破坏,指足三弓的任一或二弓的结构破坏。

C.8 肢体丧失功能的计算

C.8.1 肢体丧失功能

因事故损伤所致肢体三大关节(上肢腕关节、肘关节、肩关节或下肢踝关节、膝关节、髋关节)功能的丧失。

C.8.2 肢体丧失功能的计算

肢体丧失功能的计算是用肢体三大关节丧失功能程度的比例分别乘以肢体三大关节相应的权重指数(腕关节0.18,肘关节0.12,肩关节0.7,踝关节0.12,膝关节0.28,髋关节0.6),再用它们的积相加,分别算出各肢体丧失功能的比例。

六、残疾人残疾分类和分级 GB/T26341-2010(2011年5月1日)

前言

本标准按照GB/T 1.1-2009给出的规则起草。

本标准由全国残疾人康复和专用设备标准化技术委员会(SAC / TC 148)归口。

本标准起草单位:中国残疾人联合会、中国医学科学院北京协和医院、中国聋儿康复研究中心、中国康复研究中心、武警北京市总队第三医院、首都师范大学、北京大学精神卫生研究所、北京大学第一附属医院、中国残疾人辅助器具中心等。

本标准主要起草人:陈新民、张宗久、叶奇、赵家良、孙喜斌、李胜利、丁伯坦、徐本明、田宝、黄悦勤、董问天、张致祥、杨虹、贾亚玲、韩纪斌、邱卓英等。

残疾人残疾分类和分级

1 范围

本标准规定了残疾人残疾分类和分级的术语和定义、残疾分类和分级及代码等。

本标准适用于残疾人的信息、统计、管理、服务、保障等社会工作。

2 规范性引用文件

下列文件对于本文件的应用是必不可少的。凡是注日期的引用文件,仅所注日期的版本适用于本文件。凡是不注日期的引用文件,其最新版本(包括所有的修改单)适用于本文件。

GB/T2261.3 个人基本信息分类与代码第3部分:健康状况代码

世界卫生组织残疾评定量表Ⅱ(WHO-DASⅡ)(WHO Disability Assessment Schedule Ⅱ)

注:可从下面网址获得:

3 术语和定义

下列术语和定义适用于本文件。

3.1 残疾 disability

身体结构、功能的损害及个体活动受限与参与的局限性。

3.2 残疾人 disabled person

在精神、生理、人体结构上,某种组织、功能丧失或障碍,全部或部分丧失从事某种活动能力的人。

3.3 最佳矫正视力 best corrected visual acuity;BCVA

以最适当镜片进行屈光矫正后所能达到的最好视力。

3.4 平均听力损失 average hearing loss

500Hz、1000 Hz、2000 Hz、4000Hz 四个频率点纯音气导听力损失分贝数的平均值。

3.5 听力障碍 dysaudia

听觉系统中的感音、传音以及听觉中枢发生器质性或功能性异常,而导致听力出现不同程度的减退。

3.6 失语 aphasia

大脑言语区域以及相关部位损伤导致的获得性言语功能丧失或受损。

3.7 运动性构音障碍 dysarthria

神经肌肉病变导致构音器官的运动障碍,主要表现为不会说话、说话费力、发声和发音不清等。

3.8 器质性构音障碍 organic anarthria

构音器官形态结构异常导致的构音障碍。其代表为腭裂以及舌或颌面部术后造成的构音障碍。主要表现为不能说话、鼻音过重、发音不清等。

3.9 发声障碍 voice disorder

呼吸及喉存在器质性病变导致的失声、发声困难、声音嘶哑等。

3.10 儿童言语发育迟滞 childhood dylayed language development

儿童在生长发育过程中其言语发育落后于实际年龄的状态。主要表现为不会说话、说话晚、发音不清等。

3.11 听力障碍所致的言语障碍 speech disorder cause by dysaudia

听力障碍导致的言语障碍。主要表现为不会说话或者发音不清,不能通过听觉言语进行交流。

3.12 口吃 stutter

言语的流畅性障碍。主要表现为在说话的过程中拖长音、重复、语塞并伴有面部及其他行为变化等。

3.13 语音清晰度 phonetic intelligibility

口语中语音、字、词的发音清晰和准确度。

3.14 言语表达能力 speech expression ability

言语表达过程中,正确使用词汇、语句、语法的能力。

3.15 发育商 development quotient;DQ

衡量婴幼儿智能发展水平的指标。

3.16 智商 intelligence quotient;IQ

智力商数

衡量个体智力发展水平的指标。

3.17 适应行为 adaptive behavior;AB

个体实现人们期待的与其年龄和文化群体相适应的个人独立与社会职责的程度或效果。

4 残疾分类

4.1 分类原则

按不同残疾分为视力残疾、听力残疾、言语残疾、肢体残疾、智力残疾、精神残疾和多重残疾。

4.2 视力残疾

各种原因导致双眼视力低下并且不能矫正或双眼视野缩小,以致影响其日常生活和社会参与。视力残疾包括盲及低视力。

4.3 听力残疾

各种原因导致双耳不同程度的永久性听力障碍,听不到或听不清周围环境声及言语声,以致影响其日常生活和社会参与。

4.4　言语残疾

各种原因导致的不同程度的言语障碍,经治疗一年以上不愈或病程超过两年,而不能或难以进行正常的言语交流活动,以致影响其日常生活和社会参与。包括:失语、运动性构音障碍、器质性构音障碍、发声障碍、儿童言语发育迟滞、听力障碍所致的言语障碍、口吃等。

注:3 岁以下不定残。

4.5　肢体残疾

人体运动系统的结构、功能损伤造成的四肢残缺或四肢、躯干麻痹(瘫痪)、畸形等导致人体运动功能不同程度丧失以及活动受限或参与的局限。

肢体残疾主要包括:

a)上肢或下肢因伤、病或发育异常所致的缺失、畸形或功能障碍;

b)脊柱因伤、病或发育异常所致的畸形或功能障碍;

c)中枢、周围神经因伤、病或发育异常造成躯干或四肢的功能障碍。

4.6　智力残疾

智力显著低于一般人水平,并伴有适应行为的障碍。此类残疾是由于神经系统结构、功能障碍,使个体活动和参与受到限制,需要环境提供全面、广泛、有限和间歇的支持。

智力残疾包括在智力发育期间(18 岁之前),由于各种有害因素导致的精神发育不全或智力迟滞;或者智力发育成熟以后,由于各种有害因素导致智力损害或智力明显衰退。

4.7　精神残疾

各类精神障碍持续一年以上未痊愈,由于存在认知、情感和行为障碍,以致影响其日常生活和社会参与。

4.8　多重残疾

同时存在视力残疾、听力残疾、言语残疾、肢体残疾、智力残疾、精神残疾中的两种或两种以上残疾。

5　残疾分级

5.1　分级原则

各类残疾按残疾程度分为四级,残疾一级、残疾二级、残疾三级和残疾四级。残疾一级为极重度,残疾二级为重度,残疾三级为中度,残疾四级为轻度。

5.2　视力残疾分级

按视力和视野状态分级,其中盲为视力残疾一级和二级,低视力为视力残疾三级和四级。视力残疾均指双眼而言,若双眼视力不同,则以视力较好的一眼为准。如仅有单眼为视力残疾,而另一眼的视力达到或优于 0.3,则不属于视力残疾范畴。视野以注视点为中心,视野半径小于 10 度者,不论其视力如何均属于盲。视力残疾分级见表 1。

表 1　视力残疾分级

级别	视力、视野
一级	无光感 ~ <0.02;或视野半径 <5 度
二级	0.02 ~ <0.05;或视野半径 <10 度
三级	0.05 ~ <0.1
四级	0.1 ~ <0.3

5.3 听力残疾分级

5.3.1 听力残疾分级原则

按平均听力损失,及听觉系统的结构、功能,活动和参与,环境和支持等因素分级(不配戴助听放大装置)。

注:3岁以内儿童,残疾程度一、二、三级的定为残疾人。

5.3.2 听力残疾一级

听觉系统的结构和功能极重度损伤,较好耳平均听力损失大于90 dB HL,不能依靠听觉进行言语交流,在理解、交流等活动上极重度受限,在参与社会生活方面存在极严重障碍。

5.3.3 听力残疾二级

听觉系统的结构和功能重度损伤,较好耳平均听力损失在(81~90)dB HL之间,在理解和交流等活动上重度受限,在参与社会生活方面存在严重障碍。

5.3.4 听力残疾三级

听觉系统的结构和功能中重度损伤,较好耳平均听力损失在(61~80)dB HL之间,在理解和交流等活动上中度受限,在参与社会生活方面存在中度障碍。

5.3.5 听力残疾四级

听觉系统的结构和功能中度损伤,较好耳平均听力损失在(41~60)dB HL之间,在理解和交流等活动上轻度受限,在参与社会生活方面存在轻度障碍。

5.4 言语残疾分级

5.4.1 言语残疾分级原则

按各种言语残疾不同类型的口语表现和程度,脑和发音器官的结构、功能,活动和参与,环境和支持等因素分级。

5.4.2 言语残疾一级

脑和/或发音器官的结构、功能极重度损伤,无任何言语功能或语音清晰度小于等于10%,言语表达能力等级测试未达到一级测试水平,在参与社会生活方面存在极严重障碍。

5.4.3 言语残疾二级

脑和/或发音器官的结构、功能重度损伤,具有一定的发声及言语能力。语音清晰度在11%~25%之间,言语表达能力等级测试未达到二级测试水平,在参与社会生活方面存在严重障碍。

5.4.4 言语残疾三级

脑和/或发音器官的结构、功能中度损伤,可以进行部分言语交流。语音清晰度在26%~45%之间,言语表达能力等级测试未达到三级测试水平,在参与社会生活方面存在中度障碍。

5.4.5 言语残疾四级

脑和/或发音器官的结构、功能轻度损伤,能进行简单会话,但用较长句表达困难。语音清晰度在46%~65%之间,言语表达能力等级测试未达到四级测试水平,在参与社会生活方面存在轻度障碍。

5.5 肢体残疾分级

5.5.1 肢体残疾分级原则

按人体运动功能丧失、活动受限、参与局限的程度分级(不配戴假肢、矫形器及其他辅助器具)。肢体部位说明如下:

a)全上肢:包括肩关节、肩胛骨;

b)上臂:肘关节和肩关节之间,不包括肩关节,含肘关节;

c)前臂:肘关节和腕关节之间,不包括肘关节,含腕关节;

d)全下肢:包括髋关节、半骨盆;

e)大腿:髋关节和膝关节之间,不包括髋关节,含膝关节;
f)小腿:膝关节和踝关节之间,不包括膝关节,含踝关节;
g)手指全缺失:掌指关节;
h)足趾全缺失:跖趾关节。

5.5.2 肢体残疾一级

不能独立实现日常生活活动,并具备下列状况之一:
a)四肢瘫:四肢运动功能重度丧失;
b)截瘫:双下肢运动功能完全丧失;
c)偏瘫:一侧肢体运动功能完全丧失;
d)单全上肢和双小腿缺失;
e)单全下肢和双前臂缺失;
f)双上臂和单大腿(或单小腿)缺失;
g)双全上肢或双全下肢缺失;
h)四肢在手指掌指关节(含)和足跗跖关节(含)以上不同部位缺失;
i)双上肢功能极重度障碍或三肢功能重度障碍。

5.5.3 肢体残疾二级

基本上不能独立实现日常生活活动,并具备下列状况之一:
a)偏瘫或截瘫,残肢保留少许功能(不能独立行走);
b)双上臂或双前臂缺失;
c)双大腿缺失;
d)单全上肢和单大腿缺失;
e)单全下肢和单上臂缺失;
f)三肢在手指掌指关节(含)和足跗跖关节(含)以上不同部位缺失(一级中的情况除外);
g)二肢功能重度障碍或三肢功能中度障碍。

5.5.4 肢体残疾三级

能部分独立实现日常生活活动,并具备下列状况之一:
a)双小腿缺失;
b)单前臂及其以上缺失;
c)单大腿及其以上缺失;
d)双手拇指或双手拇指以外其他手指全缺失;
e)二肢在手指掌指关节(含)和足跗跖关节(含)以上不同部位缺失(二级中的情况除外);
f)一肢功能重度障碍或二肢功能中度障碍。

5.5.5 肢体残疾四级

基本上能独立实现日常生活活动,并具备下列状况之一:
a)单小腿缺失;
b)双下肢不等长,差距大于等于50 mm;
c)脊柱强(僵)直;
d)脊柱畸形,后凸大于70度或侧凸大于45度;
e)单手拇指以外其他四指全缺失;
f)单手拇指全缺失;
g)单足跗跖关节以上缺失;

h)双足趾完全缺失或失去功能;

i)侏儒症(身高小于等于1300 mm的成年人);

j)一肢功能中度障碍或两肢功能轻度障碍;

k)类似上述的其他肢体功能障碍。

5.6　智力残疾分级

按0~6岁和7岁及以上两个年龄段发育商、智商和适应行为分级。0~6岁儿童发育商小于72的直接按发育商分级,发育商在72~75之间的按适应行为分级。7岁及以上按智商、适应行为分级;当两者的分值不在同一级时,按适应行为分级。WHO-DASⅡ分值反映的是18岁及以上各级智力残疾的活动与参与情况。智力残疾分级见表2。

表2　智力残疾分级

级别	智力发育水平		社会适应能力	
	发育商(DQ) 0~6岁	智商(IQ) 7岁及以上	适应行为 (AB)	WHO-DASⅡ分值 18岁及以上
一级	≤25	<20	极重度	≥116分
二级	26~39	20~34	重度	106~115分
三级	40~54	35~49	中度	96~105分
四级	55~75	50~69	轻度	52~95分

适应行为表现:

极重度——不能与人交流、不能自理、不能参与任何活动、身体移动能力很差;需要环境提供全面的支持,全部生活由他人照料。

重度——与人交往能力差、生活方面很难达到自理、运动能力发展较差;需要环境提供广泛的支持,大部分生活由他人照料。

中度——能以简单的方式与人交流、生活能部分自理、能做简单的家务劳动、能参与一些简单的社会活动;需要环境提供有限的支持,部分生活由他人照料。

轻度——能生活自理、能承担一般的家务劳动或工作、对周围环境有较好的辨别能力、能与人交流和交往、能比较正常地参与社会活动;需要环境提供间歇的支持,一般情况下生活不需要由他人照料。

5.7　精神残疾分级

5.7.1　精神残疾分级原则

18岁及以上的精神障碍患者依据WHO-DASⅡ分值和适应行为表现分级,18岁以下精神障碍患者依据适应行为的表现分级。

5.7.2　精神残疾一级

WHO-DASⅡ值大于等于116分,适应行为极重度障碍;生活完全不能自理,忽视自己的生理、心理的基本要求。不与人交往,无法从事工作,不能学习新事物。需要环境提供全面、广泛的支持,生活长期、全部需他人监护。

5.7.3　精神残疾二级

WHO-DASⅡ值在106~115分之间,适应行为重度障碍;生活大部分不能自理,基本不与人交往,只与照顾者简单交往,能理解照顾者的简单指令,有一定学习能力。监护下能从事简单劳动。能表达自己的基本需求,偶尔被动参与社交活动。需要环境提供广泛的支持,大部分生活仍需他人照料。

5.7.4　精神残疾三级

WHO-DASⅡ值在96~105分之间,适应行为中度障碍;生活上不能完全自理,可以与人进行简单交流,能表达自己的情感。能独立从事简单劳动,能学习新事物,但学习能力明显比一般人差。被动参与社交活动,偶尔能主动参与社交活动。需要环境提供部分的支持,即所需要的支持服务是经常性的、短时间的需求,部分生活需由他人照料。

5.7.5 精神残疾四级

WHO－DASⅡ值在52～95分之间,适应行为轻度障碍;生活上基本自理,但自理能力比一般人差,有时忽略个人卫生。能与人交往,能表达自己的情感,体会他人情感的能力较差,能从事一般的工作,学习新事物的能力比一般人稍差。偶尔需要环境提供支持,一般情况下生活不需要由他人照料。

5.8 多重残疾分级

按所属残疾中残疾程度最重类别的分级确定其残疾等级。

6 残疾分类代码

6.1 残疾分类代码

残疾分类代码应符合GB/T2261.3的规定。

6.2 残疾分级代码

残疾分级代码见表3。

表3 残疾分级代码

代码	名称
611	视力残疾一级
612	视力残疾二级
613	视力残疾三级
614	视力残疾四级
621	听力残疾一级
622	听力残疾二级
623	听力残疾三级
624	听力残疾四级
631	言语残疾一级
632	言语残疾二级
633	言语残疾三级
634	言语残疾四级
641	肢体残疾一级
642	肢体残疾二级
643	肢体残疾三级
644	肢体残疾四级
651	智力残疾一级
652	智力残疾二级
653	智力残疾三级
654	智力残疾四级
661	精神残疾一级
662	精神残疾二级
663	精神残疾三级
664	精神残疾四级
671	多重残疾一级

续表

代 码	名 称
672	多重残疾二级
673	多重残疾三级
674	多重残疾四级

七、人民检察院法医工作细则(2013年12月3日)

第一章 总则

第一条 为了规范人民检察院法医工作,根据《中华人民共和国刑事诉讼法》、《人民检察院刑事诉讼规则(试行)》等有关法律法规,结合检察工作实际,制定本细则。

第二条 法医工作范围包括:

(一)接受检察机关办案部门和其他机关或者单位委托,就案件中涉及人身伤亡的现场进行勘验、检查,对尸体、活体及法医物证进行检验鉴定;

(二)对检察机关办案部门移送的法医学鉴定文书和相关证据材料进行审查;

(三)为检察机关办案部门提供涉及法医学问题的技术协助或者技术咨询,根据办案需要参与法庭审理活动;

(四)开展法医培训和学术交流,组织以应用为主的法医学科研工作;

(五)其他与法医相关的工作。

第三条 法医人员应当遵循《中华人民共和国刑事诉讼法》和《人民检察院刑事诉讼规则(试行)》等关于鉴定人回避的规定。

第四条 法医工作应当遵守法律法规、行业标准和操作规范,应当遵循客观、公正、科学、独立、保密等基本原则。

第二章 工作内容

第一节 勘验、检查

第五条 法医在检察机关案件承办人员的主持下参加勘验、检查。

第六条 法医参加勘验、检查的主要任务是:进行尸体检验、活体检查,发现和收集痕迹、物证,为诉讼活动提供线索和证据。

第七条 法医勘验、检查应当如实反映现场情况,配合其他技术人员对尸体的原始状况及周围的痕迹、物品进行照相、录像、制图固定。

第八条 复验、复查时应当制定预案,并尽可能在与原始现场相同条件下进行重新勘验检查或者侦查实验。

必要时,可以协助检察机关案件承办人员参加公安机关复验、复查或者侦查实验。

第二节 尸体检验

第九条 尸体检验的目的,是确定死亡原因、死亡方式,推断死亡时间、损伤时间及致伤物。

第十条 尸体检验的范围包括:

(一)检察机关渎职侵权检察、监所检察等部门办理案件中涉及非正常死亡的;

(二)检察机关认为有必要进行补充鉴定或者重新鉴定的;

(三)按照相关规定接受其他司法机关委托,对案件中涉及的尸体进行检验的。

第十一条 尸体检验应当由两名以上法医进行。

第十二条 尸体检验原则上应当在解剖室内进行。现场解剖的,应当设置防护隔离设施。

尸体检验禁止有伤风化的行为。涉及少数民族尸体检验的,应当尊重其民族风俗。

第十三条　尸体检验包括尸表检验和解剖检验。尸体检验要全面、系统,应当按相关技术规范提取有关脏器和组织进行组织病理学检验,提取胃内容物、脏器、组织、血液、尿液等进行毒物分析或者其他检验。

上述检材应当留取一定数量,以备复验或者重新鉴定。

第十四条　尸体检验应当进行照相、录音录像。照相和录音录像应当由专业技术人员进行。未经办案部门批准,禁止其他人员照相和录音录像。

第十五条　尸体检验应当形成全面客观的记录,尸体照相应当完整,阳性发现和重要的阴性表现均应当完整反映,细目照相应当有比例尺。

第三节　活体检查

第十六条　活体检查主要是对被检人的个人特征、损伤情况、生理状态、病理状态、精神状态和各器官、系统功能状态等进行检验、鉴定。包括:

(一)查明个人特征,包括性别、年龄、血型及生理、病理特征,提取用于DNA检测的生物检材等;

(二)检查人身损伤情况,判断损伤程度,推断损伤性质、损伤时间、致伤工具、伤残程度等;

(三)检查有无性侵害、妊娠、分娩以及性功能状态,协助查明有无性侵害犯罪方面的问题;

(四)查明人体有无中毒症状和体征,检查体内是否有某种毒物,并测定其含量及判断入体途径等;

(五)检查有关人的精神状态,必要时配合精神病学专家判断是否存在明显的精神异常表现。

第十七条　活体检查一般在法医活体检验室进行。根据办案需要,可以在医院、住处或者监管场所等地进行。

活体检查应当由两名以上法医进行。

检查未成年人身体时,应当有其监护人在场;检查妇女身体时,应当有女性工作人员在场。

第十八条　活体检查时,案件承办人应当将被检人的临床资料及有关材料送交法医鉴定人。涉及临床医学专科问题,可聘请医学专家共同检查。

第四节　法医物证检验

第十九条　法医物证是指与案件有关的人体组织器官的一部分或者其分泌物、排泄物等。

第二十条　法医物证检验主要内容:

(一)血痕检验包括检验检材上是否有血及其种属,判断性别、血型、DNA基因分型、出血部位等;

(二)毛发检验包括种属认定,确定其生长部位,脱落、损伤的原因,有无附着物,判断性别、血型和DNA基因分型等;

(三)精斑检验包括认定是否精斑,判断血型和DNA基因分型等;

(四)骨骼检验包括认定是否人骨,是一人骨还是多人骨,推断性别、年龄、身高和其他特征,判断骨骼损伤是生前还是死后形成以及致伤工具等;

(五)对其他人体生物检材的检验。

第二十一条　法医物证检验的步骤一般包括:肉眼检查、预备试验、确证试验、种属试验、个体识别和亲缘鉴定等。

第二十二条　法医物证的提取、包装、送检和保管应当区别不同种类的检材,严格遵照有关规定进行。

第五节　技术性证据审查

第二十三条　本细则所称的技术性证据审查,是指具备法医鉴定资格的人员,受检察机关办案部门委托或者指派,就案件中涉及的法医学证据材料进行审查、判断,并提出审查意见的专门活动。

第二十四条　有下列情形之一的,应当进行技术性证据审查:

(一)对案件定罪、量刑起关键作用的法医学证据与其他证据之间存在明显矛盾且不能排除的;

(二)同一案件对同一法医学专门性问题有两个或者两个以上不同鉴定意见的,或者对鉴定意见理解不一致的;

(三)犯罪嫌疑人、被告人及其辩护人,被害人及其诉讼代理人提出异议,案件承办人认为应当审查的;

(四)死亡原因鉴定中涉及伤病关系分析的;

(五)损伤检验鉴定意见与鉴定标准的适用条款明显不相符的;

(六)对被鉴定人法定能力的司法精神病鉴定意见存在疑问的;

(七)案件承办人认为有必要进行技术性证据审查的。

第二十五条 技术性证据审查的内容包括:

(一)检验鉴定材料是否全面完整,委托受理是否符合法定程序,鉴定人是否具有专门知识和鉴定资格,鉴定机构是否在其执业范围内开展鉴定工作;

(二)法医学检验鉴定检材、样本的收集、固定、保管等是否符合有关技术标准和规范,检材、样本是否充足、可靠;

(三)检验鉴定的程序、方法、步骤及仪器选用是否科学规范,检验是否全面细致;

(四)鉴定意见的依据是否科学客观,引用鉴定标准及条款是否恰当,是否符合委托要求,有无遗漏或者需要补充鉴定;

(五)审查保外就医罪犯所患疾病是否达到规定的医学条件;

(六)审查勘验检查笔录中涉及法医学的内容是否客观,有无遗漏勘验检查项目和内容,与检验鉴定是否一致;

(七)其他需要审查的内容。

第二十六条 审查完成后,应当制作技术性证据审查意见书,提出审查意见,并说明理由。

第六节 出庭

第二十七条 接到人民法院的出庭通知,法医鉴定人应当出庭。确因特殊情况无法出庭的,应当及时向法庭书面说明理由。

根据案件承办部门的要求,技术性证据审查人可以出庭就鉴定人作出的鉴定意见提出意见。

第二十八条 法医鉴定人出庭前应当做好如下准备工作:

(一)熟悉鉴定意见;

(二)向公诉人或者其他出庭检察员了解该案的进展情况及对鉴定意见的异议;

(三)针对出庭可能遇到的问题,拟定解答提纲。

第二十九条 法医鉴定人出庭,应当携带必要的材料,包括:

(一)委托书或者聘请书、受理检验鉴定登记表、送检材料照片或者复印件、检验记录、鉴定文书;

(二)反映有关物证、书证、勘验检查笔录、视听资料等获取、制作过程的有关材料;

(三)与该鉴定意见有关的学术著作和技术资料;

(四)鉴定机构及鉴定人资格证明,能够反映鉴定人专门知识水平与能力的有关材料。

第三十条 法医鉴定人出庭时,应当回答审判人员、检察人员、当事人和辩护人、诉讼代理人依照法定程序提出的有关检验鉴定的问题;对与检验鉴定无关的问题,可以拒绝回答。

第三十一条 鉴定人、审查人因在诉讼中作证,本人或者其近亲属的人身安全面临危险的,可以请求法律保护。

第三章 工作程序

第三十二条 法医接到委托后,应当听取送检人介绍案件情况,明确委托事项和要求,接收并核对送检材料。符合受理条件的,应当受理;不符合受理条件的,予以退回,并说明理由。

第三十三条 法医学鉴定应当在受理后十五个工作日以内完成。疑难复杂的案件,征得委托单位同意,可以适当延长时间。需要进行毒物分析、组织病理学检验和其他特殊检验以及补充材料的时间,不计入鉴定时限。

技术性证据审查应当在受理后五个工作日内完成。

第三十四条 法医学文书包括尸体检验记录、法医学鉴定书、法医学检验报告、技术性证据审查意见书、法医学技术协助工作说明等。制作法医学文书应当语言规范、内容完整、描述准确、论证严谨、意见客观。

第三十五条 法医学文书应当由承办人签名。法医学鉴定书和法医学检验报告应当加盖"司法鉴定专用章",同时附上鉴定机构和鉴定人的资质证明。技术性证据审查意见书应当加盖"技术性证据审查专用章"。

第三十六条 剩余的检材原则上应当退回送检单位。送检单位放弃剩余检材的,应当办理相关手续。

第三十七条 法医工作结束后,应当将案件有关材料、病历资料以及检验鉴定记录、图片或者照片等,按照人民检察院档案管理的相关规定制卷归档。

第三十八条 法医学文书应当与回执单一并发出。案件承办部门在案件终结后,应当将法医工作所起到的作用填写在回执单上,反馈检察技术部门。

对于重大、特殊、疑难案件,鉴定人可以适时回访,总结经验。

第四章 附则

第三十九条 本细则由最高人民检察院负责解释。

第四十条 本细则自颁布之日起施行。

八、人民检察院文件检验工作细则(2013年12月3日)

第一章 总则

第一条 为了规范人民检察院文件检验工作,根据《中华人民共和国刑事诉讼法》、《人民检察院刑事诉讼规则(试行)》等有关法律法规,结合检察工作实际,制定本细则。

第二条 文件检验工作范围包括:

(一)接受检察机关办案部门和其他机关或者单位委托,就案件中涉及的笔迹、印刷文件、污损变造文件、文件制成材料等文件物证进行检验鉴定;

(二)对检察机关办理案件中有关文件检验技术性证据材料进行审查;

(三)为检察机关侦查工作中的现场勘验、搜查、调取书证提供技术协助,收集、固定证据;

(四)根据办案需要,参与法庭审理活动。

第三条 文件检验鉴定和文件检验技术性证据审查应当由具备文件检验鉴定资格的人员实施。

第四条 文件检验鉴定人员应当遵循《中华人民共和国刑事诉讼法》和《人民检察院刑事诉讼规则(试行)》等关于鉴定人回避的规定。

第五条 文件检验工作应当遵守法律法规、行业标准和操作规范,应当遵循客观、公正、科学、独立、保密等基本原则。

第二章 委 托

第六条 检察机关案件承办部门在办理案件时,需要进行文件检验鉴定、技术性证据审查的,应当填写委托书,向检察技术部门提出委托要求。

第七条 委托文件检验鉴定时,应当提供文件物证的原件,样本材料应当符合检验要求并经过委托单位确认。

第八条 委托文件检验技术性证据审查时,应当提供需要审查的鉴定文书及附件,必要时提供历次鉴定文书及附件。

第九条 委托单位应当客观介绍案件的有关情况。

第三章 受理

第十条 受理文件检验鉴定时,应当做好以下工作:

(一)查验委托书;

(二)了解案情,明确鉴定要求;

(三)查验送检材料是否具备鉴定条件,核对材料的名称、数量、性状;

(四)查验样本的来源和收集方法,确定是否满足鉴定要求;

(五)根据查验结果,确定是否接受委托或者要求补充样本材料。对需要补充样本材料的,应当给予必要的技术指导或者协助办案人员提取。

第十一条 受理文件检验技术性证据审查时,应当做好以下工作:

(一)查验委托书;

(二)了解案情,明确审查要求;

(三)核对鉴定文书及附件是否齐全;

(四)核对鉴定的检材、样本等材料是否齐全。

第十二条 接受委托时,应当填写受理登记表,经检察技术部门负责人审批,指派具有文件检验鉴定资格的人员进行鉴定和审查。

第四章 鉴定和技术性证据审查

第一节 鉴定

第十三条 受理后应当及时进行检验鉴定,一般案件应当在受理后十五个工作日以内完成检验鉴定工作;疑难复杂的案件,征得委托单位同意,可以适当延长时间。

第十四条 文件检验鉴定的同一认定,按照预备检验、分别检验、比较检验、综合评断的程序进行,每个程序都应当制作检验记录。

(一)预备检验。应当根据委托要求设计检验鉴定方案,确定检验鉴定方法,做好仪器设备、耗材等相关准备工作;

(二)分别检验。对送检检材、样本分别进行观察研究,进一步明确检材和样本的性质、状态,认识特征的价值、作用及变化规律,制作特征比对表;

(三)比较检验。对送检检材和样本之间相应特征进行比较,全面反映它们之间的异同和内在联系;

(四)综合评断。对比较检验的情况进行分析,综合评断特征的质量和数量,准确解释符合和差异形成的原因,作出鉴定意见。

第十五条 文件检验鉴定应当依照先无损、后有损检验的原则,对文件物证进行客观全面系统检验。主要包括:

(一)笔迹是否为书写形成,印章印文是否为盖印形成;

(二)文件物证有无消褪、添加、挖补、拼接、污染等异常痕迹;

(三)纸张表面有无异常压痕;

(四)文件物证的整体布局有无明显异常;

(五)文件物证的形成过程与当事人描述是否有明显差异;

(六)其他应当进行检验的内容。

第十六条 对送检材料要妥善保管,防止丢失和损坏。需对送检材料进行有损检验时,应当征得委托单位同意,并在实施有损检验前采用照相或者扫描等方式对原件进行复制。

第二节　技术性证据审查

第十七条　本细则所称的技术性证据审查,是指具备文件检验鉴定资格的人员,受检察机关办案部门委托或者指派,就案件中涉及的文件检验技术性证据材料进行审查、判断,提出审查意见的专门活动。

第十八条　文件检验技术性证据审查的主要内容:

(一)鉴定条件是否充分;

(二)采用的鉴定方法是否科学、适用;

(三)鉴定的程序、操作过程是否符合本专业的检验鉴定规程和技术方法要求;

(四)检验是否全面、客观,分析论证是否科学、严谨,鉴定意见依据是否充分;

(五)鉴定文书的专业术语是否准确,相关标识是否规范;

(六)鉴定项目是否有明显遗漏,是否需要补充鉴定;

(七)其他应当审查的内容。

第十九条　文件检验技术性证据审查应当在受理后五个工作日以内完成。特殊情况下,征得委托单位同意,可以适当延长时间。

第五章　文书制作

第二十条　文件检验鉴定结束后应当出具鉴定书,鉴定书应当包括:

(一)绪论部分:包括委托单位,委托要求,送检人,送检时间,简要案情,送检检材和样本的名称、数量以及鉴定要求;

(二)检验部分:简要说明检验的方法,描述检验中所见的现象,列举检测结果或者比较中发现的异同;

(三)论证部分:简要论述对检验情况的综合评断,阐明据以作出鉴定意见的依据,可以附图加以说明;

(四)结尾部分:针对鉴定要求,简要明确地表述鉴定意见;

(五)附件部分:包括所有检材的复制件,所有样本或者部分重要样本的复制件。检验中发现的对鉴定意见有重要意义的现象,应当以图表形式展示。

第二十一条　文件检验技术性证据审查,应当出具技术性证据审查意见书,提出审查意见,并说明理由。

第二十二条　文书的签发

(一)鉴定书应当由鉴定人签名,并加盖"司法鉴定专用章",同时附上鉴定机构和鉴定人的资质证明;

(二)技术性证据审查意见书应当由审查人签名,并加盖"技术性证据审查专用章"。

第二十三条　文件检验工作结束后,应当制作技术卷宗。按照人民检察院档案管理的相关规定进行归档。

第二十四条　鉴定书或者审查意见书应当与回执单一并发出。案件承办部门在案件终结后,应当将文件检验工作所起到的作用填写在回执单上,反馈检察技术部门。

对于重大、特殊、疑难案件,鉴定人可以适时回访。

第二十五条　鉴定结束后,应当将送检材料与鉴定书一并发还送检单位。对送检材料拟留用的,应当征得送检单位同意,并商定留用时限和保留、销毁的责任。

第六章　出庭

第二十六条　人民法院通知鉴定人出庭的,鉴定人应当出庭。确因特殊情况无法出庭的,应当及时向法庭书面说明理由。

根据案件承办部门的要求,审查人可以出庭就鉴定人作出的鉴定意见提出意见。

第二十七条　鉴定人出庭前应当做好如下准备:

(一)熟悉鉴定意见和相关情况;

(二)向公诉人或者其他出庭检察员了解该案的进展情况及对鉴定意见的异议;

(三)针对出庭可能遇到的问题,拟定解答提纲。

第二十八条　鉴定人出庭应当准备如下材料:

(一)委托书或者聘请书、受理检验鉴定登记表、送检材料照片或者复印件、检验记录、鉴定文书;

(二)与该鉴定意见有关的学术著作和技术资料;

(三)鉴定机构及鉴定人资格证明,能够反映鉴定人专门知识水平与能力的有关材料;

(四)其他与鉴定及出庭有关的材料。

第二十九条　鉴定人出庭时,应当回答审判人员、检察人员、当事人和辩护人、诉讼代理人依照法定程序提出的有关检验鉴定的问题;对与检验鉴定无关的问题,可以拒绝回答。

第三十条　鉴定人、审查人因在诉讼中作证,本人或者其近亲属的人身安全面临危险的,可以请求法律保护。

第七章　附则

第三十一条　本细则由最高人民检察院负责解释。

第三十二条　本细则自颁布之日起施行。

九、公安机关鉴定规则(2017年2月16日)

第一章　总则

第一条　为规范公安机关鉴定工作,保证鉴定质量,维护司法公正,根据《中华人民共和国刑事诉讼法》、《中华人民共和国民事诉讼法》、《中华人民共和国行政诉讼法》、《全国人民代表大会常务委员会关于司法鉴定管理问题的决定》和有关法律法规,结合公安机关工作实际,制定本规则。

第二条　本规则所称的鉴定,是指为解决案(事)件调查和诉讼活动中某些专门性问题,公安机关鉴定机构的鉴定人运用自然科学和社会科学的理论成果与技术方法,对人身、尸体、生物检材、痕迹、文件、视听资料、电子数据及其它相关物品、物质等进行检验、鉴别、分析、判断,并出具鉴定意见或检验结果的科学实证活动。

第三条　本规则所称的鉴定机构,是指根据《公安机关鉴定机构登记管理办法》,经公安机关登记管理部门核准登记,取得鉴定机构资格证书并开展鉴定工作的机构。

第四条　本规则所称的鉴定人,是指根据《公安机关鉴定人登记管理办法》,经公安机关登记管理部门核准登记,取得鉴定人资格证书并从事鉴定工作的专业技术人员。

第五条　公安机关的鉴定工作,是国家司法鉴定工作的重要组成部分。公安机关鉴定机构及其鉴定人依法出具的鉴定文书,可以在刑事司法和行政执法活动,以及事件、事故、自然灾害等调查处置中应用。

第六条　公安机关鉴定机构及其鉴定人应当遵循合法、科学、公正、独立、及时、安全的工作原则。

第七条　公安机关应当保障所属鉴定机构开展鉴定工作所必需的人员编制、基础设施、仪器设备和有关经费等。

第二章　鉴定人的权利与义务

第八条　鉴定人享有下列权利:

(一)了解与鉴定有关的案(事)件情况,开展与鉴定有关的调查、实验等;

(二)要求委托鉴定单位提供鉴定所需的检材、样本和其他材料;

(三)在鉴定业务范围内表达本人的意见;

(四)与其他鉴定人的鉴定意见不一致时,可以保留意见;

(五)对提供虚假鉴定材料或者不具备鉴定条件的,可以向所在鉴定机构提出拒绝鉴定;

(六)发现违反鉴定程序,检材、样本和其他材料虚假或者鉴定意见错误的,可以向所在鉴定机构申请撤销鉴定意见;

(七)法律、法规规定的其他权利。

第九条　鉴定人应当履行下列义务:

(一)遵守国家有关法律、法规;

(二)遵守职业道德和职业纪律;

(三)遵守鉴定工作原则和鉴定技术规程;

(四)按规定妥善接收、保管、移交与鉴定有关的检材、样本和其他材料;

(五)依法出庭作证;

(六)保守鉴定涉及的国家秘密、商业秘密和个人隐私;

(七)法律、法规规定的其他义务。

第三章　鉴定人的回避

第十条　具有下列情形之一的,鉴定人应当自行提出回避申请;没有自行提出回避申请的,有关公安机关负责人应当责令其回避;当事人及其法定代理人也有权要求其回避:

(一)是本案当事人或者当事人的近亲属的;

(二)本人或者其近亲属与本案有利害关系的;

(三)担任过本案证人、辩护人、诉讼代理人的;

(四)担任过本案侦查人员的;

(五)是重新鉴定事项的原鉴定人的;

(六)担任过本案专家证人,提供过咨询意见的;

(七)其他可能影响公正鉴定的情形。

第十一条　鉴定人自行提出回避申请的,应当说明回避的理由;口头提出申请的,公安机关应当记录在案。

当事人及其法定代理人要求鉴定人回避的,应当提出申请,并说明理由;口头提出申请的,公安机关应当记录在案。

第十二条　鉴定人的回避,由县级以上公安机关负责人决定。

第十三条　当事人及其法定代理人对鉴定人提出回避申请的,公安机关应当在收到回避申请后二日以内作出决定并通知申请人;情况复杂的,经县级以上公安机关负责人批准,可以在收到回避申请后五日以内作出决定。

第十四条　当事人或者其法定代理人对驳回申请回避的决定不服的,可以在收到驳回申请回避决定书后五日以内向作出决定的公安机关申请复议。

公安机关应当在收到复议申请后五日以内作出复议决定并书面通知申请人。

第十五条　在作出回避决定前,申请或者被申请回避的鉴定人不得停止与申请回避鉴定事项有关的检验鉴定工作。在作出回避决定后,申请或者被申请回避的鉴定人不得再参与申请回避鉴定事项相关的检验鉴定工作。

第四章　鉴定的委托

第十六条　公安机关办案部门对与案(事)件有关需要检验鉴定的人身、尸体、生物检材、痕迹、文件、视听资料、电子数据及其它相关物品、物质等,应当及时委托鉴定。

第十七条　本级公安机关鉴定机构有鉴定能力的,应当委托该机构;超出本级公安机关鉴定机构鉴定项目或者鉴定能力范围的,应当向上级公安机关鉴定机构逐级委托;特别重大案(事)件的鉴定或者疑难鉴定,可以向有鉴定能力的公安机关鉴定机构委托。

第十八条　因技术能力等原因,需要委托公安机关以外的鉴定机构进行鉴定的,应当严格管理。各省级公安机关应当制定对外委托鉴定管理办法以及对外委托鉴定机构和鉴定人名册。

第十九条　委托鉴定单位应当向鉴定机构提交:

(一)鉴定委托书;

(二)证明送检人身份的有效证件;

(三)委托鉴定的检材;

(四)鉴定所需的比对样本;

(五)鉴定所需的其他材料。

委托鉴定单位应当指派熟悉案(事)件情况的两名办案人员送检。

第二十条　委托鉴定单位提供的检材,应当是原物、原件。无法提供原物、原件的,应当提供符合本专业鉴定要求的复印件、复制件。所提供的复印件、复制件应当有复印、复制无误的文字说明,并加盖委托鉴定单位公章。送检的检材、样本应当使用规范包装,标识清楚。

第二十一条　委托鉴定单位及其送检人向鉴定机构介绍的情况、提供的检材和样本应当客观真实,来源清楚可靠。委托鉴定单位应当保证鉴定材料的真实性、合法性。

对受到污染、可能受到污染或者已经使用过的原始检材、样本,应当作出文字说明。

对具有爆炸性、毒害性、放射性、传染性等危险的检材、样本,应当作出文字说明和明显标识,并在排除危险后送检;因鉴定工作需要不能排除危险的,应当采取相应防护措施。不能排除危险或者无法有效防护,可能危及鉴定人员和机构安全的,不得送检。

第二十二条　委托鉴定单位及其送检人不得暗示或者强迫鉴定机构及其鉴定人作出某种鉴定意见。

第二十三条　具有下列情形之一的,公安机关办案部门不得委托该鉴定机构进行鉴定:

(一)未取得合法鉴定资格证书的;

(二)超出鉴定项目或者鉴定能力范围的;

(三)法律、法规规定的其他情形。

第五章　鉴定的受理

第二十四条　鉴定机构可以受理下列委托鉴定:

(一)公安系统内部委托的鉴定;

(二)人民法院、人民检察院、国家安全机关、司法行政机关、军队保卫部门,以及监察、海关、工商、税务、审计、卫生计生等其他行政执法机关委托的鉴定;

(三)金融机构保卫部门委托的鉴定;

(四)其他党委、政府职能部门委托的鉴定。

第二十五条　鉴定机构应当在公安机关登记管理部门核准的鉴定项目范围内受理鉴定事项。

第二十六条　鉴定机构可以内设专门部门或者专门人员负责受理委托鉴定工作。

第二十七条　鉴定机构受理鉴定时,按照下列程序办理:

(一)查验委托主体和委托文件是否符合要求;

(二)听取与鉴定有关的案(事)件情况介绍;

(三)查验可能具有爆炸性、毒害性、放射性、传染性等危险的检材或者样本,对确有危险的,应当采取措施排除或者控制危险;

(四)核对检材和样本的名称、数量和状态,了解检材和样本的来源、采集和包装方法等;

(五)确认是否需要补送检材和样本;

(六)核准鉴定的具体要求;

(七)鉴定机构受理人与委托鉴定单位送检人共同填写鉴定事项确认书,一式两份,鉴定机构和委托鉴定单位各持一份。

第二十八条 鉴定事项确认书应当包括下列内容:

(一)鉴定事项确认书编号;

(二)鉴定机构全称和受理人姓名;

(三)委托鉴定单位全称和委托书编号;

(四)送检人姓名、职务、证件名称及号码和联系电话;

(五)鉴定有关案(事)件名称、案件编号;

(六)案(事)件情况摘要;

(七)收到的检材和样本的名称、数量、性状、包装,检材的提取部位和提取方法等情况;

(八)鉴定要求;

(九)鉴定方法和技术规范;

(十)鉴定机构与委托鉴定单位对鉴定时间以及送检检材和样本等使用、保管、取回事项进行约定,并由送检人和受理人分别签字。

第二十九条 鉴定机构对检验鉴定可能造成检材、样本损坏或者无法留存的,应当事先征得委托鉴定单位同意,并在鉴定事项确认书中注明。

第三十条 具有下列情形之一的,鉴定机构不予受理:

(一)超出本规则规定的受理范围的;

(二)违反鉴定委托程序的;

(三)委托其他鉴定机构正在进行相同内容鉴定的;

(四)超出本鉴定机构鉴定项目范围或者鉴定能力的;

(五)检材、样本不具备鉴定条件的或危险性未排除的;

(六)法律、法规规定的其他情形。

鉴定机构对委托鉴定不受理的,应当经鉴定机构负责人批准,并向委托鉴定单位出具《不予受理鉴定告知书》。

第六章 鉴定的实施

第三十一条 鉴定工作实行鉴定人负责制度。鉴定人应当独立进行鉴定。

鉴定的实施,应当由两名以上具有本专业鉴定资格的鉴定人负责。

第三十二条 必要时,鉴定机构可以聘请本机构以外的具有专门知识的人员参与,为鉴定提供专家意见。

第三十三条 鉴定机构应当在受理鉴定委托之日起十五个工作日内作出鉴定意见,出具鉴定文书。法律法规、技术规程另有规定,或者侦查破案、诉讼活动有特别需要,或者鉴定内容复杂、疑难及检材数量较大的,鉴定机构可以与委托鉴定单位另行约定鉴定时限。

需要补充检材、样本的,鉴定时限从检材、样本补充齐全之日起计算。

第三十四条 实施鉴定前,鉴定人应当查看鉴定事项确认书,核对受理鉴定的检材和样本,明确鉴定任务和鉴定方法,做好鉴定的各项准备工作。

第三十五条 鉴定人应当按照本专业的技术规范和方法实施鉴定,并全面、客观、准确地记录鉴定的过程、方法和结果。

多人参加鉴定,鉴定人有不同意见的,应当注明。

第三十六条　具有下列情形之一的,鉴定机构及其鉴定人应当中止鉴定:

(一)因存在技术障碍无法继续进行鉴定的;

(二)需补充鉴定材料无法补充的;

(三)委托鉴定单位书面要求中止鉴定的;

(四)因不可抗力致使鉴定无法继续进行的;

(五)委托鉴定单位拒不履行鉴定委托书规定的义务,被鉴定人拒不配合或者鉴定活动受到严重干扰,致使鉴定无法继续进行的。

中止鉴定原因消除后,应当继续进行鉴定。鉴定时限从批准继续鉴定之日起重新计算。

中止鉴定或者继续鉴定,由鉴定机构负责人批准。

第三十七条　中止鉴定原因确实无法消除的,鉴定机构应当终止鉴定,将有关检材和样本等及时退还委托鉴定单位,并出具书面说明。

终止鉴定,由鉴定机构负责人批准。

第三十八条　根据鉴定工作需要,省级以上公安机关可以依托所属鉴定机构按鉴定专业设立鉴定专家委员会。

鉴定专家委员会应当根据本规则规定,按照鉴定机构的指派对辖区有争议和疑难鉴定事项提供专家意见。

第三十九条　鉴定专家委员会的成员应当具有高级专业技术资格或者职称。

鉴定专家委员会可以聘请公安机关外的技术专家。

鉴定专家委员会组织实施鉴定时,相同专业的鉴定专家人数应当是奇数且不得少于三人。

第四十条　对鉴定意见,办案人员应当进行审查。

对经审查作为证据使用的鉴定意见,公安机关应当及时告知犯罪嫌疑人、被害人或者其法定代理人。

第四十一条　犯罪嫌疑人、被害人对鉴定意见有异议提出申请,以及办案部门或者办案人员对鉴定意见有疑义的,公安机关可以将鉴定意见送交其他有专门知识的人员提出意见。必要时,询问鉴定人并制作笔录附卷。

第七章　补充鉴定、重新鉴定

第四十二条　对有关人员提出的补充鉴定申请,经审查,发现有下列情形之一的,经县级以上公安机关负责人批准,应当补充鉴定:

(一)鉴定内容有明显遗漏的;

(二)发现新的有鉴定意义的证物的;

(三)对鉴定证物有新的鉴定要求的;

(四)鉴定意见不完整,委托事项无法确定的;

(五)其他需要补充鉴定的情形。

经审查,不存在上述情形的,经县级以上公安机关负责人批准,作出不准予补充鉴定的决定,并在作出决定后三日以内书面通知申请人。

第四十三条　对有关人员提出的重新鉴定申请,经审查,发现有下列情形之一的,经县级以上公安机关负责人批准,应当重新鉴定:

(一)鉴定程序违法或者违反相关专业技术要求的;

(二)鉴定机构、鉴定人不具备鉴定资质和条件的;

(三)鉴定人故意作出虚假鉴定或者违反回避规定的;

(四)鉴定意见依据明显不足的;

(五)检材虚假或者被损坏的;

(六)其他应当重新鉴定的情形。

重新鉴定,应当另行指派或者聘请鉴定人。

经审查,不存在上述情形的,经县级以上公安机关负责人批准,作出不准予重新鉴定的决定,并在作出决定后三日以内书面通知申请人。

第四十四条　进行重新鉴定,可以另行委托其他鉴定机构进行鉴定。鉴定机构应当从列入鉴定人名册的鉴定人中,选择与原鉴定人专业技术资格或者职称同等以上的鉴定人实施。

第八章　鉴定文书

第四十五条　鉴定文书分为《鉴定书》和《检验报告》两种格式。

客观反映鉴定的由来、鉴定过程,经过检验、论证得出鉴定意见的,出具《鉴定书》。

客观反映鉴定的由来、鉴定过程,经过检验直接得出检验结果的,出具《检验报告》。

鉴定后,鉴定机构应当出具鉴定文书,并由鉴定人及授权签字人在鉴定文书上签名,同时附上鉴定机构和鉴定人的资质证明或者其他证明文件。

第四十六条　鉴定文书应当包括:

(一)标题;

(二)鉴定文书的唯一性编号和每一页的标识;

(三)委托鉴定单位名称、送检人姓名;

(四)鉴定机构受理鉴定委托的日期;

(五)案件名称或者与鉴定有关的案(事)件情况摘要;

(六)检材和样本的描述;

(七)鉴定要求;

(八)鉴定开始日期和实施鉴定的地点;

(九)鉴定使用的方法;

(十)鉴定过程;

(十一)《鉴定书》中应当写明必要的论证和鉴定意见,《检验报告》中应当写明检验结果;

(十二)鉴定人的姓名、专业技术资格或者职称、签名;

(十三)完成鉴定文书的日期;

(十四)鉴定文书必要的附件;

(十五)鉴定机构必要的声明。

第四十七条　鉴定文书的制作应当符合以下要求:

(一)鉴定文书格式规范、文字简练、图片清晰、资料齐全、卷面整洁、论证充分、表述准确;使用规范的文字和计量单位。

(二)鉴定文书正文使用打印文稿,并在首页唯一性编号和末页成文日期上加盖鉴定专用章。鉴定文书内页纸张两页以上的,应当在内页纸张正面右侧边缘中部骑缝加盖鉴定专用章。

(三)鉴定文书制作正本、副本各一份。正本交委托鉴定单位,副本由鉴定机构存档。

(四)鉴定文书存档文件包括:鉴定文书副本、审批稿、检材和样本照片或者检材和样本复制件、检验记录、检验图表、实验记录、鉴定委托书、鉴定事项确认书、鉴定文书审批表等资料。

(五)补充鉴定或者重新鉴定的,应当单独制作鉴定文书。

第四十八条　鉴定机构应当指定授权签字人、实验室负责人审核鉴定文书。审批签发鉴定文书,应当逐一审验下列内容:

(一)鉴定主体是否合法;

(二)鉴定程序是否规范;

(三)鉴定方法是否科学;

(四)鉴定意见是否准确;

(五)文书制作是否合格;

(六)鉴定资料是否完备。

第四十九条 鉴定文书制作完成后,鉴定机构应当及时通知委托鉴定单位领取,或者按约定的方式送达委托鉴定单位。

委托鉴定单位应当在约定时间内领取鉴定文书。

鉴定文书和相关检材、样本的领取情况,由领取人和鉴定机构经办人分别签字。

第五十条 委托鉴定单位有要求的,鉴定机构应当向其解释本鉴定意见的具体含义和使用注意事项。

第九章 鉴定资料和检材样本的管理

第五十一条 鉴定机构和委托鉴定单位应当在职责范围内妥善管理鉴定资料和相应检材、样本。

第五十二条 具有下列情形之一的,鉴定完成后应当永久保存鉴定资料:

(一)涉及国家秘密没有解密的;

(二)未破获的刑事案件;

(三)可能或者实际被判处有期徒刑十年以上、无期徒刑、死刑的案件;

(四)特别重大的火灾、交通事故、责任事故和自然灾害;

(五)办案部门或者鉴定机构认为有永久保存必要的;

(六)法律、法规规定的其他情形。

其他案(事)件的鉴定资料保存三十年。

第十章 出庭作证

第五十三条 公诉人、当事人或者辩护人、诉讼代理人对鉴定意见有异议,经人民法院依法通知的,公安机关鉴定人应当出庭作证。

第五十四条 鉴定人出庭作证时,应当依法接受法庭质证,回答与鉴定有关的询问。

第五十五条 公安机关应当对鉴定人出庭作证予以保障,并保证鉴定人的安全。

第十一章 鉴定工作纪律与责任

第五十六条 鉴定人应当遵守下列工作纪律:

(一)不得擅自受理任何机关、团体和个人委托的鉴定;

(二)不得擅自参加任何机关、团体和个人组织的鉴定活动;

(三)不得违反规定会见当事人及其代理人;

(四)不得接受当事人及其代理人的宴请或者礼物;

(五)不得擅自向当事人及其代理人或者其他无关人员泄露鉴定事项的工作情况;

(六)不得违反检验鉴定技术规程要求;

(七)不得以任何形式泄露委托鉴定涉及的国家秘密、商业秘密和个人隐私;

(八)不得在其他面向社会提供有偿鉴定服务的组织中兼职。

第五十七条 鉴定机构及其鉴定人违反本规则有关规定,情节轻微的,按照《公安机关鉴定机构登记管理办法》、《公安机关鉴定人登记管理办法》有关规定处理。

第五十八条 鉴定人在鉴定工作中玩忽职守、以权谋私、收受贿赂,或者故意损毁检材、泄露鉴定意见情节、后果严重的,或者故意作虚假鉴定、泄露国家秘密的,依据有关法律、法规进行处理;构成犯罪的,依法追究刑事责任。

第五十九条 送检人具有以下行为的,依照有关规定追究相应责任:

(一)暗示、强迫鉴定机构、鉴定人作出某种鉴定意见,导致冤假错案或者其他严重后果的;

(二)故意污染、损毁、调换检材的;

(三)因严重过失致使检材污染、减损、灭失,导致无法鉴定或者作出错误鉴定的;

(四)未按照规定对检材排除风险或者作出说明,危及鉴定人、鉴定机构安全的。

第十二章 附则

第六十条 本规则自发布之日起施行。此前有关规定与本规则不一致的,以本规则为准。

十、司法鉴定程序通则(2016 年 5 月 1 日)

第一章 总则

第一条 为了规范司法鉴定机构和司法鉴定人的司法鉴定活动,保障司法鉴定质量,保障诉讼活动的顺利进行,根据《全国人民代表大会常务委员会关于司法鉴定管理问题的决定》和有关法律、法规的规定,制定本通则。

第二条 司法鉴定是指在诉讼活动中鉴定人运用科学技术或者专门知识对诉讼涉及的专门性问题进行鉴别和判断并提供鉴定意见的活动。司法鉴定程序是指司法鉴定机构和司法鉴定人进行司法鉴定活动的方式、步骤以及相关规则的总称。

第三条 本通则适用于司法鉴定机构和司法鉴定人从事各类司法鉴定业务的活动。

第四条 司法鉴定机构和司法鉴定人进行司法鉴定活动,应当遵守法律、法规、规章,遵守职业道德和执业纪律,尊重科学,遵守技术操作规范。

第五条 司法鉴定实行鉴定人负责制度。司法鉴定人应当依法独立、客观、公正地进行鉴定,并对自己作出的鉴定意见负责。司法鉴定人不得违反规定会见诉讼当事人及其委托的人。

第六条 司法鉴定机构和司法鉴定人应当保守在执业活动中知悉的国家秘密、商业秘密,不得泄露个人隐私。

第七条 司法鉴定人在执业活动中应当依照有关诉讼法律和本通则规定实行回避。

第八条 司法鉴定收费执行国家有关规定。

第九条 司法鉴定机构和司法鉴定人进行司法鉴定活动应当依法接受监督。对于有违反有关法律、法规、规章规定行为的,由司法行政机关依法给予相应的行政处罚;对于有违反司法鉴定行业规范行为的,由司法鉴定协会给予相应的行业处分。

第十条 司法鉴定机构应当加强对司法鉴定人执业活动的管理和监督。司法鉴定人违反本通则规定的,司法鉴定机构应当予以纠正。

第二章 司法鉴定的委托与受理

第十一条 司法鉴定机构应当统一受理办案机关的司法鉴定委托。

第十二条 委托人委托鉴定的,应当向司法鉴定机构提供真实、完整、充分的鉴定材料,并对鉴定材料的真实性、合法性负责。司法鉴定机构应当核对并记录鉴定材料的名称、种类、数量、性状、保存状况、收到时间等。

诉讼当事人对鉴定材料有异议的,应当向委托人提出。

本通则所称鉴定材料包括生物检材和非生物检材、比对样本材料以及其他与鉴定事项有关的鉴定资料。

第十三条 司法鉴定机构应当自收到委托之日起七个工作日内作出是否受理的决定。对于复杂、疑难或者特殊鉴定事项的委托,司法鉴定机构可以与委托人协商决定受理的时间。

第十四条 司法鉴定机构应当对委托鉴定事项、鉴定材料等进行审查。对属于本机构司法鉴定业务范围,鉴定用途合法,提供的鉴定材料能够满足鉴定需要的,应当受理。

对于鉴定材料不完整、不充分,不能满足鉴定需要的,司法鉴定机构可以要求委托人补充;经补充后能够满足鉴定需要的,应当受理。

第十五条　具有下列情形之一的鉴定委托,司法鉴定机构不得受理:

(一)委托鉴定事项超出本机构司法鉴定业务范围的;

(二)发现鉴定材料不真实、不完整、不充分或者取得方式不合法的;

(三)鉴定用途不合法或者违背社会公德的;

(四)鉴定要求不符合司法鉴定执业规则或者相关鉴定技术规范的;

(五)鉴定要求超出本机构技术条件或者鉴定能力的;

(六)委托人就同一鉴定事项同时委托其他司法鉴定机构进行鉴定的;

(七)其他不符合法律、法规、规章规定的情形。

第十六条　司法鉴定机构决定受理鉴定委托的,应当与委托人签订司法鉴定委托书。司法鉴定委托书应当载明委托人名称、司法鉴定机构名称、委托鉴定事项、是否属于重新鉴定、鉴定用途、与鉴定有关的基本案情、鉴定材料的提供和退还、鉴定风险,以及双方商定的鉴定时限、鉴定费用及收取方式、双方权利义务等其他需要载明的事项。

第十七条　司法鉴定机构决定不予受理鉴定委托的,应当向委托人说明理由,退还鉴定材料。

第三章　司法鉴定的实施

第十八条　司法鉴定机构受理鉴定委托后,应当指定本机构具有该鉴定事项执业资格的司法鉴定人进行鉴定。

委托人有特殊要求的,经双方协商一致,也可以从本机构中选择符合条件的司法鉴定人进行鉴定。

委托人不得要求或者暗示司法鉴定机构、司法鉴定人按其意图或者特定目的提供鉴定意见。

第十九条　司法鉴定机构对同一鉴定事项,应当指定或者选择二名司法鉴定人进行鉴定;对复杂、疑难或者特殊鉴定事项,可以指定或者选择多名司法鉴定人进行鉴定。

第二十条　司法鉴定人本人或者其近亲属与诉讼当事人、鉴定事项涉及的案件有利害关系,可能影响其独立、客观、公正进行鉴定的,应当回避。

司法鉴定人曾经参加过同一鉴定事项鉴定的,或者曾经作为专家提供过咨询意见的,或者曾被聘请为有专门知识的人参与过同一鉴定事项法庭质证的,应当回避。

第二十一条　司法鉴定人自行提出回避的,由其所属的司法鉴定机构决定;委托人要求司法鉴定人回避的,应当向该司法鉴定人所属的司法鉴定机构提出,由司法鉴定机构决定。

委托人对司法鉴定机构作出的司法鉴定人是否回避的决定有异议的,可以撤销鉴定委托。

第二十二条　司法鉴定机构应当建立鉴定材料管理制度,严格监控鉴定材料的接收、保管、使用和退还。

司法鉴定机构和司法鉴定人在鉴定过程中应当严格依照技术规范保管和使用鉴定材料,因严重不负责任造成鉴定材料损毁、遗失的,应当依法承担责任。

第二十三条　司法鉴定人进行鉴定,应当依下列顺序遵守和采用该专业领域的技术标准、技术规范和技术方法:

(一)国家标准;

(二)行业标准和技术规范;

(三)该专业领域多数专家认可的技术方法。

第二十四条　司法鉴定人有权了解进行鉴定所需要的案件材料,可以查阅、复制相关资料,必要时可以询问诉讼当事人、证人。

经委托人同意,司法鉴定机构可以派员到现场提取鉴定材料。现场提取鉴定材料应当由不少于二名司法鉴定机构的工作人员进行,其中至少一名应为该鉴定事项的司法鉴定人。现场提取鉴定材料时,应当有委托人指派或者委托的人员在场见证并在提取记录上签名。

第二十五条　鉴定过程中,需要对无民事行为能力人或者限制民事行为能力人进行身体检查的,应当通知其监护人或者近亲属到场见证;必要时,可以通知委托人到场见证。

对被鉴定人进行法医精神病鉴定的,应当通知委托人或者被鉴定人的近亲属或者监护人到场见证。

对需要进行尸体解剖的,应当通知委托人或者死者的近亲属或者监护人到场见证。

到场见证人员应当在鉴定记录上签名。见证人员未到场的,司法鉴定人不得开展相关鉴定活动,延误时间不计入鉴定时限。

第二十六条　鉴定过程中,需要对被鉴定人身体进行法医临床检查的,应当采取必要措施保护其隐私。

第二十七条　司法鉴定人应当对鉴定过程进行实时记录并签名。记录可以采取笔记、录音、录像、拍照等方式。记录应当载明主要的鉴定方法和过程,检查、检验、检测结果,以及仪器设备使用情况等。记录的内容应当真实、客观、准确、完整、清晰,记录的文本资料、音像资料等应当存入鉴定档案。

第二十八条　司法鉴定机构应当自司法鉴定委托书生效之日起三十个工作日内完成鉴定。

鉴定事项涉及复杂、疑难、特殊技术问题或者鉴定过程需要较长时间的,经本机构负责人批准,完成鉴定的时限可以延长,延长时限一般不得超过三十个工作日。鉴定时限延长的,应当及时告知委托人。

司法鉴定机构与委托人对鉴定时限另有约定的,从其约定。

在鉴定过程中补充或者重新提取鉴定材料所需的时间,不计入鉴定时限。

第二十九条　司法鉴定机构在鉴定过程中,有下列情形之一的,可以终止鉴定:

(一)发现有本通则第十五条第二项至第七项规定情形的;

(二)鉴定材料发生耗损,委托人不能补充提供的;

(三)委托人拒不履行司法鉴定委托书规定的义务、被鉴定人拒不配合或者鉴定活动受到严重干扰,致使鉴定无法继续进行的;

(四)委托人主动撤销鉴定委托,或者委托人、诉讼当事人拒绝支付鉴定费用的;

(五)因不可抗力致使鉴定无法继续进行的;

(六)其他需要终止鉴定的情形。

终止鉴定的,司法鉴定机构应当书面通知委托人,说明理由并退还鉴定材料。

第三十条　有下列情形之一的,司法鉴定机构可以根据委托人的要求进行补充鉴定:

(一)原委托鉴定事项有遗漏的;

(二)委托人就原委托鉴定事项提供新的鉴定材料的;

(三)其他需要补充鉴定的情形。

补充鉴定是原委托鉴定的组成部分,应当由原司法鉴定人进行。

第三十一条　有下列情形之一的,司法鉴定机构可以接受办案机关委托进行重新鉴定:

(一)原司法鉴定人不具有从事委托鉴定事项执业资格的;

(二)原司法鉴定机构超出登记的业务范围组织鉴定的;

(三)原司法鉴定人应当回避没有回避的;

(四)办案机关认为需要重新鉴定的;

(五)法律规定的其他情形。

第三十二条　重新鉴定应当委托原司法鉴定机构以外的其他司法鉴定机构进行;因特殊原因,委托人也可以委托原司法鉴定机构进行,但原司法鉴定机构应当指定原司法鉴定人以外的其他符合条件的司法鉴定人进行。

接受重新鉴定委托的司法鉴定机构的资质条件应当不低于原司法鉴定机构,进行重新鉴定的司法鉴定人中应当至少有一名具有相关专业高级专业技术职称。

第三十三条　鉴定过程中,涉及复杂、疑难、特殊技术问题的,可以向本机构以外的相关专业领域的专家进行咨询,但最终的鉴定意见应当由本机构的司法鉴定人出具。

专家提供咨询意见应当签名,并存入鉴定档案。

第三十四条　对于涉及重大案件或者特别复杂、疑难、特殊技术问题或者多个鉴定类别的鉴定事项,办案机关可以委托司法鉴定行业协会组织协调多个司法鉴定机构进行鉴定。

第三十五条　司法鉴定人完成鉴定后,司法鉴定机构应当指定具有相应资质的人员对鉴定程序和鉴定意见进行复核;对于涉及复杂、疑难、特殊技术问题或者重新鉴定的鉴定事项,可以组织三名以上的专家进行复核。

复核人员完成复核后,应当提出复核意见并签名,存入鉴定档案。

第四章　司法鉴定意见书的出具

第三十六条　司法鉴定机构和司法鉴定人应当按照统一规定的文本格式制作司法鉴定意见书。

第三十七条　司法鉴定意见书应当由司法鉴定人签名。多人参加的鉴定,对鉴定意见有不同意见的,应当注明。

第三十八条　司法鉴定意见书应当加盖司法鉴定机构的司法鉴定专用章。

第三十九条　司法鉴定意见书应当一式四份,三份交委托人收执,一份由司法鉴定机构存档。司法鉴定机构应当按照有关规定或者与委托人约定的方式,向委托人发送司法鉴定意见书。

第四十条　委托人对鉴定过程、鉴定意见提出询问的,司法鉴定机构和司法鉴定人应当给予解释或者说明。

第四十一条　司法鉴定意见书出具后,发现有下列情形之一的,司法鉴定机构可以进行补正:

(一)图像、谱图、表格不清晰的;

(二)签名、盖章或者编号不符合制作要求的;

(三)文字表达有瑕疵或者错别字,但不影响司法鉴定意见的。

补正应当在原司法鉴定意见书上进行,由至少一名司法鉴定人在补正处签名。必要时,可以出具补正书。

对司法鉴定意见书进行补正,不得改变司法鉴定意见的原意。

第四十二条　司法鉴定机构应当按照规定将司法鉴定意见书以及有关资料整理立卷、归档保管。

第五章　司法鉴定人出庭作证

第四十三条　经人民法院依法通知,司法鉴定人应当出庭作证,回答与鉴定事项有关的问题。

第四十四条　司法鉴定机构接到出庭通知后,应当及时与人民法院确认司法鉴定人出庭的时间、地点、人数、费用、要求等。

第四十五条　司法鉴定机构应当支持司法鉴定人出庭作证,为司法鉴定人依法出庭提供必要条件。

第四十六条　司法鉴定人出庭作证,应当举止文明,遵守法庭纪律。

第六章　附则

第四十七条　本通则是司法鉴定机构和司法鉴定人进行司法鉴定活动应当遵守和采用的一般程序规则,不同专业领域对鉴定程序有特殊要求的,可以依据本通则制定鉴定程序细则。

第四十八条　本通则所称办案机关,是指办理诉讼案件的侦查机关、审查起诉机关和审判机关。

第四十九条　在诉讼活动之外,司法鉴定机构和司法鉴定人依法开展相关鉴定业务的,参照本通则规定执行。

第五十条　本通则自2016年5月1日起施行。司法部2007年8月7日发布的《司法鉴定程序通则》(司法部第107号令)同时废止。

十一、公安机关办理伤害案件规定(2006年2月1日)

第一章　总则

第一条　为规范公安机关办理伤害案件,正确适用法律,确保案件合法、公正、及时处理,根据《中华人民共和国刑法》、《中华人民共和国刑事诉讼法》等法律法规,制定本规定。

第二条　本规定所称伤害案件是指伤害他人身体,依法应当由公安机关办理的案件。

第三条　公安机关办理伤害案件,应当遵循迅速调查取证,及时采取措施,规范准确鉴定,严格依法处理的原则。

第二章　管辖

第四条　轻伤以下的伤害案件由公安派出所管辖。

第五条　重伤及因伤害致人死亡的案件由公安机关刑事侦查部门管辖。

第六条　伤情不明、难以确定管辖的,由最先受理的部门先行办理,待伤情鉴定后,按第四条、第五条规定移交主管部门办理。

第七条　因管辖问题发生争议的,由共同的上级公安机关指定管辖。

第八条　被害人有证据证明的故意伤害(轻伤)案件,办案人员应当告知被害人可以直接向人民法院起诉。如果被害人要求公安机关处理的,公安机关应当受理。

第九条　人民法院直接受理的故意伤害(轻伤)案件,因证据不足,移送公安机关侦查的,公安机关应当受理。

第三章　前期处置

第十条　接到伤害案件报警后,接警部门应当根据案情,组织警力,立即赶赴现场。

第十一条　对正在发生的伤害案件,先期到达现场的民警应当做好以下处置工作:

(一)制止伤害行为;

(二)组织救治伤员;

(三)采取措施控制嫌疑人;

(四)及时登记在场人员姓名、单位、住址和联系方式,询问当事人和访问现场目击证人;

(五)保护现场;

(六)收集、固定证据。

第十二条　对已经发生的伤害案件,先期到达现场的民警应当做好以下处置工作:

(一)组织救治伤员;

(二)了解案件发生经过和伤情;

(三)及时登记在场人员姓名、单位、住址和联系方式,询问当事人和访问现场目击证人;

(四)追查嫌疑人;

(五)保护现场;

(六)收集、固定证据。

第四章　勘验、检查

第十三条　公安机关办理伤害案件,现场具备勘验、检查条件的,应当及时进行勘验、检查。

第十四条　伤害案件现场勘验、检查的任务是发现、固定、提取与伤害行为有关的痕迹、物证及其他信息,确定伤害状态,分析伤害过程,为查处伤害案件提供线索和证据。

办案单位对提取的痕迹、物证和致伤工具等应当妥善保管。

第十五条　公安机关对伤害案件现场进行勘验、检查不得少于二人。

勘验、检查现场时,应当邀请一至二名与案件无关的公民作见证人。

第十六条　勘验、检查伤害案件现场,应当制作现场勘验、检查笔录,绘制现场图,对现场情况和被伤害人的伤情进行照相,并将上述材料装订成卷宗。

第五章　鉴定

第十七条　公安机关办理伤害案件,应当对人身损伤程度和用作证据的痕迹、物证、致伤工具等进行检验、鉴定。

第十八条　公安机关受理伤害案件后,应当在24小时内开具伤情鉴定委托书,告知被害人到指定的鉴定机构进行伤情鉴定。

第十九条　根据国家有关部门颁布的人身伤情鉴定标准和被害人当时的伤情及医院诊断证明,具备即时进行伤情鉴定条件的,公安机关的鉴定机构应当在受委托之时起24小时内提出鉴定意见,并在3日内出具鉴定文书。

对伤情比较复杂,不具备即时进行鉴定条件的,应当在受委托之日起7日内提出鉴定意见并出具鉴定文书。

对影响组织、器官功能或者伤情复杂,一时难以进行鉴定的,待伤情稳定后及时提出鉴定意见,并出具鉴定文书。

第二十条　对人身伤情进行鉴定,应当由县级以上公安机关鉴定机构二名以上鉴定人负责实施。

伤情鉴定比较疑难,对鉴定意见可能发生争议或者鉴定委托主体有明确要求的,伤情鉴定应当由三名以上主检法医师或者四级以上法医官负责实施。

需要聘请其他具有专门知识的人员进行鉴定的,应当经县级以上公安机关负责人批准,制作《鉴定聘请书》,送达被聘请人。

第二十一条　对人身伤情鉴定意见有争议需要重新鉴定的,应当依照《中华人民共和国刑事诉讼法》的有关规定进行。

第二十二条　人身伤情鉴定文书格式和内容应当符合规范要求。鉴定文书中应当有被害人正面免冠照片及其人体需要鉴定的所有损伤部位的细目照片。对用作证据的鉴定意见,公安机关办案单位应当制作《鉴定意见通知书》,送达被害人和违法犯罪嫌疑人。

第六章　调查取证

第二十三条　询问被害人,应当重点问明伤害行为发生的时间,地点,原因,经过,伤害工具、方式、部位,伤情,嫌疑人情况等。

第二十四条　询问伤害行为人,应当重点问明实施伤害行为的时间,地点,原因,经过,致伤工具、方式、部位等具体情节。

多人参与的,还应当问明参与人员的情况,所持凶器,所处位置,实施伤害行为的先后顺序,致伤工具、方式、部位及预谋情况等。

第二十五条　询问目击证人,应当重点问明伤害行为发生的时间,地点,经过,双方当事人人数及各自所处位置、持有的凶器,实施伤害行为的先后顺序,致伤工具、方式、部位,衣着、体貌特征,目击证人所处位置及目击证人与双方当事人之间的关系等。

第二十六条　询问其他证人应当问清其听到、看到的与伤害行为有关的情况。

第二十七条　办理伤害案件,应当重点收集以下物证、书证:

(一)凶器、血衣以及能够证明伤害情况的其他物品;

(二)相关的医院诊断及病历资料;

(三)与案件有关的其他证据。

办案单位应当将证据保管责任落实到人,完善证据保管制度,建立证据保管室,妥善保管证据,避免因保管不善导致证据损毁、污染、丢失或者消磁,影响刑事诉讼和案件处理。

第七章　案件处理

第二十八条　被害人伤情构成轻伤、重伤或者死亡,需要追究犯罪嫌疑人刑事责任的,依照《中华人民共和国刑事诉讼法》的有关规定办理。

第二十九条　根据《中华人民共和国刑法》第十三条及《中华人民共和国刑事诉讼法》第十五条第一项规定,对故意伤害他人致轻伤,情节显著轻微、危害不大,不认为是犯罪的,以及被害人伤情达不到轻伤的,应当依法予以治安管理处罚。

第三十条　对于因民间纠纷引起的殴打他人或者故意伤害他人身体的行为,情节较轻尚不够刑事处罚,具有下列情形之一的,经双方当事人同意,公安机关可以依法调解处理:

(一)亲友、邻里或者同事之间因琐事发生纠纷,双方均有过错的;

(二)未成年人、在校学生殴打他人或者故意伤害他人身体的;

(三)行为人的侵害行为系由被害人事前的过错行为引起的;

(四)其他适用调解处理更易化解矛盾的。

第三十一条　有下列情形之一的,不得调解处理:

(一)雇凶伤害他人的;

(二)涉及黑社会性质组织的;

(三)寻衅滋事的;

(四)聚众斗殴的;

(五)累犯;

(六)多次伤害他人身体的;

(七)其他不宜调解处理的。

第三十二条　公安机关调解处理的伤害案件,除下列情形外,应当公开进行:

(一)涉及个人隐私的;

(二)行为人为未成年人的;

(三)行为人和被害人都要求不公开调解的。

第三十三条　公安机关进行调解处理时,应当遵循合法、公正、自愿、及时的原则,注重教育和疏导,化解矛盾。

第三十四条　当事人中有未成年人的,调解时未成年当事人的父母或者其他监护人应当在场。

第三十五条　对因邻里纠纷引起的伤害案件进行调解时,可以邀请当地居民委员会、村民委员会的人员或者双方当事人熟悉的人员参加。

第三十六条　调解原则上为一次,必要时可以增加一次。对明显不构成轻伤、不需要伤情鉴定的治安案件,应当在受理案件后的3个工作日内完成调解;对需要伤情鉴定的治安案件,应当在伤情鉴定文书出具后的3个工作日内完成调解。

对一次调解不成,有必要再次调解的,应当在第一次调解后的7个工作日内完成第二次调解。

第三十七条　调解必须履行以下手续:

(一)征得双方当事人同意;

(二)在公安机关的主持下制作调解书。

第三十八条　调解处理时,应当制作调解笔录。达成调解协议的,应当制作调解书。调解书应当由调解机关、调解主持人、双方当事人及其他参加人签名、盖章。调解书一式三份,双方当事人各一份,调解机关留存一份备查。

第三十九条 经调解当事人达成协议并履行的,不予处罚。经调解未达成协议或者达成协议后不履行的,公安机关应当对违反治安管理行为人依法予以处罚,并告知当事人可以就民事争议依法向人民法院提起民事诉讼。

第八章 卷宗

第四十条 公安机关办理伤害案件,应当严格按照办理刑事案件或者治安案件的要求,形成完整卷宗。

卷宗内的材料应当包括受案、立案文书,询问、讯问笔录,现场、伤情照片,检验、鉴定结论等证据材料,审批手续、处理意见等。

第四十一条 卷宗应当整齐规范,字迹工整。

第四十二条 犯罪嫌疑人被追究刑事责任的,侦查卷(正卷)移送检察机关,侦查工作卷(副卷)由公安机关保存。

侦查卷(正卷)内容应包括立案决定书,现场照片、现场图,现场勘查笔录,强制措施和侦查措施决定书、通知书、告知书,各种证据材料,起诉意见书等法律文书。

侦查工作卷(副卷)内容应包括各种呈请报告书、审批表,侦查、调查计划,对案件分析意见,起诉意见书草稿等文书材料。

第四十三条 伤害案件未办结的,卷宗由办案单位保存。

第四十四条 治安管理处罚或者调解处理的伤害案件,结案后卷宗交档案部门保存。

第九章 责任追究

第四十五条 违反本规定,造成案件难以审结、侵害当事人合法权益的,依照《公安机关人民警察执法过错责任追究规定》追究办案人员和主管领导的执法过错责任。

第十章 附则

第四十六条 本规定所称以上、以下,包括本数。

第四十七条 本规定自2006年2月1日起施行。

十二、人民检察院审查案件听证工作规定(2020年9月14日)

第一章 总则

第一条 为深化履行法律监督职责,进一步加强和规范人民检察院以听证方式审查案件工作,切实促进司法公开,保障司法公正,提升司法公信,落实普法责任,促进矛盾化解,根据《中华人民共和国人民检察院组织法》等法律规定,结合检察工作实际,制定本规定。

第二条 本规定中的听证,是指人民检察院对于符合条件的案件,组织召开听证会,就事实认定、法律适用和案件处理等问题听取听证员和其他参加人意见的案件审查活动。

第三条 人民检察院以听证方式审查案件,应当秉持客观公正立场,以事实为根据,以法律为准绳,做到依法独立行使检察权与保障人民群众的知情权、参与权和监督权相结合。

第四条 人民检察院办理羁押必要性审查案件、拟不起诉案件、刑事申诉案件、民事诉讼监督案件、行政诉讼监督案件、公益诉讼案件等,在事实认定、法律适用、案件处理等方面存在较大争议,或者有重大社会影响,需要当面听取当事人和其他相关人员意见的,经检察长批准,可以召开听证会。

人民检察院办理审查逮捕案件,需要核实评估犯罪嫌疑人是否具有社会危险性、是否具有社会帮教条件的,可以召开听证会。

第五条 拟不起诉案件、刑事申诉案件、民事诉讼监督案件、行政诉讼监督案件、公益诉讼案件的听证会一般公开举行。

审查逮捕案件、羁押必要性审查案件以及当事人是未成年人案件的听证会一般不公开举行。

第二章　听证会参加人

第六条　人民检察院应当根据案件具体情况,确定听证会参加人。听证会参加人除听证员外,可以包括案件当事人及其法定代理人、诉讼代理人、辩护人、第三人、相关办案人员、证人和鉴定人以及其他相关人员。

第七条　人民检察院可以邀请与案件没有利害关系并同时具备下列条件的社会人士作为听证员:

(一)年满二十三周岁的中国公民;

(二)拥护中华人民共和国宪法和法律;

(三)遵纪守法、品行良好、公道正派;

(四)具有正常履行职责的身体条件。

有下列情形之一的,不得担任听证员:

(一)受过刑事处罚的;

(二)被开除公职的;

(三)被吊销律师、公证员执业证书的;

(四)其他有严重违法违纪行为,可能影响司法公正的。

参加听证会的听证员一般为三至七人。

第八条　人民检察院可以邀请人民监督员参加听证会,依照有关规定接受人民监督员监督。

第三章　听证会程序

第九条　人民检察院可以根据案件办理需要,决定召开听证会。当事人及其辩护人、代理人向审查案件的人民检察院申请召开听证会的,人民检察院应当及时作出决定,告知申请人。不同意召开听证会的,应当向申请人说明理由。

第十条　人民检察院决定召开听证会的,应当做好以下准备工作:

(一)制定听证方案,确定听证会参加人;

(二)在听证三日前告知听证会参加人案由、听证时间和地点;

(三)告知当事人主持听证会的检察官及听证员的姓名、身份;

(四)公开听证的,发布听证会公告。

第十一条　听证员确定后,人民检察院应当向听证员介绍案件情况、需要听证的问题和相关法律规定。

第十二条　听证会一般在人民检察院检察听证室举行。有特殊情形的,经检察长批准也可以在其他场所举行。

听证会席位设置按照有关规定执行。

第十三条　听证会一般由承办案件的检察官或者办案组的主办检察官主持。

检察长或者业务机构负责人承办案件的,应当担任主持人。

第十四条　听证会开始前,人民检察院应当确认听证员、当事人和其他参加人是否到场,宣布听证会的程序和纪律。

第十五条　听证会一般按照下列步骤进行:

(一)承办案件的检察官介绍案件情况和需要听证的问题;

(二)当事人及其他参加人就需要听证的问题分别说明情况;

(三)听证员向当事人或者其他参加人提问;

(四)主持人宣布休会,听证员就听证事项进行讨论;

(五)主持人宣布复会,根据案件情况,可以由听证员或者听证员代表发表意见;

(六)当事人发表最后陈述意见;

(七)主持人对听证会进行总结。

第十六条 听证员的意见是人民检察院依法处理案件的重要参考。拟不采纳听证员多数意见的,应当向检察长报告并获同意后作出决定。

第十七条 人民检察院充分听取各方意见后,根据已经查明的事实、证据和有关法律规定,能够当场作出决定的,应当由听证会主持人当场宣布决定并说明理由;不能当场作出决定的,应当在听证会后依法作出决定,向当事人宣告、送达,并将作出的决定和理由告知听证员。

第十八条 听证过程应当由书记员制作笔录,并全程录音录像。

听证笔录由听证会主持人、承办检察官、听证会参加人和记录人签名或者盖章。笔录应当归入案件卷宗。

第十九条 公开听证的案件,公民可以申请旁听,人民检察院可以邀请媒体旁听。经检察长批准,人民检察院可以通过中国检察听证网和其他公共媒体,对听证会进行图文、音频、视频直播或者录播。

公开听证直播、录播涉及的相关技术和工作规范,依照有关规定执行。

第二十条 听证的期间计入办案期限。

第四章 附则

第二十一条 人民检察院听证活动经费按照人民检察院财务管理办法有关规定执行,不得向当事人收取费用。

第二十二条 参加不公开听证的人员应当严格遵守有关保密规定。

故意或者过失泄露国家秘密、商业秘密或者办案秘密的,依纪依法追究责任人员的纪律责任和法律责任。

第二十三条 本规定自公布之日起施行。

最高人民检察院以前发布的相关规范性文件与本规定不一致的,以本规定为准。

十三、最高人民法院、最高人民检察院关于常见犯罪的量刑指导意见(试行)(2021年7月1日)

为进一步规范量刑活动,落实宽严相济刑事政策和认罪认罚从宽制度,增强量刑的公开性,实现量刑公正,根据刑法、刑事诉讼法和有关司法解释等规定,结合司法实践,制定本指导意见。

一、量刑的指导原则

(一)量刑应当以事实为根据,以法律为准绳,根据犯罪的事实、性质、情节和对于社会的危害程度,决定判处的刑罚。

(二)量刑既要考虑被告人所犯罪行的轻重,又要考虑被告人应负刑事责任的大小,做到罪责刑相适应,实现惩罚和预防犯罪的目的。

(三)量刑应当贯彻宽严相济的刑事政策,做到该宽则宽,当严则严,宽严相济,罚当其罪,确保裁判政治效果、法律效果和社会效果的统一。

(四)量刑要客观、全面把握不同时期不同地区的经济社会发展和治安形势的变化,确保刑法任务的实现;对于同一地区同一时期案情相似的案件,所判处的刑罚应当基本均衡。

二、量刑的基本方法

量刑时,应当以定性分析为主,定量分析为辅,依次确定量刑起点、基准刑和宣告刑。

(一)量刑步骤

1. 根据基本犯罪构成事实在相应的法定刑幅度内确定量刑起点。

2. 根据其他影响犯罪构成的犯罪数额、犯罪次数、犯罪后果等犯罪事实,在量刑起点的基础上增加刑罚量确定基准刑;

3. 根据量刑情节调节基准刑,并综合全案情况,依法确定宣告刑。

(二)调节基准刑的方法

1. 具有单个量刑情节的,根据量刑情节的调节比例直接调节基准刑。

2. 具有多个量刑情节的,一般根据各个量刑情节的调节比例,采用同向相加、逆向相减的方法调节基准刑;具有未成年人犯罪、老年人犯罪、限制行为能力的精神病人犯罪、又聋又哑的人或者盲人犯罪,防卫过当、避险过当、犯罪预备、犯罪未遂、犯罪中止,从犯、胁从犯和教唆犯等量刑情节的,先适用该量刑情节对基准刑进行调节,在此基础上,再适用其他量刑情节进行调节。

3. 被告人犯数罪,同时具有适用于个罪的立功、累犯等量刑情节的,先适用该量刑情节调节个罪的基准刑,确定个罪所应判处的刑罚,再依法实行数罪并罚,决定执行的刑罚。

(三)确定宣告刑的方法

1. 量刑情节对基准刑的调节结果在法定刑幅度内,且罪刑相适应的,可以直接确定为宣告刑;具有应当减轻处罚情节的,应当依法在法定最低刑以下确定宣告刑,有数个量刑幅度的,应当在法定量刑幅度的下一个量刑幅度内确定宣告刑。

2. 量刑情节在对基准刑的调节结果在法定最低刑以下,具有法定减轻处罚情节,且罪责刑相适应的,可以直接确定为宣告刑;只有从轻处罚情节的,可以依法确定法定最低刑为宣告刑;但是根据案件的特殊情况,经最高人民法院核准,也可以在法定刑以下判处刑罚。

3. 量刑情节对基准刑的调节结果在法定最高刑以上的,可以依法确定法定最高刑为宣告刑。

4. 综合考虑全案情况,独任审判员或合议庭可以在20%的幅度内对调节结果进行调整,确定宣告刑。当调节后的结果仍不符合罪责刑相适应原则的,应当提交审判委员会讨论,依法确定宣告刑。

5. 综合全案犯罪事实和量刑情节,依法应当判处无期徒刑以上刑罚、拘役、管制或者单处附加刑、缓刑、免予刑事处罚的,应当依法适用。

(四)判处罚金刑,应当以犯罪情节为根据,并综合考虑被告人缴纳罚金的能力,依法决定罚金数额。

(五)适用缓刑,应当综合考虑被告人的犯罪情节、悔罪表现、再犯罪的危险以及宣告缓刑对所居住社区的影响,依法作出决定。

三、常见量刑情节的适用

量刑时应当充分考虑各种法定和酌定量刑情节,根据案件的全部犯罪事实以及量刑情节的不同情形,依法确定量刑情节的适用及其调节比例。对黑恶势力犯罪、严重暴力犯罪、毒品犯罪、性侵未成年人犯罪等危害严重的犯罪,在确定从宽的幅度时,应当从严掌握;对犯罪情节较轻的犯罪,应当充分体现从宽。具体确定各个量刑情节的调节比例时,应当综合平衡调节幅度与实际增减刑罚量的关系,确保罪责刑相适应。

(一)对于未成年犯罪,综合考虑未成年人对犯罪的认知能力、实施犯罪行为的动机和目的、犯罪时的年龄、是否初犯、偶犯、悔罪表现、个人成长经历和一贯表现等情况,应当予以从宽处理。

1. 已满十二周岁不满十六周岁的未成年人犯罪,减少基准刑的30% -60%;

2. 已满十六周岁不满十八周岁的未成年人犯罪,减少基准刑的10% -50%;

(二)对于年满七十五周岁以上的老年人故意犯罪,综合考虑犯罪的性质、情节、后果等情况,可以减少基准刑的40%以下;过失犯罪的,减少基准刑的20% -50%。

(三)对于又聋又哑的人或者盲人犯罪的,综合考虑犯罪的性质、情节、后果以及聋哑人或者盲人犯罪时的控制能力等情况,可以减少基准刑的50%以下;情节较轻的,可以减少基准刑的50%以上或者依法免除处罚。

(四)对于未遂犯,综合考虑犯罪行为的实行程度、造成损害的大小、犯罪未得逞的原因等情况,可以比照既遂犯减少基准刑的50%以下;

(五)对于从犯,综合考虑其在共同犯罪中的地位、作用等情况,应当予以从宽处罚,减少基准刑的20%－50%;犯罪较轻的,可以减少基准刑的50%以上或者依法免除处罚。

(六)对于自首情节,综合考虑自首的动机、时间、方式、罪行轻重、如实供述罪行的程度以及悔罪表现等情况,可以减少基准刑的40%以下;犯罪较轻的,可以减少基准刑的40%以上或者依法免除刑罚。恶意利用自首规避法律制裁等不足以从宽处理的除外。

(七)对于坦白情节,综合考虑如实供述罪行的阶段、程度、罪行轻重以及悔罪表现等情况,确定从宽的幅度。

1. 如实供述自己罪行的,可以减少基准刑的20%以下;

2. 如实供述司法机关尚未掌握的同种较重罪行的,可以减少基准刑的10%－30%;

3. 因如实供述自己罪行,避免特别严重后果发生的,可以减少基准刑的30%－50%。

(八)对于当庭自愿认罪的,根据犯罪的性质、罪行的轻重、认罪程度以及悔罪表现等情况,可以减少基准刑的10%以下。依法认定自首、坦白的除外。

(九)对于立功情节,综合考虑立功的大小、次数、内容、来源、效果以及罪行的轻重等情况,确定从宽的幅度。

1. 一般立功,可以减少基准刑的20%以下;

2. 重大立功,可以减少基准刑的20%－50%;犯罪较轻的,减少基准刑的50%以上或者依法免除处罚。

(十)对于退赃、退赔的,应当综合考虑犯罪性质、退赃、退赔行为对损害结果所能弥补的程度,退赃、退赔的数额及主动程度等情况,可以减少基准刑的30%以下。对抢劫等严重危害社会治安犯罪的,应当从严掌握。

(十一)对于积极赔偿被害人经济损失并取得谅解的,综合考虑犯罪性质、赔偿数额、赔偿能力以及认罪悔罪表现等情况,可以减少基准刑的40%以下;积极赔偿但没有取得谅解的,可以减少基准刑的30%以下;尽管没有赔偿,但取得谅解的,可以减少基准刑的20%以下。对抢劫、强奸等严重危害社会治安犯罪的,应当从严掌握。

(十二)对于当事人根据刑事诉讼法第二百八十八条达成刑事和解协议的,综合考虑犯罪性质、赔偿数额、赔礼道歉以及真诚悔罪等情况,可以减少基准刑的50%以下;犯罪较轻的,可以减少基准刑的50%以上或者依法免除处罚。

(十三)对于被告人在羁押期间表现好的,可以减少基准刑的10%以下。

(十四)对于被告人认罪认罚的,综合考虑犯罪的性质、罪行的轻重、认罪认罚的阶段、程度、价值、悔罪表现等情况,可以减少基准刑的30%以下;具有自首、重大坦白、退赃退赔、赔偿谅解、刑事和解等情节的,可以减少基准刑的60%以下,犯罪较轻的,可以减少基准刑的60%以上或者依法免除处罚。认罪认罚与自首、坦白、当庭自愿认罪、退赃退赔、赔偿谅解、刑事和解、羁押期间表现好等量刑情节不作重复评价。

(十五)对于累犯,应当综合考虑前后罪的性质、刑罚执行完毕或者赦免以后至再犯罪时间的长短以及前后罪罪行轻重等情况,应当增加基准刑的10%－40%,一般不少于3个月。

(十六)对于有前科的,综合考虑前科的性质、时间间隔长短、次数、处罚轻重等情况,可以增加基准刑的10%以下。前科犯罪为过失犯罪和未成年人犯罪的除外。

(十七)对于犯罪对象为未成年人、老年人、残疾人、孕妇等弱势人员的,综合考虑犯罪的性质、犯罪的严重程度等情况,可以增加基准刑的20%以下。

(十八)对于在重大自然灾害,预防、控制突发传染病疫情等灾害期间故意犯罪的,根据案件的具体情况,可以增加基准刑的20%以下。

四、常见犯罪的量刑

(一)交通肇事罪

1. 构成交通肇事罪的,根据下列不同情形在相应的幅度内确定量刑起点:

(1)致人重伤、死亡或者使公私财产遭受重大损失的,在二年以下有期徒刑、拘役幅度内确定量刑起点。

(2)交通运输肇事后逃逸或者有其他特别恶劣情节的,在三年至五年有期徒刑幅度内确定量刑起点。

(3)因逃逸致一人死亡的,在七年至十年有期徒刑幅度内确定量刑起点。

2. 在量刑起点的基础上,根据事故责任、致人重伤、死亡的人数或者财产损失的数额以及逃逸等其他影响犯罪构成的犯罪事实增加刑罚量,确定基准刑。

3. 构成交通肇事罪的,综合考虑事故责任、危害后果、赔偿谅解等犯罪事实、量刑情节,以及被告人的主观恶性、人生危险性、认罪悔罪等因素,决定缓刑的适用。

(二)危险驾驶罪

1. 构成危险驾驶罪的,依法在一个月至六个月拘役幅度内确定宣告刑。

2. 构成危险驾驶罪的,根据危险驾驶行为、实际损害后果等犯罪情节,综合考虑被告人缴纳罚金的能力,决定罚金数额。

3. 构成危险驾驶罪的,综合考虑危险驾驶行为、危害后果等犯罪事实、量刑情节,以及被告人主观恶性、人身危险性、认罪悔罪表现等因素,决定缓刑的适用。

(三)非法吸收公众存款罪

1. 构成非法吸收公众存款罪的,根据下列不同情形在相应的幅度内确定量刑起点:

(1)犯罪情节一般的,在一年以下有期徒刑、拘役幅度内确定量刑起点。

(2)达到数额巨大起点或者有其他严重情节的,在三年至四年有期徒刑幅度内确定量刑起点。

(3)达到数额特别巨大起点或者有其他特别严重情节的,在十年至十二年有期徒刑幅度内确定量刑起点。

2. 在量刑起点的基础上,根据犯罪构成的犯罪事实增加刑罚量,确定基准刑。

3. 对于在提起公诉前积极退账退赔,减少损害结果发生的,可以减少基准刑的40%以下;犯罪较轻的,可以减少基准刑的40%以上或者依法免除处罚。

4. 构成非法吸收公众存款罪的,根据非法吸收公众存款数额、存款人人数、给存款人造成直接经济损失数额等犯罪情节,综合考虑被告人缴纳罚金的能力,决定罚金数额。

5. 构成非法吸收公众存款罪的,综合考虑非法吸收公众存款数额、存款人人数、给存款人造成直接经济损失数额、清退资金数额等犯罪情节、量刑情节,以及被告人的主观恶性、人身危险性、认罪悔罪表现等因素,决定缓刑的适用。

(四)集资诈骗罪

1. 构成集资诈骗罪的,根据下列不同情形在相应的幅度内确定量刑起点:

(1)达到数额较大起点的,在三年至四年有期徒刑幅度内确定量刑起点。

(2)达到数额巨大起点或者有其他严重情节的,在七年至九年有期徒刑幅度内确定量刑起点。依法应当判处无期徒刑的除外。

2. 在量刑起点的基础上,根据集资诈骗数额等其他影响犯罪构成的犯罪事实增加刑罚量,确定基准刑。

3. 构成集资诈骗罪的,根据犯罪数额、危害后果等犯罪情节,综合考虑被告人缴纳罚金的能力,决定罚数额。

4. 构成集资诈骗罪的,综合考虑犯罪数额、诈骗对象、危害后果、退赃退赔等犯罪事实、量刑情节,以及被告人的主观恶性、人身危险性、认罪悔罪表现等因素,决定缓刑的适用。

(五)信用卡诈骗罪

1. 构成信用卡诈骗罪的,根据下列情形在相应的幅度内确定量刑起点:

(1)达到数额较大起点的,在二年以下有期徒刑、拘役幅度内确定量刑起点。

(2)达到数额巨大起点或者有其他严重情节的,在五年至六年有期徒刑幅度内确定量刑起点。

(3)达到数额特别巨大起点或者有其他特别严重情节的,在十年至十二年有期徒刑幅度内确定量刑起点。依法应当判处无期徒刑的除外。

2. 在量刑起点的基础上,根据信用卡诈骗数额等其他影响犯罪构成的犯罪事实增加刑罚量,确定基准刑。

3. 构成信用卡诈骗罪的,根据诈骗手段、犯罪数额、危害后果等犯罪情节,综合考虑被告人缴纳罚金的能力,决定罚金数额。

4. 构成信用卡诈骗罪的,综合考虑诈骗手段、犯罪数额、危害后果、退赃退赔等犯罪事实、量刑情节,以及被告人的主观恶性、人身危险性、认罪悔罪表现等因素,决定缓刑的适用。

(六)合同诈骗罪

1. 构成合同诈骗罪的,根据下列情形在相应的幅度内确定量刑起点:

(1)达到数额较大起点的,在一年以下有期徒刑、拘役幅度内确定量刑起点。

(2)达到数额巨大起点或者有其他严重情节的,在三年至四年有期徒刑幅度内确定量刑起点。

(3)达到数额特别巨大起点或者有其他特别严重情节的,在十年至十二年有期徒刑幅度内确定量刑起点。依法应当判处无期徒刑的除外。

2. 在量刑起点的基础上,根据合同诈骗数额等其他影响犯罪构成的犯罪事实增加刑罚量,确定基准刑。

3. 构成合同诈骗罪的,根据诈骗手段、犯罪数额、损失数额、危害后果等犯罪情节,综合考虑被告人缴纳罚金的能力,决定罚金数额。

4. 构成合同诈骗罪的,综合考虑诈骗手段、犯罪数额、危害后果、退赃退赔等犯罪事实、量刑情节,以及被告人的主观恶性、人身危险性、认罪悔罪表现等因素,决定缓刑的适用。

(七)故意伤害罪

1. 构成故意伤害罪的,根据下列不同情形在相应的幅度内确定量刑起点:

(1)故意伤害致一人轻伤的,在二年以下有期徒刑、拘役幅度内确定量刑起点。

(2)故意伤害致一人重伤的,在三年至五年有期徒刑幅度内确定量刑起点。

(3)以特别残忍手段故意伤害致一人重伤,造成六级严重残疾的,在十年至十三年有期徒刑幅度内确定量刑起点。依法应当判处无期徒刑以上刑罚的除外。

2. 在量刑起点的基础上,根据伤害后果、伤残等级、手段残忍程度等其他影响犯罪构成的犯罪事实增加刑罚量,确定基准刑。

故意伤害致人轻伤的,伤残程度可在确定量刑起点时考虑,或者作为调节基准刑的量刑情节。

3. 构成故意伤害罪的,综合考虑故意伤害的起因、手段、危害后果、赔偿谅解等犯罪事实、量刑情节,以及被告人的主观恶性、人生危险性、认罪悔罪表现数额、危害后果、退赃退赔等犯罪事实、量刑情节,以及被告人的主观恶性、人身危险性、认罪悔罪表现等因素,决定缓刑的适用。

(八)强奸罪

1. 构成强奸罪的,根据下列情形在相应的幅度内确定量刑起点:

(1)强奸妇女一人的,可以在三年至六年有期徒刑幅度内确定量刑起点。

奸淫幼女一人的,在四年至七年有期徒刑幅度内确定量刑起点。

(2)有下列情形之一的,在十年至十三年有期徒刑幅度内确定量刑起点:强奸妇女、奸淫幼女情节恶劣的;强奸妇女、奸淫幼女三人的;在公共场所当众强奸妇女的;二人以上轮奸妇女的;强奸致被害人重伤或者造成其他严重后果的。依法应当判处无期徒刑以上刑罚的除外。

2. 在量刑起点的基础上,根据强奸妇女、奸淫幼女情节恶劣程度、强奸人数、致人伤害后果等其他影响犯罪构成的犯罪事实增加刑罚量,确定基准刑。

强奸多人多次的,以强奸人数作为增加刑罚量的事实,强奸次数作为调节基准刑的量刑情节。

3. 构成强奸罪的,综合考虑强奸的手段、危害后果等犯罪事实、量刑情节,以及被告人的主观恶性、人身危险性、认罪悔罪表现等因素,从严把握缓刑的适用。

(九)非法拘禁罪

1. 构成非法拘禁罪的,根据下列情形在相应的幅度内确定量刑起点:

(1)犯罪情节一般的,在一年以下有期徒刑、拘役幅度内确定量刑起点;

(2)致一人重伤的,在三年至五年有期徒刑幅度内确定量刑起点;

(3)致一人死亡的,在十年至十三年有期徒刑幅度内确定量刑起点。

2. 在量刑起点的基础上,根据非法拘禁人数、拘禁时间、致人伤亡后果等其他影响犯罪构成的犯罪事实增加刑罚量,确定基准刑。

非法拘禁多人多次的,以非法拘禁人数作为增加刑罚量的事实,非法拘禁次数作为调节基准刑的量刑情节。

3. 有下列情节之一的,增加基准刑的10%－20%:

(1)具有殴打、侮辱情节的;

(2)国家机关工作人员利用职权非法扣押、拘禁他人的。

4. 构成非法拘禁罪的,综合考虑非法拘禁的起因、时间、危害后果等犯罪事实、量刑情节,以及被告人的主观恶性、人身危险性、认罪悔罪表现等因素,从严把握缓刑的适用。

(十)抢劫罪

1. 构成抢劫罪的,根据下列情形在相应的幅度内确定量刑起点:

(1)抢劫一次的,在三年至六年有期徒刑幅度内确定量刑起点。

(2)有下列情形之一的,在十年至十三年有期徒刑幅度内确定量刑起点:入户抢劫的;在公共交通工具上抢劫的;抢劫银行或者其他金融机构的;抢劫三次或者抢劫数额达到数额巨大起点的;抢劫致一人重伤的;冒充军警人员抢劫的;持枪抢劫的;抢劫军用物资或者抢险、救灾、救济物资的。依法应当判处无期徒刑以上刑罚的除外。

2. 在量刑起点的基础上,根据抢劫情节严重程度、抢劫次数、数额、致人伤害后果等其他影响犯罪构成的犯罪事实增加刑罚量,确定基准刑。

3. 构成抢劫罪的,根据抢劫的数额、次数、手段、危害后果等犯罪情节,综合考虑被告人缴纳罚金的能力,决定罚金数额。

4. 构成抢劫罪的,综合考虑抢劫的起因、手段、危害后果等犯罪事实、量刑情节,以及被告人主观恶性、人身危险性、认罪悔罪表现等因素,决定缓刑的适用。

(十一)盗窃罪

1. 构成盗窃罪的,根据下列情形在相应的幅度内确定量刑起点:

(1)达到数额较大起点的,两年内三次盗窃的,入户盗窃的,携带凶器盗窃的,或者扒窃的,在一年以下有期徒刑、拘役幅度内确定量刑起点。

(2)达到数额巨大起点或者有其他严重情节的,在三年至四年有期徒刑幅度内确定量刑起点。

(3)达到数额特别巨大起点或者有其他特别严重情节的,在十年至十二年有期徒刑幅度内确定量刑起点。依法应当判处无期徒刑的除外。

2. 在量刑起点的基础上,根据盗窃数额、次数、手段等其他影响犯罪构成的犯罪事实增加刑罚量,确定基准刑。

多次盗窃,数额达到较大以上的,以盗窃数额确定量刑起点,盗窃次数可作为调节基准刑的量刑情节;数额未达到较大的,以盗窃次数确定量刑起点,超过三次的次数作为增加刑罚量的事实。

3. 构成盗窃罪的,根据盗窃的数额、次数、手段、危害后果等犯罪情节,综合考虑被告人缴纳罚金的能力,在一千元以上盗窃数额二倍以下决定罚金数额;没有盗窃数额或者盗窃数额无法计算的,在一千元以上十万元以下判处罚金。

4. 构成盗窃罪的,综合考虑盗窃的起因、数额、次数、手段、退赃退赔等犯罪事实、量刑情节,以及被告人主观恶性、人身危险性、认罪悔罪表现等因素,决定缓刑的适用。

(十二)诈骗罪

1. 构成诈骗罪的,根据下列情形在相应的幅度内确定量刑起点:

(1)达到数额较大起点的,可以在一年以下有期徒刑、拘役幅度内确定量刑起点。

(2)达到数额巨大起点或者有其他严重情节的,在三年至四年有期徒刑幅度内确定量刑起点。

(3)达到数额特别巨大起点或者有其他特别严重情节的,在十年至十二年有期徒刑幅度内确定量刑起点。依法应当判处无期徒刑的除外。

2. 在量刑起点的基础上,根据诈骗数额等其他影响犯罪构成的犯罪事实增加刑罚量,确定基准刑。

3. 构成诈骗罪的,根据诈骗的数额、手段、危害后果等犯罪情节,综合考虑被告人缴纳罚金的能力,决定罚金数额。

4. 构成诈骗罪的,综合考虑诈骗的起因、手段、数额、危害后果、退赃退赔等犯罪事实、量刑情节,以及被告人主观恶性、人身危险性、认罪悔罪表现等因素,决定缓刑的适用。对实施电信网络诈骗的,从严把握缓刑的适用。

(十三)抢夺罪

1. 构成抢夺罪的,根据下列情形在相应的幅度内确定量刑起点:

(1)达到数额较大起点的或者两年内三次抢夺的,在一年以下有期徒刑、拘役幅度内确定量刑起点。

(2)达到数额巨大起点或者有其他严重情节的,在三年至五年有期徒刑幅度内确定量刑起点。

(3)达到数额特别巨大起点或者有其他特别严重情节的,在十年至十二年有期徒刑幅度内确定量刑起点。依法应当判处无期徒刑的除外。

2. 在量刑起点的基础上,根据抢夺数额、次数等其他影响犯罪构成的犯罪事实增加刑罚量,确定基准刑。

多次抢夺,数额达到较大以上的,以抢夺数额确定量刑起点,抢夺次数可作为调节基准刑的量刑情节;数额未达到较大的,以抢夺次数确定量刑起点,超过三次的次数作为增加刑罚量的事实。

3. 构成抢夺罪的,根据抢夺的数额、次数、手段、危害后果等犯罪情节,综合考虑被告人缴纳罚金的能力,决定罚金数额。

4. 构成抢夺罪的,综合考虑抢夺的起因、数额、手段、次数、危害后果、退赃退赔等犯罪事实、量刑情节,以及被告人主观恶性、人身危险性、认罪悔罪表现等因素,决定缓刑的适用。

(十四)职务侵占罪

1. 构成职务侵占罪的,根据下列情形在相应的幅度内确定量刑起点:

(1)达到数额较大起点的,在一年以下有期徒刑、拘役幅度内确定量刑起点。

(2)达到数额巨大起点的,在三年至四年有期徒刑幅度内确定量刑起点。

(3)达到数额特别巨大起点的,在十年至十一年有期徒刑幅度内确定量刑起点。依法应当判处无期徒刑的除外。

2. 在量刑起点的基础上,根据职务侵占数额等其他影响犯罪构成的犯罪事实增加刑罚量,确定基准刑。

3. 构成做职务侵占罪的,根据职务侵占的数额、危害后果等犯罪情节,综合考虑被告人缴纳罚金的能力,决定罚金数额。

4. 构成职务侵占罪的,综合考虑职务侵占的数额、手段、危害后果、退赃退赔等犯罪事实、量刑情节,以及被告人主观恶性、人身危险性、认罪悔罪表现等因素,决定缓刑的适用。

(十五)敲诈勒索罪

1. 构成敲诈勒索罪的,根据下列情形在相应的幅度内确定量刑起点:

(1)达到数额较大起点的,或者二年内三次敲诈勒索的,在一年以下有期徒刑、拘役幅度内确定量刑起点。

(2)达到数额巨大起点或者有其他严重情节的,在三年至五年有期徒刑幅度内确定量刑起点。

(3)达到数额特别巨大起点或者有其他特别严重情节的,在十年至十二年有期徒刑幅度内确定量刑起点。

2. 在量刑起点的基础上,根据敲诈勒索数额、次数、犯罪情节严重程度等其他影响犯罪构成的犯罪事实增加刑罚量,确定基准刑。

多次敲诈勒索,数额达到较大以上的,以敲诈勒索数额确定量刑起点,敲诈勒索次数可作为调节基准刑的量刑情节;数额未达到较大的,以敲诈勒索次数确定量刑起点,超过三次的次数作为增加刑罚量的事实。

3. 构成敲诈勒索罪的,根据敲诈勒索的数额、手段、次数、危害后果等犯罪情节,综合考虑被告人缴纳罚金的能力,在二千元以上敲诈勒索数额二倍以下决定罚金数额;被告人没有获得财物的,在二千元以上十万元以下判处罚金。

4. 构成敲诈勒索罪的,综合考虑敲诈勒索的手段、数额、次数、危害后果、退赃退赔等犯罪事实、量刑情节,以及被告人主观恶性、人身危险性、认罪悔罪表现等因素,决定缓刑的适用。

(十六)妨害公务罪

1. 构成妨害公务罪的,在二年以下有期徒刑、拘役幅度内确定量刑起点。

2. 在量刑起点的基础上,可以根据妨害公务造成的后果、犯罪情节严重程度等其他影响犯罪构成的犯罪事实增加刑罚量,确定基准刑。

3. 构成妨害公务罪的,依法单处罚金的,根据妨害公务的手段、危害后果、造成的人身伤害以及财物毁损情况等犯罪情节,综合考虑被告人缴纳罚金的能力,决定罚金数额。

4. 构成妨碍公务罪的,综合考虑妨害公务的手段、造成的人身伤害、财物的毁损及社会影响等犯罪事实、量刑情节,以及被告人主观恶性、人身危险性、认罪悔罪表现等因素,决定缓刑的适用。

(十七)聚众斗殴罪

1. 构成聚众斗殴罪的,根据下列情形在相应的幅度内确定量刑起点:

(1)犯罪情节一般的,可以在二年以下有期徒刑、拘役幅度内确定量刑起点。

(2)有下列情形之一的,在三年至五年有期徒刑幅度内确定量刑起点:聚众斗殴三次的;聚众斗殴人数多,规模大,社会影响恶劣的;在公共场所或者交通要道聚众斗殴,造成社会秩序严重混乱的;持械聚众斗殴的。

2. 在量刑起点的基础上,可以根据聚众斗殴人数、次数、手段严重程度等其他影响犯罪构成的犯罪事实增加刑罚量,确定基准刑。

3. 构成聚众斗殴罪的,综合考虑聚众斗殴的手段、危害后果等犯罪事实、量刑情节,以及被告人主观恶性、人身危险性、认罪悔罪表现等因素,决定缓刑的适用。

(十八)寻衅滋事罪

1. 构成寻衅滋事罪的,根据下列情形在相应的幅度内确定量刑起点:

(1)寻衅滋事一次的,在三年以下有期徒刑、拘役幅度内确定量刑起点。

(2)纠集他人三次寻衅滋事(每次都构成犯罪),严重破坏社会秩序的,在五年至七年有期徒刑幅度内确定量刑起点。

2. 在量刑起点的基础上,根据寻衅滋事次数、伤害后果、强拿硬要他人财物或任意损毁、占用公私财物数额等其他影响犯罪构成的犯罪事实增加刑罚量,确定基准刑。

3. 构成做寻衅滋事罪,判处五年以上十年以下有期徒刑,并处罚金的,根据寻衅滋事的次数、危害后果、对社会秩序的破坏程度等犯罪情节,综合考虑被告人缴纳罚金的能力,决定罚金数额。

4. 构成寻衅滋事罪的,综合考虑寻衅滋事的具体行为、危害后果、对社会秩序的破坏程度等犯罪事实、量刑情节,以及被告人主观恶性、人身危险性、认罪悔罪表现等因素,决定缓刑的适用。

(十九)掩饰、隐瞒犯罪所得、犯罪所得收益罪

1. 构成掩饰、隐瞒犯罪所得、犯罪所得收益罪的,根据下列不同情形在相应的幅度内确定量刑起点:

(1)犯罪情节一般的,在一年以下有期徒刑、拘役幅度内确定量刑起点。

(2)情节严重的,在三年至四年有期徒刑幅度内确定量刑起点。

2. 在量刑起点的基础上,可以根据犯罪数额等其他影响犯罪构成的犯罪事实增加刑罚量,确定基准刑。

3. 构成掩饰、隐瞒犯罪所得、犯罪所得收益罪的,根据掩饰、隐瞒犯罪所得、犯罪所得收益的数额、犯罪对象、危害后果等犯罪情节,综合考虑被告人缴纳罚金的能力,决定罚金数额。

4. 构成掩饰、隐瞒犯罪所得、犯罪所得收益罪的,综合考虑掩饰、隐瞒犯罪所得、犯罪所得收益的数额、危害后果、上游犯罪的危害程度等犯罪事实、量刑情节,以及被告人主观恶性、人身危险性、认罪悔罪表现等因素,决定缓刑的适用。

(二十)走私、贩卖、运输、制造毒品罪

1. 构成走私、贩卖、运输、制造毒品罪的,根据下列不同情形在相应的幅度内确定量刑起点:

(1)走私、贩卖、运输、制造鸦片一千克,海洛因、甲基苯丙胺五十克或者其他毒品数量达到数量大起点的,量刑起点为十五年有期徒刑。依法应当判处无期徒刑以上刑罚的除外。

(2)走私、贩卖、运输、制造鸦片二百克,海洛因、甲基苯丙胺十克或者其他毒品数量达到数量较大起点的,在七年至八年有期徒刑幅度内确定量刑起点。

(3)走私、贩卖、运输、制造鸦片不满二百克,海洛因、甲基苯丙胺不满十克或者其他少量毒品的,在三年以下有期徒刑、拘役幅度内确定量刑起点;情节严重的,可以在三年至四年有期徒刑幅度内确定量刑起点。

2. 在量刑起点的基础上,根据毒品犯罪次数、人次、毒品数量等其他影响犯罪构成的犯罪事实增加刑罚量,确定基准刑。

3. 有下列情节之一的,可以增加基准刑的10% -30%:

(1)利用、教唆未成年人走私、贩卖、运输、制造毒品的;

(2)向未成年人出售毒品的;

(3)毒品再犯。

4. 有下列情节之一的,可以减少基准刑的30%以下:

(1)受雇运输毒品的;

(2)毒品含量明显偏低的;

(3)存在数量引诱情形的。

(二十一)非法持有毒品罪

1. 构成非法持有毒品罪的,根据下列情形在相应的幅度内确定量刑起点:

(1)非法持有鸦片一千克、海洛因或者甲基苯丙胺五十克或者其他毒品数量大的,在七年至九年有期徒刑幅度内确定量刑起点。依法应当判处无期徒刑的除外。

(2)非法持有毒品情节严重的,在三年至四年有期徒刑幅度内确定量刑起点。

(3)非法持有鸦片二百克、海洛因或者甲基苯丙胺十克或者其他毒品数量较大的,可以在一年以下有期徒刑、拘役幅度内确定量刑起点。

2. 在量刑起点的基础上,根据毒品数量等其他影响犯罪构成的犯罪事实增加刑罚量,确定基准刑。

3. 构成非法持有毒品罪,根据非法持有毒品的种类、数量等犯罪情节,综合考虑被告人缴纳罚金的能力,决定罚金数额。

4. 构成非法持有毒品罪的,综合考虑非法持有毒品的种类、数量等犯罪事实、量刑情节,以及被告人主观恶性、人身危险性、认罪悔罪表现等因素,从严把握缓刑的适用。

(二十二)容留他人吸毒罪

1. 构成容留他人吸毒罪的,在一年以下有期徒刑、拘役幅度内确定量刑起点。

2. 在量刑起点的基础上,可以根据容留他人吸毒的人数、次数等其他影响犯罪构成的犯罪事实增加刑罚量,确定基准刑。

3. 构成容留他人吸毒罪,根据容留他人吸毒的人数、次数、违法所得数额、危害后果等犯罪情节,综合考虑被告人缴纳罚金的能力,决定罚金数额。

4. 构成容留他人吸毒罪的,综合考虑容留他人吸毒的人数、次数、危害后果等犯罪事实、量刑情节,以及被告人主观恶性、人身危险性、认罪悔罪表现等因素,决定缓刑的适用。

(二十三)引诱、容留、介绍卖淫罪

1. 构成引诱、容留、介绍卖淫罪的,根据下列情形在相应的幅度内确定量刑起点:

(1)情节一般的,在二年以下有期徒刑、拘役幅度内确定量刑起点。

(2)情节严重的,在五年至七年有期徒刑幅度内确定量刑起点。

2. 在量刑起点基础上,根据引诱、容留、介绍卖淫的人数、次数等其他影响犯罪构成的犯罪事实增加刑罚量,确定基准刑。

3. 旅馆业、饮食服务业、文化娱乐业、出租汽车业等单位的主要负责人,利用本单位的条件,引诱、容留、介绍他人卖淫的,可以增加基准刑的10% -20%。

4. 构成引诱、容留、介绍卖淫罪,根据引诱、容留、介绍卖淫的人数、次数、违法所得数额、危害后果等犯罪情节,综合考虑被告人缴纳罚金的能力,决定罚金数额。

5. 构成引诱、容留、介绍卖淫罪的,综合考虑引诱、容留、介绍卖淫的人数、次数、危害后果等犯罪事实、量刑情节,以及被告人主观恶性、人身危险性、认罪悔罪表现等因素,决定缓刑的适用。

五、附则

(一)本指导意见规范上列二十三种犯罪判处有期徒刑的案件。其他判处有期徒刑的案件,可以参照量刑的指导原则、基本方法和常见量刑情节的适用规范量刑。

(二)各省、自治区、直辖市高级人民法院、人民检察院应当结合当地实际,共同制定实施细则。

(三)本指导意见自2021年7月1日起实施。最高人民法院2017年3月9日《关于实施修订后的

〈关于常见犯罪的量刑指导意见〉的通知》(法发[2017]7号)同时废止。

十四、安徽省高级人民法院、安徽省人民检察院关于二十三种常见犯罪量刑规范的实施细则(试行)(2022年1月16日)

为进一步规范刑罚裁量权,落实宽严相济刑事政策和认罪认罚从宽制度,增强量刑的公开性,实现量刑公正,根据刑法、刑事诉讼法及相关司法解释和《最高人民法院、最高人民检察院〈关于常见犯罪的量刑指导意见(试行)〉》等规定,结合我省刑事司法实践,制定本实施细则。

一、量刑的指导原则

1. 量刑应当以事实为依据,以法律为准绳,根据犯罪的事实、性质、情节和对社会的危害程度,决定判处的刑罚。

2. 量刑既要考虑被告人所犯罪行的轻重,又要考虑被告人应负刑事责任的大小,做到罪责刑相适应,实现惩罚和预防犯罪的目的。

3. 量刑应当贯彻宽严相济的刑事政策,做到该宽则宽,当严则严,宽严相济,罚当其罪,确保裁判政治效果、法律效果和社会效果的统一。

4. 量刑要客观、全面把握不同时期不同地区的经济社会发展和治安形势变化,确保刑法任务的实现;对于同一地区同一时期案情相似的案件,所判处的刑罚应当基本均衡。

二、量刑的基本方法

量刑时,应以定性分析为主,定量分析为辅,依次确定量刑起点、基准刑和宣告刑。

1. 量刑步骤

(1)根据基本犯罪构成事实在相应的法定刑幅度内确定量刑起点。

(2)根据其他影响犯罪构成的犯罪数额、犯罪次数、犯罪后果等犯罪事实,在量刑起点的基础上增加刑罚量确定基准刑。

(3)根据量刑情节调节基准刑,并综合考虑全案情况,依法确定宣告刑。

2. 调节基准刑的方法

(1)具有单个量刑情节的,根据量刑情节的调节比例直接调节基准刑。

(2)具有多个量刑情节的,一般根据各个量刑情节的调节比例,采用同向相加、逆向相减的方法调节基准刑;具有未成年人犯罪、老年人犯罪、限制行为能力的精神病人犯罪、又聋又哑的人或者盲人犯罪,防卫过当、避险过当、犯罪预备、犯罪未遂、犯罪中止,从犯、胁从犯和教唆犯等量刑情节的,先适用该量刑情节对基准刑进行调节,在此基础上,再适用其他量刑情节进行调节。不同层级之间的量刑情节,采用连乘的方法调节基准刑。

(3)被告人犯数罪,同时具有适用于各个罪的立功、累犯等量刑情节的,先适用各个量刑情节对个罪的基准刑进行调节,确定个罪应当判处的刑罚,再依法实行数罪并罚,决定执行的刑罚。

3. 确定宣告刑的方法

(1)量刑情节对基准刑的调节结果在法定刑幅度内,且罪责刑相适应的,可以直接确定为宣告刑;如果具有应当减轻处罚情节的,应依法在法定最低刑以下确定宣告刑。

(2)量刑情节对基准刑的调节结果在法定最低刑以下,具有法定减轻处罚情节,且罪责刑相适应的,可以直接确定为宣告刑;只有从轻处罚情节的,可以依法确定法定最低刑为宣告刑;但是根据案件的特殊情况,经最高人民法院核准,也可以在法定刑以下判处刑罚。

(3)量刑情节对基准刑的调节结果在法定最高刑以上的,可以依法确定法定最高刑为宣告刑。

(4)被告人犯数罪,数罪并罚时,总和刑期不满五年的,减少的刑期不得超过一年;总和刑期满五年不满十年的,减少的刑期不得超过二年;总和刑期满十年不满十五年的,减少的刑期不得超过三年;总和刑期满十五年不满二十年的,减少的刑期不得超过四年;总和刑期满二十年不满二十五年的,减少的刑期不得超过五年;总和刑期在二十五年以上不满三十五年的,可以决定执行有期徒刑二十年;总和刑期在三十五年以上的,可以决定执行有期徒刑二十年至二十五年。按照上述规定适用数罪并罚时,减少的刑期一般应低于数刑中的最低刑期。

(5)综合考虑全案情况,独任审判员或合议庭可以在20%的幅度内对调节结果进行调整,确定宣告利。当调节后的结果仍不符合罪责刑相适应原则的,应提交审判委员会讨论,依法确定宣告刑。

(6)综合全案犯罪事实和量刑情节,依法应当判处无期徒刑以上刑罚、拘役、管制或者单处附加刑、缓刑、免除处罚的,应当依法适用。

(7)宣告刑一般以月为单位计算。

4. 罚金刑的适用

(1)判处罚金刑,应当以犯罪情节为依据,并综合考虑被告人缴纳罚金的能力,依法决定罚金数额。

(2)刑法规定"并处"罚金的,在判处主刑的同时,必须依法判处罚金;规定"可以并处"罚金的,根据案件具体情况以及被告人的财产状况,决定是否适用罚金刑。

(3)刑法规定"单处"罚金,适用单处罚金不致再危害社会,并具有下列情形之一的,可以依法单处罚金:

①初犯或者偶犯;

②自首或者有立功表现的;

③犯罪时不满十八周岁的;

④犯罪预备、中止或者未遂的;

⑤被胁迫参加犯罪的;

⑥全部退赃并有悔罪表现的;

⑦其他可以依法单处罚金的情形。

(4)刑法、司法解释明确规定罚金数额标准或计算标准的,从其规定;没有明确标准的,罚金数额不少于一千元。

(5)对未成年人犯罪应当从轻或者减轻判处罚金,刑法规定"可以并处"罚金的,一般不判处罚金;判处罚金的,罚金数额不少于五百元。

(6)对被告人减轻处罚的,应当在下一个量刑幅度内依法适用罚金刑。减轻处罚后适用的量刑幅度未规定罚金刑的,不判处罚金。

(7)共同犯罪案件中,应当考虑被告人在共同犯罪中的地位、作用、参与犯罪的数额、实际违法犯罪所得等情节分别判处罚金。从犯的罚金数额一般不高于主犯的罚金数额,但主犯是未成年人、年满七十五周岁的人等特殊情况除外。

(8)依法对被告人所犯数罪分别判处罚金的,应当实行并罚,将所判处的罚金数额相加,执行总和数额。

5. 缓刑的适用

(1)适用缓刑,应当综合考虑被告人的犯罪性质、情节、认罪态度、悔罪表现、再犯可能性以及宣告缓刑对所居住社区的影响,依法作出决定。

(2)对于判处拘役、三年以下有期徒刑的被告人,符合缓刑适用条件的,可以宣告缓刑,对其中不满十八周岁的人、怀孕的妇女和已满七十五周岁的人,应当宣告缓刑。

(3)量刑起点在三年有期徒刑以下,无法定、酌定从重情节,符合缓刑适用条件,且有下列情形之一的,优先考虑适用缓刑:

①具有自首或者立功情节的;

②犯罪预备、中止或者未遂的;

③属于共同犯罪中的胁从犯的;

④防卫过当或者避险过当的;

⑤达成刑事和解协议或者取得被害人谅解的;

⑥被害人具有重大过错的;

⑦系没有生活自理能力家庭成员的唯一扶养人,或者未成年人的唯一监护人的。

(4)具有下列情形之一的,慎重适用缓刑:

①罪行较重,经从轻、减轻处罚后才符合缓刑适用条件的;

②有故意犯罪前科的。

(5)具有下列情形之一的,一般不适用缓刑:

①前科为故意杀人、故意伤害致人死亡或者重伤、贩卖毒品、强奸、抢劫、绑架、放火、爆炸、投放危险物质或者有组织的暴力性犯罪的;

②具有二次以上犯罪前科的;

③属于犯罪组织或者集团中的骨干分子的;

④属于共同犯罪中情节严重的主犯的;

⑤毒品再犯或者因毒品违法行为受过二次行政处罚的;

⑥数罪中均系故意犯罪的;

⑦曾被依法撤销缓刑,或者在缓刑考验期限内再犯新罪的。

(6)对于累犯和犯罪集团的首要分子,不适用缓刑。

三、常见量刑情节的适用

量刑时要充分考虑各种法定和酌定量刑情节,根据案件的全部犯罪事实以及量刑情节的不同情形,依法确定量刑情节的适用及其调节比例。对黑恶势力犯罪、严重暴力犯罪、毒品犯罪、性侵未成年人犯罪等严重危害社会治安犯罪,在确定从宽的幅度时,应当从严掌握;对犯罪情节较轻的犯罪,应当充分体现从宽。具体确定各个量刑情节的调节比例时,应当综合平衡调节幅度与实际增减刑罚量的关系,确保罪责刑相适应。

1.对于未成年人犯罪,应当综合考虑未成年人对犯罪的认识能力、实施犯罪行为的动机和目的、犯罪时的年龄、是否初犯、偶犯、悔罪表现、个人成长经历和一贯表现等情况,予以从宽处罚。

(1)已满十二周岁不满十四周岁的未成年人犯罪,减少基准刑的50% -60%。

(2)已满十四周岁不满十五周岁的未成年人犯罪,减少基准刑的40% -60%。

(3)已满十五周岁不满十六周岁的未成年人犯罪,减少基准刑的30% -50%。

(4)已满十六周岁不满十七周岁的未成年人犯罪,减少基准刑的20% -50%。

(5)已满十七周岁不满十八周岁的未成年人犯罪,减少基准刑的10% -40%。

(6)未成年人犯罪根据所犯罪行,可能被判处拘役、三年以下有期徒刑,如果悔罪表现好,并具有"系又聋又哑的人或者盲人,防卫过当或者避险过当,犯罪预备、中止或者未遂,共同犯罪中从犯、胁从犯;犯罪后自首或者有立功表现,其他犯罪情节轻微不需要判处刑罚"情形之一的,应当依照《刑法》第三十七条的规定免除处罚。

2.对于六十五周岁以上的人犯罪,综合考虑犯罪性质、情节、后果、认罪态度及悔罪表现等情况,适当确定从宽的幅度。

(1)已满六十五周岁不满七十五周岁的人故意犯罪的,可以减少基准刑的20%以下;过失犯罪的,可以减少基准刑的30%以下。

(2)七十五周岁以上的人故意犯罪的,可以减少基准刑的40%以下;过失犯罪的,减少基准刑的20% -50%。

3. 对于尚未完全丧失辨认或者控制自己行为能力的精神病人犯罪,综合考虑犯罪性质、精神疾病的严重程度以及犯罪时精神障碍对辨认控制能力的影响等情况,减少基准刑的40%以下。

(1)病情为重度的,可以减少基准刑的40%以下。

(2)病情为中度的,可以减少基准刑的30%以下。

(3)病情为轻度的,可以减少基准刑的20%以下。

4. 对于又聋又哑的人或者盲人犯罪,综合考虑犯罪的性质、情节、后果以及犯罪时的控制能力等情况,可以减少基准刑的50%以下;犯罪较轻的,可以减少基准刑的50%以上或者依法免除处罚。

5. 对于防卫过当,应当综合考虑犯罪的性质、防卫过当的程度、造成损害的大小等情况,减少基准刑的60%以上或者依法免除处罚。

6. 对于避险过当,应当综合考虑犯罪的性质、避险过当的程度、造成损害的大小等情况,减少基准刑的50%以上或者依法免除处罚。

7. 对于预备犯,综合考虑预备犯罪行为的性质、准备程度和危害程度等情况,可以比照既遂犯减少基准刑的60%以下;犯罪较轻的,可以减少基准刑的60%以上或者依法免除处罚。

8. 对于未遂犯,综合考虑犯罪行为的实行程度、造成损害的大小、犯罪未得逞的原因等情况,可以比照既遂犯减少基准刑50%以下。

(1)实施终了的未遂犯,造成损害后果的,可以比照既遂犯减少基准刑的20%以下;未造成损害后果的,可以比照既遂犯减少基准刑的40%以下。

(2)未实施终了的未遂犯,造成损害后果的,可以比照既遂犯减少基准刑的30%以下;未造成损害后果的,可以比照既遂犯减少基准刑的50%以下。

9. 对于中止犯,应当综合考虑中止犯罪的阶段、自动放弃犯罪的原因以及造成危害后果等情况,予以减少基准刑或者免除处罚。

(1)造成较重损害后果的,应当减少基准刑的30%－60%。

(2)造成较轻损害后果的,应当减少基准刑的50%－80%。

(3)没有造成损害后果的,应当免除处罚。

10. 对于从犯,应当综合考虑其在共同犯罪中的地位、作用,减少基准刑的20%－50%;犯罪较轻的,应当减少基准刑的50%以上或者依法免除处罚。

对于在共同犯罪中罪责相对较轻的主犯,可以减少基准刑的30%以下。

11. 对于胁从犯,应当综合考虑犯罪的性质、被胁迫的程度以及在共同犯罪中的作用等情况,减少基准刑的40%－60%;犯罪较轻的,应当减少基准刑的60%以上或者依法免除处罚。

12. 对于教唆犯,综合考虑其在共同犯罪中的地位、作用和被教唆的对象以及被教唆的人是否实施被教唆之罪等情况,确定从宽或者从重的幅度。

(1)对于在共同犯罪中属于从犯或者所起作用较小的一般教唆犯,比照第10条的规定确定从宽的幅度。

(2)被教唆的人未犯被教唆之罪的,可以减少基准利的50%以下。

(3)教唆不满十八周岁的人犯罪的,应当增加基准刑的10%－30%。

(4)教唆限制行为能力人或者聋哑人犯罪的,可以增加基准刑的20%以下。

13. 对于自首情节,综合考虑自首的动机、时间、方式、罪行轻重、如实供述罪行的程度以及悔罪表现等情况,确定从宽的幅度。

(1)犯罪事实或犯罪嫌疑人未被司法机关发觉,主动直接投案构成自首的,可以减少基准刑的40%以下,一般不应超过四年。

(2)犯罪事实和犯罪嫌疑人已被司法机关发觉,但尚未受到调查谈话、讯问,或者未被宣布采取调查措施或者强制措施,主动直接投案构成自首的,可以减少基准刑的30%以下,一般不应超过三年。

(3)犯罪嫌疑人、被告人如实供述司法机关尚未掌握的罪行,与司法机关已掌握或者判决确定的罪行属不同种罪行,以自首论的,可以减少基准刑的30%以下,一般不应超过三年。

(4)并非出于犯罪嫌疑人主动,而是经亲友规劝、陪同投案,或者亲友送去投案等情形构成自首的,可以减少基准刑的30%以下,一般不应超过三年。

(5)罪行尚未被司法机关发觉,仅因形迹可疑被有关组织或者司法机关盘问、教育后,主动交代自己的罪行构成自首的,可以减少基准刑的30%以下,一般不应超过三年。

(6)强制戒毒期间主动交代自己的罪行,构成自首的,可以减少基准刑的30%以下,一般不应超过三年。

(7)其他类型的自首,可以减少基准刑的20%以下,一般不应超过二年。

(8)犯罪较轻的自首,可以减少基准刑的40%以上或者依法免除处罚。

恶意利用自首规避法律制裁等不足以从宽处罚的,可以不予从宽处罚。

14. 对于坦白情节,综合考虑如实供述罪行的阶段、程度、罪行轻重以及悔罪表现等情况,确定从宽的幅度。

(1)因如实供述自己罪行,避免特别严重后果发生的,可以减少基准刑的30%－50%。

(2)如实供述司法机关尚未掌握的同种较重罪行的,可以减少基准刑的10%－30%以下,一般不应超过三年。

(3)司法机关掌握的证据不充分,犯罪分子如实交代有助于定案的,可以减少基准刑的20%以下,一般不应超过三年。

(4)如实供述自己罪行的,可以减少基准刑的20%以下,一般不应超过二年。

(5)揭发同案犯共同犯罪事实的,可以减少基准刑的10%以下,一般不超过一年。

15. 对于当庭自愿认罪的,根据犯罪的性质、罪行的轻重、认罪程度以及悔罪表现等情况,可以减少基准刑的10%以下,依法认定为自首、坦白或者认罪认罚的除外。

16. 对于立功情节,综合考虑立功的大小、次数、内容、来源、效果以及罪行轻重等情况,确定从宽的幅度。

(1)一般立功的,可以减少基准刑的20%以下,一般不应超过二年。

(2)重大立功的,可以减少基准刑的20%－50%;犯罪较轻的,可以减少基准刑的50%以上或者依法免除处罚。

17. 对于退赃、退赔的,综合考虑犯罪性质,退赃、退赔行为对损害结果的弥补程度,退赃、退赔的数额及主动程度等情况,可以减少基准刑的30%以下;对于抢劫等严重危害社会治安犯罪的应从严掌握。

18. 对于积极赔偿被害人经济损失并取得谅解的,综合考虑犯罪性质、赔偿数额、赔偿能力以及认罪、悔罪程度等情况,确定从宽的幅度。

(1)积极赔偿被害人全部经济损失并取得谅解的,可以减少基准刑的40%以下,一般不应超过四年。

(2)积极赔偿被害人部分经济损失并取得谅解的,可以减少基准刑的30%以下,一般不应超过三年。

(3)尽管没有赔偿但取得谅解的,可以减少基准刑的20%以下,一般不应超过二年。

对于积极赔偿被害人经济损失但没有取得谅解的,综合考虑犯罪性质、赔偿数额、赔偿能力以及认罪、悔罪程度等情况,确定从宽的幅度。

(1)积极赔偿被害人全部经济损失的,可以减少基准刑的30%以下,一般不应超过三年。

(2)积极赔偿被害人部分经济损失的,可以减少基准刑的20%以下,一般不应超过二年。

对于抢劫、强奸等严重危害社会治安犯罪的应从严掌握。

19. 对于当事人根据《刑事诉讼法》第三百八十八条的规定,达成刑事和解协议的,综合考虑犯罪性质、赔偿数额、赔礼道歉以及真诚悔罪等情况,可以减少基准刑的50%以下;犯罪较轻的,可以减少基准刑的50%以上或者依法免除处罚。

20. 对于被害人有过错或者对矛盾激化负有直接责任的,综合考虑犯罪的性质,被害人对法律规范、伦理道德、善良风俗的背离程度,以及促使被告人实施加害行为的关联度等情况,确定从宽的幅度。

(1)被害人具有明显过错的,可以减少基准刑的20%－40%以下。

(2)被害人具有一般过错的,可以减少基准刑的20%以下,一般不应超过二年。

(3)被害人对矛盾激化负有直接责任的,可以减少基准刑的10%以下,一般不应超过一年。

21. 对于犯罪嫌疑人、被告人在羁押期间表现好的,可以减少基准刑的10%以下。

22. 对于被告人认罪认罚的,综合考虑犯罪的性质、罪行的轻重、认罪认罚的阶段、程度、价值以及悔罪表现等情况,可以减少基准刑的30%以下;具有自首、重大坦白、退赃退赔、赔偿谅解、刑事和解等情节的,可以减少基准刑的60%以下,犯罪较轻的,可以减少基准刑的60%以上或者依法免除处罚。认罪认罚与自首、坦白、当庭自愿认罪、退赃退赔、赔偿谅解、刑事和解、羁押期间表现好等量刑情节不作重复评价。

23. 对于累犯,应当综合考虑前后罪的性质、刑罚执行完毕或者赦免以后至再犯罪时间的长短以及前后罪罪行轻重等情况,增加基准刑的10%－40%,一般不高于五年、不少于三个月。

24. 对于有前科的,综合考虑前科的性质、时间间隔长短、次数、处罚轻重等情况,可以增加基准刑的10%以下,前科犯罪为过失犯罪和未成年人犯罪的除外。

25. 对于犯罪对象为未成年人、老年人、残疾人、孕妇等弱势人员的,综合考虑犯罪的性质、犯罪的严重程度等情况,可以增加基准刑的20%以下。

26. 对于在重大自然灾害、预防、控制突发传染病疫情等灾害期间故意犯罪的,根据案件的具体情况,可以增加基准刑的20%以下。

十五、最高人民法院、最高人民检察院、公安部、国家安全部、司法部关于办理死刑案件审查判断证据若干问题的规定(2010年7月1日)

一、一般规定

第一条 办理死刑案件,必须严格执行刑法和刑事诉讼法,切实做到事实清楚,证据确实、充分,程序合法,适用法律正确,确保案件质量。

第二条 认定案件事实,必须以证据为根据。

第三条 侦查人员、检察人员、审判人员应当严格遵守法定程序,全面、客观地收集、审查、核实和认定证据。

第四条 经过当庭出示、辨认、质证等法庭调查程序查证属实的证据,才能作为定罪量刑的根据。

第五条 办理死刑案件,对被告人犯罪事实的认定,必须达到证据确实、充分。

证据确实、充分是指:

(一)定罪量刑的事实都有证据证明;

(二)每一个定案的证据均已经法定程序查证属实;

(三)证据与证据之间、证据与案件事实之间不存在矛盾或者矛盾得以合理排除;

(四)共同犯罪案件中,被告人的地位、作用均已查清;

(五)根据证据认定案件事实的过程符合逻辑和经验规则,由证据得出的结论为唯一结论。

办理死刑案件,对于以下事实的证明必须达到证据确实、充分:

(一)被指控的犯罪事实的发生;

(二)被告人实施了犯罪行为与被告人实施犯罪行为的时间、地点、手段、后果以及其他情节;

(三)影响被告人定罪的身份情况;

(四)被告人有刑事责任能力;

(五)被告人的罪过;

(六)是否共同犯罪及被告人在共同犯罪中的地位、作用;

(七)对被告人从重处罚的事实。

二、证据的分类审查与认定

1. 物证、书证

第六条　对物证、书证应当着重审查以下内容:

(一)物证、书证是否为原物、原件,物证的照片、录像或者复制品及书证的副本、复制件与原物、原件是否相符;物证、书证是否经过辨认、鉴定;物证的照片、录像或者复制品和书证的副本、复制件是否由二人以上制作,有无制作人关于制作过程及原件、原物存放于何处的文字说明及签名。

(二)物证、书证的收集程序、方式是否符合法律及有关规定;经勘验、检查、搜查提取、扣押的物证、书证,是否附有相关笔录或者清单;笔录或者清单是否有侦查人员、物品持有人、见证人签名,没有物品持有人签名的,是否注明原因;对物品的特征、数量、质量、名称等注明是否清楚。

(三)物证、书证在收集、保管及鉴定过程中是否受到破坏或者改变。

(四)物证、书证与案件事实有无关联。对现场遗留与犯罪有关的具备检验鉴定条件的血迹、指纹、毛发、体液等生物物证、痕迹、物品,是否通过DNA鉴定、指纹鉴定等鉴定方式与被告人或者被害人的相应生物检材、生物特征、物品等作同一认定。

(五)与案件事实有关联的物证、书证是否全面收集。

第七条　对在勘验、检查、搜查中发现与案件事实可能有关联的血迹、指纹、足迹、字迹、毛发、体液、人体组织等痕迹和物品应当提取而没有提取,应当检验而没有检验,导致案件事实存疑的,人民法院应当向人民检察院说明情况,人民检察院依法可以补充收集、调取证据,作出合理的说明或者退回侦查机关补充侦查,调取有关证据。

第八条　据以定案的物证应当是原物。只有在原物不便搬运、不易保存或者依法应当由有关部门保管、处理或者依法应当返还时,才可以拍摄或者制作足以反映原物外形或者内容的照片、录像或者复制品。物证的照片、录像或者复制品,经与原物核实无误或者经鉴定证明为真实的,或者以其他方式确能证明其真实的,可以作为定案的根据。原物的照片、录像或者复制品,不能反映原物的外形和特征的,不能作为定案的根据。

据以定案的书证应当是原件。只有在取得原件确有困难时,才可以使用副本或者复制件。书证的副本、复制件,经与原件核实无误或者经鉴定证明为真实的,或者以其他方式确能证明其真实的,可以作为定案的根据。书证有更改或者更改迹象不能作出合理解释的,书证的副本、复制件不能反映书证原件及其内容的,不能作为定案的根据。

第九条　经勘验、检查、搜查提取、扣押的物证、书证,未附有勘验、检查笔录,搜查笔录,提取笔录,扣押清单,不能证明物证、书证来源的,不能作为定案的根据。

物证、书证的收集程序、方式存在下列瑕疵,通过有关办案人员的补正或者作出合理解释的,可以采用:

(一)收集调取的物证、书证,在勘验、检查笔录,搜查笔录,提取笔录,扣押清单上没有侦查人员、物品持有人、见证人签名或者物品特征、数量、质量、名称等注明不详的;

(二)收集调取物证照片、录像或者复制品,书证的副本、复制件未注明与原件核对无异,无复制时间、无被收集、调取人(单位)签名(盖章)的;

(三)物证照片、录像或者复制品,书证的副本、复制件没有制作人关于制作过程及原物、原件存放于何处的说明或者说明中无签名的;

(四)物证、书证的收集程序、方式存在其他瑕疵的。

对物证、书证的来源及收集过程有疑问,不能作出合理解释的,该物证、书证不能作为定案的根据。

第十条　具备辨认条件的物证、书证应当交由当事人或者证人进行辨认,必要时应当进行鉴定。

2. 证人证言

第十一条　对证人证言应当着重审查以下内容:

(一)证言的内容是否为证人直接感知。

(二)证人作证时的年龄、认知水平、记忆能力和表达能力,生理上和精神上的状态是否影响作证。

(三)证人与案件当事人、案件处理结果有无利害关系。

(四)证言的取得程序、方式是否符合法律及有关规定:有无使用暴力、威胁、引诱、欺骗以及其他非法手段取证的情形;有无违反询问证人应当个别进行的规定;笔录是否经证人核对确认并签名(盖章)、捺指印;询问未成年证人,是否通知了其法定代理人到场,其法定代理人是否在场等。

(五)证人证言之间以及与其他证据之间能否相互印证,有无矛盾。

第十二条　以暴力、威胁等非法手段取得的证人证言,不能作为定案的根据。

处于明显醉酒、麻醉品中毒或者精神药物麻醉状态,以致不能正确表达的证人所提供的证言,不能作为定案的根据。

证人的猜测性、评论性、推断性的证言,不能作为证据使用,但根据一般生活经验判断符合事实的除外。

第十三条　具有下列情形之一的证人证言,不能作为定案的根据:

(一)询问证人没有个别进行而取得的证言;

(二)没有经证人核对确认并签名(盖章)、捺指印的书面证言;

(三)询问聋哑人或者不通晓当地通用语言、文字的少数民族人员、外国人,应当提供翻译而未提供的。

第十四条　证人证言的收集程序和方式有下列瑕疵,通过有关办案人员的补正或者作出合理解释的,可以采用:

(一)没有填写询问人、记录人、法定代理人姓名或者询问的起止时间、地点的;

(二)询问证人的地点不符合规定的;

(三)询问笔录没有记录告知证人应当如实提供证言和有意作伪证或者隐匿罪证要负法律责任内容的;

(四)询问笔录反映出在同一时间段内,同一询问人员询问不同证人的。

第十五条　具有下列情形的证人,人民法院应当通知出庭作证;经依法通知不出庭作证证人的书面证言经质证无法确认的,不能作为定案的根据:

(一)人民检察院、被告人及其辩护人对证人证言有异议,该证人证言对定罪量刑有重大影响的;

(二)人民法院认为其他应当出庭作证的。

证人在法庭上的证言与其庭前证言相互矛盾,如果证人当庭能够对其翻证作出合理解释,并有相关证据印证的,应当采信庭审证言。

对未出庭作证证人的书面证言,应当听取出庭检察人员、被告人及其辩护人的意见,并结合其他证据综合判断。未出庭作证证人的书面证言出现矛盾,不能排除矛盾且无证据印证的,不能作为定案的根据。

第十六条　证人作证,涉及国家秘密或者个人隐私的,应当保守秘密。

证人出庭作证,必要时,人民法院可以采取限制公开证人信息、限制询问、遮蔽容貌、改变声音等保护性措施。

3. 被害人陈述

第十七条　对被害人陈述的审查与认定适用前述关于证人证言的有关规定。

4. 被告人供述和辩解

第十八条　对被告人供述和辩解应当着重审查以下内容:

(一)讯问的时间、地点、讯问人的身份等是否符合法律及有关规定,讯问被告人的侦查人员是否不少于二人,讯问被告人是否个别进行等。

(二)讯问笔录的制作、修改是否符合法律及有关规定,讯问笔录是否注明讯问的起止时间和讯问地点,首次讯问时是否告知被告人申请回避、聘请律师等诉讼权利,被告人是否核对确认并签名(盖章)、捺指印,是否有不少于二人的讯问人签名等。

(三)讯问聋哑人、少数民族人员、外国人时是否提供了通晓聋、哑手势的人员或者翻译人员,讯问未成年同案犯时,是否通知了其法定代理人到场,其法定代理人是否在场。

(四)被告人的供述有无以刑讯逼供等非法手段获取的情形,必要时可以调取被告人进出看守所的健康检查记录、笔录。

(五)被告人的供述是否前后一致,有无反复以及出现反复的原因;被告人的所有供述和辩解是否均已收集入卷;应当入卷的供述和辩解没有入卷的,是否出具了相关说明。

(六)被告人的辩解内容是否符合案情和常理,有无矛盾。

(七)被告人的供述和辩解与同案犯的供述和辩解以及其他证据能否相互印证,有无矛盾。

对于上述内容,侦查机关随案移送有录音录像资料的,应当结合相关录音录像资料进行审查。

第十九条　采用刑讯逼供等非法手段取得的被告人供述,不能作为定案的根据。

第二十条　具有下列情形之一的被告人供述,不能作为定案的根据:

(一)讯问笔录没有经被告人核对确认并签名(盖章)、捺指印的;

(二)讯问聋哑人、不通晓当地通用语言、文字的人员时,应当提供通晓聋、哑手势的人员或者翻译人员而未提供的。

第二十一条　讯问笔录有下列瑕疵,通过有关办案人员的补正或者作出合理解释的,可以采用:

(一)笔录填写的讯问时间、讯问人、记录人、法定代理人等有误或者存在矛盾的;

(二)讯问人没有签名的;

(三)首次讯问笔录没有记录告知被讯问人诉讼权利内容的。

第二十二条　对被告人供述和辩解的审查,应当结合控辩双方提供的所有证据以及被告人本人的全部供述和辩解进行。

被告人庭前供述一致,庭审中翻供,但被告人不能合理说明翻供理由或者其辩解与全案证据相矛盾,而庭前供述与其他证据能够相互印证的,可以采信被告人庭前供述。

被告人庭前供述和辩解出现反复,但庭审中供认的,且庭审中的供述与其他证据能够印证的,可以采信庭审中的供述;被告人庭前供述和辩解出现反复,庭审中不供认,且无其他证据与庭前供述印证的,不能采信庭前供述。

5. 鉴定意见

第二十三条　对鉴定意见应当着重审查以下内容:

(一)鉴定人是否存在应当回避而未回避的情形。

(二)鉴定机构和鉴定人是否具有合法的资质。

(三)鉴定程序是否符合法律及有关规定。

(四)检材的来源、取得、保管、送检是否符合法律及有关规定,与相关提取笔录、扣押物品清单等记载的内容是否相符,检材是否充足、可靠。

(五)鉴定的程序、方法、分析过程是否符合本专业的检验鉴定规程和技术方法要求。

(六)鉴定意见的形式要件是否完备,是否注明提起鉴定的事由、鉴定委托人、鉴定机构、鉴定要求、鉴定过程、检验方法、鉴定文书的日期等相关内容,是否由鉴定机构加盖鉴定专用章并由鉴定人签名盖章。

(七)鉴定意见是否明确。

(八)鉴定意见与案件待证事实有无关联。

(九)鉴定意见与其他证据之间是否有矛盾,鉴定意见与检验笔录及相关照片是否有矛盾。

(十)鉴定意见是否依法及时告知相关人员,当事人对鉴定意见是否有异议。

第二十四条　鉴定意见具有下列情形之一的,不能作为定案的根据:

(一)鉴定机构不具备法定的资格和条件,或者鉴定事项超出本鉴定机构项目范围或者鉴定能力的;

(二)鉴定人不具备法定的资格和条件、鉴定人不具有相关专业技术或者职称、鉴定人违反回避规定的;

(三)鉴定程序、方法有错误的;

(四)鉴定意见与证明对象没有关联的;

(五)鉴定对象与送检材料、样本不一致的;

(六)送检材料、样本来源不明或者确实被污染且不具备鉴定条件的;

(七)违反有关鉴定特定标准的;

(八)鉴定文书缺少签名、盖章的;

(九)其他违反有关规定的情形。

对鉴定意见有疑问的,人民法院应当依法通知鉴定人出庭作证或者由其出具相关说明,也可以依法补充鉴定或者重新鉴定。

6. 勘验、检查笔录

第二十五条　对勘验、检查笔录应当着重审查以下内容:

(一)勘验、检查是否依法进行,笔录的制作是否符合法律及有关规定的要求,勘验、检查人员和见证人是否签名或者盖章等。

(二)勘验、检查笔录的内容是否全面、详细、准确、规范:是否准确记录了提起勘验、检查的事由,勘验、检查的时间、地点,在场人员、现场方位、周围环境等情况;是否准确记载了现场、物品、人身、尸体等的位置、特征等详细情况以及勘验、检查、搜查的过程;文字记载与实物或者绘图、录像、照片是否相符;固定证据的形式、方法是否科学、规范;现场、物品、痕迹等是否被破坏或者伪造,是否是原始现场;人身特征、伤害情况、生理状况有无伪装或者变化等。

(三)补充进行勘验、检查的,前后勘验、检查的情况是否有矛盾,是否说明了再次勘验、检查的原由。

(四)勘验、检查笔录中记载的情况与被告人供述、被害人陈述、鉴定意见等其他证据能否印证,有无矛盾。

第二十六条　勘验、检查笔录存在明显不符合法律及有关规定的情形,并且不能作出合理解释或者说明的,不能作为证据使用。

勘验、检查笔录存在勘验、检查没有见证人的,勘验、检查人员和见证人没有签名、盖章的,勘验、检查人员违反回避规定的等情形,应当结合案件其他证据,审查其真实性和关联性。

7. 视听资料

第二十七条 对视听资料应当着重审查以下内容:

(一)视听资料的来源是否合法,制作过程中当事人有无受到威胁、引诱等违反法律及有关规定的情形;

(二)是否载明制作人或者持有人的身份,制作的时间、地点和条件以及制作方法;

(三)是否为原件,有无复制及复制份数;调取的视听资料是复制件的,是否附有无法调取原件的原因、制作过程和原件存放地点的说明,是否有制作人和原视听资料持有人签名或者盖章;

(四)内容和制作过程是否真实,有无经过剪辑、增加、删改、编辑等伪造、变造情形;

(五)内容与案件事实有无关联性。

对视听资料有疑问的,应当进行鉴定。

对视听资料,应当结合案件其他证据,审查其真实性和关联性。

第二十八条 具有下列情形之一的视听资料,不能作为定案的根据:

(一)视听资料经审查或者鉴定无法确定真伪的;

(二)对视听资料的制作和取得的时间、地点、方式等有异议,不能作出合理解释或者提供必要证明的。

8. 其他规定

第二十九条 对于电子邮件、电子数据交换、网上聊天记录、网络博客、手机短信、电子签名、域名等电子证据,应当主要审查以下内容:

(一)该电子证据存储磁盘、存储光盘等可移动存储介质是否与打印件一并提交;

(二)是否载明该电子证据形成的时间、地点、对象、制作人、制作过程及设备情况等;

(三)制作、储存、传递、获得、收集、出示等程序和环节是否合法,取证人、制作人、持有人、见证人等是否签名或者盖章;

(四)内容是否真实,有无剪裁、拼凑、篡改、添加等伪造、变造情形;

(五)该电子证据与案件事实有无关联性。

对电子证据有疑问的,应当进行鉴定。

对电子证据,应当结合案件其他证据,审查其真实性和关联性。

第三十条 侦查机关组织的辨认,存在下列情形之一的,应当严格审查,不能确定其真实性的,辨认结果不能作为定案的根据:

(一)辨认不是在侦查人员主持下进行的;

(二)辨认前使辨认人见到辨认对象的;

(三)辨认人的辨认活动没有个别进行的;

(四)辨认对象没有混杂在具有类似特征的其他对象中,或者供辨认的对象数量不符合规定的;尸体、场所等特定辨认对象除外。

(五)辨认中给辨认人明显暗示或者明显有指认嫌疑的。

有下列情形之一的,通过有关办案人员的补正或者作出合理解释的,辨认结果可以作为证据使用:

(一)主持辨认的侦查人员少于二人的;

(二)没有向辨认人详细询问辨认对象的具体特征的;

(三)对辨认经过和结果没有制作专门的规范的辨认笔录,或者辨认笔录没有侦查人员、辨认人、见证人的签名或者盖章的;

(四)辨认记录过于简单,只有结果没有过程的;

(五)案卷中只有辨认笔录,没有被辨认对象的照片、录像等资料,无法获悉辨认的真实情况的。

第三十一条　对侦查机关出具的破案经过等材料,应当审查是否有出具该说明材料的办案人、办案机关的签字或者盖章。

对破案经过有疑问,或者对确定被告人有重大嫌疑的根据有疑问的,应当要求侦查机关补充说明。

三、证据的综合审查和运用

第三十二条　对证据的证明力,应当结合案件的具体情况,从各证据与待证事实的关联程度、各证据之间的联系等方面进行审查判断。

证据之间具有内在的联系,共同指向同一待证事实,且能合理排除矛盾的,才能作为定案的根据。

第三十三条　没有直接证据证明犯罪行为系被告人实施,但同时符合下列条件的可以认定被告人有罪:

(一)据以定案的间接证据已经查证属实;

(二)据以定案的间接证据之间相互印证,不存在无法排除的矛盾和无法解释的疑问;

(三)据以定案的间接证据已经形成完整的证明体系;

(四)依据间接证据认定的案件事实,结论是唯一的,足以排除一切合理怀疑;

(五)运用间接证据进行的推理符合逻辑和经验判断。

根据间接证据定案的,判处死刑应当特别慎重。

第三十四条　根据被告人的供述、指认提取到了隐蔽性很强的物证、书证,且与其他证明犯罪事实发生的证据互相印证,并排除串供、逼供、诱供等可能性的,可以认定有罪。

第三十五条　侦查机关依照有关规定采用特殊侦查措施所收集的物证、书证及其他证据材料,经法庭查证属实,可以作为定案的根据。

法庭依法不公开特殊侦查措施的过程及方法。

第三十六条　在对被告人作出有罪认定后,人民法院认定被告人的量刑事实,除审查法定情节外,还应审查以下影响量刑的情节:

(一)案件起因;

(二)被害人有无过错及过错程度,是否对矛盾激化负有责任及责任大小;

(三)被告人的近亲属是否协助抓获被告人;

(四)被告人平时表现及有无悔罪态度;

(五)被害人附带民事诉讼赔偿情况,被告人是否取得被害人或者被害人近亲属谅解;

(六)其他影响量刑的情节。

既有从轻、减轻处罚等情节,又有从重处罚等情节的,应当依法综合相关情节予以考虑。

不能排除被告人具有从轻、减轻处罚等量刑情节的,判处死刑应当特别慎重。

第三十七条　对于有下列情形的证据应当慎重使用,有其他证据印证的,可以采信:

(一)生理上、精神上有缺陷的被害人、证人和被告人,在对案件事实的认知和表达上存在一定困难,但尚未丧失正确认知、正确表达能力而作的陈述、证言和供述;

(二)与被告人有亲属关系或者其他密切关系的证人所作的对该被告人有利的证言,或者与被告人有利害冲突的证人所作的对该被告人不利的证言。

第三十八条　法庭对证据有疑问的,可以告知出庭检察人员、被告人及其辩护人补充证据或者作出说明;确有核实必要的,可以宣布休庭,对证据进行调查核实。法庭进行庭外调查时,必要时,可以通知出庭检察人员、辩护人到场。出庭检察人员、辩护人一方或者双方不到场的,法庭记录在案。

人民检察院、辩护人补充的和法庭庭外调查核实取得的证据,法庭可以庭外征求出庭检察人员、辩护人的意见。双方意见不一致,有一方要求人民法院开庭进行调查的,人民法院应当开庭。

第三十九条　被告人及其辩护人提出有自首的事实及理由,有关机关未予认定的,应当要求有关机关提供证明材料或者要求相关人员作证,并结合其他证据判断自首是否成立。

被告人是否协助或者如何协助抓获同案犯的证明材料不全,导致无法认定被告人构成立功的,应当要求有关机关提供证明材料或者要求相关人员作证,并结合其他证据判断立功是否成立。

被告人有检举揭发他人犯罪情形的,应当审查是否已经查证属实;尚未查证的,应当及时查证。

被告人累犯的证明材料不全,应当要求有关机关提供证明材料。

第四十条 审查被告人实施犯罪时是否已满十八周岁,一般应当以户籍证明为依据;对户籍证明有异议,并有经查证属实的出生证明文件、无利害关系人的证言等证据证明被告人不满十八周岁的,应认定被告人不满十八周岁;没有户籍证明以及出生证明文件的,应当根据人口普查登记、无利害关系人的证言等证据综合进行判断,必要时,可以进行骨龄鉴定,并将结果作为判断被告人年龄的参考。

未排除证据之间的矛盾,无充分证据证明被告人实施被指控的犯罪时已满十八周岁且确实无法查明的,不能认定其已满十八周岁。

第四十一条 本规定自二〇一〇年七月一日起施行。

十六、最高人民法院、最高人民检察院、公安部、国家安全部、司法部关于办理刑事案件排除非法证据若干问题的规定(2010年7月1日)

第一条 采用刑讯逼供等非法手段取得的犯罪嫌疑人、被告人供述和采用暴力、威胁等非法手段取得的证人证言、被害人陈述,属于非法言词证据。

第二条 经依法确认的非法言词证据,应当予以排除,不能作为定案的根据。

第三条 人民检察院在审查批准逮捕、审查起诉中,对于非法言词证据应当依法予以排除,不能作为批准逮捕、提起公诉的根据。

第四条 起诉书副本送达后开庭审判前,被告人提出其审判前供述是非法取得的,应当向人民法院提交书面意见。被告人书写确有困难的,可以口头告诉,由人民法院工作人员或者其辩护人作出笔录,并由被告人签名或者捺指印。

人民法院应当将被告人的书面意见或者告诉笔录复印件在开庭前交人民检察院。

第五条 被告人及其辩护人在开庭审理前或者庭审中,提出被告人审判前供述是非法取得的,法庭在公诉人宣读起诉书之后,应当先行当庭调查。

法庭辩论结束前,被告人及其辩护人提出被告人审判前供述是非法取得的,法庭也应当进行调查。

第六条 被告人及其辩护人提出被告人审判前供述是非法取得的,法庭应当要求其提供涉嫌非法取证的人员、时间、地点、方式、内容等相关线索或者证据。

第七条 经审查,法庭对被告人审判前供述取得的合法性有疑问的,公诉人应当向法庭提供讯问笔录、原始的讯问过程录音录像或者其他证据,提请法庭通知讯问时其他在场人员或者其他证人出庭作证,仍不能排除刑讯逼供嫌疑的,提请法庭通知讯问人员出庭作证,对该供述取得的合法性予以证明。公诉人当庭不能举证的,可以根据刑事诉讼法第一百六十五条的规定,建议法庭延期审理。

经依法通知,讯问人员或者其他人员应当出庭作证。

公诉人提交加盖公章的说明材料,未经有关讯问人员签名或者盖章的,不能作为证明取证合法性的证据。

控辩双方可以就被告人审判前供述取得的合法性问题进行质证、辩论。

第八条 法庭对于控辩双方提供的证据有疑问的,可以宣布休庭,对证据进行调查核实。必要时,可以通知检察人员、辩护人到场。

第九条 庭审中,公诉人为提供新的证据需要补充侦查,建议延期审理的,法庭应当同意。

被告人及其辩护人申请通知讯问人员、讯问时其他在场人员或者其他证人到庭,法庭认为有必要的,可以宣布延期审理。

第十条 经法庭审查,具有下列情形之一的,被告人审判前供述可以当庭宣读、质证:

(一)被告人及其辩护人未提供非法取证的相关线索或者证据的;

(二)被告人及其辩护人已提供非法取证的相关线索或者证据,法庭对被告人审判前供述取得的合法性没有疑问的;

(三)公诉人提供的证据确实、充分,能够排除被告人审判前供述属非法取得的。

对于当庭宣读的被告人审判前供述,应当结合被告人当庭供述以及其他证据确定能否作为定案的根据。

第十一条 对被告人审判前供述的合法性,公诉人不提供证据加以证明,或者已提供的证据不够确实、充分的,该供述不能作为定案的根据。

第十二条 对于被告人及其辩护人提出的被告人审判前供述是非法取得的意见,第一审人民法院没有审查,并以被告人审判前供述作为定案根据的,第二审人民法院应当对被告人审判前供述取得的合法性进行审查。检察人员不提供证据加以证明,或者已提供的证据不够确实、充分的,被告人该供述不能作为定案的根据。

第十三条 庭审中,检察人员、被告人及其辩护人提出未到庭证人的书面证言、未到庭被害人的书面陈述是非法取得的,举证方应当对其取证的合法性予以证明。

对前款所述证据,法庭应当参照本规定有关规定进行调查。

第十四条 物证、书证的取得明显违反法律规定,可能影响公正审判的,应当予以补正或者作出合理解释,否则,该物证、书证不能作为定案的根据。

第十五条 本规定自二〇一〇年七月一日起施行。

十七、最高人民法院关于贯彻宽严相济刑事政策的若干意见(2010年2月8日)

一、贯彻宽严相济刑事政策的总体要求

1. 贯彻宽严相济刑事政策,要根据犯罪的具体情况,实行区别对待,做到该宽则宽,当严则严,宽严相济,罚当其罪,打击和孤立极少数,教育、感化和挽救大多数,最大限度地减少社会对立面,促进社会和谐稳定,维护国家长治久安。

2. 要正确把握宽与严的关系,切实做到宽严并用。既要注意克服重刑主义思想影响,防止片面从严,也要避免受轻刑化思想影响,一味从宽。

3. 贯彻宽严相济刑事政策,必须坚持严格依法办案,切实贯彻落实罪刑法定原则、罪刑相适应原则和法律面前人人平等原则,依照法律规定准确定罪量刑。从宽和从严都必须依照法律规定进行,做到宽严有据,罚当其罪。

4. 要根据经济社会的发展和治安形势的变化,尤其要根据犯罪情况的变化,在法律规定的范围内,适时调整从宽和从严的对象、范围和力度。要全面、客观把握不同时期不同地区的经济社会状况和社会治安形势,充分考虑人民群众的安全感以及惩治犯罪的实际需要,注重从严打击严重危害国家安全、社会治安和人民群众利益的犯罪。对于犯罪性质尚不严重,情节较轻和社会危害性较小的犯罪,以及被告人认罪、悔罪,从宽处罚更有利于社会和谐稳定的,依法可以从宽处理。

5. 贯彻宽严相济刑事政策,必须严格依法进行,维护法律的统一和权威,确保良好的法律效果。同时,必须充分考虑案件的处理是否有利于赢得广大人民群众的支持和社会稳定,是否有利于瓦解犯罪,化解矛盾,是否有利于罪犯的教育改造和回归社会,是否有利于减少社会对抗,促进社会和谐,争取更好的社会效果。要注意在裁判文书中充分说明裁判理由,尤其是从宽或从严的理由,促使被告人认罪服法,注重教育群众,实现案件裁判法律效果和社会效果的有机统一。

二、准确把握和正确适用依法从"严"的政策要求

6. 宽严相济刑事政策中的从"严",主要是指对于罪行十分严重、社会危害性极大,依法应当判处重

刑或死刑的,要坚决地判处重刑或死刑;对于社会危害大或者具有法定、酌定从重处罚情节,以及主观恶性深、人身危险性大的被告人,要依法从严惩处。在审判活动中通过体现依法从“严”的政策要求,有效震慑犯罪分子和社会不稳定分子,达到有效遏制犯罪、预防犯罪的目的。

7. 贯彻宽严相济刑事政策,必须毫不动摇地坚持依法严惩严重刑事犯罪的方针。对于危害国家安全犯罪、恐怖组织犯罪、邪教组织犯罪、黑社会性质组织犯罪、恶势力犯罪、故意危害公共安全犯罪等严重危害国家政权稳固和社会治安的犯罪,故意杀人、故意伤害致人死亡、强奸、绑架、拐卖妇女儿童、抢劫、重大抢夺、重大盗窃等严重暴力犯罪和严重影响人民群众安全感的犯罪,走私、贩卖、运输、制造毒品等毒害人民健康的犯罪,要作为严惩的重点,依法从重处罚。尤其对于极端仇视国家和社会,以不特定人为侵害对象,所犯罪行特别严重的犯罪分子,该重判的要坚决依法重判,该判处死刑的要坚决依法判处死刑。

8. 对于国家工作人员贪污贿赂、滥用职权、失职渎职的严重犯罪,黑恶势力犯罪、重大安全责任事故、制售伪劣食品药品所涉及的国家工作人员职务犯罪,发生在社会保障、征地拆迁、灾后重建、企业改制、医疗、教育、就业等领域严重损害群众利益、社会影响恶劣、群众反映强烈的国家工作人员职务犯罪,发生在经济社会建设重点领域、重点行业的严重商业贿赂犯罪等,要依法从严惩处。

对于国家工作人员职务犯罪和商业贿赂犯罪中性质恶劣、情节严重、涉案范围广、影响面大的,或者案发后隐瞒犯罪事实、毁灭证据、订立攻守同盟、负案潜逃等拒不认罪悔罪的,要坚决依法从严惩处。

对于被告人犯罪所得数额不大,但对国家财产和人民群众利益造成重大损失、社会影响极其恶劣的职务犯罪和商业贿赂犯罪案件,也应依法从严惩处。

要严格掌握职务犯罪法定减轻处罚情节的认定标准与减轻处罚的幅度,严格控制依法减轻处罚后判处三年以下有期徒刑适用缓刑的范围,切实规范职务犯罪缓刑、免予刑事处罚的适用。

9. 当前和今后一段时期,对于集资诈骗、贷款诈骗、制贩假币以及扰乱、操纵证券、期货市场等严重危害金融秩序的犯罪,生产、销售假药、劣药、有毒有害食品等严重危害食品药品安全的犯罪,走私等严重侵害国家经济利益的犯罪,造成严重后果的重大安全责任事故犯罪,重大环境污染、非法采矿、盗伐林木等各种严重破坏环境资源的犯罪等,要依法从严惩处,维护国家的经济秩序,保护广大人民群众的生命健康安全。

10. 严惩严重刑事犯罪,必须充分考虑被告人的主观恶性和人身危险性。对于事先精心预谋、策划犯罪的被告人,具有惯犯、职业犯等情节的被告人,或者因故意犯罪受过刑事处罚、在缓刑、假释考验期内又犯罪的被告人,要依法严惩,以实现刑罚特殊预防的功能。

11. 要依法从严惩处累犯和毒品再犯。凡是依法构成累犯和毒品再犯的,即使犯罪情节较轻,也要体现从严惩处的精神。尤其是对于前罪为暴力犯罪或被判处重刑的累犯,更要依法从严惩处。

12. 要注重综合运用多种刑罚手段,特别是要重视依法适用财产刑,有效惩治犯罪。对于法律规定有附加财产刑的,要依法适用。对于侵财型和贪利型犯罪,更要注重通过依法适用财产刑使犯罪分子受到经济上的惩罚,剥夺其重新犯罪的能力和条件。要切实加大财产刑的执行力度,确保刑罚的严厉性和惩罚功能得以实现。被告人非法占有、处置被害人财产不能退赃的,在决定刑罚时,应作为重要情节予以考虑,体现从严处罚的精神。

13. 对于刑事案件被告人,要严格依法追究刑事责任,切实做到不枉不纵。要在确保司法公正的前提下,努力提高司法效率。特别是对于那些严重危害社会治安,引起社会关注的刑事案件,要在确保案件质量的前提下,抓紧审理,及时宣判。

三、准确把握和正确适用依法从“宽”的政策要求

14. 宽严相济刑事政策中的从“宽”,主要是指对于情节较轻、社会危害性较小的犯罪,或者罪行虽然严重,但具有法定、酌定从宽处罚情节,以及主观恶性相对较小、人身危险性不大的被告人,可以依法

从轻、减轻或者免除处罚;对于具有一定社会危害性,但情节显著轻微危害不大的行为,不作为犯罪处理;对于依法可不监禁的,尽量适用缓刑或者判处管制、单处罚金等非监禁刑。

15. 被告人的行为已经构成犯罪,但犯罪情节轻微,或者未成年人、在校学生实施的较轻犯罪,或者被告人具有犯罪预备、犯罪中止、从犯、胁从犯、防卫过当、避险过当等情节,依法不需要判处刑罚的,可以免予刑事处罚。对免予刑事处罚的,应当根据刑法第三十七条规定,做好善后、帮教工作或者交由有关部门进行处理,争取更好的社会效果。

16. 对于所犯罪行不重、主观恶性不深、人身危险性较小、有悔改表现、不致再危害社会的犯罪分子,要依法从宽处理。对于其中具备条件的,应当依法适用缓刑或者管制、单处罚金等非监禁刑。同时配合做好社区矫正,加强教育、感化、帮教、挽救工作。

17. 对于自首的被告人,除了罪行极其严重、主观恶性极深、人身危险性极大,或者恶意地利用自首规避法律制裁者以外,一般均应当依法从宽处罚。

对于亲属以不同形式送被告人归案或协助司法机关抓获被告人而认定为自首的,原则上都应当依法从宽处罚;有的虽然不能认定为自首,但考虑到被告人亲属支持司法机关工作,促使被告人到案、认罪、悔罪,在决定对被告人具体处罚时,也应当予以充分考虑。

18. 对于被告人检举揭发他人犯罪构成立功的,一般均应当依法从宽处罚。对于犯罪情节不是十分恶劣,犯罪后果不是十分严重的被告人立功的,从宽处罚的幅度应当更大。

19. 对于较轻犯罪的初犯、偶犯,应当综合考虑其犯罪的动机、手段、情节、后果和犯罪时的主观状态,酌情予以从宽处罚。对于犯罪情节轻微的初犯、偶犯,可以免予刑事处罚;依法应当予以刑事处罚的,也应当尽量适用缓刑或者判处管制、单处罚金等非监禁刑。

20. 对于未成年人犯罪,在具体考虑其实施犯罪的动机和目的、犯罪性质、情节和社会危害程度的同时,还要充分考虑其是否属于初犯,归案后是否悔罪,以及个人成长经历和一贯表现等因素,坚持"教育为主、惩罚为辅"的原则和"教育、感化、挽救"的方针进行处理。对于偶尔盗窃、抢夺、诈骗,数额刚达到较大的标准,案发后能如实交代并积极退赃的,可以认定为情节显著轻微,不作为犯罪处理。对于罪行较轻的,可以依法适当多适用缓刑或者判处管制、单处罚金等非监禁刑;依法可免予刑事处罚的,应当免予刑事处罚。对于犯罪情节严重的未成年人,也应当依照刑法第十七条第三款的规定予以从轻或者减轻处罚。对于已满十四周岁不满十六周岁的未成年犯罪人,一般不判处无期徒刑。

21. 对于老年人犯罪,要充分考虑其犯罪的动机、目的、情节、后果以及悔罪表现等,并结合其人身危险性和再犯可能性,酌情予以从宽处罚。

22. 对于因恋爱、婚姻、家庭、邻里纠纷等民间矛盾激化引发的犯罪,因劳动纠纷、管理失当等原因引发、犯罪动机不属恶劣的犯罪,因被害方过错或者基于义愤引发的或者具有防卫因素的突发性犯罪,应酌情从宽处罚。

23. 被告人案发后对被害人积极进行赔偿,并认罪、悔罪的,依法可以作为酌定量刑情节予以考虑。因婚姻家庭等民间纠纷激化引发的犯罪,被害人及其家属对被告人表示谅解的,应当作为酌定量刑情节予以考虑。犯罪情节轻微,取得被害人谅解的,可以依法从宽处理,不需判处刑罚的,可以免予刑事处罚。

24. 对于刑事被告人,如果采取取保候审、监视居住等非羁押性强制措施足以防止发生社会危险性,且不影响刑事诉讼正常进行的,一般可不采取羁押措施。对人民检察院提起公诉而被告人未被采取逮捕措施的,除存在被告人逃跑、串供、重新犯罪等具有人身危险性或者可能影响刑事诉讼正常进行的情形外,人民法院一般可不决定逮捕被告人。

四、准确把握和正确适用宽严"相济"的政策要求

25. 宽严相济刑事政策中的"相济",主要是指在对各类犯罪依法处罚时,要善于综合运用宽和严两

种手段,对不同的犯罪和犯罪分子区别对待,做到严中有宽、宽以济严;宽中有严、严以济宽。

26. 在对严重刑事犯罪依法从严惩处的同时,对被告人具有自首、立功、从犯等法定或酌定从宽处罚情节的,还要注意宽以济严,根据犯罪的具体情况,依法应当或可以从宽的,都应当在量刑上予以充分考虑。

27. 在对较轻刑事犯罪依法从轻处罚的同时,要注意严以济宽,充分考虑被告人是否具有屡教不改、严重滋扰社会、群众反映强烈等酌定从严处罚的情况,对于不从严不足以有效惩戒者,也应当在量刑上有所体现,做到济之以严,使犯罪分子受到应有处罚,切实增强改造效果。

28. 对于被告人同时具有法定、酌定从严和法定、酌定从宽处罚情节的案件,要在全面考察犯罪的事实、性质、情节和对社会危害程度的基础上,结合被告人的主观恶性、人身危险性、社会治安状况等因素,综合作出分析判断,总体从严,或者总体从宽。

29. 要准确理解和严格执行"保留死刑,严格控制和慎重适用死刑"的政策。对于罪行极其严重的犯罪分子,论罪应当判处死刑的,要坚决依法判处死刑。要依法严格控制死刑的适用,统一死刑案件的裁判标准,确保死刑只适用于极少数罪行极其严重的犯罪分子。拟判处死刑的具体案件定罪或者量刑的证据必须确实、充分,得出唯一结论。对于罪行极其严重,但只要是依法可不立即执行的,就不应当判处死刑立即执行。

30. 对于恐怖组织犯罪、邪教组织犯罪、黑社会性质组织犯罪和进行走私、诈骗、贩毒等犯罪活动的犯罪集团,在处理时要分别情况,区别对待:对犯罪组织或集团中的为首组织、指挥、策划者和骨干分子,要依法从严惩处,该判处重刑或死刑的要坚决判处重刑或死刑;对受欺骗、胁迫参加犯罪组织、犯罪集团或只是一般参加者,在犯罪中起次要、辅助作用的从犯,依法应当从轻或减轻处罚,符合缓刑条件的,可以适用缓刑。

对于群体性事件中发生的杀人、放火、抢劫、伤害等犯罪案件,要注意重点打击其中的组织、指挥、策划者和直接实施犯罪行为的积极参与者;对因被煽动、欺骗、裹胁而参加,情节较轻,经教育确有悔改表现的,应当依法从宽处理。

31. 对于一般共同犯罪案件,应当充分考虑各被告人在共同犯罪中的地位和作用,以及在主观恶性和人身危险性方面的不同,根据事实和证据能分清主从犯的,都应当认定主从犯。有多名主犯的,应在主犯中进一步区分出罪行最为严重者。对于多名被告人共同致死一名被害人的案件,要进一步分清各被告人的作用,准确确定各被告人的罪责,以做到区别对待;不能以分不清主次为由,简单地一律判处重刑。

32. 对于过失犯罪,如安全责任事故犯罪等,主要应当根据犯罪造成危害后果的严重程度、被告人主观罪过的大小以及被告人案发后的表现等,综合掌握处罚的宽严尺度。对于过失犯罪后积极抢救、挽回损失或者有效防止损失进一步扩大的,要依法从宽。对于造成的危害后果虽然不是特别严重,但情节特别恶劣或案发后故意隐瞒案情,甚至逃逸,给及时查明事故原因和迅速组织抢救造成贻误的,则要依法从重处罚。

33. 在共同犯罪案件中,对于主犯或首要分子检举、揭发同案地位、作用较次犯罪分子构成立功的,从轻或者减轻处罚应当从严掌握,如果从轻处罚可能导致全案量刑失衡的,一般不予从轻处罚;如果检举、揭发的是其他犯罪案件中罪行同样严重的犯罪分子,或者协助抓获的是同案中的其他主犯、首要分子的,原则上应予依法从轻或者减轻处罚。对于从犯或犯罪集团中的一般成员立功,特别是协助抓获主犯、首要分子的,应当充分体现政策,依法从轻、减轻或者免除处罚。

34. 对于危害国家安全犯罪、故意危害公共安全犯罪、严重暴力犯罪、涉众型经济犯罪等严重犯罪;恐怖组织犯罪、邪教组织犯罪、黑恶势力犯罪等有组织犯罪的领导者、组织者和骨干分子;毒品犯罪再犯的严重犯罪者;确有执行能力而拒不依法积极主动缴付财产执行财产刑或确有履行能力而不积极主动履行附带民事赔偿责任的,在依法减刑、假释时,应当从严掌握。对累犯减刑时,应当从严掌握。拒不交代真实身份或对减刑、假释材料弄虚作假,不符合减刑、假释条件的,不得减刑、假释。

对于因犯故意杀人、爆炸、抢劫、强奸、绑架等暴力犯罪,致人死亡或严重残疾而被判处死刑缓期二年执行或无期徒刑的罪犯,要严格控制减刑的频度和每次减刑的幅度,要保证其相对较长的实际服刑期限,维护公平正义,确保改造效果。

对于未成年犯、老年犯、残疾罪犯、过失犯、中止犯、胁从犯、积极主动缴付财产执行财产刑或履行民事赔偿责任的罪犯、因防卫过当或避险过当而判处徒刑的罪犯以及其他主观恶性不深、人身危险性不大的罪犯,在依法减刑、假释时,应当根据悔改表现予以从宽掌握。对认罪服法,遵守监规,积极参加学习、劳动,确有悔改表现的,依法予以减刑,减刑的幅度可以适当放宽,间隔的时间可以相应缩短。符合刑法第八十一条第一款规定的假释条件的,应当依法多适用假释。

五、完善贯彻宽严相济刑事政策的工作机制

35. 要注意总结审判经验,积极稳妥地推进量刑规范化工作。要规范法官的自由裁量权,逐步把量刑纳入法庭审理程序,增强量刑的公开性和透明度,充分实现量刑的公正和均衡,不断提高审理刑事案件的质量和效率。

36. 最高人民法院将继续通过总结审判经验,制发典型案例,加强审判指导,并制定关于案例指导制度的规范性文件,推进对贯彻宽严相济刑事政策案例指导制度的不断健全和完善。

37. 要积极探索人民法庭受理轻微刑事案件的工作机制,充分发挥人民法庭便民、利民和受案、审理快捷的优势,进一步促进轻微刑事案件及时审判,确保法律效果和社会效果的有机统一。

38. 要充分发挥刑事简易程序节约司法资源、提高审判效率、促进司法公正的功能,进一步强化简易程序的适用。对于被告人对被指控的基本犯罪事实无异议,并自愿认罪的第一审公诉案件,要依法进一步强化普通程序简化审的适用力度,以保障符合条件的案件都能得到及时高效的审理。

39. 要建立健全符合未成年人特点的刑事案件审理机制,寓教于审,惩教结合,通过科学、人性化的审理方式,更好地实现"教育、感化、挽救"的目的,促使未成年犯罪人早日回归社会。要积极推动有利于未成年犯罪人改造和管理的各项制度建设。对公安部门针对未成年人在缓刑、假释期间违法犯罪情况报送的拟撤销未成年犯罪人的缓刑或假释的报告,要及时审查,并在法定期限内及时做出决定,以真正形成合力,共同做好未成年人犯罪的惩戒和预防工作。

40. 对于刑事自诉案件,要尽可能多做化解矛盾的调解工作,促进双方自行和解。对于经过司法机关做工作,被告人认罪悔过,愿意赔偿被害人损失,取得被害人谅解,从而达成和解协议的,可以由自诉人撤回起诉,或者对被告人依法从轻或免予刑事处罚。对于可公诉、也可自诉的刑事案件,检察机关提起公诉的,人民法院应当依法进行审理,依法定罪处罚。对民间纠纷引发的轻伤害等轻微刑事案件,诉至法院后当事人自行和解的,应当予以准许并记录在案。人民法院也可以在不违反法律规定的前提下,对此类案件尝试做一些促进和解的工作。

41. 要尽可能把握一切有利于附带民事诉讼调解结案的积极因素,多做促进当事人双方和解的辨法析理工作,以更好地落实宽严相济刑事政策,努力做到案结事了。要充分发挥被告人、被害人所在单位、社区基层组织、辩护人、诉讼代理人和近亲属在附带民事诉讼调解工作中的积极作用,协调各方共同做好促进调解工作,尽可能通过调解达成民事赔偿协议并以此取得被害人及其家属对被告人的谅解,化解矛盾,促进社会和谐。

42. 对于因受到犯罪行为侵害、无法及时获得有效赔偿、存在特殊生活困难的被害人及其亲属,由有关方面给予适当的资金救助,有利于化解矛盾纠纷,促进社会和谐稳定。各地法院要结合当地实际,在党委、政府的统筹协调和具体指导下,落实好、执行好刑事被害人救助制度,确保此项工作顺利开展,取得实效。

43. 对减刑、假释案件,要采取开庭审理与书面审理相结合的方式。对于职务犯罪案件,尤其是原为县处级以上领导干部罪犯的减刑、假释案件,要一律开庭审理。对于故意杀人、抢劫、故意伤害等严重危害社会治安的暴力犯罪分子,有组织犯罪案件中的首要分子和其他主犯以及其他重大、有影响案件罪犯的减刑、假释,原则上也要开庭审理。书面审理的案件,拟裁定减刑、假释的,要在羁押场所公示拟减刑、假释人员名单,接受其他在押罪犯的广泛监督。

44. 要完善对刑事审判人员贯彻宽严相济刑事政策的监督机制,防止宽严失当、枉法裁判、以权谋私。要改进审判考核考评指标体系,完善错案认定标准和错案责任追究制度,完善法官考核机制。要切实改变单纯以改判率、发回重审率的高低来衡量刑事审判工作质量和法官业绩的做法。要探索建立既能体现审判规律、符合法官职业特点,又能准确反映法官综合素质和司法能力的考评体制,对法官审理刑事案件质量,落实宽严相济刑事政策,实现刑事审判法律效果和社会效果有机统一进行全面、科学的考核。

45. 各级人民法院要加强与公安机关、国家安全机关、人民检察院、司法行政机关等部门的联系和协调,建立经常性的工作协调机制,共同研究贯彻宽严相济刑事政策的工作措施,及时解决工作中出现的具体问题。要根据"分工负责、相互配合、相互制约"的法律原则,加强与公安机关、人民检察院的工作联系,既各司其职,又进一步形成合力,不断提高司法公信,维护司法权威。要在律师辩护代理、法律援助、监狱提请减刑假释、开展社区矫正等方面加强与司法行政机关的沟通和协调,促进宽严相济刑事政策的有效实施。

十八、最高人民法院办公厅关于印发一审未成年人刑事案件适用普通程序的刑事判决书样式和一审未成年人刑事公诉案件适用简易程序的刑事判决书样式的通知(2009 年 10 月 12 日)

根据未成年人刑事案件审判工作实际的需要,现将一审未成年人刑事案件适用普通程序的刑事判决书样式和一审未成年人刑事公诉案件适用简易程序的刑事判决书样式印发给你们,请认真执行。

2001 年 6 月 11 日最高人民法院办公厅《关于印发一审未成人刑事案件适用普通程序的刑事判决书等 4 份补充样式的通知》(法办发〔2001〕1 号)中的法院刑事诉讼文书补充样式 2,即一审未成年人刑事案件适用普通程序的刑事判决书样式,不再执行。

×××人民法院

刑事判决书

(一审未成年人刑事案件适用普通程序用)

(××××)×刑初字第××号

公诉机关×××人民检察院。

被告人……(写明姓名、性别、出生年月日、民族、户籍所在地、文化程度、职业或者工作单位、学校、住址,所受强制措施情况等,现羁押处所)。

法定代理人……(写明姓名、与被告人的关系、工作单位和职务、住址)。

辩护人(或者指定辩护人)……(写明姓名、工作单位和职务)。

×××人民检察院以×××检×诉〔××××〕××号起诉书指控被告人×××犯××罪,于××××年××月××日向本院提起公诉。本院于××××年××月××日立案,并依法组成合议庭。因本案被告人系未成年人(或者因本案涉及未成年被告人),依法不公开开庭审理了本案。×××人民检察院指派检察员×××出庭支持公诉,被害人×××及其法定代理人×××、诉讼代理人×××,被告人×××及其法定代理人×××、辩护人(或者指定辩护人)×××,证人×××,鉴定人×××,翻译人员×××等到庭参加诉讼。现已审理终结。

×××人民检察院指控……(概述人民检察院指控被告人犯罪的事实、证据和适用法律的意见)。

被告人×××辩称……(概述被告人对指控的犯罪事实予以供述、辩解、自行辩护的意见和有关证据)。法定代理人×××……(概述对公诉机关指控被告人犯罪的意见、提供的有关证据)。辩护人×××提出的辩护意见是……(概述辩护人的辩护意见和有关证据)。

×××根据《最高人民法院关于审理未成年人刑事案件的若干规定》(此规定已被最高人民法院法释〔2015〕2号废止。——编著者注),向法庭提交了被告人×××的情况调查报告。

经审理查明,……(首先写明经庭审查明的事实;其次写明经举证、质证定案的证据及其来源;最后对控辩双方有异议的事实、证据进行分析、认证)。

在审理过程中,法庭了解到……(概述被告人×××的情况调查报告中与其量刑密切相关的内容)。控辩双方对被告人×××的情况调查报告表述了以下意见:……(如果可能判处被告人非监禁刑罚的,概述所具备的监护、帮教条件等情况)。

本院认为,……(根据查证属实的事实、证据和有关法律规定,论证公诉机关指控的犯罪是否成立,被告人的行为是否构成犯罪,犯的什么罪,应否从轻、减轻、免除处罚或者从重处罚。对于控、辩双方关于适用法律方面的意见,应当有分析地表示是否予以采纳,并阐明理由。对于认定未成年被告人构成犯罪的,应当结合查明的未成年被告人的成长经历,剖析未成年被告人走上犯罪道路的主客观方面的原因)。依照……(写明判决的法律根据)的规定,判决如下:

……(写明判决结果)。分四种情况:

第一,定罪判刑的,表述为:

"一、被告人×××犯××罪,判处……(写明主刑、附加刑)。(刑期从判决执行之日起计算。判决执行以前先行羁押的,羁押一日折抵刑期一日,即自××××年××月××日起至××××年××月××日止)。

二、被告人×××……(写明决定追缴、退赔或者发还被害人、没收财物的名称、种类和数额)。"

第二,定罪免刑的,表述为:

"被告人×××犯××罪,免予刑事处罚(如有追缴、退赔或者没收财物的,续写第二项)。"

第三,对被告人因不满十六周岁不予刑事处罚的,表述为:

"被告人×××不负刑事责任。"

第四,宣告无罪的,不论是适用《中华人民共和国刑事诉讼法》第一百六十二条第(二)项还是第(三)项,均应表述为:

"被告人×××无罪"。

如不服本判决,可在接到判决书的第二日起十日内,通过本院或者直接向×××人民法院提出上诉。书面上诉的,应当提交上诉状正本一份,副本×份。

审判长×××
人民陪审员×××
人民陪审员×××

××××年××月××日
(院印)

本件与原件核对无异

书记员×××

样式的说明

一、本样式根据《中华人民共和国刑事诉讼法》和《最高人民法院关于审理未成年人刑事案件的若干规定》(此规定已被最高人民法院法释〔2015〕2号废止。——编著者注)以及审理未成年人刑事案件实践的需要制定,供第一审人民法院适用普通程序审理未成年人刑事案件时使用。

二、未成年人犯罪有别于成年人犯罪。制作未成年人刑事判决书,应当根据案件的实际情况,充分体现"教育、感化、挽救"的方针和"教育为主、惩罚为辅"的原则,反映"寓教于审、惩教结合"的特点。

三、未成年人刑事裁判文书语言表述应当简洁、通俗易懂、注重说理,便于未成年被告人及其法定代理人理解。

四、首部

1. 未成年被告人的基本情况

(1)姓名和户籍所在地。应当写查明的未成年被告人的姓名和户籍所在地。如果未成年被告人属于刑事诉讼法第一百二十八条第二款规定的"对于犯罪事实清楚,证据确实、充分的,也可以按其自报的姓名移送人民检察院审查起诉"情形的,可以按照被告人自报的姓名予以表述,但应当用括号注明"自报"。户籍所在地可以不写。

被告人自报的姓名在侦查、起诉、审判阶段都不一致的,由法官根据案件情况综合考虑予以确定。

(2)出生年月日。应当写经审理查明的未成年被告人出生的年、月、日。属于《最高人民法院关于审理未成年人刑事案件具体应用法律若干问题的解释》第四条第一款规定的"没有充分证据证明被告人实施被指控的犯罪时已经达到法定刑事责任年龄且确实无法查明的,应当推定其没有达到相应法定刑事责任年龄"情形的,可以分别表述为"实施被指控的犯罪时不满十四周岁"、"实施被指控的犯罪时已满十四周岁不满十六周岁"和"实施被指控的犯罪时已满十六周岁不满十八周岁",同时用括号注明"推定"。

属于第二款规定的"相关证据足以证明被告人实施被指控的犯罪时已经达到法定刑事责任年龄,但是无法准确查明被告人具体出生日期"的,首部应当直接写明被告人"实施被指控的犯罪时已满××周岁"。

(3)文化程度。应当表述实际就学状况。如,可以表述为"小学二年级文化,辍学"或者"初中一年级学生"等。

(4)工作单位、学校、住址。应当写查明的工作单位、学校和住址。户籍所在地和住址一致的,可以不写住址。在户籍所在地以外地方犯罪的,应当写明其被采取强制措施前的住址或者经常居住地。

属于刑事诉讼法第一百二十八条第二款规定的"对于犯罪事实清楚,证据确实、充分的,也可以按其自报的姓名移送人民检察院审查起诉"情形的,可以不写。

(5)所受强制措施的情况。表述为"因涉嫌犯××罪于××××年××月××日被刑事拘留、逮捕(或者被采取其他强制措施)"。

(6)首部应当写明以前是否有因犯罪受到刑事处罚的情形。

2. 法定代理人

(1)未成年被告人没有法定代理人或者无法查到法定代理人的,可以不写法定代理人。

(2)未成年被告人的法定代理人无法出庭或者确实不宜出庭的,应当写明法定代理人,并在审理经过段出庭人员中表述为:"被告人×××的法定代理人×××经法院通知未出庭"或者"被告人×××的法定代理人×××因特殊原因未出庭"等内容。

(3)被告人犯罪时未成年,开庭审理时已成年的,不列法定代理人。

3. 社会调查员参加庭审的,在审理经过段"翻译人员×××"后增加表述为:"翻译人员×××,社会调查员×××等到庭参加诉讼。现已审理终结。"

4. 对未成年人刑事案件实行指定管辖的，在审理经过段可以表述为：“按照×××中级人民法院指定管辖的决定，×××人民检察院以×××检×诉〔××××〕××号起诉书……”直接接审理经过段。

五、事实

(1)概述被告人的性格特点、家庭情况、社会交往、成长经历及实施被指控的犯罪前后的表现等情况时，应当简明扼要，注意保护未成年被告人及其家庭的隐私。写明与被告人量刑密切相关的情况即可。

控辩双方对未成年被告人调查报告反映的情况提出的意见，应予客观表述。

对于人民法院自行调查未成年被告人情况的，可直接在判决书“经审理查明”事实证据之后，表述为：“根据《最高人民法院关于审理未成年人刑事案件的若干规定》(此规定已被最高人民法院法释〔2015〕2号废止。——编著者注)的规定，本院经自行调查了解到……”。

(2)事实部分要注意写明有关未成年被告人年龄证据情况；控辩双方对年龄及证据的意见；对控辩双方有异议的年龄、证据要进行分析、认证。

六、理由

注意写明有关认定或者推定未成年被告人实施犯罪时年龄的理由。

对于依照《最高人民法院关于审理未成年人刑事案件具体应用法律若干问题的解释》第四条第一款规定，对被告人的年龄适用推定的，在“本院认为”部分可以表述为：“鉴于通过法庭调查确实无法查明被告人的出生年、月、日，本院根据掌握的现有证据材料，依法推定被告人实施被指控的犯罪时不满十四周岁(或者实施被指控的犯罪时已满十四周岁不满十六周岁，或者实施被指控的犯罪时不满十八周岁)”。

七、对隐私案件的未成年被害人，为保护被害人的名誉，在裁判文书中应当只写姓、不写名，表述为“张某”、“王某某”。

隐私案件的未成年被害人提起附带民事诉讼的，则应当在首部“附带民事诉讼原告人”部分表述其真实姓名。

对于未成年刑事案件的证人，应当写明其真实姓名。

八、对于第一审未成年被告人刑事附带民事判决书，可以参阅《法院刑事诉讼文书样式》(样本)3、6、9及其说明制作。第二审刑事附带民事判决书，可以参阅《法院刑事诉讼文书样式》(样本)12、15及其说明制作。

九、对于第二审未成年被告人刑事判决书、裁定书，可以参阅本样式以及《法院刑事诉讼文书样式》(样本)11、13、16、17、18及其说明制作。

×××人民法院

刑事判决书

(一审公诉未成年人刑事案件适用简易程序用)

(××××)×刑初字第××号

公诉机关×××人民检察院。

被告人……(写明姓名、性别、出生年月日、民族、户籍所在地、文化程度、职业或者工作单位、学校、住址，所受强制措施情况等，现羁押处所)。

法定代理人……(写明姓名、与被告人的关系、工作单位和职务、住址)。

辩护人(或者指定辩护人)……(写明姓名、工作单位和职务)。

×××人民检察院以×××检×诉〔××××〕××号起诉书指控被告人×××犯××罪，于××

××年××月××日向本院提起公诉。本院于××××年××月××日立案,并依法适用简易程序,实行独任审判。因本案被告人系未成年人(或者因本案涉及未成年被告人),依法不公开开庭审理了本案。(×××人民检察院检察员×××、)被告人×××及其法定代理人×××、辩护人(或者指定辩护人×××)等到庭参加诉讼。现已审理终结。

公诉机关指控被告人……(简要概括起诉书指控的犯罪事实的内容)。

上述事实,被告人在开庭审理过程中亦无异议,并有物证××、书证××、证人×××的证言、被害人×××的陈述、××公安机关(或检察机关)的勘验、检查笔录和××鉴定结论等证据证实,足以认定。

根据《最高人民法院关于审理未成年人刑事案件的若干规定》(此规定已被最高人民法院法释〔2015〕2号废止。——编著者注)的规定,在法庭审理过程中,本院了解到……(简要概述被告人×××的情况调查报告中与量刑密切相关的内容。如果可能判处被告人非监禁刑罚的,概述所具备的监护、帮教条件等情况)。

本院认为,被告人×××的行为(具体)已构成××罪。(对控辩双方适用法律方面的争议采纳或者不予采纳的理由;依法从轻、减轻处罚或者免除处罚的理由。)结合未成年被告人的成长经历,剖析未成年被告人走上犯罪道路的主客观方面的原因。依照……(写明判决的法律根据)的规定,判决如下:

被告人×××犯××罪,判处……(写明判处的具体内容)。(刑期从判决执行之日起计算。判决执行以前先行羁押的,羁押一日折抵刑期一日,即自××××年××月××日起至××××年××月××日止)。

如不服本判决,可在接到判决书的第二日起十日内,通过本院或者直接向×××人民法院提出上诉。书面上诉的,应当提交上诉状正本一份,副本×份。

审判员×××

××××年××月××日

(院印)

本件与原件核对无异

书记员×××

样式的说明

一、本着适用简易程序审理刑事案件,在裁判文书制作上应尽量予以简化的原则,在最高人民法院《一审公诉案件适用简易程序刑事判决书样式》(法发〔2003〕6号)基础上制定本样式。与《一审公诉案件适用简易程序刑事判决书样式》相比,本样式增加了"被告人×××的情况调查报告"内容及"剖析未成年被告人走上犯罪道路的主客观方面的原因"等部分内容。

二、括号"()"部分的内容是根据案件具体情况应写明的内容,没有相应事项的,不需要写明。

三、第一审未成年人刑事公诉案件适用简易程序的刑事判决书,可以参阅第一审未成年人刑事案件适用普通程序判决书样式及其说明制作。

十九、最高人民检察院关于办理当事人达成和解的轻微刑事案件的若干意见(2011年1月19日)

一、指导思想和基本原则

人民检察院办理当事人达成和解的轻微刑事案件的指导思想是:按照中央关于深入推进三项重点工作的总体要求,正确贯彻宽严相济刑事政策,充分发挥检察机关在化解社会矛盾和构建社会主义和谐社会中的职能作用,维护社会公平正义、促进社会和谐稳定。

办理当事人达成和解的轻微刑事案件,必须坚持以下原则:

1. 依法办案与化解矛盾并重；

2. 惩罚犯罪与保证人权并重；

3. 实现法律效果与社会效果的有机统一。

二、关于适用范围和条件

对于依法可能判处三年以下有期徒刑、拘役、管制或者单处罚金的刑事公诉案件，可以适用本意见。

上述范围内的刑事案件必须同时符合下列条件：

1. 属于侵害特定被害人的故意犯罪或者有直接被害人的过失犯罪；

2. 案件事实清楚，证据确实、充分；

3. 犯罪嫌疑人、被告人真诚认罪，并且已经切实履行和解协议。对于和解协议不能即时履行的，已经提供有效担保或者调解协议经人民法院确认；

4. 当事人双方就赔偿损失、恢复原状、赔礼道歉、精神抚慰等事项达成和解；

5. 被害人及其法定代理人或者近亲属明确表示对犯罪嫌疑人、被告人予以谅解，要求或者同意对犯罪嫌疑人、被告人依法从宽处理。

以下案件不适用本意见：

1. 严重侵害国家、社会公共利益，严重危害公共安全或者危害社会公共秩序的犯罪案件；

2. 国家工作人员职务犯罪案件；

3. 侵害不特定多数人合法权益的犯罪案件。

三、关于当事人和解的内容

当事人双方可以就赔偿损失、恢复原状、赔礼道歉、精神抚慰等民事责任事项进行和解，并且可以就被害人及其法定代理人或者近亲属是否要求或者同意公安、司法机关对犯罪嫌疑人、被告人依法从宽处理达成一致，但不得对案件的事实认定、证据和法律适用、定罪量刑等依法属于公安、司法机关职权范围的事宜进行协商。

双方当事人或者其法定代理人有权达成和解，当事人的近亲属、聘请的律师以及其他受委托的人，可以代为进行协商和解等事宜。双方达成和解的，应当签订书面协议，并且必须得到当事人或者其法定代理人的确认。犯罪嫌疑人、被告人必须当面或者书面向被害人一方赔礼道歉、真诚悔罪。

和解协议中的损害赔偿一般应当与其承担的法律责任和对被害人造成的损害相适应，并且可以酌情考虑犯罪嫌疑人、被告人及其法定代理人的赔偿、补救能力。

四、关于当事人达成和解的途径与检调对接

当事人双方的和解，包括当事人双方自行达成和解，也包括经人民调解委员会、基层自治组织、当事人所在单位或者同事、亲友等组织或者个人调解后达成和解。

人民检察院应当与人民调解组织积极沟通、密切配合，建立工作衔接机制，及时告知双方当事人申请委托人民调解的权力、申请方式和操作程序以及达成调解协议后的案件处理方式，支持配合人民调解组织的工作。

人民检察院对于符合本意见适用范围和条件的下列案件，可以建议当事人进行和解，并告知相应的权力义务，必要时可以提供法律咨询：

1. 由公安机关立案侦查的刑事诉讼法第一百七十条第二项规定的案件；

2. 未成年人、在校学生犯罪的轻微刑事案件；

3. 七十周岁以上老年人犯罪的轻微刑事案件。

犯罪嫌疑人、被告人或者其亲友、辩护人以暴力、威胁、欺骗或者其他非法方法强迫、引诱被害人和解，或者在协议履行完毕之后威胁、报复被害人的，不适用有关不捕不诉的规定，已经作出不逮捕或者不起诉决定的,人民检察院应当撤销原决定,依法对犯罪嫌疑人、被告人逮捕或者提起诉讼。

犯罪嫌疑人、被告人或者其亲友、辩护人实施前款行为情节严重的,依法追究其法律责任。

五、关于对当事人和解协议的审查

人民检察院对当事人双方达成的和解协议,应当重点从以下几个方面进行审查:

1. 当事人双方是否自愿;

2. 加害方的经济赔偿数额与其所造成的伤害是否相适应,是否酌情考虑其赔偿能力。犯罪嫌疑人、被告人是否真诚悔罪并且积极履行和解协议或者是否为协议履行提供有效担保或者调解协议经人民法院确认;

3. 被害人及其法定代理人或者近亲属是否明确表示对犯罪嫌疑人、被告人予以谅解;

4. 是否符合法律规定;

5. 是否损害国家、集体和社会公共利益或者他人的合法权益;

6. 是否符合社会公德。

审查时,应当当面听取当事人双方对和解的意见、告知被害人刑事案件可能从轻处理的法律后果和双方的权利义务,并记录在案。

六、关于检察机关对当事人达成和解案件的处理

对于公安机关提请批准逮捕的案件,符合本意见规定的适用范围和条件的,应当作为无逮捕必要的重要因素予以考虑,一般可以作出不批准逮捕的决定;已经批准逮捕,公安机关变更强制措施通知人民检察院的,应当依法实行监督;审查起诉阶段,在不妨碍诉讼顺利进行的前提下,可以依法变更强制措施。

对于公安机关立案侦查并移送审查起诉的刑事诉讼法第一百七十条第二项规定的轻微刑事案件,符合本意见规定的适用范围和条件的,一般可以决定不起诉。

对于其他轻微刑事案件,符合本意见规定的适用范围和条件的,作为犯罪情节轻微,不需要判处刑罚或者免除刑罚的重要因素予以考虑,一般可以确定不起诉。对于依法必须提起公诉的,可以向人民法院提出在法定幅度范围内从宽处理的量刑建议。

对被不起诉人需要给予行政处罚、行政处分或者需要没收其违法所得的,应当提出检察意见,移送有关管理机关处理。

对于当事人双方达成和解、决定不起诉的案件,在宣布不起诉决定前应当再次听取双方当事人对和解的意见,并且查明犯罪嫌疑人是否真诚悔罪、和解协议是否履行或者为协议履行提供有效担保或者调解协议经人民法院确认。

对于依法可能判处三年以上有期徒刑刑罚的案件,当事人双方达成和解协议的,在提起诉讼时,可以向人民法院提出在法定幅度范围内从宽处理的量刑建议。对于情节特别恶劣,社会危害特别严重的犯罪,除了考虑和解因素,还应注意发挥刑法的教育和预防作用。

七、依法规范当事人达成和解案件的办理工作

人民检察院适用本意见办理案件,应当遵守《中华人民共和国刑事诉讼法》、《人民检察院刑事诉讼规则》等有关办案期限的规定。

根据本意见,拟对当事人达成和解的轻微刑事案件作出不批准逮捕或者不起诉决定的,应当由检察委员会讨论决定。

人民检察院应当加强对审查批捕、审查起诉工作中办理当事人达成和解案件的监督检查,发现违法违纪,情节轻微的,应当给予批评教育;情节严重的,应当根据有关规定给予组织处理或者纪律处分;构成犯罪的,依法追究刑事责任。

二十、最高人民法院关于人民法院办理海峡两岸送达文书和调查取证司法互助案件的规定(2011年6月25日)

为落实《海峡两岸共同打击犯罪及司法互助协议》(以下简称协议),进一步推动海峡两岸司法互助业务的开展,确保协议中涉及人民法院有关送达文书和调查取证司法互助工作事项的顺利实施,结合各级人民法院开展海峡两岸司法互助工作实践,制定本规定。

一、总则

第一条 人民法院依照协议,办理海峡两岸民事、刑事、行政诉讼案件中的送达文书和调查取证司法互助业务,适用本规定。

第二条 人民法院应当在法定职权范围内办理海峡两岸司法互助业务。

人民法院办理海峡两岸司法互助业务,应当遵循一个中国原则,遵守国家法律的基本原则,不得违反社会公共利益。

二、职责分工

第三条 人民法院和台湾地区业务主管部门通过各自指定的协议联络人,建立办理海峡两岸司法互助业务的直接联络渠道。

第四条 最高人民法院是与台湾地区业务主管部门就海峡两岸司法互助业务进行联络的一级窗口。最高人民法院台湾司法事务办公室主任是最高人民法院指定的协议联络人。

最高人民法院负责:就协议中涉及人民法院的工作事项与台湾地区业务主管部门开展磋商、协调和交流;指导、监督、组织、协调地方各级人民法院办理海峡两岸司法互助业务;就海峡两岸调查取证司法互助业务与台湾地区业务主管部门直接联络,并在必要时具体办理调查取证司法互助案件;及时将本院和台湾地区业务主管部门指定的协议联络人的姓名、联络方式及变动情况等工作信息通报高级人民法院。

第五条 最高人民法院授权高级人民法院就办理海峡两岸送达文书司法互助案件,建立与台湾地区业务主管部门联络的二级窗口。高级人民法院应当指定专人作为经最高人民法院授权的二级联络窗口联络人。

高级人民法院负责:指导、监督、组织、协调本辖区人民法院办理海峡两岸送达文书和调查取证司法互助业务;就办理海峡两岸送达文书司法互助案件与台湾地区业务主管部门直接联络,并在必要时具体办理送达文书和调查取证司法互助案件;登记、统计本辖区人民法院办理的海峡两岸送达文书司法互助案件;定期向最高人民法院报告本辖区人民法院办理海峡两岸送达文书司法互助业务情况;及时将本院联络人的姓名、联络方式及变动情况报告最高人民法院,同时通报台湾地区联络人和下级人民法院。

第六条 中级人民法院和基层人民法院应当指定专人负责海峡两岸司法互助业务。

中级人民法院和基层人民法院负责:具体办理海峡两岸送达文书和调查取证司法互助案件;定期向高级人民法院层报本院办理海峡两岸送达文书司法互助业务情况;及时将本院海峡两岸司法互助业务负责人员的姓名、联络方式及变动情况层报高级人民法院。

三、送达文书司法互助

第七条 人民法院向住所地在台湾地区的当事人送达民事和行政诉讼司法文书,可以采用下列方式:

(一)受送达人居住在大陆的,直接送达。受送达人是自然人,本人不在的,可以交其同住成年家属签收;受送达人是法人或者其他组织的,应当由法人的法定代表人、其他组织的主要负责人或者该法人、其他组织负责收件的人签收。

受送达人不在大陆居住,但送达时在大陆的,可以直接送达。

(二)受送达人在大陆有诉讼代理人的,向诉讼代理人送达。但受送达人在授权委托书中明确表明其诉讼代理人无权代为接收的除外。

(三)受送达人有指定代收人的,向代收人送达。

(四)受送达人在大陆有代表机构、分支机构、业务代办人的,向其代表机构或者经受送达人明确授权接受送达的分支机构、业务代办人送达。

(五)通过协议确定的海峡两岸司法互助方式,请求台湾地区送达。

(六)受送达人在台湾地区的地址明确的,可以邮寄送达。

(七)有明确的传真号码、电子信箱地址的,可以通过传真、电子邮件方式向受送达人送达。

采用上述方式均不能送达或者台湾地区当事人下落不明的,可以公告送达。

人民法院需要向住所地在台湾地区的当事人送达刑事司法文书,可以通过协议确定的海峡两岸司法互助方式,请求台湾地区送达。

第八条　人民法院协助台湾地区法院送达司法文书,应当采用民事诉讼法、刑事诉讼法、行政诉讼法等法律和相关司法解释规定的送达方式,并应当尽可能采用直接送达方式,但不采用公告送达方式。

第九条　人民法院协助台湾地区送达司法文书,应当充分负责,及时努力送达。

第十条　审理案件的人民法院需要台湾地区协助送达司法文书的,应当填写《〈海峡两岸共同打击犯罪及司法互助协议〉送达文书请求书》附录部分,连同需要送达的司法文书,一式二份,及时送交高级人民法院。

需要台湾地区协助送达的司法文书中有指定开庭日期等类似期限的,一般应当为协助送达程序预留不少于六个月的时间。

第十一条　高级人民法院收到本院或者下级人民法院《〈海峡两岸共同打击犯罪及司法互助协议〉送达文书请求书》附录部分和需要送达的司法文书后,应当在七个工作日内完成审查。经审查认为可以请求台湾地区协助送达的,高级人民法院联络人应当填写《〈海峡两岸共同打击犯罪及司法互助协议〉送达文书请求书》正文部分,连同附录部分和需要送达的司法文书,立即寄送台湾地区联络人;经审查认为欠缺相关材料、内容或者认为不需要请求台湾地区协助送达的,应当立即告知提出请求的人民法院补充相关材料、内容或者在说明理由后将材料退回。

第十二条　台湾地区成功送达并将送达证明材料寄送高级人民法院联络人,或者未能成功送达并将相关材料送还,同时出具理由说明给高级人民法院联络人的,高级人民法院应当在收到之日起七个工作日内,完成审查并转送提出请求的人民法院。经审查认为欠缺相关材料或者内容的,高级人民法院联络人应当立即与台湾地区联络人联络并请求补充相关材料或者内容。

自高级人民法院联络人向台湾地区寄送有关司法文书之日起满四个月,如果未能收到送达证明材料或者说明文件,且根据各种情况不足以认定已经送达的,视为不能按照协议确定的海峡两岸司法互助方式送达。

第十三条　台湾地区请求人民法院协助送达台湾地区法院的司法文书并通过其联络人将请求书和相关司法文书寄送高级人民法院联络人的,高级人民法院应当在七个工作日内完成审查。经审查认为可以协助送达的,应当立即转送有关下级人民法院送达或者由本院送达;经审查认为欠缺相关材料、内容或者认为不宜协助送达的,高级人民法院联络人应当立即向台湾地区联络人说明情况并告知其补充相关材料、内容或者将材料送还。

具体办理送达文书司法互助案件的人民法院应当在收到高级人民法院转送的材料之日起五个工作日内,以“协助台湾地区送达民事(刑事、行政诉讼)司法文书”案由立案,指定专人办理,并应当自立案之日起十五日内完成协助送达,最迟不得超过两个月。

收到台湾地区送达文书请求时,司法文书中指定的开庭日期或者其他期限逾期的,人民法院亦应予以送达,同时高级人民法院联络人应当及时向台湾地区联络人说明情况。

第十四条 具体办理送达文书司法互助案件的人民法院成功送达的,应当由送达人在《〈海峡两岸共同打击犯罪及司法互助协议〉送达回证》上签名或者盖章,并在成功送达之日起七个工作日内将送达回证送交高级人民法院;未能成功送达的,应当由送达人在《〈海峡两岸共同打击犯罪及司法互助协议〉送达回证》上注明未能成功送达的原因并签名或者盖章,在确认不能送达之日起七个工作日内,将该送达回证和未能成功送达的司法文书送交高级人民法院。

高级人民法院应当在收到前款所述送达回证之日起七个工作日内完成审查,由高级人民法院联络人在前述送达回证上签名或者盖章,同时出具《〈海峡两岸共同打击犯罪及司法互助协议〉送达文书回复书》,连同该送达回证和未能成功送达的司法文书,立即寄送台湾地区联络人。

四、调查取证司法互助

第十五条 人民法院办理海峡两岸调查取证司法互助业务,限于与台湾地区法院相互协助调取与诉讼有关的证据,包括取得证言及陈述;提供书证、物证及视听资料;确定关系人所在地或者确认其身份、前科等情况;进行勘验、检查、扣押、鉴定和查询等。

第十六条 人民法院协助台湾地区法院调查取证,应当采用民事诉讼法、刑事诉讼法、行政诉讼法等法律和相关司法解释规定的方式。

在不违反法律和相关规定、不损害社会公共利益、不妨碍正在进行的诉讼程序的前提下,人民法院应当尽力协助调查取证,并尽可能依照台湾地区请求的内容和形式予以协助。

台湾地区调查取证请求书所述的犯罪事实,依照大陆法律规定不认为涉嫌犯罪的,人民法院不予协助,但有重大社会危害并经双方业务主管部门同意予以个案协助的除外。台湾地区请求促使大陆居民至台湾地区作证,但未作出非经大陆主管部门同意不得追诉其进入台湾地区之前任何行为的书面声明的,人民法院可以不予协助。

第十七条 审理案件的人民法院需要台湾地区协助调查取证的,应当填写《〈海峡两岸共同打击犯罪及司法互助协议〉调查取证请求书》附录部分,连同相关材料,一式三份,及时送交高级人民法院。

高级人民法院应当在收到前款所述材料之日起七个工作日内完成初步审查,并将审查意见和《〈海峡两岸共同打击犯罪及司法互助协议〉调查取证请求书》附录部分及相关材料,一式二份,立即转送最高人民法院。

第十八条 最高人民法院收到高级人民法院转送的《〈海峡两岸共同打击犯罪及司法互助协议〉调查取证请求书》附录部分和相关材料以及高级人民法院审查意见后,应当在七个工作日内完成最终审查。经审查认为可以请求台湾地区协助调查取证的,最高人民法院联络人应当填写《〈海峡两岸共同打击犯罪及司法互助协议〉调查取证请求书》正文部分,连同附录部分和相关材料,立即寄送台湾地区联络人;经审查认为欠缺相关材料、内容或者认为不需要请求台湾地区协助调查取证的,应当立即通过高级人民法院告知提出请求的人民法院补充相关材料、内容或者在说明理由后将材料退回。

第十九条 台湾地区成功调查取证并将取得的证据材料寄送最高人民法院联络人,或者未能成功调查取证并将相关材料送还,同时出具理由说明给最高人民法院联络人的,最高人民法院应当在收到之日起七个工作日内完成审查并转送高级人民法院,高级人民法院应当在收到之日起七个工作日内转送提出请求的人民法院。经审查认为欠缺相关材料或者内容的,最高人民法院联络人应当立即与台湾地区联络人联络并请求补充相关材料或者内容。

第二十条 台湾地区请求人民法院协助台湾地区法院调查取证并通过其联络人将请求书和相关材料寄送最高人民法院联络人的,最高人民法院应当在收到之日起七个工作日内完成审查。经审查认为可以协助调查取证的,应当立即转送有关高级人民法院或者由本院办理,高级人民法院应当在收到之日起七个工作日内转送有关下级人民法院办理或者由本院办理;经审查认为欠缺相关材料、内容或者认为不宜协助调查取证的,最高人民法院联络人应当立即向台湾地区联络人说明情况并告知其补充相关材料、内容或者将材料送还。

具体办理调查取证司法互助案件的人民法院应当在收到高级人民法院转送的材料之日起五个工作日内,以"协助台湾地区民事(刑事、行政诉讼)调查取证"案由立案,指定专人办理,并应当自立案之日起一个月内完成协助调查取证,最迟不得超过三个月。因故不能在期限届满前完成的,应当提前函告高级人民法院,并由高级人民法院转报最高人民法院。

第二十一条　具体办理调查取证司法互助案件的人民法院成功调查取证的,应当在完成调查取证之日起七个工作日内将取得的证据材料一式三份,连同台湾地区提供的材料,并在必要时附具情况说明,送交高级人民法院;未能成功调查取证的,应当出具说明函一式三份,连同台湾地区提供的材料,在确认不能成功调查取证之日起七个工作日内送交高级人民法院。

高级人民法院应当在收到前款所述材料之日起七个工作日内完成初步审查,并将审查意见和前述取得的证据材料或者说明函等,一式二份,连同台湾地区提供的材料,立即转送最高人民法院。

最高人民法院应当在收到之日起七个工作日内完成最终审查,由最高人民法院联络人出具《〈海峡两岸共同打击犯罪及司法互助协议〉调查取证回复书》,必要时连同相关材料,立即寄送台湾地区联络人。

证据材料不适宜复制或者难以取得备份的,可不按本条第一款和第二款的规定提供备份材料。

五、附则

第二十二条　人民法院对于台湾地区请求协助所提供的和执行请求所取得的相关资料应当予以保密。但依据请求目的使用的除外。

第二十三条　人民法院应当依据请求书载明的目的使用台湾地区协助提供的资料。但最高人民法院和台湾地区业务主管部门另有商定的除外。

第二十四条　对于依照协议和本规定从台湾地区获得的证据和司法文书等材料,不需要办理公证、认证等形式证明。

第二十五条　人民法院办理海峡两岸司法互助业务,应当使用统一、规范的文书样式。

第二十六条　对于执行台湾地区的请求所发生的费用,由有关人民法院负担。但下列费用应当由台湾地区业务主管部门负责支付:

(一)鉴定费用;

(二)翻译费用和誊写费用;

(三)为台湾地区提供协助的证人和鉴定人,因前往、停留、离开台湾地区所发生的费用;

(四)其他经最高人民法院和台湾地区业务主管部门商定的费用。

第二十七条　人民法院在办理海峡两岸司法互助案件中收到、取得、制作的各种文件和材料,应当以原件或者复制件形式,作为诉讼档案保存。

第二十八条　最高人民法院审理的案件需要请求台湾地区协助送达司法文书和调查取证的,参照本规定由本院自行办理。

专门人民法院办理海峡两岸送达文书和调查取证司法互助业务,参照本规定执行。

第二十九条　办理海峡两岸司法互助案件和执行本规定的情况,应当纳入对有关人民法院及相关工作人员的工作绩效考核和案件质量评查范围。

第三十条　此前发布的司法解释与本规定不一致的,以本规定为准。

二十一、最高人民法院、最高人民检察院、国家林业局、公安部、海关总署关于破坏野生动物资源刑事案件中涉及的CITES附录Ⅰ和附录Ⅱ所列陆生野生动物制品价值核定问题的通知(2012年9月17日)

我国是《濒危野生动植物种国际贸易公约》(CITES)缔约国,非原产我国的CITES附录Ⅰ和附录

Ⅱ所列陆生野生动物已依法被分别核准为国家一级、二级保护野生动物。近年来,各地严格按照CITES和我国野生动物保护法律法规的规定,查获了大量非法收购、运输、出售和走私CITES附录Ⅰ、附录Ⅱ所列陆生野生动物及其制品案件。为确保依法办理上述案件,依据《陆生野生动物保护实施条例》第二十四条、《最高人民法院关于审理走私刑事案件具体应用法律若干问题的解释》(法释〔2000〕30号)第四条(此解释已于2014年9月10日废止。——编著者注),以及《最高人民法院关于审理破坏野生动物资源刑事案件具体应用法律若干问题的解释》(法释〔2000〕37号)第十条和第十一条的有关规定,结合《林业部关于在野生动物案件中如何确定国家重点保护野生动物及其产品价值标准的通知》(林策通字〔1996〕8号),现将破坏野生动物资源案件中涉及的CITES附录Ⅰ和附录Ⅱ所列陆生野生动物制品的价值标准规定如下:

一、CITES附录Ⅰ、附录Ⅱ所列陆生野生动物制品的价值,参照与其同属的国家重点保护陆生野生动物的同类制品价值标准核定;没有与其同属的国家重点保护陆生野生动物的,参照与其同科的国家重点保护陆生野生动物的同类制品价值标准核定;没有与其同科的国家重点保护陆生野生动物的,参照与其同目的国家重点保护陆生野生动物的同类制品价值标准核定;没有与其同目的国家重点保护陆生野生动物的,参照与其同纲或者同门的国家重点保护陆生野生动物的同类制品价值标准核定。

二、同属、同科、同目、同纲或者同门中,如果存在多种不同保护级别的国家重点保护陆生野生动物的,应当参照该分类单元中相同保护级别的国家重点保护野生动物的同类制品价值标准核定;如果存在多种相同保护级别的国家重点保护陆生野生动物的,应当参照该分类单元中价值标准最低的国家重点保护陆生野生动物的同类制品价值标准核定;如果CITES附录Ⅰ、附录Ⅱ所列陆生野生动物所处分类单元有多种国家级重点保护陆生野生动物,但保护级别不同的,应当参照该分类单元中价值最低的国家重点保护陆生野生动物的同类制品价值标准核定;如果仅有一种国家重点保护陆生野生动物的,应当参照该种重点保护陆生野生动物的同类制品价值标准核定。

三、同一案件中缴获的同一动物个体的不同部分的价值总和,不得超过该种动物个体的价值。

四、核定价值低于非法贸易实际交易价格的,以非法贸易实际交易价格认定。

五、犀牛角、象牙等野生动物制品的价值,继续依照《国家林业局关于发布破坏野生动物资源刑事案件中涉及走私的象牙及其制品价值标准的通知》(林濒发〔2001〕234号),以及《国家林业局关于发布破坏野生动物资源刑事案件中涉及犀牛角价值标准的通知》(林护发〔2002〕130号)的规定核定。

人民法院、人民检察院、公安、海关等办案单位可以依据上述价值标准,核定破坏野生动物资源刑事案件中涉及的CITES附录Ⅰ、附录Ⅱ所列陆生野生动物制品的价值。核定有困难的,县级以上林业主管部门、国家濒危物种进出口管理机构或者其指定的鉴定单位应该协助。

二十二、中华人民共和国农业部、中华人民共和国卫生部、国家药品监督管理局禁止在饲料和动物饮用水中使用的药物品种目录(2002年2月9日)

一、肾上腺素受体激动剂

1. 盐酸克仑特罗(Clenbuterol Hydrochloride):中华人民共和国药典(以下简称药典)2000年二部P605。β2-肾上腺素受体激动药。

2. 沙丁胺醇(Salbutamol):药典2000年二部P316。β2-肾上腺素受体激动药。

3. 硫酸沙丁胺醇(Salbutamol Sulfate):药典2000年二部P870。β2-肾上腺素受体激动药。

4. 莱克多巴胺(Ractopamine):一种β-兴奋剂,美国食品和药物管理局(FDA)已批准,中国未批准。

5. 盐酸多巴胺(Dopamine Hydrochloride):药典2000年二部P591。多巴胺受体激动药。

6. 西巴特罗(Cimaterol):美国氰胺公司开发的产品,一种β-兴奋剂,FDA未批准。

7. 硫酸特布他林(Terbutaline Sulfate):药典2000年二部P890。β2-肾上腺受体激动药。

二、性激素

8. 己烯雌酚(Diethylstibestrol):药典2000年二部P42。雌激素类药。

9. 雌二醇(Estradiol):药典2000年二部P1005。雌激素类药。

10. 戊酸雌二醇(Estradiol Valcrate):药典2000年二部P124。雌激素类药。

11. 苯甲酸雌二醇(Estradiol Benzoate):药典2000年二部P369。雌激素类药。中华人民共和国兽药典(以下简称兽药典)2000年版一部P109。雌激素类药。用于发情不明显动物的催情及胎衣滞留、死胎的排除。

12. 氯烯雌醚(Chlorotrianisene):药典2000年二部P919。

13. 炔诺醇(Ethinylestradiol):药典2000年二部P422。

14. 炔诺醚(Quinestrol):药典2000年二部P424。

15. 醋酸氯地孕酮(Chlormadinone Acetate):药典2000年二部P1037。

16. 左炔诺孕酮(Levonorgestrel):药典2000年二部P107。

17. 炔诺酮(Norethisterone):药典2000年二部P420。

18. 绒毛膜促性腺激素(绒促性素)(Chorionic Gonadotrophin):药典2000年二部P534。促性腺激素药。兽药典2000年版一部P146。激素类药。用于性功能障碍、习惯性流产及卵巢囊肿等。

19. 促卵泡生长激素(尿促性素主要含卵泡刺激FSHT和黄体生成素LH)(Menotropins):药典2000年二部P321。促性腺激素类药。

三、蛋白同化激素

20. 碘化酪蛋白(Iodinated Casein):蛋白同化激素类,为甲状腺素的前驱物质,具有类似甲状腺素的生理作用。

21. 苯丙酸诺龙及苯丙酸诺龙注射液(Nandrolone Phenylpropionate):药典2000年二部P365。

四、精神药品

22. (盐酸)氯丙嗪(Chlorpromazine Hydrochloride):药典2000年二部P676。抗精神病药。兽药典2000年版一部P177。镇静药。用于强化麻醉以及使动物安静等。

23. 盐酸异丙嗪(Promethazine Hydrochloride):药典2000年二部P602。抗组胺药。兽药典2000年版一部P164。抗组胺药。用于变态反应性疾病,如荨麻疹、血清病等。

24. 安定(地西泮)(Diazepam):药典2000年二部P214。抗焦虑药、抗惊厥药。兽药典2000年版一部P61。镇静药、抗惊厥药。

25. 苯巴比妥(Phenobarbital):药典2000年二部P362。镇静催眠药、抗惊厥药。兽药典2000年版一部P103。巴比妥类药。缓解脑炎、破伤风、士的宁中毒所致的惊厥。

26. 苯巴比妥钠(Phenobarbital Sodium):兽药典2000年版一部P105。巴比妥类药。缓解脑炎、破伤风、士的宁中毒所致的惊厥。

27. 巴比妥(Barbital):兽药典2000年版二部P27。中枢抑制和增强解热镇痛。

28. 异戊巴比妥(Amobarbital):药典2000年二部P252。催眠药、抗惊厥药。

29. 异戊巴比妥钠(Amobarbital Sodium):兽药典2000年版一部P82。巴比妥类药。用于小动物的镇静、抗惊厥和麻醉。

30. 利血平(Reserpine):药典2000年二部P304。抗高血压药。

31. 艾司唑仑(Estazolam)。

32. 甲丙氨脂(Meprobamate)。

33. 咪达唑仑(Midazolam)。

34. 硝西泮(Nitrazepam)。

35. 奥沙西泮(Oxazepam)。

36. 匹莫林(Pemoline)。

37. 三唑仑(Triazolam)。

38. 唑吡旦(Zolpidem)。

39. 其他国家管制的精神药品。

五、各种抗生素滤渣

40. 抗生素滤渣:该类物质是抗生素类产品生产过程中产生的工业三废,因含有微量抗生素成分,在饲料和饲养过程中使用后对动物有一定的促生长作用。但对养殖业的危害很大,一是容易引起耐药性,二是由于未做安全性试验,存在各种安全隐患。

二十三、国家食品药品监督管理局、公安部、卫生部麻醉药品品种目录123种(2007年10月30日)

1. 醋托啡 Acetorhine
2. 乙酰阿法甲基芬太尼 Acetylalphamethylfentanyl
3. 醋美沙朵 Acetylmethadol
4. 阿芬太尼 Alfentanil
5. 烯丙罗定 Allylprodine
6. 阿醋美沙朵 Alphaeetlmethadol
7. 阿法美罗定 Alphameprodine
8. 阿法美沙朵 Aphamethadol
9. 阿法甲基芬太尼 Aphamethylfentanyl
10. 阿法甲基硫代芬太尼 Aphamethylthiofentanyl
11. 阿法罗定 * Alphaprodine
12. 阿尼利定 Anilerdine
13. 苄替啶 Benzethidine
14. 苄吗啡 Benzylmorphine
15. 倍醋美沙朵 Betacetylmethadol
16. 倍他羟基芬太尼 Betahydroxyfentanyl
17. 倍他羟基-3 -甲基芬太尼 Betahydoxy - 3 - methylfentanyl
18. 倍他美罗定 Betameprodine
19. 倍他美沙朵 Betamethadol
20. 倍他罗定 Betaprodine
21. 贝齐米特 Bezitramide
22. 大麻与大麻树脂 Cannabis and Cannabis resin
23. 氯尼他秦 Clonitazene
24. 古柯叶 Coca Leaf
25. 可卡因 * Cocaine
26. 可多克辛 Codoxime
27. 罂粟轩浓缩物 * Concentrate of poppy straw
28. 地索吗啡 Desomorphine
29. 右吗拉胺 Dextromoramide
30. 地恩丙胺 Diampromde
31. 二乙噻丁 Diethylthiambutene

32. 地芬诺辛 Difenoxin
33. 二氢埃托啡 * Dihydroetorphine
34. 双氢吗啡 Dihydromorphine
35. 地美沙朵 Dimenoxadol
36. 地美庚醇 Dimepheptanol
37. 二甲噻丁 Dimethylthiambutene
38. 吗苯丁酯 Dioxaphetyl butyate
39. 地芬诺酯 * Diphenoxylate
40. 地匹哌酮 Dipipanone
41. 羟蒂巴酚 Drotebanol
42. 芽子碱 Ecgonine
43. 乙甲噻丁 Ethylmethylthiambutene
44. 依托尼秦 Etonitazene
45. 埃托啡 Etorphine
46. 依托利定 Etoxeridine
47. 芬太尼 * Fentanyl
48. 呋替啶 Furethidine
49. 海洛因 Heroin
50. 氢可酮 * Hydrocodone
51. 氢吗啡醇 Hydomorphinol
52. 氢吗啡酮 Hydromorphone
53. 羟哌替啶 Hydroxypethidine
54. 异美沙酮 Isomethadone
55. 凯托米酮 Ketobemidone
56. 左美沙芬 Levomethorphan
57. 左吗拉胺 Levomoramide
58. 左芬啡烷 Levophenacylmorphan
59. 左啡诺 Levorphanol
60. 美他佐辛 Metazocine
61. 美沙酮 * Methadone
62. 美沙酮中间体 Methadone intermediate
63. 甲地索啡 Methyldesorphine
64. 甲二氢吗啡 Methyldihydromorphine
65. 3 – 甲基芬太尼 3 – methylfentanyl
66. 3 – 甲基硫代芬太尼 3 – methylthiofentanyl
67. 美托酮 Metopon
68. 吗拉胺中间体 Moramide intermediate
69. 吗哌利定 Morpheridine
70. 吗啡 * Morphine
71. 吗啡甲溴化物及其他五价氮吗啡衍生物 Morphine Methobromide and other pentavalent nitrogen morphine derivatives

72. 吗啡－N－氧化物 Morphine－N－oxide
73. 1－甲基－4 －苯基－4 －哌啶丙酸酯 MPPP
74. 麦罗啡 Myrophine
75. 尼可吗啡 Nicomorphine
76. 诺美沙朵 Noracymethadol
77. 去甲左啡诺 Norlevorphanol
78. 去甲美沙酮 Normethadone
79. 去甲吗啡 Normorphine
80. 诺匹哌酮 Norpipanone
81 阿片＊ Opium
82. 羟考酮＊ Oxycodone
83. 羟吗啡酮 Oxymorphone
84. 对氟芬太尼 Parafluorofentany1
85. 1 －苯乙基－4 －苯基－4 －哌啶乙酸酯 PEPAP
86. 哌替啶＊ Pethidine
87. 哌替啶中间体 A Pethidine intermediate A
88. 哌替啶中间体 B Pethidine intermediate B
89. 哌替啶中间体 C Pethidine intermediate C
90. 苯吗庚酮 Phenadoxone
91. 非那丙胺 Phenampromide
92. 非那佐辛 Phenazocine
93. 非诺啡烷 Phenomorphan
94. 苯哌利定 Phenoperidine
95. 匹米诺定 Piminodine
96. 哌腈米特 Piritramide
97. 罂粟壳＊ Poppy Shell
98. 普罗庚嗪 Proheptazine
99. 丙哌利定 Properidine
100. 消旋甲啡烷 Racemethorphan
101 消旋吗拉胺 Racemoramide
102. 消旋啡烷 Racemorphan
103. 瑞芬太尼＊ Remifentanil
104. 舒芬太尼＊ Sufentanil
105. 醋氢可酮 Thebacon
106. 蒂巴因＊ Thebaine
107. 硫代芬太尼 Thiofentanyl
108. 替利定 Tilidine
109. 三甲利定 Trmeperidine
110. 醋氢可待因 Acetyldihydrocodeine
111. 布桂嗪＊ Bucinnazine
112. 可待因＊ Codeine

113. 复方樟脑酊 * Compound Camphor Tincture
114. 右丙氧芬 * Dextropropoxyphene
115. 双氢可待因 * Dihydrocodeine
116. 乙基吗啡 * Ethylmorphine
117. 尼可待因 Nicocodine
118. 尼二氢可待因 Nicodicodine
119. 去甲可待因 Norcodeine
120. 福尔可定 * Pholcodine
121 丙吡兰 Propiram
122. 阿桔片 * Compound Platycodon Tablets
123. 吗啡阿托品注射液 * Morphine and Atropine Sulfate Injection

注:1. 上述品种包括其可能存在的盐和单方制剂。
2. 上述品种包括其可能存在的化学异构体及酯、醚。
3. 品种目录有 * 的麻醉药品为我国生产及使用的品种。

二十四、国家食品药品监督管理局、公安部、卫生部精神药品品种目录132种(2007年10月30日)

第一类

1 布苯丙胺 Brolamfetamine(DOB)
2. 卡西酮 Cathinone
3. 二乙基色胺 DET
4. 二甲氧基安非他明 2,5 – dimethoxyamfetamine(DMA)
5. (,2 – 二甲基庚基)羟基四氢甲基二苯吡喃 DMHP
6. 二甲基色胺 DMT
7. 二甲氧基乙基安非他明 DOET
8. 乙环利定 Eticyclidine
9. 乙色胺 Etrytamine
10. 麦角二乙胺(+) – Lysergide
11. 二亚甲基双氧安非他明 MDMA
12. 麦司卡林 Mescaline
13. 甲卡西酮 Methcathinone
14. 甲米雷司 4 – methylaminorex
15. 甲羟芬胺 MMDA
16. 乙芬胺 N – ethyl,MDA
17. 羟芬胺 N – hydroxy,MDA
18. 六氢大麻酚 Parahexyl
19. 副甲氧基安非他明 Paramethoxyamfetamine(PMA)
20. 赛洛新 Psilocine
21. 赛洛西宾 Psiloybine
22. 咯环利定 Rolicyclidine
23. 二甲氧基甲苯异丙胺 STP,DOM
24. 替苯丙胺 Tenamfetamine(MDA)
25. 替诺环定 Tenocyclidine

26. 四氢大麻酚(包括其同分异构物及其立体化学变体)Tetrahydrocannabinol

27. 三甲氧基安非他明 TMA

28. 4－甲基硫基安非他明 4－methylthioamfetamine

29. 苯丙胺 Amfetamine

30. 安非拉酮 Amfepramone

31. 安咪奈丁 Amineptine

32. 2,5－二甲氧基－4 －溴苯乙胺 4bromo－2,5－dimethoxyphenethylamine(2－CB)

33. 丁丙诺啡＊ Buprenorphine

34. 右苯丙胺 Dexamfetamine

35. 二甲基安非他明 Dimethylamfetamine

36. 芬乙茶碱 Fenetylline

37. γ－羟丁酸＊ γ－ hydroxybutyate(GHB)

38. 氯胺酮＊ Ketamine

39. 左苯丙胺 Levamfetamine

40. 左甲苯丙胺 Levomethamfetamine

41. 马吲哚＊ Mazindol

42. 甲氯喹酮 Mecloqualone

43. 去氧麻黄碱 Metamfetamine

44. 去氧麻黄碱外消旋体 Metamfetamine Racemate

45. 甲喹酮 Methaqualone

46. 哌醋甲酯＊ Methylphenidate

47. 莫达非尼 Modafinil

48. 苯环利定 Phencyclidine

49. 芬美曲秦 Phenmetrazine

50. 司可巴比妥＊ Secobarbital

51. δ－9－四氢大麻酚及其立体化学变体 Delta－9－tetrahydrocannabinol and its stereochemical variants

52. 三唑仑＊ Triazolam

53. 齐培丙醇 Zipeprol

第二类

54. 异戊巴比妥＊ Amobarbital

55. 布他比妥 Butalbital

56. 布托啡诺及其注射剂＊Butorphanol and its injection

57. 咖啡因＊ Caffeine

58. 安钠咖＊ Caffeine Sodium Benzoate(CNB)

59. 去甲伪麻黄碱＊ Cathine

60. 环己巴比妥 Cyclobarbital

61. 地佐辛及其注射剂＊ Dezocine and its injection

62. 右旋芬氟拉明 Dexfenfluramine

63. 芬氟拉明＊ Fenuramine

64. 氟硝西泮 Flunitrazepam

65. 格鲁米特 * Glutethimide
66. 呋芬雷司 Furfennorex
67. 喷他佐辛 * Pentazocine
68. 戊巴比妥 * Pentobarbital
69. 丙己君 Propylhexedrine
70. 阿洛巴比妥 Allobarbital
71. 阿普唑仑 * Alprazolam
72. 阿米雷司 Aminorex
73. 巴比妥 * Barbital
74. 苄非他明 Benzfetamine
75. 溴西泮 * Bromazepam
76. 溴替唑仑 Brotizolam
77. 丁巴比妥 Butobarbital
78. 卡马西泮 Camazepam
79. 氯氮卓(艹+卓) * Chlordiazepoxide
80. 氯巴占 Clobazam
81. 氯硝西泮 * Clonazepam
82. 氯拉卓(艹+卓)酸 Clorazepate
83. 氯噻西泮 Clotiazepam
84. 氯口恶唑仑 Cloxazolam
85. 地洛西泮 Delorazepam
86. 地西泮 * Diazepam
87. 艾司唑仑 * Estazolam
88. 乙氯维诺 Ethchlorvynol
89. 炔已蚁胺 Ethinamate
90. 氯氟卓乙酯 * Ethyl Loflazepate
91. 乙非他明 Etilamfetamine
92. 芬坎法明 Fencamfamin
93. 芬普雷司 Fenproporex
94. 氟地西泮 Fludiazepam
95. 氟西泮 * Flurazepam
96. 哈拉西泮 Halazepam
97. 卤沙唑仑 Haloxazolam
98. 凯他唑仑 Ketazolam
99. 利非他明 Lefetamine
100. 氯普唑仑 Loprazolam
101. 劳拉西泮 * Lorazepam
102. 氯甲西泮 Lormetazepam
103. 美达西泮 Medazepam
104. 美芬雷司 Mefenorex
105. 甲丙氨酯 * Meprobamate

106. 美索卡 Mesocarb
107. 甲苯巴比妥 Methylphenobarbital
108. 甲乙哌酮 Methyprylon
109. 咪达唑仑 * Midazolam
110. 纳布啡及其注射剂 * Nalbuphine and its injection
111. 尼美西泮 Nimetazepam
112. 硝西泮 * Nitrazepam
113. 去甲西泮 Nordazepam
114. 奥沙西泮 * Oxazepam
115. 奥沙唑仑 Oxazolam
116. 氨酚氢可酮片 * Paracetamol ad Hydrocodone Bitartrate Tablets
117. 匹莫林 * Pemoline
118. 苯甲曲秦 Phendimetrazine
119. 苯巴比妥 * Phenobarbital
120. 芬特明 Phentermine
121 匹那西泮 Pinazepam
122. 哌苯甲醇 Pipradrol
123. 普拉西泮 Prazepam
124. 吡咯戊酮 Pyrovalerone
125. 仲丁比妥 Secbutabarbital
126. 替马西泮 * Temazepam
127. 四氢西泮 Tetrazepam
128. 曲马多 * Tramadol
129. 乙烯比妥 Vinylital
130. 唑吡坦 * Zolpiden
131. 扎来普隆 * Zaleplone
132. 麦角胺咖啡因片 * Ergotamine and Caffeine Tablets

注:1. 上述品种包括其可能存在的盐和单方制剂(除非另有规定)。
2. 上述品种包括其可能存在的化学异构体及酯、醚(除非另有规定)。
3. 品种目录有 * 的精神药品为我国生产及使用的品种。

二十五、国家食品药品监督管理局办公室关于麻醉药品精神药品品种归类和分级意见的复函(食药监办函〔2004〕84号,2004年10月25日)

国家禁毒委员会办公室:

你办〈关于协助对国家管制的麻醉药品、精神药品品种进行归类、分级标准研究论证工作的函〉(禁毒办函〔2004〕50号)收悉。

根据来函要求,我局药品安全监管司于9月2日至4日在北京召开了"毒品量刑标准专家论证会"。邀请药理学、药物分析化学、精神病学、麻醉学等学术领域的有关专家参加会议,最高人民法院、最高人民检察院及你办有关领导也出席了论证会。现将"毒品量刑标准"有关问题专家论证意见综述如下:

一、关于毒品

认定物质为毒品时应同时具备以下三个条件:

1. 物质具有依赖性潜力;

2. 用于非医疗目的;

3. 通过非法渠道流通,将引起公共卫生和社会问题。

二、关于毒品范围

毒品范围应只规定为阿片类、可卡因类、大麻类及苯丙胺类兴奋剂(包括致幻剂)四类物质以及甲喹酮(安眠酮)。

三、关于主要管制品种的药理学分类

根据制定毒品定罪量刑标准的要求,现将国家管制的主要麻醉药品、精神药品品种按药理学分类(见附件1)。

四、关于非法药物折算

根据药物药理学特点并参照有关国家毒品量刑标准,特制定我国非法药物折算表(见附件2)。

以上供司法机关制定毒品量刑标准时参考。

附件:1. 主要管制药物分类

2. 非法药物折算表

附件1

主要管制药物分类(按药理学分类)

一、阿片类

(一)药物依赖性(身体依赖性和精神依赖性)很强且医疗上不准许使用的品种

序号	中文名称	国际非专利名称或化学名称、俗名
1	醋托啡	Acetorphine
2	乙酰阿法甲基芬太尼	Acetyl—alpha—methylfentanyl
3	阿法甲基芬太尼	Alpha—methylfentanyl
4	阿法甲基硫代芬太尼	A1pha—methylthiofentanyl
5	倍它羟基芬太尼	Beta—hydroxyfentanyl
6	倍它羟基—3—甲基芬太尼	Beta—hydroxy—3—methylfentanyl
7	地索吗非	Desomorphine
8	埃托啡	Etorphine
9	海洛因	Heroin
10	凯托米酮	Ketobemidone
11	3—甲基芬太尼	3—methylfentanyl
12	3—甲基硫代芬太尼	3—methylthiofentanyl
13	1—甲基—4—苯基—4—哌啶丙盐酸	1—methyl—4—phenyl—4—piperidinol propionate(ester),MPPP
14	仲氟代芬太尼	Para—fluorofentanyl
15	1—苯乙基—4—苯基—4—哌啶丙盐酸	1—phenethyl—4—phenyl—4—piperidinol acetate(ester),PEPAP
16	硫代芬太尼	Thiofentanyl

(二)药物依赖性强,但医疗上广泛使用的品种

序号	中文名称	国际非专利名称或化学名称、俗名
1	阿芬太尼	Alfentanil
2	安那度尔	Alphaprodine
3	二氢埃托啡	Dihydroetorphine
4	芬太尼	Fentanvl
5	氢可酮	Hydrocodone
6	氢吗啡酮	Hydromorphone
7	氢吗啡醇	Hydromorphinol
8	左啡诺	Levorphanol
9	美沙酮	Methadone
10	吗啡	Morphine
11	去甲吗啡	Normorphine
12	阿片	Opium
13	羟考酮	Oxycodone
14	羟吗啡酮	Oxymorphone
15	哌替啶(度冷丁)	Pethidine
16	瑞芬太尼	Remifentanil
17	舒芬太尼	Sufentanil
18	替利定	Tilidine

(三)药物依赖性相对较弱,且医疗上广泛使用的品种

序号	中文名称	国际非专利名称或化学名称、俗名
1	醋氢可待因	Acetyldihydrocodeine
2	布桂嗪(强痛定)	Bucinnazine
3	丁丙诺啡	Buprenorphine
4	布托啡喏	Butophanol
5	可待因	Codeine
6	右丙氧芬	Dextropropoxyphene
7	地唑辛	Dezocine
8	双氢可待因	Dihydrocodeine
9	地芬诺酯(苯乙哌啶)	Diphenoxylate
10	乙基吗啡	Ethylmorphine
11	尼可待因	Nicocodine
12	尼二可待因	Nicodicodine
13	去甲可待因	Norcodeine
14	喷他佐辛(镇痛新)	Pentazocine
15	吗啉乙基吗啡(福尔可定)	Pholcodine
16	丙吡胺	Propiram

二、苯丙胺类(含致幻剂)

(一)致幻型苯丙胺类、致幻剂及甲喹酮:精神依赖性很强且医疗上不准使用的品种

序号	中文名称	国际非专利名称或化学名称、俗名
1	布苯丙胺	Brolamfetamine(DOB)
2	卡西酮	Cathinone
3	二乙基色胺	DET
4	二甲氧基安非他明	DMA
5	羟基四氢甲基二苯吡喃	DMHP
6	二甲基色胺	DMT
7	二甲氧基乙基安非他明	DOET
8	乙环利定	Eticyclidine(PCE)
9	乙色胺	Etryptamine
10	麦角乙二胺	(+)—Lysergide(LSD,LSD—25)
11	麦司卡林	Mescaline
12	二亚甲基双氧安非他明	MDMA
13	甲卡西酮	Methcathinone
14	甲米雷司	4—methylaminorex
15	甲羟芬胺	MMDA
16	乙芬胺	N—ethyl,MDA
17	羟芬胺	N—hydroxy,MDA
18	六氢大麻酚	Parahexvl
19	副甲氧基安非他明	Parametoxyamphetamine(PMA)
20	塞洛新	Psilocine(Psilotsin)
21	塞洛西宾	Psilocybine
22	咯环利定	Rolicyclidine(PHP,PCPY)
23	二甲氧基甲苯异丙胺	STP,DOM
24	替苯丙胺	Tenamfetamine(MDA)
25	替诺环定	Tenocyclidlne(TCP)
26	四氢大麻酚(包括其同分异构物及其立体化学变体	Tetrahydrocannabinol
27	三甲氧基安非他明	TMA
28	δ—9—四氢大麻酚及其立体化学变体	Delta—9—tetrahydrocannabinol and its stereochemical variants
29	4—甲基硫基安非他明	4—methylthioamfetamine
30	甲喹酮(安眠酮)	Methaqualone

(二)苯丙胺类兴奋剂及致幻型麻醉剂:精神依赖性强尚有医疗用途的品种

序号	中文名称	国际非专利名称或化学名称、俗名
1	苯丙胺(安非他明)	Amfetamine
2	苄非他明	Benzfetamine
3	右苯丙胺	Dexamfetamine
4	芬乙茶碱	Fenetylline
5	芬普雷司	Fenproporex
6	氯胺酮	Ketamme
7	左苯丙胺	Levamfetamine
8	左甲苯丙胺	Levomethamphetamine
9	甲氯喹酮	Meclpqualone
10	美芬雷司	Mefenorex
11	美索卡	Mexocarb
12	去氧麻黄碱(冰毒)	Metamfetamine
13	去氧麻黄碱外消旋体	Metamfetamine Racemate
14	哌醋甲酯(利他林)	Methylphenidate
15	苯环利定	Phencyclidine(PCP)
16	苯甲曲秦	Phendimetrazine
17	芬美曲秦(苯甲吗啉)	Phenmetrazine
18	吡咯戊酮	Pyrovalerone
19	y—羟丁酸	Hydroxyburate(GHB)

(三)弱苯丙胺类,精神依赖性相对较弱有医疗用途的品种

序号	中文名称	国际非专利名称或化学名称、俗名
1	安非拉酮	Amiepramone
2	去甲麻黄碱(苯丙醇胺)	Cathine
3	右旋氟苯丙胺	Dexfenfluramine
4	乙非他明	Etilamfetamine
5	氟苯丙胺(芬氟拉明)	Fenfluramine
6	马吲哚	Mazindol
7	匹莫林	Pemoline
8	芬特明	Phentermine

三、可卡因类

序号	中文名称	国际非专利名称或化学名称、俗名
1	可卡因	Cocainc
2	可卡因碱	Crack

四、大麻类

序号	中文名称	国际非专利名称或化学名称、俗名
1	大麻	Cannabis
2	大麻脂	Cannabis resin

五、其他兴奋剂

序号	中文名称	国际非专利名称或化学名称、俗名
1	咖啡因	Caffeine
2	麻黄碱(左旋右旋)	Ephedrine
3	莫达芬尼	Modafinil

六、苯二氮卓类镇静安眠药

序号	中文名称	国际非专利名称或化学名称、俗名
1	溴西泮	Bromazepam
2	溴替唑仑	Brotizolam
3	卡马西泮	Camazepam
4	氯硝西泮	Clonazepam
5	氯氮卓(利眠宁)	Chlordiazepoxide
6	地洛西泮	Delorazepam
7	地西泮(安定)	Diazepam
8	艾司唑仑(舒乐安定)	Estazolam
9	氟地西泮	Fludiazepam
10	氟硝西泮	Flunitrazepam
11	氟西泮	Plurazepam
12	哈拉西泮	Halazepam
13	卤恶唑仑	Haloxazolam
14	凯他唑仑	Ketazolam
15	氯普唑仑	Loprazolarn
16	劳拉西泮	Lorazepam
17	氯甲西泮	Lormetazeparn
18	美达西泮	Medazepam
19	咪达唑仑	Midazolam
20	硝甲西泮	Nimetazepam
21	硝西泮(硝基安定)	Nitrazepam
22	去甲西泮	Nordazepam
23	奥沙西泮	Oxazepam
24	恶唑仑	Oxazolam
25	匹那西泮	Pinazepam
26	普拉西泮	Prazepam

续表

序号	中文名称	国际非专利名称或化学名称、俗名
27	替马西泮	Temazepam
28	西氢西泮	Tetrazepam
29	三唑仑(海乐神)	Triazolam
30	唑吡坦	Zolpiden

七、巴比妥类

序号	中文名称	国际非专利名称或化学名称、俗名
1	阿洛巴比妥	Allobarbital
2	异戊巴比妥	Amobarbital
3	巴比妥	Barbital
4	布他比妥	Butalbital
5	丁巴比妥	Butooarbital
6	环已巴比妥	Cyclobarbital
7	甲苯巴比妥	Methylphenobarbital
8	戊巴比妥	Pentobarbital
9	苯巴比妥	Phenobarbital
10	司可巴比妥	Secobarbital

八、其他类镇静安眠药

序号	中文名称	国际非专利名称或化学名称、俗名
1	甲丙氨酯(眠尔通)	Meprobamate
2	扎来普隆	Zaleplone

附件2 非法药物折算表(本折算表药物均以纯品计)

一、阿片类

(一)药物依赖性(身体依赖性和精神依赖性)很强且医疗上不准许使用的品种

序号	药物名称	相当于海洛因
1	1克醋托啡(Acetorphine)	1克
2	1克乙酰阿法甲基芬太尼(Acetyl—alpha—methylfentanyl)	10克
3	1克阿法甲基芬太尼(Alpha—methylfentanyl)	10克
4	1克阿法甲基硫代芬太尼(A1pha—methylthiofentanyl)	10克
5	1克倍它羟基芬太尼(Beta—hydroxyfentanyl)	10克
6	1克倍它羟基—3—甲基芬太尼(Beta—hydroxy—3—methylfentanyl)	10克
7	1克地索吗非(Desomorphine)	1克
8	1克埃托啡(Etorphine)	100克
9	1克海洛因(Heroin)	1克
10	1克凯托米酮(Ketobemidone)	1克
11	1克3—甲基芬太尼(3—methylfentanyl)	10克

续表

序号	药物名称	相当于海洛因
12	1 克 3—甲基硫代芬太尼(3—methylthiofentanyl)	10 克
13	1 克 1—甲基—4—苯基—4—哌啶丙盐酸 1 - methyl - 4 - phenyl - 4 - piperidino1 propionate(ester), MPPP	1 克
14	1 克仲氟代芬太尼(Para—fluorofentanyl)	10 克
15	1 克 1—苯乙基—4—苯基—4—哌啶丙盐酸 1 - phenethyl - 4 - phenyl - 4 - piperidinol acetate(ester), PEPAP	1 克
16	1 克硫代芬太尼(Thiofentanyl)	10 克

(二)药物依赖性强,但医疗上广泛使用的品种

序号	药物名称	相当于海洛因
1	1 克阿芬太尼(Alfentanil)	15 克
2	1 克安那度尔(Alphaprodine)	0.05 克
3	1 克二氢埃托啡(Dihydroetorphine)	50 克
4	1 克芬太尼(Fentanvl)	40 克
5	1 克氢可酮(Hydrocodone)	0.5 克
6	1 克氢吗啡酮(Hydromorphone)	0.02 克
7	1 克氢吗啡醇(Hydromorphinol)	0.02 克
8	1 克左啡诺(Levorphanol)	0.2 克
9	1 克美沙酮(Methadone)	0.5 克
10	1 克吗啡(Morphine)	0.5 克
11	1 克去甲吗啡(Normorphine)	0.02 克
12	1 克阿片(Opium)	0.05 克
13	1 克羟考酮(Oxycodone)	0.5 克
14	1 克羟吗啡酮(Oxymorphone)	0.5 克
15	1 克哌替啶(度冷丁)(Pethidine)	0.05 克
16	1 克瑞芬太尼(Remifentanil)	40 克
17	1 克舒芬太尼(Sufentanil)	40 克
18	1 克替利定(Tilidine)	0.5 克

(三)药物依赖性相对较弱,且医疗上广泛使用的品种

序号	药物名称	相当于海洛因
1	1 克醋氢可待因(Acetyldihydrocodeine)	0.02 克
2	1 克布桂嗪(强痛定)(Bucinnazine)	0.005 克
3	1 克丁丙诺啡(Buprenorphine	0.01 克
4	1 克布托啡喏(Butophanol)	0.005 克
5	1 克可待因(Codeine)	0.02 克
6	1 克右丙氧芬(Dextropropoxyphene)	0.02 克
7	1 克地唑辛(Dezocine)	0.01 克

续表

序号	药物名称	相当于海洛因
8	1克双氢可待因(Dihydrocodeine)	0.02克
9	1克地芬诺酯(苯乙哌啶)(Diphenoxylate)	0.05克
10	1克乙基吗啡(Ethylmorphine)	0.05克
11	1克尼可待因(Nicocodine)	0.02克
12	1克尼二可待因(Nicodicodine	0.02克
13	1克去甲可待因(Norcodeine)	0.02克
14	1克喷他佐辛(镇痛新)(Pentazocine)	0.005克
15	1克吗啉乙基吗啡(福尔可定)(Pholcodine)	0.02克
16	1克丙吡胺(Propiram)	0.02克

二、苯丙胺类(含致幻剂)

(一)致幻型苯丙胺类、致幻剂及甲喹酮:精神依赖性很强且医疗上不准使用的品种

序号	药物名称	相当于海洛因
1	1克布苯丙胺 Brolamfetamine(DOB)	1克
2	1克卡西酮(Cathinone)	1克
3	1克二乙基色胺(DET)	1克
4	1克二甲氧基安非他明(DMA)	1克
5	1克羟基四氢甲基二苯吡喃(DMHP)	1克
6	1克二甲基色胺(DMT)	1克
7	1克二甲氧基乙基安非他明(DOET)	1克
8	1克乙环利定 Eticyclidine(PCE)	1克
9	1克乙色胺(Etryptamine)	1克
10	1克麦角乙二胺(+)—Lysergide(LSD,LSD—25)	1克
11	1克麦司卡林(Mescaline)	1克
12	1克二亚甲基双氧安非他明(MDMA)	1克
13	1克甲卡西酮(Methcathinone)	1克
14	1克甲米雷司(4—methylaminorex)	1克
15	1克甲羟芬胺(MMDA)	1克
16	1克乙芬胺(N—ethyl,MDA)	1克
17	1克羟芬胺(N—hydroxy,MDA)	1克
18	1克六氢大麻酚(Parahexvl)	1克
19	1克副甲氧基安非他明 Parametoxyamphetamine(PMA)	1克
20	1克塞洛新 Psilocine(Psilotsin)	1克
21	1克塞洛西宾(Psilocycbine)	1克
22	1克咯环利定 Rolicyclidine(PHP,PCPY)	1克
23	1克二甲氧基甲苯异丙胺(STP,DOM)	1克
24	1克替苯丙胺 Tenamfetamine(MDA)	1克

续表

序号	药物名称	相当于海洛因
25	1克替诺环定 Tenocyclidlne(TCP)	1克
26	1克四氢大麻酚(包括其同分异构物及其立体化学变体)Tetrahydrocannabinol	1克
27	1克三甲氧基安非他明(TMA)	1克
28	1克δ—9—四氢大麻酚及其立体化学变体(Delta-9-tetrahydrocannabinol and its stereochemical variants)	1克
29	1克4—甲基硫基安非他明(4—methylthioamfetamine)	1克
30	1克甲喹酮(安眠酮)(Methaqualone)	0.007克

(二)苯丙胺类兴奋剂及致幻型麻醉剂:精神依赖性强尚有医疗用途的品种

序号	药物名称	相当于海洛因
1	1克苯丙胺(安非他明)(Amfetamine)	0.2克
2	1克苄非他明(Benzfetamine)	0.025克
3	1克右苯丙胺(Dexamfetamine)	0.2克
4	1克芬乙茶碱(Fenetylline)	0.04克
5	1克芬普雷司(Fenproporex)	0.025克
6	1克氯胺酮(Ketamme)	0.1克
7	1克左苯丙胺(Levamfetamine)	0.04克
8	1克左甲苯丙胺(Levomethamphetamine)	0.04克
9	1克甲氯喹酮(Meclpqualone)	0.1克
10	1克美芬雷司(Mefenorex)	0.025克
11	1克美索卡(Mexocarb)	0.025克
12	1克去氧麻黄碱(冰毒)(Metamfetamine)	1克
13	1克去氧麻黄碱外消旋体(Metamfetamine Racemate)	1克
14	1克哌醋甲酯(利他林)(Methylphenidate)	0.1克
15	1克苯环利定 Phencyclidine(PCP)	0.1克
16	1克苯甲曲秦(Phendimetrazine)	0.025克
17	1克芬美曲秦(苯甲吗啉)(Phenmetrazine)	0.025克
18	1克吡咯戊酮(Pyrovalerone)	0.025克
19	1克γ—羟丁酸[Hydroxyburate(GHB)]	0.1克

(三)弱苯丙胺类,精神依赖性相对较弱有医疗用途的品种

序号	药物名称	相当于海洛因
1	1克安非拉酮(Amiepramone)	0.05克
2	1克去甲麻黄碱(苯丙醇胺)(Cathine)	0.025克
3	1克右旋氟苯丙胺(Dexfenfluramine)	0.05克
4	1克乙非他明(Etilamfetamine)	0.025克
5	1克氟苯丙胺(芬氟拉明)(Fenfluramine)	0.05克

续表

序号	药物名称	相当于海洛因
6	1克马吲哚(Mazindol)	0.025克
7	1克匹莫林(Pemoline)	0.05克
8	1克芬特明(Phentermine)	0.025克

三、可卡因类

序号	药物名称	相当于海洛因
1	1克可卡因(Cocainc)	0.5克
2	1克可卡因碱(Crack)	20克

四、大麻类

序号	药物名称	相当于海洛因
1	1克大麻(Cannabis)	0.001克
2	1克大麻脂(Cannabis resin)	0.005克

五、其他兴奋剂

序号	药物名称	相当于海洛因
1	1克咖啡因(Caffeine)	0.00001克
2	1克麻黄碱(左旋右旋)(Ephedrine)	0.01克
3	1克莫达芬尼(Modafinil)	0.01克

六、苯二氮卓类镇静安眠药

序号	药物名称	相当于海洛因
1	1克溴西泮(Bromazepam)	0.0001克
2	1克溴替唑仑(Brotizolam)	0.0001克
3	1克卡马西泮(Camazepam)	0.0001克
4	1克氯硝西泮(Clonazepam)	0.0001克
5	1克氯氮卓(利眠宁)(Chlordiazepoxide)	0.0001克
6	1克地洛西泮(Delorazepam)	0.0001克
7	1克地西泮(安定)(Diazepam)	0.0001克
8	1克艾司唑仑(舒乐安定)(Estazolam)	0.0001克
9	1克氟地西泮(Fludiazepam)	0.001克
10	1克氟硝西泮(Flunitrazepam)	0.0001克
11	1克氟西泮(Plurazepam)	0.0001克
12	1克哈拉西泮(Halazepam)	0.0001克
13	1克卤恶唑仑(Haloxazolam)	0.0001克
14	1克凯他唑仑(Ketazolam)	0.0001克
15	1克氯普唑仑(Loprazolarn)	0.0001克
16	1克劳拉西泮(Lorazepam)	0.0001克

续表

序号	药物名称	相当于海洛因
17	1 克氯甲西泮(Lormetazeparn)	0.0001 克
18	1 克美达西泮(Medazepam)	0.0001 克
19	1 克咪达唑仑(Midazolam)	0.0001 克
20	1 克硝甲西泮(Nimetazepam)	0.0001 克
21	1 克硝西泮(硝基安定)(Nitrazepam)	0.0001 克
22	1 克去甲西泮(Nordazepam)	0.0001 克
23	1 克奥沙西泮(Oxazepam)	0.0001 克
24	1 克恶唑仑(Oxazolam)	0.0001 克
25	1 克匹那西泮(Pinazepam)	0.0001 克
26	1 克普拉西泮(Prazepam)	0.0001 克
27	1 克替马西泮(Temazepam)	0.0001 克
28	1 克西氢西泮(Tetrazepam)	0.0001 克
29	1 克三唑仑(海乐神)(Triazolam)	0.001 克
30	1 克唑吡坦(Zolpiden)	0.0001 克

七、巴比妥类

序号	药物名称	相当于海洛因
1	1 克阿洛巴比妥(Allobarbital)	0.0002 克
2	1 克异戊巴比妥(Amobarbital)	0.0002 克
3	1 克巴比妥(Barbital)	0.0002 克
4	1 克布他比妥(Butalbita1)	0.0002 克
5	1 克丁巴比妥(Butooarbital)	0.0002 克
6	1 克环已巴比妥(Cyclobarbital)	0.0002 克
7	1 克甲苯巴比妥(Methylphenobarbital)	0.0002 克
8	1 克戊巴比妥(Pentobarbital)	0.0002 克
9	1 克苯巴比妥(Phenobarbital)	0.0002 克
10	1 克司可巴比妥(Secobarbital)	0.002 克

八、其他类镇静安眠药

序号	药物名称	相当于海洛因
1	1 克甲丙氨酯(眠尔通)(Meprobamate)	0.0002 克
2	1 克扎来普隆(Zaleplone)	0.0002 克

二十六、公安部、国家卫生健康委员会、国家药品监督管理局非药用类麻醉药品和精神药品管制品种增补目录(2018年9月1日)[最高人民检察院关于〈非药用类麻醉药品和精神药品管制品种增补目录〉能否作为认定毒品依据的批复(2019年4月30日起施行)]

非药用类麻醉药品和精神药品管制品种增补目录

序号	中文名	英文名	CAS 号	备注
1	4－氯乙卡西酮	1－(4－Chlorophenyl)－2－(ethylamino) propan－1－one	14919－85－8	4－CEC
2	1－[3,4－(亚甲二氧基)苯基]－2－乙氨基－1－戊酮	1－(3,4－Methylenedioxyphenyl)－2－(ethylamino) pentan－1－one	727641－67－0	N－Ethylpentylone
3	1－(4－氯苯基)－2－(N－吡咯烷基)－1－戊酮	1－(4－Chlorophenyl)－2－(1－pyrrolidinyl) pentan－1－one	5881－77－6	4－Cl－α－PVP
4	1－[3,4－(亚甲二氧基)苯基]－2－二甲氨基－1－丁酮	1－(3,4－Methylenedioxyphenyl)－2－(dimethylamino) butan－1－one	802286－83－5	Dibutylone
5	1－[3,4－(亚甲二氧基)苯基]－2－甲氨基－1－戊酮	1－(3,4－Methylenedioxyphenyl)－2－(methylamino) pentan－1－one	698963－77－8	Pentylone
6	1－苯基－2－乙氨基－1－己酮	1－Phenyl－2－(ethylamino) hexan－1－one	802857－66－5	N－Ethylhexedrone
7	1－(4－甲基苯基)－2－(N－吡咯烷基)－1－己酮	1－(4－Methylphenyl)－2－(1－pyrrolidinyl) hexan－1－one	34138－58－4	4－MPHP
8	1－(4－氯苯基)－2－(N－吡咯烷基)－1－丙酮	1－(4－Chlorophenyl)－2－(1－pyrrolidinyl) propan－1－one	28117－79－5	4－Cl－α－PPP
9	1－[2－(5,6,7,8－四氢萘基)]－2－(N－吡咯烷基)－1－戊酮	1－(5,6,7,8－Tetrahydronaphthalen－2－yl)－2－(1－pyrrolidinyl) pentan－1－one	—	β－TH－Naphyrone
10	1－(4－氟苯基)－2－(N－吡咯烷基)－1－己酮	1－(4－Fluorophenyl)－2－(1－pyrrolidinyl) hexan－1－one	2230706－09－7	4－F－α－PHP
11	4－乙基甲卡西酮	1－(4－Ethylphenyl)－2－(methylamino) propan－1－one	1225622－14－9	4－EMC
12	1－(4－甲基苯基)－2－乙氨基－1－戊酮	1－(4－Methylphenyl)－2－(ethylamino) pentan－1－one	746540－82－9	4－MEAPP
13	1－(4－甲基苯基)－2－甲氨基－3－甲氧基－1－丙酮	1－(4－Methylphenyl)－2－(methylamino)－3－methoxypropan－1－one	2166915－02－0	Mexedrone
14	1－[3,4－(亚甲二氧基)苯基]－2－(N－吡咯烷基)－1－己酮	1－(3,4－Methylenedioxyphenyl)－2－(1－pyrrolidinyl) hexan－1－one	776994－64－0	MDPHP
15	1－(4－甲基苯基)－2－甲氨基－1－戊酮	1－(4－Methylphenyl)－2－(methylamino) pentan－1－one	1373918－61－6	4－MPD
16	1－(4－甲基苯基)－2－二甲氨基－1－丙酮	1－(4－Methylphenyl)－2－(dimethylamino) propan－1－one	1157738－08－3	4－MDMC
17	3,4－亚甲二氧基丙卡西酮	1－(3,4－Methylenedioxyphenyl)－2－(propylamino) propan－1－one	201474－93－3	Propylone
18	1－(4－氯苯基)－2－乙氨基－1－戊酮	1－(4－Chlorophenyl)－2－(ethylamino) pentan－1－one	—	4－Cl－EAPP

续表

序号	中文名	英文名	CAS 号	备注
19	1-苯基-2-(N-吡咯烷基)-1-丙酮	1-Phenyl-2-(1-pyrrolidinyl) propan-1-one	19134-50-0	α-PPP
20	1-(4-氯苯基)-2-甲氨基-1-戊酮	1-(4-Chlorophenyl)-2-(methylamino) pentan-1-one	2167949-43-9	4-Cl-Pentedrone
21	3-甲基-2-[1-(4-氟苄基)吲唑-3-甲酰氨基]丁酸甲酯	N-(1-Methoxy-3-methyl-1-oxobutan-2-yl)-1-(4-fluorobenzyl)-1H-indazole-3-carboxamide	1715016-76-4	AMB-FUBINACA
22	1-(4-氟苄基)-N-(1-金刚烷基)吲唑-3-甲酰胺	N-(1-Adamantyl)-1-(4-fluorobenzyl)-1H-indazole-3-carboxamide	2180933-90-6	FUB-APINACA
23	N-(1-氨甲酰基-2,2-二甲基丙基)-1-(环己基甲基)吲唑-3-甲酰胺	N-(1-Amino-3,3-dimethyl-1-oxobutan-2-yl)-1-(cyclohexylmethyl)-1H-indazole-3-carboxamide	1863065-92-2	ADB-CHMINACA
24	N-(1-氨甲酰基-2,2-二甲基丙基)-1-(4-氟苄基)吲唑-3-甲酰胺	N-(1-Amino-3,3-dimethyl-1-oxobutan-2-yl)-1-(4-fluorobenzyl)-1H-indazole-3-carboxamide	1445583-51-6	ADB-FUBINACA
25	3,3-二甲基-2-[1-(5-氟戊基)吲唑-3-甲酰氨基]丁酸甲酯	N-(1-Methoxy-3,3-dimethyl-1-oxobutan-2-yl)-1-(5-fluoropentyl)-1H-indazole-3-carboxamide	1715016-75-3	5F-ADB
26	3-甲基-2-[1-(环己基甲基)吲哚-3-甲酰氨基]丁酸甲酯	N-(1-Methoxy-3-methyl-1-oxobutan-2-yl)-1-(cyclohexylmethyl)-1H-indole-3-carboxamide	1971007-94-9	AMB-CHMICA
27	1-(5-氟戊基)-2-(1-萘甲酰基)苯并咪唑	(1-(5-Fluoropentyl)-1H-benzimidazol-2-yl)(naphthalen-1-yl) methanone	1984789-90-3	BIM-2201
28	1-(5-氟戊基)吲哚-3-甲酸-1-萘酯	Naphthalen-1-yl 1-(5-fluoropentyl)-1H-indole-3-carboxylate	2042201-16-9	NM-2201
29	2-苯基-2-甲氨基环己酮	2-Phenyl-2-(methylamino) cyclohexanone	7063-30-1	DCK
30	3-甲基-5-[2-(8-甲基-3-苯基-8-氮杂环[3,2,1]辛烷基)]-1,2,4-噁二唑	8-Methyl-2-(3-methyl-1,2,4-oxadiazol-5-yl)-3-phenyl-8-aza-bicyclo[3.2.1]octane	146659-37-2	RTI-126
31	4-氟异丁酰芬太尼	N-(4-Fluorophenyl)-N-(1-phenethylpiperidin-4-yl) isobutyramide	244195-32-2	4-FIBF
32	四氢呋喃芬太尼	N-Phenyl-N-(1-phenethylpiperidin-4-yl) tetrahydrofuran-2-carboxamide	2142571-01-3	THF-F

二十七、办理毒品犯罪案件毒品提取、扣押、称量、取样和送检程序若干问题的规定(2016年7月1日)

第一章　总则

第一条　为规范毒品的提取、扣押、称量、取样和送检程序,提高办理毒品犯罪案件的质量和效率,根据《中华人民共和国刑事诉讼法》《最高人民法院关于适用〈中华人民共和国刑事诉讼法〉的解释》《人民检察院刑事诉讼规则(试行)》《公安机关办理刑事案件程序规定》等有关规定,结合办案工作实际,制定本规定。

第二条 公安机关对于毒品的提取、扣押、称量、取样和送检工作,应当遵循依法、客观、准确、公正、科学和安全的原则,确保毒品实物证据的收集、固定和保管工作严格依法进行。

第三条 人民检察院、人民法院办理毒品犯罪案件,应当审查公安机关对毒品的提取、扣押、称量、取样、送检程序以及相关证据的合法性。

毒品的提取、扣押、称量、取样、送检程序存在瑕疵,可能严重影响司法公正的,人民检察院、人民法院应当要求公安机关予以补正或者作出合理解释。经公安机关补正或者作出合理解释的,可以采用相关证据;不能补正或者作出合理解释的,对相关证据应当依法予以排除,不得作为批准逮捕、提起公诉或者判决的依据。

第二章 提取、扣押

第四条 侦查人员应当对毒品犯罪案件有关的场所、物品、人身进行勘验、检查或者搜查,及时准确地发现、固定、提取、采集毒品及内外包装物上的痕迹、生物样本等物证,依法予以扣押。必要时,可以指派或者聘请具有专门知识的人,在侦查人员的主持下进行勘验、检查。

侦查人员对制造毒品、非法生产制毒物品犯罪案件的现场进行勘验、检查或者搜查时,应当提取并当场扣押制造毒品、非法生产制毒物品的原料、配剂、成品、半成品和工具、容器、包装物以及上述物品附着的痕迹、生物样本等物证。

提取、扣押时,不得将不同包装物内的毒品混合。

现场勘验、检查或者搜查时,应当对查获毒品的原始状态拍照或者录像,采取措施防止犯罪嫌疑人及其他无关人员接触毒品及包装物。

第五条 毒品的扣押应当在有犯罪嫌疑人在场并有见证人的情况下,由两名以上侦查人员执行。

毒品的提取、扣押情况应当制作笔录,并当场开具扣押清单。

笔录和扣押清单应当由侦查人员、犯罪嫌疑人和见证人签名。犯罪嫌疑人拒绝签名的,应当在笔录和扣押清单中注明。

第六条 对同一案件在不同位置查获的两个以上包装的毒品,应当根据不同的查获位置进行分组。

对同一位置查获的两个以上包装的毒品,应当按照以下方法进行分组:

(一)毒品或者包装物的外观特征不一致的,根据毒品及包装物的外观特征进行分组;

(二)毒品及包装物的外观特征一致,但犯罪嫌疑人供述非同一批次毒品的,根据犯罪嫌疑人供述的不同批次进行分组;

(三)毒品及包装物的外观特征一致,但犯罪嫌疑人辩称其中部分不是毒品或者不知是否为毒品的,对犯罪嫌疑人辩解的部分疑似毒品单独分组。

第七条 对查获的毒品应当按其独立最小包装逐一编号或者命名,并将毒品的编号、名称、数量、查获位置以及包装、颜色、形态等外观特征记录在笔录或者扣押清单中。

在毒品的称量、取样、送检等环节,毒品的编号、名称以及对毒品外观特征的描述应当与笔录和扣押清单保持一致;不一致的,应当作出书面说明。

第八条 对体内藏毒的案件,公安机关应当监控犯罪嫌疑人排出体内的毒品,及时提取、扣押并制作笔录。笔录应当由侦查人员和犯罪嫌疑人签名;犯罪嫌疑人拒绝签名的,应当在笔录中注明。在保障犯罪嫌疑人隐私权和人格尊严的情况下,可以对排毒的主要过程进行拍照或者录像。

必要时,可以在排毒前对犯罪嫌疑人体内藏毒情况进行透视检验并以透视影像的形式固定证据。

体内藏毒的犯罪嫌疑人为女性的,应当由女性工作人员或者医师检查其身体,并由女性工作人员监控其排毒。

第九条 现场提取、扣押等工作完成后,一般应当由两名以上侦查人员对提取、扣押的毒品及包装物进行现场封装,并记录在笔录中。

封装应当在有犯罪嫌疑人在场并有见证人的情况下进行;应当使用封装袋封装毒品并加密封口,或者使用封条贴封包装,作好标记和编号,由侦查人员、犯罪嫌疑人和见证人在封口处、贴封处或者指定位置签名并签署封装日期。犯罪嫌疑人拒绝签名的,侦查人员应当注明。

确因情况紧急、现场环境复杂等客观原因无法在现场实施封装的,经公安机关办案部门负责人批准,可以及时将毒品带至公安机关办案场所或者其他适当的场所进行封装,并对毒品移动前后的状态进行拍照固定,作出书面说明。

封装时,不得将不同包装内的毒品混合。对不同组的毒品,应当分别独立封装,封装后可以统一签名。

第十条　必要时,侦查人员应当对提取、扣押和封装的主要过程进行拍照或者录像。

照片和录像资料应当反映提取、扣押和封装活动的主要过程以及毒品的原始位置、存放状态和变动情况。照片应当附有相应的文字说明,文字说明应当与照片反映的情况相对应。

第十一条　公安机关应当设置专门的毒品保管场所或者涉案财物管理场所,指定专人保管封装后的毒品及包装物,并采取措施防止毒品发生变质、泄漏、遗失、损毁或者受到污染等。

对易燃、易爆、具有毒害性以及对保管条件、保管场所有特殊要求的毒品,在处理前应当存放在符合条件的专门场所。公安机关没有具备保管条件的场所的,可以借用其他单位符合条件的场所进行保管。

第三章　称量

第十二条　毒品的称量一般应当由两名以上侦查人员在查获毒品的现场完成。

不具备现场称量条件的,应当按照本规定第九条的规定对毒品及包装物封装后,带至公安机关办案场所或者其他适当的场所进行称量。

第十三条　称量应当在有犯罪嫌疑人在场并有见证人的情况下进行,并制作称量笔录。

对已经封装的毒品进行称量前,应当在有犯罪嫌疑人在场并有见证人的情况下拆封,并记录在称量笔录中。

称量笔录应当由称量人、犯罪嫌疑人和见证人签名。犯罪嫌疑人拒绝签名的,应当在称量笔录中注明。

第十四条　称量应当使用适当精度和称量范围的衡器。称量的毒品质量不足一百克的,衡器的分度值应当达到零点零一克;一百克以上且不足一千克的,分度值应当达到零点一克;一千克以上且不足十千克的,分度值应当达到一克;十千克以上且不足一百千克的,分度值应当达到十克;一百千克以上且不足一吨的,分度值应当达到一百克;一吨以上的,分度值应当达到一千克。

称量前,称量人应当将衡器示数归零,并确保其处于正常的工作状态。

称量所使用的衡器应当经过法定计量检定机构检定并在有效期内,一般不得随意搬动。

法定计量检定机构出具的计量检定证书复印件应当归入证据材料卷,并随案移送。

第十五条　对两个以上包装的毒品,应当分别称量,并统一制作称量笔录,不得混合后称量。

对同一组内的多个包装的毒品,可以采取全部毒品及包装物总质量减去包装物质量的方式确定毒品的净质量;称量时,不同包装物内的毒品不得混合。

第十六条　多个包装的毒品系包装完好、标识清晰完整的麻醉药品、精神药品制剂的,可以按照其包装、标识或者说明书上标注的麻醉药品、精神药品成分的含量计算全部毒品的质量,或者从相同批号的药品制剂中随机抽取三个包装进行称量后,根据麻醉药品、精神药品成分的含量计算全部毒品的质量。

第十七条　对体内藏毒的案件,应当将犯罪嫌疑人排出体外的毒品逐一称量,统一制作称量笔录。

犯罪嫌疑人供述所排出的毒品系同一批次或者毒品及包装物的外观特征相似的,可以按照本规定第十五条第二款规定的方法进行称量。

第十八条 对同一容器内的液态毒品或者固液混合状态毒品,应当采用拍照或者录像等方式对其原始状态进行固定,再统一称量。必要时,可以对其原始状态固定后,再进行固液分离并分别称量。

第十九条 现场称量后将毒品带回公安机关办案场所或者送至鉴定机构取样的,应当按照本规定第九条的规定对毒品及包装物进行封装。

第二十条 侦查人员应当对称量的主要过程进行拍照或者录像。

照片和录像资料应当清晰显示毒品的外观特征、衡器示数和犯罪嫌疑人对称量结果的指认情况。

第四章 取样

第二十一条 毒品的取样一般应当在称量工作完成后,由两名以上侦查人员在查获毒品的现场或者公安机关办案场所完成。必要时,可以指派或者聘请具有专门知识的人进行取样。

在现场或者公安机关办案场所不具备取样条件的,应当按照本规定第九条的规定对毒品及包装物进行封装后,将其送至鉴定机构并委托鉴定机构进行取样。

第二十二条 在查获毒品的现场或者公安机关办案场所取样的,应当在有犯罪嫌疑人在场并有见证人的情况下进行,并制作取样笔录。

对已经封装的毒品进行取样前,应当在有犯罪嫌疑人在场并有见证人的情况下拆封,并记录在取样笔录中。

取样笔录应当由取样人、犯罪嫌疑人和见证人签名。犯罪嫌疑人拒绝签名的,应当在取样笔录中注明。

必要时,侦查人员应当对拆封和取样的主要过程进行拍照或者录像。

第二十三条 委托鉴定机构进行取样的,对毒品的取样方法、过程、结果等情况应当制作取样笔录,但鉴定意见包含取样方法的除外。

取样笔录应当由侦查人员和取样人签名,并随案移送。

第二十四条 对单个包装的毒品,应当按照下列方法选取或者随机抽取检材:

(一)粉状。将毒品混合均匀,并随机抽取约一克作为检材;不足一克的全部取作检材。

(二)颗粒状、块状。随机选择三个以上不同的部位,各抽取一部分混合作为检材,混合后的检材质量不少于一克;不足一克的全部取作检材。

(三)膏状、胶状。随机选择三个以上不同的部位,各抽取一部分混合作为检材,混合后的检材质量不少于三克;不足三克的全部取作检材。

(四)胶囊状、片剂状。先根据形状、颜色、大小、标识等外观特征进行分组;对于外观特征相似的一组,从中随机抽取三粒作为检材,不足三粒的全部取作检材。

(五)液态。将毒品混合均匀,并随机抽取约二十毫升作为检材;不足二十毫升的全部取作检材。

(六)固液混合状态。按照本款以上各项规定的方法,分别对固态毒品和液态毒品取样;能够混合均匀成溶液的,可以将其混合均匀后按照本款第五项规定的方法取样。

对其他形态毒品的取样,参照前款规定的取样方法进行。

第二十五条 对同一组内两个以上包装的毒品,应当按照下列标准确定选取或者随机抽取独立最小包装的数量,再根据本规定第二十四条规定的取样方法从单个包装中选取或者随机抽取检材:

(一)少于十个包装的,应当选取所有的包装;

(二)十个以上包装且少于一百个包装的,应当随机抽取其中的十个包装;

(三)一百个以上包装的,应当随机抽取与包装总数的平方根数值最接近的整数个包装。

对选取或者随机抽取的多份检材,应当逐一编号或者命名,且检材的编号、名称应当与其他笔录和扣押清单保持一致。

第二十六条 多个包装的毒品系包装完好、标识清晰完整的麻醉药品、精神药品制剂的，可以从相同批号的药品制剂中随机抽取三个包装，再根据本规定第二十四条规定的取样方法从单个包装中选取或者随机抽取检材。

第二十七条 在查获毒品的现场或者公安机关办案场所取样的，应当使用封装袋封装检材并加密封口，作好标记和编号，由取样人、犯罪嫌疑人和见证人在封口处或者指定位置签名并签署封装日期。犯罪嫌疑人拒绝签名的，侦查人员应当注明。

从不同包装中选取或者随机抽取的检材应当分别独立封装，不得混合。

对取样后剩余的毒品及包装物，应当按照本规定第九条的规定进行封装。选取或者随机抽取的检材应当由专人负责保管。在检材保管和送检过程中，应当采取妥善措施防止其发生变质、泄漏、遗失、损毁或者受到污染等。

第二十八条 委托鉴定机构进行取样的，应当使用封装袋封装取样后剩余的毒品及包装物并加密封口，作好标记和编号，由侦查人员和取样人在封口处签名并签署封装日期。

第二十九条 对取样后剩余的毒品及包装物，应当及时送至公安机关毒品保管场所或者涉案财物管理场所进行妥善保管。

对需要作为证据使用的毒品，不起诉决定或者判决、裁定（含死刑复核判决、裁定）发生法律效力后方可处理。

第五章 送检

第三十条 对查获的全部毒品或者从查获的毒品中选取或者随机抽取的检材，应当由两名以上侦查人员自毒品被查获之日起三日以内，送至鉴定机构进行鉴定。

具有案情复杂、查获毒品数量较多、异地办案、在交通不便地区办案等情形的，送检时限可以延长至七日。

公安机关应当向鉴定机构提供真实、完整、充分的鉴定材料，并对鉴定材料的真实性、合法性负责。

第三十一条 侦查人员送检时，应当持本人工作证件、鉴定聘请书等材料，并提供鉴定事项相关的鉴定资料；需要复核、补充或者重新鉴定的，还应当持原鉴定意见复印件。

第三十二条 送检的侦查人员应当配合鉴定机构核对鉴定材料的完整性、有效性，并检查鉴定材料是否满足鉴定需要。

公安机关鉴定机构应当在收到鉴定材料的当日作出是否受理的决定，决定受理的，应当与公安机关办案部门签订鉴定委托书；不予受理的，应当退还鉴定材料并说明理由。

第三十三条 具有下列情形之一的，公安机关应当委托鉴定机构对查获的毒品进行含量鉴定：

（一）犯罪嫌疑人、被告人可能被判处死刑的；

（二）查获的毒品系液态、固液混合物或者系毒品半成品的；

（三）查获的毒品可能大量掺假的；

（四）查获的毒品系成分复杂的新类型毒品，且犯罪嫌疑人、被告人可能被判处七年以上有期徒刑的；

（五）人民检察院、人民法院认为含量鉴定对定罪量刑有重大影响而书面要求进行含量鉴定的。

进行含量鉴定的检材应当与进行成分鉴定的检材来源一致，且一一对应。

第三十四条 对毒品原植物及其种子、幼苗，应当委托具备相应资质的鉴定机构进行鉴定。当地没有具备相应资质的鉴定机构的，可以委托侦办案件的公安机关所在地的县级以上农牧、林业行政主管部门，或者设立农林相关专业的普通高等学校、科研院所出具检验报告。

第六章 附则

第三十五条 本规定所称的毒品，包括毒品的成品、半成品、疑似物以及含有毒品成分的物质。

毒品犯罪案件中查获的其他物品,如制毒物品及其半成品、含有制毒物品成分的物质、毒品原植物及其种子和幼苗的提取、扣押、称量、取样和送检程序,参照本规定执行。

第三十六条 本规定所称的"以上""以内"包括本数,"日"是指工作日。

第三十七条 扣押、封装、称量或者在公安机关办案场所取样时,无法确定犯罪嫌疑人、犯罪嫌疑人在逃或者犯罪嫌疑人在异地被抓获且无法及时到场的,应当在有见证人的情况下进行,并在相关笔录、扣押清单中注明。

犯罪嫌疑人到案后,公安机关应当以告知书的形式告知其扣押、称量、取样的过程、结果。犯罪嫌疑人拒绝在告知书上签名的,应当将告知情况形成笔录,一并附卷;犯罪嫌疑人对称量结果有异议,有条件重新称量的,可以重新称量,并制作称量笔录。

第三十八条 毒品的提取、扣押、封装、称量、取样活动有见证人的,笔录材料中应当写明见证人的姓名、身份证件种类及号码和联系方式,并附其常住人口信息登记表等材料。

下列人员不得担任见证人:

(一)生理上、精神上有缺陷或者年幼,不具有相应辨别能力或者不能正确表达的人;

(二)犯罪嫌疑人的近亲属,被引诱、教唆、欺骗、强迫吸毒的被害人及其近亲属,以及其他与案件有利害关系并可能影响案件公正处理的人;

(三)办理该毒品犯罪案件的公安机关、人民检察院、人民法院的工作人员、实习人员或者其聘用的协勤、文职、清洁、保安等人员。

由于客观原因无法由符合条件的人员担任见证人或者见证人不愿签名的,应当在笔录材料中注明情况,并对相关活动进行拍照并录像。

第三十九条 本规定自2016年7月1日起施行。

二十八、最高人民法院、最高人民检察院、人力资源和社会保障部、公安部关于加强对拒不支付劳动报酬案件查处工作的通知(2012年1月14日)

一、统一思想认识,高度重视拒不支付劳动报酬案件依法查处和司法移送工作,严惩劳动保障领域违法犯罪行为

当前,个别企业和个人有的有能力支付而不支付劳动者劳动报酬,有的通过转移财产、逃匿等方法逃避支付劳动者的劳动报酬,致使一些劳动者生活陷入困境,甚至引发群体性事件,严重侵害了劳动者的合法权益,影响社会和谐稳定。依法惩治拒不支付劳动报酬违法犯罪行为,保护劳动者合法权益,对于化解社会矛盾,保障社会和谐稳定,促进公平正义具有重要作用。建立劳动保障监察执法与刑事司法衔接工作制度是依法履行职责、捍卫劳动者合法权益的重要保证,是依法严厉打击拒不支付劳动报酬违法犯罪行为的必然要求。各级人民法院、人民检察院、人力资源社会保障部门、公安机关要进一步统一思想,高度重视,充分认识此类违法犯罪活动的严重性、危害性,增强政治责任感,密切分工协作,依法移送和查处拒不支付劳动报酬涉嫌犯罪案件,及时查办一批典型案件,有力打击拒不支付劳动报酬的犯罪行为,维护法律权威,保障劳动者的合法权益,促进劳动关系和谐稳定与社会公平正义。

二、切实履行职责,依法查处拒不支付劳动报酬违法犯罪案件

人力资源社会保障部门、公安机关、人民检察院、人民法院要按照有关规定,认真做好拒不支付劳动报酬行为涉嫌犯罪案件的调查、移交、侦办、审查批捕、审查起诉和审判,尽可能提高办案效率,并及时将有关情况进行通报。

人力资源社会保障部门要依法对用人单位遵守劳动保障法律、法规和规章的情况进行监督检查,通过各种检查方式监督用人单位劳动报酬支付情况,依法受理拖欠劳动报酬的举报、投诉。经调查,对违法事实清楚、证据确凿的,应当依法及时责令用人单位向劳动者支付劳动报酬。行为人逃匿的,人力资源社会保障部门可以在行为人住所地、办公地点、生产经营场所或者建筑施工项目所在地张贴责令

支付的文书,或者采取将责令支付的文书送交其单位管理人员及近亲属等适当方式。对涉嫌犯罪的案件,应按照《行政执法机关移送涉嫌犯罪案件的规定》的要求,核实案情向本部门负责人报告并经同意后制作《涉嫌犯罪案件移送书》,在规定期限内将案件向同级公安机关移送,并抄送同级人民检察院备案。

公安机关对人力资源社会保障部门移送涉嫌犯罪的拒不支付劳动报酬案件,应依法及时审查决定是否立案。认为有犯罪事实,需要追究刑事责任的,依法立案,并及时查明犯罪事实,正确运用法律惩罚犯罪,保障劳动者的合法权益不受侵害。

人民检察院要依法及时做好此类案件的立案监督、审查批捕、审查起诉等检察工作,对工作中发现的职务犯罪线索应当认真审查,依法处理。

人民法院要依法及时受理、审理各类拖欠劳动报酬纠纷,对其中构成犯罪的,要坚决依法追究刑事责任。

公安机关、人民检察院、人民法院在案件审查过程中,可以告知劳动者有提起刑事附带民事诉讼的权利。

对不依法移送或者不依法办理涉嫌拒不支付劳动报酬犯罪案件的国家工作人员,要依法追究行政纪律责任;构成犯罪的,要依法追究刑事责任。

三、加强协调配合,做好拒不支付劳动报酬案件移送工作

人力资源社会保障部门向公安机关移送涉嫌犯罪案件,应当附有《涉嫌犯罪案件移送书》、涉嫌拒不支付劳动报酬犯罪案件调查报告、涉案的有关书证、物证及其他有关涉嫌犯罪的材料。在移送案件时已经作出行政处罚决定的,应当将行政处罚决定书一并抄送公安机关、人民检察院;未作出行政处罚决定的,原则上应当在公安机关决定不予立案或者撤销案件、人民检察院作出不起诉决定、人民法院作出无罪判决或者免予刑事处罚后,再决定是否给予行政处罚。

公安机关对人力资源社会保障部门移送的涉嫌拒不支付劳动报酬犯罪案件,应当予以受理,并在涉嫌犯罪案件移送书回执上签字。对于不属于本部门管辖的,应在受理后24小时内转送有管辖权的部门,并书面告知移送案件的人力资源社会保障部门。

公安机关作出立案或者不立案决定,应当在作出决定之日起3日内书面告知移送案件的人力资源社会保障部门。决定不立案的,应当同时退回案卷材料,并书面说明不立案的理由。

人力资源社会保障部门对于公安机关不予立案的决定有异议的,可以自接到通知后3日内向作出不予立案的公安机关提出复议,也可以建议检察机关依法进行立案监督。

在涉案人员众多、涉嫌跨区域犯罪、社会影响较大或涉嫌犯罪行为人故意销毁会计账簿、转移财产、逃匿、暴力抗拒执法等紧急情形下,人力资源社会保障部门应当及时通报公安机关,公安机关应当依法及时处置。

上级人力资源社会保障部门和公安机关应当对下级人力资源社会保障部门和公安机关执行本通知的情况进行督促检查,定期抽查案件查办情况,及时纠正案件移送工作中的问题和错误。

四、建立沟通机制,确保劳动保障监察执法与刑事司法工作有效衔接

在办理拒不支付劳动报酬案件的过程中,各级人力资源社会保障部门和人民法院、人民检察院、公安机关要加强沟通协调、通力合作,形成打击合力。各级人力资源社会保障部门要与当地人民法院、人民检察院、公安机关建立拒不支付劳动报酬案件移送的联系机制,加强联动配合,确保工作衔接顺畅,案件查处及时有力。要定期组织召开联席会议,互通查处违法犯罪行为以及劳动保障监察执法与刑事司法衔接工作的有关情况,研究解决衔接工作中存在的问题,提出加强衔接工作的措施,切实打击拒不支付劳动报酬的犯罪行为。要健全信息通报制度,通过简报、会议、网络等多种形式实现信息共享,推动劳动保障监察执法与刑事司法衔接工作深入开展。

五、加大宣传力度,及时公布拒不支付劳动报酬案件查处结果

各地要通过广播、电视、报刊、网络等多种渠道向社会广泛宣传拒不支付劳动报酬违法犯罪行为的危害,大力宣传依法打击拒不支付劳动报酬违法犯罪行为的决心。要支持新闻媒体开展舆论监督,畅通信息交流渠道,认真调查处理新闻媒体报道的拒不支付劳动报酬行为,做好相关案件的宣传报道和舆论引导工作,并依法将查处的严重违法犯罪案件向社会公布,达到惩处违法犯罪行为、震慑犯罪分子的目的。

附件(略):1. 涉嫌犯罪案件移送书

2. 不立案决定提请复议书

3. 立案监督建议书

二十九、最高人民法院、最高人民检察院、人力资源社会保障部、公安部关于加强涉嫌拒不支付劳动报酬犯罪案件查处衔接工作的通知(人社部发〔2014〕100号)(2014年12月23日)

一、切实加强涉嫌拒不支付劳动报酬违法犯罪案件查处工作

(一)由于行为人逃匿导致工资账册等证据材料无法调取或用人单位在规定的时间内未提供有关工资支付等相关证据材料的,人力资源社会保障部门应及时对劳动者进行调查询问并制作询问笔录,同时应积极收集可证明劳动用工、欠薪数额等事实的相关证据,依据劳动者提供的工资数额及其他有关证据认定事实。调查询问过程一般要录音录像。

(二)行为人拖欠劳动者劳动报酬后,人力资源社会保障部门通过书面、电话、短信等能够确认其收悉的方式,通知其在指定的时间内到指定的地点配合解决问题,但其在指定的时间内未到指定的地点配合解决问题或明确表示拒不支付劳动报酬的,视为刑法第二百七十六条之一第一款规定的"以逃匿方法逃避支付劳动者的劳动报酬"。但是,行为人有证据证明因自然灾害、突发重大疾病等非人力所能抗拒的原因造成其无法在指定的时间内到指定的地点配合解决问题的除外。

(三)企业将工程或业务分包、转包给不具备用工主体资格的单位或个人,该单位或个人违法招用劳动者不支付劳动报酬的,人力资源社会保障部门应向具备用工主体资格的企业下达限期整改指令书或行政处罚决定书,责令该企业限期支付劳动者劳动报酬。对于该企业有充足证据证明已向不具备用工主体资格的单位或个人支付了劳动者全部的劳动报酬,该单位或个人仍未向劳动者支付的,应向不具备用工主体资格的单位或个人下达限期整改指令书或行政处理决定书,并要求企业监督该单位或个人向劳动者发放到位。

(四)经人力资源社会保障部门调查核实,行为人拖欠劳动者劳动报酬事实清楚、证据确凿、数额较大的,应及时下达责令支付文书。对于行为人逃匿,无法将责令支付文书送交其同住成年家属或所在单位负责收件人的,人力资源社会保障部门可以在行为人住所地、办公地、生产经营场所、建筑施工项目所在地等地张贴责令支付文书,并采用拍照、录像等方式予以记录,相关影像资料应当纳入案卷。

二、切实规范涉嫌拒不支付劳动报酬犯罪案件移送工作

(一)人力资源社会保障部门向公安机关移送涉嫌拒不支付劳动报酬犯罪案件应按照《行政执法机关移送涉嫌犯罪案件的规定》的要求,履行相关手续,并制作《涉嫌犯罪案件移送书》,在规定的期限内将案件移送公安机关。移送的案件卷宗中应当附有以下材料:

1. 涉嫌犯罪案件移送书;

2. 涉嫌拒不支付劳动报酬犯罪案件调查报告;

3. 涉嫌犯罪案件移送审批表;

4. 限期整改指令书或行政处理决定书等执法文书及送达证明材料;

5. 劳动者本人或劳动者委托代理人调查询问笔录;

6. 拖欠劳动者劳动报酬的单位或个人的基本信息;

7. 涉案的书证、物证等有关涉嫌拒不支付劳动报酬的证据材料。

人力资源社会保障部门向公安机关移送涉嫌犯罪案件应当移送与案件相关的全部材料,同时应将案件移送书及有关材料目录抄送同级人民检察院。在移送涉嫌犯罪案件时已经作出行政处罚决定的,应当将行政处罚决定书一并抄送公安机关、人民检察院。

(二)公安机关收到人力资源社会保障部门移送的涉嫌犯罪案件,应当在涉嫌犯罪案件移送书回执上签字,对移送材料不全的,可通报人力资源社会保障部门按上述规定补充移送。受理后认为不属于本机关管辖的,应当及时转送有管辖权的机关,并书面告知移送案件的人力资源社会保障部门。对受理的案件,公安机关应当及时审查,依法作出立案或者不予立案的决定,并书面通知人力资源社会保障部门,同时抄送人民检察院。公安机关立案后决定撤销案件的,应当书面通知人力资源社会保障部门,同时抄送人民检察院。公安机关作出不立案决定或者撤销案件的,应当同时将案卷材料退回人力资源社会保障部门,并书面说明理由。

(三)人力资源社会保障部门对于公安机关不接受移送的涉嫌犯罪案件或者已受理的案件未依法及时作出立案或不立案决定的,可以建议人民检察院依法进行立案监督。对公安机关受理后作出不予立案决定的,可在接到不予立案通知书后3日内向作出决定的公安机关提请复议,也可以建议人民检察院依法进行立案监督。

(四)人民检察院发现人力资源社会保障部门对应当移送公安机关的涉嫌拒不支付劳动报酬犯罪案件不移送或者逾期不移送的,应当督促移送。人力资源社会保障部门接到人民检察院提出移送涉嫌犯罪案件的书面意见后,应当及时移送案件。人民检察院发现相关部门拒不移送案件和拒不立案行为中存在职务犯罪线索的,应当认真审查,依法处理。

三、切实完善劳动保障监察行政执法与刑事司法衔接机制

(一)人力资源社会保障部门在依法查处涉嫌拒不支付劳动报酬犯罪案件过程中,对案情复杂、性质难以认定的案件可就犯罪标准、证据固定等问题向公安机关或人民检察院咨询;对跨区域犯罪、涉及人员众多、社会影响较大的案件,人力资源社会保障部门通报公安机关的,公安机关应依法及时处置。

(二)对于涉嫌拒不支付劳动报酬犯罪案件,公安机关、人民检察院、人民法院在侦查、审查起诉和审判期间提请人力资源社会保障部门协助的,人力资源社会保障部门应当予以配合。

(三)在办理拒不支付劳动报酬犯罪案件过程中,各级人民法院、人民检察院、人力资源社会保障部门、公安机关要加强联动配合,建立拒不支付劳动报酬犯罪案件移送的联席会议制度,定期互相通报案件办理情况,及时了解案件信息,研究解决查处拒不支付劳动报酬犯罪案件衔接工作中存在的问题,进一步完善监察行政执法与刑事司法衔接工作机制,切实发挥刑法打击拒不支付劳动报酬犯罪行为的有效作用。

三十、最高人民法院、最高人民检察院、公安部、国家安全部、司法部印发《关于建立犯罪人员犯罪记录制度的意见》的通知(2012年5月10日)

犯罪记录是国家专门机关对犯罪人员情况的客观记载。犯罪记录制度是现代社会管理制度中的一项重要内容。为适应新时期经济社会发展的需要,进一步推进社会管理创新,维护社会稳定,促进社会和谐,现就建立我国犯罪人员犯罪记录制度提出如下意见。

一、建立犯罪人员犯罪记录制度的重要意义和基本要求

建立犯罪人员犯罪记录制度,对犯罪人员信息进行合理登记和有效管理,既有助于国家有关部门充分掌握与运用犯罪人员信息,适时制定和调整刑事政策及其他公共政策,改进和完善相关法律法规,有效防控犯罪,维护社会秩序,也有助于保障有犯罪记录的人的合法权利,帮助其顺利回归社会。

近年来,我国犯罪人员犯罪记录工作取得较大进展,有关部门为建立犯罪人员犯罪记录制度进行了积极探索。认真总结并推广其中的有益做法,在全国范围内开展犯罪人员信息的登记和管理工作,

逐步建立和完善犯罪记录制度,对司法工作服务大局,促进社会矛盾化解,推进社会管理机制创新,具有重要意义。

建立犯罪人员犯罪记录制度,开展有关犯罪记录的工作,要按照深入贯彻落实科学发展观和构建社会主义和谐社会的总体要求,在司法体制和工作机制改革的总体框架内,全面落实宽严相济刑事政策,促进社会和谐稳定,推动经济社会健康发展。要立足国情,充分考虑现阶段我国经济社会发展的状况和人民群众的思想观念,注意与现有法律法规和其他制度的衔接。要充分认识我国的犯罪记录制度以及有关工作尚处于起步阶段这一现状,抓住重点,逐步推进,确保此项工作能够稳妥、有序开展,为进一步完善我国犯罪记录制度,健全犯罪记录工作机制创造条件。

二、犯罪人员犯罪记录制度的主要内容

(一)建立犯罪人员信息库

为加强对犯罪人员信息的有效管理,依托政法机关现有网络和资源,由公安机关、国家安全机关、人民检察院、司法行政机关分别建立有关记录信息库,并实现互联互通,待条件成熟后建立全国统一的犯罪信息库。

犯罪人员信息登记机关录入的信息应当包括以下内容:犯罪人员的基本情况、检察机关(自诉人)和审判机关的名称、判决书编号、判决确定日期、罪名、所判处刑罚以及刑罚执行情况等。

(二)建立犯罪人员信息通报机制

人民法院应当及时将生效的刑事裁判文书以及其他有关信息通报犯罪人员信息登记机关。

监狱、看守所应当及时将《刑满释放人员通知书》寄送被释放人员户籍所在地犯罪人员信息登记机关。

县级司法行政机关应当及时将《社区服刑人员矫正期满通知书》寄送被解除矫正人员户籍所在地犯罪人员信息登记机关。

国家机关基于办案需要,向犯罪人员信息登记机关查询有关犯罪信息,有关机关应当予以配合。

(三)规范犯罪人员信息查询机制

公安机关、国家安全机关、人民检察院和司法行政机关分别负责受理、审核和处理有关犯罪记录的查询申请。

上述机关在向社会提供犯罪信息查询服务时,应当严格依照法律法规关于升学、入伍、就业等资格、条件的规定进行。

辩护律师为依法履行辩护职责,要求查询本案犯罪嫌疑人、被告人的犯罪记录的,应当允许,涉及未成年人的犯罪记录被执法机关依法封存的除外。

(四)建立未成年人犯罪记录封存制度

为深入贯彻落实党和国家对违法犯罪未成年人的"教育、感化、挽救"方针和"教育为主、惩罚为辅"原则,切实帮助失足青少年回归社会,根据刑事诉讼法的有关规定,结合我国未成年人保护工作的实际,建立未成年人轻罪犯罪记录封存制度,对于犯罪时不满十八周岁,被判处五年有期徒刑以下刑罚的未成年人的犯罪记录,应当予以封存。犯罪记录被封存后,不得向任何单位和个人提供,但司法机关为办案需要或者有关单位根据国家规定进行查询的除外。依法进行查询的单位,应当对被封存的犯罪记录的情况予以保密。

执法机关对未成年人的犯罪记录可以作为工作记录予以保存。

(五)明确违反规定处理犯罪人员信息的责任

负责提供犯罪人员信息的部门及其工作人员应当及时、准确地向犯罪人员信息登记机关提供有关信息。不按规定提供信息,或者故意提供虚假、伪造信息,情节严重或者造成严重后果的,应当依法追究相关人员的责任。

负责登记和管理犯罪人员信息的部门及其工作人员应当认真登记、妥善管理犯罪人员信息。不按规定登记犯罪人员信息、提供查询服务,或者违反规定泄露犯罪人员信息,情节严重或者造成严重后果的,应当依法追究相关人员的责任。

使用犯罪人员信息的单位和个人应当按照查询目的使用有关信息并对犯罪人员信息予以保密。不按规定使用犯罪人员信息,情节严重或者造成严重后果的,应当依法追究相关人员的责任。

三、扎实推进犯罪人员犯罪记录制度的建立与完善

犯罪记录制度是我国一项崭新的法律制度,在建立和实施过程中不可避免地会遇到各种各样的问题和困难,有关部门要高度重视,精心组织,认真实施,并结合自身工作的性质和特点,研究制定具体实施办法或实施细则,循序渐进,在实践中不断健全、完善,确保取得实效。

犯罪记录制度的建立是一个系统工程,各有关部门要加强协调,互相配合,处理好在工作起步以及推进中可能遇到的各种问题。要充分利用政法网以及各部门现有的网络基础设施,逐步实现犯罪人员信息的网上录入、查询和文件流转,实现犯罪人员信息的共享。要处理好犯罪人员信息与被劳动教养、治安管理处罚、不起诉人员信息以及其他信息库之间的关系。要及时总结,适时调整工作思路和方法,保障犯罪记录工作的顺利展开,推动我国犯罪记录制度的发展与完善。

三十一、最高人民法院、最高人民检察院、公安部关于办理网络犯罪案件适用刑事诉讼程序若干问题的意见(2014年5月4日)

一、关于网络犯罪案件的范围

1. 本意见所称网络犯罪案件包括:

(1)危害计算机信息系统安全犯罪案件;

(2)通过危害计算机信息系统安全实施的盗窃、诈骗、敲诈勒索等犯罪案件;

(3)在网络上发布信息或者设立主要用于实施犯罪活动的网站、通讯群组,针对或者组织、教唆、帮助不特定多数人实施的犯罪案件;

(4)主要犯罪行为在网络上实施的其他案件。

二、关于网络犯罪案件的管辖

2. 网络犯罪案件由犯罪地公安机关立案侦查。必要时,可以由犯罪嫌疑人居住地公安机关立案侦查。

网络犯罪案件的犯罪地包括用于实施犯罪行为的网站服务器所在地,网络接入地,网站建立者、管理者所在地,被侵害的计算机信息系统或其管理者所在地,犯罪嫌疑人、被害人使用的计算机信息系统所在地,被害人被侵害时所在地,以及被害人财产遭受损失地等。

涉及多个环节的网络犯罪案件,犯罪嫌疑人为网络犯罪提供帮助的,其犯罪地或者居住地公安机关可以立案侦查。

3. 有多个犯罪地的网络犯罪案件,由最初受理的公安机关或者主要犯罪地公安机关立案侦查。有争议的,按照有利于查清犯罪事实、有利于诉讼的原则,由共同上级公安机关指定有关公安机关立案侦查。需要提请批准逮捕、移送审查起诉、提起公诉的,由该公安机关所在地的人民检察院、人民法院受理。

4. 具有下列情形之一的,有关公安机关可以在其职责范围内并案侦查,需要提请批准逮捕、移送审查起诉、提起公诉的,由该公安机关所在地的人民检察院、人民法院受理:

(1)一人犯数罪的;

(2)共同犯罪的;

(3)共同犯罪的犯罪嫌疑人、被告人还实施其他犯罪的;

(4)多个犯罪嫌疑人、被告人实施的犯罪存在关联,并案处理有利于查明案件事实的。

5. 对因网络交易、技术支持、资金支付结算等关系形成多层级链条、跨区域的网络犯罪案件，共同上级公安机关可以按照有利于查清犯罪事实、有利于诉讼的原则，指定有关公安机关一并立案侦查，需要提请批准逮捕、移送审查起诉、提起公诉的，由该公安机关所在地的人民检察院、人民法院受理。

6. 具有特殊情况，由异地公安机关立案侦查更有利于查清犯罪事实、保证案件公正处理的跨省(自治区、直辖市)重大网络犯罪案件，可以由公安部商最高人民检察院和最高人民法院指定管辖。

7. 人民检察院对于公安机关移送审查起诉的网络犯罪案件，发现犯罪嫌疑人还有犯罪被其他公安机关立案侦查的，应当通知移送审查起诉的公安机关。

人民法院受理案件后，发现被告人还有犯罪被其他公安机关立案侦查的，可以建议人民检察院补充侦查。人民检察院经审查，认为需要补充侦查的，应当通知移送审查起诉的公安机关。

经人民检察院通知，有关公安机关根据案件具体情况，可以对犯罪嫌疑人所犯其他犯罪并案侦查。

8. 为保证及时结案，避免超期羁押，人民检察院对于公安机关提请批准逮捕、移送审查起诉的网络犯罪案件，第一审人民法院对于已经受理的网络犯罪案件，经审查发现没有管辖权的，可以依法报请共同上级人民检察院、人民法院指定管辖。

9. 部分犯罪嫌疑人在逃，但不影响对已到案共同犯罪嫌疑人、被告人的犯罪事实认定的网络犯罪案件，可以依法先行追究已到案共同犯罪嫌疑人、被告人的刑事责任。在逃的共同犯罪嫌疑人、被告人归案后，可以由原公安机关、人民检察院、人民法院管辖其所涉及的案件。

三、关于网络犯罪案件的初查

10. 对接受的案件或者发现的犯罪线索，在审查中发现案件事实或者线索不明，需要经过调查才能够确认是否达到犯罪追诉标准的，经办案部门负责人批准，可以进行初查。

初查过程中，可以采取询问、查询、勘验、检查、鉴定、调取证据材料等不限制初查对象人身、财产权利的措施，但不得对初查对象采取强制措施和查封、扣押、冻结财产。

四、关于网络犯罪案件的跨地域取证

11. 公安机关跨地域调查取证的，可以将办案协作函和相关法律文书及凭证电传或者通过公安机关信息化系统传输至协作地公安机关。协作地公安机关经审查确认，在传来的法律文书上加盖本地公安机关印章后，可以代为调查取证。

12. 询(讯)问异地证人、被害人以及与案件有关联的犯罪嫌疑人的，可以由办案地公安机关通过远程网络视频等方式进行询(讯)问并制作笔录。

远程询(讯)问的，应当由协作地公安机关事先核实被询(讯)问人的身份。办案地公安机关应当将询(讯)问笔录传输至协作地公安机关。询(讯)问笔录经被询(讯)问人确认并逐页签名、捺指印后，由协作地公安机关协作人员签名或者盖章，并将原件提供给办案地公安机关。询(讯)问人员收到笔录后，应当在首页右上方写明“于某年某月某日收到”，并签名或者盖章。

远程询(讯)问的，应当对询(讯)问过程进行录音录像，并随案移送。

异地证人、被害人以及与案件有关联的犯罪嫌疑人亲笔书写证词、供词的，参照本条第二款规定执行。

五、关于电子数据的取证与审查

13. 收集、提取电子数据，应当由二名以上具备相关专业知识的侦查人员进行。取证设备和过程应当符合相关技术标准，并保证所收集、提取的电子数据的完整性、客观性。

14. 收集、提取电子数据，能够获取原始存储介质的，应当封存原始存储介质，并制作笔录，记录原始存储介质的封存状态，由侦查人员、原始存储介质持有人签名或者盖章；持有人无法签名或者拒绝签名的，应当在笔录中注明，由见证人签名或者盖章。有条件的，侦查人员应当对相关活动进行录像。

15. 具有下列情形之一，无法获取原始存储介质的，可以提取电子数据，但应当在笔录中注明不能获取原始存储介质的原因、原始存储介质的存放地点等情况,并由侦查人员、电子数据持有人、提供人签名或者盖章;持有人、提供人无法签名或者拒绝签名的,应当在笔录中注明,由见证人签名或者盖章;有条件的,侦查人员应当对相关活动进行录像:

(1)原始存储介质不便封存的;

(2)提取计算机内存存储的数据、网络传输的数据等不是存储在存储介质上的电子数据的;

(3)原始存储介质位于境外的;

(4)其他无法获取原始存储介质的情形。

16.收集、提取电子数据应当制作笔录,记录案由、对象、内容,收集、提取电子数据的时间、地点、方法、过程,电子数据的清单、规格、类别、文件格式、完整性校验值等,并由收集、提取电子数据的侦查人员签名或者盖章。远程提取电子数据的,应当说明原因,有条件的,应当对相关活动进行录像。通过数据恢复、破解等方式获取被删除、隐藏或者加密的电子数据的,应当对恢复、破解过程和方法作出说明。

17.收集、提取的原始存储介质或者电子数据,应当以封存状态随案移送,并制作电子数据的复制件一并移送。

对文档、图片、网页等可以直接展示的电子数据,可以不随案移送电子数据打印件,但应当附有展示方法说明和展示工具;人民法院、人民检察院因设备等条件限制无法直接展示电子数据的,公安机关应当随案移送打印件。

对侵入、非法控制计算机信息系统的程序、工具以及计算机病毒等无法直接展示的电子数据,应当附有电子数据属性、功能等情况的说明。

对数据统计数量、数据同一性等问题,公安机关应当出具说明。

18.对电子数据涉及的专门性问题难以确定的,由司法鉴定机构出具鉴定意见,或者由公安部指定的机构出具检验报告。

六、关于网络犯罪案件的其他问题

19.采取技术侦查措施收集的材料作为证据使用的,应当随案移送批准采取技术侦查措施的法律文书和所收集的证据材料。使用有关证据材料可能危及有关人员的人身安全,或者可能产生其他严重后果的,应当采取不暴露有关人员身份、技术方法等保护措施,必要时,可以由审判人员在庭外进行核实。

20.对针对或者组织、教唆、帮助不特定多数人实施的网络犯罪案件,确因客观条件限制无法逐一收集相关言词证据的,可以根据记录被害人数、被侵害的计算机信息系统数量、涉案资金数额等犯罪事实的电子数据、书证等证据材料,在慎重审查被告人及其辩护人所提辩解、辩护意见的基础上,综合全案证据材料,对相关犯罪事实作出认定。

三十二、国务院易制毒化学品管理条例(2018年9月18日)

第一章　总则

第一条　为了加强易制毒化学品管理,规范易制毒化学品的生产、经营、购买、运输和进口、出口行为,防止易制毒化学品被用于制造毒品,维护经济和社会秩序,制定本条例。

第二条　国家对易制毒化学品的生产、经营、购买、运输和进口、出口实行分类管理和许可制度。

易制毒化学品分为三类。第一类是可以用于制毒的主要原料,第二类、第三类是可以用于制毒的化学配剂。易制毒化学品的具体分类和品种,由本条例附表列示。

易制毒化学品的分类和品种需要调整的,由国务院公安部门会同国务院药品监督管理部门、安全生产监督管理部门、商务主管部门、卫生主管部门和海关总署提出方案,报国务院批准。

省、自治区、直辖市人民政府认为有必要在本行政区域内调整分类或者增加本条例规定以外的品种的,应当向国务院公安部门提出,由国务院公安部门会同国务院有关行政主管部门提出方案,报国务院批准。

第三条　国务院公安部门、药品监督管理部门、安全生产监督管理部门、商务主管部门、卫生主管部门、海关总署、价格主管部门、铁路主管部门、交通主管部门、市场监督管理部门、生态环境主管部门在各自的职责范围内,负责全国的易制毒化学品有关管理工作;县级以上地方各级人民政府有关行政主管部门在各自的职责范围内,负责本行政区域内的易制毒化学品有关管理工作。

县级以上地方各级人民政府应当加强对易制毒化学品管理工作的领导,及时协调解决易制毒化学品管理工作中的问题。

第四条　易制毒化学品的产品包装和使用说明书,应当标明产品的名称(含学名和通用名)、化学分子式和成分。

第五条　易制毒化学品的生产、经营、购买、运输和进口、出口,除应当遵守本条例的规定外,属于药品和危险化学品的,还应当遵守法律、其他行政法规对药品和危险化学品的有关规定。

禁止走私或者非法生产、经营、购买、转让、运输易制毒化学品。

禁止使用现金或者实物进行易制毒化学品交易。但是,个人合法购买第一类中的药品类易制毒化学品药品制剂和第三类易制毒化学品的除外。

生产、经营、购买、运输和进口、出口易制毒化学品的单位,应当建立单位内部易制毒化学品管理制度。

第六条　国家鼓励向公安机关等有关行政主管部门举报涉及易制毒化学品的违法行为。接到举报的部门应当为举报者保密。对举报属实的,县级以上人民政府及有关行政主管部门应当给予奖励。

第二章　生产、经营管理

第七条　申请生产第一类易制毒化学品,应当具备下列条件,并经本条例第八条规定的行政主管部门审批,取得生产许可证后,方可进行生产:

(一)属依法登记的化工产品生产企业或者药品生产企业;

(二)有符合国家标准的生产设备、仓储设施和污染物处理设施;

(三)有严格的安全生产管理制度和环境突发事件应急预案;

(四)企业法定代表人和技术、管理人员具有安全生产和易制毒化学品的有关知识,无毒品犯罪记录;

(五)法律、法规、规章规定的其他条件。

申请生产第一类中的药品类易制毒化学品,还应当在仓储场所等重点区域设置电视监控设施以及与公安机关联网的报警装置。

第八条　申请生产第一类中的药品类易制毒化学品的,由省、自治区、直辖市人民政府药品监督管理部门审批;申请生产第一类中的非药品类易制毒化学品的,由省、自治区、直辖市人民政府安全生产监督管理部门审批。

前款规定的行政主管部门应当自收到申请之日起60日内,对申请人提交的申请材料进行审查。对符合规定的,发给生产许可证,或者在企业已经取得的有关生产许可证件上标注;不予许可的,应当书面说明理由。

审查第一类易制毒化学品生产许可申请材料时,根据需要,可以进行实地核查和专家评审。

第九条　申请经营第一类易制毒化学品,应当具备下列条件,并经本条例第十条规定的行政主管部门审批,取得经营许可证后,方可进行经营:

(一)属依法登记的化工产品经营企业或者药品经营企业;

(二)有符合国家规定的经营场所,需要储存、保管易制毒化学品的,还应当有符合国家技术标准的仓储设施;

(三)有易制毒化学品的经营管理制度和健全的销售网络;

(四)企业法定代表人和销售、管理人员具有易制毒化学品的有关知识,无毒品犯罪记录;

(五)法律、法规、规章规定的其他条件。

第十条 申请经营第一类中的药品类易制毒化学品的,由省、自治区、直辖市人民政府药品监督管理部门审批;申请经营第一类中的非药品类易制毒化学品的,由省、自治区、直辖市人民政府安全生产监督管理部门审批。

前款规定的行政主管部门应当自收到申请之日起30日内,对申请人提交的申请材料进行审查。对符合规定的,发给经营许可证,或者在企业已经取得的有关经营许可证件上标注;不予许可的,应当书面说明理由。

审查第一类易制毒化学品经营许可申请材料时,根据需要,可以进行实地核查。

第十一条 取得第一类易制毒化学品生产许可或者依照本条例第十三条第一款规定已经履行第二类、第三类易制毒化学品备案手续的生产企业,可以经销自产的易制毒化学品。但是,在厂外设立销售网点经销第一类易制毒化学品的,应当依照本条例的规定取得经营许可。

第一类中的药品类易制毒化学品药品单方制剂,由麻醉药品定点经营企业经销,且不得零售。

第十二条 取得第一类易制毒化学品生产、经营许可的企业,应当凭生产、经营许可证到工商行政管理部门办理经营范围变更登记。未经变更登记,不得进行第一类易制毒化学品的生产、经营。

第一类易制毒化学品生产、经营许可证被依法吊销的,行政主管部门应当自作出吊销决定之日起5日内通知工商行政管理部门;被吊销许可证的企业,应当及时到工商行政管理部门办理经营范围变更或者企业注销登记。

第十三条 生产第二类、第三类易制毒化学品的,应当自生产之日起30日内,将生产的品种、数量等情况,向所在地的设区的市级人民政府安全生产监督管理部门备案。

经营第二类易制毒化学品的,应当自经营之日起30日内,将经营的品种、数量、主要流向等情况,向所在地的设区的市级人民政府安全生产监督管理部门备案;经营第三类易制毒化学品的,应当自经营之日起30日内,将经营的品种、数量、主要流向等情况,向所在地的县级人民政府安全生产监督管理部门备案。

前两款规定的行政主管部门应当于收到备案材料的当日发给备案证明。

第三章 购买管理

第十四条 申请购买第一类易制毒化学品,应当提交下列证件,经本条例第十五条规定的行政主管部门审批,取得购买许可证:

(一)经营企业提交企业营业执照和合法使用需要证明;

(二)其他组织提交登记证书(成立批准文件)和合法使用需要证明。

第十五条 申请购买第一类中的药品类易制毒化学品的,由所在地的省、自治区、直辖市人民政府药品监督管理部门审批;申请购买第一类中的非药品类易制毒化学品的,由所在地的省、自治区、直辖市人民政府公安机关审批。

前款规定的行政主管部门应当自收到申请之日起10日内,对申请人提交的申请材料和证件进行审查。对符合规定的,发给购买许可证;不予许可的,应当书面说明理由。

审查第一类易制毒化学品购买许可申请材料时,根据需要,可以进行实地核查。

第十六条 持有麻醉药品、第一类精神药品购买印鉴卡的医疗机构购买第一类中的药品类易制毒化学品的,无须申请第一类易制毒化学品购买许可证。

个人不得购买第一类、第二类易制毒化学品。

第十七条 购买第二类、第三类易制毒化学品的,应当在购买前将所需购买的品种、数量,向所在地的县级人民政府公安机关备案。个人自用购买少量高锰酸钾的,无须备案。

第十八条　经营单位销售第一类易制毒化学品时,应当查验购买许可证和经办人的身份证明。对委托代购的,还应当查验购买人持有的委托文书。

经营单位在查验无误、留存上述证明材料的复印件后,方可出售第一类易制毒化学品;发现可疑情况的,应当立即向当地公安机关报告。

第十九条　经营单位应当建立易制毒化学品销售台账,如实记录销售的品种、数量、日期、购买方等情况。销售台账和证明材料复印件应当保存2年备查。

第一类易制毒化学品的销售情况,应当自销售之日起5日内报当地公安机关备案;第一类易制毒化学品的使用单位,应当建立使用台账,并保存2年备查。

第二类、第三类易制毒化学品的销售情况,应当自销售之日起30日内报当地公安机关备案。

第四章　运输管理

第二十条　跨设区的市级行政区域(直辖市为跨市界)或者在国务院公安部门确定的禁毒形势严峻的重点地区跨县级行政区域运输第一类易制毒化学品的,由运出地的设区的市级人民政府公安机关审批;运输第二类易制毒化学品的,由运出地的县级人民政府公安机关审批。经审批取得易制毒化学品运输许可证后,方可运输。

运输第三类易制毒化学品的,应当在运输前向运出地的县级人民政府公安机关备案。公安机关应当于收到备案材料的当日发给备案证明。

第二十一条　申请易制毒化学品运输许可,应当提交易制毒化学品的购销合同,货主是企业的,应当提交营业执照;货主是其他组织的,应当提交登记证书(成立批准文件);货主是个人的,应当提交其个人身份证明。经办人还应当提交本人的身份证明。

公安机关应当自收到第一类易制毒化学品运输许可申请之日起10日内,收到第二类易制毒化学品运输许可申请之日起3日内,对申请人提交的申请材料进行审查。对符合规定的,发给运输许可证;不予许可的,应当书面说明理由。

审查第一类易制毒化学品运输许可申请材料时,根据需要,可以进行实地核查。

第二十二条　对许可运输第一类易制毒化学品的,发给一次有效的运输许可证。

对许可运输第二类易制毒化学品的,发给3个月有效的运输许可证;6个月内运输安全状况良好的,发给12个月有效的运输许可证。

易制毒化学品运输许可证应当载明拟运输的易制毒化学品的品种、数量、运入地、货主及收货人、承运人情况以及运输许可证种类。

第二十三条　运输供教学、科研使用的100克以下的麻黄素样品和供医疗机构制剂配方使用的小包装麻黄素以及医疗机构或者麻醉药品经营企业购买麻黄素片剂6万片以下、注射剂1.5万支以下,货主或者承运人持有依法取得的购买许可证明或者麻醉药品调拨单的,无须申请易制毒化学品运输许可。

第二十四条　接受货主委托运输的,承运人应当查验货主提供的运输许可证或者备案证明,并查验所运货物与运输许可证或者备案证明载明的易制毒化学品品种等情况是否相符;不相符的,不得承运。

运输易制毒化学品,运输人员应当自启运起全程携带运输许可证或者备案证明。公安机关应当在易制毒化学品的运输过程中进行检查。

运输易制毒化学品,应当遵守国家有关货物运输的规定。

第二十五条　因治疗疾病需要,患者、患者近亲属或者患者委托的人凭医疗机构出具的医疗诊断书和本人的身份证明,可以随身携带第一类中的药品类易制毒化学品药品制剂,但是不得超过医用单张处方的最大剂量。

医用单张处方最大剂量,由国务院卫生主管部门规定、公布。

第五章 进口、出口管理

第二十六条 申请进口或者出口易制毒化学品,应当提交下列材料,经国务院商务主管部门或者其委托的省、自治区、直辖市人民政府商务主管部门审批,取得进口或者出口许可证后,方可从事进口、出口活动:

(一)对外贸易经营者备案登记证明(外商投资企业联合年检合格证书)复印件;

(二)营业执照副本;

(三)易制毒化学品生产、经营、购买许可证或者备案证明;

(四)进口或者出口合同(协议)副本;

(五)经办人的身份证明。

申请易制毒化学品出口许可的,还应当提交进口方政府主管部门出具的合法使用易制毒化学品的证明或者进口方合法使用的保证文件。

第二十七条 受理易制毒化学品进口、出口申请的商务主管部门应当自收到申请材料之日起20日内,对申请材料进行审查,必要时可以进行实地核查。对符合规定的,发给进口或者出口许可证;不予许可的,应当书面说明理由。

对进口第一类中的药品类易制毒化学品的,有关的商务主管部门在作出许可决定前,应当征得国务院食品药品监督管理部门的同意。

第二十八条 麻黄素等属于重点监控物品范围的易制毒化学品,由国务院商务主管部门会同国务院有关部门核定的企业进口、出口。

第二十九条 国家对易制毒化学品的进口、出口实行国际核查制度。易制毒化学品国际核查目录及核查的具体办法,由国务院商务主管部门会同国务院公安部门规定、公布。

国际核查所用时间不计算在许可期限之内。

对向毒品制造、贩运情形严重的国家或者地区出口易制毒化学品以及本条例规定品种以外的化学品的,可以在国际核查措施以外实施其他管制措施,具体办法由国务院商务主管部门会同国务院公安部门、海关总署等有关部门规定、公布。

第三十条 进口、出口或者过境、转运、通运易制毒化学品的,应当如实向海关申报,并提交进口或者出口许可证。海关凭许可证办理通关手续。

易制毒化学品在境外与保税区、出口加工区等海关特殊监管区域、保税场所之间进出的,适用前款规定。

易制毒化学品在境内与保税区、出口加工区等海关特殊监管区域、保税场所之间进出的,或者在上述海关特殊监管区域、保税场所之间进出的,无须申请易制毒化学品进口或者出口许可证。

进口第一类中的药品类易制毒化学品,还应当提交药品监督管理部门出具的进口药品通关单。

第三十一条 进出境人员随身携带第一类中的药品类易制毒化学品药品制剂和高锰酸钾,应当以自用且数量合理为限,并接受海关监管。

进出境人员不得随身携带前款规定以外的易制毒化学品。

第六章 监督检查

第三十二条 县级以上人民政府公安机关、负责药品监督管理部门、安全生产监督管理部门、商务主管部门、卫生主管部门、价格主管部门、铁路主管部门、交通主管部门、市场监督管理部门、生态环境主管部门和海关,应当依照本条例和有关法律、行政法规的规定,在各自的职责范围内,加强对易制毒化学品生产、经营、购买、运输、价格以及进口、出口的监督检查;对非法生产、经营、购买、运输易制毒化学品,或者走私易制毒化学品的行为,依法予以查处。

前款规定的行政主管部门在进行易制毒化学品监督检查时,可以依法查看现场、查阅和复制有关资料、记录有关情况、扣押相关的证据材料和违法物品;必要时,可以临时查封有关场所。

被检查的单位或者个人应当如实提供有关情况和材料、物品,不得拒绝或者隐匿。

第三十三条　对依法收缴、查获的易制毒化学品,应当在省、自治区、直辖市或者设区的市级人民政府公安机关、海关或者环境保护主管部门的监督下,区别易制毒化学品的不同情况进行保管、回收,或者依照环境保护法律、行政法规的有关规定,由有资质的单位在生态环境主管部门的监督下销毁。其中,对收缴、查获的第一类中的药品类易制毒化学品,一律销毁。

易制毒化学品违法单位或者个人无力提供保管、回收或者销毁费用的,保管、回收或者销毁的费用在回收所得中开支,或者在有关行政主管部门的禁毒经费中列支。

第三十四条　易制毒化学品丢失、被盗、被抢的,发案单位应当立即向当地公安机关报告,并同时报告当地的县级人民政府负责药品监督管理部门、安全生产监督管理部门、商务主管部门或者卫生主管部门。接到报案的公安机关应当及时立案查处,并向上级公安机关报告;有关行政主管部门应当逐级上报并配合公安机关的查处。

第三十五条　有关行政主管部门应当将易制毒化学品许可以及依法吊销许可的情况通报有关公安机关和市场监督管理部门;市场监督管理部门应当将生产、经营易制毒化学品企业依法变更或者注销登记的情况通报有关公安机关和行政主管部门。

第三十六条　生产、经营、购买、运输或者进口、出口易制毒化学品的单位,应当于每年3月31日前向许可或者备案的行政主管部门和公安机关报告本单位上年度易制毒化学品的生产、经营、购买、运输或者进口、出口情况;有条件的生产、经营、购买、运输或者进口、出口单位,可以与有关行政主管部门建立计算机联网,及时通报有关经营情况。

第三十七条　县级以上人民政府有关行政主管部门应当加强协调合作,建立易制毒化学品管理情况、监督检查情况以及案件处理情况的通报、交流机制。

第七章　法律责任

第三十八条　违反本条例规定,未经许可或者备案擅自生产、经营、购买、运输易制毒化学品,伪造申请材料骗取易制毒化学品生产、经营、购买或者运输许可证,使用他人的或者伪造、变造、失效的许可证生产、经营、购买、运输易制毒化学品的,由公安机关没收非法生产、经营、购买或者运输的易制毒化学品、用于非法生产易制毒化学品的原料以及非法生产、经营、购买或者运输易制毒化学品的设备、工具,处非法生产、经营、购买或者运输的易制毒化学品货值10倍以上20倍以下的罚款,货值的20倍不足1万元的,按1万元罚款;有违法所得的,没收违法所得;有营业执照的,由市场监督管理部门吊销营业执照;构成犯罪的,依法追究刑事责任。

对有前款规定违法行为的单位或者个人,有关行政主管部门可以自作出行政处罚决定之日起3年内,停止受理其易制毒化学品生产、经营、购买、运输或者进口、出口许可申请。

第三十九条　违反本条例规定,走私易制毒化学品的,由海关没收走私的易制毒化学品;有违法所得的,没收违法所得,并依照海关法律、行政法规给予行政处罚;构成犯罪的,依法追究刑事责任。

第四十条　违反本条例规定,有下列行为之一的,由负有监督管理职责的行政主管部门给予警告,责令限期改正,处1万元以上5万元以下的罚款;对违反规定生产、经营、购买的易制毒化学品可以予以没收;逾期不改正的,责令限期停产停业整顿;逾期整顿不合格的,吊销相应的许可证:

(一)易制毒化学品生产、经营、购买、运输或者进口、出口单位未按规定建立安全管理制度的;

(二)将许可证或者备案证明转借他人使用的;

(三)超出许可的品种、数量生产、经营、购买易制毒化学品的;

(四)生产、经营、购买单位不记录或者不如实记录交易情况、不按规定保存交易记录或者不如实、不及时向公安机关和有关行政主管部门备案销售情况的;

(五)易制毒化学品丢失、被盗、被抢后未及时报告,造成严重后果的;

(六)除个人合法购买第一类中的药品类易制毒化学品药品制剂以及第三类易制毒化学品外,使用现金或者实物进行易制毒化学品交易的;

(七)易制毒化学品的产品包装和使用说明书不符合本条例规定要求的;

(八)生产、经营易制毒化学品的单位不如实或者不按时向有关行政主管部门和公安机关报告年度生产、经销和库存等情况的。

企业的易制毒化学品生产经营许可被依法吊销后,未及时到市场监督管理部门办理经营范围变更或者企业注销登记的,依照前款规定,对易制毒化学品予以没收,并处罚款。

第四十一条　运输的易制毒化学品与易制毒化学品运输许可证或者备案证明载明的品种、数量、运入地、货主及收货人、承运人等情况不符,运输许可证种类不当,或者运输人员未全程携带运输许可证或者备案证明的,由公安机关责令停运整改,处5000元以上5万元以下的罚款;有危险物品运输资质的,运输主管部门可以依法吊销其运输资质。

个人携带易制毒化学品不符合品种、数量规定的,没收易制毒化学品,处1000元以上5000元以下的罚款。

第四十二条　生产、经营、购买、运输或者进口、出口易制毒化学品的单位或者个人拒不接受有关行政主管部门监督检查的,由负有监督管理职责的行政主管部门责令改正,对直接负责的主管人员以及其他直接责任人员给予警告;情节严重的,对单位处1万元以上5万元以下的罚款,对直接负责的主管人员以及其他直接责任人员处1000元以上5000元以下的罚款;有违反治安管理行为的,依法给予治安管理处罚;构成犯罪的,依法追究刑事责任。

第四十三条　易制毒化学品行政主管部门工作人员在管理工作中有应当许可而不许可、不应当许可而滥许可,不依法受理备案,以及其他滥用职权、玩忽职守、徇私舞弊行为的,依法给予行政处分;构成犯罪的,依法追究刑事责任。

第八章　附则

第四十四条　易制毒化学品生产、经营、购买、运输和进口、出口许可证,由国务院有关行政主管部门根据各自的职责规定式样并监制。

第四十五条　本条例自2005年11月1日起施行。

本条例施行前已经从事易制毒化学品生产、经营、购买、运输或者进口、出口业务的,应当自本条例施行之日起6个月内,依照本条例的规定重新申请许可。

三十三、最高人民法院、最高人民检察院、公安部、司法部关于进一步加强社区矫正工作衔接配合管理的意见(2016年8月30日)

为进一步加强社区矫正工作衔接配合,确保社区矫正依法适用、规范运行,根据刑法、刑事诉讼法以及最高人民法院、最高人民检察院、公安部、司法部《社区矫正实施办法》等有关规定,结合工作实际,制定本意见。

一、加强社区矫正适用前的衔接配合管理

1.人民法院、人民检察院、公安机关、监狱对拟适用或者提请适用社区矫正的被告人、犯罪嫌疑人或者罪犯,需要调查其对所居住社区影响的,可以委托其居住地县级司法行政机关调查评估。对罪犯提请假释的,应当委托其居住地县级司法行政机关调查评估。对拟适用社区矫正的被告人或者罪犯,裁定或者决定机关应当核实其居住地。

委托调查评估时,委托机关应当发出调查评估委托函,并附下列材料:

(1)人民法院委托时,应当附带起诉书或者自诉状;

(2)人民检察院委托时,应当附带起诉意见书;

(3)看守所、监狱委托时,应当附带判决书、裁定书、执行通知书、减刑裁定书复印件以及罪犯在服刑期间表现情况材料。

2. 调查评估委托函应当包括犯罪嫌疑人、被告人、罪犯及其家属等有关人员的姓名、住址、联系方式、案由以及委托机关的联系人、联系方式等内容。

调查评估委托函不得通过案件当事人、法定代理人、诉讼代理人或者其他利害关系人转交居住地县级司法行政机关。

3. 居住地县级司法行政机关应当自收到调查评估委托函及所附材料之日起10个工作日内完成调查评估,提交评估意见。对于适用刑事案件速裁程序的,居住地县级司法行政机关应当在5个工作日内完成调查评估,提交评估意见。评估意见同时抄送居住地县级人民检察院。

需要延长调查评估时限的,居住地县级司法行政机关应当与委托机关协商,并在协商确定的期限内完成调查评估。

调查评估意见应当客观公正反映被告人、犯罪嫌疑人、罪犯适用社区矫正对其所居住社区的影响。委托机关应当认真审查调查评估意见,作为依法适用或者提请适用社区矫正的参考。

4. 人民法院在作出暂予监外执行决定前征求人民检察院意见时,应当附罪犯的病情诊断、妊娠检查或者生活不能自理的鉴别意见等有关材料。

二、加强对社区服刑人员交付接收的衔接配合管理

5. 对于被判处管制、宣告缓刑、假释的罪犯,人民法院、看守所、监狱应当书面告知其到居住地县级司法行政机关报到的时间期限以及逾期报到的后果,并在规定期限内将有关法律文书送达居住地县级司法行政机关,同时抄送居住地县级人民检察院和公安机关。

社区服刑人员前来报到时,居住地县级司法行政机关未收到法律文书或者法律文书不齐全,可以先记录在案,并通知人民法院、监狱或者看守所在5日内送达或者补齐法律文书。

6. 人民法院决定暂予监外执行或者公安机关、监狱管理机关批准暂予监外执行的,交付时应当将罪犯的病情诊断、妊娠检查或者生活不能自理的鉴别意见等有关材料复印件一并送达居住地县级司法行政机关。

7. 人民法院、公安机关、司法行政机关在社区服刑人员交付接收工作中衔接脱节,或者社区服刑人员逃避监管、未按规定时间期限报到,造成没有及时执行社区矫正的,属于漏管。

8. 居住地社区矫正机构发现社区服刑人员漏管,应当及时组织查找,并由居住地县级司法行政机关通知有关人民法院、公安机关、监狱、居住地县级人民检察院。

社区服刑人员逃避监管、不按规定时间期限报到导致漏管的,居住地县级司法行政机关应当给予警告;符合收监执行条件的,依法提出撤销缓刑、撤销假释或者对暂予监外执行收监执行的建议。

9. 人民检察院应当加强对社区矫正交付接收中有关机关履职情况的监督,发现有下列情形之一的,依法提出纠正意见:

(1)人民法院、公安机关、监狱未依法送达交付执行法律文书,或者未向社区服刑人员履行法定告知义务;

(2)居住地县级司法行政机关依法应当接收社区服刑人员而未接收;

(3)社区服刑人员未在规定时间期限报到,居住地社区矫正机构未及时组织查找;

(4)人民法院决定暂予监外执行,未通知居住地社区矫正机构与有关公安机关,致使未办理交接手续;

(5)公安机关、监狱管理机关批准罪犯暂予监外执行,罪犯服刑的看守所、监狱未按规定与居住地

社区矫正机构办理交接手续;

(6)其他未履行法定交付接收职责的情形。

三、加强对社区服刑人员监督管理的衔接配合

10. 社区服刑人员在社区矫正期间脱离居住地社区矫正机构的监督管理下落不明,或者虽能查找到其下落但拒绝接受监督管理的,属于脱管。

11. 居住地社区矫正机构发现社区服刑人员脱管,应当及时采取联系本人、其家属亲友,走访有关单位和人员等方式组织追查,做好记录,并由县级司法行政机关视情形依法给予警告、提请治安管理处罚、提请撤销缓刑、撤销假释或者对暂予监外执行的提请收监执行。

12. 人民检察院应当加强对社区矫正监督管理活动的监督,发现有下列情形之一的,依法提出纠正意见:

(1)社区服刑人员报到后,居住地县级司法行政机关未向社区服刑人员履行法定告知义务,致使其未按照有关规定接受监督管理;

(2)居住地社区矫正机构违反规定批准社区服刑人员离开所居住的市、县,或者违反人民法院禁止令的内容批准社区服刑人员进入特定区域或者场所;

(3)居住地县级司法行政机关对违反社区矫正规定的社区服刑人员,未依法给予警告、提请治安管理处罚;

(4)其他未履行法定监督管理职责的情形。

13. 司法行政机关应当会同人民法院、人民检察院、公安机关健全完善联席会议制度、情况通报制度,每月通报核对社区服刑人员人数变动、漏管脱管等数据信息,及时协调解决工作中出现的问题。

14. 司法行政机关应当建立完善社区服刑人员的信息交换平台,推动与人民法院、人民检察院、公安机关互联互通,利用网络及时准确传输交换有关法律文书,根据需要查询社区服刑人员脱管漏管、被治安管理处罚、犯罪等情况,共享社区矫正工作动态信息,实现网上办案、网上监管、网上监督。对社区服刑人员采用电子定位方式实施监督,应当采用相应技术,防止发生人机分离,提高监督管理的有效性和安全性。

15. 社区服刑人员被依法决定行政拘留、司法拘留、收容教育、强制隔离戒毒等或者因涉嫌犯新罪、发现判决宣告前还有其他罪没有判决被采取强制措施的,决定机关应当自作出决定之日起3日内将有关情况通知居住地县级司法行政机关和居住地县级人民检察院。

四、加强对社区服刑人员收监执行的衔接配合管理

16. 社区服刑人员符合收监执行条件的,居住地社区矫正机构应当及时按照规定,向原裁判人民法院或者公安机关、监狱管理机关送达撤销缓刑、撤销假释建议书或者对暂予监外执行的收监执行建议书并附相关证明材料。人民法院、公安机关、监狱管理机关应当在规定期限内依法作出裁定或者决定,并将法律文书送达居住地县级司法行政机关,同时抄送居住地县级人民检察院、公安机关。

17. 社区服刑人员因违反监督管理规定被依法撤销缓刑、撤销假释或者暂予监外执行被决定收监执行的,应当本着就近、便利、安全的原则,送交其居住地所属的省(区、市)的看守所、监狱执行刑罚。

18. 社区服刑人员被裁定撤销缓刑的,居住地社区矫正机构应当向看守所、监狱移交撤销缓刑裁定书和执行通知书、撤销缓刑建议书以及原判决书、裁定书和执行通知书、起诉书副本、结案登记表以及社区矫正期间表现情况等文书材料。

社区服刑人员被裁定撤销假释的,居住地社区矫正机构应当向看守所、监狱移交撤销假释裁定书和执行通知书,撤销假释建议书、社区矫正期间表现情况材料,原判决书、裁定书和执行通知书、起诉书副本、结案登记表复印件等文书材料。罪犯收监后,居住地社区矫正机构通知罪犯原服刑看守所、监狱将罪犯假释前的档案材料移交撤销假释后的服刑看守所、监狱。

暂予监外执行社区服刑人员被人民法院决定收监执行的,居住地社区矫正机构应当向看守所、监狱移交收监执行决定书和执行通知书以及原判决书、裁定书和执行通知书、起诉书副本、结案登记表、社区矫正期间表现等文书材料。

暂予监外执行社区服刑人员被公安机关、监狱管理机关决定收监执行的,居住地社区矫正机构应当向看守所、监狱移交社区服刑人员在接受矫正期间的表现情况等文书材料。

19. 撤销缓刑、撤销假释裁定书或者对暂予监外执行罪犯收监执行决定书应当在居住地社区矫正机构教育场所公示。属于未成年或者犯罪的时候不满十八周岁被判处五年有期徒刑以下刑罚的社区服刑人员除外。

20. 被裁定、决定收监执行的社区服刑人员在逃的,居住地社区矫正机构应当在收到人民法院、公安机关、监狱管理机关的裁定、决定后,立即通知居住地县级公安机关,由其负责实施追捕。

撤销缓刑、撤销假释裁定书和对暂予监外执行罪犯收监执行决定书,可以作为公安机关网上追逃依据。公安机关根据案情决定是否实施网上追逃。

21. 社区服刑人员被行政拘留、司法拘留、收容教育、强制隔离戒毒等行政处罚或者强制措施期间,人民法院、公安机关、监狱管理机关依法作出对其撤销缓刑、撤销假释的裁定或者收监执行决定的,居住地社区矫正机构应当将人民法院、公安机关、监狱管理机关的裁定书、决定书送交作出上述决定的机关,由有关部门依法收监执行刑罚。

22. 人民检察院应当加强对社区矫正收监执行活动的监督,发现有下列情形之一的,依法提出纠正意见:

(1)居住地县级司法行政机关未依法向人民法院、公安机关、监狱管理机关提出撤销缓刑、撤销假释建议或者对暂予监外执行的收监执行建议;

(2)人民法院、公安机关、监狱管理机关未依法作出裁定、决定,或者未依法送达;

(3)居住地县级司法行政机关、公安机关未依法将罪犯送交看守所、监狱,或者未依法移交被收监执行罪犯的文书材料;

(4)看守所、监狱未依法收监执行;

(5)公安机关未依法协助送交收监执行罪犯,或者未依法对在逃的收监执行罪犯实施追捕;

(6)其他违反收监执行规定的情形。

23. 对社区服刑人员实行社区矫正,本意见未明确的程序和事项,按照有关法律法规以及最高人民法院、最高人民检察院、公安部、司法部《社区矫正实施办法》,最高人民法院、最高人民检察院、公安部、司法部、国家卫生计生委《暂予监外执行规定》等执行。

24. 本意见自发布之日起施行。

三十四、公安部关于公安机关办理醉酒驾驶机动车犯罪案件的指导意见(2011年9月19日)

一、进一步规范现场调查

1. 严格血样提取条件。交通民警要严格按照《交通警察道路执勤执法工作规范》的要求检查酒后驾驶机动车行为,检查中发现机动车驾驶人有酒后驾驶机动车嫌疑的,立即进行呼气酒精测试,对涉嫌醉酒驾驶机动车、当事人对呼气酒精测试结果有异议,或者拒绝配合呼气酒精测试等方法测试以及涉嫌饮酒后、醉酒驾驶机动车发生交通事故的,应当立即提取血样检验血液酒精含量。

2. 及时固定犯罪证据。对查获醉酒驾驶机动车嫌疑人的经过、呼气酒精测试和提取血样过程应当及时制作现场调查记录;有条件的,还应当通过拍照或者录音、录像等方式记录;现场有见证人的,应当及时收集证人证言。发现当事人涉嫌饮酒后或者醉酒驾驶机动车的,依法扣留机动车驾驶证,对当事人驾驶的机动车,需要作为证据的,可以依法扣押。

3. 完善醒酒约束措施。当事人在醉酒状态下,应当先采取保护性约束措施,并进行人身安全检查,由2名以上交通民警或者1名交通民警带领2名以上交通协管员将当事人带至醒酒约束场所，约束至酒醒。对行为举止失控的当事人，可以使用约束带或者警绳，但不得使用手铐、脚镣等警械。醒酒约束场所应当配备醒酒设施和安全防护设施。约束过程中，要加强监护，确认当事人酒醒后，要立即解除约束，并进行询问。

4. 改进执勤检查方式。交通民警在道路上检查酒后驾驶机动车时，应当采取有效措施科学组织疏导交通，根据车流量合理控制拦车数量。车流量较大时，应当采取减少检查车辆数量或者暂时停止拦截等方式，确保现场安全有序。要求驾驶人接受呼气酒精测试时，应当使用规范用语，严格按照工作规程操作，每测试一人更换一次新的吹嘴。当事人违反测试要求的，应当当场重新测试。

二、进一步规范办案期限

5. 规范血样提取送检。交通民警对当事人血样提取过程应当全程监控，保证收集证据合法、有效。提取的血样要当场登记封装，并立即送县级以上公安机关检验鉴定机构或者经公安机关认可的其他具备资格的检验鉴定机构进行血液酒精含量检验。因特殊原因不能立即送检的，应当按照规范低温保存，经上级公安机关交通管理部门负责人批准，可以在3日内送检。

6. 提高检验鉴定效率。要加快血液酒精检验鉴定机构建设，加强检验鉴定技术人员的培养。市、县公安机关尚未建立检验鉴定机构的，要尽快建立具有血液酒精检验职能的检验鉴定机构，并建立24小时值班制度。要切实提高血液酒精检验鉴定效率，对送检的血样，检验鉴定机构应当在3日内出具检验报告。当事人对检验结果有异议的，应当告知其在接到检验报告后3日内提出重新检验申请。

7. 严格办案时限。要建立醉酒驾驶机动车案件快侦快办工作制度，加强内部办案协作，严格办案时限要求。为提高办案效率，对现场发现的饮酒后或者醉酒驾驶机动车的嫌疑人，尚未立刑事案件的，可以口头传唤其到指定地点接受调查；有条件的，对当事人可以现场调查询问；对犯罪嫌疑人采取强制措施的，应当及时进行讯问。对案件事实清楚、证据确实充分的，应当在查获犯罪嫌疑人之日起7日内侦查终结案件并移送人民检察院审查起诉；情况特殊的，经县级公安机关负责人批准，可以适当延长办案时限。

三、进一步规范立案侦查

8. 从严掌握立案标准。经检验驾驶人血液酒精含量达到醉酒驾驶机动车标准的，一律以涉嫌危险驾驶罪立案侦查；未达到醉酒驾驶机动车标准的，按照道路交通安全法有关规定给予行政处罚。当事人被查获后，为逃避法律追究，在呼气酒精测试或者提取血样前又饮酒，经检验其血液酒精含量达到醉酒驾驶机动车标准的，应当立案侦查。当事人经呼气酒精测试达到醉酒驾驶机动车标准，在提取血样前脱逃的，应当以呼气酒精含量为依据立案侦查。

9. 全面客观收集证据。对已经立案的醉酒驾驶机动车案件，应当全面、客观地收集、调取犯罪证据材料，并严格审查、核实。要及时检查、核实车辆和人员基本情况及机动车驾驶人违法犯罪信息，详细记录现场查获醉酒驾驶机动车的过程、人员车辆基本特征以及现场采取呼气酒精测试、实施强制措施、提取血样、口头传唤、固定证据等情况。讯问犯罪嫌疑人时，应当对犯罪嫌疑人是否有罪以及情节轻重等情况作重点讯问，并听取无罪辩解。要及时收集能够证明犯罪嫌疑人是否醉酒驾驶机动车的证人证言、视听资料等其他证据材料。

10. 规范强制措施适用。要根据案件实际情况，对涉嫌醉酒驾驶机动车的犯罪嫌疑人依法合理适用拘传、取保候审、监视居住、拘留等强制措施，确保办案工作顺利进行。对犯罪嫌疑人企图自杀或者逃跑、在逃的，或者不讲真实姓名、住址，身份不明的，以及确需对犯罪嫌疑人实施羁押的，可以依法采取拘留措施。拘留期限内未能查清犯罪事实的，应当依法办理取保候审或者监视居住手续。发现不应当追究犯罪嫌疑人刑事责任或者强制措施期限届满的，应当及时解除强制措施。

11. 做好办案衔接。案件侦查终结后，对醉酒驾驶机动车犯罪事实清楚，证据确实、充分的，应当在案件移送人民检察院审查起诉前,依法吊销犯罪嫌疑人的机动车驾驶证。对其他道路交通违法行为应当依法给予行政处罚。案件移送审查起诉后,要及时了解掌握案件起诉和判决情况,收到法院的判决书或者有关的司法建议函后,应当及时归档。对检察机关决定不起诉或者法院判决无罪但醉酒驾驶机动车事实清楚,证据确实、充分的,应当依法给予行政处罚。

12. 加强执法办案管理。要进一步明确办案要求,细化呼气酒精测试、血样提取和保管、立案撤案、强制措施适用、物品扣押等重点环节的办案标准和办案流程。要严格落实案件审核制度,进一步规范案件审核范围、审核内容和审核标准,对与案件质量有关的事项必须经法制员和法制部门审核把关,确保案件质量。要提高办案工作信息化水平,大力推行网上办案,严格办案信息网上录入的标准和时限,逐步实现案件受理、立案、侦查、制作法律文书、法制审核、审批等全过程网上运行,加强网上监控和考核,杜绝"人情案"、"关系案"。

四、进一步规范安全防护措施

13. 配备执法装备。交通民警在道路上检查酒后驾驶机动车时,必须配齐呼气酒精含量检测仪、约束带、警绳、摄像机、照相机、执法记录仪、反光指挥棒、停车示意牌等装备。执勤车辆还应配备灭火器材、急救包等急救装备,根据需要可以配备简易破拆工具、拦车破胎器、测速仪等装备。

14. 完善查处程序。交通民警在道路上检查酒后驾驶机动车时,应当根据道路条件和交通状况,合理选择安全、不妨碍车辆通行的地点进行,检查工作要由2名以上交通民警进行。要保证民警人身安全,明确民警检查动作和查处规程,落实安全防护措施,防止发生民警受伤害案件。

三十五、最高人民法院、最高人民检察院、公安部、司法部关于依法办理家庭暴力犯罪案件的意见(2015年3月2日)

发生在家庭成员之间,以及具有监护、扶养、寄养、同居等关系的共同生活人员之间的家庭暴力犯罪,严重侵害公民人身权利,破坏家庭关系,影响社会和谐稳定。人民法院、人民检察院、公安机关、司法行政机关应当严格履行职责,充分运用法律,积极预防和有效惩治各种家庭暴力犯罪,切实保障人权,维护社会秩序。为此,根据刑法、刑事诉讼法、婚姻法、未成年人保护法、老年人权益保障法、妇女权益保障法等法律,结合司法实践经验,制定本意见。

一、基本原则

1. 依法及时、有效干预。针对家庭暴力持续反复发生,不断恶化升级的特点,人民法院、人民检察院、公安机关、司法行政机关对已发现的家庭暴力,应当依法采取及时、有效的措施,进行妥善处理,不能以家庭暴力发生在家庭成员之间,或者属于家务事为由而置之不理,互相推诿。

2. 保护被害人安全和隐私。办理家庭暴力犯罪案件,应当首先保护被害人的安全。通过对被害人进行紧急救治、临时安置,以及对施暴人采取刑事强制措施、判处刑罚、宣告禁止令等措施,制止家庭暴力并防止再次发生,消除家庭暴力的现实侵害和潜在危险。对与案件有关的个人隐私,应当保密,但法律有特别规定的除外。

3. 尊重被害人意愿。办理家庭暴力犯罪案件,既要严格依法进行,也要尊重被害人的意愿。在立案、采取刑事强制措施、提起公诉、判处刑罚、减刑、假释时,应当充分听取被害人意见,在法律规定的范围内作出合情、合理的处理。对法律规定可以调解、和解的案件,应当在当事人双方自愿的基础上进行调解、和解。

4. 对未成年人、老年人、残疾人、孕妇、哺乳期妇女、重病患者特殊保护。办理家庭暴力犯罪案件,应当根据法律规定和案件情况,通过代为告诉、法律援助等措施,加大对未成年人、老年人、残疾人、孕妇、哺乳期妇女、重病患者的司法保护力度,切实保障他们的合法权益。

二、案件受理

5. 积极报案、控告和举报。依照刑事诉讼法第一百零八条第一款"任何单位和个人发现有犯罪事实或者犯罪嫌疑人,有权利也有义务向公安机关、人民检察院或者人民法院报案或者举报”的规定,家庭暴力被害人及其亲属、朋友、邻居、同事,以及村(居)委会、人民调解委员会、妇联、共青团、残联、医院、学校、幼儿园等单位、组织,发现家庭暴力,有权利也有义务及时向公安机关、人民检察院、人民法院报案、控告或者举报。

公安机关、人民检察院、人民法院对于报案人、控告人和举报人不愿意公开自己的姓名和报案、控告、举报行为的,应当为其保守秘密,保护报案人、控告人和举报人的安全。

6. 迅速审查、立案和转处。公安机关、人民检察院、人民法院接到家庭暴力的报案、控告或者举报后,应当立即问明案件的初步情况,制作笔录,迅速进行审查,按照刑事诉讼法关于立案的规定,根据自己的管辖范围,决定是否立案。对于符合立案条件的,要及时立案。对于可能构成犯罪但不属于自己管辖的,应当移送主管机关处理,并且通知报案人、控告人或者举报人;对于不属于自己管辖而又必须采取紧急措施的,应当先采取紧急措施,然后移送主管机关。

经审查,对于家庭暴力行为尚未构成犯罪,但属于违反治安管理行为的,应当将案件移送公安机关,依照治安管理处罚法的规定进行处理,同时告知被害人可以向人民调解委员会提出申请,或者向人民法院提起民事诉讼,要求施暴人承担停止侵害、赔礼道歉、赔偿损失等民事责任。

7. 注意发现犯罪案件。公安机关在处理人身伤害、虐待、遗弃等行政案件过程中,人民法院在审理婚姻家庭、继承、侵权责任纠纷等民事案件过程中,应当注意发现可能涉及的家庭暴力犯罪。一旦发现家庭暴力犯罪线索,公安机关应当将案件转为刑事案件办理,人民法院应当将案件移送公安机关;属于自诉案件的,公安机关、人民法院应当告知被害人提起自诉。

8. 尊重被害人的程序选择权。对于被害人有证据证明的轻微家庭暴力犯罪案件,在立案审查时,应当尊重被害人选择公诉或者自诉的权利。被害人要求公安机关处理的,公安机关应当依法立案、侦查。在侦查过程中,被害人不再要求公安机关处理或者要求转为自诉案件的,应当告知被害人向公安机关提交书面申请。经审查确系被害人自愿提出的,公安机关应当依法撤销案件。被害人就这类案件向人民法院提起自诉的,人民法院应当依法受理。

9. 通过代为告诉充分保障被害人自诉权。对于家庭暴力犯罪自诉案件,被害人无法告诉或者不能亲自告诉的,其法定代理人、近亲属可以告诉或者代为告诉;被害人是无行为能力人、限制行为能力人,其法定代理人、近亲属没有告诉或者代为告诉的,人民检察院可以告诉;侮辱、暴力干涉婚姻自由等告诉才处理的案件,被害人因受强制、威吓无法告诉的,人民检察院也可以告诉。人民法院对告诉或者代为告诉的,应当依法受理。

10. 切实加强立案监督。人民检察院要切实加强对家庭暴力犯罪案件的立案监督,发现公安机关应当立案而不立案的,或者被害人及其法定代理人、近亲属,有关单位、组织就公安机关不予立案向人民检察院提出异议的,人民检察院应当要求公安机关说明不立案的理由。人民检察院认为不立案理由不成立的,应当通知公安机关立案,公安机关接到通知后应当立案;认为不立案理由成立的,应当将理由告知提出异议的被害人及其法定代理人、近亲属或者有关单位、组织。

11. 及时、全面收集证据。公安机关在办理家庭暴力案件时,要充分、全面地收集、固定证据,除了收集现场的物证、被害人陈述、证人证言等证据外,还应当注意及时向村(居)委会、人民调解委员会、妇联、共青团、残联、医院、学校、幼儿园等单位、组织的工作人员,以及被害人的亲属、邻居等收集涉及家庭暴力的处理记录、病历、照片、视频等证据。

12. 妥善救治、安置被害人。人民法院、人民检察院、公安机关等负有保护公民人身安全职责的单位和组织,对因家庭暴力受到严重伤害需要紧急救治的被害人,应当立即协助联系医疗机构救治;对面临家庭暴力严重威胁,或者处于无人照料等危险状态,需要临时安置的被害人或者相关未成年人,应当通知并协助有关部门进行安置。

13. 依法采取强制措施。人民法院、人民检察院、公安机关对实施家庭暴力的犯罪嫌疑人、被告人,符合拘留、逮捕条件的,可以依法拘留、逮捕;没有采取拘留、逮捕措施的,应当通过走访、打电话等方式与被害人或者其法定代理人、近亲属联系,了解被害人的人身安全状况。对于犯罪嫌疑人、被告人再次实施家庭暴力的,应当根据情况,依法采取必要的强制措施。

人民法院、人民检察院、公安机关决定对实施家庭暴力的犯罪嫌疑人、被告人取保候审的,为了确保被害人及其子女和特定亲属的安全,可以依照刑事诉讼法第六十九条第二款的规定,责令犯罪嫌疑人、被告人不得再次实施家庭暴力;不得侵扰被害人的生活、工作、学习;不得进行酗酒、赌博等活动;经被害人申请且有必要的,责令不得接近被害人及其未成年子女。

14. 加强自诉案件举证指导。家庭暴力犯罪案件具有案发周期较长、证据难以保存,被害人处于相对弱势、举证能力有限,相关事实难以认定等特点。有些特点在自诉案件中表现得更为突出。因此,人民法院在审理家庭暴力自诉案件时,对于因当事人举证能力不足等原因,难以达到法律规定的证据要求的,应当及时对当事人进行举证指导,告知需要收集的证据及收集证据的方法。对于因客观原因不能取得的证据,当事人申请人民法院调取的,人民法院应当认真审查,认为确有必要的,应当调取。

15. 加大对被害人的法律援助力度。人民检察院自收到移送审查起诉的案件材料之日起三日内,人民法院自受理案件之日起三日内,应当告知被害人及其法定代理人或者近亲属有权委托诉讼代理人,如果经济困难,可以向法律援助机构申请法律援助;对于被害人是未成年人、老年人、重病患者或者残疾人等,因经济困难没有委托诉讼代理人的,人民检察院、人民法院应当帮助其申请法律援助。

法律援助机构应当依法为符合条件的被害人提供法律援助,指派熟悉反家庭暴力法律法规的律师办理案件。

三、定罪处罚

16. 依法准确定罪处罚。对故意杀人、故意伤害、强奸、猥亵儿童、非法拘禁、侮辱、暴力干涉婚姻自由、虐待、遗弃等侵害公民人身权利的家庭暴力犯罪,应当根据犯罪的事实、犯罪的性质、情节和对社会的危害程度,严格依照刑法的有关规定判处。对于同一行为同时触犯多个罪名的,依照处罚较重的规定定罪处罚。

17. 依法惩处虐待犯罪。采取殴打、冻饿、强迫过度劳动、限制人身自由、恐吓、侮辱、谩骂等手段,对家庭成员的身体和精神进行摧残、折磨,是实践中较为多发的虐待性质的家庭暴力。根据司法实践,具有虐待持续时间较长、次数较多;虐待手段残忍;虐待造成被害人轻微伤或者患较严重疾病;对未成年人、老年人、残疾人、孕妇、哺乳期妇女、重病患者实施较为严重的虐待行为等情形,属于刑法第二百六十条第一款规定的虐待"情节恶劣",应当依法以虐待罪定罪处罚。

准确区分虐待犯罪致人重伤、死亡与故意伤害、故意杀人犯罪致人重伤、死亡的界限,要根据被告人的主观故意、所实施的暴力手段与方式、是否立即或者直接造成被害人伤亡后果等进行综合判断。对于被告人主观上不具有侵害被害人健康或者剥夺被害人生命的故意,而是出于追求被害人肉体和精神上的痛苦,长期或者多次实施虐待行为,逐渐造成被害人身体损害,过失导致被害人重伤或者死亡的;或者因虐待致使被害人不堪忍受而自残、自杀,导致重伤或者死亡的,属于刑法第二百六十条第二款规定的虐待"致使被害人重伤、死亡",应当以虐待罪定罪处罚。对于被告人虽然实施家庭暴力呈现出经常性、持续性、反复性的特点,但其主观上具有希望或者放任被害人重伤或者死亡的故意,持凶器实施暴力,暴力手段残忍,暴力程度较强,直接或者立即造成被害人重伤或者死亡的,应当以故意伤害罪或者故意杀人罪定罪处罚。

依法惩处遗弃犯罪。负有扶养义务且有扶养能力的人,拒绝扶养年幼、年老、患病或者其他没有独立生活能力的家庭成员,是危害严重的遗弃性质的家庭暴力。根据司法实践,具有对被害人长期不予照顾、不提供生活来源;驱赶、逼迫被害人离家,致使被害人流离失所或者生存困难;遗弃患严重疾病或者生活不能自理的被害人;遗弃致使被害人身体严重损害或者造成其他严重后果等情形,属于刑法第二百六十一条规定的遗弃"情节恶劣",应当依法以遗弃罪定罪处罚。

准确区分遗弃罪与故意杀人罪的界限,要根据被告人的主观故意、所实施行为的时间与地点、是否立即造成被害人死亡,以及被害人对被告人的依赖程度等进行综合判断。对于只是为了逃避扶养义务,并不希望或者放任被害人死亡,将生活不能自理的被害人弃置在福利院、医院、派出所等单位或者广场、车站等行人较多的场所,希望被害人得到他人救助的,一般以遗弃罪定罪处罚。对于希望或者放任被害人死亡,不履行必要的扶养义务,致使被害人因缺乏生活照料而死亡,或者将生活不能自理的被害人带至荒山野岭等人迹罕至的场所扔弃,使被害人难以得到他人救助的,应当以故意杀人罪定罪处罚。

18. 切实贯彻宽严相济刑事政策。对于实施家庭暴力构成犯罪的,应当根据罪刑法定、罪刑相适应原则,兼顾维护家庭稳定、尊重被害人意愿等因素综合考虑,宽严并用,区别对待。根据司法实践,对于实施家庭暴力手段残忍或者造成严重后果;出于恶意侵占财产等卑劣动机实施家庭暴力;因酗酒、吸毒、赌博等恶习而长期或者多次实施家庭暴力;曾因实施家庭暴力受到刑事处罚、行政处罚;或者具有其他恶劣情形的,可以酌情从重处罚。对于实施家庭暴力犯罪情节较轻,或者被告人真诚悔罪,获得被害人谅解,从轻处罚有利于被扶养人的,可以酌情从轻处罚;对于情节轻微不需要判处刑罚的,人民检察院可以不起诉,人民法院可以判处免予刑事处罚。

对于实施家庭暴力情节显著轻微危害不大不构成犯罪的,应当撤销案件、不起诉,或者宣告无罪。

人民法院、人民检察院、公安机关应当充分运用训诫,责令施暴人保证不再实施家庭暴力,或者向被害人赔礼道歉、赔偿损失等非刑罚处罚措施,加强对施暴人的教育与惩戒。

19. 准确认定对家庭暴力的正当防卫。为了使本人或者他人的人身权利免受不法侵害,对正在进行的家庭暴力采取制止行为,只要符合刑法规定的条件,就应当依法认定为正当防卫,不负刑事责任。防卫行为造成施暴人重伤、死亡,且明显超过必要限度,属于防卫过当,应当负刑事责任,但是应当减轻或者免除处罚。

认定防卫行为是否"明显超过必要限度",应当以足以制止并使防卫人免受家庭暴力不法侵害的需要为标准,根据施暴人正在实施家庭暴力的严重程度、手段的残忍程度,防卫人所处的环境、面临的危险程度、采取的制止暴力的手段、造成施暴人重大损害的程度,以及既往家庭暴力的严重程度等进行综合判断。

20. 充分考虑案件中的防卫因素和过错责任。对于长期遭受家庭暴力后,在激愤、恐惧状态下为了防止再次遭受家庭暴力,或者为了摆脱家庭暴力而故意杀害、伤害施暴人,被告人的行为具有防卫因素,施暴人在案件起因上具有明显过错或者直接责任的,可以酌情从宽处罚。对于因遭受严重家庭暴力,身体、精神受到重大损害而故意杀害施暴人;或者因不堪忍受长期家庭暴力而故意杀害施暴人,犯罪情节不是特别恶劣,手段不是特别残忍的,可以认定为刑法第二百三十二条规定的故意杀人"情节较轻"。在服刑期间确有悔改表现的,可以根据其家庭情况,依法放宽减刑的幅度,缩短减刑的起始时间与间隔时间;符合假释条件的,应当假释。被杀害施暴人的近亲属表示谅解的,在量刑、减刑、假释时应当予以充分考虑。

四、其他措施

21. 充分运用禁止令措施。人民法院对实施家庭暴力构成犯罪被判处管制或者宣告缓刑的犯罪分子,为了确保被害人及其子女和特定亲属的人身安全,可以依照刑法第三十八条第二款、第七十二条第二款的规定,同时禁止犯罪分子再次实施家庭暴力,侵扰被害人的生活、工作、学习,进行酗酒、赌博等活动;经被害人申请且有必要的,禁止接近被害人及其未成年子女。

22. 告知申请撤销施暴人的监护资格。人民法院、人民检察院、公安机关对于监护人实施家庭暴力,严重侵害被监护人合法权益的,在必要时可以告知被监护人及其他有监护资格的人员、单位,向人民法院提出申请,要求撤销监护人资格,依法另行指定监护人。

23.充分运用人身安全保护措施。人民法院为了保护被害人的人身安全,避免其再次受到家庭暴力的侵害,可以根据申请,依照民事诉讼法等法律的相关规定,作出禁止施暴人再次实施家庭暴力、禁止接近被害人、迁出被害人的住所等内容的裁定。对于施暴人违反裁定的行为,如对被害人进行威胁、恐吓、殴打、伤害、杀害,或者未经被害人同意拒不迁出住所的,人民法院可以根据情节轻重予以罚款、拘留;构成犯罪的,应当依法追究刑事责任。

24.充分运用社区矫正措施。社区矫正机构对因实施家庭暴力构成犯罪被判处管制、宣告缓刑、假释或者暂予监外执行的犯罪分子,应当依法开展家庭暴力行为矫治,通过制定有针对性的监管、教育和帮助措施,矫正犯罪分子的施暴心理和行为恶习。

25.加强反家庭暴力宣传教育。人民法院、人民检察院、公安机关、司法行政机关应当结合本部门工作职责,通过以案说法、社区普法、针对重点对象法制教育等多种形式,开展反家庭暴力宣传教育活动,有效预防家庭暴力,促进平等、和睦、文明的家庭关系,维护社会和谐、稳定。

三十六、最高人民法院、最高人民检察院、公安部、国家安全部、司法部关于依法保障律师执业权利的规定(2015年9月16日)

第一条 为切实保障律师执业权利,充分发挥律师维护当事人合法权益、维护法律正确实施、维护社会公平和正义的作用,促进司法公正,根据有关法律法规,制定本规定。

第二条 人民法院、人民检察院、公安机关、国家安全机关、司法行政机关应当尊重律师,健全律师执业权利保障制度,依照刑事诉讼法、民事诉讼法、行政诉讼法及律师法的规定,在各自职责范围内依法保障律师知情权、申请权、申诉权,以及会见、阅卷、收集证据和发问、质证、辩论等方面的执业权利,不得阻碍律师依法履行辩护、代理职责,不得侵害律师合法权利。

第三条 人民法院、人民检察院、公安机关、国家安全机关、司法行政机关和律师协会应当建立健全律师执业权利救济机制。

律师因依法执业受到侮辱、诽谤、威胁、报复、人身伤害的,有关机关应当及时制止并依法处理,必要时对律师采取保护措施。

第四条 人民法院、人民检察院、公安机关、国家安全机关、司法行政机关应当建立和完善诉讼服务中心、立案或受案场所、律师会见室、阅卷室,规范工作流程,方便律师办理立案、会见、阅卷、参与庭审、申请执行等事务。探索建立网络信息系统和律师服务平台,提高案件办理效率。

第五条 办案机关在办理案件中应当依法告知当事人有权委托辩护人、诉讼代理人。对于符合法律援助条件而没有委托辩护人或者诉讼代理人的,办案机关应当及时告知当事人有权申请法律援助,并按照相关规定向法律援助机构转交申请材料。办案机关发现犯罪嫌疑人、被告人属于依法应当提供法律援助的情形的,应当及时通知法律援助机构指派律师为其提供辩护。

第六条 辩护律师接受犯罪嫌疑人、被告人委托或者法律援助机构的指派后,应当告知办案机关,并可以依法向办案机关了解犯罪嫌疑人、被告人涉嫌或者被指控的罪名及当时已查明的该罪的主要事实,犯罪嫌疑人、被告人被采取、变更、解除强制措施的情况,侦查机关延长侦查羁押期限等情况,办案机关应当依法及时告知辩护律师。

办案机关作出移送审查起诉、退回补充侦查、提起公诉、延期审理、二审不开庭审理、宣告判决等重大程序性决定的,以及人民检察院将直接受理立案侦查案件报请上一级人民检察院审查决定逮捕的,应当依法及时告知辩护律师。

第七条 辩护律师到看守所会见在押的犯罪嫌疑人、被告人,看守所在查验律师执业证书、律师事务所证明和委托书或者法律援助公函后,应当及时安排会见。能当时安排的,应当当时安排;不能当时安排的,看守所应当向辩护律师说明情况,并保证辩护律师在四十八小时以内会见到在押的犯罪嫌疑人、被告人。

看守所安排会见不得附加其他条件或者变相要求辩护律师提交法律规定以外的其他文件、材料,不得以未收到办案机关通知为由拒绝安排辩护律师会见。

看守所应当设立会见预约平台,采取网上预约、电话预约等方式为辩护律师会见提供便利,但不得以未预约会见为由拒绝安排辩护律师会见。

辩护律师会见在押的犯罪嫌疑人、被告人时,看守所应当采取必要措施,保障会见顺利和安全进行。律师会见在押的犯罪嫌疑人、被告人的,看守所应当保障律师履行辩护职责需要的时间和次数,并与看守所工作安排和办案机关侦查工作相协调。辩护律师会见犯罪嫌疑人、被告人时不被监听,办案机关不得派员在场。在律师会见室不足的情况下,看守所经辩护律师书面同意,可以安排在讯问室会见,但应当关闭录音、监听设备。犯罪嫌疑人、被告人委托两名律师担任辩护人的,两名辩护律师可以共同会见,也可以单独会见。辩护律师可以带一名律师助理协助会见。助理人员随同辩护律师参加会见的,应当出示律师事务所证明和律师执业证书或申请律师执业人员实习证。办案机关应当核实律师助理的身份。

第八条　在押的犯罪嫌疑人、被告人提出解除委托关系的,办案机关应当要求其出具或签署书面文件,并在三日以内转交受委托的律师或者律师事务所。辩护律师可以要求会见在押的犯罪嫌疑人、被告人,当面向其确认解除委托关系,看守所应当安排会见;但犯罪嫌疑人、被告人书面拒绝会见的,看守所应当将有关书面材料转交辩护律师,不予安排会见。

在押的犯罪嫌疑人、被告人的监护人、近亲属解除代为委托辩护律师关系的,经犯罪嫌疑人、被告人同意的,看守所应当允许新代为委托的辩护律师会见,由犯罪嫌疑人、被告人确认新的委托关系;犯罪嫌疑人、被告人不同意解除原辩护律师的委托关系的,看守所应当终止新代为委托的辩护律师会见。

第九条　辩护律师在侦查期间要求会见危害国家安全犯罪、恐怖活动犯罪、特别重大贿赂犯罪案件在押的犯罪嫌疑人的,应当向侦查机关提出申请。侦查机关应当依法及时审查辩护律师提出的会见申请,在三日以内将是否许可的决定书面答复辩护律师,并明确告知负责与辩护律师联系的部门及工作人员的联系方式。对许可会见的,应当向辩护律师出具许可决定文书;因有碍侦查或者可能泄露国家秘密而不许可会见的,应当向辩护律师说明理由。有碍侦查或者可能泄露国家秘密的情形消失后,应当许可会见,并及时通知看守所和辩护律师。对特别重大贿赂案件在侦查终结前,侦查机关应当许可辩护律师至少会见一次犯罪嫌疑人。

侦查机关不得随意解释和扩大前款所述三类案件的范围,限制律师会见。

第十条　自案件移送审查起诉之日起,辩护律师会见犯罪嫌疑人、被告人,可以向其核实有关证据。

第十一条　辩护律师会见在押的犯罪嫌疑人、被告人,可以根据需要制作会见笔录,并要求犯罪嫌疑人、被告人确认无误后在笔录上签名。

第十二条　辩护律师会见在押的犯罪嫌疑人、被告人需要翻译人员随同参加的,应当提前向办案机关提出申请,并提交翻译人员身份证明及其所在单位出具的证明。办案机关应当及时审查并在三日以内作出是否许可的决定。许可翻译人员参加会见的,应当向辩护律师出具许可决定文书,并通知看守所。不许可的,应当向辩护律师书面说明理由,并通知其更换。

翻译人员应当持办案机关许可决定文书和本人身份证明,随同辩护律师参加会见。

第十三条　看守所应当及时传递辩护律师同犯罪嫌疑人、被告人的往来信件。看守所可以对信件进行必要的检查,但不得截留、复制、删改信件,不得向办案机关提供信件内容,但信件内容涉及危害国家安全、公共安全、严重危害他人人身安全以及涉嫌串供、毁灭证据等情形的除外。

第十四条　辩护律师自人民检察院对案件审查起诉之日起,可以查阅、摘抄、复制本案的案卷材料,人民检察院检察委员会的讨论记录、人民法院合议庭、审判委员会的讨论记录以及其他依法不能公开的材料除外。人民检察院、人民法院应当为辩护律师查阅、摘抄、复制案卷材料提供便利,有条件的地方可以推行电子化阅卷,允许刻录、下载材料。侦查机关应当在案件移送审查起诉后三日以内,人民检察院应当在提起公诉后三日以内,将案件移送情况告知辩护律师。案件提起公诉后,人民检察院对案卷所附证据材料有调整或者补充的,应当及时告知辩护律师。辩护律师对调整或者补充的证据材料,有权查阅、摘抄、复制。辩护律师办理申诉、抗诉案件,在人民检察院、人民法院经审查决定立案后,可以持律师执业证书、律师事务所证明和委托书或者法律援助公函到案卷档案管理部门、持有案卷档案的办案部门查阅、摘抄、复制已经审理终结案件的案卷材料。

辩护律师提出阅卷要求的,人民检察院、人民法院应当当时安排辩护律师阅卷,无法当时安排的,应当向辩护律师说明并安排其在三个工作日以内阅卷,不得限制辩护律师阅卷的次数和时间。有条件的地方可以设立阅卷预约平台。

人民检察院、人民法院应当为辩护律师阅卷提供场所和便利,配备必要的设备。因复制材料发生费用的,只收取工本费用。律师办理法律援助案件复制材料发生的费用,应当予以免收或者减收。辩护律师可以采用复印、拍照、扫描、电子数据拷贝等方式复制案卷材料,可以根据需要带律师助理协助阅卷。办案机关应当核实律师助理的身份。

辩护律师查阅、摘抄、复制的案卷材料属于国家秘密的,应当经过人民检察院、人民法院同意并遵守国家保密规定。律师不得违反规定,披露、散布案件重要信息和案卷材料,或者将其用于本案辩护、代理以外的其他用途。

第十五条　辩护律师提交与案件有关材料的,办案机关应当在工作时间和办公场所予以接待,当面了解辩护律师提交材料的目的、材料的来源和主要内容等有关情况并记录在案,与相关材料一并附卷,并出具回执。辩护律师应当提交原件,提交原件确有困难的,经办案机关准许,也可以提交复印件,经与原件核对无误后由辩护律师签名确认。辩护律师通过服务平台网上提交相关材料的,办案机关应当在网上出具回执。辩护律师应当及时向办案机关提供原件核对,并签名确认。

第十六条　在刑事诉讼审查起诉、审理期间,辩护律师书面申请调取公安机关、人民检察院在侦查、审查起诉期间收集但未提交的证明犯罪嫌疑人、被告人无罪或者罪轻的证据材料的,人民检察院、人民法院应当依法及时审查。经审查,认为辩护律师申请调取的证据材料已收集并且与案件事实有联系的,应当及时调取。相关证据材料提交后,人民检察院、人民法院应当及时通知辩护律师查阅、摘抄、复制。经审查决定不予调取的,应当书面说明理由。

第十七条　辩护律师申请向被害人或者其近亲属、被害人提供的证人收集与本案有关的材料的,人民检察院、人民法院应当在七日以内作出是否许可的决定,并通知辩护律师。辩护律师书面提出有关申请时,办案机关不许可的,应当书面说明理由;辩护律师口头提出申请的,办案机关可以口头答复。

第十八条　辩护律师申请人民检察院、人民法院收集、调取证据的,人民检察院、人民法院应当在三日以内作出是否同意的决定,并通知辩护律师。辩护律师书面提出有关申请时,办案机关不同意的,应当书面说明理由;辩护律师口头提出申请的,办案机关可以口头答复。

第十九条　辩护律师申请向正在服刑的罪犯收集与案件有关的材料的,监狱和其他监管机关在查验律师执业证书、律师事务所证明和犯罪嫌疑人、被告人委托书或法律援助公函后,应当及时安排并提供合适的场所和便利。

正在服刑的罪犯属于辩护律师所承办案件的被害人或者其近亲属、被害人提供的证人的,应当经人民检察院或者人民法院许可。

第二十条　在民事诉讼、行政诉讼过程中,律师因客观原因无法自行收集证据的,可以依法向人民法院申请调取。经审查符合规定的,人民法院应当予以调取。

第二十一条 侦查机关在案件侦查终结前,人民检察院、人民法院在审查批准、决定逮捕期间,最高人民法院在复核死刑案件期间,辩护律师提出要求的,办案机关应当听取辩护律师的意见。人民检察院审查起诉、第二审人民法院决定不开庭审理的,应当充分听取辩护律师的意见。

辩护律师要求当面反映意见或者提交证据材料的,办案机关应当依法办理,并制作笔录附卷。辩护律师提出的书面意见和证据材料,应当附卷。

第二十二条 辩护律师书面申请变更或者解除强制措施的,办案机关应当在三日以内作出处理决定。辩护律师的申请符合法律规定的,办案机关应当及时变更或者解除强制措施;经审查认为不应当变更或者解除强制措施的,应当告知辩护律师,并书面说明理由。

第二十三条 辩护律师在侦查、审查起诉、审判期间发现案件有关证据存在刑事诉讼法第五十四条规定的情形的,可以向办案机关申请排除非法证据。

辩护律师在开庭以前申请排除非法证据,人民法院对证据收集合法性有疑问的,应当依照刑事诉讼法第一百八十二条第二款的规定召开庭前会议,就非法证据排除问题了解情况,听取意见。

辩护律师申请排除非法证据的,办案机关应当听取辩护律师的意见,按照法定程序审查核实相关证据,并依法决定是否予以排除。

第二十四条 辩护律师在开庭以前提出召开庭前会议、回避、补充鉴定或者重新鉴定以及证人、鉴定人出庭等申请的,人民法院应当及时审查作出处理决定,并告知辩护律师。

第二十五条 人民法院确定案件开庭日期时,应当为律师出庭预留必要的准备时间并书面通知律师。律师因开庭日期冲突等正当理由申请变更开庭日期的,人民法院应当在不影响案件审理期限的情况下,予以考虑并调整日期,决定调整日期的,应当及时通知律师。

律师可以根据需要,向人民法院申请带律师助理参加庭审。律师助理参加庭审仅能从事相关辅助工作,不得发表辩护、代理意见。

第二十六条 有条件的人民法院应当建立律师参与诉讼专门通道,律师进入人民法院参与诉讼确需安全检查的,应当与出庭履行职务的检察人员同等对待。有条件的人民法院应当设置专门的律师更衣室、休息室或者休息区域,并配备必要的桌椅、饮水及上网设施等,为律师参与诉讼提供便利。

第二十七条 法庭审理过程中,律师对审判人员、检察人员提出回避申请的,人民法院、人民检察院应当依法作出处理。

第二十八条 法庭审理过程中,经审判长准许,律师可以向当事人、证人、鉴定人和有专门知识的人发问。

第二十九条 法庭审理过程中,律师可以就证据的真实性、合法性、关联性,从证明目的、证明效果、证明标准、证明过程等方面,进行法庭质证和相关辩论。

第三十条 法庭审理过程中,律师可以就案件事实、证据和适用法律等问题,进行法庭辩论。

第三十一条 法庭审理过程中,法官应当注重诉讼权利平等和控辩平衡。对于律师发问、质证、辩论的内容、方式、时间等,法庭应当依法公正保障,以便律师充分发表意见,查清案件事实。

法庭审理过程中,法官可以对律师的发问、辩论进行引导,除发言过于重复、相关问题已在庭前会议达成一致、与案件无关或者侮辱、诽谤、威胁他人,故意扰乱法庭秩序的情况外,法官不得随意打断或者制止律师按程序进行的发言。

第三十二条 法庭审理过程中,律师可以提出证据材料,申请通知新的证人、有专门知识的人出庭,申请调取新的证据,申请重新鉴定或者勘验、检查。在民事诉讼中,申请有专门知识的人出庭,应当在举证期限届满前向人民法院申请,经法庭许可后才可以出庭。

第三十三条 法庭审理过程中,遇有被告人供述发生重大变化、拒绝辩护等重大情形,经审判长许可,辩护律师可以与被告人进行交流。

第三十四条 法庭审理过程中,有下列情形之一的,律师可以向法庭申请休庭:

(一)辩护律师因法定情形拒绝为被告人辩护的;

(二)被告人拒绝辩护律师为其辩护的;

(三)需要对新的证据作辩护准备的;

(四)其他严重影响庭审正常进行的情形。

第三十五条 辩护律师作无罪辩护的,可以当庭就量刑问题发表辩护意见,也可以庭后提交量刑辩护意见。

第三十六条 人民法院适用普通程序审理案件,应当在裁判文书中写明律师依法提出的辩护、代理意见,以及是否采纳的情况,并说明理由。

第三十七条 对于诉讼中的重大程序信息和送达当事人的诉讼文书,办案机关应当通知辩护、代理律师。

第三十八条 法庭审理过程中,律师就回避,案件管辖,非法证据排除,申请通知证人、鉴定人、有专门知识的人出庭,申请通知新的证人到庭,调取新的证据,申请重新鉴定、勘验等问题当庭提出申请,或者对法庭审理程序提出异议的,法庭原则上应当休庭进行审查,依照法定程序作出决定。其他律师有相同异议的,应一并提出,法庭一并休庭审查。法庭决定驳回申请或者异议的,律师可当庭提出复议。经复议后,律师应当尊重法庭的决定,服从法庭的安排。

律师不服法庭决定保留意见的内容应当详细记入法庭笔录,可以作为上诉理由,或者向同级或者上一级人民检察院申诉、控告。

第三十九条 律师申请查阅人民法院录制的庭审过程的录音、录像的,人民法院应当准许。

第四十条 侦查机关依法对在诉讼活动中涉嫌犯罪的律师采取强制措施后,应当在四十八小时以内通知其所在的律师事务所或者所属的律师协会。

第四十一条 律师认为办案机关及其工作人员明显违反法律规定,阻碍律师依法履行辩护、代理职责,侵犯律师执业权利的,可以向该办案机关或者其上一级机关投诉。

办案机关应当畅通律师反映问题和投诉的渠道,明确专门部门负责处理律师投诉,并公开联系方式。

办案机关应当对律师的投诉及时调查,律师要求当面反映情况的,应当当面听取律师的意见。经调查情况属实的,应当依法立即纠正,及时答复律师,做好说明解释工作,并将处理情况通报其所在地司法行政机关或者所属的律师协会。

第四十二条 在刑事诉讼中,律师认为办案机关及其工作人员的下列行为阻碍律师依法行使诉讼权利的,可以向同级或者上一级人民检察院申诉、控告:

(一)未依法向律师履行告知、转达、通知和送达义务的;

(二)办案机关认定律师不得担任辩护人、代理人的情形有误的;

(三)对律师依法提出的申请,不接收、不答复的;

(四)依法应当许可律师提出的申请未许可的;

(五)依法应当听取律师的意见未听取的;

(六)其他阻碍律师依法行使诉讼权利的行为。

律师依照前款规定提出申诉、控告的,人民检察院应当在受理后十日以内进行审查,并将处理情况书面答复律师。情况属实的,通知有关机关予以纠正。情况不属实的,做好说明解释工作。

人民检察院应当依法严格履行保障律师依法执业的法律监督职责,处理律师申诉控告。在办案过程中发现有阻碍律师依法行使诉讼权利行为的,应当依法、及时提出纠正意见。

第四十三条 办案机关或者其上一级机关、人民检察院对律师提出的投诉、申诉、控告,经调查核实后要求有关机关予以纠正,有关机关拒不纠正或者累纠累犯的,应当由相关机关的纪检监察部门依照有关规定调查处理,相关责任人构成违纪的,给予纪律处分。

第四十四条 律师认为办案机关及其工作人员阻碍其依法行使执业权利的,可以向其所执业律师事务所所在地的市级司法行政机关、所属的律师协会申请维护执业权利。情况紧急的,可以向事发地的司法行政机关、律师协会申请维护执业权利。事发地的司法行政机关、律师协会应当给予协助。

司法行政机关、律师协会应当建立维护律师执业权利快速处置机制和联动机制,及时安排专人负责协调处理。律师的维权申请合法有据的,司法行政机关、律师协会应当建议有关办案机关依法处理,有关办案机关应当将处理情况及时反馈司法行政机关、律师协会。

司法行政机关、律师协会持有关证明调查核实律师权益保障或者违纪有关情况的,办案机关应当予以配合、协助,提供相关材料。

第四十五条 人民法院、人民检察院、公安机关、国家安全机关、司法行政机关和律师协会应当建立联席会议制度,定期沟通保障律师执业权利工作情况,及时调查处理侵犯律师执业权利的突发事件。

第四十六条 依法规范法律服务秩序,严肃查处假冒律师执业和非法从事法律服务的行为。对未取得律师执业证书或者已经被注销、吊销执业证书的人员以律师名义提供法律服务或者从事相关活动的,或者利用相关法律关于公民代理的规定从事诉讼代理或者辩护业务非法牟利的,依法追究责任,造成严重后果的,依法追究刑事责任。

第四十七条 本规定所称"办案机关",是指负责侦查、审查逮捕、审查起诉和审判工作的公安机关、国家安全机关、人民检察院和人民法院。

第四十八条 本规定所称"律师助理",是指辩护、代理律师所在律师事务所的其他律师和申请律师执业实习人员。

第四十九条 本规定自发布之日起施行。

三十七、最高人民法院关于依法切实保障律师诉讼权利的规定(2015年12月29日)

为深入贯彻落实全面推进依法治国战略,充分发挥律师维护当事人合法权益、促进司法公正的积极作用,切实保障律师诉讼权利,根据中华人民共和国刑事诉讼法、民事诉讼法、行政诉讼法、律师法和《最高人民法院、最高人民检察院、公安部、国家安全部、司法部关于依法保障律师执业权利的规定》,作出如下规定:

一、依法保障律师知情权。人民法院要不断完善审判流程公开、裁判文书公开、执行信息公开"三大平台"建设,方便律师及时获取诉讼信息。对诉讼程序、诉权保障、调解和解、裁判文书等重要事项及相关进展情况,应当依法及时告知律师。

二、依法保障律师阅卷权。对律师申请阅卷的,应当在合理时间内安排。案卷材料被其他诉讼主体查阅的,应当协调安排各方阅卷时间。律师依法查阅、摘抄、复制有关卷宗材料或者查看庭审录音录像的,应当提供场所和设施。有条件的法院,可提供网上卷宗查阅服务。

三、依法保障律师出庭权。确定开庭日期时,应当为律师预留必要的出庭准备时间。因特殊情况更改开庭日期的,应当提前三日告知律师。律师因正当理由请求变更开庭日期的,法官可在征询其他当事人意见后准许。律师带助理出庭的,应当准许。

四、依法保障律师辩论、辩护权。法官在庭审过程中应合理分配诉讼各方发问、质证、陈述和辩论、辩护的时间,充分听取律师意见。除律师发言过于重复、与案件无关或者相关问题已在庭前达成一致等情况外,不应打断律师发言。

五、依法保障律师申请排除非法证据的权利。律师申请排除非法证据并提供相关线索或者材料,法官经审查对证据收集合法性有疑问的,应当召开庭前会议或者进行法庭调查。经审查确认存在法律规定的以非法方法收集证据情形的,对有关证据应当予以排除。

六、依法保障律师申请调取证据的权利。律师因客观原因无法自行收集证据的,可以依法向人民法院书面申请调取证据。律师申请调取证据符合法定条件的,法官应当准许。

七、依法保障律师的人身安全。案件审理过程中出现当事人矛盾激化,可能危及律师人身安全情形的,应当及时采取必要措施。对在法庭上发生的殴打、威胁、侮辱、诽谤律师等行为,法官应当及时制止,依法处置。

八、依法保障律师代理申诉的权利。对律师代理当事人对案件提出申诉的,要依照法律规定的程序认真处理。认为原案件处理正确的,要支持律师向申诉人做好释法析理、息诉息访工作。

九、为律师依法履职提供便利。要进一步完善网上立案、缴费、查询、阅卷、申请保全、提交代理词、开庭排期、文书送达等功能。有条件的法院要为参加庭审的律师提供休息场所,配备桌椅、饮水及其他必要设施。

十、完善保障律师诉讼权利的救济机制。要指定专门机构负责处理律师投诉,公开联系方式,畅通投诉渠道。对投诉要及时调查,依法处理,并将结果及时告知律师。对司法行政机关、律师协会就维护律师执业权利提出的建议,要及时予以答复。

三十八、最高人民法院、最高人民检察院关于办理刑事赔偿案件适用法律若干问题的解释(2016年1月1日)

根据国家赔偿法以及有关法律的规定,结合刑事赔偿工作实际,对办理刑事赔偿案件适用法律的若干问题解释如下:

第一条　赔偿请求人因行使侦查、检察、审判职权的机关以及看守所、监狱管理机关及其工作人员行使职权的行为侵犯其人身权、财产权而申请国家赔偿,具备国家赔偿法第十七条、第十八条规定情形的,属于本解释规定的刑事赔偿范围。

第二条　解除、撤销拘留或者逮捕措施后虽尚未撤销案件、作出不起诉决定或者判决宣告无罪,但是符合下列情形之一的,属于国家赔偿法第十七条第一项、第二项规定的终止追究刑事责任:

(一)办案机关决定对犯罪嫌疑人终止侦查的;

(二)解除、撤销取保候审、监视居住、拘留、逮捕措施后,办案机关超过一年未移送起诉、作出不起诉决定或者撤销案件的;

(三)取保候审、监视居住法定期限届满后,办案机关超过一年未移送起诉、作出不起诉决定或者撤销案件的;

(四)人民检察院撤回起诉超过三十日未作出不起诉决定的;

(五)人民法院决定按撤诉处理后超过三十日,人民检察院未作出不起诉决定的;

(六)人民法院准许刑事自诉案件自诉人撤诉的,或者人民法院决定对刑事自诉案件按撤诉处理的。

赔偿义务机关有证据证明尚未终止追究刑事责任,且经人民法院赔偿委员会审查属实的,应当决定驳回赔偿请求人的赔偿申请。

第三条　对财产采取查封、扣押、冻结、追缴等措施后,有下列情形之一,且办案机关未依法解除查封、扣押、冻结等措施或者返还财产的,属于国家赔偿法第十八条规定的侵犯财产权:

(一)赔偿请求人有证据证明财产与尚未终结的刑事案件无关,经审查属实的;

(二)终止侦查、撤销案件、不起诉、判决宣告无罪终止追究刑事责任的;

(三)采取取保候审、监视居住、拘留或者逮捕措施,在解除、撤销强制措施或者强制措施法定期限届满后超过一年未移送起诉、作出不起诉决定或者撤销案件的;

(四)未采取取保候审、监视居住、拘留或者逮捕措施,立案后超过两年未移送起诉、作出不起诉决

定或者撤销案件的;

(五)人民检察院撤回起诉超过三十日未作出不起诉决定的;

(六)人民法院决定按撤诉处理后超过三十日,人民检察院未作出不起诉决定的;

(七)对生效裁决没有处理的财产或者对该财产违法进行其他处理的。

有前款第三项至六项规定情形之一,赔偿义务机关有证据证明尚未终止追究刑事责任,且经人民法院赔偿委员会审查属实的,应当决定驳回赔偿请求人的赔偿申请。

第四条　赔偿义务机关作出赔偿决定,应当依法告知赔偿请求人有权在三十日内向赔偿义务机关的上一级机关申请复议。赔偿义务机关未依法告知,赔偿请求人收到赔偿决定之日起两年内提出复议申请的,复议机关应当受理。

人民法院赔偿委员会处理赔偿申请,适用前款规定。

第五条　对公民采取刑事拘留措施后终止追究刑事责任,具有下列情形之一的,属于国家赔偿法第十七条第一项规定的违法刑事拘留:

(一)违反刑事诉讼法规定的条件采取拘留措施的;

(二)违反刑事诉讼法规定的程序采取拘留措施的;

(三)依照刑事诉讼法规定的条件和程序对公民采取拘留措施,但是拘留时间超过刑事诉讼法规定的时限。

违法刑事拘留的人身自由赔偿金自拘留之日起计算。

第六条　数罪并罚的案件经再审改判部分罪名不成立,监禁期限超出再审判决确定的刑期,公民对超期监禁申请国家赔偿的,应当决定予以赔偿。

第七条　根据国家赔偿法第十九条第二项、第三项的规定,依照刑法第十七条、第十八条规定不负刑事责任的人和依照刑事诉讼法第十五条、第一百七十三条第二款规定不追究刑事责任的人被羁押,国家不承担赔偿责任。但是,对起诉后经人民法院错判拘役、有期徒刑、无期徒刑并已执行的,人民法院应当对该判决确定后继续监禁期间侵犯公民人身自由权的情形予以赔偿。

第八条　赔偿义务机关主张依据国家赔偿法第十九条第一项、第五项规定的情形免除赔偿责任的,应当就该免责事由的成立承担举证责任。

第九条　受害的公民死亡,其继承人和其他有扶养关系的亲属有权申请国家赔偿。

依法享有继承权的同一顺序继承人有数人时,其中一人或者部分人作为赔偿请求人申请国家赔偿的,申请效力及于全体。

赔偿请求人为数人时,其中一人或者部分赔偿请求人非经全体同意,申请撤回或者放弃赔偿请求,效力不及于未明确表示撤回申请或者放弃赔偿请求的其他赔偿请求人。

第十条　看守所及其工作人员在行使职权时侵犯公民合法权益造成损害的,看守所的主管机关为赔偿义务机关。

第十一条　对公民采取拘留措施后又采取逮捕措施,国家承担赔偿责任的,作出逮捕决定的机关为赔偿义务机关。

第十二条　一审判决有罪,二审发回重审后具有下列情形之一的,属于国家赔偿法第二十一条第四款规定的重审无罪赔偿,作出一审有罪判决的人民法院为赔偿义务机关:

(一)原审人民法院改判无罪并已发生法律效力的;

(二)重审期间人民检察院作出不起诉决定的;

(三)人民检察院在重审期间撤回起诉超过三十日或者人民法院决定按撤诉处理超过三十日未作出不起诉决定的。

依照审判监督程序再审后作无罪处理的,作出原生效判决的人民法院为赔偿义务机关。

第十三条　医疗费赔偿根据医疗机构出具的医药费、治疗费、住院费等收款凭证,结合病历和诊断证明等相关证据确定。赔偿义务机关对治疗的必要性和合理性提出异议的,应当承担举证责任。

第十四条　护理费赔偿参照当地护工从事同等级别护理的劳务报酬标准计算,原则上按照一名护理人员的标准计算护理费;但医疗机构或者司法鉴定人有明确意见的,可以参照确定护理人数并赔偿相应的护理费。

护理期限应当计算至公民恢复生活自理能力时止。公民因残疾不能恢复生活自理能力的,可以根据其年龄、健康状况等因素确定合理的护理期限,一般不超过二十年。

第十五条　残疾生活辅助器具费赔偿按照普通适用器具的合理费用标准计算。伤情有特殊需要的,可以参照辅助器具配制机构的意见确定。

辅助器具的更换周期和赔偿期限参照配制机构的意见确定。

第十六条　误工减少收入的赔偿根据受害公民的误工时间和国家上年度职工日平均工资确定,最高为国家上年度职工年平均工资的五倍。

误工时间根据公民接受治疗的医疗机构出具的证明确定。公民因伤致残持续误工的,误工时间可以计算至作为赔偿依据的伤残等级鉴定确定前一日。

第十七条　造成公民身体伤残的赔偿,应当根据司法鉴定人的伤残等级鉴定确定公民丧失劳动能力的程度,并参照以下标准确定残疾赔偿金:

(一)按照国家规定的伤残等级确定公民为一级至四级伤残的,视为全部丧失劳动能力,残疾赔偿金幅度为国家上年度职工年平均工资的十倍至二十倍;

(二)按照国家规定的伤残等级确定公民为五级至十级伤残的,视为部分丧失劳动能力。五至六级的,残疾赔偿金幅度为国家上年度职工年平均工资的五倍至十倍;七至十级的,残疾赔偿金幅度为国家上年度职工年平均工资的五倍以下。

有扶养义务的公民部分丧失劳动能力的,残疾赔偿金可以根据伤残等级并参考被扶养人生活来源丧失的情况进行确定,最高不超过国家上年度职工年平均工资的二十倍。

第十八条　受害的公民全部丧失劳动能力的,对其扶养的无劳动能力人的生活费发放标准,参照作出赔偿决定时被扶养人住所地所属省级人民政府确定的最低生活保障标准执行。

能够确定扶养年限的,生活费可协商确定并一次性支付。不能确定扶养年限的,可按照二十年上限确定扶养年限并一次性支付生活费,被扶养人超过六十周岁的,年龄每增加一岁,扶养年限减少一年;被扶养人年龄超过确定扶养年限的,被扶养人可逐年领取生活费至死亡时止。

第十九条　侵犯公民、法人和其他组织的财产权造成损害的,应当依照国家赔偿法第三十六条的规定承担赔偿责任。

财产不能恢复原状或者灭失的,财产损失按照损失发生时的市场价格或者其他合理方式计算。

第二十条　返还执行的罚款或者罚金、追缴或者没收的金钱,解除冻结的汇款的,应当支付银行同期存款利息,利率参照赔偿义务机关作出赔偿决定时中国人民银行公布的人民币整存整取定期存款一年期基准利率确定,不计算复利。

复议机关或者人民法院赔偿委员会改变原赔偿决定,利率参照新作出决定时中国人民银行公布的人民币整存整取定期存款一年期基准利率确定。

计息期间自侵权行为发生时起算,至作出生效赔偿决定时止;但在生效赔偿决定作出前侵权行为停止的,计算至侵权行为停止时止。

被罚没、追缴的资金属于赔偿请求人在金融机构合法存款的,在存款合同存续期间,按照合同约定的利率计算利息。

第二十一条　国家赔偿法第三十三条、第三十四条规定的上年度,是指赔偿义务机关作出赔偿决定时的上一年度;复议机关或者人民法院赔偿委员会改变原赔偿决定,按照新作出决定时的上一年度国家职工平均工资标准计算人身自由赔偿金。

作出赔偿决定、复议决定时国家上一年度职工平均工资尚未公布的,以已经公布的最近年度职工平均工资为准。

第二十二条　下列赔偿决定、复议决定是发生法律效力的决定:

(一)超过国家赔偿法第二十四条规定的期限没有申请复议或者向上一级人民法院赔偿委员会申请国家赔偿的赔偿义务机关的决定;

(二)超过国家赔偿法第二十五条规定的期限没有向人民法院赔偿委员会申请国家赔偿的复议决定;

(三)人民法院赔偿委员会作出的赔偿决定。

发生法律效力的赔偿义务机关的决定和复议决定,与发生法律效力的赔偿委员会的赔偿决定具有同等法律效力,依法必须执行。

第二十三条　本解释自2016年1月1日起施行。本解释施行前最高人民法院、最高人民检察院发布的司法解释与本解释不一致的,以本解释为准。

三十九、安徽省高级人民法院、安徽省人民检察院、安徽省公安厅毒品案件证据收集审查判断规则(2014年4月10日)

一、基本证据规格

第一条　毒品犯罪的主体是自然人时,应当注意收集被告人的户籍证明、护照、港澳台居民通行证、边民证等证据材料,准确查明被告人身份情况。

第二条　调取被告人的户籍证明应当附有被告人免冠照片。户籍证明未附被告人照片的,应当制作被告人亲属或者其他熟悉者对被告人的辨认笔录,或者对被告人进行亲缘、指纹等鉴定。

第三条　被告人的户籍证明与其他证明材料相矛盾的,应当注意收集被告人出生证明文件,入学、入伍等登记表,人口普查登记,无利害关系人的证言等证据综合判断;必要时,进行骨龄鉴定,作为判断被告人年龄的参考。

第四条　被告人所持护照或港澳台通行证与其他证明材料相矛盾的,应当注意收集有关外国驻我国使领馆出具的认证证明,或者公安机关户籍管理部门出具的确认被告人是否我国公民等证明材料。

第五条　被告人可能患有精神病的,应当注意收集能够证明其精神状况的证据。不能排除被告人有精神病合理怀疑的,应当进行司法精神病鉴定。

第六条　对毒品犯罪的女性被告人,应当注意收集是否怀孕的证明材料;已怀孕的,应收集县级以上医院出具的检查结果证明。

第七条　被告人曾因走私、贩卖、运输、制造、非法持有毒品罪被判过刑,或者有其他犯罪前科的,应当注意收集其前罪生效裁判文书;涉及累犯认定的,还应调取其刑满释放证明。

第八条　毒品犯罪的主体是单位时,应当注意收集单位的工商营业执照、税务登记证、组织机构代码、主管单位证明、派出机构(单位)设立文件,单位法定代表人、主要负责人职责证明以及单位其他成员的证言等证明材料。

第九条　非法提供麻醉药品、精神药品罪的案件,应当注意收集国家主管部门颁发的生产、运输、管理、使用国家管制的精神药品、麻醉药品的许可证、有关单位对国家管制的精神药品和麻醉药品的来源、批号的证明及管理规定、特殊行业专营证、有关批文、授权书、职务任命书等证明材料,查明犯罪主体是否具有从事生产、运输、管理、使用国家管制的麻醉药品、精神药品的权力和职能。

第十条　证明自然人毒品犯罪的主观故意时,应当注意收集被告人实施毒品犯罪使用的电子邮件、通讯往来信息、网络聊天记录、网页信息发布等电子证据,传真、信函等书证,证人证言以及被告人的供述和辩解;共同犯罪案件,还应注意收集各共犯组织、策划、分工、实施方面的证据材料,查明毒品犯罪的起因、动机、目的等主观特征。

第十一条 证明单位毒品犯罪的主观故意时,应当注意收集单位的法定代表人、主管和其他负责人员的供述,单位集体讨论记录、有关负责人签署的文件、单位的财物账目等书证及相关证人证言等证据材料,查明犯罪行为是否由单位集体研究决定,或者由单位负责人或被授权的其他人员决定、同意,违法所得是否归单位所有等情况。

第十二条 对于向走私、贩卖毒品的犯罪分子提供国家规定管制的能够使人形成瘾癖的麻醉药品、精神药品的案件,应当注意收集被告人是否明知对方是走私、贩卖毒品犯罪分子的证据材料。

第十三条 对于向吸食、注射毒品的人提供国家规定管制的能够使人形成瘾癖的麻醉药品、精神药品的案件,应当注意收集被告人主观上是否出于牟利的证据材料。

第十四条 毒品案件的物证、书证,应当注意收集毒品实物及照片,交通、通讯、制毒设备、邮件、行李、夹带物、藏匿物等作案工具,货单、邮单、托运单、货物报关单、信件、支付凭证的交易明细等书证。

采用拍照、录像、复印、制作副本等方式收集、调取物证、书证的,应当附有制作过程、时间、理由及原件、原物存放地点的说明,由制作人和原物、原件持有人签名或者盖章。

查获的毒品等违禁品应当按照规定封存,人民法院终审判决前,据以定案的物证毒品等违禁品不得销毁。

第十五条 毒品案件的证人证言,应当注意收集吸毒人员、受骗充当走私、制造、运输、交接、接应毒品工具的行为人、知情人、见证人、检举揭发人等证人证言。收集证人证言时,根据案件情况,对被告人制作辨认笔录。

参与侦破毒品案件的侦查人员对执行职务目击的犯罪情况作证的,应当制作书面笔录。笔录应当附有侦查机关对陈述人身份的证明。

第十六条 毒品案件的被告人供述,应当注意查清以下内容:毒品犯罪预谋、动机、目的,共同作案人,实施犯罪的时间、地点、次数,毒品的来源、种类、数量、去向及毒品的真伪,作案手段、作案工具、资金渠道、获利数额、赃款去向,上下线及同案被告人的地位和作用,被告人的财产状况,以及是否具有法定或酌定从重、从轻、减轻或免除处罚的情节等。共同犯罪案件,根据案件具体情况组织被告人相互辨认。

侦查终结移送起诉前,对被告人的全部犯罪事实综合制作完整的讯问笔录。讯问笔录,无论是有罪供述,还是无罪辩解,都应当全面、完整地随案移送。

第十七条 被告人检举、揭发他人犯罪的,应当注意收集检举材料、侦查机关受理和查证结果等方面的证据材料。

第十八条 毒品案件的检验鉴定,应当根据具体情况进行毒品成分和含量鉴定、制毒物品鉴定、毒品原植物鉴定、毒品原植物的种子或幼苗鉴定、文检鉴定、指纹鉴定、被告人是否吸食毒品以及被引诱、教唆、欺骗、强迫吸毒的被害人和被容留吸毒的人员是否吸食毒品等检验鉴定。

被告人可能被判处死刑的毒品案件,除了对毒品作出成分鉴定外,还应当作出含量鉴定。

第十九条 被告人采取人货分离方式实施毒品犯罪的,应当注意收集、提取毒品包装物或相关物品上的指纹,与被告人的指纹进行比对鉴定。

被告人体内藏毒经X光透视发现的,应当调取X光摄片;无X光摄片的,应当制作透视情况记录或者调取加盖县级以上医院印章的检验单;被告人体内排出毒品的,应当制作指认笔录。

第二十条 检验毒品数量时,应当扣除包装物和容器的重量。毒品称量、提取检材应当与被告人、见证人当面进行。称量、提取检材的过程,应当制作笔录,并拍照或录像。

第二十一条 一案查获多件包装的毒品疑似物时,毒品成分、含量的鉴定,应当符合以下要求:

(一)多件包装的毒品疑似物少于10件的,应逐件抽样鉴定;

(二)同一批次的多件包装毒品疑似物为10-100件的,按照公安部授权使用的抽样鉴定方法,随机对其中10件内的样品取样鉴定;不同批次或者包装内毒品经目测明显不同的,应逐件抽样鉴定;

(三)同一批次的多件包装毒品疑似物多于100件的,按照公安部授权使用的抽样鉴定方法,随机选取的样品数为总样品数开平方所得的整数,取样鉴定;不同批次或者包装内毒品经目测明显不同的,应逐件抽样鉴定。

第二十二条　毒品案件的现场勘查、检查、搜查等笔录,应当详细记录勘验、检查、搜查、扣押被查获的毒品、毒品的半成品、毒品的前体化学物、毒品原植物、毒品原植物的种子或幼苗、制毒物品、毒资、盛装毒品的容器或包装物、作案工具等实物的原始形态、数量的情况。被告人对毒品及犯罪现场等指认的,应当制作指认笔录。

第二十三条　调取毒品犯罪被告人通讯电子数据的,应当注意将通话清单上的主被叫联系人、漫游区域、通话时间、短信等内容与公安信息系统中记录的被告人活动轨迹等信息结合起来,对被告人及其关联人情况形成活动轨迹分析报告,附卷随案移送。

第二十四条　毒品案件取证过程中制作、调取的视听资料,应当对制作、调取的时间和地点、参与人员、被告人供述、辨认、指认等取证过程的情况进行说明。

被告人可能被判处无期徒刑、死刑的案件,应当对讯问过程进行录音或者录像。录音或者录像应当全程进行,保持完整性。录音、录像的起止时间、地点,讯问人、被告人供述等内容应当与讯问笔录一致。

二、证据分类审查

第二十五条　毒品案件的物证、书证,应当重点审查以下内容:

(一)物证、书证的来源。主要包括物证、书证是何时、何地、何种情况下,以何种方式查获、收集,取得程序是否合法。对物证、书证的来源、收集程序有疑问,且不能作出合理解释的,该物证、书证不能作为定案的根据;

(二)物证、书证的真实性。对于查获的毒品等物证、书证未随案移送的,应当审查物证的照片、录像及书证的副本、复制件与原物、原件是否相符,制作程序是否符合法律和有关规定。物证的照片、录像不能反映原物外形特征的,书证有更改或者更改迹象不能作出合理解释的,或者书证的副本、复制件不能反映原件及其内容的,不能作为定案的根据;

(三)物证、书证的合法性。收集、调取的物证、书证,是否附有相关笔录或者清单;笔录或者清单是否有侦查人员、物品持有人、见证人签名,没有签名的,是否注明原因;对物品的特征、数量、质量、名称等是否注明;具备辨认条件的物证、书证是否交由当事人或者证人进行辨认等。收集物证、书证违反法律、有关规定,可能严重影响司法公正,且不能作出合理解释的,该物证、书证不能作为定案的根据;

(四)物证、书证的收集、移送是否全面。对在勘验、检查、搜查中发现与毒品犯罪事实可能有关联的痕迹和物品应当提取而没有提取,应当检验而没有检验,导致案件事实存疑的,人民法院应当向人民检察院说明情况,要求人民检察院补充收集、调取证据。

第二十六条　毒品案件的证人证言,应当重点审查以下内容:

(一)证人证言的来源。审查证人对证明的案件事实是来自其直接感知,还是道听途说。证人猜测性、评论性、推断性的证言,不能作为定案的根据;

(二)证人证言的真实性。与被告人和案件处理结果没有利害关系的证人,其证言一般较为客观、真实;对存在利害关系的证人证言,应综合其他证据审查判断其证言的客观真实性;

(三)证人的作证能力。不同的证人,其感知能力、记忆能力和表达能力也有不同,在审查中要细加辨别。处于精神疾患、明显醉酒、麻醉品中毒或者精神药物麻醉状态,不能正确认知、表达的证人所提

供的证言,不能作为定案的根据;

(四)证言的收集程序。经审查,对确认或不能排除是采取暴力、威胁等非法方法收集的证人证言,应当排除。证人证言形式要件存在瑕疵,但通过补正或者作出合理解释的,可以采用;不能补正或合理解释的,不能作为定案的根据;

(五)证人翻证的,重点审查证人原证的背景、翻证的理由、翻证的内容是否有其他证据印证等。证人当庭作出的证言与其庭前证言矛盾,证人能够作出合理解释,并有相关证据印证的,应当采信其当庭证言;不能作出合理解释,而其庭前证言有相关证据印证的,可以采信其庭前证言;

经人民法院通知,证人没有正当理由拒绝出庭或者出庭后拒绝作证,法庭对其证言的真实性无法确认的,该证人证言不得作为定案的根据。

第二十七条　毒品案件的被告人供述,应当重点审查以下内容:

(一)讯问程序的合法性。重点审查讯问被告人是否依法进行,被告人供述有无以刑讯逼供等非法手段获取的情形。对于确认或者不能排除存在采用刑讯逼供或者冻、饿、晒、烤、疲劳审讯等非法方法取得被告人供述的,相关证据应当排除。

除情况紧急必须现场讯问以外,对于在规定的办案场所外讯问取得的被告人供述,未依法对讯问进行全程录音或录像取得的被告人供述,应当排除;

(二)讯问笔录的制作是否符合法律规定。讯问笔录存在填写的讯问起止时间、讯问人、记录人、法定代理人等有误或者存在矛盾的、讯问人没有签名的、首次讯问没有告知被讯问人相关权利和法律规定等瑕疵的,经补正或者作出合理解释的,可以采用;不能补正或者作出合理解释的,不能作为定案的根据;

(三)被告人翻供的,注意审查被告人原供的背景、翻供的原因、翻供时不同阶段的变化、翻供的内容有无其他证据印证等;

对于被告人庭前多次供述一致,庭审中翻供,被告人不能合理说明翻供理由或者其辩解与全案证据相矛盾,而庭前供述与其他证据能够相互印证的,可以采纳被告人庭前供述。被告人庭前口供反复,而庭审中供述与其他证据能够印证的,可以采纳庭审中的供述。被告人庭前口供反复,庭审中翻供且无其他证据与庭前供述印证的,被告人庭前供述不能作为定案的根据。

第二十八条　对于毒品、毒资等证据已不存在的毒品犯罪案件,只有被告人的口供与同案其他被告人供述吻合,并且完全排除诱供、逼供、串供等情形,被告人的口供与同案被告人的供述才可以作为定案的根据。

第二十九条　毒品案件的鉴定意见,应当重点审查鉴定程序是否合法,形式要件是否完备,检材的来源、取得、保管、送检是否符合法律及有关规定,抽样提取检材的方法和鉴定过程是否符合专业规范要求,检材是否充足、可靠等。

对于鉴定违反程序规定的,鉴定文书缺少签名、盖章必备要件的,抽样检材数量和鉴定过程方法违反专业规范要求的鉴定意见,不能作为定案的根据。

第三十条　毒品案件的勘验、检查笔录,应当重点审查制作程序是否符合法律和有关规定,笔录上所记载的物证、痕迹、场地环境情况等与现场收集到的实物证据是否吻合;文字记录以及绘图、现场录像、拍照等与所反映的案件事实是否相互对应;现场重要情况有无遗漏,文字表述是否确切,数字是否准确无误;笔录所表述的内容有无推测、臆断;补充勘验、检查的,是否说明再次勘验、检查的理由,前后勘验、检查的情况是否矛盾等。

勘验、检查笔录存在明显不符合法律、有关规定的情形,不能作出合理解释或者说明的,不能作为定案的根据。

第三十一条　毒品案件的辨认,应当重点审查是否采用混杂辨认的方式。对被告人辨认的,被辨认的人数是否不少于七人;对被告人照片进行辨认的,被辨认的照片是否不少于十人;对物品辨认的,混杂的同类物品是否不少于五件。

辨认的过程、方法以及辨认笔录的制作违反符合法律、有关规定,不能确定辨认笔录真实性的,不能作为定案的根据。

第三十二条　毒品案件的视听资料、电子数据,应当重点审查以下内容:

(一)视听资料是否载明制作人或者持有人的身份、制作的时间、地点和条件以及制作方法;

(二)调取的视听资料、电子数据是复制件的,是否附有制作过程和原件存放地点的说明,是否有制作人和原视听资料持有人签名或者盖章;内容和制作过程是否真实,有无经过剪辑、增加、删改、编辑等情形。

对视听资料、电子数据有疑问的,应当进行鉴定。视听资料、电子数据经审查或者鉴定无法确定真伪的,不能作为定案的根据。

三、证据综合审查

第三十三条　对证据的证明力,应当根据毒品案件的具体情况,从证据与事实、证据与证据之间的联系等方面进行审查判断。证据之间具有内在联系,共同指向同一待证事实,不存在无法排除的矛盾和无法解释的疑问的,才能作为定案的根据。

第三十四条　全案证据经综合审查,符合以下证明标准的,可以认定被告人有罪:

(一)案件事实均有查证属实的证据证明;

(二)证据之间相互印证,全案证据能形成完整的证明体系;

(三)认定的案件事实已排除合理怀疑,结论具有唯一性。

第三十五条　被告人的量刑证据,除审查毒品的数量、成分和含量外,还应当重点审查以下内容:

(一)被告人是否具有毒品犯罪集团首要分子、武装掩护毒品犯罪、暴力抗拒检查、拘留或者逮捕、参与有组织的国际贩毒活动等情节;

(二)被告人是否具有毒品再犯、累犯,利用、教唆未成年人实施毒品犯罪,或者向未成年人出售毒品等情节;

(三)被告人是否具有多次走私、贩卖、运输、制造毒品,向多人贩卖毒品,在毒品犯罪中诱使、容留多人吸毒,在戒毒监管场所贩毒,国家工作人员利用职务便利实施毒品犯罪,或者职业犯、惯犯、主犯等情节;

(四)被告人的刑事责任年龄,是否怀孕,是否存在自首和立功情节,毒品是否流入社会,被告人是否受人指使或雇佣,是否系特情引诱犯罪,被告人亲属是否协助抓获被告人等情节。

第三十六条　对被告人定罪的证据确实、充分,但影响量刑的证据存疑的,应当在量刑时作出有利于被告人的处理。

第三十七条　审查被告人犯罪时是否达到法定责任年龄,一般应当以户籍证明为依据;对户籍证明有异议的,应当根据户籍证明、出生证明文件、学籍卡、人口普查登记、无利害关系人的证言等证据综合判断。

证明被告人已满十四周岁、十六周岁、十八周岁或者不满七十五周岁的证据不足的,应当认定被告人不满十四周岁、不满十六周岁、不满十八周岁或者已满七十五周岁。

第三十八条　运用特情侦破的毒品案件,应当重点审查特情介入毒品案件的形式和程度,对已持有毒品待售或者有证据证明已准备实施大宗毒品犯罪者,采取特情贴靠、接洽而破获的案件,不属犯罪引诱,应当依法处理。

被告人本没有实施毒品犯罪的主观意图,而是在特情诱惑和促成下形成犯意,进而实施毒品犯罪的,属于“犯意引诱”。被告人本来只有实施数量较小的毒品犯罪的故意,在特情引诱下实施了数量较大的毒品犯罪的,属于"数量引诱"。对因"犯意引诱"、"数量引诱"实施毒品犯罪的被告人,根据罪刑相适应原则,依法从宽处罚。

被告人在特情既为其安排上线,又提供下线的,属于"双套引诱"。对因"双套引诱"下实施毒品犯罪的被告人,可予以更大幅度的从宽处罚或者依法免予刑事处罚。

第三十九条　被告人自动投案的,应当重点审查投案经过、有罪供述以及能够证明其投案情况的其他材料。投案经过的内容一般应包括被告人投案时间、地点、方式等。证据材料应加盖接受被告人投案的单位的印章,并有具办人签名。

被告人检举他人犯罪的,应当重点审查检举揭发材料的内容、检举线索的来源、司法机关的调查核实材料、被检举揭发人的供述等。被检举揭发案件已立案、侦破,被检举揭发人被采取强制措施、公诉或者审判的,还应审查相关的法律文书。证据材料应加盖接收被告人检举揭发材料及核查单位的印章,并有具办人签名。

证明被告人自首、立功的材料不规范、不全面的,应当要求有关机关补充提供证明材料,或者要求相关人员作证,并结合其他证据进行审查判断。

第四十条　审查判断被告人主观上是否明知行为对象是毒品时,应当综合考虑案件中的各种客观实际情况,审查被告人实施毒品犯罪行为的过程、行为方式、毒品被查获时的情形和环境等证据材料,结合被告人的年龄、阅历、智力及掌握相关知识情况,综合进行分析判断。

被告人对携带、运输物品中被查获的毒品能做出合理解释,有证据证明确实受蒙骗,辩解有事实依据或者合乎情理的,不能推定其主观上对行为对象是毒品的明知。

第四十一条　加工、配制毒品的案件,应当重点审查被告人制造毒品的行为、方法。采用毒品原植物直接提炼和用化学方法加工、配制毒品的,以及以改变毒品成分和效用为目的,用混合等物理方法加工、配制毒品的,属于制造毒品的行为。为便于隐蔽运输、销售、使用、欺骗购买者,或者为了增重,对毒品掺杂使假,添加或者去除其他非毒品物质,不属于制造毒品的行为。

第四十二条　侦查机关通过技术侦查措施收集的物证、书证及其他证据材料,经查证属实,在刑事诉讼中可以作为证据使用。对于使用该证据可能危及有关人员的人身安全,或者可能产生其他严重后果的,审判人员可以在庭外对证据进行核实。

对采取技术侦查措施收集的材料进行庭外核实的,审判人员可以通知检察人员、侦查人员到场,共同进行。审判人员对核实有关材料的内容、过程等情况,应当制作笔录,笔录由侦查机关的技术侦查部门、在场参加核实人员签字确认。

第四十三条　毒品案件的破案经过,应当重点审查是否全面反映案件的来源、如何开展侦查工作、采取哪些侦查措施、如何确定犯罪嫌疑人、如何抓捕犯罪嫌疑人等具体环节的内容,破案经过是否清晰、具体、合理。破案经过不清楚、不细致、有疑点的,应当要求侦查机关补充相关材料。

第四十四条　本规则自印发之日起施行。

四十、安徽省常见经济犯罪数额标准一览表(2000~2014年)

罪名	条款	数额标准			依据
		数额较大	数额巨大或其他严重情节	数额特别巨大或其他特别严重情节	
走私普通货物物品罪	第一百五十三条 第一百五十五条	个人5万元以上或单位25万元以上	个人15万元以上或单位75万元以上	个人50万元以上或单位250万元以上	刑法第一百五十三条、法释〔2000〕30号第十条

续表

罪名	条款	数额标准			依据
欺诈发行股票、债券罪	第一百六十条	数额巨大、后果严重或有其他严重情节			公通字〔2010〕23号第五条
		500万元以上			
非国家工作人员受贿罪	第一百六十三条	数额较大	数额巨大		公通字〔2010〕23号第十条
		5000元至2万元以上	10万元		
对外国公职人员、国际公共组织官员行贿罪	第一百六十四条	数额较大			公通字〔2010〕23号补充规定
		个人1万元、单位20万元			公通字〔2010〕23号第十一条
对非国家工作人员行贿罪		数额较大			
		个人1万元、单位20万元			
非法经营同类营业罪	第一百六十五条	数额巨大			公通字〔2010〕23号第十二条
		10万元以上			
为亲友非法牟利罪	第一百六十六条	数额巨大			公通字〔2010〕23号第十三条
		损失10万元以上,获利20万元以上			
签订、履行合同失职被骗罪	第一百六十七条	重大损失	特别重大损失		公通字〔2010〕23号第十四条
		50万元以上 100万元以上外汇被骗或逃汇1000万美元以上的			
国有公司、企业人员失职罪	第一百六十八条	严重损失	重大损失	特别重大损失	公通字〔2010〕23号第十五条、第十六条
		50万元以上			
国有公司、企业人员滥用职权罪		严重损失	重大损失	特别重大损失	
		30万元			
徇私舞弊低价折股、出售国有资产罪	第一百六十九条	重大损失	特别重大损失		公通字〔2010〕23号第十七条
		30万元以上			
背信损害上市公司利益罪	第一百六十九条之一	重大损失	特别重大损失		公通字〔2010〕23号第十八条
		150万元以上的			
伪造货币罪	第一百七十条	数额特别巨大			法释〔2000〕26号第一条
		3万元以上			
出售、购买、运输假币罪	第一百七十一条	数额较大	数额巨大	数额特别巨大	法释〔2000〕26号第三条
		4000元以上	5万元以上	20万元以上	
持有、使用假币罪	第一百七十二条	数额较大	数额巨大	数额特别巨大	公通字〔2010〕23号第二十条 法释〔2000〕26号第五条
		4000元以上	5万元以上	20万元以上	
变造货币罪	第一百七十三条	数额较大	数额巨大		公通字〔2010〕23号第二十三条 法释〔2000〕26号第六条
		2000元以上	3万元以上		
高利转贷罪	第一百七十五条	数额较大	数额巨大		公通字〔2010〕23号第二十六条
		10万元以上			

续表

罪名	条款	数额标准			依据
骗取贷款、票据承兑、金融票证罪	第一百七十五条之一	重大损失或其他严重情节			公通字〔2010〕23号第二十七条
		100万元以上或损失20万元以上的			
非法吸收公众存款罪	第一百七十六条		数额巨大		公通字〔2010〕23号第二十七条 法释〔2010〕18号第三条
		个人20万元或30户或损失10万元；单位100万元或 150户或损失50万元	个人100万元或100人或损失50万元；单位500万或500人或 损失250万元		
妨害信用卡管理罪	第一百七十七条之一	数量较大	数量巨大		公通字〔2010〕23号第三十条 法释〔2009〕19号第二条
		他人信用卡5张以上、伪造的信用卡10以上	骗领10张以上、他人信用卡50张以上、伪造的100张以上		
窃取、收买、非法提供信用卡信息罪		数量巨大			公通字〔2010〕23号第三十一条 法释〔2009〕19号第二条
		5张以上			
伪造、变造国家有价证券罪	第一百七十八条	数额较大	数额巨大	数额特别巨大	公通字〔2010〕23号第三十二条
		2000元以上			
伪造、变造股票、公司、企业债券罪		数额较大	数额巨大		公通字〔2010〕23号第三十三条
		5000元以上			
擅自发行股票、公司、企业债券罪	第一百七十九条	数额巨大			公通字〔2010〕23号第三十四条 法释〔2010〕18号第六条
		50万元以上、30人(公)或200人(法)			
违法发放贷款罪	第一百八十六条	数额巨大或重大损失	数额特别巨大或特别重大损失		公通字〔2010〕23号第四十二条 法发〔2001〕8号
		100万元或损失20万元(公)、50万元以上(法)	300万元以上		
吸收客户资金不入账罪	第一百八十七条	数额巨大或重大损失	数额特别巨大或特别重大损失		公通字〔2010〕23号第四十三条 法发〔2001〕8号
		100万元或损失20万元(公)、50万元以上(法)	300万元以上		
对违法票据承兑、付款、保证罪	第一百八十九条	重大损失	特别重大损失		公通字〔2010〕23号第三十五条
		20万元以上			
逃汇罪	第一百九十条	数额较大	数额巨大或其他严重情节		
		单笔200万美元以上 或累计500万美元	公通字〔2010〕23号第四十六条		
骗购外汇罪	第一百九十条	数额特别巨大或其他严重情节			公通字〔2010〕23号第四十七条
		50万美元以上			

续表

罪名	条款	数额标准			依据
集资诈骗罪	第一百九十二条	数额较大	数额巨大	数额特别巨大	公通字〔2010〕23 号第四十九条 法释〔2010〕18 号第五条
		个人 10 万元、单位 50 万元	个人 30 万元以上、单位 150 万元以上	个人 100 万元以上、单位 500 万元以上	
贷款诈骗罪	第一百九十三条	数额较大	数额巨大	数额特别巨大	公通字〔2010〕23 号第五十条 法发〔2001〕8 号
		2 万元以上(公)、1 万元(法)	5 万元以上	20 万元以上	
票据诈骗罪	第一百九十四条	数额较大	数额巨大	数额特别巨大	公通字〔2010〕23 号第五十一条 法发〔2001〕8 号
		个人 1 万元以上(公)或 5000 元(法)、单位 10 万元以上	个人 5 万元以上、单位 30 万元以上	个人 10 万元以上、单位 100 万元以上	
信用证诈骗罪	第一百九十五条	数额巨大或其他严重情节	数额特别巨大或特别严重情节		公通字〔2010〕23 号第四十二条 法发〔2001〕8 号
		个人 10 万元或单位 50 万元以上	个人 50 万元单位 250 万元以上		
信用卡诈骗罪	第一百九十六条	数额较大	数额巨大	数额特别巨大	公通字〔2010〕23 号第五十六条 法发〔2001〕8 号
		5000 元或恶意透支 1 万元以上	5 万元或恶意透支 10 万元以上	50 万元或恶意透支 100 万元以上	
有价证券诈骗罪	第一百九十七条	数额较大	数额巨大或其他严重情节	数额特别巨大或特别严重情节	公通字〔2010〕23 号第五十五条
		1 万元以上			
保险诈骗罪	第一百九十八条	数额较大	数额巨大或其他严重情节	数额特别巨大或特别严重情节	公通字〔2010〕23 号第五十六条 法〔2001〕8 号
		个人 1 万元或单位 5 万元以上	个人 5 万元或单位 25 万元以上	个人 20 万元或单位 100 万元以上	
逃税罪	第二百零一条	数额较大	数额巨大		公通字〔2010〕23 号第五十七条 法释〔2002〕33 号
		5 万元以上且 10%(公)或 1 万元以上且 10%(法)			
骗取出口退税罪	第二百零四条	数额较大	数额巨大或其他严重情节	数额特别巨大或特别严重情节	公通字〔2010〕23 号第六十条 法释〔2002〕30 号
		5 万元以上	50 万元以上	250 万元以上	
虚开增值税专用发票、用于骗取出口退税、抵扣税款发票罪	第二百零五条	数额较大	数额巨大或其他严重情节	数额特别巨大或特别严重情节	公通字〔2010〕23 号第六十一条 法发〔1996〕30 号
		10 万元或税款被骗 5 万元以上	50 万元或税款被骗 30 万元以上		

续表

罪名	条款	数额标准			依据
伪造、出售伪造的增值税专用发票罪	第二百零六条	数额较大	数额巨大或其他严重情节	数额特别巨大或特别严重情节	公通字〔2010〕23号第六十二条 法发〔1996〕30号
		100份或50万元以上	500份或250万元以上		
非法出售增值税专用发票罪	第二百零七条	数额较大	数额巨大		公通字〔2010〕23号第六十三条
		25份或10万元以上			
销售假冒注册商标的商品罪	第二百一十四条	数额较大	数额巨大		法释〔2004〕19号
		5万元以上	25万元以上		
侵犯著作权罪	第二百一十七条	数额较大	数额巨大		公通字〔2010〕23号第六十九条 法释〔2004〕19号
		3万元以上	15万元以上		
销售侵权复制品罪	第二百一十八条	数额特别巨大			法释〔2004〕19号
		10万元以上			
合同诈骗罪	第二百二十四条	数额较大	数额巨大或其他严重情节	数额特别巨大或特别严重情节	公通字〔2010〕23号第七十七条 皖检会〔2014〕16号
		2万(单位10万)元以上	10万(单位50万)元以上	100万(单位500万)元以上	
盗窃罪	第二百六十四条	数额较大	数额巨大	数额特别巨大	皖高法〔2013〕254号《关于盗窃罪数额认定标准问题的规定》
		2000元以上	5万元以上	40万元以上	
诈骗罪	第二百六十六条	数额较大	数额巨大	数额特别巨大	皖高法〔2011〕292号《关于诈骗罪数额认定标准问题的规定》
		5000元以上 3000元以上(网络诈骗)	5万元以上 3万元以上(网络诈骗)	50万元以上	
抢夺罪	第二百六十七条	数额较大	数额巨大或其他严重情节	数额特别巨大或特别严重情节	皖高法〔2014〕338号《关于抢夺罪数额认定标准的通知》
		2000元以上	3万元以上	20万元以上	
职务侵占罪	第二百七十一条	数额较大	数额巨大		公通字〔2010〕23号第八十四条 皖高法〔2014〕202号
		1万元以上	10万元以上		
挪用资金罪	第二百七十二条	数额较大	数额巨大		安徽省公、检《关于我省四类经济犯罪案件追诉标准》(2001年)
		2万元以上或1万元以上(非法活动)			
敲诈勒索罪	第二百七十四条	数额较大	数额巨大或其他严重情节	数额特别巨大或特别严重情节	皖高法〔2013〕315号《关于敲诈勒索罪数额认定标准的通知》
		3000元以上	5万元以上	30万元以上	
拒不支付劳动报酬罪	第二百七十六条之一	数额较大			法释〔2013〕3号
		一名三个月5000元或十名3万元以上			
附:相关法律法规发文字号与法规名称对照表					
相关法律法规发文字号与规范名称对照表					

续表

法律法规简称及发文号	法律法规全称	发布或实施时间
法发〔1995〕23 号	《最高人民法院关于办理违反公司法受贿、侵占、挪用等刑事案件适用法律若干问题的解释》	1995 年 12 月 25 日
法发〔1996〕30 号	最高人民法院印发《关于适用〈全国人民代表大会常务委员会关于惩治虚开、伪造和非法出售增值税专用发票犯罪的决定〉的若干问题的解释》的通知	1996 年 10 月 17 日
法释〔2000〕26 号	最高人民法院关于审理伪造货币等案件具体应用法律若干问题的解释	2000 年 9 月 14 日
法释〔2000〕30 号	《最高人民法院关于审理走私刑事案件具体应用法律若干问题的解释》	2011 年 10 月 8 日
法释〔2000〕36 号	《最高人民法院关于审理破坏森林资源刑事案件具体应用法律若干问题的解释》	2000 年 11 月 22 日
法〔2001〕8 号	最高人民法院关于印发《全国法院审理金融犯罪案件工作座谈会纪要》的通知	2001 年 1 月 21 日
法释〔2002〕18 号	《最高人民法院关于办理抢夺刑事案件具体应用法律若干问题的解释》	2002 年 7 月 20 日
法释〔2002〕30 号	《最高人民法院关于审理骗取出口退税刑事案件具体应用法律若干问题的解释》	2002 年 9 月 23 日
法释〔2002〕33 号	《最高人民法院关于审理偷税抗税刑事案件具体应用法律若干问题的解释》	2002 年 11 月 7 日
法释〔2004〕19 号	《最高人民法院、最高人民检察院关于办理侵犯知识产权刑事案件具体应用法律若干问题的解释》	2004 年 12 月 22 日
法释〔2009〕19 号	《最高人民法院、最高人民检察院关于办理妨害信用卡管理刑事案件具体应用法律若干问题的解释》	2009 年 12 月 16 日
法释〔2010〕18 号	《最高人民法院关于审理非法集资刑事案件具体应用法律若干问题的解释》	2011 年 1 月 4 日
法发〔2011〕3 号	《最高人民法院、最高人民检察院、公安部关于办理侵犯知识产权刑事案件适用法律若干问题的意见》	2011 年 1 月 10 日
法释〔2011〕7 号	《最高人民法院、最高人民检察院关于办理诈骗刑事案件具体应用法律若干问题的解释》	2011 年 4 月 8 日
法释〔2013〕3 号	《最高人民法院关于审理拒不支付劳动者报酬刑事案件适用法律若干问题的解释》	2013 年 2 月 1 日
法释〔2013〕8 号	《最高人民法院、最高人民检察院关于盗窃刑事案件适用法律若干问题的解释》	2013 年 4 月 4 日
公通字〔2008〕36 号	最高人民检察院、公安部关于印发《最高人民检察院、公安部关于公安机关管辖的刑事案件立案追诉标准的规定(一)》的通知	2008 年 6 月 25 日
公通字〔2010〕23 号	《最高人民检察院、公安部关于公安机关管辖的刑事案件立案追诉标准的规定(二)》	2010 年 5 月 7 日
皖高法〔2011〕292 号	安徽省高级人民法院、安徽省人民检察院《关于诈骗罪数额认定标准问题的规定》	2011 年 8 月 1 日
皖高法〔2013〕254 号	安徽省高级人民法院、安徽省人民检察院《关于盗窃罪数额认定标准问题的规定》	2013 年 6 月 26 日
皖高法〔2013〕315 号	安徽省高级人民法院、安徽省人民检察院《关于敲诈勒索罪数额认定标准问题的规定》	2013 年 7 月 30 日

续表

法律法规简称及发文号	法律法规全称	发布或实施时间
皖高法〔2014〕202 号	安徽省高级人民法院《关于常见经济犯罪的量刑指导意见》实施细则	2014 年 5 月 26 日
皖高法〔2014〕338 号	安徽省高级人民法院、安徽省人民检察院《关于抢夺罪数额认定标准问题的规定》	2014 年 8 月 29 日

四十一、浙江省高级人民法院、浙江省人民检察院、浙江省公安厅重大毒品犯罪案件证据收集审查判断工作指引(2015 年 1 月 5 日)

一、一般规定

第一条　本指引所称重大毒品犯罪案件是指可能判处十五年以上有期徒刑、无期徒刑、死刑的走私、贩卖、运输毒品案件。

第二条　证明毒品犯罪主体身份情况的证据主要是户籍所在地公安机关出具的户籍证明材料,户籍证明应当附犯罪嫌疑人免冠照片以及同户家庭成员情况。未附照片的,应当收集犯罪嫌疑人亲属或者其他知情人员辨认犯罪嫌疑人或者其照片的笔录。

第三条　证明犯罪嫌疑人构成累犯、毒品再犯的证据材料应当包括前罪的生效裁判文书、释放证明等材料。

如果前科犯罪涉及剥夺政治权利,而释放证明中未注明剥夺政治权利是否变动的,必要时侦查机关应当调取犯罪嫌疑人的刑罚执行材料,以证明是否存在减免剥夺政治权利的情形。

第四条　认定犯罪嫌疑人(被告人)是否系吸毒人员,应有相应证据证明,如行政处罚决定书、尿检结果、证人证言、看守所出具的证明收押后毒瘾发作的情况说明、戒毒所的证明材料等。

第五条　判定毒品犯罪主观故意的主要依据是犯罪嫌疑人(被告人)的供述与辩解、证人证言、书证、电子证据和其他有助于判断主观故意的证据。

毒品犯罪中共同犯罪的认定,应当注意收集证明共同故意的证据。

第六条　犯罪嫌疑人(被告人)贩卖目的的认定,应当根据犯罪嫌疑人(被告人)实施毒品犯罪的过程、方式、毒品被查获时的情形等,结合犯罪嫌疑人(被告人)前科、吸毒史等进行综合分析判断。购买毒品被查获后,以下情形可以认定为有贩卖目的:

(一)犯罪嫌疑人(被告人)供认主观上系以贩卖为目的,经审查供述客观真实的;

(二)犯罪嫌疑人(被告人)供认主观上系以贩卖为目的,且得到其他证据印证,后翻供否认,但不能合理说明翻供原因或者其辩解与全案证据相矛盾的;

(三)犯罪嫌疑人(被告人)否认主观上系以贩卖为目的,但多名证人、同案犯指证曾向其购买毒品的,指证的事实有其他证据印证、且能排除合谋陷害的。

第七条　毒品犯罪主观故意中的"明知"是指行为人知道或者应当知道其所贩卖、运输的物品系毒品。具有下列事实,并且犯罪嫌疑人(被告人)不能做出合理解释的,可以认定其"明知":

(一)执法人员在出入境口岸、机场、车站、港口和其他检查站检查时,要求行为人申报为他人携带的物品,并告知其法律责任,而行为人未如实申报,在其所携带的物品内查获毒品的;

(二)以伪报、藏匿、伪装等蒙蔽手段逃避海关、边防等检查,在其携带、运输、邮寄的物品中查获毒品的;

(三)执法人员检查时,有逃跑、弃车逃离、丢弃携带物品、或者逃避、抗拒检查等行为,在其丢弃的车辆、携带或丢弃的物品中查获毒品的;

(四)体内藏匿物品,被检查发现系毒品的;

(五)为获取不同寻常的高额或者不等值的报酬而携带、运输物品,从中查获毒品的;

(六)采用高度隐蔽的方式携带运输物品,从中查获毒品的;

(七)采用高度隐蔽的方式交接物品,明显违背合法物品惯常交接方式,从中查获毒品的;

(八)行程路线故意绕开检查站点,在其携带、运输的物品中查获毒品的;

(九)以虚假身份或者地址办理托运手续,在其托运的物品中查获毒品的;

(十)在实际控制的车辆、住所查获毒品的;

(十一)专程驾车前往毒品源头地区,返程时在车上查获毒品的;

(十二)有其他证据足以认定行为人应当明知的。

上述基础事实,必须有确实、充分的证据予以证明,并且达到排除合理怀疑的程度。

犯罪嫌疑人(被告人)及其辩护人对上述事实有异议的,应当举出相反的证据或者做出合理解释。如有证据表明犯罪嫌疑人(被告人)确属被蒙骗,或者犯罪嫌疑人(被告人)能够做出合理解释的,则不宜认定其"明知"。

第八条　证明毒品犯罪客观方面的主要证据有:

(一)物证及照片,包括毒品、毒品的半成品、制毒物品、毒资、盛装毒品的容器或包装物、电子称等贩毒工具等实物及其照片;

(二)书证,主要有:

1. 证明毒资往来的书证,如银行支付凭证、账户交易明细等;

2. 证明毒品运输的书证,如托运单、货单、仓单、邮寄单等;

3. 证明涉毒人员行踪的书证,如交通运输凭证(车票、船票、机票)、汽车GPS行车记录、交通卡口记录、住宿登记记录等;

4. 证明涉毒人员相互联络的书证,如手机通话记录、短信、微信、QQ聊天记录等、以及通话基站信息、用于联络的书信等;

(三)报案记录、投案记录、举报记录、控告记录、破案报告、吸毒记录等能说明案件及相关情况的书面材料;

(四)毒品、毒资、作案工具及其他涉案物品的扣押清单;

(五)相关证人证言,包括海关、边防检查人员、侦查人员的证言以及鉴定人员对鉴定所作的说明;

(六)辨认笔录、指认笔录及其照片,包括有关知情人员对犯罪嫌疑人的辨认和犯罪嫌疑人对毒品、毒资等犯罪对象的指认情况;

(七)犯罪嫌疑人(被告人)的供述和辩解;

(八)毒品鉴定和检验报告,包括毒品鉴定、指纹鉴定、是否吸食毒品的检验报告等;

(九)现场勘验、检查笔录及照片、录像、现场制图,包括对现场的勘验及对人身、物品的检查;

(十)毒品数量的称量笔录;

(十一)视听资料,包括录音、录像光盘等;

(十二)电子数据,包括电子邮件、网络聊天记录等;

(十三)其他能证明毒品犯罪客观方面的证据。

第九条　侦查机关应当出具由侦查人员署名并加盖侦查机关印章的破案经过说明。

破案经过说明应当写明案件来源情况,是否系秘密力量提供线索或者使用技术侦查手段,确定犯罪嫌疑人,犯罪嫌疑人到案时间、地点、经过,同案犯罪嫌疑人到案的顺序等内容。

侦查机关出具的破案经过说明过于简单,检察机关、审判机关可以要求侦查机关出具详细的破案经过说明。

对于通过秘密侦查、技术侦查手段侦破的案件,审判机关、检察机关认为有必要就秘密侦查、技术侦查情况作出说明的,侦查机关应当单独提供说明。有关秘密侦查、技术侦查材料,侦查机关应当归入保密卷。审判机关、检察机关可以派员查阅相关保密卷。

第十条　证明犯罪嫌疑人(被告人)自首、坦白、立功的证据材料,应当加盖接受单位的印章,并由接受人员签名。

证明自首的证据材料,应当包括犯罪嫌疑人(被告人)投案经过、有罪供述以及能够证明其投案情况的其他材料。

证明立功的证据材料,应当包括犯罪嫌疑人(被告人)检举揭发材料及证明其来源的材料、司法机关的调查核实材料、被检举揭发人的全部供述等。被检举揭发案件已立案、侦破,被检举揭发人被采取强制措施、公诉或者审判的,应当有相关法律文书。

第十一条　办案人员不应当轻信犯罪嫌疑人(被告人)供述等言词证据,应当强化对物证、书证等证据的收集、挖掘与运用。

第十二条　严禁采用刑讯逼供、暴力以及其他非法方法收集证据。检察机关、审判机关要切实履行审查把关职责,对取证合法性存疑的及时提出补查补正要求。经审理,确认或者不能排除存在法律规定的非法取证情形的,对有关证据应当予以排除。

二、毒品犯罪案件各类证据的收集、审查判断

(一)犯罪嫌疑人(被告人)供述和辩解

第十三条　犯罪嫌疑人被刑事拘留后,应当立即送看守所羁押,至迟不得超过24小时;不得以监视居住为由,变相羁押犯罪嫌疑人。

第十四条　犯罪嫌疑人被送交看守所羁押后,侦查人员应当在看守所讯问室内对其进行讯问。

非出于指认现场、追缴赃物等实际需要,不得将犯罪嫌疑人提押出所。出于指认现场、追缴赃物需要提押出所的,在完毕后应当及时还押。

连续讯问犯罪嫌疑人不得超过12小时,同时应当保证犯罪嫌疑人的饮食和必要的休息时间。

对吸食毒品后被抓获的犯罪嫌疑人,应当在其认知、记忆、表达能力、生理和精神状态正常时进行讯问。

第十五条　讯问应当制作讯问笔录,笔录应完整地反映整个讯问过程,特别是犯罪嫌疑人从不供述到供述的经过。

讯问犯罪嫌疑人,不能因为犯罪嫌疑人否认作案而不制作笔录。

首次讯问犯罪嫌疑人,应当完整地讯问并记录犯罪嫌疑人的姓名、年龄、民族、籍贯、职业、住址、身份证号码等自然状况,以及前科情况、家庭成员、犯罪时的住址、工作单位,从事何种工作等情况。

讯问笔录应当完整记录犯罪嫌疑人供述的犯罪时间、地点、上下家联系经过、用于联系的通讯工具号码、乘坐的交通工具、住宿地点、毒品数量、毒品特征等。

对于共同贩卖毒品的案件,应当讯问并记录犯罪嫌疑人与其他同案犯的联系情况、各自在共同犯罪中所处的地位和作用情况以及毒品交易时间、地点和价格等。

讯问笔录均应当附卷,并与提讯证的记载一致;不一致的,侦查机关应当书面说明原因并附卷。

第十六条　侦查机关讯问犯罪嫌疑人应当全程同步录音录像;犯罪嫌疑人指认犯罪现场等活动,有条件的应当全程同步录音录像。

犯罪嫌疑人的供述笔录缺乏同步录音录像或者与同步录音录像在内容上有重大矛盾,不能做出合理解释的,不得作为定案根据。

案件移送审查起诉时,同步录音录像资料应当随案移送。

第十七条　检察机关、审判机关应当突出对犯罪嫌疑人(被告人)供述合法性的审查。重点审查讯问的地点、时间是否符合法律规定,是否存在连续讯问、疲劳讯问以及刑讯逼供等违法、违规现象。

犯罪嫌疑人(被告人)提供侦查机关刑讯逼供等非法取证线索的,检察机关应当予以调查核实。

第十八条　检察机关、审判机关应当重视对犯罪嫌疑人(被告人)供述客观性的审查、判断。重点审查犯罪嫌疑人(被告人)供述是否与同案犯或者贩卖毒品的上下家之间的供述相印证,是否与相关客观性证据如银行交易记录、交通通行记录、住宿记录、通信记录等相印证。

犯罪嫌疑人(被告人)翻供或供述不稳定的,要结合其他证据仔细判别翻供理由是否合理,甄别供述真伪。

第十九条　对主要依据言词证据认定犯罪事实的,可以遵循以下原则:

(一)犯罪嫌疑人(被告人)的供述与同案其他犯罪嫌疑人(被告人)供述吻合,并且完全排除诱供、逼供、串供等情形的,犯罪嫌疑人(被告人)的供述与同案犯罪嫌疑人(被告人)的供述可以作为定案的根据;

(二)毒品买卖双方,一方交代购买或者出售毒品,另一方始终否认的,一般不能认定犯罪事实。但一方交代的毒品交易的数量、种类、时间、地点等具体情节能够得到其他证据印证,并且完全排除诱供、逼供、串供等情形的,可以认定犯罪事实;

(三)毒品买卖双方一方交代多次贩卖毒品事实,另一方只交代其中部分事实的,一般认定双方交代一致的犯罪事实;

(四)毒品买卖双方一方交代贩卖毒品事实,另一方在多次确认后又否认,但不能合理说明翻供原因或者其辩解与全案证据矛盾的,应当按照多次确认的供述认定犯罪事实。

(二)物证、书证

第二十条　侦查机关查扣毒品、毒资、贩毒工具等物证,应当制作扣押物品清单,详细记录物证的特征、来源、查获过程及见证人等情况,必要时以照片、录像固定。

第二十一条　扣押涉案物证的侦查人员不得少于二人,并持有相关法律文书及侦查人员工作证件。对于扣押的物证应当会同在场见证人和被扣押物证的持有人进行查点确认,当场开列扣押物品清单,写明物品的名称、编号、规格、数量、质量、特征及来源,由侦查人员、见证人和持有人签名或者盖章后,分别交给持有人、侦查机关保存,并附卷备查。

第二十二条　查扣的毒品应当在持有人在场的情况下,当面称量。查获毒品有多包的,应当采用统一的计量单位逐一称量。毒品的重量应当记录在扣押清单上,由持有人签字确认,并附称量照片。

第二十三条　对查封、扣押的毒品应当妥善保管,避免受污染,在人民法院终审判决前(死刑案件为最高法院复核终结前)不得销毁。

案件移送审查起诉时,应当随案移送足以反映原毒品外形和特征的照片或录像,并附上制作说明、清单及原物存放地点。

有证据证明毒品可能大量掺假,由于保管不善导致不能鉴定的,应当作出有利于被告人的处理。

第二十四条　应当重视书证在定罪体系中的证明作用,特别注重运用通信记录、银行交易记录、交通通行记录、交通卡口照片、住宿记录等书证证明犯罪。

第二十五条　侦查机关调取通信记录、银行交易记录、住宿记录、交通通行记录等书证,应当调取原件或者足以反映其特征的复印件,并加盖提供单位印章。

第二十六条　侦查机关提取的犯罪嫌疑人手机通话记录、短信、微信、QQ聊天记录等有关清单,应当有使用者姓名等身份信息,并加盖提供单位印章。

第二十七条　检察机关、审判机关应当重视审查在案毒品的真实性。重点审查毒品照片是否附卷,照片中的毒品是否和犯罪嫌疑人(被告人)描述的毒品种类、形状、数量相同,防止与其他案件的毒品混杂。

对于不是从犯罪嫌疑人(被告人)身上当场查获的毒品,应当结合其他证据如毒品包装上是否有犯罪嫌疑人(被告人)的指纹、生物检材等,以确定毒品的真实来源。

第二十八条 检察机关、审判机关在办理毒品案件过程中发现物证、书证的收集不符合法定程序,可能严重影响司法公正的,应由侦查人员进行补正或者作出合理解释。不能补正或者作出合理解释的,对该证据应当予以排除。

(三)勘验、检查、辨认、提取笔录

第二十九条 现场提取的物证、书证必须附有现场勘验、检查笔录及扣押清单、照片;犯罪嫌疑人人身、住处或其供述、指认的场所发现的物证、书证应当附有搜查笔录及扣押清单、照片。从第三人处提取的物证、书证必须附有提取笔录及扣押清单、照片。

对于未附有勘验、检查、搜查笔录、调取笔录及扣押清单、照片的物证、书证,以及勘验、检查、搜查笔录与扣押清单、照片记录不一致的物证、书证,应当通过见证人出庭作证或播放侦查机关进行现场勘验、检查、搜查、扣押、调取等侦查活动的同步录像等方式进行补正,不能补正或做出合理解释的,不得作为定案的根据。

第三十条 勘验、检查、搜查、提取、扣押时没有见证人在场或者在场的见证人属于法律规定不得担任刑事诉讼活动见证人情形的,侦查机关不能提供同步录像说明其取证过程的合法性,也不能对此作出合理解释的,相关物证、书证不得作为定案的根据。

第三十一条 在住所、酒店房间等封闭式空间当场查获毒品的,侦查机关应当对查获现场进行勘验,并制作勘验笔录。

现场勘验笔录应当详细记载现场方位、环境、现场毒品的摆放位置、毒品的颜色规格等具体特征。

第三十二条 现场提取的毒品应当逐一编号、登记,并及时移送物证技术部门进行检验、鉴定。

检察机关、审判机关应当注重审查提取毒品的主体是否适格,是否有合适的见证人,提取毒品的程序是否规范,是否有犯罪嫌疑人(被告人)在提取笔录上签字等。

第三十三条 犯罪嫌疑人(被告人)采取人货分离方式实施毒品犯罪的,应当注意收集、提取毒品包装物或相关物品上的指纹、生物检材,与犯罪嫌疑人(被告人)进行比对鉴定。

第三十四条 侦查机关可以对犯罪嫌疑人以及可能隐藏毒品的人的身体、物品、处所和其他有关地方进行搜查,搜查应当依法进行,全面、细致、及时收集、扣押可疑的作案工具、毒品疑似物,并制作《搜查笔录》,由侦查人员、被搜查人员或其家属、邻居或者其他见证人签名或者盖章。

第三十五条 侦查机关认为必要时,可以让犯罪嫌疑人、证人对涉案毒品、作案工具、毒品交易现场等进行辨认,也可以让同案犯罪嫌疑人、毒品上下家进行辨认。

辨认应当依法进行。组织辨认前,侦查人员应当向辨认人详细询问辨认对象的具体特征。辨认时,应当将辨认对象混杂在其他对象中,侦查人员不得诱导辨认人,也不得给辨认人任何暗示。

辨认犯罪嫌疑人时,被辨认的人数不得少于七人,对犯罪嫌疑人照片进行辨认的,照片不得少于十张。辨认物品时,同类物品不得少于五件,照片不得少于五张。

第三十六条 对查扣的犯罪嫌疑人的手机,侦查机关应当收集、提取手机的型号、电子串号、电子数据(短信、图片、微信、QQ 聊天记录等)等信息,必要时应当由犯罪嫌疑人对查扣的手机进行辨认。

提取犯罪嫌疑人通讯信息时,应当将通话清单上的主被叫联系人、漫游区域、通话时间、短信等内容与公安信息系统中记录的犯罪嫌疑人活动轨迹等信息结合,对犯罪嫌疑人及关联人作活动轨迹分析,并形成报告附卷随案移送。

(四)鉴定意见

第三十七条 毒品的鉴定应当指派、聘请具有鉴定资格的人进行鉴定。毒品鉴定时,应由二名以上的鉴定人员进行,所有参与鉴定的人员均应当在鉴定意见上签名。

第三十八条 侦查机关应当为鉴定人进行鉴定提供必要的条件,及时向鉴定人送交有关检材和对比样本等原始材料,介绍与鉴定有关的情况,并且明确提出鉴定要求,不得暗示或者强迫鉴定人作出某种鉴定意见。

第三十九条　查获多件包装的毒品疑似物,作毒品成分、含量鉴定时,应当符合以下要求:

(一)多件包装的毒品疑似物少于10件的,应当逐件抽样鉴定,每包取样0.2-1克;

(二)同一批次的多件包装毒品疑似物为10-100件的,按照公安部授权使用的抽样鉴定方法,随机对其中10件内的样品每包取样0.2-1克鉴定;不同批次或者包装内毒品经目测明显不同的,应当逐件抽样鉴定,每包取样0.2-1克;

(三)同一批次的多件包装毒品疑似物多于100件的,按照公安部授权使用的抽样鉴定方法,随机选取的样品数为总样品数开平方所得的整数,每包取样0.2-1克鉴定;不同批次或者包装内毒品经目测明显不同的,应当逐件取样0.2-1克鉴定。

第四十条　鉴定意见应当符合以下要求:

(一)鉴定机构和鉴定人应当具有毒品鉴定资质,并将资质复印件加盖公章后附卷;

(二)鉴定的毒品和扣押的毒品在包装、形态、特征、性状等的描述上应当一致,描述存在明显差异导致毒品来源存疑的,鉴定机构或者办案机关应当作出合理解释;

(三)毒品成分应当按照其化学名称规范表述;

(四)应当符合法律、法规、司法解释等相关规定。

第四十一条　对可能判处死刑的毒品犯罪案件,应当作出含量鉴定;对涉案毒品可能大量掺假,或者毒品纯度可能极低,或者系成分复杂的混合毒品的,也应当作出含量鉴定;对于含有二种以上毒品成分的混合型毒品,应当进一步作成分鉴定,确定所含的主要成分及比例。

第四十二条　检察机关、审判机关审查鉴定意见时,应当注重审查委托鉴定的时间、出具鉴定意见的时间、鉴定机构与鉴定人的资格、鉴定材料是否为送检材料、鉴定对象与鉴定意见是否关联、鉴定方法与鉴定程序是否科学、客观、规范。

(五)视听资料和电子数据

第四十三条　侦查机关应当依法及时调取录音、录像及其他技术设备保存的有关毒品案件的信息资料,并制作说明,载明制作人或者持有人,制作或提取的时间、地点,是否为原件,原件的所在地,复制的份数等。与案件有关的录音内容,应当用文字记录附卷。

第四十四条　侦查机关应当调取视听资料原件,取得原件确有困难或者有其他客观原因不能或者不便调取的,可调取复制件。调取复制件的,应当附有不能调取原件的原因、制作过程和原件存放地点的说明,并由制作人和视听资料原件持有人签名或盖章。

第四十五条　检察机关、审判机关审查视听资料及电子数据时,应当结合案件其他证据,审查其真实性和关联性。对电子数据应重点审查以下内容:

(一)形成时间、地点、对象、制作人、制作过程以及设备情况;

(二)收集程序是否合法;

(三)内容是否真实,有无剪辑、增加、删改等情况。

三、关于技术侦查与秘密力量使用

第四十六条　侦查机关应当在案件立案并经依法审批后方能采取技术侦查措施,采取技术侦查措施收集的材料作为证据使用时,批准采取技术侦查措施的法律文书应当附卷。

第四十七条　侦查机关经负责人批准采用秘密侦查、技术侦查措施所收集的物证、书证及其他证据材料,要转化为其他合法形式的证据并经查证属实,才能作为定案的依据。无法转化的,侦查机关应当就秘密侦查、技术侦查获得的原始证据材料等情况独立成卷,供检察机关、审判机关在需要时查阅。

第四十八条　侦查机关使用秘密力量侦破案件,在确保安全、有效控制的前提下,可以指挥秘密力量进行毒品假买活动。但是,秘密力量不得使用促使他人产生犯罪意图的方法引诱他人进行毒品犯罪。

第四十九条　有秘密力量参与的毒品案件,必要时经审判机关或者检察机关和侦查机关负责人联合审批,办理案件的审判人员、检察人员可以核实秘密力量建档材料,但不得摘抄、翻录,并予以保密,侦查机关应当予以配合。

四、附则

第五十条　本规定自下发之日起执行。法律、法规、司法解释另有规定的,按法律、法规、司法解释的规定执行。

四十二、最高人民法院、最高人民检察院、公安部、司法部、国家卫生和计划生育委员会关于依法惩处涉医违法犯罪维护正常医疗秩序的意见(2014年4月22日)

二、严格依法惩处涉医违法犯罪

对涉医违法犯罪行为,要依法严肃追究、坚决打击。公安机关要加大对暴力杀医、伤医、扰乱医疗秩序等违法犯罪活动的查处力度,接到报警后应当及时出警、快速处置,需要追究刑事责任的,及时立案侦查,全面、客观地收集、调取证据,确保侦查质量。人民检察院应当及时依法批捕、起诉,对于重大涉医犯罪案件要加强法律监督,必要时可以对收集证据、适用法律提出意见。人民法院应当加快审理进度,在全面查明案件事实的基础上依法准确定罪量刑,对于犯罪手段残忍、主观恶性深、人身危险性大的被告人或者社会影响恶劣的涉医犯罪行为,要依法从严惩处。

(一)在医疗机构内殴打医务人员或者故意伤害医务人员身体、故意损毁公私财物,尚未造成严重后果的,分别依照治安管理处罚法第四十三条、第四十九条的规定处罚;故意杀害医务人员,或者故意伤害医务人员造成轻伤以上严重后果,或者随意殴打医务人员情节恶劣、任意损毁公私财物情节严重,构成故意杀人罪、故意伤害罪、故意毁坏财物罪、寻衅滋事罪的,依照刑法的有关规定定罪处罚。

(二)在医疗机构私设灵堂、摆放花圈、焚烧纸钱、悬挂横幅、堵塞大门或者以其他方式扰乱医疗秩序,尚未造成严重损失,经劝说、警告无效的,要依法驱散,对拒不服从的人员要依法带离现场,依照治安管理处罚法第二十三条的规定处罚;聚众实施的,对首要分子和其他积极参加者依法予以治安处罚;造成严重损失或者扰乱其他公共秩序情节严重,构成寻衅滋事罪、聚众扰乱社会秩序罪、聚众扰乱公共场所秩序、交通秩序罪的,依照刑法的有关规定定罪处罚。

在医疗机构的病房、抢救室、重症监护室等场所及医疗机构的公共开放区域违规停放尸体,影响医疗秩序,经劝说、警告无效的,依照治安管理处罚法第六十五条的规定处罚;严重扰乱医疗秩序或者其他公共秩序,构成犯罪的,依照前款的规定定罪处罚。

(三)以不准离开工作场所等方式非法限制医务人员人身自由的,依照治安管理处罚法第四十条的规定处罚;构成非法拘禁罪的,依照刑法的有关规定定罪处罚。

(四)公然侮辱、恐吓医务人员的,依照治安管理处罚法第四十二条的规定处罚;采取暴力或者其他方法公然侮辱、恐吓医务人员情节严重(恶劣),构成侮辱罪、寻衅滋事罪的,依照刑法的有关规定定罪处罚。

(五)非法携带枪支、弹药、管制器具或者爆炸性、放射性、毒害性、腐蚀性物品进入医疗机构的,依照治安管理处罚法第三十条、第三十二条的规定处罚;危及公共安全情节严重,构成非法携带枪支、弹药、管制刀具、危险物品危及公共安全罪的,依照刑法的有关规定定罪处罚。

(六)对于故意扩大事态,教唆他人实施针对医疗机构或者医务人员的违法犯罪行为,或者以受他人委托处理医疗纠纷为名实施敲诈勒索、寻衅滋事等行为的,依照治安管理处罚法和刑法的有关规定从严惩处。

四十三、安徽省高级人民法院、安徽省人民检察院、安徽省公安厅关于依法打击破坏医疗秩序有关违法犯罪活动的若干意见(2013年7月26日)

一、在医疗机构焚烧、抛撒纸钱、摆设灵堂、摆放花圈、违规停尸、拉横幅、使用高音喇叭或者以其他方式,致使诊疗活动不能进行,造成严重损失,构成犯罪的,对首要分子和积极参加者依照《中华人民共和国刑法》第二百九十条规定以“聚众扰乱社会秩序罪”追究刑事责任。

不构成犯罪的,依照《中华人民共和国治安管理处罚法》第二十三条第一款第(一)项规定予以处罚。

二、在医疗机构内随意殴打他人造成他人身体伤害、持械随意殴打他人或者具有其他恶劣情节的;追逐、拦截、辱骂无关医务或者就诊人员,严重影响他人正常工作、生产、生活的;任意损毁、占用公私财物价值二千元以上,强拿硬要或者任意损毁、占用公私财物三次以上或者具有其他严重情节,构成犯罪的,依照《中华人民共和国刑法》第二百九十三条规定以“寻衅滋事罪”追究刑事责任。

不构成犯罪的,依照《中华人民共和国治安管理处罚法》第二十六条规定予以处罚。

三、非法携带枪支、弹药、管制刀具或者爆炸性、易燃性、放射性、毒害性、腐蚀性物品进入医疗机构,情节严重,构成犯罪的,依照《中华人民共和国刑法》第一百三十条规定以“非法携带枪支、弹药、管制刀具、危险物品危及公共安全罪”追究刑事责任。

不构成犯罪的,分别依照《中华人民共和国治安管理处罚法》第三十条、第三十二条第二款规定予以处罚。

四、故意伤害、非法限制医务人员人身自由或者侮辱、诽谤医务人员,情节严重,被害人告诉或者严重危害社会秩序和国家利益,构成犯罪的,分别依照《中华人民共和国刑法》第二百三十四条、第二百三十八条、第二百四十六条规定,以“故意伤害罪”、“非法拘禁罪”、“侮辱罪”、“诽谤罪”追究刑事责任。

不构成犯罪的,分别依照《中华人民共和国治安管理处罚法》第四十三条、第四十条、第四十二条规定予以处罚。

五、在医疗机构内盗窃、抢夺、聚众哄抢或者故意损毁公私财物,构成犯罪的,分别依照《中华人民共和国刑法》第二百四十六条、第二百六十七条第一款、第二百六十八条,第二百七十五规定,以“盗窃罪”、“抢夺罪”、“聚众哄抢罪”、“故意毁坏财物罪”追究刑事责任。以暴力、胁迫方法夺取公私财物或者携带凶器抢夺的,依照《中华人民共和国刑法》第二百六十七条第二款、第二百六十三条规定,以“抢劫罪”追究刑事责任。

不构成犯罪的,依照《中华人民共和国治安管理处罚法》第四十九条规定依法予以处罚。

六、对聚众堵断道路交通,影响正常交通秩序,情节严重,构成犯罪的,对首要分子依法《中华人民共和国刑法》第二百九十一条规定,以“聚众扰乱交通秩序罪”追究刑事责任。

不构成犯罪的,依照《中华人民共和国治安管理处罚法》第二十三条第一款第(四)项规定依法予以处罚。

七、对教唆他人实施上述违法犯罪行为的,应当按照在共同违法犯罪中所起的作用处罚。

八、对少数群众语言过激,没有危害医疗秩序行为的,要掌握情况,疏导群众,维护好现场秩序,督促医疗机构做好矛盾化解工作,一般不予处罚。

四十四、暂予监外执行规定附件:保外就医严重疾病范围

罪犯有下列严重疾病之一,久治不愈,严重影响其身心健康的,属于适用保外就医的疾病范围:

一、严重传染病

1. 肺结核伴空洞并反复咯血;肺结核合并多脏器并发症;结核性脑膜炎。

2. 急性、亚急性或慢性重型病毒性肝炎。

3. 艾滋病病毒感染者和病人伴有需要住院治疗的机会性感染。

4. 其他传染病,如Ⅲ期梅毒并发主要脏器病变的,流行性出血热,狂犬病,流行性脑脊髓膜炎及新发传染病等监狱医院不具备治疗条件的。

二、反复发作的,无服刑能力的各种精神病,如脑器质性精神障碍、精神分裂症、心境障碍、偏执性精神障碍等,但有严重暴力行为或倾向,对社会安全构成潜在威胁的除外。

三、严重器质性心血管疾病

1. 心脏功能不全:心脏功能在 NYHA 三级以上,经规范治疗未见好转。(可由冠状动脉粥样硬化性心脏病、高血压性心脏病、风湿性心脏病、肺源性心脏病、先天性心脏病、心肌病、重度心肌炎、心包炎等引起。)

2. 严重心律失常:如频发多源室性期前收缩或有 R on T 表现、导致血流动力学改变的心房纤颤、二度以上房室传导阻滞、阵发性室性心动过速、病态窦房结综合征等。

3. 急性冠状动脉综合征(急性心肌梗死及重度不稳定型心绞痛),冠状动脉粥样硬化性心脏病有严重心绞痛反复发作,经规范治疗仍有严重冠状动脉供血不足表现。

4. 高血压病达到很高危程度的,合并靶器官受损。具体参见注释中靶器官受损相应条款。

5. 主动脉瘤、主动脉夹层动脉瘤等需要手术的心血管动脉瘤和粘液瘤等需要手术的心脏肿瘤;或者不需要、难以手术治疗,但病情严重危及生命或者存在严重并发症,且监狱医院不具备治疗条件的心血管疾病。

6. 急性肺栓塞。

四、严重呼吸系统疾病

1. 严重呼吸功能障碍:由支气管、肺、胸膜疾病引起的中度以上呼吸功能障碍,经规范治疗未见好转。

2. 支气管扩张反复咯血,经规范治疗未见好转。

3. 支气管哮喘持续状态,反复发作,动脉血氧分压低于 60mmHg,经规范治疗未见好转。

五、严重消化系统疾病

1. 肝硬化失代偿期(肝硬化合并上消化道出血、腹水、肝性脑病、肝肾综合征等)。

2. 急性出血性坏死性胰腺炎。

3. 急性及亚急性肝衰竭、慢性肝衰竭加急性发作或慢性肝衰竭。

4. 消化道反复出血,经规范治疗未见好转且持续重度贫血。

5. 急性梗阻性化脓性胆管炎,经规范治疗未见好转。

6. 肠道疾病:如克隆病、肠伤寒合并肠穿孔、出血坏死性小肠炎、全结肠切除、小肠切除四分之三等危及生命的。

六、各种急、慢性肾脏疾病引起的肾功能不全失代偿期,如急性肾衰竭、慢性肾小球肾炎、慢性肾盂肾炎、肾结核、肾小动脉硬化、免疫性肾病等。

七、严重神经系统疾病及损伤

1. 严重脑血管疾病、颅内器质性疾病并有昏睡以上意识障碍、肢体瘫痪、视力障碍等经规范治疗未见好转。如脑出血、蛛网膜下腔出血、脑血栓形成、脑栓塞、脑脓肿、乙型脑炎、结核性脑膜炎、化脓性脑膜炎及严重的脑外伤等。

2. 各种脊髓疾病及周围神经疾病与损伤所致的肢体瘫痪、大小便失禁经规范治疗未见好转,生活难以自理。如脊髓炎、高位脊髓空洞症、脊髓压迫症、运动神经元疾病(包括肌萎缩侧索硬化、进行性脊肌萎缩症、原发性侧索硬化和进行性延髓麻痹)等;周围神经疾病,如多发性神经炎、周围神经损伤等;急性炎症性脱髓鞘性多发性神经病;慢性炎症性脱髓鞘性多发性神经病。

3. 癫痫大发作,经规范治疗未见好转,每月发作仍多于两次。

4. 重症肌无力或进行性肌营养不良等疾病,严重影响呼吸和吞咽功能。

5. 锥体外系疾病所致的肌张力障碍(肌张力过高或过低)和运动障碍(包括震颤、手足徐动、舞蹈样动作、扭转痉挛等出现生活难以自理)。如帕金森病及各类帕金森综合症、小舞蹈病、慢性进行性舞蹈病、肌紧张异常、秽语抽动综合症、迟发性运动障碍、投掷样舞动、阵发性手足徐动症、阵发性运动源性舞蹈手足徐动症、扭转痉挛等。

八、严重内分泌代谢性疾病合并重要脏器功能障碍,经规范治疗未见好转。如脑垂体瘤需要手术治疗、肢端肥大症、尿崩症、柯兴氏综合征、原发性醛固酮增多症、嗜铬细胞瘤、甲状腺机能亢进危象、甲状腺机能减退症出现严重心脏损害或出现粘液性水肿昏迷,甲状旁腺机能亢进及甲状旁腺机能减退症出现高钙危象或低钙血症。

糖尿病合并严重并发症:糖尿病并发心、脑、肾、眼等严重并发症或伴发症,或合并难以控制的严重继发感染、严重酮症酸中毒或高渗性昏迷,经规范治疗未见好转。

心:诊断明确的冠状动脉粥样硬化性心脏,并出现以下情形之一的:1. 有心绞痛反复发作,经规范治疗未见好转仍有明显的冠状动脉供血不足的表现;2. 心功能三级;3. 心律失常(频发或多型性室早、新发束支传导阻滞、交界性心动过速、心房纤颤、心房扑动、二度及以上房室传导阻滞、阵发性室性心动过速、窦性停搏等)。

脑:诊断明确的脑血管疾病,出现痴呆、失语、肢体肌力达Ⅳ级以下。

肾:诊断明确的糖尿病肾病,肌酐达到177mmol/L以上水平。

眼:诊断明确的糖尿病视网膜病变,达到增殖以上。

九、严重血液系统疾病

1. 再生障碍性贫血。

2. 严重贫血并有贫血性心脏病、溶血危象、脾功能亢进其中一项,经规范治疗未见好转。

3. 白血病、骨髓增生异常综合征。

4. 恶性组织细胞病、嗜血细胞综合征。

5. 淋巴瘤、多发性骨髓瘤。

6. 严重出血性疾病,有重要器官、体腔出血的,如原发性血小板减少性紫癜、血友病等,经规范治疗未见好转。

十、严重脏器损伤和术后并发症,遗有严重功能障碍,经规范治疗未见好转

1. 脑、脊髓损伤治疗后遗有中度以上智能障碍,截瘫或偏瘫,大小便失禁,功能难以恢复。

2. 胸、腹腔重要脏器及气管损伤或手术后,遗有严重功能障碍,胸腹腔内慢性感染、重度粘连性梗阻,肠瘘、胰瘘、胆瘘、肛瘘等内外瘘形成反复发作;严重循环或呼吸功能障碍,如外伤性湿肺不易控制。

3. 肺、肾、肾上腺等器官一侧切除,对侧仍有病变或有明显功能障碍。

十一、各种严重骨、关节疾病及损伤

1. 双上肢,双下肢,一侧上肢和一侧下肢因伤、病在腕或踝关节以上截肢或失去功能不能恢复。双手完全失去功能或伤、病致手指缺损6个以上,且6个缺损的手指中有半数以上在掌指关节处离断,且必须包括两个拇指缺失。

2. 脊柱并一个主要关节或两个以上主要关节(肩、膝、髋、肘)因伤、病发生强直畸形,经规范治疗未见好转,脊柱伸屈功能完全丧失。

3. 严重骨盆骨折合并尿道损伤,经治疗后遗有运动功能障碍或遗有尿道狭窄、闭塞或感染,经规范治疗未见好转。

4. 主要长骨的慢性化脓性骨髓炎,反复急性发作,病灶内出现大块死骨或合并病理性骨折,经规范治疗未见好转。

十二、五官伤、病后,出现严重的功能障碍,经规范治疗未见好转

1. 伤、病后双眼矫正视力 <0.1,经影像检查证实患有白内障、眼外伤、视网膜剥离等需要手术治疗。内耳伤、病所致的严重前庭功能障碍、平衡失调,经规范治疗未见好转。

2. 咽、喉损伤后遗有严重疤痕挛缩,造成呼吸道梗阻受阻,严重影响呼吸功能和吞咽功能。

3. 上下颌伤、病经治疗后二度张口困难、严重咀嚼功能障碍。

十三、周围血管病经规范治疗未见好转,患肢有严重肌肉萎缩或干、湿性坏疽,如进展性脉管炎,高位深静脉栓塞等。

十四、非临床治愈期的各种恶性肿瘤。

十五、暂时难以确定性质的肿瘤,有下列情形之一的:

1. 严重影响机体功能而不能进行彻底治疗。

2. 身体状况进行性恶化。

3. 有严重后遗症,如偏瘫、截瘫、胃瘘、支气管食管瘘等。

十六、结缔组织疾病及其他风湿性疾病造成两个以上脏器严重功能障碍或单个脏器功能障碍失代偿,经规范治疗未见好转,如系统性红斑狼疮、硬皮病、皮肌炎、结节性多动脉炎等。

十七、寄生虫侵犯脑、肝、肺等重要器官或组织,造成继发性损害,伴有严重功能障碍者,经规范治疗未见好转。

十八、经职业病诊断机构确诊的以下职业病:

1. 尘肺病伴严重呼吸功能障碍,经规范治疗未见好转。

2. 职业中毒,伴有重要脏器功能障碍,经规范治疗未见好转。

3. 其他职业病并有瘫痪、中度智能障碍、双眼矫正视力 <0.1、严重血液系统疾病、严重精神障碍等其中一项,经规范治疗未见好转。

十九、年龄在六十五周岁以上同时患有两种以上严重疾病,其中一种病情必须接近上述一项或几项疾病程度。

注释:

1. 本范围所列严重疾病诊断标准应符合省级以上卫生行政部门、中华医学会制定并下发的医学诊疗常规、诊断标准、规范和指南。

2. 凡是确定诊断和确定脏器、肢体功能障碍必须具有诊疗常规所明确规定的相应临床症状、体征和客观医技检查依据。

3. 本范围所称"经规范治疗未见好转",是指临床上经常规治疗至少半年后病情恶化或未见好转。

4. 本范围所称"反复发作",是指发作间隔时间小于一个月,且至少发作三次及以上。

5. 本范围所称"严重心律失常",是指临床上可引起严重血流动力学障碍,预示危及生命的心律失常。一般出现成对室性期前收缩、多形性室性期前收缩、阵发性室性心动过速、室性期前收缩有 R on T 现象、病态窦房结综合征、心室扑动或心室颤动等。

6. 本范围所称"意识障碍",是指各种原因导致的迁延性昏迷 1 个月以上和植物人状态。

7. 本范围所称"视力障碍",是指各种原因导致的患眼低视力 2 级。

8. 艾滋病和艾滋病机会性感染诊断依据应符合《艾滋病和艾滋病病毒感染诊断标准》(WS293－2008)、《艾滋病诊疗指南》(中华医学会感染病分会,2011 年)等技术规范。其中,艾滋病合并肺孢子菌肺炎、活动性结核病、巨细胞病毒视网膜炎、马尼菲青霉菌病、细菌性肺炎、新型隐球菌脑膜炎等六种艾滋病机会性感染的住院标准应符合《卫生部办公厅关于印发艾滋病合并肺孢子菌肺炎等六个艾滋病机会感染病种临床路径的通知》(卫办医政发[2012]107 号)。上述六种以外的艾滋病机会性感染住院标准可参考《艾滋病诊疗指南》(中华医学会感染病分会,2011 年)及《实用内科学》(第 13 版)等。

9. 精神病的危险性按照《卫生部关于印发〈重性精神疾病管理治疗工作规范(2012 年版)〉的通知》(卫疾控发[2012]20 号)进行评估。

10. 心功能判定:心功能不全,表现出心悸、心律失常、低血压、休克,甚至发生心搏骤停。按发生部位和发病过程分为左侧心功能不全(急性、慢性)、右侧心功能不全(急性、慢性)和全心功能不全(急性、慢性)。出现心功能不全症状后,其心功能可分为四级。

Ⅰ级:体力活动不受限制。

Ⅱ级:静息时无不适,但稍重于日常生活活动量即致乏力、心悸、气促或者心绞痛。

Ⅲ级:体力活动明显受限,静息时无不适,但低于日常活动量即致乏力、心悸、气促或心绞痛。

Ⅳ级:任何体力活动均引起症状,静息时亦可有心力衰竭或者心绞痛。

11. 高血压判定:按照《中国高血压防治指南2010》执行。

血压水平分类和定义(mmHg)

分级	收缩压(SBP)	舒张压(DBP)	
正常血压<120	和	<80	
正常高值血压	120－139	和/或	80－89
高血压1级(轻度)	140－159	和/或	90－99
高血压2级(中度)	160－179	和/或	100－109
高血压3级(重度)	≥180	和/或	≥110
单纯性收缩期高血压	≥140	和	<90

高血压危险分层

其他危险因素和病史	血压(mmHg)		
	1级 SBP140－159或 DBP90－99	2级 SBP160－179或 DBP100－109	3级 SBP≥180或 DBP≥110
无其他CVD危险因素	低危	中危	高危
1－2个CVD危险因素	中危	中危	很高危
≥3个CVD危险因素或靶器官损伤	高危	高危	很高危
临床并发症或合并糖尿病	很高危	很高危	很高危

注:＊CVD为心血管危险因素。

影响高血压患者心血管预后的重要因素

心血管危险因素	靶器官损害	伴临床疾患
·高血压(1－3级) ·男性>55岁;女性>65岁 ·吸烟 ·糖耐量受损(餐后2h血糖7.8－11.0mmol/L)和(或)空腹血糖受损(6.1－6.9mmol/L) ·血脂异常 TC≥5.7mmol/L(220mg/dl)或LDL_C>3.3mmol/L(130mg/dl)或HDL_C<1.0mmol/L(4.mg/dl) ·早发心血管病家族史(一般亲属发病年龄男性<55岁;女性<65岁) ·腹型肥胖(腰围:男性≥90cm,女性≥85cm)或肥胖(BMI≥28kg/m²) ·血同型半胱氨酸升高(≥10μmol/L)	·左心室肥厚 心电图:Sokolow_Lyon>38mm或Cornell>2440mm·ms;超声心动图LVMI:男≥125g/m²,女≥120 g/m² ·颈动脉超声IMT≥0.9mm或动脉粥样斑块 ·颈－股动脉脉搏波速度≥12m/s ·踝/臂血压指数<0.9 ·eGFR降低(eGFR<60ml·min⁻²·1.73 m⁻²)或血清肌酐轻度升高:男性115－133μmol/L(1.3－1.5 mg/dl),女性107－124μmol/L(1.2－1.4mg/dl) ·微量白蛋白尿:30－300 mg/24h或白蛋白/肌酐比:≥30mg/g(3.5 mg/mmol)	·脑血管病:脑出血,缺血性脑卒中短暂性脑缺血发作 ·心脏疾病:心肌梗死史,心绞痛,冠状动脉血动重建史,慢性心力衰竭 ·肾脏疾病:糖尿病肾病,肾功能受损,血肌酐:男性≥133? mol/L(1.5mg/dl),女性≥124μmol/L(1.4mg/dl),蛋白尿(≥300mg/24h) ·外周血管疾病 ·视网膜病变:出血或渗出,视乳头水肿 ·糖尿病:空腹血糖≥7.0 mmol/L(126mg/dl),餐后2h血糖≥11.1 mmol/L(200mg/dl),糖化血红蛋白≥6.5%

注:TC:总胆固醇;LDL_C:低密度脂蛋白胆固醇;HDL_C:高密度脂蛋白胆固醇;BMI:体质指数;LVMI:左心室质量指数;IMT:颈动脉内中膜厚度;eGFR:估算的肾小球滤过率。

12. 呼吸功能障碍判定:参照《道路交通事故受伤人员伤残评定》(GB 18667－2002)和《劳动能力鉴定——职工工伤与职业病致残程度鉴定标准》(GBT16180－2006)(已失效。——编者注),结合医学实践执行。症状:自觉气短、胸闷不适、呼吸费力。体征:呼吸频率增快,幅度加深或者变浅,或者伴周期节律异常,鼻翼扇动,紫绀等。实验室检查提示肺功能损害。在保外就医诊断实践中,判定呼吸功能障碍必须综合产生呼吸功能障碍的病理基础、临床表现和相关医技检查结果如血气分析,全面分析。

呼吸困难分级

Ⅰ级(轻度):平路快步行走、登山或上楼梯时气短明显。

Ⅱ级(中度):一般速度平路步行100米即有气短,体力活动大部分受限。

Ⅲ级(重度):稍活动如穿衣、谈话即有气短,体力活动完全受限。

Ⅳ级(极重度):静息时亦有气短。

肺功能损伤分级

	FVC	FEV1	MVV	FEV1/FVC	RV/TLC	DLco
正常	>80	>80	>80	>70	<35	>80%
轻度损伤	60－79	60－79	60－79	55－69	36－45	60－79
中度损伤	40－59	40－59	40－59	35－54	46－55	45－59
重度损伤	<40	<40	<40	<35	>55	<45

注:FVC、FEV1、MVV、DLco均为占预计值百分数,单位为%。FVC:用力肺活量;FEV1:1秒钟用力呼气容积;MVV:分钟最大通气量;RV/TLC:残气量/肺总量;DLco:一氧化碳弥散量。

低氧血症分级

正常:Po2为13.3kPa～10.6kPa(100 mmHg～80 mmHg);

轻度:Po2为10.5kPa～8.0kPa(79 mmHg～60 mmHg);

中度:Po2为7.9kPa～5.3kPa(59 mmHg～40 mmHg);

重度:Po2<5.3kPa(<40 mmHg)。

13. 肝功能损害程度判定

A. 肝功能损害分度

分度	中毒症状	血浆白蛋白	血内胆红质	腹水	脑症	凝血酶原时间	谷丙转氨酶
重度	重度	<2.5g%	>10mg%	顽固性	明显	明显延长	供参考
中度	中度	2.5－3.0g%	5－10mg%	无或者少量,治疗后消失	无或者轻度	延长	供参考
轻度	轻度	3.0－3.5g%	1.5－5mg%	无	无	稍延长(较对照组>3s)	供参考

B. 肝衰竭:肝衰竭的临床诊断需要依据病史、临床表现和辅助检查等综合分析而确定,参照中华医学会《肝衰竭诊治指南(2012年版)》执行。

(1)急性肝衰竭(急性重型肝炎):急性起病,2周内出现Ⅱ度及以上肝性脑病并有以下表现:①极度乏力,并有明显厌食、腹胀、恶心、呕吐等严重消化道症状。②短期内黄疸进行性加深。③出血倾向明显,PTA≤40%,且排除其他原因。④肝脏进行性缩小。

(2)亚急性肝衰竭(亚急性重型肝炎):起病较急,15天－26周出现以下表现者:①极度乏力,有明显的消化道症状。②黄疸迅速加深,血清总胆红素大于正常值上限10倍或每日上升≥17.1μmol/L。③凝血酶原时间明显延长,PTA≤40%并排除其他原因者。

(3)慢加急性(亚急性)肝衰竭(慢性重型肝炎):在慢性肝病基础上,短期内发生急性肝功能失代偿的主要临床表现。

(4)慢性肝衰竭:在肝硬化基础上,肝功能进行性减退和失代偿。诊断要点为:①有腹水或其他门静脉高压表现。②可有肝性脑病。③血清总胆红素升高,白蛋白明显降低。④有凝血功能障碍,PTA ≤40%。

C. 肝性脑病

肝性脑病 West – Haven 分级标准

肝性脑病分级	临床要点
0 级	没有能觉察的人格或行为变化
	无扑翼样震颤
1 级	轻度认知障碍
	欣快或抑郁
	注意时间缩短
	加法计算能力降低
	可引出扑翼样震颤
2 级	倦怠或淡漠
	轻度定向异常(时间和空间定向)
	轻微人格改变
	行为错乱,语言不清
	减法计算能力异常
	容易引出扑翼样震颤
3 级	嗜睡到半昏迷*,但是对语言刺激有反应
	意识模糊
	明显的定向障碍
	扑翼样震颤可能无法引出
4 级	昏迷**(对语言和强刺激无反应)

注:1 –4 级即Ⅰ –Ⅳ度。

按照意识障碍以觉醒度改变为主分类,*半昏迷即中度昏迷,**昏迷即深昏迷。

14. 急、慢性肾功能损害程度判定:参照《实用内科学》(第十三版)和《内科学》(第七版)进行综合判定。急性肾损伤的原因有肾前性、肾实质性及肾后性三类。每类又有少尿型和非少尿型两种。慢性肾脏病患者肾功能损害分期与病因、病变进展程度、部位、转归以及诊断时间有关。分期:

慢性肾脏病肾功能损害程度分期

CKD 分期	肾小球滤过率(GFR)或 eGFR	主要临床症状
Ⅰ期	≥90 毫升/分	无症状
Ⅱ期	60 – 89 毫升/分	基本无症状
Ⅲ期	30 – 59 毫升/分	乏力;轻度贫血;食欲减退
Ⅳ期	15 – 29 毫升/分	贫血;代谢性酸中毒;水电解质紊乱
Ⅴ期	<15 毫升/分	严重酸中毒和全身各系统症状

注:eGFR:基于血肌酐估计的肾小球滤过率。

15. 肢体瘫痪的判定:参照《神经病学》(第 2 版)判定。肢体瘫,以肌力测定判断肢体瘫痪程度。在保外就医诊断实践中,判定肢体瘫痪须具备疾病的解剖(病理)基础,0 级、1 级、2 级肌力可认定为肢体瘫痪。

0%;0 级:肌肉完全瘫痪,毫无收缩。

10%;1 级:可看到或者触及肌肉轻微收缩,但不能产生动作。

25%;2 级:肌肉在不受重力影响下,可进行运动,即肢体能在床面上移动,但不能抬高。

50%;3 级:在和地心引力相反的方向中尚能完成其动作,但不能对抗外加的阻力。

75%;4 级:能对抗一定的阻力,但较正常人为低。

100%;5 级:正常肌力。

16. 生活难以自理的判定:参照《劳动能力鉴定——职工工伤与职业病致残程度鉴定标准》(GBT 16180 - 2006),结合医学实践执行。

17. 视力障碍判定:眼伤残鉴定依据为眼球或视神经器质性损伤所致的视力、视野、立体视功能障碍及其他解剖结构和功能的损伤或破坏。

(1)主观检查:凡损伤眼裸视或者加用矫正镜片(包括接触镜、针孔镜等)远视力 <0.3 为视力障碍。

(2)客观检查:眼底照相、视觉电生理、眼底血管造影,眼科影像学检查如相干光断层成像(OCT)等以明确视力残疾实际情况,并确定对应的具体疾病状态。

视力障碍标准:

低视力:1 级:矫正视力 <0.3;2 级:矫正视力 <0.1。

盲:矫正视力 <0.05。

四十五、最高人民法院关于印发《罪犯生活不能自理鉴别标准》的通知(2016 年 7 月 26 日)

2014 年 4 月 24 日,第十二届全国人民代表大会常务委员会第八次会议通过《关于〈中华人民共和国刑事诉讼法〉第二百五十四条第五款、第二百五十七条第二款的解释》,规定罪犯在被交付执行前,因有严重疾病、妇女怀孕或正在哺乳自己婴儿、生活不能自理等原因,依法提出暂予监外执行申请的,有关病情诊断、妊娠检查和生活不能自理的鉴别,由人民法院负责组织进行。最高人民法院、最高人民检察院、公安部、司法部、卫生计生委于同年 10 月 24 日联合发布的《暂予监外执行规定》第十七条规定,被告人及其辩护人提出暂予监外执行申请的,对其病情诊断、妊娠检查和生活不能自理的鉴别,由人民法院依照规定程序组织进行。为贯彻落实上述规定,最高人民法院已于 2014 年 12 月 11 日印发《最高人民法院关于罪犯交付执行前暂予监外执行组织诊断工作有关问题的通知》,现将《罪犯生活不能自理鉴别标准》予以印发,请认真贯彻执行。

罪犯交付执行前因生活不能自理依法提出暂予监外执行申请的,对生活不能自理的鉴别,由人民法院司法技术辅助部门根据《罪犯生活不能自理鉴别标准》,按照《最高人民法院关于罪犯交付执行前暂予监外执行组织诊断工作有关问题的通知》组织进行。在执行中遇到问题,请及时报告最高人民法院。

附件:罪犯生活不能自理鉴别标准

罪犯生活不能自理鉴别标准

前言

根据《中华人民共和国刑事诉讼法》《全国人民代表大会常务委员会关于〈中华人民共和国刑事诉讼法〉第二百五十四条第五款、第二百五十七条第二款的解释》《暂予监外执行规定》制定本标准。

本标准参考了世界卫生组织《国际功能、残疾和健康分类》(International Classification of Functioning, Disability, and Health, ICF, 中文简称为《国际功能分类》)有关"自理"的国际分类以及《劳动能力鉴定 职工工伤与职业病致残等级》(GB/T16180 - 2014)、《残疾人残疾分类与分级》(GB/T26341 -

2010)、《人体损伤程度鉴定标准》等。

本标准主要起草人:李永良、孙欣、徐俊波、徐洪新、李路明、徐丽英、张冉、唐亚青、王连生、郑四龙、魏婵娟、李洁、王娟、邢东升。

罪犯生活不能自理鉴别标准

1 范围

1.1 本标准规定了罪犯生活不能自理鉴别的原则、方法和条款。

1.2 本标准适用于罪犯在被交付执行前生活不能自理的鉴别。

2 术语和定义

2.1 罪犯生活不能自理是指罪犯因疾病、残疾、年老体弱等原因造成身体机能下降不能自主处理自己的日常生活。包括进食、大小便、穿衣洗漱、行动(翻身、自主行动)四项内容,其中一项完全不能自主完成或者三项以上大部分不能自主完成的可以认定为生活不能自理。

2.2 生活不能自理的鉴别是指对罪犯在被交付执行前生活自理能力作出的技术性判定意见。

3 总则

3.1 鉴别原则

依据罪犯在被交付执行前,因疾病、损伤治疗终结后遗留器官缺损、严重功能障碍或者年老体弱导致生活不能自理程度进行的综合鉴别。

3.2 生活自理范围主要包括下列四项:

1)进食:拿取食物,放入口中,咀嚼,咽下。

2)大、小便:到规定的地方,解系裤带,完成排便、排尿。用厕包括:a)蹲(坐)起;b)拭净;c)冲洗(倒掉);d)整理衣裤。

3)穿衣:a)穿脱上身衣服;b)穿脱下身衣服。

洗漱:a)洗(擦)脸;b)刷牙;c)梳头;d)剃须。以上4项指使用放在身边的洗漱用具。e)洗澡进入浴室,完成洗澡。

4)行动:包括翻身和自主行动。a)床上翻身;b)平地行走;c)上楼梯;d)下楼梯。

3.3 生活自理影响程度:

a)完全不能自主完成:不能完成进食、大小便、穿衣洗漱、行动四项内容中任一项全过程。

b)大部分不能自主完成:能够完成进食、大小便、穿衣洗漱、行动四项内容中任一项全过程,但十分困难。

c)部分不能自主完成:完成进食、大小便、穿衣洗漱、行动四项内容中任一项全过程有困难。

4 生活不能自理鉴别条款

4.1 智力残疾二级以上;

4.2 精神残疾二级以上;

4.3 完全感觉性或混合性失语,完全性失用或失认;

4.4 不完全失写、失读、失认、失用具有三项以上者;

4.5 偏瘫或截瘫肌力≤3级;

4.6 双手全肌瘫肌力≤3级;

4.7 双手大部分肌瘫肌力≤2级(拇指均受累);

4.8 双足全肌瘫肌力≤2级;

4.9 中度运动障碍(非肢体瘫);

4.10 脊柱并两个以上主要关节(肩、肘、髋、膝)强直畸形,功能丧失;

4.11 手或足部分缺失及关节功能障碍累积分值>150;

4.12 双手部分缺失以及关节功能障碍累积分值均>40并伴双前足以上缺失;

4.13 一手或一足缺失,另一肢体两个以上大关节功能完全丧失或达不到功能位;

4.14 双手功能完全丧失;

4.15 肩、肘、髋、膝关节之一对称性非功能位僵直;

4.16 肩、肘、髋、膝中有三个关节功能丧失或达不到功能位;

4.17 双侧前庭功能丧失,不能并足站立,睁眼行走困难;

4.18 张口困难Ⅱ度以上;

4.19 无吞咽功能;

4.20 双侧上或下颌骨完全缺失;

4.21 一侧上颌骨及对侧下颌骨完全缺失;

4.22 一侧上或下颌骨缺失,伴对侧颌面部软组织缺损大于30平方厘米;

4.23 咽喉损伤、食管闭锁或者切除术后,摄食依赖胃造口或者空肠造口;

4.24 食管重建术吻合口狭窄,仅能进流食者;

4.25 消化吸收功能丧失,完全依赖肠外营养;

4.26 肺功能中度损伤或中度低氧血症;

4.27 心功能三级以上;

4.28 大、小便失禁;

4.29 年老体弱生活不能自理;

4.30 上述条款未涉及的残疾,影响进食、大小便、穿衣洗漱、行动(翻身、自主行动)四项内容,其中一项完全不能自主完成或者三项以上大部分不能自主完成的可以认定为生活不能自理。

附录A

生活不能自理程度鉴别技术基准和方法

A.1 智力残疾

智力显著低于一般人水平,并伴有适应行为的障碍。此类残疾是由于神经系统结构、功能障碍,使个体活动和参与受到限制,需要环境提供全面、广泛、有限和间歇的支持。

智力残疾包括在智力发育期间(18岁之前),由于各种有害因素导致的精神发育不全或智力迟滞;或者智力发育成熟以后,由于各种有害因素导致智力损害或智力明显衰退。

A.1.1 智力残疾分级

按0~6岁和7岁及以上两个年龄段发育商、智商和适应行为分级。0~6岁儿童发育商小于72的直接按发育商分级,发育商在72~75之间的按适应行为分级。7岁及以上按智商、适应行为分级;当两者的分值不在同一级时,按适应行为分级。WHO-DASⅡ分值反映的是18岁及以上各级智力残疾的活动与参与情况。智力残疾分级见下表。

智力残疾分级

级别	智力发育水平		社会适应能力	
	发育商(DQ) 0~6岁	智商(IQ) 7岁及以上	适应行为 (AB)	WHO-DASⅡ分值 18岁及以上
一级	≤25	<20	极重度	≥116分
二级	26~39	20~34	重度	106~115分
三级	40~54	35~49	中度	96~105分

续表

级别	智力发育水平		社会适应能力	
	发育商(DQ) 0~6岁	智商(IQ) 7岁及以上	适应行为 (AB)	WHO-DASⅡ分值 18岁及以上
四级	55~75	50~69	轻度	52~95分

适应行为表现:
极重度——不能与人交流、不能自理、不能参与任何活动、身体移动能力很差;需要环境提供全面的支持,全部生活由他人照料。
重度——与人交往能力差、生活方面很难达到自理、运动能力发展较差;需要环境提供广泛的支持,大部分生活由他人照料。
中度——能以简单的方式与人交流、生活能部分自理、能做简单的家务劳动、能参与一些简单的社会活动;需要环境提供有限的支持,部分生活由他人照料。
轻度——能生活自理、能承担一般的家务劳动或工作、对周围环境有较好的辨别能力、能与人交流和交往、能比较正常地参与社会活动;需要环境提供间歇的支持,一般情况下生活不需要由他人照料。

A.2 精神残疾分级

18岁及以上的精神障碍患者依据?WHO-DASⅡ分值和适应行为表现分级,18岁以下精神障碍患者依据适应行为的表现分级。

A.2.1 精神残疾一级

WHO-DASⅡ值大于等于116分,适应行为极重度障碍;生活完全不能自理,忽视自己的生理、心理的基本要求。不与人交往,无法从事工作,不能学习新事物。需要环境提供全面、广泛的支持,生活长期、全部需他人监护。

A.2.2 精神残疾二级

WHO-DASⅡ值在106~115分之间,适应行为重度障碍;生活大部分不能自理,基本不与人交往,只与照顾者简单交往,能理解照顾者的简单指令,有一定学习能力。监护下能从事简单劳动。能表达自己的基本需求,偶尔被动参与社交活动。需要环境提供广泛的支持,大部分生活仍需他人照料。

A.2.3 精神残疾三级

WHO-DASⅡ值在96~105分之间,适应行为中度障碍;生活上不能完全自理,可以与人进行简单交流,能表达自己的情感。能独立从事简单劳动,能学习新事物,但学习能力明显比一般人差。被动参与社交活动,偶尔能主动参与社交活动。需要环境提供部分的支持,即所需要的支持服务是经常性的、短时间的需求,部分生活需由他人照料。

A.2.4 精神残疾四级

WHO-DASⅡ值在52~95分之间,适应行为轻度障碍;生活上基本自理,但自理能力比一般人差,有时忽略个人卫生。能与人交往,能表达自己的情感,体会他人情感的能力较差,能从事一般的工作,学习新事物的能力比一般人稍差。偶尔需要环境提供支持,一般情况下生活不需要由他人照料。

A.3 失语、失用、失写、失读、失认

局灶性皮层功能障碍,内容包括失语、失用、失写、失认等,前三者即在没有精神障碍、感觉缺失和肌肉瘫痪的条件下,患者失去用言语或文字去理解或表达思想的能力(失语),或失去按意图利用物体来完成有意义的动作的能力(失用),或失去书写文字的能力(失写)。失读指患者看见文字符号的形象,读不出字音,不了解意义,就象文盲一样。失认指某一种特殊感觉的认知障碍,如视觉失认就是失读。

A.3.1 语言运动中枢

位于大脑主侧半球的额下回后部。这个中枢支配着人的说话,如果这个中枢损伤,会使患者丧失说话能力,不会说话。但能理解别人说话的意思,常用手势或点头来回答问题。根据病变的范围,可表现为完全性不能说话,称完全性失语。或只能讲单字、单词,说话不流利,称为不完全性失语。这种情况叫作运动性失语。

A.3.2 语言感觉中枢

大脑主侧半球颞上回后部，此中枢可以使人能够领悟别人说话的意思。如果这个中枢受损，则引起患者听不懂别人说话的内容，不理解问话。但这种人语言运动中枢完好，仍会说话，而且有时说起话来快而流利，但所答非所问，这种情况叫感觉性失语。

A.4 运动障碍

A.4.1 肢体瘫

肌力作为分级标准。为判断肢体瘫痪程度，将肌力分级划分为0~5级。

0级：肌肉完全瘫痪，毫无收缩。

1级：可看到或触及肌肉轻微收缩，但不能产生动作。

2级：肌肉在不受重力影响下，可进行运动，即肢体能在床面上移动，但不能抬高。

3级：在和地心引力相反的方向中尚能完成其动作，但不能对抗外加的阻力。

4级：能对抗一定的阻力，但较正常人为低。

5级：正常肌力。

A.4.2 非肢体瘫的运动障碍包括肌张力增高、深感觉障碍和(或)小脑性共济失调、不自主运动或震颤等。根据其对生活自理的影响程度划分为轻、中、重三度。

a)重度：不能自行进食，大小便、洗漱和穿衣、行动。

b)中度：完成上述动作困难，但在他人帮助下可以完成。

c)轻度：完成上述动作虽有一些困难，但基本可以自理。

A.5 关节功能障碍

a)关节功能完全丧失

非功能位关节僵直、固定或关节周围其他原因导致关节连枷状或严重不稳，以致无法完成其功能活动。

b)关节功能重度障碍

关节僵直于功能位，或残留关节活动范围约占正常的三分之一，较难完成原有的活动并对日常生活有明显影响。

c)关节功能中度障碍

残留关节活动范围约占正常的三分之二，能基本完成原有的活动，对日常生活有一定影响。

d)关节功能轻度障碍

残留关节活动范围约占正常的三分之二以上，对日常生活无明显影响。

A.6 手、足功能丧失程度评定

A.6.1 手、足功能量化评分示意图(见图1、图2)

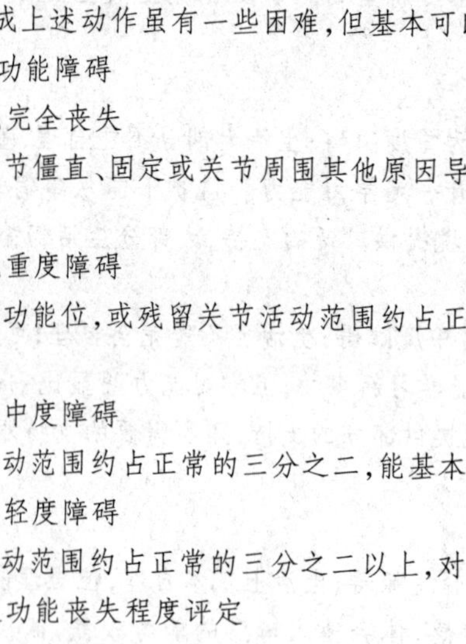

图1 手功能丧失示意图
图中数字示各手指缺失平面手功能丧失分值

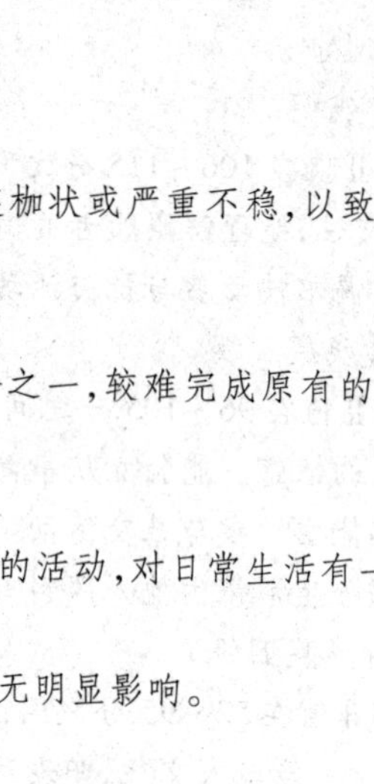

图2 足功能丧失示意图
图中数字示足缺失平面足功能丧失分值

A.6.2　指、趾关节功能障碍评定(见表)

表:指关节功能丧失值评定

		手功能丧失值(%)		
		僵直于非功能位	僵直于功能位或<1/2关节活动度	轻度功能障碍或>1/2关节活动度
拇指	第一掌腕/掌指/指间关节均受累	40	25	15
	掌指、指间关节均受累	30	20	10
	掌指、指间单一关节受累	20	15	5
食指	掌指、指间关节均受累	20	15	5
	掌指或近侧指间关节受累	15	10	0
	远侧指间关节均受累	5	5	0
中指	掌指、指间关节均受累	15	5	5
	掌指或近侧指间关节受累	10	5	0
	远侧指间关节均受累	5	0	0
环指	掌指、指间关节均受累	10	5	5
	掌指或近侧指间关节受累	5	5	0
	远侧指间关节均受累	5	0	0
小指	掌指、指间关节均受累	5	5	0
	掌指或近侧指间关节受累	5	5	0
	远侧指间关节均受累	0	0	0
腕关节	手功能大部分丧失时的腕关节受累	10	5	0
	单纯腕关节受累	40	30	20

注1:单手、单足部分缺失及关节功能障碍评定说明:只有在现有条文未能列举的致残程情形的情况下,可以参照本图表量化评估确定。(1)A.6.1图1中将每一手指划分为远、中、近三个区域,依据各部位功能重要性赋予不同分值。手部分缺失离断的各种情况可按不同区域分值累计相加。图2使用同图1。(2)A.6.2表中将手指各关节及腕关节功能障碍的不同程度分别给予不同占比分值,各种手功能障碍的情形或合并手部分缺失的致残程度情形均可按对应分值累计相加。

注2:双手部分缺失及功能障碍评定说明:双手功能损伤,按双手分值加权累计确定。设一手功能为100分,双手总分为200分。设分值较高一手分值为A,分值较低一手的分值为B,最终双手计分为:A+B×(200-A)/200。

注3:双足部分缺失及功能障碍评定说明:双足功能损伤,按双足分值加权累计确定。设一足功能为75分,双足总分为150分。设分值较高一足分值为A,分值较低一足的分值为B,最终双足计分为:A+B×(150-A)/150。

A.7　前庭功能检查

内耳前庭器损害导致人体平衡功能障碍。根据眩晕、平衡功能障碍症状,结合神经系统检查及影像学检查予以确定。常见的前庭功能检查有平衡检查、旋转试验、冷热水试验。

A.8　张口度的判定和测量方法

张口度判定及测量方法以被检测者自身的食指、中指、无名指并列垂直置入上、下中切牙切缘间测量。

a)正常张口度:张口时上述三指可垂直置入上、下切牙切缘间(相当于4.5 cm左右)。

b)张口困难Ⅰ度:大张口时,只能垂直置入食指和中指(相当于3 cm左右)。

c)张口困难Ⅱ度:大张口时,只能垂直置入食指(相当于1.7 cm左右)。

d)张口困难Ⅲ度:大张口时,上、下切牙间距小于食指之横径。

e)完全不能张口。

A.9　呼吸困难及呼吸功能损害

A.9.1　呼吸困难分级

Ⅰ级:与同龄健康者在平地一同步行无气短,但登山或上楼时呈现气短。

Ⅱ级:平路步行1000 m无气短,但不能与同龄健康者保持同样速度,平路快步行走呈现气短,登山或上楼时气短明显。

Ⅲ级:平路步行100 m即有气短。

Ⅳ级:稍活动(如穿衣、谈话)即气短。

A.9.2 肺功能损伤分级

损伤级别	FVC	FEV1	MVV	FEV1/FVC	RV/TLC	DLco
正常	>80	>80	>80	>70	<35	>80
轻度损伤	60-79	60-79	60-79	55-69	36-45	60-79
中度损伤	40-59	40-59	40-59	35-54	46-55	45-59
重度损伤	<40	<40	<40	<35	>55	<45

注:FVC、FEV1、MVV、Dlco为占预计值百分数,单位为%。

FVC:用力肺活量;FEV1:1秒钟用力呼气容积;MVV:分钟最大通气量;RV/TLC:残气量/肺总量;DLco:一氧化碳弥散量。

A.9.3 低氧血症分级

a)正常:PO2为13.3 kPa~10.6 kPa(100 mmHg~80 mmHg);

b)轻度:PO2为10.5 kPa~8.0 kPa(79 mmHg~60 mmHg);

c)中度:PO2为7.9 kPa~5.3 kPa(59 mmHg~40 mmHg);

d)重度:PO2<5.3 kPa(~40 mmHg)。

A.10 心功能分级

Ⅰ级:体力活动不受限,日常活动不引起过度的乏力、呼吸困难或者心悸。即心功能代偿期。超声心动图检查示左心室EF值大于50%以上。

Ⅱ级:体力活动轻度受限,休息时无症状,日常活动即可引起乏力、心悸、呼吸困难或者心绞痛。亦称Ⅰ度或者轻度心衰。超声心动图检查示左心室EF值41%~50%。

Ⅲ级:体力活动明显受限,休息时无症状,轻于日常的活动即可引起上述症状。亦称Ⅱ度或者中度心衰。超声心动图检查示左心室EF值31%~40%。

Ⅳ级:不能从事任何体力活动,休息时亦有充血性心衰或心绞痛症状,任何体力活动后加重。亦称Ⅲ度或者重度心衰。超声心动图检查示左心室EF值小于30%以上。

A.11 肛门失禁(大便失禁)

A.11.1 重度

a)大便不能控制;

b)肛门括约肌收缩力很弱或丧失;

c)肛门括约肌收缩反射很弱或消失;

d)直肠内压测定:采用肛门注水法测定时直肠内压应小于1961 Pa(20 cm H_2O)。

A.11.2 轻度

a)稀便不能控制;

b)肛门括约肌收缩力较弱;

c)肛门括约肌收缩反射较弱;

d)直肠内压测定:采用肛门注水法测定时直肠内压应为1961 Pa~2942 Pa(20~30 cm H_2O)。

A.12 小便失禁

无法用意志去控制排尿(小便),尿液不由自主的从尿道流出。

A.13 年老体弱生活不能自理

年龄六十五周岁以上的罪犯,在进食、大小便、穿衣洗漱、行动(翻身、自主行动)四项中,有一项大部分不能自主完成。

附录 B

生活不能自理程度对照表

序号	条款	进食			大、小便			穿衣、洗漱			行动		
		部分影响	大部分影响	完全影响	部分影响	大部分影响	完全影响	部分影响	大部分影响	完全影响	部分影响	大部分影响	完全影响
01	智力残疾二级以上		√			√			√			√	
02	精神残疾二级以上		√			√			√			√	
03	完全感觉性或混合性失语,完全性失用或失认。		√			√			√			√	
04	不完全失用、失写、失读、失认等具有三项以上者。		√			√			√			√	
05	截瘫肌力≤3 级					√			√				√
06	偏瘫肌力≤3 级					√			√			√	
07	双手全肌瘫肌力≤3 级		√			√			√				
08	双手大部分肌瘫肌力≤2 级(拇指均受累)		√			√			√				
09	双足全肌瘫肌力≤2 级					√		√					√
10	中度运动障碍(非肢体瘫)		√			√			√			√	
11	脊柱并两个以上主要关节(肩、肘、髋、膝)强直畸形,功能丧失		√			√			√			√	
12	手或足部分缺失及关节功能障碍累积分值>150		√	或√		√	或√		√	或√		√	或√
13	双手部分缺失以及关节功能障碍累积分值均>40 并伴双前足以上缺失		√			√			√			√	
14	一手或一足缺失,另一肢体两个以上大关节功能完全丧失或达不到功能位		√	或√		√	或√		√	或√		√	或√
15	双手功能完全丧失		√			√			√				
16	肩、肘、髋、膝关节之一对称性非功能位僵直		√	或√		√	或√		√	或√		√	或√
17	肩、肘、髋、膝中有三个关节功能丧失或达不到功能位		√	或√		√	或√		√	或√		√	或√
18	双侧前庭功能丧失,不能并足站立,睁眼行走困难;					√			√			√	
19	张口困难Ⅱ度以上			√									
20	无吞咽功能			√									
21	双侧上或下颌骨完全缺失			√									
22	一侧上颌骨及对侧下颌骨完全缺失			√									
23	一侧上或下颌骨缺失,伴对侧颌面部软组织缺损≥30 平方厘米			√									
24	咽喉损伤、食管闭锁或者切除术后,摄食依赖胃造口或者空肠造口			√									

续表

序号	条款	进食			大、小便			穿衣、洗漱			行动		
		部分影响	大部分影响	完全影响	部分影响	大部分影响	完全影响	部分影响	大部分影响	完全影响	部分影响	大部分影响	完全影响
25	食管重建术吻合口狭窄,仅能进流食者			√									
26	消化吸收功能丧失,完全依赖肠外营养			√									
27	肺功能中度损伤或中度低氧血症	√			√				√			√	
28	心功能三级以上	√			√				√			√	
39	大、小便失禁						√						
30	年老体弱生活不能自理		或√			或√			或√			或√	

四十六、最高人民检察院、公安部关于公安机关办理经济犯罪案件的若干规定(2018年1月1日)

第一章　总则

第一条　为了规范公安机关办理经济犯罪案件程序,加强人民检察院的法律监督,保证严格、规范、公正、文明执法,依法惩治经济犯罪,维护社会主义市场经济秩序,保护公民、法人和其他组织的合法权益,依据《中华人民共和国刑事诉讼法》等有关法律、法规和规章,结合工作实际,制定本规定。

第二条　公安机关办理经济犯罪案件,应当坚持惩罚犯罪与保障人权并重、实体公正与程序公正并重、查证犯罪与挽回损失并重,严格区分经济犯罪与经济纠纷的界限,不得滥用职权、玩忽职守。

第三条　公安机关办理经济犯罪案件,应当坚持平等保护公有制经济与非公有制经济,坚持各类市场主体的诉讼地位平等、法律适用平等、法律责任平等,加强对各种所有制经济产权与合法利益的保护。

第四条　公安机关办理经济犯罪案件,应当严格依照法定程序进行,规范使用调查性侦查措施,准确适用限制人身、财产权利的强制性措施。

第五条　公安机关办理经济犯罪案件,应当既坚持严格依法办案,又注意办案方法,慎重选择办案时机和方式,注重保障正常的生产经营活动顺利进行。

第六条　公安机关办理经济犯罪案件,应当坚持以事实为根据、以法律为准绳,同人民检察院、人民法院分工负责、互相配合、互相制约,以保证准确有效地执行法律。

第七条　公安机关、人民检察院应当按照法律规定的证据裁判要求和标准收集、固定、审查、运用证据,没有确实、充分的证据不得认定犯罪事实,严禁刑讯逼供和以威胁、引诱、欺骗以及其他非法方法收集证据,不得强迫任何人证实自己有罪。

第二章　管辖

第八条　经济犯罪案件由犯罪地的公安机关管辖。如果由犯罪嫌疑人居住地的公安机关管辖更为适宜的,可以由犯罪嫌疑人居住地的公安机关管辖。

犯罪地包括犯罪行为发生地和犯罪结果发生地。犯罪行为发生地,包括犯罪行为的实施地以及预备地、开始地、途经地、结束地等与犯罪行为有关的地点;犯罪行为有连续、持续或者继续状态的,犯罪行为连续、持续或者继续实施的地方都属于犯罪行为发生地。犯罪结果发生地,包括犯罪对象被侵害地、犯罪所得的实际取得地、藏匿地、转移地、使用地、销售地。

居住地包括户籍所在地、经常居住地。户籍所在地与经常居住地不一致的,由经常居住地的公安机关管辖。经常居住地是指公民离开户籍所在地最后连续居住一年以上的地方,但是住院就医的除外。

单位涉嫌经济犯罪的,由犯罪地或者所在地公安机关管辖。所在地是指单位登记的住所地。主要营业地或者主要办事机构所在地与登记的住所地不一致的,主要营业地或者主要办事机构所在地为其所在地。

法律、司法解释或者其他规范性文件对有关经济犯罪案件的管辖作出特别规定的,从其规定。

第九条 非国家工作人员利用职务上的便利实施经济犯罪的,由犯罪嫌疑人工作单位所在地公安机关管辖。如果由犯罪行为实施地或者犯罪嫌疑人居住地的公安机关管辖更为适宜的,也可以由犯罪行为实施地或者犯罪嫌疑人居住地的公安机关管辖。

第十条 上级公安机关必要时可以立案侦查或者组织、指挥、参与侦查下级公安机关管辖的经济犯罪案件。

对重大、疑难、复杂或者跨区域性经济犯罪案件,需要由上级公安机关立案侦查的,下级公安机关可以请求移送上一级公安机关立案侦查。

第十一条 几个公安机关都有权管辖的经济犯罪案件,由最初受理的公安机关管辖。必要时,可以由主要犯罪地的公安机关管辖。对管辖不明确或者有争议的,应当协商管辖;协商不成的,由共同的上级公安机关指定管辖。

主要利用通讯工具、互联网等技术手段实施的经济犯罪案件,由最初发现、受理的公安机关或者主要犯罪地的公安机关管辖。

第十二条 公安机关办理跨区域性涉众型经济犯罪案件,应当坚持统一指挥协调、统一办案要求的原则。

对跨区域性涉众型经济犯罪案件,犯罪地公安机关应当立案侦查,并由一个地方公安机关为主侦查,其他公安机关应当积极协助。必要时,可以并案侦查。

第十三条 上级公安机关指定下级公安机关立案侦查的经济犯罪案件,需要逮捕犯罪嫌疑人的,由侦查该案件的公安机关提请同级人民检察院审查批准;需要移送审查起诉的,由侦查该案件的公安机关移送同级人民检察院审查起诉。

人民检察院受理公安机关移送审查起诉的经济犯罪案件,认为需要依照刑事诉讼法的规定指定审判管辖的,应当协商同级人民法院办理指定管辖有关事宜。

对跨区域性涉众型经济犯罪案件,公安机关指定管辖的,应当事先向同级人民检察院、人民法院通报和协商。

第三章 立案、撤案

第十四条 公安机关对涉嫌经济犯罪线索的报案、控告、举报、自动投案,不论是否有管辖权,都应当接受并登记,由最初受理的公安机关依照法定程序办理,不得以管辖权为由推诿或者拒绝。

经审查,认为有犯罪事实,但不属于其管辖的案件,应当及时移送有管辖权的机关处理。对于不属于其管辖又必须采取紧急措施的,应当先采取紧急措施,再移送主管机关。

第十五条 公安机关接受涉嫌经济犯罪线索的报案、控告、举报、自动投案后,应当立即进行审查,并在七日以内决定是否立案;重大、疑难、复杂线索,经县级以上公安机关负责人批准,立案审查期限可以延长至三十日;特别重大、疑难、复杂或者跨区域性的线索,经上一级公安机关负责人批准,立案审查期限可以再延长三十日。

上级公安机关指定管辖或者书面通知立案的,应当在指定期限以内立案侦查。人民检察院通知立案的,应当在十五日以内立案侦查。

第十六条 公安机关接受行政执法机关移送的涉嫌经济犯罪案件后,移送材料符合相关规定的,应当在三日以内进行审查并决定是否立案,至迟应当在十日以内作出决定。案情重大、疑难、复杂或者跨区域性的,经县级以上公安机关负责人批准,应当在三十日以内决定是否立案。情况特殊的,经上一级公安机关负责人批准,可以再延长三十日作出决定。

第十七条 公安机关经立案审查,同时符合下列条件的,应当立案:

(一)认为有犯罪事实;

(二)涉嫌犯罪数额、结果或者其他情节符合经济犯罪案件的立案追诉标准,需要追究刑事责任;

(三)属于该公安机关管辖。

第十八条 在立案审查中,发现案件事实或者线索不明的,经公安机关办案部门负责人批准,可以依照有关规定采取询问、查询、勘验、鉴定和调取证据材料等不限制被调查对象人身、财产权利的措施。经审查,认为有犯罪事实,需要追究刑事责任的,经县级以上公安机关负责人批准,予以立案。

公安机关立案后,应当采取调查性侦查措施,但是一般不得采取限制人身、财产权利的强制性措施。确有必要采取的,必须严格依照法律规定的条件和程序。严禁在没有证据的情况下,查封、扣押、冻结涉案财物或者拘留、逮捕犯罪嫌疑人。

公安机关立案后,在三十日以内经积极侦查,仍然无法收集到证明有犯罪事实需要对犯罪嫌疑人追究刑事责任的充分证据的,应当立即撤销案件或者终止侦查。重大、疑难、复杂案件,经上一级公安机关负责人批准,可以再延长三十日。

上级公安机关认为不应当立案,责令限期纠正的,或者人民检察院认为不应当立案,通知撤销案件的,公安机关应当及时撤销案件。

第十九条 对有控告人的案件,经审查决定不予立案的,应当在立案审查的期限内制作不予立案通知书,并在三日以内送达控告人。

第二十条 涉嫌经济犯罪的案件与人民法院正在审理或者作出生效裁判文书的民事案件,属于同一法律事实或者有牵连关系,符合下列条件之一的,应当立案:

(一)人民法院在审理民事案件或者执行过程中,发现有经济犯罪嫌疑,裁定不予受理、驳回起诉、中止诉讼、判决驳回诉讼请求或者中止执行生效裁判文书,并将有关材料移送公安机关的;

(二)人民检察院依法通知公安机关立案的;

(三)公安机关认为有证据证明有犯罪事实,需要追究刑事责任,经省级以上公安机关负责人批准的。

有前款第二项、第三项情形的,公安机关立案后,应当严格依照法律规定的条件和程序采取强制措施和侦查措施,并将立案决定书等法律文书及相关案件材料复印件抄送正在审理或者作出生效裁判文书的人民法院并说明立案理由,同时通报与办理民事案件的人民法院同级的人民检察院,必要时可以报告上级公安机关。

在侦查过程中,不得妨碍人民法院民事诉讼活动的正常进行。

第二十一条 公安机关在侦查过程中、人民检察院在审查起诉过程中,发现具有下列情形之一的,应当将立案决定书、起诉意见书等法律文书及相关案件材料复印件抄送正在审理或者作出生效裁判文书的人民法院,由人民法院依法处理:

(一)侦查、审查起诉的经济犯罪案件与人民法院正在审理或者作出生效裁判文书的民事案件属于同一法律事实或者有牵连关系的;

(二)涉案财物已被有关当事人申请执行的。

有前款规定情形的,公安机关、人民检察院应当同时将有关情况通报与办理民事案件的人民法院同级的人民检察院。

公安机关将相关法律文书及案件材料复印件抄送人民法院后一个月以内未收到回复的,必要时,可以报告上级公安机关。

立案侦查、审查起诉的经济犯罪案件与仲裁机构作出仲裁裁决的民事案件属于同一法律事实或者有牵连关系,且人民法院已经受理与该仲裁裁决相关申请的,依照本条第一款至第三款的规定办理。

第二十二条 涉嫌经济犯罪的案件与人民法院正在审理或者作出生效裁判文书以及仲裁机构作

出裁决的民事案件有关联但不属同一法律事实的,公安机关可以立案侦查,但是不得以刑事立案为由要求人民法院移送案件、裁定驳回起诉、中止诉讼、判决驳回诉讼请求、中止执行或者撤销判决、裁定,或者要求人民法院撤销仲裁裁决。

第二十三条 人民法院在办理民事案件过程中,认为该案件不属于民事纠纷而有经济犯罪嫌疑需要追究刑事责任,并将涉嫌经济犯罪的线索、材料移送公安机关的,接受案件的公安机关应当立即审查,并在十日以内决定是否立案。公安机关不立案的,应当及时告知人民法院。

第二十四条 人民法院在办理民事案件过程中,发现与民事纠纷虽然不是同一事实但是有关联的经济犯罪线索、材料,并将涉嫌经济犯罪的线索、材料移送公安机关的,接受案件的公安机关应当立即审查,并在十日以内决定是否立案。公安机关不立案的,应当及时告知人民法院。

第二十五条 在侦查过程中,公安机关发现具有下列情形之一的,应当及时撤销案件:

(一)对犯罪嫌疑人解除强制措施之日起十二个月以内,仍然不能移送审查起诉或者依法作其他处理的;

(二)对犯罪嫌疑人未采取强制措施,自立案之日起二年以内,仍然不能移送审查起诉或者依法作其他处理的;

(三)人民检察院通知撤销案件的;

(四)其他符合法律规定的撤销案件情形的。

有前款第一项、第二项情形,但是有证据证明有犯罪事实需要进一步侦查的,经省级以上公安机关负责人批准,可以不撤销案件,继续侦查。

撤销案件后,公安机关应当立即停止侦查活动,并解除相关的侦查措施和强制措施。

撤销案件后,又发现新的事实或者证据,依法需要追究刑事责任的,公安机关应当重新立案侦查。

第二十六条 公安机关接报案件后,报案人、控告人、举报人、被害人及其法定代理人、近亲属查询立案情况的,应当在三日以内告知立案情况并记录在案。对已经立案的,应当告知立案时间、涉嫌罪名、办案单位等情况。

第二十七条 对报案、控告、举报、移送的经济犯罪案件,公安机关作出不予立案决定、撤销案件决定或者逾期未作出是否立案决定有异议的,报案人、控告人、举报人可以申请人民检察院进行立案监督,移送案件的行政执法机关可以建议人民检察院进行立案监督。

人民检察院认为需要公安机关说明不予立案、撤销案件或者逾期未作出是否立案决定的理由的,应当要求公安机关在七日以内说明理由。公安机关应当书面说明理由,连同有关证据材料回复人民检察院。人民检察院认为不予立案或者撤销案件的理由不能成立的,应当通知公安机关立案。人民检察院要求公安机关说明逾期未作出是否立案决定的理由后,公安机关在七日以内既不说明理由又不作出是否立案的决定的,人民检察院应当发出纠正违法通知书予以纠正,经审查案件有关证据材料,认为符合立案条件的,应当通知公安机关立案。

第二十八条 犯罪嫌疑人及其法定代理人、近亲属或者辩护律师对公安机关立案提出异议的,公安机关应当及时受理、认真核查。

有证据证明公安机关可能存在违法介入经济纠纷,或者利用立案实施报复陷害、敲诈勒索以及谋取其他非法利益等违法立案情形的,人民检察院应当要求公安机关书面说明立案的理由。公安机关应当在七日以内书面说明立案的依据和理由,连同有关证据材料回复人民检察院。人民检察院认为立案理由不能成立的,应当通知公安机关撤销案件。

第二十九条 人民检察院发现公安机关在办理经济犯罪案件过程中适用另案处理存在违法或者不当的,可以向公安机关提出书面纠正意见或者检察建议。公安机关应当认真审查,并将结果及时反馈人民检察院。没有采纳的,应当说明理由。

第三十条　依照本规定,报经省级以上公安机关负责人批准立案侦查或者继续侦查的案件,撤销案件时应当经原审批的省级以上公安机关负责人批准。

人民检察院通知撤销案件的,应当立即撤销案件,并报告原审批的省级以上公安机关。

第四章　强制措施

第三十一条　公安机关决定采取强制措施时,应当考虑犯罪嫌疑人涉嫌犯罪情节的轻重程度、有无继续犯罪和逃避或者妨碍侦查的可能性,使所适用的强制措施同犯罪的严重程度、犯罪嫌疑人的社会危险性相适应,依法慎用羁押性强制措施。

采取取保候审、监视居住措施足以防止发生社会危险性的,不得适用羁押性强制措施。

第三十二条　公安机关应当依照法律规定的条件和程序适用取保候审措施。

采取保证金担保方式的,应当综合考虑保证诉讼活动正常进行的需要,犯罪嫌疑人的社会危险性的大小,案件的性质、情节、涉案金额,可能判处刑罚的轻重以及犯罪嫌疑人的经济状况等情况,确定适当的保证金数额。

在取保候审期间,不得中断对经济犯罪案件的侦查。执行取保候审超过三个月的,应当至少每个月讯问一次被取保候审人。

第三十三条　对于被决定采取强制措施并上网追逃的犯罪嫌疑人,经审查发现不构成犯罪或者依法不予追究刑事责任的,应当立即撤销强制措施决定,并按照有关规定,报请省级以上公安机关删除相关信息。

第三十四条　公安机关办理经济犯罪案件应当加强统一审核,依照法律规定的条件和程序逐案逐人审查采取强制措施的合法性和适当性,发现采取强制措施不当的,应当及时撤销或者变更。犯罪嫌疑人在押的,应当立即释放。公安机关释放被逮捕的犯罪嫌疑人或者变更逮捕措施的,应当及时通知作出批准逮捕决定的人民检察院。

犯罪嫌疑人被逮捕后,人民检察院经审查认为不需要继续羁押提出检察建议的,公安机关应当予以调查核实,认为不需要继续羁押的,应当予以释放或者变更强制措施;认为需要继续羁押的,应当说明理由,并在十日以内将处理情况通知人民检察院。

犯罪嫌疑人及其法定代理人、近亲属或者辩护人有权申请人民检察院进行羁押必要性审查。

第五章　侦查取证

第三十五条　公安机关办理经济犯罪案件,应当及时进行侦查,依法全面、客观、及时地收集、调取、固定、审查能够证实犯罪嫌疑人有罪或者无罪、罪重或者罪轻以及与涉案财物有关的各种证据,并防止犯罪嫌疑人逃匿、销毁证据或者转移、隐匿涉案财物。

严禁调取与经济犯罪案件无关的证据材料,不得以侦查犯罪为由滥用侦查措施为他人收集民事诉讼证据。

第三十六条　公安机关办理经济犯罪案件,应当遵守法定程序,遵循有关技术标准,全面、客观、及时地收集、提取电子数据;人民检察院应当围绕真实性、合法性、关联性审查判断电子数据。

依照规定程序通过网络在线提取的电子数据,可以作为证据使用。

第三十七条　公安机关办理经济犯罪案件,需要采取技术侦查措施的,应当严格依照有关法律、规章和规范性文件规定的范围和程序办理。

第三十八条　公安机关办理非法集资、传销以及利用通讯工具、互联网等技术手段实施的经济犯罪案件,确因客观条件的限制无法逐一收集被害人陈述、证人证言等相关证据的,可以结合已收集的言词证据和依法收集并查证属实的物证、书证、视听资料、电子数据等实物证据,综合认定涉案人员人数和涉案资金数额等犯罪事实,做到证据确实、充分。

第三十九条　公安机关办理生产、销售伪劣商品犯罪案件、走私犯罪案件、侵犯知识产权犯罪案件,对同一批次或者同一类型的涉案物品,确因实物数量较大,无法逐一勘验、鉴定、检测、评估的,可以委托或者商请有资格的鉴定机构、专业机构或者行政执法机关依照程序按照一定比例随机抽样勘验、鉴定、检测、评估,并由其制作取样记录和出具相关书面意见。有关抽样勘验、鉴定、检测、评估的结果可以作为该批次或者该类型全部涉案物品的勘验、鉴定、检测、评估结果,但是不符合法定程序,且不能补正或者作出合理解释,可能严重影响案件公正处理的除外。

法律、法规和规范性文件对鉴定机构或者抽样方法另有规定的,从其规定。

第四十条　公安机关办理经济犯罪案件应当与行政执法机关加强联系、密切配合,保证准确有效地执行法律。

公安机关应当根据案件事实、证据和法律规定依法认定案件性质,对案情复杂、疑难,涉及专业性、技术性问题的,可以参考有关行政执法机关的认定意见。

行政执法机关对经济犯罪案件中有关行为性质的认定,不是案件进入刑事诉讼程序的必经程序或者前置条件。法律、法规和规章另有规定的,从其规定。

第四十一条　公安机关办理重大、疑难、复杂的经济犯罪案件,可以听取人民检察院的意见,人民检察院认为确有必要时,可以派员适时介入侦查活动,对收集证据、适用法律提出意见,监督侦查活动是否合法。对人民检察院提出的意见,公安机关应当认真审查,并将结果及时反馈人民检察院。没有采纳的,应当说明理由。

第四十二条　公安机关办理跨区域性的重大经济犯罪案件,应当向人民检察院通报立案侦查情况,人民检察院可以根据通报情况调度办案力量,开展指导协调等工作。需要逮捕犯罪嫌疑人的,公安机关应当提前与人民检察院沟通。

第四十三条　人民检察院在审查逮捕、审查起诉中发现公安机关办案人员以非法方法收集犯罪嫌疑人供述、被害人陈述、证人证言等证据材料的,应当依法排除非法证据并提出纠正意见。需要重新调查取证的,经县级以上公安机关负责人批准,应当另行指派办案人员重新调查取证。必要时,人民检察院也可以自行收集犯罪嫌疑人供述、被害人陈述、证人证言等证据材料。

公安机关发现收集物证、书证不符合法定程序,可能严重影响司法公正的,应当要求办案人员予以补正或者作出合理解释;不能补正或者作出合理解释的,应当依法予以排除,不得作为提请批准逮捕、移送审查起诉的依据。

人民检察院发现收集物证、书证不符合法定程序,可能严重影响司法公正的,应当要求公安机关予以补正或者作出合理解释,不能补正或者作出合理解释的,应当依法予以排除,不得作为批准逮捕、提起公诉的依据。

第四十四条　对民事诉讼中的证据材料,公安机关在立案后应当依照刑事诉讼法以及相关司法解释的规定进行审查或者重新收集。未经查证核实的证据材料,不得作为刑事证据使用。

第四十五条　人民检察院已经作出不起诉决定的案件,公安机关不得针对同一法律事实的同一犯罪嫌疑人继续侦查或者补充侦查,但是有新的事实或者证据的,可以重新立案侦查。

第六章　涉案财物的控制和处置

第四十六条　查封、扣押、冻结以及处置涉案财物,应当依照法律规定的条件和程序进行。除法律法规和规范性文件另有规定以外,公安机关不得在诉讼程序终结之前处置涉案财物。严格区分违法所得、其他涉案财产与合法财产,严格区分企业法人财产与股东个人财产,严格区分犯罪嫌疑人个人财产与家庭成员财产,不得超权限、超范围、超数额、超时限查封、扣押、冻结,并注意保护利害关系人的合法权益。

对涉众型经济犯罪案件,需要追缴、返还涉案财物的,应当坚持统一资产处置原则。公安机关移送审查起诉时,应当将有关涉案财物及其清单随案移送人民检察院。人民检察院提起公诉时,应当将有关涉案财物及其清单一并移送受理案件的人民法院,并提出处理意见。

第四十七条 对依照有关规定可以分割的土地、房屋等涉案不动产,应当只对与案件有关的部分进行查封。

对不可分割的土地、房屋等涉案不动产或者车辆、船舶、航空器以及大型机器、设备等特定动产,可以查封、扣押、冻结犯罪嫌疑人提供的与涉案金额相当的其他财物。犯罪嫌疑人不能提供的,可以予以整体查封。

冻结涉案账户的款项数额,应当与涉案金额相当。

第四十八条 对自动投案时主动提交的涉案财物和权属证书等,公安机关可以先行接收,如实登记并出具接收财物凭证,根据立案和侦查情况决定是否查封、扣押、冻结。

第四十九条 已被依法查封、冻结的涉案财物,公安机关不得重复查封、冻结,但是可以轮候查封、冻结。

已被人民法院采取民事财产保全措施的涉案财物,依照前款规定办理。

第五十条 对不宜查封、扣押、冻结的经营性涉案财物,在保证侦查活动正常进行的同时,可以允许有关当事人继续合理使用,并采取必要的保值保管措施,以减少侦查办案对正常办公和合法生产经营的影响。必要时,可以申请当地政府指定有关部门或者委托有关机构代管。

第五十一条 对查封、扣押、冻结的涉案财物及其孳息,以及作为证据使用的实物,公安机关应当如实登记,妥善保管,随案移送,并与人民检察院及时交接,变更法律手续。

在查封、扣押、冻结涉案财物时,应当收集、固定与涉案财物来源、权属、性质等有关的证据材料并随案移送。对不宜移送或者依法不移送的实物,应当将其清单、照片或者其他证明文件随案移送。

第五十二条 涉嫌犯罪事实查证属实后,对有证据证明权属关系明确的被害人合法财产及其孳息,及时返还不损害其他被害人或者利害关系人的利益、不影响诉讼正常进行的,可以在登记、拍照或者录像、估价后,经县级以上公安机关负责人批准,开具发还清单,在诉讼程序终结之前返还被害人。办案人员应当在案卷中注明返还的理由,将原物照片、清单和被害人的领取手续存卷备查。

具有下列情形之一的,不得在诉讼程序终结之前返还:

(一)涉嫌犯罪事实尚未查清的;

(二)涉案财物及其孳息的权属关系不明确或者存在争议的;

(三)案件需要变更管辖的;

(四)可能损害其他被害人或者利害关系人利益的;

(五)可能影响诉讼程序正常进行的;

(六)其他不宜返还的。

第五十三条 有下列情形之一的,除依照有关法律法规和规范性文件另行处理的以外,应当立即解除对涉案财物的查封、扣押、冻结措施,并及时返还有关当事人:

(一)公安机关决定撤销案件或者对犯罪嫌疑人终止侦查的;

(二)人民检察院通知撤销案件或者作出不起诉决定的;

(三)人民法院作出生效判决、裁定应当返还的。

第五十四条 犯罪分子违法所得的一切财物及其孳息,应当予以追缴或者责令退赔。

发现犯罪嫌疑人将经济犯罪违法所得和其他涉案财物用于清偿债务、转让或者设定其他权利负担,具有下列情形之一的,应当依法查封、扣押、冻结:

(一)他人明知是经济犯罪违法所得和其他涉案财物而接受的;

(二)他人无偿或者以明显低于市场价格取得上述财物的;

(三)他人通过非法债务清偿或者违法犯罪活动取得上述财物的;

(四)他人通过其他恶意方式取得上述财物的。

他人明知是经济犯罪违法所得及其产生的收益,通过虚构债权债务关系、虚假交易等方式予以窝藏、转移、收购、代为销售或者以其他方法掩饰、隐瞒,构成犯罪的,应当依法追究刑事责任。

第五十五条 具有下列情形之一,依照刑法规定应当追缴其违法所得及其他涉案财物的,经县级以上公安机关负责人批准,公安机关应当出具没收违法所得意见书,连同相关证据材料一并移送同级人民检察院:

(一)重大的走私、金融诈骗、洗钱犯罪案件,犯罪嫌疑人逃匿,在通缉一年后不能到案的;

(二)犯罪嫌疑人死亡的;

(三)涉嫌重大走私、金融诈骗、洗钱犯罪的单位被撤销、注销,直接负责的主管人员和其他直接责任人员逃匿、死亡,导致案件无法适用普通刑事诉讼程序审理的。

犯罪嫌疑人死亡,现有证据证明其存在违法所得及其他涉案财物应当予以没收的,公安机关可以继续调查,并依法进行查封、扣押、冻结。

第七章 办案协作

第五十六条 公安机关办理经济犯罪案件,应当加强协作和配合,依法履行协查、协办等职责。

上级公安机关应当加强监督、协调和指导,及时解决跨区域性协作的争议事项。

第五十七条 办理经济犯罪案件需要异地公安机关协作的,委托地公安机关应当对案件的管辖、定性、证据认定以及所采取的侦查措施负责,办理有关的法律文书和手续,并对协作事项承担法律责任。但是协作地公安机关超权限、超范围采取相关措施的,应当承担相应的法律责任。

第五十八条 办理经济犯罪案件需要异地公安机关协作的,由委托地的县级以上公安机关制作办案协作函件和有关法律文书,通过协作地的县级以上公安机关联系有关协作事宜。协作地公安机关接到委托地公安机关请求协作的函件后,应当指定主管业务部门办理。

各省、自治区、直辖市公安机关根据本地实际情况,就需要外省、自治区、直辖市公安机关协助对犯罪嫌疑人采取强制措施或者查封、扣押、冻结涉案财物事项制定相关审批程序。

第五十九条 协作地公安机关应当对委托地公安机关出具的法律文书和手续予以审核,对法律文书和手续完备的,协作地公安机关应当及时无条件予以配合,不得收取任何形式的费用。

第六十条 委托地公安机关派员赴异地公安机关请求协助查询资料、调查取证等事项时,应当出具办案协作函件和有关法律文书。

委托地公安机关认为不需要派员赴异地的,可以将办案协作函件和有关法律文书寄送协作地公安机关,协作地公安机关协查不得超过十五日;案情重大、情况紧急的,协作地公安机关应当在七日以内回复;因特殊情况不能按时回复的,协作地公安机关应当及时向委托地公安机关说明情况。

必要时,委托地公安机关可以将办案协作函件和有关法律文书通过电传、网络等保密手段或者相关工作机制传至协作地公安机关,协作地公安机关应当及时协查。

第六十一条 委托地公安机关派员赴异地公安机关请求协助采取强制措施或者搜查,查封、扣押、冻结涉案财物等事项时,应当持办案协作函件、有关侦查措施或者强制措施的法律文书、工作证件及相关案件材料,与协作地县级以上公安机关联系,协作地公安机关应当派员协助执行。

第六十二条 对不及时采取措施,有可能导致犯罪嫌疑人逃匿,或者有可能转移涉案财物以及重要证据的,委托地公安机关可以商请紧急协作,将办案协作函件和有关法律文书通过电传、网络等保密手段传至协作地县级以上公安机关,协作地公安机关收到协作函件后,应当及时采取措施,落实协作事项。委托地公安机关应当立即派员携带法律文书前往协作地办理有关事宜。

第六十三条 协作地公安机关在协作过程中,发现委托地公安机关明显存在违反法律规定的行为时,应当及时向委托地公安机关提出并报上一级公安机关。跨省协作的,应当通过协作地的省级公安机关通报委托地的省级公安机关,协商处理。未能达成一致意见的,协作地的省级公安机关应当及时报告公安部。

第六十四条 立案地公安机关赴其他省、自治区、直辖市办案,应当按照有关规定呈报上级公安机关审查批准。

第八章 保障诉讼参与人合法权益

第六十五条 公安机关办理经济犯罪案件,应当尊重和保障人权,保障犯罪嫌疑人、被害人和其他诉讼参与人依法享有的辩护权和其他诉讼权利,在职责范围内依法保障律师的执业权利。

第六十六条 辩护律师向公安机关了解犯罪嫌疑人涉嫌的罪名以及现已查明的该罪的主要事实,犯罪嫌疑人被采取、变更、解除强制措施,延长侦查羁押期限、移送审查起诉等案件有关情况的,公安机关应当依法将上述情况告知辩护律师,并记录在案。

第六十七条 辩护律师向公安机关提交与经济犯罪案件有关的申诉、控告等材料的,公安机关应当在执法办案场所予以接收,当面了解有关情况并记录在案。对辩护律师提供的材料,公安机关应当及时依法审查,并在三十日以内予以答复。

第六十八条 被害人、犯罪嫌疑人及其法定代理人、近亲属或者律师对案件管辖有异议,向立案侦查的公安机关提出申诉的,接受申诉的公安机关应当在接到申诉后的七日以内予以答复。

第六十九条 犯罪嫌疑人及其法定代理人、近亲属或者辩护人认为公安机关所采取的强制措施超过法定期限,有权向原批准或者决定的公安机关提出申诉,接受该项申诉的公安机关应当在接到申诉之日起三十日以内审查完毕并作出决定,将结果书面通知申诉人。对超过法定期限的强制措施,应当立即解除或者变更。

第七十条 辩护人、诉讼代理人认为公安机关阻碍其依法行使诉讼权利并向人民检察院申诉或者控告,人民检察院经审查情况属实后通知公安机关予以纠正的,公安机关应当立即纠正,并将监督执行情况书面答复人民检察院。

第七十一条 辩护人、诉讼代理人对公安机关侦查活动有异议的,可以向有关公安机关提出申诉、控告,或者提请人民检察院依法监督。

第九章 执法监督与责任追究

第七十二条 公安机关应当依据《中华人民共和国人民警察法》等有关法律法规和规范性文件的规定,加强对办理经济犯罪案件活动的执法监督和督察工作。

上级公安机关发现下级公安机关存在违反法律和有关规定行为的,应当责令其限期纠正。必要时,上级公安机关可以就其违法行为直接作出相关处理决定。

人民检察院发现公安机关办理经济犯罪案件中存在违法行为的,或者对有关当事人及其辩护律师、诉讼代理人、利害关系人的申诉、控告事项查证属实的,应当通知公安机关予以纠正。

第七十三条 具有下列情形之一的,公安机关应当责令依法纠正,或者直接作出撤销、变更或者纠正决定。对发生执法过错的,应当根据办案人员在办案中各自承担的职责,区分不同情况,分别追究案件审批人、审核人、办案人及其他直接责任人的责任。构成犯罪的,依法追究刑事责任。

(一)越权管辖或者推诿管辖的;

(二)违反规定立案、不予立案或者撤销案件的;

(三)违反规定对犯罪嫌疑人采取强制措施的;

(四)违反规定对财物采取查封、扣押、冻结措施的;

(五)违反规定处置涉案财物的;

(六)拒不履行办案协作职责,或者阻碍异地公安机关依法办案的;

(七)阻碍当事人、辩护人、诉讼代理人依法行使诉讼权利的;

(八)其他应当予以追究责任的。

对于导致国家赔偿的责任人员,应当依据《中华人民共和国国家赔偿法》的有关规定,追偿其部分或者全部赔偿费用。

第七十四条 公安机关在受理、立案、移送以及涉案财物处置等过程中,与人民检察院、人民法院以及仲裁机构发生争议的,应当协商解决。必要时,可以报告上级公安机关协调解决。上级公安机关应当加强监督,依法处理。

人民检察院发现公安机关存在执法不当行为的,可以向公安机关提出书面纠正意见或者检察建议。公安机关应当认真审查,并将结果及时反馈人民检察院。没有采纳的,应当说明理由。

第七十五条 公安机关办理经济犯罪案件应当加强执法安全防范工作,规范执法办案活动,执行执法办案规定,加强执法监督,对执法不当造成严重后果的,依据相关规定追究责任。

第十章 附则

第七十六条 本规定所称的"经济犯罪案件",主要是指公安机关经济犯罪侦查部门按照有关规定依法管辖的各种刑事案件,但以资助方式实施的帮助恐怖活动案件,不适用本规定。

公安机关其他办案部门依法管辖刑法分则第三章规定的破坏社会主义市场经济秩序犯罪有关案件的,适用本规定。

第七十七条 本规定所称的"调查性侦查措施",是指公安机关在办理经济犯罪案件过程中,依照法律规定进行的专门调查工作和有关侦查措施,但是不包括限制犯罪嫌疑人人身、财产权利的强制性措施。

第七十八条 本规定所称的"涉众型经济犯罪案件",是指基于同一法律事实、利益受损人数众多、可能影响社会秩序稳定的经济犯罪案件,包括但不限于非法吸收公众存款,集资诈骗,组织、领导传销活动,擅自设立金融机构,擅自发行股票、公司企业债券等犯罪。

第七十九条 本规定所称的"跨区域性",是指涉及两个以上县级行政区域。

第八十条 本规定自 2018 年 1 月 1 日起施行。2005 年 12 月 31 日发布的《公安机关办理经济犯罪案件的若干规定》(公通字〔2005〕101 号)同时废止。本规定发布以前最高人民检察院、公安部制定的关于办理经济犯罪案件的规范性文件与本规定不一致的,适用本规定。

四十七、安徽省高级人民法院、安徽省人民检察院、安徽省公安厅关于办理"套路贷"刑事案件的指导意见(2018 年 6 月 15 日)

一、总体要求

近年来,随着"现金贷""信用贷""车贷""校园贷"等民间借贷形式的迅速扩张,假借民间借贷之名,通过"虚增债务""制造资金走账流水""肆意认定违约""暴力讨债""转单平账"等方式,采用欺骗、胁迫、滋扰、纠缠、非法拘禁、敲诈勒索、虚假诉讼等手段,非法占有公私财物的"套路贷"违法犯罪日益猖獗。此类犯罪侵害客体多、社会危害大,不仅严重侵害人民群众财产安全和其他合法权益,还严重破坏社会管理秩序、扰乱金融市场秩序,严重妨害司法公正,也是诱发其他暴力犯罪的重要因素,同时,"套路贷"往往与黑恶势力交织,严重影响人民群众安全感和社会和谐稳定。

各级人民法院、人民检察院、公安机关要对"套路贷"犯罪坚持全链条全方位打击,坚持依法从严惩处,注重利用财产刑、依法处置涉案财产铲除"套路贷"犯罪的经济基础,最大限度追赃挽损,降低再犯可能性。进一步健全工作机制,坚决有效遏制"套路贷"犯罪活动,坚持依法办案,坚持法定标准,坚持以审判为中心,加强法律监督,强化程序意识和证据意识,努力实现法律效果,社会效果统一。公安机关要依法及时受案,立案和开展侦查工作,对涉及强立债权,强索债务的群众报案、警情要及时开展查处理,分析研判,在查办因民间借贷引发的案件时要增强敏感性,深入核查,串并深挖;检察机关在审查逮捕和审查起诉过程中,要从严掌握不批准逮捕和不起诉适用条件,在检察监督中发现的涉嫌"套路贷”违法犯罪的线索要及时移交公安机关;人民法院要坚持依法从重惩处,从严掌握缓刑适用条件,对符合黑恶势力特征的“套路贷”团伙依法适用黑社会性质组织犯罪、犯罪集团的有关规定从严打击,对办理民事,经济案件中发现的涉嫌“套路贷”违法犯罪的线索要及时移交公安机关。

二、案件定性

(一)对“套路贷”刑事案件的定性,要结合案件的本质特征从整体把握,严格区分与民间借贷的区别,“套路贷”犯罪的主观目的是非法占有公私财物,部分犯罪主体带有黑恶团伙性质。

(二)犯罪嫌疑人、被告人以“违约金”“保证金”“中介费”“服务费”“行业规矩”等各种名义骗取被害人签订虚高借款合同、阴阳借款合同、房产抵押合同等明显不利于被害人的各类合同或者与被害人进行相关口头约定,制造资金给付凭证或证据,制造各种借口单方而认定被害人“违约”并要求“偿还”虚高借款,在被害人无力“偿还”的情况下,进而通过讨债或者利用其制造的明显不利于被害人的证据向法院提起民事诉讼等各种手段向被害人或其近亲属施压,以实现侵占被害人或其近亲属合法财产的目的,一般情况下应当以侵犯财产类犯罪定罪处罚。对实施上述“套路贷”行为的,可参照以下情形加以认定:

1. 犯罪嫌疑人、被告人实施“套路贷”犯罪时,未采用明显暴力或者威胁手段,被害人依约定交付资金的,则犯罪嫌疑人,被告人的行为从整体上属于以非法占有为目的,虚构事实、隐瞒真相骗取被害人财产的诈骗行为,一般可以诈骗罪追究刑事责任。

2. 犯罪嫌疑人、被告人实施“套路贷”犯罪时,既采用了虚构事实、隐瞒真相的诈骗手段,又采用了暴力、威胁、虚假诉讼等手段,同时构成诈骗、抢劫、敲诈勒索、非法拘禁、虚假诉讼等多种犯罪的,依据刑法的规定数罪并罚或者按照处罚较重的规定定罪处罚。暴力手段包括但不限于所谓的“谈判”“协商”“调解”以及滋扰、纠缠、哄闹、聚众造势等使被害人产生心理恐惧或心理强制等“软暴力”手段。

(三)在“套路贷”犯罪案件中,相关犯罪嫌疑人、被告人不明知真实借贷情况,帮助实施故意伤害、非法拘禁或者滋扰被害人及其近亲属正常生活行为,或者帮助捏造事实提起民事诉讼,符合故意伤害罪、非法均禁罪,寻衅滋事罪,非法侵入他人住宅罪,虚假诉讼罪的构成要件的,对该部分犯罪嫌疑人,被告人以相关罪名追究刑事责任。

三、共同犯罪认定

(一)多人共同实施“套路贷”犯罪,犯罪嫌疑人、被告人应对其参与成组织、指挥的全部犯罪行为承担刑事责任,在其所参与的犯罪环节中起主要作用的,可以认定为主犯;起次要或辅助作用的,可以认定为从犯;受雇于“套路贷”公司,未参与犯罪活动的,不应认定为犯罪行为。

(二)明知他人实施“套路贷”犯罪的,具有以下情形之一的,以共同犯罪论处,但法律和司法解释另有规定的除外:

1. 协助制造现金支付、银行走账记录、第三方支付记录等虚假给付事实的;

2. 协助办理司法公证的;

3. 提供资金、场所、交通等帮助的;

4. 协助以虚假事实提起民事诉讼的;

5. 非法出售、提供公民个人信息的;

6. 帮助、掩饰、隐瞒转移犯罪所得及其产生收益,套现、取现的;

7. 中介人员长期参与“套路贷”犯罪活动的;

8. 其他符合共同犯罪的情形。

上述规定的“明知他人实施‘套路贷’犯罪”,应当结合犯罪嫌疑人、被告人的认知能力、既往经历、行为次数和手段、与他人关系、获利情况、是否因“套路贷”犯罪受过处罚、是否故意规避调查等主客观因素进行综合分析认定。

(三)“套路贷”犯罪团伙有组织地实施违法犯罪活动,同时具备《刑法》第二百九十四条第五款中规定的“组织特征”“经济特征”“行为特征”和“危害特征”的,对相关犯罪嫌疑人、被告人,要依法以组织、领导、参加黑社会性质组织罪追究刑事责任,对组织者、领导者应当按照组织所犯的全部罪行处罚。

(四)有证据证明三人以上组成较为严密和固定的犯罪组织,有预谋、有计划地实施“套路贷”犯罪,已经形成犯罪集团的,应当认定为犯罪集团,对首要分子,应当按照集团所犯的全部罪行处罚。

四、犯罪数额认定和涉案财物处理

(一)在“套路贷”犯罪数额的认定上,要把握“套路贷”行为的犯罪本质,将其与民间借贷区别开来,从整体上对其予以否定性评价。除了被害人实际收到的本金外,虚高的本金、双方约定的利息以及被告人在借贷过程中以“违约金”“保证金”“中介费”“服务费”等名义收取的费用均应作为犯罪数额予以认定。

(二)犯罪嫌疑人、被告人已将违法所得财物用于清偿债务或者转让给他人,具有下列情形之一的,应当依法追缴:

1. 对方明知是违法所得财物而收取的;

2. 对方无偿取得违法所得财物的;

3. 对方以明显低于市场的价格取得违法所得财物的;

4. 对方取得违法所得财物系源于非法债务或者违法犯罪活动的。

他人善意取得“套路贷”违法所得财物的,不予追缴。

四十八、最高人民检察院关于办理涉互联网金融犯罪案件有关问题座谈会纪要(2017 年 6 月 2 日)

互联网金融是金融与互联网相互融合形成的新型金融业务模式。发展互联网金融,对加快实施创新驱动发展战略、推进供给侧结构性改革、促进经济转型升级具有积极作用。但是,在互联网金融快速发展过程中,部分机构、业态偏离了正确方向,有些甚至打着“金融创新”的幌子进行非法集资、金融诈骗等违法犯罪活动,严重扰乱了金融管理秩序,侵害了人民群众合法权益。

2016 年 4 月,国务院部署开展了互联网金融风险专项整治工作,集中整治违法违规行为,防范和化解互联网金融风险。各级检察机关积极参与专项整治工作,依法办理进入检察环节的涉互联网金融犯罪案件。针对办案中遇到的新情况、新问题,高检院公诉厅先后在昆明、上海、福州召开座谈会,对办理涉互联网金融犯罪案件中遇到的有关行为性质、法律适用、证据审查、追诉范围等问题进行了深入研究。纪要如下:

一、办理涉互联网金融犯罪案件的基本要求

促进和保障互联网金融规范健康发展,是检察机关服务经济社会发展的重要内容。各地检察机关公诉部门应当充分认识防范和化解互联网金融风险的重要性、紧迫性和复杂性,立足检察职能,积极参与互联网金融风险专项整治工作,有效预防、依法惩治涉互联网金融犯罪,切实维护人民群众合法权益,维护国家金融安全。

1. 互联网金融的本质仍然是金融,其潜在的风险与传统金融没有区别,甚至还可能因互联网的作用而被放大。要依据现有的金融管理法律规定,依法准确判断各类金融活动、金融业态的法律性质,准确界定金融创新和金融违法犯罪的界限。在办理涉互联网金融犯罪案件时,判断是否符合“违反国家规定”“未经有关国家主管部门批准”等要件时,应当以现行刑事法律和金融管理法律法规为依据。对各种类型互联网金融活动,要深入剖析行为实质并据此判断其性质,从而准确区分罪与非罪、此罪与彼罪、罪轻与罪重、打击与保护的界限,不能机械地被所谓“互联网金融创新”表象所迷惑。

2. 妥善把握刑事追诉的范围和边界。涉互联网金融犯罪案件涉案人员众多,要按照区别对待的原则分类处理,综合运用刑事追诉和非刑事手段处置和化解风险,打击少数、教育挽救大多数。要坚持主客观相统一的原则,根据犯罪嫌疑人在犯罪活动中的地位作用、涉案数额、危害结果、主观过错等主客观情节,综合判断责任轻重及刑事追诉的必要性,做到罪责适应、罚当其罪。对犯罪情节严重、主观恶性大、在犯罪中起主要作用的人员,特别是核心管理层人员和骨干人员,依法从严打击;对犯罪情节相对较轻、主观恶性较小、在犯罪中起次要作用的人员依法从宽处理。

3.注重案件统筹协调推进。涉互联网金融犯罪跨区域特征明显,各地检察机关公诉部门要按照"统一办案协调、统一案件指挥、统一资产处置、分别侦查诉讼、分别落实维稳"(下称"三统两分")的要求分别处理好辖区内案件,加强横向、纵向联系,在上级检察机关特别是省级检察院的指导下统一协调推进办案工作,确保辖区内案件处理结果相对平衡统一。跨区县案件由地市级检察院统筹协调,跨地市案件由省级检察院统一协调,跨省案件由高检院公诉厅统一协调。各级检察机关公诉部门要加强与公安机关、地方金融办等相关单位以及检察机关内部侦监、控申等部门的联系,建立健全案件信息通报机制,及时掌握重大案件的立案、侦查、批捕、信访等情况,适时开展提前介入侦查等工作,并及时上报上级检察院。省级检察院公诉部门要发挥工作主动性,主动掌握社会影响大的案件情况,研究制定工作方案,统筹协调解决办案中遇到的问题,重大、疑难、复杂问题要及时向高检院报告。

4.坚持司法办案"三个效果"有机统一。涉互联网金融犯罪影响广泛,社会各界特别是投资人群体十分关注案件处理。各级检察机关公诉部门要从有利于全案依法妥善处置的角度出发,切实做好提前介入侦查引导取证、审查起诉、出庭公诉等各个阶段的工作,依法妥善处理重大敏感问题,不能机械司法、就案办案。同时,要把办案工作与保障投资人合法权益紧密结合起来,同步做好释法说理、风险防控、追赃挽损、维护稳定等工作,努力实现司法办案的法律效果、社会效果、政治效果有机统一。

二、准确界定涉互联网金融行为法律性质

5.互联网金融涉及P2P网络借贷、股权众筹、第三方支付、互联网保险以及通过互联网开展资产管理及跨界从事金融业务等多个金融领域,行为方式多样,所涉法律关系复杂。违法犯罪行为隐蔽性、迷惑性强,波及面广,社会影响大,要根据犯罪行为的实质特征和社会危害,准确界定行为的法律性质和刑法适用的罪名。

(一)非法吸收公众存款行为的认定

6.涉互联网金融活动在未经有关部门依法批准的情形下,公开宣传并向不特定公众吸收资金,承诺在一定期限内还本付息的,应当依法追究刑事责任。其中,应重点审查互联网金融活动相关主体是否存在归集资金、沉淀资金,致使投资人资金存在被挪用、侵占等重大风险等情形。

7.互联网金融的本质是金融,判断其是否属于"未经有关部门依法批准",即行为是否具有非法性的主要法律依据是《商业银行法》、《非法金融机构和非法金融业务活动取缔办法》(国务院令第247号)等现行有效的金融管理法律规定。

8.对以下网络借贷领域的非法吸收公众资金的行为,应当以非法吸收公众存款罪分别追究相关行为主体的刑事责任:

(1)中介机构以提供信息中介服务为名,实际从事直接或间接归集资金、甚至自融或变相自融等行为,应当依法追究中介机构的刑事责任。特别要注意识别变相自融行为,如中介机构通过拆分融资项目期限、实行债权转让等方式为自己吸收资金的,应当认定为非法吸收公众存款。

(2)中介机构与借款人存在以下情形之一的,应当依法追究刑事责任:①中介机构与借款人合谋或者明知借款人存在违规情形,仍为其非法吸收公众存款提供服务的;中介机构与借款人合谋,采取向出借人提供信用担保、通过电子渠道以外的物理场所开展借贷业务等违规方式向社会公众吸收资金的;②双方合谋通过拆分融资项目期限、实行债权转让等方式为借款人吸收资金的。在对中介机构、借款人进行追诉时,应根据各自在非法集资中的地位、作用确定其刑事责任。中介机构虽然没有直接吸收资金,但是通过大肆组织借款人开展非法集资并从中收取费用数额巨大、情节严重的,可以认定为主犯。

(3)借款人故意隐瞒事实,违反规定,以自己名义或借用他人名义利用多个网络借贷平台发布借款信息,借款总额超过规定的最高限额,或将吸收资金用于明确禁止的投资股票、场外配资、期货合约等高风险行业,造成重大损失和社会影响的,应当依法追究借款人的刑事责任。对于借款人将借款主要用于正常的生产经营活动,能够及时清退所吸收资金,不作为犯罪处理。(合约及用途均真实用于正常生产经验,亏损致不能偿还,如何认定?)

9. 在非法吸收公众存款罪中,原则上认定主观故意并不要求以明知法律的禁止性规定为要件。特别是具备一定涉金融活动相关从业经历、专业背景或在犯罪活动中担任一定管理职务的犯罪嫌疑人,应当知晓相关金融法律管理规定,如果有证据证明其实际从事的行为应当批准而未经批准,行为在客观上具有非法性,原则上就可以认定其具有非法吸收公众存款的主观故意。在证明犯罪嫌疑人的主观故意时,可以收集运用犯罪嫌疑人的任职情况、职业经历、专业背景、培训经历、此前任职单位或者其本人因从事同类行为受到处罚情况等证据,证明犯罪嫌疑人提出的"不知道相关行为被法律所禁止,故不具有非法吸收公众存款的主观故意"等辩解不能成立。除此之外,还可以收集运用以下证据进一步印证犯罪嫌疑人知道或应当知道其所从事行为具有非法性,比如犯罪嫌疑人故意规避法律以逃避监管的相关证据:自己或要求下属与投资人签订虚假的亲友关系确认书,频繁更换宣传用语逃避监管,实际推介内容与宣传用语、实际经营状况不一致,刻意向投资人夸大公司兑付能力,在培训课程中传授或接受规避法律的方法,等等。

10. 对于无相关职业经历、专业背景,且从业时间短暂,在单位犯罪中层级较低,纯属执行单位领导指令的犯罪嫌疑人提出辩解的,如确实无其他证据证明其具有主观故意的,可以不作为犯罪处理。另外,实践中还存在犯罪嫌疑人提出因信赖行政主管部门出具的相关意见而陷入错误认识的辩解。如果上述辩解确有证据证明,不应作为犯罪处理,但应当对行政主管部门出具的相关意见及其出具过程进行查证,如存在以下情形之一,仍应认定犯罪嫌疑人具有非法吸收公众存款的主观故意:

(1)行政主管部门出具意见所涉及的行为与犯罪嫌疑人实际从事的行为不一致的;

(2)行政主管部门出具的意见未对是否存在非法吸收公众存款问题进行合法性审查,仅对其他合法性问题进行审查的;

(3)犯罪嫌疑人在行政主管部门出具意见时故意隐瞒事实、弄虚作假的;

(4)犯罪嫌疑人与出具意见的行政主管部门的工作人员存在利益输送行为的;

(5)犯罪嫌疑人存在其他影响和干扰行政主管部门出具意见公正性的情形的。

对于犯罪嫌疑人提出因信赖专家学者、律师等专业人士、主流新闻媒体宣传或有关行政主管部门工作人员的个人意见而陷入错误认识的辩解,不能作为犯罪嫌疑人判断自身行为合法性的根据和排除主观故意的理由。

11. 负责或从事吸收资金行为的犯罪嫌疑人非法吸收公众存款金额,根据其实际参与吸收的全部金额认定。但以下金额不应计入该犯罪嫌疑人的吸收金额:

(1)犯罪嫌疑人自身及其近亲属所投资的资金金额;

(2)记录在犯罪嫌疑人名下,但其未实际参与吸收且未从中收取任何形式好处的资金。

吸收金额经过司法会计鉴定的,可以将前述不计入部分直接扣除。但是,前述两项所涉金额仍应计入相对应的上一级负责人及所在单位的吸收金额。

12. 投资人在每期投资结束后,利用投资账户中的资金(包括每期投资结束后归还的本金、利息)进行反复投资的金额应当累计计算,但对反复投资的数额应当作出说明。对负责或从事行政管理、财务会计、技术服务等辅助工作的犯罪嫌疑人,应当按照其参与的犯罪事实,结合其在犯罪中的地位和作用,依法确定刑事责任范围。

13. 确定犯罪嫌疑人的吸收金额时,应当重点审查、运用以下证据:

(1)涉案主体自身的服务器或第三方服务器上存储的交易记录等电子数据;

(2)会计账簿和会计凭证;

(3)银行账户交易记录、POS机支付记录;

(4)资金收付凭证、书面合同等书证。仅凭投资人报案数据不能认定吸收金额。

(二)集资诈骗行为的认定

14. 以非法占有为目的,使用诈骗方法非法集资,是集资诈骗罪的本质特征。是否具有非法占有目的,是区分非法吸收公众存款罪和集资诈骗罪的关键要件,对此要重点围绕融资项目真实性、资金去向、归还能力等事实进行综合判断。犯罪嫌疑人存在以下情形之一的,原则上可以认定具有非法占有目的:

(1)大部分资金未用于生产经营活动,或名义上投入生产经营但又通过各种方式抽逃转移资金的;

(2)资金使用成本过高,生产经营活动的盈利能力不具有支付全部本息的现实可能性的;

(3)对资金使用的决策极度不负责任或肆意挥霍造成资金缺口较大的;

(4)归还本息主要通过借新还旧来实现的;

(5)其他依照有关司法解释可以认定为非法占有目的的情形。

15. 对于共同犯罪或单位犯罪案件中,不同层级的犯罪嫌疑人之间存在犯罪目的发生转化或者犯罪目的明显不同的,应当根据犯罪嫌疑人的犯罪目的分别认定。

(1)注意区分犯罪目的发生转变的时间节点。犯罪嫌疑人在初始阶段仅具有非法吸收公众存款的故意,不具有非法占有目的,但在发生经营失败、资金链断裂等问题后,明知没有归还能力仍然继续吸收公众存款的,这一时间节点之后的行为应当认定为集资诈骗罪,此前的行为应当认定为非法吸收公众存款罪。

(2)注意区分犯罪嫌疑人的犯罪目的的差异。在共同犯罪或单位犯罪中,犯罪嫌疑人由于层级、职责分工、获取收益方式、对全部犯罪事实的知情程度等不同,其犯罪目的也存在不同。在非法集资犯罪中,有的犯罪嫌疑人具有非法占有的目的,有的则不具有非法占有目的,对此,应当分别认定为集资诈骗罪和非法吸收公众存款罪。

16. 证明主观上是否具有非法占有目的,可以重点收集、运用以下客观证据:

(1)与实施集资诈骗整体行为模式相关的证据:投资合同、宣传资料、培训内容等;

(2)与资金使用相关的证据:资金往来记录、会计账簿和会计凭证、资金使用成本(包括利息和佣金等)、资金决策使用过程、资金主要用途、财产转移情况等;

(3)与归还能力相关的证据:吸收资金所投资项目内容、投资实际经营情况、盈利能力、归还本息资金的主要来源、负债情况、是否存在虚构业绩等虚假宣传行为等;

(4)其他涉及欺诈等方面的证据:虚构融资项目进行宣传、隐瞒资金实际用途、隐匿销毁账簿;等等。司法会计鉴定机构对相关数据进行鉴定时,办案部门可以根据查证犯罪事实的需要提出重点鉴定的项目,保证司法会计鉴定意见与待证的构成要件事实之间的关联性。

17. 集资诈骗的数额,应当以犯罪嫌疑人实际骗取的金额计算。犯罪嫌疑人为吸收公众资金制造还本付息的假象,在诈骗的同时对部分投资人还本付息的,集资诈骗的金额以案发时实际未兑付的金额计算。案发后,犯罪嫌疑人主动退还集资款项的,不能从集资诈骗的金额中扣除,但可以作为量刑情节考虑。

(三)非法经营资金支付结算行为的认定

18. 支付结算业务(也称支付业务)是商业银行或者支付机构在收付款人之间提供的货币资金转移服务。非银行机构从事支付结算业务,应当经中国人民银行批准取得《支付业务许可证》,成为支付机构。未取得支付业务许可从事该业务的行为,违反《非法金融机构和非法金融业务活动取缔办法》第四条第一款第(三)、(四)项的规定,破坏了支付结算业务许可制度,危害支付市场秩序和安全,情节严重的,适用刑法第二百二十五条第(三)项,以非法经营罪追究刑事责任。具体情形:

(1)未取得支付业务许可经营基于客户支付账户的网络支付业务。无证网络支付机构为客户非法开立支付账户,客户先把资金支付到该支付账户,再由无证机构根据订单信息从支付账户平台将资金结算到收款人银行账户。

(2)未取得支付业务许可经营多用途预付卡业务。无证发卡机构非法发行可跨地区、跨行业、跨法人使用的多用途预付卡,聚集大量的预付卡销售资金,并根据客户订单信息向商户划转结算资金。

19. 在具体办案时,要深入剖析相关行为是否具备资金支付结算的实质特征,准确区分支付工具的正常商业流转与提供支付结算服务、区分单用途预付卡与多用途预付卡业务,充分考虑具体行为与“地下钱庄”等同类犯罪在社会危害方面的相当性以及刑事处罚的必要性,严格把握入罪和出罪标准。

三、依法认定单位犯罪及其责任人员

20. 涉互联网金融犯罪案件多以单位形式组织实施,所涉单位数量众多、层级复杂,其中还包括大量分支机构和关联单位,集团化特征明显。有的涉互联网金融犯罪案件中分支机构遍布全国,既有具备法人资格的,又有不具备法人资格的;既有受总公司直接领导的,又有受总公司的下属单位领导的。公安机关在立案时做法不一,有的对单位立案,有的不对单位立案,有的被立案的单位不具有独立法人资格,有的仅对最上层的单位立案而不对分支机构立案。对此,检察机关公诉部门在审查起诉时,应当从能够全面揭示犯罪行为基本特征、全面覆盖犯罪活动、准确界定区分各层级人员的地位作用、有利于有力指控犯罪、有利于追缴违法所得等方面依法具体把握,确定是否以单位犯罪追究。

21. 涉互联网金融犯罪所涉罪名中,刑法规定应当追究单位刑事责任的,对同时具备以下情形且具有独立法人资格的单位,可以以单位犯罪追究:

(1)犯罪活动经单位决策实施;

(2)单位的员工主要按照单位的决策实施具体犯罪活动;

(3)违法所得归单位所有,经单位决策使用,收益亦归单位所有。但是,单位设立后专门从事违法犯罪活动的,应当以自然人犯罪追究刑事责任。

22. 对参与涉互联网金融犯罪,但不具有独立法人资格的分支机构,是否追究其刑事责任,可以区分两种情形处理:

(1)全部或部分违法所得归分支机构所有并支配,分支机构作为单位犯罪主体追究刑事责任;

(2)违法所得完全归分支机构上级单位所有并支配的,不能对分支机构作为单位犯罪主体追究刑事责任,而是应当对分支机构的上级单位(符合单位犯罪主体资格)追究刑事责任。

23. 分支机构认定为单位犯罪主体的,该分支机构相关涉案人员应当作为该分支机构的“直接负责的主管人员”或者“其他直接责任人员”追究刑事责任。仅将分支机构的上级单位认定为单位犯罪主体的,该分支机构相关涉案人员可以作为该上级单位的“其他直接责任人员”追究刑事责任。

24. 对符合追诉条件的分支机构(包括具有独立法人资格的和不具有独立法人资格)及其所属单位,公安机关均没有作为犯罪嫌疑单位移送审查起诉,仅将其所属单位的上级单位作为犯罪嫌疑单位移送审查起诉的,对相关分支机构涉案人员可以区分以下情形处理:

(1)有证据证明被立案的上级单位(比如总公司)在业务、财务、人事等方面对下属单位及其分支机构进行实际控制,下属单位及其分支机构涉案人员可以作为被移送审查起诉的上级单位的“其他直接责任人员”追究刑事责任。在证明实际控制关系时,应当收集、运用公司决策、管理、考核等相关文件,OA 系统等电子数据,资金往来记录等证据。对不同地区同一单位的分支机构涉案人员起诉时,证明实际控制关系的证据体系、证明标准应基本一致。

(2)据现有证据无法证明被立案的上级单位与下属单位及其分支机构之间存在实际控制关系的,对符合单位犯罪构成要件的下属单位或分支机构应当补充起诉,下属单位及其分支机构已不具备补充起诉条件的,可以将下属单位及其分支机构的涉案犯罪嫌疑人直接起诉。

四、综合运用定罪量刑情节

25. 在办理跨区域涉互联网金融犯罪案件时,在追诉标准、追诉范围以及量刑建议等方面应当注意统一平衡。对于同一单位在多个地区分别设立分支机构的,在同一省(自治区、直辖市)范围内应当保持基本一致。分支机构所涉犯罪嫌疑人与上级单位主要犯罪嫌疑人之间应当保持适度平衡,防止出现责任轻重"倒挂"的现象。

26. 单位犯罪中,直接负责的主管人员和其他直接责任人员在涉互联网金融犯罪案件中的地位、作用存在明显差别的,可以区分主犯和从犯。对起组织领导作用的总公司的直接负责的主管人员和发挥主要作用的其他直接责任人员,可以认定为全案的主犯,其他人员可以认定为从犯。

27. 最大限度减少投资人的实际损失是办理涉互联网金融犯罪案件特别是非法集资案件的重要工作。在决定是否起诉、提出量刑建议时,要重视对是否具有认罪认罚、主动退赃退赔等情节的考察。分支机构涉案人员积极配合调查、主动退还违法所得、真诚认罪悔罪的,应当依法提出从轻、减轻处罚的量刑建议。其中,对情节轻微、可以免予刑事处罚的,或者情节显著轻微、危害不大、不认为是犯罪的,应当依法作出不起诉决定。对被不起诉人需要给予行政处罚或者没收违法所得的,应当向行政主管部门提出检察意见。

五、证据的收集、审查与运用

28. 涉互联网金融犯罪案件证据种类复杂、数量庞大、且分散于各地,收集、审查、运用证据的难度大。各地检察机关公诉部门要紧紧围绕证据的真实性、合法性、关联性,引导公安机关依法全面收集固定证据,加强证据的审查、运用,确保案件事实经得起法律的检验。

29. 对于重大、疑难、复杂涉互联网金融犯罪案件,检察机关公诉部门要依法提前介入侦查,围绕指控犯罪的需要积极引导公安机关全面收集固定证据,必要时与公安机关共同会商,提出完善侦查思路、侦查提纲的意见建议。加强对侦查取证合法性的监督,对应当依法排除的非法证据坚决予以排除,对应当补正或作出合理解释的及时提出意见。

30. 电子数据在涉互联网金融犯罪案件的证据体系中地位重要,对于指控证实相关犯罪事实具有重要作用。随着互联网技术的不断发展,电子数据的形式、载体出现了许多新的变化,对电子数据的勘验、提取、审查等提出了更高要求,处理不当会对电子数据的真实性、合法性造成不可逆转的损害。检察机关公诉部门要严格执行《最高人民法院、最高人民检察院、公安部关于办理刑事案件收集提取和审查判断电子数据问题的若干规定》(法发〔2016〕22号),加强对电子数据收集、提取程序和技术标准的审查,确保电子数据的真实性、合法性。对云存储电子数据等新类型电子数据进行提取、审查时,要高度重视程序合法性、数据完整性等问题,必要时主动征求相关领域专家意见,在提取前会同公安机关、云存储服务提供商制定科学合法的提取方案,确保万无一失。

31. 落实"三统两分"要求,健全证据交换共享机制,协调推进跨区域案件办理。对涉及主案犯罪嫌疑人的证据,一般由主案侦办地办案机构负责收集,其他地区提供协助。其他地区办案机构需要主案侦办地提供证据材料的,应当向主案侦办地办案机构提出证据需求,由主案侦办地办案机构收集并依法移送。无法移送证据原件的,应当在移送复制件的同时,按照相关规定作出说明。各地检察机关公诉部门之间要加强协作,加强与公安机关的协调,督促本地公安机关与其他地区公安机关做好证据交换共享相关工作。案件进入审查起诉阶段后,检察机关公诉部门可以根据案件需要,直接向其他地区检察机关调取证据,其他地区检察机关公诉部门应积极协助。此外,各地检察机关在办理案件过程中发现对其他地区案件办理有重要作用的证据,应当及时采取措施并通知相应检察机关,做好依法移送工作。

六、投资人合法权益的保护

32. 涉互联网金融犯罪案件投资人诉求复杂多样,矛盾化解和维护稳定工作任务艰巨繁重,各地检察机关公诉部门在办案过程中要求坚持刑事追诉和权益保障并重。根据《刑事诉讼法》等相关法律规定,依法保证互联网金融活动中投资人的合法权益,坚持把追赃挽损等工作贯穿到侦查、起诉、审判等各个环节,配合公安、法院等部门,最大限度减少投资人的实际损失,加强与本案控申部门、公安机关的联系沟通,及时掌握涉案动态信息,认真开展办案风险评估预警工作,周密制定处置预案,并落实责任到位,避免因部门之间衔接不畅,处置不当造成工作被动。发现重大风险隐患的,及时向有关部门通报情况,必要时逐级上报高检院。

随着互联网金融的发展,涉及互联网金融犯罪中的新情况、新问题还将不断出现。各地检察机关公诉部门要按照会议纪要的精神,结合各地办案工作实际,依法办理涉互联网金融犯罪案件;在办好案件的同时,要不断总结办案经验,加强对重大嫌疑复杂问题的研究,努力提高办理涉互联网金融犯罪案件的能力和水平,为促进互联网金融规范发展,保障经济社会大局稳定作出积极贡献。在办案过程中遇到疑难问题的,要及时层报高检院公诉厅。

四十九、最高人民法院、最高人民检察院、国家文物局、公安部、海关总署涉案文物鉴定评估管理办法(2018年6月20日)

第一章　总则

第一条　为适应人民法院、人民检察院和公安机关等办案机关办理文物犯罪刑事案件的需要,规范涉案文物鉴定评估活动,保证涉案文物鉴定评估质量,根据《中华人民共和国文物保护法》、《最高人民法院、最高人民检察院关于办理妨害文物管理等刑事案件适用法律若干问题的解释》和有关法律法规,制定本办法。

第二条　本办法所称涉案文物,专指文物犯罪刑事案件涉及的文物或者疑似文物。

本办法所称涉案文物鉴定评估,是指涉案文物鉴定评估机构组织文物鉴定评估人员,运用专门知识或者科学技术对涉案文物的专门性问题进行鉴别、判断、评估并提供鉴定评估报告的活动。

第三条　国家文物局指定的涉案文物鉴定评估机构和予以备案的文物鉴定评估人员开展涉案文物鉴定评估活动,适用本办法。

第四条　涉案文物鉴定评估机构开展涉案文物鉴定评估活动,应当遵循合法、独立、客观、公正的原则。

第五条　文物鉴定评估人员在涉案文物鉴定评估活动中,应当遵守法律法规,遵守职业道德和职业纪律,尊重科学,遵守标准规范。

第六条　国家文物局负责遴选指定涉案文物鉴定评估机构,制定涉案文物鉴定评估管理制度和标准规范,对全国涉案文物鉴定评估工作进行宏观指导。

第七条　省级文物行政部门负责推荐本行政区域内涉案文物鉴定评估机构,对涉案文物鉴定评估工作进行监督管理。

省级文物行政部门应当保障本行政区域内涉案文物鉴定评估机构开展涉案文物鉴定评估工作所需的业务经费。

第八条　涉案文物鉴定评估机构的发展应当符合统筹规划、合理布局、严格标准、确保质量的要求。

第二章　鉴定评估范围和内容

第九条　涉案文物鉴定评估范围涵盖可移动文物和不可移动文物。

(一)可移动文物鉴定评估类别包括陶瓷器、玉石器、金属器、书画、杂项等五个类别。

(二)不可移动文物鉴定评估类别包括古文化遗址、古墓葬、古建筑、石窟寺及石刻、近现代重要史迹及代表性建筑、其他等六个类别。

第十条 已被拆解的不可移动文物的构件,涉案文物鉴定评估机构可以应办案机关的要求,将其作为可移动文物进行鉴定评估。

第十一条 可移动文物鉴定评估内容包括:

(一)确定疑似文物是否属于文物;

(二)确定文物产生或者制作的时代;

(三)评估文物的历史、艺术、科学价值,确定文物级别;

(四)评估有关行为对文物造成的损毁程度;

(五)评估有关行为对文物价值造成的影响;

(六)其他需要鉴定评估的文物专门性问题。

可移动文物及其等级已经文物行政部门认定的,涉案文物鉴定评估机构不再对上述第一至三项内容进行鉴定评估。

第十二条 不可移动文物鉴定评估内容包括:

(一)确定疑似文物是否属于古文化遗址、古墓葬;

(二)评估有关行为对文物造成的损毁程度;

(三)评估有关行为对文物价值造成的影响;

(四)其他需要鉴定评估的文物专门性问题。

不可移动文物及其等级已经文物行政部门认定的,涉案文物鉴定评估机构不再对上述第一项内容进行鉴定评估。

第十三条 涉案文物鉴定评估机构可以根据自身专业条件,并应办案机关的要求,对文物的经济价值进行评估。

第三章 鉴定评估机构和人员

第十四条 国有文物博物馆机构申请从事涉案文物鉴定评估业务,应当具备下列条件:

(一)有独立法人资格;

(二)有固定的办公场所和必要的文物鉴定技术设备;

(三)能够从事本办法第九条规定的可移动文物所有类别或者不可移动文物所有类别的鉴定评估业务,每类别有三名以上专职或者兼职的文物鉴定评估人员;

(四)有一定数量的专职文物鉴定评估人员;

(五)具备一定的文物鉴定评估组织工作经验。

第十五条 国有文物博物馆机构申请从事涉案文物鉴定评估业务,应当提交下列材料:

(一)申请从事涉案文物鉴定评估业务的文件;

(二)涉案文物鉴定评估机构申请表;

(三)文物鉴定评估人员登记表;

(四)法人证书复印件或者证明法人资格的相关文件;

(五)此前组织开展文物鉴定评估工作的相关情况说明。

第十六条 省级文物行政部门按照本办法第十四条规定的条件,对本行政区域内申请从事涉案文物鉴定评估业务的国有文物博物馆机构进行初审,初审合格的报国家文物局。

国家文物局对各省上报的机构进行遴选,指定其中符合要求的为涉案文物鉴定评估机构,并通过适当方式向社会公告。

第十七条 涉案文物鉴定评估机构的文物鉴定评估人员,应当至少符合下列条件之一:

(一)取得文物博物及相关系列中级以上专业技术职务,并有至少持续五年文物鉴定实践经历;

(二)是文物进出境责任鉴定人员;

(三)是国家或者省级文物鉴定委员会委员。

第十八条　省级文物行政部门按照本办法第十七条规定的条件,对拟从事涉案文物鉴定评估工作的文物鉴定评估人员进行审核,审核合格的报国家文物局备案。

第十九条　涉案文物鉴定评估机构的文物鉴定评估人员只能在一个鉴定评估机构中任职(包括兼职),但可以接受其他涉案文物鉴定评估机构的聘请,从事特定事项的涉案文物鉴定评估活动。

文物鉴定评估人员不得私自接受涉案文物鉴定评估委托。

第四章　鉴定评估程序

第一节　委托与受理

第二十条　涉案文物鉴定评估机构受理所在省(自治区、直辖市)行政区域内人民法院、人民检察院和公安机关等办案机关的涉案文物鉴定评估委托。

第二十一条　办案机关委托文物鉴定评估的,应当向涉案文物鉴定评估机构提供立案决定书、办案机关介绍信或者委托函、鉴定评估物品清单、照片、资料等必要的鉴定评估材料,并对鉴定评估材料的真实性、合法性负责。

经双方同意,办案机关可以将鉴定评估文物暂时委托涉案文物鉴定评估机构保管。

第二十二条　涉案文物鉴定评估机构收到鉴定评估材料和鉴定评估文物后,应当详细查验并进行登记,并严格开展鉴定评估文物和其他鉴定评估材料的交接、保管、使用和退还工作。

第二十三条　涉案文物鉴定评估机构对属于本机构涉案文物鉴定评估业务范围,鉴定评估用途合法,提供的鉴定评估材料能够满足鉴定评估需要的鉴定评估委托,应当受理。

鉴定评估材料不完整、不充分,不能满足鉴定评估需要的,涉案文物鉴定评估机构可以要求委托办案机关进行补充。

委托办案机关故意提供虚假鉴定评估材料的,涉案文物鉴定评估机构应当主动向委托办案机关的上级部门报告。

第二十四条　有下列情形之一的鉴定评估委托,涉案文物鉴定评估机构不予受理:

(一)委托主体不符合本办法对办案机关的规定的;

(二)委托鉴定评估物品不符合本办法对涉案文物的规定的;

(三)鉴定评估范围和内容不属于涉案文物鉴定评估机构业务范围或者不符合本办法规定的;

(四)鉴定评估材料不具备鉴定评估条件或者与鉴定评估要求不相符的。

第二十五条　涉案文物鉴定评估机构应当自收到鉴定评估材料之日起五个工作日内,作出是否受理鉴定评估委托的决定。

第二十六条　涉案文物鉴定评估机构决定受理鉴定评估委托的,应当与委托办案机关签订涉案文物鉴定评估委托书。鉴定评估委托书应当载明委托办案机关名称、涉案文物鉴定评估机构名称、委托鉴定评估内容、鉴定评估时限以及双方权利义务等事项。

第二十七条　涉案文物鉴定评估机构决定不予受理鉴定评估委托的,应当向委托主体说明理由,并退还鉴定评估材料。

第二十八条　对于本办法三十五条第二款和三十六条第一款规定的鉴定评估终止情形,或者因其它重大特殊原因,办案机关可以申请跨行政区域委托涉案文物鉴定评估。

跨行政区域委托涉案文物鉴定评估的,由办案机关所在地省级文物行政部门商拟委托涉案文物鉴定评估机构所在地省级文物行政部门,共同确定具有相应鉴定评估能力的涉案文物鉴定评估机构开展。协商不成的,可以由办案机关所在地省级文物行政部门报国家文物局指定。

第二节 鉴定评估

第二十九条 涉案文物鉴定评估机构接受鉴定评估委托后,应当组织本机构与委托鉴定评估文物类别一致的文物鉴定评估人员进行鉴定评估。每类别文物鉴定评估应当有两名以上文物鉴定评估人员参加鉴定评估。

对复杂、疑难和重大案件所涉的鉴定评估事项,可以聘请其他涉案文物鉴定评估机构相关文物类别的文物鉴定评估人员参加鉴定评估。

第三十条 文物鉴定评估人员有下列情形之一的,应当自行回避,涉案文物鉴定评估机构负责人也应当要求其回避:

(一)是案件的当事人或者是当事人的近亲属的;

(二)本人或者其近亲属与案件有利害关系;

(三)与案件当事人和案件有其他关系,可能影响其独立、客观、公正鉴定评估的。

第三十一条 可移动文物的鉴定评估,应当依托涉案文物实物开展,并依照相关标准和技术规范进行。

第三十二条 不可移动文物的鉴定评估,应当到涉案文物所在地现场开展调查研究,并依照相关标准和技术规范进行。

第三十三条 涉案文物鉴定评估过程中,需要进行有损科技检测的,涉案文物鉴定评估机构应当征得委托办案机关书面同意。文物鉴定评估人员应当对科技检测的手段、过程和结果进行记录,并签名存档备查。

第三十四条 涉案文物鉴定评估采取文物鉴定评估人员独立鉴定评估和合议相结合的方式进行。文物鉴定评估人员应当对鉴定评估的方法、过程和结论进行记录,并签名存档备查。

第三十五条 鉴定评估活动完成后,涉案文物鉴定评估机构应当对文物鉴定评估人员作出的鉴定评估意见进行审查,对鉴定评估意见一致的出具鉴定评估报告。

鉴定评估意见不一致的,涉案文物鉴定评估机构应当组织原鉴定人员以外的文物鉴定评估人员再次进行鉴定评估,再次鉴定评估意见一致的出具鉴定评估报告;再次鉴定评估意见仍不一致的,可以终止鉴定评估,涉案文物鉴定评估机构应当书面通知委托办案机关终止鉴定评估决定并说明理由。

第三十六条 有下列情形之一的,涉案文物鉴定评估机构可以终止鉴定评估:

(一)在鉴定评估过程中发现本机构难以解决的技术性问题的;

(二)确需补充鉴定评估材料而委托办案机关无法补充的;

(三)委托办案机关要求终止鉴定评估的;

(四)其他需要终止鉴定评估的情形。

除上述第三项情形外,涉案文物鉴定评估机构应当书面通知委托办案机关终止鉴定评估决定并说明理由。

第三十七条 有下列情形之一的,涉案文物鉴定评估机构应当接受办案机关委托进行重新鉴定评估:

(一)有明确证据证明鉴定评估报告内容有错误的;

(二)鉴定评估程序不符合本办法规定的;

(三)文物鉴定评估人员故意作出虚假鉴定评估或者应当回避而未予回避的;

(四)其他可能影响鉴定评估客观、公正的情形。

涉案文物鉴定评估机构应当组织原鉴定评估人员以外的文物鉴定评估人员进行重新鉴定评估。

鉴定评估报告中出现的明显属于错别字或者语言表述瑕疵的,可以由鉴定评估机构出具更正说明,更正说明属于原鉴定评估报告的组成部分。

第三十八条　有下列情形之一的,涉案文物鉴定评估机构应当根据办案机关要求进行补充鉴定评估:

(一)鉴定评估报告内容有遗漏的;

(二)鉴定评估报告意见不明确的;

(三)办案机关发现新的相关重要鉴定评估材料的;

(四)办案机关对涉案文物有新的鉴定评估要求的;

(五)鉴定评估报告不完整,委托事项无法确定的;

(六)其他需要补充鉴定评估的情形。

补充鉴定评估是原委托鉴定评估活动的组成部分,应当由涉案文物鉴定评估机构组织原文物鉴定评估人员进行。

第三十九条　办案机关对有明确证据证明涉案文物鉴定评估机构重新出具的鉴定评估报告有错误的,可以由最高人民法院、最高人民检察院、公安部、海关总署商国家文物局,由国家文物局指定涉案文物鉴定评估机构进行再次鉴定评估。

第四十条　涉案文物鉴定评估机构一般应当自鉴定评估委托书签订之日起十五个工作日内完成鉴定评估。

因办案时限规定或者其他特殊事由,需要缩减或者延长鉴定评估时限的,由双方协商确定。延长鉴定评估时限的,一般不超过四十五个工作日。

第四十一条　涉案文物鉴定评估机构应当按照统一规定的文本格式制作鉴定评估报告。

鉴定评估报告一式五份,三份交委托办案机关,一份由涉案文物鉴定评估机构存档,一份在鉴定评估活动完成次月15日前报所在地省级文物行政部门备案。

第四十二条　鉴定评估事项结束后,涉案文物鉴定评估机构应当将鉴定评估报告以及在鉴定评估过程中产生的有关资料整理立卷、归档保管。

第四十三条　未经委托办案机关同意,涉案文物鉴定评估机构和文物鉴定评估人员不得向文物行政部门以外的其他组织或者个人提供与鉴定评估事项有关的信息。

第五章　监督管理

第四十四条　涉案文物鉴定评估机构应当于每年11月15日前,将本年度涉案文物鉴定评估业务情况和鉴定的涉案文物信息书面报告所在地省级文物行政部门。省级文物行政部门汇总后于当年12月1日前报送国家文物局。

第四十五条　最高人民法院、最高人民检察院、公安部、海关总署直接办理或者督办的刑事案件所涉的文物鉴定评估,涉案文物鉴定评估机构应当在接受鉴定评估委托后,及时通过省级文物行政部门向国家文物局报告。

第四十六条　涉案文物鉴定评估机构发生法定代表人、办公地点或者机构性质等重大事项变更,或者文物鉴定评估人员发生变动的,应当及时将相关情况通过省级文物行政部门报国家文物局备案。

第四十七条　省级文物行政部门应当对本行政区域内涉案文物鉴定评估机构进行不定期检查,发现问题或者有举报、投诉等情况的,应当及时进行调查处理。

第四十八条　涉案文物鉴定评估机构有下列情形之一的,由所在地省级文物行政部门给予警告,并责令其改正:

(一)超出本办法规定的涉案文物鉴定评估业务范围开展涉案文物鉴定评估活动的;

(二)组织未经国家文物局备案的文物鉴定评估人员开展涉案文物鉴定评估活动的;

(三)鉴定评估活动未按照本办法规定的程序要求和标准规范开展的;

(四)无正当理由拒绝接受涉案文物鉴定评估委托的;

(五)无正当理由超出鉴定评估时限的;

(六)法律、法规规定的其他情形。

第四十九条　涉案文物鉴定评估机构有下列情形之一的,由所在地省级文物行政部门进行调查,国家文物局根据情节严重程度暂停或者终止其从事涉案文物鉴定评估业务:

(一)因严重不负责任造成鉴定评估报告内容明显错误的;

(二)因严重不负责任造成委托鉴定评估文物实物损毁、遗失的;

(三)法律、法规规定的其他情形。

第五十条　文物鉴定评估人员有下列情形之一的,由所在涉案文物鉴定评估机构给予警告,并责令其改正:

(一)无正当理由拒绝接受涉案文物鉴定评估工作的;

(二)向委托办案机关私自收取鉴定评估费用的;

(三)法律、法规规定的其他情形。

第五十一条　文物鉴定评估人员有下列情形之一的,由所在涉案文物鉴定评估机构给予警告,并责令其改正;情节严重的,报省级文物行政部门同意后暂停或者终止其开展涉案文物鉴定评估活动:

(一)应当回避而未予回避,造成恶劣影响的;

(二)违反职业道德和职业纪律,造成恶劣影响的;

(三)因严重不负责任造成委托鉴定评估文物实物损毁、遗失的;

(四)法律、法规规定的其他情形。

第五十二条　涉案文物鉴定评估机构负责人在管理工作中滥用职权、玩忽职守造成严重后果的,依法追究相应的法律责任。

涉案文物鉴定评估机构负责人和文物鉴定评估人员故意出具虚假鉴定评估报告,或者故意隐匿、侵占、毁损委托鉴定评估文物,构成犯罪的,依法追究刑事责任。

第六章　附则

第五十三条　对古猿化石、古人类化石及其与人类活动有关的第四纪古脊椎动物化石的鉴定评估活动,依照本办法执行。

第五十四条　涉案文物鉴定评估机构和文物鉴定评估人员开展行政案件、民事案件涉及文物的鉴定评估活动,可以参照本办法执行。

第五十五条　对尚未登记公布的古文化遗址、古墓葬,县级以上文物行政部门可以依据已生效判决采纳的鉴定评估意见,依法开展登记公布工作。

第五十六条　本办法自公布之日起实施。此前有关规定与本办法不一致的,以本办法为准。

附件1:涉案文物鉴定评估报告(格式文本)

×××(涉案文物鉴定评估机构名称)

法人证号:

地　　址:××省××市××路××号

邮政编码:

联系电话:

×××(涉案文物鉴定评估机构名称)

涉案文物鉴定评估报告

编号:　　　　　(涉案文物鉴定评估机构章)

项目	内容	备注
基本情况		
文物情况		
鉴定评估过程		
分析说明		
鉴定评估意见		
附件		

涉案文物鉴定评估人员签名:

××××年××月××日

填写说明:

1."基本情况",应当简要说明委托机关、委托事项、受理日期、鉴定评估材料,是否属于重新鉴定评估或者补充鉴定评估等情况。

2."文物情况",应当记录可移动文物的尺寸、质量、质地等和不可移动文物的地理位置、范围面积等信息。

3."鉴定评估过程",应当翔实描述文物鉴定评估活动过程,包括人员、时间、地点、内容、方法,采用的标准、技术规范或者技术方法,科技检测所使用的仪器设备、过程和结果等。

4."分析说明",应当阐明文物鉴定评估人员通过对可移动文物的时代、造型、工艺、完残、品相等方面和不可移动文物的历史沿革、保存现状等内容的鉴别判断,对文物的历史、艺术、科学价值的考证分析,对文物毁损程度或者受影响程度的评估,得出鉴定评估意见的过程。

5."鉴定评估意见",应当围绕本办法规定的鉴定评估事项相关内容,作出结论性意见表述。

6."附件",应当列明与鉴定评估活动相关的资料,如文物照片或者影像资料,可移动文物的流转经过说明和不可移动文物的记录档案等。

7.文本项目内容可以另附详细说明。

附件2:涉案文物鉴定评估委托书(参考文本)

甲方:×××(委托办案机关名称)

乙方:×××(涉案文物鉴定评估机构名称)

甲、乙双方经友好协商,就甲方委托乙方开展对"×××(案件名称)"所涉文物的鉴定评估活动达成如下协议:

第一条　鉴定评估内容

第二条　鉴定评估时限

乙方应当自本协议签订之日起 个工作日内完成鉴定评估。乙方因不能预见、不能避免并不能克服的不可抗力事件不能完成鉴定评估的,应当立即通知甲方。因办案时限规定或者其他特殊事由,需要缩减或者延长鉴定评估时限的,由双方协商确定。

第三条　双方权利义务

1.甲方应当如实向乙方提供与委托鉴定评估事项有关的全部材料和信息,并根据乙方的合理要求及时补充必要的材料。

2.乙方应当按照《涉案文物鉴定评估管理办法》的规定和行业通用的标准规范进行鉴定评估。

第四条　争议解决

因本协议引起的或者与本协议有关的任何争议,甲、乙双方应当友好协商解决,协商不成的,提请甲、乙双方所在地省级文物行政部门协调解决。

第五条　其他

1. 本协议自甲、乙双方加盖公章之日起生效。

2. 本协议一式四份,甲、乙双方各执二份,具有同等效力。

甲方:×××	乙方:×××
(委托办案机关名称)	(涉案文物鉴定评估机构名称)
××××年××月××日	××××年××月××日
(盖章)	(盖章)

五十、最高人民法院、最高人民检察院、公安部、国家安全部、司法部关于适用认罪认罚从宽制度的指导意见(2019年10月11日)

适用认罪认罚从宽制度,对准确及时惩罚犯罪、强化人权司法保障、推动刑事案件繁简分流、节约司法资源、化解社会矛盾、推动国家治理体系和治理能力现代化,具有重要意义。为贯彻落实修改后刑事诉讼法,确保认罪认罚从宽制度正确有效实施,根据法律和有关规定,结合司法工作实际,制定本意见。

一、基本原则

1. 贯彻宽严相济刑事政策。落实认罪认罚从宽制度,应当根据犯罪的具体情况,区分案件性质、情节和对社会的危害程度,实行区别对待,做到该宽则宽,当严则严,宽严相济,罚当其罪。对可能判处三年有期徒刑以下刑罚的认罪认罚案件,要尽量依法从简从快从宽办理,探索相适应的处理原则和办案方式;对因民间矛盾引发的犯罪,犯罪嫌疑人、被告人自愿认罪、真诚悔罪并取得谅解、达成和解、尚未严重影响人民群众安全感的,要积极适用认罪认罚从宽制度,特别是对其中社会危害不大的初犯、偶犯、过失犯、未成年犯,一般应当体现从宽;对严重危害国家安全、公共安全犯罪,严重暴力犯罪,以及社会普遍关注的重大敏感案件,应当慎重把握从宽,避免案件处理明显违背人民群众的公平正义观念。

2. 坚持罪责刑相适应原则。办理认罪认罚案件,既要考虑体现认罪认罚从宽,又要考虑其所犯罪行的轻重、应负刑事责任和人身危险性的大小,依照法律规定提出量刑建议,准确裁量刑罚,确保罚当其罪,避免罪刑失衡。特别是对于共同犯罪案件,主犯认罪认罚,从犯不认罪认罚的,人民法院、人民检察院应当注意两者之间的量刑平衡,防止因量刑失当严重偏离一般的司法认知。

3. 坚持证据裁判原则。办理认罪认罚案件,应当以事实为根据,以法律为准绳,严格按照证据裁判要求,全面收集、固定、审查和认定证据。坚持法定证明标准,侦查终结、提起公诉、作出有罪裁判应当做到犯罪事实清楚,证据确实、充分,防止因犯罪嫌疑人、被告人认罪而降低证据要求和证明标准。对犯罪嫌疑人、被告人认罪认罚,但证据不足,不能认定其有罪的,依法作出撤销案件、不起诉决定或者宣告无罪。

4. 坚持公、检、法三机关配合制约原则。办理认罪认罚案件,公、检、法三机关应当分工负责、互相配合、互相制约,保证犯罪嫌疑人、被告人自愿认罪认罚,依法推进从宽落实。要严格执法、公正司法,强化对自身执法司法办案活动的监督,防止产生"权权交易"、"权钱交易"等司法腐败问题。

二、适用范围和适用条件

5. 适用阶段和适用案件范围。认罪认罚从宽制度贯穿刑事诉讼全过程,适用于侦查、起诉、审判各个阶段。

认罪认罚从宽制度没有适用罪名和可能判处刑罚的限定,所有刑事案件都可以适用,不能因罪轻、罪重或者罪名特殊等原因而剥夺犯罪嫌疑人、被告人自愿认罪认罚获得从宽处理的机会。但"可以"适用不是一律适用,犯罪嫌疑人、被告人认罪认罚后是否从宽,由司法机关根据案件具体情况决定。

6."认罪"的把握。认罪认罚从宽制度中的"认罪",是指犯罪嫌疑人、被告人自愿如实供述自己的罪行,对指控的犯罪事实没有异议。承认指控的主要犯罪事实,仅对个别事实情节提出异议,或者虽然对行为性质提出辩解但表示接受司法机关认定意见的,不影响"认罪"的认定。犯罪嫌疑人、被告人犯数罪,仅如实供述其中一罪或部分罪名事实的,全案不作"认罪"的认定,不适用认罪认罚从宽制度,但对如实供述的部分,人民检察院可以提出从宽处罚的建议,人民法院可以从宽处罚。

7."认罚"的把握。认罪认罚从宽制度中的"认罚",是指犯罪嫌疑人、被告人真诚悔罪,愿意接受处罚。"认罚",在侦查阶段表现为表示愿意接受处罚;在审查起诉阶段表现为接受人民检察院拟作出的起诉或不起诉决定,认可人民检察院的量刑建议,签署认罪认罚具结书;在审判阶段表现为当庭确认自愿签署具结书,愿意接受刑罚处罚。

"认罚"考察的重点是犯罪嫌疑人、被告人的悔罪态度和悔罪表现,应当结合退赃退赔、赔偿损失、赔礼道歉等因素来考量。犯罪嫌疑人、被告人虽然表示"认罚",却暗中串供、干扰证人作证、毁灭、伪造证据或者隐匿、转移财产,有赔偿能力而不赔偿损失,则不能适用认罪认罚从宽制度。犯罪嫌疑人、被告人享有程序选择权,不同意适用速裁程序、简易程序的,不影响"认罚"的认定。

三、认罪认罚后"从宽"的把握

8."从宽"的理解。从宽处理既包括实体上从宽处罚,也包括程序上从简处理。"可以从宽",是指一般应当体现法律规定和政策精神,予以从宽处理。但可以从宽不是一律从宽,对犯罪性质和危害后果特别严重、犯罪手段特别残忍、社会影响特别恶劣的犯罪嫌疑人、被告人,认罪认罚不足以从轻处罚的,依法不予从宽处罚。

办理认罪认罚案件,应当依照刑法、刑事诉讼法的基本原则,根据犯罪的事实、性质、情节和对社会的危害程度,结合法定、酌定的量刑情节,综合考虑认罪认罚的具体情况,依法决定是否从宽、如何从宽。对于减轻、免除处罚,应当于法有据;不具备减轻处罚情节的,应当在法定幅度以内提出从轻处罚的量刑建议和量刑;对其中犯罪情节轻微不需要判处刑罚的,可以依法作出不起诉决定或者判决免予刑事处罚。

9.从宽幅度的把握。办理认罪认罚案件,应当区别认罪认罚的不同诉讼阶段、对查明案件事实的价值和意义、是否确有悔罪表现,以及罪行严重程度等,综合考量确定从宽的限度和幅度。在刑罚评价上,主动认罪优于被动认罪,早认罪优于晚认罪,彻底认罪优于不彻底认罪,稳定认罪优于不稳定认罪。

认罪认罚的从宽幅度一般应当大于仅有坦白,或者虽认罪但不认罚的从宽幅度。对犯罪嫌疑人、被告人具有自首、坦白情节,同时认罪认罚的,应当在法定刑幅度内给予相对更大的从宽幅度。认罪认罚与自首、坦白不作重复评价。

对罪行较轻、人身危险性较小的,特别是初犯、偶犯,从宽幅度可以大一些;罪行较重、人身危险性较大的,以及累犯、再犯,从宽幅度应当从严把握。

四、犯罪嫌疑人、被告人辩护权保障

10.获得法律帮助权。人民法院、人民检察院、公安机关办理认罪认罚案件,应当保障犯罪嫌疑人、被告人获得有效法律帮助,确保其了解认罪认罚的性质和法律后果,自愿认罪认罚。

犯罪嫌疑人、被告人自愿认罪认罚,没有辩护人的,人民法院、人民检察院、公安机关(看守所)应当通知值班律师为其提供法律咨询、程序选择建议、申请变更强制措施等法律帮助。符合通知辩护条件的,应当依法通知法律援助机构指派律师为其提供辩护。

人民法院、人民检察院、公安机关(看守所)应当告知犯罪嫌疑人、被告人有权约见值班律师,获得法律帮助,并为其约见值班律师提供便利。犯罪嫌疑人、被告人及其近亲属提出法律帮助请求的,人民法院、人民检察院、公安机关(看守所)应当通知值班律师为其提供法律帮助。

11. 派驻值班律师。法律援助机构可以在人民法院、人民检察院、看守所派驻值班律师。人民法院、人民检察院、看守所应当为派驻值班律师提供必要办公场所和设施。

法律援助机构应当根据人民法院、人民检察院、看守所的法律帮助需求和当地法律服务资源,合理安排值班律师。值班律师可以定期值班或轮流值班,律师资源短缺的地区可以通过探索现场值班和电话、网络值班相结合,在人民法院、人民检察院毗邻设置联合工作站,省内和市内统筹调配律师资源,以及建立政府购买值班律师服务机制等方式,保障法律援助值班律师工作有序开展。

12. 值班律师的职责。值班律师应当维护犯罪嫌疑人、被告人的合法权益,确保犯罪嫌疑人、被告人在充分了解认罪认罚性质和法律后果的情况下,自愿认罪认罚。值班律师应当为认罪认罚的犯罪嫌疑人、被告人提供下列法律帮助:

(一)提供法律咨询,包括告知涉嫌或指控的罪名、相关法律规定,认罪认罚的性质和法律后果等;

(二)提出程序适用的建议;

(三)帮助申请变更强制措施;

(四)对人民检察院认定罪名、量刑建议提出意见;

(五)就案件处理,向人民法院、人民检察院、公安机关提出意见;

(六)引导、帮助犯罪嫌疑人、被告人及其近亲属申请法律援助;

(七)法律法规规定的其他事项。

值班律师可以会见犯罪嫌疑人、被告人,看守所应当为值班律师会见提供便利。危害国家安全犯罪、恐怖活动犯罪案件,侦查期间值班律师会见在押犯罪嫌疑人的,应当经侦查机关许可。自人民检察院对案件审查起诉之日起,值班律师可以查阅案卷材料、了解案情。人民法院、人民检察院应当为值班律师查阅案卷材料提供便利。

值班律师提供法律咨询、查阅案卷材料、会见犯罪嫌疑人或者被告人、提出书面意见等法律帮助活动的相关情况应当记录在案,并随案移送。

13. 法律帮助的衔接。对于被羁押的犯罪嫌疑人、被告人,在不同诉讼阶段,可以由派驻看守所的同一值班律师提供法律帮助。对于未被羁押的犯罪嫌疑人、被告人,前一诉讼阶段的值班律师可以在后续诉讼阶段继续为犯罪嫌疑人、被告人提供法律帮助。

14. 拒绝法律帮助的处理。犯罪嫌疑人、被告人自愿认罪认罚,没有委托辩护人,拒绝值班律师帮助的,人民法院、人民检察院、公安机关应当允许,记录在案并随案移送。但是审查起诉阶段签署认罪认罚具结书时,人民检察院应当通知值班律师到场。

15. 辩护人职责。认罪认罚案件犯罪嫌疑人、被告人委托辩护人或者法律援助机构指派律师为其辩护的,辩护律师在侦查、审查起诉和审判阶段,应当与犯罪嫌疑人、被告人就是否认罪认罚进行沟通,提供法律咨询和帮助,并就定罪量刑、诉讼程序适用等向办案机关提出意见。

五、被害方权益保障

16. 听取意见。办理认罪认罚案件,应当听取被害人及其诉讼代理人的意见,并将犯罪嫌疑人、被告人是否与被害方达成和解协议、调解协议或者赔偿被害方损失,取得被害方谅解,作为从宽处罚的重要考虑因素。人民检察院、公安机关听取意见情况应当记录在案并随案移送。

17. 促进和解谅解。对符合当事人和解程序适用条件的公诉案件,犯罪嫌疑人、被告人认罪认罚的,人民法院、人民检察院、公安机关应当积极促进当事人自愿达成和解。对其他认罪认罚案件,人民法院、人民检察院、公安机关可以促进犯罪嫌疑人、被告人通过向被害方赔偿损失、赔礼道歉等方式获得谅解,被害方出具的谅解意见应当随案移送。

人民法院、人民检察院、公安机关在促进当事人和解谅解过程中,应当向被害方释明认罪认罚从宽、公诉案件当事人和解适用程序等具体法律规定,充分听取被害方意见,符合司法救助条件的,应当积极协调办理。

18. 被害方异议的处理。被害人及其诉讼代理人不同意对认罪认罚的犯罪嫌疑人、被告人从宽处理的,不影响认罪认罚从宽制度的适用。犯罪嫌疑人、被告人认罪认罚,但没有退赃退赔、赔偿损失,未能与被害方达成调解或者和解协议的,从宽时应当予以酌减。犯罪嫌疑人、被告人自愿认罪并且愿意积极赔偿损失,但由于被害方赔偿请求明显不合理,未能达成调解或者和解协议的,一般不影响对犯罪嫌疑人、被告人从宽处理。

六、强制措施的适用

19. 社会危险性评估。人民法院、人民检察院、公安机关应当将犯罪嫌疑人、被告人认罪认罚作为其是否具有社会危险性的重要考虑因素。对于罪行较轻、采用非羁押性强制措施足以防止发生刑事诉讼法第八十一条第一款规定的社会危险性的犯罪嫌疑人、被告人,根据犯罪性质及可能判处的刑罚,依法可不适用羁押性强制措施。

20. 逮捕的适用。犯罪嫌疑人认罪认罚,公安机关认为罪行较轻、没有社会危险性的,应当不再提请人民检察院审查逮捕。对提请逮捕的,人民检察院认为没有社会危险性不需要逮捕的,应当作出不批准逮捕的决定。

21. 逮捕的变更。已经逮捕的犯罪嫌疑人、被告人认罪认罚的,人民法院、人民检察院应当及时审查羁押的必要性,经审查认为没有继续羁押必要的,应当变更为取保候审或者监视居住。

七、侦查机关的职责

22. 权利告知和听取意见。公安机关在侦查过程中,应当告知犯罪嫌疑人享有的诉讼权利、如实供述罪行可以从宽处理和认罪认罚的法律规定,听取犯罪嫌疑人及其辩护人或者值班律师的意见,记录在案并随案移送。

对在非讯问时间、办案人员不在场情况下,犯罪嫌疑人向看守所工作人员或者辩护人、值班律师表示愿意认罪认罚的,有关人员应当及时告知办案单位。

23. 认罪教育。公安机关在侦查阶段应当同步开展认罪教育工作,但不得强迫犯罪嫌疑人认罪,不得作出具体的从宽承诺。犯罪嫌疑人自愿认罪,愿意接受司法机关处罚的,应当记录在案并附卷。

24. 起诉意见。对移送审查起诉的案件,公安机关应当在起诉意见书中写明犯罪嫌疑人自愿认罪认罚情况。认为案件符合速裁程序适用条件的,可以在起诉意见书中建议人民检察院适用速裁程序办理,并简要说明理由。

对可能适用速裁程序的案件,公安机关应当快速办理,对犯罪嫌疑人未被羁押的,可以集中移送审查起诉,但不得为集中移送拖延案件办理。

对人民检察院在审查逮捕期间或者重大案件听取意见中提出的开展认罪认罚工作的意见或建议,公安机关应当认真听取,积极开展相关工作。

25. 执法办案管理中心建设。加快推进公安机关执法办案管理中心建设,探索在执法办案管理中心设置速裁法庭,对适用速裁程序的案件进行快速办理。

八、审查起诉阶段人民检察院的职责

26. 权利告知。案件移送审查起诉后,人民检察院应当告知犯罪嫌疑人享有的诉讼权利和认罪认罚的法律规定,保障犯罪嫌疑人的程序选择权。告知应当采取书面形式,必要时应当充分释明。

27. 听取意见。犯罪嫌疑人认罪认罚的,人民检察院应当就下列事项听取犯罪嫌疑人、辩护人或者值班律师的意见,记录在案并附卷:

(一)涉嫌的犯罪事实、罪名及适用的法律规定;

(二)从轻、减轻或者免除处罚等从宽处罚的建议;

(三)认罪认罚后案件审理适用的程序;

(四)其他需要听取意见的情形。

人民检察院未采纳辩护人、值班律师意见的,应当说明理由。

28. 自愿性、合法性审查。对侦查阶段认罪认罚的案件,人民检察院应当重点审查以下内容:

(一)犯罪嫌疑人是否自愿认罪认罚,有无因受到暴力、威胁、引诱而违背意愿认罪认罚;

(二)犯罪嫌疑人认罪认罚时的认知能力和精神状态是否正常;

(三)犯罪嫌疑人是否理解认罪认罚的性质和可能导致的法律后果;

(四)侦查机关是否告知犯罪嫌疑人享有的诉讼权利,如实供述自己罪行可以从宽处理和认罪认罚的法律规定,并听取意见;

(五)起诉意见书中是否写明犯罪嫌疑人认罪认罚情况;

(六)犯罪嫌疑人是否真诚悔罪,是否向被害人赔礼道歉。

经审查,犯罪嫌疑人违背意愿认罪认罚的,人民检察院可以重新开展认罪认罚工作。存在刑讯逼供等非法取证行为的,依照法律规定处理。

29. 证据开示。人民检察院可以针对案件具体情况,探索证据开示制度,保障犯罪嫌疑人的知情权和认罪认罚的真实性及自愿性。

30. 不起诉的适用。完善起诉裁量权,充分发挥不起诉的审前分流和过滤作用,逐步扩大相对不起诉在认罪认罚案件中的适用。对认罪认罚后没有争议,不需要判处刑罚的轻微刑事案件,人民检察院可以依法作出不起诉决定。人民检察院应当加强对案件量刑的预判,对其中可能判处免刑的轻微刑事案件,可以依法作出不起诉决定。

对认罪认罚后案件事实不清、证据不足的案件,应当依法作出不起诉决定。

31. 签署具结书。犯罪嫌疑人自愿认罪,同意量刑建议和程序适用的,应当在辩护人或者值班律师在场的情况下签署认罪认罚具结书。犯罪嫌疑人被羁押的,看守所应当为签署具结书提供场所。具结书应当包括犯罪嫌疑人如实供述罪行、同意量刑建议、程序适用等内容,由犯罪嫌疑人、辩护人或者值班律师签名。

犯罪嫌疑人认罪认罚,有下列情形之一的,不需要签署认罪认罚具结书:

(一)犯罪嫌疑人是盲、聋、哑人,或者是尚未完全丧失辨认或者控制自己行为能力的精神病人的;

(二)未成年犯罪嫌疑人的法定代理人、辩护人对未成年人认罪认罚有异议的;

(三)其他不需要签署认罪认罚具结书的情形。

上述情形犯罪嫌疑人未签署认罪认罚具结书的,不影响认罪认罚从宽制度的适用。

32. 提起公诉。人民检察院向人民法院提起公诉的,应当在起诉书中写明被告人认罪认罚情况,提出量刑建议,并移送认罪认罚具结书等材料。量刑建议书可以另行制作,也可以在起诉书中写明。

33. 量刑建议的提出。犯罪嫌疑人认罪认罚的,人民检察院应当就主刑、附加刑、是否适用缓刑等提出量刑建议。人民检察院提出量刑建议前,应当充分听取犯罪嫌疑人、辩护人或者值班律师的意见,尽量协商一致。

办理认罪认罚案件,人民检察院一般应当提出确定刑量刑建议。对新类型、不常见犯罪案件,量刑情节复杂的重罪案件等,也可以提出幅度刑量刑建议。提出量刑建议,应当说明理由和依据。

犯罪嫌疑人认罪认罚没有其他法定量刑情节的,人民检察院可以根据犯罪的事实、性质等,在基准刑基础上适当减让提出确定刑量刑建议。有其他法定量刑情节的,人民检察院应当综合认罪认罚和其他法定量刑情节,参照相关量刑规范提出确定刑量刑建议。

犯罪嫌疑人在侦查阶段认罪认罚的,主刑从宽的幅度可以在前款基础上适当放宽;被告人在审判阶段认罪认罚的,在前款基础上可以适当缩减。建议判处罚金刑的,参照主刑的从宽幅度提出确定的数额。

34. 速裁程序的办案期限。犯罪嫌疑人认罪认罚,人民检察院经审查,认为符合速裁程序适用条件的,应当在十日以内作出是否提起公诉的决定;对可能判处的有期徒刑超过一年的,可以在十五日以内作出是否提起公诉的决定。

九、社会调查评估

35. 侦查阶段的社会调查。犯罪嫌疑人认罪认罚,可能判处管制、宣告缓刑的,公安机关可以委托犯罪嫌疑人居住地的社区矫正机构进行调查评估。

公安机关在侦查阶段委托社区矫正机构进行调查评估,社区矫正机构在公安机关移送审查起诉后完成调查评估的,应当及时将评估意见提交受理案件的人民检察院或者人民法院,并抄送公安机关。

36. 审查起诉阶段的社会调查。犯罪嫌疑人认罪认罚,人民检察院拟提出缓刑或者管制量刑建议的,可以及时委托犯罪嫌疑人居住地的社区矫正机构进行调查评估,也可以自行调查评估。人民检察院提起公诉时,已收到调查材料的,应当将材料一并移送,未收到调查材料的,应当将委托文书随案移送;在提起公诉后收到调查材料的,应当及时移送人民法院。

37. 审判阶段的社会调查。被告人认罪认罚,人民法院拟判处管制或者宣告缓刑的,可以及时委托被告人居住地的社区矫正机构进行调查评估,也可以自行调查评估。

社区矫正机构出具的调查评估意见,是人民法院判处管制、宣告缓刑的重要参考。对没有委托社区矫正机构进行调查评估或者判决前未收到社区矫正机构调查评估报告的认罪认罚案件,人民法院经审理认为被告人符合管制、缓刑适用条件的,可以判处管制、宣告缓刑。

38. 司法行政机关的职责。受委托的社区矫正机构应当根据委托机关的要求,对犯罪嫌疑人、被告人的居所情况、家庭和社会关系、一贯表现、犯罪行为的后果和影响、居住地村(居)民委员会和被害人意见、拟禁止的事项等进行调查了解,形成评估意见,及时提交委托机关。

十、审判程序和人民法院的职责

39. 审判阶段认罪认罚自愿性、合法性审查。办理认罪认罚案件,人民法院应当告知被告人享有的诉讼权利和认罪认罚的法律规定,听取被告人及其辩护人或者值班律师的意见。庭审中应当对认罪认罚的自愿性、具结书内容的真实性和合法性进行审查核实,重点核实以下内容:

(一)被告人是否自愿认罪认罚,有无因受到暴力、威胁、引诱而违背意愿认罪认罚;

(二)被告人认罪认罚时的认知能力和精神状态是否正常;

(三)被告人是否理解认罪认罚的性质和可能导致的法律后果;

(四)人民检察院、公安机关是否履行告知义务并听取意见;

(五)值班律师或者辩护人是否与人民检察院进行沟通,提供了有效法律帮助或者辩护,并在场见证认罪认罚具结书的签署。

庭审中审判人员可以根据具体案情,围绕定罪量刑的关键事实,对被告人认罪认罚的自愿性、真实性等进行发问,确认被告人是否实施犯罪,是否真诚悔罪。

被告人违背意愿认罪认罚,或者认罪认罚后又反悔,依法需要转换程序的,应当按照普通程序对案件重新审理。发现存在刑讯逼供等非法取证行为的,依照法律规定处理。

40. 量刑建议的采纳。对于人民检察院提出的量刑建议,人民法院应当依法进行审查。对于事实清楚,证据确实、充分,指控的罪名准确,量刑建议适当的,人民法院应当采纳。具有下列情形之一的,不予采纳:

(一)被告人的行为不构成犯罪或者不应当追究刑事责任的;

(二)被告人违背意愿认罪认罚的;

(三)被告人否认指控的犯罪事实的;

(四)起诉指控的罪名与审理认定的罪名不一致的;

(五)其他可能影响公正审判的情形。

对于人民检察院起诉指控的事实清楚,量刑建议适当,但指控的罪名与审理认定的罪名不一致的,人民法院可以听取人民检察院、被告人及其辩护人对审理认定罪名的意见,依法作出裁判。

人民法院不采纳人民检察院量刑建议的,应当说明理由和依据。

41. 量刑建议的调整。人民法院经审理,认为量刑建议明显不当,或者被告人、辩护人对量刑建议有异议且有理有据的,人民法院应当告知人民检察院,人民检察院可以调整量刑建议。人民法院认为调整后的量刑建议适当的,应当予以采纳;人民检察院不调整量刑建议或者调整后仍然明显不当的,人民法院应当依法作出判决。

适用速裁程序审理的,人民检察院调整量刑建议应当在庭前或者当庭提出。调整量刑建议后,被告人同意继续适用速裁程序的,不需要转换程序处理。

42. 速裁程序的适用条件。基层人民法院管辖的可能判处三年有期徒刑以下刑罚的案件,案件事实清楚,证据确实、充分,被告人认罪认罚并同意适用速裁程序的,可以适用速裁程序,由审判员一人独任审判。人民检察院提起公诉时,可以建议人民法院适用速裁程序。

有下列情形之一的,不适用速裁程序办理:

(一)被告人是盲、聋、哑人,或者是尚未完全丧失辨认或者控制自己行为能力的精神病人的;

(二)被告人是未成年人的;

(三)案件有重大社会影响的;

(四)共同犯罪案件中部分被告人对指控的犯罪事实、罪名、量刑建议或者适用速裁程序有异议的;

(五)被告人与被害人或者其法定代理人没有就附带民事诉讼赔偿等事项达成调解或者和解协议的;

(六)其他不宜适用速裁程序办理的案件。

43. 速裁程序的审理期限。适用速裁程序审理案件,人民法院应当在受理后十日以内审结;对可能判处的有期徒刑超过一年的,应当在十五日以内审结。

44. 速裁案件的审理程序。适用速裁程序审理案件,不受刑事诉讼法规定的送达期限的限制,一般不进行法庭调查、法庭辩论,但在判决宣告前应当听取辩护人的意见和被告人的最后陈述意见。

人民法院适用速裁程序审理案件,可以在向被告人送达起诉书时一并送达权利义务告知书、开庭传票,并核实被告人自然信息等情况。根据需要,可以集中送达。

人民法院适用速裁程序审理案件,可以集中开庭,逐案审理。人民检察院可以指派公诉人集中出庭支持公诉。公诉人简要宣读起诉书后,审判人员应当当庭询问被告人对指控事实、证据、量刑建议以及适用速裁程序的意见,核实具结书签署的自愿性、真实性、合法性,并核实附带民事诉讼赔偿等情况。

适用速裁程序审理案件,应当当庭宣判。集中审理的,可以集中当庭宣判。宣判时,根据案件需要,可以由审判员进行法庭教育。裁判文书可以简化。

45. 速裁案件的二审程序。被告人不服适用速裁程序作出的第一审判决提出上诉的案件,可以不开庭审理。第二审人民法院审查后,按照下列情形分别处理:

(一)发现被告人以事实不清、证据不足为由提出上诉的,应当裁定撤销原判,发回原审人民法院适用普通程序重新审理,不再按认罪认罚案件从宽处罚;

(二)发现被告人以量刑不当为由提出上诉的,原判量刑适当的,应当裁定驳回上诉,维持原判;原判量刑不当的,经审理后依法改判。

46. 简易程序的适用。基层人民法院管辖的被告人认罪认罚案件,事实清楚、证据充分,被告人对适用简易程序没有异议的,可以适用简易程序审判。

适用简易程序审理认罪认罚案件,公诉人可以简要宣读起诉书,审判人员当庭询问被告人对指控的犯罪事实、证据、量刑建议及适用简易程序的意见,核实具结书签署的自愿性、真实性、合法性。法庭调查可以简化,但对有争议的事实和证据应当进行调查、质证,法庭辩论可以仅围绕有争议的问题进行。裁判文书可以简化。

47. 普通程序的适用。适用普通程序办理认罪认罚案件,可以适当简化法庭调查、辩论程序。公诉人宣读起诉书后,合议庭当庭询问被告人对指控的犯罪事实、证据及量刑建议的意见,核实具结书签署的自愿性、真实性、合法性。公诉人、辩护人、审判人员对被告人的讯问、发问可以简化。对控辩双方无异议的证据,可以仅就证据名称及证明内容进行说明;对控辩双方有异议,或者法庭认为有必要调查核实的证据,应当出示并进行质证。法庭辩论主要围绕有争议的问题进行,裁判文书可以适当简化。

48. 程序转换。人民法院在适用速裁程序审理过程中,发现有被告人的行为不构成犯罪或者不应当追究刑事责任、被告人违背意愿认罪认罚、被告人否认指控的犯罪事实情形的,应当转为普通程序审理。发现其他不宜适用速裁程序但符合简易程序适用条件的,应当转为简易程序重新审理。

发现有不宜适用简易程序审理情形的,应当转为普通程序审理。

人民检察院在人民法院适用速裁程序审理案件过程中,发现有不宜适用速裁程序审理情形的,应当建议人民法院转为普通程序或者简易程序重新审理;发现有不宜适用简易程序审理情形的,应当建议人民法院转为普通程序重新审理。

49. 被告人当庭认罪认罚案件的处理。被告人在侦查、审查起诉阶段没有认罪认罚,但当庭认罪,愿意接受处罚的,人民法院应当根据审理查明的事实,就定罪和量刑听取控辩双方意见,依法作出裁判。

50. 第二审程序中被告人认罪认罚案件的处理。被告人在第一审程序中未认罪认罚,在第二审程序中认罪认罚的,审理程序依照刑事诉讼法规定的第二审程序进行。第二审人民法院应当根据其认罪认罚的价值、作用决定是否从宽,并依法作出裁判。确定从宽幅度时应当与第一审程序认罪认罚有所区别。

十一、认罪认罚的反悔和撤回

51. 不起诉后反悔的处理。因犯罪嫌疑人认罪认罚,人民检察院依照刑事诉讼法第一百七十七条第二款作出不起诉决定后,犯罪嫌疑人否认指控的犯罪事实或者不积极履行赔礼道歉、退赃退赔、赔偿损失等义务的,人民检察院应当进行审查,区分下列情形依法作出处理:

(一)发现犯罪嫌疑人没有犯罪事实,或者符合刑事诉讼法第十六条规定的情形之一的,应当撤销原不起诉决定,依法重新作出不起诉决定;

(二)认为犯罪嫌疑人仍属于犯罪情节轻微,依照刑法规定不需要判处刑罚或者免除刑罚的,可以维持原不起诉决定;

(三)排除认罪认罚因素后,符合起诉条件的,应当根据案件具体情况撤销原不起诉决定,依法提起公诉。

52. 起诉前反悔的处理。犯罪嫌疑人认罪认罚,签署认罪认罚具结书,在人民检察院提起公诉前反悔的,具结书失效,人民检察院应当在全面审查事实证据的基础上,依法提起公诉。

53. 审判阶段反悔的处理。案件审理过程中,被告人反悔不再认罪认罚的,人民法院应当根据审理查明的事实,依法作出裁判。需要转换程序的,依照本意见的相关规定处理。

54. 人民检察院的法律监督。完善人民检察院对侦查活动和刑事审判活动的监督机制,加强对认罪认罚案件办理全过程的监督,规范认罪认罚案件的抗诉工作,确保无罪的人不受刑事追究、有罪的人受到公正处罚。

十二、未成年人认罪认罚案件的办理

55. 听取意见。人民法院、人民检察院办理未成年人认罪认罚案件,应当听取未成年犯罪嫌疑人、被告人的法定代理人的意见,法定代理人无法到场的,应当听取合适成年人的意见,但受案时犯罪嫌疑人已经成年的除外。

56. 具结书签署。未成年犯罪嫌疑人签署认罪认罚具结书时,其法定代理人应当到场并签字确认。法定代理人无法到场的,合适成年人应当到场签字确认。法定代理人、辩护人对未成年人认罪认罚有异议的,不需要签署认罪认罚具结书。

57. 程序适用。未成年人认罪认罚案件,不适用速裁程序,但应当贯彻教育、感化、挽救的方针,坚持从快从宽原则,确保案件及时办理,最大限度保护未成年人合法权益。

58. 法治教育。办理未成年人认罪认罚案件,应当做好未成年犯罪嫌疑人、被告人的认罪服法、悔过教育工作,实现惩教结合目的。

十三、附则

59. 国家安全机关、军队保卫部门、中国海警局、监狱办理刑事案件,适用本意见的有关规定。

60. 本指导意见由会签单位协商解释,自发布之日起施行。

五十一、人民检察院办理网络犯罪案件规定(2021年1月22日)

第一章　一般规定

第一条　为规范人民检察院办理网络犯罪案件,维护国家安全、网络安全、社会公共利益,保护公民、法人和其他组织的合法权益,根据《中华人民共和国刑事诉讼法》《人民检察院刑事诉讼规则》等规定,结合司法实践,制定本规定。

第二条　本规定所称网络犯罪是指针对信息网络实施的犯罪,利用信息网络实施的犯罪,以及其他上下游关联犯罪。

第三条　人民检察院办理网络犯罪案件应当加强全链条惩治,注重审查和发现上下游关联犯罪线索。对涉嫌犯罪,公安机关未立案侦查、应当提请批准逮捕而未提请批准逮捕或者应当移送起诉而未移送起诉的,依法进行监督。

第四条　人民检察院办理网络犯罪案件应当坚持惩治犯罪与预防犯罪并举,建立捕、诉、监、防一体的办案机制,加强以案释法,发挥检察建议的作用,促进有关部门、行业组织、企业等加强网络犯罪预防和治理,净化网络空间。

第五条　网络犯罪案件的管辖适用刑事诉讼法及其他相关规定。

有多个犯罪地的,按照有利于查清犯罪事实、有利于保护被害人合法权益、保证案件公正处理的原则确定管辖。

因跨区域犯罪、共同犯罪、关联犯罪等原因存在管辖争议的,由争议的人民检察院协商解决,协商不成的,报请共同的上级人民检察院指定管辖。

第六条　人民检察院办理网络犯罪案件应当发挥检察一体化优势,加强跨区域协作办案,强化信息互通、证据移交、技术协作,增强惩治网络犯罪的合力。

第七条　人民检察院办理网络犯罪案件应当加强对电子数据收集、提取、保全、固定等的审查,充分运用同一电子数据往往具有的多元关联证明作用,综合运用电子数据与其他证据,准确认定案件事实。

第八条　建立检察技术人员、其他有专门知识的人参与网络犯罪案件办理制度。根据案件办理需要,吸收检察技术人员加入办案组辅助案件办理。积极探索运用大数据、云计算、人工智能等信息技术辅助办案,提高网络犯罪案件办理的专业化水平。

第九条　人民检察院办理网络犯罪案件,对集团犯罪或者涉案人数众多的,根据行为人的客观行为、主观恶性、犯罪情节及地位、作用等综合判断责任轻重和刑事追究的必要性,按照区别对待原则分类处理,依法追诉。

第十条 人民检察院办理网络犯罪案件应当把追赃挽损贯穿始终,主动加强与有关机关协作,保证及时查封、扣押、冻结涉案财物,阻断涉案财物移转链条,督促涉案人员退赃退赔。

第二章 引导取证和案件审查

第十一条 人民检察院办理网络犯罪案件应当重点围绕主体身份同一性、技术手段违法性、上下游行为关联性等方面全面审查案件事实和证据,注重电子数据与其他证据之间的相互印证,构建完整的证据体系。

第十二条 经公安机关商请,根据追诉犯罪的需要,人民检察院可以派员适时介入重大、疑难、复杂网络犯罪案件的侦查活动,并对以下事项提出引导取证意见:

(一)案件的侦查方向及可能适用的罪名;

(二)证据的收集、提取、保全、固定、检验、分析等;

(三)关联犯罪线索;

(四)追赃挽损工作;

(五)其他需要提出意见的事项。

人民检察院开展引导取证活动时,涉及专业性问题的,可以指派检察技术人员共同参与。

第十三条 人民检察院可以通过以下方式了解案件办理情况:

(一)查阅案件材料;

(二)参加公安机关对案件的讨论;

(三)了解讯(询)问犯罪嫌疑人、被害人、证人的情况;

(四)了解、参与电子数据的收集、提取;

(五)其他方式。

第十四条 人民检察院介入网络犯罪案件侦查活动,发现关联犯罪或其他新的犯罪线索,应当建议公安机关依法立案或移送相关部门;对于犯罪嫌疑人不构成犯罪的,依法监督公安机关撤销案件。

第十五条 人民检察院可以根据案件侦查情况,向公安机关提出以下取证意见:

(一)能够扣押、封存原始存储介质的,及时扣押、封存;

(二)扣押可联网设备时,及时采取信号屏蔽、信号阻断或者切断电源等方式,防止电子数据被远程破坏;

(三)及时提取账户密码及相应数据,如电子设备、网络账户、应用软件等的账户密码,以及存储于其中的聊天记录、电子邮件、交易记录等;

(四)及时提取动态数据,如内存数据、缓存数据、网络连接数据等;

(五)及时提取依赖于特定网络环境的数据,如点对点网络传输数据、虚拟专线网络中的数据等;

(六)及时提取书证、物证等客观证据,注意与电子数据相互印证。

第十六条 对于批准逮捕后要求公安机关继续侦查、不批准逮捕后要求公安机关补充侦查或者审查起诉退回公安机关补充侦查的网络犯罪案件,人民检察院应当重点围绕本规定第十二条第一款规定的事项,有针对性地制作继续侦查提纲或者补充侦查提纲。对于专业性问题,应当听取检察技术人员或者其他有专门知识的人的意见。

人民检察院应当及时了解案件继续侦查或者补充侦查的情况。

第十七条 认定网络犯罪的犯罪嫌疑人,应当结合全案证据,围绕犯罪嫌疑人与原始存储介质、电子数据的关联性、犯罪嫌疑人网络身份与现实身份的同一性,注重审查以下内容:

(一)扣押、封存的原始存储介质是否为犯罪嫌疑人所有、持有或者使用;

(二)社交、支付结算、网络游戏、电子商务、物流等平台的账户信息、身份认证信息、数字签名、生物识别信息等是否与犯罪嫌疑人身份关联;

(三)通话记录、短信、聊天信息、文档、图片、语音、视频等文件内容是否能够反映犯罪嫌疑人的身份;

(四)域名、IP 地址、终端 MAC 地址、通信基站信息等是否能够反映电子设备为犯罪嫌疑人所使用;

(五)其他能够反映犯罪嫌疑人主体身份的内容。

第十八条　认定犯罪嫌疑人的客观行为,应当结合全案证据,围绕其利用的程序工具、技术手段的功能及其实现方式、犯罪行为和结果之间的关联性,注重审查以下内容:

(一)设备信息、软件程序代码等作案工具;

(二)系统日志、域名、IP 地址、WiFi 信息、地理位置信息等是否能够反映犯罪嫌疑人的行为轨迹;

(三)操作记录、网络浏览记录、物流信息、交易结算记录、即时通信信息等是否能够反映犯罪嫌疑人的行为内容;

(四)其他能够反映犯罪嫌疑人客观行为的内容。

第十九条　认定犯罪嫌疑人的主观方面,应当结合犯罪嫌疑人的认知能力、专业水平、既往经历、人员关系、行为次数、获利情况等综合认定,注重审查以下内容:

(一)反映犯罪嫌疑人主观故意的聊天记录、发布内容、浏览记录等;

(二)犯罪嫌疑人行为是否明显违背系统提示要求、正常操作流程;

(三)犯罪嫌疑人制作、使用或者向他人提供的软件程序是否主要用于违法犯罪活动;

(四)犯罪嫌疑人支付结算的对象、频次、数额等是否明显违反正常交易习惯;

(五)犯罪嫌疑人是否频繁采用隐蔽上网、加密通信、销毁数据等措施或者使用虚假身份;

(六)其他能够反映犯罪嫌疑人主观方面的内容。

第二十条　认定犯罪行为的情节和后果,应当结合网络空间、网络行为的特性,从违法所得、经济损失、信息系统的破坏、网络秩序的危害程度以及对被害人的侵害程度等综合判断,注重审查以下内容:

(一)聊天记录、交易记录、音视频文件、数据库信息等能够反映犯罪嫌疑人违法所得、获取和传播数据及文件的性质、数量的内容;

(二)账号数量、信息被点击次数、浏览次数、被转发次数等能够反映犯罪行为对网络空间秩序产生影响的内容;

(三)受影响的计算机信息系统数量、服务器日志信息等能够反映犯罪行为对信息网络运行造成影响程度的内容;

(四)被害人数量、财产损失数额、名誉侵害的影响范围等能够反映犯罪行为对被害人的人身、财产等造成侵害的内容;

(五)其他能够反映犯罪行为情节、后果的内容。

第二十一条　人民检察院办理网络犯罪案件,确因客观条件限制无法逐一收集相关言词证据的,可以根据记录被害人人数、被侵害的计算机信息系统数量、涉案资金数额等犯罪事实的电子数据、书证等证据材料,在审查被告人及其辩护人所提辩解、辩护意见的基础上,综合全案证据材料,对相关犯罪事实作出认定。

第二十二条　对于数量众多的同类证据材料,在证明是否具有同样的性质、特征或者功能时,因客观条件限制不能全部验证的,可以进行抽样验证。

第二十三条　对鉴定意见、电子数据等技术性证据材料,需要进行专门审查的,应当指派检察技术人员或者聘请其他有专门知识的人进行审查并提出意见。

第二十四条　人民检察院在审查起诉过程中,具有下列情形之一的,可以依法自行侦查:

(一)公安机关未能收集的证据,特别是存在灭失、增加、删除、修改风险的电子数据,需要及时收集和固定的;

(二)经退回补充侦查未达到补充侦查要求的;

(三)其他需要自行侦查的情形。

第二十五条 自行侦查由检察官组织实施,开展自行侦查的检察人员不得少于二人。需要技术支持和安全保障的,由人民检察院技术部门和警务部门派员协助。必要时,可以要求公安机关予以配合。

第二十六条 人民检察院办理网络犯罪案件的部门,发现或者收到侵害国家利益、社会公共利益的公益诉讼案件线索的,应当及时移送负责公益诉讼的部门处理。

第三章 电子数据的审查

第二十七条 电子数据是以数字化形式存储、处理、传输的,能够证明案件事实的数据,主要包括以下形式:

(一)网页、社交平台、论坛等网络平台发布的信息;

(二)手机短信、电子邮件、即时通信、通讯群组等网络通讯信息;

(三)用户注册信息、身份认证信息、数字签名、生物识别信息等用户身份信息;

(四)电子交易记录、通信记录、浏览记录、操作记录、程序安装、运行、删除记录等用户行为信息;

(五)恶意程序、工具软件、网站源代码、运行脚本等行为工具信息;

(六)系统日志、应用程序日志、安全日志、数据库日志等系统运行信息;

(七)文档、图片、音频、视频、数字证书、数据库文件等电子文件及其创建时间、访问时间、修改时间、大小等文件附属信息。

第二十八条 电子数据取证主要包括以下方式:收集、提取电子数据;电子数据检查和侦查实验;电子数据检验和鉴定。

收集、提取电子数据可以采取以下方式:

(一)扣押、封存原始存储介质;

(二)现场提取电子数据;

(三)在线提取电子数据;

(四)冻结电子数据;

(五)调取电子数据。

第二十九条 人民检察院办理网络犯罪案件,应当围绕客观性、合法性、关联性的要求对电子数据进行全面审查。注重审查电子数据与案件事实之间的多元关联,加强综合分析,充分发挥电子数据的证明作用。

第三十条 对电子数据是否客观、真实,注重审查以下内容:

(一)是否移送原始存储介质,在原始存储介质无法封存、不便移动时,是否说明原因,并注明相关情况;

(二)电子数据是否有数字签名、数字证书等特殊标识;

(三)电子数据的收集、提取过程及结果是否可以重现;

(四)电子数据有增加、删除、修改等情形的,是否附有说明;

(五)电子数据的完整性是否可以保证。

第三十一条 对电子数据是否完整,注重审查以下内容:

(一)原始存储介质的扣押、封存状态是否完好;

(二)比对电子数据完整性校验值是否发生变化;

(三)电子数据的原件与备份是否相同;

(四)冻结后的电子数据是否生成新的操作日志。

第三十二条 对电子数据的合法性,注重审查以下内容:

(一)电子数据的收集、提取、保管的方法和过程是否规范;

(二)查询、勘验、扣押、调取、冻结等的法律手续是否齐全;

(三)勘验笔录、搜查笔录、提取笔录等取证记录是否完备;

(四)是否由符合法律规定的取证人员、见证人、持有人(提供人)等参与,因客观原因没有见证人、持有人(提供人)签名或者盖章的,是否说明原因;

(五)是否按照有关规定进行同步录音录像;

(六)对于收集、提取的境外电子数据是否符合国(区)际司法协作及相关法律规定的要求。

第三十三条 对电子数据的关联性,注重审查以下内容:

(一)电子数据与案件事实之间的关联性;

(二)电子数据及其存储介质与案件当事人之间的关联性。

第三十四条 原始存储介质被扣押封存的,注重从以下方面审查扣押封存过程是否规范:

(一)是否记录原始存储介质的品牌、型号、容量、序列号、识别码、用户标识等外观信息,是否与实物一一对应;

(二)是否封存或者计算完整性校验值,封存前后是否拍摄被封存原始存储介质的照片,照片是否清晰反映封口或者张贴封条处的状况;

(三)是否由取证人员、见证人、持有人(提供人)签名或者盖章。

第三十五条 对原始存储介质制作数据镜像予以提取固定的,注重审查以下内容:

(一)是否记录原始存储介质的品牌、型号、容量、序列号、识别码、用户标识等外观信息,是否记录原始存储介质的存放位置、使用人、保管人;

(二)是否附有制作数据镜像的工具、方法、过程等必要信息;

(三)是否计算完整性校验值;

(四)是否由取证人员、见证人、持有人(提供人)签名或者盖章。

第三十六条 提取原始存储介质中的数据内容并予以固定的,注重审查以下内容:

(一)是否记录原始存储介质的品牌、型号、容量、序列号、识别码、用户标识等外观信息,是否记录原始存储介质的存放位置、使用人、保管人;

(二)所提取数据内容的原始存储路径,提取的工具、方法、过程等信息,是否一并提取相关的附属信息、关联痕迹、系统环境等信息;

(三)是否计算完整性校验值;

(四)是否由取证人员、见证人、持有人(提供人)签名或者盖章。

第三十七条 对于在线提取的电子数据,注重审查以下内容:

(一)是否记录反映电子数据来源的网络地址、存储路径或者数据提取时的进入步骤等;

(二)是否记录远程计算机信息系统的访问方式、电子数据的提取日期和时间、提取的工具、方法等信息,是否一并提取相关的附属信息、关联痕迹、系统环境等信息;

(三)是否计算完整性校验值;

(四)是否由取证人员、见证人、持有人(提供人)签名或者盖章。

对可能无法重复提取或者可能出现变化的电子数据,是否随案移送反映提取过程的拍照、录像、截屏等材料。

第三十八条 对冻结的电子数据,注重审查以下内容:

(一)冻结手续是否符合规定;

(二)冻结的电子数据是否与案件事实相关;

(三)冻结期限是否即将到期、有无必要继续冻结或者解除;

(四)冻结期间电子数据是否被增加、删除、修改等。

第三十九条 对调取的电子数据,注重审查以下内容:

(一)调取证据通知书是否注明所调取的电子数据的相关信息;

(二)被调取单位、个人是否在通知书回执上签名或者盖章;

(三)被调取单位、个人拒绝签名、盖章的,是否予以说明;

(四)是否计算完整性校验值或者以其他方法保证电子数据的完整性。

第四十条 对电子数据进行检查、侦查实验,注重审查以下内容:

(一)是否记录检查过程、检查结果和其他需要记录的内容,并由检查人员签名或者盖章;

(二)是否记录侦查实验的条件、过程和结果,并由参加侦查实验的人员签名或者盖章;

(三)检查、侦查实验使用的电子设备、网络环境等是否与发案现场一致或者基本一致;

(四)是否使用拍照、录像、录音、通信数据采集等一种或者多种方式客观记录检查、侦查实验过程。

第四十一条 对电子数据进行检验、鉴定,注重审查以下内容:

(一)鉴定主体的合法性。包括审查司法鉴定机构、司法鉴定人员的资质,委托鉴定事项是否符合司法鉴定机构的业务范围,鉴定人员是否存在回避等情形;

(二)鉴定材料的客观性。包括鉴定材料是否真实、完整、充分,取得方式是否合法,是否与原始电子数据一致;

(三)鉴定方法的科学性。包括鉴定方法是否符合国家标准、行业标准,方法标准的选用是否符合相关规定;

(四)鉴定意见的完整性。是否包含委托人、委托时间、检材信息、鉴定或者分析论证过程、鉴定结果以及鉴定人签名、日期等内容;

(五)鉴定意见与其他在案证据能否相互印证。

对于鉴定机构以外的机构出具的检验、检测报告,可以参照本条规定进行审查。

第四十二条 行政机关在行政执法和查办案件过程中依法收集、提取的电子数据,人民检察院经审查符合法定要求的,可以作为刑事案件的证据使用。

第四十三条 电子数据的收集、提取程序有下列瑕疵,经补正或者作出合理解释的,可以采用;不能补正或者作出合理解释的,不得作为定案的根据:

(一)未以封存状态移送的;

(二)笔录或者清单上没有取证人员、见证人、持有人(提供人)签名或者盖章的;

(三)对电子数据的名称、类别、格式等注明不清的;

(四)有其他瑕疵的。

第四十四条 电子数据系篡改、伪造、无法确定真伪的,或者有其他无法保证电子数据客观、真实情形的,不得作为定案的根据。

电子数据有增加、删除、修改等情形,但经司法鉴定、当事人确认等方式确定与案件相关的重要数据未发生变化,或者能够还原电子数据原始状态、查清变化过程的,可以作为定案的根据。

第四十五条 对于无法直接展示的电子数据,人民检察院可以要求公安机关提供电子数据的内容、存储位置、附属信息、功能作用等情况的说明,随案移送人民法院。

第四章 出庭支持公诉

第四十六条 人民检察院依法提起公诉的网络犯罪案件,具有下列情形之一的,可以建议人民法院召开庭前会议:

(一)案情疑难复杂的;

(二)跨国(边)境、跨区域案件社会影响重大的;

(三)犯罪嫌疑人、被害人等人数众多、证据材料较多的;

(四)控辩双方对电子数据合法性存在较大争议的;

(五)案件涉及技术手段专业性强,需要控辩双方提前交换意见的;

(六)其他有必要召开庭前会议的情形。

必要时,人民检察院可以向法庭申请指派检察技术人员或者聘请其他有专门知识的人参加庭前会议。

第四十七条　人民法院开庭审理网络犯罪案件,公诉人出示证据可以借助多媒体示证、动态演示等方式进行。必要时,可以向法庭申请指派检察技术人员或者聘请其他有专门知识的人进行相关技术操作,并就专门性问题发表意见。

公诉人在出示电子数据时,应当从以下方面进行说明:

(一)电子数据的来源、形成过程;

(二)电子数据所反映的犯罪手段、人员关系、资金流向、行为轨迹等案件事实;

(三)电子数据与被告人供述、被害人陈述、证人证言、物证、书证等的相互印证情况;

(四)其他应当说明的内容。

第四十八条　在法庭审理过程中,被告人及其辩护人针对电子数据的客观性、合法性、关联性提出辩解或者辩护意见的,公诉人可以围绕争议点从证据来源是否合法,提取、复制、制作过程是否规范,内容是否真实完整,与案件事实有无关联等方面,有针对性地予以答辩。

第四十九条　支持、推动人民法院开庭审判网络犯罪案件全程录音录像。对庭审全程录音录像资料,必要时人民检察院可以商请人民法院复制,并将存储介质附检察卷宗保存。

第五章　跨区域协作办案

第五十条　对跨区域网络犯罪案件,上级人民检察院应当加强统一指挥和统筹协调,相关人民检察院应当加强办案协作。

第五十一条　上级人民检察院根据办案需要,可以统一调用辖区内的检察人员参与办理网络犯罪案件。

第五十二条　办理关联网络犯罪案件的人民检察院可以相互申请查阅卷宗材料、法律文书,了解案件情况,被申请的人民检察院应当予以协助。

第五十三条　承办案件的人民检察院需要向办理关联网络犯罪案件的人民检察院调取证据材料的,可以持相关法律文书和证明文件申请调取在案证据材料,被申请的人民检察院应当配合。

第五十四条　承办案件的人民检察院需要异地调查取证的,可以将相关法律文书及证明文件传输至证据所在地的人民检察院,请其代为调查取证。相关法律文书应当注明具体的取证对象、方式、内容和期限等。

被请求协助的人民检察院应当予以协助,及时将取证结果送达承办案件的人民检察院;无法及时调取的,应当作出说明。被请求协助的人民检察院有异议的,可以与承办案件的人民检察院进行协商;无法解决的,由承办案件的人民检察院报请共同的上级人民检察院决定。

第五十五条　承办案件的人民检察院需要询问异地证人、被害人的,可以通过远程视频系统进行询问,证人、被害人所在地的人民检察院应当予以协助。远程询问的,应当对询问过程进行同步录音录像。

第六章　跨国(边)境司法协作

第五十六条　办理跨国网络犯罪案件应当依照《中华人民共和国国际刑事司法协助法》及我国批

准加入的有关刑事司法协助条约,加强国际司法协作,维护我国主权、安全和社会公共利益,尊重协作国司法主权、坚持平等互惠原则,提升跨国司法协作质效。

第五十七条　地方人民检察院在案件办理中需要向外国请求刑事司法协助的,应当制作刑事司法协助请求书并附相关材料,经报最高人民检察院批准后,由我国与被请求国间司法协助条约规定的对外联系机关向外国提出申请。没有刑事司法协助条约的,通过外交途径联系。

第五十八条　人民检察院参加现场移交境外证据的检察人员不少于二人,外方有特殊要求的除外。

移交、开箱、封存、登记的情况应当制作笔录,由最高人民检察院或者承办案件的人民检察院代表、外方移交人员签名或者盖章,一般应当全程录音录像。有其他见证人的,在笔录中注明。

第五十九条　人民检察院对境外收集的证据,应当审查证据来源是否合法、手续是否齐备以及证据的移交、保管、转换等程序是否连续、规范。

第六十条　人民检察院办理涉香港特别行政区、澳门特别行政区、台湾地区的网络犯罪案件,需要当地有关部门协助的,可以参照本规定及其他相关规定执行。

第七章　附则

第六十一条　人民检察院办理网络犯罪案件适用本规定,本规定没有规定的,适用其他相关规定。

第六十二条　本规定中下列用语的含义:

(一)信息网络,包括以计算机、电视机、固定电话机、移动电话机等电子设备为终端的计算机互联网、广播电视网、固定通信网、移动通信网等信息网络,以及局域网络;

(二)存储介质,是指具备数据存储功能的电子设备、硬盘、光盘、优盘、记忆棒、存储芯片等载体;

(三)完整性校验值,是指为防止电子数据被篡改或者破坏,使用散列算法等特定算法对电子数据进行计算,得出的用于校验数据完整性的数据值;

(四)数字签名,是指利用特定算法对电子数据进行计算,得出的用于验证电子数据来源和完整性的数据值;

(五)数字证书,是指包含数字签名并对电子数据来源、完整性进行认证的电子文件;

(六)生物识别信息,是指计算机利用人体所固有的生理特征(包括人脸、指纹、声纹、虹膜、DNA等)或者行为特征(步态、击键习惯等)来进行个人身份识别的信息;

(七)运行脚本,是指使用一种特定的计算机编程语言,依据符合语法要求编写的执行指定操作的可执行文件;

(八)数据镜像,是指二进制(0101 排序的数据码流)相同的数据复制件,与原件的内容无差别;

(九)MAC 地址,是指计算机设备中网卡的唯一标识,每个网卡有且只有一个 MAC 地址。

第六十三条　人民检察院办理国家安全机关、海警机关、监狱等移送的网络犯罪案件,适用本规定和其他相关规定。

第六十四条　本规定由最高人民检察院负责解释。

第六十五条　本规定自发布之日起施行。

五十二、最高人民法院关于统一法律适用加强类案检索的指导意见(试行)(2020 年 7 月 31 日)

为统一法律适用,提升司法公信力,结合审判工作实际,就人民法院类案检索工作提出如下意见。

一、本意见所称类案,是指与待决案件在基本事实、争议焦点、法律适用问题等方面具有相似性,且已经人民法院裁判生效的案件。

二、人民法院办理案件具有下列情形之一,应当进行类案检索:

(一)拟提交专业(主审)法官会议或者审判委员会讨论的;

(二)缺乏明确裁判规则或者尚未形成统一裁判规则的;

(三)院长、庭长根据审判监督管理权限要求进行类案检索的;

(四)其他需要进行类案检索的。

三、承办法官依托中国裁判文书网、审判案例数据库等进行类案检索,并对检索的真实性、准确性负责。

四、类案检索范围一般包括:

(一)最高人民法院发布的指导性案例;

(二)最高人民法院发布的典型案例及裁判生效的案件;

(三)本省(自治区、直辖市)高级人民法院发布的参考性案例及裁判生效的案件;

(四)上一级人民法院及本院裁判生效的案件。

除指导性案例以外,优先检索近三年的案例或者案件;已经在前一顺位中检索到类案的,可以不再进行检索。

五、类案检索可以采用关键词检索、法条关联案件检索、案例关联检索等方法。

六、承办法官应当将待决案件与检索结果进行相似性识别和比对,确定是否属于类案。

七、对本意见规定的应当进行类案检索的案件,承办法官应当在合议庭评议、专业(主审)法官会议讨论及审理报告中对类案检索情况予以说明,或者制作专门的类案检索报告,并随案归档备查。

八、类案检索说明或者报告应当客观、全面、准确,包括检索主体、时间、平台、方法、结果,类案裁判要点以及待决案件争议焦点等内容,并对是否参照或者参考类案等结果运用情况予以分析说明。

九、检索到的类案为指导性案例的,人民法院应当参照作出裁判,但与新的法律、行政法规、司法解释相冲突或者为新的指导性案例所取代的除外。

检索到其他类案的,人民法院可以作为作出裁判的参考。

十、公诉机关、案件当事人及其辩护人、诉讼代理人等提交指导性案例作为控(诉)辩理由的,人民法院应当在裁判文书说理中回应是否参照并说明理由;提交其他类案作为控(诉)辩理由的,人民法院可以通过释明等方式予以回应。

十一、检索到的类案存在法律适用不一致的,人民法院可以综合法院层级、裁判时间、是否经审判委员会讨论等因素,依照《最高人民法院关于建立法律适用分歧解决机制的实施办法》等规定,通过法律适用分歧解决机制予以解决。

十二、各级人民法院应当积极推进类案检索工作,加强技术研发和应用培训,提升类案推送的智能化、精准化水平。

各高级人民法院应当充分运用现代信息技术,建立审判案例数据库,为全国统一、权威的审判案例数据库建设奠定坚实基础。

十三、各级人民法院应当定期归纳整理类案检索情况,通过一定形式在本院或者辖区法院公开,供法官办案参考,并报上一级人民法院审判管理部门备案。

十四、本意见自2020年7月31日起试行。

法律文件索引

一九八四年底前

一九八五年

一九八六年

一九八七年

一九八八年

一九八九年

一九九〇年

一九九一年

一九九二年

一九九三年

一九九四年

一九九五年

一九九六年

一九九七年

一九九八年

一九九九年

二〇〇〇年

二〇〇一年

二〇〇二年

二〇〇三年

二〇〇四年

二〇〇五年

二〇〇六年

二〇〇七年

二〇〇八年

二〇〇九年

二〇一〇年

二〇一一年

二○一二年

二〇一三年

二〇一四年

二〇一五年

二〇一六年

二〇一七年

二〇一八年

二〇一九年

二〇二〇年

二〇二一年

二〇二二年